CODE DE COMMERCE
2022

LexisNexis

Les Codes bleus

CODES BLEUS COMMENTÉS

- *Code de l'animal*
- *Code des assurances*
- *Code de l'arbitrage*
- *Code des baux*
- *Code constitutionnel*
- *Code de la construction et de l'habitation*
- *Code de la commande publique*
- *Code de la copropriété*
- *Code électoral*
- *Code de l'énergie*
- *Code de l'entrée et du séjour des étrangers et du droit d'asile*
- *Code des entreprises en difficulté*
- *Code de l'entreprise en outre-mer*
- *Code de l'environnement*
- *Code de l'expropriation*
- *Code du géomètre-expert*
- *Code de justice administrative*
- *Code monétaire et financier*
- *Code des procédures civiles d'exécution*
- *Code de la propriété intellectuelle*
- *Code rural et de la pêche maritime*
- *Code de la sécurité intérieure*
- *Code des transports*
- *Code de l'urbanisme*

CODES BLEUS ANNOTÉS

- *Code civil*
- *Code de commerce*
- *Code de la consommation*
- *Code pénal*
- *Code de procédure civile*
- *Code de procédure pénale*
- *Code des sociétés et autres groupements*
- *Code de la sécurité sociale*
- *Code du travail*

AUTRES CODES ET TEXTES

- *Code du droit local alsacien-mosellan*
- *Code des droits de l'homme et des libertés fondamentales*
- *Code général des impôts*
- *Code monégasque*
- *Code notarial*
- *Code de procédure administrative – Spécial CRFPA*

LexisNexis®

Disponibles chez votre libraire habituel
ou sur **boutique.lexisnexis.fr**

CODE DE COMMERCE

CODE DE COMMERCE
2022

TRENTE-QUATRIÈME ÉDITION

La présente édition a été réalisée sous la direction de

Philippe PÉTEL
agrégé des facultés de droit

et avec la collaboration de

Stéphane BENILSI
maître de conférences à l'Université de Montpellier

Séverine CABRILLAC
professeur à l'Université de Montpellier

Lise CHATAIN-AUTAJON
maître de conférences à l'Université de Montpellier

Caroline COUPET
professeur à l'Université de Paris 2 Panthéon-Assas

Marie-Pierre DUMONT
professeur à l'Université de Montpellier

Nicolas ERESEO
maître de conférences à l'Université de Strasbourg

Nicolas FERRIER
professeur à l'Université de Montpellier

Cécile LISANTI
professeur à l'Université de Montpellier

* *
*

Stéphane DESTOURS, maître de conférences à l'Université de Montpellier, avocat,
a mis à jour et annoté le Livre IV du Code de commerce de 2009 à 2014.
Anne-Cécile MARTIN, maître de conférences à l'Université de Paris XIII,
a mis à jour et annoté le Livre IV du Code de commerce de 2015 à 2017.

Le Code de commerce Litec annoté a été conçu en 1989, puis actualisé au cours des 20 éditions suivantes par
Marie-Jeanne CAMPANA
agrégée des facultés de droit, professeur émérite de l'Université Paris X – Nanterre

LexisNexis

LexisNexis
141, Rue de Javel – 75015 Paris

Textes à jour au 16 septembre 2021

Avertissement de l'éditeur

Toute utilisation ou traitement automatisé, par des tiers, de données personnelles pouvant figurer dans cet ouvrage sont interdits.

DANGER

LE PHOTOCOPILLAGE TUE LE LIVRE

Le logo qui figure ci-dessus de ce livre mérite une explication. Son objet est d'alerter le lecteur sur la menace que représente pour l'avenir de l'écrit, tout particulièrement dans les domaines du droit, de l'économie et de la gestion, le développement massif du photocopillage.
Le Code de la propriété intellectuelle du 1er juillet 1992 interdit en effet expressément la photocopie à usage collectif sans autorisation des ayants droit. Or, cette pratique s'est généralisée dans les établissements d'enseignement supérieur, provoquant une baisse brutale des achats de livres, au point que la possibilité même pour les auteurs de créer des œuvres nouvelles et de les faire éditer correctement est aujourd'hui menacée.

Siège social : 141, rue de Javel - 75015 Paris

ISBN 978-2-7110-3509-0
ISSN 1622-6208

CODE À JOUR AU 16 SEPTEMBRE 2021

Les codes LexisNexis conjuguent les analyses d'auteurs prestigieux avec la richesse des produits et services LexisNexis :

- pour les textes : l'expertise légistique reconnue des équipes LexisNexis ;

- pour la jurisprudence : l'expertise JurisData avec plus d'un million de décisions sélectionnées et analysées par des experts juridiques au sein de 34 Ateliers Régionaux de Jurisprudence dirigés par des universitaires de renom, auteurs et directeurs scientifiques de collections et revues LexisNexis.

Pour vous informer sur nos parutions, rendez-vous sur :

http://boutique.lexisnexis.fr

AVERTISSEMENT RELATIF À LA SUBSTITUTION DU TRIBUNAL JUDICIAIRE AU TRIBUNAL DE GRANDE INSTANCE ET AU TRIBUNAL D'INSTANCE :

En vertu des articles 35 et 36 de l'ordonnance n° 2019-964 du 18 septembre 2019 et des articles 8 et 9 du décret n° 2019-966 du 18 septembre 2019,

les mots : « tribunal de grande instance » sont remplacés par les mots : « tribunal judiciaire »,

les mots : « tribunaux de grande instance » sont remplacés par les mots : « tribunaux judiciaires »,

les mots : « tribunal d'instance » sont remplacés par les mots : « tribunal judiciaire »,

les mots : « tribunaux d'instance » sont remplacés par les mots : « tribunaux judiciaires »,

les mots : « juge d'instance » sont remplacés par les mots : « juge du tribunal judiciaire »,

les mots : « juges d'instance » sont remplacés par les mots : « juges du tribunal judiciaire »,

les mots : « juge du tribunal d'instance » sont remplacés par les mots : « juge du tribunal judiciaire »

et les mots : « tribunaux de grande instance et d'instance » sont remplacés par les mots : « tribunaux judiciaires », dans toutes les dispositions législatives et réglementaires en vigueur à compter du 1er janvier 2020.La substitution a été effectuée dans l'ensemble des dispositions reproduites dans la présente édition, à l'exception de celles où il n'y avait pas lieu d'y procéder (dispositions d'application limitée dans le temps par exemple).

LISTE DES ABRÉVIATIONS

A., A. min.	Arrêté, arrêté ministériel
Abr.	Abrogé
Act. dr. entr.	Actualités de droit de l'entreprise
Adde	Ajouter
AJ	Actualité juridique
Aj.	Ajouter
AJPI	Actualité juridique, éd. Propriété immobilière
ALD	Actualité législative Dalloz
AN	Assemblée nationale
Ann.	Annexes
Ann. ch. fer	Annales du chemin de fer
Ann. dr. com.	Annales de droit commercial
Ann. loyers	Annales des loyers
Annonces Seine	Les Annonces de la Seine
Arch. phil. dr.	Archives de philosophie du droit
Art.	Article
Ass. plén.	Assemblée plénière de la Cour de cassation
Banque	Revue de la banque
BO	Bulletin officiel
BOCC	Bulletin officiel de la concurrence et de la consommation
BRDA	Bulletin rapide de droit des affaires Francis Lefebvre
BT	Bulletin des transports
BTI	Bulletin des transports internationaux ferroviaires
Bull. avoués	Bulletin de la Chambre des avoués près de la cour d'appel de Paris
Bull. civ.	Bulletin des arrêts des chambres civiles de la Cour de cassation
Bull. CNCC	Bulletin du conseil national des commissaires aux comptes
Bull. cour. Aix	Bulletin des arrêts de la cour d'appel d'Aix-en-Provence
Bull. crim.	Bulletin des arrêts de la chambre criminelle de la Cour de cassation
Bull. inf. C. cass.	Bulletin d'information de la Cour de cassation
Bull. inf. cour de Lyon	Bulletin d'information de la cour d'appel de Lyon
Bull. Joly Sociétés	Bulletin Joly Sociétés
Bull. mens. inf. soc.	Bulletin mensuel d'information sociale
CAA	Cour administrative d'appel
C. adm.	Code administratif
Cah. jur. fisc. exp.	Cahiers juridiques et fiscaux de l'exportation
Cah. prud'h.	Cahiers prud'homaux
C. artisanat	Code de l'artisanat
Cass. civ.	Arrêt des chambres civiles de la Cour de cassation
Cass. com.	Arrêt de la chambre commerciale et financière de la Cour de cassation
Cass. crim.	Arrêt de la chambre criminelle de la Cour de cassation
Cass. req.	Arrêt de la Cour de cassation, chambre des requêtes
Cass. soc.	Arrêt de la chambre sociale de la Cour de cassation
C. assur.	Code des assurances
C. aviation	Code de l'aviation civile
CCH	Code de la construction et de l'habitation
C. civ.	Code civil
C. com.	Code de commerce
C. consom.	Code de la consommation
CDE	Cahiers de droit de l'entreprise (complément du *JCP* E)
C. déb. boiss.	Code des débits de boissons
C. déont. franch.	Code de déontologie européen de la franchise
C. disc. pén. Mar. march.	Code disciplinaire et pénal de la marine marchande
C. dom. publ. fluv.	Code du domaine public fluvial et de la navigation intérieure
C. douanes	Code des douanes
CE	Arrêt du Conseil d'État
CGI	Code général des impôts
CGPPP	Code général de la propriété des personnes publiques
Ch. réun., Ch. mixte	Chambres réunies, Chambre mixte de la Cour de cassation
chron.	Chronique
CJCE	Cour de justice des Communautés européennes
CJEG	Cahiers juridiques électricité-gaz
C. minier	Code minier
C. monét. fin.	Code monétaire et financier
C. nationalité	Code de la nationalité
COJ	Code de l'organisation judiciaire
Comp.	Comparer
Concl.	Conclusions
Cons. conc.	Conseil de la concurrence
Cons. const.	Conseil constitutionnel
Contra	En sens contraire
Contrats, conc. consom.	Contrats, concurrence, consommation
Conv. EDH	Convention européenne des droits de l'homme
CPC	Code de procédure civile
C. pén.	Code pénal
C. P et CE	Code des postes et des communications électroniques
CPI	Code de la propriété intellectuelle
CPP	Code de procédure pénale
C. rur. et pêche marit.	Code rural et de la pêche maritime
C. santé publ.	Code de la santé publique
CSS	Code de la sécurité sociale
C. tourisme	Code du tourisme
C. trav.	Code du travail
C. urb.	Code de l'urbanisme
D., DA, DC, DH, DP, DS	Recueil Dalloz, analytique, critique, hebdomadaire, périodique, Dalloz-Sirey
D., D.-L.	Décret, décret-loi
D. affaires	Dalloz affaires
déc.	décision(s)

Defrénois	Répertoire général du notariat
DMF	Droit maritime français
Dr. et patrimoine	Droit et patrimoine (remplace le *Journ. not.* depuis janvier 1993)
Dr. et ville	Droit et ville
Dr. eur. transp.	Droit européen des transports
Dr. fisc.	Droit fiscal
Dr. soc.	Droit social
Dr. sociétés	Droit des sociétés
Éco. et compt.	Économie et comptabilité
Gaz. Pal.	Gazette du Palais
Gaz. trib.	Gazette des tribunaux
Ibid., Ibidem	Au même endroit
Inf. chef entr.	Informateur du chef d'entreprise
infra	Voir plus loin
inf. rap.	Informations rapides
Instr., Instr. min.	Instruction, Instruction ministérielle
JCl. Civil, Com., Not.-Form., Not.-Rép., Pénal, Proc. pén., Proc. civ., Sociétés-Traité	JurisClasseur Civil, Commercial, Notarial-Formulaire, Notarial-Répertoire, Pénal, Procédure pénale, Procédure civile, Sociétés-Traité
JCP	JurisClasseur Périodique (Semaine juridique). Dans le présent code, la référence concerne toujours l'édition G (Général), N (Notarial et immobilière) ou CI (Commerce et Industrie) devenue E (Entreprise).
JDI	Journal de droit international privé (Clunet)
JO, JONC, rect.	Journal officiel, numéro complémentaire, rectificatif
Journ. agréés	Journal des agréés (Revue de jurisprudence commerciale)
Journ. des Audiences	Journal des Audiences
Journ. faillites	Journal des faillites
Journ. fonds de commerce	Journal des fonds de commerce
Journ. huissiers	Journal des huissiers
Journ. not.	Journal des notaires et des avocats ou Journal du notariat
Journ. soc.	Journal des sociétés
Journ. transp. int.	Journal des transports internationaux
Journ. trib. com.	Journal des tribunaux de commerce
JurisData	JurisData, banque de données juridiques
Juri-soc.	Juri-social (revue)
Jurispr. com.	Jurisprudence commerciale (revue)
Jurispr. gén.	Jurisprudence générale (revue)
L.	Loi
LPA	Les Petites affiches
LPF	Livre des procédures fiscales
Mod.	Modifié(e)
Mon. jud. Lyon	Moniteur judiciaire de Lyon
Obs.	Observations
Ord.	Ordonnance
préc.	Précité(e)
Quot. jur.	Quotidien juridique
Rappr.	Rapprocher
RD bancaire et bourse	Revue de droit bancaire et de la bourse
RD bancaire et fin.	Revue de droit bancaire et financier
RD imm.	Revue trimestrielle de droit immobilier
RD mar. comp.	*Revue de droit maritime comparé*
RD sanit. soc.	Revue de droit sanitaire et social
Rec. CE	Recueil des arrêts du Conseil d'État
Rec. gén. des Lois	Recueil général des Lois
Rec. soc. législ. comp.	Recueil de la société de législation comparée
Rect.	Rectificatif
Réf.	Référé
Règl.	Règlement
Rép. not.	Répertoire général du notariat-Defrénois (jusqu'en 1965)
Rev. algérienne de legisl.	Revue algérienne de législation
Rev. arb.	Revue de l'arbitrage
Rev. conc. consom.	Revue de la concurrence et de la consommation
Rev. crit. DIP	Revue critique de droit international privé
Rev. crit. législ. et jurispr.	Revue critique de législation et de jurisprudence
Rev. dr. trav.	Revue de droit du travail
Rev. fonds com.	Revue des fonds de commerce
Rev. gén. dr. com.	Revue générale de droit commercial
Rev. huissiers.	Revue des huissiers de justice
Rev. Lamy dr. aff.	Revue Lamy droit des affaires
Rev. loyers	Revue des loyers
Rev. proc. coll.	Revue des procédures collectives
Rev. sc. crim.	Revue de science criminelle
Rev. sociétés	Revue des sociétés
Rev. syndics	Revue des syndics
RF compt.	Revue française de comptabilité
RFDA	Revue française de droit administratif
RFD aérien	Revue française de droit aérien
RGAT	Revue générale des assurances terrestres
RIDA	Revue internationale du droit d'auteur
RID comp.	Revue internationale de droit comparé
RID éco.	Revue internationale de droit économique
RID pén.	Revue internationale de droit pénal
RJAL	Revue juridique d'Alsace-Lorraine
RJ com.	Revue de jurisprudence commerciale (Journal des agréés)
RJDA	Revue de jurisprudence de droit des affaires
RJEP	Revue juridique de l'entreprise publique
RTD civ.	Revue trimestrielle de droit civil
RTD com.	Revue trimestrielle de droit commercial
S.	Recueil Sirey
Sem. jur.	Semaine juridique (avant 1937)
somm.	Sommaire
supra	Voir plus haut
t.	Tome
TA	Tribunal administratif
TASS	Tribunal des affaires de sécurité sociale
T. civ.	Tribunal civil
T. confl.	Tribunal des conflits
T. corr.	Tribunal correctionnel
TGI	Tribunal de grande instance
TI	Tribunal d'instance
TJ	Tribunal judiciaire
TPI	Tribunal de première instance
V.	Voir
V°	Au mot
Vie jud.	La Vie judiciaire

Table des matières

CODE DE COMMERCE	ARTICLES	PAGES

CODE DE COMMERCE	ARTICLES	PAGES
Chapitre III – Dispositions d'adaptation du livre troisième	R. 953-1	2380
Chapitre IV – Dispositions d'adaptation du livre quatrième	R. 954-1 à R. 954-3	2380
Chapitre V – Dispositions d'adaptation du livre cinquième	D. 955-1 à R. 955-2	2381
Chapitre VI – Dispositions d'adaptation du livre sixième	R. 956-1 et R. 956-2	2381
Chapitre VII – Dispositions d'adaptation du livre septième	R. 957-1	2381
Chapitre VIII – Dispositions d'adaptation du livre huitième	R. 958-1 à R. 958-2	2381
TITRE VI – DISPOSITIONS SPÉCIFIQUES À SAINT-BARTHÉLEMY	R. 961-1 à R. 966-1	2381
Chapitre Ier – Dispositions d'adaptation du livre Ier	R. 961-1 et R. 961-1	2381
Chapitre II – Dispositions d'adaptation du livre II	R. 962-1	2382
Chapitre III – Dispositions d'adaptation du livre III	R. 963-1 et R. 963-2	2382
Chapitre V – Dispositions d'adaptation du livre V	R. 965-1	2382
Chapitre VI – Dispositions spécifiques au livre VI	R. 966-1	2382
TITRE VII – DISPOSITIONS SPÉCIFIQUES À SAINT-MARTIN	R. 971-1 à R. 976-1	2382
Chapitre Ier – Dispositions d'adaptation du livre Ier	R. 971-1	2382
Chapitre III – Dispositions d'adaptation du livre III	R. 973-1 et R. 973-2	2383
Chapitre VI – Dispositions spécifiques au livre VI	R. 976-1	2383
PARTIE ARRÊTÉS		2387
LIVRE PREMIER – DU COMMERCE EN GÉNÉRAL	A. 123-1 à A. 134-5	2389
TITRE PREMIER – DE L'ACTE DE COMMERCE		2389
TITRE II – DES COMMERÇANTS	A. 123-1 à A. 123-96	2389
Chapitre I – De la définition et du statut		2389
Chapitre II – Des commerçants étrangers		2389
Chapitre III – Des obligations générales des commerçants	A. 123-1 à A. 123-96	2389
Section préliminaire – Des centres de formalités des entreprises	A. 123-1 à A. 123-11-2	2389
Section I – Du registre du commerce et des sociétés	A. 123-12 à A. 123-80	2393
Sous-section 1 – Des personnes tenues à l'immatriculation	A. 123-12 à A. 123-27	2393
Sous-section 2 – De la tenue du registre et des effets attaches à l'immatriculation	A. 123-28 à A. 123-80	2395
Sous-section 3 – De la domiciliation des personnes morales immatriculées		2419
Sous-section 4 – De la publication d'avis relatifs à la société européenne		2419
Section II – De la comptabilité des commerçants	A. 123-80-1 à A. 123-80-8	2419
Sous-section 3 – Des activités commerciales et artisanales ambulantes	A. 123-80-1 à A. 123-80-8	2419

PARTIE LÉGISLATIVE

LIVRE PREMIER

DU COMMERCE EN GÉNÉRAL

TITRE PREMIER. – DE L'ACTE DE COMMERCE

Art. L. 110-1 *(Anc. C. com., art. 632 ; mod., Ord. n° 2009-866, 15 juill. 2009 ; L. n° 2013-100, 28 janv. 2013)*. **– La loi répute actes de commerce :**

1° Tout achat de biens meubles pour les revendre, soit en nature, soit après les avoir travaillés et mis en œuvre ;

2° Tout achat de biens immeubles aux fins de les revendre, à moins que l'acquéreur n'ait agi en vue d'édifier un ou plusieurs bâtiments et de les vendre en bloc ou par locaux ;

3° Toutes opérations d'intermédiaire pour l'achat, la souscription ou la vente d'immeubles, de fonds de commerce, d'actions ou parts de sociétés immobilières ;

4° Toute entreprise de location de meubles ;

5° Toute entreprise de manufactures, de commission, de transport par terre ou par eau ;

6° Toute entreprise de fournitures, d'agence, bureaux d'affaires, établissements de ventes à l'encan, de spectacles publics ;

7° Toute opération de change, banque, courtage, activité d'émission et de gestion de monnaie électronique et tout service de paiement ;

8° Toutes les opérations de banques publiques ;

9° Toutes obligations entre négociants, marchands et banquiers ;

10° Entre toutes personnes, les lettres de change.

11° *(11° créé à compter du 1er janvier 2022, Ord. n° 2021-1192, 15 sept. 2021)* **Entre toutes personnes, les cautionnements de dettes commerciales.**

Bibliographie : Calais-Auloy, *Grandeur et décadence de l'art. 632 C. com.*, in *Études à la mémoire de H. Cabrillac* 1968, p. 37. • B. Brignon, *Conséquences de la commercialité des actes : RTD com.* 2015, p. 671.

Voir : déc. et bibliographie citées sous art. L. 121-1, p. 18.

• *Sommaire*

1) Appréciation. La nature commerciale de l'acte s'apprécie à la date à laquelle il a été passé, peu important que son auteur ait perdu depuis lors la qualité de commerçant (▪ Cass. com., 12 mars 2013, n° 12-11.765 : *JurisData* n° 2013-004296 ; *Bull. civ.* IV, n° 34 ; *JCP* E 2013, 1454, n° 2, obs. Ph. Grignon).

I – ACTE DE COMMERCE PAR NATURE

A – Achat pour revendre

1° Art. L. 110-1, 1°

2) Pharmacien. Le pharmacien d'officine qui achète des médicaments fait des actes de commerce et est commerçant (▪ Cass. crim., 25 mai 1905 : *DP* 1905, 1, 399).

Le fonds du pharmacien demeure un véritable fonds de commerce (▪ Aix-en-Provence, 22 janv. 1947 : *JCP* CI 1947, II, 3876, note Savatier).

3) Dentiste. La profession de dentiste est une profession libérale qui devient commerciale s'il est mis en vente dans le public, en dehors de l'exercice effectif de l'art dentaire, des produits ou appareils s'y rapportant (▪ Cass. soc., 27 oct. 1938 : *DH* 1939, 5).

4) Édition. Le contrat d'édition est commercial à l'égard de l'éditeur (▪ Paris, 27 févr. 1968 : *D.* 1968, 375).

Le propriétaire d'un journal est un commerçant s'il ne rédige pas lui-même tous les articles et a recours à des collaborateurs qu'il rémunère (▪ T. civ. Seine, 11 août 1922 : *Gaz. Pal.* 1922, 2, 458), ou si la publicité insérée dans le journal n'a pas un caractère accessoire (▪ Colmar, 29 mai 1963 : *RJAL* 1964, 126. ▪ Cass. com., 9 nov. 1970 : *JurisData* n° 1970-097298 ; *Bull. civ.* IV, n° 298).

5) Spectacle. V. également annot. n° 46 et s., p. 9. Le caractère civil ou commercial de la production cinématographique dépend des circonstances particulières à chaque espèce (▪ Cass. civ., 10 nov. 1947 : *D.* 1948, 529, rapp. Lerebours-Pigeonnière).

Cette activité sera commerciale s'il n'y a pas un travail purement intellectuel consistant à créer quelque chose de nouveau, ou imprimant une impulsion personnelle (▪ Poitiers, 26 mars 1947 : *D.* 1947, 341).

2° Art. L. 110-1, 2°

6) Commercialité. Les opérations consistant à acheter un terrain, à le diviser en parcelles et à vendre celles-ci après avoir réalisé les équipements de voirie et d'assainissement nécessaires dans le respect de la réglementation d'urbanisme applicable, constitue une activité de nature commerciale (▪ Rouen, 22 nov. 1996 : *JCP* E 1996, pan. 461). L'entreprise de construction est commerciale s'il y a spéculation sur le terrain d'autrui et habitude professionnelle même en l'absence de fourniture de matériaux (▪ Cass. req., 20 oct. 1908 : *DP* 1909, 246). Accomplit un acte de commerce l'entreprise de travaux publics qui fournit les matériaux nécessaires à cette entreprise (▪ Cass. civ., 15 janv. 1900 : *DP* 1900, 97) ou l'entreprise de travaux et fournitures pour la construction de maisons (▪ Cass. civ., 3 avr. 1869 : *DP* 1869, 161).

7) Non-commercialité. L'achat de terrain et leur revente après construction n'est pas un acte de commerce (▪ Cass. com., 10 avr. 1975 : *JurisData* n° 1975-097090 ; *Gaz. Pal.* 1975, 2, 436. ▪ Cass. com., 13 nov. 2007, n° 06-17.823).

3° Exclusion

• **Activité agricole**

Voir : C. com., art. L. 721-6.

8) Accomplissent des *actes civils* :

– le propriétaire ou le fermier qui vend des produits provenant de la récolte (▪ Cass. civ., 30 nov. 1931 : *DH* 1932, 83) ;

– l'agriculteur qui vend des bestiaux provenant de son fonds (▪ Cass. crim., 27 juill. 1878 : *DP* 1879, 1, 389) ; de même un éleveur de veaux, dont on ignore l'importance des achats d'aliments pour bétail alors qu'il a une ferme susceptible de produire une majeure partie des aliments, ne peut être considéré comme commerçant, les activités qu'il exerce étant, de plus, civiles en vertu de l'article 2 de la loi du 30 décembre 1988 (▪ Rennes, 20 sept. 1989 : *JurisData* n° 1989-603506 ; *Gaz. Pal.* 1990, 1, 152, note J. Prévault ; *Rev. proc. coll.* 1991, 91, n° 1, obs. Calendini) ;

– le propriétaire qui transforme ses propres produits agricoles rentrant dans le cadre de l'activité agricole et restant donc une activité civile (▪ Cass. req., 17 mars 1913 : *S.* 1913, 1, 392, pour la transformation de cannes à sucre) ;

– les coopératives agricoles qui transforment les produits de leurs adhérents (▪ Cass. soc., 2 mars 1944 : *S.* 1946, 1, 47. ▪ Paris, 13 avr. 1970 : *Gaz. Pal.* 1970, 2, somm. 41).

Sur le plan fiscal, l'activité d'élevage est toujours agricole quelle que soit l'origine de l'alimentation (▪ CE, 6 févr. 1970 : *RTD com.* 1971, 275).

9) Accomplissent des *actes de commerce* :

– l'horticulteur qui vend des boutures racinées à partir de boutures achetées pour la plus grande part à l'extérieur (▪ Cass. com., 5 févr. 1979, n° 77-10.626 : *JurisData* n° 1979-097046 ; *Bull. civ.* IV, n° 46 ; *JCP* CI 1979, n° 7719, rejetant le pourvoi contre ▪ Aix-en-Provence, 3 sept. 1976 : *D.* 1978, 116, note Sortais) ou dont l'activité consistant en l'achat de plants pour revendre est infiniment supérieure à l'activité de vente des plantes cultivées directement (■ Cass. soc., 13 févr. 1959 : *Bull. civ.* IV, n° 220) ;

– le pépiniériste qui achète des plants et les revend immédiatement sans transformation appréciable (■ Paris, 2 déc. 1922 : *DP* 1923, somm. 1) ;

– l'agriculteur qui nourrit essentiellement ses animaux avec des produits achetés et, de manière générale, tout éleveur si les animaux sont nourris essentiellement avec des aliments achetés à l'extérieur de l'exploitation (■ Cass. com., 8 mai 1978, n° 76-13.034 : *JurisData* n° 1978-097133 ; *RTD com.* 1979, 87. ■ Cass. com., 23 mars 1981 : *JurisData* n° 1981-700821 ; *RTD com.* 1981, 515. ■ Cass. com., 17 févr. 1982, n° 80-10.786 : *JurisData* n° 1982-700862 ; *RTD com.* 1983, 58. ■ Cass. com., 23 févr. 1983, n° 81-16.572 : *JurisData* n° 1983-700437 ; *Bull. civ.* IV, n° 78. ■ Cass. com., 10 juill. 1985, n° 84-11.730 : *JurisData* n° 1985-702075 ; *Bull. civ.* IV, n° 210, rejetant le pourvoi contre ■ Rennes, 20 janv. 1984 : *JurisData* n° 1984-640119 ; *Gaz. Pal.* 13-14 avr. 1984, 219) ; le marchand de bestiaux radié du registre du commerce mais qui continuait à acheter de nombreuses bêtes et à accepter des traites (■ Cass. com., 23 mai 1966 : *RTD com.* 1966, 999. ■ Cass. com., 14 nov. 1972 : *JurisData* n° 1972-097291 ; *Gaz. Pal.* 1973, 1, 113) ; l'herbager qui était en réalité un marchand de bestiaux (■ Cass. com., 6 déc. 1965 : *RTD com.* 1966, 647) ;

– le propriétaire d'un fonds qui fait transformer et façonner les produits, en vue de leur vente, par une exploitation qui, en raison de son importance, est devenue commerciale et l'a obligé, en outre, à faire des actes de commerce répétés et habituels : l'activité de transformation doit être moins importante que l'exploitation agricole (■ Cass. req., 4 févr. 1925 : *DH* 1925, 138).

Mais, depuis l'article 2 de la loi n° 88-1202 du 30 décembre 1988 qui a introduit la notion de « cycle biologique de caractère végétal ou animal » (V. sous C. com., art. L. 620-2), V. ■ CE, 10 mars 1991 : *RTD com.* 1991, 375, obs. Derruppé, qui a décidé que l'achat de gibier pour le revendre après l'avoir rendu apte à la chasse est une activité agricole.

• **Activité artisanale**

Voir : sous art. L. 121-3, annot. n° 1 et s., p. 24.

• **Activités extractives**

10) Seule l'exploitation des mines est une activité commerciale (L. 9 sept. 1919 – C. minier, art. 23), ce qui exclut *a contrario* l'activité de recherche pour parvenir à l'exploitation d'une mine (■ Cass. req., 17 févr. 1930 : *Gaz. Pal.* 1930, 1, 746) et l'exploitation des carrières civiles (■ Cass. civ., 22 mai 1935 : S. 1935, 1, 307).

• **Activités libérales**

Voir : L. n° 2012-387, 22 mars 2012, art. 29, p. 13 cité sous l'art. L. 110-1.

11) Établissement d'enseignement. Les établissements d'enseignement privé ne font pas d'actes de commerce, même s'ils fournissent la pension en plus de l'instruction (■ Cass. civ., 20 avr. 1931 : *DH* 1931, 314).

12) Auto-école. L'activité d'auto-école est une activité civile (■ Cass. com., 5 nov. 1985, n° 83-10.481 : *JurisData* n° 1985-702930 ; *Bull. civ.* IV, n° 263 ; *RTD com.* 1986, 392 et les références. ■ Cass. com., 3 juin 1986, n° 85-10.095 : *JurisData* n° 1986-001119 ; *JCP* G 1986, IV, 234).

13) Dentiste. V. annot. n° 3, p. 4.

• **Coopératives de consommation et syndicats professionnels**

14) La commercialité supposant la recherche d'un bénéfice, ne font pas d'actes de commerce les coopératives de consommation qui vendent exclusivement à leurs adhérents des marchandises qu'elles achètent (■ Cass. civ., 22 nov. 1911 : S. 1911, 1, 5). Même solution pour un syndicat professionnel de commerçants (■ T. civ. Seine, 22 oct. 1934 : *DH* 1935, 30).

15) Un syndicat professionnel agricole, qui ferait des bénéfices en revendant à ses adhérents a la qualité de commerçant (■ Cass. crim., 29 mai 1908 : *DP* 1909, 251).

• **Cautionnement**

Bibliographie : V. Gourgues, *Cautionnement donné par les personnes « y ayant intérêt » et cautionnement indéterminé ; l'évolution jurisprudentielle en matière de cautionnement commercial et de cautionnement illimité* : *JCP* E 1990, II, 15731.

– Principe

16) Caractère civil. Le cautionnement est par nature un acte civil (■ Cass. com., 24 nov. 1966 : *JurisData* n° 1966-099452 ; *D.* 1967, 65. ■ Cass. com., 23 févr. 1988, n° 86-15.594 : *JurisData* n° 1988-000970 ; *Bull. civ.* IV, n° 78), même si l'obligation principale a une nature commerciale (■ Paris, 19 déc. 1979 : *Gaz. Pal.* 1981, somm. 83. ■ 16 juin 1993 : *D.* 1993, inf. rap. p. 213. ■ 25 janv. 1995 : *D.* 1995, inf. rap. p. 80).

– Exceptions

Bibliographie : V. Vincensini, *La qualification commerciale du cautionnement des dettes sociales : quelques signes d'une évolution jurisprudentielle bienvenue* : *LPA* 14 mai 2000, p. 15.

17) Règle de l'accessoire. Le cautionnement est un acte de commerce si la dette principale est de nature commerciale et si le créancier et la caution sont commerçants et que l'opération est conclue dans l'exercice ou pour l'intérêt du commerce de cette dernière (▪ Cass. com., 12 mai 1998 : *Bull. civ.* IV, n° 150. ▪ Cass. com., 11 déc. 1990, n° 89-15.048 : *JurisData* n° 1990-003277 ; *Bull. civ.* IV, n° 314).

A contrario, le cautionnement est un acte civil si, bien que donné entre commerçants, il est sans relation avec l'exercice ou l'intérêt du propre commerce (▪ Cass. com., 19 janv. 1993, n° 90-16.380 : *JurisData* n° 1993-000061 ; *Bull. civ.* IV, n° 21 ; *LPA* 31 mars 1993, note Vidal).

18) Intérêt personnel. Le cautionnement est un acte de commerce si la caution non commerçante a, en sa qualité par exemple de dirigeant social, un intérêt personnel (▪ Cass. com., 17 oct. 1977, n° 75-14.762 : *JurisData* n° 1977-097231 ; *D.* 1978, inf. rap. 90 ; *RTD com.* 1978, 91, obs. Derruppé. ▪ Cass. com., 16 juill. 1973, n° 72-11.043 : *JurisData* n° 1973-097245 ; *Bull. civ.* IV, n° 244. ▪ Cass. com., 29 janv. 1991, n° 89-14.162 : *JurisData* n° 1991-000356 ; *Bull. civ.* IV, n° 42. ▪ Cass. com., 15 oct. 1991, n° 88-15.626 : *JurisData* n° 1991-002494 ; *RJDA* 1/1992, n° 74. ▪ Paris, 3 mars 1995 : *D.* 1995, inf. rap. 142. ▪ Cass. com., 22 avr. 1997, n° 95-10.820 : *RJDA* 8-9/1997, n° 1077. ▪ Versailles, 23 oct. 1997 : *JurisData* n° 1997-047554 ; *RJDA* 2/1998, n° 214. ▪ Paris, 14 févr. 2001, n° 2000/19443 : *JurisData* n° 2001-142772 ; *RJDA* 8-9/2001, n° 908. ▪ Cass. com., 21 févr. 2006, n° 05-10.363 : *JurisData* n° 2006-032325 ; *JCP* E 2006, 1753, n° 2, obs. Simler ; *RJDA* 6/2006, n° 701. ▪ Versailles, 7 déc. 2006, n° 06/00274 : *RJDA* 4/2007, n° 397) ou un intérêt patrimonial direct dans l'entreprise financée (▪ Cass. com., 18 janv. 2000 : *RD bancaire et fin.* 2000, 297, n° 191, obs. Legeais et les nombreuses réf. citées). V. un arrêt qui a exigé que le garant participe de manière effective et concrète à la conduite de l'activité sociale (▪ Aix-en-Provence, 26 nov. 1998 : *JurisData* n° 1998-116878 ; *LPA* 24 mai 2000, p. 15, note Vincensini) ; ou lorsque l'acte de caution ne constitue pas un acte de bienfaisance (▪ Cass. req., 17 déc. 1934 : *S.* 1936, 1, p. 287. ▪ Paris, 23 janv. 1998, n° 96.12548 : *JurisData* n° 1998-020717 ; *JCP* E 1998, p. 1594, obs. Simler et Delebecque. – Mais V. ▪ Aix-en-Provence, 23 janv. 1998, n° 97/10390 : *JurisData* n° 1998-040181 ; *JCP* E 1998, p. 1594, obs. Simler et Delebecque).

A contrario, le cautionnement est un acte civil s'il est donné par un administrateur de société quand il n'a pas un intérêt personnel dans le prêt qu'il cautionne (▪ Cass. com., 24 nov. 1966 : *D.* 1967, 65. ▪ Cass. com., 7 juill. 1969, n° 68-12.804 : *D.* 1970, 14).

La seule qualité de dirigeant de fait présume parfois l'intérêt personnel (▪ Cass. com., 21 févr. 1964 : *Bull. civ.* III, n° 200. ▪ Cass. com., 7 juill. 1969 : *D.* 1970, 14).

La seule qualité d'associé ne suffit pas à établir l'intérêt personnel (▪ Cass. com., 11 janv. 1994, n° 92-10.241 : *JurisData* n° 1994-000065 ; *RJDA* 6/1994, n° 695. ▪ Paris, 2 juill. 1997 : *JurisData* n° 1997-612696 ; *RJDA* 11/1997, n° 1377. ▪ 25 janv. 1995 : *D.* 1995, inf. rap. 80, qui refuse le caractère commercial du cautionnement pour un associé détenant la moitié du capital d'une SARL ▪ Aix-en-Provence, 23 janv. 1998 : *JCP* E 1998, p. 1594, obs. Simler et Delebecque. – V. cependant, ▪ Cass. com., 4 juin 1973, n° 72-10.859 : *JurisData* n° 1973-097191 ; *Bull. civ.* IV, n° 191, qui retient le caractère commercial de l'acte donné par un associé qui possède dans la société une participation importante au capital. ▪ Cass. com., 11 juin 1976, n° 74-13.714 : *JurisData* n° 1976-097193 ; *Bull. civ.* IV, n° 193, qui retient le caractère commercial d'une caution donnée par la femme d'un gérant de SARL qui était elle-même porteur de parts ▪ Cass. com., 7 avr. 2004, n° 02-12.954 : qui retient le caractère commercial de l'acte de caution donné par les gérants du fait que ces derniers détenaient, avec leur épouse, la totalité des parts de la société, laquelle avait un caractère familial, l'un des gérants tirant ses revenus de son exploitation.

• **Cessions de parts ou d'actions de société**

19) Société civile. La cession de parts d'une société civile immobilière présente un caractère civil (▪ Cass. civ., 18 mai 1971 : *JCP* 1972, II, 16974).

20) Société commerciale. V. Paillusseau, *De la nature juridique du contrôle et de la cession de contrôle* : *JCP* G 1992, I, 3578. – Bertrel, *La commercialité de l'acquisition de contrôle* : *Dr. et patrimoine* janv. 2008, 30. V. déc. sous C. com., art. L. 721-3.

Les cessions de parts ou d'actions d'une société commerciale présente un caractère civil quand elles ne sont pas faites entre commerçants (▪ Cass. req., 26 déc. 1945 : *JCP* 1946, II, 3101. ▪ Cass. com., 5 déc. 1966 : *JurisData* n° 1966-700467 ; *D.* 1967, 409. ▪ Cass. com., 11 oct. 1971, n° 70-11.040 : *JurisData* n° 1971-097232 ; *Bull. civ.* IV, n° 231. – V. cpdt ▪ Amiens, 18 févr. 1959 : *D.* 1959, 320 et 7 juill. 1960 : *RTD com.* 1961, 53, qui assimilent la cession de parts sociales à la souscription qui elle, est considérée comme un acte de commerce, ▪ Cass. civ., 15 juill. 1863 : *S.* 1863, 1, 485 et ▪ Paris, 31 janv. 1908 : *DP* 1909, 2, 257).

Toutefois, la cession de parts sociales ou actions de sociétés commerciales présente un caractère commercial quand elles ont pour but d'assurer le contrôle de la société (▪ Cass. com., 28 nov. 1978 : *JurisData* n° 1978-700284 ; *Bull. civ.* IV, n° 284 ; *D.* 1980, 316. ▪ Cass. com., 3 janv. 1985, n° 83-15.520 : *JurisData* n° 1985-099738 ; *Gaz. Pal.* 1985, 2, pan. jurispr. 133. ▪ Cass. com., 19 nov.

1985, n° 84-13.768 : *JurisData* n° 1985-003115 ; *JCP* G 1986, IV, 45. ▪ Versailles, 12 juin 1984 : *JurisData* n° 1984-043030 ; *D.* 1987, inf. rap. 29, obs. Bousquet. ▪ Cass. com., 28 avr. 1987, n° 85-17.093 : *JurisData* n° 1987-000877 ; *Rev. sociétés* 1987, 391, note Bousquet. ▪ Cass. com., 5 mars 1991, n° 89-19.940 : *JurisData* n° 1991-000764 ; *RTD com.* 1991, 376, obs. Derruppé. ▪ Cass. com., 24 nov. 1992, n° 91-10.699 : *JurisData* n° 1992-002558 ; *Bull. civ.* IV, n° 367 ; *RD bancaire et bourse* 1993, 91, obs. Germain et Frison-Roche. ▪ Paris, 4 oct. 1991 : *JurisData* n° 1991-600611 ; *RTD com.* 1992, 391, obs. Champaud et Danet ; *Bull. Joly Bourse* 1991, 1135, obs. Le Cannu. ▪ Cass. com., 24 nov. 1992, n° 91-10.699 : *JurisData* n° 1992-002558 ; *Bull. Joly Bourse* 1993, 224, obs. Le Cannu. ▪ Cass. 1re civ., 6 déc. 1994, n° 92-21.213 : *JurisData* n° 1994-002878 ; *JCP* E 1995, I, 475, n° 6, obs. Viandier et Caussain. ▪ Cass. 1re civ., 26 mars 1996 : *JCP* E 1996, I, 589, n° 6, obs. Viandier et Caussain ; *ibid.*, II, 855, note Bonneau. ▪ Cass. com., 2 juill. 2002 : *RJDA* 5/2003, n° 501. ▪ Cass. com., 26 nov. 2006 : *RJDA* 5/2007, n° 489. ▪ Cass. com., 22 oct. 2014, n° 13-11.568, publié : *Rev. Lamy dr. civ.* 1/2015, p. 17, Le Galloux).

• Louage

21) Si la licence de brevet est un contrat de louage dont l'objet est une invention, la conclusion de ce type de contrat par un GIE titulaire d'un brevet qu'il a lui-même déposé ne constitue pas une entreprise de location de meubles au sens de l'article L. 110-1, 4° du Code de commerce (▪ Cass. com., 29 janv. 2020, n° 18-26.357).

B – Activités financières

1° Banque

22) Établissements de crédit mutualiste. V. Vallansan, *Observations sur le caractère commercial des banques mutualistes : RJ com.* 2002, 243. L'ouverture et le fonctionnement d'un compte sur un livret d'épargne par une caisse de crédit agricole mutuel constitue un acte de commerce (▪ Cass. com., 11 déc. 1973, n° 72-13.718 : *JurisData* n° 1973-098357 ; *Bull. civ.* IV, n° 357 ; *RTD com.* 1974, 317, obs. Cabrillac et Rives-Lange. – *Adde*, ▪ *Nancy, 12 mai* 1980 : *D.* 1981, inf. rap. 189, obs. Vasseur). De même pour le Crédit agricole dans sa pratique des opérations de banque (▪ Cass. com., 17 juill. 2001, n° 98-18.435 : *JurisData* n° 2001-010701 ; *Bull. civ.* IV, n° 142 ; *D.* 2001, p. 2409).

Les opérations de change, courtage, restent des actes de commerce au sens de l'article L. 110-1 même s'ils sont effectués par une caisse de crédit mutuel qui prétendait le contraire en invoquant l'absence de profit (▪ Cass. com., 24 janv. 1984, n° 82-11.740 : *JurisData* n° 1984-700371 ; *Bull. civ.* IV, n° 27 ; *D.* 1984, inf. rap. 262, obs. Vasseur ; *RTD com.* 1984, 471, obs. Derruppé, 487, obs. Alfandari et Jeantin, 703, obs. Cabrillac). Il en est de même des *opérations de banque* réalisées par une société civile à caractère coopératif et à forme mutualiste (▪ Bastia, 26 nov. 1992 : *D.* 1994, somm., p. 322, obs. Vasseur).

Lorsque les actes sont afférents à l'activité bancaire, la juridiction commerciale est compétente (▪ Cass. civ., 16 déc. 1980, n° 79-14.544 : *JurisData* n° 1980-715242 ; *Bull. civ.* I, n° 330. ▪ Cass. com., 10 mars 1998 : *RTD com.* 1998, 651, obs. Cabrillac).

L'exercice d'une activité commerciale par un établissement de crédit relevant du statut de la coopération n'est pas de nature à entraîner sa nullité (▪ Cass. com., 20 nov. 2007, n° 05-16.219 : *JurisData* n° 2007-041482 ; *Bull. civ.* IV, n° 246 ; *D.* 2008, pan. 872, obs. Synvet ; *RTD com.* 2008, 143, obs. Monsèrié-Bon ; *Bull. Joly Bourse* 2008, p. 203, note Le Cannu ; *JCP* E 2008, n° 44, p. 34, obs. Gros).

V. cependant ▪ Cass. 3e civ., 26 janv. 1982, n° 80-12.327 : *JurisData* n° 1982-700150 ; *Rev. loyers* 1982, 196, note J.V. ; *RTD com.* 1982, 397, qui décide qu'une caisse de Crédit agricole est une société civile à caractère coopératif et à forme mutualiste dont les opérations ne relèvent pas en raison du but non lucratif de l'établissement, du commerce de banque en ce sens qu'elles ne tendent pas à réaliser des bénéfices par spéculation sur l'argent et le crédit. Toutefois, la loi du 20 juillet 1983 complétant l'article 2 du décret du 30 septembre 1953, reconnaît le bénéfice de la propriété commerciale aux sociétés coopératives de crédit.

23) Banque de France. La juridiction administrative est incompétente pour les rapports entre les particuliers et la Banque de France qui sont de même nature que ceux des autres banques avec leurs clients (▪ CE, sect. cont., 24 mai 1957 : *Gaz. Pal.* 1957, 2, 201).

24) CCP. Les opérations bancaires accomplies par les centres de chèques postaux ne sont pas des actes de commerce car il n'y a pas recherche d'un profit (▪ Cass. com., 20 oct. 1981, n° 80-10.482 : *JurisData* n° 1981-703049 ; *Bull. civ.* IV, n° 367).

Il en est de même lorsque l'État, intervenant pour aider des entreprises en difficulté, s'engage dans des opérations assimilables à des opérations de banque, car il agit dans l'intérêt général qui s'attache au maintien et au développement de l'activité (▪ Paris, 10 juill. 1986 : *JurisData* n° 1986-024553 ; *RJ com.* 1987, 17, note Gallet ; *Gaz. Pal.* 1986, 2, 641).

25) Opérations particulières. L'ouverture de crédits faite à un non-commerçant reste une opération civile à l'égard du bénéficiaire (▪ Cass. civ., 13 mai 1997, n° 95-14.425 : *RJDA* 10/1997, n° 1290 ; *RTD com.* 1997, 427, obs. Derruppé ; *Defrénois* 1998, 664, obs. Honorat et Hovasse, pour la femme d'un commerçant qui avait financé l'achat du fonds de commerce de son mari. ▪ Cass. com., 15 nov. 2005, n° 97-20.832 : *JurisData* n° 2005-030741 ; *JCP* E 2005, pan. 1865 ; *JCP* E 2006, 1385, note Reifegerste ; *D.* 2006, p. 229, obs. Chevrier) mais un acte de commerce au sens de l'article L. 110-1 pour celui qui la consent (▪ Cass. com., 12 nov. 1974 : *JurisData* n° 1974-097282 ; *Banque* 1975, 434). L'indemnisation des clients d'une banque en règlement judiciaire réalisée par une association civile à caractère syndical n'est pas une opération bancaire, donc n'est pas un acte de commerce (▪ Cass. com., 20 mai 1986, n° 84-14.722 : *JurisData* n° 1986-000979 ; *Bull. civ.* IV, n° 94).

Le notaire qui reçoit des fonds de ses clients moyennant paiement d'un intérêt et qui emploie ces sommes à des prêts moyennant intérêt fait des actes de commerce (▪ Cass. com., 2 févr. 1970 : *JurisData* n° 1970-097036 ; *JCP* 1970, II, 16313, note J. A. ; *RTD com.* 1970, 671, obs. Jauffret).

2° Opérations de bourse

26) Spéculation. Les opérations de bourse sont des actes de commerce en fonction de leur importance et de leur multiplicité (▪ Cass. civ., 30 juill. 1912 : *DP* 1914, 1, 86. ▪ Paris, 16 juin 1964 : *RTD com.* 1965, 357 ; *RJ com.* 1965, 99. ▪ Paris, 17 juin 1971 : *JCP* 1971, II, 16817). Si les opérations de Bourse ne sont pas nécessairement par elles-mêmes des actes de commerce, elles peuvent revêtir ce caractère en raison des circonstances et du but dans lesquels elles ont eu lieu (▪ Cass. req., 9 juin 1942 : *Gaz. Pal.* 1942, 258). Une opération de bourse constitue un acte de commerce si l'achat de valeurs est faite dans le seul but de revendre avec bénéfice (▪ Colmar, 16 juin 1982 : *JurisData* n° 1982-043895 ; *Gaz. Pal.* 1983, 1, somm. 114). Sur la qualité de commerçant du spéculateur d'habitude en bourse qui ne justifie d'aucune autre activité ni d'une situation de fortune qui lui aurait permis de spéculer uniquement en vue de la fructification de ses capitaux (ici il y a spéculation et non placement, ▪ Paris, 13 janv. 1976 : *JCP* 1977, II, 18576).

Le critère de commercialité est le même pour les *opérations portant sur des marchandises* (▪ Cass. req., 29 oct. 1929 : S. 1930, 1, 16. ▪ Paris, 17 juin 1971 : *D.* 1971, 620).

C – Opérations d'entremise

1° Courtage

27) Acte isolé. Le courtage est toujours commercial même effectué à titre isolé ; pour une opération d'intermédiaire dans une vente immobilière faite par un huissier (▪ Cass. civ., 21 oct. 1968 : *JurisData* n° 1968-700240 ; *D.* 1969, 82).

28) Courtage matrimonial. Sur le caractère commercial du courtage matrimonial (▪ Cass. com., 11 oct. 1982, n° 80-14.900 : *JurisData* n° 1982-702282 ; *Bull. civ.* IV, n° 299. ▪ Cass. com., 3 avr. 1984, n° 82-16.115 : *JurisData* n° 1984-700741 ; *Bull. civ.* IV, n° 122. – *Contra* ▪ Cass. com., 19 juin 1978 : *JCP* G 1978, IV, 261 ; *JCP* CI 1978, 7197).

29) Apparence. Sur la qualité de commerçant de celui qui a pris les apparences d'un courtier d'assurance (▪ Cass. com., 13 nov. 1978, n° 77-14.169 : *Bull. civ.* IV, n° 258).

2° Assurance

30) Principe. Sur le caractère commercial des opérations d'assurance (▪ Cass. civ., 8 avr. 1828 : *Journ. Audiences* 1828, 1, 204. ▪ Cass. com., 13 nov. 1978 : *Bull. civ.* IV, n° 258 ; *Gaz. Pal.* 1979, 1, pan. jurispr. 139 ; *JCP* G 1979, IV, 28).

31) Exception. Sur le caractère civil des opérations d'assurance mutuelle car elles ne permettent pas la réalisation de bénéfice (▪ Paris, 2 mars 1974 : *RTD com.* 1975, 266, obs. Jauffret. ▪ Paris, 26 févr. 1982 : *JurisData* n° 1982-024418 ; *D.* 1983, 297. ▪ Cass. 1re civ., 22 oct. 1996, n° 94-14.191 : *RTD com.* 1997, 85, obs. Derruppé).

D – Actes faits en entreprise

1° Domaine légal

• Location

32) Location de meubles. La location de meubles est commerciale mais la location d'un immeuble est une activité civile (▪ Cass. civ., 30 avr. 1940 : *Gaz. Pal.* 1940, 2, 25. – V. cpdt pour la location d'emplacements destinés au garage des automobiles, qui sont des constructions en dur non démontables, à des particuliers qui constituent une clientèle, ▪ Cass. 3e civ., 30 oct. 1984, n° 83-11.178 : *JurisData* n° 1984-702261 ; *Bull. civ.* III, n° 178 ; *RTD com.* 1985, 505, obs. Derruppé), sauf si les prestations de service étaient fournies dans les lieux loués (▪ Cass. 3e civ., 10 févr. 1999, n° 97-13.449 : *JurisData* n° 1999-000657 ; *RTD com.* 1999, 363, obs. Derruppé).

La location en « meublé » est une activité civile (▪ Paris, 24 févr. 1877 : *DP* 1878, 5) ainsi que la location en « garni » (▪ Cass. civ., 30 avr. 1862 : *DP* 1862, 1, 351).

33) Sous-location. Est commerciale non seulement l'entreprise qui achète pour louer, mais *également celle qui loue en vue de sous-louer* (▪ T. com. Nantes, 9 mars 1905 : *DP* 1905, 5, 1. – V. pour le caractère commercial de l'activité d'exploitation d'un terrain de camping, ▪ Cass. soc., 13 nov. 1980, n° 79-14.787 : *JurisData* n° 1980-755325 ; *Bull. civ.* V, n° 816 ; *RTD com.* 1981, 516, obs. Derruppé).

• **Commission**

34) Sur la distinction entre le commissionnaire qui agit en son nom propre et le représentant de commerce qui n'est pas un commerçant parce qu'il agit au nom d'autrui (■ Cass. com., 2 nov. 1954 : *Gaz. Pal.* 1955, 1, 5 ; *JCP* 1974, II, 4706, note Hémard).

Voir : L. 132-1, p. 64.

• **Transport**

35) Taxi. Ne sont pas commerçants mais artisans les chauffeurs de taxi indépendants qui exploitent une seule voiture et dont le travail manuel constitue la source principale de leurs revenus (■ Aix-en-Provence, 6 juin 1961 : *RTD com.* 1961, 883. ■ Cass. com., 4 déc. 1968 : *Bull. civ.* IV, n° 345).

• **Agence et bureau d'affaire**

– **Entreprises visées**

36) Celui chargé habituellement de gérer les affaires d'autrui moyennant salaire, en recouvrant les créances litigieuses ou non, et en procédant au règlement de liquidations d'actifs (■ Cass. com., 2 avr. 1973, n° 72-11.254 : *JurisData* n° 1973-097145 ; *Bull. civ.* IV, n° 145. – *Adde*, ■ Cass. com., 25 avr. 1967, n° 65-12.328 : *Bull. civ.* III, n° 167).

37) Celui qui emploie un nombreux personnel et dont l'entreprise a pour objet la fourniture à autrui de services de tiers (■ Cass. com., 18 janv. 1966 : *JurisData* n° 1966-700034 ; *JCP* 1966, II, 14714) ou le cabinet d'expertise industrielle qui a pour objet de fournir à autrui les services de tiers (■ Cass. com., 2 déc. 1969, n° 67-14.323 : *JurisData* n° 1969-097359 ; *Bull. civ.* IV, n° 359).

38) L'organisation et la surveillance de travaux pour des tiers (■ Cass. com., 10 mai 1967, n° 64-11.464 : *Bull. civ.* III, n° 190).

39) Les agences de voyages (■ Cass. req., 14 nov. 1939 : *DH* 1940, 75. ■ Cass. com., 8 juill. 1969 : *JCP* 1970, II, 16155 *bis*).

40) Les agents immobiliers (■ Cass. req., 8 nov. 1876 : *DP* 1877, 1, 184), de promotion immobilière (■ Paris, 29 janv. 1978 : *RJ com.* 1968, 158) ou celui qui, possédant un cabinet ouvert au public et faisant appel à la clientèle, se livre à des opérations de gérance d'immeuble (■ CE, 4 juill. 1924 : *DP* 1925, 3, 12).

41) Le généalogiste (■ Paris, 1er mai 1937 : *DH* 1937, 368).

42) L'expertise immobilière présentant un caractère habituel et lucratif (■ Cass. com., 5 oct. 2006, n° 04-20.039 : *JurisData* n° 2006-036343 ; *JCP* E 2008, 1011, note Grimonpez).

43) Les prestations réalisées par une association tenant à la délivrance d'agréments et contrôle du respect de la viande halal moyennant paiement de redevances par ses agréés (■ CA Versailles, 8 janv. 2013, n° 11/09344).

– **Entreprises exclues**

44) La société des auteurs (■ Cass. civ., 8 déc. 1913 : *Gaz. Pal.* 1914, 1, 93) et la SACEM, société civile et organisme professionnel d'auteurs (■ Cass. com., 5 nov. 1985 : *Bull. civ.* IV, n° 263).

45) L'activité de consultations et visites aux fins de donner des conseils et directives, sans gestion des affaires d'autrui ni fourniture matérielle quelconque, ni mise à disposition temporaire de main-d'œuvre (■ Cass. 3e civ., 5 mars 1971, n° 69-13.118 : *JurisData* n° 1971-098168 ; *JCP* G 1971, IV, 97).

46) Les agents d'assurances qui ne font pas, fût-ce accessoirement, d'opérations en leur nom personnel (■ Lyon, 19 févr. 1935 : *DH* 1935, 219. – *Adde*, ■ Cass. civ., 31 juill. 1934 : *Gaz. Pal.* 1934, 2, 678).

– **Entreprises de spectacles publics**

47) L'organisateur de spectacles payants qui engage une troupe, achète des décors et des costumes, recherche des salles pour le spectacle, frète des camions pour transporter son personnel et son matériel (■ Cass. com., 7 mars 1972, n° 70-10.563 : *JurisData* n° 1972-097081 ; *Bull. civ.* IV, n° 81).

De même, l'organisateur de spectacles forains (■ Cass. com., 13 mai 1970 : *JurisData* n° 1970-097158 ; *D.* 1970, 644), sportifs (■ Paris, 26 juin 1954 : *D.* 1954, 684) ou de concerts (■ Paris, 19 juin 1934 : *Gaz. Pal.* 1934, 2, 441).

48) L'exploitation des théâtres (■ Cass. crim., 23 oct. 1909 : *S.* 1910, 216 pour l'Opéra-Comique).

49) L'exploitant des grottes aménagées dans un but touristique (■ Cass. com., 13 févr. 1962, n° 57-12.017 : *Gaz. Pal.* 1962, 1, 394) ou d'une salle de cinéma en vue de réaliser des bénéfices, avec projections de films régulières, habituelles, payantes et ouvertes au public (■ Cass. com., 11 juill. 1984, n° 83-11.835 : *JurisData* n° 1984-701124 ; *Bull. civ.* IV, n° 229).

50) Mais il faut que le spectacle ait pour objet la réalisation d'un bénéfice, quelle qu'en soit d'ailleurs l'affectation (■ Cass. crim., 29 nov. 1949 : *D.* 1950, 1, note A.L.P. ■ CE, 1er mars 1950 : *D.* 1950, 487. ■ Cass. com., 11 juill. 1984 : *Bull. civ.* IV, n° 229.

V. cependant ■ Cass. com., 13 mai 1970 : *JurisData* n° 1970-097158 ; *D.* 1970, 644 : n'a pas de caractère commercial une association qui organise des bals publics payants à titre occasionnel et qui en verse les profits à une œuvre charitable). N'a pas de caractère commercial un syndicat d'initiative d'une ville qui organise une représentation isolée dans un but de propagande touristique sans esprit de lucre (▪ Amiens, 12 mars 1935 : *DH* 1935, 291).

2° Extensions jurisprudentielles

51) Cliniques (▪ Cass. civ., 12 nov. 1923 : *S.* 1925, 1, 153. ▪ Paris, 13 févr. 1964 : *RTD com.* 1964, 387).

52) Entreprises de construction de travaux publics (▪ Cass. civ., 3 févr. 1902 : *DP* 1902, 1, 294).

53) Activités hôtelières (▪ Paris, 21 nov. 1812 : *Dalloz jurispr. gén., V° Actes de commerce*, n° 130 « La personne qui tient en son nom un hôtel garni est réputée marchande publique »). Le problème se présente dans les mêmes termes pour les cafés ou restaurants ; de même l'exploitation d'un cercle a pour objet une exploitation commerciale (▪ Paris, 5 janv. 1888 : *DP* 1889, 2, 140).

54) Entreprises de personnel temporaire (▪ Cass. com., 18 janv. 1966 : *JCP* 1966, II, 14714).

55) Entreprises de pompes funèbres dans le cadre d'une entreprise de fournitures (▪ Paris, 3 mai 1881 : *DP* 1881, 2, 193).

56) Expert en diagnostic immobilier dès lors que cette activité est exercée à titre habituel et lucratif (▪ Cass. com., 5 déc. 2006, n° 04-20.039 : *JurisData* n° 2006-036343 ; *RJDA* 4/2007, n° 419 ; *D.* 2007, p. 89, obs. Chevrier).

57) Entreprises de publicité et d'information (▪ Cass. com., 9 nov. 1970 : *JurisData* n° 1970-097298 ; *Gaz. Pal.* 1971, 1, 126).

Pour un journal dans lequel sont insérées des publicités – et sur le caractère habituel et principal ou non de ces insertions – ou lorsque le journal avait notamment pour but l'exploitation des annonces et réclames (▪ Cass. civ., 23 mai 1870 : *D.* 1870, 135).

Un journal exploite une activité commerciale si en dehors de quelques articles rédigés par l'auteur, le nombre des annonces dépasse celui des articles rédactionnels (▪ Colmar, 29 mai 1963 : *RJAL* 1964, 126).

II – ACTES DE COMMERCE PAR LA FORME

A – Lettre de change

58) Lettre de change. Tout signataire d'une lettre de change fait un acte de commerce même s'il n'est pas commerçant quelle que soit la cause de l'engagement (▪ Cass. civ., 12 mai 1909 : *S.* 1910, 24. ▪ TI Nîmes, 26 nov. 1974 : *JCP* G 1975, IV, 6485 ; *RTD com. 1975, 265, obs. Jauffret*).

Il en est ainsi pour le tiré accepteur (▪ Cass. com., 5 déc. 1949 : *JCP* 1950, II, 5828. ▪ Orléans, 17 déc. 1964 : *D.* 1965, 330) ; pour l'endosseur (▪ Cass. civ., 21 févr. 1814 : *Dalloz, jurispr. gén., V° Actes de commerce*, n° 260).

Pour le donneur d'aval, même s'il a été donné par une personne non commerçante (▪ Cass. com., 28 oct. 1969, n° 68-10.145 : *Banque* 1970, 706, rejetant le pourvoi contre ▪ Poitiers, 10 oct. 1967 : *Banque* 1969, 61, obs. Marin. – *Adde*, ▪ Cass. com., 17 juill. 1984 : *JCP* G 1984, IV, 309).

Et ceci même si l'aval a été donné par acte séparé (▪ Douai, 5 janv. 1939 : *Gaz. Pal.* 1939, 1, 640).

59) Billet à ordre. Mais en signant des billets à ordre pour le règlement d'un prêt à lui consenti pour l'achat d'un fonds de commerce, l'acquéreur fait des actes de commerce bien que le billet à ordre ne soit pas commercial par la forme (▪ Paris, 18 mai 1957 : *D.* 1957, somm. 111).

Ou quand les billets souscrits par un commerçant se rattachent à une convention dont l'objet final est un intérêt commercial (▪ Cass. req., 27 nov. 1906 : *DP* 1908, 1, 215).

L'aval donné sur un billet à ordre est commercial si la cause en est commerciale (▪ Douai, 31 juill. 1913 : *DP* 1914, 2, 1, note Percerou, pour un aval donné par l'époux d'un commerçant pour des billets souscrits pour les besoins de son commerce).

60) Warrants agricoles. Celui qui exerce une activité commerciale ne peut valablement consentir des warrants agricoles (▪ Cass. com., 3 mars 1969, n° 67-10.218 : *Bull. civ.* IV, n° 80).

61) Chèque. Le simple fait du règlement par un chèque ne saurait à lui seul justifier la compétence commerciale (▪ Colmar, 27 mars 1977 : *RJAL* 1977, 187).

B – Sociétés commerciales par la forme

62) Les sociétés répertoriées à l'article L. 210-1, alinéa 2 du Code de commerce sont toujours commerciales même si leur activité est civile (▪ Cass. com., 18 févr. 1975, n° 73-14.763 : *JurisData* n° 1975-097048 ; *Bull. civ.* IV, n° 48, pour des sociétés anonymes d'expertise comptable).

Sur le caractère civil ou commercial des cessions de parts ou d'actions de sociétés commerciales, V. annot. n°s 19 et s., p. 6.

Sur la commercialité par accessoire des opérations accomplies par les sociétés commerciales, V. annot. n°s 64 et s., p. 11.

III – ACTES DE COMMERCE PAR ACCESSOIRE

A – Domaine contractuel

1° Généralités

63) Commerçant. Les contrats passés par un commerçant sont présumés commerciaux. Il en est ainsi pour le contrat de mandat donné par un commerçant à un agent d'affaires pour lui procurer un fonds de commerce (▪ Cass. req., 12 déc. 1911 : *DP* 1913, 1, 129) ; le contrat d'assurances souscrit par un commerçant pour les besoins de son commerce (▪ Cass. civ., 24 janv. 1865 : *DP* 1865, 1, 72) ; l'emprunt fait à un commerçant dans l'intérêt de son commerce (▪ Cass. civ., 30 juill. 1907 : *DP* 1908, 1, 61. – (▪ Cass. req., 31 oct. 1922 : *S.* 1924, 1, 22) ; le contrat de travail conclu entre un commerçant et son préposé (▪ Cass. civ., 11 avr. 1923 : *DH* 1928, 138. ▪ Cass. soc., 9 févr. 1962 : *Gaz. Pal.* 1962, 1, 350).

64) Non-commerçant. Un acte accompli par un non-commerçant devient un acte de commerce lorsqu'il est passé dans le but d'exercer le commerce et qu'il est indispensable à l'exercice de celui-ci (▪ Cass. com., 13 mai 1997, n° 95-10.879 : *Bull. civ.* IV, n° 124 ; *Defrénois* 1998, 664, obs. Honorat et Hovasse).

L'achat par un particulier d'une installation photovoltaïque est commercial si l'installation n'est pas principalement destinée à un usage personnel (▪ Cass. 1re civ., 25 févr. 2016, n° 15-10.735, publié).

65) Société à forme commerciale. V. également C. com., art. L. 721-3. Les actes accomplis par des sociétés commerciales par leur forme, et quel que soit leur objet, même civil, ont le caractère commercial lorsqu'ils sont accomplis à l'occasion et pour les besoins du commerce (▪ Cass. com., 26 oct. 1983, n° 82-13.752 : *JurisData* n° 1983-702395 ; *JCP* E 1984, I, 13003). Tel est le cas de la constitution d'un gage (▪ Paris, 1er févr. 1936 : *DP* 1936, 2, 73) ; des emprunts contractés par une société anonyme pour les besoins de son industrie (▪ Cass. civ., 17 juin 1907 : *DP* 1909, 1, 413 ; des dettes contractées par une société anonyme à l'occasion de son activité (▪ Cass. com., 3 janv. 1956 : *JCP* 1956, II, 9232) ; du bail conclu par une société anonyme pour loger un de ses dirigeants (▪ Cass. soc., 8 févr. 1961, n° 58-40.808 : *D.* 1961, 219. ▪ Cass. 3e civ., 18 mars 1974, n° 73-10.144 : *JurisData* n° 1974-098130 ; *Bull. civ.* III, n° 130) ; du mandat donné par une SARL à son gérant (▪ Cass. crim., 1er févr. 1972 : *JurisData* n° 1972-095038 ; *JCP* 1973, II, *17304) ; du contrat conclu* par une société anonyme d'expertise comptable (▪ Cass. com., *18 févr. 1975* : *Bull. civ.* IV, n° 48).

Sur la reconnaissance de la compétence commerciale pour un acte qui n'est pas commercial par nature, ni fait par un commerçant, en vertu de l'apparence (▪ Rouen, 16 janv. 1959 : *D.* 1960, 177).

2° *Actes particuliers*

• Garanties

66) Cautionnement. V. annot. n° 16 et s., p. 5.

67) Gage. La nature civile ou commerciale de la dette garantie détermine la nature de la constitution du gage, même si celui-ci est consenti par un non-commerçant (▪ Cass. com., 11 juin 1974, n° 73-10.597 : *JurisData* n° 1974-097190 ; *Bull. civ.* IV, n° 190. – V. aussi ▪ Cass. com., 8 févr. 1962 : *Bull. civ.* III, n° 72. ▪ TGI Strasbourg, 22 avr. 1975 : *RTD com.* 1975, 532, obs. Hémard. ▪ Cass. com., 9 mai 2001, n° 98-10.333 : *JurisData* n° 2001-009591 ; *RJDA* 10/2001, n° 1035 ; *JCP* E 2001, p. 1858, n° 16, obs. Delebecque).

• Opérations sur le fonds de commerce

68) Achat. L'achat d'un fonds de commerce est commercial s'il est fait par un futur commerçant en vue de son exploitation (▪ Cass. civ., 19 nov. 1924 : *DP* 1926, 1, 138. ▪ Cass. com., 15 oct. 1958 : *Bull. civ.* III, n° 269. ▪ Cass. com., 13 mai 1997 : *Bull. civ.* IV, n° 124 ; *Defrénois* 1998, 664, obs. Honorat et Hovasse. ▪ Cass. com., 15 nov. 2005, n° 97-20.832 : *JurisData* n° 2005-030741 ; *RJDA* 4/2006, n° 451).

69) Vente. La vente de son fonds de commerce par le commerçant qui l'exploitait constitue pour ce dernier un acte de son activité professionnelle (▪ Cass. com., 13 juin 1989, n° 87-12.651 : *JurisData* n° 1989-001840 ; *D.* 1989, inf. rap. 195. ▪ Cass. com., 17 mars 1992, n° 90-10.694 : *JurisData* n° 1992-000662 ; *Bull. civ.* IV, n° 121 ; *RTD com.* 1993, 147, obs. Bouloc).

En revanche, la vente d'un fonds échu par succession à un non-commerçant n'est pas un acte de commerce (▪ Paris, 29 janv. 1909 : *Gaz. trib.* 1909, 2, 68).

70) Location. La location comme l'achat d'un fonds de commerce sont des opérations commerciales parce que chacune des parties fait un acte de la profession de commerçant (▪ Paris, 13 mars 1953 : *Gaz. Pal.* 1953, 1, 265. ▪ 27 nov. 1962 : *D.* 1963, 49).

Mais si le bailleur n'exploitait pas le fonds qu'il a donné en location-gérance, l'acte reste civil à son égard (▪ Bordeaux, 10 mai 1966 : *D.* 1966, 422).

71) Promesse. La promesse d'achat d'un fonds de commerce est un acte de commerce au sens de l'article L. 110-1 du Code de commerce (▪ Cass. com., 19 juin 1972 : JurisData n° 1972-097196 ; JCP 1973, II, 17356, obs. J. Calay-Auloy ; *RTD civ.* 1973, 392, obs. P. Hébraud ; *RTD com.* 1973, 61, obs. Jauffret. ▪ Cass. com., 13 juin 1989 : *D.* 1989, inf. rap. 195 ; *RTD com.* 1989, 457, obs. Derruppé) ; de même que la promesse de vente (▪ Cass. com., 8 janv. 1991, n° 88-17.227 : *JurisData* n° 1991-000032 ; *Bull. civ.* IV, n° 23 ; *RTD com.* 1991, 565, obs. Derruppé).

72) Prêt. Un prêt lié à la vente d'un fonds de commerce est comme celui-ci un acte de commerce (▪ Cass. 1re civ., 12 nov. 1986 : *Gaz. Pal.*

1986, pan. jurispr. 274) ; il en va de même d'un prêt lié à l'achat à condition qu'il soit passé dans le but d'exercer un commerce et qu'il soit indispensable à l'exercice de celui-ci (■ Cass. com., 13 mai 1997, n° 94-20.772 : *JurisData* n° 1997-002078 ; *RJDA* 10/1997, n° 1290 ; *RTD com.* 1997, 427, obs. Derruppé). La production en vue de la vente habituelle d'électricité étant un acte de commerce, le contrat de crédit conclu pour financer l'acquisition et l'installation de panneaux photovoltaïques est un acte de commerce accessoire à l'opération de production et revente de l'électricité (■ CA Bordeaux, 24 nov. 2016, n° 16/02868).

• Opérations sur les immeubles

73) Constitution ou transmission de droits réels immobiliers. Les actes de constitution et de transmission des droits réels immobiliers demeurent civils ; ainsi le commerçant qui achète un immeuble pour s'y installer ne fait pas un acte de commerce (■ Paris, 22 avr. 1950 : *Gaz. Pal.* 1950, 2, 367. ■ Nancy, 30 juin 1960 : *D.* 1960, 678. ■ Cass. com., 21 oct. 1963 : *JCP* 1964, II, 13519).

Ce sont les règles de preuve du Code civil qui s'appliquent en matière de vente immobilière (■ Cass. 3e civ., 14 juin 1989, n° 87-14.088 : *JurisData* n° 1989-702358 ; *Gaz. Pal.* 1989, 2, pan. jurispr. 141).

74) Bail. Le bail, acte civil, devient commercial lorsqu'il est conclu par un commerçant pour les besoins de son commerce (■ Cass. com., 14 févr. 1956 : *JCP* 1956, II, 9375, réaffirmé par ■ Cass. com., 25 avr. 1983 : *JurisData* n° 1983-700889 ; *Bull. civ.* IV, n° 122) ou lorsque, joint à la vente ou à la location d'un fonds de commerce, il prend le même caractère que l'ensemble de l'opération dont il est l'accessoire (■ Cass. req., 23 mars 1891 : *DP* 1891, 485. ■ Montpellier, 10 oct. 1951 : *Gaz. Pal.* 1951, 2, 324).

De même, sera commerciale l'opération qui consiste pour un commerçant à donner un immeuble en location afin d'obtenir des ressources nécessaires à son activité principale (■ Paris, 28 mai 1945 : *DP* 1945, 341).

L'action en paiement des loyers contre le commerçant sera de la compétence des tribunaux de commerce sauf si le litige est relatif aux baux commerciaux qui restent de la compétence des tribunaux civils (■ Cass. civ., 18 mars 1974, n° 73-10.144 : *JurisData* n° 1974-098130 ; *Bull. civ.* III, n° 130).

B – Domaine extracontractuel

75) Extension de la théorie de l'*accessoire aux obligations qui se forment sans convention* lorsqu'elles dérivent de faits qui, commis par le commerçant lui-même ou des personnes dont il doit répondre, se rattachent à l'exercice de son commerce ou de son industrie (arrêt de principe ■ Cass. req., 11 juill. 1900 : *DP* 1900, 1, 508).

1° *Délits et quasi-délits*

• *Responsabilité du fait personnel*

76) Principe. Les actes accomplis par un commerçant sont présumés commerciaux même quand il s'agit de quasi-délits (■ Cass. civ., 17 juill. 1962 : *Bull. civ.* II, n° 598).

La commercialité d'un délit ou d'un quasi-délit ne saurait être déterminée à partir de la qualité du créancier d'une obligation (■ Paris, 6 mai 1932 : *Gaz. Pal.* 1932, 2, 298). La faute commise contre un commerçant est commerciale si elle se rattache par un lien direct et immédiat à l'exercice de son commerce (■ Cass. civ., 9 déc. 1901 : *DP* 1902, 311. ■ 25 févr. 1924 : *D.* 1925, 1, 188).

Pour une appréciation large du lien qui rattache l'obligation ou la créance à l'exercice du commerce (■ Cass. req., 21 juill. 1936 : *Gaz. Pal.* 1936, 2, 609).

77) Illustrations. Sur le caractère commercial d'obligations prenant leur source dans des actes de concurrence déloyale (■ Cass. req., 3 janv. 1872 : *D.* 1872, 303). Il en est de même que l'acte de concurrence déloyale soit commis par un dirigeant de société à l'occasion de sa gestion, même à l'égard de tiers non commerçants (■ Cass. com., 7 avr. 1967, n° 64-14.121 : *DS* 1968, 61, note Calais-Auloy. ■ Cass. crim., 1er févr. 1972 : *JCP* 1973, II, 17304, note Burst ; *RTD com.* 1973, 208, obs. Jauffret. ■ Cass. com., 27 nov. 1973, n° 72-14.646 : *JurisData* n° 1973-097343 ; *Bull. civ.* IV, n° 343) ou par d'anciens employés supérieurs contre leur ancien employeur (■ Cass. com., 3 janv. 1972 : *JurisData* n° 1972-097002 ; *D.* 1972, 189).

Sur le caractère commercial d'une *plainte abusive* déposée contre un commerçant (■ Douai, 18 mars 1964 : *RTD com.* 1965, 82) ; d'une *action en réparation* à la suite de l'enlèvement de matériel placé sur un chantier (■ Paris, 11 févr. 1976 : *JurisData* n° 1976-255094 ; *JCP* 1976, I, 18464) ou de propos injurieux tenus dans le cadre de rapports commerciaux (■ T. civ. Saint-Nazaire, 17 avr. 1951 : *Gaz. Pal.* 1951, 2, 35).

• Responsabilité du fait des choses

78) La commercialité s'applique aux obligations nées de la responsabilité du fait des choses que le commerçant a sous sa garde (■ Cass. req., 11 déc. 1944 : *D.* 1945, 213, note Gabolde).

• Responsabilité du fait d'autrui

79) La commercialité s'applique également aux obligations nées de la responsabilité des commettants du fait de leurs préposés lorsqu'ils ont agi dans l'exercice de fonctions commerciales (■ T. com. Seine, 22 juin 1951 : *D.* 1951, somm. 78).

2° *Quasi-contrats*

80) L'obligation née d'un quasi-contrat est considérée comme un acte de commerce par accessoire (■ Cass. civ., 5 févr. 1907 : *DP* 1907, 1, 429, cassant ■ Riom, 17 nov. 1903. ■ Cass. com., 17 avr. 1967, n° 65-12.193 : *D.* 1967, 511, note G. Lyon-Caen pour la répétition de l'indu).

Pour l'obligation née de l'enrichissement sans cause (■ Cass. com., 21 avr. 1955 : *Bull. civ.* III, n° 125).

C – Obligations légales

81) Dettes fiscales. Les dettes du commerçant en raison de son activité commerciale à l'égard du Trésor ne sont pas commerciales (■ Cass. com., 17 mars 1958 : *Bull. civ.* III, n° 122 ; *JCP* 1959, II, 10915).

82) Cotisations de sécurité sociale. L'obligation pour le commerçant de payer les dettes de cotisations de Sécurité sociale se rattache à l'activité commerciale et a un caractère commercial (■ Cass. com., 27 mai 1957 : *DP* 1957, 428, qui met fin à une controverse).

83) Affiliation à une caisse de congés-payés. Le caractère commercial de l'obligation légale d'affiliation d'une société à une caisse de congés payés qui demeure conditionnée par son activité commerciale (■ Cass. soc., 10 nov. 1971, n° 70-12.005 : *JurisData* n° 1971-000659 ; *D.* 1972, somm. 70).

Loi n° 2012-387 du 22 mars 2012

relative à la simplification du droit et à l'allégement des démarches administratives

Art. 29. – I. - Les professions libérales groupent les personnes exerçant à titre habituel, de manière indépendante et sous leur responsabilité, une activité de nature généralement civile ayant pour objet d'assurer, dans l'intérêt du client ou du public, des prestations principalement intellectuelles, techniques ou de soins mises en œuvre au moyen de qualifications professionnelles appropriées et dans le respect de principes éthiques ou d'une déontologie professionnelle, sans préjudice des dispositions législatives applicables aux autres formes de travail indépendant.

Art. L. 110-2 *(Anc. C. com., art. 633)*. **– La loi répute pareillement actes de commerce :**

1° Toute entreprise de construction, et tous achats, ventes et reventes de bâtiments pour la navigation intérieure et extérieure ;

2° Toutes expéditions maritimes ;

3° Tout achat et vente d'agrès, apparaux et avitaillements ;

4° Tout affrètement ou nolissement, emprunt ou prêt à la grosse ;

5° Toutes assurances et autres contrats concernant le commerce de mer ;

6° Tous accords et conventions pour salaires et loyers d'équipages ;

7° Tous engagements de gens de mer pour le service de bâtiments de commerce.

1) Expéditions maritimes. Les sorties quotidiennes en mer d'un patron pêcheur sont des expéditions maritimes quelle que soit l'importance de l'entreprise (■ Caen, 24 févr. 1892 : *DP* 1892, 2, 244. ■ Douai, 6 févr. 1913 : *DP* 1914, 2, 56. ■ Rouen, 31 mars 1931 : *DH* 1931, 359). Mais il faut rechercher dans quelles conditions s'exerce l'activité professionnelle du patron pêcheur (■ Cass. com., 18 janv. 1994, n° 91-16.894 : *JurisData* n° 1994-000174 ; *JCP* E 1994, pan. 425).

La société qui a pour objet l'exploitation des navires armés à la pêche est de nature commerciale (■ Rennes, 14 avr. 1964 : *DMF* 1965, 542).

Ne constitue pas une expédition maritime l'opération consistant en la récupération de ferraille à l'aide d'un matériel de levage monté sur un chaland remorqué chaque jour à 100 m de la plage (■ Cass. com., 22 déc. 1958 : *Bull. civ.* III, n° 444).

Les délits ou quasi-délits qui se produisent à l'occasion d'une expédition maritime relèvent de la compétence des tribunaux de commerce (■ Cass. req., 7 nov. 1904 : *D.* 1908, 1, 67).

2) Affrètement. Le contrat d'affrètement n'a le caractère commercial pour l'affréteur qu'autant qu'il se rattache à l'activité commerciale de ce dernier (■ Cass. com., 2 déc. 1965 : *DS* 1966, 501, note Rodière ; *JCP* 1966, II, 14655, note M. de Juglart et E. du Pontavice) ; ainsi le non-commerçant qui passe un contrat d'affrètement en vue du transport de ses meubles meublants (■ Cass. req., 30 juill. 1884 : *DP* 1885, 1, 193 ; *S.* 1885, 1, 77) ; de même le propriétaire qui affrète un navire pour transporter les produits de sa récolte jusqu'au lieu de leur vente, ou l'Office national interprofessionnel des céréales (■ Aix-en-Provence, 29 juin 1899 : *DP* 1899, 2, 438 ; *S.* 1900, 2, 167. ■ 16 oct. 1951 : *D.* 1951, 676) ; également l'État qui affrète des navires pour assurer le transport des denrées nécessaires au ravitaillement de l'armée (■ Paris, 26 oct. 1927 : *DP* 1928, 2, 205).

Mais le transport de marchandises moyennant un prix de transport est toujours commercial pour le fréteur ou transporteur, même s'il ne se livre pas habituellement à des opérations de transport maritime (■ Cass. com., 19 juin 1951 : *D.* 1951, 717, note Ripert).

3) **Vente.** La nature maritime de ventes CAF ou FOB, dès lors que les partenaires agissent l'un et l'autre sans but spéculatif, n'entraîne pas leur caractère commercial (V. pour des ventes passées entre le gouvernement général de l'Algérie et un établissement public, ■ Alger, 19 nov. 1952 et ■ T. com. Alger, 14 déc. 1953 : *D.* 1954, 541, note Chauveau).

4) **Assurance.** Le contrat d'assurance maritime est toujours commercial pour l'assureur (■ Cass. req., 27 nov. 1860 : *DP* 1861, 1, 494. ■ Paris, 6 févr. 1953 : *DMF* 1953, 269) mais pas pour l'assuré si le contrat ne couvre pas de risques commerciaux (■ Paris, 27 juill. 1920 : *RD mar. comp.* 1922, 36).

5) **Exclusions.** Ne sont pas des actes de commerce par nature ; l'entreprise de réparation navale (■ Rouen, 30 mars 2006, n° 05/00144 : *JurisData* n° 2006-300368 ; *JCP* E 2006, pan. 2192) ; la navigation de plaisance (■ Cass. com., 2 déc. 1965 : *Bull. civ.* III, n° 622 ; *D.* 1966, 501, note Rodière, rejetant pourvoi contre ■ Caen, 25 févr. 1963 : *D.* 1963, 348, note Jambu-Merlin), qu'il s'agisse de la construction d'un yacht de plaisance destiné à des voyages d'étude ou d'agrément à l'égard de celui qui passe commande (■ Cass. req., 23 janv. 1888 : *DP* 1888, 1, 405 ; *S.* 1888, 1, 109), ou de l'achat d'un bateau de plaisance (même arrêt. – *Adde*, ■ T. com. Le Havre, 7 déc. 1904 : *S.* 1906, 5, 2) ; l'action engagée par une copropriété maritime contre une quirataire (■ Paris, 30 mai 2001, n° 2000/19568 : *JurisData* n° 2001-145978 ; *JCP* E 2001, pan. 1259).

Code rural et de la pêche maritime

Art. L. 931-1 *(Ord. n° 2010-462, 6 mai 2010)*. – Toute activité de pêche maritime pratiquée, à titre professionnel, à bord d'un navire et en vue de la commercialisation des produits est réputée commerciale sauf lorsqu'elle est exercée à titre individuel sur des navires d'une longueur inférieure ou égale à douze mètres ou effectuant habituellement des sorties de moins de vingt-quatre heures.

Art. L. 110-3 *(Anc. C. com., art. 109)*. – **À l'égard des commerçants, les actes de commerce peuvent se prouver par tous moyens à moins qu'il n'en soit autrement disposé par la loi.**

Voir aussi : D. n° 89-43, 24 janv. 1989, portant publication de la déclaration française du 24 décembre 1986 modifiant la déclaration faite par le gouvernement de la République française le 30 juillet 1974 lors de la ratification de la convention sur l'obtention des preuves à l'étranger en matière civile ou commerciale, faite à La Haye le 18 mars 1970 (*JO* 28 janv. 1989).
Code civil, art. 1316 et s.

Bibliographie : Godon, *La liberté de la preuve en droit commercial : une illusion ? : D.* 2015, 2580. • Parleani, *Un texte anachronique : le nouvel article 109 du Code de commerce : DS* 1983, chron. 65. • Ruet, *Quelques remarques sur l'office du juge et la preuve en droit commercial : RTD com.* 1991, 151. • Tonnellier et Dupuis-Toubol, *Le commerce électronique vaut bien une réforme du droit de la preuve : JCP* E 1998, p. 2011. • *JCl. Com.*, Fasc. 40, *Actes de commerce. Régime*, par Vallansa.

I – PRINCIPE DE LA LIBERTÉ DE LA PREUVE

1) **Principe.** Il est de principe qu'en matière commerciale, la preuve est libre (■ Cass. req., 31 déc. 1935 : *DH* 1936, 66. ■ Cass. civ., 2 juill. 1941 : *DA* 1941, 291).

2) **Conséquences.** L'admissibilité de la preuve testimoniale entraîne l'admissibilité de la preuve par simples présomptions (■ Cass. req., 4 juill. 1935 : *DH* 1935, 490. ■ Cass. civ., 7 janv. 1935 : *DH* 1935, 131).

Si un écrit est dressé la preuve pourra se faire contre et outre le contenu de l'acte (■ Cass. req., 25 nov. 1903 : *DP* 1904, 1, 183) ; il importe peu que cet écrit ait été dressé ou non en double exemplaire et s'il s'agit de sommes d'argent, la règle de l'article 1326 du Code civil est écartée (■ Cass. com., 31 janv. 1966 : *JurisData* n° 1966-700067 ; *DS* 1966, 288. ■ Cass. com., 4 juin et 16 juill. 1973 : *RJ com.* 1975, 49, note Chartier ; *RTD com.* 1975, 268, obs. Jauffret. ■ Cass. 1re civ., 2 mai 2001, n° 98-23.080 : *D.* 2001, jurispr. 1950, obs. Lienhard. – Comp. ■ Cass. 1re civ., 5 févr. 1975 : *JurisData* n° 1975-000050 ; *Bull. civ.* I, n° 50).

De même, la règle de l'article 1328 du Code civil relatif à la date certaine est inapplicable aux actes de commerce (■ Cass. req., 9 janv. 1906 : *D.* 1906, 1, 77. ■ Cass. com., 17 mars 1992 : *Bull. civ.* IV, n° 121 ; *RTD com.* 1993, 147, obs. Bouloc). Pour les conséquences en ce qui concerne l'opposabilité des actes de commerce (■ Cass. com., 25 avr. 1983 : *JurisData* n° 1983-700889 ; *D.* 1984, 1, note Jourdain).

3) Le juge peut trouver la preuve des contrats commerciaux dans la correspondance, les factu-

res, les livres de commerce du commerçant (■ Cass. com., 12 oct. 1982, n° 81-12.727 : *JurisData* n° 1982-702283 ; *Bull. civ.* IV, n° 312), ou par présomption (■ Cass. 1re civ., 28 janv. 2003, n° 00-17.553 : *JurisData* n° 2003-017441 ; *RJDA* 6/2003, n° 673. ■ Cass. 1re civ., 13 juill. 2004, n° 01-11.729 : *JurisData* n° 2004-024672 ; *RJDA* 2/2005, n° 221. ■ Cass. com., 8 mars 2005, n° 02-21.068 : *RJDA* 7/2005, n° 919).

II – CHAMP D'APPLICATION

A – Généralités

4) Qualité de commerçant. Pour que la preuve soit libre, il ne suffit pas que l'acte soit commercial ; encore faut-il qu'il ait été accompli par une personne ayant la qualité de commerçant (■ Paris, 24 oct. 1986 : *D.* 1987, somm. 443, obs. Aynès. ■ Cass. com., 21 juin 1988, n° 86-10.128 : *JurisData* n° 1988-701325 ; *JCP* E 1989, II, 15519, note Delebecque ; *RTD com.* 1989, 59, obs. Derruppé). *A contrario*, le cautionnement commercial donné par la gérante d'une SARL qui n'échappe pas au formalisme de l'article 1326 du Code civil (■ Versailles, 5 janv. 1989 : *JurisData* n° 1989-040967 ; *Gaz. Pal.* 1989, 2, somm. 310).

5) Acte accompli pour les besoins du commerce. L'article L. 110-3 est applicable du seul fait que le défendeur commerçant a agi dans l'intérêt de son commerce (■ Cass. com., 20 mai 1980, n° 78-15.932 : *JurisData* n° 1980-000210 ; *Bull. civ.* IV, n° 210 ; *RTD com.* 1980, 757, obs. Derruppé. ■ Cass. com., 12 oct. 1982 : *Bull. civ.* IV, n° 313. ■ Cass. com., 19 janv. 1993, n° 90-16.380 : *JurisData* n° 1993-000061 ; *RJDA* 5/1993, n° 467. ■ Cass. com., 8 mars 2005 : *RJDA* 7/2005, n° 919). C'est le cas d'une propriétaire et exploitante d'un fonds de commerce qui, en le cédant, s'est portée caution du paiement des loyers par le cessionnaire (■ Cass. com., 11 déc. 1990, n° 89-15.048 : *JurisData* n° 1990-003277 ; *D.* 1991, 584, note Bandrac ; somm. 382, obs. Aynès) ou de l'acte modificatif d'une convention initiale intervenue entre deux commerçants pour l'exercice de leur commerce, même si l'une des parties a perdu la qualité de commerçant lors de l'acte modificatif litigieux (■ Cass. com., 16 déc. 1980, n° 79-13.166 : *JurisData* n° 1980-745193 ; *Bull. civ.* IV, n° 425). *A contrario*, les règles de preuve du droit civil s'appliquent à un acte accompli par un commerçant dès lors que cet acte est étranger à l'exercice de son commerce (■ Cass. 1re civ., 23 mai 1977, n° 76-10.156 : *JurisData* n° 1977-000246 ; *Bull. civ.* I, n° 246 ; *RTD com.* 1977, 711, obs. Derruppé).

B – Opérations particulières

6) Acte mixte. En matière d'acte mixte, la preuve est libre sur l'action dirigée contre le commerçant (■ Cass. civ., 6 mars 1912 : *D.* 1912, 304. ■ Cass. civ., 31 juin 1954 : *Bull. civ.* I, n° 206. ■ Cass. com., 21 juin 1994, n° 92-18.630 : *JurisData* n° 1994-001334 ; *Bull. civ.* IV, n° 232, pour la liberté de preuve d'un client à l'égard d'une banque. ■ Cass. 1re civ., 8 févr. 2000, n° 98-10.107 : *JurisData* n° 2000-000507 ; *Bull. civ.* I, n° 35 ; *JCP* E 2000, pan. 536 ; *D.* 2000, *Cah. dr. aff.*, p. 135, obs. Daleau ; *RTD com.* 2000, 327, obs. Derruppé, 704, obs. Bouloc. ■ Cass. 1re civ., 2 mai 2001, n° 98-23.080 : *D.* 2001, p. 1950, obs. Lienhard) ; mais elle est soumise aux règles du droit civil sur l'action dirigée par un commerçant contre un non-commerçant (■ Cass. soc., 8 janv. 1964, n° 62-40.823 : *Bull. civ.* IV, n° 21).

7) Nantissement. En application de l'article L. 521-1 du Code de commerce, le nantissement, même consenti par un non-commerçant, se constate conformément aux dispositions de l'article L. 110-3 dès lors qu'il a été constitué en garantie des engagements d'un commerçant envers un autre commerçant ; il peut donc être prouvé librement, même si le constituant n'était pas lui-même commerçant (■ Cass. com., 2 oct. 2001, n° 98-17.770 : *JurisData* n° 2001-011311 ; *RJDA* 2/2002, n° 204 ; *JCP* E 2002, chron. 591, n° 8, obs. Delebecque ; *RTD com.* 2002, 33, obs. Saintourens. – *Adde* ■ Cass. com., 9 mai 2001, n° 98-10.333 : *JurisData* n° 2001-009591 ; *JCP* E 2001, p. 1858, n° 16, obs. Delebecque ; *RJDA* 10/2001, n° 1035).

8) Cautionnement. En matière de cautionnement, l'article 1326 du Code civil s'applique à une caution qui n'a pas la qualité de commerçant, même si étant intéressé, le cautionnement a une nature commerciale (■ Cass. com., 21 juin 1988, n° 86-10.128 : *JurisData* n° 1988-701325 ; *Bull. civ.* IV, n° 212 ; *JCP* 1989, II, 21170, note Delebecque, pour le dirigeant de société. ■ Paris, 24 oct. 1986 : *D.* 1987, somm. 443, obs. Aynès. ■ Cass. 1re civ., 18 mai 2004, n° 01-17.007 : *JurisData* n° 2004-023714 ; *D.* 2004, p. 1665, obs. Avena-Robardet ; *RTD com.* 2004, 693, obs. Saintourens ; *JCP* E 2004, pan. 1024 ; *JCP* E 2005, 915, n° 5, obs. Simler). En revanche, l'article 1326 du Code civil ne s'applique pas à l'égard de commerçants (■ Cass. com., 15 nov. 1988, n° 87-11.626 : *JurisData* n° 1988-702403 ; *Bull. civ.* IV, n° 310 ; *D.* 1990, 3, note Ancel. ■ Cass. com., 11 déc. 1990 : *Bull. civ.* IV, n° 315 ; *D.* 1991, 584, note Bandrac. ■ Versailles, 20 oct. 2000, n° 99/00647 : *JurisData* n° 2000-169381 ; *RJDA* 4/2001, n° 502, pour un gérant de SARL, commerçant, qui a souscrit un cautionnement en faveur de sa société).

Art. L. 110-4 ***(Anc. C. com., art. 189 bis, 433 et 433-1 ; L. n° 2008-561, 17 juin 2008 ; L. n° 2013-619, 16 juill. 2013).*** **– I. – Les obligations nées à l'occasion de leur commerce entre commerçants ou entre**

commerçants et non-commerçants se prescrivent par cinq ans si elles ne sont pas soumises à des prescriptions spéciales plus courtes.

II. – Sont prescrites toutes actions en paiement :

1° Pour nourriture fournie aux matelots par l'ordre du capitaine, un an après la livraison ;

2° Pour fourniture de matériaux et autres choses nécessaires aux constructions, équipements et avitaillements du navire, un an après ces fournitures faites ;

3° Pour ouvrages faits, un an après la réception des ouvrages.

Voir : annot. sous art. L. 110-1, p. 3 et L. 121-1, p. 18.

Bibliographie : Brenner, *La prescription commerciale, Le Code de commerce 1807-2007, livre du Bicentenaire*, Dalloz 2007, p. 502. • Grimonprez, *Le nouveau visage de la prescription en droit des affaires : Rev. Lamy dr. aff.* 11/2009, p. 51.

I – PRESCRIPTION QUINQUENNALE (ISSUE DE LA RÉFORME DU 17 JUIN 2008)

1) Terme *a quo*. La prescription de l'article L. 110-4, I obéit au point de départ de droit commun prévu à l'article 2224 du Code civil, peu important la date de facturation (■ Cass. com., 26 févr. 2020, n° 18-25.036 : *Contrats, conc. consom.* 2020, n° 77, note Leveneur et n° 83 note Mathey ; *JCP* G 2020, 865, note Buy ; *JCP* E 2020, 1265, note Bories).

II – PRESCRIPTION DÉCENNALE (ANCIEN RÉGIME)

A – Champ d'application

2) Personne morale. La prescription s'applique à une personne morale, même de statut civil, qui exerce une activité habituelle consistant en la pratique répétée d'actes de commerce (■ Cass. com., 17 juill. 2001, n° 98-18.435 : *JurisData* n° 2001-010701 ; *RJDA* 1/2002, n° 116). La qualification d'une société commerciale ne dépend pas de sa forme mais de l'activité effectivement exercée (■ Cass. 3e civ., 18 févr. 2009, n° 08-12.490 : *Defrénois* 18/2009, p. 1961, obs. Hovasse).

3) Source de l'obligation. La prescription s'applique quel que soit le fondement contractuel ou délictuel de l'obligation (■ Cass. 1re civ., 29 avr. 1997, n° 95-10.199 : *JurisData* n° 1997-001801 ; *RJDA* 11/1997, n° 1440 ; *RTD com.* 1997, 627, obs. Derruppé, pour l'obligation née à l'occasion de l'activité commerciale d'un établissement de crédit et reposant sur les fautes commises par un notaire. ■ Cass. 1re civ., 12 mai 2004 : *RJDA* 11/2004, n° 1287 ; *JCP* E 2004, pan. 990 ; *D.* 2004, somm. 2708, obs. Aynès), quasi-contractuel (■ Cass. com., 23 oct. 2001 : *RJDA* 3/2002, n° 228. ■ Cass. com., 29 nov. 2005, n° 02-20.865 : *JurisData n° 2005-030987 ; RJDA 4/2006, n° 381 ; D. 2006, p. 230, obs. Chevrier*, pour l'obligation de rembourser résultant du paiement de l'indu) ou légal (■ Cass. soc. 9 juill. 2008, n° 07/00545 : *JurisData* n° 2007-350191 ; *JCP* E 2008, n° 38, p. 47, concernant l'obligation légale de formation professionnelle des salariés).

Peu importe la forme en laquelle les obligations ont été constatées, fût-elle un titre exécutoire (■ Cass. 1re civ., 11 févr. 2003, n° 01-88.650 : *JurisData* n° 2003-017788 ; *JCP* E 2003, pan. 511 ; *D.* 2003, p. 694, obs. Chevrier, pour une obligation constatée dans un acte authentique. ■ Cass. ch. mixte, 26 mai 2006, n° 03-16.800 : *JurisData* n° 2006-033691 ; *JCP* E 2006, pan. 2193 ; *RJDA* 8-9/2006, n° 974 ; *D.* 2006, p. p. 1793, note Wintgen. ■ Cass. 1re civ., 12 juill. 2007, n° 07/00842 : *RJDA* 12/2007, n° 1303 ; *D.* 2007, p. 2030 et 2159, obs. Delpech ; *JCP* E 2008, 1083, note Lamoril. – V. *contra*, ■ Cass. 2e civ., 9 juin 2005, n° 04-13.182 : *JurisData* n° 2005-028935 ; *JCP* G 2005, II, 10120, note Croze).

4) Objet de l'obligation. La prescription s'applique :

– aux actions relatives à des actes mixtes (■ Cass. 1re civ., 27 juin 2006, n° 04-12.912 : *JurisData* n° 2006-034244 ; *RJDA* 12/2006, n° 1200 ; *D.* 2006, p. 1889, obs. Delpech, pour une action en nullité) ;

– à l'action en contestation d'hypothèque (■ Cass. 3e civ., 24 avr. 2003, n° 01-17.943 : *JurisData* n° 2003-018762 ; *RJDA* 8-9/2003, n° 884) ;

– au cautionnement de sa société par un dirigeant (■ Cass. com., 2 févr. 1993, n° 91-11.444 : *LPA* 9 juill. 1993 ; *JCP* E 1993, I, 300, n° 2, obs. Simler et Delebecque) ;

– à l'action en paiement de bons de caisse, qui n'est donc pas soumise à la prescription spécifique aux effets de commerce édictée par l'article L. 511-78 du Code de commerce (■ Cass. com., 21 mars 1995, n° 93-12.383 : *JurisData* n° 1995-000779 ; *JCP* E 1995, pan. 667) ;

– à l'action en déchéance du droit aux intérêts en matière de crédit immobilier à la consommation car, ne sanctionnant pas une condition de formation du contrat, elle n'est pas une nullité (■ Cass. 1re civ., 13 mars 2001, n° 98-19.691 : *JurisData* n° 2001-008613 ; *JCP* E 2001, pan. 829) ;

– à l'action engagée par les souscripteurs d'une assurance de groupe pour la garantie du remboursement de plusieurs emprunts (■ Cass. 2e civ., 24 févr. 2005, n° 04-11.182 : *JurisData* n° 2005-027087 ; *RJDA* 6/2005, n° 774) ;

– à la dette d'honoraires d'un avocat à l'égard d'une société commerciale (■ Cass. com., 4 janv.

2006, n° 04-20.136 : *JurisData* n° 2006-031481 ; *RJDA* 4/2006, n° 484 ; *D.* 2006, p. 303, obs. Chevrier ;

– à la demande tendant à voir constater la déchéance en application de l'article L. 312-33 du Code de la consommation (■ Cass. 1re civ., 30 sept. 1997, n° 96-04.005 : *JurisData* n° 1997-003771 ; *Bull. civ.* I, n° 262 ; *JCP* E 1997, pan. 1186 ; *RJDA* 4/1998, n° 495 ; *Contrats, conc. consom.* 1997, n° 184, obs. Raymond. ■ Cass. 1re civ., 4 mai 1999, n° 97-04.119 : *JurisData* n° 1999-001920 ; *RJDA* 7/1999, n° 830 ; *RTD com.* 1999, 629, obs. Derruppé. ■ Cass. 1re civ., 16 oct. 2001, n° 99-14.711 : *JurisData* n° 2001-011283 ; *RJDA* 3/2002, n° 296 ; *RTD com.* 2002, 34, obs. Saintourens. ■ Cass. 1re civ., 9 juill. 2003, n° 97-11.849 : *JurisData* n° 2003-019959 ; *RJDA* 11/2003, n° 1114 ; *JCP* E 2003, pan. 1334 ; *D.* 2003, p. 2008. ■ Cass. 1re civ., 18 nov. 2003, n° 01-11.858 : *RJDA* 5/2004, n° 611) ; même lorsque cette demande est présentée par voie d'exception (■ Cass. 1re civ., 4 mai 1999, préc. ■ 16 oct. 2001, préc.) ;

– à l'action en responsabilité civile du transporteur contre l'entrepreneur de manutention pour dommage au navire (■ Cass. com., 7 déc. 2004, n° 02-18.196 : *JurisData* n° 2004-026076 ; *RJDA* 3/2005, n° 258) ;

– aux créances commerciales constatées dans un acte exécutoire (■ Cass. 1er civ., 12 juill. 2007, n° 06-11.369 : *JurisData* n° 2007-040109 ; *RTD com.* 2008, p. 46, obs. Saintourens).

5) Exclusion. Selon l'article 2 de la loi du 3 janvier 1977, les banques doivent, après avoir clôturé un compte pour lequel aucun ordre d'opération n'a été donné ni aucune réclamation formulée depuis dix ans, déposer les avoirs qui y étaient inscrits à la Caisse des dépôts et consignations, les ayants droit ayant ensuite trente ans pour réclamer le paiement de leurs avoirs à cet établissement ; en cas de manquement par la banque à son obligation de procéder à un tel dépôt, elle doit rembourser le montant des avoirs à leur titulaire pendant un délai de trente ans (■ Cass. com., 13 mars 2001, n° 97-21.489 : *JurisData* n° 2001-008645 ; *JCP* E 2001, pan. 829827 : *RJDA* 7/2001, n° 797).

B – Régime

6) Cautionnement. Le point de départ de la prescription doit être fixé au jour où l'obligation du débiteur principal a été mise à exécution ; le caractère accessoire du cautionnement a pour conséquence que le point de départ de l'obligation de la caution est le même que celui de l'obligation principale (■ Rennes, 20 sept. 1989 : *Gaz. Pal.* 1990, 1, 152, note J. Prévault). Mais voir un arrêt qui a décidé qu'en cas d'action en responsabilité engagée à titre principal par une caution contre une banque pour soutien abusif de crédit, le point de départ du délai de prescription doit être fixé au jour où la caution a su que les obligations résultant de son engagement étaient mises à exécution du fait de la défaillance du débiteur principal (■ Cass. com., 24 juin 2003, n° 00-12.566 : *JurisData* n° 2003-019638 ; *RJDA* 1/2004, n° 98 ; *JCP* E 2003, pan. 1262 ; *D.* 2003, p. 2308, obs. Avena-Robardet. – *Adde*, ■ Cass. com., 12 mai 2004, n° 02-10.653 : *JurisData* n° 2004-023746 ; *RJDA* 11/2004, n° 1287 ; *JCP* E 2004, pan. 990 ; *D.* 2004, somm. 2708, obs. Aynès. ■ Cass ; com., 12 mai 2004, n° 02-10.653 : *JurisData* n° 2004-023746 ; *RJDA* 11/2004, n° 1288 ; *JCP* E 2004, pan. 989).

7) Sous-traitance. Le recours de l'entrepreneur principal contre le sous-traitant ne se prescrit qu'à compter du jour où lui-même a été assigné par le maître de l'ouvrage en réparation des vices affectant le matériel livré, ou du jour où il a obtempéré aux réclamations de celui-ci (■ Cass. com., 6 oct. 1975, n° 74-11.617 : *JurisData* n° 1975-097218 ; *Bull. civ.* IV, n° 218. ■ Cass. com., 28 mai 1991, n° 89-15.846 : *JurisData* n° 1991-001778 ; *Bull. civ.* IV, n° 184. ■ Cass. 3e civ., 29 janv. 1992, n° 90-15.099 : *JurisData* n° 1992-000061 ; *Bull. civ.* IV, n° 32. ■ Cass. com., 21 oct. 1997, n° 95-13.399 : *RJDA* 2/1998, n° 172. ■ Cass. 3e civ., 8 sept. 2010, n° 09-67.434 : *JurisData* n° 2010-016049 ; *Bull. civ.* III, n° 151).

8) Crédit. Le point de départ du délai de prescription est la remise des fonds (■ Cass. 1re civ., 16 oct. 2001 : *RJDA* 3/2002, n° 296 ; *RTD com.* 2002, 34, obs. Saintourens). V. les arrêts qui décident qu'il était la date à laquelle le contrat de crédit est définitivement formé (■ Cass. 1re civ., 18 nov. 2003, n° 99-20.043 : *JurisData* n° 2003-021095 ; *RJDA* 5/2004, n° 611. ■ Cass. 1re civ., 15 févr. 2005, n° 03-11.979 : *RJDA* 6/2005, n° 753).

9) Transport. L'action en responsabilité civile du transporteur contre l'entrepreneur de manutention pour dommage au navire se prescrit par dix ans à compter de la manifestation du dommage (■ Cass. com., 7 déc. 2004 : *RJDA* 3/2005, n° 258).

10) Banque. La prescription de l'action en restitution des dépôts inscrits en compte ne commence à courir qu'après la clôture du compte (■ Cass. com., 10 déc. 2003, n° 01-03.197 : *JurisData* n° 2003-021637 ; *RJDA* 5/2004, n° 605).

Concernant l'action en responsabilité contre le banquier pour soutien abusif, le délai court à compter de la manifestation du dommage, c'est-à-dire à compter du jour du jugement de liquidation judiciaire (■ Cass. com., 9 mai 2007, n° 06-10.185 : *JurisData* n° 2007-038819 ; *D.* 2007, p. 1497, obs. Delpech).

11) Fiscalité. La prescription de l'action en responsabilité dirigée contre une société en réparation du préjudice résultant de manquements à sesobligations fiscales ayant donné lieu à redressement ne court pas à compter de la notification du redressement car celui-ci est le point de départ d'une procédure contradictoire à l'issue de laquelle l'administration fiscale ne peut mettre en recouvrement aucune imposition, de sorte qu'à la date de cette notification, le préjudice consistant dans les impositions supplémentaires mises à la charge du demandeur à raison des manquements de la société n'est pas encore réalisé (▪ Cass. com., 23 sept. 2008, n° 07VE01900 : *Bull. civ.* IV, n° 157).

12) Interruption. En application de l'article 2247 (ancien) du Code civil, si la demande est rejetée, l'interruption de la prescription est regardée comme non avenue (▪ Cass. 2e civ., 24 janv. 1996, n° 93-21.870 : *JurisData* n° 1996-000109 ; *JCP* E 1996, pan. 361).

Une simple mise en demeure ne constitue pas un acte interruptif de prescription (▪ Paris, 28 juin 2001, n° 2000/00907 : *JurisData* n° 2001-162224 ; *D.* 2001, p. 2741, obs. Avena-Robardet).

Un paiement effectué en application d'une convention expresse de compensation interrompt la prescription (▪ Cass. 1re civ., 22 oct. 2002, n° 00-20.648 : *JurisData* n° 2002-015977 ; *JCP* E 2002, pan. 1738).

13) Interversion. Le Code de commerce n'institue pas une interversion de prescription, en application stricte de l'article 2274 (ancien) du Code civil (▪ Paris, 28 juin 2001 : *D.* 2001, p. 2741, obs. Avena-Robardet, confirmé par ▪ Cass. 1re civ., 14 déc. 2004, n° 01-15.734 : *JurisData* n° 2004-026150 ; *RJDA* 4/2005, n° 487 ; *JCP* E 2005, pan. 199 ; *D.* 2005, p. 280, obs. Avena-Robardet).

14) Recours. Le moyen tiré de la violation des articles 189 *bis* du Code de commerce (anc.) et 2262 du Code civil, n'est pas de nature à permettre l'admission d'un pourvoi en cassation (▪ Cass. com., 8 oct. 2003, n° 01-43.951 : *JurisData* n° 2003-020472 ; *JCP* E 2004, jurispr. 1194, note Billiau).

III – PRESCRIPTION ANNALE (L. 110-4, II, ABROGÉ)

15) Exclusion. La prescription annale de l'article L. 110-4, II, alinéa 2, du Code de commerce ne concerne que le commerce maritime et ne s'applique donc pas au contrat portant sur des travaux de rénovation d'immeuble (▪ Cass. 3e civ., 2 mars 2010, n° 09-12.009 : *JCP* G 2010, 404, note Lebel).

Loi n° 77-4 du 3 janvier 1977

modifiant l'article 189 *bis* du Code de commerce concernant la prescription en matière commerciale *(JO 4 janv.)*

Art. 1er. – (V. C. com., anc. art. 189 *bis* [L. 110-4, al. 1], *supra*).

Art. 2 *(Mod. à compter du 1er janvier 2016, L. n° 2014-617, 13 juin 2014)*. **–** Les sociétés ou établissements à caractère commercial peuvent déposer à la Caisse des dépôts et consignations les titres émis par eux et mentionnés à l'article L. 1126-1 du Code général de la propriété des personnes publiques lorsqu'il s'est écoulé plus de dix ans sans réclamation des titulaires depuis le jour où ces derniers ont eu le droit d'en exiger le paiement.

Ces titres sont détenus par la Caisse des dépôts et consignations, pour le compte de leurs détenteurs, jusqu'à l'expiration du délai prévu au premier alinéa de l'article L. 518-24 du Code monétaire et financier.

Un décret en Conseil d'État fixera les conditions d'application du présent article.

Les dispositions qui précèdent dérogent à l'article 189 *bis* du Code de commerce.

Art. 3. – Les prescriptions en cours à la date de la publication de la présente loi seront acquises à l'expiration d'un délai de dix ans à compter de cette date sans que la durée totale de la prescription puisse excéder le délai prévu par la loi antérieure.

TITRE II. – DES COMMERÇANTS

CHAPITRE I. – DE LA DÉFINITION ET DU STATUT

Section I. – De la qualité de commerçant

Art. L. 121-1 *(Anc. C. com., art. 1er)*. **– Sont commerçants ceux qui exercent des actes de commerce et en font leur profession habituelle.**

Bibliographie : Endréo, *L'habitude : D.* 1981, 313. • Cozian, *La définition fiscale du commerçant : Études Roblot*, 1984, p. 4. • Pousson-Petit, *Pluriactivité et activité mixte en quête de statuts : RTD com.* 1984, 15. • Maupas, *Les « nouvelles » habitudes des particuliers et le statut de commerçant : JCP E* 2018, 1530. • Mercadal, *Le droit des affaires, Pourquoi ? : JCP* E 1985, I, 14401. • Guevel, *Défense et illustration de la « para commercialité » : Gaz. Pal.* 1988, 1, doctr. 43. • *JCl. com.*, Fasc. 50, *Commerçant. Qualité de commerçant*, par Gosselin-Gorand.

Voir : Annexe 1, Du commerce en général, IV. Artisan et les annotations sous art. L. 110-1, p. 3.

• *Sommaire*

I – QUALIFICATION

A – Critères

1) Critères substantiels. Le seul fait d'avoir, de manière indépendante, effectué des actes de commerce à titre de profession habituelle confère la qualité de commerçant (▪ Cass. com., 30 mars 1996 : *Bull. civ.* IV, n° 126, pour l'associé d'une société créée de fait).

Acquiert la qualité de commerçant assujetti à l'immatriculation au registre du commerce et des sociétés, quiconque, agissant en son nom et pour son propre compte, se livre de manière habituelle et professionnelle à des achats de biens meubles en vue de les revendre, que ces reventes aient lieu en France ou à l'étranger (▪ Cass. crim., 30 mars 2016, n° 15-81.478 : publié).

1° *Accomplissement d'actes de commerce*

• Ont la qualité de commerçant

2) Le *courtier*, voir art. L. 110-1, annot. n°s 26 et 27, p. 8.

3) Les *agents d'affaires* tels que les agences de voyage et de tourisme (▪ Cass. com., 8 juill. 1969 : *JCP* 1970, II, 16155 *bis*) ; les cabinets d'expertise et *d'administration* de biens (▪ Cass. soc., 4 juin 1971, n° 70-12.010 : *Bull. civ.* V, n° 420) ; les agents immobiliers (dès avant la loi du 13 juill. 1967) (▪ Cass. req., 8 nov. 1876 : *DP* 1877, I, 84) ; les agents de change du fait d'un mandat de nature commerciale (▪ Cass. civ., 25 juill. 1864 : *DP* 1864, 1, 489) ; les conseils en organisation (▪ Cass. com., 18 janv. 1966 : *JCP* 1966, II, 14714. – V. cpdt pour les conseils juridiques la loi du 31 décembre 1971 qui affirme le caractère libéral de cette profession) ; le cabinet d'expertise industrielle qui a pour objet de fournir à autrui les services de tiers (▪ Cass. com., 2 déc. 1969 : *Bull. civ.* IV, n° 359).

4) Le *commissaire-priseur* qui souscrit en grand nombre des lettres de change dans un but de spéculation (▪ Cass. com., 1er avr. 1957 : *Bull. civ.* III, n° 115).

5) Le *médecin* qui fait, dans l'exploitation d'une clinique, pour son propre compte, des actes de commerce sous couvert d'une association qui n'était qu'une façade (▪ Cass. com., 17 juill. 1973, n° 72-10.950 : *JurisData* n° 1973-000480 ; *Bull. civ.* IV, n° 249).

6) *L'association* culturelle à caractère religieux qui exerce par profession habituelle des actes réputés de commerce au sens de l'article L. 110-1 du Code de commerce (▪ Cass. com., 17 mars 1981, n° 79-14.117 : *JurisData* n° 1981-700879 ; *D.* 1983, 23 ; *Rev. sociétés* 1982, 124, note Sousi. – *Adde*, ▪ Reims, 19 févr. 1980 et ▪ T. com. Marseille, 28 août 1980 : *JurisData* n° 1980-000294 ; *Rev. sociétés* 1980, 823, note Delcroix). De même pour l'activité d'une association sur Internet (▪ Cass. com., 14 févr. 2006, n° 05-13.453 : *JurisData* n° 2006-032194 ; *D.* 2006, p. 783, obs. Chevrier).

L'association chargée de la délivrance d'agréments et contrôle du respect de la viande halal moyennant paiement de redevances par ses agréés (▪ CA Versailles, 8 janv. 2013, n° 11/09344).

Sur l'appréciation de la qualité de commerçant d'une association à partir d'un double critère : activité spéculative – importance de cette activité (▪ Cass. com., 12 févr. 1985, n° 83-10.864 : *JurisData* n° 1985-000467 ; *Bull. civ.* IV, n° 59 ; *RTD com.* 1985, 777, obs. Alfandari et Jeantin, 1986, 67, obs. Derruppé pour un club de chasse).

7) Le *notaire* qui effectue des opérations de banque (▪ Cass. com., 2 févr. 1970 : *JurisData* n° 1970-097036 ; *Bull. civ.* IV, n° 36 ; JCP 1970, II, 16313. – Rappr. ▪ Paris, 30 avr. 1981 : *JurisData* n° 1981-022392 ; *Journ. not.* 1982, 231, n° 47).

8) Le *patron batelier* (■ Cass. com., 21 mai 1985, n° 82-16.264 : *JurisData* n° 1985-001212 ; *Bull. civ.* IV, n° 161 ; *RTD com.* 1986, 67, obs. Derruppé).

9) L'*exploitant de camping* (■ Cass. soc., 13 nov. 1980 : *Bull. civ.* V, n° 816 ; *RTD com.* 1981, 516, obs. Derruppé).

• N'ont pas la qualité de commerçant

10) Les *agents d'assurance*, agents généraux ou directeurs particuliers (■ Cass. civ., 31 juill. 1934 : *Gaz. Pal.* 1934, 2, 678).

11) Le *directeur d'une auto-école* qui, malgré la dimension atteinte par l'entreprise, ne se livre pas de manière habituelle à l'exercice d'actes de commerce (■ T. com. Paris, 8 juill. 1977 : *RTD com.* 1977, 476, obs. Derruppé. ■ Cass. com., 3 juin 1986, n° 85-10.095 : *JurisData* n° 1986-001119 ; *JCP* 1986, IV, 234 ; *Gaz. Pal.* 1986, 2, pan. jurispr. 235. ■ Cass. com., 5 nov. 1985 : *Bull. civ.* IV, n° 263 ; *RTD com.* 1986, 392).

12) La *SACEM* qui, bien qu'étant un organisme professionnel d'auteurs agissant au lieu et place de ses adhérents, ne fait pas des actes d'entremise (■ Cass. com., 5 nov. 1985 : *Bull. civ.* IV, n° 263).

13) L'*activité de marabout*, consistant en la fourniture de conseils et directives (■ Paris, 27 mai 1992 : *JurisData* n° 1992-021614 ; *JCP* E 1992, pan. 1194).

14) Le *fonctionnaire*, dont la qualité est incompatible avec celle de commerçant (■ Cass. 3e civ., 16 févr. 2011, n° 09-71.158 : *JurisData* n° 2011-001807 ; *Bull. civ.* III, n° 25) mais qui ne peut invoquer cette incompatibilité s'il a pris un fonds de commerce en location-gérance pour se soustraire à ses obligations contractuelles (■ Cass. com., 30 janv. 1996, n° 94-10.233 : *JurisData* n° 1996-000297 ; *JCP* E 1996, pan. 392).

2° *Profession habituelle*

15) Définition. Pour retenir la qualité de commerçant, la réalisation des actes de commerce doit être une occupation sérieuse de nature à produire des bénéfices et à subvenir aux besoins de l'existence (■ CA Paris, 30 avr. 1906 : *DP* 1907, p. 5).

• A la qualité de commerçant

16) Le *spéculateur en Bourse* qui agit à titre habituel (■ Paris, 13 janv. 1976 : *JurisData* n° 1976-655019 ; *JCP* 1977, II, 18576, note Boitard ; *RTD com.* 1977, p. 73, obs. Jauffret).

• N'ont pas la qualité de commerçant

17) Acte isolé. *Celui* qui a accompli un acte de commerce isolé n'a pas la qualité de commerçant (■ Cass. com., 2 oct. 1985, n° 84-10.156 : *JurisData* n° 1985-002248 ; *Bull. civ.* IV, n° 227. cassant ■ Paris, 8 nov. 1983 : *JurisData* n° 1983-028739 ; *RTD com.* 1986, 201. ■ 11 mai 1993, n° 91-14.734 : *JurisData* n° 1993-000837 ; *Bull. civ.* IV, n° 179 ; *JCP* E 1993, p. 863, pour la signature d'une lettre de change par un artisan. ■ Paris, 14 févr. 2001, n° 2000/19443 : *JurisData* n° 2001-142772 ; *RJDA* 8-9/2001, n° 908, pour un acte de cautionnement commercial) ; la participation, même répétée, à la circulation d'une lettre de change n'est pas suffisante pour conférer la qualité de commerçant (■ Paris, 31 mai 1965 : *Gaz. Pal.* 1965, 2, 180 ; *RTD com.* 1965, 820, obs. Jauffret et 888, obs. Houin. ■ Paris, 4 nov. 1965 : *RTD com.* 1966, 177, obs. Houin. ■ Paris, 14 janv. 1987 : *JurisData* n° 1987-022558 ; *D.* 1987, inf. rap. 38. ■ Cass. com., 11 mai 1993, préc.). N'est pas un commerçant l'associé qui, pour seul acte de commerce, a accompli un acte de cession ayant conféré le contrôle de la société cédée et signé une garantie d'actif et de passif à l'occasion de ce transfert de contrôle, le nombre limité des actes de commerce accomplis en nom personnel ne permettant pas de retenir la qualification de commerçant (■ Cass. com., 29 janv. 2020, n° 19-12.584, publié : *D.* 2020, 2033, obs. Lamazerolles et Rabreau ; *Rev. sociétés* 2020, 474, note Heinich ; *RTD com.* 2020, 777, obs. Saintourens).

18) Le *dirigeant* de société qui cautionne régulièrement les dettes de sa société (■ Cass. com., 1er oct. 1997, n° 95-14.578 : *JurisData* n° 1997-003869 ; *RTD com.* 1998, 131, obs. Derruppé ; *LPA* 24 mai 1999, p. 16, note Keita).

3° *Agissement à titre personnel et indépendant*

• Ont la qualité de commerçant

19) Le *locataire-gérant* d'un fonds de commerce (C. com., art. L. 144-2), même s'il n'est pas immatriculé au RCS (■ Cass. com., 9 déc. 1957 : *Bull. civ.* 1957, III, n° 336 ; *RTD com.* 1958, p. 607).

20) Le *prête-nom*, bien qu'il fasse le commerce pour le compte d'autrui (■ Cass. com., 9 déc. 1957 : *Bull. civ.* III, n° 336) mais à la condition que les juges aient caractérisé cette qualité (■ Cass. com., 13 juin 1966 : *Bull. civ.* III, n° 299. ■ Cass. com., 17 mars 1969 : *RTD com.* 1969, 1094, obs. Houin). De même pour celui qui agit sous le couvert de ce prête-nom (■ Cass. com., 29 janv. 1968, n° 63-12.021 : *Rev. syndics et adm. jud.* 1968, 251, note Poulain, pour un architecte).

21) L'*indivision successorale* restée exploitante du commerce aux lieu et place du défunt, de sorte que la liquidation des biens peut être déclarée commune à l'un des indivisaires même s'il n'a pas participé directement à l'activité commerciale (■ Cass. com., 18 mars 1986 : JurisData n° 1986-700357 ; *D.* 1987, 143, note crit. Romani).

22) Le *coexploitant* qui, bien que non immatriculé au RCS, effectue, de manière indépendante, des actes de commerce à titre de profession habituelle (■ Cass. com., 30 mars 1996 : *Bull. civ.* IV, n° 126, à propos de deux enfants qui se substituant à leur mère âgée dans la direction effective de son fonds de commerce). V. également, à propos du conjoint coexploitant, C. com., art. L. 121-3.

• **N'ont pas la qualité de commerçant**

23) Les *employés* d'un commerçant car ils sont liés par un contrat de travail (▪ Lyon, 12 mai 1894 : *Journ. faillites* 1894, 263). V. le cas d'un salarié qui se fait passer pour le chef d'entreprise (s'agissant plus précisément de son fils) ce qui n'entraîne pas automatiquement la qualité de commerçant (▪ Cass. com., 6 mai 1975, n° 74-12.216 : *JurisData* n° 1975-097122 ; *Bull. civ.* IV, n° 122).

24) Le *VRP* s'il n'agit pas en son nom propre et pour son compte et qu'il ne s'oblige pas personnellement (▪ Cass. com., 2 nov. 1954 : *Gaz. Pal.* 1955, 1, 5).

25) Les *administrateurs et dirigeants* de sociétés (▪ Cass. com., 19 mai 1954 : *Bull. civ.* IV, n° 187. – V. aussi ▪ Paris, 23 déc. 1959 : *Gaz. Pal.* 1960, 1, 227) ; à moins qu'ils n'accomplissent des actes de commerce pour leur propre compte sous le couvert de la société (▪ Cass. com., 16 déc. 1958 : *Bull. civ.* III, n° 439, p. 370). Rappr. ▪ Cass. com., 12 déc. 2008 : *D.* 2008, 2929, obs. Lienhard ; *Rev. Lamy dr. aff.* 1/2009, n° 2033, le gérant majoritaire d'une SARL, qui agit au nom de la société et non en son nom personnel, n'exerce pas une activité professionnelle indépendante au sens de l'article L. 631-2 du Code de commerce.

26) Le *propriétaire* du fonds mis en location-gérance (▪ Paris, 8 nov. 1983 : *JurisData* n° 1983-028739 ; *D.* 1984, inf. rap. 52. ▪ Cass. soc., 30 nov. 1982, n° 82-60.456 : *JurisData* n° 1982-702492 ; *JCP* E 1982, I, 11274. ▪ Cass. com., 20 févr. 1996, n° 93-20.866 : *JurisData* n° 1996-000561 ; *JCP* E 1996, pan. 516) qui peut alors assigner le locataire-gérant devant la juridiction civile (▪ Paris, 8 nov. 2000, n° 2000/12608 : *JurisData* n° 2000-126399 ; *RJDA* 3/2001, n° 300).

27) L'*agent commercial* (▪ Cass. com., 29 oct. 1979, n° 78-14.226 : *JurisData* n° 1979-799266 ; *Gaz. Pal.* 1980, 1, jurispr. p. 87, note Dupichot ; *RTD com.* 1980, p. 68, obs. Derruppé. ▪ Cass. com., 24 oct. 1995, n° 93-21.866 : *JurisData* n° 1995-002661 ; *Bull. civ.* IV, n° 248. ▪ CA Versailles, 20 nov. 1997 : *JCP* E 1998, n° 10, p. 349. – *Contra*, ▪ Amiens, 13 juill. 1977 : *JurisData* n° 1977-600122 ; *JCP* 1979, II, 19163).

28) Le gérant de succursale (▪ Cass. civ., 24 nov. 1903 : S. 1904, I, 80). V. également art. L. 146-1, p. 279 et Annexe 1, Du commerce en général, X. Intermédiaire du commerce.

B – Preuve

29) Question de droit. La question de savoir si un individu a la qualité de commerçant est *une question de droit* sur la solution de laquelle la Cour de cassation doit pouvoir exercer son contrôle (▪ Cass. civ., 27 juill. 1891 : *DP* 1892, 1, 160. ▪ Cass. civ., 31 janv. 1966 : *D.* 1966, 288. ▪ Cass. com., 6 mai 1975 : *Bull. civ.* IV, n° 122. ▪ Cass. com., 20 oct. 1984 : *Bull. civ.* IV, n° 249).

30) Office du juge. Il appartient au juge d'apprécier les témoignages et présomptions pour reconnaître ou non la qualité de commerçant d'un individu ; ne constituent que des indices :

– l'inscription sur la liste consulaire (▪ Agen, 23 déc. 1921 : S. 1922, 2, 41) ;

– l'imposition ou non à la patente (▪ Cass. civ., 14 mai 1912 : S. 1912, 1, 328) ;

– l'assujettissement aux bénéfices industriels et commerciaux (▪ T. civ. Nantes, 24 mars 1933 : *JCP* 1933, 513) ;

– la nature des lieux loués (▪ Cass. 3e civ., 17 avr. 1953 : *Bull. civ.* III, n° 130) ;

– l'inscription au registre du commerce et des sociétés (▪ Cass. soc., 10 juill. 1975, n° 74-10.538 : *JurisData* n° 1975-000402 ; *Bull. civ.* V, n° 402).

II – DISTINCTIONS

Bibliographie : *Sur l'artisan.* Casaux-Labrunée, *L'activité artisanale entre traditions et innovations : Libre droit, in Mél. en l'honneur de Ph. Le Tourneau*, Dalloz, 2008, p. 1832. – Lebel, *Du commerçant et de l'artisan à l'activité commerciale et l'activité artisanale : Rev. Lamy dr. aff.* 2/2011, p. 60. – *JCl. Commercial*, Fasc. 53, *Artisan*, par Azarian.

Sur la distinction entre commerçant et agriculteur. Couret, *Activités agricoles et activités commerciales : leurs domaines respectifs : RTD com.* 1980, 277. – Le Gall, *Le statut juridique de l'élevage industriel au regard du droit commercial : RD rur.* 1983, 319. – Ranouil, *La faillite des agriculteurs : Gaz. Pal.* 1983, 2, 476.

A – Commerçant et artisan

31) Sur les critères de distinction entre commerçants et artisans (▪ Cass. com., 21 mai 1985 : *Bull. civ.* IV, n° 161, qui retient l'importance du nombre de salariés et la part des revenus professionnels tirés de son travail manuel. ▪ Cass. com., 11 mars 2008, n° 06-20.089 : *JurisData* n° 2008-043139 ; *Bull. civ.* IV, n° 57 ; *JCP* E 2008, 2050, note Lebel ; *D.* 2008, 980, obs. Chevrier ; *RJDA* 8/2006, n° 743, qualifiant d'artisan le plombier qui travaille seul, sans l'apport d'une main d'œuvre interne ou externe, exerce de manière prépondérante une activité de production, transformation et prestation de services dont il tire l'essentiel de sa rémunération, alors que l'achat pour revendre de marchandises représentait, pour l'année 2004, pour lui seulement l'équivalent d'environ 5 % de son résultat d'exploitation, c'est-à-dire était accessoire et marginale).

Sur l'utilisation de la maîtrise d'ouvrage comme critère de commercialité pour qualifier un entrepreneur général de commerçant et non d'artisan (■ Cass. com., 23 nov. 1983, n° 82-15.292 : *JurisData* n° 1983-702381 ; *Bull. civ.* IV, n° 319) ;

Pour la recherche de la spéculation sur les matériaux et la main-d'œuvre étrangère à la famille afin de qualifier une personne de commerçant (■ Cass. com., 9 nov. 1982, n° 81-16.408 : *JurisData* n° 1982-702476 ; *Bull. civ.* IV, n° 342 ; *JCP* E 1982, I, 11220. ■ Toulouse, 13 janv. 1983 : *JurisData* n° 1983-043668 ; *Gaz. Pal.* 1983, 2, pan. jurispr. 413).

32) Ont été qualifié de commerçant :

– un fabricant de pâtes alimentaires dont les bénéfices ne sont pas exclusivement liés à son travail, mais proviennent aussi de la spéculation sur la valeur des marchandises (■ Cass. com., 2 mai 1972, n° 71-11.216 : *JurisData* n° 1972-097128 ; *Bull. civ.* IV, n° 128) ;

– un chaudronnier qui tire profit tant du travail de son personnel que des matériaux fournis lors des travaux à exécuter (■ Cass. com., 19 nov. 1975, n° 75-11.937 : *JurisData* n° 1975-097275 ; *Bull. civ.* IV, n° 275) ;

– un maçon (■ Cass. com., 19 juin 1984, n° 83-11.796 : *JurisData* n° 1984-701202 ; *Bull. civ.* IV, n° 198) ;

– une entreprise de spectacles et plus spécialement une salle de cinéma (■ Cass. com., 11 juill. 1984 : *Bull. civ.* IV, n° 230) ;

– un artisan menuisier dont l'activité consiste pour l'essentiel en l'achat de matériaux qu'il revend après les avoir travaillés et mis en œuvre et qui émet des lettres de change a la qualité de commerçant (■ Douai, 12 déc. 1991, n° 7131/91 : *JurisData* n° 1991-052055 ; *Annonces Seine* 1er juin 1991, p. 4).

33) Ont été qualifié d'artisan :

– un chauffeur de taxi exploitant une seule voiture lui appartenant (■ Cass. com., 4 déc. 1968 : *Bull. civ.* IV, n° 345) ;

– un entrepreneur de maçonnerie (■ Cass. com., 16 juill. 1982, n° 81-14.195 : *JurisData* n° 1982-701912 ; *Bull. civ.* IV, n° 272) ;

– un maçon charpentier (■ Cass. com., 11 juill. 1984 : *Bull. civ.* IV, n° 229) ;

– une modiste (■ Cass. com., 12 mai 1969, n° 67-13.532 : *JurisData* n° 1969-097159 ; *Bull. civ.* IV, n° 159) ;

– un distillateur ambulant (■ Cass. soc., 26 oct. 1966 : *JurisData* n° 1966-099810 ; *Bull. civ.* IV, n° 810) ;

– un plombier (■ Cass. com., 11 mars 2008, n° 06-20.089 : *JurisData* n° 2008-043139 ; préc.).

B – Commerçant et agriculteur

34) Ont été qualifié de commerçant :

– l'agriculteur qui achète en quasi-totalité à l'extérieur la nourriture de ses bêtes (■ Cass. com., 23 mars 1981 : *JurisData* n° 1981-700821 ; *Rev. arb.* 1982, 176, note Fouchard. ■ Cass. com., 23 févr. 1983 : *Bull. civ.* IV, n° 78. ■ Rennes, 20 janv. 1984 : *JurisData* n° 1984-640119 ; *Gaz. Pal.* 1984, 2, 219. ■ Cass. com., 10 juill. 1985 : *Bull. civ.* IV, n° 210 ; *JCP* E 1985, I, 14951) ;

– le négociant en bestiaux (■ Cass. 1re civ., 7 oct. 1981, n° 80-13.219 : *JurisData* n° 1981-002849 ; *Bull. civ.* I, n° 276 ; *JCP* 1982, II, 19873, note Prévault). Mais, depuis l'article 2 de la loi n° 88-1202 du 30 décembre 1988 qui a introduit la notion de « *cycle biologique de caractère végétal ou animal* » (V. sous, C. com., art. L. 620-2), V. ■ CE, 20 mars 1991 : *RTD com.* 1991, 375, obs. Derruppé qui a décidé que l'achat de gibier pour le revendre après l'avoir rendu apte à la chasse est une activité agricole.

35) Ont été qualifié d'agriculteur :

– l'éleveur hors sol, lorsque le contrat de production le dispense de procéder à des achats pour revendre et fixe de façon détaillée et impérative le prix des prestations (■ TGI Quimper, 25 mars 1986 : *JurisData* n° 1986-600945 ; *Gaz. Pal.* 1988, 1, 75) ;

– l'éleveur de veaux, dont on ignore l'importance des achats d'aliments pour bétail alors qu'il a une ferme susceptible de produire une majeure partie des aliments, d'autant que les activités qu'il exerce sont civiles en vertu de l'article 2 de la loi du 30 décembre 1988 (■ Rennes, 20 sept. 1989 : *Gaz. Pal.* 1990, 1, 152, note J. Prévault ; *Rev. proc. coll.* 1991, 91, obs. Calendini).

En matière fiscale, le Conseil d'État considère que l'élevage reste une activité non commerciale (■ CE, 6 févr. 1970, n° 77394 : *JCP* 1971, II, 16635 ; *RTD com.* 1971, 275, obs. Jauffret) ;

– l'*entrepreneur de travaux agricoles*, dont l'activité de transformation par des moyens mécaniques des produits reçus des agriculteurs est un critère insuffisant de commercialité (■ Cass. com., 2 oct. 1984, n° 83-12.375 : *JurisData* n° 1984-701628 ; *Bull. civ.* IV, n° 249 ; *JCP* 1984, IV, 335 ; *RTD com.* 1986, 506, obs. Derruppé).

Décret n° 85-865 du 9 août 1985

pris pour l'application du 6° de l'article 238 *bis* du Code général des impôts relatif aux organismes *accordant des aides financières à la création d'entreprises*
(JO 15 août)

Art. 2. – Les statuts doivent contenir une clause aux termes de laquelle ne peuvent être associés des organismes :

[...].

2° Les personnes empêchées d'exercer un commerce en vertu de la loi n° 47-1635 du 30 août 1947 relative à l'assainissement des professions industrielles ou commerciales, ainsi que les personnes condamnées en application, soit du décret du 14 juin 1938 sur les entreprises d'assurances, repris par le Code des assurances, livre III, titre II, chapitre VIII et livre V, titre I, chapitre IV, section IV, soit de la loi n° 84-46 du 24 janvier 1984 relative à l'activité et au contrôle des établissements de crédit.

Code général des impôts

Art. 1750 *(Rempl., L. n° 2011-525, 17 mai 2011)*. – Les personnes physiques coupables de l'une des infractions en matière d'impôts directs, de taxe sur la valeur ajoutée et autres taxes sur le chiffre d'affaires, de droit d'enregistrement, de taxe de publicité foncière et de droit de timbre encourent les peines complémentaires suivantes :

1. L'interdiction, suivant les modalités prévues par l'article 131-27 du Code pénal, d'exercer directement ou indirectement, pour son propre compte ou pour le compte d'autrui, une profession libérale, commerciale ou industrielle, de diriger, d'administrer, de gérer ou de contrôler à un titre quelconque, directement ou indirectement, pour son propre compte ou pour le compte d'autrui, une entreprise commerciale ou industrielle ou une société commerciale ;

2. La suspension, pour une durée de trois ans au plus, ou de six ans au plus en cas de récidive, du permis de conduire, la juridiction pouvant limiter cette peine à la conduite en dehors de l'activité professionnelle.

Voir : C. com., art. L. 620-1 et s. relatifs à la sauvegarde, au redressement et à la liquidation judiciaires des entreprises.

Voir aussi : L. n° 70-9, 2 janv. 1970, réglementant les conditions d'exercice des activités relatives à certaines opérations portant sur les immeubles et les fonds de commerce (*JO* 4 janv. 1970), Titre II, mod. L. n° 71-580, 16 juill. 1971 (*JO* 17 juill. et rect. 25 déc.), L. n° 94-624, 21 juill. 1994 (*JO* 24 juill.).

Art. L. 121-2 *(Mod., Ord. n° 2019-964, 18 sept. 2019)*. – **Le mineur émancipé peut être commerçant sur autorisation du juge des tutelles au moment de la décision d'émancipation et du président du tribunal judiciaire s'il formule cette demande après avoir été émancipé.**

NB : Conformément à l'article 36 de l'ordonnance n° 2019-964 du 18 septembre 2019, ces dispositions entrent en vigueur au 1er janvier 2020.

Bibliographie : Gaudemet-Tallon, *Minorité et droit commercial : RTD com.* 1966, 229. • Massip, *L'abaissement de l'âge de la majorité et ses conséquences : Defrénois* 1974, art. 30723 et 30744. • Couchez, *La fixation à 18 ans de l'âge de la majorité* (commentaire de la loi du 5 juill. 1974) : *JCP* 1975, I, 2684. • Moreau, *L'émancipation, rajeunissement ou déclin : JCP* 1975, I, 2718. • Pansier, *Propos sur le client mineur : CDE* 1982, n° 5-6, 34. • *JCl. Com.*, Fasc. 55, *Commerçants. Incapacités. Interdictions. Incompatibilités. Commerçants étrangers*, par Vallansan.

1) **Nullité relative.** Le mineur qui agit en violation de l'article L. 121-2 du Code de commerce accomplit des actes nuls (▪ Cass. civ., 7 mars 1922 : *DP* 1922, 1, 169). La nullité de ces actes est relative ; elle ne peut être invoquée que par le mineur lui-même, ses ayants droit ou ses représentants légaux (▪ Cass. civ., 6 nov. 1950 : *JCP G* 1952, II, 6702).

2) **Prescription.** La nullité des actes du mineur ne peut être prononcée que dans les cinq ans qui suivent sa majorité (C. civ., art. 1304).

3) **Exception.** Toutefois le mineur reste obligé dans la mesure où il a tiré un profit de l'acte (▪ Cass. 1re civ., 5 avr. 1978, n° 76-14.924 : *JurisData* n° 1978-000147 ; *Bull. civ.* I, n° 147).

4) **Procédure collective.** N'étant pas commerçant le mineur ne peut être déclaré en redressement judiciaire (▪ Paris, 2 juin 1885 : *S.* 1885, 2, 163).

Voir aussi : C. civ., art. 413-2, 413-6, 413-8, 1308 et 1312.

Art. L. 121-3 *(Anc. C. com., art. 4)*. – **Le conjoint d'un commerçant n'est réputé lui-même commerçant que s'il exerce une activité commerciale séparée de celle de son époux.**

Bibliographie : Chemel, *Le conjoint du commerçant : JCP CI* 1982, II, 13751. • Colomer, *Le statut des conjoints d'artisans et commerçants travaillant dans l'entreprise familiale : Defrénois* 1982, art. 32954 et 32965. • Martin, *La coopération conjugale dans l'entreprise familiale : D.* 1982, chron. 293. • Richard et Le Dolley, *La loi relative aux conjoints d'artisans et de commerçants travaillant dans l'entreprise familiale : JCP CI* 1982, 10846. • Bardoul, *Les conjoints associés : commentaire des articles 12 et suivants de la loi du 10 juillet 1982 relative au conjoint d'artisan et commerçant travaillant dans l'entreprise* *familiale : Rev. sociétés* 1983, 5. • Maubru, *La fin d'une jurisprudence : le nouvel article 4 du Code de commerce : JCP* G 1983, II, 3109. • Morin, *Formules d'application de la loi du 10 juillet 1982 : Defrénois* 1983, 1265. • Randoux, *Le conjoint du chef d'une entreprise artisanale ou commerciale : collaborateur, salarié ou associé : JCP* N 1983, I, 7. • Beauchard, *Les difficultés d'application du nouvel article 4 du Code de commerce : D.* 1984, chron., 147, rect. 174. • Derruppé, *Le commerçant marié : RTD com.* 1983, 210. • Guyénot, *Les nouveaux statuts des conjoints d'artisans et de commerçants et l'entreprise familiale : LPA* 4 juill. 1984, n° 80, p. 13 ; *Les conjoints associés, un mode d'organisation de l'entreprise familiale : LPA* 7 août 1984, n° 94, p. 9 ; *L'entraide conjugale dans l'entreprise : la nouvelle condition juridique du conjoint collaborateur et du conjoint salarié : Rev. huissiers* 1984, 181. • Kurgansky, *La déclaration notariée de cessation du mandat du conjoint collaborateur du chef d'une entreprise artisanale ou commerciale : JCP* E 1984, II, 14293. • Martin, *Le conjoint de l'artisan et du commerçant : statut professionnel, fiscal, social, matrimonial et successoral*, Sirey, 1984. • Sousi-Roubi, *La loi sur les conjoints et la loi sur l'égalité professionnelle : le droit français face au droit communautaire : Gaz. Pal.* 1984, 1, doctr. 104. • Wagner, *La rémunération de la collaboration professionnelle du conjoint : D.* 1985, chron. 1. • Sur la réforme du 23 décembre 1985, voir Colomer : *D.* 1986, chron. 49. • Sur l'interprétation de l'article 4, voir : Rép. min. QE n° 12467 : *JO* Sénat, 13 oct. 1983, p. 1438. • Cocquempot-Caulier, *Le conjoint collaborateur endetté « laissé pour compte » des mesures d'assainissement économique : JCP* E 2002, 639 et 676. • *JCl. Com.*, Fasc. 60 : *Commerçant. Statut du conjoint du commerçant ou de l'artisan*, par Vallansan. • Raffi, *Statut de conjoint collaborateur : évolution récente et difficultés d'application : LPA* 5 août 2009, n° 155, p. 6.

Ouvrage. Castagné, *Le conjoint du chef d'entreprise*, Litec, 2008, coll. « Litec professionnel ».

1) A la qualité de commerçant : la femme mariée sur le compte personnel de laquelle transitent toutes les opérations commerciales, cet élément ayant pu être retenu comme révélant la qualité de commerçante pour avoir exercé des actes de commerce et en avoir fait sa profession habituelle (■ Cass. com., 15 juill. 1987, n° 85-17.220 : *JurisData* n° 1987-00122 ; *Bull. civ.* IV, n° 183 ; *RTD com.* 1988, 421, obs. Derruppé. – *Adde*, 15 oct. 1991 ; *JCP* E 1992, I, 136, n° 1, obs. Pétel).

2) N'ont pas la qualité de commerçant :

– la femme mariée qui, tout en participant à l'exploitation, ne fait pas de manière indépendante des actes de commerce à titre de profession habituelle (■ Cass. com., 18 déc. 1984, n° 83-14.961 : *JurisData* n° 1984-702366 ; *Bull. civ.* IV, n° 352. ■ Cass. com., 18 avr. 1985, n° 83-15.404 : *JurisData* n° 1985-701095 ; *Bull. civ.* IV, n° 115 ; *RTD com.* 1986, 71, obs. Derruppé. ■ Cass. com., 27 mai 1986, n° 85-12.110 : *JurisData* n° 1986-001024 ; *Bull. civ.* IV, n° 101. ■ Cass. com., 4 oct. 1994, n° 92-14.280 : *D.* 1995, 456, note Barabé-Bouchard, qui reproche à une cour d'appel de n'avoir pas recherché si l'épouse d'un commerçant, institutrice, n'exerçait pas de manière habituelle une autre activité que celle de commerçante, exclusive de celle-ci. – Comp. ■ Cass. com., 30 janv. 1996 : *JCP* E 1996, pan. 392) ;

– le mari qui ne fait qu'assister son épouse dans le commerce qu'elle dirige, et ne peut donc se prévaloir de certaines dispositions relatives à la qualité de commerçant (■ Cass. soc., 10 oct. 1984 : *JurisData* n° 1984-701753 ; *Bull. civ.* V, n° 362).

3) Office du juge. Ne met pas la Cour de cassation en mesure d'exercer son contrôle la cour d'appel qui – des époux ayant assigné une société en résiliation d'un contrat de franchise – pour écarter l'application d'une clause attributive de compétence, retient qu'il n'est pas contesté que l'épouse n'était pas inscrite au registre du commerce et qu'il ne résulte pas des pièces versées aux débats qu'elle ait la qualité de commerçante, de tels motifs étant impropres à établir que *l'épouse n'exerçait pas des actes de commerce de manière indépendante et n'en avait pas fait sa profession habituelle* (■ Cass. com., 4 janv. 1994, n° 92-11.654 : *Bull. civ.* IV, n° 1).

4) Conséquences. Sur la responsabilité du conjoint du commerçant travaillant dans l'entreprise familiale (■ Cass. com., 7 déc. 1981 : *JurisData* n° 1981-703412 ; *D.* 1982, 564, note Rossi).

Section II. – Du conjoint du chef d'entreprise ou du partenaire lié au chef d'entreprise par un pacte civil de solidarité, travaillant dans l'entreprise familiale

(Intitulé rempl., L. n° 2005-882, 2 août 2005 ; mod., L. n° 2008-776, 4 août 2008)

Art. L. 121-4 *(L. n° 2005-882, 2 août 2005 ; mod., L. n°* **2008-776, 4 août 2008 ; L. n° 2019-486,** *22 mai 2019).* **– I. – Le conjoint du chef d'une entreprise artisanale, commerciale ou libérale qui y exerce de manière régulière une activité professionnelle opte pour l'un des statuts suivants :**

1° Conjoint collaborateur ;

2° Conjoint salarié ;

3° Conjoint associé.

II. – En ce qui concerne les sociétés, le statut de conjoint collaborateur n'est autorisé qu'au conjoint du gérant associé unique ou du gérant associé majoritaire d'une société à responsabilité limitée ou d'une société d'exercice libéral à responsabilité limitée *(Mots suppr. à compter du 1er janvier 2020, L. n° 2019-486, 22 mai 2019)* « ... ».

Le choix effectué par le conjoint du gérant associé majoritaire de bénéficier du statut de conjoint collaborateur est porté à la connaissance des associés lors de la première assemblée générale suivant la mention de ce statut auprès des organismes mentionnés au IV.

III. – Les droits et obligations professionnels et sociaux du conjoint résultent du statut pour lequel il a opté.

IV *(IV rempl., L. n° 2019-486, 22 mai 2019)*. – Le chef d'entreprise est tenu de déclarer l'activité professionnelle régulière de son conjoint dans l'entreprise et le statut choisi par ce dernier auprès des organismes habilités à enregistrer l'immatriculation de l'entreprise. Seul le conjoint collaborateur fait l'objet d'une mention dans les registres de publicité légale à caractère professionnel.

Rédaction future. IV. – Le chef d'entreprise est tenu de déclarer l'activité professionnelle régulière de son conjoint dans l'entreprise et le statut choisi par ce dernier auprès des organismes habilités à enregistrer l'immatriculation de l'entreprise. Seul le conjoint collaborateur fait l'objet d'une mention *(Mots rempl. à compter du 1er janvier 2023, Ord. n° 2021-1189, 15 sept. 2021)* « au registre du commerce et des sociétés, au registre spécial des agents commerciaux, au registre spécial des entreprises individuelles à responsabilité limitée et au registre national des entreprises ».

À défaut de déclaration d'activité professionnelle, le conjoint ayant exercé une activité professionnelle de manière régulière dans l'entreprise est réputé l'avoir fait sous le statut de conjoint salarié.

À défaut de déclaration du statut choisi, le chef d'entreprise est réputé avoir déclaré que ce statut est celui de conjoint salarié.

V *(V rempl., L. n° 2019-486, 22 mai 2019)*. – La définition du conjoint collaborateur, les modalités des déclarations prévues au présent article et les autres conditions d'application du présent article sont fixées par décret en Conseil d'État.

Bibliographie : J. Bardoul, *Les conjoints associés : Rev. sociétés* 1983, 5.

Voir : D. n° 98-247, 2 avr. 1998, relatif à la qualification artisanale et au répertoire des métiers, Annexe 1, Du commerce en général, IV. Artisan. – D. n° 99-433, 27 mai 1999, relatif à la composition des chambres de métiers et à leur élection (JO 29 mai), Ann. 1, Du commerce en général, IV. Artisan. – C. com., art. R. 121-1 à R. 121-5, C. com., R. 123-37, 6°.

Bibliographie : *JCl. Com.*, Fasc. 60, *Statut du conjoint du commerçant ou de l'artisan*, par Vallansan. • *JCl. Travail*, Traité, Fasc. 9-20, *Conjoint salarié*, par Dusquesne.

I – CONJOINT SALARIÉ

1) Portée de l'article L. 784-1 (ancien) du Code du travail. *(Abrogé par le nouveau Code du travail)*

– Absence de rémunération. Est titulaire d'un contrat de travail l'épouse qui, bien que non rémunérée, est employée par son mari de façon durable et permanente en qualité de cuisinière, dans un rapport de subordination, sans avoir été déclarée aux organismes sociaux ni inscrite sur le registre unique du personnel et sans avoir reçu de bulletins de paie (■ Cass. crim., 22 oct. 2002, n° 02-81.859 : *JurisData* n° 2002-016572 ; *Bull. crim.* 2002, n° 192 ; *JCP* E 2004, 291, note Pomart ; *RTD civ.* 2004, 127, obs. Vareille, qui condamne le mari pour travail dissimulé).

– Absence de subordination juridique. L'existence d'un lien de subordination n'est pas une condition pour l'application du statut du conjoint salarié de l'époux commerçant (■ Cass. soc., 6 nov. 2001, n° 99-40.756 : *JurisData* n° 2001-011594 ; *Bull. civ.* V, n° 339 ; *D.* 2002, somm. 767, obs. Lokiec ; *RTD civ.* 2002, 75, obs. Hauser ; *RTD com.* 2002, 36, obs. Saintourens ; *Dr. soc.* 2002, 403, note Favennec-Héry).

– Absence de rémunération et de subordination juridique. L'existence d'un lien de subordination n'étant pas une condition nécessaire à l'application du statut de conjoint salarié, il suffit que soit établi que l'un des époux participe effectivement et habituellement à titre professionnel à l'activité de son conjoint, peu important qu'aucune rémunération n'ait été versée (■ Cass. soc., 13 déc. 2007, n° 06-45.243 : *JurisData* n° 2007-041915 ; *Bull. civ.* V, n° 210 ; *Rev. dr. trav.* févr. 2008, p. 100, obs. Lardy-Pelissier).

II – CONJOINT COLLABORATEUR

2) Portée de l'inscription au RCS. Le conjoint immatriculé au registre du commerce et des sociétés en qualité de conjoint collaborateur ne peut se voir étendre la procédure collective ouverte contre son conjoint commerçant (■ Cass. com., 11 févr. 2004, n° 01-16.651 : *JurisData* n° 2004-022271 ; *JCP* E 2004, pan. 538, chron. 783, n° 1, obs. M.C. ; *D.* 2004, p. 565, obs. Lienhard ; *RJDA* 6/2004, n° 731). Mais le juge ne peut déclarer irrecevable la demande du conjoint tendant à bénéficier de la procédure de surendettement des particuliers au motif de son inscription en qualité de collaborateur, sans rechercher si elle était commerçante ou artisan (■ Cass. 2e civ., 14 sept. 2006, n° 05-16.143 : *JurisData* n° 2006-034926 ; *RTD com.* 2006, 919, obs. Paisant ; *JCP E* 2007, n° 1, p. 20, obs. Cabrillac ; *BRDA* 2006, n° 19, p. 9 ; *Dr. et patrimoine* juin 2007, 89, obs. Macorig-Venier).

Loi n° 82-596 du 10 juillet 1982

relative aux conjoints d'artisans et de commerçants travaillant dans l'entreprise familiale
(JO 13 juill.)

Art. 5 *(Mod., L. n° 85-30, 9 janv. 1985)*. **–** I. *(Abr., Ord. n° 2000-912, 18 sept. 2000).*

II. – Un décret fixe les conditions dans lesquelles le conjoint survivant, ou en zone de montagne un enfant héritier copropriétaire, qui a obtenu l'attribution préférentielle d'une entreprise commerciale, artisanale, industrielle ou hôtelière à caractère familial en application du quatrième alinéa de l'article 832 du Code civil bénéficie de prêts à taux bonifié pour le paiement de la soulte (V. D. n° 83-747, 10 août 1983).

....

Art. 20. – Lorsque les parts ont été souscrites ou acquises par un époux avant la date d'entrée en vigueur de la présente loi, la notification faite par le conjoint d'un associé en application de l'article 1832-2 du Code civil est soumise aux mêmes conditions d'agrément que celles qui régissent à la date de l'entrée en vigueur de la présente loi la transmission des parts d'un associé à son conjoint.

Loi n° 89-1008 du 31 décembre 1989

relative au développement des entreprises commerciales et artisanales et à l'amélioration de leur environnement économique, juridique et social
(JO 2 janv.)

Art. 14 *(Mod., L. n° 2005-882, 2 août 2005 ; Ord. n° 2006-346, 23 mars 2006)*. **–** Le conjoint survivant du chef d'une entreprise artisanale, commerciale ou libérale qui justifie par tous moyens avoir participé directement et effectivement à l'activité de l'entreprise pendant au moins dix années, sans recevoir de salaire ni être associé aux bénéfices et aux pertes de l'entreprise, bénéficie d'un droit de créance d'un montant égal à trois fois le salaire minimum interprofessionnel de croissance annuel en vigueur au jour du décès dans la limite de 25 % de l'actif successoral. Ce droit est garanti sur la généralité des meubles par le privilège inscrit au 4° de l'article 2331 du Code civil, sur la généralité des immeubles par le privilège inscrit au 2° de l'article 2375 du Code civil et sur les immeubles par une hypothèque légale. Le cas échéant, le montant des droits propres du conjoint survivant dans les opérations de partage successoral et de liquidation du régime matrimonial est diminué de celui de cette créance. Pour la liquidation des droits de succession, cette créance s'ajoute à la part du conjoint survivant.

Art. L. 121-5 *(Anc. L. n° 82-596, 10 juill. 1982)*. **– Une personne immatriculée au répertoire des métiers ou un commerçant ne peut, sans le consentement exprès de son conjoint, lorsque celui-ci participe à son activité professionnelle en qualité de conjoint travaillant dans l'entreprise, aliéner ou grever de droits réels les éléments du fonds de commerce ou de l'entreprise artisanale dépendant de la communauté, qui, par leur importance ou par leur nature, sont nécessaires à l'exploitation de l'entreprise, ni donner à bail ce fonds de commerce ou cette entreprise artisanale. Il ne peut, sans ce consentement exprès, percevoir les capitaux provenant de telles opérations.**

Rédaction future. *Une personne (Mots rempl. à compter du 1er janvier 2023, Ord. n° 2021-1189, 15 sept. 2021)* « dont l'entreprise est mentionnée comme relevant du secteur des métiers et de l'artisanat au registre national des entreprises » ou un commerçant ne peut, sans le consentement exprès de son conjoint, lorsque celui-ci participe à son activité professionnelle en qualité de conjoint travaillant dans l'entreprise, aliéner ou grever de droits réels les éléments du fonds de commerce ou de l'entreprise artisanale dépendant de la communauté, qui, par leur importance ou par leur nature, sont nécessaires à l'exploitation de l'entreprise, ni donner à bail ce fonds de commerce ou cette entreprise artisanale. Il ne peut, sans ce consentement exprès, percevoir les capitaux provenant de telles opérations.

Le conjoint qui n'a pas donné son consentement exprès à l'acte peut en demander l'annulation. L'action en nullité lui est ouverte pendant deux années à compter du jour où il a eu connaissance de l'acte, sans pouvoir jamais être intentée plus de deux ans après la dissolution de la communauté.

Art. L. 121-6 *(Anc. L. n° 82-596, 10 juill. 1982)*. **– Le conjoint collaborateur, lorsqu'il est mentionné au registre du commerce et des sociétés, au répertoire des métiers ou au registre des entreprises tenu par les chambres des métiers d'Alsace et de Moselle est réputé avoir reçu du chef d'entreprise le mandat d'accomplir au nom de ce dernier les actes d'administration concernant les besoins de l'entreprise.**

> **Rédaction future.** Le conjoint collaborateur, lorsqu'il est mentionné au registre du commerce et des sociétés *(Mots rempl. à compter du 1er janvier 2023, Ord. n° 2021-1189, 15 sept. 2021)* « ou, pour une entreprise du secteur des métiers et de l'artisanat, au registre national des entreprises, » est réputé avoir reçu du chef d'entreprise le mandat d'accomplir au nom de ce dernier les actes d'administration concernant les besoins de l'entreprise.

Par déclaration faite devant notaire, à peine de nullité, chaque époux a la faculté de mettre fin à la présomption de mandat, son conjoint présent ou dûment appelé. La déclaration notariée a effet, à l'égard des tiers, trois mois après que mention en aura été portée au registre du commerce et des sociétés, au répertoire des métiers ou au registre des entreprises tenu par les chambres de métiers d'Alsace et de Moselle. En l'absence de cette mention, elle n'est opposable aux tiers que s'il est établi que ceux-ci en ont eu connaissance.

> **Rédaction future.** Par déclaration faite devant notaire, à peine de nullité, chaque époux a la faculté de mettre fin à la présomption de mandat, son conjoint présent ou dûment appelé. La déclaration notariée a effet, à l'égard des tiers, trois mois après que mention en aura été portée au registre du commerce et des sociétés *(Mots rempl. à compter du 1er janvier 2023, Ord. n° 2021-1189, 15 sept. 2021)* « ou, pour une entreprise du secteur des métiers et de l'artisanat, au registre national des entreprises ». En l'absence de cette mention, elle n'est opposable aux tiers que s'il est établi que ceux-ci en ont eu connaissance.

La présomption de mandat cesse également de plein droit en cas d'absence présumée de l'un des époux, de séparation de corps ou de séparation de biens judiciaire, de même que lorsque les conditions prévues au premier alinéa ci-dessus ne sont plus remplies.

Art. L. 121-7 *(L. n° 2005-882, 2 août 2005)*. **– Dans les rapports avec les tiers, les actes de gestion et d'administration accomplis pour les besoins de l'entreprise par le conjoint collaborateur sont réputés l'être pour le compte du chef d'entreprise et n'entraînent à la charge du conjoint collaborateur aucune obligation personnelle.**

Art. L. 121-8 *(L. n° 2008-776, 4 août 2008)*. **– La présente section est également applicable aux personnes qui sont liées au chef d'entreprise par un pacte civil de solidarité.**

CHAPITRE II. – DES COMMERÇANTS ÉTRANGERS

(L. n° 2006-911, 24 juill. 2006)

Art. L. 122-1 *(Abr., L. n° 2014-1, 2 janv. 2014)*.

> **Rédaction antérieure. Art. L. 122-1** *(L. n° 2006-911, 24 juill. 2006)*. – Un étranger qui exerce sur le territoire français, sans y résider, une profession commerciale, industrielle ou artisanale, dans des conditions rendant nécessaire son inscription ou sa mention au registre du commerce et des sociétés ou au répertoire des métiers, doit en faire la déclaration au préfet du département dans lequel il envisage d'exercer pour la première fois son activité dans des conditions définies par décret.
>
> Les ressortissants des États membres de l'Union européenne, des autres États parties à l'accord sur l'Espace économique européen ou de la Confédération suisse sont dispensés de l'obligation de déclaration prévue au premier alinéa.

Bibliographie : *JCl. Com.*, Fasc. 55, *Commerçant. Incapacités. Interdictions. Incompatibilités. Commerçants étrangers*, par Vallansan.

Voir : toute personne en possession d'une carte d'identité spéciale portant la mention « commerçant » à la date de publication de l'ordonnance du 25 mars 2004 est dispensée de l'autorisation prévue par l'article L. 122-1 du Code de commerce (Ord. n° 2004-279, 25 mars 2004, art. 1er, II) ; C. étrangers, art. L. 313-10.

Art. L. 122-2 *(Abr., L. n° 2014-1, 2 janv. 2014)*.

> **Rédaction antérieure. Art. L. 122-2** *(L. n° 2006-911, 24 juill. 2006 ; mod., L. n° 2009-526, 12 mai 2009)*. – Toute infraction aux prescriptions de l'article L. 122-1 et à celles du décret d'application qu'il prévoit est punie d'un emprisonnement de six mois et d'une amende de 3 750 €. Le tribunal peut, en outre, ordonner la fermeture de l'établissement.

Art. L. 122-3 et L. 122-4 *(Implicitement abr., L. n° 2006-911, 24 juill. 2006)*.

CHAPITRE III. – DES OBLIGATIONS GÉNÉRALES DES COMMERÇANTS

Section I. – Du registre du commerce et des sociétés

Bibliographie : *JCl. Com.*, Fasc. 110, *Registre du commerce et des sociétés. Inscription* et Fasc. 115, *Sanction des règles*, par Vallansan.

Sous-section 1. – Des personnes tenues à l'immatriculation

Art. L. 123-1 *(Anc. D. n° 84-406, 30 mai 1984)*. **– I. – Il est tenu un registre du commerce et des sociétés auquel sont immatriculés, sur leur déclaration :**

1° Les personnes physiques ayant la qualité de commerçant, même si elles sont tenues à immatriculation au répertoire des métiers ;

Rédaction future. 1° Les personnes physiques ayant la qualité de commerçant, même si elles sont tenues à immatriculation au Les personnes physiques ayant la qualité de commerçant, même si elles sont tenues à immatriculation au *(Mots rempl. à compter du 1er janvier 2023, Ord. n° 2021-1189, 15 sept. 2021)* « registre national des entreprises » ;

2° Les sociétés et groupements d'intérêt économique ayant leur siège dans un département français et jouissant de la personnalité morale conformément à l'article 1842 du Code civil ou à l'article L. 251-4 ;

3° Les sociétés commerciales dont le siège est situé hors d'un département français et qui ont un établissement dans l'un de ces départements ;

4° Les établissements publics français à caractère industriel ou commercial ;

5° Les autres personnes morales dont l'immatriculation est prévue par les dispositions législatives ou réglementaires ;

6° Les représentations commerciales ou agences commerciales des États, collectivités ou établissements publics étrangers établis dans un département français.

II. – Figurent au registre, pour être portés à la connaissance du public, les inscriptions et actes ou pièces déposés prévus par décret en Conseil d'État.

1) Illustrations. Doivent être immatriculés :

– les commerçants saisonniers (Rép. min. QE n° 76510 : *JOAN* Q 24 févr. 1986, p. 729) ;

– les SARL à capital variable (■ Paris, 1er juin 1995, n° 95-1205 : *JurisData* n° 1995-022103 ; *D.* 1995, 567, note Coutant), même si le capital n'est pas entièrement libéré (■ Douai, 23 sept. 1999, n° 99/02853 : *JurisData* n° 1999-045432 ; *JCP* E 2000, pan. p. 588) ;

– le nu-propriétaire du fonds de commerce, qui doit être inscrit au registre du commerce en qualité de nu-propriétaire non exploitant (■ Paris, 30 janv. 1998, n° 97/13039 : *JurisData* n° 1998-020465 ; *JCP* E 1998, pan. 726 ; *RTD com.* 1998, 321, obs. crit. Derruppé ; *JCP* E 1999, p. 1920, 4, obs. Monéger) ;

– chaque cotitulaire d'un bail commercial inclus dans un fonds de commerce, même s'il est exploité par un seul de ses copropriétaires (■ Paris, 3 juill. 1998, n° 97/27259 : *JurisData* n° 1998-021925 ; *JCP* E 1998, pan. p. 1474).

Dès lors que l'acquéreur de la moitié d'un fonds de commerce exploité, ainsi qu'il est précisé dans l'acte de vente, par l'autre propriétaire, n'allègue pas qu'il exploite le fonds lui-même et qu'il y exerce des actes de commerce à titre de profession habituelle au sens de l'article L. 121-1 du Code de commerce, il n'est pas commerçant et ne remplit pas les conditions exigées par l'article L. 123-1 pour qu'une personne physique puisse solliciter son immatriculation au registre du commerce et des sociétés (■ Paris, 8 févr. 2002, n° 2001/18841 : *JurisData* n° 2002-185905 ; *JCP* E 2002, pan. 1523 ; *RTD com.* 2002, 263, obs. Saintourens) ;

– l'entreprise de pêche maritime pratiquée à titre professionnel à bord d'un navire et en vue de la commercialisation des produits, sauf lorsqu'elle est exercée à titre individuel sur des navires d'une longueur inférieure ou égale à douze mètres ou effectuant habituellement des sorties de moins de vingt-quatre heures (L. n° 97-1051, 18 nov. 1997, art. 14).

Voir aussi : D. n° 98-406, 22 mai 1998, relatif au délai d'immatriculation des pêcheurs professionnels au registre du commerce et des sociétés (*JO* 26 mai), art. 1er mod. ; D. n° 99-1136, 21 déc. 1999 (*JO* 29 déc.) ; D. n° 2000-1240, 18 déc. 2000, art. 1er (*JO* 20 déc.) ; D. n° 2001-1366, 28 déc. 2001 (*JO* 30 déc.) ; D. n° 2003-595, 26 juin 2003 (*JO* 3 juill.) et D. n° 2003-1274, 23 déc. 2003 (*JO* 28 déc.), qui décide que les personnes physiques exerçant cette activité de pêche doivent s'immatriculer au registre au plus tard le 31 décembre 2003 lorsqu'elles auront commencé leur activité avant le 17 décembre 2003).

2) Une société d'exercice libéral à responsabilité limitée dont le capital social était libellé en écu (▪ Paris, 3 juin 1994, n° 93-16557 : *JurisData* n° 1994-021856 ; *JCP* E 1994, II, 619, note Guyon).

3) Les prescriptions légales relatives à l'inscription d'une société au registre du commerce n'imposent pas, à peine d'irrecevabilité, l'existence d'un bail commercial, dès lors qu'il est justifié d'un siège social en France (▪ Paris, 7 juill. 1995 : *JCP* E 1995, pan. 1178).

4) Exclusion. Même si les associations exercent de façon répétée une activité de nature commerciale et de caractère lucratif, elles ne doivent pas être inscrites au registre du commerce et des sociétés (▪ Cass. com., 1er mars 1994, n° 92-13.529 : *JCP* E 1994, pan. 644 ; *D.* 1994, 528, note Coutant, confirmant ▪ Paris, 13 févr. 1992 : *JurisData* n° 1992-600181 ; *Bull. Joly* 1992, 437, note Jeantin ; *RTD com.* 1992, 579, obs. Derruppé ; *Gaz. Pal.* 1993, 1, 157, note Benas ; *D.* 1992, 143). La Convention européenne de sauvegarde des droits de l'homme et des libertés fondamentales ne peut pas être invoquée par l'association pour réclamer son inscription (▪ Cass. com., 15 nov. 1994, n° 93-10.193 : *JCP* E 1995, pan. 77).

5) Modalités de diffusion. Les inscriptions, actes ou pièces visés à l'article L. 123-1 peuvent être diffusés par le *serveur INFOGREFFE*, sauf à démontrer qu'il porte à la connaissance du public des informations non prévues par le décret de 1984 ou inexactes (▪ TGI Paris, 23 sept. 1992 : *JCP* E 1992, pan. 1196).

Art. L. 123-1-1 ***(Abr. à compter d'une date fixée par décret et au plus tard le 19 décembre 2014, L. n° 2014-626, 18 juin 2014)*** (1).

> **Rédaction antérieure. Art. L. 123-1-1** *(L. n° 2008-776, 4 août 2008).* – Par dérogation à l'article L. 123-1, les personnes physiques exerçant une activité commerciale à titre principal ou complémentaire sont dispensées de l'obligation de s'immatriculer au registre du commerce et des sociétés tant qu'elles bénéficient du régime prévu à l'article L. 133-6-8 du Code de la sécurité sociale.
>
> Un décret en Conseil d'État précise les conditions d'application du présent article et, notamment, les modalités de déclaration d'activité, en dispense d'immatriculation, auprès du centre de formalités des entreprises compétent, les conditions de l'information des tiers sur l'absence d'immatriculation, ainsi que les modalités de déclaration d'activité consécutives au dépassement de seuil.
>
> Les personnes mentionnées au premier alinéa dont l'activité principale est salariée ne peuvent exercer à titre complémentaire auprès des clients de leur employeur, sans l'accord de celui-ci, l'activité professionnelle prévue par leur contrat de travail.

Bibliographie : L. Nurit-Pontier, *Dispense d'immatriculation de l'auto-entrepreneur : une simplification non dénuée de risques : D.* 2009, p. 585. • D. Gallois-Cochet, *Après la LME : micro-entreprise, micro-entrepreneur et auto-entrepreneur : JCP* E 2009, 1407.

Art. L. 123-2 *(Anc. D. n° 84-406, 30 mai 1984).* **– Nul ne peut être immatriculé au registre s'il ne remplit les conditions nécessaires à l'exercice de son activité. Les personnes morales doivent, en outre, avoir accompli les formalités prescrites par la législation et la réglementation en vigueur les concernant.**

Art. L. 123-3 *(Anc. D. n° 84-406, 30 mai 1984 ; mod., L. n° 2012-387, 22 mars 2012).* **– Faute par un commerçant personne physique de requérir son immatriculation dans le délai prescrit, le juge commis soit d'office, soit à la requête du procureur de la République ou de toute personne justifiant y avoir intérêt, rend une ordonnance lui enjoignant, le cas échéant sous astreinte, de demander son immatriculation.**

Dans les mêmes conditions, le juge peut enjoindre, le cas échéant sous astreinte, à toute personne immatriculée au registre du commerce et des sociétés qui ne les aurait pas requises dans les délais prescrits, de faire procéder soit aux mentions complémentaires ou rectifications qu'elle doit y faire porter, soit aux mentions ou rectifications nécessaires en cas de déclarations inexactes ou incomplètes, soit à la radiation.

Le greffier d'une juridiction **qui rend une décision impliquant l'obligation pour une personne de s'immatriculer doit notifier cette décision au greffier du tribunal de commerce dans le ressort duquel l'intéressé a son siège ou son établissement principal. Le greffier du tribunal de commerce destinataire de la décision saisit le juge commis à la surveillance du registre.**

1) Cause de radiation. La décision du juge commis à la surveillance du registre du commerce et des sociétés ordonnant à l'exploitant d'un fonds de commerce de bar de demander sa radiation dans les quinze jours de la date à laquelle la décision sera devenue définitive est justifiée lorsque le casier judiciaire du commerçant fait apparaître des condamnations définitives à plus de trois mois

(1) Dispositions transitoires : V. L. n° 2014-626, 18 juin 2014, art. 27, IV.

(■ Versailles, 10 juin 1987 : *JurisData* n° 1987-043134 ; *Gaz. Pal.* 1987, 2, somm. 477).

2) **Office du juge.** Le juge commis à la surveillance du registre du commerce n'est investi d'aucun pouvoir d'appréciation au fond quant à la validité des actes qui lui sont remis (■ Cass. com., 29 avr. 1997, n° 94-21.616 : *JurisData* n° 1997-001823 ; *RTD com.* 1998, 132, obs. Derruppé ; *RJ com.* 1998, somm. 273, note Vallansan).

Art. L. 123-4 *(Abr., L. n° 2012-387, 22 mars 2012).*

Art. L. 123-5 *(Anc. Ord. n° 58-1352, 27 déc. 1958 ; mod., L. n° 2012-387, 22 mars 2012).* – Le fait de donner, de mauvaise foi, des indications inexactes ou incomplètes en vue d'une immatriculation, d'une radiation ou d'une mention complémentaire ou rectificative au registre du commerce et des sociétés est puni d'une amende de 4 500 euros et d'un emprisonnement de six mois.

Le tribunal compétent peut, en outre, priver l'intéressé, pendant un temps qui n'excède pas cinq ans, du droit de vote et d'éligibilité aux élections des tribunaux de commerce, chambres de commerce et d'industrie et conseils de prud'hommes.

Art. L. 123-5-1 *(L. n° 2001-420, 15 mai 2001).* – À la demande de tout intéressé ou du ministère public, le président du tribunal, statuant en référé, peut enjoindre sous astreinte au dirigeant de toute personne morale de procéder au dépôt des pièces et actes au registre du commerce et des sociétés auquel celle-ci est tenue par des dispositions législatives ou réglementaires.

Le président peut, dans les mêmes conditions et à cette même fin, désigner un mandataire chargé d'effectuer ces formalités.

Art. L. 123-5-2 *(L. n° 2018-938, 30 oct. 2018).* – Lorsque les dirigeants d'une société commerciale transformant des produits agricoles, commercialisant des produits alimentaires, exploitant, directement ou indirectement, un ou plusieurs magasins de commerce de détail de produits de grande consommation ou intervenant dans le secteur de la distribution comme centrale de référencement ou d'achat d'entreprises de commerce de détail ne procèdent pas au dépôt des comptes dans les conditions et délais prévus aux articles L. 232-21 à L. 232-23, le président du tribunal de commerce peut adresser à cette société une injonction de le faire à bref délai sous astreinte. Le montant de cette astreinte ne peut excéder 2 % du chiffre d'affaires journalier moyen hors taxes réalisé en France par la société au titre de cette activité, par jour de retard à compter de la date fixée par l'injonction.

Sous-section 2. – Tenue du registre et effets attachés à l'immatriculation

Art. L. 123-6 *(Anc. D. n° 84-406, 30 mai 1984 ; mod., L. n° 2012-1270, 20 nov. 2012 ; L. n° 2015-990, 6 août 2015 ; Ord. n° 2016-1635, 1er déc. 2016).* – Le registre du commerce et des sociétés est tenu par le greffier de chaque tribunal de commerce, sous la surveillance du président ou d'un juge commis à cet effet, qui sont compétents pour toutes contestations entre l'assujetti et le greffier *(Mots suppr. à compter du 1er janvier 2023, Ord. n° 2021-1189, 15 sept. 2021)* « et pour autoriser l'accès au document relatif au bénéficiaire effectif mentionné à l'article L. 561-46 du Code monétaire et financier ».

(Al. suppr. à compter du 1er janvier 2023, Ord. n° 2021-1189, 15 sept. 2021) Le greffier transmet à l'Institut national de la propriété industrielle, par voie électronique et sans frais, un document valant original des inscriptions effectuées au greffe et des actes et pièces qui y sont déposés, dans un délai et selon des modalités fixées par décret.

(Al. suppr. à compter du 1er janvier 2023, Ord. n° 2021-1189, 15 sept. 2021) Il lui transmet également, par voie électronique, sans frais ni délai, les résultats des retraitements des informations contenues dans les inscriptions, actes et pièces mentionnés au deuxième alinéa, dans un format informatique ouvert de nature à favoriser leur interopérabilité et leur réutilisation, au sens du titre II du livre III du Code des relations entre le public et l'administration, et à assurer leur compatibilité avec le registre national dont l'Institut national de la propriété industrielle assure la centralisation dans le cadre de sa mission prévue au 2° de l'article L. 411-1 du Code de la propriété intellectuelle. Le décret mentionné au deuxième alinéa du présent article précise également les modalités de cette transmission, notamment le format des données informatiques.

(Al. suppr. à compter du 1er janvier 2023, Ord. n° 2021-1189, 15 sept. 2021) Dans les départements d'outre-mer et dans les collectivités d'outre-mer de Saint-Martin et de Saint-Barthélemy, le ministre de la Justice peut

déléguer, lorsque le fonctionnement normal des registres du commerce et des sociétés est compromis, par convention, leur gestion matérielle à la chambre de commerce et d'industrie de ces départements ou à la chambre consulaire interprofessionnelle à Saint-Martin ou à la chambre économique multiprofessionnelle à Saint-Barthélemy. Le greffe reste compétent pour le contrôle des actes et des extraits du registre ainsi que pour toute contestation entre l'assujetti et la chambre compétente. La durée maximale de la convention est de vingt-quatre mois, renouvelable dans les mêmes conditions.

(Al. suppr. à compter du 1er janvier 2023, Ord. n° 2021-1189, 15 sept. 2021) **Par dérogation à l'avant-dernier alinéa et à titre expérimental pour une durée n'excédant pas trois ans, dans les départements d'outre-mer de la Guadeloupe, de la Martinique et de La Réunion, la gestion matérielle des registres du commerce et des sociétés est déléguée à la chambre de commerce et d'industrie compétente. Cette délégation de gestion s'opère dans les conditions déterminées au même alinéa. Pour le bon déroulement de l'expérimentation, la convention mentionnée audit alinéa porte sur toute sa durée. Les expérimentations débutent le 1er janvier 2016 au plus tard. Un rapport est remis, au terme de la deuxième année, sur les conditions d'exécution de la délégation.**

NB : Aux termes du IV de l'article 60 de la loi n° 2015-990 du 6 août 2015, ces dispositions entrent en vigueur à la même date que le premier arrêté fixant les tarifs des prestations des greffiers des tribunaux de commerce en application de l'article 50 de la présente loi, et au plus tard à l'expiration du douzième mois suivant la promulgation de la même loi. L'arrêté susvisé a été publié le 1er mars 2016.

Office du juge. Le juge chargé de la surveillance du registre du commerce n'a pas la qualité pour prononcer la nullité de la nomination du président du conseil d'administration (▪ TI Strasbourg, 25 oct. 1985 : *JurisData* n° 1985-600714 ; *Rev. sociétés* 1986, 223).

Art. L. 123-7 ***(Anc. D. n° 84-406, 30 mai 1984).*** **– L'immatriculation d'une personne physique emporte présomption de la qualité de commerçant. Toutefois, cette présomption n'est pas opposable aux tiers et administrations qui apportent la preuve contraire. Les tiers et administrations ne sont pas admis à se prévaloir de la présomption s'ils savaient que la personne immatriculée n'était pas commerçante.**

Bibliographie : Delga, *Le nouvel article 64 du décret du 30 mai 1984 : ALD* 1985, 79.

1) Présomption maintenue. Dès lors qu'une personne ne justifie pas n'avoir pas fait des actes de commerce dans la période écoulée entre son immatriculation et son départ à l'étranger, elle ne peut opposer aux créanciers de bonne foi la cessation de son activité (▪ Cass. com., 6 janv. 1987, n° 85-16.524 : *JurisData* n° 1987-000298 ; *Bull. civ.* IV, n° 2. – Comp. ▪ Cass. com., 9 févr. 1971 : *JurisData* n° 1971-097038 ; *Bull. civ.* IV, n° 38. ▪ Cass. com., 6 nov. 1972, n° 71-12.316 : *JurisData* n° 1972-097274 ; *Bull. civ.* IV, n° 274).

Tant que la cession des parts sociales d'un associé n'a pas été inscrite au RCS, elle est inopposable aux tiers et l'associé ne peut pas prétendre ne plus avoir cette qualité à la date d'ouverture de la procédure pour échapper aux conséquences de la procédure collective (▪ Cass. com., 10 déc. 1996, n° 94-17.173 : *JurisData* n° 1996-004919 ; *Bull. Joly* 1997, 238, obs. Le Cannu).

Pour contester sa qualité de commerçant invoquée par des tiers ou des administrations se prévalant de la présomption instituée par l'article L. 123-7 du Code de commerce, la personne immatriculée au registre du commerce et des sociétés doit prouver que ces derniers savaient qu'elle n'était pas commerçante, à défaut de quoi la présomption est irréfragable contre cette personne (▪ Cass. com., 27 sept. 2016, n° 14-21.964, publié : *JurisData* n° 2016-019558 ; *JCP* E 2016, 1651, obs. Lebel).

2) Présomption écartée. Dans le cadre d'une extension de liquidation des biens à un propriétaire de fonds non radié, la cour admet la preuve contraire pour renverser la présomption de commercialité (▪ Cass. com., 7 janv. 1981, n° 79-14.064 : *JurisData* n° 1981-700111 ; *LPA* 1er juill. 1981, n° 78, p. 11).

Tant qu'il n'est pas établi qu'une personne a effectivement exercé le commerce, la preuve de sa qualité n'est pas rapportée malgré son inscription au RCS (▪ Paris, 1er oct. 1996, n° 96-011317 : *JurisData* n° 1996-022521 ; *Bull. Joly* 1997, 44, obs. Vallansan).

La chambre sociale de la Cour de cassation a admis la preuve de la retraite pour permettre à l'assujetti d'échapper à un règlement de cotisations sociales (▪ Cass. soc., 28 janv. 1981, n° 78-15.321 : *JurisData* n° 1981-700469 ; *Bull. civ.* V, n° 73).

Art. L. 123-8 ***(Anc. D. n° 84-406, 30 mai 1984).*** **– La personne assujettie à immatriculation qui n'a pas requis cette dernière à l'expiration d'un délai de quinze jours à compter du commencement de son activité, ne peut se prévaloir, jusqu'à immatriculation, de la qualité de commerçant tant à l'égard des tiers que des**

administrations publiques. Toutefois, elle ne peut invoquer son défaut d'inscription au registre pour se soustraire aux responsabilités et aux obligations inhérentes à cette qualité.

Sans préjudice de l'application de l'article L. 144-7, le commerçant inscrit qui cède son fonds ou qui en concède l'exploitation notamment sous forme de location-gérance ne peut opposer la cessation de son activité commerciale, pour se soustraire aux actions en responsabilité dont il est l'objet du fait des obligations contractées par son successeur dans l'exploitation du fonds, qu'à partir du jour où a été opérée la radiation ou la mention correspondante.

1) **Alinéa 1er.** Le manquement à l'obligation de requérir son immatriculation au registre du commerce a seulement pour sanction (selon l'article 42 du décret du 23 mars 1967), l'interdiction de se prévaloir de la qualité de commerçant tant à l'égard des tiers qu'à l'égard des administrations publiques (■ Lyon, 6 juill. 1983 : *Gaz. Pal.* 1984, 1, somm. 40). Notamment, elle ne peut prétendre à l'ouverture d'une procédure de redressement judiciaire (■ Cass. com., 25 mars 1997, n° 95-11.278 : *JurisData* n° 1997-001393 ; *RJDA* 7/1997, n° 950 ; *JCP* E 1997, I, 681, n° 1, obs. M.C. ; *D.* 1997, somm. 311, obs. Honorat ; *Defrénois* 1998, 248, obs. Le Cannu ; *Bull. Joly* 1997, 589, note Vallansan ; *RTD com.* 1997, 429, obs. Derruppé).

2) **Alinéa 2.** Pour une illustration de ces dispositions (■ Besançon, 30 nov. 2004, n° 02/01682 : *JurisData* n° 2004-257258 ; *JCP* E 2005, pan. 97).

Art. L. 123-9 *(Anc. D. n° 84-406, 30 mai 1984).* **– La personne assujettie à immatriculation ne peut, dans l'exercice de son activité, opposer ni aux tiers ni aux administrations publiques, qui peuvent toutefois s'en prévaloir, les faits et actes sujets à mention que si ces derniers ont été publiés au registre.**

En outre, la personne assujettie à un dépôt d'actes ou de pièces en annexe au registre ne peut les opposer aux tiers ou aux administrations, que si la formalité correspondante a été effectuée. Toutefois, les tiers ou les administrations peuvent se prévaloir de ces actes ou pièces.

Les dispositions des alinéas précédents sont applicables aux faits ou actes sujets à mention ou à dépôt même s'ils ont fait l'objet d'une autre publicité légale. Ne peuvent toutefois s'en prévaloir les tiers et administrations qui avaient personnellement connaissance de ces faits et actes.

Bibliographie : Barbier, *Particularités de l'obligation d'immatriculation en droit spécial des baux commerciaux : AJDI* 2005, 887.

I – DOMAINE

1) **Actes modificatifs.** *Les actes modificatifs* affectant une société, tels la fusion et le changement de dénomination sociale, ne sont opposables aux tiers que s'ils ont été publiés au registre du commerce même s'ils ont fait l'objet d'une autre publicité légale (■ Cass. com., 29 juin 1993, n° 91-17.183 : *JurisData* n° 1993-001546 ; *Bull. civ.* IV, n° 275 ; *JCP* E 1994, II, 563, note Le Nabasque).

2) Le défaut de qualité de commerçant constitue un obstacle à l'immatriculation au registre du commerce du copropriétaire indivis d'un fonds de commerce (■ Paris, 8 févr. 2002 : *JCP* E 2002, pan. 1523 ; *RTD com.* 2002, 263, obs. Saintourens).

3) Dans le cadre d'une personne morale, l'article L. 123-9 ne concerne que les actes par lesquels une personne ayant qualité peut engager la responsabilité de la société vis-à-vis des tiers, et non ceux qui mettent en jeu la responsabilité personnelle des dirigeants (■ Cass. com., 23 mars 1982, n° 80-16.361 : *JurisData* n° 1982-700780 ; *Bull. civ.* IV, n° 116 ; *JCP* CI 1982, I, 11307, obs. Cabrillac et Vivant ; *D.* 1983, inf. rap. 178, obs. Honorat ; *RTD com.* 1983, 61, obs. Derrupé ; *Rev. sociétés* 1982, 834, note Merle ; *Gaz. Pal.* 1982, 2, pan. jurispr. 318, note Dupichot. – *Adde*, ■ Cass. com., 4 nov. 1982 : *JurisData* n° 1982-799389 ; *Rev. sociétés* 1983, 579, note P. Didier. ■ Cass. com., 4 oct. 1983, n° 82-11.626 : *Rev. sociétés* 1984, 152, note Honorat. ■ Cass. com., 14 oct. 1997, n° 95-15.384 : *JurisData* n° 1997-004024 ; *RJDA* 1/1998, n° 86 ; *Bull. Joly* 1997, 1083, note Calendini).

II – PORTÉE

4) **Connaissance des tiers.** La démission de ses fonctions d'un gérant de SARL, même non publiée au registre du commerce, peut être opposée à la juridiction saisie dès lors que le tribunal en avait été informé à l'audience (■ Cass. com., 23 mai 1995, n° 93-10.371 : *D.* 1995, inf. rap. 195).

5) **Bail commercial.** À défaut d'immatriculation du preneur au registre du commerce le bailleur peut valablement fonder le congé avec refus de renouvellement du bail commercial, sans indemnité d'éviction (■ Cass. 3e civ., 7 juin 1990, n° 89-12.122 : *JurisData* n° 1990-701740 ; *Loyers et copr.* 1990, n° 391, obs. Brault et Mutelet. ■ Cass. 3e civ., 1er oct. 1997, n° 95-14.322 : *JurisData* n° 1997-003789 ; *D. affaires* 1997, p. 1277. ■ Cass. 3e civ., 4 mars 1998, n° 96-13.541 : *JurisData* n° 1998-001124 ; *JCP* E 1999, p. 1919, obs. Monéger ; *RJDA* 5/1998, n° 567. ■ Cass. 3e civ., 2 juin 1999,

n° 97-19.324 : *JurisData* n° 1999-002188 ; *JCP* E 1999, p. 1316 et 1919, obs. Monéger).

La régularisation ultérieure est sans effet (■ Cass. 3e civ., 4 mars 1998, préc.).

C'est à la date de délivrance du congé que doit s'apprécier la situation du preneur (■ Cass. 3e civ., 6 janv. 1993, n° 91-13.904 : *JurisData* n° 1993-000031 ; *RJDA* 2/1993, n° 95. ■ Cass. 3e civ., 4 nov. 1998, n° 97-12.097 : *JurisData* n° 1998-004335 ; *JCP* E 1999, p. 1919, obs. Monéger. ■ Cass. 3e civ., 7 nov. 2001, n° 00-12.453 : *JurisData* n° 2001-011576 ; *Bull. civ.* III, n° 123 ; *RTD com.* 2002, 263, obs. Monéger. ■ Cass. 3e civ., 30 janv. 2002, n° 97-15.410 : *JurisData* n° 2002-012778 ; *RJDA* 4/2002, n° 360), ou à la date de demande de renouvellement formulée par le locataire (■ Cass. 3e civ., 25 oct. 1983, n° 81-14.926 : *JurisData* n° 1983-702119 ; *Bull. civ.* III, n° 195. ■ Cass. 3e civ., 4 mars 1998, préc.).

L'immatriculation doit être maintenue tout au long de la procédure en fixation de l'indemnité d'éviction dès lors que le preneur est resté dans les lieux (■ Cass. 3e civ., 27 mars 2002, n° 00-21.685 : *JurisData* n° 2002-013719 ; *D.* 2002, 1432, obs. Rouquet ; *RTD com.* 2002, 275, obs. Monéger ; *Administrer* mai 2002, 27, note Barbier).

L'absence d'immatriculation peut être invoquée par le bailleur « en tout état de cause » (■ Cass. 3e civ., 9 oct. 1991, n° 90-12.824 : *JurisData* n° 1991-002526 ; *RJDA* 12/1991, n° 1005. ■ Cass. 3e civ., 30 janv. 2002, préc.). Cette solution s'applique même lorsque le défaut d'immatriculation est l'effet d'une erreur du greffier (■ Cass. 3e civ., 12 janv. 1999 : *JCP* E 1999, p. 1919, obs. Monéger ; *JCP* G 1999, II, 10125, note Keita ; *JCP* N 1999, p. 297 ; *RD imm.* 1999, p. 318, obs. Derruppé ; *D. affaires* 1999, p. 447, obs. Y.R. ; *Loyers et copr.* 1990, n° 54, obs. Brault ; *Defrénois* 1999, art. 36969, p. 489, obs. Duplan-Miellet. ■ Cass. 3e civ., 12 juill. 2000, n° 99-10.455 : *JurisData* n° 2000-002874 ; *D.* 2000, p. 415, obs. Rouquet. – Rappr. ■ Cass. 3e civ., 20 mars 1991, n° 89-20.349 : *JurisData* n° 1991-000836 ; *Loyers et copr.* 1991, n° 213, obs. Brault ; *RD imm.* 1991, p. 391, obs. Derruppé. – *Contra*, ■ Caen, 15 déc. 1998, n° 9800783 : *JurisData* n° 1998-047436 ; *JCP* E 1999, p. 1919, obs. Monéger).

Art. L. 123-9-1 ***(L. n° 2003-721, 1er août 2003 ; abr. à compter d'une date fixée par décret en Conseil d'État, et au plus tard le 1er janvier 2023, L. n° 2019-486, 22 mai 2019).*** **– Le greffier du tribunal ou l'organisme mentionné au dernier alinéa de l'article 2 de la loi n° 94-126 du 11 février 1994 relative à l'initiative et à l'entreprise individuelle délivre gratuitement un récépissé de dépôt de dossier de création d'entreprise à toute personne assujettie à l'immatriculation au registre, dès que celle-ci a déposé un dossier de demande d'immatriculation complet. Ce récépissé permet d'accomplir, sous la responsabilité personnelle de la personne physique ayant la qualité de commerçant ou qui agit au nom de la société en formation, les démarches nécessaires auprès des organismes publics et des organismes privés chargés d'une mission de service public. Il comporte la mention : « En attente d'immatriculation ».**

Les conditions d'application du présent article sont définies par décret en Conseil d'État.

Sous-section 3. – Domiciliation des personnes immatriculées

§ 1. – Dispositions applicables aux personnes physiques

(L. n° 2003-721, 1er août 2003)

Art. L. 123-10 ***(L. n° 2003-721, 1er août 2003 ; mod., L. n° 2008-776, 4 août 2008).*** **– Les personnes physiques demandant leur immatriculation au registre du commerce et des sociétés ou au répertoire des métiers doivent déclarer l'adresse de leur entreprise et en justifier la jouissance. Elles peuvent notamment domicilier leur entreprise dans des locaux occupés en commun par plusieurs entreprises dans des conditions fixées par décret en Conseil d'État. Ce décret précise, en outre, les équipements ou services requis pour justifier la réalité de l'installation de l'entreprise domiciliée.**

> **Rédaction future.** Les personnes physiques demandant leur immatriculation au registre du commerce et des sociétés ou au *(Mots rempl. à compter du 1er janvier 2023, Ord. n° 2021-1189, 15 sept. 2021)* « registre national des entreprises en tant qu'entreprise du secteur des métiers et de l'artisanat » doivent déclarer l'adresse de leur entreprise et en justifier la jouissance. Elles peuvent notamment domicilier leur entreprise dans des locaux occupés en commun par plusieurs entreprises dans des conditions fixées par décret en Conseil d'État. Ce décret précise, en outre, les équipements ou services requis pour justifier la réalité de l'installation de l'entreprise domiciliée.

Les personnes physiques peuvent déclarer l'adresse de leur local d'habitation et y exercer une activité, dès lors qu'aucune disposition législative ou stipulation contractuelle ne s'y oppose.

Lorsqu'elles ne disposent pas d'un établissement, les personnes physiques peuvent, à titre exclusif d'adresse de l'entreprise, déclarer celle de leur local d'habitation. Cette déclaration n'entraîne ni changement d'affectation des locaux, ni application du statut des baux commerciaux.

Voir : l'article L. 123-10 est applicable aux entreprises immatriculées au registre du commerce et des sociétés ou au répertoire des métiers à la date de promulgation de la loi n° 2003-721, 1er août 2003, art. 6, II (*JO* août 2003).

Acquiert la qualité de commerçant assujetti à l'immatriculation au registre du commerce et des sociétés, quiconque, agissant en son nom et pour son propre compte, se livre de manière habituelle et professionnelle à des achats de biens meubles en vue de les revendre, que ces reventes aient lieu en France ou à l'étranger (▪ Cass. crim., 30 mars 2016, n° 15-81.478 : publié).

§ 2. – Dispositions applicables aux personnes morales
(L. n° 2003-721, 1er août 2003)

Art. L. 123-11 *(L. n° 2003-721, 1er août 2003 ; mod., L. n° 2005-1576, 19 déc. 2005 ; Ord. n° 2009-104, 30 janv. 2009).* – **Toute personne morale demandant son immatriculation au registre du commerce et des sociétés doit justifier de la jouissance du ou des locaux où elle installe, seule ou avec d'autres, le siège de l'entreprise, ou, lorsque celui-ci est situé à l'étranger, l'agence, la succursale ou la représentation établie sur le territoire français.**

La domiciliation d'une entreprise dans des locaux occupés en commun par plusieurs entreprises est autorisée dans des conditions fixées par décret en Conseil d'État. Ce décret précise, en outre, les équipements ou services requis pour justifier la réalité du siège de l'entreprise domiciliée.

L'activité de domiciliataire ne peut être exercée dans un local à usage d'habitation principale ou à usage mixte professionnel.

Voir : l'article L. 123-11 est applicable aux entreprises immatriculées au registre du commerce et des sociétés ou au répertoire des métiers à la date de promulgation de la loi n° 2003-721, 1er août 2003, art. 6, II (*JO* août 2003).

Art. L. 123-11-1 *(L. n° 2003-721, 1er août 2003 ; mod., L. n° 2005-882, 2 août 2005).* – **Toute personne morale est autorisée à installer son siège au domicile de son représentant légal et y exercer une activité, sauf dispositions législatives ou stipulations contractuelles contraires.**

Lorsque la personne morale est soumise à des dispositions législatives ou stipulations contractuelles mentionnées à l'alinéa précédent, son représentant légal peut en installer le siège à son domicile, pour une durée ne pouvant ni excéder cinq ans à compter de la création de celle-ci, ni dépasser le terme légal, contractuel ou judiciaire de l'occupation des locaux.

Dans ce cas, elle doit, préalablement au dépôt de sa demande d'immatriculation ou de modification d'immatriculation, notifier par écrit au bailleur, au syndicat de la copropriété ou au représentant de l'ensemble immobilier son intention d'user de la faculté ainsi prévue.

Avant l'expiration de la période mentionnée au deuxième alinéa, la personne doit, sous peine de radiation d'office, communiquer au greffe du tribunal les éléments justifiant son changement de situation, selon les modalités fixées par décret en Conseil d'État.

Il ne peut résulter des dispositions du présent article, ni le changement de destination de l'immeuble, ni l'application du statut des baux commerciaux.

Voir : l'article L. 123-11-1 est applicable aux entreprises immatriculées au registre du commerce et des sociétés ou au répertoire des métiers à la date de promulgation de la loi n° 2003-721, 1er août 2003, article 6, II (*JO* août 2003).

Bibliographie : Atias, *La domiciliation d'une entreprise dans un local d'habitation : l'article 2 de la loi n° 84-1149 du 21 décembre 1984 : JCP* G 1985, I, 3190.

Domaine. Les articles L. 631-7 et L. 631-7-3 du Code de la construction et de l'habitation ne contiennent aucune dérogation à la limite de durée prévue à l'article L. 123-11 (▪ Paris, 21 mai 1999 : *JCP* E 1999, 1316). L'appelant ne peut utilement se prévaloir d'une circulaire ministérielle (n° 98-20457.C du 24 juillet 1998), pour tenter de se soustraire à la limitation de durée qui lui est ainsi imposée (même déc.).

§ 3. – Dispositions communes
(Ord. n° 2009-104, 30 janv. 2009)

Art. L. 123-11-2. – **L'activité de domiciliation ne peut être exercée dans un local à usage d'habitation principale ou à usage mixte professionnel.**

Art. L. 123-11-3 *(Mod., Ord. n° 2019-1015, 2 oct. 2019).* – **I. – Nul ne peut exercer l'activité de domiciliation s'il n'est préalablement agréé par l'autorité administrative, avant son immatriculation au registre du commerce et des sociétés.**

II. – L'agrément n'est délivré qu'aux personnes qui satisfont aux conditions suivantes :

1° Justifier la mise à disposition des personnes domiciliées de locaux dotés d'une pièce propre à assurer la confidentialité nécessaire et à permettre une réunion régulière des organes chargés de la direction, de l'administration ou de la surveillance de l'entreprise ainsi que la tenue, la conservation et la consultation des livres, registres et documents prescrits par les lois et règlements ;

2° Justifier être propriétaire des locaux mis à la disposition de la personne domiciliée ou titulaire d'un bail commercial de ces locaux ;

3° N'avoir pas fait l'objet d'une condamnation définitive :

a) Pour crime ;

b) À une peine d'au moins trois mois d'emprisonnement sans sursis pour :

– l'une des infractions prévues au titre Ier du livre III du Code pénal et pour les délits prévus par des lois spéciales et punis des peines prévues pour l'escroquerie et l'abus de confiance ;

– recel ou l'une des infractions assimilées au recel ou voisines de celui-ci, prévues à la section 2 du chapitre Ier du titre II du livre III du Code pénal ;

– blanchiment ;

– corruption active ou passive, trafic d'influence, soustraction et détournement de biens ;

– faux, falsification de titres ou autres valeurs fiduciaires émises par l'autorité publique, falsification des marques de l'autorité ;

– participation à une association de malfaiteurs ;

– trafic de stupéfiants ;

– proxénétisme ou l'une des infractions prévues par les sections 2 et 2 *bis* du chapitre V du titre II du livre II du Code pénal ;

– l'une des infractions prévues à la section 3 du chapitre V du titre II du livre II du Code pénal ;

– l'une des infractions à la législation sur les sociétés commerciales prévues au titre IV du livre II du présent code ;

– banqueroute ;

– pratique de prêt usuraire ;

– l'une des infractions prévues aux articles L. 324-1 à L. 324-4, L. 324-10 et L. 324-12 à L. 324-14 du Code de la sécurité intérieure ;

– infraction à la législation et à la réglementation des relations financières avec l'étranger ;

– fraude fiscale ;

– l'une des infractions prévues aux articles L. 115-16 et L. 115-18, L. 115-24, L. 115-30, L. 121-6, L. 121-28, L. 122-8 à L. 122-10, L. 213-1 à L. 213-5, L. 217-1 à L. 217-3, L. 217-6 à L. 217-10 du Code de la consommation ;

– l'une des infractions prévues aux articles L. 8221-1 et L. 8221-3 du Code du travail ;

N'avoir pas été l'auteur de faits ayant donné lieu, depuis moins de cinq ans, à une sanction disciplinaire ou administrative de retrait de l'agrément de l'activité de domiciliation ;

N'avoir pas été frappé de faillite personnelle ou de l'une des mesures d'interdiction ou de déchéance prévues au livre VI du présent code.

Art. L. 123-11-4. – L'agrément n'est délivré aux personnes morales que si les actionnaires ou associés détenant au moins 25 % des voix, des parts ou des droits de vote et les dirigeants satisfont aux conditions *posées aux 3°, 4° et 5° de l'article* L. 123-11-3.

Lorsqu'une personne exploite un ou plusieurs établissements secondaires, elle justifie que les conditions posées au 1° et 2° de l'article L. 123-11-3 sont réalisées pour chacun des établissements exploités.

Tout changement important dans l'activité, l'installation, l'organisation ou la direction de la personne soumise à agrément doit être porté à la connaissance de l'autorité administrative.

Art. L. 123-11-5. – Les personnes exerçant l'activité de domiciliation mettent en œuvre les obligations relatives à la lutte contre le blanchiment des capitaux et le financement du terrorisme définies au chapitre I du titre VI du livre V du Code monétaire et financier.

Art. L. 123-11-6 *(Mod., Ord. n° 2010-462, 6 mai 2010 ; L. n° 2014-344, 17 mars 2014 ; Ord. n° 2017-303, 9 mars 2017).* – I. – Sont qualifiés pour procéder, dans le cadre de leurs compétences respectives, à la recherche et à la constatation des infractions aux dispositions des articles de la présente sous-section et des règlements pris pour leur application :

1° Les agents mentionnés à l'article L. 243-7 du Code de la sécurité sociale ;

2° Les inspecteurs du travail et les contrôleurs du travail et fonctionnaires de contrôle assimilés au sens de l'article L. 8113-7 du Code du travail ;

3° Les agents des caisses de mutualité sociale agricole mentionnés à l'article L. 724-7 du Code rural et de la pêche maritime.

À cet effet, ils agissent, chacun pour ce qui le concerne, conformément aux règles de recherche et de constatation des infractions déterminées par les dispositions du Code rural et de la pêche maritime, du Code de la sécurité sociale et du Code du travail qui leur sont applicables.

Les infractions sont constatées par des procès-verbaux faisant foi jusqu'à preuve du contraire et transmis directement au parquet.

II. – Les infractions aux dispositions du I de l'article L. 123-11-3 sont recherchées, constatées et poursuivies par les agents mentionnés au II de l'article L. 450-1 dans les conditions fixées par les articles L. 450-2 à L. 450-7, L. 450-8, L. 470-1, L. 490-1 et L. 490-8.

Art. L. 123-11-7. – Les conditions d'application du présent paragraphe sont déterminées par décret en Conseil d'État.

Art. L. 123-11-8. – Est puni d'un emprisonnement de six mois et d'une amende de 7 500 € le fait, pour toute personne, d'exercer l'activité de domiciliation mentionnée à l'article L. 123-11-2 sans avoir préalablement obtenu l'agrément prévu à l'article L. 123-11-3 ou après le retrait ou la suspension de cet agrément.

Section II. – De la comptabilité des commerçants

Sous-section 1. – Des obligations comptables applicables à tous les commerçants

Art. L. 123-12 *(Anc. C. com., art. 8).* – Toute personne physique ou morale ayant la qualité de commerçant doit procéder à l'enregistrement comptable des mouvements affectant le patrimoine de son entreprise. Ces mouvements sont enregistrés chronologiquement.

Elle doit contrôler par inventaire, au moins une fois tous les douze mois, l'existence et la valeur des éléments actifs et passifs du patrimoine de l'entreprise.

Elle doit établir des comptes annuels à la clôture de l'exercice au vu des enregistrements comptables et de l'inventaire. Ces comptes annuels comprennent le bilan, le compte de résultat et une annexe, qui forment un tout indissociable.

Bibliographie : Cordoliani, *Les nouvelles obligations comptables des entreprises (L. 30 avril 1983) : JCP* CI 1983, II, 14060. • Ledouble, *La loi du 30 avril 1983 sur les obligations comptables des commerçants et des sociétés : JCP* N 1983, I, 8815, p. 573. • Cordoliani, *Le texte d'application (D. 29 novembre 1983) : JCP* CI 1984, II, 14158. • De Kerviller, *Les sociétés commerciales, la loi comptable et son décret d'application : RF compt.* 1984,156. • Feuillet, *Les grands principes de la nouvelle législation comptable française : application aux entreprises et aux sociétés : Rev. sociétés* 1984, 463. • Meurant, *La distinction entre droit de communication et de vérification de comptabilité : application aux entreprises et aux sociétés : Rev. sociétés* 1984, 483. • Viandier, *La loi d'harmonisation comptable et le droit des sociétés : Rev. sociétés* 1984, 1. • *Le droit comptable français en 1984 : Réflexions sur une réforme majeure : RF compt.* oct. 1984, n° 150. • *La fiscalité latente : le principe de non-comptabilisation et ses incidences financières : RF compt.* mai 1984, n° 146. • Raynouard, *Le droit comptable post-Enron : RJ com.* 2006, 276. • Petitjean, *L'internationalisation de la comptabilité française en 2005 : JCP* E 2004, p. 2015. • *La publicité des comptes annuels des sociétés commerciales avant et après l'entrée en vigueur du décret n° 83-1020 du 29 novembre 1983 : JCP* E 1984, I, 13574. • *Publier l'annexe comptable ? : JCP* E 1985, I, 14548. • Guyon, *L'information prévisionnelle : JCP* E 1985, I, 14608. • Bronner, *Application de la loi n° 85-11 du 3 janvier 1985 relative aux comptes consolidés de certaines sociétés commerciales* et entreprises publiques : JCP E 1985, I, 14529. • Japiot, *Livres de commerce, registres irréguliers et preuve par présomption : RTD civ.* 1923, 5.

V. sur l'institution du Comité de la réglementation comptable. L. n° 98-261, 6 avr. 1998, art. 1er à 5 (*JO* 7 avr.), mod., L. n° 2006-387, art. 24 (*JO* 1er avr.) et D. appl. n° 98-939, 14 oct. 1998 (*JO* 21 oct.). • A. 29 déc. 2009 (*JO* 31 déc. 2009, p. 23158) homologuant des règlements du Comité de la réglementation comptable. • V. Pasqualini et Navarro, *Le comité de la réglementation comptable : D.* 1999, *Cah. dr. aff.*, doctr. 481.

Code général des impôts

Art. 1743. – Est également puni des peines prévues à l'article 1741 (1) :

1° Quiconque a sciemment omis de passer ou de faire passer des écritures ou a passé ou fait passer des écritures inexactes ou fictives au livre-journal prévu par les articles L. 123-12 à L. 123-14 du Code de commerce, ou dans les documents qui en tiennent lieu.

La présente disposition ne met pas obstacle à l'application des peines de droit commun.

[...]

Art. L. 123-13 *(Anc. C. com., art. 9, al. 1er à 4 ; mod., Ord. n° 2015-900, 23 juill. 2015).* – **Le bilan décrit séparément les éléments actifs et passifs de l'entreprise, et fait apparaître, de façon distincte, les capitaux propres.**

Le compte de résultat récapitule les produits et les charges de l'exercice, sans qu'il soit tenu compte de leur date d'encaissement ou de paiement. Il fait apparaître par différence, après déduction des amortissements, des dépréciations et des provisions, le bénéfice ou la perte de l'exercice. Les produits et les charges, classés par catégorie, doivent être présentés soit sous forme de tableaux, soit sous forme de liste.

Le montant des engagements de l'entreprise en matière de pension, de compléments de retraite, d'indemnités et d'allocations en raison du départ à la retraite ou avantages similaires des membres ou associés de son personnel et de ses mandataires sociaux est indiqué dans l'annexe. Par ailleurs, les entreprises peuvent décider d'inscrire au bilan, sous forme de provision, le montant correspondant à tout ou partie de ces engagements.

L'annexe complète et commente l'information donnée par le bilan et le compte de résultat.

Bibliographie : C. Ferry, *Le fondement juridique de l'effet comptable de la « défaisance économique »* : *JCP* E 1991, I, 92.

Portage. Les conventions de portage ayant un caractère significatif doivent être mentionnées, en application de l'article 24 du décret du 29 novembre 1983, dans l'annexe des bilans des exercices concernés (■ Paris, 6 avr. 1994 : *JurisData* n° 1994-606614 ; *JCP* E 1994, pan. 538).

Art. L. 123-14 *(Anc. C. com., art. 9, al. 5 à 7).* – **Les comptes annuels doivent être réguliers, sincères et donner une image fidèle du patrimoine, de la situation financière et du résultat de l'entreprise.**

Lorsque l'application d'une prescription comptable ne suffit pas pour donner l'image fidèle mentionnée au présent article, des informations complémentaires doivent être fournies dans l'annexe.

Si, dans un cas exceptionnel, l'application d'une prescription comptable se révèle impropre à donner une image fidèle du patrimoine, de la situation financière ou du résultat, il doit y être dérogé. Cette dérogation est mentionnée à l'annexe et dûment motivée, avec l'indication de son influence sur le patrimoine, la situation financière et le résultat de l'entreprise.

Une espérance de dommages et intérêts ne constitue pas un produit susceptible d'être pris en compte dans les résultats de l'exercice en application de l'article L. 123-13, et ne saurait relever du régime spécifique de l'article L. 123-14, alinéa 3 (■ Cass. com., 20 juin 2006, n° 04-16.238 : *JurisData* n° 2006-034264 ; *RJDA* 12/2006, n° 1257).

Art. L. 123-15 *(Anc. C. com., art. 10, al. 1 et 2 ; mod., Ord. n° 2009-79, 22 janv. 2009).* – **Le bilan, le compte de résultat et l'annexe doivent comprendre autant de rubriques et de postes qu'il est nécessaire pour donner une image fidèle du patrimoine, de la situation financière et du résultat de l'entreprise. Chacun des postes du bilan et du compte de résultat comporte l'indication du chiffre relatif au poste correspondant de l'exercice précédent.**

Les éléments composant les capitaux propres sont fixés par décret. Le classement des éléments du bilan et du compte de résultat ainsi que les mentions à inclure dans l'annexe sont fixés par un règlement de l'Autorité des normes comptables.

Voir aussi : D. n° 86-221, 17 févr. 1986, art. 12 (*JO* 19 févr.), D. n° 94-663, 2 août 1994, art. 5-I (*JO* 4 août), D. n° 2001-373, 27 avr. 2001, art. 3, VI et 7 (*JO* 29 avr.) et 18.

(1) Amende de 50 000 € et emprisonnement de cinq ans ou en cas de circonstances aggravantes amende de 750 000 € et emprisonnement de cinq ans ou 1 000 000 € et emprisonnement de sept ans selon les cas.

Art. L. 123-16 *(Mod., L. n° 2011-525, 17 mai 2011 ; Ord. n° 2014-86, 30 janv. 2014)*. – Les petites entreprises peuvent, dans des conditions fixées par un règlement de l'Autorité des normes comptables, adopter une présentation simplifiée de leurs comptes annuels.

(Al. créé, L. n° 2019-486, 22 mai 2019) Les moyennes entreprises peuvent, dans des conditions fixées par un règlement de l'Autorité des normes comptables, adopter une présentation simplifiée de leur compte de résultat.

Sont des petites entreprises au sens du présent article les commerçants, personnes physiques ou personnes morales, pour lesquels, au titre du dernier exercice comptable clos et sur une base annuelle, deux des trois seuils suivants, dont le niveau et les modalités de calcul sont fixés par décret, ne sont pas dépassés : le total du bilan, le montant net du chiffre d'affaires ou le nombre moyen de salariés employés au cours de l'exercice.

(Al. créé, L. n° 2019-486, 22 mai 2019) Sont des moyennes entreprises au sens du présent article les commerçants, personnes physiques ou personnes morales, pour lesquels, au titre du dernier exercice comptable clos et sur une base annuelle, deux des trois seuils suivants, dont le niveau et les modalités de calcul sont fixés par décret, ne sont pas dépassés : le total du bilan, le montant net du chiffre d'affaires ou le nombre moyen de salariés employés au cours de l'exercice.

Lorsqu'une entreprise dépasse ou cesse de dépasser deux de ces trois seuils, cette circonstance n'a d'incidence que si elle se produit pendant deux exercices consécutifs.

NB : Ces dispositions s'appliquent aux comptes afférents aux exercices clos à compter du 31 décembre 2013 et déposés à compter du 1er avril 2014. Pour les comptes déposés en 2014, il n'est pas fait application des dispositions du troisième alinéa dans sa rédaction issue de la présente ordonnance.

Art. L 123-16-1 *(L. n° 2011-525, 17 mai 2011 ; mod., Ord. n° 2014-86, 30 janv. 2014 ; Ord. n° 2015-900, 23 juill. 2015)*. – Par dérogation aux dispositions du troisième alinéa de l'article L. 123-12, les micro-entreprises, à l'exception de celles dont l'activité consiste à gérer des titres de participations et de valeurs mobilières, ne sont pas tenues d'établir d'annexe.

Sont des micro-entreprises au sens du présent article les commerçants, personnes physiques ou personnes morales, pour lesquels, au titre du dernier exercice comptable clos et sur une base annuelle, deux des trois seuils suivants, dont le niveau et les modalités de calcul sont fixés par décret, ne sont pas dépassés : le total du bilan, le montant net du chiffre d'affaires ou le nombre moyen de salariés employés au cours de l'exercice.

Lorsqu'une entreprise dépasse ou cesse de dépasser deux de ces trois seuils, cette circonstance n'a d'incidence que si elle se produit pendant deux exercices consécutifs.

NB : Ces dispositions s'appliquent aux comptes afférents aux exercices clos à compter du 31 décembre 2013 et déposés à compter du 1er avril 2014. Pour les comptes déposés en 2014, il n'est pas fait application des dispositions du troisième alinéa dans sa rédaction issue de la présente ordonnance.

Art. L. 123-16-2 *(Ord. n° 2014-86, 30 janv. 2014 ; Ord. n° 2017-484, 6 avr. 2017)*. – Les dispositions des articles L. 123-16 et L. 123-16-1 ne sont pas applicables :

1° Aux établissements de crédit et sociétés de financement mentionnés à l'article L. 511-1 du Code monétaire et financier et aux établissements de paiement et établissements de monnaie électronique mentionnés à l'article L. 521-1 du même code ;

2° Aux entreprises d'assurance, aux fonds de retraite professionnelle supplémentaire mentionnés à l'article L. 381-1 du même code, aux institutions de retraite professionnelle supplémentaire mentionnées à l'article L. 942-1 du Code de la sécurité sociale, aux mutuelles ou unions mentionnées à l'article L. 214-1 du Code de la mutualité et de réassurance mentionnées aux articles L. 310-1 et L. 310-1-1 du Code des assurances, aux organismes de sécurité sociale mentionnés à l'article L. 114-8 du Code de la sécurité sociale, aux institutions de prévoyance et à leurs unions régies par le titre III du livre IX du Code de la sécurité sociale et aux mutuelles et unions de mutuelles régies par le livre II du Code de la mutualité ;

3° *Aux personnes et entités dont les titres financiers sont* admis aux négociations sur un marché réglementé ;

4° Aux personnes et entités qui font appel à la générosité *(Mot rempl., L. n° 2021-875, 1er juill. 2021)* « du public » au sens de la loi n° 91-772 du 7 août 1991 relative au congé de représentation en faveur des associations et des mutuelles et au contrôle des comptes des organismes faisant appel à la générosité publique.

NB : Ces dispositions s'appliquent aux comptes afférents aux exercices clos à compter du 31 décembre 2013 et déposés à compter du 1er avril 2014.

Art. L. 123-17 *(Mod., L. n° 2011-525, 17 mai 2011 ; Ord. n° 2015-900, 23 juill. 2015).* – **Sauf dans des cas exceptionnels, afin de donner une image fidèle du patrimoine, de la situation financière et du résultat de l'entreprise et dans les conditions prévues par un règlement de l'Autorité des normes comptables, les méthodes comptables retenues et la structure du bilan et du compte de résultat ne peuvent être modifiées d'un exercice à l'autre. Si des modifications interviennent, elles sont décrites et justifiées dans l'annexe et signalées, le cas échéant, dans le rapport des commissaires aux comptes.**

Art. L. 123-18 *(Anc. C. com., art. 12).* – **À leur date d'entrée dans le patrimoine de l'entreprise, les biens acquis à titre onéreux sont enregistrés à leur coût d'acquisition, les biens acquis à titre gratuit à leur valeur vénale et les biens produits à leur coût de production.**

Pour les éléments d'actif immobilisés, les valeurs retenues dans l'inventaire doivent, s'il y a lieu, tenir compte des plans d'amortissement. Si la valeur d'un élément de l'actif devient inférieure à sa valeur nette comptable, cette dernière est ramenée à la valeur d'inventaire à la clôture de l'exercice, que la dépréciation soit définitive ou non.

Les biens fongibles sont évalués soit à leur coût moyen pondéré d'acquisition ou de production, soit en considérant que le premier bien sorti est le premier bien entré.

La plus-value constatée entre la valeur d'inventaire d'un bien et sa valeur d'entrée n'est pas comptabilisée. S'il est procédé à une réévaluation de l'ensemble des immobilisations corporelles et financières, l'écart de réévaluation entre la valeur actuelle et la valeur nette comptable ne peut être utilisé à compenser les pertes ; il est inscrit distinctement au passif du bilan.

Art. L. 123-19 *(Anc. C. com., art. 13 ; mod., Ord. n° 2015-900, 23 juill. 2015).* – **Les éléments d'actif et de passif doivent être évalués séparément.**

Aucune compensation ne peut être opérée entre les postes d'actif et de passif du bilan ou entre les postes de charges et de produits du compte de résultat, sauf dans des cas exceptionnels prévus par un règlement de l'Autorité des normes comptables.

Le bilan d'ouverture d'un exercice doit correspondre au bilan de clôture de l'exercice précédent.

Art. L. 123-20 *(Anc. C. com., art. 14 ; mod., Ord. n° 2015-900, 23 juill. 2015).* – **Les comptes annuels doivent respecter le principe de prudence. Pour leur établissement, le commerçant, personne physique ou morale, est présumé poursuivre ses activités.**

Même en cas d'absence ou d'insuffisance du bénéfice, il doit être procédé aux amortissements, dépréciations et provisions nécessaires.

Il doit être tenu compte des passifs qui ont pris naissance au cours de l'exercice ou d'un exercice antérieur, même s'ils sont connus entre la date de la clôture de l'exercice et celle de l'établissement des comptes.

Art. L. 123-21 *(Anc. C. com., art. 15).* – **Seuls les bénéfices réalisés à la date de clôture d'un exercice peuvent être inscrits dans les comptes annuels. Peut être inscrit, après inventaire, le bénéfice réalisé sur une opération partiellement exécutée et acceptée par le cocontractant lorsque sa réalisation est certaine et qu'il est possible, au moyen de documents comptables prévisionnels, d'évaluer avec une sécurité suffisante le bénéfice global de l'opération.**

Art. L. 123-22 *(Anc. C. com., art. 16 ; mod., L. n° 2003-7, 3 janv. 2003).* – **Les documents comptables sont établis en euros et en langue française.**

Les documents comptables et les pièces justificatives sont conservés pendant dix ans.

Les documents comptables relatifs à l'enregistrement des opérations et à l'inventaire sont établis et tenus sans blanc ni altération d'aucune sorte, dans des conditions fixées par décret en Conseil d'État.

1) Unité monétaire. Si, aux termes de l'article L. 123-22, les documents comptables sont établis en francs et en langue française, ce texte ne fait pas obstacle au libellé du capital social en écu dès lors que dans les comptes, la contre-valeur en francs français de ce capital est indiquée pour assurer notamment l'information des tiers (■ Paris, 3 juin 1994 : *JCP* E 1994, II, 619, note Guyon).

2) Conservation. Sur l'obligation de conservation décennale (■ Paris, 10 mars 1986 : *JurisData* n° 1986-600333 ; *Banque* 1986, 505, obs. Rives-Lange). Le juge peut ordonner la présentation de documents conservés au-delà du délai de conservation (■ Dijon, 29 févr. 1876 : *DP* 1877, 2, 94).

Il ne résulte pas de l'article L. 123-22 que le commerçant ait l'obligation de détruire ses archives à l'expiration du délai de dix ans (■ Cass. com., 29 oct. 2003, n° 00-21.947 : *JurisData* n° 2003-020661 ; *Bull. civ.* IV, n° 155 ; *JCP* E 2004, jurispr. 335, note Barbièri ; chron. 736, n° 7, obs. Stoufflet) ; le commerçant pourra être amené à produire une preuve au-delà de ce délai (même déc.).

Art. L. 123-23 *(Anc. C. com., art. 17).* **– La comptabilité régulièrement tenue peut être admise en justice pour faire preuve entre commerçants pour faits de commerce.**

Si elle a été irrégulièrement tenue, elle ne peut être invoquée par son auteur à son profit.

La communication des documents comptables ne peut être ordonnée en justice que dans les affaires de succession, communauté, partage de société et en cas de procédure de sauvegarde, de redressement ou de liquidation judiciaires.

Valeur probatoire. Sur la preuve par les livres de commerce, V. jurispr. citée sous art. L. 110-3, p. 14.

Les juges, dans l'impossibilité de se procurer une preuve littérale d'un commerçant, peuvent puiser dans ses livres tous renseignements propres à étayer des présomptions (■ Cass. com., 12 oct. 1982 : *Bull. civ.* IV, n° 312).

Pour admettre la preuve par les livres comptables, les juges doivent rechercher s'ils étaient régulièrement tenus (■ Cass. com., 18 févr. 1992, n° 89-10.673 : *JurisData* n° 1992-000315 ; *JCP* E 1992, pan. 521 ; *RTD com.* 1992, 351, obs. Derruppé). Sur l'appréciation souveraine des juges du fond (■ Cass. com., 18 mars 1969, n° 66-12.728 : *D.* 1969, 514).

Mais les juges peuvent utiliser une comptabilité irrégulière pour en tirer des présomptions de fait (■ Cass. civ., 17 mars 1938 : *DP* 1938, 1, 115, note Mimin).

Art. L. 123-24 *(Anc. L. 22 oct. 1940 ; mod., L. n° 2003-7, 3 janv. 2003).* **– Tout commerçant est tenu de se faire ouvrir un compte dans un établissement de crédit ou dans un bureau de chèques postaux.**

Sous-section 2. – Des obligations comptables applicables à certains commerçants

(Intitulé mod., L. n° 2011-525, 17 mai 2011)

Art. L. 123-25 *(Anc. C. com., art. 17-1 ; mod., L. n° 2011-525, 17 mai 2011 ; Ord. n° 2014-86, 30 janv. 2014).* **– Par dérogation aux dispositions des premier et troisième alinéas de l'article L. 123-12, les personnes physiques placées sur option ou de plein droit sous le régime réel simplifié d'imposition peuvent n'enregistrer les créances et les dettes qu'à la clôture de l'exercice et ne pas établir d'annexe.**

Les personnes morales ayant la qualité de commerçant et placées sur option ou de plein droit sous le régime simplifié d'imposition peuvent présenter une annexe abrégée établie selon un modèle fixé par un règlement de l'Autorité des normes comptables.

Par dérogation aux dispositions du premier alinéa de l'article L. 123-12, ces mêmes personnes, à l'exception de celles contrôlées par une société qui établit des comptes en application de l'article L. 233-16, peuvent enregistrer leurs créances et leurs dettes à la clôture de l'exercice.

NB : Ces dispositions s'appliquent aux comptes afférents aux exercices clos à compter du 31 décembre 2013 et déposés à compter du 1er avril 2014. Pour les comptes déposés en 2014, il n'est pas fait application des dispositions du troisième alinéa dans sa rédaction issue de la présente ordonnance.

Art. L. 123-26 *(Anc. C. com., art. 17-2).* **– Par dérogation aux dispositions du deuxième alinéa de l'article L. 123-13, les personnes physiques placées sur option ou de plein droit sous le régime réel simplifié d'imposition peuvent inscrire au compte de résultat, en fonction de leur date de paiement, les charges dont la périodicité n'excède pas un an, à l'exclusion des achats.**

Art. L. 123-27 *(Anc. C. com., art. 17-3 ; mod., Ord. n° 2009-79, 22 janv. 2009).* **– Par dérogation aux dispositions du troisième alinéa de l'article L. 123-18, les personnes physiques placées sur option ou de plein** ***droit sous le régime réel simplifié d'imposition*** **peuvent procéder à une évaluation simplifiée des stocks et des productions en cours, selon une méthode fixée par un règlement de l'Autorité des normes comptables.**

Art. L. 123-28 *(Anc. C. com., art. 17-4 ; rempl., L. n° 2008-776, 4 août 2008).* **– Par dérogation aux dispositions des articles L. 123-12 à L. 123-23, les personnes physiques bénéficiant du régime défini à l'article 50-0 du Code général des impôts peuvent ne pas établir de comptes annuels. Elles tiennent un livre**

mentionnant chronologiquement le montant et l'origine des recettes qu'elles perçoivent au titre de leur activité professionnelle. Elles tiennent également, lorsque leur commerce principal est de vendre des marchandises, objets, fournitures et denrées à emporter ou à consommer sur place, ou de fournir le logement, un registre récapitulé par année, présentant le détail de leurs achats. Un décret fixe les conditions dans lesquelles ce livre et ce registre sont tenus.

Art. L. 123-28-1 *(L. n° 2015-990, 6 août 2015).* – Par dérogation aux articles L. 123-12 à L. 123-23, les personnes physiques mentionnées au deuxième alinéa de l'article L. 123-16-1 peuvent ne pas établir de bilan et de compte de résultat lorsqu'elles n'emploient aucun salarié et qu'elles ont effectué une inscription de cessation totale et temporaire d'activité au registre du commerce et des sociétés. La dérogation n'est plus applicable en cas de reprise de l'activité et au plus tard à l'issue du deuxième exercice suivant la date de l'inscription. La dérogation ne s'applique pas lorsqu'il est procédé à des opérations modifiant la structure du bilan au cours de l'exercice considéré. Les modalités d'application du présent article sont fixées par décret.

Art. L. 123-28-2 *(L. n° 2015-990, 6 août 2015).* – Par dérogation aux articles L. 123-12 à L. 123-23, les personnes morales mentionnées au deuxième alinéa de l'article L. 123-16-1 peuvent établir un bilan abrégé et un compte de résultat abrégé lorsqu'elles n'emploient aucun salarié et qu'elles ont effectué une inscription de cessation totale et temporaire d'activité au registre du commerce et des sociétés. La dérogation n'est plus applicable en cas de reprise de l'activité et au plus tard à l'issue du deuxième exercice suivant la date de l'inscription. La dérogation ne s'applique pas lorsqu'il est procédé à des opérations modifiant la structure du bilan au cours de l'exercice considéré. Les modalités d'application du présent article sont fixées par décret.

Section III. – Des activités commerciales et artisanales ambulantes

(L. n° 2008-776, 4 août 2008)

Art. L. 123-29 *(L. n° 2008-776, 4 août 2008 ; L. n° 2017-86, 27 janv. 2017).* – Toute personne physique ou morale doit, pour exercer ou faire exercer par son conjoint ou ses préposés une activité commerciale ou artisanale ambulante hors du territoire de la commune où est situé son habitation ou son principal établissement, en faire la déclaration préalable auprès de l'autorité compétente pour délivrer la carte mentionnée au quatrième alinéa.

Il en va de même pour toute personne sans domicile stable entendant exercer ou faire exercer par son conjoint ou ses préposés une activité commerciale ou artisanale ambulante.

La déclaration mentionnée au premier alinéa est renouvelable périodiquement.

Cette déclaration donne lieu à délivrance d'une carte permettant l'exercice d'une activité ambulante.

Art. L. 123-30 *(L. n° 2008-776, 4 août 2008).* – Outre les officiers et agents de police judiciaire, ont compétence pour constater par procès-verbal les contraventions prévues par le décret mentionné à l'article L. 123-31 :

1° Les agents de police judiciaire adjoints mentionnés au 2° de l'article 21 du Code de procédure pénale ;

2° Les fonctionnaires chargés du contrôle des marchés et des halles situés sur le territoire de la commune sur laquelle le commerçant ou l'artisan ambulant exerce son activité commerciale ou artisanale, habilités à cette fin.

Art. L. 123-31 *(L. n° 2008-776, 4 août 2008).* – Les modalités d'application de la présente section sont fixées par décret en Conseil d'État, notamment les conditions d'habilitation des agents mentionnés au 2° de l'article L. 123-30 et les modalités d'exercice de leur compétence.

Section 4. – Des formalités administratives des entreprises

(Section créée à compter d'une date fixée par décret et au plus tard le 1er janvier 2023, L. n° 2019-486, 22 mai 2019)

Art. L. 123-32 *(Créé à compter d'une date fixée par décret et au plus tard le 1er janvier 2023, L. n° 2019-486, 22 mai 2019).* – La présente section est applicable aux relations entre, d'une part, les entreprises et, d'autre part, les administrations de l'État, les établissements publics de l'État à caractère administratif, les collectivités territoriales, leurs groupements et leurs établissements publics à caractère administratif, les personnes privées chargées d'un service public administratif, les organismes gérant des régimes de protection sociale relevant du Code de la sécurité sociale et du Code rural et de la pêche maritime ou mentionnés aux articles L. 3141-32 et L. 5427-1 du Code du travail et les organismes chargés de la tenue d'un registre de publicité légale, y compris les greffes.

Toutefois, elle n'est pas applicable aux relations entre les entreprises et les ordres professionnels, sauf quand il est fait application du troisième alinéa de l'article L. 123-33 du présent code.

Art. L. 123-33 *(Créé à compter d'une date fixée par décret et au plus tard le 1er janvier 2023, L. n° 2019-486, 22 mai 2019).* – À l'exception des procédures et formalités nécessaires à l'accès aux activités réglementées et à l'exercice de celles-ci, toute entreprise se conforme à l'obligation de déclarer sa création, la modification de sa situation ou la cessation de ses activités auprès d'une administration, d'une personne ou d'un organisme mentionnés à l'article L. 123-32 par le dépôt d'un seul dossier comportant les déclarations qu'elle est tenue d'effectuer.

Ce dossier est déposé par voie électronique auprès d'un organisme unique désigné à cet effet. Ce dépôt vaut déclaration auprès du destinataire dès lors que le dossier est régulier et complet à l'égard de celui-ci.

Tout prestataire de services entrant dans le champ d'application de la directive 2006/123/CE du Parlement européen et du Conseil du 12 décembre 2006 relative aux services dans le marché intérieur peut accomplir par voie électronique l'ensemble des procédures et formalités nécessaires à l'accès à son activité et à l'exercice de celle-ci auprès de l'organisme unique mentionné au deuxième alinéa du présent article.

Un décret en Conseil d'État désigne l'organisme unique mentionné au même deuxième alinéa, définit les conditions de dépôt du dossier ainsi que les modalités d'accompagnement et d'assistance des entreprises par les organismes consulaires et par l'organisme unique, précise les modalités de vérification du dossier et décrit les conditions de transmission des informations collectées par cet organisme unique aux administrations, aux personnes ou aux organismes mentionnés à l'article L. 123-32 ainsi que les conditions d'application du troisième alinéa du présent article. Il précise également les conditions dans lesquelles l'usager créant son entreprise par l'intermédiaire de l'organisme unique peut se voir proposer de façon facultative des outils permettant de le renseigner sur les détails et les enjeux de la vie d'une entreprise.

Art. L. 123-34 *(Créé à compter d'une date fixée par décret et au plus tard le 1er janvier 2023, L. n° 2019-486, 22 mai 2019).* – Dans ses relations avec les administrations, personnes ou organismes mentionnés à l'article L. 123-32, une entreprise ne peut être tenue d'indiquer un numéro d'identification autre que le numéro unique attribué dans des conditions fixées par décret. Un identifiant spécifique peut être utilisé à titre complémentaire, notamment pour certaines activités soumises à déclaration ou autorisation préalables, dans des conditions fixées par décret.

L'entreprise ne peut être tenue de mentionner un autre numéro dans ses papiers d'affaires tels que factures, notes de commandes, tarifs, documents publicitaires, correspondances et récépissés concernant ses activités.

Art. L. 123-35 *(Créé à compter d'une date fixée par décret et au plus tard le 1er janvier 2023, L. n° 2019-486, 22 mai 2019).* – Lorsqu'ils sont transmis par voie électronique, les documents comptables sont déposés selon des modalités fixées par décret en Conseil d'État.

Section 5. – Du registre national des entreprises

(Section 5 créé à compter du 1er janvier 2023, Ord. n° 2021-1189, 15 sept. 2021)

Sous-section 1. – Des entreprises tenues à l'immatriculation

Art. L. 123-36. – Il est tenu un registre national des entreprises, auquel s'immatriculent les entreprises exerçant sur le territoire français une activité de nature commerciale, artisanale, agricole ou indépendante.

Sont ainsi immatriculées, sur leurs déclarations :

1° *Les personnes mentionnées aux 1° à 6° du I de l'article* L. 123-1 ;

2° Les agents commerciaux mentionnés à l'article L. 134-1 ;

3° Les personnes relevant du secteur des métiers et de l'artisanat mentionnées à l'article 19 de la loi n° 96-603 du 5 juillet 1996 relative au développement et à la promotion du commerce et de l'artisanat ;

4° Les personnes exerçant une activité agricole au sens de l'article L. 311-1 du Code rural et de la pêche maritime ;

5° Les personnes physiques, autres que celles mentionnées aux 1° à 4° ci-dessus, établies en France et exerçant une activité économique régulière et professionnelle, y compris une activité libérale soumise à un statut législatif ou réglementaire ou dont le titre est protégé ;

6° Les entreprises étrangères sans établissement stable en France.

Art. L. 123-37. – Font l'objet d'une inscription au registre national des entreprises, ou d'un dépôt pour y être annexés :

1° Pour les personnes mentionnées au 1° de l'article L. 123-36, l'ensemble des informations, actes et pièces figurant au registre du commerce et des sociétés en application du II de l'article L. 123-1 et de toute disposition législative ou réglementaire particulière ;

2° Pour les personnes physiques mentionnées au 2° de l'article L. 123-36, l'ensemble des informations et pièces figurant au registre spécial des agents commerciaux ;

3° Pour les sociétés mentionnées aux articles L. 232-21 à L. 232-23, les documents comptables mentionnés à ces mêmes articles et aux articles L. 232-25 et L. 232-26 ;

4° Pour les sociétés et entités mentionnées au 1° de l'article L. 561-45-1 du Code monétaire et financier, les informations relatives aux bénéficiaires effectifs définies à l'article L. 561-46 du même code ;

5° Pour les personnes physiques mentionnées aux 1° à 5° de l'article L. 123-36, l'information relative à l'existence le cas échéant d'une déclaration d'insaisissabilité des droits de la personne physique immatriculée sur tout bien foncier non affecté à son usage professionnel, prévue à l'article L. 526-1, d'une renonciation à une telle insaisissabilité ou à l'insaisissabilité des droits sur la résidence principale de la personne physique immatriculée, prévues à l'article L. 526-3, ou d'une révocation d'une telle renonciation, prévue au même article ;

6° Pour les personnes physiques mentionnées aux 1° à 5° de l'article L. 123-36 ayant choisi d'exercer sous le régime de l'entrepreneur individuel à responsabilité limitée défini à l'article L. 526-6, les informations et pièces relatives à ce régime mentionnées aux articles L. 526-7 à L. 526-11 et L. 526-14 à L. 526-17.

Un décret en Conseil d'État précise les informations et pièces qui doivent faire l'objet d'une inscription ou d'un dépôt, selon les catégories d'entreprises mentionnées aux 1° à 6° de l'article L. 123-36.

Art. L. 123-38. – Le fait de donner, de mauvaise foi, des indications inexactes ou incomplètes en vue d'une immatriculation, d'une modification de sa situation ou de la radiation du registre national des entreprises d'une personne mentionnée aux 2° à 6° de l'article L. 123-36 est puni d'une amende de 4 500 euros et d'un emprisonnement de six mois.

Sous-section 2. – De la validation des données présentes dans le registre national des entreprises et des contrôles opérés par certaines autorités

§ 1. – Dispositions communes

Art. L. 123-39. – Un décret en Conseil d'État détermine la liste des informations déclarées et des pièces transmises par la personne tenue à l'immatriculation qui sont inscrites et déposées au registre national des entreprises après validation par les autorités mentionnées au sein de la présente sous-section.

Art. L. 123-40. – Les autorités mentionnées au sein de la présente sous-section contrôlent que les *entreprises relevant* de leur champ de compétence satisfont aux conditions nécessaires à l'accès à leur activité ou à l'exercice de celle-ci. La nature et l'étendue de ce contrôle sont précisées, pour chaque autorité, au sein de la présente sous-section.

§ 2. – De la validation et des contrôles opérés par les greffiers des tribunaux de commerce ou des tribunaux judiciaires statuant en matière commerciale

Art. L. 123-41. – Les inscriptions d'informations et les dépôts de pièces au registre national des entreprises sont validés par le greffier du tribunal de commerce ou du tribunal judiciaire statuant en matière commerciale compétent pour les personnes physiques et les personnes morales mentionnées aux 1° et 2° de l'article L. 123-36 ainsi que pour les personnes physiques mentionnées aux 4° et 5° du même article ayant choisi d'exercer leur activité sous le régime de l'entrepreneur individuel à responsabilité limitée.

Art. L. 123-42. – La décision d'inscription d'une information ou le constat du dépôt d'une pièce au registre du commerce et des sociétés, au registre spécial des agents commerciaux ou au registre spécial des entreprises individuelles à responsabilité limitée par le greffier du tribunal de commerce ou du tribunal judiciaire statuant en matière commerciale, après réalisation des contrôles qui lui incombent en ces matières, emporte validation de l'inscription de cette information ou du dépôt de cette pièce auprès du registre national des entreprises.

§ 3. – De la validation et des contrôles opérés par les présidents des chambres de métiers et d'artisanat

Art. L. 123-43. – Les inscriptions d'informations et les dépôts de pièces au registre national des entreprises sont validées, pour les personnes physiques mentionnées au 3° de l'article L. 123-36, par le président de la chambre de métiers et de l'artisanat de région ou, par délégation, le président de la chambre de métiers et de l'artisanat de niveau départemental compétente.

Art. L. 123-44. – Le président de la chambre de métiers et de l'artisanat de région ou, par délégation, le président de la chambre de métiers et de l'artisanat de niveau départemental vérifie que les personnes physiques mentionnées au 3° de l'article L. 123-36 et les dirigeants sociaux des personnes morales mentionnées au 3° du même article ne sont pas frappés de l'interdiction prévue à l'article L. 653-8 ou de la peine complémentaire d'interdiction d'exercer une activité professionnelle ou sociale pour crime ou délit prévue au 11° de l'article 131-6 du Code pénal. Ces interdictions et peines font obstacle à l'immatriculation des personnes concernées au registre national des entreprises et sont susceptibles d'entraîner, si elles y sont déjà immatriculées, leur radiation d'office.

Aux fins d'opérer ce contrôle, les personnels des chambres de métiers et de l'artisanat compétentes, individuellement désignés et spécialement habilités par le président de la chambre de métiers et de l'artisanat dont ils relèvent, peuvent demander communication au Conseil national des greffiers des tribunaux de commerce des informations et des données à caractère personnel enregistrées dans le fichier national automatisé des interdits de gérer en application de l'article L. 128-2, afin d'avoir connaissance d'une éventuelle interdiction.

Art. L. 123-45. – Le président de la chambre de métiers et de l'artisanat de région ou, par délégation, le président de la chambre de métiers et de l'artisanat de niveau départemental contrôle le respect, par les personnes physiques et les personnes morales mentionnées au 3° de l'article L. 123-36 :

1° Des conditions prévues par les I et IV de l'article 19 de la loi n° 96-603 du 5 juillet 1996 relative au développement et à la promotion du commerce et de l'artisanat ;

2° Le cas échéant, de l'obligation de qualification professionnelle des personnes exerçant certaines activités listées à l'article 16 de la loi n° 96-603 du 5 juillet 1996 susmentionnée.

Lorsque la qualification requise pour l'exercice des activités mentionnées au 2° est détenue par un salarié de l'entreprise, cette dernière transmet à compter de son immatriculation ou de son changement de situation les pièces exigées attestant de cette qualification, dans un délai dont la durée est déterminée par décret en Conseil d'État. L'absence de remise de ces pièces dans le délai requis entraîne la radiation de l'entreprise du registre, sauf pour celle-ci à modifier son activité.

Art. L. 123-46. – La personne qui a intégralement satisfait aux validations et contrôles opérés en application des articles L. 123-43 à L. 123-45 est immatriculée au registre national des entreprises avec la mention « entreprise du secteur des métiers et de l'artisanat » sans que cela ne la dispense, le cas échéant, de l'immatriculation au registre du commerce et des sociétés.

Fait l'objet d'une inscription spécifique au registre national des entreprises la qualité d'artisan, d'artisan d'art, de maître ou de maître-artisan au sens de l'article 21 de la loi n° 96-603 du 5 juillet 1996 susmentionnée reconnue ou attribuée aux personnes suivantes :

1° Les personnes physiques mentionnées au 3° de l'article L. 123-36 et leur conjoint collaborateur le cas échéant ;

2° Les dirigeants sociaux des personnes morales mentionnées au 3° de l'article L. 123-36, leurs conjoints collaborateurs et leurs conjoints associés le cas échéant ;

3° Les associés prenant part personnellement et habituellement à l'activité des personnes morales mentionnées au 3° de l'article L. 123-36.

Art. L. 123-47. – Les personnes physiques et les personnes morales dont l'activité consiste en la fabrication de plats à consommer sur place peuvent demander lors de leur immatriculation à être inscrites en tant qu'entreprise du secteur des métiers et de l'artisanat. Dans ce cas, les validations et les contrôles prévus aux articles L. 123-43 à L. 123-45 sont réalisés et l'entreprise, si elle y satisfait, relève du secteur des métiers et de l'artisanat en application du premier alinéa du I de l'article 19 de la loi n° 96-603 du 5 juillet 1996 relative au développement et à la promotion du commerce et de l'artisanat.

Les personnes physiques et les personnes morales mentionnées au troisième alinéa du I de l'article 19 de la loi n° 96-603 du 5 juillet 1996 susmentionnée peuvent demander à ne plus être immatriculées en tant qu'entreprise du secteur des métiers et de l'artisanat. Dans ce cas, elles cessent d'être soumises aux validations et aux contrôles prévus aux articles L. 123-43 à L. 123-45.

Les personnes physiques et les personnes morales mentionnées au quatrième alinéa du I de l'article 19 de la loi n° 96-603 du 5 juillet 1996 susmentionnée peuvent demander à être immatriculées en tant qu'entreprise du secteur des métiers et de l'artisanat. Dans ce cas, elles sont soumises aux validations et aux contrôles prévus aux articles L. 123-43 à L. 123-45.

§ 4. – De la validation et des contrôles opérés par les caisses départementales ou pluridépartementales de mutualité sociale agricole

Art. L. 123-48. – Les inscriptions d'informations et les dépôts de pièces au registre national des entreprises sollicités à l'occasion de demandes d'immatriculation, d'inscriptions modificatives et de radiations, sont validés, pour les personnes physiques mentionnées à l'article L. 311-2 du Code rural et de la pêche maritime, par la caisse départementale ou pluridépartementale de mutualité sociale agricole compétente.

Art. L. 123-49. – La personne qui a intégralement satisfait aux validations et contrôles opérés en application de l'article L. 123-48 est immatriculée au registre national des entreprises avec la mention « entreprise dirigée par un actif agricole » sans que cela ne la dispense, le cas échéant, de l'immatriculation au registre du commerce et des sociétés.

L'information selon laquelle une personne physique, immatriculée au registre national des entreprises, en tant qu'entrepreneur individuel ou en tant que dirigeant ou associé d'une personne morale, a qualité d'actif agricole au sens de l'article L. 311-2 du Code rural et de la pêche maritime, est inscrite sous la forme d'une mention « actif agricole ».

Sous-section 3. – De la tenue du registre national des entreprises

Art. L. 123-50. – Le registre national des entreprises est tenu par l'Institut national de la propriété industrielle.

Les inscriptions d'informations ou les dépôts de pièces annexées au registre national des entreprises mentionnés à l'article L. 123-37 sont réalisés par l'intermédiaire de l'organisme unique mentionné à l'article L. 123-33 et dans les conditions prévues à ce même article, à l'occasion :

1° Soit d'une déclaration ou d'un dépôt émanant de la personne tenue à l'immatriculation ou d'un tiers habilité légalement ou judiciairement, le cas échéant après validation des autorités mentionnées au sein de la sous-section 2 ;

2° Soit d'une transmission d'informations ou de pièces par des autorités mentionnées au sein de la sous-section 2 de la présente section ou désignées par des dispositions législatives ou réglementaires spécifiques, intervenant d'office ou sur la demande de tiers.

Art. L. 123-51. – La constitution du registre national des entreprises est réalisée sous format numérique. Y figurent les dossiers numériques des entreprises immatriculées et, au sein de chaque dossier, l'ensemble des informations et pièces ayant fait l'objet d'une inscription ou d'un dépôt, ainsi que les dates de ces évènements.

Les pièces justificatives transmises sous forme numérique à l'appui des déclarations et des dépôts sont conservées par le teneur du registre.

Art. L. 123-52. – L'intégralité des informations inscrites et pièces annexées au registre national des entreprises, à l'exception des documents comptables couverts par une déclaration de confidentialité, fait l'objet d'une mise à la disposition du public gratuite et sous forme électronique, à des fins de consultation ou réutilisation.

La mise à disposition des informations inscrites relatives à l'identité et au domicile des personnes physiques mentionnées dans le registre est limitée aux nom, nom d'usage, pseudonyme, prénoms, mois, année de naissance et commune de résidence.

Par exception à l'alinéa précédent, l'intégralité des informations est mise à la disposition des autorités, administrations, personnes morales et professions dont la liste est déterminée par décret en Conseil d'État.

Art. L. 123-53. – Ont accès sans restriction à l'intégralité des informations et pièces annexées contenues dans le registre, ainsi qu'aux pièces justificatives conservées :

1° Les personnes immatriculées pour les données les concernant ;

2° Les autorités suivantes dans le cadre de leur mission :

a) Les autorités judiciaires ;

b) La cellule de renseignement financier nationale mentionnée à l'article L. 561-23 du Code monétaire et financier ;

c) Les agents de l'administration des douanes agissant sur le fondement des prérogatives conférées par le Code des douanes ;

d) Les agents habilités de l'administration des finances publiques chargés du contrôle et du recouvrement en matière fiscale ;

e) Les officiers habilités de police judiciaire de la police nationale et de la gendarmerie nationale, ainsi que les agents des douanes et des services fiscaux habilités à effectuer des enquêtes judiciaires en application des articles 28-1 et 28-2 du Code de procédure pénale ;

f) Les autorités mentionnées au sein de la sous-section 2 de la présente section, pour les entreprises relevant de leur champ de compétence et à l'exception des pièces annexées couvertes par une déclaration de confidentialité.

Sous-section 4. – Dispositions générales

Art. L. 123-54. – I. – L'inscription d'informations ou le dépôt de pièces au registre national des entreprises fait l'objet de l'acquittement de droits.

II. – Les personnes mentionnées au 1° de l'article L. 123-36 s'acquittent d'un droit dont le barème est déterminé par décret, dans la limite de 10 €, pour les inscriptions complémentaires et modificatives, le dépôt des comptes annuels, le dépôt des actes modificatifs.

Le montant des droits acquittés est affecté au teneur du registre national des entreprises et recouvré par l'organisme unique mentionné à l'article L. 123-33 dans des conditions prévues par décret en Conseil d'État. Son paiement est exigible concomitamment au dépôt de la formalité sollicitée.

III. – Les personnes mentionnées au 3° de l'article L. 123-36 s'acquittent d'un droit dont le barème est déterminé par décret :

1° Dans la limite de 45 € pour les formalités d'immatriculation au registre national des entreprises en tant qu'entreprises du secteur des métiers et de l'artisanat ;

2° Dans la limite de 40 € pour les demandes d'inscriptions complémentaires et modificatives au registre. Ce droit est dû quel que soit le nombre de modifications demandées concomitamment ;

3° Dans la limite de 6,50 € pour les dépôts d'actes auprès du registre national des entreprises qui sont réalisés indépendamment d'une demande d'immatriculation ou d'une demande d'inscriptions modificatives.

Le montant des droits acquittés est affecté à la chambre de métiers et de l'artisanat de région compétente et recouvré par l'organisme unique mentionné à l'article L. 123-33 dans des conditions prévues par décret en Conseil d'État. Son paiement est exigible concomitamment au dépôt de la formalité sollicitée.

IV. – Les limites mentionnées aux 1° et 2° du III sont fixées respectivement à 15 euros et 14 euros pour les *personnes mentionnées au 3° de l'article L. 123-36* qui sont immatriculées ou en cours d'immatriculation au *registre* du commerce et des sociétés. Ces personnes sont dispensées du paiement des droits prévus au 3° du *même III*.

V. – Sont dispensées du paiement des droits prévus au II et III du présent article les personnes physiques qui bénéficient du régime prévu à l'article L. 613-7 du Code de la sécurité sociale ainsi que les personnes morales dont le dirigeant bénéficie de ce régime.

VI. – Les dispositions du III, IV et V sont applicables aux formalités de dépôt et de transfert des déclarations et d'inscription des mentions indiqués à l'article L. 526-19 du Code de commerce qui sont accomplies auprès du registre national des entreprises.

VII. – Sous réserve des modalités définies par le présent article, les droits recouvrés par l'organisme unique mentionné à l'article L. 123-33 le sont selon les mêmes procédures et sous les mêmes sanctions, garanties, sûretés et privilèges que les droits d'enregistrement. Les réclamations sont présentées, instruites et jugées selon les règles applicables à ces mêmes droits.

Art. L. 123-55. – Lorsque la contestation de la décision relative à l'inscription d'informations ou au dépôt de pièces au registre national des entreprises porte sur la validation ou le contrôle d'une autorité mentionnée à la sous-section 2 de la présente section, seule la décision de cette autorité est susceptible de contestation devant la juridiction compétente pour connaître de ces litiges. La décision de la juridiction compétente est opposable de plein droit au teneur du registre national des entreprises.

Art. L. 123-56. – Pour l'application de la présente section dans les départements du Bas-Rhin, du Haut-Rhin et de la Moselle, les attributions dévolues aux présidents et aux personnels des chambres de métiers et de l'artisanat de région sont exercées par le président et le personnel des chambres de métiers régies par les articles 103 et suivants du code professionnel local du 26 juillet 1900 pour l'Alsace et la Moselle.

Pour l'application de la présente section dans les départements et régions de la Guadeloupe et de la Réunion et dans les collectivités territoriales de Guyane et de Martinique, les attributions dévolues aux caisses départementales ou pluridépartementales de mutualité sociale agricole sont exercées par les caisses générales de sécurité sociales mentionnées à l'article L. 752-1 du Code de la sécurité sociale.

Art. L. 123-57. – Les modalités d'application de la présente section sont déterminées par décret en Conseil d'État.

CHAPITRE IV. – DES SOCIÉTÉS COOPÉRATIVES DE COMMERÇANTS DÉTAILLANTS

Bibliographie : Kornmann, *Le développement des entreprises commerciales et l'amélioration de leur environnement économique, juridique et social (à propos de la loi n° 89-1008 du 31 décembre 1989)* : Gaz. Pal. 1990, 2, doctr. 557.

Art. L. 124-1 *(Anc. L. n° 72-652, 11 juill. 1972 ; mod., L. n° 2001-420, 15 mai 2001 ; Ord. n° 2004-274, 25 mars 2004 ; L. n° 2012-387, 22 mars 2012 ; L. n° 2014-856, 31 juill. 2014 ; L. n° 2019-744, 19 juill. 2019).* **– Les sociétés coopératives de commerçants détaillants ont pour objet d'améliorer par l'effort commun de leurs associés les conditions dans lesquelles ceux-ci exercent leur activité commerciale. À cet effet, elles peuvent notamment exercer directement ou indirectement pour le compte de leurs associés les activités suivantes :**

1° Fournir en totalité ou en partie à leurs associés les marchandises, denrées ou services, l'équipement et le matériel nécessaires à l'exercice de leur commerce, notamment par la constitution et l'entretien de tout stock de marchandises, la construction, l'acquisition ou la location ainsi que la gestion de magasins et entrepôts particuliers, l'accomplissement dans leurs établissements ou dans ceux de leurs associés de toutes opérations, transformations et modernisation utiles ;

2° *Regrouper dans une même enceinte les commerces appartenant à leurs associés, créer et gérer tous* services communs à l'exploitation de ces commerces, construire, acquérir ou louer les immeubles nécessaires à leur activité ou à celle des associés, et en assurer la gestion, le tout dans les conditions prévues par le chapitre V du présent titre ;

3° Dans le cadre des dispositions législatives concernant les activités financières, faciliter l'accès des associés et de leur clientèle aux divers moyens de financement et de crédit ;

3° *bis* Organiser entre les associés une coopération financière, notamment à travers la constitution de sociétés, exerçant sous leur contrôle direct ou indirect et ayant pour finalité d'apporter par tous moyens un soutien à l'achat, à la création et au développement du commerce, dans le respect des dispositions propres aux établissements de crédit. Le capital des sociétés ainsi constituées doit être majoritairement détenu par les coopératives et des associés coopérateurs ; les associés non coopérateurs ne peuvent en aucun cas détenir

ensemble plus de 35 % du total des droits de vote. Lorsque la part de capital que détiennent les associés non coopérateurs excède cette limite, le nombre de droits de vote est réduit à due proportion ;

4° Exercer les activités complémentaires à celles énoncées ci-dessus, et notamment fournir à leurs associés une assistance en matière de gestion technique, financière et comptable ;

5° Acheter des fonds de commerce dont la location-gérance est concédée dans un délai de deux mois à un associé et qui doivent être rétrocédés dans un délai maximal de sept ans. Le défaut de rétrocession dans ce délai peut donner lieu à injonction suivant les modalités définies au second alinéa de l'article L. 124-15 ;

6° Définir et mettre en œuvre par tous moyens une politique commerciale commune propre à assurer le développement et l'activité de ses associés, notamment :

– par la mise en place d'une organisation juridique appropriée ;

– par la mise à disposition d'enseignes ou de marques dont elles ont la propriété ou la jouissance ;

– par la réalisation d'opérations commerciales publicitaires ou non pouvant comporter des prix communs ;

– par l'élaboration de méthodes et de modèles communs d'achat, d'assortiment et de présentation de produits, d'architecture et d'organisation des commerces ;

– par l'élaboration et la gestion d'une plate-forme de vente en ligne ;

7° Prendre des participations même majoritaires dans des sociétés directement ou indirectement associées exploitant des fonds de commerce.

Art. L. 124-1-1 *(L. n° 2014-856, 31 juill. 2014).* **–** Nulle répartition ne peut être opérée entre les associés coopérateurs si ce n'est au prorata des opérations traitées avec chacun d'eux ou réalisées par la coopérative dans un rôle d'intermédiaire entre ces associés et des tiers.

Art. L. 124-2 *(Anc. L. n° 72-652, 11 juill. 1972 ; mod., L. n° 2014-856, 31 juill. 2014).* **–** Les sociétés coopératives de pharmaciens d'officine ne peuvent refuser leurs services en cas d'urgence, aux pharmaciens d'officine non associés et à tous les établissements publics ou privés où sont traités les malades, lorsque ces établissements sont régulièrement propriétaires d'une officine.

Art. L. 124-3 *(Anc. L. n° 72-652, 11 juill. 1972 ; mod., L. n° 2014-856, 31 juill. 2014).* **–** Les sociétés coopératives de commerçants de détail sont des sociétés à capital variable constituées sous forme de société à responsabilité limitée ou de société anonyme et fonctionnant conformément aux dispositions du livre II, titre III, chapitre Ier. Elles sont régies par les dispositions du présent chapitre et par celles non contraires du livre II, titres Ier à IV et de la loi n° 47-1775 du 10 septembre 1947 portant statut de la coopération. Les dispositions du livre II, titres Ier à IV concernant la constitution des réserves légales leur sont applicables.

Peuvent être seules considérées comme sociétés coopératives de commerçants de détail ou unions de ces sociétés, et sont seules autorisées à prendre ce titre et à l'adjoindre à leur dénomination, les sociétés et unions constituées dans le but d'effectuer les opérations visées à l'article L. 124-1 et qui se conforment, pour leur constitution et leur fonctionnement, aux prescriptions du présent chapitre.

Art. L. 124-4 *(Anc. L. n° 72-652, 11 juill. 1972 ; mod., Ord. n° 2004-274, 25 mars 2004).* **–** Sans préjudice de l'application des dispositions de l'article 3 *bis* de la loi n° 47-1775 du 10 septembre 1947 portant statut de la coopération, tout commerçant, exerçant le commerce de détail, régulièrement établi sur le territoire d'un État étranger, peut être membre de coopératives de commerçants. Il en est de même des sociétés coopératives régies par le présent chapitre, ainsi que des entreprises immatriculées à la fois au répertoire des métiers et au registre du commerce et des sociétés. Les coopératives régies par le présent chapitre peuvent admettre en qualité d'associés des personnes physiques ou morales intéressées par leur activité et compétentes pour en connaître.

> **Rédaction future.** Sans préjudice de l'application des dispositions de l'article 3 *bis* de la loi n° 47-1775 du 10 septembre 1947 portant statut de la coopération, tout commerçant, exerçant le commerce de détail, régulièrement établi sur le territoire d'un État étranger, peut être membre de coopératives de commerçants. Il en est de même des sociétés coopératives régies par le présent chapitre, ainsi que des entreprises immatriculées à la fois au *(Mots rempl. à compter du 1er janvier 2023, Ord. n° 2021-1189, 15 septembre 2021)* « registre national des entreprises en tant qu'entreprise du secteur des métiers et de l'artisanat » et au registre du commerce et des sociétés. Les coopératives régies par le présent chapitre peuvent admettre en qualité d'associés des personnes physiques ou morales intéressées par leur activité et compétentes pour en connaître.

Les sociétés coopératives de commerçants de détail qui exercent les activités visées au 2° de l'article L. 124-1 peuvent, en outre, admettre en qualité d'associé toute personne visée à l'article L. 125-1.

Les commerçants de détail dont la coopérative est affiliée à une autre coopérative de commerçants de détail peuvent bénéficier directement des services de cette dernière.

Art. L. 124-4-1 *(L. n° 2014-856, 31 juill. 2014).* – Les statuts d'une société coopérative de commerçants peuvent prévoir que l'associé qui souhaite céder son fonds de commerce, ou plus de 50 % des parts sociales ou actions composant le capital de la société exploitant ce fonds, ou encore le bien immobilier dans lequel est exploité ce fonds, doit en informer la coopérative. La coopérative dispose, à compter de la réception de cette information, d'un délai de trois mois pour présenter une offre d'acquisition.

La cession intervenue en méconnaissance du premier alinéa peut être annulée par le tribunal compétent.

Si la cession n'est pas intervenue dans un délai de deux ans, le cédant en informe la coopérative qui peut présenter une nouvelle offre dans les conditions prévues au premier alinéa.

La clause mentionnée au premier alinéa est écartée en cas de succession, de liquidation du régime matrimonial ou de cession à un conjoint, à un ascendant ou à un descendant.

Art. L. 124-5 *(Anc. L. n° 72-652, 11 juill. 1972 ; mod., L. n° 2014-856, 31 juill. 2014 ; Ord. n° 2015-1127, 10 sept. 2015).* – Les sociétés régies par le présent chapitre peuvent constituer entre elles des unions ayant les mêmes objets que ceux définis à l'article L. 124-1.

Ces unions doivent se conformer, pour leur constitution et leur fonctionnement, aux mêmes règles que lesdites sociétés. Le premier alinéa de l'article 9 de la loi du 10 septembre 1947 portant statut de la coopération leur est applicable.

Les unions de sociétés coopératives de commerçants de détail ne peuvent comprendre que des sociétés coopératives de détail ou leurs associés. Les commerçants détaillants dont la coopérative est affiliée à une union peuvent bénéficier directement des services de cette union.

Les sociétés coopératives de commerçants de détail et leurs unions peuvent constituer des unions mixtes avec d'autres sociétés coopératives et leurs unions.

Par dérogation à l'article L. 223-1, le nombre des associés d'une union régie par le présent article ne peut être inférieur à quatre s'il s'agit d'une société à responsabilité limitée.

Art. L. 124-6 *(Anc. L. n° 72-652, 11 juill. 1972 ; mod., Ord. n° 2004-274, 25 mars 2004 ; L. n° 2005-882, 2 août 2005 ; L. n° 2014-856, 31 juill. 2014).* – Dans une coopérative constituée sous forme de société anonyme, les administrateurs ou les membres du directoire et du conseil de surveillance sont des personnes physiques ayant soit la qualité d'associé, à titre personnel, soit la qualité de président du conseil d'administration, de directeur général, de membre du directoire ou de gérant d'une société ayant elle-même la qualité d'associé.

Les fonctions des membres du conseil d'administration ou des membres du conseil de surveillance sont gratuites et n'ouvrent droit qu'au remboursement, sur justification, des frais, ainsi que, le cas échéant, au paiement d'une indemnité compensatrice du temps et du travail consacrés à l'administration de la coopérative.

Le président du conseil d'administration ou les membres du directoire ainsi que le président du conseil de surveillance peuvent recevoir une rémunération. Toutefois, ils ne peuvent être rémunérés au prorata des opérations faites ou des excédents réalisés que si ce mode de rémunération est prévu par les statuts. Ceux-ci précisent l'instance habilitée à fixer pour une durée n'excédant pas cinq années le maximum de rétributions annuelles.

Les décisions prises pour l'exécution de l'alinéa précédent sont ratifiées par l'assemblée générale annuelle qui suit la date à laquelle elles sont intervenues.

Art. L. 124-6-1 *(L. n° 2014-856, 31 juill. 2014).* – Dans une coopérative constituée sous forme de société à responsabilité limitée, le ou les gérants sont des personnes physiques ayant soit la qualité d'associé à titre personnel, soit la qualité de président du conseil d'administration, de directeur général, de membre du directoire ou de gérant d'une société ayant elle-même la qualité d'associé. Les sociétés coopératives comptant plus de vingt associés doivent être administrées par trois gérants ou plus.

Art. L. 124-7 *(Anc. L. n° 72-652, 11 juill. 1972).* – Les statuts peuvent prévoir que des sociétés coopératives de commerçants détaillants sont associées dans les conditions prévues à l'article 3 *bis* de la loi du 10 septembre 1947 portant statut de la coopération. Dans ce cas, elles ne peuvent recourir aux services de la société coopérative dont elles sont associées.

Art. L. 124-8 *(Anc. L. n° 72-652, 11 juill. 1972 ; mod., L. n° 2014-856, 31 juill. 2014)*. – L'assemblée des associés ou l'assemblée générale délibère valablement lorsque le tiers des associés existants à la date de la convention sont présents ou représentés.

Toutefois, les assemblées convoquées en vue de modifier les statuts ne délibèrent valablement que si la moitié au moins des associés existants à la date de la convocation sont présents ou représentés.

Les associés qui ont exprimé leur suffrage par correspondance, quand les statuts les y autorisent, comptent pour la détermination du quorum.

Lorsque le quorum n'est pas atteint, une nouvelle assemblée est convoquée. Elle délibère valablement quel que soit le nombre des associés présents ou représentés.

Art. L. 124-9 *(Anc. L. n° 72-652, 11 juill. 1972 ; mod., Ord. n° 2004-274, 25 mars 2004 ; L. n° 2014-856, 31 juill. 2014)*. – Les délibérations de l'assemblée des associés ou de l'assemblée générale sont prises à la majorité des voix dont disposent les associés présents ou représentés. Toutefois, une majorité des deux tiers des voix des associés présents ou représentés est requise pour toute modification des statuts.

Si la coopérative exerce les activités prévues au 2° de l'article L. 124-1, il est dérogé à cette disposition dans les conditions prévues par l'article L. 125-10.

Art. L. 124-10 *(Anc. L. n° 72-652, 11 juill. 1972 ; mod., L. n° 2014-856, 31 juill. 2014)*. – L'exclusion d'un associé peut être prononcée, selon le cas, par le conseil d'administration ou par le conseil de surveillance si la société coopérative est constituée sous forme de société anonyme, ou par la gérance s'il s'agit d'une société à responsabilité limitée, l'intéressé étant dûment entendu.

Tout associé frappé d'une mesure d'exclusion a la possibilité de faire appel de cette décision devant l'assemblée générale ou l'assemblée des associés qui statue sur son recours lors de la première réunion ordinaire qui suit la notification de l'exclusion. Celle-ci prend effet au jour de la notification de son acceptation par l'assemblée générale ou l'assemblée des associés.

Toutefois, lorsque la société est constituée sous forme de société anonyme, le conseil d'administration ou le conseil de surveillance, selon le cas, peut, lorsque l'intérêt de la société l'exige, suspendre l'exercice des droits que l'associé exclu tient de sa qualité de coopérateur jusqu'à notification à ce dernier de la décision de l'assemblée générale, sans que la durée de cette suspension puisse excéder une année.

Si la décision tendant à exclure un associé n'est pas justifiée par un motif sérieux et légitime, le tribunal, saisi dans le délai d'un mois à compter de la notification du rejet du recours de l'associé par l'assemblée générale ou l'assemblée des associés, peut, soit réintégrer l'associé indûment exclu, soit lui allouer des dommages et intérêts, soit prononcer l'une et l'autre de ces mesures.

Lorsque la coopérative exerce les activités prévues au 2° de l'article L. 124-1, les dispositions du présent article ne sont pas applicables. Il est fait application des articles L. 125-15 et L. 125-16.

▪ Cass. com. 18 janv. 2001, n° 09-68.911 : un associé coopérateur exclu d'une coopérative par décision du conseil d'administration peut engager directement une action en justice pour faire constater que son exclusion n'était pas fondée, sans avoir à saisir au préalable l'assemblée générale d'un recours contre cette décision, un tel recours n'étant qu'une faculté et non une obligation.

Art. L. 124-11 *(Anc. L. n° 72-652, 11 juill. 1972 ; mod., Ord. n° 2004-274, 25 mars 2004 ; L. n° 2014-856, 31 juill. 2014)*. – S'il s'agit d'une coopérative exerçant les activités prévues au 2° de l'article L. 124-1, le remboursement des parts sociales de l'associé qui se retire ou qui est exclu s'effectue, par dérogation à l'article 18 de la loi du 10 septembre 1947 portant statut de la coopération, dans les conditions prévues par les articles L. 125-17 et L. 125-18.

Il reste cependant tenu pendant cinq années à compter du jour où il a définitivement perdu la qualité d'associé, tant envers la coopérative qu'à l'égard des tiers, de toutes les obligations existant à la clôture de l'exercice au cours duquel il a quitté la coopérative. Le conseil d'administration, le conseil de surveillance ou la gérance, selon le cas, peut, pendant cinq ans au plus, conserver tout ou partie des sommes dues à l'ancien associé, en application de l'alinéa précédent, dans la limite du montant nécessaire à la garantie des obligations dont il est tenu en application du présent alinéa, et à moins que l'intéressé ne fournisse des sûretés suffisantes.

Art. L. 124-12 *(Anc. L. n° 72-652, 11 juill. 1972 ; mod., L. n° 2014-856, 31 juill. 2014)*. – L'assemblée générale ordinaire peut, en statuant aux conditions de quorum et de majorité de l'assemblée générale

extraordinaire si la coopérative est constituée sous forme de société anonyme, ou l'assemblée des associés statuant aux conditions de quorum et de majorité de l'assemblée ayant pour objet la modification des statuts s'il s'agit d'une société coopérative constituée sous forme de société à responsabilité limitée, transformer en parts sociales tout ou partie des ristournes bloquées en comptes individualisés ainsi que tout ou partie des ristournes distribuables aux coopérateurs au titre de l'exercice écoulé.

Dans ce dernier cas, les droits de chaque coopérateur dans l'attribution des parts résultant de cette augmentation de capital sont identiques à ceux qu'il aurait eus dans la distribution des ristournes.

Art. L. 124-13 *(Anc. L. n° 72-652, 11 juill. 1972)*. – **La caisse centrale de crédit coopératif est autorisée à effectuer toutes opérations financières en faveur des sociétés constituées conformément aux dispositions du présent chapitre, notamment à mettre à leur disposition les fonds qui lui sont spécialement attribués ou qu'elle peut se procurer sous forme d'emprunts ou par le réescompte des effets souscrits, à donner son aval ou à se porter caution pour garantir leurs emprunts, à recevoir et à gérer leurs dépôts de fonds.**

Art. L. 124-14 *(Anc. L. n° 72-652, 11 juill. 1972)*. – **En cas de dissolution d'une société coopérative ou d'une union régie par les dispositions du présent chapitre et sous réserve des dispositions des alinéas suivants du présent article, l'excédent net de l'actif sur le capital est dévolu soit à d'autres sociétés coopératives ou unions de coopératives, soit à des œuvres d'intérêt général ou professionnel.**

Toutefois, une société coopérative ou une union peut être autorisée par arrêté du ministre chargé de l'économie et des finances, pris après avis du Conseil supérieur de la coopération, à répartir l'excédent net de l'actif à ses associés. Cette répartition ne peut comprendre la part de l'excédent net d'actif qui résulte de l'aide accordée directement ou indirectement à la société ou à l'union par l'État ou par une collectivité publique. Cette part doit être reversée dans les conditions prévues par l'arrêté d'autorisation.

La répartition entre les associés de l'excédent net d'actif est de plein droit lorsque la société coopérative exerce les activités visées au 2° de l'article L. 124-1.

Art. L. 124-15 *(Anc. L. n° 72-652, 11 juill. 1972 ; mod., L. n° 2012-387, 22 mars 2012)*. – **Tout groupement de commerçants détaillants établi en vue de l'exercice d'une ou plusieurs activités visées aux 1°, 3° et 4° de l'article L. 124-1 doit, s'il n'a pas adopté la forme de société coopérative de commerçants détaillants régie par les dispositions du présent chapitre, être constitué sous la forme de société anonyme, de société à responsabilité limitée, de groupement d'intérêt économique ou de groupement européen d'intérêt économique.**

Le ministère public ou toute personne intéressée peut saisir le président du tribunal compétent statuant en référé afin d'enjoindre, le cas échéant sous astreinte, aux commerçants membres du groupement formé en violation du premier alinéa de se constituer sous l'une des formes prévues.

Art. L. 124-16 *(Anc. L. n° 72-652, 11 juill. 1972)*. – **Les sociétés coopératives d'achat en commun de commerçants détaillants et leurs unions constituées sous l'empire de la loi n° 49-1070 du 2 août 1949 sont considérées comme satisfaisant aux dispositions du présent chapitre sans qu'il soit nécessaire qu'elles modifient leurs statuts.**

Toutefois, les sociétés bénéficiaires des dispositions de l'alinéa précédent doivent procéder à la mise en conformité de leurs statuts à l'occasion de toute modification ultérieure desdits statuts.

CHAPITRE V. – DES MAGASINS COLLECTIFS DE COMMERÇANTS INDÉPENDANTS

Section I. – De la constitution du magasin collectif

Bibliographie : Serna, *Les magasins collectifs de commerçants indépendants : JCP* 1972, I, 2506. • Chatelain et Gautier-Le Chatelier, *La concurrence dans les centres commerciaux : JCP* CI 1981, II, 13643 ; *L'autonomie des commerçants dans les centres commerciaux : Droit et Ville* 1982, n° 13, p. 79. • Guyon, *Les groupements d'intérêt économique dans le commerce de délai après les lois du 11 juillet 1972 : D.* 1973, 91. • Jauffret, *Exploitation d'un fonds de commerce dans un magasin collectif : RTD com.* 1973, 66. • Lecomte, *Les centres commerciaux et leur structure juridique : RJ com.* 1981, 81. • Martin, *L'organisation juridique des centres commerciaux : Ann. loyers* 1980, 889.

Art. L. 125-1 *(Anc. L. n° 72-651, 11 juill. 1972).* – **Les dispositions du présent chapitre s'appliquent aux personnes physiques ou morales réunies dans une même enceinte, sous une même dénomination, pour exploiter, selon des règles communes, leur fonds de commerce ou leur entreprise immatriculée au répertoire des métiers sans en aliéner la propriété, créant ainsi un magasin collectif de commerçants indépendants.**

> **Rédaction future.** Les dispositions du présent chapitre s'appliquent aux personnes physiques ou morales réunies dans une même enceinte, sous une même dénomination, pour exploiter, selon des règles communes, leur fonds de commerce ou leur entreprise *(Mots rempl. à compter du 1er janvier 2023, Ord. n° 2021-1189, 15 sept. 2021)* « du secteur des métiers et de l'artisanat immatriculée au registre national des entreprises » sans en aliéner la propriété, créant ainsi un magasin collectif de commerçants indépendants.

Art. L. 125-2 *(Anc. L. n° 72-651, 11 juill. 1972).* – **Les personnes visées à l'article L. 125-1 constituent, sous forme de groupement d'intérêt économique ou de société anonyme à capital variable ou de société coopérative de commerçants détaillants, une personne morale qui a la propriété et la jouissance ou seulement la jouissance des bâtiments et aires annexes du magasin collectif, définit et met en œuvre la politique commune, organise et gère les services communs.**

Le groupement d'intérêt économique ou la société, propriétaire de tout ou partie des sols, bâtiments et aires annexes du magasin collectif, ne peut rétrocéder tout ou partie de ces biens immobiliers à ses membres pendant l'existence dudit magasin.

Peuvent seuls être considérés comme magasins collectifs de commerçants indépendants, et sont seuls autorisés à prendre ce titre et à l'adjoindre à leur dénomination, les groupements d'intérêt économique, les sociétés anonymes à capital variable et les sociétés coopératives de commerçants détaillants qui se conforment, pour leur constitution et leur fonctionnement, aux prescriptions du présent chapitre.

Art. L. 125-3 *(Anc. L. n° 72-651, 11 juill. 1972).* – **Le groupement d'intérêt économique ou la société qui a recours au crédit-bail est considéré comme utilisateur au sens de l'article 5 *b* de l'ordonnance n° 67-837 du 28 septembre 1967.**

Art. L. 125-4 *(Anc. L. n° 72-651, 11 juill. 1972).* – **Chaque membre du groupement d'intérêt économique ou de la société est titulaire de parts ou d'actions non dissociables de l'utilisation d'un emplacement déterminé par le contrat constitutif ou les statuts, et bénéficie de services communs.**

Le contrat constitutif ou les statuts peuvent attribuer à tout titulaire un autre emplacement en fonction d'activités saisonnières.

L'assemblée des membres ou l'assemblée générale, selon le cas, est seule compétente pour modifier, avec l'accord des intéressés, les emplacements ainsi attribués.

Les dispositions du présent chapitre relatives aux parts sociales sont applicables aux actions visées au premier alinéa ci-dessus.

Art. L. 125-5 *(Anc. L. n° 72-651, 11 juill. 1972).* – **Lorsqu'un fonds de commerce ou une entreprise immatriculée au répertoire des métiers sont transférés ou créés dans le magasin collectif, il n'en est pas fait apport au groupement ou à la société en représentation des parts attribuées à leur propriétaire. Les parts du groupement ou de la société ne représentent pas la valeur du fonds ou de l'entreprise. Sont également prohibés tous apports autres qu'en espèces.**

> **Rédaction future.** Lorsqu'un fonds de commerce ou une entreprise *(Mots rempl. à compter du 1er janvier 2023, Ord. n° 2021-1189, 15 sept. 2021)* « du secteur des métiers et de l'artisanat immatriculée au registre national des entreprises ». sont transférés ou créés dans le magasin collectif, il n'en est pas fait apport au groupement ou à la société en représentation des parts attribuées à leur propriétaire. Les parts du groupement ou de la société ne représentent pas la valeur du fonds ou de l'entreprise. Sont également prohibés tous apports autres qu'en espèces.

Art. L. 125-6 *(Anc. L. n° 72-651, 11 juill. 1972).* – **En cas de location-gérance du fonds de commerce ou de l'entreprise immatriculée au répertoire des métiers, le bailleur est seul membre du groupement ou de la société.**

> **Rédaction future.** En cas de location-gérance du fonds de commerce ou de l'entreprise *(Mots rempl. à compter du 1er janvier 2023, Ord. n° 2021-1189, 15 sept. 2021)* « du secteur des métiers et de l'artisanat immatriculée au registre national des entreprises », le bailleur est seul membre du groupement ou de la société.

Le transfert dans le magasin collectif d'un fonds ou d'une entreprise préexistante ne peut être effectué qu'avec l'accord du locataire gérant.

Art. L. 125-7 *(Anc. L. n° 72-651, 11 juill. 1972 ; mod., L. n° 2015-990, 6 août 2015 ; L. n° 2016-1524, 14 nov. 2016)*. – Le propriétaire d'un fonds de commerce grevé du privilège ou d'un nantissement prévu par les chapitres Ier à III du titre IV du présent livre doit, préalablement à son adhésion à un magasin collectif et au transfert de ce fonds dans ledit magasin, accomplir les formalités de publicité prévues aux articles L. 141-21 et L. 141-22.

Si le créancier titulaire du privilège ou du nantissement n'a pas notifié d'opposition par voie d'inscription au greffe dans les dix jours de la dernière en date des publications prévues aux articles L. 141-12 et L. 141-13, il est réputé avoir donné son accord à l'adhésion du propriétaire du fonds.

En cas d'opposition, la mainlevée de celle-ci est ordonnée en justice, si le propriétaire du fonds justifie que les sûretés dont dispose le créancier ne sont pas diminuées par le fait de l'adhésion au magasin collectif ou que des garanties au moins équivalentes lui sont offertes. À défaut de mainlevée de l'opposition, le commerçant ne peut adhérer au magasin collectif tant qu'il demeure propriétaire du fonds.

Art. L. 125-8 *(Anc. L. n° 72-651, 11 juill. 1972)*. – Le contrat constitutif ou les statuts, selon le cas, doivent, à peine de nullité, et sous la responsabilité solidaire des signataires, contenir la mention expresse, soit qu'aucun fonds n'est grevé du privilège ou d'un nantissement prévu aux chapitres I à III du titre IV du présent livre, soit, dans le cas contraire, qu'il n'a pas été formé d'opposition préalablement à l'adhésion d'un des membres ou que mainlevée en a été ordonnée par justice.

Art. L. 125-9 *(Anc. L. n° 72-651, 11 juill. 1972)*. – Les magasins collectifs de commerçants indépendants déjà créés par l'intermédiaire d'une personne morale peuvent, par voie d'adaptation ou de transformation, se placer sous le régime prévu par le présent chapitre.

Tout membre peut, par voie de référé, demander la désignation d'un mandataire spécialement chargé de convoquer l'assemblée aux fins de statuer sur ces adaptations ou transformations.

Nonobstant toute disposition contraire, ces décisions sont prises à la majorité en nombre des membres composant la personne morale. Ceux qui n'y ont pas concouru peuvent, toutefois, se retirer en demandant le remboursement de leurs titres, actions ou parts, dans les conditions prévues aux articles L. 125-17 et L. 125-18.

Section II. – De l'administration du magasin collectif

Art. L. 125-10 *(Anc. L. n° 72-651, 11 juill. 1972)*. – Un règlement intérieur est annexé au contrat constitutif ou aux statuts, selon le cas.

Le contrat constitutif ou les statuts, ainsi que le règlement intérieur, ne peuvent être modifiés que par l'assemblée, ou l'assemblée générale, selon le cas, statuant à la majorité absolue en nombre des membres du groupement ou de la société, ou, si le contrat constitutif ou les statuts le prévoient, à une majorité plus importante. Il en est de même des décisions portant agrément ou exclusion.

Les autres décisions sont prises dans les conditions propres à chacune des formes prévues à l'article L. 125-2. Toutefois, nonobstant les dispositions du livre II, les statuts d'une société anonyme à capital variable constituée en application du présent chapitre peuvent stipuler que chacun des actionnaires dispose d'une voix en assemblée générale, quel que soit le nombre d'actions qu'il détient.

Art. L. 125-11 *(Anc. L. n° 72-651, 11 juill. 1972)*. – Le règlement intérieur détermine les règles propres à assurer une politique commerciale commune. Il fixe les conditions générales d'exploitation, et, notamment :

1° Les jours et heures d'ouverture ainsi que, le cas échéant, les périodes de fermeture saisonnières ou pour congés annuels ;

2° L'organisation et la gestion des services communs et la répartition des charges correspondant à ces services ;

3° Sous réserve de la législation en vigueur en la matière, l'aménagement des activités concurrentes, ainsi que la détermination des activités annexes qui peuvent être exercées par chaque membre en concurrence avec celles d'autres membres du magasin ;

4° Le choix des inscriptions publicitaires et décors propres à chaque emplacement et éventuellement leur harmonisation ;

5° Les actions collectives ou individuelles d'animation du magasin, notamment celles à caractère saisonnier.

Section III. – De l'agrément et de l'exclusion

Art. L. 125-12 *(Anc. L. n° 72-651, 11 juill. 1972).* – Le contrat constitutif ou les statuts, selon le cas, peuvent subordonner toute cession de parts à l'agrément du cessionnaire par l'assemblée du groupement ou par l'assemblée générale de la société, selon le cas. L'assemblée ou l'assemblée générale se prononce dans le délai d'un mois à compter de la date de la demande d'agrément.

Le contrat constitutif ou les statuts, selon le cas, peuvent également soumettre à cet agrément les ayants droit d'un titulaire de parts décédé qui ne participaient pas à son activité dans le magasin collectif.

Le refus d'agrément donne droit à indemnité dans les conditions prévues aux articles L. 125-17 et L. 125-18.

Art. L. 125-13 *(Anc. L. n° 72-651, 11 juill. 1972).* – La clause d'agrément n'est pas opposable en cas de vente forcée des parts, que celles-ci aient ou non fait l'objet d'un nantissement.

Art. L. 125-14 *(Anc. L. n° 72-651, 11 juill. 1972).* – Le contrat constitutif ou les statuts, selon le cas, peuvent subordonner la mise en location-gérance d'un fonds de commerce ou d'une entreprise artisanale du magasin collectif à l'agrément du locataire gérant par l'assemblée.

En cas de procédure de sauvegarde, de redressement ou de liquidation judiciaires du propriétaire, cette clause ne peut être invoquée si la conclusion d'un contrat de location-gérance est autorisée par le tribunal conformément aux dispositions du titre II du livre VI.

Art. L. 125-15 *(Anc. L. n° 72-651, 11 juill. 1972).* – L'organe d'administration du magasin collectif peut adresser un avertissement à tout membre qui, par son fait ou celui des personnes à qui il a confié l'exploitation de son fonds ou de son entreprise, commet une infraction au règlement intérieur.

En cas de location-gérance, cet avertissement est également notifié au locataire-gérant.

Si dans les trois mois qui suivent, cet avertissement est demeuré sans effet et si les intérêts légitimes du magasin collectif ou de certains de ses membres sont compromis, l'assemblée des membres, ou l'assemblée générale, selon le cas, a la faculté de prononcer, à la majorité prévue à l'article L. 125-10, l'exclusion de l'intéressé.

Jusqu'à ce que la décision d'exclusion soit devenue définitive, l'exclu a la faculté de présenter un ou plusieurs cessionnaires dans les conditions déterminées par le contrat constitutif ou les statuts.

Art. L. 125-16 *(Mod., Ord. n° 2019-964, 18 sept. 2019).* – Sous réserve de la procédure d'évaluation des parts prévue au second alinéa de l'article L. 125-17, tout membre d'un magasin collectif peut déférer au tribunal judiciaire, dans le délai d'un mois de sa notification par lettre recommandée avec demande d'avis de réception, toute décision prise en application des articles L. 125-12, L. 125-14 et du troisième alinéa de l'article L. 125-15.

Le tribunal peut annuler ou réformer la décision qui lui est déférée ou y substituer sa propre décision.

Nonobstant toute clause contraire, le recours en justice est suspensif de l'exécution de la décision déférée, sauf dans le cas d'une décision d'exclusion motivée par la non-utilisation des emplacements ou par le non-paiement des charges.

NB : Conformément à l'article 36 de l'ordonnance n° 2019-964 du 18 septembre 2019, ces dispositions entrent en vigueur au 1er janvier 2020.

Art. L. 125-17 *(Anc. L. n° 72-651, 11 juill. 1972 ; mod., Ord. n° 2019-738, 17 juill. 2019).* – En cas d'exclusion, de départ ou de décès accompagnés du refus d'agrément du cessionnaire ou des successeurs, le titulaire des parts, ou, en cas de décès, ses ayants droit, ont la faculté de transférer ou d'aliéner leur fonds de commerce ou leur entreprise immatriculée au répertoire des métiers. Le nouvel attributaire de l'emplacement ou, à défaut, le groupement ou la société, selon le cas, leur rembourse la valeur de leurs parts, augmentée, s'il y a *lieu, de la plus-value que leurs aménagements ont* pu conférer à l'emplacement dont ils étaient titulaires.

> **Rédaction future.** En cas d'exclusion, de départ ou de décès accompagnés du refus d'agrément du cessionnaire ou des successeurs, le titulaire des parts, ou, en cas de décès, ses ayants droit, ont la faculté de transférer ou d'aliéner leur fonds de commerce ou leur entreprise *(Mots rempl. à compter du 1er janvier 2023, Ord. n° 2021-1189, 15 sept. 2021)* « du secteur des métiers et de l'artisanat immatriculée au registre national des entreprises ». Le nouvel attributaire de l'emplacement ou, à défaut, le groupement ou la société, selon le cas, leur rembourse la valeur de leurs parts, augmentée, s'il y a lieu, de la plus-value que leurs aménagements ont pu conférer à l'emplacement dont ils étaient titulaires.

Cette valeur est fixée par l'assemblée ou l'assemblée générale, selon le cas, en même temps qu'est prise la décision d'exclusion ou celle refusant l'agrément du cessionnaire ou des successeurs. En cas de désaccord, elle est déterminée à la date de ces décisions par un expert désigné par jugement du président du tribunal judiciaire dans les conditions prévues à l'article 1843-4 du Code civil. Ce jugement n'est susceptible d'aucune voie de recours nonobstant toute clause contraire. Le rapport d'expertise est soumis à l'homologation du président du tribunal judiciaire statuant selon la procédure accélérée au fond.

Art. L. 125-18 *(Anc. L. n° 72-651, 11 juill. 1972 ; mod., L. n° 2003-7, 3 janv. 2003 ; L. n° 2014-856, 31 juill. 2014 ; Ord. n° 2019-738, 17 juill. 2019).* **– Dans les cas prévus au premier alinéa de l'article L. 125-17, le groupement ou la société ne peuvent procéder à l'installation d'un nouvel attributaire que si ont été versées à l'ancien titulaire des parts ou, en cas de décès, à ses ayants droit, les sommes prévues audit article L. 125-17, ou à défaut, une provision fixée par le président du tribunal judiciaire statuant en référé.**

Toutefois, ce versement préalable n'est pas exigé lorsqu'une caution a été donnée pour le montant de ces sommes ou de cette provision par un établissement de crédit ou un établissement financier spécialement habilité à cet effet, ou lorsque ce montant a été consigné entre les mains d'un mandataire désigné au besoin par ordonnance rendue en référé.

En outre, s'il s'agit d'une coopérative, le conseil d'administration, le directoire ou la gérance, selon le cas, peut invoquer les dispositions du second alinéa de l'article L. 124-11.

Section IV. – De la dissolution

Art. L. 125-19 *(Anc. L. n° 72-651, 11 juill. 1972).* **– Sauf clause contraire du contrat constitutif ou des statuts, [la sauvegarde, le redressement] ou la liquidation judiciaires de l'un des membres n'entraîne pas de plein droit la dissolution du groupement d'intérêt économique.**

CHAPITRE VI. – DES SOCIÉTÉS DE CAUTION MUTUELLE

Art. L. 126-1. – Les règles de création de sociétés de caution mutuelle entre commerçants, industriels, fabricants, artisans, sociétés commerciales, membres des professions libérales, propriétaires d'immeubles ou de droits immobiliers, ainsi qu'entre les opérateurs mentionnés à l'article L. 524-1, sont fixées par la loi du 13 mars 1917.

> **Rédaction future.** Les règles de création de sociétés de caution mutuelle entre commerçants, industriels, fabricants, artisans, sociétés commerciales, membres des professions libérales, propriétaires d'immeubles ou de droits immobiliers, ainsi qu'entre les opérateurs *(Mots rempl. à compter du 1er janvier 2022, Ord. n° 2021-1192, 15 sept. 2021)* « , détenteurs de stocks de pétrole brut ou de produits pétroliers », sont fixées par la loi du 13 mars 1917.

CHAPITRE VII. – DU CONTRAT D'APPUI AU PROJET D'ENTREPRISE POUR LA CRÉATION OU LA REPRISE D'UNE ACTIVITÉ ÉCONOMIQUE

(L. n° 2003-721, 1er août 2003)

Art. L. 127-1 *(L. n° 2003-721, 1er août 2003).* **– L'appui au projet d'entreprise pour la création ou la reprise d'une activité économique est défini par un contrat par lequel une personne morale s'oblige à fournir, par les moyens dont elle dispose, une aide particulière et continue à une personne physique, non salariée à temps complet, qui s'engage à suivre un programme de préparation à la création ou à la reprise et à la gestion d'une activité économique. Ce contrat peut aussi être conclu entre une personne morale et le dirigeant associé unique d'une personne morale.**

Voir : Arrêté du 18 février 2008 relatif à la cotisation accidents du travail et maladies professionnelles due pour les personnes bénéficiaires du contrat d'appui prévu aux articles L. 127-1 à L. 127-7 du Code de commerce (*JO* 27 févr.).

Art. L. 127-2 *(L. n° 2003-721, 1er août 2003).* **– Le contrat d'appui au projet d'entreprise est conclu pour une durée qui ne peut excéder douze mois, renouvelable deux fois. Les modalités du programme d'appui et de préparation et de l'engagement respectif des parties contractantes sont précisées par le contrat. Sont ainsi**

déterminées les conditions dans lesquelles la personne bénéficiaire peut prendre à l'égard des tiers des engagements en relation avec l'activité économique projetée.

Le contrat est, sous peine de nullité, conclu par écrit.

Art. L. 127-3 *(L. n° 2003-721, 1er août 2003).* – Le fait pour la personne morale responsable de l'appui de mettre à disposition du bénéficiaire les moyens nécessaires à sa préparation à la création ou la reprise et à la gestion de l'activité économique projetée n'emporte pas, par lui-même, présomption d'un lien de subordination.

La mise à disposition de ces moyens et la contrepartie éventuelle des frais engagés par la personne morale responsable de l'appui en exécution du contrat figurent à son bilan.

Art. L. 127-4 *(L. n° 2003-721, 1er août 2003).* – Lorsqu'en cours de contrat débute une activité économique, le bénéficiaire doit procéder à l'immatriculation de l'entreprise, si cette immatriculation est requise par la nature de cette activité.

Avant toute immatriculation, les engagements pris par le bénéficiaire à l'égard des tiers à l'occasion du programme d'appui et de préparation sont, au regard de ces tiers, assumés par l'accompagnateur. La personne morale responsable de l'appui et le bénéficiaire sont, après l'immatriculation, tenus solidairement des engagements pris par ce dernier conformément aux stipulations du contrat d'appui, jusqu'à la fin de celui-ci.

Art. L. 127-5 *(L. n° 2003-721, 1er août 2003).* – Le contrat d'appui au projet d'entreprise pour la création ou la reprise d'une activité économique ne peut avoir pour objet ou pour effet d'enfreindre les dispositions des articles L. 125-1, L. 125-3, L. 324-9 ou L. 324-10 du Code du travail.

L'acte de création ou de reprise d'entreprise doit être clairement distingué de la fonction d'accompagnement.

Art. L. 127-6 *(L. n° 2003-721, 1er août 2003).* – La situation professionnelle et sociale du bénéficiaire du contrat d'appui au projet d'entreprise est déterminée par les articles L. 783-1 et L. 783-2 du Code du travail.

La personne morale responsable de l'appui est responsable à l'égard des tiers des dommages causés par le bénéficiaire à l'occasion du programme d'appui et de préparation mentionné aux articles L. 127-1 et L. 127-2 avant l'immatriculation visée à l'article L. 127-4. Après l'immatriculation, la personne morale responsable de l'appui garantit la responsabilité à l'occasion du contrat d'appui, si le bénéficiaire a bien respecté les clauses du contrat jusqu'à la fin de ce dernier.

Art. L. 127-7 *(L. n° 2003-721, 1er août 2003).* – Les modalités de publicité des contrats d'appui au projet d'entreprise pour la création ou la reprise d'une activité économique et les autres mesures d'application du présent chapitre sont fixées par décret en Conseil d'État.

CHAPITRE VIII. – DU FICHIER NATIONAL DES INTERDITS DE GÉRER

(Chap. VIII, abr., L. n° 2008-776, 4 août 2008, rétabli dans la version suivante, L. n° 2012-387, 22 mars 2012)

Art. L. 128-1 *(Mod., Ord. n° 2018-1125, 12 déc. 2018).* – Afin de lutter contre les fraudes, de prévenir la commission des infractions prévues aux articles 434-40-1 du Code pénal et L. 654-15 du présent code et de favoriser l'exécution des mesures d'interdiction de gérer prononcées par les juridictions judiciaires, le Conseil national des greffiers des tribunaux de commerce est autorisé à mettre en œuvre un fichier national automatisé des interdits de gérer.

La tenue de ce fichier est une mission de service public assurée par le Conseil national des greffiers des tribunaux de commerce à ses frais et sous sa responsabilité.

Sont inscrites dans ce fichier les faillites personnelles et les autres mesures d'interdiction de diriger, de gérer, d'administrer ou de contrôler, directement ou indirectement, une entreprise commerciale, industrielle ou *artisanale, une exploitation agricole, une entreprise* ayant toute autre activité indépendante ou une personne morale prononcées à titre de sanction civile ou commerciale ou à titre de peine et résultant des décisions juridictionnelles passées en force de chose jugée. Ne sont pas inscrites les sanctions disciplinaires.

Le fichier mentionne le jugement ou l'arrêt ayant prononcé la mesure.

Ce fichier est régi par le présent chapitre et par la loi n° 78-17 du 6 janvier 1978 relative à l'informatique, aux fichiers et aux libertés.

Art. L. 128-2 *(Ord. n° 2005-428, 6 mai 2005 ; abr., L. n° 2008-776, 4 août 2008 ; rétabli dans la version suivante, L. n° 2012-387, 22 mars 2012 ; mod., L. n° 2014-626, 18 juin 2014 ; mod. à compter de la date prévue à l'article 29 de l'ordonnance n° 2018-1125 du 12 décembre 2018, et au plus tard le 1er juin 2019, Ord. n° 2018-1125, 12 déc. 2018).* – Les greffiers des tribunaux de commerce et les greffiers des tribunaux civils statuant en matière commerciale bénéficient d'un accès permanent au fichier mentionné à l'article L. 128-1.

Peuvent être destinataires, au sens [du] 9) de l'article 4 du règlement (UE) 2016/679 du Parlement européen et du Conseil du 27 avril 2016 relatif à la protection des personnes physiques à l'égard du traitement des données à caractère personnel et à la libre circulation de ces données, sur simple demande et sans frais, des informations et des données à caractère personnel enregistrées dans le fichier prévu au même article L. 128-1 :

1° Les magistrats et les personnels des juridictions de l'ordre judiciaire, pour les besoins de l'exercice de leurs missions ;

2° Les personnels des services du ministère de la justice, pour les besoins de l'exercice de leurs missions ;

3° Les représentants de l'administration et d'organismes définis par décret en Conseil d'État, dans le cadre de leur mission de lutte contre les fraudes.

4° Les personnels des chambres de métiers et de l'artisanat départementales et de région et les personnels des chambres de métiers d'Alsace et de Moselle, dans le cadre de leurs missions respectives de tenue du répertoire des métiers et du registre des entreprises, désignés selon des modalités définies par décret en Conseil d'État.

Rédaction future. 4° Les personnels des chambres de métiers et de l'artisanat départementales et de région et les personnels des chambres de métiers d'Alsace et de Moselle, dans le cadre de leurs missions *(Mots rempl. à compter du 1er janvier 2023, Ord. n° 2021-1189, 15 sept. 2021)* « de validation et de contrôle relatives au registre national des entreprises », désignés selon des modalités définies par décret en Conseil d'État.

Les personnes mentionnées au 2° informent le secrétaire général du comité interministériel de restructuration industrielle, à sa demande, si une personne pressentie pour exercer des fonctions de direction, gestion, administration ou contrôle dans un dossier dont ce comité a été saisi est inscrite dans ce fichier.

Art. L. 128-3. – Les consultations du fichier mentionné à l'article L. 128-1 font l'objet d'un enregistrement comprenant l'identifiant du consultant, la date et l'heure de la consultation.

Art. L. 128-4 *(Ord. n° 2005-428, 6 mai 2005 ; abr., L. n° 2008-776, 4 août 2008 ; rétabli dans la version suivante, L. n° 2012-387, 22 mars 2012 ; mod. à compter de la date prévue à l'article 29 de l'ordonnance n° 2018-1125 du 12 décembre 2018, et au plus tard le 1er juin 2019, Ord. n° 2018-1125, 12 déc. 2018).* – Aucune interconnexion au sens du 3° du I de l'article 33 de la loi n° 78-17 du 6 janvier 1978 précitée ne peut être effectuée entre le fichier national automatisé des interdits de gérer et tout autre fichier ou traitement de données à caractère personnel détenu par une personne quelconque ou par un service de l'État ne dépendant pas du ministère de la justice.

Art. L. 128-5. – Les modalités d'application du présent chapitre sont déterminées par décret en Conseil d'État pris après avis de la Commission nationale de l'informatique et des libertés.

Art. L. 128-6 *(Abr., L. n° 2008-776, 4 août 2008).*

CHAPITRE IX. – DU TUTORAT RÉMUNÉRÉ EN ENTREPRISE

(L. n° 2005-882, 2 août 2005 ; intitulé mod., L. n° 2008-776, 4 août 2008)

Art. L. 129-1 *(L. n° 2005-882, 2 août 2005 ; mod., L. n° 2008-776, 4 août 2008).* – Le cédant d'une entreprise commerciale, artisanale, libérale ou de services peut, après cette cession, conclure avec le cessionnaire de cette entreprise une convention aux termes de laquelle il s'engage, contre rémunération *(Mots aj., L. n° 2019-486, 22 mai 2019)* « ou à titre bénévole », à réaliser une prestation temporaire de tutorat. Cette prestation vise à assurer la transmission au cessionnaire de l'expérience professionnelle acquise par le cédant en tant que chef de l'entreprise cédée. Le tuteur reste affilié aux régimes de sécurité sociale dont il relevait antérieurement à la cession.

(Mots aj., L. n° 2019-486, 22 mai 2019) « Si une rémunération est versée, » [L]es conditions d'application des dispositions du présent article sont fixées par décret en Conseil d'État.

Voir aussi : D. n° 2007-480, 29 mars 2007, relatif à la protection contre les accidents du travail et les maladies professionnelles et au cumul d'une rémunération et d'une pension de vieillesse pour les personnes effectuant une prestation de tutorat en application de l'article L. 129-1 du Code de commerce (*JO* 30 mars 2007).

Décret n° 2007-478 du 29 mars 2007

pris pour l'application de l'article L. 129-1 du Code de commerce et relatif au tutorat en entreprise

Art. 1er. – Toute personne affiliée au régime de protection sociale visé au titre III du livre VI du Code de la sécurité sociale, dès lors qu'elle a cédé à titre onéreux ou gratuit son entreprise individuelle, ou la majorité des parts de la société qu'elle possédait en son nom propre ou, en toute propriété ou en usufruit, avec son conjoint et ses enfants mineurs non émancipés, peut être le tuteur du cessionnaire d'une entreprise commerciale, artisanale ou de services, au sens de l'article L. 129-1 du Code de commerce.

Art. 2. – Les actions de tutorat, accomplies en application de la convention de tutorat prévue à l'article L. 129-1 du Code de commerce, constituent une prestation de services.

Art. 3. – La convention de tutorat détermine :

1° Le contenu des actions à engager par le tuteur envers son cessionnaire, celles-ci pouvant notamment porter sur la gestion financière et comptable, les méthodes de vente et de promotion, la gestion de la clientèle et des fournisseurs, ainsi que la connaissance des éléments spécifiques de toute nature liés à l'entreprise cédée, en fonction des besoins du cessionnaire ;

2° Les modalités pratiques de réalisation de ces actions et, si nécessaire, les moyens matériels, techniques ou de toute autre nature mis à la disposition du tuteur par le cessionnaire ;

3° La durée de la convention, les modalités de sa prolongation et, le cas échéant, de sa résiliation anticipée ;

4° Le cas échéant, le montant et les modalités de versement, par le cessionnaire, de la rétribution du tuteur et de remboursement des frais éventuels supportés par ce dernier dans le cadre de sa prestation.

Art. 4. – La convention de tutorat est conclue au plus tard dans les soixante jours suivant la date de cession de l'entreprise. À titre dérogatoire, ce délai court à compter de la date d'entrée en vigueur du présent décret pour les cessions d'entreprises intervenues à compter du 1er janvier 2006.

La convention est conclue pour une durée minimale de deux mois. Cette durée ne peut excéder un an, y compris les éventuelles prolongations.

Art. 5. – Lorsque le tuteur perçoit une rétribution, il adresse une copie de la convention de tutorat à la caisse du régime social des indépendants dont il dépend, ainsi que des avenants prolongeant éventuellement la durée de la convention.

TITRE III. – DES COURTIERS, DES COMMISSIONNAIRES, DES TRANSPORTEURS ET DES AGENTS COMMERCIAUX

CHAPITRE I. – DES COURTIERS

Section I. – Des courtiers en général

(Division créée à compter du 1er sept. 2011, L. n° 2011-850, 20 juill. 2011)

Bibliographie : S. Thomasset-Pierre, *La réforme de la profession de courtiers de marchandises assermentés, Handicap ou opportunité ? : JCP E 2013, 1018.*

Art. L. 131-1 *(Anc. C. com., art. 77).* **– Il y a des courtiers de marchandises, des courtiers interprètes et conducteurs de navires, des courtiers de transport par terre et par eau.**

Bibliographie : Devesa, *L'opération de courtage,* Litec 1993.

1) Rôle du courtier. *Une société regroupant des grossistes,* agissant en qualité d'organisme référenceur, faisant connaître les fournisseurs à ses adhérents et négociant les meilleures conditions de transactions à intervenir entre eux, joue le rôle d'un intermédiaire qui en *qualité de courtier* n'était pas garante de l'exécution des commandes passées par le groupement et n'avait pas l'obligation d'informer le fournisseur sur la solvabilité des adhérents (▪ Cass. com., 28 mai 1991 [2 arrêts] : *Bull. civ.* IV, n°s 183 et 196 ; *D.* 1992, somm. 390, obs. Ferrier. – V. également pour l'analyse en un *contrat de référencement* le contrat passé entre un fournisseur et un *groupement d'achat* chargé de négocier aux meilleures conditions des offres de fournisseurs au profit de ses adhérents qui conservent la maîtrise de leurs achats ▪ Cass. com., 23 oct. 1990, n° 88-13.468 : *Bull. civ.* IV, n° 257 ; *JCP* E 1991, II, 212, note Heidsieck ; *RTD com.* 1991, 434, obs. Bouloc, rejetant le pourvoi contre ▪ Versailles, 16 déc. 1987 : *JurisData* n° 1987-048107 ; *D.* 1988, inf. rap. 50). Pour une qualification du contrat de référencement en contrat de courtage, V. ▪ Cass. com., 17 mars 2004, n° 01-10.103 : *JurisData* n° 2004-022973 ; *Bull. civ.* IV, n° 53.

2) Qualité du courtier. Le courtier n'a pas de pouvoir de représentation, même si occasionnellement il peut agir en qualité de mandataire. Le courtier est un commerçant, même si l'opération pour laquelle il intervient est civile (▪ Cass. com., 11 oct. 1982, n° 80-14.900 : *JurisData* n° 1982-702282 ; *D.* 1982, inf. rap. p. 536 ; *RTD com.* 1983, 57, obs. Derruppé. ▪ Cass. com., 3 avr. 1984 : *Bull. civ.* IV, n° 122).

3) Mode d'agissement. À la différence d'un agent commercial, le courtier n'agit pas pour le compte d'une personne (▪ Cass. com., 6 mars 2001, n° 98-17.015 : *JurisData* n° 2001-009355 ; *Bull. civ.* IV, n° 48), et à la différence d'un salarié, il agit en toute indépendance n'engageant que lui-même (▪ Cass. com., 22 mai 1991, n° 88-15.796 : *JurisData* n° 1991-001403 ; *Bull. civ.* IV, n° 173 ; *RTD civ.* 1992, 86, note Mestre).

4) Obligation d'information. Le courtier est tenu de donner des informations exactes sur les parties contractantes et sur l'opération. Il est ainsi tenu de vérifier la capacité des parties (▪ Cass. 1re civ., 14 oct. 1953 : *Bull. civ.* I, n° 275) qu'il rapproche, leur identité, leur solvabilité (pour une solvabilité douteuse ▪ Paris, 22 sept. 1970 : *JCP* 1970, II, 16527, note P. L.). Cette obligation d'information, voire de conseil des risques encourus (▪ Cass. 1re civ., 10 nov. 1964, n° 64-90.071 : *JCP* 1965, II, 13081, obs. P. P.) ne va pas jusqu'à garantir la qualité des marchandises objet de la transaction, ni la bonne exécution du contrat (▪ Paris, 29 oct. 1992 : *JurisData* n° 1992-023213 ; *JCP* 1993, IV, 494), sauf clause de ducroire.

Art. L. 131-2 *(Abr., L. n° 2001-43, 16 janv. 2001 ; rétabli dans la version suivante à compter du 1er sept. 2011, L. n° 2011-850, 20 juill. 2011).* **– Le courtage de marchandises peut être effectué par tout commerçant.**

Loi n° 2001-43 du 16 janvier 2001

portant diverses dispositions d'adaptation au droit communautaire dans le domaine des transports

Art. 1er *(Abr., Ord. n° 2010-1307, 28 oct. 2010).*

Rédaction antérieure. Art. 1er. – I. – [...]

II. – Le courtage d'affrètement, la constatation du cours du fret ou du nolis, les formalités liées à la conduite en douane, la traduction des déclarations, des chartes-parties, des connaissements, des contrats et de tous actes de commerce, lorsqu'ils concernent les navires, sont effectués librement par l'armateur ou son représentant qui peut être le capitaine.

....

Art. 6 *(Mod., L. n° 2002-1576, 30 déc. 2002).* **–** Pendant un délai d'un an après la publication du décret prévu à l'article 3 les courtiers interprètes et conducteurs de navires conserveront le privilège institué par l'article L. 131-2 du Code de commerce dans sa rédaction antérieure à son abrogation par la présente loi, en étant cependant libérés des contraintes prévues par l'article L. 131-7 du même code avant son abrogation par la présente loi.

Art. L. 131-3 *(Anc. C. com., art. 82, mod., L. n° 2003-7, 3 janv. 2003).* **– Les courtiers de transport par terre et par eau constitués selon la loi ont seuls, dans les lieux où ils sont établis, le droit de faire le courtage des transports par terre et par eau. Ils ne peuvent cumuler leurs fonctions avec celles de courtiers de marchandises ou de courtiers conducteurs de navires, désignés à l'article L. 131-1.**

Art. L. 131-4 *(Abr., L. n° 2001-43, 16 janv. 2001).*

Art. L. 131-5 *(Anc. C. com., art. 76).* – **Les prestataires de services d'investissement peuvent faire, concurremment avec les courtiers de marchandises, les négociations et le courtage des ventes ou achats des matières métalliques. Ils ont seuls le droit d'en constater le cours.**

Art. L. 131-6 et L. 131-7 *(Abr., L. n° 2001-43, 16 janv. 2001).*

Bibliographie : De Vauplane, *L'absence d'unité du régime des opérations de contrepartie en bourse est-elle justifiée au regard de leur nature juridique ? : RD bancaire et bourse* 1992, 105.

Décret n° 85-1312 du 12 décembre 1985

relatif à la constitution et aux statuts des sociétés de contrepartie

Art. 1er *(Mod., L. n° 96-597, 2 juill. 1996).* – Les sociétés dites de contrepartie, prévues à l'article 85 du Code de commerce dont l'objet principal est de vendre ou d'acheter des titres en contrepartie, sont des sociétés anonymes dont la moitié au moins des droits de vote doit être détenue par des prestataires de services d'investissement, des établissements de crédit agréés en tant que banque, banque mutualiste ou coopérative, des établissements visés à l'article 99 de la loi du [n° 84-46] 24 janvier 1984 habilités à tenir des comptes de titres au nom de leurs clients et affiliés à la société interprofessionnelle de compensation des valeurs mobilières, ou par la Caisse des dépôts et consignations.

Leurs statuts doivent prévoir leur affiliation à la société interprofessionnelle de compensation des valeurs mobilières.

Art. 2. – Le capital libéré d'une société de contrepartie ne peut être inférieur à 1 143 367,6 € (7,5 millions de francs).

Art. 3. – La constitution d'une société de contrepartie doit être déclarée au conseil des bourses de valeurs. Cette déclaration indique le montant du capital, la liste des actionnaires visés à l'article 1er et le nombre de droits de vote dont chacun d'eux est propriétaire.

Toute modification à apporter à cette déclaration initiale est communiquée dans un délai de trois jours au conseil des bourses de valeurs.

Art. 4. – Les statuts des sociétés de contrepartie prévoient qu'elles ne doivent pas dépasser un rapport maximum entre le montant de leurs positions de contrepartie en valeurs mobilières et le montant de leurs fonds propres nets, égal à 15 si les valeurs mobilières sont des fonds d'État, des titres participatifs ou des obligations, et à 10 dans les autres cas.

Art. 5. – Les sociétés de contrepartie communiquent au conseil des bourses de valeurs le premier jour de bourse de chaque mois leurs positions et le montant de leurs fonds propres nets.

Art. 6. – Les sociétés de contrepartie établissent semestriellement une situation de leurs comptes certifiée par le commissaire aux comptes. Cette situation est communiquée au conseil des bourses de valeurs et de la Commission des opérations de bourse dans un délai de un mois, accompagnée le cas échéant des observations du commissaire aux comptes.

Art. L. 131-8 à L. 131-10 *(Abr., L. n° 2001-43, 16 janv. 2001).*

Art. L. 131-11 *(Mod., L. n° 2012-387, 22 mars 2012).* – **Le fait pour un courtier d'être chargé d'une opération de courtage pour une affaire où il avait un intérêt personnel, sans en prévenir les parties auxquelles il aura servi d'intermédiaire, est puni d'une amende de 3 750 euros sans préjudice de l'action des parties en** ***dommages-intérêts. S'il est inscrit sur la liste des courtiers mentionnée à l'article*** **L. 131-12, il en est rayé sans pouvoir s'y inscrire de nouveau pendant une durée qui ne peut excéder cinq ans.**

Voir aussi : D. n° 64-399, 29 avr. 1964, portant codification et modification des dispositions concernant les courtiers de marchandises assermentés (*JO* 7 mai 1964) ; L. n° 49-1652, 31 déc. 1949, réglementant la profession de courtiers en vins dits « courtiers de campagne » (*JO* 4 janv. 1950) ; D. n° 2009-287, 13 mars 2009, modifiant le décret n° 51-372 du 27 mars 1951 portant application de la loi n° 49-1652 du 31 décembre 1949 réglementant la profession de courtiers en vins dits « courtiers de campagne ».

Section II. – Des courtiers de marchandises assermentés

(Sect. créée à compter du 1er sept. 2011, L. n° 2011-850, 20 juill. 2011)

Bibliographie : S. Thomasset-Pierre, *La réforme de la profession de courtiers de marchandises assermentés. Handicap ou opportunité ?* : *JCP* E 2012, 1018.

Sous-section 1. – Conditions d'assermentation

Art. L. 131-12 *(L. n° 2011-850, 20 juill. 2011).* **– La liste des courtiers de marchandises assermentés est établie par chaque cour d'appel sur réquisition du procureur général. Elle fait apparaître, pour chacun d'eux, la date de son inscription ainsi que sa ou ses spécialisations professionnelles telles qu'elles ont été sanctionnées par l'examen d'aptitude prévu au 5° de l'article L. 131-13.**

La cour d'appel peut procéder à de nouvelles inscriptions ou à des modifications de la liste chaque fois qu'elle en est requise.

Art. L. 131-13 *(L. n° 2011-850, 20 juill. 2011).* **– Nul ne peut être inscrit sur la liste des courtiers de marchandises assermentés d'une cour d'appel s'il ne remplit les conditions suivantes :**

1° Être français ou ressortissant d'un État membre de l'Union européenne ou d'un autre État partie à l'accord sur l'Espace économique européen ;

2° N'avoir pas été frappé de faillite personnelle ou d'une autre sanction en application du titre V du livre VI ou des dispositions antérieurement applicables et n'avoir pas été l'auteur de faits contraires à l'honneur ou à la probité ayant donné lieu à condamnation pénale ou de faits ayant donné lieu à une sanction disciplinaire ou administrative de destitution, radiation, révocation, de retrait d'agrément ou d'autorisation dans la profession exercée antérieurement ;

3° Être inscrit au registre du commerce et des sociétés à titre personnel ;

4° Être habilité à diriger des ventes volontaires de meubles aux enchères publiques et avoir exercé son activité pendant deux ans au moins dans la spécialité professionnelle pour laquelle l'inscription est demandée ;

5° Avoir subi avec succès depuis moins de trois ans l'examen d'aptitude dans une ou plusieurs spécialités professionnelles pour lesquelles l'inscription est demandée ;

6° Avoir sa résidence dans le ressort de la cour d'appel.

NB : Loi n° 2011-850 du 20 juillet 2011, article 42 IV : Le 4° entre en vigueur le 1er août 2015. Durant cette période, le candidat à l'inscription sur la liste des courtiers de marchandises assermentés d'une cour d'appel doit justifier avoir, depuis moins de deux ans avant sa demande, soit accompli un stage de quatre ans auprès d'un courtier assermenté, dont deux ans au moins dans la spécialité professionnelle dans laquelle l'inscription est demandée, soit exercé pendant trois ans la profession de courtier de marchandises, dont deux ans au moins dans cette même spécialité, à titre personnel ou en qualité de président du conseil d'administration ou de membre du directoire d'une société anonyme, de gérant d'une société commerciale, d'associé d'une société en nom collectif, de directeur ou de fondé de pouvoir d'une entreprise pratiquant le courtage.

Art. L. 131-14 *(L. n° 2011-850, 20 juill. 2011).* **– En vue de l'inscription d'une personne morale sur la liste des courtiers de marchandises assermentés d'une cour d'appel, il doit être justifié :**

1° Que ses dirigeants n'ont pas fait l'objet d'une condamnation pénale définitive pour des faits contraires à l'honneur, à la probité ou aux bonnes mœurs ou de faits de même nature ayant donné lieu à une sanction disciplinaire ou administrative de destitution, radiation, révocation, de retrait d'agrément ou d'autorisation dans la profession qu'ils exerçaient antérieurement ;

2° Que la personne morale exerce une activité de courtage de marchandises depuis au moins deux ans dans la spécialité professionnelle pour laquelle l'inscription est demandée ;

3° Que les activités auxquelles se livre la personne morale ne sont pas incompatibles avec les fonctions de courtier de marchandises assermenté ;

4° Qu'elle compte parmi ses dirigeants, associés ou salariés au moins une personne remplissant les conditions prévues aux 1°, 2°, 4° et 5° de l'article L. 131-13 ;

5° Qu'elle a son siège social, une succursale ou un établissement en rapport avec sa spécialité dans le ressort de la cour d'appel.

Art. L. 131-15 *(L. n° 2011-850, 20 juill. 2011).* – Le courtier de marchandises assermenté doit justifier :

1° De l'existence dans un établissement de crédit d'un compte destiné exclusivement à recevoir les fonds détenus pour le compte d'autrui ;

2° D'une assurance couvrant sa responsabilité professionnelle ;

3° D'une assurance ou d'un cautionnement garantissant la représentation des fonds mentionnés au 1°.

Art. L. 131-16 *(L. n° 2011-850, 20 juill. 2011).* – Tout changement survenant dans la situation des courtiers ayant sollicité ou obtenu leur inscription sur une liste, en ce qui concerne les conditions prévues à l'article L. 131-15, doit être porté sans délai à la connaissance du procureur général.

Art. L. 131-17 *(L. n° 2011-850, 20 juill. 2011).* – Nul ne peut être inscrit en qualité de courtier de marchandises assermenté sur plusieurs listes de cours d'appel.

Art. L. 131-18 *(L. n° 2011-850, 20 juill. 2011).* – Les personnes inscrites sur les listes de courtiers assermentés mentionnées à l'article L. 131-12 peuvent faire état, dans les activités réservées à ces courtiers, de leur qualité sous la dénomination « courtier de marchandises assermenté près la cour d'appel de » suivie de la ou des spécialités professionnelles sous lesquelles elles sont inscrites.

Les courtiers de marchandises assermentés admis à l'honorariat peuvent continuer à utiliser leur titre à la condition de le faire suivre par le mot « honoraire ».

Art. L. 131-19 *(L. n° 2011-850, 20 juill. 2011).* – Toute personne, autre que celles mentionnées à l'article L. 131-18, qui a fait usage de l'une des dénominations mentionnées à ce même article est punie des peines prévues à l'article 433-17 du Code pénal.

Est puni des mêmes peines celui qui a fait usage d'une dénomination tendant à créer une confusion dans l'esprit du public avec les dénominations mentionnées à l'article L. 131-18 du présent code.

Art. L. 131-20 *(L. n° 2011-850, 20 juill. 2011).* – En dehors de sa fonction de courtier de marchandises assermenté, celui-ci peut exercer soit à titre personnel, soit dans le cadre d'une société sa profession habituelle, notamment la commission, le courtage, l'agence commerciale et la consignation de marchandises. Dans l'exercice de ces activités, il doit clairement faire apparaître qu'il n'agit pas en qualité de courtier assermenté.

Art. L. 131-21 *(L. n° 2011-850, 20 juill. 2011).* – Lors de son inscription sur la liste dressée par la cour d'appel, le courtier de marchandises prête serment devant cette cour de remplir avec honneur et probité les devoirs de sa fonction.

Art. L. 131-22 *(L. n° 2011-850, 20 juill. 2011).* – Un courtier assermenté peut être radié de la liste dressée par la cour d'appel soit après une démission volontaire, soit par mesure disciplinaire.

Son inscription devient caduque s'il cesse d'exercer à titre personnel le courtage des marchandises faisant l'objet de la spécialité professionnelle pour laquelle il est inscrit ou si, spécialisé dans une branche d'activité pour laquelle l'exigence du renouvellement de l'examen technologique a été reconnue nécessaire, il n'a pas subi avec succès ce nouvel examen à l'expiration de la période fixée.

Il peut, pour des raisons importantes appréciées par la cour d'appel après avis du procureur général, demander sa mise en congé temporaire. Il en est fait mention sur la liste si cette mise en congé s'applique à une période égale ou supérieure à six mois.

Sous-section 2. – Fonctions des courtiers de marchandises assermentés

Art. L. 131-23 *(L. n° 2011-850, 20 juill. 2011).* – Si, dans le ressort de la cour d'appel, il n'existe pas de courtier assermenté spécialisé dans une catégorie de marchandises donnée ou si ce courtier se récuse, le tribunal peut désigner un courtier de la spécialité considérée assermenté auprès d'une autre cour d'appel ou un courtier de marchandises assermenté exerçant dans son ressort une autre spécialité professionnelle.

Hors les cas de désignation par le tribunal, le courtier de marchandises assermenté est compétent sur l'ensemble du territoire national dans la branche d'activité correspondant à sa spécialité professionnelle telle qu'elle figure sur les listes prévues à l'article L. 131-12.

Art. L. 131-24 *(L. n° 2011-850, 20 juill. 2011).* – Le cours des marchandises cotées à la bourse de commerce est constaté par les courtiers de marchandises assermentés de la spécialité professionnelle correspondante exerçant sur cette place.

Dans le cas où ces courtiers ne représenteraient pas suffisamment toutes les spécialités professionnelles et opérations commerciales qui se pratiquent sur cette place, la chambre de commerce et d'industrie, après avis du Conseil national des courtiers de marchandises assermentés, peut décider, chaque année, qu'un certain nombre de courtiers non assermentés et de négociants de la place concourront avec les courtiers de marchandises assermentés, et sous la responsabilité de ceux-ci, à la constatation du cours des marchandises.

Les courtiers de marchandises assermentés sont également compétents pour effectuer la constatation des cours des denrées et produits issus de l'agriculture et de la pêche faisant l'objet de ventes aux enchères en gros dans les lieux affectés à leur expédition ou à leur vente en gros.

Art. L. 131-25 *(L. n° 2011-850, 20 juill. 2011).* – Les courtiers de marchandises assermentés délivrent des certificats de cours des marchandises lorsque ceux-ci ont été constatés dans les conditions prévues à l'article L. 131-24.

Dans le cas contraire, ils établissent des attestations de prix indiquant, sous leur responsabilité, le prix pratiqué pour une marchandise à la date et aux lieux déterminés.

Art. L. 131-26 *(L. n° 2011-850, 20 juill. 2011).* – Les courtiers de marchandises assermentés procèdent aux reventes et rachats de marchandises en cas d'inexécution d'un contrat ou marché.

Art. L. 131-27 *(L. n° 2011-850, 20 juill. 2011).* – L'estimation, à défaut d'expert désigné par accord entre les parties, et la vente aux enchères publiques de marchandises déposées dans un magasin général en application de l'article L. 522-31 doivent être effectuées par les soins des courtiers de marchandises assermentés.

Les courtiers de marchandises assermentés peuvent être appelés à procéder à des expertises judiciaires ou amiables de marchandises en gros.

Art. L. 131-28 *(L. n° 2011-850, 20 juill. 2011).* – Les courtiers de marchandises assermentés sont compétents, sauf désignation par le tribunal d'un commissaire-priseur judiciaire ou d'un autre officier public, pour procéder aux ventes publiques suivantes :

1° Ventes de marchandises en gros autorisées ou ordonnées par le tribunal de commerce dans les conditions prévues aux articles L. 322-14 et suivants ;

2° Ventes des marchandises du débiteur en cas de liquidation judiciaire dans les conditions prévues aux articles L. 642-19 et suivants ;

3° Ventes sur réalisation de gage dans les conditions prévues à l'article L. 521-3.

Rédaction future. Ventes sur réalisation de gage dans les conditions prévues *(Mots rempl. à compter du 1er janvier 2022, Ord. n° 2021-1192, 15 sept. 2021)* « au deuxième alinéa de l'article 2346 du Code civil ».

Art. L. 131-29 *(L. n° 2011-850, 20 juill. 2011).* – Les courtiers de marchandises assermentés peuvent être désignés pour procéder aux ventes publiques suivantes :

1° Ventes aux enchères de marchandises en gros ayant fait l'objet d'une saisie administrative ou judiciaire ;

2° Ventes aux enchères de marchandises au détail ordonnées par décision de justice, à défaut de commissaire-priseur judiciaire ;

3° Ventes de marchandises en application de l'article L. 342-11 du Code rural et de la pêche maritime ;

4° Ventes aux enchères dans les lieux affectés à l'expédition ou à la vente en gros des denrées et produits provenant de l'agriculture et de la pêche.

Art. L. 131-30 *(L. n° 2011-850, 20 juill. 2011).* – À peine de radiation définitive de la liste de la cour d'appel, le courtier de marchandises assermenté chargé de procéder à une vente publique ou qui a été requis pour l'estimation de marchandises déposées dans un magasin général ne peut se rendre acquéreur pour son compte des marchandises dont la vente ou l'estimation lui a été confiée.

Art. L. 131-31 *(L. n° 2011-850, 20 juill. 2011).* – Les droits de courtage pour les ventes publiques ainsi que le montant des vacations dues au courtier de marchandises assermenté pour l'estimation des marchandises déposées dans un magasin général sont fixés dans les conditions prévues par arrêté du ministre chargé du commerce.

Toutefois, en cas de ventes aux enchères publiques judiciaires ou forcées, la rémunération des courtiers de marchandises assermentés est fixée par application du tarif des commissaires-priseurs judiciaires.

Sous-section 3. – La discipline des courtiers de marchandises assermentés

Art. L. 131-32 *(L. n° 2011-850, 20 juill. 2011 ; mod., Ord. n° 2019-964, 18 sept. 2019).* – Tout manquement aux lois et règlements relatifs à sa profession ou à ses fonctions de courtier assermenté et tout manquement à la probité ou à l'honneur, même se rapportant à des faits étrangers aux missions qui lui ont été confiées, expose le courtier de marchandises assermenté qui en serait l'auteur à des poursuites disciplinaires.

La caducité de l'inscription ou la radiation du courtier de marchandises assermenté ne fait pas obstacle aux poursuites si les faits qui lui sont reprochés ont été commis pendant l'exercice de ses fonctions.

Les peines disciplinaires sont :

1° L'avertissement ;

2° La radiation temporaire pour une durée maximale de trois ans ;

3° La radiation avec privation définitive du droit d'être inscrit sur une des listes prévues à l'article L. 131-12 ou le retrait de l'honorariat.

Les poursuites sont exercées par le procureur de la République devant le tribunal judiciaire dans le ressort duquel le courtier assermenté exerce son activité. L'action disciplinaire se prescrit par dix ans. Les décisions en matière disciplinaire sont motivées. Elles sont susceptibles d'un recours devant la cour d'appel.

NB : Conformément à l'article 36 de l'ordonnance n° 2019-964 du 18 septembre 2019, ces dispositions entrent en vigueur au 1er janvier 2020.

Sous-section 4. – Le Conseil National des courtiers de marchandises assermentés

Art. L. 131-33 *(L. n° 2011-850, 20 juill. 2011).* – Les courtiers de marchandises assermentés sont représentés par un Conseil national des courtiers de marchandises assermentés.

Art. L. 131-34 *(L. n° 2011-850, 20 juill. 2011).* – Le conseil national, établissement d'utilité publique doté de la personnalité morale, est chargé :

1° D'examiner, sur le plan national, les questions relatives à l'exercice de la fonction de courtier de marchandises assermenté et de donner, le cas échéant, aux pouvoirs publics son avis sur ces questions ;

2° De donner son avis aux cours d'appel sur les candidatures aux fonctions de courtier de marchandises assermenté ;

3° De tenir à jour, sur le plan national, la liste des courtiers inscrits auprès des cours d'appel en les regroupant éventuellement par spécialités ;

4° D'organiser les examens d'aptitude ;

5° De prévenir et concilier tous différends entre courtiers de marchandises assermentés ainsi que de recevoir les réclamations faites contre les courtiers et de les communiquer, le cas échéant, au procureur de la République territorialement compétent.

Sous-section 5. – Conditions d'application

Art. L. 131-35 *(L. n° 2011-850, 20 juill. 2011).* – Un décret en Conseil d'État fixe les conditions d'application de la présente section, notamment les modalités d'inscription sur les listes de courtiers de marchandises assermentés, ainsi que celles relatives à la prestation de serment, à l'honorariat, à la procédure disciplinaire, à l'organisation et au fonctionnement du Conseil national des courtiers de marchandises assermentés.

CHAPITRE II. – DES COMMISSIONNAIRES

Section I. – Des commissionnaires en général

Art. L. 132-1 *(Anc. C. com., art. 94).* – Le commissionnaire est celui qui agit en son propre nom ou sous un nom social pour le compte d'un commettant.

Les devoirs et les droits du commissionnaire qui agit au nom d'un commettant sont déterminés par le titre XIII du livre III du Code civil.

Bibliographie : Lavabre, *Actualité du contrat de commission* : *RJDA* 7/96, p. 619. • Auckenthaler, *Commettant, commissionnaire à la vente : détermination du véritable titulaire de la créance envers le tiers contractant* : *D.* 1998, chron. 53. • Dumont, *L'opération de commission*, Litec 2000, coll. « Bibl. dr. entr. », n° 45. • Dumont-Lefrand, *JCl. Commercial, V° Contrat de commission.* Notion ; *JCl. Commercial, V° Contrat de commission.* Régime. • Ferrier, *La commission-affiliation : Charybde ou Scylla ?* : *D.* 2008, 2908. • Bonnet-Desplan, *Commissionnaire-affilié ou affilié-agent ?* : *CDE* mai-juin 2007, Dossier « Droit de la distribution », p. 47. • Dissaux, *Statut des commissionnaires affiliés dans un réseau de distribution* : *JCP* E 2008, 1710, p. 19. • Loyer-Lemercier, *Quel avenir pour le contrat de commission-affiliation ?* : *JCP* E 2011, 1218. • Ferrier, *Le contrat de commission-affiliation va-t-il remplacer le contrat de franchise ?* in *La crise du contrat de franchise*, ss. dir. D. Mainguy, éd. Lextenso 2015, p. 27.

• *Sommaire*

I – DÉFINITION

A – Définition positive

1) Agissement pour le compte d'autrui, en son propre nom. *Le commissionnaire est celui qui agit en son propre nom pour le compte du commettant* (▪ Cass. crim., 24 juill. 1852 : *S.* 1852, 1, 584. ▪ Cass. com., 2 nov. 1954 : *Gaz. Pal.* 1955, 1, 5 ; *JCP* 1955, II, 8496 qui juge qu'aux termes de l'article 94 du Code de commerce, un commissionnaire est « celui qui agit en son nom propre pour le compte d'un commettant » ; que l'arrêt attaqué ne spécifie pas que Stevens agissait « en son propre nom » ; que dès lors la condition essentielle permettant de lui attribuer la qualité de commerçant ne résulte pas de la décision attaquée. ▪ Cass. com., 21 nov. 1956 : *Bull. civ.* III, n° 303. ▪ Cass. com., 19 mars 1958 : *JCP* G 1958, IV, 66. ▪ Cass. com., 15 juill. 1963 : *Bull.* III, n° 378. ▪ Cass. com., 3 mai 1965 : *JurisData* n° 1965-098280 ; *Bull. civ.* III, n° 280. ▪ Cass. com., 10 févr. 1970 : *JurisData* n° 1970-097049 ; *Bull.* IV, n° 49. ▪ Cass. com., 21 juin 1982, n° 81-11.190 : *JurisData* n° 1982-701537 ; *Bull.* IV, n° 235 ; *JCP* G 1982, IV, 314. ▪ T. com. Angoulême, 22 févr. 1979 : *JurisData* n° 1980-762054 ; *JCP* CI 1980, 13246, obs. R. Rodière. ▪ Cass. com., 3 janv. 1995, n° 91-18.111 : *RJDA* 1995, n° 425. ▪ Cass. com., 20 mai 1997, n° 95-11.115 : *RJDA* 10/1997, n° 1187). Celui qui agit au nom de son commettant n'est pas un commissionnaire (▪ Paris, 28 oct. 1981 : *DMF* 1982, 304).

2) Révélation du commettant. Dès lors que le commissionnaire a agi en son nom propre, il importe peu que l'acquéreur ait eu connaissance de l'identité du commettant (▪ Cass. com., 7 mai 1962 : *Bull. civ.* IV, n° 240).

3) Commission de marchandises. La commission de marchandises regroupe aussi bien les commissionnaires à l'achat (▪ T. com. Paris, 25 sept. 1985 : *JurisData* n° 1985-600736 ; *Lettre distrib.* 1986/4. ▪ Lyon, 6 déc. 1985 : *JurisData* n° 1985-600737 ; *Lettre distrib.* 1986/2. ▪ Cass. com., 12 nov. 1985 : *Lettre distrib.* 1985/2. ▪ Cass. com., 22 mars 1994, n° 92-11.087 : *JurisData* n° 1994-000666 ; *Bull. civ.* IV, n° 124 ; *RJDA* 8-9/1994, n° 922 ; *D.* 1995, somm. p. 80, obs. Ferrier) que les commissionnaires à la vente (▪ Cass. com., 15 juill. 1963, préc. ▪ Cass. com., 27 juin 1978, n° 76-13.791 : *JurisData* n° 1978-097182 ; *Bull. civ.* IV, n° 182. ▪ Cass. com., 3 janv. 1995, n° 93-12.737 : *JurisData* n° 1995-000051 ; *RJDA* 4/1995, n° 425 à propos de l'exploitant d'une station-service. ▪ Cass. 1re civ., 11 avr. 1995, n° 93-11.931 : *JurisData* n° 1995-000874 ; *Bull. civ.* I, n° 166 à propos de distributeurs de films cinématographiques. ▪ Orléans, 9 juill. 1974 : *JCP* G 1975, II, 17990, note Plaisant en matière de distribution de la presse. – V. égal. ▪ Cass. com., 20 févr. 1997 : *Bull. civ.* IV, n° 57 ; *JCP* E 2007, n° 30, p. 23, note Leveneur ; *JCP* E 2008, n° 15, p. 19, note Grignon ; *D.* 2007, p. 867, obs. Delpech ; *RTD com.* 2007, 590, obs. Bouloc jugeant que le contrat de diffuseur de presse est un mandat d'intérêt commun. ▪ Cass. com.,

26 févr. 2008, n° 06-20.772 : *JurisData* n° 2008-042945 ; *JCP* E 2008, 1710, p. 19, note Dissaux ; *Contrats, conc. consom.* 2008, n° 95, p. 28, note Mathey ; *D.* 2008, 2908, obs. Ferrier) qui achètent ou vendent en leur nom propre, mais pour le compte d'un commettant.

4) La commission-affiliation. La cour d'appel de Paris (▪ CA Paris, 9 avr. 2009 : *JurisData* n° 2009-378726 ; *D.* 2009, 1942, obs. D. Ferrier) clôt le débat sur le régime de la commission-affiliation où la Cour de cassation (▪ Cass. com., 26 févr. 2008 : *D.* 2009, p. 2906, note D. Ferrier ; *JCP* 2008, II, 10 094, note D. Mainguy et J.-L. Respaud qui casse ▪ CA Paris, 13 sept. 2006, n° 04/10715 : *JurisData* n° 2006-312382 ; *D.* 2007, pan. 1911, spéc. 1914, obs. D. Ferrier) avait reproché à la cour d'appel de Paris d'avoir appliqué le régime de l'agence commerciale à un franchisé devenu commissionnaire affilié du franchiseur tout en le qualifiant de commerçant indépendant propriétaire de son fonds de commerce. Elle juge que l'application du statut d'agent commercial ne dépend pas de la dénomination portée en tête du contrat, mais des conditions effectives de l'exercice de l'activité régie par ce contrat. La mention figurant au contrat selon laquelle « l'affilié est propriétaire du fonds de commerce qu'il exploite dans les locaux » est ainsi de pure forme, destinée seulement à faire échec à l'application du statut d'ordre public d'agent commercial. Il y a donc lieu de requalifier le jugement en ce qu'il a requalifié le contrat liant les parties en contrat d'agent commercial. Mais depuis, la Cour de cassation a jugé qu'en « statuant ainsi, alors que la circonstance que la société Chantal Pieri ait été titulaire du bail commercial était un élément essentiel pour déterminer si celle-ci avait la qualité de commerçant qu'un agent commercial ne peut posséder, la cour d'appel a violé » les articles L. 132-1 et L. 132-4 du Code de commerce (▪ Cass. com., 29 juin 2010, n° 09-66.773 : *JCP* E 2010, 1694, note N. Dissaux ; *D.* 2010, 1703, obs. E. Chevrier). V. égal. ▪ CA Pau, 16 déc. 2010, n° 5447/10 : *JCP* E 2011, 1246, obs. N. Dissaux.

Bibliographie : G. Amédée-Manesme, *La politique des prix et la commission-affiliation : D. affaires* 1999, 1160. – D. Mainguy et J.-L. Respaud, *À propos du contrat de commission-affiliation*, in *Mél. Le Tourneau*, Dalloz, 2007, p. 706. – D. Ferrier, *Requalification d'un commissionnaire affilié en agent commercial : épilogue : D.* 2009, chron. 1942. – M.-J. Loyer-Lemercier, *Quel avenir pour le contrat de commission-affiliation ? : JCP E 2011, 1218.*

5) Commissionnaire de transport. Pour décider qu'une société agit en qualité de commissionnaire de transport, il ne suffit pas de retenir que celle-ci est titulaire de la licence de commissionnaire de transport, que, dans ses relations contractuelles avec le donneur d'ordre, elle est tenue de réexpédier les marchandises de celui-ci, d'établir un contrat de transport émargé chaque fois par le transporteur affrété ; encore faut-il constater que, dans l'organisation du transport des marchandises que le donneur d'ordre lui confie, cette société agit en qualité d'intermédiaire libre du choix des voix et des moyens et concluant des conventions de transport en son propre nom (▪ Cass. com., 6 oct. 1992, n° 90-19.259 : *JurisData* n° 1992-002165 ; *Bull. civ.* IV, n° 298. ▪ Cass. com., 16 févr. 1998 : *Bull. civ.* IV, n° 75. ▪ Cass. com., 19 janv. 1999, n° 96-18.495 : *JurisData* n° 1999-000205 ; *D.* 1999, 243, note Delebecque. ▪ Cass. com., 6 mai 1997, n° 94-15.589 : *JurisData* n° 1997-002068 ; *Bull. civ.* IV, n° 127. ▪ Cass. com., 26 juin 2001, n° 99-18.911 : *JurisData* n° 2001-010530 ; *JCP* G 2002, II, 10107, note Ammar). Constitue un contrat de commission de transport la convention intervenue entre un *fournisseur de produits pétroliers* et un tiers qui assure le stockage desdits produits dans un local, mis à sa disposition par le fournisseur, et les livre pour le compte de ce dernier aux clients avec ses propres camions ou sous son entière responsabilité, ou avec l'aide de transporteurs librement choisis et rémunérés par lui (▪ Cass. com., 3 oct. 1989, n° 87-15.725 : *JurisData* n° 1989-703072 ; *JCP* E 1989, I, 19178).

6) Commissionnaire en douane. Sur la distinction entre un commissionnaire en douane et un transitaire (▪ Cass. com., 2 févr. 1999, n° 97-17.059 : *JurisData* n° 1999-000421 ; *RJDA* 3/1999, n° 214). Le fait qu'un commissionnaire agréé en douane facture directement à son client les frais de stockage ne suffit pas à écarter cette qualité pour lui attribuer celle d'entrepositaire (▪ CA Paris, 21 janv. 2010, n° 08/21266 : *JurisData* n° 2010-000412 ; *Rev. dr. transp.* 2010, n° 170, obs. I. Bon-Garcin, rendu sur renvoi après cassation de ▪ Cass. com., 30 sept. 2008, n° 07-11.944). Sur la qualité du commissionnaire en douane analysé en un mandataire salarié (▪ Cass. com., 18 déc. 2012, n° 11-16.223 : *D.* 2013 actu. 76, obs. Delpech, V. note 22).

7) Commissionnaire en bourse. Sur la qualification de commissionnaire d'un agent de change (▪ Cass. civ., 14 juin 1892 : *DP* 1893, 1, 500. ▪ Paris, 18 juin 1992 : *JurisData* n° 1992-022006 ; *Bull. Joly Bourse* 1993, p. 25, § 3, note De Vauplane).

8) Preuve du contrat de commission. Le contrat de commission étant généralement conclu entre commerçants, la preuve est généralement libre et résulte de l'exécution du contrat projeté ainsi que de l'exécution de son obligation de reddition de compte par le commissionnaire (▪ Rennes, 9 juill. 1974 : *JCP* G 1975, II, 17990, note Paisant. ▪ Paris, 15 sept. 1995 : *JurisData* n° 1995-022967 ; *Banque et droit* 1996, n° 45, p. 20, note De Vauplane. ▪ Aix-en-Provence, 23 nov. 1937 : *DH* 1938, 105). Celui qui agit en son nom propre doit être présumé avoir agi en qualité de commissionnaire lorsqu'il a agi en tant qu'intermédiaire (▪ Cass. com., 1er févr. 1961, n° 58-11.780 : *Bull.* III, n° 60. ▪ Cass. com., 8 déc. 1980, n° 79-13.203 : *JurisData* n° 1980-745184 ; *JCP* G 1981, IV, 76).

B – Définition négative

9) Contrat de vente. L'absence de mandat dans les rapports entre les parties permet de distinguer le marché pour la vente d'une quantité de marchandises à un prix convenu, du contrat de commission (▪ Cass. com., 29 avr. 1963 : *JurisData* n° 1963-098211 ; *Bull. civ.* IV, n° 211).

10) Mandat. Le transporteur maritime, pour le recouvrement du fret à lui dû, n'a d'action directe à l'encontre du commettant du commissionnaire de transport que si celui-ci a agi, non en son propre nom (art. 94, al. 1er), mais au nom de son commettant, ainsi que l'envisage l'article L. 132-1, alinéa 2, dès lors que c'est seulement dans ce dernier cas que les dispositions du Code civil sur le mandat sont applicables (▪ Cass. com., 9 déc. 1997, n° 95-22.096 : *JurisData* n° 1997-004928 ; *Bull. civ.* IV, n° 333 ; *JCP* E 1998, pan, p. 2022, note Litty ; *JCP* E 1999, chron. 1 C, p. 719, obs. B.P. ; *DMF* 1998, p. 493, obs. Delebecque ; *RJ com.* 1998, 194, rapp. Rémery, note Vialard ; *D. affaires* 1998, p. 195, note S.P. ; *RJDA* 4/1998, n° 433 ; *RTD com.* 1998, 667, obs. Bouloc. ▪ Cass. com., 28 mai 2002, n° 00-14.765 : *JurisData* n° 2002-014511 ; *RJDA* 11/2002, n° 1145 ; *RTD com.* 2003, 160, obs. Bouloc ; *JCP* E 2003, chron. 1248, n° 6, obs. Bon-Garcin). Sur la distinction commission et mandat ▪ Cass. com., 6 mai 1997, n° 94-15.589 : *JurisData* n° 1997-002068 ; *JCP* E 1999, p. 715, obs. D.M. ▪ Cass. com., 21 juin 2016, n° 15-10.139 à propos d'un contrat de dépositaire central de presse : contrat de commission (non) – qualification de mandat d'intérêt commun. ▪ Cass. com., 20 juin 1995, n° 93-17.291 : *JurisData* n° 1995-001576 ; *Bull. civ.* IV, n° 189 qui retient qu'il résulte des dispositions de l'article L. 132-1, alinéa 2 du Code de commerce que les règles du Code civil, relatives au mandat, s'appliquent au commissionnaire qui agit, non en son nom propre, mais en celui de son commettant. – V. égal. ▪ Cass. com., 10 févr. 1970, n° 68-12.864 : *JurisData* n° 1970-097051 ; *Bull. civ.* IV, n° 49. ▪ TGI Paris, 15 déc. 1999 : *Banque et droit* juill.-août 2000, 41, obs. De Vauplane.

11) Courtage. Le courtier n'est qu'un intermédiaire qui ne fait pas lui-même le contrat et se borne à rapprocher les parties ; il se distingue en cela du commissionnaire (▪ Lyon, 12 nov. 1951 : *Gaz. Pal.* 1952, 1, 31. ▪ Cass. crim., 15 oct. 1964, n° 64-90.667 : *D.* 1965, 175).

12) Centrale d'achat et de référencement. Une centrale d'achat qui se borne à apporter à ses adhérents une assistance technique n'a pas la qualité de commissionnaire dès lors que les contrats sont conclus directement entre les adhérents et les fournisseurs (▪ Versailles, 29 sept. 1988 : *JCP* 1989, II, 21190, note Estoup. ▪ Cass. com., 22 mars 1994, n° 92-11.087 : *JurisData* n° 1994-000666 ; *JCP* E 1994, pan. 727. – Comp. ▪ Cass. com., 30 mars 1993 : *JCP* E 1993, pan. 773. – Mais V. pour la qualification de commissionnaire ▪ T. corr. Paris, 30 janv. 1974 : *Gaz. Pal.* 1974, 2, 529). V. également pour l'analyse en un contrat de référencement le contrat passé entre un fournisseur et un groupement d'achat chargé de négocier aux meilleures conditions les offres de fournisseurs au profit de ses adhérents qui conservent la maîtrise de leurs achats (▪ Cass. com., 23 oct. 1990 : *Bull. civ.* IV, n° 257 ; *JCP* E 1991, II, 212, note G. Heidsieck ; *RTD com.* 1991, 434, obs. Bouloc, rejetant le pourvoi contre ▪ Versailles, 16 déc. 1987 : *D.* 1988, inf. rap. 50). Pour une qualification en contrat de courtage, V. ▪ Cass. com., 17 mars 2004 : *Bull. civ.* IV, n° 53.

13) Agent commercial. L'agent commercial n'a pas la qualité de commissionnaire, dès lors qu'il ne s'engage pas personnellement (▪ Paris, 20 nov. 1963 : *RTD com.* 1964, 136, obs. Hémard. ▪ Cass. com., 26 févr. 2008, arrêt *Chattawak* : *JCP* E 2008, 1710, p. 19, note Dissaux ; *Contrats, conc. consom.* 2008, n° 95, p. 28, note Mathey ; *D.* 2008, 2908, obs. Ferrier qui juge que l'agent commercial, simple mandataire qui n'a pas de clientèle propre, ne peut être titulaire d'un fonds de commerce, et n'a pas la qualité de commerçant).

14) Contrat de ferroutage. Sur la distinction entre contrat de commission (de transport) et contrat de ferroutage ▪ Cass. com., 19 janv. 1999, préc. ▪ Cass. com., 1er févr. 2005, n° 03-16.773 : *JCP* E 2005, 1865, note Letacq. ▪ Paris, 2 juill. 1999 : *D.* 2000, somm. 293, obs. Mercadal.

II – CARACTÈRE COMMERCIAL

15) Caractère commercial. Le contrat de commission est commercial lorsqu'il est passé à titre professionnel ; le commissionnaire est alors un commerçant (▪ Cass. com., 2 nov. 1954 : *Gaz. Pal.* 1955, 1, 5 ; *JCP* 1949, II, 4706, note Hémard). Conséquences en matière de preuve : V. annot. n° 8, p. 66.

III – EXÉCUTION DU CONTRAT DE COMMISSION

A – Les rapports commettant/commissionnaire

16) Règles du mandat. Les droits et les devoirs du commissionnaire qui agit au nom du commettant sont déterminés par le Code civil, livre III, titre XIII (■ Cass. com., 20 juin 1995, n° 93-17.291 : *JurisData* n° 1995-001576 ; *RJDA* 1/1996, n° 560). Le contrat de commission portant sur des armes, en infraction avec la réglementation sur le commerce des munitions est nul de nullité absolue (■ Paris, 29 mai 1986, n° L 01307 : *JurisData* n° 1986-022458 ; *D.* 1986, inf. rap. 308).

17) Obligation d'exécuter. L'obligation d'exécuter du commissionnaire suppose que ce dernier respecte les instructions qu'il a reçues et conserve la marchandise qui lui est confiée. Le commissionnaire doit, en principe, suivre les ordres du commettant. À défaut, il est tenu d'agir au mieux des intérêts de son donneur d'ordre, c'est-à-dire en habile commerçant dont la faute sera appréciée *in abstracto*. Le commissionnaire de transport doit, par exemple, soigner l'expédition au mieux des intérêts de son client jusqu'à l'arrivée de la marchandise à destination. Il devra, notamment, choisir le(s) mode(s) de transport et les transporteurs (■ Cass. com., 1er déc. 1992, n° 90-19.611 : *JurisData* n° 1992-002586 ; *BTL* 1992, 806), non pas selon sa propre fantaisie, mais en considération des intérêts du commettant, c'est-à-dire qu'il devra tenir compte de la nature des marchandises, de l'urgence du transport et des garanties de sécurité offertes à l'expéditeur. Il en est de même en matière boursière où les ordres de bourse doivent être exécutés dans les meilleurs délais et ne souffrir d'aucun retard (■ CA Versailles, 23 sept. 1993 : *JurisData* n° 1993-046314 ; *Lamy Droit du financement* mars 1994, bull. 40). Le commissionnaire est tenu de traiter l'opération qui lui a été confiée, notamment de rechercher les fournisseurs pour les marchandises qu'il doit acheter ou les clients pour celles qu'il doit vendre, payer le prix des marchandises à acheter ou recevoir celui des marchandises vendues (■ Cass. req., 11 déc. 1929 : *S.* 1930, 1, 107. ■ Cass. com., 21 nov. 1956 : *Bull. civ.* III, n° 303). Il se trouve personnellement et seul engagé à l'égard des tiers avec lesquels il traite (■ Cass. com., 15 juill. 1963 : *Bull. civ.* III, n° 378. ■ Cass. com., 14 janv. 2004, n° 02-13.970 : *JurisData* n° 2004-021870 ; *RJDA* 5/2004, n° 557 ; *JCP* E 2004, pan. 399 ; *D.* 2004, p. 347, somm. 1348, obs. Delebecque ; *RTD com.* 2004, 588, obs. Bouloc, pour sa responsabilité à l'égard d'un transporteur dont le véhicule avait été endommagé en raison du défaut de calage de la marchandise à l'intérieur des conteneurs). Mais il ne peut être garanti par son donneur d'ordre, auquel il est lié *par un contrat de commission de transport*, que s'il établit que ce dommage a pour origine un fait imputable à ce dernier (■ Cass. com., 4 mars 2008, n° 07-13.007 : *JurisData* n° 2008-043011 ; *D.* 2008, p. 846, obs. Delpech ; *JCP* E 2008, pan. 1506).

Tenu de conclure l'opération pour laquelle il a été choisi, le commissionnaire est *responsable de l'inexécution des ordres reçus* ainsi que des fautes qu'il pourrait commettre dans leur exécution. S'il estime que sa mission est impossible ou trop délicate à effectuer, il doit refuser le contrat qui lui est confié (■ Cass. com., 3 oct. 1989, *Sté Marquet c/ Sté Rochais-Bonnet et a.* : *Bull. civ.* IV, n° 244 ; *BT* 1990, p. 16), ou émettre des réserves sur la bonne fin de l'opération (■ CA Paris, 11 janv. 1985 : *JurisData* n° 1985-020446 ; *BT* 1986, p. 46). Il faut cependant que les ordres soient clairs. Si les instructions de son commettant ne sont pas claires, le commissionnaire doit se les faire préciser (■ CA Versailles, 21 janv. 1988 : *BT* 1988, p. 655). Un commissionnaire en bourse doit notamment respecter les règles relatives à la spéculation en bourse. Le prestataire de service d'investissement doit, par exemple, disposer d'un système automatisé de vérification du compte et en cas d'insuffisance des provisions ou des couvertures, le système doit assurer le blocage de l'entrée de l'ordre (■ Cass. com., 4 nov. 2008, n° 07-21.481 : *JurisData* n° 2008-045691 ; *LPA* 2009, n° 25, note Ruet). Toutefois, un commissionnaire ne saurait être responsable de l'inexécution d'un ordre, lorsque cette inexécution provient de l'ambiguïté des termes du contrat de commission, et que le commettant, avisé par le commissionnaire de l'interprétation donnée par celui-ci aux ordres reçus, n'a rien fait pour la rectifier en temps utile.

18) Obligation de résultat. Le commissionnaire de transport est tenu d'une obligation de résultat ; il est responsable du seul fait de l'inexécution, seul le cas fortuit ou la force majeure peuvent l'exonérer de sa responsabilité (■ Cass. com., 26 févr. 1980, n° 77-14.299 : *JurisData* n° 1980-099100 ; *Bull. civ.* IV, n° 100 ; *JCP* G 1980, IV, 182. ■ Cass. com., 11 déc. 2007, n° 06-18.192 : *JurisData* n° 2007-041923 ; *D.* 2008, p. 82, obs. Delpech et p. 1245, obs. Kenfack ; *RJDA* 5/2008, n° 520 ; *JCP* E 2008, pan. 1116). Pour les clauses d'exonération de responsabilité : V. ■ Cass. com., 31 janv. 1979 : *JCP* 1979, II, 19142, note Rodière. – V. sous art. L. 132-4, annot. n° 1, p. 76.

19) Secret. Le commissionnaire est tenu au *secret* envers le commettant (■ Rouen, 25 juin 1904 : *DP* 1906, 2, 191).

Toutefois ce dernier peut l'en délivrer ; en ce cas c'est lui qui reste engagé vis-à-vis des tiers et non le commettant connu de ces derniers (■ Cass. com., 7 mai 1962, n° 58-12.762 : *Bull.* III, n° 240. ■ Cass. com., 15 juill. 1963 : *Bull.* III, n° 378. ■ Cass. com., 4 mai 1982, n° 78-14.406 : JurisData n° 1982-700957 ; *Bull.* IV, n° 151 ; *JCP* G 1982, IV, 245).

20) Contrepartie. Le commissionnaire ne peut se porter *contrepartie* (■ Cass. req., 28 oct. 1903 : *DP* 1904, 1, 88 ; *S.* 1904, 1, 436. ■ Cass. req., 27 nov. 1907 : *D.* 1908, 1, 321, note Lacour).

Mais le commettant peut donner son autorisation expresse (■ Cass. req., 28 mars 1904 : *DP* 1905, 1, 65, note Lacour) ou tacite (■ Cass. req., 11 janv. 1909 : *DP* 1909, 1, 449, note Lacour. ■ T. com. Seine, 8 juin 1931 : *Gaz. Pal.* 1931, 2, 567) ou même après l'opération sous forme de ratification (■ Cass. civ., 10 déc. 1912 : *DP* 1914, 1, 97, note Lacour ; *S.* 1916, 1, 41, note Nacquet).

Sur le plan pénal la contrepartie a été jugée constitutive du délit d'escroquerie (■ Cass. crim., 16 févr. 1907 et 12 mars 1909 : *DP* 1909, 1, 201, note Lacour. ■ Cass. crim., 1er déc. 1911 et 23 janv. 1913 : *DP* 1915, 1, 57, note Lacour).

21) Substitution de commissionnaires. Les droits et devoirs du commissionnaire étant régis par les dispositions du Code civil relatives au mandat, l'existence d'un contrat de commission ne fait pas obstacle à ce que les substitués du commissionnaire, impayés, exercent une action directe contre le commettant sur le fondement de l'article 1994, alinéa 2 du Code civil (■ Cass. com., 20 juin 1995 : *Bull. civ.* IV, n° 189 ; *DMF* 1995, 797, note Tassel. – Sur la faculté de substitution en elle-même ■ Cass. com., 23 nov. 1970, n° 69-12.735 : *JurisData* n° 1970-097312 ; *Bull. civ.* IV, n° 312. ■ Cass. com., 5 déc. 1989, n° 88-11.387 : *JurisData* n° 1989-003931 ; *BT* 1990, 204 ; *D.* 1990, somm. 270, obs. Rèmond-Gouilloud).

22) Devoir de conseil. Le commissionnaire a un *devoir de conseil* à l'égard de son client (■ Cass. com., 31 janv. 1979 : *JCP* 1979, II, 19142, note Rodière à propos de l'obligation d'attirer l'attention sur l'utilité d'une assurance et ses limites. ■ Cass. com., 18 juin 1980, n° 77-13.613 : *JurisData* n° 1980-000265 ; *JCP* G 1981, IV, 328, sur l'obligation d'avertir l'expéditeur des aléas des exportations vers les pays où les marchandises étaient livrées. ■ Cass. com., 22 avr. 1986, n° 84-12.193 : *JurisData* n° 1986-000714 ; *BT* 1986, 395). S'agissant du commissionnaire en douane, celui-ci doit veiller à ce que la déclaration qu'il effectue soit conforme à la réglementation douanière en vigueur et, le cas échéant, conseiller à son mandant de faire modifier un document afin que l'importateur puisse bénéficier d'un avantage prévu par cette réglementation (cassation pour violation des articles 1992 et 1999, C. civ.) (■ Cass. com., 18 déc. 2012, n° 11-16.223 : *D.* 2013 actu. 76, obs. Delpech).

23) Conservation des marchandises. Le commissionnaire qui reçoit des marchandises doit veiller à leur conservation, même s'il refuse le contrat de commission. De même, pendant l'exécution du contrat de commission, le commissionnaire est contraint de donner tous ses soins aux marchandises qui lui sont confiées pour être vendues, dédouanées ou transportées, ainsi qu'à celles qui lui sont livrées pour le commettant. Il doit notamment conserver les marchandises dans un lieu convenable et veiller à ce qu'elles ne soient ni détériorées, ni détournées. Il est responsable du fait de sa seule inexécution sauf cas de force majeure, à moins que les parties n'en aient décidé autrement (■ Cass. req., 28 janv. 1890 : *DP* 1891, 1, 246). Lorsque le commissionnaire reçoit la marchandise et l'expédie, il doit reconnaître la qualité et la quantité de la marchandise et la refuser si elle n'est pas conforme. Il est fautif de ne pas s'assurer de la conformité des marchandises qu'il doit livrer au commettant en cas de commission à l'achat, ou au tiers-contractant en cas de commission à la vente (■ T. com. Marseille, 30 janv. 1979 : *DMF* 1979, somm. 363). Cette solution se retrouve au plan pénal où la jurisprudence a évolué (■ T. corr. Paris, 10e ch., 30 janv. 1974 : *Gaz. Pal.* 1974, 2, 529). Depuis l'arrêt du 9 mars 1999 où la cour a condamné pour tromperie un commissionnaire français pour avoir introduit sur le marché français des marchandises espagnoles non conformes aux qualités substantielles présentées sur l'étiquetage (■ Cass. crim., 9 mars 1999, n° 97-83.825 : *JurisData* n° 1999-001404 ; *RJDA* 7/1999, n° 854), la Cour de cassation retient la responsabilité pénale des commissionnaires. En ce qui concerne la garantie des vices cachés, dans la relation commettant/commissionnaire, l'action en garantie des vices cachés figure dans le patrimoine du commettant, véritable acheteur de la marchandise. Dans la mesure où le commissionnaire ne revend pas à son commettant les marchandises du tiers-contractant, il ne fait qu'exécuter son contrat de commission en achetant au tiers-contractant ses marchandises, directement pour le compte du commettant, et il n'est pas garant des vices cachés des marchandises (■ CA Rouen, 18 mai 1866 : *DP* 1867, 2, 34. ■ CA Toulouse, 5 juill. 1886 : *S.* 1887, 2, 188).

24) Responsabilité du commissionnaire ducroire. Le commissionnaire peut être ducroire, mais l'existence d'un engagement ducroire ne se présume pas (■ Versailles, 16 déc. 1987 : *D.* 1988, inf. rap. 50, préc., *supra*). Cependant, la preuve peut en être apportée par tout moyen (■ TGI Reims, 25 oct. 1984 : *Gaz. Pal.* 1985, 1, somm. 106. ■ Rennes, 9 juill. 1974 : *JCP* 1975, II, 17990, note Plaisant). Le commettant qui a recours à un commissionnaire ducroire entend non seulement que ce commissionnaire traite l'opération pour son compte, mais encore qu'il en garantisse la bonne fin. Alors que dans l'hypothèse d'une commission simple le commissionnaire n'est responsable que de la conclusion du contrat commissionné, la clause de ducroire garantit le défaut de paiement à l'échéance par un tiers (■ Cass. com., 22 oct. 1996, n° 94-19.959 : *Bull. civ.* IV, n° 246) et non la solvabilité de celui-ci (▪ Cass. com., 6 janv. 1981, n° 79-11.803 : *Bull. civ.* IV, n° 4). Le commissionnaire pourra être amené à indemniser son commettant de toutes les conséquences de l'exécution défectueuse ou défaillante du tiers-contractant, même en cas de force majeure (▪ CA Douai, 9 juin 1932 : *S.* 1932, 2, p. 40. *Contra* ▪ CA Paris, 19 juin 1992 : *JurisData* n° 1992-024354 ; *Banque et droit* 1993, n° 37, p. 32, note F. Peltier). En dehors de cette hypothèse particulière, les seuls moyens de défense du commissionnaire ducroire tiennent à la faute du commettant ou à la disparition de l'obligation du tiers-contractant. La jurisprudence reconnaît que le commissionnaire peut écarter l'obligation qui résulte pour lui du ducroire lorsque le tiers refuse les marchandises à cause de vices cachés (▪ Cass. req., 21 nov. 1944 : *JCl. Commercial*, art. 94, n° 111), ou lorsque la dette du tiers-contractant est éteinte, par compensation avec une dette du commettant envers lui (▪ T. com. Marseille, 24 mars 1904 : *D.* 1905, 5, 12).

25) Obligation de reddition de compte. Tenu de donner des renseignements relatifs au déroulement de sa mission, le commissionnaire est également débiteur de l'obligation d'informer son commettant de l'issue de la mission. À cet effet, il doit présenter les justificatifs matérialisant la conclusion des contrats projetés. Toutefois, s'agissant de l'avis d'opéré, la jurisprudence considère que le défaut de contestation immédiate de l'avis d'opéré entraîne l'acceptation par le client et l'opposabilité à son égard de l'opération réalisée (▪ CA Rennes, 30 oct. 1990 : *JurisData* n° 1990-049770 ; *Banque et droit* 1991, p. 119, obs. J.-L. Guillot. ▪ Cass. com., 9 déc. 1986, n° 85-13.703 : *JurisData* n° 1986-702804 ; *JCP* E 1987, 16 071). Il ne s'agit, toutefois, que d'une présomption d'accord sur la bonne exécution de l'opération. La Cour de cassation a rappelé le droit du client à contester les opérations de bourse (▪ Cass. com., 26 mars 1996 : *RJDA* 8-9/1996, n° 1059). Par ailleurs, cette obligation d'information pose la question de la révélation de l'identité des « parties extrêmes » à l'opération. La jurisprudence a, petit à petit, consacré le droit pour le commissionnaire de taire le nom de ses partenaires contractuels (▪ CA Bordeaux, 14 janv. 1858 : *S.* 1858, 2, 310. ▪ Cass. req., 15 nov. 1898 : *S.* 1900. 1, p. 326).

B – Les relations commissionnaire/tiers-contractant

26) Engagement personnel. Agissant en son propre nom, le commissionnaire est un intermédiaire opaque. Dès lors, à l'égard du tiers-contractant, tout se passe comme s'il agissait pour son propre compte. Le commissionnaire est, par conséquent, personnellement engagé. Tous les effets des actes qu'il effectue se produisent dans sa personne. Cette solution est reconnue par la jurisprudence depuis le siècle dernier (▪ Cass. civ., 14 juin 1892 : *DP* 1892, 1, 500). Elle a été réaffirmée à de multiples reprises au cours de la deuxième moitié du XXe siècle (▪ Cass. com., 18 janv. 1955 : *Bull. civ.* III, n° 30. ▪ Cass. com., 13 mai 1958 : *Bull. civ.* III, n° 187. ▪ Cass. 3e civ., 10 févr. 1988, n° 86-17.494 : *JurisData* n° 1988-705830 ; *JCP* 1989, II, 21192, note Atias. ▪ Cass. com., 20 mai 1997, préc.). En révélant l'identité du commettant, le commissionnaire ne peut bouleverser la relation contractuelle et imposer l'application des règles de représentation parfaite du mandat autorisant une relation directe entre le commettant et le tiers-contractant. La jurisprudence refuse d'appliquer les règles de la novation par changement de débiteur (▪ Cass. com., 7 mai 1962, préc. ▪ Cass. com., 15 juill. 1963, préc.).

27) Absence d'action directe entre les parties extrêmes à l'opération. De la même façon que le commettant ne peut agir directement contre le tiers-contractant, ce dernier n'a pas d'action directe contre le commettant, le commissionnaire étant seul engagé envers le tiers-contractant (▪ Cass. com., 15 juill. 1963 : *Bull. civ.* III, n° 378. ▪ Cass. com., 14 janv. 2004 : *RJDA* 5/2004, n° 557 ; *JCP* E 2004, pan. 399 ; *D.* 2004, p. 347 ; somm. 1348, obs. Delebecque ; *RTD com.* 2004, 588, obs. Bouloc). La jurisprudence affirme l'exclusivité de l'engagement du commissionnaire en refusant au commettant d'agir directement contre le tiers-contractant, et inversement (▪ Cass. civ., 20 juill. 1871 : *DP* 1871, I, 232. ▪ T. com. Paris, 25 sept. 1985 : *JurisData* n° 1985-600736 ; *Lettre distrib.* avr. 1986. ▪ CA Lyon, 6 déc. 1985 : *JurisData* n° 1985-600737 ; *Lettre distrib.* févr. 1986. ▪ Cass. com., 9 déc. 1997, n° 2502 P, *SA Oocl France c/ Sté Saima* : *JCP* G 1998, II n° 10201. ▪ Cass. com., 30 oct. 2000, n° 98-12.236 : *JCP* G 2000, II, n° 10644). Seul le commissionnaire peut être poursuivi, que ce soit par le commettant ou le tiers-contractant. Il convient toutefois de réserver l'hypothèse particulière de l'article L. 132-8 du Code de commerce (C. com., ex-art. 101) qui autorise, en matière de commission de *transport terrestre*, l'action directe du commettant contre le tiers-contractant (▪ CA Paris, 13 avr. 1970 : *BT* 1970, p. 167. ▪ Cass. com., 23 déc. 1971 : *JCP* 1972, II, n° 17019).

28) Effets réels de l'opération de commission. Dès lors que la commission est translative de propriété (commission à l'achat ou à la vente), le patrimoine du commissionnaire n'est qu'un relais dans lequel la propriété du bien transmis ne s'arrête pas. Dans l'hypothèse d'une commission d'achat/vente de marchandises, la propriété du bien vendu passe directement du patrimoine du commettant à celui du tiers-contractant, et réciproquement (▪ Cass. crim., 18 nov. 1882 : *D.* 1883, I, 230. ▪ T. corr. Paris, 30 janv. 1974 : *Gaz. Pal.* 1974, II,

529. ▪ Cass. crim., 9 mars 1999, préc.). De même, en matière de commission boursière, la propriété des valeurs mobilières négociées en bourse par l'intermédiaire de prestataires de service d'investissement passe directement du cédant au cessionnaire, soit du commettant vendeur au commettant acheteur, et réciproquement (▪ T. com. Seine, 23 avr. 1898 : *Gaz. Pal.* 1898, 1, 755. ▪ CA Aix-en-Provence, 27 juin 1898 : *Dr. fin.* 1898, p. 333). En conséquence de ce transfert direct de propriété, lié à l'action pour le compte d'autrui du commissionnaire, le commettant demeuré propriétaire des marchandises en possession du commissionnaire, peut les revendiquer (▪ Cass. civ., 26 mai 1913 : *DP* 1914, 1, p. 305). Dès lors que le commettant règle la question de la preuve de sa propriété (notamment en établissant la provenance des marchandises identifiées chez le commissionnaire) l'action en revendication est applicable, qu'il s'agisse d'une commission à l'achat ou à la vente. Toutefois, le commettant ne peut plus revendiquer si des droits ont légitimement été constitués au profit de tiers (▪ Cass. civ., 29 déc. 1930 : *S.* 1930, 1, p. 136 pour un gage constitué par un commissionnaire au profit d'un créancier de bonne foi).

IV – L'EXTINCTION DU CONTRAT DE COMMISSION

A – Le principe de la rupture

29) Contrat sans clause de durée. Le contrat de commission prend fin lorsque l'opération confiée au commissionnaire a été réalisée (▪ Cass. com., 26 mai 1998, préc.) ou lorsqu'elle ne le peut plus suite à un événement de force majeure (▪ Cass. com., 9 juill. 1952 : *Bull. civ.* III, n° 266). En outre, le contrat de commission étant conclu *intuitu personae*, le décès ou l'incapacité du commettant ou du commissionnaire peuvent justifier la rupture du contrat (▪ CA Paris, 30 mai 1969 : *RTD com.* 1970, p. 767, note Hémard). Il n'en est pas de même en cas de procédure collective du commissionnaire, l'administrateur ou le liquidateur judiciaire pouvant demander la continuation du contrat en vertu de *l'article L 622-13 du Code de commerce* issu de la loi n° 2005-845 du 26 juillet 2005.

30) Contrat à durée déterminée. Lorsqu'un terme est prévu pour l'exécution du contrat, l'arrivée du terme convenu y met fin. Lorsqu'un commettant charge un commissionnaire de traiter pour lui différentes affaires pendant six mois, un an ou plus, l'arrivée du terme marque la fin de la relation contractuelle sans qu'aucune indemnité ne soit due. Cette solution est également applicable au cas où le commissionnaire lié à son commettant par un contrat à durée déterminée voit son contrat renouvelé par tacite reconduction. La tacite reconduction d'un contrat de commission à durée déterminée n'engendre pas un droit au renouvellement au bénéfice du commissionnaire (▪ CA Paris, 20 nov. 1963 : *D.* 1964 somm. 42). Le commettant qui dénonce régulièrement ledit contrat ne fait qu'exercer, sans abus, son droit de ne pas le renouveler (▪ CA Aix-en-Provence, 8 mai 1979 : *JurisData* n° 1979-070106 ; *Bull. Aix* 1979, p. 45).

31) Contrat à durée indéterminée. Le commettant et le commissionnaire ont, chacun, une faculté de résiliation unilatérale sans avoir à justifier d'un motif légitime ou devoir verser une indemnité spécifique (▪ Cass. com., 10 févr. 1970 : *Bull. civ.* IV, n° 49), sous réserve d'un préavis raisonnable destiné à éviter la critique de brutalité. Seule la faute commise à l'occasion de la résiliation justifie l'octroi de dommages et intérêts (▪ CA Rennes, 9 juill. 1974, préc.). Dès lors, il appartient à la victime de rapporter la preuve de la faute du commettant (▪ Cass. com., 27 juin 1978, préc.). Le juge exerce alors un contrôle des circonstances et des motifs de la rupture (▪ Cass. com., 30 nov. 1993, n° 91-19.768 : *RJDA* 5/1994, n° 513, p. 30).

B – Conséquences de la rupture

32) Mandat d'intérêt commun. Sur la distinction entre le mandataire et l'acheteur-revendeur (▪ Cass. com., 26 juin 1972, n° 71-10.591 : *JurisData* n° 1972-097205 ; *Bull. civ.* IV, n° 205, p. 198. ▪ Cass. com., 7 oct. 1997, n° 95-14.158 : *JurisData* n° 1997-003832 ; *D.* 1998, 413, note Jamin : à propos d'une concession exclusive de vente), le mandataire et l'agent depublicité (▪ Cass. com., 12 déc. 1967, deux arrêts : *JCP* 1968, II, 15534, note J. Hémard), le mandataire et le courtier (▪ Cass. com., 3 janv. 1967 : *D.* 1967, 369), et enfin le mandataire et le commissionnaire. À l'exception de deux jugements du tribunal de grande instance d'Annecy (▪ TGI Annecy, 12 juill. 1961 et 8 juill. 1964 : *DS* 1965, 333, note R. Plaisant), l'ensemble de la jurisprudence refuse d'attribuer la qualification de mandat d'intérêt commun au contrat de commission (▪ Cass. com., 10 févr. 1970, préc. ▪ CA Rennes, 9 juill. 1974, préc. ▪ CA Reims, 18 mai 1976 : *RTD com.* 1976, 789, obs. J. Hémard. ▪ Cass. com., 27 juin 1978, préc. ▪ Cass. com., 2 mars 1993, n° 90-18.403 : *JurisData* n° 1993-000480 ; *Bull. civ.* IV, n° 90 ; *JCP* 1993, 11, 22176, note Behar-Touchais ; *Contrats, conc. consom.* juin 1993, 3, obs. Leveneur. – V. chron. Ghestin : *D.* 1994, chron. 73. ▪ Cass. com., 29 févr. 2000, n° 97-15.935 : *JurisData* n° 2000-000750 ; *JCP* G 2000, II, 10355, note Cadou), elle continue de refuser d'étendre cette théorie à la commission.

Art. L. 132-2 *(Anc. C. com., art. 95).* **– Le commissionnaire a privilège sur la valeur des marchandises faisant l'objet de son obligation et sur les documents qui s'y rapportent pour toutes ses créances de commission sur son commettant, même nées à l'occasion d'opérations antérieures.**

Dans la créance privilégiée du commissionnaire sont compris, avec le principal, les intérêts, commissions et frais accessoires.

Bibliographie : Simler et Delebecque, *JCP* E 1998, p. 1641, n° 22.

I – BÉNÉFICE DU PRIVILÈGE

1) Le privilège de l'article L. 132-2 s'applique à *tous les commissionnaires,* acheteur, vendeur (▪ Cass. req., 10 déc. 1902 [3 arrêts] : *DP* 1904, 1, 537, note Thaller) de transport (▪ Cass. com., 15 déc. 1947 : *Gaz. Pal.* 1948, 1, 44. ▪ 11 mai 1976 : *JurisData* n° 1976-797012 ; *JCP* 1976, II, 18452, note Rodière) ou en douane (▪ Cass. com., 2 oct. 2007, n° 06-16.316 : *JurisData* n° 2007-040701 ; *RD transp.* 2007, 250, obs. Bon-Garcin qui juge que le commissionnaire en douane doit établir que la créance qui fonde sa garantie doit être née dans le cadre d'une activité de commission et non de mandat. – V. égal. ▪ Cass. com., 2 févr. 1999, n° 97-17.059 : *JurisData* n° 1999-000421 ; *Bull. civ.* IV, n° 34) mais il n'appartient ni au transporteur, ni à l'armateur (▪ Bordeaux, 7 juin 1971 : *JCP* G 1972, IV, 123), ni au transitaire (▪ Cass. com., 2 févr. 1999, n° 97-17.059 : *JurisData* n° 1999-000421 ; *LPA* 27 mai 1999, p. 5, note P.M. ; *JCP* E 1999, p. 1588, n° 18, obs. Delebecque).

Le privilège est accordé *même* au commissionnaire *en situation administrative irrégulière* (▪ Cass. com., 11 mai 1976 : *JurisData* n° 1976-797012 ; *JCP* 1976, II, 18452, note Rodière) ; il suffit qu'il soit régulièrement entré en possession (▪ Cass. com., 11 juin 1968 : *DS* 1969, 6. ▪ Cass. com., 2 juin 1977 : *JurisData* n° 1977-797005 ; *Bull.* IV, n° 158).

2) Le commissionnaire dispose, sur la valeur des marchandises détenues par lui, d'*un privilège pour tous les prêts avancés ou paiements faits par lui,* soit avant la réception des marchandises, soit pendant le temps qu'elles sont en sa possession et pour les créances antérieures qu'il a contre le même commettant (▪ Lyon, 13 mars 1933 : *DP* 1933, 2, 60. ▪ Paris, 6 nov. 1968 : *DS* 1969, somm. 19. ▪ Cass. com., 11 mai 1976 : *JCP* 1976, II, 18452, note Rodière. ▪ Cass. com., 26 févr. 1979, n° 77-15.217 : *Bull.* IV, n° 84 ; *RTD com.* 1980, 372, obs. Hémard. ▪ Paris, 18 mai 1994, n° 17935/92 : *JurisData* n° 1994-021565 ; *D.* 1995, 15, note B.M. ▪ Paris, 17 sept. 2003, n° 2001/21272 : *JurisData* n° 2003-222649 ; *RJDA* 2/2004, n° 161. – *Contra,* ▪ Cass. com., 26 juin 1976 : *Bull.* IV, n° 188).

Mais à condition que la créance du commissionnaire sur son commettant soit *exigible* (▪ Cass. req., 2 mai 1935 : *S.* 1935, I, 189. ▪ Cass. com., 7 févr. 1992, n° 90-10.437 : *Bull.* IV, n° 10 ; *RTD com.* 1992, 861, obs. Bouloc).

3) Preuve de la qualité de commissionnaire. Il appartient à un commissionnaire en douane, pour bénéficier du privilège de l'article L. 132-2 de rapporter la preuve qu'il a effectué les formalités douanières, non en qualité de transitaire, mais en celle de commissionnaire, c'est-à-dire en sonnom propre (▪ Cass. com., 2 févr. 1999, n° 97-17.059 : *JurisData* n° 1999-000421 ; *Bull.* IV, n° 39 ; *RJDA* 3/1999, n° 290, rapp. Rémery, p. 214 ; *RTD com.* 1999, 947, obs. Bouloc), sans qu'il existe nécessairement un lien entre la créance garantie et les marchandises retenues (▪ Paris, 18 mai 1994 : *D.* 1995, 15, note B.M.).

II – ASSIETTE DU PRIVILÈGE

4) Propriété du commettant. Le commissionnaire exerce son privilège sur des marchandises qui sont la propriété de son client (▪ Rouen, 15 mai 1959 : *JCP* 59, II, 11192, note Rodière) ou dont il ignorait l'absence de propriété (▪ Paris, 18 mai 1994 : *D.* 1995, 15, note B.M. ▪ Paris, 17 sept. 2003, n° 2001/21272 : *JurisData* n° 2003-222649 ; *RJDA* 2/2004, n° 161, pour une clause de réserve de propriété) ; il ne pourrait pas exercer son privilège s'il savait qu'elles appartenaient à un tiers (▪ Cass. com., 12 nov. 1964 : *Bull.* III, n° 493. ▪ Cass. com., 5 févr. 1980, n° 78-15.097 : *JurisData* n° 1980-000063 ; *Bull.* IV, n° 63 ; *BT* 1980, 223 ; *RTD com.* 1980, 372, obs. Hémard. ▪ Paris, 4 févr. 2000 : *JurisData* n° 2000-119545 ; *RJDA* 10/2000, n° 894, pour une clause de réserve de propriété) ou à un autre commissionnaire (▪ Paris, 27 janv. 1960 : *D.* 1960, somm. 58. ▪ Paris, 25 févr. 1960 : *D.* 1960, somm. 106 ; *RTD com.* 1960, 389).

L'ignorance du commissionnaire est présumée (▪ Paris, 20 nov. 1981 : *JurisData* n° 1981-600063 ; *BT* 1982, 97). Il n'a pas l'obligation de vérifier que les marchandises qui lui sont confiées ne sont pas grevées d'une clause de réserve de propriété (▪ Cass. com., 14 nov. 1989, n° 88-11.790 : *JurisData* n° 1989-003497 ; *Bull.* IV, n° 290. ▪ Paris, 17 sept. 2003, n° 2001/21272 : *JurisData* n° 2003-222649 ; *RJDA* 2/2004, n° 161).

5) Marchandises contrefaites. Le commissionnaire de transport ne saurait exercer son privilège et son droit de rétention sur des marchandises contrefaites (▪ Cass. com., 26 oct. 1999, n° 96-20.488 : *JurisData* n° 1999-003678 ; *Bull.* IV, n° 185 ; *Lamy aff.*

avr. 2000, n° 1616, obs. Delebecque ; *RTD com.*, 2000, 440, obs. Bouloc ; *RJ com.* 2000, 253, note Dumont).

III – EXERCICE DU PRIVILÈGE

6) Nécessité d'une créance exigible. Le commissionnaire ne peut exercer valablement son privilège sur les marchandises qu'il croyait appartenir à son commettant, dès lors qu'au jour de l'exercice il ne détenait pas une créance exigible sur celui-ci (▪ Cass. req., 2 mai 1935 : *S.* 1935, I, 189. ▪ Cass. com., 7 févr. 1992 : *Bull.* IV, n° 10 ; *RTD com.* 1992, 861, obs. Bouloc. ▪ Versailles, 14 oct. 2004, n° 03/02593 : *JurisData* n° 2004-266413 ; *Bull. inf. C. cass.* 2005, n° 447).

7) Conflit. Le commissionnaire est *préféré au vendeur des marchandises* qui n'a pas été payé, à condition qu'il soit de bonne foi (▪ Cass. com., 11 juin 1968 : *DS* 1969, 6. ▪ Paris, 25 avr. 1969 : *D.* 1969, somm. 67), ce qui ne veut pas dire qu'il ignorait que les marchandises n'avaient pas été payées (▪ Cass. com., 8 juill. 1981 : *JurisData* n° 1981-702358 ; *Bull.* IV, n° 311 ; *DMF* 1982, 729, note Nicolas ; *DS* 1981, inf. rap. 541, note Mercadal) ; est de bonne foi le commissionnaire qui a reçu la possession régulière des marchandises (▪ Cass. com., 11 juin 1968, préc.).

8) Clause de réserve de propriété. La clause de réserve de propriété justifie la demande de restitution des marchandises livrées par la société venderesse à laquelle le commissionnaire de transport oppose son privilège de commissionnaire et son droit de rétention (▪ Paris 13 mars 1985, n° M 1168 : *JurisData* n° 1985-021008 ; *BT* 1985, 249). Sur l'absence de devoir d'information du commissionnaire ▪ Paris, 17 sept. 2003, n° 2001/21272 : *JurisData* n° 2003-222649 ; *RJDA* 2004, n° 161.

9) Droit de rétention. Le commissionnaire a un droit de rétention sur les objets demeurés en sa possession de bonne foi (▪ Cass. civ., 9 mai 1944 : *S.* 1945, 1, 22). Il peut se les faire attribuer (▪ Cass. com., 11 mai 1976 : *JurisData* n° 1976-097161 ; *JCP* 1976, II, 18452). Le commissionnaire peut exercer son droit de rétention sans qu'il puisse être fait échec à l'exercice de son privilège lorsque les conditions de cet exercice sont remplies (▪ Cass. com., 15 oct. 1991, n° 89-21.017 : *JurisData* n° 1991-002538 ; *Bull.* IV, n° 287).

Lorsque le commissionnaire de transport n'a demandé son admission au passif de la procédure collective du commettant débiteur qu'à titre chirographaire, il perd son privilège et ne peut retenir les marchandises car son *droit de rétention est la conséquence du privilège institué par l'article L. 132-2 du Code de commerce* (▪ Cass. com., 8 juin 1999, n° 97-12.233 : *JurisData* n° 1999-002323 ; *Bull.* IV, n° 125 ; *JCP* E 1999, jurispr. p. 1243, concl. Rémery ; *JCP* E 2000, p. 130, 3 B, n° 13, obs. crit. M. C. ; p. 459, n° 18, obs. Delebecque ; *RJDA* 8-9/99, n° 931 ; *RTD com.* 1999, 968, obs. Martin-Serf ; *RTD com.* 2000, 167, obs. Bouloc).

10) Si le commissionnaire réexpédie les marchandises à un tiers suivant les instructions de son commettant, *il perd son privilège* puisqu'il s'est dessaisi volontairement de la marchandise (▪ Cass. req., 26 mars 1902 : *DP* 1902, 1, 243. – Rappr. ▪ Paris, 12 févr. 1974 : *BT* 1974, 190) ; de même s'il procède à une saisie-arrêt entre ses propres mains plaçant ainsi l'objet sous main de justice (▪ Cass. 1re civ., 10 oct. 1962 : *JurisData* n° 1962-000413 ; *Bull.* I, n° 413). Ayant constaté qu'un commissionnaire de transport s'était expressément engagé à expédier une machine contre paiement des seuls frais de cette opération, la cour d'appel en a déduit à juste titre qu'il y avait eu, de sa part, renonciation à opposer son privilège en raison de créances nées de l'exécution d'autres opérations (▪ Cass. com., 6 juill. 1983, n° 82-10.046 : *JurisData* n° 1983-701639 ; *Bull.* IV, n° 207).

Section II. – Des commissionnaires pour les transports

Art. L. 132-3 ***(Anc. C. com., art. 96).*** **– Le commissionnaire qui se charge d'un transport par terre ou par** ***eau est tenu d'inscrire sur son livre-journal*** **la déclaration de la nature et de la quantité des marchandises, et, s'il en est requis, de leur valeur.**

Bibliographie : Rodière, *Étude sur la commission de transport : RTD com.* 1957, 1 et 535. • Peyrefitte, *Le commissionnaire de transport et les autres auxiliaires de transport en droit français : DS* 1978, 213. • Gorgiades, *De quelques éclaircissements sur la véritable situation juridique du commissionnaire de transport pour servir de contribution à l'étude de sa responsabilité : RFD aérien* 1981, 47. • Chao, *L'action directe du commissionnaire en douane substitué : BT* 1984, 551. • Delebecque, *La responsabilité du commissionnaire de transport : RJDA* 3/96, 219 ; *Actualité de la commission de transport : Mél. Bouloc*, Dalloz 2007, p. 301. • Aymeric, *Sur le sous-commissionnaire de transport : RTD com.* 2009, 493. • Bon-Garcin, *Le Code des transports innove : Rev. dr. transp.* 2011, n° 14.

Ouvrages. *JCl. com. Transports terrestres, Contrats*, Fasc. 610, par Peyrefitte ; art. 96 à 99, *Transports par chemin de fer, Commission de transport*, par de Chasteigner.

Code des transports

Art. L. 1411-1 *(Ord. n° 2010-1307, 28 oct. 2010)*. **–** I. – Pour l'application du présent livre sont considérés comme :

1° Commissionnaires de transport : les personnes qui organisent et font exécuter, sous leur responsabilité et en leur propre nom, un transport de marchandises selon les modes de leur choix pour le compte d'un commettant ;

2° Auxiliaires de transport : les personnes qui concourent à l'opération de transport sans toutefois l'exécuter, ni fournir les moyens d'exécution, les courtiers de transport mentionnés aux articles L. 131-1 et L. 131-3 du Code de commerce, ainsi que les courtiers en affrètement aérien.

II. – Les dispositions du présent livre s'appliquent aux transports maritimes sous réserve des dispositions particulières figurant à la cinquième partie.

V. D. n° 2013-293, 5 avr. 2013 (*JO* 7 avr., p. 5793) établissant le contrat-type de commission de transport et qui apporte des éléments positifs à l'organisation des relations entre les parties en matière de transport de marchandises. Ce décret est supplétif de volonté et s'applique quel que soit le mode de transport utilisé. Il s'applique aux relations entre commissionnaire de transport et donneurs d'ordre, entre commissionnaires de premier rang et commissionnaires intermédiaires ou entre commissionnaires successifs. Il s'applique aux contrats internes, mais aussi aux contrats internationaux. Le contrat-type comporte des définitions, notamment celle du commissionnaire qui n'est pas la définition retenue par l'article 1411-1 du Code des transports mais celle de la jurisprudence.

I – DÉFINITION

A – Critères

1) Libre organisation d'un transport de bout en bout. Le contrat par lequel une société reçoit mission de charger des marchandises moyennant rétribution et de les faire parvenir à une destination déterminée en assurant toutes les formalités nécessaires, y compris la conclusion du contrat de transport avec les voituriers, est un contrat de commission de transport (▪ T. com. Seine, 21 déc. 1938 : *DH* 1939, 224. ▪ Aix-en-Provence, 16 sept. 1980 : *JurisData* n° 1980-600148 ; *BT* 1981, 24. ▪ Cass. com., 21 juin 1982, n° 78-10.562 : *JurisData* n° 1982-702009 ; *Bull.* IV, 235 ; *JCP G* 1982, IV, 318 ; *D.* 1983, inf. rap. 118, note Mercadal. ▪ Cass. com., 12 janv. 1988, n° 86-16.113 : *JurisData* n° 1988-000075 ; *Gaz. Pal.* 1988, 1, pan. jurispr. 79. – *Adde*, ▪ Versailles, 15 déc. 1994 : *JurisData* n° 1994-051729 ; *RJDA* 7/95, n° 844. ▪ Cass. com., 11 juin 1996, n° 94-13.975 : *JurisData* n° 1996-002343 ; *RJDA* 11/96, n° 1332. ▪ Versailles, 14 juin 2001, n° 99/08240 : *JurisData* n° 2001-152220 ; *JCP* E 2002, pan. n° 11). De même, *a la qualité de commissionnaire de transport*, la société qui accepte d'organiser librement le transport d'une marchandise, par les voies et les moyens de son choix, de bout en bout, et qui fait le choix d'un transporteur sans indiquer qu'elle agit pour le compte d'un donneur d'ordres (▪ Cass. com., 28 juin 1955 : *Bull.* III, n° 194. ▪ Cass. com., 8 déc. 1980, n° 79-13.203 : *JurisData n° 1980-745184 ; Bull. IV, n° 414.* ▪ *Cass. com.*, 16 févr. 1988, n° 86-18.309 : *JurisData* n° 1988-000364 ; *Bull.* IV, n° 75 ; *RTD com.* 1988, 682, obs. Hémard et Bouloc ; *Gaz. Pal.* 1988, 1, pan. jurispr. 112. ▪ Cass. com., 6 mai 1997, n° 94-15.589 : *JurisData* n° 1997-002068 ; *RJDA* 8-9/97, n° 1045. – V. en cas de transport par conteneurs, ▪ CE, 25 juill. 1986, n° 63643 : *JurisData* n° 1986-043173 ; *RTD com.* 1987, 579, obs. Hémard et Bouloc. ▪ Cass. com., 8 mars 2011, n° 10-12.807 : *JurisData* n° 2011-003158 ; *Rev. dr. transp.* 2011, n° 94, obs. I. Bon-Garcin). En dépit de la dénomination de contrat d'affrètement aérien, une entreprise qui accomplit les actes juridiques nécessaires au déplacement de la marchandise et qui dispose d'une latitude suffisante pour organiser le transport agit en qualité de commissionnaire de transport (▪ Cass. com., 3 nov. 2009, n° 08-14.128 : *RD transp.* 2010, comm. 22, obs. I. Bon-Garcin). Le fait pour le commettant d'attirer l'attention du commissionnaire pour que sa marchandise soit expédiée par un mode de transport plutôt qu'un autre ne transforme pas le commissionnaire de transport en mandataire (▪ Cass. com., 15 déc. 1957 : *BT* 1957, 87. ▪ Cass. com., 17 juin 1970, n° 69-11.627 : *JurisData* n° 1970-097208 ; *Bull. civ.* IV, n° 205 ; *RTD com.* 1971, 173, obs. Hémard ; *BT* 1970, 277). De même, le fait pour un *auxiliaire* de figurer comme chargeur au connaissement, en son nom personnel, ne suffit pas à démontrer qu'il a agi en qualité de commissionnaire de transport (▪ Paris, 28 oct. 1981 : *DMF* 1982, 304). Mais si le commissionnaire n'a pas la libre organisation du transport (▪ Nîmes, 2ᵉ ch., 26 mai 1982 : *JurisData* n° 242) ou se comporte comme un voiturier, il ne peut être considéré comme commissionnaire de transport (▪ Paris, 20 oct. 1981 : *BT* 1982, 38). Cependant, il ne perd sa qualité de commissionnaire que si le choix du transporteur lui est imposé par le commettant lui-même ; l'intervention d'une autorité administrative n'a aucune influence (▪ Cass. com., 13 janv. 1987, n° 84-15.732 : *JurisData* n° 1987-000293 ; *Bull. civ.* IV, p. 12 ; *RTD com.* 1987, 580, obs. Hémard et Bouloc). La qualification de la commission de transport s'effectue au regard des circonstances qui entourent l'opération (▪ Cass. com., 11 mai

2010, n° 09-15.232 : *JurisData* n° 2010-005967 ; *Rev. dr. transp.* 2010, n° 164, obs. I. Bon-Garcin).

2) Consentement du donneur d'ordre. La qualité de commissionnaire de transport ne résulte pas, pour celui qui a été chargé de l'acheminement d'une marchandise de bout en bout, du seul fait qu'il s'est substitué un tiers dans l'exécution de l'expédition s'il ne justifie pas du *consentement de son donneur d'ordre* à l'existence de cette substitution (▪ Cass. com., 10 mai 2005, n° 04-10.235 : *Bull. civ.* IV, n° 101 ; *D.* 2005, p. 2293, note Guignard ; *RTD com.* 2996, 187, obs. Bouloc ; *JCP* E 2005, n° 44-45, p. 1866, obs. Letacq). Mais, pour prouver l'existence d'un contrat de commission de transport, le consentement du donneur d'ordre est nécessaire uniquement lorsque, au départ, les parties ont conclu un contrat de transport. En cas de contrat de commission, la substitution d'un transporteur sans accord de son donneur d'ordre ne change pas la qualité de celui qui procède à la substitution (▪ Cass. com., 27 nov. 2007, n° 06-20.620 : *JurisData* n° 2007-041627 ; *D.* 2008, 11, obs. Delpech).

B – Illustrations

3) Mandataire. *L'entreprise qui agit au nom d'un commissionnaire* de transport pour dédouaner, transporter, déposer les marchandises, *n'est pas un commissionnaire*, mais un mandataire du commissionnaire (▪ Cass. com., 17 juill. 1970, n° 69-90.289 : *DMF* 1970, 656).

4) Transitaire. Lorsqu'une société n'a pas été chargée de pourvoir de bout en bout, par les voies et moyens de son choix, au transport, mais qu'elle avait seulement pour mission d'assurer le chargement des marchandises au port de départ, il en résulte qu'elle doit être traitée comme un *transitaire* et non comme un commissionnaire de transport (▪ Cass. com., 10 oct. 1966 : *JurisData* n° 1966-098387 ; *Bull.* III, n° 387. ▪ 5 juill. 1982, n° 78-12.370 : *JurisData* n° 1982-701903 ; *DMF* 1983, 92).

En revanche, lorsque le transitaire chargé de recevoir et réexpédier la marchandise effectue en son nom et en toute liberté les opérations nécessaires à l'acheminement de cette marchandise, il se comporte comme un commissionnaire de transport et non comme un transitaire (▪ Cass. req., 6 juill. 1927 : *BT* 1927, 103. ▪ Paris, 25 févr. 1960 : *Gaz. Pal.* 1960, 2, 110. ▪ Paris, 28 janv. 1969 : *BT* 1969, 81).

5) Entreprise de déménagement. Lorsqu'un *entrepreneur de déménagement* se charge de toutes les opérations de déménagement et d'acheminement du mobilier de son client, il est considéré comme commissionnaire de transport au sens des articles L. 132-3 et s. du Code de commerce (▪ Cass. com., 20 avr. 1967, n° 65-12.836 : *Bull.* III, n° 157 ; *Gaz. Pal.* 1967, 2, 108. – *Adde*, ▪ Cass. com., 19 juin 1957 : *JCP* 1958, II, 10381, note Hémard ; *D.* 1958, 113, note Rodière). V. D. Gency-Tandonnet, *Le régime mixte du contrat de « transport de déménagement »* : *JCP* E 2010, 1655. Depuis la réforme du contrat de déménagement (L. n° 2009-1503, 8 déc. 2009 : *JO* 9 déc. 2009, p. 21226), le contrat de déménagement, soumis à des règles propres (preuve du dommage, délai de prescription), est un contrat d'entreprise et les règles spéciales concernant la livraison et la prescription dans le contrat de transport tirées des articles L. 133-3 à L. 133-6 du Code de commerce ne s'appliquent pas (▪ Cass. com., 6 juill. 2010, n° 09-16.681 : *Rev. dr. transp.* 2011, n° 51, obs. I. Bon-Garcin).

6) *Sur la distinction entre le commissionnaire de transport et le voiturier* (V. ▪ Cass. com., 21 déc. 1970 : *JurisData* n° 1970-098354 ; *BT* 1971, 317. ▪ Cass. com., 13 févr. 1978, n° 77-12.124 : *JurisData* n° 1978-097063 ; *BT* 1978, 210. ▪ Paris, 22 juin 1978 : *BT* 1978, 484. ▪ Paris, 27 févr. 1980 : *JurisData* n° 1980-098217 ; *BT* 1980, 384. ▪ Paris, 21 juin 1982 : *JurisData* n° 1982-030142 ; *JCP* G 1982, IV, 318 ; *D.* 1983, inf. rap. 118, note Mercadal ; *Bull.* IV, n° 235. ▪ Cass. com., 27 nov. 2007, préc.).

7) Sur la distinction de la location et de la commission. Dans un contrat de location d'un véhicule avec conducteur, le locataire est nécessairement un transporteur (▪ Cass. com., 20 janv. 2009, n° 07-21.328 : *JurisData* n° 2009-046689 ; *RD transp.* 2009, n° 65, obs. Bon-Garcin).

II – TRANSPORT INTERNATIONAL

8) Loi applicable. Doit être régi par la *loi française* un contrat de commission de transport international de marchandises par chemin de fer qui emprunte ses conditions générales à celles du contrat type de la Fédération nationale des commissionnaires de transport et donne compétence aux tribunaux de la Seine, qui a été conclu en France, rédigé en français, dans lequel le prix est stipulé et payable en France et qui, dans tout ce qu'il a d'essentiel doit être exécuté en France, le juge étant souverain pour, de l'ensemble de ces éléments, apprécier la commune intention des parties de soumettre le marché international aux dispositions de la loi française (▪ Cass. com., 8 juill. 1981 : *JurisData* n° 1981-702358 ; *Bull. civ.* IV, n° 311 ; *Rev. crit. DIP*, avr.-juin 1983, p. 267).

9) La CMR. La CMR est inapplicable à la commission de transport (▪ Cass. com., 18 sept. 2007, n° 06-13.097 : *JurisData* n° 2007-040413 ; *D.* 2007, p. 2468, obs. Delpech ; *RD transp.* 2007, comm. 224, obs. Delebecque. ▪ Cass. com., 11 déc. 2007 : *D.* 2008, p. 82, obs. Delpech ; pan. 1245, obs. Kenfack ; *RJDA* 5/2008, n° 520 ; *JCP* E 2008, pan. 1116), ce qui a pour conséquence que le commissionnaire de transport ne peut se prévaloir du plafond d'indemnisation prévu par ce texte. Mais lorsqu'il est poursuivi par le commettant sur le fondement de la responsabilité du fait du transporteur substitué, le commissionnaire bénéficie de la limitation de responsabilité instituée au profit du transporteur (▪ Cass. com., 5 déc. 2006, n° 04-19.385 : *Bull. civ.* IV, n° 140 ; *RD transp.* 2007, comm. 22). Mais lorsqu'est en cause une obligation qui ne résulte pas du contrat de transport, la CMR ne saurait être applicable. Ainsi l'obligation pour un commissionnaire de transport, chargé en cette qualité d'organiser un transport, de transmettre à son commettant, vendeur de la marchandise, les documents nécessaires à l'exécution par la banque émettrice d'un crédit documentaire, constitue, pour ce commissionnaire, un mandat distinct de son contrat de commission, et pour le transporteur, un mandat distinct de son contrat de transport (▪ Cass. com., 14 mai 2008 : *D.* 2008, p. 1476, obs. Delpech).

10) Juridiction compétente. En l'absence de clause attributive de juridiction. À défaut d'élection de for, la CMR offre au demandeur une option très encadrée entre les juridictions de l'État où le défendeur a son siège principal et celui où la livraison doit être effectuée (▪ Cass. com., 30 oct. 1984, n° 82-16.313 : *JurisData* n° 1984-701830 ; *Bull. civ.* IV, n° 291). Mais comment articuler cette désignation de l'ordre juridictionnel national compétent avec les règles nationales de détermination de la juridiction compétente ? Au sein de l'ordre national désigné par la CMR, les règles internes ne peuvent faire échec à la désignation ainsi effectuée, par exemple en renvoyant à un autre ordre national (▪ Cass. com., 8 janv. 2008, n° 06-15.999 : *JurisData* n° 2008-042191 ; *D.* 2008, p. 289, obs. Delpech ; *RTD com.* 2008, 453, obs. Delebecque, et 617, note Bouloc ; *RD transp.* 2008, comm. 61, obs. Staes ; *BTL* 2008, 43).

11) Juridiction compétente. En présence d'une clause attributive de juridiction. Une clause attributive de juridiction convenue entre un transporteur et un chargeur et insérée dans un connaissement, produit ses effets à l'égard du tiers porteur du connaissement, pour autant que, en l'acquérant il ait succédé aux droits et obligations du chargeur en vertu du droit national applicable... Dans le cas contraire, il convient de vérifier son consentement à la clause, au regard des exigences de l'article 23 du règlement « Bruxelles I » (▪ Cass. 1re civ., 16 déc. 2008, n° 07-18.834. ▪ Cass. com., 16 déc. 2008, n° 08-10.460 : *D.* 2009, p. 89, obs. Delpech ; *ibid.*, p. 977, obs. Kenfack ; *BTL* 2009, 7, obs. Tilche).

Art. L. 132-4 *(Anc. C. com., art. 97)*. **– Il est garant de l'arrivée des marchandises et effets dans le délai déterminé par la lettre de voiture, hors les cas de la force majeure légalement constatée.**

1) Teneur de l'obligation du commissionnaire de transport : une obligation de résultat. Le commissionnaire de transport est tenu d'une obligation générale de résultat relative à la bonne fin du transport. Il est responsable du seul fait de l'inexécution, seul le cas fortuit ou la force majeure peuvent l'exonérer de sa responsabilité (▪ Cass. com., 26 févr. 1980, n° 77-14.299 : *JurisData* n° 1980-099100 ; *Bull.* IV, n° 100 ; *JCP* G 1980, IV, 182). Le commissionnaire, en sa qualité d'organisateur de l'expédition, est ainsi tenu de veiller à ce que la marchandise soit conditionnée de manière à supporter l'acheminement, et c'est à lui qu'il appartient soit de changer de moyen de transport, soit de modifier le conditionnement en cas de risque supposé (▪ Cass. com., 16 juin 2009, n° 07-20.684 : *RD transp.* 2009, comm. 186). Cette règle est supplétive de volonté car la jurisprudence retient qu'il « ne peut, sous réserve d'une stipulation contraire, s'exonérer de la responsabilité qui pèse sur lui que par la cause d'une cause étrangère » (▪ *Cass. com., 11 déc. 2007 : D. 2008, p. 82, obs. Delpech et p. 1245, obs. Kenfack* ; *RJDA* 5/2008, n° 520 ; *JCP* E 2008, pan. 1116). Pour les clauses d'exonération de responsabilité (V. ▪ Cass. com., 31 janv. 1979 : *JCP* 1979, II, 19142, note Rodière). Dans l'hypothèse d'une vente « FOB », le commissionnaire est responsable à l'égard de son commettant uniquement jusqu'à son chargement à bord du navire (▪ Cass. com., 7 sept. 2010, n° 09-16.359 : *JurisData* n° 2010-015358 ; *D.* 2011, 2060).

2) Conséquence de l'obligation de résultat pesant sur le commissionnaire de transport. Il appartient au commissionnaire de transport d'accomplir tous les actes juridiques nécessaires au déplacement de la marchandise et de prendre toutes les mesures appropriées pour faire en sorte que la marchandise soit acheminée jusqu'à la destination prévue (▪ Cass. com., 11 déc. 2007, préc.). Il ne peut exiger de son commettant, à l'instar d'un mandataire sur le fondement de l'article 1999 du Code civil, le remboursement des frais consécutifs à sa mission si l'affaire n'a pas réussi. Il est en conséquence tenu d'une obligation de s'informer, notamment sur le contenu des documents douaniers que le transporteur devra présenter, sans pouvoir arguer d'une quelconque exception d'ignorance.

Art. L. 132-5 *(Anc. C. com., art. 98)*. **– Il est garant des avaries ou pertes de marchandises et effets, s'il n'y a stipulation contraire dans la lettre de voiture, ou force majeure.**

I – RESPONSABILITÉ DU FAIT PERSONNEL

1) Nature de la faute du commissionnaire. Le commissionnaire est responsable lorsqu'une *imprudence ou une négligence* peuvent être relevées à sa charge dans le choix des moyens de transports ou des intermédiaires (▪ Cass. com., 16 déc. 1957 : *JCP* 1958, II, 10675, note Rodière. ▪ Cass. com., 3 nov. 1969 : *JCP* 1970, II, 16194, note Rodière. ▪ Rouen, 12 nov. 1981 : *JurisData* n° 1981-042063 ; *BT* 1982, 272).

Si le commissionnaire de transport ne peut être tenu, à l'égard de son commettant, au-delà de ce à quoi est tenu son substitué, il peut en aller différemment lorsqu'il a *commis une faute personnelle* dans l'accomplissement de la mission qui lui avait été confiée (▪ Cass. com., 22 oct. 1996, n° 94-16.371 : *JurisData* n° 1996-003943 ; *RJDA* 2/97, n° 205). La responsabilité d'un commissionnaire de transport pour un fait qui lui est personnel n'est pas subordonnée à la commission d'une faute lourde (▪ Cass. com., 5 mars 2002, n° 00-11.112 : *JurisData* n° 2002-013537 ; *RJDA* 8-9/2002, n° 888). V. pour le *manquement à l'obligation essentielle* (▪ Cass. com., 5 juin 2007, n° 06-14.832 : *JurisData* n° 2007-039240 ; *D.* 2007, p. 1720, obs. Delpech ; *JCP* E 2007, pan. 2026 ; *ibidem*, 2204, n°s 16 et 17, obs. Letacq ; *ibidem*, 2234, note Paulin). Mais la Cour de cassation indique que le commissionnaire n'engage sa responsabilité pour fait personnel que lorsqu'il est à l'origine des avaries ou pertes de marchandises (▪ Cass. com., 22 nov. 2011, n° 10-20.599 : *JCP* E 2012, 1530, obs. Bon-Garcin, ce qui n'est pas le cas lorsque les marchandises ont péri suite à un dysfonctionnement de la sonde de la remorque frigorifique du transporteur).

Lorsque le commissionnaire de transport est poursuivi sur le fondement de la responsabilité du fait du transporteur substitué, il bénéficie de la limitation de responsabilité instituée au profit du transporteur (▪ Cass. com., 5 déc. 2006, n° 04-19.385 : *JurisData* n° 2006-036342 ; *D.* 2007, p. 222, obs. Delpech).

2) Objet de la garantie du commissionnaire. Le commissionnaire de transport, fût-il un commissionnaire intermédiaire, est garant, sauf force majeure, vice propre de la marchandise ou faute de l'expéditeur, des avaries ou pertes de marchandises qu'il a confiées au transporteur choisi par lui (▪ Cass. com., 1er juill. 1997, n° 94-21.931 : *JurisData* n° 1997-003142 ; *Bull.* IV, n° 217 ; *RTD com.* 1998, 409, obs. Bouloc ; *RJDA* 12/97, n° 1491). En revanche, en vertu du droit italien (applicable en l'espèce), le commissionnaire ne répond que de ses fautes (▪ Cass. com., 1er févr. 2011, n° 09-16.833 : *JurisData* n° 2011-001031 ; *Rev. dr. transp.* 2011, n° 75, obs. I. Bon-Garcin).

3) Dommages causés à l'engin de transport. En ce qu'il agit en son nom propre, le commissionnaire de transport est également responsable de plein droit envers le transporteur des dommages causés par la marchandise transportée à l'engin de transport dont le transporteur est propriétaire, quand bien même ce dommage aurait pour fait générateur l'action d'un tiers (▪ Cass. com., 14 janv. 2004, n° 02-13.587 : *JurisData* n° 2004-021796 ; *Bull. civ.* IV, n° 12 ; *D.* 2004, somm. 1348, obs. Delebecque ; *RTD com.* 2004, 588, obs. Bouloc. ▪ Paris, 18 janv. 2007, n° 04/15401 : *JurisData* n° 2007-340647 ; *RD transp.* 2007, comm. 255, obs. Bon-Garcin). Cela étant, il peut appeler en garantie son donneur d'ordre. Mais la Cour de cassation retient que la responsabilité du commettant à l'égard du commissionnaire n'est pas une responsabilité de plein droit, mais une responsabilité pour faute prouvée. Jugeant que « le commissionnaire de transport, dont la responsabilité vis-à-vis du transporteur a été retenue en raison de dommages causés par la marchandise au moyen de transport, ne peut être garanti par son donneur d'ordre, auquel il est lié par un contrat de commission de transport, que s'il établit que ce dommage a pour origine un fait imputable à ce dernier » (▪ Cass. com., 4 mars 2008 : *D.* 2008, p. 846, obs. Delpech).

4) Dommages causés aux marchandises. Le commissionnaire répond des dommages causés aux marchandises envers l'expéditeur ou le destinataire s'il n'a pas pris la précaution de formuler une déclaration de valeur des marchandises ou s'il n'a pas provoqué une expertise en cas de contestation d'avarie (▪ Paris, 30 mars 1936 : *Gaz. Pal.* 1936, 2, 114) ; s'il n'a pas observé les prescriptions de la lettre de voiture (▪ Cass. civ., 29 déc. 1845 : *DP* 46, 1, 51) ; s'il a changé le mode de transport convenu (▪ Paris, 24 mai 1958 : *D.* 1958, 127. ▪ Paris, 30 sept. 1981 : *JurisData* n° 1981-601062 ; *BT* 1981, 514) ; s'il y a perte de la chose transportée (▪ Cass. req., 3 juill. 1894 : *DP* 94, 1, 488) ou dépérissement (▪ Cass. com., 26 janv. 1953 : *Bull.* III, n° 35) ; s'il y a mauvais arrimage de fûts contenant la marchandise à l'intérieur de conteneurs, effectué par un sous-traitant du commissionnaire (▪ Paris, 15 juin 1979 : *JurisData* n° 1979-655054 ; *DMF* 1980, 86. – *Adde* ▪ Cass. com., 5 févr. 2002, n° 99-19.045 : *JurisData* n° 2002-013052 ; *RJDA* 6/2002, n° 634).

En revanche, lorsque c'est l'expéditeur qui procède aux opérations d'arrimage et de calage en remettant la marchandise enfermée dans les conteneurs, le transporteur ne saurait être responsable que des dommages résultant de la manipulation ou de l'arrimage du conteneur mais non de ceux dus au défaut de calage des marchandises (▪ Cass. com., 3 oct. 1989, n° 87-15.548 : *JurisData* n° 1989-703077 ; *Bull.* IV, n° 245 ; *RTD com.* 1990, 254, obs. Bouloc). La faute personnelle du commissionnaire ne lui interdit pas de rechercher la responsabilité du transporteur (■ Cass. com., 6 juill. 2010, n° 09-67.865 : *JurisData* n° 2010-011289 ; *Rev. dr. transp.* 2010, n° 208).

5) Obligation de vérification. Le commissionnaire engage sa responsabilité personnelle lorsque étant chargé de prendre livraison de marchandises en cours de transport et de procéder à leur réexpédition, il omet de vérifier ces marchandises, perdant ainsi tout recours contre le transporteur antérieur (■ Paris, 17 janv. 1927 : *DH* 1927, 190). En sa seule qualité de commissionnaire, l'organisateur d'un transport est, par application de l'article L. 132-5, garant des avaries et, dès lors qu'il est lui-même expéditeur et n'invoque pas la force majeure, ne peut s'exonérer qu'en démontrant le vice propre de la marchandise à condition, toutefois, qu'il constitue une cause étrangère (■ Cass. com., 20 janv. 1998, n° 95-20.705 : *JurisData* n° 1998-000166 ; *JCP* E 1998, pan. p. 488 ; *RJDA* 5/98, n° 595).

6) Faute d'imprudence. Lorsque la marchandise est transportée en *port dû*, engage sa responsabilité le commissionnaire qui fait personnellement crédit au destinataire pendant plusieurs mois, alors que celui-ci se révèle insolvable et qu'il ne l'était pas à l'époque des expéditions litigieuses (■ Cass. com., 10 janv. 1977, n° 75-13.336 : *JurisData* n° 1977-097009 ; *Bull.* IV, n° 9 ; *BT* 1977, 1321).

7) Devoir de conseil et d'information. Le commissionnaire a un devoir de conseil envers son commettant ; il pourrait engager sa responsabilité en s'abstenant d'attirer l'attention de son client sur la nécessité de donner un ordre d'assurance pour couvrir efficacement le risque de perte ou d'avarie auquel était exposée une marchandise de grande valeur, sauf si le commettant était déjà informé (■ Cass. com., 31 janv. 1978 : *JurisData* n° 1978-797044 ; *JCP* CI 1979, II, 13141, note Rodière) ; de même s'il s'abstient d'avertir l'expéditeur des aléas courus par les expéditeurs dans un pays étranger déterminé (■ Cass. com., 18 juin 1980, n° 77-13.613 : *JurisData* n° 1980-000265 ; *Bull.* IV, n° 265). Par ailleurs, pèse sur le commissionnaire un *devoir d'information* sur la nature de la marchandise *à l'égard de son sous-traitant* (■ Paris, 12 nov. 2008, n° 06/17321 : *RD transp.* 2009, n° 41 : commet une faute personnelle le commissionnaire qui n'a pas attiré l'attention de son sous-traitant sur le caractère particulièrement sensible des marchandises transportées et *sur la nécessité de les faire voyager dans* des conditions de sécurité renforcées. – V. égal. ■ Paris, 3 déc. 2008, n° 06/19508 : *JurisData* n° 2008-004676 ; *RD transp.* 2009, n° 41 [2e arrêt]). ■ Cass. com., 13 juill. 2010, n° 09-15.472 : *JurisData* n° 2010-011684 ; *D.* 2011, 1935, où le commissionnaire n'avait mentionné sur la lettre de voiture ni la nature de la marchandise qu'il connaissait nécessairement, ni leur valeur et n'avait donné aucune instruction quant à des précautions particulières à prendre).

8) Limite à la responsabilité du commissionnaire. Le commissionnaire n'est responsable que des obligations qui pèsent sur lui. Il ne peut être responsable pour retard dans la livraison s'il ne s'était pas engagé à date fixe et qu'aucune mise en demeure ne lui avait été adressée (■ T. com. Marseille, 29 août 1967 : *BT* 1967, 301) ; s'il n'a pas assuré la marchandise alors qu'aucune instruction en ce sens ne lui avait été transmise (■ Cass. com., 5 oct. 1965 : *BT* 1965, 398, note Rodière. ■ Cass. com., 27 oct. 1975, n° 74-11.632 : *JurisData* n° 1975-097238 ; *BT* 1975, 526. – *Adde*, ■ Paris, 29 mai 1990 : *JurisData* n° 1990-021903 ; *D.* 1992, somm. 79, obs. Rémond-Gouilloud. ■ Versailles, 10 janv. 2002, n° 98/08941 : *JurisData* n° 2002-195766 ; *RJDA* 6/2002, n° 632) ; s'il n'a pas choisi le tarif le plus avantageux, sans indications en ce sens (■ Cass. req., 21 janv. 1931 : *DH* 1931, 147) ; s'il a accepté le paiement par chèques qui se sont avérés sans provision (■ Rennes, 2 avr. 1952 : *BT* 1952, 533. – Comp. ■ Cass. com., 16 juill. 1979 : *JurisData* n° 1979-700234 ; *Bull.* IV, n° 235). En revanche, la jurisprudence fait peser sur le commissionnaire (comme sur le transporteur) une obligation de suivi permettant d'engager sa responsabilité personnelle sans qu'il puisse invoquer l'impossibilité dans laquelle il se trouve du fait de l'organisation journalière du transport de dizaine de colis, de s'assurer systématiquement que chacun est parvenu à destination (■ CA Douai, 11 déc. 2008, n° 07/05548 : *JurisData* n° 2008-005492 ; *RD transp.* 2009, comm. 83, obs. Bon-Garcin jugeant que le commissionnaire, responsable du suivi du déroulement du transport jusqu'à la livraison est particulièrement négligent s'il ne s'aperçoit pas lui-même du défaut de livraison. ■ Cass. com., 5 juill. 2007 : *JurisData* n° 2007-039240 ; *RD transp.* 2007, étude 10, Ch. Paulin).

9) Preuve de la faute personnelle du commettant. La faute personnelle du commettant doit être prouvée ; ainsi n'a pas donné de base légale à sa décision au regard des articles L. 132-5 et L. 132-6 du Code de commerce la cour d'appel qui, pour condamner un commissionnaire de transport à réparer le dommage résultant des avaries causées à un matériel qui avait été exposé à Moscou, au cours du transport de retour en France par camion, après avoir retenu que le transporteur dont il avait requis les services était exonéré de toute responsabilité dans la survenance des avaries, a énoncé qu'à l'égard de son commettant la responsabilité du commissionnaire s'étendait depuis le stand de Moscou et qu'il devait répondre des conditions dans lesquelles le chargement avait été effectué dans le véhicule, sans caractériser une faute personnelle de sa part (▪ Cass. com., 22 juill. 1986, n° 84-11.792 : *JurisData* n° 1986-001600 ; *Bull.* IV, n° 187 ; *Gaz. Pal.* 1986, 2, pan. jurispr. 271). Il faut prouver que le *dommage a eu lieu pendant la seule partie des opérations concernées par le contrat de commission* (▪ Cass. com., 16 nov. 1993, n° 91-14.987 : *JurisData* n° 1993-002420 ; *RJDA* 4/94, n° 399).

Pour la responsabilité du commissionnaire de transport en cas de perte subie au cours d'un *transport aérien* (▪ Cass. com., 28 févr. 1984, n° 82-12.780 : *JurisData* n° 1984-700298 ; *Bull.* IV, n° 78 ; *RTD com.* 1985, 158, obs. Hémard et Bouloc).

II – CLAUSES ÉLISIVES OU LIMITATIVES DE RESPONSABILITÉ

10) Nécessité d'une clause acceptée. Le commissionnaire ne peut se prévaloir d'une *limitation de responsabilité* résultant de conditions dont il n'est pas prouvé qu'il en a donné connaissance au transporteur terrestre (▪ Aix-en-Provence, 18 nov. 1980 : *DMF* 1981, 714, note Achard).

La clause d'exonération doit être claire, précise (▪ Lyon, 29 mai 1947 : *JCP* G 1947, IV, 196) et acceptée par le commettant ; le silence de ce dernier et son absence de protestation n'établissent pas sa connaissance de la clause et son acceptation au moment de la formation du contrat (▪ Cass. com., 3 déc. 1985, n° 83-17.173 : *JurisData* n° 1985-003432 ; *Bull.* IV, n° 289 ; *Gaz. Pal.* 1986, 1, pan. jurispr. 80 ; *BT* 1986, 387). Dans l'hypothèse où elle est valable, la clause de renonciation à recours prévue dans la convention passée entre un commissionnaire et son commettant ne peut être invoquée ni par un transporteur, ni par un entrepositaire (effet relatif des contrats ▪ Cass. com., 16 juin 2009 : *RD transp.* 2009, comm. 207, note I. Bon-Garçin).

La limitation de responsabilité doit être établie pour chaque contrat (▪ Paris, 18 avr. 1942 : *BT* 1943, 21) ; une clause limitative de responsabilité du commissionnaire figurant dans la correspondance et au verso des factures établies pour des opérations antérieures et non dans le contrat de transport en cause n'est pas opposable à l'expéditeur (▪ Cass. com., 20 mai 1986 : *JurisData* n° 1986-701597 ; *BT* 1986, 367. – *Adde*, ▪ Colmar, 26 mai 1973 : *BT* 1973, 268).

11) Charge de la preuve. C'est au commissionnaire de rapporter la *preuve d'une clause limitative* de responsabilité (▪ Cass. com., 5 oct. 1965 : *BT* 1965, 398 ; *Bull.* IV, n° 432). Mais lorsque les commissionnaires font partie d'une même organisation dont les dispositions statutaires prévoient des clauses limitatives de responsabilité, il n'est pas nécessaire de spécifier ces clauses limitatives (▪ Cass. com., 7 mars 1955 : *BT* 1955, 152 ; *Bull.* III, n° 87) ; toutefois, l'expéditeur doit déclarer en avoir eu connaissance (▪ T. com. Toulouse, 7 juill. 1961 : *BT* 1961, 280).

12) Opposabilité d'une limitation de responsabilité (Convention de Bruxelles de 1924). Un commissionnaire de transport a été jugé responsable des dommages causés à des marchandises, lors de la partie maritime de leur transport, dès lors que, seul cocontractant de l'expéditeur, il était contractuellement responsable de l'avarie en application de l'article L. 132-5 du Code de commerce et que, connaissant la valeur de la marchandise et ne l'ayant pas déclarée au transporteur maritime, il ne pouvait se prévaloir de la limitation de responsabilité invoquée et découlant de la Convention de Bruxelles de 1924 (▪ Cass. com., 26 avr. 1984, n° 82-17.066 : *JurisData* n° 1984-700894 ; *Bull.* IV, n° 141).

13) Opposabilité d'une limitation de responsabilité (CMR). A violé l'article L. 132-5 la cour d'appel qui, pour refuser de faire application des clauses limitatives de responsabilité insérées au contrat et accorder une réparation intégrale du préjudice subi retient la faute lourde d'un chauffeur qui avait favorisé un vol à main armée, sans relever contre le commissionnaire et le transporteur aucune circonstance constitutive d'une négligence d'une extrême gravité, confinant au dol et dénotant l'inaptitude du transporteur, maître de son action, à l'accomplissement de la mission contractuelle qu'il avait acceptée (▪ Cass. com., 3 oct. 1989, n° 87-18.479 : *JurisData* n° 1989-703073 ; *D.* 1990, 81, concl. Jéol ; *Bull.* IV, n° 246 ; *RTD com.* 1990, 255, obs. Bouloc. – *Adde*, ▪ Cass. com., 3 avr. 2002, n° 00-14.327 : *JurisData* n° 2002-013810 ; *JCP* E 2002, pan. 867 ; *Bull.* IV, n° 67 ; *RTD com.* 2002, 719, obs. Bouloc, pour un transporteur).

La limitation légale d'indemnité par colis perdu ou avarié par le contrat type général (CMR) s'entend de colis sous forme de palettes remises au transporteur (▪ Cass. com., 5 déc. 2006, n° 04-19.385 : *JurisData* n° 2006-036342 ; *RJDA* 6/2007, n° 612). Lorsqu'il est poursuivi par le commettant à la suite d'une avarie, sur le fondement de la responsabilité du transporteur, le commissionnaire bénéficie normalement de la limitation de responsabilité prévue au profit du transporteur, mais uniquement si celle-ci a un fondement contractuel (contrat particulier ou contrat-type ▪ Cass. com., 5 déc. 2006 : *Bull. civ.* IV, n° 240). En revanche, le commissionnaire n'est pas protégé par la limitation de responsabilité instituée par la CMR, qui ne lui est pas applicable (▪ Cass. com., 18 sept. 2007 : *D.* 2007, p. 2468, obs. Delpech ; *RD transp.* 2007, n° 224, obs. Delebecque).

III – FORCE MAJEURE

14) Caractère imprévisible et insurmontable. Si *le verglas* est imprévisible, il doit être insurmontable pour constituer un cas de force majeure (▪ Cass. com., 6 févr. 1973 : *JurisData* n° 1973-097062 ; *JCP* 1973, II, 17501, note Rodière).

15) Grève. *Une grève portuaire* ne peut être exonératrice de responsabilité que si elle survient de manière inopinée et brutale, en tout cas de façon totalement imprévisible, rendant impossible la prise de toute mesure de sauvegarde de la marchandise ; dans la mesure où un délai de treize jours s'était écoulé entre l'annonce de la grève et son déclenchement, il appartenait au commissionnaire de prendre toutes les mesures de protection de la marchandise confiée à sa garde ; le moyen tiré de la force majeure ne peut donc être retenu (▪ Paris, 25 avr. 1984 : *JurisData* n° 1984-022480 ; *BT* 1985, 63).

16) Cas fortuit. Le commissionnaire de transport chargé de faire expédier des marchandises par avion, n'encourt aucune responsabilité lorsque le retard qu'il a apporté dans l'exécution de sa mission est dû à un *cas fortuit* (pour les perturbations consécutives à l'ouverture d'un nouvel aéroport, ▪ T. com. Paris, 26 mai 1976 : *JurisData* n° 1976-760579 ; *RFD aérien* 1977, 91. – Pour la décision, soudaine et imprévisible d'un chef de gare d'interrompre la circulation de wagons de vins, ▪ Cass. com., 26 févr. 1980, n° 77-14.299 : *JurisData* n° 1980-099100 ; *Bull.* IV, n° 100. – Rappr. ▪ Cass. com., 15 juin 1973, n° 72-10.636 : *Bull.* IV, n° 207).

17) Vol à main armée. Le vol à main armée de pièces de monnaie n'a pas le caractère d'un événement de force majeure exonératoire dès lors que le commissionnaire connaissait la nature de la marchandise transportée et qu'il s'était engagé à prendre les précautions nécessaires pour assurer la sécurité du convoi (▪ Cass. com., 3 oct. 1990 : *Bull.* IV, n° 246 ; *D.* 1990, somm. 269, obs. Rémond-Gouilloux. – Comp. ▪ Orléans, 11 mars 2004 : *RJDA* 8-9/2004, n° 976).

Mais il constitue un cas de force majeure lorsque le chauffeur est agressé par de faux gendarmes lors d'un faux contrôle routier (▪ Paris, 3 févr. 1999 : *JCP* E 1999, pan. p. 1415).

18) V. arrêts cités, sous art. L. 133-1, p. 86.

Art. L. 132-6 *(Anc. C. com., art. 99)*. – **Il est garant des faits du commissionnaire intermédiaire auquel il adresse les marchandises.**

I – LA RESPONSABILITÉ DU FAIT DU TRANSPORTEUR SUBSTITUÉ

A – Le principe de responsabilité

1) L'absence de faute du commissionnaire importe peu. Le commissionnaire ne peut s'exonérer de sa responsabilité en alléguant qu'il n'a pas commis de faute et en prouvant que la perte ou l'avarie est imputable au transporteur intermédiaire (▪ Cass. civ., 9 juill. 1872 : *DP* 1894, 1, 488. ▪ Cass. com., 12 avr. 2005, n° 03-19.638 : *JurisData* n° 2005-028028 ; *RJDA* 8-9/2005, n° 977 ; *JCP* E 2005, pan. 1006 ; *D.* 2005, p. 1350, obs. Chevrier ; *ibidem*, pan. 2753, obs. Kenfack).

Le commettant peut ne demander réparation qu'au commissionnaire de transport sur le fondement de l'article L. 132-6 *sans avoir à mettre en cause le transporteur* en vertu de l'article L. 133-1 du Code de commerce, aucune indivisibilité n'existant entre les deux actions (▪ Cass. com., 6 janv. 1998, n° 95-21.307 : *RJDA* 3/98, n° 286 et p. 179, rapp. Apollis ; *Bull.* IV, n° 10 ; *RTD com.* 1998, 669, obs. Bouloc).

Le commissionnaire *est garant du fait des transporteurs substitués* dès lors que le choix de ceux-ci ne lui a pas été imposé par son commettant (▪ Cass. com., 11 févr. 2004 : *JCP* E 2004, pan. 540 ; *RJDA* 6/2004, n° 705 ; *JCP* E 2004, chron. 1342, n° 13, obs. Bon-Garcin). Il ne peut se dégager de sa responsabilité au motif que le choix du transporteur final lui a été imposé par un organisme public monopolistique (même déc.).

2) La faute lourde des intermédiaires. Le commissionnaire est tenu par les *fautes lourdes* des intermédiaires (▪ Paris, 9 déc. 1970 : *BT* 1970, 415). Il doit alors réparer les dommages, même imprévisibles (▪ Colmar, 16 mai 1973 : *BT* 1973, 268).

Lorsqu'il a contracté l'obligation de recouvrer le prix des marchandises, il est responsable de plein droit, en vertu de l'article L. 132-6, de celui qu'il a choisi pour exécuter cette prestation (▪ Cass. com., 6 févr. 1973 : *JurisData* n° 1973-097064 ; *Bull.* IV, n° 64).

Le commissionnaire chargeur ne peut invoquer la faute du commissionnaire intermédiaire pour s'exonérer à l'égard du commettant car il doit répondre de celui-là (▪ Paris, 29 oct. 1955 : *BT* 1956, 46. ▪ Paris, 11 janv. 1985 : *JurisData* n° 1985-600201 ; *DMF* 1986, 166).

Commet une faute personnelle le commissionnaire intermédiaire qui s'abstient de répercuter des ordres qui auraient permis d'éviter l'agression du conducteur et consécutivement le vol de la marchandise, alors qu'il avait l'habitude d'organiser des transports pour ce type de marchandise sensible, en l'occurrence des téléphones mobiles (▪ Cass. com., 3 nov. 2009 : *RD transp.* 2010, comm. 53, obs. I. Bon-Garcin).

3) L'action de l'expéditeur. L'expéditeur peut agir directement contre les commissionnaires ou voituriers intermédiaires (■ T. com. Seine, 13 juin 1960 : *BT* 1960, 238).

B – Les limitations de responsabilité

4) Les limitations textuelles. Le commissionnaire de transport bénéficie normalement de la limitation de responsabilité prévue au profit du transporteur mais uniquement si celle-ci a un fondement contractuel (contrat particulier ou contrat-type) (■ Cass. com., 5 déc. 2006 : *Bull. civ.* IV, n° 240 ; *D.* 2007, p. 2468, obs. Delpech ; *RD transp.* 2007, n° 224, note Delebecque). ■ Cass. com., 30 mars 2010, n° 09-11.916 : *JurisData* n° 2010-002976 ; *Rev. dr. transp.* 2010, n° 140, obs. I. Bon-Garcin qui juge que la faute du commissionnaire ayant contribué à la réalisation du dommage, et le transporteur ayant commis une faute lourde, le partage de responsabilité s'applique à l'intégralité de l'indemnité. En revanche, il n'est pas protégé par la limitation de responsabilité instituée par la CMR, qui ne lui est pas applicable (■ Cass. com., 18 sept. 2007 : *D.* 2007, p. 2468, obs. Delpech ; *RD transp.* 2007, comm. 224, obs. Delebecque. *Contra* ■ Cass. com., 16 juin 1981, n° 80-11.096 : *JurisData* n° 1981-701964 ; *Bull. civ.* IV, n° 281). De même, le commissionnaire de transport tenu responsable du fait du transporteur aérien qu'il s'est substitué, sur le fondement de l'article L. 132-5, ne peut se prévaloir à l'égard de son commettant des dispositions de l'article 22 de la Convention de Varsovie relatives à la limitation de responsabilité du transporteur aérien (■ Paris, 18 juin 1992 : *JurisData* n° 1992-021914 ; *JCP* E 1992, pan. 1322).

5) Les limitations conventionnelles. Les clauses limitatives de responsabilité figurant dans les conditions générales de la Fédération nationale des commissionnaires de transport n'ont pas de caractère réglementaire et doivent être écartées dès lors qu'il n'est pas établi que la limitation de responsabilité ait été stipulée entre le commissionnaire substitué et le commissionnaire pour l'opération litigieuse ou à l'occasion d'opérations antérieures (■ Cass. com., 20 févr. 1996, n° 93-18.739 : *JurisData n° 1996-000559* ; *D. 1996, 290, note* Delebecque).

6) L'exonération de responsabilité :

– s'il n'a pas choisi le ou les transporteurs subséquents (■ Paris, 26 juin 1984 : *JurisData* n° 1984-023839 ; *BT* 1985, 87) ; mais le choix du transporteur doit lui être imposé par le commettant lui-même et lui seul ; l'intervention d'une autorité administrative serait inopérante (■ Cass. com., 13 janv. 1987, n° 84-15.732 : *JurisData* n° 1987-000293 ; *Bull.* IV, p. 12 ; *RTD com.* 1987, 580, obs. Hémard et Bouloc. ■ Cass. com., 5 déc. 1989, n° 88-11.387 : *JurisData* n° 1989-003931 ; *D.* 1990, somm. 270, obs. Rémond-Gouilloud. ■ Cass. com., 11 févr. 2004, n° 01-16.651 : *JurisData* n° 2004-022271 ; *D.* 2004, p. 699) ;

– si le voiturier a été exonéré par un cas de force majeure (■ Cass. com., 6 févr. 1973 : *JurisData* n° 1973-097062 ; *Bull.* IV, n° 62) ou a bénéficié d'une exonération partielle de responsabilité, le commissionnaire ne pouvant encourir une responsabilité plus lourde que s'il avait exécuté lui-même le transport (■ Cass. com., 22 juill. 1986, n° 84-11.792 : *JurisData* n° 1986-001600 ; *JCP* G 1986, IV, 311 ; *Gaz. Pal.* 1986, 2, pan. jurispr. 287 ; *BT* 1986, 591).

7) L'étendue de la responsabilité du commissionnaire. Le commissionnaire intermédiaire ne répond que de son propre fait et n'est garant que des voituriers qu'il a choisis (■ Cass. com., 24 oct. 1967 : *BT* 1967, 378). Il est également responsable en fonction des obligations qu'il a contractées (■ Cass. civ., 4 févr. 1914 : *DP* 1916, 1, 141. ■ Cass. req., 11 mai 1914 : *BT* 1914, 119. ■ Paris, 28 mars 1977 : *BT* 1977, 348).

8) Il en est de même du dernier commissionnaire (■ Cass. civ., 21 janv. 1925 : *DP* 1927, 1, 127) ; cependant lorsque le transport a lieu en port dû et qu'il est donc chargé d'encaisser la totalité du prix du transport, il se substitue alors aux commissionnaires et voituriers antérieurs et subit les conséquences des faits qui engagent leur responsabilité (■ Cass. civ., 7 juill. 1924 : *DH* 1924, 583. ■ Cass. com., 11 févr. 1965, n° 62-10.439 : *Bull.* III, n° 116 ; *BT* 1965, 108).

9) Le commissionnaire n'est pas solidairement responsable avec les commissionnaires ou voituriers intermédiaires (■ Cass. com., 5 déc. 1951 : *D.* 1952, 449, note Goré), à moins qu'il n'ait commis une faute (■ Paris, 30 oct. 1944 : *D.* 1945, 192, note Aubrun).

10) Le commissionnaire chargeur responsable en application de l'article L. 132-6, peut appeler le commissionnaire intermédiaire en *garantie* s'il démontre que les avaries survenues aux marchandises sont dues à une faute de ce dernier (■ Cass. com., 27 mai 1963 : *JCP* G 1963, IV, 95 ; *Bull.* III, n° 254).

II – ACTION EN GARANTIE ET ACTION RÉCURSOIRE

11) Existence de l'action récursoire. Le commissionnaire chargeur garant envers les expéditeurs est en droit d'exercer un *recours contre les voituriers* responsables de la perte des colis (■ Cass. com., 16 juin 1966 : *JCP* G 1968, II, 15330, note Bigot ; *Bull.* III, n° 309).

12) Conditions de l'action en garantie. *Il n'a qualité pour exercer une action principale en garantie* que s'il a désintéressé le créancier d'indemnité ou s'est engagé à dédommager ce créancier qui a accepté d'attendre le résultat de la procédure engagée par le commissionnaire contre le transporteur ou son assureur (■ Cass. com., 4 mai 1982, n° 78-14.406 : *JurisData* n° 1982-700957 ; *Bull.* IV, n° 151. ■ Cass. com., 2 févr. 1992 : *RJDA* 6/93, n° 502. – Comp. ■ Cass. com., 12 janv. 1988, n° 86-14.607 : *JurisData* n° 1988-000080 ; *Bull.*, IV, n° 28 ; *RTD com.* 1988, 682, obs. Hémard et Bouloc). Le commissionnaire de transport n'a pas à justifier d'une *subrogation dans les droits de son client* pour agir en garantie contre le voiturier (■ Cass. com., 13 juin 1989, n° 87-15.767 : *JurisData* n° 1989-001859 ; *BT* 1989, 527).

13) Le commissionnaire condamné à réparer le préjudice ne peut exercer son recours en garantie contre le transporteur qu'en exécution du contrat de transport et conformément à la CMR, applicable à ce contrat (■ Cass. com., 18 mars 1986, n° 84-12.306 : *JurisData* n° 1986-000472 ; *Bull.* IV, n° 54 ; *JCP* G 1986, IV, 155).

14) Pour agir en garantie le commissionnaire doit justifier d'un préjudice qui résulte du paiement de l'indemnité versée à la place du voiturier (Comp. ■ Paris, 28 oct. 1974 : *BT* 1975, 43. – V. aussi, ■ Cass. com., 14 juin 1994, n° 92-18.909 : *JurisData* n° 1994-001297 ; *RJDA* 12/1994, n° 1289. ■ 14 mars 1995, n° 93-14.404 : *JurisData* n° 1995-000558 ; *RJDA* 8-9/1995, n° 981).

Lorsque à la suite de pertes résultant d'un transport maritime, *le commissionnaire* est assigné par son commettant sur le fondement de l'article L. 132-6, en tant que *garant du transporteur maritime qu'il s'est substitué*, il a qualité pour agir en responsabilité contre celui-ci par la voie d'un appel en garantie, quand bien même le commettant figurerait comme chargeur au connaissement, dès lors que c'est le commissionnaire qui, en tant que chargeur réel ayant conclu le contrat de transport maritime et du fait de la garantie qu'il assume, à ce titre, envers son client, supporte le préjudice (■ Cass. com., 2 févr. 1999, n° 96-17.915 : *JurisData* n° 1999-000427 ; *RJDA* 3/99, n° 289 ; *LPA* 13 mai 1999, p. 6, obs. P.-M. ■ Cass. com., 19 déc. 2000, n° 98-15.927 : *RJDA* 3/2001, n° 314).

15) Intérêt à agir. Une cour d'appel a décidé à bon droit qu'un commissionnaire garant en vertu de la règle posée à l'article L. 132-6, dont la qualité pour agir n'était pas contestée, avait aussi intérêt à exercer en son propre nom contre le transporteur l'action née du contrat de transport (■ Cass. com., 4 nov. 1977, n° 76-13.024 : *JurisData* n° 1977-098247 ; *Bull.* IV, n° 247 ; *JCP* G 1977, I, 6531. ■ Cass. com., 18 déc. 1978, n° 76-12.801 : *JurisData* n° 1978-099315 ; *BT* 1979, 96. ■ Rennes, 2e ch., 11 août 1982 : *JurisData* n° 41645. ■ Cass. com., 12 janv. 1988 : *Gaz. Pal.* 1988, 1, pan. jurispr. 79. – V. cependant ■ Cass. com., 11 mai 1982 : *Bull.* IV, n° 151).

III – DROIT INTERNATIONAL

16) En application de l'article L. 132-6 du Code de commerce français, le commissionnaire de transport est responsable à l'égard du donneur d'ordre des avaries survenues à la marchandise lors d'un accident de la route survenu en Espagne, dû à une faute de chargement commise par un sous-traitant français (■ Rouen, 2 févr. 1995 : *JurisData* n° 1995-041980 ; *D.* 1995, 612, note B.M.).

Art. L. 132-7 *(Anc. C. com., art. 100)*. **– La marchandise sortie du magasin du vendeur ou de l'expéditeur voyage, s'il n'y a convention contraire, aux risques et périls de celui à qui elle appartient, sauf son recours contre le commissionnaire et le voiturier chargés du transport.**

Art. L. 132-8 *(Anc. C. com., art. 101)*. **– La lettre de voiture forme un contrat entre l'expéditeur, le voiturier et le destinataire ou entre l'expéditeur, le destinataire, le commissionnaire et le voiturier. Le voiturier a ainsi une action directe en paiement de ses prestations à l'encontre de l'expéditeur et du destinataire, lesquels sont garants du paiement du prix du transport. Toute clause contraire est réputée non écrite.**

Bibliographie : Luciani, *L'action en paiement du transporteur routier modifiée par la loi du 6 février 1998 : LPA* 18 janv. 1999. • Delebecque, *L'article 101 du Code de commerce in Mélanges Mercadal* 2000. • Vallansan, *La grande distribution et le paiement du prix du transport (pour une autre lecture de l'article 101 du nouveau Code de commerce) : JCP* E 2000, p. 1417 ; *La grande distribution et le prix du transport : JCP* E 2000, p. 1417. • Zerbo, *Privilège et droit de rétention du voiturier : halte à la confusion ! : D.* 2001, chron. 2290. • Bon-Garcin, *L'action en paiement du prix du transport de l'article L. 132-8 du Code de commerce : RJDA* 12/2002, chron. p. 1039. • Petit, *La nature de l'action du transporteur impayé du prix du transport contre l'expéditeur et le destinataire de l'article L. 132-8 du Code de commerce : JCP* E 2004, comm. 973. • Hécart, *L'action directe du voiturier : sagacité ou maladresse : D. 2006*, chron. 1821. • Haftel, *Quelques précisions sur la mystérieuse action directe du transporteur : D.* 2009, 475. • Bon-Garcin, *L'action en paiement du prix du transport de l'article L. 132-8 du Code de commerce : RJDA* 2012, p. 1043.

Ouvrages. *JCl. com. Transports terrestres*, Fasc. 610 : *Contrats ; transport routier, Contrat de transport de marchandises*, Fasc. 730, *Notion, classification* ; Fasc. 735, *Formation, preuve* ; Fasc. 740, *Exécution*, par Peyrefitte ; art. 100 à 102, C. com. *Transport par chemin de fer*, Fasc. A à D, par Durand.

1) Application de la loi dans le temps. La loi n° 98-69 du 6 février 1998 qui a réformé l'ancien article 101 du Code de commerce (loi Gayssot) n'est pas applicable aux contrats conclus antérieurement à son entrée en vigueur (▪ Cass. com., 18 mars 2003 : *D.* 2003, p. 1164, obs. Chevrier ; *RTD com.* 2003, 562, obs. Bouloc ; *RJDA* 8-9/2003, n° 830. ▪ Cass. com., 10 mai 2005, n° 03-17.618 : *D.* 2005, 1412, obs. Chevrier ; *RJDA* 8-9/2005, n° 973 ; *JCP* E 2005, pan. 1013 ; *D.* 2005, pan. 2748, obs. Kenfack).

2) Application de la loi *ratione materiae*. De même, l'article L. 132-8 du Code de commerce n'est pas applicable à un transport combiné fluvio-maritime (▪ CA Colmar, 20 janv. 2010, n° 1 B 08/03859 : *JurisData* n° 2010-003633 ; *JCP* E 2010, 1772, note I. Bon-Garcin). Le voiturier, qui dispose d'une action directe en paiement de ses prestations à l'encontre de l'expéditeur ou du destinataire des marchandises, lesquels sont garants du paiement du prix du transport, s'entend du professionnel qui effectue personnellement la prestation de déplacement de la marchandise (▪ Cass. com., 18 mars 2014, n° 12-29.524).

3) Constitutionnalité de la loi. Alors qu'un justiciable interrogeait la Cour de cassation sur la conformité de l'article L. 132-8 du Code de commerce à l'objectif de valeur constitutionnelle d'intelligibilité et d'accessibilité, la Cour de cassation a estimé que cette question ne présentait pas de caractère sérieux (▪ Cass. com., 13 avr. 2012, n° 12-40.016). De même la cour a jugé que ce texte « ne viole pas le principe de la liberté contractuelle en ce que l'expéditeur et le destinataire sont tenus aux obligations qui résultent du contrat de transport, notamment la garantie du paiement du prix du fret, par leur adhésion à ce contrat manifestée soit lors de la conclusion soit lors de la livraison au destinataire qui reçoit la marchandise et qui l'accepte » (▪ Cass. com., 13 avr. 2012, n° 12-40.014).

I – LE CONTRAT DE TRANSPORT

A – La formation du contrat

4) Contrat consensuel. Le contrat de transport est un contrat consensuel qui peut valablement se former, même en l'absence de lettre de voiture (▪ Cass. com., 15 mars 2005, n° 03-19.295 : *JurisData* n° 2005-027604 ; *Bull. civ.* IV, n° 66 ; *D.* 2005, p. 1161, note Tosi, et p. 889, obs. Chevrier ; *JCP* E 2005, p. 1866, obs. Bon-Garcin). En l'absence de contrat écrit et en cas de doute sur la nature de la relation contractuelle, il existe une présomption d'un contrat de transport (▪ CA Paris, 24 sept. 2008, n° 06/03250 : *JurisData* n° 2008-003169 ; *RD transp.* 2009, 21, obs. Paulin). Simplement, le transporteur qui exerce l'action directe devra prouver l'existence du contrat de transport, le prix du transport (▪ Cass. com., 10 janv. 2006, n° 04-12.120 : *JurisData* n° 2006-031575 ; *Bull. civ.* IV, n° 49. ▪ Cass. com., 26 sept. 2006, n° 04-14.029 : *Bull. civ.* IV, n° 191) et la qualité de destinataire de celui qu'il assigne en garantie du prix (▪ Cass. com., 13 févr. 2007, n° 05-18.590 : *D.* 2007, p. 725, obs. Delpech).

5) Clauses applicables. À défaut de convention écrite définissant les rapports entre les parties au contrat de transport public de marchandises, les clauses des contrats types s'appliquent de plein droit (▪ Cass. com., 25 nov. 1997, n° 95-21.077 : *JurisData* n° 1997-004702 ; *Bull. civ.* IV, n° 311 ; *RJDA* 4/1998, n° 429 ; *D.* 1998, somm. 319, obs. Mercadal).

B – Les parties au contrat de transport

6) Le destinataire. Le destinataire n'est pas étranger au contrat de transport (▪ Cass. com., 8 avr. 1976, n° 74-14.519 : *JurisData* n° 1976-097110 ; *Bull. civ.* IV, n° 110) ; il existe en sa faveur une stipulation pour autrui (▪ Cass. com., 22 févr. 1950 : *Bull. civ.* II, n° 71. ▪ Cass. com., 1er févr. 1955 : *JCP* 1955, II, 8772, note Hémard ; *D.* 1956, 338, note Durand. ▪ Cass. com., 18 oct. 1994 : *Bull. civ.* IV, n° 308).

7) Nature de l'action en responsabilité du destinataire. Le destinataire d'une marchandise est partie au contrat de transport dès sa conclusion (▪ Cass. com., 4 févr. 2003, n° 01-11.031 : *JurisData* n° 2003-017503 ; *JCP* E 2003, pan. 469 ; *RJDA* 7/2003, n° 719. ▪ Cass. com., 17 déc. 2003, n° 02-12.891 : *JurisData* n° 2003-021626 ; *RJDA* 4/2004, n° 421 ; *JCP* E 2004, pan. 267 ; *D.* 2004, p. 212). L'action pour avarie du destinataire contre le transporteur est une action contractuelle (▪ Cass. com., 4 mars 2008, n° 07-11.728 : *D.* 2008, p. 845, obs. Delpech ; *JCP* E 2008, pan. 1507) ; de même l'action pour perte de la marchandise du destinataire contre le transporteur (▪ Cass. com., 1er avr. 2008, n° 07-11.093 : *JurisData* n° 2008-043441 ; *D.* 2008, p. 1140, obs. Delpech ; *JCP* E 2008, pan. 1679).

En conséquence, le transporteur doit pouvoir se prévaloir à l'égard du destinataire qui l'actionne des clauses particulières stipulées dans le contrat de transport (pour l'efficacité d'une clause limitative de responsabilité, V. ▪ Cass. com., 4 mars 2008, préc. ▪ Cass. com., 10 juill. 2007 : *D.* 2007, jurispr. 2839, note Stoffel-Munck et note Gautier ; *JCP* 2007, II, 10154, obs. Houtcieff ; *JCP* E 2007, 2394, note Mainguy). Toutefois, le consentement du destinataire au contrat de transport ne s'étend pas à la clause attributive de compétence, qui, insérée dans la lettre de voiture, ne fait pas partie de l'économie du contrat et doit être acceptée par lui (▪ Cass. com., 4 janv. 2005, n° 03-17.677 : *Bull. civ.* IV, n° 5 ; *RJDA* 4/2005, n° 377 ; *D.* 2005, p. 214, obs. Chevrier ; *JCP* E 2005, 1571, n° 12, obs. Bon-Garcin ; *BTL*

2005, 45 ; *RTD com.* 2005, 589, obs. Bouloc ; *D.* 2005, pan. 2749, obs. Kenfack).

Sur la notion de faute inexcusable : l'absence d'information du transporteur sur le caractère sensible de la marchandise interdit de considérer qu'il ait pu agir ou pas avec la conscience de la probabilité du dommage (▪ Cass. com., 25 nov. 2020, n° 18-26.387).

C – La fin de la relation de transport

8) Rupture brutale des relations commerciales établies. Un arrêt a censuré une décision qui avait admis qu'un commissionnaire de transport avait rompu brutalement la relation commerciale qu'il avait avec son transporteur sous-traitant. La cour d'appel avait écarté le délai de préavis prévu dans le contrat-type applicable aux transports routiers publics de marchandises exécutés par des sous-traitants au profit de l'article L. 442-6-I-5° du Code de commerce, la relation ayant duré 36 ans. Mais la Cour de cassation casse et juge que c'est le contrat-type qui doit s'appliquer à la relation, faute de dispositions contractuelles prévues entre les parties (▪ Cass. com., 4 oct. 2011, n° 10-20.240 : *Contrats, conc. consom.* 2011, comm. 259, obs. Mathey ; *BTL* 2011, n° 3383, p. 579, obs. Tilche ; *JCP* E 2012, 1530, n° 5, obs. Bon-Garcin).

II – LA GARANTIE DE PAIEMENT DU TRANSPORTEUR IMPAYÉ (FAUSSEMENT DÉNOMMÉE ACTION DIRECTE EN PAIEMENT)

A – Domaine de la garantie

9) Nécessité d'une lettre de voiture (non). La garantie du paiement joue même si le contrat de transport n'a pas donné lieu à l'émission d'un document de transport, d'une lettre de voiture (▪ Cass. com., 22 janv. 2008, n° 06-11.083 : *D.* 2008, 473, obs. Delpech).

10) Conformité de la garantie de paiement du prix de transport à la Constitution : ▪ Cass. com., 13 avr. 2012, n° 12-40.016, QPC : *BTL* 2012, 255, obs. Tilche.

B – Nature de la garantie

11) Loi de police ? L'article L. 132-8 du Code de commerce conférant au transporteur routier une action en paiement de ses prestations à l'encontre de l'expéditeur et du destinataire institués garants du paiement du prix du transport *n'est pas une loi dont l'observation* est nécessaire pour la sauvegarde de l'organisation politique, sociale et économique du pays au point de régir impérativement la situation quelle que soit la loi applicable et de constituer une loi de police (▪ Cass. com., 13 juill. 2010, n° 10-12.154 : *JCP* E 2010, 1937, note Chabert ; *D.* 2011, 1863, obs. X. Delpech ; *Rev. dr. transp.* 2010, n°s 183 et 184, obs. Ch. Paulin et Ph. Delebecque). Dans une décision du 18 septembre 2012 (▪ Cass. com., 18 sept. 2012, n° 11-20.789 : *D.* 2012, p. 2237, obs. Delpech ; « Nouvelles précisions sur l'action directe du transporteur dans un contexte international », *D.* 2012, 2930, note Haftel), la Cour confirme son refus de considérer l'article L. 132-8 du Code de commerce comme une loi de police et n'accepte d'appliquer cette disposition que si la loi française est désignée par la règle de conflits pour régir le contrat de transport international. Sur l'irréductibilité de cette action directe en garantie à un mécanisme juridique traditionnel (▪ Cass. com., 12 juill. 2011, n° 10-18.675 : *JurisData* n° 2011-014341 ; *JCP* E 2012, 1090).

C – Bénéficiaires de la garantie

12) Notion de destinataire. L'article L. 132-8 n'opérant pas de distinction entre destinataire réel, intermédiaire, final ou de transit, le destinataire garant du prix est « celui qui reçoit la marchandise et l'accepte », que ce soit en l'absence de lettre de voiture (▪ Cass. com., 22 janv. 2008, n° 06-11.083 : *D.* 2008, p. 473, obs. Delpech) ou que son nom figure sur la lettre de voiture en tant que destinataire (▪ Cass. com., 22 janv. 2008, 3 arrêts, n°s 06-15.957, 06-19.423, 06-18.308 : *D.* 2008, 473, obs. Delpech), dès lors qu'il n'indique pas « agir pour le compte d'un mandant » (▪ Cass. com., 22 janv. 2008, 4 arrêts : *D.* 2008, p. 471, obs. Delpech ; *RD transp.* 2008, n° 20, obs. Paulin ; *JCP* E 2008, pan. 1322 à 1324 et 1357. ▪ Cass. com., 22 mars 2011, n° 10-17.033 : *JurisData* n° 2011-004379 ; *Rev. dr. transp.* 2011, n° 70. ▪ Cass. com., 15 avr. 2008 : *D.* 2008, p. 1343, obs. Delpech ; *D.* 2009, p. 475, obs. Haftel ; *RTD com.* 2008, 847, obs. Bouloc. ▪ CA Orléans, 11 mai 2006, n° 05/02061 : *JurisData* n° 2006-308359 ; *RJDA* 11/2006, n° 1138. – *Contra*, ▪ Lyon, 12 janv. 2008 : *Bull. inf. C. cass.* 2008, n° 8148. ▪ Rouen, 18 mai 2006 : *JCP* E 2006, 224, n° 6, obs. Letacq). Interrogée sur la détermination du « voiturier » au sens de l'article L. 132-8 du Code de commerce, la Cour de cassation répond qu'il s'agit exclusivement du « professionnel qui effectue personnellement la prestation de déplacement de la marchandise » (▪ Cass. com., 18 mars 2014, n° 12-29.524 : *D.* 2014, 772 ; *Rev. dr. transp.* 2014, comm. 20, obs. Ch. Paulin ; *Gaz. Pal.* 10-11 sept. 2014, p. 20, note R. Carayol ; *RJDA* 2014, n° 693 ; *RTD com.* 2014, 393, obs. B. Bouloc).

13) Subrogation. La garantie de paiement de *l'article* L. 132-8 du Code de commerce bénéficie « exclusivement au transporteur » (▪ Cass. com., 22 janv. 2008, n° 06-18.308 : *D.* 2008, 473, obs. Delpech. V. aussi, ▪ Cass. com., 1er févr. 2011, n° 09-72.309 : *JurisData* n° 2011-001079 ; *D.* 2011, 512 qui juge que le paiement d'un transporteur sous-traitant par l'expéditeur ou le destinataire libère ces derniers de leur dette à l'égard de ce transporteur, en qualité de garants du paiement du fret au sens de l'article L. 132-8 du Code de commerce, mais pas de la dette contractuelle à l'égard du donneur d'ordre qui reste impayé. – V. toutefois ▪ Paris, 19 juin 2008, n° 07/04495 : *RD transp.* 2009, n° 64, obs. Bon-Garcin). L'expéditeur, subrogé dans les droits du transporteur substitué pour l'avoir payé de son fret, n'acquiert, du fait de cette subrogation, ni la garantie de paiement exclusivement réservée au transporteur, ni aucun droit à l'égard du cessionnaire (▪ Cass. com., 13 nov. 2007, n° 06-18.978 : *JurisData* n° 2007-041389 ; *D.* 2007, p. 3004, obs. Delpech ; *RD transp.* 2008, comm. 2, note Delebecque ; *RJDA* 3/2008, n° 269. – *Contra* ▪ Cass. com., 2 juin 2004, n° 02-17.941 : *JurisData* n° 2004-024057 ; *RJDA* 11/2004, n° 1213 ; *JCP* E 2004, pan. 1121 ; *D.* 2004, p. 2492, obs. Bon-Garcin. ▪ Orléans, 19 janv. 2006, n° 05/00518 : *JurisData* n° 2006-297899 ; *RJDA* 4/2006, n° 407 ; *D.* 2007, p. 117, obs. Kenfack. ▪ Cass. com., 9 mai 2007, n° 06-13.499 : *JurisData* n° 2007-038860 ; *JCP* E 2007, 2204, n° 11, obs. Bon-Garcin qui jugeait que le voiturier peut réclamer son paiement au commissionnaire, ce dernier étant alors subrogé dans les droits du voiturier envers l'expéditeur ou le destinataire selon le cas).

14) **Notion d'expéditeur.** ▪ Cass. com., 28 oct. 2008, n° 07-20.786.

15) **Mise en œuvre de l'action directe.** Quoique ayant payé le commissionnaire de transport, le destinataire est garant du paiement du prix du transport envers le voiturier (▪ Cass. com., 4 févr. 2003 : *JCP* E 2003, pan. 469 ; *RJDA* 7/2003, n° 719 [1re esp.]. ▪ Cass. com., 15 mars 2005, n° 03-19.295 : *JurisData* n° 2005-027604 ; *D.* 2005, p. 889, obs. Chevrier, p. 1161, note Tosi ; *JCP* E 2005, 779 ; *ibidem*, 1571, n° 11, obs. Bon-Garcin ; *BTL* 2005, 233 ; *RJDA* 06/2005, n° 695. ▪ Orléans, 22 févr. 2007, n° 06/01016 : *RJDA* 12/2007, n° 1230. – Comp. ▪ Cass. com., 28 janv. 2004, n° 02-13.912 : *JurisData* n° 2004-022124 ; *JCP* E 2004, p. 650, note Delebecque, chron. 1342, n° 14, obs. Bon-Garcin ; *JCP* G 2004, II, 10077, note Paulin ; *RJDA* 6/2004, n° 704 ; *D.* 2004, p. 418, comm. 944, note Tosi, qui refuse l'action directe du voiturier substitué lorsque l'expéditeur a interdit à son cocontractant toute substitution). Mais le transporteur substitué qui exerce l'action directe contre l'expéditeur ne peut se voir opposer l'interdiction de substitution prévue par le contrat de transport que s'il en a eu ou aurait dû en avoir connaissance (▪ Cass. com., 13 juin 2006, n° 05-16.921 : *JurisData* n° 2006-034146 ; *RJDA* 12/2006, n° 1218 ; *D.* 2006, 1740, obs. Delpech, et jurispr. 1967, note Tosi ; *D.* 2007, pan. 117, obs. Kenfack ; *JCP* E 2007, 2204, n° 10, obs. Bon-Garcin). V. Tilche, *Le substitué miraculé* : *BTL* 2006, 407. En revanche, il peut se voir opposer sa réaction tardive auprès du destinataire l'exposant à un double paiement (▪ Orléans, 22 févr. 2007, n° 06/02456 : *JurisData* n° 2007-334948 ; *RJDA* 12/2007, n° 1230). La Cour de cassation pose le principe que l'article L. 133-8 du Code de commerce exclut toute action de l'expéditeur ou du destinataire en responsabilité du transporteur pour avoir poursuivi des relations avec son donneur d'ordre en dépit des difficultés de paiement rencontrées ou sans les avoir informés de celles-ci (▪ Cass. com., 25 nov. 2020, n° 18-25.768 ; V. déjà, ▪ Cass. com., 7 avr. 2009, n° 08-12.919).

16) **Poursuites préalables.** L'action offerte par l'article L. 132-8 du Code de commerce n'est pas subordonnée à l'exigence d'une mise en demeure de payer adressée au débiteur principal du prix du transport (▪ Cass. com., 10 mai 2012, n° 11-10.759 : *JCP* E 2012, 1674, obs. Paulin).

17) **Preuve.** Le prix dont le destinataire est garant du paiement auprès du transporteur est celui convenu entre ce dernier et l'expéditeur ; si le transporteur dispose d'une action directe en paiement du prix de transport à l'encontre du destinataire, encore faut-il qu'il rapporte la preuve du prix convenu entre lui et l'expéditeur (▪ Cass. com., 10 janv. 2006, n° 04-12.120 : *JurisData* n° 2006-031575 ; *JCP* E 2006, pan. 1303 ; *ibidem* 224, n° 5, obs. Bon-Garcin ; *D.* 2006, p. 442, obs. Chevrier ; *RJDA* 4/2007, n° 348 ; *BTL* 2006, 43, chron. 35. ▪ Cass. com., 26 sept. 2006, n° 04-14.029 : *JurisData* n° 2006-035157 ; *RJDA* 4/2007, n° 348 ; *JCP* E 2006, pan. 2555 ; *D.* 2006, p. 2529, obs. Delpech ; *JCP* E 2007, 2204, n° 12, obs. Bon-Garcin). À cet égard, le transporteur impayé qui exerce l'action en garantie contre le destinataire (par le biais d'une injonction de payer), peut produire la facture qu'il a adressée à l'expéditeur de la marchandise sur laquelle figure le prix du transport si la lettre de voiture n'indique pas elle-même ce prix (▪ Cass. com., 30 oct. 2012, n° 11-22.917 : *D.* 2012 actu. 2591, obs. Delpech).

Le transporteur doit apporter la preuve de la qualité d'expéditeur ou de destinataire de celui qu'il a assigné en garantie du paiement du prix de transport (▪ Cass. com., 13 févr. 2007 : *D.* 2007, p. 725, obs. Delpech ; *RJDA* 11/2007, n° 1093 ; *RD. tansp.* 2007, comm. 52, obs. Paulin ; *JCP* E 2007, 2204, n° 13, obs. Bon-Garcin. ▪ Cass. com., 7 févr. 2012, n° 10-25.881 : *Rev. dr. transp.* 2012, chron. 2, obs. Paulin ; *JCP* E 2013, 1530, n° 4, obs. Petit).

18) La procédure collective dont fait l'objet le commissionnaire est sans incidence sur l'action directe du transporteur (▪ Versailles, 21 nov. 2002 : *RJDA* 7/2003, n° 719 [2e esp.]). L'action directe du transporteur n'est pas subordonnée à la déclaration de sa créance au passif du donneur d'ordre (▪ Cass. com., 17 déc. 2003 : *RJDA* 4/2004, n° 421 ; *JCP* E 2004, pan. 267 ; *D.* 2004, p. 212). L'action directe n'est pas subordonnée par les dispositions de l'article L. 132-8 à la constatation préalable d'un obstacle définitif au recouvrement de sa créance à l'encontre

de l'expéditeur (▪ Paris, 18 déc. 2003, n° 02-17.069 : *JurisData* n° 2003-021504 ; *D.* 2004, p. 698).

19) **Transporteur sous-traitant.** Sur le point de savoir s'il peut se prévaloir de l'action directe en paiement de l'article L. 132-8 (▪ T. com. Mont-de-Mars an, 6 avr. 2001 : *JCP* E 2001, p. 1571, obs. L.G.). V. un arrêt qui *déclare l'expéditeur garant du paiement du prix* du transport envers le voiturier qui avait été substitué par le transporteur, alors même qu'il n'avait pas connaissance de la substitution et qu'il avait payé la quasi-intégralité des factures (▪ Cass. com., 26 nov. 2002, n° 01-01.056 : *JurisData* n° 2002-016589 ; *RJDA* 4/2003, n° 382 ; *JCP* 2002, E, pan. 127. – Comp. ▪ Cass. com., 28 janv. 2004, n° 02-15.112 : *JCP* E 2004, jurispr. 650, note Delebecque, chron. 1342, n° 14, obs. Bon-Garcin ; *RJDA* 6/2004, n° 704 ; *D.* 2004, p. 418, comm. 944, note Tosi qui refuse l'action directe du voiturier substitué lorsque l'expéditeur a interdit à son cocontractant toute substitution).

20) **Transport international.** Le caractère sérieusement contestable de l'existence de l'obligation du destinataire au regard de l'article 132-8 doit s'apprécier, en cas de transport international, au regard de la Convention de Genève du 19 mai 1956 (CMR) (▪ Cass. com., 26 nov. 2002, n° 00-21.612 : *JurisData* n° 2002-016594 ; *RJDA* 4/2003, n° 383 ; *JCP* E 2002, pan. 128 ; *RTD com.* 2003, 211, obs. Delebecque. – V. pour une application distributive du droit interne et de la CMR, ▪ Cass. com., 24 mars 2004, n° 02-16.573 : *D.* 2004, p. 1163 ; *RJDA* 8-9/2004, n° 977 ; *JCP* E 2004, jurispr. 1102, note Delebecque, chron. 1391, n° 21, note D.M. ; *D.* 2005, pan. 2756, obs. Kenfack ; *RTD com.* 2004, 805, obs. Bouloc. – *Adde* ▪ Versailles, 27 oct. 2005 : *RJDA* 5/2006, n° 530).

Art. L. 132-9 *(Anc. C. com., art. 102)*. **– I. – La lettre de voiture doit être datée.**

II. – Elle doit exprimer :

1° La nature et le poids ou la contenance des objets à transporter ;

2° Le délai dans lequel le transport doit être effectué.

III. – Elle indique :

1° Le nom et le domicile du commissionnaire par l'entremise duquel le transport s'opère, s'il y en a un ;

2° Le nom de celui à qui la marchandise est adressée ;

3° Le nom et le domicile du transporteur.

IV. – Elle énonce :

1° Le prix de la voiture ;

2° L'indemnité due pour cause de retard.

V. – Elle est signée par l'expéditeur ou le commissionnaire.

VI. – Elle présente en marge les marques et numéros des objets à transporter.

VII. – La lettre de la voiture est copiée par le commissionnaire sur un registre coté et paraphé, sans intervalle et de suite.

1) **Régularité de la lettre de voiture.** La lettre de voiture est considérée comme *régulière* dès lors qu'elle renferme les mentions substantielles propres à établir les engagements respectifs des parties ; c'est au juge qu'il appartient d'apprécier quelles sont parmi les mentions prescrites à l'article L. 132-7 du Code de commerce, celles qui sont substantielles et sans lesquelles il ne peut y avoir lettre de voiture (▪ Cass. req., 11 mai 1915 : *DP* 1916, 1, 11).

2) **Mentions de la lettre de voiture.** L'indication du seul domicile a été jugée insuffisante ; il faut désigner la personne du destinataire (▪ Cass. com., 9 déc. 1965 : *JCP* 1965, II, 14619 ; *BT* 1966, 46).

En revanche, peut constituer une lettre de voiture l'écrit qui n'indique ni le délai ni le prix (▪ Cass. civ., 3 mai 1854 : *DP* 54, 1, 253. ▪ Cass. civ., 30 janv. 1867 : *DP* 67, 1, 72. – *Adde*, ▪ Cass. com., 15 mars 2005 : *D.* 2005, p. 889, obs. Chevrier, p. 1161, note Tosi ; *JCP* E 2005, 779 ; *ibidem*, 1571, n° 11, obs. Bon-Garcin ; *BTL* 2005, 233 ; *RJDA* 06/2005, n° 695. – Mais V. ▪ Cass. com., 10 janv. 2006 : *JCP* E 2006, pan. 1303 ; *D.* 2006, p. 442, obs. Chevrier) ou qui, outre le défaut de signature, n'indique pas le nombre et la nature des choses transportées (▪ Cass. civ., 3 janv. 1852 : *DP* 1853, 1, 26).

Voir aussi : D. n° 61-725, 5 juill. 1961, portant publication de la convention relative au contrat de transport international de marchandises par route (CMR) du 19 mai 1956 (*JO* 12 juill.) ; D. n° 75-786, 7 août 1975, portant publication des conventions internationales concernant le transport des marchandises par chemins de fer (CIM) et le transport des voyageurs et des bagages par chemins de fer (CIV), des deux protocoles annexes et de l'acte final, ouverts à la signature à Berne le 7 février 1970 (*JO* 26 août 1975).

CHAPITRE III. – DES TRANSPORTEURS

Art. L. 133-1 *(Anc. C. com., art. 103)*. **– Le voiturier est garant de la perte des objets à transporter, hors les cas de la force majeure.**

Il est garant des avaries autres que celles qui proviennent du vice propre de la chose ou de la force majeure. Toute clause contraire insérée dans toute lettre de voiture, tarif ou autre pièce quelconque, est nulle.

Bibliographie : *Ouvrages.* Mazeaud, *Traité théorique et pratique de la responsabilité civile contractuelle et délictuelle,* 6e éd., Montchrestien. • Moussa, *L'expertise en matière civile et pénale,* Dalloz 1983. • Radouant, *Du cas fortuit et de la force majeure,* thèse, ▪ Paris 1920. • Savatier, *Traité de la responsabilité civile,* in *Droit français,* 2e éd., Pichon. • Sériaux, *La faute du transporteur,* thèse, Aix-Marseille, Économica 1984. • Souleau, *La prévisibilité du dommage contractuel, défense et illustration de l'article 1150 du Code civil,* thèse, ▪ Paris II, 1979.

Articles. Brunat, *Le régime juridique des transports mixtes route-mer : BT* 1971, 284 ; *La faute lourde : BT* 1979, 130 ; *Le déchet de route dans les différents modes de transport : BT* 1979, 246 ; *Limitation conventionnelle de la responsabilité des transporteurs. Preuve de sa connaissance par l'expéditeur : BT* 1981, 69 ; *Incidence du dol du préposé sur la responsabilité de l'employeur : BT* 1982, 18 ; *Les palliatifs à la limitation de responsabilité du transporteur : BT* 1982, 91 ; *Avaries de gel : BT* 1982, 206 ; *La garantie du poids déclaré dans les différents modes de transport : BT* 1982, 226 ; *L'expertise des objets transportés : BT* 1982, 302 ; *Préjudice indemnisable : BT* 1982, 438. • Chao, *Le froid et ses conséquences juridiques dans les rapports contractuels de transport : BT* 1985, 117. • Léon, *Les barrières de dégel et transports routiers de marchandises : BT* 1983, 582. • Nossovitch, *La valeur de la marchandise. Une notion susceptible d'appréciations différentes : BT* 1982, 521. • Pestel-Debord, *Livraisons multiples en ville : BT* 1985, 605. • Rémond-Gouilloud, *Faute lourde du transporteur : une reprise en main de la Cour de cassation : BT* 1985, 337. • Rodière, *Limitation de responsabilité pour tous les dommages justifiés : BT* 1979, 14 ; *L'incidence du dol du préposé sur la responsabilité de l'employeur : BT* 1979, 230. • Coudevylle-Loquet, *De l'effet relatif des contrats en matière de transport interne de marchandises : RTD com.* 1992, 751. • Matsopoulou, *La « faute lourde » du transporteur routier de marchandises : JCP E* 1997, I, 646. • Legros, *La loi applicable au contrat de transport : commentaire du règlement du 17 juin 2008 sur la loi applicable aux obligations contractuelles dit « Rome I » : RD transp.* 2009/2, étude p. 12. • Staes, *La loi n° 2008-561 et le régime des prescriptions applicables aux transports terrestres de marchandises : RD transp.* 2009/3, étude p. 13.

Ouvrages. *JCl. com. Transport routier. Contrat de transport de marchandises,* Fasc. 745 : *Responsabilité du transporteur,* par Peyrefitte ; art. 103 à 104, C. com., *Transport par chemin de fer,* Fasc. A et B, par Durand.

• *Sommaire*

I – MISE EN JEU DE LA RESPONSABILITÉ DU TRANSPORTEUR

A – Le principe : une présomption de responsabilité du transporteur

1) Obligation de résultat. Aux termes de l'article L. 133-1 du Code de commerce, le transporteur est tenu à une obligation de résultat. La présomption de responsabilité qui pèse sur le transporteur en application de l'article L. 133-1 du Code de commerce a pour résultat de mettre à sa charge tous les dommages lorsqu'il est dans l'impossibilité de prouver que le préjudice est dû au vice propre de la chose, à un cas de force majeure ou à la faute de l'expéditeur (▪ Cass. com., 22 janv. 1973, n° 71-10.877 : *JurisData* n° 1973-097033 ; *BT* 1973, 109. ▪ Cass. com., 29 oct. 1973, n° 72-12.904 : *JurisData* n° 1973-097297 ; *BT* 1973, 488. ▪ Rouen, 26 mai 1977 : *BT* 1977, 134. ▪ Rennes, 13 juill. 1977 : *BT* 1978, 133). V. pour un voiturier qui a pris en charge un conteneur sans formuler de réserves alors qu'il aurait pu aisément vérifier son poids (▪ Cass. com., 14 avr. 1992, n° 90-15.373 : *JurisData* n° 1992-000932 ; *D.* 1992, inf. rap. 169 ; *JCP E* 1992, pan. 833).

2) Exception : exclusion de l'article L. 133-1 du Code de commerce. Un transport effectué à titre bénévole n'est pas soumis aux articles L. 133-1 et suivants du Code de commerce, et la responsabilité de celui qui s'y livre ne peut être engagée que sur le plan délictuel (▪ Cass. com.,

14 déc. 1993, n° 92-11.417 : *JurisData* n° 1993-002716 ; *RJDA* 5/1994, n° 520).

3) La qualification de contrat de transport. Les difficultés de qualification surgissent en cas de mise à disposition d'un véhicule avec conducteur ; en cas de doute, on applique une présomption de transport public, l'idée étant que le contrat de transport est le mode normal d'exploitation d'un véhicule utilitaire, et la location l'exception (▪ Cass. com., 3 juill. 2007 : *JurisData* n° 2007-040017. ▪ CA Paris, 19 juin 2008, n° 06/00080 : *RD transp.* 2009, comm. 82, obs. Bon-Garcin). Sur la qualification de contrat de transport d'un contrat de « prestation de services plate-forme logistique » et l'application de la prescription annale : ▪ Cass. com., 7 sept. 2010, n° 09-16.359 : *JurisData* n° 2010-015358 ; *Rev. dr. transp.* 2010, n° 217.

4) Sur l'indépendance du contrat de vente et de transport. ▪ Cass. com., 5 oct. 2010 : *JurisData* n° 2010-017757 ; *Rev. dr. transp.* 2010, n° 258, obs. I. Bon-Garcin. ▪ Cass. com., 28 mai 2010 : *JurisData* n° 2009-048654 ; *Rev. dr. transp.* 2010, n° 173, obs. Ch. Paulin. ▪ Cass. com., 16 juin 2009 : *Rev. dr. transp.* 2009, n° 165, obs. Ch. Paulin.

5) Perte partielle ou totale. *La perte* peut être totale ou partielle ; est partielle la perte d'un colis faisant partie d'un lot groupé, et est totale la perte d'un colis faisant l'objet, à lui seul, du contrat de transport (▪ Cass. com., 6 juin 1984, n° 82-14.593 : *JurisData* n° 1984-701057 ; *BT* 1984, 597).

6) Retard. Dès lors que les parties n'ont pas fixé de *date de livraison* le transporteur est tenu de livrer dans les délais raisonnables, en usage dans la profession (▪ Nîmes, 20 mai 1980 : *BT* 1981, 280). Mais si elles en ont fixé une, le transporteur doit s'y tenir (▪ Montpellier, 4 nov. 1982 : *JurisData* n° 1982-699338 ; *BT* 1983, 80).

Le demandeur doit établir le préjudice que lui cause le retard et le lien de causalité entre les deux (▪ Cass. com., 21 juin 1954 : *BT* 1954, 131. ▪ Rouen, 14 mai 1980 : *BT* 1980, 431. ▪ Montpellier, 4 nov. 1982, préc. ▪ Paris, 17 nov. 1982 : *JurisData* n° 1982-028156 ; *BT* 1982, 579).

7) Avarie. Lorsque *l'avarie* est constatée à l'arrivée, le transporteur est présumé responsable ; si les délais ont été dépassés l'expéditeur n'a pas à prouver que le dommage est imputable au retard (▪ Cass. com., 20 mars 1979, n° 77-11.572 : *JurisData* n° 1979-098112 ; *BT* 1979, 280).

8) Transport de personnes. Le voiturier est *tenu de transporter le voyageur sain et sauf* à destination ; en cas d'accident il doit prouver que l'inexécution est due à une cause étrangère qui ne peut lui être imputée (▪ Cass. civ., 21 nov. 1911, 27 janv. 1913, 21 avr. 1913 : *DP* 1913, 1, 249, note Sarrut. ▪ Cass. civ., 6 déc. 1932 : *DP* 1933, 1, 137, note Josserand). Le voyageur doit établir que *l'accident* s'est produit *au cours du transport*, sans avoir à prouver, ni le rapport direct entre l'accident et le transport, ni la cause de l'accident (▪ Cass. civ., 10 mai 1921 et 20 juin 1922 : *DP* 1923, 1, 209). En matière de transport aérien, V. ▪ Cass. 1re civ., 15 janv. 2014, nos 11-27.962 et 11-21.394 : *D.* 2014, 1084, obs. Ch. Paulin où la Cour revient sur la notion d'accident aérien, lequel ne se résume pas à un « fait extérieur au passager ».

9) Commission de transport. *Le commettant* peut ne demander réparation qu'au commissionnaire de transport sur le fondement de l'article 99 (L. 132-6) *sans avoir à mettre en cause le transporteur* en vertu de l'article L. 133-1 du Code de commerce, aucune indivisibilité n'existant entre les deux actions (▪ Cass. com., 6 janv. 1998 : *RJDA* 3/98, n° 286 et p. 179, rapp. Apollis).

10) Transport international. En cas de *transport international* les dispositions de la CMR doivent impérativement recevoir application, à l'exclusion de la présomption de responsabilité de l'article L. 133-1 (▪ Cass. com., 25 mai 1993, n° 91-10.350 : *JurisData* n° 1993-001106 ; *RJDA* 12/93, n° 1027). Un camion simplement bâché, non verrouillé ni muni d'une alarme, et la mise en fuite réussie des voleurs qui avaient néanmoins réussi à dérober une quantité importante de marchandises n'est pas de nature à caractériser la faute lourde du transporteur au sens des articles 23 et 29 de la CMR (▪ Cass. com., 16 nov. 2010, n° 09-17.435 : *JurisData* n° 2010-021552 ; *Rev. dr. transp.* 2011, n° 1, obs. Ch. Paulin). Pour une qualification en contrat de commission de transport (▪ Cass. com., 27 nov. 2012, n° 11-26.830).

11) Le cas du transporteur maritime. Aux termes de l'article 4 § 2 point *c)* de la Convention de Bruxelles du 25 août 1924 pour l'unification de certaines règles en matière de connaissement, « ni le transporteur ni le navire ne seront responsables pour pertes ou dommage résultant... des périls, dangers ou accidents de la mer... ». Toutefois, ces événements de « fortune de mer » ne permettent pas d'exonérer le transporteur dont le navire et les marchandises transportées ont essuyé un typhon à partir du moment où le conteneur renfermant les marchandises a été placé en pontée sans l'autorisation préalable du chargeur (▪ Cass. com., 18 mars 2008, n° 07-84.180 : *D.* 2009, pan. 980, obs. Kenfack). Des marchandises ayant été vendues aux conditions DDU (droits non acquittés) voyagent aux risques et périls du vendeur/chargeur, ce dernier ayant qualité pour agir pour tous dommages survenus avant la livraison. Si une avarie contraint le capitaine à faire demi-tour, elle n'est pas de nature à mettre fin au contrat de transport, même si une déclaration commune d'avarie est effectuée. En l'absence de cause d'exonération énumérée à l'article 27 du décret du 31 décembre 1966, les frais de transbordement de la marchandise à la suite de cette avarie et le fret pour le nouveau déplacement incombent au transporteur maritime (■ Cass. com., 1er déc. 2009, nos 08-14.203 et 08-14.585 : *JCP* E 2010, pan. 1045).

Pour une application de la Convention de Bruxelles du 25 août 1924 : V. ■ Cass. com., 11 avr. 2012, n° 10-27.146 : *D.* 2012 actu. 1121, obs. Delpech. ■ Cass. com., 16 oct. 2012, n° 11-13.658 : *D.* 2012 actu. 2511.

II – CAS D'EXONÉRATION DU TRANSPORTEUR

12) Cas d'exonération. Pour être exonéré *le transporteur doit prouver le cas fortuit,* la force majeure, la faute de l'expéditeur ou du destinataire (■ Cass. req., 5 mars 1928 : *DP* 1929, 1, 105, note Roger. ■ Cass. com., 13 juill. 1953 : *D.* 1953, 644. ■ Aix-en-Provence, 19 déc. 1980 : *BT* 1981, 551 ■ Cass. 3e civ., 21 oct. 2020, n° 19-16.206 : *D.* 2020, p. 2117).

13) Preuve de faits précis. Pour être exonéré de sa responsabilité le transporteur *doit apporter la preuve de faits précis* et ne pas se contenter de conclusions hypothétiques (■ Paris, 20 janv. 1967 : *BT* 1967, 67. ■ Cass. com., 13 janv. 1981, n° 78-14.058 : *JurisData* n° 1981-700430 ; *BT* 1981, 140. ■ Nancy, 20 févr. 1981 : *JurisData* n° 1981-699812 ; *BT* 1981, 330. ■ Paris, 17 mars 1982 : *JurisData* n° 1982-024969 ; *BT* 1982, 395). La faute nautique du pilote exonère le transporteur de sa responsabilité, lors du heurt d'un fond rocheux par le navire dans le chenal d'accès, occasionnant une voie d'eau et des dommages à la marchandise (■ Cass. com., 17 déc. 2013, n° 12-28.226).

A – La force majeure

14) Grève. Les *faits de grève* constituant un événement interne à l'entreprise ne sauraient constituer un cas de force majeure (■ Cass. ch. mixte 4 déc. 1981, n° 79-14.207 : *JurisData* n° 1981-703270 ; *DS* 1982, 365, note Chabas, statuant en matière de responsabilité extracontractuelle). Cependant, la grève peut constituer un événement de force majeure lorsque *sa cause et les moyens de l'arrêter* sont extérieurs à l'entreprise (■ Cass. soc., 2 déc. 1964 : *DS* 1965, 112, note Lyon-Caen. ■ 12 févr. 1965 : *Dr. soc.* 1969, 456, statuant en matière de responsabilité contractuelle). Les juges doivent rechercher si l'extension d'une *grève* de la SNCF est prévisible en fonction des circonstances (■ Cass. 1re civ., 18 mai 1989, n° 87-16.051 : *JurisData* n° 1989-701874 ; *Bull.* I, n° 205 ; *RTD com.* 1990, 96, obs. Bouloc).

15) Événements naturels. Les *événements naturels* ne constituent des cas de force majeure que lorsqu'ils sont d'une intensité exceptionnelle et qu'ils ne pouvaient être prévus ; ainsi la formation de verglas doit présenter un caractère soudain, imprévisible et insurmontable (■ Cass. civ., 13 janv. 1965, n° 58-10.808 : *BT* 1965, 74. ■ Cass. com., 6 févr. 1973 : *JCP* 1973, II, 17501, note Rodière. ■ Cass. crim., 18 déc. 1978 : *BT* 1979, 269. ■ Cass. 2e civ., 6 févr. 1980, n° 78-14.286 : *JurisData* n° 1980-099029 ; *JCP* G 1980, IV, 157 ; *Bull.* II, n° 29. – Mais V. ■ Cass. com., 6 févr. 1973 : *JurisData* n° 1973-097062 ; *BT* 1973, 132 et ■ Cass. 2e civ., 14 déc. 1978 : *JurisData* n° 1978-099274 ; *BT* 1979, 364, qui ont admis qu'il ne présentait pas ces caractères) ; le gel est considéré comme un cas de force majeure s'il a un caractère imprévisible, inhabituel en fonction de la région et si le transporteur a pris toutes les précautions (■ Cass. com., 19 avr. 1982, n° 78-13.638 : *JurisData* n° 1982-701595 ; *BT* 1982, 331. – En sens contraire, ■ T. com. Paris, 24 sept. 1980 : *BT* 1980, 154) ; ne constituent pas un événement de force majeure une tempête exceptionnelle annoncée par la météo (■ Paris, 21 mai 1985, n° K.13654 : *JurisData* n° 1985-022982 ; *BT* 1985, 346), une crue de la Seine annoncée (■ Paris, 13 mars 1958 : *BT* 1958, 119).

16) Vol et incendie. Le vol et l'incendie sont rarement admis comme cas de force majeure car il y manque souvent le caractère d'imprévisibilité (■ Poitiers, 7 févr. 1983 : *BT* 1983, 455. ■ T. com. Paris, 9 juin 1983 : *JurisData* n° 1983-000778 ; *BT* 1983, 457. ■ T. com. Paris, 1er févr. 1984 : *BT* 1984, 548. ■ Cass. com., 5 janv. 1988, n° 86-14.735 : *JurisData* n° 1988-000077 ; *JCP* E 1988, I, 17202. ■ Paris, 17 févr. 1988 : *JurisData* n° 1988-020400 ; *D.* 1988, inf. rap. 88. ■ Cass. com., 3 oct. 1989, n° 87-18.479 : *JurisData* n° 1989-703073 ; *Bull.* IV, n° 246 ; *RTD com.* 1990, 255, obs. Bouloc. ■ Paris, 25 oct. 2000 [1re esp.] : *RJDA* 3/2001, n° 311. ■ Orléans, 11 mars 2004 : *RJDA* 8-9/2004, n° 976 ■ Cass. com., 8 mars 2011 : *Rev. dr. transp.* 2011, n° 79, obs. Ch. Paulin). – de même pour un vol à main armée (■ Cass. com., 1er oct. 1997, n° 95-12.435 : *JurisData* n° 1997-003762 ; *Bull.* IV, n° 240 ; *RJDA* 11/97, n° 1317, et concl. Apollis, p. 899 ; *D.* 1998, somm. 199, obs. Delebecque, somm. 318, obs. Mercadal. – *Adde,* ■ Paris, 21 janv. 1998, n° 95/17964 : *JurisData* n° 1998-020689 ; *JCP* E 1999, n° 1 A, p. 716, obs. I.B.-G. ■ Cass. com., 28 avr. 1998, n° 95-15.453 : *JurisData* n° 1998-001897 ; RJDA 8-9/98, n° 949. ■ Cass. 1re civ., 17 nov. 1999, n° 98-11.106 : *JurisData* n° 1999-004085 ; *RJDA* 5/2000, n° 508. ■ Cass. com., 29 févr. 2000, n° 97-17.707 : *JurisData* n° 2000-000852 ; *RJDA* 4/2000, n° 414. ■ Paris, 13 sept. 2000 [2e esp.] : *RJDA* 3/2001, n° 311 ; *JCP* E 2000, pan. 1686. ■ Cass. com., 29 mai 2001, n° 98-17.247 : *JurisData* n° 2001-009792 ; *RJDA* 11/2001, n° 1081 ; *JCP* E 2001, pan. 1307. ■ Cass. com., 2 juin 2004, n° 02-20.846 : *JurisData* n° 2004-024032 ; *RJDA* 11/2004, n° 1214 ; *JCP* E 2004, pan. 1120. ■ Versailles, 15 mai 2007, n° 09/02293 : *RJDA* 11/2007, n° 1094).

Mais certaines décisions l'ont admis lorsque aucune faute de négligence ou d'imprudence ne pouvait être reprochée au transporteur (▪ Caen, 15 nov. 1983, n° 02-17.941 : *JurisData* n° 2004-024057 ; *BT* 1984, 131. ▪ Rouen, 30 mai 1984 : *JurisData* n° 1984-601354 ; *BT* 1984, 598. ▪ Paris, 17 juin 1986 : *JurisData* n° 1986-022941 ; *BT* 1987, 174).

V. décisions citées, *supra*, sous article L. 132-5.

17) Manifestations, émeutes et état de guerre. Les manifestations, émeutes et état de guerre sont des cas de force majeure lorsqu'ils présentent une impossibilité absolue pour le transporteur d'exécuter le contrat (en ce sens, ▪ Montpellier, 7 oct. 1974, n° 73-13.402 : *BT* 1974, 418. ▪ Bordeaux, 6 juin 1977 : *JCP* 1979, II, 19047, note Rodière. ▪ 6 mars 1978 : *JurisData* n° 1978-655255 ; *BT* 1978, 276. – En sens contraire, ▪ Paris, 23 mars 1978 : *BT* 1978, 265, pour les événements survenus au Liban en 1975).

18) Le cas particulier du transporteur ferroviaire de personnes. Le transporteur est tenu d'une obligation de sécurité de résultat envers le voyageur du moment où il monte dans le véhicule jusqu'à ce qu'il en descende. Toutefois, si le dommage subi par la victime ne l'est pas à l'occasion de l'exécution du contrat de transport, la responsabilité de la SNCF ne saurait être une responsabilité civile contractuelle (V. ▪ Cass. 1re civ., 1er déc. 2011, n° 10-19.090 : *Rev. dr. transp. et mobilité* 2012, chron. 2, obs. Paulin ; *RTD civ.* 2012, 119, obs. Jourdain ; *D.* 2012, 1439, obs. Kenfack ; *JCP* E 2012, 1553, n° 14, obs. Bon-Garcin. ▪ Cass. 1re civ., 5 avr. 2011, n° 10-15.852 : *JurisData* n° 2011-005601 ; *JCP* E 2012, 1553, n° 14, obs. Bon-Garcin). Sur l'incidence de la faute de la victime en matière de contrat de transport ferroviaire, V. ▪ Cass. 1re civ., 13 mars 2008, 2 arrêts : *D.* 2008, p. 920, obs. Gallmeister ; *D.* 2008, étude 1582, note Viney, où la cour juge que « le transporteur tenu d'une obligation de sécurité de résultat envers un voyageur ne peut s'en exonérer partiellement », poursuivant que « la faute de la victime, à condition de présenter les caractères de la force majeure, ne peut jamais emporter qu'exonération totale ». ▪ Cass. ch. mixte, 28 nov. 2008, n° 06-12.307 : *JurisData* n° 2008-046074 ; *D.* 2008, pan 976, obs. Kenkack où la cour réaffirme que la faute de la victime n'est pas en elle-même une cause d'exonération, en retenant que « le transporteur ferroviaire, tenu envers les voyageurs, d'une obligation de sécurité de résultat, ne peut s'exonérer de sa responsabilité en invoquant la faute d'imprudence de la victime que si cette faute, qu'elle qu'en soit la gravité, présente les *caractères de la force majeure* ». *Un transporteur ferroviaire* ne saurait stipuler dans ses conditions générales une clause l'exonérant de son obligation d'indemnisation relative au prix du billet en cas de force majeure, prévue par l'article 17 du règlement n° 1371/2007 du 23 octobre 2007 (▪ CJUE, 26 sept. 2013, n° C-509/11 : *JurisData* n° 2013-032318 ; *JCP* G 2013, p. 2129, note Ch. Paulin).

19) Le cas particulier du transporteur aérien. Pour une application de la Convention de Montréal, et notamment son article 19 : exonération de responsabilité (▪ Cass. 1re civ., 13 mars 2013, n° 09-72.962 : *D.* 2013 actu. 766, obs. où la Cour rappelle que les conditions d'exonération de l'article 19 de la Convention sont exclusives de l'article 1148 du Code civil). Pour une application de l'article 362, sous *a)* du règlement CE 261/2004 : V. ▪ Cass. 1re civ., 14 févr., 2018, n° 16-23.205 : *Bull. civ.* I, n° 34. ▪ Cass. 1re civ., 10 oct. 2019, n° 18-20.491 : *D.* 2020. 262, note P. Dupont et G. Poissonnier. ▪ Cass. 1re civ., 21 oct. 2020, n° 19-13.016 où la Cour juge que ce texte doit être interprété en ce sens que des passagers d'un vol retrdé de trois heures ou plus à son arrivée et possédant une réservation confirmée pour ce vol ne peuvent se voir refuser l'indemnisation en vertu de ce règlement au seul motif qu'ils n'ont pas prouvé leur présence à l'enregistrement pour ledit vol (carte d'embarquement), à moins qu'il ne soit démontré qu'ils n'ont pas été transportés sur le vol retardé, ce qu'il appartient à la juridiction nationale de vérifier.

B – Les vices propres de la chose

20) Notion. Le vice de la chose est *sa nature même* qui la prédispose à se détériorer par le seul fait de son déplacement (Rodière, *Droit des transports*, Sirey 1977, n° 539. ▪ Paris, 28 mai 1980 : *JurisData* n° 1980-099567 ; *BT* 1980, 346. – En matière maritime, ▪ Paris, 25 avr. 1958 : *DMF* 1958, 480. – P. Durand : *JCP* 1953, I, 11037) ; les exemples les plus fréquents concernent les produits agricoles qui mûrissent pendant le voyage, ou la maladie des animaux (▪ Dijon, 13 oct. 1982 : *JurisData* n° 1982-601111 ; *BT* 1983, 530). La fragilité de l'objet ne constitue pas, par elle-même, un vice propre de la chose ; il y a lieu de rechercher dans chaque cas d'espèce, si l'emballage était défectueux, à raison de la nature de l'objet transporté (▪ Cass. civ., 26 mars 1914, 2 arrêts : *S.* 1915, 1, 159. ▪ Paris, 20 juin 1962 : *BT* 1962, 283. – V. sur la liaison entre la nature de la marchandise, les conditions de l'emballage, de l'arrimage et du bâchage, et les conditions de transport, ▪ Cass. com., 8 juin 1955 : *BT* 1955, 238, rejetant le pourvoi contre ▪ Aix-en-Provence, 31 janv. 1952 : *D.* 1952, 368 ; *RG Air* 1952, 354, note Rodière. ▪ Cass. com., 27 nov. 1973, n° 72-13.543 : *JurisData* n° 1973-097342 ; *BT 1974*, 58) ; la sensibilité d'une marchandise à l'humidité n'a pas été considérée comme un vice propre (▪ Agen, 19 mars 1980 : *BT* 1980, 502).

21) Assimilation (non). Le vice de la chose ne doit pas être assimilé aux *déchets ou freintes* de route qui sont une diminution du poids ou du volume perdus par le seul fait du transport (■ T. com. Seine, 16 mars 1949 : *BT* 1949, 496. ■ 25 mai 1949 : *BT* 1949, 762. ■ Montpellier, 24 juin 1968 : *BT* 1968, 254).

Il appartient au transporteur d'établir que le déchet de route tient à un vice de la chose (■ Cass. com., 21 févr. 1950 : *BT* 1950, 564. ■ Cass. com., 12 nov. 1957 : *BT* 1958, 88).

22) Preuve du vice de la chose. La preuve du vice de la chose incombe au transporteur qui l'invoque comme cause de libération (■ Cass. com., 11 juin 1952 : *BT* 1952, 834. ■ Cass. com., 6 mai 1970, n° 68-13.858 : *JurisData* n° 1970-097148 ; *BT* 1970, 209. ■ Bordeaux, 14 nov. 1978 : *JurisData* n° 1978-060006 ; *BT* 1979, 58. ■ T. com. Paris, 4 nov. 1982 : *JurisData* n° 1982-000310 ; *BT* 1983, 197) ; c'est une preuve précise qui doit être rapportée, les tribunaux ne pouvant se contenter de simples hypothèses de l'expert concluant son rapport en disant qu'il ne voit pas d'autres explications à l'accident que celle d'un vice de la chose (■ Cass. com., 25 janv. 1954 : *BT* 1954, 346. ■ T. com. Seine, 13 janv. 1960 : *BT* 1960, 39. ■ Aix-en-Provence, 9 févr. 1963 : *BT* 1963, 234. ■ Cass. com., 6 mai 1970, n° 68-13.858 : *JurisData* n° 1970-097148 ; *BT* 1970, 209. ■ 27 nov. 1972, n° 71-12.594 : *JurisData* n° 1972-098303 ; *Dr. eur. transp.* 1974, 455. ■ CE, 14 déc. 1977, n° 01012 : *BT* 1978, 222. ■ Nancy, 20 févr. 1981 : *JurisData* n° 1981-699812 ; *BT* 1981, 330).

La preuve du vice propre de la chose entraînera une exonération totale du transporteur sauf en cas de faute du transporteur qui pourra entraîner une condamnation partielle de ce dernier (■ Cass. civ., 8 mars 1911 : *S.* 1915, 1, 124, 3e esp. ■ Lyon, 15 avr. 1970 : *BT* 1970, 378. ■ Paris, 24 janv. 1984 : *JurisData* n° 1984-601342 ; *BT* 1984, 503).

Le transporteur pourra demander à rapporter la preuve du vice de la chose, même s'il l'a prise en charge sans formuler de réserves (■ Cass. civ., 30 janv. 1923 : *DP* 1923, 1, 46. ■ Cass. civ., 4 janv. 1933 : *Gaz. Pal.* 1933, 2, 560. ■ Cass. civ., 18 déc. 1953 : *BT* 1954, 210. ■ Paris, 26 nov. 1964 : *BT* 1964, 129).

23) Refus d'exonération. Le transporteur ne peut s'exonérer de sa responsabilité en invoquant l'assurance contractée par l'expéditeur (■ Cass. req., 27 mars 1928 : *DH* 1928, 272. ■ Paris, 3 mai 1949 : *D.* 1950, 283. – Comp. ■ Grenoble, 3 févr. 1954 : *D.* 1954, 617, note *Sauvage*), ou *la faute* du voiturier qu'il s'est substitué (■ Paris, 2 juin 1993, n° 18265/90 : *JurisData* n° 1993-021969 ; *RJDA* 8/93, n° 791).

C – La faute de l'expéditeur ou du destinataire

24) La faute de l'expéditeur. La faute de l'expéditeur réside dans une *mauvaise exécution* des obligations mises à sa charge, soit dans le chargement (Comp. ■ Cass. com., 7 mai 1974 : *BT* 1974, 284. ■ T. com. Lyon, 24 mars 1975 : *BT* 1975, 287. – V. en cas d'aide bénévole du voiturier, ■ Cass. com., 19 juill. 1965 : *BT* 1965, 348), soit dans l'arrimage (■ Paris, 13 avr. 1931 : *Gaz. Pal.* 1931, 2, 41. ■ 3 juin 1931 : *Gaz. Pal.* 1931, 2, 427. ■ Cass. com., 4 juill. 1972 : *JurisData* n° 1972-097214 ; *DS* 1973, 41, note Rodière) soit dans le calage (■ Paris, 18 nov. 1929 : *Gaz. Pal.* 1930, 1, 253. ■ Rouen, 27 oct. 1967 : *BTI*, 1969, 220) soit dans l'emballage (■ Douai, 17 juin 1982 : *JurisData* n° 1982-042187 ; *BT* 1983, 247. ■ Montpellier, 28 févr. 1985 : *JurisData* n° 1985-034184 ; *BT* 1985, 600) soit dans le conditionnement préalable de la marchandise (■ Dijon, 13 oct. 1982 : *BT* 1983, 530) ; le défaut d'indication « fragile » a été considéré comme une faute (■ Rouen, 2 juin 1967 : *BT* 1967, 289). Il appartient à l'expéditeur de fournir au transporteur toutes indications utiles à une bonne exécution de l'opération (■ CA Paris, 24 sept. 2008, n° 05/23094 : *JurisData* n° 2008-003229 ; *RD transp.* 2009, comm. 22, obs. Paulin faisant application du contrat-type relatif aux transports publics routiers de marchandises périssables sous température dirigée dont l'article 3 impose différentes obligations d'information du transporteur qui doivent lui être fournies par écrit).

L'intégrité des plombs d'un conteneur, arrivé vide, *ne suffit pas à dégager le transporteur de sa responsabilité* alors qu'il aurait pu aisément vérifier son poids (■ Cass. com., 31 oct. 1956 : *Bull.* III, n° 268. ■ Cass. com., 14 avr. 1992, n° 90-15.373 : *JurisData* n° 1992-000932 ; *Bull.* IV, n° 166 ; *RJDA* 10/92, n° 908 ; *RTD com.* 1993, 164, obs. Bouloc).

Pour la distinction entre *faute* de l'expéditeur *et risques* du transport (■ Cass. com., 12 févr. 1979 : *BT* 1979, 196 et note 190. ■ Cass. com., 11 mai 1981, n° 79-15.724 : *JurisData* n° 1981-701585 ; *BT* 1981, 356. – *Adde*, Brunat, *Risques du transport* : *BT* 1981, 226).

25) Pour des *fautes du destinataire* (■ T. com. Seine, 19 mai 1958 : *BT* 1958, 224. ■ Paris, 25 nov. 1977 : *JurisData* n° 1977-175119 ; *BT* 1978, 66).

26) Partage de responsabilité. Lorsque la faute de l'expéditeur ou du destinataire est la seule cause du dommage, le transporteur est totalement libéré de la présomption de responsabilité (■ Cass. civ., 19 nov. 1906 : *S.* 1908, 1, 149. ■ Cass. com., 25 nov. 1963 : *BT* 1964, 9. ■ Paris, 1er mars 1973 : *BT* 1973, 135 et la note. ■ Cass. com., 3 janv. 1979 : *BT* 1979, 121).

Lorsque *le dommage a été aggravé par une faute du transporteur*, les tribunaux admettent un *partage de responsabilité* avec l'expéditeur (■ Cass. req., 1er juill. 1946 : *S.* 1947, 1, 80. ■ Chambéry, 11 déc. 1935 : *S.* 1936, 2, 109. ■ Cass. com., 28 janv. 1953 : *BT* 1953, 341. ■ 18 janv. 1954 : *BT* 1954, 211. ■ 18 janv. 1955 : *BT* 1955, 95. ■ Aix-en-Provence, 9 févr. 1963 : *BT* 1963, 234. ■ Douai, 17 juin 1982 : *BT* 1983, 247. ■ T. com. Paris, 30 nov. 1995, n° 93/8686 : *JurisData* n° 1995-051680 ; *RJ com.* 1997, 62, note Vincent).

Les juges du fond doivent établir, en cas de partage de responsabilité, la part incombant au transporteur et celle incombant à l'expéditeur ou au destinataire (■ Cass. com., 14 nov. 1967, n° 65-14.065 : *BT* 1967, 377).

III – LA RÉPARATION DU DOMMAGE

27) Principe. La réparation du transporteur prendra la forme de *dommages-intérêts* et non d'une réparation en nature ; en effet aucune disposition légale n'autorise les tribunaux à condamner une partie en réparation d'un dommage causé par elle, à exécuter un acte qui ne lui est imposé ni par la loi, ni par la convention, alors qu'elle refuse de l'accomplir (■ Cass. civ., 4 juin 1924 : *S.* 1925, 1, 97, note Hugueney. ■ Cass. com., 19 févr. 1954 : *BT* 1954, 417. ■ Paris, 19 juin 1957 : *BTI* 1959, 167).

28) Exception. Toutefois, exceptionnellement, le client pourra obtenir *l'exécution en nature* du contrat aux frais du transporteur sur la base de l'article 1144 du Code civil ; par exemple, lui substituer un autre transporteur pour acheminer les marchandises en souffrance dans ses locaux ou pour rattraper un retard (■ T. com. Seine, 22 févr. 1949 : *BT* 1949, 423. – V. aussi Jeandidier, *L'exécution forcée des obligations contractuelles de faire : RTD civ.* 1976, 700).

29) Laisser pour compte. *Le destinataire* pourra refuser, en fonction des faits et circonstances, de prendre livraison d'une marchandise avariée ou présentée avec retard (■ Cass. civ., 16 juin 1914 : *S.* 1915, 1, 96. ■ T. com. Seine, 19 juin 1914 : *BT* 1917, 32. ■ 9 déc. 1938 : *BT* 1939, 70. ■ 7 mars 1949 : *BT* 1949, 501. ■ Douai, 10 févr. 1955 : *BT* 1955, 319. ■ T. com. Lyon, 1er mars 1968 : *BT* 1969, 34) ; le laissé-pour-compte est réservé à l'appréciation souveraine des juges du fond (■ Cass. com., 18 mars 1969 : *JurisData* n° 1969-097104 ; *BT* 1969, 181).

30) Charge de la preuve du dommage. C'est au demandeur de faire la *preuve du dommage* qu'il allègue et de son importance (■ Paris, 10 juill. 1975 : *JurisData* n° 1975-255078 ; *BT* 1975, 419).

31) Caractères du préjudice réparable. *Le préjudice* subi par l'usager peut être *matériel* (■ Paris, 15 déc. 1982 : *JurisData* n° 1982-028103 ; *BT* 1983, 29), ou plus exceptionnellement, moral (■ TGI Clermont-Ferrand, 14 mai 1964 : *JCP* 1964, II, 13894).

En cas de perte totale ou partielle il correspond à *la valeur de la marchandise à laquelle s'ajoutent* tous les frais exposés pour pourvoir à son remplacement (■ Cass. com., 14 janv. 1975, n° 73-13.359 : *JurisData* n° 1975-097010 ; *BT* 1975, 81. ■ Rouen, 19 mars 1981 : *JurisData* n° 1981-041193 ; *BT* 1981, 595. ■ Paris, 24 oct. 1981 : *BT* 1982, 12. ■ Rouen, 12 nov. 1981 : *JurisData* n° 1981-042062 ; *BT* 1982, 272. – Aix : *BT* 1983, 319).

Le gain manqué est un préjudice réparable (■ Paris, 9 janv. 1952 : *BT* 1952, 238. ■ 3 févr. 1973 : *BT* 1973, 100. – V. Brunat, *Préjudice indemnisable : BT* 1982, 438).

De même pour la perte d'une chance (■ Cass. crim., 15 juin 1982, n° 81-91.359 : *JurisData* n° 1982-701421 ; *Bull. crim.*, n° 159. ■ Paris, 15 déc. 1982 : *BT* 1983, 29).

En matière de transport aérien, il résulte des articles 19 et 22, § 1, de la Convention de Montréal, dont l'application est exclusive de celle de l'article 1150 du Code civil, que seul le dommage prévisible, lors de la conclusion du contrat, est réparable (■ Cass. 1re civ., 2 avr. 2014, n° 13-16.038).

32) Faute lourde. Conformément aux articles 1150 et 1151 du Code civil le débiteur n'est tenu de réparer que les dommages qui ont été prévus ou qu'on a pu prévoir lors du contrat (■ Cass. civ., 7 juill. 1924 : *S.* 1925, 1, 321, note Lescot) ; sauf en cas de *faute lourde équivalente au dol* (■ Cass. req., 24 oct. 1932 : *S.* 1933, 1, 289, note Esmein ; *DP* 1932, 1, 176, note E.P. ■ Cass. civ., 29 juin 1948 : *JCP* 1949, 4660, note Rodière. ■ Cass. com., 5 mars 1963 : *JurisData* n° 1963-000144 ; *BT* 1963, 150. ■ Cass. com., 11 mai 1976 [2 arrêts] : *BT* 1976, 294 et 330. ■ Cass. com., 7 mai 1980, n° 78-12.382 : *JurisData* n° 1980-700185 ; *JCP* 1980, II, 19473, note Rodière ; *DS* 1981, 245, note Chabas ; *BT* 1980, 327. ■ Cass. com., 3 mai 1988, n° 86-17.753 : *JurisData* n° 1988-701358 ; *BT* 1988, 405. ■ Cass. com., 13 nov. 1990, n° 89-15.378 : *JurisData* n° 1990-002889 ; *Bull.* IV, n° 271. ■ Cass. com., 3 mars 1992, n° 89-21.273 : *JurisData* n° 1992-000385 ; *RJDA* 6/92, n° 556. ■ Cass. com., 17 nov. 1992, n° 91-12.223 : *JurisData* n° 1992-002532 ; *Bull.* IV, n° 366 ; *Contrats, conc. consom.* 1993, n° 42, obs. Leveneur. ■ Cass. com., 15 déc. 1992, n° 90-19.490 : *JurisData* n° 1992-003273 ; *RJDA* 4/93, n° 317 ; *Bull.* IV, n° 420. ■ Cass. com., 25 oct. 1994, n° 92-19.935 : *JurisData* n° 1994-002880 ; *RJDA* 2/95, n° 145. ■ Cass. com., 31 janv. 1995, n° 93-12.248 : *JurisData* n° 1995-000298 ; *JCP* E 1995, pan. 363 ; *RJDA* 5/1995, n° 574. ■ Cass. com., 11 juill. 1995, n° 93-17.477 : *JurisData* n° 1995-002069 ; *Bull.* IV, n° 215 ; *RJDA* 1/96, n° 60, pour une livraison à un tiers. ■ Paris, 11 janv. 1996 : *JurisData* n° 1996-022776 ; *D.* 1997, 149, note B.M. ■ Rouen, 19 sept. 1996 : *JurisData* n° 1996-046131 ; *JCP* E 1997, pan. 377. ■ Cass. com., 27 févr. 2007, n° 05-17.265 : *JurisData* n° 2007-037794 ; *RJDA* 11/2007, n° 1095 ; *JCP* E 2007, 1705, note Cathiard ; *RTD com.* 2007, 592, obs. Bouloc ; *D.* 2007, p. 1013, obs. Delpech ; D. 2008, pan. 1243, n° 4, obs. Kenfack, pour un arrimage insuffisant. ■ Cass. com., 3 mars 1998, n° 95-20.628 : *JurisData* n° 1998-000924 ; *RJDA* 7/98, n° 860 et ■ Cass. com., 28 juin 2005, n° 03-20.744 : *JurisData* n° 2005-029189 ; *RJDA* 11/2005, n° 1214 ; *D.* 2005, pan. 2750, obs. Kenfack, pour un excès de vitesse. ▪ Paris, 7 mai 1999 : *JurisData* n° 1999-123175 ; *RJDA* 11/99, n° 1208 ; *D.* 2000, 198, note Mercadal. ▪ Cass. com., 28 mars 2000, n° 98-10.233 : *JurisData* n° 2000-001351 ; *RJDA* 7-8/2000, n° 765 ; *JCP* E 2001, p. 1573, obs. Bon-Garcin. ▪ Cass. com., 28 nov. 2000, n° 98-12.541 : *JurisData* n° 2000-007234 ; *RJDA* 2/2001, n° 162 ; *JCP* E 2001, pan. 158, p. 1573, obs. Bon-Garcin ; *D.* 2001, p. 2029, note Mercadal et Letacq. ▪ Reims, 12 juin 2001, n° 99/01420 : *JurisData* n° 2001-171618 ; *JCP* E 2002, chron. 1466, n° 5, obs. V.R. ▪ Cass. com., 3 avr. 2002, n° 00-11.398 : *JurisData* n° 2002-013809 ; *RJDA* 8-9/2002, n° 886. ▪ Versailles, 4 févr. 2003 : *JurisData* n° 2003-218730 ; *RJDA* 5/2003, n° 489 et ▪ Cass. com., 19 juin 2007, n° 06-11.065 : *JurisData* n° 2007-039724 ; *RJDA* 12/2007, n° 1231, pour un vol dans un véhicule laissé sans surveillance en stationnement sur la voie publique durant la nuit. ▪ Cass. com., 15 oct. 2002, n° 00-18.723 : *RJDA* 2/2003, n° 136, pour un véhicule laissé sans surveillance avec les clefs sur le contact, pendant quelques minutes. – Comp. ▪ Cass. com., 19 nov. 1996, n° 94-12.254 : *JurisData* n° 1996-004389 ; *Bull.* IV, n° 280 ; *JCP* E 1997, pan. 41 ; *RJDA* 3/97, n° 354 ; *RTD com.* 1997, 505, obs. Bouloc, *qui admet le partage de responsabilité et la faute lourde* pour la partie du dommage incombant au transporteur en raison d'un mauvais arrimage).

V. pour les hypothèses où la faute lourde n'a pas été retenue (▪ Cass. com., 13 janv. 1981, n° 78-11.850 : *JurisData* n° 1981-700117 ; *BT* 1981, 128 et 129. ▪ Paris, 15 déc. 1982 : *JurisData* n° 1982-600309 ; *BT* 1983, 196. ▪ Cass. com., 25 juin 1985, n° 83-14.232 : *JurisData* n° 1985-701772 ; *BT* 1985, 436. ▪ Cass. com., 26 févr. 1985, n° 83-10.811 : *JurisData* n° 1985-700625 ; *BT* 1985, 270 ; *JCP* E 1985, I, 14452 ; *RTD com.* 1986, 154, obs. Hémard et Bouloc. ▪ Cass. com., 3 févr. 1987 : *JurisData* n° 1987-701869 ; *Bull.* IV, p. 25 ; *BT* 1987, 169 ; *RTD com.* 1987, 578, obs. Hémard et Bouloc. ▪ Versailles, 18 sept. 2003, n° 01/03797 : *JurisData* n° 2003-264883 ; *RJDA* 2/2004, n° 156. ▪ Cass. com., 30 juin 2004, n° 02-17.048 : *JurisData* n° 2004-024383 ; *RJDA* 1/2005, n° 31 ; *JCP* E 2004, pan. 1321 ; *D.* 2004, p. 2301 ; *RTD com.* 2005, 163, obs. Bouloc et 641, obs. Delebecque ; *D.* 2005, pan. 2750, obs. Kenfack, en cas d'assoupissement du conducteur sans cause exogène. ▪ Cass. com., 27 nov. 2007, n° 06-20.620 : *JurisData* n° 2007-041627 ; *D.* 2008, p. 11, obs. Delpech ; *RJDA* 5/2008, n° 522 ; *JCP* E 2008, pan. 1044. – V. Rémond-Gouilloud, *Faute lourde du transporteur : une reprise en main de la Cour de cassation* : *BT* 1985, 337. – V. pour des exemples de fautes lourdes, *JCl. com.*, Fasc. 745, par L. Peyrefitte, n° 99 et s.).

En énonçant que le fait, pour un transporteur routier, de laisser sans surveillance, dans la journée, un camion muni d'un dispositif antivol sur une aire de stationnement privée, bien que la valeur des marchandises contenues dans le véhicule fût importante, constituait une faute grave équivalente au dol, une cour d'appel, sans rechercher aucune autre circonstance dénotant l'inaptitude dudit transporteur à l'accomplissement de la mission contractuelle qu'il avait acceptée, n'a pas donné de base légale à sa décision au regard de l'article 29 de la Convention relative au contrat de transport international de marchandises par route (CMR) (▪ Cass. com., 5 janv. 1988 : *JCP* E 1988, I, 17203, pourvoi contre ▪ Paris, 21 mars 1986. – Comp. pour l'exclusion de la faute lourde et l'application de la limitation d'indemnité de l'article 23-3 de la *Convention CMR* dans des circonstances analogues, ▪ Cass. com., 16 nov. 1993, n° 91-17.610 : *JurisData* n° 1993-002423 ; *RJDA* 4/94, n° 398 – 14 juin 1994 : *JCP* E 1994, pan. 1093. – *Adde*, ▪ Cass. com., 3 avr. 2002, n° 00-14.327 : *JurisData* n° 2002-013810 ; *RJDA* 8-9/2002, n° 885. – Mais V. ▪ Cass. com., 30 juin 2004, n° 03-11.629 : *JCP* E 2004, pan. 1319 et 1320. – V. pour l'application de la prescription de trois ans prévue à l'article 32, alinéa 2, CMR en cas de faute lourde du transporteur, ▪ Versailles, 14 nov. 1996 : *RJDA* 1/97, n° 52. – Comp. ▪ Cass. com., 10 mars 2004, n° 00-11.145 : *JurisData* n° 2004-022944 ; *RJDA* 7/2004, n° 814).

33) Extension de la règle au dol des préposés. Les tribunaux étendent cette règle au *dol des préposés* du voiturier (▪ Paris, 5 juin 1944 : *Gaz. Pal.* 1944, 2, 117. ▪ Cass. com., 17 juin 1961 : *BT* 1961, 86. ▪ 17 nov. 1981, n° 79-13.030 : *JurisData* n° 1981-799770 ; *BT* 1982, 24 et 25. ▪ Cass. 1re civ., 31 mars 1981, n° 79-17.129 : *Bull. transp.* 1981, 368. ▪ Paris, 25 sept. 1981 : *JurisData* n° 1981-601060 ; *BT* 1981, 485. ▪ Cass. com., 31 janv. 1983, n° 81-15.743 : *JurisData* n° 1983-701207 ; *BT* 1983, 154. ▪ Amiens, 16 sept. 1985 : *JurisData* n° 1985-044869 ; *BT* 1986, 460. – V. Brunat, *Incidence du dol du préposé sur la responsabilité de l'employeur* : *BT* 1982, 18).

34) Évaluation du dommage. Pour évaluer le dommage les juges doivent se placer au jour où ils rendent leur décision (▪ Cass. com., 16 févr. 1954 : *JCP* 1954, II, 8062, note J.G.B. ; *D.* 1954, 534, note Rodière. ▪ Cass. com., 29 mars 1954 : *BT* 1954, 418. ▪ Cass. com., 4 mai 1965 : *BT* 1965, 286).

Les articles 1150 et 1151 concernent les éléments de la réparation mais non l'indemnisation (▪ Cass. com., 16 févr. 1954, préc. 4 mars 1965 : *BT* 1965, 263).

IV – CLAUSES DE NON-RESPONSABILITÉ ET LIMITATIVES DE RESPONSABILITÉ

A – Les différentes clauses

35) Les clauses élusives de responsabilité. La loi *Rabier* (C. com., art. 103, al. 3, anc.) prohibe toutes les clauses de non-responsabilité en matière de transport terrestre ou fluvial de marchandises, à l'exclusion des transports maritimes et aériens (▪ Cass. civ., 6 nov. 1922, motifs : *S.* 1923, 1, 103) ; sont également exclus les contrats de transport de voyageurs, de commission de transport ou de location de wagons (■ Cass. civ., 5 juill. 1938 : *BT* 1938, 93. ■ Paris, 22 mars 1949 : *BT* 1949, 583).

36) Les clauses limitatives de responsabilité. Les clauses limitatives de responsabilité restent néanmoins valables (■ Cass. com., 3 janv. 1950 : *D.* 1950, 225. ■ 30 janv. 1967 : *D.* 1968, note Durand. – V. A. Chao, *Limitation conventionnelle de responsabilité* : *BT* 1986, 357).

Elles doivent être connues et acceptées par l'expéditeur (■ Cass. com., 21 févr. 1956 : *BT* 1956, 134. ■ Cass. com., 24 nov. 1980, n° 78-11.796 : *JurisData* n° 1980-745146 ; *D.* 1981, inf. rap. 543. ■ Aix-en-Provence, 2 oct. 1981 : *BT* 1981, 591. ■ Cass. com., 3 déc. 1985, n° 84-13.230 : *JurisData* n° 1985-703202 ; *BT* 1986, 357). Toutefois, tel n'est pas le cas en matière de transport maritime tant interne (L. n° 66-420, 18 juin 1966, art. 29) qu'international (Conv. Bruxelles, 25 août 1924, art. 3 § 8) qui invalide ce type de clause (V. ■ Cass. com., 14 oct. 2008, n° 07-18.955 : *JurisData* n° 2008-045380 ; *D.* 2008, p. 2718, note Delpech où la Cour de cassation approuve les juges du fond d'avoir retenu que la mention « sans reconnaissance de responsabilité de la part des armateurs », clause limitative de responsabilité du transporteur, est une clause de style dépourvue de valeur juridique).

B – L'efficacité de ces clauses

1° *En cas de manquement à l'obligation essentielle du contrat*

37) Obligation essentielle. En cas de manquement à l'obligation essentielle du contrat, la clause limitative de responsabilité, qui contredit la portée de l'engagement pris, *doit être réputée non écrite* (■ Cass. com., 22 oct. 1996, n° 93-18.632 : *JurisData* n° 1996-003942 ; *[Chronopost]* : *Bull.* IV, n° 261 ; *D.* 1997, 121, note Sériaux ; *D. affaires* 1997, 235 et 247, obs. Delebecque ; *JCP* G 1997, I, 4002, n° 1, obs. Fabre-Magnan ; *ibidem*, II, 22881, note Cohen ; *JCP* E 1997, II, 924, note Adam ; *Defrénois* 1997, 333, obs. Mazeaud ; *RTD com.* 1997, 319, obs. Bouloc ; *RJDA* 1/97, n° 6, pour le cas du manquement, par un spécialiste du transport rapide garantissant la fiabilité et la célérité de son service, à son engagement de livrer dans un délai déterminé les plis qui lui ont été confiés. – V. aussi, Larroumet, *D.* 1997, chron. 145. – Chazal : *JCP* 1998, I, 152. ■ Cass. ass. plén., 30 juin 1998, n° 96-11.866 : *JurisData* n° 1998-003050 ; *RJDA* 14/1998, n° 1224). Cela étant, la limitation légale, lorsqu'elle existe, prend le *relais de la limitation* contractuelle réputée non écrite. De même en cas de perte de la marchandise, le transporteur ayant manqué à son obligation essentielle de livraison (■ Cass. com., 30 mai 2006, *Chronopost* : *Bull.* IV, n° 132 ; *RJDA* 10/2006, n° 1021 ; *D.* 2006, p. 2258, note Mazeaud ; *ibid.*, pan. 2646, obs. Fauvarque-Cosson ; *D.* 2006, p. 1599, obs. Delpech ; *Contrats, conc. consom.* 2006, comm. 183, obs. Leveneur ; *D.* 2007, pan. 115, obs. Kenfack. ■ CA Paris, 22 oct. 2008, n° 06/15288 : *JurisData* n° 2008-003345 ; *RD transp.* 2009, comm. 73, obs. Paulin. – Comp. ■ Cass. com., 5 juin 2007 : *D.* 2007, p. 1720, obs. Delpech ; *RJDA* 3/2008, n° 271). V. Train, *La société Chronopost sort indemne d'une décennie mouvementée* : *Rev. Lamy dr. civ.* 2006, 2220, n° 31.

V. n° suivant sur la faute lourde.

Le montant de l'indemnité prévue ne doit pas être inférieur à la valeur de la marchandise au point d'être en réalité illusoire (■ Cass. com., 3 janv. 1950, préc. ■ 7 févr. 1978, n° 76-14.352 : *JurisData* n° 1978-000046 ; *BT* 1978, 172. ■ Toulouse, 10 nov. 1980 : *JurisData* n° 1980-600851 ; *BT* 1981, 334. ■ Grenoble, 16 mai 1984 : *JurisData* n° 1984-600208 ; *BT* 1985, 27). À moins que le voiturier offre à l'expéditeur la possibilité d'une réparation intégrale moyennant la souscription d'une assurance (■ Rouen, 25 sept. 1996 : *JurisData* n° 1996-046133 ; *JCP* E 1997, pan. 376).

2° *En cas de faute lourde, inexcusable, dolosive*

38) Faute lourde. Les clauses limitatives de responsabilité ne peuvent jouer en cas de *faute lourde* (■ Cass. com., 7 mai 1980, n° 78-12.382 : *Bull.* IV, n° 185. ■ Paris, 7 mai 1999 : *RJDA* 11/99, n° 1208 ; *D.* 2000, 198, note Mercadal. ■ Cass. com., 3 avr. 2002, n° 00-11.398 : *JurisData* n° 2002-013809 ; *Bull.* IV, n° 68 ; *RTD com.* 2002, 719, obs. Bouloc ; *JCP* E 2002, pan. 866. ■ Cass. ch. mixte, 22 avr. 2005, n° 02-18.326 : *JurisData* n° 2005-028295 ; *D.* 2005, p. 1864, obs. Tosi, pan. 2748, obs. Kenfack ; *RTD civ.* 2005, 604, obs. Jourdain. ■ Cass. com., 27 nov. 2007 : *D.* 2008, p. 11, obs. Delpech. ■ Cass. com., 9 déc. 2008, n° 07-20.934 : *JurisData* n° 2008-046210 ; *D.* 2009, p. 93). Il en est de même de la limitation de responsabilité résultant de l'article 23 de la CMR (■ Cass. com., 10 oct. 1995, n° 93-17.383 : *JurisData* n° 1995-002805 ; *RJDA* 1/96, n° 61. ■ Cass. com., 19 déc. 1995, n° 94-11.262 : *JurisData* n° 1995-003712 ; *RJDA* 3/96, n° 347. ■ Cass. com., 3 mars 1998, n° 95-20.628 : *JurisData* n° 1998-000924 ; *RJDA* 7/98, n° 860. ■ Cass. com., 11 juin 2002, n° 00-10.163 : *RJDA* 11/2002, n° 1143 ; *JCP* E 2003, chron. 1248, n° 7, obs. Mainguy. ■ Cass. com., 27 nov. 2007 : *D.* 2008, p. 11, obs. Delpech).

La victime d'un vol qui a été indemnisée à concurrence de la limitation de responsabilité résultant de la tarification routière obligatoire est fondée à demander au transporteur la réparation intégrale de son préjudice lorsque le chauffeur commet une faute lourde en laissant dans une rue de Paris sans surveillance, porte ouverte, clés sur le tableau de bord et moteur en marche, son camion dans lequel des marchandises ont été volées (■ Cass. com., 15 nov. 1988, n° 87-12.624 : *JurisData* n° 1988-702401 ; *JCP* E 1989, I, 18108). Mais ne commet pas de faute lourde le chauffeur qui a garé son véhicule dans une cour fermée et qui a pris toutes les précautions contre le vol (■ Cass. com., 3 avr. 2002 : *JCP* E 2002, pan. 867 ; *Bull. civ.* IV, n° 68 ; *RTD com.* 2002, 719, obs. Bouloc. – *Adde*, ■ Cass. com., 27 nov. 2007 : *D.* 2008, p. 11, obs. Delpech ; *RJDA* 5/2008, n° 522 ; *JCP* E 2008, pan. 1044. ■ Cass. com., 4 mars 2008, n° 07-11.790 : *JurisData* n° 2008-043009 ; *D.* 2008, p. 844, obs. Delpech ; *JCP* E 2008, pan. 1508).

Commet une *faute lourde* le transporteur qui s'abstient d'informer son client de la non-livraison de la marchandise dans le délai convenu et la conserve dans ses entrepôts pendant plus de 2 mois sans tenter de procéder à une nouvelle livraison (■ Paris, 3 juin 1993 : *JurisData* n° 1993-605470 ; *D.* 1994, 255, note B.M. – V. aussi, ■ Cass. ass. plén., 30 juin 1998, n° 96-11.866 : *JurisData* n° 1998-003050 ; *RJDA* 14/1998, n° 12). Mais la faute lourde ne peut résulter du manquement à une obligation contractuelle, fût-elle essentielle, comme le retard de livraison et le fait pour le transporteur de ne pas pouvoir fournir d'éclaircissements sur la cause du retard (■ Cass. ch. mixte, 22 avr. 2005, 2 arrêts, *[Chronopost] : RJDA* 07/2005, n° 808, rapp. Garban, p. 667 ; *JCP* E 2005, 1446, note Paulin ; *ibid.*, 1571, n° 14, obs. Letacq ; *JCP* G 2005, II, 10066, note Loiseau ; *BTL* 2005, 331 ; *D.* 2005, 1864, note Tosi ; *ibid.*, p. 1224, obs. Chevrier ; *ibid.* pan. 2750, obs. Kenfack et pan. 2836, obs. Amrani-Mekki et Fauvarque-Cosson ; *RDC* 2005, 681, obs. Mazeaud, avis de Gouttes, et 753, obs. Delebecque ; *Contrats, conc. consom.*, 2005, n° 150, obs. Leveneur) ; la faute lourde doit se déduire de la gravité du comportement du débiteur (■ Cass. com., 21 févr. 2006, *Chronopost : Bull.* IV, n° 48 ; *D.*, 2006, p. 717, obs. Chevrier ; *JCP* E 2006, pan. 1623 ; *RJDA* 6/2006, n° 645 et 7 juin 2006 : *D.* 2006, p. 1680, obs. Delpech ; *RTD civ.* 2006, 322, obs. Jourdain ; *D.* 2007, pan. 113, obs. Kenfack. ■ Cass. com., 13 juin 2006, *Chronopost : RJDA* 1/2007, n° 44 ; *JCP* E 2006, 2591, note Paulin ; *D.* 2007, pan. 113, obs. Kenfack). Plus précisément, sur la notion de faute lourde ■ Cass. com., 27 févr. 2007, n° 05-17.265 : *JurisData* n° 2007-037794 ; *Bull. civ.* IV, n° 73 ; *D.* 2007, p. 1013, obs. Delpech qui la définit comme « la négligence d'une extrême gravité confinant au dol et dénotant l'inaptitude du transporteur à l'accomplissement de la mission *contractuelle* qu'il a acceptée ».

39) Faute inexcusable. La faute inexcusable est également de nature à évincer la clause limitative de responsabilité stipulée dans le contrat de transport ■ Cass. 1re civ., 2 oct. 2007, nos 04-13.003 et 05-16.019 : *D.* 2007, pan, 2606, obs. Kenfack.

40) Faute dolosive. Le transporteur qui a été chargé de transporter une marchandise en s'étant vu interdire toute sous-traitance par l'expéditeur et qui sous-traite l'opération, se refusant ainsi de propos délibéré, à exécuter son engagement, commet une faute dolosive qui le prive du bénéfice des limitations d'indemnisation que lui ménage la loi ou le contrat » (■ Cass. com., 4 mars 2008 : *D.* 2008, p. 844, obs. Delpech ; *JCP* E 2008, pan. 1508). Il ressort de cette décision que la faute dolosive est caractérisée lorsque le débiteur viole ses obligations de propos délibéré, même sans intention de nuire à son contractant (■ Cass. 1re civ., 4 févr. 1969, n° 67-11.387 : *Bull. civ.* I, n° 60 ; *JCP* 1969, II, 16030, note Prieur), et même si n'est pas concernée une obligation essentielle du contrat. En second lieu, il apparaît qu'en cas de faute dolosive, les limitations contractuelles mais également légales sont écartées. Par ailleurs, l'interdiction de sous-traiter est inopposable au sous-traitant de bonne foi (■ Cass. com., 13 juin 2006, n° 05-16.921 : *JurisData* n° 2006-034146 ; *JCP* 2006, II, 10123, obs. Loiseau ; *D.* 2006, p. 1967, obs. Tosi).

41) Dispositions de la CMR applicables à un transport national. Les parties peuvent prévoir d'appliquer les dispositions de la CMR relatives aux limitations de responsabilité du transporteur *à un transport national*, dès lors que ces dispositions ne sont pas contraires aux règles d'ordre public régissant le contrat de transport national (■ Cass. com., 1er juill. 1997, n° 95-12.221 : *JurisData* n° 1997-003145 ; *D.* 1998, 143, note B.M.-F.L.). La CMR est un texte d'ordre public qui exclut l'application du droit national sauf sur les points où elle s'y réfère ou sur ceux qu'elle ne réglemente pas. Le juge doit l'appliquer d'office et les parties ne peuvent y déroger hors les cas qu'elle prévoit (■ Cass. com., 30 juin 2009, n° 08-15.026 : *RD transp.* 2009, n° 193). Sur le calcul de l'indemnité pour perte ou avarie (■ Cass. com., 12 mars 2013, n° 09-12.854) : application des articles 23 et 25 de la CMR.

42) Loi applicable. Est applicable au contrat de transport le règlement dit « Rome I » qui a vocation à se substituer à la convention de Rome à compter du 17 décembre 2009 dont le principe reste celui de la liberté de choix de la loi applicable en matière contractuelle (art. 3), mais dont l'article 5 relatif aux contrats de transport fixe de nouvelles règles de rattachement. Sur la loi applicable au contrat de transport international de marchandises en Europe, V. ■ CJCE, 6 oct. 2009 : *RD transp.* 2009, comm. 210, obs. L. Grard.

Art. L. 133-2 *(Anc. C. com., art. 104).* **– Si, par l'effet de la force majeure, le transport n'est pas effectué dans le délai convenu, il n'y a pas lieu à indemnité contre le voiturier pour cause de retard.**

Art. L. 133-3 *(Anc. C. com., art. 10 ; mod., L. n° 2009-1503, 8 déc. 2009).* **– La réception des objets transportés éteint toute action contre le voiturier pour avarie ou perte partielle si dans les trois jours, non**

compris les jours fériés, qui suivent celui de cette réception, le destinataire n'a pas notifié au voiturier, par acte extrajudiciaire ou par lettre recommandée, sa protestation motivée.

Si dans le délai ci-dessus prévu il est formé une demande d'expertise en application de l'article L. 133-4, cette demande vaut protestation sans qu'il soit nécessaire de procéder comme il est dit au premier alinéa.

Toutes stipulations contraires sont nulles et de nul effet. Cette dernière disposition n'est pas applicable aux transports internationaux.

Bibliographie : Brunat, *Expéditions en port dû et chèque sans provision : BT* 1960, 259 ; *Un exemple à ne pas suivre : BT* 1970, 214 ; *Le droit de vérification du destinataire : BT* 1971, 66 ; *La reconnaissance du chargement dans les transports ferroviaires et routiers : BT* 1974, 122 ; *Les empêchements à la livraison dans les transports routiers tarifés : BT* 1974, 403 ; *Obligations et responsabilité de l'expéditeur : BT* 1974, 472 ; *Tableau de la jurisprudence en matière de laissé-pour-compte : BT* 1976, 292 ; *Sanctions applicables en cas de fausse déclaration de la nature ou du poids des marchandises : BT* 1978, 166 ; *Comparaison des mesures de contrôle de la part des voituriers en transports ferroviaires, routiers, internes et internationaux : BT* 1978, 478 ; *Peut-on déroger aux tarifs homologués par voie de convention de gré à gré ? : BT* 1981, 570 ; *Détermination du poids taxable : le correctif poids/volume/longueur : BT* 1982, 326 ; *Droits et devoirs du destinataire dans le contrat de transport : BT* 1983, 18 ; *La loi des grandes surfaces : sans pitié pour les petits : BT* 1983, 60 ; *Règlement des frais de transport : BT* 1983, 86 ; *Le droit de vérification du destinataire : BT* 1983, 158. • Chao, *Accident de déchargement ou de chargement par du personnel d'entreprises différentes : BT* 1985, 377. • Charles, *Pour une réforme de l'article 105 du Code de commerce : Ann. Université Toulouse* 1989, p. 139. • Fourcade, *Le laissé-pour-compte en cas d'avaries ou de retard : BT* 1983, 414. • Colas, *Vicissitudes de l'article 105 du Code de commerce : Gaz. Pal.* 1981, 2, doctr. 564. • Léon, *Les barrières de dégel et transports routiers de marchandises : BT* 1983, 582 ; *Instruments de pesage : BT* 1985, 93. • Nossovitch, *Chargement, déchargement et arrimage dans les transports routiers : BT* 1982, 102 ; *L'emballage de la marchandise dans les transports routiers : BT* 1982, 463 ; *Deux aléas du contrat de transport : BT* 1983, 178. • Rémond-Gouilloud, *Faute lourde du transporteur : une reprise en main de la Cour de cassation : BT* 1985, 337. • Rodière, *Des avaries aux marchandises en cours de chargement ou de déchargement : JCP G* 1953, I, 1085 ; *Dette certaine de fret et créances prétendues pour perte ou avarie : BT* 1971, 90 ; *Nature de la responsabilité encourue par l'expéditeur en cas de dommage causé par la marchandise à l'engin du transporteur et à sa personne : BT* 1971, 106 ; *Chargement, déchargement, dommages causés aux tiers au cours de ces opérations : BT* 1979, 274.

Ouvrages. *JCl. com. Transport routier. Contrat de transport de marchandises*, Fasc. 740, exécution par Peyrefitte ; art. 105, C. com. *Transport par chemin de fer*, par Durand.

• ***Sommaire***

I – CHAMP D'APPLICATION

A – Personnes auxquelles s'applique l'article L. 133-3

1) Qui peut élever une protestation ? *Tous ceux qui peuvent recevoir la marchandise* ont qualité pour exprimer une protestation valable ; il peut s'agir du mandataire du destinataire (▪ Cass. com., 7 nov. 1973, n° 72-12.680 : *JurisData* n° 1973-097311 ; *BT* 1973, 512 et, sur renvoi, ▪ Bordeaux, 29 avr. 1975 : *BT* 1975, 284. – Pour un concierge parisien, ▪ T. com. Paris, 5 juill. 1972 : *BT* 1973, 516 ; *RTD com.* 1974, 587. – Comp. ▪ Cass. com., 5 avr. 1954 : *S.* 1955, 1, 15) ; de son conjoint (▪ Cass. com., 17 févr. 1975, n° 73-13.150 : *JurisData* n° 1975-097043 ; *BT* 1975, 168. – V. Rodière, *Le mari et la femme ne font-ils qu'un au regard de l'article 105 ? : BT* 1975, 160) ; du commissionnaire de transport (▪ Cass. com., 16 mai 1977 : *JurisData* n° 1977-700145 ; *JCP* 1978, II, 18895, note Rodière. ▪ Poitiers, 24 sept. 1981 : *JurisData* n° 1981-601178 ; *BT* 1981, 471). Pour *la distinction entre destinataire et lieu de destination* et vente et transport (▪ Cass.

com., 20 janv. 1998, n° 95-22.190 : *JurisData* n° 1998-000170 ; *Bull.* IV, n° 38 ; *JCP* E 1999, n° 1 A, p. 713, obs. D.M. ; *RTD com.* 1998, 670, obs. Bouloc).

2) Qui peut arguer de la fin de non-recevoir ? Le commissionnaire de transport peut se prévaloir de la fin de non-recevoir qui lui est opposée par le voiturier, à l'occasion de son recours en garantie contre celui-ci, dès lors que le demandeur destinataire n'a pris en fait, lors de la livraison, aucune des mesures grâce auxquelles, en application de l'article L. 133-3, il aurait été en mesure de sauvegarder son recours contre le voiturier (▪ Cass. com., 25 janv. 1972 : *JurisData* n° 1972-097035 ; *Bull.* IV, n° 35. ▪ Cass. com., 13 avr. 1972 : *JurisData* n° 1972-097103 ; *Bull.* IV, n° 103 ; *JCP* 1972, II, 17252. ▪ Cass. com., 15 mars 1988, n° 86-17.606 : *Bull.* IV, n° 111 ; *RTD com.* 1988, 683, obs. Hémard et Bouloc. – Comp. ▪ Cass. com., 24 janv. 1977, n° 75-12.817 : *JurisData* n° 1977-097022 ; *Bull.* IV, n° 22). Sauf dans l'hypothèse où le commissionnaire de transport avait l'obligation d'assurer ou de faire assurer les formalités de l'article L. 133-3 (▪ Cass. com., 16 oct. 1967 : *D.* 1968, somm. 45). – V. égal. annot. n° 5. Si le transporteur n'a pas opposé la fin de non-recevoir tirée de l'article L. 133-3 du Code de commerce, le commissionnaire et le transporteur contractuel sont irrecevables à demander son application (▪ Cass. com., 1er déc. 2009, n° 08-15.015 : *JurisData* n° 2009-050594 ; *RD transp.* 2010, comm. 54, obs. I. Bon-Garcin).

B – Contrats et actions auxquels s'applique l'article L. 133-3

3) Les contrats visés. L'article L. 133-3 s'applique à *tous les contrats de transport* terrestre interne ; il ne s'applique pas aux transports par voie maritime (▪ Cass. com., 28 févr. 1984, n° 82-15.834 : *JurisData* n° 1984-700297 ; *Bull.* IV, n° 80).

4) Les contrats exclus. L'exigence d'un contrat de transport exclut le transport, même rémunéré, effectué par un *non-professionnel* (Josserand, *Les transports*, n° 686. – Rodière, *Droit des transports*, 2e éd., n° 581) ; de même le *contrat de déménagement* lorsqu'il est distinct du contrat de transport (▪ Paris, 28 oct. 1950 : *JCP* 1951, 6142, note R.R. ▪ 14 mars 1974 : *BT* 1974, 156. ▪ Cass. com., 20 janv. 1998, n° 95-22.190 : *JurisData* n° 1998-000170 ; *RJDA* 5/98, n° 585, qui fait la distinction entre contrat de transport et contrat de déménagement. – V. aussi, ▪ Cass. com., 11 juin 2002, n° 00-11.592 : *JurisData* n° 2002-014774 ; *Bull.* IV, n° 102 ; *RTD com.* 2003, 159, obs. Bouloc. ▪ Cass. com., 1er avr. 2003, n° 01-03.109 : *JurisData* n° 2003-018503 ; *JCP* E 2003, pan. 919 ; *JCP* E 2003, chron. 1248, n° 2, obs. Bon-Garcin) ; de même la livraison représentant l'exécution de l'obligation de livrer pesant sur le vendeur (▪ Paris, 24 nov. 1970 : *BT* 1970, 394. ▪ T. com. Paris, 24 juill. 1973 : *BT* 1973, 427. – V. Rodière, *La livraison à domicile par le transporteur* : *BT* 1965, suppl., 234) ; de même le contrat de dépôt (▪ Paris, 8 juill. 1970 : *BT* 1970, 303), sauf lorsque le dépôt de marchandises a lieu en vue d'un transport (▪ Cass. com., 28 nov. 2000, n° 98-16.444 : *RJDA* 3/2001, n° 309 ; *JCP* E 2001, p. 1570, obs. Bon-Garcin. ▪ Orléans, 21 oct. 2004, n° 03/02445 : *JurisData* n° 2004-266414 ; *RJDA* 2/2005, n° 129. – Comp., ▪ Cass. com., 10 mars 2004, n° 02-14.761 : *JurisData* n° 2004-022868 ; *RJDA* 7/2004, n° 813 ; *JCP* E 2004, chron. 1342, n° 10, obs. Bon-Garcin), de location d'engin (▪ Cass. com., 9 avr. 1970 : *BT* 1970, 190) ou de manutention (▪ Paris, 4 janv. 1977 : *BT* 1977, 50) ; de même le contrat d'entreprise (▪ Cass. com., 26 mai 1998, n° 96-15.531 : *JurisData* n° 1998-002296 ; *RJDA* 10/98, n° 1110). Le retour du colis à l'expéditeur, de nombreux mois après la livraison faite par erreur, à un autre destinataire, ne peut être considéré comme l'exécution d'un contrat de transport pouvant donner lieu à l'application de l'article L. 133-3 du Code de commerce (▪ Lyon, 11 mars 1981 : *JurisData* n° 1981-601198 ; *BT* 1981, 487).

5) Fondement des actions visées par la fin de non-recevoir. Seules les actions nées du contrat de transport sont arrêtées par la forclusion de l'article L. 133-3 ; celles, même dirigées contre le voiturier, mais à un autre titre, ne sauraient être arrêtées (▪ T. civ. Seine, 14 mai 1949 : *D.* 1949, 374 : action en responsabilité dirigée contre le voiturier, du fait de ses préposés).

La fin de non-recevoir de l'article L. 133-3 ne concerne que les actions entre le voiturier ou le commissionnaire de transport d'une part et l'expéditeur ou le destinataire d'autre part ; elle ne s'applique donc pas aux rapports entre l'expéditeur et le destinataire (▪ Cass. req., 5 nov. 1923 : *D.* 1926, 1, 237 ; *Gaz. Pal.* 1924, 1, 69. ▪ Aix-en-Provence, 28 févr. 1967 : *BT* 1967, 271).

6) Action pour perte partielle ou avarie. Toutes les actions en responsabilité contre le voiturier du chef du contrat de transport ne tombent pas sous le coup de l'article L. 133-3 ; y est soumise toute action dirigée contre le voiturier en cas d'avarie ou de perte partielle (▪ Cass. com., 6 mai 1965 : *D.* 1966, somm. 2), sachant que l'extinction de l'action contre le transporteur pour avarie ou perte partielle prévue à l'article L. 133-3 concerne tous *les dommages, y compris ceux non apparents* lors de la réception (▪ Cass. com., 7 nov. 2006, n° 04-17.128 : *RJDA* 4/2007, n° 350 ; *D.* 2006, p. 2845, obs. Delpech ; *JCP* E 2007, 1315, note Poumarède ; *JCP* E 2007, 2204, n° 14, obs. Bon-Garcin). Pour une distinction entre perte totale de la marchandise et une avarie (à propos de rats transportés et arrivés tous morts) : la Cour de cassation rappelle les conditions d'opposabilité de la fin de non-recevoir prévue par l'article L. 133-3 du Code de commerce (▪ Cass. com., 25 nov. 2020, n° 19-15.903).

7) Notion de perte partielle. Est considérée comme perte partielle la perte d'un ou plusieurs colis faisant partie d'une expédition unique (▪ Cass. civ., 7 juin 1904 : *S.* 1905, 1, 47, 2e esp. ; *D.* 1906, 1, 296. – (▪ Cass. req., 17 mars 1930 : *S.* 1930, 1, 231. ▪ Cass. com., 13 avr. 1972 : *JurisData* n° 1972-097103 ; *JCP* 1972, II, 17252. ▪ Cass. com., 6 juin 1984, n° 82-14.593 : *JurisData* n° 1984-701057 ; *Bull. civ.* IV, n° 190 ; *RTD com.* 1985, 569, obs. Hémard et Bouloc. – Pour la distinction entre perte partielle et perte totale, ▪ Cass. com., 5 janv. 1973, n° 71-12.626 : *JurisData* n° 1973-097007 ; *Bull. civ.* IV, n° 7). La substitution est assimilée à la perte partielle (▪ Cass. req., 16 avr. 1904 : *DP* 1905, 1, 415. ▪ Cass. civ., 5 mai 1913 : *S.* 1918-1919, 1, 28, 1re esp. ▪ Cass. com., 11 juin 1913 : *ibid.*, 2e esp.).

8) Retard dans la livraison. Échappent à la fin de non-recevoir de l'article L. 133-3 les actions en réparation du dommage quel qu'il soit ayant pour cause un retard de livraison de la marchandise transportée (▪ Cass. civ., 5 mai 1903 : *DP* 1904, 1, 244. ▪ Cass. com., 4 nov. 1970 : *JurisData* n° 1970-097294 ; *Gaz. Pal.* 1971, 1, 292. ▪ Paris, 3 juin 1980 : *JurisData* n° 1980-098586 ; *BT* 1980, 368. ▪ Cass. com., 26 janv. 1982, n° 80-15.077 : *JurisData* n° 1982-700177 ; *Bull. civ.* IV, n° 32 ; *BT* 1982, 140. – Rappr. ▪ Cass. com., 21 juin 1954 : *Bull. civ.* III, n° 228).

II – CONDITIONS DE LA FIN DE NON-RECEVOIR

A – Réception des marchandises

9) Notion. *La réception* de la marchandise, qui sert de point de départ au délai de trois jours de l'article L. 133-3 *s'entend de la livraison acceptée par le destinataire* ; l'arrivée des marchandises à destination ne suffit pas à mettre fin au contrat de transport (▪ Cass. com., 23 mai 1977, n° 75-15.025 : *JurisData* n° 1977-097153 ; *BT* 1978, 52. ▪ Grenoble, 18 nov. 1982 : *JurisData* n° 1982-699059 ; *BT* 1983, 67. ▪ Cass. com., 17 nov. 1992, n° 90-22.147 : *JurisData* n° 1992-003256 ; *RJDA* 3/93, n° 218 ; 5 juill. 1994 : *RJDA* 1/95, n° 26. ▪ Cass. com., 11 juin 2003, n° 01-15.663 : *JurisData* n° 2003-019475 ; *RJDA* 12/2003, n° 1175. ▪ Cass. com., 30 juin 2004, n° 03-13.091 : *JurisData* n° 2004-024386 ; *RJDA* 1/2005, n° 30 ; *JCP* E 2004, pan. 1322).

Elle doit être *effectuée par le transporteur* et ne saurait être confondue avec l'enlèvement par le destinataire (V. pour une cargaison transportée par bateau, tombée au fond de l'eau et récupérée par le destinataire, ▪ *Cass. civ., 5 févr. 1952 : BT 1952, 935. – Mais, en sens contraire,* ▪ Riom, 2 déc. 1983 : *JurisData* n° 1983-042945 ; *BT* 1984, 372).

10) Caractères de la réception. Elle doit être matérielle et effective : l'émargement du livre de sortie ne saurait suffire ainsi que la mise à la disposition du destinataire de sa marchandise (▪ Cass. civ., 3 févr. 1913 : *DP* 1914, 1, 63. ▪ Paris, 24 nov. 1922 : *DP* 1922, 2, 175. ▪ Paris, 23 mars 1929 : *Gaz. Pal.* 1929, 2, 129).

Le transporteur qui procède à une tentative de livraison, l'interrompant en raison de l'état de la marchandise, ne saurait se prévaloir de la fin de non-recevoir de l'article L. 133-3 (▪ Cass. com., 8 juill. 1980, n° 78-14.945 : *Bull. civ.* IV, n° 289).

11) Le défaut de réception. Lorsque le destinataire avait refusé de signer une décharge au transporteur qui avait déposé dans la cour de son établissement, sans qu'il en ait pris possession, une cabine de téléphérique, objet lourd et encombrant transporté dans des conditions spéciales, la réception au sens de l'article L. 133-3 du Code de commerce ne s'était pas opérée et le transporteur n'était pas fondé à se prévaloir de la fin de non-recevoir instituée par ce texte (▪ Cass. com., 20 mai 1986, n° 84-12.806 : *JurisData* n° 1986-000982 ; *Gaz. Pal.* 1986, 2, pan. jurispr. 240 ; *BT* 1986, 446 ; *JCP* G 1986, IV, 218).

Si le destinataire a refusé les pièces endommagées, même s'il a donné son accord à un nouveau transport pour retour de celles-ci à leur fabricant aux fins de réparation, la livraison n'est pas effective (▪ Cass. com., 9 mars 1967 : *Bull.* III, p. 114).

12) Vérification. Le destinataire a le droit de vérifier l'état de la marchandise qui lui est présentée par le transporteur, tant à l'extérieur qu'à l'intérieur (▪ Cass. req., 8 janv. 1912 : *DP* 1912, 1, 293. ▪ Cass. civ., 22 nov. 1933 : *DP* 1934, 1, 97, note Roger).

13) Faute lourde. La faute lourde du transporteur est insuffisante pour rendre inapplicable les dispositions de l'article L. 133-3 du Code de commerce (▪ Cass. com., 28 mars 2000, n° 97-22.300 : *Dr. et patrimoine* déc. 2000, 72, obs. Chabas).

14) Clause. De même, une clause par laquelle le transporteur accorde quatorze jours au destinataire pour contester la bonne exécution de la livraison ne peut allonger au profit de ce dernier le délai de forclusion d'ordre public de l'article L. 133-3 du Code de commerce (▪ Cass. com., 8 juin 2010, n° 09-68.829 : *JurisData* n° 2010-008813 ; *Rev. dr. transp.* 2010, n° 169, obs. O. Staes).

B – Absence de protestation dans les trois jours

1° Délai

15) Délai de trois jours. En déclarant qu'il y a eu le jour de l'arrivée en gare, réception de la marchandise, sans constater l'acceptation de celle-ci par le destinataire, mais en relevant en revanche que la livraison a été subordonnée à des opérations de constat et d'expertise et que la prise de possession n'a eu lieu que deux jours après, les juges du fond ne sauraient décider que le constat d'huissier et l'expertise se sont placés dans le délai de trois jours suivant la réception prévue par l'article L. 133-3 du Code de commerce (■ Cass. com., 6 févr. 1968, n° 65-11.250 : *Bull.* IV, n° 53) ; lorsque des réserves ont été formulées dans le délai de l'article L. 133-3 après que le destinataire, ayant accepté la marchandise, daté l'accusé de réception et payé le transporteur, s'aperçoit d'un manque au cours du déchargement, elles n'ont pas à être renouvelées lors de la prise de possession ultérieure définitive après expertise du manquement constaté (■ Cass. com., 21 oct. 1958 : *D.* 1959, 224, note P.M.F. Durand).

Cependant *les réserves* doivent être concomitantes à la livraison ; si elles ont été formulées antérieurement, elles doivent être réitérées postérieurement à la livraison dans les formes et délai de l'article L. 133-3 (■ Cass. com., 6 févr. 1968, n° 65-11.250 : *Bull.* IV, n° 53, cité *supra*).

Dès lors que la fin de non-recevoir de l'article L. 133-3 n'a pas été invoquée par le transporteur effectif, ni le commissionnaire de transport, ni le premier transporteur ne peuvent s'en prévaloir. Celle-ci ne profite au commissionnaire de transport ou au voiturier ayant sous-traité le transport que dans la mesure où l'action contre le voiturier effectif ou le transporteur sous-traitant se trouve elle-même éteinte. C'est donc à bon droit que la cour d'appel a déclaré l'action contre le commissionnaire de transport et le premier transporteur recevable (■ Cass. com., 1er déc. 2009, n° 08-15.015 : *JCP* E 2010, pan. 1046).

16) Point de départ du délai. Lorsque *la livraison s'est étalée sur plusieurs jours*, le délai court du jour où la livraison a été achevée (■ Cass. civ., 28 avr. 1925 : *Bull. ann. ch. fer* 1925, 52). *En cas de perte partielle*, le délai part du paiement du port effectué après réception de la partie livrée (■ Cass. civ., 9 nov. 1925 : *DH* 1925, 685). *En cas de réexpédition pour réparation* de la marchandise ayant subi des avaries, les réserves doivent être formulées avant cette réexpédition, même si le transporteur assume les frais du voyage de retour (■ Paris, 10 juin 1955 : *D.* 1955, 582, note Rodière).

17) Sur le calcul du délai en cas de jour férié. (■ Grenoble, 2 mars 1976 : *BT* 1977, 27).

Est recevable, par application de l'article L. 133-3, la réclamation adressée au voiturier le quatrième jour suivant celui de la réception des objets transportés, dès lors que ce jour est le lendemain d'un jour férié (■ Cass. com., 12 mai 1992, n° 90-17.853 : *JurisData* n° 1992-001180 ; *Bull. civ.* IV, n° 186 ; *RTD com.* 1993, 165, obs. Bouloc).

18) Incidence d'une grève des postiers. *Une grève de postiers* qui mettrait obstacle à l'envoi de la lettre n'empêche pas la forclusion parce que le destinataire pouvait procéder par voie d'huissier (■ T. com. Seine, 3 juin 1955 : *BT* 1955, 223. ■ Paris, 11 avr. 1957 : *BT* 1957, 120).

19) Fin de non-recevoir relevée d'office. Le juge peut relever d'office la fin de non-recevoir à condition d'inviter les parties à présenter leurs observations en respectant le principe de la contradiction (■ Cass. com., 16 févr. 1993, n° 90-19.671. – *Contra* : jugeant que le juge n'a pas la possibilité, pour une réouverture des débats, de se substituer au transporteur pour soulever d'office la fin de non-recevoir, ■ Paris, 5 mars 2008, n° 06/10873 : *BRDA* 2008, n° 10, p. 9).

2° Forme de la protestation

20) Acte extrajudiciaire ou lettre recommandée. La protestation doit prendre la *forme d'un acte extrajudiciaire ou d'une lettre recommandée* ; toute autre forme sera inopérante (■ Cass. civ., 4 févr. 1914 : *S.* 1918, 1, 28 ; *D.* 1915, 1, 6. ■ Cass. civ., 18 mai 1931 : *DH* 1931, 378. ■ Cass. civ., 1er avr. 1950 : *Bull. transp. int.* 1952, 225. ■ Cass. com., 2 juill. 1973 : *Bull.* IV, p. 211. ■ Cass. com., 3 janv. 1978, n° 76-14.269 : *JurisData* n° 1978-097007 ; *Bull.* IV, n° 7. ■ Cass. com., 30 nov. 1993, n° 91-20.786 : *JurisData* n° 1993-002430 ; *RJDA* 5/94, n° 519).

21) Formes inopérantes. *Seraient inopérants :*

– une protestation par lettre non recommandée, même si le transporteur reconnaît l'avoir reçue (■ Cass. civ., 17 févr. 1903 : *DP* 1905, 1, 125. ■ 8 déc. 1908 : *D.* 1910, 1, 303 ; *S.* 1909, 1, 331. ■ Paris, 11 mars 1938 : *Gaz. trib.* 9 juin 1938. ■ Cass. civ., 11 déc. 1950 : *D.* 1951, 110. ■ Cass. com., 3 janv. 1978, n° 76-14.269 : *JurisData* n° 1978-097007 ; *Bull.* IV, n° 7) ;

– une plainte pour vol (■ T. com. Seine, 17 déc. 1956 : *BT* 1957, 47) ;

– l'appel en garantie de l'assureur par le transporteur (■ Cass. com., 27 juin 1966 : *BT* 1966, 305) ;

– une sommation d'assister à une expertise, à moins que, faite par huissier, elle ne contienne l'exposé précis des plaintes du destinataire (■ Cass. civ., 4 janv. 1934 : *DH* 1934, 98 ; *Gaz. Pal.* 1934, 1, 433. ■ Cass. com., 28 déc. 1948 : *BT* 1949, 488. ■ Cass. civ., 27 déc. 1950 : *BT* 1951, 12 ; *JCP* G 1951, IV, 22. ■ Cass. com., 22 mai 1951 : *S.* 1952, 1, 46. ■ Paris, 20 janv. 1967 : BT 1967, 67) ;

– une expertise ordinaire, demandée par le commissionnaire d'avaries, lorsque la preuve de l'envoi d'une lettre recommandée n'est pas rapportée (■ Cass. com., 6 févr. 1968, n° 65-11.250 : *BT* 1968, 48. ■ Aix-en-Provence, 18 nov. 1965 : *RDF com. mar. et fisc.*, 1966, 4. ■ 28 févr. 1967 : *BT* 1967, 271) l'article L. 133-3, alinéa 2 visant l'expertise judiciaire de l'article 106 du Code de commerce (■ Paris, 9 avr. 1986 : *JurisData* n° 1986-021179 ; judiciaire de l'article 106, C. com. (■ Paris, 9 avr. 1986, n° K.9089 : *JurisData* n° 1986-021179 ; *BT* 1987, 46) ;

– des réserves verbales lorsque la notification des réserves est intervenue cinq jours après la livraison (▪ Cass. com., 4 oct. 1971, n° 70-11.545 : *JurisData* n° 1971-097228 ; *Bull.* IV, n° 228) ;

– l'envoi d'un « télex » (▪ Cass. com., 4 nov. 1986, n° 85-13.037 : *JurisData* n° 1986-701973 ; *Bull.* IV, n° 203 ; *JCP* G 1987, IV, 21 ; *BT* 1987, 26 ; *RTD com.* 1987, 581, obs. Hémard et Bouloc. – Comp. ▪ Paris, 5 mai 1986, n° L. 20399 : *JurisData* n° 1986-021858 ; *BT* 1986, 545) ;

– des réserves inscrites sur le bon de livraison, formulées en termes généraux et dont il n'est pas établi qu'elles aient été acceptées par le voiturier (▪ Cass. com., 11 déc. 1985, n° 83-14.457 : *JurisData* n° 1985-703299 ; *BT* 1986, 196).

22) Motivation de la protestation. La protestation doit être motivée, indiquer avec précision la nature et l'importance du dommage et la quantité de matériels concernés, et ne pas se borner à reproduire une formule vague et stéréotypée (▪ Cass. com., 24 oct. 1956 : *BT* 1956, 351. ▪ Cass. com., 20 déc. 1962, n° 59-10.400 : *BT* 1963, 125. ▪ T. com. Seine, 10 mars 1966 : *BT* 1966, 295. ▪ T. com. Nîmes, 3 juill. 1975 : *BT* 1976, 235. ▪ Paris, 11 mai 1976 : *BT* 1976, 247. ▪ Cass. com., 30 nov. 1983, n° 82-13.930 : *JurisData* n° 1983-702602 ; *Bull.* IV, n° 336. ▪ Versailles, 6 nov. 2003, n° 01/08304 : *JurisData* n° 2003-263983 ; *RJDA* 4/2004, n° 422).

Toutefois les lettres que, dans les trois jours de la réception d'une marchandise arrivée avariée après son transport, le destinataire adresse au transporteur et qui précisent le numéro de wagon, la date et le lieu de l'expédition et se référant à une expertise portant sur l'importance et la cause des avaries, constituent la protestation motivée au sens de l'article L. 133-3 du Code de commerce (▪ Cass. com., 24 nov. 1983, n° 82-13.879 : *JurisData* n° 1983-702352 ; *Bull.* IV, n° 326).

23) Pas de nouvelle protestation. Si l'usager a fait des réserves pour des avaries qu'il a décrites, il ne peut ultérieurement faire état d'autres avaries ou de manquements (▪ Paris, 25 nov. 1927 : *Gaz. Pal.* 1928, 1, 166).

24) La protestation n'implique aucune reconnaissance du voiturier. L'usager devra faire la preuve de la perte ou de l'avarie et qu'elle s'est produite en cours de transport (▪ Paris, 11 juin 1976 : *BT* 1976, 330) ; lorsque la protestation a lieu après la livraison, l'usager devra prouver que l'avarie ou la perte dont il se plaint existait bien au moment de la livraison et que le dommage est survenu en cours de transport (▪ Paris, 14 nov. 1957 : *BT* 1958, 101. ▪ 18 mars 1977 : *JurisData* n° 1977-655209 ; *JCP* 1979, II, 19247, note Rodière), soit par l'expertise de l'article 106 du Code de commerce (▪ Paris, 6 janv. 1982 : *JurisData* n° 1982-021548 ; *BT* 1982, 536), soit par les témoignages de personnes ayant assisté au déballage (▪ Paris, 30 oct. 1981 : *JurisData* n° 1981-028051 ; *BT* 1981, 577). La règle posée par l'article 105 (C. com., art. L. 133-3) admet une dérogation lorsque des réserves, mêmes verbales ont été faites et acceptées expressément ou tacitement par le transporteur (▪ Paris, 16 mai 1990, n° 87/20260 : *JurisData* n° 1990-021959 ; *D.* 1990, somm. 270, obs. Rèmond-Gouilloud. – V. *infra*, annot. n° 25).

25) Destinataire de la protestation. La protestation doit être adressée au voiturier, non au commissionnaire de transport (▪ Paris, 14 mai 1964 : *BT* 1964, 196. ▪ T. civ. Seine, 15 juin 1966 : *BT* 1966, 243. ▪ Paris, 13 déc. 1965 : *JCP* 1966, II, 14784, note Rodière. ▪ Paris, 3 mars 1970 : *BT* 1970, 127. ▪ Cass. com., 21 juin 1972 : *Dr. eur. transp.* 1975, 31), même si le destinataire ne connaît pas le voiturier (▪ Colmar, 7 nov. 1974 : *BT* 1975, 226). Si le récépissé délivré par le commissionnaire ne permettait pas de lire l'adresse du transporteur, le destinataire qui a adressé sa protestation au commissionnaire ne conserve pas son recours contre le transporteur mais le commissionnaire doit payer le montant du dommage sans recours en garantie contre le transporteur (▪ Aix-en-Provence, 15 déc. 1966 : *BT* 1967, 6. – V. Rodière, *La notification des réserves en cas de transport par commissionnaire* : *BT* 1966, 42) ; la lettre recommandée adressée au fabricant même confirmée par une lettre simple adressée au transporteur est insuffisante (▪ Cass. com., 3 janv. 1978, n° 76-12.641 : *JurisData* n° 1978-098006 ; *Bull. civ.* IV, n° 7).

III – LES RÉSERVES ACCEPTÉES

26) Réserves immédiates. Les réserves immédiates dans les formes de l'article L. 133-3, acceptées par le voiturier, *écartent la fin de non-recevoir de cet article* (▪ Cass. civ., 22 janv. 1902 : *DP* 1903, 1, 33, note Thaller. – 22 juill. et 8 déc. 1902 : *S.* 1903, 1, 305, note Lyon-Caen ; *DP* 1903, 1, 33, note Thaller. ▪ 19 mars 1945 : *S.* 1945, 1, 99. ▪ 12 janv. 1949 : *BT* 1949, 416. ▪ 18 oct. 1949 : *D.* 1949, 567 ; *JCP* 1951, II, 5944. ▪ 6 juin 1950 : *D.* 1951, 533. ▪ 17 oct. 1950 : *JCP* 1951, II, 5944. ▪ 25 oct. 1950 : *BT* 1951, 40).

27) Réserves antérieures à la livraison. Des réserves formulées avant livraison et non acceptées par le transporteur n'écartent pas la fin de non-recevoir de l'article L. 133-3 (▪ Cass. com., 23 mai 1977, n° 75-14.958 : *JurisData* n° 1977-097152 ; *Bull.* IV, n° 152).

28) Acceptation expresse des réserves. L'acceptation du transporteur peut être expresse quand, par exemple, le voiturier contresigne les réserves écrites du destinataire (▪ Cass. civ., 8 nov. 1904 : *D.* 1909, 1, 273 ; *S.* 1907, 1, 38) ; de manière générale elle doit manifester la renonciation du voiturier à se prévaloir de l'article L. 133-3 (■ Cass. com., 11 févr. 1952 : *Rev. algérienne de législ.* 1952, 2, 161, note Rodière. – *Adde,* ■ Cass. req., 8 nov. 1904 : *D.* 1909, 1, 273, 1re esp. ■ Cass. civ., 6 févr. 1934 : *S.* 1934, 1, 134. ■ Aix-en-Provence, 18 mars 1982 : *DS* 1983, 580, note Sériaux).

Pour écarter la fin de non-recevoir tirée de l'article L. 133-3 du Code de commerce, opposée par le voiturier lors du recours en garantie exercé contre lui par le commissionnaire, les juges du fond ne peuvent se borner à déclarer que les réserves formulées par le destinataire lors de la livraison avaient été acceptées tacitement par le voiturier, en ne précisant pas que les faits relevés constituent une renonciation à se prévaloir de l'article L. 133-3 (■ Cass. com., 17 juill. 1968, n° 66-12.082 : *JCP* 1969, II, 15717, note R.R.).

29) Acceptation tacite des réserves. L'acceptation du transporteur peut également être tacite (■ Cass. civ., 24 juill. 1906 : *S.* 1907, 1, 141 ; *D.* 1909, 1, 273. ■ 8 nov. 1933 : *S.* 1934, 1, 54. ■ Douai, 3 juin 1955 : *Gaz. Pal.* 1955, 2, 45. ■ Paris, 24 mars 1969 : *BT* 1969, 165). En assistant sans protestation à l'apposition par le destinataire de réserves sur le bon de livraison concernant l'état de la marchandise, le chauffeur les a tacitement acceptées et engage de ce fait la responsabilité du transporteur qui est son commettant (■ Cass. com., 24 nov. 1987, n° 86-14.424 : *JurisData* n° 1987-002048 ; *Bull.* IV, n° 248 ; *RTD com.* 1988, 498, obs. Hémard et Bouloc ; *JCP* E 1988, I, 17073. ■ 19 mars 1996, n° 94-11.785 : *JurisData* n° 1996-001200 ; *RJDA* 7/96, n° 918).

Une décision a admis des réserves même verbales qui ont été faites et acceptées expressément ou tacitement par le transporteur (■ Paris, 16 mai 1990 : *D.* 1990, somm. 270, obs. Rémond-Gouilloud ; *RTD com.* 1991, 290, n° 16, obs. Bouloc).

Mais la renonciation du voiturier à son droit de se prévaloir de la fin de non-recevoir tirée de l'inobservation par le destinataire des formalités de l'article L. 133-3 du Code de commerce ne résulte nécessairement ni du constat d'huissier effectué à la diligence du destinataire, avant déchargement et en présence du chauffeur du transporteur, ni de l'offre ultérieure d'indemnisation partielle, présentée par l'assureur du transporteur au destinataire sur réclamation directe de celui-ci (■ Cass. com., 4 déc. 1972, n° 71-12.055 : *JurisData* n° 1972-098320 ; *Bull.* IV, n° 320), ni d'une expertise (■ Cass. civ., 21 févr. 1934 : *S.* 1934, 1, 184. ■ 18 févr. 1947 : *D.* 1947, 224. – 11 et 12 janv. 1949 : *BT* 1949, 417 et 418. ■ T. com. Paris, 11 juin 1972 : *BT* 1972, 54) ni d'une constatation contradictoire (■ Cass. civ., 19 mars 1945 : *S.* 1945, 1, 99. – (■ Cass. req., 4 nov. 1946 : *S.* 1947, 1, 15. ■ Cass. com., 11 mai 1955 : *BT* 1955, 200) ni de l'accusé de réception des réserves (■ Cass. com., 11 déc. 1950 : *D.* 1951, 110).

IV – CAS DE NON-APPLICATION DE L'ARTICLE L. 133-3

A – Fraude du transporteur

30) Fraude du voiturier. La fraude du voiturier écarte l'application de l'article L. 133-3 et l'empêche de se prévaloir de la fin de non-recevoir (■ Cass. req., 29 avr. 1947, motifs : *Gaz. Pal.* 1947, 2, 79, pour le vol de marchandises dû au voiturier ou à ses agents. ■ Rouen, 7 mai 1955 : *JCP* CI 1955, II, 56834, pour la falsification de la feuille d'expédition). En revanche, la faute lourde est insuffisante : V. sous art. L. 133-3, annot. n° 13, p. 98.

B – Force majeure ou fait du voiturier

31) Force majeure ou fait du voiturier. Lorsque le destinataire a été mis dans l'impossibilité de vérifier la chose par *force majeure ou par le fait du voiturier*, celui-ci ne peut se prévaloir de l'article L. 133-3 du Code de commerce (■ Cass. civ., 21 juin 1911 : *DP* 1913, 1, 3. ■ Cass. civ., 27 avr. 1921 : *DP* 1926, 1, 237. ■ T. com. Seine, 15 déc. 1947 : *BT* 1948, 326. ■ Cass. com., 18 janv. 1957 : *Bull. transp. int.* 1957, 242, note P. Durand).

C – CMR

32) CMR. L'article L. 133-3 est *inapplicable au transport régi par la Convention de Genève* du 19 mai 1956 (CMR) (■ Cass. com., 2 oct. 1990, n° 88-18.561 : *JurisData* n° 1990-702441 ; *Bull.* IV, n° 226).

Art. L. 133-4 ***(Anc. C. com., art. 106 ; mod., Ord. n° 2019-964, 18 sept. 2019).*** **– En cas de refus des objets transportés ou présentés pour être transportés, ou de contestation de quelque nature qu'elle soit, sur la formation ou l'exécution du contrat de transport, ou à raison d'un incident survenu au cours même et à l'occasion du transport, l'état des objets transportés ou présentés pour être transportés et, en tant que de besoin, leur conditionnement, leur poids, leur nature, etc., sont vérifiés et constatés par un ou plusieurs experts nommés par le président du tribunal de commerce ou, à défaut, par le président du tribunal judiciaire et par ordonnance rendue sur requête.**

Le requérant est tenu, sous sa responsabilité, d'appeler à cette expertise, même par simple lettre recommandée ou par télégramme, toutes parties susceptibles d'être mises en cause, notamment l'expéditeur, le destinataire, le voiturier et le commissionnaire, et les experts doivent prêter serment, sans formalité d'audience, devant le juge

qui les a commis ou devant le juge du tribunal judiciaire où ils procèdent. Toutefois, en cas d'urgence, le juge saisi de la requête peut dispenser de l'accomplissement de tout ou partie des formalités prévues au présent alinéa. Mention est faite de cette dispense dans l'ordonnance.

Le dépôt ou séquestre des objets en litige, et ensuite leur transport dans un dépôt public, peut être ordonné.

La vente peut en être ordonnée jusqu'à concurrence des frais de voiture ou autres déjà faits. Le juge attribue le produit de la vente à celle des parties qui a fait l'avance desdits frais.

NB : Conformément à l'article 36 de l'ordonnance n° 2019-964 du 18 septembre 2019, ces dispositions entrent en vigueur au 1er janvier 2020.

Bibliographie : Brunat, *L'expertise des objets transportés : BT* 1982, 302. • Jeuland, *Expertise commerciale : D.* 2000, chron. 209.

Ouvrage. JCl. com., art. 106, C. com., *Transport par chemin de fer,* par Durand.

I – DOMAINE D'APPLICATION DE L'EXPERTISE JUDICIAIRE

1) Contrat de transport. L'article L. 133-4 ne s'applique que dans le cadre d'un *contrat de transport,* dans les rapports entre le voiturier avec le destinataire ou l'expéditeur ; il ne saurait s'appliquer aux contestations qui s'élèvent entre expéditeur et destinataire, notamment à raison de leurs situations respectives de vendeur et d'acheteur (▪ Cass. req., 17 juill. 1907 : *S.* 1908, 1, 246. – V. aussi le rapport du conseiller Denis : *S.* 1890, 1, 269, col. 2. ▪ Cass. com., 9 juill. 1953 : *BT* 1954, 64. – *Adde ; JCP* 1954, II, 8072, note Rodière. ▪ Douai, 3 oct. 1957 : *BT* 1957, 272. ▪ Cass. com., 13 déc. 1960, n° 57-11.312 : *BT* 1961, 38) ; lorsque dans les rapports entre le destinataire et l'expéditeur l'expertise de l'article L. 133-4 a été requise à tort, le juge ne peut en faire la base unique de sa décision (▪ Cass. req., 19 avr. 1926 : *BT* 1926, 85. ▪ Cass. civ., 6 mars 1939 : *Ann. ch. fer* 1939, 60. ▪ Cass. com., 13 déc. 1960, n° 57-11.312 : *BT* 1961, 38, préc. ▪ Rouen, 23 déc. 1960 : *BT* 1961, 62. – *Adde,* ▪ Cass. com., 11 déc. 1972 : *BT* 1973, 75).

2) Date de la demande d'expertise. L'expertise de l'article L. 133-4 est possible à tout moment (▪ Cass. req., 2 août 1911 : *S.* 1915, 1, 61 ; *D.* 1912, 1, 264) même si, demandée tardivement, son efficacité se trouverait diminuée en pratique.

II – CARACTÈRES DE LA PROCÉDURE D'EXPERTISE

3) Caractère facultatif. L'expertise prévue à l'article L. 133-4 a un *caractère facultatif* ; elle n'est que l'un des procédés auxquels celui qui prétend avoir été lésé par la mauvaise exécution d'un transport de marchandises peut avoir recours pour établir l'existence et l'importance du dommage dont il demande réparation, mais n'exclut aucun autre *moyen de preuve* (▪ Cass. com., 30 janv. 1978, n° 76-14.654 : *JurisData* n° 1978-097039 ; *Bull.* IV, n° 40) ; l'expertise amiable est toujours possible mais convenue entre le destinataire et le transporteur elle n'est pas opposable à l'expéditeur (▪ Montpellier, 11 févr. 1958 : *BT* 1958, 94. – Comp. ▪ Cass. civ., 11 janv. 1939 : *BT* 1939, 32 ; *Gaz. Pal.* 1939, 1, 756, sous note) ; l'expertise officieuse, demandée par une seule des parties, est sujette à caution car l'expert ne présente pas toutes les garanties d'impartialité (▪ Colmar, 10 juill. 1970 : *BT* 1970, 358. ▪ Toulouse, 25 févr. 1980 : *BT* 1980, 249) mais les juges peuvent en tenir compte lorsque l'expert présente des garanties suffisantes de sérieux et de probité (▪ Paris, 1er déc. 1972 : *BT* 1973, 34. ▪ 21 déc. 1978, n° 78-92.497 : *JurisData* n° 1978-799363 ; *BT* 1979, 84. ▪ 29 oct. 1980 : *JurisData* n° 1980-099890 ; *BT* 1981, 51. ▪ Aix-en-Provence, 9 mai 1980 : *BT* 1980, 587) ; les témoignages pourraient également être utilisés (▪ Paris, 30 oct. 1981 : *BT* 1981, 577) ; un constat d'huissier, qui pourra toujours être contesté et ne pourra être opposé aux autres parties lorsque les constatations n'auraient pas été établies contradictoirement, n'aura que peu de valeur probatoire pour les magistrats (▪ Montpellier, 30 oct. 1951 : *BT* 1952, 940. ▪ Rouen, 23 déc. 1960 : *BT* 1961, 62. ▪ Paris, 2 mai 1960 : *BT* 1960, 210. ▪ 27 mars 1963, n° 62-11.134 : *BT* 1963, 127. ▪ 4 déc. 1978 : *BT* 1979, 20).

4) Caractère contradictoire. L'expertise a un *caractère contradictoire* et est opposable à tous lorsque les intéressés ont été convoqués régulièrement et a lieu avec eux ou en présence de leurs représentants (▪ Cass. req., 21 mai 1941 : *DA* 1941, 241 ; *Gaz. Pal.* 1941, 2, 22) ; elle est également opposable à tous lorsqu'elle a eu lieu non contradictoirement, en raison de l'absence de certaines parties dûment convoquées (V. en cas d'absence de convocation, ▪ Cass. com., 4 nov. 1953 : *Bull.* III, n° 349 ; *JCP* 1954, II, 8072, note Rodière. – 31 janv. et 25 févr. 1955 : *Journ. transp. int.* 1955, 2767. ▪ Cass. com., 30 juin 1958 : *BT* 1958, 306. ▪ Cass. civ., 29 oct. 1959 : *BT* 1960, 170. ▪ Paris, 23 déc. 1960 : *BT* 1961, 62. – *Adde,* ▪ Aix-en-Provence, 23 oct. 1964 : *Bull. transp. int. ch. fer* 1966, 168. – Rappr. ▪ Agen, 31 mars 1965 : *BT* 1965, 155 et la note. ▪ Montpellier, 14 déc. 1965 : *BT* 1965, 51) ; elle est également opposable à tous les intéressés lorsqu'elle a eu lieu non contradictoirement par suite d'une dispense obtenue du juge régulièrement et à bon droit (▪ Cass. com., 10 nov. 1952 : *BT* 1953, 181. – Comp. ▪ Cass. civ., 5 juill. 1949 : *BT* 1949, 742. ▪ T. com. Seine, 19 févr. 1948 : *Gaz. Pal.* 1948, 2,

146). La convocation des parties à une réunion d'expertise diligentée en application de l'article 106 (art. L. 133-4), adressée par fax vingt-quatre heures à l'avance, satisfait suffisamment aux exigences de ce texte dès lors qu'un tel délai est suffisant pour permettre aux parties de se faire représenter et, s'agissant du transporteur, pour prévenir en tant que de besoin son assureur (▪ Versailles, 7 sept. 2000 : *JCP* E 2001, n° 1, p. 14).

5) Auteurs de la convocation. Il n'est pas nécessaire que la convocation émane de toutes les parties (▪ Cass. com., 31 janv. 1955 : *BT* 1955, 120).

III – EFFETS DE L'EXPERTISE

6) Portée de l'avis de l'expert. Les experts expriment un avis, les juges ne sont pas tenus de suivre leurs conclusions (▪ Cass. civ., 23 mai 1911 : *S.* 1915, 1, 61, 1re esp. ▪ Paris, 9 juill. 1952 : *BT* 1953, 82. ▪ 22 déc. 1975 : *BT* 1976, 165. ▪ 13 févr. 1976 : *BT* 1976, 151) ; mais ils doivent s'attacher aux constatations faites par ces derniers pour former leur conviction et ne peuvent écarter leurs conclusions pour des motifs purement hypothétiques (▪ Cass. civ., 19 janv. et 16 juin 1914 : *DP* 1914, 1, 296. ▪ Cass. civ., 18 mai 1915 : *S.* 1917, 1, 38. ▪ 20 janv. 1948 : *BT* 1948, 401. ▪ Cass. com., 18 déc. 1953 : *BT* 1954, 210. ▪ 19 juin 1956 : *BT* 1956, 271).

IV – FRAIS DE L'EXPERTISE

7) Charge des frais d'expertise. Les frais occasionnés par l'expertise incombent à celui dont la faute est établie, que cette faute ait été ou non l'objet d'une action judiciaire (▪ Cass. com., 7 déc. 1948 : *BT* 1949, 156 ; *D.* 1949, 43. ▪ 14 mars 1949 : *D.* 1949, 441. ▪ 31 janv. 1955 : *Bull.* III, n° 51. – Rappr. ▪ Cass. 2e civ., 22 févr. 1950 : *BT* 1950, 491. – *Adde* pour l'action du transporteur contre le destinataire, ▪ Cass. civ., 9 nov. 1938 : *BT* 1939, 37).

V – VENTES DES MARCHANDISES

8) Responsabilité du transporteur. La vente faite sans observation des formalités prescrites par l'article L. 133-4 du Code de commerce engage la responsabilité du transporteur, quand il est établi que l'inobservation de ces prescriptions a occasionné un préjudice à la partie intéressée (▪ Cass. civ., 8 févr. 1909 : *Gaz. Pal.* 1909, 1, 321 ; *S.* 1909, 1, 408 ; *D.* 1910, 1, 58. ▪ Cass. com., 15 déc. 1947 : *BT* 1948, 233 ; *D.* 1948, 153. ▪ Cass. com., 15 nov. 1954 : *Bull.* III, n° 348. ▪ Cass. com., 4 mai 1954 [3 arrêts] : *Bull.* III, n° 158. ▪ Cass. com., 15 mai 2001, n° 98-18.666 : *JurisData* n° 2001-009742 ; *RJDA* 11/2001, n° 1105).

9) Obligations du transporteur. Lorsque le voiturier se conforme aux dispositions de l'article L. 133-4 pour procéder à la vente, il ne sera tenu envers le propriétaire de la marchandise que d'une somme égale au produit de la vente ; il ne peut être condamné, notamment, à verser à l'expéditeur le prix que celui-ci devait recevoir du destinataire acheteur (▪ Cass. civ., 7 juin 1904 : *DP* 1906, 1, 316).

Art. L. 133-5 *(Anc. C. com., art. 107 ; rempl., Ord. n° 2010-1307, 28 oct. 2010).* **– Sans préjudice des dispositions prévues par le Code des transports, les dispositions contenues dans le présent chapitre sont applicables aux transporteurs routiers, fluviaux et aériens.**

Art. L. 133-6 *(Anc. C. com., art. 108).* **– Les actions pour avaries, pertes ou retards, auxquelles peut donner lieu contre le voiturier le contrat de transport, sont prescrites dans le délai d'un an, sans préjudice des cas de fraude ou d'infidélité.**

Toutes les autres actions auxquelles ce contrat peut donner lieu, tant contre le voiturier ou le commissionnaire que contre l'expéditeur ou le destinataire, aussi bien que celles qui naissent des dispositions de l'article 1269 du *Code de procédure* civile, sont prescrites dans le délai d'un an.

Le délai de ces prescriptions est compté, dans le cas de perte totale, du jour où la remise de la marchandise aurait dû être effectuée, et, dans tous les autres cas, du jour où la marchandise aura été remise ou offerte au destinataire.

Le délai pour intenter chaque action récursoire est d'un mois. Cette prescription ne court que du jour de l'exercice de l'action contre le garanti.

Dans le cas de transports faits pour le compte de l'État, la prescription ne commence à courir que du jour de la notification de la décision ministérielle emportant liquidation ou ordonnancement définitif.

Bibliographie : Staes, *La loi n° 2008-561 et le régime des prescriptions applicables aux transports terrestres de marchandises : RD transp.* mars 2009, étude p. 13. • *JCl. Com.*, art. 107-108, C. com., *Transport par chemin de fer* par Durand.

• *Sommaire*

I – DOMAINE DE L'ARTICLE L. 133-6

A – Les actions entrant dans le domaine de l'article L. 133-6 du Code de commerce

1) **Actions principales et actions reconventionnelles.** L'article L. 133-6, alinéa 1 s'applique tant aux *actions principales qu'aux actions reconventionnelles fondées sur un contrat de transport* (■ Cass. com., 9 déc. 1965, n° 62-13.267 : *JCP* 1966, II, 14619, note Durand ; *BT* 1966, 46. ■ Paris, 28 mars 1968 : *BT* 1968, 181. ■ Paris, 8 juin 1971 : *BT* 1971, 264. ■ Paris, 10 avr. 1976 : *BT* 1976. ■ Cass. com., 16 févr. 1976, n° 74-13.735 : *JurisData* n° 1976-097053 ; *BT* 1976, 138. ■ Cass. com., 26 mai 1998, n° 96-15.750 : *JurisData* n° 1998-002298 ; *RJDA* 11/98, n° 1219 ; *Bull.* IV, n° 172 ; *RTD com.* 1999, 182, obs. Bouloc ; V. sur l'application de la prescription annale à la demande reconventionnelle en matière de transport : ■ Cass. com., 26 mai 1998, n° 96-15.750 : *JurisData* n° 1998-002298 ; *JCP* E 1999, chron. n° 1 A, p. 714, obs. D.M. ; *RJDA* 10/98, n° 1111 ; *Bull.* IV, n° 173 ; *RTD com.* 1999, 182, obs. Bouloc). De même pour l'action en responsabilité du transporteur *pour résiliation abusive* du contrat de transport (■ Cass. com., 9 juill. 2002, n° 99-19.156 : *JurisData* n° 2002-015209 ; *RJDA* 12/2002, n° 1271). Aussi la qualification de contrat de transport est-elle parfois discutée pour éviter le couperet de la prescription. Une première décision s'est notamment dégagée de la conception selon laquelle le contrat de transport suppose une exécution de la prestation par le transporteur lui-même (■ Cass. com., 27 nov. 2012, n° 11-26.830 : *JCP* 2013, 25, note Paulin). Une seconde reconnaît désormais que, même en présence d'une pluralité de prestations, le contrat est qualifié de contrat de transport dès lors que celui-ci constitue l'obligation principale du contrat, les autres ne présentant qu'un caractère accessoire (■ Cass. com., 11 déc. 2012, n° 11-18.528, V. Paulin, « *Qualification de contrat de transport : revirement de jurisprudence ?* » in *D.* 2013, 884).

En *revanche, l'action récursoire* relève de la *prescription* d'un mois de l'article L. 133-6, alinéa 4 (■ Cass. com., 26 mai 1998, préc. ■ 19 févr. 2008, n° 07-10.078 : *JurisData* n° 2008-042836 ; *D.* 2008, p. 688, obs. Delpech où la cour retient que n'était pas en cause une action récursoire soumise au délai d'un mois, mais une véritable demande reconventionnelle soumise à la prescription annale de l'article L. 133 alinéa 1, la stratégie contentieuse du transporteur consistant ici à reprocher au commissionnaire une faute de négligence).

2) **Qualité des acteurs.** La prescription annale ne concerne pas seulement l'action exercée contre le transporteur, mais aussi, conformément à l'article L. 133-6, alinéa 2, celle diligentée contre le commissionnaire de transport, le destinataire ainsi que l'expéditeur, y compris lorsque le transporteur auquel l'expéditeur a confié l'acheminement des marchandises, sous-traite l'expédition à un sous-traitant (■ Cass. com., 1er avr. 2008 : *D.* 2008, p. 1140, obs. Delpech).

3) **Transporteur.** Celui qui contracte en *qualité de transporteur* sera traité comme tel sans pouvoir se prévaloir de la qualité de commissionnaire (■ Cass. com., 29 mai 1990, n° 88-18.592 : *JurisData* n° 1990-001812 ; *BT* 1990, somm. 760 ; *D.* 1992, somm. 81, note Rémond-Gouilloud). Le fait pour le transporteur de se substituer un tiers sans l'accord du donneur d'ordre ne suffit pas à lui conférer la qualité de commissionnaire de transport (■ Cass. com., 10 mai 2005, n° 04-10.235 : *JurisData* n° 2005-028343 ; *D.* 2005, 1411, obs. Chevrier ; *RJDA* 11/2005, n° 1217 ; *JCP* E 2005, pan. 1014 ; *ibid.*, 1571, n° 10, obs. Letacq ; *BTL* 2005, 371 ; *D.* 2005, p. 2293, note Guignard ; *ibid.*, pan. 2751, obs. Kenfack ; *BTL* 2005, 363, obs. Tilche. – Rappr. ■ Cass. com., 27 nov. 2007 : *D.* 2008, p. 11, obs. Delpech ; *RJDA* 5/2008, n° 522 ; *JCP* E 2008, pan. 1044). La prescription de l'article L. 133-6 ne concerne que les actions découlant du contrat de commission de transport proprement dit : elle n'est pas applicable aux actions trouvant leur fondement dans un mandat distinct (■ Versailles, 10 janv. 2002 : *RJDA* 6/2002, n° 632). Si la jurisprudence a pu décider que l'article L. 133-6 ne s'applique pas à un contrat de mandat annexe à un *contrat de transport* (■ Cass. com., 5 mars 1957 : *BT* 1957, 119 ; *JCP* 1957, II, 10189, note Durand. ■ Cass. com., 22 oct. 1957 : *BT* 1957, 335. ■ Colmar, 4 mai 1962 : *JCP* 1962, II, 12866, note Durand. – *Adde*, ■ Cass. com., 9 oct. 1974 : *JurisData* n° 1974-799243 ; *Bull. civ.* IV, n° 243 ; *JCP* 1975, II, 18130, note crit. Turlan), elle a cependant admis que la pres-

cription d'un an puisse s'appliquer au mandat lorsqu'il est indissociable ou accessoire du contrat de transport (pour une action en paiement de sommes perçues des destinataires par le voiturier à l'occasion de livraison de marchandises contre remboursement, ■ Cass. com., 30 oct. 1979, n° 78-13.078 : *Bull. civ.* IV, n° 271. ■ Versailles, 16 janv. 1997 : *JurisData* n° 1997-040767 ; *RJDA* 4/1997, n° 509. – Pour l'action en responsabilité contre le commissionnaire de transport en raison des dommages consécutifs au stockage, le contrat de dépôt ne constituant qu'un accessoire, ■ Cass. com., 27 avr. 1979, n° 77-11.463 : *JurisData* n° 1979-000133 ; *Bull. civ.* IV, n° 133).

4) **Donneur d'ordre du transporteur.** Le donneur d'ordre du transporteur ne peut agir en intervention volontaire à l'instance engagée par le transporteur contre son assureur, afin d'obtenir le versement direct de l'indemnité d'assurance alors que lui-même n'a engagé dans le délai d'un an imposé par l'article L. 133-6, aucune action contre le transporteur et qu'il ne résulte pas que cette prescription ait été interrompue avant l'intervention volontaire du donneur d'ordre (■ Cass. 1re civ., 10 mai 2000, n° 98-12.720 : *JurisData* n° 2000-001865 ; *JCP* E 2000, pan. 1115 ; *RJDA* 9-10/2000, n° 866 ; *D.* 2000, act. jurispr., p. 307, obs. Faddoul ; *RTD com.* 2000, 1004, obs. Bouloc ; *JCP* E 2001, p. 1572, obs. Bon-Garcin).

5) **Assureur. Action contre l'assureur.** La demande en indemnisation adressée à l'assureur du transporteur par la victime du dommage n'interrompt la prescription qu'envers l'assureur, la prescription continuant à courir au bénéfice du transporteur du fait de l'autonomie dont celui-ci bénéficie par rapport à son assureur (■ Cass. com., 12 juill. 1994, n° 92-19.492 : *JurisData* n° 1994-001730 ; *RJDA* 2/95, n° 146. – Comp. ■ Cass. 1re civ., 9 oct. 2001, n° 98-22.711 : *JurisData* n° 2001-011238 ; *RJDA* 2/2002, n° 150 ; *JCP* E 2001, pan. 1841).

6) **Commissionnaire de transport.** La prescription de l'article L. 133-6 s'applique au *commissionnaire de transport* (■ Cass. com., 1er févr. 1956 : *Bull.* III, n° 51. ■ T. com. Seine, 2 mars 1959 : *BT* 1959, 121. ■ T. com. Seine, 20 déc. 1961 : *DMF* 1962, 234, note Georgiades. ■ Aix-en-Provence, 15 déc. 1961 : *DMF* 1962, 543. ■ T. com. Paris, 9 avr. 1975 : *BT* 1975, 373. ■ Paris, 17 juin 1977 : *Gaz. Pal.* 1977, 2, somm. 398. ■ Versailles, 23 nov. 1995, n° 1119/92 : *JurisData* n° 1995-049637 ; *RJDA* 5/96, n° 635). Elle s'applique dès lors que la demande en réparation du préjudice commercial subi est en relation directe avec la mauvaise exécution du contrat de transport par le voiturier que le commissionnaire avait commis (■ Cass. com., 22 avr. 1997, n° 94-15.241 : *JurisData* n° 1997-001696 ; *RJDA* 8-9/97, n° 1043 ; *D.* 1998, somm. 312, obs. Mercadal).

7) **Commissionnaire en douane.** La prescription de l'article L. 133-6 du Code de commerce n'est pas applicable aux actions nées de l'exécution d'un mandat donné pour l'accomplissement de formalités de douane. Ayant énoncé que la demande de remboursement des frais de douane par le commissionnaire en douane avait pour fondement le mandant donné pour l'accomplissement des formalités douanières, soit un contrat indépendant du contrat de commission de transport, la cour d'appel en a déduit à bon droit que la prescription annale de l'article L. 133-6 n'était pas applicable aux actions nées de son exécution (■ Cass. com., 22 mars 2016, n° 14-16.592).

8) **Modes de transport.** L'article L. 133-6 s'applique aux transports par terre et fluviaux (■ T. com. Seine, 9 juill. 1959 : *DMF* 1960, 757). En matière de transport maritime, l'action en responsabilité contre le transporteur est aussi soumise à une prescription annale, mais celle de l'article 32 de la loi du 18 juin 1966 (■ Cass. com., 14 oct. 2008 : *D.* 2008, p. 2718, note Delpech où la cour conclut à la recevabilité de l'action en responsabilité contre le transporteur maritime dès lors que le demandeur manifeste son intention dans le délai de prescription, sans que ladite action ne soit subordonnée « à la justification préalable par le demandeur de la réalité et de l'étendue de son préjudice ») ou des articles 1 et 3.6 de la Convention de Bruxelles de 1924 amendée (■ Cass. com., 20 janv. 2009, n° 07-16.919 : *JurisData* n° 2009-046647 ; *D.* 2009, p. 2009 qui retient que dès lors que la société affréteur ne figure pas sur le connaissement et n'est pas partie au contrat de transport avec le chargeur, la prescription annale n'est pas applicable à l'action engagée contre elle par le chargeur. – Comp. ■ Cass. com., 16 déc. 2008, n° 07-21.943 : *D.* 2009, p. 89, obs. Delpech).

9) **Nature de l'action.** La prescription annale de l'article L. 133-6, alinéa 1 du Code de commerce s'applique non seulement aux actions pour avaries (■ Cass. com., 4 mars 2008, n° 06-20.378 : *JurisData* n° 2008-043067 ; *D.* 2008, p. 845, obs. Delpech), perte (■ Cass. com., 1er avr. 2008 : *D.* 2008, p. 1140, obs. Delpech), ou retard auxquelles peut donner lieu le contrat de transport de marchandises mais également aux *actions relatives aux modalités d'exécution de ce contrat* (■ Cass. com., 26 févr. 1980, n° 78-14.430 : *JurisData* n° 1980-099101 ; *Bull.* IV, n° 101) ; ainsi l'article L. 133-6 s'applique au paiement des frais accessoires ou complémentaires aussi bien qu'au paiement du fret principal (■ Cass. com., 9 déc. 1965 : *JCP* 1966, II, 14619, note Durand ; *BT* 1966, 46. ■ 2 mai 1966 : *BT* 1966, 212 ; *JCP* 1966, II, 14809, note Rodière. ■ Douai, 7 févr. 1967 : *BT* 1967, 232) ; au remboursement de frais engagés par le voiturier dans le cadre du contrat de transport (■ T. com. Rouen, 14 févr. 1964 : *BT* 1964, 62. ■ Paris, 13 janv. 1965 : *BT* 1965, 99. ■ 22 oct. 1974 : *BT* 1975, 33. ■ T. com. Cambrai,

7 janv. 1975 : *BT* 1975, 96. – Pour le paiement de ristournes, ■ Cass. com., 27 mai 1975, n° 74-10.388 : *JurisData* n° 1975-097140 ; *BT* 1975, 335. – De taxes, ■ Paris, 30 oct. 1962 : *BT* 1963, 126. – Comp. ■ Paris, 7 juill. 1960 : *JCP* 1961, II, 12297, note crit. Rodière) ; à la restitution des frais de magasinage (■ Cass. com., 7 janv. 1955, 2 arrêts : *BT* 1955, 87 et 294 ; *D.* 1955, 453. ■ Paris, 29 janv. 1962 : *Gaz. Pal.* 1962, 1, 306) ; au remboursement de frais de manutention nés de l'exécution du contrat de transport (■ Cass. com., 6 déc. 1967 : *BT* 1968, 68 ; *D.* 1968, 246). L'article L. 133-6 s'applique également à l'action en réparation des avaries causées au moyen de transport par le vice propre des marchandises chargées par l'affréteur (■ Rouen, 6 nov. 1970 : *D.* 1971, 274, note Rodière), au dommage relatif à la perte d'exploitation consécutive à l'immobilisation d'une machine (■ Cass. 1re civ., 9 oct. 2001 : *RJDA* 2/2002, n° 150 ; *JCP* E 2001, pan. 1841), à l'action en restitution des palettes ayant servi au transport (■ Versailles, 25 janv. 2001, n° 98/01881 : *JurisData* n° 2001-143814 ; *JCP* E 2001, pan. 1744), de même que de tous les matériels accessoires au transport (■ Orléans, 17 mars 2005, n° 04/01693 : *JurisData* n° 2005-269999 ; *RJDA* 8-9/2005, n° 974). Il en est de même lorsque l'action en paiement auquel le contrat de transport donne lieu contre l'expéditeur de la part du voiturier est exercée conformément aux dispositions de la loi n° 75-1334 du 31 décembre 1975 relative à la *sous-traitance* (■ Cass. com., 1er avr. 2008 : *D.* 2008, p. 1140, obs. Delpech ; *JCP* E 2008, pan. 1678 qui juge que cette prescription s'applique à l'action directe en paiement du transporteur sous-traitant contre l'expéditeur).

10) L'action pour avarie du destinataire contre le transporteur est une *action contractuelle* (■ Cass. com., 4 mars 2008 : *D.* 2008, p. 845, obs. Delpech ; *JCP* E 2008, pan. 1507) ; de même l'action pour perte de la marchandise du destinataire contre le transporteur (■ Cass. com., 1er avr. 2008 : *D.* 2008, p. 1140, obs. Delpech ; *JCP* E 2008, pan. 1679).

L'article L. 133-6 s'applique à l'action directe en paiement du transporteur substitué (■ Orléans, 23 sept. 2004, n° 03/02011 : *JurisData* n° 2004-256852 ; *RJDA* 12/2004, n° 1323).

En cas d'action concertée de deux sociétés en vue d'assurer un transport, les actions découlant de ce contrat de transport sont prescrites dans le délai d'un an sans que l'on puisse affirmer que la relation des parties était distincte du contrat de transport (■ Cass. com., 15 mai 2001, n° 98-19.651 : *JurisData* n° 2001-009578 ; *RJDA* 11/2001, n° 1104).

B – *Les actions n'entrant pas dans le domaine de l'article L. 133-6 du Code de commerce*

11) *N'entrent pas dans son domaine :*

– *les actions dérivées d'un contrat autre que le contrat de transport*, comme le contrat d'emballage (■ Cass. civ., 21 déc. 1932 : *S.* 1933, 1, 213), le contrat d'entreprise (■ Cass. com., 26 mai 1998 : *RJDA* 10/98, n° 1110), de déménagement, quand il n'est pas un contrat de transport (■ Cass. com., 25 févr. 1963, n° 60-12.350 : *BT* 1963, 143. ■ Paris, 19 févr. 1970 : *BT* 1970, 91. ■ Paris, 3 févr. 1973 : *BT* 1973, 86. ■ Cass. com., 20 janv. 1998, n° 95-22.190 : *JurisData* n° 1998-000170 ; *RJDA* 5/98, n° 585. ■ Cass. com., 3 avr. 2001, n° 98-21.233 : *JurisData* n° 2001-009038 ; *RJDA* 8-9/2001, n° 858 ; *JCP* E 2001, pan. 972 ; *JCP* E 2002, 642, note Delebecque, chron. 1466, n° 2, obs. D.M. ■ Cass. com., 26 juin 2001, n° 98-22.908 : *RJDA* 01/2002, n° 37. ■ Cass. com., 1er avr. 2003 : *JCP* E 2003, pan. 919 ; *JCP* E 2003, chron. 1248, n° 2, obs. Bon-Garcin. – Comp. ■ Cass. com., 19 juin 1957 : *D.* 1958, 113, note Rodière et ■ Cass. com., 10 mars 2004 : *RJDA* 7/2004, n° 813) de location de wagon (■ Cass. civ., 7 mai 1945 : *S.* 1945, 1, 126. ■ Paris, 22 mars 1949 : *BT* 1949, 583) de transitaire (■ Aix-en-Provence, 19 mars 1968 : *DMF* 1969, 92) de commissionnaire en douane (■ Colmar, 8 oct. 1975 : *BT* 1975, 515). V. pour la non-application à un commissionnaire de transport pour les actions nées de l'exécution d'un mandat donné pour l'accomplissement de formalités de douane (■ Cass. com., 11 déc. 1985, n° 84-11.981 : *JurisData* n° 1985-003204 ; *Bull.* IV, n° 294 ; *RTD com.* 1987, 117, obs. Hémard et Bouloc. ■ Paris, 18 sept. 1990, n° 89/11697 : *JurisData* n° 1990-024164 ; *D.* 1990, inf. rap. 219 ; *RTD com.* 1991, 287, n° 14, obs. Bouloc) ;

– *les actions dérivées d'engagements non inclus dans le contrat de transport*, comme celle née d'une faute quasi délictuelle du voiturier (■ Cass. com., 15 juin 1959 : *BT* 1959, 217. ■ 21 avr. 1970, n° 67-13.534 : *JurisData* n° 1970-097130 ; *BT* 1970, 218 ; *D.* 1970, 611. ■ Paris, 19 janv. 1971 : *BT* 1971, 59. – *Adde*, ■ T. com. Paris, 31 mai 1974 : *BT* 1974, 385) ;

– *les actions relatives à des faits antérieurs à la naissance du contrat de transport* (■ Paris, 6 janv. 1975 : *BT* 1975, 82) ou postérieurs à la livraison (■ Cass. com., 28 avr. 1965 : *BT* 1965, 312. ■ 18 févr. 1969 : *BT* 1969, 146) ;

– *l'action du destinataire qui*, faute de livraison, *n'avait pu adhérer au contrat de transport* conclu entre l'expéditeur et le transporteur, ne relève pas de la prescription de l'article L. 133-6 (■ Cass. com., 6 oct. 1992, n° 90-18.492 : *JurisData* n° 1992-002178 ; *Bull.* IV, n° 300 ; *RJDA* 11/92, n° 1020) ;

– *l'action purement probatoire* fondée sur l'article 145, CPC (■ Cass. com., 13 mai 2003, n° 01-10.955 : *JurisData* n° 2003-019077 ; *RJDA* 11/2003, n° 1062) ;

– *l'action en responsabilité* fondée sur un accident corporel survenu à l'occasion du contrat de transport (■ Cass. com., 28 avr. 1965 : *D.* 1966, 6, note Durand. ■ Rouen, 6 nov. 1970 : *D.* 1971, 274, note Rodière) ;

– *l'action en responsabilité pour rupture brutale des relations commerciales et abus de l'état de dépendance économique* qui est soumise à la prescription de droit commun de l'article L. 110-4 du Code de commerce (▪ Cass. com., 11 mai 2010 : *Rev. dr. transp.* 2010, n° 170, obs. O. Staes) ;

– les actions mettant en cause des *transports maritimes internes* (▪ Cass. com., 9 oct. 1968 : *JurisData* n° 1968-097262 ; *JCP* 1969, II, 15871, note Rodière. ▪ T. com. Paris, 22 avr. 1971 : *DMF* 1972, 45. – V. cpdt ▪ Rouen, 6 nov. 1970 : *DS* 1971, 274, note Rodière) ou *internationaux* (▪ Versailles, 6 avr. 1995, n° 12382/93 : *JurisData* n° 1995-044363 ; *RJDA* 7/95, n° 842). À l'occasion d'un transport mixte, effectué par terre et par mer, et bien qu'une part importante dut être exécutée par voie de mer, une cour d'appel fait à bon droit application au commissionnaire de l'article L. 133-6, alinéa 4 pour déclarer irrecevable comme tardif le recours en garantie exercé par le commissionnaire contre son sous-traitant (▪ Cass. com., 7 févr. 1972, n° 69-14.242 : *JurisData* n° 1972-097046 ; *DMF* 1972, 330) ; ainsi qu'aux transports internationaux régis par les dispositions de la CMR (▪ Cass. com., 11 déc. 1990 : *Bull. civ.* IV, n° 323 ; *RTD com.* 1991, 443, n° 23, obs. Bouloc). En conséquence, la dénonciation par le destinataire des pertes ou avaries, le mode de constatation de celles-ci en cas de contestation et la prescription de l'action que cette contestation peut entraîner ne s'appliquent pas dans ces contrats (▪ Cass. com., 3 avr. 2001, n° 98-21.233 : *JurisData* n° 2001-009038 ; *RJDA* 8-9/2001, n° 858. ▪ 26 juin 2001, n° 98-22.908 : *RJDA* 1/2002, n° 37).

12) Fondement de la prescription. La prescription de l'article L. 133-6 du Code de commerce ne repose pas sur une présomption de paiement (▪ Cass. com., 14 févr. 1950 : *S.* 1951, 1, jurispr. 97, note Rodière) ; dès lors doit être rejeté le moyen qui critique la cour d'appel d'avoir déclaré prescrite l'action en paiement de factures relatives au transport de marchandises sans avoir examiné si l'échange de correspondance contenait un aveu de non-paiement du débiteur (▪ Cass. com., 24 févr. 1982, n° 80-15.079 : *JurisData* n° 1982-700505 ; *Bull.* IV, n° 75). Par ailleurs, cette prescription ne reposant pas sur une présomption de paiement, la compensation opposée par un débiteur à la suite d'une mise en demeure délivrée par son créancier, si elle vaut reconnaissance de dette et interrompt la prescription, n'a pas d'effet novatoire et, en conséquence, n'entraîne pas l'interversion de la prescription (▪ Cass. com., 27 mai 2008, n° 07-13.131 : *JurisData* n° 2008-044130 ; *D.* 2008, p. 1621, obs. Delpech).

13) Les notions de fraude ou d'infidélité de l'article L. 133-6, alinéa 1. La fraude ou l'infidélité doit s'entendre de la dissimulation des avaries ou du détournement des objets transportés (V. des exemples, ▪ Paris, 31 janv. 1946 : *BT* 1946, 249 ; *Gaz. Pal.* 1946, 1, 195. ▪ Cass. civ., 29 avr. 1947 : *BT* 1947, 248. ▪ T. com. Seine, 19 mai 1948 : *BT* 1949, 253. ▪ Cass. com., 13 juill. 1953 : *BT* 1953, 724. ▪ Cass. com., 5 mars 1968 : *BT* 1968, 163. ▪ Aix-en-Provence, 12 mai 1961 : *BT* 1961, 263).

La fraude ou l'infidélité de l'article L. 133-6 suppose de la part du voiturier une intention malveillante (▪ Cass. com., 2 janv. 1952 : *Bull.* III, n° 5. – Comp. ▪ Cass. com., 26 févr. 1980, n° 78-14.430 : *JurisData* n° 1980-099101 ; *Bull.* IV, n° 101. ▪ Cass. com., 14 janv. 1994 : *RJDA* 6/94, n° 652). Elle peut s'entendre aussi du fait par le transporteur d'avoir procédé à la vente des marchandises en souffrance sans respecter les dispositions de l'article L. 133-4, alinéa 4 du Code de commerce (▪ Cass. com., 15 mai 2001 : *RJDA* 11/2001, n° 1105).

Lorsque les avaries sont apparentes, le commissionnaire a l'obligation de conserver le recours de son commettant en prenant immédiatement des réserves et en provoquant une constatation contradictoire de ces avaries ; en ne le faisant pas il commet une infidélité au sens de l'article L. 133-6 du Code de commerce qui lui fait perdre le droit d'invoquer la prescription (▪ T. com. Paris, 20 févr. 1980 : *JurisData* n° 1980-000407 ; *DMF* 1981, 290. – V. ▪ Cass. com., 4 mai 1970 : *JurisData* n° 1970-097142 ; *Bull.* IV, n° 142).

14) Sur le point de savoir si l'exception de fraude ou d'infidélité prévue à l'alinéa 1er s'applique aux autres actions de l'alinéa 2 (▪ Bordeaux, 7 janv. 1969 : *D.* 1969, 422, note crit. Rodière, et sur renvoi, ▪ Cass. com., 4 mai 1970 : *JurisData* n° 1970-097142 ; *D.* 1970, 521 ; *BT* 1970, 254).

15) Les actions récursoires. Les actions récursoires visées à l'article L. 133-6, alinéa 4 sont uniquement celles qui se rattachent à une action principale née de l'exécution du contrat de transport (▪ Cass. civ., 23 oct. 1940 : *S.* 1940, 1, 118. ▪ Cass. civ., 9 déc. 1942 : *Gaz. Pal.* 1942, II, 267. ▪ Aix-en-Provence, 29 janv. 1965 : *Gaz. Pal.* 1965, 2, 118. ▪ Amiens, 7 mai 1975 : *JCP* CI 1975, I, 4866).

Il n'y a pas d'action récursoire sans action principale (▪ Cass. com., 4 oct. 1971 : *JurisData* n° 1971-097227 ; *JCP* 1972, II, 16954, note Rodière ; *D.* 1972, 210 ; BT 1972, 18). Pour l'application de l'article L. 133-6 à l'action récursoire du commissionnaire (▪ Cass. com., 2 avr. 1974 : *JurisData* n° 1974-700121 ; *JCP* 1975, II, 18090).

16) CMR. La prescription prévue par l'article 32 de la CMR ne s'applique pas aux actions nées de l'exécution du contrat de mandat donné pour l'accomplissement des formalités de douane (▪ Cass. com., 28 mai 2002, n° 00-14.765 : *JurisData* n° 2002-014511 ; *JCP* E 2002, pan. 1146 ; *JCP* E 2003, chron. 1248, n° 6, obs. Mainguy ; *RTD com.* 2002, 596, obs. Delebecque ; *RTD com.* 2003, 161, obs. Bouloc).

II – RÉGIME DE LA PRESCRIPTION

A – Point de départ du délai

1° Le principe

17) La remise au destinataire. Le point de départ du délai de prescription n'est pas le jour de la conclusion du contrat de transport mais celui où la marchandise a été remise ou offerte au destinataire (■ Cass. com., 8 janv. 1979, n° 77-12.358 : *JurisData* n° 1979-097009 ; *JCP* CI 1979, I, 7685 ; *Bull.* IV, n° 9. ■ Cass. com., 24 sept. 2003, n° 02-10.710 : *JurisData* n° 2003-020235 ; *RJDA* 2/2004, n° 160 ; *JCP* E 2003, pan. 1534 ; *D.*, 2003,p. 2570 ; *JCP* E 2004, chron. 1246, n° 13, obs. Delebecque. ■ Cass. com., 3 déc. 2013, n° 12-22.093 : dès lors que le transporteur avait mis le destinataire désigné au connaissement en mesure de prendre livraison de la marchandise parvenue au port de destination, le délai de prescription annale, applicable à la demande du transporteur de paiement des frais d'immobilisation de conteneurs, avait commencé à courir au jour de la livraison, sans avoir à tenir compte de la date d'exigibilité et des modalités de l'obligation ayant donné naissance à l'action) ; il n'est pas non plus celui du jour de la rupture des relations contractuelles entre les parties (■ Cass. com., 18 févr. 2003, n° 01-12.368 : *JurisData* n° 2003-017810 ; *JCP* E 2003, pan. 561 ; *RJDA* 7/2003, n° 720. – Mais V. ■ Cass. com., 5 juill. 2005, n° 04-11.655 : *JurisData* n° 2005-029368 ; *RJDA* 11/2005, n° 1218 ; *D.* 2005, 1997, obs. Chevrier ; *JCP* E 2005, pan. 1533 ; *D.* 2005, pan. 2750, obs. Kenfack) ; dans le cas où le contrat a prévu le fractionnement de l'expédition en plusieurs envois, le point de départ est le jour de la dernière livraison (■ Cass. com., 18 févr. 2003, préc.). De même, lorsque le contrat de commission de transport prévoit la livraison non pas à l'issue de la traversée maritime mais seulement au domicile du destinataire, l'exécution du contrat couvre la période d'entrepôt des meubles et le délai de prescription ne commence à courir qu'au jour où le mobilier a été remis au domicile du destinataire et accepté par lui (■ Cass. com., 3 janv. 1978 : *Bull. civ.* IV, n° 6). Le délai de prescription d'un an de l'action en responsabilité contre le commissionnaire de transport, édicté par l'article L. 133-6 du Code de commerce, court à partir du jour de la mise à disposition de la marchandise, constatée par un « delivery docket » émis après déchargement du navire transporteur, et non du jour du retrait effectif de la marchandise par le destinataire (■ T. com. Paris, 17 juin 1977 : *DMF* 1978, somm. 180).

2° Les applications

18) La perte totale ou l'accident. En cas de *perte totale* le délai de prescription court du jour où la remise de la marchandise aurait dû être effectuée (■ Paris, 24 nov. 1960 : *D.* 1961, somm. 55. ■ Cass. com., 6 juin 1984, n° 82-14.593 : *JurisData* n° 1984-701057 ; *Bull.* IV, n° 190 ; *RTD com.* 1985, 570, obs. Hémard et Bouloc. ■ Versailles, 10 janv. 2002, n° 98/08941 : *JurisData* n° 2002-195766 ; *RJDA* 6/2002, n° 632. ■ Cass. com., 11 juill. 2006, n° 04-18.079 : *JurisData* n° 2006-034592 ; *RJDA* 1/2007, n° 46 ; *JCP* E 2006, pan. 2290 ; *D.* 2006, p. 2099, obs. Chevrier). *En cas d'accident*, la prescription n'a pas pour point de départ le jour de cet accident mais le jour de livraison de la marchandise accidentée (■ T. com. Paris, 27 juin 1994, n° 92 47626 : *JurisData* n° 1994-044156 ; *RJDA* 11/94, n° 1141). Les marchandises sur lesquelles le commissionnaire de transport exerce son droit de rétention ne sont pas perdues pour ce seul fait ; en pareil cas, les marchandises n'ayant pas été remises ou offertes à leur destinataire, le délai de prescription de l'action exercée à l'encontre du commissionnaire, en réparation des préjudices causés à son commettant pour leur rétention, n'a pas commencé à courir (■ Cass. com., 8 juin 1999, n° 97-12.233 : *JurisData* n° 1999-002323 ; *Bull. civ.* IV, n° 125 ; *JCP* E 1999, jurispr. p. 1243, concl. Rémery ; *JCP* E 2000, p. 130, 3 B, n° 13, obs. crit. M.C. ; *ibid.*, p. 459, n° 18, obs. Delebecque ; *RJDA* 8-9/1999, n° 931 ; *RTD com.* 1999, 968, obs. Martin-Serf ; *RTD com.* 2000, 167, obs. Bouloc ; *D.* 2000, somm. 388, obs. Piedelièvre. ■ Cass. com., 18 févr. 2003, n° 98-16.360 : *RJDA* 7/2003, n° 720 ; *JCP* E 2003, pan. 561. ■ Cass. com., 24 sept. 2003 : *RJDA* 2/2004, n° 160 ; *JCP* E 2003, pan. 1534 ; *D.* 2003, p. 2570 ; *JCP* E 2004, chron. 1246, n° 13, obs. Delebecque).

19) En l'absence de livraison. Lorsque les marchandises n'ont pas été livrées au destinataire initial mais restituées à l'expéditeur, *la prescription court à compter du jour de la restitution* (■ T. com. Seine, 19 févr. 1955 : *JCP* 1955, II, 8729, note Rodière. ■ Cass. com., 16 oct. 1967 : *BT* 1968, 28. ■ Cass. com., 13 mars 1984, n° 82-13.704 : *JurisData* n° 1984-700469 ; *Bull.* IV, n° 100 ; *RTD com.* 1985, 571, obs. Hémard et Bouloc. ■ Cass. com., 19 févr. 1985, n° 83-14.904 : *JurisData* n° 1985-700806 ; *Bull.* IV, n° 72). La prescription annale, qui n'est écartée que si le client du transporteur victime de la fraude n'a pu agir en temps utile, commence à courir en cas de perte de la marchandise à compter de la date prévue pour la livraison. Elle n'est pas interrompue par la plainte de la victime, mais par sa constitution de partie civile, à condition qu'elle le soit à l'encontre du transporteur (■ CA Lyon, 2 févr. 2010, n° 09/01179 : *JurisData* n° 2010-004857 ; *Rev. dr. transp.* 2010, n° 232, obs. O. Staes). Dans une espèce où la marchandise *n'avait pas été retirée* par le destinataire et où le transporteur réclamait le paiement des frais de stationnement et de surestaries inhérents aux conteneurs, la Cour de cassation relève « qu'après avoir relevé que la mise à disposition de conteneurs ne fait pas l'objet d'un contrat spécial, ni d'une facturation distincte du fret, l'arrêt retient qu'elle concourt à l'opération de transport de manière obligée et accessoire par rapport à l'obligation essentielle d'acheminer les marchandises ; la cour d'appel en a exactement déduit que l'action en paiement des frais d'immobilisation relevait du régime spécial de la prescription annale applicable aux actions découlant du contrat de transport » (▪ Cass. com., 3 déc. 2013, n° 12-22.093).

20) Transbordement unilatéral. Lorsque le transbordement est décidé par le seul donneur d'ordre, le point de départ du délai de prescription annale est non pas la date de remise des marchandises au destinataire mais celle du transbordement (▪ Cass. com., 5 juill. 2005, annot. n° 17, p. 108).

21) Pluralité de transporteurs. En cas de pluralité de transporteurs, le délai de prescription d'un an de l'action née au profit de l'expéditeur contre le commissionnaire, en raison d'avaries subies par une partie du matériel transporté, commence à courir non du jour de la livraison de cette partie dudit matériel, mais du jour de la dernière livraison de matériel effectuée par les transporteurs choisis par le commissionnaire en exécution du contrat de commission intervenu (▪ Cass. com., 10 mars 1981 : *Bull.* IV, n° 130).

S'agissant d'une expédition de marchandises déterminant l'intervention de plusieurs transporteurs successifs, le jour où la remise de la marchandise aurait dû être effectuée, qui sert de point de départ du délai de prescription de l'article L. 133-6, est celui où elle aurait dû être livrée à la fin du trajet dont s'était chargé le transporteur et au destinataire désigné par le contrat auquel il était partie (▪ Cass. com., 6 juin 1984 : *Bull.* IV, n° 190).

B – Nature du délai de l'article L. 133-6

22) Délai de prescription. Le délai prévu par l'article L. 133-6, alinéa 1er, est un *délai non de procédure mais de prescription ;* par suite, en application de l'article 2260 du Code civil, le jour de livraison d'une marchandise en état d'avarie n'est pas compris dans le délai, et en vertu de l'article 2261 du même code, la prescription est acquise le dernier jour à minuit de la période d'un an qui suit le jour de cette livraison (▪ T. com. Seine, 8 avr. 1960 : *Trib. transp.* 1960, 187. ▪ Cass. com., 8 mai 1972, n° 70-13.712 : *JurisData* n° 1972-097136 ; *Bull.* IV, n° 136 ; *JCP* G 1972, IV, 163).

23) La prescription de l'action récursoire. *La prescription d'un mois* des actions récursoires nées de l'exécution du contrat de transport court du jour de l'exercice de l'action principale et est indépendante de la prescription d'un an de cette action (▪ Cass. com., 10 mars 1981, n° 79-16.011 : *JurisData* n° 1981-701342 ; *Bull.* IV, n° 130. – *Adde,* ▪ Cass. com., 15 oct. 1957 : *D.* 1958, 37, note Rodière. ▪ Cass. com., 7 juill. 1998, n° 96-17.855 : *Bull.* IV, n° 223 ; *RJDA* 11/98, n° 1220 ; *RTD com.* 1999, 497, obs. Bouloc). Toutefois, depuis la loi du 17 juin 2008, ce délai d'un mois pour exercer les actions récursoires devrait pouvoir être allongé, conventionnellement (C. civ., art. 2254).

24) Suspension du délai. Le *délai* de prescription de l'article L. 133-6 est susceptible d'être *suspendu* notamment en cas d'impossibilité d'agir pour défendre son droit (▪ Cass. com., 16 juill. 1958 : *BT* 1958, 242. ▪ Cass. com., 23 oct. 1967 : *JurisData* n° 1967-700340 ; *D.* 1967, 672), car il en a ignoré l'existence (▪ Cass. com., 13 avr. 1999, n° 97-16.632 : *JurisData* n° 1999-001640 ; *Bull.* IV, n° 89 ; *RJDA* 6/99, n° 669 ; *RTD com.* 1999, 948, obs. Bouloc) ; à condition que l'ignorance ait une juste raison (▪ Cass. req., 27 janv. 1941 : *S.* 1941, I, p. 7. ▪ Cass. com., 7 avr. 1967 : *Bull.* III, n° 125. ▪ Cass. com., 3 mai 1976 : *JurisData* n° 1976-097149 ; *Bull.* IV, n° 149).

En cas de rétention de marchandises par le transporteur, la prescription annale contre le transporteur est suspendue pendant la durée de la rétention (▪ Cass. com., 26 sept. 2006, n° 04-19.843 : *JurisData* n° 2006-035158 ; *RJDA* 3/2007, n° 261 ; *JCP* E 2006, pan. 2554).

Par ailleurs, depuis la loi n° 2008-561 du 17 juin 2008, la prescription est suspendue par les tentatives d'arrangement amiable (C. civ., art. 2238) ainsi que l'adoption d'une mesure d'instruction avant tout procès (C. civ., art. 2239) telle que l'expertise judiciaire de l'article L. 133-4 du Code de commerce, le délai de prescription recommençant à courir, pour une durée ne pouvant être inférieure à six mois, à compter de la fin de la conciliation ou de la médiation dans le premier cas, et du jour de l'exécution de la mesure, dans le second cas. De plus, les parties pourront ajouter aux causes légales de suspension ou d'interruption de nouvelles causes (V. déjà ▪ Cass. com., 30 mars 2005, n° 03-21.156 : *JurisData* n° 2005-027818 ; *Bull. civ.* IV, n° 75) en insérant, par exemple une clause selon laquelle la prescription sera interrompue par une lettre recommandée avec demande d'avis de réception.

25) Interruption du délai. Le *délai* de prescription de l'article L. 133-6 peut être *interrompu* par une action en justice (▪ Rouen, 25 janv. 1969 : *BT* 1970, 118. ▪ T. com. Paris, 27 mars 1974 : *BT* 1974, 250. ▪ Cass. com., 10 oct. 1995, n° 93-21.400 : *JurisData* n° 1995-002554 ; RJ com. 1996, 52, rapp. Rémery, pour une assignation en référé même non placée, ou une assignation non placé, ▪ Paris 9 nov. 1994 : *JurisData* n° 1994-600040 ; *RJ com.* 1996, 18, note François. – Y compris, aux termes de l'article 2241 du Code civil, lorsque « l'acte de saisine de la juridiction est annulé par l'effet d'un vice de procédure », l'expression « vice de procédure » semblant pouvoir viser aussi bien les vices de forme que les irrégularités de fonds. – Comp. ▪ Cass. ch. mixte, 7 juill. 2006, n° 03-20.026 : *JurisData* n° 2006-034521 ; *JCP* G 2006, II, 10146, 1713, note Putman), par une reconnaissance de dette

(■ Cass. com., 23 oct. 1967, n° 65-13.040 : *BT* 1967, 364. ■ Douai, 13 juill. 1976 : *BT* 1976, 487. ■ Cass. com., 30 mars 2005 : *Bull. civ.* IV, n° 72 ; *RTD civ.* 2005, 599, obs. Mestre et Fages ; *D.* 2005, pan 2751, obs. Kenfack et p. 1024, obs. Chevrier. ■ Cass. com., 27 mai 2008 : *D.* 2008, p. 1621, obs. Delpech, à propos d'une exception de compensation invoquée par le débiteur du frêt) même partielle (■ Paris, 17 avr. 1985 : *JurisData* n° 1985-600779 ; *BT* 1985, 246) ou une reconnaissance des droits du demandeur (■ Cass. com., 3 févr. 1969, n° 66-14.399 : *Bull.* IV, n° 36. ■ 9 oct. 1974, n° 73-13.034 : *JurisData* n° 1974-097242 ; *Bull.* IV, n° 242) à condition qu'elle émane du voiturier et non d'un préposé sans qualité (■ Cass. com., 6 juill. 1967 : *BT* 1967, 287).

L'assignation en référé qui tend à obtenir une provision constitue une action en justice interruptive de la prescription dont l'effet se prolonge à l'égard du défenseur à l'instance jusqu'à ce que le litige porté devant le juge des référés ait trouvé sa solution (■ Cass. com., 27 nov. 2001, n° 99-10.551 : *JurisData* n° 2001-011914 ; *Bull.* IV, n° 191 ; *RTD com.* 2002, 361, obs. Bouloc ; *RJDA* 4/2002, n° 383 ; *JCP* E 2002, pan. n° 98, pour l'application de l'article 32 de la CMR).

L'interruption de la prescription n'exige pas que l'acte soit porté à la connaissance du débiteur dans le délai de prescription, de sorte que la demande reconventionnelle en paiement déposée dans le délai annal n'a pas à être signifiée dans ce délai (■ Cass. 2e civ., 26 nov. 1998, n° 95-19.320 : *JurisData* n° 1998-004608 ; *JCP* E 1999, pan. p. 57).

Une citation en justice ne peut interrompre la prescription que si elle a été signifiée par le créancier lui-même au débiteur se prévalant de la prescription (■ Cass. com., 9 janv. 1990, n° 88-15.354 : *JurisData* n° 1990-700001 ; *JCP* E 1990, I, 19615 ; *Bull.* IV, n° 11 ; *D.* 1990, somm. 271, obs. Rémond-Gouilloud ; *RTD com.* 1990, 465, n° 28, obs. Bouloc).

En cas de vol de la marchandise par le chauffeur intérimaire, la plainte contre X, avec constitution de partie civile, déposée par l'expéditeur constitue une citation en justice interrompant le délaiannal (■ Cass. com., 28 avr. 1998, n° 95-15.453 : *JurisData* n° 1998-001897 ; *Bull.* IV, n° 142 ; *RTD com.* 1999, 181, obs. Bouloc).

L'aveu judiciaire du transporteur permet la compensation avec une créance indemnitaire prescrite (■ CA Paris, 7 avr. 2010, n° 08/22976 : *JurisData* n° 2010-016927 ; *Rev. dr. transp.* 2010, n° 215, obs. O. Staes).

26) Non-interruption de la prescription. Mais ne sauraient interrompre la prescription :

– une citation en *justice si elle n'a pas été signifiée par le créancier* lui-même au débiteur se prévalant de la prescription (■ Cass. com., 14 nov. 1977, n° 76-12.311 : *JurisData* n° 1977-099257 ; *Bull.* IV, n° 257). ■ Cass. 2e civ., 11 déc. 1985, n° 84-14.209 : *Bull.* II, n° 195 ; *JCP* G 1986, II, 20677, note Taisne. ■ Cass. 2e civ., 9 janv. 1990 *cit. au n° précédent*) ;

– une réclamation verbale ou l'envoi d'une lettre recommandée avec avis de réception (■ Paris, 8 juill. 1977 : *RTD com.* 1978, 180, obs. Hémard) ;

– une expertise amiable (■ Pau, 26 oct. 1960 : *Bull. transp. int. ch. fer* 1962, 71, note Durand. ■ Cass. com., 21 mars 1984, n° 83-10.774 : *JurisData* n° 1984-700475 ; *Bull.* IV, n° 116 ; *RTD com.* 1985, 160, obs. Hémard et Bouloc) ou un référé-expertise (■ Cass. com., 16 nov. 2010 : *Rev. dr. transp.* 2011, n° 18, obs. O. Staes) ;

– des pourparlers (■ Cass. com., 17 juill. 1962 : *BT* 1962, 259) ;

– la promesse de donner suite à l'affaire (■ Paris, 7 juill. 1952 : *RTD com.* 1953, 478) ;

– une déclaration de créance du prix du transport à la procédure collective de son débiteur, dans le délai de la prescription (■ Cass. com., 12 juill. 2011, n° 10-18.675. ■ Cass. com., 11 avr. 2012, n° 10-25.310).

La fraude ou l'infidélité peuvent faire échec à la prescription annale des actions auxquelles peuvent donner lieu le contrat de transport, aussi bien que celles qui naissent de l'article 1269 du Code de procédure civile (■ Cass. com., 22 mai 2013, n° 11-27.352). Les cas de fraude ou d'infidélité prévus par l'article L. 133-6 ne se confondent pas avec la faute inexcusable prévue par l'article L. 133-8, en ce qu'ils supposent de la part du transporteur à l'égard de son cocontractant une volonté malveillante, une déloyauté ou une dissimulation du préjudice causé à l'expéditeur ou au destinataire (■ Cass. com., 12 nov. 2020, n° 19-17.335).

27) Effet de l'interruption de la prescription. Quand elle se produit, *l'interruption n'a pas d'effet interversif* ; c'est une nouvelle prescription d'un an qui court (■ Douai, 5 févr. 1948 : *S.* 1949, 2, 24. ■ Cass. com., 10 oct. 1995, n° 93-21.400 : *JurisData* n° 1995-002554 ; *RJ com.* 1996, rapp. Rémery. ■ Paris, 15 oct. 1997 : *JurisData* n° 1997-024235 ; *D.* 1997, inf. rap. 241. ■ Cass. com., 27 mai 2008 : *D.* 2008, p. 1621, obs. Delpech). Toutefois l'effet interruptif de la prescription résultant d'une action en justice se prolonge jusqu'à ce que le litige trouve sa solution (■ Cass. com., 15 oct. 1991, n° 90-10.922 : *JurisData* n° 1991-002539 ; *Gaz. Pal.* 1992, 1, pan. jurispr. 176. ■ Cass. com., 10 oct. 1995, préc.).

Il en serait autrement si la reconnaissance du débiteur valait novation dans le titre de la dette en contenant un engagement inconditionnel de payer (■ Cass. civ., 14 févr. 1950 : *S.* 1951, 1, 97, note Rodière. ■ Cass. com., 12 janv. 1988, n° 86-16.861 : *JurisData* n° 1988-700078 ; *D.* 1989, 23, note J.-P. Legros. ■ Cass. com., 23 févr. 1988, n° 86-13.309 : *JurisData* n° 1988-000352 ; *Bull.* IV, n° 88 ; *RTD com.* 1988, 681, obs. Hémard et Bouloc, pour une reconnaissance précise de responsabilité. ■ Cass. com., 23 juin 1987, n° 85-17.973 : *JurisData* n° 1987-001086 ; *Bull.* IV, n° 161 ; *RTD com.* 1988, 497, obs. Hémard et Bouloc. ▪ Cass. com., 14 mars 1995, n° 92-21.672 : *JurisData* n° 1995-000569 ; *RJDA* 8-9/95, n° 980. ▪ Cass. com., 3 déc. 1996, n° 94-19.754 : *JurisData* n° 1996-004628 ; *Bull.* IV, n° 306 ; *D.* 1997, somm. 180, obs. Delebecque ; *RJDA* 3/97, n° 353 ; *RTD com.* 1997, 506, obs. Bouloc. ▪ Cass. com., 19 févr. 2002, n° 99-18.196 : *JurisData* n° 2002-013374 ; *RJDA* 7/2002, n° 761. ▪ Cass. com., 18 févr. 2003, n° 01-12.368 : *RJDA* 7/2003, n° 720. – Comp. ▪ Cass. com., 11 juill. 1984, n° 81-14.745 : *JurisData* n° 1984-701588 ; *RTD com.* 1985, 571, obs. Hémard et Bouloc. ▪ Cass. com., 29 janv. 1985, n° 83-13.814 : *JurisData* n° 1985-700245 ; *Bull.* IV, n° 41 ; *RTD com.* 1986, 299, obs. Hémard et Bouloc. ▪ Cass. com., 11 janv. 1994, n° 92-10.241 : *JurisData* n° 1994-000065 ; *RJDA* 6/94, n° 652). Une lettre par laquelle un transporteur invite son assureur, pour des raisons commerciales, à faire le maximum pour son client, constitue une *reconnaissance de responsabilité* valant titre nouveau (▪ Cass. com., 26 févr. 1991, n° 89-15.706 : *JurisData* n° 1991-000555 ; *BT* 1991, 308 ; *D.* 1992, somm. 80, obs. Rémond-Gouilloud. – Mais V. ▪ Cass. 1re civ., 10 mai 2000, n° 98-12.720 : *JurisData* n° 2000-001865 ; *RJDA* 9-10/2000, n° 866 ; *JCP* E 2000, pan. 1115. ▪ Versailles, 10 janv. 2002 : *RJDA* 6/2002, n° 632).

28) Interversion de la prescription. Lorsqu'elle intervient, soit lorsque la reconnaissance de dette emporte novation de l'obligation préexistante, on se trouve alors en présence d'une *obligation nouvelle* qui n'est plus née du contrat de transport (▪ Cass. com., 9 oct. 1956 : *BT* 1956, 310. ▪ Cass. com., 22 oct. 1957 : *BT* 1957, 334) ; la prescription serait alors de droit commun (▪ T. com. Paris, 13 mars 1974 : *RFD aérien* 1975, 207. ▪ Cass. com., 12 janv. 1988, préc. ▪ Cass. com., 26 févr. 1991, préc. ▪ Cass. com., 18 févr. 2003, préc.).

29) Aménagements conventionnels de la prescription. Le délai de prescription prévu à l'article L. 133-6, alinéa 1er, n'est pas d'ordre public. Jusqu'à la réforme de la prescription du 17 juin 2008, il était classiquement jugé que le débiteur peut *renoncer à la prescription* une fois qu'elle est acquise (▪ Cass. com., 23 févr. 1954 : *BT* 1954, 345. ▪ Colmar, 4 mai 1962 : *BT* 1963, 115 ; *JCP* 1962, II, 12866. ▪ Bordeaux, 14 mai 1974 : *BT* 1974, 28. ▪ Cass. com., 9 oct. 1974, n° 73-13.034 : *JurisData* n° 1974-097242 ; *BT* 1975, 12. – Comp. ▪ Cass. com., 16 févr. 1976, n° 74-13.735 : *JurisData* n° 1976-097053 ; *BT* 1976, 138). Il ne pouvait donc y renoncer d'avance (▪ Bordeaux, 16 juin 1971 : *BT* 1971, 352) ; mais les parties pouvaient prévoir un délai plus bref (▪ Montpellier, 9 nov. 1954 : *Gaz. Pal.* 1955, 1, 35. ▪ Cass. com., 12 juill. 2004, n° 03-10.547 : *JurisData* n° 2004-024687 ; *Bull. civ.* IV, n° 162 ; *D.* 2004, p. 2231, obs. Chevrier, comm. 2296, note Delebecque qui juge que la disposition contractuelle abrégeant le délai de prescription reçoit application même en cas de faute lourde. Depuis, la réforme a consacré les clauses abréviatives de prescription tout en édictant un délai incompressible d'un an, ce qui ne permet plus de réduire la prescription annale en droit des transports. En revanche, les parties peuvent allonger le délai de la prescription (C. civ., art. 2254) dans la limite de dix ans.

30) La voie de l'exception. Le créancier peut, par voie d'exception, faire valoir le droit qu'il ne pourrait exercer par voie principale (▪ Cass. com., 1er févr. 1955 : *BT* 1955, 208. ▪ Paris, 30 oct. 1962 : *BT* 126 [motifs]).

III – EXPIRATION DE LA PRESCRIPTION

31) Jour de l'expiration de la prescription. En droit commun, il résulte de l'article 642, alinéa 2 du Code de procédure civil que la prescription expire le dernier jour à vingt-quatre heures et que le délai de procédure qui expire un samedi, dimanche ou jour férié ou chômé est prorogé au premier jour ouvrable suivant. Mais en droit des transports, l'inverse a été jugé (▪ Paris, 5 avr. 2007, n° 05/01365 : *JurisData* n° 2007-335018 ; *RD transp.* 2007, n° 182, obs. Staes).

32) Mise en œuvre de la prescription. La prescription annale de l'article L. 133-6 étant une prescription d'intérêt privé, s'applique la règle selon laquelle le juge ne peut suppléer d'office le moyen résultant de la prescription (C. civ., art. 2247) (▪ Cass. 1re civ., 28 juin 1988, n° 86-18.241 : *JurisData* n° 1988-001330 ; *Bull. civ.* I, n° 206. – *Contra* ▪ Cass. 2e civ., 24 avr. 2003, n° 00-12.965 : *Bull. civ.* II, n° 213). En revanche, en matière de transports terrestres internationaux de marchandises, la prescription étant d'ordre public, cet article doit se combiner avec l'article 125 du Code de procédure civile qui impose au juge de relever d'office les fins de non-recevoir d'ordre public.

33) Renonciation. La reconnaissance de responsabilité du transporteur postérieure à l'expiration du délai de prescription annale de l'article L. 133-6 du Code de commerce vaut renonciation à se prévaloir de cette prescription (▪ Cass. com., 7 juill. 2009, n° 08-13.499 : RD transp. 2009, comm. 228, obs. O. Staes).

IV – PREUVE

34) Charge de la preuve. C'est au demandeur au pourvoi de rapporter par tous les moyens la preuve de la substitution de la prescription de droit commun à la courte prescription (▪ Cass. com., 2 mars 1999, n° 97-10.503 : *JurisData* n° 1999-000898 ; *RJDA* 4/99, n° 408 ; *LPA* 13 mai 1999, p. 5, obs. P.-M.).

Code des transports (partie législative)

Première partie. – Dispositions communes

Livre IV. – Les conditions d'exercice des professions de transport

Titre I. – Champ d'application

Chapitre unique

Art. L. 1411-1 *(Ord. n° 2010-1307, 28 oct. 2010)*. – I. – Pour l'application du présent livre sont considérés comme :

1° Commissionnaires de transport : les personnes qui organisent et font exécuter, sous leur responsabilité et en leur propre nom, un transport de marchandises selon les modes de leur choix pour le compte d'un commettant ;

2° Auxiliaires de transport : les personnes qui concourent à l'opération de transport sans toutefois l'exécuter, ni fournir les moyens d'exécution, les courtiers de transport mentionnés aux articles L. 131-1 et L. 131-3 du Code de commerce, ainsi que les courtiers en affrètement aérien.

II. – Les dispositions du présent livre s'appliquent aux transports maritimes sous réserve des dispositions particulières figurant à la cinquième partie.

Titre II. – L'accès aux professions du transport public

Chapitre Ier. – Le transport public de personnes

Art. L. 1421-1 *(Mod., L. n° 2020-1525, 7 déc. 2020)*. – Toute entreprise de transport public de personnes établie sur le territoire national doit être inscrite à un registre tenu par l'autorité administrative compétente de l'État, à l'exception des entreprises de transport public de personnes par voie maritime.

Art. L. 1421-2 *(Ord. n° 2010-1307, 28 oct. 2010)*. – L'inscription au registre mentionné à l'article L. 1421-1 peut être subordonnée à des conditions d'honorabilité professionnelle, de capacité financière et de capacité professionnelle selon des modalités fixées par décret en Conseil d'État.

Art. L. 1421-3 *(Mod., L. n° 2012-260, 22 févr. 2012)*. – La capacité professionnelle mentionnée à l'article L. 1421-2 peut être reconnue par un organisme présentant des garanties d'impartialité et de compétence, habilité à cet effet dans des conditions fixées par décret en Conseil d'État. Les frais de gestion des procédures de reconnaissance de la capacité professionnelle et de délivrance des documents relatifs à cette reconnaissance sont à la charge des candidats, selon les modalités fixées par ce décret.

Art. L. 1421-4 *(Ord. n° 2010-1307, 28 oct. 2010)*. – Les entreprises inscrites au registre à la date du 31 décembre 1982 conservent le bénéfice de cette inscription.

Art. L. 1421-5 *(Ord. n° 2010-1307, 28 oct. 2010)*. – *(Al. rempl., Ord. n° 2021-409, 28 oct. 2010)* Les obligations découlant des articles L. 14211 à L. 14213 propres aux entreprises de transport public routier figurent à l'article L. 31131.

En ce qui concerne les activités des entreprises ferroviaires, les obligations énoncées au présent chapitre sont remplies dans les conditions particulières prévues à l'article L. 2122-10.

En ce qui concerne l'exercice des activités de transporteur aérien, les obligations énoncées au présent chapitre sont remplies dans les conditions particulières prévues à l'article L. 6412-2.

Chapitre II. – Le transport de marchandises

Art. L. 1422-1 *(Ord. n° 2010-1307, 28 oct. 2010)*. – L'exercice des professions du transport public de marchandises, y compris de déménagement, de loueur de véhicules industriels destinés au transport de marchandises, de commissionnaire ou d'auxiliaire de transport peut être subordonné à l'inscription à un registre tenu par l'autorité administrative compétente de l'État.

Art. L. 1422-2 *(Ord. n° 2010-1307, 28 oct. 2010)*. – L'inscription au registre mentionné à l'article L. 1422-1 peut être subordonnée, selon des modalités fixées par décret en Conseil d'État, à des conditions d'honorabilité professionnelle, de capacité financière et de capacité professionnelle.

Art. L. 1422-3 *(Ord. n° 2010-1307, 28 oct. 2010)*. – Les modalités d'inscription au registre et les conditions d'exercice des professions de commissionnaire et d'auxiliaire de transport peuvent être fixées par décret en Conseil d'État.

Art. L. 1422-4 *(Mod., L. n° 2012-260, 22 févr. 2012)*. – La capacité professionnelle mentionnée à l'article L. 1422-2 peut être reconnue par un organisme présentant des garanties d'impartialité et de compétence, habilité à cet effet dans des conditions fixées par décret en Conseil d'État. Les frais de gestion des procédures de reconnaissance de la capacité professionnelle et de délivrance des documents relatifs à cette reconnaissance sont à la charge des candidats, selon les modalités fixées par ce décret.

Art. L. 1422-5 *(Ord. n° 2010-1307, 28 oct. 2010)*. – Les entreprises concernées par cette obligation et inscrites au registre à la date du 31 décembre 1982 conservent le bénéfice de cette inscription. Les titulaires, à la même date, d'une licence de commissionnaire de transport sont, le cas échéant, inscrits de droit au registre.

Art. L. 1422-6 *(Ord. n° 2010-1307, 28 oct. 2010)*. – Les obligations découlant, le cas échéant, des articles L. 1422-1 à L. 1422-3 propres aux entreprises de transport public routier et aux entreprises de transport fluvial de marchandises figurent, respectivement, aux articles L. 3211-1 et L. 4421-1 à L. 4421-2.

Les dispositions relatives à la licence d'entreprise ferroviaire figurent à l'article L. 2122-10.

Les dispositions relatives à la licence de transporteur aérien figurent à l'article L. 6412-2.

Titre III. – L'exécution des opérations de transport

Chapitre Ier. – Principes

Art. L. 1431-1 *(Ord. n° 2010-1307, 28 oct. 2010)*. – Les conditions dans lesquelles sont exécutées les opérations de transport public, notamment la formation des prix et tarifs applicables et les clauses des contrats de transport, permettent une juste rémunération du transporteur assurant la couverture des coûts réels du service rendu dans des conditions normales d'organisation et de productivité.

Art. L. 1431-2 *(Ord. n° 2010-1307, 28 oct. 2010)*. – La rémunération du commissionnaire de transport et de l'auxiliaire de transport est fixée en fonction des services effectivement rendus. Elle est supportée par ceux qui en bénéficient.

Art. L. 1431-3 *(Ord. n° 2011-204, 24 févr. 2011 ; mod., L. n° 2015-992, 17 août 2015)*. – Toute personne qui commercialise ou organise une prestation de transport de personnes, de marchandises ou de déménagement doit fournir au bénéficiaire de la prestation une information relative à la quantité de gaz à effet de serre émise par le ou les modes de transport utilisés pour réaliser cette prestation.

Le champ et les modalités d'application de cette disposition, notamment le calendrier de leur mise en œuvre selon la taille des entreprises de transport, les méthodes de calcul des émissions de gaz à effet de serre et la manière dont le bénéficiaire de la prestation est informé sont fixés par voie réglementaire.

Les conditions dans lesquelles l'obligation définie au premier alinéa est rendue applicable aux prestations de transport dont l'origine ou la destination se situe en dehors du territoire national sont précisées une fois que les dispositions le permettant auront été adoptées dans le cadre des organisations européennes et internationales compétentes.

Section I. – Obligations générales

Art. L. 1432-1 *(Ord. n° 2010-1307, 28 oct. 2010)*. – Les dispositions des articles L. 133-1 à L. 133-9 du Code de commerce s'appliquent aux contrats de transports routiers, fluviaux et aériens.

Art. L. 1432-2 *(Ord. n° 2010-1307, 28 oct. 2010)*. – Tout contrat de transport public de marchandises précise :

1° La nature et l'objet du transport ;

2° Les modalités d'exécution du service tant en ce qui concerne le transport proprement dit que les conditions d'enlèvement et de livraison des objets transportés ;

3° Les obligations respectives de l'expéditeur, du commissionnaire, du transporteur et du destinataire ;

4° Le prix du transport ainsi que celui des prestations accessoires prévues.

Art. L. 1432-3 *(Ord. n° 2010-1307, 28 oct. 2010)*. – Les rapports entre les parties au contrat sur les matières mentionnées à l'article L. 1432-2 sont définis par une convention écrite conforme aux dispositions législatives régissant les contrats et, le cas échéant, aux dispositions impératives issues des conventions internationales.

Art. L. 1432-4 *(Ord. n° 2011-204, 24 févr. 2011)*. – À défaut de convention écrite et sans préjudice de dispositions législatives régissant les contrats, les rapports entre les parties sont, de plein droit, ceux fixés par les contrats-types prévus à la section III.

Art. L. 1432-5 *(Ord. n° 2010-1307, 28 oct. 2010)*. – Sans préjudice des dispositions impératives issues des conventions internationales et à défaut de convention écrite définissant les rapports entre les parties au contrat sur les matières mentionnées à l'article L. 1432-2, les clauses des contrats types prévus à la section III s'appliquent de plein droit aux contrats de transport international.

Art. L. 1432-6 *(Ord. n° 2010-1307, 28 oct. 2010)*. – Les obligations particulières découlant, le cas échéant, du présent chapitre figurent, en ce qui concerne les contrats de transports routiers de marchandises, aux chapitres Ier à IV du titre II du livre II de la troisième partie, en ce qui concerne les contrats de transport fluvial de marchandises au titre V du livre IV de la quatrième partie, en ce qui concerne le transport aérien de marchandises à la section 1 du chapitre II du titre II du livre IV de la sixième partie.

Section II. – Contrat de commission de transport

Art. L. 1432-7 *(Ord. n° 2010-1307, 28 oct. 2010)*. – Sans préjudice des dispositions impératives issues des conventions internationales, les contrats de commission de transport sont, quel que soit le mode de transport, soumis aux règles prévues aux articles L. 132-3 à L. 132-9 du Code de commerce.

Art. L. 1432-8 *(Ord. n° 2010-1307, 28 oct. 2010)*. – Sans préjudice de l'article L. 1432-7, tout contrat de commission de transport comporte les clauses prévues par l'article L. 1432-2.

Art. L. 1432-9 *(Ord. n° 2010-1307, 28 oct. 2010)*. – Les rapports entre les parties au contrat de commission de transport sur les matières mentionnées à l'article L. 1432-2 sont régis par les dispositions des articles L. 1432-3 et L. 1432-4.

Art. L. 1432-10 *(Ord. n° 2010-1307, 28 oct. 2010)*. – Sans préjudice des dispositions impératives issues des conventions internationales et à défaut de convention écrite définissant les rapports entre les parties au contrat sur les matières mentionnées à l'article L. 1432-2, les clauses des contrats types mentionnées à la section III s'appliquent de plein droit aux contrats de commission de transport ayant pour objet une liaison internationale.

Art. L. 1432-11 *(Ord. n° 2010-1307, 28 oct. 2010)*. – Sont applicables au contrat de commission de transport les articles L. 3222-1 à L. 3222-4 et L. 3222-9, en tant qu'ils concernent l'organisation du transport routier de marchandises et les articles L. 4451-4 à L. 4451-6, en tant qu'ils concernent l'organisation du transport fluvial de marchandises.

Section III. – Les contrats types

Art. L. 1432-12 *(Ord. n° 2010-1307, 28 oct. 2010)*. – Les clauses des contrats types de transport de marchandises et des contrats types de commission de transport sont établies par voie réglementaire.

Section IV. – Sous-traitance

Art. L. 1432-13 *(Ord. n° 2010-1307, 28 oct. 2010)*. – Les dispositions de la loi n° 75-1334 du 31 décembre 1975 relative à la sous-traitance sont applicables aux opérations de transport. Dans ce cas, le donneur d'ordre initial est assimilé au maître d'ouvrage et le transporteur qui fait appel à un transporteur sous-traitant est assimilé à l'entrepreneur principal.

Section V. – Conditions de règlement

Art. L. 1432-14 *(Ord. n° 2010-1307, 28 oct. 2010 ; mod., Ord. n° 2019-698, 3 juill. 2019)*. – Les délais de paiement particuliers applicables au transporteur routier de marchandises, au loueur de véhicules avec ou sans conducteur, au commissionnaire de transport, au transitaire, à l'agent de fret maritime et aérien, au courtier de fret et au commissionnaire en douane sont énoncés au 5° du II de l'article L. 441-11 du Code de commerce.

Art. L. 133-7 *(Anc. C. com., art. 108-1)*. – **Le voiturier a privilège sur la valeur des marchandises faisant l'objet de son obligation et** ***sur les documents qui s'y rapportent*** **pour toutes créances de transport, même** ***nées à l'occasion d'opérations antérieures*****, dont son donneur d'ordre, l'expéditeur ou le destinataire restent débiteurs envers lui, dans la mesure où le propriétaire des marchandises sur lesquelles s'exerce le privilège est impliqué dans lesdites opérations.**

Les créances de transport couvertes par le privilège sont les prix de transport proprement dits, les compléments de rémunération dus au titre de prestations annexes et d'immobilisation du véhicule au chargement ou au

déchargement, les frais engagés dans l'intérêt de la marchandise, les droits, taxes, frais et amendes de douane liés à une opération de transport et les intérêts.

Bibliographie : Delebecque, *L'amélioration des conditions d'exercice de la profession de transporteur routier : D. affaires* 1998, 870. • Simler et Delebecque : *JCP* E 1998, p. 1640, n° 21. • Tilche : *BTL* 1998, 275. • Zerbo, *Privilège et droit de rétention du voiturier : halte à la confusion : D.* 2001, 2290.

Pour les créances de transport nées à l'occasion d'opérations antérieures, le transporteur ne dispose d'un privilège que dans la mesure où *le propriétaire des marchandises* sur lesquelles il l'exerce est impliqué dans lesdites opérations (■ Cass. com., 27 juin 2006, n° 05-16.053 : *JurisData* n° 2006-034274 ; *RJDA* 1/2007, n° 45 ; *JCP* E 2006, pan. 2234, et 2824, n° 22, obs. Delebecque ; *BTL* 2006, p. 466 et 456, obs. Tilche ; *D.* 2006, p. 1888, obs. Delpech).

Art. L. 133-8 *(L. n° 2009-1503, 8 déc. 2009).* **– Seule est équipollente au dol la faute inexcusable du voiturier ou du commissionnaire de transport. Est inexcusable la faute délibérée qui implique la conscience de la probabilité du dommage et son acceptation téméraire sans raison valable. Toute clause contraire est réputée non écrite.**

Faute lourde. Même si depuis la loi du 8 décembre 2009, la faute inexcusable (elle implique la conscience de la probabilité du dommage et son acceptation téméraire sans raison valable) a remplacé la faute lourde, les faits antérieurs à cette loi implique que les juges se prononcent encore sur la faute lourde (comportement d'une extrême gravité confinant au dol et dénotant l'inaptitude du débiteur à accomplir la mission contractuelle qu'il a acceptée) : ■ Cass. com., 27 mars 2012, n° 11-10.070 : *JCP* E 2013, 1530, n° 6, obs. Bon-Garçin).

Art. L. 133-9 *(L. n° 2009-1503, 8 déc. 2009).* **– Sans préjudice des articles L. 121-95 et L. 121-96 du Code de la consommation, les dispositions des articles L. 133-1 à L. 133-8 relatives au voiturier s'appliquent aux entreprises de transport de déménagement dès lors que la prestation objet du contrat de déménagement comprend pour partie une prestation de transport.**

Code de la consommation

PARTIE LÉGISLATIVE

LIVRE Ier. – INFORMATION DES CONSOMMATEURS ET FORMATION DES CONTRATS

TITRE II. – PRATIQUES COMMERCIALES

CHAPITRE Ier. – PRATIQUES COMMERCIALES RÉGLEMENTÉES

Section XIII. – Contrats de transports de déménagement

Rédaction antérieure. Art. L. 121-95 *(L. n° 2009-1503, 8 déc. 2009 ; abr., Ord. n° 2016-301, 14 mars 2016).* **–** Par dérogation au premier alinéa de l'article L. 133-3 du Code de commerce, le délai de forclusion applicable aux contrats de transports de déménagement conclus entre un professionnel et un consommateur est fixé à dix jours calendaires à compter de la réception des objets transportés. Les protestations motivées émises par lettre recommandée dans ce délai produisent leurs effets même en l'absence de réserves formulées à la livraison. Les réserves émises par le destinataire à la livraison et non contestées par le transporteur dispensent de la protestation motivée prévue au présent alinéa.

Lorsque la procédure à suivre pour émettre des réserves n'a pas été communiquée au consommateur dans les conditions fixées par arrêté ministériel, le délai prévu au premier alinéa est porté à trois mois.

Rédaction antérieure. Art. L. 121-96 *(L. n° 2009-1503, 8 déc. 2009 ; abr., Ord. n° 2016-301, 14 mars 2016).* **–** L'action directe en paiement du transporteur prévue par l'article L. 132-8 du Code de commerce ne peut être mise en œuvre à l'encontre du consommateur qui s'est déjà acquitté du paiement de la prestation de déménagement auprès d'une entreprise de déménagement.

CHAPITRE IV. – DES AGENTS COMMERCIAUX

Art. L. 134-1 *(Anc. L. n° 91-593, 25 juin 1991).* **– L'agent commercial est un mandataire qui, à titre de profession indépendante, sans être lié par un contrat de louage de services, est chargé, de façon permanente, de négocier et, éventuellement, de conclure des contrats de vente, d'achat, de location ou de prestation de services, au**

nom et pour le compte de producteurs, d'industriels, de commerçants ou d'autres agents commerciaux. Il peut être une personne physique ou une personne morale *(Mots aj. à compter du 1er janvier 2023, Ord. n° 2021-1189, 15 sept. 2021)* **« et s'immatricule, sur sa déclaration, au registre spécial des agents commerciaux ».**

Ne relèvent pas des dispositions du présent chapitre les agents dont la mission de représentation s'exerce dans le cadre d'activités économiques qui font l'objet, en ce qui concerne cette mission, de dispositions législatives particulières.

Bibliographie : Leloup, *La loi du 25 juin 1991 relative aux rapports entre les agents commerciaux et leurs mandants ou le triomphe de l'intérêt commun : JCP* E 1992, I, 105. • Thréard, *Les concessionnaires et les agents dans l'automobile, après la loi du 25 juin 1991... : Gaz. Pal.* 1992, 1, doctr. 74. • Mousseron, *Lisons dans le marc de café : à propos de l'indemnité due, demain, aux agents commerciaux : CDE* 1992/5. • Ferry, *Convention de Rome du 19 juin 1980, Convention de La Haye du 14 mars 1978 et la loi n° 91-593 du 25 juin 1991 : JCP* E 1993, I, 233. • Putman, *Défunte ou toujours vivante ? L'obligation d'immatriculation, condition du statut d'agent commercial : RJ com.* 1993, 1. • Leloup, *La patrimonialité du contrat d'agence commerciale : D.* 2006, 1882. • Bourdeau, *Retour sur le droit à commission de l'agent commercial : CDE* 2007, n° 3, p. 53, 57 et 63. • *JCl. Contrats-distribution*, Fasc. 3490, *Agents commerciaux. Qualité d'agent* et Fasc. 3500, *Agents commerciaux. Contrat d'agence commercial*, par Hanine-Roussel, Fasc. 3510, *Agents commerciaux. Fin du contrat d'agence*, par Pansier.

Voir également : Annexe 1, IV : Directive 86/653/CEE du Conseil du 18 décembre 1986 relative à la coordination des droits des États membres concernant les agents commerciaux indépendants.

I – DES CONDITIONS NÉCESSAIRES

A – Mandataire civil

1) Action au nom et pour le compte d'autrui. N'est pas l'agent commercial d'un producteur celui qui se comporte, non pas comme un mandataire d'un donneur d'ordres qui ne se trouve engagé vis-à-vis d'un client que lorsqu'il confirme les commandes faites par son intermédiaire, mais comme un distributeur soucieux de préserver les relations commerciales qu'il a développées avec ses clients, se considérant comme engagé par le volume des livraisons qu'il avait négociées jusqu'au point d'avoir recours aux services d'un concurrent du fournisseur pour satisfaire leurs commandes et, ce, même si les clients sont facturés directement par le producteur ▪ Cass. com., 10 juill. 2007, n° 05-19.373 : *Bull. civ.* IV, n° 184 ; *D.* 2008, p. 2196, obs. Ferrier ; *Contrats, conc. consom.* 2007, n° 234, obs. Malaurie-Vignal. – *Adde*, ▪ Versailles, 6 nov. 1997, n° 9114/95 : *JurisData* n° 1997-055362 ; *RJDA* 5/1998, n° 579, qualifiant de concessionnaire celui qui agit pour son propre compte en achetant personnellement des marchandises en vue de les revendre à sa propre clientèle. ▪ Versailles, 1er oct. 2009, n° 07/06246 : *RTD com.* 2010, p. 272, obs. Saintourens, qui rejette la qualité d'agent commercial d'un importateur de tabac, légalement tenu de conserver la propriété des tabacs depuis leur entrée ou leur fabrication en France jusqu'à leur vente au détail après consignation chez le débitant et, à ce titre, distinct *d'un mandataire ; celui qui est seulement* tenu de proposer en priorité et en exclusivité à son cocontractant les terrains qu'il pourrait prospecter, sans l'autoriser à engager ce dernier à l'égard des tiers, ni à négocier en son nom (▪ Cass. com., 12 oct. 2010, n° 09-69.771).

2) Absence de clientèle propre. Simple mandataire sans clientèle propre, l'agent commercial ne peut être titulaire d'un fonds de commerce et n'a pas la qualité de commerçant (▪ Cass. com., 26 févr. 2008, n° 06-21.155 : *JurisData* n° 2008-042946 ; *D.* 2008, 2907, note Ferrier ; *JCP* E 2008, n° 22, p. 19, obs. Dissaux ; *JCP* 2008, II, 10094, note Mainguy ; *Contrats, conc. consom.* 2008, n° 95, obs. Mathey, rejetant la qualité d'agent commercial d'un commissionnaire affilié dont le contrat stipulait qu'il était « un commerçant indépendant propriétaire de son fonds de commerce »). V. cpdt sur renvoi ▪ CA Paris, 9 avr. 2009 : *JurisData* n° 2009-378726 ; *Contrats, conc. consom.* 2009, n° 264, obs. Mathey ; *D.* 2009, 1942, note Ferrier ; *RTD com.* 2009, 683, obs. Saintourens ; *RJ com.* 2009, 273, note Lebreton-Derrain ; *JCP* E 2009, 1842, note Dissaux, *Lettre distrib.* 9/2009, obs. Bonet-Deplan, *Rev. Lamy dr. aff.* 1/2010, p. 72, obs. Bourdeau, qui retient la qualité d'agent commercial du prétendu commissionnaire-affilié au motif qu'il agissait en qualité de représentant et n'avait pas de fonds de commerce propre puisque la plupart des éléments susceptibles de composer le fonds, spécialement l'enseigne, le matériel et le stock, appartenait au prétendu commettant ou étaient étroitement contrôlés par celui-ci. V. cependant sur pourvoi : ▪ Cass. com., 29 juin 2010, n° 09-66.773 : *JurisData* n° 2010-010360 ; *Contrats, conc. consom.* 2010, n° 223, note Mathey ; *JCP* E 2010, 1694, note Dissaux ; *JCP* G 2010, 876, note Grimaldi ; *D.* 2011, p. 549, obs. Ferrier ; *RTD com.* 2010, p. 687, obs. Saintourens, qui censure les juges d'appel au motif, d'abord, qu'ils auraient dû rechercher qui, du distributeur ou du fournisseur, avait la qualité juridique de vendeur ; ensuite, qu'ils ont constaté qu'une clientèle détachable de la marque du fournisseur était attachée au distributeur qui avait su la fidéliser, tandis que le fournisseur avait pu ouvrir dans le même temps un nouveau magasin dans la même ville, alors que l'agent commercial n'a pas de clientèle propre ; enfin, que le fait que le distributeur ait été titulaire du bail commercial était un élément essentiel pour déterminer s'il avait la qualité de commerçant qu'un agent commercial ne peut posséder. *Adde*, ▪ CA Versailles, 9 juin 2011 : *JurisData* n° 2011-015531 ; *Lettre distrib.* 12/2011 ; *Contrats, conc. consom.* 1/2012, n° 17, comm. Mathey ; *Concurrences* 3/2011, p. 122, obs. Ferrier ; *D.* 2012, 582, obs. Ferrier, qui écarte la qualification d'agence commercial du contrat de « commission partenariat » au motif que le commissionnaire dispose d'une clientèle propre et d'un fonds de commerce. ▪ CA Dijon, 6 déc. 2011 : *JurisData* n° 2011-030106 qui écarte la qualification d'agent commercial de celui dont le contrat de commission affiliation stipule qu'il est un commissionnaire, dont les documents comptables démontrent que l'activité de distribution des produits du fournisseur a été exercée juridiquement par le commissionnaire inscrit au RCS, dont les ventes figurent en recettes et sont comptabilisées dans le compte de charges « achats de marchandises » ; étant par ailleurs établi qu'il est propriétaire de son fonds de commerce, qu'il tient du contrat d'affiliation le droit d'utiliser la marque et l'enseigne, qu'il doit supporter les risques des incidents de paiement et des écarts de stocks, que la limitation de son indépendance par les contraintes tarifaires a comme contrepartie l'appartenance à un réseau bénéficiant d'une notoriété et d'une marque connue et la fourniture d'une assistance par le fournisseur. ▪ CA Versailles, 26 juin 2018, n° 17/05261, qui écarte la qualification d'agent commercial en raison, notamment, d'une clause stipulant que l'apporteur d'affaires reste propriétaire de la clientèle).

Sur la distinction de l'agence commerciale et de la commission-affiliation, V. également sous art. L. 132-1, annot. n° 4.

3) Activité visée. Le mandataire chargé de gérer la centrale de référencement d'un réseau de clubs de golf et de rechercher des fournisseurs en vue de leur adhésion à la centrale n'est pas un agent commercial car sa mission consiste à négocier avec les fournisseurs de matériels destinés aux clubs du réseau des contrats de référencement qui ne relèvent pas de l'activité visée par le texte (▪ Montpellier, 8 févr. 2011, n° 10-4047 : *BRDA* 4/2011, n° 14 ; *RJDA* 2/2011, n° 410). Il en va de même de l'activité consistant uniquement à répondre à des marchés publics de pose d'écrans anti-bruits (▪ CA Paris, 29 mars 2012, n° 09/23346 : *Lettre distr.* 4/2012).

L'activité d'architecte d'intérieur-designer, qui ne relève pas d'une profession réglementée et consiste à aménager des magasins, à réaliser des stands de salons et des décors de vitrines ainsi qu'à créer des objets, constitue une activité économique impliquant la circulation de biens et la fourniture de services et, à ce titre, se rattache à celle de producteur visée par l'article L. 134-1 du Code de commerce (▪ Cass. com., 20 mars 2012, n° 11-15.287 : *D.* 2012, p. 871 ; *Contrats, conc. consom.* 5/2012, n° 120, comm. Mathey ; *Concurrences* 2-2012, p. 81, obs. Eréséo).

La prospection de nouveaux franchisés, la négociation et la conclusion de contrats de franchise pour le compte d'un franchiseur ne sont pas incompatibles avec la qualification d'agent commercial (▪ CA Paris, 11 oct. 2012, n° 10/09558).

L'article 1er, § 2, de la directive 86/653/CEE du 18 décembre 1986 ne s'oppose pas à ce que l'activité d'agence commerciale soit exercée depuis l'établissement du mandant, et non de manière itinérante, pourvu que cette circonstance n'empêche pas l'agent d'agir de manière indépendante (▪ CJUE, 21 nov. 2018, aff. C-452/17 : *Contrats, conc. consom.* 1/2019, n° 4, comm. Mathey ; *Adde.* concl. av. gén. 25 juill. 2018 : *Lettre distr.* sept. 2018, obs. Brena ; *D.* 2019, p. 783, obs. Ferrier ; *adde.* Ph. Grignon, À propos de la clause d'itinérance en matière d'agence commerciale : *JCP* E 2020, 1063.).

B – Profession indépendante

4) Défaut d'indépendance. N'est plus agent commercial celui dont le nouveau contrat, s'il satisfait par certains critères de son activité habituelle à la définition de l'agent commercial, s'en distingue par le fait que le mandataire a cédé une certaine maîtrise de l'organisation de son entreprise en contrepartie d'un risque commercial moins grand et dont la rémunération n'est plus proportionnelle au chiffre d'affaires mais lui assurait une marge bénéficiaire calculée à l'avance dans une fourchette minimale (▪ Cass. com., 29 oct. 2002, n° 99-18.796 : *RJDA* 2003, n° 132). *Adde*, admettant l'existence d'un lien de subordination juridique ▪ Cass. soc., 24 juin 2009, n° 07-43.542 : *Rev. Lamy dr. aff.* 1/2010, p. 71, note Bourdeau. ▪ Cass. soc., 7 juill. 2010, n° 08-45.538. ▪ CA Paris, 16 sept. 2010, n° 08/11852 : *Rev. Lamy dr. aff.* 12/2010, p. 72, obs. Grignon. ▪ CA Paris, 26 juin 2013, n° 11/09613 : *Contrats, conc. consom.* 2013, n° 241. ▪ CA Rennes, 22 mai 2013, n° 11/07628. ▪ CA Bordeaux, 10 avr. 2014, n° 12/05981 : *Lettre distrib.* juin 2014, obs. Dumont-Lefrand ; et le refusant. ▪ Cass. soc., 25 mars 2009, n° 08-41.627 : *Rev. Lamy dr. aff.* 1/2010, p. 71, note Bourdeau. ▪ CA Paris, 7 oct. 2010, n° 10/01868. ▪ CA Paris, 28 oct. 2010, n° 10/02370 : *Rev. Lamy dr. aff.* 12/2010, p. 72, obs. Grignon. ▪ Cass. soc., 19 janv. 2012, n° 10-23.659. ▪ CA Toulouse, 5 sept. 2014, n° 12/03884 : *Lettre distrib.* oct. 2014, obs. Dumont-Lefrand, où le fait que l'activité du mandataire soit identique à celle du VRP n'est pas jugé incompatible avec la qualité d'agent commercial dès lors que ses conditions d'exercice ne permettent pas d'établir un lien de subordination permanent. ■ CA Nancy, 4 juin 2014, n° 14/00605 où les contraintes en termes de reddition des comptes, de recommandations, d'horaires et d'objectifs ne sont pas jugées incompatibles avec la qualité d'agent commercial).

5) Substitut. La liberté qui autorise l'agent à s'assurer la collaboration d'autres personnes physiques ou morales ne lui permet pas de se substituer, sans autorisation du mandant, une société commerciale, même si celle-ci a été constituée à son initiative (■ Versailles, 4 sept. 2003, n° 01/03056 : *JurisData* n° 2003-263695 ; *RJDA* 1/2004, n° 38).

C – Pouvoir de négociation et éventuellement de conclusion

6) Pouvoir de négocier. Il y a négociation au sens de l'article L. 134-1 en cas de prospection de clientèle se poursuivant par des prises de commandes (■ Cass. com., 6 mars 2001 : *Bull. civ.* IV, n° 48 ; *CDE* 2001/4, p. 28, obs. Grignon. – *Adde*, ■ Paris, 15 mai 2003, n° 2002/05860 : *JurisData* n° 2003-214857 ; *RJDA* 11/2003, n° 1056). L'activité de négociation impose la discussion des conditions de ventes, ■ Cass. com., 27 oct. 2009, n° 08-16.623 : *Lettre distrib.* 12/2009 ; *Rev. Lamy dr. aff.* 12/2009, p. 70, obs. Bourdeau et Grignon. La négociation s'entend d'une activité d'entremise consistant à entrer en contact avec l'autre partie et à discuter avec elle, au nom et pour le compte du client, « les détails des prestations réciproques », ce qui n'est pas le cas lorsque l'intermédiaire se voit seulement confier « une partie des opérations matérielles liées au contrat, telles que l'information de l'autre partie, la réception et le traitement des demandes de souscription » (■ CA Paris, 18 mars 2010, n° 09/06895 ; *JurisData* n° 2010-011470. – Confirmé par ■ Cass. com., 21 juin 2011, n° 10-18.577 : *Contrats, conc. consom.* 7/2011, n° 190, obs. Mathey ; *Concurrences* 4/2011, p. 110, obs. Ferré ; *D.* 2012, 581, obs. Ferrier. – *Adde*, ■ CA Reims, 21 juill. 2009, n° 08/01890 : *Lettre distr.* 12/2009. ■ CA Colmar, 20 sept. 2011, n° 09/03842 : *Rev. Lamy dr. aff.* janv. 1/2012, p. 67, obs. Bourdeau. – *Contra* ■ CA Rennes, 2 nov. 2010, n° 10/03922 : *Rev. Lamy dr. aff.* 1/2012, p. 67, obs. Bourdeau).

En somme, la négociation suppose une marge de manœuvre certaine pour influer sur les éléments constitutifs de la convention avant la conclusion du contrat avec le client, *de nature à en permettre la réalisation* (■ Cass. com, 10 oct. 2018, n° 17-17.290), impliquant ainsi un large pouvoir de négociation qui correspond à une intervention active de l'agent, nécessitant qu'il dispose d'une marge de manœuvre certaine pour influer sur les éléments constitutifs de la convention avant la conclusion d'un contrat (■ CA Paris, 14 juin 2018, n° 16/12507 : *Lettre distr.* juill-août 2018, obs. Brena ; *D.* 2019, p. 783, obs. Ferrier).

Mais, en réponse à une question préjudicielle, la Cour de justice énonce que l'article 1er, § 2, de la directive du 18 décembre 1986 doit être interprété en ce sens qu'une personne ne doit pas nécessairement disposer de la faculté de modifier les prix des marchandises dont elle assure la vente pour le compte du commettant pour être qualifiée d'agent commercial au sens de cette disposition (■ CJUE, 9e ch., 4 juin 2020, aff. n° C-828/18 : *Lettre distr.* juin 2020, obs. Brena ; *Contrats, conc. consom.* 8-9/2020, n° 122, obs. Mathey ; *Concurrences* 3/2020, p. 107, note Ferrier ; *JCP E* 2020, 1483, note Grignon). La solution a donné lieu à une revirement en droit interne (■ Cass. com., 2 déc. 2020, n° 18-20.231 : *Contrats, conc. consom.* 2/2021, n° 22, obs. Mathey, qui énonce que, contrairement à sa jurisprudence antérieure, doit « désormais être qualifié d'agent commercial le mandataire, personne physique ou morale qui, à titre de profession indépendante, sans être lié par un contrat de louage de services, est chargé, de façon permanente, de négocier et, éventuellement, de conclure des contrats de vente, d'achat, de location ou de prestation de services au nom et pour le compte de producteurs, d'industriels, de commerçants ou d'autres agents commerciaux, quoiqu'il ne dispose pas du pouvoir de modifier les prix de ces produits ou services » (*Adde* ■ CA Paris, 1er oct. 2020, n° 18/07228 : *Lettre distr.* nov. 2020, Brena. V. déjà ■ CA Paris, 3 févr. 2020, n° 16/19962, retenant que « la négociation ne s'entend pas du seul pouvoir de fixer ou modifier le prix des produits arrêté par le mandant sans l'accord préalable de ce dernier mais de l'ensemble des actions à mener pour l'obtention de commandes ». Rappr. ■ CA Toulouse, 28 févr. 2018, n° 17/01857 : *Lettre distr.* avr. 2018, obs. Brena, admettant le pouvoir de négociation lorsque l'agent commercial prospecte des clients au nom et pour le compte du mandant, leur présente des produits de façon attractive et les conduit à signer des commandes et à conclure au final un acte de vente « qui sera ultérieurement consenti par le mandant » ; et qu'il peut sélectionner les produits susceptibles de séduire ses prospects, choisir ses fourchettes de prix et adapter l'offre en fonction du budget des clients). Pour autant, le statut reste inapplicable à l'intermédiaire dont la mission consiste seulement à mettre en relation sans réel pouvoir de négocier ni de conclure (■ Cass. com., 10 févr. 2021, n° 19-13.604 : *Lettre distr.* mars 2021, obs. Brena ; *Concurrences* 2/2021, obs. Ferrier. ■ Cass. com., 27 janv. 2021, n° 18-10.835 : *Lettre distr.* mars 2021, obs. Brena ; *Concurrences* 2/2021, obs. Ferrier, qui retient le courtage).

Ce revirement remet en cause une partie de la jurisprudence antérieure ci-après rapportée.

Il avait ainsi été jugé que n'est pas agent commercial celui disposant d'une mission d'information et non de négociation des conditions de contrats de vente (▪ Cass. com., 20 mai 2008, n° 07-13.488 : *JurisData* n° 2008-044086 ; *D.* 2008, 2893, obs. Ferrier ; *Contrats, conc. consom.* 2008, n° 176, obs. Mathey. ▪ CA Lyon, 5 mars 2009 : *JurisData* n° 2009-013286 ; *Contrats, conc. consom.* 2010, n° 45, obs. Mathey. ▪ Cass. com., 3 oct. 2000, n° 97-19.999 : *RJDA* 1/2001, n° 20. ▪ Paris, 6 nov. 2007, n° 06/10396 : *JurisData* n° 2007-354951 ; *RJDA* 6/2008, n° 636) ; celui investi d'aucun pouvoir de négocier les contrats (▪ Cass. com., 15 janv. 2008 : *Bull. civ.* IV, n° 4 ; *JCP* 2008, II, 10105, note Dissaux ; *Contrats, conc. consom.* 2008, n° 68, obs. Mathey, qui confirme ▪ Paris, 23 févr. 2006, n° 03/21319 : *JurisData* n° 2006-297425 ; *D.* 2006, 2306, note Ferrier ; *JCP* 2006, II, 10108, note Stoffel-Munck ; *RDC* 2006, 1175, obs. Behar-Touchais, à propos d'une société tenue de n'apporter aucune modification aux tarifs et conditions fixés par la société SFR pour la souscription des abonnements aux services. Concernant un distributeur également SFR, et dans le même sens, ▪ T. com. Paris, 23 mars 2011, n° 2008-094511 : *Gaz. Pal.* 12 août 2012, p. 4) ; celui dont le contrat prévoit que les prix et conditions de vente sont fixés par le mandant et qu'il ne pourra, sauf à perdre sa commission, accorder une remise, quand bien même serait-il habilité à offrir aux clients des cadeaux sous forme de participation à des congrès internationaux (▪ Cass. com., 20 janv. 2015, n° 13-24.231 : *Concurrences* 2-2015, p. 105, obs. Ferré, qui casse ▪ CA Paris, 30 mai 2013, n° 10/23673 : *Concurrences* 4-2014, p. 94, obs. Ferré ; *Contrats, conc. consom.* 2015, n° 59, obs. Mathey. – Sur renvoi, ▪ CA Paris, 26 janv. 2017, n° 15/04995 : *Lettre distr.* mars 2017, obs. Brena, jugeant que le pouvoir de négociation suppose un minimum de marge de manœuvre sur une partie au moins de l'opération économique conclue alors que le contrat ôtait tout pouvoir de négociation concernant les prix et les conditions de vente des produits), celui qui se contente de prendre des commandes sans pouvoir de négocier (▪ CA Paris, 28 sept. 2011, n° 2009/014670 : *Gaz. Pal.* 12 août 2012, p. 4). – *Adde*, ▪ CA Paris, 28 janv. 2010, n° 08/21761 : *Contrats, conc. consom.* 5/2010, n° 119, comm. Mathey ; *Lettre distrib.* 4/2010. – Confirmé par ▪ Cass. com., 27 avr. 2011, n° 10-14.851 : *Bull. civ.* IV, n° 58 ; *Lettre distr.* 6/2011 ; *Contrats, conc. consom.* 7/2011, n° 167, obs. Mathey ; *Rev. Lamy dr. aff.* 1/2012, p. 67, obs. Bourdeau ; *Concurrences* 3/2011, p. 121, obs. Ferré. ▪ CA Versailles, 11 févr. 2010, n° 09/00396 : *JurisData* n° 2010-000942 ; *Contrats, conc. consom.* 5/2010, n° 119, note Mathey. ▪ CA Versailles, 15 janv. 2013, n° 11/03403 : *Lettre distrib.* 3/2013 ; celui qui n'a qu'une mission d'assistance technique et de conseil (▪ Versailles, 8 févr. 2007, n° 06/00913 : *JCP* E 2007, pan. 2272. ▪ CA Paris, 29 mars 2012, n° 09/23346 : *Lettre distr.* 4/2012. ▪ CA Paris, 21 mars 2012, n° 09/20217 : *Lettre distr.* 4/2012 ; *Concurrences* 2-2012, p. 82, obs. Ferré. ▪ CA Paris, 13 nov. 2013, n° 11/22313 et 14 nov. 2013, n° 11/13886 : *Lettre distrib.* 1/2014) ; celui qui a pour mission de conseiller le client pour lui proposer parmi les offres disponibles celle la mieux adaptée à son besoin, le fait d'argumenter sur la pertinence des offres concurrentes ne caractérisant pas des actes de négociation (▪ CA Paris, 9 mai 2012, n° 09/19381 : *Concurrences* 3/2012, p. 122, obs. Ferré) ; celui qui se contente d'être l'interlocuteur privilégié des distributeurs, le mandant décidant seul de l'agrément des prospects présentés par l'agent comme distributeurs de sa marque et les nouveaux distributeurs agréés commandant une quantité minimale et identique de marchandises sans aucune négociation commerciale ou tarifaire, de sorte que l'agent ne disposait pas du pouvoir de négocier, voire de contracter au nom et pour le compte du mandant (▪ CA Colmar, 17 juill. 2012, n° 09/06006) ; celui qui n'a qu'un pouvoir exceptionnel de négocier le prix sans le pouvoir de conclure (▪ CA Colmar, 7 nov. 2014, n° 13/02404). N'est pas un agent commercial, faute de disposer d'un pouvoir de négocier et de conclure, celui qui a pour mission de promouvoir la vente des produits dont le fournisseur assure la publicité en lui fournissant, ainsi qu'aux clients, les échantillons, les tarifs et les documentations, se réserve le droit de refuser certaines commandes, émet les factures dont il perçoit le paiement, et définit les conditions particulières de vente des affaires de grande importance (▪ Cass. com., 9 déc. 2014, n° 13-22.476 : *Contrats, conc. consom.* 2/2015, n° 31, note Mathey). N'est pas un agent commercial celui dont l'activité n'est pas indépendante mais encadrée par un ensemble de documents établissant notamment qu'il n'était pas en mesure de négocier le prix des offres qu'il était chargé de proposer (▪ CA Nîmes, 2 juin 2016, n° 14/0287).

En revanche, est un agent commercial celui qui peut organiser librement les relations avec les clients et prospects et déterminer librement les prix de vente (▪ Cass. com., 19 juin 2019, n° 18-11.727 : *Contrats, conc. consom.* 8-9/2019, n° 138, obs. Mathey) ; celui qui conduit des réunions de négociation des prix avec des clients d'une société et leur avait proposé à la vente des produits de cette société au nom et pour le compte de celle-ci (▪ Cass. com., 3 avr. 2012, n° 11-13.527 : *JurisData* n° 2012-006422 ; *Bull. civ.* IV, n° 71 ; *Lettre distrib.* 4/2012 ; *D.* 2012, 1062 et 2765, obs. Dorandeu ; *D.* 2013, 736, obs. Ferrier ; *JCP* E 2013, 1200, obs. Respaud) ; celui habilité à accorder des remises aux clients (▪ CA Paris, 30 juin 2011, n° 08/0841 : *RJ com.* 2/2012, p. 25, obs. Leloup). De même, le pouvoir de négocier est établi par la possibilité d'accorder une remise de 3 %, la gratuité des frais de port, l'absence d'agios sur les frais de port, des mensualités de paiement différentes selon les articles, des perceptions forfaitaires différentes, des reprises de solde en cas de paiement à crédit, etc., la possibilité de vendre à l'unité les éléments d'une collection, ainsi que des offres promotionnelles ; de sorte que dans le cadre défini par la grille tarifaire établie par le mandant, l'agent, à partir d'éléments de conditions de vente connus des seuls professionnels de la vente des produits du mandant, disposait d'une marge de manœuvre qui lui permettait, en utilisant au mieux les différentes options ouvertes, d'inciter les clients à l'achat, et de parvenir ainsi de façon efficace à la vente d'articles au nom et pour le compte du mandant ; en outre, alors que le coupon-réponse que renvoyait le client potentiel ne portait que sur un seul produit ou sur un nombre limité de produits, l'agent, lors de son déplacement auprès du client, ne se contentait pas d'évoquer le ou les seuls articles du coupon-réponse, mais proposait une gamme étendue de collections, orientant le choix de la clientèle en fonction des besoins de celle-ci. Il avait donc le pouvoir de façonner le contenu du contrat de vente conclu par le client avec le mandant (▪ CA Rouen, 20 mars 2014, n° 13/01040 : *Lettre distrib.* mai 2014, obs. M.-P. Dumont-Lefrand). Est un agent commercial celui qui est chargé, au nom et pour le compte d'un mandant, de négocier avec des représentants de clubs de troisième âge des journées d'animation et de présentation de produits, agrémentées d'une visite touristique et d'un repas au restaurant, et de signer des contrats de réservations de voyages libellés à l'enseigne du mandant (▪ Cass. com., 7 oct. 2014, n° 13-17.500). Est requalifié d'agent commercial le prétendu courtier ayant eu pour obligation principale de rechercher des annonceurs pour le compte de Z. et de lui soumettre des ordres de publicité consignés dans des bons de commande, sous la réserve du droit de ce dernier de refuser les publicités contraires à sa ligne éditoriale ou nuisibles à sa stratégie commerciale, et dont la mission excédait ainsi celle d'un courtier en ce qu'il avait reçu mandat de contracter avec des clients potentiels et pouvait mener sa politique commerciale, accorder des marges de négociation et fixer le montant de remises au mieux des intérêts communs avec Z. (▪ Cass. com., 13 sept. 2017, n° 16-15.248).

***7) Exigence** (1)*. **Pouvoir de conclure.** N'est pas agent commercial celui qui se voit refuser tout pouvoir de conclure (▪ CA Paris, 27 sept. 2007 : *JurisData* n° 2007-348057 ; *Contrats, conc. consom.* 02/2008, n° 41, obs. Mathey. ▪ CA Paris, 28 sept. 2011, n° 2009/014670 : *Gaz. Pal.* 12 août 2012, p. 4. ▪ CA Paris, 28 févr. 2013, n° 11/07982. ▪ CA Besançon, 18 juin 2019, n° 18/00438). Ainsi, doit être approuvé l'arrêt qui rejette la qualification d'agent commercial « après avoir justement énoncé que, contrairement au commissionnaire ou au courtier, l'agent commercial est un mandataire, qui représente de façon permanente une ou plusieurs personnes et fait à ce titre des actes juridiques pour le compte de ses mandants qui se trouvent ainsi engagés » et constaté qu'en l'espèce, une note « propose que [le prétendu agent commercial] agisse avec ou sans engagement avec ses fournisseurs et précise que [le prétendu mandant] conserverait toute autorité et action sur son secteur » (▪ Cass. com., 24 sept. 2003, n° 02-12.265. – Rappr., ▪ Cass. com., 21 juin 2011, n° 10-18.577 : *Contrats, conc. consom.* 2011, n° 190, obs. Mathey ; *Rev. Lamy dr. aff.* 1/2012, p. 66, obs. Bourdeau et Grignon, qui rejette la qualité de mandataire d'intérêt commun sur le même motif). De même, n'est pas agent commercial celui qui ne fait que rapprocher les clients désirant conclure un abonnement de son mandant, lequel conserve un pouvoir total de ne pas donner suite à une demande d'abonnement (▪ Cass. com., 20 mai 2008, n°s 07-13.488 et 07-12.234 : *Contrats, conc. consom.* 7/2008, n° 175, comm. Mathey ; *Rev. Lamy dr. aff.* 7-8/2008, p. 97, obs. Bourdeau et Grignon).

V. cependant, ▪ CA Bourges, 14 mars 2014, n° 13/01121 : *Lettre distrib.* avr. 2014, qui retient qu'aux termes de l'article L. 134-1, la conclusion de contrats de vente par l'agent n'est qu'éventuelle et ne constitue pas un élément déterminant d'application du statut invoqué en l'occurrence par un collaborateur immobilier (Sur lequel, V. annot. sous L. 2 janv. 1970, art. 4, Annexe 1, VIII. Entremise et gestion d'immeuble et de fonds de commerce). ▪ CA Paris, 3 oct. 2019, n° 17/01356, qui affirme que « la conclusion de contrats pour le comptedu mandant n'est pas une condition du statut d'agent commercial ». ▪ CA Colmar, 19 août 2020, n° 18/01920.

En tout état de cause, la clause de dédit stipulée au profit du mandant dans le contrat conclu avec le client ne remet pas en cause le pouvoir de conclure reconnu à l'agent (▪ CA Paris, 15 mars 2016, n° 15/24461 : *Lettre distr.* avr. 2018, obs. Brena ; *D.* 2019, p. 783, obs. Ferrier).

8) Permanence. La qualification d'agent commercial suppose que l'activité de représentation soit exercée de manière permanente (▪ Cass. com., 7 juill. 2004, n° 02-17.107 : *JurisData* n° 2004-024596 ; *Bull. civ.* IV, n° 146. ▪ Cass. com., 14 juin

(1) Amende de 50 000 € et emprisonnement de cinq ans ou en cas de circonstances aggravantes amende de 750 000 € et emprisonnement de cinq ans ou 1 000 000 € et emprisonnement de sept ans selon les cas.

2005, n° 03-19.150 : *D.* 2006, p. 516, obs. Ferrier. ▪ Cass. com., 17 mars 2009, n° 08-10.398. ▪ CA Pau, 21 juin 2019, n° 17/03997).

D – Personne physique ou morale

9) Exclusion. L'exercice de la profession d'agent commercial ne peut se faire sous la forme d'une SELARL (▪ Rouen, 13 mars 2008, n° 07/03936 : *JurisData* n° 2008-359745 ; *JCP* E 2008, 1210).

10) Dissolution de la société. Si, sauf accord du cocontractant, le contrat d'agence commercial conclu en considération de la personne de la société prend fin au plus tard par l'effet de sa dissolution, l'associé unique n'en recueille pas moins les créances et les dettes antérieurement nées dans le patrimoine social au titre du contrat (▪ Cass. com., 7 juin 2006, n° 05-11.384 : *JurisData* n° 2006-033900 ; *Bull. civ.* IV, n° 140 ; *JCP* E 2006, n° 36, p. 1493, note Hovasse ; *Bull. Joly Sociétés* 2006, 1491, obs. Coquelet ; *Dr. sociétés* 2006, n° 126, obs. Monnet ; *RTD civ.* 2006, 764, obs. Mestre et Fages).

E – Exclusions légales

11) Banque. Les intermédiaires en opérations de banque relèvent de dispositions législatives spéciales et ne relèvent pas de l'article L. 134-1, alinéa 2 (▪ Cass. com., 18 févr. 2004, n° 02-14.768 : *JurisData* n° 2004-022475 ; *JCP* E 2004, pan. 571, 736, n° 3, obs. Stoufflet ; *D.* 2004, p. 633, obs. Chevrier ; *RJDA* 11/2004, n° 1209).

12) Négociateurs et agents immobiliers. V. annot. sous L. 2 janv. 1970, art. 4, Annexe 1, VIII. Entremise et gestion d'immeuble et de fonds de commerce.

Voir : Annexe 1, Du commerce en général, VIII. Entremise et gestion d'immeuble et fonds de commerce.

F – Droit communautaire et international

Bibliographie : Hanine-Roussel, *Contrat d'agence commerciale : règles de compétence territoriale* : *JCP* E 2013, 1307.

13) Droit européen. Les articles 17 et 18 de la directive européenne n° 86-653 du 18 décembre 1986 doivent s'appliquer dès lors que l'agent commercial a exercé son activité dans un État membre, même lorsque le mandant est établi dans un pays tiers à la Communauté européenne et qu'en vertu d'une clause du contrat ce dernier est régi par la loi de ce pays (▪ CJCE, 9 nov. 2000, aff. 381/98 : *RJDA* 2/2001, n° 149 et concl. Léger, p. 115). Ayant fait ressortir que le lieu de la fourniture principale de services d'un agent commercial, qui, à défaut de stipulation le déterminant, résultant de l'exécution effective du contrat, comme du lieu où il était domicilié, ne pouvait être localisé en France, c'est à bon droit qu'une cour d'appel retient qu'aucun tribunal français n'est compétent pour connaître des demandes de cet agent (▪ Cass. com., 14 mai 2013, n° 11-26.631 : *JurisData* n° 2013-009430 ; *Bull. civ.* IV, n° 83 ; *Lettre distrib.* 6/2013 ; *Contrats, conc. consom.* 2013, n° 180, obs. Mathey ; *RDC* 4/2013, p. 1497, note Treppoz). Lorsque l'agent exerce ses activités en dehors de l'UE, le seul fait que le mandant soit établi dans un État membre ne permet pas de caractériser un lien suffisamment étroit avec l'UE aux fins de l'application de la directive 86/653 (▪ CJUE, 16 févr. 2017, C-507/15 : *JCP* G 2017, 1001, obs. Nourissat ; *Lettre distr.* mars 2017, obs. Leclerc).

14) Droit international. La loi du 25 juin 1991, reprise aux articles L. 134-1 et suivants du Code de commerce, loi protectrice d'ordre public interne, applicable à tous les contrats en cours à la date du 1er janvier 1994, n'est pas une loi de police applicable dans l'ordre international (▪ Cass. com., 28 nov. 2000, n° 98-11.335 : *JurisData* n° 2000-007123 ; *Bull. civ.* IV, n° 183 ; *D.* 2001, p. 305, obs. Chevrier ; *JCP* E 2001, p. 997, note Bernardeau. ▪ CA Paris, 6 mai 2014, n° 12/21230. ▪ Cass. com., 5 janv. 2016, n° 14-10.628 : *JCP* G 2016, 241, n° 3, obs. Nourissat ; *Contrats, conc. consom.* 2016, n° 64, obs. Mathey. ▪ Paris, 13 févr. 2020, n° 16/15098 : *Lettre distr.* mars 2020, obs. Leclerc) ; dès lors une cour d'appel a légalement justifié sa décision de rejeter la demande en paiement d'une indemnité de rupture formée par un agent international à la suite de la résiliation par le mandant du contrat d'agence dès lors qu'elle a retenu que le contrat de droit international liant les parties était expressément soumis au droit d'un État qui ne prévoit pas l'attribution d'une indemnité de rupture (même déc.). Comp. ▪ CA Paris, 23 oct. 2012, n° 11/10023 : *JCP* E 2013, 975, obs. Nourissat, qui affirme que si le contrat international d'agence est expressément soumis aux articles L. 134-1 et suivants, ces dispositions ne peuvent être perçues comme une loi de police applicable dans l'ordre international qu'autant que l'agent exerce son activité sur le territoire de l'UE ▪ CJUE, 17 oct. 2013, aff. C-184/12 : *RDC* 2014, p. 80, note Deumier ; *Contrats, conc. consom.* 2014, n° 4, obs. Mathey ; *JCP* E 2013, 1287 et *JCP* G 2014, 256, note et obs. Nourissat, qui énonce que les articles 3 et 7, § 2, de la convention de Rome sur la loi applicable aux obligations contractuelles s'interprètent en ce sens que la loi d'un État membre de l'UE qui satisfait à la protection minimale prescrite par la directive 86/653/CEE du 18 décembre 1986 choisie par les parties à un contrat d'agence commerciale, peut être écartée par la juridiction saisie, établie dans un autre État membre, en faveur de la *lex fori* pour un motif tiré du caractère impératif, dans l'ordre juridique de ce dernier État membre, des règles régissant la situation des agents commerciaux indépendants uniquement si la juridiction saisie constate de façon circonstanciée que, dans le cadre de cette transposition, le législateur de l'État du for a jugé crucial, au sein de l'ordre juridique concerné, d'accorder à l'agent commercial une protection allant au-delà de celle prévue par ladite directive, en tenant compte à cet égard de la nature et de l'objet de telles dispositions impératives.

Après avoir énoncé que le tribunal compétent pour connaître des demandes fondées sur un contrat d'agence commerciale est celui dans le ressort duquel se trouve le lieu de la fourniture principale des services de l'agent, tel qu'il résulte des stipulations du contrat ainsi que, à défaut de telles stipulations, de l'exécution effective de ce contrat et, en cas d'impossibilité de le déterminer sur cette base, celui où l'agent est domicilié, l'arrêt retient, par motifs propres et adoptés, que l'objet du contrat est le développement par la société W. des ventes en Algérie des produits fabriqués par la société M. mais que toutes les opérations de fournitures de services d'agence commerciale par la société W. ont été effectuées depuis la France, aucun bureau ni aucun lieu d'implantation ou de représentation permanent ou temporaire de cette société n'existant en Algérie, les documents produits aux débats indiquant que celle-ci pilotait toutes ses prestations d'agence commerciale avec la clientèle algérienne à partir de son siège à Boulogne ; qu'ayant ainsi souverainement retenu que le lieu de la fourniture principale des services de la société W. était la France, la cour d'appel en a exactement déduit que le tribunal de commerce de Nanterre était compétent (■ Cass. com., 6 oct. 2015, n° 13-18.704 : *Lettre distr.* nov. 2016, obs. Leclerc. – Rappr. ■ Cass. com., 13 sept. 2017, n° 15-26.019 : *Lettre distr.* oct. 2017, obs. Brès).

II – DES CONDITIONS SUFFISANTES

15) Rôle de la volonté. L'application du statut d'agent commercial ne dépend ni de la volonté exprimée par les parties dans le contrat ni de la dénomination qu'elles ont donnée à leurs conventions, mais des conditions dans lesquelles l'activité est effectivement exercée (■ Cass. com., 10 déc. 2003, n° 01-11.923 : *JurisData* n° 2003-021538 ; *RJDA* 4/2004, n° 416 ; *D.* 2004, p. 210, obs. Chevrier ; *RTD civ.* 2004, 285, obs. Mestre et Fages ; *CDE 2004, p. 31, obs. Grignon* ; *D.* 2005, *pan. 150*, obs. Ferrier. ■ Cass. com., 7 juill. 2004, n° 02-17.107 : *JurisData* n° 2004-024596 ; *D.* 2004, p. 2228. ■ Cass. com., 15 janv. 2008 : *RJDA* 4/2008, n° 396). V. Rouquié, *Requalification d'un contrat de promotion en contrat d'agent commercial : la fraude à la loi sanctionnée : JCP* E 2005, 768. – Ferrier, *Le distributeur d'abonnement de téléphonie mobile peut être qualifié de mandataire : D.* 2006, 2306.

16) Importance de l'activité. Les dispositions des articles L. 134-1 et suivants n'exigent pas que l'activité économique qu'elles visent soit l'activité principale du mandant (■ Cass. com., 5 avr. 2005, n° 02-11.673 : *JurisData* n° 2005-027933 ; *D.* 2005, p. 1149, obs. Chevrier ; *RJDA* 8-9/2005, n° 963 ; *JCP* E 2005, 866 ; *ibid.*, 1177, n° 7, obs. Respaud).

17) Défaut d'écrit. Le contrat d'agence commerciale ne nécessite pas d'être formalisé par écrit (■ CA Versailles, 1er avr. 2010, n° 09/00490 : *Rev. Lamy dr. aff.* 9/2010, p. 130, obs. Grignon. Déjà : ■ Cass. com., 12 nov. 1997, n° 95-19.960. ■ Cass. com., 9 juill. 2002, n° 00-21.500. ■ Cass. com., 21 juin 2016, n° 14-26.938 : *Contrats, conc. consom.* 2016, comm. 186, obs. Mathey). Il peut se déduire d'une pratique continue des parties et notamment de simples échanges de correspondances (■ CA Rouen, 16 déc. 2009, n° 08/01484 : *Rev. Lamy dr. aff.* 9/2010, p. 130, obs. Grignon).

18) Défaut d'immatriculation. L'article L. 134-1 ne subordonne pas l'application du statut des agents commerciaux à l'inscription sur le registre spécial qui est une mesure de police professionnelle (■ Cass. com., 7 juill. 2004 : *Bull. civ.* IV, n° 146 ; *D.* 2004, p. 2228. ■ CA Versailles, 21 oct. 2010 : *Contrats, conc. consom.* 2011, n° 33. ■ Cass. com., 20 sept. 2011, n° 10-21.623 : *Contrats, conc. consom.* 1/2012, n° 15, comm. Mathey. ■ Cass. com., 21 juin 2016, n° 14-26.938 : *Contrats, conc. consom.* 2016, comm. 186, obs. Mathey). *Adde*, ■ CJCE, 6 mars 2003 : *Europe* 2003, n° 173 qui considère que la non-inscription ne peut porter atteinte à la protection que la directive de 1986 accorde aux agents dans leurs relations avec leurs commettants.

Mais les parties peuvent subordonner la prise d'effet du contrat à l'inscription de l'agent (■ Cass. com., 8 juill. 2003, n° 02-11.262 : *JurisData* n° 2003-019941 ; *RJDA* 1/2004, n° 37 ; *JCP* E 2003, pan. 1372 ; *CDE* 2003/5, chron. 8, p. 46, obs. Grignon ; *JCP* E 2004, chron. 384, n° 5, obs. Grignon ; *D.* 2003, p. 2234, obs. Chevrier).

Le statut de salarié ne peut se déduire du seul défaut d'inscription au registre des agents commerciaux et d'affiliation au régime des travailleurs indépendants mais suppose un lien de subordination (■ Cass. 2e civ., 19 févr. 2009, n° 07-20.842 : *Bull. civ.* II, n° 43 ; *Rev. Lamy dr. aff.* 1/2010, p. 71, note Bourdeau). V. également C. com., art. R. 134-6.

III – PREUVE

19) Charge de la preuve. C'est à celui qui se prévaut de la qualité d'agent commercial d'en rapporter la preuve (▪ Cass. com., 7 juill. 2007 : *Bull. civ.* IV, n° 146. ▪ Cass. com., 17 mars 2009, n° 08-10.398. ▪ CA Montpellier, 7 sept. 2010, n° 09/06022 et ▪ CA Reims, 13 sept. 2010, n° 09/00839 : *Rev. Lamy dr. aff.* 12/2010, p. 71, obs. Grignon).

20) Liberté de la preuve. Le contrat d'agent commercial peut se prouver par tout moyen et se déduire, notamment, d'un échange de correspondance et de la transmission d'une liste de clients à visiter (▪ CA Reims, 13 sept. 2010, n° 09/00839 : *Rev. Lamy dr. aff.* 12/2010, p. 71, obs. Grignon).

Art. L. 134-2 ***(Anc. L. n° 91-593, 25 juin 1991).*** **– Chaque partie a le droit, sur sa demande, d'obtenir de l'autre partie un écrit signé mentionnant le contenu du contrat d'agence, y compris celui de ses avenants.**

Art. L. 134-3 ***(Anc. L. n° 91-593, 25 juin 1991).*** **– L'agent commercial peut accepter sans autorisation la représentation de nouveaux mandants. Toutefois, il ne peut accepter la représentation d'une entreprise concurrente de celle de l'un de ses mandants sans accord de ce dernier.**

Preuve de l'exclusivité. L'exclusivité ne se présume pas ; un contrat par lequel un fournisseur avait confié à un distributeur la distribution de ses produits sur neuf départements français n'a pas un caractère exclusif (▪ Lyon, 20 févr. 2003, n° 01/03835 : *JurisData* n° 2003-211559 ; *RJDA* 11/2003, n° 1055). Estimant qu'il résulte des circonstances de l'espèce que le mandant a implicitement permis à l'agent de représenter une entreprise concurrence (▪ Paris, 17 oct. 2013, n° 12/10930 : *RJDA* 4/2014, n° 325). V. sous art. L. 134-13, annot n° 4, p. 133.

Art. L. 134-4 ***(Anc. L. n° 91-593, 25 juin 1991).*** **– Les contrats intervenus entre les agents commerciaux et leurs mandants sont conclus dans l'intérêt commun des parties.**

Les rapports entre l'agent commercial et le mandant sont régis par une obligation de loyauté et un devoir réciproque d'information.

L'agent commercial doit exécuter son mandat en bon professionnel ; le mandant doit mettre l'agent commercial en mesure d'exécuter son mandat.

1) Obligation de loyauté du mandant. Tenu d'une obligation de loyauté, le mandant doit mettre son agent commercial en état d'accomplir son mandat en prenant des mesures concrètes qui lui permettent de pratiquer des prix concurrentiels (▪ Cass. com., 24 nov. 1998, n° 96-18.357 : *JurisData* n° 1998-004489 ; *Bull. civ.* IV, n° 227 ; *JCP* E 1999, jurispr. p. 1242, note Jamin ; *Defrénois* 1999, p. 371, note Mazeaud ; *RTD civ.* 1999, 98, obs. Mestre. V. cependant ▪ CA Agen, 9 sept. 2013, n° 12/01175 : *Concurrences* 1-2014, p. 85, obs. Ferré, qui considère que le mandant ne commet pas de faute en vendant directement ses produits à des sites internet qui les revendaient à des grossistes constituant pourtant l'essentiel de la clientèle qu'un agent exclusif était chargé de prospecter, au motif que la volonté du mandant n'était pas d'empêcher l'agent dont les commissions n'avaient pas subi une baisse significative). Lorsque le mandant retire à l'agent la représentation de tous ses nouveaux produits comme le contrat le lui permet, en raison des mauvais résultats réalisés par celui-ci, les juges doivent rechercher si le retrait sans condition et immédiat de l'ensemble des produits à venir sans fournir de produits de remplacement était susceptible de permettre à l'agent la poursuite normale de ses objectifs contractuels (▪ Cass. com., 6 nov. 2012, n° 11-25.481 : *Lettre distrib.* 12/2012 ; *Concurrences* 1/2013, p. 102, obs. D. Ferré). Tenu d'une obligation de loyauté d'ordre public, le mandant doit spontanément informer l'agent commercial des commandes reçues de clients pour lesquels il a été antérieurement commissionné, de sorte que le fait de se soustraire au paiement des commissions constitue un comportement fautif grave de la part du mandant qui ouvre droit à l'indemnité de cessation de contrat et à une indemnité de préavis au profit de l'agent (▪ CA Amiens, 18 déc. 2014, n° 11/00490).

Est fautif le fait pour le mandant de ne pas avoir informé l'agent de remises accordées aux centrales d'achat et grossistes de son secteur géographique et pour des montants supérieurs à ceux que l'agent pouvait consentir (▪ CA Lyon, 31 janv. 2019, n° 16/07531 : *Lettre distr.* mars 2019, Brena).

L'exclusivité territoriale stipulée au profit d'un agent commercial n'interdit pas au mandant de vendre directement les produits à un distributeur situé en dehors du territoire réservé, peu important que ce dernier les propose ensuite à la vente sur ledit territoire, via son site Internet (▪ CA Angers, 20 nov. 2018, n° 16/02629).

2) Obligation de loyauté de l'agent. L'obligation de loyauté est réciproque (▪ Cass. com., 30 mai 2007, n° 05-12.030 : *JurisData* n° 2007-039305 ; *RJDA* 12/2007, n° 1223), mais elle n'oblige pas l'agent à informer son mandant, ni de simples pourparlers préparatoires à une cession de contrat qui ne s'est finalement pas réalisée, ni du fait qu'il a retiré tous ses moyens de travail à son sous-agent dans la mesure où l'exécution du contrat le liant à son sous-agent relève exclusivement du pouvoir d'organisation dont il est investi pour l'accomplissement de son mandat (▪ Cass. com., 26 oct. 2010, n° 09-68.561 : *Bull. civ.* IV, n° 158). Sur la loyauté de l'agent, *adde*, sous art. L. 134-13, note n° 4, p. 133. La violation d'une clause de non-concurrence ne constitue pas en elle-même un acte de concurrence déloyale ; dès lors, le mandant peut obtenir réparation du préjudice résultant, non pas de la concurrence de l'agent, mais de la privation de la possibilité de prendre des mesures appropriées pour pallier cette concurrence (▪ Cass. com., 7 janv. 2014, n° 12-29.934 : *Lettre distrib.* 2/2014).

Le fait que le mandant ait cessé de confier à l'agent la commercialisation des produits contractuels autorise ce dernier à prospecter pour une autre mandante sans caractériser une concurrence interdite (▪ CA Aix-en-Provence, 21 mars 2012, n° 10/21774 : *JurisData* n° 2012-005438). V. aussi art. L. 134-3, p. 123 et sous art. L. 134-13, annot n° 4, p. 133.

Manque à son obligation de loyauté, et commet une faute grave, l'agent personne morale qui n'informe pas le mandant de sa prise de contrôle par un concurrent de celui-ci (▪ CA Paris, 24 oct. 2018, n° 16/11354 : *Lettre distr.* nov. 2018, obs. Brena. ▪ CA Lyon, 5 déc. 2019, n° 17/07228). Le mandant ne peut reprocher à la société agent commercial, la création, par son gérant, d'une société exerçant une activité similaire (▪ CA Versailles, 18 févr. 2021, n° 19/03124).

Art. L. 134-5 *(Anc. L. n° 91-593, 25 juin 1991)*. **– Tout élément de la rémunération variant avec le nombre ou la valeur des affaires constitue une commission au sens du présent chapitre.**

Les articles L. 134-6 à L. 134-9 s'appliquent lorsque l'agent est rémunéré en tout ou partie à la commission ainsi définie.

Dans le silence du contrat, l'agent commercial a droit à une rémunération conforme aux usages pratiqués, dans le secteur d'activité couvert par son mandat, là où il exerce son activité. En l'absence d'usages, l'agent commercial a droit à une rémunération raisonnable qui tient compte de tous les éléments qui ont trait à l'opération.

Art. L. 134-6 *(Anc. L. n° 91-593, 25 juin 1991)*. **– Pour toute opération commerciale conclue pendant la durée du contrat d'agence, l'agent commercial a droit à la commission définie à l'article L. 134-5 lorsqu'elle a été conclue grâce à son intervention ou lorsque l'opération a été conclue avec un tiers dont il a obtenu antérieurement la clientèle pour des opérations du même genre.**

Lorsqu'il est chargé d'un secteur géographique ou d'un groupe de personnes déterminé, l'agent commercial a également droit à la commission pour toute opération conclue pendant la durée du contrat d'agence avec une personne appartenant à ce secteur ou à ce groupe.

1) **Disposition supplétive.** L'article L. 134-6 du Code de commerce n'est pas d'ordre public, de sorte qu'est valable la clause selon laquelle l'agent chargé notamment d'assurer un suivi de chantiers ne pourra pas prétendre à la totalité des honoraires inhérents aux chantiers en cours (▪ Cass. com., 21 oct. 2014, n° 13-24.497). La règle posée par l'alinéa 2 de l'article L. 134-6 a également un caractère supplétif (▪ CA Pau, 3 oct. 2005 : *JurisData* n° 2005-286741).

2) **Fait générateur.** Le fait générateur de la commission se situe au moment où le cocontractant se trouve lié au mandant, conformément à l'article L. 134-6 du Code de commerce, lequel fixe le droit à commission « pour toute opération commerciale conclue pendant la durée du contrat d'agence » (▪ Cass. com., 15 nov. 2005, n° 03-13.261 : *JurisData* n° 2005-030743 ; *Bull. civ.* IV, n° 225).

3) **Assiette.** Les commissions, qui constituent la rémunération due à l'agent pour l'exécution de son mandat, sont calculées sur le montant des ventes réalisées par le mandant dans le cadre de l'accomplissement de sa mission par l'agent, de sorte que les bonifications accordées par le mandant à ses clients en fin d'année indépendamment de ces ventes sont exclues du calcul et n'ont donc pas à être déduites de l'assiette des commissions (▪ Cass. com., 19 mars 2013, n° 12-14.427 : *Concurrences* 3-2013, p. 88, obs. Ferré). Par ailleurs, dès lors que le contrat stipulait que les commissions devaient être calculées sur le chiffre d'affaires réalisé hors frais de port, les juges ne peuvent reprocher au mandant d'avoir déduit les frais de transport de la base de calcul des commissions (même arrêt).

L'agent qui n'a pu percevoir de commission en cours de contrat en raison des manquements du mandant à la loyauté contractuelle peut prétendre à être indemnisé de la perte de commission (▪ Cass. com., 4 nov. 2014, n° 13-18.024, publié : *Contrats, conc. consom.* 1/2015, n° 4, obs. Mathey ; *Lettre distrib.* déc. 2014, obs. Martin).

4) **Secteur géographique.** Lorsque l'agent est chargé d'un secteur géographique, il a droit à une commission pour toute opération conclue pendant la durée du contrat avec une personne appartenant

à ce secteur, même si elle l'a été sans son intervention, sauf convention contraire ; en conséquence, doit être cassé l'arrêt qui, pour rejeter la demande en paiement de commissions de l'agent, après avoir relevé qu'il s'était vu attribuer la région du Grand Ouest et de la France entière pour les produits du mandant, retient que si l'agent justifie de son activité dans les départements de l'Ouest, il ne rapporte pas la preuve de l'avoir poursuivie de manière permanente dans le reste de la France (▪ Cass. com., 10 avr. 2019, n° 17-27.689). L'alinéa 2 ne s'applique pas en l'absence de secteur géographique déterminé (▪ Cass. com., 8 déc. 2009, n° 08-17.749 : *Bull. civ.* 2009, IV, n° 159 ; *D.* 2010, 88, obs. Chevrier : *Rev. Lamy dr. aff.* 1/2010, p. 75, obs. Grignon ; *RJDA* 3/2010, n° 235 ; *Contrats, conc. consom.* 8-9/2010, n° 202, note Mathey).

L'alinéa 2 s'applique même dans l'hypothèse où l'agent commercial n'a pas d'exclusivité territoriale (▪ Cass. com., 23 janv. 2007, n° 05-10.264 : *JurisData* n° 2007-037054 ; *Bull. civ.* IV, n° 5 ; *D.* 2007, p. 439, obs. Chevrier ; *RJDA* 3/2008, n° 260 ; *JCP* E 2007, 2540, note Faure-Abbad ; *ibid.*, 1279, obs. Berlioz. – V. aussi ▪ CJCE, 12 déc. 1996 : *JurisData* n° 1996-930095 ; *RJDA* 7/1997, n° 895. ▪ CJCE, 17 janv. 2008 : *JCP* E 2009, 1479, n° 6, obs. Respaud).

Lorsqu'il n'a pas participé à l'opération, l'agent commercial chargé d'un secteur géographique ne peut prétendre à commission qu'en cas d'intervention directe ou indirecte du mandant dans la conclusion de cette opération avec un tiers (En ce sens, en application de la directive 86/653/CEE, ▪ CJCE, 17 janv. 2008, aff. C-19/07 : *Rev. Lamy dr. aff.* avr. 2008, p. 55, note Nourissat ; *Rev. Lamy dr. civ.* juin 2007, p. 6, note Licari, rendu sur question préjudicielle posée par ▪ Cass. com., 19 déc. 2006, n° 04-19.643 : *JurisData* n° 2006-036660 ; *Bull. civ.* IV, n° 253. *Adde.* ▪ Cass. com., 1er juill. 2008, n° 03-12.724 : *JurisData* n° 2008-044664 ; *Bull. civ.* IV, n° 131 ; *Contrats, conc. consom.* 8/2008, n° 197, comm. Mathey).

Lorsque le client est une personne morale, son appartenance au secteur de l'agent dépend du lieu de ses activités commerciales effectives (▪ Cass. com., 3 mars 2009, n° 07-21.586 : *D.* 2009, 2893, obs. Ferrier ; *Rev. Lamy dr. aff.* 1/2010, p. 74, obs. Grignon ; *Contrats, conc. consom.* 5/2009, n° 126, obs. Mathey).

5) Débiteur de l'obligation. Une cour d'appel ne peut déclarer une société mère solidairement responsable du paiement des commissions dues par sa filiale mandante à l'agent commercial de celle-ci sans constater que l'immixtion de la première avait été de nature à créer pour l'agent une apparence trompeuse propre à lui permettre de croire légitimement que cette société était aussi son contractant (▪ Cass. com., 12 juin 2012, n° 11-16.109 : *JurisData* n° 2012-012947 ; *Bull. civ.* IV, n° 121).

6) Prescription. La prescription de l'action en paiement des commissions dues à l'agent ne court pas tant que le mandant ne le met pas en possession des moyens qui lui permettent de calculer sa créance (▪ CA Paris, 14 juin 2018, n° 16/04387).

7) Exclusivité territoriale. Une redevance versée par l'agent commercial en contrepartie de l'exclusivité territoriale qui lui a été consentie est dépourvue d'objet et doit donc lui être restituée (▪ CA Paris, 26 juin 2019, n° 16/23435 : *JCP* E 2019, 1424, obs. N. Dissaux).

Art. L. 134-7 ***(Anc. L. n° 91-593, 25 juin 1991).*** **– Pour toute opération commerciale conclue après la cessation du contrat d'agence, l'agent commercial a droit à la commission, soit lorsque l'opération est principalement due à son activité au cours du contrat d'agence et a été conclue dans un délai raisonnable à compter de la cessation du contrat, soit lorsque, dans les conditions prévues à l'article L. 134-6, l'ordre du tiers a été reçu par le mandant ou par l'agent commercial avant la cessation du contrat d'agence.**

1) Délai raisonnable. Sur l'appréciation de l'exigence. – V. ▪ CA Lyon, 28 janv. 2011, n° 10/02455 : *Contrats, conc. consom.* 2011, n° 113, comm. Mathey ; *Rev. Lamy dr. aff.* 6/2011, p. 77, obs. Grignon, jugeant raisonnable le délai de 3 mois.

2) Aménagement conventionnel. Est valable la clause prévoyant que l'agent aura droit à commission pour toutes les affaires définitivement conclues dans un délai de trois mois suivant la rupture du contrat (▪ CA Lyon, 28 janv. 2011, n° 10/03147 : *Contrats, conc. consom.* 5/2011, n° 113, note Mathey).

Art. L. 134-8 ***(Anc. L. n° 91-593, 25 juin 1991).*** **– L'agent commercial n'a pas droit à la commission prévue à l'article L. 134-6 si celle-ci est due, en vertu de l'article L. 134-7, à l'agent commercial précédent, à moins que les circonstances rendent équitable de partager la commission entre les agents commerciaux.**

Art. L. 134-9 ***(Anc. L. n° 91-593, 25 juin 1991).*** **– La commission est acquise dès que le mandant a exécuté l'opération ou devrait l'avoir exécutée en vertu de l'accord conclu avec le tiers ou bien encore dès que le tiers a exécuté l'opération.**

La commission est acquise au plus tard lorsque le tiers a exécuté sa part de l'opération ou devrait l'avoir exécutée si le mandant avait exécuté sa propre part. Elle est payée au plus tard le dernier jour du mois qui suit le trimestre au cours duquel elle était acquise.

Art. L. 134-10 *(Anc. L. n° 91-593, 25 juin 1991).* **– Le droit à la commission ne peut s'éteindre que s'il est établi que le contrat entre le tiers et le mandant ne sera pas exécuté et si l'inexécution n'est pas due à des circonstances imputables au mandant.**

Les commissions que l'agent commercial a déjà perçues sont remboursées si le droit y afférent est éteint.

1) L'article 11, 1 de la directive du 18 décembre 1986 vise non seulement les cas d'inexécution totale du contrat conclu entre le mandant et le tiers, mais également les cas d'inexécution partielle tels que le non-respect du volume d'opérations ou de la durée prévus par ledit contrat (■ CJUE, 17 mai 2017, C-48/16 : *Europes* juill. 2017, n° 261, obs. Symon). Par ailleurs, la notion de « circonstances imputables au [mandant] » ne se rapporte pas aux seuls motifs de droit ayant directement entraîné la rupture du contrat conclu entre le mandant et le tiers, mais vise toutes les circonstances de droit et de fait imputables au mandant, qui sont à l'origine de l'inexécution de ce contrat (même arrêt). Enfin, l'article 11, 2 et 3, de la directive du 18 décembre 1986 doit être interprété en ce sens que la clause d'un contrat d'agence commerciale en vertu de laquelle l'agent est tenu de rembourser, au prorata, une partie de sa commission en cas d'inexécution partielle du contrat conclu entre le mandant et le tiers ne constitue pas une « dérogation au détriment de l'agent commercial », au sens de cet article 11, 3, si la partie de la commission soumise à l'obligation de remboursement est proportionnée à l'ampleur de l'inexécution dudit contrat et à condition que cette inexécution ne soit pas due à des circonstances imputables au mandant (même arrêt).

2) Si les tableaux établis par le mandant constituent des pièces de référence pour identifier les contrats souscrits par l'intermédiaire de l'agent susceptibles de lui ouvrir droit à commission, les seules mentions concernant les causes des minorations ou des avoirs, apposées par le mandant, ne peuvent suffire, à défaut d'autre preuve, à démontrer qu'elles correspondent effectivement aux différentes situations convenues dans lesquelles il peut y être procédé, ni, comme telles, à justifier d'une réduction consécutive du montant des commissions restant dues à l'agent (■ Cass. com., 31 mars 2015, n° 14-10.346, publié : *Lettre distrib.* mai 2015, obs. Leclerc ; *Contrats, conc. consom.* 6/2015, n° 139, obs. Mathey).

Art. L. 134-11 *(Anc. L. n° 91-593, 25 juin 1991).* **– Un contrat à durée déterminée qui continue à être exécuté par les deux parties après son terme est réputé transformé en un contrat à durée indéterminée.**

Lorsque le contrat d'agence est à durée indéterminée, chacune des parties peut y mettre fin moyennant un préavis. Les dispositions du présent article sont applicables au contrat à durée déterminée transformé en contrat à durée indéterminée. Dans ce cas, le calcul de la durée du préavis tient compte de la période à durée déterminée qui précède.

La durée du préavis est d'un mois pour la première année du contrat, de deux mois pour la deuxième année commencée, de trois mois pour la troisième année commencée et les années suivantes. En l'absence de convention contraire, la fin du délai de préavis coïncide avec la fin d'un mois civil.

Les parties ne peuvent convenir de délais de préavis plus courts. Si elles conviennent de délais plus longs, le délai de préavis prévu pour le mandant ne doit pas être plus court que celui qui est prévu pour l'agent.

Ces dispositions ne s'appliquent pas lorsque le contrat prend fin en raison d'une faute grave de l'une des parties ou de la survenance d'un cas de force majeure.

1) Conditions. En l'absence même de faute grave, le mandant n'a aucun droit à indemnité de préavis lorsque l'agent n'a fait que prendre acte de manière immédiate d'une rupture imputable au mandant (■ Cass. com., 4 févr. 2014, n° 12-14.466 : *JurisData* n° 2014-001531 ; *Bull. civ.* IV, n° 27 ; *Lettre distrib. 5/2014* ; *Contrats, conc. consom.* 2014, n° 88, obs. Mathey). Il n'a pas non plus droit à indemnité de préavis lorsque la cessation a pour cause un événement présentant pour le mandant les caractéristiques de la force majeure (■ CA Versailles, 20 mars 2014, n° 12/06455 : *Concurrences* 3-2014, 104, obs. Ferré, qui écarte toutefois en l'espèce la force majeure).

2) Calcul. Le préavis de trois mois suppose que le contrat soit rompu au cours, non de sa troisième année révolue, mais de sa troisième année « commencée » (■ Cass. com., 2 nov. 2011, n° 10-22.859 : *Lettre distrib.* 11/2011 ; *Contrats, conc. consom.* 2012, n° 39, note Mathey ; *Concurrences* 1/2012, p. 120, obs. Ferré).

V. cependant ■ CA Lyon, 6 juin 2019, n° 16/08178 : *Concurrences* 3-2019, p. 91, obs. Ferré ;

D. 2020, p. 797, obs. Ferrier, qui, après avoir affirmé que le contrat d'agence commerciale à durée déterminée qui continue à être exécuté après le terme est « devenu un contrat à durée indéterminée donnant naissance à une convention nouvelle », ajoute que la durée de préavis de rupture de ce contrat « devenu à durée indéterminée » doit être calculée sans tenir compte de la période à durée déterminée qui l'avait précédé.

3) Articulation des textes. L'article L. 442-6, I, 5° ancien du Code de commerce ne s'applique pas lors de la cessation des relations ayant existé entre un agent commercial et son mandant pour lesquelles la durée de préavis qui doit être respectée est fixée par l'article L. 134-11 du Code de commerce en fonction du nombre d'années d'exécution du contrat (■ Cass. com., 3 avr. 2012, n°s 11-13.527 et 11-15.518 : *D.* 2012, 1062, obs. Chevrier ; *Lettre distrib.* 5/2012 ; *Contrats, conc. consom.* 6/2012, n° 149, obs. Mathey ; *D.* 2013, 737, obs. Ferrier ; *Rev. Lamy dr. conc.* 1/2013, p. 43, obs. Behar-Touchais. – Dans le même sens, ■ CA Paris, 5 févr. 2015, n° 13/11944. ■ CA Aix-en-Provence, 16 janv. 2014, n° 12/09468. ■ Cass. com., 18 oct. 2017, n° 15-19.531 : *Lettre distr.* nov. 2017, obs. Mouly-Guillemaud, en l'espèce, le contrat rompu portait sur une activité à la fois d'agence commerciale et de revendeur). Rappr. ■ CA Paris, 21 févr. 2020, n° 17/23205 : *Contrats, conc. consom.* 5/2020, n° 80, obs. Mathey, qui écarte l'ancien article L. 442-6, I, 5° pour la cessation de l'activité d'achat-revente considérée comme accessoire à celle d'agence.

4) Faute grave. V. décisions sous art. L. 134-13, notes n°s 2 et s., p. 132.

Art. L. 134-12 *(Anc. L. n° 91-593, 25 juin 1991).* **– En cas de cessation de ses relations avec le mandant, l'agent commercial a droit à une indemnité compensatrice en réparation du préjudice subi.**

L'agent commercial perd le droit à réparation s'il n'a pas notifié au mandant, dans un délai d'un an à compter de la cessation du contrat, qu'il entend faire valoir ses droits.

Les ayants droit de l'agent commercial bénéficient également du droit à réparation lorsque la cessation du contrat est due au décès de l'agent.

Bibliographie : N. Ferrier, *Des limites à l'indemnisation de l'agent commercial : JCP* E 2014, 1062.

1) Caractère d'ordre public. Doit être réputée non écrite la clause portant renonciation par avance de l'agent commercial à son droit à une indemnité de cessation de contrat, fût-elle incluse dans un contrat de travail ou susceptible de constituer une stipulation pour autrui au profit du mandant (■ Cass. com., 21 oct. 2014, n° 13-18.370 : *JurisData* n° 2014-024938 ; *Bull. civ.* IV, n° 151 ; *Lettre distr.* nov. 2014, obs. Dumont-Lefrand). V. aussi annot. n°s 14 et 16 sous cet article.

I – NATURE DE L'INDEMNITÉ

2) Exposé. L'indemnité de cessation de contrat due à l'agent commercial a pour objet de réparer le préjudice subi qui comprend la perte de toutes les rémunérations acquises lors de l'activité développée dans l'intérêt commun des parties, sans *qu'il y ait* lieu de distinguer selon leur nature (■ Cass. com., 5 avr. 2005, n° 03-15.228 : *JurisData* n° 2005-027936 ; *D.* 2005, p. 1150, obs. Chevrier ; *RJDA* 8-9/2005, n° 964 ; *JCP* E 2005, 867 ; *ibid.*, 1177, n° 8, obs. Respaud. – Comp., ■ Paris, 11 févr. 2004 : *D.* 2005, pan. 151, obs. Ferrier).

La cessation du contrat d'agent commercial, même à durée déterminée, donne droit à réparation du préjudice résultant de la perte pour l'avenir des revenus tirés de l'exploitation de la clientèle commune, tandis que le caractère abusif de cette cessation donne droit à réparation du préjudice résultant de la perte de commissions jusqu'à la date conventionnellement prévue (■ Cass. com., 23 avr. 2003, n° 01-15.639 : *JurisData* n° 2003-018769 ; *CDE* 2003/5, chron. 9, p. 47, obs. Grignon ; *JCP* E 2004, chron. 424, n° 10, obs. Grignon ; *D.* 2003, p. 1362, obs. Chevrier, p. 2883, note Ferrier ; *Contrats, conc. consom.* 2003, n° 121, obs. Leveneur ; *RTD com.* 2003, 804, obs. Bouloc ; *D.* 2005, pan. 150, obs. Ferrier. – *Adde* ■ Cass. com., 13 nov. 2003, n° 02-10.448 : *JurisData* n° 2003-021000 ; *D.* 2003, p. 3047, obs. Chevrier ; *CDE* 3/2004, p. 32, n° 11, obs. Grignon ; *RTD com.* 2004, 365, obs. Bouloc ; *D.* 2005, pan. 150, obs. Ferrier. ■ Cass. com., 3 oct. 2006, n° 05-10.127 : *JurisData* n° 2006-035453 ; *JCP* E 2007, 1443, note Leveneur. ■ CA Versailles, 1er avr. 2010, n° 09/00490 : *Rev. Lamy dr. aff.* 9/2010, p. 133, obs. Grignon. ■ CA Paris, 9 déc. 2010, n° 09/18151 : *Lettre distrib.* 2011/2 ; *Rev. Lamy dr. aff.* 6/2011, p. 74, obs. Grignon).

3) Distinctions. Sur la nécessité de distinguer l'indemnité de cessation de contrat de celle visant à compenser le non-respect du préavis prévu par l'article L. 134-11 (■ Cass. com., 25 sept. 2007, n° 06-14.019 : *JurisData* n° 2007-040544 ; *Contrats, conc. consom.* 1/2008, n° 5, comm. Mathey. ■ Cass. com., 11 mars 2008 : *Bull. civ.* IV, n° 55 ; *Contrats, conc. consom.* 5/2008, n° 127, comm. Mathey ; *RJDA* 6/2008, n° 638).

4) Cumul. L'article 17, § 2, de la directive 86/653/CEE 18 décembre 1986 doit être interprété en ce sens qu'il ne s'oppose pas à une réglementation nationale prévoyant que l'agent commercial a droit, lors de la cessation du contrat d'agence, à la fois à une indemnité de clientèle limitée au maximum à une année de sa rémunération et, si cette indemnité ne couvre pas l'intégralité du préjudice réellement subi, à l'octroi de dommages et intérêts complémentaires, pour autant qu'une telle réglementation n'aboutit pas à une double indemnisation de l'agent au titre de la perte des commissions à la suite de la rupture dudit contrat (■ CJUE, 3 déc. 2015, aff. C-338/14).

II – RÉGIME DE L'INDEMNITÉ

A – Conditions

5) **Formalisme.** Les dispositions de l'article L. 134-12 ne sont assorties d'aucun formalisme, mais l'agent doit manifester l'intention non équivoque de faire valoir ses droits à réparation (■ Cass. com., 15 mars 2017, n° 15-20.115, qui reproche aux juges du fond de ne pas avoir recherché si l'acte de saisine de la juridiction italienne du travail fondée sur la réparation des préjudices résultant de la résiliation du contrat ne contenait pas une telle manifestation. ■ CA ■ Paris, 20 oct. 2004, n° S03/32066 : *JurisData* n° 2004-255547 ; *D.* 2004, p. 3067). Elle peut s'opérer par simple email (■ CA Douai, 5 mai 2009 : *JurisData* n° 2009-378572 ; *Contrats, conc. consom.* 2009, n° 286, obs. Mathey) ou se déduire de la demande de l'agent d'obtenir des dommages-intérêts pour s'être vu interdire de prendre contact avec les clients (■ CA Montpellier, 12 sept. 2012, n° 11/00930 : *RJDA* 3/2013, n° 223). Mais les demandes présentées devant le conseil des prud'hommes et fondées sur l'existence d'un prétendu contrat de travail ne peuvent valoir notification au mandant de l'intention de l'agent de réclamer une indemnisation au titre de la cessation d'un contrat (■ Cass. com., 29 sept. 2009, n° 08-17.611 : *Contrats, conc. consom.* 2009, n° 286, obs. Mathey ; *D.* 2009, 2423, obs. Chevrier ; *RJDA* 1/2010, n° 22 ; *Rev. Lamy dr. aff.* 1/2010, p. 77, obs. Bourdeau). De même, la lettre par laquelle l'agent se borne à prendre acte de la rupture des relations de travail, à reprocher au mandant d'avoir modifié ses conditions de rémunération et à indiquer qu'il demanderait réparation devant les juridictions compétentes ne vaut pas notification de l'intention, non équivoque, de réclamer l'indemnité (■ Cass. com., 1er mars 2017, n° 15-13.061). La notification peut être effectuée auprès d'un représentant du mandant de l'agent commercial (■ Cass. com., 21 oct. 2014 : *Bull. civ.* IV, n° 151).

6) ***Non-renouvellement du contrat.*** V. décision, préc., annot. n° 2, p. 127 et décision, sous , annot. n° 11, p. 136.

7) **Force majeure.** Si la cessation du contrat d'agence a pour cause un événement présentant pour le mandant les caractéristiques de la force majeure, celui-ci peut être exonéré du paiement des indemnités de préavis et de cessation, nonobstant le caractère impératif de ces textes (■ CA Versailles, 20 mars 2014, n° 12/06455 : *Concurrences* 3-2014, 104, obs. Ferré, qui écarte toutefois en l'espèce la force majeure. Comp. ■ CA Paris, 26 mars 2015, n° 14/06339 : *Contrats, conc. consom.* 7/2015, n° 168, obs. Mathey, estimant que l'agent qui met fin au contrat conclu avec un sous-agent est tenu à l'égard de ce dernier de l'indemnité de cessation, sans qu'il puisse se prévaloir du fait que cette rupture trouve sa cause dans la rupture de son propre contrat imputable à son mandant).

8) **Décès.** L'indemnité est due même en cas de suicide, la loi ne distinguant pas suivant la cause du décès (■ Cass. com., 23 nov. 2010, n° 09-17.167 : *JurisData* n° 2010-021925 ; *Bull. civ.* IV, n° 182 ; *BRDA* 23/2010, p. 6 ; *D.* 2010, p. 2906 ; *Contrats, conc. consom.* 2011, n° 27, note N. Mathey).

Lorsque l'agent commercial est une EURL, le décès de son associé-dirigeant n'ouvre pas droit à indemnité de cessation (■ CA Grenoble, 5 nov. 2020, n° 18/01644 : *Lettre distr.* déc. 2020, obs. Brena. Comp. ■ CA Aix-en-Provence, 21 déc. 2017, n° 17/000924 : *Lettre distr.* janv. 2018, obs. Brena, jugeant que le décès de l'associé unique-gérant de l'EURL dotée de la qualité d'agent commercial ouvrait droit à l'indemnité en raison de l'impossibilité pour celle-ci de poursuivre l'activité, mais dans des circonstances qualifiées par les juges de « très spécifiques » entraînant de fait « l'impossibilité de la poursuite de l'activité »).

9) **Imputation au mandant.** Malgré la mention « Tous produits accessoires se rapportant à l'habillement », l'agent, tout au long de l'exécution de son mandat, n'a prospecté que dans les deux secteurs de la lingerie et des maillots de bain. Dès lors, dans la mesure où la pratique effective du mandat doit l'emporter sur le contenu textuel du contrat, le mandant qui décide de cesser successivement ses activités de commercialisation de lingerie puis de maillots de bain doit être considéré comme ayant rompu le contrat d'agent commercial. Celui-ci ne démontre ni les propositions d'écoulement des stocks et de commercialisation de vêtements prêt-à-porter, ni le refus par l'agent de ces propositions. Par ailleurs, le fait que le mandant ait cessé de confier à l'agent la commercialisation de ses lingeries et maillots de bain autorisait ce dernier à prospecter pour une autre mandante sans caractériser une concurrence interdite (■ CA Aix-en-Provence, 21 mars 2012, n° 10/21774 : *JurisData* n° 2012-005438). V. aussi annot. n° 10 sous l'art. L. 134-13.

10) ***Mutuus dissensus.*** En cas de rupture de fait de part et d'autre, l'agent commercial a droit à l'in-

demnité de cessation (■ Cass. com., 6 janv. 2015, n° 13-26.804 : *Lettre distrib.* févr. 2015, note Dumont-Lefrand).

11) Sous-agent. En cas de sous-agence commerciale, l'agent principal est débiteur à l'égard du sous-agent de l'indemnité de cessation dans les termes des articles L. 134-12 et suivants (■ CA Paris, 5 sept. 2013, n° 11/06446 : *Lettre distrib.* oct. 2013) sans qu'il puisse se prévaloir du fait que la rupture des sous-contrats trouverait sa cause dans la rupture de son propre contrat imputable à son mandant (■ CA Paris, 26 mars 2015, n° 14/06339 : *Contrats, conc. consom.* 7/2015, n° 168, obs. Mathey).

12) Réclamation de l'agent. Si pour conserver son droit à réparation l'agent commercial doit notifier au mandant qu'il entend faire valoir ses droits dans le délai d'un an de la cessation du contrat, il n'est pas tenu de faire connaître le motif de sa décision (■ Cass. com., 8 févr. 2011, n° 10-12.876 : *JurisData* n° 2011-001327 ; *Bull. civ.* IV, n° 16 ; *Contrats, conc. consom.* 2011, n° 91, obs. Mathey ; *Rev. Lamy dr. aff.* avr. 4/2011, p. 41 ; *RJDA* 6/2011, n° 521 ; *Concurrences* 2/2011, p. 120, obs. Ferré).

Le point de départ du délai de déchéance pour réclamer l'indemnité correspond à la cessation effective du contrat (■ Cass. com., 18 janv. 2011, n° 09-72.510 : *JurisData* n° 2011-000419 ; *Bull. civ.* I, n° 1 ; *Lettre distrib.* 2011/2 ; *Contrats, conc. consom.* 2011, n° 58, obs. Mathey ; *D.* 2011, 371, obs. Chevrier ; *Rev. Lamy dr. aff.* 6/2011, p. 76, obs. Grignon ; *Concurrences* 2/2011, p. 120, obs. Ferré).

Il incombe au mandant qui invoque la déchéance du droit de l'agent commercial à indemnité, à la suite de la rupture alléguée du contrat d'agence, d'établir que la réclamation de ce dernier est tardive (■ Cass. com., 27 sept. 2005, n° 04-13.106 : *JurisData* n° 2005-029930 ; *RJDA* 2/2006, n° 129 ; *JCP* E 2005, pan. 1573 ; *D.* 2005, p. 2590, obs. Chevrier). Sur la forme que peut prendre la réclamation, V. ■ Cass. com., 11 mars 2008, préc.

13) Cumul d'indemnités. L'indemnité de fin de contrat prévue à l'article L. 134-12 ne peut pas se cumuler avec une indemnité due au titre de la *perte de la clientèle* (■ Cass. com., 25 juin 2002, n° 99-20.959 : *JurisData* n° 2002-014997 ; *RJDA* 12/2002, n° 1260). Le préjudice subi par l'agent commercial qui cesse ses fonctions, sans agrément par le mandant du successeur présenté par lui, est déjà réparé par l'indemnité de cessation, laquelle, étant destinée à réparer le préjudice résultant pour lui de la cessation de ses fonctions, prend nécessairement en compte la perte du droit de présentation d'un successeur du fait de la non-transmission du contrat (■ Cass. com., 9 déc. 2014, n° 13-23.309, publié : *JCP* E 2015, 1054, note Ferrier ; *Concurrences* 2-2015, p. 103, obs. Ferré).

Mais elle peut se cumuler avec des dommages et intérêts pour rupture abusive (■ Cass. com., 5 avr. 2005, n° 03-10.116 : *RJDA* 11/2005, n° 1206).

14) Renonciation. Doit être réputée non écrite, comme contraire aux dispositions d'ordre public de l'article L. 134-16 du Code de commerce, la clause portant renonciation par avance de l'agent commercial à son droit à une indemnité de cessation de contrat, fût-elle incluse dans un contrat de travail ou susceptible de constituer une stipulation pour autrui au profit du mandant.

15) Prescription. L'article L. 134-12 n'institue pas une prescription extinctive de l'action de l'agent commercial, mais une déchéance de son droit à réparation (■ Cass. com., 18 mai 2005, n° 03-20.820 : *JurisData* n° 2005-028442 ; *D.* 2005, p. 1475, obs. Chevrier ; *RJDA* 8-9/2005, n° 965), de sorte que les règles de la prescription de l'action ne sont pas applicables (■ Cass. com., 27 sept. 2005, n° 03-18.579 : *JurisData* n° 2005-029935 ; *RJDA* 12/2005, n° 1346 ; *JCP* E 2005, p. 1572 ; *D.* 2005, p. 2591, obs. Chevrier ; *JCP* E 2006, 1207, note Faure-Abbad). La stipulation du contrat d'agence commerciale obligeant les parties à respecter une procédure amiable avant toute assignation n'affecte pas la perte du droit à réparation en cas de défaut de notification de l'intention de l'agent commercial de faire valoir ses droits en la forme prévue à l'article 667 du Code de procédure civile (■ Cass. com., 27 sept. 2005, préc.).

Cette prescription s'applique même si un second contrat a été conclu avec l'agent, avec effet rétroactif à la rupture du premier, dès lors qu'il comportait des dispositions différentes sur les obligations de l'agent et le montant de la commission (■ Cass. com., 3 oct. 2006 : *JCP* E 2007, 1443, note Leveneur).

Le délai de déchéance d'un an ne s'applique pas à l'indemnité visant à compenser le non-respect du préavis prévu par l'article L. 134-11 (■ Cass. com., 11 mars 2008, préc.) ni à la demande de dommages-intérêts pour rupture abusive (■ Cass. com., 4 févr. 2014 : *Bull. civ.* IV, n° 27 ; *Lettre distrib.* 5/2014 ; *Contrats, conc. consom.* 2014, n° 88, obs. Mathey).

Le délai de prescription court à compter de la cessation effective des relations contractuelles et non à la date de la notification de la rupture (■ Cass. com., 11 juin 2002, n° 99-20.360 : *CDE* 2003, n° 3, p. 25, obs. Grignon. – Comp. ■ CA Rennes, 3 déc. 2008 : *JurisData* n° 2008-007856 ; *Contrats, conc. consom.* 2009, n° 245, obs. Mathey qui considère que le contrat a pris fin au jour de la lettre recommandée envoyée par le mandant), ni à la date de la fin du préavis fixée par les parties dès lors que la date de cessation effective est antérieure (■ Cass. com., 18 janv. 2011, n° 09-65.187 : *Bull. civ.* IV, n° 1 ; *D.* 2011, 371, obs. Chevrier ; *Lettre distrib.* 2/2011 ; *Concurrences* 2-2011, obs. Ferré).

Dans l'hypothèse où il est convenu entre les parties que le contrat d'agence commerciale est résilié et remplacé par un contrat de distribution exclusive, le droit à indemnité doit être réclamé dans l'année qui suit la fin du contrat d'agence commerciale (▪ CA Paris, 17 déc. 2009, n° 07/06215 : *Rev. Lamy dr. aff.* 9/2010, p. 131, obs. Bourdeau et Grignon).

16) Compensation. Ayant relevé que l'obligation de régler la somme de 46 800 euros contractée par l'agent, dont les parties étaient convenues de différer le paiement à la fin du contrat par imputation sur l'indemnité due à celui-ci en cas de rupture, avait pour cause la mise à disposition de l'agent par la mandante d'un fichier de clientèle lui assurant un revenu sur cette clientèle que l'agent n'a pas eu à rechercher, la cour d'appel, qui n'a pas dit que cette somme constituait le prix d'une clientèle qui aurait été apportée par le mandant à l'agent, en a exactement déduit que la clause litigieuse n'avait pas pour objet illicite de limiter le montant de l'indemnité de cessation de contrat (▪ Cass. com., 21 févr. 2012, n° 11-13.395 : *Lettre distr.* 4/2012 ; *Concurrences* 2-2012, p. 84, obs. Ferré ; *Rev. Lamy dr. aff.* 9/2012, p. 99, Bourdeau ; *D.* 2013, 737, obs. Ferrier. – Confirmant ▪ CA Pau, 31 janv. 2011, n° 08/05105 : *Rev. Lamy dr. aff.* 1/2012, p. 68, obs. Grignon. – *Adde*, ▪ CA Aix-en-Provence, 5 sept. 2012, n° 11/03433 : *Lettre distrib.* 10/2012. Comp. ▪ CA Paris, 26 juin 2019, n° 16/23435 : *JCP* E 2019, 1424, obs. N. Dissaux, qui juge sans objet la redevance versée par l'agent commercial en contrepartie de l'exclusivité territoriale qui lui a été consentie). Sur cette question, V. aussi Ferrier, *Des limites à l'indemnisation de l'agent commercial* : *JCP* E 2014, 1062).

B – Évaluation

17) Appréciation souveraine des juges du fond. Le montant de l'indemnité est apprécié souverainement par les juges du fond (▪ Cass. com., 24 mai 2011, n° 10-14.224 : *Contrats, conc. consom.* 7/2011, n° 165, obs. Mathey).

Même s'il est habituel d'accorder à l'agent commercial deux ans de commission (se référant à cette pratique, ▪ CA Lyon, 28 avr. 2016, n° 15/01103), les juges rappellent que l'agent a droit à la réparation de son préjudice effectif né et en rapport avec la rupture du contrat et non à deux ans de commissions comme il le propose (▪ CA Lyon, 13 juill. 2013 : *JurisData* n° 2012-019947 ; *Contrats, conc. consom.* 11/2012, n° 253, obs. Mathey. *Adde*. ▪ CA Colmar, 11 mars 2016, n° 14/01484, qui refuse d'accorder deux ans de commission compte tenu de la brève durée du mandat (moins d'un an), du montant des commissions perçues pendant cette période et du fait que l'activité de l'agent était dans une phase de développement ascendante). ▪ CA Versailles, 13 févr. 2018, n° 16/05818, qui accorde une année de commission calculée sur une moyenne annuelle, eu égard à la durée des relations contractuelles, à l'importance du travail de prospection et à l'évolution très modeste du chiffre d'affaires au cours de la durée d'exécution du contrat. ▪ CA Pau, 28 janv. 2020, n° 17/02369, qui retient 6 mois de commissions compte tenu de la durée du mandat limitée à 30 mois et du fait que l'agent « n'a fait que poursuivre une mission dont l'initiative et la création résultait du travail de son prédécesseur ». ▪ CA Grenoble, 17 sept. 2020, n° 18/00023 : *Lettre distr.* oct. 2020, obs. Brena, qui exclut toute indemnité de cessation en raison notamment de la faible durée de la relation et du manque d'expérience de l'agent d'où il résulte qu'il n'a pas constitué ni apporté de clientèle. ▪ CA Paris, 24 févr. 2021, n° 19/11996, qui accorde 1 an de commission au motif que l'agent a exercé pendant 6 ans tout en faisant valoir ses droits à la retraite après avoir quitté ses fonctions de cogérant de la société mandant et qu'il n'apporte pas la preuve de l'amplitude du développement de la clientèle pendant les 6 années. Comp. ▪ CA Paris, 24 nov. 2016, n° 15/05651, qui accorde trois ans de commissions compte tenu de la durée de la relation (plus de 14 ans) et de l'augmentation du chiffre d'affaires réalisé grâce à l'agent. ▪ CA Montpellier, 11 déc. 2018, n° 16/04635, qui limite le montant de l'indemnité eu égard la durée du mandat, les circonstances de la rupture, la possibilité pour l'agent de se rétablir ainsi que les investissements réalisés).

En revanche, le mandant ne peut utilement opposer la durée, qui lui est imputable, du mandat pour ensuite solliciter une minoration de l'indemnité de rupture à ce titre (▪ Versailles, 5 déc. 2019, n° 18/07600 : *Lettre distr.* déc. 2019, obs. Brena ; *D.* 2020, p. 797, obs. Ferrier).

18) Exclusion. L'assujettissement à l'impôt de l'indemnité de cessation du contrat ne constitue pas un préjudice réparable (▪ Cass. com., 15 sept. 2009, n° 08-16.696 : *Contrats, conc. consom.* 2009, n° 263, obs. Mathey ; *RJDA* 1/2010, n° 1071 ; *Rev. Lamy dr. aff.* 12/2009, p. 37, note Bourdeau et Grignon ; *D.* 2011, p. 548, obs. Ferrier. ▪ Cass. com., 15 nov. 2011, n° 10-20.104 : *Contrats, conc. consom.* 4/2012, n° 88, obs. Mathey).

19) Assiette. L'indemnité est calculée sur la totalité des rémunérations acquises lors de l'activité développée dans l'intérêt commun des parties, sans qu'il y ait lieu de distinguer selon leur nature (▪ Cass. com., 26 mars 2008 : *Contrats, conc. consom.* 6/2008, n° 154, comm. Mathey et ▪ Cass. com., 8 oct. 2013, n° 12-26.544, qui prennent en compte l'intégralité de la rémunération, constituée de commissions et d'une partie fixe), ou selon que la rémunération de l'agent provient de clients antérieurs au contrat ou au contraire apportés par l'agent (■ Cass. com., 14 oct. 1997, n° 95-16.937 : *RJDA* 1998, n° 279. ■ Cass. com., 10 févr. 2009, n° 07-21.058 : *JurisData* n° 2009-047020 ; *Contrats, conc. consom.* 5/2009, n° 126, obs. Mathey ; *Lettre distrib.* 4/2009 ; *Rev. Lamy dr. aff.* 01/2010, p. 76, obs. Grignon. ■ CA Rouen, 16 avr. 2009 : *JurisData* n° 2009-003475 ; *Contrats, conc. consom.* 2009, n° 217, obs. Mathey. ■ CA Paris, 9 déc. 2010, n° 09/02498 : *Rev. Lamy dr. aff.* 6/2011, p. 74, obs. Grignon) ou selon qu'une partie de la rémunération est destinée à couvrir les frais et charges exposés au titre de l'exécution du mandat telle que des commissions versées à des sous-agents (■ Cass. com., 25 juin 2013, n° 11-25.528 : *Contrats, conc. consom.* 2013, n° 236, obs. Mathey) ou selon que l'agent a rémunéré le sous-agent auquel il a confié une partie de sa mission (■ CA Paris, 21 janv. 2021, n° 19/01371). L'indemnité est calculée sur la base des seules rémunérations perçues avant la rupture des relations contractuelles (■ Cass. com., 20 mars 2012, n° 11-10.883 : *Contrats, conc. consom.* 5/2012, n° 121, obs. Mathey).

■ CA Lyon, 6 juin 2019, n° 16/08178 : *Concurrences* 3-2019, p. 91, obs. Ferré ; *D.* 2020, p. 797, obs. Ferrier, qui, après avoir affirmé que le contrat d'agence commerciale à durée déterminée qui continue à être exécuté après le terme est « devenu un contrat à durée indéterminée donnant naissance à une convention nouvelle », ajoute que l'indemnité de cessation doit être calculée sans tenir compte « des versements antérieurs au contrat à durée indéterminée ».

L'article 17 § 2 *a)* de la directive n° 86/653/CEE du 18 décembre 1986 doit être interprété en ce sens que dans le cas où le commettant appartient à un groupe de sociétés, les avantages retirés par les sociétés du groupe ne sont en principe pas réputés faire partie des avantages du commettant et ne doivent donc pas être nécessairement pris en compte dans le calcul du droit de l'agent commercial à une indemnité (■ CJCE, 26 mars 2009, aff. C-348/07 : *D.* 2009, p. 1141).

La durée des relations contractuelles dont dépend le montant de l'indemnité compensatrice s'apprécie du jour du premier contrat souscrit jusqu'à la rupture finale du dernier contrat de représentation, même si, entre ces deux contrats successifs, dont l'un au moins était à durée déterminée, le mode de calcul de la rémunération ait pu évoluer et que le panel des produits commercialisés ait été revu, dès lors que la clientèle prospectée restait similaire (■ CA Versailles, 7 janv. 2010, n° 08/07984 : *JurisData* n° 2010-001421 ; *Lettre distrib.* 4/2010).

Il est habituel de calculer l'indemnité de cessation sur la base de la moyenne des trois dernières années d'exercice du contrat (■ CA Paris, 30 juin 2011, n° 08/0841 : *RJ com.* 2/2012, p. 25, obs. Leloup).

Le montant de l'indemnité compensatrice réparant le préjudice causé par la cessation du contrat est indépendant de l'imputabilité de la rupture (■ Cass. com., 31 janv. 2012, n° 11-11.716, cassant l'arrêt qui, pour fixer le montant de l'indemnité de cessation de contrat, relève que le mandant n'a pas pris l'initiative de la rupture, celle-ci résultant de l'état de santé de l'agent. *Adde.* ■ CA Lyon, 9 juill. 2015, n° 14/04940 : *Lettre distr.* sept. 2015, obs. Dumond-Lefrand).

L'agent qui n'a perçu aucune commission au cours du contrat ne peut percevoir l'indemnité de cessation (■ Cass. com., 4 nov. 2014, n° 13-18.024, publié : *Contrats, conc. consom.* 1/2015, n° 4, obs. Mathey. ■ CA Dijon, 20 juin 2018, n° 17/00920 : *Lettre distr.* sept. 2019, obs. Louvet).

L'indemnité tendant à réparer le préjudice consécutif à la perte du droit pour l'agent de prospecter la clientèle du mandant et d'en tirer profit en percevant des commissions, peu importe, en vue de l'évaluation du préjudice, que l'agent ait la possibilité de céder sa carte ou de conclure rapidement un nouveau contrat d'agence commerciale (■ CA Lyon, 31 janv. 2019, n° 16/07531 : *Lettre distr.* mars 2019, obs. Brena). Mais si l'agent n'a pas perçu de commissions faute d'avoir atteint les quotas fixés, mais a reçu une rémunération contractuelle mensuelle pour des activités annexes, l'indemnité compensatrice du préjudice subi du fait de la cessation du contrat d'agent commercial doit être fixée par référence à cette rémunération (■ Cass. com., 21 oct. 2008, n° 08-10.578 : *JurisData* n° 2008-045508 ; *Contrats, conc. consom.* 12/2008, n° 268, comm. Mathey).

20) Aménagement conventionnel. Les clauses qui auraient pour effet, directement ou indirectement, de mettre en échec cette règle de la réparation intégrale du préjudice, sont nulles (■ Cass. com., 17 juin 2003, n° 01-12.307 : *JurisData* n° 2003-019664 ; *JCP E* 2004, chron. 424, n° 10, obs. Grignon ; *D.* 2003, p. 1910, obs. Chevrier, somm. 2428, obs. Ferrier. – *Adde* ■ CA Paris, 9 déc. 2010, n° 09/18151 : *Lettre distrib.* 2/2011 ; *RJDA* 3/2011, n° 235, qui répute non écrite la clause évaluant de manière forfaitaire l'indemnité au regard de la seule clientèle apportée personnellement par l'agent commercial. ■ CA Douai, 29 nov. 2012, n° 12/00178 : *Contrats, conc. consom.* 2013, n° 112, obs. Mathey. V. également sous art. L. 134-12, annot. n° 11, p. 129 et art. L. 134-12, annot. n° 14, p. 129 et art. L. 134-16, p. 139). En revanche, les parties peuvent convenir à l'avance d'une indemnité de rupture, dès lors que celle-ci assure la réparation intégrale du préjudice subi par l'agent (■ CA Paris, 2 nov. 2017, n° 16/13857). En conséquence, la clause d'évaluation *a priori* de l'indemnisation d'un agent n'est pas valable dans la mesure où elle a un caractère forfaitaire, sauf à permettre à l'agent d'obtenir, en cas de rupture, une indemnité compensatrice du préjudice subi égale ou supérieure à ce préjudice (▪ Cass. com., 20 mars 2007, n° 06-11.987 : *JurisData* n° 2007-038121 ; *RJDA* 3/2008, n° 262. ▪ CA Besançon, 10 févr. 2010, n° 08/03421 : *D.* 2011, p. 549, obs. Ferrier ; *Rev. Lamy dr. aff.* 9/2010, p. 134, obs. Grignon. – Comp. ▪ Cass. com., 18 mai 2010, n° 09-15.023 : *Contrats, conc. consom.* 8-9/2010, n° 207, comm. Mathey, qui répute non écrite la clause prévoyant une indemnité de fin de contrat égale à un an de commission. – *Adde.* ▪ CA Paris, 9 déc. 2010, n° 09/18151 : *Lettre distrib.* 2/2011, préc. n° 9). L'article 17 § 2 *a)* de la directive n° 86/653/CEE du 18 décembre 1986 ne permet pas que le droit à indemnité soit d'office limité par les pertes de commissions résultant de la cessation de la relation contractuelle, même lorsque les avantages conservés par le commettant doivent être considérés comme supérieurs (▪ CJCE, 26 mars 2009, aff. C-348/07, préc.).

C – Compétence juridictionnelle

21) Tribunal compétent. Le tribunal de grande instance n'est pas compétent si l'agent s'est inscrit au registre du commerce et a créé un fonds de commerce (▪ Cass. com., 3 nov. 2004, n° 01-17.036 : *JurisData* n° 2004-025476 ; *RJDA* 5/2005, n° 543).

Art. L. 134-13 ***(Anc. L. n° 91-593, 25 juin 1991).*** **– La réparation prévue à l'article L. 134-12 n'est pas due dans les cas suivants :**

1° La cessation du contrat est provoquée par la faute grave de l'agent commercial ;

2° La cessation du contrat résulte de l'initiative de l'agent à moins que cette cessation ne soit justifiée par des circonstances imputables au mandant ou dues à l'âge, l'infirmité ou la maladie de l'agent commercial, par suite desquels la poursuite de son activité ne peut plus être raisonnablement exigée ;

3° Selon un accord avec le mandant, l'agent commercial cède à un tiers les droits et obligations qu'il détient en vertu du contrat d'agence.

1) Charge de la preuve. Il appartient au mandant de démontrer que la rupture du contrat est imputable à l'agent commercial (▪ Cass. com., 8 févr. 2011, n° 10-30.527). Mais si l'agent décide de cesser son activité, il lui appartient de démontrer que cette cessation est intervenue à l'initiative du mandant ou, à défaut, qu'elle est justifiée par des actes imputables à celui-ci (▪ Cass. com., 15 nov. 2011, n° 10-26.180 : *Contrats, conc. consom.* 3/2012, n° 61, obs. Mathey).

I – FAUTE GRAVE

2) Définition. La faute grave est celle qui porte atteinte à la finalité commune du mandat d'intérêt commun et rend impossible le maintien du lien contractuel (▪ Cass. com., 15 oct. 2002, n° 00-18.122 : *JurisData* n° 2002-016033 ; *Contrats, conc. consom.* 2003, n° 19, obs. Leveneur ; *CDE* 2003, n° 3, p. 24, obs. Grignon).

3) Appréciation. Il appartient au seul juge de qualifier de faute grave les faits qui lui sont soumis, les parties ne pouvant décider qu'un comportement déterminé constituera une faute grave (▪ Cass. com., 28 mai 2002, n° 00-16.857 : *JurisData* n° 2002-014514 ; *Bull. civ.* IV, n° 91 ; *RJDA* 11/2002, n° 1131 ; *RTD civ.* 2002, 833, obs. Gautier ; *D.* 2002, p. 3004, obs. Ferrier et 2003, p. 459, obs. Delebecque ; *JCP* E 2002, n° 51-52, p. 2063, note Perruchot-Triboulet ; *RTD com.* 2003, 158, obs. Bouloc, à propos d'une clause qualifiant de faute grave la non-réalisation d'un chiffre d'affaires minimum). Les juges doivent prendre en compte toutes les circonstances de la cause intervenues jusqu'au jour de la décision (▪ Cass. com., 14 nov. 2006, n° 04-16.338 : *JurisData* n° 2006-035977 ; *RJDA* 4/2007, n° 341 ; *Contrats, conc. consom.* 2007, n° 8, obs. Malaurie-Vignal), y compris l'ancienneté de la relation (▪ CA Montpellier, 12 sept. 2012, n° 11/00930 : *RJDA* 3/2013, n° 223).

La faute grave doit être antérieure à la rupture (▪ Cass. com., 23 sept. 2008, n° 07-13.338 : *JurisData* n° 2008-045151 ; *JCP* E 2008, 1006, note Mathey ; *BRDA* 19/2008, n° 12), mais postérieure à la conclusion du contrat (▪ CA Versailles, 18 févr. 2021, n° 19/03124).

Selon la jurisprudence interne, la faute grave peut toutefois être révélée postérieurement à la rupture (▪ Cass. com., 15 mai 2007, n° 06-12.282 : *JurisData* n° 2007-038951 ; *Bull. civ.* IV, n° 128 ; *RTD com.* 2008, p. 172, obs. Bouloc. ▪ Cass. com., 1er juin 2010, n° 09-14.115 : *BRDA* 14/2010, p. 9 ; *Lettre distrib.* 9/2010 ; *Rev. Lamy dr. aff.* 9/2010, p. 131, obs. Grignon. ▪ Cass. com., 24 nov. 2015, n° 14-17.747 : *Lettre distr.* janv. 2016, obs. Dumont-Lefrand ; *Contrats, conc. consom.* 2/2016, n° 35, obs. Mathey. ▪ CA Rouen, 31 août 2017, n° 16/00318. ▪ Cass. com., 14 févr. 2018, n° 16-26.037 : *Lettre distr.* mars 2018, obs. Brena ; *D.* 2019, p. 783, obs. Ferrier, mais en l'espèce, si le comportement constitutif d'une faute grave fut révélé postérieurement à la rupture, celle-ci était bien motivée, au moment où la décision fut prise, par une telle faute. Mais sur renvoi, ▪ CA Paris, 5 oct. 2019, n° 18/23501 : *Lettre distr.* nov. 2019, obs. Louvet ; *D.* 2020, p. 796, obs. Ferrier, qui affirme de manière plus radicale « il est indifférent que [la faute grave] ait été révélée au mandat postérieurement à la rupture, dès lors qu'il n'est pas discuté qu'elle a été commise antérieurement à la rupture de la relation ». ▪ CA Metz, 18 juin 2020, n° 17/01161 : *Lettre distr.* juill.-août 2020, obs. Brena. Plus ambiguë : ▪ Cass. com., 19 juin 2019, n° 18-11.727 : *Lettre distr.* juill.-août 2019, note Brena ; *D.* 2020, p. 796, obs. Ferrier, qui, pour censurer les juges du fond qui avaient refusé de tenir compte d'une faute grave non invoquée ni avant la rupture, ni lors de l'envoi de la lettre informant du refus de renouvellement du contrat, leur reproche de ne pas avoir examiné ne serait-ce que succinctement, les éléments de preuve invoqués pour l'établir, alors que le mandant n'avait pas l'obligation de les dénoncer lors de la notification de sa décision de ne pas renouveler un contrat, laquelle pouvait intervenir sans motif.

Mais selon la Cour de justice, l'article 18, sous *a)*, de la directive 86/653/CEE du 18 décembre 1986 s'oppose à ce qu'un agent commercial indépendant soit privé de son indemnité de clientèle lorsque le commettant établit l'existence d'un manquement postérieur à la notification de la résiliation du contrat moyennant préavis et avant l'échéance de celui-ci, qui était de nature à justifier une résiliation sans délai du contrat en cause ; mais il ne saurait être exclu que le comportement dudit agent puisse être pris en compte dans le cadre de l'analyse visant à déterminer le caractère équitable de son indemnité (▪ CJUE, 28 oct. 2010, aff. C-203/09 : *Rev. Lamy dr. aff.* 12/2010, p. 72, obs. Bourdeau ; *Concurrences* 1/2011, p. 117, obs. Ferré). Adoptant cette analyse : ▪ CA Pau, 27 juin 2013, n° 12/01851 : *Concurrences* 4-2013, p. 94, obs. Ferré, qui considère que la faute grave commise par l'agent commercial pendant le délai de préavis ne le prive pas de son droit à l'indemnité de cessation de contrat. – Rappr. ▪ Cass. com., 8 juin 2017, n° 15-29.313 : *Contrats, conc. consom.* 2017, 169, obs. Mathey, retenant le droit à indemnité dès lors que la faute grave de l'agent n'a pas été à l'origine de la rupture ; ▪ Rouen, 26 nov. 2020, n° 17/04782 : *Lettre distr.* janv. 2021, obs. Brena.

En revanche, aucune disposition n'oblige le *mandant* à faire état dans la lettre de rupture de l'ensemble des fautes reprochées à l'agent (▪ CA Aix-en-Provence, 11 avr. 2012, n° 10/23620 : *Lettre distrib.* 5/2012).

La tolérance du mandant peut faire perdre à la faute sa gravité (▪ Cass. com., 10 mai 2011, n° 10-17.952 : *Rev. Lamy dr. aff.* 1/2012, p. 69, obs. Grignon ; *Concurrences* 3/2011, p. 119, obs. Ferré ; *D.* 2012, 581, obs. Ferrier. ▪ Cass. com., 15 sept. 2009, n° 08-16.696 : *Contrats, conc. consom.* 2009, n° 263, obs. Mathey. ▪ Cass. com., 7 avr. 2009, n° 08-12.832 : *Contrats, conc. consom.* 2009, n° 193, obs. Mathey ; *Rev. Lamy dr. aff.* 1/2010, p. 75, obs. Grignon. ▪ Cass. com., 8 déc. 2009, n° 08-17.749 : *Bull. civ.* 2009, IV, n° 159 ; *D.* 2010, 88, obs. Chevrier ; *Rev. Lamy dr. aff.* 1/2010, p. 75, obs. Grignon, *RJDA* 3/2010, n° 235 ; *Contrats, conc. consom.* 8-9/2010, n° 202, note Mathey. ▪ Cass. com., 11 juin 2002, n° 98-21.916 : *RJDA* 2002, n° 1132. ▪ CA Douai, 21 mars 2012, *JurisData* n° 2012-006101. ▪ CA Rouen, 22 mars 2012, n° 11/01890 qui considère que l'invocation tardive des manquements reprochés à l'agent en révèle la dimension artificielle et accessoire. ▪ Cass. com., 12 févr. 2013, n° 12-12.371 : *Lettre distrib.* 3/2012). Ainsi, le fait pour le mandant d'accorder un préavis de rupture retire au comportement ayant justifié celle-ci son caractère de gravité (▪ CA Grenoble, 10 janv. 2013, n° 10/00514. ▪ CA Paris, 14 févr. 2013, n° 11/05973 : *Concurrences* 2/2013, obs. Ferré. – Pourtant, ▪ CA Rennes, 17 janv. 2017, n° 14/08519 : *Concurrences* 2/2017, n° 27, obs. Ferré, jugeant que l'octroi d'un préavis de 2 mois n'est pas exclusif d'une faute grave).

Des manquements peuvent, par leur caractère répétitif et leur accumulation, caractériser une faute grave (▪ Cass. com., 15 sept. 2009, n° 08-15.613 : *RJDA* 1/2010, n° 1072). Pour autant, les seuls faits de ne pas avoir effectué certaines visites de clients selon la périodicité convenue, ne pas avoir tenu informé le mandant de modifications les concernant, ni répondu à leurs demandes de renseignements, ni rendu compte de sa mission et d'avoir refusé de participer aux réunions commerciales ne caractérisent pas en soi la faute grave dont la preuve doit par ailleurs être rapportée (▪ Cass. com., 21 juin 2011, n° 10-19.902 : *BRDA* 13/2011, p. 7 ; *RJDA* 12/2011, n° 1020 ; *JCP E* 2011, 1607, note Mathey et sur renvoi, ▪ CA Aix-en-Provence, 15 nov. 2012 : *JurisData* n° 2012-028663).

4) Illustrations (1). Déloyauté. Le manquement d'un agent au devoir de loyauté constitue une faute grave, exclusive du versement de l'indemnité de résiliation, même en l'absence de relation d'exclusivité (▪ Cass. com., 16 oct. 2001, n° 99-11.932 : *RJDA* 2/2002, n° 149. ▪ Cass. com., 30 nov. 2004, préc. ▪ Cass. com., 15 mai 2007, n° 06-12.282 : *JurisData* n° 2007-038951 ; *D.* 2007, p. 1592, obs. Chevrier ; *JCP E* 2007, pan. 1865 et 2395, note Perruchot-Triboulet. ▪ CA Paris, 6 sept. 2012, n° 08/20398 : *Lettre distrib.* 10/2012). Ce manquement peut consister dans le fait pour l'agent, en cours de contrat, de représenter sans autorisation une entreprise concurrente (▪ Cass. com., 24 mai 2011, n° 10-16.969 : *Rev. Lamy dr. aff.* 9/2011, p. 32, note Favario ; *Contrats, conc. consom.* 7/2011, n° 166, obs. Mathey ; *Concurrences* 3/2011, p. 119, obs. Ferré. ▪ Cass. com., 6 sept. 2016, n° 14-22.287 : *JurisData* n° 2016-023505), de « rentrer » pour le compte d'une agence concurrente qui prospecte dans le même secteur cinq mandats de vente et un mandat de recherche qui s'est conclu par une vente (■ Cass. com., 7 oct. 2008, n° 07-16.918 : *Rev. Lamy dr. aff.* 1/2010, p. 75, obs. Grignon), le fait de démarcher pour lui-même un client alors qu'en qualité d'agent commercial il ne devait démarcher les clients que pour le compte du mandant (■ CA Aix-en-Provence, 28 mars 2013 : *JurisData* n° 2013-006216). La faute grave est avérée alors même que l'agent n'aurait pas exercé effectivement l'activité de représentation pour le concurrent du mandant avec lequel il a contracté sans l'accord de celui-ci (■ Cass. com., 22 nov. 2016, n° 15-17.131). V. également notes sous art. L. 134-4, p. 123. Constitue une faute grave la substitution d'un tiers par l'agent, lorsqu'elle présente un caractère occulte et s'accompagne de falsifications (■ CA Montpellier, 17 mai 2011 : *JurisData* n° 2011-017736 ; *Contrats, conc. consom.* 2/2012, n° 16, comm. Mathey) ; la production d'un faux contrat d'agent commercial pour obtenir les commissions et indemnités (■ Cass. com., 29 nov. 2011, n° 10-25.874 : *Contrats, conc. consom.* 4/2012, n° 90, obs. Mathey ; *RJDA* 5/2012, n° 493). Mais dans l'hypothèse où l'agent a créé, en violation de ses obligations contractuelle, une société concurrente de son mandant sans l'accord de celui-ci, les juges ne peuvent retenir la qualification de faute grave sans vérifier, d'une part, si le véritable motif de la rupture ne résultait pas dans la volonté du mandant de mettre fin à certains commissionnements de l'agent et de conclure avec la société concurrente un nouveau contrat qui aurait été moins favorable à l'agent que celui-ci a refusé de signer et, d'autre part, si la qualification de faute grave retenue ne présentait pas un caractère disproportionné eu égard au chiffre d'affaires non significatif qui aurait été réalisé par cette société sur des produits concurrentiels à ceux du mandant (■ Cass. com., 9 oct. 2011, n° 11-22.876 : *Contrats, conc. consom.* 1/2013, n° 5, obs. Mathey). *A contrario*, il n'y a pas déloyauté lorsque la représentation de mandants concurrents a été autorisée par le mandant qui a rayé la clause d'exclusivité au moment de la conclusion du contrat (■ CA Paris, 17 oct. 2013, n° 12/10930) ou lorsqu'il l'a toléré (■ CA Paris, 5 juin 2014, n° 12/12940). Les juges du fond ne peuvent qualifier de faute grave les propos de l'agent, tenus auprès de tiers, évoquant les difficultés futures auxquelles serait confronté le mandant en raison de son intention de créer une société concurrente et de détourner la clientèle, sans rechercher si l'agent avait effectivement mis à exécution ce projet, dont la seule conception ne saurait suffire (■ Cass. com., 7 oct. 2014, n° 13-21.665). *Constitue une faute grave le fait* pour un agent, *d'une* part, de conclure une convention avec un prospect aux termes de laquelle toutes les commandes devaient s'effectuer par son intermédiaire, avec pour garantie une indemnité de résiliation à hauteur de 250 000 euros et, d'autre part, de mettre en place un système lui assurant un double commissionnement. Cette convention est, en effet, totalement illicite au regard du contrat d'agent commercial, que son application soit au non effective et caractérise une violation du devoir de loyauté et du devoir d'information réciproque (■ CA Colmar, 8 avr. 2015, n° 13/05465 : *Lettre distrib.* juin 2015). Constitue une faute grave le fait pour l'agent de dissimuler sciemment au mandant sa situation financière, qui était déjà très dégradée lors de la conclusion du contrat, puis sa mise en redressement judiciaire, en violation de l'obligation d'information essentielle dont il était tenue à l'égard du mandant et de l'obligation de loyauté requise des parties à un contrat d'agence commerciale (■ Cass. com., 24 nov. 2015, n° 14-17.747 : *Lettre distr.* janv. 2016, obs. Dumont-Lefrand). Manque à son obligation de loyauté, et commet une faute grave, le fait pour un agent de dissimuler à son mandat qu'il percevait une rémunération sur les fournitures très importantes de produits livrés à celui-ci par l'un des fournisseurs, percevant ainsi un double commissionnement de la part du fournisseur et du mandant, ce qui le conduisait à favoriser leur commercialisation, en faussant nécessairement la négociation commerciale entre le fournisseur et le mandant et en renchérissant le coût du produit au détriment de leur marge ou du prix de revente, tout en cachant un élément du prix fournisseur que le mandant aurait dû connaître, ce qui lui faisait perdre une chance de s'opposer à cette pratique et d'obtenir de meilleures conditions d'achat (■ Cass. com., 20 sept. 2016, n° 15-12.994 : *JurisData* n° 2016-018968 ; *Lettre distr.* déc. 2016, obs. Brena). Le seul fait de représenter sans autorisation du mandant, un concurrent de celui-ci constitue une faute grave, dès lors qu'il existe bien un rapport de concurrence (■ Cass. com., 29 mars 2017, n° 15-26.476 : *Lettre distr.* mai 2017, obs. Brena ; *Contrats, conc. consom.* 2017, 122, obs. Mathey. En l'espèce, il semble que l'agent ait vendu pour le compte d'un second mandant des produits que ne commercialisait pas le premier).

Manque à son obligation de loyauté, et commet une faute grave, l'agent commercial personne morale qui n'informe pas le mandant de sa prise de contrôle par un concurrent de celui-ci (■ CA Paris, 24 oct. 2018, n° 16/11354 : *Lettre distr.* nov. 2018, obs. Brena).

5) Illustrations (2). Insuffisance de résultats. La baisse de chiffre d'affaires ou l'insuffisance de résultats ne constituent pas, à eux seuls, une faute grave privative du droit à indemnité (■ CA Amiens, 2 avr. 2009 : *JurisData* n° 2009-377817. ■ CA Rouen, 16 avr. 2009 : *JurisData* n° 2009-003475 ; *Contrats, conc. consom.* 2009, n° 218, obs. Mathey ; *Rev. Lamy dr. aff.* 1/2010, p. 76, obs. Grignon. ■ CA Paris, 30 juin 2011, n° 08/0841 : *RJ com.* 2/2012, p. 25, obs. Leloup. ▪ CA Paris, 29 mars 2012 : *JurisData* n° 2012-009002. ▪ CA Grenoble, 10 janv. 2013, n° 10/00514. ▪ Cass. com., 19 mars 2013, n° 12-14.173 : *Contrats, conc. consom.* 2013, n° 112, obs. Mathey. ▪ Cass. com., 9 juill. 2013, n° 11-23.528).

Si le non-respect d'objectifs commerciaux ne constitue pas, en soi, une faute grave, il appartient aux juges de rechercher si sont ou non de nature à caractériser une faute grave les faits invoqués par le mandant selon lesquels l'agent commercial n'aurait pas exploité son secteur pourtant exclusif alors que sa mandante a appelé son attention sur le caractère indispensable des recettes publicitaires pour le fonctionnement de la télévision, sur ses connaissances et son expérience en la matière, sur la non-réalisation d'un objectif fixé d'un commun accord à 340 000 € et sur la gravité de la situation qui mettait en péril la survie de la chaîne (▪ Cass. com., 26 mai 2009, n° 07-21.601 : *Rev. Lamy dr. aff.* 1/2010, p. 73, obs. Grignon). La gravité de l'insuffisance de résultat doit s'apprécier au regard de son importance et de l'ancienneté de la relation (▪ CA Montpellier, 12 sept. 2012, n° 11/00930 : *RJDA* 3/2013, n° 223). Constitue une faute grave la forte baisse de chiffre d'affaires qui s'explique par l'absence de diligences de l'agent, qui n'avait plus visité certains clients habituels et ne s'était plus rendu aux salons professionnels, et qui s'était encore amplifiée après l'avertissement du mandant (▪ Cass. com., 9 juin 2015, n° 14-14.396).

Constitue une faute grave l'absence de prospection (▪ CA Paris, 17 févr. 2011, n° 06/07930 : *Contrats, conc. consom.* 5/2011, n° 117, note Mathey. ▪ CA Toulouse, 31 oct. 2012, n° 10/07041 : *Concurrences* 1/2013, p. 102, obs. D. Ferré), à moins qu'elle ne trouve sa cause dans la faute du mandant (▪ CA Lyon, 11 déc. 2008, n° 08/01790 : *JurisData* n° 2008-006265 ; *Contrats, conc. consom.* 2009, n° 130, note Mathey), ou qu'elle a eu une durée limitée et que, même si elle avait entraîné une chute de l'activité sur un mois, elle n'a pas empêché l'agent de réaliser son meilleur chiffre d'affaires annuel depuis la conclusion du contrat (▪ Cass. com., 26 oct. 2010 : *Bull. civ.* IV, n° 158). Plus largement, constitue une faute grave le désintérêt manifeste et généralisé dans l'exécution du mandat (▪ Cass. com., 9 déc. 2014, n° 13-28.170 : *Contrats, conc. consom.* 2015, n° 60, obs. Mathey).

6) Illustrations (3). Non respect des instructions. Constitue une faute grave le fait pour l'agent de ne pas remplir son obligation légale d'information selon les modalités spécifiques stipulées dans le contrat et de ne pas respecter son engagement concernant l'octroi de remise supplémentaires malgré la mise en garde du mandant (▪ Cass. com., 5 juill. 2017, n° 16-14.810 : *Contrats, conc. consom.* 2017, n° 195, obs. Mathey).

7) Illustrations (4). Mésentente. Il ne peut être reproché à l'agent d'avoir commis une faute grave dès lors que les difficultés de communication avec la société mandante et les changements intervenus au sein de cette dernière avaient contribué à la baisse récente du chiffre d'affaires de l'agent, dont l'attitude n'avait pas donné lieu à critique pendant huit ans ; que le grief concernant un manque de promotion auprès de la clientèle n'avait été formulé qu'en cours de procédure et que la société mandante qui souhaitait appliquer une politique commerciale plus dynamique que ses prédécesseurs avait décidé de mettre fin à leur partenariat après quelques mois, sans qu'il ne soit démontré que le comportement de l'agent ne permettait plus de le maintenir (▪ Cass. com., 29 sept. 2009, n° 08-15.153 : *Contrats, conc. consom.* 2010, n° 9, obs. Mathey). Ne caractérise pas une faute grave le fait pour l'agent de ne plus se présenter au siège de la société mandante ; de ne plus participer aux réunions ; d'adopter une attitude de règlement de comptes au sens strict du terme en vérifiant les commissions, sollicitant des informations et formulant des réclamations, et d'entrer en contact avec un concurrent ; dès lors que ces faits se rapportent à une époque où la rupture était en réalité consommée, qu'ils doivent être appréciés au regard du climat conflictuel et qu'ils n'expliquent pas la rupture mais en sont la conséquence (▪ Cass. com., 23 sept. 2008, n° 07-13.338). Ne constitue pas une faute grave le refus de l'agent d'une modification du contrat proposée par le mandat, lui serait-elle plus favorable (▪ Aix-en-Provence, 20 févr. 2013, n° 12/02485 : *Lettre distrib.* avr. 2014, obs. M.-P. Dumont-Lefrand).

8) Illustration (5). Infraction à la réglementation. Constitue une faute grave le fait pour un agent de faire paraître dans un journal de petites annonces, deux annonces portant sur des biens dont la vente fut confiée au mandant, dans la catégorie « de particulier à particulier », sans mentionner l'identité du mandant et laissant ainsi croire au lecteur que l'annonce est passée par un particulier, dès lors qu'un tel comportement contrevient aux dispositions impératives de l'article L. 121-1 du Code de la consommation et aurait pu engager la responsabilité pénale du mandant (▪ CA Douai, 3 janv. 2011, n° 09/08425).

9) Conséquences. En cas de faute grave de l'agent commercial, le mandant peut mettre fin au contrat sans préavis (▪ Cass. com., 30 nov. 2004, n° 03-10.557 : *RJDA* 5/2005, n° 541. – Comp. ▪ Cass. com., 25 janv. 2005, n° 03-16.453 : *RJDA* 5/2005, n° 542).

Mais les juges ne peuvent réduire le droit à indemnité en retenant que la cessation du contrat est imputable à l'agent qui a commis des fautes, mais qui ne revêtent pas le caractère de gravité de nature à lui faire perdre tout droit à réparation (▪ Cass. com., 27 sept. 2007 : *Contrats, conc. consom.* 1/2008, n° 5, comm. Mathey).

Le mandant peut prétendre, à des dommages-intérêts en raison du préjudice que lui cause la rupture immédiate (▪ Cass. com., 15 mai 2007, n° 05-19.447 : *Rev. Lamy dr. aff.* 2008/29, n° 1763, p. 104, obs. Bourdeau. ▪ CA Rouen, 16 déc. 2009, n° 08/01484 : *Rev. Lamy dr. aff.* 9/2010, p. 135, obs. Grignon). Indépendamment de la perte de son droit à une indemnité de rupture lorsqu'il a commis une faute grave, l'agent commercial est tenu de répondre des fautes qu'il aurait pu commettre envers son mandant (▪ Cass. com., 7 oct. 2014, n° 13-17.500 : *Lettre distrib.* 11/2014, obs. Louvet).

Mais la faute grave ne prive pas l'agent de son droit aux commissions dues au titre de l'activité exercée pendant l'exécution du contrat (▪ CA Aix-en-Provence, 26 juin 2014, n° 2014/311 : *Lettre distrib.* sept. 2014, obs. Dumont-Lefrand).

II – INITIATIVE DE L'AGENT

10) Principe. L'indemnité prévue à l'article L. 134-12 du Code de commerce ne peut être exigée dans l'hypothèse où l'agent a pris l'initiative de la rupture, que cette dernière intervienne en cours d'exécution d'un contrat à durée déterminée ou à la survenance du terme (▪ Cass. com., 29 juin 2010, n° 09-68.160). Mais la demande en résiliation judiciaire du contrat formulée par l'agent commercial n'emporte pas, à elle seule, rupture du contrat qui lui serait imputable (▪ Cass. com., 6 sept. 2016, n° 14-22.287 : *JurisData* n° 2016-023505).

V. également annot. sous art. L. 134-12.

11) Limite (1). Imputation de la rupture au mandant. La rupture à l'initiative de l'agent est imputable au mandant lorsque celui-ci ne respecte pas la clause d'exclusivité dont bénéficie son agent commercial et ne lui verse pas les commissions relatives aux opérations conclues auxquelles il a droit (▪ Cass. com., 5 oct. 2004, n° 02-17.231 : *JurisData* n° 2004-025132 ; *RJDA* 4/2005, n° 373. – *Adde*, ▪ Cass. com., 1er mars 2011, n° 10-11.079 : *RJDA* 12/2011, n° 1019, où l'imputation de la rupture au mandant résulte de la violation par celui-ci de l'obligation d'exclusivité consentie à l'agent) ou s'interpose dans les relations avec le client, contourne l'obligation de verser une commission et augmente ses tarifs puis les diminue fortement après résiliation du contrat (▪ Cass. com., 24 sept. 2013, n° 12-22.955), ou ne lui permet plus d'exercer son activité faute de lui fournir les marchandises réclamées à plusieurs reprises (▪ Cass. com., 21 juin 2016, n° 15-10.948 : *Contrats, conc. consom.* 2016, comm. 187, obs. Mathey).

De même, la rupture est imputable au mandant lorsqu'il impose unilatéralement une réduction de la rémunération due (▪ Cass. com., 23 juin 2004, n° 02-17.311 : *JurisData* n° 2004-024316 ; *BRDA* 13/2004, n° 13 ; *RJDA* 1/2005, n° 28. ▪ Cass. com., 5 avr. 2005, n° 03-15.228 : *JurisData* n° 2005-027936 ; *RJDA* 11/2005, n° 1206. ▪ Cass. com., 18 déc. 2007, n° 05-14.328 : *JurisData* n° 2007-042117 ; *BRDA* 2/2008, p. 15 ; *RJDA* 6/2008, n° 639. ▪ CA Paris, 2 avr. 2015, n° 13/19813) ou interdit à l'agent de prendre désormais contact avec les clients (▪ CA Montpellier, 12 sept. 2012, n° 11/00930 : *RJDA* 3/2013, n° 223).

En revanche, lorsque le périmètre de prospection de l'agent est modifié par le mandant en application d'une clause de modification unilatérale, la rupture par le premier en raison de cette modification n'est pas imputable au second, dès lors que le périmètre de prospection n'a pas été modifié de manière substantielle (▪ CA Versailles, 9 juill. 2019, n° 18/03601 : *Lettre distr.* 9/2019, obs. Brena ; *D.* 2020, p. 796, obs. Ferrier).

La rupture du contrat d'agence commerciale en raison de la disparition du produit qui en est l'objet suite à la fusion-absorption de la société mandante est imputable à celle-ci (▪ Cass. com., 18 nov. 2008, n° 07-16.320 : *JurisData* n° 2008-045931 ; *RJDA* 4/2009, n° 330).

Mais dans un cas où l'agent commercial a résilié son contrat en justifiant la rupture par la carence du mandant, il n'y a pas lieu au paiement de l'indemnité, dès lors que le mandant, qui s'était trouvé dans une situation financière délicate, n'avait pas tenté de causer un préjudice à l'agent, lequel avait préféré ne pas poursuivre une activité qu'il n'estimait plus rentable (▪ Paris, 14 févr. 2002, n° 2000/16179 : *JurisData* n° 2002-170823 ; *RJDA* 7/2002, n° 758). Encore faut-il que la rupture par l'agent soit justifiée exclusivement par des circonstances imputables au mandant (▪ Cass. com., 21 févr. 2012, n° 09-69.825 : *Lettre distr.* 4/2012).

La rupture d'un contrat principal d'agence commercial en raison des fautes de l'agent rend imputable à celui-ci la rupture par le sous-agent du sous-contrat d'agence conclu avec lui, dès lors que la cessation du contrat principal est de nature à affecter la poursuite du sous-contrat situé dans son prolongement (▪ CA Bordeaux, 5 mars 2012, n° 10/04647 : *BRDA* 6/2012, p. 7 ; *Lettre distr.* 4/2012).

Les juges doivent rechercher si la décision à effet immédiat du mandant, justifiée par les très mauvais résultats de l'agent, de ne plus confier aucun produit nouveau à celui-ci jointe à l'interdiction d'accès au site intranet n'étaient pas de nature, en rendant impossible la poursuite normale de l'exécution du mandat par l'agent, à constituer des circonstances rendant la rupture du contrat imputable à la mandante (▪ Cass. com., 6 nov. 2012, n° 11-25.481 : *Lettre distrib.* 12/2012).

12) Limite (2). Âge, infirmité ou maladie de l'agent. Il appartient aux juges de rechercher si l'âge de soixante ans et les circonstances particulières de la situation personnelle de l'agent étaient susceptibles de ne plus lui permettre raisonnablement de poursuivre son activité (▪ Cass. com., 29 nov. 2011, n° 10-26.759 : *RJDA* 3/2012, n° 279. ▪ Cass. com., 8 févr. 2011 : *Bull. civ.* IV, n° 16 ; *Contrats, conc. consom.* 4/2011, n° 91, obs. Mathey *Rev. Lamy dr. aff.* 4/2011, p. 41 ; *RJDA* 6/2011, n° 521 ; *Rev. Lamy dr. aff.* 6/2011, p. 75, obs. Grignon ; *Concurrences* 1/2012, p. 120, obs. Ferré. ▪ Cass. com., 19 mars 2013, n° 12-13.258). – Comp. ▪ CA Paris, 12 févr. 2004, n° 2003/06270 : *JurisData* n° 2004-241802 ; *RJDA* 2004, n° 972, jugeant que la seule circonstance que l'agent a atteint l'âge de départ à la retraite des salariés de droit commun ne le dispense pas de l'obligation de démontrer qu'il ne peut plus raisonnablement poursuivre son activité.

L'agent peut invoquer l'état de santé postérieurement à la décision de cesser son activité, dès lors qu'il est établi qu'il était effectivement dans l'impossibilité d'exécuter sa mission à cette date (▪ CA Douai, 2 juin 2011 : *JurisData* n° 2011-013169 : *Contrats, conc. consom.* 11/2011, n° 239, obs. Mathey).

La maladie de l'associé-gérant de l'EURL dotée de la qualité d'agent commercial n'ouvre pas droit à l'indemnité de cessation au profit de celle-ci (▪ CA Versailles, 29 mai 2018, n° 17/04248 : *Lettre distr.* juin 2018, obs. Brena).

13) Refus de l'agent de conclure un nouveau contrat. Certains arrêts ont jugé que l'indemnité de cessation n'est pas due lorsque l'agent refuse le renouvellement du contrat proposé par le mandant (▪ CA Rennes, 9 avr. 2013, n° 12/00752 : *JCP* E 2013, 1564, note Bourdeau ; *Concurrences* 3/203, p. 89, obs. Ferré. ▪ Cass. com., 29 juin 2010, n° 09-68.160). Il avait également été jugé que lorsque, dans le cadre de négociations menées pendant le préavis de non-renouvellement du contrat, le mandant propose dans des conditions loyales le renouvellement des contrats précédents par un nouveau contrat, la décision de l'agent de rompre ces négociations est imputable à ce dernier dès lors qu'il ne démontre pas que le contrat en négociation modifiait de façon substantielle les conditions économiques de la relation (▪ CA Paris, 17 déc. 2015, n° 14/05560). Cet arrêt fut toutefois cassé au motif que l'agent commercial qui refuse de conclure un nouveau contrat à l'expiration du précédent n'a pas l'initiative de la cessation du contrat et n'est donc pas privé du droit à indemnité (▪ Cass. com., 21 juin 2017, n° 15-29.127, publié : *Lettre distr.* juill-août 2017, obs. Brena ; *Contrats, conc. consom.* 2017, n° 168, obs. Mathey ; *JCP* E 2017, 1463, note Gantschnig ; *JCP* E 2018, 1002, obs. Grignon ; *D.* 2017, p. 865, obs. Ferrier, on relèvera qu'en l'espèce, le nouveau contrat proposé n'était pas identique au précédent). Sur cette question, *Adde*. Ferrier, *Des limites à l'indemnisation de l'agent commercial* : *JCP* E 2014, 1062).

III – TORTS PARTAGÉS

14) L'indemnité de cessation peut être réduite pour tenir compte du comportement respectif des parties qui entraîne un partage de responsabilité dans la rupture du contrat (▪ CA Saint-Denis-de-la-Réunion, 23 juill. 2010, n° 09/00370 et 30 juill. 2010 : *Rev. Lamy dr. aff.* 12/2010, p. 74, obs. Bourdeau).

IV – CESSION DE CONTRAT

15) Agrément. La cession du contat suppose l'accord du mandant en raison du caractère *intuitu personae* du contrat (▪ CA Bordeaux, 17 oct. 2019, n° 17/07025 : *Lettre distr.* oct. 2019, Brena), qui peut être seulement tacite (▪ CA Pau, 28 janv. 2020, n° 17/02369). Mais le refus d'agrément du successeur de l'agent doit être justifié (▪ CA Rouen, 16 avr. 2009 : *JurisData* n° 2009-003475 ; *Contrats, conc. consom.* 2009, n° 217, obs. Mathey ; *Rev. Lamy dr. aff.* 1/2010, p. 75, obs. Grignon).

16) Rachat de carte. Le mandant qui rachète la carte de son agent peut en obtenir conventionnellement le remboursement par le successeur au moyen de prélèvements sur les commissions dues à ce dernier (▪ CA Riom, 19 mars 2014, n° 12/02777 : *Lettre distrib.* mai 2014).

V – PÉRIODE D'ESSAI

17) Répondant à une question préjudicielle (sur laquelle ▪ Cass. com., 6 déc. 2016, n° 15-14.212 : *Lettre distr.* janv. 2017, obs. Brena ; *Contrats, conc. consom.* 3/2017, n° 51, obs. Mathey ; *JCP E* 2017, 1358, obs. Grignon), la Cour de justice affirme que l'article 17 de la directive 86/653/CEE doit être interprété en ce sens que les régimes d'indemnisation et de réparation que cet article prévoit, respectivement à ses paragraphes 2 et 3, en cas de cessation du contrat d'agence commerciale, sont applicables lorsque cette cessation intervient au cours de la période d'essai stipulée au contrat (▪ CJUE, 19 avr. 2018, aff. C-645/16 : *Lettre distr.* mai 2018, obs. Brena ; *Contrats, conc. consom.* 7/2018, n° 128, obs. Mathey ; *JCP E* 2018, 1294, note Grignon ; *D.* 2019, p. 783, obs. Ferrier. La solution a été entérinée par la Cour de cassation (▪ Cass. com., 23 janv. 2019, n° 15-14.212 : *JCP* G 2019, 1166, note Grignon ; *Contrats, conc. consom.* 3/2019, n° 42, obs. Mathey), condamnant ainsi la jurisprudence antérieure qui retenait que le statut des agents commerciaux, qui suppose pour son application que la convention soit définitivement conclue, n'interdisait pas une période d'essai, dont la rupture n'ouvre pas droit à indemnité (▪ Cass. com., 21 juill. 2001, n° 97-17.539. ▪ Cass. com., 23 juin 2015, n° 14-17.894, publié : *Contrats, conc. consom.* 8-9/2015, n° 199, obs. Mathey).

La clause du contrat relative à la période d'essai est contraire à l'article L. 134-16 dans le cas où la relation contractuelle existait 3 mois avant le début de cette période d'essai (▪ CA Paris, 6 sept. 2012 : *JurisData* n° 2012-019954 ; *Contrats, conc. consom.* 11/2012, n° 253, obs. Mathey ; *Concurrences* 1/2013, p. 104, obs. Ferré).

Art. L. 134-14 *(Anc. L. n° 91-593, 25 juin 1991).* **– Le contrat peut contenir une clause de non-concurrence après la cessation du contrat.**

Cette clause doit être établie par écrit et concerner le secteur géographique et, le cas échéant, le groupe de personnes confiés à l'agent commercial ainsi que le type de biens ou de services pour lesquels il exerce la représentation aux termes du contrat.

La clause de non-concurrence n'est valable que pour une période maximale de deux ans après la cessation d'un contrat.

1) **Secteur géographique.** Bien que le contrat stipule que l'agent exerce son activité dans un secteur géographique déterminé et que l'agent ait exercé son activité dans le secteur de Saint-Étienne lors de la conclusion, son secteur a été ensuite modifié à trois reprises sans qu'aucun avenant n'ait pris en considération ce changement. La clause de non-concurrence où ne figure pas l'indication actualisée du secteur géographique précis confié à l'agent est donc inapplicable (▪ Cass. com., 1er mars 2017, n° 15-13.061 : *Lettre distr.* avr. 2017, obs. Brena).

2) **Proportionnalité.** Il résulte de l'article L. 134-14 du Code de commerce que, lorsqu'une clause de non-concurrence est prévue dans un contrat d'agence commerciale, elle ne peut excéder une période maximale de deux ans après la cessation du contrat et doit concerner le secteur géographique et, le cas échéant, le groupe de personnes confiés à l'agent commercial ainsi que le type de biens ou de services pour lesquels il exerce la représentation ; qu'est nulle, en outre, toute clause de non-concurrence qui n'est pas proportionnée, c'est-à-dire qui n'est pas justifiée par les intérêts légitimes à protéger, compte tenu de l'objet du contrat, ou qui, n'étant pas suffisamment limitée dans le temps et dans l'espace, porte une atteinte excessive à la liberté d'exercice de la profession du débiteur de l'obligation. Dès lors, la cour d'appel, qui a constaté que la clause litigieuse empêchait l'agent d'exercer, pendant deux ans, l'activité de vente d'espaces publicitaires et d'opérations de marketing opérationnels et de promotions sur un territoire non défini et sans que soient visés les annonceurs concernés par cette interdiction, de sorte que l'intéressée ne pouvait plus *exercer sa profession d'agent de vente* d'espaces publicitaires dans un quelconque secteur et sur tout le territoire national pendant cette période, en a déduit à bon droit que cette clause était nulle (▪ Cass. com., 23 sept. 2014, n° 13-21.285 : *Lettre distrib.* oct. 2014, obs. Trefigny. – *Adde*, ▪ CA Rennes, 15 févr. 2011, n° 09-8191 : *BRDA* 10/2011, n° 13 ; *Rev. Lamy dr. aff.* 6/2011, p. 76, obs. Grignon, est nulle la clause de non-concurrence qui n'est pas limitée à la clientèle contractuellement confiée à l'agent et l'empêche en pratique d'exercer toute activité professionnelle en cas de rupture du contrat. ▪ Cass. com., 4 juin 2002, n° 00-14.688 : *D.* 2003, 904, obs. Picod. ▪ Cass. com., 15 mai 2012, n° 11-18.330 : *RJDA* 10/2012, n° 847 ; *Concurrences* 3/2012, p. 121, obs. Ferré, est nulle la clause de non-concurrence qui n'est pas limitée à la clientèle contractuellement confiée à l'agent et n'est pas nécessaire à la protection des intérêts légitimes du mandant. ▪ Cass. com., 11 mai 2017, n° 15-12.872 : *Lettre distrib.* juin 2017, obs. Brena., qui déclare nulle la clause de non-concurrence applicable « dans les villes dans lesquelles [l'agent] s'est déplacé au cours de l'exécution du présent contrat » au motif que « le périmètre géographique de la clause de non-concurrence n'était ni circonscrit, ni déterminable au moment de la conclusion du contrat mais appelé au contraire à s'étendre sans aucune limite à tout le territoire français au fur et à mesure de l'exécution de celui-ci » (V. cpdt. ▪ CA Versailles, 7 mai 2020, n° 18/07576 : *Concurrences* 3/2020, p. 109, obs. Vanni, qui estime suffisamment circonscrite la clause applicable « aux États sur le territoire duquel l'agent aura entretenu des relations avec la clientèle » dans la mesure où « la clientèle avec laquelle il est entré en relation dans les douze mois précédant la cessation du contrat était située en France » et que « dès lors, la clause de non-concurrence est limitée à la France, [l'agent pouvant] exercer partout ailleurs ») – Comp. ▪ CA Caen, 7 juill. 2016, n° 14/04267, qui semble déduire la proportionnalité du seul respect des conditions légales.

3) **Contrepartie financière.** L'article L. 134-14 n'exige pas que soit prévue une contrepartie financière à la clause de non-concurrence de l'agent

commercial (▪ Cass. com., 10 févr. 2015, n° 13-25.667). Lorsque la clause est conforme aux dispositions de l'article L. 134-14, le législateur n'a pas entendu que l'obligation de non-concurrence contenue dans le contrat soit indemnisée (▪ Cass. com., 4 déc. 2007, n° 06-15.137 : *JurisData* n° 2007-041782 ; *Bull. civ.* IV, n° 255 ; *RJDA* 3/2008, n° 261 ; *Contrats, conc. consom.* 2/2008, n° 38, comm. Mathey ; *RTD com.* 2008, 409, obs. Bouloc ; *JCP* E 2008, n° 20, p. 27, obs. Mainguy). Jugeant, en revanche, que lorsque les conditions légales ne sont pas remplies, la clause pourrait être valable en présence d'une contrepartie financière, ▪ CA Nancy, 7 janv. 2014, n° 13/01021.

Art. L. 134-15 ***(Anc. L. n° 91-593, 25 juin 1991).*** **– Lorsque l'activité d'agent commercial est exercée en exécution d'un contrat écrit passé entre les parties à titre principal pour un autre objet, celles-ci peuvent décider par écrit que les dispositions du présent chapitre ne sont pas applicables à la partie correspondant à l'activité d'agence commerciale.**

Cette renonciation est nulle si l'exécution du contrat fait apparaître que l'activité d'agence commerciale est exercée, en réalité, à titre principal ou déterminant.

1) Alinéa 1er. Pour un contrat dont l'objet principal porte sur la conception et la commercialisation de produits fabriqués par le mandant et l'agent et l'objet accessoire porte sur la diffusion des produits du mandant. V. ▪ Cass. com., 3 mars 2004, n° 02-12.905 : *JurisData* n° 2004-022751 ; *JCP* E 2004, pan. 661, jurispr. 1771, note Rouquié ; *D.* 2004, p. 1382 ; *RJDA* 8-9/2004, n° 971 ; *CDE* 3/2004, p. 32, n° 10, obs. Grignon ; *D.* 2005, pan. 150, obs. Ferrier ; *RTD civ.* 2004, 525, obs. Gauthier. Rappr. ▪ CA Paris, 21 févr. 2020, n° 17/23205 : *Contrats, conc. consom.* 5/2020, n° 80, obs. Mathey, qui retient qu'en présence d'un contrat dit « complexe » aux termes duquel le contractant se voit confier une double mission d'agence et de distributeur, l'application du statut d'agent dépend seulement des conditions dans lesquelles l'activité est effectivement exercée.

2) Alinéa 2. Sur les critères d'appréciation du caractère déterminant de l'activité d'agence commerciale, V. ▪ Cass. com., 12 juill. 2005, n° 04-12.983 : *JurisData* n° 2005-029483 ; *Bull. civ.* IV, n° 158 ; *D.* 2005, p. 2216, obs. Chevrier.

Art. L. 134-16 ***(Anc. L. n° 91-593, 25 juin 1991).*** **– Est réputée non écrite toute clause ou convention contraire aux dispositions des articles L. 134-2 et L. 134-4, des troisième et quatrième alinéas de l'article L. 134-11, et de l'article L. 134-15 ou dérogeant, au détriment de l'agent commercial, aux dispositions du deuxième alinéa de l'article L. 134-9, du premier alinéa de l'article L. 134-10, des articles L. 134-12 et L. 134-13 et du troisième alinéa de l'article L. 134-14.**

Portée. À propos de la clause subordonnant la prise d'effet du contrat d'agence commerciale à l'immatriculation de l'agent jugée valable, V. sous art. L. 134-1, note n° 18, p. 122.

À propos d'une clause relative à une période d'essai jugée contraire à l'article L. 134-16, V. L. 134-13, annot. n° 17, p. 137.

Voir également : sous art. L. 134-12, annot. n° 20, p. 131.

Art. L. 134-17 ***(Anc. L. n° 91-593, 25 juin 1991).*** **– Un décret en Conseil d'État fixe les conditions d'application du présent chapitre.**

Voir : pour les activités d'agents artistiques, qui présentent un caractère commercial, C. trav., art. L. 7121-9, L. 7121-10, L. 7121-22 et L. 7121-11.

CHAPITRE V. – DES VENDEURS À DOMICILE INDÉPENDANTS

Art. L. 135-1 ***(L. n° 2008-776, 4 août 2008).*** **– Le vendeur à domicile indépendant est celui qui effectue la vente de produits ou de services dans les conditions prévues par la section III du chapitre Ier du titre II du livre Ier du Code de la consommation, à l'exclusion du démarchage par téléphone ou par tout moyen technique assimilable, dans le cadre d'une convention écrite de mandataire, de commissionnaire, de revendeur ou de courtier, le liant à l'entreprise qui lui confie la vente de ses produits ou services.**

Art. L. 135-2 ***(L. n° 2008-776, 4 août 2008).*** **– Le contrat peut prévoir que le vendeur assure des prestations de service visant au développement et à l'animation du réseau de vendeurs à domicile indépendants, si celles-ci sont**

de nature à favoriser la vente de produits ou de services de l'entreprise, réalisée dans les conditions mentionnées à l'article L. 135-1. Le contrat précise la nature de ces prestations, en définit les conditions d'exercice et les modalités de rémunération.

Pour l'exercice de ces prestations, le vendeur ne peut en aucun cas exercer une activité d'employeur, ni être en relation contractuelle avec les vendeurs à domicile indépendants qu'il anime.

Aucune rémunération, à quelque titre que ce soit, ne peut être versée par un vendeur à domicile indépendant à un autre vendeur à domicile indépendant, et aucun achat ne peut être effectué par un vendeur à domicile indépendant auprès d'un autre vendeur à domicile indépendant.

Art. L. 135-3 *(L. n° 2008-776, 4 août 2008)*. – **Les vendeurs à domicile indépendants dont les revenus d'activité ont atteint un montant fixé par arrêté au cours d'une période définie par le même arrêté sont tenus de s'inscrire au registre du commerce et des sociétés ou au registre spécial des agents commerciaux à compter du 1er janvier qui suit cette période.**

Arrêté du 31 mai 2001

portant fixation des cotisations forfaitaires et des assiettes forfaitaires relatives aux personnes assurant la vente de produits et de services à domicile par démarchage de personne à personne ou par réunion en application de l'article 42 de la loi n° 94-637 du 25 juillet 1994 relative à la sécurité sociale
(JORF n° 144, 23 juin 2001, p. 9986)

Art. 5. – Sont tenus de s'inscrire au registre du commerce et des sociétés ou au registre spécial des agents commerciaux, en application de l'article 42 de la loi du 25 juillet 1994 susvisée, les vendeurs à domicile indépendants qui remplissent les deux conditions suivantes :

1° Avoir exercé l'activité de vente à domicile durant trois années civiles complètes et consécutives ;

2° Avoir tiré de cette activité, pour chacune de ces trois années, une rémunération, telle qu'elle est prise en compte pour la détermination du mode de calcul des cotisations de sécurité sociale fixé à l'article 2 du présent arrêté, dont le montant brut est supérieur à 50 % du plafond annuel de la sécurité sociale.

Dès lors que ces deux conditions sont réunies simultanément, l'inscription à l'un de ces deux registres est obligatoire à compter du 1er janvier qui suit ces trois années civiles.

TITRE IV. – DU FONDS DE COMMERCE

Bibliographie : *Ouvrages.* *JCl. Fonds de commerce*, Traité, Fasc. 1000 : *Nature juridique* ; Fasc. 1030 : *Fonds de commerce en droit international privé* ; Fasc. 1040 : *Biens de l'exploitation, Éléments du fonds de commerce, Biens exclus* ; Fasc. 1050 : *Biens de l'exploitation, Éléments corporels* ; Fasc. 1060 : *Biens de l'exploitation, Éléments incorporels* ; Fasc. 1090 : *Commercialité du fonds de commerce*, par Jeantin, et la bibliographie citée.

Revues. *Adde*, Dupoux et Helal, *Le fonds de commerce*, PUF 1981. • Le Floch, *La notion juridique de fonds de commerce*, thèse, LGDJ 1986. • Trousset, *La location-gérance : une solution pour anticiper les effets d'une fusion en cours de réalisation* : *JCP* E 1999, p. 1760.

CHAPITRE I. – DE LA VENTE *DU FONDS DE COMMERCE*

Section I. – De l'acte de vente

Art. L. 141-1 *(Abr., L. n° 2019-744, 19 juill. 2019)*.

Rédaction antérieure. Art. L. 141-1 *(Anc. L. 29 juin 1935 ; mod., L. n° 2008-776, 4 août 2008 ; L. n° 2012-387, 22 mars 2012 ; L. n° 2016-1691, 9 déc. 2016).* – I. – Dans tout acte constatant une cession amiable de fonds de commerce, consentie même sous condition et sous la forme d'un autre contrat ou l'apport en société d'un fonds de commerce, sauf si l'apport est fait à une société détenue en totalité par le vendeur, le vendeur est tenu d'énoncer :

1° Le nom du précédent vendeur, la date et la nature de son acte d'acquisition et le prix de cette acquisition pour les éléments incorporels, les marchandises et le matériel ;

2° L'état des privilèges et nantissements grevant le fonds ;

3° Le chiffre d'affaires qu'il a réalisé durant les trois exercices comptables précédant celui de la vente, ce nombre étant réduit à la durée de la possession du fonds si elle a été inférieure à trois ans ;

4° Les résultats d'exploitation réalisés pendant le même temps ;

5° Le bail, sa date, sa durée, le nom et l'adresse du bailleur et du cédant, s'il y a lieu.

II. – L'omission des énonciations ci-dessus prescrites peut, sur la demande de l'acquéreur formée dans l'année, entraîner la nullité de l'acte de vente.

Bibliographie : Trasbot, *Commentaire de la loi du 29 juin 1935 : DP* 1935, 4, 323. • Montier, *De l'acte de vente de fonds de commerce : Rev. fonds com.* 1938, 463. • Precigout, *Ventes volontaires de fonds de commerce, De l'acte sous seing privé préalable à l'acte authentique.* Formules commentées : *JCP* N 1953, I, 1135. • Bisquez, *Les mentions obligatoires de la loi du 29 juin 1935 et les promesses unilatérales de vente : Rép. Commaille* 1960, 133 ; *RTD com.* 1957, 73. • Cousi, *L'acte de vente d'un fonds de commerce*, LGDJ 1961 ; *Le statut juridique du fonds de commerce*, 60e Congrès des notaires de France, Strasbourg, 1962. • Pallu de Lessert, *Vente publique de fonds de commerce : Journ. not.* 1962, 398. • Fabre, *Quelques remarques sur la loi du 29 juin 1935 : Journ. agréés* 1966, 283. • Boccara, *De la notion de promesse unilatérale (régime fiscal et vente de fonds de commerce) : JCP* G 1970, I, 2357 *bis*. • Caudron et Desaint, *Rôle et devoirs de conseil d'un vendeur ou d'un acheteur de fonds de commerce : JCP* CI 1977, II, 12368 ; *RF compt.* 1976, 621. • Weissmann et Debled, *Achat, vente et gérance d'un fonds de commerce*, Delmas, 8e éd., 1978. • Savary, *La pratique de la cession de fonds de commerce et ses difficultés : Defrénois* 1984, 673, 753. • Honorat, *Conséquences des omissions et inexactitudes des mentions exigées par la loi du 29 juin 1935 en cas de cession d'un fonds de commerce : Defrénois* 1986, p. 1334. • Jeantin, *La cession massive des titres d'une société et la transmission du fonds de commerce dont la société est propriétaire au regard du droit privé : JCP* N 1988, I, 608. • F. Chalvignac, *Libérez le prix de vente du fonds de commerce ! : JCP* E 2008, 1771. • S. Rezek, *Pourquoi modérer la libération du prix de vente du fonds de commerce ? : JCP* E 2008, 2392. • Mazan et Samson, *Mentions obligatoires dans les cessions de fonds de commerce, La loi du 4 août 2008 apporte-t-elle les évolutions suffisantes ? : JCP* E 2009, 1469. • Actes du colloque de l'association Droit et commerce, *Le fonds de commerce (1909-2009) : un centenaire à rajeunir ! : Gaz. Pal.* 31 mai-4 juin 2009. • O. Savary et E. Debuisson, 105e congrès des notaires de France, *Propriétés incorporelles. Le fonds et l'immeuble d'exploitation : JCP* N 2009, 1135. • G. Amédée-Manesme, *La vraie nature juridique du fonds de commerce du franchisé et l'impact de l'appartenance à un réseau en cas de cession de ce fonds de commerce : JCP* E 2010, 1110. • T. Allain, *La durée de séquestre du prix de cession d'un fonds de commerce après la loi dite « Warsmann IV » du 22 mars 2012 : JCP* E 2012, 1277. • S. Rezek, *Nouveautés dans la rédaction des ventes de fonds de commerce Commentaires de la loi du 22 mars 2012 : JCP* E 2012, 1609. • B. Saintourens, *La vente de fonds de commerce après l'ordonnance n° 2016-131 du 10 février 2016 portant réforme du droit des contrats : RTD com.* 2016, p. 419.

Ouvrages. *JCl. Fonds de commerce*, Traité, Fasc. 1970 : *Cession amiable du fonds de commerce, Obligations du vendeur* (Énonciations obligatoires du vendeur), par Testu ; Fasc. 3250 et 3251 : *Distribution du prix de vente d'un fonds de commerce*, par Savary.

I – CONDITIONS DE FORME DE L'ACTE DE VENTE

A – Énonciations prescrites par la loi

1° *La teneur de l'énumération de l'article L. 141-1*

1) Le chiffre d'affaires. En vertu de l'article L. 141-1, le vendeur d'un fonds de commerce est tenu d'énoncer dans l'acte le chiffre d'affaires réalisé durant les trois derniers exercices comptables précédant celui de la vente. La référence temporelle est identique à celle de l'article L. 141-2. La période de ces trois années de référence ne se calcule plus de quantième en quantième en remontant dans le passé à partir du jour de la conclusion de la vente (▪ Cass. com., 22 juill. 1969, préc. ▪ Cass. com., 10 déc. 1991, n° 89-22.023 : *JurisData* n° 1991-003162 ; *Bull. civ.* IV, n° 381 ; *D.* 1993, 21, note Hallouin. ▪ Versailles, 9 oct. 1992, n° 8426/90 : *JurisData* n° 1992-044530 ; *D.* 1992, inf. rap. 272 ; *RTD com.* 1993, 83, obs. Derruppé. ▪ Cass. com., 29 avr. 1997, n° 93-18.415 : *JurisData* n° 1997-001979 ; *RJDA* 8-9/1997, n° 1030 ; *RTD com.* 1998, 134, obs. Derruppé). Des mentions relatives à deux années sur trois, ou pour une période de quelques mois précédant la cession, sont considérées comme insuffisantes (▪ Cass. 1re civ., 12 déc. 1979 : *JurisData* n° 1979-000319 ; *D.* 1980, inf. rap. 176 ; *RTD com.* 1980, 74. ▪ Cass. com., 10 déc. 1991, préc. ▪ Paris, 29 juin 2000, n° 1998/25706 : *JurisData* n° 2000-118591 ; *JCP* E 2000, n° 37, p. 1401). Ne satisfait pas aux exigences de l'article L. 141-1 la déclaration de l'acquéreur par laquelle il affirme avoir pris connaissance du chiffre d'affaires et des résultats commerciaux des trois dernières années (■ Lyon, 26 juill. 1950 : *D.* 1951, 97). Le chiffre d'affaires fourni par le cédant doit être le chiffre d'affaires réel (Rezek, *De la nécessaire relecture de certains textes relatifs aux ventes de fonds de commerce, étude* : *JCP* N 2006, n° 15, 1164), sachant que les périodes d'ouverture doivent être précisées : la déclaration d'ouverture par le vendeur d'une amplitude horaire d'ouverture inférieure à la réalité, ou de périodes de fermeture annuelle supérieures à la réalité, faussent l'opinion de l'acquéreur et justifient des dommages et intérêts (■ CA Rennes, 23 mai 2006, n° 05/02274 : *JurisData* n° 2006-306285 ; *JCP* N 2007, n° 45, 1293 pour les horaires. ■ CA Paris, 20 avr. 2005 : *JurisData* n° 2005-278754).

2) **Les bénéfices.** Il s'agit des *bénéfices nets*, les bénéfices bruts constituant une inexactitude (■ Paris, 18 déc. 1965 : *RTD com.* 1966, 309, obs. Jauffret. ■ Cass. com., 8 févr. 1971, n° 69-13.281 : *JurisData* n° 1971-097036 ; *Bull.* IV, n° 36. ■ Cass. 1re civ., 12 déc. 1979 : *JurisData* n° 1979-000318 ; *RTD com.* 1980, 74 ; *D.* 1980, inf. rap. 176). Constitue une omission et non pas une inexactitude l'affirmation dans l'acte de cession de l'existence de bénéfices sans indication du montant (■ Cass. com., 23 juin 1980, n° 78-14.535 : *JurisData* n° 1980-700266 ; *D.* 1980, 542 ; *Bull. civ.* IV, n° 266). Le bénéfice fiscal forfaitaire ne constitue pas le chiffre d'affaires et les bénéfices réels (■ Cass. com., 3 nov. 1983, n° 81-16.678 : *JurisData* n° 1983-702415 ; *Bull. civ.* IV, n° 286) ; son indication ne peut constituer qu'une inexactitude et non une omission (■ Cass. com., 29 avr. 1997 : *RJDA* 8-9/1997, n° 1030 ; *RTD com.* 1998, 134, obs. Derruppé. – V. cependant, ■ Paris, 22 nov. 1976 : *RTD com.* 1977, 486. ■ Cass. com., 9 juin 1970, n° 68-13.616 : *JurisData* n° 1970-097195 ; *D.* 1970, 762). Mais le chiffre d'affaires réalisé par l'acquéreur d'un fonds après son installation dans les lieux ne saurait être pris en considération car sa diminution éventuelle peut n'être que la conséquence du changement de propriétaire (■ Paris, 13 mai 1969 : *D.* 1969, 609). L'article L. 141-1 exige, *a contrario*, la communication des pertes subies (■ Versailles, 23 mars 2006, n° 05/00342 : *RJDA* 2006, n° 1013).

2° *La valeur de l'énumération de l'article L. 141-1*

3) **Caractère limitatif de l'énumération.** L'énumération des mentions obligatoires exigée par l'article L. 141-1 est limitative ; sur l'inexactitude *relative à une licence de débit* de boissons, *alors que la mention de la licence n'est pas exigée* par la loi (■ Cass. com., 7 juin 1974 : *JurisData* n° 1974-700177 ; *D.* 1974, somm. 103). La perte de clientèle ne figure pas au nombre des énonciations obligatoires (■ Cass. com., 13 janv. 1998, n° 95-14.521 : *JurisData* n° 1998-000194 ; *RJDA* 5/98, n° 577 ; *RTD com.* 1998, 323, obs. Derruppé). Sur une application restrictive de l'obligation de renseignements du vendeur d'un fonds : l'obligation de renseigner l'acheteur est limitée aux indications exigées dans l'acte de vente (■ Versailles, 21 mai 1986 : *JurisData* n° 1986-601320 ; *D.* 1986, 560, note Jeantin). Il n'y a pas de vice caché en cas d'omission dans l'acte de vente d'un fonds de commerce de renseignements imposés par les usages professionnels mais non prévus par le Code de commerce (■ Orléans, 9 janv. 1986 : *JurisData* n° 1986-040546 ; *Defrénois* 1986, p. 1342).

4) **Caractère d'ordre public de l'énumération.** L'énumération des mentions obligatoires exigée par l'article L. 141-1 est d'ordre public ; par conséquent, une clause dispensant le vendeur de respecter les mentions exigées par l'article L. 141-1 serait nulle (■ Cass. com., 4 nov. 1970, n° 69-13.021 : *JurisData* n° 1970-097289 ; *Bull.* IV, n° 293 ; *D.* 1971, 231). En revanche, rien n'interdit aux parties de convenir de la fourniture d'autres documents. Ainsi le vendeur peut fournir un diagnostic afférent à une présence éventuelle de termites, d'amiante ou de plomb (V. S. Rezek, *Diagnostic et vente amiable d'un fonds de commerce* : *JCP* E 2012, 1253).

5) **Document accueillant les énumérations exigées.** Les communications des énonciations exigées par l'article L. 141-1 dans un *document séparé* ne sauraient satisfaire au vœu de la loi et la convention doit être en conséquence déclarée nulle et de nul effet pour omission des énonciations prescrites par la loi (■ Paris, 3 juill. 1963 : *D.* 1963, 654. ■ Paris, 4 nov. 1963 : *D.* 1964, 60. ■ Versailles, 9 oct. 1992 : *D.* 1992, inf. rap. 272. – Même solution pour des *indications* relatives au chiffre d'affaires qui ne seraient que *verbales*, ■ Cass. com., 18 oct. 1971, n° 70-11.405 : *JurisData* n° 1971-097242 ; *Bull.* IV, n° 242).

B – Domaine d'application des énonciations

6) **Cession de fonds.** Il faut qu'il y ait *cession de fonds de commerce et non pas cession de parts sociales* (■ Cass. com., 1er mars 1982 : *JurisData* n° 1982-799352 ; *D.* 1982, inf. rap. 343, dès lors qu'il n'est pas démontré que le choix de la forme juridique de cession de parts sociales au lieu de celle de fonds de commerce n'a pas été faite dans une intention dolosive).

Cependant la cession massive de droits sociaux peut être assimilée à la cession d'un fonds de commerce, nulle pour absence des énonciations prescrites par l'article L. 141-1 (■ Cass. 1re civ., 17 nov. 1987, n° 86-12.040 : *JurisData* n° 1987-002085 ; *Rev. sociétés* 1988, 65, note Le Cannu ; *RTD com.* 1988, 423, obs. Derruppé, 454, obs. Reinhard. ■ Montpellier, 24 oct. 1991, n° 91/489 : *JurisData* n° 1991-034248 ; *RTD com.* 1992, 353, obs. Derruppé. ▪ Paris, 31 janv. 1997, n° 95-7494 : *JurisData* n° 1997-020160 ; *JCP* E 1997, II, 947, note Viandier ; *RD bancaire et bourse* 1997, 70, n° 3, obs. Germain et Frison-Roche ; *Bull. Joly* 1997, 430, note Le Cannu, pour la cession de la totalité des actions d'une société dont l'unique actif est un fonds de commerce. – Comp. ▪ Cass. com., 21 janv. 1997, n° 95-11.649 : *RD bancaire et bourse* 1997, p. 69, obs. Germain et Frison-Roche. – Comp. ▪ Cass. com., 24 juin 1997, n° 94-21.425 : *JurisData* n° 1997-003005 ; *RJ com.* 1999, 122, note Cheymol et Dondero).

Mais la Cour de cassation a censuré un arrêt qui avait décidé que la vente des parts sociales (95 %) d'une société s'analysait en une vente de fonds de commerce (▪ Cass. com., 13 févr. 1990, n° 88-10.661 : *JurisData* n° 1990-000263 ; *Bull.* IV, n° 42 ; *JCP* E 1990, II, 15855, note Lazarski ; E, II, 15784, n° 8, obs. Viandier et Caussain ; *RD bancaire et bourse* 1990, 166, n° 3, obs. Jeantin et Viandier ; *RTD com.* 1990, 185, obs. Derruppé, 582, n° 1, obs. Champaud, 590, n° 1, obs. Reinhard ; *Rev. sociétés* 1990, 251, note Le Cannu ; *D.* 1990, 470, note d'Hoir-Laupretre. ▪ Cass. com., 6 juin 1990, n° 88-15.784 : *JurisData* n° 1990-701724 ; *Bull.* IV, n° 161 ; *JCP* E 1991, I, 22, n° 8, obs. Viandier et Caussain ; *RTD com.* 1991, 27, obs. Derruppé. ▪ Cass. com., 22 janv. 1991, n° 89-12.398 : *JurisData* n° 1991-000218 ; *Bull.* IV, n° 33 ; *RTD com.* 1991, 182, n° 2, obs. Derruppé ; 405, obs. Reinhard).

Voir : notes sous art. L. 141-12, « Mutation soumise à publicité », p. 160.

Bibliographie : Jeantin, *La cession massive des titres d'une société et la transmission du fonds de commerce dont la société est propriétaire, au regard du droit privé* : *JCP* N 1988, I, 608.

7) Promesse de cession. Les énonciations prévues par l'article L. 141-1 sont exigées dans tout acte constatant une cession amiable ; ces énonciations doivent donc figurer dans toute promesse de vente dès lors que celle-ci est synallagmatique (▪ Cass. com., 24 nov. 1954 : *Bull. civ.* III, n° 363. ▪ Cass. com., 9 juin 1970, n° 68-13.616 : *JurisData* n° 1970-097195 ; *Bull. civ.* IV, n° 195. ▪ Bourges, 11 févr. 1986 : *JurisData* n° 1986-040535 ; *Defrénois* 1986, 1334) ; et alors même que cette promesse devait être réitérée en la forme authentique devant notaire (▪ Cass. com., 24 avr. 1981, n° 79-14.912 : *JurisData* n° 1981-701265 ; *Bull. civ.* IV, n° 184 ; *D.* 1981, 556). En cas de refus de réitérer une promesse synallagmatique de vente du fonds, le cessionnaire peut, malgré la présence d'une clause pénale, obtenir des dommages et intérêts s'il démontre un préjudice distinct de celui prévu par la clause, consistant notamment en des frais matériels engagés en vain pour la réalisation de l'acte de cession (▪ Cass. com., 12 juill. 2011, n° 10-18.326 : *JCP* E, 1648).

Même solution pour une promesse unilatérale d'achat (▪ Amiens, 27 nov. 1973 : *D.* 1974, 780). La promesse unilatérale de vente assortie d'un dédit doit contenir les mentions exigées par l'article L. 141-1 (▪ Cass. com., 20 nov. 1962 : *JurisData* n° 1962-098470 ; *D.* 1963, 3, pour un dédit important. ▪ Cass. com., 24 oct. 1984, n° 83-11.650 : *JCP* G 1985, IV, p. 5 ; *RTD com.* 1985, 507, obs. Derruppé, pour un dédit d'un montant inconnu. ▪ Paris, 22 oct. 1991 : *JurisData* n° 1991-045234 ; *D.* 1993, somm. 234, obs. Paisant, pour une indemnité d'immobilisation importante. – En sens contraire pour un dédit peu élevé laissant le bénéficiaire de ne pas lever l'option, ▪ Poitiers, 21 oct. 1938 : *DP* 1938, 32).

8) Location-gérance. La mise en location-gérance d'un fonds de commerce ne dispense pas, par elle-même, son vendeur d'observer les prescriptions édictées par l'article L. 141-1 (▪ Cass. com., 7 déc. 1993, n° 91-21.391 : *Bull. civ.* IV, n° 453. ▪ Lyon, 21 juin 2007, n° 04LY01501 : *JCP* E 2008, n° 3, p. 30. ▪ Nancy, 30 mai 2007, n° 04/00990 : *JurisData* n° 2007-342020 ; *JCP* 2008, IV, 1269 ; *Dr. sociétés* 2008, n° 157, obs. Monnet).

9) Opérations assimilées à une cession de fonds. Pour un contrat de concession : la rétrocession, à titre onéreux, d'une *concession de franchisage* – en l'espèce de courtage matrimonial – s'analyse en une cession de fonds de commerce relevant de l'article L. 141-1 (▪ Versailles, 2e ch., 24 mars 1988 : *D.* 1988, inf. rap. 124 ; *RTD com.* 1988, 611, obs. Derruppé. – *Contra* ▪ Cass. com., 3 juin 1982, n° 80-16.081 : *JurisData* n° 1982-702004 ; *RTD com.* 1983, 219, obs. Derrupé. – Pour une concession de licence d'exploitation, ▪ Cass. com., 9 juin 2004, n° 02-20.649 : *JCP* E 2004, nos 32-35, p. 1280 ; *JCP* E 2004, n° 47, p. 1819, obs. Cozian).

Voir : notes sous art. L. 141-5, « Notion de fonds de commerce », p. 149.

10) Apport en société. La convention constatant un apport en société doit comporter les énonciations prévues à l'article L. 141-1 (▪ Cass. com., 15 mai 1973 : *D.* 1974, 418). Toutefois, lorsque les parties ont choisi de recourir au mécanisme de la fusion-absorption, les exigences de l'article L. 141-1, singulièrement celles relatives au chiffre d'affaires et aux bénéfices ne s'appliquent pas (▪ Paris, 10 avr. 1986 : *JurisData* n° 1986-021173 ; *Rev. sociétés* 1986, 42, note Daigre).

11) Application territoriale. Les prescriptions de l'article L. 141-1 constituent des règles de forme applicables à tout contrat passé en France, même relatifs à un fonds situé à l'étranger, lorsque n'est pas établie la volonté des parties de soumettre la forme de leur contrat à la loi qui régit au fond celui-ci ou à leur loi nationale (▪ Cass. civ., 10 déc. 1974 : *JurisData* n° 1974-000339 ; *D.* 1975, 685, note Malaurie et Morin).

II – SANCTIONS DE L'OBLIGATION DE RENSEIGNEMENTS

12) Sur la distinction entre omission et inexactitude. Sur la distinction entre omission et inexactitude et ses conséquences sur la nullité de l'acte de vente (▪ Cass. com., 23 juin 1980, n° 78-14.535 : *JurisData* n° 1980-700266 ; *Bull.* IV, n° 266 ; *D.* 1980, 542. ▪ Cass. com., 10 mai 1982, n° 81-10.892 : *Bull.* IV, n° 166). Alors que la sanction de l'omission des mentions prescrites relève de l'article L. 141-1 du Code de commerce, la sanction en cas d'inexactitude des mentions prescrites par la loi relève de l'article L. 141-3 du Code de commerce et de son action en garantie.

A – Action en nullité en cas d'omission

13) Action en nullité. L'omission des mentions conduit à l'action en nullité de l'article L. 141-1, mais la nullité doit être prononcée par le juge. Une action en réduction de prix est irrecevable si l'acte comporte seulement des omissions (▪ Paris, 12 oct. 1962 : *D.* 1963, 167). Ce pouvoir d'appréciation du juge est double puisqu'il doit vérifier si l'omission est effective et si elle a vicié le consentement du cessionnaire d'une part, et s'il existe un préjudice d'autre part.

14) Renonciation à agir. La renonciation à agir en nullité ne peut intervenir dans l'acte de vente (▪ Lyon, 26 juill. 1950 : *D.* 1951, 97. ▪ Cass. com., 4 nov. 1970 : *D.* 1971, 231) ; mais il semble qu'elle puisse intervenir après la passation de l'acte (▪ Cass. com., 4 juin 1971, n° 68-12.462 : *JurisData* n° 1971-097154 ; *Bull. civ.* IV, n° 154).

B – Caractères de la nullité

15) Nullité relative. L'article L. 141-1 évoque une nullité relative destinée à protéger les intérêts de l'acquéreur. Aussi l'action en nullité ne peut être invoquée que par l'acquéreur (▪ Paris, 4 oct. 1955 : *JCP* G 1956, IV, 66. ▪ Paris, 2 févr. 1959 : *JCP* G 1959, IV, 144) et à son seul profit (▪ Cass. com., 17 oct. 1995, n° 93-13.331 : *Dr. et patrimoine* 1996, n° 35, p. 79, note Chauvel).

16) Nullité facultative. La nullité prévue à l'article L. 141-1 est facultative pour le juge qui doit apprécier si l'omission des énonciations a pu tromper l'acquéreur et vicier son consentement (▪ Cass. com., 5 janv. 1971, n° 69-13.476 : *JurisData* n° 1971-098006 ; *Bull. civ.* IV, n° 6. ▪ Cass. com., 4 nov. 1978 : *D. affaires* 1979, 231 où le cessionnaire *avait été salarié du* vendeur. ▪ Cass. com., 11 oct. 1982 : *Bull. civ.* IV, n° 299 ; *JCP* G 1983, IV, 5. ▪ Cass. com., 19 janv. 1983, n° 81-14.486 : *JurisData* n° 1983-700108 ; *Bull. civ.* IV, n° 25. ▪ Cass. com., 30 janv. 1990, n° 87-14.493 : *JurisData* n° 1990-700237 ; *Bull. civ.* IV, n° 29 ; *RTD com.* 1990, 560, n° 2, obs. Derruppé. ▪ Cass. com., 1er déc. 1992, n° 90-14.578 : *JurisData* n° 1992-002553 ; *Bull. civ.* IV, n° 385 ; *RTD com.* 1993, 83, obs. Derruppé ; *RJDA* 3/1993, n° 211. ▪ Cass. com., 29 avr. 1997, n° 93-18.415 : *JurisData* n° 1997-001979 ; *D. affaires* 1997, 851 où le prix de cession était des plus raisonnables. ▪ Paris, 10 sept. 1993 : *D.* 1993, inf. rap. 239. ▪ Versailles, 24 mars 1994 : *JurisData* n° 1994-043246 ; *D.* 1994, inf. rap. 155. ▪ Paris, 29 juin 2000, n° 1998/25706 : *JurisData* n° 2000-118591 ; *JCP* E 2000, pan. 1401. ▪ Cass. com., 13 mars 2001, n° 2000/16462 : *JurisData* n° 2001-142179 ; *JCP* E 2001, p. 1915, note Kamdem. ▪ Paris, 9 nov. 2001, n° 1999/17952 : *JurisData* n° 2001-163651 ; *RJDA* 5/2002, n° 491. ▪ Caen, 31 mars 2005, n° 03/03115 : *JurisData* n° 2005-271089 ; *JCP* E 2005, pan. 1173. ▪ Versailles, 23 mars 2006, n° 05/04505 : *RJDA* 10/2006, n° 1013. – Comp. ▪ Cass. com., 27 juin 2000, n° 1999/12053 : *JurisData* n° 2000-119918 ; *JCP* E 2000, pan. 1450 ; *D.* 2000, act. jurispr., p. 357, obs. Monéger-Dupuis ; *RTD com.* 2000, 849, obs. Derruppé). Encourent la cassation les décisions des juges du fond qui considèrent que la seule constatation de l'omission des énonciations suffit pour prononcer la nullité, sans préciser si cette omission a vicié le consentement des acquéreurs et leur a causé un préjudice (▪ Cass. com., 13 mars 2001, n° 98-11.948 : *JCP* E 2001, 1915, note Kamdem).

17) Critères cumulatifs de l'annulation : consentement vicié et préjudice. Sur le vice du consentement, V. ▪ Cass. com., 13 mars 2001, préc. – Sur le préjudice, ▪ Cass. com., 29 avr. 1997, n° 93-18.415 : *JurisData* n° 1997-001979 ; *D. affaires* 1997, 851. ▪ Cass. com., 20 oct. 1998, n° 96-18.321 : *JurisData* n° 1998-004088. C'est à l'acquéreur qu'il appartient de prouver que du fait de cette omission son consentement a été vicié et qu'il a subi un préjudice (▪ Cass. com., 11 oct. 1982 : *Bull. civ.* IV, n° 302. ▪ Dijon, 19 févr. 1998, n° 00001365/96 : *JurisData* n° 1998-040527 ; *JCP* E 1998, p. 1665) ; le préjudice n'ayant qu'à être constaté et non pas à être évalué (▪ Cass. com., 6 mars 1973 : *JurisData* n° 1973-097112 ; *Bull. civ.* IV, n° 112).

18) Sur l'appréciation du vice par les tribunaux. Il y a vice dans l'hypothèse où le cessionnaire n'a pas été mis à même de connaître la valeur réelle du fonds, et n'a pas été informé de l'existence d'une inscription dont il n'aurait pas manqué d'exiger la radiation s'il l'avait connue (▪ Cass. com., 6 juin 1993 : *D.* 1993, somm. 135. – V. aussi, ▪ Cass. com., 3 mai 1976 : *JurisData* n° 1976-799148 ; *Bull. civ.* IV, n° 145. ▪ CA Poitiers, 7 mai 1986 : *JurisData* n° 1986-045968 ; *Defrénois*, art. 33813). L'action en nullité pour dol ne peut être accueillie lorsque les demandeurs utilisent les mêmes griefs comme fondement aussi bien de l'action engagée sur la base des articles L. 141-1 et suivants que de l'action en nullité pour dol (▪ Grenoble, 14 déc. 1998, n° 97/

1345 : *JurisData* n° 1998-046712 ; *JCP* E 1999, pan. 741). – Sur l'annulation pour dol en raison du défaut d'information du cessionnaire de la non-réalisation de travaux demandés par la commission départementale de sécurité (■ Cass. 3e civ., 6 juill. 2005, n° 01-03.590 : *JurisData* n° 2005-029353 ; *JCP* E 2005, n° 38, 1534). – Sur la réduction proportionnelle du prix en cas de réticencedolosive, en l'occurrence le non-renouvellement par la mairie d'une autorisation d'occupation de la voie publique par la terrasse d'un café, représentant 20 % de la capacité totale des couverts du fonds vendu : ■ CA Bordeaux, 4e ch. civ., 10 sept. 2018, n° 16/05048 : *RTD com.* 2018, p. 909, obs. B. Saintourens). Une réticence dolosive rend toujours excusable l'erreur provoquée ; l'erreur de l'acquéreur, provoquée par la réticence dolosive du vendeur, est excusable (■ Cass. com., 13 févr. 2007, n° 04-16.520 : *JurisData* n° 2007-037438 ; *RJDA* 2007, n° 1076 [1re esp.]). Dès lors qu'il n'était établi ni l'intention de la cédante de tromper la société ni le caractère déterminant de l'information litigieuse sur les conditions de la vente (l'acquéreur critiquait la qualification de l'une des salariées dont le contrat de travail avait été repris lors de la cession du fonds), la Cour de cassation approuve les juges du fond d'en avoir déduit que la demande, exclusivement fondée sur le dol, devait être rejetée (■ Cass. com., 7 juin 2011, n° 10-13.622 : *JCP* E 2012, 1915, note S. Le Gac-Pech).

Sur la connaissance exacte par l'acquéreur du fonds de commerce de l'activité de celui-ci préalablement à la vente :

– refus de prononcer la nullité (■ Cass. com., 22 nov. 1965 : *Bull. civ.* III, n° 590, s'agissant de professionnels avertis. ■ Cass. com., 8 juin 1970, n° 69-10.159 : *JurisData* n° 1970-097189 ; *Bull. civ.* IV, n° 189. ■ Cass. com., 4 nov. 1970, n° 69-13.021 : *JurisData* n° 1970-097289 ; *D.* 1971, 321. ■ Cass. com., 9 janv. 1978, n° 76-12.742 : *JurisData* n° 1978-097015 ; *Bull. civ.* IV, n° 15. ■ Cass. com., 23 juin 1980, n° 78-14.535 : *Bull. civ.* IV, n° 266 ; *RTD com.* 1981, 65, obs. Derruppé) ;

– dans le sens contraire (■ Cass. com., 3 mai 1976 : *Bull. civ.* IV, n° 145).

19) Sur la responsabilité du rédacteur de *l'acte*. *Sur* la responsabilité du rédacteur de l'acte (en l'occurrence un agent d'affaires) qui commet une faute professionnelle en s'abstenant d'attirer l'attention de son client sur la nécessité d'insérer dans l'acte tous les renseignements utiles (■ Cass. com., 22 oct. 1973 : *Bull. civ.* IV, n° 287). Sur la responsabilité d'un notaire (■ Cass. 1re civ., 14 oct. 1997, n° 95-19.083 : *JurisData* n° 1997-004038 ; *JCP* E 1997, pan. 1260. ■ Cass. 1re civ., 3 mars 1998, n° 95-20.637 : *JurisData* n° 1998-000958 ; *JCP* E 1998, pan. p. 681). Et un cabinet intermédiaire commet une faute grave en se prêtant à la rédaction d'un acte dont l'annexe ne porte pas les indications relatives au chiffre d'affaires et au bénéfice (■ Paris, 28 oct. 1966 : *D.* 1967, 331. ■ Paris, 11 avr. 1973 : *RTD com.* 1973, 503). L'agent d'affaires ne dégage pas sa responsabilité en alléguant que les vendeurs ne lui auraient pas fourni en temps utile les chiffres d'affaires et bénéfices des trois dernières années (■ Paris, 19 nov. 1966 : *JCP* CI 1967, 80791). Sur la responsabilité d'un avocat, qui n'est pas tenu de vérifier l'exactitude des mentions prévues par l'article L. 141-1 (■ Cass. 1re civ., 30 oct. 2007, n° 05-16.789 : *JurisData* n° 2007-041150 ; *RJDA* 2008, n° 246 qui juge que l'avocat ne saurait être tenu, dans le cadre de son obligation de conseil, de vérifier les informations fournies par son client, ni d'attirer son attention sur les conséquences d'une fausse déclaration dès lors que l'obligation de loyauté et de sincérité s'impose en matière contractuelle et que nul ne saurait voir sa responsabilité engagée pour n'avoir pas rappelé à une partie ce principe de bonne foi élémentaire ou les conséquences de sa transgression).

C – Délai pour agir

20) Durée et point de départ du délai. L'acquéreur doit demander la nullité « dans l'année ». Ce délai pour agir court du jour de la signature de l'acte et non de la prise de possession (■ Cass. com., 3 mars 1992, n° 89-16.371 : *JurisData* n° 1992-000461 ; *JCP* E 1992, pan. 431 ; *Bull. civ.* IV, n° 106). C'est un délai préfix (■ Rennes, 30 avr. 1969 : *Gaz. Pal.* 1969, 2, 378. ■ Cass. com., 10 déc. 1991, n° 89-14.344 : *Gaz. Pal.* 1992, pan. 217 ; *JCP* E 1992, pan. 228 ; *Bull. civ.* IV, n° 382 ; *RTD com.* 1992, 353, obs. Derruppé. ■ Cass. com., 31 mars 2004, n° 01-13.089 : *JurisData* n° 2004-023265 ; *D.* 2004, p. 1238, obs. Chevrier ; *RJDA* 8-9/2004, n° 966 ; *JCP* E 2004, pan. 794 et 1057, note Kéita). L'expiration de ce délai interdit d'invoquer, même par voie d'exception, les omissions ou inexactitudes visées par la loi (■ Cass. com., 31 mars 2004, préc.). Ce délai préfix n'est susceptible ni d'interruption ni de suspension (■ Cass. com., 10 déc. 1991, préc.).

21) Délai en cas de promesse de vente. Lorsque les acquéreurs ont versé le complément du prix, renonçant à se prévaloir des conséquences juridiques de la défaillance de la condition suspensive d'obtention d'un prêt, le délai de l'article L. 141-1 commence à courir à la date de la promesse de vente et non au jour où les acquéreurs ont déclaré renoncer au bénéfice de la condition défaillie (■ Cass. com., 6 févr. 1996, n° 93-12.868 : *JurisData* n° 1996-000386 ; *JCP* E 1996, II, 841, note Petit. – Comp., ■ Cass. com., 26 mai 2004, n° 02-21.178 : *RJDA* 11/2004, n° 1208).

D – Conséquences de la nullité

22) Nullité du contrat de vente. Malgré une ambiguïté de rédaction du texte, la nullité n'affecte pas que l'*instrumentum*, mais bien le contrat de vente lui-même (▪ Cass. com., 18 janv. 1984, n° 82-11.958 : *JurisData* n° 1984-700120 ; *Bull. civ.* IV, n° 23).

E – Conséquences de la cession à l'égard des tiers

23) Relation commerciale établie. Le cessionnaire d'un fonds qui passe un contrat qui « n'était que la reprise, à quelques modifications près », d'un de ceux précédemment conclu avec le cédant, continue la relation commerciale originellement établie par ce dernier et peut donc se prévaloir d'une durée de préavis fixée en conséquence (▪ Cass. com., 2 nov. 2011, n° 10-25.323 : *D.* 2012, 795, note C. Mouly).

24) Obligation d'information précontractuelle. Dès lors que le concédant a agréé le cessionnaire du fonds de commerce en qualité de nouveau concessionnaire, une telle modification du contrat initial impose que le concédant fournisse à son nouveau cocontractant les informations lui permettant de s'engager en connaissance de cause à exécuter le contrat de concession (▪ Cass. com., 21 févr. 2012, n° 11-13.653 : *JCP* E 2012, 1481, note N. Randoux).

Ordonnance n° 45-2339 du 13 octobre 1945

relative aux spectacles

Art. 3 *(Mod., L. n° 99-198, 18 mars 1999)*. **–** Les baux d'immeubles à usage de spectacles, les locations, sous-locations et cessions de fonds de commerce d'entreprises de spectacles conclus postérieurement à la publication de la présente ordonnance doivent, à peine de nullité, être autorisés par le ministre « chargé de la culture ».

La nullité est constatée à la requête du ministre public, des parties, de l'une d'elles ou de tout tiers intéressé.

Code général des impôts

Art. 1840 A *(Abr., Ord. n° 2005-1512, 7 déc. 2005)*.

Art. L. 141-2 *(Anc. L. 29 juin 1935 ; mod., L. n° 2005-882, 2 août 2005 ; L. n° 2016-1691, 9 déc. 2016)*. **– Au jour de la cession, le vendeur et l'acquéreur visent un document présentant les chiffres d'affaires mensuels réalisés entre la clôture du dernier exercice comptable et le mois précédant celui de la vente.**

Pendant une durée de trois ans à compter de l'entrée de l'acquéreur en jouissance du fonds, le vendeur met à sa disposition, à sa demande, tous les livres de comptabilité qu'il a tenus durant les trois exercices comptables précédant celui de la vente.

Toute clause contraire est réputée non écrite.

Bibliographie : Hugot, *Cessions de fonds de commerce et livres et documents comptables, panorama JurisData* : *JCP* E 1994, I, 347. • Saintourens, *RTD com.* 2005, 706. • Dagot, *Vente de fonds de commerce : le point sur les déclarations de chiffres d'affaires et bénéfices commerciaux* : *Defrénois* 2007, art. 38527.

1) L'appréciation du vice du consentement. *Le défaut de la formalité matérielle du visa des livres de comptabilité* ne suffit pas à entraîner le vice du consentement de l'acquéreur d'un fonds qui ne conteste pas avoir eu connaissance de cette comptabilité (▪ Cass. com., 29 mai 1973, n° 72-11.913 : *JurisData* n° 1973-097190 ; *Bull.* IV, n° 190. – V. également pour l'inventaire des lieux, ▪ Paris, 23 mars 1957 : *D.* 1957, somm. 138). **Sur le dol** : il a été *jugé* qu'une cour d'appel a *exactement déduit* que la dissimulation de la fermeture temporaire du fonds, de la perte de clientèle subséquente et des raisons de cette fermeture liées à la défaillance du locataire-gérant était constitutive d'une réticence dolosive de la part du vendeur. Il en résultait que le vendeur avait agi intentionnellement pour tromper l'acquéreur et le déterminer à conclure la vente litigieuse. Elle est donc annulée (▪ Cass. com., 6 janv. 2015, n° 13-27.340).

2) Mise à disposition. *Le vendeur* d'un fonds de commerce, qui demeure propriétaire de ses livres de comptabilité, *satisfait à l'obligation*, *que lui impose l'article L. 141-2, alinéa 2*, de les communiquer à l'acquéreur *en les tenant à sa disposition chez un tiers*, si aucun obstacle n'empêche leur consultation (▪ Cass. com., 16 mars 1993, n° 90-21.527 : *JurisData* n° 1993-000491 ; *RJDA* 7/93, n° 609). L'exécution de l'obligation de communication des livres de comptabilité est sans incidence sur la prise de possession du fonds dont ces livres ne font pas partie (■ Cass. com., 23 juin 2004, n° 02-13.084 : *RJDA* 1/2005, n° 22).

3) Calcul du délai triennal. *La période* de trois ans visée par la loi doit être *calculée* de quantième à quantième en remontant dans le passé à partir du jour de la conclusion de la vente (■ Paris, 24 mai 1983 : *JurisData* n° 1983-023818 ; *D.* 1983, inf. rap. 355 ; *RTD com.* 1984, 68, obs. Derruppé).

4) Absence de nullité. *L'article L. 141-2 ne prévoit aucune nullité* en cas de violation de l'obligation qu'il contient (■ Dijon, 19 févr. 1998, n° 00001365/96 : *JurisData* n° 1998-040527 ; *JCP* E 1998, pan. p. 1665), mais cette obligation de communication donne à l'acquéreur la possibilité de réunir les preuves nécessaires à l'exercice d'une action en nullité ou en garantie.

5) Caractère d'ordre public du texte. L'article L. 141-2 est d'ordre public. Le cédant doit mettre les livres visés, qui n'ont aucun caractère confidentiel, à la disposition de l'acquéreur pendant 3 ans à partir de son entrée en jouissance du fonds, toute clause contraire étant réputée non écrite (■ Cass. 1re civ., 27 janv. 1993, n° 91-12.640 : *JurisData* n° 1993-000094 ; *JCP* E 1993, pan. 384 ; *RJDA* 4/93, n° 306). Ces documents peuvent être communiqués directement à l'acquéreur d'un fonds de commerce par le comptable du vendeur sans qu'il y ait faute de sa part (même arrêt. – *Adde*, ■ Cass. com., 16 mars 1993, n° 90-20.161 : *JurisData* n° 1993-000852 ; *JCP* E 1993, pan. 628). La notion n'est pas limitative et l'obligation de visa et d'inventaire porte sur tous les documents comptables établis par le vendeur obligatoires, comme facultatifs.

Art. L. 141-3 *(Anc. L. 29 juin 1935).* **– Le vendeur est, nonobstant toute stipulation contraire, tenu de la garantie à raison de l'inexactitude de ses énonciations dans les conditions édictées par les articles 1644 et 1645 du Code civil.**

Les intermédiaires, rédacteurs des actes et leurs préposés, sont tenus solidairement avec lui s'ils connaissent l'inexactitude des énonciations faites.

I – GARANTIE DUE PAR LE VENDEUR

1) Notion d'inexactitude. L'indication des bénéfices fiscaux au lieu des bénéfices réels constitue une *inexactitude et non pas une omission*(■ Cass. com., 3 nov. 1983, n° 81-16.678 : *Bull.* IV, n° 286 ; *JCP* G 1984, IV, 10 ; *RTD com.* 1984, 271, obs. Derruppé) ; même solution pour les bénéfices bruts (■ Cass. com., 8 févr. 1971 : *Bull.* IV, n° 36. – V. pour l'inexactitude des mentions dans la vente d'une officine de pharmacie qui n'était pas apte à produire le chiffre d'affaires trompeur annoncé, ■ Cass. 1re civ., 3 juill. 1996, n° 94-16.196 : *JurisData* n° 1996-002901 ; *RJDA* 1/97, n° 35 ; *JCP* E 1997, II, 1021, note Monéger). Sur la distinction entre omission de l'article L. 141-1 et inexactitude, V. ■ Cass. com., 10 mai 1982, n° 80-94.848 : *JurisData* n° 1982-701153 ; *Bull. civ.* IV, n° 166. Sont inexactes les mentions portées dans l'acte de vente en ce qu'elles ne se rapportent pas exclusivement à l'activité du fonds de commerce vendu (■ Cass. com., 31 mars 1992, n° 89-18.732 : *JurisData* n° 1992-000735 ; *JCP* E 1992, pan. 745 ; *D.* 1992, inf. rap. 133 ; *Bull. civ.* IV, n° 142 ; *RTD com.* 1992, 583, obs. Derruppé. ■ Cass. com., 3 déc. 2002, n° 00-21.669 : *JurisData* n° 2002-016952 ; *RJDA* 6/2003, n° 583).

2) Sanction de l'inexactitude. Lorsqu'une inexactitude des mentions n'est préjudiciable qu'au vendeur, celle-ci ne sera pas sanctionnée (■ Cass. com., 21 mars 1966 : *D.* 1966, 435, pour une minoration des bénéfices réalisés). L'inexactitude des mentions rendues obligatoires dans les actes de cession de fonds de commerce par l'article L. 141-1 ne peut, à la différence de leur omission, donner lieu qu'à l'action en garantie prévue à l'article L. 141-3, alinéa 1er, sans pouvoir entraîner l'annulation de la vente (■ Cass. com., 1er déc. 1992 : *Bull. civ.* IV, n° 385. – *Contra* ■ Cass. com., 1er mars 1971, n° 69-14.012 : *Bull. civ.* IV, n° 62 qui a décidé qu'en cas d'inexactitude la nullité peut être prononcée même si au pénal le vendeur a bénéficié d'une relaxe du chef d'escroquerie. V. également ■ Cass. com., 18 oct. 1994, n° 92-19.617 : *RJDA* 2/1995, n° 102 et rect. *RJDA* 4/1995, n° 401. ■ Cass. com., 15 janv. 2002, n° 99-18.774 : *JurisData* n° 2002-012533 ; *JCP* E 2002, pan. n° 335, jurispr. 1427, note Kéita ; *RJDA* 5/2002, n° 490 ; *RTD com.* 2002, 265, obs. Saintourens, qui décide que les dispositions de l'article L. 141-3 n'interdisent pas à l'acquéreur d'un fonds de commerce de rechercher la responsabilité de droit commun du vendeur, notamment pour dol, quand bien même les manœuvres alléguées auraient trait à l'inexactitude des énonciations obligatoires portées à l'acte), à moins que l'acheteur n'invoque la nullité de la vente pour erreur sur les qualités substantielles de la chose vendue (■ Cass. com., 18 juin 1996, n° 93-19.645 : *JurisData* n° 1996-005508 ; *D.* 1998, 305, note Jault-Seseke). L'acquéreur a donc le choix entre l'action rédhibitoire ou l'action estimatoire des articles 1644 et 1645 du Code civil, la convention des parties ne pouvant réduire l'obligation du cédant.

3) Cumul d'actions. La victime de manœuvres dolosives peut exercer, outre une action en annulation du contrat, une action en responsabilité délictuelle de droit commun pour obtenir de leur auteur réparation du dommage qu'elle a subi (■ Cass. com., 15 janv. 2002, préc.). Sur l'obligation du vendeur de s'abstenir de tout acte de nature à priver l'acquéreur des avantages du fonds cédé et à lui causer un préjudice (■ Rouen, 8 janv. 2004, n° 01-17.650 : *JCP* E 2004, n° 42, 1613). Pour un vendeur sanctionné pour réticence dolosive à propos de l'exploitation d'une terrasse qui avait été construite sur une plage sans autorisation administrative (■ Cass. com., 19 févr. 2008 : *BRDA* 2008, n° 10, p. 7). Par ailleurs, l'acquéreur peut demander la résolution de la vente aux torts du vendeur, celui-ci n'ayant pas assuré la conservation du fonds de commerce jusqu'au terme convenu pour sa livraison en raison de la disparition du fonds, le locataire-gérant ayant cessé de l'exploiter (■ Cass. com., 12 mai 2004, n° 01-11.735 : *RJDA* 2004, n° 1206).

4) La preuve de l'inexactitude. L'action en réduction de prix ne peut être ordonnée que si l'acquéreur rapporte la preuve que les mentions étaient inexactes (■ Paris, 13 mai 1969 : *D.* 1969, 608. ■ Cass. com., 9 juin 1970 : *JurisData* n° 1970-097193 ; *D.* 1970, 762. ■ Cass. com., 21 juin 1975 : *JCP* CI 1975, I, 4861). Cette preuve peut être apportée par tous moyens (■ Cass. com., 29 mars 1994, n° 92-12.733 : *Bull. civ.* IV, n° 129. – Pour une hypothèse où la preuve n'était pas rapportée ■ Cass. com., 27 juin 2000, n° 95-15.406 : *JurisData* n° 2000-002713 ; *Bull. civ.* IV, n° 132. – Pour une hypothèse où elle est rapportée de façon indirecte ■ Cass. 1re civ., 3 juill. 1996, n° 94-16.196 : *JurisData* n° 1996-002901 ; *JCP* E 1997, II, 1021, note Monéger).

Le préjudice peut être établi par expertise (■ Paris, 13 mai 1969, préc.).

En revanche, les juges ne sont pas tenus d'ordonner une expertise aux fins de vérifier l'exactitude des mentions énoncées dans l'acte de vente (■ Cass. com., 11 oct. 1982, n° 81-13.113 : *JurisData* n° 1982-702627 ; *Bull.* IV, n° 302).

5) Obstacle à l'action rédhibitoire (non). La clause par laquelle l'acquéreur d'un fonds s'oblige à prendre celui-ci dans l'état où il se trouve, sans pouvoir exiger aucune indemnité ni diminution de prix pour quelque cause que ce soit, ne fait pas obstacle à l'action résolutoire résultant de l'existence d'un vice caché (■ Cass. com., 26 juin 1973, n° 72-11.863 : *JurisData* n° 1973-097223 ; *Bull.* IV, n° 22).

II – RESPONSABILITÉ DES INTERMÉDIAIRES

6) *Sur la responsabilité des intermédiaires* et rédacteurs d'actes en cas d'inexactitudes, V. sous art. L. 141-1, annot. n° 19, p. 145. – V. égal. ■ Cass. 1re civ., 20 déc. 2007, n° 06-12.969 : *RJDA* 2008, n° 391 qui juge fautive la rédaction d'un acte authentique qui mentionnait que la cession du fonds de commerce comprenait au titre des éléments incorporels, l'enseigne et le nom commercial de la marque du constructeur automobile qui y était visé. Mais l'obligation de conseil constitue un meilleur fondement pour la mise en cause du professionnel et notamment du notaire par le cessionnaire puisqu'il est tenu d'un devoir d'efficacité à propos duquel toute dispense donnée par les parties serait inefficace (■ Cass. 1re civ., 17 déc. 1996, n° 95-13.091 : *JurisData* n° 1996-004957 ; *Bull. civ.* I, n° 453).

Art. L. 141-4 *(Anc. L. 29 juin 1935).* **– L'action résultant de l'article L. 141-3 doit être intentée par l'acquéreur dans le délai d'une année, à compter de la date de sa prise de possession.**

1) Terme *a quo* du délai. Le point de départ du délai de l'article L. 141-4 est celui de la prise de possession à la différence de celui fixé par la jurisprudence en cas d'omission des énonciations (■ Cass. com., 11 oct. 1971, n° 69-13.694 : *JurisData* n° 1971-097235 ; *D.* 1972, 181 ; *RTD com.* 1972, 50, obs. Jauffret. ■ Cass. com., 3 mars 1992 : *JCP* E 1992, pan. 431 ; *Bull.* IV, n° 106 ; *RTD com.* 1992, 353, obs. Derruppé).

Jugé cependant que rien ne s'oppose à ce que l'action soit intentée dès que le signataire du compromis a eu connaissance de la fausseté de la déclaration faite par le vendeur (■ Amiens, 27 nov. 1973 : *D.* 1974, 780).

L'action en garantie est valablement intentée par l'acquéreur à la date de la délivrance de l'assignation aux vendeurs, dès lors qu'il a assigné les cédants moins d'un an après la prise de possession du fonds (■ Cass. com., 15 oct. 1996, n° 94-13.752 : *JurisData* n° 1996-003781 ; *RJDA* 1/97, n° 34).

2) Computation du délai. Lorsque l'acheteur n'a jamais pris possession du fonds, il demeure toujours dans les délais pour se prévaloir des dispositions de l'article L. 141-3 (■ Rouen, 31 janv. 1958 : *D.* 1958, 455 ; *RTD com.* 1958, 740).

3) Nature du délai. *Le délai* d'un an pour exercer une action en nullité *est un délai préfix* et non une prescription ; il n'est donc susceptible ni d'interruption ni de suspension (■ Cass. com., 7 oct. 1997, n° 95-17.936 : *JurisData* n° 1997-003826 ; *Bull.* IV, n° 249 ; *RJDA* 1/98, n° 34 ; *JCP* E 1997, II, 1034, note Croze ; *RTD com.* 1998, 135, obs. Derruppé. ■ Cass. com., 31 mars 2004 : *D.* 2004, p. 1238, obs. Chevrier ; *RJDA* 8-9/2004, n° 966 ; *JCP* E 2004, pan. 794, jurispr. 1057, note Kéita). L'expiration de ce délai interdit d'invoquer, même par voie d'exception, les omissions ou inexactitudes visées par la loi (■ Cass. com., 31 mars 2004, préc.).

Une assignation devant une juridiction incompétente n'a pas pour effet d'interrompre le délai d'un an (■ Grenoble, 14 déc. 1998 : *JCP* E 1999, pan. 741).

4) Domaine d'application du délai. L'article L. 141-4 ne s'applique qu'à l'*action fondée sur* *l'inexactitude* des mentions de l'acte mais ne concerne pas l'action fondée sur le dol qui ne se prescrit que par cinq ans (▪ Paris, 19 févr. 1971 : *RJ com.* 1972, 242. ▪ Cass. com., 5 juill. 1977 : *D.* 1977, inf. rap. 494. – *Adde,* ▪ Cass. com., 4 févr. 1986 : *Gaz. Pal.* 1986, 1, somm. 74). Par ailleurs, l'action en nullité fondée sur les vices cachés relève des brefs délais de l'article 1648 du Code civil et non des articles L. 141-3 et L. 141-4 du Code de commerce (▪ Cass. com., 20 juill. 1983, n° 82-12.145 : *JurisData* n° 1983-701653 ; *JCP* 1983, I, 11967). L'application de l'article L. 141-4 est exclusive de celle de l'article 1648 du Code civil (▪ Cass. com., 23 juin 2004 : *RJDA* 1/2005, n° 22).

Section II. – Du privilège du vendeur

Bibliographie : Lapeyre, *La vente de fonds de commerce,* Litec 1975. • Weissmann et Debled, *Achat, vente et gérance d'un fonds de commerce,* Delmas, 8e éd. 1978. • Ancel, *La garantie conventionnelle des vices cachés dans les conditions générales de vente en matière mobilière : RTD com.* 1979, 203. • Savary, *La pratique de la cession de fonds de commerce et ses difficultés : Defrénois* 1984, 673, 753. • Sénéchal et Raffray, *Faut-il publier la cession isolée d'un bail commercial ? : JCP* N 1986, I, 9864. • Le Mazier, *La protection de l'acquéreur de fonds de commerce : Defrénois* 1990, 271. • Ph. Stoffel-Munck et G. Decocq, *L'avènement du fonds de commerce électronique : Gaz. Pal.* 4 juin 2009, n° 155, p. 52. • B. Saintourens, *La vente et la location-gérance de fonds de commerce après la loi de simplification du 19 juillet 2019 : RTD com.* 2019, p. 606 s.

Ouvrages. *JCl. Fonds de commerce,* Traité, Fasc. 1910 : *Cession amiable du fonds de commerce, Capacité,* par Desdevises ; Fasc. 1950 : *Obligations du vendeur (Garantie de la consistance du fonds cédé)* ; Fasc. 1960 : *Garantie contre les détournements de clientèle,* par Jeantin ; Fasc. 1980, 1990, 2000 : *Obligations de l'acquéreur,* par Bénabent ; Fasc. 2010, 2020, 2030, 2040, 2050 : *Privilège du vendeur,* par Desdevises ; Fasc. 2060, 2070, 2080 : *Action résolutoire du vendeur non payé,* par Stark et Issa-Sayegh ; Fasc. 2090 : *Protection des créanciers,* par Bénabent ; Fasc. 3000 : *Surenchère du sixième,* par Stark et Issa-Sayegh ; Fasc. 3250 et 3251 : *Distribution du prix de vente d'un fonds de commerce,* par Savary.

Art. L. 141-5 *(Anc. L. 17 mars 1909).* **– Le privilège du vendeur d'un fonds de commerce n'a lieu que si la vente a été constatée par un acte authentique ou sous seing privé, dûment enregistré** ***(Mots suppr. à compter d'une date qui sera fixée par décret et au plus tard le 1er janvier 2023, Ord. n° 2021-1192, 15 sept. 2021)*** **« , et que s'il a été inscrit sur un registre public tenu au greffe du tribunal de commerce dans le ressort duquel le fonds est exploité ».**

Il ne porte que sur les éléments du fonds énumérés dans la vente et dans l'inscription, et à défaut de désignation précise, que sur l'enseigne et le nom commercial, le droit au bail, la clientèle et l'achalandage.

Des prix distincts sont établis pour les éléments incorporels du fonds, le matériel et les marchandises.

Le privilège du vendeur qui garantit chacun de ces prix, ou ce qui en reste dû, s'exerce distinctement sur les prix respectifs de la revente afférents aux marchandises, au matériel et aux éléments incorporels du fonds.

Nonobstant toute convention contraire, les paiements partiels autres que les paiements comptants s'imputent d'abord sur le prix des marchandises, ensuite sur le prix du matériel.

Il y a lieu à ventilation du prix de revente mis en distribution, s'il s'applique à un ou plusieurs éléments non compris dans la première vente.

• ***Sommaire***

I – LA NOTION DE FONDS DE COMMERCE

A – Nature juridique du fonds de commerce

1) Universalité. *Sur le fonds de commerce considéré comme une universalité juridique distincte des éléments qui la composent* (▪ Cass. req., 16 mars 1888 : *D.* 1888, 25. ▪ Cass. civ., 31 oct. 1906 : *D.* 1906, 1, 528. ▪ Cass. civ., 7 juin 1918 : *S.* 1922, 313, note Rousseau).

2) Universalité de fait. Le fonds de commerce est davantage une universalité de fait qu'une universalité de droit (▪ Cass. civ., 24 juin 1903 : *S.* 1904,

1, 220. – Comp. ▪ Cass. civ., 12 janv. 1937 : *Gaz. Pal.* 1937, 1, 508).

Bibliographie : E. Meiller, *L'universalité de fait* : *RTD civ.* 2012, 651 ; *Cession (fonds, immeuble, bail) : lois Pinel et Macron et ordonnance relative au droit des obligations et contrats. La formation du contrat* : *Loyers et copr.* 2017, étude 2, J. Prigent, p. 9.

3) **Caractère mobilier du fonds.** Sur la nature mobilière du fonds de commerce et sur son caractère de meuble incorporel (▪ Cass. req., 13 mars 1888 : *DP* 1888, 1, 35. ▪ Paris, 29 janv. 1902 : *DP* 1903, 2, 169. ▪ Cass. civ., 26 janv. 1914 : *DP* 1914, 1, 112. ▪ Cass. com., 16 févr. 1993, n° 91-13.277 : *JurisData* n° 1993-000296 ; *JCP* E 1993, pan. 319 ; *RJDA* 6/1993, n° 449 ; *Gaz. Pal.* 1993, 23 juill., obs. Barbier ; *Dr. et patrimoine* 1993, n° 5, 27 ; *RTD com.* 1993, 285, obs. Derruppé). Un fonds de commerce est une universalité mobilière insusceptible de cession partielle ; dès lors, il ne peut être fait application des dispositions de l'article 1840 du Code général des impôts, à la cession du stock faite par acte distinct de celle du fonds, sans qu'il soit établi que la première cession était l'accessoire de la seconde (▪ Cass. com., 12 nov. 1992, n° 90-20.845 : *JurisData* n° 1992-002536 ; *Bull. civ.* IV, n° 350 ; *RTD com.* 1993, 285, obs. Derruppé).

De même, la cession d'un fonds de commerce exploité dans un local essentiel à cette exploitation et pris à bail emporte nécessairement cession de ce bail (▪ Cass. com., 26 oct. 1993, n° 91-15.877 : *JurisData* n° 1993-002186 ; *Bull. civ.* IV, n° 362 ; *D.* 1994, somm. 54, obs. Rozès).

4) **Caractère commercial du fonds.** Le caractère commercial du fonds de commerce suppose que l'objet du fonds soit de faire des actes de commerce (▪ Pau, 30 mars 1960 : *Gaz. Pal.* Tables quinq. 1956-1960, 1, p. 1039, n° 1).

Cependant l'accomplissement d'actes de commerce à titre habituel n'implique pas nécessairement l'existence d'un fonds de commerce (▪ Cass. com., 13 nov. 1969, n° 68-12.404 : *Bull.* IV, n° 332) ; car l'exploitation d'une clientèle est nécessaire (▪ Cass. com., 5 juin 1970 : *RTD com.* 1971, 281 ; V. *infra*, Éléments du fonds de commerce).

Une société à forme commerciale et à objet civil n'exploite pas un fonds de commerce (▪ Paris, 14 nov. 1959 : *JCP* 1960, II, 11784, note Boccara. ▪ Cass. 3e civ., 5 mars 1961 : *Bull. civ.* III, Boccara. ▪ Cass. 3e civ., 5 mars 1961 : *Bull. civ.* III, n° 168 ; *RTD com.* 1971, 1034, obs. Houin. ▪ Amiens, 1er juin 1976 : *JCP* G 1977, II, 18569, note Désiry ; ▪ Cass. *com.* 27 juin 2018, n° 16-23.848 *où la Cour a jugé* que « les sociétés commerciales par la forme qui ont un objet civil n'étant pas titulaires d'un fonds de commerce, c'est à bon droit que la cour d'appel a retenu que la cession de parts sociales non négociables d'une société d'expertise comptable n'entrait pas dans les prévisions de l'article 1er, 2° et 5°, de la loi n° 70-9 du 2 janvier 1970 ») ; sauf si elle fait des actes de commerce (▪ Paris, 16 févr. 1953 : *Gaz. Pal.* 1953, 1, 313). Mais sur le refus de reconnaître à un GIE l'exploitation d'un fonds de commerce parce qu'il n'effectue aucun acte de commerce pour son propre compte (▪ Paris, 7 juill. 1973 : *D.* 1974, 123). De même n'exploitent pas un fonds de commerce les entreprises industrielles de l'État telles qu'EDF (▪ Rennes, 30 nov. 1949 : *JCP* 1950, II, 5443. ▪ Cass. civ., 29 janv. 1952 : *D.* 1952, 737, note Derrida) ; les concessions administratives telles que les débits de tabac (▪ Bordeaux, 28 oct. 1930 : *S.* 1931, 2, 6. ▪ Aix-en-Provence, 21 févr. 1939 : *DH* 1939, 234) ; les concessionnaires d'un service public (▪ Cass. civ., 24 juill. 1941 : *DC* 1943, 69).

B – Les éléments du fonds de commerce

1° Généralités

5) **Pouvoir du juge.** Aucun texte ne définissant la composition d'un fonds de commerce, et les articles L. 141-5 et suivants du Code de commerce énumérant seulement les divers éléments qui peuvent servir à le constituer, *il appartient au juge du fond d'apprécier*, d'après les éléments désignés par la convention, si ce que les parties ont entendu comprendre pour leurs opérations représente ou non des éléments essentiels sans lesquels un fonds de commerce ne saurait exister (▪ Cass. req., 15 févr. 1937 : *DP* 1938, 1, 13. ▪ Cass. civ., 10 juill. 1953 : *D.* 1953, 598. ▪ Cass. civ., 18 mai 1978, n° 76-13.943 : *RTD com.* 1978, 559 ; *JCP* G 1978, IV, 220).

6) **Cession d'actions.** Sur le point de savoir si la cession de la quasi-totalité des actions d'une société exploitant un fonds de commerce porte nécessairement sur la transmission du fonds de commerce lui-même :

Pour la négative (▪ Cass. com., 13 févr. 1990, n° 88-10.661 : *JurisData* n° 1990-000263 ; *RTD com.* 1990, 185, obs. Derruppé ; *Bull.* IV, n° 42 ; *JCP* E 1990, II, 15855, note Lazarski ; *JCP* E, II, 15784, n° 8, obs. Viandier et Caussain ; *RD bancaire et bourse* 1990, 166, n° 3, obs. Jeantin et Viandier ; *RTD com.* 1990, 185, obs. Derruppé, 582, n° 1, obs. Champaud, 590, n° 1, obs. Reinhard ; *Rev. sociétés* 1990, 251, note Le Cannu ; *D.* 1990, 470, note d'Hoir-Lauprетre. ▪ Cass. com., 6 juin 1990 : *Bull.* IV, n° 161 ; *JCP* E 1991, I, 22, n° 8, obs. Viandier et Caussain ; *RTD com.* 1991, 27, obs. Derruppé. ▪ Cass. com., 22 janv. 1991 : *Bull.* IV, n° 33 ; *RTD com.* 1991, 182, n° 2, obs. Derruppé ; 405, obs. Reinhard).

Pour l'affirmative (▪ Cass. com., 17 nov. 1987, n° 86-12.392 : *Rev. sociétés* 1988, 65, note Le Cannu ; *RTD com.* 1988, 423, obs. Derruppé ; 454, obs. Reinhard. ▪ Montpellier, 24 oct. 1991 : *RTD com.* 1992, 353, obs. Derruppé. ▪ Paris, 31 janv. 1997 : *JCP* E 1997, II, 947, note Viandier ; *RD bancaire et bourse* 1997, 70, n° 3, obs. Germain et Frison-Roche ; *Bull. Joly* 1997, 430, note Le Cannu, pour la cession de la totalité des actions d'une société dont l'unique actif est un fonds de commerce. – Comp. ▪ Cass. com., 21 janv. 1997 : *RD bancaire et bourse* 1997, p. 69, obs. Germain et Frison-Roche).

Il a été jugé qu'une cession à une seule personne de la totalité des parts entraîne la dissolution de la société et constitue alors une promesse de vente de fonds de commerce (▪ Paris, 4 nov. 1963 : *D.* 1964, 60 ; *RTD com.* 1964, 286, obs. Jauffret).

V. cependant désormais l'article 1844-5 du Code civil : la réunion de toutes les parts en une seule main n'entraîne plus la dissolution de plein droit ; les juges prennent en considération l'esprit des parties et l'absence de faute pour décider s'il y a cession de fonds de commerce (▪ Cass. com., 29 nov. 1971, n° 69-10.863 : *JurisData* n° 1971-097286 ; *Bull.* IV, n° 286. ▪ Cass. com., 4 juin 1971, n° 68-12.462 : *JurisData* n° 1971-097154 ; *Bull.* IV, n° 154), ou non (▪ Cass. com., 4 janv. 1973, 605. ▪ Cass. com., 12 avr. 1976, n° 74-15.159 : *JurisData* n° 1976-799121 ; *Bull.* IV, n° 121).

Bibliographie : Jeantin, *La cession massive des titres d'une société et la transmission du fonds de commerce dont la société est propriétaire, au regard du droit privé* : *JCP* N 1988, I, 608.

Voir : notes sous art. L. 141-12, « Mutations soumises à publicité », p. 160 et sous L. 141-1 de la loi du 29 juin 1935 « Domaine d'application des énonciations », p. 141.

7) Cession de droit au bail. La cession d'un droit au bail ne peut être assimilée à la cession d'un fonds, que si elle s'accompagne d'une cession de clientèle (▪ Cass. 1re civ., 11 déc. 2001, n° 99-15.194 : *JurisData* n° 2001-012089 ; *D.* 2002, p. 488, obs. Rouquet). Les juges ont pu décider que *la cession d'un droit au bail équivaut à la cession du fonds* pour un magasin ayant une clientèle de quartier (▪ Paris, 12 juin 1928 : *DP* 1929, 2, 33), ce droit au bail constituant l'élément essentiel de la valeur du fonds de commerce (▪ Paris, 16 nov. 1960 : *JCP* G 1961, IV, 175. – Comp. ▪ Cass. com., 26 oct. 1993, n° 91-15.877 : *JurisData* n° 1993-002186 ; *Bull.* IV, n° 362), à la condition que le commerçant n'ait pas cessé toute activité avant la cession et donc que le fonds existe encore réellement (▪ Cass. com., 6 déc. 1982, n° 81-14.422 : *JurisData* n° 1982-702742 ; *JCP* 1984, II, 20158).

De même les juges ont pu considérer que la cession d'une carte de transporteur, pour un transporteur routier, équivaut à une cession de fonds (▪ Cass. civ., 24 oct. 1949 : *D.* 1949, 550), à moins que le cédant n'ait cependant conservé sa clientèle et ait continué son exploitation (▪ Cass. com., 11 mai 1960 : *D.* 1960, somm. 110).

De même, jugeant que dès lors qu'une partie non négligeable de la clientèle a été effectivement cédée, il y a bien vente de fonds de commerce et non cession de droit au bail (▪ Cass. 3e civ., 29 nov. 2005, n° 04-16.147 : *JurisData* n° 2005-031060 ; *Administrer* févr. 2006, 32, obs. Boccara). – À l'inverse, retenant que l'acte, intitulé cession de fonds de commerce, emportait en réalité la vente du seul droit au bail en l'absence totale d'achalandage, de marchandises et d'activité commerciale durant l'année ayant précédé l'acte litigieux (▪ Cass. com., 24 janv. 2006, n° 04-15.175 : *RJDA* 2006, 626. ▪ Toulouse, 4 avr. 2006, n° 04/04892 : *JurisData* n° 2006-322568 ; *JCP* N 2007, n° 45, 18, obs. Rezek. ▪ Paris, 22 nov. 2007, n° 07/01893 : *JurisData* n° 2007-352076 ; *Administrer* févr. 2008, 23, obs. Lipman-Boccara).

Mais, un arrêt a décidé que, quelle que soit son importance, le droit au bail ne constitue pas, de plein droit, un élément nécessaire du fonds de commerce qui peut exister en dehors de lui (▪ Cass. com., 27 avr. 1993, n° 91-10.819 : *JurisData* n° 1993-000793 ; *JCP* E 1993, pan. 772).

8) Cession de matériel. Traditionnellement, *une cession de matériel n'est pas suffisante* pour constituer cession de fonds de commerce (▪ Rennes, 4 janv. 1951 : *S.* 1952, 2, 145. ▪ Cass. com., 29 mai 1953 : *JCP* 1953, II, 7720 ; *D.* 1953, 599). De même pour la seule cession de l'achalandage (▪ Cass. com., 31 mai 1988, n° 86-13.486 : *JCP* 1988, IV, 275 ; *Gaz. Pal.* 1988, 2, somm. 228 ; *RTD com.* 1988, 609, obs. Derruppé. – V. cependant ▪ Cass. com., 2 août 1949 : *D.* 1950, 775, mais il y avait disparition des autres éléments du fonds). Une cour d'appel a toutefois souverainement retenu qu'une clientèle était attachée à l'exploitation des appareils de jeux vendus, même si les utilisateurs étaient également clients des établissements où ils étaient situés, et elle a pu dès lors en déduire que l'ensemble de ce matériel, installé dans divers emplacements, constituait un fonds de commerce (▪ Cass. com., 22 juill. 1986, n° 85-10.831 : *JurisData* n° 1986-705977 ; *Gaz. Pal.* 1986, 2, pan. jurispr. 251).

9) Disparition du fonds. La question de savoir si la disparition de certains éléments laisse subsister le fonds de commerce est laissée à l'appréciation souveraine des juges du fond (▪ Cass. 1re civ., 30 oct. 1957 : *Bull. civ.* I, n° 407). Tout au plus peut-on estimer que la survie du fonds au-delà de la date de fermeture, se compte généralement en mois (▪ Paris, 30 sept. 2004, n° 03/11551 : *JurisData* n° 2004-265964 ; *BRDA* 23/2004, n° 20), parfois en années (▪ Cass. com., 16 févr. 1993, n° 91-13.277 : *JurisData* n° 1993-000296 ; *Bull. civ.* IV, n° 63).

2° *La clientèle*

10) Élément essentiel. Des éléments du fonds de commerce la clientèle représente *le plus essentiel,* celui sans lequel le fonds ne saurait exister (▪ Cass. req., 15 févr. 1937 : *S.* 1937, 169, note Rousseau ; *DP* 1938, 1, 13, note Cordonnier) ; il n'y a pas de fonds de commerce sans clientèle qui est l'élément le plus important (▪ Cass. com., 29 mai 1953 : *JCP* 1953, II, 7720, note Cohen ; *D.* 1953, 599. ▪ Cass.

ass. plén., 24 avr. 1970 : *JurisData* n° 1970-095003 ; *JCP* G 1970, II, 16489. ▪ Cass. com., 27 avr. 1976 : *JurisData* n° 1976-600066 ; *D.* 1976, inf. rap. 208 ; sur le caractère essentiel de la clientèle, V. également ▪ Cass. com., 27 févr. 1973, n° 71-10.797 : *JurisData* n° 1973-097102 ; *Bull.* IV, n°s 101 et 102 ; *JCP* 1973, II, 17403, note A.S. ; *DS* 1974, 28, note Derruppé. ▪ Cass. com., 24 nov. 1992, n° 91-11.055 : *JurisData* n° 1992-002587 ; *Bull.* IV, n° 371 ; *Dr. et patrimoine* 1993, n° 2, 26 ; *RJDA* 2/93, n° 101) ;

– la cession d'une branche d'activité est une cession de fonds de commerce si une clientèle propre y est attachée (▪ Cass. com., 14 avr. 1992 : *JurisData* n° 1992-045185 ; *Bull.* IV, n° 161 ; *RTD com.* 1993, 82, obs. Derruppé) ;

– dans le même sens pour qualifier un apport en société (▪ Cass. civ., 10 juill. 1953 : *Bull.* II, n° 252 ; *Gaz. Pal.* 1953, 2, 292. ▪ Amiens, 13 mai 1976 : *JurisData* n° 1976-760861 ; *D.* 1977, somm. 68) ;

– s'agissant d'un fonds de commerce exploité dans un port de plaisance dépendant du domaine public, l'existence d'une clientèle attachée à ce fonds suppose l'exploitation d'une clientèle attachée à son activité qui soit distincte de l'activité du port de plaisance où elle est exercée (▪ Cass. com., 28 mai 2013, n° 12-14.049) ;

– l'élément essentiel du fonds de commerce est la clientèle et non l'achalandage (▪ Paris, 9 juin 1987 : *JurisData* n° 1987-024805 ; *D.* 1987, inf. rap. 163 ; *RTD com.* 1987, 496, obs. Derruppé. ▪ Cass. com., 31 mai 1988 : *JCP* 1988, IV, 275 ; *Gaz. Pal.* 1988, 2, somm. 228 ; *RTD com.* 1988, 609, obs. Derruppé, cassant ▪ Paris, 14 janv. 1986). – V. Derruppé, *Clientèle et achalandage : Mél. Savatier*, p. 176.

Un fonds ne survit pas à la disparition de la clientèle qui en constitue l'élément essentiel ; dès lors qu'elle n'est plus que potentielle, le fonds ne peut subsister (▪ Cass. civ., 18 mai 1978 : *JurisData* n° 1978-799205 ; *RTD com.* 1978, 559, obs. Derruppé ; *Rev. loyers* 1978, 379. – V. cependant sur le caractère potentiel de la clientèle justifiant l'existence d'un fonds, ▪ Cass. com., 1er févr. 1984, n° 82-13.151 : *JurisData* n° 1984-700200 ; *Gaz. Pal.* 1984, 2, pan. jurispr. 170, note J. D.). La survie du fonds, au-delà de sa fermeture, se compte généralement en mois (▪ Paris, 30 sept. 2004 : *BRDA* 23/2004, n° 20). Dans une espèce où le commerce en cause se situait à Lourdes et portait sur la vente de souvenirs religieux, la Cour de cassation a jugé que la cessation temporaire d'activité (suite au décès de l'exploitant) n'implique pas en elle-même la disparition de la clientèle. La Cour a suivi le constat des juges du fond qui avaient relevé que l'interruption temporaire n'avait pas affecté l'achalandage attaché au fonds en raison de l'activité exercée concernant en quasi-totalité la clientèle de passage constituée par les pèlerins venant à Lourdes, et en déduit que « tout comme l'achalandage, la clientèle du fonds n'avait pas davantage pâti de l'interruption de l'exploitation, s'étant naturellement reconstituée dès la réouverture du fonds au public » (▪ Cass. 3e civ., 15 sept. 2010, n° 09-68.521).

11) Autonomie de la clientèle. L'existence du fonds suppose une clientèle personnelle et autonome. Cette exigence d'autonomie a suscité du contentieux, en matière de commerces inclus et des réseaux de distribution.

12) Les commerces inclus. Pour déterminer si l'établissement inclus dans un ensemble plus vaste dispose d'une clientèle autonome, deux critères ont été privilégiés : celui de la dépendance commerciale de l'exploitant enclavé et celui de la prédominance de la clientèle.

Sur le premier critère, pour déterminer si la clientèle est personnelle à l'exploitant du commerce inclus, la jurisprudence s'attache à déterminer si le commerçant dispose d'une réelle liberté dans les modalités d'organisation de son entreprise. C'est ainsi que traditionnellement, elle jugeait que les entreprises incluses n'avaient pas de clientèle autonome, donc pas de fonds de commerce (pour une buvette sur un champ de courses ▪ Cass. ass. plén., 24 avr. 1970 : *JCP* G 1970, II, 16489. – Pour un horticulteur installé sur le trottoir d'une grande surface ▪ Paris, 7 juill. 1973 : *D.* 1974, 123. ▪ Rennes, 21 mai 1974 : *JCP* 1974, II, 17835, fleuriste dans une galerie marchande. – Pour une société titulaire d'un emplacement dans un supermarché ▪ Cass. civ., 9 juill. 1979 : *Bull. civ.* III, n° 153 ; *RTD com.* 1980, 73, obs. Derruppé. – Pour un restaurant d'hippodrome ▪ Amiens, 26 juin 1978 : *Rev. loyers* 1978, 495, ou sur un terrain de golf ▪ Paris, 9 janv. 1954 : *Rev. loyers* 1955, 121. – Pour un commerce de réparation de chaussures et de reproduction de clés disposant d'un emplacement dans un centre commercial, ▪ Cass. 3e civ., 5 févr. 2003, n° 01-16.672 : *JurisData* n° 2003-017496 ; *Bull. civ.* III, n° 25. – Sur l'absence d'autonomie de l'exploitant d'un stand de crêpes, installé sur la terrasse couverte d'un café, ▪ Cass. 3e civ., 1er oct. 2003, n° 02-10.381 : *JurisData* n° 2003-020384 ; *Bull. civ.* III, n° 167). Puis, elle a peu à peu jugé que l'inclusion d'une exploitation commerciale dans un ensemble plus vaste n'est pas en soi exclusive de l'existence d'une clientèle personnelle (▪ Cass. 3e civ., 1er déc. 1976 : *JurisData* n° 1976-700436 ; *Bull. civ.* III, n° 436. ▪ Cass. 3e civ., 24 janv. 1996, n° 94-10.322 : *JurisData* n° 1996-000101 ; *Bull. civ.* III, n° 22. ▪ Cass. 3e civ., 19 janv. 2005, n° 2005/35 : *JurisData* n° 2005-271884 ; *D.* 2005, p. 491, obs. Rouquet à propos d'un fonds d'articles de sports nautiques et vestimentaires localisé dans l'enceinte d'un hôtel, dont l'exploitant devait se conformer aux prescriptions du règlement intérieur (horaires d'ouverture et de fermeture), il a été jugé que de telles contraintes ne constituaient pas « une entrave effective à son activité commerciale »). La Cour de cassation a donc inversé la charge de la preuve : il n'appartient plus au locataire de justifier de son autonomie de gestion mais au bailleur de rapporter la preuve de contraintes incompatibles avec le libre exercice d'une activité commerciale (V. toutefois, ▪ CA Bordeaux, 20 juin 2007 : *JurisData* n° 2007-340820 ; *Loyers et copr.* 2008, n° 11, obs. Chavance).

Quant au second critère, celui de la prédominance de la clientèle, il a été abandonné par l'arrêt *Communes d'Orcières* du 19 mars 2003 (▪ Cass. 3e civ., 19 mars 2003, n° 01-17.679 : *JurisData* n° 2003-018270 ; *Bull. civ.* III, n° 66 ; *D.* 2003, p. 973, obs. Rouquet). Mais si le critère de la prépondérance ou prédominance de la clientèle n'est plus exigé, celui de l'existence d'une clientèle personnelle ou indépendante demeure dans la mesure où il s'agit d'un élément constitutif du fonds de commerce (▪ Cass. 3e civ., 9 juill. 2008, n° 07-15.534 : *JurisData* n° 2008-044787 ; *Loyers et copr.* 2008, 220, obs. Chavance où la cour juge que le gardien d'un refuge en montagne, que le contrat de gardiennage autorisait à exercer une activité de restauration et de débit de boissons, ne peut revendiquer le bénéfice du statut des baux commerciaux à défaut de bénéficier d'une clientèle indépendante). Ainsi rien ne s'oppose à ce que la clientèle d'une clinique chirurgicale attirée par les médecins constitue une clientèle personnelle de la clinique (▪ Cass. civ., 25 avr. 1972, n° 70-14.407 : *JurisData* n° 1972-098252 ; *D.* 1972, somm. 193). De même, la clientèle peut être constituée par un seul fournisseur (▪ Cass. com., 7 déc. 1965 : *Bull. civ.* III, n° 630). La transmission par un concessionnaire de ses droits de concession sur une marque n'équivaut pas à la cession d'un fonds de commerce car la clientèle attachée à la marque n'appartient pas au concessionnaire (▪ Cass. com., 3 juin 1982, n° 80-16.081 : *JurisData* n° 1982-702004 ; *Bull. civ.* IV, n° 216 ; *JCP* G 198, II, 20124, note J.H. ; *JCP* E 1984, II, 14138).

Mais l'existence d'une clientèle globale appartenant à une société pétrolière n'empêche pas une station-service de posséder une clientèle propre et donc d'avoir un fonds de commerce spécifique (▪ Cass. 3e civ., 13 févr. 1980, n° 78-14.553 : *JurisData* n° 1980-798037 ; *Bull. civ.* III, n° 37 ; *JCP* G 1980, IV, 166 ; *RTD com.* 1980, 760, obs. Derruppé).

13) Les réseaux de distribution. Après avoir posé en principe la présomption que, sauf preuve contraire, la clientèle exploitée par le distributeur n'était pas propre à celui-ci, la jurisprudence a progressivement renversé ce postulat. L'arrêt de principe a été rendu en matière de franchise où la cour estime que le franchisé est propriétaire de son fonds de commerce car la clientèle attachée au fonds est celle de celui-ci, laquelle est autonome par rapport à celle du franchiseur (▪ Cass. com., 27 mars 2002 : *D.* 2002, p. 1487, obs. Chevrier ; *RTD com.* 2002, 457, obs. Saintourens. ▪ Paris, 4 oct. 2000, n° 1998/26846 : *JurisData* n° 2000-126109 ; *LPA* 16 nov. 2000, p. 11, note Derruppé ; *JCP* G 2001, II, 10467, note Boccara ; *D.* 2001, p. 301, obs. Ferrier, p. 380, obs. Monéger-Dupuis, p. 1718, note Kenfack ; *CDE* 2001/4, p. 26, obs. Respaud. ▪ Cass. 3e civ., 20 déc. 2000, n° 99-10.267 : *CDE* 2001/4, p. 26, obs. Respaud). La cour énonce ainsi deux critères cumulatifs caractérisant l'autonomie de la clientèle et du fonds subséquent : l'exploitation à ses risques et périls d'une clientèle locale, et le droit de disposer des éléments constitutifs du fonds.

14) Une clientèle réelle et certaine. Un fonds de commerce n'existe que s'il dispose d'une clientèle « réelle et certaine » ; une clientèle simplement potentielle ne suffirait pas (▪ Cass. com., 13 mars 1962 : *Bull. civ.* III, n° 158). La distinction entre une clientèle réelle et certaine et une clientèle potentielle se pose à trois moments distincts : lors de l'apparition de la clientèle, en cas de modification de la clientèle et en cas de disparition de la clientèle.

15) Apparition de la clientèle. Sur la clientèle élément préexistant à l'exploitation du fonds de commerce : à propos de stations-service, les juges ont décidé que tous les éléments du fonds de commerce existaient déjà, y compris les éléments incorporels, telle la clientèle qui était réelle (▪ Cass. com., 27 févr. 1973, 2 arrêts : *JCP* 1973, II, 17403, note A.S. ; *DS* 1974, 28, note Derruppé).

La situation d'un local à un point de passage obligé pour de très nombreux touristes suffit à elle seule à attirer des clients et justifie l'existence d'une clientèle avant la conclusion du contrat litigieux (▪ Cass. com., 1er févr. 1984 : *Gaz. Pal.* 1984, 2, pan. jurispr. 170, note J.D. ; *RTD com.* 1984, 655, obs. Derruppé).

16) Modification de la clientèle. Le déplacement d'un fonds de commerce ne saurait par principe entraîner sa disparition, à moins que, compte tenu de sa nature et de son activité, sa localisation ne constitue une condition de sa survie (▪ Cass. com., 6 oct. 1998, n° 96-16.244 : *Bull. civ.* IV, n° 227). – Pour une évolution de l'activité ▪ Cass. com., 10 févr. 1960 : *JurisData* n° 1960-097162 ; *Bull. civ.* III, n° 59. ▪ Cass. 1re civ., 10 nov. 1970, n° 68-14.447 : *Bull. civ.* I, n° 298. ▪ Cass. 1re civ., 2 mai 1990, n° 87-18.040 : *JurisData* n° 1990-001730 ; *RTD com.* 1991, p. 379, obs. Derruppé.

17) Disparition de la clientèle. V. art. L. 141-5, annot. n° 9, p. 151.

3° Le droit au bail

18) Importance relative du droit au bail. Les éléments incorporels du fonds de commerce ne comprennent pas nécessairement l'existence d'un bail (▪ Cass. req., 22 oct. 1923 : *D.* 1924, 77. ▪ Cass. req., 17 juill. 1928 : *DH* 1928, 510. ▪ Cass. civ., 8 déc. 1964 : *JurisData* n° 1964-000549 ; *Bull.* I, n° 549).

Un fonds de commerce peut exister sans local : pour un manège forain (▪ Cass. com., 1er févr. 1966 : *Gaz. Pal.* 1966, 2, 13. ▪ Cass. com., 11 juin 1985, n° 84-10.436 : *JurisData* n° 1985-701778 ; *Bull.* IV, n° 187).

Un fonds de commerce peut exister sans droit au bail. Lorsque le propriétaire du fonds est aussi propriétaire de l'immeuble (■ Rouen, 31 janv. 1958 : *D.* 1958, 398). Mais lorsque la cession de fonds de commerce comprend un droit au bail qui s'avère sans droit au renouvellement (car il s'agissait d'un bail emphytéotique), cela cause un préjudice matériel actuel et certain au cessionnaire (■ Cass. 3e civ., 10 oct. 2019, n° 18-16.063) indemnisable sur le fondement de l'article 1147 du Code civil.

Pour les établissements industriels spécialement aménagés en vue d'une destination économique précise, le fonds de commerce est attaché à l'immeuble donné en location et donc appartient au propriétaire de l'immeuble (pour un moulin, ■ Rennes, 23 nov. 1948 : *Gaz. Pal.* 1949, 1, 93. ■ Rennes, 19 déc. 1952 : *JCP* G 1953, IV, 152. – V. aussi ■ Cass. civ., 27 juin 1944 : *DC* 1944, 93. ■ Paris, 6 nov. 1951 et ■ Rennes, 19 déc. 1952 : *D.* 1953, 80. ■ Amiens, 25 févr. 1954 : *D.* 1954, 259. ■ Cass. com., 17 mars 1955 : *Gaz. Pal.* 1955, 1, 336).

19) Pour la cession d'un bail équivalant à une cession de fonds de commerce, voir jurisprudence citée *in Généralités*, annot. n° 7, p. 151.

20) Cession de fonds de commerce. La cession d'un fonds de commerce n'inclut pas nécessairement celle du bail des locaux d'exploitation de ce fonds (■ Cass. com., 9 mai 2007, n° 05-20.057 : *JurisData* n° 2007-039093 ; *RJDA* 2007, 993). Sur la cession d'un fonds de commerce incluant le droit au bail à une société en formation et ses conséquences sur le droit au renouvellement et, partant, ses corollaires que sont le droit à indemnité d'éviction et le droit au maintien dans les lieux (■ Cass. 3e civ., 2 févr. 2005, n° 03-18.575 : *JurisData* n° 2005-026759 ; *Bull. civ.* III, n° 22 ; *D.* 2005, p. 718, obs. Rousuet ; *JCP* E 2005, n° 11, 452, obs. Monéger. ■ Cass. com., 6 avr. 2005, n° 01-12.719 : *JurisData* n° 2005-027927 ; *Bull. civ.* IV, n° 84 ; *JCP* E 2005, n° 42, 1089, obs. Brault). Une cession de fonds de commerce ordonnée dans le cadre d'une procédure de redressement judiciaire entraîne transmission du contrat d'assurance accessoire à cette cession d'actif (■ Cass. 2e civ., 24 oct. 2019, n° 18-15.994).

21) Exclusion des immeubles. Le propriétaire d'un immeuble, en même temps commerçant, ne fait qu'user de son droit réel sur cet immeuble quand il l'affecte en tout ou partie aux besoins de son exploitation commerciale ; le droit réel en *vertu duquel il occupe ainsi son propre immeuble* est en dehors des éléments du fonds de commerce (■ Cass. civ., 21 juill. 1937 : *Sem. jur.* 1937, 408 ; *D.* 1940, 17, note Voirin ; *S.* 1938, 1, 337, note Lagarde ; Cass. ■ Paris, 17 févr. 1933). V. pour une solution différente lorsque le commerçant, d'abord locataire, achète ensuite l'immeuble (■ Cass. civ., 12 juill. 1933 : *Gaz. Pal.* 1933, 2, 512 ; *DH* 1933, 441 ; *S.* 1935, 1, 289, note Lagarde). La Cour de cassation a consacré l'expulsion du propriétaire du fonds de commerce en cas de saisie-immobilière frappant l'immeuble dont il était concomitamment propriétaire (■ Cass. com., 31 mars 2009, n° 08-14.180 : *JurisData* n° 2009-047674 ; *JCP* E 2010, 1899, note F. Planckeel. – V. égal. ■ CA Limoges, 26 nov. 1990 : *JurisData* n° 1990-050426 ; *D.* 1992, jurispr. p. 453, note J. Prévault).

4° Concessions

22) Concession d'emplacement sur un marché. Le fonds de commerce existe même s'il n'a pour support qu'une concession d'emplacement sur un marché (■ Cass. com., 7 mars 1978, n° 76-13.388 : *JurisData* n° 1978-098084 ; *Bull.* IV, n° 84. – V. cependant *contra*, ■ Cass. com., 3 févr. 1970 : *JurisData* n° 1970-097042 ; *Bull.* IV, n° 42, quand il n'y a pas de clientèle propre mais seulement achalandage. – V. également pour une concession d'emplacement sur un marché d'intérêt national, ■ Paris, 5 nov. 1976 : *JurisData* n° 1976-635025 ; *Journ. agréés* 1979, 80 et Ord. n° 67-608 du 22 sept. 1967 et D. 10 juill. 1968.

5° Nom commercial

23) Élément du fonds. En l'absence de stipulation contraire et *a fortiori* lorsqu'il sert d'enseigne, *le nom commercial est compris dans la cession* (■ T. civ. Marseille, 4 févr. 1952 : *D.* 1952, 247).

24) Droit d'usage. En principe, et à moins de conventions contraires, l'acquéreur d'un fonds de commerce et tous les exploitants successifs ont le *droit de faire usage du nom du fondateur* sous lequel la maison est connue (■ Paris, 7 nov. 1949 : *JCP* 1951, II, 6079).

25) Nom patronymique. Si le nom est patronymique, les héritiers du fondateur peuvent agir pour sa protection et ceci afin d'éviter les confusions possibles dans l'esprit du public et de la clientèle (■ Dijon, 6 juin 1956 : *D.* 1956, somm. 171. ■ Cass. com., 13 juin 1956 : *JCP* CI 1956, 58755).

Lorsque le nom patronymique est devenu un élément du fonds de commerce, il échappe aux textes du Code civil concernant le nom (V. consacrant cette solution en cas de divorce, l'autorisation donnée à une femme divorcée de garder le nom de son mari, ■ Bordeaux, 14 juin 1973 : *D.* 1974, 166, note Souleau ; *RTD com.* 1974, 70. Solution consacrée par la loi du 11 juillet 1975, V. art. 264, C. civ. – Comp. ■ Cass. com., 12 mars 1985, arrêt *Bordas : Bull. civ.* IV, n° 95. – En revanche, le consentement donné à l'utilisation d'un patronyme comme dénomination sociale (ou comme nom commercial) n'implique pas, par lui-même autorisation à déposer ce patronyme à titre de marque ■ Cass. com., 6 mai 2003, n° 00-18.192 : *JurisData* n° 2003-018973 ; *D.* 2003, 228, note Loiseau).

6° Enseigne

26) Notion. L'enseigne est un élément du fonds de commerce ; cependant en raison de son caractère facultatif les parties sont libres de ne pas la céder avec le fonds de commerce (V. *supra*, Bibliographie : Boulanger, *L'Enseigne : Rev. gén. dr. com.* 1940, 5. – *Adde*, cependant ▪ T. com. Lyon, 19 déc. 1949 : *D.* 1950, 275, note Ripert).

27) Régime. Le cédant d'un fonds de commerce ayant vendu, parmi les éléments incorporels du fonds, l'enseigne et le nom commercial, n'est pas fondé à se rétablir dans un fonds de même nature en reprenant ces mêmes nom et enseigne, même en dehors du périmètre de la clause de non-concurrence qu'il a souscrite (▪ Orléans, 14 juin 2007, n° 06/02523 : *RJDA* 2008, 736).

7° Marques

28) Notion. La marque a toujours été considérée comme un des éléments du fonds de commerce (▪ Cass. civ., 1er déc. 1890 : *DP* 1891, 1, 124).

Elle peut même en devenir l'élément le plus important dès lors qu'elle détermine le rattachement de la clientèle au fonds ; dès lors ne peut être considérée comme un apport en société d'un fonds de commerce l'opération consistant à apporter la clientèle en excluant la marque (▪ Cass. com., 13 mai 1980, n° 78-15.666 : *JurisData* n° 1980-700200 ; *Bull.* IV, n° 200 ; *JCP* G 1980, IV, 279 ; *RTD com.* 1980, 762, obs. Derruppé). Lorsque la marque est cédée dans le même temps que le fonds qui l'exploite, elle constitue un élément du fonds de commerce et supporte, avec l'ensemble des autres éléments, le droit de mutation applicable aux cessions de fonds de commerce ; il en est de même pour la cession des droits de propriété industrielle, dès lors qu'ils sont cédés en même temps que tout ou partie d'un fonds de commerce dont ils dépendent (▪ Cass. com., 23 oct. 2007, n° 06-18.570 : *JurisData* n° 2007-041015 ; *Bull. civ.* IV, n° 222 ; *JCP* E 2007, n° 50, 53, note Debat).

8° Licences

29) Notion. Sauf stipulations ou preuves contraires, la licence est vendue avec le fonds dont elle est l'accessoire indispensable (▪ Cass. req., 9 janv. 1933 : *S.* 1933, 1, 72. ▪ Cass. req., 7 mai 1935 : *DH* 1935, 315. ▪ Douai, 22 avr. 1955 : *Gaz. Pal.* 1955, 2, 210. ▪ Cass. com., 26 avr. 1984, n° 82-17.047 : *JurisData* n° 1984-700863 ; *Bull.* IV, n° 136. – *Mais* V. ▪ Cass. com., 29 mai 1953 : *JCP* 1953, II, 7720 ; *D.* 1953, 599. ▪ Cass. com., 8 févr. 1999, n° 99-20.002 : *JurisData* n° 1999-000790 ; *D.* 1999, 287, note Brenner ; *RTD com.* 1999, 631, obs. Derruppé).

30) Nature. Une licence affectée à l'exploitation d'un fonds de commerce de débits de boissons qui est un bien réservé a la même nature juridique que le fonds dont elle est un élément (▪ Cass. com., 4 mai 1982, n° 80-14.250 : *JurisData* n° 1982-701025 ; *Bull.* IV, n° 148). La licence d'exploitation d'un débit de boissons ayant la même nature de meuble incorporel que le fonds de commerce dont elle est l'un des éléments et ne se transmettant pas par simple tradition manuelle, doit être écartée pour ladite licence la présomption de l'article 2279 du Code civil (art. 2276 nouveau) selon laquelle « en fait de meuble possession vaut titre » (▪ Cass. com., 7 mars 2006, n° 04-13.569 : *JurisData* n° 2006-032577 ; *Bull. civ.* IV, n° 62 ; *JCP* 2006, II, 10143, obs. Loiseau ; *ibid.*, I, 178, n° 3, obs. Périnet-Marquet).

31) Régime. La caducité de la licence peut entraîner la disparition du fonds si elle était nécessaire à l'exploitation et provoquer la nullité de la cessionpour dol (▪ Cass. com., 11 mai 1970, n° 68-12.616 : *JurisData* n° 1970-097152 ; *Bull. civ.* IV, n° 152). – La carte de transporteur ne constitue pas toujours un élément essentiel du fonds de commerce ; sa cession ne peut s'analyser en une cession de fonds de commerce dès lors qu'elle ne comporte aucune cession de clientèle (▪ Cass. com., 11 mai 1960 : *Bull. civ.* III, n° 476. – Comp. ▪ Cass. civ., 24 oct. 1949 : *D.* 1949, 550).

9° Matériel et outillage

32) Notion. Le matériel et l'outillage sont des éléments du fonds de commerce (▪ Cass. soc., 30 nov. 1983 : *Bull. civ.* V, n° 584). L'outillage installé par un commerçant dans l'immeuble spécialement aménagé à cet effet dont il est propriétaire et où il exerce son industrie conserve le caractère immobilier malgré son affectation à l'exploitation commerciale (▪ Cass. civ., 27 juin 1944 : *DC* 1944, 93, pour une brasserie). Les agencements d'un magasin, qui ne sont que du mobilier commercial servant à l'exploitation, font partie des éléments corporels et doivent se distinguer du droit au bail (▪ Cass. com., 9 oct. 1990, n° 89-16.299 : *Bull. civ.* IV, n° 227).

33) Exclusion. Le vendeur peut éventuellement exclure de la cession du fonds de commerce le matériel sauf lorsqu'il est indispensable à l'exploitation du fonds (▪ Cass. com., 2 avr. 1949 : *JCP* 1949, II, 5188, note R. Saint-Alary ; *S.* 1950, 1, 81, note Cohen. ▪ Colmar, 17 déc. 1981 : *JurisData* n° 1981-042162).

10° Marchandises

34) Élément non indispensable. Les marchandises sont un élément du fonds de commerce (▪ Cass. com., 4 mars 1979 : *Bull.* IV, n° 83 ; ▪ Paris, 21 juin 1983 : *JurisData* n° 1983-026385).

Toutefois il est possible de céder le fonds sans le stock de marchandises (▪ Nîmes, 13 mai 1981. – Comp. ▪ Cass. com., 12 nov. 1992, n° 91-11.017 : *Bull.* IV, n° 350). Lorsque la vente du fonds de commerce d'une société comprend les marchandises et que, l'acheteuse, contestant les modalités conventionnelles d'évaluation du solde du stock, a refusé d'en régler le prix, il n'est pas possible de la condamner à payer une pénalité égale à trois fois le taux d'intérêt légal sur le solde du prix du stock. Les dispositions de l'article L. 441-6 du Code de commerce ne sont pas applicables à un contrat de cession de fonds de commerce (▪ Cass. com., 3 mars 2015, n° 14-11.414 : *JurisData* n° 2015-004117).

11° Biens meubles exclus du fonds de commerce

35) Les créances. Les créances possédées par un commerçant, même pour une cause commerciale, ne deviennent pas nécessairement un élément du fonds de commerce (▪ Cass. com., 12 janv. 1937 : *Gaz. Pal.* 1937, 2, 508). En effet, le fonds de commerce n'est pas un patrimoine autonome, et ne comprend ni les dettes ni les créances du commerçant ; donc les contrats en sont exclus (▪ Paris, 19 juin 1991 : *JurisData* n° 1991-022812 ; *RTD com.* 1991, 566, obs. Derruppé. – En l'absence de clause expresse, la vente d'un fonds de commerce n'emporte pas de plein droit cession à la charge de l'acheteur du passif des obligations dont le vendeur pourra être tenu en raison des engagements initialement souscrits par lui ▪ Cass. 3e civ., 7 déc. 2005, n° 04-12.931 : *JurisData* n° 2005-031167 ; *Bull. civ.* III, n° 244 ; *JCP* E 2006, n° 4, 190. ▪ Cass. com., 3 oct. 2006, n° 04-13.247 : *RJDA* 2007, 140. – Pour une illustration en matière de subvention de fonctionnement d'un CE ▪ Cass. soc., 28 mai 2008, n° 06-44.327 : *JurisData* n° 2008-044139 ; *D.* 2008, p. 1699 ; *JCP* E 2008, n° 26, 38). En revanche, lorsque le contrat de vente de fonds prévoit que l'acquéreur était tenu de faire son affaire personnelle et de prendre à son compte la poursuite de toutes les commandes et marchés en cours, ce dernier est tenu de répondre aux désordres affectant les chantiers de son prédécesseur, les chantiers faisant l'objet de réserves s'assimilant à des marchés en cours (▪ Cass. com., 18 sept. 2007, n° 05-20.708 : *RJDA* 2007, 1214). – Sur la transmission des contrats d'exploitation, V. ▪ Paris, 29 nov. 2006, n° 04/16020 : *JurisData* n° 2006-324937 ; *JCP* N 2007, n° 45, 26, obs. Rezek.

Par ailleurs, en cas de vente du fonds, si les créances peuvent être comprises, elles ne le seront qu'après l'accomplissement des formalités requises par l'article 1690 du Code civil, chacun des éléments du fonds demeurant régi par les règles qui lui sont propres (▪ Cass. com., 21 juin 1950 : *JCP* 1950, II, 5898. ▪ Cass. com., 11 juin 1981, n° 79-16.748 : *JurisData* n° 1981-701787 ; *Bull. civ.* IV, n° 264 ; *RTD com.* 1982, 88, obs. Derruppé).

36) Les dettes. Lorsqu'aux termes de l'acte de cession du fonds de commerce, la société cessionnaire accepte de prendre le fonds avec tous ses éléments corporels et incorporels dans l'état où ils se trouvent, sans recours contre le cédant pour quelque cause que ce soit, les conséquences du défaut d'entretien du local commercial par le cédant incombent au cessionnaire. Les cessions successives d'un bail commercial opérant transmission des obligations en découlant au dernier titulaire du contrat, celui-ci devenant débiteur envers son bailleur de la réparation des dégradations commises par ses prédécesseurs, un syndicat de copropriétaires, tiers au contrat de bail, peut invoquer sur le fondement de la responsabilité délictuelle, le manquement contractuel de l'actuel locataire, tenu à réparation envers son bailleur, dès lors que ce manquement lui cause un dommage(▪ Cass. 3e civ., 30 sept. 2015, n° 14-21.237).

37) Clauses d'approvisionnement. En ce qui concerne les *clauses d'approvisionnement*, l'acquéreur du fonds sera tenu de les respecter s'il les a connues et acceptées (▪ Cass. req., 17 févr. 1931 : *Gaz. Pal.* 1931, 1, 663).

38) Clause de non-concurrence. La convention de non-concurrence peut être invoquée par l'acquéreur du fonds dans l'intérêt duquel la convention a été consentie (▪ Cass. req., 5 juill. 1865 : *DP* 1865, 1, 425) ; voir pour l'obligation de non-concurrence du copartageant de l'attribution d'un fonds de commerce (▪ Cass. com., 17 oct. 1984 : *JurisData* n° 1984-799474 ; *D.* 1985, 396, note Serra). Une clause de non-concurrence ne peut être valablement opposée au cessionnaire du fonds qu'à condition qu'elle ait été insérée dans l'acte de cession du fonds et expressément acceptée par lui (▪ Cass. com., 1er avr. 1997, n° 95-12.025 : *JurisData* n° 1997-001518 ; *Bull. civ.* IV, n° 89). Sur la détermination du débiteur de l'obligation de non-concurrence, et sur son étendue lorsque l'engagement est pris par une société puis violé par son ancien dirigeant (la société ayant été dissoute) ▪ Paris, 31 oct. 2007, n° 07/08308 : *JurisData* n° 2007-361507 ; *RTD com.* 2009, 47, obs. Saintourens.

39) Convention de garantie d'actif et de passif. Sur le débiteur de la garantie et sur la solidarité active des créanciers : V. ▪ Cass. com. 26 sept. 2018, n° 16-28.133 : *RTD com.* 2009, p. 907, obs. Saintourens, où la Cour juge, au visa de l'article 1197 du Code civil que « la solidarité active ne se présume pas et que Messieurs A... et Z... agissaient en qualité de créanciers, bénéficiaires de la garantie, la cour d'appel a violé le texte susvisé ».

II – LE PRIVILÈGE DU VENDEUR D'UN FONDS DE COMMERCE

40) Teneur du privilège. Les articles L. 141-5 et suivants du Code de commerce établissent au profit du vendeur d'un fonds de commerce trois privilèges distincts s'exerçant le premier sur les éléments incorporels, le second sur le matériel, le troisième sur les marchandises. Le défaut de ventilation du prix global entraîne la nullité de l'inscription du privilège (▪ Paris, 2 nov. 1923 : *DH*

1924, 13). Mais il a été jugé que l'absence de division tripartite du prix conduit à la réduction de l'assiette du privilège du vendeur aux seuls éléments incorporels du fonds (■ Paris, 4 déc. 1912 : *Gaz. Pal.* 1913, 1, 35. ■ T. com. Seine, 8 août 1913 : *Gaz. Pal.* 1914, 1, 175. ■ Rouen, 13 janv. 1983 : *JurisData* n° 1983-041814 ; *Gaz. Pal.* 1984, 1, somm. 40).

41) Conséquence de l'inscription irrégulière. Le vendeur d'un fonds de commerce perd son privilège faute de l'avoir fait inscrire conformément aux articles L. 141-5 et s. du Code de commerce (■ Cass. civ., 3 juin 1935 : *S.* 1936, 1, 7), et prend la qualité de créancier chirographaire malgré l'opposition au paiement du prix (même arrêt). Toutefois, une inscription irrégulière ou l'omission d'une mention ne sera déclarée nulle que si les omissions ou inexactitudes dont elle est entachée sont susceptibles de causer un préjudice au tiers (■ Cass. req., 16 mai 1938 : *Gaz. Pal.* 1938, 2, 338. ■ Amiens, 4 juin 1952 : *JCP* 1953, II, 7770, note Cohen).

42) Renonciation. Juge que manque à son devoir de conseil, l'avocat qui n'attire pas spécialement l'attention de son client sur les risques de la renonciation au privilège du vendeur (■ Cass. 1re civ., 21 janv. 2003, n° 00-19.522 : *JurisData* n° 2003-017680 ; *RD bancaire et fin.* 2004, n° 19, obs. Legeais).

43) Lieu d'exploitation du fonds. Après avoir décidé que le lieu où le fonds est exploité est celui du siège social même si, en fait, le lieu d'exploitation était situé dans un autre ressort (■ Cass. req., 12 juin 1929 : *Sem. jur.* 1929, 964 ; *DP* 1931, 1, 51. ■ Paris, 21 juin 1935 : *Gaz. Pal.* 1935, 2, 468), la jurisprudence a décidé que le lieu de l'exploitation ne saurait s'entendre du lieu, parfois indéterminé ou instable, où le propriétaire du fonds concentre la direction intellectuelle de l'entreprise, mais du lieu où se réalise objectivement à la connaissance du public la mise en valeur des divers éléments, soit corporels soit incorporels, dont l'ensemble constitue le fonds de commerce (■ Cass. com., 20 juill. 1938 : *D.* 1938, 1, 31, note Montier ; *S.* 1938, 1, 329, note Rousseau pour un nantissement. ■ Cass. com., 29 janv. 2002, n° 99-18.092 : *JurisData* n° 2002-012784 ; *D.* 2002, p. 959, obs. Chevrier ; *JCP E* 2002, 810, note Kéita ; *RD bancaire et fin.* 2002, n° 50, obs. Legeais ; *RTD com.* 2002, 267, obs. Saintourens ; *RJDA* 6/2002, n° 694. ■ Cass. com., 13 nov. 2003, n° 01-01.726 : *JurisData* n° 2003-021018 ; *RJDA* 5/2004, n° 629).

44) Fonds ambulants. Pour les fonds ambulants, on s'accorde en général à considérer que le siège du fonds doit être fictivement situé au domicile du commerçant ; en cas de vente, le domicile de l'acquéreur, propriétaire actuel du fonds, sera préféré à celui du vendeur (Rappr. ■ T. com. Le Havre, 24 mai 1932 : *DH* 1933, 2, 115, note Montier ; *Gaz. Pal.* 1932, 2, 174).

Art. L. 141-6 ***(Mod., L. n° 2015-990, 6 août 2015).*** **– L'inscription doit être prise, à peine de nullité, dans les trente jours suivant la date de l'acte de vente. Elle prime toute inscription prise dans le même délai du chef de l'acquéreur ; elle est opposable aux créanciers de l'acquéreur en redressement ou en liquidation judiciaire, ainsi qu'à sa succession bénéficiaire.**

Rédaction future. *(Al. rempl. à compter d'une date qui sera fixée par décret et au plus tard le 1er janvier 2023, Ord. n° 2021-1192, 15 sept. 2021)* Le privilège du vendeur est opposable aux tiers par la publicité qui en est faite par inscription dans un registre tenu au greffe du tribunal de commerce compétent, selon des modalités déterminées par décret en Conseil d'Etat. Lorsque cette inscription est prise dans les trente jours suivant la date de l'acte de vente, elle prime toute inscription prise dans le même délai du chef de l'acquéreur ; elle est opposable aux créanciers de l'acquéreur en sauvegarde, en redressement ou en liquidation judiciaire, ainsi qu'à sa succession acceptée à concurrence de l'actif net dans le même délai.

L'action résolutoire, établie par l'article 1654 du Code civil, doit, pour produire effet, être mentionnée et réservée expressément dans l'inscription. Elle ne peut être exercée au préjudice des tiers après l'extinction du privilège. Elle est limitée, comme le privilège, aux seuls éléments qui ont fait partie de la vente.

I – DATE DE L'INSCRIPTION DU PRIVILÈGE

1) *Délai d'inscription.* Le point de départ du délai de quinze jours doit être fixé au jour de la signature du document écrit (■ Lyon, 24 oct. 1974 : *JurisData* n° 1974-600213 ; *Rev. syndics* 1976, 146, obs. Plaisant). Si l'acte de vente porte deux dates, le délai court à partir de la deuxième (■ Paris, 25 avr. 1974 : *Gaz. Pal.* 1974, 2, 670 ; *RTD com.* 1974, 485, obs. Jauffret). V. la même solution pour un nantissement (■ Amiens, 24 juin 1952 : *JCP G* 1953, 2, 7770, note Cohen. ■ Cass. com., 14 nov. 1966 : *Bull. civ.* III, n° 429. ■ Paris, 4 mars 1971 : *Gaz. Pal.* 1971, 2, somm. 79 ; *RTD com.* 1971, 983, obs. Jauffret).

2) Nullité. L'inobservation du délai de quinzaine conduit à la nullité du privilège (■ Cass. civ., 17 juill. 1928 : *Gaz. Pal.* 1928, 1, 609). Sur le caractère de nullité absolue (■ Cass. req., 30 nov. 1932 : S. 1933, 1, 126).

II – ACTION RÉSOLUTOIRE

A – Conditions d'exercice

3) Condition de forme. L'action résolutoire ne peut être accueillie si elle n'est pas expressément contenue dans les bordereaux d'inscription du privilège et non pas seulement dans l'acte de privilège (■ T. com. Dunkerque, 26 juin 1950 : *RTD com.* 1950, 401 ; *Gaz. Pal.* 1950, 2, 122).

4) Condition de fond : le défaut de paiement du prix. Pour l'exercice de l'action résolutoire, il suffit que l'acquéreur n'ait pas payé le prix ; il n'est pas nécessaire que ce non-paiement ait un caractère fautif (■ Cass. com., 1er févr. 1978, n° 76-11.252 : *JurisData* n° 1978-097048 ; *Bull. civ.* IV, n° 48 ; *JCP* G 1978, IV, 110 ; *JCP* CI 1978, I, 6798 ; *RTD com.* 1978, 96, obs. Derruppé). Et elle est recevable quelle que soit la portion du prix non payé (■ Cass. req., 23 déc. 1912 : *DP* 1913, 1, 47).

5) Délais de paiement. Mais le tribunal peut octroyer des délais pour le paiement si des offres de paiement sont faites au cours de l'instance (■ Cass. civ., 27 mars 1911 : *DP* 1915, 1, 99, note César-Bru). Cependant les juges du fond restent souverains pour apprécier si l'offre de se libérer formulée en cause d'appel par le débiteur est ou non de nature à mettre obstacle à la résolution de la vente – question de fait – (■ Cass. com., 14 nov. 1975, n° 74-12.970 : *JurisData* n° 1975-099290 ; *Gaz. Pal.* 1976, 1, somm. 41 ; *RTD com.* 1976, 49, obs. Jauffret).

6) Surenchère. Mais, le vendeur non payé d'un fonds de commerce, qui a formé une surenchère du sixième à la suite de la vente amiable du fonds faite par son acheteur à un nouvel acquéreur, renonce par là même à exercer l'action résolutoire du vendeur (■ Cass. req., 20 nov. 1933 : *DH* 1934, 4).

7) Renonciation à l'action. La renonciation tacite à l'action en résolution ne peut résulter que d'actes ou procédures impliquant de façon non équivoque l'intention de se désister de son action en résolution (■ Paris, 8 déc. 1908 : *Journ. faillites* 1909, 159. ■ Cass. com., 21 mars 1972, n° 70-14.188 : *JurisData* n° 1972-097095 ; *Bull. civ.* IV, n° 99).

8) Exonération : la force majeure. Seule la force majeure ayant empêché l'acquéreur de payer le prix au terme convenu peut éviter l'action résolutoire (■ Cass. 3e civ., 25 oct. 1966 : *JurisData* n° 1966-098408 ; *Bull. civ.* III, n° 408, les conditions d'impossibilité et d'imprévisibilité de la force majeure n'étant pas retenues en l'espèce).

9) Perte de l'action. *La perte* pour le vendeur d'un fonds de commerce *du privilège* dont il n'a pas requis l'inscription dans le délai légal *entraîne la perte de l'action résolutoire* (■ Cass. civ., 17 juill. 1928 : *Gaz. Pal.* 1928, 2, 609) ; ou s'il a perdu son privilège pour n'avoir pas renouvelé ses inscriptions (■ Cass. req., 16 avr. 1942 : *Gaz. Pal.* 1942, 2, 15).

Cependant, si au terme de l'article L. 141-6 la *perte du privilège du vendeur* d'un fonds de commerce non payé entraîne, en principe, la perte de l'action résolutoire, cette conséquence n'a d'effet qu'à l'égard des tiers, l'exercice de cette action continuant à subsister entre les parties contractantes, dans les rapports du vendeur et de l'acheteur (■ Cass. req., 7 mai 1923 : *S.* 1924, 1, 103. ■ Cass. 3e civ., 10 févr. 1958 : *JCP* G 1959, II, 10993, note Cohen ; *RTD com.* 1959, 688, obs. Jauffret). Le mot tiers employé par l'article L. 141-6 ne s'applique qu'aux créanciers nantis du chef de l'acquéreur ou aux sous-acquéreurs de bonne foi mais non point aux créanciers chirographaires (■ Cass. req., 7 mai 1923 : *S.* 1924, 1, 103) ; mais doit être également englobée dans les « tiers » la masse des créanciers, celle-ci étant nantie d'un droit propre distinct des droits que pouvaient avoir antérieurement à la déclaration de liquidation des biens les créanciers chirographaires (■ Cass. req., 16 avr. 1942 : *Gaz. Pal.* 1942, 2, 15) ; solution admise sous la loi du 13 juillet 1967 mais qui ne pourrait, semble-t-il, être renouvelée en application de la loi n° 85-98 du 25 janvier 1985 sur le redressement et la liquidation judiciaires des entreprises (C. com., art. L. 620-1 et s.), ce dernier texte ayant supprimé la masse des créanciers.

B – Procédure

10) Introduction de l'action. *L'action résolutoire est valablement introduite pourvu que le privilège du vendeur existe au moment où cette action est intentée*, alors même que le privilège aurait péri au cours de l'instance à défaut de renouvellement de l'inscription (■ Cass. civ., 3 août 1868 : *DP* 1868, 449).

11) Défendeur à l'action. Le vendeur impayé d'un fonds de commerce peut revendiquer sa propriété contre tout détenteur – sous-acquéreur – qu'il soit de bonne foi ou de mauvaise foi (■ Paris, 8 juill. 1913 : *Gaz. Pal.* 1913, 2, 357). L'action en résolution peut être poursuivie contre l'acquéreur primitif seul, sans que le vendeur ait l'obligation d'agir contre le tiers détenteur (■ Cass. 1re civ., 26 févr. 1952 : *Bull. civ.* I, n° 87 ; *JCP* G 1952, IV, 62).

12) Irrecevabilité de l'action. Le vendeur d'un fonds de commerce qui exerce l'action résolutoire peut être déclaré irrecevable dans sa demande s'il ne justifie pas l'avoir *notifiée aux créanciers inscrits sur le fonds* (■ T. com. Seine, 30 déc. 1909 : *DP* 1910, 2, 315).

Seuls les créanciers inscrits peuvent se prévaloir de cette irrecevabilité (■ T. com. Marseille, 25 oct. 1933 : *Rev. fonds com.* 1936, somm. 614).

13) Notification. La notification doit être faite aux créanciers subrogés dans les droits des créanciers inscrits (■ Cass. com., 20 mai 1969, n° 66-12.903 : *JurisData* n° 1969-097187 ; *Bull. civ.* IV, n° 187 pour une cession d'antériorité de droit sur les privilèges du vendeur et de nantissement). La notification peut intervenir postérieurement à l'introduction de l'instance dès lors que le délai d'un mois a été respecté entre la notification et le prononcé du jugement (■ Cass. com., 25 oct. 1972, n° 70-14.166 : *JurisData* n° 1972-097266 ; *Bull. civ.* IV, n° 266).

C – Délai de grâce

14) Selon la Cour de cassation, a violé l'article 1134 du Code civil la cour d'appel statuant en référé qui pour rejeter la demande de constatation de la résiliation de la vente d'un fonds de commerce pour défaut de paiement des échéances mensuelles du prix de vente, formée par application d'une clause résolutoire, a retenu que c'était à tort que le premier juge a considéré comme excédant ses pouvoirs l'octroi de délai par application de l'article 1244 du Code civil alors que les dispositions de ce texte pouvaient faire échec à la clause résolutoire s'il résultait des circonstances que le créancier toucherait son dû sans qu'il en résulte pour lui de préjudices, en particulier en cas de retards simplement dus à des difficultés passagères de trésorerie lorsqu'une caution offrait le paiement des sommes réclamées (▪ Cass. 3e civ., 4 juin 1986, n° 85-10.136 : *JurisData* n° 1986-701087 ; *Gaz. Pal.* 1987, 1, somm. 166 ; *Gaz. Pal.* 1987, 1, somm. 175, obs. A. Piedelièvre).

Art. L. 141-7 *(Anc. L. 17 mars 1909).* **– En cas de résolution judiciaire ou amiable de la vente, le vendeur est tenu de reprendre tous les éléments du fonds qui ont fait partie de la vente, même ceux pour lesquels son privilège et l'action résolutoire sont éteints. Il est comptable du prix des marchandises et du matériel existant au moment de sa reprise de possession d'après l'estimation qui en est faite par expertise contradictoire, amiable ou judiciaire, sous la déduction de ce qui peut lui rester dû par privilège sur les prix respectifs des marchandises et du matériel, le surplus, s'il y en a, devant rester le gage des créanciers inscrits et, à défaut, des créanciers chirographaires.**

1) Conséquence de la résolution du côté de l'acheteur. En cas de résolution d'une vente pour inexécution des charges et conditions, les parties doivent se restituer mutuellement tout ce qu'elles ont perçu en vertu du contrat (▪ Cass. req., 23 déc. 1936 : *Gaz. Pal.* 1937, 1, 378) ; et l'acheteur doit être condamné à la restitution des revenus des biens vendus (même arrêt). Mais, l'acquéreur a droit à la restitution par le vendeur des intérêts du prix qu'il a versés pendant plusieurs années (▪ Cass. com., 11 janv. 1966 : *Bull. civ.* III, n° 20).

Par l'effet de la résolution judiciaire de la vente d'un fonds de commerce, l'acquéreur est réputé n'avoir jamais été ni propriétaire du fonds ni locataire du local dans lequel il est exploité (▪ Cass. civ., 17 mai 1977, n° 75-14.976 : *JurisData* n° 1977-098215 ; *Bull.* III, n° 215).

2) Conséquence de la résolution du côté du vendeur. La résolution oblige le vendeur à reprendre tous les éléments du fonds qui ont fait partie de la vente, mais ceux-là seulement (▪ Orléans, 13 mai 1925 : *D.* 1931, 2, 65, note Montier).

Si la vente n'a comporté aucune cession de marchandise, le vendeur ne peut être tenu de reprendre celle qui existe au jour de la résolution (même arrêt).

3) Évaluation des restitutions (date). Les experts doivent se placer au jour de la reprise de possession pour fixer la valeur des éléments « matériel et marchandises » (▪ T. com. Marseille, 25 oct. 1933 : *Rec. Marseille* 1934, 1193. ▪ Reims, 15 juill. 1976 : *JCP* G 1977, IV, 44) ; et l'acquéreur n'est pas responsable de leur amortissement (▪ Reims, 15 juill. 1976, préc.).

4) Évaluation des restitutions (montant). Les éléments incorporels doivent être repris au prix indiqué dans le contrat de vente (▪ Aix-en-Provence, 19 janv. 1954 : *Gaz. Pal.* 1954, 1, 234. ▪ Cass. com., 20 juin 1978, n° 77-10.390 : *JurisData* n° 1978-098249 ; *Bull.* IV, n° 175 ; *JCP* 1979, II, 19122, note A.S. ▪ Versailles, 19 déc. 1980 : *Gaz. Pal.* 1982, 1, somm. 24).

5) Incidence d'une moins-value des éléments incorporels du fonds. En cas de moins-value des éléments incorporels du fonds, des dommages-intérêts ne sont dus que si la moins-value est imputable au fait de l'acquéreur et fait subir un préjudice au vendeur (▪ Paris, 1er avr. 1941 : *Gaz. Pal.* 1941, 1, 489. ▪ Cass. com., 4 nov. 1975, n° 74-12.150 : *JurisData* n° 1975-097260 ; *D.* 1976, somm. 26. ▪ Cass. com., 20 juin 1978 : *Bull.* IV, n° 175 ; *JCP* 1979, II, 19122, note A.S. ▪ Versailles, 17 déc. 1980 : *JurisData* n° 1980-080310 ; *Gaz. Pal.* 1982, 1, somm. 24) ; de même en cas de circonstances économiques mais à la condition que la résolution de la vente soit imputable à l'acquéreur (▪ T. com. Rouen, 16 févr. 1965 : *Journ. agréés* 1965, p. 156).

6) Clause pénale. Le vendeur peut conserver les sommes qui ont été versées par l'acquéreur jusqu'au jour de la résolution, *au titre de la clause pénale* insérée dans le contrat de vente (▪ Orléans, 13 mai 1925 : *DP* 1931, 2, 65).

Cependant la clause pénale n'est pas applicable si la résolution a pour cause le comportement du vendeur qui a empêché l'acheteur de poursuivre l'exploitation du fonds (▪ Cass. com., 29 nov. 1971, n° 69-10.863 : *JurisData* n° 1971-097286 ; *Bull.* IV, n° 286).

Art. L. 141-8 *(Anc. L. 17 mars 1909).* **– Le vendeur qui exerce l'action résolutoire doit la notifier aux créanciers inscrits sur le fonds au domicile par eux élu dans leurs inscriptions. Le jugement ne peut intervenir qu'après un mois écoulé depuis la notification.**

Rédaction future. Le vendeur qui exerce l'action résolutoire doit la notifier aux créanciers inscrits sur le fonds au domicile par eux *(Mot rempl. à compter d'une date qui sera fixée par décret et au plus tard le 1er janvier 2023, Ord. n° 2021-1192, 15 sept. 2021)* « déclaré » dans leurs inscriptions. Le jugement ne peut intervenir qu'après un mois écoulé depuis la notification.

Voir : annot. citée sous art. L. 141-6, p. 157.

1) **Opposabilité de la résolution aux créanciers du vendeur.** La résolution est opposable aux créanciers du vendeur même si ceux-ci ont fait opposition au paiement du prix (■ Cass. req., 12 févr. 1936 : *DH* 1936, 145) ; et au sous-acquéreur même s'il est de bonne foi (■ Paris, 8 juill. 1913 : *Gaz. Pal.* 1913, 2, 357).

2) **Droits des sous-acquéreurs.** Les sous-acquéreurs d'éléments corporels isolés sont protégés par l'article 2279 du Code civil (2276 nouveau), mais non les sous-acquéreurs d'éléments incorporels isolés (■ Cass. civ., 28 juill. 1938 : *DH* 1938, 497). Sur les offres de paiement par le sous-acquéreur des sommes dues par l'acheteur (pour des actions en résolution de vente d'immeuble, ■ Cass. civ., 29 avr. 1928 : *Gaz. Pal.* 1928, 1, 820. ■ Cass. req., 29 nov. 1932 : *Gaz. Pal.* 1933, 1, 289. ■ Cass. 1re civ., 4 août 1952 : *JCP* G 1952, IV, 214, n° 262. – Pour des actions en résolution de vente de fonds de commerce, ■ Cass. com., 14 mai 1952 : *JCP* 1952, II, 7327, note Cohen).

3) **Conséquences de l'effet rétroactif de la résolution.** La résolution de la vente d'un fonds de commerce ayant un effet rétroactif entraîne par voie de conséquence la résiliation du contrat de location-gérance consenti à un tiers par l'acquéreur du fonds (■ T. com. Marseille, 3 juill. 1957 : *JCP* 1958, II, 10847, note Cohen ; *RTD com.* 1959, 77, obs. Jauffret).

Art. L. 141-9 *(Anc. L. 17 mars 1909)*. **– Le vendeur qui a stipulé lors de la vente que, faute de paiement dans le terme convenu, la vente serait résolue de plein droit, ou qui en a obtenu de l'acquéreur la résolution à l'amiable, doit notifier aux créanciers inscrits, aux domiciles élus, la résolution encourue ou consentie, qui ne deviendra définitive qu'un mois après la notification ainsi faite.**

Rédaction future. Le vendeur qui a stipulé lors de la vente que, faute de paiement dans le terme convenu, la vente serait résolue de plein droit, ou qui en a obtenu de l'acquéreur la résolution à l'amiable, doit notifier aux créanciers inscrits, aux domiciles *(Mots rempl. à compter d'une date qui sera fixée par décret et au plus tard le 1er janvier 2023, Ord. n° 2021-1192, 15 sept. 2021)* « déclarés dans leurs inscriptions », la résolution encourue ou consentie, qui ne deviendra définitive qu'un mois après la notification ainsi faite.

Voir : annot. citée sous art. L. 141-6, p. 157.

Art. L. 141-10 *(Anc. L. 17 mars 1909 ; L. n° 2005-845, 26 juill. 2005)*. **– Lorsque la vente d'un fonds est poursuivie aux enchères publiques, soit à la requête d'un administrateur judiciaire ou d'un mandataire judiciaire, soit judiciairement à la requête de tout autre ayant droit, le poursuivant doit la notifier aux précédents vendeurs, au domicile élu dans leurs inscriptions, avec déclaration que, faute par eux d'intenter l'action résolutoire dans le mois de la notification, ils sont déchus, à l'égard de l'adjudicataire, du droit de l'exercer.**

Rédaction future. Lorsque la vente d'un fonds est poursuivie aux enchères publiques, soit à la requête d'un administrateur judiciaire ou d'un mandataire judiciaire, soit judiciairement à la requête de tout autre ayant droit, le poursuivant doit la notifier aux précédents vendeurs, au domicile *(Mot rempl. à compter d'une date qui sera fixée par décret et au plus tard le 1er janvier 2023, Ord. n° 2021-1192, 15 sept. 2021)* « déclaré » dans leurs inscriptions, avec déclaration que, faute par eux d'intenter l'action résolutoire dans le mois de la notification, ils sont déchus, à l'égard de l'adjudicataire, du droit de l'exercer.

Voir : annot. citée sous art. L. 141-6, p. 157.

Art. L. 141-11 *(Mod., L. n° 2005-845, 26 juill. 2005)*. **– Les articles L. 624-11 à L. 624-18 ne sont applicables ni au privilège ni à l'action résolutoire du vendeur d'un fonds de commerce.**

Voir : annot. citée sous art. L. 141-6, p. 157.

Art. L. 141-12 *(Mod., L. n° 2015-990, 6 août 2015 ; L. n° 2016-1524, 14 nov. 2016)*. **– Sous réserve des dispositions relatives à l'apport en société des fonds de commerce prévues aux articles L. 141-21 et L. 141-22, toute vente ou cession de fonds de commerce, consentie même sous condition ou sous la forme d'un autre contrat, ainsi que toute attribution de fonds de commerce par partage ou licitation, est, sauf si elle intervient** *en application de l'article L. 642-5*, **dans la quinzaine de sa date, publiée à la diligence de l'acquéreur** *(Mots rempl., L. n° 2019-486, 22 mai 2019)* **« sur un support habilité à recevoir des annonces légales dans » le département dans lequel le fonds est exploité et sous forme d'extrait ou d'avis au *Bulletin officiel des annonces civiles et commerciales*. En ce qui concerne les fonds forains, le lieu d'exploitation est celui où le vendeur est inscrit au registre du commerce et des sociétés.**

Remarque : l'article 50, II de la loi n° 2003-7 du 3 janvier 2003 vise, par erreur, l'article L. 141-2 du Code de commerce.

Bibliographie : Cohen, *Le régime actuel de la publicité des mutations de fonds de commerce : JCP* 1950, I, 888 ; *La réforme des règles de publicité relatives aux mutations de fonds de commerce : JCP* 1955, I, 1252. • de Page, *Publicité de vente ou d'apport de fonds de commerce, point de départ des délais : Journ. not.* 1956, 44. • Vincent, *Les nouvelles dispositions législatives concernant la publicité des mutations de fonds de commerce : Journ. not.* 1956, art. 44998. • Galimard et Guyenot, *La publicité des éléments d'actifs de fonds de commerce et d'industrie : Gaz. Pal.* 1975, 1, doctr. 145. • Sénéchal et Raffray, *Faut-il publier la cession isolée d'un bail commercial ? : JCP* N 1986, I, 9864. • Dagot, *La publicité de la cession isolée du droit au bail : JCP* N 1992, I, 197. • Rezek, *Rédaction d'une annonce légale : JCP* N 2006, 450. • Allain, *La durée de séquestre du prix de cession d'un fonds de commerce après la loi dite « Warsmann IV » du 22 mars 2012 : JCP* E 2012. 1277.

Voir : bibliographie sous art. L. 141-21, p. 171.

I – DOMAINE DE LA PUBLICITÉ

A – Toute vente ou cession d'un fonds

1) Cession de clientèle. La cession de la clientèle équivaut à une cession de fonds de commerce et est donc soumise à publicité (▪ Cass. req., 23 oct. 1934 : *S.* 1934, 1, 392. ▪ Cass. req., 15 févr. 1937 : *DH* 1937, 179). Toutefois, les juges du fond peuvent appliquer l'article L. 141-12 exigeant la publicité de la vente de tout fonds de commerce à la vente de tous les éléments d'un fonds à l'exception de la clientèle et de l'achalandage, lesquels étant inutiles à l'acheteur ont disparu lors de la cession (▪ Cass. com., 10 mars 1970 : *JurisData* n° 1970-097092 ; *D.* 1970, 586. – V. également ▪ Cass. com., 2 août 1949 : *JCP* 1949, II, 5188, qui a considéré qu'une vente de matériel dissimulait une vente de fonds de commerce. ▪ Cass. 1re civ., 30 nov. 1982 : *JurisData* n° 1982-702924 ; *D.* 1983, 85, note Breton, qui a considéré qu'une cession de bail constituait l'instrument d'une donation indirecte d'un fonds de commerce).

2) Vente d'un manège forain. La vente d'un manège forain constitue une vente de fonds de commerce soumise aux règles de publicité de l'article L. 141-12 dès lors que le vendeur avait mis un terme à son activité et que la cession avait permis au cessionnaire d'exercer la même fonction que celle occupée par le précédent titulaire (▪ Cass. civ., 1er févr. 1966 : *Bull.* III, n° 69. ▪ Cass. com., 11 juin 1985 : *Bull.* IV, n° 187).

3) Ventes séparées. Plusieurs ventes séparées portant chacune sur des éléments isolés *peuvent être considérées comme vente d'un fonds de commerce* (▪ T. com. Le Havre, 9 janv. 1935 : *Rev. fonds com.* 1935, 568).

4) Les donations. En théorie, le contrat de donation ne devrait pas entrer dans le champ d'application du texte, mais depuis une réponse ministérielle (Rép. min. : *JOAN Q*, 11 juin 1952, 2825), l'habitude s'est prise de procéder aux publicités prescrites.

B – Les mutations exclues de la publicité

5) Cession d'un élément isolé. Les publications prescrites par l'article L. 141-12 sont *inapplicables en dehors des cas de mutation de la propriété même de l'ensemble des éléments essentiels qui constituent le fonds de commerce* ; elles ne s'appliquent donc pas quand il y a cession seulement d'un ou plusieurs éléments isolés (▪ Cass. civ., 13 mars 1944 : *S.* 1944, 1, 83. ▪ T. civ. Seine, 19 févr. 1957 : *JCP* G 1957, II, 10282, note Cohen). Ainsi, ne sont pas soumises à publicité car ne constituent pas des cessions de fonds de commerce mais des cessions d'éléments isolés :

– la cession du nom commercial et de l'enseigne (▪ Lyon, 27 juin 1928 : *DP* 1929, 2, 33) ;

– la cession d'un droit au bail sans transfert de clientèle(▪ T. com. Cambrai, 10 déc. 1953 : *JCP* G 1954, IV, 107. ▪ Cass. 2e civ., 20 juin 1979, n° 78-11.559 : *JurisData* n° 1979-720186 ; *Bull. civ.* II, n° 186. – *Contra*, ▪ Paris, 12 juin 1928 et ▪ Paris, 10 nov. 1918 : *Gaz. Pal.* 1929, 1, 92 où il est fait du droit au bail l'élément essentiel du fonds. – *Adde*, Sénéchal et Raffray, *Faut-il publier la cession isolée d'un bail commercial ? : JCP* N 1986, I, 9864).

Cependant, *la cession partielle* d'un fonds de commerce peut être interdite si l'activité exercée dans chaque local peut constituer une exploitation indépendante (▪ Cass. 3e civ., 11 févr. 1987, n° 85-15.588 : *JurisData* n° 1987-000096 ; *JCP* G 1987, IV, 130).

6) Fonds artisanaux. Les dispositions de l'article L. 141-12 ne sont pas applicables aux fonds artisanaux qui ne sont pas soumis au régime général des fonds de commerce (▪ Cass. com., 24 oct. 1963 : *Gaz. Pal.* 1964, 1, 141).

7) Cession de parts sociales. Les dispositions de l'article L. 141-12 ne sont pas applicables s'il y a seulement cession des parts sociales et non cession de fonds de commerce ; la cession des parts d'une société est pleinement valable comme portant seulement sur les parts sociales et non pas sur un fonds de commerce (▪ Paris, 16 janv. 1937 : *Rev. fonds com.* 1937, 227. ▪ Angers, 3 juin 1953 : *JCP* G 1953, II, 7870, pour l'inapplicabilité des articles L. 141-6 à L. 141-11 du Code de commerce. ▪ Cass. com., 13 déc. 1971 : *JurisData* n° 1971-097298 ; *JCP* G 1972, II, 17049, pour la cession de la majorité des parts).

8) Cession d'actions. Sur le point de savoir si la cession de la quasi-totalité des actions d'une société exploitant un fonds de commerce porte nécessairement sur la transmission du fonds de commerce lui-même :

Pour l'affirmative (■ Cass. com., 17 nov. 1987 : *Rev. sociétés* 1988, 65, note Le Cannu ; *RTD com.* 1988, 423, obs. Derruppé ; 454, obs. Reinhard. ■ Montpellier, 24 oct. 1991 : *RTD com.* 1992, 353, obs. Derruppé. ■ Paris, 31 janv. 1997 : *JCP* E 1997, II, 947, note Viandier ; *RD bancaire et bourse* 1997, 70, n° 3, obs. Germain et Frison-Roche, pour la cession de la totalité des actions d'une société dont l'unique actif est un fonds de commerce. – Comp. ■ Cass. com., 21 janv. 1997 : *RD bancaire et bourse* 1997, p. 69, obs. Germain et Frison-Roche).

Pour la négative (■ Cass. com., 13 févr. 1990 : *RTD com.* 1990, 185, obs. Derruppé ; *Bull.* IV, n° 42 ; *JCP* E 1990, II, 15855, note Lazarski ; *JCP* E, II, 15784, n° 8, obs. Viandier et Caussain ; *RD bancaire et bourse* 1990, 166, n° 3, obs. Jeantin et Viandier ; *RTD com.* 1990, 185, obs. Derruppé, 582, n° 1, obs. Champaud, 590, n° 1, obs. Reinhard ; *Rev. sociétés* 1990, 251, note Le Cannu ; *D.* 1990, 470, note d'Hoir-Laupretre. ■ Cass. com., 6 juin 1990 : *Bull.* IV, n° 161 ; *JCP* E 1991, I, 22, n° 8, obs. Viandier et Caussain ; *RTD com.* 1991, 27, obs. Derruppé. ■ Cass. com., 22 janv. 1991 : *Bull.* IV, n° 33 ; *RTD com.* 1991, 182, n° 2, obs. Derruppé ; 405, obs. Reinhard).

Il a été jugé qu'une cession à une seule personne de la totalité des parts entraîne la dissolution de la société et constitue alors une promesse de vente de fonds de commerce (■ Paris, 4 nov. 1963 : *D.* 1964, 60 ; *RTD com.* 1964, 286, obs. Jauffret).

V. cependant désormais l'article 1844-5 du Code civil : la réunion de toutes les parts en une seule main n'entraîne plus la dissolution de plein droit ; les juges prennent en considération l'esprit des parties et l'absence de faute pour décider s'il y a cession de fonds de commerce (■ Cass. com., 29 nov. 1971 : *Bull.* IV, n° 286. ■ Cass. com., 4 juin 1971 : *Bull.* IV, n° 154), ou non (■ Cass. com., 4 janv. 1971, n° 69-11.442 : *JurisData* n° 1971-098001 ; *Bull.* IV, n° 4. ■ Cass. com., 17 juill. 1973, n° 72-13.292 : *D.* 1973, 605. ■ Cass. com., 12 avr. 1976 : *Bull.* IV, n° 121).

Bibliographie : V. Jeantin, *La cession massive des titres d'une société et la transmission du fonds de commerce dont la société est propriétaire, au regard du droit privé* : *JCP* N 1988, I, 608.

Voir : « Domaine d'application des énonciations » notes art. L. 141-1, annot. n° 6 et s., p. 142 et L. 141-5, p. 149.

II – MODALITÉS DE LA PUBLICITÉ

9) Auteurs de la publication. Il appartient à l'acquéreur de faire procéder aux publications requises par l'article L. 141-12 (V. cependant, ■ T. civ. Hazebrouck, 6 juin 1932 : *Gaz. Pal.* 1933, 152 qui en cas de défaillance de l'acquéreur autorise le syndic à procéder auxdites publications aux lieu et place de celui-là).

10) Délais. L'article L. 141-12 ne précise pas la notion de huitième jour, point de départ du délai de renouvellement. Le texte doit être interprété en fonction des usages, c'est-à-dire sans qu'il y ait lieu de tenir compte de la maxime « Dies a quo non comptatur in termino ». La deuxième insertion est valablement faite dans le numéro du journal d'annonces légales de la semaine qui suit celle de la première insertion (■ T. com. Rennes, 11 déc. 1925 : *DP* 1927, 2, 33, note Trasbot. ■ Orléans, 29 juin 1954 : *Gaz. Pal.* 1955, 1, 12. ■ Grenoble, 6 oct. 1955 : *JCP* 1955, II, 9001, note Cohen ; *RTD com.* 1956, 42, obs. Jauffret). Cette solution est contraire au texte de la loi (■ Cass. com., 15 mai 1973, n° 72-11.484 : *JurisData* n° 1973-097174 ; *D.* 1973, somm. 103).

Les publications faites en vertu d'actes non enregistrés ou non déclarés verbalement à l'enregistrement sont nulles (■ T. com. Saint-Étienne, 10 oct. 1929 : *DH* 1930, 31) ; mais la vente reste valable (■ T. com. Salon, 6 déc. 1935 : *Rev. fonds com.* 1936, 46) ; et l'acte sous seing privé à date certaine (■ Colmar, 3 juill. 1935 : *Rev. fonds com.* 1936, 616).

III – SANCTIONS

11) La publicité vise seulement l'opposabilité aux tiers du paiement du prix de vente. Aussi la seule sanction envisageable est-elle l'inopposabilité aux tiers dudit paiement (■ Cass. com., 24 mai 2005, n° 02-18.096 : *JurisData* n° 2005-028697 ; *D.* 2005, p. 1698, obs. Chevrier ; *RJDA* 8-9/2005, n° 960 ; *JCP* E 2005, pan. 1142, sauf mention prescrite à peine de nullité : V. sous art. L. 141-13, p. 162).

Art. L. 141-13 *(Mod., L. n° 2015-990, 6 août 2015).* **– La publication de l'extrait ou de l'avis faite en exécution de l'article précédent doit être, à peine de nullité, précédée soit de l'enregistrement de l'acte** ***contenant mutation, sauf s'il s'agit d'un acte authentique*****, soit, à défaut d'acte, de la déclaration prescrite par les articles 638 et 653 du Code général des impôts. Cet extrait doit, sous la même sanction, rapporter les date, volume et numéro de la perception, ou, en cas de simple déclaration, la date et le numéro du récépissé de cette déclaration et, dans les deux cas, l'indication du bureau où ont eu lieu ces opérations. Il énonce, en outre, la date de l'acte, les noms, prénoms et domiciles de l'ancien et du nouveau propriétaire, la nature et le siège du fonds, le prix stipulé, y compris les charges ou l'évaluation ayant servi de base à la perception des droits**

d'enregistrement, l'indication du délai ci-après fixé pour les oppositions et une élection de domicile dans le ressort du tribunal.

Voir : annot. citée sous art. L. 141-12, p. 160.

1) Sanction du défaut de publicité. La publicité d'une vente de fonds de commerce qui doit être faite au lieu où se trouve le fonds, doit se faire au lieu où se trouve le pas-de-porte du fonds et non au lieu du siège social ou du domicile de l'acquéreur, sinon cela équivaut à un défaut de publicité (▪ Cass. civ., 20 juill. 1938 : *DP* 1939, 1, 31. ▪ Cass. req., 9 juin 1943 : *JCP* 1943, II, 2488). Le défaut de publicité de la vente n'entraîne pas la nullité de celle-ci (▪ Paris, 16 oct. 1928 : *Gaz. Pal.* 1929, 1, 84), dès lors que les parties sont d'accord sur la vente et le prix (▪ Poitiers, 9 juill. 1929 : *S.* 1930, 2, 27. – Sur le préjudice du vendeur ▪ Versailles, 7 juin 2007, n° 06/02057 : *RJDA* 2007, 1216).

La publicité vise seulement l'opposabilité aux tiers non de la vente mais du paiement du prix de vente et n'a pas pour objet de régler un conflit entre deux créanciers successifs d'un même fonds (▪ Besançon, 15 mars 1989 : *JurisData* n° 1989-043099 ; *RTD com.* 1990, 186, obs. Derruppé). Aucune inscription ne peut être prise après la vente par les créanciers du vendeur du fonds (▪ Cass. com., 24 mai 2005, n° 02-18.096 : *JurisData* n° 2005-028697 ; *JCP* E 2005, 1860, n° 19, obs. Delebecque ; *JCP* E 2006, 1486, note Rezek).

La seule sanction consiste dans l'inopposabilité du paiement du prix aux créanciers du précédent propriétaire (▪ Cass. com., 30 juin 1998, n° 96-14.746 : *RJDA* 11/98, n° 1206. ▪ Cass. com., 24 mai 2005 : *D.* 2005, p. 1698, obs. Chevrier ; *RJDA* 8-9/2005, n° 960 ; *JCP* E 2005, pan. 1142). L'inopposabilité aux tiers du paiement fait par l'acquéreur du fonds ne saurait être mise en échec par l'engagement du vendeur de faire son affaire personnelle des éventuelles oppositions (▪ Cass. com., 15 mai 1973 : *JurisData* n° 1973-095223 ; *Bull. civ.* IV, n° 174).

2) La notion de tiers. Sur la qualité de tiers pour réclamer à l'acquéreur les sommes versées par celui-ci avant l'expiration du délai d'opposition (▪ Cass. com., 1er juin 1981 : *D.* 1981, 654, note J.-P. Marty ; *D.* 1981, inf. rap. p. 452, obs. Honorat ; *RTD com.* 1982, 91, obs. Derruppé ; *JCP* G 1982, II, 19878, note Cohen, qui considère que les créanciers du vendeur sont des tiers sans distinguer suivant qu'ils ont fait ou non opposition. ▪ Cass. com., 24 mai 2005, n° 01-15.337 : *JurisData* n° 2005-028551 ; *D.* 2005, p. 1634, obs. Chevrier ; *RJDA* 8-9/2005, n° 961 ; *JCP* E 2005, pan. 1143 ; *D.* 2005, p. 2612, note M. Sénéchal, qui admet que le liquidateur judiciaire puisse agir au nom de l'ensemble des créanciers de la société venderesse. – *Contra*, ▪ Aix-en-Provence, 16 févr. 1979 : *D.* 1980, inf. rap. 69, lorsque la publication a été effectuée régulièrement l'expression tiers ne s'applique qu'aux créanciers qui se sont opposés dans le délai prescrit au paiement du prix de vente).

3) Publicité incomplète : omission d'une mention. Sont jugées irrégulières les publications qui ne portent ni les mentions du nom et du domicile de l'acquéreur ni le domicile précis du vendeur ni l'élection du domicile dans l'arrondissement où est situé le fonds (▪ T. com. Nice, 15 juill. 1910 : *DP* 1912, 5, 3) qui a prononcé la nullité pour défaut d'indication de la date de l'acte, du domicile de l'ancien et du nouveau propriétaire, d'indication de délai pour faire opposition, d'élection de domicile (▪ Paris, 24 janv. 1925 : *Gaz. Trib.* 1926, 2, 74).

Défaut d'élection de domicile (▪ Paris, 29 oct. 1932 : *Gaz. Pal.* 1933, 1, 150. ▪ T. civ. de Hazebrouck, 6 juin 1932 : *Gaz. Pal.* 1933, 1, 152. ▪ T. com. Orléans, 13 janv. 1954 : *Gaz. Pal.* 1954, 1, 135, infirmé partiellement par la cour d'appel d'Orléans ▪ CA Orléans, 29 juin 1954 ; *Gaz. Pal.* 1955, 1, 12, s'agissant d'un apport de fonds de commerce en société, les juges ont considéré que l'indication du greffe du tribunal de commerce compétent pour recevoir la déclaration des créances remplace l'indication d'un domicile élu).

4) Omission du délai d'opposition. Dans un sens contraire, n'a pas été déclarée nulle la publication qui ne faisait pas mention du délai d'opposition (▪ T. com. Calais, 29 déc. 1925 : *Gaz. Pal.* 1926, 1, 611).

5) Pas de nullité sans texte. L'omission des nom, prénoms et domicile de l'ancien et du nouveau propriétaire *ne rend pas nulle la publication* lorsque le créancier ne justifie pas que les irrégularités l'aient mis dans l'impossibilité de prendre en temps utile toutes mesures conservatoires (▪ T. com. Seine, 7 juin 1910 : *Journ. trib. com.* 1912, 54).

Parmi les mentions imposées par l'article L. 141-13 seule est prescrite à peine de nullité l'indication des références fiscales de l'acte ; l'absence des autres mentions, en particulier celle du délai d'opposition, ne peut, à défaut de disposition légale, rendre nulle la publication (▪ Paris, 30 juin 1992 : *JurisData* n° 1992-022010 ; *RJDA* 1/93, n° 15).

6) Publicité prématurée. V. les considérations de M. Trasbot, sous ▪ T. com. Rennes, 11 déc. 1925 : *DP* 1925, 7, 33.

7) Publicité tardive. Si le retard apporté à la publication n'a pas pour effet d'entraîner la nullité de l'insertion, il en résulte par contre que le délai imparti aux créanciers pour déclarer leur créance ne commence à courir que du jour de sa publication (▪ Orléans, 29 juin 1954 : *Gaz.*

Pal. 1955, 1, 12 ; *RTD com.* 1955, 306, obs. Jauffret, confirmant partiellement ▪ T. com. Orléans, 13 janv. 1954 : *Gaz. Pal.* 1954, 1, 235, et sur pourvoi, ▪ Cass. com., 14 oct. 1958 : *Gaz. Pal.* 1958, 2, 297).

Art. L. 141-14 ***(Mod., L. n° 2015-990, 6 août 2015 ; L. n° 2016-1524, 14 nov. 2016).*** **– Dans les dix jours suivant la dernière en date des publications prévues à l'article L. 141-12, tout créancier du précédent propriétaire, que sa créance soit ou non exigible, peut former au domicile élu, par acte extrajudiciaire ou par lettre recommandée avec demande d'avis de réception, opposition au paiement du prix. L'opposition, à peine de nullité, énonce le chiffre et les causes de la créance et contient une élection de domicile dans le ressort de la situation du fonds. Le bailleur ne peut former opposition pour loyers en cours ou à échoir, et ce, nonobstant toutes stipulations contraires. Aucun transport amiable ou judiciaire du prix ou de partie du prix n'est opposable aux créanciers qui se sont ainsi fait connaître dans ce délai.**

Bibliographie : Soulard, *La forme de l'opposition sur le prix de vente du fonds de commerce : Rev. huissiers* 1958, 205. • Teillais, *L'opposition au paiement du prix de cession de fonds de commerce : Rev. huissiers* 1998, 11.

I – CONDITIONS DE L'OPPOSITION

A – Conditions tenant aux créanciers

1) Le créancier du propriétaire du fonds. Le titulaire d'une créance contre le propriétaire d'un fonds de commerce ne peut, dès lors qu'il a donné son accord au paiement du prix par l'acquéreur du fonds, se prévaloir de la protection accordée aux tiers par l'article 3, même si le paiement a été effectué avant l'expiration des délais d'opposition (▪ Cass. com., 8 avr. 1976, n° 75-10.340 : *JurisData* n° 1976-097108 ; *Bull.* IV, n° 108).

2) Le syndic à la liquidation des biens. Le syndic à la liquidation des biens du vendeur du fonds a été jugé recevable à agir en paiement contre un acquéreur qui avait payé avant l'expiration des délais d'opposition (▪ Cass. com., 1er juin 1981 : *JCP* 1982, II, 19878, note Cohen).

3) Le créancier du précédent propriétaire. Seuls les créanciers du précédent propriétaire peuvent faire opposition ; l'acquéreur du fonds ne peut lui-même faire opposition et ne peut rendre indisponibles entre les mains du consignataire les sommes qu'il a versées (▪ Paris, 8 juin 1935 : *DH* 1935, 546. ▪ T. civ. Toulouse, 14 févr. 1947 : *JCP* 1947, II, 3707, note Madray. ▪ Grenoble, 17 juin 1963 : *D.* 1964, 334. ▪ Paris, 26 mars 1966 : *DS* 1967, somm. 34. ▪ Amiens, 26 oct. 1977 : *DS* 1978, inf. rap. 29. ▪ Paris, 16 mai 1990 : *JurisData* n° 1990-021952 ; *D.* 1990, inf. rap. 160).

4) Qualité de cédant : collectivité. Les dispositions des articles L. 141-14 à L. 141-20 ne peuvent s'appliquer dans les cas où le vendeur du fonds de commerce est une collectivité ou un établissement public local : Rép. min. n° 12654 : *JO Sénat Q 26 août 2004, 1939 ; D. 2004, 2485 ; RTD com.* 2005, 44, obs. Saintourens.

B – Conditions tenant à la créance

5) Créance certaine. Les dispositions des articles L. 141-5 et suivants du Code de commerce sont exceptionnelles et réservées aux créances existant au jour de la publicité (▪ Paris, 17 avr. 1945 : *Gaz. Pal.* 1945, 2, 157). La créance doit être certaine, sinon le demandeur n'a pas qualité pour former ni opposition ni surenchère (▪ Cass. com., 21 janv. 1974, n° 72-14.348 : *JurisData* n° 1974-097025 ; *Bull. civ.* IV, n° 25). Une créance litigieuse dont l'existence est subordonnée au résultat d'une information encore en cours devant un juge d'instruction ne constitue pas le titre certain et la cause suffisante exigés par la loi pour faire opposition (▪ Cass. 2e civ., 10 juill. 1957 : *Bull. civ.* II, n° 511). Une créance hypothétique éventuelle subordonnée au résultat d'une action judiciaire ne constitue pas un titre certain pour faire opposition (▪ Lyon, 14 déc. 1925 : *DP* 1927, 2, 97).

6) Créanciers privilégiés. Les créanciers inscrits sur le fonds étant protégés par le droit de suite *n'ont pas à faire cette opposition* (▪ Cass. civ., 21 déc. 1937 : *DH* 1938, 65, pour un apport en société. ▪ Cass. com., 20 oct. 1980, n° 78-15.432 : *JurisData* n° 1980-798087 ; *Bull.* IV, n° 340. ▪ Cass. com., 25 janv. 2000, n° 97-19.214 : *JurisData* n° 2000-00041 ; *RJDA* 4/2000, n° 482).

7) Indemnité de résiliation d'un bail. Les dispositions de l'article L. 141-14 relatives à l'opposition des créanciers chirographaires sur le prix de vente d'un fonds de commerce ne peuvent recevoir application à l'opposition pratiquée sur l'indemnité de résiliation d'un bail commercial (▪ T. com. Le Mans, 1er oct. 1984 : *Gaz. Pal.* 1985, 1, somm. 27).

C – Formes de l'opposition

1° Mentions

8) Montant et cause de la créance. L'opposition doit indiquer le montant de la créance et la cause de celle-ci sous peine d'annulation (▪ T. com. Orléans, 13 janv. 1954 : *Gaz. Pal.* 1954, 1, 235. ▪ Paris, 5 nov. 1957 : *Gaz. Pal.* 1957, 2, 381).

9) Nullité facultative. Mais il ne s'agit pas d'une nullité d'ordre public ; d'où il suit qu'elle peut être couverte par la renonciation expresse ou tacite des intéressés et doit être évoquée au début de l'instance (■ Paris, 24 avr. 1913 : *Gaz. Pal.* 1913, 2, 302).

10) Délai de rectification. Il n'est pas permis à l'opposant de rectifier ultérieurement une erreur commise s'il ne se trouve plus dans les délais impartis par le législateur (■ Paris, 6 mai 1913 : *Gaz. Pal.* 1913, 2, 56).

2° Procédure

11) Acte extrajudiciaire. L'opposition au paiement du prix après une vente d'un fonds de commerce doit se faire par un acte extrajudiciaire, c'est-à-dire par exploit d'huissier signifié au domicile élu, sous peine de nullité (■ Paris, 14 juin 1926 : *Gaz. Pal.* 1926, 2, 341. ■ Cass. civ., 5 juill. 1932 : *D.* 1932, 1, 165. ■ Paris, 13 janv. 1937 : *Rev. fonds com.* 1937, 228. ■ Paris, 5 nov. 1957 : *D.* 1958, somm. 23. ■ Cass. 2e civ., 12 mai 1986, n° 84-10.174 : *JurisData* n° 1986-700863 ; *Bull. civ.* II, n° 77 ; *RTD com.* 1986, 395, obs. Derruppé. ■ TGI Grenoble, 10 nov. 1982 : *JCP* G 1982, IV, 331. ■ Cass. com., 6 mai 2002, n° 00-14.655 : *JurisData* n° 2002-014205 ; *Bull. civ.* IV, n° 80 ; *D.* 2002, p. 2126. – *Contra,* ■ T. com. Paris, 22 mai 1973 : *Journ. agréés* 1973, 282).

12) Les huissiers du Trésor public. Les huissiers du Trésor public sont habilités par l'article L. 258 du Livre des procédures fiscales et l'article 2 du décret du 31 mai 1997 portant statut des huissiers du Trésor public à procéder aux mesures conservatoires nécessaires au recouvrement des créances de l'État (■ Cass. com., 6 mai 2002, n° 00-14.655 : *JurisData* n° 2002-014205 ; *JCP* E 2002, pan. 967).

Une lettre adressée au notaire rédacteur de l'acte de vente ne saurait produire effet et remplacer un acte extrajudiciaire (■ Lyon, 7 févr. 1985 : *JurisData* n° 1985-043925 ; *Bull. inf. Cour de Lyon* 1986, 221, 8).

13) Équivalence. Toutefois si le créancier a produit à la liquidation des biens, sa production est considérée comme une opposition à la vente amiable du fonds (■ Paris, 23 mars 1946 : *D.* 1946, 246).

14) Apport en société. En cas d'apport en *société, V.* ■ *Orléans, 29 juin 1954* : *Gaz. Pal.* 1955, 1, 12.

15) L'opposition prévue par l'article 808 du Code civil n'est pas un acte extrajudiciaire. La simple inscription d'une créance à l'inventaire de la communauté (C. civ., art. 808), ne peut remplacer ni l'opposition du Code de commerce ni une saisie-arrêt (■ Cass. civ., 5 juill. 1932 : *D.* 1932, 1, 165).

3° Délai

16) Point de départ. Le délai d'opposition de l'article L. 141-14 ne peut commencer à courir tant que la première inscription n'a pas été suivie de la seconde (■ Cass. com., 15 mai 1973, n° 72-11.484 : *JurisData* n° 1973-097174 ; *Bull.* IV, n° 174).

L'opposition d'un créancier au paiement du prix de cession ne peut être déclarée irrecevable du seul fait qu'elle est exercée hors du délai légal de six jours, *lorsque ce délai n'a pas été mentionné dans l'avis de cession* (■ Cass. com., 16 janv. 1996, n° 93-16.257 : *JCP* E 1996, pan. 332).

17) Computation du délai. Dans le délai de dix jours après la deuxième insertion pour former opposition, *le « dies a quo » ne compte pas* (■ T. com. Beauvais, 24 juill. 1928 : *Gaz. Pal.* 1928, 2, 907).

Si l'acquéreur paie avant l'expiration du délai de dix jours, il s'expose au risque de devoir payer à nouveau quelles que puissent être les dispositions du contrat de vente (■ Cass. com., 1er juin 1981 : *JCP* 1982, II, 19878, note Cohen ; *DS* 1981, 654, note Marty ; 1981, inf. rap. 452, obs. crit. Honorat ; *RTD com.* 1982, 91, obs. Derruppé) ; ce paiement prématuré est inopposable à tous les créanciers, même ceux qui n'ont pas formé opposition (même arrêt).

18) Extension du délai. Le créancier peut faire opposition au-delà du délai de dix jours si l'acquéreur n'a pas encore payé le prix parce qu'il ne porte préjudice à personne (■ T. com. Seine, 6 janv. 1920 : *Gaz. Pal.* 1920, 2, 585. ■ T. com. Marseille, 15 mars 1928 : *Gaz. Trib.* 1928, 1, 72. ■ Dijon, 16 juill. 1941 : *DC* 1942, 44).

19) Nullité de l'opposition. Mais en principe, passé ce délai elle est nulle et de nul effet (■ Paris, 5 mai 1904 : *DP* 1907, 2, 65, note Chéron. ■ Cass. civ., 5 juill. 1932 : *DP* 1933, 1, 165, note Nast. ■ Cass. com., 24 févr. 1981, n° 79-13.889 : *JurisData* n° 1981-700520 ; *D.* 1981, 272).

20) Saisie-arrêt. Les créanciers ont toujours la ressource de faire une saisie-arrêt dans les formes prévues dans le Code de procédure civile tant que le prix n'a pas été payé (■ T. com. Seine, 24 févr. 1911 : *Gaz. Trib.* 1911, 2, 71. – V. note Chéron, sous ■ Paris, 5 mai 1924 : *D.* 1927, 2, 65. ■ Cass. civ., 5 juill. 1932 : *D.* 1933, 2, 165).

II – EFFETS DE L'OPPOSITION

21) Indisponibilité du prix de vente. Ce n'est pas l'opposition qui crée l'indisponibilité du prix de vente. Elle existe dès l'acte de vente. Mais, à l'égard des créanciers, le prix de vente est indisponible jusqu'à l'expiration du délai des oppositions, quels que soient les accords entre le vendeur et l'acquéreur et la mission de l'intermédiaire (■ Cass. com., 19 mai 1998, n° 95-19.098 : *JurisData* n° 1998-002055 ; *RTD com.* 1998, 823, obs. Derruppé).

22) Effet sur la prescription. L'opposition au paiement du prix est une mesure conservatoire qui a seulement pour objet d'empêcher que le prix ne soit remis au vendeur, consommé par celui-ci ou confondu dans l'ensemble de ses biens ; elle n'en transporte pas la propriété aux créanciers et ne leur confère pas sur ce prix des droits propres distincts de ceux que leur débiteur pourrait lui-même faire valoir (■ Cass. req., 12 févr. 1936 : *DH* 1936, 145. ■ Versailles, 10 juin 1993 : *JurisData* n° 1993-042985 ; *D.* 1993, inf. rap. 214). N'est pas opposable aux créanciers du vendeur d'un fonds de commerce le paiement fait à ce dernier par l'acquéreur avant l'expiration du délai accordé par la loi aux créanciers pour faire opposition (■ Cass. com., 19 mai 1998, n° 95-17.643 : *JurisData* n° 1998-002496 ; *D.* 1998, 1120, obs. A.L. M.D. ■ Cass. com., 21 sept. 2004, n° 03-13.196 : *JurisData* n° 2004-024939 ; *RJDA* 2/2005, n° 118). Elle n'est pas assimilable à une saisie et n'est pas, par conséquent, un acte interruptif de la prescription, dont l'énumération par l'article 2244 (anc.) est limitative (■ Cass. com., 16 juin 1998, n° 96-14.170 : *JurisData* n° 1998-002769 ; *Bull. civ.* IV, n° 194 ; *RJDA* 11/1998, n° 1313).

23) Absence de paiement préférentiel. Elle n'engendre au profit des opposants ni un transfert du prix ni un privilège (■ Cass. com., 5 avr. 1965, n° 63-11.382 : *JCP* 1965, II, 14316). Le créancier chirographaire qui a fait opposition dans le délai de dix jours après la deuxième publication ne détient pas le droit d'être payé par préférence aux créanciers qui n'ont signifié une opposition qu'après l'expiration du délai légal ; si un créancier chirographaire a été diligent, il ne peut prétendre avoir acquis un privilège sur le prix à l'encontre des créanciers négligents (■ Cass. civ., 3 juin 1935 : *Gaz. Pal.* 1935, 2, 274). Les créanciers opposants restent chirographaires et viennent en concours avec les créanciers non opposants (■ T. civ. Seine, 18 oct. 1913 : *DP* 1917, 2, 32. ■ Aix-en-Provence, 29 avr. 1914 : *Gaz. Pal.* 1914, 1, 706. ■ Aix-en-Provence, 16 févr. 1979 : *D.* 1980, inf. rap. 69).

24) Caution. Dans une espèce où une caution reprochait à la banque créancière de ne pas avoir fait usage de la faculté de former opposition sur le prix de vente d'un fonds conformément à l'article L. 141-14 du Code de commerce et invoquait à son bénéfice les dispositions de l'article 2314 du Code civil, la Cour de cassation casse l'arrêt d'appel et juge que la perte de la sûreté n'était pas le fait exclusif du créancier. En se déterminant ainsi sans rechercher, comme elle y était invitée, si M. X... en sa qualité de dirigeant de la société M. et de caution, n'avait pas eu la possibilité, comme la banque elle-même, de solliciter en référé soit le dépôt du prix d'acquisition du fonds de commerce à la Caisse des dépôts et consignations soit la nomination d'un séquestre répartiteur, la cour d'appel a privé sa décision de base légale (■ Cass. com., 25 nov. 2008, n° 07-16.689 : *RD bancaire et fin.* janv. 2009, n° 7, note D. Legeais).

25) Saisie-attribution. Elle n'empêche pas un créancier d'exercer une saisie-attribution (■ Cass. 2e civ., 6 juill. 2000, n° 98-20.286 : *JurisData* n° 2000-002840 ; *D.* 2000, act. jurispr., p. 371, obs. Monéger-Dupuis ; *RTD com.* 2000, 850, obs. Derruppé). Toutefois, la saisie-attribution pratiquée sur le prix de vente d'un fonds de commerce ne peut emporter attribution de la créance saisie qui n'est pas disponible (■ Cass. 2e civ., 16 mars 2000, n° 98-14.725 : *JurisData* n° 2000-000958 ; *RD bancaire et fin.* 2000, 239, n° 167, obs. Dellici ; *RTD com.* 2000, 589, obs. Derruppé).

26) Maintien abusif de l'opposition. L'opposition sur le prix de vente a pour objet de préserver et de garantir les droits éventuels du créancier ; dès lors que ce dernier, par son inaction, retarde l'issue du litige, il n'a aucune légitimité à voir maintenir une opposition, même cantonnée (■ Cass. 3e civ., 9 juill. 2003, n° 02-11.794 : *JurisData* n° 2003-019838 ; *JCP* E 2003, pan. 1338).

27) Durée de l'efficacité de l'opposition. Les oppositions restent efficaces tant que la distribution du prix n'a pas été effectuée (■ T. civ. Marseille, 15 mars 1928 : *Gaz. Pal.* 1928, 2, 162).

28) Responsabilité du séquestre du prix de vente. Le séquestre du prix de vente d'un fonds de commerce qui n'a pas tenu compte d'une opposition régulière engage sa responsabilité ainsi que celle de ses mandataires (■ T. com. Paris, 22 mai 1973 : *Journ. agréés* 1973, 282. – V. également ■ Paris, 4 juill. 1983 : *JurisData* n° 1983-030010 ; *Gaz. Pal.* 1984, 1, somm. 208). Même si du fait de sa quittance dans l'acte de vente du fonds, le prix entre dans le patrimoine du vendeur un court instant, sa remise à un séquestre aux termes même de l'acte le fait ressortir immédiatement du patrimoine du vendeur pour entrer dans un patrimoine d'affectation (■ Cass. com., 28 juin 2005, n° 02-18.672 : *JCP* E 2005, n° 30, pan. 1132, 1267. ■ CA Angers, 12 févr. 2008 : *JurisData* n° 2008-364302. – *Contra* ■ CA Paris, 20 janv. 2006 : *JurisData* n° 2006-294039).

29) Action paulienne. Les créanciers du vendeur d'un fonds de commerce, qu'ils aient ou non fait opposition au paiement du prix, *sont fondés à attaquer*, par application de l'article 1167 du Code civil, *la cession faite par leur débiteur en fraude de leurs droits* (■ Cass. com., 12 janv. 1988, n° 86-12.485 : *Bull.* IV, n° 20 ; *RTD com.* 1989, 459, obs. Derruppé).

Art. L. 141-15 ***(Mod., L. n° 2015-990, 6 août 2015).*** **– Au cas d'opposition au paiement du prix, le vendeur peut, en tout état de cause, après l'expiration du délai de dix jours, se pourvoir en référé devant le**

président du tribunal afin d'obtenir l'autorisation de toucher son prix malgré l'opposition, à la condition de verser à la Caisse des dépôts et consignations, ou aux mains d'un tiers commis à cet effet, une somme suffisante, fixée par le juge des référés, pour répondre éventuellement des causes de l'opposition dans le cas où il se reconnaîtrait ou serait jugé débiteur. Le dépôt ainsi ordonné est affecté spécialement, aux mains du tiers détenteur, à la garantie des créances pour sûreté desquelles l'opposition aura été faite et privilège exclusif de tout autre leur est attribué sur ledit dépôt, sans que, toutefois, il puisse en résulter transport judiciaire au profit de l'opposant ou des opposants en cause à l'égard des autres créanciers opposants du vendeur, s'il en existe. À partir de l'exécution de l'ordonnance de référé, l'acquéreur est déchargé et les effets de l'opposition sont transportés sur le tiers détenteur.

Le juge des référés n'accorde l'autorisation demandée que s'il lui est justifié par une déclaration formelle de l'acquéreur mis en cause, faite sous sa responsabilité personnelle et dont il est pris acte, qu'il n'existe pas d'autres créanciers opposants que ceux contre lesquels il est procédé. L'acquéreur, en exécutant l'ordonnance, n'est pas libéré de son prix à l'égard des autres créanciers opposants antérieurs à ladite ordonnance s'il en existe.

I – RECOURS DU VENDEUR

1) Compétence *rationae materiae*. La compétence est celle du président du tribunal civil (maintenant TGI) et non celle du président du tribunal de commerce (▪ Cass. civ., 28 févr. 1933 : *DH* 1933, 218. ▪ Colmar, 15 juin 1955 : *JCP* 1955, II, 8869).

2) Ordonnance de mainlevée. Le président du tribunal ordonne la mainlevée des oppositions lorsqu'elles sont faites sans cause ni titre (▪ Lyon, 14 déc. 1925 : *Gaz. Pal.* 1926, 1, 341). Il ne peut ordonner en référé la mainlevée d'une opposition fondée sur une cause réellement existante alors même qu'elle aurait été faite sans titre (▪ Paris, 6 mars 1929 : *Sem. jur.* 1929, 862. ▪ Poitiers, 27 mars 1962 : *RTD com.* 1962, 638, pour un état liquidatif à une succession considérée par les juges comme un titre), ni ne peut accorder la mainlevée de l'opposition dès lors que l'acquéreur du fonds cédé n'a pas été mis en cause et est en conséquence absent de l'instance (▪ Paris, 17 nov. 1982 : *JurisData* n° 1982-029116 ; *D.* 1983, inf. rap. 130). Les ordonnances de référé rendues par le président du tribunal prononçant la mainlevée d'une opposition en paiement du prix de vente sont *susceptibles d'appel* (▪ Colmar, 1er mai 1952 : *JCP* 1953, II, 7437, note Cohen).

3) Condition du recours. Le président du tribunal de grande instance n'est compétent que s'il n'y a pas d'instance engagée au principal (▪ Cass. com., 9 mai 1956 : *Gaz. Pal.* 1956, 2, 30. ▪ Cass. com., 7 déc. 1960, n° 59-13.456 : *Gaz. Pal.* 1961, 1, 169. – *Contra*, ▪ Paris, 5 nov. 1957 : *Gaz. Pal.* 1957, 2, 381).

Et il importe peu que l'instance principale ait été formée par le vendeur ou par un créancier opposant (▪ Cass. com., 29 juin 1954 : *Bull.* III, n° 237 ; *JCP* 1954, II, 8278 et sur renvoi ▪ Colmar, 15 juin 1955 : *JCP* 1955, II, 8869).

Mais encore faut-il qu'il y ait identité d'objet entre les demandes faites en référé et l'instance engagée au principal (Sur une identité d'objet, ▪ TGI Lille, 7 nov. 1961 : *JCP* 1962, II, 12754. – Dans le sens contraire, ▪ TGI Lille, 7 mai 1963 : *D.* 1963, somm. 10).

C'est à la date de l'ordonnance de référé qu'il faut se placer pour voir s'il n'y a pas eu d'instance engagée au principal (▪ Cass. com., 9 mai 1956 : *JCP* 1956, II, 9461). Par suite la survenance d'une instance sur le fond du litige avant qu'il ait été statué sur l'appel de l'ordonnance de référé a pour résultat de dessaisir les juges d'appel qui ne sauraient se prononcer sur la demande en mainlevée sans se substituer à la juridiction appelée à connaître du fond du litige (▪ Cass. com., 7 déc. 1960, n° 59-13.456 : *Bull. civ.* III, n° 405 ; *Gaz. Pal.* 1961, 1, 169).

4) Créancier opposant sans titre. Le créancier opposant qui ne dispose d'aucun titre doit justifier d'une créance de nature à lui permettre d'immobiliser le prix de vente du fonds de commerce (▪ Cass. com., 8 juin 1982, n° 80-16.049 : *JurisData* n° 1982-701180 ; *Bull. civ.* IV, n° 225).

5) Versement du prix. L'autorisation pour le vendeur d'un fonds de commerce de toucher son prix est subordonnée à la justification par l'acquéreur de l'absence d'autres créanciers opposants que ceux qui se sont manifestés (▪ Cass. com., 25 juin 1969, n° 67-14.482 : *Bull. civ.* IV, n° 247).

II – CANTONNEMENT

6) Conditions du cantonnement. Le juge n'accorde le cantonnement que s'il lui est justifié par une déclaration de mise en cause qu'il n'existe pas d'autres créanciers opposants que ceux contre lesquels il est procédé ; la mise en cause de l'acquéreur est obligatoire (▪ Paris, 19 mars 1960 : *D.* 1960, somm. 78. ▪ Paris, 15 oct. 1965 : *D.* 1966, 261. ▪ Paris, 26 mars 1966 : *RTD com.* 1967, 131).

Le cantonnement reste possible en présence de créanciers inscrits, à condition toutefois de remettre au juge un état des inscriptions pour qu'il en tienne compte dans la consignation (▪ Douai, 6 déc. 1934 : *Rev. fonds com.* 1935, 354).

Art. L. 141-16 *(Mod., L. n° 2015-990, 6 août 2015).* **– Si l'opposition a été faite sans titre et sans cause ou est nulle en la forme et s'il n'y a pas instance engagée au principal, le vendeur peut se pourvoir en référé devant le président du tribunal, à l'effet d'obtenir l'autorisation de toucher son prix, malgré l'opposition.**

Voir : annot. citée sous art. L. 141-15, p. 166.

Instance engagée au principal. L'instance engagée au principal peut avoir été introduite postérieurement à la demande du vendeur tendant à être autorisé à percevoir le prix de cession (■ Cass. com., 29 juin 1954 : *Bull.* III, n° 237 ; *JCP* 1954, II, 8278. ■ Cass. com., 7 déc. 1960, n° 59-13.456 : *Bull.* III, n° 405 ; *Gaz. Pal.* 1961, 1, 169. ■ Orléans, 18 déc. 2003 : *RJDA* 3/2004, n° 414).

Art. L. 141-17 *(Mod., L. n° 2015-990, 6 août 2015 ; L. n° 2016-1524, 14 nov. 2016).* **– L'acquéreur qui paie son vendeur sans avoir procédé aux publications prescrites, ou avant l'expiration du délai de dix jours, n'est pas libéré à l'égard des tiers.**

Voir : annot. citée sous art. L. 141-13, p. 162.

1) Opposabilité du prix. Il résulte de l'article L. 141-17 que la publicité de la vente du fonds de commerce constitue une condition d'opposabilité aux tiers, non de la vente, mais du paiement du prix (■ Cass. com., 24 mai 2005, n° 00-19.721 : *JurisData* n° 2005-028554 ; *Bull. civ.* IV, n° 114).

2) Action en paiement. L'acquéreur d'un fonds de commerce qui verse le prix au vendeur avant l'expiration du délai d'opposition opère un paiement inopposable aux créanciers du vendeur, peu important qu'ils aient ou non fait opposition au paiement du prix (■ Cass. com., 24 mai 2005 : *Bull. civ.* IV, n° 113). L'acquéreur qui paye le prix, en partie par compensation, commet une faute (puisqu'il paye le prix avant l'expiration du délai d'opposition) qui prive le créancier du paiement de la totalité des sommes qu'il aurait pu appréhender lors de la distribution du prix de cession et non des seules sommes au titre desquelles il avait fait opposition (■ Cass. com., 24 mai 2011, n° 10-18.074 : *JCP* E 2012, pan. 1512).

Art. L. 141-18 *(Abr., L. n° 2015-990, 6 août 2015 ; rétabli dans la version suivante, L. n° 2016-1524, 14 nov. 2016 ; L. n° 2019-486, 22 mai 2019).* **– Si la vente ou la cession d'un fonds de commerce comprend des succursales ou établissements situés sur le territoire français, l'inscription et la publication prescrites aux articles L. 141-6 à L. 141-17 doivent être faites également sur un support habilité à recevoir des annonces légales au lieu du siège de ces succursales ou établissements.**

> **Rédaction future.** Si la vente ou la cession d'un fonds de commerce comprend des succursales ou établissements situés sur le territoire français, *(Mots rempl. à compter d'une date qui sera fixée par décret et au plus tard le 1er janvier 2023, Ord. n° 2021-1192, 15 sept. 2021)* « la publication prescrite aux articles L. 141-7 à L. 141-17 doit être faite » également sur un support habilité à recevoir des annonces légales au lieu du siège de ces succursales ou établissements.

Art. L. 141-19 *(Mod., L. n° 2015-990, 6 août 2015).* **– Pendant les vingt jours qui suivent la publication au *Bulletin officiel des annonces civiles et commerciales* prévue à l'article L. 141-12, une copie authentique ou l'un des originaux de l'acte de vente est tenu, au domicile élu, à la disposition de tout créancier opposant ou inscrit pour être consulté sans déplacement.**

Bibliographie : *JCl. Fonds de commerce*, Traité, Fasc. 3000 : *Surenchère du sixième*, par Starck et Issa-Sayegh.

I – CONDITIONS DE LA SURENCHÈRE

A – Nécessité d'une vente amiable

1) Une cession de fonds. La surenchère suppose une vente mais elle semble avoir été admise en cas d'échange (■ Cass. com., 21 mars 1960 : *JurisData* n° 1960-098108 ; *Bull.* III, n° 108).

Elle a en tout cas été refusée en cas de cession de la location-gérance d'un fonds de commerce (■ Cass. civ., 8 mars 1938 : *DH* 1938, 225).

2) Une cession amiable. La vente doit être amiable mais l'autorisation donnée par un mandataire de justice à la vente ne lui fait pas perdre ce caractère (Pour une vente autorisée par un syndic et qui ne devient pas pour autant une vente judiciaire dès lors qu'il ne s'agit pas d'une vente aux enchères publiques, ■ Cass. com., 20 mars 1981 : *Bull.* IV, n° 164 ; *JCP* CI 1981, 9823. – Pour une vente amiable autorisée par le juge-commissaire de la « faillite », ■ Cass. com., 5 déc. 1955 : *JCP* 1956, II, 9131. – V. aussi ■ Paris, 21 avr. 1975 : D. 1975, somm. 107).

3) Exclusion des ventes publiques. Sont exclues les ventes publiques assujetties aux formes des articles L. 143-6 et L. 143-7 :

– la surenchère du 1/6 n'est pas admise après la vente d'un fonds de commerce faite aux enchères publiques sur requête d'un liquidateur nommé par justice (■ T. com. Seine, 22 mai 1928 : *Gaz. Pal.* 1928, 2, 727) ;

– doit être considérée comme une vente judiciaire celle qui a été autorisée sur requête de l'administration des Domaines par le tribunal avec renvoi devant notaire, désignation d'un avoué chargé de rédiger le cahier des charges, fixation de la mise à prix, prévisions de mesures de publicité (■ Paris, 2 juill. 1948 : *Gaz. Pal.* 1948, 2, 206) ;

– et la surenchère doit être écartée si la vente judiciaire a été ordonnée par un tribunal civil (■ Paris, 31 déc. 1935 : *DP* 1936, 2, 49. ■ Cass. com., 6 mai 1953 : *JCP* 1953, 32, 7688, bien qu'il s'agisse en l'espèce d'une surenchère du 1/10), ou par une ordonnance du président d'un tribunal civil (■ Paris, 2 juill. 1948 : *Gaz. Pal.* 1948, 2, 206).

4) Possibilité de dérogation. Cependant, *la disposition de l'article L. 141-19 selon laquelle la surenchère du 1/6 n'est pas admise après la vente aux enchères publiques d'un fonds de commerce n'est pas d'ordre public* ; par suite il peut y être dérogé par convention des parties (■ Cass. req., 1er avr. 1925 : *DP* 1925, 1, 169. ■ Cass. req., 14 déc. 1926 : *S.* 1927, 1, 50. ■ Paris, 9 mars 1965 : *RTD com.* 1966, 310, pour une surenchère du 1/10. ■ Rouen, 8 avr. 1976 : *Gaz. Pal.* 1976, 2, 505, pour une surenchère du 1/10. – *Contra*, sur le caractère d'ordre public de l'article 5, alinéa 2, ■ Cass. 3e civ., 5 déc. 1955 : *Bull. civ.* III, n° 353). Mais encore faut-il que la dérogation à la règle légale prohibant la surenchère dans les ventes judiciaires des fonds de commerce soit inscrite dans le cahier des charges par une clause claire, expresse et précise (■ Paris, 2 juill. 1948 : *Gaz. Pal.* 1948, 2, 206. ■ Cass. com., 6 mai 1953 : *JCP* 1953, II, 7688, note Cohen. – V. cependant ■ Paris, 9 mars 1965 : *RTD com.* 1966, 310, obs. Jauffret).

5) Préemption. L'exercice du droit de préemption de l'administration de l'enregistrement ne met pas obstacle au droit des créanciers d'exercer la surenchère, quand elle ne constitue pas une manœuvre destinée à faire échec au droit du fisc (■ Lyon, 31 mars 1949 : *Gaz. Pal.* 1949, 2, 37).

B – Une cession de fonds de commerce

6) Exigence d'un fonds de commerce. La vente doit porter sur un fonds de commerce. La surenchère est irrecevable en cas de cession de la location-gérance d'un fonds de commerce (■ Cass. civ., 8 mars 1938 : *DH* 1938, 125, préc.), ou si la vente porte sur un élément isolé du fonds ; la cession d'un droit au bail ne peut être considérée comme la cession du fonds de commerce lorsque la clientèle a disparu (■ Cass. req., 22 oct. 1923 : *DP* 1924, 1, 77. ■ Cass. com., 6 déc. 1982 : *JCP* 1984, II, 20158), sauf si la cession du bail constitue en fait la véritable cession du fonds de commerce (■ Cass. com., 21 mars 1960 : *Bull. civ.* n° 108). V. cependant la recevabilité de la surenchère – bien qu'elle soit du 1/10 – en cas de cession d'un pas-de-porte lorsque celui-ci constitue le seul élément appréciable du fonds de commerce (■ Dijon, 14 oct. 1953 : *JCP* 1954, II, 8044, note Cohen ; *Gaz. Pal.* 1953, 2, 379).

La surenchère est irrecevable si l'établissement n'est pas un fonds de commerce ; pour un buffet de gare installé dans des locaux du domaine public (■ Paris, 19 mars 1923 : *DP* 1923, 2, 61).

7) Vente liée. En cas de vente judiciaire simultanée d'un fonds de commerce et de l'immeuble dans lequel il est installé, si l'immeuble constitue l'objet principal et le fonds l'accessoire, la surenchère immobilière est possible pour l'ensemble des biens (■ Cass. req., 2 juill. 1928 : *Sem. jur.* 1928, 1350).

C – Qualité du surenchérisseur

8) Créanciers inscrits et non inscrits. Les créanciers inscrits et les créanciers non inscrits ayant fait opposition régulièrement peuvent surenchérir (■ Cass. com., 5 déc. 1955 : *Bull. civ.* III, n° 353 ; *JCP* G 1956, II, 9131, note Cohen. – *Contra*, ■ Paris, 9 mars 1946 : *D.* 1946, 246, qui autorise la surenchère aux créanciers ayant seulement produit à la procédure collective du vendeur), à condition, pour les personnes morales d'être immatriculées (■ Cass. 2e civ., 18 mai 1989, n° 86-17.622 : *JurisData* n° 1989-701503 ; *JCP* N 1990, II, 205, note Garçon). Et les seules créances à prendre en considération sont celles qui résultent des inscriptions et des oppositions et non toutes celles produites à la procédure collective ouverte contre le vendeur (■ Cass. com., 5 déc. 1955, préc.).

9) Procédure collective. *Le syndic* qui représente la masse de tous les créanciers a intérêt à poursuivre la réalisation de la surenchère lorsque le créancier surenchérisseur déclaré en état de liquidation des biens s'est désisté de son action (■ Paris, 21 avr. 1975 : *JCP* G 1975, IV, 263).

10) Créance certaine, mais pas nécessairement exigible. Vu que la surenchère est un acte conservatoire (■ Cass. com., 21 mars 1960 : *Bull. civ.* III, n° 108), les créanciers dont la créance n'est pas encore exigible peuvent agir lorsque son existence est certaine et bien que le quantum ne soit pas fixé (■ Cass. req., 24 mai 1927 : *DP* 1927, 1, 170, pour la créance de pension alimentaire d'une femme divorcée). Mais la surenchère doit être considérée comme irrecevable pour les créances conditionnelles (■ Cass. req., 16 nov. 1921 : *S.* 1923, 1, 217), ou pour les créances qui ne sont pas certaines (■ Cass. com., 17 nov. 1966 : *Bull. civ.* III, n° 435, pour une créance litigieuse. ■ Cass. com., 21 janv. 1974 : *Bull. civ.* IV, n° 25). De même à l'égard d'un prétendu créancier du vendeur qui se prévaut de cette qualité du fait d'un contrat de prêt signé par lui et par le vendeur du fonds qui bien que non enregistré faisait foi jusqu'à preuve du contraire, alors que l'acte sous seing privé non enregistré dont le caractère commercial n'a pas été évoqué est inopposable à l'acquéreur du fonds, lequel est un tiers à cet acte (▪ Cass. com., 6 juill. 1983 : *JurisData* n° 1983-701636 ; *Gaz. Pal.* 1984, 1, pan. jurispr. 25).

D – L'insuffisance du prix

11) Objet de l'insuffisance. L'article L. 141-19 confère à tout créancier du vendeur qui a fait une opposition dans les formes et délais le droit de faire une surenchère du 1/6 si le prix de vente ne suffit pas à désintéresser les créanciers inscrits et ceux qui se sont révélés par des oppositions (▪ Cass. req., 24 mai 1927 : *Gaz. Pal.* 1927, 2, 330).

12) Évaluation de l'insuffisance. Le prix dont l'insuffisance permet aux créanciers de créer une surenchère du 1/6 doit s'entendre du prix global comprenant aussi bien le matériel que les marchandises et les éléments incorporels du fonds de commerce (▪ Cass. com., 23 mai 1960 : *Gaz. Pal.* 1960, 2, 177 ; *RTD com.* 1961, 57, obs. Jauffret).

La loi ne distinguant pas, le prix porté à l'acte doit s'entendre du prix total, aussi bien de la partie du prix payable comptant que des paiements à terme prévus (▪ Aix-en-Provence, 11 juill. 1939 : *Rev. fonds com.* 1939, 513. – *Contra*, ▪ Paris, 21 nov. 1911 : *Gaz. Pal.* 1911, 2, 634. ▪ Aix-en-Provence, 10 mars 1941 : *Gaz. Pal.* 1941, 1, 505). En revanche, le droit de surenchère ne porte que sur le prix de vente des éléments incorporels du fonds de commerce et non sur le prix total.

13) Moment d'appréciation de l'insuffisance. Le droit de surenchère étant subordonné à l'insuffisance du prix pour payer les créances inscrites et celles des opposants, c'est au moment de l'instance en validité de la surenchère qu'il faut se placer pour apprécier l'insuffisance de ce prix (▪ Grenoble, 28 janv. 1910 : *DP* 1910, 2, 317. – V. cependant ▪ Paris, 21 avr. 1975 : *JCP* G 1975, IV, 263, qui a considéré que c'est au moment où la surenchère a été formée qu'il faut se placer pour apprécier l'insuffisance). Si des retraits d'opposition ont réduit le montant des oppositions ajoutées aux créances inscrites à une valeur inférieure au prix de vente, la demande en validité de surenchère doit être rejetée (▪ Grenoble, 28 janv. 1910, préc.).

II – PROCÉDURE DE LA SURENCHÈRE

A – Le délai

14) Irrecevabilité. La surenchère formée au-delà du *délai de vingt jours* est irrecevable comme tardive (▪ Grenoble, 6 oct. 1955 : *D.* 1956, 48).

15) Caractère du délai. La surenchère du 1/6 formée à la suite de la vente amiable d'un fonds de commerce, après l'expiration du délai légal, du consentement des parties, est valable, car loin d'être contraire à l'ordre public, elle sauvegarde les intérêts de l'ensemble des créanciers du vendeur en améliorant leur gage (▪ Cass. civ., 14 avr. 1924 : *DH* 1924, 370).

B – La solvabilité du surenchérisseur

16) Nullité de la surenchère. La surenchère est nulle si le surenchérisseur qui ne justifie pas par ailleurs de sa solvabilité, *n'offre pas de bonne caution* pour le paiement du prix et des charges, l'offre d'une caution ou d'une justification devant être considérée comme une condition de forme substantielle de la surenchère (▪ Toulouse, 13 oct. 1930 : *DP* 1931, 2, 224. – V. cependant ▪ T. com. Beauvais, 24 juill. 1928 : *Gaz. Pal.* 1928, 2, 907 qui a considéré que la caution n'avait pas besoin nécessairement d'être désignée dans l'acte de surenchère. V. également ▪ T. com. Rouen, 4 déc. 1957 : *RTD com.* 1958, 319, pour une surenchère du 1/10. – *Contra* ▪ T. com. Paris, 22 mai 1928 : *Gaz. Pal.* 1928, 2, 726 et ▪ T. com. Seine, 3 nov. 1925 : *Rec. Gaz. trib.* 1926, 2, 285, qui ont décidé que la caution doit être nommément désignée dans l'acte à peine de nullité).

17) Justification de la solvabilité. En ce qui concerne la justification d'une solvabilité suffisante, il est seulement imposé aux créanciers surenchérisseurs de faire offre de rapporter la preuve de sa solvabilité devant le tribunal (▪ Lyon, 2 déc. 1981 : *JurisData* n° 1981-042692 ; *JCP* G 1982, IV, 362).

Admet implicitement la solvabilité du surenchérisseur l'arrêt qui déclare qu'en offrant dans l'acte de surenchère de fournir caution pour le paiement des frais et sommes, puis en sollicitant dans son assignation de voir déclarer sa solvabilité suffisante par les premiers juges, sans renouveler la même offre, l'intéressé a satisfait aux prescriptions de l'article L. 141-19, alinéa 4 (▪ Cass. com., 21 mars 1960 : *Bull.* III, n° 108).

C – L'acte de surenchère

18) Le montant de l'élévation de la mise à prix. Le Code de commerce n'a pas spécifié l'obligation pour le surenchérisseur d'indiquer à peine de nullité la somme à laquelle il élève la mise à prix (▪ T. com. Marseille, 20 juill. 1928 : *DH* 1928, 603).

19) Défaut de signature. L'absence de signature du créancier surenchérisseur entraîne la nullité de l'acte (▪ T. com. Saint-Étienne, 3 déc. 1930 : *Gaz. jud. et com. de Lyon* 1931, 100), mais l'apposition de la signature du créancier surenchérisseur sur la copie de l'exploit ne constitue pas une formalité substantielle exigée par le Code de commerce (■ Lyon, 2 déc. 1981 : *JCP* G 1982, IV, 362).

20) Erreur matérielle. La surenchère qui porte sur le prix global du fonds – c'est-à-dire comprenant les éléments corporels, matériels et marchandises – *n'est pas nulle*, les juges pouvant rectifier l'erreur matérielle involontaire du créancier ; la somme formant le montant de la surenchère pourra être précisée postérieurement ou rectifiée en cas d'insuffisance (■ T. com. Marseille, 20 juill. 1928 : *DH* 1928, 603).

21) Signification de la surenchère. Le créancier surenchérisseur n'a pas l'obligation de signifier la surenchère aux créanciers inscrits (■ T. com. Marseille, 30 mars 1933 : *Rec. Marseille* 1933, 1, 308). La signification qui se fait au domicile réel de l'acquéreur et du vendeur peut être faite au domicile élu, la loi ne contenant aucune disposition sur ce point (■ Cass. civ., 27 juill. 1920 : *S.* 1921, 1, 55).

III – L'ADJUDICATION DU FONDS

22) La cause de la résolution de la vente. Seule *l'adjudication* consécutive à la surenchère du 1/6 *entraîne la résolution de la vente initiale* du fonds de commerce et non la survenance de la surenchère elle-même (■ Cass. 2e civ., 16 déc. 1984 : *Bull.* II, n° 119 ; *JCP* G 1985, II, 20520, note Cohen ; *JCP* E 1986, II, 14699, note Cohen ; *Gaz. Pal.* 1985, 2, pan. jurispr. 137).

23) Effet rétroactif. Lorsque l'acquéreur du fonds est déclaré adjudicataire, *la propriété du fonds rétroagit au jour de la vente* (■ T. com. Marseille, 15 mars 1936 : *Rev. fonds com.* 1936, 282). Lorsqu'un tiers est déclaré adjudicataire, les effets de la résolution remontent au jour de la vente et non pas au jour de la signification de la surenchère (■ Cass. com., 19 nov. 1963 : *Bull. civ.* III, n° 478).

24) Effet de l'adjudication envers l'adjudicataire. L'adjudicataire est alors censé tenir ses droits non de l'acquéreur dont le titre est anéanti, mais du vendeur originaire (■ T. com. Seine, 4 août 1912 : *Gaz. Pal.* 1912, 2, 429).

25) Effet de l'adjudication envers l'acquéreur surenchéri. Sur l'application de l'article 2175 du Code civil à l'acquéreur d'un fonds de commerce surenchérisseur – surenchère du 1/10 – (■ Cass. req., 23 mars 1925 : *DH* 1925, 285, qui a jugé qu'il faut tenir compte au tiers détenteur des dépenses faites par celui-ci, dans la mesure où elles ont procuré une plus-value au fonds).

Le tribunal peut ordonner que le remboursement à l'acquéreur surenchéri des dépenses faites pour améliorer le fonds seront évaluées par un expert et mises à la charge de l'adjudicataire et non du vendeur originaire (même arrêt).

26) Charge des risques. La surenchère du 1/6 ne rend le surenchérisseur propriétaire du fonds que sous conditions suspensives ; par conséquent les risques ne sont point à sa charge, et il est donc fondé en cas de perte totale de ce fonds à demander la décharge de la surenchère (■ Paris, 29 nov. 1923 : *Journ. trib. com.* 1925, 207). Par ailleurs, le surenchérisseur restant en dehors de toute gestion du fonds, il ne saurait supporter le passif créé entre la surenchère et l'adjudication définitive – ici surenchère du 1/10 (■ Montpellier, 10 juin 1933 : *DH* 1933, 531).

27) Désistement de l'adjudication. De la combinaison de l'article L. 141-19 et de l'article L. 143-14, alinéa 4, il résulte que *le surenchérisseur ne peut empêcher par un désistement l'adjudication publique*, si ce n'est du consentement de tous les créanciers opposants et inscrits (■ Cass. com., 8 juill. 1957 : *JCP* 1958, II, 14438, note Cohen. ■ Paris, 21 avr. 1975 : *JCP* N 1976, II, 18289 *bis*). À défaut de surenchérisseur la faculté de poursuivre la procédure et la vente est laissée à la diligence de tout créancier inscrit ou de l'acquéreur mais du vendeur (■ Cass. com., 6 déc. 1961, n° 58-12.333 : *Bull. civ.* III, n° 465). Le désistement du créancier surenchérisseur peut prendre la forme d'une renonciation tacite au droit de former surenchère (■ Paris, 19 oct. 1962 : *D.* 1962, 63, 285 ; *RTD com.* 1963, 286, obs. Jauffret).

28) Surenchère irrégulière. Sur les difficultés qui peuvent naître dans l'hypothèse d'une *surenchère irrégulière* mais dont l'irrégularité n'est constatée que cinq ans après l'adjudication (irrégularité de l'insertion, ■ Cass. com., 7 nov. 1978, n° 76-15.094 : *JurisData* n° 1978-098253 ; *D.* 1979, inf. rap. 70).

Art. L. 141-20 *(Anc. L. 17 mars 1909 ; mod., L. n° 2015-990, 6 août 2015).* **– Lorsque le prix de la vente est définitivement fixé, l'acquéreur, à défaut d'entente entre les créanciers pour la distribution amiable de son prix, est tenu, sur la sommation de tout créancier, et dans la quinzaine suivante, de consigner la portion exigible du prix, et le surplus au fur et à mesure de l'exigibilité, à la charge de toutes les oppositions faites entre ses mains ainsi que des inscriptions grevant le fonds et des cessions qui lui ont été notifiées.**

Art. L. 141-21 *(Mod., L. n° 2015-990, 6 août 2015 ; L. n° 2016-1524, 14 nov. 2016 ; L. n° 2016-1691, 9 déc. 2016).* **– Sauf s'il résulte d'une opération de fusion ou de scission soumise aux dispositions du quatrième alinéa de l'article L. 236-2 et des articles L. 236-7 à L. 236-22 ou s'il est fait à une société détenue en totalité par**

le vendeur, tout apport de fonds de commerce fait à une société en constitution ou déjà existante doit être porté à la connaissance des tiers dans les conditions prévues par les articles L. 141-12 à L. 141-18 *(Mots rempl., L. n° 2019-486, 22 mai 2019)* **« sur un support habilité à recevoir des annonces » par voie d'insertion au** ***Bulletin officiel des annonces civiles et commerciales.***

Dans ces insertions, l'élection de domicile est remplacée par l'indication du greffe du tribunal de commerce où les créanciers de l'apporteur doivent faire la déclaration de leurs créances.

Bibliographie : Alexandroff, *De la publication de l'apport en société d'un fonds de commerce : Sem. jur.* 1933, p. 725. • Bagneris, *La publicité des mutations des fonds de commerce et notamment des apports en société : Journ. soc.* 1950, p. 321. • De Page, *Publicité de vente ou d'apport de fonds de commerce, point de départ des délais : Journ. not.* 1956, 44. • Solal, *La nouvelle situation des créanciers de l'apporteur du fonds de commerce en cas d'apport par voie de fusion ou de scission de sociétés : RTD com.* 1967, 459. • Berger et Latxague, *La transmission des entreprises*, 1984. • V. bibliographie *supra*, sous art. L. 141-12.

Voir : annot. citée sous article suivant.

1) **Apport partiel.** L'apport partiel à une société d'éléments d'un fonds de commerce considérés comme essentiels est assimilé à un apport total et doit faire l'objet du régime de publicité prévu à l'article L. 141-21 (▪ Cass. req., 15 févr. 1937 : *D.* 1938, 13. ▪ Amiens, 13 mai 1976 : *JurisData* n° 1976-760861 ; *D.* 1976, somm. 68. – V. notes sous article L. 141-12, *supra*).

2) **Sociétés bénéficiaires.** Toute société commerciale, quelle que soit sa forme, à laquelle il est fait apport d'un fonds de commerce, se trouve assujettie aux formalités et dispositions des articles L. 141-12 et suivants, et en conséquence de l'article L. 141-21. En cas d'apport d'un fonds de commerce à une société en participation, cet apport ne fait pas l'objet d'un transfert de propriété puisque la société en participation n'a pas la personnalité morale ; il n'y a donc pas lieu de suivre les règles légales sur l'apport en société (▪ Cass. com., 15 mai 1973 : *D.* 1974, 418, confirmant ▪ Rouen, 23 avr. 1971 : *D.* 1972, 176, note Bouloc). L'apport d'un fonds de commerce à une société qui se constitue concomitamment donne lieu à une publicité spéciale dans un journal d'annonces légales du département dans lequel le fonds est exploité ; cette publicité peut ne pas donner lieu à toutes les mentions exigées par la loi si elles sont reproduites dans l'insertion publiée au titre de la constitution de la société, à condition que les deux insertions soient publiées dans le même numéro du journal et que la première insertion se réfère expressément à la seconde (▪ Cass. com., 11 févr. 1969, n° 65-13.118 : *JCP* 1969, II, 16137, note Richard).

3) **Le cas de la fusion.** Les dispositions de l'article L. 141-21 ne sont pas applicables en cas de fusion de deux sociétés (▪ Paris, 17 juin 1930 : *D.* 1932, 2, 104).

4) **Lieu de la déclaration.** Aucune élection de domicile n'a à être faite, s'agissant d'un apport en société, l'indication au greffe du tribunal de commerce où les créanciers de l'apporteur doivent faire la déclaration de leur créance remplaçant en pareil cas, au terme de la loi, l'indication du domicile élu (▪ Orléans, 29 juin 1954 : *Gaz. Pal.* 1955, 1, 12).

V. jurispr. citée sous l'article suivant.

Art. L. 141-22 *(Anc. L. 17 mars 1909 ; mod., L. n° 2015-990, 6 août 2015 ; L. n° 2016-1524, 14 nov. 2016).* **– Dans les dix jours de la dernière en date des publications prévues aux articles L. 141-12 et L. 141-13, tout créancier non inscrit de l'associé apporteur fait connaître au greffe du tribunal de commerce de la situation du fonds, sa qualité de créancier et la somme qui lui est due. Le greffier lui délivre un récépissé de sa déclaration.**

Rédaction future. Dans les dix jours de la dernière en date des publications prévues aux articles L. 141-12 et L. 141-13, tout créancier non inscrit de l'associé apporteur fait connaître au greffe du tribunal de commerce *(Mots rempl. à compter du 1er janvier 2022, Ord. n° 2021-1192, 15 sept. 2021)* « désigné à l'article L. 141-6 », sa qualité de créancier et la somme qui lui est due. *(Phrase suppr. à compter d'une date qui sera fixée par décret et au plus tard le 1er janvier 2023, Ord. n° 2021-1192, 15 sept. 2021)* « ... ».

À défaut par les associés ou l'un d'eux de former dans la quinzaine suivante une demande en annulation de la société ou de l'apport, ou si l'annulation n'est pas prononcée, la société est tenue, solidairement avec le débiteur principal, au paiement du passif déclaré dans le délai ci-dessus et justifié.

En cas d'apport d'un fonds de commerce par une société à une autre société, notamment par suite d'une fusion ou d'une scission, les dispositions de l'alinéa précédent ne sont pas applicables lorsqu'il y a lieu à application des articles L. 236-14, L. 236-20 et L. 236-21 ou lorsque est exercée la faculté prévue à l'article L. 236-22.

Voir : annot. citée sous art. précédent.

I – LA DÉCLARATION DES CRÉANCES

1) Nature de la déclaration de créance. Le créancier de l'apporteur de son fonds en société n'a pas pour la sauvegarde de ses droits à pratiquer une opposition qui serait sans effet juridique, mais à pratiquer dans le délai prévu à l'article L. 141-22 une déclaration de ses créances (▪ Orléans, 29 juin 1954 : *Gaz. Pal.* 1955, 1, 12 ; *Journ. sociétés* 1955, 81), qui est un acte purement conservatoire, n'équivalant pas à une demande de remboursement (▪ Lyon, 6 déc. 1923 : *DP* 1924, 2, 110).

2) Les créanciers déclarants. Les créanciers inscrits sur le fonds étant *protégés par le droit de suite* n'ont pas à faire cette opposition (▪ Cass. civ., 21 déc. 1937 : *DH* 1938, 65. – *Contra* ▪ T. com. Lyon, 29 juill. 1914 : *DP* 1920, 2, 71). Les créanciers soumis à déclaration ne se limitent pas à ceux dont la créance a pris naissance à l'occasion de l'exploitation du fonds ; tout créancier peut invoquer l'article L. 141-22 (▪ T. com. Mulhouse, 16 mars 1951 : *JCP* 1952, II, 6737).

3) La créance à déclarer. La justification du montant de la créance n'est pas exigée au moment même de la déclaration et peut être produite postérieurement (▪ Paris, 25 févr. 1926 : *Journ. sociétés* 1926, 486). Le créancier de l'apporteur du fonds de commerce à une société peut se prévaloir de l'article L. 141-22, même pour une créance litigieuse, et donc éventuelle ; le jugement qui l'a reconnue rétroagit au jour de la demande (▪ T. com. Seine, 6 mars 1929 : *Gaz. Pal.* 1929, 2, 132. – Jugé en ce sens pour une créance conditionnelle, en l'occurrence dans le cadre d'une convention de compte courant, ▪ Cass. civ., 21 juill. 1931 : *DP* 1932, 1, 49).

4) La forme de la déclaration. La loi n'a prévu aucune forme pour la déclaration de créance au greffe ; elle s'est bornée à prévoir la délivrance d'un récépissé par le greffier. La déclaration peut donc être faite par exploit d'huissier (▪ Orléans, 29 juin 1954, préc., annot. n° 1, p. 176. ▪ Cass. com., 14 oct. 1958 : *Gaz. Pal.* 1958, 2, 297 ; *Journ. sociétés* 1958, 324). La déclaration de créance *faite par un créancier au greffe avant même que le délai n'ait commencé à courir est valable et n'a pas besoin d'être renouvelée* (▪ Orléans, 29 juin 1954 : *Gaz. Pal.* 1955, 1, 12, préc. ; *Journ. sociétés* 1955, 81. ▪ Cass. com., 23 déc. 1968 : *Bull. civ.* IV, n° 373). L'article L. 141-22 n'exige pas qu'il soit fait mention dans la déclaration de créance de la cause de celle-ci ; non causée, elle est parfaitement régulière (▪ Orléans, 29 juin 1954 et ▪ Cass. com., 14 oct. 1958, préc.).

5) Défaut de déclaration. Les créanciers qui n'ont pas fait de déclaration au greffe dans les dix jours qui suivent la dernière des publications légales régulièrement effectuées de l'apport d'un fonds de commerce à une société n'ont aucun droit sur celle-ci (▪ Orléans, 26 nov. 1970 : *RTD com.* 1971, 984). Toutefois, à défaut de publication prévue par l'article 3, le délai de déclaration des créances ne peut commencer à courir (▪ T. civ. Mulhouse, 16 mars 1951 : *JCP* 1952, II, 6737).

II – L'OPTION DES ASSOCIÉS

6) Titulaire de l'action en nullité. *L'action en nullité* de la société ou de l'apport n'est pas ouverte à l'apporteur lui-même (▪ T. com. Seine, 19 avr. 1937 : *Gaz. Pal.* 1937, 2, 53), ni aux créanciers (même décision).

7) Point de départ de l'action. Le droit conféré aux coassociés par l'article L. 141-22 de former une demande en annulation dans la quinzaine suivante a pour *point de départ l'expiration du délai de déclaration de créance* (▪ T. com. Marseille, 27 nov. 1925 : *Gaz. Pal.* 1926, 1, 256).

8) Nullité facultative. *La nullité de la société* ou de l'apport en cas de transgression à l'article L. 141-22 *est facultative* et le juge n'est pas obligé d'y faire droit (▪ T. com. Seine, 19 avr. 1937 : *Gaz. Pal.* 1937, 2, 53).

Cette nullité peut d'ailleurs être couverte (même déc.).

9) Solidarité de la société. Faute par les associés d'avoir, dans la quinzaine de la déclaration des créances sur le fond apporté, formé une demande en annulation, la société est de plein droit tenue solidairement avec le débiteur principal au paiement du passif déclaré et justifié (▪ T. civ. Strasbourg, 8 déc. 1953 : *Gaz. Pal.* 1954, 1, 376. – V. également (▪ Cass. req., 8 déc. 1936 : *Journ. sociétés* 1938, 285). La société bénéficiaire de l'apport est une caution solidaire (▪ Toulouse, 25 mars 1927 : *Journ. sociétés* 1929, 288), et le cédant n'est pas déchargé des dettes (▪ Cass. com., 27 janv. 1998, n° 96-13.260 : *Juris-Data* n° 1998-000246 ; *RTD com.* 1998, 324, obs. Derruppé). *Les créanciers de l'apporteur* qui ont régularisé dans les délais légaux leur déclaration de créance sont devenus de ce fait *créanciers de la société bénéficiaire* de l'apport, faute par celle-ci d'avoir demandé l'annulation de l'apport dans les délais impartis par la loi ; ce droit est opposable à la faillite ultérieure de ladite société (▪ Paris, 24 oct. 1934 : *DP* 1936, 2, 59, note Montier).

V. jurispr. citée sous l'article précédent.

Section III. – De l'instauration d'un délai permettant aux salariés de présenter une offre en cas de vente d'un fonds de commerce dans les entreprises qui ne sont pas soumises à l'obligation de mettre en place un comité d'entreprise

(L. n° 2014-856, 31 juill. 2014 ; intitulé mod., L. n° 2015-990, 6 août 2015)

Art. L. 141-23 *(L. n° 2014-856, 31 juill. 2014 ; mod., L. n° 2015-990, 6 août 2015).* – Dans les entreprises qui n'ont pas l'obligation de mettre en place un comité d'entreprise en application de l'article L. 2322-1 du Code du travail, lorsque le propriétaire d'un fonds de commerce veut le vendre, les salariés en sont informés, et ce au plus tard deux mois avant la vente, afin de permettre à un ou plusieurs salariés de l'entreprise de présenter une offre pour l'acquisition du fonds.

Lorsque le propriétaire du fonds n'en est pas l'exploitant, cette information est notifiée à l'exploitant du fonds et le délai court à compter de la date de cette notification. L'exploitant du fonds porte sans délai à la connaissance des salariés cette notification, en les informant qu'ils peuvent lui présenter une offre d'achat.

L'exploitant notifie sans délai au propriétaire toute offre d'achat présentée par un salarié.

Lorsque le fonds est exploité par son propriétaire, celui-ci notifie sa volonté de vendre directement aux salariés en les informant qu'ils peuvent lui présenter une offre d'achat, et le délai court à compter de la date de cette notification.

La vente peut intervenir avant l'expiration du délai de deux mois dès lors que chaque salarié a fait connaître sa décision de ne pas présenter d'offre.

Lorsqu'une action en responsabilité est engagée, la juridiction saisie peut, à la demande du ministère public, prononcer une amende civile dont le montant ne peut excéder 2 % du montant de la vente.

Art. L. 141-24 *(L. n° 2014-856, 31 juill. 2014).* – À leur demande, les salariés peuvent se faire assister par un représentant de la chambre de commerce et de l'industrie régionale, de la chambre régionale d'agriculture, de la chambre régionale de métiers et de l'artisanat territorialement compétentes en lien avec les chambres régionales de l'économie sociale et solidaire et par toute personne désignée par les salariés, dans des conditions définies par décret.

Art. L. 141-25 *(L. n° 2014-856, 31 juill. 2014 ; mod., L. n° 2015-990, 6 août 2015).* – L'information des salariés peut être effectuée par tout moyen, précisé par voie réglementaire, de nature à rendre certaine la date de sa réception par ces derniers.

Lorsque l'information est faite par lettre recommandée avec demande d'avis de réception, la date de réception de l'information est la date de la première présentation de la lettre.

Les salariés sont tenus à une obligation de discrétion s'agissant des informations reçues en application de la présente section, dans les mêmes conditions que celles prévues pour les membres des comités d'entreprise à l'article L. 2325-5 du Code du travail, sauf à l'égard des personnes dont le concours est nécessaire pour leur permettre de présenter une offre d'achat.

Art. L. 141-26 *(Mod., L. n° 2015-990, 6 août 2015).* – La vente intervient dans un délai maximal de deux ans après l'expiration du délai prévu à l'article L. 141-23. Au-delà de ce délai, toute vente est soumise aux articles L. 141-23 à L. 141-25.

Art. L. 141-27 *(Mod., L. n° 2015-990, 6 août 2015).* – La présente section n'est pas applicable :

1° En cas de vente du fonds à un conjoint, à un ascendant ou à un descendant ;

2° Aux entreprises faisant l'objet d'une procédure de conciliation, de sauvegarde, de redressement ou de liquidation judiciaires régie par le livre VI ;

3° Si, au cours des douze mois qui précèdent la vente, celle-ci a déjà fait l'objet d'une information en application de l'article 18 de la loi n° 2014-856 du 31 juillet 2014 relative à l'économie sociale et solidaire.

Section IV. – De l'information anticipée des salariés leur permettant de présenter une offre en cas de vente d'un fonds de commerce dans les entreprises soumises à l'obligation de mettre en place un comité d'entreprise

(L. n° 2014-856, 31 juill. 2014 ; intitulé mod., L. n° 2015-990, 6 août 2015)

Art. L. 141-28 *(L. n° 2014-856, 31 juill. 2014 ; mod., L. n° 2015-990, 6 août 2015).* – Dans les entreprises soumises à l'obligation de mettre en place un comité d'entreprise en application de l'article L. 2322-1 du Code du travail et se trouvant, à la clôture du dernier exercice, dans la catégorie des petites et moyennes entreprises au sens de l'article 51 de la loi n° 2008-776 du 4 août 2008 de modernisation de l'économie, lorsqu'il veut vendre un fonds de commerce, son propriétaire notifie sa volonté de vendre à l'exploitant du fonds.

(Al. mod., L. n° 2015-994, 17 août 2015) Au plus tard en même temps qu'il procède, en application de l'article L. 2323-33 du Code du travail, à l'information et à la consultation du comité d'entreprise, l'exploitant du fonds porte à la connaissance des salariés la notification prévue au premier alinéa du présent article et leur indique qu'ils peuvent lui présenter une offre d'achat.

L'exploitant notifie sans délai au propriétaire toute offre d'achat présentée par un salarié.

Lorsque le fonds est exploité par son propriétaire, celui-ci notifie directement aux salariés sa volonté de vendre, en les informant qu'ils peuvent lui présenter une offre d'achat.

Lorsqu'une action en responsabilité est engagée, la juridiction saisie peut, à la demande du ministère public, prononcer une amende civile dont le montant ne peut excéder 2 % du montant de la vente.

En cas d'absences concomitantes du comité d'entreprise et de délégué du personnel, constatées conformément aux articles L. 2324-8 et L. 2314-5 du Code du travail, la vente est soumise aux articles L. 141-23 à L. 141-27 du présent code.

Art. L. 141-29 *(L. n° 2014-856, 31 juill. 2014)*. – À leur demande, les salariés peuvent se faire assister par un représentant de la chambre de commerce et de l'industrie régionale, de la chambre régionale d'agriculture, de la chambre régionale de métiers et de l'artisanat territorialement compétentes en lien avec les chambres régionales de l'économie sociale et solidaire et par toute personne désignée par les salariés, dans des conditions définies par décret.

Art. L. 141-30 *(L. n° 2014-856, 31 juill. 2014 ; mod., L. n° 2015-990, 6 août 2015)*. – L'information des salariés peut être effectuée par tout moyen, précisé par voie réglementaire, de nature à rendre certaine la date de sa réception par ces derniers.

Lorsque l'information est faite par lettre recommandée avec demande d'avis de réception, la date de réception de l'information est la date de la première présentation de la lettre.

Les salariés sont tenus à une obligation de discrétion s'agissant des informations reçues en application de la présente section, dans les mêmes conditions que celles prévues pour les membres des comités d'entreprise à l'article L. 2325-5 du Code du travail, sauf à l'égard des personnes dont le concours est nécessaire pour leur permettre de présenter une offre d'achat.

Art. L. 141-31 *(L. n° 2014-856, 31 juill. 2014 ; mod., L. n° 2015-990, 6 août 2015)*. – La vente est de nouveau soumise aux articles L. 141-28 à L. 141-30 lorsqu'elle intervient plus de deux ans après la date à laquelle tous les salariés ont été informés de la vente.

(Al. mod., L. n° 2015-994, 17 août 2015) Si pendant cette période de deux ans le comité d'entreprise est consulté, en application de l'article L. 2323-33 du Code du travail, sur un projet de cession du fonds de commerce, le cours de ce délai de deux ans est suspendu entre la date de saisine du comité et la date où il rend son avis et, à défaut, jusqu'à la date où expire le délai imparti pour rendre cet avis.

Art. L. 141-32 *(Mod., L. n° 2015-990, 6 août 2015)*. – La présente section n'est pas applicable :

1° En cas de vente du fonds à un conjoint, à un ascendant ou à un descendant ;

2° Aux entreprises faisant l'objet d'une procédure de conciliation, de sauvegarde, de redressement ou de liquidation judiciaires régie par le livre VI ;

3° Si, au cours des douze mois qui précèdent la vente, celle-ci a déjà fait l'objet d'une information en application de l'article 18 de la loi n° 2014-856 du 31 juillet 2014 relative à l'économie sociale et solidaire.

Bibliographie : V. B. Dondero, *L'information des salariés sur la cession de l'entreprise : belles questions en perspective : D.* 2014, 196.

CHAPITRE II. – DU NANTISSEMENT DU FONDS DE COMMERCE

Art. L. 142-1 *(Anc. L. 17 mars 1909)*. – Les fonds de commerce peuvent faire l'objet de nantissements, sans autres conditions et formalités que celles prescrites par le présent chapitre et le chapitre III ci-après.

Le nantissement d'un fonds de commerce ne donne pas au créancier gagiste le droit de se faire attribuer le fonds en paiement et jusqu'à due concurrence.

Rédaction future. Le nantissement d'un fonds de commerce ne donne pas au créancier *(Mot rempl. à compter d'une date qui sera fixée par décret et au plus tard le 1er janvier 2023, Ord. n° 2021-1192, 15 sept. 2021)* « nanti » le droit de se faire attribuer le fonds en paiement et jusqu'à due concurrence.

Bibliographie : Mouchet, *De la nature juridique du fonds de commerce et de son nantissement,* thèse Paris 1910. • Hames, *Étude du fonds de commerce envisagé comme moyen de crédit,* thèse Nancy 1920. • Jauffret, *Les garanties du vendeur impayé d'un fonds de commerce : Rev. crit. législ. et jurispr.* 1929, 151. • Hanus, *Le fonds de commerce comme moyen de crédit,* thèse Nancy 1930. • Montier et Faucon, *Les inscriptions de privilèges sur fonds de commerce : Rev. fonds com.* 1939, 329, 393 et 457. • Cabrillac, *La protection des créanciers dans les sûretés mobilières sans dépossession,* Sirey 1954. • Weill et Maus, *Le nantissement judiciaire du fonds de commerce : D.* 1956, chron. 87. • Prouvost, *Le fonds de commerce, instrument de crédit* in *Congrès des notaires de France,* 1962. • Roblot, *Les sûretés mobilières sans déplacement : Le droit privé français au milieu du XXe siècle* in *Études offertes à G. Ripert,* p. 362. • Viatte, *Les créanciers inscrits et l'intégrité du fonds de commerce : Rev. loyers* 1968, 301. • Mestre, *Le gage des choses futures : DS* 1982, chron. 141.

Ouvrages. *JCl. Fonds de commerce,* Traité, Fasc. 3230 et 3240 : *Nantissement,* par Desdevises. • De Couliboeuf, *Le nantissement de fonds de commerce : Dr. et patrimoine* sept. 2005, 35. • Rezek, *Vingt raisons de réformer la vente des fonds de commerce : JCP* N 2006, n° 39, p. 1716 ; *Pourquoi modérer la libération du prix de vente du fonds de commerce : JCP* E, n° 47, p. 2392.

I – GÉNÉRALITÉS

1) Nature du nantissement. La grande majorité de la doctrine (V. *supra,* Bibliographie) et la jurisprudence (▪ Paris, 2 janv. 1935 : *S.* 1935, 2, 155. ▪ Douai, 26 janv. 1937 : *DH* 1937, 541. ▪ Cass. com., 14 janv. 1997, n° 95-12.108 : *JurisData* n° 1997-000108 ; *D.* 1997, jurispr. 315, rapp. Remery) soutiennent que *le nantissement est une véritable hypothèque mobilière* (V. toutefois, ▪ Cass. req., 28 juill. 1937 : *DH* 1937, 534, sol. impl.). Le nantissement d'un fonds de commerce ne constitue qu'une garantie et non pas une modalité d'exécution d'un prêt (▪ Cass. 1re civ., 10 mai 2006, n° 04-11.899 : *JurisData* n° 2006-033378 ; *Bull. civ.* I, n° 219 ; *RTD com.* 2007, 326, obs. Saintourens). Le nantissement d'un fonds de commerce consenti en garantie de la dette d'un tiers est une sûreté réelle qui n'a pas pour effet de faire peser sur le propriétaire du fonds une obligation personnelle au paiement de cette dette (▪ Cass. com., 24 sept. 2003, n° 00-22.728 : *JurisData* n° 2003-020337 ; *JCP* E 2004, n° 36, 1340, obs. Simler).

2) Absence d'effet attributif de propriété. Le nantissement d'un fonds de commerce ne donne pas au créancier gagiste *le droit de se faire attribuer le fonds* en paiement (▪ Cass. com., 13 oct. 1998, n° 94-20.560 : *JurisData* n° 1998-003804 ; *Bull.* IV, n° 233 ; *RJDA* 12/98, n° 1420 ; *JCP* E 1999, n° 2 B, p. 619, obs. Delebecque ; *RTD com.* 1999, 66, obs. Derruppé, 490, obs. Bouloc ; *D.* 1999, somm. 299, obs. S. Piedelièvre). Par suite, n'ayant aucune obligation légale de consulter la caution de la dette garantie par le nantissement du fonds de commerce du débiteur, le créancier inscrit ne commet pas de faute en ne s'opposant pas à la vente de ce fonds (▪ Cass. com., 8 oct. 2003, n° 00-12.418 : *RJDA* 3/2004, n° 272).

II – OBJET DU NANTISSEMENT

A – Existence d'un fonds de commerce

3) Nécessité d'un fonds de commerce. Pour qu'un nantissement puisse être constitué, *il faut que l'objet du gage puisse être légalement qualifié de fonds de commerce* (V. la jurisprudence citée sous art. L. 141-5).

4) Absence de fonds de commerce. *Ne peut constituer un fonds de commerce susceptible de nantissement* le fonds civil (pour un prothésiste dentaire, ▪ Pau, 30 mars 1960 : *Gaz. Pal.* 1960, 2, somm. 2. – Pour des cabinets d'architectes, d'avocats, de médecins ou de dentistes, ▪ Paris, 28 juill. 1922 : *Journ. huissiers* 1923, 1088. – Pour des charges de notaires, d'avoués, d'huissiers de justice ou d'agréés, ▪ Cass. civ., 5 févr. 1907 : *D.* 1907, 1, 429) ; le fonds d'artisan (▪ Cass. com., 29 oct. 1963 : *D.* 1964, 51) ; un élément isolé du fonds de commerce (▪ Cass. civ., 17 juin 1918 : *DP* 1922, 1, 128 ; *S.* 1922, 1, 313, note Rousseau. ▪ Cass. req., 30 janv. 1934 : *S.* 1935, 1, 12. ▪ Cass. civ., 8 mars 1938 : *DH* 1938, 225 ; *Rev. gén. dr. com.* 1938, 706, note Demontès) ; une concession d'emplacement sur un marché (▪ Cass. com., 3 févr. 1970 : *JurisData* n° 1970-097042 ; *Bull.* IV, n° 42) ; les concessions administratives (▪ CE, 6 sept. 1944 : *Rec.,* p. 260. ▪ Cass. com., 29 janv. 1952 [2 arrêts] : *D.* 1952, 737, note Derrida. ▪ Cass. com., 8 juin 1953 : *Gaz. Pal.* 1953, 1, 90) ; une buvette sur un champ de courses (▪ Cass. ass. plén., 24 avr. 1970 : *JCP* G 1970, II, 16489) ; un emplacement dans un supermarché (▪ Cass. civ., 9 juill. 1979, n° 78-60.702 : *Bull.* III, n° 153 ; *RTD com.* 1980, 73, obs. Derruppé) ; un restaurant d'hippodrome (▪ Amiens, 26 juin 1978 : *Rev. loyers* 1978, p. 495, ou sur un terrain de golf, ▪ Paris, 9 janv. 1954 : *Rev. loyers* 1955, 121).

5) Fonds en formation. *Un fonds qui n'est pas encore créé ne peut faire l'objet d'un nantissement* (■ Cass. req., 30 janv. 1934 : *S.* 1935, 1, 12) ; la clientèle doit exister au jour de la constitution du nantissement (■ T. com. Seine, 18 avr. 1951 : *Gaz. Pal.* 1951, 2, 333. – V. pour le caractère potentiel de la clientèle justifiant l'existence d'un fonds, ■ Cass. com., 1er févr. 1984 : *Gaz. Pal.* 1984, 2, pan. jurispr. 170).

Cependant, il a été jugé qu'un fonds de commerce en formation n'est pas de nature à interdire la constitution d'un nantissement alors qu'aux termes de l'article 1130 du Code civil, les choses futures peuvent faire l'objet d'une obligation et que rien n'interdit de convenir d'un nantissement sur un fonds non encore exploité, dès lors qu'il peut être identifié de façon suffisante (■ Paris, 3 juill. 1963 : *JCP* 1963, II, 13398 ; *RTD com.* 1955, 55, obs. Jauffret. ■ TGI Paris, 20 avr. 1971, n° 70-10.294 : *Journ. not.* 1971, 960. ■ Paris, 27 sept. 1996 : *JurisData* n° 1996-022327 ; *RTD com.* 1997, 629, obs. Derruppé).

6) Date d'appréciation de l'existence du fonds. C'est au jour de la constitution du nantissement, c'est-à-dire celui de l'acte constitutif, et non au jour de l'inscription au greffe du tribunal de commerce *qu'il faut se placer* pour savoir si le fonds de commerce existe ou est simplement en formation (■ T. com. Marseille, 19 mai 1933 : *Rec. Marseille* 1933, 1, 345).

7) Assiette du nantissement. V. sous art. L. 142-2, annot. nos 1 à 5 et s., p. 178.

B – Propriété du fonds de commerce

8) Identification du propriétaire. Il n'est pas toujours aisé de déterminer le propriétaire du fonds ; c'est notamment le cas pour les établissements industriels spécialement aménagés, comme un moulin ; la jurisprudence a tendance à admettre que le fonds de commerce étant attaché à l'immeuble il appartient au propriétaire de cet immeuble (■ Cass. civ., 27 juin 1944 : *DC* 1944, p. 93. ■ Rennes, 19 déc. 1952 : *JCP* G 1953, IV, p. 152. ■ Cass. com., 17 mars 1955 : *Gaz. Pal.* 1955, 1, 336).

9) Nullité du nantissement. Le nantissement consenti par le non-propriétaire est nul, soit qu'il ait déjà vendu son fonds (■ Cass. com., 8 juill. 1974, n° 73-10.839 : *JurisData* n° 1974-097220 ; *Bull. civ.* IV, n° 220), soit qu'il n'en soit pas encore propriétaire en raison d'une promesse de vente non encore réalisée au jour du nantissement (■ T. com. Seine, 16 août 1928 : *Sem. jur.* 1928, II, 1313), soit qu'il ne soit plus propriétaire en raison d'une annulation de son titre d'acquisition qui rétroagit au jour de l'achat (■ Cass. com., 29 janv. 1979, n° 77-11.001 : *JurisData* n° 1979-097033 ; *Bull.* IV, n° 33). Cette nullité est relative car elle peut être couverte, lorsque, avant toute action en nullité, le constituant devient propriétaire du fond (■ Cass. com., 5 nov. 2002, n° 00-14.885 : *JurisData* n° 2002-016250 ; *RJDA* 3/2003, n° 322 ; *JCP* E 2002, pan. 1815 ; *JCP* E 2003, jurispr. 545, note Kéita ; chron. 852, n° 18, obs. Delebecque ; *RTD com.* 2003, 58, obs. Saintourens ; *D.* 2003, p. 70, obs. Chevrier. – V. pour le caractère absolu de la nullité du nantissement consenti par un non-propriétaire, ■ Rouen, 3 mai 1924 : *Gaz. Pal.* 1924, 2, 312). De même, le nantissement accordé par un locataire gérant est nul (■ Paris, 24 juin 1929 : *DP* 1931, 2, 15, note Chéron. ■ Poitiers, 7 févr. 1933 : *S.* 1933, 2, 100).

10) Indivision. Aucune disposition légale n'interdit à un créancier de prendre une inscription définitive de *nantissement sur la totalité d'un fonds,* connaîtrait-il l'état d'indivision de ce fonds entre deux époux séparés de biens (■ Lyon, 6 juill. 1983 : *Gaz. Pal.* 1984, 1, somm. 40). Cependant lorsqu'il se trouve des mineurs dans l'indivision, la jurisprudence est partagée : pour la nullité du nantissement (■ Aix-en-Provence, 22 janv. 1957 : *JCP* 1957, II, 9877, note Cohen. – Orléans, 1re ch., 14 janv. 1987 : *JurisData* n° 1987-40040) ; contre (■ T. com. Tours, 20 nov. 1959 : *RJ com.* 1960, 294). Le propriétaire indivis d'un fonds de commerce peut donner en nantissement la part qui lui revient ou même le fonds tout entier, le droit du créancier nanti étant en revanche subordonné au résultat du partage (■ Paris, 22 oct. 1999, n° 1998/07399 : *JurisData* n° 1999-024609 ; *RTD com.* 2000, 331, obs. Derruppé).

11) Éléments du fonds nanti appartenant à autrui. Lorsque le fonds de commerce comprend des *éléments qui appartiennent à autrui,* la validité du nantissement n'est pas remise en cause ; ainsi lorsqu'un créancier de bonne foi a reçu pour sûreté de sa créance le matériel d'un fonds de commerce qui comprenait, sans qu'il le sût, des objets loués à un commerçant par un tiers, le créancier nanti peut exercer son privilège à l'encontre du locateur desdits objets (■ Cass. req., 26 mars 1912 : *Gaz. Pal.* 1912, 2, 208. – *Adde,* ■ Paris, 14 oct. 1912 : *Gaz. Pal.* 1912, 2, 536. ■ Douai, 30 nov. 1930 : *DH* 1931, somm. 41).

Si le créancier est de mauvaise foi, le propriétaire peut revendiquer le matériel lui appartenant sans que le créancier nanti puisse se prévaloir de son privilège à l'encontre de ce dernier (■ Cass. req., 3 juill. 1944 : *JCP* N 1945, II, 2876, note Boé).

12) Attribution judiciaire. Lorsque ce n'est pas un nantissement du chef de la loi du 18 janvier 1951 (C. com., art. L. 525-1 et s.), concernant *le nantissement de l'outillage* et du matériel d'équipement, qui a été inscrit et visé dans un acte notarié, mais un nantissement sur le fonds de commerce, l'attribution judiciaire du matériel faisant partie du fondsest interdite en application de l'article L. 142-1, alinéa 2 (▪ Paris, 23 avr. 1992 : *D.* 1992, inf. rap. 195 ; *RTD com.* 1992, 786, obs. Derruppé. ▪ Cass. com., 23 nov. 1999, n° 96-15.228 : *JurisData* n° 1999-004068 ; *JCP* G 2000, II, 10293, note Keita). De même, la Cour de cassation a jugé que les articles 2286-4° Code civil et 2355 alinéa 5 du Code civil excluent de reconnaître au titulaire d'un nantissement de fonds de commerce un droit de rétention (▪ Cass. com., 26 nov. 2013, n° 12-27.390 : *Gaz. Pal.* 19-20 mars 2014, p. 22, obs. M.-P. Dumont-Lefrand).

C – Créances garanties

13) Conséquences du caractère accessoire du nantissement. Le nantissement étant *une sûreté réelle* constitue un contrat de garantie accessoire au contrat principal ; toutes les causes de nullité d'extinction de la dette principale emportent nullité et extinction du nantissement (▪ T. com. Seine, 19 mars 1934 : *Gaz. Trib.* 1934, II, 2, 39. ▪ T. com. Marseille, 10 avr. 1935 : *Rev. fonds com.* 1935, 356. ▪ Cass. req., 8 oct. 1940 : *Gaz. Pal.* 1940, 2, 62).

14) Quelles créances ? L'article L. 142-1 n'exclut pas que le nantissement d'un fonds de commerce puisse être consenti conventionnellement en garantie d'une créance future, conditionnelle et même éventuelle. Ainsi un nantissement peut être inscrit pour garantir la créance qui naîtra éventuellement au bénéfice d'une caution à l'encontre du débiteur principal si elle est amenée à payer la dette sur la demande du créancier initial. La seule condition à la validité d'une telle inscription est qu'il existe un lien nécessaire et indivisible entre le cautionnement et le prêt garanti et que celui-ci ait été contracté pour l'acquisition, nanti (▪ Rouen, 1er avr. 1980 : *Gaz. Pal.* 1980, 2, somm. 479. – *Adde*, ▪ Cass. civ., 21 juill. 1931 : *DP* 1932, 1, 49, note Hamel).

Art. L. 142-2 *(Anc. L. 17 mars 1909).* **– Sont seuls susceptibles d'être compris dans le nantissement soumis aux dispositions du présent chapitre comme faisant partie d'un fonds de commerce : l'enseigne et le nom commercial, le droit au bail, la clientèle et l'achalandage, le mobilier commercial, le matériel ou l'outillage servant à l'exploitation du fonds, les brevets d'invention, les licences, les marques, les dessins et modèles industriels, et généralement les droits de propriété intellectuelle qui y sont attachés.**

Le certificat d'addition postérieur au nantissement qui comprend le brevet auquel il s'applique suit le sort de ce brevet et fait partie, comme lui, du gage constitué.

> **Rédaction future.** Le certificat d'addition postérieur au nantissement qui comprend le brevet auquel il s'applique suit le sort de ce brevet et fait partie, comme lui, du *(Mot rempl. à compter d'une date qui sera fixée par décret et au plus tard le 1er janvier 2023, Ord. n° 2021-1192, 15 sept. 2021)* « nantissement » constitué.

À défaut de désignation expresse et précise dans l'acte qui le constitue, le nantissement ne comprend que l'enseigne et le nom commercial, le droit au bail, la clientèle et l'achalandage.

Si le nantissement porte sur un fonds de commerce et ses succursales, celles-ci doivent être désignées par l'indication précise de leur siège.

Voir : bibliographie sous l'article précédent.

I – LES ÉLÉMENTS OBLIGATOIREMENT COMPRIS DANS LE NANTISSEMENT

1) Caractère limitatif de l'énumération de l'article L. 142-2. L'énumération contenue dans l'article L. 142-2 a un caractère limitatif (▪ Cass. req., 20 janv. 1913 : *Gaz. Pal.* 1913, 1, 212, rapp. Feuilloley. ▪ Paris, 25 mai 1936 : *Rev. fonds com.* 1939, 325), sauf dispositions légales particulières (V. art. 51, L. 30 déc. 1967 créant une nouvelle forme de contrat qui précise que « le droit à la concession immobilière est susceptible d'être compris dans un nantissement prévu par la loi de 1909 lorsqu'il porte sur un bien à usage commercial, industriel ou artisanal », V. Boccara : *JCP* 1969, I, 2245. – V. également Ord. du 22 sept. 1967 relative aux marchés d'intérêt national [art. 12] qui prévoit également que le droit d'occupation privative d'emplacement attribué à un commerçant dans l'enceinte d'un marché d'intérêt national peut être compris dans un nantissement de fonds de commerce).

2) Droit au bail. Le créancier titulaire d'un nantissement sur un fonds de commerce ne bénéficie d'aucun droit de préférence ou de suite sur l'indemnité de résiliation du bail grâce auquel est exploité le fonds de commerce (▪ Cass. 3e civ., 6 avr. 2005, n° 01-12.719 : *JurisData* n° 2005-027927 ; *Bull. civ.* III, n° 87 ; *JCP* E 2005, n° 48, 2034, obs. Kenfack ; *Loyers et copr.* 2005, n° 117, obs. Brault ; *RTD com.* 2006, 292, obs. Saintourens). Lorsque le propriétaire d'un immeuble l'affecte en tout ou partie aux besoins de son exploitation commerciale, le droit réel en vertu duquel il occupe son propre immeuble est en dehors des éléments du fonds de commerce susceptibles de faire l'objet du nantissement (▪ Cass. civ., 21 juill. 1937 : Sem. jur. 1937, 408 ; *D.* 1940, 17, note Voirin ; S. 1938, 1, 337, note Lagarde, cassant ▪ Paris, 17 févr. 1933) ; ce qui ne serait plus le cas lorsque le commerçant, d'abord locataire, achète ensuite l'immeuble (▪ Cass. civ., 12 juill. 1933 : *Gaz. Pal.* 1933, 2, 512 ; *DH* 1933, 441 ; S. 1935, 1, 289, note Lagarde).

3) Clientèle. Pour la validité du nantissement, il est nécessaire que les éléments incorporels visés à l'article L. 142-2 et qui existent dans le fonds soient compris dans le nantissement ; en l'absence de certains d'entre eux l'opération se réduit à la constitution d'un gage mobilier corporel (■ Cass. civ., 17 juin 1918 : *Gaz. Pal.* 1918-1919, 1, 387 ; *S.* 1922, 1, 313, note Rousseau. ■ Cass. civ., 28 juin 1938 : *S.* 1939, 1, 15. – Comp. ■ Cass. com., 12 août 1949 : *S.* 1950, 1, 81, note Cohen ; *JCP* 1949, II, 5188, note Saint-Alary).

4) Licence. Même en l'absence de désignation expresse des parties, et malgré le caractère limitatif de l'article L. 142-2, la jurisprudence admet que la *licence de débit de boisson est comprise dans le nantissement* car elle commande l'existence même et le fonctionnement du fonds (■ T. com. Le Havre, 29 juill. 1931 : *Rec. Le Havre* 1931, 1, 172. ■ Aix-en-Provence, 20 janv. 1936 : *Rev. fonds com.* 1936, 182. ■ Paris, 19 oct. 1936 : *Rev. fonds com.* 1936, 645. – Mais V. ■ Cass. com., 29 mai 1953 : *JCP* 1953, II, 7720 ; *D.* 1953, 599. ■ Cass. com., 8 févr. 1999 : *D.* 1999, 287, note Brenner ; *RTD com.* 1999, 631, obs. Derruppé).

5) Gage général. Le nantissement d'un fonds de commerce qui grève indivisiblement les éléments en constituant l'assiette ne confère pas au créancier inscrit un droit de préférence sur un élément isolé, de sorte que la caution ne saurait reprocher à la banque le non-exercice d'un droit que cette dernière ne pouvait acquérir et sur lequel elle ne pouvait compter (■ Cass. com., 19 déc. 2006 : *Bull. civ.* IV, n° 267 ; *JCP E* 2007, pan. 1221 ; *RJDA* 7/2007, n° 779).

II – LES ÉLÉMENTS FACULTATIVEMENT COMPRIS DANS LE NANTISSEMENT

6) Nécessité d'une désignation expresse et précise. Les éléments corporels ou incorporels, autres que l'enseigne, le nom commercial, le droit au bail, la clientèle, l'achalandage, énumérés par l'article L. 142-2 ne peuvent être compris dans le même nantissement que moyennant une *désignation expresse et précise* dans l'acte constitutif et par conséquent à titre d'accessoires des éléments principaux et essentiels du fonds de commerce (■ Cass. civ., 17 juin 1918 : *S.* 1922, 1, 313, note Rousseau. ■ T. com. Marseille, 13 juin 1929 : *Sem. jur.* 1929, 1279).

L'acte de prêt avec nantissement qui mentionne seulement « nantissement de fonds de commerce » confère au créancier un nantissement excluant le matériel ; peu importe que le bordereau d'inscription mentionne que le fonds nanti comprend en outre le matériel servant à l'exploitation (■ Aix-en-Provence, 21 avr. 1978 : *Bull. cour d'Aix* 1978, 2, n° 153, p. 180).

7) Matériel et outillage. Pour être inclus dans le nantissement du fonds de commerce, le matériel et l'outillage, même s'ils peuvent être nantis isolément, devront être expressément mentionnés dans l'acte ; et dans cette hypothèse, il ne saurait se voir appliquer la réglementation propre au gage du matériel et de l'outillage (■ Cass. com., 23 nov. 1999, n° 96-15.228 : *JurisData* n° 1999-004068 ; *JCP* 2000, II, 10293, obs. Keita). Cependant, *il n'est pas nécessaire qu'ils soient inventoriés ;* il suffit que ces éléments du fonds soient désignés par leur terme générique sans qu'une énumération analytique et détaillée soit nécessaire (■ Orléans, 5 déc. 1919 et ■ Montpellier, 5 juin 1920 : *DP* 1921, 2, 67. ■ T. com. Cherbourg, 6 janv. 1922 : *Gaz. Pal.* 1922, 1, 369).

8) Conséquence de l'énumération. Lorsqu'une énumération limitative du matériel est faite, les éléments non compris dans cette désignation sont exclus du nantissement ; mais celui-ci s'étendra à tous les objets acquis en remplacement ou ayant fait l'objet d'acquisitions ultérieures du débiteur à titre de perfectionnement, d'adjonctions, d'amélioration ou de renouvellement du matériel(■ T. com. Cherbourg, préc., *supra*. ■ T. com. Vienne, 4 déc. 1923. ■ Lyon, 27 févr. 1924).

III – LES ÉLÉMENTS EXCLUS DU NANTISSEMENT

9) Marchandises. Les marchandises sont exclues du nantissement mais se distinguent parfois difficilement du matériel (Comp. ■ Bourges, 24 févr. 1914 : *D.* 1915, 2, 83 et ■ Cass. req., 21 juin 1933 : *DH* 1933, 426). – Pour l'appréciation souveraine des juges du fond, (■ Cass. req., 21 juin 1933 : *DH* 1933, 426).

10) Immeubles. Les immeubles par nature et les droits réels immobiliers sont exclus du nantissement ; c'est le cas de l'immeuble appartenant au commerçant et dans lequel il exerce son commerce (■ Cass. civ., 21 juill. 1937 : *Sem. jur.* 1937, 408 ; *D.* 1940, 17, note Voirin ; *S.* 1938, 1, 337, note Lagarde, cassant ■ Paris, 17 févr. 1933).

11) Matériel et mobilier attachés à l'immeuble. Le matériel et le mobilier attachés à l'immeuble à perpétuelle demeure et qui sont ainsi devenus immeubles par destination ne peuvent non plus être englobés dans le nantissement (■ Cass. req., 20 janv. 1913 : *S.* 1920, 1, 33, note Wahl ; *Gaz. Pal.* 1913, 1, 212. ■ Cass. req., 28 juill. 1937 : *Gaz. Pal.* 1937, 2, 639, rejetant le pourvoi contre ■ Paris, 28 nov. 1935 : *D.* 1936, 2, 30, note Lalou ; *S.* 1936, 2, 187 ; *Gaz. Pal.* 1936, 1, 187. ■ Cass. civ., 27 juin 1944 : *DC* 1944, 93, note Chéron. ■ Cass. com., 14 oct. 1965 : *Bull.* III, n° 499).

12) Créances. *Les créances* et les contrats qui leur donnent naissance – à l'exception des prévisions de l'article L. 142-2 – *sont exclus du nantisse-*

ment (▪ Cass. civ., 21 juin 1950 : *JCP* 1950, II, 5898, note Cohen).

13) Mobilier commercial. Seul peut être *compris dans le nantissement le mobilier commercial*, ce qui exclut le mobilier personnel et privé de l'exploitant ; ainsi les objets d'art qu'un négociant a transportés dans un hôtel-restaurant qu'il exploite personnellement ne sauraient être considérés comme faisant partie du matériel servant à l'exploitation de son commerce et ne peuvent être compris dans le nantissement du fonds d'hôtellerie bien que ce nantissement comprenne le matériel et l'outillage (▪ Nancy, 4 déc. 1936 : *S.* 1937, 2, 90 ; *DH* 1937, 123).

14) Clause d'exclusion. Les parties ne peuvent exclure conventionnellement du nantissement les éléments principaux et essentiels du fonds de commerce (▪ Cass. civ., 17 juin 1918 : *S.* 1922, 1, 313, note Rousseau. – Comp. ▪ Cass. com., 2 août 1949 : *S.* 1950, 1, 81, note Cohen ; *JCP* 1949, II, 5188, note crit. Saint-Alary) ; ainsi il ne paraît pas possible d'exclure du nantissement la clientèle et l'achalandage qui commande l'existence même du fonds de commerce ; les parties peuvent convenir que le nantissement ne grèvera pas les autres éléments incorporels comme l'enseigne ou le droit au bail (▪ Paris, 14 juin 1968 : *Rev. loyers* 1969, 166 ; *AJPI* 1969, II, 321, note Viatte). Mais il a été jugé que l'on ne peut constituer un nantissement sur le seul droit au bail (▪ Colmar, 2 mai 1936 : *Rev. Alsace-Lorraine* 1937, 35. – *Contra*, ▪ T. com. Marseille, 14 mai 1925 : *Gaz. Pal.* Tables quinq. 1925-30, *V° Fonds de commerce*, n° 300).

IV – MODIFICATION AFFECTANT LES ÉLÉMENTS NANTIS

15) Perte du fonds de commerce. Lorsque la perte du fonds de commerce, due à la faute d'un tiers, entraîne condamnation de celui-ci à une indemnité, le nantissement s'étend à cette dernière (▪ T. com. Seine, 14 mars 1940 : *Gaz. Pal.* 1940, 2, 73. ▪ Cass. com., 5 juill. 1982 : *JurisData* n° 1982-001755. ▪ Cass. 2e civ., 27 avr. 1983, n° 82-10.250 : *JurisData* n° 1983-701000 ; *Bull.* II, n° 105), il en sera de même en cas d'indemnité d'expropriation (▪ T. com. Marseille, 8 nov. 1935 : *Rev. fonds com.* 1935, 720. – *Adde*, ▪ Rennes, 9 nov. 1976 : *Gaz. Pal.* 1977, 1, 89). L'*indemnité d'assurance* couvrant la perte d'exploitation et non la disparition du fonds, le créancier ne peut en être *attributaire en cas d'incendie* ayant détruit les locaux abritant l'exploitation, la perte d'exploitation ne constituant pas un élément du fonds et n'étant pas comprise dans l'assiette du nantissement (▪ Cass. com., 9 nov. 1999 : *JCP* E 2000, p. 459, n° 16, obs. Delebecque ; *D.* 2000, act. jurispr. p. 1, obs. A.-L. M.-D. ; *RTD com.* 2000, 73, obs. Derruppé). Dès lors que l'assiette du nantissement est indivisible et que le liquidateur ne rapporte pas la preuve que l'indemnité d'assurance était exclusivement destinée à couvrir la perte des marchandises (qui n'entrent pas dans l'assiette du nantissement), la cour d'appel estime que c'est à juste titre que la banque nantie peut prétendre à une subrogation réelle intégrale sur l'indemnité d'assurance versée (▪ Orléans, 31 mai 2007, n° 06/02141 : *RJDA* 10/2007, nos 1000 et 1013 ; *RTD com.* 2008, 49, obs. Saintourens).

16) Bail renouvelé. Le nantissement s'étend de plein droit au bail renouvelé par le commerçant (▪ Paris, 19 juin 1924 : *D.* 1924, 2, 129, note Lalou) ; les créanciers nantis peuvent d'ailleurs demander par voie oblique le renouvellement du bail ou l'indemnité d'éviction (▪ Rouen, 25 juill. 1935 : *S.* 1937, 2, 81, note Marin. ▪ Montpellier, 20 oct. 1948 [sol. impl.] : *JCP* 1949, II, 4828, note J.G.L.).

17) Indemnité d'éviction. Le nantissement *s'étend également à l'indemnité d'éviction* versée au commerçant en l'absence de renouvellement de bail (▪ Rouen, 25 juill. 1935 : *Sem. jur.* 1935, p. 1323. ▪ Aix-en-Provence, 23 mai 1961 : *S.* 1961, 318 ; *D.* 1961, 572 ; *RTD com.* 1961, 815, obs. Jauffret. – *Contra* ▪ T. com. Le Havre, 8 oct. 1934 : *Gaz. Pal.* 1934, 2, 827, infirmé par ▪ Rouen, 25 juill. 1935, préc. ▪ Toulouse, 13 avr. 1938 : *JCP* G 1938, II, 717. ▪ T. com. Charleville, 29 août 1951 : *Gaz. Pal.* 1951, 2, 340 ; *JCP* 1952, II, 7037, note crit. Cohen). – V. toutefois, ▪ Cass. 3e civ., 6 avr. 2005 : *Bull. civ.* III, n° 87 ; *JCP* E 2005, n° 48, 2034, obs. Kenfack ; *Loyers et copr.* 2005, n° 117, obs. Brault ; *RTD com.* 2006, 292, obs. Saintourens, rendu en matière d'indemnité de résiliation, mais transposable à l'indemnité d'éviction.

18) Remplacement n'est pas adjonction. Le nantissement s'étendra à tous les objets acquis en remplacement, ou ayant fait l'objet d'acquisitions ultérieures du débiteur à titre de perfectionnement, d'adjonctions, d'améliorations ou de renouvellement du matériel (▪ T. com. Cherbourg, 6 janv. 1922 : *Gaz. Pal.* 1922, 1, 369. ▪ T. com. Vienne, 4 déc. 1923 : *Gaz. com.* ▪ Lyon, 27 févr. 1924). – V. toutefois, ▪ Cass. com., 9 nov. 1999 : *JCP* E 2000, p. 459, n° 16, obs. Delebecque). En revanche, en cas d'adjonction d'un élément, le nantissement ne s'étend pas à cet élément adjoint sauf en matière de brevet où la garantie est étendue au certificat d'addition postérieur au nantissement qui suit le sort du brevet auquel il s'applique.

Art. L. 142-3 *(Anc. L. 17 mars 1909)*. **– Le contrat de nantissement est constaté par un acte authentique ou par un acte sous seing privé, dûment enregistré.**

Le privilège résultant du contrat de nantissement s'établit par le seul fait de l'inscription sur un registre public tenu au greffe du tribunal de commerce dans le ressort duquel le fonds est exploité.

La même formalité doit être remplie au greffe du tribunal de commerce dans le ressort duquel est située chacune des succursales du fonds comprise dans le nantissement.

Rédaction future. Art. L. 142-3 *(Anc. L. 17 mars 1909).* – Le contrat de nantissement est constaté par un acte authentique ou par un acte sous seing privé *(Mots suppr. à compter d'une date qui sera fixée par décret et au plus tard le 1er janvier 2023, Ord. n° 2021-1192, 15 sept. 2021)* « ... ».

(Al. rempl. à compter d'une date qui sera fixée par décret et au plus tard le 1er janvier 2023, Ord. n° 2021-1192, 15 sept. 2021) Le droit de préférence résultant du contrat de nantissement est opposable aux tiers par le seul fait de l'inscription sur un registre tenu au greffe du tribunal de commerce compétent, selon des modalités déterminées par décret en Conseil d'Etat. »

(Al. suppr. à compter d'une date qui sera fixée par décret et au plus tard le 1er janvier 2023, Ord. n° 2021-1192, 15 sept. 2021).

Bibliographie : Rouzet, *Le point sur la virgule (art. 10, al. 1er, L. 17 mars 1909)* in *Mélanges Derruppé*, p. 355, GNL Joly et Litec 1991.

Voir : annot. citée sous art. L. 141-5, p. 149, *Privilège du vendeur.*

I – EXIGENCE D'UN ÉCRIT

1) Indifférence de l'écrit. Est formellement exigée la rédaction d'un acte écrit qui peut être, au choix des parties, un acte authentique ou un acte sous seing privé dûment enregistré (■ Nîmes, 1er avr. 1914 : *Journ. trib. com.* 1916, 833. ■ T. com. Seine, 9 nov. 1922 : *DP* 1922, 5, 18. ■ Dijon, 5 juin 1931 : *DH* 1931, 452. – V. en cas d'acte authentique, pour la responsabilité du notaire en cas de faute, ■ Rouen, 6 janv. 1970 : *Gaz. Pal.* 1970, 1, 243 ; *RTD com.* 1970, 676, obs. Jauffret).

2) Un écrit signé. L'acte doit être *signé par les deux parties* ; en cas de signature à des dates différentes c'est à partir de la dernière que commence à courir le délai de quinze jours prévu à l'article 11 pour procéder à l'inscription (■ Paris, 4 mars 1971 : *Gaz. Pal.* 1971, 2, somm. 79 ; *JCP* 1972, II, 17172. ■ Cass. com., 14 nov. 1966 : *Bull.* III, n° 429).

3) Champ d'application de l'article L. 142-3. Les formalités de l'article L. 142-3 ne concernent que l'acte de nantissement mais non l'acte constitutif de la créance (■ Cass. com., 5 nov. 2002, n° 00-14.885 : *JurisData* n° 2002-016250 ; *Bull. civ.* IV, n° 159 ; *JCP* E 2003, n° 14, 616, note Kéita : sur la date de constitution du nantissement) ; si celui-ci est distinct de l'acte de nantissement, ce dernier doit reproduire la cause et le montant de la créance garantie, ses conditions d'exigibilité et, le *cas échéant, le taux des intérêts convenus* (■ Cass. civ., 6 févr. 1939 : *DP* 1939, 1, 53, note Plassard ; S. 1941, 1, 145, note Rodière).

II – ENREGISTREMENT

4) Formalité indispensable. L'enregistrement est une *formalité indispensable sous peine de nullité* du nantissement ; un nantissement non enregistré ne peut donc être inscrit ; toute inscription prématurée sera annulée (■ T. com. Versailles, 28 juin 1950 : *JCP* 1952, II, 6670).

III – INSCRIPTION DE L'ACTE DE NANTISSEMENT

5) Règles générales. Une erreur de qualification dans l'énoncé du bordereau entraîne la nullité de l'inscription dans la mesure où elle a pour résultat d'en faire porter les mentions sur un registre différent et d'interdire aux tiers toutes recherches utiles (■ T. com. Lille, 15 avr. 1929 : *Sem. jur.* 1929, 860. ■ Douai, 19 déc. 1929 : *DH* 1930, somm. 42).

Toutefois toute irrégularité n'entraîne pas nécessairement la nullité ; le juge devra examiner si celui qui l'invoque a effectivement subi un préjudice (■ Amiens, 24 juin 1952 : *JCP* G 1953, II, 7770, note Cohen. ■ Rouen, 22 oct. 1958 : *Gaz. Pal.* 1959, 1, 75). Pour un nantissement consenti par le propriétaire du fonds de commerce au profit d'un locataire-gérant, alors que l'inscription du nantissement a été faite par erreur au nom de ce dernier et non à celui du propriétaire du fonds (■ Cass. com., 24 sept. 2003 : *JCP* E 2004, n° 36, 1340).

6) Lieu de l'inscription. La règle de compétence prévue à l'article L. 142-3, alinéa 2, a été jugée d'ordre public tant pour la compétence d'attribution que pour la compétence territoriale (■ Cass. com., 26 mai 1970, n° 69-10.947 : *Bull. civ.* IV, n° 175. ■ Paris, 10 juill. 1978 : *JurisData* n° 1978-635139 ; *Gaz. Pal.* 1978, 2, somm. 468).

Après avoir décidé que le lieu où le fonds est exploité est celui du siège social même si, en fait, le lieu d'exploitation était situé dans un autre ressort (■ Cass. req., 12 juin 1929 : *Sem. jur.* 1929, 964 ; *DP* 1931, 1, 5. ■ Paris, 21 juin 1935 : *Gaz. Pal.* 1935, 2, 468), la jurisprudence a décidé que le lieu de l'exploitation ne saurait s'entendre du lieu, parfois indéterminé ou instable, où le propriétaire du fonds concentre la direction intellectuelle de l'entreprise, mais du lieu où se réalise objectivement à la connaissance du public la mise en valeur des divers éléments soit corporels, soit incorporels, dont l'ensemble constitue le fonds de commerce et qui ont été, par le propriétaire, remis en nantissement à son créancier (■ Cass.

com., 20 juill. 1938 : *DP* 1939, 1, 31, note Montier ; *S.* 1938, 1, 329, note Rousseau. ▪ Cass. com., 13 nov. 2003, n° 01-01.726 : *JurisData* n° 2003-021018 ; *RJDA* 2004, 629). **Sur la validité du nantissement :** Il résulte des dispositions des articles L. 525-3 et L. 142-3 du Code de commerce que le nantissement de l'outillage et du matériel d'équipement doit, à peine de nullité, être inscrit sur un registre tenu au greffe du tribunal de commerce dans le ressort duquel le fonds auquel il est affecté est exploité ; l'inscription du nantissement prise au greffe du tribunal de commerce de Paris, lieu du siège social de la société débitrice, et non de l'exploitation du fonds auquel le matériel était affecté est donc dépourvue de validité, la nullité expressément prévue par un texte d'ordre public étant encourue sans que la démonstration d'un grief soit requise (▪ Cass. com., 1er oct. 2013, n° 12-24.558).

7) Mainlevée de l'inscription. ▪ Cass. 2e civ., 14 nov. 2019, n° 18-20.699.

Art. L. 142-4 *(Mod., L. n° 2015-990, 6 août 2015)*. – **L'inscription doit être prise, à peine de nullité du nantissement, dans les trente jours suivant la date de l'acte constitutif.**

En cas de redressement ou de liquidation judiciaires, les articles L. 632-1 à L. 632-4 sont applicables aux nantissements de fonds de commerce.

Rédaction future. Art. L. 142-4 *(Mod. à compter d'une date qui sera fixée par décret et au plus tard le 1er janvier 2023, Ord. n° 2021-1192, 15 sept. 2021)*. – En cas de redressement ou de liquidation judiciaires, les articles L. 632-1 à L. 632-4 sont applicables aux nantissements de fonds de commerce.

Voir : annot. citée sous art. L. 141-12, p. 160, *Publicité de la vente*.

1) Point de départ du délai. *Le délai* prévu à l'article L. 142-4 *doit courir à partir du moment où l'acte est constitué* ; si l'acte constitutif a été signé à des dates différentes, le délai ne commence à courir qu'à partir de la dernière (▪ Amiens, 24 juin 1952 : *JCP* G 1953, II, 7770, note Cohen. ▪ TGI Saint-Brieuc, 18 nov. 1959 : *JCP* G 1961, II, 11920. ▪ Paris, 4 mars 1971 : *Gaz. Pal.* 1971, 2, somm. 79 ; *JCP* G 1972, II, 17172. ▪ Cass. com., 14 nov. 1966 : *Bull. civ.* III, n° 429. – Comp. ▪ Rouen, 4 juill. 1958 : *JCP* G 1959, II, 10943. ▪ Cass. com., 5 nov. 2002 : *Bull. civ.* IV, n° 159 ; *JCP* E 2003, n° 14, 616, note Kéita). Pour un acte de prêt garanti par un nantissement sur fonds de commerce, stipulant que l'inscription du nantissement devait intervenir dans les quinze jours du début de l'exploitation du fonds (▪ Cass. com., 9 juin 2004, n° 01-13.969 : *RJDA* 2004, 1391).

2) Absence de date de l'acte constitutif. À défaut de date figurant sur l'acte constitutif, l'inscription du nantissement d'un fonds de commerce est valablement effectuée dans les quinze jours de l'enregistrementde ce dernier (▪ Cass. com., 17 sept. 2002, n° 99-17.938 : *JurisData* n° 2002-015510 ; *RJDA* 1/2003, n° 76 ; *JCP* E 2002, pan. 1522 ; *JCP* E 2003, chron. 852, n° 19, obs. Delebecque ; *D.* 2002, p. 2800 et 3338 ; *D.* 2002, somm. 3338, obs. Aynès ; *RTD com.* 2003, 57, obs. Saintourens ; *JCP* E 2004, jurispr. 153, note Kéita).

3) Décès du débiteur. En cas de décès du débiteur dans la quinzaine de l'acte constitutif et d'ac*ceptation de la succession sous bénéfice* d'inventaire, par analogie avec les règles relatives à l'inscription du privilège du vendeur, le cours des inscriptions n'est pas arrêté et le nantissement valablement inscrit est opposable à la succession bénéficiaire (▪ T. com. Chaumont, 21 juill. 1956 : *JCP* 1957, II, 9714, note Raynaud).

4) Sanction du défaut d'inscription. Faute d'inscription dans la quinzaine de la date de l'acte constitutif, le gage est entaché de *nullité* (▪ Cass. 1re civ., 18 févr. 1997, n° 94-21.930 : *RJDA* 11/97, n° 1385 ; *D.* 1997, somm. 252, obs. S. Piedelièvre ; *RTD com.* 1997, 628, obs. Derruppé). *Passé le délai de quinze jours* un nouvel acte doit être rédigé pour inscrire le nantissement (▪ Amiens, 24 juin 1952 : *JCP* 1953, II, 7770, note Cohen. ▪ Paris, 4 mars 1971 : *Gaz. Pal.* 1971, 2, somm. 79).

Cette nullité profite à la caution en application de l'article 2314 du Code civil (▪ Cass. com., 23 nov. 2004, n° 03-16.196 : *JurisData* n° 2004-025832 ; *RJDA* 3/2005, n° 329 ; *D.* 2005, p. 276). La caution n'a pas l'obligation d'informer le créancier sur les risques qu'il encourt en cas d'inscription tardive du nantissement que le débiteur principal lui a consenti sur son fonds (même déc.).

5) Durée de la validité de l'inscription. Les articles L. 141-5 et suivants ne contiennent aucune disposition sur le moment auquel l'inscription, ayant produit son effet, cesse d'être utile ; il convient sur ce point d'appliquer les dispositions de l'article 2154-1, alinéa 3 du Code civil. Le fait que la production ait été admise au passif de la procédure collective du débiteur signifie seulement que l'existence de ce privilège était reconnue au jour de l'admission ; il ne dispense pas le créancier de l'obligation de renouvellement décennal, légalement nécessaire pour maintenir ledit privilège. Les fonds ayant été remis aux vendeurs à une époque où l'effet de l'inscription du créancier remontait à plus de dix ans sans avoir été renouvelée, le créancier avait donc perdu son privilège et sa production doit désormais être admise à titre chirographaire (▪ Aix-en-Provence, 13 mars 1981 : *JurisData* n° 1981-042409 ; *DS* 1981, inf. rap. 489).

6) Société non immatriculée. L'absence d'immatriculation d'une société au registre du commerce et des sociétés interdit l'inscription du nantissement (■ Cass. 1re civ., 5 juill. 1989, n° 86-13.600 : *JurisData* n° 1989-702690 ; *Gaz. Pal.* 1989, 2, 634, note Hatoux ; *RTD com.* 1990, 26, obs. Derruppé).

Art. L. 142-5 *(Anc. L. 17 mars 1909).* – **Le rang des créanciers gagistes entre eux est déterminé par la date de leurs inscriptions. Les créanciers inscrits le même jour viennent en concurrence.**

> **Rédaction future. Art. L. 142-5.** – Le rang des créanciers *(Mot rempl. à compter d'une date qui sera fixée par décret et au plus tard le 1er janvier 2023, Ord. n° 2021-1192, 15 sept. 2021)* « nantis » entre eux est déterminé par la date de leurs inscriptions. Les créanciers inscrits le même jour viennent en concurrence.

1) Principe. Entre les créanciers nantis le rang est déterminé par la date de leur inscription et non par celle de l'acte de nantissement (Rappr. ■ Cass. com., 14 févr. 1977, n° 75-13.907 : *JurisData* n° 1977-097043 ; *Bull.* IV, n° 43).

2) Conflit de privilèges. En l'absence de dispositions légales contraires *le privilège spécial mobilier résultant du nantissement* d'un fonds de commerce *prime un privilège général* institué par le Code de la sécurité sociale (■ Cass. com., 25 oct. 1976 : *JurisData* n° 1976-097267 ; *DS* 1977, 380, note Taisne).

3) Renonciation au droit de suite. L'inscription confère au créancier *droit de suite et droit de préférence* (V. jurispr. citée *infra*, sous art. L. 143-5 et L. 143-12). Le créancier qui intervient en tant que rédacteur de l'acte de vente, qui a été désigné comme séquestre du prix ou a adhéré au choix du séquestre, qui a accepté de participer à une répartition amiable ou judiciaire de ce prix est considéré comme ayant renoncé tacitement à son droit de suite (■ Paris, 19 oct. 1962 : *RTD com.* 1963, 286. ■ Paris, 4 févr. 1987 : *JurisData* n° 1987-020471 ; *D.* 1987, inf. rap. 40, infirmant ■ T. com. Paris, 10 déc. 1985).

CHAPITRE III. – DISPOSITIONS COMMUNES À LA VENTE ET AU NANTISSEMENT DU FONDS DE COMMERCE

Section I. – De la réalisation du gage et de la purge des créances inscrites

(Intitulé rempl. à compter d'une date qui sera fixée par décret et au plus tard le 1er janvier 2023, Ord. 2021-1192, 15 sept. 2021, « De la réalisation du privilège du vendeur et du nantissement du fonds de commerce »)

Art. L. 143-1 *(Anc. L. 17 mars 1909).* – **En cas de déplacement du fonds de commerce, les créances inscrites deviennent de plein droit exigibles si le propriétaire du fonds n'a pas fait connaître aux créanciers inscrits, quinze jours au moins d'avance, son intention de déplacer le fonds et le nouveau siège qu'il entend lui donner.**

Dans la quinzaine de l'avis à eux notifié ou dans la quinzaine du jour où ils ont eu connaissance du déplacement, le vendeur ou le créancier gagiste doivent faire mentionner, en marge de l'inscription existante, le nouveau siège du fonds, et si le fonds a été transféré dans un autre ressort, faire reporter à sa date l'inscription primitive avec l'indication du nouveau siège, sur le registre du tribunal de ce ressort.

Le déplacement du fonds de commerce, sans le consentement du vendeur ou des créanciers gagistes, peut, s'il en résulte une dépréciation du fonds, rendre leurs créances exigibles.

L'inscription d'un nantissement peut également rendre exigibles les créances antérieures ayant pour cause l'exploitation du fonds.

Les demandes en déchéance du terme formées en vertu des deux alinéas précédents devant le tribunal de commerce sont soumises aux règles de procédure édictées par le quatrième alinéa de l'article L. 143-4.

> **Rédaction future. Art. L. 143-1** *(Mod. à compter d'une date qui sera fixée par décret et au plus tard le 1er janvier 2023, Ord. n° 2021-1192, 15 sept. 2021).* – En cas de déplacement du fonds de commerce, les créances inscrites deviennent de plein droit exigibles si le propriétaire du fonds n'a pas fait connaître aux créanciers inscrits, quinze jours au moins d'avance, son intention de déplacer le fonds et le nouveau siège qu'il entend lui donner.
>
> Dans la quinzaine de l'avis à lui notifié ou dans la quinzaine du jour où il a eu connaissance du déplacement, le créancier inscrit le plus diligent fait mentionner le nouveau siège du fonds en marge de l'inscription initiale.
>
> Le déplacement du fonds de commerce, sans le consentement des créanciers inscrits, peut, s'il en résulte une dépréciation du fonds, rendre leurs créances exigibles.
>
> L'inscription d'un nantissement peut également rendre exigibles les créances antérieures ayant pour cause l'exploitation du fonds.
>
> Les demandes en déchéance du terme formées en vertu des deux alinéas précédents devant le tribunal de commerce sont soumises aux règles de procédure édictées par le quatrième alinéa de l'article L. 143-4.

I – NOTION DE DÉPLACEMENT DU FONDS DE COMMERCE

1) Changement de domicile du propriétaire du fonds. Le changement de domicile du propriétaire du fonds, du siège social ou du siège administratif d'où le fonds est intellectuellement dirigé n'implique pas déplacement du fonds (▪ Cass. com., 20 juill. 1938 : *D.* 1938, 1, 31, note Montier ; *S.* 1938, 1, 329, note Rousseau, pour un nantissement. ▪ Cass. com., 29 janv. 2002 : *D.* 2002, p. 959, obs. Chevrier ; *JCP* E 2002, 810, note Kéita ; *RD bancaire et fin.* 2002, n° 50, obs. Legeais ; *RJDA* 6/2002, n° 694 ; *RTD com.* 2002, 267, obs. Saintourens. ▪ Cass. com., 7 déc. 2004, n° 02-16.002 : *JurisData* n° 2004-026235 ; *RJDA* 4/2005, n° 467). La caution ne peut se prévaloir du bénéfice de la subrogation en raison d'une perte par le créancier de son nantissement sur le matériel dès lors que ce dernier n'a pas été régulièrement averti du déplacement du fond (▪ Cass. com., 29 janv. 2002, préc. ; *D.* 2002, p. 959, obs. Chevrier ; *JCP* E 2002, 810, note Kéita ; *RD bancaire et fin.* 2002, n° 50, obs. Legeais où la cour juge que « la connaissance du déplacement du fonds par le créancier ne peut se déduire du fait que celui-ci a été informé du changement d'adresse de la société, dès lors que le déplacement du siège social d'une société propriétaire du fonds de commerce n'emporte pas nécessairement transfert de ce fonds » ; *Contra* ▪ Cass. com., 7 juill. 2009, n° 08-17.792 : *JurisData* n° 2009-049110 ; *Gaz. Pal.* 14 janv. 2010, p. 25, obs. M.-P. Dumont-Lefrand où la cour retient que la saisie de matériel d'exploitation diligentée par le créancier gagiste « démontrait qu'il avait une connaissance effective du déplacement du fonds depuis cette date », peu important l'absence de notification du déplacement du fonds par le débiteur).

Lorsqu'un fonds de commerce ayant son siège dans le ressort d'un tribunal a fait l'objet d'un apport à une société ayant son siège social dans un autre ressort, il n'y a pas changement de siège d'exploitation du fonds et l'inscription originairement prise auprès du greffe du tribunal de commerce dans le ressort duquel le fonds était et reste exploité demeure valable (▪ T. com. Marseille, 16 nov. 1931 : *Gaz. Pal.* 1932, 1, 339).

2) Déplacement du matériel. De même *si certains éléments sont déplacés*, comme le matériel, mais que le siège de l'exploitation du fonds reste le même avec la même clientèle, il n'y a pas déplacement du fonds (▪ T. com. Lyon, 6 mars 1903 : *Gaz. com. Lyon*, 28 avr. 1903).

3) Abandon du fonds. L'article L. 143-1 n'est pas applicable en cas d'abandon du fonds et d'ouverture dans un autre local d'un fonds différent du premier (▪ T. com. Seine, 14 févr. 1912 : *Gaz. Pal.* 1912, 1, 560). Mais la confusion avec un autre fonds n'est pas à elle seule suffisante pour écarter les règles de l'article 13 (▪ Paris, 7 janv. 1932 : *Gaz. Pal.* 1932, 1, 577, motifs).

4) Déplacement n'est pas disparition. Le déplacement du fonds ne saurait par principe entraîner sa disparition, à moins que, compte tenu de sa nature et de son activité, sa localisation ne constitue une condition de sa survie (▪ Cass. com., 6 oct. 1998, n° 96-15.903 : *JurisData* n° 1998-003741 ; *JCP* E 1999, n° 2 B, p. 619, obs. Delebecque ; *RTD com.* 1999, 64, obs. Derruppé ; *RJDA* 1/1999, n° 97 ; *D.* 1999, somm. 297, obs. S. Piedelièvre).

II – NOTIFICATION DU PROJET DE DÉPLACEMENT

5) Principe. Le propriétaire du fonds a toujours la liberté de le déplacer (▪ Cass. req., 29 avr. 1938 : *Gaz. Pal.* 1938, 2, 238) ; mais il doit respecter les droits des créanciers inscrits qui n'ont pas la possibilité de s'opposer au déplacement du fonds (▪ Paris, 7 janv. 1932 : *Gaz. Pal.* 1932, 1, 577. ▪ Cass. req., 29 avr. 1938 : *Gaz. Pal.* 1938, 2, 278).

6) Forme de la notification. La loi n'a pas précisé la forme que doit prendre la notification ; mais il a été jugé que la simple inscription du déplacement au registre du commerce ne tient pas lieu de notification (▪ Paris, 15 nov. 1930 : *Sem. jur.* 1931, 111. ▪ Cass. com., 29 janv. 2002, n° 99-18.092 : *JurisData* n° 2002-012784 ; *Bull. civ.* IV, n° 22 ; *JCP* E 2002, n° 21, 861, obs. Kéita ; *RD bancaire et fin.* 2002, n° 50, obs. Legeais ; *RTD com.* 2002, 267, obs. Saintourens) ; de même que la publication effectuée conformément au droit des sociétés (▪ T. com. Seine, 10 déc. 1937 : *Rev. fonds com.* 1938, 85. ▪ T. com. Paris, 1er avr. 1969 : *RJ com.* 1969, 217, note Diébolt). La notification par acte d'huissier doit être faite même dans le cas où le créancier inscrit connaissait le projet de transfert du fonds (▪ T. com. Lyon, 14 févr. 1912 : *Gaz. Lyon*, 21 juill. 1912. – Comp. ▪ Montpellier, 30 nov. 1932 : *Gaz. Pal.* 1933, 1, 268).

7) Délai de la notification. *La notification faite moins de 15 jours avant le déplacement* du fonds *a été jugée insuffisante* (▪ T. com. Seine, 27 oct. 1922 : *D.* 1922, 5, 18) ; *a fortiori* en est-il ainsi du cas où la notification a lieu après le déplacement du fonds (▪ Paris, 7 janv. 1932 : *Gaz. Pal.* 1932, 1, 577).

8) Connaissance du créancier. Si le créancier n'a pas eu connaissance du déplacement du fonds il ne saurait être sanctionné pour une erreur qu'il n'a pas commise (▪ Cass. com., 6 oct. 1998 : *JCP* E 1999, n° 2 B, p. 619, obs. Delebecque ; *RTD com.* 1999, 64, obs. Derruppé ; *RJDA* 1/99, n° 97. ▪ Cass. com., 26 mars 2002, n° 99-21.070 :

JurisData n° 2002-013829 ; *RJDA* 8-9/2002, n° 943). La connaissance du déplacement du fonds par le créancier ne peut se déduire du fait que celui-ci a été informé du changement d'adresse de la société, dès lors que le déplacement du siège social d'une société propriétaire d'un fonds de commerce n'emporte pas nécessairement transfert de ce fonds (■ Cass. com., 29 janv. 2002, préc. ■ Cass. com., 7 déc. 2004, n° 02-16.002 : *JurisData* n° 2004-026235 ; *RJDA* 2005, n° 467).

III – EFFETS DE LA NOTIFICATION

9) Forme de l'acceptation des créanciers inscrits. L'acceptation des créanciers inscrits n'a pas besoin d'être expresse ; mais le fait pour eux d'avoir laissé expirer, sans protestation, le délai de quinzaine prévu à l'article L. 143-1, alinéa 2, pour la conservation de leur privilège n'implique aucune acceptation du déplacement (■ Paris, 7 janv. 1932 : *Gaz. Pal.* 1932, 1, 577). Les parties peuvent convenir d'avance que l'exigibilité de la créance sera acquise par le seul fait du déplacement du fonds (■ Paris, 17 avr. 1930 : *Gaz. Pal.* 1930, 2, 213).

10) Absence de régularisation. Lorsque le créancier n'a pas fait régulariser l'inscription dans la quinzaine, y a-t-il déchéance du privilège ?

Pour l'affirmative (■ T. com. Lyon, 30 mai 1922 : *D.* 1923, 2, 100. ■ T. com. Lille, 30 avr. 1935 : *Gaz. Pal.* 1935, 2, 7).

Pour la négative, le juge ne prononçant la déchéance que s'il apparaît que l'absence de publicité prévue par l'article L. 143-1 a porté préjudice aux tiers (■ Montpellier, 30 nov. 1932 : *Gaz. Pal.* 1933, 1, 268. ■ Lyon, 25 avr. 1934 : *DH* 1935, somm. 14. ■ Cass. req., 19 nov. 1943 : *DC* 1944, 112, note Chéron ; *JCP* 1943, II, 2464, rapp. Lescot).

IV – SANCTION DU DÉFAUT DE NOTIFICATION

11) Déchéance du terme. La sanction de l'omission de la notification est la déchéance du terme qui doit être prononcée par le tribunal de commerce ; elle est de droit (art. L. 143-1, al. 1er) et les juges n'ont pas pouvoir d'appréciation (■ Paris, 7 janv. 1932 : *Gaz. Pal.* 1932, 1, 678 [sol. *a contrario*]. – V. également ■ Cass. civ., 16 févr. 1982 : *JurisData* n° 1982-640507 ; *Rev. loyers* 1982, 191, note Viatte ; *JCP* 1983, II, 19934, note Boccara ; *RTD com.* 1983, 221, obs. Derruppé).

V – DÉSPÉCIALISATION DU FONDS

12) V. pour la protection des créanciers depuis la loi n° 71-6585 du 16 juillet 1971 modifiant les articles 34 et 34-1 du décret du 30 septembre 1953 sur les baux commerciaux (C. com., art. L. 145-47 et L. 145-48) (Boccara, *La loi du 12 mai 1965 sur les baux commerciaux ; la déspécialisation* : *JCP* 1965, I, 1926 ; *La loi n° 71-585 du 16 juillet 1971 sur les baux commerciaux* : *JCP* 1972, I, 2445).

Art. L. 143-2 *(Anc. L. 17 mars 1909).* – **Le propriétaire qui poursuit la résiliation du bail de l'immeuble dans lequel s'exploite un fonds de commerce grevé d'inscriptions doit notifier sa demande aux créanciers antérieurement inscrits, au domicile élu par eux dans leurs inscriptions. Le jugement ne peut intervenir qu'après un mois écoulé depuis la notification.**

> **Rédaction future.** Le propriétaire qui poursuit la résiliation du bail de l'immeuble dans lequel s'exploite un fonds de commerce grevé d'inscriptions doit notifier sa demande aux créanciers antérieurement inscrits, au domicile *(Mots rempl. à compter d'une date qui sera fixée par décret et au plus tard le 1er janvier 2023, Ord. n° 2021-1192, 15 sept. 2021)* « déclaré ». Le jugement ne peut intervenir qu'après un mois écoulé depuis la notification.

La résiliation amiable du bail ne devient définitive qu'un mois après la notification qui en a été faite aux créanciers inscrits, aux domiciles élus.

> **Rédaction future.** La résiliation amiable du bail ne devient définitive qu'un mois après la notification qui en a été faite aux créanciers inscrits, aux domiciles *(Mots rempl. à compter d'une date qui sera fixée par décret et au plus tard le 1er janvier 2023, Ord. n° 2021-1192, 15 sept. 2021)* « déclarés par eux dans leurs inscriptions ».

Bibliographie : Blatter, *La clause résolutoire d'un bail commercial et la notification aux créanciers inscrits* : *AJPI* 1997, 466. ● Dumont-Lefrand, *La nécessaire information des créanciers inscrits* : *AJDI* 2007, 450. ● Humblot-Gignoux, *Le bail et les créanciers* : *Loyers et copr.* 2006, étude 21.

● *Sommaire*

I – DOMAINE DE LA NOTIFICATION

A – Qui doit notifier ?

1) Bailleur. Bien que l'article L. 143-2 vise *le propriétaire*, il est admis qu'*il faut entendre par là le bailleur*, même s'il n'est pas propriétaire des locauxdans lesquels s'exerce le commerce (■ Grenoble,10 janv. 1966 : *Quot. jur.* 20 juill. 1966 : *RTD com.* 1967, 131, obs. Jauffret. ■ Cass. com., 3 mars 1992, n° 89-19.172 : *JurisData* n° 1992-000447 ; *Bull. civ.* IV, n° 105 ; *RTD com.* 1992, 586, obs. Derruppé) ; ainsi il n'y a pas lieu de distinguer s'il s'agit d'un bail direct ou d'une sous-location. En cas de sous-location c'est au locataire principal que les formalités édictées par la loi s'imposent ; mais sur la question de savoir si le bailleur doit notifier la demande de résiliation du bail principal aux créanciers inscrits du chef du sous-locataire (pour l'affirmative, ■ Cass. req., 31 mars 1941 : *S.* 1941, 1, 32. – *Contra*, ■ Paris, 15 mai 1933 : *Gaz. Pal.* 1933, 2, 381).

2) Procédure collective du bailleur. En cas de procédure collective ouverte contre le bailleur, ce dernier ne peut plus procéder à la résiliation du bail ; il appartient au syndic (L. 13 juill. 1967) de le faire (■ Grenoble, 10 janv. 1966, préc. ci-dessus). En cas de procédure collective du preneur, l'article L. 142-3 n'est pas applicable à la mise en demeure du bailleur à l'administrateur d'une procédure de redressement judiciaire, d'exercer l'option prévue à l'article 37 de la loi du 25 janvier 1985, relative à la continuation des contrats en cours (■ Cass. com., 11 déc. 1991, n° 89-20.063 : *JurisData* n° 1991-003460 ; *Bull. civ.* IV, n° 319 ; *JCP* E 1991, I, 46, n° 20, obs. Cabrillac. ■ CA Paris, 26 nov. 2003, n° 2002/10956 : *JurisData* n° 2003-226926 ; *Loyers et copr.* 2004, 112, obs. Brault. ■ Cass. com., 13 oct. 1998, n° 96-15.062 : *JurisData* n° 1998-003810 ; *D.* 1999, somm. 297, obs. Piedelièvre. ■ TGI Béthune, 11 août 2004 : *D.* 2004, p. 2376).

3) Propriétaire d'un local accueillant un fonds. Le « propriétaire » visé à l'article L. 143-2 doit être *le propriétaire ou le locataire* d'un local dans lequel s'exerce un fonds de commerce (V. *supra*, n° 1) ; ainsi le propriétaire du fonds de commerce lui-même qui demande la résiliation du bail de ce fonds donné en location-gérance n'est pas soumis à l'article L. 143-2 (■ Paris, 24 juin 1929 : *D.* 1931, 2, 15, note Chéron).

En cas de destruction totale de l'immeuble où le fonds est exploité, *les éléments du fonds de commerce ne sauraient disparaître* et le mandataire liquidateur du preneur qui veut résilier le bail doit respecter l'article L. 143-2 (■ Paris, 1er févr. 1996, n° 94/021256 : *JurisData* n° 1996-020444 ; *JCP* E 1996, pan. 614).

B – Nécessité d'une résiliation de bail

4) Indifférence de la forme du bail. L'exigence de la résiliation s'applique quelle que soit la forme du bail ; il peut s'agir d'un bail verbal, écrit, à durée déterminée ou indéterminée, d'origine, prorogé ou renouvelé judiciairement (■ Paris, 4 janv. 1927 : *Gaz. Pal.* 1927, 2, 167).

5) L'obligation de notifier est générale. Elle existe quelle que soit la cause de la résiliation (■ Cass. 3e civ., 16 avr. 1976 : *Bull. civ.* III, n° 151. – Pour un abus de jouissance, ■ Paris, 5 janv. 1931 : *Gaz. Pal.* 1931, 1, 480). Les dispositions de l'article L. 143-2 doivent être respectées lorsque le bailleur, après la renonciation du mandataire de justice à la poursuite du contrat de bail, demande la résiliation de celui-ci, pour permettre aux créanciers nantis de faire valoir leurs droits (■ Cass. com., 13 oct. 1998 : *D.* 1999, somm. 297, obs. Piedelièvre). À défaut de notification, la résiliation est inopposable aux créanciers nantis (même déc.). Il ne peut être suppléé ultérieurement au défaut de notification au créancier inscrit (■ Cass. 3e civ., 6 déc. 1995, n° 94-11.068 : *JurisData* n° 1995-003531 ; *Bull. civ.* III, n° 252 ; *D.* 1996, somm. 386, obs. S. Piedelièvre. – Rappr. ■ Cass. 3e civ., 22 mars 1989, n° 87-19.019 : *JurisData* n° 1989-701147 ; *D.* 1990, somm. 258, obs. Rozès).

6) En l'absence de résiliation. En revanche, la notification n'est pas requise pour des opérations qui ne sont pas juridiquement des résiliations ; ainsi en cas de refus de prorogation légale (■ Cass., comm. sup., 16 oct. 1930 : *Gaz. Pal.* 1930, 2, 1050) ou d'une mise en demeure de faire cesser les infractions au bail (■ Paris, 21 mars 1974 : *JCP* G 1974, IV, 6429).

En cas de demande d'expulsion, le bailleur n'a pas à respecter l'article L. 143-2 lorsque le droit au bail subsiste (■ Cass. req., 29 oct. 1934 : *DH* 1934, 553 ; *Gaz. Pal.* 1934, 2, 1007. ■ Paris, 21 avr. 1944 : *S.* 1945, 2, 48).

Mais la notification de la décision d'expulsion intervenue en exécution d'une clause résolutoire est nécessaire (■ Amiens, 29 sept. 1954 : *Gaz. Pal.* 1954, 2, 395 ; *RTD com.* 1957, 61, obs. Jauffret. ■ Cass. com., 11 avr. 1962 : *Gaz. Pal.* 1962, 2, 152 ; *RTD com.* 1963, 74, obs. Jauffret).

V. pour l'exigence de la notification de l'assignation en référé aux fins de faire constater la résiliation et prononcer l'expulsion et non du commandement (■ Cass. com., 13 nov. 1969 : *JurisData* n° 1969-097333 ; *Bull. civ.* IV, n° 332. ■ Rouen, 24 déc. 1959 : Gaz. Pal. 1960, 1, 138 ; RTD com. 1960, 309. ■ TGI Gap, 9 oct. 1969 et ■ Rouen, 8 oct. 1971 cités ci-dessous).

7) Clause résolutoire. En cas de résiliation s'opérant de plein droit par l'effet d'une clause résolutoire insérée dans le bail, la notification prévue par la loi est nécessaire (■ Cass. civ., 23 janv. 1933 : *DP* 1933, 1, 39, note Lalou. ■ Cass. civ., 12 janv. 1944 : *DA* 1944, 55 ; *S.* 1944, 1, 120 ; *JCP* N 1944, II, 2748, note Boé. ■ Orléans, 31 oct. 1950 et ■ Bordeaux, 11 avr. 1951 : *JCP* 1951, II, 6586, note Cohen. ■ TGI Gap, 9 oct. 1969 : *D.* 1969, 663 ; *RTD com.* 1970, 99, obs. Jauffret. ■ Rouen, 8 oct. 1971 : *D.* 1971, somm. 218. ■ Cass. 3ᵉ civ., 27 juin 1990, n° 88-16.424 : *JurisData* n° 1990-702201 ; *Bull. civ.* III, n° 157 ; *D.* 1990, inf. rap. 200 ; *RTD com.* 1991, 28, n° 2, obs. Derruppé). L'article L. 143-2 s'applique donc, par exemple, à la demande en constatation de l'acquisition d'une clause résolutoire avant l'ouverture d'une procédure collective à l'encontre du locataire (■ Cass. 3ᵉ civ., 22 janv. 1997, n° 95-10.049 : *JurisData* n° 1997-000290 ; *Rev. loyers* 1997, 254, note Gallet).

II – MODALITÉS DE LA NOTIFICATION

8) En ce cas, il convient de notifier un acte constatant que la résiliation est intervenue (■ Cass. 3ᵉ civ., 4 mars 1998, 2 arrêts : *RTD com.* 1998, 416, obs. Derruppé). Cela peut être l'assignation tendant à faire constater la résolution (■ Cass. com., 4 mars 1998, 1ᵉʳ arrêt) mais pas nécessairement (■ Cass. com., 4 mars 1998, 2ᵉ arrêt).

Il en va de même pour une résiliation amiable qui ne devient définitive qu'un mois après la notification aux créanciers (■ Cass. 3ᵉ civ., 10 mai 1990, n° 89-15.772 : *JurisData* n° 1990-701287 ; *Bull. civ.* III, n° 111 ; *RTD com.* 1991, 28, n° 2, obs. Derruppé).

Mais la notification de la sommation d'avoir à payer a été jugée insuffisante (■ Cass. com., 6 nov. 1961, n° 60-11.908 : *Gaz. Pal.* 1962, 1, 132 ; *RTD com.* 1962, 236, obs. Jauffret. ■ Cass. 3ᵉ civ., 21 juill. 1975 : *JurisData* n° 1975-798265 ; *Bull. civ.* III, n° 265 ; *JCP* G 1977, II, 18545, note Boccara ; *RTD com.* 1977, 81, obs. Jauffret. – V. annot. n° 6, p. 186).

A – Créanciers visés

9) Tous les créanciers inscrits. La notification doit être adressée à *tous les créanciers inscrits* sur le fonds (■ Paris, 10 mai 1933 : *Gaz. trib.* 1933, II, 15. ■ Cass. 3ᵉ civ., 8 déc. 1993, n° 91-19.869 : *JurisData n° 1993-002322* ; *Bull. civ.* III, n° 162. ■ Cass. com., 6 sept. 2016, n° 15-13.199 : sur la qualité de créancier inscrit).

Mais il a été jugé que les créanciers inscrits au titre d'un privilège ne résultant pas du Code de commerce, c'est-à-dire les créanciers autres que les titulaires d'un nantissement ou le vendeur du fonds *ne bénéficient pas de la notification* de l'article L. 143-2 (■ Bordeaux, 11 avr. 1951 : *JCP* 1951, II, 6586, note Cohen).

Ne bénéficie pas de la notification le créancier titulaire d'une inscription provisoire de nantissement devenue rétroactivement sans effet, faute d'inscription complémentaire dans les deux mois à dater du jour où la décision constatant la créance avait acquis l'autorité de la chose jugée (■ Cass. 3ᵉ civ., 6 déc. 1995 : *Bull. civ.* III, n° 248 ; *JCP* E 1996, pan. 174 ; *D.* 1996, somm. 386, obs. S. Piedelièvre).

10) Créanciers inscrits du chef du propriétaire actuel et antérieur. La résiliation doit être notifiée non seulement aux créanciers inscrits du chef du propriétaire actuel du fonds, mais aussi à ceux inscrits du chef des propriétaires antérieurs car ils sont titulaires d'un droit de suite (■ Paris, 27 avr. 1917 : *Gaz. trib.* 1919, 2, 42. ■ Lyon, 26 janv. 1932 : *D.* 1933, 2, 32 ; *Gaz. Pal.* 1932, 1, 578, sous note. ■ Cass. req., 4 juin 1934 : *S.* 1934, 1, 247, sol. impl.).

Toutefois il a été jugé que le bailleur devait adresser la notification aux créanciers inscrits du fait du cessionnaire qu'autant qu'il avait eu connaissance de la cession du fonds de commerce (englobant celle du bail) par la signification à lui faite de la cession (■ T. civ. Nice, 26 oct. 1929 : *Gaz. Pal.* 1930, 1, 419. ■ Paris, 21 janv. 1933 : *Gaz. Pal.* 1933, 2, 410, sous note *a*. – V. cependant ■ Cass. civ., 21 juin 1950 : *JCP* 1950, II, 5898, note Cohen).

Si le bailleur s'abstient de vérifier s'il existe ou non des créanciers inscrits, il commet une faute justifiant sa condamnation (■ Paris, 12 janv. 1993 : *JurisData* n° 1993-020110 ; *D.* 1993, inf. rap. 109).

11) Les créanciers chirographaires. Les créanciers chirographaires ne peuvent se prévaloir de l'absence de notification à leur égard pour empêcher la résiliation (■ Cass. req., 14 nov. 1933 : *S.* 1934, 1, 66. ■ Cass. req., 30 déc. 1940 : *DA* 1941, 87).

En cas de faillite, le syndic ne peut s'en prévaloir également puisqu'il ne représente pas les créanciers nantis (en application du droit antérieur à la loi n° 85-98 du 25 janvier 1985 [C. com., art. L. 620-1 et s.] sur le redressement et la liquidation judiciaires des entreprises en difficulté) (■ Paris, 29 janv. 1921 : *D.* 1923, 2, 169. ■ Bordeaux, 11 avr. 1951 : *JCP* 1951, II, 6586, note Cohen ; *RTD com.* 1952, 70, obs. Jauffret. ■ Rouen, 20 févr. 1969 : *D.* 1969, somm. 106).

12) Créanciers subrogés. La notification doit également être faite aux créanciers subrogés, à condition que leur subrogation ait été régulièrement mentionnée en marge de l'inscription du privilège (■ Cass. req., 5 juin 1934 : *S.* 1934, 1, 247. ■ Paris, 14 nov. 1938 : *Gaz. trib.* 27 déc. 1938).

13) Notion de créanciers « antérieurement inscrits » en cas de résiliation judiciaire. En cas de résiliation judiciaire, l'objet de la notification guide la date d'inscription utile des créanciers. C'est en effet la date de l'assignation qui va déterminer la date butoir à prendre en compte pour les inscriptions. Les créanciers inscrits après l'enrôlement de l'assignation ne seront pas protégés par l'article L. 143-2, alinéa 1 du Code de commerce. En cas de résiliation judiciaire, la notification de la demande doit être faite aux créanciers inscrits à cette date ; tous les créanciers inscrits postérieurement à cette action en justice ne peuvent opposer le défaut de notification (▪ Paris, 2 févr. 1934 : *Sem. jur.* 1934, 398. ▪ Bordeaux, 6 févr. 1941 : *S.* 1941, *V° Fonds de commerce*, n° 3).

14) Notion de créanciers « antérieurement inscrits » en cas de résiliation amiable. En cas de résiliation amiable, le bailleur doit notifier l'acte matérialisant la résiliation, sachant qu'elle ne sera définitive qu'un mois après la notification. Par conséquent, la date de référence, à partir de laquelle toute inscription serait inopérante est celle de l'accord de résiliation amiable. Peu importe que le preneur demeure quelque temps dans les lieux, afin par exemple d'écouler ses stocks. La date d'inscription utile n'est pas celle du départ effectif du locataire, mais bien celle de la résiliation convenue du contrat. En revanche, les inscriptions prises jusqu'à cette date devraient pouvoir bénéficier de la protection de l'article L. 143-2, alinéa 2 du Code de commerce. – V. toutefois ▪ Paris, 16 févr. 1931 : *Gaz. Pal.* 1931, 1, 726, qui juge que c'est la date où expire le délai imparti dans le commandement qu'il faut prendre en considération car c'est à ce moment-là que la résiliation du bail est acquise à l'égard du locataire ; les créanciers inscrits postérieurement à cette date ne sont pas recevables à invoquer le défaut de notification.

15) Notion de créanciers « antérieurement inscrits » en cas de résiliation de plein droit. En cas de clause résolutoire, la date d'inscription utile à retenir a fait l'objet d'une évolution. On pouvait hésiter entre la date du commandement, la date de l'expiration du délai de mise en demeure, la date de l'assignation en constatation, ou encore celle de la décision constatant cette acquisition. Mais la Cour de cassation a jugé que le bailleur qui entend poursuivre en justice la résiliation du bail par acquisition de la clause résolutoire doit notifier sa demande à tous les créanciers inscrits à la date de celle-ci (▪ Cass. 3e civ., 22 mars 2006, n° 04-16.747 : *JurisData* n° 2006-032812 ; *Bull. civ.* III, n° 75 ; *JCP* N 2006, 1235, obs. Monéger ; *Rev. loyers* juin 2006, 276, note Prigent ; *D.* 2006, 1044, obs. Rouquet ; *Administrer* juill. 2006, 50 ; *Loyers et copr.* 2006, n° 105, obs. Pereira ; *RJDA* juin 2006, 628). Par conséquent, la date butoir pour les inscriptions à prendre en compte serait celle de la demande en constatation de la clause résolutoire. Ainsi, le bailleur *aura intérêt à lever un état des inscriptions* sur le fonds jusqu'à la date de cette assignation qu'elle soit en référé ou au fond.

16) Caractère obligatoire de la notification. Il a été jugé que la notification n'a pas à être faite et devient inutile lorsque les créanciers inscrits sont déjà informés et notamment sont intervenus à l'instance en résiliation, cette intervention faisant courir le délai d'un mois (▪ Cass. com., 20 juin 1967, n° 64-12.900 : *Bull.* III, n° 254 ; *RTD com.* 1968, 46, obs. Jauffret). Mais il a été également jugé que la connaissance personnelle de la résiliation par le créancier inscrit ne dispense pas le bailleur de la notification (▪ Rouen, 24 déc. 1959 : *RTD com.* 1960, 309, note Jauffret. ▪ Grenoble, 10 janv. 1966 : *Quot. jur.* 20 juill. 1966 ; *RTD com.* 1967, 131, obs. Jauffret).

On ne saurait tirer argument de l'exercice d'une tierce opposition contre le jugement prononçant la résiliation pour en déduire que le créancier nanti, tiers opposant, était averti de la disparition du droit au bail et que celle-ci lui est opposable (▪ Cass. com., 8 juill. 1976 : *Bull.* IV, n° 240 ; *JCP* G 1976, IV, 294. ▪ Cass. 3e civ., 4 juin 1986, n° 85-10.136 : *JurisData* n° 1986-701087 ; *Bull.* III, n° 86. ▪ Cass. com., 3 mars 1992, n° 89-19.172 : *JurisData* n° 1992-000447 ; *Bull.* IV, n° 105 ; *RTD com.* 1992, 586, obs. Derruppé).

17) Maintien des obligations du bail. L'article L. 143-2, institué au profit des seuls créanciers nantis, ne modifie pas les obligations découlant du bail régissant les rapports du bailleur et du preneur ; lorsque le locataire n'a pas réglé ses loyers dans le délai du commandement visant la clause résolutoire, il ne peut se prévaloir, pour accomplir ses propres obligations, des délais spéciaux accordés aux créanciers nantis (▪ Cass. 3e civ., 22 mai 1973, n° 72-13.423 : *JurisData* n° 1973-099358 ; *Bull.* III, n° 358 ; *DS* 1973, somm. 131. ▪ Cass. 3e civ., 27 avr. 1974 : *Bull.* III, n° 146 ; *Rev. loyers* 1974, 332).

18) Obligation d'information. Aucun texte de loi ne fait obligation au créancier nanti qui reçoit notification de la demande de résiliation de bail faite par le propriétaire du local où le fonds de commerce constituant son gage est exploité d'aviser de la réception de cette notification l'acquéreur qui a succédé dans la propriété de ce fonds (▪ Lyon, 12 oct. 1972 : *Ann. loyers* 1973, p. 988). De même, le créancier nanti ne commet pas de faute en s'abstenant d'informer la caution de l'intention du bailleur de résilier le bail de l'immeuble dans lequel s'exploite un fonds de commerce grevé d'inscription (▪ Cass. com., 7 déc. 2004, n° 03-18.899 : *JurisData* n° 2004-026232 ; *RD bancaire et fin.* 2005, 39, obs. Legeais).

B – Procédure de la notification

19) Objet de la notification en cas de résiliation judiciaire. En cas de résiliation judiciaire, c'est *l'assignation* qui doit être signifiée aux créanciers inscrits (▪ Cass. req., 21 mars 1938 : *DH* 1938, 308). Mais il a été jugé que le propriétaire remplit ses obligations en signifiant le jugement de résiliation dès lors que ce jugement, frappé d'appel, ne peut être exécuté et que le créancier nanti a été mis en mesure de défendre ses intérêts en intervenant devant la cour d'appel (■ T. com. Lyon, 23 juin 1932 : *Gaz. jud. com. Lyon*, 1932, 335. ■ Cass. com., 6 juill. 1967 : *Bull.* III, n° 281).

20) Objet de la notification en cas de résiliation amiable. En cas de résiliation amiable, et aux termes de l'article L. 143-2, alinéa 2 du Code de commerce, l'objet de la notification n'est pas la demande de résiliation, mais la résiliation amiable elle-même, la résiliation ne devenant effective qu'un mois après cette notification. Mais faut-il notifier la convention de résiliation, et si oui, dans quelle forme, ou suffit-il que le créancier ait obtenu une information claire et non équivoque, quel que soit le moyen par lequel elle lui est parvenue ? La réponse nous est fournie par un arrêt du 16 janvier 2001, qui se fonde sur la finalité du texte, en l'occurrence « permettre au créancier inscrit de préserver son gage ». La Cour de cassation en déduit que seule importe « l'information claire et non équivoque » qui est fournie au créancier. En l'espèce, suite à la résiliation amiable du contrat de bail entre le bailleur et le preneur, des négociations étaient intervenues entre le bailleur et le créancier inscrit en vue, pour ce dernier, de succéder au preneur dans les locaux. De ces négociations étayées par des courriers, les juges n'hésitent pas à conclure que le créancier avait été témoin privilégié de la résiliation. Ils en déduisent que la lettre adressée au créancier par le bailleur, le pressant de le fixer sur sa volonté de reprendre les lieux en cause consacrait « la connaissance certaine et non équivoque de la résiliation intervenue et valait dès lors notification » au sens de l'article L. 143-2, alinéa 2 du Code de commerce (■ Cass. com., 16 janv. 2001, n° 98-21.440 : *JurisData* n° 2001-007771 ; *Bull. civ.* IV, n° 15 ; *JCP* E 2001, pan. 394, p. 1144, note Kéita ; *D.* 2001, p. 862, obs. Rouquet ; *RD bancaire et fin.* 2001, 87, n° 60, obs. Legeais).

21) Objet de la notification en cas de résiliation de plein droit. Dans un premier temps, la jurisprudence jugeait que la résiliation de plein droit d'un bail devant être, pour l'application de la loi de 1909, assimilable à une résiliation amiable, la procédure de résiliation est opposable *aux créanciers inscrits* dès lors que le bailleur leur a signifié l'ordonnance suspendant les effets de la clause résolutoire (■ Cass. 3e civ., 4 mars 1998, n° 94-12.977 : *JurisData* n° 1998-000926 ; *Bull. civ.* III, n° 54). D'autres juridictions se contentaient de la notification de la décision d'expulsion intervenue en exécution de la clause (■ Bordeaux, 11 avr. 1951 : *JCP* 1951, II, 6586, note Cohen ; *RTD com.* 1952, 70, obs. Jauffret. ■ Amiens, 29 sept. 1954 : *Gaz. Pal.* 1954, 2, 395 ; *RTD com.* 1955, 61, obs. Jauffret. ■ Cass. com., 11 avr. 1962 : *Gaz. Pal.* 1962, 2, 152 ; *RTD com.* 1963, 74, obs. Jauffret). Puis, cessant son comparatif avec la résiliation amiable, elle a retenu que le bailleur qui entend poursuivre en justice la résiliation du bail par acquisition de la clauserésolutoire doit notifier sa demande à tous les créanciers inscrits à la date de celle-ci, c'est-à-dire l'assignation (■ Cass. 3e civ., 22 mars 2006, préc. – V. égal. ■ Cass. 3e civ., 4 mars 1998 : *Bull. civ.* III, n° 53 ; *RTD com.* 1998, 572, obs. Derruppé. ■ Cass. com., 13 nov. 1969 : *Bull. civ.* IV, n° 333. ■ Rouen, 24 déc. 1959 : *Gaz. Pal.* 1960, 1, 138. ■ TGI Gap, 9 oct. 1969 : *D.* 1969, 663 ; *RTD com.* 1970, 99, obs. Jauffret. ■ Rouen, 8 oct. 1971 : *D.* 1971, 218). La délivrance par le bailleur d'un commandement de payer visant la clause résolutoire ne constitue pas une demande en justice (■ Cass. 3e civ., 3 oct. 2007, n° 06-16.361 : *JurisData* n° 2007-040635 ; *Bull. civ.* III, n° 162 ; *D.* 2007, p. 2676, obs. Mbotaingar ; *JCP* E 2007, n° 45, 26). Lorsque le locataire, après avoir reçu un commandement de payer visant la clause résolutoire, prend l'initiative de saisir le juge des référés d'une demande de délais de paiement, il n'a aucune obligation de dénoncer la procédure au créancier inscrit, l'objet de cette procédure n'étant aucunement de voir constater l'acquisition de la clause résolutoire. Il appartient en revanche au bailleur, à réception de l'assignation, s'il entend demander reconventionnellement la résiliation du bail, de dénoncer au créancier inscrit ses conclusions, ou à défaut de lui notifier la décision rendue (■ Paris, 22 juin 2007, n° 07/00421 : *AJDI* 2008, 125).

22) Notification (non). Ne peut constituer une notification :

– la mention de la résiliation au cahier des charges après incident de saisie immobilière (■ Cass. com., 6 déc. 1968 : *Bull.* IV, n° 98) ;

– la sommation ou le commandement délivré au locataire (■ Cass. com., 6 nov. 1961 : *Gaz. Pal.* 1962, 1, 132 ; *RTD com.* 1962, 236, obs. Jauffret. ■ Cass. 3e civ., 21 juill. 1975 : *Bull. civ.* III, n° 265 ; *JCP* 1977, II, 18545, note Boccara ; *RTD com.* 1977, 81, obs. Jauffret) ;

– la publication de la notification, fût-ce dans un journal d'annonces légales (■ Cass. req., 25 avr. 1939 : *Gaz. Pal.* 1939, 2, 220).

23) Publication de la résiliation. Le bailleur n'a pas à publier la résiliation du bail même si celle-ci est consentie moyennant le versement au locataire d'une indemnité (■ Douai, 3 mai 1938 : *Rec. Douai* 1928, 269).

C – Effets de la notification

24) But de la notification. Les créanciers inscrits pourraient empêcher la résiliation en payant, dans le délai d'un mois qui suit la notification, les loyers ainsi que les intérêts et frais légaux qui ont pu être encourus (■ Cass. req., 17 avr. 1934 : *S.* 1934, 1, 190. ■ Cass. com., 27 mai 1972, n° 71-11.011 :

JurisData n° 1972-097157 ; *Bull. civ.* n° 157. ▪ Cass. com., 27 mai 1973 : *JurisData* n° 1973-000173 ; *JCP* N 1973, prat. 5470. ▪ Cass. civ., 17 mai 1977 : *Bull.* III, n° 215 ; *Ann. loyers* 1977, 1376).

Les dispositions de l'article L. 143-2 ont pour but de réserver aux créanciers inscrits un moyen de sauvegarder leur gage, dont le bail est un des principaux éléments, en leur permettant d'accomplir les obligations nées du bail aux lieu et place de leurs débiteurs ; les dispositions dudit article L. 143-2 ne font aucune distinction entre le non-paiement des loyers et la violation par le preneur de toute autre condition du bail ; si, dans cette dernière hypothèse, les créanciers ne peuvent pas, le plus souvent, se substituer au locataire pour faire cesser la contravention, ils peuvent éviter néanmoins que la résiliation ne devienne définitive si, spontanément ou sur leur intervention, le preneur a mis fin à l'infraction dans le délai d'un mois qui suit la notification. Les juges du fond ont donc pu, à bon droit, refuser de constater l'application de la clause résolutoire insérée au bail, lorsque le preneur a remis en exploitation le fonds avant que ne fût expiré le délai d'un mois suivant la notification au créancier (▪ Cass. 3e civ., 17 avr. 1974, n° 73-12.162 : *JurisData* n° 1974-098146 ; *Bull.* III, n° 146. ▪ Cass. 3e civ., 16 avr. 1976 : *Bull.* III, n° 151 ; *JCP* 1977, II, 18546, note Boccara ; *Rev. loyers* 1976, p. 306). Sur l'intérêt du créancier inscrit à régler la dette de loyer de son débiteur (▪ Cass. com., 11 juill. 2006, n° 05-18.267 : *JurisData* n° 2006-034597 ; *Bull. civ.* IV, n° 176 ; *D.* 2006, p. 2242, obs. Rouquet ; *JCP* E 2006, nos 51-52, 2196, obs. Delebecque). En revanche, si malgré la notification, dans le délai d'un mois de celle-ci, le créancier ne formule aucune proposition de paiement au juge des référés, ce dernier doit constater la résiliation de plein droit du bail. Dès lors, le créancier ne peut faire appel de cette décision puisqu'il n'a pas offert d'exécuter les causses du commandement dans le délai mensuel évoqué (▪ Cass. 3e civ., 27 mai 2009, n° 08-12.726 : *JurisData* n° 2009-048509 ; *BRDA* juin 2009, n° 18, p. 8).

25) Procédure d'offres réelles. Si le propriétaire refuse le paiement, les créanciers pourraient employer à son égard la procédure d'offres réelles et de consignation (▪ Paris, 27 mars 1933 : *DH* 1933, 324 [motifs]. ▪ Pau, 11 juin 1937 : *Gaz. Pal.* 1937, 2, 519).

26) Délai d'action du créancier inscrit. L'action des créanciers doit avoir lieu *dans le mois qui suit la notification* ; les offres postérieures ne pourraient empêcher la résiliation (▪ Paris, 27 mars *1933 : DH 1933, 324.* ▪ *Cass. req., 20 avr. 1937 : DH* 1937, 302), sauf si le bailleur renonce à se prévaloir de la résiliation (▪ Cass. soc., 16 déc. 1943 : *Gaz. Pal.* 1943, 2, 264).

27) Droit d'intervention des créanciers inscrits avertis. Les créanciers avertis par la notification peuvent intervenir à l'instance en cas de résiliation judiciaire (▪ Grenoble, 13 nov. 1935 : *Rev. fonds com.* 1936, 104. ▪ Paris, 17 mars 1937 : *DH* 1937, 368 ; *Gaz. Pal.* 1937, 2, 9). Ils peuvent aux lieu et place du locataire négligent demander le renouvellement du bail (▪ Rouen, 25 juill. 1935 : *Gaz. Pal.* 1935, 2, 642) ou l'indemnité d'éviction (▪ Montpellier, 20 oct. 1948 : *JCP* 1949, II, 4828 ; *RTD com.* 1949, 462, obs. Jauffret).

Cependant, le délai de grâce que l'article 25 du décret du 30 septembre 1953 permet au juge d'accorder au preneur défaillant a la nature du délai de grâce institué par l'article 1244 du Code civil en faveur de certains débiteurs malheureux, compte tenu de leur position et de leur situation économique ; par suite, cette mesure de faveur est bien attachée à la personne du débiteur lui-même et, dès lors, elle ne peut être sollicitée par le créancier de ce débiteur, par la voie de l'action oblique lorsque le débiteur lui-même ne l'a pas sollicitée (▪ Rouen, 8 oct. 1971 : *DS* 1971, 218).

28) Sort de la demande en vente forcée du fonds. La demande en vente forcée du fonds introduite par les créanciers inscrits même dans le mois de la notification ne pourrait empêcher la résiliation de devenir définitive (▪ Lyon, 31 janv. 1935 : *Rev. fonds com.* 1936, 99. ▪ Paris, 13 nov. 1935 : *Gaz. Pal.* 1935, 2, 920. ▪ T. civ. Seine, réf., 26 août 1941 : *Gaz. Pal.* 1941, 2, 561). Cela même si la vente du fonds de commerce avait déjà été ordonnée antérieurement à la résiliation du bail (▪ Cass. req., 11 mai 1932 : *S.* 1932, 1, 323. – *Adde*, ▪ Paris, 1er févr. 1938 : *Rev. fonds com.* 1939, 182). Mais le fonds pourra toujours être vendu sans le droit au bail (▪ Cass. req., 11 mai 1932, préc. – V. ▪ Paris, 21 mars 1974 : *JCP* 1975, II, 17933).

29) Non incidence de la notification sur une décision judiciaire. La notification prévue par l'article L. 143-2 ne saurait prolonger le délai et l'application d'une décision de référé au profit du locataire ; il appartient seulement aux créanciers inscrits de se prévaloir de ces dispositions en exécutant le cas échéant à la place du débiteur les obligations nées du bail, ou de faire tierce opposition (▪ Aix-en-Provence, 29 mars 1988 : *JurisData* n° 1988-044953 ; *D.* 1989, 100, note Roy-Loustaunau).

III – EFFETS DU DÉFAUT DE NOTIFICATION

30) Inopposabilité. La résiliation judiciaire ou amiable du bail commercial ou le jeu de la clause résolutoire sont inopposables aux créanciers inscrits qui n'ont pas reçu la notification prescrite par la loi, quelle que soit la cause de la résiliation (▪ Cass. 3e civ., 13 avr. 1976 et 17 mai 1977 : *JurisData* n° 1976-098151 ; *RTD com.* 1977, 721, obs. Derruppé. ▪ Cass. 3e civ., 14 déc. 1988, n° 87-10.620 : *JurisData* n° 1988-

703571 ; *D.* 1989, inf. rap. 5 ; *RTD com.* 1989, 459, obs. Derruppé. ■ Cass. 3e civ., 8 févr. 1989, n° 87-11.919 : *JurisData* n° 1989-700348 ; *RTD com.* 1989, 459, obs. Derruppé. ■ Cass. 3e civ., 3 mars 1992, n° 89-19.172 : *JurisData* n° 1992-000447 ; *JCP* E 1992, pan. 605). La Cour de cassation approuve une cour d'appel qui constatant que les créanciers n'avaient pas été appelés à l'instance et que l'ordonnance rendue ne leur était pas opposable, accorde un nouveau délai au locataire qui avait déjà obtenu un délai de grâce en application de l'article L. 145-41 (■ Cass. 3e civ., 16 févr. 1982 : *JurisData* n° 1982-700420 ; *JCP* G 1983, II, 19934, note Boccara ; *Rev. loyers* 1982, 191, note Viatte). L'inopposabilité de la résiliation intervenue est acquise de plein droit dès lors que le bailleur a manqué à ses obligations à l'égard du créancier inscrit (■ Cass. 3e civ., 12 juill. 2006, n° 05-14.396 : *JurisData* n° 2006-034584 ; *Bull. civ.* III, n° 169 ; *D.* 2006, p. 2242, obs. Rouquet ; *JCP* E 2006, n° 37, 1521). L'article L. 143-2 n'a pour but que de faire savoir aux créanciers inscrits qu'ils disposent d'un délai d'un mois pour se substituer au débiteur afin de sauver leur gage sans leur conférer la qualité de partie à l'instance en résiliation du bail ; il s'ensuit que l'absence de notification régulière n'a d'autre effet que de rendre la résiliation ainsi que la procédure suivie inopposables à ceux-ci et ne leur ouvre pas le droit d'appel (■ Paris, 23 nov. 2007, n° 07/08174 : *JurisData* n° 2007-353208 ; *AJDI* 2008, 206).

31) Pas de suppléance. Bien qu'il ne s'agisse pas d'une nullité mais bien d'une inopposabilité, celle-ci ne peut être couverte (■ Cass. com., 25 mai 1970, n° 69-10.590 : *JurisData* n° 1970-097170 ; *Bull. civ.* IV, n° 170 ; *JCP* G 1971, II, 16606 *bis*. ■ Cass. 2e civ., 8 juill. 1976, n° 75-10.792 : *JurisData* n° 1976-099240 ; *JCP* G 1976, IV, 294 ; *Bull. civ.* II, n° 240, qui décide que la tierce opposition formée par le créancier nanti ne peut suppléer à cette formalité. – Égal. ■ Cass. 3e civ., 4 juin 1986, n° 85-10.136 : *JurisData* n° 1986-701087 ; *Bull. civ.* III, n° 86. – *Adde*, ■ Orléans, 22 févr. 1973 : *AJPI* 1973, 1182, note Liansart ; *JCP* G 1973, IV, 239. ■ Aix-en-Provence, 11 juin 1987 : *D.* 1989, 100, note Roy-Loustaunau. ■ Cass. civ., 8 févr. 1989, n° 87-11.919 : *JurisData* n° 1989-700348 ; *D.* 1989, inf. rap. 77). À cet égard, la jurisprudence est très rigoureuse. Il ne peut être suppléé ultérieurement au défaut de notification (■ Cass. 3e civ., 22 mars 1989, n° 87-19.019 : *JurisData* n° 1989-701147 ; *Bull. civ.* III, n° 67. ■ Cass. 3e civ., 6 déc. 1995 : *Bull. civ.* III, n° 252). Ni la connaissance par le créancier de la défaillance du preneur (■ Cass. 3e civ., 4 juin 1986 : *Bull. civ.* III, n° 86), ni son absence de justification d'un préjudice ne permettent de régulariser l'absence de notification. Une intervention volontaire du créancier à l'instance, la mise en œuvre d'une action oblique ou encore le déclenchement d'une tierce opposition ne sauraient pallier le défaut de notification, bien que révélant la connaissance du créancier des manquements du locataire. De même, aucune exigence de préjudice du créancier ne conditionne l'efficacité de l'inopposabilité. En ce sens, la Cour de cassation a censuré une cour d'appel qui avait rejeté la demande d'un créancier nanti, à qui le bailleur n'avait pas fait la notification nécessaire, au motif que le créancier nanti n'aurait pu se substituer au preneur pour rouvrir le fonds et l'exploiter, le preneur ayant quitté la localité (■ Cass. 3e civ., 14 déc. 1988, n° 87-10.620 : *Bull. civ.* III, n° 183). En effet, le créancier n'est pas tenu d'exécuter personnellement les clauses du bail (■ Cass. 3e civ., 13 avr. 1976 : *JurisData* n° 1976-700150 ; *Bull. civ.* III, n° 151. ■ Cass. 3e civ., 11 juill. 2006 : *D.* 2006, p. 224).

32) Tierce opposition. Le créancier inscrit qui n'a pas reçu notification de la demande de résiliation au sens de l'article L. 143-2, alinéa 1 du Code de commerce, peut faire tierce opposition à la décision intervenue afin d'en obtenir la rétractation. Or, en raison du caractère indivisible du bail, la rétractation de la décision constatant ou prononçant la résiliation, produit effet à l'égard de toutes les parties en cause (■ Cass. 3e civ., 15 déc. 1976, n° 75-14.898 : *JurisData* n° 1976-000466 ; *Bull. civ.* III, n° 466. ■ Cass. 3e civ., 3 nov. 1988, n° 86-18.180 : *JurisData* n° 1988-002173 ; *Bull. civ.* III, n° 155. ■ Cass. com., 1er oct. 2002 : *JurisData* n° 2002-015804. ■ Cass. 3e civ., 6 déc. 1995 : *Bull. civ.* III, n° 252), y compris dans les rapports bailleur/preneur. Dès lors, si le preneur est encore dans les lieux, il profitera indirectement de la décision de rétractation, la résiliation étant repoussée d'au moins un mois. Le preneur ne peut toutefois bénéficier de cette situation que par ricochet vu qu'il n'a pas le droit d'invoquer à son profit le défaut de notification. Dans une espèce où la preneuse qui avait obtenu des délais de paiement et la suspension de la clause résolutoire, sans s'acquitter de ses versements, arguait du défaut de notification du créancier qu'elle soutenait fautif à son égard et à l'origine de son préjudice – par conséquent réparable –, la cour a rejeté son argumentation et jugé « que les irrégularités alléguées n'étaient pas de nature à constituer une faute » à son égard (■ Cass. 3e civ., 6 déc. 1995 : *Bull. civ.* III, n° 249. – V. égal. ■ Cass. com., 16 oct. 2007, n° 05-19.756 : *JurisData* n° 2007-040884 ; *Bull. civ.* IV, n° 216 ; *D.* 2007, p. 2736, obs. Rouquet ; *JCP* E 2008, n° 9, 33, obs. Caussain, Deboissy et Wicker ; *RJDA* 2008, 10). La conséquence de cette indivisibilité est que le bailleur doit recommencer l'ensemble des opérations nécessaires pour arriver à la résiliation, en ce compris la notification aux créanciers inscrits. La jurisprudence a dû rappeler cette exigence, conséquence d'une décision de rétractation (■ Cass. 3e civ., 6 déc. 1995 : *Bull. civ.* III, n° 252, jugeant que « tout en constatant le caractère indivisible de la rétractation, la cour d'appel qui a procédé à un nouvel examen de l'affaire alors qu'il ne peut être suppléé ultérieurement au défaut de notification au créancier inscrit, a violé l'article 14 de la loi du 17 mars 1909 »).

33) Titulaires. Seuls les créanciers inscrits sur le fonds peuvent se prévaloir du défaut de notification ; le locataire ne peut invoquer ce défaut de notification pour obtenir la nullité de la résiliation (▪ Cass. req., 1er mars 1933 : *DH* 1934, 2. ▪ Cass. req., 30 déc. 1940 : *DH* 1941, 87. ▪ Caen, 20 juin 1967 : *Gaz. Pal.* 1967, 2, 198. ▪ Cass. civ., 22 mai 1973, n° 72-13.423 : *JurisData* n° 1973-099358 ; *Bull.* III, n° 358).

Les créanciers chirographaires et le syndic représentant la masse des créanciers (en application des textes antérieurs à la loi n° 85-98 du 25 janvier 1985 relatifs au redressement et à la liquidation judiciaires des entreprises en difficulté) ne peuvent invoquer les conséquences du défaut de notification (▪ Paris, 29 janv. 1921 : *D.* 1923, 2, 169. ▪ Bordeaux, 11 avr. 1951 : *JCP* 1951, II, 6586, note Cohen ; *RTD com.* 1952, 70, obs. Jauffret).

Un arrêt antérieur ayant constaté la résiliation de plein droit d'un bail commercial alors qu'aucune notification n'avait été faite conformément à l'article L. 143-2 à un créancier ayant pris une inscription de nantissement sur le fonds de commerce, il ne saurait être reproché à la cour d'appel, qui a admis la tierce opposition formée audit arrêt par ce créancier, d'avoir prononcé la rétractation de l'arrêt à l'égard de toutes les parties. En effet le bail, dont le créancier nanti qui n'a pas reçu notification de la résiliation de plein droit a le droit d'exiger le maintien pour la sauvegarde de son gage, est indivisible et il y a impossibilité absolue d'exécuter simultanément la décision qui constate la résiliation et prononce en conséquence l'expulsion du preneur et celle qui déclare cette résiliation inopposable au créancier (▪ Cass. 3e civ., 15 déc. 1976 : *Bull. civ.* III, n° 466 ; *RTD com.* 1977, 82, obs. Jauffret ; *Rev. loyers* 1977, 165, note J. V. – *Contra*, ▪ Orléans, 22 févr. 1973 : *AJPI* 1973, 1182, note Liansart ; *JCP G* 1973, IV, 239).

34) Vente forcée. Le créancier inscrit a le droit de poursuivre la vente forcée du fonds de commerce, y compris le droit au bail (▪ Paris, 23 mars 1937 : *DH* 1937, 274. ▪ Cass. com., 8 déc. 1964, n° 63-12.924 : *Bull.* III, n° 545). Se prévalant de l'inopposabilité de la résiliation, le créancier peut décider de poursuivre la vente forcée du fonds, le droit au bail y étant nécessairement inclus. *En conséquence, la jurisprudence* admet, par exception, que le nouveau locataire, entré dans les lieux après la résiliation non notifiée, peut agir en résolution de son bail sur le fondement de l'article 1184 du Code civil au titre de l'obligation de garantie due par le bailleur. Dans une espèce où une résiliation amiable entre le bailleur et un précédent locataire était intervenue, le créancier n'en ayant pas été informé, la Cour de cassation a jugé que « le créancier [non intégralement remboursé] pouvant à tout moment demander la réalisation de son gage, ce fait constituait pour [le nouveau locataire] un risque d'éviction imputable au bailleur » (▪ Cass. 3e civ., 10 mai 1990 : *Bull. civ.* III, n° 111).

35) Dommages et intérêts. Le propriétaire qui s'abstient de procéder à cette notification commet une faute à l'égard des créanciers et engage sa responsabilité s'il en résulte un préjudice pour eux (▪ Cass. com., 19 oct. 1999, n° 97-15.824 : *RJDA* 1/2000, n° 36. ▪ Cass. com., 13 nov. 2003, n° 01-16.358 : *JurisData* n° 2003-020995 ; *RJDA* 5/2004, n° 629. – V. toutefois, ▪ Cass. 3e civ., 9 nov. 2011, n° 10-20.021 : *RD imm.* 2012/1, p. 38, obs. Dumont-Lefrand où la cour rejette la demande de dommages et intérêts au motif que le préjudice invoqué par le créancier ne résultait pas de la notification tardive de l'assignation en résiliation du bail. – V. égal. ▪ Cass. 3e civ., 3 févr. 2015, n° 13-26.210 où la Cour juge que le défaut de notification cause au créancier un préjudice irréversible constitué par la disparition du fonds).

Plutôt que d'agir par voie de tierce opposition, les créanciers inscrits préfèrent parfois demander des dommages et intérêts au bailleur fautif en mettant en cause sa responsabilité civile délictuelle (▪ Cass. req., 21 mars 1938 : *DH* 1938, 308. ▪ Paris, 1re ch., 30 juin 1985 : *JurisData* n° 1985-023785. ▪ Poitiers, 1re ch., 29 janv. 1986 : *JurisData* n° 1986-041375). Le défaut de notification devra avoir causé le préjudice subi par le créancier (▪ Paris, 7 janv. 1932 : *Gaz. Pal.* 1932, 1, 977. ▪ Lyon, 26 janv. 1932 : *Gaz. Pal.* 1932, 1, 578, sous-note), en l'occurrence la diminution ou la perte de valeur du fonds de commerce, ou encore la perte de la chance de recouvrer sa créance (▪ CA Paris, 17 juin 1993 : *JurisData* n° 1993-605259 ; *Gaz. Pal.* 1994, 1, somm. p. 173 où les loyers étaient peu élevés). Si tel est le cas, le créancier peut être remboursé du montant de sa créance (▪ Cass. com., 13 nov. 1969 : *Bull. civ.* IV, n° 333), ou obtenir des dommages et intérêts correspondant au montant du solde de celle-ci, à condition que la perte du fonds le prive effectivement de son paiement (▪ CA Paris, 12 janv. 1993, n° 91/11827 : *JurisData* n° 1993-020110 ; *D.* 1993, inf. rap. p. 109). Le préjudice s'apprécie au moment où le créancier aurait dû être averti (▪ Paris, 8 déc. 1972 : *JurisData* n° 1972-00131). Naturellement, les bailleurs ont tenté de s'exonérer de leur responsabilité en plaidant que la sûreté ne serait, de toute façon, pas venue en rang utile, d'autres créanciers ayant un rang préférable. Mais cela ne peut que limiter le quantum de la condamnation.

36) Décisions mixtes. Les juges ont la possibilité de rendre des décisions mixtes, c'est-à-dire définitives sur un chef et préparatoires sur un autre. Ainsi n'excède nullement ses pouvoirs la cour d'appel qui ordonne une expertise pour rechercher l'importance du préjudice subi par un créancier inscrit sur un fonds de commerce par suite du défaut de notification de la clause résolutoire par le bailleur du local commercial, après avoir retenu la responsabilité dudit bailleur et considéré que le préjudice éprouvé par le créancier ne pouvait être considéré d'emblée comme nul. Et lorsque le bailleur d'un local commercial déclaré responsable du préjudice causé au créancier inscrit sur le fonds, par suite du défaut de notification du jeu de la clause résolutoire, assigne en garantie l'huissier qu'il avait chargé de lui procurer le départ du locataire, les juges du fond ne peuvent pas limiter la garantie due par cet huissier en retenant que le bailleur lui-même avait commis une faute en procédant à la reprise amiable du local, sans s'expliquer sur les conclusions par lesquelles il soutenait que ledit huissier l'avait, par ses conseils verbaux et écrits, directement incité à agir à l'amiable (■ Cass. com., 1er févr. 1971, n° 69-14.379 : *JurisData* n° 1971-097031 ; *Bull. civ.* IV, n° 31. – Comp. ■ Cass. 3e civ., 22 mai 1975, n° 74-12.788 : *JurisData* n° 1975-098172 ; *Bull.* III, n° 171. – Égal. ■ Cass. civ., 13 mai 1980 : *JurisData* n° 1980-799271 ; *JCP* 1981, II, 19618, note Boccara).

Art. L. 143-3 *(Anc. L. 17 mars 1909).* **– Tout créancier qui exerce des poursuites de saisie-exécution et le débiteur contre lequel elles sont exercées peuvent demander, devant le tribunal de commerce dans le ressort duquel s'exploite le fonds, la vente du fonds de commerce du saisi avec le matériel et les marchandises qui en dépendent.**

Sur la demande du créancier poursuivant, le tribunal de commerce ordonne qu'à défaut de paiement dans le délai imparti au débiteur, la vente du fonds a lieu à la requête dudit créancier, après l'accomplissement des formalités prescrites par l'article L. 143-6.

Il en est de même si, sur l'instance introduite par le débiteur, le créancier demande à poursuivre la vente du fonds.

S'il ne le demande pas, le tribunal de commerce fixe le délai dans lequel la vente du fonds doit avoir lieu à la requête du débiteur, suivant les formalités édictées par l'article L. 143-6, et il ordonne que, faute par le débiteur d'avoir fait procéder à la vente dans ledit délai, les poursuites de saisie-exécution sont reprises et continuées sur les derniers errements.

Rédaction future. Art. L. 143-3 *(Rempl. à compter d'une date qui sera fixée par décret et au plus tard le 1er janvier 2023, Ord. n° 2021-1192, 15 sept. 2021).* **– I.** – Le créancier qui engage une procédure de saisie-vente ou le débiteur contre lequel elle est engagée peut demander, devant le tribunal de commerce dans le ressort duquel s'exploite le fonds, la vente du fonds de commerce du saisi avec le matériel et les marchandises qui en dépendent.

II. – Lorsque l'instance est introduite par le créancier, celui-ci renonce définitivement au bénéfice de la procédure de saisie-vente. Le tribunal de commerce ordonne alors qu'à défaut de paiement dans le délai imparti au débiteur, la vente du fonds a lieu à la requête de ce créancier, après l'accomplissement des formalités prévues à l'article L. 143-6.

III. – Lorsque l'instance est introduite par le débiteur, le jugement qui ordonne la vente du fonds de commerce suspend la procédure de saisie-vente. Si le créancier demande à poursuivre la vente du fonds, le tribunal de commerce ordonne qu'à défaut de paiement dans le délai imparti au débiteur, la vente du fonds a lieu à la requête de ce créancier, après l'accomplissement des formalités prévues à l'article L. 143-6. En revanche, si le créancier ne le demande pas, le tribunal de commerce fixe le délai dans lequel la vente du fonds doit avoir lieu à la requête du débiteur, suivant les formalités prévues à l'article L. 143-6. Si le débiteur ne fait pas procéder à la vente dans ce délai, la procédure de saisie-vente reprend de plein droit ses effets.

Voir aussi : Livre des procédures fiscales, article L. 268.

Bibliographie : du Cheyron, *Un régime dérogatoire : la vente du fonds de commerce au profit de l'administration fiscale : JCP* E 1991, I, 33.

1) Vente sur conversion de saisie-exécution : notion. Un jugement ordonnant la vente globale d'un fonds à la demande d'un débiteur ne saurait paralyser une demande en référé aux fins d'expulsion faite par le bailleur, celle-ci ne correspondant pas à la poursuite en saisie-exécution requise par l'article 15 (■ Paris, 26 nov. 1910 : *DP* 1912, 2, 212).

2) Domaine d'application. Il a été jugé que *l'article L. 143-3 est applicable en cas de saisie par le créancier nanti sur le matériel d'équipement,* le débiteur étant alors autorisé à demander la mise en vente globale du fonds (■ Cass. com., 3 nov. 1970, n° 68-11.229 : *JurisData* n° 1970-097288 ; *Bull.* IV, n° 287 ; *RTD com.* 1971, 654, obs. crit. Jauffret).

3) Preuve à la charge du débiteur. Il appartient au *juge saisi d'une demande de vente globale du fonds de commerce* d'apprécier s'il convient d'accueillir ou d'écarter celle-ci (■ Lyon, 28 oct. 1913 : *Gaz. Pal.* 1914, 1, 155. ■ Rennes, 23 déc. 1943 : *Gaz. Pal.* 1944, 1, 66. ■ Cass. req., 19 janv. 1938 : *Gaz. Pal.* 1938, 1, 530 [sol. impl.]), et il appartient au débiteur d'établir l'avantage que la vente du fonds pourrait présenter pour lui ou pour ses créanciers (■ Paris, 21 nov. 1961 : *D.* 1962, somm. 30).

4) Délai de réalisation de la vente. Si l'article L. 143-3, alinéas 2 et 3, ne prévoit pas le délai à fixer par le tribunal de commerce pour la réalisation de la vente du fonds à la requête du créancier poursuivant après saisie-exécution, le silence de la loi sur ce point n'a pas pour effet de priver le juge de la faculté d'impartir dans l'intérêt d'une bonne justice un délai pour la réalisation d'une telle vente (■ Cass. com., 18 mars 1975 : *JurisData* n° 1975-097084 ; *Bull.* IV, n° 84 ; *D.* 1975, somm. 79. – V. ■ Cass. com., 4 nov. 1976, n° 75-14.822 : *JurisData* n° 1976-097277 ; *D.* 1977, inf. rap. 50 ; *RTD com.* 1977, 80, obs. Jauffret, pour une vente forcée à la requête du Trésor).

5) Nature du délai de paiement. Le délai de paiement prévu à l'article L. 143-3 est un délai de procédure qui a pour objet de mettre obstacle à la vente du fonds et ne présente pas le caractère du délai de grâce essentiellement facultatif (■ Cass. civ., 2 nov. 1955 : *JCP* 1956, II, 9088, note Cohen. ■ Rouen, 18 avr. 1955 : *D.* 1955, 497 ; *RTD com.* 1955, 813, obs. Jauffret).

6) Effet suspensif du jugement ordonnant la vente. Tout jugement ordonnant la vente d'un fonds de commerce par application des articles L. 143-3 et L. 143-10 *a pour effet de suspendre toute poursuite de saisie-exécution,* et ce durant le délai fixé au jugement pour la procédure de vente (■ T. com. Seine, 25 mai 1909 : *Journ. trib. com.* 1911, 25. ■ 30 mai 1913 : *Gaz. Pal.* 1913, 2, 295. ■ 20 mars 1920 : *Gaz. Pal.* 1920, 1, 586).

Art. L. 143-4 *(Anc. L. 17 mars 1909).* **– Le tribunal nomme, s'il y a lieu, un administrateur provisoire du fonds, fixe les mises à prix, détermine les conditions principales de la vente, commet pour y procéder l'officier public qui dresse le cahier des charges.**

La publicité extraordinaire, lorsqu'elle est utile, est réglée par le jugement ou, à défaut, par ordonnance du président du tribunal de commerce rendue sur requête.

Ce dernier peut, par la décision rendue, autoriser le poursuivant, s'il n'y a pas d'autre créancier inscrit ou opposant, et sauf prélèvement des frais privilégiés au profit de qui de droit, à toucher le prix directement et sur sa simple quittance, soit de l'adjudicataire, soit de l'officier public vendeur, selon les cas, en déduction ou jusqu'à concurrence de sa créance en principal, intérêts et frais.

Le tribunal de commerce statue, dans la quinzaine de la première audience, par jugement non susceptible d'opposition, exécutoire sur minute. L'appel du jugement est suspensif. Il est formé dans la quinzaine de sa signification à partie et jugé par la cour dans le mois. L'arrêt est exécutoire sur minute.

Aucune disposition des articles L. 141-5 et suivants ne prescrit de donner avertissement à la partie signifiée du délai spécial d'appel fixé par l'article L. 143-4 en son dernier alinéa (■ Cass. com., 26 mai 1965, n° 63-12.450 : *Bull.* III, p. 307).

V. jurispr. citée sous l'article précédent.

Art. L. 143-5 *(Anc. L. 17 mars 1909).* **– Le vendeur et le créancier gagiste inscrits sur un fonds de commerce peuvent également, même en vertu de titres sous seing privé, faire ordonner la vente du fonds qui constitue leur gage, huit jours après sommation de payer faite au débiteur et au tiers détenteur, s'il y a lieu, demeurée infructueuse.**

La demande est portée devant le tribunal de commerce dans le ressort duquel s'exploite ledit fonds, lequel statue comme il est dit à l'article L. 143-4.

> **Rédaction future. Art. L. 143-5.** – *(Al. mod. à compter d'une date qui sera fixée par décret et au plus tard le 1er janvier 2023, Ord. n° 2021-1192, 15 sept. 2021)* Les créanciers inscrits sur un fonds de commerce peuvent également, même en vertu de titres sous seing privé, faire ordonner la vente de ce fonds, huit jours après sommation de payer faite au débiteur et au tiers détenteur, s'il y a lieu, demeurée infructueuse.
>
> La demande est portée devant le tribunal de commerce dans le ressort duquel s'exploite ledit fonds, lequel statue comme il est dit à l'article L. 143-4.

1) Créanciers poursuivants. La vente globale directe est réservée aux seuls créanciers inscrits dont ne fait pas partie le Trésor public (■ Chambéry, 25 mars 1935 : *S.* 1935, 2, 165). Sur le droit reconnu au créancier de poursuivre la vente en vertu de l'article 16 même s'il détient d'autres sûretés ; le créancier nanti de plusieurs gages a le droit d'en poursuivre la réalisation comme il l'entend sans que le *débiteur puisse lui opposer un ordre de préférence* entre eux (■ Rouen, 23 déc. 1927 : *DP* 1928, 2, 181).

2) Droit de suite. *Le droit de suite* reconnu au créancier ne s'applique qu'à l'universalité juridique du fonds envisagé « in globo » et non qu'à certains éléments, soit corporels, soit incorporels du fonds (■ T. com. Charleville, 29 août 1951 : *Gaz. Pal.* 1951, 2, 340 ; *JCP* 1952, II, 7037, note crit. Cohen. – V. cependant ■ Lyon, 17 mai 1941 : *D.* 1946, 10, note Cheron. ■ Cass. com., 5 nov. 1963, n° 60-11.272 : *Bull. civ.* III, n° 460. ■ CA Versailles, 4 juin 1992 : *JurisData* n° 1992-042304 ; *JCP* E 1993, I, 268, n° 2, obs. Delebecque). Toutefois « le créancier nanti peut faire valoir son droit de préférence sur le prix de l'élément cédé si ce prix n'a pas encore été payé » (■ CA Versailles, 4 juin 1992, préc. ■ Cass. com., 28 juin 1992, n° 89-42.498 : *JurisData* n° 1992-001586 ; *Bull. civ.* IV, n° 255).

3) Objet de la vente. La vente ne peut englober un élément nouveau ajouté au fonds de commerce par le tiers détenteur et qui de ce fait, ne fait pas partie du gage du créancier inscrit (■ Cass. civ., 21 juill. 1937 : *DP* 1940, 1, 17, note Voirin ; *S.* 1938, 1, 337, note Lagarde).

4) Coexistence de la vente forcée avec la vente amiable. La vente amiable du fonds de commerce par le débiteur assisté du syndic reste possible alors même qu'un créancier inscrit a demandé au tribunal la mise en vente forcée du fonds (■ Cass. req., 21 juin 1933 : *DH* 1933, 269. Et dans le même sens, ■ Paris, 7 juin 1934 : *Rev. fonds com.* 1939, 88).

De même, la vente aux enchères publiques du fonds par le syndic ou l'administrateur empêche les créanciers inscrits de demander la vente forcée (■ T. com. Versailles, 12 janv. 1938 : *DH* 1938, 140).

5) Sommation. La sommation prescrite par l'article 16 est une formalité préalable et indispensable dont l'inobservation entraîne la nullité de la procédure (■ Lyon, 30 nov. 1933 : *Rev. fonds com.* 1935, 751. ■ T. com. Lyon, 1er juin 1938 : *Rev. fonds com.* 1938, 428. – *Adde*, ■ Douai, 5 juin 1930 : *Rec. Douai* 1930, 190). La sommation doit être délivrée au syndic en cas de liquidation des biens et à l'administrateur judiciaire en cas de règlement judiciaire (■ Douai, 5 juin 1930 : *Rec. Douai* 1930, 190 en application de la loi du 13 juillet 1967 abrogée à compter du 1er janvier 1986 par la loi n° 85-98 du 25 janvier 1985, cf. art. L. 620-1 et s.).

Le tiers détenteur assigné en réalisation du gage sans avoir été sommé peut exciper de la nullité de la procédure (■ Lyon, 3 nov. 1933 : *Rev. fonds com.* 1935, 751).

Toutefois, l'exigence de la délivrance d'une sommation de payer à l'encontre du débiteur en liquidation judiciaire serait contraire aux règles d'ordre public de la procédure collective (■ Paris, 21 avr. 2000, n° 1997/24889 : *JurisData* n° 2000-120579 ; *D.* 2000, act. jurispr. p. 313, obs. Monéger-Dupuis et Pisoni). *Ne peut être considérée comme la sommation exigée* par l'article L. 143-5 la lettre qui, adressée au débiteur sans être recommandée, pour lui faire connaître le montant des sommes dues, n'a même pas les caractères d'une mise en demeure (■ Versailles, 25 mai 1989 : *JurisData* n° 1989-045269 ; *D.* 1989, inf. rap. 209 ; *RTD com.* 1989, 648, obs. Derruppé).

En ce cas, la nullité de la procédure qui s'ensuit peut être opposée au créancier par le tiers détenteur qui a le plus grand intérêt à ce que le débiteur soit sommé de payer et avisé de la vente, lui seul disposant des éléments nécessaires pour discuter la créance du créancier nanti (même arrêt).

De même, ne répond pas aux exigences de l'article 16 l'assignation « contenant mise en demeure » qui ne fixe aucun délai de paiement ni n'informe le débiteur de la caducité de l'assignation en cas de paiement (■ Versailles, 10 mai 1990, n° 2651/89 : *JurisData* n° 1990-041907 ; *D.* 1990, inf. rap. 169 ; *RTD com.* 1990, 560, n° 3, obs. Derruppé).

6) Assignation. L'assignation peut être signifiée dans le même exploit que la sommation (■ T. com. Marseille, 3 févr. 1921 : *Rec. Marseille* 1921, 1, 307).

Elle doit être signifiée à la fois au débiteur et au tiers détenteur s'il y en a un (■ T. com. Marseille, 19 mars 1936 : *Rec. Marseille* 1936, 1, 333. ■ T. com. Lyon, 1er juin 1938 : *Rev. fonds com.* 1938, 428).

7) Obstacle à la vente. *L'offre de paiement faite postérieurement au délai de huitaine* qui suit la sommation et même postérieurement au jugement ordonnant la vente bien que tardive fait échec à la réalisation de la vente (■ Paris, 1er févr. 1934 : *Gaz. Pal.* 1934, 2, 346. – Dans un sens contraire, ■ Paris, 22 mai 1935 : *Gaz. Pal.* 1935, 2, 272 [sous note]).

8) Tierce opposition. *Aucun texte n'interdit au tiers détenteur de former tierce opposition* à un jugement rendu en matière de vente de fonds de commerce régie par les articles L. 141-5 et suivants du Code de commerce (■ T. com. Lyon, 1er juin 1938 : *Rev. fonds com.* 1938, 428).

9) Renonciation au droit de suite. *L'acceptation, même sans réserve, par le créancier titulaire d'un nantissement sur un fonds de commerce, de sommes à lui versées par le séquestre du prix de cession de ce fonds ne constitue pas une manifestation univoque de la volonté de renoncer à son gage* et n'implique donc, ni sa renonciation à exercer le droit de suite, ni son acceptation du caractère libératoire à son égard de la consignation de l'acquéreur (■ Cass. com., 18 févr. 1997, n° 94-16.992 : *JurisData* n° 1997-000843 ; *RJDA* 6/97, n° 821 ; *D.* 1997, somm. 251, obs. S. Piedelièvre ; *RTD com.* 1998, 325, obs. Derruppé).

Art. L. 143-6 *(Anc. L. 17 mars 1909).* **– Le poursuivant fait sommation au propriétaire du fonds et aux créanciers inscrits antérieurement à la décision qui a ordonné la vente, au domicile élu par eux dans leurs inscriptions, quinze jours au moins avant la vente, de prendre communication du cahier des charges, de fournir leurs dires et observations et d'assister à l'adjudication, si bon leur semble.**

Rédaction future. Le poursuivant fait sommation au propriétaire du fonds et aux créanciers inscrits antérieurement à la décision qui a ordonné la vente, au domicile *(Mot rempl. à compter d'une date qui sera fixée par décret et au plus tard le 1er janvier 2023, Ord. n° 2021-1192, 15 sept. 2021)* « déclaré » par eux dans leurs inscriptions, quinze jours au moins avant la vente, de prendre communication du cahier des charges, de fournir leurs dires et observations et d'assister à l'adjudication, si bon leur semble.

La vente a lieu dix jours au moins après l'apposition d'affiches indiquant : les noms, professions, domiciles du poursuivant et du propriétaire du fonds, la décision en vertu de laquelle on agit, une élection de domicile dans le lieu où siège le tribunal de commerce dans le ressort duquel s'exploite le fonds, les divers éléments constitutifs dudit fonds, la nature de ses opérations, sa situation, les mises à prix, les lieu, jour et heure de l'adjudication, les nom et domicile de l'officier public commis et dépositaire du cahier des charges.

Ces affiches sont obligatoirement apposées, à la diligence de l'officier public, à la porte principale de l'immeuble et de la mairie de la commune où le fonds est situé, du tribunal de commerce dans le ressort duquel se trouve le fonds, et à la porte de l'étude de l'officier public commis.

L'affiche est insérée dix jours avant la vente *(Mots rempl., L. n° 2019-486, 22 mai 2019)* « sur un support habilité à recevoir des annonces légales dans » le département dans lequel le fonds est situé.

La publicité est constatée par une mention faite dans le procès-verbal de vente.

1) **Effets des sommations de l'article L. 143-6.** *Les sommations de l'article L. 143-6 ont pour seul but de lier à la procédure les créanciers inscrits* dont le droit sera purgé par l'adjudication ; le défaut de sommation n'a donc pas dans ce cas pour conséquence d'entraîner la nullité de l'adjudication mais de placer l'acheteur à l'égard de ses créanciers omis dans la situation d'un acheteur lors d'une vente amiable (▪ Reims, 23 févr. 1976 : *JCP* G 1977, IV, 138).

2) **Effet de l'adjudication.** *Lorsque l'adjudication est consommée, aucune nullité ne peut plus être proposée* (▪ T. civ. Seine, 19 janv. 1926 : *Gaz. trib.* 1926, 2, 599).

3) **Moyens de nullité.** *Les moyens de nullité* de la procédure de vente *doivent être invoqués huit jours au moins avant l'adjudication,* mais la déchéance n'est pas encourue si du fait d'une publicité incomplète le créancier inscrit n'a pu se prévaloir dans le délai imparti des droits dont il excipait (▪ Cass. com., 2 juin 1964 : *Bull.* III, n° 289).

Art. L. 143-7 *(Mod., L. n° 2015-990, 6 août 2015).*

Les nullités visées à l'article L. 143-7, dernier alinéa, *s'appliquent aux actes préalables à l'adjudication et aux formalités préalables* ayant pour objet de mettre le fonds en vente (▪ T. civ. Seine, 19 janv. 1926 : *Gaz. trib.* 1926, 2, 599. ▪ T. civ. Seine, 2 nov. 1928 : *Gaz. trib.* 1929, 1, 312). Mais ces nullités ne concernent pas celles du jugement qui ordonne la vente ; celles-ci doivent être tranchées au moyen du recours ordinaire de l'appel (▪ Orléans, 24 nov. 1911 : *Gaz. trib.* 1912, 2, 262).

Art. L. 143-8 *(Anc. L. 17 mars 1909).* – Le tribunal de commerce, saisi de la demande en paiement d'une créance se rattachant à l'exploitation d'un fonds de commerce, peut, s'il prononce une condamnation et si le créancier le requiert, ordonner par le même jugement la vente du fonds. Il statue dans les termes des premier et deuxième alinéas de l'article L. 143-4 et fixe le délai après lequel, à défaut de paiement, la vente pourra être poursuivie.

Les dispositions du quatrième alinéa de l'article L. 143-4 et des articles L. 143-6 et L. 143-7 sont applicables à la vente ainsi ordonnée par le tribunal de commerce.

1) **Conditions d'application de l'article L. 143-8.** L'article L. 143-8 qui n'a d'autre but que d'instituer un *mode rapide de réalisation de la portion commerciale du patrimoine du débiteur* n'est applicable que si le débiteur en question est en même temps propriétaire du fonds, ce qui n'est pas le cas quand le fonds est exploité par un locataire-gérant (▪ Cass. req., 6 déc. 1938 : *DH* 1939, 99. ▪ Cass. req., 22 févr. 1939 : *DH* 1939, 307 ; *DP* 1940, 1, 5, note Ripert). En revanche, pour que l'article L. 143-8 soit applicable, il faut que le créancier établisse l'avantage que la vente globale du fonds pourrait présenter (▪ Paris, 21 nov. 1961 : *D.* 1962, somm. 30).

2) **But de l'article L. 143-8.** L'article L. 143-8 permet au tribunal d'autoriser ou non la vente quelle que soit sa décision sur la demande principale (▪ Orléans, 22 nov. 1911 : *Rec. Gaz. trib.* 1912, 2, 264).

3) **Tribunal compétent.** Lorsque la vente du fonds de commerce est demandée en vertu de l'article L. 143-8 accessoirement à une demande en paiement d'une créance se rattachant à l'exploitation de ce fonds, *la compétence appartient au tribunal du lieu d'exploitation,* encore que l'exploitant du fonds ait été déclaré en faillite (▪ Lyon, 15 mars 1910 [sol. impl.] : *Gaz. Pal.* Tables quinq. 1907-1912, *V° Fonds de commerce,* 3ᵉ éd., n° 321. ▪ Paris, 30 avr. 1924 : *Gaz. Pal.* 1924, 2, 215).

Art. L. 143-9 *(Anc. L. 17 mars 1909 ; mod., L. n° 2015-177, 16 févr. 2015).* – Faute par l'adjudicataire d'exécuter les clauses de l'adjudication, le fonds est vendu sur réitération des enchères, selon les formes prescrites par les articles L. 143-6 et L. 143-7.

L'adjudicataire défaillant est tenu, envers les créanciers du vendeur et le vendeur lui-même, de la différence entre son prix et celui de la revente sur réitération des enchères, sans pouvoir réclamer l'excédent s'il y en a.

Art. L. 143-10 *(Anc. L. 17 mars 1909)*. – **Il n'est procédé à la vente séparée d'un ou plusieurs éléments d'un fonds de commerce grevé d'inscriptions, poursuivie soit sur saisie-exécution, soit en vertu des dispositions du présent chapitre, que dix jours au plus tôt après la notification de la poursuite aux créanciers qui se sont inscrits quinze jours au moins avant ladite notification, au domicile élu par eux dans leurs inscriptions. Pendant ce délai de dix jours, tout créancier inscrit, que sa créance soit ou non échue, peut assigner les intéressés devant le tribunal de commerce dans le ressort duquel s'exploite le fonds, pour demander qu'il soit procédé à la vente de tous les éléments du fonds, à la requête du poursuivant ou à sa propre requête, dans les termes et conformément aux dispositions des articles L. 143-3 à L. 143-7.**

Le matériel et les marchandises sont vendus en même temps que le fonds sur des mises à prix distinctes, ou moyennant des prix distincts si le cahier des charges oblige l'adjudicataire à les prendre à dire d'experts.

Il y a lieu à ventilation du prix pour les éléments du fonds non grevés des privilèges inscrits.

Rédaction future. Art. L. 143-10. – Il n'est procédé à la vente séparée d'un ou plusieurs éléments d'un fonds de commerce grevé d'inscriptions, poursuivie soit sur *(Mot rempl. à compter d'une date qui sera fixée par décret et au plus tard le 1er janvier 2023, Ord. n° 2021-1192, 15 sept. 2021)* « saisie-vente », soit en vertu des dispositions du présent chapitre *(Mots aj. à compter d'une date qui sera fixée par décret et au plus tard le 1er janvier 2023, Ord. n° 2021-1192, 15 sept. 2021)* « soit en application du deuxième alinéa de l'article 2346 du Code civil, » que dix jours au plus tôt après la notification de la poursuite aux créanciers qui se sont inscrits quinze jours au moins avant ladite notification, au domicile *(Mot rempl. à compter d'une date qui sera fixée par décret et au plus tard le 1er janvier 2023, Ord. n° 2021-1192, 15 sept. 2021)* « déclaré » par eux dans leurs inscriptions. Pendant ce délai de dix jours, tout créancier inscrit, que sa créance soit ou non échue, peut assigner les intéressés devant le tribunal de commerce dans le ressort duquel s'exploite le fonds, pour demander qu'il soit procédé à la vente de tous les éléments du fonds, à la requête du poursuivant ou à sa propre requête, dans les termes et conformément aux dispositions des articles L. 143-3 à L. 143-7.

(Al. créé à compter d'une date qui sera fixée par décret et au plus tard le 1er janvier 2023, Ord. n° 2021-1192, 15 sept. 2021) Le tribunal ordonne la vente du fonds de commerce si la vente séparée d'un ou plusieurs de ses éléments met en péril la valeur du fonds.

Le matériel et les marchandises sont vendus en même temps que le fonds sur des mises à prix distinctes, ou moyennant des prix distincts si le cahier des charges oblige l'adjudicataire à les prendre à dire d'experts.

Il y a lieu à ventilation du prix pour les éléments du fonds non grevés des privilèges inscrits.

Résiliation du bail. Le recours d'un créancier nanti sur un fonds de commerce à la procédure prévue par l'article L. 143-10 pour obtenir la vente de tous les éléments du fonds ne peut, à lui seul, soustraire le droit au bail qui y est compris à toutes les éventualités pouvant l'affecter, en vertu du droit commun et en application, notamment, du bail lui-même et ne suffit donc pas à priver le bailleur du droit de résilier le contrat (■ Paris, 1er oct. 1991 : *JurisData* n° 1991-023492 ; *D.* 1991, inf. rap. 242).

Art. L. 143-11 *(Mod., L. n° 2015-990, 6 août 2015)*. – **Aucune surenchère n'est admise lorsque la vente a eu lieu dans les formes prescrites par les articles L. 143-3 à L. 143-8, L. 143-10 et L. 143-13 à L. 143-15.**

Irrecevabilité de la surenchère. En application de l'article L. 143-11, *la surenchère du 1/10 est irrecevable lorsque le fonds* (appartenant pour partie à un mineur) *a fait l'objet d'une adjudication selon la procédure de l'article L. 143-6* (■ Cass. com., 6 mai 1953 : *JCP* 1953, II, 7688).

Art. L. 143-12 *(Anc. L. 17 mars 1909)*. – **Les privilèges du vendeur et du créancier gagiste suivent le fonds en quelques mains qu'il passe.**

Rédaction future. *(Mots rempl. à compter d'une date qui sera fixée par décret et au plus tard le 1er janvier 2023, Ord. n° 2021-1192, 15 sept. 2021)* « Les droits de préférence des créanciers inscrits » suivent le fonds en quelques mains qu'il passe.

Lorsque la vente du fonds n'a pas eu lieu aux enchères publiques conformément aux articles mentionnés à l'article L. 143-11 l'acquéreur qui veut se garantir des poursuites des créanciers inscrits est tenu, à peine de déchéance, avant la poursuite ou dans la quinzaine de la sommation de payer à lui faite, d'effectuer des notifications à tous les créanciers inscrits, dans des conditions définies par décret.

Voir : l'ancien article 22, alinéas 3 à 5, L. 17 mars 1909, disposait :

Loi du 17 mars 1909

relative à la vente et au nantissement des fonds de commerce

Art. 22 *(Abr. et codifié, Ord. n° 2000-912, 18 sept. 2000 ; D. n° 2007-431, 25 mars 2007)*. – V. C. com., art. L. 143-12 et R. 143-1 à R. 143-3.

NB : ce texte n'a pas été repris par l'ordonnance n° 2000-912 du 18 septembre 2000.

1) Purge des inscriptions. Les ventes de fonds de commerce effectuées aux enchères publiques dans les cas prévus par les articles L. 141-5 et suivants du Code de commerce *opèrent purge de plein droit des inscriptions* (■ Cass. civ., 2 juill. 1933 : *DH* 1933, 441). La procédure de purge des inscriptions sur le fonds de commerce ayant pour but de permettre à l'acquéreur de se garantir des poursuites des créanciers inscrits, sa mise en œuvre constitue une faculté dont l'acquéreur est, sauf faute lourde ou abus, libre de ne pas user, peu important qu'il ait connaissance des inscriptions grevant le fonds (■ Cass. com., 28 avr. 2004, n° 01-12.079 : *JurisData* n° 2004-023502 ; *Bull. civ.* IV, n° 78 ; *D.* 2004, p. 1527 ; *JCP* E 2004, n° 544, 1740, note Kéita ; *RTD com.* 2004, 696, obs. Saintourens ; *RJDA* 2004, 967).

Au contraire, la vente volontaire, sans publication judiciaire, n'opère pas purge d'un nantissement consenti sur le fonds de commerce à l'égard du créancier qui n'a pas reçu sommation (même arrêt). De même, il ne saurait y avoir purge d'une sûreté garantissant un crédit ayant financé les biens grevés dont la charge est de plein droit transmise au cessionnaire (C. com., art. L. 642-12, al. 3). Ainsi a-t-il été jugé que dans un plan de cession, la cession d'un fonds de commerce emporte de plein droit transmission de la charge du nantissement grevant le fonds au cessionnaire de l'entreprise ; le créancier peut en vertu de son droit de suite exercer son privilège qui subsiste même s'il n'a pas procédé à l'inscription modificative (■ Cass. com., 7 juill. 2009, n° 08-17.275 : *JurisData* n° 2009-049120 ; *JCP* E 2010, 1011, n° 4, obs. Cabrillac ; *Rev. proc. coll.* mars-avr. 2010, n° 66, p. 59, obs. F. Pérochon ; *Gaz. Pal.* 14 janv. 2010, p. 19, obs. M.-P. Dumont-Lefrand).

2) Condition du droit de suite. Un créancier ne peut suivre son gage entre les mains d'un tiers détenteur que si ce droit de suite s'applique à l'universalité juridique du fonds envisagé « in globo » et non s'il ne tend à s'exercer que sur certains éléments soit corporels, soit incorporels du fonds (■ Cass. req., 22 avr. 1913 : *DP* 1913, 1, 225, note Feuilloley. ■ T. com. Charleville, 29 août 1951 : *Gaz. Pal.* 1951, 2, 340 ; *JCP* G 1952, II, 7037, note crit. Cohen). En ce cas, le créancier bénéficiera d'un droit de préférence sur le prix tant qu'il n'a pas été versé au vendeur (■ Cass. com., 28 juin 1982, n° 80-15.157 : *JurisData* n° 1982-701897 ; *JCP* CI 1983, I, 11273, n° 12, obs. Cabrillac et Vivant ; *D.* 1982, inf. rap. 514, obs. Honorat ; *Bull. civ.* IV, n° 255). *Lorsque le bail est cédé seul,* les créanciers inscrits sur le fonds ne peuvent exercer leur droit de suite (■ Cass. com., 5 nov. 1963 : *Bull. civ.* III, n° 460).

Cependant lorsque le pas-de-porte constitue le seul élément appréciable du fonds de commerce, sa seule valeur et sa véritable substance, l'achat de celui-ci constitue l'achat de l'universalité du fonds – la surenchère du 1/10 notamment sera possible – (■ Dijon, 14 oct. 1953 : *Gaz. Pal.* 1953, 2, 379). De même, lorsqu'il ne reste du fonds de commerce qu'un élément (licence IV), il y a vente du fonds de commerce et non d'un élément isolé (■ Cass. com., 20 oct. 1998, n° 96-15.107 : *JurisData* n° 1998-003911 ; *Bull. civ.* IV, n° 248 ; *RTD com.* 1999, 67, obs. Derruppé ; *RJDA* 1/1999, n° 28 ; *D.* 1999, somm. 299, obs. S. Piedelièvre).

3) Cession du pas-de-porte. La cession du pas-de-porte, seul, à l'exclusion des autres éléments incorporels, *ne constitue pas une vente de fonds de commerce* et par suite l'acquéreur n'a pas à procéder à la purge des inscriptions dans les formes prévues par les articles L. 143-12 à L. 143-15 (■ T. com. Lyon, 27 juin 1930 : *DH* 1931, somm. 15).

4) Renonciation au droit de suite. Le créancier inscrit représenté à une vente publique qu'il a accepté de considérer comme une vente amiable susceptible de surenchère, et qui après avoir colloqué dans la faillite n'a formé aucun grief contre la gestion du syndic, est réputé avoir tacitement dispensé les adjudicataires des formalités de la purge et avoir perdu son droit de suite (■ Cass. com., 25 janv. 1950 : *JCP* G 1950, II, 5754). Le créancier inscrit qui est intervenu en tant que rédacteur de l'acte de vente et qui a été désigné comme un séquestre répartiteur du prix de vente est considéré comme ayant renoncé au droit de suite (■ Paris, 19 oct. 1962 : *RTD com.* 1963, 286. ■ Paris, 4 févr. 1987 : *D.* 1987, inf. rap. 40). Après avoir constaté que la banque avait fait connaître le montant de sa créance au notaire chargé d'établir l'acte de vente du fonds, l'arrêt relève que celle-ci a accepté un paiement partiel, sans que la procédure de purge des nantissements ait été engagée, et sans procéder à un renouvellement à due concurrence de sa créance impayée, renonçant ainsi à se prévaloir d'un droit de suite, bien que le nantissement n'ait pas produit son effet légal ; il en résulte que la banque ayant renoncé au bénéfice de son gage, et la subrogation aux privilèges du créancier ne pouvant plus, par ce fait, s'opérer en faveur des cautions, celles-ci doivent être déchargées de leurs obligations (■ Cass. com., 11 déc. 2007, n° 06-12.408 : *JurisData* n° 2007-041949 ; *RJDA* 2008, 453).

5) Distribution par contribution. Il ne résulte pas de *l'article 22, alinéa 1er*, et des articles 13, 15 et 16 de l'ordonnance du 3 juillet 1816 qu'en cas de distribution par contribution, la Caisse des dépôts et consignations puisse être tenue pour responsable dans le cas où elle viendrait à libérer les fonds consignés au vu d'un procès-verbal de distribution, sans que celui-ci comporte mainlevée des nantissements (■ Cass. civ., 20 nov. 1991, n° 90-14.189 : *JurisData* n° 1991-002943 ; *Bull.* II, n° 311).

Art. L. 143-13 *(Anc. L. 17 mars 1909)*. **– Tout créancier inscrit sur un fonds de commerce peut, lorsque l'article L. 143-11 n'est pas applicable, requérir sa mise aux enchères publiques, en offrant de porter le prix principal, non compris le matériel et les marchandises, à un dixième en sus et de donner caution pour le paiement des prix et charges ou de justifier de solvabilité suffisante.**

Cette réquisition, signée du créancier, doit être, à peine de déchéance, signifiée à l'acquéreur et au débiteur précédent propriétaire dans la quinzaine des notifications, avec assignation devant le tribunal de commerce de la situation du fonds, pour voir statuer, en cas de contestation, sur la validité de la surenchère, sur l'admissibilité de la caution ou la solvabilité du surenchérisseur, et voir ordonner qu'il sera procédé à la mise aux enchères publiques du fonds avec le matériel et les marchandises qui en dépendent, et que l'acquéreur surenchéri sera tenu de communiquer son titre et l'acte de bail ou de cession de bail à l'officier public commis. Le délai de quinzaine ci-dessus n'est pas susceptible d'augmentation à raison de la distance entre le domicile élu et le domicile réel des créanciers inscrits.

Rédaction future. Cette réquisition, signée du créancier, doit être, à peine de déchéance, signifiée à l'acquéreur et au débiteur précédent propriétaire dans la quinzaine des notifications, avec assignation devant le tribunal de commerce de la situation du fonds, pour voir statuer, en cas de contestation, sur la validité de la surenchère, sur l'admissibilité de la caution ou la solvabilité du surenchérisseur, et voir ordonner qu'il sera procédé à la mise aux enchères publiques du fonds avec le matériel et les marchandises qui en dépendent, et que l'acquéreur surenchéri sera tenu de communiquer son titre et l'acte de bail ou de cession de bail à l'officier public commis. Le délai de quinzaine ci-dessus n'est pas susceptible d'augmentation à raison de la distance entre le domicile *(Mot rempl. à compter d'une date qui sera fixée par décret et au plus tard le 1er janvier 2023, Ord. n° 2021-1192, 15 sept. 2021)* « déclaré dans leurs inscriptions » et le domicile réel des créanciers inscrits.

1) Vente judiciaire. En cas de vente judiciaire faite à la requête d'un syndic, il a été admis l'insertion d'une clause de surenchère du 1/10 dans le cahier des charges (l'article L. 143-13 n'est pas d'ordre public) (■ Paris, 9 mars 1965 : *RTD com.* 1966, 310. ■ T. com. Dieppe, 5 mars 1976 : *Gaz. Pal.* 1976, 1, 357, confirmé par ■ Rouen, 8 avr. 1976 : *Gaz. Pal.* 1976, 2, 505).

Les règles relatives au redressement et à la liquidation judiciaires n'excluent pas, pour le créancier inscrit, le droit de former surenchère du dixième, en application de l'article L. 143-13, en cas de vente de gré à gré ordonnée par le juge-commissaire (■ Paris, 27 nov. 1997 : *RTD com.* 1998, 325, obs. Derruppé. ■ Douai, 24 juill. 2001 : *RTD com.*, 59, obs. Saintourens. ■ Cass. com., 10 janv. 2006 : *JCP* E 2006, pan. 1240).

2) Initiative de la surenchère. Le créancier inscrit qui est intervenu en tant que rédacteur de l'acte de vente et qui a été désigné comme séquestre répartiteur du prix de vente *ne peut faire surenchère du 1/10* (■ Paris, 19 oct. 1962, 285 : *RTD com.* 1963, 286).

3) Condition de forme de la surenchère. La surenchère doit être déclarée nulle, si le surenchérisseur, qui ne justifie pas de sa solvabilité, n'offre pas de donner caution pour le paiement du prix et des charges, l'offre d'une caution ou la justification qui en tient lieu devant être considérées comme une condition de forme substantielle de la surenchère (■ Toulouse, 13 oct. 1930 : *S.* 1931, 224).

Voir : déc. relatives à la procédure de la surenchère du 1/6 citées sous art. L. 141-19, p. 168.

Art. L. 143-14 *(Anc. L. 17 mars 1909)*. **– À partir de la signification de la surenchère, l'acquéreur, s'il est rentré en possession du fonds, en est de droit administrateur séquestre et ne peut plus accomplir que des actes d'administration. Toutefois, il peut demander au tribunal de commerce ou au juge des référés, suivant les cas, à tout moment de la procédure, la nomination d'un autre administrateur. Cette demande peut également être formée par tout créancier.**

Le surenchérisseur ne peut, même en payant le montant de la soumission, empêcher par un désistement l'adjudication publique, si ce n'est du consentement de tous les créanciers inscrits.

Les formalités de la procédure et de la vente sont accomplies à la diligence du surenchérisseur et, à son défaut, de tout créancier inscrit ou de l'acquéreur, aux frais, risques et périls du surenchérisseur et sa caution restant engagée, selon les règles prescrites par les articles L. 143-4, L. 143-5 à L. 143-7 et par le troisième alinéa de l'article L. 143-10.

Rédaction future. Les formalités de la procédure et de la vente sont accomplies à la diligence du surenchérisseur et, à son défaut, de tout créancier inscrit ou de l'acquéreur, aux frais, risques et périls du surenchérisseur et sa caution restant engagée, selon les règles prescrites par les articles L. 143-4, L. 143-5 à L. 143-7 et par le *(Mot rempl. à compter d'une date qui sera fixée par décret et au plus tard le 1er janvier 2023, Ord. n° 2021-1192, 15 sept. 2021)* « quatrième » alinéa de l'article L. 143-10.

À défaut d'enchère, le créancier surenchérisseur est déclaré adjudicataire.

Voir : annot. citée sous art. L. 143-13.

Poursuite de la surenchère. En vertu de l'article L. 143-14, alinéa 3, et de l'article 141-19, alinéa 2, la procédure et la vente en cas de surenchère sur le prix de vente ne peuvent être poursuivies à défaut de surenchérisseur, qu'à la diligence de l'acquéreur ou de créanciers inscrits ou opposant, et non à celle du vendeur (■ Cass. com., 6 déc. 1961, n° 58-12.537 : *Bull.* III, n° 465).

Art. L. 143-15 *(Anc. L. 17 mars 1909).* **– L'adjudicataire est tenu de prendre le matériel et les marchandises existant au moment de la prise de possession, aux prix fixés par une expertise amiable ou judiciaire, contradictoirement entre l'acquéreur surenchéri, son vendeur et l'adjudicataire.**

Il est tenu, au-delà de son prix d'adjudication, de rembourser à l'acquéreur dépossédé les frais et loyaux coûts de son contrat, ceux des notifications, ceux d'inscription et de publicité prévus par les articles L. 141-6 à L. 141-18, et, à qui de droit, ceux faits pour parvenir à la revente.

L'article L. 143-9 est applicable à la vente et à l'adjudication sur surenchère.

L'acquéreur surenchéri, qui se rend adjudicataire par suite de la revente sur surenchère, a son recours tel que de droit contre le vendeur pour le remboursement de ce qui excède le prix stipulé par son titre et pour l'intérêt de cet excédent à compter du jour de chaque paiement.

Remboursement des frais. Si la liste prévue à l'article L. 143-15, alinéa 2, est limitative, les frais et loyaux coûts du contrat de vente initial incluent les frais d'acte (■ Cass. com., 7 mars 2000, n° 97-21.128 : *JurisData* n° 2000-000856 ; *RJDA* 6/2000, n° 647 ; *D.* 2000, act. jurispr. p. 163, obs. Monéger-Dupuis ; *RTD com.* 2000, 332, obs. Derruppé, cassant ■ Paris, 14 janv. 1997 : *JurisData* n° 1997-020001 ; *D.* 1997, inf. rap. 45. ■ Paris, 25 févr. 2003, n° 00-17.601 : *JurisData* n° 2003-017928 ; *JCP* E 2003, pan. 599, jurispr. 761, note Kéita ; *RJDA* 7/2003, n° 712), ainsi que l'arriéré de loyers et le dépôt de garantie dès lors qu'ils ont eu pour objet de conserver le bail (■ Cass. com, 25 févr. 2003, n° 00-17.601 : *JurisData* n° 2003-017928 ; *JCP* E 2003, pan. 599, jurispr. 761, note Kéita ; *RJDA* 7/2003, n° 712) ; mais elle n'inclut ni les intérêts des prêts souscrits pour l'acquisition initiale ou les indemnités de remboursement des prêts, ni la commission du négociateur, ni le coût des contrats annexes à l'acquisition du fonds, tel le contrat de bière, ni enfin le coût du transfert de la licence (■ Paris, 14 janv. 1997, préc.).

Voir : annot. citée sous art. L. 143-13.

Art. L. 143-15-1 *(Créé à compter d'une date qui sera fixée par décret et au plus tard le 1er janvier 2023, Ord. n° 2021-1192, 15 sept. 2021).* **– L'ordre de préférence entre les créanciers inscrits sur le fonds de commerce et les créanciers inscrits sur un élément du fonds de commerce est déterminé par les dates auxquelles les titres respectifs ont été publiés.**

Les créanciers inscrits le même jour viennent en concurrence.

Section II. – Des formalités d'inscription et de radiation

Art. L. 143-16. – L'inscription et la radiation du privilège du vendeur ou du créancier gagiste sont soumises à des formalités dont les modalités sont fixées par décret en Conseil d'État.

> **Rédaction future.** *(Al. mod. à compter d'une date qui sera fixée par décret et au plus tard le 1er janvier 2023, Ord. n° 2021-1192, 15 sept. 2021)* L'inscription et la radiation des droits de préférence des créanciers inscrits sont soumises à des formalités dont les modalités sont fixées par décret en Conseil d'État.

Art. L. 143-17 *(Anc. L. 17 mars 1909 ; mod., Ord. n° 2019-1169, 13 nov. 2019).* **– Outre les formalités d'inscription mentionnées à l'article L. 143-16, les ventes ou cessions de fonds de commerce comprenant des marques de produits ou de services, des dessins ou modèles industriels, ainsi que les nantissements de fonds qui comprennent des brevets d'invention ou licences, des marques ou des dessins et modèles, doivent être inscrits à l'Institut national de la propriété industrielle, sur la production du certificat d'inscription délivré par le greffier du tribunal de commerce, dans la quinzaine qui suivra cette inscription, à peine de nullité à l'égard des tiers, des ventes, cessions ou nantissements en ce qu'ils s'appliquent aux brevets d'invention et aux licences, aux marques de produits ou de services, aux dessins et modèles industriels.**

> ***Rédaction future.*** *Outre les formalités d'inscription* mentionnées à l'article L. 143-16, les ventes ou cessions de fonds de commerce comprenant des marques de produits ou de services, des dessins ou modèles industriels, ainsi que les nantissements de fonds qui comprennent des brevets d'invention ou licences, des marques ou des dessins et modèles, doivent être inscrits à l'Institut national de la propriété industrielle, *(Mots suppr. à compter d'une date qui sera fixée par décret et au plus tard le 1er janvier 2023, Ord. n° 2021-1192, 15 sept. 2021)* « ... » à peine de *(Mots rempl. à compter d'une date qui sera fixée par décret et au plus tard le 1er janvier 2023, Ord. n° 2021-1192, 15 sept. 2021)* « d'inopposabilité » à l'égard des tiers, des ventes, cessions ou nantissements en ce qu'ils s'appliquent aux brevets d'invention et aux licences, aux marques de produits ou de services, aux dessins et modèles industriels.

Les brevets d'invention compris dans la cession d'un fonds de commerce restent soumis pour leur transmission aux règles édictées aux articles L. 613-8 et suivants du Code de la propriété intellectuelle.

NB : Aux termes du I de l'article 15 de l'ordonnance n° 2019-1169 du 13 novembre 2019, les dispositions issues de la présente ordonnance entrent en vigueur à la date d'entrée en vigueur du décret pris pour son application et au plus tard le 15 décembre 2019.

1) Nécessité d'un préjudice. Ne donne pas de base légale à sa décision la cour d'appel qui annule le renouvellement d'une inscription de nantissement sur fonds de commerce en raison d'une irrégularité affectant, selon elle, la mention d'élection de domicile par le créancier inscrit sans constater que l'acquéreur du fonds grevé, qui demandait l'annulation de l'inscription, justifiait d'un préjudice du fait de l'irrégularité invoquée (▪ Cass. com., 1er déc. 1992, n° 90-21.957 : *JurisData* n° 1992-002549 ; *Bull.* IV, n° 384 ; *RTD com.* 1993, 286, obs. Derruppé).

2) Inopposabilité aux tiers. *La sanction* d'une erreur sur la désignation du débiteur dans l'inscription du nantissement est l'inopposabilité aux tiers (▪ Cass. com., 19 mai 1998, n° 96-13.958 : *JurisData* n° 1998-002056 ; *JCP* E 1999, n° 2 B, p. 619, obs. Delebecque ; *RJDA* 10/98, n° 1160) ; celui qui s'en prévaut n'a pas à justifier d'un préjudice du fait de l'erreur invoquée (même déc.).

Art. L. 143-18 *(Anc. L. 17 mars 1909).* – **Si le titre d'où résulte le privilège inscrit est à ordre, la négociation par voie d'endossement emporte la translation du privilège.**

Rédaction future. Art. L. 143-18. – Si le titre d'où résulte le privilège *(Mots aj. à compter d'une date qui sera fixée par décret et au plus tard le 1er janvier 2023, Ord. n° 2021-1192, 15 sept. 2021)* « ou le nantissement » inscrit est à ordre, la négociation par voie d'endossement emporte la translation du privilège *(Mots aj. à compter d'une date qui sera fixée par décret et au plus tard le 1er janvier 2023, Ord. n° 2021-1192, 15 sept. 2021)* « ou du nantissement ».

Caractère accessoire d'une sûreté. L'endossement des billets de fonds comporte par lui-même, et en dehors de toute subrogation expresse, la transmission au porteur de la sûreté réelle qui en est l'accessoire (▪ Cass. civ., 11 déc. 1940 : *JCP* 1941, II, 1667, note Demontès ; *DC* 1943, 49, note Trasbot), dès lors que la souscription de ces billets a été prévue par l'acte de vente lui-même et n'en constitue qu'une modalité (▪ Cass. civ., 19 févr. 1946 : *JCP* 1946, II, 3113, note Toujas).

Art. L. 143-19 *(Anc. L. 17 mars 1909).* – **L'inscription conserve le privilège pendant dix années à compter du jour de sa date. Son effet cesse si elle n'a pas été renouvelée avant l'expiration de ce délai.**

Elle garantit au même rang que le principal deux années d'intérêt.

Rédaction future. Art. L. 143-19 *(Mod. à compter d'une date qui sera fixée par décret et au plus tard le 1er janvier 2023, Ord. n° 2021-1192, 15 sept. 2021).* – L'inscription garantit au même rang que le principal deux années d'intérêt.

1) Renouvellement de l'inscription. La formalité de l'article L. 143-19, alinéa 1er, n'est obligatoire, comme en matière d'hypothèque, que *jusqu'au paiement du prix ou à sa consignation* (▪ Cass. com., 14 janv. 1997, n° 95-12.108 : *JurisData* n° 1997-000108 ; *Bull.* IV, n° 15 ; *D* 1997, 315, rapp. Rémery, somm. 213, obs. Honorat ; *RTD com.* 1997, 432, obs. Derruppé, 502, obs. Bouloc).

2) Intérêts garantis. En application de l'article L. 143-19, alinéa 2, la banque ne peut être payée par privilège que sur les intérêts de deux annuités, les autres intérêts n'étant pas garantis par l'inscription de nantissement, peu important que le bordereau de celle-ci mentionne une somme supérieure (▪ Orléans, 31 mai 2007, n° 06/02141 : *RTD com.* 2008, 49, obs. Saintourens ; *RJDA* 2007, n° 1013. – V. égal. ▪ Orléans, 31 mai 2007 : *RTD com.* 2008, 49, obs. Saintourens).

Art. L. 143-20 *(Anc. L. 17 mars 1909 ; mod., L. n° 2003-721, 1er août 2003 ; abr. à compter d'une date qui sera fixée par décret et au plus tard le 1er janvier 2023, Ord. n° 2021-1192, 15 sept. 2021).* – **Les inscriptions sont rayées, soit du consentement des parties intéressées et ayant capacité à cet effet, soit en vertu d'un jugement passé en force de chose jugée.**

À défaut de jugement, la radiation totale ou partielle ne peut être opérée par le greffier que sur le dépôt d'un acte authentique ou sous seing privé dûment enregistré de consentement à la radiation donné par le créancier ou son cessionnaire régulièrement subrogé et justifiant de ses droits.

La radiation totale ou partielle de l'inscription prise à l'Institut national de la propriété industrielle est opérée sur la production du certificat de radiation délivré par le greffier du tribunal de commerce.

Voir aussi : l'article 3 de la loi n° 2003-710, 1er août 2003, est applicable en Polynésie française, à Wallis-et-Futuna et en Nouvelle-Calédonie (L. n° 2003-710, 1er août 2003, art. 58, I).

Rép. min. n° 30831 : *JOAN* Q, 27 septembre 1999, p. 5635 : *JCP* E 1999, pan. p. 1703.

Section III. – Des intermédiaires et de la répartition du prix

Art. L. 143-21 *(Mod., L. n° 2015-1786, 29 déc. 2015)*. **– Tout tiers détenteur du prix d'acquisition d'un fonds de commerce chez lequel domicile a été élu doit en faire la répartition dans un délai de cent cinq jours à compter de la date de l'acte de vente.**

Toutefois, lorsque la déclaration mentionnée au premier alinéa du 3 et au 3 *bis* de l'article 201 du Code général des impôts n'a pas été déposée dans le délai prévu aux mêmes 3 et 3 *bis*, le délai dans lequel la répartition des fonds doit être réalisée est prolongé de soixante jours.

À l'expiration de ces délais, la partie la plus diligente peut se pourvoir en référé devant la juridiction compétente du lieu de l'élection du domicile, qui ordonne soit le dépôt à la Caisse des dépôts et consignations, soit la nomination d'un séquestre répartiteur.

NB : Ces dispositions s'appliquent aux cessions faisant l'objet d'une publication à compter du 1er janvier 2016.

Bibliographie : Puygauthier, *La distribution du prix de vente d'un fonds de commerce et le décret du 14 août 1996 : JCP* E 1999, p. 162. • Souweine, *Séquestre du prix de vente à l'amiable d'un fonds de commerce et procédures de redressement ou de liquidation judiciaires : RTD com.* 2004, 647. • Rezek, *Vingt raisons de réformer la vente des fonds de commerce : JCP* N 2006, p. 1716. • Chalvignac, *Libérez le prix de vente du fonds de commerce ! : JCP* E 2008, p. 24.

1) Sort du prix de vente. Le prix de vente qui a été remis au séquestre conventionnel, n'entre pas dans le patrimoine de la société débitrice, le séquestre étant investi d'un mandat irrévocable d'effectuer les paiements (▪ Cass. com., 7 janv. 2003, n° 00-15.316 : *JurisData* n° 2003-017226 ; *JCP* N 2003, n° 47, 1696, obs. Vauvillé). Le prix de vente d'un fonds de commerce remis par l'acquéreur à un séquestre n'entre pas dans le patrimoine du cédant, ce dont il résulte qu'en cas de mise en liquidation judiciaire de ce dernier, la distribution de ce prix n'est pas soumise aux règles de la procédure collective (▪ Cass. com., 3 mai 2006, n° 04-18.662 : *JurisData* n° 2006-033484 ; *JCP* N 2007, n° 42, 28, obs. Vauvillé. ▪ Cass. com., 28 juin 2005 : *JCP* E 2005, n° 30, pan. 1132, p. 1267. ▪ CA Angers, 12 févr. 2008 : *JurisData* n° 2008-364302).

2) Faute du notaire. A commis une faute le notaire qui a remis au cédant le prix séquestré d'un fonds de commerce sans s'être assuré du sort des inscriptions grevant le fonds (▪ Montpellier, 18 avr. 2006, n° 04/06259 : *JurisData* n° 2006-313659 ; *JCP* N 2007, n° 45, 28, obs. Rezek).

3) Procédure de distribution. La distribution du prix de vente d'un fonds de commerce séquestré avant le jugement d'ouverture constitue bien une procédure de distribution mobilière au sens des nouvelles dispositions de l'article R. 622-19 du Code de commerce, sans qu'il y ait lieu de faire une distinction entre séquestre conventionnel ou judiciaire, et notamment entre la procédure amiable de distribution et celle confiée au séquestre répartiteur désigné judiciairement dans les conditions prévues à l'article L. 143-21 du même code à défaut de répartition effective dans les trois mois de l'acte de vente (▪ TGI Paris, 18 juin 2008 : *D.* 2008, 1823).

Art. L. 143-22 *(Anc. L. 17 mars 1909 ; mod., Ord. n° 2019-964, 18 sept. 2019)*. **– Lorsque la confiscation d'un fonds de commerce est prononcée par une juridiction répressive en application des articles 225-16, 225-19 et 225-22 du Code pénal et 706-39 du Code de procédure pénale, l'État doit procéder à la mise en vente du fonds confisqué selon les formes prévues par le présent titre dans un délai d'un an, sauf prorogation exceptionnelle de ce délai par ordonnance du président du tribunal judiciaire. Il n'est tenu à l'égard des créanciers qu'à concurrence du prix de vente de ce fonds.**

Cette mise en vente doit être réalisée sous forme d'une annonce légale faite quarante-cinq jours au moins avant la vente, que celle-ci ait lieu par adjudication ou sous forme amiable.

Les sûretés inscrites après la date de la mention de l'engagement des poursuites pour l'une des infractions visées au premier alinéa sont nulles de plein droit sauf décision contraire du tribunal.

L'autorité administrative peut, à tout moment, demander la fixation du loyer à un taux correspondant à la valeur locative des locaux.

Lorsque le propriétaire du fonds confisqué est en même temps propriétaire des locaux dans lesquels le fonds est exploité, il doit être établi un bail dont les conditions sont fixées, à défaut d'accord amiable, par le président du tribunal judiciaire, qui statue dans les formes prévues pour les baux d'immeubles ou de locaux à usage commercial, industriel ou artisanal.

NB : Conformément à l'article 36 de l'ordonnance n° 2019-964 du 18 septembre 2019, ces dispositions entrent en vigueur au 1er janvier 2020.

Art. L. 143-23 *(Anc. L. 17 mars 1909 ; mod., Ord. n° 2019-1169, 13 nov. 2019).* **– Un décret en Conseil d'État détermine les mesures d'exécution des chapitres Ier et II ci-dessus et du présent chapitre, notamment les émoluments à allouer aux greffiers des tribunaux de commerce, les conditions dans lesquelles sont effectuées, à l'Institut national de la propriété industrielle, les inscriptions, radiations et délivrances d'états ou certificats négatifs concernant les ventes, cessions ou nantissements des fonds de commerce qui comprennent des brevets d'invention ou licences, des marques de produits ou de services, des dessins et modèles industriels.**

Il détermine, en outre, les droits à percevoir par le Conservatoire des arts et métiers, pour le service de l'Institut national de la propriété industrielle, sur les inscriptions et mentions d'antériorité, de subrogation et de radiation, les états d'inscriptions ou certificats qu'il n'en existe aucune.

NB : Aux termes du I de l'article 15 de l'ordonnance n° 2019-1169 du 13 novembre 2019, les dispositions issues de la présente ordonnance entrent en vigueur à la date d'entrée en vigueur du décret pris pour son application et au plus tard le 15 décembre 2019.

CHAPITRE IV. – DE LA LOCATION-GÉRANCE

Bibliographie : *Revues.* V. Delfosse, *La location-gérance, une technique de transmission des entreprises : Dr. et patrimoine* 1994, n° 14, p. 20. • Boudineau, *Les revenus issus de la location-gérance : quels changements récents : LPA* 18 mai 2000, p. 4. • Garcon, *La location-gérance d'un fonds de commerce par une commune : JCP* E 2000, p. 1988. • Gouyet, *La location-gérance : un mode de gestion fiscale à part entière ? : JCP* E 2000, p. 2034. • Leloup, *Faut-il supprimer les conditions de mise en location-gérance d'un fonds de commerce ? : RJ com.* 2001, 298. • Keita, *La location-gérance d'un fonds de commerce et le statut des baux commerciaux : JCP* E 2003, comm. 445. • Reygrobellet, *De quelques conséquences imprévues de l'ordonnance du 25 mars 2004 en matière de location-gérance : D.* 2005, 220. • *JCl. Contrats.-distribution*, Fasc. 1440, *Location-gérance. Généralités. Conclusion du contrat* et Fasc. 1445, *Location-gérance. Effets. Cessation du contrat*, par Lebel.

Art. L. 144-1 *(Anc. L. n° 56-277, 20 mars 1956).* **– Nonobstant toute clause contraire, tout contrat ou convention par lequel le propriétaire ou l'exploitant d'un fonds de commerce ou d'un établissement artisanal en concède totalement ou partiellement la location à un gérant qui l'exploite à ses risques et périls est régi par les dispositions du présent chapitre.**

I – IDENTIFICATION

A – Nature juridique

1) Louage de bien meuble incorporel. La location-gérance est un véritable contrat de louage (▪ Paris, 23 févr. 1932 : *Gaz. Pal.* 1932, 1, 950, motifs sous la note *a*. ▪ T. civ. Seine, 22 juill. 1935 : *Gaz. trib.* 1935, 2, 477 ; *RTD com.* 1936, 193, obs. Demogue. ▪ Paris, 18 nov. 1935 : *Gaz. Pal.* 1936, 1, 61. ▪ Cass. com., 9 mars 1953 : *Rev. loyers* 1953, 520).

La location portant sur un fonds de commerce, elle a pour objet un bien meuble incorporel (▪ Cass. com., 21 avr. 1992, n° 90-17.202 : *JurisData* n° 1992-000901 ; *Gaz. Pal.* 1992, 1, pan. jurispr. 188 ; *RTD com.* 1992, 585, obs. Derruppé. ▪ 16 févr. 1993 : *JCP* E 1993, pan. 319).

2) Acte de commerce ou acte mixte. À l'égard du locataire du fonds, le contrat a toujours un caractère commercial (▪ Cass. civ., 14 nov. 1923 : *S.* 1925, 1, 49. ▪ Montpellier, 10 nov. 1951 : *Gaz. Pal.* 1951, 2, 324 ; *RTD com.* 1952, 60, obs. Jauffret, 86, obs. Boitard. ▪ Colmar, 22 nov. 1974 : *RTD com.* 1975, 274, obs. Jauffret).

À l'égard du propriétaire du fonds :

– le contrat est civil s'il a acquis le fonds par donation, legs ou succession et qu'il ne l'a jamais exploité (▪ Bordeaux, 10 mai 1966 : *DS* 1966, 422. ▪ Paris, 8 nov. 2000 : *JCP* E 2000, pan. 1979, pour un usufruitier), et l'inscription du contrat au RCS ne lui confère alors pas la qualité de commerçant (même arrêt. ▪ Paris, 14 févr. 1967 : *JCP* G 1967, IV, 112 ; *D.* 1967, 422) ;

– le contrat est commercial s'il exploitait auparavant le fonds (▪ Paris, 13 mars 1953 : *Gaz. Pal.* 1953, 1, 265).

B – Distinctions

3) Office du juge. Il appartient aux juges de restituer au contrat sa véritable qualification juridique (▪ Cass. com., 8 févr. 1972, n° 70-13.978 : *JurisData* n° 1972-097053 ; *Bull. civ.* IV, n° 53. ▪ Cass. soc., 19 mars 1980 : *Gaz. Pal.* 1980, 2, somm. 445).

4) Apport en jouissance. L'apport en jouissance d'un fonds de commerce à une société, rémunéré par un loyer consistant en l'attribution d'un droit d'associé, n'est pas un contrat de location-gérance (▪ Cass. com., 3 déc. 1991, n° 88-16.695 : *JurisData* n° 1991-003017 ; *Bull. civ.* IV, n° 373 ; *JCP* N 1992, II, 193, note Bonneau ; *JCP* G 1992, I, 3589 n° 3, obs. Viandier et Caussain ; *RTD com.* 1992, 584, obs. Derruppé).

5) Sous-location. La location-gérance ne constitue pas une sous-location interdite par l'article

L. 145-31 du Code de commerce, relatif au bail commercial, mais la location d'un meuble incorporel (■ Cass. com., 9 févr. 1953 : *D.* 1953, 324 ; *RTD com.* 1953, 628, obs. Jauffret. ■ Cass. 2e civ., 2 févr. 1962 : *D.* 1962, 433, note Esmein. ■ Cass. 3e civ., 23 mai 1995, n° 93-13.120 : *JurisData* n° 1995-001229 ; *Bull. civ.* III, n° 127 ; *RTD com.* 1995, 752, obs. Derruppé. – Comp. ■ Cass. com., 2 juin 1958 et 2 juill. 1959 : *JCP* 1960, II, 11501, note Cohen ; *RTD com.* 1960, 308, obs. Jauffret. ■ Paris, 14 mars 1991 : *JurisData* n° 1991-022112 ; *RTD com.* 1991, 380, obs. Derruppé. ■ Cass. com., 29 avr. 1997, n° 94-19.825 : *JurisData* n° 1997-001980 ; *RTD com.* 1997, 630, obs. Derruppé), la jouissance des lieux n'en étant que la conséquence accessoire et nécessaire (■ Cass. 3e civ., 9 juill. 2003, n° 02-11.141 : *JurisData* n° 2003-021993 ; *Bull. civ.* III, n° 148 ; *D.* 2003, p. 2013, obs. Rouquet ; *JCP* E 2003, n° 39, p. 1510 ; *RJDA* 2003, n° 925 ; *LPA* 24 mai 2004, obs. Teilliais. ■ Cass. 3e civ., 19 mars 2008 : *Bull. civ.* III, n° 54 ; *D.* 2008, p. 1056, obs. Rouquet ; *AJDI* 2008, 581, obs. Dumont-Lefrand ; *JCP* E 2009, n° 3, p. 21, obs. Kenfack ; *RJDA* 6/2008, n° 614). La cour d'appel qui, devant qualifier le contrat litigieux, était en droit de déterminer l'intention des parties en recherchant comment le contrat avait été exécuté par elles, et qui, ayant souverainement constaté que le fonds de commerce de Z. après sa fermeture en octobre 2004, n'avait été réouvert qu'à Pâques 2005 par les consorts C.-D. qui y avaient exploité leur propre marque en changeant l'enseigne, a, ainsi, fait ressortir que l'interruption de l'activité précédemment exercée, qui n'avait pas été poursuivie sous la même forme par ceux-ci, s'avérait définitive, avait entraîné la disparition de la clientèle et consécutivement du fonds, a pu en déduire que Z. n'ayant pu donner en location-gérance aucun fonds aux consorts C.-D., mais seulement les locaux dont il était locataire, avait commis une infraction grave aux stipulations du bail justifiant que sa résiliation soit prononcée (■ Cass. com., 17 mars 2005, n° 09-15.433). Comp. ■ Cass. com., 3 juin 2015, n° 13-21.345 : après avoir relevé, par motifs propres et adoptés, d'abord, que les fonds de commerce loués, destinés à la commercialisation de prêt-à-porter et d'accessoires de mode, avaient un caractère particulier en raison de leur exploitation dans un quartier voué à cette activité et bénéficiaient ainsi à la date de conclusion des contrats de location-gérance d'un achalandage important lié à leur situation, ensuite, que la clientèle de ces fonds n'était pas exclusivement attachée aux marques exploitées lors de la conclusion des contrats et pouvait s'adapter à la nouvelle enseigne exploitée, *enfin, qu'il n'était pas établi par la SCI que* les produits proposés par la nouvelle enseigne ne s'adressaient pas aux segments de clientèle visés par les enseignes précédentes, l'arrêt retient que la fermeture temporaire des lieux pendant la durée des travaux, nécessitée par la résiliation des contrats de franchise et l'aménagement des locaux pour l'exploitation de ces derniers sous une nouvelle enseigne, n'a pas été de nature à faire disparaître les fonds de commerce ni à faire perdre à chacune des sociétés sa clientèle préexistante.

Mais requalifiant un contrat de location-gérance en sous-location (■ Cass. com., 16 janv. 1970 : *D.* 1970, somm. 69. – Comp. ■ Paris, 18 mars 1970 : *AJPI* 1971, II, 335, note Viatte ; *RTD com.* 1971, 291, obs. Jauffret. – *Adde*, ■ Cass. 3e civ., 22 avr. 1980, *pourvoi c/ Paris*, 27 avr. 1978 : *Bull. loyers* 1980, n° 322. ■ Cass. 3e civ., 26 nov. 1997, n° 95-20.558 : *JurisData* n° 1997-004668 ; *RJDA* 1/1998, n° 40, le propriétaire s'étant réservé l'exploitation prévue à son propre bail. ■ Cass. 3e civ., 26 juin 2007, n° 04-10.295 : *JurisData* n° 2007-039820 ; *JCP* E 2007, 2190, note Brault, le contrat permettant de changer d'enseigne et ainsi de s'adresser à une autre clientèle, alors que la liquidation du stock révélait la volonté du locataire gérant de liquider un stock qui ne s'inscrivait pas dans son projet et que le montant des loyers se concevait dans la perspective de la cession ultérieure du fonds de commerce. ■ Cass. 3e civ., 7 juill. 2016, n° 15-16.101 : *Lettre distr.* sept. 2016, obs. Dumont-Lefrand).

Ayant retenu à bon droit que la demande tendant à la reconnaissance du statut des baux commerciaux était soumise à la prescription biennale de l'article L. 145-60 du Code de commerce et que le délai de prescription courait à compter de la conclusion du contrat, une cour d'appel, qui a constaté que le contrat de location-gérance avait été conclu le 18 juillet 2003, en a exactement déduit que l'action engagée les 15 et 16 décembre 2008 était prescrite, peu important que le contrat ait été renouvelé par avenants successifs (■ Cass. com., 3 déc. 2015, n° 14-19.146, publié : *Lettre distr.* janv. 2016 et *JCP* E 2016, 1183, obs. Bories).

V. également *infra*, l'hypothèse d'annulation du contrat de location-gérance et de sa requalification en sous-location.

6) Vente. La location-gérance d'un fonds de commerce, suivie à peu de distance de la cession de la plus grande partie du matériel à la société locataire, dissimule une vente de fonds dès lors que le vendeur n'était plus en mesure de reprendre personnellement l'exploitation à l'expiration de la location-gérance, les éléments essentiels et les plus importants du fonds ayant été transférés du patrimoine du propriétaire dans celui de l'entreprise locataire à qui étaient donnés les moyens d'acquérir la clientèle (■ Cass. com., 3 nov. 1983 : *JurisData* n° 1983-702415 ; *Dr. fisc.* 1984, n° 26. – Comp. ■ TGI Reims, 16 juill. 1981 : JurisData n° 1981-000264 ; *JCP* N 1982, II, p. 109, obs. Melin).

7) Bail commercial. La location-gérance se distingue du bail commercial (■ Cass. com., 26 janv. 1993, n° 90-19.621 : *JurisData* n° 1993-000282 ; *RJDA* 6/1993, n° 498. ■ 16 févr. 1993, n° 91-13.277 : *JurisData* n° 1993-000296 ; *Dr. et patrimoine* 1993, n° 5, 27 ; *RJDA* 6/1993, n° 499 ; *Gaz. Pal.* 1993, 2, 311, obs. Barbier. ▪ 7 févr. 1995, n° 92-15.258 : *JurisData* n° 1995-000238 ; *JCP* E 1995, pan. 422, qui refuse la qualification de bail commercial pour une location portant sur la clientèle, l'achalandage et le nom commercial. ▪ Cass. 3ᵉ civ., 14 nov. 1996 : *JurisData* n° 1996-048582 ; *RTD com.* 1997, 227, obs. Derruppé). Le locataire-gérant ne bénéficie pas de la propriété commerciale, sauf s'il a pu créer dans des conditions régulières un fonds distinct de celui qui lui est loué (▪ Cass. com., 22 avr. 1997, n° 94-22.101 : *RJDA* 8-9/1997, n° 1037. – *Adde* ▪ Cass. 3ᵉ civ., 4 nov. 1998 : *JCP* E 1999, p. 1862, n° 5, obs. Monéger. – V. aussi déc. citées *infra*, II. – Conditions de fond).

Mais requalifiant le contrat de bail commercial lorsque le fonds sur lequel est censé porter le contrat de location-gérance n'a plus d'existence dans ses éléments essentiels, que les locataires ont entièrement apporté la clientèle se rapportant aux activités d'hôtellerie et de restauration par lesquelles la commune entendait assurer son développement économique et touristique et dont les locataires tiraient la plus grande partie de leur marge commerciale (▪ Cass. 3ᵉ civ., 30 janv. 2002, n° 00-17.342 : *JurisData* n° 2002-012776 ; *RJDA* 4/2002, n° 342 ; *RTD com.* 2002, 266, obs. Saintourens).

8) Contrat de travail. Le contrat de gérance libre se distingue du contrat de gérance-salariée dans lequel le propriétaire du fonds assume seul les risques de l'exploitation (▪ T. civ. Sables-d'Olonne, 10 mars 1954 : *JCP* G 1954, IV, 63. ▪ Reims, 7 mars 1984 : *JurisData* n° 1984-041419. ▪ Nîmes, 5 juill. 2002 : *RJDA* 3/2003, n° 251) alors que le gérant libre est considéré comme seul exploitant (Comp. ▪ Cass. soc., 30 avr. 1948 : *Bull. civ.* III, n° 450). Mais la dépendance économique du locataire-gérant ne suffit pas à requalifier en contrat de travail, une véritable subordination juridique étant nécessaire (▪ Cass. soc., 19 juin 2013, n° 12-17.913).

9) Contrat de stand. Constitue un contrat de location-gérance d'une fraction du fonds de commerce et non de location d'espace ou de mandat, celui par lequel une société exploitant un supermarché autorise une autre société à ouvrir et tenir un rayon boucherie à l'intérieur de son commerce général d'alimentation (▪ Paris, 31 mars 1994 : *JurisData* n° 1994-021002 ; *D.* 1994, inf. rap. 122).

II – RÉGIME

A – Conditions

10) Formalisme. Le contrat de location-gérance peut être verbal et existe dès lors qu'il est constaté qu'une société indépendante de la société propriétaire du fonds a exploité à ses risques et périls le fonds qui lui a été concédé dans un intérêt économique commun (▪ Cass. com., 23 mars 1999, n° 97-15.000 : *JurisData* n° 1999-001228 ; *JCP* E 1999, p. 1539, note Leveneur ; *LPA* 27 avr. 1999, p. 8, note P.M. ; *D.* 2000, *Cah. dr. aff.* somm. 19, obs. Reygrobellet ; *RJDA* 5/1999, n° 548 ; *RTD com.* 1999, 633, obs. Derruppé).

11) Dol. Commet un dol le propriétaire du fonds qui n'informe pas le locataire-gérant de son intention d'ouvrir un autre point de vente, alors que l'absence de commerce concurrent à proximité était en l'espèce une qualité substantielle du fonds donné en location-gérance (▪ CA Paris, 5 nov. 2008, n° 07/02593 : *RJDA* 3/2009, n° 210) ou de la société pétrolière qui conclut un contrat de locataire-gérance d'une station-service pour une durée maximale de dix ans alors qu'il ne dispose que d'une convention d'occupation précaire du domaine public (▪ Cass. com., 16 déc. 2008, n° 07-19.922 : *JurisData* n° 2008-046311 ; *RJDA* 4/2009, n° 334).

1° Objet

• Un fonds de commerce

12) Identification de la clientèle. Il y a location d'un fonds de commerce lorsque le contrat porte au moins sur l'élément déterminant pour la conservation de la clientèle (▪ Cass. com., 29 mai 1953 : *JCP* 1953, II, 7720 ; *D.* 1953, 599. ▪ 22 juill. 1954 : *JCP* G 1954, IV, 141. ▪ Paris, 11 févr. 1969 : *DS* 1969, somm. 91. ▪ Grenoble, 13 sept. 1995, n° 94/2982 : *JurisData* n° 1995-045359 ; *JCP* E 1996, pan. 551, pour une exploitation dans une station de ski) ou lorsqu'une clientèle existe avant la conclusion du contrat (▪ Cass. com., 1ᵉʳ févr. 1984, n° 82-13.151 : *JurisData* n° 1984-700200 ; *JCP* 1984, IV, 112), celle-ci étant l'élément essentiel sans lequel le fonds ne saurait exister (▪ Cass. com., 29 mai 1953 : *JCP* 1953, II, 7720, note Cohen ; *D.* 1953, 599. ▪ Cass. ass. plén., 24 avr. 1970 : *JCP* G 1970, II, 16489. ▪ Cass. civ., 18 mai 1978 : *RTD com.* 1978, 559, obs. Derruppé. ▪ Cass. com., 13 févr. 2007, n° 05-10.221 : *JurisData* n° 2007-037436 ; *RJDA* 6/2007, n° 607. – V. sur ce point sous art. L. 141-5, annot. n° 10 et s.). La cessation temporaire d'activité n'implique pas en elle-même la disparition de la clientèle, de sorte que si la clientèle du fonds n'a pas pâti de l'interruption de l'exploitation, mais s'est naturellement reconstituée dès la réouverture du fonds au public, l'existence d'une clientèle actuelle et certaine et non future ou potentielle est établie et le fonds de commerce n'a pas disparu à la date de la conclusion du contrat de location-gérance (▪ Cass. 3ᵉ civ., 15 sept. 2010, n° 09-68.521 : *JurisData* n° 2010-016041 ; *Bull. civ.* III, n° 155 ; *RJDA* 1/2011, n° 15 ; *JCP* E 2010, 2065, note Brault ; *D.* 2010, p. 2151. – *Adde* ▪ Cass. 3ᵉ civ., 10 nov. 2009, n° 08-70.110 :

RJDA 1/2010, n° 145 ; *RTD com.* 2010, p. 273, obs. Saintourens).

Eu égard au caractère précaire et révocable de l'occupation du domaine public, le contrat par lequel une commune confie à un particulier l'exploitation d'un bar-restaurant sur une parcelle domaniale ne peut être regardé comme portant sur un fonds de commerce (▪ CAA Bordeaux, 4 nov. 1997, n° 95BX01214 : *JurisData* n° 1997-049394 ; *RJDA* 6/1998, n° 709). La fourniture de nourriture et de repas aux usagers d'un refuge dans le cadre d'un mandat de gestion du refuge ne permet pas au gardien de revendiquer une clientèle indépendante attachée au fonds de commerce et, partant, de conclure un contrat de location-gérance (▪ Cass. 3e civ., 9 sept. 2008 : *Bull. civ.* III, n° 122 ; *RJDA* 10/2008, n° 1012).

Doit être cassé l'arrêt qui requalifie un contrat en location-gérance, après avoir pourtant constaté que l'activité exercée dans les locaux mis à la disposition par un camping à un exploitant était exclusivement accessible à la clientèle du camping, et que, tenu d'assurer au profit de cette dernière une activité de restauration selon des horaires et des types de prestations définis par un cahier des charges, ainsi que de se plier aux impératifs d'animation du camping, l'exploitant ne bénéficiait d'aucune autonomie de fonctionnement, ce dont il résultait que l'activité concédée n'avait pas de clientèle propre (▪ Cass. com., 10 févr. 2021, n° 19-12.690).

13) Sanction. En l'absence ou en cas de disparition de la clientèle, le contrat de location-gérance peut être requalifié de bail commercial (▪ T. civ. Lille, 14 déc. 1949 : *JCP* 1950, II, 5337, note Hémard ; *Rev. loyers* 1950, 532. ▪ T. civ. Sarreguemines, 23 janv. 1951 : *JCP* 1952, II, 6693, note Cohen. – Comp. ▪ T. civ. Marseille, 23 mai 1952 : *JCP* 1953, II, 7777, note Béraud. ▪ Cass. com., 27 avr. 1976 : *Gaz. Pal.* 1976, 1, somm. 167. ▪ 7 févr. 1995 : *D.* 1995, 489, note Coutant. – V. également, dans le même sens, pour une concession d'emplacement sur un marché, ▪ Cass. com., 3 févr. 1970 : *JurisData* n° 1970-097042 ; *Bull. civ.* IV, n° 42. – Mais *contra*, ▪ Cass. com., 7 mars 1978, n° 76-13.388 : *JurisData* n° 1978-098084 ; *Bull. civ.* IV, n° 84) ou de sous-location (▪ Pau, 28 févr. 2008, n° 08/124 : *RTD com.* 2008. 499, obs. Saintourens).

14) Licéité et moralité. V. pour le contrat portant sur une maison de tolérance jugé immoral (▪ Cass. civ., 15 nov. 1938 : *Sem. jur.* 1938, V° *Obligations, 950) et illicite* (▪ *Cass. crim.*, 13 oct. 1965, n° 65-90.173 : *JCP* 1966, II, 14470, concl. Combaldieu).

• **Une contrepartie**

15) Exigence. Le contrat fait naître à la charge du gérant un loyer ou une redevance qui est une condition essentielle de la location-gérance (▪ Cass. com., 11 mai 1971, n° 70-10.809 : *Bull. civ.* IV, n° 129. ▪ Cass. 3e civ., 28 mars 1973 : *JurisData* n° 1973-098237 ; *Bull. civ.* III, n° 237. ▪ Cass. soc., 16 oct. 1980, n° 79-40.332 : *JurisData* n° 1980-705252 ; *JCP* N 1981, prat. 8177 ; *Gaz. Pal.* 1981, 1, somm. 62).

Mais a été jugée valable une location-gérance verbale, sans versement de redevance (▪ Cass. com., 23 mars 1999 : *JCP* E 1999, p. 1539, note Leveneur ; *LPA* 27 avr. 1999, p. 8, note P. M. ; *D.* 2000, *Cah. dr. aff.* somm. 19, obs. Reygrobellet ; *RJDA* 5/1999, n° 548 ; *RTD com.* 1999, 633, obs. Derruppé).

16) Indexation. Le contrat de location-gérance d'un fonds de commerce étant relatif à un bien meuble incorporel et non à un immeuble bâti, n'est pas valable la clause d'indexation d'une redevance due par le locataire-gérant sur l'indice du coût de la construction (▪ Cass. com., 16 févr. 1993 : *JCP* E 1993, pan. 319). La validité de l'indexation sur l'indice du coût de la construction ne peut être écartée sans rechercher si ce dernier n'est pas en relation directe avec la mise à disposition d'un immeuble bâti, stipulée au contrat à titre accessoire, s'accompagnant de travaux mis à la charge du bailleur (▪ Cass. com., 4 nov. 2014, n° 13-18.840, publié).

17) Assujettissement aux cotisations sociales. Il résulte des dispositions de l'article L. 242-1 du Code de la sécurité sociale que, pour le calcul des cotisations sociales, sont prises en compte, dans les conditions prévues à l'article L. 242-11 du même code, les revenus tirés de la location de tout ou partie d'un fonds de commerce, lorsqu'ils sont perçus, même indirectement, par une personne qui réalise des actes de commerce au titre de l'entreprise louée ou y exerce une activité (▪ Cass. 2e civ., 1er juill. 2010, n° 09-14.379 : *JurisData* n° 2010-010539 ; *Bull. civ.* II, n° 133 ; *BRDA* 20/2010, p. 4).

2° Pouvoir

18) Bien commun. Le commerçant ne peut sans le consentement exprès de son conjoint, lorsque ce dernier participe à son activité professionnelle, donner en location le fonds de commerce dépendant de la communauté sous peine de nullité : L. n° 82-596, 10 juill. 1982, art. 2 (V. sous art. L. 121-3, p. 23).

19) Tutelle. En raison des conséquences patrimoniales qu'entraîne la location-gérance, elle ne saurait être considérée comme un acte de simple administration pour les personnes qui administrent le patrimoine d'autrui sans être titulaires d'un droit de jouissance légal (▪ Cass. 1re civ., 26 mars 1966 : *Bull. civ.* I, n° 199 ; *Defrénois* 1966, art. 28839, p. 412. ▪ Cass. 3e civ., 5 mai 1969 : *JCP* G 1969, IV, 160 ; l'intervention du juge des tutelles sera nécessaire).

20) Usufruit. Il résulte de l'article 595 du Code civil que l'usufruitier d'un fonds de commerce peut le donner en location-gérance sans le consentement du nu-propriétaire (■ Cass. 1re civ., 25 nov. 1986, n° 85-10.548 : *JurisData* n° 1986-002362 ; *JCP* G 1987, IV, 43 ; *D.* 1987, 141, note Morin) ; l'article 815-3 du Code civil qui exige le consentement de tous les indivisaires pour la conclusion des baux n'est applicable que dans les rapports entre indivisaires (même arrêt).

21) Redressement judiciaire. V. C. com., art. L. 621-34, L. 621-35, L. 621-97 à L. 621-101.

22) Interdiction conventionnelle. Le bailleur de l'immeuble peut interdire la mise en location-gérance du fonds (■ Cass. civ., 18 juin 1986 : *JurisData* n° 1986-702168 ; *Bull. loyers* oct. 1986, n° 399 ; *Rev. loyers* 1986, p. 362).

23) Agrément. La mise en location-gérance du fonds d'un franchisé entraîne la résiliation du contrat de franchise, sauf agrément du franchiseur (■ CA Paris, 19 nov. 2009, n° 06/22121 : *RTD com.* 2010, p. 274, obs. Saintourens).

B – Obligations des parties

1° Obligation du propriétaire

24) Délivrance. L'obligation de délivrance n'est pas exécutée lorsque le propriétaire d'un fonds de restauration n'a pas averti le locataire-gérant que la licence IV devait être considérée comme périmée (■ Cass. com., 30 juin 1998, n° 96-15.199 : *RJDA* 11/1998, n° 1214). Le bailleur doit mettre à disposition du locataire-gérant un fonds de commerce répondant aux normes légales de sécurité pour lui en permettre l'exploitation régulière (■ Cass. com., 13 juill. 2010, n° 69.170 : *Resp. civ. et assur.* 11/2010, n° 286). Un contrat stipulé incessible n'est pas transféré dans le cadre d'une location-gérance de fonds de commerce, même si le contrat de location-gérance comprend une stipulation aux termes de laquelle le fonds comprenait la gestion du point PMU (■ Cass. com., 20 nov. 2019, n° 18-17.781).

2° Obligation du locataire-gérant

25) Exploitation. Le locataire-gérant doit exploiter le fonds en bon père de famille en évitant de le laisser péricliter (■ Cass. com., 11 janv. 2000, n° 97-21.367 : *RJDA* 4/2000, n° 410. ■ Cass. com., 27 févr. 2001, n° 99-15.730 : *RJDA* 6/2001, n° 680). Tenu à l'expiration du contrat de restituer le fonds en tous ses éléments, le locataire-gérant d'un fonds de commerce doit répondre de la perte de valeur de celui-ci lorsqu'elle est survenue par sa faute (■ Cass. com., 6 mai 2002, n° 00-11.569 : *JurisData* n° 2002-014204 ; *RJDA* 10/2002, n° 1016 ; *JCP* E 2002, pan. 966, jurispr. 1509, note Leveneur ; *RTD com.* 2003, 55, obs. Saintourens).

26) Loyauté. Le locataire-gérant doit veiller à la conservation de la clientèle attachée au fonds sans pouvoir se l'approprier par la création d'un commerce concurrent (■ Cass. com., 4 déc. 2012, n° 11-26.756). Le locataire-gérant qui viole une clause de non-concurrence faisant ainsi perdre au bailleur une partie de sa clientèle et lui créant des difficultés pour retrouver un nouveau locataire doit indemniser le bailleur de son préjudice (■ CA Paris, 26 sept. 2013, n° 12/01999).

27) Responsabilité. La location portant sur un bien incorporel, l'article 1733 du Code civil qui édicte une présomption de responsabilité du preneur en cas d'incendie de la chose louée ne s'applique pas (■ Cass. com., 21 avr. 1992 : *Gaz. Pal.* 1992, 1, pan. jurispr. 188 ; *RTD com.* 1992, 585, obs. Derruppé).

28) Situation des tiers. Sauf clause expresse de l'acte, le locataire-gérant, qui n'est pas l'ayant-cause à titre universel du propriétaire du fonds, n'est pas tenu des obligations personnelles de ce dernier (■ Cass. com., 9 déc. 2008, n° 06-14.414 : *JurisData* n° 2008-046209 ; *D.* 2009, p. 95, obs. Chevrier ; *JCP* E 2009, 1111 ; *Comm. com. électr.* 3/2009, n° 70, note L. Leveneur). Une location-gérance, qui entraîne changement d'employeur pour le personnel de l'ensemble transféré, met en cause les conventions et accords qui régissaient jusque-là ce personnel (■ Cass. 2e civ., 9 avr. 2009, n° 08-12.118). Mais le contrat de location-gérance n'emporte pas, en lui-même, la disparition du caractère distinct de l'entité transférée. Dès lors que son nom commercial est conservé et sa comptabilité est autonome, le juge des référés peut retenir que l'entité économique conserve son autonomie et que l'institution représentative du personnel se maintient dans la nouvelle entreprise (■ Cass. soc., 15 nov. 2011, n° 10-23.609 : *Bull. civ.* V, n° 264).

Art. L. 144-2 *(Anc. L. n° 56-277, 20 mars 1956).* **– Le locataire-gérant a la qualité de commerçant. Il est soumis à toutes les obligations qui en découlent.**

Lorsque le fonds est un établissement artisanal, le locataire-gérant est immatriculé au répertoire des métiers et est soumis à toutes les obligations qui en découlent.

Rédaction future. Lorsque le fonds est un établissement artisanal, le locataire-gérant est immatriculé *(Mots rempl. à compter du 1er janvier 2023, Ord. n° 2021-1189, 15 sept. 2021)* « en tant qu'entreprise du secteur des métiers et de l'artisanat au registre national des entreprises » et est soumis à toutes les obligations qui en découlent.

Voir : C. trav., art. L. 7321-1 et s. (V. – Intermédiaire du commerce).

1) Qualité d'exploitant. Le gérant libre est considéré comme seul exploitant (Comp. ▪ Cass. soc., 30 avr. 1948 : *Bull. civ.* III, n° 450).

2) Soumission au droit social. Le locataire-gérant, notamment gérant de station-service, peut bénéficier de la législation du travail dans les conditions des articles L. 7321-1 à L. 7321-4 du Code du travail (anc. art. L. 781-1 et s. issus de la loi du 21 mars 1941) dès lors qu'il remplit les conditions posées par l'article L. 7321-2 (▪ Cass. soc., 13 janv. 1972, 4 arrêts : *JCP* 1972, II, 17240 *bis*. ▪ Paris, 11 juill. 1975 : *JCP* G 1976, IV, 120 ; *RTD com.* 1975, 803, obs. Jauffret. ▪ Cass. soc., 18 déc. 1975 : *JurisData* n° 1975-000621 ; *D.* 1976, 399, note Jeammaud. ▪ Aix-en-Provence, 12 avr. 1977 : *JurisData* n° 1977-600193 ; *JCP* 1978, II, 18960, note Bizière. ▪ Cass. soc., 12 nov. 1981 : *D.* 1983, 242, note Saint-Jours. ▪ 12 janv. 1983 : *JurisData* n° 1983-700059 ; *JCP* CI 1983, I, 11716, obs. Teyssié. ▪ 23 mai 2000, n° 97-42.063 : *JurisData* n° 2000-002226 ; *RJS* 7-8/2000, n° 881. ▪ Paris, 25 oct. 2001 : *RTD com.* 2002, 38, obs. Saintourens. ▪ 26 nov. 2008, 2 arrêts : *Rev. dr. trav.* 2008, p. 159, obs. Ferrier).

3) Immatriculation. Le défaut d'immatriculation, au registre du commerce et des sociétés, du locataire-gérant d'un fonds de commerce à la date de délivrance du congé au preneur à bail des locaux où est exploité ce fonds n'est pas de nature à priver le preneur du bénéfice du statut des baux commerciaux (▪ Cass. 3e civ., 15 sept. 2010, n° 09-68.251 : *RJDA* 1/2011, n° 15 ; *JCP* E 2010, 2065, note Brault). Le propriétaire du fonds qui reste immatriculé au registre du commerce après l'avoir donné en location-gérance est présumé avoir la qualité de commerçant (▪ Cass. com., 17 févr. 2015, n° 13-27.508, publié : *JCP* E 2015, 1326, note B. Brignon).

4) Publication. L'obligation de publier un contrat de location-gérance de fonds de commerce n'emporte pas, en cas de tacite reconduction, l'obligation de procéder à une nouvelle publicité dans un journal d'annonces légales, si aucune modification n'est intervenue dans la nature de l'exploitation, ni dans la personne de l'exploitant depuis la publication initiale. Par ailleurs, s'agissant des mentions portées au RCS relatives aux « dates du début et du terme de la location-gérance », leur actualisation par voie d'inscription modificative en cas de renouvellement par tacite reconduction d'un contrat de location-gérance à durée déterminée ne s'impose pas si la mention de la date du terme du contrat était suivie de l'indication qu'il est renouvelable par tacite reconduction ; mais s'impose en revanche, dans le cas contraire, pour préciser que le contrat est devenu à durée indéterminée par suite de tacite reconduction (CCRCS, avis n° 2019-004, 15 oct. 2019).

Art. L. 144-3 *(Abr., L. n° 2019-744, 19 juill. 2019).*

Bibliographie : B. Brignon, *Le nouveau visage de la location gérance : JCP* E 2019, 1435.

Rédaction antérieure. Art. L. 144-3 *(Anc. L. n° 56-277, 20 mars 1956 ; mod., Ord. n° 2004-274, 25 mars 2004).* – Les personnes physiques ou morales qui concèdent une location-gérance doivent avoir exploité pendant 2 années au moins le fonds ou l'établissement artisanal mis en gérance.

1) Personnes visées. Les conditions exigées par l'article L. 144-3 doivent avoir été remplies :

– par le loueur et non par son conjoint lorsque celui-ci n'a pas assumé la direction de l'exploitation, même si ce dernier a participé à l'exploitation du fonds (▪ Cass. com., 13 nov. 1963 : *JCP* 1964, II, 13801, note Castro ; *RTD com.* 1964, p. 753, obs. Jauffret) ;

– par le locataire-gérant qui concède l'exploitation à un deuxième preneur (▪ Cass. com., 18 oct. 1994, n° 92-20.721 : *JurisData* n° 1994-001878 ; *D.* 1995, p. 231, note Coutant ; *RJDA* 219/95, n° 138) ;

– par tous les copropriétaires d'un fonds de commerce (▪ Paris, 9 nov. 2001, n° 1999/22350 : *JurisData* n° 2001-159139 ; *RJDA* 3/2002, n° 251).

Une association régie par la loi du 1er juillet 1901 n'a pas la qualité de commerçant et ne remplit donc pas les conditions prévues à l'article L. 144-3 (▪ Cass. com., 19 janv. 1988, n° 87-83.022 : *JurisData* n° 1988-000167 ; *Bull. civ.* IV, n° 33 ; *RTD com.* 1988, p. 420, obs. Derruppé).

2) Notion d'exploitation personnelle. L'exploitation par un gérant, ou un directeur technique ou commercial est suffisante (▪ Cass. com., 22 mai 1970, n° 69-11.300 : *D.* 1970, p. 530, pour un gérant de cantine).

Les conditions légales sont remplies lorsque le preneur a exploité un fonds de commerce pendant le délai légal avant de le transférer dans un nouveau local pris à bail, sans que ce transfert ait pour effet de créer une nouvelle clientèle, compte tenu de la proximité des deux établissements (▪ Cass. civ., 15 juin 1994, n° 92-12.091 : *JurisData* n° 1994-001596 ; *RJDA* 10/1994, n° 1018).

3) Durée de l'exploitation. Le propriétaire du fonds de commerce est obligé d'exploiter le fonds pendant au moins 2 ans avant de le mettre en gérance (▪ Riom, 29 oct. 1982 : *JurisData* n° 1982-043033) ainsi l'acquéreur d'un fonds de commerce déjà en location-gérance ne saurait éviter l'application des conditions de l'article 4 quant à l'exploitation personnelle du fonds pendant au moins 2 ans (V. Rép. min. n° 56422 : *JOAN* 24 déc. 1984, p. 5653, M. Mauger ; *JCP* E 1985, II, 14421) dès lors qu'il a fait l'acquisition du fonds en vue de le donner lui-même en gérance libre (■ Cass. com., 25 juill. 1974 : *Bull. civ.* IV, n° 205. ■ TGI Tulle, 9 oct. 1984 : *JurisData* n° 1984-001168 ; *JCP* G 1985, II, 20375, obs. crit. Raffray ; *RTD com.* 1985, p. 86, obs. crit. Derruppé, infirmé par ■ Limoges, 13 mai 1986 : *JCP* E 1986, II, 20578 ; *JCP* G 1986, II, 14735, note Raffray ; également pour la non-application de l'article 4, dans le même sens que ■ Limoges, 13 mai 1986, préc. ■ TGI Guéret, 22 févr. 1989 : *JurisData* n° 1989-043073 ; *RTD com.* 1989, p. 647, obs. Derruppé).

Il n'est pas nécessaire que la période de 2 ans précède immédiatement le contrat par lequel est concédé le fonds (■ Cass. com., 7 févr. 1995, n° 92-15.258 : *JurisData* n° 1995-000238 ; *D.* 1995, p. 489, note Coutant).

4) Preuve. En cas de contestation, c'est au loueur qu'il appartient de justifier qu'il répondait aux conditions prévues par la loi lors de la conclusion du contrat (■ Cass. com., 18 avr. 2000, n° 98-15.360 : *JurisData* n° 2000-001508 ; *RJDA* 7-8/2000, n° 763 ; *JCP* E 2000, pan. 918, p. 1864, note Leveneur ; *D.* 2000, act. jurispr., p. 255, obs. Monéger-Dupuis ; *RTD com.* 2000, p. 591, obs. Derruppé) ; le juge apprécie souverainement qu'au vu des pièces fournies le loueur ne justifie pas remplir l'une des conditions exigées par l'article 4 (L. 144-3) (même décision).

5) Sanction. Le contrat de location-gérance conclu en violation des conditions exigées du loueur, lesquelles n'ont pas pour finalité la protection des intérêts particuliers des parties, est atteint d'une nullité absolue (■ Cass. 3e civ., 22 mars 2018, n° 17-15.830 : *RTD com.* 2018, p. 317, obs. Saintourens ; *RLDA* nov. 2018, p. 53, étude Couard, V. art. L. 144-10. ■ Cass. com., 4 févr. 1997, n° 94-21.510 : *JurisData* n° 1997-000444 ; *JCP* E 1997, II, 977, obs. Leveneur ; *D.* 1998, p. 153, note Pasqualini et Pasqualini-Salerno ; *RTD com.* 1997, p. 226, obs. Derruppé. ■ Paris, 9 nov. 2001 : *RJDA* 3/2002, n° 251), qui peut donc être invoquée par le propriétaire-bailleur (■ Chambéry, 30 mai 1983 : *Gaz. Pal.* 1983, 2, somm. 422) ou le locataire-gérant (■ Cass. com., 13 nov. 1963, n° 61-11.290 : *Bull. civ.* III, n° 475. ■ Cass. com., 22 juin 1976, n° 75-11.706 : *JurisData* n° 1976-097214 ; *Bull. civ.* IV, n° 214. ■ Cass. com., 4 févr. 1975, n° 73-13.617 : *JurisData* n° 1975-097034 ; *Bull. civ.* IV, n° 34). Toutefois, les contractants ne peuvent invoquer cette nullité à l'encontre des tiers (■ Cass. com., 24 avr. 1985 : *JurisData* n° 1985-001079 ; *Gaz. Pal.* 1985, 2, pan. jurispr. 359. – Comp. ■ Chambéry, 30 mai 1983, cité *supra*).

La nullité du contrat entraîne déchéance du droit au renouvellement du bail commercial (■ Cass. 3e civ., 22 mars 2018, n° 17-15.830, préc.) ainsi que le remboursement par le loueur de toutes les sommes reçues en exécution du contrat sans que puisse lui être allouée une indemnité d'occupation (■ Orléans, 14 juin 2007, n° 07/00409 : *RJDA* 6/2008, n° 645. ■ Cass. 3e civ., 3 déc. 2015, n° 14-22.692, publié : *Lettre distrib.* janv. 2016, obs. Bories, jugeant que la remise des parties dans l'état antérieur à un contrat de location-gérance annulé exclut que le bailleur obtienne une indemnité correspondant au profit tiré par le locataire de l'exploitation du fonds de commerce dont il n'a pas la propriété).

Art. L. 144-4 *(Abr., L. n° 2019-744, 19 juill. 2019).*

Rédaction antérieure. Art. L. 144-4 *(Anc. L. n° 56-277, 20 mars 1956).* – Le délai prévu par l'article L. 144-3 peut être supprimé ou réduit par ordonnance du président du tribunal de grande instance rendue sur simple requête de l'intéressé, le ministère public entendu, notamment lorsque celui-ci justifie qu'il est dans l'impossibilité d'exploiter son fonds personnellement ou par l'intermédiaire de préposés.

1) Hypothèses d'application. – Pour des raisons de santé (■ T. civ. Fontainebleau, 31 mars 1954 : *D.* 1954, p. 414 ; *Gaz. Pal.* 1954, 1, 388. ■ Grenoble, 17 mars 1965 : *JCP* G 1965, II, 14199, note Givord). Mais la dispense accordée à une société *en raison* d'éléments factuels tenant à l'état de santé de son gérant pour « cette location-gérance » n'est pas définitive, de sorte que la société doit en réitérer la demande avant la conclusion de chaque contrat de location-gérance (■ Cass. com., 13 sept. 2017, n° 16-15.049, publié).

– En cas d'impossibilité d'exploiter le fonds par l'intermédiaire d'un préposé (■ T. civ. Cahors, 18 sept. 1954 : *Gaz. Pal.* 1954, 2, 317, sous-note ; *D.* 1955, somm. p. 18. ■ Versailles, 18 janv. 1988, n° 5436/82 : *JurisData* n° 1988-040669 ; *D.* 1988, IR p. 7. ■ CA Rennes, 10 mai 2016, n° 15/06789 : *Lettre distr.* juin 2016, obs. Martin).

– En l'absence de fraude ou d'intention spéculative de la part de l'acquéreur du fonds de commerce (■ Limoges, 13 mai 1985 : *JurisData* n° 1985-699599 ; *JCP* G 1986, II, 20578 ; *JCP* E, II, 14735, note Raffray. ■ CA Rennes, 10 mai 2016, n° 15/06789 : *Lettre distr.* juin 2016, obs. Martin).

– Lorsqu'une activité principale différente empêche le propriétaire de l'exploiter, et qu'il se propose de le sous-louer à la personne qui, en fait, le dirige depuis l'origine (■ Lyon, 8 juin 1971 : *D.* 1971, somm. p. 173 ; *Gaz. Pal.* 1971, 2, 720. – *Adde*, de manière très laxiste, l'autorisation donnée à un agent immobilier qui pour des raisons de disponibilité ne pouvait assumer sa profession d'agent immobilier et celle de poissonnier, ■ TGI Montauban, 12 sept. 1985 : *JCP* G 1986, II, 20706, note Raffray ; *RTD com.* 1986, p. 394, obs. Derruppé).

– Lorsque le fonds a été acquis pour l'établissement d'un enfant (■ Colmar, 20 juin 1961 : *D.* 1962, p. 158).

– Lorsque le recours à des contrats de location-gérance incluant la licence d'exploitation d'un système de restauration rapide permet tout à la fois de protéger efficacement les éléments du système et de procurer à des commerçants responsables (les locataires-gérants), qui ne disposent que de moyens limités d'investissement, une rentabilité satisfaisante de leur mise de fonds, eu égard à la durée de ces contrats, concédés habituellement pour 20 années, et à la notoriété incontestable du système (▪ Versailles, 18 janv. 1988 : *D.* 1988, IR p. 77, préc.).

– En raison d'une opération de refinancement interne d'un groupe de société (▪ Paris, 10 nov. 2004, n° 04/09778 : *JurisData* n° 2004-265036 ; *JCP* E 2005, pan. 539).

2) **Hypothèses de non-application.** – Lorsque le propriétaire du fonds avait la faculté de faire exploiter celui-ci par l'intermédiaire de préposés (▪ T. civ. Briançon, 5 janv. 1954 : *D.* 1954, p. 51 ; *Gaz. Pal.* 1954, 1, somm. p. 26 ; *Rev. loyers* 1954, p. 162. ▪ Colmar, 9 juill. 1954 : *D.* 1954, p. 650).

– Lorsque le fonds de commerce n'a été acquis que pour effectuer un placement (▪ T. civ. Valence, 25 mai 1954 : *JCP* 1954, II, 8189 ; *D.* 1954, p. 432 ; *Rev. loyers* 1954, p. 438. – V. également ▪ Cass. com., 13 nov. 1963 : *JCP* 1964, II, 13801, note Castro. ▪ Paris, 14 oct. 1961 : *JCP* G 1962, IV, 12).

– Lorsque la dispense prévue à l'article L. 144-4 de la loi n'avait pas été obtenue par l'acquéreur d'un fonds de commerce avant la réalisation de l'acquisition (▪ TGI Tulle, 9 oct. 1984 : *JurisData* n° 1984-001168 ; *JCP* N 1984, II, 257, obs. Raffray. – Comp. ▪ Paris, 19 nov. 1963 : *D.* 1964, somm. p. 42).

3) **Condition suspensive.** Le contrat de location-gérance peut valablement être conclu sous la condition suspensive de l'octroi de la dispense judiciaire d'exploitation personnelle du fonds par le loueur pendant 2 ans (▪ Cass. com., 23 janv. 2019, n° 17-24.051 : *JCP* E 2019, 1435, Brignon).

4) **Pouvoirs du juge.** Les juges du fond sont souverains pour apprécier les conditions d'application de l'article L. 144-4 (▪ Cass. com., 11 avr. 1970 : *D.* 1970, 627).

Ils peuvent même accorder une autorisation limitée dans le temps pour permettre au propriétaire du fonds de sauvegarder ses intérêts et de procéder à la cession de son fonds dans de bonnes conditions (▪ T. civ. Toulouse, 22 févr. 1954 : *JCP* 1954, II, 8019 ; *Rev. loyers* 1954, 439).

5) **Sanction.** Le contrat de location-gérance conclu au mépris des termes de l'autorisation judiciaire est nul, la nullité étant d'ordre public peut être invoquée par le loueur et par le gérant (▪ Cass. com., 13 nov. 1963 : *Bull. civ.* III, n° 475. ▪ 11 avr. 1970 : *JurisData* n° 1970-097116 ; *D.* 1970, 627) sauf fraude du loueur (▪ Cass. com., 26 juin 1973, n° 71-12.655 : *Bull. civ.* IV, n° 222. – *Adde*, ▪ Cass. com., 4 févr. 1997 : *JCP* E 1997, II, 977, note Leveneur ; *D.* 1998, 153, note Pasqualini et Pasqualini-Salerno ; *RTD com.* 1997, 226, obs. Derruppé).

La nullité ne peut cependant être invoquée à l'encontre de tiers (▪ Cass. com., 24 avr. 1985 : *JurisData* n° 001079 ; *Gaz. Pal.* 1985, 2, pan. jurispr. 359. – Comp. ▪ Chambéry, 30 mai 1983 : Gaz. Pal. 1983, 2, somm. 422. ▪ Versailles, 3 mai 2001, n° 98/04597 : *JurisData* n° 2001-184134 ; *JCP* E 2001, pan. 1211).

Art. L. 144-5 *(Abr., L. n° 2019-744, 19 juill. 2019).*

Rédaction antérieure. Art. L. 144-5 *(Anc. L. n° 56-277, 20 mars 1956 ; mod., Ord. n° 2004-274, 25 mars 2004 ; L. n° 2011-803, 5 juill. 2011).* – L'article L. 144-3 n'est pas applicable :

1° À l'État ;

2° Aux collectivités territoriales ;

3° Aux établissements de crédit *(Mots aj. à compter du 1er janvier 2014, Ord. L. n° 2013-544, 27 juin 2013)* « et aux sociétés de financement » ;

4° Aux majeurs faisant l'objet d'une mesure de protection légale ou aux personnes faisant l'objet de soins psychiatriques en raison de troubles mentaux dans les conditions fixées par les articles L. 3211-2 et L. 3212-1 à L. 3212-12 du Code de la santé publique, en ce qui concerne le fonds dont ils étaient propriétaires avant la mesure de protection légale ou avant la survenance de l'hospitalisation ;

5° Aux héritiers ou légataires d'un commerçant ou d'un artisan décédé, ainsi qu'aux bénéficiaires d'un partage d'ascendant, en ce qui concerne le fonds recueilli ;

6° À l'établissement public créé par l'article L. 325-1 du Code de l'urbanisme ;

7° Au conjoint attributaire du fonds de commerce ou du fonds artisanal à la suite de la dissolution du régime matrimonial, lorsque ce conjoint a participé à son exploitation pendant au moins deux ans avant la dissolution du régime matrimonial ou son *partage ;*

8° Au loueur de fonds de commerce, lorsque la location-gérance a pour objet principal d'assurer, sous contrat d'exclusivité, l'écoulement au détail des produits fabriqués ou distribués par lui-même ;

9° Aux loueurs de fonds de commerce de cinéma, théâtres et music-halls ;

10° *(10° créé à compter du 1er janvier 2017, L. n° 2014-1104, 1er oct. 2014)* Aux titulaires d'une autorisation de stationnement mentionnée à l'article L. 3121-1 du Code des transports en vue d'assurer l'exploitation de cette autorisation conformément à l'article L. 3121-1-2 du même code.

1) Héritiers. Le conjoint survivant ayant la qualité d'héritier peut donner le fonds de commerce en location-gérance sans remplir les conditions de l'article L. 144-3 (le conjoint survivant ayant la qualité d'héritier, il peut donner ce fonds en location-gérance sans remplir personnellement les conditions prévues à l'article L. 144-3, alinéa 1er (▪ Cass. com., 11 déc. 2007, n° 05-19.145 : *JurisData* n° 2007-041924 ; *RJDA* 3/2008, n° 265 ; *RTD com.* 2008, 500, obs. Saintourens ; *JCP* E 2008, 1499, note Mariot ; *D.* 2008, p. 159, obs. Chevrier).

En déclarant non applicables les dispositions de l'article L. 144-3 aux héritiers, légataires universels d'un commerçant décédé, et aux bénéficiaires d'un partage d'ascendant, l'article L. 144-5 n'a pris en considération que certains modes de transmission du fonds recueilli, au nombre desquels ne figure pas la fusion de société (▪ Aix-en-Provence, 16 janv. 1981 : *Bull. Aix* 1981, 3, p. 39, n° 167).

2) Champ d'application. Un fonds de commerce portant sur la production et la diffusion sur tous supports, et par le biais d'abonnements à des chaînes thématiques, de programmes audiovisuels, n'entre pas dans le champ de l'exception de l'article L. 144-5 (▪ Versailles, 3 mai 2001 : *JCP* E 2001, pan. 1211).

Art. L. 144-6 *(Anc. L. n° 56-277, 20 mars 1956).* **– Au moment de la location-gérance, les dettes du loueur du fonds afférentes à l'exploitation du fonds peuvent être déclarées immédiatement exigibles par le tribunal de commerce de la situation du fonds, s'il estime que la location-gérance met en péril leur recouvrement.**

L'action doit être introduite, à peine de forclusion, dans le délai de trois mois à dater de la publication du contrat de gérance *(Mots rempl., L. n° 2019-486, 22 mai 2019)* **« sur un support » habilité à recevoir les annonces légales.**

Art. L. 144-7 *(Anc. L. n° 56-277, 20 mars 1956 ; L. n° 2016-1691, 9 déc. 2016).* **– Jusqu'à la publication du contrat de location-gérance, le loueur du fonds est solidairement responsable avec le locataire-gérant des dettes contractées par celui-ci à l'occasion de l'exploitation du fonds.**

1) Codification. L'abrogation de l'article 8 de la loi du 20 mars 1956 à la suite de sa codification à droit constant ne modifie ni la teneur des dispositions transférées ni leur portée (▪ Cass. com., 4 avr. 2006, n° 05-10.403 : *JurisData* n° 2006-033066 ; *RJDA* 10/2006, n° 1017).

2) Interprétation. L'article L. 144-7 du Code de commerce instaure une exception au principe de la relativité des conventions et doit donc être interprété strictement (▪ CA Paris, 15 oct. 2009, n° 07/11161 : *JurisData* n° 2009-379738 ; *RJDA* 5/2010, n° 500).

I – DES DETTES D'EXPLOITATION

3) Principe. Les dettes dont doit répondre le bailleur doivent être contractées par le locataire-gérant à l'occasion de l'exploitation et répondre aux nécessités de cette exploitation (▪ Cass. com., 8 janv. 1980, n° 78-13.674 : *JurisData* n° 1980-098013 ; *Bull. civ.* IV, n° 13 ; *JCP* G 1980, II, 19358, note A.S. ; *RTD com.* 1980, 318, obs. Derruppé. ▪ Paris, 18 mars 1981 : *JurisData* n° 1981-020553 ; *D.* 1981, inf. rap. 533. ▪ Paris, 26 janv. 1984 : *JurisData* n° 1984-020070. ▪ Cass. com., 22 janv. 1991, n° 88-16.009 : *JurisData* n° 1991-000220 ; *D.* 1991, inf. rap. 53).

Le principe est celui d'une application restrictive de la responsabilité du loueur pour dettes du gérant (▪ Cass. com., 16 janv. 1985, n° 83-13.852 : *JurisData* n° 1985-700227 ; *JCP* G 1985, IV, p. 120 ; *Gaz. Pal.* 1985, 2, pan. jurispr. 172).

Le loueur est responsable des dettes du locataire-gérant substitué lorsqu'il n'a pu ignorer la subtitution (▪ Cass. com., 21 nov. 1989, n° 87-17.707 : *Bull. civ.* IV, n° 293).

4) Dettes visées.

– Les dettes fiscales, telles que les impôts directs établis à raison de l'exploitation du fonds (▪ CE, 5 janv. 1972 : *Gaz. Pal.* 1972, 2, 260) ; la TVA dont le fait générateur est intervenu au cours de la période, même si la déclaration que le locataire-gérant aurait dû souscrire était intervenue à une date à laquelle le loueur n'était plus tenu (▪ CAA Nantes, 26 mai 2004, n° 00NT01349 : *JurisData* n° 2004-259742 ; *RJDA* 1/2005, n° 29) ;

– Les cotisations sociales (▪ Cass. com., 4 mai 1999, n° 97-14.031 : *JurisData* n° 1999-001983 ; *JCP* E 1999, pan. 1079 ; *LPA* 127 mai 1999, p. 13, obs. P.M. ; *RJDA* 7/1999, n° 780 ; *D. affaires* 1999, 893, obs. Y.R. ; *D.* 2000, *Cah. dr. aff.* 135, note Langlès ; *RTD com.* 1999, 635, obs. Derruppé, cassant ▪ Basse-Terre, 13 janv. 1997 : RJDA 2/1998, n° 167).

5) Dettes exclues.

– D'une manière générale, la dette personnelle au locataire gérant et étrangère à l'exploitation du fonds loué (▪ T. com. Seine, 17 mai 1965 : *Journ. agréés* 1965, 294, note J.-F. M. – Comp. ▪ Cass. com., 3 juill. 1968 : *Bull. civ.* IV, n° 315), ainsi que les dettes correspondant à des dépenses non nécessaires, car destinées à développer une activité annexe, ou non indispensable à l'exploitation (▪ Paris, 17 janv. 2008, n° 04/04813 : *RJDA* 7/2008, n° 792).

Même si la dette est en rapport avec l'exploitation du fonds, le loueur est condamné à en payer seulement la moitié en raison du fait que le locataire-gérant avait réalisé une extension du fonds qui n'était pas nécessaire à l'exploitation (▪ Cass. com., 24 juin 1986, n° 84-17.281 : *JurisData* n° 1986-001309 ; *JCP* G 1986, IV, 260 ; *RTD com.* 1987, 41, obs. Derruppé).

Sont, notamment, exclues :

– La dette contractée à une période où le locataire-gérant n'avait pas encore cette qualité (▪ Cass. com., 26 mai 1992, n° 89-18.926 : *JurisData* n° 1992-001225 ; *Bull. civ.* IV, n° 207 ; *RJDA* 1992, n° 819).

– La dette contractée par le gérant pour assurer le paiement d'un cautionnement exigé par le propriétaire (▪ Cass. 3ᵉ civ., 19 févr. 1969 : *D.* 1969, somm. 82. ▪ Cass. 3ᵉ civ., 6 juin 1972 : *JCP* G 1973, II, 17332, note A.S. ; *RTD com.* 1973, 73), sauf s'il s'agit de prêts en vue de payer les marchandises destinées à garnir le fonds (▪ Cass. com., 8 févr. 1972 : *Bull. civ.* IV, n° 52). Le dépôt de garantie prévu par le contrat de location-gérance et versé au propriétaire du fonds dans la mesure où il est sans lien avec l'exploitation du fonds et non nécessaire à son exploitation (▪ CA Paris, 15 oct. 2009 : *RJDA* 5/2010, n° 500).

– La dette de cotisation de retraite vieillesse d'un commerçant, dette strictement personnelle à celui-ci et qui n'est pas une nécessité propre de l'exploitation du fonds (▪ Cass. 3ᵉ civ., 6 juin 1972, 2ᵉ arrêt : *JCP* G 1973, II, 17332, note A.S. ▪ Cass. com., 8 févr. 1972 : *Bull. civ.* IV, n° 52. – Comp. ▪ Cass. 3ᵉ civ., 13 déc. 1971 : *JCP* CI 1972, II, 10722).

– La dette née de travaux d'amélioration ou d'agrandissement (▪ Cass. com., 16 janv. 1985 : *JCP* G 1985, IV, 120 ; *RTD com.* 1986, 73, obs. Derruppé).

– La dette fondée sur les délits ou quasi-délits du gérant locataire (▪ Cass. req., 3 déc. 1935 : *Gaz. Pal.* 1936, 1, 519).

II – UNE RESPONSABILITÉ SOLIDAIRE

A – Nature

6) Protection des tiers. La responsabilité solidaire du loueur avec le locataire-gérant des dettes contractées par celui-ci à l'occasion de l'exploitation du fonds n'est instituée que dans l'intérêt des créanciers et non dans l'intérêt du locataire-gérant (▪ Cass. com., 16 janv. 1996, n° 93-21.335 : *JurisData n° 1996-000142 ; D. 1996*, inf. rap. 48).

7) Caractère commercial. La responsabilité solidaire qui pèse sur le loueur d'un fonds de commerce en vertu de l'article L. 144-7 a un caractère commercial, et le tribunal de commerce est compétent (▪ Cass. com., 22 janv. 1991, n° 88-16.009 : *JurisData* n° 1991-000220 ; *Bull. civ.* IV, n° 40 ; *RTD com.* 1991, 181, n° 1, obs. Derruppé).

8) Recours du bailleur. Lorsque le bailleur a désintéressé un créancier il devrait faire un recours contre le gérant, débiteur principal et exclusif de la dette (V. cependant en application du décret de 1953 et de manière contestable, ▪ Cass. com., 29 oct. 1963 : *D.* 1964, somm. 58), le recours du loueur contre le gérant a été admis lorsque la dette a été contractée dans l'intérêt exclusif de ce dernier (▪ Cass. com., 17 juill. 1978, n° 77-12.110 : *JurisData* n° 1978-099193 ; *Bull. civ.* IV, n° 201).

La responsabilité du bailleur en cas de dette du locataire-gérant du fonds de commerce, si elle profite aux tiers, ne prive pas le recours du bailleur contre le gérant libre pour le recouvrement du prix des marchandises qu'il a pu lui livrer en qualité de fournisseur (▪ Paris, 26 janv. 1984 : *JurisData* n° 1984-020070 ; *D.* 1984, inf. rap. 75).

B – Limites

9) Faute du tiers. Un créancier peut perdre le bénéfice de la garantie solidaire du loueur instituée par l'article L. 144-7 s'il a lui-même commis une faute dans le recouvrement de sa créance envers le locataire-gérant (▪ Cass. com., 13 mai 1981, n° 79-16.224 : *JurisData* n° 1981-701766 ; *Bull. civ.* IV, n° 229. – V. ▪ Cass. com., 2 juill. 2002, n° 00-18.243 : *RJDA* 12/2002, n° 1267, qui exclut la faute de l'URSSAF pour la mise en recouvrement de sa créance). La faute d'imprudence d'un fournisseur, qui a laissé le locataire-gérant d'un fonds de commerce s'endetter à son égard de manière excessive, est de nature à exonérer, en tout ou partie, le loueur de ce fonds de la garantie prévue à l'article L. 144-7 (▪ Cass. com., 17 oct. 1995, n° 93-13.498 : *JurisData* n° 1995-002568 ; *Bull. civ.* IV, n° 238 ; *RJDA* 1/1996, n° 54. – Comp. ▪ T. com. Chambéry, 11 déc. 1998 : *JurisData* n° 1998-713331 ; *RJDA* 7/99, n° 781). Mais pour se prévaloir de l'article L. 144-7, l'organisme de crédit n'a pas à surveiller l'utilisation effective ultérieure du crédit par le locataire-gérant (▪ Cass. com., 15 juin 1993, n° 91-17.123 : *JurisData* n° 1993-001493 ; *Bull. civ.* IV, n° 248).

L'article L. 144-7 est d'interprétation stricte et seuls les tiers de bonne foi peuvent en invoquer le bénéfice (▪ Paris, 28 juin 2002, n° 2000/17664 : *JurisData* n° 2002-198841 ; *RJDA* 12/2002, n° 1266).

10) Nullité du contrat. L'article L. 144-7 ne s'applique pas à l'encontre du propriétaire du fonds qui avait loué immédiatement après son acquisition sans avoir satisfait aux obligations des articles L. 144-3 et L. 144-4, le contrat de location-gérance étant alors déclaré nul (▪ Chambéry, 30 mai 1983 : *Gaz. Pal.* 1983, 2, somm. 13) sauf fraude du loueur

(■ Cass. com., 26 juin 1973, n° 71-12.655 : *D.* 1973, inf. rap. 182).

C – Durée

11) Pour le calcul du *point de départ* du délai de six mois, la publicité visée par l'article L. 144-7 est uniquement celle de l'*avis à insérer dans un journal d'annonces légales* (■ Cass. com., 7 janv. 1992, n° 90-10.444 : *D.* 1992, inf. rap. 52 ; *RTD com.* 1992, 355, obs. Derruppé. – Comp. ■ Cass. com., 11 mai 1999, n° 96-13.795 : *JurisData* n° 1999-002022 ; *JCP* E 1999, pan. 1079). Par ailleurs, il faut retenir la date de naissance de la dette et non celle de son échéance (■ Cass. com., 19 nov. 1975 : *JurisData* n° 1975-097277 ; *JCP* 1976, II, 18300, note A.S. ■ Cass. com., 25 nov. 1986, n° 85-11.466 : *JurisData* n° 1986-002385 ; *JCP* G 1987, IV, 43).

12) Lorsque la dette est née pendant le délai légal, les créanciers du gérant peuvent agir à n'importe quel moment, même après l'expiration du délai de six mois (■ Montpellier, 18 mars 1982 : *JurisData* n° 0112. – *Contra* ■ T. com. Chaumont, 6 nov. 1970 : *DS* 1971, somm. 140 ; *RTD com.* 1971, 54, note Jauffret).

13) En cas de *tacite reconduction, la publication n'a pas à être renouvelée* si aucune modification n'est intervenue dans la nature de l'exploitation, ni dans la personne de l'exploitant depuis la publication initiale (■ Aix-en-Provence, 9 janv. 1964 : *JCP* 1964, II, 13780, note crit. Savatier ; *RTD com.* 1964, 56, note Jauffret. – Confirmé par ■ Cass. com., 7 juill. 1966, n° 64-11.614 : *JCP* 1966, II, 14842, note Nectoux ; *RTD com.* 1966, 908. ■ Cass. com., 3 mars 1992 : *Bull. civ.* IV, n° 104. ■ Cass. com., 16 janv. 1996 : *JCP* E 1996, pan. 331). – V. cpdt pour une nouvelle publicité dès lors que les parties ne se sont pas contentées de la tacite reconduction mais ont conclu un nouveau contrat en redéfinissant leurs obligations (■ Cass. com., 13 déc. 1971, n° 70-13.983 : *JurisData* n° 1971-097299 ; *JCP* 1972, II, 17120). – V. dans le même sens, reconnaissant l'existence de deux contrats successifs et non la continuation du contrat de location-gérance antérieur, ce qui obligeait le bailleur à procéder à une nouvelle publicité (■ Versailles, 16 avr. 1986 : *D.* 1986, inf. rap. 310 ; *RTD com.* 1986, 515, obs. Derruppé).

14) Le *défaut de publicité* du contrat de location-gérance n'entraîne pas la nullité du contrat (■ TGI Seine, 25 févr. 1966 : *RTD com.* 1967, 129, note Jauffret) cela empêche le délai de six mois, à l'expiration duquel les dettes contractées par le gérant n'incomberont plus au bailleur, de courir ; le bailleur reste donc tenu solidairement avec le gérant (■ Nîmes, 14 nov. 1984 : *JurisData* n° 1984-0609) ; sans qu'il y ait lieu de rechercher si le créancier a eu connaissance de la mise en location-gérance du fonds (■ Cass. com., 7 janv. 1992, n° 90-10.444 : *Bull. civ.* IV, n° 5 ; *RTD com.* 1992, 355, obs. Derruppé. ■ Cass. com., 4 mai 1999 : *JCP* E 1999, pan. 1079 ; *LPA* 27 mai 1999, p. 13, obs. P.M. ; *RJDA* 7/1999, n° 780 ; *D. affaires* 1999, 893, obs. Y.R. ; *D.* 2000, *Cah. dr. aff.* 135, note Langlès ; *RTD com.* 1999, 635, obs. Derruppé, cassant ■ Basse-Terre, 13 janv. 1997, n° 9600196 : *JurisData* n° 1997-046017 ; *RJDA* 2/1998, n° 167. – *Contra* ■ T. com. Paris, 25 janv. 1993 : *JurisData* n° 1993-020989 ; *RJDA* 6/93, n° 500, qui considère qu'une lettre recommandée avec accusé de réception envoyée par le propriétaire aux fournisseurs est un moyen d'information beaucoup plus sûr qu'une publication).

15) Une *responsabilité* d'ordre délictuel ou quasi délictuel peut demeurer à la charge du bailleur en cas de défaut de publicité suffisante de nature à tromper les tiers (■ Cass. com., 4 janv. 1958 : *Bull. civ.* III, n° 4. ■ Paris, 16 mars 1960 : *JCP* G 1960, IV, 143. ■ Paris, 22 déc. 1980 : *Bull. civ.* IV, n° 439. – Comp. ■ Cass. com., 19 janv. 1981, n° 79-11.339 : *JurisData* n° 1981-700120 ; *JCP* G 1981, IV, 117).

16) Les créanciers peuvent agir contre le loueur ou le locataire-gérant suivant les *principes de la solidarité* (■ Paris, 15 déc. 1953 : *JCP* 1954, II, 8158, note Savatier) ; le créancier n'est pas tenu de déclarer sa créance dans la procédure collective ouverte contre le locataire-gérant avant d'agir contre le loueur du fonds (■ Reims, 17 oct. 1984 : *JurisData* n° 1984-042617).

Code général des impôts

Art. 1684. – [...].

3. *(Al. mod. in fine, L. n° 2016-1691, 9 déc. 2016)* **Le propriétaire d'un fonds de commerce est solidairement responsable avec l'exploitant de cette entreprise, des impôts directs établis à raison de l'exploitation de ce fonds jusqu'à la publication du contrat de location-gérance.**

[...].

L'article 1684, 3 du Code général des impôts dispose que le propriétaire d'un fonds de commerce est solidairement responsable avec l'exploitant de cette entreprise, des impôts directs établis à raison de l'exploitation de ce fonds. Cette responsabilité qui n'est pas limitée dans le temps, s'applique uniquement aux impôts liés à l'exploitation du fonds de commerce laissés impayés par l'exploitant. Elle trouve son fondement dans le fait que ce dernier ne dispose pas d'actif pour garantir le recouvrement de ces impôts. Cependant, le propriétaire peut se prémunir contre une éventuelle mise en cause en exigeant le dépôt d'un cautionnement lors de la signature du contrat de location gérance. Par ailleurs, au cours de la période d'exploitation, il lui est possible de se tenir informé sur l'évolution de la situation fiscale du locataire-gérant. En effet, l'article L. 105 du Livre des procédures fiscales dispose que les comptables chargés du recouvrement des impôts directs délivrent des bordereaux de situation aux personnes qui en font la demande dans la mesure où ces documents concernent les contribuables eux-mêmes ou les personnes auxquelles le paiement de l'impôt peut être demandé à leur place. Enfin, si le propriétaire du fonds de commerce est mis en cause pour recouvrer les impôts laissés impayés, il lui est toujours possible de présenter au trésorier-payeur général une demande en décharge de responsabilité sur les fondements de l'article L. 247 du Livre des procédures fiscales précisant que l'administration peut décharger de leur responsabilité les personnes tenues au paiement d'impositions dues par un tiers (Rép. min., n° 88748, F. Sauvadet : *JOAN* Q, 27 juin 2006, p. 6833).

La solidarité de paiement prévue par l'article 1684, 3° du CGI ne s'étend pas à la majoration pour mauvaise foi dont les impôts directs qu'il vise peuvent être assortis (▪ CE, 28 juill. 2011, n° 313279 : *JCP* E 2011, 1711 ; *RTD com.* 2011, p. 721, obs. Saintourens).

Art. L. 144-8 *(Anc. L. n° 56-277, 20 mars 1956 ; mod., L. n° 2019-744, 19 juill. 2019).* **– L'article L. 144-7 ne s'applique pas aux contrats de location-gérance passés par des mandataires de justice, chargés, à quelque titre que ce soit, de l'administration d'un fonds de commerce, à condition qu'ils aient été autorisés aux fins desdits contrats par l'autorité de laquelle ils tiennent leur mandat et qu'ils aient satisfait aux mesures de publicité prévues.**

1) **Principe.** La responsabilité du bailleur postérieurement à la publication ne joue pas dans les contrats de location-gérance passés par les mandataires de justice dans les conditions prévues à l'article L. 144-8 (▪ Toulouse, 6 déc. 1966 : *RTD com.* 1967, 251, obs. Houin).

2) **Limite.** Cependant, l'exonération de solidarité ne peut bénéficier à l'administrateur judiciaire qui, sans mandat spécial, renouvelle la location-gérance pour deux périodes successives (▪ Cass. com., 13 déc. 1971, 1re esp. : *JCP* G 1972, II, 17120, note A.S.T.).

L'intervention de l'autorité compétente fait seulement disparaître la responsabilité solidaire pour les dettes contractées par le locataire-gérant dans les six mois de la publicité (même arrêt).

Art. L. 144-9 *(Anc. L. n° 56-277, 20 mars 1956).* **– La fin de la location-gérance rend immédiatement exigibles les dettes afférentes à l'exploitation du fonds ou de l'établissement artisanal, contractées par le locataire-gérant pendant la durée de la gérance.**

I – CESSATION DE LA LOCATION-GÉRANCE

A – Causes

1° Résiliation

• Conditions de fond

1) **Préavis.** Les tribunaux se reconnaissent la faculté d'accorder un délai plus long en cas de préavis trop bref donné par l'une des parties (▪ Cass. com., 10 oct. 1967, n° 65-12.365 : *D.* 1968, somm. 23).

2) ***Prohibition des engagements perpétuels.*** Un contrat qui ne permettrait pas à chacune des parties de le faire cesser après une durée déterminée ou moyennant préavis serait considéré comme perpétuel et par conséquent nul (▪ Cass. civ., 20 mars 1929 : *Gaz. Pal.* 1929, 1, 723).

3) **Rupture du bail commercial.** Le refus de renouvellement du bail des locaux commerciaux ne peut être une cause de rupture unilatérale d'un contrat de location-gérance quand une instance est pendante devant une autre juridiction pour statuer sur la demande d'indemnité d'éviction du propriétaire du fonds, et qu'en l'absence de paiement de cette indemnité, le loueur avait droit au maintien dans les lieux (▪ Cass. com., 24 mars 1998, n° 96-19.447 : *RJDA* 8-9/1998, n° 981. – Comp. ▪ Cass. com., 24 sept. 2003, n° 00-22.728 : *JurisData* n° 2003-020337 ; *RJDA* 3/2004, n° 303).

4) **Clause résolutoire.** L'article L. 145-41 sur les baux commerciaux est inapplicable au contrat de location-gérance ; les juges ne peuvent s'appuyer sur ce texte pour accorder des délais au locataire-gérant en vue de payer les causes du commandement et suspendre pendant ces délais la réalisation et les effets de la clause résolutoire (▪ Paris, 18 janv. 1984 : *D.* 1984, inf. rap. 175).

5) Procédure collective. Le redressement judiciaire du locataire-gérant ne met donc pas fin au contrat de location-gérance.

Voir : C. com., art. L. 622-13. – *Adde*, C. com., art. L. 642-14 et s.

• Conditions de forme

6) Caractère non équivoque. Lorsque l'une des parties donne congé à l'autre, ce congé ne doit pas être équivoque ; sinon il ne vaudrait pas dénonciation du contrat (■ Cass. com., 9 mars 1970, n° 67-14.193 : *JurisData* n° 1970-097087 ; *Bull. civ.* IV, n° 87).

7) Acte extra-judiciaire. Il est mis valablement fin au contrat par exploit d'huissier, même si le contrat prévoyait l'envoi d'une lettre recommandée avec demande d'avis de réception (■ Cass. 3e civ., 11 déc. 1984 : *JurisData* n° 1984-702136 ; *Gaz. Pal.* 1985, 1, pan. jurispr. 122).

2° *Nullité*

8) Domaine. Seules sont sanctionnées par la nullité les prescriptions de la loi concernant la conclusion même du contrat et non celles relatives à la publicité qui n'ont pour objet que l'information des tiers (■ Cass. com., 5 mars 1969, n° 67-11.851 : *Bull. civ.* IV, n° 86 ; V. annot. sous art. L. 144-10).

3° *Caducité*

9) Disparition du fonds. La résiliation peut être prononcée pour exploitation insuffisante qui disperserait la clientèle (Comp. ■ Cass. com., 8 févr. 1966 : *Bull. civ.* III, n° 82) ou bien si le fonds venait à disparaître à la suite d'un événement imprévisible, en application par analogie des dispositions de l'article 1722 du Code civil : par exemple, à la suite d'une fermeture pour décision administrative ou judiciaire (■ Cass. crim., 20 janv. 1960 : *JCP* G 1960, II, 11774, note Langeais) ou pour cause d'intérêt public (■ Cass. civ., 14 janv. 1941 : *DA* 1941, 66) lorsque cette expropriation entraîne perte de la clientèle.

Mais dans un cas où, malgré un incendie, le loueur d'un fonds de commerce ne justifie pas de la destruction totale de l'immeuble, l'exploitation pouvant être reprise après travaux, le contrat de location-gérance subsiste et le loueur doit assurer la pérennité du fonds (■ Cass. com., 24 mai 1998 : *RJDA* 8-9/1998, n° 980).

B – Effets

1° *Restitutions*

10) Éléments du fonds. Le locataire-gérant doit restituer tous les éléments servant à rallier la clientèle, en particulier l'enseigne utilisée pendant la location-gérance, bien qu'elle diffère de celle qui existait à l'origine par suite d'adjonctions ou de modifications apportées par le locataire-gérant (■ Fort-de-France, 12 mars 1981 : *JurisData* n° 1981-601276 ; *JCP* G 1981, IV, 386). La restitution doit comprendre tous les éléments qui ont fait partie de la location. (Sur l'application du principe en ce qui concerne la licence d'un débit de boissons ■ T. civ. Brive, 14 oct. 1925 : *Gaz. Pal.* 1925, 2, 616).

Toutefois, l'obligation de restituer le fonds en tous ses éléments en l'état où il se trouvait lors de la conclusion du contrat n'implique pas celle de rendre un fonds ayant nécessairement la même valeur marchande qu'en début de contrat (■ Cass. com., 19 mai 1998, n° 95-21.950 : *JurisData* n° 1998-002497 ; *RJDA* 10/1998, n° 1103).

11) Stocks. Sauf disposition contractuelle contraire, le bailleur n'est pas tenu de reprendre le stock à l'expiration du contrat de location-gérance (■ Cass. com., 23 mars 1999, n° 97-15.700 : *JurisData* n° 1999-001226 ; *JCP* E 1999, pan. 888 ; p. 1782, note Leveneur ; *LPA* 27 avr. 1999, p. 7, note P.M. ; *RJDA* 5/1999, n° 549 ; *RTD com.* 1999, 636, obs. Derruppé. – *Contra*, ■ Paris, 10 juin 1992 : *JurisData* n° 1992-021541 ; *RJDA* 12/1992, n° 1123).

12) Détériorations. Le propriétaire a droit au paiement de dommages-intérêts pour détérioration du matériel d'autant que le gérant s'était engagé à restituer en nature les objets loués en bon état de fonctionnement (■ Cass. com., 4 nov. 1982 : *JurisData* n° 1982-702470 ; *Gaz. Pal.* 1983, 1, pan. jurispr. 94).

L'article 1732 du Code civil, relatif aux baux des maisons et des biens ruraux, ne s'applique pas aux rapports entre loueur et locataire-gérant d'un fonds de commerce (■ Cass. com., 2 juill. 1996, n° 93-14.130 : *JurisData* n° 1996-002933 ; *JCP* E 1996, pan. 1051 ; *RJDA* 12/1996, n° 1469. ■ Cass. 3e civ., 13 oct. 1999, n° 97-16.614 : *JurisData* n° 1999-003584 ; *JCP* 2000, p. 758, note Leveneur ; *RTD com.* 2000, 592, obs. Derruppé) ; il résulte que l'engagement solidaire des gérants successifs d'exécuter les obligations mises à leur charge par le contrat obligeait l'un quelconque d'entre eux à payer au loueur la valeur du matériel perdu (■ Cass. com., 2 juill. 1996, préc.).

Le locataire-gérant, qui s'est obligé à remettre en état à l'identique les agencements en fin de contrat et, à défaut, à indemniser le loueur des objets qui viendraient à être perdus, volés ou détériorés pour quelque cause que ce soit, ne peut pas refuser d'indemniser le loueur en faisant valoir que celui-ci avait reloué le fonds, que les agencements manquants ne lui étaient d'aucune utilité ou qu'ils étaient sans valeur en raison de leur amortissement fiscal (■ CA Paris, 4 juill. 2012, n° 10/20561 : *JurisData* n° 2012-015918 ; *RJDA* 11/12, n° 952 ; *RTD com.* 2012, p. 722, obs. Saintourens).

13) Disparition. La rupture du contrat de location-gérance ne peut donner lieu à restitution du fonds, en l'absence de matériel et de clientèle effective (▪ Cass. com., 9 juill. 2019, n° 18-12.373).

14) Sanction. Si le locataire-gérant ne restitue pas le fonds une expulsion peut être ordonnée par voie de référé (▪ Cass. com., 3 oct. 1972, n° 71-14.123 : *JurisData* n° 1972-097230 ; *Bull. civ.* IV, n° 230) ; il pourra être condamné à verser une indemnité d'occupation pour la période d'exploitation du fonds sans droit (▪ Cass. com., 17 mai 1966 : *Bull. civ.* III, n° 255).

2° *Indemnisation*

15) Indemnité de non-renouvellement. Le bénéfice de la propriété commerciale est refusé aux locataires-gérants, les articles L. 145-1 et suivants ne s'appliquent qu'à des baux dont l'objet est de nature immobilière et ne profite qu'au propriétaire (▪ Cass. 3e civ., 10 juin 1981, n° 79-14.937 : *JurisData* n° 1981-702267 ; *Rev. loyers* 1981, p. 429, note J.V. ▪ Cass. 3e civ., 25 janv. 1983, n° 81-13.588 : *JurisData* n° 1983-700703 ; *JCP* N 1983, prat. 8826).

Il en va différemment si le locataire-gérant s'est constitué une clientèle personnelle dans une activité indépendante (▪ Cass. civ., 22 mai 1968, n° 66-12.746 : *JurisData* n° 1968-700230 ; *JCP* G 1969, II, 15784, note Boccara. – Comp. ▪ Cass. 3e civ., 10 mai 1968, n° 65-14.386 : *JurisData* n° 1968-099198 ; *Bull. civ.* III, n° 198).

16) Indemnité de plus-values. Le locataire-gérant ne peut réclamer aucune indemnité pour les augmentations de valeur que les éléments corporels ont pu comporter, indépendamment de son fait et de sa volonté, en application de la règle *res perit aut crescit domino* (▪ Cass. req., 1er août 1859 : *DP* 1859, 1, 353 ; *S.* 1860, 1751, 67).

Il en va différemment si le locataire-gérant a créé et ajouté au fonds une branche distincte du commerce originaire, postérieurement à la mise en gérance ; ceci n'entrera pas dans le calcul de la valeur à restituer au bailleur à l'expiration du contrat (▪ Cass. 3e civ., 3 juill. 1968, n° 66-12.167 : *Bull. civ.* III, n° 315), V. également pour une concession obtenue par le locataire-gérant en cours de contrat (▪ Aix-en-Provence, 18 juin 1982 : *Bull. Aix* 1982-3, n° 2, p. 76).

Par ailleurs, lorsque le bailleur est à la fois propriétaire de l'immeuble et du fonds de commerce qui y est exploité et que le bail porte en même temps sur les deux, l'article L. 145-46 refuse le droit à l'indemnité d'éviction lorsque le propriétaire refuse le renouvellement de la location, mais accorde une indemnité de plus-value (▪ Cass. com., 16 nov. 1960, n° 58-10.967 : *Bull. civ.* III, n° 365).

17) Indemnité pour résiliation fautive. Lorsque le locataire-gérant résilie prématurément le contrat, le préjudice subi par le propriétaire peut être réparé par prélèvement, sur le dépôt de garantie, des loyers restant à courir jusqu'à la date normale d'expiration du contrat (▪ Cass. com., 4 oct. 1975 : *D.* 1976, inf. rap. 8).

3° *Rétablissement*

18) Principe de liberté. En l'absence d'une clause limitative dans le contrat de gérance, le locataire-gérant a toujours la liberté de se rétablir dans un commerce similaire (▪ T. com. Pontoise, 4 déc. 1923 : *Gaz. Pal.* 1924, 1, 341. ▪ Douai, 5 juill. 1934 : *Rec. Douai* 1934, 284. ▪ T. com. Lyon, 19 déc. 1949 : *D.* 1950, 275, note Ripert).

19) Concurrence déloyale. Le locataire-gérant doit s'abstenir de procédés illicites tendant à détourner la clientèle de l'établissement qu'il a géré, c'est-à-dire s'abstenir de concurrence déloyale (▪ Cass. com., 15 avr. 1982 : *JurisData* n° 1982-700784 ; *Gaz. Pal.* 1982, 2, pan. jurispr. 258. ▪ Paris, 7 mars 1983 : *JurisData* n° 1983-020997. ▪ 24 mai 1984 : *JurisData* n° 1984-022930 ; *Gaz. Pal.* 1985, 1, somm. 103. – V. pour l'interprétation d'une clause de non-concurrence, ▪ Cass. com., 2 juill. 1985, n° 83-15.789 : *JurisData* n° 1985-002050 ; *D.* 1986, inf. rap. 343).

4° *Sort des contrats de travail*

20) Principe. En application de l'article L. 1224-1 du Code du travail (art. L. 122-12 anc.), les contrats de travail en cours au jour de la cessation du contrat de location-gérance subsistent entre le propriétaire du fonds et le personnel de l'entreprise (▪ Cass. soc., 20 févr. 1947 : *JCP* 1947, II, 3644, note G.B. ▪ Cass. soc., 18 juin 1970, n° 69-40.120 : *Bull. civ.* V, n° 423. ▪ Paris, 16 déc. 1985 : *JurisData* n° 1985-028059. ▪ Cass. com., 5 mars 1985, n° 83-17.188 : *JurisData* n° 1985-000691 ; *Bull. civ.* IV, n° 85. – Comp. ▪ Cass. soc., 23 juill. 1985, n° 82-43.809 : *JurisData* n° 1985-702224 ; *JCP* N 1985, prat. 9861), à condition que l'entreprise subsiste et que son exploitation soit susceptible d'être poursuivie (▪ CA Paris, 16 déc. 2009, n° 09/21276 : *RJDA* 8-9/2010, n° 842. ▪ Cass. soc., 14 mars 2012, n° 11-12.883. ▪ Cass. com., 17 déc. 2013, n° 12-22.167). En revanche, le loueur ne peut se voir transférer la charge des contrats de travail lorsqu'au moment de la restitution du fonds, celui-ci se trouve dépourvu de tout matériel, quelle qu'en soit la cause, et de toute clientèle, quel que soit son achalandage (▪ Cass. com., 9 juill. 2019, n° 18-12.373).

21) Procédure collective. Si, dans le cadre d'une procédure collective, le fonds n'est plus en bon état d'exploitation et ne peut plus être restitué à son propriétaire dans les conditions telles que ce dernier puisse en continuer normalement l'exploitation, le locataire-gérant demeure employeur car le propriétaire du fonds n'avait pu recueillir l'entreprise (▪ Cass. soc., 7 janv. 1981, n° 79-14.064 : *JurisData* n° 1981-700111 ; *Bull. civ.* V, n° 33 ; *RTD com.* 1981, 719, obs. Derruppé. ▪ Cass. com.,

22 juin 1982, n° 78-11.291 : *JurisData* n° 1982-701465 ; *Bull. civ.* IV, n° 244. ▪ Paris, 30 mai 1984 : *JurisData* n° 1984-024477. – *Contra* ▪ TGI Metz, 3 nov. 1976 : *RJ com.* 1978, 187. – Comp. ▪ Cass. soc., 23 juill. 1985 : *JCP* N 1985, prat. 9861).

En revanche, si le fonds de commerce est toujours exploitable, le transfert s'opère et les indemnités de licenciement dues aux salariés licenciés doivent être mises à la charge du bailleur (▪ Cass. soc., 7 juin 1982 : *D.* 1982, inf. rap. 339. ▪ Cass. com., 22 juin 1982 : *Bull. civ.* IV, n° 244 ; *RTD com.* 1983, 63. – Comp. ▪ Cass. soc., 9 juin 1983 : *Bull. civ.* V, n° 318. ▪ Cass. soc., 6 nov. 1991, n° 90-41.600 : *JurisData* n° 1991-002754 ; *Bull. civ.* V, n° 474. ▪ Cass. com., 22 oct. 1996, n° 93-20.258 : *JurisData* n° 1996-004064 ; *RJDA* 2/1997, n° 200).

II – RENOUVELLEMENT DE LA LOCATION-GÉRANCE

22) Renvoi au droit commun. Les articles 1738 et 1739 du Code civil relatifs à la tacite reconduction s'appliquent, que la tacite reconduction ait été prévue par les parties (▪ Cass. com., 11 juill. 1967, n° 66-92.853 : *Bull. civ.* III, n° 289), ou non (▪ Aix-en-Provence, 9 janv. 1964 : *JCP* 1964, II, 13780, note Savatier ; *RTD com.* 1964, 56, note Jauffret, confirmé par ▪ Cass. com., 7 juill. 1966 : *JCP* 1966, II, 14842, note Nectoux ; *RTD com.* 1966, 908. – Comp. ▪ Versailles, 16 avr. 1986 : *D.* 1986, inf. rap. 310 ; *RTD com.* 1986, 515, obs. Derruppé ; cf. sous art. L. 144-7, annot. n° 1 et s., II, C, « Durée de la responsabilité », p. 211).

23) Interprétation de la clause. Les juges du fond peuvent interpréter la clause imprécise de la convention de location-gérance relative au renouvellement du contrat (▪ Cass. com., 12 janv. 1981 : *JurisData* n° 1981-000180 ; *Gaz. Pal.* 1981, 1, somm. 158).

Mais la tacite reconduction est écartée par les magistrats en interprétation d'une clause impartissant aux preneurs un délai de six mois pour faire connaître à la bailleresse leur décision quant au renouvellement du contrat (▪ Cass. com., 12 janv. 1981 : *Gaz. Pal.* 1981, 1, pan. jurispr. 158).

24) Effets. La tacite reconduction s'opère pour une période indéterminée et non une période fixe, sauf si le bail a été conclu pour des périodes successives (▪ Cass. com., 5 mai 1961 : *JurisData* n° 1961-097468 ; *JCP* G 1961, IV, 89. ▪ Cass. com., 7 juill. 1966 cité, annot. n° 21, p. 217. – *Adde* ▪ Cass. com., 22 oct. 1996, n° 94-13.373 : *JurisData* n° 1996-003955 ; *RTD com.* 1997, 228, obs. Derruppé).

Art. L. 144-10 *(Anc. L. n° 56-277, 20 mars 1956).* – **Tout contrat de location-gérance ou toute autre convention comportant des clauses analogues, consenti par le propriétaire ou l'exploitant d'un fonds de commerce ne remplissant pas les conditions prévues aux articles ci-dessus, est nul. Toutefois, les contractants ne peuvent invoquer cette nullité à l'encontre des tiers.**

La nullité prévue à l'alinéa précédent entraîne à l'égard des contractants la déchéance des droits qu'ils pourraient éventuellement tenir des dispositions du chapitre V du présent titre réglant les rapports entre bailleurs et locataires en ce qui concerne le renouvellement des baux à loyer d'immeubles ou de locaux à usage commercial, industriel ou artisanal.

1) Nullité absolue. La nullité prévue à l'article L. 144-10 est absolue (▪ Cass. 3e civ., 22 mars 2018, n° 17-15.830 : *D.* 2018, p. 669 ; *RTD civ.* 2018, p. 886, obs. H. Barbier ; *JCP* N 2018, n° 37, p. 38, obs. J. Monéger) et peut être invoquée par le propriétaire bailleur (▪ Chambéry, 30 mai 1983 : *Gaz. Pal.* 1983, 2, somm. 422) ou le locataire-gérant (▪ 13 nov. 1963 : *Bull. civ.* III, n° 475. ▪ Cass. com., 4 févr. 1975 : *Bull. civ.* IV, n° 34. ▪ Cass. com., 22 juin 1976 : *Bull. civ.* IV, n° 214. ▪ Cass. com., 4 févr. 1997 : *JCP* E 1997, II, 977, note Leveneur ; *D.* 1998, 153, note Pasqualini et Pasqualini-Salerno ; *RTD com.* 1997, 226, obs. Derruppé ; ▪ Cass. 3e civ., 22 mars 2018, n° 17-15.830 : *RTD com.* 2018, p. 317, obs. Saintourens ; *Rev. Lamy dr. aff.* nov. 2018, 53, étude Couard).

L'auteur du contrat ne peut invoquer une réitération de la convention, quand bien même la cause de nullité aurait cessé (▪ Cass. com., 30 juin 1992, n° 90-15.912 : *JurisData* n° 1992-001479 ; *Bull. civ.* IV, n° 256).

Il a été jugé également que la nullité édictée comme sanction des dispositions d'ordre public visant tout autant, voire davantage, à la protection d'intérêts particuliers qu'à la protection générale d'intérêts communs d'ordre économique, toute personne pouvant s'en prévaloir peut renoncer à ce droit (▪ Paris, 30 mai 2001 : *JurisData* n° 2001-160317 ; *D.* 2001, p. 2746, obs. Chevrier).

2) Domaine de la nullité. Seules sont sanctionnées par la nullité les prescriptions de la loi concernant la conclusion même du contrat et non celles relatives à la publicité qui n'ont pour objet que l'information des tiers (▪ Cass. com., 5 mars 1969 : *Bull. civ.* IV, n° 86).

3) Nullité de droit commun. L'application de l'article L. 144-10 n'empêche pas les parties de pouvoir invoquer les causes de nullité de droit commun (▪ Reims, 26 mars 1979, n° 77-11.290 : *JurisData* n° 1979-700113 ; *JCP* G 1979, IV, 335. – V. pour le dol,

■ Cass. com., 30 oct. 1979, n° 78-13.078 : *JurisData* n° 1979-098269 ; *Gaz. Pal.* 1980, 1, somm. 140).

4) Inopposabilité aux tiers. Les contractants ne peuvent invoquer la nullité du contrat de location-gérance à l'encontre des tiers (■ Cass. com., 24 avr. 1985 : *JurisData* n° 1985-001079 ; *Gaz. Pal.* 1985, 2, pan. jurispr. 359).

L'inopposabilité aux tiers prévue à l'article L. 144-10 n'est pas l'indice d'une nullité relative et la négation de son caractère absolu, mais seulement l'interdiction d'invoquer cette nullité lorsque les intérêts des tiers sont en cause (■ Cass. com., 12 janv. 1981, n° 78-14.723 : *JurisData* n° 1981-700113 ; *Bull. civ.* IV, n° 21. – Comp. ■ Chambéry, 30 mai 1983, cité annot. n° 1).

5) Alinéa 2. La location-gérance consentie dans des conditions irrégulières entraîne la perte du droit au renouvellement au bail (■ Cass. com., 30 juin 1992 : *Bull. civ.* IV, n° 256) ; mais le bail ne sera pas résilié si la location-gérance nulle ne porte pas atteinte à ses dispositions (■ Cass. 3e civ., 18 oct. 1968 : *JCP* 1969, II, 15965, note B.B.) ; le bail sera en revanche résilié si la location-gérance a été consentie par le preneur malgré l'interdiction qui lui était faite de faire occuper les lieux par un tiers (■ Cass. 3e civ., 18 juin 1986 : *JurisData* n° 1986-702168 ; *Bull. loyers* oct. 1986, n° 399 ; *Rev. loyers* 1986, p. 362). Le contrat de location-gérance nul ne peut être requalifié en sous-bail commercial (■ Cass. 3e civ., 18 mai 2005, n° 04-11.835 : *JurisData* n° 2005-028440 ; *D.* 2005, p. 1556, obs. Rouquet ; *RJDA* 10/2005, n° 1100 ; *JCP* E 2005, pan. 1141 ; *ibid.*, 1733, n° 4, obs. Kenfack). L'annulation du contrat de location-gérance, qui a nécessairement un effet rétroactif, fait renaître l'obligation d'immatriculation du propriétaire du fonds qui, s'il ne justifie pas d'une telle immatriculation, perd son droit au renouvellement (■ Cass. com., 10 nov. 2010, n° 09-16.927 : *RJDA* 3/2011, n° 216).

Voir : Sous C. com., art. L. 144-1, annot. n° 5, p. 203.

Art. L. 144-11 *(Anc. L. n° 56-277, 20 mars 1956).* **– Si le contrat de location-gérance est assorti d'une clause d'échelle mobile, la révision du loyer peut, nonobstant toute convention contraire, être demandée chaque fois que, par le jeu de cette clause, ce loyer se trouve augmenté ou diminué de plus du quart par rapport au prix précédemment fixé contractuellement ou par décision judiciaire.**

Si l'un des éléments retenus pour le calcul de la clause d'échelle mobile vient à disparaître, la révision ne peut être demandée et poursuivie que si les conditions économiques se sont modifiées au point d'entraîner une variation de plus du quart de la valeur locative du fonds.

Bibliographie : Béraud : *Ann. loyers* 1954, 674. • Jauffret : *RTD com.* 1955, 57.

1) Validité de l'indice. Une clause prévoyant l'indexation du prix en relation avec l'activité du locataire-gérant du fonds de commerce ne tombe pas sous le coup de la prohibition édictée par l'article 79, alinéa 3 de l'ordonnance du 30 décembre 1958, et elle est donc licite (■ Paris, 27 mars 1987 : *JurisData* n° 1987-021374 ; *D.* 1987, inf. rap. 110).

Mais est nulle l'indexation d'une redevance due par le locataire-gérant sur l'indice national du coût de la construction, le contrat de location-gérance d'un fonds de commerce portant sur un bien meuble incorporel et non sur un immeuble bâti (■ Cass. com., 16 févr. 1993 : *JCP* E 1993, pan. 319 ; *RJDA* 6/1993, n° 499 ; *Gaz. Pal.* 2-3 juill. 1993, obs. Barbier ; *Dr. et patrimoine* 1993, n° 5, 27 ; *RTD com.* 1993, 285, obs. Derruppé).

2) Renonciation. L'abstention du bailleur à se prévaloir de l'indexation pendant plusieurs années ne suffit pas à établir la renonciation de celui-ci (■ Cass. com., 16 févr. 1993, préc.).

3) Disparition de l'indice. Lorsque l'indice choisi disparaît, la révision du loyer ne peut intervenir que « si les conditions économiques se sont modifiées au point d'entraîner une variation de plus du quart de la valeur locative du fonds » (■ TGI Bourg, 29 avr. 1963 : *D.* 1964, somm. 41. ■ TGI Grasse, 4 oct. 1966 : *Gaz. Pal.* 1966, 2, 292. ■ Aix-en-Provence, 1er févr. 1968 : *Gaz. Pal.* 1968, 1, 347).

Art. L. 144-12 *(Anc. L. n° 56-277, 20 mars 1956).* **– La partie qui veut demander la révision doit en faire la notification à l'autre partie par lettre recommandée avec demande d'avis de réception ou par acte extrajudiciaire.**

A défaut d'accord amiable, l'instance est introduite et jugée conformément aux dispositions prévues en matière de révision du prix des baux à loyer d'immeubles ou de locaux à usage commercial ou industriel.

Le juge doit, en tenant compte de tous les éléments d'appréciation, adapter le jeu de l'échelle mobile à la valeur locative équitable au jour de la notification. Le nouveau prix est applicable à partir de cette même date, à moins que les parties ne se soient mises d'accord avant ou pendant l'instance sur une date plus ancienne ou plus récente.

Prescription. L'article L. 144-12 qui dispose que l'instance en révision du loyer est introduite et jugée conformément aux dispositions des articles L. 145-1 et suivants, ne comportant aucune restriction, l'action en révision est soumise à la prescription biennale édictée par l'article L. 145-60 (■ Cass. com., 16 juin 1992, n° 90-12.871 : *JurisData* n° 1992-001485 ; *Bull. civ.* IV, n° 237 ; *RTD com.* 1992, 788, obs. Derruppé).

La demande réitérative en révision du loyer, peu important la forme par laquelle elle est notifiée, n'est pas interruptive de la prescription (même arrêt).

Art. L. 144-13 *(Anc. L. n° 56-277, 20 mars 1956)*. **– Les dispositions des articles L. 144-11 et L. 144-12 ne sont pas applicables aux opérations de crédit-bail en matière de fonds de commerce ou d'établissement artisanal mentionnées au 3° de l'article 1er de la loi n° 66-455 du 2 juillet 1966 relative aux entreprises pratiquant le crédit-bail.**

Les dispositions de l'article L. 144-9 ne sont pas applicables lorsque le locataire-gérant qui a pris en location par un contrat de crédit-bail un fonds de commerce ou un établissement artisanal lève l'option d'achat.

CHAPITRE V. – DU BAIL COMMERCIAL

Bibliographie : *Rép. civ. et Rép. com.*, V° *Baux commerciaux*, par M.-P. Dumont-Lefrand. • Auque, *Faut-il supprimer le statut des baux commerciaux ? : AJDI* 2000, 478 ; *La codification des baux commerciaux à droit « presque » constant : JCP* 2000, n° 45, p. 2003. • Blatter, *Le nouveau Code de commerce et feu le décret de 1953 : AJDI* 2000. • Brault, *À propos de la codification du statut des baux commerciaux : Loyers et copr.* 2000, chron. 11, p. 4 ; *Le statut des baux commerciaux et la clause réputée non écrite : Loyers et copr.* 2014, mai 2014, étude n° 5 ; *Bail commercial : analyse de la portée des dispositions du décret n° 2014-1317 du 3 nov. 2014 relatif à la mise en œuvre des dispositions de la loi du 18 juin 2014 : Loyers et copr.* déc. 2014, étude 12. • Chavance, *Le champ d'application de la loi ou la diversification des sous-statuts : Loyers et copr.* sept. 2014, dossier n° 2. • Pelletier, *Propositions de modernisation du statut des baux commerciaux et professionnels : Defrénois* juill.-août 2004, p. 1033. • *Modernisation du statut des baux commerciaux : ce que propose le groupe de travail : AJDI* 2004, 344. • Blatter, *La loi n° 2008-776 du 4 août 2008 de modernisation de l'économie et les baux commerciaux : AJDI* 2008, 649. • Monéger et Brault, *La modernisation du statut des baux dans la loi de modernisation de l'économie n° 2008-776 du 4 août 2008 : JCP* E 2008, 2200, p. 15 et s. • Monéger et Kendérian, *Bail commercial et loi n° 2008-776 du 4 août 2008 relative à la modernisation de l'économie : RTD com.* 2008, p. 501 et s. • Barbier, *La réforme du statut des baux commerciaux par la loi LME du 4 août 2008 : Gaz. Pal.* 13 sept. 2008, p. 2. • Auque, *La toilette des baux commerciaux et professionnels, à propos de la loi LME du 4 août 2008 : JCP* 2008, act. 567. • Lipman-Boccara : *Administrer* oct. 2008, 32. • De Lagger : *Rev. loyers* 2008, 414. • Blatter, *Le bail commercial et la loi n° 2012-387 du 22 mars 2012 relative à la simplification du droit et à l'allègement des démarches administratives : AJDI* 2012, 326 ; *La loi Pinel et le statut des baux commerciaux (Étude d'ensemble de la loi n° 2014-626 du 18 juin 2014 relative à l'artisanat, au commerce et aux très petites entreprises) : AJDI* 2014, p. 576 ; *Le décret n° 2014-1317 du 3 novembre 2014 pris pour l'application de l'article L. 145-40-2 du Code de commerce et autres variétés : AJDI* 2014, p. 751. • Auque, *La propriété commerciale du commerçant turc : JCP* E 2012, 1057. • Monéger, *Les baux commerciaux dans le projet de loi Pinel : cherche linguiste, désespérément ! : Loyers et copr.* mars 2014, p. 1 ; *États généraux des baux commerciaux : réflexions finales : Loyers et copr.* mai 2014, étude 6, p. 9 ; *Baux commerciaux et loi du 18 juin 2014 : quelques repères : Loyers et copr.* sept. 2014, repère 8. • P. Garbit, *La loi du 18 juin 2014 et la réforme du statut des baux commerciaux : RLDA* (1re et 2e partie), sept. et oct. 2014, nos 96 et 97. • *Dossier Réforme du droit des baux commerciaux : Journ. soc.* juin 2015, n° 131, p. 12 s. • Actes du colloque ABCL Nancy du 6 décembre 2019, *Pièges et difficultés du bail commercial : le nouvel équilibre contractuel : Loyers et copr.* mars 2020, p. 7 et s. • A. Jacquin, *Second confinement : les nouvelles mesures de protection des preneurs à bail commercial face à la crise sanitaire : Gaz. Pal.* 23 févr. 2021, p. 52. • J. Lafond, *Baux commerciaux : rédaction de la clause résolutoire, Formule : Loyers et copr.* mars 2021, p. 35 ; *Les clauses de conciliation et le contrat de bail : proposition de formule, Formule : Loyers et copr.* avr. 2021, p. 35. • Ph.-H. Brault, *Le bail commercial et les effets de la pandémie de Covid-19 : premières décisions et quelques observations : Loyers et copr.* janv. 2021, p. 8. • F. Kendérian, *Les limites de l'exception d'inexécution en matière de paiement des loyers commerciaux pendant la crise sanitaire, note sous TJ de Paris*, 25 févr. 2021, Dalloz, p. 728.

Ouvrages. D'Andigné Morand, *Baux commerciaux, industriels et artisanaux*, Delmas, 13e éd. 2004. • Auque, *Les baux commerciaux, théorie et pratique*, LGDJ, 1996. • Blatter, *Droit des baux commerciaux*, éd. Le moniteur, 5e éd. 2012. • Cabinet Cofino, *Baux commerciaux, ce qui change en pratique*, Éd. Législatives 2016. • Gauclère, Maigne-Gaborit, Riglet et Tixier, *Baux commerciaux : Mémento Lefebvre* 2011-2012. • Kendérian, *Le bail commercial dans les procédures collectives*, Litec, 3e éd. 2011 ; *L'évolution contemporaine du statut des baux immobiliers d'exploitation*, Litec, 2003, coll. « Bibl. dr. entr. », n° 60. • Mbotaingar, *Statut des baux commerciaux et concurrence*, Litec, 2007, coll. « Bibl. dr.

entr. », n° 76. • Monéger, *Douze ans de baux commerciaux – 1993-2005*, Litec, 2e éd. 2006, coll. « Litec Immo ». • Ruet, *Les baux commerciaux*, Defrénois, 2e éd. 2007. • *Droit et pratique des baux commerciaux 2020/2021*, ouvr. coll. Sous la dir. de M.-P. Dumont et H. Kenfack, par Astegiano-La Rizza, Baffert, Denizot, Dumont, Kenfack, Le Corre, Maublanc, Reygrobellet, Robine, Sainturat, et Schmit.

Section I. – Du champ d'application

Art. L. 145-1 *(Mod., L. n° 2008-776, 4 août 2008)*. **– I. – Les dispositions du présent chapitre s'appliquent aux baux des immeubles ou locaux dans lesquels un fonds est exploité, que ce fonds appartienne, soit à un commerçant ou à un industriel immatriculé au registre du commerce et des sociétés, soit à un chef d'une entreprise immatriculée au répertoire des métiers, accomplissant ou non des actes de commerce, et en outre :**

1° Aux baux de locaux ou d'immeubles accessoires à l'exploitation d'un fonds de commerce quand leur privation est de nature à compromettre l'exploitation du fonds et qu'ils appartiennent au propriétaire du local ou de l'immeuble où est situé l'établissement principal. En cas de pluralité de propriétaires, les locaux accessoires doivent avoir été loués au vu et au su du bailleur en vue de l'utilisation jointe ;

2° Aux baux des terrains nus sur lesquels ont été édifiées – soit avant, soit après le bail – des constructions à usage commercial, industriel ou artisanal, à condition que ces constructions aient été élevées ou exploitées avec le consentement exprès du propriétaire.

II. – Si le fonds est exploité sous forme de location-gérance en application du chapitre IV du présent titre, le propriétaire du fonds bénéficie néanmoins des présentes dispositions sans avoir à justifier de l'immatriculation au registre du commerce et des sociétés ou au répertoire des métiers.

III. – Si le bail est consenti à plusieurs preneurs ou indivisaires, l'exploitant du fonds de commerce ou du fonds artisanal bénéficie des dispositions du présent chapitre, même en l'absence d'immatriculation au registre du commerce et des sociétés ou au répertoire des métiers de ses copreneurs ou coïndivisaires non exploitants du fonds.

En cas de décès du titulaire du bail, ces mêmes dispositions s'appliquent à ses héritiers ou ayants droit qui, bien que n'exploitant pas de fonds de commerce ou de fonds artisanal, demandent le maintien de l'immatriculation de leur ayant cause pour les besoins de sa succession.

Rédaction future. Art. L. 145-1 *(Mod. à compter du 1er janvier 2023, Ord. n° 2021-1189, 15 sept. 2021)*. – I. – Les dispositions du présent chapitre s'appliquent aux baux des immeubles ou locaux dans lesquels un fonds est exploité, que ce fonds appartienne, soit à un commerçant ou à un industriel immatriculé au registre du commerce et des sociétés, soit à un chef d'une entreprise *(Mots rempl. à compter du 1er janvier 2023, Ord. n° 2021-1189, 15 sept. 2021)* « du secteur des métiers et de l'artisanat immatriculée au registre national des entreprises », accomplissant ou non des actes de commerce, et en outre :

1° Aux baux de locaux ou d'immeubles accessoires à l'exploitation d'un fonds de commerce quand leur privation est de nature à compromettre l'exploitation du fonds et qu'ils appartiennent au propriétaire du local ou de l'immeuble où est situé l'établissement principal. En cas de pluralité de propriétaires, les locaux accessoires doivent avoir été loués au vu et au su du bailleur en vue de l'utilisation jointe ;

2° Aux baux des terrains nus sur lesquels ont été édifiées – soit avant, soit après le bail – des constructions à usage commercial, industriel ou artisanal, à condition que ces constructions aient été élevées ou exploitées avec le consentement exprès du propriétaire.

II. – Si le fonds est exploité sous forme de location-gérance en application du chapitre IV du présent titre, le propriétaire du fonds bénéficie néanmoins des présentes dispositions sans avoir à justifier de l'immatriculation au registre du commerce et des sociétés ou au *(Mots rempl. à compter du 1er janvier 2023, Ord. n° 2021-1189, 15 sept. 2021)* « registre national des entreprises en tant qu'entreprise du secteur des métiers et de l'artisanat ».

III. – Si le bail est consenti à plusieurs preneurs ou indivisaires, l'exploitant du fonds de commerce ou du fonds artisanal bénéficie des dispositions du présent chapitre, même en l'absence d'immatriculation au registre du commerce et des sociétés ou au *(Mots rempl. à compter du 1er janvier 2023, Ord. n° 2021-1189, 15 sept. 2021)* « registre national des entreprises en tant qu'entreprise du secteur des métiers et de l'artisanat » de ses copreneurs ou coïndivisaires non exploitants du fonds.

En cas de décès du titulaire du bail, ces mêmes dispositions s'appliquent à ses héritiers ou ayants droit qui, bien que n'exploitant pas de fonds de commerce ou de fonds artisanal, demandent le maintien de l'immatriculation de leur ayant cause pour les besoins de sa succession.

Bibliographie : *Dossier Actes du Colloque Lille 24 juin 2016 : Loyers et copr.* 2016. • *Dossier « Les baux commerciaux au carrefour des droits ». Colloque Marseille 6 juillet 2017 : Loyers et copr.* 2017, p. 7 et s. • F. Auque, *Bail commercial et contrôle du déséquilibre significatif : Loyers et copr.* 2016, 11. • Barbier, *Baux dérogatoires et conventions d'occupation précaire : Administrer* janv. 1997. 10 ; *Particularités de l'obligation d'immatriculation au Registre du commerce en droit spécial des baux commerciaux : AJDI* 2005, 887. • Betoulle, *Immatriculation, commerces dépendants et statut : AJDI* 2006.

356. • Blatter, *Deux ans d'existence de la Loi Pinel : AJDI* 2016, 410 ; *De l'impossibilité d'appliquer le statut à défaut d'exploitation d'un fonds de commerce : AJDI* 2004, 853 ; *Décryptage du décret « Pinel » du 3 novembre 2014 relatif au bail commercial : AJDI* 2014, 751. • Boccara, *Simplifier la problématique de l'immatriculation : Administrer* avr. 2006, 13. • *Régime locatif des franchisés et renouvellement des concepts sur le fonds de commerce : la fin d'une controverse : AJDI* 2002, 502. • Brault, *Sur l'immatriculation du preneur au Registre du commerce postérieurement au congé ou à la demande de renouvellement : évolution de la jurisprudence du secteur privé : Loyers et copr.* avr. 2005, p. 9 ; *Le statut des baux commerciaux et la clause réputée non écrite : Loyers et copr.* mai 2014, étude n° 5, p. 6 ; *Bail commercial : analyse de la portée des dispositions du décret n° 2014-1317 du 3 novembre 2014 relatif à la mise en œuvre des dispositions de la loi du 18 juin 2014 : Loyers et copr.* 2014, étude 12. • Canu, *L'extension conventionnelle aux locations professionnelles ne doit pas mourir : Rev. loyers* 2006, 506. • Confino, *L'article 1195 nouveau du Code civil et le bail commercial : imprévision ou imprécision ? : AJDI* 2016, 345. • Denizot, *Baux dérogatoires et renonciation au statut des baux commerciaux : AJDI* 2004, 543 ; *Le rôle de la bonne foi dans la condition d'immatriculation au Registre du commerce posée par le statut des baux commerciaux : AJDI* 2006, 24. • Derruppé, *L'immatriculation du locataire commerçant au registre du commerce et des sociétésin Mélanges Cabrillac*, Litec-Dalloz, 1999, p. 561 ; *Le franchisé a-t-il encore une clientèle et un fonds de commerce : AJPI* 1997, p. 1002. • Duplan-Miellet, *Le renouvellement des baux des locaux accessoires : Administrer* juill. 1992, 5. • Lafond, *L'application volontaire du statut des baux commerciaux aux « professionnels » après la LME : JCP* E 2009, 2391. • Monéger, *L'extension conventionnelle du statut des baux commerciaux : Loyers et copr.* nov. 2000 (hors série), p. 14. • Raclet, *L'application conventionnelle du statut des baux commerciaux aux locations professionnelles : Administrer* janv. 2003, p. 9. • Raynaud, *Propriété commerciale et statut des baux : la franchise sort du coma : AJDI* 2001, 582. • Roux, *Bail commercial et indivision : Ann. loyers* oct. 2003, n° spéc. cinquantenaire, p. 2039. • Sainturat, *Propriété commerciale et établissements inclus : AJDI* 2004, 355 ; *Locaux accessoires : Administrer* févr. 2008, 7.

• *Sommaire*

I – UN CONTRAT DE BAIL

A – Conventions soumises au statut des baux commerciaux

1) *Nécessité d'un bail.* *Le preneur*, pour être bénéficiaire du statut, doit être titulaire d'un bail (▪ Cass. com., 19 juin 1963 : *JurisData* n° 1963-098516 ; *Bull. civ.* III, n° 311). L'existence d'un bail implique la stipulation d'un loyer sérieux (▪ Cass. com., 12 mai 1959 : *Bull. civ.* III, n° 201 ; sur l'absence de loyer ▪ Cass. 3e civ., 18 mars 2008 : *Rev. loyers* 2008, 271. ▪ Cass. 3e civ., 9 mars 2010, n° 08-70.311 : *Loyers et copr.* 2010, 197. ▪ Cass. 3e civ., 23 juin 2016, n° 14-15.307 : *Loyers et copr.* 2016, 199). C'est ainsi que la qualification de bail commercial est inapplicable à un contrat à titre gratuit (▪ Paris, 9 juin 2004, n° 02/16722 : *JurisData* n° 2004-252031 ; *AJDI* 2004. 640. ▪ Cass. 3e civ., 4 mars 2008, n° 07-15.522 : *JurisData* n° 2008-043052 ; *Rev. loyers* 2008, 270). La nullité d'un contrat de bail fondée sur l'absence de pouvoir du mandataire social ne peut être demandée que par la partie représentée (▪ Cass. 1re civ., 12 nov. 2015, n° 14-23.340).

2) Forme du bail. La forme du contrat est indifférente. Il n'est pas nécessaire que le bail soit écrit. Un bail verbal suffit s'il peut être prouvé (▪ Cass. 3e civ., 12 févr. 1985, n° 83-11.728 : *JurisData* n° 1985-000554 ; *Bull. civ.* III, n° 29. ▪ Cass. 3e civ., 20 sept. 2005, n° 04-15.989 : *JurisData* n° 2005-029978 ; *Rev. loyers* 2005, 563). Mais un acte authentique est toutefois exigé par l'article 504, alinéa 1 du Code général des impôts pour les baux de débits de boissons. Ce texte n'a cependant qu'une portée fiscale et n'a d'incidence ni sur la validité du bail, ni sur le droit au statut (■ Cass. 3e civ., 13 mars 1974, n° 73-10.473 : *JurisData* n° 1974-098116 ; *JCP* 1977, II, 18686, note B. Boccara). Le bénéfice du statut est en revanche exclu en cas de nullité absolue du bail, contraire à l'ordre public (■ Cass. com., 2 déc. 1959 : *Bull. civ.* III, n° 412. ■ Cass. com., 2 juill. 1963 : *Bull. civ.* III, n° 348). Par ailleurs, la promesse de bail vaut bail lorsqu'il y a accord sur la chose et sur le prix (■ Cass. 3e civ., 28 mai 1997, n° 95-17.953 : *JurisData* n° 1997-002333 ; *Bull. civ.* III, n° 116). Une promesse de bail avec clause de substitution suppose d'informer le bailleur de la substitution intervenue (■ Cass. 3e civ., 5 oct. 2017, n° 16-20.124).

3) **Preuve du bail.** La preuve du bail est soumise aux règles de l'article 1341 du Code civil si le défendeur n'est pas commerçant (■ Cass. com., 8 juill. 1968 : *Bull. civ.* III, n° 205) mais est libre s'il est commerçant (■ Cass. com., 25 avr. 1983 : *JurisData* n° 1983-700889 ; *D.* 1984. 1, note P. Jourdain. ■ Paris, 5 nov. 1991, n° 89PA02882 : *JCP* E 1993, I, 253, n° 3-2, obs. J. Monéger. ■ Cass. 3e civ., 29 nov. 2005, n° 02-19.174 : *JurisData* n° 2005-031071 ; *RTD com.* 2006, p. 45, obs. J. Monéger). Mais dès que le bail a reçu un commencement d'exécution, l'existence du bail peut être établie par tous moyens de preuve (■ Cass. 3e civ., 22 mai 1973, n° 71-12.631 : *Bull. civ.* III, n° 357). La preuve du commencement d'exécution peut elle aussi être administrée par tous moyens sans que la production d'un commencement de preuve par écrit soit nécessaire (■ Cass. 3e civ., 13 mars 2002, n° 00-15.194 : *JurisData* n° 2002-013509 ; *Rev. loyers* 2002, 337, note V. Cannu ; *AJDI* 2002, p. 453, obs. M.-P. Dumont). Mais la Cour de cassation considère que la réitération par acte authentique retarde la formation du contrat de bail si les parties ont fait de la signature de l'acte authentique un élément constitutif de leur consentement (■ Cass. 3e civ., 28 mai 1997, n° 95-17.953 : *JurisData* n° 1997-002333 ; *RJDA* 8-9/1997, n° 1012). Sur le danger d'un bail verbal : ■ Cass. 3e civ., 19 nov. 2020, n° 19-17.197.

4) **Bail mixte.** Le contrat de bail portant à la fois sur des locaux d'habitation et des locaux commerciaux est un bail commercial relevant du statut des baux commerciaux (■ Cass. soc., 20 févr. 1958 : *Bull. civ.* IV, n° 271. ■ Cass. 3e civ., 2 mai 2007, n° 06-18.158 : *JurisData* n° 2007-038683 ; *Rev. loyers* 2007, 400).

5) **Destination et désignation.** La clause de destination l'emporte sur celle de désignation. Il convient en effet de faire prévaloir les dispositions du bail figurant sur la rubrique « destination », plutôt que celles figurant sur la rubrique « description » (■ CA Versailles, 20 mars 2008, n° 07/00029 : *Gaz. Pal.* 2008, somm. 2720. ■ Cass. 3e civ., 6 déc. 1995, n° 94-13.195 : *JurisData* n° 1995-003765 ; *Loyers et copr.* 1996, n° 112). Ainsi dans une espèce où la clause relative à la destination des lieux loués stipulait que les locaux faisant l'objet du bail pourraient être utilisés par le preneur pour l'exercice de tous commerces..., il a été jugé que la mention « les locaux faisant l'objet du présent bail » ne distinguait nullement entre les pièces à usage commercial et les pièces à usage privé, la cour d'appel, qui n'était pas tenue de procéder à une recherche que ses constatations rendaient inopérante, en a souverainement déduit que le locataire pouvait utiliser l'ensemble des locaux pour son activité commerciale (■ Cass. 3e civ., 4 mars 2008, n° 07-13.881 : *AJDI* 2008, 987).

B – Conventions exclues du statut des baux commerciaux

6) **Convention d'occupation précaire.** La convention d'occupation précaire se caractérise, quelle que soit sa durée, par le fait que l'occupation des lieux n'est autorisée qu'à raison de circonstances exceptionnelles et pour une durée dont le terme est marqué par une cause autre que la seule volonté des parties (■ Cass. 3e civ., 19 nov. 2003, n° 02-15.887 : *JurisData* n° 2003-020994 ; *Bull. civ.* III, n° 202 ; *D.* 2003, act. jurispr. 3051, obs. Y. Rouquet ; *AJDI* 2004. 549, obs. J.-P. Blatter ; *Loyers et copr.* 2004, n° 30, obs. Ph.-H. Brault ; *Administrer* févr. 2004, 26, obs. B. Boccara et D. Lipman-Boccara). V. aussi, précisant que seule l'existence de circonstances particulières indépendantes de la seule volonté des parties permet de retenir la qualification de convention d'occupation précaire, l'existence de la bonne ou de la mauvaise foi étant inopérante (■ Cass. 3e civ., 29 avr. 2009, n° 08-13.308 : *JurisData* n° 2009-047965 ; *Loyers et copr.* 2009, n° 150, obs. E. Chavance. ■ Cass. 3e civ., 7 juill. 2015, n° 14-11.644. ■ Cass. 3e civ., 9 févr. 2017, n° 15-18251). De même, la convention d'occupation précaire doit être caractérisée par des circonstances particulières autres que la seule volonté des parties constituant un motif de précarité (■ Cass. 3e civ., 9 nov. 2004, n° 03-15.084 : *JurisData* n° 2004-025558 ; *Bull. civ.* III, n° 195. ■ Cass. 3e civ., 7 juill. 2015, n° 14-11.644), sans que la convention n'ait à mentionner expressément un motif de précarité (■ Paris, 19 sept. 2007), ni que le maintien dans les lieux au-delà de la date d'expiration de la convention n'ait pour effet de soumettre l'occupant au statut des baux commerciaux (■ Paris, 11 oct. 2006, n° 04/14372 : *JurisData* n° 2006-331410 ; *AJDI* 2007, 200). Le défaut de précarité ne s'apprécie pas nécessairement à la date de la conclusion de la convention d'occupation précaire. C'est le motif invoqué lors de la rupture de la convention d'occupation précaire qui permet de la requalifier en bail commercial (■ Cass. 3e civ., 30 juin 2010, n° 09-15.466).

7) Baux emphytéotiques. Les baux emphytéotiques sont exclus du statut, mais l'existence d'un tel bail est remise en cause en cas de restriction conventionnelle au droit d'usage du preneur (▪ Cass. 3e civ., 13 mai 1998, n° 96-13.586 : *JurisData* n° 1998-002112 ; *Bull. civ.* III, n° 101. ▪ Cass. 3e civ., 12 déc. 1978 : *Rev. loyers* 1979, 150), lorsque le bailleur se réserve la faculté de résilier le contrat pour vendre ou démolir l'immeuble (▪ Cass. 3e civ., 15 mai 1991, n° 89-20.008 : *JurisData* n° 1991-001469 ; *D.* 1991, somm. p. 304, obs. A. Robert) ou lorsque la convention comporte une interdiction de céder (▪ Cass. 3e civ., 15 mars 1983 : *JurisData* n° 1983-700336 ; *Bull. civ.* III, n° 74) ou une restriction de nature à faire obstacle à la libre faculté de cession (▪ Cass. 3e civ., 10 avr. 1991 : *D.* 1992, p. 395, note Le Masson). Ainsi, le bail qui comporte une clause limitant la cession autorisée sans l'accord du bailleur dès lors que le cessionnaire est un successeur dans l'exploitation commerciale, ne peut avoir un caractère emphytéotique (▪ Cass. 3e civ., 29 avr. 2009 : *Loyers et copr.* 2009, n° 149, obs. P.-H. Brault. – V. égal. ▪ Cass. 3e civ., 30 mai 2007, n° 06-13.268 : *JurisData* n° 2007-039283 ; *AJDI* 2007, 658).

8) Bail à construction. Le bail à construction est régi par les articles L. 251-1 et suivants du Code de la construction et de l'habitation et exclut l'application du statut des baux commerciaux. Mais, le titulaire d'un tel bail peut lui-même consentir un bail commercial à un tiers. Simplement, celui-ci est révoqué par l'effet de la loi à la date d'expiration de ce bail à construction, le preneur, en acceptant les stipulations de l'acte selon lesquelles l'expiration coïnciderait avec la fin du bail à construction, a reconnu que son titre d'occupation ne lui donne pas droit au renouvellement ni au paiement d'une indemnité d'éviction (▪ Cass. 3e civ., 14 nov. 2007, n° 06-18.133 : *JurisData* n° 2007-041378 ; *D.* 2007, act. jurispr. p. 3077, obs. A. Mbotaingar). En l'absence d'obligation de construire, le bail doit être qualifié d'emphytéotique, ▪ Cass. 3e civ., 8 sept. 2016, nos 15-21.381 et 15-22.374).

9) Crédit-bail immobilier. Le statut des baux commerciaux dans son ensemble est inapplicable aux contrats de crédit-bail immobiliers (▪ Cass. 3e civ., 10 juin 1980, n° 79-13.330 : *Bull. civ.* III, nos 113 et 114. ▪ Cass. 3e civ., 7 mai 1997, n° 95-15.504 : *JurisData* n° 1997-001959 ; *Bull. civ.* III, n° 99 à propos d'une clause résolutoire qui ne peut relever de l'article L. 145-41 du Code de commerce). Toutefois, le locataire d'un crédit-preneur a droit au statut (▪ Versailles, 17 juin 1997 : *JurisData* n° 1997-045014 ; *D. affaires* 1997, 994. ▪ Cass. 3e civ., 10 déc. 2002, n° 01-15.062 : *JurisData* n° 2002-016786 ; *JCP E* 2003, 1362, note M. Keita).

10) Concession administrative. Le domaine public de l'État ne peut faire l'objet d'un bail de droit privé. Le statut des baux commerciaux n'est pas applicable aux autorisations administratives permettant d'occuper une partie du domaine public (▪ Cass. 3e civ., 28 févr. 1984, n° 82-11.194 : *JurisData* n° 1984-700396 ; *Bull. civ.* III, n° 49), même si les locaux ne sont situés que pour partie, sur le domaine public dès lors qu'ils forment un tout indivisible. Mais les biens qui font partie du domaine privé de l'État peuvent faire l'objet d'un bail soumis au statut. Toutefois, si la convention comporte des clauses exorbitantes du droit commun, il s'agira alors d'un contrat administratif non régi par le statut (▪ T. confl., 20 avr. 1959 : *RJDA* 1959, n° 373. ▪ Cass. 1re civ., 3 juin 1969, n° 66-12.454 : *JurisData* n° 1969-700210 ; *JCP* 1970, II, 16178, note Dufour. ▪ Cass. 3e civ., 31 oct. 2000, n° 98-21.195 : *JurisData* n° 2000-006720 ; *Gaz. Pal.* 2001, somm. 502, obs. J.-D. Barbier. ▪ Cass. 3e civ., 13 mars 2002, n° 00-40.627 : *JurisData* n° 2002-013677 ; *Rev. loyers* 2002, 349, obs. M.-O. Vaissié). Le fait qu'une clause déroge au statut des baux commerciaux en conférant un caractère précaire au droit concédé à l'occupant ne suffit pas à lui seul à la qualifier de clause exorbitante du droit commun (▪ Cass. 3e civ., 2 févr. 2005 : *Bull. civ.* III, n° 28).

11) Biens relevant du domaine public. V. Ch. Dureuil, *Baux commerciaux sur domaine public : Loyers et copr.* oct. 2017, in dossier « *Les baux commerciaux au carrefour des droits* », Colloque ▪ Marseille 6 juill. 2017, p. 38 et s. Le principe d'inaliénabilité du domaine public s'oppose à ce que les biens en relevant puissent faire l'objet d'un bail soumis au statut des baux commerciaux. Ils ne peuvent être occupés ou utilisés qu'en vertu d'une convention d'occupation précaire et leur déclassement ne modifie pas le caractère précaire de ces conventions en l'absence d'accord entre les parties (▪ CA Paris, 16 oct. 2013, n° 11/22236 : *JurisData* n° 2013-024301 ; *Loyers et copr.* déc. 2013, comm. 338, obs. E. Chavance). V. égal. ▪ Cass. 3e civ., 10 mars 2010, n° 09-12.714 : *Loyers et copr.* 2010, comm. 224, obs. P.-H. Brault, qui juge que lorsque la convention des parties porte sur un bien relevant du domaine public, les parties ne peuvent choisir de soumettre leurs relations locatives au statut des baux commerciaux et toute application volontaire est exclue. ▪ Cass. 3e civ., 2 mars 2017, n° 15-25.136.

12) Mise à disposition. Ne relèvent pas du statut des baux commerciaux la mise à disposition d'un local dans le cadre d'un contrat d'exclusivité de vente de produits de photographie, à titre accessoire à ce contrat (▪ Cass. 3e civ., 14 nov. 2002, n° 01-11.152 : *Rev. loyers* 2003, p. 14, note M.-O. Vaissié ; *AJDI* 2003, 506, obs. M.-P. Dumont. ▪ Cass. 3e civ., 31 mars 1978, n° 75-13.989 : *JurisData* n° 1978-098138 ; *Gaz. Pal.* 1978, 2, pan. 266. ▪ Cass. 3e civ., 29 mars 1995, n° 92-22.116 : *RJDA* 1995, n° 819), ou encore un contrat de prestations de services comportant des limitations à la jouissance dans le temps (■ Cass. 3e civ., 13 févr. 2002, n° 00-17.994 : *JurisData* n° 2002-012960 ; *Gaz. Pal.* 2003, somm. p. 1873), un contrat de dépôt ou de garde (■ Cass. 3e civ., 19 févr. 1974, n° 72-12.436 : *JurisData* n° 1974-098081 ; *Gaz. Pal.* 1974, 1, somm. p. 85), des locaux faisant l'objet d'un prêt à usage (■ Cass. com., 2 févr. 1967 : *Bull. civ.* IV, n° 57), ou un bail de carrière (■ Cass. com., 10 mai 1965 : *Bull. civ.* IV, n° 119. ■ Cass. 3e civ., 25 oct. 1983 : *Bull. civ.* III, n° 197).

C – Les parties au contrat de bail

1° *Le bailleur*

13) Bail consenti par un usufruitier. L'usufruitier ne peut pas, sans le concours du nu-propriétaire, donner à bail un immeuble à usage commercial, industriel ou artisanal (C. civ., art. 595, al. 4). Mais seul l'usufruitier, à l'exclusion du locataire lui-même, a l'obligation de s'assurer du concours du nu-propriétaire pour consentir le bail commercial (■ Cass. 3e civ., 16 avr. 2008, n° 07-12.381 : *JurisData* n° 2008-043659 ; *Bull. civ.* III, n° 74 ; *JCP* 2008, II, 10156, obs. Etienney). Par ailleurs, l'article 595, alinéa 4 du Code civil aménage une exception « à défaut d'accord du nu-propriétaire » en permettant à l'usufruitier « d'être autorisé par justice à passer seul cet acte ». La conclusion d'un bail commercial, sur autorisation judiciaire, par l'usufruitier d'une exploitation agricole n'altère pas la substance de la chose dès lors que ledit bail est profitable à l'indivision et que le preneur s'engage à remettre les lieux en l'état, en fin de bail (■ Cass. 3e civ., 2 févr. 2005, n° 03-19.729 : *JurisData* n° 2005-026752 ; *AJDI* 2005, 653, obs. Dumont). Par ailleurs, l'article 595, alinéa 1 du Code civil ne faisant aucune distinction entre renouvellement et conclusion du bail initial, un usufruitier ne peut renouveler un bail commercial sans le consentement du nu-propriétaire (■ Cass. 3e civ., 24 mars 1999, n° 97-16.856 : *JurisData* n° 1999-001237 ; *JCP* 1999, I, 175, n° 23, obs. Périnet-Marquet). En revanche, une convention conclue en cours de bail, qui n'est qu'une mise à jour des modifications intervenues, n'est pas soumise à l'article 595 dernier alinéa (■ Cass. 3e civ., 12 nov. 1980, n° 79-13.035 : *JurisData* n° 1980-735231 ; *Bull. civ.* III, n° 176). L'accord du nu-propriétaire est nécessaire même pour un bail commercial d'une durée de 23 mois (■ Cass. 3e civ., 5 avr. 1995, n° 93-16.963 : *JurisData* n° 1995-000811 ; *Bull. civ.* III, n° 99). En revanche, tel n'est pas le cas en présence d'une simple convention d'occupation précaire (■ Cass. 3e civ., 4 juill. 1978, n° 77-10.210 : *JurisData* n° 1978-098276 ; *Bull. civ.* III, n° 276). La sanction du défaut de concours est la nullité relative du bail. Seul le nu-propriétaire peut l'invoquer (■ Cass. 3e civ., 14 nov. 2007, n° 06-17.412 : *JurisData* n° 2007-041622 ; *AJDI* 2008, 287, obs. Dumont-Lefrand). Le point de départ de l'action n'est pas la date du contrat mais celle à laquelle il en a eu connaissance (■ CA Bourges, 30 mai 1979 : *JurisData* n° 1979-762008 ; *Gaz. Pal.* 1979, 2, 617, note Lachaud). Il n'est pas tenu d'attendre la fin de l'usufruit (■ Cass. 3e civ., 26 janv. 1972 : *JurisData* n° 1972-098069 ; *D.* 1975, jurispr. 22, note Penneau), tandis que le preneur n'est pas en droit de terminer la période de neuf ans pour laquelle le bail lui avait été consenti. La nullité du bail commercial ne peut donc être invoquée par l'un des signataires du contrat (■ Cass. 3e civ., 24 févr. 1998, n° 96-10.457 : *JurisData* n° 1998-000965 ; *D. affaires* 1998, 1080, obs. Rouquet refusant l'action en nullité à l'usufruitier), de sorte que l'opposition du bailleur n'est pas de nature à constituer un vice caché du fonds de commerce cédé (■ Cass. com., 24 févr. 1998, préc.) Le bail peut être sauvé de la nullité par la théorie de l'apparence. Mais encore faut-il que le locataire ait traité de bonne foi, sous l'empire de l'erreur commune (■ Cass. 3e civ., 5 avr. 1995 : *Bull. civ.* III, n° 99). Par ailleurs, le fait qu'aux yeux du locataire l'usufruitier se soit comporté comme le seul et l'unique propriétaire, touchant lui-même les loyers pendant des années, ne caractérise pas la qualité de propriétaire apparent de l'usufruitier (■ Cass. 3e civ., 4 févr. 1998, n° 96-12.302 : *JurisData* n° 1998-000403 ; *Bull. civ.* III, n° 26), et ne prive pas le nu-propriétaire du droit de contester la validité du bail passé sans son concours (■ Cass. 3e civ., 17 juill. 1992, n° 90-17.327 : *JurisData* n° 1992-001772 ; *Bull. civ.* III, n° 256). Si, à la suite de l'annulation du bail, l'ex-preneur se maintient indûment dans les lieux, il devra une indemnité d'occupation à l'usufruitier pour la période d'occupation comprise entre la date de l'arrêt ayant annulé le bail et celle de l'extinction de l'usufruit (■ Cass. 3e civ., 5 mars 1986, n° 84-14.147 : *Bull. civ.* III, n° 25).

14) Bail consenti par un époux. Le droit de conclure un bail commercial dépend du régime matrimonial des époux ainsi que de l'origine du droit de propriété. Ainsi, lorsque le bien est un propre, seul son propriétaire a le pouvoir de conclure le bail commercial. En revanche, lorsque le bien appartient aux deux époux, aux termes de l'article 1425 du Code civil, ils ne peuvent, l'un sans l'autre, donner à bail un immeuble à usage commercial, industriel ou artisanal dépendant de la communauté. Si l'un des époux passe outre cette disposition, l'action en nullité de l'article 1427 du Code civil est ouverte à l'autre pendant deux ans à partir du jour où il a eu connaissance de l'acte. C'est une nullité relative qui ne peut être invoquée que par le conjoint victime du dépassement de pouvoirs (■ Cass. 1re civ., 20 janv. 1998 : *JCP* 1999, I, 154, n° 10, obs. Simler). Par ailleurs, l'action en nullité ne peut avoir pour effet de priver le conjoint du droit d'agir en nullité pendant les deux années qui suivent la réalisation de l'acte (■ Cass. 1re civ., 2 juin 1981 : *Bull. civ.* I, n° 187). Il n'est toutefois pas impossible au conjoint non participant de ratifier le bail consenti par l'autre, cette ratification pouvant même résulter de circonstances soumises à la libre appréciation des juges du fond (■ Cass. 1re civ., 17 mai 1993, n° 91-20.112 : *Bull. civ.* I, n° 172).

15) Bail consenti par un incapable. Un tel bail est maintenu pendant la durée prévue lors de sa conclusion, c'est-à-dire au minimum pour neuf années. Il ne cesse pas de plein droit dès que l'incapacité prend fin. En revanche, il cesse de plein droit à l'expiration du terme fixé sans qu'il soit nécessaire de donner congé (■ Cass. 3e civ., 15 mars 2000 *D.* 2000, act. jurispr. 273, obs. Y. R.). À l'expiration du bail, le preneur n'a aucun droit de renouvellement et aucun droit à se maintenir dans les lieux, et ceci en dépit de pourparlers n'ayant pas abouti. L'article 456 du Code civil ne concerne que les baux conclus par le tuteur ou l'administrateur légal seul, le juge des tutelles (en cas d'administration légale) ou le conseil de famille (en cas de tutelle) ont le droit d'autoriser l'administrateur légal ou le tuteur à consentir, sur les biens du mineur, un bail ouvrant droit à renouvellement à l'encontre du mineur devenu majeur (■ Cass. 1re civ., 21 juin 1989, n° 87-19.434 : *JurisData* n° 1989-002739 ; *Bull. civ.* I, n° 244. ■ Cass. 1re civ., 18 oct. 1994, n° 92-21.735 : *JurisData* n° 1994-002266 ; *D.* 1995, 529, note Massip). En revanche, le fait pour le preneur d'avoir contracté dans la croyance que le tuteur était propriétaire est indifférent (■ Cass. 1re civ., 14 mai 1996, n° 93-21.829 : *JurisData* n° 1996-001835 ; *D.* 1996, inf. rap. 157).

16) Bail consenti par un indivisaire. Les indivisaires peuvent donner à l'un ou à plusieurs d'entre eux un mandat spécial pour la conclusion ou le renouvellement d'un bail commercial (C. civ., art. 815-3). Dans la mesure où un mandat spécial est nécessaire, le bail consenti par un coïndivisaire seul est inopposable aux autres, nonobstant la théorie du mandat apparent (■ Cass. 3e civ., 12 avr. 1995, n° 95-20.732 : *JurisData* n° 1995-000899 ; *Bull. civ.* III, n° 109). En l'absence de mandat, c'est la règle de l'unanimité qui joue. La réforme du droit des successions et des libéralités du 23 juin 2006 posant une règle de gestion à la majorité des deux tiers des indivisions (C. civ., art. 815-3) ne s'applique pas aux baux commerciaux puisque cette règle ne joue que si l'acte peut être qualifié d'acte d'administration. Cette règle de l'unanimité est également applicable en cas de congé donné par un indivisaire (■ Cass. 3e civ., 10 déc. 2002 : *AJDI* 2003, 114). Le congé ne peut *a priori* produire effet que si l'indivisaire en question est devenu propriétaire du bien en vertu d'un partage intervenu avant la fin du bail (■ Cass. 3e civ., 8 avr. 1999, n° 96-19.243 : *JCP* 2000, I, 278, n° 3, obs. R. Le Guidec). La nullité qui résulte de l'absence de l'un des indivisaires à l'acte peut être ultérieurement couverte par l'intervention du ou des indivisaires absents à la procédure subséquente (■ Cass. 3e civ., 5 déc. 2001, n° 00-10.731 : *JurisData* n° 2001-011992 ; *Bull. civ.* III, n° 141. – V. égal. ■ Cass. 3e civ., 3 nov. 2005, n° 04-15.381 : *JurisData* n° 2005-030599 ; *Gaz.-Pal.* 15-16 déc. 2006. 34, obs. Barbier).

17) Les obligations du bailleur. Les obligations du bailleur ne sont pas spécifiquement régies par le Code de commerce et relèvent du droit commun du louage de chose des articles 1714 et suivants du Code civil. Le bailleur, y compris dans un bail commercial, est donc tenu d'une obligation de délivrance qui se prolonge par une obligation d'entretien et une obligation de garantie.

L'obligation de délivrance est d'abord l'obligation de « délivrer au preneur la chose louée » (C. civ., art. 1719, 1°). Si le preneur vient à contester cette obligation de délivrance, il appartient au bailleur de démontrer qu'il a bien rempli son obligation (■ Cass. 3e civ., 1er oct. 1997, n° 95-20.869 : *JurisData* n° 1997-003923 ; *RJDA* 12/1997, n° 1465). Ce dernier ne peut s'exonérer de son obligation lorsque la prise de possession des locaux est rendue impossible par le fait d'un tiers dont il doit répondre (■ Cass. 3e civ., 19 mai 2004, n° 03-12.541 : *JurisData* n° 2004-023736 ; *Bull. civ.* III, n° 99 ; *AJDI* 2004, 803, obs. Rouquet. ■ CA Versailles, 20 janv. 2000, n° 1988/97 : *JurisData* n° 2000-108825 ; *JCP* G 2001, IV, 1029 à propos d'un membre de la famille du bailleur), à moins que le fait du tiers ne revête les caractères de la force majeure (■ Cass. 3e civ., 28 sept. 2005, n° 04-13.720 : *JurisData* n° 2005-029912 ; *Bull. civ.* III, n° 175 : à propos d'un ancien locataire). De même, le défaut de paiement par le locataire du premier loyer et du dépôt de garantie ne décharge pas le bailleur de son obligation de délivrance (■ Cass. 3e civ., 28 juin 2006, n° 05-10.137 : *JurisData* n° 2006-034259 ; *Bull. civ.* III, n° 161 ; *AJDI* 2006, 731, obs. Rouquet ; *RTD civ.* 2006, 785, obs. Gautier). Enfin, le bailleur ne peut, par le biais d'une clause relative à l'exécution de travaux dans les lieux loués, s'affranchir de son obligation de délivrance (■ Cass. 3e civ., 1er juin 2005, n° 04-12.200 : *JurisData* n° 2005-028690 ; *Bull. civ.* III, n° 119 ; *AJDI* 2005, 650, obs. Rouquet ; *RTD civ.* 2005. 779, obs. Mestre et Fages ; *Defrénois* 2006, 439, obs. Ruet. ■ CA Rennes, 9 oct. 2013, n° 12/07129 : *JurisData* n° 2013-024156 ; *Loyers et copr.*, n° 345. ■ Cass. 3e civ., 14 sept. 2017, n° 16-21.799

où la Cour rappelle que le bailleur doit délivrer un local « conforme à la destination contractuelle ». ▪ CA Paris, 20 janvier 2017, n° 16/03145). La clause selon laquelle le preneur prend les lieux loués dans l'état où ils se trouvent ne décharge pas le bailleur de son obligation de délivrance (▪ Cass. 3e civ., 20 janv. 2009, n° 07-20.854 : *JurisData* n° 2009-046681 ; *Loyers et copr.* 2009, n° 63, obs. Chavance. – V. déjà, ▪ Cass. 3e civ., 5 juin 2002, n° 00-19.037 : *JurisData* n° 2002-014576 ; *Bull. civ.* I, n° 123. ▪ Cass. 3e civ., 27 mai 2003, n° 02-11.709 : *JurisData* n° 2003-019337 ; *Administrer* oct. 2003, p. 40). La clause du bail, transférant au preneur la charge des grosses réparations et celle du clos et du couvert, doit être interprétée restrictivement et ne peut inclure la réfection totale de la toiture de l'un des bâtiments compris dans l'assiette du bail (▪ Cass. 3e civ., 29 sept. 2010, n° 09-69.337, *Sté Laurentel c/ Lensotel*). Par ailleurs, le bailleur doit délivrer la chose louée « en bon état de réparations de toute espèce » (C. civ., art. 1720, al. 1). Il a été jugé que tenu d'une obligation de délivrance et de réparation de la chose louée, le bailleur qui ne rétablit pas les lieux en état d'être exploités après un dégât des eaux est responsable de l'arrêt d'exploitation du preneur malgré la clause de non-recours pour vices cachés ou apparents (▪ Cass. 3e civ., 18 mars 2009, n° 08-11.011 : *JurisData* n° 2009-047515 ; *AJDI* 2009, p. 539, obs. M.-P. Dumont-Lefrand). La clause mettant à la charge du preneur les travaux de mise en conformité aboutit à décharger le bailleur de son obligation de délivrance conforme, ce qui n'est pas admissible (▪ Cass. 3e civ., 19 déc. 2012, n° 11-28.170 : *Bull. civ.* III, n° 187). Lorsque l'exploitation du local est soumise à des autorisations particulières, le bailleur doit les obtenir avant de remettre la chose au preneur (▪ CA Paris, 22 févr. 1994 : *JurisData* n° 1994-020212 ; *Loyers et copr.* 1994, n° 240. ▪ Cass. 3e civ., 24 oct. 1990, n° 88-18.644 : *JurisData* n° 1990-002832 ; *Rev. loyers* 1991, 137), sous peine de voir sa responsabilité engagée. La résiliation judiciaire du bail, aux torts exclusifs du bailleur, a notamment été prononcée dans des hypothèses où des lieux loués en vue d'une destination précise n'étaient pas conformes à une réglementation en vigueur (▪ CA Rouen, 24 juin 1998, n° 9504359. ▪ CA Paris, 12 mars 1999, n° 1997/21885. ▪ CA Paris, 13 janv. 1999, citées par J.-P. Blatter, art. préc., p. 4. ▪ Cass. 3e civ., 7 mars 2006, n° 04-19.639 : *AJDI* 2006, 467. ▪ Cass. 3e civ., 28 nov. 2007, n° 06-17.758 : *JurisData n° 2007-041625 ; D. 2008, act. jurispr.* p. 85, obs. Y. Rouquet. ▪ CA Paris, 5-3, 27 janv. 2016, n° 13/24311 où alors qu'une clause stipulait que le preneur faisait son affaire personnelle de l'obtention des autorisations administratives requises par la réglementation et où l'assemblée générale des copropriétaires avait refusé le passage d'une gaine, le contrat a été résilié aux torts exclusifs du bailleur. – V. égal. ▪ CA Paris, 4-2, 1er mars 2017, n° 14/16628). **Centre commercial**. Enfin, en l'absence d'obligation particulière du bailleur liée à l'existence du centre, le bailleur n'est tenu d'aucune autre obligation que celle de délivrance, d'entretien et de jouissance paisible de la chose louée (▪ Cass. 3e civ., 12 juill. 2000, n° 99-10.455 : *JurisData* n° 2000-002874 ; *Bull. civ.* III, n° 137 ; *D.* 2000, act. jurispr. 377, obs. Y. Rouquet. ▪ Cass. 3e civ., 13 juin 2001, n° 99-17.985 : *JurisData* n° 2001-010087 ; *D.* 2001, somm. 3524, obs. Rozès. ▪ Cass. 3e civ., 24 sept. 2002, n° 01-11.336 : *AJDI* 2002, 851, obs. S. Beaugendre. ▪ Cass. 3e civ., 28 juin 2005, n° 04-14.087 : *JurisData* n° 2005-029226 ; *Loyers et copr.* 2005, n° 203, obs. Pereira. V. égal. ▪ Cass. 3e civ., 14 févr. 2012, n° 11-13.393 : *D.* 2012, pan. Baux commerciaux, obs. M.-P. Dumont-Lefrand. ▪ Cass. 3e civ., 5 sept. 2012, n° 11-17.394 : *RTDI* n° 1/2013, p. 65, obs. Kenfack qui juge que le manquement du bailleur à son obligation d'assumer la commercialité du centre est une contestation sérieuse qui fait obstacle à la compétence du juge des référés). Ainsi, seule une clause pourrait permettre au locataire d'obtenir la condamnation du bailleur en cas de baisse de la fréquentation de la zone commerciale (▪ CA Paris, 13 mars 2002, n° 1999/21169 : *JurisData* n° 2002-178499 ; *AJDI* 2002, 763). Si l'obligation de délivrance porte sur le local qui doit pouvoir servir à l'usage pour lequel il a été loué, elle ne porte pas, sauf clause contraire, sur son environnement commercial (▪ Cass. 3e civ., 14 févr. 2012, n° 11-13.393 : *D.* 2012, pan. 1844, spéc. 1848, obs. M.-P. Dumont-Lefrand ; *AJDI* 2012, 512, obs. H. Guyader. ▪ Cass. 3e civ., 3 juill. 2013, n° 12-18.099 : *D.* 2013, act. 1743, obs. Y. Rouquet).

L'obligation d'entretien à la charge du bailleur n'est qu'une application des règles du Code civil. Le bailleur doit entretenir le bien loué en l'état de servir à l'usage pour lequel il a été loué (C. civ., art. 1719-2°) et faire, pendant la durée du bail, toutes les réparations qui peuvent devenir nécessaires, autres que locatives (C. civ., art. 1720). Cette obligation d'entretien de la chose louée doit s'entendre non seulement de l'entretien qu'il doit assurer personnellement, mais de celui qu'il a pu mettre contractuellement à la charge d'autres personnes. Dès lors, le bailleur doit répondre des manquements de ceux-ci, et par exemple, des manquements aux règles élémentaires de sécurité d'une entreprise de désinsectisation à laquelle il a fait appel (▪ CA Paris, 8 févr. 2007, n° 05/12544 : *JCP* 2007, IV, 1502). *A priori*, cette obligation d'entretien ne devrait porter que sur le local assiette du bail. Toutefois, dans une espèce où des locataires d'un centre commercial se plaignaient du défaut d'entretien des parties communes (au motif que cela faisait fuir la clientèle), réclamant la condamnation du bailleur à effectuer les travaux de réfection et à leur payer des dommages et intérêts, et où la cour d'appel avait évacué leur demande en abordant la question sous l'angle de « l'environnement commercial favorable », la Cour de cassation casse l'arrêt d'appel « pour ne pas avoir recherché si le défaut d'entretien des parties communes du centre commercial n'avait pas pour effet de priver les preneurs des avantages qu'ils tenaient du bail » (■ Cass. 3e civ., 31 oct. 2006, n° 05-18.377 : *JurisData* n° 2006-035652 ; *AJDI* 2007, 198, obs. Alfroy ; *Rev. loyers* 2007, n° 873, p. 19, obs. Etain. – V. F. Auque, *Les obligations du bailleur : RJ com.* 2007, n° 2, p. 134 ; *Defrénois* 2007, 1886, obs. Ruet. – V. M.-P. Dumont-Lefrand, *La force créatrice de la jurisprudence en question ?..., Point de vue : AJDI* 2007, 353. ■ Cass. 3e civ., 19 déc. 2012, n° 11-23.541 : *D.* 2013, act. 78, obs. Y. Rouquet ; *RTDI* 2013/1, 65, obs. H. Kenfack). En l'absence de toute clause relative à l'entretien des parties communes, dès qu'un local sera situé dans un centre commercial, l'obligation d'entretien du bailleur risque de déborder le cadre de l'assiette du bail (*Contra* ■ Cass. 3e civ., 28 juin 2005 : *Loyers et copr.* 2005, n° 203, obs. Pereira qui refusait de considérer que l'obligation d'entretien du bailleur s'étende aux accessoires du lieu loué). En effet, il a été jugé que le bailleur est tenu d'entretenir les parties communes du centre commercial « accessoires nécessaires à l'usage de la chose louée » dans une espèce où avait été constaté un dépérissement général de l'immeuble, la suppression de l'accès aux toilettes du centre, l'existence d'obstacles (gravats et levée de terre) empêchant le libre accès au parking (■ Cass. 3e civ., 19 sept. 2012, n° 11-23.541 : *RTDI* n° 1/2013, p. 65, obs. Kenfack ; *Loyers et copr.* 2013, n° 47, obs. Chavance). Il est fréquent que cette obligation soit atténuée, voire annihilée, par une clause de renonciation à poursuivre le bailleur (■ Cass. 3e civ., 5 juin 2002, n° 00-19.037 : *D.* 2002, act. jurispr. 2407, obs. Rouquet). **Travaux** : Sauf urgence, le bailleur ne doit rembourser au preneur les travaux dont il est tenu que s'il a été préalablement mis en demeure de les réaliser et, qu'à défaut, le preneur a obtenu une autorisation judiciaire de se substituer à lui (■ Cass. 3e civ., 23 mai 2013, n° 11-29.011 : *Loyers et copr. 2013, comm. 211, obs. E. Chavance*). **Vétusté.** En l'absence de stipulation expresse, la vétusté n'est pas incluse dans la clause entretien, réparation et travaux (■ Cass. 3e civ., 3 déc. 2015, n° 14-21.166).

L'obligation de garantie à la charge du bailleur concerne tant les troubles relatifs à la jouissance du bien loué que ceux relatifs à l'activité exercée dans les lieux loués. Les troubles de jouissance de la chose louée sont notamment garantis par la garantie des vices cachés et la garantie d'éviction. Ainsi, par exemple, le bailleur informé de la présence d'amiante avant même la signature du bail, et qui s'est abstenu d'en faire part au locataire, lui doit sa garantie pour le trouble qu'il subit du fait des travaux de désamiantage (■ Cass. 3e civ., 2 juill. 2003, n° 02-14.642 : *JurisData* n° 2003-019713 ; *Bull. civ.* III, n° 138 ; *D.* 2004, 1411, note Pignarre ; *AJDI* 2003, 661, obs. Rouquet ; *Contrats, conc. consom.* 2003, n° 173, note Leveneur). Mais le bailleur peut s'exonérer de la garantie des vices cachés en insérant dans le contrat une clause d'exonération, totale ou partielle, de cette garantie (■ Cass. soc., 21 juin 1958 : *Bull. civ.* IV, n° 786. ■ Cass. 3e civ., 26 févr. 1971, n° 69-14.401 : *JurisData* n° 1971-098146 ; *Loyers et copr.* 1971, 309). Dès lors, le bailleur n'est responsable que de son dol ou de sa faute lourde (■ Cass. 3e civ., 11 juill. 1972, n° 71-11.196 : *JurisData* n° 1972-000454 ; *Bull. civ.* III, n° 454. ■ Cass. 3e civ., 31 oct. 2006, n° 05-14.123 : *AJDI* 2007, 302, obs. Denizot où la clause litigieuse était suffisante pour faire obstacle à l'application de l'article 1721 du Code civil). Les troubles dans l'exercice de l'activité du preneur peuvent être garantis par une clause de non-concurrence ou d'exclusivité à la charge du bailleur. En l'absence de clause d'exclusivité ou de non-concurrence, le principe demeure celui de la liberté d'exploitation. Par conséquent, sous réserve de ne pas commettre d'actes de concurrence déloyale (■ Cass. 3e civ., 28 févr. 1973, n° 72-10.524 : *JurisData* n° 1973-098157 ; *Bull. civ.* III, n° 157. ■ Cass. ass. plén., 29 mai 1970 : *JurisData* n° 1970-095005 ; *Bull. civ.* 1970, n° 5), le bailleur, comme les colocataires de l'immeuble concerné, peuvent exercer la même activité que le preneur (■ Cass. 3e civ., 4 déc. 1991, n° 90-14.600 : *JurisData* n° 1991-003116 ; *Bull. civ.* III, n° 300. ■ Cass. 3e civ., 19 mars 1997, n° 95-16.719 : *JurisData* n° 1997-001255 ; *Rev. loyers* 1997, 482). En présence de clauses, il faut distinguer selon que les clauses contraignent seulement le bailleur ou aussi l'un des colocataires. Sous réserve qu'elles soient limitées dans l'espace ou dans le temps (■ Cass. 3e civ., 8 janv. 1997, n° 94-20.766 : *JurisData* n° 1997-000015 ; *Bull. civ.* III, n° 2), et qu'elles n'entravent pas les règles d'ordre public relatives à la déspécialisation (V. ■ Cass. 3e civ., 15 févr. 2012, n° 11-17.213), la validité des clauses de non-concurrence ne fait pas problème. Toutefois, comme toutes clauses limitatives de liberté, elles sont interprétées restrictivement et ne peuvent concerner des activités simplement annexes ou accessoires par rapport à l'activité principale (■ Cass. 3e civ., 25 oct. 1972 : *JurisData* n° 1972-000547 ; *Bull. civ.* III, n° 547). Il a toutefois été jugé que le preneur bénéficiaire d'une clause d'exclusivité qui lui a été consentie par son bailleur « est en droit d'exiger que ce dernier fasse respecter cette clause par les autres locataires, même si ceux-ci ne sont pas parties au contrat contenant cette stipulation » (■ Cass. 3e civ., 4 mai 2006, n° 05-85.255 : *JurisData* n° 2006-034397 ; *D.* 2006, act. jurispr. 1454, obs. Rouquet ; *JCP G* 2006, II, 10199, note Deshayes ; *RDC* 2006, 1154, note Seube). Il se peut que l'un des colocataires soit aussi tenu par une clause d'exclusivité. Dans cette hypothèse, en cas de violation de la clause, le preneur qui s'estime victime peut s'adresser au bailleur pour que ce dernier fasse respecter ses engagements au colocataire fautif. On pourrait également imaginer que le preneur lésé agisse directement contre le colocataire fautif et cela d'autant plus facilement que la jurisprudence admet dorénavant qu'un manquement contractuel soit source de responsabilité contractuelle vis-à-vis des tiers dès lors que ce manquement leur a causé un dommage, sans avoir à apporter d'autre preuve (■ Cass. 1re civ., 13 févr. 2001 : *JCP* 2001, II, 10099, note Lisanti-Kalczynski. ■ Cass. ass. plén., 6 oct. 2006, n° 05-13.255 : *JurisData* n° 2006-035298 ; *D.* 2006, 2825, note Viney ; *JCP G* 2006, II, 10181, note Billiau ; *Rev. Lamy dr. civ.* janv. 2007, 5, note Brun). Dans une espèce où le bail d'origine comportait une clause de non-concurrence imposée à tous les locataires d'un même immeuble et où la clause n'avait pas été reprise dans les baux renouvelés, la Cour de cassation a jugé le bailleur fautif de ne pas avoir réinséré ladite clause, cette faute contractuelle débouchant sur une résolution partielle, limitée à la clause. Les magistrats approuvent les juges d'appel d'avoir déduit de cette disparition de clause que « le bailleur, qui s'était exonéré de l'obligation qui pesait sur lui, d'insérer cette clause dans les baux concernés par la zone de non-concurrence, avait commis une faute dans l'exécution du bail, rendant de fait impossible le respect de ladite clause, et qu'il y avait lieu en conséquence de prononcer la résolution de la clause de non-concurrence insérée dans le bail liant le locataire (plaignant) à la SCI bailleresse » (■ Cass. 3e civ., 3 mai 2007, n° 06-11.591 : *JurisData* n° 2007-038655 ; *Defrénois* 2007, art. 38659, note Ruet).

2° *Le preneur*

18) Les obligations du preneur. Les obligations du preneur, contrepartie de la jouissance de la chose louée, sont définies à l'article 1728 du Code civil qui les scinde en deux : l'obligation « de payer le prix du bail aux termes convenus », et celle « d'user de la chose louée en bon père de famille, et suivant la destination qui lui a été donnée par le bail, ou suivant celle présumée d'après les circonstances, à défaut de convention ».

L'obligation de payer du locataire concerne aussi bien le loyer que les charges locatives. Il est fréquent que le locataire doive rembourser au bailleur l'impôt foncier ou l'assurance de l'immeuble. Auquel cas le locataire ne peut valablement se décharger du paiement de ces sommes en plaidant le caractère exorbitant du droit commun de la disposition (■ Cass. 3e civ., 8 déc. 1999, n° 98-11.665 : *JurisData* n° 1999-004353 ; *Bull. civ.* III, n° 234). Lorsque la clause est claire et précise, le juge doit l'appliquer même s'il s'agit de répercuter sur le locataire des charges exorbitantes du droit commun (■ Cass. 3e civ., 3 juin 2004, n° 02-11.894 : *JurisData* n° 2004-023962 ; *RJDA* 10/2004, n° 1093 à propos d'un impôt foncier).

Le preneur doit ensuite **user de la chose en bon père de famille**, dès lors que le contrat qui autorise la jouissance des locaux est un bail (■ Cass. 3e civ., 1er juill. 2003, n° 01-17.661 : *AJDI* 2003, 580 où la cour a écarté l'application de l'article 1728 du Code civil dans une hypothèse où les parties étaient liées par une convention d'hébergement). Le preneur ne doit pas faire un usage de la chose nuisant aux tiers et sera responsable de tous les troubles anormaux de voisinage (■ Cass. 3e civ., 11 juin 1997, n° 95-10.152 : *JurisData* n° 1997-003111 ; *RJDA* 10/1997, n° 1172). Toutefois, la victime du trouble de voisinage trouvant son origine dans un immeuble donné en location peut aussi en demander réparation au propriétaire (■ Cass. 3e civ., 30 juin 2004, n° 03-11.562 : *JurisData* n° 2004-024376 ; *Bull. civ.* III, n° 140). L'article 1728, 1°, impose au locataire d'user de la chose suivant la destination qui lui a été donnée par le bail. Cette affectation contractuelle prime l'usage qui est fait des locaux par le locataire (■ Cass. 3e civ., 13 févr. 1970, n° 67-13.752 : *JurisData* n° 1970-098108 ; *Bull. civ.* III, n° 113. ■ Cass. 3e civ., 6 déc. 1995, n° 94-13.195 : *JurisData* n° 1995-003765 ; *RJDA* 1996, n° 190). En cas de modification unilatérale de la destination des lieux par le preneur, la simple connaissance d'une telle situation, irrégulière, par le bailleur ne peut conférer un droit en l'absence de tout acte non ambigu valant autorisation (■ Cass. 3e civ., 16 juill. 1997, n° 95-20.884 : *JurisData* n° 1997-003418 ; *RD imm.* 1997, 629, obs. Collart-Dutilleul et Derrupé). Une simple tolérance du bailleur ne peut, en l'absence d'autres circonstances relevées par les juges du fond (■ Cass. 3e civ., 4 mai 2006, n° 04-10.051 : *JurisData* n° 2006-034016 ; *RJDA* 2006, n° 876), valoir acceptation du changement de destination des lieux. Ce n'est que dans le silence du bail sur cette destination des lieux que les juges devront rechercher la commune intention des parties (■ Cass. 3e civ., 25 janv. 2006, n° 04-20.173 : *JurisData* n° 2006-031846 ; *RJDA* 2006, n° 390). Cette obligation d'user de la chose en bon père de famille recouvre également l'obligation d'exploiter les locaux. Or la Cour de cassation a jugé dans deux arrêts que cette obligation d'exploiter est une condition d'application du statut des baux commerciaux dont l'inexécution ne peut entraîner la résiliation du bail en l'absence d'une clause imposant l'exploitation effective et continue du fonds dans les lieux loués (■ Cass. 3e civ., 10 juin 2009, 2 arrêts : *D.* 2009, p. 2839, note M.-P. Dumont-Lefrand. ■ Cass. 3e civ., 16 oct. 2012, n° 11-25.234 : *RTDI* n° 1/2013, p. 63, obs. Dumont-Lefrand. ■ Cass. 3e civ., 3 déc. 2020, n° 19-20.613).

19) Sur la notion de charges locatives et la nécessité d'une **stipulation expresse** pour qu'elles soient à la charge du locataire. Sur la taxe d'enlèvement des ordures ménagères (■ Cass. 3e civ., 13 juin 2012, n° 11-17.114). Sur des charges de chauffage (■ Cass. 3e civ., 3 oct. 2012, n° 11-21.108). Sur la taxe foncière (■ Cass. 3e civ., 26 mars 2013, n° 11-24.311). Sur des travaux de ravalement (■ Cass. 3e civ., 6 mars 2013, n° 11-27.331).

20) Qualité du preneur. Sont exclus du champ d'application du statut les preneurs qui n'ont pas la qualité de commerçant ou d'artisan (■ Cass. 3e civ., 10 févr. 1999, n° 97-14.453 : *Bull. civ.* III, n° 33 à propos de l'exploitant d'une résidence de tourisme. ■ CA Paris, 13 févr. 1992 : *JurisData* n° 1992-020416 ; *Bull. Joly Sociétés* 1992, p. 437, note M. Jeantin à propos d'une association. ■ Cass. 3e civ., 19 juin 2002, n° 01-03.226 : *JurisData* n° 2002-014869 ; *Gaz. Pal.* 2003, p. 457, note J.-D. Barbier à propos d'un fonctionnaire. – V. égal. ■ Cass. 3e civ., 16 févr. 2011, n° 09-71.158 : *JurisData* n° 2011-001807 ; *D.* 2011, 674, obs. Y. Rouquet où la cour réaffirme le principe d'incompatibilité existant entre la qualité de commerçant et celle de fonctionnaire). V. III, Un fonds, annot. n° 33, p. 233.

21) Clause d'adhésion du preneur à une association de commerçants. La Cour de cassation a jugé, au visa de l'article 11 de la Convention EDH et de l'article 4 de la loi du 4 juillet 1901, que la clause d'un bail commercial qui obligeait le preneur à adhérer à une association de commerçants et à maintenir son adhésion pendant la durée du bail est entachée de nullité absolue (■ Cass. 3e civ., 12 juin 2003, n° 02-10.778 : *JurisData* n° 2003-019396 ; *RTD com.* 2004, p. 72, obs. J. Monéger). Elle en a ensuite tiré les conséquences en estimant que la liberté fondamentale du preneur de ne pas adhérer à une association ne saurait être contournée par une application inadéquate des règles de l'enrichissement sans cause, invoquant à cet effet le droit à un recours effectif des articles 6 § 1, 11 et 13 de la CEDH (■ Cass. 1re civ., 20 mai 2010, n° 09-65.045 : *AJDI* 2010, note Dumont-Lefrand. – V. égal. ■ Cass. 3e civ., 23 nov. 2011, n° 10-23.928 : *Loyers et copr.* 2012, comm. 82) avant de juger que « la nullité déclarée de la clause d'adhésion avait pour effet de remettre à cet égard les parties dans leur situation initiale, de sorte que la société devait restituer en valeur les services dont elle avait bénéficié à ce titre, valeur souverainement estimée par les juges du fond » (■ Cass. 1re civ., 12 juill. 2012, n° 11-17.587 : *D.* 2012, p. 2490, obs. Kenfack ; *Loyers et copr.* 2012, repère 8, Monéger ; *D.* 2012, 1954, obs. Rouquet ; *AJDI* 2012, 263, obs. M.-P. Dumont-Lefrand. ■ CA Versailles, 10 mai 2016).

II – UN LOCAL

A – Local principal

22) Nature des locaux. Le statut des baux commerciaux s'applique « aux baux des immeubles ou locaux ». La jurisprudence distingue le local de l'immeuble. Alors que l'immeuble désigne la totalité d'un bâtiment, le local n'en concerne qu'une partie. Qu'il s'agisse d'un immeuble ou d'un local, pour que le statut s'applique, il faut que soit en cause un immeuble bâti, ou tout au moins un ensemble immobilier aménagé pour satisfaire aux besoins d'une clientèle. Sont par conséquent visés les lieux clos et couverts (■ CA Paris, 14 nov. 1956 : *Gaz. Pal.* 1956, 2, 401. ■ CA Douai, 11 juin 1987 : *JurisData* n° 1987-050680 ; *D.* 1987, inf. rap. 163. ■ Cass. com., 13 févr. 1962 : *Gaz. Pal.* 1962, 1, 394 : pour une grotte). Toutefois, à la différence des constructions édifiées sur les terrains nus, la jurisprudence n'exige pas que les locaux soient d'une nature particulière. Elle n'impose ni fondations ni matériaux en dur. C'est ainsi qu'un simple baraquement peut être un local s'il est l'objet principal de la location (■ Cass. 3e civ., 25 janv. 1977, n° 74-15.293 : *JurisData* n° 1977-098038 ; *Bull. civ.* III, n° 38 : à propos d'un baraquement dans lequel les preneurs exploitaient un restaurant-buvette). Il est tout de même nécessaire qu'un local ou un immeuble existe (■ Cass. 3e civ., 1er mars 1995, n° 93-14.275 : *JurisData* n° 1995-000512 ; *Bull. civ.* III, n° 65), c'est-à-dire qu'un local suppose un volume loué et pas seulement une surface, qu'elle soit horizontale ou verticale (■ CA Paris, 28 avr. 2000, n° 1999/17987 : *JurisData* n° 2000-112475 ; *AJDI* 2000, 734 : pour un emplacement dans une grande surface).

23) Exclusion du statut. Ne sont pas des locaux des vitrines d'exposition louées de façon autonome (■ Cass. com., 20 juill. 1954 : *JCP* 1954, IV, 141. ■ Cass. com., 29 juin 1971 : *JCP* 1971, IV, 247. – *Contra* ■ CA Paris, 15 févr. 1982 : *Gaz. Pal.* 1983, 1, 16, note Brault : la vitrine constituait le prolongement de la vitrine d'exposition du locataire, ■ CA Paris, 28 févr. 1997 : *Rev. loyers* 1998, 112. ■ CA Lyon, 16 nov. 1989 : *JurisData* n° 1989-600239 ; *Rev. loyers* 1991, p. 76), des étalages, éventaires, guérites ou kiosques installés sous un passage ou un porche (■ Cass. 3e civ., 16 oct. 1979, n° 78-12.010 : *JurisData* n° 1979-700025 ; *Ann. loyers* 1980, 1173. ■ Cass. 1re civ., 30 mars 2005, n° 03-15.741 : *JCP E* 2005, 1733, obs. Kenfack), ou encore des emplacements d'affichage, qu'il s'agisse de murs, toitures ou panneaux loués à titre publicitaire (■ Cass. com., 11 juin 1949 : *JCP* 1949, II, 4967. ■ CA Paris, 29 juin 1971 : *JCP* 1971, IV, 247). La jurisprudence a également eu à statuer sur les aires de stationnement. Un simple espace composé d'aires de stationnement n'est pas un local (■ CA Paris, 2 mars 1990 : *JurisData* n° 1990-021384 ; *Loyers et copr.* 1990, n° 219. ■ Cass. 3e civ., 18 mars 1992, n° 90-15.686 : *JurisData* n° 1992-000670 ; *Bull. civ.* III, n° 229 : pour une aire de stationnement séparée d'autres aires par de simples bandes de peinture au sol. – V. égal. ■ CA Paris, 3 mai 2006, n° 04/24486 : *AJDI* 2007, 889. ■ Cass. 3e civ., 23 juin 2016, n° 14-26.003 où la Cour ne se prononce pas sur la notion de local alors qu'il s'agissait d'un espèce concédé sur un parking).

24) Aménagement du local. Pour bénéficier de plein droit du statut des baux commerciaux, le local doit être aménagé de manière à recevoir la clientèle (■ Cass. 3e civ., 19 sept. 2006, n° 05-18.365 : *AJDI* 2006, 827). Mais à défaut de pouvoir être considéré comme un local principal, faute d'aménagements destinés à recevoir la clientèle, les lieux pourront recevoir la qualification de local accessoire.

25) Caractères du local. Pour bénéficier du statut des baux commerciaux de plein droit, le local doit être un *local principal*, par opposition au local accessoire. Or le local principal est celui où s'exerce l'activité principale, c'est-à-dire la fabrication ou la commercialisation des produits dès lors que la clientèle y a accès pour choisir lesdits produits (■ Cass. 3e civ., 12 juill. 1995, n° 93-12.222 : *JurisData* n° 1995-002085 ; *AJPI* 1996, 1321, note Blatter). Tel est le cas d'une usine (■ Cass. com., 27 janv. 1958 : *Bull. civ.* III, n° 44), de bureaux (■ Cass. com., 25 avr. 1963 : *JurisData* n° 1963-098198 ; *Bull. civ.* III, n° 198), de succursales (■ Cass. 3e civ., 12 févr. 1971, n° 69-11.129 : *JurisData* n° 1971-098112 ; *Bull. civ.* III, n° 112) ou d'un entrepôt servant à la vente (■ Cass. 3e civ., 13 févr. 1970 : *Bull. civ.* III, n° 111). Le local principal n'est pas nécessairement unique (■ Cass. 3e civ., 25 oct. 1972 : *Bull. civ.* III, n° 549 : pour une pluralité de locaux principaux) et peut notamment englober des dépendances, qu'il s'agisse de caves, de garages ou de greniers dès lors que l'ensemble forme un tout indivisible (■ Cass. com., 9 mai 1961 : *Bull. civ.* III, n° 198). Ainsi, en cas de pluralité de locaux, si les différents locaux sont indissociables il suffit que l'un d'entre eux réponde aux conditions pour que le statut s'applique à tous (■ Cass. 3e civ., 22 janv. 1997, n° 94-19.554 : *JurisData* n° 1997-000293 ; *RJDA* 3/1997, n° 330), quelle que soit l'importance respective de l'activité exercée dans chaque local (■ Cass. 3e civ., 22 oct. 1974, n° 73-12.372 : *JurisData* n° 1974-000367 ; *Bull. civ.* III, n° 367). Par ailleurs, le local doit présenter un caractère *stable et permanent* (■ Cass. 3e civ., 19 janv. 2005, n° 03-15.283 : *Bull. civ.* III, n° 10). En cas de clause de déplacement laissant la situation et la surface du local à la discrétion du bailleur (lequel peut notamment la déplacer ou la restreindre ■ Cass. 3e civ., 20 févr. 1985, n° 83-16.019 : *JurisData* n° 1985-700548 ; *Bull. civ.* III, n° 38), la jurisprudence prend acte de cette indétermination des locaux mis à disposition de l'occupant pour écarter les dispositions statutaires (■ Cass. 3e civ., 24 févr. 1976, n° 74-13.314 : *JurisData* n° 1976-098080 ; *Bull. civ.* III, n° 80. ■ 5 avr. 1995, n° 93-14.864 : *JurisData* n° 1995-000809 ; *Bull. civ.* III, n° 93. ■ CA Versailles, 10 avr. 1996 : *JurisData* n° 1996-230072 ; *D.* 1996, inf. rap. 141 où la cour considère comme un local un stand, même de nature mobile, situé sur un emplacement fixe, délimité, matérialisé au sol et parfaitement déterminé d'une galerie marchande, mais non laissé contractuellement à la discrétion du bailleur. – V. égal. ■ Cass. 3e civ., 15 oct. 2015, n° 13-24.439 : *AJDI* 2014, 359. ■ CA Aix-en-Provence, 11 ch., sect. A, 20 janv. 2015, n° 13/00940). Sont également exclues du statut les locations intermittentes (■ Cass. 3e civ., 11 janv. 2006 : *Bull. civ.* III, n° 8 qui exige une jouissance exclusive). Enfin, le statut des baux commerciaux n'opère que si les locaux sont donnés à bail en vue d'un *usage commercial*. Pour juger de l'application du statut des baux commerciaux, il convient de rechercher la destination des locaux dans la commune intention des parties (■ Cass. 3e civ., 20 janv. 1966 : *JurisData* n° 1966-700042 ; *Bull. civ.* III, n° 42. ■ Cass. 3e civ., 7 nov. 1973, n° 72-13.829 : *JurisData* n° 1973-000569 ; *Bull. civ.* III, n° 569). La seule utilisation du local à des fins commerciales est insuffisante (■ Cass. 3e civ., 11 juin 1976, n° 75-12.809 : *JurisData* n° 1976-799255 ; *Bull. civ.* III, n° 255. ■ CA Versailles, 8 oct. 1998, n° 1919-96 : *JurisData* n° 1998-045883 ; *D. affaires* 1999, p. 661, note Rouquet). Un arrêt a jugé que le statut s'appliquait à un contrat de bail prévoyant une destination commerciale alors que le locataire avait utilisé la partie destinée à usage commercial comme habitation (■ Cass. 3e civ., 7 juill. 1993, n° 91-15.948 : *Rev. loyers* 1993, 524. ■ CA Paris, 5 mai 2004, n° 2002/07295 : *JurisData* n° 2004-246460 ; *AJDI* 2004, 721 qui juge que la destination du bail découle de l'affectation conventionnelle décidée par les parties : la qualification donnée au bail ne peut être considérée comme abandonnée du seul fait de la tolérance du bailleur d'un usage exclusif d'habitation pendant plusieurs années). En revanche, si, alors que le bail est mixte, le locataire fait du local d'habitation une utilisation commerciale, sans l'autorisation du bailleur (notamment en démontant une cloison pour prolonger l'arrière-boutique), cela constitue un manquement grave au contrat justifiant la résiliation du bail (■ Cass. 3e civ., 13 juin

2001, n° 99-18.415 : *JurisData* n° 2001-010084 ; *Gaz. Pal.* 2001, 113).

B – Locaux accessoires

26) Nécessité de locaux accessoires. Un local accessoire doit être nécessaire à l'exploitation du fonds. Sa « privation est de nature à compromettre l'exploitation du fonds ». Cette condition n'est pas remplie lorsque les conditions d'exploitation sont simplement rendues plus difficiles par la perte de ce local (▪ CA Amiens, 8 mars 1999, n° 9703242 : *JurisData* n° 1999-044085 ; *Loyers et copr.* 2000, 193, note Brault et Pereira). Cette nécessité du local accessoire est appréciée par rapport à l'exploitation du fonds sans considération des possibilités de remplacement, dès lors que celui-ci s'impose pour ne pas compromettre son exploitation (▪ Cass. civ., 7 avr. 1982 : *Rev. loyers* 1982, 441. ▪ Cass. 3e civ., 7 févr. 1990, n° 88-12.880 : *JurisData* n° 1990-000362 ; *Bull. civ.* III, n° 43). La charge de la preuve pèse sur le locataire à qui il appartient de démontrer que la privation du local accessoire serait de nature à compromettre l'exploitation du fonds (▪ Cass. 3e civ., 17 janv. 1969, n° 67-11.788 : *Bull. civ.* III, n° 55. ▪ Cass. 3e civ., 20 mars 1990 : *Bull. civ.* III, n° 80. ▪ CA Amiens, 8 mars 1999 : *Loyers et copr.* 2000, n° 193). Toutefois, les juges du fond apprécient souverainement si le local remplit la condition évoquée. Ce pouvoir souverain des juges du fond pour décider qu'un local accessoire peut bénéficier des dispositions statutaires a été rappelé par la Cour de cassation qui a posé des critères de contrôle de la qualification du lien d'accessoire à principal. Elle a énoncé « qu'ayant constaté..., que l'emplacement en cause constituait une partie de bâtiment, la cour d'appel, qui a pu en déduire qu'il constituait un local au sens de l'article L. 145-1-I-1° du Code de commerce a souverainement retenu de sa nature, de sa fonction et de sa situation, [qu'il] était indispensable à l'exploitation du fonds de commerce et de restaurant » (▪ Cass. 3e civ., 22 mars 2006, n° 05-12.106 : *JurisData* n° 2006-032806 ; *JCP* E 2007, I, 1802, obs. Monéger). Le bénéfice de la protection statutaire suppose que la privation du local accessoire soit de nature à compromettre l'exploitation du fonds (▪ Cass. 3e civ., 27 sept. 2005, n° 04-12.297 : *JurisData* n° 2005-030171 ; *Gaz. Pal.* 16-17 juin 2006, 25, obs. Barbier. ▪ CA Paris, 28 juin 2006, n° 04/16850 : *Administrer* déc. 2006, 67, obs. Lipman-Boccara. ▪ Cass. 3e civ., 19 sept. 2006 : *AJDI* 2006, 827 où la cour retient que « la suppression de la possibilité d'entreposer la marchandise ne constituait pas un empêchement à l'exploitation commerciale ». ▪ Cass. 3e civ., 14 sept. 2017, n° 16-21.999 où la Cour a jugé qu'un local d'auto-école où se déroulait les cours donnés aux élèves était accessoire du local principal à usage administratif malgré une stipulation du bail précisant qu'il s'agissait de locaux accessoires non nécessaires à l'exploitation du fonds de commerce du preneur). Il est à noter que la jurisprudence met souvent en cause des ateliers (généralement considérés comme un local principal ou tout au moins accessoire « nécessaire » ▪ Cass. com., 12 janv. 1965, n° 61-12.908 : *Bull. civ.* III, n° 32), des entrepôts (*contre la nécessité* ▪ Cass. com., 9 janv. 1961 : *Bull. civ.* III, n° 17. ▪ Cass. 3e civ., 3 mars 1992, n° 89-19.172 : *JurisData* n° 1992-000447 ; *Rev. loyers* 1992, 239, *pro* ▪ Cass. com., 26 mai 1961, n° 58-11.585 : *Bull. civ.* III, n° 17. ▪ Cass. com., 7 févr. 1990, n° 88-12.880 : *JurisData* n° 1990-000362 ; *Bull. civ.* III, n° 43), des garages (*refusant la protection statutaire* ▪ Cass. 3e civ., 12 févr. 1992, n° 90-13.432 : *JurisData* n° 1992-000266 ; *Loyers et copr.* 1992, n° 11 ; *acceptant la protection statutaire* ▪ Cass. com., 19 juill. 1966 : *JurisData* n° 1966-099721 ; *Bull. civ.* III, n° 366. ▪ CA Paris, 29 janv. 1991 : *JurisData* n° 1991-020424 ; *JCP* E 1991, I, 83, n° 8-2, obs. Monéger. ▪ CA Toulouse, 6 oct. 2005, n° 04/02879 : *JurisData* n° 2005-292400 ; *JCP* 2006, IV, 2073 à propos d'une discothèque) ou des logements de personnel (*Contra* ▪ Cass. com., 2 déc. 1958 : *Bull. civ.* III, n° 353. ▪ Cass. 3e civ., 29 juin 1982 : *JurisData* n° 1982-701736 ; *Loyers et copr.* 1982, n° 347, *pro* ▪ CA Paris, 20 déc. 1957 : *Gaz. Pal.* 1957, 1, 59) sans que son sens soit unanime.

27) Propriété du bailleur. Pour que le statut s'applique aux locaux accessoires, encore faut-il que le local accessoire appartienne au propriétaire du local principal. En cas de propriétaires différents, celui du local accessoire doit être informé de l'utilisation jointe des locaux. Il faut que les locaux accessoires « aient été loués au vu et au su du bailleur en vue de l'utilisation jointe » (▪ Cass. com., 3 juill. 1968 : *Bull. civ.* III, n° 312. ▪ Cass. 3e civ., 19 juill. 1995, n° 93-20.315 : *JurisData* n° 1995-002110 ; *Bull. civ.* III, n° 195. ▪ CA Amiens, 8 mars 1999 : *Loyers et copr.* 2000, n° 193. ▪ Cass. 3e civ., 19 mars 2008 : *JurisData* n° 2008-043244 ; *Loyers et copr.* 2008/5, n° 109, obs. Chavance) sans qu'un consentement exprès soit requis. Il appartient au preneur de prouver qu'il a informé le propriétaire, par tous moyens (▪ CA Paris, 2 avr. 1987 : Loyers et copr. 1987, n° 262). À défaut, le statut ne peut être invoqué pour les locaux accessoires (▪ CA Paris, 28 juin 2006, 2 arrêts : *Administrer* déc. 2006, 67, obs. Lipman-Boccara).

C – Terrains nus

28) Terrains nus. Les terrains loués nus sont exclus du statut, même s'ils sont affectés à un usage commercial, industriel ou artisanal car il ne s'agit pas de locaux (▪ Cass. 3e civ., 22 avr. 1971, n° 70-10.242 : *JurisData* n° 1971-098248 ; *Bull. civ.* III, n° 248. ▪ Cass. 3e civ., 4 janv. 1995 : *AJPI*

1995, 409, note Blatter : pour une aire de stationnement. – V. égal. ▪ Cass. 3ᵉ civ., 10 sept. 2020, n° 19-12.814 où la Cour réaffirme que la location d'un terrain nu, sans construction particulière, ne relève pas du statut des baux commerciaux). Mais l'article L. 145-1-I-2° du Code de commerce prévoit l'application du statut « aux baux de terrains nus sur lesquels ont été édifiées – soit avant, soit après le bail – des constructions à usage commercial, industriel ou artisanal, à condition que ces constructions aient été élevées ou exploitées avec le consentement exprès du propriétaire ». L'application du statut à un terrain est donc envisageable, mais à condition qu'il soit construit, avec l'accord du bailleur, et que les constructions aient un usage précis, en l'occurrence qu'elles soient destinées à l'usage du commerce.

29) Exigence de constructions. Il est nécessaire que le locataire ait *édifié des constructions* qui confèrent à l'objet de la location la nature d'un local ou d'un immeuble. Si le terrain reste nu, peu importe qu'il soit nécessaire à l'exploitation d'un fonds de commerce (▪ Cass. 3ᵉ civ., 22 avr. 1971 : *Bull. civ.* III, n° 248. ▪ Cass. 3ᵉ civ., 1ᵉʳ févr. 1989, n° 87-16.864 : *Bull. civ.* III, n° 26). Un simple aménagement n'est pas suffisant (▪ Cass. 3ᵉ civ., 8 févr. 1989, n° 87-15.419 : *JurisData* n° 1989-700653 ; *Rev. loyers* 1989, n° 179 : pour une charpente formée de quatre poutrelles métalliques facilement démontables, ▪ Cass. 3ᵉ civ., 1ᵉʳ mars 1995, n° 92-17.874 : *JurisData* n° 1995-000466 ; *JCP* 1995, IV, p. 1045 : clôture édifiée sur un terrain). À l'inverse, le statut des baux commerciaux a été jugé applicable à un terrain aménagé en camping (▪ Cass. 3ᵉ civ., 13 avr. 1976 : *Bull. civ.* III, n° 150), à un autre aménagé pour l'exposition de remorques et caravanes (▪ Cass. 3ᵉ civ., 1ᵉʳ mars 1995, n° 92-17.874 : *JurisData* n° 1995-000466 ; *D.* 1995, inf. rap. 78), à un troisième sur lequel avaient été construits des bungalows destinés à être sous-loués à un camp de naturistes (▪ Cass. 3ᵉ civ., 20 déc. 1976, n° 75-11.700 : *JurisData* n° 1976-000469 ; *Bull. civ.* III, n° 469) ou encore à un terrain à usage industriel sur lequel ont été édifiés des bâtiments à usage de bureaux et d'entrepôts (▪ CA Versailles, 8 mars 2001, n° 99/01628 : *JurisData* n° 2001-144064 ; *JCP* 2001, IV, 2022). La construction ne doit être ni sommaire, ni provisoire, ni aisément démontable, mais présenter les critères de fixité et de solidité (▪ Cass. 3ᵉ civ., 30 oct. 1984, n° 83-11.178 : *JurisData* n° 1984-702261 ; *Gaz. Pal.* 1985, 1, 67. ▪ CA Nîmes, 6 mars 2003, n° 2001/1058 : *JurisData n° 2003-212645* ; *Gaz. Pal.* 2003, 2, somm. 3171, obs. Brault). La protection du statut a, par exemple, été refusée à des installations de remontées mécaniques (▪ Cass. 3ᵉ civ., 10 janv. 1990, n° 88-15.861 : *JurisData* n° 1990-000081 ; *JCP* 1990, IV, 91), à l'édification de pylônes de téléski (▪ Cass. 3ᵉ civ., 16 mars 1988, n° 86-15.619 : *JurisData* n° 1988-000487 ; *Bull. civ.* III, n° 57), ainsi que de pylônes destinés à recevoir une antenne de radio (▪ CA Rennes, 15 juin 1999, n° 98/05420 : *JurisData* n° 1999-104930 ; *Loyers et copr.* 2000, n° 115). En revanche, la cour d'appel de Versailles a jugé que des courts de tennis ne sont pas des terrains nus au sens des textes étudiés (▪ CA Versailles, 18 août 1999, n° 9687/96 : *JurisData* n° 1999-044089 ; *Loyers et copr.* 2000, n° 42. – V. égal. ▪ CA Angers, 4 mars 1981 : *JurisData* n° 1981-600646 ; *Rev. loyers* 1981, 526 : pour un terrain destiné à une exploitation de ball-trap).

30) Sur la notion de construction. ▪ Cass. 3ᵉ civ., 22 mars 2018, n° 15-15.901.

31) Des constructions à destination commerciale. Les constructions doivent avoir une *destination commerciale*, industrielle ou artisanale, sachant que l'ensemble doit servir à l'exploitation d'un fonds (▪ Cass. 3ᵉ civ., 11 mai 1988 : *JurisData* n° 1988-000856 ; *Bull. civ.* III, n° 90. ▪ Cass. com., 2 mai 1961 : *Bull. civ.* III, n° 182. ▪ Cass. 3ᵉ civ., 6 déc. 1983 : *JurisData* n° 1983-028820 ; *Bull. civ.* III, n° 254).

32) Accord du propriétaire. Enfin, il est nécessaire que le *propriétaire donne son accord* à l'édification des constructions, sachant que cet accord doit porter sur les deux conditions précédentes. Une simple connaissance, voire une tolérance du bailleur (▪ Cass. 3ᵉ civ., 10 juill. 1996, n° 94-17.375 : *JurisData* n° 1996-003133 ; *AJPI* 1996, 1017, obs. Blatter) ne suffisent pas. En revanche, un accord écrit n'est pas nécessaire. Un consentement tacite (▪ Cass. com., 25 févr. 1964, n° 62-10.936 : *Bull. civ.* III, p. 81) est admis, dès lors qu'il n'est pas équivoque (▪ Cass. 3ᵉ civ., 1ᵉʳ févr. 1989, n° 87-16.925 : *Loyers et copr.* 1989, n° 228). La charge de la preuve pèse sur le locataire qui devra démontrer qu'il a eu l'autorisation du bailleur de construire, ou tout au moins d'exploiter les constructions (▪ Cass. com., 1ᵉʳ juin 1953 : *Bull. civ.* III, n° 197. ▪ Cass. 3ᵉ civ., 16 nov. 1994, n° 92-14.910 : *JurisData* n° 1994-002099 ; *Rev. loyers* 1995, 98).

33) Sort des constructions. Le sort des constructions en fin de bail est réglé différemment en présence et en l'absence de clause. En l'absence de clause s'applique l'article 555 du Code civil (▪ CA Paris, 7 févr. 2008, n° 05/21278 : *Loyers et copr.* 2008, 134, obs. Chavance). Le propriétaire peut d'abord conserver les constructions moyennant le remboursement au locataire soit du prix des matériaux utilisés pour la construction, soit de l'augmentation de valeur du terrain (▪ CA Paris, 7 févr. 2007, n° 05/19406 : *AJDI* 2007, 657). Il peut aussi exiger la démolition des constructions puisque le preneur est nécessairement de mauvaise foi au sens de l'article 550 du Code civil. En présence de clause, le jeu de l'article 555 du Code civil est écarté. Mais encore faut-il que la clause règle la propriété de la construction ou l'indemnisation du locataire. Une simple autorisation pour la construction est insuffisante (■ Cass. 3e civ., 6 nov. 1970 : *JurisData* n° 1970-000592 ; *D.* 1971. 395). Il arrive fréquemment que les parties conviennent de la remise gratuite de l'immeuble au bailleur « à l'expiration du présent bail ». Il en résulte que, pendant le bail, le propriétaire n'a aucun droit sur le bâti, ni ne supporte aucune charge. Mais en fin de bail son enrichissement est causé (■ Cass. 3e civ., 28 mai 1986, n° 83-15.379 : *JurisData* n° 1986-000994 ; *Bull. civ.* III, n° 83). L'idéal est de prévoir des clauses stipulant que les constructions seront la propriété du bailleur à la sortie du locataire, « en fin de jouissance » (■ Cass. 3e civ., 4 avr. 2007, n° 06-11.154 : *JurisData* n° 2007-038364 ; *D.* 2007, 1276, obs. Y. Rouquet, sur le bénéficiaire de l'indemnité d'assurance en cas de clause d'accession). Ainsi, les baux renouvelés seront des baux de terrains nus, ce qui évitera au bailleur le paiement de charges et d'impôts souvent lourds, et au preneur, d'avoir à subir le déplafonnement de son loyer. En présence d'une clause d'accession prévoyant une accession au fur et à mesure des constructions édifiées par le précédent locataire au bénéfice du bailleur, le bail conclu avec le nouveau locataire, lequel avait acquis de l'ancien preneur le bâtiment édifié par ce dernier au cours du premier bail, ne peut être considéré comme portant sur un terrain nu (■ Cass. 3e civ., 18 janv. 2018, n° 15-27.525 : *AJDI* 2019, p. 515, obs. P. Haas).

III – UN FONDS

A – Existence du fonds

34) Nature de l'activité. L'activité exercée doit être une activité commerciale, industrielle ou artisanale, indépendamment de la destination des lieux et de l'affectation des locaux. Ainsi un locataire qui ne peut légalement être un commerçant, ne pourra bénéficier du droit au renouvellement même s'il est inscrit au registre du commerce et des sociétés (■ Cass. 3e civ., 19 juin 2002, n° 01-03.226 : *JurisData* n° 2002-014869 ; *AJDI* 2002, 721, obs. Blatter). Il en va de même d'activités pourtant commerciales, mais exercées par des personnes qui n'ont pas pour but la recherche de bénéfices (associations, sociétés coopératives et mutualistes). Sont aussi exclues du statut les activités civiles ainsi que les activités civiles à forme commerciale. L'activité demeure civile même lorsqu'elle est exercée sous forme commerciale (■ CA Paris, 10 nov. 1988, n° 87-8.344 : *JurisData* n° 1988-028003 ; *D.* 1989, inf. rap. p. 30. ■ Cass. 3e civ., 5 oct. 2017, n° 16-20.922). C'est ainsi que des professions qui sont civiles par nature peuvent prendre la forme de sociétés qui sont commerciales, par nature : on parle alors de sociétés « commerciales à objet civil ». Sauf soumission conventionnelle (■ Cass. 3e civ., 7 nov. 2001, n° 99-20.976 : *JurisData* n° 2001-011583 ; *Loyers et copr.* 2002, n° 26, obs. B. Vial-Pedroletti), ces sociétés ne bénéficient pas du statut. Enfin, l'activité immobilière n'est pas non plus une activité commerciale. Le bénéfice du statut a ainsi été refusé à une société, commerciale par la forme, dont l'activité consistait à fournir des logements meublés dont elle était locataire, à sa clientèle, la cour jugeant que « les appartements constituaient l'objet de l'activité de la société, mais non le lieu où celle-ci exploitait son fonds de commerce » (■ Cass. 3e civ., 10 nov. 1993, n° 91-14.626 : *JurisData* n° 1993-002221 ; *Bull. civ.* III, n° 141). Mais, comme il avait été très justement remarqué, « si l'exploitation d'un fonds dans les lieux loués est une condition fondamentale de l'application du statut, lorsque l'activité consiste à louer des locaux pour les sous-louer, force est alors de constater que cette activité s'exerce nécessairement dans les lieux loués » (note M. Keita ss ■ Cass. 3e civ., 10 févr. 1999, n° 97-14.669 : *JurisData* n° 1999-000572 ; *JCP* II, 10272). Dénature les clauses d'un bail une cour d'appel qui qualifie la convention de « bail d'habitation », alors que le contrat stipule que le preneur « pourra exercer dans les lieux toutes activités professionnelles, commerciales ou industrielles » et qu'elle constate qu'un fonds de commerce est exploité dans les lieux (■ Cass. 3e civ., 9 juill. 2014, n° 12-29.329). En l'espèce, la Cour censure l'analyse des juges du fond alors même que la clause de destination n'envisageait cette utilisation (commerciale) qu'à titre facultatif dès lors qu'un fonds de commerce était exploité dans les lieux loués.

35) Notion de fonds. L'application du statut suppose l'existence d'un fonds de commerce ou artisanal. Dès lors qu'aucun fonds n'existe dans les lieux loués, la mauvaise foi du bailleur, informé de cette situation, ne fait pas obstacle à l'application de la clause prohibant la cession du bail sauf à l'acquéreur du fonds (■ Cass. 3e civ., 9 déc. 2009, n° 04-19.923 : *JurisData* n° 2009-050663 ; *AJDI* 2010, p. 311, note M.-P. Dumont-Lefrand). La question de l'existence d'un fonds s'est posée à propos des groupements d'intérêt économique au motif qu'ils n'avaient pas de clientèle distincte de celle de leurs membres et que leur objet social excluait l'existence d'une exploitation commerciale autonome (■ Cass. 3e civ., 22 janv. 1980, n° 77-12.158 : *JurisData* n° 1980-700018 ; *Bull. civ.* III, n° 18). Mais, depuis la loi du 13 juin 1989 autorisant les GIE à avoir un objet commercial, ces derniers peuvent bénéficier du statut. Ce fut ensuite le cas des immeubles dits spécialisés, aménagés pour accueillir une activité bien déterminée. À la suite de l'arrêt dit *Total*, la jurisprudence a considéré que les stations-service, dans la mesure où elles étaient construites et équipées par la compagnie pétrolière, généraient des clientèles préconstituées, distinctes d'une clientèle autonome (▪ Cass. com., 27 févr. 1973 : *D.* 1974, 283, note J. Derruppé. ▪ Cass. 3ᵉ civ., 13 févr. 1980 : *Bull. civ.* III, n° 37. ▪ Cass. com., 21 mars 1995, n° 93-11.868 : *JurisData* n° 1995-000669 ; *D.* 1995, inf. rap. 101). De même, la cessation temporaire d'activité n'entraîne pas la disparition de la clientèle du fonds (▪ Cass. 3ᵉ civ., 15 sept. 2010, n° 09-68.521 : *JurisData* n° 2010-016041 ; *JCP* E 2010, 2065, note Ph.-H. Brault où la cour a jugé que l'interruption temporaire d'exploitation à la suite du décès de l'exploitant n'avait pas affecté l'achalandage attaché au fonds en raison de l'activité exercée concernant en quasi-totalité la clientèle de passage constituée par les pèlerins et que, tout comme l'achalandage, la clientèle du fonds n'avait pas davantage pâti de l'interruption de l'exploitation, s'étant naturellement reconstituée dès la réouverture du fonds au public, la cour d'appel, qui a ainsi caractérisé l'existence d'une clientèle actuelle et certaine et non future ou potentielle, en a déduit à bon droit, que le fonds de commerce litigieux n'avait pas disparu à la date de conclusion du contrat de location-gérance).

36) Pour l'absence d'une clientèle propre. ▪ Cass. 3ᵉ civ., 5 avr. 2018, n° 17-10.466.

37) Un fonds de commerce peut dorénavant être exploité sur le domaine public sous réserve de l'existence d'une clientèle propre : article L. 2124-32-1 du Code général de la propriété des personnes publiques (issu de la loi Pinel du 18 juin 2014) : « Un fonds de commerce peut être exploité sur le domaine public sous réserve de l'existence d'une clientèle propre ».

B – Appartenance du fonds

38) Commerces inclus. Le contentieux relatif aux commerces installés dans l'enceinte d'un autre établissement, dits commerces satellites ou fonds dépendants, a fait l'objet de toute une construction jurisprudentielle. Après avoir rejeté l'application du statut soit pour absence d'autonomie de gestion, soit pour défaut de clientèle autonome et prépondérante par rapport à celle qui était apportée par le fonds dominant (▪ Cass. ass. plén., 24 avr. 1970 : *Bull. civ.* III, n° 3. ▪ Cass. 3ᵉ civ., 9 juill. 1979 : *JurisData* n° 1979-000152 ; *Bull. civ.* III, n° 153. ▪ Cass. 3ᵉ civ., 27 nov. 1991, n° 90-15.177 : *JurisData* n° 1991-003039 ; *Bull. civ.* III, n° 289), la Cour de cassation a peu à peu abandonné ces critères. Elle a abandonné celui de la prépondérance dans l'arrêt *Commune d'Orcières* (▪ Cass. 3ᵉ civ., 19 mars 2003, n° 01-17.679 : *D.* 2003, act. jurispr. p. 973, obs. Rouquet, V. ▪ Cass. 3ᵉ civ., 23 nov. 2004 : *AJDI* 2005, 134 où la cour retient que bénéficie d'une clientèle propre la station de lavage, implantée en extrémité d'un centre commercial, fonctionnant 7 jours sur 7 et 24 heures sur 24, l'intention de procéder au lavage de son véhicule ne se confondant pas nécessairement avec celle de venir faire ses courses. – V. égal. ▪ CA Paris, 14 mars 2005, n° 03/00352 : *JurisData* n° 2005-279148 ; *AJDI* 2005, 579). Elle a ensuite progressivement délaissé celui de l'autonomie de gestion d'abord dans un arrêt du 1ᵉʳ octobre 2003 (▪ Cass. 3ᵉ civ., 1ᵉʳ oct. 2003, n° 02-11.239 : *JurisData* n° 2003-020380 ; *AJDI* 2004, 198, obs. Dumont), puis dans l'arrêt *Grand Case Beach* du 19 janvier 2005 en jugeant que « le statut des baux commerciaux s'applique aux baux de locaux stables et permanents dans lesquels est exploité un fonds de commerce ou un fonds artisanal, ces fonds se caractérisant par l'existence d'une clientèle propre au commerçant ou à l'artisan, que, toutefois, le bénéfice du statut peut être dénié si l'exploitant du fonds est soumis à des contraintes incompatibles avec le libre exercice de son activité » (▪ Cass. 3ᵉ civ., 19 janv. 2005 : *Bull. civ.* III, n° 10 ; *AJDI* 2005, 476, note Blatter ; *D.* 2005, act. jurispr. 491, obs. Rouquet). Mais si le critère de la prépondérance ou prédominance de la clientèle n'est plus exigé, celui de l'existence d'une clientèle personnelle ou indépendante demeure dans la mesure où il s'agit d'un élément constitutif du fonds de commerce (▪ Cass. 3ᵉ civ., 9 juill. 2008 : *Loyers et copr.* 2008, 220, obs. E. Chavance où la cour juge que le gardien d'un refuge en montagne, que le contrat de gardiennage autorisait à exercer une activité de restauration et de débit de boissons, ne peut revendiquer le bénéfice du statut des baux commerciaux à défaut de bénéficier d'une clientèle indépendante). Il n'appartient plus au locataire de justifier de son autonomie de gestion mais au bailleur de rapporter la preuve de contraintes incompatibles avec le libre exercice d'une activité commerciale (V. toutefois, ▪ CA Bordeaux, 20 juin 2007 : *Loyers et copr.* 2008, n° 11, obs. E. Chavance). Les trois conditions exigées pour l'application du statut des baux commerciaux aux « commerces intégrés », soit l'existence d'un véritable local stable et permanent, l'existence d'une clientèle propre, personnelle et autonome, et l'absence de contraintes incompatibles avec le libre exercice de l'activité du preneur sont cumulatives (▪ Cass. 3ᵉ civ., 5 sept. 2012, n° 11-14.961 : RTDI n° 1/2003, p. 64, obs. Kenfack. ▪ Cass. 3ᵉ civ., 23 juin 2016, n° 14-26.003. ▪ Cass. 3ᵉ civ., 19 nov. 2015, n° 14-13.882).

39) Réseaux de distribution. Qui est propriétaire du fonds de commerce ? Selon que la réponse vise la tête de réseau ou le franchisé (ou concessionnaire), le droit au renouvellement est exclu ou accordé. Dans un premier temps, les tribunaux (■ TGI Paris, 24 nov. 1992 : *Gaz. Pal.* 1994, 1, 203, à propos de la franchise Descamps) ont fait appel à la notion de clientèle commune ou partagée. Par la suite, ils ont eu recours à la notion de clientèle collective. En conséquence les franchisés pouvaient bénéficier de la propriété commerciale. Puis est intervenu l'arrêt *Avis* (■ CA Paris, 6 févr. 1996, n° 94/17275 : *JurisData* n° 1996-020370 ; *D.* 1997, somm. 57, obs. D. Ferrier) où la cour a jugé que « ce qui attire la clientèle d'un prestataire de service franchisé ou concessionnaire, c'est la charte de la marque qui se traduit par la proposition de contrats types qui garantissent le principe d'une exécution dépourvue d'aléas ». Elle en déduisait que le franchisé ou le concessionnaire n'est pas titulaire d'une clientèle et ne peut donc bénéficier du droit au renouvellement (V. ■ TGI Évry, 9 déc. 1993 : *JurisData* n° 1993-605429 ; *Gaz. Pal.* 1994, I, 207 à propos du même concessionnaire Avis, ou ■ TGI Paris, 30 oct. 1998 : *Gaz. Pal.* 1999, somm. 139, note Barbier, à propos du franchisé Jean-Louis David donnant lieu à l'arrêt ci-après évoqué). La charge de la preuve de la propriété du fonds de commerce pesait donc sur les franchisés ou les concessionnaires. Or, le 4 octobre 2000 (■ CA Paris *AJDI* 2001, 244, obs. Derruppé), la même chambre de la cour d'appel de Paris est revenue sur sa jurisprudence, en inversant la charge de la preuve. Elle a décidé que le fonds de commerce est « un ensemble d'éléments de nature à attirer la clientèle intéressée par le produit vendu ou la prestation offerte en vue de l'enrichissement de celui qui assume le risque d'une telle entreprise, c'est-à-dire celui de la perte des investissements qu'il a faits pour l'acquérir, le maintenir et le développer ; (...) dans le cas d'une exploitation de fonds après signature d'un accord de franchise (...) la sanction d'une éventuelle perte de clientèle, voire d'un insuccès total, frappe directement le franchisé au point, le cas échéant, de mettre en péril l'existence de son fonds. (...) Dans ce cas de figure, le franchiseur n'est atteint que de manière indifférenciée et de manière limitée dans le temps (...) sauf dépôt de bilan du franchisé dont celui-ci est quand même la première victime (...). Il faut voir là la preuve que la clientèle attachée au fonds est celle de celui-ci, laquelle est donc autonome par rapport à celle du franchiseur ». Depuis, la Cour de cassation a, à son tour, tranché la question dans l'arrêt *Trévisan* en jugeant « que, si une clientèle est au plan national attachée à la notoriété de la marque du franchiseur, la clientèle locale n'existe que par le fait des moyens mis en œuvre par le franchisé, parmi lesquels... la cour d'appel en a exactement déduit que les preneurs étaient en droit de réclamer le paiement d'une indemnité d'éviction » (■ Cass. 3e civ., 27 mars 2002, n° 00-20.732 : *JurisData* n° 2002-013715 ; *AJDI* 2002, 376, note J.-P. Blatter ; *JCP* 2002, II, 10112, note F. Auque).

40) Location-gérance. Le propriétaire du fonds ne peut pas bénéficier de la propriété commerciale s'il n'est pas en même temps titulaire du bail (■ Cass. 3e civ., 17 juill. 1996, n° 94-18.512 : *Rev. loyers* 1996, p. 392). Ainsi, le locataire-gérant qui n'est ni propriétaire du fonds, ni titulaire du bail n'a pas droit au renouvellement (■ Cass. 3e civ., 26 sept. 2001, n° 00-11.652 : *JurisData* n° 2001-011082 ; *Bull. civ.* III, n° 105) et son défaut d'immatriculation au RCS à la date de délivrance du congé au preneur à bail des locaux où est exploité le fonds, n'est pas de nature à priver ce dernier du bénéfice du statut (■ Cass. 3e civ., 15 sept. 2010, n° 09-68.521 : *JCP* E 2010, 2065, obs. Ph.-H. Brault). C'est le locataire, bailleur du fonds, qui aura droit à la propriété commerciale, peu importe qu'il ne soit pas sur place et qu'il ait confié la gestion de son fonds à un tiers (■ CA Paris, 7 juill. 1987 : *JurisData* n° 1987-027468 ; *Gaz. Pal.* 1987, 2, pan. 778), en l'occurrence un locataire-gérant (■ Cass. 3e civ., 17 juill. 1981, n° 79-15.598 : *Bull. civ.* III, n° 145). En revanche, le locataire n'aura pas droit au statut si la location-gérance consentie est irrégulière.

IV – UNE IMMATRICULATION

41) Condition. Le bénéfice du statut des baux commerciaux suppose une immatriculation au registre du commerce et des sociétés ou au répertoire des métiers, et ceci dès lors que des constructions ont été édifiées à usage commercial, avec l'accord du bailleur (■ Cass. 3e civ., 23 janv. 2020, n° 19-11.215 : *D.* 2020, pan, p. 1543, obs. M.-P. Dumont). Mais cette inscription n'est une condition du bénéfice du statut des baux commerciaux que pour le renouvellement du bail (■ Cass. 3e civ., 1er oct. 1997, n° 95-15.842 : *JurisData* n° 1997-003787 ; *Bull. civ.* III, n° 179). Les parties peuvent toutefois convenir d'une renonciation à la condition d'immatriculation (■ Cass. 3e civ., 28 mai 2020, n° 19-15.001), optant pour une extension conventionnelle du statut.

A – Qui doit être immatriculé ?

42) Le principe. Le principe est que l'immatriculation doit être personnelle, c'est-à-dire que le titulaire du bail, propriétaire du fonds de commerce, doit être inscrit. En cas de pluralité de preneurs, cette condition doit en principe être satisfaite par chacun d'entre eux sous peine de priver l'ensemble de ceux-ci du bénéfice du statut, quand bien même ne seraient-ils pas copropriétaires ou coexploitant du fonds (■ Cass. 3e civ., 1er févr. 1989 : *Loyers et copr.* 1989, n° 185. ■ Cass. 3e civ., 17 oct. 1990, n° 89-12.824 : *Loyers et copr.* 1991, n° 123. ■ Cass. 3e civ., 15 févr. 1997 : *JurisData* n° 1997-021061 ; *Loyers et copr.* 1997, n° 172. ■ Cass. 3e civ., 31 oct. 2000, n° 98-16.434 : *AJDI* 2001, 139. ■ Cass. 3e civ., 21 mars 2006, n° 04-11.515 : *AJDI* 2006, 467).

43) L'hypothèse de copreneurs. Le ou les cotitulaires du bail non exploitants du fonds peuvent être immatriculés en qualité de non exploitant du fonds (■ Cass. 3e civ., 15 juin 2005, n° 04-11.322 : *JurisData* n° 2005-028944 ; *Loyers et copr.* 2005, n° 180. – V. égal. Rép. min. n° 200028, 8 févr. 1999 : *JOAN Q*, 8 févr. 1999, p. 24 qui apporte la précision suivante : « le copreneur au bail, qu'il soit copropriétaire du fonds ou nu-propriétaire, a la possibilité de prendre une inscription personnelle au RCS en spécifiant sa qualité de non-exploitant du fonds établi dans le local loué »), mais bien en leur nom personnel (■ Cass. 3e civ., 14 nov. 2007, n° 06 19.062 : *JurisData* n° 2007-041385 ; *Loyers et copr.* 2008, n° 61, note Chavance). Cela étant, la loi LME du 4 août 2008 est venue atténuer la sanction encourue (V. annot. n° 4, p. 222). En cas d'indivision conventionnelle, la jurisprudence maintient le principe d'une immatriculation par personne (■ Cass. 3e civ., 1er juin 1994, n° 92-11.232 : *JurisData* n° 1994-001087 ; *D.* 1994, inf. rap. 159). Il en est de même en présence de copreneurs concubins, unis par un PACS, ou lorsque les copreneurs sont des époux mariés sous le régime de la séparation de biens.

44) La sanction du défaut d'immatriculation. La sanction du défaut d'immatriculation est la dénégation du statut, même en cas d'erreur du greffier (■ Cass. 3e civ., 3 avr. 1997 : *Administrer* juill. 1997, p. 36, obs. Boccara. ■ Cass. com., 12 janv. 1999, n° 96-17.210 : *JurisData* n° 1999-000071 ; *D.* 1999, inf. rap. 37 ou *RTD com.* 1999, 643, obs. Monéger. ■ Cass. 3e civ., 12 juill. 2000, n° 99-10.455 : *JurisData* n° 2000-002874 ; *D.* 2000, act. jurispr. 415, obs. Y. R. ■ Cass. 3e civ., 3 mai 2011, n° 10-15.428 : *JurisData* n° 2011-012140 ; *Loyers et copr.* 2012, n° 215, obs. E. Chavance). La perte du droit au renouvellement qui est la sanction commune du défaut d'immatriculation de l'un des deux époux (marié sous un régime séparatiste) ou de l'un des coïndivisaires n'est pas une atteinte disproportionnée à la « propriété commerciale » au regard du droit au respect des biens et de la propriété, garanti par l'article 1er du protocole additionnel *n° 1 à la Convention européenne des droits de l'homme* (■ Cass. 3e civ., 18 mai 2005, n° 04-11.349 : *JurisData* n° 2005-028439 ; *AJDI* 2005, 735, note Blatter).

45) Les exceptions. Cette exigence d'immatriculation personnelle ne s'applique pas en cas d'indivision successorale ou post-communautaire, ni aux époux mariés sous le régime de la communauté. Lorsque le fonds est un élément d'une indivision successorale ou post-communautaire, seul celui qui l'exploite a besoin d'être immatriculé (■ Cass. 3e civ., 11 janv. 1989, n° 87-14.984 : *JurisData* n° 1989-002754 ; *Bull. civ.* III, n° 8). Toutefois, si aucun des coïndivisaires successoraux, titulaires du bail, n'est immatriculé, le congé avec refus de renouvellement sera valable (■ Cass. 3e civ., 11 déc. 1991, n° 90-19.553 : *Bull. civ.* III, n° 312. ■ CA Reims, 3 févr. 1999, n° 96/03363 : *JurisData* n° 1999-043304 ; *Rev. loyers et copr.* 2000, n° 90). Il a même été jugé que si à la date de la délivrance du congé, aucun des héritiers indivis n'était immatriculé, le bailleur peut, même après avoir offert de payer une indemnité d'éviction, dénier l'application des dispositions statutaires (■ Cass. 3e civ., 23 mai 1995, n° 93-15.849 : *JurisData* n° 1995-004085 ; *Rev. loyers et copr.* 1996, n° 72. ■ Cass. 3e civ., 14 avr. 2016, n° 15-14.275 où la Cour a jugé que la condition d'immatriculation n'était pas remplie, en cas de décès du preneur, en l'absence d'immatriculation au RCS de ses héritiers, peu important l'exploitation du fonds de commerce, avant la cession, par un pharmacien salarié spécialement habilité (solution rendue avant l'entrée en vigueur de la loi du 4 août 2008). De même, si le fonds appartient en commun aux époux, l'inscription de l'un d'entre eux est suffisante pour prétendre à la propriété commerciale (■ Cass. 3e civ., 8 mai 1979, n° 78-10.502 : *JurisData* n° 1979-700101 ; *Bull. civ.* III, n° 101. ■ Cass. 3e civ., 24 mars 1993, n° 91-15.406 : *JurisData* n° 1993-001794 ; *Loyers et copr.* oct. 1993, n° 352). En revanche, la Cour de cassation refuse d'étendre à la propriété démembrée les deux exceptions déjà consacrées ci-dessus évoquées (■ Cass. 3e civ., 5 mars 2008 : *AJDI* 2008, 579, note Dumont-Lefrand à propos de l'usufruit du conjoint survivant). Par ailleurs, dans l'hypothèse où le fonds est en location-gérance, le propriétaire du fonds bénéficie des dispositions sur le bail commercial sans avoir à justifier de l'immatriculation au registre du commerce et des sociétés ou au répertoire des métiers (■ CA Versailles, 24 sept. 1998 : *D. affaires* 1998, 1990, obs. Y. R.). De son côté, pour bénéficier du statut, le locataire-gérant n'a pas non plus à être immatriculé (■ Cass. 3e civ., 30 mai 1996, n° 94-13.765 : *JurisData* n° 1996-002089 ; *RJDA* 8-9/1996, n° 1019).

B – Quand doit-on être immatriculé ?

46) La date de l'immatriculation. Il n'est pas nécessaire que le locataire ait été immatriculé pendant toute la durée de l'exploitation (■ Cass. 3e civ., 1er févr. 1995, n° 93-12.537 : *JurisData* n° 1995-000286 ; *RD imm.* 1995, 391, obs. Collart-Dutilleul et Derruppé. ■ Cass. 3e civ., 15 mai 1996, n° 94-16.463 : *JurisData* n° 1996-002144 ; *Gaz. Pal.* 1996, 2, 569, note J.-D. Barbier). Mais, lorsque le preneur demande à bénéficier du statut, que ce soit dans le cadre d'une demande de renouvellement ou à la suite d'un refus de renouvellement, il doit être immatriculé. Lorsque c'est le bailleur qui délivre un congé à son locataire, l'inscription doit être effective à la date de délivrance dudit congé (■ Cass. 3e civ., 12 avr. 1983 : *JCP* 1985, II, 20371. ■ Cass. 3e civ., 20 mars 1991, n° 89-20.349 : *JurisData* n° 1991-000836 ; *RJDA* 5/1991, n° 396. ■ Cass. 3e civ., 3 avr. 1997, n° 95-17.074 : *Administrer* juill. 1997, 36, obs. B. Boccara, D. Lipman-Boccara et M.-L. Sainturat). Cette condition d'immatriculation s'applique aussi en cas de fusion de sociétés ou d'apport partiel d'actif d'une société (■ Cass. 3e civ., 7 nov. 2001, n° 00-12.453 : *JurisData* n° 2001-011576 ; *JCP* E 2001, p. 1837. ■ Cass. 3e civ., 25 oct. 1983 : *Bull. civ.* III, n° 195. ■ Cass. 3e civ., 12 juill. 2000 : *Bull. civ.* III, n° 141 ; *AJDI* 2000, 819, obs. J.-P. Blatter). Le droit au renouvellement et son corollaire, le droit à l'indemnité d'éviction, doivent être appréciés à la date d'expiration du bail, qui n'est autre que celle de la prise d'effet de la notification du congé ou de la demande de renouvellement. Le preneur doit donc continuer d'être immatriculé jusqu'à cette date (■ Cass. 3e civ., 7 nov. 2001 : *Bull. civ.* III, n° 123 ; *AJDI* 2002, 125, obs. Blatter). Une radiation du RCS ou du RM postérieure au congé (ou à la demande de renouvellement) et antérieure au terme contractuel entraînerait une perte du droit au renouvellement (■ Cass. 3e civ., 2 juin 1999, n° 97-19.324 : *JurisData* n° 1999-002188 ; *AJDI* 2000, 311). Cela étant, malgré le défaut d'immatriculation du preneur, société en formation, à la date d'effet du congé, le bailleur ne peut refuser de payer l'indemnité d'éviction vu l'effet rétroactif de la reprise des actes accomplis en son nom (■ Cass. 3e civ., 7 déc. 2011, n° 10-26.726 : *JurisData* n° 2011-027456 ; *AJDI* 2012, note M.-P. Dumont-Lefrand). Après l'échéance du bail, le preneur se trouve maintenu dans les lieux aux clauses et conditions du bail expiré, sous réserve de la fixation ultérieure de l'indemnité d'occupation. Cependant, suite à un revirement de jurisprudence (arrêt *Bricorama* ■ Cass. 3e civ., 27 mars 2002, n° 00-21.685 : *JurisData* n° 2002-013719 ; *AJDI* 2002, 374, note Blatter ; *RTD com.* 2002, 275, obs. Monéger), la Cour de cassation a jugé que l'immatriculation n'a pas à être maintenue au-delà de l'expiration du bail que ce soit pendant la procédure de fixation du loyer renouvelé ou celle de l'indemnité d'éviction (■ Cass. 3e civ., 18 mai 2005, 2 arrêts : *D.* 2005, act. jurispr. p. 1554, note Y. Rouquet ; *AJDI* 2005, 735, note Blatter. – V. annonçant le revirement ■ Cass. 3e civ., 28 janv. 2004, n° 02-18.983 : *JurisData* n° 2004-021999 ; *Bull. civ.* III, n° 14 ; *D.* 2004, act. jurispr. p. 422, note Y. Rouquet ; *ibid.* 2005, pan. p. 1091, obs. Rozès ; *Rev. loyers* 2004, p. 146, note Quément. ■ Cass. 3e civ., 29 sept. 2004, n° 03-13.997 : *JurisData* n° 2004-024955 ; *Bull. civ.* III, n° 159 ; *D.* 2004, act. jurispr. p. 2718, obs. Y. Rouquet, *ibid.* 2005, pan. p. 1091, obs. L. Rozès ; *AJDI* 2005, 197, note Blatter). Par ailleurs, le bailleur qui a offert le paiement d'une indemnité d'éviction en exerçant son droit d'option, peut rétracter son offre de paiement de cette indemnité en déniant au preneur le droit au bénéfice du statut des baux commerciaux tant qu'une décision définitive n'a pas été rendue sur le montant de ladite indemnité (■ Cass. 3e civ., 7 sept. 2017, n° 16-15.012). Bien qu'étant réputé avoir accepté le principe du renouvellement du bail précédent, un bailleur peut se rétracter et dénier l'application du statut faute d'immatriculation du preneur à la date de la demande de renouvellement tant que le bail n'est pas définitivement renouvelé dans tous ses éléments, y compris le montant du loyer (■ CA Paris, 19 nov. 2008, n° 07/18623 : *JurisData* n° 2008-374935 ; *AJDI* 2009, 195, note Y. Rouquet). De même, un bailleur ayant connaissance du défaut d'immatriculation du preneur à la date de son congé peut ensuite rétracter son offre de renouvellement pendant toute la procédure de fixation du loyer (■ Cass. 3e civ., 19 nov. 2015, n° 14-22.000). Le preneur qui revendique le bénéfice du statut des baux commerciaux doit justifier être immatriculé à la date de l'assignation (■ Cass. 3e civ., 22 janv. 2014, n° 12-26.179 : *Loyers et copr.* 2014, comm. 80, obs. E. Chavance).

C – Quel local immatriculer ?

47) Locaux principaux et secondaires. Seuls les locaux principaux et secondaires (■ Cass. 3e civ., 31 mai 1978, n° 77-20.007 : *Bull. civ.* III, n° 229. ■ Cass. 3e civ., 4 nov. 1992, n° 90-21.398 : *JurisData* n° 1992-002387 ; *JCP* E 1993, 304, obs. Monéger) doivent être immatriculés, sachant que le preneur doit être immatriculé pour l'activité autorisée du bail (■ CA Paris, 17 juin 2004, n° 03/04850 : *JurisData* n° 2004-247122 ; *AJDI* 2004, 813. ■ Cass. 3e civ., 22 sept. 2016, n° 15-184.56 : pour avoir droit au renouvellement, le preneur doit être immatriculé au RCS au titre de l'activité qui est réellement exercée dans les lieux). Si le bailleur est lié, en application du statut des baux commerciaux, par les motifs de son congé, il peut à tout moment de la procédure soutenir que ce statut n'est pas applicable en l'absence de l'une des conditions essentielles de l'existence du droit au renouvellement, dont notamment le défaut de concordance entre l'inscription au RCS et l'activité effectivement exercée dans les lieux, peu importe que la cause d'exclusion du statut soit apparue après le congé (ou la demande de renouvellement) ou ait été connue par le bailleur à la date de celui-ci (▪ Cass. 3e civ., 18 janv. 2011, n° 09-71.910. ▪ Cass. 3e civ., 8 sept. 2016, n° 15-17.485). La jurisprudence n'étend pas cette exigence aux locaux accessoires (▪ Cass. 3e civ., 20 juin 1983 : *Rev. loyers* 1987, 437. ▪ Cass. 3e civ., 11 déc. 1996, n° 94-21.974 : *Administrer* avr. 1997, 34, obs. Boccara. ▪ Cass. 3e civ., 11 juin 1997, n° 95-18.207 : *JurisData* n° 1997-002654 ; *Bull. civ.* III, n° 131). Le bailleur ayant connaissance du défaut d'immatriculation du preneur à la date de son congé peut ensuite rétracter son offre de renouvellement pendant toute la procédure de fixation du loyer (▪ Cass. 3e civ., 19 nov. 2015, n° 14-22.000).

D – La sanction du défaut d'immatriculation

48) Perte du droit au renouvellement. Le locataire n'a droit ni au renouvellement, ni à une indemnité d'éviction. Mais en aucun cas le défaut d'immatriculation ne peut entraîner la résiliation du bail (▪ Cass. 3e civ., 1er juill. 1987 : *Bull. loyers* oct. 1987, n° 358. ▪ Cass. 3e civ., 1er oct. 2003, n° 02-10.381 : *JurisData* n° 2003-020384 ; *Administrer* déc. 2003, p. 45, obs. J.-D. Barbier. ▪ Cass. 3e civ., 31 mai 2006, n° 05-18.214 : *JurisData* n° 2006-033725 ; *Administrer* oct. 2006, 52, obs. D. Lipman-Boccara. – *Contra* ▪ CA Paris, 22 mars 2006, n° 05/10660 : *JurisData* n° 2006-300664 ; *Administrer* juill. 2006, 52, obs. crit. D. Lipman-Boccara) à moins que l'intention des parties soit telle. Le preneur dispose toutefois d'un mois pour régulariser à compter de la mise en demeure qui lui sera délivrée par le bailleur. Aussi faudra-t-il attendre le terme du contrat pour que les parties soient déliées (▪ Cass. 3e civ., 17 oct. 1990 : *JurisData* n° 1990-002640 ; *RD imm.* 1991, 392, obs. Derruppé). Le bailleur n'est pas tenu de délivrer congé pour mettre fin au bail, lequel s'éteint automatiquement en vertu du droit commun d'un louage d'immeuble (▪ Cass. 3e civ., 4 mars 1992, n° 90-18.242 : *Rev. loyers* 1992, 240. – V. toutefois, ▪ Cass. 3e civ., 1er oct. 2003 : *Bull. civ.* III, n° 168 ; *D.* 2003, act. jurispr. 1575, obs. Rouquet ; *AJDI* 2004, 199, obs. Blatter, qui juge que le formalisme du congé édicté par l'article L. 145-9 doit être respecté en cas de défaut d'immatriculation du preneur).

V – LA DÉNÉGATION DU STATUT

49) Délai pour une dénégation du statut. Le bailleur qui a offert le paiement d'une indemnité d'éviction après avoir exercé son droit d'option peut dénier au locataire le droit au statut des baux commerciaux tant qu'une décision n'a pas été rendue sur la fixation de l'indemnité d'éviction (▪ Cass. 3e civ., 7 sept. 2017, n° 16-15.012).

Art. L. 145-2 *(Mod., L. n° 2005-882, 2 août 2005 ; L. n° 2008-776, 4 août 2008 ; L. n° 2012-387, 22 mars 2012)*. – I. – Les dispositions du présent chapitre s'appliquent également :

1° Aux baux des locaux ou immeubles abritant des établissements d'enseignement ;

2° Aux baux consentis aux communes pour des immeubles ou des locaux affectés, soit au moment de la location, soit ultérieurement et avec le consentement exprès ou tacite du propriétaire, à des services exploités en régie ;

3° Aux baux d'immeubles ou de locaux principaux ou accessoires, nécessaires à la poursuite de l'activité des entreprises publiques et établissements publics à caractère industriel ou commercial, dans les limites définies par les lois et règlements qui les régissent et à condition que ces baux ne comportent aucune emprise sur le domaine public ;

4° Sous réserve des dispositions de l'article L. 145-26 aux baux des locaux ou immeubles appartenant à l'État, aux collectivités territoriales et aux établissements publics, dans le cas où ces locaux ou immeubles satisfont aux dispositions de l'article L. 145-1 ou aux 1° et 2° ci-dessus ;

5° Aux baux d'immeubles abritant soit des sociétés coopératives ayant la forme commerciale ou un objet commercial, soit des sociétés coopératives de crédit, soit des caisses d'épargne et de prévoyance ;

6° Aux baux des locaux consentis à des artistes admis à cotiser à la caisse de sécurité sociale de la maison des artistes et reconnus auteurs d'œuvres graphiques et plastiques, tels que définis par l'article 98 A de l'annexe III du Code général des impôts ;

7° Par dérogation à l'article 57 A de la loi n° 86-1290 du 23 décembre 1986 tendant à favoriser l'investissement locatif, l'accession à la propriété de logements sociaux et le développement de l'offre foncière, aux baux d'un local affecté à un usage exclusivement professionnel si les parties ont conventionnellement adopté ce régime.

II (II mod., L. n° 2012-387, 22 mars 2012 ; L. n° 2014-626, 18 juin 2014) (1). – Toutefois, les dispositions du présent chapitre ne sont pas applicables aux autorisations d'occupation précaire accordées par l'administration sur un immeuble acquis par elle à la suite d'une déclaration d'utilité publique.

(1) Dispositions applicables dans les îles Wallis-et-Futuna, L. n° 2014-626, 18 juin 2014, art. 70, I.

III *(III créé, L. n° 2014-626, 18 juin 2014)* (1). **– En cas d'exercice du droit de préemption sur un bail commercial, un fonds artisanal ou un fonds de commerce en application du premier alinéa de l'article L. 214-2 du Code de l'urbanisme, le bail du local ou de l'immeuble demeure soumis au présent chapitre.**

Le défaut d'exploitation ne peut être invoqué par le bailleur pour mettre fin au bail commercial dans le délai prévu au même article L. 214-2 pour sa rétrocession à un nouvel exploitant.

I – LES ÉTABLISSEMENTS D'ENSEIGNEMENT

1) Établissements d'enseignement. Tous les établissements d'enseignement, dispensé de façon permanente dans les lieux qu'ils soient publics ou privés, bénéficient du statut des baux commerciaux (■ Cass. com., 31 mai 1967, n° 64-14.314 : *Bull. civ.* III, n° 219), à condition toutefois que l'établissement appartienne au locataire (■ Cass. 3e civ., 16 déc. 1980, n° 79-12.066 : *JurisData* n° 1980-735343 ; *Bull. civ.* III, n° 195).

2) Fonds d'enseignement. L'établissement doit constituer un véritable fonds d'enseignement (■ Cass. 3e civ., 25 oct. 1983 : *JurisData* n° 1983-702189 ; *Gaz. Pal.* 1984, 1, pan. p. 83, obs. J.-D. Barbier), ce qui suppose une véritable scolarité organisée, dispensée par des professeurs titulaires de diplômes adéquats et aboutissant à la présentation d'examens (■ CA Paris, 30 janv. 1997, n° 95/017986 : *JurisData* n° 1997-020279 ; *Administrer* juill. 1997, p. 33, note B. Boccara. ■ Cass. 3e civ., 5 sept. 2012, n° 11-23.209 où la Cour juge que n'est pas démontrée l'existence d'un véritable fonds d'enseignement). Ont ainsi bénéficié du statut un club de judo (■ CA Lyon, 16 avr. 1992), une auto-école où l'enseignement était dispensé de façon permanente dans les lieux loués (■ Cass. 3e civ., 10 déc. 1997, n° 96-11.459 : *JurisData* n° 1997-005347 ; *Gaz. Pal.* 1998, 1, somm. p. 165, note J.-D. Barbier), une école d'équitation (■ CA Caen, 14 avr. 2005, n° 04/00441 : *JurisData* n° 2005-269852 ; *JCP* E 2005, pan. 1172, p. 1317. ■ CA Dijon, 12 déc. 2003, n° 02/01518 : *JurisData* n° 2003-226945 ; *Bull. inf. C. cass.* 2004, n° 1535). En revanche, en ont été exclus un organisme d'enseignement à distance (■ Cass. 3e civ., 26 févr. 1992, n° 90-17.546 : *JurisData* n° 1992-000342 ; *JCP* 1992, IV, 1238 ; *Bull. civ.* III, n° 59), un club de ski (■ Cass. 3e civ., 11 janv. 1989, n° 87-12.720 : *Rev. loyers* 1989, 136) ou une association se chargeant du logement de professeurs (■ Cass. 3e civ., 5 janv. 1978, n° 76-12.634 : *JurisData* n° 1978-098011 ; *Bull. civ.* III, n° 11).

3) Autorisation administrative. Le bénéfice du statut est subordonné à la régularité de l'exploitation (■ Cass. 3e civ., 14 janv. 2004, n° 01-17.687 : *JurisData* n° 2004-021787 ; *Bull. civ.* III, n° 4 ; *AJDI* 2004, 451, obs. M.-P. Dumont cassant l'arrêt d'appel ayant reconnu le droit à la propriété commerciale du preneur au motif que l'omission de déclaration administrative n'est pas une condition essentielle au droit au renouvellement) ; les juges du fond doivent donc vérifier si l'enseignement est soumis à une autorisation administrative (■ Cass. 3e civ., 16 févr. 2000, n° 98-15.842 : *JurisData* n° 2000-000495 ; *Bull. civ.* III, n° 34 ; *D.* 2000, act. jurispr. 193, obs. Y. Rouquet ; *JCP* E 2000, n° 12, p. 486, obs. Lévy). En aucun cas le défaut de déclaration en préfecture, selon la législation en vigueur, ne constitue une atteinte disproportionnée au droit à la propriété commerciale au sens de l'article 1 du 1er protocole additionnel à la Convention EDH (■ Cass. 3e civ., 4 févr. 2009, n° 08-11.433 : *JurisData* n° 2009-046850 ; *Bull. civ.* III, n° 31).

4) Immatriculation. Les baux de locaux abritant des établissements d'enseignement sont, de plein droit, soumis au statut des baux commerciaux, quelle que soit la forme juridique sous laquelle le preneur exerce son activité (■ Cass. 3e civ., 21 févr. 2007, n° 06-11.832 : *JurisData* n° 2007-037675 ; *Bull. civ.* III n° 27). L'immatriculation n'est pas une condition du bénéfice du statut.

II – LES BAUX CONSENTIS AUX COMMUNES

5) Conditions. Pour bénéficier du statut il faut que le local soit affecté à un service public exploité en régie (■ CA Paris, 14 janv. 1969 : *JCP* 1969, IV, 251), sans qu'il soit nécessaire d'établir l'existence d'un fonds de commerce dans les locaux (■ Cass. com., 18 déc. 1968 : *JurisData* n° 1968-099367 ; *Bull. civ.* III, n° 562). L'affectation à une régie peut être postérieure à la location mais encore faut-il que le propriétaire ait consenti expressément ou tacitement à cette affectation (■ Cass. 3e civ., 10 janv. 1990, n° 88-15.861 : *JurisData* n° 1990-000081 ; *Bull. civ.* III, n° 10).

III – LES IMMEUBLES LOUÉS À DES ENTREPRISES PUBLIQUES ET ÉTABLISSEMENTS PUBLICS À CARACTÈRE INDUSTRIEL OU COMMERCIAL

6) Définition. Par établissement public industriel ou commercial il faut entendre un service institué par la loi, doté de certaines prérogatives de la puissance publique, soumis à un contrat

(1) Dispositions applicables dans les îles Wallis-et-Futuna, L. n° 2014-626, 18 juin 2014, art. 70, I.

administratif et dont la gestion est désintéressée (■ Cass. com., 12 oct. 1960 : *Bull. civ.* III, n° 320).

7) Application. La Poste peut conclure des baux commerciaux, en qualité de locataire, depuis le 1er janvier 1991 (Rép. min. n° 5702 : *JOAN Q*, 29 nov. 1993, p. 4272). La Poste est en effet un EPIC (■ T. confl., 4 mars 2002, n° 3293 : *JurisData* n° 2002-174329 ; *D.* 2002, somm. 2090, obs. Delors. – V. aussi, ■ Cass. 3e civ., 23 janv. 2008 : *Loyers et copr.* 2008, n° 56, obs. Ph.-H. Brault. ■ CA Paris, 11 mars 2009 : *JurisData* n° 2009-377615 ; *Loyers et copr.* 2009, n° 173, obs. Ph.-H. Brault). En revanche, tel n'est pas le cas d'une entreprise concessionnaire de marché couvert (■ CA Paris, 9 juin 1958 : *D.* 1958, somm. p. 153) ou du service des eaux (■ CA Paris, 23 oct. 1959 : *Rev. loyers* 1961, 222) ou d'une entreprise de pompes funèbres (■ CA Pau, 10 nov. 1960 : *D.* 1961, somm. p. 110).

8) Locaux accessoires. L'expression « locaux accessoires nécessaires à la poursuite d'activité » n'implique pas que la perte de ces locaux soit de nature à compromettre de façon absolue l'activité entreprise (■ Cass. 3e civ., 20 mars 1969 : *JurisData* n° 1969-799252 ; *Bull. civ.* III, n° 252 ; *JCP* 1969, II, 16106).

IV – LES IMMEUBLES DES COLLECTIVITÉS TERRITORIALES

9) Domaine privé. Le statut s'applique aux immeubles du domaine privé de l'État ou des collectivités territoriales (■ Cass. 1re civ., 4 juill. 1995, n° 93-14.634 : *JurisData* n° 1995-003362 ; *Loyers et copr.* 1995, n° 523, note Ph.-H. Brault. ■ CA Versailles, 4 nov. 1993 : *JurisData* n° 1993-050594 ; *RJDA* 1994, n° 268). Mais si la convention comporte des clauses exorbitantes du droit commun, elle doit être qualifiée de contrat administratif (■ Cass. 3e civ., 13 mars 2002, n° 00-18.218 : *JurisData* n° 2002-013511 ; *Gaz. Pal.* 2002, somm. p. 772. ■ Cass. 3e civ., 31 oct. 2000, n° 98-21.195 : *JurisData* n° 2000-006720 ; *Gaz. Pal.* 2001, 1, somm. 502, obs. J.-D. Barbier).

10) Domaine public. Les biens du domaine public sont exclus du statut des baux commerciaux (■ Cass. 3e civ., 28 févr. 1984 : *Bull. civ.* III, n° 49. ■ Cass. 3e civ., 24 janv. 1996 : *Bull. civ.* III, n° 23. ■ Cass. 3e civ., 20 déc. 2000, n° 99-10.896 : *JurisData* n° 2000-007481 ; *Bull. civ.* III, n° 194, même si la convention a été conclue entre des personnes de droit privé. ■ Cass. 3e civ., 13 nov. 2007 : *AJDI* 2008, 125). En effet, des personnes privées ne peuvent conventionnellement étendre l'application du statut des baux commerciaux à un contrat portant sur un bien public (■ Cass. 3e civ., 10 mars 2010, n° 09-12.714 : *JCP E* 2010, 1769, note M. Roussille).

V – LES IMMEUBLES ABRITANT DES SOCIÉTÉS COOPÉRATIVES ET CAISSE D'ÉPARGNE

11) Contrats en cours. Le bénéfice du statut a été étendu aux Caisses d'épargne et de prévoyance par l'article 7 de la loi n° 91-635 du 10 juillet 1991 mais cette nouvelle disposition n'était pas applicable aux baux en cours (■ Cass. 3e civ., 5 juill. 1995, n° 94-13.131 : *Bull. civ.* III, n° 165).

VI – LES BAUX CONSENTIS À DES ARTISTES

12) Conditions. Pour que l'artiste bénéficie de la protection statutaire, les deux conditions requises par l'article L. 145-2-I-6° doivent être réunies à la date d'effet du congé (■ CA Paris, 4 nov. 1998, n° 1127/98 : *JurisData* n° 1998-024227 ; *D. affaires* 1999, 448). Le local doit être affecté, au moins partiellement, à l'usage professionnel (■ CA Paris, 18 juin 1991 : *JurisData* n° 1991-022661 ; *Loyers et copr.* 1991).

13) Pluralité de preneurs. En cas de pluralité de preneurs, la Cour de cassation a approuvé une cour d'appel d'avoir retenu que l'épouse de l'artiste, commune en biens et cotitulaire du bail, n'était pas tenue d'être immatriculée au registre du commerce ou au répertoire des métiers dès lors qu'il ne pouvait être fait un sort différent au conjoint d'un artiste du seul fait que la création de ses œuvres était une activité personnelle (■ Cass. 3e civ., 21 févr. 2007, n° 05/05957 : *JurisData* n° 2007-338283 ; *Loyers et copr.* 2007, n° 101, obs. Pereira-Osouf). En revanche, une jurisprudence constante retient qu'en cas de cotitularité du bail hors le cas d'époux communs en biens ou d'héritiers indivis, faute de justifier de sa qualité d'artiste, la compagne d'un artiste au sens de l'article L. 145-2-I-6° doit être inscrite au RCS. À défaut, les copreneurs perdent leur droit à indemnité d'éviction (■ CA Paris, 23 mai 2005 : *JurisData* n° 2005-296389 ; *AJDI* 2005, 739).

VII – L'EXTENSION CONVENTIONNELLE DU STATUT DES BAUX COMMERCIAUX

14) Conditions. Les parties peuvent soumettre volontairement leur bail au statut des baux commerciaux lorsque les conditions d'application du statut ne sont pas réunies, soit parce que le preneur n'est pas commerçant, soit parce qu'il n'entre pas dans le cadre de l'article L. 145-2 du Code de commerce (■ Cass. 3e civ., 6 juill. 1982, n° 80-12.958 : *JurisData* n° 1982-702103 ; *Bull. civ.* III, n° 167. ■ Cass. 3e civ., 20 mars 1984, n° 82-12.753 : *Bull. civ.* III, n° 71). Cette extension conventionnelle suppose que soient remplies deux conditions : la manifestation univoque de volonté du bailleur et du locataire (■ Cass. 3e civ., 4 mars 1987, n° 85-16.698 : *JurisData* n° 1987-000423 ; *Bull. civ.* III, n° 38. ■ Cass. 3e civ.,

20 juin 1990, n° 89-12.283 : *JurisData* n° 1990-001880 ; *Bull. civ.* III, n° 152 ; *RTD com.* 1991, 183, obs. Pédamon. – Plus souple, ■ Cass. 3e civ., 23 mars 1994, n° 92-15.035 : *JurisData* n° 1994-000596 ; *Bull. civ.* III, n° 6. ■ Cass. 3e civ., 20 mars 1996, n° 94-12.889 : *Gaz. Pal.* 1997, 2, 547, note Barbier. ■ Cass. 3e civ., 8 déc. 1999, n° 98-12.405 : *JurisData* n° 1999-004501 ; *Administrer* mars 2000, p. 30) et l'absence de volonté de faire échec à l'application d'un statut d'ordre public plus protecteur, notamment pour le preneur (■ CA Saint-Denis de la Réunion, 18 nov. 1988 : *JurisData* n° 1988-051831 ; *Rev. loyers* 1990, p. 192).

15) Manifestation univoque de volonté. Si la jurisprudence admet depuis longtemps la validité de tels accords (■ CA Paris, 26 févr. 1999 : *D.* 1999, inf. rap. 85 ; *AJDI* 1999, 342. ■ CA Paris, 23 janv. 2004, n° 2002/15373 : *JurisData* n° 2004-233844 ; *AJDI* 2004, 728. ■ CA Rennes, 15 juin 2005, n° 03/02754 : *JurisData* n° 2005-280819 ; *JCP* G 2006, IV, 1625 où la cour énonce qu'il « ne peut être fait interdiction à une association à but non lucratif de se soumettre au statut des baux commerciaux, dès lors que l'application du statut ne confère pas pour autant au preneur la qualité de commerçant »), cette soumission volontaire doit résulter d'une volonté non équivoque, qu'elle soit expresse dès la conclusion du contrat (■ Cass. 3e civ., 20 juin 1990, n° 89-12.283 : *JurisData* n° 1990-001880 ; *Loyers et copr.* 1991, n° 164. ■ Cass. 3e civ., 1er juill. 2003, n° 00-22.733 : *Administrer* oct. 2004, p. 56, obs. Barbier. ■ Cass. 3e civ., 20 oct. 2016, n° 15-20.285), ou implicite et déduite de leur comportement en cours de bail (■ Cass. 3e civ., 6 déc. 1995, n° 94-10.611 : *JurisData* n° 1995-003768 ; *Rev. loyers* 1996, 132. ■ CA Paris, 11 févr. 2000, n° 1998/02716 : *JurisData* n° 2000-108729 ; *AJDI* 2000, 556. ■ Cass. 3e civ., 29 mars 2000, n° 88-16.682 : *JurisData* n° 2000-001404 ; *AJDI* 2000, 555. ■ Cass. 3e civ., 19 avr. 2000, n° 98-13.396 : *JurisData* n° 2000-001653 ; *Rev. loyers et copr.* 2001, n° 34). Toutefois, dans l'ensemble, la jurisprudence est plutôt sévère, c'est-à-dire que, même si le contrat comporte certaines clauses habituelles aux baux commerciaux, elle n'en déduit pas nécessairement l'application du statut dans son entier (■ CA Paris, 26 févr. 1999, n° 1998/04019 : *JurisData* n° 1999-020377 ; *D. affaires* 1999, 621. ■ CA Paris, 15 févr. 2006, n° 04/23117 : *JurisData* n° 2006-296947 ; *AJDI* 2006, 380. ■ Cass. 3e civ., 14 nov. 1996, n° 95-11.594 : *D. affaires* 1997, 44. ■ Cass. 3e civ., 6 juill. 2004, n° 03-13.297 : *AJDI* 2004, 640). La seule qualification de « bail commercial » ou la référence dans un bail à certains articles du décret de 1953 ne sont pas suffisantes pour exprimer la volonté certaine et non équivoque des parties à soumettre le contrat au statut des baux commerciaux (■ Cass. 3e civ., 18 janv. 2005, n° 03-19.473 : *Rev. loyers* 2005, 201).

16) Portée de l'extension conventionnelle. Une fois la soumission volontaire au statut établie, l'immatriculation du preneur au RCS n'est pas une condition impérative de son droit au renouvellement (■ Cass. 3e civ., 9 févr. 2005, n° 03-17.476 : *JurisData* n° 2005-026897 ; *Bull. civ.* III, n° 33. ■ Cass. 3e civ., 1er juill. 2003. ■ CA Paris, 12 sept. 2005, n° 04/12228 : *JurisData* n° 2005-281147 ; *AJDI* 2005, 906. ■ CA Paris, 27 juin 2007, n° 06/06213 : *JurisData* n° 2007-340187 ; *AJDI* 2008, 389. – V. égal. ■ CA Paris, 15 févr. 2006, n° 04/21628 : *JurisData* n° 2006-293444 ; *JCP* 2006, IV, 1868 où la cour juge que dans la mesure où les parties ont volontairement étendu le statut des baux commerciaux à des locaux à usage d'habitation, le congé délivré pour défaut d'exploitation d'un fonds de commerce n'est pas fondé). Par ailleurs, « en cas de soumission conventionnelle au décret du 30 septembre 1953 relatif au bail commercial, sont nulles les clauses contraires aux dispositions impératives du texte susvisé relatives à la forme du congé » (■ Cass. ass. plén., 17 mai 2002, n° 00-11.664 : *JurisData* n° 2002-014447 ; *D.* 2002, 2053, obs. Rouquet ; *AJDI* 2002, 525, obs. Blatter ; *D.* 2003, 333, note Becqué-Ickowicz). En cas de clause contraire à l'ordre public du statut, seule la clause illicite sera annulée, la validité du bail commercial restant de mise (■ Cass. 3e civ., 31 janv. 2001, n° 98-12.895 : *JurisData* n° 2001-008156 ; *Loyers et copr.* 2001, n° 286, obs. Brault et Pereira ; *D.* 2001, somm. 3520, obs. Rozès).

17) L'application d'un autre statut. La soumission conventionnelle au statut des baux commerciaux a pour limite l'application obligatoire d'un autre régime impératif. Les principales hypothèses de conflit se rencontraient avec les régimes impératifs du bail rural, des baux d'habitation résultant de la loi du 1er septembre 1948 ou du 6 juillet 1989, ainsi que du « ministatut » des baux professionnels prévu par l'article 57 A de la loi du 23 décembre 1986, modifiée par celle du 6 juillet 1989. La jurisprudence a élargi les cas d'extension conventionnelle à des locaux qui auraient dû être soumis à la loi du 1er septembre 1948 (■ Cass. 3e civ., 20 déc. 1989 : *RTD com.* 1991, 183. ■ CA Paris, 25 mars 1993, n° 92-006058 : *JurisData* n° 1993-021452 ; *JCP* E 1993, pan. p. 327).

18) Compatibilité avec le « ministatut » des baux professionnels. La compatibilité entre le statut des baux commerciaux et l'article 57 A inséré par la loi du 6 juillet 1989 dans la loi n° 86-1290 du 23 décembre 1986 avait posé difficultés. Mais dans l'ensemble, les juridictions du fond avaient opté pour une application combinée des deux textes (■ CA Paris, 20 nov. 2002, n° 2001/02981 : *JurisData* n° 2002-198485 ; *Loyers et copr.* 2003, n° 88, obs. Brault), en favorisant l'article 57 A (■ Cass. 3e civ., 7 nov. 2001, n° 99-20.976 : *JurisData* n° 2001-011583 ; *AJDI* 2002, 134, obs. Blatter ; *Defré-*

nois 2002, art. 37558, n° 37, p. 779, note Libchaber. – V. égal. ▪ CA Paris, 12 mai 1999, n° 1996/82010 : *JurisData* n° 1999-023182 ; *JCP* E 1999, n° 47, p. 1865, n° 12-1, obs. Monéger. – V. toutefois ▪ CA Paris, 23 nov. 2006, n° 05/16586 : *JurisData* n° 2006-331399 ; *AJDI* 2007, 383, obs. Denizot). Mais depuis, la loi LME du 4 août 2008 a réglé le problème en procédant à deux modifications textuelles, celle de l'article L. 145-2 du Code de commerce et celle de l'article 57 A de la loi du 23 décembre 1986. Désormais, l'adoption conventionnelle du statut des baux commerciaux comportera exclusion automatique du régime des baux professionnels, à condition qu'elle soit claire et sans équivoque.

Code de l'urbanisme

PARTIE LÉGISLATIVE

LIVRE II. – PRÉEMPTION ET RÉSERVES FONCIÈRES

TITRE I. – DROITS DE PRÉEMPTION

CHAPITRE IV. – DROIT DE PRÉEMPTION DES COMMUNES SUR LES FONDS ARTISANAUX, LES FONDS DE COMMERCE, LES BAUX COMMERCIAUX ET LES TERRAINS FAISANT L'OBJET DE PROJETS D'AMÉNAGEMENT COMMERCIAL

Art. L. 214-1 *(Mod., L. n° 2012-387, 22 mars 2012 ; L. n° 2014-626, 18 juin 2014)*. – Le conseil municipal peut, par délibération motivée, délimiter un périmètre de sauvegarde du commerce et de l'artisanat de proximité, à l'intérieur duquel sont soumises au droit de préemption institué par le présent chapitre les aliénations à titre onéreux de fonds artisanaux, de fonds de commerce ou de baux commerciaux.

À l'intérieur de ce périmètre, sont également soumises au droit de préemption visé à l'alinéa précédent les aliénations à titre onéreux de terrains portant ou destinés à porter des commerces d'une surface de vente comprise entre 300 et 1 000 mètres carrés.

Chaque aliénation à titre onéreux est subordonnée, à peine de nullité, à une déclaration préalable faite par le cédant à la commune. Cette déclaration précise le prix, l'activité de l'acquéreur pressenti, le nombre de salariés du cédant, la nature de leur contrat de travail et les conditions de la cession. Elle comporte également le bail commercial, le cas échéant, et précise le chiffre d'affaires lorsque la cession porte sur un bail commercial ou un fonds artisanal ou commercial.

Le droit de préemption est exercé selon les modalités prévues par les articles L. 213-4 à L. 213-7. Le silence du titulaire du droit de préemption pendant le délai de deux mois à compter de la réception de cette déclaration vaut renonciation à l'exercice du droit de préemption. Le cédant peut alors réaliser la vente aux prix et conditions figurant dans sa déclaration.

Art. L. 214-1-1 *(L. n° 2014-626, 18 juin 2014)*. – Lorsque la commune fait partie d'un établissement public de coopération intercommunale y ayant vocation, elle peut, en accord avec cet établissement, lui déléguer tout ou partie des compétences qui lui sont attribuées par le présent chapitre.

La commune ou l'établissement public de coopération intercommunale délégataire mentionné au premier alinéa peut déléguer ce droit de préemption à un établissement public y ayant vocation, à une société d'économie mixte, au concessionnaire d'une opération d'aménagement ou au titulaire d'un contrat de revitalisation artisanale et commerciale prévu par la loi n° 2014-626 du 18 juin 2014 relative à l'artisanat, au commerce et aux très petites entreprises. Cette délégation peut porter sur une ou plusieurs parties du périmètre de sauvegarde ou être accordée à l'occasion de l'aliénation d'un fonds de commerce, d'un fonds artisanal, d'un bail commercial ou de terrains. Les biens ainsi acquis entrent dans le patrimoine du délégataire.

Art. L. 214-2 *(Mod., L. n° 2012-387, 22 mars 2012 ; L. n° 2014-626, 18 juin 2014)*. – Le titulaire du droit de préemption doit, dans le délai de deux ans à compter de la prise d'effet de l'aliénation à titre onéreux, rétrocéder le fonds artisanal, le fonds de commerce, le bail commercial ou le terrain à une entreprise immatriculée au registre du commerce et des sociétés ou au répertoire des métiers, en vue d'une exploitation destinée à préserver la diversité et à promouvoir le développement de l'activité commerciale et artisanale dans le périmètre concerné. Ce délai peut être porté à trois ans en cas de mise en location-gérance du fonds de commerce ou du fonds artisanal. L'acte de rétrocession prévoit les conditions dans lesquelles il peut être résilié en cas d'inexécution par le cessionnaire du cahier des charges.

L'acte de rétrocession d'un fonds de commerce est effectué dans le respect des conditions fixées par les dispositions du chapitre Ier du titre IV du livre Ier du Code de commerce.

La rétrocession d'un bail commercial est subordonnée, à peine de nullité, à l'accord préalable du bailleur. Cet accord figure dans l'acte de rétrocession.

Pendant le délai indiqué au premier alinéa du présent article, le titulaire du droit de préemption peut mettre le fonds en location-gérance dans les conditions prévues aux articles L. 144-1 à L. 144-13 du Code de commerce.

À l'article L. 214-1 et au présent article, les mots : « titulaire du droit de préemption » s'entendent également, s'il y a lieu, du délégataire, en application de l'article L. 214-1-1.

Art. L. 214-3. – Un décret en Conseil d'État précise les conditions d'application des dispositions du présent chapitre.

PARTIE RÉGLEMENTAIRE. – DÉCRETS EN CONSEIL D'ÉTAT

LIVRE II. – PRÉEMPTION ET RÉSERVES FONCIÈRES

TITRE I. – DROITS DE PRÉEMPTION

CHAPITRE IV. – DROIT DE PRÉEMPTION DES COMMUNES SUR LES FONDS ARTISANAUX, LES FONDS DE COMMERCE ET LES BAUX COMMERCIAUX ET LES TERRAINS FAISANT L'OBJET DE PROJETS D'AMÉNAGEMENT COMMERCIAL

Section I. – Délimitation du périmètre

Art. *R. 214-1 *(D. n° 2007-1827, 26 déc. 2007 ; mod., D. n° 2009-753, 22 juin 2009 ; D. n° 2015-914, 24 juill. 2015)*. **–** Lorsqu'une commune ou un établissement public de coopération intercommunale auquel la compétence en a été déléguée en application du premier alinéa de l'article L. 214-1-1 envisage d'instituer, en application de l'article L. 214-1, le droit de préemption sur les fonds artisanaux, les fonds de commerce, les baux commerciaux et les terrains portant ou destinés à porter des commerces d'une surface de vente comprise entre 300 et 1 000 mètres carrés, le maire ou, le cas échéant, le président de l'établissement public de coopération intercommunale soumet pour avis le projet de délibération du conseil municipal ou, le cas échéant, de l'organe délibérant de l'établissement public de coopération intercommunale à la chambre de commerce et d'industrie et à la chambre des métiers et de l'artisanat dans le ressort desquelles se trouve la commune. Le projet de délibération est accompagné du projet de plan délimitant le périmètre de sauvegarde du commerce et de l'artisanat de proximité et d'un rapport analysant la situation du commerce et de l'artisanat de proximité à l'intérieur de ce périmètre et les menaces pesant sur la diversité commerciale et artisanale. En l'absence d'observations de la chambre de commerce et d'industrie et de la chambre des métiers et de l'artisanat dans les deux mois de leur saisine, l'avis de l'organisme consulaire est réputé favorable.

Art. *R. 214-2. – La délibération du conseil municipal *(Mots aj., D. n° 2015-914, 24 juill. 2015)* « ou, le cas échéant, de l'organe délibérant de l'établissement public de coopération intercommunale » délimitant le périmètre de sauvegarde du commerce et de l'artisanat de proximité fait l'objet des mesures de publicité et d'information dans les conditions prévues par l'article R. 211-2.

Section II. – Exercice du droit de préemption

Art. *R. 214-3 *(Rempl., D. n° 2009-753, 22 juin 2009)*. **–** Le droit de préemption institué en application de l'article L. 214-1 peut s'exercer sur les biens suivants, lorsqu'ils sont aliénés à titre onéreux :

a) Les fonds artisanaux, les fonds de commerce ou les baux commerciaux ;

b) Les terrains portant des commerces ou destinés à porter des commerces dans un délai de cinq ans à compter de leur aliénation, dès lors que ces commerces sont des magasins de vente au détail ou des centres commerciaux au sens de l'article L. 752-3 du Code de commerce, ayant une surface de vente comprise entre 300 et 1 000 mètres carrés.

Le présent article ne s'applique pas aux biens ou droits qui sont inclus dans la cession d'une ou de plusieurs activités prévue à l'article L. 626-1 du Code de commerce ou dans le plan de cession arrêté en application de l'article L. 631-22 ou des articles L. 642-1 à L. 642-17 du Code de commerce.

Art. R. *214-4 *(Rempl., D. n° 2009-753, 22 juin 2009 ; mod., D. n° 2012-489, 13 avr. 2012)*. **–** La déclaration préalable prévue au troisième alinéa de l'article L. 214-1 est établie dans les formes prescrites par un arrêté *(Mots rempl., D. n° 2015-914, 24 juill. 2015)* « conjoint des ministres chargés de l'urbanisme, de la justice, du commerce et de l'artisanat ».

La déclaration en quatre exemplaires est adressée au maire de la commune où est situé le fonds, l'immeuble dont dépendent les locaux loués ou le terrain portant les commerces ou destiné à porter des commerces d'une surface de vente comprise entre 300 et 1 000 mètres carrés. Elle est adressée par pli recommandé avec demande d'avis de réception, ou par voie électronique en un seul exemplaire dans les conditions prévues par le I de l'article 5 de l'ordonnance n° 2005-1516 du 8 décembre 2005 relative aux échanges électroniques entre les usagers et les autorités administratives et entre les autorités administratives. La déclaration peut aussi être déposée en mairie contre récépissé.

Lorsque l'aliénation porte sur un terrain défini au *b* de l'article R. 214-3 et qu'elle est soumise au droit de préemption institué par le chapitre II ou le chapitre III du présent titre, la déclaration est souscrite dans les formes et conditions prévues par l'article R. 213-5. Elle précise, selon le cas, la surface de vente du commerce existant sur le terrain ou la possibilité d'implanter sur le terrain, dans les cinq ans suivant l'aliénation, un commerce d'une surface de vente comprise entre 300 et 1 000 mètres carrés.

(Al. créé, D. n° 2015-914, 24 juill. 2015) Lorsque la commune a délégué son droit de préemption, le maire transmet la déclaration au délégataire. Lorsque le délégataire est un établissement public de coopération intercommunale ayant lui-même délégué ce droit, en application du second alinéa de l'article L. 214-1-1, son président transmet à son tour la déclaration à son délégataire.

Art. *R. 214-4-1 *(D. n° 2009-753, 22 juin 2009 ; mod., D. n° 2014-551, 27 mai 2014)*. **–** Lorsque la déclaration préalable porte sur un terrain défini au *b* de l'article R. 214-3, le maire transmet copie de la déclaration dès sa réception au directeur départemental ou, le cas échéant, régional des finances publiques en lui précisant si cette transmission vaut demande d'avis.

Art. R.* 214-4-2 *(D. n° 2009-753, 22 juin 2009 ; mod., D. n° 2015-914, 24 juill. 2015)*. **–** Lorsque le titulaire du droit de préemption décide d'acquérir un terrain qui est soumis à la fois au droit de préemption prévu par le présent chapitre et au droit de préemption institué par le chapitre I ou le chapitre II du présent titre, il indique sur le fondement de quel chapitre il exerce son droit de préemption.

Art. *R. 214-4-3 *(D. n° 2009-753, 22 juin 2009)*. **–** Lorsqu'un terrain situé dans un périmètre délimité en application de l'article R. 214-1 fait l'objet d'une aliénation sans que celle-ci ait été précédée de la déclaration prévue à l'article R. 214-4, le vendeur en informe l'acquéreur par une mention spécifique figurant dans l'acte de vente ou, en cas de vente par adjudication, par une mention spécifique portée dans le cahier des charges.

Art. *R. 214-5 *(Mod., D. n° 2012-489, 13 avr. 2012)*. **–** Dans un délai de deux mois à compter de la réception de la déclaration préalable, ou du premier des accusés de réception ou d'enregistrement délivré en application du I de l'article 5 de l'ordonnance n° 2005-1516 du 8 décembre 2005, le titulaire du droit de préemption notifie au cédant soit sa décision d'acquérir aux prix et conditions indiqués dans la déclaration préalable, soit son offre d'acquérir aux prix et conditions fixés par l'autorité judiciaire saisie dans les conditions prévues à l'article R. 214-6, soit sa décision de renoncer à l'exercice du droit de préemption.

Il notifie sa décision au cédant par pli recommandé avec demande d'avis de réception, par remise contre décharge au domicile ou au siège social du cédant, ou par voie électronique en un seul exemplaire dans les conditions prévues par le I de l'article 5 de l'ordonnance n° 2005-1516 du 8 décembre 2005 relative aux échanges électroniques entre les usagers et les autorités administratives et entre les autorités administratives. La notification par voie électronique n'est possible que si la déclaration prévue à l'article R. *214-4 a été faite de la même manière. Lorsque le cédant est lié par un contrat de bail, une copie de cette notification est adressée au bailleur.

Le silence gardé par le titulaire du droit de préemption au terme du délai fixé au premier alinéa vaut renonciation à l'exercice de son droit.

Art. *R. 214-6. **–** En cas de désaccord sur le prix ou les conditions indiqués dans la déclaration préalable, le titulaire du droit de préemption qui veut acquérir saisit, dans le délai fixé à l'article R. 214-5, la juridiction compétente en matière d'expropriation par lettre recommandée avec demande d'avis de réception adressée au secrétariat de cette juridiction, accompagnée d'une copie en double exemplaire de son mémoire. Copie de la lettre de saisine et du mémoire est simultanément notifiée au *cédant et, le cas échéant, au bailleur.*

Art. *R. 214-7 *(Mod., D. n° 2009-753, 22 juin 2009 ; D. n° 2012-489, 13 avr. 2012)*. **–** En cas de cession, par voie d'adjudication, d'un fonds artisanal, d'un fonds de commerce, d'un bail commercial ou d'un terrain portant ou destiné à porter des commerces d'une surface de vente comprise entre 300 et 1 000 mètres carrés, le commissaire-priseur judiciaire, le greffier de la juridiction ou le notaire chargé de procéder à la vente, selon la nature de l'adjudication, procède à la déclaration préalable prévue à l'article L. 214-1. Cette déclaration est établie dans les formes prescrites à l'article R. 214-4 et indique la date et les modalités de la vente. Elle est adressée au maire trente jours au moins avant la date fixée pour la vente par lettre recommandée avec demande d'avis de réception ou par voie électronique dans les conditions prévues par le I de l'article 5 de l'ordonnance n° 2005-1516 du 8 décembre 2005.

(Al. créé, D. n° 2015-914, 24 juill. 2015) Lorsque la commune a délégué son droit de préemption, le maire transmet la déclaration au délégataire. Lorsque le délégataire est un établissement public de coopération intercommunale ayant lui-même délégué ce droit, en application du second alinéa de l'article L. 214-1-1, son président transmet à son tour la déclaration à son délégataire.

Le titulaire du droit de préemption dispose d'un délai de trente jours à compter de l'adjudication pour notifier, par lettre recommandée avec demande d'avis de réception ou par voie électronique dans les conditions prévues par le I de l'article 5 de l'ordonnance n° 2005-1516 du 8 décembre 2005, au greffier ou au notaire sa décision de se substituer à l'adjudicataire. Copie de cette décision est annexée au jugement ou à l'acte de l'adjudication et publiée au bureau des hypothèques en même temps que celui-ci.

La substitution ne peut intervenir qu'au prix et aux conditions de la dernière enchère ou de la surenchère.

Le greffier, le notaire ou le rédacteur de l'acte, selon les cas, informe l'adjudicataire évincé de l'acquisition réalisée par voie de préemption.

Art. *R. 214-8 *(Mod., D. n° 2009-753, 22 juin 2009)*. **–** En cas de cession de gré à gré d'un fonds artisanal, d'un fonds de commerce, d'un bail commercial ou d'un terrain portant ou destiné à porter des commerces d'une surface de vente comprise entre 300 et 1 000 mètres carrés autorisée par le juge-commissaire en application de l'article L. 642-19 du Code de commerce, le liquidateur procède, avant la signature de cet acte, à la déclaration préalable prévue à l'article L. 214-1 dans les formes prévues à l'article R. 214-7.

Le titulaire du droit de préemption peut exercer son droit dans les conditions prévues à l'article R. 214-7. En cas d'acquisition par voie de préemption, le liquidateur en informe l'acquéreur évincé.

Art. *R. 214-9 *(Mod., D. n° 2009-753, 22 juin 2009)*. **–** En cas d'acquisition du fonds, d'un bail ou d'un terrain par le titulaire du droit de préemption, l'acte constatant la cession est dressé dans un délai de trois mois suivant la notification de l'accord sur le prix et les conditions indiqués dans la déclaration préalable ou de la décision judiciaire devenue définitive fixant le prix et les conditions de la cession ou suivant la date de l'acte ou du jugement d'adjudication.

Le prix est payé au moment de l'établissement de l'acte constatant la cession, sous réserve de l'application des dispositions des articles L. 141-12 et suivants du Code de commerce.

Art. *R. 214-10 *(Mod., D. n° 2009-753, 22 juin 2009)*. **–** L'action en nullité prévue à l'article L. 214-1 s'exerce devant le tribunal judiciaire du lieu de situation du fonds ou de l'immeuble dont dépendent les locaux loués ou du terrain.

Art. R. *214-10-1 *(Abr., D. n° 2017-932, 10 mai 2017)*.

Section III. – Rétrocession

Art. *R. 214-11 *(Mod., D. n° 2009-753, 22 juin 2009 ; D. n° 2015-914, 24 juill. 2015 ; D. n° 2019-966, 18 sept. 2019)*. **–** Le cahier des charges de rétrocession mentionné à l'article L. 214-2 est approuvé par délibération du conseil municipal ou, le cas échéant, de l'organe délibérant de l'établissement public de coopération intercommunale ayant reçu délégation à cet effet en application du premier alinéa de l'article L. 214-1-1.

Art. *R. 214-12 *(Mod., D. n° 2009-753, 22 juin 2009)*. **–** Avant toute décision de rétrocession du fonds artisanal, du fonds de commerce, du bail commercial ou du terrain, le maire publie, par voie d'affichage en mairie pendant une durée de quinze jours, un avis de rétrocession. Cet avis comporte un appel à candidatures, la description du fonds, du bail ou du terrain, le prix proposé et mentionne que le cahier des charges peut être consulté en mairie. Lorsque la rétrocession porte sur un bail commercial, l'avis précise que la rétrocession est subordonnée à l'accord préalable du bailleur. Il indique le délai dans lequel les candidatures doivent être présentées.

(Al. créé, D. n° 2015-914, 24 juill. 2015) Lorsque l'exercice du droit de préemption a été délégué, le délégataire transmet l'avis de rétrocession au maire qui en assure la publicité dans les conditions fixées au premier alinéa.

Les personnes candidates à la rétrocession justifient de leur immatriculation au registre du commerce et des sociétés ou au répertoire des métiers ou, lorsqu'elles sont établies dans un autre État membre de l'Union européenne, d'un titre équivalent leur conférant ou leur reconnaissant la qualité de commerçant ou d'artisan.

Art. *R. 214-13 *(D. n° 2007-1827, 26 déc. 2007 ; mod., D. n° 2015-914, 24 juill. 2015 ; D. n° 2019-1419, 20 déc. 2019)*. – En cas de rétrocession d'un bail commercial, le titulaire du droit de préemption recueille l'accord préalable du bailleur sur le projet d'acte accompagné du cahier des charges qu'il lui a transmis par lettre recommandée avec demande d'avis de réception.

Si le bailleur entend s'opposer au projet de rétrocession, il saisit, selon la procédure accélérée au fond, le président du tribunal judiciaire du lieu de situation de l'immeuble dont dépendent les lieux loués pour faire valider son opposition à la rétrocession. À défaut d'avoir notifié au titulaire du droit de préemption, dans le délai de deux mois suivant la réception du projet d'acte, la saisine motivée de la juridiction, le bailleur est réputé avoir donné son accord à la rétrocession.

Le délai imparti au titulaire du droit de préemption pour procéder à la rétrocession est suspendu à compter de la notification du projet d'acte au bailleur jusqu'au recueil de l'accord du bailleur ou, à défaut d'accord, pendant la durée de la procédure jusqu'à l'intervention d'une décision juridictionnelle devenue définitive. La cession ne peut intervenir avant le terme de cette procédure, sauf accord exprès du bailleur.

Art. *R. 214-14. – La rétrocession est autorisée par délibération du conseil municipal *(Mots aj., D. n° 2015-914, 24 juill. 2015)* « ou, le cas échéant, de l'organe délibérant de l'établissement public de coopération intercommunale ayant reçu délégation à cet effet en application du premier alinéa de l'article L. 214-1-1 », indiquant les conditions de la rétrocession et les raisons du choix du cessionnaire.

Art. *R. 214-15 *(Mod., D. n° 2009-753, 22 juin 2009)*. – Dans le mois suivant la signature de l'acte de rétrocession, le maire procède à l'affichage en mairie, pendant une durée de quinze jours, d'un avis comportant la désignation sommaire du fonds, du bail ou du terrain rétrocédé, le nom et la qualité du cessionnaire, ainsi que les conditions financières de l'opération.

(Al. créé, D. n° 2015-914, 24 juill. 2015) Lorsque l'exercice du droit de préemption a été délégué, le délégataire transmet cet avis au maire qui en assure la publicité dans les conditions fixées au premier alinéa.

Art. *R. 214-16. – Si la rétrocession n'est pas intervenue à l'expiration du délai *(Mots rempl., D. n° 2015-914, 24 juill. 2015)* « fixé à l'article L. 214-2 », l'acquéreur évincé, dans le cas où son identité a été mentionnée dans la déclaration préalable mentionnée à l'article R. 214-4, bénéficie d'un droit de priorité d'acquisition.

....

CHAPITRE IV. – DROIT DE PRÉEMPTION DES COMMUNES SUR LES FONDS ARTISANAUX, LES FONDS DE COMMERCE ET LES BAUX COMMERCIAUX

(A. 29 févr. 2008)

Art. A. 214-1 *(A. 11 mai 1987 ; rempl., A. 29 févr. 2008 ; mod., D. n° 2012-1221, 2 nov. 2012)*. – La déclaration préalable prévue par les articles L. 214-1 et R. 214-4 doit être établie conformément au formulaire enregistré par la direction interministérielle pour la modernisation de l'action publique sous le numéro CERFA 13644*01 et disponible sur le site internet du ministère de l'écologie, du développement et de l'aménagement durables : http://www.developpement-durable.gouv.fr.

Bibliographie : Blatter, *Le nouveau droit de préemption des communes : AJDI* 2005, 705. • Cerati-Gauthier, *Le droit de préemption des communes : Ann. loyers* 2008, 2391. • De Girard et Pascaud, *L'impact du droit de préemption en matière de fusion-absorption : JCP* N 2006, 1101. • Dutrieux, *Le formulaire de déclaration préalable à l'exercice du droit de préemption : JCP* E 2008, act. 194. • Hinfray, *Le nouveau droit de préemption communal sur les fonds de commerce : Loyers et copr.* 2008, étude 6. • Jacquin, *Le projet de décret relatif au nouveau droit de préemption des communes : Gaz. Pal.* 2007, 1, doctr. 1518 ; *Gaz. Pal.* 2008, 2, doctr. 2097. • Saintourens, *Le droit de préemption des communes : RTD com.* 2005, 707.

Art. L. 145-3. – Les dispositions du présent chapitre ne sont pas applicables aux baux emphytéotiques, sauf *en ce qui concerne la révision du loyer*. Toutefois, elles s'appliquent, dans les cas prévus aux articles L. 145-1 et L. 145-2, aux baux passés par les emphytéotes, sous réserve que la durée du renouvellement consenti à leurs sous-locataires n'ait pas pour effet de prolonger l'occupation des lieux au-delà de la date d'expiration du bail emphytéotique.

Voir : sous art. L. 145-1, annot. n° 7, p. 223.

Section II. – De la durée

Art. L. 145-4 ***(Mod., L. n° 2015-990, 6 août 2015 ; mod., L. n° 2018-1021, 23 nov. 2018).*** **– La durée du contrat de location ne peut être inférieure à neuf ans.**

Toutefois, le preneur a la faculté de donner congé à l'expiration d'une période triennale, au moins six mois à l'avance, par lettre recommandée avec demande d'avis de réception ou par acte extrajudiciaire. Les baux conclus pour une durée supérieure à neuf ans, les baux des locaux construits en vue d'une seule utilisation, les baux des locaux à usage exclusif de bureaux et ceux des locaux de stockage mentionnés au 3° du III de l'article 231 *ter* du Code général des impôts peuvent comporter des stipulations contraires.

Le bailleur a la même faculté, dans les formes et délai de l'article L. 145-9, s'il entend invoquer les dispositions des articles L. 145-18, L. 145-21, L. 145-23-1 et L. 145-24 afin de construire, de reconstruire ou de surélever l'immeuble existant, de réaffecter le local d'habitation accessoire à cet usage, de transformer à usage principal d'habitation un immeuble existant par reconstruction, rénovation ou réhabilitation ou d'exécuter des travaux prescrits ou autorisés dans le cadre d'une opération de restauration immobilière et en cas de démolition de l'immeuble dans le cadre d'un projet de renouvellement urbain.

Le preneur ayant demandé à bénéficier de ses droits à la retraite du régime social auquel il est affilié ou ayant été admis au bénéfice d'une pension d'invalidité attribuée dans le cadre de ce régime social a la faculté de donner congé dans les formes et délais prévus au deuxième alinéa du présent article. Il en est de même pour ses ayants droit en cas de décès du preneur.

Les dispositions de l'alinéa précédent sont applicables à l'associé unique d'une entreprise unipersonnelle à responsabilité limitée, ou au gérant majoritaire depuis au moins deux ans d'une société à responsabilité limitée, lorsque celle-ci est titulaire du bail.

I – LA DURÉE MINIMALE DU BAIL

1) Principe et aménagements. Cette durée minimale de neuf ans est le principe (▪ Cass. 3e civ., 23 juin 2009, n° 08-16.761 : *JurisData* n° 2009-049011 ; *AJDI* 2009, 541, obs. J.-P. Blatter). Mais la loi accorde la possibilité de conclure aussi bien des baux de plus courte durée (cf. ss art. L. 145-1, annot. n° 6, p. 222 et ss art. L. 145-5, annot. n° 1, p. 249) et de plus longue durée. Il est permis de convenir d'une durée supérieure à neuf ans, en prenant garde d'éviter les engagements perpétuels (▪ Cass. 3e civ., 19 févr. 1992, n° 90-16.148 : *JurisData* n° 1992-000411 ; *JCP* N 1994, II, 67, note Monéger. ▪ Cass. 3e civ., 15 déc. 1999, n° 98-15.289 : *JCP* N 2000, 559, note Billiau. ▪ Cass. 3e civ., 13 mars 2002, n° 99-14.152 : *JurisData* n° 2002-013508 ; *Loyers et copr.* 2002, n° 149, obs. Brault et Pereira, où la cour juge que le bail dont le terme dépend de la volonté du seul preneur encourt la nullité), et en pensant à repréciser la durée lors du renouvellement (▪ Cass. 3e civ., 2 oct. 2002, n° 01-02.781 : *JurisData* n° 2002-015677 ; *Loyers et copr.* 2002, n° 259, obs. Brault, où la cour juge que l'article L. 145-12, alinéa 1er du Code de commerce est une disposition d'ordre public aux termes de laquelle la durée du bail renouvelé est de neuf années, sauf accord des parties pour une durée plus longue).

II – LA FACULTÉ DE RÉSILIATION POUR LE PRENEUR

2) Le principe. Le preneur peut solliciter la résiliation du contrat tous les trois ans, sans avoir à motiver sa décision (▪ Cass. 3e civ., 16 nov. 1994, n° 92-18.729 : *JurisData* n° 1994-002751 ; *AJPI* 1995, 407, obs. Derruppé).

3) Les modalités de la résiliation triennale. La résiliation triennale suppose que le preneur délivre un congé à son partenaire. Une promesse de renouvellement du bail à l'issue du premier bail pour une nouvelle période de neuf années avec fixation du prix est toutefois licite, auquel cas le bailleur n'a pas à donner congé (▪ Cass. 3e civ., 27 oct. 2004, n° 03-15.769 : *JurisData* n° 2004-025379 ; *Bull. civ.* III, n° 179). En dehors de cette hypothèse, le congé étant un acte de volonté unilatérale, il doit être dépourvu de toute équivoque (▪ Cass. 3e civ., 19 mars 1997 : *JurisData* n° 1997-047018 ; *D. affaires* 1997, 529), revêtir la forme de l'exploit d'huissier, lequel ne peut être signifié à personne d'autre que le bailleur lui-même (▪ Cass. 3e civ., 4 juill. 2001, n° 99-21.314 : *JurisData* n° 2001-010486 ; *Bull. civ.* III, n° 90. ▪ Cass. 3e civ., 11 juill. 2006, n° 05-16.394 : *JurisData* n° 2006-034725 ; *Loyers et copr.* 2006, n° 199, obs. Brault où il a été jugé que la signification par le locataire d'un congé à une personne autre que le bailleur équivaut à une absence de congé. ▪ Cass. 3e civ., 17 oct. 2006, n° 05-18.669 : *JurisData* n° 2006-035445 ; *D.* 2006, act. jurispr. 2669, obs. Rouquet : de même, l'absence de signification du congé à l'un des cobailleurs entraîne sa nullité puisque les dispositions de l'article L. 145-10 prévoyant que la demande de renouvellement peut être signifiée à l'un des bailleurs s'ils sont plusieurs ou à leur administrateur de biens, sauf l'effet d'une disposition contraire du bail ou d'une notification ultérieure, ne sont pas applicables au congé), et respecter un délai de préavis d'au moins six mois.

4) La forme du congé. La notification par acte extrajudiciaire est impérative. Un congé donné par lettre recommandée avec demande d'avis de réception, même si c'est en conformité avec les stipulations contractuelles, est nul et de nul effet (▪ Cass. 3ᵉ civ., 4 mai 2000, n° 98-19.240 : *JurisData* n° 2000-001932 ; *Loyers et copr.* 2000, n° 224. ▪ Cass. 3ᵉ civ., 13 déc. 2000, n° 99-14.878 : *Loyers et copr.* 2001, n° 64. ▪ Cass. 3ᵉ civ., 27 juin 2001, n° 99-17.737 : *JurisData* n° 2001-010439 ; *Loyers et copr.* 2001, n° 227). À défaut de respecter cette forme, même en cas d'adoption volontaire (▪ Cass. ass. plén., 17 mai 2002, préc. sous art. L. 145-2, annot. n° 3, p. 239), le contrat se poursuit (▪ Cass. 3ᵉ civ., 8 nov. 1995, n° 93-20.393 : *Bull. civ.* III, n° 225), et le preneur restera redevable des loyers dus jusqu'à la fin du bail ou à la prise d'effet d'un congé ultérieurement régulièrement délivré (▪ CA Paris, 27 mars 1998, n° 96/20441 : *JurisData* n° 1998-020966 ; *Loyers et copr.* 1998, n° 267, note Brault). Un congé qui ne respecterait pas la forme extrajudiciaire est nul (▪ Cass. 3ᵉ civ., 10 nov. 1999, n° 98-12.538 : *AJDI* 2000, 142 et le congé devra être réitéré, en bonne et due forme, pour la prochaine échéance triennale ▪ Cass. 3ᵉ civ., 10 nov. 1999, préc. : *Rev. loyers* 2000, 164, note de Maillard), la Cour de cassation admettant que le bailleur professionnel, destinataire d'un tel congé, engage sa responsabilité s'il demeure muet à l'égard du locataire sur cette irrégularité, le conduisant ainsi, notamment lorsqu'il s'agit d'une échéance triennale, à devoir payer la totalité du loyer de la période triennale suivante (▪ Cass. 3ᵉ civ., 5 nov. 2003, n° 01-17.530 : *JurisData* n° 2003-020801 ; *AJDI* 2004, 808, obs. Blatter. – V. égal. ▪ CA Paris, 21 sept. 2001, n° 2000/05876 : *JurisData* n° 2001-161094 ; *Administrer* févr. 2002, 23, obs. Boccara et Lipman-Boccara. ▪ CA Versailles, 1ᵉʳ juill. 1999, n° 3235/96 : *JurisData* n° 1999-043192 ; *Loyers et copr.* 1999, comm. 237, obs. Brault. ▪ Cass. 3ᵉ civ., 4 mai 2000, préc.). Les juges du fond doivent vérifier si le bailleur n'était pas un professionnel de l'immobilier et si, en insérant dans le bail une clause illicite de nature à induire en erreur le locataire, il n'avait pas commis une faute pouvant justifier une réparation (▪ Cass. 3ᵉ civ., 30 nov. 2005, n° 04-16.483 : *AJDI* 2006, 281), la responsabilité du bailleur non professionnel en présence d'un tel congé devant assurément être écartée (▪ CA Paris, 25 janv. 2006, n° 04/23651 : *AJDI 2006, 466). Depuis la loi Pinel, le locataire peut délivrer un congé par LRAR. Aussi, le congé triennal délivré par le preneur le 18 février 2016 peut être adressé par LRAR. Viole l'article L. 145-4 par refus d'application et L. 145-9 par fausse application, l'arrêt qui juge le contraire (▪ Cass. 3ᵉ civ., 24 oct. 2019, n° 18-24.077 : *D.* 2019, 2088 ; *AJDI* 2019, 902, obs. J.-P. Blatter, pan. 2020, n° 1549, obs. M.-P. Dumont).

5) Le délai du congé. Le congé doit être signifié en respectant le délai de préavis de six mois, qui est un délai de procédure (▪ Cass. 3ᵉ civ., 31 oct. 2006, n° 05-16.483 : *JurisData* n° 2006-035686 ; *Rev. loyers* 2007, 33). À défaut ses effets sont repoussés à la fin de la période triennale suivante (▪ Cass. 3ᵉ civ., 7 juill. 1975, n° 74-11.090 : *JurisData* n° 1975-098238 ; *Gaz. Pal.* 1975, 2, somm. p. 223). Si le délai ne peut être raccourci, il peut être prolongé. La Cour de cassation a jugé valable la stipulation d'un préavis d'un an dès lors qu'elle n'affecte pas le droit au renouvellement du bail (▪ Cass. 3ᵉ civ., 10 mai 2001, n° 99-14.539 : *JurisData* n° 2001-009619 ; *Loyers et copr.* 2001, comm. 228. – V. égal. ▪ CA Paris, 2 oct. 2002, n° 2001/11485 : *JurisData* n° 2002-195535 ; *D.* 2002, inf. rap. 3080).

6) Autre faculté de résiliation du preneur. Le preneur dispose d'une autre faculté de résiliation prévue à l'article L. 145-4, alinéa 4 du Code de commerce. Elle lui est offerte à n'importe quel moment de son bail, sous réserve des conditions de forme et de délai de préavis précédemment évoquées (▪ CA Bourges, 9 oct. 2008, n° 08/00290 : *JurisData* n° 2008-006336 ; *Loyers et copr.* 2009, comm. 122, obs. Brault).

III – LA FACULTÉ DE RÉSILIATION POUR LE BAILLEUR

7) Droit de reprise du bailleur. Le bailleur dispose d'un droit de reprise des locaux (▪ Cass. 3ᵉ civ., 30 janv. 1970, n° 68-13.334 : *JurisData* n° 1970-098078 ; *Bull. civ.* III, n° 70). Le congé délivré pour la date d'expiration du bail ne fait pas obstacle à la délivrance d'un congé sur le fondement de l'article L. 145-4 du Code de commerce (▪ Cass. 3ᵉ civ., 20 déc. 1995, n° 93-15.305 : *Bull. civ.* III, n° 263).

8) Pour construire ou reconstruire. Dans le cadre de ce congé, le bailleur est cru sur son intention de construire ou reconstruire au moment où il use de son droit de reprise (▪ Cass. 3ᵉ civ., 27 oct. 1993, n° 91-16.964 : *JurisData* n° 1993-002068 ; *Bull. civ.* III, n° 127. ▪ Cass. 3ᵉ civ., 12 juill. 1995, n° 93-10.133 : *JurisData* n° 1995-003361 ; *Loyers et copr.* 1995, n° 527. – Comp., en matière de congé donné sur le fondement de l'article L. 145-18 du Code de commerce, ▪ Cass. 3ᵉ civ., 8 févr. 2006, n° 04-17.898 : *JurisData* n° 2006-032076 ; *Bull. civ.* III, n° 26 ; *D.* 2006, act. jurispr. 653, obs. Rouquet ; *AJDI* 2006, 566, note Dumont. – V. toutefois ▪ CA Paris, 29 sept. 1994 : *Gaz. Pal.* 1995, 2, 628, obs.

Brault qui exige que le bailleur justifie de ses projets de démolition et de faisabilité de la reconstruction). Lorsque le congé est signifié pour la fin du bail, la motivation relative à la démolition est superflue, l'offre d'indemnité d'éviction est suffisante (▪ Cass. 3e civ., 8 févr. 2006, n° 05-14.802 : *Gaz. Pal.* 2006, p. 1921, note J.-D. Barbier).

9) Forme du congé. Le congé doit être délivré au nom du bailleur. En cas de mandat de gestion, le mandataire doit identifier le bailleur dans le congé en agissant pour son compte et en son nom. À défaut, le congé est nul (▪ Cass. ass. plén., 13 févr. 1998, n° 95-10.378 : *JurisData* n° 1998-000631 ; *JCP* 1998, II, 10 060, note J. Monéger), le simple mandat d'administration ne conférant pas le pouvoir de donner un congé, notamment avec refus de renouvellement (▪ Cass. 3e civ., 20 nov. 2001 : *AJDI* 2002, 159), peu importe que le locataire ait connu, en fait, l'identité du bailleur (▪ Cass. 3e civ., 29 janv. 2002, n° 00-16.375 : *JurisData* n° 2002-013127 ; *Loyers et copr.* 2002, n° 170). En cas de pluralité de bailleurs, le congé devra être délivré au nom de tous les copropriétaires (▪ Cass. 3e civ., 10 déc. 2002, n° 00-20.605 : *AJDI* 2003, 114 à propos d'une indivision).

Art. L. 145-5 ***(Mod., L. n° 2008-776, 4 août 2008 ; L. n° 2014-626, 18 juin 2014)*** (1) (2) (3). **– Les parties peuvent, lors de l'entrée dans les lieux du preneur, déroger aux dispositions du présent chapitre à condition que la durée totale du bail ou des baux successifs ne soit pas supérieure à trois ans. À l'expiration de cette durée, les parties ne peuvent plus conclure un nouveau bail dérogeant aux dispositions du présent chapitre pour exploiter le même fonds dans les mêmes locaux.**

Si, à l'expiration de cette durée, et au plus tard à l'issue d'un délai d'un mois à compter de l'échéance, le preneur reste et est laissé en possession, il s'opère un nouveau bail dont l'effet est réglé par les dispositions du présent chapitre.

Il en est de même, à l'expiration de cette durée, en cas de renouvellement exprès du bail ou de conclusion, entre les mêmes parties, d'un nouveau bail pour le même local.

Les dispositions des deux alinéas précédents ne sont pas applicables s'il s'agit d'une location à caractère saisonnier.

Lorsque le bail est conclu conformément au premier alinéa, un état des lieux est établi lors de la prise de possession des locaux par un locataire et lors de leur restitution, contradictoirement et amiablement par les parties ou par un tiers mandaté par elles, et joint au contrat de location.

Si l'état des lieux ne peut être établi dans les conditions prévues à l'avant-dernier alinéa, il est établi par un huissier de justice, sur l'initiative de la partie la plus diligente, à frais partagés par moitié entre le bailleur et le locataire.

I – LES BAUX DÉROGATOIRES

A – Les conditions d'un bail dérogatoire

1) Conclusion lors de l'entrée dans les lieux. Le bail dérogatoire doit être conclu lors de l'entrée dans les lieux du preneur, mais le texte n'exige aucune disposition particulière (▪ Cass. 3e civ., 8 nov. 1972 : *Bull. civ.* III, n° 588). La volonté de déroger au statut peut résulter d'un simple bail verbal (▪ Cass. 3e civ., 25 janv. 1986 : *Rev. loyers* 1986, 358). Dès lors que la volonté des deux parties est claire et non équivoque. *Le seul fait de fixer pour* le bail une durée inférieure à deux ans ne suffit pas à caractériser un bail dérogatoire (▪ Cass. 3e civ., 2 févr. 2005 : *Bull. civ.* III, n° 20 ; *AJDI* 2005, 831, obs. Blatter ; *JCP* N 2005, 1387, obs. Antoine-Lemaire). Il n'est pas nécessaire que l'entrée en jouissance coïncide exactement avec la signature du bail (▪ Cass. 3e civ., 25 juin 1975, n° 74-12.877 : *JurisData* n° 1975-098218 ; *Bull. civ.* III, n° 218). Cette condition exclut qu'un bail dérogatoire intervienne en renouvellement d'un bail antérieur (▪ Cass. 3e civ., 12 avr. 1995, n° 92-19.852 : *Loyers et copr.* 1995, n° 369. ▪ Cass. 3e civ., 21 mars 2006, n° 05-10.149 : *JurisData* n° 2006-032878 ; *Loyers et copr.* 2006, n° 104, obs. Pereira-Osouf). En l'absence d'un motif de précarité, une convention faisant suite à un bail commercial résilié d'un commun accord avant son terme ne peut déroger au statut des baux commerciaux que par l'application des dispositions de l'article L. 145-5 du Code de commerce (▪ Cass. 3e civ., 14 oct. 2014,

(1) Dispositions applicables dans les îles Wallis-et-Futuna, L. n° 2014-626, 18 juin 2014, art. 70, I.

(2) Dispositions applicables aux contrats conclus ou renouvelés à compter du 1er septembre 2014, L. n° 2014-626, 18 juin 2014, art. 21, II.

(3) Pour les baux conclus en application du premier alinéa du présent article avant l'entrée le 20 juin 2014, les deux derniers alinéas, dans leur rédaction résultant de la loi n° 2014-626 du 18 juin 2014, s'appliquent à toute restitution d'un local dès lors qu'un état des lieux a été établi lors de la prise de possession, L. n° 2014-626, 18 juin 2014, art. 3, II.

n° 13-13.994). Par où l'on voit que l'entrée dans les lieux vise la prise de possession des lieux en exécution du bail dérogatoire, peu important que le locataire les ait déjà occupés antérieurement sur un autre fondement.

2) Sur la notion d'entrée dans les lieux. Qui est une entrée juridique, et non pas matérielle : ▪ Cass. 3e civ., 2 mars 2017, n° 15-28.068 ; *D.* 2017, p. 1572, obs. M.-P. Dumont-Lefrand où la Cour juge que « l'entrée dans les lieux du preneur vise la prise de possession des locaux en exécution du bail dérogatoire, peu important que le preneur les ait occupés antérieurement en vertu d'un autre titre depuis expiré » ; ▪ Cass. 3e civ., 1er févr. 2018, n° 16-23.122.

3) Unicité du contrat. Jusqu'à la loi du 4 août 2008, un second bail dérogatoire ne pouvait être conclu entre les mêmes parties, ni avec un prête-nom (▪ Cass. 3e civ., 15 juin 1976, n° 75-11.313 : *JurisData* n° 1976-098261 ; *Bull. civ.* III, n° 261. ▪ Cass. 3e civ., 13 janv. 1999, n° 97-10.938 : *JurisData* n° 1999-000189 ; *AJDI* 1999, 241. ▪ CA Paris, 27 oct. 2005, n° 05/08861 : *JurisData* n° 2005-287964 ; *AJDI* 2006, 123. ▪ CA Paris, 17 mai 2006, n° 05/08809 : *JurisData* n° 2006-314591 ; *Administrer* oct. 2006, p. 54, obs. Boccara et Lipman-Boccara). Si le bail était expressément renouvelé ou si un nouveau contrat était conclu entre les mêmes parties pour le même local, le nouveau bail était régi par le statut légal des baux commerciaux (▪ Cass. 3e civ., 20 déc. 1977, n° 75-13.899 : *Bull. civ.* III, n° 456). Cette règle s'appliquait même si le bail dérogatoire était d'une durée inférieure à deux ans (▪ Cass. 3e civ., 25 nov. 1975 : *JurisData* n° 1975-700344 ; *Bull. civ.* III, n° 345. ▪ Cass. 3e civ., 10 janv. 1990, n° 88-18.734 : *JurisData* n° 1990-000079 ; *D.* 1990, somm. 251, obs. Rozès). Un bail d'un an avec reconduction tacite par période annuelle, même limitée à une seule période, ne pouvait relever les baux dérogatoires (▪ Cass. 3e civ., 21 mars 2006 : *Loyers et copr.* 2006, n° 104, obs. Pereira-Osouf). Toutefois, la loi n° 2008-776 du 4 août 2008, tout en maintenant la durée maximum du bail dérogatoire à deux ans, précise que le recours à cette convention est possible à la condition « que la durée totale du bail ou des baux successifs ne soit pas supérieure à deux ans ». Toutefois la conclusion du ou des baux dérogatoires ne peut excéder une durée de trois ans : un bail conclu postérieurement à l'entrée en vigueur de l'article L. 145–5 issue de la loi du 18 juillet 2014, doit répondre aux exigences de ce texte et ne pas avoir une *durée cumulée avec celle des baux* dérogatoires conclus précédemment pour exploiter le même fonds dans les mêmes locaux de plus de trois ans courant à compter de la date d'effet du premier bail dérogatoire (▪ Cass. 3e civ., 22 oct. 2020, n° 19-20.443).

4) Fin du contrat. L'article L. 145-5 du Code de commerce n'impose aucun formalisme au bailleur, à partir du moment où il manifeste sa volonté de ne pas poursuivre le bail dérogatoire (▪ Cass. 3e civ., 5 juin 2013, n° 12-19.634 : *Gaz. Pal.* 3 août 2013, n° 141f3, p. 25, note C.-E. Brault). La mise en demeure du bailleur afin de récupérer le locaux ne pouvait être annulée en l'absence de texte et était valable dès lors que le locataire avait identifié que la lettre lui avait été adressée par la société bailleresse ou son gérant (▪ Cass. 3e civ., 17 sept. 2020, n° 19-13.242).

B – La prolongation du bail dérogatoire

5) Un nouveau bail. Le statut des baux commerciaux s'applique si à l'issue du bail dérogatoire le locataire et le bailleur conviennent de conclure un nouveau bail portant sur le même local (▪ Cass. 3e civ., 11 oct. 1977, n° 76-11.782 : *Bull. civ.* III, n° 332 refusant d'appliquer le statut car le contrat portait sur un emplacement différent) ou encore si le preneur reste dans les lieux sans opposition de la part du bailleur (▪ Cass. 3e civ., 22 janv. 2003, n° 01-16.490 : *JurisData* n° 2003-017323 ; *Bull. civ.* III, n° 12 ; *D.* 2003, act. jurispr. 624, note Rouquet. ▪ Cass. 3e civ., 21 mars 2006 : *Loyers et copr.* 2006, n° 104, obs. Pereira-Osouf. ▪ Cass. 3e civ., 17 oct. 2006, n° 05-18.669 : *JurisData* n° 2006-035445 ; *Rev. loyers* 2006, 513. ▪ Cass. 3e civ., 13 juin 2012, n° 11-16.356 : *AJDI* 2013, p. 199, obs. N. Damas). Aussi appartient-il au bailleur qui souhaite endiguer cette automaticité « de manifester, avant la date contractuelle d'expiration du bail, sa volonté de ne pas poursuivre sa relation contractuelle avec le locataire, la charge de la preuve de cette manifestation de volonté lui incombant » (▪ Cass. 3e civ., 4 mai 2010, n° 09-11.840, *Alday c/ Estevez.* ▪ Cass. 3e civ., 23 janv. 2013, n° 11-25.465 : *JurisData* n° 2013-000922 ; *AJDI* 2012, p. 610, obs. C. Castela. ▪ Cass. 3e civ., 5 juin 2013, n° 12-19.634 : *Loyers et copr.* 2013, comm. 240, obs. E. Chavance), sachant qu'il n'est pas possible au bailleur d'anticiper cette manifestation de volonté en insérant une stipulation dans le bail qui aurait pour effet de dispenser le bailleur de faire connaître au preneur son opposition. Tous les cotitulaires du bail dérogatoire qui se maintiennent dans les locaux dans lesquels un fonds est exploité sont liés par le bail soumis au statut qui naît de la loi, qu'ils soient ou non personnellement exploitants du fonds (▪ Cass. 3e civ., 23 mai 2013, n° 11-17.071).

6) Conditions du nouveau bail. Pour que le statut s'applique, encore faut-il que la convention dérogatoire soit expirée (▪ Cass. 3e civ., 14 juin 2006, n° 05-14.614 : *JurisData* n° 2006-034021 ; *AJDI* 2006, 905, obs. Dumont-Lefrand) et que le preneur non seulement soit resté dans les lieux, mais encore y ait été laissé. Le bailleur doit se ménager la preuve de son opposition au maintien du locataire dans les lieux (■ Cass. 3e civ., 27 juin 1990 : *Bull. civ.* III, n° 155. ■ Cass. 3e civ., 13 juill. 1999, n° 97-20.093 : *JurisData* n° 1999-003108 ; *Loyers et copr.* 2000, n° 167. ■ CA Paris, 31 oct. 2007, n° 06/16479 : *JurisData* n° 2007-346419 ; *AJDI* 2008, 385). L'inscription au RCS n'est pas nécessaire pour que s'opère un nouveau bail régi par le statut des baux commerciaux (■ Cass. 3e civ., 25 oct. 2018, n° 17-26.126). Le fait pour un bailleur d'admettre un loyer réduit (■ Cass. 3e civ., 10 janv. 1990 : *Bull. civ.* III, n° 11), un loyer tout court (■ CA Paris, 2 juill. 1999, n° 1997/04618 : *JurisData* n° 1999-023728 ; *Loyers et copr.* 2000, n° 9) ou de délivrer un commandement de payer le loyer (■ Cass. 3e civ., 25 juin 1997, n° 95-20.482 : *JurisData* n° 1997-003000 ; *Bull. civ.* III, n° 152) atteste de sa volonté tacite au maintien du locataire dans les lieux. Si le bailleur manifeste tacitement son accord pour ce maintien dans les lieux (■ Cass. 3e civ., 8 oct. 1986, n° 85-11.962 : *JurisData* n° 1986-701904 ; *Bull. civ.* III, n° 135), voire engage des négociations en vue de la conclusion d'un nouveau bail (■ Cass. 3e civ., 27 oct. 1993 : *Bull. civ.* III, n° 78), l'article L. 145-5, alinéa 2 du Code de commerce a vocation à s'appliquer. La soumission au statut des baux commerciaux est aussi de droit malgré l'insertion d'une clause, dans le bail dérogatoire, prévoyant que la durée de ce bail est de rigueur, et que le locataire devra payer une astreinte journalière jusqu'à complète libération des locaux (■ Cass. 3e civ., 24 nov. 1999, n° 96-13.484 : *JurisData* n° 1999-004063 ; *Bull. civ.* III, n° 221) dès lors que le bailleur ne se manifeste pas à l'expiration du contrat. En revanche, le statut n'a pas vocation à s'appliquer si le locataire a été maintenu dans les lieux en vertu d'un délai de grâce accordé par le bailleur, pour lui permettre par exemple d'organiser son départ (■ Cass. 3e civ., 11 janv. 2006, n° 05-10.217 : *RJDA* 4/2006, n° 389 ; *Administrer* mars 2006, p. 39, note Boccara et Lipman-Boccara), dès lors que ce dernier a manifesté sa volonté de mettre fin au contrat.

7) Régime du nouveau bail. Le loyer doit être fixé à la valeur locative (■ Cass. 3e civ., 14 déc. 2005, n° 05-12.587 : *Bull. civ.* III, n° 246). À défaut de stipulation contraire, le cautionnement portant sur le bail dérogatoire ne peut être étendu au nouveau bail issu du maintien dans les lieux (■ Cass. 3e civ., 28 nov. 2012, n° 11-14.671 : *AJDI* 2012, p. 434, obs. Ch. Denizot). La demande tendant à faire constater l'existence d'un bail soumis au statut né du fait du maintien en possession du preneur à l'issue d'un bail dérogatoire, qui résulte du seul effet de l'article L. 145-5 du Code de commerce, n'est pas soumise à la prescription biennale (■ Cass. 3e civ., 1er oct. 2014, n° 13-16.806 : *D.* 2014, act. 1997, obs. Y. Rouquet).

8) Baux dérogatoires successifs. L'article L. 145-5 du Code de commerce n'interdit pas la conclusion de baux dérogatoires successifs entre les mêmes parties et pour les mêmes locaux, lorsque ces baux ont été séparés par une période, aussi brève soit-elle, pendant laquelle le preneur n'est pas resté dans les lieux et n'a pas été laissé en possession (■ CA Paris, 8 juin 2006, n° 05/18171 : *AJDI* 2007, 131, obs. Denizot. ■ Cass. 3e civ., 8 mars 2005, n° 03-20.294 : *Administrer* mai 2005, p. 29, obs. Boccara et Lipman-Boccara où une libération effective des lieux par le locataire avec remise des clés, suivie un mois plus tard d'une nouvelle location consentie à ce même locataire, est jugée régulière). À défaut, le statut des baux commerciaux s'applique automatiquement, se substituant au bail dérogatoire. Le loyer du nouveau bail prend effet au terme du bail dérogatoire et doit correspondre, à défaut d'accord des parties, à la valeur locative (■ Cass. 3e civ., 14 déc. 2005, n° 05-12.587 : *JurisData* n° 2005-031300 ; *Bull. civ.* III, n° 246 ; *D.* 2006, act. jurispr. 230, obs. Rouquet ; *AJDI* 2006, 465, obs. Dumont-Lefrand). Cette mutation se produit automatiquement dès lors que le preneur remplit les conditions nécessaires à l'application du statut (■ Cass. 3e civ., 5 juill. 1995, n° 93-11.436 : *AJDI* 1996, 46, note Blatter). En aucun cas le défaut d'immatriculation ne peut être un obstacle à la validité de ce bail commercial (■ Cass. 3e civ., 30 avr. 1997, n° 94-16.158 : *JurisData* n° 1997-001805 ; *Bull. civ.* III, n° 92. ■ Cass. 3e civ., 19 juill. 2000, n° 99-12.091 : *JurisData* n° 2000-007680 ; *JCP* E 2001, 465, note M. Kéita). Cette application du statut des baux commerciaux a lieu en dépit du changement d'activité intervenu entre l'ancien et le nouveau bail (■ Cass. 3e civ., 31 mai 2012, n° 11-15.580 où la Cour de cassation juge que « les dispositions de l'article L. 145-5 du Code de commerce n'imposent pas l'exercice de la même activité dans les locaux concernés »). Sur l'application de la loi du 18 juin 2014 dans le temps et les baux dérogatoires successifs : ■ Cass. 3e civ., 22 oct. 2020, n° 19-20.443.

9) Renonciation au statut des baux commerciaux. Les parties à un bail dérogatoire ont la possibilité de renoncer au statut (■ Cass. 3e civ., 25 févr. 2004, n° 02-15.837 : *JurisData* n° 2004-022655 ; *AJDI* 2004, 552. ■ Cass. 3e civ., 11 janv. 2006, préc. ■ Cass. 3e civ., 7 juin 2006 : *Administrer* oct. 2066, 55, obs. Lipman-W). Cette renonciation n'est concevable que parce que le statut des baux commerciaux instaure un ordre public de protection (■ Cass. 3e civ., 4 mai 2006, n° 05-15.151 : *JurisData* n° 2006-033310 ; *JCP* E 2006, 2780, note Dumont-Lefrand. ■ Cass. 3e civ., 20 févr. 1985, n° 83-15.730 : *JurisData* n° 1985-700394 ; *JCP* 1986, II. n° 20639, note B. Boccara. ■ Cass. 3e civ., 8 mars 1993 : *AJPI* 1993, 860. ■ CA Paris, 6 févr. 2002, n° 2000/13419 : *JurisData* n° 2002-173181 ; *Administrer* juin 2002, 34, obs. Boccara et Lipman-Boccara). Encore faut-il, pour que cette renonciation expresse ou implicite opère, qu'elle soit intervenue de manière certaine, non équivoque et en connaissance de cause (■ Cass. 3e civ., 15 avr. 1992, n° 90-18.093 : *JurisData* n° 1992-000959 ; *Bull. civ.* III, n° 129. ■ Cass. 3e civ., 29 mars 1995, n° 93-12.078 : *RJDA* 1995, n° 691. ■ Cass. 3e civ., 11 juin 1997, n° 95-19.606 : *JurisData* n° 1997-002663 ; *D. affaires* 1997, 887. ■ Cass. 3e civ., 19 nov. 2003, n° 02-15.887 : *JurisData* n° 2003-020994 ; *AJDI* 2004, 549, obs. Blatter qui énonce que la seule signature d'un nouveau bail dérogatoire ne peut à elle seule exprimer la renonciation du locataire au bénéfice du droit acquis à la propriété commerciale). La renonciation au statut doit être postérieure à l'expiration du bail dérogatoire (■ Cass. 3e civ., 29 juin 1994, n° 92-18.042 : *JurisData* n° 1994-002565 ; *Loyers et copr.* 1994, n° 477. ■ CA Nîmes, 16 févr. 1998 : *RD imm.* 1988, 510. ■ CA Paris, 7 mars 1989 : *JurisData* n° 1989-025144 ; *Loyers et copr.* 1989, n° 222. ■ Cass. 3e civ., 13 janv. 1988 : *Gaz. Pal.* 1989, 1, somm. 159, note Barbier) et ne saurait être anticipée (■ Cass. 3e civ., 21 nov. 2001, n° 00-14.761 : *JurisData* n° 2001-011946 ; *AJDI* 2002, 31, note Dumont). Par ailleurs, cette renonciation ne doit pas organiser une fraude à la loi (■ Cass. 3e civ., 9 févr. 1994, n° 91-21.907 : *JurisData* n° 1994-000699 ; *Loyers et copr.* 1994, n° 155. ■ Cass. 3e civ., 24 janv. 1996 : *Bull. civ.* III, n° 22. ■ Cass. 3e civ., 4 févr. 1998, n° 96-13.921 : *Administrer* avr. 1998, 37, obs. B. Boccara. ■ Cass. 3e civ., 29 juin 2005, n° 04-13.378 : *Administrer* oct. 2005, p. 34, obs. Boccara et Lipman-Boccara. ■ Cass. 3e civ., 8 avr. 2010, n° 08-70.338, *Sté Jasmin c/ Fielloux*. V. égal. ■ Cass. 3e civ., 1er avr. 2009, n° 07-21.833 : *JurisData* n° 2009-047669 ; *Bull. civ.* III, n° 74). La renonciation à un droit ne se déduit pas de la seule inaction ou du silence de son titulaire (■ Cass. 3e civ., 5 juin 2013, n° 12-19.634 : *Loyers et copr.* 2013, comm. 240, obs. E. Chavance).

II – LES BAUX SAISONNIERS

10) Définition de la location saisonnière. La location saisonnière est la location consentie pour une saison, sachant qu'une saison se définit par rapport à une période d'activité économique, la saison n'étant pas nécessairement conforme aux données d'un calendrier (■ Cass. 3e civ., 7 nov. 1990, n° 89-14.377 : *JurisData* n° 1990-702881 ; *Rev. loyers* 1991, 276 : pour une saison égale à six mois et demi). De telles locations sont exclues du statut des baux commerciaux même si elles sont régulièrement renouvelées, d'une saison sur l'autre (■ Cass. 3e civ., 14 nov. 1973, n° 72-11.702 : *JurisData* n° 1973-000579 ; *D.* 1974, 139).

11) Bail avec exploitation saisonnière. La location saisonnière se distingue du bail avec exploitation saisonnière qui, lui, est soumis au statut desbaux commerciaux (■ Cass. 3e civ., 1er mars 1973 : *Bull. civ.* III, n° 147). Alors que dans une location saisonnière, le preneur remet les clés au bailleur et enlève ses stocks après chaque saison (■ Cass. 3e civ., 3 janv. 1978, n° 75-13.982 : *JurisData* n° 1978-098001 ; *Bull. civ.* III, n° 1), le bail avec exploitation saisonnière se caractérise par sa continuité. Peu importe que l'exploitation soit saisonnière : dès lors que la jouissance est continue, le contrat est soumis au statut (■ Cass. 3e civ., 15 janv. 1992, n° 90-13.865 : *JurisData* n° 1992-000071 ; *Bull. civ.* III, n° 14). Si le preneur reste en possession des clés, règle les factures d'électricité ou de téléphone à l'année ainsi que la taxe des ordures ménagères, le contrat sera requalifié (■ CA Nîmes, 11 juin 1997 : *JurisData* n° 1997-030690 ; *Loyers et copr.* 1999, n° 38. – V. toutefois, ■ Cass. 3e civ., 19 avr. 2005, n° 04-12.064 : *JCP E* 2005, 1733, n° 7, obs. J. M. où les clés étaient conservées par le preneur, les abonnements téléphonique et électrique réglés à l'année, mais le local vide de marchandise et la galerie marchande fermée hors saison. – V. égal. ■ CA Paris, 8 juin 2006, n° 05/01682 : *AJDI* 2007, 129, obs. Denizot où la cour a jugé qu'un court de tennis couvert loué à Paris à usage d'enseignement est une simple location saisonnière malgré le paiement d'un loyer annuel).

Art. L. 145-5-1 *(L. n° 2014-626, 18 juin 2014)* (1). **– N'est pas soumise au présent chapitre la convention d'occupation précaire qui se caractérise, quelle que soit sa durée, par le fait que l'occupation des lieux n'est autorisée qu'à raison de circonstances particulières indépendantes de la seule volonté des parties.**

Sur les critères de la convention d'occupation précaire et l'exigence de circonstances particulières indépendantes de la seule volonté des parties : ■ Cass. 3e civ., 7 juill. 2015, n° 14-11.644. ■ Cass. 3e civ., 9 févr. 2017, n° 15-18.251 : *Loyers et copr.* 2017, *n° 80, obs. E. Chavance. – V. égal.* ■ Cass. 3e civ., 19 nov. 2003, n° 02-15.887 : *Bull. civ.* III, n° 202. ■ Cass. 3e civ., 9 nov. 2004, n° 03-15.084 : *Bull. civ.* III, n° 195. ■ Cass. 3e civ., 29 avr. 2009, n° 08-13.308 : *Bull. civ.* III, n° 389. ■ Cass. 3e civ., 8 mars 2018, n° 16-22.0175, 76, 77, 78, 79, 80, 81 : doit être requalifiée en bail commercial une convention d'occupation précaire, renouvelée à plusieurs reprises, dès lors que les éléments de précarité constitués par la résorption d'un bidonville et la création d'une cité modulaire provisoire ont disparu. ■ Cass. 3e civ.,

(1) Dispositions applicables dans les îles Wallis-et-Futuna, L. n° 2014-626, 18 juin 2014, art. 70, I.

14 nov. 2019, n° 18-21.297 sur la caractérisation de l'existence de circonstances particulières indépendantes de la seule volonté des parties. ▪ Cass. 3e civ., 12 déc. 2019, n° 18-23.784 : sur l'exclusion de l'existence d'une cause objective de précarité de l'occupation ; *D.* 2019, 2405 ; *AJDI* 2020, 450, obs. J.-P. Blatter et 389, point de vue M.-P. Dumont ; *RTD com.* 2020, 21, obs. F. Kendérian).

Art. L. 145-6 ***(Mod., Ord. n° 2005-1527, 8 déc. 2005).*** **– Le bailleur d'un local à usage commercial, industriel ou artisanal peut, au cours du bail originaire ou d'un bail renouvelé, reprendre les lieux en tout ou partie pour exécuter des travaux nécessitant l'évacuation des lieux compris dans un secteur ou périmètre prévu aux articles L. 313-4 à L. 313-4-2 du Code de l'urbanisme et autorisés ou prescrits dans les conditions prévues auxdits articles, s'il offre de reporter le bail sur un local équivalent dans le même immeuble ou dans un autre immeuble. Cette offre précise les caractéristiques du local offert, lequel doit permettre la continuation de l'exercice de l'activité antérieure du locataire. L'offre doit être notifiée un an à l'avance.**

Le locataire doit, dans un délai de deux mois, soit faire connaître son acceptation, soit saisir des motifs de son refus la juridiction compétente, faute de quoi il est réputé avoir accepté l'offre.

Importance des travaux. La fermeture pendant un mois, et à une date fixée d'un commun accord entre le bailleur et le locataire, d'une brasserie pour réaliser des travaux de courte durée, rend sans intérêt l'offre de reporter le bail sur un autre immeuble (▪ CA Lyon, 28 févr. 2001, n° 2000/04028 : *JurisData* n° 2001-159039 ; *Loyers et copr.* 2002, n° 37, obs. Ph.-H. Brault et P. Péreira).

Art. L. 145-7. **– Le locataire dont le bail est reporté a droit à une indemnité de dépossession qui comprend l'indemnisation des conséquences dommageables de la privation temporaire de jouissance, compte tenu, s'il y a lieu, de l'installation provisoire réalisée aux frais du bailleur et du remboursement de ses frais normaux de déménagement et de réinstallation.**

Lorsque l'offre a été acceptée ou reconnue valable par la juridiction compétente, et après l'expiration du délai d'un an à compter de la ratification de l'offre, le locataire doit quitter les lieux dès la mise à la disposition effective du local offert et le versement d'une indemnité provisionnelle dont le montant est fixé dans les formes prévues à l'article L. 145-19.

Les prix et les conditions accessoires du bail peuvent être modifiés à la demande de la partie la plus diligente.

Art. L. 145-7-1 ***(L. n° 2009-888, 22 juill. 2009).*** **– Les baux commerciaux signés entre les propriétaires et les exploitants de résidences de tourisme mentionnées à l'article L. 321-1 du Code du tourisme sont d'une durée de neuf ans minimum, sans possibilité de résiliation à l'expiration d'une période triennale.**

L'article L. 145-7-1 du Code de commerce, d'ordre public, s'applique aux baux en cours au jour de son entrée en vigueur (▪ Cass. 3e civ., 16-10.350 : *Loyers et copr.* 2017, n° 79, obs. E. Chavance).

Section III. – Du renouvellement

Art. L. 145-8 ***(Mod., L. n° 2008-776, 4 août 2008 ; L. n° 2012-387, 22 mars 2012).*** **– Le droit au renouvellement du bail ne peut être invoqué que par le propriétaire du fonds qui est exploité dans les lieux.**

Le fonds transformé, le cas échéant, dans les conditions prévues à la section 8 du présent chapitre, doit, sauf motifs légitimes, avoir fait l'objet d'une exploitation effective au cours des trois années qui ont précédé la date d'expiration du bail ou de sa prolongation telle qu'elle est prévue à l'article L. 145-9, cette dernière date étant soit la date pour laquelle le congé a été donné, soit, si une demande de renouvellement a été faite, le premier jour du trimestre civil qui suit cette demande.

Bibliographie : Brault, *Le droit au renouvellement du preneur et l'exploitation effective* : *JCP* E 1993, I, 293.

I – GÉNÉRALITÉS

1) Le principe du droit au renouvellement. L'originalité principale du statut des baux commerciaux est le droit du preneur au renouvellement de son bail, parfois aussi qualifié de droit à la propriété commerciale. Ce droit au renouvellement est d'ordre public. Aussi toutes les conventions de nature à supprimer ou à limiter, même indirectement, le droit au renouvellement sont annulables sauf à y renoncer une fois le droit acquis (depuis l'arrêt *Sté Espace Clean* ▪ Cass. 3e civ., 4 mai 2006, n° 05-15.151 : *JCP* E 2007, 2780, obs. Dumont-Lefrand, le droit au renouvellement est « acquis dès la conclusion du bail par le seul effet de la loi »). Ainsi en est-il d'une clause d'enseigne (■ Cass. 3e civ., 12 juill. 2000, préc.), d'une clause de fourniture de bière (■ Cass. 3e civ., 31 janv. 2001, n° 98-12.895 : *JurisData* n° 2001-008156 ; *D.* 2001, somm. 3520, obs. Rozès), d'une clause comportant une renonciation à l'indemnité d'éviction (■ Cass. 3e civ., 7 oct. 1987, n° 86-11.297 : *JCP* 1987, IV, 378), d'une convention dissimulant un contrat de bail commercial sous les apparences d'un autre contrat (■ Cass. 3e civ., 13 févr. 1985, n° 83-10.445 : *JurisData* n° 1985-000387 ; *Rev. loyers* 1985, 337), d'une clause de résiliation anticipée de plein droit sans indemnité d'éviction (■ Cass. com., 16 mai 1950 : *D.* 1950, 458), d'une clause dite de déspécialisation partielle contractuelle qui prévoyait une augmentation immédiate du loyer (■ Cass. 3e civ., 19 mai 2004 : *Bull. civ.* III, n° 101) ou d'une clause de nivellement (■ Cass. 3e civ., 29 nov. 1961 : *JurisData* n° 1961-098245 ; *Bull. civ.* III, n° 447. – V. toutefois, ■ Cass. com., 21 juin 1966 : *JurisData* n° 1966-099315 ; *Bull. civ.* III, n° 315).

2) Renonciation au droit à la propriété commerciale. S'agissant d'un ordre public de protection et sous réserve que le droit soit né, le preneur peut renoncer à son droit au renouvellement. Pour que le preneur puisse renoncer librement à la faveur qui lui est accordée, sa renonciation doit remplir certaines conditions. La renonciation doit être certaine et non équivoque (■ Cass. 3e civ., 5 oct. 1999 : *AJDI* 1999, 1161. ■ Cass. 3e civ., 25 févr. 2004, n° 02-15.837 : *JurisData* n° 2004-022655 ; *AJDI* 2004, 552. – Pour un exemple de renonciation équivoque, V. ■ Cass. 3e civ., 28 sept. 2004, n° 03-11.028 : *JurisData* n° 2004-025018 ; *AJDI* 2005, 482), qu'elle soit expresse ou tacite, intervenir en toute connaissance de cause (■ Cass. 3e civ., 24 nov. 2004, n° 03-12.605 : *JurisData* n° 2004-025808 ; *Bull. civ.* III, n° 211), et enfin être postérieure à la naissance du droit à contester (■ CA Paris, 4 oct. 2002, n° 2001/11437 : *JurisData* n° 2002-193234 ; *AJDI* 2002, 857. ■ Cass. 3e civ., 7 févr. 1996, n° 94-12.240 : *Bull. civ.* III, n° 40. ■ Cass. 3e civ., 21 nov. 2001, n° 00-14.761 : *JurisData* n° 2001-011946 ; *AJDI* 2002, 31, obs. Dumont).

3) Modalités de la renonciation. Mais le preneur renonce-t-il pour autant à recevoir un congé dans les formes de l'article L. 145-9 du Code de commerce ? Dans un premier temps, la Cour de cassation a jugé que « le défaut (...) de mention au registre du commerce de locaux loués (...) ne [peut] avoir pour effet que de priver [la locataire] du droit au renouvellement de son bail » (■ Cass. 3e civ., 1er oct. 2003 : *Bull. civ.* III, n° 168). Autrement dit, à défaut d'immatriculation, le preneur n'était pas privé du bénéfice de l'ensemble du statut, mais seulement de la propriété commerciale, ce qui laissait indirectement un délai supplémentaire au preneur pour s'immatriculer *in extremis*. Mais depuis, refusant de suivre l'argumentation d'un preneur qui soutenait que le bail ne peut être interrompu que par un congé respectant la forme prévue par le texte de l'article L. 145-9 du Code de commerce, elle a retenu que « les baux avaient cessé de plein droit au terme fixé sans que les bailleurs aient eu à notifier un congé » faisant finalement une application pure et simple de l'article 1737 du Code civil (■ Cass. 3e civ., 8 avr. 2010, n° 09-10.926).

II – PROPRIÉTÉ ET EXPLOITATION DU FONDS

4) La propriété du fonds de commerce. Le bénéficiaire du droit au renouvellement ou à indemnité d'éviction doit avoir la double qualité de locataire des murs et de propriétaire du fonds de commerce (■ Cass. 3e civ., 17 juill. 1996, n° 94-16.112 : *JurisData* n° 1996-003309 ; *Rev. loyers* 1996, 392). Ainsi, le locataire qui a donné en sous-location la totalité des locaux n'est pas propriétaire d'un fonds de commerce exploité dans les lieux loués et n'a pas droit au renouvellement (■ Cass. com., 13 nov. 1962 : *Gaz. Pal.* 1963, 1, p. 121). De même, le locataire-gérant ne peut pas se prétendre créancier d'une partie de l'indemnité d'éviction, puisqu'il n'est ni locataire des murs, ni propriétaire du fonds (■ Cass. 3e civ., 26 sept. 2001, n° 00-11.652 : *JurisData* n° 2001-011082 ; *Administrer* nov. 2002, p. 18, obs. Barbier. ■ Cass. 3e civ., 15 juin 1994, n° 92-12.091 : *JurisData* n° 1994-001596 ; *Bull. civ.* III, n° 123. ■ Cass. 3e civ., 30 mai 1996, n° 94-13.765 : *JurisData* n° 1996-002089 ; *Bull. civ.* III, n° 126 : le défaut d'immatriculation au RCS du locataire-gérant ne peut constituer un motif de refus de renouvellement au preneur à bail commercial, loueur du fonds).

5) L'exploitation du fonds de commerce. Si le locataire doit être propriétaire du fonds, il n'est pas obligé de l'exploiter personnellement (■ Cass. 3e civ., 3 juill. 1979 : *JurisData* n° 1979-700149 ; *Bull. civ.* III, n° 148. ■ CA Versailles, 24 juin 2004, n° 03/05938 : *JurisData* n° 2004-257805 ; *Gaz. Pal.* 2005, 1, 1310, obs. Brault). Par ailleurs, l'article L. 145-8 pose un principe : une exploitation effective d'une certaine durée, et aménage une dérogation : les motifs légitimes de non-exploitation.

6) Nécessité d'une exploitation effective et régulière du fonds. L'exploitation du fonds doit d'abord être effective, c'est-à-dire réelle, régulière et conforme à la destination du bail. Le droit au renouvellement suppose une obligation effective d'exploiter, c'est-à-dire une exploitation réelle (■ CA Paris, 9 mai 1959 : *Rev. loyers* 1959, 499). Cette exigence d'une exploitation réelle se distingue d'une exploitation continue. Une exploitation saisonnière est une exploitation effective dès lors qu'elle correspond aux périodes d'activité du commerce entrepris (■ Cass. 3e civ., 16 avr. 1973, n° 72-11.351 : *JurisData* n° 1973-098288 ; *Bull. civ.* III, n° 288). En revanche, une cessation plus longue de l'activité n'est pas une exploitation effective et constitue un motif légitime de refus de renouvellement qui doit être précédé d'une mise en demeure d'exploiter. De même, le locataire en liquidation judiciaire, qui a cessé son activité, n'a droit ni au renouvellement, ni à l'indemnité d'éviction (■ Cass. 3e civ., 6 nov. 2001, n° 00-12.946 : *JurisData* n° 2001-011700 ; *Gaz. Pal.* 9 févr. 2002, somm. p. 44, obs. Barbier). L'exploitation effective c'est aussi une exploitation régulière du fonds de commerce, c'est-à-dire de l'activité autorisée par le bail. Ainsi, seule l'exploitation effective dans les lieux loués de l'activité autorisée par le bail ou régulièrement modifiée au cours des trois années ayant précédé sa date d'expiration ouvre droit au renouvellement (■ Cass. 3e civ., 14 juin 2006, n° 05-12.708 : *JurisData* n° 2006-034020 ; *Bull. civ.* III, n° 148. – V. égal. ■ Cass. 3e civ., 15 oct. 2008, n° 07-17.727 : *JurisData* n° 2008-045376 ; *AJDI* 2009, 616, note Denizot où la cour tire les conséquences de l'exercice d'une activité sans autorisation du bailleur). À défaut de stipulations particulières, l'autorisation d'exploiter une activité de boulangerie-pâtisserie n'impose pas au locataire la fabrication artisanale et la vente dans le même local donné à bail (■ Cass. 3e civ., 27 juin 2007, n° 05-15.456 : *JurisData* n° 2007-039769 ; *AJDI* 2008, 201).

7) Exploitation au cours des trois dernières années. L'exploitation du fonds doit ensuite être effective au cours des trois dernières années qui ont précédé la date d'expiration du bail ou de sa reconduction, « cette dernière date étant soit la date pour laquelle le congé a été donné, soit, si une demande de renouvellement a été faite, le premier jour du trimestre civil qui suit cette demande ». Pour apprécier le terme *a quo* du délai de trois ans, l'on se réfère à la date d'inscription au registre du commerce et des sociétés, ou au répertoire des métiers du preneur mais cela n'exclut pas de prendre en compte une date d'exploitation effective antérieure (■ Cass. com., 25 oct. 1983, n° 81-14.926 : *JurisData* n° 1983-702119 ; *JCP* 1984, IV, 1). Sur la forme, un congé portant dénégation du droit au statut des baux commerciaux en raison du défaut d'exploitation effective du fonds par le locataire au cours des trois dernières années précédant la date d'expiration du bail, n'a pas à être précédé d'une mise en demeure : même délivré pour un motif erroné, ce congé met fin au bail (■ Cass. 3e civ., 8 janv. 2008, n° 06-14.190 : *JurisData* n° 2008-042222 ; *Loyers et copr.* 2008, n° 60).

III – CHANGEMENT D'ACTIVITÉ OU CESSION EN FIN DE BAIL

8) Les différents changements. L'article L. 145-8 exige l'exploitation, pendant les trois dernières années, d'un seul et même fonds de commerce (■ Cass. com., 10 févr. 1960 : *JCP* 1960, II, 11643). Ainsi si le fonds est transformé pendant cette période, si un changement d'activité intervient laissant apparaître un nouveau fonds, la condition de durée d'exploitation ne serait pas remplie. Trois hypothèses doivent être distinguées : la déspécialisation légale qui ne fait pas perdre au locataire son droit au renouvellement (C. com., art. L. 145-47), le changement d'activité du locataire au cours des trois dernières années et la cession de bail et du fonds toujours au cours de cette même période.

9) Changement d'activité. La simple adjonction d'une nouvelle activité ne fait pas obstacle au droit au renouvellement puisqu'il n'y a pas de nouveau fonds (■ Cass. 3e civ., 16 févr. 1982 : *Rev. loyers* 1982, p. 199). En revanche, en cas de transformation du fonds, la Cour de cassation admet que le changement d'activité en cours de bail, effectué sans suivre la procédure de déspécialisation mais avec l'accord du bailleur, ne constitue pas un obstacle au droit au renouvellement (■ Cass. 3e civ., 10 févr. 1988, n° 86-17.178 : *JurisData* n° 1988-000178 ; *Bull. civ.* III, n° 31). De même une clause « tous commerce » permet au preneur de changer d'activité sans perdre son droit au renouvellement (■ CA Paris, 4 juin 1996 : *JurisData* n° 1996-021268 ; *Gaz. Pal.* 1996, 2, somm. p. 485, note Brault).

10) Cession de bail et du fonds. Lorsqu'il s'agit d'une cession de bail incluse dans une cession de fonds, la jurisprudence admet que le cessionnaire puisse se prévaloir de la durée d'exploitation du cédant pour compléter la sienne et bénéficier du droit au renouvellement (■ Cass. 3e civ., 23 juill. 1986, n° 85-13.192 : *JurisData* n° 1986-001411 ; *Bull. civ.* III, n° 131). La solution inverse ne saurait être admise puisqu'elle reviendrait à interdire toute cession de fonds pendant la dernière période triennale, en contradiction avec l'article L. 145-16 du Code de commerce. En revanche, lorsqu'il s'agit d'une cession de bail isolée, la jurisprudence s'oppose à une jonction des durées d'exploitation car il ne s'agit pas du même fonds. Cette solution est maintenue même en présence d'une clause « tous commerces » (■ Cass. 3e civ., 4 mai 1994, n° 91-21.587 : *Bull. civ.* III, n° 85) et même si le cessionnaire poursuit la même activité que le cédant (■ Cass. 3e civ., 19 juill. 1995 : *Bull. civ.* III, n° 197).

IV – SANCTIONS

11) Choix. Face à l'inexploitation d'un fonds, la sanction peut être celle de la dénégation du droit au renouvellement ou celle du refus de renouvellement pour motif grave et légitime. La seconde option suppose la notification préalable d'une mise en demeure. Aussi faut-il distinguer selon que la cessation d'activité est temporaire ou définitive (▪ Cass. 3e civ., 14 juin 2006, préc. ▪ CA Toulouse, 12 mars 2008, n° 07/01365 : *Loyers et copr.* 2008, 193, obs. Brault où la cour juge que le bailleur ne peut se prévaloir de l'article L. 145-8 du Code de commerce lorsque l'interruption d'activité relevée antérieurement à la date d'effet du congé ne présente aucun caractère définitif ou irréversible faisant présumer la disparition ou le transfert du fonds). L'abandon définitif de l'exploitation, et donc la disparition du fonds, ne nécessite pas ce préalable (▪ CA Paris, 27 mars 2002, n° 2000/02493 : *JurisData* n° 2002-182288 ; *Loyers et copr.* 2002, 206, obs. Brault. ▪ Cass. 3e civ., 5 oct. 1999 : *Administrer* avr. 2000, 33, note Boccara et Lipman-Boccara). Dans cette hypothèse, un congé, même délivré pour motif erroné, met fin au bail (▪ Cass. 3e civ., 8 janv. 2008 : *Loyers et copr.* 2008, n° 60, obs. Brault).

V – MOTIFS LÉGITIMES D'INEXPLOITATION

12) **Appréciation des motifs légitimes d'inexploitation.** L'exploitation effective est une condition du droit au renouvellement, sauf motifs légitimes de non-exploitation. Il appartient au preneur de rapporter la preuve de ces motifs, tandis que leur caractère est laissé à la libre appréciation des juges du fond (▪ Cass. 3e civ., 6 oct. 1982, n° 81-11.888 : *JurisData* n° 1982-702114 ; *Bull. civ.* III, n° 143). Le mauvais état de l'immeuble imputable au propriétaire a, par exemple, été retenu comme motif légitime (▪ Cass. 3e civ., 25 oct. 1976 : *JurisData* n° 1976-700368 ; *Gaz. Pal.* 1977, 1, pan. 16). En revanche, la fermeture du fonds par mesure administrative (▪ Cass. 3e civ., 13 oct. 1993, n° 91-15.041 : *JurisData* n° 1993-002731 ; *Loyers et copr.* 1994, n° 430) suite à un mauvais comportement du locataire ne saurait être retenu comme un motif légitime de non-exploitation. Par ailleurs, si la période d'observation consécutive à l'ouverture de la procédure collective constitue un motif légitime de non-exploitation au regard du refus de renouvellement du bail sans indemnité, il n'en est pas de même pour l'inexploitation se poursuivant au-delà de cette période (▪ Cass. 3e civ., 12 juill. 2000 : *Bull. civ.* III, n° 140). La non-exploitation continue du fonds a un motif légitime dès lors qu'elle trouve sa cause dans le déroulement de la procédure collective (▪ Cass. 3e civ., 10 déc. 2008, n° 07-15.241 : *JurisData* n° 2008-046206 ; *Bull. civ.* III, n° 198 ; *D.* 2009, act. jurispr. 96, obs. Rouquet ; *AJDI* 2009, 450, note Dumont-Lefrand ; *Loyers et copr.* 2009, n° 36, obs. Brault). Quel que soit le motif de non-exploitation, si celle-ci devient définitive, il y a nécessairement perte du droit au renouvellement puisque disparition du fonds (▪ Cass. 3e civ., 10 avr. 1962 : *Bull. civ.* III, n° 223). Le congé-dénégation ne nécessite pas de mise en demeure préalable (▪ Cass. 3e civ., 26 oct. 2011, n° 10-25.247 : *D.* 2012, pan. Baux commerciaux, obs. M.-P. Dumont-Lefrand).

Art. L. 145-9 ***(Mod., L. n° 2008-776, 4 août 2008 ; L. n° 2012-387, 22 mars 2012 ; L. n° 2015-990, 6 août 2015).*** **– Par dérogation aux articles 1736 et 1737 du Code civil, les baux de locaux soumis au présent chapitre ne cessent que par l'effet d'un congé donné six mois à l'avance ou d'une demande de renouvellement.**

À défaut de congé ou de demande de renouvellement, le bail fait par écrit se prolonge tacitement au-delà du terme fixé par le contrat. Au cours de la tacite prolongation, le congé doit être donné au moins six mois à l'avance et pour le dernier jour du trimestre civil.

Le bail dont la durée est subordonnée à un événement dont la réalisation autorise le bailleur à demander la résiliation ne cesse, au-delà de la durée de neuf ans, que par l'effet d'une notification faite six mois à l'avance et pour le dernier jour du trimestre civil. Cette notification doit mentionner la réalisation de l'événement prévu au contrat.

S'agissant d'un bail comportant plusieurs périodes, si le bailleur dénonce le bail à la fin des neuf premières années ou à l'expiration de l'une des périodes suivantes, le congé doit être donné dans les délais prévus à l'alinéa premier ci-dessus.

Le congé doit être donné par acte extrajudiciaire. Il doit, à peine de nullité, préciser les motifs pour lesquels il est donné et indiquer que le locataire qui entend, soit contester le congé, soit demander le paiement d'une indemnité d'éviction, doit saisir le tribunal avant l'expiration d'un délai de deux ans à compter de la date pour laquelle le *congé a été donné.*

Bibliographie : J.-P. Blatter, *L'article 207 de la loi pour la croissance, l'activité et l'égalité des chances économiques, dite loi Macron : constance ou Pénélope ? : AJDI* 2015, p. 575. • V. égal. *Modification de la forme de la délivrance des actes en matière de bail commercial : une fausse bonne idée : AJDI* 2016, p. 237. • Ph.-H. Brault, *La loi Macron et le bail commercial : faut-il notifier ou signifier ? : Loyers et copr.* 2015, 53.

1) Fin du bail. Sur le congé triennal du preneur. ▪ Cass. 3e civ., 3 juill. 2013, n° 12-17.914 : *Loyers et copr.* 2013, comm. 274, obs. E. Chavance : le congé délivré non pour la fin de la période triennale, mais le dernier jour du trimestre civil traduisait la volonté non équivoque du preneur de mettre fin au bail à l'expiration de la première période triennale et l'erreur du preneur n'affectait pas l'efficacité du congé.

2) Congé avec refus de renouvellement. Application immédiate aux contrats en cours de la loi du 4 août 2008 sur la date d'effet d'un congé avec refus de renouvellement sans offre d'indemnité d'éviction fondé sur un défaut de paiement des loyers (▪ Cass. 3e civ., 3 juill. 2013, n° 12-21.541 : *Loyers et copr.* 2013, comm. 275, obs. E. Chavance). Un bailleur qui a délivré un congé avec refus de renouvellement peut, au cours de l'instance en fixation de l'indemnité d'éviction, dénier l'application du statut des baux commerciaux (▪ Cass. 3e civ., 3 nov. 2016, n° 15-25.427 : *Loyers et copr.* 2017, n° 48, obs. Ph.-H. Brault).

3) Sur les conséquences de la nullité d'un congé. ▪ Cass. 3e civ., 28 juin 2018, n° 17-18.756 : *Loyers et copr.* 2018, 198, obs. E. Chavance.

Art. L. 145-10 *(Mod., L. n° 2015-990, 6 août 2015)*. **– À défaut de congé, le locataire qui veut obtenir le renouvellement de son bail doit en faire la demande soit dans les six mois qui précèdent l'expiration du bail, soit, le cas échéant, à tout moment au cours de sa prolongation.**

La demande en renouvellement doit être notifiée au bailleur par acte extrajudiciaire ou par lettre recommandée avec demande d'avis de réception. Sauf stipulations ou notifications contraires de la part de celui-ci, elle peut, aussi bien qu'à lui-même, lui être valablement adressée en la personne du gérant, lequel est réputé avoir qualité pour la recevoir. S'il y a plusieurs propriétaires, la demande adressée à l'un d'eux vaut, sauf stipulations ou notifications contraires, à l'égard de tous.

Elle doit, à peine de nullité, reproduire les termes de l'alinéa ci-dessous.

Dans les trois mois de la notification de la demande en renouvellement, le bailleur doit, par acte extrajudiciaire, faire connaître au demandeur s'il refuse le renouvellement en précisant les motifs de ce refus. À défaut d'avoir fait connaître ses intentions dans ce délai, le bailleur est réputé avoir accepté le principe du renouvellement du bail précédent.

L'acte extrajudiciaire notifiant le refus de renouvellement doit, à peine de nullité, indiquer que le locataire qui entend, soit contester le refus de renouvellement, soit demander le paiement d'une indemnité d'éviction, doit saisir le tribunal avant l'expiration d'un délai de deux ans à compter de la date à laquelle est signifié le refus de renouvellement.

Bibliographie : *Sur la pérennité des clauses et conditions générales du bail échu en cas de renouvellement sous l'empire des dispositions de la loi Pinel*, in dossier, *Les effets du temps sur le bail commercial*, Actes du colloque ABCL Nancy 9 déc. 2016 : *Loyers et copr.* 2017, p. 9.

1) Auteur du refus de renouvellement. L'usufruitier d'un immeuble à usage commercial donné à bail a le pouvoir de délivrer seul un congé au preneur et il en est de même du refus de renouvellement qui a les mêmes effets qu'un congé (▪ Cass. 3e civ., 9 déc. 2009, n° 08-20.512 : *JurisData* n° 2009-050666 ; *Loyers et copr.* 2010, comm. 43, obs. Brault).

2) Forme du refus de renouvellement. Même si la réponse d'un bailleur ne respecte pas les formes prescrites par l'article L. 145-10 du Code de commerce, le renouvellement tacite du bail n'emporte pas renonciation à la procédure de résiliation engagée antérieurement (▪ Cass. 3e civ., 19 janv. 2010, n° 08-20.664 : *JurisData* n° 2010-051240 ; *Loyers et copr.* 2010, comm. 76, obs. Chavance ; *RJDA* 2010, n° 620). ▪ Cass. 3e civ., 7 sept. 2017, n° 16-17.174 qui juge que le nouveau propriétaire des locaux est tenu de s'informer sur l'état du bail en cours et notamment sur la notification d'une demande de renouvellement par le preneur à l'ancien propriétaire resté taisant pendant trois mois.

3) Demande de renouvellement. Lorsque le bailleur ne s'oppose pas à la demande de renouvellement de bail du preneur, il ne peut invoquer des manquements contractuels antérieurs à la date à laquelle le bail s'est renouvelé (▪ Cass. 3e civ., 1er févr. 2018, n° 16-29.054).

Art. L. 145-11. – Le bailleur qui, sans être opposé au principe du renouvellement, désire obtenir une modification du prix du bail doit, dans le congé prévu à l'article L. 145-9 ou dans la réponse à la demande de renouvellement prévue à l'article L. 145-10, faire connaître le loyer qu'il propose, faute de quoi le nouveau prix n'est dû qu'à compter de la demande qui en est faite ultérieurement suivant des modalités définies par décret en Conseil d'État.

Art. L. 145-12 *(Mod., L. n° 2015-990, 6 août 2015)*. – **La durée du bail renouvelé est de neuf ans sauf accord des parties pour une durée plus longue.**

Les dispositions des deuxième et troisième alinéas de l'article L. 145-4 sont applicables au cours du bail renouvelé.

Le nouveau bail prend effet à compter de l'expiration du bail précédent, ou, le cas échéant, de sa prolongation, cette dernière date étant soit celle pour laquelle le congé a été donné, soit, si une demande de renouvellement a été faite, le premier jour du trimestre civil qui suit cette demande.

Toutefois, lorsque le bailleur a notifié, soit par un congé, soit par un refus de renouvellement, son intention de ne pas renouveler le bail, et si, par la suite, il décide de le renouveler, le nouveau bail prend effet à partir du jour où cette acceptation a été notifiée au locataire par acte extrajudiciaire ou par lettre recommandée avec demande d'avis de réception.

1) Durée du bail renouvelé. ▪ Cass. 3e civ., 18 juin 2013, n° 12-19.568 : *Loyers et copr.* 2013, comm. 276, obs. Ph.-H. Brault : ayant constaté que le locataire, qui n'avait pas répondu au congé avec offre de renouvellement pour douze ans du bail initialement conclu pour cette durée, demandait la constatation du renouvellement du bail pour une période de neuf ans à compter du 1er octobre 2009 et relevé qu'aucun accord des parties n'était intervenu sur une durée de douze ans postérieurement à la date d'effet du congé, la cour d'appel a déduit à bon droit de ces seuls motifs, qu'en application des dispositions d'ordre public de l'article L. 145-12 du Code de commerce, le bail s'était renouvelé pour une durée de neuf ans.

2) Sur la date de prise d'effet du bail renouvelé. ▪ Cass. 3e civ., 5 avr. 2018, n° 16-28.414.

Art. L. 145-13 *(Abr., L. n° 2014-626, 18 juin 2014)* (1).

Rédaction antérieure. Art. L. 145-13. – Sous réserve des dispositions de la loi du 28 mai 1943 relative à l'application aux étrangers des lois en matière de baux à loyer et de baux à ferme, les dispositions de la présente section ne peuvent être invoquées par des commerçants, industriels ou personnes immatriculées au répertoire des métiers de nationalité étrangère, agissant directement ou par personne interposée, à moins que, pendant les guerres de 1914 et de 1939, ils n'aient combattu dans les armées françaises ou alliées, ou qu'ils n'aient des enfants ayant la qualité de Français.

L'alinéa précédent n'est pas applicable aux ressortissants d'un État membre de la Communauté européenne ou d'un État partie à l'accord sur l'Espace économique européen.

Fin de la condition de nationalité. L'article L. 145-13 du Code de commerce, en ce qu'il subordonne, sans justification de motif d'intérêt général, le droit au renouvellement du bail commercial, protégé par l'article 1er du 1er protocole additionnel de la Convention de sauvegarde des droits de l'homme et des libertés fondamentales, à une condition de nationalité, constitue une discrimination prohibée par l'article 14 de cette même convention (▪ Cass. 3e civ., 9 nov. 2011, n° 10-30.291 : *Loyers et copr.* 2011, repère 11, J. Monéger ; *Rev. loyers* 2011, p. 458, obs. M.-O. Vaissié ; *JCP G* 2012, 53, obs. H. Kenfack ; *AJDI* 2012, p. 111, obs. M.-P. Dumont-Lefrand ; *JCP E* 2012, p. 1057, note F. Auque).

Section IV. – Du refus de renouvellement

Art. L. 145-14. – **Le bailleur peut refuser le renouvellement du bail. Toutefois, le bailleur doit, sauf exceptions prévues aux articles L. 145-17 et suivants, payer au locataire évincé une indemnité dite d'éviction égale au préjudice causé par le défaut de renouvellement.**

Cette indemnité « comprend notamment la valeur marchande du fonds de commerce, déterminée suivant les usages de la profession » (2)**, augmentée éventuellement des frais normaux de déménagement et de réinstallation, ainsi que des frais et droits de mutation à payer pour un fonds de même valeur, sauf dans le cas où le propriétaire fait la preuve que le préjudice est moindre.**

1) Cession de l'indemnité d'éviction. Sauf clause contraire incluse dans l'acte, toute cession de fonds de commerce emporte cession de la créance d'indemnité d'éviction due au cédant et du droit au maintien dans les lieux et cette cession peut valablement intervenir jusqu'au paiement de

(1) Dispositions applicables dans les îles Wallis-et-Futuna, L. n° 2014-626, 18 juin 2014, art. 70, I.

(2) Le Conseil constitutionnel a déclaré les mots : « comprend notamment la valeur marchande du fonds de commerce déterminée selon les usages de la profession » figurant au second alinéa de présent article, dans sa rédaction issue de l'ordonnance n° 2000-912 du 18 septembre 2000, conformes à la Constitution. - V. Cons. const. 5 mars 2021, n° 2020-887 QPC, art. 1er : *JurisData* n° 2021-002760 ; *JO* 6 mars 2021. – NDLR.

l'indemnité d'éviction (■ Cass. 3e civ., 17 févr. 2010, n° 08-19.357 : *JurisData* n° 2010-051628 ; *Loyers et copr.* 2010, comm. 105, obs. Brault).

2) Sur la consistance du fonds pour l'estimation de l'indemnité d'éviction. Le bailleur n'est tenu de régler une indemnité d'éviction calculée que sur la seule activité autorisée par le bail de vente d'articles de Paris, maroquinerie, bimbeloterie et solde (■ Cass. 3e civ., 9 avr. 2013, n° 12-13.622 : *Loyers et copr.* 2013, comm. 179, obs. E. Chavance).

3) Sur le débiteur de l'indemnité d'éviction. ■ Cass. 3e civ., 19 déc. 2019, n° 18-26.162 : *Loyers et copr.* 2020, n° 22, obs. Chavance, qui juge que l'indemnité d'éviction est à la charge de l'usufruitier.

4) Indemnité d'éviction et clause d'accession. Le refus de renouvellement ayant mis fin au contrat et permis au bailleur d'accéder aux constructions sans indemnité, le preneur a été évincé d'un terrain sans bâtiment et ayant transféré son fonds, ne doit pas être indemnisé pour l'édification d'une nouvelle construction (■ Cass. 3e civ., 21 mai 2014, n° 13-10.257). La clause d'accession sans indemnité stipulée au profit du bailleur ne fait pas obstacle aux droits du preneur évincé d'être indemnisé des frais de réinstallation dans un nouveau local (■ Cass. 3e civ., 13 sept. 2018, n° 16-26.049 : *Loyers et copr.* 2018, n° 256, obs. Ph.-H. Brault).

5) Indemnisation des frais de réinstallation et de perte du stock. ■ Cass. 3e civ., 21 mars 2007, n° 06-10.780 : *Loyers et copr.* 2007, comm. 129, obs. Ph.-H. Brault. ■ Cass. 3e civ., 12 janv. 2017, n° 15-25.939 : *Loyers et copr.* 2017, n° 65, obs. Ph.-H. Brault.

6) Sur le montant de l'indemnité d'éviction. ■ Cass. 3e civ., 10 déc. 2020, n° 20-40.059, QPC : En retenant que l'indemnité d'éviction doit notamment comprendre la valeur vénale du fonds de commerce définie selon les usages de la profession sans prévoir de plafond, de sorte que l'indemnité d'éviction pourrait dépasser la valeur vénale de l'immeuble, l'article L. 145-14 du Code de commerce contesté est susceptible de porter une atteinte disproportionnée au droit de propriété du bailleur, et la QPC présente donc un caractère sérieux. Dans la mesure où le montant de cette indemnité peut dépasser la valeur vénale de l'immeuble, l'article L. 145-14 du Code de commerce est susceptible de porter une atteinte disproportionnée au droit de propriété du bailleur. Il reviendra au Conseil constitutionnel d'apprécier si l'atteinte au droit de propriété répond à un objectif d'intérêt général ; ■ Cons. Const., 5 mars 2021, n° 2020-887 QPC : *JurisData* n° 2021-002760 ; *Loyers et copr.* avr. 2021, Focus n° 32, J. Monéger, qui retient que l'indemnité d'éviction n'est pas plafonnée à la valeur de l'immeuble loué.

Art. L. 145-15. – **Sont *(Mots rempl., L. n° 2014-626, 18 juin 2014)* (1) « réputés non écrits », quelle qu'en soit la fome, les clauses, stipulations et arrangements qui ont pour effet de faire échec au droit de renouvellement institué par le présent chapitre ou aux dispositions des articles L. 145-4, L. 145-37 à L. 145-41, du premier alinéa de l'article L. 145-42 et des articles L. 145-47 à L. 145-54.**

Bibliographie : A. Cofino, *Réflexions sur le réputé non écrit dans le bail commercial après la loi Pinel : AJDI* 2015, p. 407. • M.-P. Dumont, *Les ordres publics du statut des baux commerciaux*, in *Mélanges C. Saint-Alary-Houin*, Un droit « positif », un droit de progrès, p. 161 s.

1) Sur l'application de la loi dans le temps. ■ Cass. 3e civ., 19 nov. 2020, n° 19-20.405 qui tranche la question liée à l'application dans le temps de la sanction applicable aux dispositions qui s'avèrent contraires à l'ordre public statutaire au regard des dispositions des articles L. 145-15 et L. 145-16 du Code de commerce et retient que : l'article L. 145-15 du Code de commerce, en substituant à la nullité des clauses illicites leur caractère non écrit, est applicable aux baux en cours, et l'action tendant à voir réputée non écrite une clause du bail n'est pas soumise à prescription. L'action tendant à voir réputée non écrite la clause du bail relative à la révision du loyer, formée après l'entrée en vigueur de la loi précitée, est donc recevable.

2) Droit au renouvellement. La condition d'augmentation du loyer mise à la réalisation de travaux est considérée comme faisant échec au droit au renouvellement du preneur (■ Cass. 3e civ., 25 févr. 2016, n° 14-25.087).

3) Sur l'application de la loi dans le temps : ■ Cass. 3e civ., 22 juin 2017, n° 16-15.010 qui juge qu'il n'est pas possible d'appliquer la nouvelle sanction du réputé non écrit à une procédure ouverte avant l'entrée en vigueur de la Loi Pinel. ■ Cass. 3e civ., 21 déc. 2017, n° 16-23.120 : *Loyers et copr.* 2018, comm. 37, obs. E. Chavance, où la Cour a jugé que la mise en œuvre d'une clause résolutoire ne peut résulter que d'un acte extrajudiciaire et où elle apporte la précision selon laquelle la

(1) Dispositions applicables dans les îles Wallis-et-Futuna, L. n° 2014-626, 18 juin 2014, art. 70, I.

sanction du réputé non écrit est d'application immédiate aux contrats en cours. – V. dans le même sens, ▪ CA Pau, 31 juill. 2019, n° 19/3135 : *Loyers et copr.* 2020, n° 1.

Art. L. 145-16 *(Mod., L. n° 2012-387, 22 mars 2012 ; L. n° 2014-626, 18 juin 2014* (1)*).* **– Sont également réputées non écrites, quelle qu'en soit la forme, les conventions tendant à interdire au locataire de céder son bail ou les droits qu'il tient du présent chapitre à l'acquéreur de son fonds de commerce ou de son entreprise.**

En cas de fusion ou de scission de sociétés, en cas de transmission universelle de patrimoine d'une société réalisée dans les conditions prévues à l'article 1844-5 du Code civil ou en cas d'apport d'une partie de l'actif d'une société réalisé dans les conditions prévues aux articles L. 236-6-1, L. 236-22 et L. 236-24 du présent code, la société issue de la fusion, la société désignée par le contrat de scission ou, à défaut, les sociétés issues de la scission, la société bénéficiaire de la transmission universelle de patrimoine ou la société bénéficiaire de l'apport sont, nonobstant toute stipulation contraire, substituées à celle au profit de laquelle le bail était consenti dans tous les droits et obligations découlant de ce bail.

En cas de cession ou dans les cas prévus au deuxième alinéa, si l'obligation de garantie ne peut plus être assurée dans les termes de la convention, le tribunal peut y substituer toutes garanties qu'il juge suffisantes.

Bibliographie : F. Planckeel, *Le cessionnaire du bail commercial face aux manquements du cédant : AJDI* 2016, p. 11.

1) **Clauses prohibitives.** Sont nulles les clauses portant interdiction absolue et générale de toute cession (▪ Cass. com., 22 févr. 2007 : *AJDI* 2007, 565. ▪ Cass. 3e civ., 23 juill. 1986 : *Bull. civ.* III, n° 131 pour une clause imposant une exploitation personnelle du fonds par le locataire pendant les trois dernières années, cette stipulation emportant impossibilité de céder le bail pendant cette période. ▪ Cass. 3e civ., 29 févr. 1972 à propos d'une clause interdisant la cession du bail à une société, cette clause n'ayant pas pour effet de rendre la cession plus difficile, mais de la rendre impossible à toute une catégorie d'acquéreurs).

2) **Validité des clauses limitatives.** La prohibition des clauses d'interdiction de céder le bail à l'acquéreur du fonds de commerce ne s'applique qu'à une interdiction absolue et générale de toute cession et non à de simples clauses limitatives ou restrictives (▪ Cass. 3e civ., 2 oct. 2002 : *Bull. civ.* III, n° 192).

Sur la possibilité de céder le bail sous condition suspensive du consentement du bailleur (▪ Cass. com., 18 avr. 1967 : *JCP* 1968, II, 15687, note S.N. ▪ Cass. 3e civ., 6 janv. 1970 : *D.* 1970, somm. 53. ▪ Cass. 3e civ., 22 oct. 2015, n° 14-20.096 dans cette espèce, la cession du bail était subordonnée à la conclusion d'un nouveau bail commercial entre le bailleur et le cessionnaire, laquelle n'avait pas eu lieu dans le délai imparti, la Cour de cassation énonce au visa de l'article 1168 du Code civil que *« la clause qui prévoit une condition portant sur un élément essentiel à la formation du contrat doit être réputée non écrite »*).

Sur la cession d'un bail verbal et le transfert de la taxe foncière y afférant : ▪ Cass. 3e civ., 28 mai 2020, n° 19-10.056.

3) **Effets de la cession.** Le bailleur qui s'abstient délibérément d'informer le cessionnaire de la non-conformité des lieux lors du renouvellement du bail des locaux est responsable des préjudices subis par ce dernier (▪ Cass. 3e civ., 24 juin 2009 : *Bull. civ.* III, n° 155 ; *D.* 2009 ; *act. jurispr.* 1823, obs. Y. Rouquet ; *RTD com.* 2009, 685, obs. B. Saintourens). Les cessions successives d'un bail commercial opèrent transmission des obligations en découlant au dernier titulaire du contrat qui devient débiteur envers le bailleur des dégradations causées par ses prédécesseurs (▪ Cass. 3e civ., 9 juill. 2003 : *Bull. civ.* III, n° 145 ; *D.* 2003 ; *act. jurispr.* 2312, obs. Y. Rouquet ; *AJDI* 2003, 756, note M.-P. Dumont ; *RTD civ.* 2003, 725, obs. P.-Y. Gautier ; *JCP* E 2003, 1665, n° 5, obs. J. Monéger ; *Gaz. Pal.* 2003, 2, 3142, obs. J.-D. Barbier). Comp. ▪ Cass. 3e civ., 30 sept. 2015, n° 14-21.237 et ▪ Cass. 3e civ., 8 oct. 2015, n° 14-13.179).

Art. L. 145-16-1 *(L. n° 2014-626, 18 juin 2014)* (1). **– Si la cession du bail commercial est accompagnée d'une clause de garantie du cédant au bénéfice du bailleur, ce dernier informe le cédant de tout défaut de paiement du locataire dans le délai d'un mois à compter de la date à laquelle la somme aurait dû être acquittée par celui-ci.**

Art. L. 145-16-2 *(L. n° 2014-626, 18 juin 2014)* (1). **– Si la cession du bail commercial s'accompagne d'une clause de garantie du cédant au bénéfice du bailleur, celui-ci ne peut l'invoquer que durant trois ans à compter de la cession dudit bail.**

(1) Dispositions applicables dans les îles Wallis-et-Futuna, L. n° 2014-626, 18 juin 2014, art. 70, I.

Bibliographie : F. Planckeel, *Le cessionnaire du bail commercial face aux manquements du cédant* : *AJDI* 2016, p. 11. • F. Kendérian, *L'actualité de la cession du bail commercial*, in *Pièges et difficultés du bail commercial : le nouvel équilibre contractuel, Actes du colloque de Nancy, 6 déc. 2019* : *Loyers et copr.* mars 2020, p. 13.

Application de la loi dans le temps : ▪ CA Versailles, 14e ch., 11 mai 2017 : *JurisData* n° 2017-010113 ; *Loyers et copr.* 2017, comm. 166, obs. E. Chavance où la Cour juge que dès lors que la cession est antérieure à l'application de la loi nouvelle, elle ne peut y être soumise.

Art. L. 145-17. – I. – Le bailleur peut refuser le renouvellement du bail sans être tenu au paiement d'aucune indemnité :

1° S'il justifie d'un motif grave et légitime à l'encontre du locataire sortant. Toutefois, s'il s'agit soit de l'inexécution d'une obligation, soit de la cessation sans raison sérieuse et légitime de l'exploitation du fonds, compte tenu des dispositions de l'article L. 145-8, l'infraction commise par le preneur ne peut être invoquée que si elle s'est poursuivie ou renouvelée plus d'un mois après mise en demeure du bailleur d'avoir à la faire cesser. Cette mise en demeure doit, à peine de nullité, être effectuée par acte extrajudiciaire, préciser le motif invoqué et reproduire les termes du présent alinéa ;

2° S'il est établi que l'immeuble doit être totalement ou partiellement démoli comme étant en état d'insalubrité reconnue par l'autorité administrative ou s'il est établi qu'il ne peut plus être occupé sans danger en raison de son état.

II. – En cas de reconstruction par le propriétaire ou son ayant droit d'un nouvel immeuble comprenant des locaux commerciaux, le locataire a droit de priorité pour louer dans l'immeuble reconstruit, sous les conditions prévues par les articles L. 145-19 et L. 145-20.

Rétractation de l'offre de renouvellement pour motif grave et légitime. ▪ Cass. 3e civ., 9 nov. 2017, n° 16-23.120 où la Cour juge que le bailleur peut rétracter son offre de renouvellement pour motif grave et légitime, mais à condition que le motif soit postérieur au congé avec offre de renouvellement. Le délai de prescription de l'action en rétractation ne court qu'à compter du jour où le bailleur a eu connaissance de l'infraction fondant le refus.

Art. L. 145-18 *(Mod., L. n° 2015-990, 6 août 2015)*. **– Le bailleur a le droit de refuser le renouvellement du bail pour construire ou reconstruire l'immeuble existant, à charge de payer au locataire évincé l'indemnité d'éviction prévue à l'article L. 145-14.**

Il en est de même pour effectuer des travaux nécessitant l'évacuation des lieux compris dans un secteur ou périmètre prévu aux articles L. 313-4 et L. 313-4-2 du Code de l'urbanisme et autorisés ou prescrits dans les conditions prévues audits articles.

Toutefois, le bailleur peut se soustraire au paiement de cette indemnité en offrant au locataire évincé un local correspondant à ses besoins et possibilités, situé à un emplacement équivalent.

Le cas échéant, le locataire perçoit une indemnité compensatrice de sa privation temporaire de jouissance et de la moins-value de son fonds. Il est en outre remboursé de ses frais normaux de déménagement et d'emménagement.

Lorsque le bailleur invoque le bénéfice du présent article, il doit, dans l'acte de refus de renouvellement ou dans le congé, viser les dispositions de l'alinéa 3 et préciser les nouvelles conditions de location. Le locataire doit, dans un délai de trois mois, soit faire connaître par acte extrajudiciaire ou par lettre recommandée avec demande d'avis de réception son acceptation, soit saisir la juridiction compétente dans les conditions prévues à l'article L. 145-58.

Si les parties sont seulement en désaccord sur les conditions du nouveau bail, celles-ci sont fixées selon la procédure prévue à l'article L. 145-56.

Sur la notion de local de remplacement. L'offre d'un local de remplacement doit porter sur un local existant (▪ Cass. 3e civ., 14 janv. 2016, n° 14-19.092).

Art. L. 145-19 *(Mod., L. n° 2015-990, 6 août 2015)*. **– Pour bénéficier du droit de priorité prévu à l'article L. 145-17, le locataire doit, en quittant les lieux ou, au plus tard dans les trois mois qui suivent, notifier sa volonté d'en user au propriétaire, par acte extrajudiciaire ou par lettre recommandée avec demande d'avis de réception, en lui faisant connaître son nouveau domicile ; il doit notifier de même, sous peine de déchéance, tout nouveau changement de domicile.**

Le propriétaire qui a reçu une telle notification doit, avant de louer ou d'occuper lui-même un nouveau local, aviser de la même manière le locataire qu'il est prêt à lui consentir un nouveau bail. À défaut d'accord entre les parties sur les conditions de ce bail, celles-ci sont déterminées selon la procédure prévue à l'article L. 145-56.

Le locataire a un délai de trois mois pour se prononcer ou saisir la juridiction compétente. Ce délai doit, à peine de nullité, être indiqué dans la notification visée à l'alinéa précédent. Passé ce délai, le propriétaire peut disposer du local.

Le propriétaire qui ne se conformerait pas aux dispositions des alinéas précédents est passible, sur demande de son locataire, du paiement à ce dernier de dommages-intérêts.

Art. L. 145-20. – Lorsque l'immeuble reconstruit, dans les conditions prévues à l'article L. 145-17, possède une superficie supérieure à celle de l'immeuble primitif, le droit de priorité est limité à des locaux possédant une superficie équivalente à celle des locaux précédemment occupés ou susceptibles de satisfaire aux mêmes besoins commerciaux que ces derniers.

Lorsque l'immeuble reconstruit ne permet pas la réinstallation de tous les occupants, la préférence est accordée aux locataires titulaires des baux les plus anciens qui ont fait connaître leur intention d'occuper les lieux.

Art. L. 145-21. – Le propriétaire peut également différer pendant une durée maximum de trois ans le renouvellement du bail, s'il se propose de surélever l'immeuble et si cette surélévation rend nécessaire l'éviction temporaire du locataire. Celui-ci a droit, dans ce cas, à une indemnité égale au préjudice subi sans pouvoir excéder trois ans de loyer.

Art. L. 145-22. – Le bailleur peut refuser le renouvellement du bail exclusivement sur la partie concernant les locaux d'habitation accessoires des locaux commerciaux pour habiter lui-même ceux-ci ou les faire habiter par son conjoint, ses ascendants, ses descendants ou ceux de son conjoint, à condition que le bénéficiaire de la reprise ne dispose pas d'une habitation correspondant à ses besoins normaux et à ceux des membres de sa famille vivant habituellement ou domiciliés avec lui.

Toutefois, la reprise dans les conditions ci-dessus indiquées ne peut être exercée sur des locaux affectés à usage d'hôtel ou de location en meublé, ni sur des locaux à usage hospitalier ou d'enseignement.

De même, la reprise ne peut être exercée lorsque le locataire établit que la privation de jouissance des locaux d'habitation apporte un trouble grave à l'exploitation du fonds ou lorsque les locaux commerciaux et les locaux d'habitation forment un tout indivisible.

Lorsque l'immeuble a été acquis à titre onéreux, le bailleur ne peut bénéficier des dispositions du présent article que si son acte d'acquisition a date certaine plus de six ans avant le refus de renouvellement.

Le bénéficiaire du droit de reprise est tenu de mettre à la disposition du locataire dont il reprend le local, le logement qui, le cas échéant, pourrait être rendu vacant par l'exercice de ce droit.

Dans le cas de reprise partielle prévu au présent article, le loyer du bail renouvelé tient compte du préjudice causé au locataire ou à son ayant droit dans l'exercice de son activité.

Sauf motif légitime, le bénéficiaire de la reprise doit occuper personnellement les lieux dans un délai de six mois à dater du départ du locataire évincé et pendant une durée minimum de six ans, faute de quoi le locataire évincé a droit à une indemnité d'éviction en rapport avec l'importance des locaux repris.

Art. L. 145-23 *(Abr., L. n° 2014-626, 18 juin 2014)* (1).

> **Rédaction antérieure.** Art. L. 145-23 *(Mod., L. n° 2003-7, 3 janv. 2003).* – Les dispositions de l'article L. 145-22 ne sont pas applicables aux bailleurs de nationalité étrangère, agissant directement ou par personne interposée, à moins que, pendant les guerres de 1914 et de 1939, ils n'aient combattu dans les armées françaises ou alliées, ou qu'ils n'aient des enfants ayant la qualité de Français.
>
> L'alinéa précédent n'est pas applicable aux ressortissants d'un État membre de la Communauté européenne ou d'un État partie à l'accord sur l'Espace économique européen.

Art. L. 145-23-1 *(L. n° 2006-872, 13 juill. 2006).* – Le bailleur peut, à l'expiration d'une période triennale, dans les formes prévues par l'article L. 145-9 et au moins six mois à l'avance, reprendre les locaux

(1) Dispositions applicables dans les îles Wallis-et-Futuna, L. n° 2014-626, 18 juin 2014, art. 70, I.

d'habitation loués accessoirement aux locaux commerciaux s'ils ne sont pas affectés à cet usage d'habitation. La reprise ne peut être exercée que si, après un délai de six mois suivant le congé délivré à cet effet, les locaux ne sont pas utilisés à usage d'habitation.

Toutefois, la reprise dans les conditions indiquées au premier alinéa ne peut être exercée sur des locaux affectés à usage d'hôtel ou de location en meublé, ni sur des locaux à usage hospitalier ou d'enseignement.

De même, la reprise ne peut être exercée lorsque le locataire établit que la privation de jouissance des locaux d'habitation apporte un trouble grave à l'exploitation du fonds ou lorsque les locaux commerciaux et les locaux d'habitation forment un tout indivisible.

Dans le cas de reprise partielle prévu au présent article, le loyer du bail est diminué pour tenir compte des surfaces retranchées sans que cette reprise puisse en elle-même constituer une modification notable des éléments de la valeur locative mentionnée à l'article L. 145-33.

Art. L. 145-24. – Le droit au renouvellement n'est pas opposable au propriétaire qui a obtenu un permis de construire un local d'habitation sur tout ou partie d'un des terrains visés au 2° de l'article L. 145-1.

Ce droit de reprise ne peut, en tout état de cause, être exercé que sur la partie du terrain indispensable à la construction. S'il a pour effet d'entraîner obligatoirement la cessation de l'exploitation commerciale, industrielle ou artisanale, les dispositions de l'article L. 145-18 sont applicables.

Art. L. 145-25. – Le propriétaire ou le principal locataire qui, en même temps qu'il est bailleur des lieux, est le vendeur du fonds de commerce qui y est exploité et qui a reçu le prix intégral ne peut refuser le renouvellement qu'à la charge de payer l'indemnité d'éviction prévue à l'article L. 145-14, sauf s'il justifie d'un motif reconnu grave et légitime à l'encontre du preneur.

Art. L. 145-26 *(Anc. D. n° 53-960, 30 sept. 1953 ; mod., L. n° 2008-776, 4 août 2008).* **– Le renouvellement des baux concernant des immeubles appartenant à l'État, aux collectivités territoriales et aux établissements publics ne peut être refusé sans que la collectivité propriétaire soit tenue au paiement de l'indemnité d'éviction prévue à l'article L. 145-14, même si son refus est justifié par une raison d'utilité publique.**

Art. L. 145-27. – Au cas où il viendrait à être établi à la charge du bailleur qu'il n'a exercé les droits qui lui sont conférés aux articles L. 145-17 et suivants qu'en vue de faire échec frauduleusement aux droits du locataire, notamment par des opérations de location et de revente, que ces opérations aient un caractère civil ou commercial, le locataire a droit à une indemnité égale au montant du préjudice subi.

Art. L. 145-28 *(Mod., Ord. n° 2019-964, 18 sept. 2019).* **– Aucun locataire pouvant prétendre à une indemnité d'éviction ne peut être obligé de quitter les lieux avant de l'avoir reçue. Jusqu'au paiement de cette indemnité, il a droit au maintien dans les lieux aux conditions et clauses du contrat de bail expiré. Toutefois, l'indemnité d'occupation est déterminée conformément aux dispositions des sections 6 et 7, compte tenu de tous éléments d'appréciation.**

Par dérogation au précédent alinéa, dans le seul cas prévu au deuxième alinéa de l'article L. 145-18, le locataire doit quitter les lieux dès le versement d'une indemnité provisionnelle fixée par le président du tribunal judiciaire statuant au vu d'une expertise préalablement ordonnée dans les formes fixées par décret en Conseil d'État, en application de l'article L. 145-56.

NB : *Conformément à l'article* 36 de l'ordonnance n° 2019-964 du 18 septembre 2019, ces dispositions entrent en vigueur au 1er janvier 2020.

1) Résiliation judiciaire d'un bail non renouvelé. Un bail qui a pris fin par l'effet d'un congé peut être résilié en cas de manquement des preneurs aux obligations du bail pendant la durée du maintien dans les lieux (▪ Cass. 3e civ., 30 sept. 2009, n° 08-18.209 : *JurisData* n° 2009-049746 ; *Loyers et copr.* 2010, comm. 16, obs. Chavance. ▪ Cass. 3e civ., 5 oct. 2017, n° 16-21.977). V. égal. pour un manquement à l'obligation de délivrance pendant la période de maintien dans les lieux : ▪ Cass. 3e civ., 28 nov. 2019, n° 18-18.862.

2) Maintien dans les lieux. Le délai d'action en paiement de l'indemnité d'occupation fondée sur l'article L. 145-28 ne peut commencer à courir avant le jour où est définitivement consacré dans son principe, le droit du preneur au bénéfice d'une indemnité d'éviction (▪ Cass. 3e civ., 18 janv. 2018, n° 16-27.678).

Art. L. 145-29 *(Mod., L. n° 2008-776, 4 août 2008)*. – En cas d'éviction, les lieux doivent être remis au bailleur à l'expiration d'un délai de trois mois suivant la date du versement de l'indemnité d'éviction au locataire lui-même ou de la notification à celui-ci du versement de l'indemnité à un séquestre. À défaut d'accord entre les parties, le séquestre est nommé par le jugement prononçant condamnation au paiement de l'indemnité ou à défaut par simple ordonnance sur requête.

L'indemnité est versée par le séquestre au locataire sur sa seule quittance, s'il n'y a pas d'opposition des créanciers et contre remise des clés du local vide, sur justification du paiement des impôts, des loyers et sous réserve des réparations locatives.

Art. L. 145-30. – En cas de non-remise des clés à la date fixée et après mise en demeure, le séquestre retient 1 % par jour de retard sur le montant de l'indemnité et restitue cette retenue au bailleur sur sa seule quittance.

Lorsque le délai de quinzaine prévu à l'article L. 145-58 a pris fin sans que le bailleur ait usé de son droit de repentir, l'indemnité d'éviction doit être versée au locataire ou, éventuellement, à un séquestre, dans un délai de trois mois à compter de la date d'un commandement fait par acte extrajudiciaire qui doit, à peine de nullité, reproduire le présent alinéa.

Section V. – De la sous-location

Art. L. 145-31. – Sauf stipulation contraire au bail ou accord du bailleur, toute sous-location totale ou partielle est interdite.

En cas de sous-location autorisée, le propriétaire est appelé à concourir à l'acte.

Lorsque le loyer de la sous-location est supérieur au prix de la location principale, le propriétaire a la faculté d'exiger une augmentation correspondante du loyer de la location principale, augmentation qui, à défaut d'accord entre les parties, est déterminée selon une procédure fixée par décret en Conseil d'État, en application des dispositions de l'article L. 145-56.

Le locataire doit faire connaître au propriétaire son intention de sous-louer par acte extrajudiciaire ou par lettre recommandée avec demande d'avis de réception. Dans les quinze jours de la réception de cet avis, le propriétaire doit faire connaître s'il entend concourir à l'acte. Si, malgré l'autorisation prévue au premier alinéa, le bailleur refuse ou s'il omet de répondre, il est passé outre.

1) **Durée du sous-bail.** Un sous-bail commercial peut être conclu pour une durée inférieure à celle, restant à courir, du bail principal et une telle durée ne vaut pas renonciation aux dispositions du statut des baux commerciaux (■ Cass. 3e civ., 17 mars 2016, n° 14-24.748, FS-P+B).

2) **Sous-location partielle.** Un occupant sans droit ni titre doit réparer l'intégralité du préjudice qu'il cause au locataire principal par son maintien illicite dans les lieux (■ Cass. 3e civ., 9 juill. 2020, n° 19-15.874).

Art. L. 145-32. – Le sous-locataire peut demander le renouvellement de son bail au locataire principal dans la mesure des droits que ce dernier tient lui-même du propriétaire. Le bailleur est appelé à concourir à l'acte, comme il est prévu à l'article L. 145-31.

À l'expiration du bail principal, le propriétaire n'est tenu au renouvellement que s'il a, expressément ou tacitement, autorisé ou agréé la sous-location et si, en cas de sous-location partielle, les lieux faisant l'objet du bail principal ne forment pas un tout indivisible matériellement ou dans la commune intention des parties.

Section VI. – Du loyer

Art. L. 145-33. – Le montant des loyers des baux renouvelés ou révisés doit correspondre à la valeur locative.

À défaut d'accord, cette valeur est déterminée d'après :

1° Les *caractéristiques du local considéré* ;
2° La destination des lieux ;
3° Les obligations respectives des parties ;
4° Les facteurs locaux de commercialité ;
5° Les prix couramment pratiqués dans le voisinage.

Un décret en Conseil d'État précise la consistance de ces éléments.

I – FIXATION DU LOYER

A – Le loyer initial

1) Loyer initial. Le loyer initial d'un bail commercial doit être librement débattu entre les parties et ne peut être imposé à l'une d'elles par décision de justice (■ Paris, 28 avr. 1972 : *D.* 1972, somm. 106). Ainsi les parties peuvent convenir, en vertu d'une transaction, de la fixation du loyer par expert (■ Cass. 3e civ., 4 mars 1998, n° 94-12.977 : *JurisData* n° 1998-000926 ; *AJDI* 1998, 620, note Blatter). De même, les parties peuvent insérer une clause d'indexation à condition toutefois qu'elle respecte les dispositions de l'article L. 112-1, al. 2 du Code monétaire et financier (■ CA Paris, 4 avr. 2012 et 11 avr. 2012, pôle 5, ch. 3, nos 10/13623, 10/23391 et 2009/24676 : *AJDI* 2012, 397, point de vue, Blatter ; *AJDI* 2012, 797, point de vue Planckeel et Antoniutti, où les clauses d'indexation prévoyaient invariablement le calcul du loyer indexé par référence à un indice immuable, affecté au loyer initial), ou encore opter pour une clause-recette, également appelé loyer binaire ou composite (V. *infra*, note).

2) Loyer renouvelé. Rien ne s'oppose à ce que les parties choisissent d'un commun accord de déterminer à l'avance par une stipulation du bail les conditions de fixation du prix du bail renouvelé (■ Cass. 3e civ., 10 mars 2004, n° 02-14.998 : *JurisData* n° 2004-022746 ; *Bull. civ.* III, n° 52). À défaut de stipulation contractuelle spécifique, la valeur locative est déterminée selon les critères légaux laquelle s'impose aux parties et au juge. Il appartient donc au juge de rechercher d'office si le loyer du bail renouvelé correspondait à la valeur locative (■ Cass. 3e civ., 17 sept. 2020, n° 19-19.433) sachant que la fixation du loyer à la valeur locative, sans plancher à la baisse, ne porte pas atteinte au droit de propriété et n'est pas contraire au principe d'égalité (■ Cass. 3e civ., 12 nov. 2020, n° 20-15.179). Cela dit, lorsque la demande de renouvellement comprend la formule « aux mêmes clauses et conditions antérieures » sans mention d'aucune réserve, et que le bailleur a exprimé son accord, la Cour en déduit que le contrat est renouvelé au loyer du bail précédent, malgré une demande de fixation du loyer renouvelé à un *prix inférieur* (■ Cass. 3e civ., 15 avr. 2021, n° 19-24.231).

B – Les charges

Sur les charges, V. art. L. 145-40-1 et L. 145-40-2, p. 271.

3) Répartition des charges. Les charges dues au titre de la location sont supportées par le preneur lorsqu'elles résultent directement de son exploitation ou de l'occupation des lieux. Pour le reste, la répartition doit être convenue entre les parties sans ambiguïté. C'est ainsi que la taxe d'enlèvement des ordures ménagères ne peut être mise à la charge du preneur qu'en vertu d'une stipulation contractuelle (■ Cass. 3e civ., 13 juin 2012, n° 11-17.114 : *D.* 1672 actu., obs. Rouquet ; *ibid.* 1490, obs. Kenfack ; *Loyers et copr.* 2012, n° 236, obs. Brault). De même, le décret n° 87-713 du 26 août 1987 ne peut être appliqué à un bail commercial qu'à la condition que les parties soient convenues de lui soumettre la détermination des charges locatives (■ Cass. 3e civ., 3 oct. 2012, n° 11-21.108 : *D.* 2012 actu. 2389, obs. Rouquet). Il est possible de mettre les travaux de ravalement ou de toiture à la charge du preneur à bail commercial à condition de le stipuler expressément (■ Cass. 3e civ., 6 mars 2013, n° 11-27.331 : *RTDI* à paraître, obs. Dumont-Lefrand). L'absence de régularisation des charges dans les conditions prévues au bail commercial rend sans cause les appels trimestriels de provision à valoir sur le paiement de charges (■ Cass. 3e civ., 5 nov. 2014, n° 13-24.451).

II – LOYER DE RENOUVELLEMENT

4) Clause-recettes. La révision d'un loyer comprenant une partie fixe et une partie constituée par un pourcentage du chiffre d'affaires du preneur échappe aux dispositions de l'article L. 145-1 et suivant et n'est régie que par la convention des parties (■ Cass. 3e civ., 15 mai 1991, n° 89-19.190 : *JurisData* n° 1991-001343 ; *Bull. civ.* III, n° 137). Il en va de même de la fixation du loyer renouvelé (■ Cass. 3e civ., 10 mars 1993, n° 91-13.418 : *JurisData* n° 1993-000551 ; *Bull. civ.* III, n° 30, arrêt dit « théâtre Saint Georges ». ■ Cass. 3e civ., 18 juin 2002, n° 01-02.943 : *AJDI* 2002, 685, obs. Blatter où la Cour juge que la clause-recettes fait échec à la détermination du loyer renouvelé selon les dispositions statutaires et est applicable au loyer du bail en renouvellement. ■ Cass. 3e civ., 7 mai 2002, n° 00-18.153 : *JurisData* n° 2002-014181 ; *Bull. civ.* II, n° 94 où la Cour précise que « la fixation du nouveau loyer ne pouvant résulter que de l'accord des parties, à défaut d'un tel accord, le bailleur et le preneur doivent être déboutés de leurs demandes en fixation du prix du bail renouvelé (le rôle du juge ne pouvant être que de constater cet accord, s'il existe) ». ■ Cass. 3e civ., 3 nov. 2016, n° 15-16.826 dans des baux qui comportaient un loyer binaire avec une clause prévoyant que les parties se soumettaient volontairement aux règles statutaires de fixation de la valeur locative par le juge des loyers et où se posait la question de la fixation judiciaire du loyer, la Cour de cassation juge que « *dans le débat judiciaire qui s'ouvre en raison du désaccord des parties, les dispositions de l'article L. 145-33 s'imposent au juge des loyers commerciaux qui ne saurait fixer par application d'autres critères que ceux que la loi lui prescrit le loyer du bail renouvelé qui ne peut en aucun cas excéder la valeur locative* ». V. toutefois,

▪ CA Versailles, 12e ch., 19 sept. 2017, n° 16/03805 : *Gaz. Pal.* 21 nov. 2017, obs. J.-D. Barbier, p. 57 et s. où la Cour juge que « si les parties ont la libre disposition de définir les règles de fixation du loyer de renouvellement, elles n'ont pas celle d'attribuer au juge une compétence qu'il ne tire que de la loi et de lui imposer, qui plus est, d'appliquer la loi dans les conditions qu'elles-mêmes définissent ». Mais depuis, V. ▪ CA Lyon, 28 juin 2018, n° 16/09607 : *Loyers et copr.* 2018, comm. 200, obs. Ph.-H. Brault où la Cour de renvoi a estimé que les moyens tendant à entendre juger la clause réputée non écrite ou nulle, ne sont pas fondés. V. également : sur la validité de la clause insérée dans un bail commercial prévoyant qu'à l'occasion des renouvellements, le loyer minimum garanti serait fixé à la valeur locative en présence d'un bail à structure binaire, ▪ Cass. 3e civ., 29 nov. 2018, n° 17-27.798.

III – PLAFONNEMENT DU LOYER

5) Constitutionnalité du plafonnement. La règle du plafonnement ne s'appliquant pas lorsque les parties l'ont exclue de leurs prévisions contractuelles ou ont pu s'accorder sur le montant du loyer du bail renouvelé, elle ne porte atteinte ni à la liberté d'entreprendre ni à la liberté contractuelle. Le loyer plafonné étant le loyer initialement négocié augmenté de la variation indiciaire si l'environnement du bail est demeuré stable, il ne résulte de l'application de la règle ni atteinte, ni dénaturation du droit de propriété (▪ Cass., QPC, 13 juill. 2011, n° 11-11.072 : *JurisData* n° 2011-014323 ; *Bull. civ.* III, n° 134 ; *JCP* E 2012, 1094, n° 3, obs. Kenfack ; *D.* 2011 actu. 1966).

6) Règle du plafonnement et exceptions. Pour déterminer le montant du loyer plafonné, le loyer à prendre en considération pour l'application de la variation indiciaire est celui fixé par les parties lors de la prise d'effet du bail à renouveler (▪ Cass. 3e civ., 17 mai 2006, n° 04-18.330 : *JurisData* n° 2006-033883 ; *Bull. civ.* III, n° 124). – V. sous art. L. 145-34, p. 266.

Il n'y a évidemment pas lieu d'appliquer des facteurs de minoration au loyer plafonné : ▪ Cass. 3e civ., 12 nov. 2020, n° 18-25.967.

Bibliographie : J. Monéger, *La double peine du plafonnement du déplafonnement est maintenue par le Sénat : Loyers et copr.* mai 2014, repère 5. • J.-P. Dumur, *Loi Pinel et « plafonnement du déplafonnement » : quadrature du cercle et casse-tête chinois ! : AJDI* juin 2014, 405. • Ph.-H. Brault, *Bail commercial : incidence de la nouvelle législation sur la valeur locative et la conclusion du bail renouvelé : Loyers et copr.* 2016, étude 1.

Art. L. 145-34 *(Mod., L. n° 2001-1168, 11 déc. 2001 ; L. n° 2008-776, 4 août 2008 ; L. n° 2012-387, 22 mars 2012). – (Al. mod., L. n° 2014-626, 18 juin 2014)* (1) (2) **À moins d'une modification notable des éléments mentionnés aux 1° à 4° de l'article L. 145-33, le taux de variation du loyer applicable lors de la prise d'effet du bail à renouveler, si sa durée n'est pas supérieure à neuf ans, ne peut excéder la variation, intervenue depuis la fixation initiale du loyer du bail expiré, de l'indice trimestriel des loyers commerciaux ou de l'indice trimestriel des loyers des activités tertiaires mentionnés aux premier et deuxième alinéas de l'article L. 112-2 du Code monétaire et financier, publiés par l'Institut national de la statistique et des études économiques. À défaut de clause contractuelle fixant le trimestre de référence de cet indice, il y a lieu de prendre en compte la variation de l'indice trimestriel des loyers commerciaux ou de l'indice trimestriel des loyers des activités tertiaires, calculée sur la période de neuf ans antérieure au dernier indice publié.**

En cas de renouvellement postérieur à la date initialement prévue d'expiration du bail, cette variation est calculée à partir du dernier indice publié, pour une période d'une durée égale à celle qui s'est écoulée entre la date initiale du bail et la date de son renouvellement effectif.

Les dispositions de l'alinéa ci-dessus ne sont plus applicables lorsque, par l'effet d'une tacite prolongation, la durée du bail excède douze ans.

(Al. créé, L. n° 2014-626, 18 juin 2014) (2) **En cas de modification notable des éléments mentionnés aux 1° à 4° de l'article L. 145-33 ou s'il est fait exception aux règles de plafonnement par suite d'une clause du contrat relative à la durée du bail, la variation de loyer qui en découle ne peut conduire à des augmentations supérieures, pour une année, à 10 % du loyer acquitté au cours de l'année précédente.**

Voir aussi : La loi du 11 décembre 2001, qui par son article 33, VI modifie les dispositions codifiées par l'ordonnance du 18 septembre 2000, a eu pour effet de ratifier cet article (▪ *CE, 27 mai 2002, n° 125959 : JurisData* n° 2002-080152 ; *RJDA 12/2002, n° 1350 ; JCP E 2002, pan. 1132*).

(1) Dispositions applicables dans les îles Wallis-et-Futuna, L. n° 2014-626, 18 juin 2014, art. 70, I.
(2) Dispositions applicables aux contrats conclus ou renouvelés à compter du 1er septembre 2014, L. n° 2014-626, 18 juin 2014, art. 21, II.

1) Procédure de fixation du loyer. En se fondant exclusivement sur une expertise non contradictoire établie à la demande d'une des parties pour fixer le loyer du bail renouvelé avec déplafonnement, la cour d'appel, qui a méconnu le principe de l'égalité des armes, a violé l'article 6, § 1 de la Convention européenne de sauvegarde des droits de l'homme et des libertés fondamentales (■ Cass. 3e civ., 3 févr. 2010, n° 08-21.333 : *JurisData* n° 2010-051410 ; *Loyers et copr.* 2010, comm. 137, obs. Brault).

2) Date d'appréciation de la valeur locative. Sauf l'hypothèse d'une fixation amiable que permet la liberté des conventions, le loyer en renouvellement est fixé en tenant compte des éléments existants à la date du renouvellement (■ Cass. 3e civ., 17 nov. 2003 : *Rev. loyers* 2004, p. 144, note Quément), des éléments postérieurs ne pouvant être retenus (■ Cass. 3e civ., 13 mai 1992, n° 90-19.798 : *JurisData* n° 1992-001838 ; *Gaz. Pal.* 1992, 2, pan. jurispr. p. 243).

3) La règle du plafonnement. Le plafonnement s'applique dans tous les cas où le bail expiré a été conclu pour neuf ans et où le nouveau bail est lui-même conclu pour neuf ans. Mais s'agissant d'un nouveau bail, le loyer peut être fixé à un montant inférieur à celui du bail expiré sans autre preuve que le niveau de la valeur locative (■ Cass. 3e civ., 29 oct. 1986, n° 85-13.740 : *JurisData* n° 1986-701815 ; *Gaz. Pal.* 1987, 1, p. 218, obs. Brault), les juges du fond étant souverains pour la déterminer (■ Cass. 3e civ., 6 juill. 2005, n° 04-12.613 : *JurisData* n° 2005-029351 ; *Bull. civ.* III, n° 149). Pour fixer le loyer selon la règle du plafonnement, une cour d'appel avait retenu qu'en l'absence de modification notable des facteurs locaux de commercialité de nature à avoir une incidence favorable sur l'activité commerciale du preneur et en l'absence de toute autre modification des caractéristiques du local considéré, de la destination des lieux, des obligations respectives des parties, le loyer des locaux loués n'a pas à être déplafonné par application de l'article L. 145-34 du Code de commerce. En statuant ainsi, alors que le locataire demandait que le loyer du bail renouvelé soit fixé à un montant inférieur à celui du loyer indexé, la cour d'appel, *qui n'a pas recherché si le loyer* du bail renouvelé correspondait à la valeur locative, n'a pas donné de base légale à sa décision au regard de l'article L. 145-33 du Code de commerce (■ Cass. 3e civ., 5 nov. 2014, n° 13-21.990). Accession et déplafonnement : une accession en fin de relations contractuelles ne permet pas au bailleur de se prévaloir des travaux effectués par son preneur pour obtenir ledit déplafonnement (■ Cass. 3e civ., 17 sept. 2020, n° 19-21.713).

4) Exceptions au plafonnement. En dehors des cas d'exclusion du plafonnement (terrains nus, locaux monovalents, locaux à usage exclusif de bureaux), la règle du plafonnement n'est plus applicable si le bail s'est poursuivi et que son renouvellement intervient au-delà de douze ans (■ Cass. 3e civ., 21 déc. 1993, n° 91-20.119 : *JurisData* n° 1993-002406 ; *AJPI* 1994, p. 121, obs. Blatter). L'accord du locataire pour le renouvellement de son bail à une date postérieure à l'échéance des douze ans entraîne le déplafonnement (■ Cass. 3e civ., 14 janv. 2016, n° 14-21.814). Il en va de même en cas de modification notable des éléments mentionnés aux 1° à 4° de l'article L. 145-33 du Code de commerce dont le bailleur se doit de rapporter la preuve (■ Cass. 3e civ., 1er mars 2000, n° 98-18.787 : *JurisData* n° 2000-000757 ; *Bull. civ.* III, n° 47). Cela dit, le **loyer à prendre en considération** pour la fixation du prix du bail renouvelé est le loyer initial, nonobstant la fixation judiciaire du loyer révisé en cours de bail expiré. Cette fixation judiciaire du loyer révisé en cours de contrat, intervenue en application des dispositions légales, ne constitue pas une modification notable des obligations respectives des parties justifiant le déplafonnement lors du renouvellement (■ Cass. 3e civ., 11 avr. 2019, n° 18-14.252 : *AJDI* 2020, p. 37, obs. J.-P. Blatter).

5) Locaux à usage exclusif de bureaux. Lorsque le bail (d'une agence bancaire) comporte une clause autorisant expressément le preneur à céder le droit au bail, ou à sous-louer tout ou partie des lieux pour tous commerce, les locaux ne sont pas à usage exclusif de bureaux justifiant le déplafonnement (■ Cass. 3e civ., 11 févr. 2016, n° 14-25.570 : *Loyers et copr.* 2016, 122, obs. Ph.-H. Brault).

6) Modification notable. Les juges du fond disposent d'un pouvoir souverain pour apprécier l'existence d'une modification notable (■ Cass. 3e civ., 18 janv. 2012, n° 11-10.072 : *JurisData* n° 2012-000476 ; *D.* 2012 actu. 278, obs. Rouquet ; *ibid.* pan. 1844, spéc. 1853, obs. Dumont-Lefrand ; *Loyers et copr.* 2012, n° 75, obs. Chavance. ■ Cass. 3e civ., 24 mai 2017, n° 16-15.043 où la Cour de cassation juge que la cour d'appel a souverainement retenu que la modification intervenue au cours du bail expiré n'était pas notable), cette dernière ne pouvant concerner que le cours du bail à renouveler jusqu'à la date d'effet du nouveau bail (■ Cass. 3e civ., 14 oct. 1992, n° 91-10.217 : *JurisData* n° 1992-002227 ; *Bull. civ.* III, n° 269). **Caractéristiques du local.** ■ Cass. 3e civ., 17 sept. 2013, n° 12-18.910 : *Loyers et copr.* 2013, comm. 310, obs. E. Chavance : en présence d'une clause d'accession prévoyant l'accession des améliorations en fin de bail, la modification notable, au cours du bail à renouveler, des caractéristiques du local par la réalisation de travaux par le preneur à ses frais exclusifs entraîne le déplafonnement du prix du bail lors du premier renouvellement, à moins que ces travaux ne constituent des travaux d'amélioration. Des travaux affectant la distribution des locaux en étendant les surfaces réservées à la réception de la clientèle sont des modifications notables des caractéristiques du local justifiant le déplafonnement du loyer du bail renouvelé (■ Cass. 3e civ., 31 mars 2016, n° 15-12.356).

7) Sens de la modification notable. En matière de travaux réalisés par le bailleur au cours du bail expiré, il a été jugé que le déplafonnement n'intervient que pour autant que ceux-ci auront eu une incidence favorable sur l'activité exercée par le preneur (■ Cass. 3e civ., 9 juill. 2008, n° 07-16.605 : *JurisData* n° 2008-044785 ; *Bull. civ.* III, n° 123. ■ Cass. 3e civ., 9 juin 2009, n° 08-17.689 : *Gaz. Pal.* 2010, 1, 929, obs. Barbier). De la même manière, lorsqu'il est question de l'évolution des facteurs locaux de commercialité, sa prise en compte ne sera requise que lorsqu'elle est de nature à avoir une incidence favorable sur l'activité commerciale exercée par le preneur (■ Cass. 3e civ., 14 sept. 2011, n° 10-30.828 : *D.* 2011 actu. 2273, obs. Rouquet ; *AJDI* 2011, 829, obs. Confino ; *Loyers et copr.* 2011, repère 9, obs. Monéger. ■ Cass. 3e civ., 17 janv. 2012, n° 11-12.090. ■ CA Lyon, 17 janv. 2013, n° 11/07333. ■ Cass. 3e civ., 14 sept. 2017, n° 16-19.409 où la Cour relève la nécessité d'une appréciation *in concreto* du caractère notable ainsi que de l'incidence favorable de la modification intervenue, notant que l'évolution du chiffre d'affaires du locataire constitue un très bon instrument de mesure de l'évolution de la commercialité). En revanche, en cas de modification de la destination des lieux, la Cour de cassation précise que les juges du fond n'ont pas à rechercher si cette modification a une incidence favorable sur l'activité exercée par le preneur (■ Cass. 3e civ., 18 janv. 2012, n° 11-10.072. ■ Cass. 3e civ., 4 janv. 2012, n° 10-23.532. De même, le bailleur peut déplafonner le loyer de renouvellement lorsque l'impôt foncier dont il a la charge va notablement augmenter (■ Cass. 3e civ., 25 juin 2008 : *Bull. civ.* III, n° 112) peu importe la neutralité de cette circonstance pour le preneur.

8) Le lissage du déplafonnement. ■ TGI Paris, Loyers commerciaux, 5 mai 2017, n° 14/10431 où le tribunal a jugé que le bail ayant duré plus de douze ans par tacite prolongation n'est pas concerné par le lissage du déplafonnement prôné à l'article L. 145-34. ■ Cass. 3e civ., 9 mars 2018, n° 17-70.040 où la Cour juge que l'article L. 145-34 n'instaure, dans les cas qu'il détermine, qu'un étalement du loyer qui résulte du déplafonnement, sans affecter sa fixation à la valeur locative. Il n'appartient donc pas au juge des loyers d'établir l'échéancier de l'augmentation progressive du loyer. Le lissage du déplafonnement n'est pas anti constitutionnel (■ Cons. constit., 7 mai 2020, n° 2020-837 : *D.* 2020, pan. 1546, obs. M.-P. Dumont).

Art. L. 145-35 *(Mod., L. n° 2014-626, 18 juin 2014)* (1). – **Les litiges nés de l'application des articles L. 145-34 et L. 145-38 ainsi que ceux relatifs aux charges et aux travaux peuvent être soumis à une commission départementale de conciliation composée de bailleurs et de locataires en nombre égal et de personnes qualifiées. La commission s'efforce de concilier les parties et rend un avis.**

Si la juridiction est saisie parallèlement à la commission compétente par l'une ou l'autre des parties, elle ne peut statuer tant que l'avis de la commission n'est pas rendu.

La commission est dessaisie si elle n'a pas statué dans un délai de trois mois.

La composition de la commission, le mode de désignation de ses membres et ses règles de fonctionnement sont fixés par décret.

Voir aussi : D. n° 88-694, 9 mai 1988, relatif aux commissions départementales de conciliation en matière de baux d'immeubles ou locaux à usage commercial, industriel ou artisanal.

Bibliographie : Brault et Barbier, *Les nouveaux articles 23-6 et 23-6-1 du décret du 30 septembre 1953 selon la loi n° 88-18 du 5 janvier 1988 : Gaz. Pal.* 1988, 1, doctr. 96.

Sur le caractère facultatif de la saisine préalable de la commission. L'article L. 145-35 du Code de commerce ne prescrit pas la saisine préalable obligatoire de la commission départementale de la conciliation avant celle du juge des loyers à peine d'irrecevabilité (■ Cass. 3e civ., 10 mars 2010, n° 09-10.344 : *JurisData* n° 2010-001539 ; *Loyers et copr.* 2010, comm. 139, obs. Chavance. – V. ■ Cass. 3e civ., 30 juin 2004, n° 02-18.353 : *Gaz. Pal.* 2005, 1, 1253). En revanche, la clause qui institue dans un contrat une procédure de médiation ou de conciliation obligatoire et préalable à la saisine du juge doit être respectée à peine d'irrecevabilité de la procédure et d'impossibilité de régulariser en cours d'instance (■ Cass. 3e civ., 6 oct. 2016, n° 15-17.989).

(1) Dispositions applicables dans les îles Wallis-et-Futuna, L. n° 2014-626, 18 juin 2014, art. 70, I.

Art. L. 145-36 *(Mod., L. n° 2010-1149, 30 sept. 2010).* **– Les éléments permettant de déterminer le prix des baux des terrains, des locaux construits en vue d'une seule utilisation et des locaux à usage exclusif de bureaux sont fixés par décret en Conseil d'État.**

Le prix du bail des locaux construits ou aménagés en vue d'une utilisation comme établissement de spectacles cinématographiques au sens de l'article L. 212-2 du Code du cinéma et de l'image animée est, par dérogation aux articles L. 145-33 et suivants du présent code, déterminé selon les seuls usages observés dans la branche d'activité considérée.

Loyer de locaux monovalents et améliorations : la fixation du loyer des locaux monovalents déroge en totalité aux règles générales dont le locataire ne peut pas se prévaloir. Dès lors sont exclues les dispositions de l'article R. 145-8 autorisant des abattements pour améliorations lorsqu'elles ont été réalisées par le locataire sans que le bailleur n'y ait financièrement participé (■ Cass. 3e civ., 5 oct. 2017, n° 16-18.059).

Art. L. 145-37. – Les loyers des baux d'immeubles ou de locaux régis par les dispositions du présent chapitre, renouvelés ou non, peuvent être révisés à la demande de l'une ou de l'autre des parties sous les réserves prévues aux articles L. 145-38 et L. 145-39 et dans des conditions fixées par décret en Conseil d'État.

Sur la demande de révision : ■ Cass. 3e civ., 17 mars 2016, n° 14-26.672.

Art. L. 145-38 *(Mod., L. n° 2001-1168, 11 déc. 2001 ; L. n° 2008-776, 4 août 2008 ; L. n° 2011-525, 17 mai 2011). – (Al. mod., L. n° 2014-626, 18 juin 2014)* (1) **La demande en révision ne peut être formée que trois ans au moins après la date d'entrée en jouissance du locataire ou après le point de départ du bail renouvelé. La révision du loyer prend effet à compter de la date de la demande en révision.**

De nouvelles demandes peuvent être formées tous les trois ans à compter du jour où le nouveau prix sera applicable.

(Al. mod., L. n° 2014-626, 18 juin 2014) (1) (2) **Par dérogation aux dispositions de l'article L. 145-33, et [à] moins que ne soit rapportée la preuve d'une modification matérielle des facteurs locaux de commercialité ayant entraîné par elle-même une variation de plus de 10 % de la valeur locative, la majoration ou la diminution de loyer consécutive à une révision triennale ne peut excéder la variation de l'indice trimestriel des loyers commerciaux ou de l'indice trimestriel des loyers des activités tertiaires mentionnés aux premier et deuxième alinéas de l'article L. 112-2 du Code monétaire et financier, intervenue depuis la dernière fixation amiable ou judiciaire du loyer. Dans le cas où cette preuve est rapportée, la variation de loyer qui en découle ne peut conduire à des augmentations supérieures, pour une année, à 10 % du loyer acquitté au cours de l'année précédente.**

En aucun cas il n'est tenu compte, pour le calcul de la valeur locative, des investissements du preneur ni des plus ou moins-values résultant de sa gestion pendant la durée du bail en cours.

Bibliographie : E. Chavance, *Le nouveau régime des clauses d'indexation : Loyers et copr.* 2014, étude, p. 7. • F. Planckeel, *Le maintien conventionnel du loyer binaire dans le giron du statut des baux commerciaux : AJDI* 2016, étude, p. 403.

1) Sur la modification matérielle des facteurs locaux de commercialité. En cas de modification de la commercialité ayant entraîné par elle-même une variation de plus de 10 % de la valeur locative, le loyer révisé est fixé à la valeur locative, quel qu'en soit le montant, même inférieur au loyer en vigueur et indépendamment du sens de la variation de l'indice (■ Cass. 3e civ., 24 mai 2017, n° 16-15.043). Sur l'absence de modification matérielle des facteurs locaux de commercialité : ■ Cass. 3e civ., 25 oct. 2018, n° 17-22.129 : *Loyers et copr.* 2019, n° 12.

2) Sur la validité d'une clause d'indexation : **Sort des clauses d'indexation avec indice de base fixe.** ■ Cass. 3e civ., 11 déc. 2013, n° 12-22.616 : l'application d'un indice de référence fixe n'ayant pas conduit lors des indexations successives de distorsion entre l'intervalle de variation indiciaire et la

(1) Dispositions applicables dans les îles Wallis-et-Futuna, L. n° 2014-626, 18 juin 2014, art. 70, I.
(2) Dispositions applicables aux contrats conclus ou renouvelés à compter du 1er septembre 2014, L. n° 2014-626, 18 juin 2014, art. 21, II.

durée s'écoulant entre deux révisions, la clause contractuelle d'indexation se référant à un indice de base fixe est valable. – V. égal. ■ Cass. 3e civ., 3 déc. 2014, n° 13-25.034. ■ Cass. 3e civ., 27 janv. 2015, n° 13-25.576. ■ Cass. 3e civ., 25 févr. 2016, n° 14-28.165 : *AJDI* 2016, p. 426. Pour la reconnaissance d'une distorsion dans la période de variation de l'indice et la nullité de la clause d'échelle mobile : ■ Cass. 3e civ., 25 févr. 2016, n° 15-10.735. – V. égal. ■ Cass. 3e civ., 14 janv. 2016, n° 14-24.681. – V. égal. Sur l'étendue de la sanction du réputé non écrit ■ Cass. 3e civ., 6 févr. 2020, n° 18-24.599 : *D.* 2020, pan. 1547, obs. M.-P. Dumont. **Sort de la clause d'indexation ne jouant qu'à la hausse** ■ Cass. 3e civ., 14 janv. 2016, n° 14-24.681 où la Cour juge « *qu'est nulle la clause d'indexation qui exclut la réciprocité de la variation et stipule que le loyer ne peut être révisé qu'à la hausse* » et approuve les juges du fond d'avoir « *retenu que le propre d'une clause d'échelle mobile était de faire varier le loyer à la hausse et à la baisse et que la clause figurant au bail, écartant toute réciprocité de variation, faussait le jeu normal de l'indexation* » (V. égal. ■ CA Paris, 5-3, 19 avr. 2017, n° 15/09296). ■ Cass. 3e civ., 15 févr. 2018, n° 17-40.069 : *AJDI* 2018, p. 598, obs. M.-P. Dumont-Lefrand. ■ Cass. 3e civ., 10 sept. 2020, n° 19-17.139 : la clause est réputée non écrite dans son entier).

3) Sur l'application de la clause d'indexation. En présence d'une clause d'indexation régulièrement appliquée, le loyer en vigueur est le résultat de l'application de cette clause qui fait référence à un indice légal, la cour d'appel a exactement décidé, par ces seuls motifs, qu'à défaut de modification des facteurs locaux de commercialité ayant entraîné par elle-même une variation de plus de 10 % de la valeur locative, il n'y avait pas lieu à révision du loyer sur le fondement de l'article L. 145-38 du Code de commerce qui écarte, par dérogation à la règle posée à l'article L. 145-33 du même code, la référence de principe à la valeur locative (■ Cass. 3e civ., 20 mai 2015, n° 13-27.367 : *JCP G* 2015, p. 1367, note J. Monéger).

4) Sur les modalités d'application de la clause d'indexation. ■ Cass. 3e civ., 13 sept. 2018, n° 17-19.525. ■ Cass. 3e civ., 29 nov. 2018, n° 17-23.058 : *Loyers et copr.* 2019, n° 8 où la Cour se prononce sur l'étendue de l'illicéité d'une clause d'indexation. ■ Cass. 3e civ., 19 déc. 2019, n° 18-23.196 : *Loyers et copr*, févr. 2020, n° 23, obs. E. Chavance, où la Cour juge non écrite la clause qui comportait une distorsion entre l'intervalle de variation indiciaire et la durée qui s'est écoulée entre le 5 avril 2005, date de prise d'effet du bail, et le 1er janvier 2006, date de révision du loyer.

5) Sur la recevabilité de la demande de la révision : le point de départ du bail renouvelé ne saurait être confondu avec la date d'exigibilité du nouveau loyer (■ Cass. 3e civ., 8 sept. 2016, n° 15-17.485 : *D.* 2017, pan. baux commerciaux, p. 1578, obs. M.-P. Dumont-Lefrand).

6) Sur la procédure de fixation du loyer révisé. ■ Cass. 3e civ., 15 nov. 2018, n° 16-26.172 : *Loyers et copr.* 2019, n° 10. ■ Cass. 3e civ., 28 nov. 2019, n° 18-22.105 : *Loyers et copr.* févr. 2020, n° 24 : il ne faut pas confondre l'incidence d'une clause d'échelle mobile après fixation du loyer du bail renouvelé et une demande de révision triennale. Le formalisme est distinct et les juges doivent se garder de modifier l'objet du litige.

Art. L. 145-39 *(Mod., L. n° 2014-626, 18 juin 2014)* (1) (2). – **En outre, et par dérogation à l'article L. 145-38, si le bail est assorti d'une clause d'échelle mobile, la révision peut être demandée chaque fois que, par le jeu de cette clause, le loyer se trouve augmenté ou diminué de plus d'un quart par rapport au prix précédemment fixé contractuellement ou par décision judiciaire. La variation de loyer qui découle de cette révision ne peut conduire à des augmentations supérieures, pour une année, à 10 % du loyer acquitté au cours de l'année précédente.**

Bibliographie : Ph.-H. Brault, *Baux commerciaux : sur l'aménagement conventionnel de la clause d'échelle mobile : Loyers et copr.* 2010, étude 2, p. 9. • Ch. Denizot, *Analyse de la clause d'échelle mobile ne jouant qu'à la hausse : AJDI* 12/2009, Point de vue, p. 841. • D. Lipman, W. Boccara, *L'article L. 145-39 du Code de commerce ou le temps retrouvé : AJDI* 2010.18.

Voir aussi : Code monétaire et financier, article L. 112-1.

1) Détermination de la variation du quart. Pour déterminer la variation d'un quart, il convient de comparer au dernier prix fixé par l'accord des parties, hors indexation, le prix du loyer tel qu'obtenu *par le jeu de la clause d'échelle mobile* (■ Cass. 3e civ., 9 juill. 2014, n° 13-22.562). Le loyer à prendre en considération est le loyer initial du bail en cours à la date de la demande de révision (■ Cass. 3e civ., 15 déc. 2016, n° 15-23.069 : *D.* 2017, pan. baux commerciaux, p. 1577, obs. M.-P. Dumont-

(1) Dispositions applicables dans les îles Wallis-et-Futuna, L. n° 2014-626, 18 juin 2014, art. 70, I.
(2) Dispositions applicables aux contrats conclus ou renouvelés à compter du 1er septembre 2014, L. n° 2014-626, 18 juin 2014, art. 21, II.

Lefrand). Sur la mesure de la variation de plus du quart en présence d'un avenant : ▪ Cass. 3e civ., 17 mars 2016, n° 14-26.009. Sur la procédure à suivre, V. C. com., art. R. 145-25 (▪ Cass. 3e civ., 26 janv. 2017, n° 16-10.304 : *D.* 2017, 295 ; *AJDI* 2017, 349, obs. J.-P. Blatter).

2) Renonciation par le preneur à la révision du loyer. Pour fixer le loyer révisé au montant du loyer contractuel initial, une cour d'appel avait retenu que la clause litigieuse ne fait pas échec aux dispositions de l'article L. 145-39 du Code de commerce dès lors qu'elle permet au preneur, une fois remplies les conditions de la demande de révision, d'obtenir une fixation à la baisse du loyer du bail révisé mais dans la limite du loyer « plancher » convenu. En statuant ainsi, alors que la clause avait pour effet de faire échec au réajustement du loyer en vigueur à la valeur locative et que la renonciation par le preneur à son droit d'obtenir la révision ne pouvait valablement intervenir qu'une fois ce droit acquis, soit après le constat d'une augmentation du loyer de plus d'un quart par le jeu de la clause d'échelle mobile, la cour d'appel a violé les articles L. 145-15 et L. 145-39 du Code de commerce (▪ Cass. 3e civ., 30 mars 2017, n° 16-13.914).

3) Sur le réajustement du loyer en cours de bail induisant un déplafonnement lors du renouvellement. ▪ Cass. 3e civ., 15 fév. 2018, n° 17-11.866.

Art. L. 145-40. – **Les loyers payés d'avance, sous quelque forme que ce soit, et même à titre de garantie, portent intérêt au profit du locataire, au taux pratiqué par la Banque de France pour les avances sur titres, pour les sommes excédant celle qui correspond au prix du loyer de plus de deux termes.**

Sous-section VI *bis*. – De l'état des lieux, des charges locatives et des impôts

(Section créée, L. n° 2014-626, 18 juin 2014) (1)

Art. L. 145-40-1 *(L. n° 2014-626, 18 juin 2014)* (2). – **Lors de la prise de possession des locaux par le locataire en cas de conclusion d'un bail, de cession du droit au bail, de cession ou de mutation à titre gratuit du fonds et lors de la restitution des locaux, un état des lieux est établi contradictoirement et amiablement par le bailleur et le locataire ou par un tiers mandaté par eux. L'état des lieux est joint au contrat de location ou, à défaut, conservé par chacune des parties.**

Si l'état des lieux ne peut être établi dans les conditions prévues au premier alinéa, il est établi par un huissier de justice, sur l'initiative de la partie la plus diligente, à frais partagés par moitié entre le bailleur et le locataire.

Le bailleur qui n'a pas fait toutes diligences pour la réalisation de l'état des lieux ne peut invoquer la présomption de l'article 1731 du Code civil.

Art. L. 145-40-2 *(L. n° 2014-626, 18 juin 2014)* (3). – **Tout contrat de location comporte un inventaire précis et limitatif des catégories de charges, impôts, taxes et redevances liés à ce bail, comportant l'indication de leur répartition entre le bailleur et le locataire. Cet inventaire donne lieu à un état récapitulatif annuel adressé par le bailleur au locataire dans un délai fixé par voie réglementaire. En cours de bail, le bailleur informe le locataire des charges, impôts, taxes et redevances nouveaux.**

Lors de la conclusion du contrat de location, puis tous les trois ans, le bailleur communique à chaque locataire :

1° Un état prévisionnel des travaux qu'il envisage de réaliser dans les trois années suivantes, assorti d'un budget prévisionnel ;

2° Un état récapitulatif des travaux qu'il a réalisés dans les trois années précédentes, précisant leur coût.

Dans un ensemble immobilier comportant plusieurs locataires, le contrat de location précise la répartition des charges ou du coût des travaux entre les différents locataires occupant cet ensemble. Cette répartition est fonction de la surface exploitée. Le montant des impôts, taxes et redevances pouvant être imputés au locataire correspond strictement au local occupé par chaque locataire et à la quote-part des parties communes nécessaires à l'exploitation de la chose louée. En cours de bail, le bailleur est tenu d'informer les locataires de tout élément susceptible de modifier la répartition des charges entre locataires.

(1) Dispositions applicables dans les îles Wallis-et-Futuna, L. n° 2014-626, 18 juin 2014, art. 70, I.

(2) Pour les baux conclus avant le 19 juin 2014, le présent article, dans sa rédaction résultant de loi n° 2014-626 du 18 juin 2014, s'applique à toute restitution d'un local dès lors qu'un état des lieux a été établi lors de la prise de possession, L. n° 2014-626, 18 juin 2014, art. 13, II.

(3) Dispositions applicables aux contrats conclus ou renouvelés à compter du 1er septembre 2014, L. n° 2014-626, 18 juin 2014, art. 21, II.

Un décret en Conseil d'État fixe les modalités d'application du présent article. Il précise les charges, les impôts, taxes et redevances qui, en raison de leur nature, ne peuvent être imputés au locataire et les modalités d'information des preneurs.

Section VII. – De la résiliation

Art. L. 145-41 *(Mod., Ord. n° 2016-131, 10 févr. 2016)*. – **Toute clause insérée dans le bail prévoyant la résiliation de plein droit ne produit effet qu'un mois après un commandement demeuré infructueux. Le commandement doit, à peine de nullité, mentionner ce délai.**

Les juges saisis d'une demande présentée dans les formes et conditions prévues à l'article 1343-5 du Code civil peuvent, en accordant des délais, suspendre la réalisation et les effets des clauses de résiliation, lorsque la résiliation n'est pas constatée ou prononcée par une décision de justice ayant acquis l'autorité de la chose jugée. La clause résolutoire ne joue pas, si le locataire se libère dans les conditions fixées par le juge.

1) **Sur l'articulation des articles L. 145-41 et L. 622-13 du Code de commerce.** ▪ Cass. 3e civ., 9 oct. 2019, n° 18-17.563 : *Rev. sociétés* 2019, 784, obs. F. Reille ; *AJDI* 2019, 900, obs. J.-P. Blatter ; *D.* 2020, pan. 1550, obs. M.-P. Dumont le bailleur, qui agit devant le juge-commissaire pour lui demander la constatation de la résiliation de plein droit du bail, sans revendiquer le bénéfice d'une clause résolutoire, n'est pas dans l'obligation de délivrer le commandement exigé par l'article L. 145-41 du Code de commerce, sous peine d'ajouter une condition à la loi, qu'elle ne comporte pas (V. égal. ▪ Cass. com., 26 févr. 2020, n° 18-20.859).

2) **Mise en œuvre de la clause résolutoire.** Le bénéfice d'une clause résolutoire est acquis sans que le juge n'ait à apprécier la gravité du manquement contractuel (▪ Cass. 3e civ., 5 oct. 2017, n° 15-25.018).

3) **Mise en œuvre de la clause résolutoire de mauvaise foi.** Pour des exemples où la mauvaise a été retenue (▪ Cass. 3e civ., 5 nov. 2015, n° 14-11.024. ▪ Cass. 3e civ., 12 mai 2016, n° 14-29.834). Il est acquis que le commandement visant la clause résolutoire ne peut être délivré par le bailleur que de bonne foi et que sa mauvaise foi entraînera son invalidité : « *En statuant ainsi sans rechercher, comme il le lui était demandé, si la clause résolutoire, délivrée alors que le bailleur savait que la locataire devait réaliser des travaux d'aménagement intérieur, n'avait pas été mise en œuvre de mauvaise foi, la cour d'appel n'a pas donné de base légale à sa décision* » (▪ Cass. 3e civ., 8 sept. 2016, n° 15-17.879). V. égal. une espèce où la mauvaise foi n'a pas été retenue alors que le preneur titulaire d'un bail à usage de pâtisserie, confiserie, chocolats, glaces, salon de thé et boulangerie, avait étendu son activité à celle de petite restauration. Les juges du fond, *non contredits par ceux de la Cour de cassation* avaient jugé que la simple connaissance du bailleur d'une adjonction d'une activité de petite restauration et son absence d'opposition ne valait que simple tolérance et qu'il ne pouvait être soutenu que le bailleur était de mauvaise foi en exigeant le respect de l'intégrité de la destination contractuelle (▪ Cass. 3e civ., 12 mai 2016, n° 15-13.851).

4) **Sur la renonciation au bénéfice d'un commandement visant la clause résolutoire.** ▪ Cass. 3e civ., 28 juin 2018, n° 17-15.247.

5) **Le preneur ne peut invoquer une clause résolutoire stipulée au seul profit du bailleur** (▪ Cass. 3e civ., 27 avr. 2017, n° 16-13625 : *Gaz. Pal.*, chron. Droit des baux commerciaux, p. 67, obs. Ch.-E. Brault ; *D.* 2017, pan. Baux commerciaux, p. 1580, obs. M.-P. Dumont-Lefrand ; V. également ▪ Cass. 3e civ., 6 sept. 2018, n° 17-22.767 : *Loyers et copr.* 2018, n° 254, obs. Ph.-H. Brault).

6) **Pouvoirs du juge et délais de paiement.** Le juge ne peut refuser d'octroyer la suspension des effets de la clause et un délai de grâce au locataire sur le seul fondement du non-paiement du loyer dans le mois du commandement qui a été délivré au locataire (▪ Cass. 3e civ., 6 juill. 2017, n° 16-12.998 : *AJDI* 2017, p. 840, obs. J.-P. Blatter). Dès lors qu'une ordonnance de référé est passée en force jugée et en l'absence de décision contraire statuant au principal, le bailleur ne peut plus, en cas de non-respect par le preneur des délais de paiement conditionnant la suspension des effets de la clause résolutoire, demander unilatéralement l'exécution du bail résilié (▪ Cass. 3e civ., 22 oct. 2020, n° 19-19.542).

7) **Clause résolutoire et procédure collective.** V. F. Kendérian, *L'impact des procédures collectives : Loyers et copr.* 2/2018, in dossier « *Le départ du locataire* », p. 14 et s. L'action introduite par le bailleur avant la mise en redressement judiciaire du preneur, en vue de faire constater l'acquisition de la clause résolutoire pour défaut de paiement des loyers ou des charges échus antérieurement au jugement d'ouverture ne peut, dès lors qu'elle n'a donné lieu à aucune décision passée en force de chose jugée, être poursuivie après ce jugement (▪ Cass. 3e civ., 26 mai 2016, n° 15-12.750 : *Loyers et copr.* 2016, n° 176. – V. toutefois ▪ Cass. 3e civ., 12 mai 2016, n° 15-14.117 qui

juge que « l'ordonnance de référé ayant constaté l'acquisition de la clause résolutoire n'avait pas autorité de chose jugée au principal, de sorte que le juge du fond pouvait accorder des délais de paiement au débiteur de bonne foi, dès lors qu'il n'en avait pas déjà obtenu et relevé que les paiements intervenus avaient permis d'apurer la totalité de la dette locative, en accordant rétroactivement un délai de paiement). Sur les modalités de l'action introduite par le bailleur après le jugement d'ouverture, pour non-paiement de loyers échus après le jugement d'ouverture, V. ▪ Cass. 3e civ., 16 mars 2017, n° 15-29.206 qui juge que les dispositions de l'article L. 622-23 du Code de commerce n'étaient pas applicables. – V. égal. ▪ Cass. 3e civ., 16 mars 2017, n° 15-29.206 qui juge qu'aucune disposition n'impose de dénoncer le commandement au mandataire judiciaire et de l'appeler à la procédure. Par ailleurs l'arrêt se prononce sur la nature de l'acte qui doit être dénoncé aux créanciers inscrits : cette obligation d'information ne s'impose pas pour le commandement mais pour la demande en justice.

8) Clause résolutoire et application de loi dans le temps. ▪ CA Pau, 31 juill. 2019, n° 19/3135 : *JurisData* n° 2019-014394, où la Cour confirme que la sanction du réputé non écrit est d'application immédiate aux contrats en cours : elle juge qu'une clause résolutoire insérée dans un bail commercial prenant effet avant l'entrée en vigueur de la loi du 18 juin 2014 et prévoyant que le bailleur a la faculté de choisir entre un commandement ou une lettre recommandée avec demande d'avis de réception est réputée non écrite.

Art. 1722 C. civ. : « Si, pendant la durée du bail, la chose louée est détruite en totalité par cas fortuit, le bail est résilié de plein droit ; si elle n'est détruite qu'en partie, le preneur peut, suivant les circonstances, demander ou une diminution du prix, ou la résiliation même du bail. Dans l'un et l'autre cas, il n'y a lieu à aucun dédommagement ».

▪ Cass. 3e civ., 17 sept. 2020, n° 19-20.896 qui juge que l'incendie pour cause indéterminée n'est pas un cas fortuit et n'emporte pas résiliation du bail.

Art. L. 145-42. – Les clauses de résiliation de plein droit pour cessation d'activité cessent de produire effet pendant le temps nécessaire à la réalisation des transformations faites en application des dispositions de la section 8.

Ce délai ne saurait excéder six mois à dater de l'accord sur la déspécialisation ou de la décision judiciaire l'autorisant.

Art. L. 145-43. – Sont dispensés de l'obligation d'exploiter pendant la durée de leur stage les commerçants et personnes immatriculées au répertoire des métiers, locataires du local dans lequel est situé leur fonds, qui sont admis à suivre un stage de conversion ou un stage de promotion au sens de l'article L. 900-2 (3° et 5°) du Code du travail, dont la durée minimum est fixée par arrêté et dont la durée maximum ne peut excéder un an sauf s'il s'agit d'un stage dit de promotion bénéficiant de l'agrément prévu à l'article L. 961-3 dudit code.

Rédaction future. Sont dispensés de l'obligation d'exploiter pendant la durée de leur stage les commerçants et personnes immatriculées au *(Mots rempl. à compter du 1er janvier 2022, Ord. n° 2021-1189, 15 sept. 2021)* « registre national des entreprises en tant qu'entreprise du secteur des métiers et de l'artisanat », locataires du local dans lequel est situé leur fonds, qui sont admis à suivre un stage de conversion ou un stage de promotion au sens de l'article L. 900-2 (3° et 5°) du Code du travail, dont la durée minimum est fixée par arrêté et dont la durée maximum ne peut excéder un an sauf s'il s'agit d'un stage dit de promotion bénéficiant de l'agrément prévu à l'article L. 961-3 dudit code.

Art. L. 145-44. – Dans le cas où, à l'issue d'un des stages prévus à l'article L. 145-43, le commerçant ou l'artisan quitte le local dont il est locataire pour convertir son activité en la transférant dans un autre local ou pour prendre une activité salariée, la résiliation du bail intervient de plein droit et sans indemnité à l'expiration d'un délai de trois mois à partir du jour où elle est signifiée au bailleur.

Art. L. 145-45. – [*La sauvegarde, le redressement*] et la liquidation judiciaires n'entraînent pas, de plein droit, la résiliation du bail des immeubles affectés à l'industrie, au commerce ou à l'artisanat du débiteur, y compris les locaux dépendant de ces immeubles et servant à son habitation ou à celle de sa famille. Toute stipulation contraire est réputée non écrite.

Redressement judiciaire du preneur et poursuite du bail. Il résulte des articles L. 622-13, L. 622-14 et L. 631-14 du Code de commerce dans leur rédaction antérieure à l'ordonnance du 18 décembre 2008 qu'en cas de redressement judiciaire du locataire, l'envoi par le bailleur d'un immeuble affecté à l'activité de l'entreprise à l'administrateur judiciaire d'une mise en demeure de prendre parti sur la poursuite du bail est sans effet et que le bail n'est pas de plein droit résilié par l'absence de réponse à cette mise en demeure (▪ Cass. com., 2 mars 2010, n° 09-10.410 : *JurisData* n° 2010-001123 ; *Loyers et copr.* 2010, comm. 136, obs. Brault).

Art. L. 145-46. – Lorsqu'il est à la fois propriétaire de l'immeuble loué et du fonds de commerce qui y est exploité et que le bail porte en même temps sur les deux, le bailleur doit verser au locataire, à son départ, une indemnité correspondant au profit qu'il peut retirer de la plus-value apportée soit au fonds, soit à la valeur locative de l'immeuble par les améliorations matérielles effectuées par le locataire avec l'accord exprès du propriétaire.

Art. L. 145-46-1 *(L. n° 2014-626, 18 juin 2014)* (1) (2). – Lorsque le propriétaire d'un local à usage commercial ou artisanal envisage de vendre celui-ci, il en informe le locataire par lettre recommandée avec demande d'avis de réception, ou remise en main propre contre récépissé ou émargement. Cette notification doit, à peine de nullité, indiquer le prix et les conditions de la vente envisagée. Elle vaut offre de vente au profit du locataire. Ce dernier dispose d'un délai d'un mois à compter de la réception de cette offre pour se prononcer. En cas d'acceptation, le locataire dispose, à compter de la date d'envoi de sa réponse au bailleur, d'un délai de deux mois pour la réalisation de la vente. Si, dans sa réponse, il notifie son intention de recourir à un prêt, l'acceptation par le locataire de l'offre de vente est subordonnée à l'obtention du prêt et le délai de réalisation de la vente est porté à quatre mois.

Si, à l'expiration de ce délai, la vente n'a pas été réalisée, l'acceptation de l'offre de vente est sans effet.

Dans le cas où le propriétaire décide de vendre à des conditions ou à un prix plus avantageux pour l'acquéreur, le notaire doit, lorsque le bailleur n'y a pas préalablement procédé, notifier au locataire dans les formes prévues au premier alinéa, à peine de nullité de la vente, ces conditions et ce prix. Cette notification vaut offre de vente au profit du locataire. Cette offre de vente est valable pendant une durée d'un mois à compter de sa réception. L'offre qui n'a pas été acceptée dans ce délai est caduque.

Le locataire qui accepte l'offre ainsi notifiée dispose, à compter de la date d'envoi de sa réponse au bailleur ou au notaire, d'un délai de deux mois pour la réalisation de l'acte de vente. Si, dans sa réponse, il notifie son intention de recourir à un prêt, l'acceptation par le locataire de l'offre de vente est subordonnée à l'obtention du prêt et le délai de réalisation de la vente est porté à quatre mois. Si, à l'expiration de ce délai, la vente n'a pas été réalisée, l'acceptation de l'offre de vente est sans effet.

Les dispositions des quatre premiers alinéas du présent article sont reproduites, à peine de nullité, dans chaque notification.

Le présent article n'est pas applicable en cas de cession unique de plusieurs locaux d'un ensemble commercial, de cession unique de locaux commerciaux distincts ou de cession d'un local commercial au copropriétaire d'un ensemble commercial. Il n'est pas non plus applicable à la cession globale d'un immeuble comprenant des locaux commerciaux ou à la cession d'un local au conjoint du bailleur, ou à un ascendant ou un descendant du bailleur ou de son conjoint.

Bibliographie : N. Damas, *Le droit de préférence du locataire commercial*, in *Pièges et difficultés du bail commercial : le nouvel équilibre contractuel, Actes du colloque de Nancy, 6 déc. 2019 : Loyers et copr.* mars 2020, p. 15. • F. Auque, *Le droit de préemption du locataire commercial : AJDI* 2019, p. 518. • P. Viudès et F. Roussel, *Champ d'application du droit de préférence du locataire commercial : première jurisprudence entre clair et obscur : AJDI* 2018, p. 578. • Ch. Gijsbers, *Retour sur la nature juridique des droits de préemption (à propos de l'article L. 145-46-1 du Code de commerce)* in Mélange en l'honneur de Corinne Saint-Alary-Houin, Un droit « positif », un droit de progrès, p. 221.

1) Domaine du droit de préférence. Les dispositions de l'article L. 145-46-1 ne sont pas applicables à une adjudication volontaire, ni à une cession globale de l'immeuble, peu important que tous les locaux ne soient pas commerciaux (▪ Cass. 3e civ., 17 mai 2018, n° 17-16.113).

2) Nature du droit de préemption. La cour a jugé que l'article L. 145-46-1, alinéa 1er est une « disposition d'ordre » *public et que « le bailleur* qui envisage de vendre son local commercial doit préalablement notifier au preneur une offre de vente qui ne peut inclure des honoraires de négociation » (▪ Cass. 3e civ., 28 juin 2018, n° 17-14.605 : *D.* 2018, p. 1381, obs. Y. Rouquet. – V. également ▪ Cass. 3e civ., 15 nov. 2018, n° 17-26.727 : *Loyers et copr.* 2019, n° 11).

3) Sur l'étendue du droit de préemption. ▪ CA Paris, 28 mars 2018, n° 16/13272 : dès lors que le bail a pris fin par l'effet d'un congé avec

(1) Dispositions applicables dans les îles Wallis-et-Futuna, L. n° 2014-626, 18 juin 2014, art. 70, I.
(2) Dispositions applicables à toute cession d'un local intervenant à compter de décembre 2014, L. n° 2014-626, 18 juin 2014, art. 21, III.

refus de renouvellement, le preneur ne peut se prévaloir du bénéfice du droit de préemption.

4) Sur l'application de la loi dans le temps. L'article L. 145-46-1 du Code de commerce s'applique à toute vente conclue 6 mois après la promulgation de la loi, soit le 18 décembre 2014. Dès lors, la vente d'un local conclue le 10 décembre 2014 n'est pas soumise audit texte. La demande nouvelle formée en appel, tendant à l'indemnisation d'un préjudice causé par une rupture fautive de pourparlers, n'est pas virtuellement comprise dans les demandes en nullité ou en inopposabilité de la vente soumises aux premiers juges et n'en est pas l'accessoire, la conséquence ou le complément. Elle est donc irrecevable (■ Cass. 3e civ., 12 nov. 2020, n° 19-16.927).

Section VIII. – De la déspécialisation

Art. L. 145-47 *(Mod., L. n° 2015-990, 6 août 2015 ; Ord. n° 2019-964, 18 sept. 2019).* – **Le locataire peut adjoindre à l'activité prévue au bail des activités connexes ou complémentaires.**

À cette fin, il doit faire connaître son intention au propriétaire par acte extrajudiciaire ou par lettre recommandée avec demande d'avis de réception, en indiquant les activités dont l'exercice est envisagé. Cette formalité vaut mise en demeure du propriétaire de faire connaître dans un délai de deux mois, à peine de déchéance, s'il conteste le caractère connexe ou complémentaire de ces activités. En cas de contestation, le tribunal judiciaire, saisi par la partie la plus diligente, se prononce en fonction notamment de l'évolution des usages commerciaux.

Lors de la première révision triennale suivant la notification visée à l'alinéa précédent, il peut, par dérogation aux dispositions de l'article L. 145-38, être tenu compte, pour la fixation du loyer, des activités commerciales adjointes, si celles-ci ont entraîné par elles-mêmes une modification de la valeur locative des lieux loués.

NB : Conformément à l'article 36 de l'ordonnance n° 2019-964 du 18 septembre 2019, ces dispositions entrent en vigueur au 1er janvier 2020.

1) Clause de non-concurrence et déspécialisation. La Cour de cassation juge qu'une clause de non-concurrence ne permet pas de porter atteinte au droit à déspécialisation partielle en jugeant que « en se fondant ainsi, non sur le caractère objectivement connexe ou complémentaire des activités dont l'adjonction est demandée, mais exclusivement sur la clause de non-concurrence figurant au bail liant les parties, alors qu'une telle clause ne peut avoir pour effet d'interdire au preneur de solliciter la déspécialisation partielle, la cour d'appel a violé les articles L. 145-15 et L. 145-47 du Code de commerce » (■ Cass. 3e civ., 15 févr. 2012, n° 11-17.213 : *D.* 2012, 551, obs. Rouquet ; *ibid.* 1844, obs. M.-P. Dumont-Lefrand ; *RTD com.* 2012, p. 507, obs. Monéger ; *JCP* E 2012, 1400, n° 6, obs. Grignon ; *Administrer* 2012, n° 453, p. 32, obs. Lipman-Boccara). Sur la forme de la réponse à une demande de déspécialisation. Aucun formalisme ni aucune motivation n'est exigé du bailleur quant à la modalité de sa réponse. Une manifestation de volonté non équivoque suffit (■ Cass. 3e civ., 9 févr. 2017, n° 15-28.759).

2) Activité connexe ou complémentaire. La vente de billets d'accès au château de Versailles étant un service offert à leur clientèle par l'ensemble des bars restaurants situés à proximité et cette activité offrant un service de proximité correspondant à l'évolution des usages locaux commerciaux aux abords du château, cette activité doit être considérée comme incluse dans le bail (■ Cass. 3e civ., 16 sept. 2015, n° 14-18.708 : *AJDI* 2016, p. 115, obs. M.-P. Dumont-Lefrand).

Art. L. 145-48. – **Le locataire peut, sur sa demande, être autorisé à exercer dans les lieux loués une ou plusieurs activités différentes de celles prévues au bail, eu égard à la conjoncture économique et aux nécessités de l'organisation rationnelle de la distribution, lorsque ces activités sont compatibles avec la destination, les caractères et la situation de l'immeuble ou de l'ensemble immobilier.**

Toutefois, le premier locataire d'un local compris dans un ensemble constituant une unité commerciale définie par un programme de construction ne peut se prévaloir de cette faculté pendant un délai de neuf ans à compter de la date de son entrée en jouissance.

Art. L. 145-49 *(Mod., L. n° 2015-990, 6 août 2015).* – **La demande faite au bailleur doit, à peine de nullité, comporter l'indication des activités dont l'exercice est envisagé. Elle est formée par acte extrajudiciaire ou par lettre recommandée avec demande d'avis de réception et dénoncée, en la même forme, aux créanciers inscrits sur le fonds de commerce. Ces derniers peuvent demander que le changement d'activité soit subordonné aux conditions de nature à sauvegarder leurs intérêts.**

Le bailleur doit, dans le mois de cette demande, en aviser, dans la même forme, ceux de ses locataires envers lesquels il se serait obligé à ne pas louer en vue de l'exercice d'activités similaires à celles visées dans la demande. Ceux-ci doivent, à peine de forclusion, faire connaître leur attitude dans le mois de cette notification.

À défaut par le bailleur d'avoir, dans les trois mois de la demande, notifié son refus, son acceptation ou encore les conditions auxquelles il subordonne son accord, il est réputé avoir acquiescé à la demande. Cet acquiescement ne fait pas obstacle à l'exercice des droits prévus à l'article L. 145-50.

Art. L. 145-50. – Le changement d'activité peut motiver le paiement, à la charge du locataire, d'une indemnité égale au montant du préjudice dont le bailleur établirait l'existence.

Ce dernier peut en outre, en contrepartie de l'avantage procuré, demander au moment de la transformation, la modification du prix du bail sans qu'il y ait lieu d'appliquer les dispositions des articles L. 145-37 à L. 145-39.

Les droits des créanciers inscrits s'exercent avec leur rang antérieur, sur le fonds transformé.

Art. L. 145-51. – Lorsque le locataire ayant demandé à bénéficier de ses droits à la retraite ou ayant été admis au bénéfice d'une pension d'invalidité attribuée par le régime d'assurance invalidité-décès des professions artisanales ou des professions industrielles et commerciales, a signifié à son propriétaire et aux créanciers inscrits sur le fonds de commerce son intention de céder son bail en précisant la nature des activités dont l'exercice est envisagé ainsi que le prix proposé, le bailleur a, dans un délai de deux mois, une priorité de rachat aux conditions fixées dans la signification. À défaut d'usage de ce droit par le bailleur, son accord est réputé acquis si, dans le même délai de deux mois, il n'a pas saisi le tribunal *(Mot rempl., Ord. n° 2019-964, 18 sept. 2019)* « judiciaire ».

La nature des activités dont l'exercice est envisagé doit être compatible avec la destination, les caractères et la situation de l'immeuble.

Les dispositions du présent article sont applicables à l'associé unique d'une entreprise unipersonnelle à responsabilité limitée, ou au gérant majoritaire depuis au moins deux ans d'une société à responsabilité limitée, lorsque celle-ci est titulaire du bail.

Cession-déspécialisation et usufruitier. L'usufruitière du droit au bail, régulièrement immatriculée au RCS, peut user de la procédure de cession-déspécialisation si elle justifie de l'accord des nus-propriétaires et qu'elle a demandé le bénéfice de ses droits à la retraite (■ Cass. 3e civ., 6 févr. 2013, n° 11-24.708 : *D.* 2013 actu. 432, obs. Rouquet).

Art. L. 145-52 *(Mod., Ord. n° 2019-964, 18 sept. 2019).* – Le tribunal judiciaire peut autoriser la transformation totale ou partielle malgré le refus du bailleur, si ce refus n'est point justifié par un motif grave et légitime.

Si le différend porte seulement sur le prix du bail, celui-ci est fixé conformément aux dispositions réglementaires prévues pour la fixation du prix des baux révisés. Dans les autres cas, l'affaire est portée devant le tribunal.

Art. L. 145-53. – Le refus de transformation est suffisamment motivé si le bailleur justifie qu'il entend reprendre les lieux à l'expiration de la période triennale en cours, soit en application des articles L. 145-18 à L. 145-24, soit en vue d'exécuter des travaux prescrits ou autorisés dans le cadre d'une opération de rénovation urbaine ou de restauration immobilière.

Le bailleur qui a faussement invoqué l'un des motifs prévus à l'alinéa qui précède ou qui n'a pas satisfait aux conditions ayant motivé le rejet de la demande du locataire ne peut s'opposer à une nouvelle demande de transformation d'activité, sauf pour motifs graves et légitimes, à moins que le défaut d'exécution ne lui soit pas imputable. Il peut, en outre, être condamné à verser au locataire une indemnité à raison du préjudice subi par ce dernier.

Art. L. 145-54. – Il n'est pas tenu compte de la plus-value conférée au fonds par la transformation prévue à *l'article L. 145-48, lorsque l'immeuble dans lequel* est exploité le fonds doit être démoli ou restauré, ou lorsque le fonds doit être exproprié dans le cadre d'une opération de rénovation ou de restauration immobilière décidée moins de trois ans après la demande prévue à l'alinéa 1er dudit article.

Art. L. 145-55 *(Mod., L. n° 2015-990, 6 août 2015).* – À tout moment et jusqu'à l'expiration d'un délai de quinze jours à compter de la date à laquelle la décision est passée en force de chose jugée, le locataire qui a

formé une demande conformément aux articles L. 145-47, L. 145-48 ou L. 145-49 peut y renoncer en le notifiant au bailleur par acte extrajudiciaire ou par lettre recommandée avec demande d'avis de réception et, dans ce cas, il supporte tous les frais de l'instance.

Section IX. – De la procédure

Bibliographie : Ch. Denizot, *Clarification des règles de compétence en matière de baux commerciaux : AJDI* 2010, 121.

Art. L. 145-56. – Les règles de compétence et de procédure des contestations relatives au bail sont fixées par décret en Conseil d'État.

Art. L. 145-57. – Pendant la durée de l'instance relative à la fixation du prix du bail révisé ou renouvelé, le locataire est tenu de continuer à payer les loyers échus au prix ancien ou, le cas échéant, au prix qui peut, en tout état de cause, être fixé à titre provisionnel par la juridiction saisie, sauf compte à faire entre le bailleur et le preneur, après fixation définitive du prix du loyer.

Dans le délai d'un mois qui suit la signification de la décision définitive, les parties dressent un nouveau bail dans les conditions fixées judiciairement, à moins que le locataire renonce au renouvellement ou que le bailleur refuse celui-ci, à charge de celle des parties qui a manifesté son désaccord de supporter tous les frais. Faute par le bailleur d'avoir envoyé dans ce délai à la signature du preneur le projet de bail conforme à la décision susvisée ou, faute d'accord dans le mois de cet envoi, l'ordonnance ou l'arrêt fixant le prix ou les conditions du nouveau bail vaut bail.

Sur l'exercice du droit d'option. L'acceptation de principe du renouvellement du bail résultant de l'absence de réponse du bailleur à une demande de renouvellement formée par son locataire ne présente qu'un caractère provisoire et ne fait pas obstacle à l'exercice ultérieur du droit d'option du bailleur qui refuse le renouvellement du bail en offrant le paiement d'une indemnité d'éviction (▪ Cass. 3e civ., 16 sept. 2015, n° 14-20.461).

Art. L. 145-58. – Le propriétaire peut, jusqu'à l'expiration d'un délai de quinze jours à compter de la date à laquelle la décision est passée en force de chose jugée, se soustraire au paiement de l'indemnité, à charge par lui de supporter les frais de l'instance et de consentir au renouvellement du bail dont les conditions, en cas de désaccord, sont fixées conformément aux dispositions réglementaires prises à cet effet. Ce droit ne peut être exercé qu'autant que le locataire est encore dans les lieux et n'a pas déjà loué ou acheté un autre immeuble destiné à sa réinstallation.

1) Frais de l'instance en fixation de l'indemnité d'éviction. Le paiement des frais de l'instance en fixation de l'indemnité d'éviction est une conséquence de l'exercice du droit de repentir et non une condition de sa validité. Dès lors la nullité de l'exercice du droit de repentir par la bailleresse n'est pas encourue en cas de défaut de paiement (▪ Cass. 3e civ., 1er oct. 2014, n° 13-17.114).

2) Exercice du droit de repentir. Le fait qu'un bailleur exerce son droit de repentir pour éviter le paiement d'une indemnité d'éviction ne peut caractériser, à lui seul, un exercice fautif de ce droit (▪ Cass. 3e civ., 9 juill. 2020, n° 18-25.329). L'exercice du droit de repentir emporte renouvellement du bail et ne peut comporter la proposition d'un nouveau bail incluant une modification substantielle des modalités de fixation du loyer (▪ Cass. 3e civ., 12 sept. 2019, n° 18-18.218 : *AJDI* 2019, 899, obs. J.-P. Blatter ; *D.* 2020, pan. 1544, obs. M.-P. Dumont).

Art. L. 145-59. – La décision du propriétaire de refuser le renouvellement du bail, en application du dernier alinéa de l'article L. 145-57, ou de se soustraire au paiement de l'indemnité, dans les conditions prévues au dernier alinéa de l'article L. 145-58, est irrévocable.

Sur l'irrévocabilité du droit de repentir : ▪ Cass. 3e civ., 17 nov. 2016, n° 15-18.926 : *Loyers et copr.* 2017, n° 14, obs. Ph.-H. Brault.

Sur l'exercice du droit de repentir : ▪ Cass. 3e civ., 9 mars 2011, n° 10-104098. ▪ Cass. 3e civ., 22 sept. 2016, n° 14-26.243 : *AJDI* 2016, p. 768, qui jugent que le droit de repentir doit être pur et simple et ne peut comporter aucune condition suspensive ▪ Cass. 3e civ., 12 sept. 2019, n° 18-18.218 : *AJDI* déc. 2019, p. 899, obs. J.-P. Blatter : l'exercice par le bailleur de son droit de repentir emporte renouvellement du bail et ne peut comporter la proposition d'un nouveau bail incluant une modification substantielle des modalités de fixation du loyer. Ainsi, en principe, un repentir, faute d'être pur et simple (en l'espèce, le bailleur avait proposé la modification des modalités de fixation du loyer en proposant un loyer fixe plutôt qu'une clause recette), n'est pas valable.

Art. L. 145-60. – **Toutes les actions exercées en vertu du présent chapitre se prescrivent par deux ans.**

Décret n° 53-960 du 30 septembre 1953

Art. 33. – [...].

La notification du mémoire institué par l'article 29 ci-dessus décret en Conseil d'État interrompt la prescription. Il en est de même de la demande d'une désignation d'expert formée en application de l'alinéa 2 de l'article 32.

Remarque : cet alinéa n'a pas été repris par l'ordonnance n° 2000-912, 18 septembre 2000.

Bibliographie : Brault, *Sur l'application de la prescription biennale à la fixation du loyer du bail renouvelé : JCP* E 1998, p. 644.

1) **Sur l'exception de nullité.** Alors que la cour d'appel avait jugé que dans la mesure où le locataire agissait pour s'opposer aux effets d'une sommation de faire, la nullité de la clause (résolutoire) était soulevée par voie d'exception, la Cour de cassation revient à une conception plus classique et juge que le preneur qui introduit une procédure pour voir déclarer nulle une clause de son bail et faire échec à l'acquisition de plein droit d'une clause résolutoire agit par voie d'action et non d'exception (■ Cass. 3e civ., 3 févr. 2010 : *Loyers et copr.* 2010, comm. 108, obs. Chavance). Il résulte de l'article 1304 du Code civil, dans sa rédaction antérieure à celle issue de l'ordonnance n° 2016-131 du 10 février 2016, que la nullité d'un contrat peut être soulevée par voie d'exception pendant le délai de prescription quinquennale, nonobstant l'exécution partielle du contrat. La règle selon laquelle l'exception de nullité peut seulement jouer pour faire échec à la demande d'exécution d'un acte qui n'a pas encore été exécuté ne s'applique qu'à compter de l'expiration du délai de prescription de l'action (■ Cass. 3e civ., 3 déc. 2020, n° 19-23.397).

2) **Prescription.** Une demande de requalification du bail commercial, sur le fondement de l'article L. 145-2-1° est prescrite dès lors que l'action est engagée plus de deux ans après la conclusion du contrat (■ Cass. 3e civ., 23 nov. 2011, n° 10-24.163 : *AJDI* 2012, 345, obs. M.-P. Dumont-Lefrand). Mais la simulation ou la fraude commise par le bailleur pour éluder le statut des baux commerciaux suspend la prescription biennale pendant la durée du bail et donc l'action en requalification est recevable (■ Cass. 3e civ., 19 nov. 2015, n° 14-13.882). La demande du locataire-gérant tendant à la reconnaissance du statut des baux commerciaux est soumise à la prescription biennale de l'article L. 145-60 qui court à compter de la conclusion du contrat (■ Cass. com., 11 juin 2013, n° 12-16.103 : *Loyers et copr.* 2013, comm. 241, obs. E. Chavance). *Seules les actions* exercées sur le fondement du statut des baux commerciaux sont soumises à la prescription biennale (■ Cass. 3e civ., 14 janv. 2016, n° 14-23.134). L'action en fixation du loyer du bail commercial née du maintien en possession du preneur titulaire d'un bail dérogatoire est soumise à la prescription biennale de l'article L. 145-60 du Code de commerce dont le délai court à compter du jour où la demande d'application du statut est formée (■ Cass. 3e civ., 7 juill. 2016, n° 15-19.485 : *Loyers et copr.* 2016, n° 202, obs. E. Chavance). L'action en requalification d'un bail saisonnier en bail commercial est soumise à la prescription biennale (■ Cass. 1re civ., 17 sept. 2020, n° 19-18.435).

3) **Point de départ de la prescription.** Le délai de prescription courre à compter de la conclusion du contrat, peu important que le contrat ait été renouvelé par avenants successifs (■ Cass. 3e civ., 3 déc. 2015, n° 14-19.146. ■ Cass. 3e civ., 14 sept. 2017, n° 16-23.590). Le point de départ de la prescription biennale applicable à la demande tendant à la requalification d'une convention en bail commercial court à compter de la date de la conclusion du contrat (■ Cass. 3e civ., 29 nov. 2018 : *Loyers cet copr.* 2019, n° 35, obs. E. Chavance). S'agissant d'une action du preneur en fixation du prix du loyer renouvelé, le point de départ de la prescription biennale applicable est le jour de la prise d'effet du bail renouvelé, soit pour un bail prolongé, le premier jour du trimestre civil qui a suivi la demande de renouvellement (■ Cass. com., 20 oct. 2016, n° 15-19.940). Le délai de prescription de l'action en résiliation du bail court à compter du jour où le bailleur a eu connaissance des faits lui permettant d'exercer l'action (■ Cass. 3e civ., 24 mai 2017, n° 16-16.541).

4) **Interruption de la prescription.** Avant la réforme de la prescription du 17 juin 2008, l'assignation en référé interrompait le délai de la prescription pendant la durée de l'instance à laquelle il est mis fin par l'ordonnance désignant un expert (■ Cass. 3e civ., 8 juill. 2009, n° 08-13.962 : *JurisData* n° 2009-049096 ; *Loyers et copr.* 2010, comm. 15, obs. Chavance) ; depuis cette réforme de la prescription, celle-ci est suspendue par la procédure de désignation d'un expert judiciaire, et un délai de prescription recommence à courir pour une durée qui ne peut être inférieur à six mois à compter du jour où le rapport d'expert est déposé (■ Cass. 3e civ., 30 mars 2017, n° 16-13.236). La

demande du bailleur, qui n'a pas fait connaître le prix qu'il sollicite dans son congé ou dans la réponse à la demande de renouvellement du preneur, en modification du prix du bail par un acte ultérieur, n'a pas d'effet interruptif de la prescription biennale de l'action en fixation du prix du bail renouvelé qui court à compter de la date d'effet du nouveau bail (■ Cass. 3e civ., 9 juill. 2014, n° 13-15.643).

La caducité d'une première assignation est sans incidence sur l'interruption du délai résultant de l'admission au bénéfice de l'aide juridictionnelle et, à compter de cette admission, la locataire dispose d'un nouveau délai de 2 ans pour agir, de sorte que sa seconde assignation délivrée dans ce délai n'est pas atteinte par la prescription (■ Cass. 3e civ., 7 janv. 2021, n° 19-24.649).

CHAPITRE VI. – DES GÉRANTS-MANDATAIRES

(L. n° 2005-882, 2 août 2005)

Bibliographie : Ferrier, *Le statut de gérant-mandataire issu de la loi n° 2005-882 du 2 août 2005 : LPA* 26 mai 2006, p. 4. • *JCl. Com.*, Fasc. 323, *Contrat de gérance-mandat*, par Ferrier. • *JCl. Contrats. Distribution*, Fasc. 3560, *Gérants mandataires de succursales*, par Cesaro.

Voir : C. trav., art. L. 7321-1 et s. (V. – Intermédiaire du commerce).

Art. L. 146-1 *(L. n° 2005-882, 2 août 2005 ; mod., L. n° 2010-853, 23 juill. 2010)*. **– Les personnes physiques ou morales qui gèrent un fonds de commerce ou un fonds artisanal, moyennant le versement d'une commission proportionnelle au chiffre d'affaires, sont qualifiées de « gérants-mandataires » lorsque le contrat conclu avec le mandant, pour le compte duquel, le cas échéant dans le cadre d'un réseau, elles gèrent ce fonds, qui en reste propriétaire et supporte les risques liés à son exploitation, leur fixe une mission, en leur laissant toute latitude, dans le cadre ainsi tracé, de déterminer leurs conditions de travail, d'embaucher du personnel et de se substituer des remplaçants dans leur activité à leurs frais et sous leur entière responsabilité.**

La mission précise, le cas échéant, les normes de gestion et d'exploitation du fonds à respecter et les modalités du contrôle susceptible d'être effectué par le mandant. Ces clauses commerciales ne sont pas de nature à modifier la nature du contrat.

Le gérant-mandataire est immatriculé au registre du commerce et des sociétés et, le cas échéant, au répertoire des métiers. Le contrat est mentionné à ce registre ou à ce répertoire et fait l'objet d'une publication *(Mots rempl., L. n° 2019-486, 22 mai 2019)* **« sur un support » habilité à recevoir des annonces légales.**

> **Rédaction future.** Le gérant-mandataire est immatriculé au registre du commerce et des sociétés et, le cas échéant, au *(Mots rempl. à compter du 1er janvier 2023, Ord. n° 2021-1189, 15 sept. 2021)* « registre national des entreprises en tant qu'entreprise du secteur des métiers et de l'artisanat ». Le contrat est mentionné à *(Mots rempl. à compter du 1er janvier 2023, Ord. n° 2021-1189, 15 sept. 2021)* « ces registres » et fait l'objet d'une publication *(Mots rempl., L. n° 2019-486, 22 mai 2019)* « sur un support » habilité à recevoir des annonces légales.

Les dispositions du présent chapitre ne sont pas applicables aux professions régies par le chapitre II du titre VIII du livre VII du Code du travail.

Bibliographie : Sur la modification du texte : Auzero : *RTD* 2010, p. 642. • Ferrier : *Lettre distrib.* 9/2010. • Grignon : *Rev. Lamy dr. aff.* 9/2010, p. 135. • Saintourens : *RTD com.* 2010, obs. p. 690.

1) Domaine. La stipulation d'une responsabilité illimitée du gérant en cas de déficit de gestion quelque soit la gravité de sa faute est exclusive du statut de gérance-mandat au sens de l'article L. 146-1 du Code de commerce (■ Cass. 3e civ., 7 déc. 2017, n° 16-25.083).

2) Application dans le temps. Le statut de gérant-mandataire issu de la loi du 2 août 2005 est inapplicable aux contrats en cours (■ Paris, 28 juin 2007, n° S 06/13743. ■ Pau, 29 sept. 2008, n° 4169/08 : *Comm. com. électr.* 2/2009, n° 48, comm. Mathey. ■ Poitiers, 7 sept. 2011 : *Contrats, conc. consom.* 5/2011, n° 118, note Mathey).

3) Conflit de qualifications. Soumettant au statut de « gérant de succursale » visé par le Code du travail celui qui exerce son activité dans les conditions définies à l'article L. 7321-2 du Code du travail, alors qu'était revendiqué par le mandant le statut de gérant-mandataire visé à l'article L. 146-1 du Code de commerce : ■ CA Bourges, 24 juin 2011, n° 10/00139 : *Lettre distrib.* 9/2011. Est un salarié et non un gérant-mandataire au sens de l'article

L. 146-1 du Code de commerce celui qui effectuait un travail sous l'autorité du mandant qui lui avait adressé un avertissement et l'avait menacé d'une remise en cause de leur collaboration si elle recevait de nouvelles plaintes contre un membre du personnel (▪ Cass. soc., 19 sept. 2013, n° 12-17.494). Le fait pour le mandant de veiller à l'application des modes d'organisation et règles communes de gestion du point de vente n'excède pas ce qui est normalement attendu d'un partenaire commercial et ne peut donc être assimilé à l'exercice d'un pouvoir de sanction comparable à celui d'un employeur susceptible de requalifier le gérant-mandataire en salarié (▪ Rennes, 17 janv. 2020, n° 19/05524).

4) **Régime d'affiliation.** Les gérants-mandataires sont affiliés au RSI dans le groupe professionnel artisan ou commerçant, selon qu'est exploité un fonds artisanal ou commercial (Circ. RSI n° 2009/004, 19 janv. 2009).

Art. L. 146-2 *(L. n° 2005-882, 2 août 2005).* – **Le mandant fournit au gérant-mandataire, avant la signature du contrat, toutes informations nécessaires à sa mission, telles que définies par décret, afin de lui permettre de s'engager en connaissance de cause.**

Décret n° 2006-259 du 3 mars 2006

portant application de l'article 19 de la loi n° 2005-882 du 2 août 2005 en faveur des petites et moyennes entreprises et relatif aux informations devant être fournies au gérant-mandataire par le mandant avant la signature du contrat

(Abr. et codifié, D. n° 2007-431, 25 mars 2007. – V. C. com., art. D. 146-1 et D. 146-2).

Sanction. Le manquement à l'obligation légale d'information n'emporte la nullité du contrat que si le consentement du gérant-mandataire a été vicié (▪ CA Reims, 15 mai 2013, n° 12/01268 : *Lettre distrib.* juill.-août 2013, obs. David-Lacas ; *Concurrences* 4-2013, p. 91, obs. Ferrier, qui a cependant été cassé pour avoir prononcé la nullité par des motifs impropres à caractériser par eux-mêmes un vice du consentement (▪ Cass. soc., 18 févr. 2015, n° 13-20.580).

Art. L. 146-3 *(L. n° 2005-882, 2 août 2005).* – **Un accord-cadre conclu entre le mandant et les gérants-mandataires auxquels il est lié par un contrat, ou leurs représentants, fixe notamment le montant de la commission minimale garantie dans tous les contrats de gérance-mandat conclus par ledit mandant. Cette commission minimale tient compte de l'importance de l'établissement et des modalités de son exploitation.**

À défaut d'accord, le ministre chargé des petites et moyennes entreprises fixe cette commission minimale.

Art. L. 146-4 *(L. n° 2005-882, 2 août 2005).* – **Le contrat liant le mandant et le gérant-mandataire peut prendre fin à tout moment dans les conditions fixées par les parties. Toutefois, en cas de résiliation du contrat par le mandant, sauf faute grave de la part du gérant-mandataire, le mandant lui verse une indemnité égale, sauf conditions plus favorables fixées par les parties, au montant des commissions acquises, ou à la commission minimale garantie mentionnée à l'article L. 146-3, pendant les six mois précédant la résiliation du contrat, ou pendant la durée d'exécution du contrat si celle-ci a été inférieure à six mois.**

Bibliographie : Mouly-Guillemaud, *L'évolution du statut de la gérance-mandat par le contrôle de la brutalité de sa rupture : JCP* E 2021, 1158.

1) **Faute grave.** Écartant la qualification, ▪ CA Montpellier, 24 juin 2011, n° 10/02335 : *Lettre distrib.* 9/2011.

2) **Non-renouvellement.** Le non-renouvellement du contrat, qui n'est pas une résiliation, n'ouvre pas droit à l'indemnité prévue à l'article L. 146-4 (▪ CA Agen, 30 juin 2014, n° 13/00450).

3) ***Préavis.*** *Si le régime institué par les articles* L. 146-1 et suivants du Code de commerce prévoit, en son article L. 146-4, le paiement d'une indemnité minimale au profit des gérants-mandataires en cas de résiliation du contrat sans faute grave de leur part, il ne règle en aucune manière la durée du préavis à respecter, que le même texte laisse à la convenance des parties, ce dont il se déduit qu'ont vocation à s'appliquer les règles de responsabilité instituées par l'article L. 442-2 nouveau du même code lorsque le préavis consenti est insuffisant au regard de la durée de la relation commerciale établie entre les parties et des autres circonstances (▪ Cass. com., 2 oct. 2019, n° 18-15.676 : *Lettre distr.* nov. 2019, obs. Mouly-Guillemaud, qui casse ▪ CA Paris, 23 sept. 2016, n° 16/08899 ayant jugé que le contrat de gérance-mandat est soumis aux dispositions spéciales et d'ordre public des articles L. 146-1 et suivants du Code de commerce, qui

prévoient notamment, en cas de résiliation du contrat par le mandant, le paiement d'une indemnité au mandataire ; pour en déduire que les dispositions générales de l'article L. 442-6, I, 5° ancien du Code de commerce, qui instaurent une responsabilité délictuelle et donnent compétence à des juridictions spécialisées, ne s'appliquent pas lors de la cessation des relations dès lors que la rupture immédiate du contrat, si elle peut intervenir à tout moment et sans préavis, est subordonnée, en l'absence de faute grave, au paiement d'une indemnité spécifique. Excluant également l'article L. 442-2, ■ CA Paris, 3 oct. 2019, n° 17/08719).

TITRE V. – DE LA PROTECTION DU SECRET DES AFFAIRES

(Titre créé, L. n° 2018-670, 30 juill. 2018)

CHAPITRE Ier. – DE L'OBJET ET DES CONDITIONS DE LA PROTECTION

Section 1. – De l'information protégée

Art. L. 151-1 *(L. n° 2018-670, 30 juill. 2018)*. – **Est protégée au titre du secret des affaires toute information répondant aux critères suivants :**

1° Elle n'est pas, en elle-même ou dans la configuration et l'assemblage exacts de ses éléments, généralement connue ou aisément accessible pour les personnes familières de ce type d'informations en raison de leur secteur d'activité ;

2° Elle revêt une valeur commerciale, effective ou potentielle, du fait de son caractère secret ;

3° Elle fait l'objet de la part de son détenteur légitime de mesures de protection raisonnables, compte tenu des circonstances, pour en conserver le caractère secret.

Section 2. – De la détention légitime et de l'obtention licite d'un secret des affaires

Art. L. 151-2 *(L. n° 2018-670, 30 juill. 2018)*. – **Est détenteur légitime d'un secret des affaires celui qui en a le contrôle de façon licite.**

Art. L. 151-3 *(L. n° 2018-670, 30 juill. 2018)*. – **Constituent des modes d'obtention licite d'un secret des affaires :**

1° Une découverte ou une création indépendante ;

2° L'observation, l'étude, le démontage ou le test d'un produit ou d'un objet qui a été mis à la disposition du public ou qui est de façon licite en possession de la personne qui obtient l'information, sauf stipulation contractuelle interdisant ou limitant l'obtention du secret.

Art. L. 151-4 *(L. n° 2018-670, 30 juill. 2018)*. – **L'obtention d'un secret des affaires est illicite lorsqu'elle est réalisée sans le consentement de son détenteur légitime et qu'elle résulte :**

1° D'un accès non autorisé à tout document, objet, matériau, substance ou fichier numérique qui contient le secret ou dont il peut être déduit, ou bien d'une appropriation ou d'une copie non autorisée de ces éléments ;

2° De tout autre comportement considéré, compte tenu des circonstances, comme déloyal et contraire aux usages en matière commerciale.

Section 3. – De l'obtention, de l'utilisation et de la divulgation illicites

Art. L. 151-5 *(L. n° 2018-670, 30 juill. 2018)*. – **L'utilisation ou la divulgation d'un secret des affaires est illicite lorsqu'elle est réalisée sans le consentement de son détenteur légitime par une personne qui a obtenu le secret dans les conditions mentionnées à l'article L. 151-4 ou qui agit en violation d'une obligation de ne pas divulguer le secret ou de limiter son utilisation.**

La production, l'offre ou la mise sur le marché, de même que l'importation, l'exportation ou le stockage à ces fins de tout produit résultant de manière significative d'une atteinte au secret des affaires sont également considérés

comme une utilisation illicite lorsque la personne qui exerce ces activités savait, ou aurait dû savoir au regard des circonstances, que ce secret était utilisé de façon illicite au sens du premier alinéa du présent article.

Art. L. 151-6 *(L. n° 2018-670, 30 juill. 2018)*. – L'obtention, l'utilisation ou la divulgation d'un secret des affaires est aussi considérée comme illicite lorsque, au moment de l'obtention, de l'utilisation ou de la divulgation du secret, une personne savait, ou aurait dû savoir au regard des circonstances, que ce secret avait été obtenu, directement ou indirectement, d'une autre personne qui l'utilisait ou le divulguait de façon illicite au sens du premier alinéa de l'article L. 151-5.

Section 4. – Des exceptions à la protection du secret des affaires

Art. L. 151-7 *(L. n° 2018-670, 30 juill. 2018)*. – Le secret des affaires n'est pas opposable lorsque l'obtention, l'utilisation ou la divulgation du secret est requise ou autorisée par le droit de l'Union européenne, les traités ou accords internationaux en vigueur ou le droit national, notamment dans l'exercice des pouvoirs d'enquête, de contrôle, d'autorisation ou de sanction des autorités juridictionnelles ou administratives.

Art. L. 151-8 *(L. n° 2018-670, 30 juill. 2018)*. – À l'occasion d'une instance relative à une atteinte au secret des affaires, le secret n'est pas opposable lorsque son obtention, son utilisation ou sa divulgation est intervenue :

1° Pour exercer le droit à la liberté d'expression et de communication, y compris le respect de la liberté de la presse, et à la liberté d'information telle que proclamée dans la Charte des droits fondamentaux de l'Union européenne ;

2° Pour révéler, dans le but de protéger l'intérêt général et de bonne foi, une activité illégale, une faute ou un comportement répréhensible, y compris lors de l'exercice du droit d'alerte défini à l'article 6 de la loi n° 2016-1691 du 9 décembre 2016 relative à la transparence, à la lutte contre la corruption et à la modernisation de la vie économique ;

3° Pour la protection d'un intérêt légitime reconnu par le droit de l'Union européenne ou le droit national.

Art. L. 151-9 *(L. n° 2018-670, 30 juill. 2018)*. – À l'occasion d'une instance relative à une atteinte au secret des affaires, le secret n'est pas opposable lorsque :

1° L'obtention du secret des affaires est intervenue dans le cadre de l'exercice du droit à l'information et à la consultation des salariés ou de leurs représentants ;

2° La divulgation du secret des affaires par des salariés à leurs représentants est intervenue dans le cadre de l'exercice légitime par ces derniers de leurs fonctions, pour autant que cette divulgation ait été nécessaire à cet exercice.

L'information ainsi obtenue ou divulguée demeure protégée au titre du secret des affaires à l'égard des personnes autres que les salariés ou leurs représentants qui en ont eu connaissance.

CHAPITRE II. – DES ACTIONS EN PRÉVENTION, EN CESSATION OU EN RÉPARATION D'UNE ATTEINTE AU SECRET DES AFFAIRES

Art. L. 152-1 *(L. n° 2018-670, 30 juill. 2018)*. – Toute atteinte au secret des affaires telle que prévue aux articles L. 151-4 à L. 151-6 engage la responsabilité civile de son auteur.

Art. L. 152-2 *(L. n° 2018-670, 30 juill. 2018)*. – Les actions relatives à une atteinte au secret des affaires sont prescrites par cinq ans à compter *(Mots rempl., L. n° 2019-486, 22 mai 2019)* « du jour où le détenteur légitime du secret des affaires a connu ou aurait dû connaître le dernier fait qui en est la cause ».

Section 1. – Des mesures pour prévenir et faire cesser une atteinte au secret des affaires

Art. L. 152-3 *(L. n° 2018-670, 30 juill. 2018)*. – I. – Dans le cadre d'une action relative à la prévention ou la cessation d'une atteinte à un secret des affaires, la juridiction peut, sans préjudice de l'octroi de dommages et intérêts, prescrire, y compris sous astreinte, toute mesure proportionnée de nature à empêcher ou à faire cesser une telle atteinte. Elle peut notamment :

1° Interdire la réalisation ou la poursuite des actes d'utilisation ou de divulgation d'un secret des affaires ;

2° Interdire les actes de production, d'offre, de mise sur le marché ou d'utilisation des produits résultant de manière significative de l'atteinte au secret des affaires ou l'importation, l'exportation ou le stockage de tels produits à ces fins ;

3° Ordonner la destruction totale ou partielle de tout document, objet, matériau, substance ou fichier numérique contenant le secret des affaires concerné ou dont il peut être déduit ou, selon le cas, ordonner leur remise totale ou partielle au demandeur.

II. – La juridiction peut également ordonner que les produits résultant de manière significative de l'atteinte au secret des affaires soient rappelés des circuits commerciaux, écartés définitivement de ces circuits, modifiés afin de supprimer l'atteinte au secret des affaires, détruits ou, selon le cas, confisqués au profit de la partie lésée.

III. – Lorsque la juridiction limite la durée des mesures mentionnées aux 1° et 2° du I, la durée fixée doit être suffisante pour éliminer tout avantage commercial ou économique que l'auteur de l'atteinte au secret des affaires aurait pu tirer de l'obtention, de l'utilisation ou de la divulgation illicite du secret des affaires.

IV. – Sauf circonstances particulières et sans préjudice des dommages et intérêts qui pourraient être réclamés, les mesures mentionnées aux I à III sont ordonnées aux frais de l'auteur de l'atteinte.

Il peut y être mis fin à la demande de l'auteur de l'atteinte lorsque les informations concernées ne peuvent plus être qualifiées de secret des affaires au sens de l'article L. 151-1 pour des raisons qui ne dépendent pas, directement ou indirectement, de lui.

Art. L. 152-4 *(L. n° 2018-670, 30 juill. 2018)*. – Pour prévenir une atteinte imminente ou faire cesser une atteinte illicite à un secret des affaires, la juridiction peut, sur requête ou en référé, ordonner des mesures provisoires et conservatoires dont les modalités sont déterminées par décret en Conseil d'État.

Art. L. 152-5 *(L. n° 2018-670, 30 juill. 2018)*. – Sans préjudice de l'article L. 152-6, la juridiction peut ordonner, à la demande de l'auteur de l'atteinte, le versement d'une indemnité à la partie lésée au lieu des mesures mentionnées aux I à III de l'article L. 152-3 lorsque sont réunies les conditions suivantes :

1° Au moment de l'utilisation ou de la divulgation du secret des affaires, l'auteur de l'atteinte ne savait pas, ni ne pouvait savoir au regard des circonstances, que le secret des affaires avait été obtenu d'une autre personne qui l'utilisait ou le divulguait de façon illicite ;

2° L'exécution des mesures mentionnées aux I à III de l'article L. 152-3 causerait à cet auteur un dommage disproportionné ;

3° Le versement d'une indemnité à la partie lésée paraît raisonnablement satisfaisant.

Lorsque le versement de cette indemnité est ordonné en lieu et place des mesures prévues aux 1° et 2° du I du même article L. 152-3, cette indemnité ne peut être fixée à une somme supérieure au montant des droits qui auraient été dus si l'auteur de l'atteinte avait demandé l'autorisation d'utiliser ledit secret des affaires pour la période pendant laquelle l'utilisation du secret des affaires aurait pu être interdite.

Section 2. – De la réparation d'une atteinte au secret des affaires

Art. L. 152-6 *(L. n° 2018-670, 30 juill. 2018)*. – Pour fixer les dommages et intérêts dus en réparation du préjudice effectivement subi, la juridiction prend en considération distinctement :

1° Les conséquences économiques négatives de l'atteinte au secret des affaires, dont le manque à gagner et la perte subie par la partie lésée, y compris la perte de chance ;

2° Le préjudice moral causé à la partie lésée ;

3° Les bénéfices *réalisés par l'auteur* de l'atteinte au secret des affaires, y compris les économies d'investissements intellectuels, matériels et promotionnels que celui-ci a retirées de l'atteinte.

La juridiction peut, à titre d'alternative et sur demande de la partie lésée, allouer à titre de dommages et intérêts une somme forfaitaire qui tient notamment compte des droits qui auraient été dus si l'auteur de l'atteinte avait demandé l'autorisation d'utiliser le secret des affaires en question. Cette somme n'est pas exclusive de l'indemnisation du préjudice moral causé à la partie lésée.

Section 3. – Des mesures de publicité

Art. L. 152-7 *(L. n° 2018-670, 30 juill. 2018)*. – La juridiction peut ordonner toute mesure de publicité de la décision relative à l'obtention, l'utilisation ou la divulgation illicite d'un secret des affaires, notamment son affichage ou sa publication intégrale ou par extraits dans les journaux ou sur les services de communication au public en ligne qu'elle désigne, selon les modalités qu'elle précise.

Lorsqu'elle ordonne une telle mesure, la juridiction veille à protéger le secret des affaires dans les conditions prévues à l'article L. 153-1.

Les mesures sont ordonnées aux frais de l'auteur de l'atteinte.

Section 4. – Des sanctions en cas de procédure dilatoire ou abusive

Art. L. 152-8 *(L. n° 2018-670, 30 juill. 2018).* – Toute personne physique ou morale qui agit de manière dilatoire ou abusive sur le fondement du présent chapitre peut être condamnée au paiement d'une amende civile dont le montant ne peut être supérieur à 20 % du montant de la demande de dommages et intérêts. En l'absence de demande de dommages et intérêts, le montant de l'amende civile ne peut excéder 60 000 €.

L'amende civile peut être prononcée sans préjudice de l'octroi de dommages et intérêts à la partie victime de la procédure dilatoire ou abusive.

CHAPITRE III. – DES MESURES GÉNÉRALES DE PROTECTION DU SECRET DES AFFAIRES DEVANT LES JURIDICTIONS CIVILES OU COMMERCIALES

Art. L. 153-1 *(L. n° 2018-670, 30 juill. 2018).* – Lorsque, à l'occasion d'une instance civile ou commerciale ayant pour objet une mesure d'instruction sollicitée avant tout procès au fond ou à l'occasion d'une instance au fond, il est fait état ou est demandée la communication ou la production d'une pièce dont il est allégué par une partie ou un tiers ou dont il a été jugé qu'elle est de nature à porter atteinte à un secret des affaires, le juge peut, d'office ou à la demande d'une partie ou d'un tiers, si la protection de ce secret ne peut être assurée autrement et sans préjudice de l'exercice des droits de la défense :

1° Prendre connaissance seul de cette pièce et, s'il l'estime nécessaire, ordonner une expertise et solliciter l'avis, pour chacune des parties, d'une personne habilitée à l'assister ou la représenter, afin de décider s'il y a lieu d'appliquer des mesures de protection prévues au présent article ;

2° Décider de limiter la communication ou la production de cette pièce à certains de ses éléments, en ordonner la communication ou la production sous une forme de résumé ou en restreindre l'accès, pour chacune des parties, au plus à une personne physique et une personne habilitée à l'assister ou la représenter ;

3° Décider que les débats auront lieu et que la décision sera prononcée en chambre du conseil ;

4° Adapter la motivation de sa décision et les modalités de *(Mots rempl., L. n° 2019-222, 23 mars 2019)* « publicité » de celle-ci aux nécessités de la protection du secret des affaires.

Art. L. 153-2 *(L. n° 2018-670, 30 juill. 2018).* – Toute personne ayant accès à une pièce ou au contenu d'une pièce considérée par le juge comme étant couverte ou susceptible d'être couverte par le secret des affaires est tenue à une obligation de confidentialité lui interdisant toute utilisation ou divulgation des informations qu'elle contient.

Dans le cas d'une personne morale, l'obligation prévue au premier alinéa du présent article s'applique à ses représentants légaux ou statutaires et aux personnes qui la représentent devant la juridiction.

Les personnes ayant accès à la pièce ou à son contenu ne sont liées par cette obligation ni dans leurs rapports entre elles ni à l'égard des représentants légaux ou statutaires de la personne morale partie à la procédure.

Les personnes habilitées à assister ou représenter les parties ne sont pas liées par cette obligation de confidentialité à l'égard de celles-ci, sauf dans le cas prévu au 1° de l'article L. 153-1.

L'obligation de confidentialité perdure à l'issue de la procédure. Toutefois, elle prend fin si une juridiction décide, par une décision non susceptible de recours, qu'il n'existe pas de secret des affaires ou si les informations en cause ont entre-temps cessé de constituer un secret des affaires ou sont devenues aisément accessibles.

CHAPITRE IV. – CONDITIONS D'APPLICATION

Art. L. 154-1 *(L. n° 2018-670, 30 juill. 2018).* – Les conditions d'application du présent titre sont fixées par décret en Conseil d'État.

LIVRE DEUXIÈME

DES SOCIÉTÉS COMMERCIALES ET DES GROUPEMENTS D'INTÉRÊT ÉCONOMIQUE

TITRE PREMIER. – DISPOSITIONS PRÉLIMINAIRES

Bibliographie : *Ouvrages.* M. Cozian, A. Viandier et F. Deboissy, *Droit des sociétés*, LexisNexis, 33e éd., 2020. • P. Didier et Ph. Didier, *Droit commercial – Tome 2 Les sociétés commerciales*, Economica, 2011. • Y. Guyon, *Droit commercial général et sociétés*, Economica, 12e éd. 2003. • P. Janin, B. Mercadal, A. Charveriat et A. Couret, *Mémento sociétés commerciales*, éd. Francis Lefebvre, 2020. • P. Le Cannu et B. Dondero, *Droit des sociétés*, Montchrestien, 8e éd., 2019. • M. Menjucq, *Droit international et européen des sociétés*, Montchrestien, 5e éd., 2018. • P. Merle et A. Fauchon, *Sociétés commerciales*, Dalloz, 24e éd., 2020. • P. Mousseron, *Les conventions sociétaires*, LGDJ, 2e éd. 2014. • P. Mousseron et L. Chatain-Autajon, *Droit des sociétés*, Joly, 2e éd. 2013. • D. Vidal, *Droit des sociétés*, 7e éd., LGDJ, 2010. • G. Ripert et R. Roblot, *Traité de droit des affaires – Tome 2 Les sociétés commerciales*, 22e éd. par M. Germain et V. Magnier, LGDJ, 2017.

Articles. D. Bureau, *L'altération des types sociétaires* : in *Mélanges offerts à Paul Didier*, Économica, 2008, p. 57. • P. Le Cannu, *Monsieur de Saint-Janvier ou le dépouillement de l'article 1832 du Code civil* : *Bull. Joly Sociétés* 2012, p. 672. • A. Couret, *L'état du droit des sociétés, 50 ans après la loi du 24 juillet 1966* : *Bull. Joly* 2016, p. 433. • H. Barbier, J.-F. Barbièri, B. Brignon, I. Grossi, I. Parachkévova et M. Roussille, *Les 50 ans de la loi de 1966 sur les sociétés commerciales* : *Dr. sociétés* 2017, p. 6 et s. • L. Godon, *L'éclatement des formes sociales* : *Rev. sociétés* 2017, p. 267. • D. Schmidt, *La société et l'entreprise* : *D.* 2017, p. 2380. • J. Paillusseau, *La mutation de la notion de société et l'intérêt social* : *Rev. sociétés* 2020, p. 523.

Encyclopédies juridiques. Dalloz *Répertoire Sociétés*. • Joly *Sociétés Études et formules*. • *JurisClasseur Sociétés Traité*.

Art. L. 210-1 *(Anc. L. n° 66-537, 24 juill. 1966)*. – **Le caractère commercial d'une société est déterminé par sa forme ou par son objet.**

Sont commerciales à raison de leur forme et quel que soit leur objet, les sociétés en nom collectif, les sociétés en commandite simple, les sociétés à responsabilité limitée et les sociétés par actions.

Bibliographie : A. Dekeuwer, *Le problème des rapports entre la forme et l'objet des sociétés* : *JCP* CI 1977, 12392. • W. Jeandidier, *L'imparfaite commercialité des sociétés à objet civil et à forme commerciale* : *D.* 1979, 7. • M. Chadli, *Étude du principe de correspondance entre la forme et l'objet des sociétés*, thèse Paris X, 1987. • Y. Viala, *La société civile à objet commercial* : *Bull. Joly Sociétés* 2002, 223. • J. Monnet, *L'ouverture du secteur de l'économie sociale et solidaire aux sociétés commerciales* : *Dr. sociétés* 2014, étude 22. • D. Hiez, *La richesse de la loi Économie sociale et solidaire* : *Rev. sociétés* 2015, p. 147. • J.-F. Barbièri, *« Objet passe forme », mais jusques à quand ?* : *Mélanges en l'honneur de J.-J. Daigre*, Joly éditions, 2017, p. 99.

1) Acte de commerce. Les actes même civils par nature accomplis par une société commerciale par la forme sont des actes de commerce ▪ Cass. req., 17 juin 1907 : *S.* 1909, p. 374.

2) Compétence commerciale. La juridiction commerciale est compétente, nonobstant la nature civile du contrat qui unissait les parties, dès lors que le litige oppose deux personnes morales ayant la qualité de commerçante à l'occasion de l'exercice de leur activité statutaire ▪ Cass. com., 10 mars 1998, n° 95-21.580 : *JurisData* n° 1998-001064 ; *Bull. civ.* IV, n° 101 ; *Bull. Joly Sociétés* 1998, p. 665, note J.-J. Daigre.

Art. L. 210-2 *(Anc. L. n° 66-537, 24 juill. 1966).* **– La forme, la durée qui ne peut excéder quatre-vingt-dix-neuf ans, la dénomination sociale, le siège social, l'objet social et le montant du capital social sont déterminés par les statuts de la société.**

Voir : C. civ., art. 1833, p. 2974, art. 1835, p. 2975 et 1838, p. 2975.

Bibliographie : *Sur l'objet.* Y. Chaput, *De l'objet social des sociétés commerciales*, thèse Clermont-Ferrand, 1973. • P. Mousseron, *Le nouveau régime de la capacité contractuelle des sociétés : la boussole de l'objet social : D.* 2016, p. 906.

Sur le nom. A. Viandier, *Les conflits entre cédant et cessionnaire relatifs au nom : RJ com.* 1995, p. 1. • M. Dagot, *Le nom des personnes morales : JCP* 1992, I, 3579.

Sur la durée. R. Libchaber, *Réflexions sur les engagements perpétuels et la durée des sociétés : Rev. sociétés* 1995, p. 437. • P. Le Cannu, *La troublante énigme de la société devenue de fait : Bull. Joly* 2006, p. 565. • J.-Ph. Dom, *La société après son terme statutaire : Mélanges en l'honneur de P. Serlooten*, Dalloz 2015, p. 327.

Statuts et pactes. S. Schiller, *Pactes, statuts, règlement intérieur : quelle hiérarchie ? : Rev. sociétés* 2011, 331. • H. Barbier, *Du discret essor des conventions dérogatoires aux statuts : Bull. Joly Sociétés* 2019, n° 12, p. 1. • G. Le Noach, *Le statutaire et l'extrastatutaire en droit des sociétés*, Dalloz, 2020. • J.-P. Tap, *Les actes dérogatoires aux statuts : Rev. sociétés* 2020, p. 531.

1) **Statuts.** – **Liberté statutaire.** La société étant un contrat, les parties peuvent librement y insérer toutes les dispositions qu'elles jugent nécessaires, sous la seule réserve de ne violer aucune règle d'ordre public. Ainsi par exemple une clause de non-concurrence. ▪ Cass. com., 20 févr. 1979, n° 77-12.874 : *JurisData* n° 1979-097071 ; *D.* 1979, inf. rap. p. 248. Ou une clause d'exclusion d'un associé. ▪ Cass. com., 8 mars 2005 : *JurisData* n° 2005-027475 ; *Bull. Joly Sociétés* 2005, p. 995, note P. Le Cannu ; *D.* 2005, p. 838, obs. A. Lienhard ; *Dr. sociétés* juin 2005, n° 117, obs. J. Monnet ; *Rev. sociétés* 2005, p. 618, note D. Randoux ; *JCP* E 2005, 1046, n° 9, obs. J.-J. Caussain, F. Deboissy et G. Wicker.

Voir : art. L. 227-16, p. 447.

– **Règlement intérieur.** Dès lors que les statuts ont prévu un règlement intérieur ayant force obligatoire pour les associés, celui-ci doit être regardé comme faisant partie du pacte social ▪ Cass. com., 20 oct. 1998, n° 96-20.819 : *Bull. Joly Sociétés* 1999, p. 381, note P. Le Cannu.

2) **Dénomination sociale.** – **Nom patronymique.** L'accord portant sur l'utilisation du nom patronymique d'un associé *[Bordas]* comme dénomination sociale a pour conséquence que ce patronyme devient, en raison de son insertion dans les statuts, un signe distinctif qui s'est détaché de la personne physique qui le porte, pour s'appliquer à la personne morale qu'il distingue et devenir ainsi objet de propriété incorporelle ▪ Cass. com., 12 mars 1985, n° 84-17.163 : *JurisData* n° 1985-000693 ; *D.* 1985, p. 471, note J. Ghestin ; *Gaz. Pal.* 1985, 1, p. 245, note Le Tallec ; *JCP* 1985, II, 20400, concl. Montanier, note G. Bonet ; *Rev. sociétés 1985, p. 607, note G. Parleani.*

– **Dépôt à titre de marque.** Le consentement donné par un associé fondateur, dont le nom est notoirement connu *[Ducasse]*, à l'insertion de son patronyme dans la dénomination d'une société exerçant son activité dans le même domaine, ne saurait, sans accord de sa part et en l'absence de renonciation expresse ou tacite à ses droits patrimoniaux, autoriser la société à déposer ce patronyme à titre de marque pour désigner les mêmes produits ou services ▪ Cass. com., 6 mai 2003, n° 00-18.192 : *JurisData* n° 2003-018973 ; *D.* 2003, p. 2228, note G. Loiseau ; *D.* 2004, somm. p. 265, obs. J.-C. Hallouin ; *Bull. Joly Sociétés* 2003, p. 921, note P. Le Cannu.

– **Concurrence déloyale.** Une société peut s'opposer à l'usage par une autre d'une dénomination sociale, dès lors que cette utilisation est de nature à créer une confusion ▪ Cass. com., 6 janv. 1969, n° 67-12.657 : *Bull. civ.* IV, n° 2 ; *D.* 1969, 454.

3) **Objet social.** La cession de l'hebdomadaire exploité par une société implique nécessairement une modification des statuts si la cession compromet la poursuite de l'objet social ▪ Cass. com., 12 janv. 1988, n° 85-12.666 : *JurisData* n° 1988-000082 ; *Bull. civ.* IV, n° 24 ; *JCP* E 1988, 15240, n° 1, obs. A. Viandier et J.-J. Caussain.

4) **Durée.** Conséquence de l'absence de prorogation. En l'absence de prorogation expresse décidée dans les formes légales ou statutaires, une société est dissoute de plein droit par la survenance du terme. ▪ Cass. com., 12 nov. 1992, n° 91-10.303 : *Bull. Joly Sociétés* 1993, p. 561, note M. Jeantin ; *Rev. sociétés* 1993, p. 571, note P. Le Cannu ; *JCP* E 1993, II, 408, note Y. Guyon ; *Dr. sociétés* 1993, comm. 3, note Th. Bonneau. ▪ Cass. com., 31 janv. 2012, n° 10-24.715 : *Bull. civ.* IV , n° 12 ; *Bull. Joly Sociétés* 2012, n° 179, p. 290, note J.-F. Barbièri. ▪ Cass. com., 13 sept. 2017, n° 16-12.479 : *JurisData* n° 2017-017682 ; Bull. Joly *Sociétés* 2017, p. 594, note J.-F. Barbièri ; *Dr. sociétés* 2017, comm. 184, note H. Hovasse.

– Modalités statutaires de la prorogation. La clause statutaire organisant les modalités de prorogation de la société ne peut être invoquée par les tiers. La prorogation décidée par les associés avant la survenance du terme de la société, quoique sans respecter le délai de consultation prévu par les statuts, est régulière. ▪ Cass. com., 30 juin 2015, n° 14-17.649 : *JCP* E 2015, 970, note M. Caffin-Moi ; *Bull. Joly Sociétés* 2015, p. 416, note J.-F. Barbièri ; *D.* 2015, p. 2401, obs. J.-C. Hallouin ; *Rev. sociétés* 2016, p. 19, note E. Schlumberger.

– Réduction de la durée d'une société. La réduction de la durée d'une société n'a pas pour conséquence d'entraîner sa dissolution anticipée. En conséquence, les clauses statutaires régissant la dissolution ne s'y appliquent pas. ▪ Cass. com., 28 nov. 2018, n° 16-29.053 : *Dr. sociétés* 2019, comm. 22, note H. Hovasse ; *Bull. Joly Sociétés* 2019, p. 11, note J.-Ch. Pagnucco.

Voir : C. civ., art. 1844-6, p. 2978.

Art. L. 210-3 *(Anc. L. n° 66-537, 24 juill. 1966).* **– Les sociétés dont le siège social est situé en territoire français sont soumises à la loi française.**

Les tiers peuvent se prévaloir du siège statutaire, mais celui-ci ne leur est pas opposable par la société si son siège réel est situé en un autre lieu.

Voir : C. civ., art. 1837, p. 2975.

Bibliographie : J.-P. Niboyet, *Existe-t-il vraiment une nationalité des sociétés ? : RDIP* 1927, 404. • L. Mazeaud, *De la nationalité des sociétés : JDI (Clunet)* 1928, p. 30. • J. Frossard, *Un vide législatif : la nationalité des sociétés : D.* 1969, chron. p. 9. • L. Lévy, *La nationalité des sociétés*, LGDJ, 1984. • S. Boulin, *Le siège social*, thèse Paris II, 1985. • M. Menjucq, *Droit international et européen des sociétés*, Montchrestien, 5e éd., 2018.

Voir : bibliographie sous art. L. 236-1 et s., p. 550.

1) Notion de siège social. Le lieu du siège social est celui où l'entreprise a principalement sa direction juridique, financière, administrative et technique, et non celui où elle a seulement une exploitation et des organes de caractère secondaire ▪ Cass. civ., 7 juill. 1947 : *JCP* 1947, II, 3871, note J.-L. ▪ Cass. 2e civ., 15 juill. 1970 : *JurisData* n° 1970-099247 ; *Gaz. Pal.* 1970, 2, p. 289.

2) Transfert de siège dans un autre État membre de l'Union européenne. Arrêt *Daily Mail*. On ne saurait interpréter les articles du traité de Rome relatifs à la liberté d'établissement comme conférant aux sociétés un droit de transférer leur siège dans un autre État membre tout en gardant leur qualité de sociétés de l'État membre selon la législation duquel elles ont été constituées. ▪ CJCE, 27 sept. 1988, aff. 81/87, *Daily Mail* : *Rec. CJCE* 1988, p. 5483 ; *JDI* 1989, p. 428, obs. M.-C. Boutard-Labarde ; *RTD eur.* 1989, p. 260, obs. D. Berlin.

Arrêt *Uberseering*. Le droit communautaire *[art. 43 et 48 CE]* s'oppose à ce que, lorsqu'une société constituée conformément à la législation d'un premier État membre sur le territoire duquel elle a son siège statutaire est réputée, selon le droit d'un second État membre, avoir transféré son siège dans ce second État, ce dernier dénie à ladite société la capacité juridique et, partant, la capacité d'ester en justice devant ses juridictions nationales pour faire valoir les droits tirés d'un contrat conclu avec une société établie dans ce second État ▪ CJCE, 5 nov. 2002, *Uberseering* : *Bull. Joly Sociétés* 2003, p. 452, note M. Luby ; *JCP* G 2003, II, 10032, note M. Menjucq ; *Rev. sociétés* 2003, p. 315, note J.-Ph. Dom ; *Rev. crit. DIP* 2003, p. 508, obs. P. Lagarde.

Arrêt *Cartesio*. En l'état actuel du droit communautaire, les articles 43 CE et 48 CE doivent être interprétés en ce sens qu'ils ne s'opposent pas à une réglementation d'un État membre qui empêche une société constituée en vertu du droit national de cet État membre de transférer son siège dans un autre État membre tout en gardant sa qualité de société relevant du droit national de l'État membre selon la législation duquel elle a été constituée ▪ CJCE, 16 déc. 2008, aff. C-210/06, *Cartésio* : *Bull. Joly Sociétés* 2009, p. 594, note R. Dammann ; *D.* 2009, p. 465, note R. Kovar ; *JCP* E 2009, 1208, note F. Mélin ; *Rev. sociétés* 2009, p. 147, note G. Parleani. – *Adde* A.-S. Cornette de Saint Cyr, *Le transfert de siège social transfrontalier : JCP* E 2009, 1286. – R. Dammann, L. Wynaendts et R. Nader, *La renaissance inattendue de la théorie du siège réel : D.* 2009, p. 574. – G. Jazottes, *Le transfert de siège : statu quo ou revirement ? : Bull. Joly Sociétés* 2009, p. 803.

Arrêt Vale Épitési kft. Les articles 49 et 54 du TFUE s'opposent à une législation nationale qui, tout en admettant les opérations de transformation interne, empêche la transformation transfrontalière d'une société créée dans un autre État membre, en société relevant de son propre droit national. ▪ CJUE, 12 juill. 2012, aff. C-378/10, *Vale Épitési kft* : *JCP* E 2012, 1547, note T. Mastrullo ; *JCP* E 2012, 1622, n° 3, obs. M. Menjucq ; *Dr. sociétés* 2012, n° 18, p. 6, note T. Allain ; *Rev. sociétés* 2012, p. 645, note G. Parleani ; *D.* 2012, p. 3009, note P.-H. Cornac ; *Bull. Joly Sociétés* 2012, p. 735, note R. Dammann, L. Wynaendts et L. Marion.

Arrêt Polbud. Constitue une restriction injustifiée à la liberté d'établissement, la réglementation de l'État membre d'origine qui subordonne à la dissolution et à la liquidation de la société, le transfert du siège statutaire de ladite société vers le territoire d'un autre État membre. ▪ CJUE, 25 oct. 2017, n° C-106/16 : *D.* 2017, p. 2512, note L. D'Avout ; *Dr. sociétés* 2018, étude 4, note I. Barsan ; *Bull. Joly Sociétés* 2018, p. 19, note Th. Mastrullo ; *JCP* E 2018, comm. 1014, note M. Menjucq ; *Rev. sociétés* 2018, p. 47, note G. Parleani ; *Dr. sociétés* 2018, chron. 1, note E. Schlumberger ; *Rev. Europe* 2017, comm. 462, note D. Simon.

Voir également : sous art. L. 210-3, p. 287.

3) Protection du domicile. Les dispositions de la Convention européenne des droits de l'homme sur la protection du domicile sont applicables, *mutatis mutandis*, au siège social de la société. En conséquence, les perquisitions effectuées en l'espèce par la DGCCRF aux sièges et agences des sociétés concernéesconstituent une ingérence dans le droit des sociétés au respect de leur vie privée ; à supposer que le droit d'ingérence puisse aller plus loin pour les locaux commerciaux d'une personne morale, les opérations litigieuses n'étaient pas proportionnées aux buts légitimes recherchés et ont causé aux sociétés un tort moral certain qui doit être réparé : ▪ CEDH, 16 avr. 2002 : *JurisData* n° 2002-191993 ; *Bull. Joly Sociétés* 2002, p. 954, note N. Mathey.

Art. L. 210-4 *(Anc. L. n° 66-537, 24 juill. 1966).* – **Les formalités de publicité exigées lors de la constitution de la société ou en cas d'actes et délibérations postérieurs sont déterminées par décret en Conseil d'État.**

Voir : art. R. 210-16 et s., p. 1678.

Art. L. 210-5 *(Anc. L. n° 66-537, 24 juill. 1966 ; mod., L. n° 2008-776, 4 août 2008).* – **En ce qui concerne les opérations des sociétés à responsabilité limitée et des sociétés par actions intervenues avant le seizième jour de la publication au *Bulletin officiel des annonces civiles et commerciales* des actes et indications soumis à cette publicité, ceux-ci ne sont pas opposables aux tiers qui prouvent qu'ils ont été dans l'impossibilité d'en avoir connaissance.**

Le délai prévu au premier alinéa court à compter de la date de l'inscription des actes et indications au registre du commerce et des sociétés pour les sociétés à responsabilité limitée et les sociétés par actions simplifiées dont l'associé unique, personne physique, assume personnellement la gérance ou la présidence de la société.

Si, dans la publicité des actes et indications concernant les sociétés à responsabilité limitée et les sociétés par actions, il y a discordance entre le texte déposé au registre du commerce et des sociétés et le texte publié au *Bulletin officiel des annonces civiles et commerciales*, ce dernier ne peut être opposé aux tiers ; ceux-ci peuvent toutefois s'en prévaloir, à moins que la société ne prouve qu'ils ont eu connaissance du texte déposé au registre du commerce et des sociétés.

Art. L. 210-6 *(Anc. L. n° 66-537, 24 juill. 1966).* – **Les sociétés commerciales jouissent de la personnalité morale à dater de leur immatriculation au registre du commerce et des sociétés. La transformation régulière d'une société n'entraîne pas la création d'une personne morale nouvelle. Il en est de même de la prorogation.**

Les personnes qui ont agi au nom d'une société en formation avant qu'elle ait acquis la jouissance de la personnalité morale sont tenues solidairement et indéfiniment responsables des actes ainsi accomplis, à moins que la société, après avoir été régulièrement constituée et immatriculée, ne reprenne les engagements souscrits. Ces engagements sont alors réputés avoir été souscrits dès l'origine par la société.

Voir : art. R. 210-1 et s., p. 1675.

Droit commun des sociétés, C. civ., art. 1842 et 1843, p. 2976 ; D. n° 78-704, 3 juill. 1978, art. 6, p. 2987.

Immatriculation au RCS, art. L. 123-1 et s., p. 28, R. 123-35 et s., p. 1591, R. 210-1, p. 1675, R. 123-155 et s., p. 1623.

Transformation de société, C. civ., art. 1844-3, p. 2978.

Bibliographie : *Sur la personnalité morale.* B. Oppetit, *Les rapports des personnes morales et de leurs membres*, thèse Paris, 1963. • J.-P. Gastaud, *Personnalité morale et droit subjectif*, LGDJ, 1976. • J. Pellerin, *La personnalité morale et la forme des groupements volontaires de droit privé : RTD com.* 1981, p. 471. • M. Germain, *Naissance et mort des sociétés, in Études R. Roblot*, LGDJ, 1984, p. 217. • G. Goubeaux, *Personnalité morale, droit des personnes et droit des biens, Études R. Roblot, LGDJ, 1984, p. 199.* • P. Malaurie, *Nature juridique de la personnalité morale* : Defrénois 1990, p. 1068. • C. Freyria, *La personnalité morale à la dérive, in Mél. A. Breton et F. Derrida*, Dalloz, 1991, p. 121. • J. Paillusseau, *Le droit moderne de la personnalité morale : RTD civ.* 1993, p. 705. • L. Dumoulin, *Les droits de la personnalité des personnes morales : Rev. sociétés* 2006, p. 1. • G. Royer, *La Convention EDH et le droit des sociétés : JCP* G 2008, I, 185. • G. Wicker, *La théorie de la personnalité morale depuis la thèse de Bruno Oppetit : Mél. Oppetit*, Litec, 2009, p. 689. • V. Wester-Ouisse, *La jurisprudence et les personnes morales : du propre de l'homme aux droits de l'homme : JCP* G 2009, I, 121.

Sur la société en formation. D. Laroche, *La reprise des engagements pris au nom d'une société en formation : Banque* 1970, p. 1036. • G. Daublon, *Validité des actes et contrats réalisés avant l'immatriculation au registre du commerce : Defrénois* 1977, art. 31193. • E. Paillet, *L'activité de la société en formation : Rev. sociétés* 1980, p. 419. • J. Bonnard, *Le cautionnement des engagements souscrits pour le compte d'une société en formation : Rev. sociétés* 1992, p. 255. • D. Plantamp, *Le point de départ de la période de formation des sociétés commerciales : RTD com.* 1994, p. 1. • C. Lopez, *La responsabilité solidaire et indéfinie des fondateurs : le sort des engagements pris au nom d'une société en formation en cas de défaut de reprise des actes par la société : JCP E* 1998, p. 408. • P. Didier, *L'article 1843 du Code civil ou de la difficulté d'être européen, in Mél. P. Drai*, Dalloz, 2000, p. 549. • R. Besnard Goudet, *La nécessaire qualification de société en formation en matière de reprise des actes : Dr. sociétés* déc. 2001, p. 5. • D. Gibirila, *L'incapacité d'ester en justice d'une société en formation et ses enjeux : RJDA* 2006, p. 915. • C. Bourgeois, *Société en formation et exercice d'une action en justice : enjeux théoriques et pratiques : D.* 2008, p. 1160. • J. Andréani, *Droit des sociétés en formation : un formalisme toujours de mise : Dr. sociétés* 2009, étude 10. • Th. de Ravel d'Esclapon, *Pour une reprise implicite des actes accomplis pour le compte de la société en formation : RTD com.* 2018, p. 1. • E. Guégan, *Les actes de procédure réalisés avant l'immatriculation de la société : Dr. sociétés* 2019, étude 1.

Sur la transformation de sociétés. D. Daublon, *La pérennité des procurations consenties par les représentants légaux d'une société : Defrénois* 1981, art. 32695, p. 945. • A. Batteur, *Le changement de nature juridique des personnes morales : LPA* 27 et 29 juill. 1992. • F. Benac-Schmidt, *Essai sur la notion d'être moral nouveau. Réflexions sur son aspect fiscal : D.* 1992, chron. p. 37. • F.-X. Lucas et J.-C. Parot, *Transformations de sociétés, aspects juridiques et fiscaux : Actes prat. ing. sociétaire* 09-10/2003, p. 6. • M. Menjucq, *Les transformations transfrontalières : Bull. Joly Sociétés* juill. 2018, p. 450. Sur la transformation transfrontalière, V. égal. annot. ss art. L. 236-25 et s., p. 566.

I – SOCIÉTÉ EN FORMATION

1) Engagement personnel des fondateurs. – La loi prévoyant, à défaut de reprise par la société, l'engagement personnel des fondateurs pour les actes passés au nom de la société en formation, le seul fait que le fondateur ait signé un acte « en qualité de représentant de la société » ne peut suffire à le décharger de cet engagement ▪ Cass. com., 8 mars 2005, n° 03-15419 : *Bull. Joly Sociétés* 2005, p. 1142, note B. Saintourens.

– En l'absence d'une société créée de fait, seuls les fondateurs sont tenus par les actes qu'ils ont effectués ▪ Cass. com., 7 avr. 1992, n° 88-19.628 : *Bull. Joly Sociétés* 1992, p. 622, note P. Le Cannu.

2) Reprise des actes.

a) Conditions de la reprise

– **Acte juridique.** Seuls des engagements impliquant des liens de droit peuvent être repris, ce que ne sont pas de simples démarches ou pourparlers ▪ CA Orléans, 22 févr. 1978 : *JurisData* n° 1978-761624 ; *JCP* 1980, II, 19403, obs. Y. Guyon.

– **Acte conclu au nom d'une société en formation.** La reprise d'un acte effectué par un associé *au nom de la société* et non au nom de la société en formation n'est pas opposable au cocontractant. ▪ Cass. com., 18 déc. 1990, n° 89-14.210 : *JurisData* n° 1990-003564 ; *BRDA* 15 mars 1991, p. 10. Est nulle de nullité absolue la convention souscrite non pas au nom d'une société en formation, mais par ladite société, faute pour elle d'avoir acquis la personnalité juridique. ▪ Cass. com., 21 févr. 2012, n° 10-27.630 : *JurisData* n° 2012-002613 ; *JCP* E 2012, n° 1249, p. 35, note R. Mortier ; *Dr. sociétés* 2012, comm. 58, R. Mortier ; *D.* 2012, p. 2690, obs. E. Lamazerolles ; *Bull. Joly Sociétés* 2012, p. 472, note B. Dondero. ▪ Cass. com., 11 juin 2013, n° 11-27.356 : *JurisData* n° 2013-011844 ; *Dr. sociétés* 2013, n° 198, note R. Mortier. ▪ Cass. com., 13 nov. 2013, n° 12-26.158 : *Bull. Joly Sociétés* 2014, p. 67, note A. Constantin. ▪ Cass. com., 21 oct. 2014, n° 13-22.428 : *JurisData* n° 2014-027504 ; *Dr. sociétés* 2015, n° 23, note R. Mortier ; *Rev. sociétés* 2015, p. 30, note S. Prévost. ▪ Cass. 2e civ., 28 sept. 2017, n° 16-20.903 : *JurisData* n° 2017-019402 ; *Dr. sociétés* 2018, comm. 41, note R. Mortier ; *Bull. Joly Sociétés* 2018, p. 26, Th. Ravel d'Esclapon. ▪ Cass. com., 9 janv. 2019, n° 17-15.386 : *Bull. Joly Sociétés* 2019, p. 2019, note J.-F. Barbièri. ▪ Cass. com., 10 juin 2020, n° 18-16.441 : *JurisData* n° 2020-008249 ; *Bull. Joly Sociétés* sept. 2020, p. 7, note Th de Ravel d'Esclapon.

– **Modification du projet de statuts.** Il importe peu que le projet de statuts – SAS, puis SARL – ait été modifié dès lors que la société qui a acquis la personnalité morale était celle pour le compte de laquelle la fondatrice avait déclaré agir. ▪ Cass. com., 13 juill. 2010, n° 09-68.142 : *Bull. Joly Sociétés* 2010, p. 882, note J.-J. Barbieri ; *Dr. sociétés* 2010, p. 16, comm. 196, M.-L. Coquelet.

b) Modalités de la reprise

– **Par une délibération *a posteriori*.** Seule une délibération spéciale de la collectivité des associés *[SA]*, prise sauf clause statutaire contraire à la majorité d'entre eux, constitue l'accomplissement régulier de la formalité exigée par les textes ▪ Cass. com., 12 juill. 2004 : *JurisData* n° 2004-024792 ; *Bull. Joly Sociétés* 2004, p. 1504, note J.-J. Daigre ; *Dr. sociétés* déc. 2004, n° 206, obs. F.-G. Trébulle ; *JCP* E 2004, act. p. 1223. – Le seul fait que les charges financières résultant d'un contrat conclu au nom d'une société en formation aient été intégrées dans les comptes sociaux approuvés par la majorité des associés ne suffit pas à établir sa reprise par la société alors même que cette question, bien qu'elle n'ait pas été traitée, figurait à l'ordre du jour de l'assemblée ■ Cass. com., 22 nov. 2005 : *JurisData* n° 2005-030933 ; *Dr. sociétés* févr. 2006, n° 24, obs. J. Monnet.

– La reprise des engagements souscrits par les personnes ayant agi au nom d'une société en formation ne peut résulter, après immatriculation de celle-ci, que d'une décision prise par les associés ; dans le cas où la société ne comporte qu'un seul associé *[EURL]*, ce dernier est habile à prendre une telle décision aux lieu et place de l'assemblée des associés, celle-ci ne pouvant résulter que d'un acte exprès répertorié dans le registre prévu à cet effet *[C. com., art. L. 223-31]* ■ Cass. com., 31 mai 2005, n° 01-00.720 : *JurisData* n° 2005-028803 ; *Bull. Joly Sociétés* 2006, p. 1417, note H. Lécuyer ; *D.* 2005, p. 1700, obs. A. Lienhard ; *Dr. et patrimoine* sept. 2005, p. 111, obs. D. Poracchia ; *Dr. sociétés* août-sept. 2005, n° 161, obs. J. Monnet ; *JCP* E 2005, 1051.

– **Par un mandat spécial.**

– Est inefficace une clause générale stipulant que tous les engagements qui devront être pris par le gérant dans le cadre de l'objet social pour le compte de la société en formation seront repris par celle-ci dès son immatriculation ■ Cass. com., 21 juill. 1987, n° 86-11.334 : *JurisData* n° 1987-001438 ; *Rev. sociétés* 1987, p. 590, note P. Le Cannu.

– S'agissant de deux engagements nécessaires à l'activité de la société en formation, à savoir la signature du bail commercial et la réalisation de travaux d'aménagement du local loué, la décision de reprise de ces engagements contractés au nom de la société en formation peut résulter d'un mandat donné par l'ensemble des associés postérieurement à ces engagements, mais antérieurement à l'immatriculation de la société ■ Cass. com., 14 janv. 2003, n° 00-12.557 : *JurisData* n° 2003-017369 ; *Bull. Joly Sociétés* 2003, p. 431, note B. Saintourens, p. 483. ■ Cass. com., 1er juill. 2008, n° 07-10.676 : *Bull. Joly Sociétés* 2008, p. 959, note J.-F. Barbièri ; *Dr. sociétés* 2008, n° 254, obs. J. Monnet ; *JCP* E 2008, 2299, note C. Boismain.

– Le fait que tous les associés aient concouru à la conclusion du contrat ne permet pas de considérer que cet acte a été contracté en vertu d'un mandat donné par les futurs associés ■ Cass. com., 6 déc. 2005, n° 03-16.853 : *JurisData* n° 2005-031394 ; *Bull. Joly Sociétés* 2006, p. 517, note P. Le Cannu ; *Dr. sociétés* mars 2006, n° 35, obs. H. Lécuyer.

– ***Par une clause statutaire.*** *Est valablement* repris par une société, dès son immatriculation, le bail commercial consenti à ses fondateurs alors qu'elle était en formation, dès lors qu'une clause statutaire précisait les caractéristiques du bail et indiquait que les fondateurs l'avaient signé pour le compte de la société. ■ Cass. 3e civ., 13 juill. 2011, n° 10-18.640 : *JurisData* n° 2011-014394 ; *Dr. sociétés* 2011, p. 14, comm. 188, R. Mortier.

– **Absence de reprise implicite.** La reprise par une société immatriculée des engagements pris en son nom lors de sa constitution ne peut pas être implicite ainsi, dans le cas d'un prêt, la reprise ne peut résulter de son remboursement par la société ■ Cass. 1re civ., 26 avr. 2000, n° 98-10.917 : *JurisData* n° 2000-001562 ; *Bull. Joly Sociétés* 2000, p. 849, note B. Saintourens ; *D.* 2000, act. jurispr. p. 331, obs. M. Boizard. ■ Cass. 1re civ., 2 oct. 2002, n° 00-10.499 : *JurisData* n° 2002-015659 ; *Bull. Joly Sociétés* 2002, p. 1335, note B. Saintourens ; *D.* 2002, p. 2807, obs. A. Lienhard ; *D.* 2004, somm. p. 267, obs. J.-C. Hallouin ; *Dr. sociétés* 2003, n° 63, note F.-X. Lucas ; *JCP* E 2003, 627, n° 1, obs. J.-J. Caussain, F. Deboissy et G. Wicker ; *Rev. sociétés* 2003, p. 119, note J.-F. Barbièri. ■ Cass. com., 1er avr. 2003, n° 99-12.443 : *JurisData* n° 2003-018728 ; *Bull. Joly Sociétés* 2003, p. 827, note P. Scholer ; *Dr. sociétés* déc. 2003, n° 205, obs. F.-G. Trébulle. ■ Cass. com., 13 déc. 2011, n° 11-10.699 : *JurisData* n° 2011-028484 ; *JCP* E 2011, n° 1003, p. 38 ; *Dr. sociétés* 2012, n° 39, note R. Mortier ; *Bull. Joly Sociétés* 2012, p. 393, note P. Le Cannu. ■ Cass. com., 20 févr. 2019, n° 17-14.242 : *Bull. Joly Sociétés* mai 2019, n° 119t9, p. 6, note Th. Ravel d'Esclapon.

– **Reprise et substitution de contractant.** La société constituée après l'engagement souscrit à titre personnel par l'un de ses associés peut être substituée à celui-ci par la volonté des parties, et indépendamment des modes légaux de reprise, dès lors qu'il est constaté que la société a accompli des actes d'exécution du contrat en adressant au cocontractant des factures, lesquelles portaient la signature, en qualité de directeur de celles-ci, de l'associé primitivement engagé ■ Cass. 2e civ., 14 déc. 2006, n° 04-20.673 : *Dr. sociétés* 2007, n° 23, obs. H. Lécuyer. Lorsqu'un contrat conclu par le fondateur d'une société prévoit que la société se substituera à lui et lorsque le cocontractant et la société immatriculée, ont manifesté leur accord en vue de cette substitution, la société est engagée, même sans respect des formalités de reprise des actes conclus pour le compte d'une société en formation. ■ Cass. com., 21 mars 2018, n° 15-29.377 : *JurisData* n° 2018-004159 ; *RTD com.* 2018, p. 698, note A. Lecourt ; *Dr. sociétés* 2018, comm. 9, note R. Mortier. ■ Cass. com., 15 janv. 2020, n° 17-28.127 : *JurisData* n° 2020-000443 ; *Bull. Joly Sociétés* mai 2020, p. 13, note M. Buchberger ; Dr. sociétés 2020, comm. 91, note R. Mortier ; *D.* 2020, p. 1023, note S. Tisseyre.

c) Effets de la reprise

– **Décharge des fondateurs.** La reprise d'un acte passé pour le compte d'une société en formation décharge les associés ayant passé l'acte, peu important que seul l'un d'entre eux ait été investi du mandat spécial nécessaire à cette reprise ▪ Cass. com., 13 déc. 2005, n° 04-12.528 : *Bull. Joly Sociétés* 2006, p. 518, note P. Le Cannu ; *JCP* E 2006, 1126.

– **Rétroactivité totale.** Viole l'article L. 210-6 la Cour d'appel qui, pour valider le congé, retient qu'à la date du congé, la société n'était pas encore immatriculée et que si l'immatriculation permet à la société de reprendre à son compte dès l'origine les actes passés en son nom, elle ne peut avoir pour effet de priver le bailleur d'un droit acquis dès la notification du congé, alors que du fait de la reprise des engagements pris en son nom, la société était réputée avoir, à la date de la cession du fonds de commerce, et donc à la date de la délivrance du congé, la personnalité morale conférée par l'immatriculation. ▪ Cass. 3e civ., 7 déc. 2011, n° 10-26.726 : *JurisData* n° 2011-027456 ; *Dr. sociétés* 2012, n° 40, note R. Mortier ; *D.* 2012, p. 11, obs. A. Lienhard et p. 1846, obs. M.-P. Dumont-Lefrand ; *Bull. Joly Sociétés* 2012, p. 288, note P. Le Cannu ; *Rev. sociétés* 2012, p. 218, note A. Reygrobellet ; *D.* 2012, p. 2689, obs. E. Lamazerolles ; *AJDI* 2012, 345, obs. M.-P. Dumont-Lefrand. – G. Goffaux Callebaut, *La rétroactivité de la personnalité morale, Retour sur l'arrêt du 7 décembre 2011* : *JCP* E 2013, n° 1512. L'acte d'achat d'un immeuble ayant été régulièrement repris, la société est réputée propriétaire depuis l'origine de la vente ; la date de la reprise est donc indifférente pour apprécier la recevabilité d'une action en garantie. ▪ Cass. 3e civ., 7 avr. 2016, n° 15-10.881 : *JurisData* n° 2016-006382 ; *Bull. Joly Sociétés* 2016, p. 642, note H. Barbier ; *Dr. sociétés* 2016, comm. 100, note H. Hovasse ; *JCP* N 2016, comm. 1221, note Th. De Ravel D'Esclapon ; *Rev. sociétés* 2016, p. 523, note B. Saintourens.

II – SOCIÉTÉ IMMATRICULÉE

3) Autonomie patrimoniale de la personne morale. La société jouissant de la personnalité *morale* a un patrimoine distinct ▪ Cass. 3e civ., 19 janv. 1994, n° 91-16.095 : *Bull. Joly Sociétés* 1994, p. 285, note C. Priéto. – Dès lors qu'il est établi que la filiale disposait d'une trésorerie propre, exploitait un établissement propre et commercialisait sa production auprès d'une clientèle propre, qu'il ne peut être déduit de la centralisation des commandes passées par les sociétés mère et filiale la fictivité de la seconde, que la société créancière savait que les commandes étaient passées pour le compte de la filiale à laquelle elle livrait et facturait, aucune apparence trompeuse n'a été créée ; en conséquence, le créancier ne peut agir directement contre la société mère ▪ Cass. com., 2 déc. 1997, n° 95-17.624 : *Bull. Joly Sociétés* 1998, p. 472, note J.-J. Daigre.

4) Vie privée de la personne morale. Seules les personnes physiques peuvent se prévaloir d'une atteinte à la vie privée au sens de l'article 9 du Code civil ▪ Cass. 1re civ., 17 mars 2016, n° 15-14.072 : *JurisData* n° 2016-004671 ; *D.* 2016, p. 1116, note G. Loiseau ; *Rev. sociétés* 2016, p. 594, note L. Dumoulin ; *D.* 2016, p. 2365, note J.-Cl. Hallouin ; *RTD civ.* 2016, p. 321, note J. Hauser ; *Comm. com. électr.* 2016, comm. 43, note A. Lepage ; *Dr. sociétés* juin 2016, comm. 98, note R. Mortier ; *Bull. Joly Sociétés* 2016, p. 10, note D. Poracchia ; *JCP* E 2016, comm. 1473, note T. Stefania.

5) Liberté d'établissement des personnes morales. – Arrêt *Centros.* Le droit communautaire *[art. 43 et 48 CE]* s'oppose à ce qu'un premier État membre refuse l'immatriculation d'une succursale d'une société constituée en conformité avec la législation d'un second État membre dans lequel elle a son siège sans y exercer d'activités commerciales lorsque la succursale est destinée à permettre à la société en cause d'exercer l'ensemble de son activité dans le premier État où cette succursale sera constituée en évitant d'y constituer une société et en éludant ainsi l'application des règles de constitution des sociétés qui y sont plus contraignantes en matière de libération d'un capital social minimal ▪ CJCE, 9 mars 1999, *Centros : Bull. Joly Sociétés* 1999, p. 705, note J.-P. Dom ; *D. affaires* 1999, p. 550, Err. 666, note M. Menjucq ; *Dr. sociétés* 1999, n° 181, obs. D. Vidal ; *JCP* E 1999, p. 1285, *Rect.* p. 1385, obs. Y. Reinhard ; *JDI (Clunet)* 2000, p. 484, obs. M. Luby.

– Arrêt *Uberseering* : V. sous art. L. 210-3, p. 287.

– Arrêt *Inspire Art.* Le droit communautaire *[art. 43 et 48 CE]* s'oppose à une législation nationale qui soumet l'exercice de la liberté d'établissement à titre secondaire dans cet État, par une société constituée en conformité avec la législation d'un autre État membre, à certaines conditions prévues en droit interne des sociétés pour la constitution de sociétés, relatives au capital minimal et à la responsabilité des administrateurs. Les raisons pour lesquelles la société a été constituée dans le premier État membre ainsi que la circonstance qu'elle exerce ces activités exclusivement ou presque exclusivement dans l'État membre d'établissement ne la privent pas, sauf à établir au cas par cas l'existence d'un abus, du droit d'invoquer la liberté d'établissement garantie par le traité CE ▪ CJCE, 30 sept. 2003, *Inspire Art : Bull. Joly Sociétés* 2003, p. 1308, note M. Menjucq ; *D.* 2004, p. 491, note E. Pataut ; *JCP* E 2004, 251, note V. Magnier.

Art. L. 210-7 *(Anc. L. n° 66-537, 24 juill. 1966).* – Il est procédé à l'immatriculation de la société après vérification par le greffier du tribunal compétent de la régularité de sa constitution dans les conditions prévues par les dispositions législatives et réglementaires relatives au registre du commerce et des sociétés.

Si les statuts ne contiennent pas toutes les énonciations exigées par la loi et les règlements ou si une formalité prescrite par ceux-ci pour la constitution de la société a été omise ou irrégulièrement accomplie, tout intéressé est recevable à demander en justice que soit ordonnée, sous astreinte, la régularisation de la constitution. Le ministère public est habile à agir aux mêmes fins.

Les dispositions des alinéas qui précèdent sont applicables en cas de modification des statuts.

L'action prévue au deuxième alinéa se prescrit par trois ans à compter, soit de l'immatriculation de la société au registre du commerce et des sociétés, soit de l'inscription modificative audit registre et du dépôt, en annexe dudit registre, des actes modifiant les statuts.

Voir : art. R. 210-12 et R. 210-13, p. 1677.

Art. L. 210-8 *(Anc. L. n° 66-537, 24 juill. 1966).* – Les fondateurs de la société, ainsi que les premiers membres des organes de gestion, d'administration, de direction et de surveillance sont solidairement responsables du préjudice causé par le défaut d'une mention obligatoire dans les statuts ainsi que par l'omission ou l'accomplissement irrégulier d'une formalité prescrite par la loi et les règlements pour la constitution de la société.

Les dispositions de l'alinéa précédent sont applicables en cas de modification des statuts, aux membres des organes de gestion, d'administration, de direction, de surveillance et de contrôle, en fonction lors de ladite modification.

L'action se prescrit par dix ans à compter de l'accomplissement de l'une ou l'autre, selon le cas, des formalités visées au quatrième alinéa de l'article L. 210-7.

Voir : art. L. 225-249 et s., p. 426 et R. 210-13, p. 1677.

Fondateur. Est fondateur celui qui a concouru à l'organisation et à la mise en mouvement de la société dès lors que la nature de ce concours permet de lui attribuer une part d'initiative dans la création de l'entreprise ou qui a prêté au véritable promoteur de la société une coopération assez directe, assez étroite et assez constante, impliquant par suite une acceptation consciente des responsabilités inhérentes à la constitution du corps social ▪ Cass. 1re civ., 1er juill. 1930 : *D.* 1931, I, p. 97, note J. Hamel.

Art. L. 210-9 *(Anc. L. n° 66-537, 24 juill. 1966).* – Ni la société ni les tiers ne peuvent, pour se soustraire à leurs engagements, se prévaloir d'une irrégularité dans la nomination des personnes chargées de gérer, d'administrer ou de diriger la société, lorsque cette nomination a été régulièrement publiée.

La société ne peut se prévaloir, à l'égard des tiers, des nominations et cessations de fonction des personnes visées ci-dessus, tant qu'elles n'ont pas été régulièrement publiées.

Voir : sur les obligations des commerçants étrangers : art. L. 122-1 et L. 122-2, p. 27 et art. D. 122-1 à 122-4, p. 1568.

Représentation en justice. Le dirigeant dont la nomination n'a pas été publiée peut représenter la société en justice. ▪ Cass. com., 10 juill. 2012, n° 11-21.395 : *JurisData* n° 2012-015731 ; *Dr. sociétés* 2012, n° 184, note M. Roussille ; *JCP* E 2012, 1688, note M. Roussille.

Art. L. 210-10 *(L. n° 2019-486, 22 mai 2019).* – Une société peut faire publiquement état de la qualité de société à mission lorsque les conditions suivantes sont respectées :

1° Ses statuts précisent une raison d'être, au sens de l'article 1835 du Code civil ;

2° Ses statuts précisent un ou plusieurs objectifs sociaux et environnementaux que la société se donne pour mission de poursuivre dans le cadre de son activité ;

3° Ses statuts *précisent les modalités du suivi* de l'exécution de la mission mentionnée au 2°. Ces modalités *prévoient qu'un comité de mission*, distinct des organes sociaux prévus par le présent livre et devant comporter au moins un salarié, est chargé exclusivement de ce suivi et présente annuellement un rapport joint au rapport de gestion, mentionné à l'article L. 232-1 du présent code, à l'assemblée chargée de l'approbation des comptes de la société. Ce comité procède à toute vérification qu'il juge opportune et se fait communiquer tout document nécessaire au suivi de l'exécution de la mission ;

4° L'exécution des objectifs sociaux et environnementaux mentionnés au 2° fait l'objet d'une vérification par un organisme tiers indépendant, selon des modalités et une publicité définies par décret en Conseil d'État. Cette vérification donne lieu à un avis joint au rapport mentionné au 3° ;

5° La société déclare sa qualité de société à mission au greffier du tribunal de commerce, qui la publie, sous réserve de la conformité de ses statuts aux conditions mentionnées aux 1° à 3°, au registre du commerce et des sociétés, dans des conditions précisées par décret en Conseil d'État.

Voir : C. civ., art. 1835, p. 2975.

Bibliographie : I. Urbain-Parléani, *L'article 1835 et la raison d'être : Rev. sociétés* 2019, p. 575. • D. Poracchia, *De l'intérêt social à la raison d'être des sociétés : Bull. Joly Sociétés* juin 2019, n° 119w8, p. 40. • A. Gaudemet, *La raison d'être, nouvelle défense anti-OPA ? : Bull. Joly Sociétés* janv. 2019, n° 119j0, p. 1. • E. Masset, *L'introduction de nouveaux modèles : Rev. sociétés* 2019, p. 581. • A. Couret, *Le décret du 2 janvier 2020 relatif aux sociétés à mission : Bull. Joly Sociétés* févr. 2020, p. 6. • R. Mortier, *Top départ pour les sociétés à mission : Dr. sociétés* mars 2020, comm. 35. • E. Masset, *Décret n° 2020-1 du 2 janvier 2020 relatif aux sociétés à mission : la fusée peut désormais décoller ! : Rev. sociétés* 2020, p. 207. • S. Martin-Gousset, *La raison d'être des sociétés cotées : une aubaine pour les actionnaires activistes ? : Bull. Joly Sociétés* oct. 2020, p. 49.

Art. L. 210-11 *(L. n° 2019-486, 22 mai 2019)*. **– Lorsque l'une des conditions mentionnées à l'article L. 210-10 n'est pas respectée, ou lorsque l'avis de l'organisme tiers indépendant conclut qu'un ou plusieurs des objectifs sociaux et environnementaux que la société s'est assignée en application du 2° du même article L. 210-10 ne sont pas respectés, le ministère public ou toute personne intéressée peut saisir le président du tribunal statuant en référé aux fins d'enjoindre, le cas échéant sous astreinte, au représentant légal de la société de supprimer la mention « société à mission » de tous les actes, documents ou supports électroniques émanant de la société.**

Art. L. 210-12 *(L. n° 2019-486, 22 mai 2019)*. **– Une société qui emploie au cours de l'exercice moins de cinquante salariés permanents et dont les statuts remplissent les conditions définies au 1° et 2° de l'article L. 210-10 peut prévoir dans ses statuts qu'un référent de mission se substitue au comité de mission mentionné au 3° du même article L. 210-10. Le référent de mission peut être un salarié de la société, à condition que son contrat de travail corresponde à un emploi effectif.**

TITRE II. – DISPOSITIONS PARTICULIÈRES AUX DIVERSES SOCIÉTÉS COMMERCIALES

CHAPITRE I. – DES SOCIÉTÉS EN NOM COLLECTIF

Bibliographie : F. Derrida, *De la nature juridique des sociétés par intérêts depuis la loi du 24 juillet 1966 : Études A. Audinet*, p. 43 et s. • M. Cozian, *Le régime fiscal des sociétés de personnes : Rev. sociétés* 1980, 217. • A. Reygrobellet, *Pour une société en nom collectif... unipersonnelle : D.* 2003, p. 679. • M. Cozian, A. Viandier et F. Deboissy, *Droit des sociétés*, LexisNexis, 33e éd., 2020, nos 1525 et s. • Joly Sociétés, ES 110, *Société en nom collectif*, par J. Lasserre Capdeville et T. de Ravel d'Esclapon. • *JurisClasseur Sociétés Traité*, Fasc. 54-10 et s.

Art. L. 221-1 *(Anc. L. n° 66-537, 24 juill. 1966)*. **– Les associés en nom collectif ont tous la qualité de commerçant et répondent indéfiniment et solidairement des dettes sociales.**

Les créanciers de la société ne peuvent poursuivre le paiement des dettes sociales contre un associé, qu'après avoir vainement mis en demeure la société par acte extrajudiciaire.

Voir : R. 221-10, p. 1681.

Bibliographie : F.-X. Lucas, *Interrogations sur la qualité de commerçant de l'associé en nom, in Mél. A. Honorat*, Éd. Frison-Roche 2000, p. 281. • L. Jobert, *L'obligation des associés aux dettes à l'égard du créancier associé : JCP* E 2005, comm. 445. • J. Monnet, *Qualité de commerçant de l'associé en nom : un repère en discussion : Dr. sociétés* mars 2005, n° 3. • P. Briand, *Retour sur la notion de coobligé : Bull. Joly Sociétés* 2012, p. 676.

1) Qualité de commerçant. Tout associé est commerçant même s'il n'exerce aucune activité au sein de la société ▪ CA Paris, 11 janv. 1990 : *JurisData* n° 1990-020207.

2) Qualité de salarié. Rép. min. Belcourt : *JO* Sénat Q, 28 août 1990, p. 1980, n° 8730 : la qualité de salarié étant incompatible avec celle de commerçant, l'associé d'une SNC ne peut conclure un contrat de travail avec la société. L'associé d'une SNC, commerçant répondant indéfiniment et solidairement des dettes sociales, ne peut être lié à cette société par un contrat de travail ▪ Cass. soc., 14 oct. 2015, n° 14-10.960 : *JurisData* n° 2015-022732 ; *Dr. sociétés* 2016, n° 9, note R. Mortier ; *Bull. Joly Sociétés* 2015, p. 646, note A. Couret ; *Rev. sociétés* 2016, p. 166, note B. Saintourens ; *D.* 2015, p. 2127.

3) Obligation aux dettes sociales. – Associé débiteur subsidiaire et non coobligé. Les associés d'une SNC ne sont pas les coobligés de cette dernière, de sorte qu'il incombe au porteur d'un chèque de rapporter la preuve de la dette sociale dont il leur réclame le paiement, une telle preuve ne pouvant résulter du seul titre exécutoire obtenu contre la société ▪ Cass. com., 20 mars 2012, n° 10-27.340 : *D.* 2012, p. 874, obs. A. Lienhard ; *Dr. sociétés* juin 2012, n° 102, p. 22, note M. Roussille ; *Rev. sociétés* 2012, p. 577, note O. Dexant-de Bailliencourt ; *Bull. Joly Sociétés* 2012, p. 388, note J.-F. Barbièri.

– **Obligation solidaire des associés.** La responsabilité solidaire des associés est cantonnée aux créances de nature sociale, ce qui impose au créancier poursuivant de prouver ce caractère commercial ▪ Cass. civ., 24 oct. 1938 : *DH* 1939, p. 65. Dans la SNC, la solidarité existe indépendamment de tout engagement ou de toute garantie personnelle ▪ Cass. civ., 8 avr. 1903 : *DP* 1903, 1, p. 208.

– **Obligation en cas de cession de titres.** L'associé cédant reste tenu des dettes sociales antérieures à la cession ▪ Cass. civ., 16 mars 1942 : *JCP* 1942, II, 1854. Le cessionnaire est tenu de l'intégralité du passif social, quelle que soit la date de naissance des dettes le composant ▪ Cass. req., 12 mars 1928 : S. 1928, 1, p. 226.

– **Obligation en cas de transformation.** En cas de transformation d'une SNC en SARL, les associés antérieurs à la transformation demeurent tenus des engagements souscrits avant la transformation même s'ils ne sont pas devenus associés de la SARL ▪ CA Paris, 11 déc. 1990 : *JurisData* n° 1990-025724. Il en est même en cas de transformation en SA ▪ CA Paris, 2 juill. 1998 : *JurisData* n° 1990-022361 ; *Bull. Joly Sociétés* 1998, p. 1282, note P. Delebecque.

4) Condamnation de la société. Les associés sont tenus de s'acquitter des sommes que la SNC a été condamnée à payer par une décision de justice devenue irrévocable. ▪ Cass. com., 6 déc. 2017, n° 15-16.993 : *JurisData* n° 2017-025060 ; *Dr. sociétés* 2018, comm. 44, note J. Heinich.

5) Recours contre la société. L'associé qui a acquitté une dette sociale peut en demander le remboursement intégral à la société ▪ Cass. com., 29 oct. 2003, n° 99-21.358 : *RJDA* 2004, n° 327.

6) Procédure. La mise en demeure de la société par acte extrajudiciaire est un préalable indispensable à la poursuite des associés ▪ Cass. com., 17 janv. 2006, n° 04-10.047 : *JurisData* n° 2006-031874 ; *Dr. sociétés* avr. 2006, n° 62, obs. J. Monnet. L'acte extrajudiciaire de mise en demeure d'une SNC ne peut émaner que d'un huissier de justice ▪ Cass. com., 1er juin 1993, n° 91-14.740 : *JurisData* n° 1993-001101 ; *JCP* E 1994, I, 331, n° 12, obs. A. Viandier et J.-J. Caussain. Lorsque la société a été mise en redressement ou en liquidation judiciaire avant l'engagement des poursuites contre les associés en nom, la déclaration de créance qui vaut mise en demeure rend inutile la délivrance d'une mise en demeure par acte extrajudiciaire ▪ Cass. com., 19 déc. 2006, n° 02-21333 : *Bull. Joly Sociétés* 2007, p. 472, note C. Regnault-Mortier ; *D.* 2007, p. 578, obs. P.-M. Le Corre ; *Dr. fisc.* 2007, n° 446 ; *Rev. sociétés* 2007, p. 410, note J.-F. Barbièri. Le titre délivré à l'encontre d'une société n'emporte pas le droit de saisir les biens des associés, fussent-ils tenus indéfiniment et solidairement des dettes sociales, à défaut d'un titre exécutoire contre eux ▪ Cass. 2e civ., 19 mai 1998, n° 96-12.944 : *JurisData* n° 1998-002124 ; *Bull. Joly Sociétés* 1998, p. 1182, note J.-J. Daigre ; *D.* 1998, p. 405, concl. P. Tatu ; *RTD civ.* 1998, p. 750, obs. R. Perrot.

Art. L. 221-2 *(Anc. L. n° 66-537, 24 juill. 1966)*. **– La société en nom collectif est désignée par une dénomination sociale, à laquelle peut être incorporé le nom d'un ou plusieurs associés et qui doit être précédée ou suivie immédiatement des mots « *société en nom collectif* ».**

Voir : *art. L. 221-17, p. 299, L. 222-12, p. 301 et R. 123-238, p. 1641 ; C. civ., art. 1835, p. 2975.*

Art. L. 221-3 *(Anc. L. n° 66-537, 24 juill. 1966)*. **– Tous les associés sont gérants, sauf stipulation contraire des statuts qui peuvent désigner un ou plusieurs gérants, associés ou non, ou en prévoir la désignation par un acte ultérieur.**

Si une personne morale est gérant, ses dirigeants sont soumis aux mêmes conditions et obligations et encourent les mêmes responsabilités civile et pénale que s'ils étaient gérants en leur nom propre, sans préjudice de la responsabilité solidaire de la personne morale qu'ils dirigent.

1) Inapplicabilité du droit du mandat. Le dirigeant social d'une société détenant un pouvoir de représentation de la société d'origine légale, les dispositions du Code civil régissant le mandat n'ont pas vocation à s'appliquer dans les rapports entre la société et son dirigeant. ▪ Cass. com., 18 sept. 2019, n° 16-26.962 : *JurisData* n° 2019-016032 ; *JCP* E 2019, 1531, note Fl. Deboissy ; *Dr. sociétés* 2019, comm. 199, note R. Mortier ; *Bull. Joly Sociétés* janv. 2020, p. 11, D. Poracchia ; *Rev. sociétés* 2020, p. 108, note S. François ; *JCP* E 2019, 1531, note Fl. Deboissy et G. Wicker.

2) Titulaire du pouvoir de donner mandat. Lorsque les statuts ne confèrent pas la qualité de gérant à chacun des associés, seuls les cogérants ont le pouvoir, en leur qualité de gérants de droit, de confier à un tiers le soin de représenter ou faire représenter la société en justice, ce dont il résulte que le mandat donné par la société à un tiers est nul pour avoir été effectué par les associés en cette qualité et en dehors de leurs pouvoirs légaux, la collectivité des associés ne disposant pas du pouvoir de représenter la société et ne pouvant pas déléguer ce pouvoir. ▪ Cass. com., 22 oct. 2013, n° 12-24.658 : *JurisData* n° 2013-023221 ; *Dr. sociétés* 2014, n° 7, note D. Gallois-Cochet ; *Bull. Joly Sociétés* 2014, p. 32, note F.-X. Lucas.

Voir : C. civ., art. 1846, p. 2981.

Art. L. 221-4 *(Anc. L. n° 66-537, 24 juill. 1966)*. **– Dans les rapports entre associés, et en l'absence de la détermination de ses pouvoirs par les statuts, le gérant peut faire tous actes de gestion dans l'intérêt de la société.**

En cas de pluralité de gérants, ceux-ci détiennent séparément les pouvoirs prévus à l'alinéa précédent, sauf le droit pour chacun de s'opposer à toute opération avant qu'elle soit conclue.

Bibliographie : D. Martin, *Les pouvoirs des gérants des sociétés de personnes : RTD com.* 1973, 185. • Sur l'influence de l'ordonnance n° 2016-131 du 10 février 2016 : A. Couret et A. Reygrobellet, *Le droit des sociétés menacé par le nouvel article 1161 du Code civil : D.* 2016, p. 1867. • R. Mortier, *Conflits d'intérêts : pourquoi et comment appliquer aux sociétés le nouvel article 1161 du Code civil ? : Dr. sociétés* 2016, étude 11. • P. Mousseron, *Le nouveau régime de la capacité contractuelle des sociétés : la boussole de l'objet social : D.* 2016, p. 906.

Voir : C. civ., art. 1848, p. 2982.

Art. L. 221-5 *(Anc. L. n° 66-537, 24 juill. 1966)*. **– Dans les rapports avec les tiers, le gérant engage la société par les actes entrant dans l'objet social.**

En cas de pluralité de gérants, ceux-ci détiennent séparément les pouvoirs prévus à l'alinéa précédent. L'opposition formée par un gérant aux actes d'un autre gérant est sans effet à l'égard des tiers, à moins qu'il ne soit établi qu'ils en ont eu connaissance.

Les clauses statutaires limitant les pouvoirs des gérants qui résultent du présent article sont inopposables aux tiers.

Voir : bibliographie citée sous l'article précédent. – C. civ., art. 1849, p. 2982.

Art. L. 221-6 *(Anc. L. n° 66-537, 24 juill. 1966)*. **– Les décisions qui excèdent les pouvoirs reconnus aux gérants sont prises à l'unanimité des associés. Toutefois les statuts peuvent prévoir que certaines décisions sont prises à une majorité qu'ils fixent.**

Les statuts peuvent également prévoir que les décisions sont prises par voie de consultation écrite, si la réunion d'une assemblée n'est pas demandée par l'un des associés.

Voir : art. R. 221-2 à R. 221-4, p. 1679.
C. civ., art. 1852 et s., p. 2982.

Responsabilité. Un dirigeant social condamné pour abus de biens sociaux ne peut se retourner contre la société au nom de laquelle il a cru devoir agir, pour lui faire supporter les conséquences de cette faute qui constitue un acte personnel. ▪ Cass. com., 18 sept. 2019, n° 16-26.962 : *JurisData* n° 2019-016032 ; *JCP* E 2019, 1531, note Fl. Deboissy.

Art. L. 221-7 *(Anc. L. n° 66-537, 24 juill. 1966 ; mod., Ord. n° 2004-1382, 20 déc. 2004 ; Ord. n° 2017-1162, 12 juill. 2017 ; Ord. n° 2020-1142, 16 sept. 2020)*. **– Le rapport de gestion, l'inventaire et les comptes annuels établis par les gérants sont soumis à l'approbation de l'assemblée des associés, dans le délai de six mois à compter de la clôture dudit exercice.**

À cette fin, les documents visés à l'alinéa précédent, le texte des résolutions proposées ainsi que, le cas échéant, le rapport des commissaires aux comptes, les comptes consolidés et le rapport sur la gestion du groupe sont communiqués aux associés dans les conditions et délais déterminés par décret en Conseil d'État. Toute délibération, prise en violation des dispositions du présent alinéa et du décret pris pour son application, peut être annulée.

Toute clause contraire aux dispositions du présent article et du décret pris pour son application est réputée non écrite.

Le I de l'article L. 225-100-1, l'article L. 225-102-1 et, pour les sociétés relevant du chapitre X du présent titre, les articles L. 22-10-35 et L. 22-10-36 s'appliquent au rapport de gestion lorsque l'ensemble des parts sont détenues par des personnes ayant l'une des formes suivantes ou par des sociétés de droit étranger d'une forme juridique comparable : société anonyme, société en commandite par actions, société à responsabilité limitée ou société par actions simplifiée.

Voir : art. L. 238-1, p. 574 ; art. R. 221-6 et R. 221-7, p. 1680.

Art. L. 221-7-1 *(L. n° 2014-1662, 30 déc. 2014 ; mod., Ord. n° 2017-1180, 19 juill. 2017).* **– Le rapport de gestion, l'inventaire et les comptes annuels établis par les gérants sont soumis à l'approbation de l'assemblée des associés, dans le délai de six mois à compter de la clôture dudit exercice.**

À cette fin, les documents visés à l'alinéa précédent, le texte des résolutions proposées ainsi que, le cas échéant, le rapport des commissaires aux comptes, les comptes consolidés et le rapport sur la gestion du groupe sont communiqués aux associés dans les conditions et délais déterminés par décret en Conseil d'État. Toute délibération, prise en violation des dispositions du présent alinéa et du décret pris pour son application, peut être annulée.

Toute clause contraire aux dispositions du présent article et du décret pris pour son application est réputée non écrite.

Le I de l'article L. 225-100-1 et l'article L. 225-102-1 s'appliquent au rapport de gestion lorsque l'ensemble des parts sont détenues par des personnes ayant l'une des formes suivantes ou par des sociétés de droit étranger d'une forme juridique comparable : société anonyme, société en commandite par actions, société à responsabilité limitée ou société par actions simplifiée.

NB : Conformément à l'article 15 de l'ordonnance n° 2017-1180 du 19 juillet 2017, ces dispositions sont applicables aux rapports afférents aux exercices ouverts à compter du 1er août 2017.

Art. L. 221-8 *(Anc. L. n° 66-537, 24 juill. 1966).* **– Les associés non gérants ont le droit, deux fois par an, d'obtenir communication des livres et documents sociaux et de poser par écrit des questions sur la gestion sociale, auxquelles il doit être répondu également par écrit.**

Voir : art. R. 221-8, p. 1680. C. civ., art. 1855, p. 2983.

Bibliographie : H. Lecompte, *Le droit de contrôle des associés non gérants dans les sociétés en nom collectif : Journ. soc.* 1934, 273.

Art. L. 221-9 *(Anc. L. n° 66-537, 24 juill. 1966 ; mod., L. n° 2019-744, 19 juill. 2019).* **– Les associés peuvent nommer un ou plusieurs commissaires aux comptes dans les formes prévues à l'article L. 221-6.**

Sont tenues de désigner un commissaire aux comptes au moins les sociétés qui dépassent, à la clôture de l'exercice social, des chiffres fixés par décret pour deux des critères suivants : le total de leur bilan, le montant hors taxes de leur chiffre d'affaires ou le nombre moyen de leurs salariés au cours d'un exercice.

Même si ces seuils ne sont pas atteints, la nomination d'un commissaire aux comptes peut être demandée en justice par un associé.

Sont également tenues de désigner un commissaire aux comptes, pour un mandat de trois exercices, les sociétés dont un ou plusieurs associés représentant au moins le tiers du capital en font la demande motivée *auprès de la société.*

NB : Conformément à l'article 20 de la loi n° 2019-486 du 22 mai 2019 :

Les présentes dispositions s'appliquent à compter du premier exercice clos postérieurement au 27 mai 2019, lendemain de la publication du décret n° 2019-514 du 24 mai 2019.

Voir : art. D. 221-5, p. 1680.

Art. L. 221-10 *(Abr., Ord. n° 2005-1126, 8 sept. 2005).*

Art. L. 221-11 *(Anc. L. n° 66-537, 24 juill. 1966 ; mod., Ord., n° 2005-1126, 8 sept. 2005).* – **Les documents visés au premier alinéa de l'article L. 221-7, sont mis à la disposition du commissaire aux comptes dans les conditions et délais fixés par décret en Conseil d'État.**

Voir : art. R. 221-6, p. 1680.

Art. L. 221-12 *(Anc. L. n° 66-537, 24 juill. 1966).* – **Si tous les associés sont gérants ou si un ou plusieurs gérants choisis parmi les associés sont désignés dans les statuts, la révocation de l'un d'eux de ses fonctions ne peut être décidée qu'à l'unanimité des autres associés. Elle entraîne la dissolution de la société, à moins que sa continuation ne soit prévue par les statuts ou que les autres associés ne la décident à l'unanimité. Le gérant révoqué peut alors décider de se retirer de la société en demandant le remboursement de ses droits sociaux, dont la valeur est déterminée conformément à l'article 1843-4 du Code civil. Toute clause contraire à l'article 1843-4 dudit code est réputée non écrite.**

Si un ou plusieurs associés sont gérants et ne sont pas désignés par les statuts, chacun d'eux peut être révoqué de ses fonctions, dans les conditions prévues par les statuts ou, à défaut, par une décision des autres associés, gérants ou non, prise à l'unanimité.

Le gérant non associé peut être révoqué dans les conditions prévues par les statuts ou, à défaut, par une décision des associés prise à la majorité.

Si la révocation est décidée sans juste motif, elle peut donner lieu à dommages-intérêts.

Art. L. 221-13 *(Anc. L. n° 66-537, 24 juill. 1966 ; mod., Ord. n° 2019-1067, 21 oct. 2019).* – **Les parts sociales ne peuvent être représentées par des titres négociables. Toute émission réalisée en méconnaissance de cette règle est sanctionnée dans les conditions prévues au premier alinéa de l'article L. 411-1 du Code monétaire et financier.**

Les parts sociales ne peuvent être cédées qu'avec le consentement de tous les associés.

Toute clause contraire aux dispositions du présent article est réputée non écrite.

Voir : C. civ., art. 1841, p. 2975.
Pouvoir des époux : C. civ., art. 1424.

Bibliographie : E. Buttet, *Cession de parts de société en nom collectif : Bull. Joly Sociétés* 1991, p. 889.

1) Effets de la cession de parts. La cession des parts n'emporte pas transmission du solde créditeur du compte courant du cédant ▪ Cass. req., 11 janv. 1932 : *Rev. sociétés* 1932, p. 204. ▪ Cass. com., 30 nov. 2004, n° 01-12.063 : *RJDA* 3/05, n° 262.

2) Agrément. – **Agrément par la société.** L'article 19 de la loi du 24 juillet 1966 *[C. com., art. L. 221-13]* n'impose pas que la société donne son consentement à la cession des parts des associés ▪ Cass. com., 13 févr. 1996, n° 93-21.140 : *JurisData* n° 1996-000392 ; *Bull. Joly Sociétés* 1996, p. 404, note P. Le Cannu.

– **Abus dans l'exercice du droit d'agrément.** L'absence d'exercice du droit d'agrément peut être fautive et engager la responsabilité de l'associé à l'égard de l'associé sollicitant l'agrément. ▪ Cass. com., 6 févr. 2019, n° 17-20.112 : *RTD civ.* 2019, p. 326, note H. Barbier ; *Rev. sociétés* 2019, p. 326, I. Beyneix ; *Bull. Joly Sociétés* mai 2019, n° 119s7, p. 31, note Th. de Ravel d'Esclapon ; *Dr. sociétés* 2019, comm. 84, note J.-F. Hamelin ; *RTD com.* 2019, p. 683, note A. Lecourt ; *D.* 2019, p. 568, note A. Tadros.

– **Sanction** Le défaut d'agrément unanime des associés à la cession des parts sociales d'une SNC n'entraîne pas la nullité de la cession, laquelle est seulement inopposable à la société et aux associés. ▪ Cass. com., 16 mai 2018, n° 16-16.498 : *JurisData* n° 2018-008094 ; *Dr. sociétés* 2018, comm. 142, note C. Coupet ; *RTD com.* 2018, p. 707, note A. Lecourt ; *D.* 2018, p. 2056, note A. Rabreau ; *D.* 2018, p. 1421, note D. Schmidt.

– **Qualité pour agir.** Le cessionnaire ne peut pas invoquer la nullité de la cession en se prévalant du défaut d'agrément de la cession ▪ Cass. com., 24 nov. 2009, n° 08-17.708 : *JurisData* n° 2009-050547 ; *Dr. sociétés* mars 2010, n° 3, 49, comm. M. Roussille.

3) Revendication de la qualité d'associé par le conjoint commun en biens. Il résulte de la combinaison des articles 1832-2, alinéa 3, du Code civil et L. 221-13 du Code commerce que la revendication de la qualité d'associé par le conjoint d'un associé en nom, bien que ne constituant pas une cession, est subordonnée au consentement unanime des autres associés, qui répondent indéfiniment et solidairement des dettes sociales. ▪ Cass. com., 18 nov. 2020, n° 18-21.797 : *JurisData* n° 2020-018945 ; *JCP G* 2021, 232, note D. Gibirila ; *Dr. sociétés*

2021, comm. 3, note R. Mortier ; *Dr. sociétés* 2021, comm. 6, note J.-F. Hamelin ; *Rev. sociétés* 2021, p. 185, note E. Naudin ; *BSJ* 2021, n° 121q6, p. 34, note S. Tisseyre.

4) Contribution aux pertes sociales. Les statuts stipulant que les pertes sociales étaient réparties entre les associés à la clôture de chaque exercice, et aucune clause de l'acte de cession n'imposant au cédant de contribuer aux pertes survenues antérieurement, le cédant, qui n'était plus associé à la date de la clôture de l'exercice, n'était pas tenu de contribuer aux pertes réparties à cette date ▪ Cass. com., 31 mars 2004, n° 00-17.423 : *JurisData* n° 2004-023333 ; *Bull. Joly Sociétés* 2004, p. 1421, note P. Mousseron ; *Dr. sociétés* août-sept. 2004, n° 149, obs. J. Monnet.

Art. L. 221-14 *(Anc. L. n° 66-537, 24 juill. 1966 ; mod., Ord. n° 2014-863, 31 juill. 2014).* **– La cession des parts sociales doit être constatée par écrit. Elle est rendue opposable à la société, dans les formes prévues à l'article 1690 du Code civil. Toutefois, la signification peut être remplacée par le dépôt d'un original de l'acte de cession au siège social contre remise par le gérant d'une attestation de ce dépôt.**

Elle n'est opposable aux tiers qu'après accomplissement de ces formalités et, en outre, après publication des statuts modifiés au registre du commerce et des sociétés ; ce dépôt peut être effectué par voie électronique.

Voir : art. R. 221-9, p. 1680.

Bibliographie : D. Gallois-Cochet, *Ordonnance du 31 juillet 2014 ; dispositions relatives aux SNC et aux SARL : Dr. sociétés* 2014, n° 145.

1) Exigence d'un écrit. En l'absence de tout écrit signé par les parties et constatant la cession des parts sociales, le cessionnaire ne pouvant procéder à aucune des formalités nécessaires pour rendre la cession effective, il peut demander la résolution de la cession sur le fondement du manquement du cédant à son obligation de délivrance ▪ Cass. com., 7 avr. 2009, n° 08-15.593 : *Bull.* IV, n° 57 ; *D.* 2009, p. 1204, obs. A. Lienhard.

2) Exigence d'une publicité au RCS. Tant que la cession des parts n'a pas été inscrite au registre du commerce et des sociétés, l'associé ne peut l'opposer aux tiers, sans qu'il y ait lieu de rechercher si le tiers intéressé en avait eu connaissance autrement ▪ Cass. com., 27 janv. 1998 : *JurisData* n° 1998-000250 ; *Dr. sociétés* 1998, n° 96, note D. Vidal ; *Bull. Joly Sociétés* 1998, p. 546, note P. Le Cannu ; *Rev. sociétés* 1998, p. 556, note P. Didier. – L'absence de mention au registre du commerce et des sociétés de la retraite d'un associé fait présumer de manière irréfragable à l'égard des tiers du maintien de sa qualité d'associé ▪ Cass. com., 10 févr. 1970 : *JurisData* n° 1970-097050 ; *Bull. civ.* IV, n° 50.

3) Exigence d'une signification. Dès lors que les formalités d'opposabilité à l'égard de la société n'ont pas été accomplies antérieurement ou concomitamment au dépôt des actes de cession au greffe du tribunal de commerce, la cession de parts est inopposable aux tiers, peu important par ailleurs la publication de la modification des statuts consécutive à la cession ; le cédant peut par suite faire l'objet d'une procédure collective ▪ Cass. com., 9 juin 1998 : *JurisData* n° 1998-002641 ; *Bull. Joly Sociétés* 1998, p. 1088, note P. Le Cannu ; *Rev. sociétés* 1998, p. 771, note F.-X. Lucas ; *RJ com.* 1999, p. 129, note Y. Chartier. – Prive sa décision de base légale, la cour d'appel qui déclare inopposable à la société une cession de parts, sans rechercher si la signification d'un nantissement à l'initiative d'une banque n'emportait pas signification de ce transfert ▪ Cass. com., 18 oct. 2011, n° 10-21.800 : *JurisData* n° 2011-022345 ; *JCP E* 2011, n° 1019, p. 18, note J.-J. Barbieri ; *Dr. sociétés* 2012, n° 9, note M. Roussille ; *D.* 2011, p. 2655, obs. A. Lienhard ; *Bull. Joly Sociétés* 2012, p. 96, note A. Reygrobellet.

4) Prescription. S'agissant de la cession des parts sociales d'une société en commandite simple, les formalités à accomplir en application de l'article L. 221-14, qui ne constituent pas une obligation née à l'occasion du commerce entre commerçants ou entre commerçants et non-commerçants, ne relèvent pas de la prescription prévue à l'article L. 110-4 du Code de commerce dans sa rédaction antérieure à la loi du 17 juin 2008. ▪ Cass. com., 25 sept. 2012, n° 11-30.018 : *JurisData* n° 2012-021539 ; *JCP E* 2012, 1759, note C. Lebel ; *Dr. sociétés* 2012, n° 208, note D. Gallois-Cochet ; *D.* 2012, p. 2303, obs. A. Lienhard ; *Bull. Joly Sociétés* 2012, p. 870, note F.-X. Lucas.

Art. L. 221-15 *(Anc. L. n° 66-537, 24 juill. 1966).* **– La société prend fin par le décès de l'un des associés, sous réserve des dispositions du présent article.**

S'il ***a été stipulé qu'en cas de mort de l'un des associés,*** **la société continuerait avec son héritier ou seulement avec les associés survivants, ces dispositions sont suivies, sauf à prévoir que pour devenir associé, l'héritier devra être agréé par la société.**

Il en est de même s'il a été stipulé que la société continuerait, soit avec le conjoint survivant, soit avec un ou plusieurs des héritiers, soit avec toute autre personne désignée par les statuts ou, si ceux-ci l'autorisent, par dispositions testamentaires.

Lorsque la société continue avec les associés survivants, l'héritier est seulement créancier de la société et n'a droit qu'à la valeur des droits sociaux de son auteur. L'héritier a pareillement droit à cette valeur s'il a été stipulé que, pour devenir associé il devrait être agréé par la société et si cet agrément lui a été refusé.

Lorsque la société continue dans les conditions prévues au troisième alinéa ci-dessus, les bénéficiaires de la stipulation sont redevables à la succession de la valeur des droits sociaux qui leur sont attribués.

Dans tous les cas prévus au présent article, la valeur des droits sociaux est déterminée au jour du décès conformément à l'article 1843-4 du Code civil.

En cas de continuation et si l'un ou plusieurs des héritiers de l'associé sont mineurs non émancipés, ceux-ci ne répondent des dettes sociales qu'à concurrence des forces de la succession de leur auteur. En outre, la société doit être transformée, dans le délai d'un an, à compter du décès, en société en commandite dont le mineur devient commanditaire. À défaut, elle est dissoute.

Bibliographie : G. Ripert, *La clause de continuation de la société en nom collectif avec les héritiers de l'associé décédé : Rev. gén. dr. com.* 1938, p. 7. • P. Catala, *Le sort des parts sociales au décès de l'associé : Études H. Cabrillac*, 1968, p. 59 et s. • B. Saintourens, *L'héritier de l'associé, in Mél. Bouloc*, Dalloz, 2006, p. 1025.

1) Clause d'option. La clause donnant aux associés survivants, le moment venu, le choix entre plusieurs solutions est valable ▪ Cass. req., 20 juin 1887 : S. 1890, I, p. 515.

2) Clause de commandite. Est également valable la clause qui prévoit la transformation de la société en société en commandite simple ▪ T. civ. Seine, 24 janv. 1961 : *JCP* 1962, II, 12914, note J.-M. Bischoff.

Art. L. 221-16 *(Anc. L. n° 66-537, 24 juill. 1966 ; mod., L. n° 2005-845, 26 juill. 2005).* **– Lorsqu'un jugement de liquidation judiciaire ou arrêtant un plan de cession totale, une mesure d'interdiction d'exercer une profession commerciale ou une mesure d'incapacité est devenu définitif à l'égard de l'un des associés, la société est dissoute, à moins que sa continuation ne soit prévue par les statuts ou que les autres associés ne la décident à l'unanimité.**

Dans le cas de continuation, la valeur des droits sociaux à rembourser à l'associé qui perd cette qualité est déterminée conformément aux dispositions de l'article 1843-4 du Code civil. Toute clause contraire à l'article 1843-4 dudit code est réputée non écrite.

Voir : C. civ., art. 1860, p. 2983.

Bibliographie : J.-P. Storck, *La continuation d'une société par l'élimination d'un associé : Rev. sociétés* 1982, 233.

Redressement judiciaire. Ajoutant aux dispositions de l'article L. 221-16, il est possible d'insérer une clause statutaire prévoyant que le redressement judiciaire frappant un associé lui fera perdre de plein droit cette qualité ; compte tenu de la rédaction de la clause, la perte des droits d'associé s'opère de plein droit par l'effet du redressement judiciaire de l'associé sans être subordonnée au remboursement des droits sociaux ▪ Cass. com., 8 mars 2005, n° 374 F-P+B : *JurisData* n° 2005-027475 ; *Bull. Joly Sociétés* 2005, p. 995, note P. Le Cannu ; *D.* 2005, p. 839, obs. A. Lienhard ; *Dr. sociétés* 2005, n° 117, obs. J. Monnet ; *JCP* E 2005, 1046, n° 9, obs. J.-J. Caussain, F. Deboissy et G. Wicker, confirmant ▪ CA Montpellier, 28 mai 2002, n° 01/01665 : *JurisData* n° 2002-201083 ; *Dr. sociétés* 2003, n° 92, obs. J. Monnet ; *RTD com.* 2003, p. 521, obs. C. Champaud et D. Danet.

Art. L. 221-17 *(Anc. L. n° 66-537, 24 juill. 1966).* **– Les sociétés en nom collectif qui, à la date du 1er avril 1967, utilisaient dans leur raison sociale le nom d'un ou plusieurs associés fondateurs décédés peuvent, par dérogation aux dispositions des articles L. 221-2 et L. 222-3, être autorisées à conserver ce nom dans leur dénomination sociale.**

Un décret en Conseil d'État détermine les conditions auxquelles est subordonnée cette autorisation.

Ce décret fixe en outre les conditions dans lesquelles une opposition peut être formée par les tiers devant les juridictions de l'ordre judiciaire.

CHAPITRE II. – DES SOCIÉTÉS EN COMMANDITE SIMPLE

Bibliographie : Varii auctores, *La société en commandite entre son passé et son avenir*, Litec, coll. « CREDA », 1983. • M. Cozian, A. Viandier et F. Deboissy, *Droit des sociétés*, LexisNexis, 33e éd., 2020, nos 1573 et s. • S. Harmand, Joly Sociétés, EC 090, *Société en commandite simple*. • *JCl. Sociétés-Traité, Société en commandite simple*, Fasc. 62-10 et 62-50 par A. Bougnoux.

Art. L. 222-1 *(Anc. L. n° 66-537, 24 juill. 1966).* – Les associés commandités ont le statut des associés en nom collectif.

Les associés commanditaires répondent des dettes sociales seulement à concurrence du montant de leur apport. Celui-ci ne peut être un apport en industrie.

Voir : statut de l'associé en nom collectif : art. L. 221-1, p. 293.

Art. L. 222-2 *(Anc. L. n° 66-537, 24 juill. 1966).* – Les dispositions relatives aux sociétés en nom collectif sont applicables aux sociétés en commandite simple, sous réserve des règles prévues au présent chapitre.

Voir : art. R. 221-1 à R. 222-2, p. 1679.

Art. L. 222-3 *(Anc. L. n° 66-537, 24 juill. 1966).* – La société en commandite simple est désignée par une dénomination sociale à laquelle peut être incorporé le nom d'un ou plusieurs associés et qui doit être précédée ou suivie immédiatement des mots : « société en commandite simple ».

Art. L. 222-4 *(Anc. L. n° 66-537, 24 juill. 1966).* – Les statuts de la société doivent contenir les indications suivantes :

1° Le montant ou la valeur des apports de tous les associés ;

2° La part dans ce montant ou cette valeur de chaque associé commandité ou commanditaire ;

3° La part globale des associés commandités et la part de chaque associé commanditaire dans la répartition des bénéfices et dans le boni de liquidation.

Art. L. 222-5 *(Anc. L. n° 66-537, 24 juill. 1966).* – Les décisions sont prises dans les conditions fixées par les statuts. Toutefois, la réunion d'une assemblée de tous les associés est de droit, si elle est demandée soit par un commandité, soit par le quart en nombre et en capital des commanditaires.

Art. L. 222-6 *(Anc. L. n° 66-537, 24 juill. 1966).* – L'associé commanditaire ne peut faire aucun acte de gestion externe, même en vertu d'une procuration.

En cas de contravention à la prohibition prévue par l'alinéa précédent, l'associé commanditaire est tenu solidairement avec les associés commandités, des dettes et engagements de la société qui résultent des actes prohibés. Suivant le nombre ou l'importance de ceux-ci, il peut être déclaré solidairement obligé pour tous les engagements de la société ou pour quelques-uns seulement.

Voir : art. R. 222-2, p. 1681.

Bibliographie : R. Demogue, *Du droit de contrôle du commanditaire dans la commandite par intérêts : Ann. dr. com.* 1901, p. 121. • E. Potu, *La défense d'immixtion du commanditaire : Ann. dr. com.* 1910, p. 124 et s. • P. Pic, *La défense d'immixtion du commanditaire : DH* 1933, chron., p. 21. • M.-C. Desdevises, *L'immixtion dans la gestion d'une société : Éco et compta.* déc. 1980, p. 3 et s.

Art. L. 222-7 *(Anc. L. n° 66-537, 24 juill. 1966).* – Les associés commanditaires ont le droit, deux fois par an, d'obtenir communication des livres et documents sociaux et de poser par écrit des questions sur la gestion sociale, auxquelles il doit être répondu également par écrit.

Voir : art. R. 221-8, p. 1680 et R. 222-3, p. 1681.

Art. L. 222-8 *(Anc. L. n° 66-537, 24 juill. 1966).* – I. – Les parts sociales ne peuvent être cédées qu'avec le consentement de tous les associés.

II. – Toutefois, les statuts peuvent stipuler :

1° Que les parts des associés commanditaires sont librement cessibles entre associés ;

2° Que les parts des associés commanditaires peuvent être cédées à des tiers étrangers à la société avec le consentement de tous les commandités et de la majorité en nombre et en capital des commanditaires ;

3° Qu'un associé commandité peut céder une partie de ses parts à un commanditaire ou à un tiers étranger à la société dans les conditions prévues au 2° ci-dessus.

Voir : Pouvoir des époux : *C. civ., art. 1424.*

Conséquences de la cession de parts. – Sur le transfert du compte courant. La cession des parts n'emporte pas transmission du solde créditeur du compte courant du cédant ▪ Cass. req., 11 janv. 1932 : *Rev. sociétés* 1932, p. 204.

– Sur les obligations du cédant. L'associé cédant reste tenu des dettes sociales antérieures à la cession ▪ Cass. civ., 16 mars 1942 : *JCP* 1942, II, 1854. – Le commandité qui cède ses parts sociales reste tenu du solde du compte bancaire dont la société était débitrice au jour de la cession ▪ Cass. com., 4 févr. 1997, n° 95-12.625 : *JurisData* n° 1997-000578 ; *Bull. Joly Sociétés* 1997, p. 476, obs. P. Le Cannu.

– **Sur les obligations du cessionnaire.** Le cessionnaire est tenu de l'intégralité du passif social, quelle que soit la date de naissance des dettes le composant ▪ Cass. req., 12 mars 1928 : *S.* 1928, 1, p. 226.

Art. L. 222-9 *(Anc. L. n° 66-537, 24 juill. 1966)*. – **Les associés ne peuvent, si ce n'est à l'unanimité, changer la nationalité de la société.**

Toutes autres modifications des statuts peuvent être décidées avec le consentement de tous les commandités et de la majorité en nombre et en capital des commanditaires.

Les clauses édictant des conditions plus strictes de majorité sont réputées non écrites.

Voir : art. L. 210-3, p. 287 et bibliographie citée sous cet article.

Art. L. 222-10 *(Anc. L. n° 66-537, 24 juill. 1966)*. – **La société continue malgré le décès d'un commanditaire.**

S'il est stipulé que malgré le décès de l'un des commandités, la société continue avec ses héritiers, ceux-ci deviennent commanditaires lorsqu'ils sont mineurs non émancipés. Si l'associé décédé était le seul commandité et si ses héritiers sont tous mineurs non émancipés, il doit être procédé à son remplacement par un nouvel associé commandité ou à la transformation de la société, dans le délai d'un an à compter du décès. À défaut, la société est dissoute de plein droit à l'expiration de ce délai.

Art. L. 222-11 *(Anc. L. n° 66-537, 24 juill. 1966)*. – **En cas de redressement ou de liquidation judiciaires d'un des associés commandités, d'interdiction d'exercer une profession commerciale ou d'incapacité frappant l'un des associés commandités, la société est dissoute, à moins que, s'il existe un ou plusieurs autres associés commandités, la continuation de la société ne soit prévue par les statuts ou que les associés ne la décident à l'unanimité. Dans ce cas, les dispositions du deuxième alinéa de l'article L. 221-16 sont applicables.**

Voir : art. L. 221-16, p. 299 et C. civ., art. 1843-4, p. 2976.

Art. L. 222-12 *(Mod., L. n° 2003-7, 3 janv. 2003)*. – **Les dispositions de l'article L. 221-17 sont applicables aux sociétés en commandite simple.**

CHAPITRE III. – DES SOCIÉTÉS À RESPONSABILITÉ LIMITÉE (1)

Bibliographie : *Ouvrages.* M. Cozian, A. Viandier et F. Deboissy, *Droit des sociétés*, LexisNexis, 33e éd., 2020, nos 1396 et s.

Encyclopédies juridiques. Joly Sociétés, ES 030, *SARL-Constitution*, ES 040, *SARL-Décisions collectives* et ES 050, SARL-Gérance, par A. Lecourt. • *JCl. Sociétés-Traité, Sociétés à responsabilité limitée*, Fasc. 71-10 et s.

Articles. J. Boukourechliev, *De natura SARL, in Mél. A. Sayag*, Litec, 1997, p. 177. • E. Brocard, *De l'utilité de constituer une SARL ? : Rev. sociétés* 2004, p. 825. • H. Lecuyer, *Commentaire de l'ordonnance du 25 mars 2004 dans ses dispositions relatives aux SARL : LPA* 16 avr. 2004, p. 4. • A. Lienhard, *Les assouplissements du régime de la SARL : D.* 2004, p. 930. • T. Massart, *Aspects sociétaires de l'ordonnance n° 2004-274 du 25 mars 2004 portant simplification du droit et des formalités pour les entreprises : Bull. Joly Sociétés* 2004, p. 743. • J. Monnet, *SARL et ordonnance du 25 mars 2004 : une véritable réforme : Dr. sociétés* 2004, p. 6. • D. Pohé, *La distinction des sociétés à risques limités et des sociétés à risques illimités à l'épreuve des réformes récentes de la SARL : LPA* 1er juin 2007, n° 110, p. 3. • B. Saintourens, *L'attractivité renforcée de la SARL après l'ordonnance n° 2004-274 du 25 mars 2004 : Rev. sociétés* 2004, p. 207. • O. Hernberger et Y. Billon-Grand, *Lettre de mission du conseil pour constituer une SARL : JCP E* 2006, 2674. • L. Jobert, Le principe de *responsabilité limitée : Bull. Joly Sociétés* 2007, p. 225.

Art. L. 223-1 *(Anc. L. n° 66-537, 24 juill. 1966 ; mod., L. n° 2005-882, 2 août 2005 ; L. n° 2008-776, 4 août 2008)*. – **La société à responsabilité limitée est instituée par une ou plusieurs personnes qui ne supportent les pertes qu'à concurrence de leurs apports.**

Lorsque la société ne comporte qu'une seule personne, celle-ci est dénommée « associé unique ». L'associé unique exerce les pouvoirs dévolus à l'assemblée des associés par les dispositions du présent chapitre. Un décret

(1) Dispositions applicables en Nouvelle-Calédonie et dans les îles Wallis et Futuna : V. Ord. n° 2011-322, 24 mars 2011, art. 1er, 1° et 2, 1°.

fixe un modèle de statuts types de société à responsabilité limitée dont l'associé unique, personne physique, assume personnellement la gérance et les conditions dans lesquelles ces statuts sont portés à la connaissance de l'intéressé. Ces statuts types s'appliquent à moins que l'intéressé ne produise des statuts différents lors de sa demande d'immatriculation de la société.

La société à responsabilité limitée dont l'associé unique, personne physique, assume personnellement la gérance est soumise à des formalités de publicité allégées déterminées par décret en Conseil d'État. Ce décret prévoit les conditions de dispense d'insertion au *Bulletin officiel des annonces civiles et commerciales*.

La société est désignée par une dénomination sociale, à laquelle peut être incorporé le nom d'un ou plusieurs associés, et qui doit être précédée ou suivie immédiatement des mots « société à responsabilité limitée » ou des initiales « SARL » et de l'énonciation du capital social.

Les sociétés d'assurance, de capitalisation et d'épargne ne peuvent adopter la forme de société à responsabilité limitée.

Voir : **EURL : Statuts types d'EURL dont l'associé personne physique est gérant,** art. D. 223-2, p. 1681. Dispense d'insertion au *BODACC*, art. R. 123-155, p. 1623 et R. 123-159, p. 1624.

Sociétés d'exercice libéral à responsabilité limitée, L. n° 90-1258, 31 déc. 1990.

Bibliographie : *Sur l'EURL.* P. Serlooten, *L'entreprise unipersonnelle à responsabilité limitée : D.* 1985, 187. • B. Maubru, *Abus de droit et fictivité des sociétés à l'épreuve de l'EURL : JCP* N 1986, I, p. 435 et s. • *L'entreprise unipersonnelle à responsabilité limitée, journée d'étude de l'Institut de droit de l'entreprise de Poitiers : JCP* E 1986, II, 14756. • J. Paillusseau, *L'EURL ou des intérêts pratiques et des conséquences théoriques de la société unipersonnelle : JCP* G 1986, I, 3242. • G. Flores et J. Mestre, *L'entreprise unipersonnelle à responsabilité limitée : Rev. sociétés* 1986, 15 et s. • J.-J. Daigre, *L'EURL : LPA* 21 févr. 1986, n° 23, p. 21. • T. Bonneau, *L'associé unique d'une entreprise unipersonnelle à responsabilité limitée peut-il être une association ? : Dr. sociétés* avr. 1995, p. 3. • Y. Chaput et *alii*, *L'EURL, Droit pratique et perspectives*, Litec, 2003.

Les associés de société à responsabilité limitée supportent les pertes sociales à concurrence de leurs apports. Après la clôture de la liquidation de la société, l'ancien associé est tenu à l'égard des créanciers sociaux dans la mesure de ce qu'il a pu percevoir indûment à l'occasion des opérations de partage. ▪ Cass. com., 8 oct. 2013, n° 12-24.825 : *Juris-Data* n° 2013-022138 ; *D.* 2013, p. 2397, obs. A. Lienhard ; *Dr. sociétés* 2014, n° 6, note D. Gallois-Cochet ; *D.* 2014, p. 2434, note A. Rabreau.

Art. L. 223-2 *(L. n° 2003-721, 1er août 2003).* **– Le montant du capital de la société est fixé par les statuts. Il est divisé en parts sociales égales.**

Voir : art. L. 231-1 et s., p. 516.

SARL à capital variable. Il est possible d'insérer dans les statuts d'une SARL une clause de variabilité du capital : Rép. min. Souvet n° 12626 : *Bull. Joly Sociétés* 1999, p. 921.

Art. L. 223-3 *(Ord. n° 2004-274, 25 mars 2004).* **– Le nombre des associés d'une société à responsabilité limitée ne peut être supérieur à cent. Si la société vient à comprendre plus de cent associés, elle est dissoute au terme d'un délai d'un an à moins que, pendant ce délai, le nombre des associés soit devenu égal ou inférieur à cent ou que la société ait fait l'objet d'une transformation.**

Art. L. 223-4 *(Anc. L. n° 66-537, 24 juill. 1966).* **– En cas de réunion en une seule main de toutes les parts d'une société à responsabilité limitée, les dispositions de l'article 1844-5 du Code civil relatives à la dissolution judiciaire ne sont pas applicables.**

Art. L. 223-5 *(Abr., Ord. n° 2014-863, 31 juill. 2014).*

Bibliographie : D. Gallois-Cochet, *Ordonnance du 31 juillet 2014 ; dispositions relatives aux SNC et aux SARL : Dr. sociétés* 2014, n° 145. • B. Dondero, *L'ordonnance du 31 juillet 2014 relative au droit des sociétés : D.* 2014, p. 1885.

Art. L. 223-6 *(Anc. L. n° 66-537, 24 juill. 1966).* **– Tous les associés doivent intervenir à l'acte constitutif de la société, *en personne ou par mandataire justifiant d'un pouvoir spécial*.**

Voir : art. R. 210-5, p. 1676, R. 223-1, p. 1681.

Art. L. 223-7 *(Anc. L. n° 66-537, 24 juill. 1966 ; mod., L. n° 2001-420, 15 mai 2001).* **– Les parts sociales doivent être souscrites en totalité par les associés. Elles doivent être intégralement libérées lorsqu'elles représentent des apports en nature. Les parts représentant des apports en numéraire doivent être**

libérées d'au moins un cinquième de leur montant. La libération du surplus intervient en une ou plusieurs fois sur décision du gérant, dans un délai qui ne peut excéder cinq ans à compter de l'immatriculation de la société au registre du commerce et des sociétés. Toutefois, le capital social doit être intégralement libéré avant toute souscription de nouvelles parts sociales à libérer en numéraire, à peine de nullité de l'opération.

Le cas échéant, les statuts déterminent les modalités selon lesquelles peuvent être souscrites des parts sociales en industrie.

La répartition des parts sociales est mentionnée dans les statuts.

Les fonds provenant de la libération des parts sociales sont déposés dans les conditions et délais déterminés par décret en Conseil d'État.

Voir : R. 223-3, p. 1682.

Bibliographie : J.-M. Bahans, *La libération du capital des SARL à capital variable : RJ com.* 1999, p. 310. • J.-P. Dom, *Les dispositions relatives à la libération du capital des SARL et des sociétés à capital variable : Bull. Joly Sociétés* 2001, p. 758. • P. Le Cannu, *Les apports à une SARL : Rev. sociétés* 2001, p. 633. • L. Nurit-Pontier, *La libération partielle du capital social : un choix pertinent pour les sociétés dispensées de capital minimum ? : D.* 2011, p. 828.

Toute personne qui, aux termes des statuts, a souscrit des parts sociales et effectué l'apport correspondant, a la qualité d'associé et peut exercer les droits et actions qui s'y attachent, peu important les conditions dans lesquelles cet apport a été financé ■ Cass. com., 20 sept. 2016, n° 14-28.107 : *JurisData* n° 2016-018974 ; *JCP* E 2017, comm. 1016, note I. Beyneix ; *Gaz. Pal.* 28 oct. 2016, n° 38, p. 69, note B. Dondero ; *Rev. sociétés* 2017, p. 25, note A. Lecourt ; *Dr. sociétés* 2016, comm. 202, note R. Mortier.

Art. L. 223-8 *(Anc. L. n° 66-537, 24 juill. 1966 ; mod., Ord. n° 2004-274, 25 mars 2004).* **– Le retrait des fonds provenant de la libération des parts sociales ne peut être effectué par le mandataire de la société, avant l'immatriculation de celle-ci au registre du commerce et des sociétés.**

Si la société n'est pas constituée dans le délai de six mois à compter du premier dépôt de fonds, ou si elle n'est pas immatriculée au registre du commerce et des sociétés dans le même délai, les apporteurs peuvent individuellement demander en justice l'autorisation de retirer le montant de leurs apports. Dans les mêmes cas, un mandataire, dès lors qu'il représente tous les apporteurs, peut demander directement au dépositaire le retrait des fonds.

Si les apporteurs décident ultérieurement de constituer la société, il doit être procédé à nouveau au dépôt des fonds.

Voir : art. R. 223-4 et R. 223-5, p. 1682. Comp. art. L. 225-11, p. 333, pour les sociétés anonymes.

Art. L. 223-9 *(Anc. L. n° 66-537, 24 juill. 1966 ; mod., L. n° 2010-658, 15 juin 2010 ; L. n° 2016-1691, 9 déc. 2016).* **– Les statuts doivent contenir l'évaluation de chaque apport en nature. Il y est procédé au vu d'un rapport annexé aux statuts et établi sous sa responsabilité par un commissaire aux apports désigné à l'unanimité des futurs associés ou à défaut par une décision de justice à la demande du futur associé le plus diligent.**

Toutefois, les futurs associés peuvent décider à l'unanimité que le recours à un commissaire aux apports ne sera pas obligatoire, lorsque la valeur d'aucun apport en nature n'excède un montant fixé par décret et si la valeur totale de l'ensemble des apports en nature non soumis à l'évaluation d'un commissaire aux apports n'excède pas la moitié du capital.

Lorsque la société est constituée par une seule personne, le commissaire aux apports est désigné par l'associé unique. Toutefois le recours à un commissaire aux apports n'est pas obligatoire si les conditions prévues à l'alinéa ***précédent sont réunies*** **ou si l'associé unique, personne physique, exerçant son activité professionnelle en nom propre avant la constitution de la société, y compris sous le régime prévu aux articles L. 526-6 à L. 526-21, apporte des éléments qui figuraient dans le bilan de son dernier exercice.**

Lorsqu'il n'y a pas eu de commissaire aux apports ou lorsque la valeur retenue est différente de celle proposée par le commissaire aux apports, les associés sont solidairement responsables pendant cinq ans, à l'égard des tiers, de la valeur attribuée aux apports en nature lors de la constitution de la société.

Voir : art. L. 223-33, p. 325 et R. 223-6, p. 1683.
Sanctions pénales : art. L. 241-3, 1°, p. 581, L. 241-9, p. 582.

Bibliographie : J.-M. Robert, *Réflexions sur le délit de majoration frauduleuse d'apports en nature : D.* 1974, chron. 97. • Heuchon, *Les problèmes pratiques du commissariat aux apports : Journ. agréés* 1976, 3. • M. Petitjean, *Le rapport du commissaire aux apports : JCP* E 2004, 1737.

Art. L. 223-10 *(Anc. L. n° 66-537, 24 juill. 1966).* – Les premiers gérants et les associés auxquels la nullité de la société est imputable, sont solidairement responsables, envers les autres associés et les tiers, du dommage résultant de l'annulation. L'action se prescrit par le délai prévu au premier alinéa de l'article L. 235-13.

Art. L. 223-11 *(Ord. n° 2004-274, 25 mars 2004 ; mod., L. n° 2004-1343, 9 déc. 2004 ; Ord. n° 2009-80, 22 janv. 2009 ; L. n° 2019-486, 22 mai 2019 ; Ord. n° 2019-1067, 21 oct. 2019).* – Une société à responsabilité limitée, ayant désigné un commissaire aux comptes et dont les comptes des trois derniers exercices de douze mois ont été régulièrement approuvés par les associés, peut émettre des obligations nominatives à condition qu'elle ne procède pas à une offre au public de ces obligations ou qu'elle procède à une offre mentionnée au 1° de l'article L. 411-2 du Code monétaire et financier.

L'émission d'obligations est décidée par l'assemblée des associés conformément aux dispositions applicables aux assemblées générales d'actionnaires. Ces titres sont soumis aux dispositions applicables aux obligations émises par les sociétés par actions, à l'exclusion de celles prévues par les articles L. 228-39 à L. 228-43 et L. 228-51.

Le non-respect de l'une des conditions édictées aux alinéas précédents est sanctionné par la nullité des contrats conclus ou des obligations émises.

À peine de nullité de la garantie, il est interdit à une société à responsabilité limitée de garantir une émission de valeurs mobilières, sauf si l'émission est faite par une société de développement régional ou s'il s'agit d'une émission d'obligations bénéficiant de la garantie subsidiaire de l'État.

Bibliographie : A. Thobie, *Pour la consécration légale des obligations donnant accès à des parts sociales de SARL : Bull. Joly Sociétés* 2021, n° 121v2, p. 57.

Voir : art. R. 223-7, p. 1683.
Sanctions pénales : art. L. 241-2, p. 581, L. 241-9, p. 582.

Art. L. 223-12 *(Anc. L. n° 66-537, 24 juill. 1966 ; mod., Ord. n° 2019-1067, 21 oct. 2019).* – Les parts sociales ne peuvent être représentées par des titres négociables. Toute émission réalisée en méconnaissance de cette règle est sanctionnée dans les conditions prévues au premier alinéa de l'article L. 411-1 du Code monétaire et financier.

Art. L. 223-13 *(Anc. L. n° 66-537, 24 juill. 1966 ; mod., Ord. n° 2004-274, 25 mars 2004 ; L. n° 2004-1343, 9 déc. 2004).* – Les parts sociales sont librement transmissibles par voie de succession ou en cas de liquidation de communauté de biens entre époux et librement cessibles entre conjoints et entre ascendants et descendants.

Toutefois, les statuts peuvent stipuler que le conjoint, un héritier, un ascendant ou un descendant ne peut devenir associé qu'après avoir été agréé dans les conditions prévues à l'article L. 223-14. À peine de nullité de la clause, les délais accordés à la société pour statuer sur l'agrément ne peuvent être plus longs que ceux prévus à l'article L. 223-14, et la majorité exigée ne peut être plus forte que celle prévue audit article. En cas de refus d'agrément, il est fait application des dispositions des troisième et quatrième alinéas de l'article L. 223-14. Si aucune des solutions prévues à ces alinéas n'intervient dans les délais impartis, l'agrément est réputé acquis.

Les statuts peuvent stipuler qu'en cas de décès de l'un des associés la société continuera avec son héritier ou seulement avec les associés survivants. Lorsque la société continue avec les seuls associés survivants, ou lorsque l'agrément a été refusé à l'héritier, celui-ci a droit à la valeur des droits sociaux de son auteur.

Il peut aussi être stipulé que la société continuera, soit avec le conjoint survivant, soit avec un ou plusieurs des héritiers, soit avec toute autre personne désignée par les statuts ou, si ceux-ci l'autorisent, par dispositions testamentaires.

Dans les cas prévus au présent article, la valeur des droits sociaux est déterminée au jour du décès conformément à l'article 1843-4 du Code civil.

Bibliographie : J. Richard, *L'application d'une clause d'agrément des héritiers de l'associé décédé d'une SARL : Dr. sociétés* avr. 1990, p. 1. • A. Lecourt, *Le nouveau régime de la transmission des parts sociales de la SARL suite au décès d'un associé : Dr. sociétés* avr. 2005, p. 7. • B. Saintourens, *L'héritier de l'associé, in Mél. Bouloc*, Dalloz 2006, p. 1025.

L'héritier d'un associé décédé ne devient associé qu'à compter de son agrément. Aucune disposition n'interdit au gérant de convoquer une assemblée tant que la procédure d'agrément est pendante, et il n'appartient pas à la société de solliciter la désignation d'un mandataire pour le compte de la dévolution successorale. ▪ Cass. com., 3 mai 2018, n° 15-20.851 : *JurisData* n° 2018-007157 ; *Dr. sociétés* 2018, comm. 22, note C. Coupet ; *Rev. sociétés* 2018, p. 658, note J. Heinich ; *RTD com.* 2018, p. 711, note A. Lecourt ; *Bull. Joly Sociétés* 2018, p. 425, note Cl.-A. Michel ; *Dr. sociétés* 2018, chron. 1, note Estelle Naudin et F. Collard ; *D.* 2018, p. 2056, note A. Rabreau ; *Gaz. Pal.* 25 sept. 2018, n° 331t7, p. 63, K. Rodriguez. L'héritier non agréé n'a pas la qualité d'associé et n'a pas à être convoqué à l'assemblée générale statuant sur le rachat des parts transmises par voie successorale. En outre, la nullité d'une délibération pour irrégularité de l'assemblée étant relative et seuls les associés ayant qualité pour exercer cette action, une telle action est fermée à l'héritier non agréé. ▪ Cass. com., 27 mars 2019, n° 17-23.886 : *Dr. sociétés* 2019, comm. 125, note J.-F. Hamelin ; *RTD com.* 2019, p. 686, note A. Lecourt ; *Bull. Joly Sociétés* 2019, n° 119y1, p. 38, note J.-M. Moulin.

Art. L. 223-14 *(Anc. L. n° 66-537, 24 juill. 1966 ; mod., L. n° 2003-721, 1er août 2003 ; Ord. n° 2004-274, 25 mars 2004).* **– Les parts sociales ne peuvent être cédées à des tiers étrangers à la société qu'avec le consentement de la majorité des associés représentant au moins la moitié des parts sociales, à moins que les statuts prévoient une majorité plus forte.**

Lorsque la société comporte plus d'un associé, le projet de cession est notifié à la société et à chacun des associés. Si la société n'a pas fait connaître sa décision dans le délai de trois mois à compter de la dernière des notifications prévues au présent alinéa, le consentement à la cession est réputé acquis.

Si la société a refusé de consentir à la cession, les associés sont tenus, dans le délai de trois mois à compter de ce refus, d'acquérir ou de faire acquérir les parts à un prix fixé dans les conditions prévues à l'article 1843-4 du Code civil, sauf si le cédant renonce à la cession de ses parts. Les frais d'expertise sont à la charge de la société. À la demande du gérant, ce délai peut être prolongé par décision de justice, sans que cette prolongation puisse excéder six mois.

La société peut également, avec le consentement de l'associé cédant, décider, dans le même délai, de réduire son capital du montant de la valeur nominale des parts de cet associé et de racheter ces parts au prix déterminé dans les conditions prévues ci-dessus. Un délai de paiement qui ne saurait excéder deux ans peut, sur justification, être accordé à la société par décision de justice. Les sommes dues portent intérêt au taux légal en matière commerciale.

Si, à l'expiration du délai imparti, aucune des solutions prévues aux troisième et quatrième alinéas ci-dessus n'est intervenue, l'associé peut réaliser la cession initialement prévue.

Sauf en cas de succession, de liquidation de communauté de biens entre époux, ou de donation au profit d'un conjoint, ascendant ou descendant, l'associé cédant ne peut se prévaloir des dispositions des troisième et cinquième alinéas ci-dessus s'il ne détient ses parts depuis au moins deux ans.

Toute clause contraire aux dispositions du présent article est réputée non écrite.

Voir : art. R. 223-11 et R. 223-12, p. 1684.
Pouvoir des époux, C. civ., art. 1424.

Voir : notes sous art. L. 228-23, p. 459.

Bibliographie : *Sur l'agrément.* P. Merle, *Refus d'agrément et droit de repentir dans les SARL* : *RJDA* 1993, p. 3.

Sur la nature de la cession. C. Hannoun, *Les conventions portant transfert du contrôle et la transparence des sociétés* : *D.* 1994, chron. p. 67. • D. Plantamp, *Le critère de la cession de contrôle (essai de synthèse jurisprudentielle)* : *RTD com.* 1999, p. 819.

Sur le régime de la cession. A. Galia-Beauchesne, *Les clauses de garantie de passif dans les cessions d'actions et de parts sociales* : *Rev. sociétés* 1980, p. 27. • J. Paillusseau, *La cession de contrôle et la situation financière de la société cédée* : *JCP* G 1992, I, 3578. • H. Dubout, *Garanties de passif et responsabilité pénale des personnes morales* : *Bull. Joly Sociétés* 1994, p. 253 ; *Les clauses de non-garantie dans les cessions de droits sociaux en droit français* : *Bull. Joly Sociétés* 1995, p. 1039. • P. Mousseron, *L'obligation de renseignement dans les cessions de contrôle* : *JCP* E 1994, I, 362. • S. Schiller, *Les clauses de non-concurrence dans les cessions de droits sociaux* : *JCP* N 2002, 1520. • N. Dorandeu, *Violation d'une clause de non-concurrence par le cédant de droits sociaux* : *D.* 2002, p. 1268. • *Les conventions de garantie dans les opérations sur droits sociaux*, Dossier *Bull. Joly Sociétés* 2009, p. 892, ss dir. P. Mousseron. • Joly Sociétés, EC 180, *Conventions de garantie dans les opérations sur droits sociaux*, par L. Chatain-Autajon.

I – AGRÉMENT

A – En cas de transmission universelle

1) Scission. Seules les cessions isolées sont assujetties à cette condition et il n'y a pas lieu de soumettre à agrément la transmission de parts sociales du fait d'une scission ▪ Cass. com., 19 avr. 1972, n° 71-10.205 : *JurisData* n° 1972-097114 ; *Bull. civ.* IV, n° 115.

Fusion. Voir note sous art. L. 236-3, p. 551.

B – Formalisme

2) Exigence d'une décision de l'assemblée. L'intervention de l'unique coassocié à l'acte de cession de parts ne vaut pas agrément ▪ Cass. com., 9 mai 1990, n° 87-14.375 : *JurisData* n° 1990-001431 ; *JCP* E 1991, 22, n° 12, obs. A. Viandier et J.-J. Caussain.

3) Notification. Formalité substantielle : la notification prévue à l'article 45 *[C. com., art. L. 223-14]* est une formalité substantielle et il importe peu que les associés aient pu connaître la cession ▪ Cass. com., 9 mai 1990, n° 88-18.542 : *JurisData* n° 1990-701363 ; *BRDA* 31 juill. 1990, p. 18 ; *Rev. sociétés* 1991, p. 72, note Y. Chartier. ▪ Cass. com., 21 janv. 2014, n° 12-29.221 : *JurisData* n° 2014-000568 ; *D.* 2014, p. 273, obs. A. Lienhard ; *Dr. sociétés* 2014, n° 64, note D. Gallois-Cochet ; *Bull. Joly Sociétés* 2014, p. 250, note B. Saintourens ; *JCP* E 2014, n° 1515, note M. Caffin-Moi ; *Rev. sociétés* 2014, p. 437, note A. Lecourt ; *D.* 2014, p. 2434, note E. Lamazerolles.

Destinataire de la notification : faute pour le cédant de rapporter la preuve d'une notification à chacun des associés du projet de cession, la procédure d'agrément est irrégulière, le vice ne pouvant être purgé par la lettre du gérant informant le cédant du refus de la société de consentir à la cession projetée ▪ Cass. com., 7 juill. 2004, n° 02-17.822 : *JurisData* n° 2004-024784 ; *Dr. sociétés* 2 oct. 2004, n° 173, obs. J. Monnet.

C – Conséquences du refus d'agrément

4) Rachat des parts du cédant en cas de refus d'agrément. L'achat consécutif à un refus d'agrément doit porter sur la totalité des parts dont la cession est projetée ▪ Cass. com., 11 févr. 1980 : *JurisData* n° 1980-745103 ; *Rev. sociétés* 1980, p. 477, note D. Schmidt.

5) Droit pour le cédant de renoncer à la cession. *À défaut d'agrément, l'associé cédant* n'est pas tenu de maintenir son offre de cession ▪ Cass. com., 27 oct. 1992, n° 90-20.963 : *Dr. sociétés* 1992, n° 257, obs. H. Le Nabasque.

6) Acceptation de l'offre de rachat. En s'en remettant à l'estimation d'experts désignés conformément aux prévisions légales, le cédant et les associés ayant décidé de racheter les parts font de la décision des experts leur loi de sorte que, l'accord sur la chose et le prix étant réalisé, la vente est parfaite et les parties ne peuvent plus retirer leurs offres ▪ Cass. com., 13 oct. 1992, n° 91-10.600 : *JurisData* n° 1992-002160 ; *JCP* E 1993, I, 218, n° 13, obs. A. Viandier et J.-J. Caussain. – Il n'y a pas acceptation de l'offre de rachat lorsque le cédant se réserve la faculté d'utiliser son droit de repentir pour le cas où le prix fixé par l'expert ne lui conviendrait pas ▪ Cass. com., 4 juill. 2006, n° 03-16.698 : *Bull. Joly Sociétés* 2007, p. 89, note H. Le Nabasque ; *D.* 2006, p. 2102, obs. A. Lienhard et pan. 272, obs. J.-C. Hallouin et E. Lamazerolles ; *Dr. sociétés* 2006, n° 164, obs. J. Monnet ; *Rev. sociétés* 2007, p. 80, note J.-F. Barbièri.

7) Action en justice du cédant. Après que l'expert désigné sur la demande des coassociés pour fixer la valeur des parts a déposé son rapport, ceux-ci se sont abstenus de se manifester avant l'expiration du délai qui leur était imparti pour réaliser l'acquisition, ce qui a conduit l'associé cédant à agir en justice aux fins d'être autorisé à céder ses parts au tiers ; dès lors qu'aucune des solutions prévues aux troisième et quatrième alinéas de l'article L. 223-14 du Code de commerce n'était intervenue avant l'expiration du délai légal, la cour d'appel a légalement justifié sa décision. ▪ Cass. com., 2 nov. 2011, n° 10-15.887 : *JurisData* n° 2011-023716 ; *JCP* E 2011, n° 1851, p. 21 ; *Dr. sociétés* 2012, n° 8, note D. Gallois-Cochet ; *D.* 2011, p. 2726, obs. A. Lienhard ; *Bull. Joly Sociétés* 2012, p. 119, note J.-F. Barbièri ; *Rev. sociétés* 2012, p. 161, note A. Lecourt ; *D.* 2012, p. 2693, obs. J.-C. Hallouin ; *RJDA* 2012, n° 170.

D – Sanction du défaut d'agrément

8) Nullité. Il suffit à la cour d'appel, pour prononcer la nullité, de relever que la procédure d'agrément n'a pas été respectée et elle n'a pas à rechercher si l'associé demandeur n'avait pas implicitement ratifié les cessions ▪ Cass. com., 21 mars 1995, n° 93-17.040 : *Bull. Joly Sociétés* 1995, p. 526, note P. Le Cannu.

9) Impossibilité pour le cessionnaire de se prévaloir de l'inobservation de la procédure d'agrément. Le cessionnaire ne peut se prévaloir de l'irrégularité de l'agrément de la cession envisagée par les associés pour se soustraire aux obligations qu'il avait contractées, ▪ Cass. com., 11 févr. 1992, n° 89-14.596 : *JurisData* n° 1992-000244 ; *Dr. sociétés* 1992, n° 114, obs. H. Le Nabasque ; *Bull. Joly Sociétés* 1992, p. 442, note P. Le Cannu. ▪ Cass. com., 20 mai 2014, n° 13-16.187 : *JurisData* n° 2014-010881 ; *Dr. sociétés* 2014, n° 125, note D. Gallois-Cochet ; *JCP* E 2014, n° 1515, note M. Caffin-Moi.

II – NATURE DE LA CESSION

A – Nature civile ou commerciale de la cession

10) Acte civil. La cession de parts sociales est un acte civil ▪ CA Paris, 17 oct. 1960 : *D.* 1961, p. 199, note J. Hémard. ▪ Cass. com., 11 oct. 1971 : *JurisData* n° 1971-097231 ; *Bull. civ.* IV, n° 231.

11) Cession de contrôle. Le caractère commercial doit être reconnu à une cession s'insérant dans une opération affectant la société elle-même (▪ Cass. com., 8 juill. 1963, n° 61-13.180 : *Bull. civ.* III, n° 362) ou transmettant le contrôle de la société (▪ Cass. com., 28 nov. 1978 : *JurisData* n° 1978-700284 ; *D.* 1980, p. 316, note J.-C. Bousquet). – Une cession de parts sociales constitue un acte commercial si elle a pour objet et pour effet d'assurer aux acquéreurs le contrôle de la société dont les titres sont cédés ; tel n'est pas le cas lorsque la cession doit porter sur 35 % des parts sociales ▪ Cass. com., 24 nov. 1992, n° 91-10.637 : *JCP* E 1993, I, 218, n° 14, obs. A. Viandier et J.-J. Caussain.

B – Cession de parts ou cession de fonds

12) La cession même de l'intégralité des parts sociales n'équivaut pas à la cession du fonds de commerce ▪ Cass. com., 13 févr. 1979, n° 76-13.587 : *JurisData* n° 1979-098064 ; *JCP* 1979, IV, 137. ▪ Cass. com., 4 déc. 1990, n° 89-16.133 : *Bull. Joly Sociétés* 1991, p. 194, note C. Roca. ▪ Cass. com., 9 févr. 1993, n° 91-11.202 : *Bull. Joly Sociétés* 1993, p. 470. ▪ Cass. com., 12 juill. 1993, n° 91-18.712 : *BRDA* 30 sept. 1993, p. 7.

III – RÉGIME DE LA CESSION

A – Formation du contrat (jurisprudence antérieure à l'ord. n° 2016-131 du 10 février 2016 portant réforme du droit des contrats, du régime général et de la preuve des obligations)

13) Obligation de loyauté du cédant. – Manque à son obligation de contracter de bonne foi le cessionnaire, également gérant de la société dont les titres sont cédés, qui omet d'informer le cessionnaire des conséquences probables d'un accident du travail intervenu avant la cession litigieuse et pour lequel il a par la suite été condamné pénalement ▪ Cass. 1re civ., 15 mars 2005 : *JurisData* n° 2005-027571 ; *Bull. Joly Sociétés* 2005, p. 1126, note H. Lécuyer ; *JCP* E 2005, 684.

– Dans le cas d'une cession de titres à une société constituée par le gérant et son épouse, le gérant manque à l'obligation de loyauté à laquelle il est tenu, en cette qualité, à l'égard des associés cédants en s'abstenant d'attirer leur attention sur l'existence, dans le patrimoine de la société cédée, de bénéfices distribuables d'un montant supérieur à celui du prix stipulé ▪ Cass. com., 6 mai 2008, n° 07-13.198 : *Dr. sociétés* 2008, n° 156, note H. Hovasse ; *Rev. sociétés* 2009, p. 95, note L. Godon.

– L'associé minoritaire qui cède ses droits sociaux à l'associé majoritaire à un prix forfaitaire, ne peut pas lui reprocher de lui avoir caché la valeur réelle des actifs s'il disposait de l'information en qualité d'associé et de gestionnaire du groupe ▪ Cass. com., 13 déc. 2016, n° 15-18.002 : *JurisData* n° 2016-026876 ; *RTD civ.* 2017, p. 381, note H. Barbier ; *RTD com.* 2017, p. 384, note A. Lecourt ; *Bull. Joly Sociétés* 2017, p. 308, note Th. Massart ; *Dr. sociétés* 2017, comm. 39, note R. Mortier.

– Sur le devoir de loyauté du dirigeant social, V. notes ss art. L. 225-251, p. 426.

14) Vices du consentement.

• Dol. – La cession de parts peut être annulée pour vice du consentement, ainsi du dol du cédant omettant de signaler l'importance du passif et présentant une situation comptable fausse ▪ Cass. com., 13 févr. 1979 : *JCP* 1979, IV, 137. ▪ Cass. com., 21 oct. 1997, n° 95-10.267 : *JurisData* n° 1997-004278 ; *Bull. Joly Sociétés* 1998, p. 25, note P. Le Cannu.

– Pour un dol consistant en l'omission de porter à la connaissance des cessionnaires et des cautions l'état de cessation des paiements de la société ▪ Cass. com., 25 févr. 2004 : *JurisData* n° 2004-022817.

– Le fait que le cessionnaire ait bénéficié de garanties contractuelles d'actifs et de passif n'emporte pas renonciation à invoquer les règles légales, spécialement l'article 1116 du Code civil, lui permettant de poursuivre la nullité de l'acte de cession en cas de dissimulation volontaire de passif ▪ Cass. com., 3 nov. 2004, n° 00-15.725 : *Bull. Joly Sociétés* 2005, p. 520.

– Il y a dol en cas de dissimulation aux acquéreurs des parts d'une SARL exploitant une pizzeria-restaurant des nuisances affectant l'immeuble d'exploitation ▪ Cass. com., 28 janv. 2003, n° 00-19.026 : *Bull. Joly Sociétés* 2003, p. 572.

– Une cour d'appel a pu annuler une cession pour dol, en constatant que le cessionnaire n'avait pas été mis en mesure d'apprécier la valeur de la société et ses perspectives de développement, et n'aurait pas accepté les mêmes modalités d'acquisition s'il avait eu connaissance de la situation exacte de cette société ▪ Cass. com., 30 mars 2016, n° 14-11.684 : *JurisData* n° 2016-005805 ; *JCP* G 2016, 494, note B. Brignon ; *JCP* E 2016, chron. 1554, note M. Caffin-Moi ; *D.* 2016, p. 1300, note G. Grundeler ; *Rev. sociétés* 2016, p. 590, note B. Lecourt ; *Dr. sociétés* 2016, comm. 97, note R. Mortier ; *Gaz. Pal.* 24 mai 2016, p. 78, note J.-M. Moulin.

• Erreur.

– Ne saurait constituer une cause de nullité d'une convention de cession de parts sociales l'erreur, à la supposer établie, commise par le cédant sur la valeur des parts cédées car elle ne porte pas sur les qualités substantielles de l'objet du contrat ▪ CA Versailles, 30 sept. 1993, n° 10087/92 : *JurisData* n° 1993-045977 ; *Bull. Joly Sociétés* 1994, p. 95, note A. Couret. ▪ Cass. com., 4 févr. 1997 : *JurisData* n° 1997-000578. – Ainsi, il n'y a pas erreur sur les qualités substantielles même si la société a été mise en liquidation judiciaire et la date de cessation des paiements fixée provisoirement à une date antérieure à la cession, car cet état n'est pas en soi révélateur d'une situation irrémédiablement compromise ; le fait, pour les acquéreurs d'avoir ignoré cet état s'analyse en une erreur sur la valeur qui ne peut entraîner la nullité de la convention, la cessation des paiements n'empêchant pas la poursuite de l'activité économique et la réalisation de l'objet social ▪ CA Paris, 2 mars 2001 : *JurisData* n° 2001-144055.

– Porte sur les qualités essentielles des parts sociales et est excusable l'erreur des cessionnaires quant à l'activité de la société placée dans l'impossibilité de réaliser son objet social dans la mesure où ils n'ont pas été renseignés sur la situation réelle de la société et où ils ont été abusés par les cédants ▪ Cass. com., 29 oct. 2003, n° 02-11.592 : *JurisData* n° 2003-020729 ; *Bull. Joly Sociétés* 2004, p. 113, note T. Massart ; *Dr. sociétés* mars 2004, n° 36, obs. F.-G. Trébulle.

15) Prix de cession. – **Indétermination du prix.** La cession peut être annulée pour indétermination du prix lorsque les parties se sont uniquement mises d'accord sur un prix plancher et un prix plafond (▪ Cass. com., 29 mai 1972 : *JurisData* n° 1972-097167 ; *D.* 1973, p. 255, note J. Guyénot), ou, plus généralement, lorsque le prix dépend de la volonté d'un des contractants (▪ Cass. com., 5 mai 1959 : *Bull. civ.* III, n° 193. ▪ Cass. com., 13 janv. 1971 : *JurisData* n° 1971-098013 ; *JCP* 1972, II, 17060, note N. Bernard). – La cession doit encore être annulée pour indétermination du prix quand l'acquéreur a la charge de reprendre la créance en compte courant du cédant dont le montant constitue un supplément pouvant varier au gré du cédant (▪ Cass. com., 1er mars 1982 : *JurisData* n° 1982-700507 ; *Bull. Joly Sociétés* 1982, p. 386) ou quand le prix est à déterminer en fonction de l'actif net alors que les comptes sociaux que l'assemblée des associés n'a pas approuvés ne sont pas fiables (▪ Cass. com., 19 mai 1992, n° 91-11.695 : *Rev. sociétés* 1992, p. 798, obs. Y. Guyon).

– **Prix déterminé.** Il n'y a pas indétermination du prix quand ce dernier est lié au bilan qui n'est pas encore établi au jour de la signature de l'acte de cession, alors que les parties ont précisément défini les éléments définitifs du prix dont la valeur exacte est simplement destinée à être fixée par le futur bilan ▪ Cass. com., 18 juin 1996 : *JurisData* n° 1996-002714. – De même, le prix n'est pas indéterminé quand il est fixé grâce à l'établissement d'un bilan rectificatif par les cessionnaires, lequel doit être préparé en adoptant les méthodes de comptabilisation habituelles et ne concernant que la période de gestion de la société par les cédants eux-mêmes. Ainsi, le prix dépend d'une constatation purement comptable par un professionnel et non pas de la volonté de l'une des parties, le cessionnaire se réservant seulement le contrôle du bilan ▪ Cass. com., 16 janv. 2001 : *JurisData* n° 2001-007851 ; *JCP* E 2001, p. 896, obs. A. Viandier et J.-J. Caussain ; *Bull. Joly Sociétés* 2001, p. 391, note A. Couret.

– **Prix fixé par un expert.** Le prix peut être confié à l'arbitrage d'un expert, lequel peut attribuer une valeur symbolique ou nulle aux droits sociaux, à raison de la situation financière de la société (▪ Cass. com., 3 janv. 1985, n° 83-15.520 : *JurisData* n° 1985-099738 ; *Rev. sociétés* 1985, p. 826), voire leur donner une valeur négative (▪ Cass. com., 6 janv. 1987, n° 85-13.132 : *JCP* E 1987, 16342, n° 16, obs. A. Viandier et J.-J. Caussain). – Le cédant de parts sociales et les associés candidats à leur acquisition sont liés par le prix fixé par les experts désignés après un refus d'agrément d'un tiers acquéreur ▪ Cass. com., 13 oct. 1992 : *JCP* E 1993, I, 218, n° 13, obs. A. Viandier et J.-J. Caussain. ▪ Cass. com., 2 juill. 1996, n° 94-13.454 : *JurisData* n° 1996-003098 ; *Bull. Joly Sociétés* 1996, p. 1031, note A. C.

16) Conséquences de la nullité d'une cession. En cas d'annulation d'une cession, le cessionnaire s'oblige à restituer les fruits produits par les parts sociales litigieuses, à condition qu'ils aient été perçus en connaissance du vice affectant l'acte annulé par celui qui est tenu à restitution ▪ Cass. com., 2 févr. 2016, n° 14-19.278 : *JurisData* n° 2016-001664 ; *RTD civ.* 2016, p. 347, note H. Barbier ; *JCP* E 2016, 1554, note M. Buchberger ; *Dr. sociétés* 2016, comm. 139, note R. Mortier.

17) Objet de la cession. La cession des parts n'emporte pas transmission du solde créditeur du compte courant du cédant ▪ Cass. req., 11 janv. 1932 : *Rev. sociétés* 1932, p. 204. – La cession de parts sociales n'emporte pas cession du compte courant du cédant en l'absence d'accord des parties en ce sens, peu important que le prix de cession des parts ait été déterminé en fonction du solde du compte ▪ Cass. com., 11 janv. 2017, n° 15-14.064 : *JurisData* n° 2017-000222 ; *Bull. Joly Sociétés* 2017, p. 163, note J.-F. Barbièri ; *Dr. sociétés* 2017, comm. 56, note R. Mortier ; *Gaz. Pal.* 21 mars 2017, p. 75, note J.-M. Moulin.

B – Garanties

18) Garantie d'éviction. Le cédant doit la garantie d'éviction ▪ Cass. com., 12 déc. 1972, n° 71-11.080 : *JurisData* n° 1972-098332 ; *Bull. civ.* IV, n° 332 ; *Rev. sociétés* 1973, p. 306, note B. Oppetit. La mise en œuvre de la garantie d'éviction en matière de cession de parts sociales suppose des actes de nature à constituer des reprises ou des tentatives de reprise du bien vendu ou d'atteintes aux activités telles qu'elles empêchent l'acquéreur de poursuivre l'activité économique de la société et de réaliser l'objet social ; cette preuve n'est pas rapportée dans le cas de la résiliation, par le cédant, d'un contrat de sous-distribution ne représentant qu'un pourcentage réduit du chiffre d'affaires de l'une des deux sociétés dont les parts ont été cédées ▪ Cass. com., 9 juill. 2002, n° 98-22.284 : *Bull. Joly Sociétés* 2002, p. 1311, note A. Couret.

19) Garantie des vices cachés. Les cessionnaires ne peuvent invoquer la garantie des vices cachés en présence d'un redressement fiscal postérieur à la cession, car la dette fiscale n'affecte pas l'usage des parts sociales mais seulement leur valeur ▪ Cass. com., 23 janv. 1990, n° 87-17.521 : *JurisData* n° 1990-700068 ; *D.* 1991, p. 333, note G. Virassamy ; *JCP E* 1990, 15838, n° 10, obs. A. Viandier et J.-J. Caussain ; *Bull. Joly Sociétés* 1990, p. 370. – Doit être rejetée l'action en annulation de la cession des parts d'une SARL exploitant un hôtel au motif que les défauts de conformité de l'hôtel aux normes de sécurité pouvaient être décelés sans difficulté particulière par un acquéreur moyennement diligent et ne constituaient donc pas des vices cachés ▪ Cass. com., 7 avr. 1998, n° 96-17.169 : *Bull. Joly Sociétés* 1998, p. 956, note P. Scholer.

20) Garanties de passif. Le cédant ne garantit pas le passif antérieur à la cession, sauf stipulation expresse ▪ Cass. com., 16 juin 1970, n° 67-13.421 : *JurisData* n° 1970-097202 ; *Rev. sociétés* 1971, p. 45, note J. Hémard. V. notes sous art. L. 228-23, p. 459.

21) Situation des cautions. Dès lors qu'il n'apparaît pas dans les actes de caution que les cédants aient limité leurs engagements au temps pendant lequel ils étaient associés de la société, le seul fait de la cession de leurs parts sociales ne les libère pas de leurs engagements de caution ▪ CA Paris, 5 janv. 1995 : *JurisData* n° 1995-600116 ; *Bull. Joly Sociétés* 1995, note P. Le Cannu.

C – Opposabilité

22) Opposabilité aux tiers. Le tiers qui a personnellement connaissance d'un acte de cession de parts non publié au RCS ne peut pas soutenir que cette cession lui est inopposable. ▪ Cass. com., 24 sept. 2013, n° 12-24.083 : *JurisData* n° 2013-020591 ; *Dr. sociétés* 2013, n° 200, note H. Hovasse ; *Bull. Joly Sociétés* 2013, p. 806, note A. Constantin.

Art. L. 223-15 *(Anc. L. n° 66-537, 24 juill. 1966).* **– Si la société a donné son consentement à un projet de nantissement de parts sociales dans les conditions prévues aux premier et deuxième alinéas de l'article L. 223-14, ce consentement emportera agrément du cessionnaire en cas de réalisation forcée des parts sociales nanties** *(Mots suppr. à compter du 1er janvier 2022, Ord. n° 2021-1192, 15 sept. 2021)* **« selon les dispositions du premier alinéa de l'article 2078 du Code civil, » à moins que la société ne préfère, après la cession, racheter sans délai les parts, en vue de réduire son capital.**

Voir : art. R. 223-11 et R. 223-12, p. 1684. – C. civ., art. 1866, p. 2984.

Bibliographie : J.-J. Burgard, *Le nantissement des parts de société à responsabilité limitée* : *Rev. sociétés* 1957, 24. • H. Chassery, *Le nantissement des parts sociales* : *RTD com.* 1977, 435.

Art. L. 223-16 *(Anc. L. n° 66-537, 24 juill. 1966).* **– Les parts sont librement cessibles entre les associés.**

Si les statuts contiennent une clause limitant la cessibilité, les dispositions de l'article L. 223-14 sont applicables. Toutefois, les statuts peuvent, dans ce cas, réduire la majorité ou abréger les délais prévus audit article.

Voir : *art. L. 228-23, p. 459.*

Le non-respect des stipulations contenues dans les statuts ou dans un règlement intérieur n'est pas sanctionné par la nullité sauf lorsqu'il a été fait usage de la faculté, ouverte par une disposition impérative, d'aménager conventionnellement la règle posée par celle-ci ; la possibilité donnée aux associés de sociétés à responsabilité limitée de limiter la cessibilité des parts sociales entre eux relève des dispositions impératives des articles L. 223-14 et L. 223-16 du Code de commerce : ▪ Cass. com., 10 févr. 2015, n° 13-25.588 : *JurisData* n° 2015-002497 ; *Dr. sociétés* 2015, n° 67, note D. Gallois-Cochet ; *Bull. Joly Sociétés* 2015, p. 2, note J.-C. Pagnucco.

Art. L. 223-17 *(Anc. L. n° 66-537, 24 juill. 1966).* **– La cession des parts sociales est soumise aux dispositions de l'article L. 221-14.**

Voir : R. 221-9, p. 1680 et R. 223-13, p. 1684.

Art. L. 223-18 *(Anc. L. n° 66-537, 24 juill. 1966 ; mod., Ord. n° 2004-274, 25 mars 2004 ; L. n° 2005-882, 2 août 2005 ; L. n° 2014-1545, 20 déc. 2014 ; L. n° 2015-990, 6 août 2015).* – **La société à responsabilité limitée est gérée par une ou plusieurs personnes physiques.**

Les gérants peuvent être choisis en dehors des associés. Ils sont nommés par les associés, dans les statuts ou par un acte postérieur, dans les conditions prévues à l'article L. 223-29. Dans les mêmes conditions, la mention du nom d'un gérant dans les statuts peut, en cas de cessation des fonctions de ce gérant pour quelque cause que ce soit, être supprimée par décision des associés.

En l'absence de dispositions statutaires, ils sont nommés pour la durée de la société.

Dans les rapports entre associés, les pouvoirs des gérants sont déterminés par les statuts, et dans le silence de ceux-ci, par l'article L. 221-4.

Dans les rapports avec les tiers, le gérant est investi des pouvoirs les plus étendus pour agir en toute circonstance au nom de la société, sous réserve des pouvoirs que la loi attribue expressément aux associés. La société est engagée même par les actes du gérant qui ne relèvent pas de l'objet social, à moins qu'elle ne prouve que le tiers savait que l'acte dépassait cet objet ou qu'il ne pouvait l'ignorer compte tenu des circonstances, étant exclu que la seule publication des statuts suffise à constituer cette preuve.

Les clauses statutaires limitant les pouvoirs des gérants qui résultent du présent article sont inopposables aux tiers.

En cas de pluralité de gérants, ceux-ci détiennent séparément les pouvoirs prévus au présent article. L'opposition formée par un gérant aux actes d'un autre gérant est sans effet à l'égard des tiers, à moins qu'il ne soit établi qu'ils en ont eu connaissance.

Le déplacement du siège social « sur le territoire français » peut être décidé par le ou les gérants, sous réserve de ratification de cette décision par les associés dans les conditions prévues à l'article L. 223-29.

Dans les mêmes conditions, le gérant peut mettre les statuts en harmonie avec les dispositions impératives de la loi et des règlements.

Lorsque des parts sociales ont fait l'objet d'un contrat de bail en application de l'article L. 239-1, le gérant peut inscrire dans les statuts la mention du bail et du nom du locataire à côté du nom de l'associé concerné, sous réserve de la ratification de cette décision par les associés dans les conditions prévues à l'article L. 223-29. Il peut, dans les mêmes conditions, supprimer cette mention en cas de non-renouvellement ou de résiliation du bail.

Voir : art. L. 221-4, p. 295.
Sur le statut du conjoint du gérant : art. L. 121-4, p. 24.

Bibliographie : B. Alibert, *La pluralité des gérants dans les sociétés à responsabilité limitée : Rev. sociétés* 1975, 605. • A. Sayag, *Mandat social et contrat de travail : attraits ; limites et fictions : Rev. sociétés* 1981, 1. • M. Deslandes, *Réflexions sur le cumul d'un mandat social et d'un contrat de travail : D.* 1982, chron. 19. • F. Mansuy, *La notion d'emploi effectif et ses conséquences sur le maintien du contrat de travail des dirigeants sociaux : Rev. sociétés* 1987, p. 1. • B. Daille-Duclos, *Le devoir de loyauté du dirigeant : JCP* E 1998, p. 1486. • J. Picard, *L'acte conclu par un dirigeant avec dépassement de ses pouvoirs : Dr. sociétés* juin 1998, p. 4. • L. Godon, *L'obligation de non-concurrence des dirigeants sociaux : Bull. Joly Sociétés* 1999, p. 5. • H. Le Nabasque, *Le développement du devoir de loyauté en droit des sociétés : RTD com.* 1999, p. 273. • M. Lathelize-Bonnemaizon, *Bilan et perspective du devoir de loyauté en droit des sociétés : LPA* 23 juin 2000, n° 125, p. 7. • K. Grévain-Lemercier, *Le devoir de loyauté en droit des sociétés*, préf. H. Le Nabasque, PUAM, 2013. • A.-C. Rouaud, *Les limitations statutaires au pouvoir d'agir en justice du représentant légal de société : Rev. sociétés* 2014, p. 415. • D. Gallois-Cochet, *L'invocabilité par les tiers des clauses limitant le pouvoir des dirigeants sociaux : Mélanges en l'honneur du Professeur Michel Germain*, LexisNexis – LGDJ Lextensoéditions, 2015, p. 325. • P. Lequet, *La contestation par les tiers des actes accomplis en violation des clauses statutaires limitatives des pouvoirs des dirigeants : Rev. sociétés* 2021, p. 18.

I – STATUT

1) Capacité. Le tuteur d'une personne protégée à laquelle est dévolue la fonction de gérant d'une société (civile) n'est pas investi du pouvoir de représenter celle-ci. ▪ Cass. 1re civ., 12 juill. 2012, n° 11-13.161 : *JurisData* n° 2012-015713 ; *JCP* E 2012, 1583, note H. Hovasse ; *Dr. sociétés* 2012, n° 179, note H. Hovasse ; *Rev. sociétés* 2013, p. 86, note A. Gaudemet ; *Bull. Joly Sociétés* 2012, p. 770, note M.-H. Monsèrié-Bon.

2) Absence de qualité de professionnel indépendant. Le gérant, parce qu'il agit au nom de la société qu'il représente et non en son nom personnel, n'exerce pas une activité professionnelle indépendante au sens de l'article L. 631-2 du Code de commerce, et ne peut en conséquence être mis en redressement judiciaire ▪ Cass. com.,

12 nov. 2008, n° 07-16.998 (PBRI) : *Bull. Joly Sociétés* 2009, p. 278 ; *D.* 2008, p. 2029 ; *Dr. sociétés* 2009, n° 15, obs. J.-P. Legros ; *JCP* E 2009, 1023, concl. R. Bonhomme, note C. Lebel. ▪ Cass. com., 20 sept. 2017, n° 15-24.644 : *JurisData* n° 2017-018235 ; *JCP* E 2017, 1643, note A. Cerati-Gauthier : *Bull. Joly Sociétés* 2017, p. 51, note B. Saintourens.

3) Rémunération. Fixation. La rémunération du gérant d'une SARL est déterminée soit par les statuts, soit par une décision de la collectivité des associés, même si les seuls associés sont les 2 conjoints. ▪ Cass. com., 25 sept. 2012, n° 11-22.754 : *JurisData* n° 2012-021511 ; *JCP* E 2012, 1758, note D. Gallois-Cochet ; *Dr. sociétés* 2012, n° 207, note D. Gallois-Cochet ; *D.* 2012, p. 2302, obs. A. Lienhard ; *Bull. Joly Sociétés* 2013, p. 22, note B. Dondero ; *Rev. sociétés* 2013, p. 224, note A. Lecourt. ▪ Cass. com., 15 mars 2017, n° 14-17.873 : *JurisData* n° 2017-004517 ; *Dr. sociétés* 2017, comm. 102, note J. Heinich ; *Rev. sociétés* 2017, p. 491, note A. Lecourt ; *Bull. Joly Sociétés* 2017, p. 609, note V. Malassigné. Aucune rémunération n'est due au gérant à défaut de décision collective en ce sens, peu important la clause statutaire prévoyant que la gérance est rémunérée. ▪ Cass. com., 12 déc. 2018, n° 16-25.849 : *JurisData* n° 2018-023003 ; *Dr. sociétés* 2019, comm. 45, note C. Coupet. Le juge ne peut se substituer aux organes sociaux légalement compétents pour fixer la rémunération du gérant. ▪ Cass. com., 31 mars 2009, n° 08-11.860 : *JurisData* n° 2009-047742 ; *D.* 2009, p. 1240, note M.-L. Bélaval et R. Salomon ; *Rev. sociétés* 2009, p. 601, note B. Dondero ; *Dr. sociétés* 2009, comm. 116, note D. Gallois-Cochet ; *Bull. Joly Sociétés* 2009, p. 660, note P. Le Cannu ; *JCP* E 2009, 1844, note G. Royer. En l'absence de précision des statuts, la détermination de la rémunération du gérant par l'assemblée peut avoir lieu soit après l'exercice au titre duquel la rémunération est due, soit en amont de celui-ci. ▪ Cass. com., 18 déc. 2019, n° 18-13.850 : *JurisData* n° 2019-024788 ; *Rev. sociétés* 2020, p. 232, note B. Saintourens ; *Bull. Joly Sociétés* avr. 2020, p. 28, J.-F. Barbièri ; *Dr. sociétés* 2020, comm. 52, note J.-F. Hamelin. Est valable la rémunération déterminée conformément aux prévisions statutaires, peu important que le gérant l'ait perçue avant la formalisation de la décision par l'associé unique (EURL). ▪ Cass. com., 9 janv. 2019, n° 17-18.864, *Bull. Joly Sociétés* 2019, p. 33, note J.-J. Ansault ; *Rev. sociétés* 2019, p. 184 ; note J.-F. Barbièri ; *Dr. sociétés* 2019, comm. 67, note J. Heinich. – **Révocation.** La rémunération du gérant est due tant qu'aucune décision la révoquant n'est intervenue. ▪ Cass. com., 21 juin 2017, n° 15-19.593 : *JurisData* n° 2017-007778 ; *Dr. sociétés* 2017, comm. 144, note C. Coupet ; *JCP* E 2017, comm. 1435 ; note B. Dondero ; *Bull. Joly Sociétés* 2017, p. 541, note D. Gallois-Cochet ; *RTD com.* 2017, p. 637, note A. Lecourt ; *Dr. sociétés* 2017, comm. 215, note J.-P. Legros ; *Bull. Joly Entreprises en difficulté* 2017, p. 40, note C. Vincent. – **Abus de majorité.** Constitue un abus de majorité la mise en réserve des bénéfices et la décision corrélative de doubler la rémunération du gérant. ▪ Cass. com., 20 févr. 2019, n° 17-12.050 : *JurisData* n° 2019-002665 ; *Bull. Joly Sociétés* sept. 2019, p. 43, note J.-F. Barbièri. Constitue un abus de majorité l'augmentation importante de la rémunération des gérants associés, entraînant une chute considérable du résultat comptable, sans politique d'investissement corrélative et mettant fin à la politique habituelle de distribution d'importants dividendes. ▪ Cass. com., 15 janv. 2020, n° 18-11.580 : *JurisData* n° 2020-000447 ; *Bull. Joly sociétés* avr. 2020, p. 16, note J.-F. Barbièri. Une augmentation de rémunération peut toutefois être justifiée par l'évolution du chiffre d'affaires réalisé au cours de la période considérée. ▪ Cass. com., 14 oct. 2020, n° 18-24.732 ; *Bull. Joly Sociétés* déc. 2020, n° 121m5, p. 34, note J.-F. Barbièri.

II – NOMINATION

4) Les statuts peuvent exiger, pour la nomination des gérants, une majorité supérieure à celle prévue par la loi : Rép. min. : *JOAN Q*, 19 juill. 1969, p. 1891. ▪ CA Lyon, 8 déc. 1971 : *Gaz. Pal.* 1972, 1, p. 393.

5) L'article 49 de la loi du 24 juillet 1966 *[C. com., art. L. 223-18]* s'applique aux entreprises unipersonnelles à responsabilité limitée [EURL] qui peuvent ainsi être dirigées par un ou plusieurs gérants n'ayant pas la qualité d'associé : Rép. min. : *JOAN Q*, 3 déc. 1990, p. 5548.

III – POUVOIRS

6) Limitation statutaire. Dans les rapports internes. La limitation des pouvoirs du ou des gérants dans leurs rapports avec les associés ne peut valablement résulter que des statuts, lesquels ne peuvent être modifiés que dans les conditions de majorité prévues par la loi ▪ Cass. com., 28 nov. 2006, n° 03-10.684. – Les limitations de pouvoir statutaires du gérant sont inopposables aux tiers, peu important qu'ils en aient eu ou non connaissance ▪ Cass. com., 2 juin 1992, n° 90-18.313 : *JurisData* n° 1992-001183 ; *JCP* E 1992, I, 172, n° 3, obs. A. Viandier et J.-J. Caussain ; *Bull. Joly Sociétés* 1992, p. 946, note P. Le Cannu.

Dans les rapports avec les tiers. Un tiers n'est pas fondé à se prévaloir des statuts d'une société pour contester le pouvoir du gérant de cette dernière de la représenter en justice, lorsque les statuts précisent que la limitation des pouvoirs du gérant ne peut être opposée aux tiers ni invoquée par eux. ▪ Cass. com., 13 nov. 2013, n° 12-

25.675 : *JurisData* n° 2013-025519 ; *Dr. sociétés* 2014, n° 8, note M. Roussille ; *Bull. Joly Sociétés* 2014, p. 177, note P. Le Cannu ; *D.* 2014, p. 183, note B. Dondero. Un tiers peut se prévaloir des statuts d'une personne morale pour justifier du défaut de pouvoir d'une personne à figurer dans un litige comme le représentant de celle-ci. ▪ Cass. com., 14 févr. 2018, n° 16-21.077 : *JurisData* n° 2018-002243 ; *Bull. Joly Sociétés* 2018, p. 269, note A. Couret ; *Gaz. Pal.* 26 juin 2018, p. 75, note D. Gallois-Cochet ; *RTD com.* 2018, p. 701, note A. Lecourt ; *Dr. sociétés* 2018, comm. 8, note R. Mortier.

7) Contrariété à l'intérêt social. Il résulte des dispositions de l'article L. 223-18 du Code de commerce, lesquelles doivent être mises en œuvre à la lumière de celles de l'article 10 de la directive n° 2009/101/CE du Parlement européen et du Conseil, du 16 septembre 2009, que, serait-elle établie, la contrariété à l'intérêt social ne constitue pas, par elle-même, une cause de nullité des engagements souscrits par le gérant d'une société à responsabilité limitée à l'égard des tiers (au sujet d'une garantie des dettes d'un tiers). ▪ Cass. com., 12 mai 2015, n°s 13-28.504 et 14-11.028 : *JurisData* n° 2015-011135 ; *D.* 2015, p. 1096, obs. A. Lienhard ; *Dr. sociétés* 2015, n° 147, note M. Roussille ; *Bull. Joly Sociétés* 2015, p. 650, note R. Mortier ; *JCP* E 2015, chron. 1036, n° 5, obs. F. Deboissy et G. Wicker ; *Rev. sociétés* 2015, p. 515, note A. Viandier ; *D.* 2015, p. 2401, obs. J.-C. Hallouin ; *RTD civ.* 2015, 663, obs. P. Crocq. ▪ Cass. com., 16 oct. 2019, n° 18-19.373 : *JurisData* n° 2019-022613 ; *Bull. Joly Sociétés* 2019, p. 32, note J.-Ch. Pagnucco ; *JCP* E 2020, 1007, note C. Feunteun ; *Rev. sociétés* 2020, p. 235, note R. Dalmau. *A contrario* relativement aux sociétés civiles : est nul le cautionnement donné par une société civile qui est excessif est contraire à cet intérêt, même s'il est conforme à l'objet et donné avec le consentement unanime des associés ▪ Cass. com., 10 févr. 2015, n° 14-11.760 ; 23 sept. 2014, n° 13-17.347 : *D.* 2015. 140, note D. Robine, et 996, chron. T. Gauthier ; *AJDI* 2015, 217, obs. S. Porcheron ; *Rev. sociétés* 2014, 714, note A. Viandier ; *RTD com.* 2015, 123, obs. M.-H. Monsèrié-Bon. ▪ Cass. 3e civ., 19 déc. 2014, n° 13-25.219 : *Dr. et patrimoine* mai 2015, 22, obs. D. Poracchia ; *Bull. Joly Sociétés* 2015, 75, note F.-X. Lucas. V. égal. annot. sous art. L. 227-6, p. 442.

8) Dépassement de l'objet social. La promesse de vendre le fonds de commerce d'une société consentie par le seul gérant *ne saurait être déclarée opposable à la société* sans que soit recherché si la cession envisagée n'implique pas une modification des statuts du point de vue de la détermination de l'objet social entrant dans le champ d'application de l'article 60 de la loi de 1966 *[C. com., art. L. 223-30]* ▪ Cass. com., 18 oct. 1994, n° 92-19.070 : *JurisData* n° 1994-001977 ; *Rev. sociétés* 1995, p. 284, note F. Pasqualini et V. Pasqualini-Salerno ; *Bull. Joly Sociétés* 1994, p. 1331, note B. Saintourens. – Le dépassement de ses pouvoirs par le gérant est de nature à engager sa responsabilité ▪ Cass. com., 10 mars 1976, n° 74-13.147 : *JurisData* n° 1976-097046 ; *JCP* 1977, II, 18566.

9) Articulation avec les pouvoirs des associés. La cession de fonds de commerce ne relève pas des pouvoirs légalement réservés aux associés. Elle entre dans les pouvoirs du gérant dès lors qu'elle n'implique pas une modification des statuts ; le gérant peut ainsi engager la société dans une promesse synallagmatique de cession du fonds, sans l'accord préalable de l'assemblée. ▪ Cass. com., 31 janv. 2012, n° 10-15.489 : *JurisData* n° 2012-001303 ; *JCP* E 2012, n° 1248, p. 32 note M. Roussille ; *Dr. sociétés* 2012, comm. 62, p. 25, M. Roussille ; *Rev. sociétés* 2012, p. 230, note J.-F. Barbièri ; *Bull. Joly Sociétés* 2012, p. 565.

10) Mandat apparent. Le fait qu'un bon de commande ait été signé par le fils du gérant, simple préposé, ne suffit pas à établir l'existence d'un mandat apparent, la société contractante n'ayant pu légitimement considérer que ce dernier disposait du pouvoir d'engager la société pour ce type de commande ▪ Cass. com., 3 juin 2008, n° 07-15.202 (FD).

11) Devoir de loyauté. – **Gérant révoqué.** Dès lors que le gérant, dès avant sa révocation, avait décidé de créer une société concurrente, qu'il avait à cet effet licencié le personnel, tentant ainsi un coup de force, mettant les associés devant le fait accompli pouvant les inciter à dissoudre la société et rendant impossible le fonctionnement de cette dernière, le juge peut en déduire que le gérant n'a pas respecté ses obligations envers la première société et s'est rendu responsable de concurrence déloyale. ▪ Cass. com., 21 oct. 1997 : *Bull. Joly Sociétés* 1998, p. 27, note B. Saintourens.

– **Gérant démissionnaire.** Le gérant démissionnaire, qui a créé une société concurrente dont l'exploitation a commencé avant l'expiration du préavis statutaire, manque à son obligation de loyauté et de fidélité à l'égard de la société dont il était le gérant ▪ Cass. com., 12 févr. 2002 : *JurisData* n° 2002-012979 ; *Bull. Joly Sociétés* 2002, p. 617, note B. Saintourens ; *Dr. sociétés* 2002, n° 146, obs. T. Bonneau ; *Dr. et patrimoine* mai 2002, n° 94, obs. D. Poracchia ; *JCP* E 2002, p. 900, obs. A. Viandier et J.-J. Caussain.

12) Clause de non-concurrence. La clause de non-concurrence contenue dans les statuts est licite, dès lors qu'elle est limitée dans le temps et dans l'espace ▪ Cass. com., 20 févr. 1979, n° 77-13.653 : *Gaz. Pal.* 1979, 1, somm. p. 213. – Le gérant non associé n'est pas engagé par la clause statutaire de non-concurrence non acceptée par lui : ▪ Cass. com., 10 juill. 2012, n° 11-20.268 : *JurisData* n° 2012-015606 ; *Dr. sociétés* 2013, n° 19, note R. Mortier ; *Bull. Joly Sociétés* 2013, p. 31, note J.-F. Barbièri ; *Rev. sociétés* 2013, p. 219, note M. Roussille.

13) Gérant et administrateur provisoire. Un co-gérant désigné à une date où un administrateur provisoire est investi du pouvoir d'administration, de direction et de représentation de la société ne peut valablement ester en justice au nom de la SARL. ▪ Cass. com., 22 juin 2011 : *JurisData* n° 2011-019115 ; *Dr. sociétés* 2011, p. 21, comm. 192, D. Gallois-Cochet.

IV – CUMUL AVEC UN CONTRAT DE TRAVAIL

14) Conditions du cumul. – Le cumul entre la fonction de gérant et celle de salarié implique que cette dernière corresponde à un emploi effectif et à une rémunération distincte ▪ Cass. soc., 26 nov. 1970, n° 69-40.574 : *JurisData* n° 1970-099666 ; *Rev. sociétés* 1971, p. 397. ▪ Cass. soc., 21 juill. 1981, n° 80-11.672 : *JurisData* n° 1981-702789 ; *Rev. sociétés* 1982, p. 74 (1re esp.), note P. Le Cannu. – Preuve rapportée dans le cas d'une salariée devenue gérante non associée, percevant une rémunération distincte de son salaire, ayant continué son emploi de vendeuse et ayant été placée sous le contrôle et l'autorité des deux associés ▪ Cass. soc., 14 mai 1998, n° 95-45.590 : *JCP* E 1999, p. 284, note C. Puigelier.

– Dès lors que les attributions salariales et celles dérivant de la position de gérant se confondent, ledit gérant ne peut plus revendiquer la qualité de salarié ▪ Cass. soc., 18 nov. 1970, n° 69-13.727 : *JurisData* n° 1970-099634 ; *Bull. civ.* V, n° 634. ▪ Cass. soc., 26 nov. 1970, n° 69-40.574 : *JurisData* n° 1970-099666 ; *Bull. civ.* V, n° 666. ▪ Cass. com., 18 sept. 2019, n° 18-19.712 : *Bull. Joly Sociétés* déc. 2019, n° 120g2, p. 10, note N. Ferrier.

15) Suspension du contrat de travail. Sauf novation ou convention contraire, le contrat de travail du salarié qui est nommé mandataire social et qui cesse d'exercer des fonctions techniques distinctes dans un état de subordination à l'égard de la société est suspendu pendant la durée de ce mandat social ▪ Cass. soc., 31 mai 2006, n° 04-43.075 : *JurisData* n° 2006-033959. ▪ Cass. soc., 9 juin 1999, n° 97-42.033 : *RJDA* 1999, n° 1080.

16) Associé égalitaire non gérant. N'a pas la qualité de salarié l'associé égalitaire non gérant, mais qui partage en fait avec son frère, seul gérant de droit, la direction de la société et reçoit la même rémunération, car il ne se trouve pas, même dans l'exécution de ses tâches techniques, sous sa subordination ▪ Cass. soc., 4 mars 1981, n° 79-16.504 : *Bull. civ.* V, n° 183 ; *Rev. sociétés* 1981, p. 761, note P. Le Cannu. – La qualité d'associé égalitaire n'est pas exclusive de celle de salarié, et en présence d'un contrat de travail apparent, il appartient à celui qui invoque son caractère fictif d'en apporter la preuve ▪ Cass. soc., 18 avr. 2008, n° 07-40.842 : *Bull. Joly Sociétés* 2008, § 185, p. 873, note G. Auzero. ▪ Cass. soc., 2 mars 2016, n° 14-23.602 : *JurisData* n° 2016-005660 ; *Dr. sociétés* 2016, comm. 81, obs. D. Gallois-Cochet. Sur la possibilité de cumuler contrat de travail et mandat social pour les gérants égalitaires de SARL : Rép. min. n° 16525 : *JO Sénat Q* 14 avr. 2011.

17) Associé majoritaire. – **Associé majoritaire non gérant.** L'associé majoritaire non gérant peut être salarié de la société ▪ Cass. com., 4 déc. 1990, n° 87-43.913 : *JurisData* n° 1990-703377 ; *Rev. sociétés* 1991, p. 79.

– **Associé majoritaire gérant.** L'associé majoritaire qui accède aux fonctions de gérant unique de la société cesse de se trouver, même dans l'exercice de ses fonctions techniques, dans un état de subordination caractérisant le contrat de travail ▪ Cass. soc., 7 févr. 1979, n° 77-14.035 : *JurisData* n° 1979-098125 ; *Rev. sociétés* 1980, p. 473, note J. H. ▪ Cass. soc., 8 oct. 1980, n° 79-94.443 : *JurisData* n° 1980-093085 ; *D.* 1981, p. 257, note Y. Reinhard.

18) Associé unique non gérant. Le statut d'associé unique n'est pas exclusif de celui de salarié, dès lors que l'intéressé n'est pas gérant. ▪ Cass. soc., 11 juill. 2012, n° 11-12.161 : *JurisData* n° 2012-021686 ; *Dr. sociétés* 2012, n° 209, note M. Roussille ; *Bull. Joly Sociétés* 2012, p. 774, note G. Dedessus-Le-Moustier. Disposant du pouvoir de révoquer le gérant, l'associé unique d'une EURL ne peut se prévaloir de la qualité de salarié de celle-ci, faute de lien de subordination. ▪ Cass. soc., 16 janv. 2019, n° 17-12.479, FS-P+B : *JurisData* n° 2019-000294 ; *JCP* S 2019, 1047, T. Lahalle ; *Dr. sociétés* 2019, comm. 85, J. Heinich ; *Bull. Joly Sociétés* mai 2019, n° 119t7, p. 22, J.-J. Ansault ; *RDT* 2019, p. 180, G. Auzero ; *Bull. Joly Travail* févr. 2019, n° 111c2, p. 14, J. Icard ; *Gaz. Pal.* 25 juin 2019, n° 354v0, p. 73, Cl.-A. Michel ; *JCP* E 2019, 1531, J. Valiergue.

19) Associé minoritaire. La qualité de gérant minoritaire n'est pas exclusive de celle de salarié ▪ Cass. soc., 2 févr. 1994, n° 89-40.857 : *Bull. Joly Sociétés* 1994, p. 383. – N'est pas salarié l'associé qui détient 90 des 200 parts, qui dispose de la procuration pour signer les chèques de la société, qui accepte les traites au nom de la société et qui ne démontre pas avoir été sous le contrôle du gérant en titre ▪ Cass. soc., 3 févr. 1994 : *JurisData* n° 1994-600407 ; *RJDA* 1994, p. 411.

Art. L. 223-19 *(Anc. L. n° 66-537, 24 juill. 1966).* – **Le gérant ou, s'il en existe un, le commissaire aux comptes, présente à l'assemblée ou joint aux documents communiqués aux associés en cas de consultation écrite, un rapport sur les conventions intervenues directement ou par personnes interposées entre la société et l'un de ses gérants ou associés. L'assemblée statue sur ce rapport. Le gérant ou l'associé intéressé ne peut prendre part au vote et ses parts ne sont pas prises en compte pour le calcul du quorum et de la majorité.**

Toutefois, s'il n'existe pas de commissaire aux comptes, les conventions conclues par un gérant non associé sont soumises à l'approbation préalable de l'assemblée.

Par dérogation aux dispositions du premier alinéa, lorsque la société ne comprend qu'un seul associé et que la convention est conclue avec celui-ci, il en est seulement fait mention au registre des décisions.

Les conventions non approuvées produisent néanmoins leurs effets, à charge pour le gérant, et, s'il y a lieu, pour l'associé contractant, de supporter individuellement ou solidairement, selon les cas, les conséquences du contrat préjudiciables à la société.

Les dispositions du présent article s'étendent aux conventions passées avec une société dont un associé indéfiniment responsable, gérant, administrateur, directeur général, membre du directoire ou membre du conseil de surveillance, est simultanément gérant ou associé de la société à responsabilité limitée.

Voir : art. L. 225-38, p. 350, L. 225-86, p. 374 et L. 227-10, p. 446.
Art. R. 223-16, R. 223-17, p. 1684 et art. R. 223-26, p. 1687.

Bibliographie : Sur l'influence de l'ordonnance n° 2016-131 du 10 février 2016 : A. Couret et A. Reygrobellet, *Le droit des sociétés menacé par le nouvel article 1161 du Code civil : D.* 2016, p. 1867. • H. Le Nabasque, *Conventions libres et réglementées : faut-il avoir peur de l'article 1161 du Code civil ? : Bull. Joly Sociétés* 2016, p. 681. • R. Mortier, *Conflits d'intérêts : pourquoi et comment appliquer aux sociétés le nouvel article 1161 du Code civil ? : Dr. sociétés* 2016, étude 11.

1) Rémunération du gérant. La fixation de la rémunération du gérant n'a pas un caractère conventionnel et échappe dès lors au formalisme des conventions réglementées. ▪ Cass. com., 30 mai 1989, *JCP* 1990, II, 21405, note M. Marteau-Petit. ▪ CA Paris, 6 déc. 2007 : *JurisData* n° 2007-357792 ; *Dr. sociétés* 2008, n° 103, obs. J. Monnet. La détermination de la rémunération du gérant d'une société à responsabilité limitée par l'assemblée des associés ne procédant pas d'une convention, le gérant peut, s'il est associé, prendre part au vote. ▪ Cass. com., 4 mai 2010, n° 09-13.205 : *JurisData* n° 2010-005325 ; *JCP* E 2010, 1993, obs. F. Deboissy et G. Wicker ; *Bull. Joly Sociétés* 2010, p. 647, note B. Dondero ; *D.* 2010, p. 1206, note A. Lienhard ; *D.* 2010, p. 2797, obs. E. Lamazerolles ; *Rev. sociétés* 2010, p. 222, note A. Couret ; *Dr. sociétés* 2010, comm. 139, M. Roussille. ▪ Cass. com., 4 oct. 2011, n° 10-23.398 : *JurisData* n° 2011-021076 ; *JCP* E 2011, n° 1763, p. 33 ; *Dr. sociétés* 2011, n° 216, note M. Roussille ; *D.* 2011, p. 2470, obs. A. Lienhard ; *Bull. Joly Sociétés* 2011, p. 968, note B. Dondero ; *Rev. sociétés* 2012, p. 38, note D. Schmidt.

2) Vote. Les associés intéressés aux conventions passées avec la société auxquelles s'appliquent les dispositions de l'article 50 *[C. com., art. L. 223-19]* ne doivent pas prendre part au vote *des autorisations ou approbations* visées aux deux premiers alinéas de ce texte, la méconnaissance de cette interdiction étant sanctionnée au moyen de l'action en responsabilité instituée par le quatrième alinéa. ▪ Cass. com., 13 févr. 1996 : *JurisData* n° 1996-000666 ; *Bull. Joly Sociétés* 1996, § 178, p. 523, note B. Saintourens. – L'article L. 223-19, alinéa 1er n'est pas applicable lorsque la décision de l'assemblée est une autorisation préalable donnée au gérant de conclure une convention avec un associé et l'associé intéressé peut participer au vote. ▪ Cass. com., 7 juill. 2009, n° 08-16.790 : *JurisData* n° 2009-049262 ; *JCP* E 2009, 2125, note D. Gallois-Cochet.

3) Rapport. La mention du rapport du gérant sur les conventions réglementées indiquant qu'un associé est titulaire d'un compte courant d'un certain montant vaut reconnaissance de dette par la société envers l'associé. ▪ Paris, 2 juill. 2019, n° 16/21648 : *Bull. Joly Sociétés* déc. 2019, n° 120g4, p. 24, note B. Brignon.

4) Sanction. La convention non approuvée par l'assemblée générale passée entre une SARL et l'un de ses deux associés égalitaires, également salarié, et en vertu de laquelle l'associé perçoit, outre sa rémunération, une commission hors de tous les usages, sans contrepartie positive pour la société, a pour effet d'appauvrir cette dernière à l'unique profit du bénéficiaire, qui doit prendre à sa charge les conséquences préjudiciables de cette convention, correspondant aux commissions trop perçues ▪ Cass. com., 10 déc. 1996, n° 96-81.259 : *Bull. Joly Sociétés* 1997, p. 311, note J.-J. Daigre. Absence de nullité de la délibération adoptée avec le vote de l'intéressé. ▪ Cass. com., 10 avr. 2019, n° 17-19.474 : *JurisData* n° 2019-005705 ; *Bull. Joly Sociétés* juill. 2019, n° 119y0, p. 26, note C. Coupet ; *JCP* E 2019, 1272, note B. Dondero ; *Dr. sociétés* 2019, comm. 147, note J.-F. Hamelin.

Art. L. 223-20 *(Anc. L. n° 66-537, 24 juill. 1966)*. – **Les dispositions de l'article L. 223-19 ne sont pas applicables aux conventions portant sur des opérations courantes et conclues à des conditions normales.**

Art. L. 223-21 *(Anc. L. n° 66-537, 24 juill. 1966)*. – **À peine de nullité du contrat, il est interdit aux gérants ou associés autres que les personnes morales de contracter, sous quelque forme que ce soit, des emprunts auprès de la société, de se faire consentir par elle un découvert, en compte courant ou autrement, ainsi que de faire cautionner ou avaliser par elle leurs engagements envers les tiers. Cette interdiction s'applique aux représentants légaux des personnes morales associées.**

L'interdiction s'applique également aux conjoint, ascendants et descendants des personnes visées à l'alinéa précédent ainsi qu'à toute personne interposée.

Toutefois, si la société exploite un établissement financier, cette interdiction ne s'applique pas aux opérations courantes de ce commerce conclues à des conditions normales.

Voir : art. L. 225-39, p. 352, L. 225-87, p. 374 et L. 227-11, p. 447.

1) Nullité absolue. Rép. min. : *JOAN* Q, 16 févr. 1974, p. 756 : les dispositions de l'article 106 de la loi n° 66-537 du 24 juillet 1966 (C. com., art. L. 225-43) – que l'article 51 (C. com., art. L. 223-21) reproduit – sont d'ordre public. La nullité résultant de la violation de l'interdiction faite aux gérants et associés de faire garantir leurs engagements par la société est d'ordre public et sanctionnée par une nullité absolue ; est par suite recevable l'exception de nullité opposée par l'associé à la demande en remboursement d'un prêt consenti sous la condition d'une garantie prohibée, l'économie de l'opération, dont les éléments étaient indissociables, étant contraire à l'ordre public et illicite ▪ Cass. com., 25 avr. 2006, n° 05-12.734 : *Bull. Joly Sociétés* 2006, § 209, p. 1024, note J.-C. Hallouin ; *Dr. sociétés* juill. 2006, n° 109, obs. J. Monnet ; *Rev. sociétés* 2006, p. 818, note R. Routier.

2) Juste motif de révocation du gérant. La révocation du gérant qui avait contrevenu à l'interdiction édictée par l'article L. 233-21 du Code de commerce était fondée sur un juste motif. ▪ Cass. com., 27 mai 2015, n° 14-14.540 : *JurisData* n° 2015-012492 ; *Dr. sociétés* 2015, n° 150, note D. Gallois-Cochet ; *Rev. sociétés* 2016, p. 233, note J.-F. Barbièri.

Art. L. 223-22 *(Anc. L. n° 66-537, 24 juill. 1966)*. – **Les gérants sont responsables, individuellement ou solidairement, selon le cas, envers la société ou envers les tiers, soit des infractions aux dispositions législatives ou réglementaires applicables aux sociétés à responsabilité limitée, soit des violations des statuts, soit des fautes commises dans leur gestion.**

Si plusieurs gérants ont coopéré aux mêmes faits, le tribunal détermine la part contributive de chacun dans la réparation du dommage.

Outre l'action en réparation du préjudice subi personnellement, les associés peuvent, soit individuellement, soit en se groupant dans les conditions fixées par décret en Conseil d'État, intenter l'action sociale en responsabilité contre les gérants. Les demandeurs sont habilités à poursuivre la réparation de l'entier préjudice subi par la société à laquelle, le cas échéant, les dommages-intérêts sont alloués.

Est réputée non écrite toute clause des statuts ayant pour effet de subordonner l'exercice de l'action sociale à l'avis préalable ou à l'autorisation de l'assemblée, ou qui comporterait par avance renonciation à l'exercice de cette action.

Aucune décision de l'assemblée ne peut avoir pour effet d'éteindre une action en responsabilité contre les gérants pour faute commise dans l'accomplissement de leur mandat.

Voir : art. L. 241-3, p. 581, L. 241-9, p. 582, R. 223-31 et R. 223-32, p. 1688.
Société civile : C. civ., art. 1843-5, p. 2977 et 1850, p. 2982.
Sociétés anonymes : art. L. 225-251 et L. 225-252, p. 426.

Bibliographie : C. Giverdon, *L'action individuelle des membres d'un groupement : JCP* 1955, I, 1244. • G. Delmotte, *L'action sociale ut singuli : Journ. not.* 1981, 945. • C. Armand et A. Viandier, *Réflexions sur l'exercice de l'action sociale dans les groupes de sociétés : transparence des personnalités et opacité des responsabilités ? : Rev. sociétés* 1986, p. 557. • G. Auzero, *L'application de la notion de faute personnelle détachable des fonctions en droit privé : D. affaires* 1998, p. 502. • V. Wester-Ouisse, *Critique d'une notion imprécise : la faute du dirigeant de société séparable de ses fonctions : D. affaires* 1999, p. 782. • D. Vidal, *La responsabilité civile des dirigeants sociaux : JCP* E 2001, p. 16. • R. Besnard Goudet, *La faute détachable commise par un dirigeant social engage sa responsabilité à l'égard des tiers : D.* 2002, chron. p. 1821. • J.-F. Barbièri, *Responsabilité de la personne morale ou responsabilité de ses dirigeants ? La responsabilité personnelle à la dérive, in Mél. Guyon*, Dalloz, 2003, p. 41. • A. Constantin, *De quelques aspects de la responsabilité civile des dirigeants sociaux : RJDA* 7/2003, p. 595. • F. Descorps Declerc, *Pour une réhabilitation de la responsabilité civile des dirigeants* *sociaux : RTD com.* 2003, p. 25. • I. Grossi, *La responsabilité des dirigeants : Dr. et patrimoine* sept. 2003, p. 50. • M. Laugier, *L'introuvable responsabilité du dirigeant social envers les tiers pour faute de gestion : Bull. Joly Sociétés* 2003, p. 1231. • J.-C. Pagnucco, *L'action sociale ut singuli et ut universi en droit des groupements*, LGDJ, Fondation Varenne 2006. • J. Abras, *Responsabilité extracontractuelle des dirigeants sociaux : JCP* E 2008, 1912. • R. Marsin-Rose, *Regards sur l'obligation de non-concurrence en droit des sociétés : JCP* E 2012, 1713. • P. Abadie, *Le quitus : Rev. sociétés* 2017, p. 501.

I – RESPONSABILITÉ DU GÉRANT À L'ÉGARD DES TIERS

1) Nécessité d'une faute séparable des fonctions. – **Action devant les juridictions civiles.** La responsabilité personnelle des dirigeants sociaux à l'égard des tiers n'est engagée qu'à condition que la faute soit séparable de ses fonctions de gérant et lui soit imputable personnellement. ▪ Cass. com., 27 janv. 1998, n° 93-11.437 : *JurisData* n° 1998-000252 ; *JCP* E 1998, p. 508, n° 2, obs. A. Viandier et J.-J. Caussain ; *Bull. Joly Sociétés* 1998, p. 535, note P. Le Cannu. ▪ Cass. 3e civ., 4 avr. 2001, n° 99-17.731 : *JurisData* n° 2001-009026 ; *Dr. sociétés* juin 2001, n° 102, obs. D. Vidal. ▪ Cass. com., 1er juill. 2003, n° 02-11.687 : *Bull. Joly Sociétés* 2003, p. 1144, note J.-F. Barbièri. – **Action devant les juridictions pénales (non).** – Le juge pénal qui statue après relaxe sur les seuls intérêts civils n'a pas à s'expliquer sur l'existence d'une faute séparable pour caractériser une faute civile du dirigeant démontrée à partir et dans la limite des faits objet de sa poursuite. ▪ Cass. crim., 5 avr. 2018, n° 16-87.669, FP-P+B : *JurisData* n° 2018-005018 ; *Dr. sociétés* 2018, comm. 83, note J. Heinich.

2) Notion de faute séparable des fonctions. Engage sa responsabilité personnelle à l'égard des tiers le dirigeant qui commet intentionnellement une faute d'une particulière gravité incompatible avec l'exercice normal des fonctions sociales ▪ Cass. com., 20 mai 2003, n° 99-17.092 : *JurisData* n° 2003-019081 ; *Bull. Joly Sociétés* 2003, p. 786, note H. Le Nabasque ; *D.* 2004, p. 2623, note B. Dondero ; *D.* 2004, somm. p. 266, obs. J.-C. Hallouin ; *Dr. sociétés* 2003, n° 148, obs. J. Monnet ; *JCP* E 2003, 1203, obs. J.-J. Caussain, F. Deboissy et G. Wicker ; *JCP* E 2003, p. 1398, note S. Hadgji-Artinian ; *Rev. sociétés* 2003, p. 479, note J.-F. Barbièri. ▪ Cass. 1re civ., 16 nov. 2004, n° 02-21.615 : *Bull. Joly Sociétés* 2005, p. 370, note B. Dondero.

3) Qualification de faute séparable. – **Faute pénale intentionnelle.** Le gérant de SARL qui commet une faute constitutive d'une infraction pénale intentionnelle (ouverture d'un chantier sans souscription d'assurance), séparable comme telle de ses fonctions sociales, engage sa responsabilité *civile à l'égard des tiers à qui cette faute a porté pré*judice ▪ Cass. com., 28 sept. 2010, n° 09-66.255 : *JurisData* n° 2010-017070 ; *Bull. Joly Sociétés* 2010, p. 976, note A. Couret ; *JCP* E 2010, 2084, note M. Roussille ; *Dr. sociétés* 2010, p. 22, comm. 225, M. Roussille ; *JCP* E 2011, n° 1000, chron. F. Deboissy et G. Wicker ; *D.* 2010, p. 2290, obs. A. Lienhard ; *D.* 2011, p. 2760, obs. E. Lamazerolles. ▪ Cass. com., 9 déc. 2014, n° 13-26.298 : *JurisData* n° 2014-030506 ; *Bull. Joly Sociétés* 2015, § 113e5, p. 134, note P. Dupichot ; *Dr. sociétés* 2015, n° 79, note R. Salomon ; *JCP* E 2015, chron. 1353, n° 15, R. Salomon. ▪ Cass. com., 27 mai 2015, n° 13-23.272 : *Rev. sociétés* 2016, p. 95, note F. Rizzo ; *Bull. Joly Sociétés* 2015, n° 9, note B. Brignon. ▪ Cass. 3e civ., 10 mars 2016, n° 14-15.326 : *JurisData* n° 2016-004256 ; *Dr. sociétés* 2016, comm. 106, note M. Roussille ; *Bull. Joly Sociétés* 2016, p. 32, note S. Messaï-Bahri ; *Rev. sociétés* 2016, p. 370, note P. Pisoni. – **Autres fautes.** Le fait pour un gérant de SARL d'accepter que la société exécute des travaux qui n'entrent pas dans l'objet social et ne sont pas couverts par une assurance de responsabilité décennale constitue une faute intentionnelle d'une particulière gravité incompatible avec l'exercice normal de ses fonctions de gérant. ▪ Cass. com., 18 mai 2010, n° 09-66.172 : *JurisData* n° 2010-006638 ; *Bull. Joly Sociétés* 2010, § 170, p. 812, note B. Dondero ; *Rev. sociétés* 2010, p. 303, obs. A. Lienhard ; *Dr. sociétés* 2010, n° 161, note M. Roussille ; *JCP* E 2010, 1793, note M. Roussille. – Le dirigeant de deux sociétés qui omet de procéder à une déclaration de créance, en vue d'avantager l'une des sociétés au détriment de l'autre, commet une faute détachable, ▪ Cass. com., 27 mai 2014, n° 12-28.657 : *JurisData* n° 2014-011476 ; *JCP* E 2014, 1397, note A. Cerati-Gauthier ; *Dr. sociétés* 2014, n° 164, note M. Roussille ; *Bull. Joly Sociétés* 2014, p. 467, note E. Mouial-Bassilana ; *JCP* E 2014, n° 1397, note A. Cerati-Gauthier. Le dirigeant qui dépose une plainte, dans le but de faire échec au paiement d'une facture émise par un contractant avec lequel la société entretient des relations d'affaires, peut avoir commis une faute séparable, ▪ Cass. com., 24 juin 2014, n° 13-50.050 : *JurisData* n° 2014-021732 ; *Dr. sociétés* 2014, n° 164, note M. Roussille. – La mise en sommeil décidée par le gérant d'une SARL, après le dépôt du rapport d'expertise ayant conclu à la responsabilité de cette société dans l'exécution défectueuse des travaux mis à sa charge, peut constituer une faute intentionnelle d'une particulière gravité incompatible avec l'exercice normal de ses fonctions sociales ▪ Cass. com., 15 mai 2015, n° 14-13.104 : *JurisData* n° 2015-011335 ; *Dr. sociétés* 2016, n° 27, note D. Gallois-Cochet. – Constitue une faute séparable de ses fonctions, le fait pour un gérant de SARL d'engager de multiples recours étrangers à l'objet et l'intérêt de la société et agissant ainsi nécessairement dans un but d'enrichissement personnel ▪ Cass. com., 10 nov. 2015, n° 14-18.179 : *JurisData* n° 2015-025182 ; *Bull. Joly Sociétés* 2016, p. 28, note S. Messaï-Bahri ; *Rev. sociétés* 2016, p. 219, note B. Lecourt ; *D.* 2015, p. 2373 ; *Dr. sociétés* 2016, n° 78, obs. M. Roussille ; *Dr. sociétés* 2016, chron. 1, note E. Schlumberger. L'inobservation des dispositions légales relatives au dépôt obligatoire des comptes sociaux, pénalement sanctionnée, n'est pas, en elle-même, une faute intentionnelle d'une particulière gravité, détachable des fonctions du gérant. ▪ Cass. com., 3 mai 2018, n° 16-23.627 : *JurisData* n° 2018-007712 ; *Dr. sociétés* 2018, comm. 165, note J. Heinich ; *Bull. Joly Sociétés* 2018, p. 509, note S. Messaï-Bahri.

4) Procédures collectives. – **Principe du non-cumul.** L'action en comblement de passif *[C. com., art. L. 624-3, anc. – V. désormais C. com., art. L. 651-2]* ne se cumule pas avec l'action en responsabilité pour faute des dirigeants ▪ Cass. com., 28 févr. 1995, n° 92-17.329 : *JurisData* n° 1995-000519 ; *Bull. Joly Sociétés* 1995, p. 684, note J.-J. Daigre ; *Dr. et patrimoine* 1995, n° 1018, obs. J.-P. Bertrel. ▪ Cass. com., 26 mai 1999, n° 96-16.126 : *JurisData* n° 1999-002364 ; *Bull. Joly Sociétés* 1999, p. 962, note M. Menjucq.

– **Préjudice subi par un créancier.** L'exigence d'une faute du dirigeant séparable de ses fonctions s'impose également, dans le cadre d'une procédure collective, pour l'action en responsabilité exercée par un créancier en réparation d'un préjudice personnel distinct ▪ Cass. com., 7 mars 2006, n° 04-16.536 : *JurisData* n° 2006-032682 ; *Bull. Joly Sociétés* 2006, p. 938, note F.-X. Lucas ; *JCP* E 2006, 1627 ; *JCP* E 2006, 2035, n° 2, obs. J.-J. Caussain, F. Deboissy et G. Wicker.

II – RESPONSABILITÉ DU GÉRANT DANS L'ORDRE INTERNE

5) Action individuelle. – **Exigence d'un préjudice personnel.** Est recevable la constitution de partie civile d'un associé ou d'un porteur de titres d'une société agissant à titre individuel dès lors que le délit de présentation ou publication de comptes infidèles peut lui causer un préjudice personnel direct ▪ Cass. crim., 30 janv. 2002, n° 01-84.256 : *JurisData* n° 2002-013027 ; *Bull. Joly Sociétés* 2002, § 179, p. 797, note J.-F. Barbièri ; *JCP* E 2002, n° 28, 1082, note J. Cellier ; *JCP* E 2002, 1639, n° 5, obs. J.-J. Caussain, F. Deboissy et G. Wicker ; *Rev. sociétés* 2002, p. 350, note B. Bouloc. ▪ Cass. crim., 5 nov. 1991, n° 90-13.892 : *JurisData* n° 1991-002929 ; *Rev. sociétés* 1992, p. 91, note B. Bouloc.

– **Absence de préjudice personnel.**

– Ne constitue pas une action individuelle l'action intentée par l'actionnaire en raison d'une cession à perte de ses titres ▪ Cass. com., 26 janv. 1970, n° 67-14.616 : *JurisData* n° 1970-097031 ; *JCP* 1970, II, 16385, note Y. Guyon. – Il ne peut être demandé réparation au titre de l'action individuelle de la dépréciation de la société résultant des fautes commises par ses dirigeants, le préjudice subi par les associés n'étant que le corollaire du dommage causé à la société ▪ Cass. com., 1er avr. 1997, n° 94-18.912 : *Bull. Joly Sociétés* 1997, § 248, p. 650, note J.-F. Barbièri ; *D.* 1998, somm. p. 180, obs. J.-C. Hallouin ; *RTD com.* 1997, p. 647, obs. B. Petit et Y. Reinhard. – Quels qu'aient été les mobiles les ayant inspirées, les fautes commises par le gérant ayant entraîné la ruine de l'entreprise n'ont pas causé à l'associé un préjudice personnel distinct du préjudice social ▪ Cass. com., 19 avr. 2005 : *JurisData* n° 2005-028229 ; *JCP* E 2005, 823.

– L'abus de biens sociaux ne causant un préjudice direct qu'à la société et non à ses actionnaires, ces derniers sont irrecevables à agir en leur nom personnel ▪ Cass. crim., 4 avr. 2001, n° 00-80.406 : *JurisData* n° 2001-009729 ; *D.* 2002, p. 1475, note E. Scholastique ; *JCP* E 2001, 1817, note J.-H. Robert. ▪ Cass. crim., 5 déc. 2001, n° 01-80.065 : *Bull. Joly Sociétés* 2002, p. 492, note H. Le Nabasque. ▪ Cass. crim., 18 sept. 2002, n° 02-81.892 : *JurisData* n° 2002-016211 ; *Bull. Joly Sociétés* 2003, § 11, p. 63, note J.-F. Barbièri. ▪ Cass. crim., 9 mars 2005, n° 04-85.825 : *JurisData* n° 2005-027890 ; *Bull. Joly Sociétés* § 228, p. 959, note P. Scholer ; *Rev. sociétés* 2005, p. 886, note B. Bouloc.

– **Conditions de recevabilité de l'action individuelle.**

Date d'acquisition des titres sociaux. Sur l'exigence que les titres sociaux aient été acquis antérieurement à la connaissance du fait dommageable, V. ▪ Cass. crim., 30 janv. 2002, préc., annot n° 4, *supra*.

Quitus. Le *quitus* donné au gérant par les associés réunis en assemblée n'a d'effet que dans les rapports du gérant avec la société et ne peut faire obstacle à l'exercice d'une action en réparation du préjudice personnel subi par des associés ▪ Cass. 1re civ., 16 juin 1987, n° 84-14.762 : *Bull. civ.* I, n° 194 ; *JCP* E 1987, 16959, n° 5, obs. A. Viandier et J.-J. Caussain. L'article L. 223-22 du Code de commerce ne concernant que les agissements commis par les gérants de droit, l'interdiction de donner *quitus* à un gérant fautif ne s'applique pas au dirigeant de fait. ▪ Cass. com., 14 févr. 2018, n° 15-24.146 : *JurisData* n° 2018-002215 ; *Rev. sociétés* 2018, p. 442, note Ph. Didier ; *Dr. sociétés* 2018, comm. 84, note J. Heinich ; *Gaz. Pal.* 26 juin 2018, n° 325d5, p. 78, note A. Rabreau.

Prescription. L'action individuelle en responsabilité, bien que distincte de l'action sociale *ut singuli*, est soumise au régime des actions en responsabilité du droit des sociétés, notamment pour ce qui concerne le délai de prescription, et non au régime général de la responsabilité civile délictuelle ■ Cass. com., 13 juin 1995, n° 93-12.856 : *JurisData* n° 1995-002179 ; *Dr. sociétés* nov. 1995, n° 223, obs. D. Vidal.

6) **Action sociale.** – Demandeur. – **Qualité d'associé.** La qualité d'associé est indispensable pour pouvoir agir selon les voies de l'action sociale (■ T. com. Paris, 3 déc. 1975 : *JurisData* n° 1975-760218 ; *Rev. sociétés* 1976, p. 106, note J. H.) et doit être conservée pendant toute la durée de l'instance (■ CA Paris, 4 févr. 1994 : *JurisData* n° 1994-600148 ; *Bull. Joly Sociétés* 1994, p. 402, note M. Pariente). – **Fusion.** En cas de fusion, la société absorbante étant substituée activement et passivement aux droits et obligations de la société absorbée, les associés de la société absorbante sont recevables *[en l'espèce, sur le fondement de l'article L. 225-252 du Code de commerce]* à exercer l'action sociale *ut singuli* afin de demander réparation du dommage résultant d'actes délictueux subis par la société absorbée et ses filiales du fait de leurs dirigeants sociaux ■ Cass. crim., 2 avr. 2003, n° 02-82.674 : *JurisData* n° 2003-019019 ; *D.* 2003, p. 1504 ; *JCP* E 2003, act., p. 968. La constitution de partie civile d'un associé est recevable, même si elle ne fait pas expressément mention qu'il entend agir *ut singuli* au nom de la société. ■ Cass. crim., 29 janv. 2020, n° 19-80.924 : *JurisData* n° 2020-001177 ; *Rev. sociétés* 2020, p. 627, note J. Gallois ; *Dr. sociétés* 2020, comm. 44, note R. Salomon.

– **Défendeur.** L'article L. 223-22 n'autorise les associés à exercer l'action sociale en responsabilité que contre les gérants, ce qui exclut l'exercice d'une action *ut singuli* contre le liquidateur amiable. ■ Cass. com., 21 juin 2016, n° 14-26.370 : *JurisData* n° 2016-012271 ; *Dr. sociétés* 2016, comm. 185, note C. Coupet ; *Bull. Joly Sociétés* nov. 2016, p. 665, note P. Rubellin ; *Rev. sociétés* 2017, p. 154, note A. Lecourt ; *D.* 2016, p. 2244, T. Gauthier. ■ Cass. com., 6 déc. 2017, n° 16-21.005 : *JurisData* n° 2017-025055 ; *Dr. sociétés* 2018, comm. 26, note J. Heinich.

– **Juridiction.** L'action *ut singuli* peut être portée aussi bien devant les juridictions répressives que devant les juridictions civiles ■ Cass. crim., 19 oct. 1978, n° 77-92.742 : *JurisData* n° 1978-799282 ; *D.* 1979, p. 153, note J. C.

7) **Obligation de loyauté.** Sauf stipulation contraire, l'associé d'une SARL n'est, en cette qualité, tenu ni de s'abstenir d'exercer une activité concurrente à celle de la société ni d'informer celle-ci d'une telle activité et doit seulement s'abstenir d'acte de concurrence déloyaux. Mais l'obligation de loyauté et de fidélité pesant sur le *gérant d'une SARL lui interdit de négocier*, en qualité de gérant d'une autre société, un marché dans le même domaine d'activité. ■ Cass. com., 15 nov. 2011, n° 10-15.049 : *JurisData* n° 2011-025126 ; *JCP* E 2011, n° 1893, p. 16, note A. Couret et B. Dondero ; *Dr. sociétés* 2012, n° 24, note M. Roussille ; *D.* 2012, p. 134, note T. Favario ; *Bull. Joly Sociétés* 2012, p. 112, note H. Le Nabasque ; *Rev. sociétés* mai 2012, p. 293, note L. Godon. ■ Cass. com., 19 mars 2013, n° 12-14.407 : *JCP* E 2013, n° 1258, note R. Mortier ; *D.* 2013, p. 1172, obs. M. Pietton ; *Dr. sociétés* 2013, n° 102, note M. Roussille ; *Rev. sociétés* 2013, p. 358, note S. Prévost. Sauf stipulation contraire, l'associé d'une SARL n'est pas, en cette qualité, tenu de s'abstenir d'exercer une activité concurrente de celle de la société et doit seulement s'abstenir d'actes de concurrence déloyale, ■ Cass. com., 3 mars 2015, n° 13-25.237 : *JurisData* n° 2015-004268 ; *Dr. sociétés* 2015, n° 103, note R. Mortier ; *Rev. sociétés* 2015, p. 585, note B. Saintourens. L'obligation de non-concurrence ne perdure pas à la cessation du mandat social, de sorte qu'il n'est pas interdit à l'ancien dirigeant de développer une activité concurrente à celle de la société qu'il dirigeait, ■ Cass. com., 17 mars 2015, n° 14-11.463 : *Rev. sociétés* 2015, p. 370, note S. Prévost ; *Dr. sociétés* 2015, focus 48, S. Andjechairi-Tribillac. Le gérant de SARL qui exerce pendant son mandat une activité concurrente à celle de la société qu'il dirige ne manque pas à son obligation de loyauté s'il a reçu l'autorisation unanime des associés pour ce faire. ■ Cass. com., 18 mars 2020, n° 18-17.010 : *Dr. sociétés* 2020, comm. 92, note J.-F. Hamelin ; *RTD com.* 2000, p. 659, note A. Lecourt ; *Bull. Joly Sociétés* juill. 2020, p. 10, note V. Allegaert.

III – ACTION EN RESPONSABILITÉ DE L'ASSOCIÉ CONTRE LE CONTRACTANT DE LA SOCIÉTÉ

8) La recevabilité de l'action en responsabilité engagée par un associé à l'encontre d'un cocontractant de la société est subordonnée à l'allégation d'un préjudice personnel et distinct de celui qui pourrait être subi par la société elle-même, ■ Cass. ass. plén., 9 oct. 2006, n° 06-11.056 : *D.* 2006, 2933, note D. Houtcieff ; *D.* 2525, obs. X. Delpech ; *D.* 2007, 753, obs. D.-R. Martin et H. Synvet ; *RD imm.* 2007, 408, obs. H. Heugas-Darraspen ; *RTD civ.* 2007, 115, obs. J. Mestre et B. Fages ; *RTD civ.* 145, obs. P.-Y. Gautier ; *RTD civ.* 148, obs. P.-Y. Gautier ; *RTD com.* 2007, 207, obs. D. Legeais. ■ Cass. com., 8 févr. 2011, n° 09-17.034 : *D.* 2011, p. 592, obs. A. Lienhard ; *Dr. sociétés* mai 2011 n° 84, obs. M.-L. C. ; *Bull. Joly Sociétés* 2011, § 190, p. 378, note F.-X. Lucas. ■ Cass. com., 9 déc. 2014, n° 13-21.557 : *Rev. sociétés* 2015, p. 178, note S. Prévost ; *Dr. sociétés* 2015, n° 83, note R. Mortier. ■ Cass. com., 31 mars 2015, n° 14-15.366 : *JurisData* n° 2015-007267 ; *Dr. sociétés* 2015, n° 111, note D. Gallois-Cochet.

IV – ACTION EN RESPONSABILITÉ CONTRE LE GÉRANT DE FAIT

9) L'article 52 de la loi du 24 juillet 1966 *[art. L. 225-22, p. 337]* ne concerne que les agissements commis par les gérants de droit. ▪ Cass. com., 6 oct. 1981, n° 77-15.264 : *D.* 1983, p. 133, note B. Soinne ; *JCP* G 1982, II, 19891, note G. Notté. ▪ Cass. com., 21 mars 1995, n° 93-13.721 : *JurisData* n° 1995-000674 ; *Bull. civ.* IV, n° 98 ; *JCP* G 1996, II, 22603, note I. Bon-Garcin et Y. Reinhard ; *Rev. sociétés* 1995, p. 501, note B. Saintourens. V. également notes sous art. L. 225-254, p. 430.

Art. L. 223-23 *(Anc. L. n° 66-537, 24 juill. 1966)*. – **Les actions en responsabilité prévues aux articles L. 223-19 et L. 223-22 se prescrivent par trois ans à compter du fait dommageable ou, s'il a été dissimulé, de sa révélation. Toutefois, lorsque le fait est qualifié crime, l'action se prescrit par dix ans.**

Voir : art. L. 225-251, p. 426.

1) Action exercée par un tiers. La prescription triennale prévue par l'article L. 223-23 est applicable à l'action exercée par un tiers contre le gérant d'une SARL auquel il est reproché d'avoir commis une faute séparable de ses fonctions. ▪ Cass. 1re civ., 9 févr. 2012, n° 09-69.594 : *JurisData* n° 2012-001781 ; *Dr. sociétés* 2012, comm. 63, p. 27, D. Gallois-Cochet ; *Bull. Joly Sociétés* 2012, p. 414, note C.-A. Maetz.

2) Dissimulation. Nécessité de constater la dissimulation pour fixer le point de départ de la prescription au jour de la révélation du dommage. ▪ Cass. com., 4 nov. 2014, n° 13-13.555 : *JurisData* n° 2014-027096 ; *Dr. sociétés* 2015, n° 27, note M. Roussille. ▪ Cass. com., 7 mai 2019, n° 17-10.467 : *JurisData* n° 2019-007724 ; *Dr. sociétés* 2019, comm. 124, note J. Heinich ; *Rev. sociétés* 2019, p. 673, A. Lecourt ; *Bull. Joly Sociétés* juill. 2019, n° 119x5, p. 24, note B. Saintourens.

3) Non-application aux actions en nullité. La prescription triennale de l'action en responsabilité prévue à l'article L. 223-19 ne s'applique pas aux actions tendant à l'annulation, pour violation des lois ou principes régissant la nullité des contrats, d'une convention visée par cette disposition. ▪ Cass. com., 3 avr. 2013, n° 12-15.492 : *JurisData* n° 2013-006247 ; *JCP* E 2013, n° 1328, note H. Hovasse ; *Bull. Joly Sociétés* 2013, p. 459, note S. Messaï-Bahri.

Art. L. 223-24 *(Anc. L. n° 66-537, 24 juill. 1966 ; mod., L. n° 2019-744, 19 juill. 2019)*. – **En cas d'ouverture d'une procédure de sauvegarde, de redressement ou de liquidation judiciaire en application des dispositions du livre VI, les personnes visées par ces dispositions peuvent être rendues responsables du passif social et sont soumises aux interdictions et déchéances, dans les conditions prévues par lesdites dispositions.**

Art. L. 223-25 *(Anc. L. n° 66-537, 24 juill. 1966 ; mod., Ord. n° 2004-274, 25 mars 2004)*. – **Le gérant peut être révoqué par décision des associés dans les conditions de l'article L. 223-29, à moins que les statuts prévoient une majorité plus forte. Si la révocation est décidée sans juste motif, elle peut donner lieu à des dommages et intérêts.**

En outre, le gérant est révocable par les tribunaux pour cause légitime, à la demande de tout associé.

Par dérogation au premier l'alinéa, le gérant d'une société à responsabilité limitée exploitant une entreprise de presse au sens de l'article 2 de la loi n° 86-897 du 1er août 1986 portant réforme du régime juridique de la presse n'est révocable que par une décision des associés représentant au moins les trois quarts du capital social.

Bibliographie : *Sur la révocation du gérant.* J.-L. Aubert, *La révocation des organes d'administration des sociétés commerciales : RTD com.* 1968, p. 977. • R. Baillod, *Le juste motif de révocation* des dirigeants sociaux : RTD com. 1983, p. 395. • J. Attard, *La révocation des dirigeants sociaux : « de la licéité des clauses écartant l'exigence légale du juste motif » : JCP* G 2000, I, 217. • M.-H. Laender, *La révocation des dirigeants sociaux : Dr. sociétés* 2000, chron. 9. • B. Saintourens, *La révocation des dirigeants sociaux dans l'actualité jurisprudentielle : Bull. Joly Sociétés* 2005, § 152, p. 667. • M. Rakotovahiny, *Juste motif de révocation et cause réelle et sérieuse de licenciement : Rev. sociétés* 2014, p. 152.

Sur la démission du gérant. H. Souleau, *La démission des dirigeants des sociétés commerciales : RTD com.* 1972, p. 21. • D. Martin, *La démission des organes de gestion des sociétés commerciales : Rev. sociétés* 1973, p. 273. • A. Lecourt, *Retour sur la démission des dirigeants de groupements : Dr. sociétés* juill. 2005, p. 10.

1) Droit de révocation. Est fictif le contrat de travail uniquement conclu pour porter atteinte à la règle de la libre révocation des mandataires sociaux ▪ Cass. soc., 19 déc. 1979 : *JCP* 1980, IV, 94. – L'accord prévoyant le versement d'une indemnité forfaitaire au gérant en cas de cessation des fonctions n'est nul que s'il contient des avantages si importants qu'ils dissuadent les associés de révoquer le gérant ▪ Cass. com., 6 déc. 1983, n° 82-14.198 : *JurisData* n° 1983-702561 ; *JCP* 1984, IV, 55. ▪ Cass. com., 6 nov. 2012, n° 11-20.582 : *D.* 2012, p. 2655, obs. A. Lienhard ; *Dr. sociétés* 2013, n° 26, note D. Gallois-Cochet ; *Bull. Joly Sociétés* 2013, § 59, p. 125, note B. Dondero.

2) Procédure de révocation. – **Révocation par décision des associés.** Lorsque l'ordre du jour d'une assemblée prévoit l'examen de la gestion du gérant, ledit examen peut régulièrement conduire à la révocation du gérant ▪ Cass. com., 28 févr. 1977, n° 75-14.163 : *JurisData* n° 1977-799065 ; *Rev. sociétés* 1978, p. 245, note J.-P. Gastaud. – Idem quand l'ordre du jour mentionne l'examen de l'activité de la société et celui des perspectives d'avenir ▪ Cass. com., 29 juin 1993, n° 91-14.778 : *JurisData* n° 1993-001429 ; *Rev. sociétés* 1994, p. 63, note F. Pasqualini ; *Bull. Joly Sociétés* 1993, p. 1142, note P. Le Cannu. ▪ Cass. com., 14 oct. 2020, n° 18-12.183 : *Bull. Joly Sociétés* 2021, n° 121p6, p. 32, note B. Saintourens. – **Révocation judiciaire.** La révocation judiciaire laissant la gérance vacante, le juge peut ordonner la désignation d'un administrateur *ad hoc* ayant pour mission de convoquer et de présider l'assemblée des associés, avec pour ordre du jour la nomination d'un autre associé nommément désigné en remplacement. ▪ Cass. com., 26 avr. 2017, n° 15-19.472 : *Bull. Joly Sociétés* 2017, p. 607, note T. Favario ; *Dr. sociétés* 2017, comm. 123, note J. Heinich ; *RTD com.* 2017, p. 643, note A. Lecourt.

3) Conditions vexatoires ou brutales. Principes. Le gérant révoqué sans justes motifs dans des conditions brusques et vexatoires a droit à une indemnisation par la société ▪ Cass. com., 1er févr. 1994, n° 92-11.171 : *JurisData* n° 1994-000181 ; *JCP* E 1994, I, 363, n° 7, obs. A. Viandier et J.-J. Caussain. La révocation décidée sans que l'intéressé ait été préalablement invité à s'expliquer sur les faits qui lui étaient reprochés a revêtu un caractère brutal. De ces constatations, étrangères à l'existence d'un juste motif de révocation, la cour d'appel a exactement déduit que le gérant pouvait seulement prétendre à des dommages et intérêts en réparation du préjudice subi par lui du fait des circonstances brutales de sa révocation. ▪ Cass. com., 22 oct. 2013, n° 12-24.162 : *Rev. sociétés* 2014, p. 105, note B. Saintourens. – **Procès-verbal.** L'obligation de procéder aux inscriptions modificatives au RCS en cas de changement de dirigeant *n'oblige pas à une publication intégrale* laquelle présente, en l'espèce, par la publicité donnée à la faute grave imputée à l'ancien président, un caractère vexatoire (SAS). ▪ CA Paris, pôle 5, ch. 8, 30 avr. 2014, n° 13/12230 : *JurisData* n° 2014-010876 ; *Dr. sociétés* 2014, comm. 166, note D. Gallois-Cochet. Le dépôt, en annexe, de la décision de révocation du p au greffe du tribunal de commerce est une obligation légale ; sa publication n'a donc pas de caractère injurieux ou vexatoire (SAS). ▪ CA Versailles, 12e ch., 2e sect., 6 oct. 2015, n° 14/08868. Il ne ressort ni de l'arrêt ni des conclusions que celle-ci ait soutenu devant la cour d'appel que le procès-verbal de révocation avait été publié seulement par extrait, sans l'indication des motifs de la révocation (SARL). ▪ Cass. com., 5 avr. 2018, n° 16-18.589 ; *Dr. sociétés* 2018, comm. 102, note C. Coupet.

4) Juste motif de révocation. Le risque de blocage du fonctionnement de la SARL ne constitue pas un juste motif de révocation. ▪ Cass. com., 29 sept. 2015, n° 14-11.491 : *JurisData* n° 2015-021698 ; *Dr. sociétés* 2015, n° 213, note M. Roussille ; *Rev. sociétés* 2016, p. 225, note M. Rakotovahiny.

5) Démission. – Nature. Sauf stipulation contraire des statuts, la démission d'un dirigeant de société constitue un acte juridique unilatéral qui produit tous ses effets dès lors qu'elle est portée à la connaissance de la société ; elle ne nécessite donc aucune acceptation de la part de celle-ci et ne peut faire l'objet d'aucune rétractation, son auteur pouvant seulement en contester la validité en démontrant que sa volonté n'a pas été libre et éclairée ▪ Cass. com., 22 févr. 2005 : *JurisData* n° 2005-027127 ; *Bull. Joly Sociétés* 2005, § 194, p. 863, note B. Saintourens ; *D.* 2005, p. 716, obs. A. Lienhard ; *Dr. sociétés* mai 2005, n° 93, obs. J. Monnet ; *JCP* E 2005, act., p. 646 ; *JCP* E 2005, 683, note J.-L. Navarro ; *JCP* E 2005, 1046, n° 8, obs. J.-J. Caussain, F. Deboissy et G. Wicker. En conséquence, l'irrégularité de l'assemblée lors de laquelle elle a été donnée n'affecte pas la régularité de la démission. ▪ Cass. com., 8 juin 2017, n° 14-29.618 : *JurisData* n° 2017-010952 ; *Dr. sociétés* 2017, n° 14-29.618, note J. Heinich.

– Prise d'effet. La démission d'un dirigeant produit ses effets dès qu'elle a été portée à la connaissance de la société, lors même qu'un préavis a été conventionnellement prévu. Il peut être dérogé à cette règle par la commune intention des parties de lier la date d'effet de la démission avec la fin du préavis stipulé. ▪ Cass. com., 20 sept. 2017, n° 15-28.262 : *JurisData* n° 2017-0213355 ; *RTD civ.* 2017, p. 859, H. Barbier ; *Dr. sociétés* 2017, comm. 207, note J. Heinich.

6) Non-renouvellement des fonctions. Le refus de l'assemblée de reconduire le mandat du gérant, décision qui prend effet à l'arrivée du terme statutairement prévu pour l'expiration des fonctions sociales, ne constitue pas une révocation ouvrant droit à indemnité en cas d'absence de juste motif ▪ Cass. com., 8 mars 2005 : *JurisData* n° 2005-027523 ; *Dr. sociétés* mai 2005, n° 92, obs. J. Monnet.

– Le gérant nommé pour une durée déterminée n'a pas, au terme de ses fonctions, un droit au renouvellement de celles-ci, mais leur non-renouvellement peut donner lieu à l'allocation de dommages-intérêts, si les circonstances qui l'entourent révèlent des conditions humiliantes ou vexatoires ▪ Cass. com., 17 déc. 2002, n° 98-23.076 : *Bull. Joly Sociétés* 2003, p. 307, note P. Le Cannu.

Art. L. 223-26 *(Anc. L. n° 66-537, 24 juill. 1966 ; mod., Ord. n° 2004-1382, 20 déc. 2004 ; L. n° 2012-387, 22 mars 2012 ; Ord. n° 2014-863, 31 juill. 2014 ; Ord. n° 2017-1162, 12 juill. 2017).* **– Le rapport de gestion, l'inventaire et les comptes annuels établis par les gérants, sont soumis à l'approbation des associés réunis en assemblée, dans le délai de six mois à compter de la clôture de l'exercice sous réserve de prolongation de ce délai par décision de justice. Si l'assemblée des associés n'a pas été réunie dans ce délai, le ministère public ou toute personne intéressée peut saisir le président du tribunal compétent statuant en référé afin d'enjoindre, le cas échéant sous astreinte, aux gérants de convoquer cette assemblée ou de désigner un mandataire pour y procéder.**

Les documents visés à l'alinéa précédent, le texte des résolutions proposées ainsi que le cas échéant, le rapport des commissaires aux comptes, les comptes consolidés et le rapport sur la gestion du groupe sont communiqués aux associés dans les conditions et délais déterminés par décret en Conseil d'État. Toute délibération, prise en violation des dispositions du présent alinéa et du décret pris pour son application, peut être annulée.

À compter de la communication prévue à l'alinéa précédent, tout associé a la faculté de poser par écrit des questions auxquelles le gérant est tenu de répondre au cours de l'assemblée.

L'associé peut, en outre, et à toute époque, obtenir communication, dans les conditions fixées par décret en Conseil d'État, des documents sociaux déterminés par ledit décret et concernant les trois derniers exercices.

Toute clause contraire aux dispositions du présent article et du décret pris pour son application, est réputée non écrite.

Le I de l'article L. 225-100-1 s'applique au rapport de gestion. Le cas échéant, le II de l'article L. 225-100-1 s'applique au rapport consolidé de gestion.

Voir : art. L. 232-1, p. 517, art. L. 238-1, p. 574, art. L. 241-3 à L. 241-5, p. 581, L. 241-9, p. 582, R. 223-14 et R. 223-15, p. 1684, R. 223-18, p. 1685 et R. 223-28, p. 1687.

Bibliographie : D. Gallois-Cochet, *Ordonnance du 31 juillet 2014 ; dispositions relatives aux SNC et aux SARL : Dr. sociétés* 2014, n° 145.

Lorsque l'assemblée n'a pas été réunie dans le délai de 6 mois à compter de la clôture des comptes, le juge ne peut pas rejeter la demande de désignation d'un mandataire chargé de convoquer les associés. ▪ Cass. com., 24 oct. 2018, n° 16-25.297 : *Juris-Data* n° 2018-018759 ; *Dr. sociétés* 2019, comm. 5, note C. Coupet ; *Bull. Joly Sociétés* 2019, p. 30, note J.-M. Moulin.

Art. L. 223-26-1 *(L. n° 2014-1662, 30 déc. 2014).* **– L'article L. 225-102-3, à l'exception du IV, est applicable aux sociétés à responsabilité limitée.**

Les rapports mentionnés au même article L. 225-102-3 sont établis par les gérants.

Ces rapports sont déposés au greffe du tribunal de commerce, pour être annexés au registre du commerce et des sociétés, dans le mois suivant l'approbation des comptes annuels par l'assemblée générale des actionnaires ou dans les deux mois suivant cette approbation lorsque ce dépôt est effectué par voie électronique. Ils font également l'objet, dans les mêmes délais, d'une publication gratuite, accessible au public et lisible sur le site internet de la société, dans des conditions prévues par décret en Conseil d'État.

Voir : art. R. 223-18-2, p. 1685.

Art. L. 223-27 *(Mod., L. n° 2003-7, 3 janv. 2003 ; Ord. n° 2004-274, 25 mars 2004 ; L. n° 2008-776, 4 août 2008 ; L. n° 2012-387, 22 mars 2012 ; Ord. n° 2017-747, 4 mai 2017 ; L. n° 2019-744, 19 juill. 2019).* **– Les décisions sont prises en assemblée. Toutefois, les statuts peuvent stipuler qu'à l'exception de celles prévues au premier alinéa de l'article L. 223-26 toutes les décisions ou certaines d'entre elles peuvent être prises par consultation écrite des associés ou pourront résulter du consentement de tous les associés exprimé dans un acte.**

Les associés sont convoqués aux assemblées dans les formes et délais prévus par décret en Conseil d'État. La convocation est faite par le gérant ou, à défaut, par le commissaire aux comptes, s'il en existe un. L'assemblée ne peut se tenir avant l'expiration du délai de communication des documents mentionnés à l'article L. 223-26.

Hors les cas où l'assemblée délibère sur les opérations mentionnées aux articles L. 232-1 et L. 233-16 et lorsque les statuts le prévoient, sont réputés présents pour le calcul du quorum et de la majorité les associés qui participent à l'assemblée par visioconférence ou par des moyens de télécommunication permettant leur identification et dont la nature et les conditions d'application sont déterminées par décret en Conseil d'État. Les statuts peuvent prévoir un droit d'opposition à l'utilisation de ces moyens au profit d'un nombre déterminé d'associés et pour une délibération déterminée.

Un ou plusieurs associés détenant la moitié des parts sociales ou détenant, s'ils représentent au moins le dixième des associés, le dixième des parts sociales, peuvent demander la réunion d'une assemblée.

Un ou plusieurs associés détenant le vingtième des parts sociales ont la faculté de faire inscrire à l'ordre du jour de l'assemblée des points ou projets de résolution qui sont portés à la connaissance des autres associés, dans les conditions déterminées par décret en Conseil d'État.

Toute clause contraire aux dispositions des deux alinéas précédents est réputée non écrite.

Tout associé peut demander en justice la désignation d'un mandataire chargé de convoquer l'assemblée et de fixer son ordre du jour.

Si, pour quelque cause que ce soit, la société se trouve dépourvue de gérant ou si le gérant unique est placé en tutelle, le commissaire aux comptes ou tout associé convoque l'assemblée des associés à seule fin de procéder, le cas échéant, à la révocation du gérant unique et, dans tous les cas, à la désignation d'un ou de plusieurs gérants. Cette convocation a lieu dans les formes et délais prévus par décret en Conseil d'État.

Toute assemblée irrégulièrement convoquée peut être annulée. Toutefois, l'action en nullité n'est pas recevable lorsque tous les associés étaient présents ou représentés.

Voir : art. R. 223-19 et R. 223-20, R. 223-20-1, p. 1685, R. 223-22 à R. 223-24, p. 1686.

Bibliographie : G. Chiron, *Le droit des sociétés à l'ère des nouvelles technologies : JCP* E 2012, 1756 ; *Dr. sociétés* 2013, n° 5. • A. Couret et B. Dondero, *La loi Warsmann II relative à la simplification du droit et à l'allègement des démarches administratives – aspects de droit des sociétés (1re partie) : Bull. Joly Sociétés* 2012, p. 360. • C. Coupet, *Ordonnance portant diverses mesures facilitant la prise de décision et la participation des actionnaires au sein des sociétés : Dr. sociétés* 2017, comm. 121. • A. Lecourt, *Favoriser la participation des minoritaires dans la SARL : Rev. sociétés* 2017, p. 619. • B. Saintourens, *Simplification du fonctionnement des sociétés : le complément réglementaire pour 2017 : Rev. sociétés* 2017, p. 467. • A. Couret, *Décret du 28 février 2018 relatif à certaines modalités de participation des associés aux décisions collectives dans les SA et les SARL : Rev. sociétés* 2018, p. 283. • Ph. Emy et B. Saintourens, *Les dispositions de la loi du 19 juillet 2019 relatives à toutes les sociétés, aux sociétés civiles et aux SARL : Rev. sociétés* 2019, p. 655. • C. Coupet, *Loi du 19 juillet 2019 de simplification, de clarification et d'actualisation : miscellanées de droit des sociétés : Bull. Joly Sociétés* oct. 2019, n° 120e1, p. 35. • J.-F. Hamelin, *Incidences de la mise sous tutelle d'un dirigeant : Dr. sociétés* 2019, comm. 168. • B. Lecourt, *Simplifier, clarifier et actualiser le droit des sociétés : les minoritaires sacrifiés sur l'autel du libéralisme ? : RTD com.* 2019, p. 903. • J.-P. Tap, *Les actes dérogatoires aux statuts : Rev. sociétés* 2020, p. 531.

1) Nullité facultative. Les juges saisis d'une demande en annulation d'une assemblée irrégulièrement convoquée ne sont pas liés par la constatation de l'existence d'une telle irrégularité. ▪ Cass. com., 5 déc. 2000 : *JurisData* n° 2000-007227 ; *JCP* E 2001, p. 897, obs. A. Viandier et J.-J. Caussain ; *Bull. Joly Sociétés* 2001, p. 262, note P. Le Cannu ; *D.* 2001, act. jurispr. p. 239, obs. A. Lienhard. La preuve d'un grief doit être apportée pour que soit prononcée la nullité d'une délibération pour défaut de convocation d'un associé à l'assemblée. Les procès-verbaux d'assemblée font foi, jusqu'à preuve contraire, de leur date et de leur contenu. ▪ Cass. com., 10 nov. 2015, n° 14-16.022 : *Bull. Joly Sociétés* 2016, p. 149, note M. *Buchberger*.

2) Modalités de convocation. Aucun texte n'exige que la convocation des associés aux assemblées d'une SARL soit signée par le gérant. ▪ Cass. com., 16 févr. 2016, n° 14-21.829 : *JurisData* n° 2016-008971 ; *Rev. sociétés* 2016, p. 451, note M. Dubertret ; *Dr. sociétés* 2016, comm. 123, note D. Gallois-Cochet. Lorsque l'associé majoritaire d'une société à responsabilité limitée a demandé au gérant la réunion d'une assemblée en application de l'article L. 223-27, alinéa 4 du Code de commerce et que cette demande lui a été refusée, le juge est tenu de faire droit à la demande de désignation d'un mandataire chargé de convoquer cette assemblée sans pouvoir en apprécier l'opportunité. ▪ Cass. com., 6 févr. 2019, n° 16-27.560 : *JurisData* n° 2019-001634 ; *Dr. sociétés* 2019, comm. 66, note J. Heinich ; *Bull. Joly Sociétés* mai 2019, n° 119s9, p. 28, note J.-M. Moulin.

3) Ordre du jour. Est nouvelle une résolution proposant la nomination d'un commissaire aux comptes et d'un suppléant autres que ceux figurant à l'ordre du jour. Par suite, est irrégulière la délibération de l'assemblée générale sur cette résolution. ▪ Cass. com., 14 févr. 2018, n° 15-16.525 : *JurisData* n° 2018-002095 ; *Bull. Joly Sociétés* 2018, p. 214, note J.-F. Barbièri ; *Dr. socié-*

tés 2018, comm. 82, note C. Coupet ; *RTD com.* 2018, p. 383, note A. Lecourt ; *Rev. sociétés* 2018, p. 376, note B. Saintourens.

4) **Consentement de tous les associés dans un acte.** Les associés d'une SARL peuvent déroger à une clause des statuts et s'en affranchir par l'établissement d'actes postérieurs, valables dès lors que tous les associés y consentent. ▪ Cass. com., 12 mai 2015, n° 14-13.744 : *JurisData* n° 2015-011268 ; *JCP* E 2015, 1338, note B. Dondero ; *Dr. sociétés* 2015, n° 148, note D. Gallois-Cochet ; *Rev. sociétés* 2016, p. 99, note A. Lecourt ; *Rev. sociétés* 2016, p. 99, note A. Lecourt ; *RTD civ.* 2015, p. 880, note H. Barbier. ▪ Cass. com., 29 janv. 2020, n° 18-15.179 : *JCP* E 2020, 1504, note M. Caffin-Moi ; *Bull. Joly Sociétés* 2020, p. 31, note M.-L. Coquelet ; *JCP* E 2020, 1429, note N. Jullian ; *Dr. sociétés* 2020, comm. 81, note J.-F. Hamelin ; *D.* 2020, p. 2033, note E. Lamazerolles.

Art. L. 223-28 *(Anc. L. n° 66-537, 24 juill. 1966).* – **Chaque associé a droit de participer aux décisions et dispose d'un nombre de voix égal à celui des parts sociales qu'il possède.**

Un associé peut se faire représenter par son conjoint à moins que la société ne comprenne que les deux époux. Sauf si les associés sont au nombre de deux, un associé peut se faire représenter par un autre associé.

Il ne peut se faire représenter par une autre personne que si les statuts le permettent.

Un associé ne peut constituer un mandataire pour voter du chef d'une partie de ses parts et voter en personne du chef de l'autre partie.

Toute clause contraire aux dispositions des premier, deuxième et quatrième alinéas ci-dessus est réputée non écrite.

Voir : art. R. 223-21, p. 1686.

Bibliographie : *Le droit de vote : Dr. sociétés* juill. 2014, dossier spécial 65e anniversaire.

Art. L. 223-29 *(Anc. L. n° 66-537, 24 juill. 1966 ; mod., L. n° 2019-744, 19 juill. 2019).* – **Dans les assemblées ou lors des consultations écrites, les décisions sont adoptées par un ou plusieurs associés représentant plus de la moitié des parts sociales.**

Si cette majorité n'est pas obtenue et sauf stipulation contraire des statuts, les associés sont, selon les cas, convoqués ou consultés une seconde fois, et les décisions sont prises à la majorité des votes émis, quel que soit le nombre des votants.

Les décisions prises en violation des dispositions du présent article peuvent être annulées à la demande de tout intéressé.

Bibliographie : C. Coupet, *Loi du 19 juillet 2019 de simplification, de clarification et d'actualisation : miscellanées de droit des sociétés : Bull. Joly Sociétés* oct. 2019, n° 120e1, p. 35. • Ph. Emy et B. Saintourens, *Les dispositions de la loi du 19 juillet 2019 relatives à toutes les sociétés, aux sociétés civiles et aux SARL : Rev. sociétés* 2019, p. 655. • A. Couret et C. Barrillon, *La loi Soilihi et les maladresses du législateur : D.* 2019, p. 1717. • J.-F. Hamelin, *La violation des règles de majorité enfin cause de nullité ! : Dr. sociétés* 2019, comm. 187. • R. Mortier et alii, *« La loi Soilihi article par article (1re partie) » : Dr. sociétés* 2019, étude 13.

1) N'est pas sanctionnée par la nullité la délibération adoptée en violation de la clause statutaire stipulant que les décisions collectives ne modifiant pas les statuts doivent être prises à l'unanimité. ▪ Cass. com., 20 févr. 2019, n° 17-12.050 : *JurisData* n° 2019-002665 ; *Rev. sociétés* 2019, p. 455, note D. Schmidt ; *Dr. sociétés* 2019, comm. 82.

2) **Abus du droit de vote.** V. art. L. 225-98, p. 379.

Art. L. 223-30 *(Anc. L. n° 66-537, 24 juill. 1966 ; mod., L. n° 2005-882, 2 août 2005 ; L. n° 2014-1545, 20 déc. 2014 ; L. n° 2019-744, 19 juill. 2019).* – **Les associés ne peuvent, si ce n'est à l'unanimité, changer la nationalité de la société. Sous réserve du huitième alinéa de l'article L. 223-18, le déplacement du siège social est décidé par un ou plusieurs associés représentant plus de la moitié des parts sociales.**

Toutes autres modifications des statuts sont décidées par les associés représentant au moins les trois quarts des parts sociales. Toute clause exigeant une majorité plus élevée est réputée non écrite.

Toutefois, pour les modifications statutaires des sociétés à responsabilité limitée constituées après la publication de la loi n° 2005-882 du 2 août 2005 en faveur des petites et moyennes entreprises, l'assemblée ne délibère valablement que si les associés présents ou représentés possèdent au moins, sur première convocation, le quart des parts et, sur deuxième convocation, le cinquième de celles-ci. À défaut de ce quorum, la deuxième assemblée peut être prorogée à une date postérieure de deux mois au plus à celle à laquelle elle avait été convoquée. Dans l'un ou l'autre de ces deux cas, les modifications sont décidées à la

majorité des deux tiers des parts détenues par les associés présents ou représentés, à l'exception du déplacement du siège social, décidé par un ou plusieurs associés représentant plus de la moitié des parts. Les statuts peuvent prévoir des quorums ou une majorité plus élevés, sans pouvoir, pour cette dernière, exiger l'unanimité des associés.

Les sociétés constituées antérieurement à la publication de la loi n° 2005-882 du 2 août 2005 précitée peuvent, sur décision prise à l'unanimité des associés, être régies par les dispositions du troisième alinéa.

La majorité ne peut en aucun cas obliger un associé à augmenter son engagement social.

Par dérogation aux dispositions des deuxième et troisième alinéas, la décision d'augmenter le capital par incorporation de bénéfices ou de réserves est prise par les associés représentant au moins la moitié des parts sociales.

Les décisions prises en violation des dispositions du présent article peuvent être annulées à la demande de tout intéressé.

Voir : C. civ., art. 1836, p. 2975 ; C. com., art. L. 225-96, p. 378.

Bibliographie : C. Coupet, *Loi du 19 juillet 2019 de simplification, de clarification et d'actualisation : miscellanées de droit des sociétés : Bull. Joly Sociétés* oct. 2019, n° 120e1, p. 35. • Ph. Emy et B. Saintourens, *Les dispositions de la loi du 19 juillet 2019 relatives à toutes les sociétés, aux sociétés civiles et aux SARL : Rev. sociétés* 2019, p. 655. • J.-F. Hamelin, *La violation des règles de majorité enfin cause de nullité ! : Dr. sociétés* 2019, comm. 187. • R. Mortier *et a.*, *La loi Soilihi article par article (1re partie) : Dr. sociétés* 2019, étude 13.

1) Augmentation des engagements des associés. Les engagements des associés ne sont augmentés que si les décisions prises entraînent une aggravation de la dette contractée par eux envers la société ou envers les tiers ▪ Cass. civ., 9 févr. 1937 : *DP* 1937, 1, p. 73, note Besson.

2) Réduction des droits des associés. La délibération décidant de modifier l'objet social et supprimant le droit de jouissance des actionnaires ne fait que réduire les droits de ces derniers sans augmenter leurs engagements et est valable, faute d'abus de majorité caractérisé ▪ Cass. 3e civ., 8 oct. 1997 : *JurisData* n° 1997-003836 ; *Dr. sociétés* 1998, n° 20, obs. T. Bonneau.

3) Absence de majorité requise. L'article L. 223-30 ne prévoyant pas la nullité des décisions modificatives des statuts adoptées en violation des règles statutaires de majorité, les décisions extraordinaires organisant un coup d'accordéon dans une SARL sont valables, alors même qu'elles ont été adoptées par l'associé détenant seulement 51 % du capital social (arrêt rendu avant la loi du 19 juillet 2019). ▪ Cass. com., 30 mai 2012, n° 11-16.272 : *Juris-Data* n° 2012-011529 ; *JCP* E 2012, 1525, note M. Roussille ; *JCP* E 2012, 1777, n° 1, obs. F. Deboissy et G. Wicker ; *Dr. sociétés* 2012, n° 140, note M. Roussille.

Art. L. 223-31

(Mod., L. n° 2005-882, 2 août 2005 ; L. n° 2008-776, 4 août 2008). – **Les trois premiers alinéas de l'article L. 223-26 et les articles L. 223-27 à L. 223-30 ne sont pas applicables aux sociétés ne comprenant qu'un seul associé.**

Dans ce cas, le rapport de gestion, l'inventaire et les comptes annuels sont établis par le gérant. L'associé unique approuve les comptes, le cas échéant après rapport des commissaires aux comptes, dans le délai de six mois à compter de la clôture de l'exercice. Lorsque l'associé unique est seul gérant de la société, le dépôt au registre du commerce et des sociétés, dans le même délai, de l'inventaire et des comptes annuels, dûment signés, vaut approbation des comptes sans que l'associé unique ait à porter au registre prévu à l'alinéa suivant le récépissé délivré par le greffe du tribunal de commerce.

L'associé unique ne peut déléguer ses pouvoirs. Ses décisions, prises au lieu et place de l'assemblée, sont répertoriées dans un registre.

Les décisions prises en violation des dispositions du présent article peuvent être annulées à la demande de tout intéressé.

Voir : art. R. 223-25 et R. 223-26, p. 1687.

1) Approbation des comptes d'une EURL. *Rép. min. Hénart, n° 84028 : JOAN Q*, 21 févr. 2006, p. 1920. : L'obligation d'approuver les comptes est supprimée dans une EURL dont l'associé unique est gérant, à la condition que ceux-ci soient déposés au RCS dans un délai de 6 mois à compter de la clôture de l'exercice *[C. com., art. L. 223-31, al. 2]*, mais l'obligation de tenir un registre des décisions est maintenue.

2) Rémunération du gérant associé unique. La décision fixant la rémunération du gérant associé unique d'une entreprise à responsabilité limitée doit être répertoriée dans le registre prévu au

3e alinéa de l'article L. 223-31. ▪ Cass. com., 25 sept. 2012, n° 11-22.337 : *JurisData* n° 2012-021520 ; *JCP* E 2012, 1758, note D. Gallois-Cochet ; *Rev. sociétés* 2013, p. 104, note A. Couret ; *D.* 2012, p. 2301, obs. A. Lienhard ; *Bull. Joly Sociétés* 2013, § 44, p. 26, note B. Dondero.

Art. L. 223-32 *(Anc. L. n° 66-537, 24 juill. 1966 ; mod., L. n° 2012-387, 22 mars 2012).* – En cas d'augmentation de capital par souscription de parts sociales en numéraire, les dispositions du dernier alinéa de l'article L. 223-7 sont applicables. Ces parts sont obligatoirement libérées, lors de la souscription, d'un quart au moins de leur valeur nominale. La libération du surplus doit intervenir, en une ou plusieurs fois, dans le délai de cinq ans à compter du jour où l'augmentation du capital est devenue définitive.

Le retrait des fonds provenant de souscriptions peut être effectué par un mandataire de la société après l'établissement du certificat du dépositaire.

Si l'augmentation du capital n'est pas réalisée dans le délai de six mois à compter du premier dépôt de fonds, il peut être fait application des dispositions du deuxième alinéa de l'article L. 223-8.

Voir : R. 223-3 à R. 223-5, p. 1682.

Droit préférentiel de souscription. La loi ne prévoit pas de droit préférentiel de souscription mais il peut être institué par une clause des statuts, ▪ Cass. com., 18 avr. 2000, n° 97-21.569 : *JurisData* n° 2000-001737 ; *Bull. Joly Sociétés* 2000, p. 920, note J.-J. Daigre.

Art. L. 223-33 *(Anc. L. n° 66-537, 24 juill. 1966 ; mod., L. n° 2003-7, 3 janv. 2003). – (Mod., L. n° 2012-387, 22 mars 2012 ; L. n° 2016-1691, 9 déc. 2016)* Si l'augmentation du capital est réalisée, soit en totalité, soit en partie par des apports en nature, les dispositions de l'article L. 223-9 sont applicables. Le commissaire aux apports est désigné à l'unanimité des associés ou, à défaut, par une décision de justice à la demande d'un associé ou du gérant.

Lorsqu'il n'y a pas eu de commissaire aux apports ou lorsque la valeur retenue est différente de celle proposée par le commissaire aux apports, les gérants de la société et les personnes ayant souscrit à l'augmentation du capital sont solidairement responsables pendant cinq ans, à l'égard des tiers, de la valeur attribuée auxdits apports.

Voir : art. L. 223-9, p. 303, art. L. 241-3, p. 581 et R. 223-6, p. 1683.

Art. L. 223-34 *(Anc. L. n° 66-537, 24 juill. 1966).* – La réduction du capital est autorisée par l'assemblée des associés statuant dans les conditions exigées pour la modification des statuts. En aucun cas, elle ne peut porter atteinte à l'égalité des associés.

S'il existe des commissaires aux comptes, le projet de réduction du capital leur est communiqué dans le délai fixé par décret en Conseil d'État. Ils font connaître à l'assemblée leur appréciation sur les causes et conditions de la réduction.

Lorsque l'assemblée approuve un projet de réduction du capital non motivée par des pertes, les créanciers dont la créance est antérieure à la date de dépôt au greffe du procès-verbal de délibération peuvent former opposition à la réduction dans le délai fixé par décret en Conseil d'État. Une décision de justice rejette l'opposition ou ordonne, soit le remboursement des créances, soit la constitution de garanties, si la société en offre et si elles sont jugées suffisantes. Les opérations de réduction du capital ne peuvent commencer pendant le délai d'opposition.

L'achat de ses propres parts par une société est interdit. Toutefois, l'assemblée qui a décidé une réduction du capital non motivée par des pertes peut autoriser le gérant à acheter un nombre déterminé de parts sociales pour les annuler.

Voir : art. R. 223-33 à R. 223-35, p. 1688.

Art. L. 223-35 *(Anc. L. n° 66-537, 24 juill. 1966 ; mod., L. n° 2019-744, 19 juill. 2019).* – Les associés peuvent nommer un ou plusieurs commissaires aux comptes dans les conditions prévues à l'article L. 223-29.

Sont tenues de désigner un commissaire aux comptes au moins les sociétés à responsabilité limitée qui dépassent à la clôture d'un exercice social des chiffres fixés par décret pour deux des critères suivants : le total de leur bilan, le montant hors taxes de leur chiffre d'affaires ou le nombre moyen de leurs salariés au cours d'un exercice.

Même si ces seuils ne sont pas atteints, la nomination d'un commissaire aux comptes peut être demandée en justice par un ou plusieurs associés représentant au moins le dixième du capital.

Sont également tenues de désigner un commissaire aux comptes, pour un mandat de trois exercices, les sociétés dont un ou plusieurs associés représentant au moins le tiers du capital en font la demande motivée auprès de la société.

NB : Conformément à l'article 20 de la loi n° 2019-486 du 22 mai 2019 :

Les présentes dispositions s'appliquent à compter du premier exercice clos postérieurement au 27 mai 2019, lendemain de la publication du décret n° 2019-514 du 24 mai 2019.

Voir : art. L. 820-1 et s., p. 1472 et art. L. 820-4 et s., p. 1474, art. D. 221-5 et R. 223-27, p. 1680.

Art. L. 223-36 *(Anc. L. n° 66-537, 24 juill. 1966).* **– Tout associé non gérant peut, deux fois par exercice, poser par écrit des questions au gérant sur tout fait de nature à compromettre la continuité de l'exploitation. La réponse du gérant est communiquée au commissaire aux comptes.**

Voir : art. R. 223-29, p. 1687.

Art. L. 223-37 *(Anc. L. n° 66-537, 24 juill. 1966).* **– Un ou plusieurs associés représentant au moins le dixième du capital social peuvent, soit individuellement, soit en se groupant sous quelque forme que ce soit, demander en justice la désignation d'un ou plusieurs experts chargés de présenter un rapport sur une ou plusieurs opérations de gestion.**

Le ministère public et le comité d'entreprise sont habilités à agir aux mêmes fins.

S'il est fait droit à la demande, la décision de justice détermine l'étendue de la mission et des pouvoirs des experts. Elle peut mettre les honoraires à la charge de la société.

Le rapport est adressé au demandeur, au ministère public, au comité d'entreprise, au commissaire aux comptes ainsi qu'au gérant. Ce rapport doit, en outre, être annexé à celui établi par le commissaire aux comptes en vue de la prochaine assemblée générale et recevoir la même publicité.

Voir : art. L. 820-4, p. 1474, art. R. 223-30, p. 1687.
Pour les SA : art. L. 225-231, p. 422.

Bibliographie : E. Jeuland, *L'expertise commerciale : D.* 2000, p. 209 ; F. Pasqualini et V. Pasqualini-Salerno, *Encore et toujours l'expertise de gestion : JCP* E 2000, p. 499 ; I. Urbain-Parléani, *L'expertise de gestion et l'expertise in futurum : Rev. sociétés* 2003, p. 223.

1) Notion d'opération de gestion. – **Critère organique.** Les décisions qui sont de la compétence de l'assemblée des associés ne peuvent pas faire l'objet d'une expertise de gestion. Ainsi des conditions de fixation de la rémunération du gérant. ▪ Cass. com., 30 mai 1989, n° 87-18.083 : *JurisData* n° 1989-701689 ; *Bull. civ.* IV, n° 174 ; *Bull. Joly Sociétés* 1989, p. 715, note P. Le Cannu. Il en va de même de la décision d'augmenter le capital. ▪ Cass. com., 25 sept. 2012, n° 11-18.312 : *Rev. sociétés* 2013, p. 286, note J.-F. Barbièri ; *Bull. Joly Sociétés* 2013, p. 48, note I. Parchkévova ; *Dr. sociétés* 2012, n° 206, note M. Roussille. En revanche, la vente d'un immeuble statutairement soumise à l'autorisation de l'assemblée peut faire l'objet d'une expertise de gestion s'il n'est pas établi qu'elle a été effectivement décidée par l'assemblée. ▪ *Cass. com., 13 sept. 2017, n° 15-25.950 : Rev. sociétés* 2018, p. 32, note J. Delvallée ; *Dr. sociétés* 2017, comm. 6, note J. Heinich. – **Approbation *a posteriori* de l'opération litigieuse par les associés.** Ni la circonstance qu'un associé se soit abstenu de participer aux assemblées ayant approuvé les opérations de gestion litigieuses, ni le fait qu'il n'ait exercé aucun recours contre les décisions d'approbation, ni la circonstance que les opérations aient reçu l'approbation des associés en tant que conventions réglementées, ne sont de nature à faire obstacle à la demande d'expertise de gestion ▪ Cass. com., 5 mai 2009, n° 08-15.313 : *JurisData* n° 2009-048044 ; *Dr. sociétés* 2009, comm. 139, note D. Gallois-Cochet ; *JCP* E 2009, 1659, note A. Gerati-Gauthier.

2) Nécessité d'une opération de gestion particulière. La demande d'expertise doit porter sur une opération particulière et non sur l'ensemble de la gestion sociale ▪ CA Pau, 13 déc. 2005, n° 04-03.910 : *Bull. Joly Sociétés* 2006, p. 601, note A. Lecourt. ▪ Cass. com., 24 oct. 2018, n° 16-25.297 : *JurisData* n° 2018-018759 ; *Dr. sociétés* 2019, comm. 5, note C. Coupet ; *Bull. Joly Sociétés* 2019, p. 30, note J.-M. Moulin. ▪ Cass. com., 24 oct. 2018, n° 17-12.582 : *JurisData* n° 2018-018732 ; *Dr. sociétés* 2019, comm. 6, note J. Heinich ; *Bull. Joly Sociétés* 2019, p. 30, note J.-M. Moulin.

3) **Pouvoir du juge.** La juridiction saisie d'une demande d'expertise de gestion est tenue de l'ordonner dès lors qu'elle relève des présomptions d'irrégularités affectant une ou plusieurs opérations de gestion déterminées. ▪ Cass. com., 24 oct. 2018, n° 17-12.582 : *JurisData* n° 2018-018732 ; *Dr. sociétés* 2019, comm. 6, note J. Heinich. Et ce indépendamment de leur montant. ▪ Cass. com., 16 déc. 2020, n° 18-25.630 : *Bull. Joly Sociétés* 2021, n° 121u3, p. 28, G. Gil ; *Dr. sociétés* 2021, comm. 49, note J.-F. Hamelin.

V. annot. ss art. L. 225-231, p. 422.

Art. L. 223-38 *(Anc. L. n° 66-537, 24 juill. 1966).* – **I.** – *(Abr., Ord. n° 2005-1126, 8 sept. 2005).*

II et III. – *(Abr., L. n° 2003-706, 1er août 2003).*

IV. – *(Abr., Ord. n° 2005-1126, 8 sept. 2005 ; V. C. com., art. L. 820-3-1).*

Voir : art. L. 820-1, p. 1472.

Art. L. 223-39 *(Anc. L. n° 66-537, 24 juill. 1966 ; mod., Ord. n° 2005-1126, 8 sept. 2005).* – **Les commissaires aux comptes sont avisés, au plus tard en même temps que les associés, des assemblées ou consultations. Ils ont accès aux assemblées.**

Les documents visés au premier alinéa de l'article L. 223-26 sont mis à la disposition des commissaires aux comptes dans les conditions déterminées par décret en Conseil d'État.

Voir : art. L. 820-1 et s., p. 1472 et R. 223-28, p. 1687.

Art. L. 223-40 *(Anc. L. n° 66-537, 24 juill. 1966).* – **La répétition des dividendes ne correspondant pas à des bénéfices réellement acquis peut être exigée des associés qui les ont reçus.**

L'action en répétition se prescrit par le délai de trois ans à compter de la mise en distribution des dividendes.

Art. L. 223-41 *(Anc. L. n° 66-537, 24 juill. 1966 ; mod., L. n° 2005-845, 26 juill. 2005).* – **La société à responsabilité limitée n'est pas dissoute lorsqu'un jugement de liquidation judiciaire, la faillite personnelle, l'interdiction de gérer prévue par l'article L. 653-8 ou une mesure d'incapacité est prononcé à l'égard de l'un des associés.**

Elle n'est pas non plus dissoute par le décès d'un associé, sauf stipulation contraire des statuts.

Bibliographie : G. Chambaz, *De la durée des sociétés à responsabilité limitée : Journ. soc.* 1951, 16.

Art. L. 223-42 *(Anc. L. n° 66-537, 24 juill. 1966 ; mod., L. n° 2003-721, 1er août 2003).* – **Si, du fait de pertes constatées dans les documents comptables, les capitaux propres de la société deviennent inférieurs à la moitié du capital social, les associés décident, dans les quatre mois qui suivent l'approbation des comptes ayant fait apparaître cette perte s'il y a lieu à dissolution anticipée de la société.**

Si la dissolution n'est pas prononcée à la majorité exigée pour la modification des statuts, la société est tenue, au plus tard à la clôture du deuxième exercice suivant celui au cours duquel la constatation des pertes est intervenue, de réduire son capital d'un montant au moins égal à celui des pertes qui n'ont pu être imputées sur les réserves, si, dans ce délai, les capitaux propres n'ont pas été reconstitués à concurrence d'une valeur au moins égale à la moitié du capital social.

Dans les deux cas, la résolution adoptée par les associés est publiée selon les modalités fixées par décret en Conseil d'État.

À défaut par le gérant ou le commissaire aux comptes de provoquer une décision ou si les associés n'ont pu délibérer valablement, tout intéressé peut demander en justice la dissolution de la société. Il en est de même si les dispositions du deuxième alinéa ci-dessus n'ont pas été appliquées. Dans tous les cas, le tribunal peut accorder à la société un délai maximal de six mois pour régulariser sa situation. Il ne peut prononcer la dissolution, si, au jour où il statue sur le fond, cette régularisation a eu lieu.

Les dispositions du présent article ne sont pas applicables aux sociétés en procédure de sauvegarde ou de redressement judiciaire ou qui bénéficient d'un plan de sauvegarde ou de redressement judiciaire.

Voir : art. L. 225-248, p. 425, art. L. 241-6 et L. 241-9, p. 582, R. 210-15, p. 1678 et R. 223-36, p. 1688.

Pour la définition des capitaux propres : art. R. 123-191, p. 1630.

Art. L. 223-43 *(Anc. L. n° 66-537, 24 juill. 1966 ; mod., Ord. n° 2000-916, 19 sept. 2000).* – **La transformation d'une société à responsabilité limitée en société en nom collectif, en commandite simple ou en commandite par actions, exige l'accord unanime des associés.**

La transformation en société anonyme est décidée à la majorité requise pour la modification des statuts. Toutefois, elle peut être décidée par des associés représentant la majorité des parts sociales si les capitaux propres figurant au dernier bilan excèdent 750 000 €.

La décision est précédée du rapport d'un commissaire aux comptes inscrit, sur la situation de la société.

Toute transformation, effectuée en violation des règles du présent article, est nulle.

Voir : art. L. 224-3, p. 329.

CHAPITRE IV. – DISPOSITIONS GÉNÉRALES APPLICABLES AUX SOCIÉTÉS PAR ACTIONS

Art. L. 224-1 *(Anc. L. n° 66-537, 24 juill. 1966).* – **La société par actions est désignée par une dénomination sociale, qui doit être précédée ou suivie de la mention de la forme de la société et du montant du capital social.**

Le nom d'un ou plusieurs associés peut être inclus dans la dénomination sociale. Toutefois, dans la société en commandite par actions, le nom des associés commanditaires ne peut y figurer.

Voir : R. 123-238, p. 1641.

Art. L. 224-2 *(Anc. L. n° 66-537, 24 juill. 1966 ; mod., Ord. n° 2000-916, 19 sept. 2000 ; Ord. n° 2009-80, 22 janv. 2009).* – **Le capital social doit être de 37 000 € au moins.**

La réduction du capital social à un montant inférieur ne peut être décidée que sous la condition suspensive d'une augmentation de capital destinée à amener celui-ci à un montant au moins égal au montant prévu à l'alinéa précédent, à moins que la société ne se transforme en société d'une autre forme. En cas d'inobservation des dispositions du présent alinéa, tout intéressé peut demander en justice la dissolution de la société. Cette dissolution ne peut être prononcée si, au jour où le tribunal statue sur le fond, la régularisation a eu lieu.

Par dérogation au premier alinéa, le capital des sociétés de rédacteurs de presse est de 300 € au moins lorsqu'elles sont constituées sous la forme de société anonyme.

Voir : art. R. 210-15, p. 1678.

Bibliographie : *Sur le « coup d'accordéon ».* M. Boizard, *La réduction du capital à zéro : Rev. sociétés* 1999, p. 735. • A. Fauchon, *La validité de l'opération-accordéon encore renforcée : Bull. Joly Sociétés* 1999, p. 943. • S. Sylvestre-Touvin, *Le coup d'accordéon ou les vicissitudes du capital*, thèse Paris I, 2002. • D. Cohen, *La validité du coup d'accordéon : D.* 2003, p. 410. • J.-H. Robert, *Le coup d'accordéon ou le volume de la responsabilité pénale des personnes morales, in Mél. Bouloc*, Dalloz 2007, p. 975. • R. Mortier, *La réalisation du coup d'accordéon : JCP E* 2011, n° 1365 ; *Opérations sur capital social*, LexisNexis, 2e éd. 2015.

1) **Validité.** La réduction du capital à zéro, suivie d'une augmentation de capital n'apparaît pas contraire à l'article 71 de la loi du 24 juillet 1966 *[C. com., art. L. 224-2]* qui autorise la réduction sans limitation sous la condition suspensive d'une augmentation ; la réduction de capital à zéro, suivie d'une augmentation de capital, n'augmente pas les engagements des actionnaires, mais fait disparaître leurs droits ▪ Cass. com., 17 mai 1994, n° 91-21.364, *(Sté Usinor) : JurisData* n° 1994-001013 ; *Dr. sociétés* 1994, *comm. 142, note H. Le Nabasque ; JCP G 1994, IV, 1826*, p. 238 ; *Bull. Joly Sociétés* 1994, p. 816, note J.-J. Daigre ; *Rev. sociétés* 1994, p. 85, note S. Dana-Demaret ; *Defrénois* 1994, art. 35881, n° 6, p. 1035, obs. H. Hovasse. – La décision de procéder à un « coup d'accordéon », commandé par les pertes subies par la société et sa survie, avec droit préférentiel de souscription reconnu à tous les propriétaires d'actions anciennes, exclut qu'il y ait eu éviction d'actionnaires contre leur gré, la réduction du capital ne constituant pas une atteinte à leur droit de propriété, mais sanctionnant leur obligation de contribution aux pertes sociales dans la limite de leurs apports ▪ Cass. com., 10 oct. 2000 : *JurisData* n° 2000-006420 ; *Bull. Joly Sociétés* 2001, p. 181, note P. Scholer ; *Dr. sociétés* 2001, n° 20, obs. T. Bonneau ; *JCP E* 2001, p. 85, note A. Viandier ; *RJDA* 1/2001, n° 41. – La réduction de capital à zéro, suivie d'une augmentation de celui-ci avec suppression du droit préférentiel de souscription, effectuée afin de préserver la pérennité de l'entreprise et en cela conforme à l'intérêt social, n'a

cependant pas nui à l'intérêt des actionnaires, fussent-ils minoritaires, qui d'une façon ou d'une autre – réalisation de l'opération ou dépôt de bilan – auraient eu une situation identique, les actionnaires majoritaires subissant par ailleurs le même sort ; la réduction de capital à zéro ne constituant pas une atteinte au droit de propriété des actionnaires, mais sanctionnant leur obligation de contribuer aux pertes sociales dans la mesure de leurs apports, ne constituait pas une expropriation illégale. ▪ Cass. com., 18 juin 2002, n° 99-11.999, *(L'Amy) : JurisData* n° 2002-014876 ; *Bull. Joly Sociétés* 2002, p. 1221, note S. Sylvestre ; *D.* 2002, p. 2190, obs. A. Lienhard ; *D.* 2002, somm. p. 3264, obs. J.-C. Hallouin ; *JCP* G 2002, II, 10180, note H. Hovasse ; *JCP* E 2002, n° 1556, p. 1728, note A. Viandier ; *RD bancaire et fin.* 2002, n° 207, p. 277, obs. A. Couret. La réduction de capital à zéro conditionnée par une augmentation du capital subséquente est valable si elle est décidée dans l'intérêt social ; cette double décision peut conduire à exclure un associé, et lorsque le droit préférentiel de souscription est maintenu, la règle de répartition posée par l'assemblée et l'impossibilité pour l'actionnaire détenant un nombre insuffisant d'actions de négocier l'achat de rompus ne peuvent être analysées en une suppression tacite du droit préférentiel de souscription et une exclusion volontaire de l'actionnaire. ▪ Cass. com., 1er juill. 2008, n° 07-20.643 : *JCP* E 2009, 1145, note T. Léobon.

2) **Fraude.** Nullité pour fraude d'un coup d'accordéon dont l'objectif est d'évincer les actionnaires minoritaires. ▪ Cass. com., 16 avr. 2013, nos 09-10.583 et 09-13.651 : *JurisData* n° 2013-007446 ; *Dr. sociétés* 2013, comm. 114, note R. Mortier. ▪ Cass. com., 11 janv. 2017, n° 14-27.052 : *JurisData* n° 2017-000206 ; *Dr. sociétés* 2017, comm. 62, note C. Coupet ; *JCP* E 2017, comm. 1194, note R. Mortier ; *Rev. sociétés* 2017, p. 294, D. Schmidt ; *Bull. Joly Sociétés* 2017, p. 379, note S. Sylvestre. Un coup d'accordéon est frauduleux dès lors l'opération n'était pas nécessaire à la survie de la société car les bénéfices de l'exercice en cours auraient permis d'apurer les pertes, et que ses modalités ainsi que les circonstances qui l'ont entouré révèlent une volonté d'exclure le minoritaire. ▪ Cass. com., 7 mai 2019, n° 17-18.785 : *JurisData* n° 2019-007730 ; *Dr. sociétés* 2019, comm. 142, note R. Mortier ; *Bull. Joly Sociétés* sept. 2019, p. 29, note P.-L. Périn ; *Rev. sociétés* 2020, p. 157, note S. Sylvestre.

3) **Abus de majorité.** Nullité du coup d'accordéon n'ayant pas eu pour seul objectif de satisfaire à l'obligation légale de recapitaliser la société mais ayant aussi permis au majoritaire de ne pas honorer ses engagements envers le minoritaire. ▪ Cass. com., 28 févr. 2006 : *JurisData* n° 2006-032472 ; *Dr. sociétés* 2006, comm., note H. Hovasse.

4) **Violation d'une clause de non dilution.** Les associés majoritaires qui votent en faveur d'un coup d'accordéon méconnaissent le pacte d'associés comportant une clause selon laquelle la participation d'un associé minoritaire ne peut être réduite en dessous d'un certain seuil. ▪ Cass. com., 7 mai 2019, n° 17-16.675 : *Bull. Joly Sociétés* nov. 2019, n° 120e5, p. 10, note M. Storck ; *Rev. sociétés* 2020, p. 157, note S. Sylvestre.

Art. L. 224-3 *(Anc. L. n° 66-537, 24 juill. 1966 ; mod., L. n° 2003-706, 1er août 2003 ; L. n° 2016-1691, 9 déc. 2016).* **– Lorsqu'une société de quelque forme que ce soit qui n'a pas de commissaire aux comptes se transforme en société par actions, un ou plusieurs commissaires à la transformation, chargés d'apprécier sous leur responsabilité la valeur des biens composant l'actif social et les avantages particuliers, sont désignés, sauf accord unanime des associés par décision de justice à la demande des dirigeants sociaux ou de l'un d'eux. Les commissaires à la transformation peuvent être chargés de l'établissement du rapport sur la situation de la société mentionné au troisième alinéa de l'article L. 223-43. Dans ce cas, il n'est rédigé qu'un seul rapport. Ces commissaires sont soumis aux incompatibilités prévues à l'article L. 822-11-3. Le rapport est tenu à la disposition des associés.**

Les associés statuent sur l'évaluation des biens et l'octroi des avantages particuliers. Ils ne peuvent les réduire qu'à l'unanimité.

À défaut d'approbation expresse des associés, mentionnée au procès-verbal, la transformation est nulle.

Voir : l'article L. 225-224 a été abrogé, L. n° 2003-706, 1er août 2003, article 111.

C. civ., art. 1844-3, p. 2978, C. com., art. L. 210-6, p. 288, L. 227-3, p. 440, art. R. 123-105, p. 1612 et art. R. 224-3, p. 1689.

Bibliographie : A. Guengant, *À propos des transformations de sociétés en sociétés par actions : l'impossible clarification de l'article L. 224-3 du Code de commerce : JCP* E 2003, prat. 1585. • H. Azarian, *La transformation des SA en SAS depuis la loi de sécurité financière du 1er août 2003 : Dr. sociétés* déc. 2003, p. 5. • F. Paponnaud, *Les nouvelles règles applicables à la transformation après la loi de sécurité financière du 1er août 2003 : Dr. sociétés* mai 2004, p. 10. • S. Darmon, F. Desprez et E. Law, *La transformation en sociétés par actions sous turbulences législatives : Rev. sociétés* 2005, p. 119.

1) Désignation du commissaire à la transformation. Soit la transformation recueille l'accord unanime des associés, et la désignation du ou des commissaires à la transformation procède de cet accord ; soit l'unanimité des associés n'est pas acquise, et l'un ou plusieurs des dirigeants sociaux peuvent saisir le président du tribunal de commerce qui statue sur requête *[D. 23 mars 1967, art. 56-1 et 64]* : Rép. min. n° 1344 : *JOAN Q*, 4 nov. 2002, p. 4062 ; *Bull. Joly Sociétés* 2002, § 266, p. 1259 ; *D.* 2002, p. 3130.

2) Transformation en SAS. La désignation d'un commissaire à la transformation s'impose en cas de transformation d'une société de quelque forme que ce soit en SAS *[solution énoncée antérieurement à la modification introduite par la loi de sécurité financière du 1er août 2003]* : Rép. min. n° 35521 : *JO Sénat Q*, 28 mars 2002, p. 932. – Rép. min. n° 1343 : *JOAN Q*, 2 déc. 2002, p. 4663.

3) Transformation en SARL. Le changement de forme sociale d'une société civile en SARL n'induit pas la création d'une nouvelle personne morale. Il résulte de cette continuité de la société ainsi modifiée que les actifs acquis avant la transformation – fussent-ils immobiliers – demeurent dans le patrimoine de la société, l'absence d'évaluation de ces biens par un commissaire aux apports ne permettant pas de qualifier l'opération d'irrégulière, ▪ Cass. com., 27 mai 2015, n° 13-27.458 : *Bull. Joly Sociétés* 2015, note E. Gicquiaud ; *D.* 2015, p. 1273.

CHAPITRE V. – DES SOCIÉTÉS ANONYMES

Bibliographie : M.-C. Monsallier, *L'aménagement contractuel du fonctionnement de la société anonyme*, préf. A. Viandier, LGDJ, 1998. • D. Schmidt, *Les conflits d'intérêts dans la société anonyme*, Joly, 2e éd. 2004. • Joly Sociétés, ES 010, *Société anonyme*, par P. Larrieu. • *JCl. Sociétés-Traité, Sociétés anonymes*, Fasc. 117-30 et s. • M. Cozian, A. Viandier et F. Deboissy, *Droit des sociétés*, LexisNexis, 33e éd., 2020, nos 703 et s.

Art. L. 225-1 *(Anc. L. n° 66-537, 24 juill. 1966 ; mod., Ord. n° 2015-1127, 10 sept. 2015 ; L. n° 2016-563, 10 mai 2016 ; Ord. n° 2020-1142, 16 sept. 2020).* – **La société anonyme est la société dont le capital est divisé en actions et qui est constituée entre des associés qui ne supportent les pertes qu'à concurrence de leurs apports.**

Elle est constituée entre deux associés ou plus.

Voir : art. L. 225-247, p. 425.

Bibliographie : P. Engel, *Associé et créancier : l'apporteur en jouissance dans les sociétés de capitaux : JCP* E 1998, p. 2056. • P. Le Cannu, *L'acquisition de la qualité d'actionnaire : Rev. sociétés* 1999, 519. • Y. Flour, *La qualité d'actionnaire et l'indivision : Rev. sociétés* 1999, p. 560. • F.-X. Lucas, *Les actionnaires ont-ils tous la qualité d'associé : brefs propos discursifs autour du thème de l'associé et de l'investisseur : RD bancaire et fin.* 2002, p. 216. • P. Reigne et T. Delorme, *Réflexions sur la distinction de l'associé et de l'actionnaire : D.* 2002, p. 1330. • K. Rodriguez, *Réflexions sur la société anonyme unipersonnelle : Bull. Joly Sociétés* 2006, p. 10. • P. Didier, *Le capital social et la protection des créanciers sociaux : Le Code de commerce, Livre du bicentenaire*, Dalloz, 2007, p. 199. • L. Jobert, *Le principe de responsabilité limitée : Bull. Joly Sociétés* 2007, p. 225.

Section I. – De la constitution des sociétés anonymes

Sous-section 1. – De la constitution avec offre au public autre que l'une de celles mentionnées au 1° ou au 2° de l'article L. 411-2 du Code monétaire et financier ou à l'article L. 411-2-1 du même code

(Intitulé mod., Ord. n° 2019-1067, 21 oct. 2019)

Art. L. 225-2 *(Anc. L. n° 66-537, 24 juill. 1966).* – **Le projet de statuts est établi et signé par un ou plusieurs fondateurs, qui déposent un exemplaire au greffe du tribunal de commerce du lieu du siège social.**

Les fondateurs publient une notice dans les conditions déterminées par décret en Conseil d'État.

Aucune souscription ne peut être reçue si les formalités prévues aux premier et deuxième alinéas ci-dessus n'ont pas été observées.

Les personnes déchues du droit d'administrer ou de gérer une société ou auxquelles l'exercice de ces fonctions est interdit ne peuvent être fondateurs.

Remarque : l'article L. 225-2 du Code de commerce s'applique à l'ensemble des entreprises publiques et des établissements publics (L. n° 2010-788, 12 juill. 2010, art. 226).

Voir : art. L. 242-1 et L. 242-2, p. 583, R. 224-1 et s., p. 1688, R. 22-10-3, p. 1746.

Art. L. 225-3 *(Anc. L. n° 66-537, 24 juill. 1966).* **– Le capital doit être intégralement souscrit.**

Les actions de numéraire sont libérées, lors de la souscription, de la moitié au moins de leur valeur nominale. La libération du surplus intervient en une ou plusieurs fois sur décision du conseil d'administration ou du directoire selon le cas, dans un délai qui ne peut excéder cinq ans à compter de l'immatriculation de la société au registre du commerce et des sociétés.

Les actions d'apport sont intégralement libérées dès leur émission.

Les actions ne peuvent représenter des apports en industrie.

Voir : art. L. 228-27, p. 473 et art. L. 242-3, p. 583.

Art. L. 225-4 *(Anc. L. n° 66-537, 24 juill. 1966).* **– La souscription des actions de numéraire est constatée par un bulletin établi dans les conditions déterminées par décret en Conseil d'État.**

Voir : art. R. 22-10-5, p. 1747.

Art. L. 225-5 *(Anc. L. n° 66-537, 24 juill. 1966).* **– Les fonds provenant des souscriptions en numéraire et la liste des souscripteurs avec l'indication des sommes versées par chacun d'eux font l'objet d'un dépôt dans les conditions déterminées par décret en Conseil d'État, celui-ci fixe également les conditions dans lesquelles est ouvert le droit à communication de cette liste.**

À l'exception des dépositaires visés par le décret prévu à l'alinéa précédent, nul ne peut détenir plus de huit jours les sommes recueillies pour le compte d'une société en formation.

Voir : art. R. 22-10-6, p. 1747.

Bibliographie : M. Galimard, *Dépôt des fonds en banque et constitution de société anonyme : Banque* 1977, 690.

Art. L. 225-6 *(Anc. L. n° 66-537, 24 juill. 1966).* **– Les souscriptions et les versements sont constatés par un certificat du dépositaire établi, au moment du dépôt des fonds, sur présentation des bulletins de souscription.**

Art. L. 225-7 *(Anc. L. n° 66-537, 24 juill. 1966 ; mod., L. n° 2019-486, 22 mai 2019).* **– Après la délivrance du certificat du dépositaire, les fondateurs convoquent les souscripteurs en assemblée générale constitutive dans les formes et délais prévus par décret en Conseil d'État.**

Cette assemblée constate que le capital est entièrement souscrit et que les actions sont libérées du montant exigible. Elle se prononce sur l'adoption des statuts qui ne peuvent être modifiés qu'à l'unanimité de tous les souscripteurs, nomme les premiers administrateurs ou membres du conseil de surveillance. Le procès-verbal de la séance de l'assemblée constate, s'il y a lieu, l'acceptation de leurs fonctions par les administrateurs ou membres du conseil de surveillance.

NB : Conformément au II de l'article 20 de la loi n° 2019-486 du 22 mai 2019, les présentes dispositions s'appliquent à compter du premier exercice clos postérieurement à la publication du décret mentionné aux articles L. 225-218, L. 226-6 et L. 823-2-2 du Code de commerce dans leur rédaction résultant du présent article, et au plus tard le 1er septembre 2019.

Voir : art. R. 210-7, p. 1676, R. 22-10-10, p. 1748, R. 225-12, p. 1689, R. 225-26, p. 1691 et R. 225-38, p. 1694.

Art. L. 225-8 *(Anc. L. n° 66-537, 24 juill. 1966 ; mod., L. n° 2009-526, 12 mai 2009 ; L. n° 2012-387, 22 mars 2012 ; L. n° 2016-1691, 9 déc. 2016).* **– En cas d'apports en nature comme au cas de stipulation d'avantages particuliers au profit de personnes associées ou non, un ou plusieurs commissaires aux apports sont désignés à l'unanimité des fondateurs ou, à défaut, par décision de justice, à la demande des fondateurs ou de l'un d'entre eux. Ils sont soumis aux incompatibilités prévues à l'article L. 822-11-3, sans préjudice de la possibilité d'être désignés pour accomplir les missions prévues aux articles L. 225-101, L. 225-131, L. 225-147, L. 228-15 et L. 228-39.**

Les commissaires apprécient, sous leur responsabilité, la valeur des apports en nature et les avantages particuliers. Le rapport déposé au greffe, avec le projet de statuts, est tenu à la disposition des souscripteurs, dans les conditions déterminées par décret en Conseil d'État.

L'assemblée générale constitutive statue sur l'évaluation des apports en nature et l'octroi d'avantages particuliers. Elle ne peut les réduire qu'à l'unanimité de tous les souscripteurs.

À défaut d'approbation expresse des apporteurs et des bénéficiaires d'avantages particuliers, mentionnée au procès-verbal, la société n'est pas constituée.

Voir : art. L. 242-5, p. 583, R. 22-10-7 à R. 22-10-9, p. 1747.

Bibliographie : P. Bissara et a., *L'égalité des actionnaires, mythe ou réalité : CDE* 5/1994, p. 18. • J.-J. Daigre, *Actions privilégiées, catégories d'actions et avantages particuliers, in Mél. M. Jeantin*, Dalloz, 1999, p. 213 et s. • P. Reigné et T. Delorme, *La nature nécessairement pécuniaire des avantages particuliers : Bull. Joly Sociétés* 2002, p. 1117 et s. • T. Granier, *Définition des avantages particuliers : Dr. sociétés* déc. 2003, p. 3. • M. Petitjean, *Le rapport du commissaire aux apports : JCP* E 2004, 1737.

1) **Notion d'avantage particulier.** L'avantage dont l'octroi n'a aucune influence sur le droit des autres actionnaires n'est pas un avantage particulier ▪ Cass. civ., 6 mars 1935 : *DH* 1935, p. 265 *[décision rendue sur le fondement de la loi du 24 juill. 1867]*. ▪ Cass. com., 16 déc. 1969, n° 68-13.236 : *JurisData* n° 1969-098388 ; *Bull. civ.* IV, n° 388. – L'avantage particulier doit s'entendre de toute faveur pécuniaire ou autre attribuée à titre personnel à un associé ou à un tiers ▪ T. com. Roubaix, 6 mai 1994 : *Bull. Joly Sociétés* 1994, § 184, p. 651, note P. Le Cannu. – Dans la même affaire ▪ CA Douai, 7 juill. 1994 : *JurisData* n° 1994-051995 ; *Bull. Joly Sociétés* 1994, § 265, p. 994, note P. Le Cannu.

2) **Mission du commissaire aux apports.** La mission du commissaire aux apports consiste moins à juger du bien-fondé de l'octroi d'avantages, lesquels procèdent du consentement des associés exprimé dans le pacte social, qu'à en apprécier la consistance et les incidences éventuelles sur la situation des actionnaires, notamment si de tels avantages confèrent à certains d'entre eux un droit préférentiel sur les bénéfices et le boni de liquidation : Rép. min. : *JOAN* Q, 3 déc. 1990, p. 5543.

Art. L. 225-8-1 *(L. n° 2012-387, 22 mars 2012)*. – I. – L'article L. 225-8 n'est pas applicable, sur décision des fondateurs, lorsque l'apport en nature est constitué :

1° De valeurs mobilières donnant accès au capital mentionnées à l'article L. 228-1 ou d'instruments du marché monétaire, au sens de l'article 4 de la directive 2004/39/CE du Parlement européen et du Conseil du 21 avril 2004 concernant les marchés d'instruments financiers, modifiant les directives 85/611/CEE et 93/6/CEE du Conseil et la directive 2000/12/CE du Parlement européen et du Conseil et abrogeant la directive 93/22/CE du Conseil, s'ils ont été évalués au prix moyen pondéré auquel ils ont été négociés sur un ou plusieurs marchés réglementés au cours des trois mois précédant la date de la réalisation effective de l'apport ;

2° D'éléments d'actif autres que les valeurs mobilières ou les instruments du marché monétaire mentionnés au 1° si, dans les six mois précédant la date de la réalisation effective de l'apport, ces éléments ont déjà fait l'objet d'une évaluation à la juste valeur par un commissaire aux apports dans les conditions définies à l'article L. 225-8.

II. – L'apport en nature fait l'objet d'une réévaluation dans les conditions mentionnées à l'article L. 225-8, à l'initiative et sous la responsabilité des fondateurs, lorsque :

1° Dans le cas prévu au 1° du I du présent article, le prix a été affecté par des circonstances exceptionnelles pouvant modifier sensiblement la valeur de l'élément d'actif à la date de la réalisation effective de l'apport ;

2° Dans le cas prévu au 2° du même I, des circonstances nouvelles ont modifié sensiblement la juste valeur de l'élément d'actif à la date de la réalisation effective de l'apport.

III. – Les informations relatives aux apports en nature mentionnés aux 1° et 2° du I sont portées à la connaissance des souscripteurs dans des conditions définies par décret en Conseil d'État.

Voir : art. R. 225-9-1, p. 1689 ; art. R. 225-14-1, p. 1690.

Art. L. 225-9 *(Anc. L. n° 66-537, 24 juill. 1966)*. – Les souscripteurs d'actions prennent part au vote ou se font représenter dans les conditions prévues aux articles L. 225-106, L. 225-110 et L. 225-113.

L'assemblée constitutive délibère aux conditions de quorum et de majorité prévues pour les assemblées extraordinaires.

Voir : *art. L. 225-106, L. 225-110, p. 2099 et L. 225-113, p. 396.*

Art. L. 225-10 *(Anc. L. n° 66-537, 24 juill. 1966)*. – Lorsque l'assemblée délibère sur l'approbation d'un apport en nature ou l'octroi d'un avantage particulier, les actions de l'apporteur ou du bénéficiaire ne sont pas prises en compte pour le calcul de la majorité.

L'apporteur ou le bénéficiaire n'a voix délibérative ni pour lui-même ni comme mandataire.

Art. L. 225-11 *(Anc. L. n° 66-537, 24 juill. 1966 ; L. n° 2016-1691, 9 déc. 2016).* – Si la société n'est pas constituée dans le délai de six mois à compter du premier dépôt de fonds ou si elle n'est pas immatriculée au registre du commerce et des sociétés dans le même délai, tout souscripteur peut demander en justice la nomination d'un mandataire chargé de retirer les fonds pour les restituer aux souscripteurs, sous déduction des frais de répartition. Le retrait des fonds peut également être demandé directement au dépositaire, aux mêmes fins et sous les mêmes conditions, par un mandataire représentant l'ensemble des souscripteurs.

Si le ou les fondateurs décident ultérieurement de constituer la société, il doit être procédé à nouveau au dépôt des fonds et à la déclaration prévus aux articles L. 225-5 et L. 225-6.

Art. L. 225-11-1 *(L. n° 2012-387, 22 mars 2012).* – Les droits de vote et les droits à dividende des actions ou coupures d'actions émises en violation des dispositions relatives à la constitution avec offre au public des sociétés anonymes prévues à la présente sous-section sont suspendus jusqu'à régularisation de la situation. Tout vote émis ou tout versement de dividende effectué pendant la suspension est nul.

Voir : art. R. 225-11 et R. 225-12, p. 1689.

Art. L. 225-11-2 *(Ord. n° 2019-1067, 21 oct. 2019).* – Les dispositions de la présente sous-section ne sont pas applicables aux offres au public mentionnées au 1° ou au 2° de l'article L. 411-2 du Code monétaire et financier ou à l'article L. 411-2-1 du même code.

Sous-section 2. – De la constitution sans offre au public ou avec offre au public mentionnée au 1° ou au 2° de l'article L. 411-2 du Code monétaire et financier ou à l'article L. 411-2-1 du même code

(Intitulé mod., Ord. n° 2019-1067, 21 oct. 2019)

Art. L. 225-12 *(Mod., L. n° 2003-7, 3 janv. 2003 ; Ord. n° 2009-80, 22 janv. 2009 ; Ord. n° 2019-1067, 21 oct. 2019).* – Lorsqu'il n'est pas procédé à une offre au public, ou lorsqu'il est procédé à une offre au public mentionnée au 1° ou au 2° de l'article L. 411-2 du Code monétaire et financier ou à l'article L. 411-2-1 du même code, les dispositions de la sous-section 1 sont applicables, à l'exception des articles L. 225-2, L. 225-4, L. 225-7, des deuxième, troisième et quatrième alinéas de l'article L. 225-8 et des articles L. 225-9 et L. 225-10.

Voir : art. R. 225-13, p. 1690.

Art. L. 225-13 *(Anc. L. n° 66-537, 24 juill. 1966).* – Les versements sont constatés par un certificat du dépositaire établi, au moment du dépôt des fonds, sur présentation de la liste des actionnaires mentionnant les sommes versées par chacun d'eux.

Art. L. 225-14 *(Anc. L. n° 66-537, 24 juill. 1966).* – Les statuts contiennent l'évaluation des apports en nature. Il y est procédé au vu d'un rapport annexé aux statuts et établi, sous sa responsabilité, par un commissaire aux apports.

Si des avantages particuliers sont stipulés, la même procédure est suivie.

Voir : art. L. 242-2, p. 583 et L. 242-5, p. 583, R. 225-14, p. 1690.

Bibliographie : M. Petitjean, *Le rapport du commissaire aux apports : JCP* E 2004, 1737.

Art. L. 225-15 *(Anc. L. n° 66-537, 24 juill. 1966).* – Les statuts sont signés par les actionnaires, soit en personne, soit par mandataire justifiant d'un pouvoir spécial, après l'établissement du certificat du dépositaire et après mise à disposition des actionnaires, dans les conditions et délais déterminés par décret en Conseil d'État, du rapport prévu à l'article L. 225-14.

Voir : art. R. 210-6, p. 1676.

Statuts : Voir note sous art. L. 210-2, p. 286.

Art. L. 225-16 *(Anc. L. n° 66-537, 24 juill. 1966 ; mod., L. n° 2019-486, 22 mai 2019).* – Les premiers administrateurs ou les premiers membres du conseil de surveillance sont désignés dans les statuts.

NB : Conformément au II de l'article 20 de la loi n° 2019-486 du 22 mai 2019, les présentes dispositions s'appliquent à compter du premier exercice clos postérieurement à la publication du décret mentionné aux articles L. 225-218, L. 226-6 et L. 823-2-2 du Code de commerce dans leur rédaction résultant du présent article, et au plus tard le 1er septembre 2019.

Art. L. 225-16-1 *(L. n° 2012-387, 22 mars 2012).* **– Les droits de vote et les droits à dividende des actions ou coupures d'actions émises en violation de la présente sous-section sont suspendus jusqu'à régularisation de la situation. Tout vote émis ou tout versement de dividende effectué pendant la suspension est nul.**

Section II. – De la direction et de l'administration des sociétés anonymes

Sous-section 1. – Du conseil d'administration « de la direction générale »

(Intitulé mod., L. n° 2001-420, 15 mai 2001)

Bibliographie : B. Saintourens, *Les organes de direction de la société anonyme après la loi relative aux nouvelles régulations économiques : Rev. sociétés* 2001, p. 5150. • A. Viandier et A. Charveriat, *Sociétés et loi NRE*, éd. Francis Lefebvre 2002, nos 110 et s. • P. Bissara, *Interdépendance et coopération des organes sociaux de la société anonyme classique, in Mél. Guyon*, Dalloz 2003, p. 115. • V. Magnier, *Qu'est-ce qu'un administrateur « prudent et diligent » ? : Bull. Joly Sociétés* 2012, § 7, p. 75. • Joly Sociétés, EC 130, *Conseil d'administration et direction générale – Nomination et statut des administrateurs* ; EC 140, *Conseil d'administration et direction générale – Fonctionnement et pouvoirs* et EC 150, *Conseil d'administration et direction générale – Présidence du conseil et direction générale*, par P. Larrieu. • Y. Paclot et *alii*, *Le rôle respectif du conseil d'administration et de l'assemblée générale dans les sociétés anonyme : Act. prat. ing. soc.* 2017, n° 2. • M. Cozian, A. Viandier et F. Deboissy, *Droit des sociétés*, LexisNexis, 33e éd., 2020, nos 733 et s.

Art. L. 225-17 *(Anc. L. n° 66-537, 24 juill. 1966 ; mod., L. n° 2001-420, 15 mai 2001 ; L. n° 2003-706, 1er août 2003 ; L. n° 2011-103, 27 janv. 2011).* **– La société anonyme est administrée par un conseil d'administration composé de trois membres au moins. Les statuts fixent le nombre maximum des membres du conseil, qui ne peut dépasser dix-huit.**

Le conseil d'administration est composé en recherchant une représentation équilibrée des femmes et des hommes.

Toutefois, en cas de décès de démission ou de révocation du président du conseil d'administration et si le conseil n'a pu le remplacer par un de ses membres, il peut nommer, sous réserve des dispositions de l'article L. 225-24, un administrateur supplémentaire qui est appelé aux fonctions de président.

Voir : art. R. 225-25, p. 1691, R. 225-29, p. 1692 et R. 225-109, p. 1714.

Bibliographie : A. Maymont, *La représentation équilibrée hommes-femmes dans les conseils de sociétés – La législation française : « le » modèle de l'Europe ? : JCP* E 2013, n° 1667.

1) **Fonctionnaires.** Les fonctionnaires ne pouvant en principe exercer une activité lucrative privée à caractère professionnel, un fonctionnaire ne peut pas être administrateur de SA, quand bien même ses fonctions ne seraient pas rémunérées ▪ CE, 15 déc. 2000, n° 148080 : *JurisData* n° 2000-061593 ; *Bull. Joly Sociétés* 2001, p. 503.

2) **Femmes.** Les quotas de femmes dans les conseils d'administration et conseils de surveillance des sociétés privées et des entreprises du secteur public sont contraires au principe d'égalité devant la loi : ▪ Cons. const., 16 mars 2006, n° 2006-533 : *D.* 2006, p. 806, obs. J. Daleau.

Art. L. 225-18 *(Anc. L. n° 66-537, 24 juill. 1966 ; L. n° 2012-387, 22 mars 2012).* **– Les administrateurs sont nommés par l'assemblée générale constitutive ou par l'assemblée générale ordinaire. Dans le cas prévu à l'article L. 225-16, ils sont désignés dans les statuts. La durée de leurs fonctions est déterminée par les statuts sans pouvoir excéder six ans. Toutefois, en cas de fusion ou de scission, la nomination peut être faite par l'assemblée générale extraordinaire.**

Les administrateurs sont rééligibles, sauf stipulation contraire des statuts. Ils peuvent être révoqués à tout moment par l'assemblée générale ordinaire.

Toute nomination intervenue en violation des dispositions précédentes est nulle, à l'exception de celles auxquelles il peut être procédé dans les conditions prévues à l'article L. 225-24.

Voir : art. R. 225-15, p. 1690 et R. 225-26, p. 1691, art. L. 225-24, p. 340 et L. 225-105, al. 3, p. 390.

Bibliographie : *Sur la révocation.* J.-L. Aubert, *La révocation des organes d'administration des sociétés commerciales : RTD com.* 1968, p. 977. • J.-J. Caussain, *La précarité de la fonction de mandataire social : Bull. Joly Sociétés* 1993, p. 523. • P. Le Cannu, *Le principe de contradiction et la protection des dirigeants : Bull. Joly Sociétés* 1996, p. 11. • M.-H. Laender, *La révocation des dirigeants sociaux : Dr. sociétés* 2000, chron. 9.

Sur la démission. H. Souleau, La démission des dirigeants des sociétés commerciales : *RTD com.* 1972, p. 21. • D. Martin, *La démission des organes de gestion des sociétés commerciales : Rev. sociétés* 1973, p. 229.

1) Nomination. – **Dépôt des candidatures.** Un actionnaire peut présenter sa candidature au cours de l'assemblée : Rép. min. : *JOAN Q*, 14 févr. 1970, p. 369.

– **Début des fonctions.** Le *dies a quo* de la durée des fonctions est le jour où les administrateurs acceptent leurs fonctions : Rép. min. : *JO Sénat Q*, 11 juill. 1974, p. 876.

– **Absence de droit au renouvellement.** Le conseil d'administration n'est pas tenu de proposer au vote de l'assemblée la réélection d'un administrateur dont le mandat est expiré ▪ Cass. com., 7 nov. 1989, n° 88-11.381 : *JurisData* n° 1989-003427 ; *JCP* E 1990, 15677, n° 8, obs. A. Viandier et J.-J. Caussain.

2) Révocation. – **Libre révocabilité.** La règle de la libre révocabilité des administrateurs est d'ordre public ▪ Cass. civ., 23 mai 1944 : *DA* 1944, 105. Est illicite toute stipulation ayant pour objet ou ou pour effet de porter atteinte à la libre révocabilité de l'administrateur d'une société anonyme. ▪ Cass. com., 26 avr. 2017, n° 15-12.888 : *JurisData* n° 2017-007780 ; *Dr. sociétés* 2017, comm. 124, note H. Heinich ; *JCP* E 2017, comm. 1410, note B. Dondero ; *Bull. Joly Sociétés* 2017, p. 532, note Th. Ravel d'Esclapon ; *Rev. sociétés* 2018, p. 107, note E. Schlumberger.

– **Abus dans la révocation.** L'exercice fautif de la faculté de révocation ouvre à l'administrateur révoqué le droit de demander réparation ▪ Cass. com., 20 nov. 1962 : *D.* 1963, 230. – Il en est ainsi lorsque la révocation est intervenue avec brutalité, par pure malveillance, sous des prétextes fallacieux ▪ Cass. soc., 22 nov. 1972, n° 71-12.390 : *Rev. sociétés* 1974, p. 101, note M.-A. Coudert. – L'administrateur d'une SA s'étant abstenu de se rendre tant au conseil d'administration ayant précédé l'assemblée générale au cours de laquelle son éviction a été décidée qu'à cette dernière (...) s'est ainsi de lui-même exclu des débats et ne peut dès lors se plaindre d'une violation de ses droits. ▪ Cass. com., 10 juill. 2012, n° 11-23.280 : *Rev. sociétés* 2013, p. 294, note C. Tabourot-Hyest. – La société engage sa responsabilité pour révocation abusive d'un administrateur en cas de non-respect du principe de la contradiction, principe qui n'est respecté que si l'intéressé a eu connaissance des motifs de sa révocation avant que la décision ne soit mise au vote. ▪ Cass. com., 14 mai 2013, n° 11-22.845 : *JurisData* n° 2013-009387 ; *JCP* E 2013, n° 1491, note M. Roussille ; *D.* 2013, p. 2732, comm. E. Lamazerolles ; *Dr. sociétés* 2013, n° 157, note M. Roussille ; *Bull. Joly Sociétés* 2013, p. 634, note A. Gaudemet.

– **Obligation de loyauté.** La révocation d'un administrateur est abusive si elle a été décidée brutalement, sans respecter l'obligation de loyauté dans l'exercice du droit de révocation. ▪ Cass. com., 14 mai 2013, n° 11-22.845 : *JurisData* n° 2013-009387 ; *JCP* E 2013, n° 1491, note M. Roussille ; *D.* 2013, p. 2319, note B. Dondero ; *Bull. Joly Sociétés* 2013, p. 634, note A. Gaudemet. V. également notes sous art. L. 225-55, p. 362.

Art. L. 225-18-1 ***(Créé à compter du 1er janvier 2017, L. n° 2011-103, 27 janv. 2011 ; mod., L. n° 2014-873, 4 août 2014 ; L. n° 2019-486, 22 mai 2019 ; Ord. n° 2020-1142, 16 sept. 2020).*** **– La proportion des administrateurs de chaque sexe ne peut être inférieure à 40 % à l'issue de la plus prochaine assemblée générale ayant à statuer sur des nominations, dans les sociétés qui, pour le troisième exercice consécutif, emploient un nombre moyen d'au moins deux cent cinquante salariés permanents et présentent un montant net de chiffre d'affaires ou un total de bilan d'au moins 50 millions d'euros. Dans ces mêmes sociétés, lorsque le conseil d'administration est composé au plus de huit membres, l'écart entre le nombre des administrateurs de chaque sexe ne peut être supérieur à deux.**

Toute nomination intervenue en violation du premier alinéa et n'ayant pas pour effet de remédier à l'irrégularité *de la composition* du conseil est nulle.

Bibliographie : H. Le Nabasque, *La composition des organes de direction et de contrôle de la gestion des sociétés par actions après la loi PACTE* : *Bull. Joly Sociétés* juin 2019, n° 119w4, p. 5. • B. Lecourt, *La diversité dans les organes d'administration et de direction* : *Rev. sociétés* 2019, p. 587.

Art. L. 225-19 ***(Anc. L. n° 66-537, 24 juill. 1966 ; mod., L. n° 2019-744, 19 juill. 2019).*** **– Les statuts doivent prévoir, pour l'exercice des fonctions d'administrateur, une limite d'âge s'appliquant soit à l'ensemble des administrateurs, soit à un pourcentage déterminé d'entre eux.**

À défaut de disposition expresse dans les statuts, le nombre des administrateurs ayant dépassé l'âge de soixante-dix ans ne peut être supérieur au tiers des administrateurs en fonctions.

Toute nomination intervenue en violation des dispositions de l'alinéa précédent est nulle.

À défaut de disposition expresse dans les statuts prévoyant une autre procédure, lorsque la limitation statutaire ou légale fixée pour l'âge des administrateurs est dépassée, l'administrateur le plus âgé est réputé démissionnaire d'office.

Est également réputé démissionnaire d'office l'administrateur placé en tutelle.

La nullité prévue au troisième alinéa et la démission d'office prévue aux quatrième et avant-dernier alinéas n'entraînent pas la nullité des délibérations auxquelles a pris part l'administrateur irrégulièrement nommé ou réputé démissionnaire d'office.

Bibliographie : C. Coupet, *Loi du 19 juillet 2019 de simplification, de clarification et d'actualisation : miscellanées de droit des sociétés : Bull. Joly Sociétés* oct. 2019, p. 35. • Ph. Emy et B. Saintourens, *Les dispositions de la loi du 19 juillet 2019 relatives à toutes les sociétés, aux sociétés civiles et aux SARL : Rev. sociétés* 2019, p. 655. • R. Mortier *et a., La loi Soilihi article par article (1re partie) : Dr. sociétés* 2019, étude 13. • A. Tadros, *La loi de simplification du droit des sociétés et la direction de la société anonyme : D.* 2019, p. 2311.

Art. L. 225-20 *(Anc. L. n° 66-537, 24 juill. 1966 ; mod., L. n° 2001-420, 15 mai 2001).* **– Une personne morale peut être nommée administrateur. Lors de sa nomination, elle est tenue de désigner un représentant permanent qui est soumis aux mêmes conditions et obligations et qui encourt les mêmes responsabilités civile et pénale que s'il était administrateur en son nom propre, sans préjudice de la responsabilité solidaire de la personne morale qu'il représente.**

(Al. créé à compter du 1er janvier 2017) (1) **Le représentant permanent est pris en compte pour apprécier la conformité de la composition du conseil d'administration au premier alinéa de l'article L. 225-18-1. Toute désignation intervenue en violation de cet alinéa et n'ayant pas pour effet de remédier à l'irrégularité de la composition du conseil est nulle. Cette nullité n'entraîne pas celle des délibérations auxquelles a pris part le représentant permanent irrégulièrement désigné.**

Lorsque la personne morale révoque son représentant, elle est tenue de pourvoir en même temps à son remplacement.

Voir : art. R. 225-16 et R. 225-17, p. 1690.

Bibliographie : B. Oppetit, *Le représentant permanent d'une personne morale administrateur d'une société anonyme : JCP* 1969, I, 2227. • A.P.S., *La représentation des personnes morales dans les fonctions d'administrateur de sociétés : Gaz. Pal.* 1974, 1, doctr. 22.

Art. L. 225-21 *(L. n° 2001-420, 15 mai 2001 ; mod., L. n° 2002-1303, 29 oct. 2002).* **– Une personne physique ne peut exercer simultanément plus de cinq mandats d'administrateur de sociétés anonymes ayant leur siège sur le territoire français.**

Par dérogation aux dispositions du premier alinéa, ne sont pas pris en compte les mandats d'administrateur ou de membre du conseil de surveillance exercés par cette personne dans les sociétés contrôlées au sens de l'article L. 233-16 par la société dont elle est administrateur.

Pour l'application des dispositions du présent article, les mandats d'administrateur des sociétés dont les titres ne sont pas admis aux négociations sur un marché réglementé et contrôlées au sens de l'article L. 233-16 par une même société ne comptent que pour un seul mandat, sous réserve que le nombre de mandats détenus à ce titre n'excède pas cinq.

Toute personne physique qui se trouve en infraction avec les dispositions du présent article doit se démettre de l'un de ses mandats dans les trois mois de sa nomination, ou du mandat en cause dans les trois mois de l'événement ayant entraîné la disparition de l'une des conditions fixées à l'alinéa précédent. À l'expiration de ce délai, elle est réputée s'être démise, selon le cas, soit de son nouveau mandat, soit du mandat ne répondant plus aux conditions fixées à l'alinéa précédent, et doit restituer les rémunérations perçues, sans que soit, de ce fait, remise en cause la validité des délibérations auxquelles elle a pris part.

Voir : art. L. 225-94 et L. 225-94-1, p. 377, L. 225-95-1, p. 377.

Pour les mandataires des *établissements publics de l'État* et de la Caisse des dépôts et consignations : V. L. n° 2003-706, 1er août 2003, de *sécurité financière, art. 130 (JO* 2 août).

---

(1) La conformité de la composition des conseils d'administration et des conseils de surveillance des sociétés concernées est appréciée à l'issue de la première assemblée générale ordinaire qui suit le 1er janvier 2017, L. n° 2011-103, 27 janv. 2011, art. 5, I.

Bibliographie : S. Bienvenu, *Loi relative aux nouvelles régulations économiques et problématique du cumul des mandats sociaux : JCP* E 2002, 139. • C. Malecki, *Cumul des mandats sociaux et cumul des dérogations : quel décompte ? : D.* 2002, p. 3194. • D. Velardocchio, *Cumul des mandats sociaux dans les sociétés anonymes : libéralisation du dispositif : Rev. Lamy dr. aff.* déc. 2002, p. 23. • S. de Vendeuil, *Modification des dispositions du Code de commerce relatives aux mandats sociaux : JCP* E 2002, 1727. • D. Poracchia, *La corporate governance à la française ou la loi du 29 octobre 2002 sur le cumul des mandats dans la société anonyme : Dr. et patrimoine* janv. 2003, p. 24. • B. Saintourens, *Le cumul des mandats sociaux au sein de la société anonyme après la loi du 29 octobre 2002 : Rev. sociétés* 2003, p. 1.

Art. L. 225-21-1 *(L. n° 2012-387, 22 mars 2012).* **– Un administrateur peut devenir salarié d'une société anonyme au conseil de laquelle il siège si cette société ne dépasse pas, à la clôture d'un exercice social, les seuils définissant les petites et moyennes entreprises prévus à l'article 2 de l'annexe à la recommandation 2003/361/CE de la Commission, du 6 mai 2003, concernant la définition des micro, petites et moyennes entreprises et si son contrat de travail correspond à un emploi effectif.**

Tout administrateur mentionné au premier alinéa du présent article est compté pour la détermination du nombre des administrateurs liés à la société par un contrat de travail mentionné à l'article L. 225-22.

Art. L. 225-22 *(Anc. L. n° 66-537, 24 juill. 1966 ; mod., L. n° 2001-1168, 11 déc. 2001).* **– Un salarié de la société ne peut être nommé administrateur que si son contrat de travail correspond à un emploi effectif. Il ne perd pas le bénéfice de ce contrat de travail. Toute nomination intervenue en violation des dispositions du présent alinéa est nulle. Cette nullité n'entraîne pas celle des délibérations auxquelles a pris part l'administrateur irrégulièrement nommé.**

Le nombre des administrateurs liés à la société par un contrat de travail ne peut dépasser le tiers des administrateurs en fonction.

Toutefois, les administrateurs élus par les salariés *(Mots aj., L. n° 2013-504, 14 juin 2013)* **« ou désignés en application de l'article L. 225-27-1 », les administrateurs représentant les salariés actionnaires ou le fonds commun de placement d'entreprise en application de l'article L. 225-23 et, dans les sociétés anonymes à participation ouvrière, les représentants de la société coopérative de main-d'œuvre ne sont pas comptés pour la détermination dunombre des administrateurs liés à la société par un contrat de travail mentionné à l'alinéa précédent.**

En cas de fusion ou de scission, le contrat de travail peut avoir été conclu avec l'une des sociétés fusionnées ou avec la société scindée.

Voir : art. L. 225-44, p. 356.

Bibliographie : E. du Pontavice, *Le cumul d'un contrat de travail avec la qualité d'organe de la société ou la participation individuelle des salariés de l'entreprise à la gestion de la société : Journ. not.* 1971, 1017. • G. Armand, *Réflexions sur le statut des dirigeants sociaux salariés dans les deux types de société anonyme : JCP* CI 1981, 13649. • A. Sayag, *Mandat social et contrat de travail, attraits, limites et fictions : Rev. sociétés* 1981, p. 1. • M. Deslandes, *Réflexions sur le cumul d'un mandat social et d'un contrat de travail : D.* 1982, chron. p. 19. • F. Mansuy, *La notion d'emploi effectif et ses conséquences sur le maintien du contrat de travail des dirigeants sociaux : Rev. sociétés* 1987, p. 1. • C. Puigelier, *Le président... devenant salarié et vice versa : JCP* E 1994, I, 358. • R. Vatinet, *Des hypothèses de non-cumul d'un contrat de travail et d'un mandat social : Rev. sociétés* 1999, p. 273. • F. Collin, *Le droit social du dirigeant d'entreprise : la problématique du contrat de travail du dirigeant social : Dr. sociétés* juin 2005, n° 6 ; *ibid.* juill. 2005, n° 7. • M. Roussille, *L'interdiction faite aux administrateurs de devenir salariés est supprimée : Dr. sociétés* 2012, p. 1, n° 5. • A. Couret et B. Dondero, *La loi Warsmann II relative à la simplification du droit et à l'allègement des démarches administratives – aspects de droit des sociétés (1re partie) : Bull Joly Sociétés* 2012, p. 360, n° 193. • H. Barbier, *Rapport Gallois et droit des sociétés : les salariés dans les conseils, un modèle français à bâtir : Bull. Joly Sociétés* 2012, § 496, p. 828.

I – UN ADMINISTRATEUR NE PEUT DEVENIR SALARIÉ

1) Principe. Il résulte des dispositions des articles 93 et 107 de la loi du 24 juillet 1966 *[C. com., art. L. 225-22 et L. 225-44]* qu'un administrateur déjà en fonction dans une société anonyme ne peut conclure un contrat de travail avec cette société afin d'acquérir la qualité de salarié ▪ Cass. soc., 7 juin 1974 : *JurisData* n° 1974-099355 ; *Rev. sociétés* 1975, p. 91, note Y. Chartier. ▪ Cass. soc., 22 avr. 1992, n° 90-44.545 : *JurisData* n° 1992-001050 ; *Bull. Joly Sociétés* 1992, § 207, p. 630.

2) Sanction. Le contrat de travail conclu en méconnaissance de la prohibition légale est nul comme résultant d'une décision prise en violation d'une disposition impérative de la loi ▪ Cass. soc., 6 oct. 1993, n° 92-40.077 : *JurisData* n° 1993-001820 ; *JCP* E 1994, II, 529, note Y. Guyon ; *Bull. Joly Sociétés* 1993, § 371, p. 1242, note P. Le Cannu. ▪ Cass. soc.,

21 nov. 2006, n° 05-45.416 : *Bull. Joly Sociétés* 2007, p. 383, note G. Auzero. – Il s'agit d'une nullité absolue qui ne peut être rétroactivement confirmée ▪ Cass. com., 26 janv. 1999, n° 97-10.018 : *JurisData* n° 1999-000472 ; *JCP* E 1999, p. 1239, obs. A. Viandier et J.-J. Caussain ; *Bull. Joly Sociétés* 1999, p. 657, note T. Granier.

3) **Contrat de travail conclu avant que la démission ait été publiée.** Le contrat de travail consenti par une société à un ancien administrateur avant l'accomplissement des formalités de publicité relatives à la cessation des fonctions d'administrateur [démission] n'étant pas nul, son point de départ doit être fixé, pour le calcul d'une allocation d'aide au retour à l'emploi, à la date de sa conclusion, et non pas à la date d'accomplissement des formalités de publicité ▪ Cass. com., 26 juin 2008, n° 06-18.056 (FD) : *Dr. sociétés* 2008, n° 230, obs. J. Monnet ; *Rev. sociétés* 2009, p. 108, note J.-F. Barbièri.

II – UN SALARIÉ PEUT DEVENIR ADMINISTRATEUR

4) **Principe.** Le cumul d'un mandat social et des fonctions salariées est possible lorsque celles-ci sont réelles et distinctes des fonctions de direction sociale et à condition que, dans son emploi salarié, le dirigeant se trouve en état de subordination à l'égard de la société. ▪ CA Paris, 28 janv. 1997 : *JurisData* n° 1997-020804 ; *Bull. Joly Sociétés* 1997, § 250, p. 658, note P. Le Cannu. Le président du conseil d'administration qui assure la direction de la société avec les pouvoirs les plus étendus pour agir en toutes circonstances, dans une structure familiale où lui et son frère sont détenteurs de la majorité des actions, n'est pas dans un lien de subordination à l'égard de la société. ▪ Cass. soc., 29 juin 2017, n° 16-15.814 : *Dr. sociétés* 2017, comm. 189, note J. Heinich.

5) **Sort du contrat de travail.** – **Absorption du contrat de travail.** Le salarié nommé au conseil d'administration perd son contrat de travail du moment où ses fonctions anciennes sont absorbées par ses fonctions nouvelles dont elles ne peuvent plus être distinguées ▪ Cass. soc., 5 juin 1980 *[2 arrêts]* : *Rev. sociétés* 1981, p. 88, note Y. Chartier.

– **Suspension du contrat de travail.** Si le conseil d'administration a délégué à son président tous les pouvoirs nécessaires afin d'assurer la direction générale de la société avec notamment le pouvoir de nommer et de révoquer les directeurs, l'intéressé *ne peut plus prétendre* être uni *à la société* par un *lien de subordination* ; en l'absence de convention contraire, son contrat de travail n'est pas absorbé par son mandat social, mais est suspendu pendant la durée du mandat ▪ Cass. soc., 12 déc. 1990, n° 90-80.200 : *Bull. Joly Sociétés* 1991, p. 842, note P. Le Cannu ; *RF compt.* déc. 1991, p. 69, note P. Reigné. – En l'absence de convention contraire, le contrat de travail d'un salarié devenu mandataire social et qui a cessé d'être lié à la société par un lien de subordination est suspendu pendant le temps où il est mandataire ▪ Cass. soc., 18 nov. 1992, n° 90-44.392 : *Bull. Joly Sociétés* 1993, p. 101, note P. Le Cannu. – En l'absence d'une convention de novation du contrat de travail en mandat social, et faute que soit établi l'exercice de fonctions techniques distinctes du mandat social et exercé dans un état de subordination, le contrat de travail d'un salarié devenu mandataire social est suspendu pendant la durée du mandat social et peut dès lors reprendre ses effets à la suite de la location-gérance du fonds à une autre société ▪ Cass. soc., 14 juin 2005 : *JurisData* n° 2005-0247320 ; *JCP* E, 1250. – En l'absence de novation, le contrat de travail d'un salarié qui devient mandataire social et qui cesse d'exercer des fonctions techniques dans un état de subordination à l'égard de la société est suspendu pendant la durée de ce mandat ; le président ne peut dès lors invoquer une créance de salaire pour la période correspondant à la durée de son mandat ▪ Cass. soc., 9 mai 2006, n° 04-48.042 : *JurisData* n° 2006-033462. ▪ Cass. soc., 22 sept. 2011, n° 09-72.637 : *JurisData* n° 2011-019803 ; *JCP* E 2011, n° 1839, p. 41, note C. Puigelier. ▪ Cass. soc., 21 mai 2014, n° 13-16.663 : *Rev. sociétés* 2014, p. 494, note B. Saintourens.

6) **Preuve.** C'est à celui qui soutient qu'il a été mis fin au contrat de travail par la nomination du salarié à des fonctions de mandataire social d'en rapporter la preuve ▪ Cass. soc., 10 avr. 1991, n° 89-15.335 : *JurisData* n° 1991-001515 ; *Bull. civ.* V, n° 177 ; *JCP* E 1992, I, 3561, n° 8, obs. A. Viandier et J.-J. Caussain. – En revanche, si un salarié devenu directeur général, puis révoqué, demande à retrouver le bénéfice de son contrat de travail, c'est à lui qu'incombe la preuve de la suspension de ce contrat ▪ Cass. soc., 21 mars 1996, n° 93-42.643 : *JurisData* n° 1996-001000 ; *Bull. Joly Sociétés* 1996, p. 596, note F. Mansuy.

III – UN SALARIÉ PEUT ÊTRE NOMMÉ DIRIGEANT D'UNE FILIALE

7) **Principe.** L'exercice d'un mandat social dans une filiale n'est pas exclusif d'un lien de subordination vis-à-vis de la société mère ▪ Cass. soc., 21 févr. 2006, n° 04-40.646 : *JurisData* n° 2006-032351. – Est valable le contrat de travail consenti par une société mère à un salarié en vue d'exercer les fonctions de directeur général d'une filiale ▪ Cass. soc., 2 oct. 1991, n° 87-45.668 : *JurisData* n° 1991-002459 ; *JCP* E 1992, I, 108, n° 1, obs. D. Gatumel ; *JCP* E 1993, I, 218, n° 12, obs. A. Viandier et

J.-J. Caussain. – Est licite l'arrangement au terme duquel une société mère s'engage à réintégrer en qualité de salarié un cadre détaché dans une filiale pour y exercer une fonction de dirigeant ▪ Cass. soc., 20 mars 1996, n° 92-41.581 : *Bull. Joly Sociétés* 1996, p. 514.

8) Exigence d'un lien de subordination. Une société est l'employeur de l'intéressé, dès lors que, tout en mettant le salarié à la disposition de sa filiale, elle conserve le contrôle de l'activité de celui-ci, qui se trouve à son égard dans un lien de subordination ▪ Cass. soc., 30 mai 1980, n° 79-10.667 : *JurisData* n° 1980-000472 ; *JCP* 1980, IV, 297. ▪ Cass. soc., 30 juin 1993, n° 90-40.799 : *JCP* E 1993, II, 523, note P. Coursier. – La validité d'un tel contrat de travail, quand bien même une rémunération unique serait allouée par la société mère, suppose que soit établie la réalité du lien de subordination du salarié à l'égard de la société holding ▪ Cass. soc., 4 mars 1997, n° 93-44.805 : *JurisData* n° 1997-000901 ; *Bull. Joly Sociétés* 1997, p. 661, note J.-P. Dom ; *RTD com.* 1997, p. 651, obs. B. Petit et Y. Reinhard.

Art. L. 225-22-1 *(L. n° 2005-842, 26 juill. 2005 ; mod., L. n° 2007-1223, 21 août 2007 ; L. n° 2015-990, 6 août 2015 ; Ord. n° 2019-1234, 27 nov. 2019 ; abr., Ord. n° 2020-1142, 16 sept. 2020).*

Art. L. 225-23 *(Rect. JO 18 nov. 2000 ; mod., L. n° 2001-152, 19 févr. 2001 ; L. n° 2002-73, 17 janv. 2002 ; L. n° 2006-1770, 30 déc. 2006 ; L. n° 2019-486, 22 mai 2019 ; mod. à compter de la date prévue au B du I de l'article 184 de la loi n° 2019-486 du 22 mai 2019, L. n° 2019-486, 22 mai 2019 ; mod., Ord. n° 2020-1142, 16 sept. 2020).* – **Dans les sociétés qui emploient à la clôture de deux exercices consécutifs au moins mille salariés permanents dans la société et ses filiales, directes ou indirectes, dont le siège social est fixé sur le territoire français, ou au moins cinq mille salariés permanents dans la société et ses filiales, directes ou indirectes, dont le siège social est fixé sur le territoire français et à l'étranger, lorsque le rapport présenté par le conseil d'administration lors de l'assemblée générale en application de l'article L. 225-102 établit que les actions détenues par le personnel de la société ainsi que par le personnel de sociétés qui lui sont liées au sens de l'article L. 225-180 représentent plus de 3 % du capital social de la société, un ou plusieurs administrateurs sont élus par l'assemblée générale des actionnaires sur proposition des actionnaires visés à l'article L. 225-102. Ceux-ci se prononcent par un vote dans des conditions fixées par les statuts. Ces administrateurs sont élus parmi les salariés actionnaires ou, le cas échéant, parmi les salariés membres du conseil de surveillance d'un fonds commun de placement d'entreprise détenant des actions de la société. Ces administrateurs ne sont pas pris en compte pour la détermination du nombre minimal et du nombre maximal d'administrateurs prévus à l'article L. 225-17, ni pour l'application du premier alinéa de l'article L. 225-18-1. La durée de leur mandat est déterminée par application de l'article L. 225-18. Toutefois, leur mandat prend fin par l'arrivée du terme ou la rupture, pour quelque cause que ce soit, de leur contrat de travail.**

Si l'assemblée générale extraordinaire ne s'est pas réunie dans un délai de dix-huit mois à compter de la présentation du rapport, tout salarié actionnaire peut demander au président du tribunal statuant en référé d'enjoindre sous astreinte au conseil d'administration de convoquer une assemblée générale extraordinaire et de soumettre à celle-ci les projets de résolutions tendant à modifier les statuts dans le sens prévu aux premier et dernier alinéas du présent article.

Lorsqu'il est fait droit à la demande, l'astreinte et les frais de procédure sont à la charge des administrateurs.

Lorsque l'assemblée générale extraordinaire est convoquée en application du premier alinéa, elle se prononce également sur un projet de résolution prévoyant l'élection d'un ou plusieurs administrateurs par le personnel de la société et des filiales directes ou indirectes dont le siège social est fixé en France. Le cas échéant, ces représentants sont désignés dans les conditions prévues à l'article L. 225-27.

Les administrateurs mentionnés au premier alinéa du présent article bénéficient à leur demande d'une formation adaptée à l'exercice de leur mandat, mise à la charge de la société, dans des conditions définies par décret en Conseil d'État. La durée de ce temps de formation ne peut être inférieure à quarante heures par an.

NB : Conformément au B du I de l'article 184 de la loi n° 2019-486 du 22 mai 2019, les dispositions de la quatrième phrase du premier alinéa de l'article L. 225-23 dans sa rédaction issue du 1° du A du I dudit article entrent en vigueur à l'issue du mandat du représentant des salariés actionnaires en cours à la date de la publication de la présente loi.

Conformément au II l'article 186 de la loi n° 2019-486 du 22 mai 2019, pour les sociétés auxquelles s'appliquent les dispositions du quatrième alinéa de l'article L. 225-23 dans sa rédaction antérieure à la présente loi, l'entrée en fonction des administrateurs et des membres du conseil de surveillance représentant les salariés actionnaires intervient au plus tard à l'issue de l'assemblée générale annuelle suivant celle procédant aux modifications statutaires nécessaires à leur élection, cette dernière ayant lieu au plus tard en 2020.

Bibliographie : G. Auzero, *Développement de la participation et de l'actionnariat salarié (L. n° 2006-1770, 30 déc. 2006) : Bull. Joly Sociétés* 2007, p. 331. • H. Le Nabasque, *La composition des organes de direction et de contrôle de la gestion des sociétés par actions après la loi PACTE : Bull. Joly Sociétés* juin 2019, n° 119w4, p. 5. • B. Saintourens, *La stimulation de l'actionnariat salarié : Rev. sociétés* 2019, p. 594.

1) Articulation avec l'article L. 225-27. Le dispositif obligatoire de représentation des salariés actionnaires prévu à l'article L. 225-23 n'a pas à s'appliquer lorsque la société a déjà adopté celui de la représentation du personnel prévu à l'article L. 225-27 du Code de commerce ▪ Cass. com., 16 févr. 2010, n° 09-65.402 : *JurisData* n° 2010-051673 ; *Dr. sociétés* 2010, comm. 90, note M. Roussille ; *Bull. Joly Sociétés* 2010, p. 638, note D. Poracchia.

2) Compétence. Les différends pouvant s'élever dans les relations entre la société et un salarié actionnaire, à l'occasion de l'application des dispositions de l'article L. 225-23 du Code de commerce, sont de la compétence de la juridiction commerciale. ▪ CA Paris, 15 juin 2017, n° 16/11608 : *Bull. Joly Sociétés* 2017, p. 535, note A. Couret. ▪ Cass. com., 18 mars 2020, n° 17-24.039 : *JurisData* n° 2020-004305 ; *Bull. Joly Sociétés* 2020, p. 24, note M. Storck ; *RTD com.* 2020, p. 1444, note A. Lecourt ; *D.* 2020, p. 1444, note Q. Némoz-Rajot ; *Dr. sociétés* 2020, comm. 93, note J.-F. Hamelin.

Art. L. 225-24 *(Anc. L. n° 66-537, 24 juill. 1966 ; mod., L. n° 2011-103, 27 janv. 2011).* **– En cas de vacance par décès ou par démission d'un ou plusieurs sièges d'administrateur, le conseil d'administration peut, entre deux assemblées générales, procéder à des nominations à titre provisoire.**

Lorsque le nombre des administrateurs est devenu inférieur au minimum légal, les administrateurs restants doivent convoquer immédiatement l'assemblée générale ordinaire en vue de compléter l'effectif du conseil.

Lorsque le nombre des administrateurs est devenu inférieur au minimum statutaire, sans toutefois être inférieur au minimum légal, le conseil d'administration doit procéder à des nominations à titre provisoire en vue de compléter son effectif dans le délai de trois mois à compter du jour où se produit la vacance.

Lorsque sa composition n'est plus conforme au premier alinéa de l'article L. 225-18-1, le conseil d'administration doit procéder à des nominations à titre provisoire afin d'y remédier dans le délai de six mois à compter du jour où se produit la vacance.

Les nominations effectuées par le conseil en vertu des premier, troisième et quatrième alinéas ci-dessus sont soumises à ratification de la plus prochaine assemblée générale ordinaire. À défaut de ratification, les délibérations prises et les actes accomplis antérieurement par le conseil n'en demeurent pas moins valables.

Lorsque le conseil néglige de procéder aux nominations requises ou de convoquer l'assemblée, tout intéressé peut demander en justice, la désignation d'un mandataire chargé de convoquer l'assemblée générale, à l'effet de procéder aux nominations ou de ratifier les nominations prévues au troisième alinéa.

Voir : art. R. 225-18, p. 1690.

Art. L. 225-25 *(Mod., L. n° 2001-420, 15 mai 2001 ; L. n° 2008-776, 4 août 2008 ; L. n° 2013-504, 14 juin 2013).* **– Les statuts peuvent imposer que chaque administrateur soit propriétaire d'un nombre d'actions de la société, qu'ils déterminent.**

Si, au jour de sa nomination, un administrateur n'est pas propriétaire du nombre d'actions requis ou si, en cours de mandat, il cesse d'en être propriétaire, il est réputé démissionnaire d'office, s'il n'a pas régularisé sa situation dans le délai de six mois.

Les dispositions du premier alinéa ne s'appliquent pas aux actionnaires salariés nommés administrateurs en application de l'article L. 225-23, ni aux salariés nommés administrateurs en application des articles L. 225-27 et L. 225-27-1.

Bibliographie : G. Baffoy, *Le prêt de consommation des titres de société : JCP E* 1996, I, 561. • H. Huguet, *Mise à disposition d'actions au profit de personnes physiques afin de leur permettre d'exercer des fonctions d'administrateurs ou de membres du conseil de surveillance dans les filiales non cotées d'un groupe : Dr. sociétés* 1999, chron. 5. • A. Couret, *Le prêt de titres consenti par une société à un futur administrateur d'une filiale : Bull. Joly Sociétés* 2000, p. 477. • P. Reigné, La licéité du *prêt d'actions à des administrateurs : Bull. Joly Sociétés* 2000, p. 1187. • Q. Urban, Les prêts d'actions à des administrateurs *dans la stratégie des groupes de sociétés : une pratique périlleuse : JCP G* 2000, I, 232.

1) Administrateurs élus pas les salariés. L'article 95 de la loi du 24 juillet 1966 *[C. com., art. L. 225-25]* s'applique aux administrateurs élus par les salariés dans le cadre des articles 97-1 et s. *[C. com., art. L. 225-27 et s.]* : Rép. min. 18 juin 1990 : *JCP* E 1991, 22, n° 4, obs.

A. Viandier et J.-J. Caussain ; *Bull. Joly Sociétés* 1990, p. 630.

2) Prêt de consommation d'actions. Un prêt de consommation portant sur des actions est valable ▪ Cass. civ., 8 mai 1950 : *JCP* G 1950, II, 5602, note J. Delaire. – Une convention de mise à disposition d'actions par la société à un administrateur est valide si elle se soumet aux mécanismes du prêt à la consommation ; en revanche, le commodat ne peut être utilisé : Rép. min. : *JO* Sénat Q, 26 oct. 2000, p. 3710 ; *JCP* E 2000, p. 1791. – Le membre du conseil de surveillance ayant emprunté une action n'a pas la qualité d'actionnaire si la transmission de l'action résultant du prêt de consommation n'a pas donné lieu à une inscription en compte dans le délai de régularisation. ▪ Cass. com., 15 nov. 2011, n° 10-19.620 : *Juris-Data* n° 2011-025131 ; *Dr. sociétés* 2012, n° 26, note D. Gallois-Cochet ; *D.* 2011, p. 2931, obs. A. Lienhard ; *D.* 2012, p. 663, note F. Danos ; *Rev. sociétés* mai 2012, p. 299, note M. Dubertret.

3) Démission d'office de l'administrateur ne détenant pas d'action de la société. Un administrateur qui ne détient aucune action de la société, en contradiction avec les statuts, et qui ne régularise pas sa situation, doit être considéré comme démissionnaire d'office. La modification législative du délai de régularisation n'a pas eu d'effet sur une démission d'office acquise antérieurement à son entrée en vigueur. ▪ Cass. com., 7 juin 2011, n° 10-17.732 : *Bull. Joly Sociétés* 2012, § 3, p. 22, note F.-X. Lucas ; *Rev. sociétés* 2011, p. 631, note B. Saintourens.

Art. L. 225-26 *(Anc. L. n° 66-537, 24 juill. 1966 ; mod., L. n° 2019-486, 22 mai 2019).* **– Les commissaires aux comptes, s'il en existe, veillent, sous leur responsabilité, à l'observation des dispositions prévues à l'article L. 225-25 et en dénoncent toute violation dans leur rapport à l'assemblée générale annuelle.**

Voir : art. L. 823-12 et L. 823-16, p. 1491.

Art. L. 225-27 *(Anc. L. n° 66-537, 24 juill. 1966 ; mod., L. n° 2011-103, 27 janv. 2011 ; Ord. n° 2020-1142, 16 sept. 2020).* **– Il peut être stipulé dans les statuts que le conseil d'administration comprend, outre les administrateurs dont le nombre et le mode de désignation sont prévus aux articles L. 225-17 et L. 225-18, des administrateurs élus soit par le personnel de la société, soit par le personnel de la société et celui de ses filiales directes ou indirectes dont le siège social est fixé sur le territoire français. Le nombre de ces administrateurs ne peut être supérieur à quatre ni excéder le tiers du nombre des autres administrateurs. Lorsque le nombre des administrateurs élus par les salariés est égal ou supérieur à deux, les ingénieurs, cadres et assimilés ont un siège au moins.**

Les administrateurs élus par les salariés ne sont pas pris en compte pour la détermination du nombre minimal et du nombre maximal d'administrateurs prévus à l'article L. 225-17, ni pour l'application du premier alinéa de l'article L. 225-18-1.

Art. L. 225-27-1 *(L. n° 2013-504, 14 juin 2013 ; mod., Ord. n° 2014-948, 20 août 2014 ; L. n° 2015-990, 6 août 2015 ; L. n° 2015-994, 17 août 2015 ; L. n° 2019-486, 22 mai 2019 ; Ord. n° 2020-1142, 16 sept. 2020).* **– I. – Dans les sociétés qui emploient, à la clôture de deux exercices consécutifs, au moins mille salariés permanents dans la société et ses filiales, directes ou indirectes, dont le siège social est fixé sur le territoire français, ou au moins cinq mille salariés permanents dans la société et ses filiales, directes ou indirectes, dont le siège social est fixé sur le territoire français et à l'étranger, il est stipulé dans les statuts que le conseil d'administration comprend, outre les administrateurs dont le nombre et le mode de désignation sont prévus aux articles L. 225-17 et L. 225-18 du présent code, des administrateurs représentant les salariés.**

Une société dont l'activité principale est d'acquérir et de gérer des filiales et des participations peut ne pas mettre en œuvre l'obligation prévue au premier alinéa du présent I si elle remplit chacune des conditions suivantes :

1° Elle n'est pas soumise à l'obligation de mettre en place un comité social et économique en application de l'article L. 2311-2 du Code du travail ;

2° Elle détient une ou plusieurs filiales, directes ou indirectes, soumises à l'obligation prévue au premier alinéa du présent I.

3° *(3° abr. à compter du 1er janvier 2021, Ord. n° 2020-1142, 16 sept. 2020).*

Une société n'est pas soumise à l'obligation prévue aux deux premiers alinéas du présent I dès lors qu'elle est la filiale, directe ou indirecte, d'une société elle-même soumise à cette obligation.

II. – Le nombre des administrateurs représentant les salariés est au moins égal à deux dans les sociétés dont le nombre d'administrateurs mentionnés aux articles L. 225-17 et L. 225-18 est supérieur à huit et au moins à un s'il est égal ou inférieur à huit.

Les administrateurs représentant les salariés ne sont pas pris en compte pour la détermination du nombre minimal et du nombre maximal d'administrateurs prévus à l'article L. 225-17, ni pour l'application du premier alinéa de l'article L. 225-18-1. L'élection des administrateurs représentant les salariés sur le fondement du 1° du III du présent article respecte la parité conformément à l'article L. 225-28. Lorsque deux administrateurs sont désignés sur le fondement du 2° du même III, le comité de groupe, le comité central d'entreprise ou le comité d'entreprise désigne une femme et un homme.

III. – Dans les six mois suivant la clôture du second des deux exercices mentionnés au I, après avis, selon le cas, du comité de groupe, du comité central d'entreprise ou du comité d'entreprise, l'assemblée générale extraordinaire procède à la modification des statuts pour déterminer les conditions dans lesquelles sont désignés les administrateurs représentant les salariés, selon l'une des modalités suivantes :

1° L'organisation d'une élection auprès des salariés de la société et de ses filiales, directes ou indirectes, dont le siège social est fixé sur le territoire français dans les conditions fixées à l'article L. 225-28 ;

2° La désignation, selon le cas, par le comité de groupe prévu à l'article L. 2331-1 du Code du travail, le comité central d'entreprise ou le comité d'entreprise de la société mentionnée au I du présent article ;

3° La désignation par l'organisation syndicale ayant obtenu le plus de suffrages au premier tour des élections mentionnées aux articles L. 2122-1 et L. 2122-4 du même code dans la société et ses filiales, directes ou indirectes, dont le siège social est fixé sur le territoire français lorsqu'un seul administrateur est à désigner, ou par chacune des deux organisations syndicales ayant obtenu le plus de suffrages au premier tour de ces élections lorsque deux administrateurs sont à désigner ;

4° Lorsqu'au moins deux administrateurs sont à désigner, la désignation de l'un des administrateurs selon l'une des modalités fixées aux 1° à 3° et de l'autre par le comité d'entreprise européen, s'il existe, ou, pour les sociétés européennes au sens de l'article L. 2351-1 du Code du travail, par l'organe de représentation des salariés mentionné à l'article L. 2352-16 du même code ou, à défaut, par le comité de la société européenne mentionné à l'article L. 2353-1 dudit code.

L'élection ou la désignation des administrateurs représentant les salariés intervient dans les six mois suivant la modification des statuts prévue au premier alinéa du présent III.

IV. – Si l'assemblée générale extraordinaire ne s'est pas réunie dans le délai prévu au premier alinéa du III, tout salarié peut demander au président du tribunal statuant en référé d'enjoindre sous astreinte au conseil d'administration de convoquer une assemblée générale extraordinaire et de soumettre à celle-ci les projets de résolution tendant à modifier les statuts dans le sens prévu au même III.

À défaut de modification des statuts à l'issue du délai prévu au premier alinéa dudit III, les administrateurs représentant les salariés sont désignés par la voie de l'élection mentionnée au 1° du III dans les six mois suivant l'expiration du même délai. Tout salarié peut demander au président du tribunal statuant en référé d'enjoindre sous astreinte à la société d'organiser l'élection.

V. – Les sociétés répondant aux critères fixés au I du présent article ou à l'article L. 22-10-7 et dont le conseil d'administration comprend un ou plusieurs membres désignés en application de l'article L. 225-27 du présent code ou du I de l'article 7 de l'ordonnance n° 2014-948 du 20 août 2014 relative à la gouvernance et aux opérations sur le capital des sociétés à participation publique, ainsi que leurs filiales directes ou indirectes, ne sont pas soumises à l'obligation prévue aux I à III du présent article dès lors que le nombre de ces administrateurs est au moins égal au nombre prévu au II.

Lorsque le nombre de ces administrateurs est inférieur au nombre prévu au II, les I à IV sont applicables à l'expiration du mandat en cours des administrateurs représentant les salariés.

Bibliographie : S. de Vendeuil et O. Rault-Dubois, *Représentation des salariés au conseil d'administration ou de surveillance de grandes entreprises, L. n° 2013-504, 14 juin 2013, art. 9 : JCP* E 2013, n° 1379. • R. Vatinet, *Représentation des salariés dans les conseils d'administration ou de surveillance*, Article 9 de la loi n° 2013-504 du 14 juin 2013 : Rev. sociétés 2014, p. 75. • E. Jeansen et F. Maréchal, *Participation des salariés à la gestion de l'entreprise, nouvelle formule : Dr. sociétés* 2013, étude 16. • B. Dondero, *Loi de sécurisation de l'emploi : aspects de droit des sociétés : Bull. Joly Sociétés* 2013, p. 471. • M. Roussille, *Constitutionnalité du dispositif d'élection des administrateurs salariés* (Cons. const., 26 juill. 2013, n° 2013-333 QPC : *Bull. Joly Sociétés* 2013, p. 721). • H. Le Nabasque, *La composition des organes de direction et de contrôle de la gestion des sociétés par actions après la loi PACTE : Bull. Joly Sociétés* juin 2019, n° 119w4, p. 5.

Art. L. 225-28 *(Mod., L. n° 2011-103, 27 janv. 2011 ; L. n° 2013-504, 14 juin 2013 ; Ord. n° 2019-964, 18 sept. 2019).* – Les administrateurs élus par les salariés ou désignés en application de l'article L. 225-27-1 doivent être titulaires d'un contrat de travail avec la société ou l'une de ses filiales directes ou indirectes dont le siège social est fixé sur le territoire français antérieur de deux années au moins à leur nomination et correspondant à un emploi effectif. Par dérogation, le second administrateur désigné en application du 4° du III de l'article L. 225-27-1 doit être titulaire d'un contrat de travail avec la société ou l'une de ses filiales directes ou indirectes antérieur de deux années au moins à sa nomination et correspondant à un emploi effectif. Toutefois, la condition d'ancienneté n'est pas requise lorsque au jour de la nomination la société est constituée depuis moins de deux ans.

Tous les salariés de la société et le cas échéant de ses filiales directes ou indirectes, dont le siège social est fixé sur le territoire français dont le contrat de travail est antérieur de trois mois à la date de l'élection sont électeurs. Le vote est secret.

Lorsqu'un siège au moins est réservé aux ingénieurs, cadres et assimilés en application de l'article L. 225-27, les salariés sont divisés en deux collèges votant séparément. Le premier collège comprend les ingénieurs, cadres et assimilés, le second les autres salariés. Les statuts fixent la répartition des sièges par collège en fonction de la structure du personnel.

Lorsqu'il est fait application du même article L. 225-27, les candidats ou listes de candidats peuvent être présentés soit par une ou plusieurs organisations syndicales représentatives au sens de l'article L. 423-2 du Code du travail, soit par le vingtième des électeurs ou, si le nombre de ceux-ci est supérieur à deux mille, par cent d'entre eux. Lorsqu'il est fait application de l'article L. 225-27-1 du présent code, les candidats ou listes de candidats sont présentés par une ou plusieurs organisations syndicales représentatives au sens de l'article L. 2122-1 du Code du travail.

Lorsqu'il y a un seul siège à pourvoir pour l'ensemble du corps électoral, l'élection a lieu au scrutin majoritaire à deux tours. Lorsqu'il y a un seul siège à pourvoir dans un collège électoral, l'élection a lieu au scrutin majoritaire à deux tours dans ce collège. Chaque candidature doit comporter, outre le nom du candidat, celui de son remplaçant éventuel. Le candidat et son remplaçant sont de sexe différent. Est déclaré élu le candidat ayant obtenu au premier tour la majorité absolue des suffrages exprimés, au second tour la majorité relative.

Dans les autres cas, l'élection a lieu au scrutin de liste à la représentation proportionnelle au plus fort reste et sans panachage. Chaque liste doit comporter un nombre de candidats double de celui des sièges à pourvoir et être composée alternativement d'un candidat de chaque sexe. Sur chacune des listes, l'écart entre le nombre des candidats de chaque sexe ne peut être supérieur à un.

En cas d'égalité des voix, les candidats dont le contrat de travail est le plus ancien sont déclarés élus.

Les autres modalités du scrutin sont fixées par les statuts.

Les contestations relatives à l'électorat, à l'éligibilité et à la régularité des opérations électorales sont portées devant le juge du tribunal judiciaire qui statue en dernier ressort dans les conditions prévues par le premier alinéa de l'article L. 433-11 du Code du travail.

Art. L. 225-29 *(Mod., L. n° 2013-504, 14 juin 2013).* – La durée du mandat d'administrateur élu par les salariés ou désigné en application de l'article L. 225-27-1 est déterminée par les statuts, sans pouvoir excéder six ans. Le mandat est renouvelable, sauf stipulation contraire des statuts.

Toute nomination intervenue en violation des articles L. 225-27, L. 225-27-1, L. 225-28 et du présent article est nulle. Cette nullité n'entraîne pas celle des délibérations auxquelles a pris part l'administrateur irrégulièrement nommé.

Art. L. 225-30 *(Mod., L. n° 2013-504, 14 juin 2013).* – Le mandat d'administrateur élu par les salariés ou désigné en application de l'article L. 225-27-1 est incompatible avec tout mandat de délégué syndical, de membre du comité d'entreprise, de membre du comité de groupe, de délégué du personnel ou de membre du comité d'hygiène, de sécurité et des conditions de travail de la société. Il est également incompatible avec tout mandat de membre d'un comité d'entreprise européen, s'il existe, ou, pour les sociétés européennes au sens de l'article L. 2351-1 du Code du travail, de membre de l'organe de représentation des salariés mentionné à l'article L. 2352-16 du même code ou de membre d'un comité de la société européenne mentionné à l'article L. 2353-1 dudit code. L'administrateur qui, lors de son élection ou de sa désignation en application de l'article

L. 225-27-1 du présent code, est titulaire d'un ou de plusieurs de ces mandats doit s'en démettre dans les huit jours. À défaut, il est réputé démissionnaire de son mandat d'administrateur.

Art. L. 225-30-1 *(L. n° 2013-504, 14 juin 2013)*. – Les administrateurs élus par les salariés ou désignés en application de l'article L. 225-27-1 disposent du temps nécessaire pour exercer utilement leur mandat, dans les conditions définies par décret en Conseil d'État.

Art. L. 225-30-2 *(L. n° 2013-504, 14 juin 2013 ; mod., L. n° 2015-994, 17 août 2015 ; L. n° 2019-486, 22 mai 2019)*. – Les administrateurs élus par les salariés ou désignés en application de l'article L. 225-27-1 bénéficient à leur demande d'une formation adaptée à l'exercice de leur mandat, à la charge de la société, dans des conditions définies par décret en Conseil d'État. Ce temps de formation, dont la durée ne peut être inférieure à quarante heures par an, n'est pas imputable sur le crédit d'heures prévu à l'article L. 225-30-1. Une fraction de ce temps de formation est effectuée au sein de la société ou d'une société qu'elle contrôle ou qui est contrôlée par elle au sens de l'article L. 233-3. Pour les administrateurs élus par les salariés ou désignés en application de l'article L. 225-27-1 et n'ayant jamais exercé un mandat, cette formation doit avoir débuté dans les quatre mois qui suivent leur élection ou leur désignation.

Art. L. 225-31. – Les administrateurs élus par les salariés *(Mots aj., L. n° 2013-504, 14 juin 2013)* « ou désignés en application de l'article L. 225-27-1 » ne perdent pas le bénéfice de leur contrat de travail. Leur rémunération en tant que salariés ne peut être réduite du fait de l'exercice de leur mandat.

Art. L. 225-32 *(Mod., L. n° 2013-504, 14 juin 2013 ; Ord. n° 2019-738, 17 juill. 2019)*. – La rupture du contrat de travail met fin au mandat de l'administrateur élu par les salariés ou désigné en application de l'article L. 225-27-1.

Les administrateurs élus par les salariés ou désignés en application de l'article L. 225-27-1 ne peuvent être révoqués que pour faute dans l'exercice de leur mandat, par décision du président du tribunal judiciaire, rendue selon la procédure accélérée au fond, à la demande de la majorité des membres du conseil d'administration.

NB : Conformément à l'article 30 de l'ordonnance n° 2019-738 du 17 juillet 2019, ces dispositions s'appliquent aux demandes introduites à compter du 1er janvier 2020.

Art. L. 225-33 *(Abr., L. n° 2013-504, 14 juin 2013)*.

Art. L. 225-34 *(Mod., L. n° 2013-504, 14 juin 2013)*. – I. – En cas de vacance, par décès, démission, révocation, rupture du contrat de travail ou pour toute autre cause que ce soit, d'un siège d'administrateur élu par les salariés ou désigné en application de l'article L. 225-27-1, le siège vacant est pourvu de la manière suivante :

1° Lorsque l'élection a eu lieu au scrutin majoritaire à deux tours, par le remplaçant ;

2° Lorsque l'élection a eu lieu au scrutin de liste, par le candidat figurant sur la même liste immédiatement après le dernier candidat élu ;

3° Lorsque la désignation a eu lieu selon l'une des modalités prévues aux 2° à 4° du III de l'article L. 225-27-1, par un salarié désigné dans les mêmes conditions.

II. – Le mandat de l'administrateur ainsi désigné prend fin à l'arrivée du terme normal du mandat des autres administrateurs élus par les salariés ou désignés en application de l'article L. 225-27-1.

Art. L. 225-35 *(Anc. L. n° 66-537, 24 juill. 1966 ; mod., L. n° 2001-420, 15 mai 2001 ; L. n° 2003-706, 1er août 2003 ; L. n° 2019-486, 22 mai 2019 ; L. n° 2019-744, 19 juill. 2019)*. – Le conseil d'administration détermine les orientations de l'activité de la société et veille à leur mise en oeuvre, conformément à son intérêt social, en prenant en considération les enjeux sociaux et environnementaux de son activité. Il prend également en considération, s'il y a lieu, la raison d'être de la société définie en application de l'article 1835 du Code civil. Sous réserve des pouvoirs expressément attribués aux assemblées d'actionnaires et dans la limite de l'objet social, il se saisit de toute question intéressant la bonne marche de la société et règle par ses délibérations les affaires qui la concernent.

Dans les rapports avec les tiers, la société est engagée même par les actes du conseil d'administration qui ne relèvent pas de l'objet social, à moins qu'elle ne prouve que le tiers savait que l'acte dépassait cet objet ou qu'il ne

pouvait l'ignorer compte tenu des circonstances, étant exclu que la seule publication des statuts suffise à constituer cette preuve.

Le conseil d'administration procède aux contrôles et vérifications qu'il juge opportuns. Le président ou le directeur général de la société est tenu de communiquer à chaque administrateur tous les documents et informations nécessaires à l'accomplissement de sa mission.

Les cautions, avals et garanties donnés par des sociétés autres que celles exploitant des établissements bancaires ou financiers font l'objet d'une autorisation du conseil, qui en limite le montant, dans les conditions déterminées par décret en Conseil d'État. Ce décret détermine également les conditions dans lesquelles le dépassement de cette autorisation peut être opposé aux tiers. Le conseil peut toutefois donner cette autorisation globalement et annuellement sans limite de montant pour garantir les engagements pris par les sociétés contrôlées au sens du II de l'article L. 233-16 du présent code. Il peut également autoriser le directeur général à donner, globalement et sans limite de montant, des cautions, avals et garanties pour garantir les engagements pris par les sociétés contrôlées au sens du même II, sous réserve que ce dernier en rende compte au conseil au moins une fois par an. Le directeur général peut également être autorisé à donner, à l'égard des administrations fiscales et douanières, des cautions, avals ou garanties au nom de la société, sans limite de montant.

Voir : art. L. 242-6, p. 583, R. 225-28 et R. 225-29, p. 1692.

Bibliographie : ***Sur les pouvoirs, les devoirs et l'information des administrateurs.*** D. Lachat, *La répartition des pouvoirs de gestion et de contrôle dans une société anonyme : Rev. sociétés* 1981, p. 739. • R.-M. Borges, *Le droit d'information individuel des administrateurs de société anonyme : Bull. Joly Sociétés* 1997, p. 843. • B. Daille-Duclos, *Le devoir de loyauté du dirigeant : JCP* E 1998, p. 1486. • H. Le Nabasque, *Le développement du devoir de loyauté en droit des sociétés : RTD com.* 1999, p. 273. • M. Lathelize-Bonnemaizon, *Bilan et perspective du devoir de loyauté en droit des sociétés : LPA* 23 juin 2000, n° 125, p. 7. • J. Picard, *L'acte conclu par un dirigeant avec dépassement de ses pouvoirs : Dr. sociétés* juin 1998, p. 4. • D. Schmidt, *Compétence d'un conseil d'administration incomplet statutairement constitué : Bull. Joly Sociétés* 2000, p. 1006. • P.-D. Miellet, *Le règlement intérieur : un moyen simple d'améliorer le fonctionnement du conseil d'administration : JCP* E 2006, 1434. • T. Léobon, *L'information du conseil d'administration : gestion et responsabilités : Bull. Joly Sociétés* 2006, p. 168. • K. Grévain-Lemercier, *Le devoir de loyauté en droit des sociétés*, préf. H. Le Nabasque, PUAM, 2013. • A.-C. Rouaud, *Les limitations statutaires au pouvoir d'agir en justice du représentant légal de société : Rev. sociétés* 2014, p. 415. • D. Gallois-Cochet, *L'invocabilité par les tiers des clauses limitant le pouvoir des dirigeants sociaux : Mélanges en l'honneur du Professeur Michel Germain*, LexisNexis – LGDJ Lextenso éditions, 2015, p. 325. • P. Lequet, *La contestation par les tiers des actes accomplis en violation des clauses statutaires limitatives des pouvoirs des dirigeants : Rev. sociétés* 2021, p. 18.

Sur l'autorisation des cautions, avals et garanties. J.-P. Langlade, *Le pouvoir de fournir des sûretés dans les sociétés anonymes : RTD com.* 1979, p. 335. • M. Dagot et C. Mouly, L'usage personnel du crédit social et son abus : *Rev. sociétés* 1988, p. 1. • J.-L. Medus, *L'émission irrégulière d'une lettre de confort par une société anonyme et sa sanction : Bull. Joly Sociétés* 1994, p. 597. • P. Le Cannu, *Quelques problèmes d'application des articles 98, alinéa 4, et 128, alinéa 2, de la loi du 24 juillet 1966 : Bull. Joly Sociétés* 1996, p. 273. • C. Legros, *Plaidoyer pour l'exclusion des lettres d'intention du champ d'application de l'article 98, alinéa 4, de la loi du 24 juillet 1966 : LPA* 20 déc. 1999, p. 9. • J. Schmidt, *Les lettres d'intention : RD aff. int.* n° 3/4, 2002, p. 257. • B. Dondero, *Réflexions sur les mécanismes d'autorisation des sûretés et garanties consenties par les sociétés anonymes : D.* 2004, p. 405 et 485. • P. Simler, *Histoire d'une impasse : la sanction du défaut d'autorisation des cautions, avals ou garanties consentis pour le compte des sociétés par actions, in Mél. D. Schmidt*, Joly 2005, p. 449. • S. Jebbour, *La promesse de porte-fort est-elle une garantie de l'article L. 225-35 alinéa 4 du Code de commerce ? : Dr. sociétés* 2012, étude 3, p. 5. • J.-F. Carré et S. Bol, *Cautionnement consenti par une société : les critères de communauté d'intérêts et d'intérêt social : JCP* E 2012, n° 5, étude 1087, p. 16. • D. Gibrila, *La société caution : Rev. sociétés* 2011, p. 663. • J.-J. Ansault, *L'autorisation des garanties octroyées par les sociétés anonymes : un dispositif à rafraîchir : Rev. Lamy dr. civ.* juin 2013, n° 5121. • M. Zolomian, *Les « cautions, avals et garanties » à l'aune de la réforme des contrats : D.* 2017, p. 175. • F. Sauvageot, *Le régime et la procédure d'autorisation des cautions, avals et garanties dans la société anonyme : Dr. sociétés* 2020, étude 1 ; *La détermination et le plafonnement du montant des autorisations des cautions, avals et garanties dans la société anonyme : Dr. sociétés* 2020, étude 10.

Sur les modifications apportées par la loi du 19 juillet 2019. C. Coupet, *Loi du 19 juillet 2019 de simplification, de clarification et d'actualisation : miscellanées de droit des sociétés : Bull. Joly Sociétés* oct. 2019, n° 120e1, p. 35. • A. Tadros, *La loi de simplification du droit des sociétés et la direction de la société anonyme : D.* 2019, p. 2311. • J.-F. Hamelin, *Autorisation des garanties par une SA et groupe de sociétés : Dr. sociétés* 2019, comm. 170. • R. Mortier et a., *La loi Soilihi article par article (1re partie) : Dr. sociétés* 2019, étude 13.

I – POUVOIRS ET INFORMATION DES ADMINISTRATEURS

1) Loi nationale. Les pouvoirs des dirigeants d'une société relèvent de la loi nationale à laquelle cette société est soumise ■ Cass. com., 9 mars 1993, n° 91-11.003 : *JurisData* n° 1993-000477 ; *JCP* E 1993, I, 250, n° 8, obs. A. Viandier et J.-J. Caussain.

2) Hiérarchie des pouvoirs. – La société anonyme est une société dont les organes sont hiérarchisés et dans laquelle l'administration est exercée par un conseil élu par l'assemblée générale. Il n'appartient pas à l'assemblée générale d'empiéter sur les prérogatives du conseil en matière d'administration ■ Cass. civ., 4 juin 1946 : *JCP* 1947, II, 3518, note D. Bastian ; S. 1947, 1, p. 153, note P. Barbry. ■ CA Aix-en-Provence, 28 sept. 1982 : *Rev. sociétés* 1983, p. 773. ■ Cass. com., 11 juin 1965, n° 63-10.240 : *JurisData* n° 1965-700361 ; *Bull. civ.* IV, n° 361 ; *RTD com.* 1965, p. 861, n° 3, obs. Houin.

– Un membre du conseil d'administration ne peut, sous couvert d'un mandat de gestion, se doter de l'ensemble des pouvoirs du conseil d'administration et de son président ■ Cass. com., 6 mai 1996, n° 94-13.347 : *JurisData* n° 1996-001766 ; *Bull. Joly Sociétés* 1996, § 286, p. 821, note P. Le Cannu.

3) Clauses limitatives de pouvoirs. Les clauses statutaires limitatives de pouvoirs sont inopposables aux tiers, peu important qu'ils en aient eu connaissance ■ Cass. com., 2 juin 1992 : *JCP* E 1992, I, 172, n° 3 ; *RJDA* 1992, p. 682. – Le non-respect de la clause statutaire soumettant les délégations de pouvoirs consenties par le président à un accord préalable du conseil d'administration, ou à défaut des associés, ne peut être soulevé par les tiers, qui ne peuvent invoquer les statuts d'une personne morale pour critiquer la régularité de la désignation de son représentant en vue de contester le pouvoir d'agir de celui-ci ■ Cass. com., 26 févr. 2008, n° 07-15.416 : *Bull. Joly Sociétés* 2008, § 161, p. 754, note B. Dondero ; *Rev. sociétés* 2009, p. 582, note V. Thomas.

4) Dirigeant de droit. Bien qu'ils n'assument pas la direction générale de la société, les administrateurs ont la qualité de dirigeants de droit au sens de l'article L. 624-3 du Code de commerce. ■ Cass. com., 31 mai 2011 : *JurisData* n° 2011-010298 ; *JCP* E 2011, 1655, p. 15, note A. Couret et B. Dondero ; *D.* 2011, p. 1894, obs. A. Lienhard ; *Rev. sociétés* 2011/9, p. 521, note P. Roussel Galle ; *Act. proc. coll.* 2011, comm. 207, obs. J.-C. Pagnucco ; *Dr. sociétés* 2011, p. 33, comm. 200, J.-P. Legros ; *Bull. Joly Sociétés* 2011, p. 817, note B. Saintourens.

5) Sanction du défaut d'information des administrateurs. – L'absence d'information des administrateurs affecte la régularité des délibérations du conseil d'administration et entraîne leur annulation ■ Cass. com., 2 juill. 1985, n° 83-16.887 : *JurisData* n° 1985-701835 ; *JCP* 1986, II, 20518, note A. Viandier. ■ Cass. com., 1er déc. 1987, n° 86-96.402 : *JCP* E 1988, 15168, n° 11, obs. A. Viandier et J.-J. Caussain. ■ Cass. com., 24 avr. 1990, n° 88-17.218 : *JurisData* n° 1990-001208 ; *Bull. Joly Sociétés* 1990, p. 532.

– Lorsqu'un administrateur n'a pas été en mesure d'exercer son mandat dans des conditions d'information suffisante et que la convocation aux réunions du conseil ne mentionnait même pas la mise à disposition des documents utiles à l'exercice de sa mission, il y a lieu de prononcer la nullité des délibérations du conseil d'administration litigieux ■ Cass. com., 13 déc. 2005, n° 04-12.135 : *Bull. Joly Sociétés* 2006, p. 642, note L. Grosclaude.

II – CAUTIONS, AVALS ET GARANTIES

6) Champ d'application.

a) Garanties concernées.

– **Lettres d'intention.** La lettre d'intention de nature à rendre son auteur responsable des conséquences de la défaillance du débiteur contient une obligation de résultat qui la constitue en garantie soumise à l'article 98 *[C. com., art. L. 225-35]* ■ Cass. com., 23 oct. 1990, n° 89-12.924 : *Bull. Joly Sociétés* 1991, p. 403, note M. Jeantin. ■ Cass. com., 3 janv. 1996 : *JurisData* n° 1996-000172 ; *Bull. Joly Sociétés* 1996, p. 294, note J. B. ■ Cass. com., 7 oct. 1997 : *JurisData* n° 1997-003829 ; *Dr. sociétés* 1998, n° 2, note T. Bonneau.

– **Garanties de bonne fin.** L'engagement contenu dans une lettre d'intention et par lequel une société mère s'oblige à prendre les mesures nécessaires pour que sa filiale dispose d'une trésorerie suffisante pour assumer les remboursements auxquels elle est tenue, ne constitue pas un cautionnement dans la mesure où la société mère prend l'engagement d'aider sa filiale et non de se substituer à elle, mais définit une obligation de résultat à la charge de la société mère qui s'est engagée à faire le nécessaire pour mener l'opération à bonne fin ; aussi, la procédure d'autorisation doit être respectée ■ Cass. com., 9 déc. 1997 : *JurisData* n° 1997-004936 ; *JCP* E 1998, p. 1306, obs. A. Viandier et J.-J. Caussain ; *JCP* E 1998, p. 1597, obs. P. Simler ; *Dr. sociétés* 1998, n° 47, note D. Vidal ; *Bull. Joly Sociétés* 1998, p. 231, note J.-F. Barbièri ; *Rev. sociétés* 1998, p. 561, note P. Delebecque. ■ Cass. com., 9 juill. 2002 : *JurisData* n° 2002-015208 ; *JCP* E 2002, n° 1639, p. 1816, obs. J.-J. Caussain, F. Deboissy et G. Wicker ; *RD bancaire et fin.* 2002, n° 181, p. 257, obs. D. Legeais ; *D.* 2002, act. jurispr., p. 2327, obs. A. Lienhard. ■ Cass. com., 19 avr. 2005 : *JurisData* n° 2005-028235 ; *Dr. sociétés* 2005, n° 152, obs. H. Lécuyer.

– **Contre-garantie.** L'article 98 *[C. com., art. L. 225-35]* est applicable à l'engagement de contre-garantir un cautionnement ▪ Cass. com., 13 oct. 1992, n° 91-10.201 : *Bull. Joly Sociétés* 1992, p. 1291 ; *RJDA* 1992, p. 912.

– **Garantie à première demande.** L'engagement de rembourser sans contestation et à première demande n'étant pas une simple avance de trésorerie, est soumis aux conditions de l'article 98 *[C. com., art. L. 225-35]* ▪ Cass. com., 26 janv. 1993, n° 90-21.947 : *Bull. Joly Sociétés* 1993, p. 569, note P. Delebecque ; *RJDA* 1993, p. 704.

– **Substitution à l'engagement de caution.** Relève de l'article L. 225-35 l'engagement souscrit par une SA, cessionnaire d'actions, de se substituer aux engagements de cautions souscrits par l'actionnaire cédant et, à défaut, de le contre-garantir ▪ Cass. com., 24 juin 2003, n° 01-01.464 : *JurisData* n° 2003-019633 ; *Bull. Joly Sociétés* 2003, p. 1030, note P. Le Cannu. – L'engagement de substitution de cautionnement nécessitant l'autorisation préalable du CA de la SCA, il en résulte qu'en absence d'une telle autorisation, cet engagement est inopposable à cette société et ne peut faire peser sur elle aucune obligation : ▪ Cass. com., 15 janv. 2013, n° 11-27.648 : *JurisData* n° 2013-000320 ; *Dr. sociétés* 2013, n° 64, note M. Roussille ; *D.* 2013, p. 1183, note A. Hontebeyrie ; *Bull. Joly Sociétés* 2013, p. 186, note J.-F. Barbièri ; *JCP* E 2013, 1192, note M. Roussille ; *Rev. sociétés* 2013, p. 297, note J.-P. Mattout.

b) Garanties non concernées.

– **Engagement propre.** S'agissant de garanties relatives non à des engagements pris par des tiers, mais de garanties afférentes aux engagements propres à la société, l'autorisation du conseil d'administration n'était pas requise. ▪ Cass. com., 11 févr. 1986, n° 84-13.959 : *JurisData* n° 1986-700314 ; *Rev. sociétés* 1986, p. 243, note J.-J. Daigre ; *D.* 1987, p. 32, obs. J.-C. Bousquet. ▪ Cass. com., 18 mars 1997, n° 94-15.081 : *JurisData* n° 1997-001247 ; *Dr. sociétés* 1997, n° 90, note T. Bonneau ; *JCP* E 1997, II, 970, note V. Grellière. Au sujet d'une garantie de passif : ▪ Cass. com., 12 juill. 2011, n° 10-16.118 : *JurisData* n° 2011-014306 ; *JCP* E 2011, n° 1870, p. 17, note P. Pailler ; *Dr. sociétés* 2011, p. 22, comm. 173, D. Gallois-Cochet ; *Rev. sociétés* 2012, p. 102, note J.-J. Daigre.

– **Délégation de débiteur.** *Seuls les engagements souscrits par la société en garantie des obligations pesant sur un tiers doivent être autorisés par le conseil d'administration.* La société qui s'engage, en qualité de délégué, à payer à un tiers les sommes qu'elle doit au délégant ne souscrit pas une garantie. Son engagement ne constitue qu'un mode d'extinction de sa propre dette envers le délégant. ▪ Cass. com., 15 janv. 2013, n° 11-28.173 : *JurisData* n° 2013-000295 ; *JCP* E 2013, n° 1269, note R. Marty ; *Dr. sociétés* 2013, n° 83, note M. Roussille ; *RTD civ.* 2013, p. 116 ; *Gaz. Pal.* 28 févr. 2013, n° 59, p. 9, note M. Mignot ; *Rev. sociétés* 2013, p. 291, note D. Legeais.

7) Conséquences du défaut d'autorisation.

– **Inopposabilité de la garantie.** Les garanties consenties sans autorisation du conseil sont inopposables à la société ▪ Cass. com., 29 janv. 1980, n° 78-13.709 : *JurisData* n° 1980-700023 ; *Bull. civ.* IV, n° 47 ; *D.* 1980, inf. rap. p. 372. ▪ Cass. com., 28 avr. 1987, n° 85-16.956 : *JCP* E 1987, 16644, n° 6, obs. A. Viandier et J.-J. Caussain. ▪ Cass. com., 8 déc. 1998 : *JurisData* n° 1998-004875 ; *JCP* E 1999, p. 668, obs. A. Viandier et J.-J. Caussain ; *Bull. Joly Sociétés* 1999, p. 535, note P. Le Cannu.

– **Inefficacité d'une autorisation postérieure.** Une lettre de garantie souscrite par le président est inopposable à la société lorsque l'approbation du conseil d'administration n'est intervenue que postérieurement à l'engagement ▪ Cass. com., 17 nov. 1992, n° 90-19.073 : *JurisData* n° 1992-002534 ; *Bull. Joly Sociétés* 1993, p. 98, note Y. Chaput ; *Rev. sociétés* 1993, p. 585, note P. Delebecque. À défaut d'autorisation préalable du conseil d'administration permettant de déterminer son montant et sa durée, la garantie donnée par le président n'est pas opposable à la société et, par suite, n'est pas susceptible de ratification, ▪ Cass. com., 15 oct. 1991, n° 89-19.969 : *JurisData* n° 1991-002528 ; *JCP* E 1992, II, 295, note J.-F. Barbièri ; *JCP* E 1992, I, 145, n° 9, obs. A. Viandier et J.-J. Caussain.

– **Responsabilité de la société (non).** La garantie non autorisée par le conseil d'administration est inopposable à la société et ne peut faire peser sur elle aucune obligation ; la société n'engage donc pas sa responsabilité contractuelle. ▪ Cass. com., 15 janv. 2013, n° 11-27.648 : *JurisData* n° 2013-000320 ; *Bull. civ.* IV , n° 11 ; *Bull. Joly Sociétés* 2013, p. 186, note J.-F. Barbièri ; *D.* 2013, p. 1706, P. Crocq ; *D.* 2013, p. 624, note B. Dondero ; *Rev. sociétés* 2013, p. 297, note J.-P. Mattout ; *Dr. sociétés* 2013, comm. 1192, note M. Roussille.

– **Mandat apparent. (non).** Le bénéficiaire d'une garantie, même s'il est de bonne foi, ne peut pas invoquer l'existence d'un mandat apparent pour suppléer l'absence d'autorisation du conseil. ▪ Cass. com., 6 mai 1986, n° 85-12.862 : *JurisData* n° 1986-700870 ; *Bull. civ.* IV, n° 86.

– **Responsabilité du dirigeant (non).** La faute commise par le dirigeant qui octroie une garantie sans autorisation du conseil n'est pas séparable de ses fonctions. ▪ Cass. com., 20 oct. 1998, n° 96-15.418 : *JurisData* n° 1998-003908 ; *Bull. civ.* IV, n° 254 ; *Bull. Joly Sociétés* 1999, p. 88, note J.-F. Barbièri ; *Dr. sociétés* 1999, comm. 3, note Th. Bonneau ; *JCP* E 1998, p. 2025, note A. Couret ; *Defrénois* 1999, p. 240, note P. Le Cannu ; *Rev. sociétés* 1999, p. 111, note B. Saintourens. ▪ Cass. com., 9 juin 2004, n° 00-19.773 : *JurisData* n° 2004-031643 ; *Bull. Joly* 2004, p. 1370, note P. Le Cannu.

N'est pas détachable de ses fonctions sociales la faute du PDG qui consent un nantissement pour le compte de la société sans y avoir été préalablement autorisé par le conseil d'administration, faute pour le créancier d'établir le caractère délibéré de cette faute. ▪ Cass. com., 8 nov. 2017, n° 16-10.626 : *JurisData* n° 2017-022469 ; *Dr. sociétés* 2018, comm. 46, note C. Coupet ; *Bull. Joly Sociétés* 2018, p. 84, note B. Dondero ; *Rev. sociétés* 2018, p. 357, note J. Prorok.

Art. L. 225-36 ***(Anc. L. n° 66-537, 24 juill. 1966 ; L. n° 2016-1691, 9 déc. 2016).*** **– Le déplacement du siège social sur le territoire français peut être décidé par le conseil d'administration, sous réserve de ratification de cette décision par la prochaine assemblée générale ordinaire.**

Sur délégation de l'assemblée générale extraordinaire, le conseil d'administration apporte les modifications nécessaires aux statuts pour les mettre en conformité avec les dispositions législatives et réglementaires, sous réserve de ratification de ces modifications par la prochaine assemblée générale extraordinaire.

Le déplacement du siège social dans le même département ou dans un département limitrophe peut être décidé par le conseil d'administration, sous réserve de ratification de cette décision par la prochaine assemblée générale ordinaire.

Art. L. 225-36-1 ***(L. n° 2001-420, 15 mai 2001).*** **– Les statuts de la société déterminent les règles relatives à la convocation et aux délibérations du conseil d'administration.**

Lorsqu'il ne s'est pas réuni depuis plus de deux mois, le tiers au moins des membres du conseil d'administration peut demander au président de convoquer celui-ci sur un ordre du jour déterminé.

Le directeur général peut également demander au président de convoquer le conseil d'administration sur un ordre du jour déterminé.

Le président est lié par les demandes qui lui sont adressées en vertu des deux alinéas précédents.

1) **Sanction de l'absence de convocation.** Sont nulles les décisions prises par un conseil d'administration alors que certains administrateurs n'ont pas été convoqués ▪ Cass. com., 31 janv. 1968 : *JurisData* n° 1968-098049 ; *Bull. civ.* IV, n° 49.

2) **Fraude dans la tenue du CA.** Est nulle la délibération adoptée par un CA frauduleusement tenu ▪ Cass. com., 22 déc. 1969 : *Bull. civ.* IV, n° 391 (délibération adoptée après le départ d'administrateurs qui y étaient défavorables). ▪ Cass. com., 7 mai 1973, n° 72-10.587 : *Bull. civ.* IV, n° 166 ; *RTD com.* 1973, p. 560, note R. Houin (convocation tardive). ▪ CA Versailles, 12e ch., sect. 2, 29 juin 2000 : *JurisData* n° 2000-121596 ; *JCP* E 2001, n° 4, p. 181, note Couret ; *Bull. Joly Sociétés* 2000, p. 1149, note P. Le Cannu ; *Dr. sociétés* 2000, comm. 180, obs. D. Vidal (convocation tardive). ▪ CA Paris, 3e ch. B, 21 févr. 2003 : *JCP* E 2003, 736 (convocation tardive). ▪ CA Paris, pôle 5, ch. 9, 30 juin 2016, n° 15/16033 : *JurisData* n° 2016-018361 ; *Dr. sociétés* 2017, comm. 208, note C. Coupet ; *Rev. sociétés* 2016, p. 743, note J.-P. Mattout ; *Bull. Joly Sociétés* 2017, p. 126, note S. Messaï-Bahri (absence de caractère frauduleux du conseil d'administration convoqué 48 heures avant sa tenue).

Art. L. 225-37 ***(Anc. L. n° 66-537, 24 juill. 1966 ; mod., L. n° 2003-706, 1er août 2003 ; L. n° 2005-842, 26 juill. 2005 ; L. n° 2006-1770, 30 déc. 2006 ; L. n° 2008-649, 3 juill. 2008 ; Ord. n° 2009-80, 22 janv. 2009 ; L. n° 2011-103, 27 janv. 2011 ; L. n° 2015-992, 17 août 2015 ; Ord. n° 2017-1162, 12 juill. 2017 ; L. n° 2019-744, 19 juill. 2019).*** **– Le conseil d'administration ne délibère valablement que si la moitié au moins de ses membres sont présents. Toute clause contraire est réputée non écrite.**

À moins que les statuts ne prévoient une majorité plus forte, les décisions sont prises à la majorité des membres présents ou représentés.

Sauf lorsque le conseil est réuni pour procéder aux opérations visées aux articles L. 232-1 et L. 233-16 et sauf disposition contraire des statuts, le règlement intérieur peut prévoir que sont réputés présents, pour le calcul du quorum et de la majorité, les administrateurs qui participent à la réunion par des moyens de visioconférence ou de télécommunication permettant leur identification et garantissant leur participation effective, dont la nature et les conditions d'application sont déterminées par décret en Conseil d'État. Les statuts peuvent limiter la nature des décisions pouvant être prises lors d'une réunion tenue dans ces conditions et prévoir un droit d'opposition au profit d'un nombre déterminé d'administrateurs. Les statuts peuvent également prévoir que les décisions relevant des attributions propres du conseil d'administration prévues à l'article L. 225-24, au dernier alinéa de l'article L. 225-35, au second alinéa de l'article L. 225-36 et au I de l'article L. 225-103 ainsi que les décisions de transfert du siège social dans le même département peuvent être prises par consultation écrite des administrateurs.

Sauf disposition contraire des statuts, la voix du président de séance est prépondérante en cas de partage.

Les administrateurs, ainsi que toute personne appelée à assister aux réunions du conseil d'administration, sont tenus à la discrétion à l'égard des informations présentant un caractère confidentiel et données comme telles par le président du conseil d'administration.

Le conseil d'administration présente à l'assemblée générale mentionnée à l'article L. 225-100 un rapport sur le gouvernement d'entreprise joint au rapport de gestion mentionné au même article. Toutefois, les informations correspondantes peuvent être présentées au sein d'une section spécifique du rapport de gestion.

Voir : R. 225-19 à R. 225-25, p. 1690.

Bibliographie : I. Parleani, *Les nouvelles obligations d'information des dirigeants envers les actionnaires : Rev. sociétés* 2003, p. 779. • M. Petitjean, *Le rapport du commissaire aux comptes sur le contrôle interne : JCP* E 2004, 781. • D. Pere, *L'obligation de discrétion des membres du conseil d'administration : D.* 2004, p. 1786. • G. Baranger, *Le rapport spécial du président du conseil d'administration sur le fonctionnement du conseil et les procédures de contrôle interne : Bull. Joly sociétés* 2004, p. 169. • H. Huguet, Rapport spécial du président du conseil d'administration ou du président du conseil de surveillance : *JCP* E 2004, 733. • V. Médail, *Le rapport du président du conseil sur les procédures de contrôle interne : JCP* E 2004, 734. • J.-L. Navarro, *Le rapport sur les procédures de contrôle interne : de la loi du 1er août 2003 à la loi du 26 juillet 2005 : Bull. Joly sociétés* 2006, p. 135. • C. Cathiard, *L'utilisation des moyens de télécommunication pour la préparation et la tenue des conseils et assemblées des sociétés anonymes : JCP* E 2007, 1660. • Ph. Portier, *Gouvernance d'entreprise et relations actionnaires-dirigeants : vers de nouveaux paradigmes ? : Mélanges Jeantet*, 2010, p. 423. • J.-P. Dom, *Le gouvernement d'entreprise, technique d'anticipation des risques : Dr. sociétés* 2012, n° 12. • K. Grévain-Lemercier, *Les défis actuels de la gouvernance des sociétés cotées : Dr. sociétés* 2013, n° 10. • M. Germain, V. Magnier et M.-A. Noury, *La gouvernance des sociétés cotées : JCP* E 2013, n° 1638. • D. Gallois-Cochet, *Le droit de vote du dirigeant, membre d'un organe de direction : Dr. sociétés* 2014, dossier spécial 65e anniversaire, n° 6. • A. Couret, *L'ordonnance n° 2017-1162 du 12 juillet 2017 portant diverses mesures de simplification et de clarification des obligations d'information à la charge des sociétés : Rev. sociétés* 2017, p. 535. • C. Coupet, *Loi du 19 juillet 2019 de simplification, de clarification et d'actualisation : miscellanées de droit des sociétés : Bull. Joly sociétés* oct. 2019, p. 35. • R. Mortier et a., *La loi Soilihi article par article (1re partie) : Dr. sociétés* 2019, étude 13. • A. Tadros, *La loi de simplification du droit des sociétés et la direction de la société anonyme : D.* 2019, p. 2311.

1) Devoir de loyauté des administrateurs. Si l'administrateur d'une société exerce en principe librement son droit de vote, dans l'intérêt de la société, le devoir de loyauté auquel l'administrateur d'une société mère est tenu à l'égard de celle-ci l'oblige, lorsqu'une décision est votée par le conseil d'administration de cette société, à voter dans le même sens au sein du conseil d'administration de la filiale, sauf lorsque cette décision est contraire à l'intérêt social de cette filiale. ▪ Cass. com., 22 mai 2019, n° 17-13.565, *Rev. sociétés* 2019, p. 681, note J. Delvallée ; *JCP* E 2019, 774, note B. Dondero ; *Bull. Joly sociétés* oct. 2019, n° 120d0, p. 8, note A. Gaudemet ; *Dr. sociétés* 2019, comm. 149, note J.-F. Hamelin ; *Dr. sociétés* 2019, comm. 121, R. Mortier ; *RTD* com. 2019, p. 689, note J. Moury ; *D.* 2019, p. 1316, note D. Schmidt ; *JCP* E 2019, 1531, note J. Valiergue. Sur les devoirs de l'administrateur fixés par le règlement intérieur : ▪ T. com. Paris, 1re ch., 10 nov. 2020, n° 2019036759 : *JurisData* n° 2020-018336 ; *Bull. Joly Sociétés* 2021, p. 19, note B. Fages ; *Rev. sociétés* 2021, p. 99, note D. Schmidt ; *JCP* G 2021, 120, note S. Schiller ; *JCP* E 2020, 1553, dossier. Égal. : D. Schmidt, *De quelques conflits récents au sein des sociétés par actions* : *JCP* E 2021, 1087.

2) Irrégularités. **Absence des membres du CE.** Sont nulles les décisions prises par un conseil d'administration alors que les délibérations ont eu lieu hors la présence des membres du comité d'entreprise ▪ Cass. com., 17 févr. 1975 : *JurisData* n° 1975-799044 ; *JCP* 1975, II, 18105, note J. Savatier ; *Rev. sociétés* 1975, p. 269, note F.T. ; *D.* 1975, 466, note J.-C. Bousquet. **Absence de rapport du président (avant l'ordonnance n° 2017-1162 du 12 juillet 2017).** Si aucune sanction pénale n'est prévue en cas de non-respect de ces obligations, l'article L. 225-235 impose au commissaire aux comptes de faire connaître ses observations sur le rapport du président, pour ce qui concerne les procédures relatives à l'élaboration et au traitement de l'information financière et de relever à ce titre leséventuelles faiblesses du rapport, voire sa carence. Par ailleurs, l'article L. 123-5-1 est applicable en cas de carence du président dans la production du rapport sur le contrôle interne, qui doit être annexé au rapport de gestion et, à ce titre, déposé avec lui au greffe du tribunal de commerce, ce qui permet à tout intéressé ou au ministère public d'obtenir du président du tribunal statuant en référé une injonction de faire : Rép. min. n° 37779 : *JOAN Q*, 11 janv. 2005, p. 372 ; *D.* 2005, p. 212. **Conséquences de l'annulation des décisions du CA.** La nullité des décisions du conseil provoque l'anéantissement des délibérations d'assemblées convoquées en application des décisions annulées ▪ Cass. com., 22 déc. 1969 : *Bull. civ.* IV, n 39.

Art. L. 225-37-1 *(L. n° 2011-103, 27 janv. 2011 ; mod., L. n° 2015-994, 17 août 2015 ; L. n° 2018-771, 5 sept. 2018).* – Le conseil d'administration délibère annuellement sur la politique de la société en matière d'égalité professionnelle et salariale sur la base des indicateurs relatifs à l'égalité professionnelle entre les femmes et les hommes mentionnés au premier alinéa de l'article L. 2312-18 du Code du travail et à l'article L. 1142-8 du même code, lorsque ceux-ci s'appliquent, ainsi que sur la base du plan pour l'égalité professionnelle entre les femmes et les hommes mentionné à l'article L. 1143-1 dudit code lorsqu'il est mis en œuvre.

Art. L. 225-37-2 *(L. n° 2016-1691, 9 déc. 2016 ; mod., Ord. n° 2017-1162, 12 juill. 2017 ; Ord. n° 2019-1234, 27 nov. 2019 ; abr., Ord. n° 2020-1142, 16 sept. 2020).*

Art. L. 225-37-3 *(Ord. n° 2017-1162, 12 juill. 2017 ; mod., L. n° 2019-486, 22 mai 2019 ; Ord. n° 2019-1234, 27 nov. 2019 ; abr., Ord. n° 2020-1142, 16 sept. 2020).*

Art. L. 225-37-4 *(Ord. n° 2017-1162, 12 juill. 2017 ; mod., Ord. n° 2017-1180, 19 juill. 2017 ; L. n° 2018-771, 5 sept. 2018 ; L. n° 2019-486, 22 mai 2019 ; Ord. n° 2020-1142, 16 sept. 2020).* – Le rapport prévu au dernier alinéa de l'article L. 225-37 contient les informations suivantes :

1° La liste de l'ensemble des mandats et fonctions exercés dans toute société par chaque mandataire social durant l'exercice ;

2° Les conventions intervenues, directement ou par personne interposée, entre, d'une part, l'un des mandataires sociaux ou l'un des actionnaires disposant d'une fraction des droits de vote supérieure à 10 % d'une société et, d'autre part, une autre société contrôlée par la première au sens de l'article L. 233-3, à l'exception des conventions portant sur des opérations courantes et conclues à des conditions normales ;

3° Un tableau récapitulatif des délégations en cours de validité accordées par l'assemblée générale des actionnaires dans le domaine des augmentations de capital, par application des articles L. 225-129-1 et L. 225-129-2, et faisant apparaître l'utilisation faite de ces délégations au cours de l'exercice ;

4° À l'occasion du premier rapport ou en cas de modification, le choix fait de l'une des deux modalités d'exercice de la direction générale prévues à l'article L. 225-51-1.

Les dispositions des deux derniers alinéas de l'article L. 225-102 sont applicables aux informations prévues au présent article.

Bibliographie : *Codes de gouvernement d'entreprise.* B. Fages, *Rôle, valeur et bon usage des Codes de gouvernement d'entreprise : Bull. Joly sociétés* 2009, p. 428. • Y. Paclot, *La juridicité du Code AFEP/MEDEF de gouvernement d'entreprise des sociétés cotées : Rev. sociétés* 2011, p. 395. • P. Deumier, *Le principe « appliquer ou expliquer », appliquer la norme autrement ? : RTD civ.* 2013, p. 79. C. Coupet, *Les normes d'origine privée : RTD com.* 2016, p. 437. • Ch. Donzel-Taboucou, *Le principe « appliquer ou expliquer » en France, ou le droit à l'auto-édiction normative : Rev. sociétés* 2015, p. 347. • A. Couret, *Comply or explain : les destinées françaises du principe : Bull. Joly sociétés* 2017, p. 202. • P. Le Cannu, *Le Code ADAE relatif à la gouvernance des entreprises moyennes françaises : Bull. Joly sociétés* 2016, p. 118. • C. Malecki, *L'essence du Code AFEP/MEDEF : Code suiveur ou Code précurseur : Mélanges en l'honneur de J.-J. Daigre, Joly éditions* 2017, p. 291. • A. Couret, *Comply or explain : les destinées françaises du principe : Bull. Joly sociétés* 2017, p. 202.

Art. L. 225-37-5 *(Ord. n° 2017-1162, 12 juill. 2017 ; abr., Ord. n° 2020-1142, 16 sept. 2020).*

Art. L. 225-38 *(L. n° 2001-420, 15 mai 2001 ; mod., L. n° 2003-706, 1er août 2003 ; Ord. n° 2014-863, 31 juill. 2014).* – Toute convention intervenant directement ou par personne interposée entre la société et son directeur général, l'un de ses directeurs généraux délégués, l'un de ses administrateurs, l'un de ses actionnaires disposant d'une fraction des droits de vote supérieure à 10 % ou, s'il s'agit d'une société actionnaire, la société la contrôlant au sens de l'article L. 233-3, doit être soumise à l'autorisation préalable du conseil d'administration.

Il en est de *même des conventions auxquelles une des personnes* visées à l'alinéa précédent est indirectement *intéressée*.

Sont également soumises à autorisation préalable les conventions intervenant entre la société et une entreprise, si le directeur général, l'un des directeurs généraux délégués ou l'un des administrateurs de la société est propriétaire, associé indéfiniment responsable, gérant, administrateur, membre du conseil de surveillance ou, de façon générale, dirigeant de cette entreprise.

L'autorisation préalable du conseil d'administration est motivée en justifiant de l'intérêt de la convention pour la société, notamment en précisant les conditions financières qui y sont attachées.

Bibliographie : P. Le Cannu, *Rémunération des dirigeants de société anonyme et contrôle des conventions : Bull. Joly sociétés* 1996, p. 567. • M. Golestanian, *Les contours de l'autorisation du conseil d'administration : Bull. Joly sociétés* 2000, p. 1017. • P. Le Cannu, *Les conventions réglementées après la loi n° 2001-420 du 15 mai 2001 : Bull. Joly sociétés* 2001, p. 720. • P. Merle, *Les conventions au sein des groupes : LPA* 2001, n° 89, p. 49 ; *Les nouvelles obligations des commissaires aux comptes après la loi NRE du 15 mai 2001 : D.* 2001, p. 3516. • R. Vatinet, *Les conventions réglementées : Rev. sociétés* 2001, p. 561 ; *Les dispositions du décret du 3 mai 2002 relatives aux conventions réglementées : Rev. sociétés* 2002, p. 441. • B. Caillaud, *Loi NRE et sociétés par actions : les conventions conclues entre une société anonyme et une société contrôlant une société actionnaire détenant plus de 5 % des droits de vote de la société anonyme : JCP* E 2002, p. 264. • A. Couret, *La prévention des conflits d'intérêts. Nouveau régime des conventions : RJDA* 4/2002, p. 290. • J.-F. Barbièri, *Loi NRE, conventions réglementées et conventions libres : les nouvelles contraintes pour le commissaire aux comptes : Bull. Joly sociétés* 2003, p. 251. • B. Dondero, *Conventions réglementées : réduire les incertitudes : Bull. Joly sociétés* 2012, p. 190. • M. Roussille, *Ordonnance du 31 juillet 2014 : dispositions relatives aux conventions réglementées : Dr. sociétés* 2014, n° 144. • B. Dondero, *L'ordonnance du 31 juillet 2014 relative au droit des sociétés : D.* 2014, p. 1885. • I. Parachkévova, *L'intérêt indirect dans les conventions réglementées : Bull. Joly sociétés* 2016, p. 450.

1) Intérêt indirect. Pour apprécier l'existence d'un intérêt indirect, il n'y a pas à rechercher si le président d'une société est gérant, administrateur, directeur général d'une société alors que celle-ci a été constituée par ses enfants avec laquelle la SA qu'il préside a conclu un contrat d'approvisionnement exclusif, un bail commercial et une cession de matériel ▪ Cass. com., 23 oct. 1990, n° 89-16.950 : *JurisData* n° 1990-702657. Dans une affaire où, au moment de la cession d'un local détenu par une SCI et pris à bail par une SA, la SA preneuse avait accepté de conclure un nouveau bail avec l'acquéreur à des conditions désavantageuses pour elle, la cour d'appel aurait dû rechercher si le directeur général délégué de la SA preneuse également associé de la SCI cédante n'était pas indirectement intéressé à la conclusion de la convention. ▪ Cass. com., 16 mai 2018, n° 16-18.183 ; *Dr. sociétés* 2018, comm. 144, note C. Coupet ; *Rev. sociétés* 2018, p. 591, note K. Deckert ; *Bull. Joly sociétés* 2018, p. 495, I. Parachkévova-Racine.

2) Actes concernés. a) **Résolutions d'assemblée.** Ne sont pas soumises à la procédure des conventions réglementées les conventions de fusion, les sociétés en cause auraient-elles des administrateurs communs, une telle opération étant décidée par les assemblées générales compétentes ▪ Cass. com., 7 juin 1963 : *Bull. civ.* III, n° 272.

b) **Conventions verbales.** *L'article* L. 225-38 n'impose aucune forme particulière aux conventions réglementées qui, en conséquence, peuvent parfaitement n'être que verbales ▪ Cass. com., 27 févr. 2001 : *JurisData* n° 2001-008370 ; *JCP* E 2001, p. 687 ; *Bull. Joly sociétés* 2001, p. 614, note J.-J. Daigre ; *D.* 2001, act. jurispr., p. 1103, obs. A. Lienhard ; *RJDA* 2001, n° 6, p. 621.

c) **Modifications des conventions.** Sont notamment soumises aux prescriptions de l'article L. 225-38 la modification, la reconduction ou la résiliation d'une convention ▪ Cass. soc., 8 déc. 1976, n° 75-13.863 : *JurisData* n° 1976-000453 ; *Bull. civ.* V, n° 643. ▪ Cass. com., 27 févr. 1996 : *JurisData* n° 1996-003969 ; *Bull. Joly sociétés* 1996, p. 492, note P. Le Cannu – Pour la modification du contrat de travail d'un administrateur ▪ Cass. soc., 29 nov. 2006, n° 04-48.219 : *Bull. Joly sociétés* 2007, p. 496, note B. Saintourens ; *D.* 2007, p. 381.

d) **Conventions antérieures à la prise de fonction (non).** N'est pas soumise à la procédure des conventions réglementées la convention conclue régulièrement et sans fraude à une date à laquelle le bénéficiaire n'était pas encore mandataire social. ▪ Cass. com., 16 mai 2018, n° 16-13.207 : *Dr. sociétés* 2018, comm. 42, note J. Heinich ; *Gaz. Pal.* 25 sept. 2018, n° 331x6, p. 8, note Cl.-A. Michel ; *Bull. Joly sociétés* 2018, p. 493, note B. Saintourens. L'avenant à un contrat de travail conclu entre une société et une personne, d'ores et déjà dirigeant de fait mais non encore directeur général ni administrateur, n'est pas soumis à la procédure des conventions réglementées car le dirigeant de fait n'était pas entré en fonction lors de la conclusion de l'avenant : ▪ Cass. com., 3 mai 2012, n° 10-20.998 : *Bull. Joly sociétés* 2012, n° 314, p. 562, note H. Barbier.

e) **Rémunération des dirigeants sociaux. – Rémunération et autres avantages.** La détermination par le conseil d'administration de la rémunération du président n'est pas une convention au sens de l'article 101 [C. com., art. L. 225-38] ▪ CA Paris, 7 juin 1980 : *JurisData* n° 1980-600914 ; *Rev. sociétés* 1981, p. 322, note J.-L. Sibon. On ne saurait exclure de façon générale de l'article 101 *[C. com., art. L. 225-38]*, les divers avantages et rémunérations perçus par les dirigeants ▪ Cass. com., 2 mai 1983, n° 81-12.717 : *JurisData* n° 1983-701140 ; *Rev. sociétés* 1984, p. 775, note P. Didier.

– **Compléments de retraite.** N'entre pas dans les prévisions de l'article 101 *[C. com., art. L. 225-38]*, l'octroi d'un complément de retraite au président ayant pour contrepartie des services particuliers rendus à la société pendant l'exercice de ses fonctions dès lors que l'avantage accordé est proportionné à ces services et ne constitue pas une charge excessive pour la société. ▪ Cass. com., 3 mars 1987, n° 84-42.374 : *Rev. sociétés* 1987, p. 266, note Y. Guyon ; *Gaz. Pal.* 1987, 1, 264, note B. Hatoux. ▪ Cass. com., 9 mai 1990, n° 88-19.187. ▪ Cass. com., 10 févr. 1998, n° 95-22.052 : *JurisData* n° 1998-000527 ; *Bull. civ.* IV, n° 70, p. 54 ; *Dr. sociétés* 1998, comm. 67, note D. Vidal ; *Bull. Joly sociétés* 1998, p. 521, note P. Le Cannu. ▪ Cass. com., 10 nov. 2009, n° 08-70.302 : *JurisData* n° 2009-050253 ; *Dr. sociétés* mars 2010, n° 3, 46, comm. M. Roussille ; *D.* 2010, p. 2797, obs. F. Lamazerolles. Un complément de retraite bénéficiant aux salariés constitue, à l'égard des mandataires sociaux titulaires d'un contrat de travail, une convention réglementée. ▪ Cass. soc., 14 janv. 1999, n° 93-41.796 : *JurisData* n° 1999-000098 ; *JCP* E 1999, p. 1240, obs. A. Viandier et J.-J. Caussain ; *D. affaires* 1999, n° 152, p. 426.

– **Indemnités de cessation des fonctions.** L'indemnité allouée par un conseil d'administration à son président qui n'est prévue qu'en raison de la cession de ses actions et de la cessation consécutive de ses fonctions, correspond à l'allocation d'une indemnité exceptionnelle soumise à la procédure de l'article 101 *[C. com., art. L. 225-38]* ▪ Cass. com., 18 oct. 1994, n° 92-22.052 : *JurisData* n° 1994-001874 ; *Bull. Joly sociétés* 1994, p. 1311, note P. Le Cannu. La stipulation d'une lettre d'engagement qui rend automatiquement débitrice la société, en cas de cessation des fonctions de son directeur général, d'une indemnité s'élevant à une année de rémunération constitue une convention réglementée ayant des conséquences dommageables pour la société. ▪ Cass. com., 26 nov. 2013, n° 12-25.004 : *Bull. Joly sociétés* 2014, p. 169, note M. Roussille ; *Rev. sociétés* 2014, p. 387, note V. Thomas. Mais l'autorisation donnée par un conseil d'administration de conclure une convention commerce ne dispense pas les parties de conclure cette convention. ▪ Cass. com., 16 oct. 2019, n° 18-10.088 : *Dr. sociétés* 2020, comm. 23, note J.-F. Hamelin.

– **Transaction.** La transaction aux termes de laquelle l'ancien président directeur général, révoqué par le conseil d'administration a obtenu d'importantes indemnités est une convention réglementée dès lors que l'intéressé a conservé son mandat d'administrateur. ▪ Cass. com., 1er mars 2011, n° 10-13.993 : *JurisData* n° 2011-002689 ; *Dr. sociétés* mai 2011, n° 89, note M. Roussille ; *JCP* E 2011, n° 1341, note M. Roussille ; *Bull. Joly sociétés* 2011, p. 391.

– **Promesse d'embauche.** La promesse d'embauche faite au directeur général, non soumise à l'autorisation préalable du conseil d'administration, comportant des stipulations exorbitantes du droit commun quant à l'octroi d'une rémunération annuelle globale en hausse de 23 % par rapport à la précédente rémunération et une garantie contractuelle de préavis de 12 mois, entraîne des conséquences dommageables pour la société et est atteinte de nullité. ▪ Cass. com., 12 juin 2012, n° 11-10.135 : *JurisData* n° 2012-019324 ; *JCP* E 2012, 1617, note M. Roussille ; *Dr. sociétés* 2012, n° 161, note M. Roussille ; *Bull. Joly sociétés* 2012, p. 852, note B. Dondero.

3) Compétence juridictionnelle. Les juridictions de l'état du siège social ont compétence exclusive pour apprécier la validité des décisions des dirigeants. ▪ Cass. com., 15 mars 2011, n° 09-72.027 : *JurisData* n° 2011-003790 ; *Dr. sociétés* 2011, p. 22, comm. 152, M. Roussille ; *Rev. sociétés* 2012, p. 41, note P. Le Cannu.

Bibliographie : Sur l'influence de l'ordonnance n° 2016-131 du 10 février 2016 : A. Couret et A. Reygrobellet, *Le droit des sociétés menacé par le nouvel article 1161 du Code civil : D.* 2016, p. 1867. – H. Le Nabasque, *Conventions libres et réglementées : faut-il avoir peur de l'article 1161 du Code civil ? : Bull. Joly sociétés* 2016, p. 681. – R. Mortier, *Conflits d'intérêts : pourquoi et comment appliquer aux sociétés le nouvel article 1161 du Code civil ? : Dr. sociétés* 2016, étude 11.

Art. L. 225-39 ***(Anc. L. n° 66-537, 24 juill. 1966 ; mod., L. n° 2001-420, 15 mai 2001 ; L. n° 2003-706, 1er août 2003 ; L. n° 2011-525, 17 mai 2011 ; Ord. n° 2014-863, 31 juill. 2014 ; L. n° 2019-486, 22 mai 2019 ; Ord. n° 2020-1142, 16 sept. 2020).*** **– Les dispositions de l'article L. 225-38 ne sont applicables ni aux conventions portant sur des opérations courantes et conclues à des conditions normales ni aux conventions conclues entre deux sociétés dont l'une détient, directement ou indirectement, la totalité du capital de l'autre, le cas échéant déduction faite du nombre minimum d'actions requis pour satisfaire aux exigences de l'article 1832 du Code civil ou des articles L. 225-1, L. 22-10-1, L. 22-10-2 et L. 226-1 du présent code.**

Voir : *art. R. 225-32, p. 1693.*

Bibliographie : P. Le Cannu et B. Dondero, *Le nouveau régime des conventions courantes : un retour en arrière bienvenu ? : JCP* E 2011, n° 1453, p. 21. • M. Roussille, *Ordonnance du 31 juillet 2014 : dispositions relatives aux conventions réglementées : Dr. sociétés* 2014, n° 144. • I. Parachkévova, *Les dispositions relatives aux conventions réglementées dans l'ordonnance du 31 juillet 2014 : en attendant la prochaine réforme : Bull. Joly sociétés* 2014, p. 481. • B. Dondero,

Conventions réglementées : conventions avec une filiale et groupe international : Bull. Joly sociétés 2015, p. 322. • E. Schlumberger, *Les incidences de la loi PACTE sur la procédure de contrôle des conventions réglementées : Bull. Joly sociétés* juin 2019, p. 56. • J. Heinich, *Les conventions réglementées : Rev. sociétés* 2019, p. 619.

1) **Qualification de l'opération courante.** Sont des opérations courantes celles qui sont effectuées par la société d'une manière habituelle dans le cadre de son activité : Rép. min. : *JOAN* Q, 4 avr. 1969, p. 870.

2) **Opérations fréquentes.** L'opération pour être courante ne doit pas être exceptionnelle mais doit être susceptible d'être répétée avec une certaine fréquence ; ainsi une convention de présentation de clientèle passée entre une SA et l'un de ses psychiatres, administrateur, ne peut pas être qualifiée d'opération courante en raison de son caractère exceptionnel ▪ Cass. com., 11 mars 2003, n° 01-01.290 : *JurisData* n° 2003-018566 ; *Bull. Joly sociétés* 2003, p. 684, note D. Vidal ; *JCP* E 2003, act., p. 883 ; *JCP* E 2003, 1203, n° 4, obs. J. Caussain, F. Deboissy et G. Wicker.

3) **Actes de disposition.** S'agissant d'un acte de disposition, il doit avoir une portée limitée et être arrêté à des conditions suffisamment usuelles pour s'apparenter à une opération habituelle ▪ Cass. com., 1er oct. 1996 : *JurisData* n° 1996-003664 ; *Bull. Joly sociétés* 1997, p. 138, note P. Le Cannu.

4) **Avenants.** Sont réputés conclus à des conditions normales les avenants à des opérations de même nature déjà effectuées par la société ▪ Cass. com., 21 avr. 1977, n° 75-12.918 : *Bull. civ.* IV, n° 105.

5) **Groupes de sociétés.** – Convention de trésorerie. Au sein d'un groupe, une convention de trésorerie est une opération courante dès l'instant où elle est conclue à des conditions normales. Ainsi en est-il de la convention constituant un pool de trésorerie, géré par une société holding, en fonction des autorisations de découvert de chacune des sociétés du groupe et donnant lieu au paiement d'intérêts ▪ CA Versailles, 2 avr. 2002 : *JurisData* n° 2002-179719 ; *Bull. Joly sociétés* 2002, 207, p. 923, note H. Le Nabasque ; *JCP* E 2002, n° 1468, p. 1627, note A. Couret ; *JCP* E 2002, 1639, n° 8, obs. J.-J. Caussain, F. Deboissy et G. Wicker.
– Opérations intra-groupe. Sont courantes les conventions de locations d'immeubles, détachement de personnel ou engagement de frais communs dans un groupe de sociétés ▪ CA Paris, 17 oct. 2003 : *JurisData* n° 2003-231065 ; *Bull. Joly sociétés* 2004, p. 224, note D. Schmidt ; *JCP* E 2004, 387, p. 428, note J.-F. Barbièri ; *Rev. sociétés* 2004, p. 168, obs. Y. Guyon.

Art. L. 225-40 *(Anc. L. n° 66-537, 24 juill. 1966 ; mod., L. n° 2001-420, 15 mai 2001 ; L. n° 2016-1691, 9 déc. 2016 ; L. n° 2019-486, 22 mai 2019).* **– La personne directement ou indirectement intéressée à la convention est tenue d'informer le conseil dès qu'elle a connaissance d'une convention à laquelle l'article L. 225-38 est applicable. Elle ne peut prendre part ni aux délibérations ni au vote sur l'autorisation sollicitée.**

Le président du conseil d'administration donne avis aux commissaires aux comptes, s'il en existe, de toutes les conventions autorisées et conclues et soumet celles-ci à l'approbation de l'assemblée générale.

Les commissaires aux comptes ou, s'il n'en a pas été désigné, le président du conseil d'administration, présentent, sur ces conventions, un rapport spécial à l'assemblée, qui statue sur ce rapport.

La personne directement ou indirectement intéressée à la convention ne peut pas prendre part au vote. Ses actions ne sont pas prises en compte pour le calcul de la majorité.

NB : Conformément au II de l'article 20 de la loi n° 2019-486 du 22 mai 2019, les présentes dispositions s'appliquent à compter du premier exercice clos postérieurement à la publication du décret mentionné aux articles L. 225-218, L. 226-6 et L. 823-2-2 du Code de commerce dans leur rédaction résultant du présent article, et au plus tard le 1er septembre 2019.

Bibliographie : E. Schlumberger, *Les incidences de la loi PACTE sur la procédure de contrôle des conventions réglementées : Bull. Joly Sociétés* juin 2019, n° 119x4, p. 56. • J. Heinich, *Les conventions réglementées : Rev. sociétés* 2019, p. 619. • J.-F. Hamelin, *Sociétés cotées : publication sur leur site internet des informations relatives aux conventions réglementées : Dr. sociétés* 2020, comm. 24. • C. Coupet, *Transposition de la directive Droits des actionnaires : say on pay et autres mesures d'application : Bull. Joly Bourse* mars 2020, p. 26.

Voir : art. R. 225-30, R. 225-31, p. 1692 et R. 225-161, p. 1723.

Art. L. 225-40-1 *(Ord. n° 2014-863, 31 juill. 2014 ; mod., L. n° 2019-486, 22 mai 2019).* **– Les conventions conclues et autorisées au cours d'exercices antérieurs dont l'exécution a été poursuivie au cours du dernier exercice sont examinées chaque année par le conseil d'administration et communiquées au commissaire aux comptes, s'il en existe, pour les besoins de l'établissement du rapport prévu au troisième alinéa de l'article L. 225-40.**

Art. L. 225-40-2 *(L. n° 2019-486, 22 mai 2019 ; abr., Ord. n° 2020-1142, 16 sept. 2020).*

Bibliographie : M. Roussille, *Ordonnance du 31 juillet 2014 : dispositions relatives aux conventions réglementées : Dr. sociétés* 2014, n° 144. • E. Schlumberger, *Les incidences de la loi PACTE sur la procédure de contrôle des conventions réglementées : Bull. Joly sociétés* juin 2019, n° 119x4, p. 56. • J. Heinich, *Les conventions réglementées : Rev. sociétés* 2019, p. 619. • J.-F. Hamelin, *Sociétés cotées : publication sur leur site internet des informations relatives aux conventions réglementées : Dr. sociétés* 2020, comm. 24. • C. Coupet, *Transposition de la directive Droits des actionnaires : say on pay et autres mesures d'application : Bull. Joly Bourse* mars 2020, p. 26.

Art. L. 225-41 *(Anc. L. n° 66-537, 24 juill. 1966 ; mod., L. n° 2001-420, 15 mai 2001).* **– Les conventions approuvées par l'assemblée, comme celles qu'elle désapprouve, produisent leurs effets à l'égard des tiers, sauf lorsqu'elles sont annulées dans le cas de fraude.**

Même en l'absence de fraude, les conséquences, préjudiciables à la société, des conventions désapprouvées peuvent être mises à la charge de l'intéressé et, éventuellement, des autres membres du conseil d'administration.

Art. L. 225-42 *(Anc. L. n° 66-537, 24 juill. 1966 ; mod., L. n° 2001-420, 15 mai 2001 ; L. n° 2019-486, 22 mai 2019).* **– Sans préjudice de la responsabilité de l'intéressé, les conventions visées à l'article L. 225-38 et conclues sans autorisation préalable du conseil d'administration peuvent être annulées si elles ont eu des conséquences dommageables pour la société.**

L'action en nullité se prescrit par trois ans, à compter de la date de la convention. Toutefois, si la convention a été dissimulée, le point de départ du délai de la prescription est reporté au jour où elle a été révélée.

La nullité peut être couverte par un vote de l'assemblée générale intervenant sur rapport spécial des commissaires aux comptes ou, s'il n'en a pas été désigné, du président du conseil d'administration exposant les circonstances en raison desquelles la procédure d'autorisation n'a pas été suivie. Les dispositions du quatrième alinéa de l'article L. 225-40 sont applicables.

NB : Conformément au II de l'article 20 de la loi n° 2019-486 du 22 mai 2019, les présentes dispositions s'appliquent à compter du premier exercice clos postérieurement à la publication du décret mentionné aux articles L. 225-218, L. 226-6 et L. 823-2-2 du Code de commerce dans leur rédaction résultant du présent article, et au plus tard le 1er septembre 2019.

1) Absence de nullité de plein droit. Les conventions relevant de l'article 101 *[C. com., art. L. 225-38]* conclues sans autorisation préalable du conseil d'administration ne sont pas nulles de plein droit et demeurent valables tant que la nullité n'est pas poursuivie et prononcée ▪ Cass. com., 3 mai 2000 : *JurisData* n° 2000-001913 ; *Dr. sociétés* 2000, n° 109, obs. D. Vidal.

2) Conséquences dommageables. Concernant les conséquences dommageables d'une promesse d'embauche : ▪ Cass. com., 12 juin 2012, n° 11-10.135 : *JurisData* n° 2012-019324 ; *JCP* E 2012, 1617, note M. Roussille (cf. *supra* sous art. L. 225-38).

3) Fraude à la procédure des conventions réglementées. Une convention intervenue entre une société et son dirigeant peut être annulée si elle est entachée de fraude pour avoir été conclue dans le dessein de l'exclure du champ d'application des conventions réglementées par les articles L. 225-38 et suivants. ▪ Cass. com., 5 janv. 2016, nos 14-18.688 et 14-18.689 : *JurisData* n° 2016-000012 ; *RTD civ.* 2016, p. 346, obs. H. Barbier ; *AJCA* 2016, p. 149, note C. Coupet ; *RTD com.* 2016, p. 141, note B. Dondero ; *D.* 2016, p. 2365, note J.-Cl. Hallouin ; *JCP* E 2016, 1188, note Ch. Lebel ; *Rev. sociétés* 2016, p. 293, note D. Schmidt.

4) Qualité pour agir. L'action en nullité est ouverte à la société et non au cocontractant ▪ Cass. com., 15 mars 1994, n° 92-13.047 : *RJDA* 1994, p. 426. – La nullité ne peut pas être invoquée par d'autres que les actionnaires ▪ Cass. com., 23 mai 1967 : *Bull. civ.* III, n° 201.

5) Opposabilité de la nullité aux tiers. Faute d'avoir été autorisé par le conseil d'administration, le contrat d'abonnement d'assistance et de conseils souscrit par une société au bénéfice de certains de ses dirigeants, qui avait nécessairement des conséquences dommageables pour cette dernière en ce qu'il lui faisait supporter, sans aucune contrepartie, une charge financière non négligeable, doit être annulé ; cette nullité est opposable au tiers contractant lorsqu'il ne pouvait lui échapper que l'avantage découlant du contrat présentait un caractère tout à la fois personnel et réservé à une catégorie limitée de personnes, le tiers ne pouvant ainsi ignorer que la convention excédait manifestement les pouvoirs légaux du mandataire de la société ▪ Cass. com., 3 juin 2008, n° 07-12.307 (FD).

6) Défaut d'approbation par l'AG. Le défaut d'approbation par l'assemblée générale n'est pas une cause de nullité ▪ Cass. com., 22 mai 1970, n° 67-13.197 : *Bull. civ.* IV, n° 165. ▪ Cass. com., 28 janv. 2003, n° 99-14.007 : *JurisData* n° 2003-017619 ; *JCP* E 2003, act. p. 571.

7) Absence de confirmation de la nullité. Viole l'article 105 *[C. com., art. L. 225-42]* l'arrêt qui rejette une action en nullité en retenant que la convention a été exécutée et que l'assemblée générale a approuvé les comptes de l'exercice dans lesquels figuraient les redevances fixées par la convention litigieuse ▪ Cass. 1re civ., 6 oct. 1998 : *JurisData* n° 1998-003686 ; *JCP* E 1999, p. 32, obs. A. Viandier et J.-J. Caussain ; *Bull. Joly sociétés* 1999, p. 278, note M. Menjucq.

8) Prescription. – Le délai de l'article 105 (C. com., art. L. 225-42) n'est pas un délai préfix, mais un délai de prescription et c'est la date de la révélation de la convention qui fixe le point de départ de cette prescription. ▪ Cass. com., 24 févr. 1976, n° 74-13.185 : *Rev. sociétés* 1977, p. 88, note Y. Chartier ; *JCP* 1976, II, 18506, note C. Lucas de Leyssac. – Lorsque l'action en nullité formée par un actionnaire minoritaire est fondée sur l'inobservation des dispositions applicables aux conventions réglementées, le régime de prescription applicable est celui de l'action en nullité de ces conventions et non celui qui régit l'action en nullité des actes de la société. ▪ Cass. com., 21 janv. 2014, n° 12-29.452 : *JurisData* n° 2014-000591 ; *Dr. sociétés* 2014, n° 65, note M. Roussille ; *JCP* E 2014, n° 1191, note M. Roussille ; *D.* 2014, p. 274, obs. A. Lienhard ; *Bull. Joly sociétés* 2014, p. 166, note B. Dondero.

– L'action en nullité d'une convention visée à l'article L. 225-38, et conclue par une société anonyme sans autorisation de son conseil d'administration, se prescrit par trois ans à compter de la date de la convention. Toutefois, si elle a été dissimulée, le point de départ du délai de la prescription est reporté au jour où elle a été révélée ; s'il y a eu volonté de dissimulation, la révélation de la convention s'apprécie à l'égard de la personne qui exerce l'action. ▪ Cass. com., 8 févr. 2011, n° 10-11.896 : *JurisData* n° 2011-001329 ; *JCP* E 2011, n° 1151, note B. Dondero ; *JCP* E 2011, n° 197, M. Roussille ; *Dr. sociétés* 2011, n° 70, comm. M. Roussille ; *D.* 2011, p. 515, obs. A. Lienhard ; *D.* 2011, p. 1314 note N. Molfessis ; *D.* 2011 p. 1321 note F. Marmoz ; *Bull. Joly sociétés* 2011, n° 129, p. 297, note C.-N. Ohl et D. Schmidt ; *D.* 2011, p. 2766, obs. E. Lamazerolles. – Il ne peut y avoir de dissimulation sans volonté de dissimuler ▪ Cass. com., 24 sept. 2013, n° 12-24.917 : *JurisData* n° 2013-020536 ; *Dr. sociétés* 2013, n° 202, note M. Roussille ; *Rev. sociétés* 2014, p. 33, note E. Sclumberger ; *Bull Joly Sociétés* 2013, p. 798, note S. Messaï-Bahri. ▪ Cass. com., 5 janv. 2016, nos 14-18.688 et 14-18.689 : *JurisData* n° 2016-000012 ; *JCP* E 2016, 1188, note Ch. Lebel.

– La prescription triennale de l'action en nullité fondée sur l'inobservation des dispositions applicables aux conventions réglementées ne s'applique pas lorsque leur annulation est demandée pour violation des lois ou principes régissant la nullité des contrats. ▪ Cass. com., 3 avr. 2013, n° 12-15.492 : *JurisData* n° 2013-006247 ; *JCP* E 2013, n° 1328, note H. Hovasse ; *Dr. sociétés* 2013, n° 138, note. M. Roussille.

9) Exception de nullité. L'exception de nullité est perpétuelle ▪ Cass. com., 10 juill. 1978, n° 77-10.240 : *Bull. civ.* IV, n° 195 ; *Rev. sociétés* 1979, p. 848, note I. Balensi. ▪ Cass. soc., 29 nov. 2006, n° 04-48.219 : *Bull. Joly sociétés* 2007, p. 496, note B. Saintourens ; *D.* 2007, p. 381. – L'exception de nullité d'une convention réglementée ne peut être invoquée, si la convention a été exécutée. ▪ Cass. 1re civ., 17 juin 2010, n° 09-14.470 : *JurisData* n° 2010-009360 ; *Dr. sociétés* 2010, p. 20, comm. 181, M. Roussille. ▪ Cass. com., 15 janv. 2013, n° 11-28.244 : *D.* 2013, p. 539, note B. Dondero ; *Bull. Joly sociétés* 2013, p. 197, note H. Le Nabasque. – L'exécution d'obligations indépendantes du complément de retraite argué de nullité ne caractérise pas un commencement d'exécution susceptible de déroger à la règle selon laquelle l'exception de nullité peut faire échec à la demande d'exécution d'un acte après l'expiration de la prescription de l'action en nullité. ▪ Cass. com., 16 oct. 2019, n° 17-31.638 : *Bull. Joly sociétés* févr. 2020, p. 24, note C. Coupet ; *JCP* E 2020, 1058, note J.-N. Stoffel ; *Rev. sociétés* 2020, p. 166, note T. Girard-Gaymard.

Art. L. 225-42-1 *(Abr. à compter des assemblées générales statuant sur le premier exercice clos après le 28 novembre 2019, Ord. n° 2019-1234, 27 nov. 2019).*

Art. L. 225-43 *(Anc. L. n° 66-537, 24 juill. 1966 ; mod., L. n° 2001-420, 15 mai 2001 ; L. n° 2009-323, 25 mars 2009).* **– À peine de nullité du contrat, il est interdit aux administrateurs autres que les personnes morales de contracter, sous quelque forme que ce soit, des emprunts auprès de la société, de se faire consentir par elle un découvert, en compte courant ou autrement, ainsi que de faire cautionner ou avaliser par elle leurs engagements envers les tiers.**

Toutefois, si la société exploite un établissement bancaire ou financier, cette interdiction ne s'applique pas aux opérations courantes de ce commerce conclues à des conditions normales.

La même interdiction s'applique au directeur général, aux directeurs généraux délégués et aux représentants permanents des personnes morales administrateurs. Elle s'applique également aux conjoint, ascendants et descendants des personnes visées au présent article ainsi qu'à toute personne interposée.

Bibliographie : M. Dagot, *Le cautionnement de l'un de ses administrateurs par une société anonyme coopérative de construction* : *JCP* G 1970, I, 2332. • M. Dagot et C. Mouly, *L'usage personnel du crédit social et son abus* : *Rev. sociétés* 1988, p. 1.

1) Sanction. La nullité de l'article 106 *[C. com., art. L. 225-43]* est une nullité d'ordre public ▪ Cass. ch. mixte, 10 juill. 1981, n° 77-10.794 : *JurisData* n° 1981-002011 ; *D.* 1981, 637, concl. J. Cabannes.

2) Cautionnement. – L'engagement de caution souscrit par une société au profit d'un de ses administrateurs étant nul, les personnes ayant cautionné l'engagement de la société ne sauraient être poursuivies, un cautionnement ne pouvant exister que sur une obligation valable ▪ Cass. com., 25 nov. 1980, n° 79-11.442 : *JurisData* n° 1980-745151 ; *Bull. civ.* IV, n° 394 ; *Rev. sociétés* 1981, p. 579, note C. Mouly.

– Mais l'article 106 *[C. com., art. L. 225-43]* ne prohibe pas le cautionnement d'une société civile dans laquelle les administrateurs de la caution sont associés. ▪ Cass. com., 12 nov. 1969 : *Bull. civ.* IV, n° 330. ▪ Cass. crim., 28 sept. 2016, n° 15-87.232 : *JurisData* n° 2016-019618 ; *RTD com.* 2017, p. 215, note B. Bouloc ; *Dr. pén.* 2016, comm. 177, note J.-H. Robert ; *Dr. sociétés* 2017, comm. 217, note R. Salomon.

Art. L. 225-44 *(Anc. L. n° 66-537, 24 juill. 1966 ; mod., L. n° 2012-387, 22 mars 2012 ; L. n° 2013-504, 14 juin 2013 ; L. n° 2019-486, 22 mai 2019).* **– Sous réserve des articles L. 225-21-1, L. 225-22, L. 225-23, L. 225-27 et L. 225-27-1, les administrateurs ne peuvent recevoir de la société aucune rémunération, permanente ou non, autre que celles prévues aux articles L. 225-45, L. 225-46, L. 225-47 et L. 225-53 du présent code. Ils peuvent également se voir attribuer des bons mentionnés au II de l'article 163 *bis* G du Code général des impôts.**

Toute clause statutaire contraire est réputée non écrite et toute décision contraire est nulle.

Bibliographie : M. Cozian, *Le contrôle des rémunérations de dirigeants de sociétés* : *Dr. fisc.* 1981, 521. • C. Coupet, *Loi PACTE : l'encadrement de la rémunération des dirigeants – Entre libéralisation et renforcement* : *JCP* E 2019, 1319. • E. Schlumberger, *Les incidences de la loi PACTE sur la rémunération des dirigeants sociaux* : *Bull. Joly sociétés* 2019, n° 119x3, p. 64.

Art. L. 225-45 *(Anc. L. n° 66-537, 24 juill. 1966 ; mod., L. n° 2001-420, 15 mai 2001 ; L. n° 2019-486, 22 mai 2019 ; Ord. n° 2019-1234, 27 nov. 2019 ; Ord. n° 2020-1142, 16 sept. 2020).* **– L'assemblée générale peut allouer aux administrateurs en rémunération de leur activité une somme fixe annuelle que cette assemblée détermine sans être liée par des dispositions statutaires ou des décisions antérieures. Le montant de celle-ci est porté aux charges d'exploitation. Sa répartition entre les administrateurs est déterminée par le conseil d'administration.**

Lorsque le conseil d'administration n'est pas composé conformément au premier alinéa de l'article L. 225-18-1, le versement de la rémunération prévue au premier alinéa du présent article est suspendu. Le versement est rétabli lorsque la composition du conseil d'administration devient régulière, incluant l'arriéré depuis la suspension.

NB : Conformément à l'article 4 de l'ordonnance n° 2019-1234 du 27 novembre 2019, ces dispositions sont applicables à compter des assemblées générales statuant sur le premier exercice clos après sa date de publication.

Voir : art. R. 225-33, p. 1693.

Bibliographie : F. Terré, *La disparition des tantièmes (commentaire de la loi n° 75-1347 du 31 décembre 1975)* : *Rev. sociétés* 1976, 237. • C. Coupet, *Loi PACTE : l'encadrement de la rémunération des dirigeants – Entre libéralisation et renforcement* : *JCP* E 2019, 1319. • E. Schlumberger, *Les incidences de la loi PACTE sur la rémunération des dirigeants sociaux* : *Bull. Joly sociétés* 2019, n° 119x3, p. 64.

Art. L. 225-46 *(Anc. L. n° 66-537, 24 juill. 1966 ; mod., Ord. n° 2019-1234, 27 nov. 2019 ; Ord. n° 2020-1142, 16 sept. 2020).* **– Il peut être alloué, par le conseil d'administration, des rémunérations exceptionnelles pour les missions ou mandats confiés à des administrateurs. Dans ce cas, ces rémunérations, *portées aux charges d'exploitation sont soumises aux* dispositions des articles L. 225-38 à L. 225-42.**

NB : Conformément à l'article 4 de l'ordonnance n° 2019-1234 du 27 novembre 2019, ces dispositions sont applicables à compter des assemblées générales statuant sur le premier exercice clos après sa date de publication.

Art. L. 225-47 *(Anc. L. n° 66-537, 24 juill. 1966 ; L. n° 2016-1691, 9 déc. 2016 ; mod., Ord. n° 2019-1234, 27 nov. 2019 ; Ord. n° 2020-1142, 16 sept. 2020).* **– Le conseil d'administration élit parmi**

ses membres un président qui est, à peine de nullité de la nomination, une personne physique. Il détermine sa rémunération.

Le président est nommé pour une durée qui ne peut excéder celle de son mandat d'administrateur. Il est rééligible.

Le conseil d'administration peut le révoquer à tout moment. Toute disposition contraire est réputée non écrite.

NB : Conformément à l'article 4 de l'ordonnance n° 2019-1234 du 27 novembre 2019, ces dispositions sont applicables à compter des assemblées générales statuant sur le premier exercice clos après sa date de publication.

Voir : D. n° 2009-348, 30 mars 2009, relatif aux conditions de rémunérations des dirigeants des entreprises aidées par l'État.

Bibliographie : *Sur la rémunération des dirigeants.* P. Le Cannu, *Rémunérations des dirigeants de société anonyme et contrôle des conventions : Bull. Joly sociétés* 1996, p. 567. • D. Miellet, *À l'occasion de l'octroi d'un complément de retraite à son président, les prérogatives exclusives du conseil d'administration : JCP* E 1998, p. 1126. • P. Serlooten, *Rémunération du dirigeant et liberté de l'impôt : CDE* 2001, p. 8. • C. Vermot, *Rémunération des dirigeants sociaux : aspects sociaux et économiques : CDE* 2001, p. 13. • B. Roman, *Les golden hellos : nouvel eldorado des dirigeants : JCP* E 2004, 925. • F. Garron, *La rémunération excessive des dirigeants de sociétés commerciales : Rev. sociétés* 2004, p. 795. • A. Viandier, *L'avis consultatif de l'assemblée des actionnaires sur la rémunération des dirigeants sociaux (Code de gouvernement d'entreprise des sociétés cotées ; juin 2013) : JCP* E 2013, n° 1416.

Sur la révocation des dirigeants. P. Reigné, *Révocabilité ad nutum des mandataires sociaux et faute de la société : Rev. sociétés* 1991, p. 499. • J.-J. Caussain, *La précarité de la fonction de mandataire social : Bull. Joly sociétés* 1993, p. 523. • M.-H. Laender, *La révocation des dirigeants sociaux : Dr. sociétés* 2000, chron. 9. • B. Saintourens, *La révocation des dirigeants sociaux dans l'actualité jurisprudentielle : Bull. Joly sociétés* 2005, p. 667.

I – CAPACITÉ DU PRÉSIDENT

1) Un majeur en curatelle peut être président du conseil d'administration d'une société anonyme. ▪ Cass. com., 29 sept. 2009, n° 08-15.125 : *JurisData* n° 2009-050011 ; *JCP* E 2009, 2066, note H. Hovasse. ▪ Cass. 1re civ., 12 juill. 2012, n° 11-13.161 : *JurisData* n° 2012-015713 ; *JCP* E 2012, 1583, note H. Hovasse ; *Bull. Joly sociétés* 2012, p. 770, note M.-H. Monsèrié-Bon.

II – RÉMUNÉRATION DU PRÉSIDENT

2) Compétence exclusive du conseil d'administration. Les règles relatives au contrat de travail ne sont pas applicables à la rémunération allouée au président du conseil d'administration ; la détermination de cette rémunération relève de la compétence exclusive du conseil et à défaut d'avoir saisi celui-ci, le président n'est fondé à demander aucune rémunération ▪ Cass. com., 12 janv. 1993, n° 91-13.366 : *Bull. Joly sociétés* 1993, p. 338, note Y. Chaput. ▪ Cass. com., 24 oct. 2000 : *JurisData* n° 2000-006359 ; *Dr. sociétés* 2001, n° 14, obs. D. Vidal ; *Bull. Joly sociétés* 2001, p. 54, note M. Storck ; *Rev. sociétés* 2001, p. 95, note P. Le Cannu.

3) Remboursement. Le conseil d'administration n'a pas le pouvoir de ratifier la décision du président, qui sans autorisation préalable du conseil, s'est alloué une rémunération ; par suite, le président doit rembourser les rémunérations litigieuses ▪ Cass. com., 30 nov. 2004, n° 01-16.581 : *JurisData* n° 2004-026236 ; *Bull. Joly sociétés* 2005, p. 391, note D. Vidal ; *Dr. sociétés* mars 2005, n° 50, obs. H. Hovasse.

4) Convention réglementée. V. sous art. L. 225-39, annot. n° 5, p. 353.

5) Affiliation à la sécurité sociale. Le président-directeur général doit être affilié à la sécurité sociale dès lors qu'il perçoit une rémunération en contrepartie de son activité ▪ Cass. soc., 16 avr. 1992, n° 90-11.296 : *JurisData* n° 1992-000844 ; *Rev. sociétés* 1992, p. 502.

6) Complément de retraite. Le montant de la rémunération accordée sous forme de complément de retraite n'avait pu être connu qu'après la liquidation de son assiette constituée par le salaire brut fiscal perçu par l'ancien dirigeant au cours des douze mois précédant sa cessation d'activité, de sorte que les délibérations antérieures du conseil d'administration de la société anonyme accordant ce complément de retraite ne satisfont pas aux exigences légales sur la rémunération des dirigeants. ▪ Cass. com., 10 nov. 2009, n° 08-70.302 : *JurisData* n° 2009-050253 ; *Dr. sociétés* mars 2010, n° 3, 46, comm. M. Roussille.

III – FIN DU MANDAT DU PRÉSIDENT

7) *Révocation ad nutum.* – **Principe.** Le président est révocable *ad nutum* ▪ Cass. com., 20 déc. 1966 : *JurisData* n° 1966-098495 ; *Bull. civ.* III, n° 495.

– **Conséquences.** Toute convention portant atteinte au principe de la libre révocabilité est donc nulle ▪ Cass. com., 17 mai 1971, n° 70-10.852 : *JurisData* n° 1971-097132 ; *Rev. sociétés* 1972, p. 698, note B. Oppetit. ▪ Cass. com., 2 juin 1992, n° 90-17.873 :

JurisData n° 1992-001196 ; *JCP* E 1993, I, 215, n° 4, obs. A. Viandier et J.-J. Caussain ; *RJDA* 1992, p. 845. L'engagement pris par une SA de verser à son président directeur général une somme égale à deux années de rémunération en cas de révocation sans faute grave est susceptible de porter une atteinte majeure à l'équilibre financier de la société. Il est dès lors illicite en ce qu'il porte atteinte à la révocabilité *ad nutum* de ce mandataire social ▪ Cass. com., 15 nov. 2011 : *JurisData* n° 2011-025308 ; *Dr. sociétés* 2012, n° 43, note D. Gallois-Cochet ; *Bull. Joly sociétés* 2012, p. 122, note A. Couret.

8) Révocation abusive. La révocation abusive est de nature à engager la responsabilité de la société à l'égard de son ancien président ▪ Cass. com., 23 janv. 1978, n° 76-13.017 : *Rev. sociétés* 1978, p. 737, note J. Hémard.

9) Respect du contradictoire. Pour apprécier si la révocation a eu un caractère abusif, les tribunaux ne doivent examiner que les circonstances dans lesquelles elle est intervenue – brutalité, non-respect du principe de la contradiction – et non pas les griefs qui l'ont motivée ▪ Cass. com., 26 nov. 1996 : *Bull. civ.* IV, n° 294 ; *JurisData* n° 1996-004517 ; *JCP* 1997, IV, 163 ; *Bull. Joly sociétés* 1997, p. 141, note C. Priéto.

10) Démission. – **Abus.** La démission du président, quoique libre, ne doit pas être donnée de manière intempestive, à contretemps et avec intention de nuire, auquel cas elle devient abusive ▪ CA Versailles, 11 juin 1978 : *Bull. Joly sociétés* 1998, p. 1168, note R. Baillod.

– **Publicité.** Dès lors que la cessation de fonction d'un dirigeant ayant donné sa démission a été régulièrement publiée, le défaut de validité d'un engagement signé par lui est opposable aux tiers ▪ Cass. com., 4 mai 1993, n° 91-14.616 : *JurisData* n° 1993-000847 ; *JCP* E 1993, pan. 838 ; *Bull. Joly sociétés* 1993, p. 727, note P. Le Cannu.

IV – CONTRAT DE TRAVAIL

11) Contrat de travail. Voir sous art. L. 225-22, annot. n° 4, p. 338.

V – CAUTIONNEMENT DES DETTES DE LA SOCIÉTÉ PAR LE PRÉSIDENT

12) Caractère commercial. Le cautionnement des dettes de la société par le président du conseil d'administration est commercial, bien que cette personne n'acquière pas la qualité de commerçant, car le dirigeant a un intérêt personnel d'ordre patrimonial à la réalisation de l'opération principale ▪ T. com. Paris, 22 sept. 1982 : *JurisData* n° 1982-000437 ; *RJ com.* 1983, p. 145, note C. Mouly. ▪ Cass. com., 5 oct. 1993, n° 91-12.372 : *JurisData* n° 1993-002213 ; *Bull. civ.* IV, n° 310.

13) Perte de la qualité de dirigeant. Le fait, pour un dirigeant, de perdre sa qualité après avoir contracté un cautionnement des dettes de la société n'a pas pour effet d'éteindre son engagement qui subsiste jusqu'à sa révocation dûment signifiée, à moins qu'il ait fait contractuellement de l'exercice de ses fonctions une condition de son engagement ▪ Cass. com., 17 déc. 1996, n° 94-20.568 : *JurisData* n° 1996-005128 ; *Bull. Joly sociétés* 1997, p. 205. ▪ Cass. com., 3 nov. et 6 déc. 1988, n° 87-12.492 : *JurisData* n° 1988-702700 ; *D.* 1989, 185, note L. Aynès.

14) Transformation. Le cautionnement subsiste en cas de transformation de la société, car il n'y a pas apparition d'une personne morale nouvelle ▪ Cass. com., 8 nov. 1972 et 9 avr. 1973 : *JurisData* n° 1972-097278 ; *D.* 1973, 753, note P. Malaurie. – En revanche, il y a libération de la caution à chaque fois qu'il y a création d'une personne morale nouvelle ▪ Cass. com., 22 janv. 1985, n° 83-15.441 : *JurisData* n° 1985-000235 ; *Bull. civ.* IV, n° 30 ; *JCP* 1986, II, 20591, note P. Simler *[scission de société]*.

Art. L. 225-48 *(Anc. L. n° 66-537, 24 juill. 1966 ; mod., L. n° 2019-744, 19 juill. 2019).* **– Les statuts doivent prévoir pour l'exercice des fonctions de président du conseil d'administration une limite d'âge qui, à défaut d'une disposition expresse, est fixée à soixante-cinq ans.**

Toute nomination intervenue en violation des dispositions prévues à l'alinéa précédent est nulle.

Lorsqu'un président de conseil d'administration atteint la limite d'âge, il est réputé démissionnaire d'office.

Est également réputé démissionnaire d'office le président placé en tutelle.

La nullité prévue au deuxième alinéa et la démission d'office prévue aux troisième et avant-dernier alinéas n'entraînent pas la nullité des délibérations auxquelles a pris part le président du conseil d'administration irrégulièrement nommé ou réputé démissionnaire d'office ni la nullité de ses décisions.

Bibliographie : C. Coupet, *Loi du 19 juillet 2019 de simplification, de clarification et d'actualisation : miscellanées de droit des sociétés : Bull. Joly sociétés* oct. 2019, p. 35. ● Ph. Emy et B. Saintourens, *Les dispositions de la loi du 19 juillet 2019 relatives à toutes les sociétés, aux sociétés civiles et aux SARL : Rev. sociétés* 2019, p. 655. ● R. Mortier et a., *La loi Soilihi article par article (1re partie) : Dr. sociétés* 2019, étude 13. ● A. Tadros, *La loi de simplification du droit des sociétés et la direction de la société anonyme : D.* 2019, p. 2311.

Voir : art. L. 225-19, p. 335.

Art. L. 225-49 *(Abr., L. n° 2001-420, 15 mai 2001).*

Art. L. 225-50 *(Anc. L. n° 66-537, 24 juill. 1966).* **– En cas d'empêchement temporaire ou de décès du président, le conseil d'administration peut déléguer un administrateur dans les fonctions de président.**

En cas d'empêchement temporaire, cette délégation est donnée pour une durée limitée. Elle est renouvelable. En cas de décès, elle vaut jusqu'à l'élection du nouveau président.

Voir : art. R. 225-34, p. 1693.

Art. L. 225-51 *(L. n° 2001-420, 15 mai 2001 ; mod., L. n° 2003-706, 1er août 2003).* **– Le président du conseil d'administration organise et dirige les travaux de celui-ci, dont il rend compte à l'assemblée générale. Il veille au bon fonctionnement des organes de la société et s'assure, en particulier, que les administrateurs sont en mesure de remplir leur mission.**

Bibliographie : D. Miellet, *L'information : nouvelle et dernière responsabilité du président du conseil d'administration ? : JCP* E 2002, prat. 173. • J.-M. Moulin et S. Colliot, *La vie des délégations de pouvoirs dans l'entreprise : Bull. Joly sociétés* 2012, p. 745. • B. Bédaride et S. Pla Busiris, *Conséquences de l'absence de délégations de pouvoirs dans les sociétés commerciales et nécessité de les établir par acte notarié : Bull. Joly sociétés* 2013, p. 283.

JURISPRUDENCE ANTÉRIEURE À LA LOI N° 2001-420 SUR LES NOUVELLES RÉGULATIONS ÉCONOMIQUES

1) Hiérarchie des pouvoirs. Voir sous art. L. 225-35, annot. n° 2, p. 346.

La société anonyme est une société dont les organes sont hiérarchisés et dans laquelle l'administration est exercée par un conseil élu par l'assemblée générale. Il n'appartient pas à l'assemblée générale d'empiéter sur les prérogatives du conseil en matière d'administration en investissant le président de l'ensemble des pouvoirs dévolus au conseil ▪ Cass. civ., 4 juin 1946 : *S.* 1947, 1, p. 153, note P. Barbry ; *JCP* 1947, II, 3518, note D. Bastian.

2) Limites des pouvoirs du président. – Respect de l'objet social. La cession d'actif immobilier relève de la compétence des dirigeants dès lors qu'elle n'empêche pas la poursuite de l'activité sociale ▪ Cass. com., 1er févr. 1994, n° 92-15.092 : *Bull. Joly sociétés* 1994, p. 390, note A. Laude. En revanche, quand la cession du fonds de commerce entraîne l'extinction de l'objet social en privant la société de toute activité et de toute possibilité de remplir son objet social, cette décision de cession globale de l'actif implique la modification des statuts et relève de l'assemblée générale extraordinaire ▪ Cass. soc., 24 juin 1997, n° 94-21.425 : *JurisData* n° 1997-003005 ; *Bull. Joly sociétés* 1997, p. 875, note J.-J. Daigre.

– **Conséquence du dépassement de l'objet social.** La société est engagée alors même que l'acte du président dépasse l'objet social ▪ Cass. com., 18 juin 1980, n° 78-16.419 : *JurisData* n° 1980-000264 ; *Bull. civ.* IV, n° 264 *[cautionnement donné à un tiers].* ▪ Cass. com., 1er oct. 1996 : *Bull. civ.* IV, n° 218 ; *JurisData* n° 003585 ; *D.* 1997, 225, note D. Martin *[acquisition d'effets de commerce].* ▪ CA Paris, 15 déc. 1999, n° 1996/86379 : *Bull. Joly sociétés* 2000, p. 327, note J.-J. Daigre *[introduction de titres en Bourse].* – En revanche, une société anonyme n'est pas engagée envers une banque porteur d'une lettre de change si cette dernière savait que l'acte signé par le président dépassait l'objet social ▪ Cass. com., 25 juin 1985, n° 84-12.902 : *JurisData* n° 1985-001771 ; *JCP* 1986, IV, 310.

3) Délégation de pouvoirs. – Délégation limitée. Le président a la faculté de donner procuration à un tiers, mais les pouvoirs accordés par cette procuration doivent être limités et concerner un ou plusieurs objets déterminés : Rép. min. : *JOAN Q,* 3 déc. 1970, p. 6095.

– **Cessation des fonctions du délégant.** La délégation donnée par le président du conseil d'administration à un salarié ayant été faite au nom et pour le compte de la société, reste valable aussi longtemps qu'elle n'a pas été révoquée, même si le président vient à changer ▪ Cass. com., 4 févr. 1997 : *JurisData* n° 1997-000441 ; *JCP* 1997, IV, 702. – La société reste engagée par la délégation de pouvoirs consentie par un président de conseil d'administration, malgré le remplacement de celui-ci, tant qu'elle n'est pas révoquée, dans la mesure où la délégation a été consentie au nom et pour le compte de la société, et non en son nom personnel ▪ Cass. com., 15 mars 2005, n° 414-F-P+B : JurisData n° 2005-027609 ; *Bull. Joly sociétés* 2005, p. 972, note D. Vidal ; *D.* 2005, p. 957, note A. Lienhard ; *Dr. sociétés* juin 2005, n° 119, obs. H. Hovasse ; *JCP* E 2005, 1046, n° 2, obs. J.-J. Caussain, A. Viandier et F. Deboissy ; *JCP* E 2005, 1047, note H. Hovasse ; *Dr. et patrimoine* juin 2005, n° 3700, p. 102, obs. D. Porracchia.

4) Responsabilité du président. – **Responsabilité personnelle.** Le président est personnellement responsable des infractions qu'il commet dans l'exercice de ses fonctions ▪ Cass. crim., 4 déc. 1969, n° 67-93.672 : *Bull. crim.*, n° 328.

– **Exonération de responsabilité.** Sauf si la loi en dispose autrement, le chef d'entreprise qui n'a pas personnellement pris part à la réalisation de l'infraction peut s'exonérer de sa responsabilité pénale s'il rapporte la preuve qu'il a délégué ses pouvoirs à une personne pourvue de la compétence, de l'autorité et des moyens nécessaires ▪ Cass. crim., 11 mars 1993, n° 92-80.773 : *JurisData* n° 1993-003139 ; *Bull. Joly sociétés* 1993, p. 666, note M.-E. Cartier.

Art. L. 225-51-1 *(L. n° 2001-420, 15 mai 2001).* – **La direction générale de la société est assumée, sous sa responsabilité, soit par le président du conseil d'administration, soit par une autre personne physique nommée par le conseil d'administration et portant le titre de directeur général.**

Dans les conditions définies par les statuts, le conseil d'administration choisit entre les deux modalités d'exercice de la direction générale visées au premier alinéa. Les actionnaires et les tiers sont informés de ce choix dans des conditions définies par décret en Conseil d'État.

Lorsque la direction générale de la société est assumée par le président du conseil d'administration, les dispositions de la présente sous-section relatives au directeur général lui sont applicables.

Voir : art. R. 123-109, p. 1613, R. 225-26, p. 1691, R. 225-27, p. 1692.

Bibliographie : P. Kasparian, *Prise de décision stratégique « émergente » et risque d'omnipotence du directeur général : Bull. Joly sociétés* 2015, p. 54.

Art. L. 225-52 *(Anc. L. n° 66-537, 24 juill. 1966 ; mod., L. n° 2019-744, 19 juill. 2019).* – **En cas d'ouverture d'une procédure de redressement ou de liquidation judiciaire en application des titres III et IV du livre VI, les personnes visées par ces dispositions peuvent être rendues responsables du passif social et sont soumises aux interdictions et déchéances, dans les conditions prévues par lesdites dispositions.**

Voir : art. L. 651-1 et s., p. 1341.

Art. L. 225-53 *(L. n° 2001-420, 15 mai 2001 ; L. n° 2016-1691, 9 déc. 2016 ; mod., Ord. n° 2019-1234, 27 nov. 2019 ; Ord. n° 2020-1142, 16 sept. 2020).* – **Sur proposition du directeur général, le conseil d'administration peut nommer une ou plusieurs personnes physiques chargées d'assister le directeur général, avec le titre de directeur général délégué. Il détermine à cette fin un processus de sélection qui garantit jusqu'à son terme la présence d'au moins une personne de chaque sexe parmi les candidats. Ces propositions de nomination s'efforcent de rechercher une représentation équilibrée des femmes et des hommes.**

Les statuts fixent le nombre maximum des directeurs généraux délégués, qui ne peut dépasser cinq.

Le conseil d'administration détermine la rémunération du directeur général et des directeurs généraux délégués.

NB : Conformément à l'article 4 de l'ordonnance n° 2019-1234 du 27 novembre 2019, ces dispositions sont applicables à compter des assemblées générales statuant sur le premier exercice clos après sa date de publication.

Voir : art. R. 225-26, p. 1691.

Bibliographie : P.-D. Ollier, *Le directeur général adjoint de la société anonyme : RTD com.* 1961, 533. • H. Le Nabasque, *La composition des organes de direction et de contrôle de la gestion des sociétés par actions après la loi PACTE : Bull. Joly sociétés* juin 2019, n° 119w4, p. 5. • B. Lecourt, *La diversité dans les organes d'administration et de direction : Rev. sociétés* 2019, p. 587.

I – JURISPRUDENCE ANTÉRIEURE À LA LOI N° 2001-420 DU 15 MAI 2001 SUR LES NOUVELLES RÉGULATIONS ÉCONOMIQUES

1) Rémunération du directeur général. Seul le conseil d'administration peut déterminer, par une délibération sur son montant et ses modalités, la rémunération des directeurs *généraux,* les *paiements faits par la société ne pouvant suppléer* à sa décision ▪ Cass. com., 13 févr. 1996 : *Bull. civ.* IV, n° 51 ; *JurisData* n° 1996-000442.

2) Contrat de travail du directeur général. – **Contrat réel et sérieux.** Le directeur général peut également être salarié de la société dès lors que son contrat de travail est réel et sérieux ▪ Cass. com., 26 oct. 1959 : *JCP* 1960, II, 11693, note D. B.

– **Fonction distincte.** Le contrat doit correspondre à une fonction distincte de celle de mandataire social ▪ Cass. soc., 22 nov. 1972, 2 arrêts : *Rev. sociétés* 1973, p. 655, note M. Guilberteau. ▪ Cass. soc., 1er déc. 1993, n° 89-43.291 : *RJDA* 1994, p. 144.

– **Lien de subordination.** Le contrat de travail du directeur général implique un lien de subordination ▪ Cass. soc., 29 janv. 1992, n° 89-45.457 : *RJDA* 1992, p. 272. ▪ Cass. soc., 14 mai 1998 : *JurisData* n° 1998-002091 ; *JCP* E 1998, p. 1119. – Dès lors qu'il est établi que l'intéressé, engagé par la société mère pour diriger l'une de ses filiales, a exercé ses fonctions sous la dépendance des dirigeants de la société mère qui l'ont licencié pour n'avoir pas exécuté leurs instructions, la cour d'appel en déduit exactement l'existence d'un lien de subordination ▪ Cass. soc., 4 mars 1997, n° 93-44.805 : *JurisData* n° 1997-000901 ; *JCP* E 1997, I, 676, n° 11, obs. A. Viandier et J.-J. Caussain ; *Bull. Joly sociétés* 1997, p. 661, note J.-P. Dom.

– **Suspension du contrat de travail.** Le contrat de travail accordé à l'ancien directeur commercial qui a bénéficié d'un mandat de directeur général se trouve, en l'absence de convention contraire, suspendu pendant le temps d'exercice de son mandat ▪ Cass. soc., 21 juin 1994, n° 93-40.362 : *Bull. Joly sociétés* 1994, p. 991, note P. Reigné. – Dès lors qu'il est établi que l'intéressé, nommé directeur général, n'a pas renoncé expressément au bénéfice de son contrat de travail et n'a pas invoqué le cumul des fonctions de directeur général et de directeur salarié, la cour d'appel a pu, sans méconnaître le principe d'ordre public de la révocation *ad nutum* qui s'applique au mandat social mais qui est sans effet sur le contrat de travail antérieurement conclu, exactement décider que le contrat de travail avait été suspendu ▪ Cass. soc., 11 juin 1997, n° 95-40.424 : *Bull. Joly sociétés* 1997, p. 882, note B. Petit.

II – JURISPRUDENCE POSTÉRIEURE À LA LOI N° 2001-420 DU 15 MAI 2001 SUR LES NOUVELLES RÉGULATIONS ÉCONOMIQUES

3) **Rémunération du directeur général.** La rémunération du directeur général est déterminée par le conseil d'administration et ne peut être fixée par une convention conclue avec un tiers, peu important à cet égard que cette convention ait été autorisée par le conseil d'administration. ▪ Cass. com., 14 sept. 2010, n° 09-16.084 : *JurisData* n° 2010-016027 ; *JCP* E 2010, n° 1995, note A. Viandier ; *Dr. sociétés* 2010, p. 24, comm. 226, D. Gallois-Cochet ; *D.* 2010, p. 57, note F. Marmoz ; *Rev. sociétés* 2011, p. 424, note J.-P. Dom. – Le directeur général d'une société anonyme peut s'attribuer une « prime exceptionnelle », sans intervention du conseil d'administration. ▪ Cass. com., 25 juin 2013, n° 12-21.206 : *Bull. Joly sociétés* 2013, p. 731, note B. Dondero.

4) **Clause de non-concurrence.** Lorsqu'elle a pour effet d'entraver la liberté de se rétablir d'un salarié, actionnaire ou associé de la société qui l'emploie, la clause de non-concurrence signée par lui n'est licite que si elle est indispensable à la protection des intérêts légitimes de l'entreprise, limitée dans le temps et dans l'espace, qu'elle tient compte des spécificités de l'emploi du salarié et comporte l'obligation pour la société de verser à ce dernier une contrepartie financière, ces conditions étant cumulatives. ▪ Cass. com., 15 mars 2011, n° 10-13.824 : *JurisData* n° 2011-003902 ; *D.* 2011, p. 943, obs. A. Lienhard ; *D.* 2011 p. 1261 note Y. Picod ; *JCP* E 2011, n° 1409, note A. Couret et B. Dondero ; *JCP* E 2011, n° 1482, p. 34, comm. P. Grignon ; *Bull. Joly sociétés* 2011, p. 524 ; P. Le Cannu, *La clause de non-concurrence dans les pactes d'actionnaires : D.* 2011, p. 2760, obs. E. Lamazerolles ; *Rev. sociétés* 2011, p. 621, note L. Godon.

5) **Convention de management.** V. notes sous art. L. 227-5, p. 441.

Art. L. 225-54 *(Anc. L. n° 66-537, 24 juill. 1966 ; mod., L. n° 2001-420, 15 mai 2001 ; L. n° 2019-744, 19 juill. 2019).* **– Les statuts doivent prévoir pour l'exercice des fonctions de directeur général ou de directeur général délégué une limite d'âge qui, à défaut d'une disposition expresse, est fixée à soixante-cinq ans.**

Toute nomination intervenue en violation des dispositions prévues à l'alinéa précédent est nulle.

Lorsqu'un directeur général ou un directeur général délégué atteint la limite d'âge, il est réputé démissionnaire d'office.

Est également réputé démissionnaire d'office le directeur général ou le directeur général délégué placé en tutelle.

La nullité prévue au deuxième alinéa et la démission d'office prévue aux troisième et avant-dernier alinéas n'entraînent pas la nullité des décisions prises par le directeur général ou le directeur général délégué irrégulièrement nommé ou réputé démissionnaire d'office.

Bibliographie : C. Coupet, *Loi du 19 juillet 2019 de simplification, de clarification et d'actualisation : miscellanées de droit des sociétés : Bull. Joly sociétés* oct. 2019, p. 35. • Ph. Emy et B. Saintourens, *Les dispositions de la loi du 19 juillet 2019 relatives à toutes les sociétés, aux sociétés civiles et aux SARL : Rev. sociétés* 2019, p. 655. • R. Mortier et a., *La loi Soilihi article par article (1re partie) : Dr. sociétés* 2019, étude 13. • A. Tadros, *La loi de simplification du droit des sociétés et la direction de la société anonyme : D.* 2019, p. 2311.

Voir : art. L. 225-19, p. 335 et L. 225-48, p. 358.

Art. L. 225-54-1 *(L. n° 2001-420, 15 mai 2001 ; mod., L. n° 2002-1303, 29 oct. 2002).* **– Une personne physique ne peut exercer simultanément plus d'un mandat de directeur général de sociétés anonymes ayant leur siège sur le territoire français.**

Par dérogation aux dispositions du premier alinéa :

– un deuxième mandat de directeur général ou un mandat de membre du directoire ou de directeur général unique peut être exercé dans une société contrôlée au sens de l'article L. 233-16 par la société dont il est directeur général ;

– une personne physique exerçant un mandat de directeur général dans une société peut également exercer un mandat de directeur général, de membre du directoire ou de directeur général unique dans une société, dès lors que les titres de celles-ci ne sont pas admis aux négociations sur un marché réglementé.

Toute personne physique qui se trouve en infraction avec les dispositions du présent article doit se démettre de l'un de ses mandats dans les trois mois de sa nomination, ou du mandat en cause dans les trois mois de l'événement ayant entraîné la disparition de l'une des conditions fixées à l'alinéa précédent. À l'expiration de ce délai, elle est réputée s'être démise, selon le cas, soit de son nouveau mandat, soit du mandat ne répondant plus aux conditions fixées à l'alinéa précédent, et doit restituer les rémunérations perçues, sans que soit, de ce fait, remise en cause la validité des délibérations auxquelles elle a pris part.

Voir : art. L. 225-94 et L. 225-94-1, p. 377.

Administrateur : art. L. 225-21, p. 336. – Membre du directoire, art. L. 225-67, p. 366.

Art. L. 225-55 *(L. n° 2001-420, 15 mai 2001)*. **– Le directeur général est révocable à tout moment par le conseil d'administration. Il en est de même, sur proposition du directeur général, des directeurs généraux délégués. Si la révocation est décidée sans juste motif, elle peut donner lieu à dommages-intérêts, sauf lorsque le directeur général assume les fonctions de président du conseil d'administration.**

Lorsque le directeur général cesse ou est empêché d'exercer ses fonctions, les directeurs généraux délégués conservent, sauf décision contraire du conseil, leurs fonctions et leurs attributions jusqu'à la nomination du nouveau directeur général.

Bibliographie : N. Bernard, *L'expiration des fonctions du directeur général adjoint de la société anonyme : JCP* 1966, I, 1990. • S. de Vendeuil, *De la libre révocabilité du P-DG à la grande précarité des engagements souscrits à son profit : JCP* E 1995, pan., p. 308. • P. Le Cannu, *Le principe de contradiction et la protection des dirigeants : Bull. Joly sociétés* 1996, p. 11. • M.-C. Sordino, *Aménagements conventionnels et révocation ad nutum des dirigeants de sociétés anonymes, in Mél. C. Mouly*, t. II, Litec, 1998, p. 245. • M.-H. Laender, *La révocation des dirigeants sociaux : Dr. sociétés* 2000, chron. 9. • C. Malecki, *Application de la loi sur les nouvelles régulations économiques dans le temps et révocation des directeurs généraux délégués : Bull. Joly sociétés* 2002, p. 311. • J.-L. Rossignol, *Régime fiscal des « golden parachutes » : Dr. fisc.* 2003, n° 14, comm. 15. • O. Laouenan, *Les goldens parachutes dans les sociétés anonymes : LPA* 28 juill. 2004, p. 12. • B. Saintourens, *La révocation des dirigeants sociaux dans l'actualité jurisprudentielle : Bull. Joly sociétés* 2005, p. 667. • J. Delga, *Les indemnités de révocation des P-DG en France sont interdites : JCP* E 2007, 1803. • Y. Paclot, *Les rémunérations des dirigeants des sociétés cotées en question : D.* 2007, p. 1670. • M. Rakotovahiny, *Juste motif de révocation et cause réelle et sérieuse de licenciement : Rev. sociétés* 2014, p. 152.

1) Indemnité de révocation. L'offre de verser une indemnité à un directeur général en cas de cessation des fonctions peut être contraire au principe de libre révocabilité des dirigeants sociaux ▪ Cass. com., 2 juin 1992 : *JCP* E 1993, I, 215, n° 4, obs. A. Viandier et J.-J. Caussain ; *Bull. Joly sociétés* 1992, p. 1078.

2) Abus de révocation. – **Principe.** La révocation du directeur général d'une société anonyme, qui peut être décidée à tout moment, sans préavis ni précision de motif, par le conseil d'administration sur proposition de son président, engage la responsabilité de la société si elle revêt un caractère abusif eu égard aux circonstances dans lesquelles elle intervient ▪ *Cass. com., 26 avr. 1994*, n° 92-15.884 : *JurisData* n° 1994-001020 ; *JCP* 1995, II, 22369, note D. Gibirila ; *Bull. Joly sociétés* 1994, p. 831, note P. Le Cannu. ▪ Cass. com., 3 janv. 1996 : *JurisData* n° 1996-000005 ; *Bull. Joly sociétés* 1966, p. 388, note B. Saintourens. – **Principe du contradictoire.** Est abusive la révocation intervenue en dehors du conseil d'administration et sans que le directeur général ait été mis en mesure de présenter préalablement ses observations. ▪ Cass. com., 26 avr. 1994, n° 92-15.884 : *JurisData* n° 1994-001020 ; *JCP* 1995, II, 22369, note D. Gibirila ; *Bull. Joly sociétés* 1994, § 221, p. 831, note P. Le Cannu. – Doit être considéré comme n'ayant pas été mis à même de débattre contradictoirement des motifs de sa révocation, le directeur général qui n'a ni été avisé de ces motifs, ni été invité à participer à la réunion du conseil d'administration au cours de laquelle cette mesure a été décidée. ▪ Cass. com., 29 mars 2011, n° 10-17.667 : *JurisData* n° 2011-004950 ; *Dr. sociétés* 2011, comm. 130, p. 19, M. Roussille ; Rev. sociétés 2011, p. 563, note J.-F. Barbièri. – **Révocation brutale ou vexatoire.** – La révocation d'un directeur général peut intervenir à tout moment et n'est abusive que si elle a été accompagnée de circonstances ou a été prise dans des conditions qui portent atteinte à la réputation ou à l'honneur du dirigeant révoqué ou si elle a été décidée brutalement sans respecter le principe de la contradiction ▪ Cass. com., 4 nov. 2008, n° 07-19.303. La révocation vexatoire ou portant atteinte à l'honneur et à la réputation n'est pas établie par la diffusion d'un courrier annonçant, aux seules fins d'information des membres du groupe, le départ du dirigeant en raison de fautes graves, aucune imputation diffamatoire n'y figurant et les faits sanctionnés ne s'y trouvant pas détaillés. ▪ Cass. com., 10 nov. 2015, n° 14-20.301 : *JurisData* n° 2015-025184 ; *Dr. sociétés* 2016, n° 29, note D. Gallois-Cochet ; *Bull. Joly sociétés 2016*, p. 84, note T. Favario. V. également notes sous art. L. 225-18, p. 334.

3) Contrat de travail. La révocation du directeur-général qui peut intervenir à tout moment, est sans incidence sur son contrat de travail éventuel ▪ Cass. soc., 14 juin 2000, n° 97-45.852 : *JurisData* n° 2000-002453 ; *Bull. Joly sociétés* 2000, p. 949, note G. Auzero.

4) Démission. En application de l'article 2007 du Code civil, la démission d'un dirigeant de société, qui constitue un acte juridique unilatéral, produit tous ses effets dès lors qu'elle a été portée à la connaissance de la société. ▪ Cass. soc., 1er févr. 2011, n° 10-20.953 : *Bull. Joly sociétés* 2011, p. 375, note B. Dondero.

Art. L. 225-56 *(L. n° 2001-420, 15 mai 2001).* **– I. – Le directeur général est investi des pouvoirs les plus étendus pour agir en toute circonstance au nom de la société. Il exerce ces pouvoirs dans la limite de l'objet social et sous réserve de ceux que la loi attribue expressément aux assemblées d'actionnaires et au conseil d'administration.**

Il représente la société dans ses rapports avec les tiers. La société est engagée même par les actes du directeur général qui ne relèvent pas de l'objet social, à moins qu'elle ne prouve que le tiers savait que l'acte dépassait cet objet ou qu'il ne pouvait l'ignorer compte tenu des circonstances, étant exclu que la seule publication des statuts suffise à constituer cette preuve.

Les dispositions des statuts ou les décisions du conseil d'administration limitant les pouvoirs du directeur général sont inopposables aux tiers.

II. – En accord avec le directeur général, le conseil d'administration détermine l'étendue et la durée des pouvoirs conférés aux directeurs généraux délégués.

Les directeurs généraux délégués disposent, à l'égard des tiers, des mêmes pouvoirs que le directeur général.

Voir : bibliographie ss art. L. 225-35, p. 344.

1) Pouvoir d'ester en justice. Le directeur général d'une société anonyme tient des dispositions combinées des articles 113 *[C. com., art. L. 225-51]*, alinéas 1 et 2, et 117 *[C. com., art. L. 225-56]*, alinéa 2, le pouvoir d'ester en justice au nom de la société, au même titre que le président du conseil d'administration ▪ Cass. com., 12 juill. 1993, n° 91-18.786 : *JurisData* n° 1993-001611 ; *JCP* E 1994, I, 331, n° 9, obs. A. Viandier et J.-J. Caussain ; *D.* 1993, 549, note P. Merle ; *Bull. Joly sociétés* 1993, p. 1135, note P. Le Cannu. ▪ Cass. ass. plén., 18 nov. 1994, n° 90-44.754 : *JurisData* n° 1994-002141 ; *JCP* E 1995, II, 649, note A. Viandier ; *D.* 1995, 101, concl. Jéol, note D. Cohen ; *Bull. Joly sociétés* 1995, p. 61, note P. Le Cannu. ▪ Cass. soc., 2 déc. 1998 : *JurisData* n° 1998-004642 ; *D.* 1999, inf. rap. p. 41.– Le directeur général d'une SA dispose légalement du pouvoir d'ester en justice au nom de la société, et notamment d'effectuer des déclarations de créances au nom de celle-ci ; il ne peut être apporté de restrictions à ce pouvoir que par une délibération expresse du conseil d'administration ou par une clause des statuts de la société. ▪ Cass. com., 15 oct. 2013, n° 12-24.881 : *JurisData* n° 2013-022885 ; *JCP* E 2014, 1058, note M. Roussille ; *Dr. sociétés* 2014, n° 25, note M. Roussille.

2) Délégation de pouvoir. Aucune disposition n'exige que la délégation du pouvoir de représenter une société en justice soit donnée pour une durée déterminée ▪ Cass. com., 17 janv. 2012, n° 10-24.811 : *JurisData* n° 2012-000347 ; *Dr. sociétés* 2012, p. 15, n° 75, note R. Mortier.

Sous-section 2. – Du directoire et du conseil de surveillance

Bibliographie : J. Boucourechliev et a., *La pratique de la société à directoire*, Litec, coll. « Creda », 1980. ● J.-J. Caussain, *La société à directoire : JCP* CI 1977, 12451 ; *Le directoire et le conseil de surveillance de société anonyme*, Litec 2002. ● B. François, *Pour la société anonyme à directoire : D.* 2004, p. 682. ● Y. Guyon, *Éloge funèbre de la société à directoire : Mélanges Simont*, Bruylant, 2002, p. 733. ● P. Le Cannu, *La société anonyme à directoire*, préf. J. Derruppé, LGDJ 1979 ; *Pour une évolution du droit des sociétés anonymes avec directoire et conseil de surveillance : Bull. Joly sociétés* 2000, p. 483. ● P. Morvan, *Délégations de pouvoirs en matière pénale dans la société anonyme à directoire : JCP* E 2009, 2337. ● A. Outin-Adam et C. Coupet, *Conseil d'administration ou directoire et conseil de surveillance : l'état du débat en 2013 : RTDF* nov. 2013, numéro spécial, p. 78. ● A. Viandier et A. Charveriat, *Sociétés et loi NRE*, éd. Francis Lefebvre 2002, nos 290 et s. • B. François, *Pour la société anonyme à directoire* : *D.* 2004, p. 682. • M. Cozian, A. Viandier et F. Deboissy, *Droit des sociétés*, LexisNexis, 33e éd., 2020, nos 733 et s. • Joly Sociétés, ED 030, *Directoire et conseil de surveillance*, par F. Bondil.

Art. L. 225-57 *(Anc. L. n° 66-537, 24 juill. 1966).* **– Il peut être stipulé par les statuts de toute société anonyme que celle-ci est régie par les dispositions de la présente sous-section. Dans ce cas, la société reste soumise à l'ensemble des règles applicables aux sociétés anonymes, à l'exclusion de celles prévues aux articles L. 225-17 à L. 225-56.**

L'introduction dans les statuts de cette stipulation, ou sa suppression, peut être décidée au cours de l'existence de la société.

Voir : art. L. 242-30, p. 594.

Art. L. 225-58 *(Anc. L. n° 66-537, 24 juill. 1966 ; mod., Ord. n° 2000-916, 19 sept. 2000 ; L. n° 2019-486, 22 mai 2019 ; Ord. n° 2020-1142, 16 sept. 2020).* **– La société anonyme est dirigée par un directoire composé de cinq membres au plus. La composition du directoire s'efforce de rechercher une représentation équilibrée des femmes et des hommes.**

Dans les sociétés anonymes dont le capital est inférieur à 150 000 euros, les fonctions dévolues au directoire peuvent être exercées par une seule personne.

Le directoire exerce ses fonctions sous le contrôle d'un conseil de surveillance. Il détermine à cette fin un processus de sélection qui garantit jusqu'à son terme la présence d'au moins une personne de chaque sexe parmi les candidats.

Voir : art. R. 225-35 et R. 225-36, p. 1694, R. 225-109, p. 1714 et art. L. 22-10-18, p. 502.

Bibliographie : H. Le Nabasque, *La composition des organes de direction et de contrôle de la gestion des sociétés par actions après la loi PACTE* : *Bull. Joly sociétés* juin 2019, n° 119w4, p. 5. • B. Lecourt, *La diversité dans les organes d'administration et de direction* : *Rev. sociétés* 2019, p. 587.

Art. L. 225-59 *(Anc. L. n° 66-537, 24 juill. 1966).* **– Les membres du directoire sont nommés par le conseil de surveillance qui confère à l'un d'eux la qualité de président.**

Lorsqu'une seule personne exerce les fonctions dévolues au directoire, elle prend le titre de directeur général unique.

À peine de nullité de la nomination, les membres du directoire ou le directeur général unique sont des personnes physiques. Ils peuvent être choisis en dehors des actionnaires.

Voir : art. R. 225-37, p. 1694.

Révocation du président du directoire. Le conseil de surveillance est compétent pour retirer à un membre du directoire sa qualité de président ▪ CA Douai, 17 juin 1976 : *JurisData* n° 1976-600048 ; *Rev. sociétés* 1977, p. 266, note J.-J. Burst ; *Bull. Joly sociétés* 1977, p. 187 ; *Gaz. Pal.* 1977, 1, p. 157. – Il y a lieu, dans le silence de la loi et des statuts, de faire application de l'article 2004 du Code civil donnant au mandant le pouvoir de révoquer le mandataire *ad nutum*, ce qui autorise le conseil de surveillance à révoquer le président du directoire à tout moment et sans nécessité d'un juste motif, sous réserve que l'intéressé ait été mis en mesure de présenter ses moyens de défense ; tel n'est pas le cas lorsque la révocation est intervenue à l'occasion de la réunion du conseil de surveillance auquel le président révoqué n'assistait pas, faute d'y avoir été convié ▪ CA Versailles, 17 mars 2005 : *JurisData* n° 2005-269538 ; *JCP* E 2005, 822 ; *JCP* E 2005, 1834, n° 7, obs. J.-J. Caussain, F. Deboissy et G. Wicker ; *Rev. sociétés* 2005, p. 917, obs. I. Urbain-Parleani.

Art. L. 225-60 *(Anc. L. n° 66-537, 24 juill. 1966 ; mod., L. n° 2019-744, 19 juill. 2019).* **– Les statuts doivent prévoir pour l'exercice des fonctions de membre du directoire ou de directeur général unique une limite d'âge qui, à défaut d'une disposition expresse, est fixée à soixante-cinq ans.**

Toute nomination intervenue en violation des dispositions prévues à l'alinéa précédent est nulle.

Lorsqu'un membre du directoire ou le directeur général unique atteint la limite d'âge, il est réputé ***démissionnaire d'office.***

Est également réputé démissionnaire d'office le membre du directoire ou le directeur général unique placé en tutelle.

La nullité prévue au deuxième alinéa et la démission d'office prévue aux troisième et avant-dernier alinéas n'entraînent pas la nullité des délibérations et des décisions auxquelles a pris part le membre du directoire irrégulièrement nommé ou réputé démissionnaire d'office ni la nullité des décisions du directeur général unique irrégulièrement nommé ou réputé démissionnaire d'office.

Bibliographie : C. Coupet, *Loi du 19 juillet 2019 de simplification, de clarification et d'actualisation : miscellanées de droit des sociétés* : *Bull. Joly sociétés* oct. 2019, p. 35. • Ph. Emy et B. Saintourens, *Les dispositions de la loi du 19 juillet 2019 relatives à toutes les sociétés, aux sociétés civiles et aux SARL* : *Rev. sociétés* 2019, p. 655. • R. Mortier et a., *La loi Soilihi article par article (1re partie)* : *Dr. sociétés* 2019, étude 13.

Voir : art. L. 225-19, p. 335, L. 225-48, p. 358 et L. 225-54, p. 361.

Art. L. 225-61 *(Anc. L. n° 66-537, 24 juill. 1966 ; mod., L. n° 2001-420, 15 mai 2001).* **– Les membres du directoire ou le directeur général unique peuvent être révoqués par l'assemblée générale, ainsi que, si les statuts le prévoient, par le conseil de surveillance. Si la révocation est décidée sans juste motif, elle peut donner lieu à dommages-intérêts.**

Au cas où l'intéressé aurait conclu avec la société un contrat de travail, la révocation de ses fonctions de membre du directoire n'a pas pour effet de résilier ce contrat.

Voir : art. L. 225-47, p. 356.

Bibliographie : voir sous art. L. 223-25, p. 319.

1) Théorie des incidents de séance. La possibilité pour l'assemblée générale de délibérer sur la révocation d'un membre des organes sociaux, même en l'absence de toute inscription préalable à son ordre du jour, est applicable aux membres du directoire ▪ CA Paris, 17 janv. 2003, n° 2002/03317 : *JurisData* n° 2003-214615 ; *JCP* E 2003, 1203, n° 6, obs. J.-J. Caussain, F. Deboissy et G. Wicker.

2) Motif de révocation. La mésentente entre les membres du directoire ne permettant pas un fonctionnement collégial de cet organe constitue un juste motif de révocation. Dès lors que l'intéressée a eu connaissance des motifs de sa révocation et a été en mesure de présenter ses observations, la révocation ne peut pas être qualifiée de brutale. ▪ Cass. com., 10 févr. 2015, n° 13-27.967 : *JurisData* n° 2015-009969 ; *Rev. sociétés* 2015, p. 371, note A. Viandier ; *JCP* E 2015, 1463, note B. Dondero.

3) Contrat de travail. – Substitution. Le membre du directoire ne retrouve pas, à l'issue de ses fonctions, le bénéfice de son contrat de travail, dès lors que le « mandat » social a été substitué à ce contrat, les mêmes fonctions étant continuées sous une qualification différente ▪ Cass. soc., 1er juin 1978 : *JurisData* n° 1978-700426 ; *Bull. civ.* V, n° 426 ; *Rev. sociétés* 1979, p. 79, note P. Le Cannu.

– Suspension. La révocation d'un directeur général, dont le contrat de travail avait été suspendu, ne met pas fin à celui-ci ▪ CA Paris, 27 févr. 1992 : *JurisData* n° 1992-600204 ; *JCP* E 1992, I, 172, n° 8, obs. A. Viandier et J.-J. Caussain.

Art. L. 225-62 *(Anc. L. n° 66-537, 24 juill. 1966).* **– Les statuts déterminent la durée du mandat du directoire dans des limites comprises entre deux et six ans. À défaut de disposition statutaire, la durée du mandat est de quatre ans. En cas de vacance, le remplaçant est nommé pour le temps qui reste à courir jusqu'au renouvellement du directoire.**

Voir : art. R. 225-36, p. 1694.

Art. L. 225-63 *(Anc. L. n° 66-537, 24 juill. 1966 ; L. n° 2016-1691, 9 déc. 2016 ; mod., Ord. n° 2019-1234, 27 nov. 2019 ; Ord. n° 2020-1142, 16 sept. 2020).* **– L'acte de nomination fixe le mode et le montant de la rémunération de chacun des membres du directoire.**

NB : Conformément à l'article 4 de l'ordonnance n° 2019-1234 du 27 novembre 2019, ces dispositions sont applicables à compter des assemblées générales statuant sur le premier exercice clos après sa date de publication.

Voir : art. L. 225-47, p. 356 et art. *L. 22-10-19, p. 502.*

Art. L. 225-64 *(Anc. L. n° 66-537, 24 juill. 1966 ; mod., L. n° 2019-486, 22 mai 2019).* **– Le directoire est investi des pouvoirs les plus étendus pour agir en toute circonstance au nom de la société. Il les exerce dans la limite de l'objet social et sous réserve de ceux expressément attribués par la loi au conseil de surveillance et aux assemblées d'actionnaires. Il détermine les orientations de l'activité de la société et veille à leur mise en œuvre, conformément à son intérêt social, en prenant en considération les enjeux sociaux et environnementaux de son activité. Il prend également en considération, s'il y a lieu, la raison d'être de la société définie en application de l'article 1835 du Code civil.**

Dans les rapports avec les tiers, la société est engagée même par les actes du directoire qui ne relèvent pas de l'objet social, à moins qu'elle ne prouve que le tiers savait que l'acte dépassait cet objet ou qu'il ne pouvait

l'ignorer compte tenu des circonstances, étant exclu que la seule publication des statuts suffise à constituer cette preuve.

Les dispositions des statuts limitant les pouvoirs du directoire sont inopposables aux tiers.

Le directoire délibère et prend ses décisions dans les conditions fixées par les statuts.

Voir : art. L. 225-56, p. 363, R. 225-39 et R. 225-40, p. 1694, R. 225-53, p. 1696.

Bibliographie : N. Ferrier, *La jurisprudence sociale en droit des sociétés : la délégation de pouvoirs : Dr. sociétés* 2014, étude 5.

Art. L. 225-65 *(Anc. L. n° 66-537, 24 juill. 1966 ; L. n° 2016-1691, 9 déc. 2016).* **– Le déplacement du siège social sur le territoire français peut être décidé par le conseil de surveillance, sous réserve de ratification de cette décision par la prochaine assemblée générale ordinaire.**

Sur délégation de l'assemblée générale extraordinaire, le conseil de surveillance apporte les modifications nécessaires aux statuts pour les mettre en conformité avec les dispositions législatives et réglementaires, sous réserve de ratification de ces modifications par la prochaine assemblée générale extraordinaire.

Voir : art. L. 225-36, p. 348.

Art. L. 225-66 *(Anc. L. n° 66-537, 24 juill. 1966).* **– Le président du directoire ou, le cas échéant, le directeur général unique représente la société dans ses rapports avec les tiers.**

Toutefois, les statuts peuvent habiliter le conseil de surveillance à attribuer le même pouvoir de représentation à un ou plusieurs autres membres du directoire, qui portent alors le titre de directeur général.

Les dispositions des statuts limitant le pouvoir de représentation de la société sont inopposables aux tiers.

Pouvoir de représentation. L'article 126 de la loi du 24 juillet 1966 *[C. com., art. L. 225-66]* ne paraît pas interdire au conseil de surveillance d'attribuer le pouvoir de représentation à l'ensemble des membres du directoire : Rép. min. : *JOAN Q*, 7 mai 1975, p. 2498.

Art. L. 225-67 *(L. n° 2001-420, 15 mai 2001 ; mod., L. n° 2002-1303, 29 oct. 2002).* **– Une personne physique ne peut exercer plus d'un mandat de membre du directoire ou de directeur général unique de sociétés anonymes ayant leur siège social sur le territoire français.**

Par dérogation aux dispositions du premier alinéa :

– un deuxième mandat de membre du directoire ou de directeur général unique ou un mandat de directeur général peut être exercé dans une société contrôlée au sens de l'article L. 233-16 par la société dont cette personne est membre du directoire ou directeur général unique ;

– une personne physique exerçant un mandat de membre du directoire ou de directeur général unique dans une société peut également exercer un mandat de directeur général, de membre du directoire ou de directeur général unique dans une société, dès lors que les titres de celles-ci ne sont pas admis aux négociations sur un marché réglementé.

Toute personne physique qui se trouve en infraction avec les dispositions du présent article doit se démettre de l'un de ses mandats dans les trois mois de sa nomination, ou du mandat en cause dans les trois mois de l'événement ayant entraîné la disparition de l'une des conditions fixées à l'alinéa précédent. À l'expiration de ce délai, elle est réputée s'être démise, selon le cas, soit de son nouveau mandat, soit du mandat ne répondant plus aux conditions fixées à l'alinéa précédent, et doit restituer les rémunérations perçues, sans que soit, de ce fait, remise en cause la validité des délibérations auxquelles elle a pris part.

Voir : art. L. 225-94-1, p. 377.

Administrateur, art. L. 225-21, p. 336. – **Directeur général,** art. L. 225-54-1, p. 361. – Bibliographie citée sous art. L. 225-21, p. 336.

Art. L. 225-68 *(Anc. L. n° 66-537, 24 juill. 1966 ; mod., L. n° 2003-706, 1er août 2003 ; L. n° 2005-842, 26 juill. 2005 ; L. n° 2006-1770, 30 déc. 2006 ; L. n° 2008-649, 3 juill. 2008 ; Ord. n° 2009-80, 22 janv. 2009 ; L. n° 2011-103, 27 janv. 2011 ; L. n° 2016-1691, 9 déc. 2016 ; Ord. n° 2017-1162, 12 juill. 2017 ; L. n° 2019-744, 19 juill. 2019 ; Ord. n° 2020-1142, 16 sept. 2020).* **– Le conseil de surveillance exerce le contrôle permanent de la gestion de la société par le directoire.**

Les statuts peuvent subordonner à l'autorisation préalable du conseil de surveillance la conclusion des opérations qu'ils énumèrent. Toutefois, les cautions, avals et garanties, sauf dans les sociétés exploitant un établissement bancaire ou financier, font l'objet d'une autorisation du conseil de surveillance, qui en limite le montant,dans des conditions déterminées par décret en Conseil d'État. Ce décret détermine également les conditions dans lesquelles

le dépassement de cette autorisation peut être opposé aux tiers. Le conseil peut toutefois donner cette autorisation globalement et annuellement sans limite de montant pour garantir les engagements pris par les sociétés contrôlées au sens du II de l'article L. 233-16. Il peut également autoriser le directoire à donner, globalement et sans limite de montant, des cautions, avals et garanties pour garantir les engagements pris par les sociétés contrôlées au sens du même II, sous réserve que ce dernier en rende compte au conseil au moins une fois par an. Le directoire peut également être autorisé à donner, à l'égard des administrations fiscales et douanières, des cautions, avals ou garanties au nom de la société, sans limite de montant.

À toute époque de l'année, le conseil de surveillance opère les vérifications et les contrôles qu'il juge opportuns et peut se faire communiquer les documents qu'il estime nécessaires à l'accomplissement de sa mission.

Une fois par trimestre au moins le directoire présente un rapport au conseil de surveillance.

Après la clôture de chaque exercice et dans le délai fixé par décret en Conseil d'État, le directoire lui présente, aux fins de vérification et de contrôle, les documents visés au deuxième alinéa de l'article L. 225-100.

Le conseil de surveillance présente à l'assemblée générale prévue à l'article L. 225-100 un rapport sur le gouvernement d'entreprise joint au rapport de gestion mentionné au même article. Ce rapport inclut les informations, le cas échéant adaptées aux sociétés à conseil de surveillance, mentionnées à l'article L. 225-37-4, ainsi que les observations du conseil de surveillance sur le rapport du directoire et sur les comptes de l'exercice.

Voir : art. L. 225-35, p. 344, art. L. 225-37, p. 348, art. R. 225-40, p. 1694, R. 225-53 à R. 225-56, p. 1696 et art. L. 22-10-20, p. 503.

Bibliographie : H. Chassery, *Les attributions du conseil de surveillance : RTD com.* 1976, 449. • J.-P. Langlade, *Le pouvoir de fournir des sûretés dans les sociétés commerciales : RTD com.* 1979, 355. • P. Le Cannu, *La nature juridique des fonctions des membres du conseil de surveillance d'une société anonyme : Bull. Joly sociétés* 1989, p. 479 ; *Quelques problèmes d'application des articles 98, alinéa 4, et 128, alinéa 2, de la loi du 24 juillet 1966 : Bull. Joly sociétés* 1996, p. 273.

1) Cautions, avals et garanties. V. annot. sous art. L. 225-35, p. 344.

2) Interdiction de gérer. L'interdiction de gérer, prévue par l'article L. 653-8 du Code de commerce, ne concerne pas les membres du conseil de surveillance qui n'exercent qu'une mission de contrôle de la gestion de la société par le directoire, et non une fonction de direction. ■ Cass. com., 8 janv. 2020, n° 18-23.991 : *JurisData* n° 2020-000147 ; *Dr. sociétés* 2020, comm. 37, note J.-F. Hamelin ; *Rev. sociétés* 2020, p. 197, note L.-C. Henry ; *Bull. Joly sociétés* mars 2020, p. 33, note J.-B. Perrier ; *LEDEN* févr. 2020, p. 1, note F.-X. Lucas.

Art. L. 225-69 *(Anc. L. n° 66-537, 24 juill. 1966 ; mod., L. n° 2001-420, 15 mai 2001 ; L. n° 2011-103, 27 janv. 2011).* – **Le conseil de surveillance est composé de trois membres au moins. Les statuts fixent le nombre maximum des membres du conseil, qui est limité à dix-huit.**

Le conseil de surveillance est composé en recherchant une représentation équilibrée des femmes et des hommes.

Voir : art. L. 225-17, p. 334, art. L. 225-95, p. 377, art. R. 225-52, p. 1696.

Art. L. 225-69-1 *(Créé à compter du 1er janvier 2017, L. n° 2011-103, 27 janv. 2011 ; mod., L. n° 2014-873, 4 août 2014 ; L. n° 2019-486, 22 mai 2019 ; Ord. n° 2020-1142, 16 sept. 2020).* – **La proportion des membres du conseil de surveillance de chaque sexe ne peut être inférieure à 40 %, à l'issue de la plus prochaine assemblée générale ayant à statuer sur des nominations, dans les** ***sociétés qui, pour le*** **troisième exercice consécutif, emploient un nombre moyen d'au moins deux cent cinquante salariés permanents et présentent un montant net de chiffre d'affaires ou un total de bilan d'au moins 50 millions d'euros. Dans ces mêmes sociétés, lorsque le conseil de surveillance est composé au plus de huit membres, l'écart entre le nombre des membres de chaque sexe ne peut être supérieur à deux.**

Toute nomination intervenue en violation du premier alinéa et n'ayant pas pour effet de remédier à l'irrégularité de la composition du conseil est nulle.

Bibliographie : A. Maymont, *La représentation équilibrée hommes-femmes dans les conseils de sociétés – La législation française : « le » modèle de l'Europe ? : JCP E* 2013, n° 1667. • H. Le Nabasque, *La composition des organes de direction et de contrôle de la gestion des sociétés par actions après la loi PACTE : Bull. Joly sociétés* juin 2019, n° 119w4, p. 5. • B. Lecourt, *La diversité dans les organes d'administration et de direction : Rev. sociétés* 2019, p. 587.

Voir : art. L. 22-10-21, p. 503.

Art. L. 225-70 *(Anc. L. n° 66-537, 24 juill. 1966 ; mod., L. n° 2019-744, 19 juill. 2019).* – Les statuts doivent prévoir pour l'exercice des fonctions de membre du conseil de surveillance une limite d'âge s'appliquant soit à l'ensemble des membres du conseil de surveillance, soit à un pourcentage déterminé d'entre eux.

À défaut de disposition expresse dans les statuts, le nombre des membres du conseil de surveillance ayant atteint l'âge de soixante-dix ans ne peut être supérieur au tiers des membres du conseil de surveillance en fonctions.

Toute nomination intervenue en violation des dispositions prévues à l'alinéa précédent est nulle.

À défaut de disposition expresse dans les statuts prévoyant une autre procédure, lorsque la limitation statutaire ou légale fixée pour l'âge des membres du conseil de surveillance est dépassée, le membre du conseil de surveillance le plus âgé est réputé démissionnaire d'office.

Est également réputé démissionnaire d'office le membre du conseil de surveillance placé en tutelle.

La nullité prévue au troisième alinéa et la démission d'office prévue aux quatrième et avant-dernier alinéas n'entraînent pas la nullité des délibérations auxquelles a pris part le membre du conseil de surveillance irrégulièrement nommé ou réputé démissionnaire d'office.

Bibliographie : C. Coupet, *Loi du 19 juillet 2019 de simplification, de clarification et d'actualisation : miscellanées de droit des sociétés : Bull. Joly sociétés* oct. 2019, p. 35. • Ph. Emy et B. Saintourens, *Les dispositions de la loi du 19 juillet 2019 relatives à toutes les sociétés, aux sociétés civiles et aux SARL : Rev. sociétés* 2019, p. 655. • R. Mortier et a., *La loi Soilihi article par article (1re partie) : Dr. sociétés* 2019, étude 13.

Voir : art. L. 225-19, p. 335, L. 225-48, p. 358, L. 225-54, p. 361 et L. 225-60, p. 364.

Art. L. 225-71 *(Mod., L. n° 2001-152, 19 févr. 2001 ; L. n° 2001-1168, 11 déc. 2001 ; L. n° 2002-73, 17 janv. 2002 ; L. n° 2006-1770, 30 déc. 2006 ; L. n° 2019-486, 22 mai 2019 ; Ord. n° 2020-1142, 16 sept. 2020).* – Dans les sociétés qui emploient à la clôture de deux exercices consécutifs au moins mille salariés permanents dans la société et ses filiales, directes ou indirectes, dont le siège social est fixé sur le territoire français, ou au moins cinq mille salariés permanents dans la société et ses filiales, directes ou indirectes, dont le siège social est fixé sur le territoire français et à l'étranger, lorsque le rapport présenté par le directoire lors de l'assemblée générale en application de l'article L. 225-102 établit que les actions détenues par le personnel de la société ainsi que par le personnel de sociétés qui lui sont liées au sens de l'article L. 225-180 représentent plus de 3 % du capital social de la société, un ou plusieurs membres du conseil de surveillance sont élus par l'assemblée générale des actionnaires sur proposition des actionnaires visés à l'article L. 225-102. Ceux-ci se prononcent par un vote dans des conditions fixées par les statuts. Ces membres sont élus parmi les salariés actionnaires ou, le cas échéant, parmi les salariés membres du conseil de surveillance d'un fonds commun de placement d'entreprise détenant des actions de la société. Ces membres ne sont pas pris en compte pour la détermination du nombre minimal et du nombre maximal de membres du conseil de surveillance prévus à l'article L. 225-69, ni pour l'application du premier alinéa de l'article L. 225-69-1. La durée de leur mandat est déterminée par application de l'article L. 225-18. Toutefois, leur mandat prend fin par l'arrivée du terme ou la rupture, pour quelque cause que ce soit, de leur contrat de travail.

Si l'assemblée générale extraordinaire ne s'est pas réunie dans un délai de dix-huit mois à compter de la présentation du rapport, tout salarié actionnaire peut demander au président du tribunal statuant en référé d'enjoindre sous astreinte au directoire de convoquer une assemblée générale extraordinaire et de soumettre à celle-ci les projets de résolutions tendant à modifier les statuts dans le sens prévu aux premier et dernier alinéas du présent article.

Lorsqu'il est fait droit à la demande, l'astreinte et les frais de procédure sont à la charge des membres du directoire.

Lorsque l'assemblée générale extraordinaire est convoquée en application du premier alinéa, elle se prononce également sur un projet de résolution prévoyant l'élection d'un ou plusieurs membres du conseil de surveillance par le personnel de la société et des filiales directes ou indirectes dont le siège social est fixé en France. Le cas échéant, ces représentants sont désignés dans les conditions prévues à l'article L. 225-79.

Les membres du conseil de surveillance mentionnés au premier alinéa du présent article bénéficient à leur demande d'une formation adaptée à l'exercice de leur mandat, mise à la charge de la société, dans des

conditions définies par décret en Conseil d'État. La durée de ce temps de formation ne peut être inférieure à quarante heures par an.

NB : Conformément au B du I de l'article 184 de la loi n° 2019-486 du 22 mai 2019, les dispositions de la quatrième phrase du premier alinéa de l'article L. 225-71 dans sa rédaction issue du 2° du A du I dudit article, entrent en vigueur à l'issue du mandat du représentant des salariés actionnaires en cours à la date de la publication de la présente loi.

Conformément au II l'article 186 de la loi n° 2019-486 du 22 mai 2019, pour les sociétés auxquelles s'appliquent les dispositions du quatrième alinéa de l'article L. 225-71 dans sa rédaction antérieure à la présente loi, l'entrée en fonction des administrateurs et des membres du conseil de surveillance représentant les salariés actionnaires intervient au plus tard à l'issue de l'assemblée générale annuelle suivant celle procédant aux modifications statutaires nécessaires à leur élection, cette dernière ayant lieu au plus tard en 2020.

Voir : art. L. 22-10-22, p. 503.

Art. L. 225-72 *(Mod., L. n° 2001-420, 15 mai 2001 ; L. n° 2008-776, 4 août 2008 ; L. n° 2013-504, 14 juin 2013).* **– Les statuts peuvent imposer que chaque membre du conseil de surveillance soit propriétaire d'un nombre d'actions de la société, qu'ils déterminent.**

Si, au jour de sa nomination, un membre du conseil de surveillance n'est pas propriétaire du nombre d'actions requis ou si, en cours de mandat, il cesse d'en être propriétaire, il est réputé démissionnaire d'office, s'il n'a pas régularisé sa situation dans le délai de six mois.

Les dispositions du premier alinéa ne s'appliquent pas aux actionnaires salariés nommés membres du conseil de surveillance en application de l'article L. 225-71, ni aux salariés nommés membres du conseil de surveillance en application des articles L. 225-79 et L. 225-79-2.

Voir : art. L. 225-25, p. 340.

Art. L. 225-73 *(Anc. L. n° 66-537, 24 juill. 1966 ; mod., L. n° 2019-486, 22 mai 2019).* **– Les commissaires aux comptes, s'il en existe, veillent, sous leur responsabilité, à l'observation des dispositions prévues à l'article L. 225-72 et en dénoncent toute violation dans leur rapport à l'assemblée générale annuelle.**

NB : Conformément au II de l'article 20 de la loi n° 2019-486 du 22 mai 2019, les présentes dispositions s'appliquent à compter du premier exercice clos postérieurement à la publication du décret mentionné aux articles L. 225-218, L. 226-6 et L. 823-2-2 du Code de commerce dans leur rédaction résultant du présent article, et au plus tard le 1er septembre 2019.

Voir : art. L. 225-26, p. 341.

Art. L. 225-74 *(Anc. L. n° 66-537, 24 juill. 1966).* **– Aucun membre du conseil de surveillance ne peut faire partie du directoire.**

Voir : art. R. 225-37, p. 1694.

Mission des membres du conseil de surveillance. La mission de contrôle dont est seulement investi le conseil de surveillance semble interdire d'étendre à ses membres les incompatibilités entre la position d'administrer et la conduite de certaines activités (Rép. min. : *JOAN* 26 oct. 1971, p. 4949).

Il ressort des dispositions de la loi de 1966 *[Code de commerce]* relatives au conseil de surveillance que, quelle que soit l'étendue des prérogatives légales dévolues par les statuts à ce conseil, celui-ci demeure un organe exclusivement chargé d'une mission de contrôle ; ses membres, auxquels la loi interdit d'ailleurs de s'immiscer dans la gestion de la société, ne peuvent être présumés exercer effectivement des fonctions de direction, de gestion ou d'administration ■ CE, 31 mars 1993, n° 122800 : *JurisData* n° 1993-042366 ; *Bull. Joly sociétés* 1993, p. 694 *[décision rendue en matière fiscale]*.

Art. L. 225-75 *(Anc. L. n° 66-537, 24 juill. 1966 ; mod., L. n° 2012-387, 22 mars 2012).* **– Les membres du conseil de surveillance sont nommés par l'assemblée générale constitutive ou par l'assemblée générale ordinaire. Dans le cas prévu à l'article L. 225-16, ils sont désignés dans les statuts. La durée de leurs fonctions est déterminée par les statuts, sans pouvoir excéder six ans. Toutefois, en cas de fusion ou de scission, la nomination peut être faite par l'assemblée générale extraordinaire.**

Ils sont rééligibles, sauf stipulation contraire des statuts. Ils peuvent être révoqués à tout moment par l'assemblée générale ordinaire.

Toute nomination intervenue en violation des dispositions précédentes est nulle à l'exception de celles auxquelles il peut être procédé dans les conditions prévues à l'article L. 225-78.

Voir : art. L. 225-18, p. 334, L. 225-78, p. 370 et L. 225-105, p. 390, art. R. 225-41, p. 1695.

Art. L. 225-76 *(Anc. L. n° 66-537, 24 juill. 1966 ; mod., L. n° 2011-103, 27 janv. 2011).* – Une personne morale peut être nommée au conseil de surveillance. Lors de sa nomination, elle est tenue de désigner un représentant permanent qui est soumis aux mêmes conditions et obligations et qui encourt les mêmes responsabilités civile et pénale que s'il était membre du conseil en son nom propre, sans préjudice de la responsabilité solidaire de la personne morale qu'il représente.

Le représentant permanent est pris en compte pour apprécier la conformité de la composition du conseil de surveillance au premier alinéa de l'article L. 225-69-1. Toute désignation intervenue en violation de cet alinéa et n'ayant pas pour effet de remédier à l'irrégularité de la composition du conseil est nulle. Cette nullité n'entraîne pas celle des délibérations auxquelles a pris part le représentant permanent irrégulièrement désigné.

Lorsque la personne morale révoque son représentant, elle est tenue de pourvoir en même temps à son remplacement.

Voir : art. L. 225-20, p. 336, R. 225-42 et R. 225-43, p. 1695.

Art. L. 225-77 *(L. n° 2001-420, 15 mai 2001 ; mod., L. n° 2002-1303, 29 oct. 2002).* – Une personne physique ne peut exercer simultanément plus de cinq mandats de membre de conseil de surveillance de sociétés anonymes ayant leur siège social sur le territoire français.

Par dérogation aux dispositions du premier alinéa, ne sont pas pris en compte les mandats de membre du conseil de surveillance ou d'administrateur exercés par cette personne dans les sociétés contrôlées au sens de l'article L. 233-16 par la société dont elle est déjà membre du conseil de surveillance.

Pour l'application des dispositions du présent article, les mandats de membre du conseil de surveillance des sociétés dont les titres ne sont pas admis aux négociations sur un marché réglementé et contrôlées au sens de l'article L. 233-16 par une même société ne comptent que pour un seul mandat, sous réserve que le nombre de mandats détenus à ce titre n'excède pas cinq.

Toute personne physique qui se trouve en infraction avec les dispositions du présent article doit se démettre de l'un de ses mandats dans les trois mois de sa nomination, ou du mandat en cause dans les trois mois de l'événement ayant entraîné la disparition de l'une des conditions fixées à l'alinéa précédent. À l'expiration de ce délai, elle est réputée s'être démise, selon le cas, soit de son nouveau mandat, soit du mandat ne répondant plus aux conditions fixées à l'alinéa précédent, et doit restituer les rémunérations perçues, sans que soit, de ce fait, remise en cause la validité des délibérations auxquelles elle a pris part.

Voir : art. L. 225-21, p. 336, art. L. 225-94, p. 377, L. 225-94-1, p. 377 et L. 225-95-1, p. 377.

Art. L. 225-78 *(Anc. L. n° 66-537, 24 juill. 1966 ; mod., L. n° 2011-103, 27 janv. 2011).* – En cas de vacance par décès ou par démission d'un ou plusieurs sièges de membre du conseil de surveillance, ce conseil peut, entre deux assemblées générales, procéder à des nominations à titre provisoire.

Lorsque le nombre des membres du conseil de surveillance est devenu inférieur au minimum légal, le directoire doit convoquer immédiatement l'assemblée générale ordinaire en vue de compléter l'effectif du conseil de surveillance.

Lorsque le nombre des membres du conseil de surveillance est devenu inférieur au minimum statutaire sans toutefois être inférieur au minimum légal, le conseil de surveillance doit procéder à des nominations à titre provisoire en vue de compléter son effectif dans le délai de trois mois à compter du jour où se produit la vacance.

Lorsque sa composition n'est plus conforme au premier alinéa de l'article L. 225-69-1, le conseil de surveillance doit procéder à des nominations à titre provisoire afin d'y remédier dans le délai de six mois à compter du jour où se produit la vacance.

Les nominations effectuées par le conseil, en vertu des premier, troisième et quatrième alinéas ci-dessus, sont soumises à *ratification de la prochaine assemblée générale ordinaire*. À défaut de ratification, les délibérations *prises et les actes accomplis* antérieurement par le conseil n'en demeurent pas moins valables.

Lorsque le conseil néglige de procéder aux nominations requises ou si l'assemblée n'est pas convoquée, tout intéressé peut demander en justice la désignation d'un mandataire chargé de convoquer l'assemblée générale, à l'effet de procéder aux nominations ou de ratifier les nominations prévues au troisième alinéa.

Voir : art. L. 225-24, p. 340, R. 225-44, p. 1695.

Art. L. 225-79 *(Anc. L. n° 66-537, 24 juill. 1966 ; mod., L. n° 2011-103, 27 janv. 2011).* – Il peut être stipulé dans les statuts que le conseil de surveillance comprend, outre les membres dont le nombre et le mode de désignation sont prévus aux articles L. 225-69 et L. 225-75, des membres élus soit par le personnel de la société, soit par le personnel de la société et celui de ses filiales directes ou indirectes dont le siège social est fixé sur le territoire français.

Le nombre des membres du conseil de surveillance élus par les salariés ne peut être supérieur à quatre ni excéder le tiers du nombre des autres membres. Lorsque le nombre des membres élus par les salariés est égal ou supérieur à deux, les ingénieurs, cadres et assimilés ont un siège au moins.

Les membres du conseil de surveillance élus par les salariés ne sont pas pris en compte pour la détermination du nombre minimal et du nombre maximal de membres prévus à l'article L. 225-69, ni pour l'application du premier alinéa de l'article L. 225-69-1.

Art. L. 225-79-1 *(L. n° 2005-842, 26 juill. 2005 ; mod., L. n° 2007-1223, 21 août 2007 ; L. n° 2015-990, 6 août 2015 ; Ord. n° 2019-1234, 27 nov. 2019 ; abr., Ord. n° 2020-1142, 16 sept. 2020).*

Art. L. 225-79-2 *(L. n° 2013-504, 14 juin 2013 ; mod., Ord. n° 2014-948, 20 août 2014 ; L. n° 2015-994, 17 août 2015 ; L. n° 2019-486, 22 mai 2019 ; Ord. n° 2020-1142, 16 sept. 2020).* – I. – Dans les sociétés qui emploient, à la clôture de deux exercices consécutifs, au moins mille salariés permanents dans la société et ses filiales, directes ou indirectes, dont le siège social est fixé sur le territoire français, ou au moins cinq mille salariés permanents dans la société et ses filiales, directes ou indirectes, dont le siège social est fixé sur le territoire français et à l'étranger, il est stipulé dans les statuts que le conseil de surveillance comprend, outre les membres dont le nombre et le mode de désignation sont prévus aux articles L. 225-69 et L. 225-75 du présent code, des membres représentant les salariés.

Une société dont l'activité principale est d'acquérir et de gérer des filiales et des participations peut ne pas mettre en œuvre l'obligation prévue au premier alinéa du présent I si elle remplit chacune des conditions suivantes :

1° Elle n'est pas soumise à l'obligation de mettre en place un comité social et économique en application de l'article L. 2311-2 du Code du travail ;

2° Elle détient une ou plusieurs filiales, directes ou indirectes, soumises à l'obligation prévue au premier alinéa du présent I.

Une société n'est pas soumise à l'obligation prévue aux deux premiers alinéas du présent I dès lors qu'elle est la filiale, directe ou indirecte, d'une société elle-même soumise à cette obligation.

II. – Le nombre des membres du conseil de surveillance représentant les salariés est au moins égal à deux dans les sociétés dont le nombre de membres désignés selon les modalités mentionnées à l'article L. 225-75 est supérieur à huit et au moins à un s'il est égal ou inférieur à huit.

Les membres du conseil de surveillance représentant les salariés ne sont pris en compte ni pour la détermination du nombre minimal et du nombre maximal des membres du conseil de surveillance prévus à l'article L. 225-69, ni pour l'application du premier alinéa de l'article L. 225-69-1.

L'élection des administrateurs représentant les salariés sur le fondement du 1° du III du présent article respecte la parité conformément à l'article L. 225-28. Lorsque deux administrateurs sont désignés sur le fondement du 2° du même III, le comité de groupe, le comité central d'entreprise ou le comité d'entreprise désigne une femme et un homme.

III. – Dans les six mois suivant la clôture du second des deux exercices mentionnés au I, après avis, selon le cas, du comité de groupe, du comité central d'entreprise ou du comité d'entreprise, l'assemblée générale extraordinaire procède à la modification des statuts pour déterminer les conditions dans lesquelles sont désignés les membres du conseil de surveillance représentant les salariés, selon l'une des modalités suivantes :

1° L'organisation d'une élection auprès des salariés de la société et de ses filiales, directes ou indirectes, dont le siège social est fixé sur le territoire français dans les conditions fixées à l'article L. 225-28 ;

2° La désignation, selon le cas, par le comité de groupe prévu à l'article L. 2331-1 du Code du travail, le comité central d'entreprise ou le comité d'entreprise de la société mentionnée au I du présent article ;

3° La désignation par l'organisation syndicale ayant obtenu le plus de suffrages au premier tour des élections mentionnées aux articles L. 2122-1 et L. 2122-4 du Code du travail dans la société et ses filiales, directes ou indirectes, dont le siège social est fixé sur le territoire français lorsqu'un seul membre est à désigner, ou par

chacune des deux organisations syndicales ayant obtenu le plus de suffrages au premier tour de ces élections lorsque deux membres sont à désigner ;
4° Lorsqu'au moins deux membres sont à désigner, la désignation de l'un des membres selon l'une des modalités fixées aux 1° à 3° et de l'autre par le comité d'entreprise européen, s'il existe, ou, pour les sociétés européennes au sens de l'article L. 2351-1 du Code du travail, par l'organe de représentation des salariés mentionné à l'article L. 2352-16 du même code ou, à défaut, par le comité de la société européenne mentionné à l'article L. 2353-1 dudit code.

L'élection ou la désignation des membres du conseil de surveillance représentant les salariés intervient dans les six mois suivant la modification des statuts prévue au premier alinéa du présent III.
IV. – Si l'assemblée générale extraordinaire ne s'est pas réunie dans le délai prévu au premier alinéa du III, tout salarié peut demander au président du tribunal statuant en référé d'enjoindre sous astreinte au directoire de convoquer une assemblée générale extraordinaire et de soumettre à celle-ci les projets de résolutions tendant à modifier les statuts dans le sens prévu au même III.

À défaut de modification des statuts à l'issue du délai prévu au premier alinéa dudit III, les membres du conseil de surveillance représentant les salariés sont désignés par la voie de l'élection mentionnée au 1° du III dans les six mois suivant l'expiration du même délai. Tout salarié peut demander au président du tribunal statuant en référé d'enjoindre sous astreinte à la société d'organiser l'élection.

V. – Les sociétés répondant aux critères fixés au I du présent article ou à l'article L. 22-10-24 et dont le conseil de surveillance comprend un ou plusieurs membres désignés en application de l'article L. 225-79 du présent code ou du I de l'article 7 de l'ordonnance n° 2014-948 du 20 août 2014 relative à la gouvernance et aux opérations sur le capital des sociétés à participation publique, ainsi que leurs filiales directes ou indirectes, ne sont pas soumises à l'obligation prévue aux I à III du présent article dès lors que le nombre de ces administrateurs est au moins égal au nombre prévu au II.

Lorsque le nombre de ces membres est inférieur au nombre prévu au II, les I à IV sont applicables à l'expiration du mandat en cours des membres du conseil de surveillance représentant les salariés.

Bibliographie : S. de Vendeuil et O. Rault-Dubois, *Représentation des salariés au conseil d'administration ou de surveillance de grandes entreprises, L. n° 2013-504, 14 juin 2013, art. 9 : JCP* E 2013, n° 1379. • R. Vatinet, *Représentation des salariés dans les conseils d'administration ou de surveillance, article 9 de la loi n° 2013-504 du 14 juin 2013 : Rev. sociétés* 2014, p. 75. • H. Le Nabasque, *La composition des organes de direction et de contrôle de la gestion des sociétés par actions après la loi PACTE : Bull. Joly sociétés* juin 2019, n° 119w4, p. 5. • B. Saintourens, *La stimulation de l'actionnariat salarié : Rev. sociétés* 2019, p. 594.

Voir : art. L. 22-10-24, p. 503.

Art. L. 225-80 *(Anc. L. n° 66-537, 24 juill. 1966 ; L. n° 2013-504, 14 juin 2013 ; mod., L. n° 2019-486, 22 mai 2019).* **– Les conditions relatives à l'éligibilité, à l'électorat, à la composition des collèges, aux modalités du scrutin, aux contestations, à la formation, à la durée et aux conditions d'exercice du mandat, à la révocation, à la protection du contrat de travail et au remplacement des membres du conseil de surveillance élus par les salariés ou désignés en application de l'article L. 225-79-2 sont fixées selon les règles définies aux articles L. 225-28 à L. 225-34.**

Art. L. 225-81 *(Anc. L. n° 66-537, 24 juill. 1966 ; L. n° 2016-1691, 9 déc. 2016 ; mod., Ord. n° 2020-1142, 16 sept. 2020).* **– Le conseil de surveillance élit en son sein un président et un vice-président qui sont chargés de convoquer le conseil et d'en diriger les débats. Il détermine, s'il l'entend, leur rémunération.**

À peine de nullité de leur nomination, le président et le vice-président du conseil de surveillance sont des personnes physiques. Ils exercent leurs fonctions pendant la durée du mandat du conseil de surveillance.

Bibliographie : J.-J. Caussain, *L'autre président : le président du conseil de surveillance, in Mél. Didier*, Économica, 2008, *p.* 101.

1) Qualité du président du conseil de surveillance. Le conseil de surveillance étant un organe exclusivement de contrôle, son président n'a pas la qualité de personne exerçant des activités de direction, de gestion ou d'administration ▪ Cass. com., 9 oct. 1990, n° 89-12.008 : *JCP* E 1991, 61, n° 10, obs. A. Viandier et J.-J. Caussain ; *Bull. Joly sociétés* 1990, p. 1041, note P. Le Cannu *[décision rendue en matière fiscale].*

2) **Assujettissement à la sécurité sociale.** Le président du conseil de surveillance, étant uniquement chargé de convoquer le conseil et d'en diriger les débats, n'exerce pas d'activité professionnelle justifiant son assujettissement à un régime de sécurité sociale ▪ Cass. soc., 25 janv. 2001, n° 99-12.376 : *JurisData* n° 2001-007889 ; *Bull. Joly sociétés* 2001, p. 1010, note P. Le Cannu.

Art. L. 225-82 *(Anc. L. n° 66-537, 24 juill. 1966 ; mod., L. n° 2005-842, 26 juill. 2005 ; L. n° 2019-744, 19 juill. 2019).* – **Le conseil de surveillance ne délibère valablement que si la moitié au moins de ses membres sont présents.**

À moins que les statuts ne prévoient une majorité plus forte, les décisions sont prises à la majorité des membres présents ou représentés.

Sauf lorsque le conseil est réuni pour procéder aux opérations visées au cinquième alinéa de l'article L. 225-68 et sauf disposition contraire des statuts, le règlement intérieur peut prévoir que sont réputés présents, pour le calcul du quorum et de la majorité, des membres du conseil de surveillance qui participent à la réunion par des moyens de visioconférence ou de télécommunication permettant leur identification et garantissant leur participation effective, dont la nature et les conditions d'application sont déterminées par décret en Conseil d'État. Les statuts peuvent limiter la nature des décisions pouvant être prises lors d'une réunion tenue dans ces conditions et prévoir un droit d'opposition au profit d'un nombre déterminé de membres du conseil de surveillance. Les statuts peuvent également prévoir que les décisions relevant des attributions propres du conseil de surveillance prévues au second alinéa de l'article L. 225-65, au deuxième alinéa de l'article L. 225-68, à l'article L. 225-78 et au III de l'article L. 225-103 ainsi que les décisions de transfert du siège social dans le même département peuvent être prises par consultation écrite des membres du conseil de surveillance.

Sauf disposition contraire des statuts, la voix du président de séance est prépondérante en cas de partage.

Voir : art. L. 225-37, p. 348, art. R. 225-45 à R. 225-52, p. 1695.

Art. L. 225-82-1 *(L. n° 2011-103, 27 janv. 2011 ; mod., L. n° 2015-994, 17 août 2015 ; L. n° 2018-771, 5 sept. 2018).* – **L'assemblée générale peut allouer aux membres du conseil de surveillance, en rémunération de leur activité,** *(Mots suppr., L. n° 2019-486, 22 mai 2019)* « ... » **une somme fixe annuelle que cette assemblée détermine sans être liée par des dispositions statutaires ou des décisions antérieures. Le montant de celle-ci est porté aux charges d'exploitation. Sa répartition entre les membres du conseil de surveillance est déterminée par ce dernier.**

Art. L. 225-82-2 *(L. n° 2016-1691, 9 déc. 2016 ; mod., Ord. n° 2017-1162, 12 juill. 2017 ; Ord. n° 2019-1234, 27 nov. 2019 ; abr., Ord. n° 2020-1142, 16 sept. 2020).*

Voir : art. L. 225-37-2, p. 350

Art. L. 225-83 *(Mod., L. n° 2001-420, 15 mai 2001 ; L. n° 2011-103, 27 janv. 2011 ; L. n° 2019-486, 22 mai 2019 ; Ord. n° 2019-1234, 27 nov. 2019 ; Ord. n° 2020-1142, 16 sept. 2020).* – **L'assemblée générale peut allouer aux membres du conseil de surveillance, en rémunération de leur activité, une somme fixe annuelle que cette assemblée détermine sans être liée par des dispositions statutaires ou des décisions antérieures. Le montant de celle-ci est porté aux charges d'exploitation. Sa répartition entre les membres du conseil de surveillance est déterminée par ce dernier.**

Lorsque le conseil de surveillance n'est pas composé conformément au premier alinéa de l'article L. 225-69-1, le versement de la rémunération prévue au premier alinéa du présent article est suspendu. Le versement est rétabli lorsque la composition du conseil de surveillance devient régulière, incluant l'arriéré depuis la suspension.

NB : Conformément à l'article 4 de l'ordonnance n° 2019-1234 du 27 novembre 2019, ces dispositions sont applicables à compter des assemblées générales statuant sur le premier exercice clos après sa date de publication.

Voir : art. L. 225-45, p. 356, R. 225-60, p. 1697, art. L. 22-10-27, p. 504.

Bibliographie : C. Coupet, *Loi PACTE : l'encadrement de la rémunération des dirigeants – Entre libéralisation et renforcement : JCP* E 2019, 1319. • E. Schlumberger, *Les incidences de la loi PACTE sur la rémunération des dirigeants sociaux* : *Bull. Joly sociétés* 2019, n° 119x3, p. 64.

Art. L. 225-84 *(Anc. L. n° 66-537, 24 juill. 1966 ; mod., Ord. n° 2019-1234, 27 nov. 2019 ; Ord. n° 2020-1142, 16 sept. 2020).* – **Il peut être alloué, par le conseil de surveillance, des rémunérations**

exceptionnelles pour les missions ou mandats confiés à des membres de ce conseil. Dans ce cas, ces rémunérations, portées aux charges d'exploitation, sont soumises aux dispositions des articles L. 225-86 à L. 225-90 et L. 22-10-30.

NB : Conformément à l'article 4 de l'ordonnance n° 2019-1234 du 27 novembre 2019, ces dispositions sont applicables à compter des assemblées générales statuant sur le premier exercice clos après sa date de publication.

Voir : art. L. 225-46, p. 356, art. L. 22-10-28, p. 504.

Art. L. 225-85 *(Anc. L. n° 66-537, 24 juill. 1966 ; mod., L. n° 2019-486, 22 mai 2019 ; Ord. n° 2020-1142, 16 sept. 2020).* **– Les membres du conseil de surveillance ne peuvent recevoir de la société aucune rémunération, permanente ou non, autre que celles qui sont prévues aux articles L. 225-81, L. 225-83, L. 225-84 et L. 22-10-25 et, le cas échéant, celles dues au titre d'un contrat de travail correspondant à un emploi effectif. Ils peuvent également se voir attribuer des bons mentionnés au II de l'article 163 *bis* G du Code général des impôts.**

Le nombre des membres du conseil de surveillance liés à la société par un contrat de travail ne peut dépasser le tiers des membres en fonctions. Toutefois, les membres du conseil de surveillance élus conformément aux articles L. 225-79 et L. 225-80 et ceux nommés conformément aux dispositions de l'article L. 225-71 ne sont pas comptés pour la détermination de ce nombre.

Toute clause statutaire contraire est réputée non écrite et toute décision contraire est nulle.

NB : Conformément au III de l'article 103 de la loi n° 2019-486 du 22 mai 2019, ces dispositions s'appliquent aux bons de souscription de parts de créateur d'entreprise mentionnés à l'article 163 *bis* G du Code général des impôts attribués à compter de la publication de la présente loi.

Voir : art. L. 225-22, p. 337.

Bibliographie : C. Coupet, *Loi PACTE : l'encadrement de la rémunération des dirigeants – Entre libéralisation et renforcement : JCP* E 2019, 1319. • E. Schlumberger, *Les incidences de la loi PACTE sur la rémunération des dirigeants sociaux : Bull. Joly sociétés* 2019, n° 119x3, p. 64.

Art. L. 225-86 *(L. n° 2001-420, 15 mai 2001 ; mod., L. n° 2003-706, 1er août 2003 ; Ord. n° 2014-863, 31 juill. 2014).* **– Toute convention intervenant directement ou par personne interposée entre la société et l'un des membres du directoire ou du conseil de surveillance, un actionnaire disposant d'une fraction des droits de vote supérieure à 10 % ou, s'il s'agit d'une société actionnaire, la société la contrôlant au sens de l'article L. 233-3 doit être soumise à l'autorisation préalable du conseil de surveillance.**

Il en est de même des conventions auxquelles une des personnes visées à l'alinéa précédent est indirectement intéressée.

Sont également soumises à autorisation préalable les conventions intervenant entre la société et une entreprise, si l'un des membres du directoire ou du conseil de surveillance de la société est propriétaire, associé indéfiniment responsable, gérant, administrateur, membre du conseil de surveillance ou, de façon générale, dirigeant de cette entreprise.

L'autorisation préalable du conseil de surveillance est motivée en justifiant de l'intérêt de la convention pour la société, notamment en précisant les conditions financières qui y sont attachées.

Voir : art. L. 225-38, p. 350 et art. R. 225-57, p. 1697.

Indemnité de révocation du président. Le président du directoire révoqué est fondé à invoquer le bénéfice de l'indemnité de rupture stipulée au contrat portant statut des membres du directoire dès lors que les engagements issus de ce statut ont respecté la procédure de l'article L. 225-86 du Code de commerce. L'indemnité conventionnelle de rupture consentie au dirigeant n'est pas une clause pénale. ▪ Cass. com., 11 mars 2014, n° 13-10.188 : *JurisData* 2014-004395 ; *Dr. sociétés* 2014, n° 83, note M. Roussille.

Art. L. 225-87 *(Anc. L. n° 66-537, 24 juill. 1966 ; mod., L. n° 2001-420, 15 mai 2001 ; L. n° 2003-706, 1er août 2003 ; L. n° 2011-525, 17 mai 2011 ; Ord. n° 2014-863, 31 juill. 2014 ; L. n° 2019-486, 22 mai 2019 ; Ord. n° 2020-1142, 16 sept. 2020).* **– Les dispositions de l'article L. 225-86 ne sont applicables ni aux conventions portant sur des opérations courantes et conclues à des conditions normales ni aux conventions conclues entre deux sociétés dont l'une détient, directement ou indirectement, la totalité du**

capital de l'autre, le cas échéant déduction faite du nombre minimum d'actions requis pour satisfaire aux exigences de l'article 1832 du Code civil ou des articles L. 225-1, L. 226-1 et L. 22-10-2 du présent code.

NB : Conformément au V de l'article 198 de la loi n° 2019-486 du 22 mai 2019, ces dispositions entrent en vigueur à une date fixée par décret, et au plus tard le 10 juin 2019.

Voir : art. L. 225-39, p. 352, L. 225-115, p. 396, R. 225-59, p. 1697, art. L. 22-10-29, p. 504.

Art. L. 225-88 *(Anc. L. n° 66-537, 24 juill. 1966 ; mod., L. n° 2001-420, 15 mai 2001 ; L. n° 2016-1691, 9 déc. 2016 ; L. n° 2019-486, 22 mai 2019).* **– La personne directement ou indirectement intéressée à la convention est tenue d'informer le conseil de surveillance dès qu'elle a connaissance d'une convention à laquelle l'article L. 225-86 est applicable. Si elle siège au conseil de surveillance, elle ne peut prendre part ni aux délibérations ni au vote sur l'autorisation sollicitée.**

Le président du conseil de surveillance donne avis aux commissaires aux comptes, s'il en existe, de toutes les conventions autorisées et conclues et soumet celles-ci à l'approbation de l'assemblée générale.

Les commissaires aux comptes ou, s'il n'en a pas été désigné, le président du conseil d'administration, présentent, sur ces conventions, un rapport spécial à l'assemblée, qui statue sur ce rapport.

La personne directement ou indirectement intéressée à la convention ne peut pas prendre part au vote. Ses actions ne sont pas prises en compte pour le calcul de la majorité.

Bibliographie : E. Schlumberger, *Les incidences de la loi PACTE sur la procédure de contrôle des conventions réglementées : Bull. Joly Sociétés* juin 2019, n° 119x4, p. 56. • J. Heinich, *Les conventions réglementées : Rev. sociétés* 2019, p. 619. • J.-F. Hamelin, *Sociétés cotées : publication sur leur site internet des informations relatives aux conventions réglementées : Dr. sociétés* 2020, comm. 24. • C. Coupet, *Transposition de la directive Droits des actionnaires : say on pay et autres mesures d'application : Bull. Joly Bourse* mars 2020, p. 26.

Voir : art. L. 225-40, p. 353, R. 225-57 et R. 225-58, p. 1697, R. 225-161, p. 1723.

Art. L. 225-88-1 *(Ord. n° 2014-863, 31 juill. 2014 ; mod., L. n° 2019-486, 22 mai 2019).* **– Les conventions conclues et autorisées au cours d'exercices antérieurs dont l'exécution a été poursuivie au cours du dernier exercice sont examinées chaque année par le conseil de surveillance et communiquées au commissaire aux comptes, s'il en existe, pour les besoins de l'établissement du rapport prévu au troisième alinéa de l'article L. 225-88.**

Art. L. 225-88-2 *(L. n° 2019-486, 22 mai 2019 ; abr., Ord. n° 2020-1142, 16 sept. 2020).*

Art. L. 225-89 *(Anc. L. n° 66-537, 24 juill. 1966 ; mod., L. n° 2001-420, 15 mai 2001).* **– Les conventions approuvées par l'assemblée, comme celles qu'elle désapprouve, produisent leurs effets à l'égard des tiers, sauf lorsqu'elles sont annulées dans le cas de fraude.**

Même en l'absence de fraude, les conséquences, préjudiciables à la société, des conventions désapprouvées peuvent être mises à la charge de l'intéressé et, éventuellement, des autres membres du directoire.

Voir : art. L. 225-41, p. 354.

Art. L. 225-90 *(Anc. L. n° 66-537, 24 juill. 1966 ; mod., L. n° 2019-486, 22 mai 2019).* **– Sans préjudice de la responsabilité de l'intéressé, les conventions visées à l'article L. 225-86 et conclues sans autorisation** ***préalable*** **du conseil de surveillance peuvent être annulées si elles ont eu des conséquences dommageables pour la société.**

L'action en nullité se prescrit par trois ans à compter de la date de la convention. Toutefois, si la convention a été dissimulée, le point de départ du délai de prescription est reporté au jour où elle a été révélée.

La nullité peut être couverte par un vote de l'assemblée générale intervenant sur rapport spécial des commissaires aux comptes ou, s'il n'en a pas été désigné, du président du conseil d'administration exposant les circonstances en raison desquelles la procédure d'autorisation n'a pas été suivie. Le quatrième alinéa de l'article L. 225-88 est applicable.

Voir : art. L. 225-42, p. 354.

Art. L. 225-90-1 *(Abr. à compter des assemblées générales statuant sur le premier exercice clos après le 28 novembre 2019, Ord. n° 2019-1234, 27 nov. 2019).*

Rédaction antérieure. Art. L. 225-90-1 *(L. n° 2005-842, 26 juill. 2005 ; mod., L. n° 2007-1223, 21 août 2007 ; L. n° 2015-990, 6 août 2015).* – Dans les sociétés dont les titres sont admis aux négociations sur un marché réglementé, les engagements pris au bénéfice d'un membre du directoire, par la société elle-même ou par toute société contrôlée ou qui la contrôle au sens des II et III de l'article L. 233-16, et correspondant à des éléments de rémunération, des indemnités ou des avantages dus ou susceptibles d'être dus à raison de la cessation ou du changement de ces fonctions, ou postérieurement à celles-ci, ou des engagements de retraite à prestations définies répondant aux caractéristiques des régimes mentionnés à l'article L. 137-11 du Code de la sécurité sociale, sont soumis aux dispositions des articles L. 225-86 et L. 225-88 à L. 225-90 du présent code.

Sont interdits les éléments de rémunération, indemnités, avantages et droits conditionnels octroyés aux membres du directoire au titre d'engagements de retraite mentionnés au premier alinéa du présent article dont le bénéfice n'est pas subordonné au respect de conditions liées aux performances du bénéficiaire, appréciées au regard de celles de la société dont il est membre du directoire.

L'autorisation donnée par le conseil de surveillance en application de l'article L. 225-86 est rendue publique selon des modalités et dans des délais fixés par décret en Conseil d'État.

La soumission à l'approbation de l'assemblée générale en application de l'article L. 225-88 fait l'objet d'une résolution spécifique pour chaque bénéficiaire. Cette approbation est requise à chaque renouvellement du mandat exercé par les personnes mentionnées au premier alinéa.

Aucun versement, de quelque nature que ce soit, ne peut intervenir avant que le conseil de surveillance ne constate, lors ou après la cessation ou le changement effectif des fonctions, le respect des conditions prévues. Cette décision est rendue publique selon des modalités et dans des délais fixés par décret en Conseil d'État. Tout versement effectué en méconnaissance des dispositions du présent alinéa est nul de plein droit.

Les engagements correspondant à des indemnités en contrepartie d'une clause interdisant au bénéficiaire, après la cessation de ses fonctions dans la société, l'exercice d'une activité professionnelle concurrente portant atteinte aux intérêts de la société ne sont soumis qu'aux dispositions du premier alinéa. Il en va de même des engagements répondant aux caractéristiques des régimes collectifs et obligatoires de retraite et de prévoyance visés à l'article L. 242-1 du Code de la sécurité sociale.

Le conseil de surveillance vérifie annuellement, avant la tenue de l'assemblée générale ordinaire appelée à statuer sur les comptes du dernier exercice clos, le respect des conditions prévues et détermine l'accroissement, au titre dudit exercice, des droits conditionnels bénéficiant aux membres du directoire au titre des régimes à prestations définies mentionnés à l'article L. 137-11 du Code de la sécurité sociale.

Les droits conditionnels mentionnés au septième alinéa du présent article ne peuvent augmenter annuellement d'un montant supérieur à 3 % de la rémunération annuelle servant de référence au calcul de la rente versée dans le cadre de ces régimes.

Aucun droit conditionnel au titre de l'activité de membre du directoire ne peut être octroyé s'il ne remplit pas les conditions fixées aux septième et avant-dernier alinéas.

Voir : art. R. 225-60-1, p. 1698.

Les dispositions issues de la loi n° 2007-1223 du 21 août 2007 sont applicables aux engagements pris à compter de la publication de la loi [JO 22 août] ; les engagements en cours à cette date doivent être mis en conformité avec les nouvelles règles au plus tard dix-huit mois après la publication de la loi (L. n° 2007-1223, 21 août 2007, art. 17, IV).

Art. L. 225-91 *(Anc. L. n° 66-537, 24 juill. 1966 ; mod., L. n° 2009-323, 25 mars 2009).* – **À peine de nullité du contrat, il est interdit aux membres du directoire et aux membres du conseil de surveillance autres que les personnes morales, de contracter, sous quelque forme que ce soit, des emprunts auprès de la société, de se faire consentir par elle un découvert, en compte courant ou autrement, ainsi que de faire cautionner ou avaliser par elle leurs engagements envers les tiers.**

L'interdiction s'applique aux représentants permanents des personnes morales membres du conseil de surveillance. Elle s'applique également aux conjoint, ascendants et descendants des personnes visées au présent article, ainsi qu'à toute personne interposée.

Toutefois, si la société exploite un établissement bancaire ou financier, l'interdiction ne s'applique pas aux opérations courantes de ce commerce conclues à des conditions normales.

Voir : art. L. 225-43, p. 355.

Art. L. 225-92 *(Anc. L. n° 66-537, 24 juill. 1966).* – **Les membres du directoire et du conseil de surveillance, ainsi que toute personne appelée à assister aux réunions de ces organes, sont tenus à la discrétion à l'égard des informations présentant un caractère confidentiel et données comme telles par le président.**

Art. L. 225-93 *(Anc. L. n° 66-537, 24 juill. 1966 ; mod., L. n° 2019-744, 19 juill. 2019).* – **En cas d'ouverture d'une procédure de redressement ou de liquidation judiciaire, en application des titres III et IV du livre VI, les personnes visées par ces dispositions peuvent être rendues responsables du passif social et sont soumises aux interdictions et déchéances, dans les conditions prévues par lesdites dispositions.**

Voir : art. L. 225-52, p. 360, art. L. 225-255, p. 430 et L. 651-1 et s., p. 1341.

Sous-section 3. – Dispositions communes aux mandataires sociaux des sociétés anonymes

Art. L. 225-94 *(Anc. L. n° 66-537, 24 juill. 1966 ; mod., L. n° 2002-1303, 29 oct. 2002).* – La limitation du nombre de sièges d'administrateur ou de membre du conseil de surveillance qui peuvent être occupés simultanément par une même personne physique, en vertu des articles L. 225-21 et L. 225-77, est applicable au cumul de sièges d'administrateur et de membre du conseil de surveillance.

Pour l'application des articles L. 225-54-1 et L. 225-67, est autorisé l'exercice simultané de la direction générale par une personne physique dans une société et dans une autre société qu'elle contrôle au sens de l'article L. 233-16.

Art. L. 225-94-1 *(Mod., L. n° 2001-420, 15 mai 2001 ; L. n° 2002-1303, 29 oct. 2002 ; L. n° 2003-706, 1er août 2003 ; L. n° 2015-990, 6 août 2015).* – Sans préjudice des dispositions des articles L. 225-21, L. 225-54-1, L. 225-67, L. 225-77 et L. 225-94, une personne physique ne peut exercer simultanément plus de cinq mandats de directeur général, de membre du directoire, de directeur général unique, d'administrateur ou de membre du conseil de surveillance de sociétés anonymes ayant leur siège sur le territoire français. Pour l'application de ces dispositions, l'exercice de la direction générale par un administrateur est décompté pour un seul mandat. Ce nombre est réduit à trois pour les mandats sociaux exercés au sein de sociétés dont les titres sont admis à la négociation sur un marché réglementé par les personnes exerçant un mandat de directeur général, de membre du directoire ou de directeur général unique dans une société dont les titres sont admis aux négociations sur un marché réglementé et qui emploie au moins cinq mille salariés permanents dans la société et ses filiales, directes ou indirectes, dont le siège social est fixé sur le territoire français, ou au moins dix mille salariés permanents dans la société et ses filiales, directes ou indirectes, dont le siège social est fixé sur le territoire français et à l'étranger.

Par dérogation aux dispositions ci-dessus, ne sont pas pris en compte les mandats d'administrateur ou de membre de conseil de surveillance dans les sociétés qui sont contrôlées, au sens de l'article L. 233-16, par la société dans laquelle est exercé un mandat au titre du premier alinéa.

Par dérogation au deuxième alinéa, ne sont pas pris en compte les mandats d'administrateur ou de membre de conseil de surveillance exercés par le directeur général, les membres du directoire ou le directeur général unique des sociétés dont l'activité principale est d'acquérir et de gérer des participations, au sens de l'article L. 233-2, dans les sociétés qui constituent des participations.

Toute personne physique qui se trouve en infraction avec les dispositions du présent article doit se démettre de l'un de ses mandats dans les trois mois de sa nomination, ou du mandat en cause dans les trois mois de l'événement ayant entraîné la disparition de l'une des conditions fixées aux deuxième et troisième alinéas. À l'expiration de ce délai, elle est réputée s'être démise, selon le cas, soit de son nouveau mandat, soit du mandat ne répondant plus aux conditions fixées aux deuxième et troisième alinéas, et doit restituer les rémunérations perçues, sans que soit, de ce fait, remise en cause la validité des délibérations auxquelles elle a pris part.

Bibliographie : C. Malecki, *Cumul des mandats sociaux et cumul des dérogations : quel décompte ? : D.* 2002, doctr. 3194.

Voir : pour les mandataires des établissements publics de l'État et de la Caisse des dépôts et consignations : L. n° 2003-706, 1er août 2003, de sécurité financière, art. 130 (*JO* 2 août).

Art. L. 225-95 *(Anc. L. n° 66-537, 24 juill. 1966 ; mod., L. n° 2001-420, 15 mai 2001).* – En cas de *fusion de sociétés* anonymes, le nombre de membres du conseil d'administration ou du conseil de surveillance, selon le cas, pourra dépasser le nombre de dix-huit, prévu aux articles L. 225-17 et L. 225-69, pendant un délai de trois ans à compter de la date de la fusion fixée à l'article L. 236-4, sans pouvoir être supérieur à vingt-quatre.

Art. L. 225-95-1 *(L. n° 2001-420, 15 mai 2001 ; mod., L. n° 2002-1303, 29 oct. 2002 ; Ord. n° 2011-915, 1er août 2011 ; L. n° 2016-1691, 9 déc. 2016).* – Par dérogation aux dispositions des articles L. 225-21, L. 225-77 et L. 225-94-1, ne sont pas pris en compte les mandats de représentant permanent d'une société de capital-risque mentionnée à l'article 1er de la loi n° 85-695 du 11 juillet 1985 portant diverses dispositions d'ordre économique et financier, d'une société financière d'innovation mentionnée au III (B) de l'article 4 de la loi n° 72-650 du 11 juillet 1972 portant diverses dispositions d'ordre économique et financier, d'une société de libre partenariat mentionnée à l'article L. 214-162-1 du Code monétaire et financier ou d'une société de gestion habilitée à gérer les fonds communs de placement régis par les articles L. 214-28, L. 214-30 ou L. 214-31 du même code, les fonds professionnels spécialisés ou les fonds professionnels de capital investissement mentionnés, respectivement, aux articles L. 214-154 ou L. 214-159 du même code.

Dès lors que les conditions prévues au présent article ne sont plus remplies, toute personne physique doit se démettre des mandats ne répondant pas aux dispositions des articles L. 225-21, L. 225-77 et L. 225-94-1 dans un délai de trois mois. À l'expiration de ce délai, elle est réputée ne plus représenter la personne morale, et doit restituer les rémunérations perçues, sans que soit, de ce fait, remise en cause la validité des délibérations auxquelles elle a pris part.

Par dérogation aux articles L. 225-21, L. 225-54-1, L. 225-67 et L. 225-94-1, les mandats de président, de directeur général, de directeur général unique, de membre du directoire ou d'administrateur d'une société d'économie mixte locale, exercés par un représentant d'une collectivité territoriale ou d'un groupement de collectivités territoriales ne sont pas pris en compte pour l'application des règles relatives au cumul des mandats sociaux.

Voir : Loi de sécurité financière n° 2003-706 du 1er août 2003, article 130 (*JO* 2 août 2003).

Section III. – Des assemblées d'actionnaires

Bibliographie : P. Storck, *La rétroactivité des décisions sociales : Rev. sociétés* 1985, p. 55. • J.-P. Dom, *La protection des minoritaires : Rev. sociétés* 2001, p. 533. • J.-P. Valuet, *Le bureau de l'assemblée générale des actionnaires : Rev. sociétés* 2012, p. 543. • M. Petitier et T. Meli, *Agences de conseil en vote et pouvoirs des assemblées générales de sociétés cotées : JCP* E 2013, 1191 ; *Dr. sociétés* 2013, n° 12. • S. Schiller et F. Patrizio, *Un rééquilibrage nécessaire des relations entre majoritaires et minoritaires dans les sociétés non cotées : JCP* E 2014, 1284. • Joly Sociétés, EA 150 *Assemblées d'actionnaires*, par T. de Ravel d'Esclapon. • M. Cozian, A. Viandier et F. Deboissy, *Droit des sociétés*, LexisNexis, 33e éd., 2020, nos 978 et s. • AMF, recomm. n° 2012-05, « *Les assemblées générales d'actionnaires de sociétés cotées* ».

Art. L. 225-96 *(Anc. L. n° 66-537, 24 juill. 1966 ; mod., L. n° 2005-842, 26 juill. 2005 ; Ord. n° 2009-80, 22 janv. 2009 ; L. n° 2019-744, 19 juill. 2019 ; Ord. n° 2020-1142, 16 sept. 2020).* – **L'assemblée générale extraordinaire est seule habilitée à modifier les statuts dans toutes leurs dispositions. Toute clause contraire est réputée non écrite. Elle ne peut, toutefois, augmenter les engagements des actionnaires, sous réserve des opérations résultant d'un regroupement d'actions régulièrement effectué.**

Elle ne délibère valablement que si les actionnaires présents ou représentés possèdent au moins, sur première convocation, le quart et, sur deuxième convocation, le cinquième des actions ayant le droit de vote. À défaut, la deuxième assemblée peut être prorogée à une date postérieure de deux mois au plus à celle à laquelle elle avait été convoquée. Les statuts peuvent prévoir des quorums plus élevés.

Elle statue à la majorité des deux tiers des voix exprimées par les actionnaires présents ou représentés. Les voix exprimées ne comprennent pas celles attachées aux actions pour lesquelles l'actionnaire n'a pas pris part au vote, s'est abstenu ou a voté blanc ou nul.

Bibliographie : C. Coupet, *Loi du 19 juillet 2019 de simplification, de clarification et d'actualisation : miscellanées de droit des sociétés : Bull. Joly sociétés* oct. 2019, n° 120e1, p. 35. • J.-F. Hamelin, *Abstentions, votes blancs ou nuls et calcul de la majorité : Dr. sociétés* 2019, comm. 171. • R. Mortier *et a.*, *La loi Soilihi article par article (1re partie) : Dr. sociétés* 2019, étude 13.

Voir : art. R. 210-9 et s., p. 1677, R. 225-70, p. 1700, R. 225-85 à R. 225-87, p. 1707, R. 225-100 à R. 225-108, p. 1710, art. L. 22-10-31, p. 505.

Augmentation des engagements des associés, C. civ., art. 1836, p. 2975 ; C. com., art. L. 223-30, p. 323.

1) Absence de rapport du conseil d'administration. L'article L. 225-96 du Code de commerce, qui habilite l'assemblée générale extraordinaire à modifier les statuts en toutes leurs dispositions, n'impose pas *que cette assemblée statue sur rapport du conseil d'administration* ; (...) l'absence d'un tel rapport n'était pas de nature à entraîner l'annulation de l'assemblée générale mixte. ▪ Cass. com., 26 oct. 2010, n° 09-71.404 : *JurisData* n° 2010-019584 ; *Bull. Joly sociétés* 2011, p. 14, note P. Merle ; *D.* 2010, p. 2578, note A. Lienhard ; *D.* 2010, p. 2947, obs. A. Couret ; *JCP* E 2011, n° 1001, note P. Mousseron ; *JCP* E 2011, n° 1000, chron. F. Deboissy et G. Wicker ; *D.* 2011, p. 2768, obs. J.-C. Hallouin ; *Rev. sociétés* 2011, p. 494, note I. Urbain-Parléani.

2) Augmentation de l'engagement des actionnaires. – Clause de non-concurrence. Si une clause interdisant à l'ancien actionnaire d'une société toute forme de concurrence envers celle-ci peut être comprise dans les statuts adoptés lors de sa création, l'introduction ultérieure d'une telle clause qui, par l'atteinte qu'elle porte à la liberté du travail et du commerce, augmente les engagements de l'actionnaire, ne peut être décidée qu'à l'unanimité ▪ Cass. com., 26 mars 1996 : *Bull. civ.* IV, n° 94 ; *JurisData* n° 1996-001168 ; *JCP* 1996, IV, 1220 ; *Bull. Joly sociétés* 1996, § 213, p. 604, note P. Le Cannu.

– **Compte courant.** Les comptes courants d'associés ont pour caractéristique essentielle, en l'absence de convention particulière ou statutaire les régissant, d'être remboursables à tout moment ; constitués en l'espèce sur de simples conventions verbales, ils fonctionnaient comme une suite régulière d'apports et de retraits ; la décision de blocage prise par l'assemblée générale constitue une augmentation des engagements des actionnaires, qui aurait requis leur accord unanime, et qui ne saurait être opposée à ceux qui demandent le remboursement du solde de leur compte ▪ Cass. com., 24 juin 1997 : *JurisData* n° 1997-003010 ; *JCP* 1997, IV, 1843 ; *Bull. Joly sociétés* 1997, § 314, p. 871, note B. Saintourens. – Les dispositions de l'article 1900 du Code civil qui offrent au juge la possibilité de fixer un terme pour la restitution d'un prêt ne sont pas applicables au compte courant d'associé, dont la caractéristique essentielle, en l'absence de convention particulière ou statutaire le régissant, est d'être remboursable à tout moment : ▪ Cass. com., 10 mai 2011, n° 10-18.749 : *JurisData* n° 2011-008328 ; *JCP E* 2011, n° 1454, p. 29 ; *Dr. sociétés* 2001, p. 15, comm. 147, R. Mortier ; *Gaz. Pal.* 8-9 juin 2011, p. 15, note B. Dondero ; *D.* 2011, p. 2383, note C. Bloud-Rey ; *Bull. Joly sociétés* 2011, § 397, p. 754, note J. Lasserre Capdeville.

– **Intérêt à rester associé.** Une décision sociale de nature à priver les associés de leur intérêt à participer à la société ne constitue pas, en elle-même, une augmentation de leurs engagements nécessitant un consentement unanime. ▪ Cass. com., 26 oct. 2010, n° 09-71.404 : *JurisData* n° 2010-019584 ; *Bull. Joly sociétés* 2011, p. 14, note P. Merle ; *D.* 2010, p. 2947, obs. A. Couret ; *JCP* E, n° 1001, note P. Mousseron ; *JCP* E 2011, n° 1000, chron. F. Deboissy et G. Wicker.

Art. L. 225-97 *(Anc. L. n° 66-537, 24 juill. 1966).* **– L'assemblée générale extraordinaire peut changer la nationalité de la société, à condition que le pays d'accueil ait conclu avec la France une convention spéciale permettant d'acquérir sa nationalité et de transférer le siège social sur son territoire, et conservant à la société sa personnalité juridique.**

Voir : C. civ., art. 1837, p. 2975 et C. com., art. L. 210-3, p. 287.

Art. L. 225-98 *(Anc. L. n° 66-537, 24 juill. 1966 ; mod., L. n° 2005-842, 26 juill. 2005 ; Ord. n° 2009-80, 22 janv. 2009 ; L. n° 2019-744, 19 juill. 2019 ; Ord. n° 2020-1142, 16 sept. 2020).* **– L'assemblée générale ordinaire prend toutes les décisions autres que celles visées aux articles L. 225-96 et L. 225-97.**

Elle ne délibère valablement sur première convocation que si les actionnaires présents ou représentés possèdent au moins le cinquième des actions ayant le droit de vote. Les statuts peuvent prévoir un quorum plus élevé. Sur deuxième convocation, aucun quorum n'est requis.

Elle statue à la majorité des voix exprimées par les actionnaires présents ou représentés. Les voix exprimées ne comprennent pas celles attachées aux actions pour lesquelles l'actionnaire n'a pas pris part au vote, s'est abstenu ou a voté blanc ou nul.

Voir : art. R. 225-70, p. 1700, R. 225-85 à R. 225-87, p. 1707, R. 225-100 à R. 225-108, p. 1710, art. L. 22-10-32, p. 505.

Bibliographie : P. Le Cannu, *L'abus de minorité : Bull. Joly sociétés* 1987, p. 429. • M. Boizart, *L'abus de minorité : Rev. sociétés* 1988, p. 365. • P. Merle, *L'abus de minorité : RJ com.* 1991, p. 81. • M. Cabrillac, *De quelques handicaps dans la construction de la théorie de l'abus de minorité, in Mél. A. Colomer*, 1993, p. 109. • D. Tricot, *Abus de droit dans les sociétés : abus de majorité et abus de minorité : RTD com.* 1994, p. 617. • E. Lepoutre, *Les sanctions des abus de minorité et de majorité dans les sociétés commerciales : Dr. et patrimoine* 12/1995, p. 68 ; *Autofinancement des entreprises et abus de majorité : Bull. Joly sociétés* 1996, p. 189. • Y. Reinhard, *L'abus de droit dans le contrat de société : CDE* 21 janv. 1996, n° 6, p. 8. • A. Couret, *Le harcèlement des majoritaires : Bull. Joly sociétés* 1996, p. 112. • A. Constantin, *La tyrannie des faibles ; De l'abus de minorité en droit des sociétés, in Mél. Y. Guyon*, Dalloz, 2003, p. 213. • J.-F. Barbièri, *Retour sur les sanctions de l'abus de minorité, in Mél. D. Schmidt*, Joly, 2005, p. 51.

I – COMPÉTENCE DE L'AGO

1) **Désignation du président du conseil.** L'assemblée générale ordinaire n'est pas compétente en matière de désignation du président du conseil d'administration ▪ Cass. com., 31 janv. 1968 : *JurisData* n° 1968-098049 ; *D.* 1968, 321.

2) **Convocation des assemblées.** L'assemblée générale ordinaire n'est pas compétente pour

convoquer des assemblées d'actionnaires ■ Cass. com., 30 avr. 1968 : *Bull. civ.* IV, n° 143 ; *D.* 1969, 89.

3) Cession globale d'actif. Doivent être annulées les délibérations d'une assemblée ordinaire qui a autorisé la cession d'une salle de concert constituant le seul actif de la société, puisqu'il s'agissait d'une cession globale d'actif relevant de la compétence de l'AGE ■ Cass. com., 24 juin 1997 : *JurisData* n° 1997-003005 ; *JCP* 1997, IV, 1842.

II – ABUS DU DROIT DE VOTE

4) Abus de majorité. Principe. Est abusive la décision prise contrairement à l'intérêt social, dans l'unique dessein de favoriser les associés majoritaires, au détriment des associés minoritaires ■ Cass. com., 18 avr. 1961 : *JurisData* n° 1961-098175 ; *D.* 1961, p. 661. – Une cour d'appel ne saurait annuler pour abus de majorité la résolution d'une assemblée nommant les gérants aux seuls motifs de l'importance de leur rémunération, de l'insuffisance des investissements et de l'incertitude enveloppant la compétence des intéressés, sans démontrer que la résolution avait été prise contrairement à l'intérêt général et dans l'unique dessein de favoriser l'un des associés majoritaires au mépris des intérêts des minoritaires ■ Cass. com., 30 mai 1980 : *JurisData* n° 1980-745106 ; *Bull. civ.* IV, n° 223.

Mise en réserve systématique des bénéfices sociaux. Constitue un abus de majorité l'absence de toute distribution pendant vingt ans, aboutissant à la constitution d'un fonds de réserve supérieur aux 2/3 du chiffre d'affaires, les sommes correspondantes étant simplement portées sur des comptes bancaires ; ceci représente une thésaurisation pure et simple, ne répondant pas à l'intérêt social, ce qui conduit à la qualifier d'abusive ■ Cass. com., 22 avr. 1976 : *JurisData* n° 1976-799031 ; *Rev. sociétés* 1976, p. 479, note D. Schmidt ; *D.* 1977, p. 4, note J.-C. Bousquet. – Est abusive la décision d'affecter tous les bénéfices d'exploitation aux réserves, sans effet sur la politique d'investissement, tandis que les associés majoritaires disposent de rémunérations importantes dont la croissance est anormalement rapide ■ Cass. com., 6 juin 1990, n° 88-19.420 : *JurisData* n° 1990-001629 ; *Bull. Joly sociétés* 1990, p. 782, note P. Le Cannu ; *D.* 1992, p. 56, note J.-Y. Choley-Combe. – Est abusive une mise en réserve systématique des bénéfices sociaux qui *n'a pas eu d'incidence sur la politique d'investissement* de l'entreprise tandis qu'a été voté l'octroi d'une prime et d'une rémunération très importante au profit du gérant de la SARL ■ Cass. com., 1er juill. 2003 : *Bull. Joly sociétés* 2003, p. 1137, note A. Constantin ; *JCP* E 2003, act. p. 1417 ; *Rev. sociétés* 2004, p. 337, note B. Lecourt. – ■ Cass. 3e civ., 8 juill. 2015, n° 13-14.348 : *JurisData* n° 2015-017375 ; *Dr. sociétés* 2015, n° 190, note R. Mortier. ■ Cass. 3e civ., 12 nov. 2015, n° 14-23.716 : *JurisData* n° 2015-026446 ; *Dr. sociétés* 2016, n° 4, note R. Mortier ; *Rev. sociétés* 2016, p. 169, note E. Schlumberger ; *RTD com.* 2015, 533, obs. A. Constantin ; *D.* 2015, p. 2401, obs. J.-C. Hallouin. La mise en réserve systématique des bénéfices sans projet d'investissement ou nécessité de gestion ne constitue pas un abus de majorité, s'il n'est pas démontré que la résolution a été prise dans l'unique dessein de favoriser les majoritaires au détriment du minoritaire. ■ Cass. com., 10 juin 2020, n° 18-15.614 : *JurisData* n° 2020-008252 ; *Bull. Joly Sociétés* oct. 2020, p. 19, note A. Reygrobellet ; *Rev. sociétés* 2020, p. 675, note D. Poracchia.

Autres exemples. Caractérisation d'un abus de majorité *a posteriori*, en considération des conséquences négatives que la décision litigieuse a eues pour la société ■ Cass. com., 30 nov. 2004 : *Bull. Joly sociétés* 2005, p. 241, note P. Le Cannu ; *JCP* E 2005, act. p. 14 ; *JCP* E 2005, 131, n° 3, obs. J.-J. Caussain, F. Deboissy et G. Wicker, cassant ■ CA Paris, 19 sept. 2001 : *Bull. Joly sociétés* 2001, p. 1121, note A. Constantin ; *Dr. sociétés* déc. 2001, p. 100, obs. D. Poracchia.

– Caractérisation d'un abus de majorité du fait de l'impossibilité matérielle des minoritaires de souscrire à l'augmentation de capital décidée, faute de moyens financiers suffisants, et du caractère artificiel des motifs affichés de l'opération. ■ Cass. 3e civ., 8 juill. 2015, n° 13-14.348 : *JurisData* n° 2015-017375 ; *Dr. sociétés* 2015, n° 190, note R. Mortier ; *Rev. sociétés* 2016, p. 169, note E. Schlumberger ; *RTD com.* 2015, 533, obs. A. Constantin ; *D.* 2015, p. 2401, obs. J.-C. Hallouin.

– Dissolution décidée contrairement à l'intérêt social et dans l'unique dessein de permettre à l'associé majoritaire de se soustraire à ses engagements envers l'associé minoritaire. ■ Cass. com., 8 févr. 2011, n° 10-11.788 : *JurisData* n° 2011-001347 ; *JCP* E 2011, n° 1177 ; *JCP* E 2011 n° 1367 note B. Dondero.

Conformité à l'intérêt social (absence d'abus). Il n'y a pas abus de majorité lorsque les décisions querellées sont conformes à l'intérêt social ■ CA Paris, 26 mai 1987 : *JurisData* n° 1987-601387 ; *JCP* E 1987, 16959, n° 7, obs. A. Viandier et J.-J. Caussain. – Il en est ainsi pour une cession d'actifs réalisée pour éviter un dépôt de bilan. ■ CA Paris, 24 janv. 1992 : *JurisData* n° 1992-020124 ; JCP E 1992, I, 145, n° 2, obs. A. Viandier et J.-J. Caussain) ou quand les mises en réserves se sont accompagnées de la réalisation d'investissements importants. ■ Cass. com., 3 juin 2003, n° 99-18.707 : *Bull. Joly sociétés* 2003, p. 1049, note L. Godon. ■ Cass. com., 4 nov. 2020, n° 18-20.409 : *Bull. Joly Sociétés*

2021, n° 121q5, p. 338, note Cl.-A. Michel ; *Rev. sociétés* 2021, p. 90, note J.-M. Moulin.

Sanctions. Outre la condamnation des majoritaires à réparer le préjudice subi par les minoritaires, l'abus de majorité justifie la nullité de la décision affectée ; mais, si l'action en réparation du préjudice subi doit être intentée contre les majoritaires, l'action en nullité doit être dirigée contre la société ■ Cass. com., 6 juin 1990 : *Bull. Joly sociétés* 1990, p. 782, note P. Le Cannu ; *D.* 1992, p. 56, note J.-Y. Choley-Combe.

5) Abus de minorité. Principe. Constitue un abus de minorité l'attitude du minoritaire contraire à l'intérêt général de la société en ce qu'elle aurait interdit la réalisation d'une opération essentielle pour celle-ci, et dans l'unique dessein de favoriser ses propres intérêts au détriment de l'ensemble des autres associés ■ Cass. com., 9 mars 1993, n° 91-14.685 : *JurisData* n° 1993-000497 ; *D.* 1993, p. 364, Y. Guyon ; *JCP* G 1993, 22107, note Y. Paclot ; *JCP* E 1993, p. 141, note A. Viandier ; *Rev. sociétés* 1993, p. 403, note P. Merle. ■ Cass. com., 4 déc. 2012, n° 11-25.408 : *Rev. sociétés* 2013, p. 150, note A. Viandier. – N'est pas constitutif d'un abus de minorité le fait de refuser de consentir à une augmentation de capital en l'absence d'informations suffisantes sur l'utilité de cette opération et alors qu'il n'était pas établi que le minoritaire cherchait par ce refus à favoriser ses propres intérêts au détriment de ceux des autres associés ■ Cass. com., 20 mars 2007, n° 05-19.225 : *Bull. Joly sociétés* 2007, § 199, p. 745, note D. Schmidt ; *D.* 2007, p. 952, obs. A. Lienhard ; *Dr. sociétés* mai 2007, n° 87, obs. H. Lécuyer ; *JCP* E 2007, 1755, note A. Viandier ; *JCP* E 2007, 1877, n° 3, obs. J.-J. Caussain,F. Deboissy et G. Wicker ; *JCP* G 2008, II, 10062, note M.-C. Monsailler-Saint Mleux ; *Rev. sociétés* 2007, p. 798, note A.-L. Champetier de Ribes-Justeau.

Augmentation de capital.

– Exemples d'abus. Refus d'un actionnaire de voter une augmentation de capital indispensable à la survie de la société qui pour seul but d'entraver le fonctionnement de celle-ci et se trouve dicté par des considérations purement personnelles, *notamment son* éviction du conseil d'administration et les intérêts qu'il possédait dans une société concurrente ■ Cass. com., 5 mai 1998 : *JurisData* n° 1998-001542 ; *JCP* E 1998, p. 1303, n° 1, obs. A. Viandier et J.-J. Caussain ; *Dr. sociétés* 1998, n° 129, obs. D. Vidal ; *Bull. Joly sociétés* 1998, § 245, p. 755, note L. Godon. – Refus d'un actionnaire de voter une augmentation de capital indispensable à la survie de la société afin de reconstituer ses fonds propres et de disposer des moyens nécessaires à la reprise de son activité interrompue depuis sept ans, ayant pour seul but d'acculer les actionnaires majoritaires à prendre seuls en charge les risques d'une opération dont l'actionnaire minoritaire aurait bénéficier en cas de succès ■ Cass. com., 18 juin 2002, n° 01/02547 : *JurisData* n° 2002-189766 ; *Bull. Joly sociétés* 2002, § 256, p. 1197, note L. Godon. – Augmentation de capital destinée à atteindre le montant légal requis *[à l'époque des faits]* pour une SARL ■ Cass. com., 9 mars 1993, n° 91-14.685, préc.

– Absence d'abus. Le simple fait pour un minoritaire de s'opposer à une augmentation de capital ne constitue pas un abus de minorité ■ Cass. com., 31 janv. 2006, n° 04-14.182 : *JurisData* n° 2006-032004 ; *Bull. Joly sociétés* 2006, p. 784, note P. Scholer ; *JCP* E 2006, act. 1353.

Modification de l'objet social.

Se rend coupable d'un abus de minorité l'associée qui, à la suite de la levée de la clause de non-concurrence, bloque la décision de modification de l'objet social nécessaire à la poursuite d'une activité commerciale et à la survie de la société et ce, afin de privilégier « non son intérêt d'associée » mais celui de sa société-mère qui non seulement en tant que concurrente était intéressée à la disparition de la société mais qui également, « par esprit de lucre égoïste », espérait retirer de la liquidation une plus-value substantielle. ■ Cass. com., 19 mars 2013, n° 12-16.910 : *Rev. sociétés* 2014, p. 169, note A.-L. Champetier de Ribes-Justeau.

Sanctions. Hormis l'allocation d'éventuels dommages-intérêts, il existe d'autres solutions permettant la prise en compte de l'intérêt social. ■ Cass. com., 14 janv. 1992, n° 90-13.055 : *JurisData* n° 1992-000021 ; *Bull. civ.* IV, n° 19 ; *Dr. sociétés* 1992, comm. 55 ; *Rev. sociétés* 1992, p. 44, note Ph. Merle ; *RTD com.* 1992, p. 636, n° 2 ; *D.* 1992, jurispr. p. 337, note J.-Cl. Bousquet ; *RTD com.* 1992, p. 636, note Y. Reinhard ; *JCP* E 1992, II, 301, note A. Viandier ; *Bull. Joly sociétés* 1992, p. 273, note P. Le Cannu. Le juge ne peut se substituer aux organes sociaux légalement compétents, mais il lui est possible de désigner un mandataire aux fins de représenter les associés minoritaires défaillants à une nouvelle assemblée et de voter en leur nom dans le sens des décisions conformes à l'intérêt social mais ne portant pas atteinte à l'intérêt légitime des minoritaires. ■ Cass. com., 9 mars 1993, préc. ■ Cass. com., 5 mai 1998, préc.

6) Abus d'égalité. Principe.

L'abus du droit de vote par l'associé égalitaire suppose de caractériser que son attitude est contraire à l'intérêt de la société en ce qu'elle interdit la réalisation d'une opération essentielle pour celle-ci ; ce à quoi ne suffit pas le fait de retenir que l'associé égalitaire s'est opposé à l'augmentation de la rémunération du gérant, sans intérêt légitime, uniquement dans le dessein de nuire et sans aucune considération de l'intérêt social qui est que le gérant soit justement rémunéré en fonction de ses talents et résultats ▪ Cass. com., 31 mars 2009, n° 08-11.860, cassant ▪ CA Rennes, 4 déc. 2007, n° 06-05.351 : *JurisData* n° 2007-001001 ; *Dr. sociétés* 2009, n° 29, obs. D. Gallois-Cochet ; *JCP* E 2009, 1844 note G. Royer.

Mise en réserve de bénéfices. Constitue un abus d'égalité le refus pour l'associé égalitaire d'une SARL de voter la mise en réserve de bénéfices dont la société avait besoin pour financer un investissement vital pour sa survie ▪ Cass. com., 16 juin 1998, n° 96-13.997 : *Bull. Joly sociétés* 1998, p. 1083, note A. Couret ; *D.* 2000, p. 63, note B. Dondero ; *Rev. sociétés* 1999, p. 103, note K. Medjaoui.

Art. L. 225-99 ***(Anc. L. n° 66-537, 24 juill. 1966 ; mod., L. n° 2005-842, 26 juill. 2005 ; Ord. n° 2009-80, 22 janv. 2009 ; Ord. n° 2020-1142, 16 sept. 2020).*** **– Les assemblées spéciales réunissent les titulaires d'actions d'une catégorie déterminée.**

La décision d'une assemblée générale de modifier les droits relatifs à une catégorie d'actions n'est définitive qu'après approbation par l'assemblée spéciale des actionnaires de cette catégorie.

Les assemblées spéciales ne délibèrent valablement que si les actionnaires présents ou représentés possèdent au moins, sur première convocation, le tiers et, sur deuxième convocation, le cinquième des actions ayant le droit de vote et dont il est envisagé de modifier les droits. À défaut, la deuxième assemblée peut être prorogée à une date postérieure de deux mois au plus à celle à laquelle elle avait été convoquée. Les statuts peuvent prévoir des quorums plus élevés.

Elles statuent dans les conditions prévues au troisième alinéa de l'article L. 225-96.

Voir : art. R. 225-70, p. 1700, R. 225-85 à R. 225-87, p. 1707, R. 225-100 à R. 225-102, p. 1710, R. 225-106 à R. 225-108, p. 1713, art. L. 22-10-33, p. 505. – Sur l'assemblée spéciale des titulaires d'actions à dividende prioritaire sans droit de vote, art. R. 228-40, p. 1733.

Bibliographie : M. Jeantin, *Observations sur la notion de catégorie d'actions : D.* 1995, chron. 88.

Art. L. 225-100 ***(Mod., L. n° 2001-420, 15 mai 2001 ; Ord. n° 2004-604, 24 juin 2004 ; Ord. n° 2004-1382, 20 déc. 2004 ; L. n° 2012-387, 22 mars 2012 ; L. n° 2016-1691, 9 déc. 2016 ; Ord. n° 2017-1162, 12 juill. 2017 ; L. n° 2019-486, 22 mai 2019 ; Ord. n° 2019-1234, 27 nov. 2019 ; Ord. n° 2020-1142, 16 sept. 2020).*** **– I. – L'assemblée générale ordinaire est réunie au moins une fois par an, dans les six mois de la clôture de l'exercice, sous réserve de prolongation de ce délai par décision de justice. Si l'assemblée générale ordinaire n'a pas été réunie dans ce délai, le ministère public ou tout actionnaire peut saisir le président du tribunal compétent statuant en référé afin d'enjoindre, le cas échéant sous astreinte, aux dirigeants de convoquer cette assemblée ou de désigner un mandataire pour y procéder.**

Le conseil d'administration ou le directoire présente à l'assemblée les comptes annuels et le cas échéant les comptes consolidés, accompagnés du rapport de gestion y afférent, auquel est joint, le cas échéant, le rapport mentionné, selon le cas, à l'article L. 225-37 ou L. 225-68.

Les commissaires aux comptes, s'il en existe, relatent, dans leur rapport, l'accomplissement de la mission qui leur est dévolue par les articles L. 823-9, L. 823-10 et L. 823-11.

L'assemblée délibère et statue sur toutes les questions relatives aux comptes annuels et, le cas échéant, aux comptes consolidés de l'exercice écoulé.

II. – ***(Abrogé).***

III. – ***(Abrogé).***

IV. – L'assemblée générale ordinaire exerce les pouvoirs qui lui sont attribués notamment par l'article L. 225-18, le quatrième alinéa de l'article L. 225-24, le troisième alinéa de l'article L. 225-40, le troisième alinéa de l'article L. 225-42 et par l'article L. 225-45 ou, le cas échéant, par l'article L. 225-75, le quatrième alinéa de l'article L. 225-78, l'article L. 225-83, le troisième alinéa de l'article L. 225-88 et le troisième alinéa de l'article L. 225-90.

Voir : art. R. 225-64, p. 1699, R. 225-100 à 225-108, p. 1710, R. 232-9, R. 232-15, p. 1759, R. 823-7, p. 2317.

Rapport de gestion, art. L. 225-102, p. 383 et L. 232-1, p. 517. – **Publicité des comptes,** art. L. 232-23, p. 524. – **Sanctions pénales,** *art. L. 242-8, p. 592 et L. 242-10, p. 592.* – ***Sociétés cotées,*** art. L. 22-10-35, p. 506.

Bibliographie : A. Theimer, *L'établissement du rapport de gestion en cas de changement de mandataires sociaux en cours d'exercice : JCP* E 2004, 1474. • T. Granier, *Le rapport de gestion après l'ordonnance n° 2004-1382 du 20 décembre 2004 : Rev. sociétés* 2005, p. 315. • V. Medail, *Contenu du rapport de gestion : l'inflation continue : JCP* E 2005, 273. • G. Baranger, *Sociétés non cotées : les mentions du rapport de l'article L. 225-100 du Code de commerce : Bull. Joly sociétés* 2006, p. 663.

Sur la rémunération des dirigeants : V. bibliographie ss art. L. 22-10-8, p. 498.

Art. L. 225-100-1 *(Ord. n° 2004-1382, 20 déc. 2004 ; mod., Ord. n° 2009-15, 8 janv. 2009 ; Ord. n° 2017-1162, 12 juill. 2017 ; Ord. n° 2020-1142, 16 sept. 2020).* – I. – Le rapport de gestion mentionné au deuxième alinéa de l'article L. 225-100 comprend les informations suivantes :

1° Une analyse objective et exhaustive de l'évolution des affaires, des résultats et de la situation financière de la société, notamment de sa situation d'endettement, au regard du volume et de la complexité des affaires ;

2° Dans la mesure nécessaire à la compréhension de l'évolution des affaires, des résultats ou de la situation de la société, des indicateurs clefs de performance de nature financière et, le cas échéant, de nature non financière ayant trait à l'activité spécifique de la société, notamment des informations relatives aux questions d'environnement et de personnel ;

3° Une description des principaux risques et incertitudes auxquels la société est confrontée ;

4° Lorsque cela est pertinent pour l'évaluation de son actif, de son passif, de sa situation financière et de ses pertes ou profits, des indications sur ses objectifs et sa politique concernant la couverture de chaque catégorie principale de transactions prévues pour lesquelles il est fait usage de la comptabilité de couverture, ainsi que sur son exposition aux risques de prix, de crédit, de liquidité et de trésorerie. Ces indications comprennent l'utilisation par l'entreprise des instruments financiers.

L'analyse mentionnée aux 1° et 2° contient, le cas échéant, des renvois aux montants indiqués dans les comptes annuels et des explications supplémentaires y afférentes.

II. – Lorsque la société établit des comptes consolidés en application de l'article L. 233-16, le rapport consolidé de gestion rend compte des informations mentionnées au présent article pour l'ensemble des sociétés comprises dans la consolidation.

En ce qui concerne les informations prévues au 5° du I du présent article, le rapport consolidé de gestion mentionne les principales caractéristiques des systèmes de contrôle interne et de gestion des risques pour l'ensemble des entreprises comprises dans la consolidation.

Art. L. 225-100-2 et L. 225-100-3 *(Abr. Ord. n° 2017-1162, 12 juil. 2017).*

Art. L. 225-101 *(Anc. L. n° 66-537, 24 juill. 1966 ; L. n° 2016-1691, 9 déc. 2016).* – Lorsque la société, dans les deux ans suivant son immatriculation, acquiert un bien appartenant à un actionnaire et dont la valeur est au moins égale à un dixième du capital social, un commissaire, chargé d'apprécier, sous sa responsabilité, la valeur de ce bien, est désigné par décision de justice, à la demande du président du conseil d'administration ou du directoire, selon le cas. Ce commissaire est soumis aux incompatibilités prévues à l'article L. 822-11-3, sans préjudice de la possibilité d'être désigné pour accomplir les missions prévues aux articles L. 225-8, L. 225-131, L. 225-147, L. 228-15 et L. 228-39.

Le rapport du commissaire est mis à la disposition des actionnaires. L'assemblée générale ordinaire statue sur l'évaluation du bien, à peine de nullité de l'acquisition. Le vendeur n'a voix délibérative, ni pour lui-même, ni comme mandataire.

Les dispositions du présent article ne sont pas applicables lorsque l'acquisition est faite en bourse, sous le contrôle d'une autorité judiciaire ou dans le cadre des opérations courantes de la société et conclues à des conditions normales.

Voir : *l'article L. 225-224 a été abrogé, L. n° 2003-706, 1er août 2003, article 111.*
Art. R. 225-83, p. 1707 et R. 225-103, p. 1710.

Bibliographie : J. Richard : *Dr. sociétés* janv. 1982, p. 9. • J. Bardoul, *L'achat d'un bien important à un actionnaire : Rev. sociétés* 1983, 285.

Art. L. 225-102 *(Anc. L. n° 66-537, 24 juill. 1966 ; mod., L. n° 2001-152, 19 févr. 2001 ; L. n° 2014-856, 31 juill. 2014 ; L. n° 2015-990, 6 août 2015 ; Ord. n° 2017-1162, 12 juill. 2017).* – Le rapport de gestion mentionné au deuxième alinéa de l'article L. 225-100 présenté par le conseil d'administration ou le directoire, selon le cas, à l'assemblée générale rend compte annuellement de l'état de la participation des salariés au capital social au dernier jour de l'exercice et établit la proportion du capital que représentent les actions détenues par le personnel de la société et par le personnel des sociétés qui lui sont liées au sens de l'article L. 225-180 dans le cadre du plan d'épargne d'entreprise prévu par les articles

L. 443-1 à L. 443-9 du Code du travail et par les salariés et anciens salariés dans le cadre des fonds communs de placement d'entreprise régis par le chapitre III de la loi n° 88-1201 du 23 décembre 1988 relative aux organismes de placement collectif en valeurs mobilières et portant création des fonds communs de créances. Sont également prises en compte les actions nominatives détenues directement par les salariés en application des articles L. 225-187 et L. 225-196 du présent code, dans leur rédaction antérieure à l'entrée en vigueur de la loi n° 2001-152 du 19 février 2001 sur l'épargne salariale, de l'article L. 225-197-1 du présent code, de l'article L. 3324-10 du Code du travail, de l'article 31-2 de l'ordonnance n° 2014-948 du 20 août 2014 relative à la gouvernance et aux opérations sur le capital des sociétés à participation publique et de l'article 11 de la loi n° 86-912 du 6 août 1986 relative aux modalités des privatisations, dans sa rédaction antérieure à l'entrée en vigueur de l'ordonnance n° 2014-948 du 20 août 2014 précitée.

Les titres acquis par les salariés dans le cadre d'une opération de rachat d'une entreprise par ses salariés prévue par la loi n° 84-578 du 9 juillet 1984 sur le développement de l'initiative économique ainsi que par les salariés d'une société coopérative de production au sens de la loi n° 78-763 du 19 juillet 1978 portant statut de sociétés coopératives de production ne sont pas pris en compte pour l'évaluation de la proportion du capital prévue à l'alinéa précédent.

Lorsque le rapport annuel ne comprend pas les mentions prévues au premier alinéa, toute personne intéressée peut demander au président du tribunal statuant en référé d'enjoindre sous astreinte au conseil d'administration ou au directoire, selon le cas, de communiquer ces informations.

Lorsqu'il est fait droit à la demande, l'astreinte et les frais de procédure sont à la charge des administrateurs ou des membres du directoire, selon le cas.

Art. L. 225-102-1 *(L. n° 2001-420, 15 mai 2001 ; mod., L. n° 2003-706, 1er août 2003 ; Ord. n° 2004-604, 24 juin 2004 ; L. n° 2005-842, 26 juill. 2005 ; L. n° 2010-788, 12 juill. 2010 ; L. n° 2012-387, 22 mars 2012 ; Ord. n° 2014-863, 31 juill. 2014 ; L. n° 2015-990, 6 août 2015 ; L. n° 2015-992, 17 août 2015 ; L. n° 2016-138, 11 févr. 2016 ; L. n° 2016-1088, 8 août 2016 ; Ord. n° 2017-1180, 19 juill. 2017 ; L. n° 2018-771, 5 sept. 2018 ; L n° 2018-938, 30 oct. 2018 ; Ord. n° 2020-1142, 16 sept. 2020).* – I. – Une déclaration de performance extra-financière est insérée dans le rapport de gestion prévu au deuxième alinéa de l'article L. 225-100, lorsque le total du bilan ou le chiffre d'affaires et le nombre de salariés excèdent des seuils fixés par décret en Conseil d'État.

II. – Les sociétés mentionnées au I qui établissent des comptes consolidés conformément à l'article L. 233-16 sont tenues de publier une déclaration consolidée de performance extra-financière lorsque le total du bilan ou du chiffre d'affaires et le nombre de salariés de l'ensemble des entreprises comprises dans le périmètre de consolidation excèdent les seuils mentionnés au I.

III. – Dans la mesure nécessaire à la compréhension de la situation de la société, de l'évolution de ses affaires, de ses résultats économiques et financiers et des incidences de son activité, la déclaration mentionnée aux I et II présente des informations sur la manière dont la société prend en compte les conséquences sociales et environnementales de son activité. La déclaration peut renvoyer, le cas échéant, aux informations mentionnées dans le plan de vigilance prévu au I de l'article L. 225-102-4.

La déclaration comprend notamment des informations relatives aux conséquences sur le changement climatique de l'activité de la société et de l'usage des biens et services qu'elle produit, à ses engagements sociétaux en faveur du développement durable, de l'économie circulaire, de la lutte contre le gaspillage alimentaire, de la lutte contre la précarité alimentaire, du respect du bien-être animal et d'une alimentation responsable, équitable et durable, aux accords collectifs conclus dans l'entreprise et à leurs impacts sur la performance économique de l'entreprise ainsi que sur les conditions de travail des salariés, aux actions visant à lutter contre les discriminations et promouvoir les diversités et aux mesures prises en faveur des personnes handicapées. *(Mots aj., L. n° 2021-1104, 22 août 2021)* « Les informations relatives aux conséquences sur le changement climatique mentionnées à la première phrase du présent alinéa comprennent les postes d'émissions directes et indirectes de gaz à effet de serre liées aux activités de transport amont et aval de l'activité et sont accompagnées d'un plan d'action visant à réduire ces émissions, notamment par le recours aux modes ferroviaire et fluvial ainsi qu'aux biocarburants dont le bilan énergétique et carbone est vertueux et à l'électromobilité ».

Lorsque la société établit une déclaration consolidée de performance extra-financière conformément au II, ces informations portent sur l'ensemble des entreprises incluses dans le périmètre de consolidation conformément à l'article L. 233-16.

Ces informations font l'objet d'une publication librement accessible sur le site internet de la société.

Un décret en Conseil d'État précise les modalités de présentation et de publication de ces informations, selon que la société relève du I du présent article ou du I de l'article L. 22-10-36.

IV. – Les sociétés définies au I ou au II et à l'article L. 22-10-36, qui sont sous le contrôle d'une société qui les inclut dans ses comptes consolidés conformément à l'article L. 233-16 ne sont pas tenues de publier de déclaration sur la performance extra-financière si la société qui les contrôle est établie en France et publie une déclaration consolidée sur la performance extra-financière conformément au II du présent article ou si la société qui les contrôle est établie dans un autre État membre de l'Union européenne et publie une telle déclaration en application de la législation dont elle relève.

V. – Pour les sociétés dont le total du bilan ou le chiffre d'affaires et le nombre de salariés excèdent des seuils fixés par décret en Conseil d'État, le cas échéant sur une base consolidée, les informations figurant dans les déclarations mentionnées au I et au II font l'objet d'une vérification par un organisme tiers indépendant, selon des modalités fixées par décret en Conseil d'État. Cette vérification donne lieu à un avis qui est transmis aux actionnaires en même temps que le rapport mentionné au deuxième alinéa de l'article L. 225-100.

VI. – Les sociétés qui s'acquittent de l'obligation énoncée au présent article sont réputées avoir satisfait à l'obligation prévue au 2° du I de l'article L. 225-100-1, pour ce qui concerne les indicateurs de performance de nature non financière.

Lorsque le rapport prévu au deuxième alinéa de l'article L. 225-100 ne comporte pas la déclaration prévue au I ou au II du présent article, toute personne intéressée peut demander au président du tribunal statuant en référé d'enjoindre, le cas échéant sous astreinte, au conseil d'administration ou au directoire, selon le cas, de communiquer les informations mentionnées au III ou à l'article L. 22-10-36. Lorsqu'il est fait droit à la demande, l'astreinte et les frais de procédure sont à la charge, individuellement ou solidairement selon le cas, des administrateurs ou des membres du directoire.

Voir : art. R. 225-104, p. 1710, art. L. 22-10-36, p. 506, art. R. 22-10-1, p. 1746.

Bibliographie : A. Sobczak, *L'obligation de publier des informations sociales et environnementales dans le rapport annuel de gestion : JCP* E 2003, comm. 542. • B. Dondero, *Pour une transparence ponctuelle de la rémunération des mandataires sociaux de SA non cotées : LPA* 27 avr. 2004, p. 6. • C. Malecki, *La loi Breton et les rémunérations des dirigeants sociaux : le long chemin vers la transparence : Bull. Joly Sociétés* 2005, p. 1194. • D. Schmidt, *L'amendement Houillon sur la transparence des rémunérations des dirigeants sociaux : D.* 2005, p. 1441. • F. Barrière, *Le Grenelle II ou l'art législatif à l'envers ? À propos de certaines dispositions de droit des sociétés : JCP* E 2010, n° 1752. • L. Nurit-Pontier, *Des pactes d'actionnaires au service de la RSE ? : D.* 2010, p. 2081. • V. Mercier, *Responsabilité sociétale des entreprises : une remise en cause de la loi Grenelle II par la loi du 22 octobre 2010 de régulation bancaire et financière : Bull. Joly Sociétés* févr. 2011, § 57, p. 103 ; *Responsabilité sociétale des entreprises et droit des sociétés : entre contrainte et démarche volontaire : Dr. sociétés* 2011, étude 6. • S. Dupouy, *La responsabilité environnementale des groupes de sociétés par le Grenelle : enjeux et perspectives : Dr. sociétés* 2012, n° 16. • B. François, *Reporting RSE : commentaire du décret n° 2012-557 du 24 avril 2012 : Rev. sociétés* 2012, p. 607. • D. Barlow, *Les nouvelles obligations de transparence des entreprises en matière sociale et environnementale : D.* 2012, p. 1502. • C. Malecki, *L'article 12 de la loi Warsmann II ou le reporting extra-financier « extra » allégé ! : Bull Joly Sociétés* 2012, p. 411 ; *Le décret du 24 avril 2012 relatif « aux obligations de transparence des entreprises en matière sociale et environnementale » : Bull. Joly Sociétés* 2012, p. 590. • A. Couret, *Corporate governance, RSE et communication financière : Dr. fisc.* 2012, étude 131. • F. Buy et J. Théron, *L'éthique de l'entreprise : JCP* E 2013, n° 1359. • R. Family, *La responsabilité sociétale de l'entreprise : du concept à la norme : D.* 2013, p. 1558. • P. Deumier, *La responsabilité sociétale de l'entreprise et les droits fondamentaux : D.* 2013, p. 1564. • P. Herbel, *La responsabilité sociétale de l'entreprise en tant que vecteur pour faire avancer les droits de l'homme dans l'entreprise : D.* 2013 p. 1570. • C. Malecki, *L'irrésistible montée en puissance de la RSE : les impulsions européennes et françaises de l'année 2013 : Bull. Joly Sociétés* 2013, p. 594. • B. Rolland, *Le reporting social,* sociétal et environnemental : regards critiques : Bull. Joly Sociétés 2014, p. 287. • N. Cuzacq, *Le nouveau visage du reporting extra-financier français : Rev. sociétés* 2018, p. 347.

Sociétés étrangères. L'article L. 225-102-1 n'opère aucune distinction selon les formes de sociétés ou leurs nationalités. Dès lors, les termes « toute société » doivent s'entendre de la façon la plus large et ne pas être réservés aux seules sociétés anonymes de droit français : Rép. min. n° 1347 : *JO* Sénat Q, 7 nov. 2002, p. 2664 ; *JCP* E 2002, act. p. 302.

Art. L. 225-102-2 *(L. n° 2003-699, 30 juill. 2003 ; mod. à compter du 1er juin 2015, L. n° 2013-619, 16 juill. 2013 ; mod., Ord. n° 2017-1162, 12 juill. 2017).* **– Pour les sociétés exploitant au moins une installation figurant sur la liste prévue à l'article L. 515-36 du Code de l'environnement, le rapport mentionné au deuxième alinéa de l'article L. 225-100 du présent code :**

– informe de la politique de prévention du risque d'accident technologique menée par la société ;

– rend compte de la capacité de la société à couvrir sa responsabilité civile vis-à-vis des biens et des personnes du fait de l'exploitation de telles installations ;

– précise les moyens prévus par la société pour assurer la gestion de l'indemnisation des victimes en cas d'accident technologique engageant sa responsabilité.

Bibliographie : F. Verdun et S. Verniole Davet, *Obligations de transparence des entreprises en matière sociale et environnementale : JCP* E 2012, 1394.

Art. L. 225-102-3 *(L. n° 2014-1662, 30 déc. 2014 ; mod., Ord. n° 2015-1576, 3 déc. 2015 ; Ord. n° 2020-1142, 16 sept. 2020).* – I. – Les sociétés mentionnées aux 1° à 3° de l'article L. 123-16-2 ou celles qui dépassent, au titre du dernier exercice comptable clos et sur une base annuelle, deux des trois seuils fixés, respectivement, pour le total de bilan, le montant net du chiffre d'affaires ou le nombre moyen de salariés et dont tout ou partie des activités consiste en l'exploration, la prospection, la découverte, l'exploitation ou l'extraction d'hydrocarbures, de houille et de lignite, de minerais métalliques, de pierres, de sables et d'argiles, de minéraux chimiques et d'engrais minéraux, de tourbe, de sel ou d'autres ressources minérales ou en l'exploitation de forêts primaires rendent public annuellement et dans les conditions fixées au III du présent article un rapport sur les paiements effectués au profit des autorités de chacun des États ou territoires dans lesquels elles exercent ces activités.

Par dérogation au premier alinéa du présent I, les sociétés mentionnées au même premier alinéa et les sociétés qui contrôlent, au sens de l'article L. 233-16, une société remplissant les conditions prévues au même I et qui sont tenues d'établir des comptes consolidés en application du même article L. 233-16 rendent public un rapport consolidé sur les paiements effectués au profit des autorités d'un ou de plusieurs États ou territoires.

II. – Une société contrôlée remplissant les conditions du I du présent article et celles de l'article L. 233-19 n'est pas incluse dans le champ du rapport consolidé mentionné au second alinéa du I du présent article.

Les sociétés contrôlées répondant aux conditions prévues au même I ne sont pas tenues de publier un rapport lorsque leur société consolidante relève du droit d'un État membre de l'Union européenne et que les paiements effectués par ces sociétés sont inclus dans le rapport consolidé établi par la société consolidante en application de la législation dont elle relève.

III. – Le rapport sur les paiements prévu au I du présent article mentionne le montant de tout versement individuel, ou ensemble de versements lorsque ceux-ci sont liés entre eux, égal ou supérieur à 100 000 € au cours de l'exercice précédent et qui est effectué au profit de toute autorité nationale, régionale ou locale d'un État ou territoire, ou de toute administration, agence ou entreprise contrôlée, au sens de l'article L. 233-16, par une telle autorité, ainsi que le montant des paiements effectués pour chacune des catégories de paiements définies comme suit :

1° Droits à la production ;

2° Impôts ou taxes perçus sur le revenu, la production ou les bénéfices des sociétés, à l'exclusion des impôts ou taxes perçus sur la consommation, tels que les taxes sur la valeur ajoutée, les impôts sur le revenu des personnes physiques ou les impôts sur les ventes ;

3° Redevances ;

4° Dividendes ;

5° Primes de signature, de découverte et de production ;

6° Droits de licence, frais de location, droits d'entrée et autres contreparties de licence et/ou de concession ;

7° Paiements pour des améliorations des infrastructures.

Lorsque ces paiements ont été imputés à un ou à plusieurs projets spécifiques, le rapport précise également le montant total et par catégorie des paiements effectués pour chacun des projets.

Un projet désigne les activités opérationnelles régies par un contrat, une licence, un bail, une concession ou tout autre accord juridique similaire ou par un ensemble de ces accords lorsque ceux-ci ont un lien substantiel entre eux, et constituant la base d'obligations de paiement.

IV. – Le rapport sur les paiements prévu au I fait l'objet d'une approbation par le conseil d'administration ou le directoire. Il est déposé au greffe du tribunal de commerce, pour être annexé au registre du commerce et des sociétés, dans le mois suivant l'approbation des comptes annuels par l'assemblée générale des actionnaires ou dans les deux mois suivant cette approbation lorsque ce dépôt est effectué par voie électronique. Il fait également

l'objet, dans les mêmes délais, d'une publication gratuite, accessible au public et lisible sur le site internet de la société, dans des conditions prévues par décret en Conseil d'État.

V. – Les conditions d'application du présent article sont fixées par décret en Conseil d'État, en ce qui concerne notamment les seuils prévus au premier alinéa du I, les catégories de paiements prévues au premier alinéa du III et la publication sur le site internet de la société prévue au IV.

VI. – Le fait de ne pas satisfaire aux obligations de publicité prévues au IV ou de publier des informations partielles ou erronées est puni d'une amende de 3 750 €.

Les personnes morales encourent, outre cette amende, la peine complémentaire prévue au 9° de l'article 131-39 du Code pénal.

Voir : art. L. 221-7-1, p. 296 et art. L. 223-26-1, p. 321, art. L. 22-10-37, p. 506.

Art. L. 225-102-4 *(L. n° 2017-399, 27 mars 2017 ; mod., Ord. n° 2017-1162, 12 juill. 2017)*. **– I. – Toute société qui emploie, à la clôture de deux exercices consécutifs, au moins cinq mille salariés en son sein et dans ses filiales directes ou indirectes dont le siège social est fixé sur le territoire français, ou au moins dix mille salariés en son sein et dans ses filiales directes ou indirectes dont le siège social est fixé sur le territoire français ou à l'étranger, établit et met en œuvre de manière effective un plan de vigilance.**

Les filiales ou sociétés contrôlées qui dépassent les seuils mentionnés au premier alinéa sont réputées satisfaire aux obligations prévues au présent article dès lors que la société qui les contrôle, au sens de l'article L. 233-3, établit et met en œuvre un plan de vigilance relatif à l'activité de la société et de l'ensemble des filiales ou sociétés qu'elle contrôle.

Le plan comporte les mesures de vigilance raisonnable propres à identifier les risques et à prévenir les atteintes graves envers les droits humains et les libertés fondamentales, la santé et la sécurité des personnes ainsi que l'environnement, résultant des activités de la société et de celles des sociétés qu'elle contrôle au sens du II de l'article L. 233-16, directement ou indirectement, ainsi que des activités des sous-traitants ou fournisseurs avec lesquels est entretenue une relation commerciale établie, lorsque ces activités sont rattachées à cette relation.

(Al. créé à compter du 1er janvier 2024, L. n° 2021-1104, 22 août 2021) **Pour les sociétés produisant ou commercialisant des produits issus de l'exploitation agricole ou forestière, ce plan comporte en particulier des mesures de vigilance raisonnable propres à identifier les risques et à prévenir la déforestation associée à la production et au transport vers la France de biens et de services importés.**

(Al. créé à compter du 1er janvier 2024, L. n° 2021-1104, 22 août 2021) **Un arrêté définit les catégories d'entreprises mentionnées au quatrième alinéa du présent I.**

Le plan a vocation à être élaboré en association avec les parties prenantes de la société, le cas échéant dans le cadre d'initiatives pluripartites au sein de filières ou à l'échelle territoriale. Il comprend les mesures suivantes :

1° Une cartographie des risques destinée à leur identification, leur analyse et leur hiérarchisation ;

2° Des procédures d'évaluation régulière de la situation des filiales, des sous-traitants ou fournisseurs avec lesquels est entretenue une relation commerciale établie, au regard de la cartographie des risques ;

3° Des actions adaptées d'atténuation des risques ou de prévention des atteintes graves ;

4° Un mécanisme d'alerte et de recueil des signalements relatifs à l'existence ou à la réalisation des risques, établi en concertation avec les organisations syndicales représentatives dans ladite société ;

5° Un dispositif de suivi des mesures mises en œuvre et d'évaluation de leur efficacité.

***Le plan de vigilance et le compte* rendu de sa mise en œuvre effective sont rendus publics et inclus dans le rapport de gestion mentionné au deuxième alinéa de l'article L. 225-100** (1).

Un décret en Conseil d'État peut compléter les mesures de vigilance prévues aux 1° à 5° du présent article. Il peut préciser les modalités d'élaboration et de mise en œuvre du plan de vigilance, le cas échéant dans le cadre d'initiatives pluripartites au sein de filières ou à l'échelle territoriale.

II. – Lorsqu'une société mise en demeure de respecter les obligations prévues au I n'y satisfait pas dans un délai de trois mois à compter de la mise en demeure, la juridiction compétente peut, à la demande de toute personne justifiant d'un intérêt à agir, lui enjoindre, le cas échéant sous astreinte, de les respecter.

---

(1) Conformément à l'article 16 de l'ordonnance n° 2017-1162 du 12 juillet 2017, ces dispositions sont applicables aux rapports afférents aux exercices ouverts à compter du 1er janvier 2017.

Le président du tribunal, statuant en référé, peut être saisi aux mêmes fins.

[Dispositions déclarées non conformes à la Constitution par la décision du Conseil constitutionnel n° 2017-750 DC du 23 mars 2017.]

NB : Conformément à l'article 4 de la loi n° 2017-399 du 27 mars 2017, les dispositions de l'article L. 225-102-4 s'appliquent à compter du rapport mentionné à l'article L. 225-102 portant sur le premier exercice ouvert après la publication de ladite loi.Par dérogation, pour l'exercice au cours duquel la même loi a été publiée, le I de l'article L. 225-102-4 s'applique, à l'exception du compte rendu prévu à son avant-dernier alinéa.

Art. L. 225-102-5 *(L. n° 2017-399, 27 mars 2017)*. **– Dans les conditions prévues aux articles 1240 et 1241 du Code civil, le manquement aux obligations définies à l'article L. 225-102-4 du présent code engage la responsabilité de son auteur et l'oblige à réparer le préjudice que l'exécution de ces obligations aurait permis d'éviter.**

[Dispositions déclarées non conformes à la Constitution par la décision du Conseil constitutionnel n° 2017-750 DC du 23 mars 2017.]

L'action en responsabilité est introduite devant la juridiction compétente par toute personne justifiant d'un intérêt à agir à cette fin.

La juridiction peut ordonner la publication, la diffusion ou l'affichage de sa décision ou d'un extrait de celle-ci, selon les modalités qu'elle précise. Les frais sont supportés par la personne condamnée.

La juridiction peut ordonner l'exécution de sa décision sous astreinte.

Bibliographie : C. Malecki, *Devoir de vigilance des sociétés mères et des entreprises donneuses d'ordre : la France peut-elle faire cavalier seul ? : Bull. Joly Sociétés* 2015, p. 171. • J. Heinich, *Devoir de vigilance des sociétés mères et des entreprises donneuses d'ordre : une loi finalement adoptée, mais amputée : Dr. sociétés* 2017, comm. 78. • X. Boucobza et Y.-M. Serinet, *Loi « Sapin 2 » et devoir de vigilance : l'entreprise face aux nouveaux défis de la compliance : D.* 2017, p. 1619. • A. Danis-Fatôme et G. Viney, *La responsabilité civile dans la loi relative au devoir de vigilance des sociétés mères et des entreprises donneuses d'ordre : D.* 2017, p. 1610. • D. Kadar, P. Le Goff, B. Parance, P.-L. Périn, S. Schiller et J.-Y. Trochon, *Compliance et transparence en 2018 : Act. Prat. ing. soc.* 2018, n° 1. • C. Malecki, *Le devoir de vigilance des sociétés mères et entreprises donneuses d'ordre : était-ce bien raisonnable : Bull. Joly Sociétés* 2017, p. 298. • D. Dedieu et D. Gallois-Cochet, *Obligations et responsabilité des dirigeants dans le cadre des exigences de compliance en droit français : Bull. Joly Sociétés* 2018, p. 173. • O. Boskovic, *Brèves remarques sur le devoir de vigilance et le droit international privé : D.* 2016, p. 385. • L. D'Avout, *Droit du commerce international : D.* 2017, p. 2054. • S. Brabant et E. Savourey, *Le champ de la loi – Les sociétés soumises aux obligations de vigilance : Rev. int. Compliance* 2017, étude 92. • S. Brabant, Ch. Michon et E. Savourey, *Le plan de vigilance – Clé de voûte de la loi relative au devoir de vigilance : Rev. int. Compliance* 2017, étude 93. • T. Beau de Loménie et S. Cossart, *Parties prenantes et devoir de vigilance : Rev. int. Compliance* 2017, étude 94. • H. Muir Watt, *Devoir de vigilance et droit international privé – Le symbole et le procédé de la loi du 27 mars 2017 : Rev. int. Compliance* 2017, étude 95. • S. Schiller (dir.), *Le devoir de vigilance*, LexisNexis, 2019. • N. Lenoir, *La loi sur le devoir de vigilance ou les incertitudes de la transformation du droit souple en règles impératives : JCP* E 2020, 1250. • J. Camy, *Loi sur le devoir de vigilance et loi Sapin II : quelles obligations des entreprises ? : JCP* E 2021, 1135.

Compétence d'attribution. Le tribunal de commerce est compétent pour enjoindre à une société de respecter son obligation d'établir et de mettre en œuvre un plan de vigilance. ▪ CA Versailles, 10 déc. 2020, n° 20/01693 : *D.* 2021, p. 614, note P. Abadie ; *D.* 2021, p. 515, note N. Lenoir ; *Bull. Joly Sociétés* avr. 2021, p. 25, note A. Reygrobellet.

Art. L. 225-103 *(Anc. L. n° 66-537, 24 juill. 1966 ; mod., L. n° 2001-420, 15 mai 2001 ; L. n° 2012-387, 22 mars 2012)*. **– I. – L'assemblée générale est convoquée par le conseil d'administration ou le directoire, selon le cas.**

II. – À défaut, l'assemblée générale peut être également convoquée :

1° Par les commissaires aux comptes ;

2° Par un mandataire, désigné en justice, à la demande, soit de tout intéressé en cas d'urgence, soit d'un ou plusieurs actionnaires réunissant au moins 5 % du capital social, soit d'une association d'actionnaires répondant *aux conditions fixées à l'article L. 225-120* **;**

3° Par les liquidateurs ;

4° Par les actionnaires majoritaires en capital ou en droits de vote après une offre publique d'achat ou d'échange ou après une cession d'un bloc de contrôle.

III. – Dans les sociétés soumises aux articles L. 225-57 à L. 225-93, l'assemblée générale peut être convoquée par le conseil de surveillance.

IV. – Les dispositions qui précédent sont applicables aux assemblées spéciales. Les actionnaires agissant en désignation d'un mandataire de justice doivent réunir au moins « un vingtième » des actions de la catégorie intéressée.

V. – Sauf clause contraire des statuts, les assemblées d'actionnaires sont réunies au siège social ou en tout autre lieu du même département.

Convocation d'une assemblée à la demande d'un ou plusieurs actionnaires. Le juge saisi d'une demande en convocation d'une assemblée par des actionnaires disposant de plus de 5 % du capital social dispose du pouvoir d'apprécier de l'opportunité de la demande. ▪ Colmar, 24 sept. 1975 : *D.* 1976, p. 348, note Y. Guyon ; *RTD com.* 1976, p. 554, note R. Houin. ▪ Paris, 10 avr. 1989 : *Rev. sociétés* 1989, p. 485, note T. Forschbach. ▪ Paris, 15 mars 1990 : *D.* 1992, somm., p. 179, note J.-Cl. Bousquet et G. Bugeja. ▪ CA Paris, 1-8, 13 janv. 2017, n° 15/23149. ▪ T. com. Paris, 14 oct. 2020, n° J2020000303 : *Bull. Joly Sociétés* déc. 2020, p. 18, note E. Schlumberger ; *Bull. Joly Bourse* nov. 2020, p. 52, note D. Schmidt. – Jugeant à l'inverse que l'article L. 225-103 II ne met aucune autre condition à sa mise en jeu que la détention d'une certaine proportion du capital, le juge devant satisfaire à la demande de nomination si l'ordre du jour n'est pas contraire à l'intérêt social. ▪ T. com. Paris, réf., 3 déc. 2003 : *JurisData* n° 2003-225535 ; *JCP* E 2004, n° 71, p. 88, note A. Viandier ; *Dr. sociétés* 2004, comm. 46, note J. Monnet ; *Rev. sociétés* 2005, p. 847, note M.-C. Monsallier-Saint Meulx. La désignation d'un mandataire *ad hoc* en application de l'article L. 225-103, II, 2°, du Code de commerce n'est subordonnée ni au fonctionnement anormal de la société ni à la menace d'un péril imminent ou d'un trouble manifestement illicite, mais seulement à la démonstration de sa conformité à l'intérêt social. ▪ Cass. com., 13 janv. 2021, n°s 18-24.853 et 19-11.302 : *JurisData* n° 2021-000234 ; *Bull. Joly Sociétés* 2021, n° 121v5, p. 1, note M. Storck ; *Rev. sociétés* 2021, p. 248, note A. Viandier.

Voir également : Notes ss art. L. 223-27, p. 321.

Voir : art. R. 225-65, p. 1699, art. R. 225-162, p. 1723.

Art. L. 225-103-1 *(Ord. n° 2017-747, 4 mai 2017 ; mod., L. n° 2019-744, 19 juill. 2019 ; Ord. n° 2020-1142, 16 sept. 2020).* **– Les statuts peuvent prévoir que, sans préjudice des dispositions du I de l'article L. 225-107, les assemblées générales extraordinaires mentionnées à l'article L. 225-96 et les assemblées générales ordinaires mentionnées à l'article L. 225-98 sont tenues exclusivement par visioconférence ou par des moyens de télécommunication permettant l'identification des actionnaires.**

Toutefois, pour les assemblées générales extraordinaires mentionnées à l'article L. 225-96, un ou plusieurs actionnaires représentant au moins 5 % du capital social peuvent s'opposer à ce qu'il soit recouru exclusivement aux modalités de participation à l'assemblée définies au premier alinéa.

Les conditions d'application du présent article sont précisées par décret en Conseil d'État.

Bibliographie : C. Coupet, *Ordonnance portant diverses mesures facilitant la prise de décision et la participation des actionnaires au sein des sociétés : Dr. sociétés* 2017, comm. 121. • B. Saintourens, *Simplification du fonctionnement des sociétés : le complément réglementaire pour 2017 : Rev. sociétés* 2017, p. 467. • A. Couret, *Décret du 28 février 2018 relatif à certaines modalités de participation des associés aux décisions collectives dans les SA et les SARL : Rev. sociétés* 2018, p. 283. • J.-B. Lhuillier, *L'assemblée générale dématérialisée dans les sociétés anonymes non cotées et la voie électronique en droit des sociétés : Rev. sociétés* 2018, p. 287.

Voir : art. L. 22-10-38, p. 506.

Art. L. 225-104 *(Anc. L. n° 66-537, 24 juill. 1966).* **– La convocation des assemblées d'actionnaires est faite dans les formes et *délais fixés par* décret en Conseil d'État.**

Toute assemblée irrégulièrement convoquée peut être annulée. Toutefois, l'action en nullité n'est pas recevable lorsque tous les actionnaires étaient présents ou représentés.

Voir : R. 225-62 et s., p. 1699, art. R. 22-10-20 et s., p. 1752.

1) Nullité facultative. Aucune disposition impérative du Code de commerce ou du droit régissant les contrats n'impose au juge de prononcer la nullité d'une assemblée générale ou de ses délibérations au motif que la convocation avait été faite par un conseil d'administration qui ne siégeait pas régulièrement ▪ Cass. com., 9 juill. 2002 : *JurisData* n° 2002-015205 ; *Bull. Joly Sociétés* 2002, § 211, p. 939, note A. Couret ; *JCP* E 2002, n° 1401, p. 1555 ; *JCP* E 2003, 627, n° 9, obs. J.-J. Caussain, F. Deboissy et G. Wicker.

2) Chronologie. Une assemblée ne peut pas être annulée pour irrégularité de sa convocation tirée de ce que son auteur aurait lui-même été irrégulièrement désigné, sans que la nullité de cette désignation ne soit au préalable prononcée. ▪ Cass. com., 6 sept. 2016, n° 14-25.581 : *JurisData* n° 2016-022925 ; *Rev. sociétés* 2017, p. 89, note J.-J. Ansault ; *Bull. Joly Sociétés* 2017, p. 29, note M. Buchberger ; *Dr. sociétés* 2017, comm. 24, note J. Heinich.

Art. L. 225-105 *(Anc. L. n° 66-537, 24 juill. 1966 ; mod., L. n° 2003-706, 1er août 2003 ; Ord. n° 2010-1511, 9 déc. 2010).* **– L'ordre du jour des assemblées est arrêté par l'auteur de la convocation.**

(1) **Toutefois, un ou plusieurs actionnaires représentant au moins 5 % du capital ou une association d'actionnaires répondant aux conditions fixées à l'article L. 225-120 ont la faculté de requérir l'inscription à l'ordre du jour de points ou de projets de résolution. Ces points ou ces projets de résolution sont inscrits à l'ordre du jour de l'assemblée et portés à la connaissance des actionnaires dans les conditions déterminées par décret en Conseil d'État. Celui-ci peut réduire le pourcentage exigé par le présent alinéa, lorsque le capital social excède un montant fixé par ledit décret.**

L'assemblée ne peut délibérer sur une question qui n'est pas inscrite à l'ordre du jour. Néanmoins, elle peut, en toutes circonstances, révoquer un ou plusieurs administrateurs ou membres du conseil de surveillance et procéder à leur remplacement.

L'ordre du jour de l'assemblée ne peut être modifié sur deuxième convocation.

Lorsque l'assemblée est appelée à délibérer sur des modifications de l'organisation économique ou juridique de l'entreprise sur lesquelles le comité d'entreprise a été consulté en application de l'article L. 432-1 du Code du travail, l'avis de celui-ci lui est communiqué.

Voir : art. L. 225-121, p. 397 ; R. 225-71 à R. 225-74, p. 1700.

Bibliographie : J. Givord, *L'ordre du jour de l'assemblée générale : Rev. gén. dr. com.* 1939, 467. Sur la sanction : C. Coupet, *Loi du 19 juillet 2019 de simplification, de clarification et d'actualisation : miscellanées de droit des sociétés : Bull. Joly Sociétés* oct. 2019, n° 120e1, p. 35. ● R. Mortier *et a., La loi Mohamed Soilihi article par article : Dr. sociétés* 2019, étude 13.

Nullité de l'assemblée. Est nulle la résolution d'une assemblée générale ayant décidé une augmentation de capital réservée aux salariés, dès lors que la question de la suppression du droit préférentiel de souscription n'a pas été expressément inscrite à l'ordre du jour. ▪ Cass. com., 25 sept. 2012, n° 11-17.256 : *JurisData* n° 2012-021560 ; *Dr. sociétés* 2013, n° 5, note M. Roussille ; *D.* 2012, p. 2301, obs. A. Lienhard ; *Rev. sociétés* 2013, p. 158, note H. Le Nabasque ; *Bull. Joly Sociétés* 2012, p. 847, *L'ordre du jour bête et méchant : nullité de l'augmentation de capital réservée sans mention de la suppression du DPS*, R. Mortier.

Art. L. 225-106 *(Anc. L. n° 66-537, 24 juill. 1966 ; mod., L. n° 2001-152, 19 févr. 2001 ; Ord. n° 2010-1511, 9 déc. 2010 ; L. n° 2016-1691, 9 déc. 2016 ; Ord. n° 2020-1142, 16 sept. 2020).* **– I. – Un actionnaire peut se faire représenter par un autre actionnaire, par son conjoint ou par le partenaire avec lequel il a conclu un pacte civil de solidarité.**

II. – Le mandat ainsi que, le cas échéant, sa révocation sont écrits et communiqués à la société. Les conditions d'application du présent alinéa sont précisées par décret en Conseil d'État.

III. – Avant chaque réunion de l'assemblée générale des actionnaires, le président du conseil d'administration ou le directoire, selon le cas, peut organiser la consultation des actionnaires mentionnés à l'article L. 225-102 afin de leur permettre de désigner un ou plusieurs mandataires pour les représenter à l'assemblée générale conformément aux dispositions du présent article.

Cette consultation est obligatoire lorsque, les statuts ayant été modifiés en application de l'article L. 225-23 ou de l'article L. 225-71, l'assemblée générale ordinaire doit nommer au conseil d'administration ou au conseil de surveillance, selon le cas, un ou des salariés actionnaires ou membres des conseils de surveillance des fonds communs de placement d'entreprise détenant des actions de la société.

Cette consultation est également obligatoire lorsque l'assemblée générale extraordinaire doit se prononcer sur une modification des statuts en application de l'article L. 225-23 ou de l'article L. 225-71.

Les clauses contraires aux dispositions des alinéas précédents sont réputées non écrites.

(1) Dispositions applicables aux assemblées tenues à compter du 1er janvier 2011, Ord. n° 2010-1511, 9 déc. 2010, art. 7.

Pour toute procuration d'un actionnaire sans indication de mandataire, le président de l'assemblée générale émet un vote favorable à l'adoption des projets de résolution présentés ou agréés par le conseil d'administration ou le directoire, selon le cas, et un vote défavorable à l'adoption de tous les autres projets de résolution. Pour émettre tout autre vote, l'actionnaire doit faire choix d'un mandataire qui accepte de voter dans le sens indiqué par le mandant.

Voir : art. L. 22-10-39, p. 506, art. L. 22-10-40 et s., p. 507, art. R. 225-79 et s., p. 1703, art. R. 22-10-24 et s., p. 1752.

Bibliographie : P. Cordonnier, *L'usage des pouvoirs en blanc dans les assemblées d'actionnaires : Journ. soc.* 1936, 672. • T. Jacomet, *Et… la location d'actions : Bull. Joly Sociétés* 1993, p. 640.

Voir : bibliographie ss art. L. 22-10-41, p. 507.

1) **Mandat.** – **Caractère personnel.** Le mandat donné par un actionnaire à un autre actionnaire pour le représenter dans les assemblées générales est personnel, ce qui exclut pour le mandataire désigné de se substituer un tiers ▪ Cass. com., 29 nov. 1994, n° 93-11.375 : *JurisData* n° 1994-002205 ; *D.* 1995, 252, note Y. Chartier ; *Bull. Joly Sociétés* 1995, p. 175, note J.-F. Barbièri.

– **Caractère spécial.** Le mandat est spécial, ce qui impose qu'il ne soit donné que pour une assemblée et au vu de l'ordre du jour de celle-ci, sauf exception expresse ▪ Cass. com., 29 nov. 1994, *ibid.*

– **Caractère révocable.** La convention conférant un pouvoir irrévocable de représentation est nulle comme attentatoire à la liberté de vote ▪ Cass. com., 17 juin 1974, n° 73-10.541 : *JurisData* n° 1974-097194 ; *Rev. sociétés* 1977, p. 84, note D. Randoux.

2) **Pouvoirs « en blanc ».** Les formules de procuration sans indication de mandataire ne peuvent pas être utilisées pour voter en faveur des projets de résolution présentés si elles ne sont pas adressées à la société ou à l'une des personnes habilitées par elles à les recueillir ▪ Cass. com., 26 oct. 1981, n° 80-13.121 : *JurisData* n° 1981-703053 ; *JCP* 1982, IV, 27.

Art. L. 225-106-1 *(Ord. n° 2010-1511, 9 déc. 2010 ; abr., Ord. n° 2020-1142, 16 sept. 2020).*

Art. L. 225-106-2 *(Ord. n° 2010-1511, 9 déc. 2010 ; abr., Ord. n° 2020-1142, 16 sept. 2020).*

Art. L. 225-106-3 *(Ord. n° 2010-1511, 9 déc. 2010 ; abr., Ord. n° 2020-1142, 16 sept. 2020).*

Art. L. 225-107 *(Anc. L. n° 66-537, 24 juill. 1966 ; mod., L. n° 2001-420, 15 mai 2001 ; L. n° 2019-744, 19 juill. 2019).* **– I. Tout actionnaire peut voter par correspondance, au moyen d'un formulaire dont les mentions sont fixées par décret en Conseil d'État. Les dispositions contraires des statuts sont réputées non écrites.**

Pour le calcul du quorum, il n'est tenu compte que des formulaires qui ont été reçus par la société avant la réunion de l'assemblée, dans les conditions de délais fixées par décret en Conseil d'État. Les formulaires ne donnant aucun sens de vote ou exprimant une abstention ne sont pas considérés comme des votes exprimés.

II. Si les statuts le prévoient, sont réputés présents pour le calcul du quorum et de la majorité les actionnaires qui participent à l'assemblée par visioconférence ou par des moyens de télécommunication permettant leur identification et dont la nature et les conditions d'application sont déterminées par décret en Conseil d'État.

Voir : art. R. 225-61, p. 1698, R. 225-66, p. 1699, R. 225-73, p. 1701, R. 225-75 à R. 225-78, p. 1702, R. 225-81, R. 225-82, R. 225-85, R. 225-86, p. 1703, R. 225-97 et R. 225-98, p. 1709.

Bibliographie : V. Brosses et J. Haelling, *L'utilisation des moyens de télécommunication aux conseils et assemblées générales des sociétés anonymes : Bull. Joly Sociétés* 2002, p. 1089. • M.-C. Glotin, *Les délibérations sociales par télétransmission : une innovation de la loi NRE : JCP* E 2002, 722 (Conseils et formules). • C. Cathiard, *L'utilisation des moyens de télécommunication pour la préparation et la tenue des conseils et assemblées des sociétés anonymes : JCP* E 2007, 1660. • G. Chiron, *Le droit des sociétés à l'ère des nouvelles technologies : JCP* E 2012, 1756 ; *Dr. sociétés* 2013, n° 5. • A. Couret et B. Dondero, *La loi Warsmann II relative à la simplification du droit et à l'allègement des démarches administratives – aspects de droit des sociétés (1re partie) : Bull. Joly Sociétés* 2012, p. 360. • X. Vamparys, *Les assemblées générales à l'ère du numérique – Avantages et conditions de mise en œuvre des assemblées dématérialisées : Dr. sociétés* 2018, étude 11.

Art. L. 225-107-1 *(L. n° 2001-420, 15 mai 2001 ; mod., Ord. n° 2004-604, 24 juin 2004 ; abr., Ord. n° 2020-1142, 16 sept. 2020).*

Art. L. 225-108 *(Anc. L. n° 66-537, 24 juill. 1966 ; mod., Ord. n° 2010-1511, 9 déc. 2010 ; L. n° 2019-744, 19 juill. 2019).* – Le conseil d'administration ou le directoire, selon le cas, doit adresser ou mettre à la disposition des actionnaires les documents nécessaires pour permettre à ceux-ci de se prononcer en connaissance de cause et de porter un jugement informé sur la gestion et la marche des affaires de la société.

La nature de ces documents et les conditions de leur envoi ou de leur mise à la disposition des actionnaires sont déterminées par décret en Conseil d'État.

À compter de la communication prévue au premier alinéa, tout actionnaire a la faculté de poser par écrit des questions auxquelles le conseil d'administration ou le directoire, selon le cas, est tenu de répondre au cours de l'assemblée. Une réponse commune peut être apportée à ces questions dès lors qu'elles présentent le même contenu.

La réponse à une question écrite est réputée avoir été donnée dès lors qu'elle figure sur le site internet de la société dans une rubrique consacrée aux questions-réponses. Le conseil d'administration ou le directoire peut déléguer, selon le cas, un de ses membres, le directeur général ou un directeur général délégué pour y répondre.

Voir : art. R. 225-81, R. 225-83, p. 1703, R. 225-84, p. 1707, R. 225-88, R. 225-89, p. 1708, R. 225-91 et R. 225-94, p. 1708.

Bibliographie : R. Dorat des Monts, *L'information des actionnaires et du public : JCP* 1971, CI, II, 10163. • P. Nocquet, *L'étendue de l'information des actionnaires préalable aux assemblées d'actionnaires : Dr. sociétés* 1979, p. 2. • P. Le Cannu, *Des questions sans réponses, in Mél. Y. Guyon*, Dalloz, 2003, p. 603. • F.-X. Lucas, *Questions écrites aux dirigeants et abus de droit : Dr. sociétés* oct. 2004, n° 9.

Art. L. 225-109 *(Anc. L. n° 66-537, 24 juill. 1966 ; mod., L. n° 2012-387, 22 mars 2012).* – Le président, les directeurs généraux, les membres du directoire d'une société, les personnes physiques ou morales exerçant dans cette société les fonctions d'administrateur ou de membre du conseil de surveillance ainsi que les représentants permanents des personnes morales qui exercent ces fonctions sont tenus, dans les conditions déterminées par décret en Conseil d'État, de faire mettre sous la forme nominative ou de déposer les actions qui appartiennent à eux-mêmes ou à leurs enfants mineurs non émancipés et qui sont émises par la société elle-même, par ses filiales, par la société dont elle est la filiale ou par les autres filiales de cette dernière société, lorsque ces actions sont admises aux négociations sur un marché réglementé.

La même obligation incombe aux conjoints non séparés de corps des personnes mentionnées à l'alinéa précédent.

Les droits de vote et les droits à dividende des actions détenues par toute personne n'ayant pas rempli les obligations du présent article sont suspendus jusqu'à régularisation de la situation. Tout vote émis ou tout versement de dividende effectué pendant la suspension est nul.

Voir : art. L. 247-4, p. 598, art. R. 225-110 à R. 225-112, p. 1714.

Bibliographie : P. Le Tourneau, *Les actions des dirigeants « initiés » des sociétés par actions : RTD com.* 1971, 593.

Art. L. 225-110 *(Anc. L. n° 66-537, 24 juill. 1966).* – Le droit de vote attaché à l'action appartient à l'usufruitier dans les assemblées générales ordinaires et au nu-propriétaire dans les assemblées générales extraordinaires.

Les copropriétaires d'actions indivises sont représentés aux assemblées générales par l'un d'eux ou par un mandataire unique. En cas de désaccord, le mandataire est désigné en justice à la demande du copropriétaire le plus diligent.

Le droit de vote est exercé par le propriétaire des titres remis en gage. À cet effet, le créancier gagiste dépose, à la demande de son débiteur, les actions qu'il détient en gage, dans les conditions et délais fixés par décret en Conseil d'État.

Les statuts peuvent déroger aux dispositions du premier alinéa.

Voir : art. R. 225-87, p. 1708. – C. civ., art. 1844, p. 2977.

Bibliographie : *Sur l'indivision.* Y. Flour, La qualité d'actionnaire et l'indivision : *Rev. sociétés* 1999, p. 569. • L. Nurit-Pontier, *Le décompte des droits sociaux indivis : Bull. Joly Sociétés* 2007, p. 657.

Sur le démembrement de titres sociaux. A. Le Bayon, *L'usufruit des parts sociales : Rev. sociétés* 1973, p. 435. • A. Viandier, *La notion d'associé*, LGDJ, 1978. • C. Régnaut-Moutier, *Vers la reconnaissance de la qualité d'associé à l'usufruitier des droits sociaux : Bull. Joly Sociétés* 1994, p. 1155. • M. Cozian, *Du nu-propriétaire ou de l'usufruitier, qui a la qualité d'associé ? : JCP* E 1994, I, 374. • J. Derruppé, *Un associé méconnu : l'usufruitier des parts ou actions : Defrénois* 1994, p. 1137. • J.-J. Daigre, *Le nu-propriétaire des droits sociaux ne peut pas être totalement privé de son droit de vote : Bull. Joly Sociétés* 1994, p. 249 ; *Le droit de vote est-il encore un attribut essentiel de l'associé ? : JCP* E 1996, I, 575. • Y. Paclot, *Remarques sur le démembrement des droits sociaux : JCP* E 1997, I, 674. • R. Gentilhomme et J.-P. Louveau, *La taxation à l'impôt sur le revenu du nu-propriétaire de droits sociaux ou l'art fiscal de tondre un œuf : JCP* E 1997, I, 652. • R. Micha-Goudet, *Évaluation économique de l'usufruit et cession d'actions : JCP* E 1997, I, 690. • J.-P. Chazal, *L'usufruitier et l'associé : Defrénois* 2000, art. 37191 ; *Bull. Joly Sociétés* 2000, p. 679. • J.-P. Garçon, *Variations sur la coexistence non pacifique de titulaires de droits sociaux démembrés : JCP* N 2003, 1545. • M.-H. Monsèrié-Bon et L. Grosclaude, *Usufruit des droits sociaux : le droit des sociétés rattrapé par le droit civil : Dr. et patrimoine* 2004, p. 42. • A. Viandier, *L'irréductible droit de vote de l'usufruitier : RJDA* 8/9-2004, p. 859. • F. Deboissy et G. Wicker, *Le droit de vote est une prérogative essentielle de l'usufruitier de droits sociaux : JCP* E 2004, 1290. • P. Mousseron, *Du démembrement des droits sociaux au démembrement des flux sociaux : Bull. Joly Sociétés* 2005, p. 465. • Y. Paclot, *JCP* E 2006, 1251 ; *Repenser l'attribution du droit de vote en cas de démembrement de droits sociaux : JCP* E 2006, 1251. • A. Rabreau, *L'usufruit des droits sociaux*, Litec, 2006. • A. Ballot-Léna, *L'usufruitier de droits sociaux : un statut* sui generis *? : Dr. sociétés* 2010, n° 9, p. 5. • M. Roussille, *Le droit de vote de l'associé, droit fondamental ? : Dr. sociétés* 2014, dossier spécial 65e anniversaire, n° 3. • F. Auckenthaler, *L'associé usufruitier : Dr. sociétés* 2014, étude 14.

I – USUFRUIT ET NUE-PROPRIÉTÉ

A – Qualité d'associé

1) Qualité d'associé du nu-propriétaire. Le nu-propriétaire a seul la qualité d'associé : Rép. min. : *JOAN Q*, 24 févr. 1979, p. 1151 ; *RTD com.* 1980, p. 71, n° 5, obs. J. Derruppé. – En cas de démembrement des parts sociales, seul le nu-propriétaire a la qualité d'associé et doit donc être mentionné au RCS [D. 30 mai 1984, art. 15 A 9°], CCRCS, avis n° 05-27 : *BPAT* 2-2006, n° 56, p. 14. Le nu-propriétaire indivis a la qualité d'associé et peut donc demander la nomination d'un administrateur provisoire. ▪ Cass. 3e civ., 17 janv. 2019, n° 17-26.695 : *JurisData* n° 2019-000289 ; *Bull. Joly Sociétés* 2019, p. 9, note R. Dalmau ; *Dr. sociétés* 2019, comm. 65, note H. Hovasse ; *D.* 2019, p. 623, note Th. Ravel d'Esclapon.

B – Prérogatives sociales

1° *Droits politiques*

2) Droit du nu-propriétaire de participer aux décisions collectives. Le droit du nu-propriétaire de participer aux décisions collectives ne peut être écarté par une clause contraire ▪ Cass. com., 4 *janv. 1994, n° 91-20.256 : JurisData n° 1994-000057* ; *JCP* E 1994, I, 363, n° 4, obs. A. Viandier et J.-J. Caussain ; *Rev. sociétés* 1994, p. 278 ; *RJDA* 1994, p. 412 ; *Bull. Joly Sociétés* 1994, p. 249 et 279, note J.-J. Daigre. À la condition qu'il ne soit pas dérogé au droit du nu-propriétaire de participer aux décisions collectives, les statuts peuvent prévoir qu'en cas de démembrement de propriété, le droit de vote appartient au seul usufruitier ▪ Cass. com., 22 févr. 2005, n° 03-17.421 : *Bull. Joly Sociétés* 2005, p. 977 ; *D.* 2005, somm. p. 1430, note B. Thullier ; *JCP* E 2005, 968, note R. Kaddouch ; *JCP* E 2005, 1046, n° 3, obs. J.-J. Caussain, F. Deboissy et G. Wicker ; *Dr. et patrimoine* mai 2005, n° 3684, p. 102, obs. D. Porracchia ; *Rev. sociétés* 2005, p. 353, note P. Le Cannu. Les statuts pouvant déroger à la règle selon laquelle, si une part est grevée d'usufruit, le droit de vote appartient au nu-propriétaire, dès lors qu'ils ne dérogent pas au droit du nu-propriétaire de participer aux décisions collectives, n'est pas illicite la clause statutaire attribuant le droit de vote à l'usufruitier pour les décisions ordinaires et extraordinaires et précisant que, dans tous les cas, les nus-propriétaires sont obligatoirement convoqués aux assemblées générales. La clause des statuts selon laquelle l'usufruitier représente le nu-propriétaire pour toutes les décisions sociales, quel qu'en soit l'objet, n'est pas valable en ce qu'elle interdit au nu-propriétaire de participer aux assemblées ▪ Cass. 2e civ., 13 juill. 2005, n° 02-15.904 : *Bull. Joly Sociétés* 2006, p. 217, note P. Le Cannu ; *D.* 2005, somm. p. 2952, obs. J.-C. Hallouin et E. Lamazerolles. ▪ Cass. com., 2 déc. 2008, n° 08-13.185 : *Bull. Joly Sociétés* 2009, p. 1116 ; *D.* 2009, p. 12, obs. A. Lienhard et p. 780, note B. Dondero ; *Dr. sociétés* 2009, n° 46, obs. M.-L. Coquelet ; *Rev. sociétés* 2009, p. 83, note P. Le Cannu, cassant ▪ CA Caen, 19 févr. *2008 : JurisData* n° 2008-362204 ; *Dr. sociétés* 2008, n° 198, obs. M.-L. Coquelet ; *JCP* E 2009, 1450, note A. Rabreau ; 1025, note Y. Paclot.

3) Droit de vote de l'usufruitier.

a) **Principes.** Est nulle la clause des statuts qui prive l'usufruitier du droit de voter les décisions concernant les bénéfices, ce qu'elle subordonne à la seule volonté des nus-propriétaires le droit d'user de la chose grevée d'usufruit et d'en percevoir les fruits, contrairement à l'article 578 du Code civil. ▪ Cass. com., 31 mars 2004, n° 03-16.694 : *Bull. Joly Sociétés* 2004, p. 836, avis M.-A. Lafortune, note

J. Madon et T. Jacomet ; *D.* 2004, somm. p. 2925, obs. J.-C. Hallouin ; *Dr. sociétés* juin 2004, p. 26, note H. Hovasse ; *Dr. et patrimoine* 07-08/2004, p. 110, obs. D. Poracchia ; *JCP* E 2004, 929, note A. Rabreau ; *JCP* E 2004, 1510, n° 1, obs. J.-J. Caussain, F. Deboissy et G. Wicker ; *RTD civ.* 2004, p. 318, obs. T. Revet ; *Rev. sociétés* 2004, p. 317, note P. Le Cannu ; *RTD com.* 2004, p. 542, note P. Le Cannu. Au sujet d'une SCI : l'assemblée générale ayant pour objet des décisions collectives autres que celles qui concernent l'affectation des bénéfices, ne saurait être annulée au motif que l'usufruitier des parts sociales n'avait pas été convoqué pour y participer ▪ Cass. 3e civ., 15 sept. 2016, n° 15-15.172 : *JurisData* n° 2016-018580 ; *Gaz. Pal.* 13 déc. 2016, p. 68, note Cl. Barillon ; *D.* 2016, p. 2199, note F. Danos ; *JCP* E, n° 8, 1087, obs. Fl. Deboissy et G.Wicker ; *RTD civ.* 2017, p. 184, note W. Dross ; *Dr. sociétés* 2016, comm. 184, note H. Hovasse ; *RTD com.* 2017, p. 120, note A. Lecourt ; *Bull. Joly* 2016, p. 722, note A. Rabreau ; *Rev. sociétés* 2017, p. 30, note T. de Ravel d'Esclapon ; *Rev. contrats* 2017, p. 138, note A. Tadros.

b) **Limites. Abus de majorité (non).** La délibération adoptée grâce à un vote de l'usufruitier qui porte atteinte la substance des droits sociaux démembrés, n'est pas nulle, à défaut de montrer en quoi l'usufruitier aurait fait du droit de vote un usage contraire à l'intérêt de la société, dans le seul dessein de favoriser ses intérêts personnels au détriment de ceux des autres associés. ▪ Cass. com., 2 déc. 2008, n° 08-13.185 : *D.* 2009, p. 780, note B. Dondero ; *D.* 2010, p. 28, note J.-Cl. Hallouin ; *Rev. sociétés* 2009, p. 83, note P. Le Cannu ; *RTD com.* 2009, p. 167, note M. Monsérié-Bon ; *RTD civ.* 2009, p. 137, note Th. Revêt ; *LPA* 12 mars 2009, n° PA200905105, p. 8, note A. Tadros. **Abus de jouissance (oui).** Lorsqu'est prononcée la déchéance pour abus de jouissance de l'usufruit portant sur un portefeuille de valeurs mobilières, l'usufruitier doit restituer la valeur qui aurait été celle du portefeuille en l'absence des prélèvements fautifs. ▪ Cass. 1re civ., 16 juin 2011, n° 10-17.898 : *JurisData* n° 2011-011787 ; *JCP* E 2011, n° 1826, p. 18, comm. F. Deboissy et G. Wicker. **Abus de jouissance (non).** Le vote des usufruitiers ayant permis la transformation d'une SA en SCA n'est pas constitutif d'un abus de jouissance. ▪ CA Douai, 13 févr. 2013, n° 11/05224 : *Gaz. Pal.* 19 nov. 2013, n° 155e2, note B. Dondero ; *Dr. sociétés* 2013, comm. 79, note R. Mortier ; *Bull. Joly Sociétés* 2013, p. 567, note A. Tadros ; *JCP* E 2013, 1702, note *Fl. Deboissy* et G. Wicker. **Fraude et abus de majorité (non).** *La modification* des règles de majorité et de répartition des droits de vote, après que la nue-propriété des actions a fait l'objet d'une donation, ne constitue pas une fraude à l'irrévocabilité des donations. Elle ne constitue pas non plus un abus de majorité, le donataire n'ayant pas démontré l'atteinte à l'intérêt social qui résulterait de ces délibérations sociales. ▪ Cass. com., 7 mai 2019, n° 17-14.438 : *Bull. Joly Sociétés* 2019, n° 120b8, p. 11, note C. Coupet ; *Dr. sociétés* 2019, comm. 126, note J.-F. Hamelin.

2° *Droits financiers*

4) Attribution des réserves au nu-propriétaire. Dans le cas où la collectivité des associés décide de distribuer un dividende par prélèvement sur les réserves, le droit de jouissance de l'usufruitier de droits sociaux s'exerce, sauf convention contraire entre celui-ci et le nu-propriétaire, sous la forme d'un quasi-usufruit, de sorte que l'usufruitier se trouve tenu d'une dette de restitution exigible au terme de l'usufruit et qui, prenant sa source dans la loi, est déductible de l'actif successoral lorsque l'usufruit s'éteint par la mort de l'usufruitier. ▪ Cass. com., 27 mai 2015, n° 14-16.246 : *JurisData* n° 2015-012551 ; *JCP* E 2015, 1354, note H. Hovasse ; *Dr. sociétés* 2015, n° 144, note R. Mortier ; *JCP* G 2015, 767, note A. Tadros ; *JCP* N 2015, 1167, note C. Orlhac et F. Fruleux ; *Bull. Joly Sociétés* 2015, p. 675, obs. A. Périn-Dureau ; *Bull. Joly Sociétés 2015*, n° 9, note R. Mortier ; *D.* 2015, p. 1752, note A. Rabreau ; *JCP* E, Chron. 1036, n° 2, obs. F. Deboissy et G. Wicker ; *AJF* 2015, 416, obs. C. Vernières ; *RTD civ.* 2015, 658, obs. W. Dross. En sens contraire : le nu-propriétaire de droits sociaux, et lui seul, a droit aux dividendes prélevés sur les réserves. ▪ Cass. 1re civ., 22 juin 2016, nos 15-19.471 et 15-19.516 : *JurisData* n° 2016-012090 ; *Rev. sociétés* 2016, p. 531, C. Donzel-Taboucou ; *Dr. sociétés* 2016, comm. 141, note H. Hovasse ; *D.* 2016, p. 1976, note A. Rabreau.

5) Paiement du dividende en actions. S'agissant de l'option offerte entre le paiement du dividende en actions ou en numéraire, et le choix de l'usufruitier pour un paiement en numéraire ayant conduit à ce que les actions démembrées ne permettent plus d'assurer le contrôle des sociétés concernées, ne peut être retenue la responsabilité du dirigeant à l'égard des nus-propriétaires dès lors notamment que ceux-ci, d'une part, n'ont pas demandé que la résolution litigieuse soit scindée en deux, l'une portant sur le principe de la distribution de dividendes, l'autre sur le droit d'option ; et, d'autre part, se sont contentés de proposer à l'usufruitier l'usufruit de nouvelles actions sans manifester l'intention de lui verser une somme équivalente à la valeur du dividende ▪ Cass. com., 3 mars 2009, n° 07-20.515 : *D.* 2009, p. 1512, note V. Barabé-Bouchard ; *Dr. sociétés* 2009, n° 94, obs. H. Hovasse ; JCP E 2009, 1353, note H. Hovasse.

6) Mise en réserve et donation indirecte. Les bénéfices réalisés par une société ne participant de la nature des fruits que lors de leur attribution sous forme de dividendes, lesquels n'ont pas d'existence juridique avant l'approbation des comptes de l'exercice par l'assemblée générale, la constatation par celle-ci de l'existence de sommes distribuables et la détermination de la part qui est attribuée à chaque associé, l'usufruitier des parts sociales n'a pas de droit sur les bénéfices : il ne consent aucune donation au nu-propriétaire en participant à l'assemblée générale qui décide d'affecter les bénéfices à un compte de réserves ■ Cass. com., 10 févr. 2009, n° 07-21.806 (PB) : *Dr. sociétés* 2009, n° 71, note R. Mortier ; *Dr. fisc.* 2009, n° 12-13, comm. 252, note R. Gentilhomme ; *JCP* E 2009, 1287, note H. Hovasse, rejetant le pourvoi dirigé contre, ■ CA Lyon, 16 oct. 2007, n° 06-03.324 : *JurisData* n° 2007-355093 ; *Dr. fisc.* 2008, n°s 19-20, comm. 319, note R. Gentilhomme ; *Dr. sociétés* 2008, n° 123, obs. R. Mortier. – Dans le même sens, ■ Cass. com., 31 mars 2009, n° 08-14.053. ■ Cass. com., 18 déc. 2012, n° 11-27.745 : *JurisData* n° 2012-029941 ; *JCP* E 2013, n° 1066, note H. Hovasse ; *D.* 2013, p. 82, obs. A. Lienhard ; *Bull. Joly Sociétés* 2013, § 85, p. 176, note D. Poracchia et J. Gasbaoui ; *Rev. sociétés* 2013, p. 203, note H. Le Nabasque ; *Dr. fisc.* 2013, n° 261, note M. Le Tacon ; *JCP* E 2013, n° 1702, chron. F. Deboissy et G. Wicker ; *D.* 2013, p. 2736, comm. A. Rabreau ; *Dr. sociétés* 2013, n° 44, note H. Hovasse ; *RTD com.* 2013, n° 165, obs. P. Neau-Leduc.

II – INDIVISION

A – Qualité d'associé

7) Qualité d'associé des indivisaires. Reconnaissant la qualité d'associé des indivisaires : ■ Cass. 1re civ., 6 févr. 1980, n° 78-12.513 : *JurisData* n° 1980-700049 ; *Bull. civ.* I, n° 49 ; *Rev. sociétés* 1980, p. 521, note A. Viandier ; *D.* 1981, IR 36, note J.-C. Bousquet ; *RTD com.* 1980, p. 383, note Houin. ■ Cass. crim., 4 nov. 2009, n° 09-80.818 : *JurisData* n° 2010-050485 ; *Dr. sociétés* 2010, comm. 35, note R. Salomon ; *Rev. sociétés* 2010, p. 379, note L. Godon. ■ Cass. com., 21 janv. 2014, n° 13-10.151 : *JurisData* n° 2014-000578 ; *Gaz. Pal.* 17 juin 2014, n° 168, p. 23, note C. Barrillon ; *D.* 2014, p. 647, note N. Borga ; *JCP* E 2014, 1069, note A. Couret ; *Dr. sociétés* 2014, comm. 59, note R. Mortier ; *Rev. sociétés 2014, p. 487*, note P. Le Cannu ; *JCP* N 2014, n° 27, 1242, note S. Le Normand-Caillère ; *RD rur.* 2014, comm. 132, note J. Cayron ; *RTD civ.* 2014, p. 413, note W. Dross ; *Bull. Joly Sociétés* 2014, p. 212, note D. Porrachia et H. Barbier ; *D.* 2014, p. 184, B. Mallet-Bricout ; *D.* 2014, p. 2434, note A. Rabreau ; *Defrénois* 2014, n° 8, p. 438, note A. Rabreau ; *Gaz. Pal.* 27 févr. 2014, n° 58, p. 5, note A. Tadros ; *LPA* 10 avr. 2014, n° 72, p. 10, note J.-F. Barbieri ; *Gaz. Pal.* 6 mai 2014, n° 177d9, note A. Zattara-Gros. ■ Cass. 3e civ., 17 janv. 2019, n° 17-26.695 : *JurisData* n° 2019-000289 ; *JCP* G 2019, 237, note J. Heinich ; *Dr. sociétés* 2019, comm. 65, note H. Hovasse ; *Dr. sociétés* 2020, chron. 1, note E. Naudin et F. Collard ; *JCP* E 2019, 1146, note J. Gallois ; *Bull. Joly Sociétés* 2019, n° 119r1, p. 9, note R. Dalmau ; *D.* 2019, p. 623, note Th. de Ravel de l'Esclapon ; *RTD com.* 2019, p. 157, note A. Lecourt. ■ Cass. 3e civ., 27 juin 2019, n° 18-17.662 : *JurisData* n° 2019-011187 ; *Gaz. Pal.* 17 déc. 2019, n° 365x4, p. 65, note M. Buchberger ; *Bull. Joly Sociétés* 2019, n° 120c3, p. 22, note J. Heinich ; *RTD com.* 2019, p. 672, note A. Lecourt ; *RTD com.* 2019, p. 711, note M.-H. Monsérié-Bon.

B – Prérogatives sociales

8) Désignation judiciaire d'un mandataire aux fins d'exercice du droit de vote. – Qualité pour agir. La société n'a pas qualité pour agir afin de demander la nomination d'un mandataire chargé de représenter les indivisaires. ■ Cass. com., 15 nov. 1976, n° 75-13.730 : *JurisData* n° 1976-799287 ; *Bull. civ.* IV, n° 287 ; *Rev. sociétés* 1977, p. 272, note Y. Guyon. – **Choix du mandataire.** En cas de désaccord entre indivisaires, le juge saisi en application des dispositions de l'article L. 225-110 peut désigner le mandataire parmi les indivisaires ou en dehors d'eux. ■ Cass. com., 10 juill. 2012, n° 11-21.789 : *JurisData* n° 2012-015755 ; *JCP* E 2012, 1601, note R. Mortier ; *Dr. sociétés* 2012, n° 162, note D. Gallois-Cochet ; *D.* 2012, p. 2429, note F. Marmoz, et p. 2692, obs. A. Rabreau ; *Bull. Joly Sociétés* 2012, p. 786, note B. Dondero ; *RTD civ.* 2012, p. 748, note Th. Revet. Ayant constaté l'existence d'un tel désaccord entre les copropriétaires des parts sociales indivises litigieuses, une cour d'appel a fait, à bon droit, application de l'article 1844 du Code civil en désignant un mandataire tiers pour les représenter (société civile). ■ Cass. 1re civ., 15 déc. 2010, n° 09-10.140 : *JurisData* n° 2010-023825 ; *Bull. civ.* I, n° 268 ; *Dr. sociétés* 2011, comm. 45, note M.-L. Coquelet ; *Dr. sociétés* 2011, comm. 48, note H. Hovasse ; *JCP* E 2011, chron. 1826, obs. Fl. Deboissy et G. Wicker ; *Bull. Joly Sociétés* 2011, p. 373, note F.-X. Lucas ; *Rev. sociétés* 2011, p. 280, note L. Godon ; *RTD com.* 2011, p. 374, note M.-H. Monsèrié-Bon ; *D.* 2011, p. 2758, note A. Rabreau ; *RTD civ.* 2011, p. 148, note Th. Revet.

9) Droit de participer aux décisions collectives. Les copropriétaires indivis de droits sociaux ayant la qualité d'associé, la présence des indivisaires aux assemblées générales n'est pas nécessairement exclue par la désignation d'un mandataire commun pour représenter l'indivision. ■ Cass. com., 21 janv. 2014, n° 13-10.151 : *JurisData* n° 2014-000578 ; *Gaz. Pal.* 17 juin 2014, n° 168, p. 23, note C. Barrillon ; *D.* 2014, p. 647, note N. Borga ; *JCP* E 2014, 1069, note A. Couret ; *Dr. sociétés* 2014, comm. 59, note R. Mortier ; *Rev. sociétés* 2014, p. 487, note P. Le Cannu ; *JCP* N 2014, n° 27, 1242, note S. Le Normand-Caillère ; *RTD civ.* 2014, p. 413, note W. Dross ; *Bull. Joly Sociétés* 2014, p. 212, note D. Porrachia et H. Barbier ; *D.* 2014, p. 184, B. Mallet-Bricout ; *D.* 2014, p. 2434, note A. Rabreau ; *Defrénois* 2014, n° 8, p. 438, note A. Rabreau ; *Gaz. Pal.* 27 févr. 2014, n° 58, p. 5, note A. Tadros ; *LPA* 10 avr. 2014, n° 72, p. 10, note J.-F. Barbieri ; *Gaz. Pal.* 6 mai 2014, n° 177d9, note A. Zattara-Gros.

10) Autres droits des indivisaires. La demande de désignation d'un expert de gestion (C. com., art. L. 225-231) peut être présentée par un ou plusieurs actionnaires détenant de manière indivise, au moins 5 % du capital. ▪ Cass. com., 4 déc. 2007, n° 05-19.643 : *JurisData* n° 2007-041784 ; *Dr. sociétés* 2008, comm. 46, note M.-L. Coquelet ; *D.* 2008, p. 1251, note L. Godon ; *JCP G* 2008, doctr. 147, J.-J. Caussain, Fl. Deboissy et G. Wicker ; *RTD com.* 2008, p. 133, note P. Le Cannu et B. Dondero ; *Bull. Joly Sociétés* 2008, p. 205, note A. Lecourt. La représentation des indivisaires par un mandataire ne les prive pas de leur droit d'information (société civile). ▪ Cass. 3e civ., 27 juin 2019, n° 18-17.662 : *JurisData* n° 2019-011187 ; *Gaz. Pal.* 17 déc. 2019, n° 365x4, p. 65, note M. Buchberger ; *Bull. Joly Sociétés* 2019, n° 120c3, p. 22, note J. Heinich ; *RTD com.* 2019, p. 672, note A. Lecourt ; *RTD com.* 2019, p. 711, note M.-H. Monsérié-Bon. Est recevable l'action *ut singuli* exercée par un indivisaire. ▪ Cass. crim., 4 nov. 2009, n° 09-80.818 : *JurisData* n° 2010-050485 ; *Dr. sociétés* 2010, comm. 35, note. R. Salomon ; *Rev. sociétés* 2010, p. 379, note L. Godon. Le propriétaire indivis de droits sociaux peut agir aux fins d'ajournement d'une assemblée générale extraordinaire. ▪ Cass. com., 7 juill. 2020, n° 18-19.330 : *JurisData* n° 2020-012834 ; *Bull. Joly Sociétés* sept. 2020, p. 17, note R. Dalmau ; *Dr. sociétés* 2020, comm. 127, note R. Mortier.

Art. L. 225-111 *(Anc. L. n° 66-537, 24 juill. 1966).* **– La société ne peut valablement voter avec des actions par elle souscrites, acquises ou prises en gage. Il n'est pas tenu compte de ces actions pour le calcul du quorum.**

Art. L. 225-112 *(Abr., L. n° 2001-420, 15 mai 2001).*

Art. L. 225-113 *(Anc. L. n° 66-537, 24 juill. 1966).* **– Tout actionnaire peut participer aux assemblées générales extraordinaires et tout actionnaire possédant des actions visées à l'article L. 225-99 peut participer aux assemblées spéciales. Toute clause contraire est réputée non écrite.**

Art. L. 225-114 *(Anc. L. n° 66-537, 24 juill. 1966 ; rempl., L. n° 2012-387, 22 mars 2012).* **– À chaque assemblée, est tenue une feuille de présence dont les mentions sont déterminées par décret en Conseil d'État et à laquelle sont annexés les pouvoirs donnés à chaque mandataire.**

Les décisions de l'assemblée doivent être constatées par un procès-verbal dont les mentions sont déterminées par décret en Conseil d'État.

En cas de non-respect du présent article, les délibérations de l'assemblée peuvent être annulées.

Voir : art. L. 242-15, p. 593, art. R. 225-95, p. 1709.

Bibliographie : Leblond, *L'établissement des feuilles de présence : Gaz. Pal.* 1978, 2, doctr. 497.

Art. L. 225-115 *(Anc. L. n° 66-537, 24 juill. 1966 ; mod., L. n° 2001-420, 15 mai 2001 ; L. n° 2003-706, 1er août 2003 ; Ord. n° 2004-604, 24 juin 2004 ; L. n° 2011-525, 17 mai 2011 ; L. n° 2019-486, 22 mai 2019 ; L. n° 2019-1479, 28 déc. 2019).* **– Tout actionnaire a droit, dans les conditions et délais déterminés par décret en Conseil d'État, d'obtenir communication :**

1° Des comptes annuels et de la liste des administrateurs ou des membres du directoire et du conseil de surveillance, et, le cas échéant, des comptes consolidés ;

2° Des rapports du conseil d'administration ou du directoire et du conseil de surveillance, selon le cas, et des commissaires aux comptes, s'il en existe, qui seront soumis à l'assemblée ;

3° Le cas échéant, du texte et de l'exposé des motifs des résolutions proposées, ainsi que des renseignements concernant les candidats au conseil d'administration ou au conseil de surveillance, selon le cas ;

4° Du montant global, certifié exact par les commissaires aux comptes, s'il en existe, des rémunérations versées aux personnes les mieux rémunérées, le nombre de ces personnes étant de dix ou de cinq selon que *l'effectif du personnel* est ou non d'au moins deux cent cinquante salariés ;

5° Du montant global, certifié par les commissaires aux comptes, s'il en existe, des versements effectués en application des 1 et 5 de l'article 238 *bis* du Code général des impôts ainsi que de la liste des actions nominatives de parrainage, de mécénat ;

6° *(Abrogé).*

NB : Conformément au XIV de l'article 11 de la loi n° 2019-486 du 22 mai 2019, les dispositions entrent en vigueur le 1er janvier 2020.

Voir : art. L. 238-1, p. 574, art. R. 225-83, R. 225-88, R. 225-89, R. 225-91 et R. 225-94, p. 1707.

Bibliographie : C. Coupet, *Loi PACTE : l'encadrement de la rémunération des dirigeants – Entre libéralisation et renforcement : JCP* E 2019, 1319. • E. Schlumberger, *Les incidences de la loi PACTE sur la rémunération des dirigeants sociaux : Bull. Joly Sociétés* 2019, n° 119x3, p. 64.

Responsabilité pour défaut de communication. À défaut d'élément établissant la responsabilité d'une autre personne, le président de la société doit être tenu pénalement responsable du défaut de communication des documents sociaux ▪ Cass. crim., 18 avr. 1983, n° 82-92.804 : *JurisData* n° 1983-700915 ; *JCP* 1983, IV, 201.

Art. L. 225-116 *(Anc. L. n° 66-537, 24 juill. 1966).* **– Avant la réunion de toute assemblée générale, tout actionnaire a le droit d'obtenir, dans les conditions et les délais déterminés par décret en Conseil d'État, communication de la liste des actionnaires.**

Voir : art. L. 238-1, p. 574, art. R. 225-90, R. 225-91, p. 1708, R. 225-94, p. 1709 et R. 228-7, p. 1728.

Art. L. 225-117 *(Anc. L. n° 66-537, 24 juill. 1966).* **– Tout actionnaire a le droit, à toute époque, d'obtenir communication des documents visés à l'article L. 225-115 et concernant les trois derniers exercices, ainsi que des procès-verbaux et feuilles de présence des assemblées tenues au cours de ces trois derniers exercices.**

Voir : art. L. 238-1, p. 574, art. R. 225-92 et R. 225-94, p. 1709.

Art. L. 225-118 *(Anc. L. n° 66-537, 24 juill. 1966).* **– Le droit à communication des documents, prévu aux articles L. 225-115, L. 225-116 et L. 225-117, appartient également à chacun des copropriétaires d'actions indivises, au nu-propriétaire et à l'usufruitier d'actions.**

Voir : art. L. 238-1, p. 574, art. R. 225-83, p. 1707, R. 225-88 à R. 225-92, p. 1708 et R. 225-94, p. 1709.

Art. L. 225-119 *(Abr., L. n° 2001-420, 15 mai 2001).*

Art. L. 225-120 *(Anc. L. n° 66-537, 24 juill. 1966 ; mod., Ord. n° 2005-1126, 8 sept. 2005 ; abr., Ord. n° 2020-1142, 16 sept. 2020).*

Art. L. 225-121 *(Anc. L. n° 66-537, 24 juill. 1966 ; mod., L. n° 2012-387, 22 mars 2012 ; L. n° 2019-744, 19 juill. 2019).* **– Les délibérations prises par les assemblées en violation des articles L. 225-96, L. 225-97, L. 225-98, des troisième et quatrième alinéas de l'article L. 225-99 et des deuxième et troisième alinéas du I de l'article L. 225-100 sont nulles.**

En cas de violation des dispositions des articles L. 225-115 et L. 225-116 ou du décret pris pour leur application, l'assemblée peut être annulée.

Les délibérations prises par les assemblées en violation de l'article L. 225-105 peuvent être annulées.

Voir : sur l'abus de majorité, sous art. L. 225-98, p. 379.

Art. L. 225-122 *(Anc. L. n° 66-537, 24 juill. 1966 ; mod., Ord. n° 2020-1142, 16 sept. 2020).* **– I. - Sous réserve des dispositions des articles L. 225-10, L. 225-123, L. 225-124, L. 225-125, L. 22-10-46, L. 22-10-47 et L. 22-10-48, le droit de vote attaché aux actions de capital ou de jouissance est proportionnel à la quotité de capital qu'elles représentent et chaque action donne droit à une voix au moins. Toute clause** ***contraire est réputée non écrite.***

II. – Dans les sociétés par actions dont le capital est, pour un motif d'intérêt général, en partie propriété de l'État, de départements, de communes ou d'établissements publics, et dans celles ayant pour objet des exploitations concédées par les autorités administratives compétentes, hors de la France métropolitaine, le droit de vote est réglé par les statuts en vigueur le 1er avril 1967.

Voir : art. L. 242-9, p. 592.

Bibliographie : A. Tunc, *Les conventions relatives au droit de vote et l'organisation des sociétés anonymes : Rev. gén. dr. com.* 1942, p. 96. • C. Freyria, *Étude de la jurisprudence sur les conventions portant atteinte à la liberté du vote dans les sociétés : RTD com.* 1951, 419. • C. Berolatti, *Régime juridique des conventions sur le droit de vote,* thèse Paris 1975. • A. Viandier, *Observations sur les conventions de vote : JCP* E 1986, 15405. • M. Germain, *Le transfert du droit de vote : RJ com.* 1990, p. 135. • M. Jeantin, *Les conventions de vote : RJ com.* 1990, p. 124. • P. Le Cannu, *Limitations du droit de vote et contrôle* *des sociétés anonymes : Bull. Joly Sociétés* 1991, § 84, p. 263. • F.-X. Lucas, *Les transferts temporaires de valeurs mobilières*, LGDJ, 1997 • A. Viandier, *Après l'article de Michel Jeantin sur les conventions de vote, in Mél. M. Jeantin*, Dalloz, 1999, p. 311. • P. Ledoux, *Le droit de vote des actionnaires*, LGDJ, 2002. • D. Martin et K. Angel, *L'instauration d'un droit de vote double automatique, une ambition à la Pyrrhus ? : JCP E* 2014, n° 1044. • *Le droit de vote : Dr. sociétés* 2014, dossier spécial 65e anniversaire. • C. Coupet, *L'attribution du droit de vote dans les sociétés*, LGDJ, 2013. • A. Couret, *Le transfert temporaire du droit de vote : retour sur une question taboue : Bull. Joly Sociétés* 2015, p. 153.

1) **Cession du droit de vote.** Sont nulles comme portant atteinte au principe de la liberté du vote les conventions portant cession du droit de vote ▪ Cass. civ., 7 avr. 1932 : *D.* 1933, 1, 153, note P. Cordonnier.

2) **Engagements de voter.** Sont également nuls les engagements inconditionnels et définitifs de voter dans un sens déterminé ▪ Cass. com., 14 mars 1950 : *JCP* 1950, II, 5694, note D. Bastian.

3) **Convention de blocage de titres.** Une convention de blocage de titres déposés auprès d'un notaire ou d'une banque, visant à assurer le maintien d'une majorité au sein d'un groupe, n'emporte pas nécessairement une unité de vote obligatoire ▪ Cass. com., 2 mars 1955 : *JCP* 1955, II, 8823.

Art. L. 225-123 ***(Anc. L. n° 66-537, 24 juill. 1966 ; mod., L. n° 2014-384, 29 mars 2014 ; Ord. n° 2020-1142, 16 sept. 2020).*** **– Un droit de vote double de celui conféré aux autres actions, eu égard à la quotité de capital social qu'elles représentent, peut être attribué, par les statuts à toutes les actions entièrement libérées pour lesquelles il sera justifié d'une inscription nominative, depuis deux ans au moins, au nom du même actionnaire.**

En outre, en cas d'augmentation du capital par incorporation de réserves, bénéfices ou primes d'émission, le droit de vote double peut être conféré, dès leur émission, aux actions nominatives attribuées gratuitement à un actionnaire à raison d'actions anciennes pour lesquelles il bénéficie de ce droit.

Bibliographie : A. Couret, *Le retour du débat sur le droit de vote double : JCP E* 2013, n° 1518 ; *Dr. sociétés* 2013, étude 22. • S. Torck, *La proposition de loi « Florange » et le droit des offres publiques : Dr. sociétés* 2014, étude 2. • E. Mouial-Bassilana et I. Parachkévova, *Les apports de la loi Florange au droit des sociétés : Bull. Joly Sociétés*, 2014 p. 314. • F. Basdevant, *La loi Florange instaure un opt-out pour le droit de vote double des sociétés cotées : Dr. sociétés* 2014, alerte n° 24. • S. Torck, *L'attribution automatique du droit de vote double : Dr. sociétés* 2014, dossier spécial 65e anniversaire, n° 7. • J.-P. Valuet, *Le droit de vote des actionnaires en AG : le droit de vote double : Dr. sociétés* 2014, étude 17.

Voir : art. L. 22-10-46, p. 508.

Art. L. 225-124 ***(Mod., L. n° 2008-776, 4 août 2008 ; L. n° 2014-384, 29 mars 2014 ; L. n° 2016-1691, 9 déc. 2016 ; Ord. n° 2020-1142, 16 sept. 2020).*** **– Toute action convertie au porteur ou transférée en propriété perd le droit de vote double attribué en application des articles L. 225-123 et L. 22-10-46. Néanmoins, le transfert par suite de succession, de liquidation de communauté de biens entre époux ou de donation entre vifs au profit d'un conjoint ou d'un parent au degré successible ne fait pas perdre le droit acquis et n'interrompt pas le délai mentionné au premier alinéa de l'article L. 225-123 et à l'article L. 22-10-46. Il en est de même, sauf stipulation contraire des statuts, en cas de transfert par suite d'une fusion ou d'une scission d'une société actionnaire.**

La fusion ou la scission de la société est sans effet sur le droit de vote double qui peut être exercé au sein de la ou des sociétés bénéficiaires, si celles-ci en bénéficient.

Les droits de vote double dans des sociétés tierces dont bénéficie la société absorbée ou la société scindée sont maintenus, en cas de fusion ou de scission, au profit de la société absorbante ou de la société bénéficiaire de la scission ou, selon le cas, au profit de la société nouvelle résultant de l'opération de fusion ou de scission.

Art. L. 225-125 ***(Anc. L. n° 66-537, 24 juill. 1966 ; mod., L. n° 2006-387, 31 mars 2006 ; Ord. n° 2020-1142, 16 sept. 2020).*** **– Les statuts peuvent limiter le nombre de voix dont chaque actionnaire dispose dans les assemblées, sous la condition que cette limitation soit imposée à toutes les actions sans distinction de catégorie, autres que les actions à dividende prioritaire sans droit de vote.**

Bibliographie : J. Bertrandon, *La limitation statutaire du nombre des voix dans les assemblées générales : Petites affiches de la Seine*, 1981, n° 6. • P. Le Cannu, *Limitations du droit de vote et contrôle des sociétés anonymes : Bull. Joly Sociétés* 1991, § 84, p. 263. • F. Peltier, *Les limitations du droit d'accès aux assemblées d'actionnaires : Bull. Joly Sociétés* 1993, § 323, p. 1107. • R. Kaddouch, *La clause statutaire de plafonnement des voix : JCP E* 2005, comm. 620. • F. Peltier, *Résolution émanant d'actionnaires visant à supprimer une clause statutaire de limitation des droits de vote : Dr. sociétés* 2007, p. 46.

Voir : art. L. 22-10-47, p. 508.

Art. L. 225-126 *(Abr., Ord. n° 2004-604, 24 juin 2004 ; rétabli dans la version suivante, L. n° 2010-1249, 22 oct. 2010 ; Ord. n° 2014-863, 31 juill. 2014 ; abr., Ord. n° 2020-1142, 16 sept. 2020).*

Section IV. – Des modifications du capital social et de l'actionnariat des salariés

Sous-section 1. – De l'augmentation du capital

Bibliographie : H. Hovasse, *Les augmentations de capital à souscription conditionnelle*, Économica 1988. • F. Peltier, *Les fondements juridiques de la pratique des dates de jouissance en matière d'émission d'actions nouvelles : Bull. Joly Sociétés* 1992, § 37, p. 135. • A. Couret et J.-L. Medus, *Les augmentations de capital*, Économica, 1994. • P.-Y. Chabert, *Les augmentations de capital après l'ordonnance n° 2004-604 du 24 juin 2004 portant réforme des valeurs mobilières émises par les sociétés commerciales : Bull. Joly Sociétés* 2004, § 209, p. 1023. • H. Hovasse, *Les augmentations de capital après l'ordonnance n° 2004-604 du 24 juin 2004 portant réforme du régime des valeurs mobilières émises par les sociétés commerciales : Dr. sociétés* oct. 2004, p. 7. • B. Le Bars, *Le volume des augmentations de capital : Rev. sociétés* 2004, p. 531. • P. Le Cannu, *L'ordonnance n° 2004-604 du 24 juin 2004 et les augmentations de capital : RTD com.* 2004, p. 531. • A. Viandier, *La suspension des délégations d'augmentation de capital en cas d'offre publique : Rev. sociétés* 2004, p. 783. • J.-J. Uettwiller et C.-E. Prieur, *Les conventions de garantie dans les souscriptions de droits sociaux : Bull. Joly Sociétés* 2005, p. 1449. • J. Abras, *Augmentation de capital par apport en numéraire dans les sociétés par actions non cotées : les faiblesses de la protection contre les abus dans la fixation du prix des titres nouveaux : JCP* E 2009, 1317. • Joly Sociétés, EA 190, *Augmentation de capital*, par A. Cerati-Gauthier. • R. Mortier, *Opérations sur capital social*, LexisNexis, 2e éd. 2015.

Art. L. 225-127 *(Ord. n° 2004-604, 24 juin 2004).* **– Le capital social est augmenté soit par émission d'actions ordinaires ou d'actions de préférence, soit par majoration du montant nominal des titres de capital existants.**

Il peut également être augmenté par l'exercice de droits attachés à des valeurs mobilières donnant accès au capital, dans les conditions prévues aux articles L. 225-149 et L. 225-177.

Art. L. 225-128 *(Ord. n° 2004-604, 24 juin 2004).* **– Les titres de capital nouveaux sont émis soit à leur montant nominal, soit à ce montant majoré d'une prime d'émission.**

Ils sont libérés soit par apport en numéraire y compris par compensation avec des créances liquides et exigibles sur la société, soit par apport en nature, soit par incorporation de réserves, bénéfices ou primes d'émission, soit en conséquence d'une fusion ou d'une scission.

Ils peuvent aussi être libérés consécutivement à l'exercice d'un droit attaché à des valeurs mobilières donnant accès au capital comprenant, le cas échéant, le versement des sommes correspondantes.

Bibliographie : J. Vandamme, *De la prime imposée aux souscripteurs*, thèse Paris, 1928. • Benech, *Les primes d'émission d'actions : RF compt.* 1960, 4. • G. Naffah, *La prime d'émission*, thèse Paris II, 1986. • A. Cohen, *La prime d'émission entre liberté et contrôle : JCP* E 2002, p. 35.

1) Notion de prime d'émission. La prime d'émission est un apport supplémentaire exigé en vue d'assurer l'égalité entre les actions anciennes et les actions nouvelles et elle ne présente pas les caractères d'un bénéfice ▪ Cass. req., 8 janv. *1935 : DP 1935, 1, p. 8, rapp. Pilon.* – La prime d'émission est un supplément d'apport laissé à la libre disposition de la société ▪ Cass. com., 9 juill. 1952 : *JCP* 1953, II, 7742.

2) Compensation. Rien ne s'oppose à ce que la valeur des parts sociales souscrites soit réglée par compensation avec la créance du souscripteur sur la société, le montant des pertes excéderait-il le capital social ▪ Cass. com., 7 févr. 1972 : *JurisData* n° 1972-097047 ; *Rev. sociétés* 1973, p. 297, note E. du Pontavice.

3) Fraude. a) **Nullité.** Une augmentation de capital revêt un caractère frauduleux du fait de son caractère précipité, de son mode de libération par compensation ne permettant pas à la société de se procurer de nouvelles liquidités, et de l'existence d'une prime d'émission injustifiée en son principe. ▪ Cass. com., 16 avr. 2013, nos 09-10.583 et 09-13.651 : *JurisData* n° 2013-007446 ; *Dr. sociétés* 2013, n° 114, note R. Mortier. En l'absence de débat sur la justification de l'augmentation de capital et l'inadéquation du montant de la prime d'émission au regard de la situation sociale, et alors que l'assemblée a été régulièrement convoquée, que l'associée était présente, que le prix des actions émises n'est pas prohibitif, que l'associée n'a pas été empêchée d'y souscrire, que sa dilution est marginale, aucune fraude n'est caractérisée. ▪ Cass.

com., 5 avr. 2018, n° 16-18.772 : *JurisData* n° 2018-005262 ; *Bull. Joly Sociétés* 2018, p. 405, note C. Coupet ; *Dr. sociétés* 2018, comm. 138, note R. Mortier.

b) **Responsabilité civile.** La fraude orchestrée par des actionnaires majoritaires ayant sciemment minoré la valeur des actions créées en rémunération d'un apport en nature à l'occasion d'une décision d'augmentation de capital est de nature à engager leur responsabilité civile, peu important que la contrariété de l'opération à l'intérêt social ne soit pas établie. ▪ Cass. com., 30 sept. 2020, n° 18-22.076 : *JurisData* n° 2020-015324 ; *Bull. Joly Sociétés* déc. 2020, p. 22, note E. Guégan ; *JCP* E 2020, 1382 ; *Dr. sociétés* 2020, comm. 141, note R. Mortier ; *D.* 2020, p. 2273, note D. Schmidt.

Art. L. 225-129 ***(Mod., L. n° 2001-152, 19 févr. 2001 ; L. n° 2003-7, 3 janv. 2003 ; L. n° 2003-706, 1er août 2003 ; rempl., Ord. n° 2004-604, 24 juin 2004 ; mod., L. n° 2006-1770, 30 déc. 2006).*** **– L'assemblée générale extraordinaire est seule compétente pour décider, sur le rapport du conseil d'administration ou du directoire, une augmentation de capital immédiate ou à terme. Elle peut déléguer cette compétence au conseil d'administration ou au directoire dans les conditions fixées à l'article L. 225-129-2.**

L'augmentation de capital doit, sous réserve des dispositions prévues aux articles L. 225-129-2 et L. 225-138, être réalisée dans le délai de cinq ans à compter de cette décision ou de cette délégation. Ce délai ne s'applique pas aux augmentations de capital à réaliser à la suite de l'exercice d'un droit attaché à une valeur mobilière donnant accès au capital ou à la suite des levées d'options prévues à l'article L. 225-177 ou du fait de l'attribution définitive d'actions gratuites prévue à l'article L. 225-197-1.

Voir : art. L. 238-1, p. 574, art. R. 225-113, p. 1714.

Bibliographie : J.-P. Bouère, *Augmentation de capital : mode d'emploi du nouvel article 180 : Bull. Joly,* 1995, p. 7. ; *Augmentation de capital : du nouveau sur l'article 180 de la loi sur les sociétés : Bull. Joly Sociétés* 1995, p. 147. • P. Merle, *Augmentation de capital et délégation globale : RJDA* 3/95, p. 195. • F. Peltier, *Les autorisations globales d'augmentation de capital : RD bancaire et bourse* 1995, 70. • M. Loy, *Les nouvelles règles de délégation en matière d'augmentation de capital : JCP* E 2004, 1291. • J.-P. Mattout, *Les nouveaux pouvoirs financiers des organes de direction : Rev. sociétés* 2004, p. 543. • P. Tourres, *Augmentation de capital : l'élargissement des délégations : Dr. et patrimoine* oct. 2004, p. 87.

Compétence exclusive de l'AGE. Selon la deuxième directive n° 77/91/CEE d'harmonisation du droit des sociétés, une réglementation nationale ne peut pas prévoir que le capital d'une société anonyme bancaire qui, en raison de son endettement, se trouve dans une situation exceptionnelle, peut être augmenté par voie administrative et sans délibération de l'assemblée générale ▪ CJCE, 12 mars 1996 : *JurisData* n° 1996-600488 ; *Bull. Joly Sociétés* 1996, p. 814, note B. Saintourens.

Art. L. 225-129-1 ***(Ord. n° 2004-604, 24 juin 2004).*** **– Lorsque l'assemblée générale extraordinaire décide l'augmentation de capital, elle peut déléguer au conseil d'administration ou au directoire le pouvoir de fixer les modalités de l'émission des titres.**

Voir : art. R. 225-116, p. 1715.

Art. L. 225-129-2 ***(Ord. n° 2004-604, 24 juin 2004 ; mod., L. n° 2004-1484, 30 déc. 2004).*** **– Lorsque l'assemblée générale extraordinaire délègue au conseil d'administration ou au directoire sa compétence pour décider de l'augmentation de capital, elle fixe la durée, qui ne peut excéder vingt-six mois, durant laquelle cette délégation peut être utilisée et le plafond global de cette augmentation.**

Cette délégation prive d'effet toute délégation antérieure ayant le même objet.

Les émissions mentionnées aux articles L. 225-135 à L. 225-138-1 et L. 225-177 à L. 225-186, L. 225-197-1 à L. 225-197-3, ainsi que les émissions d'actions de préférence mentionnées aux articles L. 228-11 à L. 228-20 doivent faire l'objet de résolutions particulières.

Dans la limite de la délégation donnée par l'assemblée générale, le conseil d'administration ou le directoire dispose des pouvoirs nécessaires pour fixer les conditions d'émission, constater la réalisation des augmentations de capital qui en résultent et procéder à la modification corrélative des statuts.

Voir : art. *R. 225-116, p. 1715.*

Art. L. 225-129-3 ***(Abr., L. n° 2006-387, 31 mars 2006).***

Art. L. 225-129-4 ***(Ord. n° 2004-604, 24 juin 2004 ; mod., Ord. n° 2009-80, 22 janv. 2009 ; L. n° 2016-1691, 9 déc. 2016 ; abr., Ord. n° 2020-1142, 16 sept. 2020).***

Art. L. 225-129-5 *(Ord. n° 2004-604, 24 juin 2004)*. – Lorsqu'il est fait usage des délégations prévues aux articles L. 225-129-1 et L. 225-129-2, le conseil d'administration ou le directoire établit un rapport complémentaire à l'assemblée générale ordinaire suivante dans les conditions fixées par décret en Conseil d'État.

Art. L. 225-129-6 *(Ord. n° 2004-604, 24 juin 2004 ; mod., L. n° 2004-1343, 9 déc. 2004 ; L. n° 2005-842, 26 juill. 2005 ; L. n° 2011-525, 17 mai 2011 ; L. n° 2012-387, 22 mars 2012 ; L. n° 2019-744, 19 juill. 2019)*. – Lors de toute décision d'augmentation du capital par apport en numéraire, sauf si elle résulte d'une émission au préalable de valeurs mobilières donnant accès au capital, l'assemblée générale extraordinaire doit se prononcer sur un projet de résolution tendant à la réalisation d'une augmentation de capital dans les conditions prévues aux articles L. 3332-18 à L. 3332-24 du Code du travail, lorsque la société a des salariés. Toutefois, l'assemblée générale extraordinaire se prononce sur un tel projet de résolution lorsqu'elle délègue sa compétence pour réaliser l'augmentation de capital conformément à l'article L. 225-129-2.

Le présent article n'est pas applicable aux sociétés contrôlées au sens de l'article L. 233-16 du présent code lorsque l'assemblée générale de la société qui les contrôle a décidé ou a autorisé, par délégation, une augmentation de capital, dans les conditions prévues au deuxième alinéa de l'article L. 3344-1 du Code du travail, dont peuvent bénéficier les salariés des sociétés contrôlées.

Voir : art. L. 225-149-3, p. 408, L. 238-1, p. 574 et L. 238-6, p. 575.

Bibliographie : J.-F. Bulle, *Aspects politiques sur l'augmentation de capital et les droits des salariés dans les sociétés par actions : Dr. sociétés* 2001, chron. p. 19. • P. Bouteiller, *Les obligations nées des dispositions de la loi n° 2001-152 du 19 février 2001, et relatives aux augmentations de capital réservées aux salariés : JCP* E 2002, 543. • V. Médail, *Augmentation de capital réservée aux salariés : obligation triennale de saisir l'assemblée générale des actionnaires : JCP* E 2003, 988. • C. Malecki, *Épargne salariale : les ambiguïtés du seuil de 3 % : D.* 2004, p. 482. • C. Coupet, *Loi du 19 juillet 2019 de simplification, de clarification et d'actualisation : miscellanées de droit des sociétés : Bull. Joly Sociétés* oct. 2019, n° 120e1, p. 35. • R. Mortier *et a.*, *La loi Mohamed Soilihi article par article : Dr. sociétés* 2019, étude 13.

Dans le cas où le capital a été augmenté sans que les actionnaires ne se soient prononcés sur une augmentation de capital réservée aux salariés, le vote postérieur sur la seule résolution proposant de réserver aux salariés une augmentation de capital suffit à régulariser l'augmentation de capital, sans qu'il y ait lieu à nouvelle délibération sur la première résolution. ■ Cass. com., 28 nov. 2018, n° 16-28.358, FS-PB : *JurisData* n° 2018-021289 ; *Bull. Joly Sociétés* 2019, p. 11, note C. Coupet ; *Dr. sociétés* 2019, comm. 48, note J. Heinich.

Art. L. 225-130 *(Ord. n° 2004-604, 24 juin 2004 ; mod., Ord. n° 2014-863, 31 juill. 2014 ; Ord. n° 2020-1142, 16 sept. 2020)*. – Lorsque l'augmentation du capital, que ce soit par émission de titres de capital nouveaux ou par majoration du montant nominal des titres de capital existants, est réalisée par incorporation de réserves, bénéfices ou primes d'émission, l'assemblée générale, par dérogation aux dispositions de l'article L. 225-96, statue dans les conditions de quorum et de majorité prévues à l'article L. 225-98. Dans ce cas, elle peut décider que les droits formant rompus ne sont ni négociables, ni cessibles et que les titres de capital correspondants sont vendus. La vente des titres de capital qui n'ont pu être attribués individuellement et correspondant aux droits formant rompus ainsi que la répartition des sommes provenant de cette vente aux titulaires des droits interviennent dans un délai fixé par décret en Conseil d'État.

L'augmentation de capital par majoration du montant nominal des titres de capital, en dehors des cas prévus à l'alinéa précédent, n'est décidée qu'avec le consentement unanime des actionnaires.

Voir : art. R. 225-130, p. 1718, art. L. 22-10-51, p. 509, art. R. 22-10-35, p. 1755.

Art. L. 225-131 *(Mod., Ord. n° 2004-604, 24 juin 2004 ; Ord. n° 2009-80, 22 janv. 2009 ; Ord. n° 2019-1067, 21 oct. 2019)*. – Le capital doit être intégralement libéré avant toute émission d'actions nouvelles à libérer en numéraire.

En outre, l'augmentation du capital par offre au public, réalisée moins de deux ans après la constitution d'une société selon les articles L. 225-12 à L. 225-16, doit être précédée, dans les conditions visées aux articles L. 225-8 à L. 225-10, d'une vérification de l'actif et du passif ainsi que, le cas échéant, des avantages particuliers consentis.

Les dispositions de l'alinéa précédent ne sont pas applicables aux offres au public mentionnées au 1° ou au 2° de l'article L. 411-2 du Code monétaire et financier ou à l'article L. 411-2-1 du même code.

Voir : art. L. 242-17, p. 593 ; Définition de l'offre au public : C. monét. fin., art. L. 411-1.

Art. L. 225-132 *(Anc. L. n° 66-537, 24 juill. 1966 ; mod., Ord. n° 2004-604, 24 juin 2004 ; Ord. n° 2014-863, 31 juill. 2014 ; D. n° 2015-545, 18 mai 2015).* – Les actions comportent un droit préférentiel de souscription aux augmentations de capital.

Les actionnaires ont, proportionnellement au montant de leurs actions, un droit de préférence à la souscription des actions de numéraire émises pour réaliser une augmentation de capital.

Lorsque le droit préférentiel de souscription n'est pas détaché d'actions négociables, il est cessible dans les mêmes conditions que l'action elle-même. Dans le cas contraire, ce droit est négociable pendant une durée égale à celle de l'exercice du droit de souscription par les actionnaires mais qui débute avant l'ouverture de celle-ci et s'achève avant sa clôture. L'information des actionnaires quant aux modalités d'exercice et de négociation de leur droit préférentiel sont précisées par décret en Conseil d'État.

Les actionnaires peuvent renoncer à titre individuel à leur droit préférentiel.

La décision relative à la conversion des actions de préférence emporte renonciation des actionnaires au droit préférentiel de souscription aux actions issues de la conversion.

La décision d'émission de valeurs mobilières donnant accès au capital emporte également renonciation des actionnaires à leur droit préférentiel de souscription aux titres de capital auxquels les valeurs mobilières émises donnent droit.

Voir : art. R. 225-122, p. 1716.

Bibliographie : A. Couret, *Le droit préférentiel de souscription de l'actionnaire,* thèse Toulouse 1978. • H. Le Nabasque, *Les augmentations de capital réalisées avec maintien du droit préférentiel de souscription des actionnaires : Rev. sociétés* 2004, p. 491.

Art. L. 225-133 *(Ord. n° 2004-604, 24 juin 2004).* – Si l'assemblée générale ou, en cas de délégation prévue à l'article L. 225-129, le conseil d'administration ou le directoire le décide expressément, les titres de capital non souscrits à titre irréductible sont attribués aux actionnaires qui auront souscrit un nombre de titres supérieur à celui auquel ils pouvaient souscrire à titre préférentiel, proportionnellement aux droits de souscription dont ils disposent et, en tout état de cause, dans la limite de leurs demandes.

Voir : art. R. 225-122, p. 1716, art. R. 22-10-34, p. 1755.

Art. L. 225-134 *(Mod., Ord. n° 2004-604, 24 juin 2004 ; Ord. n° 2019-1067, 21 oct. 2019).* – I. – Si les souscriptions à titre irréductible et, le cas échéant, à titre réductible n'ont pas absorbé la totalité de l'augmentation de capital :

1° Le montant de l'augmentation de capital peut être limité au montant des souscriptions sauf décision contraire de l'assemblée générale. En aucun cas, le montant de l'augmentation de capital ne peut être inférieur aux trois quarts de l'augmentation décidée ;

2° Les actions non souscrites peuvent être librement réparties totalement ou partiellement, à moins que l'assemblée en ait décidé autrement ;

3° Les actions non souscrites peuvent être offertes au public totalement ou partiellement lorsque l'assemblée a expressément admis cette possibilité. Cette autorisation n'est pas requise pour les offres au public mentionnées au 1° ou au 2° de l'article L. 411-2 du Code monétaire et financier ou à l'article L. 411-2-1 du même code.

II. – Le conseil d'administration ou le directoire peut utiliser dans l'ordre qu'il détermine les facultés prévues ci-dessus ou certaines d'entre elles seulement. L'augmentation de capital n'est pas réalisée lorsque après l'exercice *de ces facultés,* le montant des souscriptions reçues n'atteint pas la totalité de l'augmentation de capital ou les trois quarts de cette augmentation dans le cas prévu au 1° du I.

III. – Toutefois, le conseil d'administration ou le directoire peut, d'office et dans tous les cas, limiter l'augmentation de capital au montant atteint lorsque les actions non souscrites représentent moins de 3 % de l'augmentation de capital. Toute délibération contraire est réputée non écrite.

Voir : art. R. 225-122, p. 1716.

Art. L. 225-135 *(Rempl., Ord. n° 2004-604, 24 juin 2004 ; L. n° 2011-525, 17 mai 2011 ; mod., L. n° 2019-486, 22 mai 2019 ; Ord. n° 2020-1142, 16 sept. 2020).* – L'assemblée qui décide ou autorise une augmentation de capital, soit en en fixant elle-même toutes les modalités, soit en déléguant son pouvoir ou sa compétence dans les conditions prévues aux articles L. 225-129-1 ou L. 225-129-2, peut supprimer le droit préférentiel de souscription pour la totalité de l'augmentation de capital ou pour une ou plusieurs tranches de cette augmentation, selon les modalités prévues par les articles L. 225-136 à L. 225-138-1et L. 22-10-52.

Elle statue sur rapport du conseil d'administration ou du directoire.

Lorsqu'elle décide de l'augmentation de capital, soit en fixant elle-même toutes les modalités, soit en déléguant son pouvoir dans les conditions fixées à l'article L. 225-129-1, elle statue également sur rapport des commissaires aux comptes, s'il en existe.

Lorsqu'il est fait usage d'une délégation de pouvoir ou de compétence, le conseil d'administration ou le directoire ainsi que le commissaire aux comptes, s'il en existe, établissent chacun un rapport sur les conditions définitives de l'opération présenté à l'assemblée générale ordinaire suivante. Le rapport du conseil d'administration ou du directoire satisfait à l'obligation prévue à l'article L. 225-129-5.

Un décret en Conseil d'État fixe les conditions dans lesquelles sont établis les rapports prévus au présent article.

Voir : art. L. 238-1, p. 574, art. L. 242-20, p. 593, R. 225-114 et R. 225-115, p. 1714, R. 225-121, p. 1716, R. 225-131, p. 1718, art. L. 22-10-51, p. 509, art. R. 22-10-31, p. 1754.

Bibliographie : J. Hémard, *La suppression du droit préférentiel de souscription* in *Mélanges A. Jauffret*, 1974, p. 393. • M. Vasseur, *De la priorité reconnue aux actionnaires ayant renoncé à leurs droits préférentiels de souscription en cas d'émission d'obligations convertibles*, in *Mélanges D. Bastian*, 1974, t. I, p. 361. • J.-J. Daigre, *Les émissions sans droit préférentiel de souscription : Rev. sociétés* 2004, p. 479.

Art. L. 225-135-1 *(Ord. n° 2004-604, 24 juin 2004).* – En cas d'augmentation de capital avec ou sans droit préférentiel de souscription, l'assemblée peut prévoir que le nombre de titres pourra être augmenté pendant un délai fixé par décret en Conseil d'État, dans la limite d'une fraction de l'émission initiale déterminée par ce même décret et au même prix que celui retenu pour l'émission initiale. La limite prévue au 1° du I de l'article L. 225-134 est alors augmentée dans les mêmes proportions.

Voir : C. com., art. R. 225-118 et R. 225-120.

Art. L. 225-136 *(Rempl., Ord. n° 2004-604, 24 juin 2004 ; mod., Ord. n° 2009-80, 22 janv. 2009 ; Ord. n° 2019-1067, 21 oct. 2019 ; Ord. n° 2020-1142, 16 sept. 2020).* – L'émission de titres de capital sans droit préférentiel de souscription par une offre au public est soumise aux conditions suivantes :

1° Le prix d'émission ou les conditions de fixation de ce prix sont déterminés par l'assemblée générale extraordinaire sur rapport du conseil d'administration ou du directoire et sur rapport spécial du commissaire aux comptes de la société, ou, s'il n'en a pas été désigné, d'un commissaire aux comptes désigné à cet effet selon les modalités prévues aux articles L. 225-228 et L. 22-10-66 ;

2° L'émission de titres de capital réalisée par une offre visée au 1 de l'article L. 411-2 du Code monétaire et financier est limitée à 20 % du capital social par an.

Les dispositions du présent article ne sont pas applicables aux offres au public mentionnées au 2° de l'article L. 411-2 du Code monétaire et financier ou à l'article L. 411-2-1 du même code.

Voir : art. L. 225-149-3, *p. 408 et art. L. 238-1, p. 574, art. R. 225-114 à R. 225-116, p. 1714 et* art. R. 225-119, p. 1715, *art. L. 22-10-52, p. 509.*

Art. L. 225-137 *(Abr., Ord. n° 2004-604, 24 juin 2004).*

Art. L. 225-138 *(Mod., L. n° 2003-706, 1er août 2003 ; Ord. n° 2004-604, 24 juin 2004 ; L. n° 2019-486, 22 mai 2019 ; Ord. n° 2020-1142, 16 sept. 2020).* – I. – L'assemblée générale qui décide l'augmentation du capital peut la réserver à une ou plusieurs personnes nommément désignées ou catégories de personnes répondant à des caractéristiques déterminées. À cette fin, elle peut supprimer le droit préférentiel de souscription. Les personnes nommément désignées bénéficiaires de cette disposition ne peuvent prendre part au vote. Le quorum et la majorité requis sont calculés après déduction des actions qu'elles possèdent. La procédure prévue aux articles L. 225-147 et L. 22-10-53 n'est pas applicable.

Lorsque l'assemblée générale extraordinaire supprime le droit préférentiel de souscription en faveur d'une ou plusieurs catégories de personnes répondant à des caractéristiques qu'elle fixe, elle peut déléguer au conseil d'administration ou au directoire le soin d'arrêter la liste des bénéficiaires au sein de cette ou de ces catégories et le nombre de titres à attribuer à chacun d'eux, dans les limites des plafonds prévus au premier alinéa de l'article L. 225-129-2. Lorsqu'il fait usage de cette délégation, le conseil d'administration ou le directoire établit un rapport complémentaire à la prochaine assemblée générale ordinaire, certifié par le commissaire aux comptes, s'il en existe, décrivant les conditions définitives de l'opération.

II. – Le prix d'émission ou les conditions de fixation de ce prix sont déterminés par l'assemblée générale extraordinaire sur rapport du conseil d'administration ou du directoire et sur rapport spécial du commissaire aux comptes de la société, ou, s'il n'en a pas été désigné, d'un commissaire aux comptes désigné à cet effet selon les modalités prévues aux articles L. 225-228 et L. 22-10-66.

III. – L'émission doit être réalisée dans un délai de dix-huit mois à compter de l'assemblée générale qui l'a décidée ou qui a voté la délégation prévue à l'article L. 225-129.

Voir : art. L. 225-149-3, p. 408 et L. 238-1, p. 574, art. R. 225-114 à R. 225-116, p. 1714.

Bibliographie : B. Le Bars, *Les sociétés cotées fractionnent l'augmentation de capital : JCP* E 2002, n° 1250, p. 1373. • L. Faugerolas et S. Sabatier, *Les émissions réservées : Rev. sociétés* 2004, p. 515.

Art. L. 225-138-1 *(Anc. IV de l'article L. 225-138, mod., L. n° 2001-152, 19 févr. 2001 ; L. n° 2003-775, 21 août 2003 ; transféré au présent article et mod., Ord. n° 2004-604, 24 juin 2004 ; Ord. n° 2011-915, 1er août 2011 ; mod., Ord. n° 2013-676, 25 juill. 2013).* – Pour l'application du premier alinéa de l'article L. 443-5 du Code du travail relatif aux augmentations de capital réservées aux adhérents d'un plan d'épargne d'entreprise, lorsque l'assemblée générale a supprimé le droit préférentiel de souscription en faveur des salariés de la société ou des sociétés qui lui sont liées au sens de l'article L. 225-180, les dispositions des I et II de l'article L. 225-138 s'appliquent et :

1° Le prix de souscription demeure déterminé dans les conditions définies à l'article L. 443-5 du Code du travail ;

2° L'augmentation de capital n'est réalisée qu'à concurrence du montant des titres de capital souscrits par les salariés individuellement ou par l'intermédiaire d'un fonds commun de placement ou des titres émis par des sociétés d'investissement à capital variable régies par l'article L. 214-166 du Code monétaire et financier. Elle ne donne pas lieu aux formalités prévues aux articles L. 225-142, L. 225-144 et L. 225-146 ;

3° *(Abrogé)* ;

4° Le délai susceptible d'être accordé aux souscripteurs pour la libération de leurs titres ne peut être supérieur à trois ans ;

5° Les titres de capital ou valeurs mobilières donnant accès au capital peuvent être libérés, à la demande de la société ou du souscripteur, soit par versements périodiques, soit par prélèvements égaux et réguliers sur le salaire du souscripteur ;

6° Les titres de capital ou valeurs mobilières donnant accès au capital ainsi souscrits délivrés avant l'expiration du délai de cinq ans prévu à l'article L. 443-6 du Code du travail ne sont négociables qu'après avoir été intégralement libérés ;

7° Les titres de capital ou valeurs mobilières donnant accès au capital réservés aux adhérents aux plans d'épargne mentionnés à l'article L. 443-1 du Code du travail peuvent, par dérogation aux dispositions du premier alinéa de l'article L. 225-131 du présent code, être émis alors même que le capital social n'aurait pas été intégralement libéré.

Le fait que les titres mentionnés à l'alinéa précédent n'aient pas été entièrement libérés ne fait pas obstacle à l'émission de titres de capital à libérer en numéraire.

Les participants au plan d'épargne d'entreprise prévu à l'article L. 443-1 du Code du travail peuvent obtenir la résiliation ou la réduction de leur engagement de souscription ou de détention de titres de capital ou de valeurs *mobilières donnant accès au* capital émis par l'entreprise dans les cas et conditions fixés par les décrets en Conseil d'État prévus à l'article L. 442-7 du même code.

Les participants aux plans mentionnés respectivement aux articles L. 443-1 et L. 443-1-2 du Code du travail peuvent obtenir la résiliation ou la réduction de leur engagement de souscription ou de détention d'actions émises par l'entreprise dans les cas et conditions fixés par les décrets en Conseil d'État prévus aux articles L. 442-7 et L. 443-1-2 du même code.

Nullité de l'assemblée. Est nulle la résolution d'une assemblée générale ayant décidé une augmentation de capital réservée aux salariés, dès lors que la question de la suppression du droit préférentiel de souscription n'a pas été expressément inscrite à l'ordre du jour. ▪ Cass. com., 25 sept. 2012, n° 11-17.256 : *JurisData* n° 2012-021560 ; *Dr. sociétés* 2013, n° 5, note M. Roussille.

Art. L. 225-139 *(Ord. n° 2004-604, 24 juin 2004)*. – Un décret en Conseil d'État détermine les mentions qui doivent figurer dans les rapports prévus aux articles L. 225-129, L. 225-135, L. 225-136 et L. 225-138, de même que dans les rapports prévus en cas d'émission d'actions de préférence ou de valeurs mobilières donnant accès au capital.

Voir : art. R. 225-113 et s., p. 1714 et R. 228-17 et s., p. 1729.

Art. L. 225-140 *(Mod., Ord. n° 2004-604, 24 juin 2004)*. – Lorsque les titres de capital sont grevés d'un usufruit, le droit préférentiel de souscription qui leur est attaché appartient au nu-propriétaire. Si celui-ci vend les droits de souscription, les sommes provenant de la cession ou les biens acquis par lui au moyen de ces sommes sont soumis à l'usufruit. Si le nu-propriétaire néglige d'exercer son droit, l'usufruitier peut se substituer à lui pour souscrire aux titres nouveaux ou pour vendre les droits. Dans ce dernier cas, le nu-propriétaire peut exiger le remploi des sommes provenant de la cession. Les biens ainsi acquis sont soumis à l'usufruit.

Les titres nouveaux appartiennent au nu-propriétaire pour la nue-propriété et à l'usufruitier pour l'usufruit. Toutefois, en cas de versement de fonds effectué par le nu-propriétaire ou l'usufruitier pour réaliser ou parfaire une souscription, les titres nouveaux n'appartiennent au nu-propriétaire et à l'usufruitier qu'à concurrence de la valeur des droits de souscription. Le surplus des titres nouveaux appartient en pleine propriété à celui qui a versé les fonds.

Un décret en Conseil d'État fixe les conditions d'application du présent article dont les dispositions sont également suivies en cas d'attribution de titres gratuits.

Les dispositions du présent article s'appliquent dans le silence de la convention des parties.

Voir : art. R. 225-123, p. 1717.

Art. L. 225-141 *(Anc. L. n° 66-537, 24 juill. 1966 ; mod., Ord. n° 2004-604, 24 juin 2004)*. – Le délai accordé aux actionnaires pour l'exercice du droit de souscription ne peut être inférieur cinq jours de bourse à dater de l'ouverture de la souscription.

Ce délai se trouve clos par anticipation dès que tous les droits de souscription à titre irréductible ont été exercés ou que l'augmentation de capital a été intégralement souscrite après renonciation individuelle à leurs droits de souscription des actionnaires qui n'ont pas souscrit.

Voir : art. L. 242-18, p. 2984.

Art. L. 225-142 *(Anc. L. n° 66-537, 24 juill. 1966)*. – La société accomplit, avant l'ouverture de la souscription, des formalités de publicité dont les modalités sont fixées par décret en Conseil d'État.

Voir : art. L. 225-149-3, p. 408, art. R. 210-9, p. 1677, R. 225-120, R. 225-121, p. 1716, R. 225-124 à R. 225-127, p. 1717.

Art. L. 225-143 *(Anc. L. n° 66-537, 24 juill. 1966 ; mod., Ord. n° 2004-604, 24 juin 2004)*. – Le contrat de souscription à des titres de capital ou à des valeurs mobilières donnant accès au capital est constaté par un bulletin de souscription, établi dans les conditions déterminées par décret en Conseil d'État.

Toutefois, le bulletin de souscription n'est pas exigé des établissements de crédit et des prestataires de services *d'investissement qui reçoivent* mandat d'effectuer une souscription à charge pour ces mandataires de justifier de leur mandat.

Voir : R. 225-128, p. 1717.

Art. L. 225-144 *(Anc. L. n° 66-537, 24 juill. 1966)*. – Les actions souscrites en numéraire sont obligatoirement libérées, lors de la souscription, d'un quart au moins de leur valeur nominale et, le cas échéant, de la totalité de la prime d'émission. La libération du surplus doit intervenir, en une ou plusieurs fois, dans le délai de cinq ans à compter du jour où l'augmentation du capital est devenue définitive.

Les dispositions du premier alinéa de l'article L. 225-5, à l'exception de celles relatives à la liste des souscripteurs, sont applicables. Le retrait des fonds provenant des souscriptions en numéraire peut être effectué par un mandataire de la société après l'établissement du certificat du dépositaire.

Si l'augmentation de capital n'est pas réalisée dans le délai de six mois à compter de l'ouverture de la souscription, il peut être fait application des dispositions du deuxième alinéa de l'article L. 225-11.

Voir : art. L. 242-21, p. 593, R. 225-129 à R. 225-135, p. 1718.

Comité juridique ANSA, avis n° 18-019, 2 mai 2018 (estimant que la société peut fixer conventionnellement un délai plus court que celui des 6 mois pour pouvoir demander la restitution des fonds).

Art. L. 225-145 *(Mod., L. n° 2001-1168, 11 déc. 2001 ; Ord. n° 2009-80, 22 janv. 2009 ; Ord. n° 2017-1107, 22 juin 2017 ; Ord. n° 2019-1067, 21 oct. 2019).* – Pour les sociétés procédant, pour le placement de leurs actions, à une offre au public autre que l'une de celles mentionnées au 2° de l'article L. 411-2 du Code monétaire et financier ou à l'article L. 411-2-1 du même code, l'augmentation de capital est réputée réalisée lorsqu'un ou plusieurs prestataires de services d'investissement autres que des sociétés de gestion de portefeuille agréés pour fournir le service d'investissement mentionné au 6° de l'article L. 321-1 du Code monétaire et financier, ou personnes mentionnées à l'article L. 532-18 de ce code et autorisées à fournir le même service sur le territoire de leur État d'origine, ont garanti de manière irrévocable sa bonne fin. Le versement de la fraction libérée de la valeur nominale et de la totalité de la prime d'émission doit intervenir au plus tard le trente-cinquième jour qui suit la clôture du délai de souscription.

Art. L. 225-146 *(Anc. L. n° 66-537, 24 juill. 1966 ; mod., L. n° 2019-486, 22 mai 2019 ; Ord. n° 2020-1142, 16 sept. 2020).* – Les souscriptions et les versements sont constatés par un certificat du dépositaire établi, au moment du dépôt des fonds, sur présentation des bulletins de souscription.

Les libérations d'actions par compensation de créances liquides et exigibles sur la société sont constatées par un certificat du notaire ou du commissaire aux comptes de la société, ou, s'il n'en a pas été désigné, d'un commissaire aux comptes désigné à cet effet selon les modalités prévues aux articles L. 225-228 et L. 22-10-66. Ce certificat tient lieu de certificat du dépositaire.

Bibliographie : Sur les augmentations de capital en numéraire par compensation de créances. ANSA, Comité Juridique, *Bull. ANSA*, n° 17-051, 8 nov. 2017. • R. Mortier et S. De Vendeuil, *Les SAS sans commissaire aux comptes peuvent-elles en désigner un dans le seul but d'établir un certificat de libération d'actions par compensation ? : Dr. sociétés* 2018, étude 5.

Voir : art. R. 225-134, p. 1718.

Art. L. 225-147 *(Anc. L. n° 66-537, 24 juill. 1966 ; mod., Ord. n° 2004-604, 24 juin 2004 ; L. n° 2012-387, 22 mars 2012 ; L. n° 2016-1691, 9 déc. 2016 ; Ord. n° 2020-1142, 16 sept. 2020).* – En cas d'apports en nature ou de stipulation d'avantages particuliers, un ou plusieurs commissaires aux apports sont désignés à l'unanimité des actionnaires ou, à défaut, par décision de justice. Ils sont soumis aux incompatibilités prévues à l'article L. 822-11-3, sans préjudice de la possibilité d'être désignés pour accomplir les missions prévues aux articles L. 225-8, L. 225-101, L. 225-131, L. 228-15 et L. 228-39.

Ces commissaires apprécient, sous leur responsabilité, la valeur des apports en nature et les avantages particuliers. Un décret en Conseil d'État fixe les mentions principales de leur rapport, le délai dans lequel il doit être remis et les conditions dans lesquelles il est mis à la disposition des actionnaires. Les dispositions de l'article L. 225-10 sont applicables à l'assemblée générale extraordinaire.

Si l'assemblée approuve l'évaluation des apports et l'octroi d'avantages particuliers, elle constate la réalisation de l'augmentation du capital.

Si l'assemblée réduit l'évaluation des apports ainsi que la rémunération d'avantages particuliers, l'approbation expresse des modifications par les apporteurs, les bénéficiaires ou leurs mandataires dûment autorisés à cet effet, est requise. À défaut, l'augmentation du capital n'est pas réalisée.

Les titres de capital émis en rémunération d'un apport en nature sont intégralement libérés dès leur émission.

Voir : art. R. 22-10-7, p. 1747 et R. 225-136, p. 1718.

Bibliographie : G. Giuliani, *De l'augmentation de capital par apport en nature sous condition suspensive dans les sociétés par actions : JCP* E 2006, 2199.

Avantages particuliers. V. sous art. L. 225-8, p. 331.

Voir : art. L. 22-10-53, art.L. 22-10-54, p. 510.

Art. L. 225-147-1 *(L. n° 2012-387, 22 mars 2012 ; mod., Ord. n° 2020-1142, 16 sept. 2020).* – I. – Les articles L. 225-147 et L. 22-10-53 ne sont pas applicables, sur décision du conseil d'administration ou du directoire, lorsque l'apport en nature est constitué :

1° De valeurs mobilières donnant accès au capital mentionnées à l'article L. 228-1 ou d'instruments du marché monétaire, au sens de l'article 4 de la directive 2004/39/CE du Parlement européen et du Conseil du 21 avril 2004 concernant les marchés d'instruments financiers, modifiant les directives 85/611/CEE et 93/6/CEE du Conseil et la directive 2000/12/CE du Parlement européen et du Conseil et abrogeant la directive 93/22/CE du Conseil, s'ils ont été évalués au prix moyen pondéré auquel ils ont été négociés sur un ou plusieurs marchés réglementés durant les trois mois précédant la date de la réalisation effective de l'apport ;

2° D'éléments d'actif autres que les valeurs mobilières ou les instruments du marché monétaire mentionnés au 1° si, dans les six mois précédant la date de la réalisation effective de l'apport, ces éléments ont déjà fait l'objet d'une évaluation à la juste valeur par un commissaire aux apports dans les conditions définies à l'article L. 225-147.

II. – L'apport en nature fait l'objet d'une réévaluation dans les conditions mentionnées aux deux premiers alinéas de l'article L. 225-147, à l'initiative et sous la responsabilité du conseil d'administration ou du directoire, lorsque :

1° Dans le cas prévu au 1° du I du présent article, le prix a été affecté par des circonstances exceptionnelles pouvant modifier sensiblement la valeur de l'élément d'actif à la date de la réalisation effective de l'apport ;

2° Dans le cas prévu au 2° du même I, des circonstances nouvelles ont modifié sensiblement la juste valeur de l'élément d'actif à la date de la réalisation effective de l'apport. Faute d'une telle réévaluation, un ou plusieurs actionnaires représentant au moins 5 % du capital à la date de la décision d'augmenter le capital ou une association d'actionnaires répondant aux conditions fixées à l'article L. 22-10-44 ont la faculté de demander une évaluation par un commissaire aux apports dans les conditions mentionnées aux deux premiers alinéas de l'article L. 225-147.

III. – Les informations relatives aux apports en nature mentionnés aux 1° et 2° du I sont portées à la connaissance des actionnaires dans des conditions définies par décret en Conseil d'État.

Voir : art. R. 225-136-1, p. 1719, art. L. 22-10-53, art.L. 22-10-54, p. 510.

Art. L. 225-148 *(Anc. L. n° 66-537, 24 juill. 1966 ; mod., Ord. n° 2004-604, 24 juin 2004 ; abr., Ord. n° 2020-1142, 16 sept. 2020).*

Art. L. 225-149 *(Ord. n° 2004-604, 24 juin 2004 ; mod., L. n° 2019-744, 19 juill. 2019).* – L'augmentation de capital résultant de l'exercice de droits attachés aux valeurs mobilières donnant accès au capital n'est pas soumise aux formalités prévues à l'article L. 225-142, au deuxième alinéa de l'article L. 225-144 et à l'article L. 225-146. Lorsque le titulaire d'une valeur mobilière émise en application de l'article L. 225-149-2 n'a pas droit à un nombre entier, la fraction formant rompu fait l'objet d'un versement en espèces selon les modalités de calcul fixées par décret en Conseil d'État.

L'augmentation de capital est définitivement réalisée du seul fait de l'exercice des droits et, le cas échéant, des versements correspondants.

À tout moment de l'exercice en cours et au plus tard lors de la première réunion suivant la clôture de celui-ci, le *conseil d'administration ou le directoire* constate, s'il y a lieu, le nombre et le montant nominal des actions créées au profit des titulaires des droits au cours de l'exercice écoulé et apporte les modifications nécessaires aux clauses des statuts relatives au montant du capital social et au nombre des titres qui le composent.

Le président ou un membre du directoire, le directeur général ou un directeur général délégué peut, sur délégation du directoire ou du conseil d'administration, procéder à ces opérations à tout moment de l'exercice et au plus tard dans une limite fixée par décret en Conseil d'État.

Voir : sur les droits respectifs de l'usufruitier et du nu-propriétaire, art. L. 225-140, p. 405.

Art. L. 225-149-1 *(L. n° 2003-706, 1er août 2003 ; mod., Ord. n° 2004-604, 24 juin 2004 ; L. n° 2004-1343, 9 déc. 2004).* – En cas d'émission de nouveaux titres de capital ou de nouvelles valeurs mobilières donnant accès au capital ainsi qu'en cas de fusion ou de scission de la société appelée à émettre de tels titres, le conseil d'administration ou le directoire peut suspendre, pendant un délai maximum fixé par décret en Conseil d'État, la possibilité d'obtenir l'attribution de titres de capital par l'exercice du droit mentionné à l'article L. 225-149 ou à l'article L. 225-178.

Sauf disposition contraire du contrat d'émission, les titres de capital obtenus, à l'issue de la période de suspension, par l'exercice des droits attachés aux valeurs mobilières donnent droit aux dividendes versés au titre de l'exercice au cours duquel ils ont été émis.

Voir : art. R. 225-133, p. 1718.

Art. L. 225-149-2 *(Ord. n° 2004-604, 24 juin 2004).* **– Les droits attachés aux titres donnant accès au capital qui ont été utilisés ou qui ont été acquis par la société émettrice ou par la société appelée à émettre de nouveaux titres de capital sont annulés par la société émettrice.**

Art. L. 225-149-3 *(Ord. n° 2004-604, 24 juin 2004 ; mod., L. n° 2006-387, 31 mars 2006 ; rempl., L. n° 2012-387, 22 mars 2012 ; mod., Ord. n° 2020-1142, 16 sept. 2020).* **– Les rapports et les formalités mentionnés à l'article L. 225-129-2, au second alinéa de l'article L. 225-131, au 1° de l'article L. 225-136, aux articles L. 225-138, L. 225-142 et L. 225-143, au dernier alinéa de l'article L. 225-144, aux articles L. 225-145 à L. 225-147, à l'avant-dernier alinéa de l'article L. 225-149 et à l'article L. 225-149-2 peuvent donner lieu à une injonction de faire suivant les modalités définies aux articles L. 238-1 et L. 238-6.**

Sont nulles les décisions prises en violation du premier alinéa des articles L. 225-129 et L. 225-129-1, des deux premiers alinéas de l'article L. 225-129-2, du premier alinéa de l'article L 225-129-6, de la première phrase du premier alinéa et du second alinéa de l'article L. 225-130du premier alinéa de l'article L. 225-131, et du deuxième alinéa de l'article L. 225-132.

Peuvent être annulées les décisions prises en violation de l'article L. 233-32 ainsi que les décisions prises en violation des dispositions de la présente sous-section 1 autres que celles mentionnées au deuxième alinéa du présent article.

Les articles L. 225-127 et L. 225-128, le premier alinéa des articles L. 225-132 et L. 225-135 et l'article L. 225-140 ne sont pas soumis au présent article.

Voir : Prescription : art. L. 235-9, al. 3, p. 548. – **Sanctions pénales :** art. L. 242-17, I, L. 242-20 et L. 242-21, p. 593.

Bibliographie : F. Barrière, *Les causes de nullité des augmentations de capital : Dr. et patrimoine* oct. 2004, p. 92. • P. Le Cannu, *L'ordonnance n° 2004-604 du 24 juin 2004 et les sanctions civiles : RTD com.* 2004, p. 764. • J.-P. Legros, *L'expansion des nullités des décisions d'augmenter le capital : Dr. sociétés* déc. 2004, n° 11.

Art. L. 225-150 *(L. n° 2012-387, 22 mars 2012).* **– Les droits de vote et les droits à dividende des actions ou coupures d'actions émises en violation de la présente sous-section sont suspendus jusqu'à régularisation de la situation. Tout vote émis ou tout versement de dividende effectué pendant la suspension est nul.**

Sous-section 2. – De la souscription et de l'achat d'actions par les salariés

(Anc. ss-sect. 5, dénum., Ord. n° 2004-604, 24 juin 2004)

Bibliographie : J. Richard, *Options de souscription ou d'achat d'actions au bénéfice du personnel salarié : JCP* 1971, I, 2439. • M. Dazat, *L'introduction en droit français des options sur titres au bénéfice des salariés : Banque* 1971, p. 357. • P. Roux, *Les plans d'achat et de souscription d'actions réservés aux salariés et les sociétés étrangères : JCP* E 1993, I, 242. • R. Vatinet, *Le clair-obscur des stock-options à la française : Rev. sociétés* 1997, p. 31. • V. Tandeau De Marsac et M.-I. Levesque, *Stock-options et mécanismes d'intéressement assimilés : les écueils juridiques à éviter : Bull. Joly Sociétés* 1999, p. 729. • A. Depondt, *Régime des stock-options, donation des titres, conséquences fiscales : Dr. et patrimoine* avr. 2001, p. 37. • J.-P. Valuet, *La réforme d'ensemble du régime des stock-options : Bull. Joly Sociétés* 2001, p. 741. • R. Vatinet, *Les options de souscription d'achat d'actions dans la loi sur les nouvelles régulations économiques : Rev. sociétés* 2001, p. 581. • V. Tandeau de Marsac, *Les règles de l'appel public à l'épargne sont-elles susceptibles de s'appliquer aux stock-options : Bull. Joly Sociétés* 2001, p. 244. • A. Viandier et A. Charvériat, *Sociétés et loi NRE*, Francis Lefebvre 2002, n°s 440 et s. • O. Pecqueur, *Donation de stock-options : une efficacité relative : Dr. fisc.* 2003, p. 462. • V. Martineau-Bourninaud, *Le mythe de la transparence en droit des sociétés : réflexions sur les stock-options accordées aux mandataires sociaux : D.* 2004, p. 862. • C. Perrier, *Attributions d'actions aux salariés et appel public à l'épargne : les nouvelles règles : Dr. sociétés* nov. 2005, p. 24. • V. Voisin, *Controverses sur les contingences du régime légal des stock-options : Dr. et patrimoine* mars 2005, p. 53. • D. Labarthette, *Les plans de stock-options à l'épreuve des attributions gratuites d'actions : JCP* E 2006, 1576. • J.-P. Le Gall et N. Message, *Traitement des options d'achat et de souscription d'actions dans les offres* *publiques d'achat ou d'échange d'actions de sociétés cotées : les contrats de liquidité : JCP* E 2006, 2212. • R. Vatinet, *LFSS pour 2008 : institution d'une contribution patronale et salariale sur les stock-options et les attributions d'actions gratuites : JCP* S 2008, 1056.

§ 1. – Des options de souscription ou d'achat d'actions

Art. L. 225-177 *(Anc. L. n° 66-537, 24 juill. 1966 ; mod., L. n° 2001-420, 15 mai 2001 ; L. n° 2006-1770, 30 déc. 2006 ; L. n° 2019-486, 22 mai 2019 ; L. n° 2019-744, 19 juill. 2019 ; Ord. n° 2020-1142, 16 sept. 2020).* – **L'assemblée générale extraordinaire, sur le rapport du conseil d'administration ou du directoire, selon le cas, et sur le rapport spécial des commissaires aux comptes, s'il en existe, peut autoriser le conseil d'administration ou le directoire à consentir, au bénéfice des membres du personnel salarié de la société ou de certains d'entre eux, des options donnant droit à la souscription d'actions. L'assemblée générale extraordinaire fixe le délai pendant lequel cette autorisation peut être utilisée par le conseil d'administration ou par le directoire, ce délai ne pouvant être supérieur à trente-huit mois. Toutefois, les autorisations antérieures à la date de publication de la loi n° 2001-420 du 15 mai 2001 relative aux nouvelles régulations économiques sont valables jusqu'à leur terme.**

Le conseil d'administration ou le directoire fixe les conditions dans lesquelles seront consenties les options. Ces conditions pourront comporter des clauses d'interdiction de revente immédiate de tout ou partie des actions sans que le délai imposé pour la conservation des titres puisse excéder trois ans à compter de la levée de l'option.

Les options peuvent être consenties ou levées alors même que le capital social n'aurait pas été intégralement libéré.

Le prix de souscription est fixé au jour où l'option est consentie, par le conseil d'administration ou le directoire selon les modalités déterminées par l'assemblée générale extraordinaire sur le rapport des commissaires aux comptes de la société, ou, s'il n'en a pas été désigné, d'un commissaire aux comptes désigné à cet effet selon les modalités prévues aux articles L. 225-228 ou L. 22-10-6. Si les actions de la société ne sont pas admises aux négociations sur un marché réglementé, le prix de souscription est déterminé conformément aux méthodes objectives retenues en matière d'évaluation d'actions en tenant compte, selon une pondération appropriée à chaque cas, de la situation nette comptable, de la rentabilité et des perspectives d'activité de l'entreprise. Ces critères sont appréciés le cas échéant sur une base consolidée ou, à défaut, en tenant compte des éléments financiers issus des filiales significatives. À défaut, le prix de souscription est déterminé en divisant par le nombre de titres existants le montant de l'actif net réévalué, calculé d'après le bilan le plus récent. Si les actions de la société sont admises aux négociations sur un marché réglementé le prix de souscription ne peut pas être inférieur à 80 % de la moyenne des cours cotés aux vingt séances de bourse précédant ce jour, aucune option ne pouvant être consentie moins de vingt séances de bourse après le détachement des actions d'un coupon donnant droit à un dividende ou à une augmentation de capital.

Des options donnant droit à la souscription de titres qui ne sont pas admis aux négociations sur un marché réglementé ne peuvent être consenties qu'aux salariés de la société qui attribue ces options ou à ceux des sociétés mentionnées au 1° de l'article L. 225-180.

Voir : art. L. 238-1, p. 574, art. R. 225-137 et s., p. 1719, art. L. 22-10-56, p. 510, art. R. 22-10-37, p. 1755.

Bibliographie : S. Grandvuillemin, *Stock-options et licenciement : JCP* E 2002, p. 652, 638. • G. Auzero, *Attribution individuelle des stock-options et licenciement injustifié du bénéficiaire : le recours salutaire au droit des obligations : Bull. Joly Sociétés* 2005, p. 177. • F. de Rostolan, *Perte des stock-options à la suite d'un licenciement : quel préjudice ? : JCP* S 2006, 2007. • S. Béal, *Stock-options, actions gratuites et rupture du contrat de travail : JCP* S 2007, 1118. • C. Coupet, *Loi du 19 juillet 2019 de simplification, de clarification et d'actualisation : miscellanées de droit des sociétés : Bull. Joly Sociétés* oct. 2019, n° 120e1, p. 35. • R. Mortier *et a., La loi Mohamed Soilihi article par article : Dr. sociétés* 2019, étude 13.

1) Licenciement. Licenciement sans cause réelle et sérieuse. Lorsqu'un plan de stock-options contient une clause subordonnant le droit d'exercer les options à la présence du bénéficiaire dans l'entreprise, les juges du fond doivent rechercher si une telle clause est opposable au salarié et si elle peut recevoir application en cas de licenciement sans cause réelle et sérieuse ▪ Cass. soc., 15 janv. 2002, n° 99-45.979 : *JurisData* n° 2002-012524 ; *JCP* E 2002, p. 899, obs. A. Viandier et J.-J. Caussain ; *Bull. Joly Sociétés* 2002, p. 633, note H. Le Nabasque. *JCP* E 2005, 131, n° 4, obs. J.-J. Caussain, F. Deboissy et G. Wicker ; *Rev. sociétés* 2005, p. 396, note B. Saintourens.

Licenciement pour faute grave. La stipulation prévoyant la perte de la faculté de lever les options en cas de licenciement pour faute grave constitue une sanction pécuniaire prohibée qui ne peut être prévue par un plan de stock-options ▪ Cass. soc., 21 oct. 2009, n° 08-42.026 : *JurisData* n° 2009-049998 ; *D.* 2009, p. 2613, obs. L. Perrin ; *JCP* E 2010, 1145 n° 5, F. Deboissy et G. Wicker ; *JCP* E 2010, 1272, étude S. Schiller et J.-M. Leprêtre ; *D.* 2010, p. 1197, note H. Guyader.

2) Révocation. Le dirigeant révoqué, qui perd son droit d'option du fait d'une clause de présence, ne peut pas obtenir de dommages et intérêts. ▪ Cass. com., 23 mars 2010, n° 09-12.207 : *JurisData* n° 2010-002711 ; *Dr. sociétés* 2010, comm. 140, p. 29, D. Gallois-Cochet.

3) Existence d'un préjudice. – Le salarié n'ayant pu, du fait de son licenciement sans cause réelle et sérieuse, lever les options, il en est résulté un préjudice dont les juges ont pu souverainement apprécier le montant ▪ Cass. soc., 16 mars 2005, n° 02-47.533 : *JurisData* n° 2005-028095 ; *JCP* E 2005, 820, note S. Grandvuillemin ; *Bull. Joly Sociétés* 2005, p. 1120, 247, note G. Auzero.

– Le droit de lever les options étant réservé par les dispositions applicables aux stock-options dans l'entreprise aux salariés présents dans l'entreprise, le demandeur n'a pu, du fait de son licenciement sans cause réelle et sérieuse, lever les options sur titres, ce dont il est nécessairement résulté un préjudice qui devait être réparé ▪ Cass. soc., 29 sept. 2004, n° 02-40.027 : *JurisData* n° 2004-024971 ; *Bull. Joly Sociétés* 2005, p. 95, note J.-J. Daigre ; *D.* 2004, p. 2656 ; *JCP* E 2004, act. p. 1616 ; *JCP* E 2004, 1902, note S. Grandvuillemin.

4) Perte du droit aux options. Le salarié qui ne peut, du fait de son licenciement sans cause réelle et sérieuse, exercer les options sur titres qui lui avaient été attribuées, a droit à la réparation de son préjudice, mais non au maintien des options ▪ Cass. soc., 1er déc. 2005, n° 04-41.277 : *JurisData* n° 2005-030990 ; *Bull. Joly Sociétés* 2006, § 100, p. 507, note G. Auzero ; *JCP* S 2006, 1177, note R. Vatinet et *JCP* E 2006, 2200. ▪ Cass. soc., 2 févr. 2006, n° 03-47.180 : *JurisData* n° 2006-032089 ; *Bull. Joly Sociétés* 2006, § 168, p. 811, note P. Scholer ; *JCP* E 2006, 2035, n° 5, obs. J.-J. Caussain, F. Deboissy et G. Wicker.

5) Compétence juridictionnelle. – **Compétence du conseil de prud'hommes.** L'octroi par l'employeur à un salarié d'une option donnant droit à une souscription d'actions constitue un accessoire du contrat de travail dont la connaissance relève de la compétence du conseil de prud'hommes ▪ Cass. soc., 21 juin 2005, n° 02-45.479 : *JurisData* n° 2005-029078 ; *JCP* S 2005, 1183, note B. Boubli ; *D.* 2005, inf. rap. p. 2104.

– **Compétence du tribunal de commerce.** Si l'attribution par l'employeur à un salarié d'une option donnant droit à une souscription d'actions constitue un accessoire du contrat de travail dont la connaissance relève du conseil de prud'hommes, les différends pouvant ensuite s'élever dans les relations entre la société et le salarié devenu actionnaire, indépendamment des conditions d'acquisition de ces actions, sont de la compétence de la juridiction commerciale ▪ Cass. soc., 16 sept. 2008, n° 07-20.444 (PB) : *JCP* E 2009, 1044, note J. Kovac et P. Montanier ; *Rev. sociétés* 2009, p. 102, note J.-F. Barbièri.

Art. L. 225-178 *(Anc. L. n° 66-537, 24 juill. 1966 ; mod., L. n° 2008-776, 4 août 2008)*. **– L'autorisation donnée par l'assemblée générale extraordinaire comporte, au profit des bénéficiaires des options, renonciation expresse des actionnaires à leur droit préférentiel de souscription aux actions qui seront émises au fur et à mesure des levées d'options.**

L'augmentation de capital résultant de ces levées d'options ne donne pas lieu aux formalités prévues à l'article L. 225-142, au deuxième alinéa de l'article L. 225-144 et à l'article L. 225-146. Elle est définitivement réalisée du seul fait de la déclaration de levée d'option, accompagnée du bulletin de souscription et du paiement en numéraire ou par compensation avec des créances, de la somme correspondante.

Lors de sa première réunion suivant la clôture de chaque exercice, le conseil d'administration ou le directoire, selon le cas, constate, s'il y a lieu, le nombre et le montant des actions émises pendant la durée de l'exercice à la suite des levées d'options et apporte les modifications nécessaires aux clauses des statuts relatives au montant du capital social et au nombre des actions qui le représentent. Le conseil d'administration peut déléguer au directeur général ou, en accord avec ce dernier, à un ou plusieurs directeurs généraux délégués les pouvoirs pour procéder, dans le mois qui suit la clôture de l'exercice, aux opérations mentionnées à la ***phrase précédente. Le directoire peut,*** **aux mêmes fins, déléguer les mêmes pouvoirs à son président ou, en** ***accord avec ce dernier,*** **à un ou plusieurs de ses membres. Le conseil d'administration ou le directoire, ou les personnes qui ont reçu délégation, peuvent également, à toute époque, procéder à ces opérations pour l'exercice en cours.**

Voir : art. R. 225-145, p. 1720.

Art. L. 225-179 *(Anc. L. n° 66-537, 24 juill. 1966 ; mod., L. n° 2001-420, 15 mai 2001 ; Ord. n° 2020-1142, 16 sept. 2020).* – L'assemblée générale extraordinaire peut aussi autoriser le conseil d'administration ou le directoire, selon le cas, à consentir au bénéfice des membres du personnel salarié de la société ou de certains d'entre eux, des options donnant droit à l'achat d'actions provenant d'un rachat effectué, préalablement à l'ouverture de l'option, par la société elle-même dans les conditions définies aux articles L. 225-208 ou L. 22-10-62. L'assemblée générale extraordinaire fixe le délai pendant lequel cette autorisation peut être utilisée par le conseil d'administration ou par le directoire, ce délai ne pouvant être supérieur à trente-huit mois. Toutefois, les autorisations antérieures à la date de publication de la loi n° 2001-420 du 15 mai 2001 relative aux nouvelles régulations économiques sont valables jusqu'à leur terme.

En ce cas, les dispositions des deuxième et quatrième alinéas de l'article L. 225-177 et de l'article L. 22-10-56 sont applicables. En outre, le prix de l'action, au jour où l'option est consentie, ne peut pas être inférieur à 80 % du cours moyen d'achat des actions détenues par la société au titre des articles L. 225-208 et L. 22-10-62.

Des options donnant droit à l'achat de titres qui ne sont pas admis aux négociations sur un marché réglementé ne peuvent être consenties qu'aux salariés de la société qui attribue ces options ou à ceux des sociétés mentionnées au 1° de l'article L. 225-180.

Art. L. 225-180 *(Anc. L. n° 66-537, 24 juill. 1966 ; mod., L. n° 2006-1770, 30 déc. 2006 ; Ord. L. n° 2013-544, 27 juin 2013).* – I. – Des options peuvent être consenties, dans les mêmes conditions qu'aux articles L. 225-177 à L. 225-179 ci-dessus :

1° Soit au bénéfice des membres du personnel salarié des sociétés ou des groupements d'intérêt économique dont 10 % au moins du capital ou des droits de vote sont détenus, directement ou indirectement, par la société consentant les options ;

2° Soit au bénéfice des membres du personnel salarié des sociétés ou des groupements d'intérêt économique détenant, directement ou indirectement, au moins 10 % du capital ou des droits de vote de la société consentant les options ;

3° Soit au bénéfice des membres du personnel salarié des sociétés ou des groupements d'intérêt économique dont 50 % au moins du capital ou des droits de vote sont détenus, directement ou indirectement, par une société détenant elle-même, directement ou indirectement, au moins 50 % du capital de la société consentant les options.

II. – L'assemblée générale ordinaire de la société contrôlant majoritairement, directement ou indirectement, celle qui consent les options est informée dans les conditions prévues à l'article L. 225-184.

III. – Des options peuvent également être consenties dans les mêmes conditions qu'aux articles L. 225-177 à L. 225-179 par une entreprise contrôlée, directement ou indirectement, exclusivement ou conjointement, par un organe central, des organes centraux ou les établissements de crédit « ou les sociétés de financements qui lui ou leur sont affiliés au sens des articles L. 511-30 à L. 511-32 du Code monétaire et financier, aux salariés desdites sociétés ainsi qu'à ceux des entités dont le capital est détenu pour plus de 50 %, directement ou indirectement, exclusivement ou conjointement, par cet organe central, ces organes centraux ou des établissements ou sociétés affiliés.

Voir : art. L. 233-1, p. 526.

Art. L. 225-181 *(Anc. L. n° 66-537, 24 juill. 1966 ; mod., Ord. n° 2004-604, 24 juin 2004).* – Le prix fixé pour la souscription ou l'achat des actions ne peut pas être modifié pendant la durée de l'option.

Toutefois, lorsque la société réalise un amortissement ou une réduction du capital, une modification de la répartition des bénéfices, une attribution gratuite d'actions, une incorporation au capital de réserves, bénéfices *ou primes d'émission, une distribution* de réserves ou toute émission de titres de capital ou de titres donnant droit à l'attribution de titres de capital comportant un droit de souscription réservé aux actionnaires, elle doit prendre les mesures nécessaires à la protection des intérêts des bénéficiaires des options dans les conditions prévues à l'article L. 228-99.

Voir : R. 225-137 à R. 225-142, p. 1719.

Lorsque la société émettrice est absorbée par une autre société avant l'expiration du délai prévu pour la levée des options, laquelle porte alors sur les actions de la société absorbante, l'application, au prix de souscription fixé lors de l'attribution des options, du rapport d'échange déterminé lors de la fusion par absorption ne constitue pas une modification de prix prohibée par l'article L. 225-181 du Code de commerce, ■ Cass. 2e civ., 27 nov. 2014, n° 13-25.715 : *Rev. sociétés* 2015, p. 247, note R. Foy ; *Dr. sociétés* 2015, n° 51, note D. Gallois-Cochet.

Art. L. 225-182 *(Anc. L. n° 66-537, 24 juill. 1966)*. – Le nombre total des options ouvertes et non encore levées ne peut donner droit à souscrire un nombre d'actions excédant une fraction du capital social déterminée par décret en Conseil d'État.

Il ne peut être consenti d'options aux salariés et aux mandataires sociaux possédant plus de 10 % du capital social.

Voir : R. 225-143, p. 1720.

Art. L. 225-183 *(Anc. L. n° 66-537, 24 juill. 1966)*. – L'assemblée générale extraordinaire fixe le délai pendant lequel les options doivent être exercées.

Les droits résultant des options consenties sont incessibles jusqu'à ce que l'option ait été exercée.

En cas de décès du bénéficiaire, ses héritiers peuvent exercer l'option dans un délai de six mois à compter du décès.

Délai pour lever l'option. Le délai de 6 mois prévu par l'article L. 225-183 est un délai de forclusion ayant impérativement pour point de départ le décès du bénéficiaire des options. ▪ Cass. com., 10 déc. 2013, n° 12-17.724 : *JurisData* n° 2013-028454 ; *Dr. sociétés* 2014, n° 46, note M. Roussille ; *Bull. Joly Sociétés* 2014, p. 164, note G. Auzero.

Art. L. 225-184 *(L. n° 2001-420, 15 mai 2001 ; L. n° 2008-1258, 3 déc. 2008)*. – Un rapport spécial informe chaque année l'assemblée générale ordinaire des opérations réalisées en vertu des dispositions prévues aux articles L. 225-177 à L. 225-186.

Ce rapport rend également compte :

– du nombre, des dates d'échéance et du prix des options de souscription ou d'achat d'actions qui, durant l'année et à raison des mandats et fonctions exercés dans la société, ont été consenties à chacun de ces mandataires par la société et par celles qui lui sont liées dans les conditions prévues à l'article L. 225-180 ;

– du nombre, des dates d'échéance et du prix des options de souscription ou d'achat d'actions qui ont été consenties durant l'année à chacun de ces mandataires, à raison des mandats et fonctions qu'ils y exercent par les sociétés contrôlées au sens de l'article L. 233-16 ;

– du nombre et du prix des actions souscrites ou achetées durant l'exercice par les mandataires sociaux de la société en levant une ou plusieurs des options détenues sur les sociétés visées aux deux alinéas précédents.

Ce rapport indique également :

– le nombre, le prix et les dates d'échéance des options de souscription ou d'achat d'actions consenties, durant l'année, par la société et par les sociétés ou groupements qui lui sont liés dans les conditions prévues à l'article L. 225-180, à chacun des dix salariés de la société non mandataires sociaux dont le nombre d'options ainsi consenties est le plus élevé ;

– le nombre et le prix des actions qui, durant l'année, ont été souscrites ou achetées, en levant une ou plusieurs options détenues sur les sociétés visées à l'alinéa précédent, par chacun des dix salariés de la société non mandataires sociaux dont le nombre d'actions ainsi achetées ou souscrites est le plus élevé.

Ce rapport indique également le nombre, le prix et les dates d'échéance des options de souscription ou d'achat d'actions consenties, durant l'année, par les sociétés visées à l'alinéa précédent, à l'ensemble des salariés bénéficiaires ainsi que le nombre de ceux-ci et la répartition des options consenties entre les catégories de ces bénéficiaires.

Voir : art. L. 238-1, p. 574.

Art. L. 225-185 *(Anc. L. n° 66-537, 24 juill. 1966 ; mod., L. n° 2001-420, 15 mai 2001 ; L. n° 2006-1770, 30 déc. 2006 ; L. n° 2008-1258, 3 déc. 2008 ; Ord. n° 2019-1234, 27 nov. 2019 ; Ord. n° 2020-1142, 16 sept. 2020)*. – Des options donnant droit à la souscription d'actions peuvent être consenties pendant une durée de deux ans à compter de l'immatriculation de la société, aux mandataires sociaux personnes physiques qui participent avec des salariés à la constitution d'une société.

De telles options peuvent également être consenties, pendant une durée de deux ans à compter du rachat, aux mandataires sociaux personnes physiques d'une société qui acquièrent avec des salariés la majorité des droits de vote en vue d'assurer la continuation de la société.

En cas d'attribution d'options, dans un délai de deux ans après la création d'une société ou le rachat de la majorité du capital d'une société par ses salariés ou ses mandataires sociaux, le maximum prévu au dernier alinéa de l'article L. 225-182 est porté au tiers du capital.

Le président du conseil d'administration, le directeur général, les directeurs généraux délégués, les membres du directoire ou le gérant d'une société par actions peuvent se voir attribuer par cette société des options donnant droit à la souscription ou à l'achat d'actions dans les conditions prévues aux articles L. 225-177 à L. 225-184 et L. 22-10-58. Toutefois, par dérogation à ces dispositions, le conseil d'administration ou, selon le cas, le conseil de surveillance soit décide que les options ne peuvent être levées par les intéressés avant la cessation de leurs fonctions, soit fixe la quantité des actions issues de levées d'options qu'ils sont tenus de conserver au nominatif jusqu'à la cessation de leurs fonctions. L'information correspondante est publiée dans le rapport mentionné, selon le cas, au dernier alinéa de l'article L. 225-37, au dernier alinéa de l'article L. 225-68 ou à l'article L. 226-10-1.

Ils peuvent également se voir attribuer, dans les mêmes conditions, des options donnant droit à la souscription ou à l'achat d'actions d'une société qui est liée dans les conditions prévues à l'article L. 225-180, sous réserve que les actions de cette dernière soient admises aux négociations sur un marché réglementé.

NB : Conformément à l'article 4 de l'ordonnance n° 2019-1234 du 27 novembre 2019, ces dispositions sont applicables à compter des assemblées générales statuant sur le premier exercice clos après sa date de publication.

Voir : art. L. 22-10-57, art. L. 22-10-58, p. 511.

Art. L. 225-186 *(L. n° 2001-420, 15 mai 2001 ; mod., Ord. n° 2020-1142, 16 sept. 2020).* – **Les articles L. 225-177 à L. 225-185, L. 22-10-56 et L. 22-10-57 sont applicables aux certificats d'investissement, aux certificats coopératifs d'investissement et aux certificats coopératifs d'associés.**

§ 2. – De l'émission et de l'achat en bourse d'actions réservées aux salariés

Art. L. 225-186-1 *(L. n° 2008-1258, 3 déc. 2008 ; abr., Ord. n° 2020-1142, 16 sept. 2020).*

Art. L. 225-187 *(Abr., L. n° 2001-152, 19 févr. 2001).*

Art. L. 225-187-1 *(Mod., L. n° 2001-152, 19 févr. 2001).* – **Les articles L. 225-192 à L. 225-194 et l'article L. 225-197 demeurent applicables dans leur rédaction antérieure à la publication de la loi n° 2001-152 du 19 février 2001 sur l'épargne salariale jusqu'à l'expiration d'un délai de cinq ans à compter de cette publication.**

Art. L. 225-188 à L. 225-197 *(Abr., L. n° 2001-152, 19 févr. 2001).*

§ 3. – Des attributions d'actions gratuites
(L. n° 2004-1484, 30 déc. 2004)

Bibliographie : J.-F. Casta, *Stock-options et actions gratuites : analyses comptable des rémunérations en actions : RD bancaire et fin.* sept.-oct. 2005, p. 74. • J.-P. Dom, *L'attribution gratuite d'actions : Bull. Joly Sociétés* 2005, p. 188. • A. Lienhard, *Attributions d'actions gratuites : D.* 2005, p. 138. • J.-P. Mattout, *Les attributions gratuites d'actions aux salariés et dirigeants : Dr. et patrimoine* mai 2005, p. 26. • C. Perrier, *Attributions d'actions aux salariés et appel public à l'épargne : les nouvelles règles : Dr. sociétés* nov. 2005, p. 24. • S. Plantin, *L'attribution d'actions gratuites : une alternative séduisante aux plans de stock-options : JCP* E 2005, 524. • J. Prieur, *L'attribution d'actions gratuites : La nouvelle donne juridique et fiscale : RD bancaire et fin.* sept.-oct. 2005, p. 66. • A. Theimer, *Émissions d'actions gratuites au profit de salariés et de dirigeants : JCP* E 2005, 807. • D. Labarthette, *Les plans de stock-options à l'épreuve des attributions* gratuites d'actions : JCP E 2006, 1576. • Y. Sexer, *Aspects pratiques des attributions d'actions gratuites : Bull. Joly Sociétés* 2008, p. 642.

Art. L. 225-197-1 *(L. n° 2004-1484, 30 déc. 2004 ; mod., L. n° 2006-1770, 30 déc. 2006 ; L. n° 2008-1258, 3 déc. 2008 ; L. n° 2012-387, 22 mars 2012 ; L. n° 2014-384, 29 mars 2014 ; L. n° 2015-990, 6 août 2015 ; L. n° 2019-486, 22 mai 2019 ; Ord. n° 2019-1234, 27 nov. 2019 ; Ord. n° 2020-1142, 16 sept. 2020).* – **I. – L'assemblée générale extraordinaire, sur le rapport du conseil d'administration ou du directoire, selon le cas, et sur le rapport spécial des commissaires aux comptes de la société, ou, s'il n'en a pas été désigné, d'un commissaire aux comptes désigné à cet effet selon les modalités prévues aux articles L. 225-228 ou L. 22-10-66, peut autoriser le conseil d'administration ou le directoire à procéder, au profit des membres du personnel salarié de la société ou de certaines catégories d'entre eux, à une attribution gratuite d'actions existantes ou à émettre.**

L'assemblée générale extraordinaire fixe le pourcentage maximal du capital social pouvant être attribué dans les conditions définies au premier alinéa. Le nombre total des actions attribuées gratuitement ne peut excéder 10 % du capital social à la date de la décision de leur attribution par le conseil d'administration ou le directoire. Dans les sociétés ne dépassant pas, à la clôture d'un exercice social, les seuils définissant les petites et moyennes entreprises prévus à l'article 2 de l'annexe à la recommandation 2003/361/CE de la Commission, du 6 mai 2003, concernant la définition des micro, petites et moyennes entreprises, les statuts peuvent prévoir, dans le cas d'attributions gratuites d'actions à certaines catégories des membres du personnel salarié de la société uniquement, un pourcentage plus élevé, qui ne peut toutefois excéder 15 % du capital social à la date de la décision d'attribution des actions par le conseil d'administration ou le directoire. Ne sont pas prises en compte dans ces pourcentages les actions qui n'ont pas été définitivement attribuées au terme de la période d'acquisition prévue au sixième alinéa du présent I ainsi que les actions qui ne sont plus soumises à l'obligation de conservation prévue au septième alinéa.

Les pourcentages mentionnés au deuxième alinéa sont portés à 30 % lorsque l'attribution d'actions gratuites bénéficie à l'ensemble des membres du personnel salarié de la société. Au-delà du pourcentage de 10 % ou de 15 %, l'écart entre le nombre d'actions distribuées à chaque salarié ne peut être supérieur à un rapport de un à cinq.

L'assemblée générale extraordinaire fixe également le délai pendant lequel cette autorisation peut être utilisée par le conseil d'administration ou le directoire. Ce délai ne peut excéder trente-huit mois.

Lorsque l'attribution porte sur des actions à émettre, l'autorisation donnée par l'assemblée générale extraordinaire emporte de plein droit, au profit des bénéficiaires des actions attribuées gratuitement, renonciation des actionnaires à leur droit préférentiel de souscription. L'augmentation de capital correspondante est définitivement réalisée du seul fait de l'attribution définitive des actions aux bénéficiaires.

L'attribution des actions à leurs bénéficiaires est définitive au terme d'une période d'acquisition dont la durée minimale, qui ne peut être inférieure à un an, est déterminée par l'assemblée générale extraordinaire. Toutefois, l'assemblée peut prévoir l'attribution définitive des actions avant le terme de la période d'acquisition en cas d'invalidité du bénéficiaire correspondant au classement dans la deuxième ou la troisième des catégories prévues à l'article L. 341-4 du Code de la sécurité sociale.

L'assemblée générale extraordinaire peut également fixer la durée minimale de l'obligation de conservation des actions par les bénéficiaires. Cette durée court à compter de l'attribution définitive des actions. Toutefois, les actions sont librement cessibles en cas d'invalidité des bénéficiaires correspondant à leur classement dans les catégories précitées du Code de la sécurité sociale.

La durée cumulée des périodes d'acquisition et de conservation ne peut être inférieure à deux ans.

Le conseil d'administration ou, le cas échéant, le directoire détermine l'identité des bénéficiaires des attributions d'actions mentionnées au premier alinéa. Il fixe les conditions et, le cas échéant, les critères d'attribution des actions.

II. – Le président du conseil d'administration, le directeur général, les directeurs généraux délégués, les membres du directoire ou le gérant d'une société par actions peuvent se voir attribuer des actions de la société dans les mêmes conditions que les membres du personnel salarié et dans le respect des conditions mentionnées à l'article L. 22-10-60.

Ils peuvent également se voir attribuer des actions d'une société liée dans les conditions prévues à l'article L. 225-197-2, sous réserve que les actions de cette dernière soient admises aux négociations sur un marché réglementé et dans le respect des conditions mentionnées à l'article L. 22-10-60.

Il ne peut pas être attribué d'actions aux salariés et aux mandataires sociaux détenant chacun plus de 10 % du capital social. Une attribution gratuite d'actions ne peut pas non plus avoir pour effet que les salariés et les mandataires sociaux détiennent chacun plus de 10 % du capital social.

Par dérogation aux dispositions précédentes, pour les actions ainsi attribuées au président du conseil d'administration, au directeur général, aux directeurs généraux délégués, aux membres du directoire ou au gérant d'une société par actions, le conseil d'administration ou, selon le cas, le conseil de surveillance soit décide que ces actions ne peuvent être cédées par les intéressés avant la cessation de leurs fonctions, soit fixe la quantité de ces actions qu'il sont tenus de conserver au nominatif jusqu'à la cessation de leurs fonctions. L'information correspondante est publiée dans le rapport mentionné, selon le cas, au dernier alinéa de l'article L. 225-37, au dernier alinéa de l'article L. 225-68 ou à l'article L. 226-10-1.

III. – En cas d'échange sans soulte d'actions résultant d'une opération de fusion ou de scission réalisée conformément à la réglementation en vigueur pendant les périodes d'acquisition ou de conservation prévues au I, les dispositions du présent article et, notamment, les périodes précitées, pour leur durée restant à courir à la date de l'échange, restent applicables aux droits à attribution et aux actions reçus en échange. Il en est de même de l'échange résultant d'une opération d'offre publique, de division ou de regroupement réalisée conformément à la réglementation en vigueur qui intervient pendant la période de conservation.

En cas d'apport à une société ou à un fonds commun de placement dont l'actif est exclusivement composé de titres de capital ou donnant accès au capital émis par la société ou par une société qui lui est liée au sens de l'article L. 225-197-2, l'obligation de conservation prévue au I reste applicable, pour la durée restant à courir à la date de l'apport, aux actions ou parts reçues en contrepartie de l'apport.

Bibliographie : C. Coupet, *Loi PACTE : l'encadrement de la rémunération des dirigeants – Entre libéralisation et renforcement : JCP* E 2019, 1319. • E. Schlumberger, *Les incidences de la loi PACTE sur la rémunération des dirigeants sociaux : Bull. Joly Sociétés* 2019, n° 119x3, p. 64.

Le salarié qui n'a pu, du fait de son licenciement sans cause réelle et sérieuse intervenu avant le terme de la période d'acquisition, se voir attribuer de manière définitive des actions gratuites, subit une perte de chance. ▪ Cass. soc., 7 févr. 2018, n°s 16-11.635, 16-11.636, 16-11.637 et 16-11.641 : *JurisData* n° 2018-001421 ; *Cah. soc.* mars 2018, n° 122u8, p. 14, note L. Bento de Carbalho ; *Dr. sociétés* 2018, comm. 79, note R. Mortier.

Voir : art. L. 22-10-59 et art. L. 22-10-60, p. 511.

Art. L. 225-197-2 *(L. n° 2004-1484, 30 déc. 2004 ; mod., L. n° 2006-1770, 30 déc. 2006 ; Ord. n° 2013-544, 27 juin 2013).* **– I. – Des actions peuvent être attribuées, dans les mêmes conditions que celles mentionnées à l'article L. 225-197-1 :**

1° Soit au bénéfice des membres du personnel salarié des sociétés ou des groupements d'intérêt économique dont 10 % au moins du capital ou des droits de vote sont détenus, directement ou indirectement, par la société qui attribue les actions ;

2° Soit au bénéfice des membres du personnel salarié des sociétés ou des groupes d'intérêt économique détenant, directement ou indirectement, au moins 10 % du capital ou des droits de vote de la société qui attribue les actions ;

3° Soit au bénéfice des membres du personnel salarié des sociétés ou des groupements d'intérêt économique dont 50 % au moins du capital ou des droits de vote sont détenus, directement ou indirectement, par une société détenant elle-même, directement ou indirectement, au moins 50 % du capital de la société qui attribue les actions.

Les actions qui ne sont pas admises aux négociations sur un marché réglementé ne peuvent être attribuées dans les conditions ci-dessus qu'aux salariés de la société qui procède à cette attribution ou à ceux mentionnés au 1°.

II. – Des actions peuvent également être attribuées dans les mêmes conditions que celles prévues à l'article L. 225-197-1 par une entreprise contrôlée, directement ou indirectement, exclusivement ou conjointement, par un organe central, des organes centraux ou les établissements de crédit ou les sociétés de financement qui lui ou leur sont affiliés au sens et pour l'application des articles L. 511-30 à L. 511-32 du Code monétaire et financier, aux salariés de ces sociétés ainsi qu'à ceux des entités dont le capital est détenu pour plus de 50 %, directement ou *indirectement, exclusivement ou conjointement*, par cet organe central, ces organes centraux, ces établissements de crédit ou ces sociétés de financement.

Art. L. 225-197-3 *(L. n° 2004-1484, 30 déc. 2004 ; mod., L. n° 2006-1770, 30 déc. 2006).* **– Les droits résultant de l'attribution gratuite d'actions sont incessibles jusqu'au terme de la période d'acquisition.**

En cas de décès du bénéficiaire, ses héritiers peuvent demander l'attribution des actions dans un délai de six mois à compter du décès. Ces actions sont librement cessibles.

Art. L. 225-197-4 *(L. n° 2004-1484, 30 déc. 2004 ; mod., L. n° 2008-1258, 3 déc. 2008).* **– Un rapport spécial informe chaque année l'assemblée générale ordinaire des opérations réalisées en vertu des dispositions prévues aux articles L. 225-197-1 à L. 225-197-3.**

Ce rapport rend également compte :
– du nombre et de la valeur des actions qui, durant l'année et à raison des mandats et fonctions exercés dans la société, ont été attribuées gratuitement à chacun de ces mandataires par la société et par celles qui lui sont liées dans les conditions prévues à l'article L. 225-197-2 ;
– du nombre et de la valeur des actions qui ont été attribuées gratuitement, durant l'année à chacun de ces mandataires, à raison des mandats et fonctions qu'ils y exercent, par les sociétés contrôlées au sens de l'article L. 233-16.

Ce rapport indique également le nombre et la valeur des actions qui, durant l'année, ont été attribuées gratuitement par la société et par les sociétés ou groupements qui lui sont liés dans les conditions prévues à l'article L. 225-197-2, à chacun des dix salariés de la société non mandataires sociaux dont le nombre d'actions attribuées gratuitement est le plus élevé.

Ce rapport indique également le nombre et la valeur des actions qui, durant l'année, ont été attribuées gratuitement par les sociétés visées à l'alinéa précédent à l'ensemble des salariés bénéficiaires ainsi que le nombre de ceux-ci et la répartition des actions attribuées entre les catégories de ces bénéficiaires.

Art. L. 225-197-5 *(L. n° 2004-1484, 30 déc. 2004).* – L'assemblée générale ordinaire de la société contrôlant majoritairement, directement ou indirectement, celle qui attribue gratuitement les actions est informée dans les conditions prévues à l'article L. 225-197-4.

Art. L. 225-197-6 *(L. n° 2008-1258, 3 déc. 2008 ; mod., L. n° 2019-486, 22 mai 2019 ; abr., Ord. n° 2020-1142, 16 sept. 2020).*

Sous-section 3. – De l'amortissement du capital

(Anc. ss-sect. 6, dénum., Ord. n° 2004-604, 24 juin 2004)

Bibliographie : G. Ripert, *Quelques mots sur l'amortissement des actions : Ann. dr. com.* 1907, 372.

Art. L. 225-198 *(Anc. L. n° 66-537, 24 juill. 1966).* – L'amortissement du capital est effectué en vertu d'une stipulation statutaire ou d'une décision de l'assemblée générale extraordinaire et au moyen des sommes distribuables au sens de l'article L. 232-11. Cet amortissement ne peut être réalisé que par voie de remboursement égal sur chaque action d'une même catégorie et n'entraîne pas de réduction du capital.

Les actions intégralement amorties sont dites actions de jouissance.

Art. L. 225-199 *(Anc. L. n° 66-537, 24 juill. 1966).* – Les actions intégralement ou partiellement amorties perdent, à due concurrence, le droit au premier dividende prévu à l'article L. 232-19 et au remboursement de la valeur nominale. Elles conservent tous leurs autres droits.

Art. L. 225-200 *(Anc. L. n° 66-537, 24 juill. 1966).* – Lorsque le capital est divisé, soit en actions de capital et en actions totalement ou partiellement amorties, soit en actions inégalement amorties, l'assemblée générale des actionnaires peut décider, dans les conditions requises pour la modification des statuts, la conversion des actions totalement ou partiellement amorties en actions de capital.

A cet effet, elle prévoit qu'un prélèvement obligatoire sera effectué, à concurrence du montant amorti des actions à convertir, sur la part des profits sociaux d'un ou plusieurs exercices revenant à ces actions, après paiement, pour les actions partiellement amorties, du premier dividende ou de l'intérêt statutaire auquel elles peuvent donner droit.

Voir : art. R. 225-146 et R. 225-147, p. 1720.

Art. L. 225-201 *(Anc. L. n° 66-537, 24 juill. 1966).* – Les actionnaires peuvent être autorisés, dans les mêmes conditions, à verser à la société le montant amorti de leurs actions, augmenté, le cas échéant, du premier dividende ou de l'intérêt statutaire pour la période écoulée de l'exercice en cours et, éventuellement, *pour l'exercice précédent.*

Voir : art. R. 225-146, p. 1720, R. 225-148 et R. 225-149, p. 1720.

Art. L. 225-202 *(Anc. L. n° 66-537, 24 juill. 1966).* – Les décisions prévues aux articles L. 225-200 et L. 225-201 sont soumises à la ratification des assemblées spéciales de chacune des catégories d'actionnaires ayant les mêmes droits.

Art. L. 225-203 *(Anc. L. n° 66-537, 24 juill. 1966).* – Le conseil d'administration ou le directoire, selon le cas, apporte les modifications nécessaires aux clauses des statuts, dans la mesure où ces modifications correspondent matériellement aux résultats effectifs des opérations prévues aux articles L. 225-200 et L. 225-201.

Voir : art. R. 225-147, p. 1720.

Sous-section 4. – De la réduction du capital

(Anc. ss-sect. 7, dénum., Ord. n° 2004-604, 24 juin 2004)

Art. L. 225-204 *(Anc. L. n° 66-537, 24 juill. 1966 ; mod., L. n° 2012-387, 22 mars 2012 ; L. n° 2019-486, 22 mai 2019).* – La réduction du capital est autorisée ou décidée par l'assemblée générale extraordinaire, qui peut déléguer au conseil d'administration ou au directoire, selon le cas, tous pouvoirs pour la réaliser. En aucun cas, elle ne peut porter atteinte à l'égalité des actionnaires.

Un rapport établi par les commissaires aux comptes, s'il en existe, sur l'opération envisagée est communiqué aux actionnaires de la société dans un délai fixé par décret en Conseil d'État. L'assemblée statue sur le rapport des commissaires qui font connaître leur appréciation sur les causes et conditions de la réduction.

Lorsque le conseil d'administration ou le directoire, selon le cas, réalise l'opération sur délégation de l'assemblée générale, il en dresse procès-verbal soumis à publicité au registre du commerce et des sociétés et procède à la modification corrélative des statuts. En cas de non-respect de cette obligation de publicité, les décisions de réalisation de cette opération peuvent être annulées.

Voir : art. L. 242-23, p. 593, R. 225-150, p. 1721.

Coup d'accordéon. V. note sous art. L. 224-2, p. 328.

Ne sont pas prescrites à peine de nullité les dispositions de l'article L. 225-204, alinéa 2, du Code de commerce qui prévoient l'établissement d'un rapport par le commissaire aux comptes sur les causes et conditions d'une réduction de capital, et sa communication aux actionnaires préalablement à la tenue de l'assemblée générale ▪ Cass. com., 15 mars 2017, n° 15-50.021 (P) : *JurisData* n° 2017-004484 ; *Bull. Joly Sociétés* 2017, p. 311, note J.-F. Barbièri ; *Dr. sociétés* 2017, comm. 100, note C. Coupet ; *RTD com.* 2017, p. 649, J. Moury ; *Rev. sociétés* 2017, p. 355, note P. Pisoni.

Art. L. 225-205 *(Anc. L. n° 66-537, 24 juill. 1966).* – Lorsque l'assemblée approuve un projet de réduction du capital non motivée par des pertes, le représentant de la masse des obligataires et les créanciers dont la créance est antérieure à la date de dépôt au greffe du procès-verbal de délibération peuvent former opposition à la réduction, dans le délai fixé par décret en Conseil d'État.

Une décision de justice rejette l'opposition ou ordonne, soit le remboursement des créances, soit la constitution de garanties si la société en offre et si elles sont jugées suffisantes.

Les opérations de réduction du capital ne peuvent commencer pendant le délai d'opposition ni, le cas échéant, avant qu'il ait été statué en première instance sur cette opposition.

Si le juge de première instance accueille l'opposition, la procédure de réduction du capital est immédiatement interrompue jusqu'à la constitution de garanties suffisantes ou jusqu'au remboursement des créances. S'il la rejette, les opérations de réduction peuvent commencer.

Voir : *art. R. 225-152, p. 1721.*

Sous-section 5. – De la souscription, de l'achat ou de la prise en gage par les sociétés de leurs propres actions

(Anc. ss-sect. 8, dénum., Ord. n° 2004-604, 24 juin 2004)

Bibliographie : M. Poulnais, *L'achat de ses propres actions par une société depuis la loi du 24 juillet 1966 : RTD com.* 1969, p. 17. • A. Couret, *Le rachat par les sociétés de leurs propres actions : brèves observations sur le rapport Esambert : Dr. sociétés* mars 1978, p. 4. • J.-Cl. Coviaux, *L'achat par une société de ses propres actions : Dix ans de droit de l'entreprise*, Litec, 1978, p. 187. • S. Robineau, *Les interventions des sociétés sur leurs propres titres de capital : Bull. Joly Sociétés* 1998, § 375, p. 1229. • J.-J. Daigre, *Précisions sur le rachat d'actions et l'expression de leur valeur nominale : JCP* E 1999, p. 1138. • D. de Pariente et D. Bariani, *Les actions autodétenues : Bull. Joly Sociétés* 2001, § 37, p. 130. • A. Kirry, *La* *détermination du prix de vente des actions propres acquises par un programme de rachat : JCP* E 2002, p. 166. • R. Mortier, *Le rachat par la société de ses propres droits sociaux*, thèse Dalloz, 2003 ; *Rachat d'actions et actions rachetables : Rev. sociétés* 2004, p. 639 ; *Le rachat d'actions en mouvement : Dr. sociétés* avr. 2006, p. 5.

Art. L. 225-206 ***(Anc. L. n° 66-537, 24 juill. 1966 ; mod., Ord. n° 2020-1142, 16 sept. 2020).*** **– I. – Est interdite la souscription par la société de ses propres actions, soit directement, soit par une personne agissant en son propre nom, mais pour le compte de la société.**

Les fondateurs, ou, dans le cas d'une augmentation de capital, les membres du conseil d'administration ou du directoire, selon le cas, sont tenus, dans les conditions prévues à l'article L. 225-251 et au premier alinéa de l'article L. 225-256, de libérer les actions souscrites par la société en violation du premier alinéa.

Lorsque les actions ont été souscrites par une personne agissant en son propre nom mais pour le compte de la société, cette personne est tenue de libérer les actions solidairement avec les fondateurs ou, selon le cas, les membres du conseil d'administration ou du directoire. Cette personne est en outre réputée avoir souscrit ces actions pour son propre compte.

II. – L'achat par une société de ses propres actions est autorisé dans les conditions et selon les modalités prévues aux articles L. 225-207 à L. 225-217, L. 22-10-62, L. 22-10-64 et L. 22-10-65.

Les achats d'actions par une personne agissant pour le compte de la société sont interdits sauf s'il s'agit d'un prestataire de services d'investissement ou d'un membre d'un marché réglementé intervenant dans les conditions du I de l'article 43 de la loi n° 96-597 du 2 juillet 1996 de modernisation des activités financières.

Voir : art. L. 242-24, p. 594, art. R. 225-153 à R. 225-158, p. 1721.

1) Sanction du rachat d'actions propres. La méconnaissance des dispositions de l'article L. 225-206, II du Code de commerce n'est pas sanctionnée par la nullité de l'acquisition ▪ Cass. 1re civ., 17 déc. 2009, n° 08-12.344 : *JurisData* n° 2009-050767 ; *Dr. sociétés* mars 2010, n° 3, 47, comm. D. Gallois-Cochet.

2) Promesse de rachat d'actions. Viole l'article L. 225-206 du Code de commerce et l'article 6 du Code civil la cour d'appel qui prononce la cession forcée des actions à une société anonyme qui s'est engagée envers un actionnaire à lui racheter ses actions. ▪ Cass. com., 15 nov. 2010, n° 09-69.308 : *JurisData* n° 2010-021605 ; *Dr. sociétés* févr. 2011, n° 29, comm. M. Roussille ; *Bull. Joly Sociétés* 2011, n° 102, p. 179, note H. Le Nabasque. Les articles L. 225-206 et suivants du Code de commerce n'affectent pas la validité d'une promesse de cession de droits sociaux permettant à la société de racheter les titres d'un dirigeant en cas de révocation pour faute grave, ▪ Cass. com., 11 mars 2014, n° 12-12.074 : *JCP* E 2014, n° 1515, note M. Buchberger ; *Bull. Joly Sociétés* 2014, p. 387, note J.-J. Ansault.

Art. L. 225-207 ***(Anc. L. n° 66-537, 24 juill. 1966).*** **– L'assemblée générale qui a décidé une réduction de capital non motivée par des pertes peut autoriser le conseil d'administration ou le directoire, selon le cas, à acheter un nombre déterminé d'actions pour les annuler.**

Voir : art. L. 242-24, p. 594 et L. 245-3, p. 595, art. R. 225-153 et s., p. 1721, art. R. 22-10-38 et s., p. 1755.

Bibliographie : L. Jobert, *L'émission de bons de rachat d'actions en vue d'une réduction de capital non motivée par des pertes : Bull. Joly Sociétés* 2011, p. 1028.

Art. L. 225-208 ***(Anc. L. n° 66-537, 24 juill. 1966 ; mod., L. n° 2004-1484, 30 déc. 2004 ; L. n° 2019-744, 19 juill. 2019 ; Ord. n° 2020-1142, 16 sept. 2020).*** **– Les sociétés qui font participer leurs salariés à leurs résultats par attribution de leurs actions, celles qui attribuent leurs actions dans les conditions prévues aux articles L. 225-197-1 à L. 225-197-3 du présent code et celles qui consentent des options d'achat de leurs actions dans les conditions prévues aux articles L. 225-177et suivants peuvent, à cette fin, racheter leurs propres actions. Les actions doivent être attribuées ou les options doivent être consenties dans le délai d'un an à compter de l'acquisition.**

Voir : *art. L. 242-24, p. 594, art. R. 225-159, p. 1722, art. L. 22-10-61, p. 512.*

Art. L. 225-209 ***(Mod., L. n° 2003-7, 3 janv. 2003 ; Ord. n° 2004-604, 24 juin 2004 ; L. fin. n° 2004-1484, 30 déc. 2004 ; L. n° 2005-842, 26 juill. 2005 ; L. n° 2006-1770, 30 déc. 2006 ; Ord. n° 2009-105, 30 janv. 2009 ; L. fin. rect. n° 2012-354, 14 mars 2012 ; L. n° 2012-387, 22 mars 2012 ; L. n° 2016-1691, 9 déc. 2016 ; abr., Ord. n° 2020-1142, 16 sept. 2020).***

Art. L. 225-209-1 *(Abr., L. n° 2012-387, 22 mars 2012).*

Art. L. 225-209-2 *(L. n° 2012-354, 14 mars 2012 ; L. n° 2016-1691, 9 déc. 2016 ; L. n° 2019-486, 22 mai 2019 ; L. n° 2019-744, 19 juill. 2019 ; mod., Ord. n° 2020-1142, 16 sept. 2020).* – L'assemblée générale ordinaire peut autoriser le conseil d'administration ou le directoire, selon le cas, à acheter les actions de la société, pour les offrir ou les attribuer :

– dans l'année de leur rachat, aux bénéficiaires d'une opération mentionnée à l'article L. 225-208 du présent code ou intervenant dans le cadre des articles L. 3332-1 et suivants du Code du travail ;

– dans les deux ans de leur rachat, en paiement ou en échange d'actifs acquis par la société dans le cadre d'une opération de croissance externe, de fusion, de scission ou d'apport ;

– dans les cinq ans de leur rachat, aux actionnaires qui manifesteraient à la société l'intention de les acquérir à l'occasion d'une procédure de mise en vente organisée par la société elle-même dans les trois mois qui suivent chaque assemblée générale ordinaire annuelle.

Le nombre d'actions acquises par la société ne peut excéder :

– 10 % du capital de la société lorsque le rachat est autorisé en vue d'une opération prévue au deuxième ou quatrième alinéa du présent article ;

– 5 % du capital de la société lorsque le rachat est autorisé en vue d'une opération prévue au troisième alinéa.

L'assemblée générale ordinaire précise les finalités de l'opération. Elle définit le nombre maximal d'actions dont elle autorise l'acquisition, le prix ou les modalités de fixation du prix ainsi que la durée de l'autorisation, qui ne peut excéder douze mois. Elle peut autoriser le conseil d'administration ou le directoire, selon le cas, dans le respect des délais mentionnés aux deuxième à quatrième alinéas du présent article, à utiliser les actions rachetées pour une autre des finalités prévues au présent article.

Le prix des actions rachetées est acquitté au moyen d'un prélèvement sur les réserves dont l'assemblée générale a la disposition en vertu du deuxième alinéa de l'article L. 232-11 du présent code.

À défaut d'avoir été utilisées pour l'une des finalités et dans les délais mentionnés aux deuxième à quatrième alinéas du présent article, les actions rachetées sont annulées de plein droit.

L'assemblée générale ordinaire statue au vu d'un rapport établi par un expert indépendant, dans des conditions définies par décret en Conseil d'État, et sur un rapport spécial des commissaires aux comptes de la société, ou, s'il n'en a pas été désigné, d'un commissaire aux comptes désigné à cet effet selon les modalités prévues aux articles L. 225-228 ou L. 22-10-66 faisant connaître leur appréciation sur les conditions de fixation du prix d'acquisition.

Le prix des actions ne peut, à peine de nullité, être supérieur à la valeur la plus élevée ni inférieur à la valeur la moins élevée figurant dans le rapport d'évaluation de l'expert indépendant communiqué à l'assemblée générale.

Le conseil d'administration peut déléguer au directeur général ou, en accord avec ce dernier, à un ou plusieurs directeurs délégués les pouvoirs nécessaires pour réaliser ces opérations. Le directoire peut déléguer à son président ou, avec son accord, à un ou plusieurs de ses membres les pouvoirs nécessaires à l'effet de les réaliser. Les personnes désignées rendent comptent au conseil d'administration ou au directoire de l'utilisation faite de ce pouvoir dans les conditions prévues par ces derniers.

Les commissaires aux comptes, s'il en existe, présentent à l'assemblée générale ordinaire annuelle un rapport spécial sur les conditions dans lesquelles les actions ont été rachetées et utilisées au cours du dernier exercice clos.

Les actions rachetées peuvent être annulées dans la limite de 10 % du capital de la société par périodes de vingt-quatre mois. En cas d'annulation des actions achetées, la réduction de capital est autorisée ou décidée par l'assemblée générale extraordinaire qui peut déléguer au conseil d'administration ou au directoire, selon le cas, tous pouvoirs pour la réaliser.

Par dérogation aux dispositions du dixième alinéa, les actions rachetées mais non utilisées peuvent, sur décision de l'assemblée générale ordinaire, être utilisées pour une autre des finalités prévues au présent article.

Bibliographie : A. Couret, C. Blondeau et J.-E. Cros, *Le rachat de ses actions par une société non cotée : JCP* E 2011, n° 1324, p. 17. • H. Le Nabasque, *Les programmes de rachat d'actions des sociétés non cotées : Rev. sociétés* mai 2012, p. 271. • S. Storck, *Le rachat d'actions aux fins de gestion financière du capital enfin ouvert aux sociétés non cotées : Bull. Joly Sociétés* 2012, p. 510. • R. Mortier, *Entrée en vigueur des nouveaux programmes de rachat d'actions (D. n° 2014-543, 26 mai 2014) : Dr. sociétés* 2014, étude 15. • S. Torck, *Le rachat d'actions aux fins de gestion financière du capital des sociétés non cotées enfin opérationnel ! : Bull. Joly Sociétés* 2014, p. 377. • C. Coupet, *Loi du 19 juillet 2019 de* *simplification, de clarification et d'actualisation : miscellanées de droit des sociétés : Bull. Joly Sociétés* oct. 2019, n° 120e1, p. 35. • R. Mortier et a., *La loi Mohamed Soilihi article par article : Dr. sociétés* 2019, étude 13.

Voir : art. L. 22-10-63, p. 513.

Art. L. 225-210 *(Anc. L. n° 66-537, 24 juill. 1966 ; mod., Ord. n° 2009-105, 30 janv. 2009).* **– La société ne peut posséder, directement ou par l'intermédiaire d'une personne agissant en son propre nom, mais pour le compte de la société, plus de 10 % du total de ses propres actions, ni plus de 10 % d'une catégorie déterminée. Ces actions doivent être mises sous la forme nominative, à l'exception des actions rachetées pour favoriser la liquidité des titres de la société, et entièrement libérées lors de l'acquisition. À défaut, les membres du conseil d'administration ou du directoire, selon le cas, sont tenus, dans les conditions prévues à l'article L. 225-251 et au premier alinéa de l'article L. 225-256 de libérer les actions.**

L'acquisition d'actions de la société ne peut avoir pour effet d'abaisser les capitaux propres à un montant inférieur à celui du capital augmenté des réserves non distribuables.

La société doit disposer de réserves, autres que la réserve légale, d'un montant au moins égal à la valeur de l'ensemble des actions qu'elle possède.

Les actions possédées par la société ne donnent pas droit aux dividendes et sont privées de droits de vote.

En cas d'augmentation du capital par souscription d'actions en numéraire, la société ne peut exercer par elle-même le droit préférentiel de souscription. L'assemblée générale peut décider de ne pas tenir compte de ces actions pour la détermination des droits préférentiels de souscription attachés aux autres actions. À défaut les droits attachés aux actions possédées par la société doivent être, avant la clôture du délai de souscription, soit vendus en bourse, soit répartis entre les actionnaires au prorata des droits de chacun.

Voir : art. L. 242-24, p. 594, art. R. 123-191, p. 1630.

Art. L. 225-211 *(Mod., L. n° 2008-776, 4 août 2008 ; Ord. n° 2009-105, 30 janv. 2009 ; L. fin. rect. n° 2012-354, 14 mars 2012 ; L. n° 2012-387, 22 mars 2012 ; Ord. n° 2014-863, 31 juill. 2014 ; Ord. n° 2020-1142, 16 sept. 2020).* **– Des registres des achats et des ventes effectués en application des articles L. 225-208, L. 22-10-62, L. 225-209-2, L. 228-12 et L. 228-12-1 doivent être tenus, dans les conditions fixées par décret en Conseil d'État, par la société ou par la personne chargée du service de ses titres.**

Le conseil d'administration ou le directoire, selon le cas, doit indiquer, dans le rapport prévu à l'article L. 225-100, le nombre des actions achetées et vendues au cours de l'exercice par application des articles L. 225-208, L. 22-10-62, L. 225-209-2, L. 228-12 et L. 228-12-1, les cours moyens des achats et des ventes, le montant des frais de négociation, le nombre des actions inscrites au nom de la société à la clôture de l'exercice et leur valeur évaluée au cours d'achat, ainsi que leur valeur nominale pour chacune des finalités, le nombre des actions utilisées, les éventuelles réallocations dont elles ont fait l'objet et la fraction du capital qu'elles représentent.

Voir : art. L. 242-24, p. 594, art. R. 225-159 et R. 225-160, p. 1722.

Art. L. 225-212 *(Mod., L. n° 2003-706, 1er août 2003 ; L. n° 2008-776, 4 août 2008 ; Ord. n° 2009-105, 30 janv. 2009 ; abr., Ord. n° 2020-1142, 16 sept. 2020).*

Art. L. 225-213 *(Mod., L. n° 2008-776, 4 août 2008 ; L. fin. rect. n° 2012-354, 14 mars 2012 ; L. n° 2012-387, 22 mars 2012 ; Ord. n° 2020-1142, 16 sept. 2020).* **– Les dispositions des articles L. 225-209-2, L. 225-206 et L. 22-10-62 ne sont pas applicables aux actions entièrement libérées, acquises à la suite d'une transmission de patrimoine à titre universel ou encore à la suite d'une décision de justice.**

Toutefois, les actions doivent être cédées dans un délai de deux ans à compter de la date d'acquisition lorsque la société possède plus de 10 % de son capital. À l'expiration de ce délai, elles doivent être annulées.

Voir : art. L. 242-24, p. 594.

Art. L. 225-214 *(Anc. L. n° 66-537, 24 juill. 1966 ; mod., L. n° 2012-354, 14 mars 2012 ; L. n° 2019-744, 19 juill. 2019 ; Ord. n° 2020-1142, 16 sept. 2020).* **– Les actions possédées en violation des articles L. 225-206 à L. 225-208 et L. 225-210 doivent être cédées dans un délai d'un an à compter de leur souscription ou de leur acquisition. À l'expiration de ce délai, elles doivent être annulées.**

Voir : art. L. 242-24, p. 594.

Art. L. 225-215 *(Anc. L. n° 66-537, 24 juill. 1966).* – Est interdite la prise en gage par la société de ses propres actions, directement ou par l'intermédiaire d'une personne agissant en son propre nom, mais pour le compte de la société.

Les actions prises en gage par la société doivent être restituées à leur propriétaire dans le délai d'un an. La restitution peut avoir lieu dans un délai de deux ans si le transfert du gage à la société résulte d'une transmission de patrimoine à titre universel ou d'une décision de justice. À défaut, le contrat de gage est nul de plein droit.

L'interdiction prévue au présent article n'est pas applicable aux opérations courantes des établissements de crédit *(Mots aj. à compter du 1er janvier 2014, Ord. L. n° 2013-544, 27 juin 2013)* « ou des sociétés de financement ».

Voir : art. L. 242-24, p. 594.

Art. L. 225-216 *(Anc. L. n° 66-537, 24 juill. 1966 ; mod., L. n° 2001-152, 19 févr. 2001 ; Ord. n° 2013-544, 27 juin 2013).* – Une société ne peut avancer des fonds, accorder des prêts ou consentir une sûreté en vue de la souscription ou de l'achat de ses propres actions par un tiers.

Les dispositions du présent article ne s'appliquent ni aux opérations courantes des établissements de crédit et des sociétés de financement, ni aux opérations effectuées en vue de l'acquisition par les salariés d'actions de la société, d'une de ses filiales ou d'une société comprise dans le champ d'un plan d'épargne de groupe prévu à l'article L. 444-3 du Code du travail.

Voir : art. L. 242-24, p. 594.

Bibliographie : A. Viandier, *L'article 217-9 de la loi du 24 juillet 1966 et les rachats d'entreprise : JCP* E 1990, II, 15821. • H. Le Nabasque, *À propos de l'article 217-9 de la loi du 24 juillet 1966 : JCP* E 1992, I, 107. • T. Bonneau, *Monopole bancaire et prêt consenti par la société à ses salariés en vue de l'acquisition de ses titres : RD bancaire et bourse* 2001, p. 143.

Art. L. 225-217 *(Anc. L. n° 66-537, 24 juill. 1966 ; mod., Ord. n° 2020-1142, 16 sept. 2020).* – Les articles L. 225-206 à L. 225-216 et L. 22-10-62, L. 22-10-64 et L. 22-10-65 sont applicables aux certificats d'investissement.

Voir aussi : Règlement général de l'AMF, articles 241-1 et suivants relatifs à l'information à diffuser à l'occasion de programmes de rachats de titres de capital admis aux négociations sur un marché réglementé.

Section V. – Du contrôle des sociétés anonymes

Voir : Voir bibliographie avant art. L. 820-1, p. 1472.

Art. L. 225-218 *(Mod., L. n° 2003-7, 3 janv. 2003 ; L. n° 2003-706, 1er août 2003 ; rempl. à compter de la date prévue au II de l'article 20 de la loi n° 2019-486 du 22 mai 2019 et au plus tard le 1er septembre 2019, L. n° 2019-486, 22 mai 2019 ; mod., L. n° 2019-744, 19 juill. 2019 ; Ord. n° 2020-1142, 16 sept. 2020).* – L'assemblée générale ordinaire peut désigner un ou plusieurs commissaires aux comptes dans les conditions prévues aux articles L. 225-228 et L. 22-10-66.

Sont tenues de désigner au moins un commissaire aux comptes les sociétés qui dépassent, à la clôture d'un exercice social, les seuils fixés par décret pour deux des trois critères suivants : le total de leur bilan, le montant de leur chiffre d'affaires hors taxes ou le nombre moyen de leurs salariés au cours de l'exercice.

Même si ces seuils ne sont pas atteints, la nomination d'un commissaire aux comptes peut être demandée en justice par un ou plusieurs actionnaires représentant au moins le dixième du capital.

Sont également tenues de désigner un commissaire aux comptes, pour un mandat de trois exercices, les sociétés dont un ou plusieurs associés représentant au moins le tiers du capital en font la demande motivée auprès de la société.

NB : Conformément à l'article 20 de la loi n° 2019-486 du 22 mai 2019 :

II. – Les présentes dispositions s'appliquent à compter du premier exercice clos postérieurement au 27 mai 2019, lendemain de la publication du décret n° 2019-514 du 24 mai 2019.

III. – Les seuils fixés par les décrets prévus aux articles L. 221-9, L. 223-35, L. 227-9-1, L. 225-218, L. 226-6 et L. 823-2-2 du Code de commerce, dans leur rédaction résultant du présent article, sont applicables aux entreprises fiscalement domiciliées dans une collectivité d'outre-mer régie par l'article 73 de la Constitution à compter du 1er janvier 2021.

Bibliographie : J.-F. Barbièri, *La réforme du commissariat aux comptes par la loi PACTE : rabotage du contrôle légal et lots de consolation : Bull. Joly Sociétés* juin 2019, n° 119w5, p. 84. • J. Brouillet, *Loi PACTE : réforme des seuils d'audit et modernisation de la profession du chiffre : RLDA*, n° 143, 1er déc. 2018, suppl. • J.-L. Navarro, *Loi PACTE : les modifications apportées en droit comptable : JCP* E 2019, 1326. • J.-L. Périn, *Les mandats des commissaires aux comptes selon la loi PACTE : nouveaux seuils et nouvelles missions : Journ. sociétés* avr. 2019, n° 173, p. 25. • M. de Szilbereky, *Le contrôle légal des comptes après l'entrée en vigueur de la loi Pacte : Rev. sociétés* 2019, p. 598.

Voir : art. L. 820-1 et s., p. 1472.

Art. L. 225-219 à L. 225-221 *(Abr., L. n° 2003-706, 1er août 2003).*

Art. L. 225-222 *(Transféré, L. n° 2003-706, 1er août 2003).* – V. désormais l'article L. 822-10.

Art. L. 225-223 à L. 225-226 *(Abr., L. n° 2003-706, 1er août 2003).*

Art. L. 225-227 *(Abr., Ord. n° 2005-1126, 8 sept. 2005).*

Art. L. 225-228 *(Mod., L. n° 2003-706, 1er août 2003 ; Ord. n° 2005-1126, 8 sept. 2005 ; Ord. n° 2009-80, 27 janv. 2009 ; Ord. n° 2020-1142, 16 sept. 2020).* – **Les commissaires aux comptes sont proposés à la désignation de l'assemblée générale par un projet de résolution émanant du conseil d'administration ou du conseil de surveillance ou, dans les conditions définies par la section 3 du présent chapitre, des actionnaires.**

Voir : art. L. 22-10-66, p. 513.

Art. L. 225-229 *(Abr., Ord. n° 2005-1126, 8 sept. 2005).*

Art. L. 225-230 *(Ord. n° 2005-1126, 8 sept. 2005 ; abr., Ord. n° 2020-1142, 16 sept. 2020).*

Voir : art. R. 823-5, p. 2315.

Art. L. 225-231 *(Anc. L. n° 66-537, 24 juill. 1966 ; mod., L. n° 2001-420, 15 mai 2001 ; Ord. n° 2009-80, 22 janv. 2009 ; L. n° 2019-486, 22 mai 2019 ; Ord. n° 2020-1142, 16 sept. 2020).* – **Une association répondant aux conditions fixées à l'article L. 22-10-44, ainsi que un ou plusieurs actionnaires représentant au moins 5 % du capital social, soit individuellement, soit en se groupant sous quelque forme que ce soit, peuvent poser par écrit au président du conseil d'administration ou au directoire des questions sur une ou plusieurs opérations de gestion de la société, ainsi que, le cas échéant, des sociétés qu'elle contrôle au sens de l'article L. 233-3. Dans ce dernier cas, la demande doit être appréciée au regard de l'intérêt du groupe. La réponse doit être communiquée aux commissaires aux comptes, s'il en existe.**

À défaut de réponse dans un délai d'un mois ou à défaut de communication d'éléments de réponse satisfaisants, ces actionnaires peuvent demander en référé la désignation d'un ou plusieurs experts chargés de présenter un rapport sur une ou plusieurs opérations de gestion.

Le ministère public et le comité d'entreprise peuvent également demander en référé la désignation d'un ou plusieurs experts chargés de présenter un rapport sur une ou plusieurs opérations de gestion.

S'il est fait droit à la demande, la décision de justice détermine l'étendue de la mission et des pouvoirs des experts. Elle peut mettre les honoraires à la charge de la société.

Le rapport est adressé au demandeur, au ministère public, au comité d'entreprise, au commissaire aux comptes et, selon le cas, au conseil d'administration ou au directoire et au conseil de surveillance. Ce rapport doit, en outre, être annexé à celui établi par les commissaires aux comptes, s'il en existe, en vue de la prochaine assemblée générale et recevoir la même publicité.

Voir : art. L. 820-4, p. 1474, art. R. 225-163, p. 1723, art. L. 22-10-68, p. 513.
Pour les SARL : art. L. 223-37, p. 326.

Bibliographie : F. Terré, *L'étendue de la mission de l'expert chargé par un tribunal d'apprécier la gestion : Éco. et compt.* mars 1971. • Y. Chartier, *L'expertise de l'article 226 de la loi du 24 juillet 1966 : JCP* 1972, I, 2507. • J.-P. Sortais, *Rapport sur l'expertise de l'article 226 : Gaz. Pal.* 1975, 1, doctr. p. 28. • S. Michelin-Finielz, *L'expertise de l'article 226 et l'expertise préventive dans la société anonyme : Rev. sociétés* 1982, p. 33. • P. Le Cannu, *Éléments de réflexion sur la nature de l'expertise judiciaire de gestion : Bull. Joly Sociétés* 1988, 553. • P. Le Cannu, *L'expertise de gestion et les filiales : Bull. Joly Sociétés* 1994, § 34, p. 147. • A. Couret, *Le harcèlement des majoritaires : Bull. Joly Sociétés* 1996, § 36,

p. 112. • N. Dedessus-Le-Moustier, *Expertise de gestion et principe du contradictoire : Rev. sociétés* 1998, p. 45. • M. Armand-Prevost, *L'expertise de gestion : RJ com.* 1998, p. 125. • P. Peloux, *Des difficultés quant à la qualité de certains demandeurs à l'expertise de gestion : LPA* 5 août 1999, p. 17. • J. Moury, *Expertise de gestion : la concurrence indélicate de l'article 145 du Nouveau Code de procédure civile, in Mél. Jeantin*, Dalloz, 1999, p. 299. • F. Pasqualini, *Brèves remarques sur l'expertise de gestion : JCP* E 1999, p. 1283. • E. Jeuland, *L'expertise commerciale : D.* 2000, chron. p. 209. • F. Pasqualini et V. Pasqualini-Salerno, *Encore et toujours l'expertise de gestion : JCP* E 2000, p. 499. • L. Godon, *La protection des actionnaires minoritaires dans la loi relative aux nouvelles régulations économiques : Bull. Joly Sociétés* 2001, p. 728. • A. Cerati-Gauthier, *La nouvelle expertise de gestion assure-t-elle une meilleure information des actionnaires minoritaires : LPA* 5 avr. 2002, p. 4. • M. Germain, *Les droits des minoritaires : RID comp.* 2002, n° 2, p. 401. • I. Urbain-Parleani, *L'expertise de gestion et l'expertise in futurum : Rev. sociétés* 2003, n° spécial, *Responsabilité des dirigeants sociaux*, p. 223. • D. Gibirila, *La demande d'expertise de gestion formée par un actionnaire minoritaire : RJDA* 2007, p. 763.

1) Qualité pour agir.

a) **Démembrement de propriété.** L'action des nus-propriétaires est recevable ▪ CA Versailles, 19 déc. 1989 : *JurisData* n° 1989-600174 ; *Bull. Joly Sociétés* 1990, p. 183. – N'est pas en revanche recevable celle de l'usufruitier ▪ T. com. Roanne, 13 sept. 1991 : *RTD com.* 1992, p. 201, note Y. Reinhard.

b) **Indivision des titres sociaux.** La demande de désignation peut être présentée par certains indivisaires seulement dès lors que l'ensemble des actions indivises représentent au moins 5 % du capital ▪ Cass. com., 4 déc. 2007, n° 05-19.643 : *Bull. Joly Sociétés* 2008, §46, p. 205, note A. Lecourt ; *D.* 2008, p. 78, obs. A. Lienhard, et p. 1251, note L. Godon ; *JCP* E 2008, 1280, n° 6, obs. J.-J. Caussain, F. Deboissy et G. Wicker.

c) **Absence de qualité pour agir de la société elle-même.** L'expertise de gestion ne peut en aucune façon être demandée par la société elle-même ▪ CA Paris, 11 mai 2001 : *JurisData* n° 2001-155002.

d) **Action abusive.** La légèreté blâmable de l'actionnaire demandant la désignation d'un expert alors qu'il ne remplit pas les conditions exigées par la loi de 1966 *[Code de commerce]* justifie sa condamnation à dommages-intérêts ▪ Cass. com., 12 janv. 1976 : *JurisData* n° 1976-097016 ; *Rev. sociétés* 1976, p. 330, note Ph. Merle.

2) Conditions de recevabilité.

a) **Question préalable.** – Actionnaires. Le droit de demander la désignation d'un expert de gestion chargé de présenter un rapport sur une *ou plusieurs opérations* de gestion étant subordonné à l'exigence préalable d'une question écrite posée aux dirigeants, la demande doit être rejetée lorsque les courriers adressés à ceux-ci n'avaient fait que s'interroger de façon générale sur la politique de gestion de la société sans demander de façon précise des explications sur des actes de gestion clairement identifiés ▪ Cass. com., 14 févr. 2006, n° 05-11.822 : *JurisData* n° 2006-032195 ; *Bull. Joly Sociétés* 2006, § 128, p. 619, note L. Godon ; *D.* 2006, p. 721, obs. A. Lienhard ; *JCP* E 2006, 2035, n° 6, obs. J.-J. Caussain, F. Deboissy et G. Wicker ; *JCP* E 2006, 1466. – Comité d'entreprise (non). Si la demande formée par un comité d'entreprise sur le fondement des dispositions de l'article L. 225-231 du Code de commerce n'a pas à être précédée d'une question écrite, elle obéit, pour le surplus, aux conditions posées par ce texte ; dès lors, la demande présentée par le comité d'entreprise de la société filiale, relative à une opération relevant de la gestion de cette société, est irrecevable en ce qu'elle est dirigée contre la société holding. ▪ Cass. com., 10 sept. 2013, n° 12-16.509 : *JurisData* n° 2013-018906 ; *JCP* E 2013, n° 1652, note F. Duquesne ; *Dr. sociétés* 2013, n° 204, note M. Roussille ; *D.* 2013, p. 2168, obs. A. Lienhard ; *Bull. Joly Sociétés* 2013, p. 728, note J.-F. Barbièri.

b) **Présomption d'irrégularité.**

– Le juge n'est tenu d'ordonner la mesure sollicitée que s'il relève des présomptions d'irrégularité concernant une ou plusieurs opérations de gestion ▪ Cass. com., 22 mars 1988, n° 86-17.040 : *JurisData* n° 1988-700606 ; *JCP* E 1988, 15240, n° 9, obs. A. Viandier et J.-J. Caussain. ▪ Cass. com., 8 janv. 1991, n° 89-17.596 : *JurisData* n° 1991-700079 ; *Bull. Joly Sociétés* 1991, p. 285.

– La recevabilité d'une demande d'expertise suppose un risque d'atteinte à l'intérêt social ▪ Cass. com., 10 févr. 1998, n° 96-11.241 : *JurisData* n° 1998-000532 ; *JCP* E 1999, p. 771, note D. Gibirila.

c) **Opération de gestion.** – Notion d'opération de gestion. L'article 226 de la loi de 1966 *[C. com., art. L. 225-231]* ne peut concerner que les actes accomplis par les dirigeants et non pas les actes et décisions prises en assemblée générale, laquelle n'est pas un organe de gestion ▪ CA Paris, 8 nov. 1991, n° 90-016070 : *JurisData* n° 1991-025148 ; *Bull. Joly Sociétés* 1992, § 50, p. 177 ; *RJDA* 1992, p. 123. ▪ CA Paris, 27 nov. 1991, n° 90/24804 : *JurisData* n° 1991-024273 ; *D.* 1992, inf. rap. p. 71. ▪ CA Versailles, 27 févr. 1997, n° 4403/95 : *JurisData* n° 1997-042744 ; *Bull. Joly Sociétés* 1997, p. 543, note P. Le Cannu et M. Menjucq. – Caractère déterminé de l'opération de gestion. La mission de l'expert ne saurait porter sur l'ensemble de la gestion de la société ▪ Cass. com., 25 mars 1974 : *JCP* 1974, II, 17853 ; *Rev. sociétés* 1975, p. 98, note J. H. ▪ Cass. com., 7 déc. 1983 : *Rev. sociétés* 1985, p. 427.

3) Mission de l'expert. L'expertise de l'article 226 de la loi du 24 juillet 1966 *[C. com.] art. L. 225-231]* se déroule selon les règles posées pour l'expertise judiciaire. Rép. min. : *JOAN* Q, 6 oct. 1970, p. 4136.

4) Articulation avec l'article 145 du CPC. Une mesure d'instruction ordonnée sur le fondement de l'article 145 du CPC ne revêt aucun caractère subsidiaire par rapport à l'expertise de gestion prévue par l'article L. 225-231 du Code de commerce. ▪ Cass. com., 18 oct. 2011, n° 10-18.989 : *JurisData* n° 2011-022317 ; *JCP* E 2011, n° 1804, p. 32 ; *JCP* E 2011, n° 1002, p. 34, note N. Randoux ; *Dr. sociétés* 2012, n° 10, note D. Gallois-Cochet ; *Bull. Joly Sociétés* 2012, p. 116, note B. Dondero. Sur une demande d'expertise sur le fondement de l'article 145 du Code de procédure civile, faisant suite à une mesure prononcée sur le fondement de l'article L. 225-231 du Code de commerce : ▪ Cass. com., 24 juin 2020, n° 18-17.104 : *JurisData* n° 2020-010611 ; *Bull. Joly Sociétés* sept. 2020, p. 19, note G. Gil ; *JCP* E 2020, 1521, note Q. Némoz-Rajot.

V. annot. ss art. L. 223-37, p. 326.

Art. L. 225-232 *(Anc. L. n° 66-537, 24 juill. 1966 ; mod., L. n° 2001-420, 15 mai 2001 ; L. n° 2019-486, 22 mai 2019 ; Ord. n° 2020-1142, 16 sept. 2020).* – **Un ou plusieurs actionnaires représentant au moins 5 % du capital social peuvent, deux fois par exercice, poser par écrit des questions au président du conseil d'administration ou au directoire sur tout fait de nature à compromettre la continuité de l'exploitation. La réponse est communiquée au commissaire aux comptes, s'il en existe.**

Voir : art. R. 225-164, p. 1724, art. L. 22-10-69, p. 514.

Art. L. 225-233 *(Ord. n° 2005-1126, 8 sept. 2005 ; abr., Ord. n° 2020-1142, 16 sept. 2020).*

Art. L. 225-234 *(Abr., Ord. n° 2005-1126, 8 sept. 2005).*

Art. L. 225-235 *(L. n° 2005-842, 26 juill. 2005 ; mod., L. n° 2003-706, 1er août 2003 ; Ord. n° 2005-1126, 8 sept. 2005 ; L. n° 2008-649, 3 juill. 2008 ; L. n° 2009-526, 12 mai 2009 ; mod., Ord. n° 2017-1162, 12 juill. 2017 ; L. n° 2019-486, 22 mai 2019 ; abr., Ord. n° 2020-1142, 16 sept. 2020).*

Voir : art. L. 823-13 et s., p. 1492, art. L. 22-10-71, p. 514.

Bibliographie : M. Petitjean, *Le rapport du commissaire aux comptes sur le contrôle interne* : *JCP* E 2004, prat. 781.

Art. L. 225-236 à L. 225-242 *(Abr., Ord. n° 2005-1126, 8 sept. 2005).*

Section VI. – De la transformation des sociétés anonymes

Art. L. 225-243 *(Anc. L. n° 66-537, 24 juill. 1966).* – **Toute société anonyme peut se transformer en société d'une autre forme si, au moment de la transformation, elle a au moins deux ans d'existence et si elle a établi et fait approuver par les actionnaires le bilan de ses deux premiers exercices.**

Voir : C. civ., art. 1844-3, p. 2978. – V. C. com., art. L. 210-6, p. 288, art. L. 224-3, p. 329.

Art. L. 225-244 *(Anc. L. n° 66-537, 24 juill. 1966 ; mod., L. n° 2019-486, 22 mai 2019).* – **La décision de transformation est prise sur le rapport des commissaires aux comptes de la société, s'il en existe. Le rapport atteste que les capitaux propres sont au moins égaux au capital social.**

La transformation est soumise, le cas échéant, à l'approbation des assemblées d'obligataires et de l'assemblée des porteurs de parts bénéficiaires ou de parts de fondateur.

La décision de transformation est soumise à publicité, dont les modalités sont fixées par décret en Conseil d'État.

Voir : art. R. 123-191, p. 1630, art. R. 210-18 et s., p. 1678, R. 225-165, p. 1724.

Art. L. 225-245 *(Anc. L. n° 66-537, 24 juill. 1966).* – **La transformation en société en nom collectif** ***nécessite l'accord de tous les associés.*** **En ce cas, les conditions prévues aux articles L. 225-243 et au premier alinéa de l'article L. 225-244, ne sont pas exigées.**

La transformation en société en commandite simple ou par actions est décidée dans les conditions prévues pour la modification des statuts et avec l'accord de tous les associés qui acceptent d'être associés commandités.

La transformation en société à responsabilité limitée est décidée dans les conditions prévues pour la modification des statuts des sociétés de cette forme.

Art. L. 225-245-1 *(L. n° 2005-842, 26 juill. 2005 ; mod., L. n° 2008-649, 3 juill. 2008 ; L. n° 2016-1691, 9 déc. 2016)*. – En cas de transformation d'une société anonyme en société européenne, le premier alinéa de l'article L. 225-244 n'est pas applicable.

La société établit un projet de transformation de la société en société européenne. Ce projet est déposé au greffe du tribunal dans le ressort duquel la société est immatriculée et fait l'objet d'une publicité dont les modalités sont fixées par décret en Conseil d'État.

Un ou plusieurs commissaires à la transformation désignés par décision de justice établissent sous leur responsabilité un rapport destiné aux actionnaires de la société se transformant attestant que la société dispose d'actifs nets au moins équivalents au capital augmenté des réserves que la loi ou les statuts ne permettent pas de distribuer. Ils sont soumis aux incompatibilités prévues à l'article L. 822-11-3.

La transformation en société européenne est décidée selon les dispositions prévues aux articles L. 225-96 et L. 225-99.

Voir : art. L. 229-1 et s., p. 493, art. R. 229-20 à R. 229-22, p. 1745. - Règl. CE n° 2157/2001, 8 oct. 2001, art. 37, p. 3025.

Section VII. – De la dissolution des sociétés anonymes

Art. L. 225-246 *(Anc. L. n° 66-537, 24 juill. 1966)*. – La dissolution anticipée de la société est prononcée par l'assemblée générale extraordinaire.

Voir : C. civ., art. 1844-7, p. 2979 ; C. com., art. L. 224-2, p. 328.

Art. L. 225-247 *(Anc. L. n° 66-537, 24 juill. 1966 ; mod., Ord. n° 2015-1127, 10 sept. 2015 ; mod., L. n° 2016-563, 10 mai 2016 ; abr., Ord. n° 2020-1142, 16 sept. 2020)*

Art. L. 225-248 *(Anc. L. n° 66-537, 24 juill. 1966 ; mod., L. n° 2005–845, 26 juill. 2005)*. – Si, du fait de pertes constatées dans les documents comptables, les capitaux propres de la société deviennent inférieurs à la moitié du capital social, le conseil d'administration ou le directoire, selon le cas, est tenu dans les quatre mois qui suivent l'approbation des comptes ayant fait apparaître cette perte, de convoquer l'assemblée générale extraordinaire à l'effet de décider s'il y a lieu à dissolution anticipée de la société.

Si la dissolution n'est pas prononcée, la société est tenue, au plus tard à la clôture du deuxième exercice suivant celui au cours duquel la constatation des pertes est intervenue et sous réserve des dispositions de l'article L. 224-2 de réduire son capital d'un montant au moins égal à celui des pertes qui n'ont pas pu être imputées sur les réserves, si, dans ce délai, les capitaux propres n'ont pas été reconstitués à concurrence d'une valeur au moins égale à la moitié du capital social.

Dans les deux cas, la résolution adoptée par l'assemblée générale est publiée selon les modalités fixées par décret en Conseil d'État.

À défaut de réunion de l'assemblée générale, comme dans le cas où cette assemblée n'a pas pu délibérer valablement sur dernière convocation, tout intéressé peut demander en justice la dissolution de la société. Il en est de même si les dispositions du deuxième alinéa ci-dessus n'ont pas été appliquées. Dans tous les cas, le tribunal peut accorder à la société un délai maximal de six mois pour régulariser la situation. Il ne peut prononcer la dissolution, si, au jour où il statue sur le fond, cette régularisation a eu lieu.

Les dispositions du présent article ne sont pas applicables aux sociétés en procédure de sauvegarde ou de *redressement judiciaire* ou qui bénéficient d'un plan de sauvegarde ou de redressement judiciaire.

Voir : art. L. 242-29, p. 594, art. R. 123-191, p. 1630, art. R. 210-15, p. 1678 et R. 225-166, p. 1724.

Bibliographie : G. Pierre-François, *À propos de l'actif net devenu, du fait des pertes, inférieur au quart du capital social : JCP* 1975, CI, 11831. • Y. Reinhard, *L'actif des sociétés (les capitaux propres) : Études R. Roblot*, p. 297 et s. • J.-J. Daigre, D. Gerry et H. Le Blanc, *La reconstitution des capitaux propres : Dr. sociétés* 1992, actes prat. 7. • R. Mortier, *Opérations sur capital social*, LexisNexis, 2e éd. 2015.

1) **Responsabilité du dirigeant.** Absence de recapitalisation (non). L'absence de régularisation effective dans le délai légal de deux ans, de la situation des capitaux propres d'une société anonyme devenus inférieurs à la moitié du capital social, qui est imputable aux actionnaires, ne constitue pas une faute de gestion du dirigeant ■ Cass. com., 13 oct. 2015, n° 14-15.755 : *JurisData* n° 2015-023127 ; *Bull. Joly Sociétés* 2016, p. 34, note J. Heinich ; *Dr. sociétés* 2016, n° 87, comm.

J.-P. Legros ; *Rev. proc. coll.* 2016, comm. 93, note A. Martin-Serf. **Absence de diligence.** Le défaut de convocation d'une assemblée générale ayant pour objet de reconstituer les capitaux propres dans le délai légal de deux ans constitue une faute engageant la responsabilité du dirigeant. ▪ Cass. com., 11 juin 1996, n° 93-18.308. ▪ CA Paris, 3e ch., A, 17 févr. 2009, *Bridoux c/ SELARL Archibald ès qual ; Rev. sociétés* 2009, p. 671, obs. I. Urbain-Parléani. ▪ CA Aix-en-Provence, 8e ch., C, 28 mars 2013, n° 11/17750 : *JurisData* n° 2013-007675 ; *Rev. proc. coll.* 2013, comm. 172, note A. Martin-Serf. Les dispositions des directives 2009/101 et 2012/30 ne sauraient être interprétées comme conférant aux salariés le droit d'exercer une action en responsabilité contre le dirigeant social d'une société anonyme pour défaut de convocation de l'assemblée générale malgré les pertes graves de la société. ▪ CJUE, 4e ch., 14 déc. 2017, aff. C-243/16, *Antonio Miravitlles Ciurana et a. c/ Contimark SA et Jordi Socias Gispert : Bull. Joly Sociétés* 2018, p. 156, note M. Menjucq ; *Dr. sociétés* 2018, chron. 1, note E. Schlumberger.

2) Coup d'accordéon. V. notes sous art. L. 224-2, p. 328.

Section VIII. – De la responsabilité civile

Art. L. 225-249 *(Anc. L. n° 66-537, 24 juill. 1966).* – **Les fondateurs de la société auxquels la nullité est imputable et les administrateurs en fonction au moment où elle a été encourue peuvent être déclarés solidairement responsables du dommage résultant pour les actionnaires ou pour les tiers de l'annulation de la société.**

La même responsabilité solidaire peut être prononcée contre ceux des actionnaires dont les apports ou les avantages n'ont pas été vérifiés et approuvés.

Voir : C. civ., art. 1840, p. 2975 ; C. com., art. L. 210-8, p. 292.

Art. L. 225-250 *(Anc. L. n° 66-537, 24 juill. 1966).* – **L'action en responsabilité fondée sur l'annulation de la société se prescrit dans les conditions prévues au premier alinéa de l'article L. 235-13.**

Art. L. 225-251 *(Anc. L. n° 66-537, 24 juill. 1966 ; mod., L. n° 2001-420, 15 mai 2001).* – **Les administrateurs et le directeur général sont responsables, individuellement ou solidairement selon le cas, envers la société ou envers les tiers, soit des infractions aux dispositions législatives ou réglementaires applicables aux sociétés anonymes, soit des violations des statuts, soit des fautes commises dans leur gestion.**

Si plusieurs administrateurs ou plusieurs administrateurs et le directeur général ont coopéré aux mêmes faits, le tribunal détermine la part contributive de chacun dans la réparation du dommage.

Voir : C. civ., art. 1850, p. 2982 ; C. com., art. R. 225-167 et R. 225-168, p. 1724.
SARL : art. L. 223-22, p. 315.

Bibliographie : J. Hamel, *De la responsabilité individuelle ou solidaire des administrateurs : Rev. sociétés* 1923, p. 123. • D. Schmidt, *La responsabilité des membres du conseil d'administration : Dr. et patrimoine* 5/1995, p. 45. • M.-A. Frison-Roche, *Le pouvoir processuel des associations et la perspective de la « class action » : LPA* 24 avr. 1996, p. 28. • A. Descleves, *La responsabilité des administrateurs : Banque* 1999, n° 607, p. 84. • C. Sordet, *Vers des « securities class actions » à la française ? : LPA* 8 déc. 2003, p. 4. • V. Magnier, *L'opportunité d'une class action en droit des sociétés : D.* 2004, p. 554. • A.-S. Guinchard, *Une class action à la française : D.* 2005, p. 2180. • B. Le Bars, *Introduction en droit français d'une procédure d'action collective : quand la régulation se fait judiciaire : Bull. Joly Sociétés* 2005, p. 811, § 187. • M. Lipskier, *Les entreprises peuvent-elles profiter de l'introduction des class actions en droit français ? : JCP* E 2005, 675. • D. Mainguy, *À propos de l'introduction de la class action en droit français : D.* 2005, p. 1282. • Y. Picod, *Le charme discret de la class action : D.* 2005, p. 657. • J. Roussel, *Les avocats favorables à une class action à la française ? : LPA* 1er févr. 2005, p. 3. • P.-G. Marly, *La faute dans l'assurance de responsabilité des dirigeants : JCP* E 2006, 1490. • M. Germain et J. Hoevermann, *Questions actuelles sur la responsabilité des dirigeants de sociétés en Allemagne et en France : Dr. sociétés* juin 2006, p. 13. • C. Ducouloux-Favard, *La règle de la faute séparable des fonctions de gestion des sociétés de capitaux est dans la loi : Dr. sociétés* 2007, n° 11. • J. Monnet, *Assurance et faute séparable des fonctions du dirigeant de société : Dr. sociétés* 2007, n° 10. • F. Terré, *« L'enfer, c'est autrui » À propos de la responsabilité des dirigeants sociaux : Dr. sociétés 2011, étude 15.* • *N. Ferrier, La responsabilité civile* des mandataires sociaux au regard de la jurisprudence récente : *Journ. sociétés*, mai 2011, p. 10. • J.-F. Barbièri, *Extension de la responsabilité des dirigeants sociaux : Bull. Joly Sociétés* 2012, p. 286. • G. Helleringer, *Le dirigeant face aux opportunités d'affaires : D.* 2012, p. 1560. • B. Dondero, *La captation des opportunités d'affaires : regards vers l'étranger : Gaz. Pal.* 11 févr. 2012, n° 42, p. 13. • F. Teffo, *Réflexions sur le fondement de la reconnaissance du préjudice individuel de l'associé : Rev. sociétés* 2019, p. 237.

Voir aussi bibliographie sous art. L. 223-22, p. 315.

1) Exigence d'une faute séparable. Responsabilité à l'égard des tiers (oui).

Voir sous art. L. 223-22, p. 315.

– Action devant la juridiction civile. La responsabilité personnelle des dirigeants sociaux à l'égard des tiers n'est engagée qu'à condition que la faute soit séparable de ses fonctions de gérant et lui soit imputable personnellement (SARL). ■ Cass. com., 27 janv. 1998, n° 93-11.437 : *JurisData* n° 1998-000252 ; *JCP* E 1998, p. 508, n° 2, obs. A. Viandier et J.-J. Caussain ; *Bull. Joly Sociétés* 1998, p. 535, note P. Le Cannu. Engage sa responsabilité personnelle à l'égard des tiers le dirigeant qui commet intentionnellement une faute d'une particulière gravité incompatible avec l'exercice normal des fonctions sociales ■ Cass. com., 20 mai 2003 : *Bull. Joly Sociétés* 2003, p. 786, note H. Le Nabasque ; *D.* 2004, p. 2623, note B. Dondero ; *D.* 2004, somm. p. 266, obs. J.-C. Hallouin ; *Dr. sociétés* 2003, n° 148, obs. J. Monnet ; *JCP* E 2003, 1203, obs. J.-J. Caussain, F. Deboissy et G. Wicker ; *JCP* E 2003, p. 1398, note S. Hadgji-Artinian ; *Rev. sociétés* 2003, p. 479, note J.-F. Barbièri *[décision rendue à propos d'un gérant de SARL]*. – Lors même que les dirigeants ont agi dans la limite de leurs attributions, et que les décisions litigieuses ont été prises par le conseil d'administration et approuvées par l'assemblée générale, il convient de rechercher si ces décisions ont constitué de la part de leurs auteurs *[président du conseil d'administration et directeur général]* des fautes intentionnelles d'une particulière gravité incompatibles avec l'exercice normal de leurs fonctions sociales ■ Cass. com., 10 févr. 2009, n° 07-20.445 (PB) : *Bull. Joly Sociétés* 2009, p. 499, note S. Messaï-Bahri ; *D.* 2009, p. 559, obs. A. Lienhard ; *JCP* E 2009, 1602, note B. Dondero.

– Action devant la juridiction pénale. – Le juge pénal qui statue après relaxe sur les seuls intérêts civils n'a pas à s'expliquer sur l'existence d'une faute séparable pour caractériser une faute civile du dirigeant démontrée à partir et dans la limite des faits objet de sa poursuite (SARL). ■ Cass. crim., 5 avr. 2018, n° 16-87.669, FP-P+B : *JurisData* n° 2018-005018 ; *Dr. sociétés* 2018, comm. 83, note J. Heinich et avis R. Salomon ; *D.* 2018, p. 1128, concl. R. Salomon ; *D.* 2018, p. 1137, note L. Saenko ; *JCP* G 2018, 644, note J.-H. Robert.

– **Responsabilité à l'égard des actionnaires (non).** La mise en œuvre de la responsabilité des administrateurs et du DG à l'égard des actionnaires agissant en réparation du préjudice qu'ils ont personnellement subi n'est pas soumise à la condition que les fautes imputées à ces dirigeants soient intentionnelles, d'une particulière gravité et incompatibles avec l'exercice normal des fonctions sociales. ■ Cass. com., 9 mars 2010 n°s 08-21.547 et 08-21.793 (Gaudriot) : *JurisData* n° 2010-001500 ; *JCP* E 2010, 1483 note S. Schiller ; *Bull. Joly Bourse* 2010, p. 316, note N. Rontchevsky ; *Dr. sociétés* 2010, comm. 109, M.-L. Coquelet. – P. Merle, *Attention Madame Chirac, prudence ! : Bull. Joly Sociétés* 2010, p. 436. – D. Martin et O. Tat Tieu, *La responsabilité civile des administrateurs de sociétés. Évolutions jurisprudentielles : JCP* G 2010, 740 ; *JCP* E 2010, 1890, obs. F.-G. Trébulle.

– **Sanction de la COB (non).** Le prononcé de sanctions pécuniaires par la COB *[AMF]* à l'égard du dirigeant d'une personne morale n'est pas subordonné à la démonstration d'une faute séparable de ses fonctions ■ Cass. com., 31 mars 2004, n° 03-14.991 : *JurisData* n° 2004-023105 ; *D.* 2004, p. 1087 ; *Bull. Joly Sociétés* 2004, p. 982, note G. Auzero ; *Dr. sociétés* juill. 2004, n° 131, obs. T. Bonneau ; *JCP* E 2004, act., p. 628 ; *JCP* E 2004, 1510, n° 4, obs. J.-J. Caussain, F. Deboissy et G. Wicker ; *RTD com.* 2004, p. 564, obs. N. Rontchevsky.

2) Appréciation de la faute. Violation de l'obligation de loyauté du dirigeant. – Le président du conseil d'administration, qui intervient comme intermédiaire dans une opération de reclassement d'actions effectuée par un associé, et qui cache à l'associé cédant les négociations qu'il mène pour revendre les actions acquises à un prix nettement supérieur à leur prix d'acquisition, manque au devoir de loyauté qui s'impose à lui en tant que dirigeant à l'égard de son associé ; il se rend par là même responsable de réticence dolosive. ■ Cass. com., 27 févr. 1996, n° 94-11.241 : *JurisData* n° 1996-003972 ; *Bull. civ.* IV, n° 65 ; *JCP* G 1996, II, 22665, note J. Ghestin ; *JCP* E 1996, 838, note D. Schmidt et N. Dion ; *Bull. Joly Sociétés* 1996, p. 485, note A. Couret ; *D.* 1996, p. 518, note Ph. Malaurie ; *RTD civ.* 1997, p. 114, obs. J. Mestre ; *LPA* 17 févr. 1997, n° 21, p. 7, note D.-R. Martin. – Le dirigeant qui a dissimulé aux actionnaires, désireux de céder des titres de la société, une information de nature à influer sur leur consentement manque à son obligation de loyauté à l'égard de tout associé et engage sa responsabilité. ■ Cass. com., 12 mai 2004, n° 00-15.618 : *JurisData* n° 2004-023739 ; *Dr. sociétés* 2004, comm. 139, note F.-G. Trébulle ; *D.* 2004, obs. A. Lienhard. – Manque à son obligation de loyauté et engage sa responsabilité le dirigeant qui n'informe pas les autres associés qu'il acquiert pour son compte personnel l'immeuble que ceux-ci entendaient acheter ensemble pour y exercer l'activité sociale. ■ Cass. com., 18 déc. 2012, n° 11-24.305 : *JurisData* n° 2012-030284 ; *JCP* E 2012, 1084, obs. M. Roussille ; *Dr. sociétés* 2013, n° 48, note M. Roussille ; *D.* 2013, p. 83, obs. A. Lienhard ; *D.* 2013, p. 288, note T. Favario ; *Bull. Joly Sociétés* 2013, p. 200, note B. Dondero ; *Rev. sociétés* 2013, p. 362, note T. Massart. – Manque de base légale l'arrêt qui retient la responsabilité du président du directoire et des membres du conseil de surveillance sans constater qu'à l'époque de la cession des titres, ils détenaient des informations qu'ils pouvaient seuls connaître et de nature à influer sur le consentement des actionnaires cessionnaires, ni que des négociations étaient d'ores et déjà en cours avec un tiers en vue de la revente globale des actions. ▪ Cass. com., 12 avr. 2016, n°s 14-19.200, 14-20.529 et 14-20.844 : *JurisData* n° 2016-007773 ; *JCP* E 2016, comm. 1584, note P. Brunswick ; *Bull. Joly Sociétés* 2016, p. 709, note E. Schlumberger. Manque à son devoir de loyauté le dirigeant cessionnaire qui n'informe pas l'associé cédant de négociations en cours avec un tiers en vue de la revente des titres objet de la cession, peu important leur état d'avancement. ▪ Cass. com., 10 juill. 2018, n° 16-27.868 : *JurisData* n° 2018-012883 ; *Rev. sociétés* 2019, p. 249, note L. Godon ; *Dr. sociétés* 2018, comm. 184, note R. Mortier ; *Bull. Joly Sociétés* 2018, p. 634, note A. Reygrobellet.

– **Faute individuelle des administrateurs.** Commet une faute individuelle chacun des membres du conseil d'administration ou du directoire d'une société anonyme qui, par son action ou son abstention, participe à la prise d'une décision fautive de cet organe, sauf à démontrer qu'il s'est comporté en administrateur prudent et diligent, notamment en s'opposant à cette décision ▪ Cass. com., 30 mars 2010, n° 08-17.841 : *JurisData* n° 2010-002958 ; *JCP* E 2010, n° 1416, note A. Couret ; *JCP* E 2010, 1890, obs. F.-G. Trébulle ; *Rev. sociétés* 2010, p. 304, note P. Le Cannu ; *Dr. sociétés* 2010, comm. 117, obs. M. Roussille ; *Bull. Joly Sociétés* 2010, p. 533, note R. Raffray ; *D.* 2010, p. 1110, obs. R. Salomon ; *D.* 2010, p. 1678, note B. Dondero ; *D.* 2010, p. 2797, obs. J.-C. Hallouin ; *Gaz. Pal.* 12 août 2010, n° 224, p. 20, note J. Lasserre Capdeville.

– **Décisions incombant de l'assemblée générale (non).** Les administrateurs ne sont pas responsables des conséquences dommageables des décisions prisespar les assemblées générales des actionnaires ▪ Cass. com., 4 mars 1986, n° 84-15.282 : *JurisData* n° 1986-000010 ; *Bull. Joly Sociétés* 1986, p. 387. – N'encourt pas la cassation l'arrêt qui se borne à retenir que la décision de distribution de dividendes ne constitue pas en elle-même une faute détachable des fonctions de dirigeant, même si elle est intervenue en faveur de l'associée unique, sans dire que le fait que cette décision soit prise au nom et pour le compte de la personne morale fait obstacle par principe à ce qu'elle puisse constituer une faute du dirigeant détachable de ses fonctions, et qui déduit de ses appréciations souveraines que la dirigeante d'une SAS n'avait commis aucune faute détachable de ses fonctions (au sujet d'une SAS). ▪ Cass. com., 12 mars 2013, n° 12-11.514 : *Rev. sociétés* 2013, p. 346, note B. Dondero ; *Bull. Joly Sociétés* 2013, p. 480, note M. Germain et P.-L. Périn.

3) Quitus. Le *quitus* donné à un administrateur ne fait pas obstacle à ce que soit ultérieurement recherchée sa responsabilité ▪ Cass. com., 15 déc. 1987, n° 86-13.479 : *JurisData* n° 1987-002280 ; *Bull. civ.* IV, n° 280 ; *JCP* E 1988, 15240, n° 6, obs. A. Viandier et J.-J. Caussain.

4) Procédure collective. L'action pour insuffisance d'actif *[C. com., art. L. 624-3 anc.]* ne se cumule pas avec l'action en responsabilité pour faute des dirigeants ▪ Cass. com., 26 mai 1999 : *Bull. Joly Sociétés* 1999, p. 962, note M. Menjucq.

Art. L. 225-252 *(Anc. L. n° 66-537, 24 juill. 1966 ; mod., L. n° 2001-420, 15 mai 2001 ; Ord. n° 2020-1142, 16 sept. 2020).* **– Outre l'action en réparation du préjudice subi personnellement, les actionnaires peuvent, soit individuellement, soit en se groupant dans les conditions fixées par décret en Conseil d'État, intenter l'action sociale en responsabilité contre les administrateurs ou le directeur général. Les demandeurs sont habilités à poursuivre la réparation de l'entier préjudice subi par la société, à laquelle, le cas échéant, les dommages-intérêts sont alloués.**

Voir : C. civ., art. 1843-5, p. 2977 ; C. com., art. R. 225-169 et R. 225-170, p. 1725, art. L. 22-10-73, p. 514.
SARL : art. L. 223-22, p. 315.
Action sociale / Action individuelle : V. sous art. L. 223-22, p. 315.
Action en responsabilité contre le contractant de la société : V. sous art. L. 223-22, p. 315.

1) Action individuelle. Recevabilité de l'*action individuelle.* – *La recevabilité* de l'action exercée par un associé à l'encontre des dirigeants d'une société faisant l'objet d'une procédure collective, pour des faits antérieurs au jugement d'ouverture, est subordonnée à l'allégation d'un préjudice personnel, distinct de celui subi par la personne morale, peu important que la procédure collective fasse apparaître une insuffisance d'actif. ▪ Cass. com., 9 mars 2010 (Gaudriot), n° 08-21.547 : *Bull. Joly Sociétés* 2010, p. 537, note D. Schmidt ; *D.* 2010, p. 2797, obs. J.-C. Hallouin.

Action en responsabilité pour diffusion de fausses informations.

– **Sociétés cotées.** – Caractère personnel du préjudice. Les actionnaires de la société ayant été incités à investir dans les titres émis par celle-ci et à les conserver en raison de fausses informations diffusées par les dirigeants, d'une rétention d'informations et d'une présentation aux actionnaires de comptes inexacts, le préjudice ainsi invoqué revêt un caractère personnel. ▪ Cass. com., 9 mars 2010 (Gaudriot), n° 08-21.547 : *Bull. Joly Sociétés* 2010, p. 537, note D. Schmidt ; *D.* 2010, p. 2797, obs. J.-C. Hallouin. – Identification du préjudice : perte de chance. Celui qui acquiert ou conserve des titres émis par voie d'offre au public au vu d'informations inexactes, imprécises ou trompeuses sur la situation de la société émettrice perd seulement une chance d'investir ses capitaux dans un autre placement ou de renoncer à celui déjà réalisé. ▪ Cass. com., 9 mars 2010 (Gaudriot), n° 08-21.547, *ibid.* Ayant relevé que la société avait diffusé des communiqués mensongers de nature à gonfler artificiellement le cours de bourse et à inciter les actionnaires à acheter des titres à un cours supérieur à leur valeur réelle, ou à les conserver, et retenu que l'actionnaire demandeur avait été privé de la possibilité de prendre des décisions d'investissement en connaissance de cause et de procéder à des arbitrages éclairés, en particulier en renonçant aux placements déjà réalisés, la cour d'appel a caractérisé le lien de causalité entre les fautes commises par la société et le préjudice, s'analysant en une perte de chance, subi par le demandeur. ▪ Cass. com., 6 mai 2014 (Marionnaud), n°s 13-17.632 et 13-18.473 : *JurisData* n° 2014-009959 ; *Rev. sociétés* 2014, p. 579, note E. Dezeuze et J. Trèves ; *RTD com.* 2014, p. 829, note N. Rontchevsky ; *Bull. Joly Sociétés* 2014, p. 449, note S. Torck ; *Bull. Joly Bourse* 2014, p. 340, note A. Gaudemet ; *RD bancaire et fin.* 2014, comm. 156, note P. Pailler.

– **Sociétés non cotées.** Le principe selon lequel celui qui acquiert ou conserve des titres au vu d'informations inexactes, imprécises ou trompeuses sur la situation de la société émettrice subit un préjudice personnel, distinct de celui subi par la personne morale, est sans application à une action fondée sur le dol imputé au dirigeant d'une société ne faisant pas appel public à l'épargne. ▪ Cass. com., 16 mai 2018, n° 16-20.684 ; *Dr. sociétés* 2019, comm. 24, note C. Coupet ; *Bull. Joly Sociétés* 2018, p. 569, P.-L. Périn ; *Rev. sociétés* 2018, p. 708, note J. Prorok.

2) Action sociale. Les actionnaires ne peuvent exercer l'action sociale en responsabilité qu'à l'encontre des administrateurs ou du directeur général. Sont dès lors irrecevables les actions intentées par des minoritaires à l'encontre de sociétés tierces n'ayant aucune de ces qualités. ▪ Cass. com., 19 mars 2013, n° 12-14.213 : *JurisData* n° 2013-004983 ; *JCP E* 2013, n° 1397, note M. Roussille ; *Dr. sociétés* 2013, comm. 119, note M. Roussille ; *Bull. Joly Sociétés* 2013, note J.-F. Barbièri. L'action sociale en responsabilité ne peut être exercée contre les dirigeants de fait. La société peut agir en responsabilité contre son dirigeant de fait, soit directement par ses représentants légaux, soit par l'intermédiaire d'un mandataire *ad hoc* dont la désignation peut être demandée en justice par un actionnaire. ▪ Cass. com., 29 mars 2017, n° 16-10.016 : *JurisData* n° 2017-005716 ; *Bull. Joly* 2017, p. 521, note C. Coupet ; *Rev. sociétés* 2017, 562, note L. Godon ; *Dr. sociétés* 2017, comm. 101, note J. Heinich. Les actionnaires minoritaires d'une société mère sont irrecevables à exercer l'action sociale *ut singuli* contre les dirigeants de ses filiales. ▪ Cass. com., 13 mars 2019, n° 17-22.128 : *Bull. Joly Sociétés* juin 2019, n° 119u7, p. 10, note A. Gaudemet ; *JCP E* 2019, 1450, note J. Gallois ; *Rev. sociétés* 2019, p. 523, note P. Le Cannu ; *Dr. sociétés* 2019, comm. 107, note J. Heinich ; *JCP E* 2019, 1531, note J.-Ch. Pagnucco ; *Gaz. Pal.* 25 juin 2019, p. 75, M. Roussille. ▪ *Contra* : Est recevable l'action sociale dirigée contre le complice ou le receleur du dirigeant social. ▪ Cass. crim., 28 janv. 2004, n° 02-87.585 : *JurisData* n° 2004-022446 ; *Bull. crim.* n° 18 ; *Dr. sociétés* 2004, comm. 114, note R. Salomon ; *Bull. Joly Sociétés* 2004, p. 678, note J.-F. Barbièri ; *D.* 2004, p. 1447, note H. Matsopoulou ; *Rev. sociétés* 2004, p. 405, note B. Bouloc ; *Dr. & patr.* juil.-août 2004, n° 132, p. 108, note D. Poracchia. Même si l'action publique contre le dirigeant est éteinte. ▪ Cass. crim., 14 janv. 2009, n° 08-80.584 : *JurisData* n° 2009-046716. ▪ Cass. crim., 6 nov. 2019, n° 17-87.150, note J.-F. Barbièri, *Bull. Joly Sociétés* mars 2020, p. 7 ; *Dr. sociétés* 2020, comm. 15, note R. Salomon. V. également notes ss art. L. 223-24, p. 319, art. L. 225-254, p. 430.

Art. L. 225-253 ***(Anc. L. n° 66-537, 24 juill. 1966 ; mod., L. n° 2001-420, 15 mai 2001).*** **– Est réputée non écrite, toute clause des statuts ayant pour effet de subordonner l'exercice de l'action sociale à l'avis préalable ou à l'autorisation de l'assemblée générale, ou qui comporterait par avance renonciation à l'exercice de cette action.**

Aucune décision de l'assemblée générale ne peut avoir pour effet d'éteindre une action en responsabilité contre les administrateurs ou contre le directeur général pour faute commise dans l'accomplissement de leur mandat.

Le dirigeant, qui a préparé le projet de cession du fonds de commerce soumis à l'assemblée générale, a agi avec une légèreté blâmable en acceptant un prix très inférieur à sa valeur ; il engage sa responsabilité, aucune décision de l'assemblée générale ne pouvant avoir pour effet d'éteindre une action en responsabilité contre les administrateurs ou contre le directeur général. ▪ Cass. com., 8 mars 2016, n° 14-16.621 : *JurisData* n° 2016-012510 ; *Dr. sociétés* 2016, comm. 143, note M. Roussille.

Art. L. 225-254 *(Anc. L. n° 66-537, 24 juill. 1966 ; mod., L. n° 2001-420, 15 mai 2001).* **– L'action en responsabilité contre les administrateurs ou le directeur général, tant sociale qu'individuelle, se prescrit par trois ans, à compter du fait dommageable ou s'il a été dissimulé, de sa révélation. Toutefois, lorsque le fait est qualifié crime, l'action se prescrit par dix ans.**

Bibliographie : O. Rault, *Le point de départ de la prescription de l'action en responsabilité de l'article 247 de la loi du 24 juillet 1966 : JCP* E 2000, p. 1462. • H. Rumeau-Maillot, *Les délais de prescription en droit des sociétés : Rev. sociétés* 2012, p. 203.

1) Point de départ. En l'absence de dissimulation du fait dommageable, le point de départ du délai de prescription doit être fixé au jour de la réalisation de celui-ci. ▪ Cass. com., 20 févr. 2007, n° 03-12.088 : *Bull. Joly Sociétés* 2007, p. 755, note L. Godon ; *Dr. sociétés* 2007, n° 97, obs. J. Monnet. – Le délai de prescription de l'action en responsabilité engagée à l'encontre du liquidateur court à compter du jour où les droits du demandeur ont été reconnus par une décision passée en force de chose jugée. ▪ Cass. com., 25 juin 2013, n° 12-19.173 : *JurisData* n° 2013-013207 ; *Dr. sociétés* 2013, n° 181, note M. Roussille ; *Bull. Joly Sociétés* 2013, p. 542, concl. P. Mollard et note E. Mouial-Bassilana. – La prescription de l'action en garantie formée par la société à l'encontre de ses anciens dirigeants ne peut commencer à courir avant la délivrance de l'assignation principale à la société. Viole l'article L. 225-254 du Code de commerce la cour d'appel qui déclare prescrite l'action exercée par la société contre ses dirigeants en se fondant sur la date des faits qui leur étaient imputés. ▪ Cass. com., 6 mai 2014, n°s 13-17.632 et 13-18.473 : *JurisData* n° 2014-009959 ; *JCP* E 2014, n° 1360, note A. Ballo-Léna ; *Dr. sociétés* 2014, n° 126, note M. Roussille ; *Bull. Joly Sociétés* 2014, p. 449, note S. Torck ; *Rev. sociétés* 2014, p. 579, note E. Dezeuze et J. Trèves. – Un ancien dirigeant poursuivi par la société pour des faits d'abus de biens sociaux et ayant bénéficié d'un non-lieu, qui assigne le nouveau dirigeant en responsabilité pour faute détachable, est soumis à une prescription courant à compter de la date à laquelle la décision de non-lieu est devenue définitive. ▪ Cass. com., 21 juin 2017, n° 15-27.465 : *JurisData* n° 2017-012248 ; *Dr. sociétés* 2018, comm. 7, note J. Heinich ; *Bull. Joly Sociétés* 2017, p. 601, note N. Bargue ; *Rev. sociétés* 2018, p. 104, note A. Lecourt.

2) Dissimulation. Le point de départ de la prescription triennale ne peut être reporté qu'en présence d'une dissimulation volontaire du fait dommageable. ▪ Cass. com., 13 juin 2018, n° 16-26.323 : *Dr. sociétés* 2018, comm. 190, note J. Heinich ; *Rev. sociétés* 2018, p. 665, note L. Godon.

3) Action des tiers. La prescription de l'article 247 *[C. com., art. L. 225-254]* s'applique également aux actions intentées par les tiers ▪ Cass. com., 23 oct. 1990, n° 89-14.721 : *JurisData* n° 1990-002650 ; *RD bancaire et fin.* 1991, n° 24, p. 66, obs. M. Jeantin et A. Viandier.

4) Dirigeants de fait. La prescription de l'article L. 225-254 ne concerne que les agissements commis par les dirigeants de droit. ▪ Cass. com., 30 mars 2010, n° 08-17.841 : *JurisData* n° 2010-002958 ; *JCP* E 2010 n° 1416 note A. Couret ; *Bull. Joly Sociétés* 2010, p. 533, note R. Raffray ; *D.* 2010, p. 1678, note B. Dondero. ▪ CA Paris, pôle 2, ch. 2, 8 févr. 2018, n° 16/17798 : *Dr. sociétés* juin 2018, comm. 107, note C. Coupet *[au sujet d'une SAS]*.

Art. L. 225-255 *(Anc. L. n° 66-537, 24 juill. 1966).* **– En cas d'ouverture d'une procédure de sauvegarde, de redressement ou de liquidation judiciaire[s] en application des dispositions du titre II du livre VI relatives au redressement et à la liquidation judiciaires des entreprises, les personnes visées par ces dispositions peuvent être rendues responsables du passif social et sont soumises aux interdictions et déchéances, dans les conditions prévues par celles-ci.**

Voir : art. L. 223-24, p. 319, L. 225-52, p. 360, L. 225-93, p. 376 et L. 225-256, p. 430.

Art. L. 225-256 *(Anc. L. n° 66-537, 24 juill. 1966 ; mod., L. n° 2019-744, 19 juill. 2019 ; Ord. n° 2020-1142, 16 sept. 2020).* **– Lorsque la société est soumise aux dispositions des articles L. 225-57 à L. 225-93 et L. 22-10-18 à L. 22-10-30, les membres du directoire sont soumis à la même responsabilité que les administrateurs dans les conditions prévues aux articles L. 225-249 à L. 225-255 et L. 22-10-73. En cas d'ouverture d'une procédure de redressement ou de liquidation judiciaire en application des dispositions des titres III et IV du livre VI relatives au redressement et à la liquidation judiciaires des entreprises, les personnes visées par ces dispositions peuvent être rendues responsables du passif social et sont soumises aux interdictions et déchéances, dans les conditions prévues par celles-ci.**

Voir : art. L. 223-24, p. 319, L. 225-52, p. 360, L. 225-93, p. 376 et L. 225-255, p. 430.

Art. L. 225-257 *(Anc. L. n° 66-537, 24 juill. 1966).* – Les membres du conseil de surveillance sont responsables des fautes personnelles commises dans l'exécution de leur mandat. Ils n'encourent aucune responsabilité, en raison des actes de la gestion et de leur résultat. Ils peuvent être déclarés civilement responsables des délits commis par les membres du directoire si, en ayant eu connaissance, ils ne les ont pas révélés à l'assemblée générale.

Les dispositions des articles L. 225-253 et L. 225-254 sont applicables.

Section IX. – Des sociétés anonymes à participation ouvrière

Art. L. 225-258 *(Anc. L. 24 juill. 1867).* – Il peut être stipulé dans les statuts de toute société anonyme que la société est « à participation ouvrière ».

Les sociétés dont les statuts ne contiennent pas cette stipulation peuvent se transformer en sociétés à participation ouvrière, en procédant conformément à l'article L. 225-96.

Les sociétés à participation ouvrière sont soumises, indépendamment des règles générales applicables aux sociétés anonymes, aux dispositions de la présente section.

Art. L. 225-259 *(Anc. L. 24 juill. 1867).* – Si la société use de la faculté d'émettre des actions de travail, cette circonstance doit être mentionnée sur tous ses actes et documents destinés aux tiers par l'addition des mots « à participation ouvrière ».

Art. L. 225-260 *(Anc. L. 24 juill. 1867).* – Les actions de la société se composent :

1° D'actions ou coupures d'actions de capital ;

2° D'actions dites « actions de travail ».

Art. L. 225-261 *(Mod., L. n° 2019-486, 22 mai 2019).* – Les actions de travail sont la propriété collective du personnel salarié, constitué en société commerciale coopérative de main-d'œuvre. Cette société de main-d'œuvre comprend obligatoirement et exclusivement tous les salariés liés à l'entreprise depuis au moins un an et âgés de plus de dix-huit ans. La perte de l'emploi salarié prive le participant, sans indemnité, de tous ses droits dans la coopérative de main-d'œuvre. La liquidation des droits qui ont été acquis dans l'entreprise par l'intéressé antérieurement à son départ, au cours du dernier exercice, est faite compte tenu du temps passé par lui au cours de cet exercice, et des dispositions de l'article L. 225-269.

Lorsqu'une société se constitue, dès son début, sous la forme de société anonyme à participation ouvrière, les statuts de la société anonyme doivent prévoir la mise en réserve, jusqu'à la fin de l'année, des actions de travail attribuées à la collectivité des salariés. À la fin de ce délai, les actions sont remises à la coopérative de main-d'œuvre légalement constituée.

Les dividendes attribués aux salariés faisant partie de la coopérative ouvrière sont répartis entre eux conformément aux règles fixées par les statuts de la société ouvrière et aux décisions de ses assemblées générales. Toutefois, les statuts de la société anonyme doivent disposer que, préalablement à toute distribution de dividende, il est prélevé sur les bénéfices, au profit des porteurs d'actions de capital, une somme correspondant à celle que produirait, à l'intérêt qu'ils fixent, le capital versé.

Le commissaire aux comptes de la société anonyme atteste, dans un rapport établi dans un délai de six mois à *compter de la date de l'assem*blée générale ordinaire prévue à l'article L. 225-100, que les dividendes attribués aux salariés faisant partie de la société coopérative de main d'oeuvre l'ont été en conformité avec les règles fixées par les statuts de cette dernière et les décisions de son assemblée générale.

En aucun cas les actions de travail ne peuvent être attribuées individuellement aux salariés de la société, membres de la coopérative de main-d'œuvre.

Art. L. 225-262 *(Anc. L. 24 juill. 1867).* – Les actions de travail sont nominatives, inscrites au nom de la société coopérative de main-d'œuvre, inaliénables pendant toute la durée de la société à participation ouvrière.

Art. L. 225-263 *(Anc. L. 24 juill. 1867).* – Les participants à la société coopérative de main-d'œuvre sont représentés aux assemblées générales de la société anonyme par des mandataires élus par ces participants, réunis en assemblée générale de la coopérative.

Les mandataires élus doivent être choisis parmi les participants. Leur nombre est fixé par les statuts de la société anonyme.

Le nombre des voix dont disposent ces mandataires, à chaque assemblée générale de la société anonyme, est établi d'après le nombre de voix dont disposent les autres actionnaires présents ou représentés, en respectant la proportion entre les actions de travail et les actions de capital résultant de l'application des statuts de la société. Il est déterminé au début de chaque assemblée d'après les indications de la feuille de présence.

Les mandataires présents partagent également entre eux les voix qui leur sont ainsi attribuées, les plus âgés bénéficiant des voix restantes.

L'assemblée générale de la coopérative de main-d'œuvre est réunie chaque année dans un délai fixé par les statuts et, à défaut de dispositions statutaires, dans un délai de quatre mois après la réunion de l'assemblée générale de la société anonyme.

Art. L. 225-264 *(Anc. L. 24 juill. 1867 ; mod., L. n° 2003-7, 3 janv. 2003)*. – Chaque participant dispose, à l'assemblée générale de la coopérative de main-d'œuvre, d'une voix.

Les statuts peuvent toutefois attribuer plusieurs voix aux participants, en fonction du montant de leur salaire, dans la limite d'un chiffre maximum égal à autant de voix que le salaire annuel de l'intéressé, établi sur les comptes arrêtés à la clôture de l'exercice précédent, comprend de fois le chiffre du salaire le plus faible attribué par la société aux salariés âgés de plus de dix-huit ans.

Les statuts peuvent prévoir que les participants sont répartis par collèges regroupant chacun une catégorie de personnel, chaque collège élisant son ou ses mandataires et que l'accord de chaque collège, à des majorités que les statuts précisent, est nécessaire pour la modification des statuts de la coopérative et d'autres décisions énumérées par les statuts.

Art. L. 225-265 *(Anc. L. 24 juill. 1867)*. – L'assemblée générale de la coopérative de main-d'œuvre ne délibère valablement que si, sur première convocation, les deux tiers au moins des participants de la coopérative sont présents ou représentés. Les statuts fixent le quorum requis pour l'assemblée réunie sur seconde convocation. À défaut de dispositions statutaires, ce quorum est de la moitié des participants de la coopérative, présents ou représentés.

L'assemblée générale statue à la majorité des voix exprimées. Dans le cas où il est procédé à un scrutin, il n'est pas tenu compte des bulletins blancs.

Toutefois, pour la modification des statuts de la coopérative et pour d'autres décisions énumérées par les statuts, le quorum ne peut être inférieur à la moitié des participants de la coopérative. De plus, ces mêmes décisions sont prises à la majorité des deux tiers des voix exprimées. Dans le cas où il est procédé à un scrutin, il n'est pas tenu compte des bulletins blancs.

Art. L. 225-266 *(Anc. L. 24 juill. 1867)*. – En cas d'action en justice, les mandataires élus à la dernière assemblée générale désignent un ou plusieurs d'entre eux pour représenter les participants. Si aucune élection n'avait encore été faite, ou si aucun des mandataires élus ne fait plus partie de la coopérative de main-d'œuvre, il est procédé à l'élection de mandataires spéciaux dans les formes et conditions prévues au premier alinéa de l'article L. 225-263 et aux articles L. 225-264 et L. 225-265.

Art. L. 225-267 *(Anc. L. 24 juill. 1867)*. – Toutefois, les assemblées générales des sociétés anonymes à participation ouvrière délibérant sur des modifications à apporter aux statuts ou sur des propositions de continuation de la société au-delà du terme fixé pour sa durée ou de dissolution avant ce terme, ne sont régulièrement constituées et ne peuvent valablement délibérer qu'autant qu'elles comprennent un nombre d'actionnaires représentant les trois quarts des actions de capital. Il peut en être décidé autrement par les statuts.

Dans le cas où une décision de l'assemblée générale comporte une modification dans les droits attachés aux *actions de travail, cette décision* n'est définitive qu'après avoir été ratifiée par une assemblée générale de la coopérative de main-d'œuvre.

Art. L. 225-268 *(Mod., L. n° 2019-486, 22 mai 2019)*. – Le conseil d'administration ou de surveillance de la société anonyme à participation ouvrière comprend un ou plusieurs représentants de la société coopérative de main-d'œuvre. Ces représentants sont élus par l'assemblée générale des actionnaires et choisis parmi les mandataires qui représentent la coopérative à cette assemblée générale. Le nombre en est fixé par le rapport qui existe entre les actions de travail et les actions de capital. Ils sont nommés pour le même temps que les autres administrateurs et sont comme eux rééligibles. Toutefois, leur mandat prend fin s'ils cessent d'être salariés de la société et, par suite, membres de la société. Si le conseil d'administration ou de surveillance ne se compose que de trois membres, il doit comprendre tout au moins un représentant de ladite société coopérative.

Art. L. 225-269 *(Anc. L. 24 juill. 1867)*. – En cas de dissolution, l'actif social n'est réparti entre les actionnaires qu'après l'amortissement intégral des actions de capital.

La part représentative des actions de travail, conformément aux décisions prises par l'assemblée générale de la coopérative ouvrière convoquée à cet effet, est alors répartie entre les participants et anciens participants comptant au moins dix ans de services consécutifs dans les établissements de la société, ou tout au moins une durée de services sans interruption égale à la moitié de la durée de la société, et ayant quitté la société pour l'une des raisons suivantes : départ à la retraite volontaire ou d'office avec droit à pension, maladie ou invalidité entraînant l'inaptitude à l'emploi précédemment occupé, licenciement motivé par une suppression d'emploi ou une compression de personnel.

Toutefois, les anciens participants remplissant les conditions prévues à l'alinéa précédent ne figurent à la répartition que pour une part correspondant à la durée de leurs services réduite d'un dixième de son montant total par année écoulée depuis la cessation de leurs services.

La dissolution de la société anonyme amène la dissolution de la coopérative de main-d'œuvre.

Art. L. 225-270 *(Anc. L. 24 juill. 1867)*. – I. Lorsqu'une société anonyme à participation ouvrière vient à se trouver dans la situation visée à l'article L. 225-248, et que sa dissolution n'est pas prononcée, l'assemblée générale extraordinaire peut décider, dans le délai fixé au deuxième alinéa du même article, une modification des statuts de la société entraînant la perte de la forme de société anonyme à participation ouvrière et, par là même, la dissolution de la société coopérative de main-d'œuvre, nonobstant les dispositions du second alinéa de l'article L. 225-267 et toute disposition statutaire contraire.

Toutefois, la mise en œuvre de cette décision est subordonnée à l'existence d'un accord collectif d'entreprise conclu avec une ou plusieurs organisations syndicales de salariés représentatives au sens de l'article L. 132-2 du Code du travail et prévoyant la dissolution de la société coopérative de main-d'œuvre. L'existence d'un accord collectif d'entreprise, incluant le même objet et conclu dans les mêmes conditions, antérieurement à la loi n° 94-697 du 8 août 1994 portant diverses dispositions d'ordre économique et financier, répond aux dispositions du présent alinéa.

II. Si la société coopérative de main-d'œuvre est dissoute en application des dispositions du I ci-dessus, il est attribué aux participants et anciens participants mentionnés au deuxième alinéa de l'article L. 225-269 une indemnisation.

Le montant de cette indemnisation, déterminé en prenant en compte notamment la nature et la portée particulière des droits attachés aux actions de travail, est fixé par l'assemblée générale extraordinaire des actionnaires de la société anonyme, après consultation des mandataires de la société coopérative de main-d'œuvre et au vu du rapport d'un expert indépendant désigné selon des modalités prévues par décret en Conseil d'État.

III. Sur décision de l'assemblée générale extraordinaire des actionnaires de la société anonyme, l'indemnisation peut prendre la forme d'une attribution d'actions au bénéfice exclusif des participants et anciens participants mentionnés au deuxième alinéa de l'article L. 225-269.

Ces actions peuvent être créées par prélèvement sur les primes et réserves disponibles. Par dérogation aux dispositions de l'article L. 225-206, la société anonyme peut également acquérir ses propres actions afin de les attribuer, dans le délai d'un an à compter de leur acquisition, aux participants et anciens participants mentionnés au deuxième alinéa de l'article L. 225-269.

Les actions ainsi attribuées ne peuvent être cédées qu'à l'expiration d'un délai de trois ans à compter de la date de la dissolution de la société coopérative de main-d'œuvre.

Nonobstant les dispositions de l'alinéa précédent, l'assemblée générale extraordinaire des actionnaires de la société anonyme peut décider de confier la gestion de ces actions à un fonds commun de placement d'entreprise, régi par les dispositions de l'article 21 de la loi n° 88-1201 du 23 décembre 1988 relative aux organismes de placement collectif en valeurs mobilières et portant création des fonds communs de créances, spécialement et exclusivement constitué à cet effet au plus tard le jour de l'attribution des actions. Dans ce cas, les parts du fonds et les actions qui en constituent l'actif ne peuvent être cédées qu'à l'expiration du délai mentionné à l'alinéa précédent. Le règlement de ce fonds est approuvé par la voie d'un accord collectif de travail.

IV. Pour l'application des dispositions prévues par le présent article, les décisions prises par l'assemblée générale des actionnaires de la société anonyme s'imposent de plein droit à tout actionnaire et à tout porteur ou titulaire de titres obligataires ou donnant immédiatement ou à terme accès au capital.

V. L'indemnisation visée au II est répartie entre les ayants droit, en tenant compte de la durée de leurs services dans la société, de l'ancienneté acquise dans la coopérative de main-d'œuvre et de leur niveau de rémunération.

Après dissolution de la société coopérative de main-d'œuvre, et dans un délai de six mois après délibération de l'assemblée générale extraordinaire des actionnaires de la société anonyme fixant le montant et la forme de cette indemnisation, cette répartition est effectuée conformément aux décisions prises par l'assemblée générale de la société coopérative sur proposition de ses mandataires. À défaut de répartition dans ce délai de six mois, celle-ci est effectuée par un mandataire-liquidateur désigné par le président du tribunal de commerce du ressort du siège social de la société.

Les dispositions du troisième alinéa de l'article L. 225-269 sont applicables dans le cas visé au présent V.

VI. L'indemnisation visée au II ou, le cas échéant, la valeur des actions attribuées à ce titre n'ont pas le caractère d'éléments de salaires pour l'application de la législation du travail et de la sécurité sociale. Elles ne sont pas retenues pour le calcul de l'assiette de tous impôts, taxes et prélèvements assis sur les salaires ou les revenus, sous réserve des dispositions de l'article 94 A du Code général des impôts.

Voir : art. R. 225-171 et R. 225-172, p. 1725.

CHAPITRE VI. – DES SOCIÉTÉS EN COMMANDITE PAR ACTIONS

Bibliographie : M.-A. Coudert, *Le nouveau régime de la société en commandite par actions*, thèse Paris, 1970. • A. Viandier et autres, *La société en commandite entre son passé et son avenir*, Litec, coll. « CREDA », 1983. • O. Dauchez, *Société en commandite par actions, aspects fiscaux : Bull. Joly Sociétés* 1993, § 360, p. 1210. • F. Bucher, *Du bon usage de la commandite par actions : Rev. sociétés* 1994, p. 415. • M. Turck, *Société en commandite par actions et effet de levier juridique : JCP* E 1994, I, 377. • F. Lucet et L. Giraud, *Le mariage d'une société pilote avec une société en commandite par actions : Dr. et patrimoine* 5/2001, p. 20. • Joly Sociétés, EC 080, *Commandite par actions*, par G. Desmure. • *JCl. Sociétés-Traité, Sociétés en commandite par actions*, Fasc. 152-10 et 153-10, par Y. Dereu et J.-J. Ansault. • M. Cozian, A. Viandier et F. Deboissy, *Droit des sociétés*, LexisNexis, 33e éd., 2020, nos 1242 et s.

Art. L. 226-1 *(Anc. L. n° 66-537, 24 juill. 1966 ; mod., L. n° 2019-486, 22 mai 2019 ; Ord. n° 2020-1142, 16 sept. 2020).* – La société en commandite par actions, dont le capital est divisé en actions, est constituée entre un ou plusieurs commandités, qui ont la qualité de commerçant et répondent indéfiniment et solidairement des dettes sociales, et des commanditaires, qui ont la qualité d'actionnaires et ne supportent les pertes qu'à concurrence de leurs apports. Le nombre des associés commanditaires ne peut être inférieur à trois.

Dans la mesure où elles sont compatibles avec les dispositions particulières prévues par le présent chapitre, les règles concernant les sociétés en commandite simple et les sociétés anonymes, à l'exception des articles L. 225-17 à L. 225-93 et L. 22-10-3 à L. 22-10-30 et du troisième alinéa de l'article L. 236-6, sont applicables aux sociétés en commandite par actions.

Voir : art. L. 243-1, p. 594, art. R. 226-1, p. 1725.

Art. L. 226-2 *(Anc. L. n° 66-537, 24 juill. 1966).* – Le ou les premiers gérants sont désignés par les statuts. Ils accomplissent les formalités de constitution dont sont chargés les fondateurs de sociétés anonymes par les articles L. 225-2 à L. 225-16.

Au cours de l'existence de la société, sauf clause contraire des statuts, le ou les gérants sont désignés par l'assemblée générale ordinaire avec l'accord de tous les associés commandités.

Le gérant, associé ou non, est révoqué dans les conditions prévues par les statuts.

En outre, le gérant est révocable par le tribunal de commerce pour cause légitime, à la demande de tout associé ou de la société. Toute clause contraire est réputée non écrite.

Bibliographie : D. Martin, *La démission des organes de gestion des sociétés commerciales : Rev. sociétés* 1973, 229. • M. Remond, *La révocation du gérant selon l'article 18 de la loi du 24 juillet 1966 : Rev. sociétés* 1972, 421.

Gérant salarié. Le dirigeant d'une personne morale associée commanditée et gérant d'une commandite par actions ne peut être salarié de cette dernière : Rép. min. : *JO Sénat Q*, 23 août 1990, p. 1840 ; *JCP* E 1991, 22, n° 7, obs. crit. A. Viandier et J.-J. Caussain. Ne manque pas à son obligation de loyauté la société qui n'informe pas le gérant des motifs de sa révocation préalablement à l'entretien au cours duquel la révocation a été décidée, le gérant ayant eu connaissance des motifs au cours de cet entretien et ayant été mis en mesure de présenter ses observations. ▪ Cass. com., 23 oct. 2019, n° 17-27.659 : *JurisData* n° 2019-018785 ; *Dr. sociétés* 2020, comm. 3, note R. Mortier ; *Rev. sociétés* 2020, note J.-F. Barbièri.

Art. L. 226-3 *(Anc. L. n° 66-537, 24 juill. 1966)*. – **Les statuts doivent prévoir pour l'exercice des fonctions de gérant une limite d'âge qui, à défaut d'une disposition expresse, est fixée à soixante-cinq ans.**

Toute nomination intervenue en violation des dispositions prévues à l'alinéa précédent est nulle.

Lorsqu'un gérant atteint la limite d'âge, il est réputé démissionnaire d'office.

Art. L. 226-4 *(Anc. L. n° 66-537, 24 juill. 1966 ; mod., L. n° 2011-103, 27 janv. 2011 ; Ord. n° 2019-1234, 27 nov. 2019)*. – **L'assemblée générale ordinaire nomme, dans les conditions fixées par les statuts, un conseil de surveillance, composé de trois actionnaires au moins.**

Le conseil de surveillance est composé en recherchant une représentation équilibrée des femmes et des hommes.

À peine de nullité de sa nomination, un associé commandité ne peut être membre du conseil de surveillance. Les actionnaires ayant la qualité de commandité ne peuvent participer à la désignation des membres de ce conseil.

À défaut de disposition statutaire, les règles concernant la désignation, la rémunération et la durée du mandat des administrateurs de sociétés anonymes sont applicables.

NB : Conformément à l'article 4 de l'ordonnance n° 2019-1234 du 27 novembre 2019, ces dispositions sont applicables à compter des assemblées générales statuant sur le premier exercice clos après sa date de publication.

Art. L. 226-4-1 *(Créé à compter du 1er janvier 2017, L. n° 2011-103, 27 janv. 2011 ; mod., L. n° 2014-873, 4 août 2014 ; L. n° 2019-486, 22 mai 2019 ; Ord. n° 2020-1142, 16 sept. 2020)*. – **La proportion des membres du conseil de surveillance de chaque sexe ne peut être inférieure à 40 %, à l'issue de la plus prochaine assemblée générale ayant à statuer sur des nominations, dans les sociétés qui, pour le troisième exercice consécutif, emploient un nombre moyen d'au moins deux cent cinquante salariés permanents et présentent un montant net de chiffre d'affaires ou un total de bilan d'au moins 50 millions d'euros. Dans ces mêmes sociétés, lorsque le conseil de surveillance est composé au plus de huit membres, l'écart entre le nombre des membres de chaque sexe ne peut être supérieur à deux.**

Toute nomination intervenue en violation du premier alinéa et n'ayant pas pour effet de remédier à l'irrégularité de la composition du conseil est nulle.

Bibliographie : A. Maymont, *La représentation équilibrée hommes-femmes dans les conseils de sociétés – La législation française : « le » modèle de l'Europe ? : JCP* E 2013, n° 1667.

Voir : art. L. 22-10-75, p. 514.

Art. L. 226-5 *(Anc. L. n° 66-537, 24 juill. 1966 ; mod., L. n° 2003-7, 3 janv. 2003)*. – **Les statuts doivent prévoir pour l'exercice des fonctions de membre du conseil de surveillance une limite d'âge s'appliquant soit à l'ensemble des membres du conseil de surveillance, soit à un pourcentage déterminé d'entre eux.**

À défaut de disposition expresse dans les statuts, le nombre des membres du conseil de surveillance ayant atteint l'âge de soixante-dix ans ne pourra être supérieur au tiers des membres du conseil de surveillance en fonctions.

Toute nomination intervenue en violation des dispositions prévues à l'alinéa précédent est nulle.

À défaut de disposition expresse dans les statuts prévoyant une autre procédure, lorsque la limitation statutaire ou légale fixée pour l'âge des membres du conseil de surveillance le plus âgé est réputé démissionnaire d'office.

Art. L. 226-5-1 *(L. n° 2013-504, 14 juin 2013)*. – **Dans les sociétés répondant aux critères fixés au I de l'article L. 225-79-2, les salariés sont représentés au sein du conseil de surveillance dans les conditions prévues aux articles L. 225-79-2 et L. 225-80.**

La modification des statuts nécessaire pour déterminer les conditions dans lesquelles sont désignés les membres du conseil de surveillance représentant les salariés est adoptée selon les règles définies au présent chapitre. Si l'assemblée des commanditaires ou des commandités ne s'est pas réunie dans le délai prévu au premier alinéa du III de l'article L. 225-79-2, tout salarié peut demander au président du tribunal statuant en référé d'enjoindre sous astreinte au gérant ou à l'un des gérants de convoquer une assemblée des commanditaires ou des commandités et de soumettre à celle-ci les projets de résolution tendant à modifier les statuts dans le sens prévu au même III.

Bibliographie : R. Vatinet, *Représentation des salariés dans les conseils d'administration ou de surveillance, article 9 de la loi n° 2013-504 du 14 juin 2013 : Rev. sociétés* 2014, p. 75.

Art. L. 226-6 *(Anc. L. n° 66-537, 24 juill. 1966 ; mod., L. n° 2019-744, 19 juill. 2019)*. – L'assemblée générale ordinaire peut désigner un ou plusieurs commissaires aux comptes.

Sont tenues de désigner au moins un commissaire aux comptes les sociétés qui dépassent, à la clôture d'un exercice social, les seuils fixés par décret pour deux des trois critères suivants : le total de leur bilan, le montant de leur chiffre d'affaires hors taxes ou le nombre moyen de leurs salariés au cours de l'exercice.

Même si ces seuils ne sont pas atteints, la nomination d'un commissaire aux comptes peut être demandée en justice par un ou plusieurs associés représentant au moins le dixième du capital.

Sont également tenues de désigner un commissaire aux comptes, pour un mandat de trois exercices, les sociétés dont un ou plusieurs associés représentant au moins le tiers du capital en font la demande motivée auprès de la société.

Bibliographie : J.-F. Barbièri, *La réforme du commissariat aux comptes par la loi PACTE : rabotage du contrôle légal et lots de consolation : Bull. Joly Sociétés* juin 2019, p. 84. • J. Brouillet, *Loi PACTE : réforme des seuils d'audit et modernisation de la profession du chiffre : RLDA*, n° 143, 1er déc. 2018, suppl. • J.-L. Navarro, *Loi PACTE : les modifications apportées en droit comptable : JCP* E 2019, 1326. • J.-L. Périn, *Les mandats des commissaires aux comptes selon la loi PACTE : nouveaux seuils et nouvelles missions : Journ. sociétés* avr. 2019, n° 173, p. 25. • M. de Szilbereky, *Le contrôle légal des comptes après l'entrée en vigueur de la loi Pacte : Rev. sociétés* 2019, p. 598.

Art. L. 226-7 *(Anc. L. n° 66-537, 24 juill. 1966)*. – Le gérant est investi des pouvoirs les plus étendus pour agir en toute circonstance au nom de la société.

Dans les rapports avec les tiers, la société est engagée même par les actes du gérant qui ne relèvent pas de l'objet social, à moins qu'elle ne prouve que le tiers savait que l'acte dépassait cet objet ou qu'il ne pouvait l'ignorer compte tenu des circonstances, étant exclu que la seule publication des statuts suffise à constituer cette preuve.

Les clauses statutaires limitant les pouvoirs du gérant qui résultent du présent article sont inopposables aux tiers.

En cas de pluralité de gérants, ceux-ci détiennent séparément les pouvoirs prévus au présent article. L'opposition formée par un gérant aux actes d'un autre gérant est sans effet à l'égard des tiers, à moins qu'il ne soit établi qu'ils en ont eu connaissance.

Sous réserve des dispositions de la présente section, le gérant a les mêmes obligations que le conseil d'administration d'une société anonyme.

Voir : art. L. 223-18, p. 310, art. L. 225-56, p. 363.

Art. L. 226-8 *(Anc. L. n° 66-537, 24 juill. 1966 ; rempl., Ord. n° 2019-1234, 27 nov. 2019 ; mod., Ord. n° 2020-1142, 16 sept. 2020)*. – Toute autre rémunération que celle prévue aux statuts ne peut être allouée au gérant que par l'assemblée générale ordinaire. Elle ne peut l'être qu'avec l'accord des commandités donné, sauf clause contraire, à l'unanimité.

NB : Conformément à l'article 4 de l'ordonnance n° 2019-1234 du 27 novembre 2019, ces dispositions sont applicables à compter des *assemblées générales statuant sur le premier exercice clos après sa date de publication.*

Voir : art. L. 225-51, p. 359, art. L. 22-10-75, p. 514.

Art. L. 226-8-1 *(Ord. n° 2019-1234, 27 nov. 2019 ; abr., Ord. n° 2020-1142, 16 sept. 2020).*

Art. L. 226-8-2 *(Ord. n° 2019-1234, 27 nov. 2019 ; abr., Ord. n° 2020-1142, 16 sept. 2020).*

Art. L. 226-9 *(Anc. L. n° 66-537, 24 juill. 1966 ; mod., L. n° 2019-486, 22 mai 2019).* – Le conseil de surveillance assume le contrôle permanent de la gestion de la société. Il dispose, à cet effet, des mêmes pouvoirs que les commissaires aux comptes.

Il fait à l'assemblée générale ordinaire annuelle un rapport dans lequel il signale, notamment, les irrégularités et inexactitudes relevées dans les comptes annuels et, le cas échéant, les comptes consolidés de l'exercice.

Il est saisi en même temps que les commissaires aux comptes, s'il en existe, des documents mis à la disposition de ceux-ci.

Il peut convoquer l'assemblée générale des actionnaires.

Art. L. 226-9-1 *(L. n° 2011-103, 27 janv. 2011 ; mod., L. n° 2015-994, 17 août 2015 ; L. n° 2018-771, 5 sept. 2018).* – Le conseil de surveillance délibère annuellement sur la politique de la société en matière d'égalité professionnelle et salariale sur la base des indicateurs relatifs à l'égalité professionnelle entre les femmes et les hommes mentionnés au premier alinéa de l'article L. 2312-18 du Code du travail et à l'article L. 1142-8 du même code, lorsque ceux-ci s'appliquent, ainsi que sur la base du plan pour l'égalité professionnelle entre les femmes et les hommes mentionné à l'article L. 1143-1 dudit code lorsqu'il est mis en œuvre.

Art. L. 226-10 *(Anc. L. n° 66-537, 24 juill. 1966 ; mod., L. n° 2001-420, 15 mai 2001 ; L. n° 2003-706, 1er août 2003 ; Ord. n° 2020-1142, 16 sept. 2020).* – Les dispositions des articles L. 225-38 à L. 225-43, L. 22-10-12 et L. 22-10-13 sont applicables aux conventions intervenant directement ou par personne interposée entre la société et l'un de ses gérants, l'un des membres de son conseil de surveillance, l'un de ses actionnaires disposant d'une fraction des droits de vote supérieure à 10 % ou, s'il s'agit d'une société actionnaire, la société la contrôlant au sens de l'article L. 233-3. De même, ces dispositions sont applicables aux conventions auxquelles une de ces personnes est indirectement intéressée.

Elles sont également applicables aux conventions intervenant entre une société et une entreprise si l'un des gérants ou l'un des membres du conseil de surveillance de la société est propriétaire, associé indéfiniment responsable, gérant, administrateur, directeur général, membre du directoire ou membre du conseil de surveillance de l'entreprise.

L'autorisation prévue au premier alinéa de l'article L. 225-38 est donnée par le conseil de surveillance.

Voir : art. R. 226-2, p. 1726.

Art. L. 226-10-1 *(L. n° 2008-649, 3 juill. 2008 ; mod., Ord. n° 2009-80, 22 janv. 2009 ; L. n° 2009-526, 12 mai 2009 ; Ord. n° 2017-1162, 12 juill. 2017 ; L. n° 2019-486, 22 mai 2019 ; Ord. n° 2020-1142, 16 sept. 2020).* – Le conseil de surveillance établit un rapport sur le gouvernement d'entreprise joint au rapport de gestion prévu à l'article L. 225-100, qui comporte les informations, le cas échéant adaptées aux sociétés en commandite par actions, mentionnées à l'article L. 225-37-4.

Ce rapport est approuvé par le conseil de surveillance et rendu public.

Les commissaires aux comptes, s'il en existe, attestent de l'existence dans ce rapport de gestion des informations requises par l'article L. 225-37-4.

Voir : art. L. 22-10-78, p. 516.

Art. L. 226-11 *(Anc. L. n° 66-537, 24 juill. 1966).* – La modification des statuts exige, sauf clause contraire, l'accord de tous les commandités.

La modification des statuts résultant d'une augmentation de capital est constatée par les gérants.

Art. L. 226-12 *(Anc. L. n° 66-537, 24 juill. 1966).* – Les dispositions des articles L. 225-109 et L. 225-249 sont applicables aux gérants et membres du conseil de surveillance.

Les dispositions des articles L. 225-52, L. 225-251 et L. 225-255 sont applicables aux gérants, même non associés.

Voir : art. R. 226-3, p. 1726.

Art. L. 226-13 *(Anc. L. n° 66-537, 24 juill. 1966).* – Les membres du conseil de surveillance n'encourent aucune responsabilité, en raison des actes de la gestion et de leur résultat.

Ils peuvent être déclarés civilement responsables des délits commis par les gérants si, en ayant eu connaissance, ils ne les ont pas révélés à l'assemblée générale. Ils sont responsables des fautes personnelles commises dans l'exécution de leur mandat.

Voir : art. L. 225-257, p. 431, art. L. 822-17, p. 1487.

Art. L. 226-14 *(Anc. L. n° 66-537, 24 juill. 1966)*. – **La transformation de la société en commandite par actions en société anonyme ou en société à responsabilité limitée est décidée par l'assemblée générale extraordinaire des actionnaires, avec l'accord de la majorité des associés commandités.**

CHAPITRE VII. – SOCIÉTÉS PAR ACTIONS SIMPLIFIÉES

Bibliographie : *Ouvrages.* A. Couret et P. Le Cannu, *Société par actions simplifiée*, éd. GLN Joly, 1994. • L. Godon, *La société par actions simplifiée*, LGDJ, 2014. • D. Vidal, *La société par actions simplifiée*, éd. Montchrestien, 1994. • A. Couret et A. Charveriat, *Société par actions simplifiée*, éd. Francis Lefebvre 2001. • A. Viandier et A. Charveriat, *Sociétés et loi NRE*, éd. Francis Lefebvre, 2002, n°s 475 et s. • J. Paillusseau, *La SAS*, éd. CNCC, 2e éd. 2010. • H. Azarian, *La société par actions simplifiée*, Litec, 4e éd. 2017. • P.-L. Périn et M. Germain, *La société par actions simplifiée – Études et formules*, Joly, 6e éd. 2016. • M. Cozian, A. Viandier et F. Deboissy, *Droit des sociétés*, LexisNexis, 33e éd., 2020, n°s 1262 et s. • P.-H. Conac et I. Urbain-Parléani (ss dir.), *La société par actions simplifiée (SAS) – Bilan et perspectives*, Dalloz, coll. Thèmes et commentaires, 2016.

Encyclopédies juridiques. L. Godon, *Bull. Joly Sociétés*, ES 140, *Société par actions simplifiée*. • M. Germain, P.-L. Périn et A. Bougnoux, *JCl. sociétés Traité, Sociétés par actions simplifiées*, fasc. 115-10, 155-20 et 155-30. • P. Le Cannu, *Dalloz Répertoire Sociétés, Société par actions simplifiée.*

Articles. G. Durand, *Opinion d'un publiciste sur la SAS : Rev. sociétés* 1994, p. 689. • Y. Guyon, *Présentation générale de la SAS : Rev. sociétés* 1994, p. 207. • C. Hannoun, *La société par actions simplifiée : essai de prospective juridique : Études A. Sayag*, Litec, coll. « CREDA » 1997, p. 283. • P. Le Cannu, *La SAS pour tous : Bull. Joly Sociétés* 1999, p. 841. • Y. Guyon, *L'élargissement du domaine des sociétés par actions simplifiées : Rev. sociétés* 1999, p. 505. • M. Germain, *La SAS libérée : JCP* E 1999, p. 1505. • J.-J. Daigre, *Faut-il banaliser la société par actions simplifiée ? : JCP* E 1999, p. 977. • J. Paillusseau, *La nouvelle société par actions simplifiée. Le big-bang du droit des sociétés : D.* 1999, chron. p. 333. • D. Randoux, *Une forme sociale ordinaire : la société par actions simplifiée : JCP* E 1999, p. 1812. • V. Tandeau de Marsac, *La SAS, outil de transmission d'entreprise ? : Bull. Joly Sociétés* 1999, p. 28. • D. Vidal, *Le deuxième souffle législatif de la société par actions simplifiée : Dr. sociétés* 1999, chron. 15. • J.-P. Bertrel, *La SAS : bilan et perspectives : Dr. et patrimoine* sept. 1999, p. 40. • M. Boizard, *La société par actions simplifiée : une nouvelle structure pour les PME : D. affaires* 1999, p. 957. • J. Paillusseau, A. Theimer, A. Outin-Adam et S. Bienvenu, *La SAS : une nouvelle structure pour les PME et les personnes physiques : JCP* E 2000, p. 1748. • J. Stoufflet, *Aménagements statutaires et actionnariat de la société par actions simplifiée : Rev. sociétés* 2000, p. 241. • D. Poracchia, *Le rôle de l'intérêt social dans la société par actions simplifiée : Rev. sociétés* 2000, p. 223. • E. Roty, *Société par actions simplifiée et société anonyme avec conseil d'administration : tableau comparatif : JCP* E 2000, 18. • H. Le Nabasque, *La SAS et la loi sur les nouvelles régulations économiques : Rev. sociétés* 2001, p. 589. • P.-L. Périn, *Les apports de la loi NRE au régime de la SAS : Bull. Joly Sociétés* 2001, p. 745. • M.-P. Souweine et E. Mansillon, *L'envers de la SAS : D.* 2004, p. 2282. • G. de Ternay, *SAS et actions de préférence : modus operandi : JCP* E 2005, 568. • P. Le Cannu, *La SAS : un cadre légal minimal : Rev. sociétés* 2014, p. 543. • E. Schlumberger, *Réflexions sur la liberté contractuelle dans la SAS : Mélanges Michel Germain*, LexisNexis-Lextenso éditions, 2015, p. 767. • I. Urbain-Parleani, *Le statut de l'associé de SAS : une originalité affirmée : Rev. sociétés* 2016, p. 572. • L. Godon, *La condition juridique de l'associé de SAS : une originalité contenue : Rev. sociétés* 2016, p. 580. • M. Germain et J.-J. Ansault, *Contrat et société : à propos du pacte extrastatutaire et de la SAS, Mélanges en l'honneur de J.-J. Daigre : Joly éditions*, 2017, p. 87. • J.-Ch. Pagnucco (ss dir.), *La SAS : 25 ans après : Actes du colloque national DJCE tenu le 5 avril 2019 : LexisNexis*, 2019.

Art. L. 227-1 *(Mod., L. n° 2001-420, 15 mai 2001 ; L. n° 2008-776, 4 août 2008 ; L. n° 2014-1662, 30 déc. 2014 ; L. n° 2016-1691, 9 déc. 2016 ; L. n° 2019-744,* 19 juill. 2019). – **Une société par actions simplifiée peut être instituée par une ou plusieurs personnes qui ne supportent les pertes qu'à concurrence de leur apport.**

Lorsque cette société ne comporte qu'une seule personne, celle-ci est dénommée « associé unique ». L'associé unique exerce les pouvoirs dévolus aux associés lorsque le présent chapitre prévoit une prise de décision collective.

Dans la mesure où elles sont compatibles avec les dispositions particulières prévues par le présent chapitre, les règles concernant les sociétés anonymes, à l'exception de l'article L. 224-2, du second alinéa de l'article L. 225-14, des articles L. 225-17 à L. 225-102-2, L. 225-103 à L. 225-126, L. 225-243, du I de l'article L. 233-8 et du troisième alinéa de l'article L. 236-6, sont applicables à la société par actions simplifiée. Pour l'application de ces règles, les attributions du conseil d'administration ou de son président sont exercées par le président de la société par actions simplifiée ou celui ou ceux de ses dirigeants que les statuts désignent à cet effet.

La société par actions simplifiée peut émettre des actions inaliénables résultant d'apports en industrie tels que définis à l'article 1843-2 du Code civil. Les statuts déterminent les modalités de souscription et de répartition de ces actions.

Par dérogation au premier alinéa de l'article L. 225-14, les futurs associés peuvent décider à l'unanimité que le recours à un commissaire aux apports ne sera pas obligatoire, lorsque la valeur d'aucun apport en nature n'excède un montant fixé par décret et si la valeur totale de l'ensemble des apports en nature non soumis à l'évaluation d'un commissaire aux apports n'excède pas la moitié du capital.

Lorsque la société est constituée par une seule personne, le commissaire aux apports est désigné par l'associé unique. Toutefois le recours à un commissaire aux apports n'est pas obligatoire si les conditions prévues au cinquième alinéa du présent article sont réunies ou si l'associé unique, personne physique, exerçant son activité professionnelle en nom propre avant la constitution de la société, y compris sous le régime prévu aux articles L. 526-6 à L. 526-21, apporte des éléments qui figuraient dans le bilan de son dernier exercice.

Lorsqu'il n'y a pas eu de commissaire aux apports ou lorsque la valeur retenue est différente de celle proposée par le commissaire aux apports, les associés sont solidairement responsables pendant cinq ans, à l'égard des tiers, de la valeur attribuée aux apports en nature lors de la constitution de la société.

La société par actions simplifiée dont l'associé unique, personne physique, assume personnellement la présidence est soumise à des formalités de publicité allégées déterminées par décret en Conseil d'État. Ce décret prévoit les conditions de dispense d'insertion au Bulletin officiel des annonces civiles et commerciales.

NB : Conformément à l'article 26 de la loi n° 2014-1662 du 30 décembre 2014, les présentes dispositions sont applicables aux exercices ouverts à compter du 1er janvier 2015 dans les sociétés dont le nombre moyen de salariés permanents, y compris ceux des filiales directes ou indirectes, est supérieur à 5 000 au cours de l'exercice, et à compter du 1er janvier 2016 dans les autres sociétés.

Voir : art. L. 244-1 et s., p. 595, art. R. 123-155 et R. 123-159, p. 1623.

Bibliographie : F. Masquelier et N.-S. de Kergunic, *Quelques conseils pour la rédaction des statuts d'une société par actions simplifiée : D.* 2000, n° 9, p. 3. • H. Hovasse, *De la liberté statuaire dans la SAS : comment démembrer des actions sans constituer un usufruit ? Dr. sociétés* déc. 2006, p. 1. • P. Le Cannu, *Sur les actions de préférence dans la SAS : Bull. Joly Sociétés* 2006, p. 1311. • B. Dondero, *Statuts de SAS et pactes extrastatutaires : questions en confrontation : Bull. Joly Sociétés* 2008, p. 236. • L. Godon, *La condition juridique de l'associé de SAS : Bull. Joly Sociétés* 2008, p. 236. • S. Schiller et P.-L. Perrin, *Les apports en industrie dans la SAS : Rev. sociétés* 2008, p. 812. • A. Theimer, *Les apports en industrie dans une société par actions simplifiée : Dr. sociétés* 2009, étude 14. • L. Nurit-Pontier, *La libération partielle du capital social : un choix pertinent pour les sociétés dispensées de capital minimum ? : D.* 2011, p. 828. • F. Kerebel, *La SAS sous forme de liste à la Prévert : de quelques pièges à déjouer... : Bull. Joly Sociétés* 2014, p. 463. • R. Mortier et S. de Vendeuil, *Les SAS sans commissaire aux comptes peuvent-elles en désigner un dans le seul but d'établir un certificat de libération d'actions par compensation ? : Dr. sociétés* 2018, étude 5.

1) Régime fiscal de la SAS. Pour l'application du Code général des impôts et du Livre des procédures fiscales, la société par actions simplifiée est assimilée à une société anonyme : CGI, art. 1655 *quinquies*.

2) Actions à dividende prioritaire sans droit de vote. Les actions à dividende prioritaire sans droit de vote sont définies aux articles L. 228-11 à L. 228-20 *[désormais C. com., art. L. 228-35-2 à L. 228-35-11]* qui ont vocation à s'appliquer à toutes les sociétés par actions, y compris les SAS ; le régime de ces émissions doit découler à la fois de ces textes et du principe de liberté statutaire des SAS : Rép. min. n° 1105 : *JOAN* Q, 17 juill. 2003, p. 2296 ; *JCP* E 2003, act., p. 1230.

3) Actions de préférence. Lorsqu'une SAS émet des actions de préférence *[C. com., art. L. 228-11 et s.]* soumises à la procédure des avantages particuliers *[C. com., art. L. 225-8, L. 225-14 et L. 225-147]*, un commissaire aux apports doit être désigné par le président du tribunal de commerce statuant sur requête *[D. 23 mars 1967, art. 64 et s.]* ; compte tenu du caractère impératif de ces dispositions, les statuts ne peuvent prévoir un autre mode de désignation : Rép. min. n° 75888 : *JOAN* Q, 23 mai 2006, p. 5510 ; *D.* 2006, act. p. 1524 ; *JCP* E 2006, 1958.

4) **Obligation de non-concurrence.** Sauf stipulation contraire, l'associé d'une société par actions simplifiée n'est pas, en cette qualité, tenu de s'abstenir d'exercer une activité concurrente de celle de la société et doit seulement s'abstenir d'actes de concurrence déloyale. ■ Cass. com., 10 sept. 2013, n° 12-23.888 : *JurisData* n° 2013-018935 ; *JCP* E 2013, n° 1580, note A. Couret et B. Dondero ; *Bull. Joly Sociétés* 2013, p. 724, note J.-F. Barbièri ; *Dr. sociétés* 2014, n° 3, note R. Mortier ; *D.* 2014, p. 2434, note E. Lamazerolles.

Art. L. 227-2 *(Mod. à compter du 1er janvier 2009, L. n° 2008-776, 4 août 2008 ; rempl. à compter du 1er avril 2009, Ord. n° 2009-80, 22 janv. 2009 ; mod., Ord. n° 2014-559, 30 mai 2014 ; mod., L. n° 2019-486, 22 mai 2019 ; Ord. n° 2019-1067, 21 oct. 2019).* **– La société par actions simplifiée ne peut procéder à une offre au public de titres financiers ou à l'admission aux négociations sur un marché réglementé de ses actions. Elle peut néanmoins procéder aux offres mentionnées :**

1° Au point i du paragraphe 4 de l'article 1er du règlement (UE) n° 2017/1129 du 14 juin 2017 ;

2° À l'article L. 411-2 du Code monétaire et financier ;

3° Aux 2° et 3° de l'article L. 411-2-1 du même code.

Voir : art. L. 244-3, p. 595.

Bibliographie : D. Poracchia, *Émission de valeurs mobilières et circulation des titres de la SAS : Bull. Joly Sociétés* 2015, p. 99. • F. Gibert, *Le nouveau régime de l'offre au public de titres financiers de SAS : Dr. sociétés* 2020, étude 3.

Art. L. 227-2-1 *(Ord. n° 2014-559, 30 mai 2014 ; mod., Ord. n° 2019-1067, 21 oct. 2019).* **– I. – Par dérogation aux articles L. 227-1 et L. 227-9, lorsqu'une société par actions simplifiée procède à une offre mentionnée au 2° de l'article L. 411-2 du Code monétaire et financier portant sur ses titres de capital :**

1° *(1° abr., L. n° 2019-486, 22 mai 2019)* **;**

2° Les articles L. 225-96 à L. 225-98 sont applicables ;

3° Le troisième alinéa de l'article L. 225-105 est applicable ;

4° La convocation des associés est faite dans les formes et délais fixés par décret en Conseil d'État. Toute assemblée irrégulièrement convoquée peut être annulée. Toutefois, l'action en nullité n'est pas recevable lorsque tous les actionnaires étaient présents ou représentés.

II. – Lorsque la société qui procède à l'offre a pour objet de détenir et de gérer des participations dans une autre société, les dispositions du I sont également applicables à la société dans laquelle elle détient des participations.

Art. L. 227-3 *(Anc. L. n° 66-537, 24 juill. 1966).* **– La décision de transformation en société par actions simplifiée est prise à l'unanimité des associés.**

Voir : art. L. 210-6, p. 288, L. 224-3, p. 329.

Bibliographie : A. Couret, *La transformation en société anonyme d'une SAS est-elle en pratique réalisable ? : Bull. Joly Sociétés* 1998, p. 209. • C. Gavoty et P. Ullmann, *L'absorption par une société par actions simplifiée exige-t-elle le consentement unanime des associés de la société absorbée ? : Bull. Joly Sociétés* 2001, p. 831. • H. Azarian, *La transformation des SA en SAS depuis la loi de sécurité financière du 1er août 2003 : Dr. sociétés* déc. 2003, p. 5. • P. Le Cannu, *De la SA à la SAS : pourquoi transformer à l'unanimité si l'on peut absorber à la majorité ? : Bull. Joly Sociétés* 2005, p. 557. • D. Bert et T. Lakhdari, *L'application de la règle de l'unanimité aux opérations de fusion-absorption : D.* 2005, p. 1636 ; *La mise en œuvre de la règle de l'unanimité en droit des sociétés (à propos de CA Versailles, 24 févr. 2005) : D.* 2005, p. 1853. • G. Krafft et N. Maubert, *De la nécessaire prise en compte des rompus dans le cadre de la transformation d'une SA en SAS : D.* 2011, p. 605. • ANSA, *Fusion entre SAS : le vote unanime des actionnaires est-il requis ? : Bull. ANSA* 2018 II, n° 18-021 ; *Dr. sociétés* 2018, comm. 191, note C. Coupet.

1) **Application de l'article L. 224-3.** Voir sous art. L. 224-3, p. 329.

2) **Unanimité.** – *Transformation d'une SA en SAS.* La décision de transformation d'une SA en SAS doit, à peine de nullité, être prise à l'unanimité des associés, et pas seulement à l'unanimité des associés présents ou représentés ■ CA Versailles, 24 févr. 2005, n° 03/07294 : *JurisData* n° 2005-266293 ; *Bull. Joly Sociétés* 2005, p. 626 ; *Dr. sociétés* mai 2005, n° 94, obs. J.-P. Legros ; *JCP* E 2005, 590 ; *JCP* E 2005, 731, note J.-P. Legros ; *JCP* E 2005, 1046, n° 6, obs. J.-J. Caussain, F. Deboissy et G. Wicker.

– *Fusion-absorption d'une société par une SAS.* Conformément à l'article L. 227-3 qui subordonne la transformation d'une société en SAS à l'exigence de l'unanimité, la décision de fusion-absorption d'une société par une SAS doit être prise à l'unanimité des associés ■ Cass. com., 19 déc. 2006, n° 05-17.802 : *Bull. Joly Sociétés* 2007,

§ 130, p. 506, note A. Couret ; *D.* 2007, p. 92, obs. A. Lienhard et p. 630, note L. Godon ; *Dr. sociétés* 2007, n° 51, obs. H. Hovasse ; *JCP* E 2007, 1192, note A. Viandier et 1877, n° 7, obs. J.-J. Caussain, F. Deboissy et G. Wicker ; *Rev. sociétés* 2007, p. 93, note P. Le Cannu. – Cassant ▪ CA Versailles, 27 janv. 2005, n° 03/04697 : *JurisData* n° 2005-266312 ; *Bull. Joly Sociétés* 2005, p. 612 ; *D.* 2005, somm. p. 2958, obs. J.-Cl. Hallouin et E. Lamazerolles ; *JCP* E 2005, 385 ; *Dr. sociétés* juill. 2005, n° 136, note H. Hovasse ; *JCP* E 2005, 1046, n° 7, obs. J.-J. Caussain, F. Deboissy et G. Wicker ; *JCP* E 2005, 1416, note N. Mathey ; *RTD com.* 2005, p. 361, obs. P. Le Cannu.

Art. L. 227-4 ***(Anc. L. n° 66-537, 24 juill. 1966).*** **– En cas de réunion en une seule main de toutes les actions d'une société par actions simplifiée, les dispositions de l'article 1844-5 du Code civil relatives à la dissolution judiciaire ne sont pas applicables.**

Art. L. 227-5 ***(Anc. L. n° 66-537, 24 juill. 1966).*** **– Les statuts fixent les conditions dans lesquelles la société est dirigée.**

Bibliographie : ***Généralités.*** P. Le Cannu, *Les dirigeants de la SAS : Rev. sociétés* 1994, p. 239. • J.-J. Caussain, *Du bon usage de la SAS dans l'organisation des pouvoirs : JCP* E 1999, p. 1664. • P.-L. Périn, *La société par actions simplifiée : l'organisation des pouvoirs dans la société par actions simplifiée*, préf. M. Germain, Joly, 2000. • M. Supiot, B. Borrely, J.-C. Parot et J.-P. Cheynet, *Comment répartir les pouvoirs dans une SAS ? : Option fin.* 13 mai 2002, p. 27.

Conventions de management. Ph. Merle, *Contrat de management et organisation des pouvoirs dans la société anonyme : D.* 1975, chron. p. 245. • C. Coupet, *Contrat de management et organisation sociétaire : AJ Contrats* 2017, p. 61. • A. Reygrobellet, *Les conventions de management fees : où en est-on ? : Bull. Joly Sociétés* 2018, p. 120.

1) Principe. Il résulte de la combinaison des articles L. 227-1 et L. 227-5 du Code de commerce que seuls les statuts fixent les conditions dans lesquelles la société est dirigée. ▪ Cass. com., 25 janv. 2017, n° 14-28.792 : *JurisData* n° 2017-000896 ; *Defrénois* 2017, p. 311, note B. Dondero ; *Bull. Joly Sociétés* 2017, p. 170, note M. Germain et J.-L. Périn ; *Rev. sociétés* 2017, p. 631, L. Godon ; *Dr. sociétés* 2017, comm. 60, note J. Heinich ; *D.* 2017, p. 892, note J. Klein. Et sur pourvoi formé contre l'arrêt d'appel après cassation : ▪ Cass. com., 20 nov. 2019, n° 18-17.787 : *JurisData* n° 2019-021302 ; *Dr. sociétés* 2020, comm. 25, J.-F. Hamelin ; *Rev. sociétés* 2020, p. 238, note J. Heinich.

2) Conventions de management. Droit spécial. Les statuts d'une SAS prévoyant seulement les modalités de désignation du président, c'est sans les dénaturer que la cour d'appel a retenu qu'ils ne faisaient pas obstacle à ce que la société confie sa direction générale à une société tierce par la voie d'une convention de prestation de services. ▪ Cass. com., 24 nov. 2015, n° 14-19.685 : *JurisData* n° 2015-029002 ; *JCP* E 2016, n° 1018, note B. Dondero ; *Bull. Joly Sociétés* 2016, p. 137, note P. Le Cannu. Une société ne peut obtenir restitution des sommes versées à un tiers en exécution d'une convention de management directorial et commercial ne recouvrant pas l'ensemble des fonctions de direction, et dont l'annulation n'était pas demandée, alors que les sommes versées ne correspondent pas à la rémunération d'un mandat social. ▪ Cass. com., 6 déc. 2016, n° 15-11.105 : *JurisData* n° 2016-028971 ; *Dr. sociétés* 2017, comm. 41, note C. Coupet ; *Bull. Joly Sociétés* 2017, p. 17, note A. Reygrobellet.

Droit commun. Nullité pour absence de cause (oui). Est nulle comme dépourvue de cause une convention conclue entre la société et une société de prestation de services, par laquelle cette dernière s'engage à mettre à la disposition de la première son propre directeur général et à lui fournir un ensemble de prestations relevant des fonctions sociales (SA). ▪ Cass. com., 14 sept. 2010, n° 09-16.084 : *JurisData* n° 2010-016027 ; *Dr. sociétés* 2010, comm. 226, note D. Gallois-Cochet ; *JCP* E 2010, 1995, note A. Viandier ; *Rev. sociétés* 2010, p. 462, note A. Lienhard et 2011, p. 424, note J.-Ph. Dom ; *Bull. Joly Sociétés* 2010, p. 960, note P. Le Cannu ; *D.* 2011, p. 57, note F. Marmoz ; *Gaz. Pal.* 16-17 nov. 2011, p. 17, note B. Dondero. La convention par laquelle une société délègue à une société unipersonnelle, dont son président directeur général est gérant associé unique, une partie des fonctions de décision, de stratégie et de représentation incombant normalement à ce dernier est nulle pour défaut de cause (SA). ▪ Cass. com., 23 oct. 2012, n° 11-23.376 : *JurisData* n° 2012-023965 ; *Bull. civ.* IV, n° 190 ; *Dr. sociétés* 2013, comm. 27, note M. Roussille ; *Rev. sociétés* 2013, p. 160, note A. Reygrobellet ; *Bull. Joly Sociétés* 2013, p. 108, note N. Ferrier ; *Gaz. Pal.* 21-22 déc. 2012, p. 21, note B. Dondero. **Nullité pour absence de cause (non).** Est valable la convention conclue entre une société holding et le président de sa filiale, les missions du prestataire de services ne se confondant pas avec celles du président de la société. ▪ Cass. com., 12 déc. 2018, n° 16-15.217 : *Dr. sociétés* 2019, comm. 46, note C. Coupet ; *Bull. Joly*

Sociétés 2019, p. 23, note A. Reygrobellet. ▪ Cass. com., 5 juin 2019, n° 17-26.167 : *Bull. Joly Sociétés* oct. 2019, n° 120d5, p. 11, note A. Reygrobellet ; *Rev. sociétés* 2019, p. 675, note A. Viandier.

Art. L. 227-6 ***(Anc. L. n° 66-537, 24 juill. 1966 ; mod., L. n° 2003-706, 1er août 2003).*** **– La société est représentée à l'égard des tiers par un président désigné dans les conditions prévues par les statuts. Le président est investi des pouvoirs les plus étendus pour agir en toute circonstance au nom de la société dans la limite de l'objet social.**

Dans les rapports avec les tiers, la société est engagée même par les actes du président qui ne relèvent pas de l'objet social, à moins qu'elle ne prouve que le tiers savait que l'acte dépassait cet objet ou qu'il ne pouvait l'ignorer compte tenu des circonstances, étant exclu que la seule publication des statuts suffise à constituer cette preuve.

Les statuts peuvent prévoir les conditions dans lesquelles une ou plusieurs personnes autres que le président, portant le titre de directeur général ou de directeur général délégué, peuvent exercer les pouvoirs confiés à ce dernier par le présent article.

Les dispositions statutaires limitant les pouvoirs du président sont inopposables aux tiers.

Bibliographie : P. Roux, *La responsabilité du président dans la société par actions simplifiée : Bull. Joly Sociétés* 1996, p. 905. • P. Didier, *L'avenir des pouvoirs du président de la SAS après la loi NRE : LPA* 12 juill. 2002. • J.-C. Hallouin, *Le monopole de représentation du président de la société par actions simplifiée : D.* 2002, p. 2922. • J.-L. Perin, *Direction et représentation de la SAS : état des lieux après la loi de sécurité financière : JCP* E 2004, 332. • J.-M. Moulin et S. Colliot, *La vie des délégations de pouvoirs dans l'entreprise : Bull. Joly Sociétés* 2012, p. 745. • J.-P. Legros, *De la pluralité de représentants légaux dans la SAS : Dr. sociétés* 2014, n° 3. • A.-C. Rouaud, *Les limitations statutaires au pouvoir d'agir en justice du représentant légal de société : Rev. sociétés* 2014, p. 415.

I – STATUT

1) Organes dirigeants. – **Impossibilité de désigner 2 présidents.** Avis CCRCS n° 2013-027, 4 oct. 2013 : une société par actions simplifiée ne peut ni désigner 2 présidents ni les déclarer en tant que tels au registre du commerce et des sociétés. – **Publication des membres du directoire, conseil de surveillance ou d'administration.** Les SAS ont l'obligation d'inscrire au RCS les membres de leurs organes dès lors qu'ils sont dénommés directoire, conseil de surveillance ou encore conseil d'administration. ▪ CA Paris, 18 mai 2010 : *JurisData* n° 2010-011323 ; *JCP* E 2010, 1824 ; *Dr. sociétés* 2010, comm. 182, note D. Gallois-Cochet.

2) Révocabilité du président. – **Motif de révocation.** Annulation d'une convention d'indemnisation du président de SAS pour contrariété au principe de libre révocabilité des dirigeants de sociétés par actions. ▪ Cass. com., 15 nov. 2011, n° 09-10.893 : *JurisData* n° 2011-025308 ; *JCP* E 2011, n° 1001, p. 32, note A. Viandier ; *Rev. sociétés* 2012, p. 234, note B. Dondero. Une cour d'appel a pu retenir que la révocation du président était justifiée en constatant qu'existaient des dissensions au sein de la société et dans ses relations *avec ses distributeurs, que la productivité était insuffisante* et que la société nécessitait un changement radical d'orientation. ▪ Cass. com., 24 mai 2017, n° 15-21.633 : *JurisData* n° 2017-009883 ; *Dr. sociétés* 2017, comm. 186, note C. Coupet ; *Rev. sociétés* 2017, p. 707, P.-L. Périn. La perte de confiance constitue un juste motif de révocation du président si elle est de nature à compromettre l'intérêt social de la société. ▪ Cass. com., 14 nov. 2018, n° 17-11.103 : *JurisData* n° 2018-020940 ; *Dr. sociétés* 2019, comm. 25, note J. Heinich ; *Bull. Joly Sociétés* 2019, p. 18, note Th. Ravel D'esclapon. – **Obligation de loyauté de la société.** Dès lors que le président de la SAS, révocable *ad nutum*, a été mis en mesure de présenter ses observations, la société n'a commis aucun manquement à son obligation de loyauté dans l'exercice de son droit de révocation, ▪ Cass. com., 8 avr. 2014, n° 13-11.650 : *Rev. sociétés* 2014, p. 725, note C. Tabourot-Hyest. La révocation est fautive car intervenue sans respecter l'obligation de loyauté, dès lors que les motifs dont le dirigeant a été informé et sur lesquels il a pu s'exprimer sont différents de ceux qui ont été ultérieurement invoqués à l'occasion d'une instance judiciaire pour justifier cette révocation, ▪ Cass. com., 22 nov. 2016, n° 15-14.911 : *JurisData* n° 2016-024703 ; *Bull. Joly Sociétés* 2017, p. 224, note J.-J. Ansault ; *Dr. sociétés* 2017, comm. 42, note J. Heinich ; *Rev. sociétés* 2017, p. 213, note J.-L. Périn. Une cour d'appel a souverainement retenu que la perte d'accès du président révoqué au serveur, à son adresse électronique, à sa ligne téléphonique et la demande de restitution de son véhicule et l'obligation de quitter son logement de fonction dans le délai d'un mois ne constituaient pas des circonstances portant une atteinte injustifiée à sa réputation et son honneur. ▪ Cass. com., 24 mai 2017, n° 15-21.633 : *JurisData* n° 2017-009883 ; *Dr. sociétés* 2017, comm. 186, note C. Coupet ; *Rev. sociétés* 2017, p. 707, P.-L. Périn. V. égal. notes sous art. L. 223-18, p. 310, art. L. 225-18, p. 334 et art. L. 225-55, p. 362.

3) Rémunération du président. La décision des organes sociaux légalement ou statutairement compétents de refuser, contrairement aux statuts, tout droit à rémunération au président d'une société par actions simplifiée n'a pas pour effet de les dessaisir au profit du juge, qui ne peut se substituer à eux pour fixer cette rémunération. ▪ Cass. com., 17 déc. 2013, n° 12-27.213 : *Bull. Joly Sociétés*, 2014, p. 147, note B. Dondero ; *Rev. sociétés* 2014, p. 507, note L. Godon.

II – POUVOIRS

4) Pouvoirs du directeur général ou directeur général délégué. – **Délégation statutaire de pouvoir.** L'article L. 227-6 issu de la loi du 1er août 2003 permet une délégation statutaire du pouvoir de représentation au profit des personnes portant le titre de directeur général ou de directeur général délégué ; par conséquent, les sociétés ayant prévu une délégation du pouvoir de représentation de la société doivent modifier leurs statuts afin de se mettre en conformité avec la terminologie employée dans la loi : Rép. min. n° 32972 : *JOAN Q*, 30 mars 2004, p. 2687 ; *D.* 2004, p. 1007.

– **Absence de délégation statutaire des pouvoirs.** Lorsque les statuts ne déterminent pas les pouvoirs délégués au directeur général mais prévoient seulement la possibilité d'une délégation par une décision de l'assemblée des associés, les pouvoirs ainsi délégués sont inopposables aux tiers, quand bien même la décision d'assemblée opérant délégation aurait été publiée ▪ Cass. com., 3 juin 2008, n° 07-14.457 : *Bull. Joly Sociétés* 2008, § 186, p. 877, note P. Le Cannu ; *Rev. sociétés* 2009, p. 612, note P. Le Cannu, rejetant le pourvoi dirigé contre, ▪ CA Paris, 21 mars 2007, n° 06/17919 : *JurisData* n° 2007-328377 ; *Bull. Joly Sociétés* 2007, p. 1083. Le directeur général n'a pas le pouvoir de représenter la société si la résolution d'une assemblée générale extraordinaire lui attribuant les mêmes pouvoirs que le président n'a pas été reprise dans la mise à jour des statuts. ▪ Cass. *com., 14 déc. 2010*, n° 09-71.712 : *JurisData* n° 2010-023883 ; *JCP* E 2011, n° 1031 ; *D.* 2011, p. 75, note A. Lienhard ; *Dr. sociétés* mars 2011, n° 52, comm. D. Gallois-Cochet ; *Bull. Joly Sociétés* 2011, n° 110, p. 171, note D. Poracchia ; *D.* 2011, p. 2765, obs. J.-C. Hallouin. Peut valablement déclarer les créances au nom d'une SAS le directeur général délégué qui, nommé par le conseil d'administration conformément aux statuts, a été chargé par cet organe du pouvoir de déclarer les créances, alors même que les statuts ne précisaient pas les pouvoirs de représentation liés à ces fonctions. ▪ Cass. com., 21 juin 2011, n° 10-20.878 : *JurisData* n° 2011-012275 ; *D.* 2011, p. 1753, obs. A. Lienhard ; *Dr. sociétés* 2011, comm. 174, D. Gallois-Cochet ; *JCP* E 2011, n° 1826, p. 22, comm. F. Deboissy et G. Wicker ; *JCP* E, n° 600, p. 5, D. Gallois-Cochet. La société par actions simplifiée ne peut opposer aux tiers le défaut de pouvoir statutaire de représentation de son directeur général. ▪ Cass. com., 9 juill. 2013, n° 12-22.627 : *JurisData* n° 2013-014460 ; *JCP* E 2013, n° 1558, note D. Gallois-Cochet ; *Dr. sociétés* 2013, n° 19, étude D. Gallois-Cochet ; *D.* 2013, p. 2503, note F. Ait-Ahmed ; *D.* 2013, p. 2733, comm. J.-C. Hallouin ; *Bull. Joly Sociétés* 2013, p. 641, note N. Ferrier.

5) Délégations de pouvoir fonctionnelles. Les délégations de pouvoirs doivent, en application de l'article L. 227-6 et à l'instar de la désignation d'un directeur général, être autorisées par les statuts et publiées au RCS ▪ CA Paris, 24 sept. 2009 : *JurisData* n° 2009-379626. ▪ CA Paris, 3 déc. 2009 : *JurisData* n° 2009-019935. ▪ CA Paris, 10 déc. 2009 : *JurisData* n° 2009-016988 ; *Dr. sociétés* 2010, n° 91, note D. Gallois-Cochet. *Contra* : les délégations de pouvoir fonctionnelles qui ne concernent pas le pouvoir d'engager à titre habituel la société mais portent sur un objet déterminé, n'ont pas à faire l'objet d'une publicité au RCS, le régime applicable aux SAS ne différant pas, sur ce point, de celui relatif aux autres formes de sociétés. Rép. min. Du Luart n° 12583 : *JO* Sénat Q 9 sept. 2010, p. 2367 ; *Bull. Joly Sociétés* 2010, act. p. 804 ; *BRDA* 18/2010, n° 2.

– Si la société par actions simplifiée est représentée à l'égard des tiers par son président et, si les statuts le prévoient, par un directeur général délégué dont la nomination est soumise à publicité, cette règle n'exclut pas la possibilité, pour ses représentants légaux, de déléguer le pouvoir d'effectuer des actes déterminés tels que celui d'engager ou de licencier les salariés de l'entreprise. ▪ Cass. ch. mixte, 19 nov. 2010, nos 10-10.095 et 10-30.215 : *Bull. Joly Sociétés* 2010, p. 981, note M. Germain et P.-L. Périn ; *JCP* E 2010, 2049, note A. Couret et B. Dondero ; *D.* 2010, p. 2770, note A. Lienhard ; *Dr. sociétés* janv. 2011 étude 2 : *L'arrêt de la chambre mixte du 18 novembre 2010 : fumée blanche ou fumée noire ?*, S. Schiller ; *Dr. sociétés* févr. 2011, n° 30, comm. D. Gallois-Cochet ; *D.* 2011, p. 314, note A. Outin-Adam et M. Canaple ; *D.* 2011, p. 244, note F. Marmoz ; *RJS* 2/2011, p. 83, chronique G. Azurero et N. Ferrier ; *D.* 2011, p. 2763, obs. J.-C. Hallouin. ▪ Cass. soc., 26 janv. 2011, n° 08-43.475 : *JurisData* n° 2011-000658 ; *D.* 2011, p. 375, obs. A. Lienhard. ▪ Cass. soc., 4 mai 2011, n° 10-11.872 : *Bull. Joly Sociétés* 2011p. 666, note N. Ferrier ; *JCP* E 2011, n° 1826, p. 22, comm. F. Deboissy et G. Wicker. ▪ Cass. soc., 7 juin 2011, n° 10-16.682 : *Bull. Joly Sociétés* 2011, p. 766, note P.-L. Périn. ▪ Cass. soc., 21 juin 2011, n° 10-20.878 :

D. 2011, p. 1753, obs. A. Lienhard ; *RTD com.* 2011, 586, obs. P. Le Cannu et B. Dondero. ▪ Cass. soc., 18 mai 2011, n° 10-60.273 et 23 nov. 2011, n° 10-20.288 : *Rev. sociétés* 2012, p. 169, note L. Godon. ▪ Cass. soc., 6 mars 2012, n° 10-24.367 : *JurisData* n° 2012-004457 ; *Rev. sociétés* mai 2012, p. 303, note S. Prévost.

6) Pouvoirs du président. – Droit de veto. Une cour d'appel ne peut relever d'office l'exercice implicite d'un droit de veto par le président d'une SAS, faisant échec aux actes du directeur général, sans inviter au préalable les parties à présenter leurs observations. ▪ Cass. com., 19 nov. 2013, n° 12-26.702 : *Bull Joly Sociétés* 2014, p. 85, note P.-L. Périn. – La simple abstention du président d'une SAS, qui ne s'est pas opposé à la demande de l'administrateur de convertir le redressement de la société en liquidation judiciaire, ne vaut pas exercice de son droit de veto. ▪ Cass. com., 16 févr. 2016, n° 14-23.093 : *JurisData* n° 2016-002769 ; *JCP* E 2016, n° 1199, note B. Dondero ; *Dr. sociétés* 2016, comm. 79, note D. Gallois-Cochet ; *Bull. Joly Sociétés* 2016, p. 400, note P.-L. Périn, p. 400. – **Garanties des dettes d'un tiers.** Est nulle la sûreté octroyée par une SAS en garantie des dettes d'une société du groupe dès lors que celle-ci n'entre pas dans son objet social et que le bénéficiaire ne pouvait l'ignorer. ▪ Cass. com., 14 févr. 2018, n° 16-16.013 : *JurisData* n° 2018-002216 ; *Defrénois* 7 juin 2018, p. 44, note S. Cabrillac ; *Dr. sociétés* 2018, comm. 85, note C. Coupet ; *Rev. sociétés* 2018, p. 378, note R. Dalmau ; *Gaz. Pal.* 26 juin 2018, n° 324w9, p. 29, note M.-P. Dumont-Lefrand ; *Gaz. Pal.* 26 juin 2018, n° 324z0, p. 82, note M. Roussille ; *Bull. Joly Sociétés* juill. 2018, p. 412, note E. Schlumberger. La SAS est engagée envers les tiers même par les actes du président qui ne relèvent pas de l'objet social, à moins qu'il ne soit démontré que le tiers savait que l'acte dépassait cet objet ou qu'il ne pouvait l'ignorer compte tenu des circonstances. ▪ La contrariété à l'intérêt social ne constitue pas, par elle-même, une cause de nullité des engagements souscrits par le président. ▪ Cass. com., 19 sept. 2018, n° 17-17.600 : *JurisData* n° 2018-017169 ; *Bull. Joly Sociétés* 2018, p. 627, note J.-F. Barbièri ; *Dr. sociétés* 2018, comm. 207, note J. Heinich. V. également annot. ss art. L. 223-18, p. 310.

Art. L. 227-7 *(Anc. L. n° 66-537, 24 juill. 1966).* – **Lorsqu'une personne morale est nommée président ou dirigeant d'une société par actions simplifiée, les dirigeants de ladite personne morale sont soumis aux mêmes conditions et obligations et encourent les mêmes responsabilités civile et pénale que s'ils étaient président ou dirigeant en leur nom propre, sans préjudice de la responsabilité solidaire de la personne morale qu'ils dirigent.**

Responsabilité des représentants personnes physiques d'une personne morale. Qualifiant de dirigeant de droit d'une société par actions simplifiée, les dirigeants de la SAS la contrôlant et leurs représentants personnes physiques, et retenant leur responsabilité pour insuffisance d'actifs (C. com. art. L. 651-2). ▪ Cass. com., 9 sept. 2020, n° 18-12.444 : *JurisData* n° 2020-013143 ; *JCP* E 2021, 1056, note F. Barrière ; *Dr. sociétés* 2020, comm. 142, note R. Mortier ; *JCP* G 2020, 1455, note C. Thomas ; *Rev. sociétés* 2021, p. 33, note B. Brignon.

Art. L. 227-8 *(Anc. L. n° 66-537, 24 juill. 1966).* – **Les règles fixant la responsabilité des membres du conseil d'administration et du directoire des sociétés anonymes sont applicables au président et aux dirigeants de la société par actions simplifiée.**

Voir : art. L. 225-249 et s., p. 426.

Bibliographie : H. Aubry, *La responsabilité des dirigeants dans la société par actions simplifiée* : *Rev. sociétés* 2005, p. 793. • N. Borga, *La responsabilité des organes de la SAS*, in *La SAS : 25 ans après*, Bibliothèque de droit de l'entreprise, LexisNexis, 2019, p. 127.

Faute détachable. Viole les articles L. 227-5 et L. 227-8 du Code de commerce la décision d'appel qui retient que la faute de négligence alléguée à l'égard des membres du comité de surveillance de la SAS s'accorde mal avec celle de faute détachable des fonctions, sans vérifier si cette faute, à la supposer démontrée, ne revêt pas les caractères d'une faute séparable de leurs fonctions. ▪ Cass. com., 4 nov. 2014, n° 13-20.158 : *JurisData* n° 2014-027128 ; *Dr. sociétés* 2015, n° 8, note M. Roussille. Un ancien dirigeant ne peut engager la responsabilité des membres du comité de surveillance d'une SAS dès lors qu'il ne démontre pas l'existence d'une faute d'une particulière gravité qui pourrait leur être imputée. ▪ Cass. com., 20 déc. 2017, n° 16-16.015 : *Dr. sociétés* 2018, comm. 45, note J. Heinich. Commet une faute de gestion le dirigeant qui choisit, malgré la réticence du comité de surveillance, un contractant ayant précédemment fourni des prestations de qualité douteuse et qui maintient ce contrat après la constatation d'inexécutions ▪ Cass. com., 5 avr. 2018, n° 16-23.365 : *JurisData* n° 2018-005265 ; *Dr. sociétés* 2018, comm. 104, note J. Heinich.

Art. L. 227-9 *(Anc. L. n° 66-537, 24 juill. 1966 ; mod., L. n° 2001-420, 15 mai 2001 ; L. n° 2008-776, 4 août 2008).* – **Les statuts déterminent les décisions qui doivent être prises collectivement par les associés dans les formes et conditions qu'ils prévoient.**

Toutefois, les attributions dévolues aux assemblées générales extraordinaires et ordinaires des sociétés anonymes, en matière d'augmentation, d'amortissement ou de réduction de capital, de fusion, de scission, de dissolution, de transformation en une société d'une autre forme, de nomination de commissaires aux comptes, de comptes annuels et de bénéfices sont, dans les conditions prévues par les statuts, exercées collectivement par les associés.

Dans les sociétés ne comprenant qu'un seul associé, le rapport de gestion, les comptes annuels et le cas échéant les comptes consolidés sont arrêtés par le président. L'associé unique approuve les comptes, après rapport du commissaire aux comptes s'il en existe un, dans le délai de six mois à compter de la clôture de l'exercice. L'associé unique ne peut déléguer ses pouvoirs. Ses décisions sont répertoriées dans un registre. Lorsque l'associé unique, personne physique, assume personnellement la présidence de la société, le dépôt, dans le même délai, au registre du commerce et des sociétés de l'inventaire et des comptes annuels dûment signés vaut approbation des comptes sans que l'associé unique ait à porter au registre prévu à la phrase précédente le récépissé délivré par le greffe du tribunal de commerce.

Les décisions prises en violation des dispositions du présent article peuvent être annulées à la demande de tout intéressé.

Voir : art. L. 237-27, p. 573, art. L. 244-2, p. 595.

Bibliographie : M. Jeantin, *Les associés de la SAS : Rev. sociétés* 1994, p. 239. • J. Paillusseau, *L'alerte du commissaire aux comptes dans la SAS : JCP* G 2000, I, 262. • A. Bougnoux, *L'approbation des comptes annuels d'une SAS : JCP* E 2001, p. 18. • A. Theimer, *Les décisions collectives dans les SAS ayant un comité d'entreprise doivent-elles être prises en assemblée ? : JCP* E 2003, 661. • S. de Vendeuil, *Approbation des comptes des sociétés par actions simplifiées : JCP* E 2004, 972. • A. Theimer, *Les nouvelles prérogatives du comité d'entreprise lors de la prise de décisions collectives dans les SAS : JCP* E 2009, 2476. • *Le droit de vote : Dr. sociétés* 2014, dossier spécial 65e anniversaire. • H. Hovasse, *Le droit de veto : Dr. sociétés* 2014, dossier 5. • A. Couret, *Sur la légitimité du droit de veto : Bull. Joly Sociétés* 2016, p. 237. • M. Rakotovahiny, *Le droit de veto dans les sociétés : Rev. sociétés* 2017, p. 277. • J. Delvallée, *La collégialité dans les sociétés par actions simplifiées : Rev. sociétés* 2020, p. 75.

1) **Vote.** Selon l'article 1844 du Code civil, tout associé a le droit de participer aux décisions collectives et de voter et les statuts ne peuvent y déroger que dans les cas prévus par la loi. Lorsque les statuts d'une société par actions simplifiée réservent une compétence à la décision collective des associés, ils ne peuvent priver un associé de son droit de participer et de voter. ■ Cass. com., 23 oct. 2007, n° 06-16.537 : *Bull. Joly Sociétés* 2008, p. 101, note D. Schmidt ; *D.* 2007, p. 2726, obs. A. Lienhard ; *D.* 2008, p. 47, note Y. Paclot ; *Dr. sociétés* 2007, n° 219, obs. H. Hovasse ; *JCP* E 2007, 2433, note A. Viandier et 1280, n° 8, obs. J.-J. Caussain, F. Deboissy et G. Wicker ; *JCP* G 2007, II, 10197, note D. Bureau ; *Rev. sociétés* 2007, p. 814, note P. Le Cannu.

2) **Convocation de l'assemblée.** Mandataire *ad hoc*. Lorsque le président d'une SAS refuse de procéder à la convocation de l'assemblée alors qu'il est statutairement compétent pour le faire, le président du tribunal de commerce peut désigner un administrateur *ad hoc* aux fins de convoquer l'assemblée sous réserve que cette mesure soit prise contradictoirement, ■ Cass. com., 25 mars 2014, n° 13-16.089 : *JurisData* n° 2014-005978 ; *Dr. sociétés* 2014, n° 127, note D. Gallois-Cochet. **Délai.** En l'absence de disposition légale ou statutaire, le juge doit apprécier si le délai de convocation des associés était raisonnable au regard du contexte. Est jugé raisonnable un délai de 10 jours, en dépit d'un contexte relationnel difficile entre les associés. ■ CA Paris, 6 août 2019, n° 17/16974 : *Bull. Joly Sociétés* déc. 2019, n° 120h3, p. 16, Th. de Ravel d'Esclapon ; *Rev. sociétés* 2020, p. 95, note P.-L. Périn.

3) **Représentation de l'associé personne morale.** La clause statutaire stipulant qu'un associé peut se faire représenter à l'assemblée des associés par son conjoint ou un autre associé n'est pas applicable à l'associé personne morale, qui peut donc se faire librement représenter par un mandataire habilité. ■ Cass. com., 5 juill. 2017, n° 15-22.936 : *JurisData* n° 2017-013509 ; *Dr. sociétés* 2017, comm. 187, note C. Coupet.

4) **Augmentation de capital réservée aux salariés.** L'article L. 225-129-6 du Code de commerce est applicable à la SAS : Rép. min. 3 janv. 2008, n° 59 : *JO* Sénat Q, p. 38.

5) **Violation des règles statutaires.** La décision prise en violation d'une disposition statutaire prévoyant la compétence de la collectivité des associés n'est pas susceptible d'annulation. ■ Cass. com., 26 avr. 2017, n° 14-13.554 ; *Dr. sociétés* 2017, comm. 141, note C. Coupet ; *Rev. sociétés* 2017, p. 422, note D. Schmidt. Annulant une délibé-

ration adoptée par une assemblée convoquée en violation des règles statutaires : ■ CA Paris, pôle 5, ch. 8, 27 nov. 2018, n° 16/16446 : *Dr. sociétés* 2019, comm. 61, note R. Mortier.

6) **Responsabilité de l'associé.** La décision de l'associé majoritaire d'une SAS de réunir l'assemblée générale extraordinaire des associés afin que la règle de l'unanimité soit convertie en une règle de majorité simple, dont résultait la violation par la société d'un engagement contractuel avec un franchiseur, n'est de nature à engager la responsabilité personnelle de l'associé envers le tiers cocontractant de la société qu'autant qu'elle constitue de la part de celui-ci une faute intentionnelle d'une particulière gravité, incompatible avec l'exercice normal des prérogatives attachées à la qualité d'associé. ■ Cass. com., 18 févr. 2014, n° 12-29.752 : *JurisData* n° 2014-002810 ; *JCP* E 2014, n° 1160, note B. Dondero ; *D.* 2014, p. 764, note T. Favario ; *Bull. Joly Sociétés* 2014, p. 382, note B. Fages ; *D.* 2014, p. 2434, note J.-C. Hallouin.

Art. L. 227-9-1 *(L. n° 2008-776, 4 août 2008 ; mod., L. n° 2019-486, 22 mai 2019 ; L. n° 2019-744, 19 juill. 2019).* – **Les associés peuvent nommer un ou plusieurs commissaires aux comptes dans les conditions prévues à l'article L. 227-9.**

Sont tenues de désigner au moins un commissaire aux comptes les sociétés par actions simplifiées qui dépassent, à la clôture d'un exercice social, deux des seuils suivants, fixés par décret : le total de leur bilan, le montant de leur chiffre d'affaires hors taxe ou le nombre moyen de leurs salariés au cours de l'exercice.

Même si les conditions prévues au deuxième alinéa ne sont pas atteintes, la nomination d'un commissaire aux comptes peut être demandée en justice par un ou plusieurs associés représentant au moins le dixième du capital.

Lorsque les conditions prévues au deuxième alinéa du présent article ne sont pas atteintes, un commissaire aux comptes peut être nommé pour faire application du second alinéa de l'article L. 225-146.

Sont également tenues de désigner un commissaire aux comptes, pour un mandat de trois exercices, les sociétés dont un ou plusieurs associés représentant au moins le tiers du capital en font la demande motivée auprès de la société.

Voir : art. D. 227-1, p. 1726.

Durée du mandat du commissaire aux comptes. La SAS ayant désigné un commissaire aux comptes et commissaire aux comptes suppléant, sans avoir atteint les seuils fixés par l'article L. 227-9-1, pour la durée légale de six exercices et les intéressés ayant ultérieurement démissionné, il ne pouvait être procédé à la radiation de leur inscription du registre du commerce et des sociétés à défaut de leur remplacement pour la durée du mandat restant à courir. ■ Cass. com., 6 nov. 2012, n° 11-30.648 : *JurisData* n° 2012-024929 ; *JCP* E 2013, 1012, note D. Gallois-Cochet ; *Dr. sociétés* 2013, n° 7, note D. Gallois-Cochet ; *D.* 2012, p. 2656, obs. A. Lienhard ; *Rev. sociétés* 2013, p. 170, note T. Granier ; *Bull. Joly Sociétés* 2013, p. 37, note P. Merle.

Bibliographie : T. Granier, *Le commissaire aux comptes dans la société par actions simplifiée : Bull. Joly Sociétés* 2008, p. 236.

Art. L. 227-10 *(Mod., L. n° 2008-776, 4 août 2008).* – **Le commissaire aux comptes ou, s'il n'en a pas été désigné, le président de la société présente aux associés un rapport sur les conventions intervenues directement ou par personne interposée entre la société et son président, l'un de ses dirigeants, l'un de ses actionnaires disposant d'une fraction des droits de vote supérieure à 10 % ou, s'il s'agit d'une société actionnaire, la société la contrôlant au sens de l'article L. 233-3.**

Les associés statuent sur ce rapport.

Les conventions non approuvées, produisent néanmoins leurs effets, à charge pour la personne intéressée et éventuellement pour le président et les autres dirigeants d'en supporter les conséquences dommageables pour la société.

Par dérogation aux dispositions du premier alinéa, lorsque la société ne comprend qu'un seul associé, il est seulement fait mention au registre des décisions des conventions intervenues directement ou par personnes interposées entre la société et son dirigeant *(Mots aj., Ord. n° 2017-747, 4 mai 2017)* **« , son associé unique ou,** ***s'il s'agit d'une société actionnaire,*** **la société la contrôlant au sens de l'article L. 233-3 ».**

Voir : art. L. 223-19, p. 314, L. 225-38, p. 350 et L. 225-40, p. 353, art. L. 225-86 et L. 225-88, p. 374.

Bibliographie : P.-L. Perin, *Nouvelles remarques sur le contrôle des conventions entre la société et ses dirigeants : Bull. Joly Sociétés* 1999, p. 1143. • C. Goyet, *Remarques sur la réglementation des conventions dans la SAS unipersonnelle : D. affaires* 1999, n° 37, p. 3. • V. Medail et P. Vergnole, *La SAS unipersonnelle : difficulté de mise en œuvre du contrôle des* *conventions réglementées : Dr. sociétés* avr. 2000, p. 3. • C. Coupet, *Ordonnance portant diverses mesures facilitant la prise de décision et la participation des actionnaires au sein des sociétés : Dr. sociétés* 2017, comm. 121. • B. Saintourens, *Simplification du fonctionnement des sociétés : le complément réglementaire pour 2017 : Rev. sociétés* 2017, p. 467.

1) Rémunération du président. La procédure des conventions réglementées n'est pas applicable à la rémunération du président de la SAS lorsqu'il résulte des statuts que celle-ci doit être fixée par une décision collective des associés prise à la majorité simple. ▪ Cass. com., 4 nov. 2014, n° 13-24.889 : *JurisData* n° 2014-026547 ; *Dr. sociétés* 2015, n° 7, note D. Gallois-Cochet ; *Bull. Joly Sociétés* 2015, p. 13, note P.-L. Périn ; *JCP* E 2014, 1652, note B. Dondero ; *JCP* E 2015, n° 1012, note J. de Calbiac ; *Rev. sociétés* 2015, p. 108, note L. Godon ; *D.* 2015, p. 2401, obs. J.-C. Hallouin.

2) Responsabilité du CAC. Les manquements dans la présentation de son rapport spécial, reprochés au commissaire aux comptes – consistant à ne pas avoir fourni une information suffisante à propos d'une convention réglementée conclue par une SAS – dont il n'était pas soutenu qu'ils étaient à l'origine de la perte d'une chance de ne pas approuver les conventions litigieuses, n'ont pu être la cause du préjudice né de la conclusion de ces conventions. ▪ Cass. com., 26 févr. 2013, n° 11-22.531 : *JurisData* n° 2013-003228 ; *JCP* E 2013, 1182, note B. Dondero ; *Dr. sociétés* 2013, n° 82, note D. Gallois-Cochet ; *Rev. sociétés* 2013, p. 288, note D. Schmidt.

Art. L. 227-11 *(Mod., n° 2011-525, 17 mai 2011)*. **– L'article L. 227-10 n'est pas applicable aux conventions portant sur des opérations courantes et conclues à des conditions normales.**

Voir : art. L. 223-20, p. 315, L. 225-39, p. 352, L. 225-87, p. 374.

Bibliographie : P. Le Cannu et B. Dondero, *Le nouveau régime des conventions courantes : un retour en arrière bienvenu ? : JCP* E 2011, n° 1453, p. 21.

Art. L. 227-12 *(Anc. L. n° 66-537, 24 juill. 1966)*. **– Les interdictions prévues à l'article L. 225-43 s'appliquent, dans les conditions déterminées par cet article, au président et aux dirigeants de la société.**

Art. L. 227-13 *(Anc. L. n° 66-537, 24 juill. 1966)*. **– Les statuts de la société peuvent prévoir l'inaliénabilité des actions pour une durée n'excédant pas dix ans.**

Bibliographie : C. Ferry, *Validité des clauses d'inaliénabilité portant sur des actions : JCP* E 2010, 1327 ; *Portée des clauses d'inaliénabilité ayant pour objet des actions : Dr. sociétés* 2010, n° 12, p. 12 ; *Les parts sociales et les actions inaliénables sont-elles insaisissables ? : Rev. sociétés* 2020, p. 459.

Art. L. 227-14 *(Anc. L. n° 66-537, 24 juill. 1966)*. **– Les statuts peuvent soumettre toute cession d'actions à l'agrément préalable de la société.**

Voir : art. L. 228-24, p. 471.

Applicabilité de l'article L. 228-24. Il ne résulte d'aucune jurisprudence de la Cour de cassation que les dispositions de l'article L. 228-24 du Code de commerce s'appliquent en cas de non-respect d'une clause d'agrément prévue par les statuts d'une société par actions simplifiée (refus de transmettre une question prioritaire de constitutionnalité). ▪ Cass. com., 8 mars 2018, n° 17-40.079 : *JurisData* n° 2018-004068 ; *Bull. Joly Sociétés* 2018, p. 295, note B. Dondero ; *Rev. sociétés* 2018, p. 511, note L. Godon ; *Dr. sociétés* 2018, comm. 103, note J. Heinich ; *RTD com.* 2018, p. 719, note J. Moury.

Art. L. 227-15 *(Anc. L. n° 66-537, 24 juill. 1966)*. **– Toute cession effectuée en violation des clauses statutaires est nulle.**

Viole l'article 1134 du Code civil dans sa rédaction antérieure à celle issue de l'ordonnance du 10 février 2016, la cour d'appel qui ordonne à une société d'enregistrer les ordres de mouvement d'une cession contrevenant à une promesse alors que la révocation unilatérale de la promesse et, par suite, la cession litigieuse constituaient une violation du pacte d'associés entraînant la nullité de la cession en application des statuts. ▪ Cass. com., 27 juin 2018, n° 16-14.097 : *RTD civ.* 2018, p. 892, note H. Barbier ; *Dr. sociétés* 2018, comm. 203, note R. Mortier ; *RTD com.* 2018, p. 955, note J. Moury ; *Bull. Joly Sociétés* 2018, p. 565, note P.-L. Périn ; *Gaz. Pal.* 25 sept. 2018, p. 66, note E. Schlumberger.

Art. L. 227-16 *(Anc. L. n° 66-537, 24 juill. 1966)*. **– Dans les conditions qu'ils déterminent, les statuts peuvent prévoir qu'un associé peut être tenu de céder ses actions.**

Ils peuvent également prévoir la suspension des droits non pécuniaires de cet associé tant que celui-ci n'a pas procédé à cette cession.

Bibliographie : D. Gallois-Cochet, *L'obscure clarté du régime de l'exclusion statutaire : Dr. sociétés* 2014, étude 23. • C. Coupet, *Loi du 19 juillet 2019 de simplification, de clarification et d'actualisation : miscellanées de droit des sociétés : Bull. Joly Sociétés* oct. 2019, p. 35. • L. Godon, *SAS : les incidences de la loi du 19 juillet 2019 de simplification, de clarification et d'actualisation du droit des sociétés : Rev. sociétés* 2019, p. 723. • R. Mortier *et a.*, *Simplification du droit des sociétés – La loi Mohamed Soilihi article par article (2e partie) : Dr. sociétés* 2019, étude 14. • A. Couret, *Les clauses d'exclusion dans les SAS : sortir d'un débat en voie d'enlisementé : D.* 2019, p. 2188. • H. Le Nabasque, *À propos des clauses d'exclusion dans la SAS après la loi de simplification du droit des sociétés du 19 juillet 2019 : Bull. Joly Sociétés* janv. 2020, p. 60. • D. Martin et M. Carosso, *L'exclusion d'un associé d'une SAS après la loi de simplification du droit des sociétés : JCP* E 2020, 1091.

1) Notion de clause d'exclusion. Promesse de vente (non). La promesse de vente des actions dans un pacte n'est pas une clause d'exclusion, ▪ Cass. com., 6 mai 2014, nos 13-17.349 et 13-19.066 : *JurisData* n° 2014-009101 ; *JCP* E 2014, n° 1317, note B. Dondero ; *JCP* E 2014, n° 1515, note M. Buchberger ; *Rev. sociétés* 2015, p. 36, note M. Michineau. N'est pas potestative de la part de celui qui s'oblige la clause d'un pacte d'associés prévoyant qu'un associé-salarié s'engage à céder ses parts à la société en cas de licenciement pour faute grave ou lourde. ▪ Cass. 1re civ., 6 déc. 2017, n° 16-17.588 : *Dr. sociétés* 2018, comm. 61, note R. Mortier ; *Bull. Joly Sociétés* 2018, p. 160, note B. Saintourens.

2) Participation au vote de l'associé menacé d'exclusion. Il résulte de l'article 1844, alinéa 1, que tout associé a le droit de participer aux décisions collectives et de voter, les statuts ne pouvant déroger à ces dispositions que dans les cas prévus par la loi ; par suite, lorsque les statuts d'une SAS subordonnent l'exclusion d'un associé à une décision collective des associés, l'associé dont l'exclusion est proposée ne peut être privé de son droit de participer à la décision et de voter sur la proposition ▪ Cass. com., 23 oct. 2007, n° 06-16.537 : *Bull. Joly Sociétés* 2008, p. 101, note D. Schmidt ; *D.* 2007, p. 2726, obs. A. Lienhard ; *D.* 2008, p. 47, note Y. Paclot ; *Dr. sociétés* 2007, n° 219, obs. H. Hovasse ; *JCP* E 2007, 2433, note A. Viandier et 1280, n° 8, obs. J.-J. Caussain, F. Deboissy et G. Wicker ; *JCP* G 2007, II, 10197, note D. Bureau ; *Rev. sociétés* 2007, p. 814, note P. Le Cannu. ▪ Cass. com., 9 juill. 2013, n° 11-27.235 : *Rev. sociétés* 2014, p. 40, note J.-J. Ansault ; *Bull. Joly Sociétés* 2013, note D. Poracchia ; *JCP* E 2013, 51, note B. Dondero ; *D.* 2013, p. 2734, comm. J.-Cl. Hallouin ; *D.* 2013, p. 2627, obs. A. Liehnard et note F. Ait-Ahmed. ▪ Cass. com., 9 juill. 2013, n° 12-21.238 : *Rev. sociétés* 2014, p. 40, note J.-J. Ansault ; *D. 2013, p. 2627, obs. A. Liehnard et note F. Ait-Ahmed* ; *Dr. sociétés* 2013, n° 154, note R. Mortier ; *D.* 2013, p. 2734, comm. J.-C. Hallouin. – L'on ne peut exclure valablement un associé sur le fondement d'une clause statutaire le privant de son droit de vote, quand bien même il aurait effectivement exercé ce droit ▪ Cass. com., 6 mai 2014, n° 13-14.960 : *Bull. Joly Sociétés* 2014, p. 506, note R. Mortier ; *Rev. sociétés* 2014, p. 550, note P. Le Cannu. Ne contrevient pas aux dispositions de l'article 1844 du Code civil l'article des statuts prévoyant que l'assemblée générale statuant à l'unanimité moins les voix de l'associé mis en cause, peut exclure tout membre de la société pour les causes listées, dès lors que l'intéressé, convoqué à l'assemblée générale litigieuse, a émis un vote dont il a été tenu compte. ▪ Cass. com., 24 oct. 2018, n° 17-26.402 : *JurisData* n° 2018-018758 ; *Bull. Joly Sociétés* 2019, p. 23, note B. Brignon ; *BRDA* 23/18, note A. Couret ; *Rev. sociétés* 2019, p. 246, note J.-Ph. Dom ; *Dr. sociétés* 2019, comm. 21, note R. Mortier.

3) Validité des clauses d'exclusion de plein droit. Est licite la clause prévoyant que tout actionnaire qui cesse d'être salarié perd dès ce moment sa qualité d'actionnaire. Le salarié s'étant engagé à respecter la règle selon laquelle la propriété des actions est indissociable de la qualité de salarié et la clause ne conférant aux organes sociaux aucun pouvoir discrétionnaire d'exclusion, la cour d'appel a déduit à bon droit que le salarié avait perdu sa qualité d'actionnaire par suite de la perte de la qualité de salarié (SA). ▪ Cass. com., 29 sept. 2015, n° 14-17.343 : *JurisData* n° 2015-021771 ; *Rev. sociétés* 2016, p. 228, note J.-J. Ansault ; *JCP* E 2016, chron. 1217, note M. Buchberger ; *Dr. sociétés* 2016, étude 3, *De la perte de la qualité d'associé*, H.-L. Delsol ; *Dr. sociétés* 2016, n° 43, note R. Mortier ; *Bull. Joly* 2015, p. 629, note B. Dondero ; *Rev. Lamy dr. civ.* mars 2016, p. 60, note J. Mestre ; *Dr. sociétés* 2016, comm. 43, note R. Mortier ; *Gaz. Pal.* 2016, p. 63, note J.-M. Moulin ; *JCP* E 2016, comm. 1341, note Y. Paclot. N'est pas fondé à se prévaloir de l'inobservation du principe de la contradiction l'associé dont l'exclusion a été décidée après que la mise en œuvre de la procédure statutaire lui a été notifiée, par une lettre précisant le motif de l'exclusion envisagée et ses modalités, et l'invitant à présenter ses observations sur ces points (société civile). ▪ Cass. com., 20 mars 2012, n° 11-10.855 : *JurisData* n° 2012-004961 ; *Dr. sociétés* 2012, comm. 77, note H. Hovasse ; *JCP* E 2012, n° 1310, p. 33, note R. Mortier ; *JCP* E 2012, 1569, J.-P. Garçon ; *Bull. Joly Sociétés* 2012, n° 311, p. 538.

4) Motifs d'exclusion. – Un associé n'ayant pas assisté à quatre assemblées ordinaires consécutives et à une assemblée générale extraordinaire peut être exclu en application d'une clause statutaire stipulant que l'exclusion d'un associé peut être prononcée en cas de désintérêt se manifestant par une absence répétée aux assemblées générales, le motif que l'associé invoquait par ailleurs ne permettant pas de légitimer ces absences. ▪ Cass. com., 14 oct. 2020, n° 18-19.181 : *Rev. sociétés* 2021, p. 93, note L. Godon ; *Bull. Joly Sociétés* déc. 2020, p. 10, note G. Grundeler ; *Dr. sociétés* 2021, comm. 32, note R. Mortier.

5) Évaluation des droits sociaux. – **Date d'évaluation des actions de l'associé exclu.** À défaut pour les statuts de prévoir la date à laquelle la valeur des titres de l'associé exclu doit être déterminée, les actions doivent être évaluées à la date la plus proche de la cession future. ▪ Cass. com., 16 sept. 2014, n° 13-17.807 : *JurisData* n° 2014-021091 ; *Dr. sociétés* 2014, n° 188, note D. Gallois-Cochet ; *JCP* E 2015, n° 1186, note M. Buchberger ; *Rev. sociétés* 2015, p. 19, note J. Moury ; *D.* 2014, p. 2446, note J.-M. Desaché et B. Dondéro ; *Bull. Joly Sociétés* 2014, 695, note P. Le Cannu ; *D.* 2015, p. 2401, obs. A. Rabreau. – **Salarié associé et clause de décote.** La clause d'un pacte d'actionnaires passé entre un salarié, détenant des actions de la société qui l'emploie, dont partie lui a été remise à titre gratuit, et la société mère de son employeur, en présence de ce dernier, prévoyant que le salarié promet irrévocablement de céder la totalité de ses actions en cas de perte de cette qualité, pour quelque raison que ce soit, et qu'en cas de cessation des fonctions pour cause de licenciement autre que pour faute grave ou lourde, le prix de cession des titres serait le montant évalué à dire d'expert dégradé du coefficient 0,5, ne s'analyse pas en une sanction pécuniaire prohibée, en ce qu'elle ne vise pas à sanctionner un agissement du salarié considéré par l'employeur comme fautif, dès lors qu'elle s'applique également dans toutes les hypothèses de licenciement autre que disciplinaire (SA). ▪ Cass. com., 7 juin 2016, n° 14-17.978 : *JurisData* n° 2016-011198 ; *D.* 2016, p. 2042, note D. Baugard et N. Borga ; *JCP* E 2016, chron. 1554, note M. Caffin-Moi ; *JCP* G 2016, comm. 957, note J. Chacornac ; *AJCA* 2016, p. 391, note C. Coupet ; *RTD civ.* 2016, p. 614, note H. Barbier ; *Rev. sociétés* 2017, p. 85, note Y. Marjault ; *Dr. sociétés* 2016, comm. 180, note R. Mortier ; *JCP* S 2016, comm. 1329, note Y. Pagnerre ; *JCP* E 2016, comm. 1504, note S. Schiller, J.-M. Leprête et P. Bignebat.

Voir : art. L. 210-2, p. 286.

Art. L. 227-17 *(Anc. L. n° 66-537, 24 juill. 1966)*. – **Les statuts peuvent prévoir que la société associée dont le contrôle est modifié au sens de l'article L. 233-3 doit, dès cette modification, en informer la société par actions simplifiée. Celle-ci peut décider, dans les conditions fixées par les statuts, de suspendre l'exercice des droits non pécuniaires de cet associé et de l'exclure.**

Les dispositions de l'alinéa précédent peuvent s'appliquer, dans les mêmes conditions, à l'associé qui a acquis cette qualité à la suite d'une opération de fusion, de scission ou de dissolution.

Art. L. 227-18 *(Anc. L. n° 66-537, 24 juill. 1966)*. – **Si les statuts ne précisent pas les modalités du prix de cession des actions lorsque la société met en œuvre une clause introduite en application des articles L. 227-14, L. 227-16 et L. 227-17, ce prix est fixé par accord entre les parties ou, à défaut, déterminé dans les conditions prévues à l'article 1843-4 du Code civil.**

Lorsque les actions sont rachetées par la société, celle-ci est tenue de les céder dans un délai de six mois ou de les annuler.

Art. L. 227-19 *(Mod., Ord. n° 2017-747, 4 mai 2017 ; L. n° 2019-744, 19 juill. 2019)*. – **Les clauses statutaires visées aux articles L. 227-13 et L. 227-17 ne peuvent être adoptées ou modifiées qu'à l'unanimité des associés.**

Les clauses statutaires mentionnées aux articles L. 227-14 et L. 227-16 ne peuvent être adoptées ou modifiées que par une décision prise collectivement par les associés dans les conditions et formes prévues par les statuts.

Bibliographie : C. Coupet, *Ordonnance portant diverses mesures facilitant la prise de décision et la participation des actionnaires au sein des sociétés : Dr. sociétés* 2017, comm. 121. • B. Saintourens, *Simplification du fonctionnement des sociétés : le complément réglementaire pour 2017 : Rev. sociétés* 2017, p. 467. • H. Le Nabasque, *Plaidoyer pour la réduction du champ d'application de la règle de l'unanimité dans les SAS. À propos de la suppression des clauses visées par l'article L. 227-19 du Code de commerce : Mélanges en l'honneur de J.-J. Daigre : Joly éditions*, 2017, p. 193. • C. Coupet, *Loi du 19 juillet 2019 de simplification, de clarification et d'actualisation : miscellanées de droit des sociétés : Bull. Joly Sociétés* oct. 2019, n° 120e1, p. 35. • L. Godon, *SAS : les incidences de la loi du 19 juillet 2019 de simplification, de clarification et d'actualisation du droit des sociétés : Rev. sociétés* 2019, p. 723. • A. Couret, *Les clauses d'exclusion dans les SAS : sortir d'un débat en voie d'enlisement : D.* 2019, p. 2188. • R. Mortier *et a.*, *La loi Mohamed Soilihi article par* article : *Dr. sociétés* 2019, étude 14. • J.-F. Hamelin, *Simplification, clarification et libéralisation au programme : Dr. sociétés* 2019, comm. 169.

Application de l'article L. 227-19. L'exigence d'unanimité prévue par l'article L. 227-19 du Code de commerce s'applique à l'adoption d'une résolution emportant adoption d'un droit de retrait et modification de clauses statutaires d'agrément et d'exclusion (jurisp. antérieure à l'ord. n° 2017-747, 4 mai 2017). ▪ Cass. com., 8 avr. 2014, n° 13-18.120 : *JurisData* n° 2014-007033 ; *Dr. sociétés* 2014, n° 103, note D. Gallois-Cochet ; *JCP* E 2014, n° 1262, note D. Gallois-Cochet ; *Bull. Joly Sociétés* 2014, p. 503, note H. Lécuyer.

Art. L. 227-20 *(Anc. L. n° 66-537, 24 juill. 1966).* **– Les articles L. 227-13 à L. 227-19 ne sont pas applicables aux sociétés ne comprenant qu'un seul associé.**

Voir aussi : pour l'application du CGI et du LPF, la société par actions simplifiée est assimilée à une société anonyme (L. n° 93-1353, 30 déc. 1993, loi de finances rectificative pour 1993, art. 32). CGI, art. 1655 *quinquies*.

CHAPITRE VIII. – DES VALEURS MOBILIÈRES ÉMISES PAR LES SOCIÉTÉS PAR ACTIONS

Section I. – Dispositions communes aux valeurs mobilières

Bibliographie : T. Bonneau, *L'ordonnance n° 2004-604 du 24 juin 2004 portant réforme des valeurs mobilières émises par les sociétés commerciales. Son application dans le temps : Dr. sociétés* août-sept. 2004, p. 6 ; *L'application de la réforme dans le temps : Dr. et patrimoine* oct. 2004, p. 100. • M. Germain, *L'ordonnance du 24 juin 2004 : réforme ou résolution : Dr. sociétés* août-sept. 2004, p. 3 ; *L'ordonnance n° 2004-604 du 24 juin 2004 portant réforme des valeurs mobilières émises par les sociétés commerciales : JCP* G 2004, 440. • A. Lienhard, *Présentation de l'ordonnance réformant les valeurs mobilières : D.* 2004, p. 1956. • P. Le Cannu, *L'ordonnance n° 2004-604 du 24 juin 2004 : généralités : RTD com.* 2004, p. 530 ; *La protection des porteurs : Rev. sociétés* 2004, p. 567. • P. Le Cannu et G. Parleani, *Le financement du capital : Rev. sociétés* 2004, p. 13. • G. Notte, *Valeurs mobilières émises par les sociétés commerciales : Ord. n° 2004-604, 24 juin 2004 : JCP* E 2004, 153. • M. Storck, *Réforme du régime des valeurs mobilières émises par les sociétés commerciales : RTD com.* 2004, p. 558. • S. Arnaud, S. Ginon et F. Petit, *Le transfert de propriété des valeurs mobilières : Dr. sociétés* 2012, n° 14. • V. Mercier, Joly Sociétés, EV 010, *Valeurs mobilières*.

Art. L. 228-1 *(Mod., L. n° 2001-420, 15 mai 2001 ; Ord. n° 2004-604, 24 juin 2004 ; Ord. n° 2009-15, 8 janv. 2009 ; Ord. n° 2014-863, 31 juill. 2014 ; Ord. n° 2017-1674, 8 déc. 2017 ; L. n° 2019-486, 22 mai 2019).* **– Les sociétés par actions émettent toutes valeurs mobilières dans les conditions du présent livre.**

Les valeurs mobilières sont des titres financiers au sens de l'article L. 211-1 du Code monétaire et financier, qui confèrent des droits identiques par catégorie.

Les valeurs mobilières émises par les sociétés par actions revêtent la forme de titres au porteur ou de titres nominatifs, sauf pour les sociétés pour lesquelles la loi ou les statuts imposent la seule forme nominative, pour tout ou partie du capital.

Nonobstant toute convention contraire, tout propriétaire dont les titres font partie d'une émission comprenant à la fois des titres au porteur et des titres nominatifs a la faculté de convertir ses titres dans l'autre forme.

Toutefois, la conversion des titres nominatifs n'est pas possible s'agissant des sociétés pour lesquelles la loi ou les statuts imposent la forme nominative pour tout ou partie du capital.

Ces valeurs mobilières, quelle que soit leur forme, doivent être inscrites en compte ou dans un dispositif d'enregistrement électronique partagé au nom de leur propriétaire, dans les conditions prévues aux articles L. 211-3 et L. 211-4 du Code monétaire et financier.

Toutefois, lorsque des titres de capital ou des obligations de la société ont été admis aux négociations sur un ou plusieurs marchés réglementés ou systèmes multilatéraux de négociation agréés en France ou dans un autre État *membre de l'Union européenne ou partie à l'accord* **sur l'Espace économique européen, ou sur un marché considéré comme équivalent à un marché réglementé par la Commission européenne en application du** *a* **du 4 de l'article 25 de la directive 2014/65/UE du Parlement européen et du Conseil du 15 mai 2014 concernant les marchés d'instruments financiers et modifiant la directive 2002/92/CE et la directive 2011/61/UE, et que leur propriétaire n'a pas son domicile sur le territoire français au sens de l'article 102 du Code civil, tout intermédiaire peut être inscrit pour le compte de ce propriétaire. Lorsque des titres de capital ou des obligations de la société**

ont été admis aux négociations uniquement sur un ou plusieurs marchés considérés comme équivalent à un marché réglementé par la Commission européenne en application du *a* du 4 de l'article 25 de la directive 2014/65/UE du Parlement européen et du Conseil du 15 mai 2014 précitée, cette inscription peut être faite pour le compte de tout propriétaire. L'inscription de l'intermédiaire peut être faite sous la forme d'un compte collectif ou en plusieurs comptes individuels correspondant chacun à un propriétaire.

L'intermédiaire inscrit est tenu, au moment de l'ouverture de son compte auprès soit de la société émettrice, soit de l'intermédiaire mentionné à l'article L. 211-3 du Code monétaire et financier qui tient le compte-titres, de déclarer, dans les conditions fixées par décret, sa qualité d'intermédiaire détenant des titres pour le compte d'autrui.

En cas de cession de valeurs mobilières admises aux opérations d'un dépositaire central ou livrées dans un système de règlement et de livraison mentionné à l'article L. 330-1 du Code monétaire et financier, le transfert de propriété s'effectue dans les conditions prévues à l'article L. 211-17 de ce code. Dans les autres cas, le transfert de propriété résulte de l'inscription des valeurs mobilières au compte de l'acheteur ou dans un dispositif d'enregistrement électronique partagé, dans des conditions fixées par décret en Conseil d'État.

NB : Conformément à l'ordonnance n° 2017-1674 du 8 décembre 2017, article 8, ces dispositions entrent en vigueur à la publication du décret prévu au 2° de l'article 2 et, au plus tard, le 1er juillet 2018.

Voir : art. R. 228-1 et R. 228-2, p. 1726.
Définition des valeurs mobilières : C. monét. fin., art. L. 211-2, p. 3269.
Sociétés cotées : art. L. 22-10-42, p. 507.

Bibliographie : *Transmission de valeurs mobilières.* J.-M. Delleci, *Le nouveau droit de propriété des titres négociés : JCP* E 1994, I, 368. • M.-A. Frison-Roche et M. Jockey, *Pourquoi existe-t-il encore des titres au porteur ? : JCP* E 1994, I, 344. • F. Roussel et C. Vernières, *Le transfert des valeurs mobilières non cotées : JCP* E 2007, 1840. • P. Berlioz, *La cession des droits sociaux : Rev. sociétés* 2015, p. 14. • H. Synvet, *La propriété des valeurs mobilières en droit français : 20 ans de dématérialisation des titres en France*, sous la dir. H. de Vauplane, *Revue Banque Édition*, 2005, p. 37. • J. Granotier, *Le transfert de propriété des valeurs mobilières*, préf. D. Cohen, Économica, 2010.

Dispositif d'enregistrement partagé. Th. Cremers, *La blockchain et les titres financiers : retour vers le futur : Bull. Joly Bourse*, 2016, p. 271. • A.-Cl. Rouaud, *L'application de la technologie des registres distribués dans le domaine du post-marché : évolution ou révolution ? : Mél. J.-J. Daigre, Joly éditions*, 2016 p. 635. • X. Vamparys, *La blockchain : un outil au service des droits des actionnaires ? : Bull. Joly Sociétés* 2018, p. 15. • M. Julienne, *L'inscription des titres financiers en blockchain : Bull. Joly Bourse* mars 2019, p. 58. • Th. Cremers, *Qualifications juridiques de valeurs numériques et titres inscrits en DEEP : Bull. Joly Bourse* déc. 2019, p. 57. • D. Legeais, *L'utilisation de la blockchain pour les titres de sociétés non cotées : Dr. sociétés* 2019, étude 2. • B. Dondero, *La blockchain et le droit des sociétés : Bull. Joly Sociétés* mai 2019, p. 40.

1) Titres au porteur. – Article 587 du Code civil. Les titres au porteur ne sont pas consomptibles au premier usage, et l'article 587 du Code civil ne leur est pas applicable ▪ Cass. 1re civ., 4 avr. 1991, n° 89-17.351 : *JurisData* n° 1991-000936 ; *Rev. sociétés* 1991, p. 737, note P. Didier.

– **Article 2279 ancien du Code civil** (devenu art. 2276). L'article 2279 du Code civil s'applique aux titres au porteur ▪ CA Paris, 29 mai 1992 : *Bull. Joly Sociétés 1992, p. 1082, note D. L.*

2) Usufruit. L'usufruitier d'un portefeuille de valeurs mobilières est autorisé à gérer cette universalité en cédant des titres dans la mesure où ils sont remplacés, à charge pour lui d'en conserver la substance et de les rendre ▪ Cass. 1re civ., 12 nov. 1998, n° 96-18.041 : *JurisData* n° 1998-004245 ; *D.* 1998, p. 167, note L. Aynès ; *JCP* E 1999, p. 426, note S. Rouxel ; *JCP* G 1999, II, 10027, note S. Piédelièvre ; *JCP* N 1999, 351, note H. Hovasse.

3) Obligation de délivrance. L'obligation de délivrer les actions cédées s'exécute par la signature des ordres de mouvement et cette formalité incombe au seul cédant. ▪ Cass. com., 24 mai 2011, n° 10-12.163 : *JurisData* n° 2011-009611 ; *Dr. sociétés* 2011, p. 11, comm. 166, R. Mortier ; *Bull. Joly Sociétés* 2011, p. 770, note D. Poracchia et C.-A. Maetz ; *Rev. sociétés* 2012, p. 157, note M. Dubertret.

4) Transfert de propriété. *a) Avant l'entrée en vigueur de la loi de dématérialisation (L. n° 81-1160 du 30 déc. 1981).* La transmission de la propriété des titres nominatifs s'opère dans les rapports entre les parties, par le seul effet de la convention de cession, l'inscription sur les registres de la société ayant pour effet de rendre cette transmission opposable aux tiers et à elle-même. L'annulation de la cession empêche le cessionnaire de transférer valablement la propriété des actions, celui-ci ne pouvant transmettre plus de droits qu'il n'en avait, lui-même. ▪ Cass. com., 24 janv. 1989, n° 87-14.997 *(arrêt Nortene)* : *JurisData* n° 1989-700244 ; *Bull. civ.* IV, n° 39 ; *JCP* G 1989, IV, p. 114 ; *JCP* N 1989, p. 330 ; *Bull. Joly Socié-*

tés 1989, p. 266, D. Lepeltier : *b) Avant l'entrée en vigueur de l'ordonnance n° 2004-604 du 24 juin 2004.* – Date du transfert de propriété. Les textes ayant imposé la dématérialisation des valeurs mobilières et leur inscription en compte [L n° 81-1160, 30 déc. 1981 ; décr. 2 mai 1983] n'ont aucune portée en ce qui concerne le transfert de propriété entre les parties à une vente de titres, qui s'opère par le seul effet de la convention de cession. ▪ Cass. com., 22 nov. 1988, n° 86-18.152 *(arrêt Korzilius)* : *JurisData* n° 1988-702483 ; *Bull. civ.* IV, n° 322. ▪ Cass. 1re civ., 16 juill. 1992, n° 90-19.107 : *JurisData* n° 1992-001691 ; *Bull. civ.* I, n° 238. ▪ Cass. com., 23 nov. 1993, n° 91-19.409 : *JurisData* n° 1993-002301 ; *Bull. civ.* IV, n° 431 ; *Bull. Joly Sociétés* 1994, p. 93, note D. Lepeltier. – Valeur probatoire de l'inscription en compte. L'inscription en compte vaut présomption de propriété. ▪ Cass. com., 10 juin 1997, n° 95-16.235 *(arrêt Aubertin)* : *JurisData* n° 1997-002675 ; *Bull. civ.* IV, n° 186 ; *Bull. Joly Sociétés* 1997, p. 859, note J.-J. Daigre ; *Banque et droit* 1997, n° 55, note H. De Vauplane. L'inscription en compte vaut présomption simple de propriété. ▪ Cass. com., 22 oct. 2002, n° 98-22.772 : *JurisData* n° 2002-016143 ; *Bull. Joly Bourse* 2003, p. 43, note Ph. Goutay et E. Luyton ; *RD bancaire et fin.* 2003, p. 42, note H. Le Nabasque. *c) Entrée en vigueur de l'ordonnance du 24 juin 2004.* L'article L. 228-1, alinéa 9 dans sa rédaction résultant de l'ordonnance du 24 juin 2004 est inapplicable aux cessions intervenues avant l'entrée en vigueur du décret d'application du 11 décembre 2006. ▪ CA Paris, 5e ch., 22 févr. 2018, n° 16/25208 : *JurisData* n° 2018-002548 ; *Dr. sociétés* 2018, comm. 123, note C. Coupet.

Art. L. 228-2 ***(Rempl., L. n° 2001-420, 15 mai 2001 ; mod., L. n° 2003-706, 1er août 2003 ; Ord. n° 2004-604, 24 juin 2004 ; Ord. n° 2009-15, 8 janv. 2009 ; Ord. n° 2014-863, 31 juill. 2014 ; rempl. à compter d'une date fixée par décret et au plus tard le 10 juin 2019, L. n° 2019-486, 22 mai 2019).*** **– I. – En vue de l'identification des propriétaires des titres au porteur, les statuts peuvent prévoir que la société émettrice ou son mandataire est en droit de demander, à tout moment et contre rémunération à sa charge, soit au dépositaire central qui assure la tenue du compte émission de ses titres, soit directement à un ou plusieurs intermédiaires mentionnés à l'article L. 211-3 du Code monétaire et financier, les informations concernant les propriétaires de ses actions et des titres conférant immédiatement ou à terme le droit de vote dans ses propres assemblées d'actionnaires. Dans les sociétés dont des actions sont admises aux négociations sur un marché réglementé, cette faculté est de droit, toute clause statutaire contraire étant réputée non écrite.**

Lorsque la demande est adressée au dépositaire central, celui-ci recueille les informations auprès des teneurs de comptes qui lui sont affiliés. Lorsque la demande est directement adressée à un intermédiaire mentionné au même article L. 211-3, celle-ci est limitée aux informations concernant les propriétaires des titres inscrits dans un compte-titres tenu par l'intermédiaire interrogé.

II. – Lorsqu'un teneur de compte identifie dans la liste qu'il est chargé d'établir, à la suite de la demande prévue au I du présent article, un intermédiaire mentionné au septième alinéa de l'article L. 228-1 inscrit pour le compte d'un ou plusieurs tiers propriétaires, il lui transmet cette demande, sauf opposition expresse de la société émettrice ou de son mandataire lors de la demande. L'intermédiaire inscrit interrogé est tenu de transmettre les informations au teneur de compte, à charge pour ce dernier de les communiquer, selon le cas, à la société émettrice ou son mandataire ou au dépositaire central mentionné au I du présent article.

III. – Les délais de transmission des demandes d'informations et de communication des réponses à ces demandes ainsi que la liste des informations mentionnés aux I et II sont fixés par décret en Conseil d'État.

Lorsque ces délais ne sont pas respectés ou lorsque les informations fournies sont incomplètes ou erronées, le dépositaire central mentionné au I, la société émettrice ou son mandataire ou le teneur de compte peut demander l'exécution de l'obligation de communication, sous astreinte, au président du tribunal statuant en référé.

IV. – Sauf clause contraire du contrat d'émission et nonobstant le silence des statuts, toute personne morale émettrice d'obligations ou de titres de créances négociables autre que les personnes morales de droit public a la faculté de demander l'identification des porteurs de ces titres dans les conditions et suivant les modalités prévues ***aux I à III.***

V. – Les frais éventuels appliqués au titre des services mentionnés au présent article sont non discriminatoires et proportionnés aux coûts engagés pour fournir ces services. Toute différence de frais résultant du caractère transfrontalier du service n'est autorisée que si elle fait l'objet d'une explication et correspond à la différence des coûts engagés pour fournir ce service. Les frais sont rendus publics, dans des conditions fixées par décret en Conseil d'État, de manière séparée pour chaque service mentionné au présent article.

VI. – Les informations obtenues par la société en application du présent article ne peuvent être cédées par celle-ci, même à titre gratuit. Toute violation de cette disposition est punie des peines prévues à l'article 226-13 du Code pénal.

Bibliographie : J.-P. Valuet, *Identification et vote des actionnaires non résidents des sociétés cotées : Rev. sociétés* 2001, p. 571. • ANSA, *L'amélioration des conditions de vote des actionnaires non résidents des sociétés cotées françaises*, 2e éd., janv. 2003, p. 3. • E. Schlumberger, *Les incidences de la loi PACTE sur l'identification des actionnaires : Bull. Joly Sociétés* 2019, n° 119x1, p. 81. • P. Pailler, *L'identification des actionnaires : Rev. sociétés* 2019, p. 628. • C. Coupet, *Transposition de la directive Droits des actionnaires : say on pay et autres mesures d'application : Bull. Joly Bourse* mars 2020, p. 26.

Voir : art. R. 228-3 et R. 228-4, p. 1727.

Art. L. 228-3 *(Rempl., L. n° 2001-420, 15 mai 2001 ; mod., Ord. n° 2004-604, 24 juin 2004 ; Ord. n° 2014-863, 31 juill. 2014 ; rempl., L. n° 2019-486, 22 mai 2019).* – S'il s'agit de titres de forme nominative, constitués par des obligations ou des titres donnant immédiatement ou à terme accès au capital, l'intermédiaire inscrit dans les conditions prévues à l'article L. 228-1 est tenu de communiquer les informations concernant les propriétaires de ces titres sur demande de la société émettrice ou de son mandataire, laquelle peut être présentée à tout moment.

Les délais de communication et la liste des informations sont fixés par décret en Conseil d'État.

Lorsque les délais ne sont pas respectés ou lorsque les informations fournies sont incomplètes ou erronées, la société émettrice ou son mandataire peut demander l'exécution de l'obligation de communication, sous astreinte, au président du tribunal statuant en référé.

Les droits spéciaux attachés aux actions nominatives, notamment ceux prévus aux articles L. 225-123 et L. 232-14, ne peuvent être exercés par un intermédiaire inscrit dans les conditions prévues à l'article L. 228-1 que si les informations qu'il fournit permettent le contrôle des conditions requises pour l'exercice de ces droits.

Voir : art. L. 228-3-3, p. 454 et R. 228-5, p. 1728.

Art. L. 228-3-1 *(L. n° 2001-420, 15 mai 2001 ; mod., Ord. n° 2004-604, 24 juin 2004 ; L. n° 2019-486, 22 mai 2019).* – I. – Aussi longtemps que la société émettrice estime que certains détenteurs dont l'identité lui a été communiquée le sont pour le compte de tiers propriétaires des titres, elle est en droit de demander à ces détenteurs de communiquer les informations concernant les propriétaires de ces titres soit directement, soit par l'intermédiaire du dépositaire central ou du teneur de compte dans les conditions prévues au II de l'article L. 228-2 pour les titres au porteur, soit dans les conditions prévues au premier alinéa de l'article L. 228-3 pour les titres nominatifs.

II. – À l'issue de ces opérations, et sans préjudice des obligations de déclaration de participations significatives imposées par les articles L. 233-7, L. 233-12 et L. 233-13, la société émettrice peut demander à toute personne morale propriétaire de ses actions et possédant des participations dépassant le quarantième du capital ou des droits de vote de lui faire connaître l'identité des personnes détenant directement ou indirectement plus du tiers du capital social de cette personne morale ou des droits de vote qui sont exercés aux assemblées générales de celle-ci.

Voir : art. L. 228-3-3, p. 454 et art. R. 228-3, p. 1727.

Art. L. 228-3-2 *(L. n° 2001-420, 15 mai 2001 ; mod., Ord. n° 2004-604, 24 juin 2004 ; Ord. n° 2014-863, 31 juill. 2014).* – L'intermédiaire qui a satisfait aux obligations prévues aux septième et huitième alinéas de l'article L. 228-1 peut, en vertu d'un mandat général de gestion des titres, transmettre pour une assemblée le vote ou le pouvoir d'un propriétaire d'actions ou d'obligations.

Avant de transmettre des pouvoirs ou des votes en assemblée générale, l'intermédiaire inscrit conformément à l'article L. 228-1 est tenu, à la demande de la société émettrice ou de son mandataire, de fournir la liste des propriétaires non résidents des actions ou des obligations auxquelles ces droits de vote sont attachés ainsi que la quantité d'actions ou d'obligations détenues par chacun d'eux. Cette liste est fournie dans les conditions prévues, selon le cas, aux articles L. 228-2 ou L. 228-3.

Le vote ou le pouvoir émis par un intermédiaire qui soit ne s'est pas déclaré comme tel en vertu du huitième alinéa de l'article L. 228-1 ou du deuxième alinéa du présent article, soit n'a pas révélé l'identité des propriétaires des titres en vertu des articles L. 228-2 ou L. 228-3, ne peut être pris en compte respectivement aux assemblées

d'actionnaires s'il s'agit de titres de capital ou donnant accès au capital ou aux assemblées générales d'obligataires s'il s'agit d'obligations.

Voir : art. R. 228-6, p. 1728.

Bibliographie : J.-P. Valuet, *L'identification et le vote des actionnaires non résidents des sociétés cotées : Rev. sociétés* 2001, p. 571. • C. Arsouze et P. Ledoux, *Le vote des actionnaires non résidents : Bull. Joly Sociétés* 2004, § 210, p. 1066. • C. Malecki, *L'actionnaire sans frontières et la directive 2007/36/CE du 11 juillet 2007 concernant l'exercice de certains droits des actionnaires des sociétés cotées : Bull. Joly Sociétés* 2007, p. 928.

Art. L. 228-3-3 *(L. n° 2001-420, 15 mai 2001 ; mod., Ord. n° 2004-604, 24 juin 2004 ; Ord. n° 2014-863, 31 juill. 2014 ; L. n° 2019-486, 22 mai 2019).* **– Lorsque le destinataire de la demande de communication des informations faite conformément aux articles L. 228-2 à L. 228-3-1 n'a pas transmis ces informations dans les délais fixés en application des mêmes articles L. 228-2 à L. 228-3-1 ou a transmis des informations incomplètes ou erronées, les actions, les obligations ou les titres donnant accès immédiatement ou à terme au capital pour lesquels cette personne a été inscrite en compte sont privés des droits de vote pour toute assemblée d'actionnaires ou d'obligataires qui se tiendrait jusqu'à la date de régularisation de l'identification et le paiement du dividende correspondant est différé jusqu'à cette date.**

Au cas où la personne inscrite méconnaîtrait sciemment les dispositions des articles L. 228-1 à L. 228-3-1, le tribunal dans le ressort duquel la société a son siège social peut sur demande, selon le cas, soit de la société émettrice d'actions ou d'un ou plusieurs de ses actionnaires détenant au moins 5 % du capital soit de la société émettrice d'obligations ou d'un ou plusieurs obligataires détenant au moins 5 % des droits de vote attachés aux obligations d'une masse, prononcer la privation totale ou partielle, pour une durée totale ne pouvant excéder cinq ans, selon le cas, des droits de vote attachés aux actions ou des droits de vote au sein des assemblées d'obligataires ayant fait l'objet de l'interrogation et, le cas échéant, pour la même période, du dividende correspondant.

Art. L. 228-3-4 *(L. n° 2001-420, 15 mai 2001 ; mod., L. n° 2003-706, 1er août 2003 ; rempl., L. n° 2019-486, 22 mai 2019).* **– Toute personne employée par l'une des personnes mentionnées aux articles L. 228-2 à L. 228-3-1 ou participant à un titre quelconque à sa direction ou à sa gestion et ayant dans le cadre de son activité professionnelle connaissance des informations mentionnées aux articles L. 228-1 à L. 228-3-2 est tenue au secret professionnel dans les conditions et sous les peines prévues aux articles 226-13 et 226-14 du Code pénal. Le secret professionnel ne peut être opposé ni à l'autorité judiciaire, ni à l'Autorité des marchés financiers.**

Art. L. 228-3-5 *(L. n° 2019-486, 22 mai 2019).* **– Toute stipulation contractuelle ayant pour objet ou pour effet de limiter la communication des informations en application des articles L. 228-2 à L. 228-3-1 est réputée non écrite.**

Art. L. 228-3-6 *(L. n° 2019-486, 22 mai 2019).* **– I. – Les données à caractère personnel collectées par les personnes mentionnées aux articles L. 228-2 à L. 228-3-1 selon les modalités définies aux mêmes articles L. 228-2 à L. 228-3-1 font l'objet d'un traitement automatisé mis en oeuvre par la société émettrice aux fins d'identification des propriétaires de ses titres et de communication avec ces propriétaires pour faciliter leur participation aux assemblées générales, leur accès à toute information intéressant l'activité de la société et, de façon générale, l'exercice de leurs droits.**

II. – Les données à caractère personnel collectées par les personnes mentionnées aux articles L. 228-2 à L. 228-3-1 selon les modalités prévues aux mêmes articles L. 228-2 à L. 228-3-1 et par la société émettrice en application du I du présent article ne peuvent être conservées que douze mois après que les responsables de traitement ont eu connaissance du fait que la personne dont les données à caractère personnel ont été enregistrées n'était plus propriétaire des titres.

Durant la même période, lorsque le propriétaire des titres est une personne morale, celle-ci a le droit d'obtenir, ***dans les meilleurs délais,*** **de toute personne traitant les informations recueillies selon les modalités prévues aux articles L. 228-2 à L. 228-3-1 que les informations inexactes la concernant soient rectifiées et que les informations incomplètes soient complétées, y compris en fournissant une déclaration complémentaire.**

Art. L. 228-4 *(Anc. L. n° 66-537, 24 juill. 1966 ; mod., Ord. n° 2004-604, 24 juin 2004).* **– À peine de nullité, l'émission de parts bénéficiaires ou parts de fondateur est interdite.**

Toutefois, les parts bénéficiaires ou parts de fondateurs émises avant le 1er avril 1967 demeurent régies par les textes les concernant.

Art. L. 228-5 *(Anc. L. n° 66-537, 24 juill. 1966).* – À l'égard de la société, les titres sont indivisibles, sous réserve de l'application des articles L. 225-110 et L. 225-118.

Art. L. 228-6 *(Anc. L. n° 66-537, 24 juill. 1966 ; mod., Ord. n° 2014-863, 31 juill. 2014).* – Nonobstant toutes stipulations statutaires contraires, les sociétés dont les titres ne sont pas admis aux négociations sur un marché réglementé ou aux opérations d'un dépositaire central et qui ont effectué des opérations se traduisant soit par des échanges de titres, soit par l'attribution aux actionnaires de nouveaux titres de capital, peuvent vendre, sur simple décision du conseil d'administration, du directoire ou des gérants et selon des modalités fixées par décret en Conseil d'État, les titres de capital qui n'ont pu être attribués individuellement et correspondant à des droits formant rompus, à la condition d'avoir procédé un an au moins à l'avance à une publicité selon des modalités fixées par ce décret.

À dater de cette vente, les titulaires de droits formant rompus ne peuvent plus prétendre qu'à la répartition en numéraire du produit net de la vente des titres de capital non attribués.

Voir : art. R. 228-11 et R. 228-12, p. 1728.

Bibliographie : A. Viandier et J.-J. Caussain : *JCP* E 1987, 16342, n° 9.

Art. L. 228-6-1 *(Ord. n° 2004-604, 24 juin 2004 ; mod., Ord. n° 2014-863, 31 juill. 2014).* – Dans les sociétés dont les titres sont admis aux négociations sur un marché réglementé, lorsque l'assemblée générale extraordinaire des actionnaires a autorisé une opération se traduisant soit par des échanges de titres, soit par l'attribution aux actionnaires de nouveaux titres de capital, les titres de capital qui n'ont pu être attribués individuellement et correspondant à des droits formant rompus sont vendus. La vente de ces titres de capital et la répartition des sommes provenant de cette vente aux titulaires de ces droits interviennent dans les conditions et suivant des modalités fixées par décret en Conseil d'État.

Dans les sociétés dont les actions sont admises aux opérations d'un dépositaire central sans être cotées sur un marché réglementé, l'assemblée générale extraordinaire des actionnaires qui a autorisé une opération se traduisant soit par des échanges de titres, soit par l'attribution aux actionnaires de nouveaux titres de capital, peut décider la vente des titres de capital qui n'ont pu être attribués individuellement et correspondant à des droits formant rompus, en vue de la répartition des fonds ainsi recueillis entre les titulaires de ces droits, dans les limites et selon les modalités prévues à l'alinéa précédent ou à l'article L. 228-6.

Voir : art. R. 228-13, p. 1729.

Art. L. 228-6-2 *(Ord. n° 2004-604, 24 juin 2004).* – Les droits non pécuniaires attachés aux valeurs mobilières inscrites en compte joint sont exercés par l'un ou l'autre des cotitulaires dans les conditions déterminées par la convention d'ouverture de compte.

Art. L. 228-6-3 *(Ord. n° 2004-604, 24 juin 2004).* – Les titres dont les titulaires, malgré le respect des formalités de convocation aux assemblées générales, sont inconnus du teneur de compte ou n'ont pas été atteints par les convocations, depuis dix années révolues, peuvent être vendus selon la procédure prévue à l'article L. 228-6. Cette vente a lieu à l'expiration d'un délai fixé, par décret en Conseil d'État, à compter de la *publicité prévue* à cet article, à condition que le teneur de compte ait, pendant ce délai, accompli toutes les diligences nécessaires, dans les conditions fixées par ce même décret, pour entrer en contact avec les titulaires ou leurs ayants droit.

Voir : art. R. 228-14, p. 1729.

Bibliographie : B. Losfeld, *Le sort des actions délaissées : Bull. Joly Sociétés* 2004, p. 1323.

Section II. – Des actions

Bibliographie : *JCl. Sociétés-Traité,* Fasc. 95 et s. • C. Ferry, *La location d'actions avec promesse unilatérale de vente : JCP* E 1993, I, 274. • T. Jacomet, *Et... la location d'actions : Bull. Joly Sociétés* 1993, p. 640. • A. Viandier, *Les actions reflets : RJDA* 1/2001, p. 3. • M. Cozian, A. Viandier, F. Deboissy, *Droit des sociétés*, Litec, 31e éd., 2018, nos 1310 et s. • Joly Sociétés, EA 050, *Actions – Généralités*, par V. Mercier.

Art. L. 228-7 *(Anc. L. n° 66-537, 24 juill. 1966 ; mod., Ord. n° 2004-604, 24 juin 2004).* – **Les actions de numéraire sont celles dont le montant est libéré en espèces ou par compensation, celles qui sont émises par suite d'une incorporation au capital de réserves, bénéfices ou primes d'émission, et celles dont le montant résulte pour partie d'une incorporation de réserves, bénéfices ou primes d'émission et pour partie d'une libération en espèces. Ces dernières doivent être intégralement libérées lors de la souscription.**

Sous réserve des règles spécifiques applicables aux actions résultant d'une fusion ou d'une scission, toutes les autres actions sont des actions d'apport.

Voir : art. L. 242-1, p. 582 et L. 242-17, p. 593.

Bibliographie : P.-Y. Chabert, *Augmentation de capital libérée partiellement par incorporation de réserves, primes ou bénéfices : Rev. sociétés* 2016, p. 275.

Art. L. 228-8 *(Anc. L. n° 66-537, 24 juill. 1966).* – **Le montant nominal des actions ou coupures d'action peut être fixé par les statuts. Cette option s'applique alors à toutes les émissions d'actions.**

Bibliographie : J.-C. May, *La valeur nominale des actions de société*, thèse Paris II, 1980. • J.-P. Bouère, *De l'euro aux actions sans mention de valeur nominale : JCP* E 1998, p. 112.

Art. L. 228-9 *(Anc. L. n° 66-537, 24 juill. 1966 ; mod., L. n° 2012-387, 22 mars 2012).* – **L'action de numéraire est nominative jusqu'à son entière libération.**

Le non-respect du premier alinéa peut entraîner l'annulation de ladite action.

Art. L. 228-10 *(Anc. L. n° 66-537, 24 juill. 1966 ; mod., Ord. n° 2004-604, 24 juin 2004).* – **Les actions ne sont négociables qu'après l'immatriculation de la société au registre du commerce et des sociétés. En cas d'augmentation de capital, les actions sont négociables à compter de la réalisation de celle-ci.**

La négociation de promesse d'actions est interdite, à moins qu'il ne s'agisse d'actions à créer dont l'admission sur un marché réglementé a été demandée, ou à l'occasion d'une augmentation du capital d'une société dont les actions anciennes sont déjà admises aux négociations sur un marché réglementé. En ce cas, la négociation n'est valable que si elle est effectuée sous la condition suspensive de la réalisation de l'augmentation de capital. À défaut d'indication expresse, cette condition est présumée.

Voir : art. L. 242-3, p. 583.

Cession selon des règles du droit civil. L'article L. 228-10 interdit la négociation des actions avant l'immatriculation de la société, mais il n'interdit pas que ces actions fassent l'objet, au cours de cette même période, d'une cession selon les modes du droit civil ▪ Cass. com., 26 févr. 2008, n°s 06-17.981 et 06-17.982 : *D.* 2007, p. 850 ; *JCP* E 2008, 1479.

Art. L. 228-11 *(Ord. n° 2004-604, 24 juin 2004 ; mod., L. n° 2008-776, 4 août 2008 ; Ord. n° 2008-1145, 6 nov. 2008 ; L. n° 2019-486, 22 mai 2019).* – **Lors de la constitution de la société ou au cours de son existence, il peut être créé des actions de préférence, avec ou sans droit de vote, assorties de droits particuliers de toute nature, à titre temporaire ou permanent. Ces droits sont définis par les statuts et, pour les sociétés dont les actions sont admises aux négociations sur un marché réglementé ou sur un système multilatéral de négociation, dans le respect des articles L. 225-122 à L. 225-125.**

Le droit de vote peut être aménagé pour un délai déterminé ou déterminable. Il peut être suspendu pour une durée déterminée ou déterminable ou supprimé.

Les actions de préférence sans droit de vote ne peuvent représenter plus de la moitié du capital social, et dans les sociétés dont les actions sont admises aux négociations sur un marché réglementé, plus du quart du capital social. Toute émission ayant pour effet de porter la proportion au-delà de cette limite peut être annulée.

Par dérogation aux articles L. 225-132 et L. 228-91, les actions de préférence auxquelles est attaché un droit limité de participation aux dividendes, aux réserves ou au partage du patrimoine en cas de liquidation sont privées de droit préférentiel de souscription pour toute augmentation de capital en numéraire, sous réserve de stipulations contraires des statuts.

Voir : art. L. 228-29-10, p. 475.

Bibliographie : T. Bonneau, *Actions de préférence : Dr. sociétés* août-sept. 2004, n° 151. • T. Massart, *Les actions de préférence : la question du droit de vote : Dr. et patrimoine* oct. 2004, p. 84. • V. Magnier, *Les actions de préférence : à qui profite la préférence ? : D.* 2004, p. 2559. • A. Viandier, *Les actions de préférence (Ord. n° 2004-604 du 24 juin 2004,* *art. 31) : JCP* E 2004, 1440. • P. Le Cannu, *L'ordonnance n° 2004-604 du 24 juin 2004 et les actions de préférence : RTD com.* 2004, p. 533. • M. Germain, *Les actions de préférence : Rev. sociétés* 2004, p. 597 ; *Les actions de préférence : le nouveau régime de création et de suppression : Dr. et patrimoine* oct. 2004, p. 82. • A. Guengant et *alii*, *Actions de préférence : questions de praticiens : JCP* E 2005, 1045, 1086 et 1129. • B. Pichard, *Quels droits pour les actions de préférence ? : LPA* 21 janv. 2005, p. 7. • G. Auzero, *Actions de préférence et actionnariat : Bull. Joly Sociétés* 2006, p. 1288. • D. Descamps et S. Sylvestre, *La procédure de création des actions de préférence : Bull. Joly Sociétés* 2006, p. 1235. • P. Ledoux, *La nature de la préférence : Bull. Joly Sociétés* 2006, p. 1219. • S. Schiller, *L'évaluation de la préférence : Rev. sociétés* 2006, p. 703. • R. Kaddouch, *LBO : actions de préférence ou pacte d'actionnaires : JCP* E 2006, 1953. • C. Malecki, *Attribution d'actions de préférence aux dirigeants : Bull. Joly Sociétés* 2006, § 269, p. 1276. • P. Le Cannu, *Actions de préférence dans les SAS : Bull. Joly Sociétés* 2006, p. 1311. • A. Gillig, *Actions de préférence : opportunités juridiques et contraintes fiscales : Dr. sociétés* 2007, n° 21. • B. Dondero, *L'ordonnance n° 2008-1145 du 6 novembre 2008 relative aux actions de préférence : Rev. sociétés* 2008, p. 715. • H. Le Nabasque, *La réforme des actions de préférence : JCP* E 2008, 2445. • D. Martin, H. Le Nabasque, R. Mortier, C. Fallet et A. Pietrancosta, *Les actions de préférence : Actes prat. ing. sociétaire* 2012, n° 126, dossier 6. • D. Martin, O. Saba et C. Fallet, *Pistes de réflexion pour une réforme du régime des actions de préférence : JCP* E 2010, 1821 ; *Le droit de vote : Dr. sociétés* 2014, dossier spécial 65e anniversaire. • J.-M. Desaché, *Chron. Droit boursier et des marchés financiers : JCP* E 2015, n° 1228. • J.-M. Desaché et B. Dondero, *La réforme des valeurs mobilières (Ord. n° 2014-863, 31 juill. 2014) : JCP* E 2015, étude 1216. • R. Mortier, *Une originalité française : l'interdiction des actions rachetables sur l'initiative de l'actionnaire : Dr. sociétés* 2015, alerte n° 19. • T. Allain, *L'imbroglio des actions de préférence à droit de vote double : Dr. sociétés* 2016, alerte 46. • R. Mortier, *Loi PACTE : la réforme des actions de préférence : JCP* E 2019, 1320. • N. Rontchevsky, *Un renouvellement des acquis : Rev. sociétés* 2019, p. 605.

Art. L. 228-12 *(Ord. n° 2004-604, 24 juin 2004 ; mod., Ord. n° 2014-863, 31 juill. 2014 ; L. n° 2019-486, 22 mai 2019).* – I. – L'assemblée générale extraordinaire des actionnaires est seule compétente pour décider l'émission et la conversion des actions de préférence au vu d'un rapport spécial des commissaires aux comptes. Elle peut déléguer ce pouvoir dans les conditions fixées par les articles L. 225-129 à L. 225-129-6.

Les modalités de conversion des actions de préférence peuvent également être fixées dans les statuts.

À tout moment de l'exercice en cours et au plus tard lors de la première réunion suivant la clôture de celui-ci, le conseil d'administration ou le directoire constate, s'il y a lieu, le nombre et le montant nominal des actions issues de la conversion des actions de préférence, au cours de l'exercice écoulé, et apporte les modifications nécessaires aux clauses des statuts relatives au montant du capital social et au nombre des titres qui le composent.

Le président du directoire ou le directeur général peut, sur délégation du directoire ou du conseil d'administration, procéder à ces opérations à tout moment de l'exercice et au plus tard dans le délai fixé par décret en Conseil d'État.

II. – Les actions de préférence peuvent être rachetées dans les conditions et selon les modalités prévues aux articles L. 225-204 à L. 225-214.

III. – Lorsque les statuts qui créent une catégorie d'actions de préférence ont prévu, préalablement à leur souscription, le principe du rachat et en ont organisé les modalités, doivent uniquement être satisfaites, outre les conditions mentionnées aux articles L. 225-210 à L. 225-212, les conditions prévues ci-après :

1° L'acquisition ne peut être réalisée qu'au moyen de sommes distribuables au sens de l'article L. 232-11 ou du produit d'une nouvelle émission de titres de capital effectuée en vue de ce rachat ;

2° La valeur de la réserve visée au troisième alinéa de l'article L. 225-210 est calculée par référence à la valeur nominale des seules actions de préférence rachetées. Cette réserve ne peut, sauf en cas de réduction du capital souscrit, être distribuée aux actionnaires. Elle ne peut être utilisée que pour augmenter le capital par incorporation de réserves ;

3° Lorsque les statuts prévoient le versement d'une prime en faveur des actionnaires à la suite du rachat, cette prime ne peut être prélevée que sur des sommes distribuables au sens de l'article L. 232-11 ou sur une réserve prévue à cette fin autre que celle prévue à l'alinéa précédent. Cette réserve ne peut, sauf en cas de réduction du capital souscrit, être distribuée aux actionnaires. Elle ne peut être utilisée que pour augmenter le capital souscrit par incorporation de réserves, pour couvrir les frais d'émissions d'actions de préférence ou pour effectuer le versement d'une prime en faveur des détenteurs des actions de préférence rachetables ;

4° Dans les sociétés dont les actions sont admises aux négociations sur un marché réglementé, le rachat est à l'initiative exclusive de la société ou à l'initiative conjointe de la société et du détenteur de l'action de préférence.

Dans les sociétés dont les actions ne sont pas admises aux négociations sur un marché réglementé, les statuts déterminent, préalablement à la souscription, si le rachat peut avoir lieu à l'initiative exclusive de la société, à l'initiative conjointe de la société et du détenteur ou à l'initiative exclusive du détenteur, suivant les conditions et délais qu'ils précisent ;

5° En aucun cas, ces opérations ne peuvent porter atteinte à l'égalité d'actionnaires se trouvant dans la même situation.

Voir : art. R. 225-132, p. 1718, art. R. 228-17 à R. 228-22, p. 1729.

Bibliographie : R. Mortier, *Rachat d'actions et actions rachetables : Rev. sociétés* 2004, p. 639. • J.-J. Daigre, *Le rachat d'actions de préférence cotées : RD bancaire et fin.* 2005, n° 2, p. 3. • A. Couret, *Deux questions sur le rachat des actions de préférence : Bull. Joly Sociétés* 2006, p. 1268 ; *L'action de préférence rachetable à la demande du porteur : Bull. Joly Sociétés* 2008, p. 344. • D. Gallois-Cochet, *Ordonnance du 31 juillet 2014 ; dispositions relatives au rachat des actions de préférence : Dr. sociétés* 2014, n° 146. • R. Mortier, *Loi PACTE : la réforme des actions de préférence : JCP E* 2019, 1320. • N. Rontchevsky, *Un renouvellement des acquis : Rev. sociétés* 2019, p. 605.

Art. L. 228-12-1 *(Ord. n° 2014-863, 31 juill. 2014).* – I. – Les actions de préférence rachetées sont utilisées aux fins prévues aux articles L. 225-204 à L. 225-214.

II. – Les actions de préférence rachetées conformément aux dispositions du III de l'article L. 228-12 peuvent être conservées suivant les modalités prévues aux articles L. 225-210 à L. 225-214.

Elles peuvent être cédées ou transférées par tous moyens.

Si les statuts et le contrat d'émission le prévoient, elles peuvent également être annulées dans le cadre d'une réduction de capital. Dans ce cas, il est fait application des dispositions de l'article L. 225-205, sauf si la réserve visée au 2° du III de l'article L. 228-12 est affectée au remboursement des créanciers, le solde pouvant ensuite être distribué aux actionnaires.

Art. L. 228-13 *(Ord. n° 2004-604, 24 juin 2004 ; mod., L. n° 2004-1343, 9 déc. 2004).* – Les droits particuliers mentionnés à l'article L. 228-11 peuvent être exercés dans la société qui possède directement ou indirectement plus de la moitié du capital de l'émettrice ou dans la société dont l'émettrice possède directement ou indirectement plus de la moitié du capital.

L'émission doit alors être autorisée par l'assemblée générale extraordinaire de la société appelée à émettre des actions de préférence et par celle de la société au sein de laquelle les droits sont exercés.

Les commissaires aux comptes des sociétés intéressées doivent établir un rapport spécial.

Art. L. 228-14 *(Ord. n° 2004-604, 24 juin 2004).* – Les actions de préférence peuvent être converties en actions ordinaires ou en actions de préférence d'une autre catégorie.

En cas de conversion d'actions de préférence en actions aboutissant à une réduction de capital non motivée par des pertes, les créanciers dont la créance est antérieure à la date du dépôt au greffe du procès-verbal de délibération de l'assemblée générale, ou du conseil d'administration ou du directoire en cas de délégation, peuvent former opposition à la conversion dans le délai et suivant les modalités fixés par décret en Conseil d'État.

Les opérations de conversion ne peuvent commencer pendant le délai d'opposition ni, le cas échéant, avant qu'il ait été statué en première instance sur cette opposition.

Voir : art. R. 225-15, p. 1690 et R. 225-18, p. 1690.

Art. L. 228-15 *(Ord. n° 2004-604, 24 juin 2004 ; mod., L. n° 2008-776, 4 août 2008 ; L. n° 2019-486, 22 mai 2019 ; Ord. n° 2020-1142, 16 sept. 2020).* – La création de ces actions donne lieu à l'application des articles L. 225-8, L. 225-10, L. 225-14, L. 225-147, L. 22-10-53 et L. 22-10-54 relatifs aux avantages particuliers lorsque les actions sont émises au profit d'une ou plusieurs personnes nommément désignées. *Dans ce cas, le commissaire aux apports prévu par ces articles* est un commissaire aux comptes n'ayant pas réalisé depuis trois ans et ne réalisant pas de mission au sein de la société.

Les titulaires d'actions devant être converties en actions de préférence de la catégorie à créer ne peuvent, à peine de nullité de la délibération, prendre part au vote sur la création de cette catégorie et les actions qu'ils détiennent ne sont pas prises en compte pour le calcul du quorum et de la majorité, à moins que l'ensemble des actions ne fassent l'objet d'une conversion en actions de préférence.

Par dérogation au premier alinéa, lorsque l'émission porte sur des actions de préférence relevant d'une catégorie déjà créée, l'évaluation des avantages particuliers qui en résultent est faite dans le rapport spécial mentionné à l'article L. 228-12.

Voir : art. R. 225-136, p. 1718.
SAS : V. note ss art. L. 227-1, p. 438.

Bibliographie : R. Mortier, *Loi PACTE : la réforme des actions de préférence : JCP* E 2019, 1320. • N. Rontchevsky, *Un renouvellement des acquis : Rev. sociétés* 2019, p. 605.

Art. L. 228-16 *(Ord. n° 2004-604, 24 juin 2004).* **– En cas de modification ou d'amortissement du capital, l'assemblée générale extraordinaire détermine les incidences de ces opérations sur les droits des porteurs d'actions de préférence.**

Ces incidences peuvent également être constatées dans les statuts.

Art. L. 228-17 *(Ord. n° 2004-604, 24 juin 2004).* **– En cas de fusion ou de scission, les actions de préférence peuvent être échangées contre des actions des sociétés bénéficiaires du transfert de patrimoine comportant des droits particuliers équivalents, ou selon une parité d'échange spécifique tenant compte des droits particuliers abandonnés.**

En l'absence d'échange contre des actions conférant des droits particuliers équivalents, la fusion ou la scission est soumise à l'approbation de l'assemblée spéciale prévue à l'article L. 225-99.

Voir : art. L. 238-6, p. 575.

Art. L. 228-18 *(Ord. n° 2004-604, 24 juin 2004).* **– Le dividende distribué, le cas échéant, aux titulaires d'actions de préférence peut être accordé en titres de capital, selon les modalités fixées par l'assemblée générale extraordinaire ou les statuts.**

Art. L. 228-19 *(Ord. n° 2004-604, 24 juin 2004 ; mod., L. n° 2019-486, 22 mai 2019).* **– Les porteurs d'actions de préférence, constitués en assemblée spéciale, ont la faculté de donner mission à l'un des commissaires aux comptes de la société, s'il en existe, d'établir un rapport spécial sur le respect par la société des droits particuliers attachés aux actions de préférence. Ce rapport est diffusé à ces porteurs à l'occasion d'une assemblée spéciale.**

Voir : art. R. 228-16, p. 1729 et R. 228-22, p. 1730.

Art. L. 228-20 *(Abr., Ord. n° 2008-1145, 6 nov. 2008).*

Art. L. 228-21 *(Anc. L. n° 66-537, 24 juill. 1966).* **– Les actions demeurent négociables après la dissolution de la société et jusqu'à la clôture de la liquidation.**

Art. L. 228-22 *(Anc. L. n° 66-537, 24 juill. 1966).* **– L'annulation de la société ou d'une émission d'actions n'entraîne pas la nullité des négociations intervenues antérieurement à la décision d'annulation, si les titres sont réguliers en la forme. Toutefois, l'acquéreur peut exercer un recours en garantie contre son vendeur.**

Art. L. 228-23 *(Mod., Ord. n° 2004-604, 24 juin 2004 ; rempl., Ord. n° 2009-80, 22 janv. 2009).* **– Dans une société dont les actions ne sont pas admises aux négociations sur un marché réglementé, la cession d'actions ou de valeurs mobilières donnant accès au capital, à quelque titre que ce soit, peut être soumise à l'agrément de la société par une clause des statuts.**

Une clause d'agrément ne peut être stipulée que si les titres sont nominatifs en vertu de la loi ou des statuts.

Cette clause est écartée en cas de succession, de liquidation du régime matrimonial ou de cession, soit à un conjoint, soit à un ascendant ou à un descendant.

Les dispositions de l'alinéa précédent ne sont pas applicables lorsqu'une société dont les actions ne sont pas admises aux négociations sur un marché réglementé réserve des actions à ses salariés, dès lors que la clause d'agrément a pour objet d'éviter que lesdites actions ne soient dévolues ou cédées à des personnes n'ayant pas la qualité de salarié de la société.

Toute cession effectuée en violation d'une clause d'agrément figurant dans les statuts est nulle.

Voir : art. R. 210-4, p. 1675, R. 210-9, p. 1677, R. 228-23 et s., p. 1731.

Inopposabilité de la clause d'agrément :

- **en cas d'offre publique :** C. monét. fin., art. L. 233-34, L. 233-35, L. 233-40.
- **en cas de plan de sauvegarde ou de redressement :** art. L. 626-3, p. 1227 et note sous art. L. 642-1, p. 1301.

Voir : notes sous art. L. 223-14, p. 305.

Bibliographie : *Sur la cession de contrôle.* J. Paillusseau et R. Contin, *La cession de contrôle d'une société : JCP* 1969, I, 2287. • F. Malan, *Le rachat des actions minoritaires dans les opérations de prise de contrôle de sociétés : JCP* 1972, I, 2450. • D. Schmidt, *Quelques remarques sur les droits de la minorité dans les cessions de contrôle : D.* 1972, chron. p. 223. • P. Nectoux, *Les prises de contrôle dans les sociétés commerciales*, thèse, Toulouse 1974. • B. Oppetit, *Les cessions de droits sociaux emportant le transfert du contrôle d'une société : essai de synthèse : Rev. sociétés* 1978, p. 631. • D. Roux, *La spécificité des cessions de contrôle : Rev. sociétés* 1980, p. 49. • C. Hannoun, *Les conventions portant transfert du contrôle et la transparence des sociétés : D.* 1994, chron. p. 67. • T. Bonneau, *Garantie d'éviction du fait du cédant et exécution de bonne foi de la cession de contrôle : Dr. sociétés* avr. 1997, p. 4. • D. Plantamp, *Le critère de la cession de contrôle : RTD com.* 1999, p. 819. • P. Etain, *Les aménagements contractuels en faveur des cédants à la suite d'une cession de contrôle dans les sociétés anonymes : Dr. sociétés* 2001, chron. 14. • J. Paillusseau, *La garantie de conformité dans les cessions de contrôle : JCP* E 2007, 1238. • S. Vermeille, *L'efficacité juridique des déclarations du vendeur dans les cessions du contrôle d'une société : Bull. Joly Sociétés* 2008, p. 927.

Sur la promesse de cession d'actions. F.-D. Poitrinal, *L'exécution forcée en nature en matière de promesse de cession d'actions : Bull. Joly Sociétés* 1995, p. 21. • N. Rontchevsky, *Avant-contrats et cessions de droits sociaux : Rev. sociétés* 2018, p. 151.

Sur le prix de la cession. B. Garrigues, *La contre-prestation du franc symbolique : RTD civ.* 1991, p. 459. • T. Lambert, *L'exigence d'un prix sérieux dans les cessions de droits sociaux : Rev. sociétés* 1993, p. 11. • E. Le Dolley, *La valeur vénale des titres : RD bancaire et fin.* 2002, chron. p. 288. • S. Roy-Bossi, *Les mécanismes de liquidation préférences en droit français : Bull. Joly Sociétés* 2007, p. 429. • M. Buchberger, *Cession de droits sociaux et exigence d'un prix déterminable : D.* 2012, p. 1632.

Sur la garantie de passif. A. Galia-Beauchesne, *Les clauses de garantie de passif : Rev. sociétés* 1980, p. 27. • C. Freyria, *Réflexions sur la garantie conventionnelle dans les actes de cession de droits sociaux : JCP* E 1992, I, 3600. • H. Dubout, *Garanties de passif et assurances de responsabilité civile : Bull. Joly Sociétés* 1993, p. 967 ; *Garanties de passif et responsabilité pénale des personnes morales : Bull. Joly Sociétés* 1994, p. 253. • S. Plantin, *Garanties de passif : quelques pièges à éviter : JCP* E 1998, p. 1722. • M.-C. Leproust-Larcher et J.-C. Chevallier, *Difficultés de mise en place d'une garantie de passif lors d'une cession de contrôle dans une société commerciale : Defrénois* 2002, p. 499. • J. Paillusseau, *Les bénéficiaires de la garantie de passif dans la cession de contrôle : JCP* G 2002, I, 112 ; *JCP* E 2002, p. 367. • L. Jobert, *Les garanties de passif dans les augmentations de capital de sociétés anonymes : JCP* E 2003, 1360. • J.-J. Uettwiller et C.-E. Prieur, *Les conventions de garantie dans les souscriptions de droit sociaux : Bull. Joly Sociétés* 2005, p. 1449. • *Les conventions de garantie dans les opérations sur droits sociaux*, Dossier *Bull. Joly Sociétés* 2009, p. 892, ss dir. P. Mousseron – *Les clauses de garantie d'actif et de passif : Actes prat. ing. sociétaire* 2012, n° 125. • H.-L. Delsol et V. Guevenoux, *Le non-respect par le bénéficiaire de la clause d'information du garant en cas de mise en œuvre d'une garantie de passif : Dr. sociétés* 2015, étude 3. • J. Mazé, *L'efficacité de la garantie de passif face au risque de procédure collective du cédant : Dr. sociétés* 2016, étude 12 ; *Dr. sociétés* 2016, étude 13. • N. Jullian, *Le sort de la garantie de passif en cas de revente des droits sociaux par l'acquéreur : Dr. sociétés* 2018, étude 15. • Joly Sociétés, EC 180, *Conventions de garantie dans les opérations sur droits sociaux* : par L. Chatain-Autajon. • B. Ferrari, *Retour sur les garanties de passif : réflexions sur la couverture conventionnelle d'un passif d'origine répressive : Bull. Joly Sociétés* nov. 2019, n° 120f1, p. 58. • F. Sauvageot, *De quelques points de vigilance à observer à propos des garanties de passif et plaidoyer pour un régime légal de celles-ci : Rev. sociétés* 2021, p. 215.

Sur la clause de non-concurrence dans un acte de cession. P. Le Cannu, *La clause de non-concurrence dans les pactes d'actionnaires : Bull. Joly Sociétés* 2011, n° 261, p. 524.

Sur la clause d'agrément. M. Carteron, *Clause d'agrément et intérêt social : Rev. sociétés* 1968, p. 261. • A. Couret et *C. Perrier, Les effets d'une clause d'agrément érigée en condition suspensive* : Bull. Joly Sociétés 1999, p. 523. • B. Saintourens, *Le nouveau droit des clauses d'agrément : Rev. sociétés* 2004, p. 611. • A. Theimer, *Les clauses d'agrément : JCP* E 2005, 1857. • A. Zattara-Gros et *alii*, *L'Agrément : act. prat. ing. soc.* 2017, n° 10.

Sur la clause de préemption. M. Jeantin, *Les clauses de préemption statutaires entre actionnaires : Dr. sociétés* juill. 1990, p. 1. • M.-B. Salgado, *Le régime des clauses de préemption dans les pactes d'actionnaires des sociétés anonymes : Dr. sociétés* 2003, chron. 3. • C. Ginestet, *Pacte de préférence et droit des sociétés : Dr. et patrimoine* 2006, p. 62.

Sur les pactes d'actionnaires. P. Mousseron, *Les conventions sociétaires*, LGDJ 2010. • B. Dondero, *Les pactes d'actionnaires et les mutations de la société : Dr. et patrimoine* nov. 2009, p. 69. • F.-X. Lucas et D. Martin, *L'effectivité des pactes d'actionnaires : Bull. Joly Sociétés* 2011, p. 614. • B. Dondero, *Le pacte d'actionnaires signé par la société : Rev. sociétés* 2011, p. 553. • O. Dexant De Bailliencourt, *Les pactes d'actionnaires dans les sociétés cotées*, préf. H. Synvet : Dalloz, 2012. • J. Heinich, *Le sort du pacte extrastatutaire d'associés lors d'un évènement affectant l'un de ses signataires : Rev. sociétés* 2014, p. 475. • G. Marain, *L'opposabilité des pactes d'actionnaires : Rev. sociétés* 2017, p. 542. • D. Martin et S. Schiller, *Guide des pactes d'actionnaires et d'associés 2018*, LexisNexis, 2017. • J. Mestre et J.-Ch. Roda (sous la dir.), *Les principales clauses des contrats d'affaires*, 2e éd., Lextenso, 2018. • S. Kouhaiz, *La compatibilité des sanctions dans les pactes d'associés : Rev. sociétés* 2019, p. 87.

Sur l'irrégularité de la cession. M. Caffin et A. Rabreau, *Les restitutions consécutives à l'anéantissement des cessions de droits sociaux* : Mélanges en l'honneur de J.-J. Daigre, Joly éditions 2017, p. 121.

• Sommaire

I – NATURE DE LA CESSION

A – Nature civile ou commerciale de la cession

1) Caractère civil ou commercial de la cession. La cession de droits sociaux devient commerciale lorsqu'elle confère au bénéficiaire une participation majoritaire et lui assure le contrôle de la société ▪ Cass. com., 24 nov. 1992 : *JCP* E 1993, I, 218, n° 14, obs. A. Viandier et J.-J. Caussain ; *RJDA* 1993, p. 115. ▪ CA Paris, 2 mars 1994 : *JurisData* n° 1994-020624 ; *Bull. Joly Sociétés* 1994, p. 513, note A. Couret. Il s'ensuit que le caractère commercial ou civil d'une prise de contrôle s'apprécie non au regard du cédant, mais à celui de chacun des cessionnaires pris séparément ▪ CA Versailles, 17 sept. 1998 : *JurisData* n° 1998-210677 ; *JCP* E 1999, p. 667, obs. A. Viandier et J.-J. Caussain ; *Bull. Joly Sociétés* 1998, p. 1226, note P. Etain. – Mais le caractère gratuit d'une cession exclut nécessairement la notion d'acte de commerce susceptible d'attribuer compétence à la juridiction commerciale ▪ CA Caen, 15 mars 1994 : *JurisData* n° 1994-600499 ; *Bull. Joly Sociétés* 1994, p. 1091, note P. Le Cannu.

B – Conséquences du caractère commercial de la cession

2) Solidarité. Dès lors que la cession de contrôle présente un caractère commercial, les cessionnaires doivent être condamnés solidairement au paiement du solde du prix ▪ Cass. com., 11 mars 2003, n° 99-20.331 : *Bull. Joly Sociétés* 2003, p. 666, note T. Massart.

3) Clause compromissoire. Jugé avant l'application de la loi du 15 mai 2001 modifiant l'article 2061 du Code civil, qu'une cour d'appel ne pouvait déclarer nulle la clause compromissoire au motif qu'une partie n'avait pas la qualité de commerçante alors que l'acte litigieux portait sur la cession de la totalité du capital social, ce dont il résultait que l'opération, qui avait transféré le contrôle de la société, avait un caractère commercial et pouvait faire l'objet d'un arbitrage ▪ Cass. com., 2 juill. 2002 : *JurisData* n° 2002-015373. – Lorsqu'une promesse de cession de droits sociaux a pour effet de transférer le contrôle de la société aux cessionnaires ou à toute personne s'y substituant, l'acte est commercial et le litige y afférent peut valablement être tranché par voie d'arbitrage lorsqu'une clause compromissoire a été convenue entre les parties, ▪ Cass. 1re civ., 22 oct. 2014, n° 13-11.568 : *JurisData* n° 2014-025042 ; *Dr. sociétés* 2015, n° 3, note R. Mortier ; *Bull. Joly Sociétés* 2014, p. 685, note J.-J. Barbieri ; *JCP* E 2015, n° 1186, note M. Caffin-Moi ; *RLDA* janv. 2015, p. 10, note B. Bert ; *D.* 2014, p. 2541, obs. T. Clay ; *D.* 2015, p. 56, note B. Dondero.

4) Compétence des juridictions commerciales. Relève de la compétence des juridictions commerciales un litige portant sur des prises de participations majoritaires dans les sociétés de divers groupes et sur l'organisation ou la gestion des sociétés en cause ▪ Cass. com., 14 déc. 2004, n° 01-10.780 : *JurisData* n° 2004-026192 ; *Bull. Joly Sociétés* 2005, p. 728, note F. Fages et C. Vexliard ; *D.* 2005, p. 146 : obs. A. Lienhard ; *Dr. sociétés* févr. 2005, n° 31, obs. H. Hovasse ; *JCP* E 2005, 163.

5) **Clauses attributives de compétence territoriale.** Ne suffit pas à démontrer la qualité de commerçant du cédant le fait qu'il ait conclu, pour seuls actes de commerce, une cession d'actions emportant transfert de contrôle et une garantie de passif. En conséquence, la clause attributive de compétence territoriale stipulée dans l'acte de cession ne peut recevoir application. ▪ Cass. com., 29 janv. 2020, n° 19-12.584 : *Bull. Joly Sociétés* 2020, p. 23, note A. Reygrobellet.

6) **Maintien de la personnalité morale de la société cédée.** La cession du capital à un nouvel actionnaire et sa transformation en une nouvelle forme commerciale ne constituant ni une fusion, ni une cession, ni une scission d'entreprise, les salariés de la société cédée demeurent soumis à la convention collective de cette société, laquelle a conservé sa personnalité morale propre et n'a pas changé d'activité ▪ Cass. soc., 18 juin 2006, n° 03-43.023 : *Bull. Joly Sociétés* 2006, p. 786, note Ch. Neau-Leduc. – En l'absence de stipulation particulière, un contrat de distribution exclusive doit être maintenu en cas de cession de la totalité des titres et de changement des dirigeants de la société distributrice. ▪ Cass. com., 28 janv. 2013, n° 11-23.676 : *Bull. Joly Sociétés* 2013, p. 246, note P. Mousseron ; *JCP* E 2013, 1225, note F. Buy ; *Rev. sociétés* 2013, p. 552, note M. Caffin-Moi ; *JCP* E 2013, n° 1702, chron. F. Deboissy et G. Wicker.

II – RÉGIME DE LA CESSION

A – Formation du contrat de cession

7) **Rupture des pourparlers.** La rupture abusive des pourparlers portant sur une cession d'actions par le cédant, n'est pas cause d'une perte de la chance de conclure le contrat et d'en tirer profit ▪ Cass. com., 26 nov. 2003, n° 00-10.243 : *JurisData* n° 2003-021243 ; *Bull. Joly Sociétés* 2004, p. 849, note J.-J. Daigre ; *D. 2004, somm. p. 2922, obs.* E. Lamazerolles ; *JCP E 2004, 601, n° 3,* obs. J.-J. Caussain, F. Deboissy et G. Wicker ; *Rev. sociétés* 2004, p. 325, note N. Mathey. ▪ Cass. com., 21 janv. 2004, n° 00-16.839 : *Bull. Joly Sociétés* 2004, p. 966, note Th. Massart (dr. antérieur à l'ordonnance n° 2016-131 du 10 février 2016. – V. C. civ., art. 1112).

8) **Promesse.** – Promesse unilatérale (dr. antérieur à l'ordonnance n° 2016-131 du 10 février 2016). Dans le cadre d'une promesse unilatérale de vente non acceptée, l'obligation du promettant ne constitue qu'une obligation de faire dont la violation se résout en dommages et intérêts ▪ CA Paris, 5 déc. 1991, n° 90.12792 : *JurisData* n° 1991-024420 ; *JCP* E 1992, I, 145, n° 11, obs. A. Viandier et J.-J. Caussain. ▪ Cass. 3e civ., 11 mai 2011, n° 10-12.875 : *JurisData* n° 2011-008034 ; *D.* 2011, p. 1457, note D. Mazeaud, et p. 1460, note D. Mainguy ; *Contrats, conc. consom.* 2011, comm. 186 obs. L. Leveneur. – La levée de l'option par le bénéficiaire de la promesse postérieurement à la rétractation du promettant excluant toute rencontre des volontés réciproques de vendre et d'acquérir, la réalisation forcée de la vente ne peut être ordonnée. ▪ Cass. com., 13 sept. 2011, n° 10-19.526 : *JurisData* n° 2011-018742 ; *D.* 2012, p. 130, note A. Gaudemet ; *D.* 2012, p. 231, chron. N. Molfessis ; *Dr. sociétés* 2011, n° 211, note R. Mortier ; *Rev. sociétés* 2012, p. 22, note B. Fages. ▪ Cass. com., 14 janv. 2014, n° 12-29.071 : *Bull. Joly Sociétés* 2014, p. 384, note P. Briand. Lorsque la promesse consentie est à durée indéterminée, le promettant peut résilier la promesse qui continue alors de produire ses effets jusqu'au terme du délai de préavis. La levée d'option intervenue pendant le délai de préavis rend la vente parfaite. ▪ Cass. com. 27 sept. 2017, n° 16-13.112 : *JurisData* n° 2017-018948 ; *Bull. Joly Sociétés* 2018, p. 87, note M. Buchberger ; *AJ Contrat* 2017, p. 542, note C. Coupet ; *Rev. contrats* 2018, p. 11, note Th. Génicon ; *Rev. sociétés* 2018, p. 27, note S. Kouhaiz ; *Dr. sociétés* 2018, comm. 20, note R. Mortier. Viole l'article 1134 du Code civil la cour d'appel qui ordonne à une société d'enregistrer les ordres de mouvements d'une cession contrevenant à une promesse alors que la révocation unilatérale de la promesse et, par suite, la cession litigieuse constituaient une violation du pacte d'associés entraînant la nullité de la cession en application des statuts (SAS). ▪ Cass. com., 27 juin 2018, n° 16-14.097 : *Dr. sociétés* 2018, comm. 203, note R. Mortier ; *Bull. Joly Sociétés* 2018, p. 565, note P.-L. Périn ; *Gaz. Pal.* 25 sept. 2018, p. 66, note E. Schlumberger.

– **Promesses unilatérales croisées (dr. antérieur à l'ordonnance n° 2016-131 du 10 février 2016).** L'échange d'une promesse unilatérale d'achat et d'une promesse unilatérale de vente réalise une promesse synallagmatique de vente valant vente définitive dès lors que les deux promesses réciproques ont le même objet et qu'elles sont stipulées dans les mêmes termes. ▪ Cass. com., 16 janv. 1990, n° 88-16.265 : *JurisData* n° 1990-000540 ; *JCP* G 1991, II, 21748, note Ch. Hannoun ; *D.* 1992, p. 177, obs. J.-C. Bousquet et G. Bugeja ; *RTD civ.* 1990, p. 462, obs. J. Mestre. ▪ Cass. com., 22 nov. 2005, n° 04-12.183 : *JurisData* n° 2005-030850 ; *JCP* E 2006, comm. 1463, note A. Constantin ; *Bull. Joly Sociétés* 2006, p. 377, note A. Couret et L. Cesbron ; *Defrénois* 2006, p. 605, note R. Libchaber ; *JCP* E 2006, comm. 1463, note A. Constantin ; *RTD civ.* 2006, p. 302, obs. J. Mestre et B. Fages ; *D.* 2006, p. 2638, note S. Amrani-Mekki et B. Fauvarque-Cosson ; *D.* 2007, p. 267, obs. J.-C. Hallouin et E. Lamazerolles ; *Rev. sociétés* 2006, p. 521, note J.-F. Barbièri. Retenant une solution contraire en raison de la rédaction de la promesse : ▪ Cass. com., 13 sept. 2011, n° 10-19.526 : *JurisData* n° 2011-018742 ; *D.* 2012, p. 130, note A. Gaudemet ; *D.* 2012, p. 231, chron. N. Molfessis ; *Dr. sociétés* 2011, n° 211, note R. Mortier ; *Rev. sociétés* 2012, p. 22, note B. Fages. ▪ Cass. com., 14 janv. 2014, n° 12-29.071 : *Bull. Joly Sociétés* 2014, p. 384, note P. Briand. ▪ Cass. com., 27 sept. 2017, n° 16-13.112 : *JurisData* n° 2017-018948 ; *Bull. Joly Sociétés* 2018, p. 87, note M. Buchberger ; *AJ Contrat* 2017, p. 542, note C. Coupet ; *Rev. contrats* 2018, p. 11, note Th. Génicon ; *Dr. sociétés* 2017, comm. 20, note R. Mortier.

– **Pacte léonin.** Est prohibée par l'article 1844-1 du Code civil la seule clause qui porte atteinte au pacte social dans les termes de cette disposition légale. Il ne peut en être ainsi s'agissant d'une convention, même entre associés, dont l'objet n'était autre, sauf fraude, que d'assurer, moyennant un prix librement convenu, la transmission de droits sociaux (cession étalée dans le temps). ▪ Cass. com., 20 mai 1986, n° 85-16.716 : *JurisData* n° 1986-000981 ; *JCP* E 1986, 15846, n° 1, obs. A. Viandier et J.-J. Caussain ; *Dr. sociétés* 1986, comm. 78, obs. M. Germain ; *Rev. sociétés* 1986, p. 587, note D. Randoux ; *RTD com.* 1987, p. 205, obs. Y. Reinhard ; *RTD com.* 1987, p. 66, obs. C. Champaud et P. Le Floch ; *Defrénois* 1987, p. 609, note J. Honorat. Au sujet d'une opération de portage : ▪ Cass. com., 24 mai 1994, n° 92-14.380 : *JurisData* n° 1994-001223 ; *Bull. civ.* IV, n° 189 ; *D.* 1994, p. 503, note A. Couret ; *Bull. Joly Sociétés* 1994, p. 797, note P. Le Cannu ; *Dr. sociétés* 1994, comm. 141, note H. Le Nabasque ; *Rev. sociétés* 1994, p. 708, note Y. Reinhard. Au sujet d'une opération de capital-investissement : ▪ Cass. com., 16 nov. 2004, n° 00-22.713 : *JurisData* n° 2004-025665 ; *Bull. civ.* IV, n° 197 ; *Dr. sociétés* 2005, comm. 12, note H. Hovasse ; *JCP* E 2005, 131, n° 1, obs. J.-J. Caussain, F. Deboissy et G. Wicker ; *RTD com.* 2005, p. 111, obs. C. Champaud et D. Danet ; *D.* 2005, p. 2950, obs. J.-C. Hallouin et E. Lamazerolles ; *Rev. sociétés* 2005, p. 593, note H. Le Nabasque ; *RDC* 2005, p. 396, note F.-X. Lucas ; *Bull. Joly Sociétés* 2005, p. 270, note N. Mathey. ▪ Cass. com., 19 oct. 1999, n° 97-12.705 : *JurisData* n° 1999-003607 ; *Bull. civ.* IV, n° 177 ; *Bull. Joly Sociétés* 2000, p. 69 ; *Dr. sociétés* 2000, n° 3, obs. T. Bonneau ; *JCP* E 1999, p. 2067, note Y. Guyon. ▪ Cass. com., 3 mars 2009, n° 08-12.359 : *JurisData* n° 2009-047296 ; *Dr. sociétés* 2009, comm. 110, note M.-L. Coquelet ; *Bull. Joly Sociétés* 2009, p. 583, note F.-X. Lucas. Concernant une cession étalée dans le temps. ▪ Cass. com., 23 mars 2010, n° 09-65.039 : *JurisData* n° 2010-002715 ; *RTD com.* 2010, p. 379, obs. P. Le Cannu et B. Dondero. – N'est pas léonine la promesse dont le promettant ne peut lever l'option qu'à l'expiration d'un certain délai et pendant un temps limité, ce dont il résulte qu'il reste, en dehors de cette période, soumis au risque de disparition ou de dépréciation des actions. ▪ Cass. com., 22 févr. 2005, n° 02-14.392 : *JurisData* n° 2005-027122 ; *RTD com.* 2005, p. 344, note Cl. Champaud ; *D.* 2005, p. 295, note J.-Cl. Hallouin ; *JCP* E 2005, n° 24, p. 1029, note H. Hovasse ; *D.* 2005, p. 973, note G. Kessler ; *Rev. sociétés* 2005, p. 595, note H. Le Nabasque ; *Dr. sociétés* 2005, comm. 107, note F.-G. Trébulle.

9) Caractère consensuel. Le contrat de cession d'actions, soumis au droit commun de la vente, est conclu dès lors que les parties sont d'accord sur la chose et sur le prix, indépendamment de tout formalisme, sauf si les parties ont érigé ce formalisme en condition suspensive, ce qui en l'espèce n'a pas été établi ▪ Cass. com., 30 nov. 2004 : *Bull. Joly Sociétés* 2005, p. 500. Lors d'une cession forcée, lorsque les parties ont convenu de la fixation du prix par recours à un expert nommé dans les conditions de l'article 1843-4 du Code civil, il leur est loisible de fixer la date de la cession en dérogeant aux dispositions supplétives de l'article 1583 du Code civil, l'article 1843-4 ayant pour objet d'instaurer des modalités de règlement des litiges et ne prévoyant rien sur la date de la cession. ▪ Cass. com., 13 mars 2019, n° 17-28.504 : *JCP* E 2020, 1034, M. Buchberger ; *Rev. sociétés* 2019, p. 669, note G. Grundeler ; *Gaz. Pal.* 24 sept. 2019, n° 359t9, p. 51, note C.-A. Michel ; *RTD com.* 2019, p. 419, note J. Moury.

10) Vices du consentement. **Erreur (dr. antérieur à l'ordonnance n° 2016-131 du 10 février 2016).** – Est entachée d'une erreur sur les qualités substantielles la cession d'actions réalisée alors que le fonds de commerce constituant l'essentiel de l'actif social avait été cédé à l'insu des cessionnaires, et que la société était privée de la possibilité de réaliser son objet social et d'avoir une quelconque activité économique. ▪ Cass. com., 1er oct. 1991, n° 89-13.967 : *JurisData* n° 1991-002464 ; *JCP* E 1992, II, 277, note A. Viandier ; *Dr. sociétés* 1992, comm. 13, note H. Le Nabasque ; *D.* 1992, p. 190, note G. Virassamy ; *Bull. Joly Sociétés* 1991, p. 1004, note C. Roca ; *RTD civ.* 1992, p. 80, note J. Mestre ; *RTD com.* 1992, p. 186, note D. Danet et Cl. Champaud ; *RTD com.* 1992, p. 199, note Y. Reinhard ; *Defrénois* mai 1992, p. 578, note P. Le Cannu ; *Rev. sociétés* 1992, p. 497, note P. Didier.

– Si, entre la date d'établissement du bilan présenté aux cessionnaires sur la base d'éléments incomplets et inexacts et la date de la cession, un passif important est apparu en raison des agissements des dirigeants retenus sous la qualification d'escroquerie, et que la société a été mise en liquidation judiciaire quatre mois plus tard, l'erreur affecte non la valeur des parts, mais bien leurs qualités substantielles, puisque les cessionnaires étaient dans l'impossibilité de poursuivre l'activité économique constituant l'objet social ▪ Cass. com., 21 oct. 1997 : *Bull. Joly Sociétés* 1998, p. 25, note P. Le Cannu.

– Le cessionnaire d'actions, informé de la situation financière désastreuse de la société et ayant acquis les actions à un prix symbolique, ne saurait invoquer une erreur déterminante de son acquisition. ▪ Cass. com., 13 mars 2019, n° 17-19.501 : *Bull. Joly Sociétés* mai 2019, p. 37, note L. Fin-Langer ; *RTD com.* 2019, p. 403, note A. Lecourt ; *AJ contrat* 2019, p. 298, note A. El Mejri ; *JCP* E 2020, 2020, 1034, note M. Caffin-Moi.

Dol (dr. antérieur à l'ordonnance n° 2016-131 du 10 février 2016).

– Nullité. Le dol du cessionnaire d'actions est une cause de nullité ▪ CA Paris, 16 déc. 1992 : *JCP* E 1993, I, 250, n° 4, obs. A. Viandier et J.-J. Caussain. ▪ CA Paris, 19 janv. 1994, n° 92-006280 : *JurisData* n° 1994-021929 ; *JCP* E 1994, I, 363, n° 3, obs. A. Viandier et J.-J. Caussain ; *Bull. Joly Sociétés* 1994, p. 369. – Le dol n'est une cause de nullité de la cession que s'il émane de l'une des parties à la cession. ▪ Cass. com., 23 nov. 1993 : *BRDA* 24/1993, p. 15. – Est cause de nullité le dol commis par le représentant légal, agissant en tant que tel, de la société cessionnaire ▪ Cass. com., 14 juin 2005, n° 03-12.339 : *Bull. Joly Sociétés* 2005, p. 1399, note P. Le Cannu ; *D.* 2005, p. 1775, obs. A. Lienhard ; *Dr. sociétés* août-sept. 2005, n° 158, obs. H. Hovasse ; *JCP* E 2005, 427, note R. Wintgen ; *JCP* E 2005, 1834, n° 3, obs. J.-J. Caussain, F. Deboissy et G. Wicker ; *JCP* E 2005, 1233 ; *Rev. sociétés* 2006, p. 66, note N. Mathey. Réticence dolosive. Est nécessairement intentionnel le silence gardé par le cédant sur des informations de nature à affecter les résultats et les perspectives des sociétés cédéees et dont il ne pouvait ignorer l'importance dans la mesure où elles faisaient peser un aléa sur la pérennité de ces sociétés. ▪ Cass. com., 9 janv. 2019, n° 17-28.725 : *JurisData* n° 2019-000171 ; *Bull. Joly Sociétés* mars 2019, p. 14, Th. Massart ; *RDC* 2019, n° p. 61, note J. Heinich ; *Rev. sociétés* 2019, p. 179, T. Allain ; *JCP* E 2019, 1531, note J.-Ch. Pagnucco. Absence de caractère déterminant. ▪ Cass. com., 7 mai 2019, n° 17-18.009 : *Bull. Joly Sociétés* sept. 2019, p. 15, note B. Brignon. – Dol incident. Une cour d'appel a pu annuler une cession pour dol, en constatant que le cessionnaire n'avait pas été mis en mesure d'apprécier la valeur de la société et ses perspectives de développement, et n'aurait pas accepté les mêmes modalités d'acquisition s'il avait eu connaissance de la situation exacte de cette société ▪ Cass. com., 30 mars 2016, n° 14-11.684 : *JurisData* n° 2016-005805 ; *JCP* E 2016, chron. 1554, note M. Caffin-Moi ; *D.* 2016, p. 1300, note G. Grundeler ; *D.* 2016, p. 2365, note E. Lamazerolles ; *Rev. sociétés* 2016, p. 590, note B. Lecourt ; *Dr. sociétés* 2016, comm. 97, note R. Mortier ; *Gaz. Pal.* 24 mai 2016, p. 78, note J.-M. Moulin.

– Clause d'exonération. S'agissant d'une action indemnitaire fondée sur le dol, la clause limitative d'indemnisation contenue dans le contrat de garantie accessoire à la cession de titres ne peut être opposée à la société cessionnaire. ▪ Cass. 1re civ., 5 juill. 2017, n° 16-13.407 : *JurisData* n° 2017-014309 ; *Rev. contrats* 2017, p. 20, note O. Deshayes ; *D.* 2018, 371, note M. Mekki ; *Dr. sociétés* 2017, comm. 1, note R. Mortier.

– Préjudice réparable. Lorsque la victime du dol fait le choix de ne pas demander l'annulation du contrat, son préjudice réparable correspond uniquement à la perte d'une chance d'avoir pu contracter à des conditions plus avantageuses. ▪ Cass. com., 10 juill. 2012, n° 11-21.954 : *JurisData* n° 2012-016026 ; *JCP* E 2012, 1548 ; *RDC* 2013, p. 91, note O. Deshayes ; *Rev. sociétés* 2012, p. 686, note B. Fages ; *D.* 2012, p. 2772, note M. Caffin-Moi. Lorsque la victime du dol fait le choix de ne pas demander l'annulation du contrat, son préjudice réparable correspond uniquement à la perte d'une chance d'avoir pu contracter à des conditions plus avantageuses, ou de ne pas contracter. ▪ Cass. com., 21 juin 2016, n° 14-29.874 : *JurisData* n° 2016-012515 ; *Rev. sociétés* 2016, p. 730, note J. Heinich ; *JCP* E 2016, chron. 1554, note M. Caffin-Moi. Lorsque la victime du dol fait le choix de ne pas demander l'annulation du contrat, son préjudice réparable correspond uniquement à la perte d'une chance d'avoir pu contracter à des conditions plus avantageuses. ▪ Cass. com., 5 juin 2019, n° 16-10.391 : *Rev. sociétés* 2019, p. 742, note J. Prorok ; *Bull. Joly Sociétés* nov. 2019, p. 32, note E. Schlumberger.

– La stipulation d'une clause de garantie de passif n'est pas de nature à priver son bénéficiaire de la faculté de se prévaloir du dol dont il a pu être victime de la part de son cocontractant ▪ Cass. com., 2 mai 2007, n° 05-21.975 : *Dr. sociétés* 2007, n° 158, obs. H. Hovasse. ▪ Cass. com., 3 févr. 2015, n° 13-12.483 : *JurisData* n° 2015-001629 ; *JCP* E 2015, n° 1134, note B. Dondero ; *Dr. sociétés* 2015, n° 84, note R. Mortier ; *JCP* G 2015, 373, note M. Caffin-Moi ; *RTD com.* 2015, p. 103, obs. A. Constantin ; *RTD civ.* 2015, p. 373, obs. H. Barbier ; *Rev. sociétés* 2015, p. 571, note J.-J. Ansault ; *JCP* E 2015, Chron. 1577, n° 4, M. Caffin-Moi. ; *Rev. sociétés* 2015, p. 571, note J.-J. Ansault ; *D.* 2015, p. 2401, note E. Lamazerolles.

– *Contra* : bénéficiaire d'une garantie de passif social, le cessionnaire ne peut ensuite prétendre avoir été victime d'un dol du fait de la non-révélation de ce passif ▪ Cass. com., 28 sept. 2010, n° 09-16.261 : *Bull. Joly Sociétés* févr. 2011, p. 94, note H. Barbier.

– En revanche, il n'y a pas dol dans le cas où les inexactitudes relevées dans le bilan sont de faible importance par rapport au total du bilan ▪ Cass. com., 30 nov. 1999, n° 97-15.733 : *JurisData* n° 1999-004194 ; *Bull. Joly Sociétés* 2000, p. 306, note T. Massart.

11) Obligation d'information. Devoir de loyauté. – Le président du conseil d'administration, qui intervient comme intermédiaire dans une opération de reclassement d'actions effectuée par un associé, et qui cache à l'associé cédant les négociations qu'il mène pour revendre les actions acquises à un prix nettement supérieur à leur prix d'acquisition, manque au devoir de loyauté qui s'impose à lui en tant que dirigeant à l'égard de son associé ; il se rend par là même responsable de réticence dolosive ▪ Cass. com., 27 févr. 1996, n°s 94-10.120 et 94-11.241 : *JurisData* n° 1996-003972 ; *JCP* G 1996, II, 22665, note J. Ghestin ; *JCP* E 1996, 838, note D. Schmidt et N. Dion ; *Bull. Joly Sociétés* 1996, p. 485, note A. Couret ; *D.* 1996, p. 518, note Ph. Malaurie ; *RTD civ.* 1997, p. 114, obs. J. Mestre ; *LPA* 17 févr. 1997, n° 21, p. 7, note D.-R. Martin.

– Le dirigeant qui a dissimulé aux actionnaires, désireux de céder des titres de la société, une information de nature à influer sur leur consentement manque à son obligation de loyauté à l'égard de tout associé et engage sa responsabilité ▪ Cass. com., 12 mai 2004, n° 00-15.618 : *JurisData* n° 2004-023739 ; *Bull. Joly Sociétés* 2004, p. 1115, note D. Schmidt ; *D.* 2004, p. 1600, obs. A. Lienhard ; *D.* 2004, somm. p. 2923, obs. E. Lamazerolles ; *Dr. et patrimoine* nov. 2004, p. 90, obs. D. Porracchia ; *JCP* E 2004, 1510, n° 3, obs. J.-J. Caussain, F. Deboissy et G. Wicker ; *JCP* E 2004, 1393, note F.-G. Trébulle ; *JCP* G 2004, II, 10153, note G. Dany ; *Rev. sociétés* 2005, p. 140, note L. Godon ; *RTD com.* 2004, p. 743, obs. C. Champaud et D. Danet. ▪ Cass. com., 11 juill. 2006, n° 05-12.024 : *Dr. sociétés* 2007, n° 1, obs. H. Lécuyer. ▪ Cass. 1re civ., 25 mars 2010, n° 08-13.060 : *JurisData* n° 2010-002590 ; *Bull. Joly Sociétés* 2010, p. 707, note J.-J. Daigre. ▪ Cass. com., 12 mars 2013, n° 12-11.970 : *Dr. sociétés* 2013, n° 78, note R. Mortier.

– Manque de base légale l'arrêt qui retient la responsabilité du président du directoire et des membres du conseil de surveillance sans constater qu'à l'époque de la cession des titres, ils détenaient des informations qu'ils pouvaient seuls connaître et de nature à influer sur le consentement des actionnaires cessionnaires, ni que des négociations étaient d'ores et déjà en cours avec un tiers en vue de la revente globale des actions. ▪ Cass. com., 12 avr. 2016, n°s 14-19.200, 14-20.529 et 14-20.844 : *JurisData* n° 2016-007773 ; *RTD civ.* 2016, p. 612, note H. Barbier ; *JCP* E 2016, comm. 1584, note P. Brunswick ; *Rev. sociétés* 2016, p. 509, note K. Deckert ; *Bull. Joly Sociétés* 2016, p. 709, note E. Schlumberger.

– Le préjudice subi par les actionnaires lésés consiste en une perte de chance, dont l'estimation relève de l'appréciation souveraine des juges du fond. ▪ Cass. com., 15 mars 2017, n° 15-14.419 : *JurisData* n° 2017-007416 ; *Rev. sociétés* 2017, p. 485, note Th. Massart ; *Dr. sociétés* 2017, comm. 160, note R. Mortier.

12) *Affectio societatis* et cession de droits sociaux. Le défaut d'*affectio societatis* en la personne des cessionnaires, à le supposer avéré, n'a pas fait obstacle à la formation de la promesse synallagmatique de vente d'actions conclue par ces derniers avec l'actionnaire majoritaire de la société. ▪ Cass. com., 11 juin 2013, n° 12-22.296 : *JurisData* n° 2013-011988 ; *JCP* E 2013, n° 1527, note B. Dondero ; *Dr. sociétés* 2013, n° 175, note R. Mortier ; *Bull. Joly Sociétés* 2013, p. 624, note P. Le Cannu.

13) Prix. **Exigence d'un prix déterminé ou déterminable.** Le caractère déterminé ou déterminable du prix est une condition de l'existence de la cession ▪ Cass. 1re civ., 12 nov. 1974, n° 73-10.850 : *JurisData* n° 1974-000301 ; *Bull. civ.* I, n° 301. ▪ Cass. com., 7 déc. 1976, n° 75-12.464 : *JurisData* n° 1976-097311 ; *RTD com.* 1977, p. 519, n° 8. ▪ Cass. com., 11 févr. 1986, n° 84-12.337 : *JurisData* n° 1986-000312 ; *Bull. Joly Sociétés* 1986, p. 219. – Une cession d'actions est parfaite du jour de l'accord des parties sur la chose vendue, dès lors que le prix est au moins déterminable objectivement ▪ Cass. com., 17 juill. 1984 : *JurisData* n° 1984-799580 ; *Express-documents* 21 déc. 1984, p. 17. La fixation d'un prix global pour la cession d'un ensemble de titres composant le capital de plusieurs sociétés répond à l'exigence de détermination du prix de l'article 1591 du Code civil qui n'exige ni ventilation du prix ni fixation des conséquences fiscales du prix de cession ▪ Cass. com., 8 avr. 2008, n° 06-18.042 (PB) : *JurisData* n° 2008-043526 ; *Bull. Joly Sociétés* 2008, p. 608, note A. Couret ; *D.* 2008, p. 1203, obs. X. Delpech ; *Dr. sociétés* 2008, n° 141, obs. M.-L. Coquelet ; *JCP* E 2008, 2066, note M.-L. Coquelet ; *Rev. sociétés* 2009, p. 577, note J. Moury. – Une cession de droits sociaux à un prix indéterminé ou vil est nulle de nullité relative, l'action en nullité ne tendant qu'à la protection des intérêts privés des cédants ▪ Cass. com., 22 mars 2016, n° 14-14.218 : *JurisData* n° 2016-005478 ; *RTD civ.* 2016, p. 343, note H. Barbier ; *JCP* E 2016, chron. 1554, note M. Caffin-Moi ; *JCP* E 2016, 1251, note N. Dissaux ; *Gaz Pal.* 10 mai 2016, p. 23, note D. Houtcieff ; *RDC* 2016, p. 435, note Y.-M. Laithier ; *Contrats, conc. consom.* 2016, comm. 136, obs. L. Leveneur ; *Dr. sociétés* 2016, comm. 120, note R. Mortier ; *Procédures* 2016, repère 6, note C. Nourissat ; *D.* 1037, chron. S. Tréard, F. Arbellot, A.-C. Le Bras et T. Gauthier ; *JCP* G 2016, 797, obs. Y.-M. Serinet.

Preuve. À défaut de prix, l'ordre de mouvement ne suffit pas à établir l'accord définitif des parties sur les conditions de la cession ▪ Cass. 1re civ., 16 juill. 1992, n° 90-19.107 : *JurisData* n° 1992-001691 ; *JCP* E 1993, I, 218, n° 10, obs. A. Viandier et J.-J. Caussain ; *RJDA* 1992, p. 910.

Fixation judiciaire du prix. Doit être cassé l'arrêt qui retient qu'en l'absence de désaccord entre les parties à l'époque de la cession des actions, il y a lieu de se référer au principe selon lequel le prix d'une action est au moins celui de sa valeur au jour de la négociation ; en se déterminant par de tels éléments extérieurs à l'acte de cession, la cour a procédé à une fixation judiciaire du prix et a violé l'article 1591 du Code civil ▪ Cass. 1re civ., 24 févr. 1998, n° 96-13.414 : *JurisData* n° 1998-000814 ; *Bull. Joly Sociétés* 1998, p. 465, note A. Couret. – Le juge ne peut se substituer aux parties pour leur imposer une méthode de détermination du prix qui n'aurait pas recueilli leur accord ▪ Cass. com., 12 févr. 2008, n° 06-18.414 : *Dr. sociétés* 2008, n° 68, obs. M.-L. Coquelet ; *Rev. sociétés* 2008, p. 851, note M. Dubertret. – En présence d'un litige portant non pas sur la fixation du prix de cession des actions mais sur un désaccord entre les parties relativement aux modalités d'application de la clause de révision du prix, le juge pourrait déterminer le prix de cession définitif. Dans ce cas, il ne serait pas lié par les conclusions de l'expert judiciaire dont l'évaluation peut être écartée même en l'absence d'erreur grossière, ▪ Cass. com., 7 oct. 2014, n° 13-17.839 : *Bull. Joly Sociétés* 2014, p. 690, note P. Mousseron.

Fixation du prix par un tiers évaluateur. Le caractère d'ordre public de l'article 1843-4 du Code civil n'exclut pas l'arbitrabilité du litige, de sorte que la circonstance qu'une clause accorde aux arbitres le pouvoir de procéder eux-mêmes à l'évaluation et de trancher le litige, contrairement au pouvoir de l'expert nommé en application de l'article 1843-4 du Code civil d'évaluer sans trancher, ne la rend pas manifestement inapplicable ou nulle. ▪ Cass. com., 10 oct. 2018, n° 16-22.215, FS-P+B : *JurisData* n° 2018-017444 ; *Dr. sociétés* 2019, comm. 2, note R. Mortier.

Fixation du prix par un tiers évaluateur (jurisprudence antérieure à l'ordonnance n° 2014-863 du 31 juillet 2014 ayant modifié l'article 1843-4 C. civ.).

– **Champ d'application.** Application de l'article 1843-4 à une cession conclue en application d'une clause statutaire d'exclusion prévoyant les modalités d'évaluation des droits sociaux. ▪ Cass. com., 4 déc. 2007, n° 06-13.912 : *Bull. Joly Sociétés* 2008, p. 216, note F.-X. Lucas ; *Dr. sociétés* 2008, n° 23, obs. R. Mortier ; *JCP* E 2008, 1159, note H. Hovasse et 2001, note C. Grimaldi et P. Netto. – Application de l'article 1843-4 du Code civil à des promesses de vente. ▪ Cass. com., 4 déc. 2012, n° 10-16.280 : *JurisData* n° 2012-028238 ; *JCP* E 2013, 1000, note B. Dondero ; *JCP* E 2013, 1115, note A. Garnier ; *D.* 2012, 2962, obs. A. Lienhard ; A. Couret, *Article 1843-4 du Code civil et clause d'évaluation de droits sociaux : de nouvelles perspectives ? : D.* 2013, p. 147 ; *Dr. sociétés* 2013, n° 41, note R. Mortier ; *D.* 2013, p. 2729, comm. J.-C. Hallouin ; A. Gaudemet, *La controverse sur le domaine d'application de l'article 1843-4 du Code civil : état actuel et perspectives de dépassement : Bull. Joly Sociétés* 2013, p. 521 ; D. Schmidt, *Libres propos sur l'article 1843-4 du Code civil : Bull. Joly Sociétés* 2013, p. 528. – *Contra* : Les dispositions de l'article 1843-4 du Code civil, qui ont pour finalité la protection des intérêts de l'associé cédant, sont sans application à la cession de droits sociaux ou à leur rachat par la société résultant de la mise en œuvre d'une promesse unilatérale de vente librement consentie par un associé. ▪ Cass. com., 11 mars 2014, n° 11-26.915 : *JurisData* n° 2014-004384 ; *Dr. sociétés* 2014, n° 78, note R. Mortier ; *JCP* E 2014, n° 1159, note A. Couret ; *D.* 2014, p. 759, note B. Dondero ; *Dr. sociétés* 2014, n° 20, *Les pactes d'associés : que la force soit avec eux !*, Focus B. Brignon ; *JCP* E 2014, n° 315, *La mise en œuvre de la promesse de cession d'actions à l'épreuve de la toute relative impérativité des dispositions d'ordre public de l'article 1843-4 du Code civil*, P. Gorguet et L. Marty ; *Bull. Joly Sociétés* 2014, p. 360 note P. Le Cannu ; *JCP* E 2014, n° 1515, B.-O. Becker ; *Rev. sociétés* 2014, p. 366, note J. Moury ; *D.* 2014, p. 2434, note J.-C. Hallouin. ▪ Cass. com., 14 nov. 2018, n° 17-15.828 : *JurisData* n° 2018-020952 ; *Dr. sociétés* 2019, comm. 41, note R. Mortier ; *Bull. Joly Sociétés* 2019, p. 8, note B. Saintourens. – Inapplicabilité de l'article 1843-4 du Code civil quand le prix est déterminable. ▪ Cass. com., 24 nov. 2009, n° 08-21.369 : *JurisData* n° 2009-050459 ; *Bull. civ.* IV, n° 151 ; *RTD com.* 2010, p. 600, note B. Bouloc ; *Dr. sociétés* 2010, comm. 21, note M.-L. Coquelet ; *D.* 2010, p. 2797, note. J.-Cl. Hallouin ; *Bull. Joly Sociétés* 2010, p. 318, note P. Le Cannu et H. Mathez ; *Rev. sociétés* 2011, p. 149, note H. Le Nabasque ; *JCP* G 2010, 516, n° 3, note M. Mekki ; *Rev. sociétés* 2010, p. 21, note J. Moury ; *JCP* E 2010, 1146, note G. Mouy. ▪ Cass. com., 26 févr. 2013, n° 11-27.521 : *JurisData* n° 2013-003208 ; *Dr. sociétés* 2013, n° 96, note R. Mortier ; *JCP* E 2013, n° 1340, note R. Mortier ; *Bull. Joly Sociétés* 2013, p. 385, note B. Dondero ; *JCP* E 2013, n° 1454, chron. P. Mousseron ; *JCP* E 2013, n° 1520, note J.-M. Desaché.

– **Mission de l'expert.** Seul l'expert détermine les critères qu'il juge les plus appropriés pour fixer la valeur des droits, parmi lesquels peuvent figurer ceux prévus par les statuts ■ Cass. com., 5 mai 2009, n° 08-17.465 (PBRI) : *D.* 2009, p. 1349, obs. A. Lienhard ; *Dr. sociétés* 2008, n° 114, obs. R. Mortier ; *JCP* E 2009, 1632, note R. Mortier, cassant ■ CA Paris, 14 nov. 2007 : *JurisData* n° 2007-350600 ; *Dr. sociétés* 2008, n° 47, obs. R. Mortier. – C. Grimaldi, *Regard civiliste sur la cession ou le rachat forcé de droits sociaux : JCP* E 2009, 592. ■ Cass. com., 3 mai 2012, n° 11-12.717 : *JurisData* n° 2012-030512 ; *JCP* E 2012, 1395, A. Viandier ; *Rev. sociétés* 2013, p. 18, note J. Moury. ■ Cass. com., 29 sept. 2015, n° 14-15.767 : *JurisData* n° 2015-024072 ; *Dr. sociétés* 2015, n° 209, note R. Mortier ; *Bull. Joly Sociétés* 2016, p. 81, note I. Parachkévova ; *JCP* E 2016, Chron. 1217, obs. M. Caffin-Moi. ■ Cass. com., 13 sept. 2017, n° 16-12.978. L'expert désigné conformément à l'article 1843-4 du Code civil est un technicien chargé par la loi, en cas de contestation entre les associés, de déterminer la valeur des droits sociaux, de sorte que sa mission ne prend fin qu'avec la fixation de cette valeur. ■ Cass. com., 26 mars 2013, n° 12-10.144 : *JurisData* n° 2013-005612 ; *JCP* E 2013, 1219, obs. G. Mégret.

– **Absence de recours.** La décision rendue par le président du tribunal statuant en la forme des référés désignant un expert en application de l'article 1843-4 est sans recours possible et cette disposition s'applique, par sa généralité, au pourvoi en cassation comme à toute autre voie de recours. ■ Cass. 1re civ., 6 déc. 1994, n° 92-18.007, P : *JurisData* n° 1994-002432 ; *Dr. sociétés* 1995, comm. 68, note Th. Bonneau ; *JCP* G 1995, IV, 356 ; *Bull. civ.* 1994, I, n° 364. ■ Cass. com., 14 sept. 2010, n° 09-68.850 : *JurisData* n° 2010-017491 ; *Dr. sociétés* 2011, comm. 26, note M.-L. Coquelet ; *Bull. Joly Sociétés* 2010, p. 966, note M. Caffin-Moi. ■ Cass. 2e civ., 1er juin 2017, n° 16-15.577 : *Dr. sociétés* 2017, comm. 182, note R. Mortier. Aucun recours n'est possible ni contre l'ordonnance prise par le président sur le fondement de l'article 1843-4 du Code civil, ni contre la décision l'interprétant. ■ Cass. com., 14 févr. 2018, n° 16-24.790 : *Bull. Joly Sociétés* 2018, p. 196, note A. Couret. Ne constitue pas un excès de pouvoir l'inobservation, à la supposer établie, des conditions d'application de ce texte. ■ Cass. com., 7 juill. 2020, n° 18-18.190 : *JurisData* n° 2020-000161 ; *JCP* E 2020, 1183, note B. Brignon ; *Bull. Joly Sociétés* oct. 2020, p. 15, note M. Caffin ; *Dr. sociétés* 2020, comm. 47, note R. Mortier.

Fixation du prix par un tiers évaluateur (jurisprudence antérieure à l'ordonnance n° 2014-863 du 31 juillet 2014 ayant modifié l'article 1843-4 du Code civil).

– **Application dans le temps.** L'article 1843-4 est applicable dans sa version en vigueur à la date de la désignation de l'expert. ■ Cass. 1re civ., 8 janv. 2020, n° 17-13.863 : *JurisData* n° 2020-000161 ; *Bull. Joly Sociétés* avr. 2020, p. 32, note M. Caffin ; *Dr. sociétés* 2020, comm. 47, note R. Mortier. Les effets légaux d'un contrat étant régis par la loi en vigueur à la date où ils se produisent, l'article 1843-4 du Code civil, dans sa rédaction issue de l'ordonnance n° 2014-863 du 31 juillet 2014, est applicable aux expertises ordonnées à compter du 3 août 2014, date de son entrée en vigueur. ■ Cass. com., 18 nov. 2020, n° 19-13.405 : *Bull. Joly Sociétés* 2021, n° 121u4, p. 10, note N. Borga ; *Dr. sociétés* 2021, comm. 17, note R. Mortier.

B – Garanties légales

14) Garantie des vices cachés. La garantie des vices cachés ne peut jouer que si le vice affectant l'immeuble est de nature à rendre les parts sociales cédées impropres à leur destination ■ Cass. 3e civ., 12 janv. 2000 : *JurisData* n° 2000-000032 ; *Dr. sociétés* 2000, n° 69, obs. T. Bonneau. – La société ayant poursuivi son activité plusieurs années après la cession, quelles que soient la nature ou la gravité des vices allégués affectant les assemblées générales précédant la cession et les irrégularités dans la tenue du registre des mouvements de titres, la société n'a pas été mise dans l'impossibilité d'exploiter son activité, ce dont il se déduit que les qualités substantielles des actions n'ont pas été affectées ■ Cass. com., 14 déc. 2004, n° 00-20.287 : *JurisData* n° 2004-026349 ; *Dr. sociétés* avr. 2005, n° 72, obs. H. Hovasse.

15) Garantie d'éviction. La mise en œuvre de la garantie d'éviction suppose que les agissements du cédant aient empêché le cessionnaire de poursuivre l'activité de la société en diminuant l'achalandage ou en détournant la clientèle ■ Cass. com., 26 nov. 2003, n° 00-18.005 : *JurisData* n° 2003-021302 ; *Dr. sociétés* mars 2004, n° 35, obs. F.-G. Trébulle. ■ Cass. com., 20 févr. 2007, n° 04-19.932 : *JurisData* n° 2007-037748 ; *Dr. sociétés* 2007, comm. 88, note H. Lécuyer ; *Contrats, conc. consom.* 2007, comm. 123, obs. M. Malaurie-Vignal ; *D.* 2008, p. 247, obs. Y. Picod. – La garantie légale d'éviction du fait personnel du vendeur n'entraîne pour celui-ci, s'agissant de la cession des actions d'une société, l'interdiction de se rétablir que si ce rétablissement est de nature à empêcher les acquéreurs de ces actions de poursuivre l'activité économique de la société et de réaliser l'objet social ■ Cass. com., 21 janv. 1997 : *JurisData* n° 1997-000214 ; *JCP* E 1997, II, 936, note Y. Guyon. ■ Cass. com., 20 sept. 2017, n° 16-10.776 : *Rev. sociétés* 2018, p. 178, J.-F. Barbièri ; *Dr. sociétés* 2018, comm. 40, note R. Mortier.

C – Garanties de passif

16) Nature civile ou commerciale. Principe. La convention de garantie de passif, qui fait corps avec l'acte de cession de l'intégralité des parts d'une société entraînant son contrôle par le cessionnaire, revêt un caractère commercial, peu important que les cédants n'aient pas la qualité de commerçant et qu'ils ne soient plus associés ▪ CA Paris, 26 janv. 2000 : *JurisData* n° 2000-129646 ; *Bull. Joly Sociétés* 2000, p. 907. – **Solidarité passive.** En raison de la nature commerciale de la cession de contrôle, l'engagement de garantie pris par les cédants est présumé solidaire ▪ Cass. com., 28 avr. 1987, n° 85-17.093 : *JurisData* n° 1987-000877 ; *Bull. civ.* IV, n° 103 ; *JCP* E 1987, 16959, n° 21, obs. A. Viandier et J.-J. Caussain. – **Solidarité active.** Viole l'article 1197 dans sa rédaction antérieure à celle issue de l'ordonnance du 10 février 2016, la cour d'appel qui retient que la prescription a été utilement interrompue par l'action des autres créanciers de la garantie d'actif en se fondant sur le fait que la solidarité est présumée en matière commerciale, alors que la solidarité active ne se présume pas. ▪ Cass. com., 26 sept. 2018, n° 16-28.133 : *JurisData* n° 2018-016448 ; *Rev. sociétés* 2019, p. 172, J. Delvallée ; *Dr. sociétés* 2018, comm. 204, note R. Mortier ; *Bull. Joly Sociétés* 2018, p. 680, note M. Julienne ; *D.* 2018, p. 2404, J.-D. Pellier ; *RTD com.* 2018, p. 907, note B. Saintourens ; *Dr. sociétés* 2019, chron. 1, B. Brignon.

17) Étendue de la garantie. – Une clause de garantie de passif ne couvre pas une diminution de l'actif social ▪ Cass. com., 14 mai 1985 : *JurisData* n° 1985-799722.

– La garantie de passif qui concerne tout passif non ou insuffisamment provisionné à la date de clôture du bilan couvre toutes les conséquences des déficiences antérieures à cette date, qu'elles se soient révélées avant comme après celles-ci ▪ Cass. com., 9 juin 1987, n° 85-17.157 : *JurisData* n° 1987-701983 ; *JCP* E 1988, 15240, n° 4, obs. A. Viandier et J.-J. Caussain.

– L'engagement du cédant de garantir le cessionnaire contre toute diminution d'actif ou toute augmentation de passif dont la cause ou l'origine serait antérieure à la date de fixation du prix inclut le passif connu du cessionnaire au jour de la cession. ▪ Cass. com., 14 déc. 2010, n° 09-68.868 : *JurisData* n° 2010-023958 ; *Dr. sociétés* mars 2011, n° 44, comm. M.-L. Coquelet ; *Bull. Joly Sociétés* mars 2011, n° 116, p. 170, note E. Michel-Cordier.

– Lorsqu'une garantie de cession prévoit qu'en cas de diminution de l'actif net, l'écart négatif viendra en diminution du prix de cession, il n'en résulte *pas nécessairement que*, cette garantie étant qualifiée de clause de révision de prix, les parties n'avaient pas entendu que la garantie puisse excéder le prix de cession ▪ Cass. com., 18 déc. 2001, n° 98-17.320 : *JCP* E 2002, n° 1639, p. 1811, obs. J.-J. Caussain, F. Deboissy et G. Wicker ; *Bull. Joly Sociétés* 2002, p. 486, note A. Couret.

– La connaissance par le bénéficiaire du risque couvert ne l'exclut pas de la garantie. ▪ Cass. com., 12 mai 2015, n° 14-13.234 : *JurisData* n° 2015-011055 ; *Dr. sociétés* 2015, n° 125, note R. Mortier ; *JCP* E 2015, n° 1470, note L. Gergaud-Lebas ; *Bull. Joly Sociétés* 2015, n° 9, note P. Mousseron ; *Rev. sociétés* 2015, p. 659, note D. Poracchia.

18) Bénéficiaire de la garantie. – Droits de la société cédée. – La clause de garantie aux termes de laquelle le cédant s'oblige à reverser à la société les sommes correspondant à l'appauvrissement net de celle-ci en cas d'apparition d'un passif nouveau constitue une stipulation pour autrui qui permet à la société d'agir contre le cédant ▪ Cass. com., 7 oct. 1997, n° 95-18.119 : *JurisData* n° 1997-003824 ; *Bull. Joly Sociétés* 1997, p. 1058, note P. Mousseron ; *JCP* E 1998, p. 509, n° 6, obs. A. Viandier et J.-J. Caussain. – Le bénéficiaire d'une garantie d'actif et de passif est, en principe, le cessionnaire des droits sociaux et, si la convention de cession peut faire de la société dont les titres sont cédés le bénéficiaire de la garantie, de façon exclusive ou encore en parallèle avec le cessionnaire, il faut que le pacte de cession renferme une stipulation claire en sa faveur. ▪ Cass. com., 8 mars 2017, n° 15-19.174 : *JurisData* n° 2017-003981 ; *Dr. sociétés* 2017, comm. 116, note R. Mortier ; *RTD com.* 2017, p. 645, note J. Moury. ▪ CA Paris, 24 sept. 1991 : *JurisData* n° 1991-023660 ; *RJDA* 1992, p. 120.

– **Droits du cessionnaire. En cas de seconde cession.** La convention de passif souscrite par le cédant est attachée à la chose cédée et ne peut plus être invoquée par le cessionnaire après la revente de celle-ci ▪ Cass. com., 12 févr. 2008, n° 06-15.951 ; *Bull. Joly Sociétés* 2008, p. 472, note P. Mousseron. – La clause n'entraînant non pas tant la garantie au profit du cessionnaire des dettes sociales mais une garantie de valeur des éléments contenus dans le prix, ne bénéficie, en l'absence de toute clause contraire, qu'au cessionnaire alors même qu'il ne serait plus titulaire des actions. ▪ Cass. com., 3 avr. 2007, n° 04-15.532, *JurisData* n° 2007-038432 ; *Dr. sociétés* 2007, comm. 147, note H. Lecuyer ; *Bull. Joly* 2007, p. 844, note P. Mousseron. ▪ Cass. com., 11 mars 2008, n° 06-20.738 ; *D.* 2008, p. 1801, note O. Deshayes ; *RTD com.* 2008, p. 794, note P. Le Cannu et B. Dondero. **En cas de fusion suivie d'une cession.** En présence d'une garantie stipulée au bénéfice du cessionnaire de droits sociaux, celui-ci a encore qualité à agir après absorption de la société cédée et revente des titres issus de la fusion. ▪ Cass. com., 11 sept. 2012, n° 11-13.167 : *Bull. Joly Sociétés* 2012, n° 470, p. 835, note P. Mousseron.

19) Transfert du bénéfice de la garantie. Le cessionnaire de droits sociaux bénéficiaire d'une garantie consentie par le cédant peut efficacement céder sa créance de garantie au sous-acquéreur de ces droits même en l'absence de clause spécifique à cet effet dans le contrat de cession. ▪ Cass. com., 9 oct. 2012, n° 11-21.528 : *JurisData* n° 2012-022670 ; *JCP* E 2012, 1654, note P. Mousseron ; *Dr. sociétés* 2013, n° 2, note R. Mortier ; *D.* 2012, p. 3020, note N. Borga ; *D.* 2012, p. 2447, obs. X. Delpech ; *Bull. Joly Sociétés* 2013, p. 10, note A. Couret ; *Rev. sociétés* 2013, p. 344, note B. Fages ; *D.* 2013, p. 2731, comm. E. Lamazerolles. Le silence du premier cédant ne vaut pas nécessairement acceptation de la cession de la garantie. Si le caractère *intuitu personae* de la première cession est établi, la garantie de passif qu'elle comporte est intransmissible. ▪ Cass. com., 20 oct. 2015, n° 14-17.896 : *Bull. Joly Sociétés* 2016, p. 11, note H. Barbier ; *JCP* E 2016, chron. 1217, obs. B.-O. Becker.

20) Obligation d'information sur les événements susceptibles d'entraîner le jeu de la garantie.

a) Absence d'obligation légale d'information. À défaut de tout engagement particulier à cet égard, les cessionnaires ne sont pas tenus d'aviser les débiteurs de la garantie de passif du contrôle fiscal en cours. ▪ Cass. com., 23 nov. 1993, n° 91-21.536, *Bull. Joly Sociétés* 1994, p. 168, note A. Couret ; *Dr. sociétés* 1994, comm. 56, note H. Le Nabasque. La convention n'ayant prévu une exigence d'information que dans le cas de dettes fiscales et parafiscales, aucune obligation n'incombait aux cessionnaires s'agissant d'une condamnation de la société à payer une indemnité de licenciement. ▪ Cass. com., 28 nov. 1995, n° 93-21.123 : *Bull. Joly Sociétés* 1996, p. 202, note A. Couret.

b) Obligation contractuelle d'information. **Déchéance conventionnelle de la garantie.** – Le juge ne peut faire échec à la déchéance conventionnelle du bénéfice de la garantie de passif stipulée en faveur du cessionnaire dès lors que ce dernier n'a pas respecté son obligation contractuelle d'information du cédant. Il ne peut davantage paralyser le jeu de la clause de garantie en invoquant la mauvaise foi du cédant. ▪ Cass. com., 15 mars 2011, n° 09-13.299 : *JurisData n° 2011-003919* ; *Dr. sociétés* 2011, comm. 126, p. 13, M.-L. Coquelet ; *D.* 2011, p. 2761, note. E. Lamazerolles ; *Rev. sociétés* 2011, n° 287, note S. Prévost. **Sanction en cas d'absence de sanction contractuelle expresse (pouvoir souverain d'appréciation des juges du fond).** – C'est dans l'exercice de son pouvoir souverain d'appréciation de la volonté des parties, rendue nécessaire par l'imprécision du contrat, que la cour d'appel a décidé que l'inexécution par les cessionnaires de leur obligation d'informer les cédants, fait obstacle à ce qu'ils invoquent le bénéfice de la garantie. ▪ Cass. com., 9 juin 2009, n° 08-17.843 : *JurisData* n° 2009-048527 ; *Dr. sociétés* 2009, comm. 175, note M.-L. Coquelet ; *JCP* E 2009, 1767, obs. Fl. Deboissy et G. Wicker. C'est dans l'exercice de son pouvoir souverain d'appréciation de la volonté des parties, rendue nécessaire par l'imprécision du contrat, que la cour d'appel a dit que la sanction de la déchéance du droit d'obtenir paiement des sommes dues au titre d'un événement entrant dans le champ de la garantie de passif était applicable en cas d'inexécution par le bénéficiaire de son obligation de communiquer au garant, dans le délai convenu, les informations ou documents demandés par ce dernier à la suite de la notification de l'événement considéré. ▪ Cass. com., 21 oct. 2014, n° 13-11.805 : *JurisData* n° 2014-024971. – C'est dans l'exercice de son pouvoir souverain d'appréciation de la volonté des parties, rendue nécessaire par l'imprécision du contrat, que la cour d'appel a décidé que faute de prévoir une sanction pour le non-respect du délai d'information des cédants, l'inexécution par le cessionnaire de son obligation d'informer les cédants, dans le délai convenu, de toute réclamation, fait ou événement susceptible d'entraîner la mise en jeu de la garantie n'est pas de nature à le priver du bénéfice de la garantie. Elle peut seulement donner lieu au paiement de dommages-intérêts en réparation du préjudice que le retard apporté à la notification convenue avait pu causer aux cédants. ▪ Cass. com., 25 janv. 2017, n° 15-17.137 : *JurisData* n° 2017-003670 ; *Dr. sociétés* 2017, comm. 74, note R. Mortier ; *Rev. sociétés* 2017, p. 209, note P. Pisoni ; *Bull. Joly Sociétés* 2017, p. 284, note A. Reygrobellet. – Subit une perte de chance de faire aboutir favorablement une réclamation contentieuse, le cédant qui n'a pas été mis en mesure de prendre en charge la gestion du contentieux fiscal comme cela était prévu dans la convention. ▪ Cass. com., 18 mai 2016, n° 14-22.354 : *JurisData* n° 2016-009728 ; *D.* 2016, p. 2365, note E. Lamazerolles ; *Dr. sociétés* 2016, comm. 140, note R. Mortier ; *Rev. sociétés* 2016, p. 734, F. Pasqualini. C'est par une interprétation souveraine des termes de la convention que la cour d'appel a retenu que la violation de l'obligation d'information mise à la charge de la société cessionnaire n'était pas sanctionnée par la déchéance de la garantie. ▪ Cass. com., 18 déc. 2019, n° 18-12.536 : *JurisData* n° 2019-023702 ; *Dr. sociétés* 2020, comm. 34 ; note R. Mortier.

21) Absence de soumission aux articles 1326 et 1415 du Code civil. La convention de garantie de passif social, formant un tout avec l'acte synallagmatique portant cession des titres sociaux auquel elle s'intègre, n'est pas un engagement unilatéral et, partant, n'est pas soumise aux articles 1326 et 1415 du Code civil (anciens), fût-elle consentie solidairement entre les cédants. ▪ Cass. 1re civ., 20 sept. 2012, n° 11-13.144 : *JurisData* n° 2012-020927 ; *JCP* E 2012, 1734, note R. Mortier ; *Dr. sociétés* 2012, n° 201, note R. Mortier ; *Rev. sociétés* 2013, p. 206, note R. Libchaber.

III – CLAUSES STATUTAIRES ET EXTRA-STATUTAIRES

A – Clause d'agrément

22) Principe de liberté de cession. La négociabilité est de l'essence des sociétés anonymes ▪ Cass. com., 22 oct. 1969, n° 67-10.189 : *Bull. civ.* IV, n° 307.

23) Catégorie d'actions. L'agrément peut n'être stipulé que pour une catégorie déterminée d'actions : Rép. min. : *JO* Sénat Q, 3 déc. 1969, p. 1169.

24) Cession d'actions dans la société mère. La clause d'agrément contenue dans les statuts d'une société est inapplicable aux cessions d'actions des sociétés qui sont actionnaires de la première ▪ CA Montpellier, 17 déc. 1992 : *JurisData* n° 1992-600237 ; *JCP* E 1993, I, 215, n° 9, obs. A. Viandier et J.-J. Caussain ; *RJDA* 1993, p. 206. ▪ Cass. com., 13 déc. 1994, n° 93-11.569 : *JCP* E 1995, I, 447, n° 4, obs. A. Viandier et J.-J. Caussain ; *Bull. Joly Sociétés* 1995, p. 152, note P. Le Cannu.

25) Agrément conditionnel. Si une clause d'agrément est stipulée, l'agrément d'un actionnaire doit être pur et simple de sorte que les conditions posées par l'organe social habilité à autoriser la cession sont réputées non écrites. ▪ Cass. com., 17 janv. 2012, n° 09-17.212 : *D.* 2012, p. 279, obs. A. Lienhard ; *D.* 2012, p. 719, note J. Moury ; *Bull. Joly Sociétés* 2012, p. 310, note B. Dondero ; *Rev. sociétés* juin 2012, p. 370, note P. Le Cannu ; *JCP* E 2012, 1777, n° 3, obs. F. Deboissy et G. Wicker ; *D.* 2012, p. 2695, obs. J.-C. Hallouin ; *Dr. sociétés* 2012, n° 64, note D. Gallois-Cochet.

26) Apport et agrément. La clause d'agrément qui vise toutes cessions d'actions à titre onéreux ou gratuit doit recevoir application en cas d'apport, par les actionnaires, de leurs titres à une tierce société ▪ Cass. com., 21 janv. 1970 : *JurisData* n° 1970-097028 ; *Bull. civ.* IV, n° 28 ; *JCP* 1970, II, 16541, note B. Oppetit.

27) Fusion et agrément. Pour l'application *d'une clause d'agrément en cas* de transfert des titres *à l'absorbante suite à l'absorption* de la société actionnaire, voir note sous art. L. 236-3, p. 551.

28) Donation et agrément. Sur l'applicabilité des clauses d'agrément (et de préemption) en cas de donations de titres : Rép. min. n° 59160 : *JOAN* 22 mars 2011.

B – Clause de préemption

29) Validité. La clause de préemption est licite ▪ Cass. civ., 9 févr. 1937 : *DP* 1937, 1, p. 73, note Besson.

30) Redressement judiciaire. Sur l'opposabilité d'une clause de préemption contenue dans un pacte d'actionnaires en cas de mise en redressement judiciaire *[plan de continuation]* de la société ▪ CA Aix-en-Provence, 5 déc. 2003, n° 02/19692 : *JurisData* n° 2003-240619 ; *Bull. Joly Sociétés* 2004, p. 1077, note A. Cérati-Gauthier.

31) Fusion et préemption. Un pacte d'actionnaires, qui contient une clause de préemption définissant largement le transfert d'actions, n'est pas applicable à une opération de fusion-scission qui a pour effet de réaliser une transmission à titre universel d'actions distincte d'une cession isolée, seule envisagée par le pacte à défaut de mention contraire ▪ CA Paris, 18 févr. 2000, n° 1999/16771 : *JurisData* n° 2000-105562 ; *Bull. Joly Sociétés* 2000, p. 728, note P. Le Cannu.

32) Donation de titres et préemption. La clause de préemption n'est pas applicable aux cessions consenties à titre gratuit : Rép. Min. Justice n° 59160 : *JOAN* Q 22 mars 2011, p. 2851.

33) Inexécution de la clause de préemption. – S'agissant d'une clause de préemption extrastatutaire, acceptée par les associés de la société dont les actions sont soumises à ladite clause, l'associé qui ne respecte pas son obligation d'information engage sa responsabilité à l'égard des bénéficiaires de la clause et est tenu de les indemniser de la perte d'une chance d'acquérir lesdites actions ▪ Cass. com., 16 nov. 2004, n° 02-10.417. – En cas d'inexécution de la clause de préemption stipulée dans un pacte d'actionnaires, il y a lieu à réparation tant du préjudice matériel (diminution de la valeur des titres) que du préjudice « moral » (perte d'influence décisionnelle dans la vie de la société) ▪ CA Paris, 21 janv. 2005, n° 02/20546 : *JurisData* n° 2005-265051 ; *Bull. Joly Sociétés* 2005, p. 967.

– La violation de la clause de préemption peut provoquer la nullité de la cession d'actions réalisée et les signataires de la clause peuvent être substitués au tiers et acquérir à sa place les actions à la condition que le tiers ait eu connaissance, lorsqu'il a contracté, de l'existence du pacte et de l'intention du bénéficiaire de s'en prévaloir ▪ Cass. ch. mixte, 26 mai 2006, n° 03-19.376 : *JurisData* n° 2006-033690 ; *JCP* G 2006, 10142, note L. Leveneur ; *Rev. sociétés* 2006, p. 806, note J.-F. Barbièri.

– La violation d'une clause de préemption figurant dans les statuts d'une société à responsabilité limitée n'emporte pas, en elle-même, nullité de la cession de parts conclue entre deux associés. ▪ Cass. com., 11 mars 2014, n° 13-10.366 : *JurisData* n° 2014-004493 ; *Dr. sociétés* 2014, n° 82, note D. Gallois-Cochet ; *D.* 2014, p. 719, obs. A. Liehnard ; *JCP* E 2014, n° 1224, note B. Dondero ; *Rev. sociétés* 2014, p. 384, note B. Saintourens ; *JCP* E 2014, n° 1515, note L. Caffin-Moi ; *RLDA* 2014, 95, note J.-C. Pagnucco ; *D.* 2014, p. 2156, note J. Moury ; *D.* 2014, p. 2434, note E. Lamazerolles.

34) Action de l'acquéreur évincé. Si l'acquéreur de droits sociaux évincé a intérêt à l'annulation de la préemption prévue par les statuts, exercée par son bénéficiaire, il n'a pas qualité pour agir à cette fin. ▪ Cass. com., 2 févr. 2016, n° 14-20.747 : *JurisData* n° 2016-001500 ; *JCP* E 2016, n° 1231, note B. Brignon ; *JCP* E 2016, n° 1554, M. Buchberger ; *Gaz. Pal.* 24 mai 2016, p. 73, note B. Dondero ; *RTD civ.* 2016, p. 389, note P.-Y. Gautier ; *Bull. Joly Sociétés* 2016, 115a9, note V. Malassigné ; *Dr. sociétés* 2016, n° 75, note R. Mortier ; *Dr. sociétés* 2016, n° 75, obs. R. Mortier ; *Rev. sociétés* 2016, p. 422, D. Poracchia.

35) Nullité d'un pacte de préférence pour indétermination du prix. La clause de fixation du prix d'exercice d'un pacte de préférence est nulle, comme le pacte dans son entier, lorsqu'elle prévoit la désignation de tiers experts pour procéder à cette fixation et qu'elle leur fixe des directives insuffisamment précises à cette fin, de sorte que le prix n'est pas déterminable. ▪ Cass. com., 5 janv. 2016, n° 14-19.584 : *Bull. Joly Sociétés* 2016, 115b7, note E. Schlumberger.

C – Clause de non-concurrence

36) Lorsqu'elle a pour effet d'entraver la liberté de se rétablir d'un salarié, actionnaire ou associé de la société qui l'emploie, la clause de non-concurrence signée par lui n'est licite que si elle est indispensable à la protection des intérêts légitimes de l'entreprise, limitée dans le temps et dans l'espace, qu'elle tient compte des spécificités de l'emploi du salarié et comporte l'obligation pour la société de verser à ce dernier une contrepartie financière, ces conditions étant cumulatives. ▪ Cass. com., 15 mars 2011, n° 10-13.824 : *JurisData* n° 2011-003902 ; *D.* 2011, p. 943, obs. A. Lienhard ; *D.* 2011, p. 1261, note Y. Picod ; *JCP* E 2011, n° 1409, note A. Couret et B. Dondero ; *JCP* E 2011, n° 1482, p. 34, comm. P. Grignon ; *Bull. Joly Sociétés* 2011, p. 524, P. Le Cannu, *La clause de non-concurrence dans les pactes d'actionnaires*. – La clause de non-concurrence stipulée à l'occasion d'une cession de droits sociaux n'est soumise à l'exigence d'une contrepartie financière que si l'associé a, à la date de son engagement, la qualité de salarié de la société. ▪ Cass. com., 8 oct. 2013, n° 12-25.984 : *JurisData* n° 2013-022022 ; *JCP* E 2013, n° 1702, chron. F. Deboissy et G. Wicker ; *D.* 2013, p. 2741, note T. Favario ; A. Couret et B. Dondero, *La clause de non-concurrence et le cumul des qualités d'associé et de salarié* : *JCP* E 2014, n° 1000 ; *Rev. sociétés* 2014, p. 102, note J.-F. Barbièri ; *Bull Joly Sociétés* 2014, p. 17, note B. Saintourens ; *Dr. sociétés* 2014, n° 2, note R. Mortier ; *JCP* E 2014, n° 1189, chron. B.-O. Becker.

D – Clause de non-agression

37) À propos de la violation d'un pacte interprété comme garantissant la parité capitalistique et ayant débouché sur la condamnation du cessionnaire à céder la moitié des titres acquis, la Cour de cassation censure cette interprétation et cette sanction en vertu des principes classiques du droit des obligations. ▪ Cass. com., 24 mai 2011, n° 10-24.869 : *Rev. sociétés* 2011, p. 482, note A. Gaudemet ; *D.* 2011, p. 2315, note G. Helleringer ; *Dr. sociétés* oct. 2011, n° 168, p. 13, note R. Mortier.

E – Clause de « buy or sell »

38) La clause prévoyant l'achat par l'associé le plus offrant des droits sociaux détenus par l'associé le moins-disant est efficace. La vente intervenue en application d'une telle clause est parfaite dans la mesure où le prix n'est ni indéterminable, ni fixé de manière discrétionnaire par l'une des parties. ▪ Cass. com., 29 sept. 2015, n° 14-15.040 : *JurisData* n° 2015-025448 ; *Dr. sociétés* 2016, comm. 1, note R. Mortier ; *Bull. Joly Sociétés* 2016, n° 1, p. 20, note B. Dondero ; *JCP* E 2016, chron. 1217, obs. B.-O. Becker.

F – Clause de substitution

39) Exclusion des règles du cautionnement. Dès lors que le protocole d'accord prévoyait clairement que si le cessionnaire décidait de se substituer une personne, il resterait néanmoins garant de la bonne exécution de la convention et serait tenu solidairement du paiement du prix des actions et du compte courant, le cessionnaire ne s'est pas engagé à payer la dette du cessionnaire substitué, de sorte que son engagement ne revêt pas un caractère accessoire et n'est pas soumis aux règles du cautionnement. ▪ Cass. com., 8 juin 2017, n° 15-28.438 : *JurisData* n° 2017-010890 ; *RTD civ.* 2017, p. 660, note H. Barbier ; *D.* 2017, p. 1689, note J. François ; *D.* 2017, p. 2335, note E. Lamazerolles ; *D.* 2017, p. 2176, note D. R. Martin ; *Dr. sociétés* 2017, comm. 181, note R. Mortier ; *RTD com.* 2017, p. 929, note J. Moury.

Art. L. 228-24 *(Anc. L. n° 66-537, 24 juill. 1966 ; mod., Ord. n° 2004-604, 24 juin 2004).* **– Si une clause d'agrément est stipulée, la demande d'agrément indiquant les nom, prénoms et adresse du**

cessionnaire, le nombre des titres de capital ou valeurs mobilières donnant accès au capital dont la cession est envisagée et le prix offert, est notifiée à la société. L'agrément résulte, soit d'une notification, soit du défaut de réponse dans un délai de trois mois à compter de la demande.

Si la société n'agrée pas le cessionnaire proposé, le conseil d'administration, le directoire ou les gérants, selon le cas, sont tenus, dans le délai de trois mois à compter de la notification du refus, de faire acquérir les titres de capital ou valeurs mobilières donnant accès au capital, soit par un actionnaire ou par un tiers, soit, avec le consentement du cédant, par la société en vue d'une réduction du capital. À défaut d'accord entre les parties, le prix des titres de capital ou valeurs mobilières donnant accès au capital est déterminé dans les conditions prévues à l'article 1843-4 du Code civil. Le cédant peut à tout moment renoncer à la cession de ses titres de capital ou valeurs mobilières donnant accès au capital. Toute clause contraire à l'article 1843-4 dudit code est réputée non écrite.

Si, à l'expiration du délai prévu à l'alinéa précédent, l'achat n'est pas réalisé, l'agrément est considéré comme donné. Toutefois, ce délai peut être prolongé par décision de justice à la demande de la société.

Voir : art. R. 228-23, p. 1731.

Voir : sous art. L. 228-23, p. 459.

1) **Notification.** Une cour d'appel a pu admettre la validité de la notification d'un projet de cession qui comportait un prix provisoire, alors que le prix mentionné ne revêt pas un caractère fictif ou insincère, que l'agrément porte sur la personne du cessionnaire et non sur le prix, et que les cédants ont explicité dans un courrier postérieur les modalités de calcul de la clause de révision. ▪ Cass. com., 11 janv. 2017, n° 15-13.025 : *JurisData* n° 2017-000221 ; *Bull. Joly Sociétés* 2017, p. 222, note M. Buchberger ; *Dr. sociétés* 2017, comm. 79, note C. Coupet.

2) **Organe compétent. Administrateur provisoire.** Il n'entre pas dans les pouvoirs d'un administrateur provisoire d'agréer une cession d'actions ▪ Cass. com., 27 oct. 1969, n° 67-11.996 : *JurisData* n° 1969-097314 ; *Bull. civ.* IV, n° 314.

Administrateur judiciaire. Dans le cadre d'une procédure de redressement judiciaire, l'administrateur chargé de passer tous les actes nécessaires à la réalisation de la cession de l'actif, en exécution d'un plan de cession, est tenu, pour la vente des actions détenues par la société dans le capital d'une autre, de respecter la clause des statuts de cette dernière imposant l'agrément préalable de la cession par son conseil d'administration ▪ Cass. com., 31 janv. 1995, n° 91-20.735 : *JurisData* n° 1995-000295 ; *D.* 1995, 426, note G. Parleani ; *Bull. Joly Sociétés* 1995, p. 342, note A. Couret.

Société dissoute. Après la dissolution de la société, l'agrément d'une cession d'actions relève nécessairement du pouvoir de l'assemblée, aucune disposition légale ou statutaire ne conférant ce pouvoir au liquidateur ▪ Cass. com., 12 mai 2004 : *Bull. Joly Sociétés 2004, p.* 1257, note A. Constantini ; *D.* 2004, p. 1598 ; *JCP* E 2004, 1512, note H. Lécuyer ; *Rev. sociétés* 2004, p. 940, note T. Bonneau ; *RTD com.* 2004, p. 541, obs. P. Le Cannu.

Vote de l'administrateur. L'administrateur peut prendre part au vote sur l'agrément de la cession de ses actions ▪ Cass. com., 24 févr. 1975, n° 73-14.141 : *JurisData* n° 1975-097058 ; *Bull. civ.* IV, n° 58 ; *Rev. sociétés* 1976, p. 92, note B. Oppetit.

3) **Refus d'agrément.** **Renonciation du cédant.** En cas de refus d'agrément, le cédant peut renoncer à la cession ▪ Cass. com., 10 mars 1976 : *JurisData* n° 1976-799095 ; *Rev. sociétés* 1976, p. 332, note J. Hémard. – Rép. min. : *JOAN* Q, 1er févr. 1969, p. 267.

Délai pour procéder au rachat. La tenue de l'assemblée générale présidée par l'actionnaire, au cours de laquelle celui-ci se voit refuser le droit de céder ses actions, ne peut par elle-même faire courir un quelconque délai à son encontre ; à défaut de notification du refus d'agrément, seule la lettre notifiant à tous les actionnaires le droit de préemption est de nature à faire courir le délai de trois mois à l'issue duquel l'agrément est réputé acquis ▪ Cass. com., 18 mai 1993, n° 91-15.096 : *JurisData* n° 1993-001035 ; *JCP* E 1994, II, 554, note H. Le Nabasque ; *Bull. Joly Sociétés* 1993, p. 736.

Prorogation du délai. Les dispositions de l'article L. 228-24 étant impératives, il n'est pas possible de proroger conventionnellement le délai imparti pour la réalisation de la cession, après refus d'agrément, sauf à recourir à la prorogation judiciaire envisagée par le texte ▪ Cass. com., 8 avr. 2008, n° 06-18.362 (PB) : *Bull. Joly Sociétés* 2008, p. 585 ; *D.* 2008, p. 1207, obs. A. Lienhard ; *Dr. sociétés* 2008, n° 129, obs. H. Hovasse.

4) **Champ d'application.** Il ne résulte d'aucune jurisprudence de la Cour de cassation que les dispositions de l'article L. 228-24 du Code de commerce s'appliquent en cas de non-respect d'une clause d'agrément prévue par les statuts d'une société par actions simplifiée (refus de transmettre une question prioritaire de constitutionnalité). ▪ Cass. com., 8 mars 2018, n° 17-40.079 : *JurisData* n° 2018-004068 ; *Bull. Joly Sociétés* 2018, p. 295, note B. Dondero ; *Rev. sociétés* 2018, p. 511, note L. Godon ; *Dr. sociétés* 2018, comm. 103, note J. Heinich ; *RTD com.* 2018, p. 719, note J. Moury.

Art. L. 228-25 *(Abr., Ord. n° 2004-604, 24 juin 2004).*

Art. L. 228-26 *(Anc. L. n° 66-537, 24 juill. 1966).* – Si la société a donné son consentement à un projet de nantissement d'actions dans les conditions prévues au premier alinéa de l'article L. 228-24, ce consentement emporte agrément du cessionnaire en cas de réalisation forcée des actions nanties *(Mots suppr. à compter du 1er janvier 2021, Ord. n° 2021-1192, 15 sept. 2021)* « selon les dispositions du premier alinéa de l'article 2078 du Code civil », à moins que la société ne préfère, après la cession, racheter sans délai les actions, en vue de réduire son capital.

Bibliographie : H. Chassery, *Le nantissement des parts sociales : RTD com.* 1977, 435. • P. Le Cannu, *Les mesures conservatoires portant sur des droits d'associé ou des valeurs mobilières : Bull. Joly Sociétés* 1993, p. 16 ; *Le nantissement conventionnel des actions : Bull. Joly Sociétés* 1993, p. 1091 ; *Adjudication et vente forcée des valeurs mobilières : Bull. Joly Sociétés* 1993, p. 1218. • P. Delebecque, *Nantissement et saisie : Rev. sociétés* 1999, p. 599.

Art. L. 228-27 *(Anc. L. n° 66-537, 24 juill. 1966).* – À défaut par l'actionnaire de libérer aux époques fixées par le conseil d'administration, le directoire ou les gérants, selon le cas, les sommes restant à verser sur le montant des actions par lui souscrites, la société lui adresse une mise en demeure.

Un mois au moins après cette mise en demeure restée sans effet, la société poursuit, sans aucune autorisation de justice, la vente desdites actions.

La vente des actions cotées est effectuée en bourse. Celle des actions non cotées est effectuée aux enchères publiques. L'actionnaire défaillant reste débiteur ou profite de la différence. Les modalités d'application du présent alinéa sont déterminées par décret en Conseil d'État.

Voir : art. R. 228-24 et R. 228-25, p. 1731.

Art. L. 228-28 *(Anc. L. n° 66-537, 24 juill. 1966).* – L'actionnaire défaillant, les cessionnaires successifs et les souscripteurs sont tenus solidairement du montant non libéré de l'action. La société peut agir contre eux, soit avant ou après la vente, soit en même temps, pour obtenir tant la somme due que le remboursement des frais exposés.

Celui qui a désintéressé la société dispose d'un recours pour le tout contre les titulaires successifs de l'action. La charge définitive de la dette incombe au dernier d'entre eux.

Deux ans après le virement d'un compte de valeurs mobilières à un autre compte, tout souscripteur ou actionnaire qui a cédé son titre cesse d'être tenu des versements non encore appelés.

Art. L. 228-29 *(Anc. L. n° 66-537, 24 juill. 1966).* – À l'expiration du délai fixé par décret en Conseil d'État, les actions sur le montant desquelles les versements exigibles n'ont pas été effectués, cessent de donner droit à l'admission et aux votes dans les assemblées d'actionnaires et sont déduites pour le calcul du quorum.

Le droit aux dividendes et le droit préférentiel de souscription aux augmentations de capital attachés à ces actions sont suspendus.

Après paiement des sommes dues, en principal et intérêt, l'actionnaire peut demander le versement des dividendes non prescrits. Il ne peut exercer une action du chef du droit préférentiel de souscription à une augmentation de capital, après expiration du délai fixé pour l'exercice de ce droit.

Voir : art. R. 228-26, p. 1731.

Art. L. 228-29-1 *(Ord. n° 2004-604, 24 juin 2004).* – Les actions ayant une valeur nominale inférieure ou *égale à un montant fixé par décret* en Conseil d'État et non admises aux négociations sur un marché réglementé peuvent être regroupées nonobstant toute disposition législative ou statutaire contraire. Ces regroupements sont décidés par les assemblées générales d'actionnaires statuant dans les conditions prévues pour la modification des statuts et conformément aux dispositions de l'article L. 228-29-2.

Voir : art. R. 228-27, R. 228-28 et R. 228-31, p. 1731.

Bibliographie : S. Sylvestre, *Le regroupement d'actions après l'ordonnance du 24 juin 2004 : une occasion manquée ? : Bull. Joly Sociétés* 2005, p. 7.

Art. L. 228-29-2 *(Ord. n° 2004-604, 24 juin 2004).* – Les regroupements d'actions prévus à l'article L. 228-29-1 comportent l'obligation, pour les actionnaires, de procéder aux achats ou aux cessions d'actions nécessaires pour réaliser le regroupement.

La valeur nominale des actions regroupées ne peut être supérieure à un montant fixé par décret en Conseil d'État.

Pour faciliter ces opérations, la société doit, avant la décision de l'assemblée générale, obtenir d'un ou de plusieurs actionnaires l'engagement de servir, pendant un délai de deux ans, au prix fixé par l'assemblée, la contrepartie tant à l'achat qu'à la vente des offres portant sur les rompus ou des demandes tendant à compléter le nombre de titres appartenant à chacun des actionnaires intéressés.

Voir : art. R. 228-27 à R. 228-31, p. 1731.

Art. L. 228-29-3 *(Ord. n° 2004-604, 24 juin 2004).* – À l'expiration du délai fixé par le décret prévu à l'article L. 228-29-7, les actions non présentées en vue de leur regroupement perdent leur droit de vote et leur droit au dividende est suspendu.

Le décret mentionné au premier alinéa peut accorder un délai supplémentaire aux actionnaires ayant pris l'engagement prévu au troisième alinéa de l'article L. 228-29-2.

Les dividendes dont le paiement a été suspendu en exécution du premier alinéa sont, en cas de regroupement ultérieur, versés aux propriétaires des actions anciennes dans la mesure où ils n'ont pas été atteints par la prescription.

Voir : art. R. 228-30, p. 1732.

Art. L. 228-29-4 *(Ord. n° 2004-604, 24 juin 2004).* – Lorsque les propriétaires de titres n'ont pas la libre administration de leurs biens, la demande d'échange des anciens titres et les achats ou cessions de rompus nécessaires pour réaliser le regroupement sont assimilés à des actes de simple administration, sauf si les nouveaux titres sont demandés sous la forme au porteur en échange de titres nominatifs.

Art. L. 228-29-5 *(Ord. n° 2004-604, 24 juin 2004).* – Les titres nouveaux présentent les mêmes caractéristiques et confèrent de plein droit et sans l'accomplissement d'aucune formalité les mêmes droits réels ou de créances que les titres anciens qu'ils remplacent.

Les droits réels et les nantissements sont reportés de plein droit sur les titres nouveaux attribués en remplacement des titres anciens qui en sont grevés.

Art. L. 228-29-6 *(Ord. n° 2004-604, 24 juin 2004).* – En cas d'inobservation par la société soit des articles L. 228-29-1 ou L. 228-29-2, soit des conditions dans lesquelles doivent être prises les décisions des assemblées générales et des formalités de publicité fixées par le décret prévu à l'article L. 228-29-7, le regroupement reste facultatif pour les actionnaires. Les dispositions de l'article L. 228-29-3 ne peuvent être appliquées aux actionnaires.

Si le ou les actionnaires ayant pris l'engagement prévu à l'article L. 228-29-2 ne remplissent pas celui-ci, les opérations de regroupement peuvent être annulées. Dans ce cas, les achats et les ventes de rompus peuvent être annulés à la demande des actionnaires qui y ont procédé ou de leurs ayants cause, à l'exception des actionnaires défaillants, sans préjudice de tous dommages et intérêts s'il y a lieu.

Voir : art. R. 228-32, p. 1732.

Art. L. 228-29-7 *(Ord. n° 2004-604, 24 juin 2004).* – Un décret en Conseil d'État fixe les modalités d'application des articles L. 228-29-1 à L. 228-29-6, notamment les conditions non prévues à l'article L. 228-29-1 dans lesquelles doivent être prises les décisions des assemblées générales d'actionnaires et accomplies les formalités de publicité de ces décisions.

Section III. – Dispositions applicables aux catégories de titres en voie d'extinction

(Intitulé rempl., Ord. n° 2004-604, 24 juin 2004)

Sous-section 1. – Dispositions générales

(Ord. n° 2004-604, 24 juin 2004)

Art. L. 228-29-8 *(Ord. n° 2004-604, 24 juin 2004).* – Aucun titre nouveau ne peut être émis en application des articles de la présente section à l'exception de ceux qui seraient émis en application de décisions d'assemblées générales antérieures à l'entrée en vigueur de l'ordonnance n° 2004-604 du 24 juin 2004 portant réforme du régime des valeurs mobilières émises par les sociétés commerciales et extension à l'outre-mer de dispositions ayant modifié la législation commerciale.

Art. L. 228-29-9 *(Ord. n° 2004-604, 24 juin 2004).* – Les porteurs de titres régis par la présente section disposent, sauf application de l'article L. 225-138, d'un droit préférentiel de souscription des actions de préférence mentionnées à l'article L. 228-11 lorsque celles-ci confèrent des droits équivalents à ceux des titres qu'ils possèdent.

Les porteurs de titres régis par la présente section disposent, sauf application de l'article L. 225-138, d'un droit de préférence à la souscription des valeurs mobilières mentionnées à l'article L. 228-91 lorsque celles-ci donnent lieu à l'attribution de titres conférant des droits équivalents à ceux des titres qu'ils possèdent.

Art. L. 228-29-10 *(Ord. n° 2004-604, 24 juin 2004).* – Pour le calcul des quotités prévues à l'article L. 228-11, il est tenu compte des actions à dividende prioritaire sans droit de vote et des certificats d'investissement existants.

Toutefois, l'application des dispositions de l'alinéa précédent ne fait pas obstacle au maintien des droits des titulaires de titres existants.

Sous-section 2. – Des certificats d'investissement

(Ord. n° 2004-604, 24 juin 2004)

Art. L. 228-30 *(Anc. L. n° 66-537, 24 juill. 1966).* – L'assemblée générale extraordinaire d'une société par actions, ou dans les sociétés qui n'en sont pas dotées, l'organe qui en tient lieu, peut décider, sur le rapport du conseil d'administration ou du directoire, selon le cas, et sur celui des commissaires aux comptes, la création, dans une proportion qui ne peut être supérieure au quart du capital social, de certificats d'investissement représentatifs des droits pécuniaires et de certificats de droit de vote représentatifs des autres droits attachés aux actions émises à l'occasion d'une augmentation de capital ou d'un fractionnement des actions existantes.

En cas d'augmentation de capital, les porteurs d'actions et, s'il en existe, les porteurs de certificats d'investissement, bénéficient d'un droit de souscription préférentiel aux certificats d'investissement émis et la procédure suivie est celle des augmentations de capital. Les porteurs de certificats d'investissement renoncent au droit préférentiel en assemblée spéciale convoquée et statuant selon les règles de l'assemblée générale extraordinaire des actionnaires. Les certificats de droit de vote sont répartis entre les porteurs d'actions et les porteurs des certificats de droit de vote, s'il en existe, au prorata de leurs droits.

En cas de fractionnement, l'offre de création des certificats d'investissement est faite en même temps et dans une proportion égale à leur part du capital à tous les porteurs d'actions. À l'issue d'un délai fixé par l'assemblée générale extraordinaire, le solde des possibilités de création non attribuées est réparti entre les porteurs d'actions qui ont demandé à bénéficier de cette répartition supplémentaire dans une proportion égale à leur part du capital et, en tout état de cause, dans la limite de leurs demandes. Après cette répartition, le solde éventuel est réparti par le conseil d'administration ou le directoire, selon le cas.

Le certificat de droit de vote doit revêtir la forme nominative.

Le certificat d'investissement est négociable. Sa valeur nominale est égale à celle des actions. Lorsque les actions sont divisées, les certificats d'investissement le sont également.

Le certificat de droit de vote ne peut être cédé qu'accompagné d'un certificat d'investissement. Toutefois, il peut être également cédé au porteur du certificat d'investissement. La cession entraîne de plein droit reconstitution de l'action dans l'un et l'autre cas. L'action est également reconstituée de plein droit entre les mains du porteur d'un certificat d'investissement et d'un certificat de droit de vote. Celui-ci en fait la déclaration à la société dans les quinze jours. Faute de cette déclaration, l'action est privée du droit de vote jusqu'à régularisation et pendant un délai d'un mois suivant celle-ci.

Il ne peut être attribué de certificat représentant moins d'un droit de vote. L'assemblée générale fixe les modalités d'attribution des certificats pour les droits formant rompus.

En cas de fusion ou de scission, les certificats d'investissement et les certificats de droit de vote d'une société qui disparaît peuvent être échangés contre des actions de sociétés bénéficiaires du transfert de patrimoine.

Voir : art. R. 228-39, p. 1733.

Bibliographie : A. Viandier, *Certificats d'investissement et certificats de droit de vote : JCP* CI 1983, I, 14117. • R. Allouche et F. Peltier, *Réflexions de praticiens sur le sort des certificats d'investissement et des certificats de droit de vote en cas de fusion : Bull. Joly Sociétés* 1992, p. 1166.

Art. L. 228-31 *(Anc. L. n° 66-537, 24 juill. 1966).* – **L'assemblée générale extraordinaire d'une société dont les actions sont admises aux négociations sur un marché réglementé et dont les certificats d'investissement existants représentent au plus 1 % du capital social peut décider, sur le rapport du conseil d'administration, de procéder à la reconstitution des certificats existants en actions, et à celle des certificats existants assortis d'avantages particuliers en actions conférant à leurs titulaires les mêmes avantages.**

L'assemblée générale extraordinaire prévue à l'alinéa précédent statue dans les conditions prévues pour l'approbation des avantages particuliers par l'article L. 225-147, après qu'une assemblée des titulaires de certificats de droits de vote, convoquée et statuant selon les règles des assemblées spéciales d'actionnaires, a approuvé le projet à une majorité de 95 % des titulaires présents ou représentés. La cession s'opère alors à la société, par dérogation au sixième alinéa de l'article L. 228-30, au prix fixé par l'assemblée générale extraordinaire mentionnée au premier alinéa du présent article.

Le prix mentionné à l'alinéa précédent est déterminé selon les modalités énoncées au 2° de l'article L. 238-1-1 de la loi n° 66-537 du 24 juillet 1966 sur les sociétés commerciales.

Le montant de l'indemnisation revenant aux détenteurs non identifiés est consigné.

La reconstitution s'opère par la cession aux porteurs de certificats d'investissement, à titre gratuit, des certificats de droits de vote correspondants.

À cet effet, la société peut demander l'identification des porteurs de certificats, même en l'absence de disposition statutaire expresse, selon les modalités prévues par l'article L. 228-2.

Art. L. 228-32 *(Anc. L. n° 66-537, 24 juill. 1966).* – **Les porteurs de certificats d'investissement peuvent obtenir communication des documents sociaux dans les mêmes conditions que les actionnaires.**

Art. L. 228-33 *(Anc. L. n° 66-537, 24 juill. 1966 ; mod., Ord. n° 2004-604, 24 juin 2004).* – **En cas de distribution gratuite d'actions, nouvelles actions de préférence sans droit de vote et assorties des mêmes droits que les certificats d'investissement doivent être créées et remises gratuitement aux propriétaires des certificats anciens, dans la proportion du nombre des actions nouvelles attribuées aux actions anciennes, sauf renonciation de leur part au profit de l'ensemble des porteurs ou de certains d'entre eux.**

Art. L. 228-34 *(Ord. n° 2004-604, 24 juin 2004).* – **En cas d'augmentation de capital en numéraire, à l'exception de celle réservée aux salariés sur le fondement de l'article L. 225-138-1, il est émis de nouvelles actions de préférence sans droit de vote et assorties des mêmes droits que les certificats d'investissement en nombre tel que la proportion qui existait avant l'augmentation entre actions ordinaires et certificats d'investissement soit maintenue, en tenant compte de ces actions de préférence, après l'augmentation en considérant que celle-ci sera entièrement réalisée.**

Les propriétaires des certificats d'investissement ont, proportionnellement au nombre de titres qu'ils possèdent, un droit de préférence à la souscription à titre irréductible de ces nouvelles actions de préférence. Lors d'une assemblée spéciale, convoquée et statuant selon les règles de l'assemblée générale extraordinaire des actionnaires, les propriétaires des certificats d'investissement peuvent renoncer à ce droit. Les actions de préférence non souscrites sont réparties par le conseil d'administration ou le directoire. La réalisation de l'augmentation de capital s'apprécie sur sa fraction correspondant à l'émission d'actions. Toutefois, par dérogation aux dispositions du premier alinéa ci-dessus, lorsque les propriétaires de certificats ont renoncé à leur droit préférentiel de souscription, il n'est pas procédé à l'émission de nouvelles actions de préférence.

Art. L. 228-35 *(Anc. L. n° 66-537, 24 juill. 1966 ; mod., Ord. n° 2004-604, 24 juin 2004).* – **En cas d'émission d'obligations convertibles en actions, les porteurs des certificats d'investissement ont, proportionnellement au nombre de titres qu'ils possèdent, un droit de préférence à leur souscription à titre irréductible. Leur assemblée spéciale, convoquée et statuant selon les règles de l'assemblée générale extraordinaire des actionnaires, peut y renoncer.**

Ces obligations ne peuvent être converties qu'en actions de préférence sans droit de vote et assorties des mêmes droits que les certificats d'investissement.

Voir : art. R. 228-33 à R. 228-38, p. 1732.

Sous-section 3. – Les actions de priorité

(Ord. n° 2004-604, 24 juin 2004)

Art. L. 228-35-1 *(Premier al. de l'anc. art. L. 228-11 transféré au présent art. et mod., Ord. n° 2004-604, 24 juin 2004).* – **Lors de la constitution de la société ou au cours de son existence, il peut être créé des actions de priorité jouissant d'avantages par rapport à toutes autres actions, sous réserve des dispositions des articles L. 225-122 à L. 225-125.**

Par exception à l'article L. 225-99, les statuts ou le contrat d'émission peuvent prévoir que la décision de conversion des actions de priorité en actions ordinaires par l'assemblée générale extraordinaire ne s'impose pas aux porteurs de ces actions.

Voir : Actions à dividende majoré, art. L. 232-14, p. 521.

Sous-section 4. – Les actions à dividende prioritaire sans droit de vote

(Ord. n° 2004-604, 24 juin 2004)

Art. L. 228-35-2 *(Second al. de l'anc. art. L. 228-11 transféré au présent art. et mod., Ord. n° 2004-604, 24 juin 2004).* – **Il peut de même être créé des actions à dividende prioritaire sans droit de vote dans les conditions prévues aux articles L. 228-35-3 à L. 228-35-11 sous réserve des dispositions des articles L. 225-122 à L. 225-126.**

Voir : art. L. 237-30, p. 573.

Bibliographie : C. Jauffret-Spinosi, *Les actions à dividende prioritaire sans droit de vote : Rev. sociétés* 1979, p. 25. • M. Boularan, *Au-delà de l'action prioritaire sans droit de vote : JCP* N 1979, 117. • C. Ferry, R. Cannard et M. Crette, *Les actions de priorité : Dr. sociétés* 1993, actes prat. 11. • J.-J. Daigre, F. Monod et F. Basdevant, *Les actions privilégiées : Dr. sociétés* 1997, actes prat. 32.

Art. L. 228-35-3 *(Anc. art. L. 228-12, dénum. et mod., Ord. n° 2004-604, 24 juin 2004).* – **Les actions à dividende prioritaire sans droit de vote peuvent être créées par augmentation de capital ou par conversion d'actions ordinaires déjà émises. Elles peuvent être converties en actions ordinaires.**

Les actions à dividende prioritaire sans droit de vote ne peuvent représenter plus du quart du montant du capital social. Leur valeur nominale est égale à celle des actions ordinaires ou, le cas échéant, des actions ordinaires de l'une des catégories précédemment émises par la société.

Les titulaires d'actions à dividende prioritaire sans droit de vote bénéficient des droits reconnus aux autres actionnaires, à l'exception du droit de participer et de voter, du chef de ces actions, aux assemblées générales des actionnaires de la société.

En cas de création d'actions à dividende prioritaire sans droit de vote par conversion d'actions ordinaires déjà émises ou en cas de conversion d'actions à dividende prioritaire sans droit de vote en actions ordinaires, l'assemblée générale extraordinaire détermine le montant maximal d'actions à convertir et fixe les conditions de conversion sur rapport spécial du commissaire aux comptes. Sa décision n'est définitive qu'après approbation des assemblées spéciales prévues aux articles L. 228-35-6 et L. 228-103.

L'offre de conversion est faite en même temps et à proportion de leur part dans le capital social à tous les actionnaires, à l'exception des personnes mentionnées à l'article L. 228-35-8. L'assemblée générale extraordinaire fixe le délai pendant lequel les actionnaires peuvent accepter l'offre de conversion.

Par exception à l'article L. 225-99, les statuts ou le contrat d'émission peuvent prévoir que la décision de conversion des actions à dividende prioritaire sans droit de vote en actions ordinaires par l'assemblée générale extraordinaire ne s'impose pas aux porteurs de ces actions.

Voir : art. R. 228-43, p. 1733.

Art. L. 228-35-4 *(Anc. art. L. 228-13, dénum., Ord. n° 2004-604, 24 juin 2004).* – **Les actions à dividende prioritaire sans droit de vote donnent droit à un dividende prioritaire prélevé sur le bénéfice distribuable de l'exercice avant toute autre affectation. S'il apparaît que le dividende prioritaire ne peut être intégralement versé en raison de l'insuffisance du bénéfice distribuable, celui-ci doit être réparti à due concurrence entre les titulaires d'actions à dividende prioritaire sans droit de vote. Le droit au paiement du dividende prioritaire qui n'a pas été intégralement versé en raison de l'insuffisance du bénéfice distribuable**

est reporté sur l'exercice suivant et, s'il y a lieu, sur les deux exercices ultérieurs ou, si les statuts le prévoient, sur les exercices ultérieurs. Ce droit s'exerce prioritairement par rapport au paiement du dividende prioritaire dû au titre de l'exercice.

Le dividende prioritaire ne peut être inférieur ni au premier dividende visé à l'article L. 232-16 ni à un montant égal à 7,5 % du montant libéré du capital représenté par les actions à dividende prioritaire sans droit de vote. Ces actions ne peuvent donner droit au premier dividende.

Après prélèvement du dividende prioritaire ainsi que du premier dividende, si les statuts en prévoient, ou d'un dividende de 5 % au profit de toutes les actions ordinaires calculé dans les conditions prévues à l'article L. 232-16, les actions à dividende prioritaire sans droit de vote ont, proportionnellement à leur montant nominal, les mêmes droits que les actions ordinaires.

Dans le cas où les actions ordinaires sont divisées en catégories ouvrant des droits inégaux au premier dividende, le montant du premier dividende prévu au deuxième alinéa du présent article s'entend du premier dividende le plus élevé.

Art. L. 228-35-5 *(Anc. art. L. 228-14, dénum., Ord. n° 2004-604, 24 juin 2004).* – Lorsque les dividendes prioritaires dus au titre de trois exercices n'ont pas été intégralement versés, les titulaires des actions correspondantes acquièrent, proportionnellement à la quotité du capital représentée par ces actions, un droit de vote égal à celui des autres actionnaires.

Le droit de vote prévu à l'alinéa précédent subsiste jusqu'à l'expiration de l'exercice au cours duquel le dividende prioritaire aura été intégralement versé, y compris le dividende dû au titre des exercices antérieurs.

Art. L. 228-35-6 *(Anc. art. L. 228-15, mod., L. n° 2003-7, 3 janv. 2003 ; dénum. et mod., Ord. n° 2004-604, 24 juin 2004).* – Les titulaires d'actions à dividende prioritaire sans droit de vote sont réunis en assemblée spéciale dans des conditions fixées par décret en Conseil d'État.

Tout actionnaire possédant des actions à dividende prioritaire sans droit de vote peut participer à l'assemblée spéciale. Toute clause contraire est réputée non écrite.

L'assemblée spéciale des actionnaires à dividende prioritaire sans droit de vote peut émettre un avis avant toute décision de l'assemblée générale. Elle statue alors à la majorité des voix exprimées par les actionnaires présents ou représentés. Dans le cas où il est procédé à un scrutin, il n'est pas tenu compte des bulletins blancs. L'avis est transmis à la société. Il est porté à la connaissance de l'assemblée générale et consigné à son procès-verbal.

L'assemblée spéciale peut désigner un ou, si les statuts le prévoient, plusieurs mandataires chargés de représenter les actionnaires à dividende prioritaire sans droit de vote à l'assemblée générale des actionnaires et, le cas échéant, d'y exposer leur avis avant tout vote de cette dernière. Cet avis est consigné au procès-verbal de l'assemblée générale.

Sous réserve de l'article L. 228-35-7, toute décision modifiant les droits des titulaires d'actions à dividende prioritaire sans droit de vote n'est définitive qu'après approbation par l'assemblée spéciale visée au premier alinéa du présent article, statuant selon les conditions de quorum et de majorité prévues à l'article L. 225-99.

S'il est fait obstacle à la désignation des mandataires chargés de représenter les actionnaires à dividende prioritaire sans droit de vote à l'assemblée générale des actionnaires, le président du tribunal, statuant en référé, peut à la demande de tout actionnaire désigner un mandataire chargé de cette fonction.

Voir : art. L. 238-6, p. 575, R. 225-96, p. 1709, R. 228-40 à R. 228-48, p. 1733.

Art. L. 228-35-7 *(Anc. art. L. 228-16, dénum. et mod., Ord. n° 2004-604, 24 juin 2004).* – En cas d'augmentation de capital par apports en numéraire, les titulaires d'actions à dividende prioritaire sans droit de vote bénéficient, dans les mêmes conditions que les actionnaires ordinaires, d'un droit préférentiel de souscription. Toutefois, l'assemblée générale extraordinaire peut décider, après avis de l'assemblée spéciale *prévue à l'article L. 228-35-6, qu'ils auront* un droit préférentiel à souscrire, dans les mêmes conditions, de nouvelles actions de préférence sans droit de vote et assorties des mêmes droits que les actions à dividende prioritaire sans droit de vote qui seront émises dans la même proportion.

L'attribution gratuite d'actions nouvelles, à la suite d'une augmentation de capital par incorporation de réserves, bénéfices ou primes d'émission, s'applique aux titulaires d'actions à dividende prioritaire sans droit de vote. Toutefois l'assemblée générale extraordinaire peut décider, après avis de l'assemblée spéciale prévue à l'article

L. 228-35-6, que les titulaires d'actions à dividende prioritaire sans droit de vote recevront, au lieu et place d'actions ordinaires, des actions de préférence sans droit de vote et assorties des mêmes droits que les actions à dividende prioritaire sans droit de vote qui seront émises dans la même proportion.

Toute majoration du montant nominal des actions existantes à la suite d'une augmentation de capital par incorporation de réserves, bénéfices ou primes d'émission, s'applique aux actions à dividende prioritaire sans droit de vote. Le dividende prioritaire prévu à l'article L. 228-35-4 est alors calculé, à compter de la réalisation de l'augmentation du capital, sur le nouveau montant nominal majoré, s'il y a lieu, de la prime d'émission versée lors de la souscription des actions anciennes.

Voir : art. L. 238-6, p. 575.

Art. L. 228-35-8 *(Anc. art. L. 228-17, dénum., Ord. n° 2004-604, 24 juin 2004).* – Le président et les membres du conseil d'administration, les directeurs généraux, les membres du directoire et du conseil de surveillance d'une société anonyme, les gérants d'une société en commandite par actions et leur conjoint non séparé de corps ainsi que leurs enfants mineurs non émancipés ne peuvent détenir, sous quelque forme que ce soit, des actions à dividende prioritaire sans droit de vote émises par cette société.

Voir : art. L. 245-4, p. 596.

Art. L. 228-35-9 *(Anc. art. L. 228-18, dénum. et mod., Ord. n° 2004-604, 24 juin 2004 ; L. n° 2012-387, 22 mars 2012 ; mod., Ord. n° 2020-1142, 16 sept. 2020).* – Il est interdit à la société qui a émis des actions à dividende prioritaire sans droit de vote d'amortir son capital.

Peuvent être annulés les remboursements effectués avant le rachat intégral ou l'annulation des actions à dividende prioritaire sans droit de vote.

En cas de réduction du capital non motivée par des pertes, les actions à dividende prioritaire sans droit de vote sont, avant les actions ordinaires, achetées dans les conditions prévues aux deux derniers alinéas de l'article L. 228-35-10 et annulées. Peut être annulé l'achat d'actions ordinaires qui ne respecterait pas le présent alinéa.

Toutefois, ces dispositions ne sont pas applicables aux réductions de capital réalisées dans le cadre de l'article L. 22-10-62. Dans ce cas, les dispositions de l'article L. 225-99 ne sont pas applicables si les actions ont été acquises sur un marché réglementé.

Les actions à dividende prioritaire sans droit de vote ont, proportionnellement à leur montant nominal, les mêmes droits que les autres actions sur les réserves distribuées au cours de l'existence de la société.

Art. L. 228-35-10 *(Anc. art. L. 228-19, dénum., Ord. n° 2004-604, 24 juin 2004).* – Les statuts peuvent donner à la société la faculté d'exiger le rachat, soit de la totalité de ses propres actions à dividende prioritaire sans droit de vote, soit de certaines catégories d'entre elles, chaque catégorie étant déterminée par la date de son émission. Le rachat d'une catégorie d'actions à dividende prioritaire sans droit de vote doit porter sur l'intégralité des actions de cette catégorie. Le rachat est décidé par l'assemblée générale statuant dans les conditions fixées à l'article L. 225-204. Les dispositions de l'article L. 225-205 sont applicables. Les actions rachetées sont annulées conformément à l'article L. 225-207 et le capital réduit de plein droit.

Le rachat d'actions à dividende prioritaire sans droit de vote ne peut être exigé par la société que si une stipulation particulière a été insérée à cet effet dans les statuts avant l'émission de ces actions.

La valeur des actions à dividende prioritaire sans droit de vote est déterminée au jour du rachat d'un commun accord entre la société et une assemblée spéciale des actionnaires vendeurs, statuant selon les conditions de quorum et de majorité prévues à l'article L. 225-99. En cas de désaccord, il est fait application de l'article 1843-4 du Code civil.

Le rachat des actions à dividende prioritaire sans droit de vote ne peut intervenir que si le dividende prioritaire dû au titre des exercices antérieurs et de l'exercice en cours a été intégralement versé.

Voir : art. L. 238-6, p. 575, art. R. 228-44, p. 1734.

Art. L. 228-35-11 *(Anc. art. L. 228-20, dénum., Ord. n° 2004-604, 24 juin 2004).* – Il n'est pas tenu compte des actions à dividende prioritaire sans droit de vote pour la détermination du pourcentage prévu à l'article L. 233-1 ou à l'article L. 233-2.

Section IV. – Des valeurs mobilières représentatives d'un droit de créance

Art. L. 228-36-A *(Ord. n° 2014-863, 31 juill. 2014)*. – **Les sociétés par actions peuvent émettre toutes valeurs mobilières représentatives d'un droit de créance dans les conditions du présent livre ainsi que toutes autres valeurs mobilières représentatives d'un droit de créance dans les conditions prévues par les statuts ou, le cas échéant, par le contrat d'émission.**

Bibliographie : H. Le Nabasque et A. Pietrancosta, *La réforme des « titres financiers complexes » par l'ordonnance du 31 juillet 2014 : Bull. Joly Sociétés* 2014, p. 486. • J.-M. Desaché *Chron. Droit boursier et des marchés financiers : JCP* E 2015, n° 1228. • J.-M. Desaché et B. Dondero, *La réforme des valeurs mobilières (Ord. n° 2014-863, 31 juill. 2014) : JCP* E 2015, étude 1216.

Sous-section 1. – Des titres participatifs

Art. L. 228-36 *(Anc. L n° 66-537, 24 juill. 1966 ; mod., L. n° 2001-624, 17 juill. 2001 ; L n° 2018-1021, 23 nov. 2018)*. – **Les sociétés par actions appartenant au secteur public, les sociétés coopératives constituées sous la forme de société anonyme ou de société à responsabilité limitée, les sociétés anonymes d'habitations à loyer modéré mentionnées à l'article L. 422-2 du Code de la construction et de l'habitation et les sociétés de coordination au sens de l'article L. 423-1-1 du même code peuvent émettre des titres participatifs. Ces titres ne sont remboursables qu'en cas de liquidation de la société ou, à son initiative, à l'expiration d'un délai qui ne peut être inférieur à sept ans et dans les conditions prévues au contrat d'émission.**

Leur rémunération comporte une partie fixe et une partie variable calculée par référence à des éléments relatifs à l'activité ou aux résultats de la société et assise sur le nominal du titre. Un décret en Conseil d'État fixe les conditions dans lesquelles l'assiette de la partie variable de la rémunération est plafonnée.

Les titres participatifs sont négociables.

Pour l'application de l'article 26 de la loi n° 78-741 du 13 juillet 1978 relative à l'orientation de l'épargne vers le financement des entreprises, les prêts participatifs ne sont remboursés qu'après désintéressement complet de tous les autres créanciers privilégiés ou chirographaires à l'exclusion des propriétaires de titres participatifs.

Voir : art. R. 228-49, p. 1734.

Art. L. 228-37 *(Anc. L. n° 66-537, 24 juill. 1966)*. – **L'émission et le remboursement de titres participatifs doivent être autorisés dans les conditions prévues par le cinquième alinéa de l'article L. 225-100 et les articles L. 228-40 à L. 228-44.**

Les porteurs de titres participatifs d'une même émission sont groupés de plein droit pour la défense de leurs intérêts communs en une masse qui jouit de la personnalité civile. Ils sont soumis aux dispositions des articles L. 228-47 à L. 228-71, L. 228-73 et L. 228-76 à L. 228-90.

En outre, la masse est réunie au moins une fois par an pour entendre le rapport des dirigeants sociaux sur la situation et l'activité de la société au cours de l'exercice écoulé et le rapport des commissaires aux comptes sur les comptes de l'exercice et sur les éléments servant à la détermination de la rémunération des titres participatifs.

Les représentants de la masse assistent aux assemblées d'actionnaires ou de porteurs de parts. Ils sont consultés sur toutes les questions inscrites à l'ordre du jour, à l'exception de celles relatives à la désignation ou à la révocation des membres des organes sociaux. Ils peuvent intervenir à tout moment au cours de l'assemblée.

Les porteurs de titres participatifs peuvent obtenir communication des documents sociaux dans les mêmes conditions que les actionnaires.

Dans les entreprises publiques non pourvues d'une assemblée générale, le conseil d'administration exerce les pouvoirs dévolus à l'assemblée générale ordinaire pour l'émission des titres participatifs. Le quatrième alinéa du présent article n'est pas applicable.

Voir : *art. R. 228-49 à R. 228-55, p. 1734.*

Sous-section 2. – Des obligations

Bibliographie : J.-M. Rapp, *Le bon d'investissement : Rev. sociétés* 1974, p. 257. • D. Caramalli, *La question de l'application des règles relatives à l'usure aux emprunts obligataires : D.* 2002, p. 1413. • F. Auckenthaler, *Les nouvelles règles d'émission des obligations : Dr. et patrimoine* oct. 2004, p. 90. • P. Le Cannu, *Les émissions d'obligations sans droit d'accès au capital* *après l'ordonnance n° 2004-604 : RTD com.* 2004, p. 536. • G. Endréo, *Ordonnance du 10 mai 2017 visant à favoriser le développement des émissions obligataires régies par le droit français : Bull. Joly Sociétés* 2017, p. 416. • F. Barrière, *La réforme du régime des émissions obligataires : Rev. sociétés* 2018, p. 14.

Art. L. 228-38. – Comme il est dit à l'article 284 de la loi n° 66-357 du 24 juillet 1966 sur les sociétés commerciales :

« *Art. 284. – Les obligations sont des titres négociables qui, dans une même émission, confèrent les mêmes droits de créance pour une même valeur nominale.* »

Voir : l'article 284 de la loi du 24 juillet 1966 est devenu l'article L. 213-5 du Code monétaire et financier.
Art. L. 245-9 et s., p. 596.

Art. L. 228-39 *(Mod., L. n° 2001-420, 15 mai 2001 ; Ord. n° 2017-970, 10 mai 2017 ; Ord. n° 2019-1067, 21 oct. 2019)*. – À peine de nullité des contrats conclus ou des obligations émises, l'émission d'obligation par une société par actions n'ayant pas établi deux bilans régulièrement approuvés par les actionnaires doit être précédée d'une vérification de l'actif et du passif.

Cette vérification est assurée par un ou plusieurs commissaires désignés par l'organe de la société ayant qualité pour décider ou autoriser l'émission d'obligations. Ces commissaires sont soumis aux incompatibilités prévues à l'article L. 822-11-3. Le ou les commissaires établissent, sous leur responsabilité, un rapport sur la valeur des actifs et des passifs de la société, qui est soumis à l'organe de la société ayant qualité pour décider ou autoriser l'émission d'obligations préalablement à sa décision ou à son autorisation.

Les dispositions du premier alinéa ne sont pas applicables à l'émission d'obligations qui bénéficient de la garantie de sociétés ayant établi deux bilans régulièrement approuvés par les actionnaires. Elles ne sont pas non plus applicables à l'émission d'obligations qui sont gagées par des titres de créance sur l'État, sur les autres collectivités publiques ou sur des entreprises concessionnaires de l'État ou de toute autre collectivité publique ou subventionnées par ces mêmes collectivités et ayant établi le bilan de leur premier exercice.

L'émission d'obligations est interdite aux sociétés dont le capital n'est pas intégralement libéré sauf si les actions non libérées ont été réservées aux salariés en application des articles L. 3332-18 à L. 3332-24 du Code du travail, et sauf si elle est faite en vue de l'attribution aux salariés des obligations émises au titre de la participation de ceux-ci aux fruits de l'expansion de l'entreprise.

Bibliographie : J.-M. Moulin, *Procédure de désignation du commissaire aux apports préalablement à l'émission d'un emprunt obligataire : Bull. Joly Sociétés* 2013, p. 764.

Art. L. 228-40 *(Rempl., Ord. n° 2004-604, 24 juin 2004 ; mod., Ord. n° 2017-970, 10 mai 2017)*. – Le conseil d'administration, le directoire, le ou les gérants ont qualité pour décider ou autoriser l'émission d'obligations, sauf si les statuts réservent ce pouvoir à l'assemblée générale ou si celle-ci décide de l'exercer.

Le conseil d'administration ou le directoire peut déléguer, à toute personne de son choix, les pouvoirs nécessaires pour réaliser, dans un délai d'un an l'émission d'obligations et en arrêter les modalités.

Les personnes désignées rendent compte au conseil d'administration ou au directoire dans les conditions déterminées par ces organes.

Art. L. 228-41 et L. 228-42 *(Abr., Ord. n° 2004-604, 24 juin 2004)*.

Art. L. 228-43 *(Abr., Ord. n° 2009-80, 22 janv. 2009)*.

Voir : art. R. 228-57 et s., p. 1735.

Art. L. 228-44 *(Anc. L. n° 66-537, 24 juill. 1966)*. – La société ne peut constituer un gage quelconque sur ses propres obligations.

Art. L. 228-45 *(Anc. L. n° 66-537, 24 juill. 1966)*. – Dans le cas où la société émettrice a continué à payer les produits d'obligations remboursables par suite d'un tirage au sort, elle ne peut répéter ces sommes lorsque ces obligations sont présentées au remboursement.

Toute clause contraire est réputée non écrite.

Voir : C. monét. fin., art. L. 213-6, L. 213-6-1 et L. 213-6-2, p. 3285.

Art. L. 228-46 *(Anc. L. n° 66-537, 24 juill. 1966)*. – Les porteurs d'obligations d'une même émission sont groupés de plein droit pour la défense de leurs intérêts communs, en une masse qui jouit de la personnalité civile.

Toutefois, en cas d'émissions successives d'obligations, la société peut, lorsqu'une clause de chaque contrat d'émission le prévoit, grouper en une masse unique les porteurs d'obligations ayant des droits identiques.

Art. L. 228-46-1 *(Ord. n° 2017-970, 10 mai 2017)*. – Les décisions de la masse des obligataires sont prises en assemblée générale. Toutefois, ces décisions peuvent également être prises à l'issue d'une consultation écrite, y compris par voie électronique, si le contrat d'émission le prévoit et selon les modalités de délai et de forme définies par celui-ci.

Art. L. 228-47 *(Anc. L. n° 66-537, 24 juill. 1966 ; mod., Ord. n° 2009-80, 22 janv. 2009 ; rempl., Ord. n° 2017-970, 10 mai 2017)*. – La masse est représentée par un ou plusieurs mandataires désignés conformément aux articles L. 228-50 et L. 228-51.

Voir : art. R. 228-61, R. 228-62 et R. 228-64, p. 1735.

Art. L. 228-48 *(Rempl., Ord. n° 2017-970, 10 mai 2017)*. – Le mandat de représentant de la masse ne peut être confié qu'aux personnes ressortissantes d'un État membre de l'Union européenne ou domiciliées dans un État membre de l'Union européenne, ainsi qu'aux associations et sociétés y ayant leur siège.

Art. L. 228-49 *(Anc. L. n° 66-537, 24 juill. 1966)*. – Ne peuvent être choisis comme représentants de la masse :

1° La société débitrice ;

2° Les sociétés possédant au moins le dixième du capital de la société débitrice ou dont celle-ci possède au moins le dixième du capital ;

3° Les sociétés garantes de tout ou partie des engagements de la société débitrice ;

4° Les gérants, administrateurs, membres du directoire, du conseil de surveillance, directeurs généraux, commissaires aux comptes ou employés des sociétés visées aux 1° et 3°, ainsi que leurs ascendants, descendants et conjoint ;

5° Les personnes auxquelles l'exercice de la profession de banquier est interdit ou qui sont déchues du droit de diriger, administrer ou gérer une société à un titre quelconque.

Art. L. 228-50 *(Anc. L. n° 66-537, 24 juill. 1966)*. – En cas d'urgence, les représentants de la masse peuvent être désignés par décision de justice à la demande de tout intéressé.

Voir : art. R. 228-60, p. 1735.

Art. L. 228-51 *(Mod., Ord. n° 2009-80, 22 janv. 2009 ; rempl., Ord. n° 2017-970, 10 mai 2017 ; Ord. n° 2019-1067, 21 oct. 2019)*. – Les représentants de la masse sont désignés dans le contrat d'émission ou par l'assemblée générale des obligataires ou, à défaut, par décision de justice, à la demande de tout intéressé.

Lorsque les obligations sont offertes au public, les premiers représentants de la masse sont désignés dans le contrat d'émission. Cette désignation n'est pas obligatoire pour les offres au public mentionnées aux 1° et 2° de l'article L. 411-2 du Code monétaire et financier et à l'article L. 411-2-1 du même code.

Voir : art. R. 228-60 et R. 228-61, p. 1735.

Art. L. 228-52 *(Anc. L. n° 66-537, 24 juill. 1966)*. – Les représentants de la masse peuvent être relevés de leurs fonctions par l'assemblée générale des obligataires.

Voir : art. R. 228-61 et R. 228-62, p. 1735.

Art. L. 228-53 *(Anc. L. n° 66-537, 24 juill. 1966)*. – Les représentants de la masse ont, sauf restriction décidée par l'assemblée générale des obligataires, le pouvoir d'accomplir au nom de la masse tous les actes de gestion pour la défense des intérêts communs des obligataires. *(Mots aj., Ord. n° 2017-970, 10 mai 2017)* « Ce pouvoir peut être délégué par les représentants de la masse à un tiers dans le respect des dispositions des articles L. 228-49, L. 228-62 et L. 228-63 ».

Art. L. 228-54 *(Mod., Ord. n° 2017-970, 10 mai 2017)*. – Les représentants de la masse, dûment autorisés par l'assemblée générale des obligataires, ont seuls qualité pour engager, au nom de ceux-ci, les actions en nullité de la société ou des actes et délibérations postérieurs à sa constitution, ainsi que toutes autres actions en justice ayant pour objet la défense des intérêts communs des obligataires, et notamment requérir la mesure prévue à l'article L. 237-14.

Les actions en justice dirigées contre l'ensemble des obligataires d'une même masse ne peuvent être intentées que contre le représentant de cette masse.

Toute action en justice intentée contrairement aux dispositions du présent article doit être déclarée d'office irrecevable.

Bibliographie : C. Nicod, *L'action en justice pour la défense des intérêts communs des obligataires : Rev. sociétés* 2000, p. 491.

Art. L. 228-55 *(Anc. L. n° 66-537, 24 juill. 1966)*. – Les représentants de la masse ne peuvent s'immiscer dans la gestion des affaires sociales. Ils ont accès aux assemblées générales des actionnaires, mais sans voix délibérative.

Ils ont le droit d'obtenir communication des documents mis à la disposition des actionnaires dans les mêmes conditions que ceux-ci.

Art. L. 228-56 *(Anc. L. n° 66-537, 24 juill. 1966 ; mod., L. n° 2003-706, 1er août 2003)*. – La rémunération des représentants de la masse telle que fixée par l'assemblée générale ou par le contrat d'émission est à la charge de la société débitrice.

À défaut de fixation de cette rémunération, ou si son montant est contesté par la société, il est statué par décision de justice.

Sans préjudice de l'action en responsabilité contre les mandataires sociaux ou le représentant de la masse, toute décision accordant à ce dernier une rémunération en violation des dispositions du présent article est nulle.

Voir : art. R. 228-63, p. 1736.

La rémunération du représentant de la masse des porteurs de bons de souscription d'actions ne peut être fixée que dans les conditions prévues par les articles L. 228-56 et R. 228-63 du Code de commerce, même s'il a été désigné en application de la procédure d'urgence de l'article L. 228-50. ▪ Cass. com., 7 mai 2019, n° 17-15.905 : *JurisData* n° 2019-007389 ; *Rev. sociétés* 2019, p. 759, note A. Lecourt ; *Bull. Joly Sociétés* sept. 2019, p. 22, note A. Reygrobellet.

Art. L. 228-57 *(Anc. L. n° 66-537, 24 juill. 1966)*. – L'assemblée générale des obligataires d'une même masse peut être réunie à toute époque.

Voir : art. R. 228-72, p. 1737.

Art. L. 228-58 *(Anc. L. n° 66-537, 24 juill. 1966)*. – L'assemblée générale des obligataires est convoquée par le conseil d'administration, le directoire ou *(Mots rempl., Ord. n° 2017-970, 10 mai 2017)* « le représentant légal de la société », par les représentants de la masse ou par les liquidateurs pendant la période de liquidation.

Un ou plusieurs obligataires, réunissant au moins le trentième des titres d'une masse, peuvent adresser à la société et au représentant de la masse une demande tendant à la convocation de l'assemblée.

Si l'assemblée générale n'a pas été convoquée dans le délai fixé par décret en Conseil d'État, les auteurs de la demande peuvent charger l'un d'entre eux de poursuivre en justice la désignation d'un mandataire qui convoquera l'assemblée.

Voir : art. R. 228-65, p. 1736.

Art. L. 228-59 *(Anc. L. n° 66-537, 24 juill. 1966)*. – *(Mots rempl., Ord. n° 2017-970, 10 mai 2017)* « La convocation des assemblées générales d'obligataires est faite dans les mêmes conditions de forme et de délai que celle des assemblées d'actionnaires, sauf stipulation contraire du contrat d'émission. Un décret en Conseil d'État fixe les garanties nécessaires, dans cette hypothèse, à la bonne information des obligataires ». En outre, les avis de convocation contiennent des mentions spéciales qui sont déterminées par décret en Conseil d'État.

Toute assemblée irrégulièrement convoquée peut être annulée. Toutefois, l'action en nullité n'est pas recevable lorsque tous les obligataires de la masse intéressée sont présents ou représentés.

Voir : art. R. 228-66 à R. 228-72, p. 1736.

Art. L. 228-60 *(Anc. L. n° 66-537, 24 juill. 1966 ; mod., Ord. n° 2004-604, 24 juin 2004).* – L'ordre du jour des assemblées est arrêté par l'auteur de la convocation.

Toutefois, un ou plusieurs obligataires ont la faculté, dans les conditions prévues au deuxième alinéa de l'article L. 228-58, de requérir l'inscription à l'ordre du jour de projets de résolution. Ceux-ci sont inscrits à l'ordre du jour et soumis par le président de séance au vote de l'assemblée.

L'assemblée ne peut délibérer sur une question qui n'est pas inscrite à l'ordre du jour.

Sur deuxième convocation, l'ordre du jour de l'assemblée ne peut être modifié.

Voir : art. R. 228-70, p. 1737.

Art. L. 228-60-1 *(Ord. n° 2004-604, 24 juin 2004).* – À chaque assemblée est tenue une feuille de présence.

Les décisions prises à chaque assemblée sont constatées par procès-verbal, signé par les membres du bureau et conservé au siège social dans un registre spécial.

Les mentions que doivent comporter la feuille de présence et le procès-verbal sont déterminées par décret en Conseil d'État.

Voir : art. R. 228-73 et R. 228-74, p. 1737.

Art. L. 228-61 *(Anc. L. n° 66-537, 24 juill. 1966 ; mod., Ord. n° 2004-604, 24 juin 2004).* – S'il existe plusieurs masses d'obligataires, elles ne peuvent en aucun cas délibérer au sein d'une assemblée commune.

Tout obligataire a le droit de participer à l'assemblée ou de s'y faire représenter par un mandataire de son choix.

Tout obligataire peut voter par correspondance, au moyen d'un formulaire dont les mentions sont fixées par décret en Conseil d'État. Les dispositions contraires des statuts sont réputées non écrites.

Pour le calcul du quorum, il n'est tenu compte que des formulaires qui ont été reçus par la société avant la réunion de l'assemblée, dans les conditions de délais fixées par décret en Conseil d'État. Les formulaires ne donnant aucun sens de vote ou exprimant une abstention sont considérés comme des votes négatifs.

Si les statuts le prévoient *(Mots aj., Ord. n° 2017-970, 10 mai 2017)* « ou si le contrat d'émission le prévoit », sont réputés présents pour le calcul du quorum et de la majorité les obligataires qui participent à l'assemblée par visioconférence ou par des moyens de télécommunication permettant leur identification. La nature des moyens techniques admis et les conditions d'application de cette disposition sont déterminées par décret en Conseil d'État.

Les porteurs d'obligations amorties et non remboursées par suite de la défaillance de la société débitrice ou à raison d'un litige portant sur les conditions de remboursement, peuvent participer à l'assemblée.

La société qui détient au moins 10 % du capital de la société débitrice ne peut voter à l'assemblée avec les obligations qu'elle détient.

Voir : R. 228-71, R. 228-75, p. 1737.

Participation directe. L'interdiction faite à une société qui détient au moins 10 % du capital de la société débitrice de voter à l'assemblée des obligataires ne peut résulter que de sa participation directe dans le capital de cette société ▪ Cass. com., 13 juin 1995 : *Bull. Joly Sociétés* 1995, p. 855, note A. Couret ; *Rev. sociétés* 1995, p. 736, note P. Didier. **Interdiction pour la société *émettrice de voter au sein de l'assemblée des* obligataires.** Est nulle la délibération adoptée par l'assemblée d'obligataires lorsque la société émettrice s'est assuré le moyen de contourner l'interdiction pour elle de participer au vote afin d'obtenir la prorogation de la date d'échéance du contrat d'émission des obligations. ▪ Cass. com., 31 janv. 2018, n°s 15-14.028 et 15-14.331 : *JurisData* n° 2018-001047 ; *Rev. sociétés* 2018, p. 368, note F. Barrière ; *Dr. sociétés* 2018, comm. 63, note C. Coupet ; *Bull. Joly Sociétés* 2018, p. 204, note M. Storck.

Art. L. 228-62 *(Anc. L. n° 66-537, 24 juill. 1966).* – Ne peuvent représenter les obligataires aux assemblées générales, les gérants, administrateurs, membres du directoire et du conseil de surveillance, directeurs généraux, commissaires aux comptes ou employés de la société débitrice ou des sociétés garantes de tout ou partie des engagements de ladite société, ainsi que leurs ascendants, descendants et conjoint.

Art. L. 228-63 *(Anc. L. n° 66-537, 24 juill. 1966).* – La représentation d'un obligataire ne peut être confiée aux personnes auxquelles l'exercice de la profession de banquier est interdit ou qui sont déchues du droit de diriger, d'administrer ou de gérer une société à un titre quelconque.

Art. L. 228-64 *(Anc. L. n° 66-537, 24 juill. 1966).* – L'assemblée est présidée par un représentant de la masse. En cas d'absence des représentants ou en cas de désaccord entre eux, l'assemblée désigne une personne pour exercer les fonctions de président. En cas de convocation par un mandataire de justice, l'assemblée est présidée par ce dernier.

À défaut de représentants de la masse désignés dans les conditions prévues aux articles L. 228-50 et L. 228-51, la première assemblée est ouverte sous la présidence provisoire du porteur détenant ou du mandataire représentant le plus grand nombre d'obligations.

Voir : art. R. 228-73 et R. 228-74, p. 1737.

Art. L. 228-65 *(Mod., Ord. n° 2004-604, 24 juin 2004 ; L. n° 2005-842, 26 juill. 2005 ; Ord. n° 2017-970, 10 mai 2017).* – I. – L'assemblée générale délibère sur toutes mesures ayant pour objet d'assurer la défense des intérêts communs des obligataires ainsi que sur toute proposition tendant à la modification du contrat et notamment :

1° Sur toute proposition relative à la modification de l'objet ou de la forme de la société ;

2° Sur toute proposition, soit de compromis, soit de transaction sur des droits litigieux ou ayant fait l'objet de décisions judiciaires ;

3° Sur les propositions de fusion ou de scission de la société dans les cas prévus aux articles L. 236-13 et L. 236-18 ;

4° Sur toute proposition relative à l'émission d'obligations assorties d'une sûreté réelle ne bénéficiant pas aux obligataires composant la masse ;

5° Sur toute proposition relative à l'abandon total ou partiel des garanties conférées aux obligataires, au report de l'échéance du paiement des intérêts et à la modification des modalités d'amortissement ou du taux des intérêts ;

6° Sur tout projet de transfert du siège social d'une société européenne dans un autre État membre.

II. – L'assemblée générale délibère dans les conditions de quorum prévues au deuxième alinéa de l'article L. 225-98. Elle statue à la majorité des deux tiers des voix dont disposent les porteurs présents ou représentés.

Art. L. 228-66 *(Anc. L. n° 66-537, 24 juill. 1966).* – Le droit de vote dans les assemblées générales d'obligataires appartient au nu-propriétaire.

Art. L. 228-67 *(Anc. L. n° 66-537, 24 juill. 1966).* – Le droit de vote attaché aux obligations doit être proportionnel à la quotité du montant de l'emprunt qu'elles représentent. Chaque obligation donne droit à une voix au moins.

Art. L. 228-68 *(Anc. L. n° 66-537, 24 juill. 1966 ; mod., Ord. n° 2004-604, 24 juin 2004).* – Les assemblées ne peuvent accroître les charges des obligataires ni établir un traitement inégal entre les obligataires d'une même masse.

Elles ne peuvent décider la conversion des obligations en actions, sous réserve des dispositions de l'article L. 228-106.

Toute disposition contraire est réputée non écrite.

Voir : art. L. 225-96, al. 1er, p. 378.

Art. L. 228-69 *(Anc. L. n° 66-537, 24 juill. 1966).* – Tout obligataire a le droit d'obtenir, dans les conditions et délais déterminés par décret en Conseil d'État, communication du texte des résolutions qui seront proposées et des rapports qui seront présentés à l'assemblée générale.

Il a, à toute époque, le même droit en ce qui concerne les procès-verbaux et les feuilles de présence des assemblées générales de la masse à laquelle il appartient.

Voir : art. L. 238-1, p. 574, art. R. 228-76 et R. 228-77, p. 1737.

Art. L. 228-70 *(Anc. L. n° 66-537, 24 juill. 1966).* – Les obligataires ne sont pas admis individuellement à exercer un contrôle sur les opérations de la société ou à demander communication des documents sociaux.

Art. L. 228-71 *(Anc. L. n° 66-537, 24 juill. 1966).* – La société débitrice supporte les frais de convocation, de tenue des assemblées générales, de publicité de leurs décisions ainsi que les frais résultant de la procédure prévue à l'article L. 228-50. Les autres dépenses de gestion décidées par l'assemblée générale de la masse peuvent être retenues sur les intérêts servis aux obligataires et leur montant peut être fixé par décision de justice.

Les retenues visées à l'alinéa précédent ne peuvent excéder le dixième de l'intérêt annuel.

Voir : art. R. 228-78, p. 1737.

Art. L. 228-72 *(Anc. L. n° 66-537, 24 juill. 1966).* – À défaut d'approbation par l'assemblée générale des propositions visées aux 1° et 4° du I de l'article L. 228-65, le conseil d'administration, le directoire ou les gérants de la société débitrice peuvent passer outre, en offrant de rembourser les obligations dans le délai fixé par décret en Conseil d'État.

La décision du conseil d'administration, du directoire ou des gérants de passer outre est publiée dans les conditions fixées par décret, qui détermine également le délai pendant lequel le remboursement doit être demandé.

Voir : art. R. 228-79, p. 1738.

Art. L. 228-73 *(Anc. L. n° 66-537, 24 juill. 1966 ; mod., L. n° 2005-842, 26 juill. 2005). – (Al. rempl., Ord. n° 2017-970, 10 mai 2017)* Si l'assemblée générale des obligataires de la société absorbée ou scindée n'a pas approuvé, selon le cas, une des propositions mentionnées aux 3° et 6° du I de l'article L. 228-65, le conseil d'administration, le directoire ou les gérants de la société débitrice peuvent passer outre.

Les obligataires conservent alors leur qualité dans la société absorbante ou dans les sociétés bénéficiaires des apports résultant de la scission, selon le cas.

Toutefois, l'assemblée générale des obligataires peut donner mandat aux représentants de la masse de former opposition à l'opération dans les conditions et sous les effets prévus à l'article L. 236-14.

Voir : art. R. 228-80, p. 1738 et R. 236-9, p. 1769.

Art. L. 228-74 *(Anc. L. n° 66-537, 24 juill. 1966).* – Les obligations rachetées par la société émettrice, ainsi que les obligations sorties au tirage et remboursées, sont annulées et ne peuvent être remises en circulation.

Bibliographie : J.-P. Girard, *Le point de vue du banquier sur l'opération de défaisance : RD bancaire et fin.* 1989, n° 12, p. 58. • C. Larroumet, *Sur la réalisation d'une défaisance en droit français, in Mél. A. Breton et F. Derrida*, Dalloz, 1991, p. 193. • R. Mortier, J.-M. Moulin et F. Martin-Laprade, *Le rachat de ses obligations par une société : Actes prat. ing. sociétaire* 2016, n° 145, dossier 1.

Art. L. 228-75 *(Anc. L. n° 66-537, 24 juill. 1966).* – En l'absence de dispositions spéciales du contrat d'émission, la société ne peut imposer aux obligataires le remboursement anticipé des obligations.

Art. L. 228-76 *(Anc. L. n° 66-537, 24 juill. 1966).* – En cas de dissolution anticipée de la société, non provoquée par une fusion ou par une scission, l'assemblée générale des obligataires peut exiger le remboursement des obligations et la société peut l'imposer.

Art. L. 228-77 *(Anc. L. n° 66-537, 24 juill. 1966). – (Mots rempl., Ord. n° 2017-970, 10 mai 2017)* « En cas d'émission d'obligations assorties de sûretés réelles, celles-ci sont constituées par la société antérieurement ou concomitamment à l'émission, pour le compte de la masse des obligataires ». *L'acceptation résulte du seul fait des souscriptions.* Elle rétroagit à la date de l'inscription pour les sûretés soumises à inscription et à la date de leur constitution pour les autres sûretés.

Art. L. 228-78 *(Abr., Ord. n° 2017-970, 10 mai 2017).*

Art. L. 228-79 *(Rempl., Ord. n° 2017-970, 10 mai 2017).* – Les sûretés sont constituées dans un acte spécial. Lorsque l'acte spécial est conclu avant l'émission des obligations, les représentants de la masse peuvent être parties à celui-ci pour le compte de la masse des obligataires en formation. Cet acte ne prend effet qu'au moment de l'émission.Les représentants de la masse veillent, sous leur responsabilité, à l'observation des dispositions relatives au renouvellement de l'inscription.

Voir : art. R. 228-81 et R. 228-82, p. 1738.

Art. L. 228-80 *(Anc. L. n° 66-537, 24 juill. 1966).* – La mainlevée des inscriptions intervient *(Mots aj., Ord. n° 2017-970, 10 mai 2017)* « selon les modalités prévues au contrat d'émission ou, à défaut, » dans les conditions déterminées par décret en Conseil d'État.

Voir : art. R. 228-83, p. 1738.

Art. L. 228-81 *(Anc. L. n° 66-537, 24 juill. 1966). – (Mots rempl., Ord. n° 2017-970, 10 mai 2017)* « Les sûretés réelles et cessions à titre de garantie constituées postérieurement à l'émission des obligations le sont par la société pour le compte de la masse des obligataires ». Elles sont acceptées par le représentant de la masse.

Art. L. 228-82 *(Anc. L. n° 66-537, 24 juill. 1966).* – L'émission d'obligations, dont le remboursement est garanti par une société de capitalisation, est interdite.

Art. L. 228-83 *(Anc. L. n° 66-537, 24 juill. 1966).* – En cas de procédure de sauvegarde, de redressement ou de liquidation judiciaire[s] de la société, les représentants de la masse des obligataires sont habilités à agir au nom de celle-ci.

Voir : art. R. 228-84, p. 1738.

Art. L. 228-84 *(Anc. L. n° 66-537, 24 juill. 1966 ; mod., L. n° 2005-845, 26 juill. 2005).* – Les représentants de la masse déclarent au passif des procédures de sauvegarde, [de] redressement ou de la liquidation judiciaire[s] de la société, pour tous les obligataires de cette masse, le montant en principal des obligations restant en circulation augmenté pour mémoire des coupons d'intérêts échus et non payés, dont le décompte est établi par le mandataire judiciaire. Ils ne sont pas tenus de fournir les titres de leurs mandants, à l'appui de cette déclaration.

Art. L. 228-85 *(Anc. L. n° 66-537, 24 juill. 1966 ; mod., L. n° 2005-845, 26 juill. 2005).* – À défaut de déclaration par les représentants de la masse, une décision de justice désigne à la demande du mandataire judiciaire, un mandataire chargé d'assurer la représentation de la masse dans les opérations de sauvegarde, de redressement ou de liquidation judiciaires et d'en déclarer la créance.

Voir : art. R. 228-85, p. 1738.

Art. L. 228-86 *(Anc. L. n° 66-537, 24 juill. 1966 ; mod., L. n° 2005-845, 26 juill. 2005).* – Les représentants de la masse sont consultés par le mandataire judiciaire sur les modalités de règlement des obligations proposées en application de l'article L. 626-4. Ils donnent leur accord dans le sens défini par l'assemblée générale ordinaire des obligataires, convoquée à cet effet.

Art. L. 228-87 *(Anc. L. n° 66-537, 24 juill. 1966 ; mod., L. n° 2005-845, 26 juill. 2005).* – Les frais entraînés par la représentation des obligataires au cours des procédures de sauvegarde ou de redressement judiciaire de la société incombent à celle-ci et sont considérés comme des frais d'administration judiciaire.

Art. L. 228-88 *(Anc. L. n° 66-537, 24 juill. 1966).* – [Les procédures de sauvegarde, de redressement] ou [de] liquidation judiciaire[s] de la société ne met[tent] pas fin au fonctionnement et au rôle de l'assemblée générale des obligataires.

Voir : art. R. 228-84 et s., p. 1738.

Art. L. 228-89 *(Anc. L. n° 66-537, 24 juill. 1966).* – En cas de clôture pour insuffisance d'actif, le représentant de la masse ou le mandataire de justice désigné, recouvre l'exercice des droits des obligataires.

Voir : art. R. 228-86, p. 1738.

Art. L. 228-90 *(Anc. L. n° 66-537, 24 juill. 1966)*. – **Sauf clause contraire du contrat d'émission, les dispositions des articles L. 228-46 à L. 228-69, L. 228-71, L. 228-72, L. 228-76 à L. 228-81 et L. 228-83 à L. 228-89 ne sont pas applicables aux sociétés dont les emprunts sont soumis à un régime légal spécial, ni aux emprunts garantis par l'État, les départements, les communes ou les établissements publics ni aux emprunts émis à l'étranger par des sociétés françaises.**

Section V. – Des valeurs mobilières donnant accès au capital ou donnant droit à l'attribution de titres de créance

(Anc. sect. VI, dénum. et mod., Ord. n° 2014-863, 31 juill. 2014)

Sous-section 1. – Dispositions générales

(Ord. n° 2004-604, 24 juin 2004)

Bibliographie : A. Couret, *La loi n° 85-1321 du 14 décembre 1985 : Bull. Joly Sociétés* 1986, p. 9 ; *Les nouveaux titres représentatifs des fonds propres : Bull. Joly Sociétés* 1986, p. 559 ; *Innovation financière et règle de droit : D.* 1990, chron. p. 135. • M. Jeantin, *Observations sur la notion de catégorie d'actions : D.* 1995, chron. p. 88. • G. Decocq, *Une nouvelle forme de valeur mobilière : les certificats de valeur garantie : JCP* E 1997, I, 650. • F. Peltier, *La théorie générale des obligations à la rescousse de l'imprécision de la loi des sociétés : les obligations convertibles en actions de la société mère : Bull. Joly Sociétés* 1997, p. 525. • R. Routier, *Les clauses de rachat en droit des sociétés : Bull. Joly Sociétés* 2002, p. 859. • P. Le Cannu, *La protection des porteurs : Rev. sociétés* 2004, p. 567 ; *L'ordonnance n° 2004-604 du 24 juin 2004 et les valeurs mobilières composées : RTD com.* 2004, p. 761. • A. Lienhard, *Présentation de l'ordonnance réformant les valeurs mobilières : D.* 2004, p. 1956. • G. Notte, *Valeurs mobilières émises par les sociétés commerciales : Ord. n° 2004-604, 24 juin 2004 : JCP* E 2004, 153. • T. Bonneau, *Titres donnant accès au capital ou donnant droit à l'attribution de titres de créance : Dr. sociétés* août-sept. 2004, p. 25, n° 153. • M.-A. Fauvet, *Le régime des valeurs mobilières composées : Dr. et patrimoine* oct. 2004, p. 97. • H. Le Nabasque, *L'émission par une société de valeurs mobilières donnant accès à des titres de capital détenus par elle en portefeuille ou pourquoi faudrait-il exiger la réunion de deux assemblées générales, in Mél. J.-P. Le Gall*, Dalloz, 2007, p. 197. • S. Torck, *La timide réforme des valeurs mobilières composées par l'ordonnance du 31 juillet 2014 : Dr. sociétés* 2014, n° 150. • J.-M. Desaché *Chron. Droit boursier et des marchés financiers : JCP* E 2015, n° 1228. • J.-M. Desaché et B. Dondero, *La réforme des valeurs mobilières (Ord. n° 2014-863, 31 juill. 2014) : JCP* E 2015, étude 1216.

Voir : aussi la bibliographie citée avant art. L. 228-1, p. 450.

Art. L. 228-91 *(Ord. n° 2004-604, 24 juin 2004 ; mod., Ord. n° 2014-863, 31 juill. 2014)*. – **Les sociétés par actions peuvent émettre des valeurs mobilières donnant accès au capital ou donnant droit à l'attribution de titres de créance.**

Le contrat d'émission peut prévoir que ces valeurs mobilières et les titres de capital ou de créances auxquels ces valeurs mobilières donnent droit ne peuvent être cédés et négociés qu'ensemble. Dans ce cas, si le titre émis à l'origine est un titre de capital, celui-ci ne relève pas d'une catégorie déterminée au sens de l'article L. 225-99.

Les titres de capital ne peuvent être convertis ou transformés en valeurs mobilières représentatives d'un droit de créance. Toute clause contraire est réputée non écrite.

Les valeurs mobilières émises en application du présent article ne peuvent être regardées comme constitutives d'une promesse d'action pour l'application du second alinéa de l'article L. 228-10.

Voir : art. L. 228-95, p. 489, art. R. 225-117, p. 1715. – C. monét. fin., art. L. 212-7, p. 3282.

Art. L. 228-92 *(Ord. n° 2004-604, 24 juin 2004 ; mod., Ord. n° 2014-863, 31 juill. 2014)*. – **Les émissions de valeurs mobilières régies par l'article L. 228-91, qui sont des titres de capital donnant accès à d'autres titres de capital ou donnant droit à l'attribution de titres de créance et les émissions de valeurs mobilières donnant** *accès à des titres de capital à émettre, sont autorisées* **par l'assemblée générale extraordinaire des actionnaires conformément aux articles L. 225-129 à L. 225-129-6. Celle-ci se prononce sur le rapport du conseil d'administration ou du directoire et sur le rapport spécial du commissaire aux comptes.**

Dans ce cas, les actionnaires ont, proportionnellement au montant de leurs actions, un droit de préférence à la souscription de ces valeurs mobilières. Ce droit est régi par les dispositions applicables au droit de préférence à la souscription attaché aux titres de capital conformément aux articles L. 225-132 à L. 225-141.

Les émissions de valeurs mobilières régies par l'article L. 228-91, qui sont des titres de créance donnant droit à l'attribution d'autres titres de créance ou donnant accès à des titres de capital existants, sont autorisées dans les conditions prévues par l'article L. 228-40 s'il s'agit d'émettre des obligations ou des titres participatifs, ou dans les autres cas, dans les conditions que détermine la société émettrice conformément aux dispositions de l'article L. 228-36-A.

Art. L. 228-93 *(Ord. n° 2004-604, 24 juin 2004 ; mod., Ord. n° 2014-863, 31 juill. 2014).* – Une société par actions peut émettre des valeurs mobilières donnant accès à des titres de capital à émettre par la société qui possède directement ou indirectement plus de la moitié de son capital ou par la société dont elle possède directement ou indirectement plus de la moitié du capital.

À peine de nullité, l'émission doit être autorisée par l'assemblée générale extraordinaire de la société appelée à émettre ces valeurs mobilières et par celle de la société au sein de laquelle les droits sont exercés, dans les conditions prévues au premier alinéa de l'article L. 228-92.

Les émissions de valeurs mobilières qui sont des titres de capital donnant accès à d'autres titres de capital existants ou donnant droit à l'attribution de titres de créance, sont autorisées par l'assemblée générale extraordinaire des actionnaires conformément aux articles L. 225-129 à L. 225-129-6.

Les actionnaires de la société appelée à émettre les titres de capital visés au premier alinéa ont, proportionnellement au montant de leurs actions, un droit de préférence à la souscription de ces valeurs mobilières. Ce droit est régi par les dispositions applicables au droit de préférence à la souscription attaché aux titres de capital conformément aux articles L. 225-132 à L. 225-141.

Dans les cas où l'application du quatrième alinéa du présent article confère un droit préférentiel de souscription concurrent aux actionnaires de plusieurs sociétés, les assemblées qui autorisent ces émissions doivent, à peine de nullité de la décision d'émission, autoriser la suppression du droit préférentiel de souscription des actionnaires dans l'une ou plusieurs de ces sociétés.

Les émissions de valeurs mobilières qui sont des titres de créance donnant accès à des titres de capital existants ou donnant droit à l'attribution d'autres titres de créance, sont autorisées dans les conditions prévues par l'article L. 228-40 s'il s'agit d'émettre des obligations ou des titres participatifs, ou dans les autres cas, dans les conditions que détermine la société émettrice conformément aux dispositions de l'article L. 228-36-A.

Art. L. 228-94 *(Abr., Ord. n° 2004-604, 24 juin 2004 ; rétabli, Ord. n° 2014-863, 31 juill. 2014).* – Une société par actions peut émettre des valeurs mobilières donnant accès à des titres de capital existants ou donnant droit à l'attribution de titres de créance d'une autre société dont elle ne possède pas directement ou indirectement plus de la moitié du capital ou dont plus de la moitié du capital n'est pas directement ou indirectement possédé par cette autre société. Les conditions et modalités d'accès ou d'attribution de ces titres sont définies par le contrat d'émission.

Les émissions de valeurs mobilières visées à l'alinéa précédent, qui sont des titres de capital donnant accès à d'autres titres de capital existants ou donnant droit à l'attribution de titres de créance, sont autorisées par l'assemblée générale extraordinaire des actionnaires conformément aux articles L. 225-129 à L. 225-129-6.

Les émissions de valeurs mobilières visées au premier alinéa, qui sont des titres de créance donnant accès à des titres de capital existants ou donnant droit à l'attribution d'autres titres de créance, sont autorisées dans les conditions prévues par l'article L. 228-40 s'il s'agit d'émettre des obligations ou des titres participatifs, ou dans les autres cas, dans les conditions que détermine la société émettrice conformément aux dispositions de l'article L. 228-36-A.

Art. L. 228-95 *(Ord. n° 2004-604, 24 juin 2004 ; mod., Ord. n° 2014-863, 31 juill. 2014).* – Sont nulles les décisions prises en violation du deuxième alinéa de l'article L. 228-92 et des troisième et quatrième alinéas de l'article L. 228-93.

Art. L. 228-96 *(Abr., Ord. n° 2004-604, 24 juin 2004).*

Art. L. 228-97 *(L. n° 2003-706, 1er août 2003 ; mod., Ord. n° 2014-863, 31 juill. 2014).* – Lors de l'émission de valeurs mobilières représentatives d'un droit de créance sur la société émettrice, y compris celles donnant le droit de souscrire ou d'acquérir une valeur mobilière, il peut être stipulé que ces valeurs mobilières ne seront remboursées qu'après désintéressement des autres créanciers, à l'exclusion ou y compris des titulaires de prêts participatifs et de titres participatifs, nonobstant les dispositions de l'article L. 228-36 du présent code et celles des articles L. 313-13 et suivants du Code monétaire et financier.

Dans ces catégories de valeurs mobilières, il peut être également stipulé un ordre de priorité des paiements.

Bibliographie : M. Galland, *La subordination de dernier rang : régime et finalité des titres super-subordonnés : Bull. Joly Sociétés* 2006, p. 1111.

Sous-section 2. – Dispositions relatives aux valeurs mobilières donnant accès au capital

(Ord. n° 2004-604, 24 juin 2004)

Bibliographie : B. Grelon, *Le nouveau droit commun des valeurs mobilières donnant accès au capital : Rev. sociétés* 2004, p. 579. • A. Pietrancosta, *La protection des titulaires de valeurs mobilières donnant accès au capital après l'ordonnance du 24 juin 2004 : Dr. sociétés* janv. 2005, n° 1.

Art. L. 228-98 *(Ord. n° 2004-604, 24 juin 2004 ; mod., L. n° 2008-776, 4 août 2008 ; Ord. n° 2014-863, 31 juill. 2014 ; L. n° 2019-486, 22 mai 2019).* – À dater de l'émission de valeurs mobilières donnant accès au capital, la société appelée à attribuer ces titres ne peut modifier sa forme ou son objet, à moins d'y être autorisée par le contrat d'émission ou dans les conditions prévues à l'article L. 228-103.

En outre, elle ne peut ni modifier les règles de répartition de ses bénéfices, ni amortir son capital, ni créer d'actions de préférence entraînant une telle modification ou un tel amortissement, à moins d'y être autorisée par le contrat d'émission ou dans les conditions prévues à l'article L. 228-103 et sous réserve de prendre les dispositions nécessaires au maintien des droits des titulaires des valeurs mobilières donnant accès au capital dans les conditions définies à l'article L. 228-99.

En cas de réduction de son capital motivée par des pertes et réalisée par la diminution du montant nominal ou du nombre des titres composant le capital, les droits des titulaires des valeurs mobilières donnant accès au capital sont réduits en conséquence, comme s'ils les avaient exercés avant la date à laquelle la réduction de capital est devenue définitive.

NB : Conformément au II de l'article 100 de la loi n° 2019-486 du 22 mai 2019, ces dispositions sont applicables aux actions de préférence émises à compter de la publication de la présente loi.

Voir : art. L. 228-104, p. 492.

Art. L. 228-99 *(Ord. n° 2004-604, 24 juin 2004 ; mod., Ord. n° 2014-863, 31 juill. 2014).* – La société appelée à attribuer les titres de capital ou les valeurs mobilières y donnant accès doit prendre les mesures nécessaires à la protection des intérêts des titulaires des droits ainsi créés si elle décide de procéder à l'émission, sous quelque forme que ce soit, de nouveaux titres de capital avec droit préférentiel de souscription réservé à ses actionnaires, de distribuer des réserves, en espèces ou en nature, et des primes d'émission ou de modifier la répartition de ses bénéfices par la création d'actions de préférence.

À cet effet, elle doit :

1° Soit mettre les titulaires de ces droits en mesure de les exercer, si la période prévue au contrat d'émission n'est pas encore ouverte, de telle sorte qu'ils puissent immédiatement participer aux opérations mentionnées au premier alinéa ou en bénéficier ;

2° Soit prendre les dispositions qui leur permettront, s'ils viennent à exercer leurs droits ultérieurement, de souscrire à titre irréductible les nouvelles valeurs mobilières émises, ou en obtenir l'attribution à titre gratuit, ou encore recevoir des espèces ou des biens semblables à ceux qui ont été distribués, dans les mêmes quantités ou proportions ainsi qu'aux mêmes conditions, sauf en ce qui concerne la jouissance, que s'ils avaient été, lors de ces opérations, actionnaires ;

3° Soit procéder à un ajustement des conditions de souscription, des bases de conversion, des modalités d'échange ou d'attribution initialement prévues de façon à tenir compte de l'incidence des opérations mentionnées au premier alinéa.

Sauf stipulations différentes du contrat d'émission, la société peut prendre simultanément les mesures prévues aux 1° et 2°. Elle peut, dans tous les cas, les remplacer par l'ajustement autorisé au 3°. Cet ajustement est organisé par le contrat d'émission lorsque les titres de capital ne sont pas admis aux négociations sur un marché réglementé.

Le contrat d'émission peut prévoir des mesures de protection supplémentaires destinées à tous porteurs de valeurs mobilières donnant accès à des titres de capital.

Lorsqu'il existe des valeurs mobilières donnant accès au capital, la société appelée à émettre ces titres de capital doit procéder, lorsqu'elle acquiert ses propres actions dans les conditions prévues aux articles L. 225-207, L. 225-208 ou L. 225-209, et si le prix d'acquisition est supérieur au cours de bourse, à un ajustement des conditions de souscription, des bases de conversion, des modalités d'échange ou d'attribution initialement prévues, de façon à garantir que la valeur des titres de capital qui seront obtenus en cas d'exercice des droits attachés aux valeurs mobilières donnant accès au capital après la réalisation de l'opération sera identique à la valeur des titres de capital qui auraient été obtenus en cas d'exercice des mêmes droits avant cette opération.

Les conditions d'application du présent article sont fixées par décret en Conseil d'État.

Voir : art. L. 228-104, p. 492, art. R. 225-137, p. 1719 et R. 228-87, p. 1738.

Bibliographie : H. Le Nabasque et A. Pietrancosta, *La réforme des « titres financiers complexes » par l'ordonnance du 31 juillet 2014 : Bull. Joly Sociétés* 2014, p. 486.

Art. L. 228-100 *(Ord. n° 2004-604, 24 juin 2004)*. – Les dispositions des articles L. 228-98 et L. 228-99 sont applicables aussi longtemps qu'il existe des droits attachés à chacun des éléments des valeurs mobilières mentionnées à ces articles.

Voir : art. L. 228-104, p. 492.

Art. L. 228-101 *(Ord. n° 2004-604, 24 juin 2004 ; mod., Ord. n° 2014-863, 31 juill. 2014)*. – Si la société appelée à émettre les titres de capital est absorbée par une autre société ou fusionne avec une ou plusieurs autres sociétés pour former une société nouvelle, ou procède à une scission, les titulaires de valeurs mobilières donnant accès au capital exercent leurs droits dans la ou les sociétés bénéficiaires des apports. L'article L. 228-65 n'est pas applicable, sauf stipulations contraires du contrat d'émission.

Le nombre de titres de capital de la ou des sociétés absorbantes ou nouvelles auquel ils peuvent prétendre est déterminé en corrigeant le nombre de titres qu'il est prévu d'émettre ou d'attribuer au contrat d'émission en fonction du nombre d'actions à créer par la ou les sociétés bénéficiaires des apports. Le commissaire aux apports émet un avis sur le nombre de titres ainsi déterminé.

L'approbation du projet de fusion ou de scission par les actionnaires de la ou des sociétés bénéficiaires des apports ou de la ou des sociétés nouvelles emporte renonciation par les actionnaires et, le cas échéant, par les titulaires de certificats d'investissement de ces sociétés, au droit préférentiel de souscription mentionné à l'article L. 228-35 ou, au deuxième alinéa de l'article L. 228-92, au profit des titulaires de valeurs mobilières donnant accès de manière différée au capital.

La ou les sociétés bénéficiaires des apports ou la ou les nouvelles sociétés sont substituées de plein droit à la société émettrice dans ses obligations envers les titulaires desdites valeurs mobilières.

Voir : art. L. 228-104, p. 492.

Art. L. 228-102 *(Ord. n° 2004-604, 24 juin 2004)*. – Sauf stipulations spéciales du contrat d'émission et hors le cas de dissolution anticipée ne résultant pas d'une fusion ou d'une scission, la société ne peut imposer aux titulaires de valeurs mobilières donnant accès à son capital le rachat ou le remboursement de leurs droits.

Art. L. 228-103 *(Ord. n° 2004-604, 24 juin 2004 ; mod., L. n° 2004-1343, 9 déc. 2004)*. – Les titulaires de valeurs mobilières donnant accès à terme au capital après détachement, s'il y a lieu, des droits du titre d'origine en application de la présente section sont groupés de plein droit, pour la défense de leurs intérêts communs, en une masse qui jouit de la personnalité civile et est soumise à des dispositions identiques à celles qui sont prévues, en ce qui concerne les obligations, par les articles L. 228-47 à L. 228-64, L. 228-66 et L. 228-90. Il est formé, s'il y a lieu, une masse distincte pour chaque nature de titres donnant les mêmes droits.

Les assemblées générales des titulaires de ces valeurs mobilières sont appelées à autoriser toutes modifications au contrat d'émission et à statuer sur toute décision touchant aux conditions de souscription ou d'attribution de titres de capital déterminées au moment de l'émission.

Chaque valeur mobilière donnant accès au capital donne droit à une voix. Les conditions de quorum et de majorité sont celles qui sont déterminées aux deuxième et troisième alinéas de l'article L. 225-96.

Les frais d'assemblée ainsi que, d'une façon générale, tous les frais afférents au fonctionnement des différentes masses sont à la charge de la société appelée à émettre ou attribuer de nouvelles valeurs mobilières représentatives de son capital social.

Lorsque les valeurs mobilières émises en application de la présente section sont des obligations destinées à être converties ou remboursées en titres de capital ou échangées contre des titres de capital, les dispositions des deuxième, troisième et quatrième alinéas du présent article sont applicables à la masse créée en application de l'article L. 228-46.

Voir : art. L. 228-104, p. 492, L. 238-6, p. 575.

Obligations remboursables en actions et coup d'accordéon. Les assemblées générales des titulaires de valeurs mobilières donnant accès à terme au capital sont appelées à autoriser toutes modifications au contrat d'émission et à statuer sur toute décision touchant aux conditions de souscription ou d'attribution de titres de capital déterminées au moment de l'émission ; l'opération de réduction du capital à zéro et l'annulation consécutive des obligations remboursables en actions touchant aux conditions d'attribution de titres de capital déterminées au moment de l'émission, l'assemblée générale des obligataires doit être préalablement appelée à statuer sur cette opération. ▪ Cass. com., 10 juill. 2012, n° 11-22.898 : *JurisData* n° 2012-015924 ; *JCP* E 2012, 1571, note J.-M. Moulin ; *Dr. sociétés* 2012, n° 182, note D. Gallois-Cochet ; *Dr. sociétés* 2012, n° 215, note J.-P. Legros ; *Rev. sociétés* 2012, p. 536, note L.-C. Henry ; *D.* 2012, p. 1953 ; *Bull. Joly Entreprises en difficulté* 2012, n° 173, p. 298, note Ph. Roussel-Galle ; *Gaz. Pal.* 12-13 oct. 2012, p. 26, note C. Lebel ; *Rev. sociétés* 2013, p. 99, note H. Le Nabasque ; *Bull. Joly Sociétés* 2012, p. 810, note F.-X. Lucas.

Art. L. 228-104 *(Ord. n° 2004-604, 24 juin 2004)*. **– Les délibérations ou stipulations prises en violation des articles L. 228-98 à L. 228-101 et L. 228-103 sont nulles.**

Art. L. 228-105 *(Ord. n° 2004-604, 24 juin 2004)*. **– Les titulaires des valeurs mobilières donnant accès au capital disposent, dans les conditions fixées par décret en Conseil d'État, auprès de la société émettrice des titres qu'ils ont vocation à recevoir, d'un droit de communication des documents sociaux transmis par la société aux actionnaires ou aux titulaires de certificats d'investissement ou mis à leur disposition.**

Lorsque les droits à l'attribution d'une quote-part du capital social sont incorporés ou attachés à des obligations, le droit de communication est exercé par les représentants de la masse des obligataires, conformément à l'article L. 228-55.

Après détachement de ces droits du titre d'origine, le droit de communication est exercé par les représentants de la masse constituée conformément à l'article L. 228-103.

Dans tous les cas, les représentants des différentes masses ont accès à l'assemblée générale des actionnaires, mais sans voix délibérative. Ils ne peuvent, en aucune façon, s'immiscer dans la gestion des affaires sociales.

Voir : art. R. 228-95, p. 1741.

Art. L. 228-106 *(Ord. n° 2004-604, 24 juin 2004 ; mod., L. n° 2005-845, 26 juill. 2005)*. **– Lorsqu'une procédure de sauvegarde ou de redressement judiciaire est ouverte à l'égard d'une société émettrice de valeurs mobilières donnant accès au capital dans les conditions de l'article L. 228-91, le délai prévu pour l'exercice du droit à attribution d'une quote-part de capital social est ouvert dès le jugement arrêtant le plan de sauvegarde ou de redressement judiciaire, au gré de chaque titulaire, et dans les conditions prévues par ce plan.**

CHAPITRE IX. – DE LA SOCIÉTÉ EUROPÉENNE

(L. n° 2005-842, 26 juill. 2005)

Bibliographie : A. Outin-Adam et J. Simon, *Pour une société privée européenne : Bull. Joly Sociétés* 1999, p. 337. • A. Levi, *A. Outin-Adam et J. Simon, La SE est arrivée : LPA* 19 déc. 2000, p. 4. • J.-L. Colombani, *La societas europaea est née à Nice : et voilà Cadet Roussel ! : LPA* 17 janv. 2001, p. 15. • S. de Vendeuil et F. Puel, *La société européenne, risque de tempête procédurale ? : JCP* E 2001, p. 1613. • M.-A. Frison-Roche, *La société européenne : D.* 2001, p. 290. • M. Menjucq, *La société européenne : enfin l'aboutissement : D.* 2001, p. 1085 ; *La société européenne (règlement CE n° 2157/2001 et directive n° 2001/86/CE du conseil du 8 octobre 2001) : Rev. sociétés* 2002, p. 225. • M. Luby, *La societas europae : beaucoup de bruit pour rien (ou si peu) : Dr. sociétés* févr. 2002, p. 4. • B. Teyssié, *L'implication des travailleurs dans la société européenne : JCP* E 2002, 1728. • G. Blanc, *La société européenne : la pluralité de rattachements en question :*

D. 2002, p. 1052. • T. Schmidt, *Les aspects fiscaux de la société européenne : LPA* 16 avr. 2002, p. 29. • G. Parleani, *L'impact possible de la création de la société européenne sur le droit français : Gaz. Pal.* 2 et 3 avr. 2003, p. 9. • A. Supiot, *Cinq questions pour la constitution d'une société européenne : D.* 2003, p. 289. • K. Hopt, M. et E. Wymeersch, *La société européenne : Dalloz*, 2003. • O. Dufour, *La société européenne sur les fonts baptismaux : LPA* 23 oct. 2003, p. 3. • V. Magnier, *La société européenne en question : Rev. crit. DIP* 2004, p. 555. • S. de Vendeuil et F. Puel, *La société européenne entre son passé et son avenir : Dr. et patrimoine* avr. 2004, p. 49 et s. • M. Menjucq et F. Fages, *L'introduction de la société européenne en droit français : JCP* E 2005, p. 1571. • C. Cathiard, *La société européenne en droit français : Dr. sociétés* déc. 2005, p. 7 et janv. 2006, p. 5 ; *Modèle de clauses à insérer dans les statuts d'une société européenne française : Dr. sociétés* août-sept. 2006, p. 37 ; *JCP* E 2006, 2160 ; *Les nouveaux atouts de la société européenne : Bull. Joly Sociétés* 2007, p. 539. • N. Lenoir, *Premier bilan de la société européenne : JCP* E 2007, 1340. • J.-P. Brouillaud, *La SAE : la société approximativement européenne : JCP* E 2007, 1100. • M. Menjucq, *Premiers pas et premier bilan de la société européenne en France : Rev. sociétés* 2007, p. 253. • M. Menjucq et F. Fuel, *La société européenne : un nouvel instrument au service des groupes de sociétés : D.* 2007, p. 30. • G. Notté, *La SE : pour une citoyenneté européenne de l'entreprise : JCP* E 2007, act. 146. • B. Krief, *Le droit européen des sociétés, un droit en construction : JCP* E 2012, n° 6, étude 1103, p. 27. • A. Cotiga-Raccah et F. Dekeuwer-Défossez, *La société européenne : Bruylant*, 2013. • M. Menjucq, *Restrictions statutaires de la compétence et du fonctionnement de l'assemblée générale des actionnaires : une souplesse offerte par la société européenne : Mélanges en l'honneur de J.-J. Daigre*, Joly éditions 2017, p. 205. • J. Bouffard, *L'attractivité du statut de la société européenne après l'adoption de la directive relative à la mobilité des sociétés du 27 novembre 2019 : Dr. sociétés* 2021, étude 4. • *Joly Sociétés*, ES 130, *Société européenne*, par A. Lecourt.

Art. L. 229-1 *(L. n° 2005-842, 26 juill. 2005)*. **– Les sociétés européennes immatriculées en France au registre du commerce et des sociétés ont la personnalité juridique à compter de leur immatriculation.**

La société européenne est régie par les dispositions du règlement (CE) n° 2157/2001 du Conseil du 8 octobre 2001 relatif au statut de la société européenne, celles du présent chapitre et celles applicables aux sociétés anonymes non contraires à celles-ci.

La société européenne est soumise aux dispositions de l'article L. 210-3. Le siège statutaire et l'administration centrale de la société européenne ne peuvent être dissociés.

Voir : art. L. 244-5, p. 595 et L. 248-1, p. 599, art. R. 229-1 et s., p. 1741. - Règl. n° 2157/2001, 8 oct. 2001, relatif à la société anonyme européenne, p. 3015.

Transformation d'une société anonyme en société européenne, art. L. 225-245-1, p. 425. - **Dénomination sociale,** art. R. 123-238, p. 1641.

Notion de filiale. Sous réserve d'une interprétation contraire de la CJUE, une société détenue indirectement par une société anonyme, au sens de l'article L. 233-3 du Code de commerce, peut être considérée comme une filiale pour l'application du paragraphe 4 de l'article 2 du règlement du 8 octobre 2001 relatif au statut de la société européenne. Rép. min. n° 93220 : *JOAN Q* 9 août 2016, p. 7273 ; *Rev. sociétés* 2016, p. 704, B. Lecourt ; *Dr. sociétés* 2016, chron. 1, note E. Schlumberger.

Art. L. 229-2 *(L. n° 2005-842, 26 juill. 2005 ; mod., L. n° 2008-649, 3 juill. 2008)*. **– Toute société européenne régulièrement immatriculée au registre du commerce et des sociétés peut transférer son siège dans un autre État membre de la Communauté européenne. Elle établit un projet de transfert. Ce projet est déposé au greffe du tribunal dans le ressort duquel la société est immatriculée et fait l'objet d'une publicité dont les modalités sont fixées par décret en Conseil d'État.**

Le transfert de siège est décidé par l'assemblée générale extraordinaire dans les conditions prévues à l'article L. 225-96 et est soumis à la ratification des assemblées spéciales d'actionnaires mentionnées aux articles *L. 225-99* **et** *L. 228-35-6*.

En cas d'opposition à l'opération, les actionnaires peuvent obtenir le rachat de leurs actions dans les conditions fixées par décret en Conseil d'État.

Le projet de transfert de siège est soumis aux assemblées spéciales des porteurs de certificats d'investissement statuant selon les règles de l'assemblée générale des actionnaires, à moins que la société n'acquière ces titres sur simple demande de leur part et que cette acquisition ait été acceptée par leur assemblée spéciale. L'offre d'acquisition est soumise à publicité dont les modalités sont fixées par décret en Conseil d'État. Tout porteur de certificats d'investissement qui n'a pas cédé ses titres dans le délai fixé par décret en Conseil d'État le demeure sous réserve d'un échange de ces certificats d'investissement et de droit de vote contre des actions.

Le projet de transfert est soumis à l'assemblée d'obligataires de la société, à moins que le remboursement des titres sur simple demande de leur part ne soit offert auxdits obligataires. L'offre de remboursement est soumise à

publicité dont les modalités sont fixées par décret en Conseil d'État. Tout obligataire qui n'a pas demandé le remboursement dans le délai fixé par décret en Conseil d'État conserve sa qualité dans la société aux conditions fixées dans le projet de transfert.

Les créanciers non obligataires de la société transférant son siège et dont la créance est antérieure au transfert du siège peuvent former opposition à celui-ci dans le délai fixé par décret en Conseil d'État. Une décision de justice rejette l'opposition ou ordonne soit le remboursement des créances, soit la constitution de garanties si la société transférant son siège en offre et si elles sont jugées suffisantes. À défaut de remboursement des créances ou de constitution des garanties ordonnées, le transfert de siège est inopposable à ces créanciers. L'opposition formée par un créancier n'a pas pour effet d'interdire la poursuite des opérations de transfert. Les dispositions du présent alinéa ne mettent pas obstacle à l'application des conventions autorisant le créancier à exiger le remboursement immédiat de sa créance en cas de transfert de siège.

Un notaire délivre un certificat attestant de manière concluante l'accomplissement des actes et formalités préalables au transfert.

Voir : art. R. 123-74, p. 1603, R. 123-119, R. 123-120, R. 123-127, p. 1615 et R. 229-2 à R. 229-12, p. 1741.

Art. L. 229-3 *(Rempl., L. n° 2009-526, 12 mai 2009).* – Dans un délai fixé par voie réglementaire, le greffier du tribunal dans le ressort duquel la société participant à l'opération est immatriculée délivre, après avoir procédé à la vérification prévue à l'article L. 236-6, une attestation de conformité des actes et des formalités préalables à la fusion.

Un notaire ou le greffier du tribunal dans le ressort duquel la société issue de la fusion sera immatriculée contrôle, dans un délai fixé par voie réglementaire, la légalité de la réalisation de la fusion et de la constitution de la société nouvelle issue de la fusion.

À cette fin, chaque société qui fusionne remet au notaire ou au greffier le certificat visé à l'article 25 du règlement (CE) n° 2157/2001 du Conseil du 8 octobre 2001 précité dans un délai de six mois à compter de sa délivrance ainsi qu'une copie du projet de fusion approuvé par la société.

Le notaire ou le greffier contrôle en particulier que les sociétés qui fusionnent ont approuvé un projet de fusion dans les mêmes termes et que les modalités relatives à l'implication des salariés ont été fixées conformément aux chapitres I à III du titre V du livre II de la deuxième partie du Code du travail.

Il contrôle en outre que la constitution de la société européenne formée par fusion correspond aux conditions fixées par les dispositions législatives françaises.

II. – Les causes de nullité de la délibération de l'une des assemblées qui ont décidé de l'opération de fusion conformément au droit applicable à la société anonyme ou les manquements au contrôle de légalité constituent une cause de dissolution de la société européenne.

Lorsqu'il est possible de porter remède à l'irrégularité susceptible d'entraîner la dissolution, le tribunal saisi de l'action en dissolution d'une société européenne créée par fusion accorde un délai pour régulariser la situation.

Les actions en dissolution de la société européenne se prescrivent par six mois à compter de la date de la dernière inscription au registre du commerce et des sociétés rendue nécessaire par l'opération.

Lorsque la dissolution de la société européenne est prononcée, il est procédé à sa liquidation conformément aux dispositions des statuts et du chapitre VII du titre III du présent livre.

Lorsqu'une décision judiciaire prononçant la dissolution d'une société européenne pour l'une des causes prévues au sixième alinéa du présent article est devenue définitive, cette décision fait l'objet d'une publicité dont les modalités sont fixées par décret en Conseil d'État.

Voir : art. R. 123-56, p. 1599, R. 123-118, p. 1614, R. 229-2 et R. 229-13, p. 1741.

Bibliographie : B. Saintourens, *Société européenne : l'intervention obligatoire du notaire* : *JCP* E 2005, 1413.

Art. L. 229-4 *(L. n° 2005-842, 26 juill. 2005 ; mod., L.* n° 2008-649, 3 juill. 2008). – L'autorité compétente pour s'opposer, conformément aux dispositions du 14 de l'article 8 et de l'article 19 du règlement (CE) n° 2157/2001 du Conseil du 8 octobre 2001, précité, au transfert de siège social d'une société européenne immatriculée en France et dont résulterait un changement du droit applicable ainsi qu'à la constitution d'une société européenne par voie de fusion impliquant une société relevant du droit français, est le procureur de la République.

Il se saisit d'office ou est saisi par toute personne ou autorité qui estime qu'une telle opération est contraire à un intérêt public.

La décision du procureur de la République est susceptible de recours devant la cour d'appel de Paris.

Art. L. 229-5 *(L. n° 2005-842, 26 juill. 2005).* – Les sociétés promouvant l'opération de constitution d'une société européenne holding établissent un projet commun de constitution de la société européenne.

Ce projet est déposé au greffe du tribunal dans le ressort duquel lesdites sociétés sont immatriculées et fait l'objet d'une publicité dont les modalités sont fixées par décret en Conseil d'État.

Un ou plusieurs commissaires à la constitution d'une société européenne holding, désignés par décision de justice, établissent sous leur responsabilité un rapport destiné aux actionnaires de chaque société dont les mentions sont précisées par décret en Conseil d'État.

Par accord entre les sociétés qui promeuvent l'opération, le ou les commissaires peuvent établir un rapport écrit pour les actionnaires de l'ensemble des sociétés.

Les dispositions des troisième et quatrième alinéas de l'article L. 236-9 et des articles L. 236-13 et L. 236-14 sont applicables en cas de constitution d'une société européenne holding.

Voir : art. R. 229-15, p. 1744.

Art. L. 229-6 *(L. n° 2005-842, 26 juill. 2005 ; mod., Ord. n° 2014-863, 31 juill. 2014 ; Ord. n° 2015-1127, 10 sept. 2015).* – Par exception au second alinéa de l'article L. 225-1, une société européenne peut constituer une société européenne dont elle est le seul actionnaire. Elle est soumise aux dispositions applicables à la société européenne et à celles relatives à la société à responsabilité limitée à associé unique édictées par l'article L. 223-31.

Dans cette hypothèse, l'actionnaire unique exerce les pouvoirs dévolus à l'assemblée générale.

En cas de société européenne unipersonnelle, les articles L. 225-25, L. 225-26, L. 225-72 et L. 225-73 ne s'appliquent pas aux administrateurs ou membres du conseil de surveillance de cette société.

Art. L. 229-7 *(L. n° 2005-842, 26 juill. 2005).* – La direction et l'administration de la société européenne sont régies par les dispositions de la section 2 du chapitre V du présent titre, à l'exception du premier alinéa des articles L. 225-37 et L. 225-82 et du quatrième alinéa de l'article L. 225-64.

Toutefois, par exception à l'article L. 225-62, en cas de vacance au sein du directoire, un membre du conseil de surveillance peut être nommé par ce conseil pour exercer les fonctions de membre du directoire pour une durée maximale fixée par décret en Conseil d'État. Pendant cette durée, les fonctions de l'intéressé au sein du conseil de surveillance sont suspendues.

Les dispositions du premier alinéa de l'article L. 225-17, du deuxième alinéa de l'article L. 225-22, de l'article L. 225-69 et du deuxième alinéa de l'article L. 225-79 ne peuvent faire obstacle à la participation des travailleurs définie à l'article L. 439-25 du Code du travail.

Chaque membre du conseil de surveillance peut se faire communiquer par le président du directoire les documents qu'il estime nécessaires à l'accomplissement de sa mission.

La société européenne est dirigée par un directoire composé de sept membres au plus.

Les statuts doivent prévoir des règles similaires à celles énoncées aux articles L. 225-38 à L. 225-42 et L. 225-86 à L. 225-90. Toutefois, lorsqu'il s'agit d'une société visée à l'article L. 229-6, la mention au registre des délibérations vaut approbation de la convention.

Voir : art. R. 229-23, p. 1745.

Art. L. 229-8 *(L. n° 2005-842, 26 juill. 2005).* – Les assemblées générales de la société européenne sont soumises aux règles prescrites par la section 3 du chapitre V du présent titre dans la mesure où elles sont compatibles avec le règlement (CE) n° 2157/2001 du Conseil, du 8 octobre 2001, précité.

Art. L. 229-9 *(L. n° 2005-842, 26 juill. 2005 ; mod., L. n° 2008-649, 3 juill. 2008 ; Ord. n° 2019-964, 18 sept. 2019).* – Si la société européenne n'a plus son administration centrale en France, tout intéressé peut demander au tribunal la régularisation de la situation par le transfert du siège social ou le rétablissement de l'administration centrale au lieu du siège social en France, le cas échéant sous astreinte.

Le tribunal fixe une durée maximale pour cette régularisation.

À défaut de régularisation à l'issue de ce délai, le tribunal prononce la liquidation de la société dans les conditions prévues aux articles L. 237-1 à L. 237-31.

Ces décisions sont adressées par le greffe du tribunal au procureur de la République. Le juge indique dans sa décision que le jugement est transmis par le greffe.

En cas de constat de déplacement de l'administration centrale en France d'une société européenne immatriculée dans un autre État membre de la Communauté européenne, contrevenant à l'article 7 du règlement (CE) n° 2157/2001 du Conseil, du 8 octobre 2001, précité, le procureur de la République du tribunal judiciaire dans le ressort duquel l'administration centrale est installée doit informer sans délai l'État membre du siège statutaire.

En cas de constat de déplacement de l'administration centrale dans un autre État membre de la Communauté européenne d'une société européenne immatriculée en France, contrevenant à l'article 7 du règlement (CE) n° 2157/2001 du Conseil, du 8 octobre 2001, précité, les autorités de cet État membre doivent informer sans délai le procureur de la République du tribunal judiciaire dans le ressort duquel la société est immatriculée.

NB : Conformément à l'article 36 de l'ordonnance n° 2019-964 du 18 septembre 2019, ces dispositions entrent en vigueur au 1er janvier 2020.

Art. L. 229-10 *(L. n° 2005-842, 26 juill. 2005 ; L. n° 2016-1691, 9 déc. 2016).* – Toute société européenne peut se transformer en société anonyme si, au moment de la transformation, elle est immatriculée depuis plus de deux ans et a fait approuver le bilan de ses deux premiers exercices.

La société établit un projet de transformation de la société en société anonyme. Ce projet est déposé au greffe du tribunal du siège de la société et fait l'objet d'une publicité dont les modalités sont fixées par décret en Conseil d'État.

Un ou plusieurs commissaires à la transformation désignés par décision de justice établissent sous leur responsabilité un rapport destiné aux actionnaires de la société se transformant attestant que les capitaux propres sont au moins équivalents au capital social. Ils sont soumis aux incompatibilités prévues à l'article L. 822-11-3.

La transformation en société anonyme est décidée selon les dispositions prévues aux articles L. 225-96 et L. 225-99.

Voir : art. R. 229-24, p. 1745.

Art. L. 229-11 *(L. n° 2005-842, 26 juill. 2005 ; mod., Ord. n° 2009-80, 22 janv. 2009 ; Ord. n° 2019-1067, 21 oct. 2019).* – Les statuts d'une société européenne qui n'entend pas offrir au public ses actions, ou qui entend procéder à l'une des offres mentionnées aux 1° et 2° de l'article L. 411-2 du Code monétaire et financier ou à l'article L. 411-2-1 du même code, peuvent soumettre tout transfert d'actions à des restrictions à la libre négociabilité sans que ces restrictions ne puissent avoir pour effet de rendre ces actions inaliénables pour une durée excédant dix ans.

Toute cession réalisée en violation de ces clauses statutaires est nulle. Cette nullité est opposable au cessionnaire ou à ses ayants droit. Elle peut être régularisée par une décision prise à l'unanimité des actionnaires non parties au contrat ou à l'opération visant à transférer les actions.

Art. L. 229-12 *(L. n° 2005-842, 26 juill. 2005 ; mod., Ord. n° 2009-80, 22 janv. 2009 ; Ord. n° 2019-1067, 21 oct. 2019).* – Dans les conditions qu'ils déterminent, les statuts d'une société européenne qui n'entend pas offrir au public ses actions, ou qui entend procéder à l'une des offres mentionnées aux 1° et 2° de l'article L. 411-2 du Code monétaire et financier ou à l'article L. 411-2-1 du même code, peuvent prévoir qu'un actionnaire peut être tenu de céder ses actions. Ils peuvent également prévoir la suspension des droits non pécuniaires de cet actionnaire tant que celui-ci n'a pas procédé à cette cession.

Bibliographie : D. Gallois-Cochet, *L'obscure clarté du régime de l'exclusion statutaire : Dr. sociétés* 2014, étude 23.

Art. L. 229-13 *(L. n° 2005-842, 26 juill. 2005 ; mod., Ord. n° 2009-80, 22 janv. 2009 ; Ord. n° 2019-1067, 21 oct. 2019).* – Les statuts d'une société européenne qui n'entend pas offrir au public ses actions, ou qui entend procéder à l'une des offres mentionnées aux 1° et 2° de l'article L. 411-2 du Code monétaire et financier ou à l'article L. 411-2-1 du même code, peuvent prévoir que la société actionnaire dont le contrôle est modifié au sens de l'article L. 233-16 doit, dès cette modification, en informer la société européenne. Celle-ci peut décider, dans les conditions fixées par les statuts, de suspendre l'exercice des droits non pécuniaires de cet actionnaire et de l'exclure. Les dispositions du premier alinéa peuvent s'appliquer, dans les

mêmes conditions, à l'actionnaire qui a acquis cette qualité à la suite d'une opération de fusion, de scission ou de dissolution.

Art. L. 229-14 *(L. n° 2005-842, 26 juill. 2005).* **– Si les statuts ne précisent pas les modalités d'évaluation du prix de cession des actions lorsque la société européenne met en œuvre une clause introduite en application des articles L. 229-11 à L. 229-13, ce prix est fixé par accord entre les parties ou, à défaut, déterminé dans les conditions prévues à l'article 1843-4 du Code civil.**

Lorsque les actions sont rachetées par la société européenne, celle-ci est tenue de les céder dans un délai de six mois ou de les annuler.

Art. L. 229-15 *(L. n° 2005-842, 26 juill. 2005).* **– Les clauses stipulées en application des articles L. 229-11 à L. 229-14 ne sont adoptées ou modifiées qu'à l'unanimité des actionnaires.**

CHAPITRE X. – DES SOCIÉTÉS DONT LES TITRES SONT ADMIS AUX NÉGOCIATIONS SUR UN MARCHÉ RÉGLEMENTÉ OU SUR UN SYSTÈME MULTILATÉRAL DE NÉGOCIATION

Bibliographie : Th. Bonneau, *La formalisation de la distinction des sociétés cotées et non cotées par l'ordonnance du 16 septembre 2020 : Rev. sociétés* 2020, p. 595. • O. Dexant De Bailliencourt, *Le nouveau chapitre X du Code de commerce consacré aux sociétés cotées – Un renforcement de la lisibilité du droit des sociétés : Dr. sociétés* 2020, comm. 130. • F. Drummond et J. Klein, *La distinction des sociétés cotées et non cotées : un premier pas vers une recomposition plus ambitieuse du droit des sociétés par actions ? : D.* 2021, p. 30.

Art. L. 22-10-1 *(Créé, Ord. n° 2020-1142, 16 sept. 2020).* **– Les sociétés dont les titres sont admis aux négociations sur un marché réglementé ou sur un système multilatéral de négociation sont régies par les règles applicables à leur forme sociale, sous réserve des dispositions du présent chapitre.**

Section 1. – Dispositions propres aux sociétés anonymes

Sous-section 1. – De la constitution

Art. L. 22-10-2 *(Créé, Ord. n° 2020-1142, 16 sept. 2020).* **– Par dérogation à l'article L. 225-1, pour les sociétés dont les actions sont admises aux négociations sur un marché réglementé ou sur un système multilatéral de négociation, le nombre des associés ne peut être inférieur à sept.**

Voir : art. L. 225-1, p. 330.

Sous-section 2. – De la direction et de l'administration

§ 1er. – Du conseil d'administration et de la direction générale

Art. L. 22-10-3 *(Créé, Ord. n° 2020-1142, 16 sept. 2020).* **– Les dispositions de l'article L. 225-18-1, relatives à la proportion minimale des administrateurs de chaque sexe, sont applicables sans condition de seuil aux sociétés dont les actions sont admises aux négociations sur un marché réglementé.**

Toute nomination intervenue en violation du cotée premier alinéa et n'ayant pas pour effet de remédier à l'irrégularité de la composition du conseil est nulle.

Voir : art. L. 225-18-1, p. 335.

Art. L. 22-10-4 *(Créé, Ord. n° 2020-1142, 16 sept. 2020).* **– Dans les sociétés dont les actions sont admises aux négociations sur un marché réglementé, en cas de nomination aux fonctions de président, de directeur général ou de directeur général délégué d'une personne liée par un contrat de travail à la société ou à toute société contrôlée ou qui la contrôle au sens des II et III de l'article L. 233-16, les dispositions dudit contrat correspondant, le cas échéant, à des éléments de rémunération, des indemnités ou des avantages dus ou susceptibles d'être dus à raison de la cessation ou du changement de ces fonctions, ou postérieurement à celles-ci, ou des engagements de retraite à prestations définies répondant aux caractéristiques des régimes**

mentionnés à l'article L. 137-11 et à l'article L. 137-11-2 du Code de la sécurité sociale pour la période d'exercice du mandat social, sont soumises au régime prévu au IV de l'article L. 22-10-8 du présent code.

Voir : art. L. 225-23, p. 339.

Art. L. 22-10-5 *(Créé, Ord. n° 2020-1142, 16 sept. 2020)*. **– Les dispositions de l'article L. 225-23, relatives à l'élection de salariés actionnaires parmi les administrateurs, sont applicables sans condition d'effectif aux sociétés dont les titres sont admis aux négociations sur un marché réglementé.**

Voir : art. L. 225-23, p. 339.

Art. L. 22-10-6 *(Créé, Ord. n° 2020-1142, 16 sept. 2020)*. **– Dans les sociétés dont les actions sont admises aux négociations sur un marché réglementé, le nombre des administrateurs élus en application de l'article L. 225-27 ne peut être supérieur à cinq ni excéder le tiers du nombre des autres administrateurs.**

Toute nomination intervenue en violation du présent article est nulle. Cette nullité n'entraîne pas celle des délibérations auxquelles a pris part l'administrateur irrégulièrement nommé.

Voir : Notes ss art. L. 225-27, p. 341.

Art. L. 22-10-7 *(Créé, Ord. n° 2020-1142, 16 sept. 2020)*. **– La dérogation à l'obligation de compter au sein du conseil d'administration des administrateurs représentant les salariés prévue au deuxième alinéa de l'article L. 225-27-1 n'est applicable aux sociétés dont les actions sont admises aux négociations sur un marché règlementé que si au moins quatre cinquièmes de leurs actions sont détenues, directement ou indirectement, par une personne physique ou morale agissant seule ou de concert.**

Toute nomination intervenue en violation du présent article est nulle. Cette nullité n'entraîne pas celle des délibérations auxquelles a pris part l'administrateur irrégulièrement nommé.

Voir : art. L. 225-27-1, p. 341.

Art. L. 22-10-8 *(Créé, Ord. n° 2020-1142, 16 sept. 2020)*. **– I. – Dans les sociétés dont les actions sont admises aux négociations sur un marché réglementé, le conseil d'administration établit une politique de rémunération des mandataires sociaux. Cette politique est conforme à l'intérêt social de la société, contribue à sa pérennité et s'inscrit dans sa stratégie commerciale. Elle décrit toutes les composantes de la rémunération fixe et variable et explique le processus de décision suivi pour sa détermination, sa révision et sa mise en œuvre.**

Elle est présentée de manière claire et compréhensible au sein du rapport sur le gouvernement d'entreprise mentionné au dernier alinéa de l'article L. 225-37.

Le contenu et les modalités de la publicité de la politique de rémunération sont fixés par décret en Conseil d'État.

II. – La politique de rémunération fait l'objet d'un projet de résolution soumis à l'approbation de l'assemblée générale des actionnaires dans les conditions prévues aux articles L. 225-98 et L. 22-10-32 chaque année et lors de chaque modification importante dans la politique de rémunération.

Lorsque l'assemblée générale des actionnaires n'approuve pas le projet de résolution et qu'elle a précédemment approuvé une politique de rémunération dans les conditions prévues au présent article, celle-ci continue de s'appliquer et le conseil d'administration soumet à l'approbation de la prochaine assemblée générale des actionnaires, dans les conditions prévues aux articles L. 225-98 et L. 22-10-32, un projet de résolution présentant une politique de rémunération révisée et indiquant de quelle manière ont été pris en compte le vote des actionnaires et, le cas échéant, les avis exprimés lors de l'assemblée générale.

En l'absence de politique de rémunération précédemment approuvée dans les conditions prévues au présent article, si l'assemblée générale des actionnaires n'approuve pas le projet de résolution, la rémunération est ***déterminée conformément à la rémunération*** **attribuée au titre de l'exercice précédent ou, en l'absence de rémunération attribuée au titre de l'exercice précédent, conformément aux pratiques existant au sein de la société. Dans ce cas, le conseil d'administration soumet à l'approbation de la prochaine assemblée générale des actionnaires, dans les conditions prévues aux articles L. 225-98 et L. 22-10-32, un projet de résolution présentant une politique de rémunération révisée et indiquant de quelle manière ont été pris en compte le vote des actionnaires et, le cas échéant, les avis exprimés lors de l'assemblée générale.**

III. – Aucun élément de rémunération, de quelque nature que ce soit, ne peut être déterminé, attribué ou versé par la société, ni aucun engagement correspondant à des éléments de rémunération, des indemnités ou des avantages dus ou susceptibles d'être dus à raison de la prise, de la cessation ou du changement de leurs fonctions ou postérieurement à l'exercice de celles-ci, ne peut être pris par la société s'il n'est pas conforme à la politique de rémunération approuvée ou, en son absence, aux rémunérations ou aux pratiques mentionnées au dernier alinéa du II.

Toutefois, en cas de circonstances exceptionnelles, le conseil d'administration peut déroger à l'application de la politique de rémunération si cette dérogation est temporaire, conforme à l'intérêt social et nécessaire pour garantir la pérennité ou la viabilité de la société.

Tout versement, attribution ou engagement effectué ou pris en méconnaissance des dispositions du présent III est nul dans cette mesure.

IV. – Les éléments ou les engagements mentionnés au premier alinéa du III sont déterminés, attribués, ou pris par délibération du conseil d'administration. Lorsque le conseil d'administration se prononce sur un élément ou un engagement au bénéfice de son président, d'un directeur général ou d'un directeur général délégué, les personnes intéressées ne peuvent prendre part ni aux délibérations ni au vote sur l'élément ou l'engagement concerné.

Bibliographie : *Say on pay.* ANSA, avis, févr. 2017, n° 17002, *Vote ex ante des actionnaires sur la politique de rémunération des mandataires sociaux.* • F. Basdevant, *Rémunération des dirigeants des sociétés cotées : vote impératif en assemblée générale (loi Sapin II)* : *RTDF* 2016, n° 4, p. 82. • C. Coupet, *Loi Sapin II : consécration légale du say on pay* : *Dr. sociétés* 2017, comm. 23 ; *Say on pay : adoption du décret d'application* : *Dr. sociétés* 2017, focus 8. • B. François, *Loi Sapin 2 : adoption d'un say on pay contraignant* : *Rev. sociétés* 2017, p. 59 ; *Rémunération des dirigeants : publication du décret d'application de la loi « Sapin 2 »* : *Rev. sociétés* 2017, p. 257. • H. Le Nabasque, *Le champ d'application du nouveau say on pay (loi Sapin 2 du 9 décembre 2016 et décret du 16 mars 2017)* : *Bull. Joly Sociétés* 2017, p. 263. • A. Lecourt, *Loi n° 2016-1691 du 9 décembre 2016 relative à la transparence, à la lutte contre la corruption et à la modernisation de la vie économique, dite loi « Sapin 2 »* : *RTD com.* 2017, p. 101. • Ph. Portier, *L'encadrement des rémunérations des dirigeants de sociétés cotées dans la loi Sapin 2* : *Bull. Joly Sociétés* 2017, p. 81. • B. Saintourens et Ph. Emy, *La réforme du droit des sociétés par la loi du 9 décembre 2016 relative à la transparence, à la lutte contre la corruption et à la modernisation de la vie économique (« Sapin 2 »)* : *Rev. sociétés* 2017, p. 131. • R. Vabres, *Loi relative à la transparence, à la lutte contre la corruption et à la modernisation de la vie économique (L. Sapin II)* : *Dr. sociétés* 2017, comm. 8. • C. Deniaud, Cl. Gagneux, F. Martin Laprade, Y. Paclot et Ph. Portier, *« Say on pay » : droit de regard des actionnaires sur la rémunération des dirigeants sociaux* : *Actes prat. ing. sociétaire* 2017, n° 9. • J. de Calbiac et A. de Louvigny, *3 questions – Rémunération des mandataires sociaux de sociétés cotées : publication de l'ordonnance* : *JCP E* 2019, 793. • C. Coupet, *Loi PACTE : l'encadrement de la rémunération des dirigeants – Entre libéralisation et renforcement* : *JCP E* 2019, 1319. • E. Schlumberger, *Les incidences de la loi PACTE sur la rémunération des dirigeants sociaux* : *Bull. Joly Sociétés* 2019, n° 119x3, p. 64. • E. Schlumberger, *Le nouveau say on pay, suite... et fin ?* : *Bull. Joly Sociétés* févr. 2020, p. 15. • A. Couret, *La rémunération des mandataires sociaux des sociétés cotées* : *JCP E* 2019, étude 1561. • J.-F. Hamelin, *L'éternelle réforme de la rémunération des dirigeants de sociétés cotées* : *Dr. sociétés* 2020, comm. 5. • B. Lecourt, *Rémunérations des dirigeants de sociétés cotées : le nouveau régime français est-il conforme aux exigences européennes ?* : *Rev. sociétés* 2020, p. 127. • B. François, *Rémunérations des dirigeants des sociétés cotées : le nouveau « say on pay » issu de l'ordonnance du 27 novembre 2019* : *Rev. sociétés* 2020, p. 58. • J. De Calbiac et A. De Louvigny, *Conventions réglementées : attention aux conclusions hâtives* : *JCP E* 13 févr. 2020, p. 5. • C. Coupet, *Transposition de la directive Droits des actionnaires : say on pay et autres mesures d'application* : *Bull. Joly Bourse* mars 2020, p. 26 ; *Loi PACTE : l'encadrement de la rémunération des dirigeants – Entre libéralisation et renforcement* : *JCP* E 2019, 1319. • E. Schlumberger, *Les incidences de la loi PACTE sur la rémunération des dirigeants sociaux* : *Bull. Joly Sociétés* 2019, n° 119x3, p. 64.

Voir : art. L. 22-10-9, p. 499, art. L. 22-10-34, p. 505, art. R. 22-10-14, p. 1748.

Art. L. 22-10-9 *(Créé, Ord. n° 2020-1142, 16 sept. 2020)*. **– I. – Les sociétés dont les actions sont admises aux négociations sur un marché réglementé présentent, de manière claire et compréhensible, au sein du rapport sur le gouvernement d'entreprise mentionné au dernier alinéa de l'article L. 225-37, s'il y a lieu, pour chaque mandataire social, y compris les mandataires sociaux dont le mandat a pris fin et ceux nouvellement nommés au cours de l'exercice écoulé, les informations suivantes :**

1° La rémunération totale et les avantages de toute nature, en distinguant les éléments fixes, variables et exceptionnels, y compris sous forme de titres de capital, de titres de créance ou de titres donnant accès au capital ou donnant droit à l'attribution de titres de créance de la société ou des sociétés mentionnées aux articles L. 228-13 et L. 228-93, versés à raison du mandat au cours de l'exercice écoulé, ou attribués à raison du

mandat au titre du même exercice, en indiquant les principales conditions d'exercice des droits, notamment le prix et la date d'exercice et toute modification de ces conditions ;

2° La proportion relative de la rémunération fixe et variable ;

3° L'utilisation de la possibilité de demander la restitution d'une rémunération variable ;

4° Les engagements de toute nature pris par la société et correspondant à des éléments de rémunération, des indemnités ou des avantages dus ou susceptibles d'être dus à raison de la prise, de la cessation ou du changement des fonctions ou postérieurement à l'exercice de celles-ci, notamment les engagements de retraite et autres avantages viagers, en mentionnant, dans des conditions et selon des modalités fixées par décret, les modalités précises de détermination de ces engagements et l'estimation du montant des sommes susceptibles d'être versées à ce titre ;

5° Toute rémunération versée ou attribuée par une entreprise comprise dans le périmètre de consolidation au sens de l'article L. 233-16 ;

6° Pour le président du conseil d'administration, le directeur général et chaque directeur général délégué, les ratios entre le niveau de la rémunération de chacun de ces dirigeants et, d'une part, la rémunération moyenne sur une base équivalent temps plein des salariés de la société autres que les mandataires sociaux, d'autre part, la rémunération médiane sur une base équivalent temps plein des salariés de la société autres que les mandataires sociaux ;

7° L'évolution annuelle de la rémunération, des performances de la société, de la rémunération moyenne sur une base équivalent temps plein des salariés de la société, autres que les dirigeants, et des ratios mentionnés au 6°, au cours des cinq exercices les plus récents au moins, présentés ensemble et d'une manière qui permette la comparaison ;

8° Une explication de la manière dont la rémunération totale respecte la politique de rémunération adoptée, y compris la manière dont elle contribue aux performances à long terme de la société, et de la manière dont les critères de performance ont été appliqués ;

9° La manière dont le vote de la dernière assemblée générale ordinaire prévu au I de l'article L. 22-10-34 a été pris en compte ;

10° Tout écart par rapport à la procédure de mise en œuvre de la politique de rémunération et toute dérogation appliquée conformément au deuxième alinéa du III de l'article L. 22-10-8, y compris l'explication de la nature des circonstances exceptionnelles et l'indication des éléments spécifiques auxquels il est dérogé ;

11° L'application des dispositions du second alinéa de l'article L. 225-45.

II. – Les dispositions des deux derniers alinéas de l'article L. 225-102 sont applicables aux informations prévues au présent article.

III. – Les modalités de la publicité des informations prévues au I du présent article ainsi que le traitement des données à caractère personnel sont fixés par décret en Conseil d'État.

Voir : bibliographie ss art. L. 22-10-8, p. 498.

Voir : art. L. 22-10-8, p. 498, art. L. 22-10-34, p. 505, art. R. 22-10-15, p. 1749, art. D. 22-10-16, p. 1750.

Art. L. 22-10-10 *(Créé, Ord. n° 2020-1142, 16 sept. 2020).* – Dans les sociétés dont les titres sont admis aux négociations sur un marché réglementé, le rapport sur le gouvernement d'entreprise, prévu au dernier alinéa de l'article L. 225-37 contient, outre les informations mentionnées à l'article L. 225-37-4, les informations suivantes :

1° La composition, ainsi que les conditions de préparation et d'organisation des travaux du conseil ;

2° Lorsque le total de bilan, le chiffre d'affaires ou le nombre de salariés excèdent des seuils fixés par décret en Conseil d'État, une description de la politique de diversité appliquée aux membres du conseil d'administration au regard de critères tels que l'âge, le sexe ou les qualifications et l'expérience professionnelle, ainsi qu'une description des objectifs de cette politique, de ses modalités de mise en œuvre et des résultats obtenus au cours de l'exercice écoulé. Cette description est complétée par des informations sur la manière dont la société recherche une représentation équilibrée des femmes et des hommes au sein du comité mis en place, le cas échéant, par la direction générale en vue de l'assister régulièrement dans l'exercice de ses missions générales et sur les résultats en matière de mixité dans les 10 % de postes à plus forte responsabilité. Si la société n'applique pas une telle politique, le rapport comprend une explication des raisons le justifiant ;

3° Les éventuelles limitations que le conseil d'administration apporte aux pouvoirs du directeur général ;

4° Lorsqu'une société se réfère volontairement à un code de gouvernement d'entreprise élaboré par les organisations représentatives des entreprises, les dispositions qui ont été écartées et les raisons pour lesquelles elles l'ont été, ainsi que le lieu où ce code peut être consulté, ou, à défaut d'une telle référence à un code, les raisons pour lesquelles la société a décidé de ne pas s'y référer ainsi que, le cas échéant, les règles retenues en complément des exigences requises par la loi ;

5° Les modalités particulières de la participation des actionnaires à l'assemblée générale ou les dispositions des statuts qui prévoient ces modalités ;

6° La description de la procédure mise en place par la société en application de l'article L. 22-10-12 et de sa mise en œuvre.

Les dispositions des deux derniers alinéas de l'article L. 225-102 sont applicables aux informations prévues au présent article.

Bibliographie : *Codes de gouvernement d'entreprise.* B. Fages, *Rôle, valeur et bon usage des Codes de gouvernement d'entreprise* : *Bull. Joly Sociétés* 2009, p. 428. • Y. Paclot, *La juridicité du Code AFEP/MEDEF de gouvernement d'entreprise des sociétés cotées* : *Rev. sociétés* 2011, p. 395. • P. Deumier, *Le principe « appliquer ou expliquer », appliquer la norme autrement ?* : *RTD civ.* 2013, p. 79. • C. Coupet, *Les normes d'origine privée* : *RTD com.* 2016, p. 437. • Ch. Donzel-Taboucou, *Le principe « appliquer ou expliquer » en France, ou le droit à l'auto-édition normative* : *Rev. sociétés* 2015, p. 347. • A. Couret, *Comply or explain : les destinées françaises du principe* : *Bull. Joly Sociétés* 2017, p. 202. • P. Le Cannu, *Le Code ADAE relatif à la gouvernance des entreprises moyennes françaises* : *Bull. Joly Sociétés* 2016, p. 118. • C. Malecki, *L'essence du Code AFEP/MEDEF : Code suiveur ou Code précurseur, Mélanges en l'honneur de J.-J. Daigre*, Joly éditions 2017, p. 291. • A. Couret, *Comply or explain : les destinées françaises du principe* : *Bull. Joly Sociétés* 2017, p. 202.

Voir : art. L. 225-37, p. 348, art. R. 22-10-29, p. 1754.

Art. L. 22-10-11 *(Créé, Ord. n° 2020-1142, 16 sept. 2020).* – Pour les sociétés dont des titres sont admis aux négociations sur un marché réglementé, le rapport mentionné au dernier alinéa de l'article L. 225-37 expose et, le cas échéant, explique les éléments suivants lorsqu'ils sont susceptibles d'avoir une incidence en cas d'offre publique d'achat ou d'échange :

1° La structure du capital de la société ;

2° Les restrictions statutaires à l'exercice des droits de vote et aux transferts d'actions ou les clauses des conventions portées à la connaissance de la société en application de l'article L. 233-11 ;

3° Les participations directes ou indirectes dans le capital de la société dont elle a connaissance en vertu des articles L. 233-7 et L. 233-12 ;

4° La liste des détenteurs de tout titre comportant des droits de contrôle spéciaux et la description de ceux-ci ;

5° Les mécanismes de contrôle prévus dans un éventuel système d'actionnariat du personnel, quand les droits de contrôle ne sont pas exercés par ce dernier ;

6° Les accords entre actionnaires dont la société a connaissance et qui peuvent entraîner des restrictions au transfert d'actions et à l'exercice des droits de vote ;

7° Les règles applicables à la nomination et au remplacement des membres du conseil d'administration ainsi qu'à la modification des statuts de la société ;

8° Les pouvoirs du conseil d'administration, en particulier en ce qui concerne l'émission ou le rachat d'actions ;

9° Les accords conclus par la société qui sont modifiés ou prennent fin en cas de changement de contrôle de la société, sauf si cette divulgation, hors les cas d'obligation légale de divulgation, porterait gravement atteinte à ses intérêts ;

10° Les accords prévoyant des indemnités pour les membres du conseil d'administration ou les salariés, s'ils démissionnent ou sont licenciés sans cause réelle et sérieuse ou si leur emploi prend fin en raison d'une offre publique d'achat ou d'échange.

Art. L. 22-10-12 *(Créé, Ord. n° 2020-1142, 16 sept. 2020).* – Dans les sociétés dont les actions sont admises aux négociations sur un marché réglementé, le conseil d'administration met en place une procédure permettant d'évaluer régulièrement si les ces à l'article L. 225-39 remplissent bien ces conditions. Les personnes directement ou indirectement intéressées à l'une de ces conventions ne participent pas à son évaluation.

Bibliographie : E. Schlumberger, *Les incidences de la loi PACTE sur la procédure de contrôle des conventions réglementées* : *Bull. Joly Sociétés* juin 2019, p. 56. • J. Heinich, *Les conventions réglementées* : *Rev. sociétés* 2019, p. 619.

Voir : art. L. 225-39, p. 352.

Art. L. 22-10-13 *(Créé, Ord. n° 2020-1142, 16 sept. 2020)*. – Les sociétés dont les actions sont admises aux négociations sur un marché réglementé publient sur leur site internet des informations sur les conventions mentionnées à l'article L. 225-38 au plus tard au moment de la conclusion de celles-ci.

Toute personne intéressée peut demander au président du tribunal statuant en référé d'enjoindre, le cas échéant sous astreinte, au conseil d'administration de publier ces informations.

La liste de ces informations est fixée par décret en Conseil d'État.

Voir : art. R. 22-10-1, p. 1746.

Bibliographie : M. Roussille, *Ordonnance du 31 juillet 2014 : dispositions relatives aux conventions réglementées : Dr. sociétés* 2014, n° 144. • E. Schlumberger, *Les incidences de la loi PACTE sur la procédure de contrôle des conventions réglementées : Bull. Joly Sociétés* juin 2019, n° 119x4, p. 56. • J. Heinich, *Les conventions réglementées : Rev. sociétés* 2019, p. 619. • J.-F. Hamelin, *Sociétés cotées : publication sur leur site internet des informations relatives aux conventions réglementées : Dr. sociétés* 2020, comm. 24. • C. Coupet, *Transposition de la directive Droits des actionnaires : say on pay et autres mesures d'application : Bull. Joly Sociétés* mars 2020, p. 26.

Voir : art. L. 225-39, p. 352, art. R. 22-10-17, p. 1750.

Art. L. 22-10-14 *(Créé, Ord. n° 2020-1142, 16 sept. 2020)*. – Dans les sociétés dont les actions sont admises aux négociations sur un marché réglementé, la répartition de la somme allouée aux administrateurs en rémunération de leur activité, en application du premier alinéa de l'article L. 225-45, est déterminée dans les conditions prévues à l'article L. 22-10-8.

Voir : art. L. 225-45, p. 356.

Art. L. 22-10-15 *(Créé, Ord. n° 2020-1142, 16 sept. 2020)*. – Dans les sociétés dont les actions sont admises aux négociations sur un marché réglementé, les rémunérations exceptionnelles des administrateurs mentionnées à l'article L. 225-46 sont allouées dans les conditions prévues à l'article L. 22-10-8.

Voir : art. L. 225-46, p. 356.

Art. L. 22-10-16 *(Créé, Ord. n° 2020-1142, 16 sept. 2020)*. – Dans les sociétés dont les actions sont admises aux négociations sur un marché réglementé, la rémunération du président du conseil d'administration élu en application de l'article L. 225-47 est déterminée dans les conditions prévues à l'article L. 22-10-8.

Voir : art. L. 225-47, p. 356, art. L. 22-10-8, p. 498.

Art. L. 22-10-17 *(Créé, Ord. n° 2020-1142, 16 sept. 2020)*. – Dans les sociétés dont les actions sont admises aux négociations sur un marché réglementé, la rémunération du directeur général et des directeurs généraux délégués mentionnée à l'article L. 225-53 est déterminée dans les conditions prévues à l'article L. 22-10-8.

V. notes ss art. L. 225-53, p. 360

Voir : art. L. 225-53, p. 360, art. L. 22-10-8, p. 498.

§ 2. – Du directoire et du conseil de surveillance

Art. L. 22-10-18 *(Créé, Ord. n° 2020-1142, 16 sept. 2020)*. – Lorsque les actions de la société sont admises aux négociations sur un marché réglementé, le nombre de membres du directoire mentionné à l'article L. 225-58 peut être porté à sept par les statuts.

Voir : art. L. 225-58, p. 364.

Art. L. 22-10-19 *(Créé, Ord. n° 2020-1142, 16 sept. 2020)*. – Dans les sociétés dont les actions sont admises aux négociations sur un marché réglementé, la fixation du mode et du montant de la rémunération de chacun des membres du directoire, prévue par l'article L. 225-63, est effectuée dans les conditions prévues à l'article L. 22-10-26.

Voir : art. L. 225-63, p. 365.

Art. L. 22-10-20 *(Créé, Ord. n° 2020-1142, 16 sept. 2020).* – Le rapport mentionné au dernier alinéa de l'article L. 225-68 inclut les informations définies aux articles L. 22-10-9 à L. 22-10-11 ainsi qu'à l'article L. 225-37-4.

Voir : art. L. 225-68, p.366.

Art. L. 22-10-21 *(Créé, Ord. n° 2020-1142, 16 sept. 2020).* – Les dispositions de l'article L. 225-69-1, relatives à la proportion des membres du conseil de surveillance de chaque sexe, sont applicables sans condition de seuil aux sociétés dont les actions sont admises aux négociations sur un marché réglementé.

Toute nomination intervenue en violation de cet article et n'ayant pas pour effet de remédier à l'irrégularité de la composition du conseil est nulle.

Voir : art. L. 225-69-1, p. 367.

Art. L. 22-10-22 *(Créé, Ord. n° 2020-1142, 16 sept. 2020).* – Les dispositions de l'article L. 225-71 concernant les salariés actionnaires membres du conseil de surveillance sont applicables sans condition d'effectif aux sociétés dont les titres sont admis aux négociations sur un marché réglementé.

Voir : art. L. 225-71, p. 368.

Art. L. 22-10-23 *(Créé, Ord. n° 2020-1142, 16 sept. 2020).* – Dans les sociétés dont les actions sont admises aux négociations sur un marché réglementé, en cas de nomination aux fonctions de membre du directoire d'une personne liée par un contrat de travail à la société ou à toute société contrôlée ou qui la contrôle au sens des II et III de l'article L. 233-16, les dispositions dudit contrat correspondant, le cas échéant, à des éléments de rémunération, des indemnités ou des avantages dus ou susceptibles d'être dus à raison de la cessation ou du changement de ces fonctions, ou postérieurement à celles-ci, ou des engagements de retraite à prestations définies répondant aux caractéristiques des régimes mentionnés à l'article L. 137-11 et à l'article L. 137-11-2 du Code de la sécurité sociale pour la période d'exercice du mandat social, sont soumises au régime prévu au IV de l'article L. 22-10-26 du présent code.

Art. L. 22-10-24 *(Créé, Ord. n° 2020-1142, 16 sept. 2020).* – La dérogation à l'obligation de compter au sein du conseil de surveillance des membres représentant les salariés prévue au deuxième alinéa de l'article L. 225-79-2 n'est applicable aux sociétés dont les actions sont admises aux négociations sur un marché règlementé que si au moins quatre cinquièmes de leurs actions sont détenues, directement ou indirectement, par une personne physique ou morale agissant seule ou de concert.

Voir : bibliographie ss art. L. 225-79-2, p. 371.

Voir : art. L. 225-79-2, p. 371.

Art. L. 22-10-25 *(Créé, Ord. n° 2020-1142, 16 sept. 2020).* – Dans les sociétés dont les actions sont admises aux négociations sur un marché réglementé, le conseil de surveillance détermine, s'il l'entend, la rémunération de son président et de son vice-président élus en application de l'article L. 225-81, dans les conditions prévues à l'article L. 22-10-26.

Voir : art. L. 225-81, p. 372.

Art. L. 22-10-26 *(Créé, Ord. n° 2020-1142, 16 sept. 2020).* – I. – Dans les sociétés dont les actions sont admises aux négociations sur un marché réglementé, le conseil de surveillance établit une politique de rémunération des mandataires sociaux. Cette politique est conforme à l'intérêt social de la société, contribue à sa pérennité et s'inscrit dans sa stratégie commerciale. Elle décrit toutes les composantes de la rémunération fixe et variable et explique le processus de décision suivi pour sa détermination, sa révision et sa mise en œuvre.

Elle est présentée de manière claire et compréhensible au sein du rapport sur le gouvernement d'entreprise mentionné au dernier alinéa de l'article L. 225-68.

Le contenu et les modalités de la publicité de la politique de rémunération sont fixés par décret en Conseil d'État.

II. – La politique de rémunération fait l'objet d'un projet de résolution soumis à l'approbation de l'assemblée générale des actionnaires dans les conditions prévues aux articles L. 225-98 et L. 22-10-32 chaque année et lors de chaque modification importante dans la politique de rémunération.

Lorsque l'assemblée générale des actionnaires n'approuve pas le projet de résolution et qu'elle a précédemment approuvé une politique de rémunération dans les conditions prévues au présent article, celle-ci continue de s'appliquer et le conseil de surveillance soumet à l'approbation de la prochaine assemblée générale des actionnaires, dans les conditions prévues aux articles L. 225-98 et L. 22-10-32, un projet de résolution présentant une politique de rémunération révisée et indiquant de quelle manière ont été pris en compte le vote des actionnaires et, le cas échéant, les avis exprimés lors de l'assemblée générale.

En l'absence de politique de rémunération précédemment approuvée dans les conditions prévues au présent article, si l'assemblée générale des actionnaires n'approuve pas le projet de résolution, la rémunération est déterminée conformément à la rémunération attribuée au titre de l'exercice précédent ou, en l'absence de rémunération attribuée au titre de l'exercice précédent, conformément aux pratiques existant au sein de la société. Dans ce cas, le conseil de surveillance soumet à l'approbation de la prochaine assemblée générale des actionnaires, dans les conditions prévues aux articles L. 225-98 et L. 22-10-32, un projet de résolution présentant une politique de rémunération révisée et indiquant de quelle manière ont été pris en compte le vote des actionnaires et, le cas échéant, les avis exprimés lors de l'assemblée générale.

III. – Aucun élément de rémunération, de quelque nature que ce soit, ne peut être versé ou attribué par la société, ni aucun engagement correspondant à des éléments de rémunération, des indemnités ou des avantages dus ou susceptibles d'être dus à raison de la prise, de la cessation ou du changement de leurs fonctions ou postérieurement à l'exercice de celles-ci ne peut être pris par la société, s'il n'est pas conforme à la politique de rémunération approuvée ou, en son absence, aux rémunérations ou aux pratiques mentionnées au dernier alinéa du II.

Toutefois, le conseil de surveillance peut déroger à l'application de la politique de rémunération si cette dérogation est temporaire, subordonnée à la survenance de circonstances exceptionnelles, conforme à l'intérêt social et nécessaire pour garantir la pérennité ou la viabilité de la société.

Tout versement, attribution ou engagement effectué ou pris en méconnaissance des dispositions du présent III est nul dans cette mesure.

IV. – Les éléments ou les engagements mentionnés au premier alinéa du III sont déterminés, attribués, ou pris par délibération du conseil de surveillance.

Voir : bibliographie ss art L. 22-10-8, p. 498.

Voir : art. L. 22-10-34, p. 505, art. R. 22-10-18, p. 1750.

Art. L. 22-10-27 *(Créé, Ord. n° 2020-1142, 16 sept. 2020)*. – Dans les sociétés dont les actions sont admises aux négociations sur un marché réglementé, la répartition de la somme allouée aux membres du conseil de surveillance en rémunération de leur activité, en application du premier alinéa de l'article L. 225-83, est déterminée dans les conditions prévues à l'article L. 22-10-26.

Voir : art L. 225-83, p. 373.

Art. L. 22-10-28 *(Créé, Ord. n° 2020-1142, 16 sept. 2020)*. – Dans les sociétés dont les actions sont admises aux négociations sur un marché réglementé, les rémunérations exceptionnelles des membres du conseil de surveillance mentionnées à l'article L. 225-84 sont allouées dans les conditions prévues à l'article L. 22-10-26.

Voir : art. L. 225-84, p. 373.

Art. L. 22-10-29 *(Créé, Ord. n° 2020-1142, 16 sept. 2020)*. – Dans les sociétés dont les actions sont *admises aux négociations sur un marché réglementé*, le conseil de surveillance met en place une procédure permettant d'évaluer régulièrement si les conventions portant sur des opérations courantes et conclues à des conditions normales mentionnées à l'article L. 225-87 remplissent bien ces conditions. Les personnes directement ou indirectement intéressées à l'une de ces conventions ne participent pas à son évaluation.

Voir : art. L. 225-87, p. 374

Art. L. 22-10-30 *(Créé, Ord. n° 2020-1142, 16 sept. 2020).* – Les sociétés dont les actions sont admises aux négociations sur un marché réglementé publient sur leur site internet des informations sur les conventions mentionnées à l'article L. 225-86 au plus tard au moment de la conclusion de celles-ci.

Toute personne intéressée peut demander au président du tribunal statuant en référé d'enjoindre, le cas échéant sous astreinte, au directoire de publier ces informations.

La liste de ces informations est fixée par décret en Conseil d'État.

Voir : art. R. 22-10-1, p. 1746, art. R. 22-10-19, p. 1752.

Voir : bibliographie ss art. L. 22-10-13, p. 502.

Sous-section 3. – Des assemblées d'actionnaires

Art. L. 22-10-31 *(Créé, Ord. n° 2020-1142, 16 sept. 2020).* – Les statuts des sociétés dont les actions sont admises aux négociations sur un marché réglementé ne peuvent prévoir de quorums plus élevés pour les réunions de leur assemblée générale extraordinaire que ceux indiqués au deuxième alinéa de l'article L. 225-96.

Voir : bibliographie ss art. L. 225-96, p. 378.

Art. L. 22-10-32 *(Créé, Ord. n° 2020-1142, 16 sept. 2020).* – Les statuts des sociétés dont les actions sont admises aux négociations sur un marché réglementé ne peuvent prévoir sur première convocation un quorum plus élevé pour les réunions de leur assemblée générale ordinaire que celui prévu à la première phrase du deuxième alinéa de l'article L. 225-98.

Voir : bibliographie ss art. L. 225-98, p. 379.

Art. L. 22-10-33 *(Créé, Ord. n° 2020-1142, 16 sept. 2020).* – Les statuts des sociétés dont les actions sont admises aux négociations sur un marché réglementé ne peuvent prévoir des quorums plus élevés pour les réunions de leurs assemblées spéciales que ceux mentionnés au troisième alinéa de l'article L. 225-99.

Voir : art. L. 225-99, p. 382.

Art. L. 22-10-34 *(Créé, Ord. n° 2020-1142, 16 sept. 2020).* – I. – Dans les sociétés dont les actions sont admises aux négociations sur un marché réglementé, l'assemblée générale ordinaire statue sur un projet de résolution portant sur les informations mentionnées au I de l'article L. 22-10-9.

Lorsque l'assemblée générale ordinaire n'approuve pas le projet de résolution mentionné à l'alinéa précédent, le conseil d'administration ou le conseil de surveillance soumet une politique de rémunération révisée, tenant compte du vote des actionnaires, à l'approbation de la prochaine assemblée générale. Le versement de la somme allouée pour l'exercice en cours en application du premier alinéa de l'article L. 225-45 ou du premier alinéa de l'article L. 225-83 est suspendu jusqu'à l'approbation de la politique de rémunération révisée. Lorsqu'il est rétabli, il inclut l'arriéré depuis la dernière assemblée générale.

Lorsque l'assemblée générale n'approuve pas le projet de résolution présentant la politique de rémunération révisée en application du précédent alinéa, la somme suspendue ne peut être versée, et les mêmes effets que ceux associés à la désapprobation du projet de résolution mentionné au premier alinéa s'appliquent.

II. – Dans les sociétés dont les actions sont admises aux négociations sur un marché réglementé, l'assemblée générale statue sur les éléments fixes, variables et exceptionnels composant la rémunération totale et les avantages de toute nature versés au cours de l'exercice écoulé ou attribués au titre du même exercice par des résolutions distinctes pour le président du conseil d'administration ou du conseil de surveillance, le directeur général, les directeurs généraux délégués, ou pour le président du directoire et les autres membres du directoire ou le directeur général unique.

Les éléments de rémunération variables ou exceptionnels attribués au titre de l'exercice écoulé au président du conseil d'administration ou du conseil de surveillance, au directeur général, aux directeurs généraux délégués, au président du directoire, aux autres membres du directoire ou au directeur général unique, ne peuvent être versés qu'après approbation par une assemblée générale des éléments de rémunération de la personne concernée dans les conditions prévues à l'alinéa précédent.

Voir : bibliographie ss art. L. 22-10-8, p. 498.

Voir : art. L. 22-10-8, art. L. 22-10-9, p. 498, art. L. 22-10-26, p. 503

Art. L. 22-10-35 *(Créé, Ord. n° 2020-1142, 16 sept. 2020)*. – Dans les sociétés dont les titres sont admis aux négociations sur un marché réglementé, le rapport de gestion présenté par le conseil d'administration ou le directoire à l'assemblée générale ordinaire mentionné au deuxième alinéa de l'article L. 225-100 comprend, outre les informations mentionnées à l'article L. 225-100-1, les informations suivantes :

1° Des indications sur les risques financiers liés aux effets du changement climatique et la présentation des mesures que prend l'entreprise pour les réduire en mettant en œuvre une stratégie bas-carbone dans toutes les composantes de son activité ;

2° Les principales caractéristiques des procédures de contrôle interne et de gestion des risques mises en place par la société relatives à l'élaboration et au traitement de l'information comptable et financière.

En ce qui concerne les informations prévues au 2° du présent article, le rapport consolidé de gestion mentionne les principales caractéristiques des systèmes de contrôle interne et de gestion des risques pour l'ensemble des entreprises comprises dans la consolidation.

Voir : art. L. 225-100, art. L. 225-101, p. 382.

Art. L. 22-10-36 *(Créé, Ord. n° 2020-1142, 16 sept. 2020)*. – Les dispositions de l'article L. 225-102-1, relatives à la déclaration de performance extra-financière et à la déclaration consolidée de performance extra-financière, sont applicables aux sociétés dont les titres sont admis aux négociations sur un marché réglementé lorsque le total du bilan ou le chiffre d'affaires et le nombre de salariés excèdent des seuils fixés par décret en Conseil d'État.

Pour ces sociétés, en complément des informations mentionnées au III de l'article L. 225-102-1, la déclaration de performance extra-financière et la déclaration consolidée de performance extra-financière présentent les effets de leur activité quant au respect des droits de l'homme et à la lutte contre la corruption et l'évasion fiscale.

Lorsque le rapport prévu au deuxième alinéa de l'article L. 225-100 ne comporte pas la déclaration prévue au I ou au II de l'article L. 225-102-1, toute personne intéressée peut demander au président du tribunal statuant en référé d'enjoindre, le cas échéant sous astreinte, au conseil d'administration ou au directoire, selon le cas, de communiquer les informations mentionnées au III de l'article L. 225-102-1 et au deuxième alinéa du présent article. Lorsqu'il est fait droit à la demande, l'astreinte et les frais de procédure sont à la charge, individuellement ou solidairement selon le cas, des administrateurs ou des membres du directoire.

Voir : art. R. 22-10-29, p. 1754.

Voir : bibliographie ss art. L. 225-102-1, p. 384.

Art. L. 22-10-37 *(Créé, Ord. n° 2020-1142, 16 sept. 2020)*. – Par dérogation aux deuxième et troisième phrases du IV de l'article L. 225-102-3, les émetteurs mentionnés aux I et II de l'article L. 451-1-2 du Code monétaire et financier et soumis aux obligations définies au I de l'article L. 225-102-3 dont des titres de capital ou des titres de créance sont admis aux négociations sur un marché réglementé publient leur rapport sur les paiements effectués au profit des autorités de chacun des États ou territoires dans lesquels elles exercent les activités mentionnées au I de l'article L. 225-102-3 et le déposent au greffe du tribunal de commerce, ainsi qu'auprès de l'Autorité des marchés financiers, dans les six mois qui suivent la clôture de leur exercice.

Ce rapport est tenu à la disposition du public pendant dix ans.

Voir : art. L. 225-102-3, p. 386.

Art. L. 22-10-38 *(Créé, Ord. n° 2020-1142, 16 sept. 2020)*. – L'aménagement statutaire relatif à la tenue exclusivement par visioconférence ou par des moyens de télécommunication prévu à l'article L. 225-103-1 ne s'applique pas aux sociétés dont les actions sont admises aux négociations sur un marché réglementé.

Voir : art. L. *225-103-1, p. 389.*

Art. L. 22-10-39 *(Créé, Ord. n° 2020-1142, 16 sept. 2020)*. – Outre les personnes mentionnées au I de l'article L. 225-106, un actionnaire peut se faire représenter par toute autre personne physique ou morale de son choix lorsque les actions de la société sont admises aux négociations sur un marché réglementé ou sur un système multilatéral de négociation soumis aux dispositions du II de l'article L. 433-3 du Code monétaire et financier dans les conditions prévues par le règlement général de l'Autorité des marchés financiers, figurant sur une liste arrêtée par l'autorité dans des conditions fixées par son règlement général, à condition dans cette seconde hypothèse, que les statuts le prévoient.

Les clauses contraires aux dispositions du précédent alinéa sont réputées non écrites.

Voir : bibliographie ss art. L. 225-106, p. 390.

Art. L. 22-10-40 *(Créé, Ord. n° 2020-1142, 16 sept. 2020).* – Lorsque, dans les cas prévus au premier alinéa de l'article L. 22-10-39, l'actionnaire se fait représenter par une personne autre que son conjoint ou le partenaire avec lequel il a conclu un pacte civil de solidarité, il est informé par son mandataire de tout fait lui permettant de mesurer le risque que ce dernier poursuive un intérêt autre que le sien.

Cette information porte notamment sur le fait que le mandataire ou, le cas échéant, la personne pour le compte de laquelle il agit :

1° Contrôle, au sens de l'article L. 233-3, la société dont l'assemblée est appelée à se réunir ;

2° Est membre de l'organe de gestion, d'administration ou de surveillance de cette société ou d'une personne qui la contrôle au sens de l'article L. 233-3 ;

3° Est employé par cette société ou par une personne qui la contrôle au sens de l'article L. 233-3 ;

4° Est contrôlé ou exerce l'une des fonctions mentionnées au 2° ou au 3° dans une personne ou une entité contrôlée par une personne qui contrôle la société, au sens de l'article L. 233-3.

Cette information est également délivrée lorsqu'il existe un lien familial entre le mandataire ou, le cas échéant, la personne pour le compte de laquelle il agit, et une personne physique placée dans l'une des situations énumérées aux 1° à 4°.

Lorsqu'en cours de mandat, survient l'un des faits mentionnés aux alinéas précédents, le mandataire en informe sans délai son mandant. À défaut par ce dernier de confirmation expresse du mandat, celui-ci est caduc.

La caducité du mandat est notifiée sans délai par le mandataire à la société.

Les conditions d'application du présent article sont précisées par décret en Conseil d'État.

Voir : art. R. 22-10-25 et s., p. 1753.

Art. L. 22-10-41 *(Créé, Ord. n° 2020-1142, 16 sept. 2020).* – Toute personne qui procède à une sollicitation active de mandats, en proposant directement ou indirectement à un ou plusieurs actionnaires, sous quelque forme et par quelque moyen que ce soit, de recevoir procuration pour les représenter à l'assemblée d'une société mentionnée au premier alinéa de l'article L. 22-10-39, rend publique sa politique de vote.

Elle peut également rendre publiques ses intentions de vote sur les projets de résolution présentés à l'assemblée. Elle exerce alors, pour toute procuration reçue sans instructions de vote, un vote conforme aux intentions de vote ainsi rendues publiques.

Les conditions d'application du présent article sont précisées par décret en Conseil d'État.

Bibliographie : *Sur la sollicitation de mandats.* C. Clerc, *L'appel public à mandat : RTDF* 2008, n° 2, p. 44. • C. Coupet, *L'attribution du droit de vote dans les sociétés, préf. H. Synvet*, LGDJ, 2013, n° 275 et s. • B. Lecourt, *Directive n° 2007/36/CE du 11 juillet 2007 concernant l'exercice de certains droits des actionnaires de sociétés cotées : suite et fin de la transposition par la France : Rev. sociétés* 2011, p. 130. • C. Maison-Blanche et A. de Rochebrune, *Des nouvelles dispositions relatives aux assemblées générales des actionnaires : Bull. Joly Sociétés* 2011, n° 121, p. 192. • A. Omaggio, *Transposition de la Directive relative aux droits des actionnaires de sociétés cotées : JCP E* 2011, étude 1049. • T. de Ravel D'Escaplon, *Batailles de procurations : une nécessaire réglementation ? : LPA* 2009, n° 198, p. 5. • S. Torck, *Sollicitation active de mandats, action de concert et offre publique obligatoire : Bull. Joly Bourse* 2011, p. 334.

Voir : art. R. 22-10-27, p. 1753.

Voir : bibliographie ss art. L. 225-106, p. 390.

Art. L. 22-10-42 *(Créé, Ord. n° 2020-1142, 16 sept. 2020).* – Le tribunal de commerce dans le ressort duquel la société a son siège social peut, à la demande du mandant et pour une durée qui ne saurait excéder trois ans, priver le mandataire du droit de participer en cette qualité à toute assemblée de la société concernée en cas de non-respect de l'obligation d'information prévue aux troisième à septième alinéas de l'article L. 22-10-40 ou des dispositions de l'article L. 22-10-41. Le tribunal peut décider la publication de cette décision aux frais du mandataire.

Le tribunal peut prononcer les mêmes sanctions à l'égard du mandataire sur demande de la société en cas de non-respect des dispositions de l'article L. 22-10-41.

Art. L. 22-10-43 *(Créé, Ord. n° 2020-1142, 16 sept. 2020)*. – Les propriétaires de titres mentionnés au septième alinéa de l'article L. 228-1 peuvent se faire représenter dans les conditions prévues audit article par un intermédiaire inscrit.

Art. L. 22-10-44 *(Créé, Ord. n° 2020-1142, 16 sept. 2020)*. – I. – Dans les sociétés dont les actions sont admises aux négociations sur un marché réglementé, les actionnaires justifiant d'une inscription nominative depuis au moins deux ans et détenant ensemble au moins 5 % des droits de vote peuvent se regrouper en associations destinées à représenter leurs intérêts au sein de la société. Pour exercer les droits qui leur sont reconnus aux articles L. 22-10-68, L. 22-10-69, L. 22-10-73, L. 225-103, L. 225-105, L. 225-231, L. 225-232, L. 225-252, L. 823-6 et L. 823-7, ces associations doivent avoir communiqué leur statut à la société et à l'Autorité des marchés financiers.

II. – Toutefois, lorsque le capital de la société est supérieur à 750 000 euros, la part des droits de vote à représenter en application de l'alinéa précédent, est, selon l'importance des droits de vote afférent au capital, réduite ainsi qu'il suit :

1° 4 % entre 750 000 € et jusqu'à 4 500 000 € ;

2° 3 % entre 4 500 000 € et 7 500 000 € ;

3° 2 % entre 7 500 000 € et 15 000 000 € ;

4° 1 % au-delà de 15 000 000 €.

Art. L. 22-10-45 *(Créé, Ord. n° 2020-1142, 16 sept. 2020)*. – Les délibérations prises par les assemblées en violation des dispositions des articles L. 22-10-31, L. 22-10-32 et L. 22-10-33 sont nulles.

Art. L. 22-10-46 *(Créé, Ord. n° 2020-1142, 16 sept. 2020)*. – Dans les sociétés dont les actions sont admises aux négociations sur un marché réglementé, les droits de vote double prévus au premier alinéa de l'article L. 225-123 sont de droit, sauf clause contraire des statuts adoptée postérieurement à la promulgation de la loi n° 2014-384 du 29 mars 2014 visant à reconquérir l'économie réelle, pour toutes les actions entièrement libérées pour lesquelles il est justifié d'une inscription nominative depuis deux ans au nom du même actionnaire. Il en est de même pour le droit de vote double conféré dès leur émission aux actions nominatives attribuées gratuitement en application du deuxième alinéa de l'article L. 225-123.

Voir : bibliographie ss art. L. 225-123, p. 398.

Art. L. 22-10-47 *(Créé, Ord. n° 2020-1142, 16 sept. 2020)*. – Les effets de la limitation du nombre de voix dont chaque actionnaire dispose dans les assemblées, mentionnée à l'article L. 225-125, prévue dans les statuts d'une société qui fait l'objet d'une offre publique et dont des actions sont admises à la négociation sur un marché réglementé, sont suspendus lors de la première assemblée générale qui suit la clôture de l'offre lorsque l'auteur de l'offre, agissant seul ou de concert, vient à détenir une fraction du capital ou des droits de vote de la société visée par l'offre supérieure à une quotité fixée par le règlement général de l'Autorité des marchés financiers, au moins égale à celle requise pour modifier les statuts, et dans la limite des trois quarts.

Voir : bibliographie ss art. L. 225-125, p. 398.

Art. L. 22-10-48 *(Créé, Ord. n° 2020-1142, 16 sept. 2020)*. – Lorsque les actions d'une société dont le siège social est établi en France sont admises aux négociations sur un marché réglementé d'un État membre de l'Union européenne ou d'un autre État partie à l'accord sur l'Espace économique européen, toute personne, à l'exception des personnes mentionnées au 3° du IV de l'article L. 233-7, qui détient, seule ou de concert, au titre d'une ou plusieurs opérations de cession temporaire portant sur ces actions ou de toute opération lui donnant le droit ou lui faisant obligation de revendre ou de restituer ces actions au cédant, un nombre d'actions représentant plus du deux-centième des droits de vote, informe la société et l'Autorité des marchés financiers, au plus tard à la date d'inscription en compte des actionnaires précédant l'assemblée générale, fixée par décret en Conseil d'État, et lorsque le contrat organisant cette opération demeure en vigueur à cette date, du nombre total d'actions qu'elle possède à titre temporaire. Cette déclaration doit comporter, outre le nombre d'actions acquises au titre de l'une des opérations susmentionnées, l'identité du cédant, la date et l'échéance du contrat relatif à l'opération et, s'il y a lieu, la convention de vote.

La société publie ces informations dans les conditions et selon les modalités prévues par le règlement général de l'Autorité des marchés financiers.

À défaut d'information de la société et de l'Autorité des marchés financiers dans les conditions prévues au I, les actions acquises au titre de l'une des opérations mentionnées au même I sont privées de droit de vote pour l'assemblée d'actionnaires concernée et pour toute assemblée d'actionnaires qui se tiendrait jusqu'à la revente ou la restitution desdites actions. Les délibérations prises par l'assemblée d'actionnaires en violation du présent II peuvent être annulées.

Le tribunal de commerce dans le ressort duquel la société a son siège social peut, le ministère public entendu, sur demande du représentant de la société, d'un actionnaire ou de l'Autorité des marchés financiers, prononcer la suspension totale ou partielle, pour une durée ne pouvant excéder cinq ans, de ses droits de vote à l'encontre de tout actionnaire qui n'aurait pas procédé à l'information prévue au I.

Sous-section 4. – Des modifications du capital social et de l'actionnariat des salariés

§ 1er. – De l'augmentation de capital

Art. L. 22-10-49 *(Créé, Ord. n° 2020-1142, 16 sept. 2020).* – Dans les sociétés anonymes dont les titres de capital sont admis aux négociations sur un marché réglementé ou sur un système multilatéral de négociation soumis aux dispositions du II de l'article L. 433-3 du Code monétaire et financier :

a) Le conseil d'administration peut, dans les limites qu'il aura préalablement fixées, déléguer au directeur général ou, en accord avec ce dernier, à un ou plusieurs directeurs généraux délégués le pouvoir de décider la réalisation de l'émission, ainsi que celui d'y surseoir ;

b) Le directoire peut déléguer à son président ou, en accord avec celui-ci, à l'un de ses membres le pouvoir de décider la réalisation de l'émission, ainsi que celui d'y surseoir.

Les personnes désignées rendent compte au conseil d'administration ou au directoire de l'utilisation faite de ce pouvoir dans les conditions prévues par ces derniers.

Voir : art. L. 225-129-1, p. 400.

Art. L. 22-10-50 *(Créé, Ord. n° 2020-1142, 16 sept. 2020).* – Lorsque, dans le cadre d'une augmentation de capital, les titres mentionnés au premier alinéa de l'article L. 225-130 sont admis aux négociations sur un marché réglementé ou aux opérations d'un dépositaire central, la vente de ces titres correspondant aux droits formant rompus est réalisée, sauf si l'asemblée générale en décide autrement, suivant des modalités fixées par décret en Conseil d'État.

Art. L. 22-10-51 *(Créé, Ord. n° 2020-1142, 16 sept. 2020).* – Dans les sociétés dont les titres de capital sont admis aux négociations sur un marché réglementé, l'assemblée peut prévoir que l'augmentation de capital qu'elle décide ou autorise en application de l'article L. 225-135 comporte un délai de priorité de souscription en faveur des actionnaires, dont la durée minimale est fixée par décret en Conseil d'État. Elle peut également déléguer au conseil d'administration ou au directoire la faculté d'apprécier s'il y a lieu de prévoir un tel délai et, éventuellement, de fixer ce délai dans les mêmes conditions.

Dans le cas de l'émission immédiate ou différée de titres de capital sans droit préférentiel de souscription par une offre au public, assimilables aux titres de capital de la société admis aux négociations sur un marché réglementé, par exception au troisième alinéa de l'article L. 225-135, l'assemblée des sociétés mentionnées au premier alinéa qui décide de cette augmentation de capital ne statue pas sur rapport des commissaires aux comptes.

Voir : art. L. 225-135, p. 403.

Art. L. 22-10-52 *(Créé, Ord. n° 2020-1142, 16 sept. 2020).* – Par dérogation au deuxième alinéa de l'article L. 225-136, pour les sociétés dont les titres de capital sont admis aux négociations sur un marché réglementé et dans la mesure où les titres de capital à émettre de manière immédiate ou différée leur sont assimilables, le prix d'émission de titres de capital sans droit préférentiel de souscription par une offre au public ou par une offre mentionnée au II de l'article L. 411-2 du Code monétaire et financier doit être fixé selon des modalités prévues par décret en Conseil d'État pris après consultation de l'Autorité des marchés financiers.

Toutefois, dans la limite de 10 % du capital social par an, l'assemblée générale extraordinaire peut autoriser le conseil d'administration ou le directoire à fixer le prix d'émission selon des modalités qu'elle détermine au vu d'un rapport du conseil d'administration ou du directoire et d'un rapport spécial du commissaire aux comptes. Lorsqu'il est fait usage de cette autorisation, le conseil d'administration ou le directoire établit un rapport complémentaire, certifié par le commissaire aux comptes, décrivant les conditions définitives de l'opération et donnant des éléments d'appréciation de l'incidence effective sur la situation de l'actionnaire.

Un décret en Conseil d'État détermine les mentions qui doivent figurer dans les rapports prévus aux alinéas précédents.

Voir : art. L. 22-10-52, p. 509.

Art. L. 22-10-53 *(Créé, Ord. n° 2020-1142, 16 sept. 2020)*. – L'assemblée générale extraordinaire d'une société dont les titres sont admis aux négociations sur un marché réglementé peut déléguer, pour une durée maximale de vingt-six mois, au conseil d'administration ou au directoire les pouvoirs nécessaires à l'effet de procéder à une augmentation de capital, dans la limite de 10 % de son capital social, en vue de rémunérer des apports en nature consentis à la société et constitués de titres de capital ou de valeurs mobilières donnant accès au capital, lorsque les dispositions de l'article L. 22-10-54 ne sont pas applicables. Le conseil d'administration ou le directoire statue conformément au troisième ou quatrième alinéas de l'article L. 225-147, sur le rapport du ou des commissaires aux apports mentionnés aux premier et deuxième alinéas du même article.

Voir : art. L. 225-147, p. 406.

Art. L. 22-10-54 *(Créé, Ord. n° 2020-1142, 16 sept. 2020)*. – Les dispositions des articles L. 225-147 et L. 22-10-53 ne sont pas applicables dans le cas où une société dont les actions sont admises aux négociations sur un marché réglementé procède à une augmentation de capital à l'effet de rémunérer des titres apportés à une offre publique d'échange sur des titres d'une société dont les actions sont admises aux négociations sur un marché réglementé d'un État partie à l'accord sur l'Espace économique européen ou membre de l'Organisation de coopération et de développement économiques.

L'augmentation de capital intervient dans les conditions prévues aux articles L. 225-129 à L. 225-129-6 et à l'article L. 22-10-49. Toutefois, les commissaires aux comptes doivent exprimer leur avis sur les conditions et les conséquences de l'émission, dans le prospectus diffusé à l'occasion de sa réalisation et dans leur rapport à la première assemblée générale ordinaire qui suit l'émission.

Voir : art. L. 225-147, p. 406.

Art. L. 22-10-55 *(Créé, Ord. n° 2020-1142, 16 sept. 2020)*. – Les rapports et formalités mentionnés aux articles L. 22-10-52, L. 22-10-53 et au second alinéa de l'article L. 22-10-54 peuvent donner lieu à une injonction de faire suivant les modalités définies aux articles L. 238-1 et L. 238-6.

Sont nulles les décisions prises en violation de l'article L. 22-10-53.

Le premier alinéa de l'article L. 22-10-54 n'est pas soumis au présent article.

§ 2. – De la souscription et de l'achat d'actions par les salariés

Art. L. 22-10-56 *(Créé, Ord. n° 2020-1142, 16 sept. 2020)*. – Dans une société dont les actions sont admises aux négociations sur un marché réglementé, les options mentionnées à l'article L. 225-177 ne peuvent être consenties :

1° Dans le délai de dix séances de bourse précédant la date à laquelle les comptes consolidés annuels et intermédiaires ou, à défaut, les comptes annuels et semestriels sont rendus publics, ainsi que le jour de la publication ;

2° Dans le délai compris entre la date à laquelle les organes sociaux de la société ont connaissance d'une information privilégiée au sens de l'article 7 du règlement (UE) n° 596/2014 du Parlement européen et du Conseil du 16 avril 2014 sur les abus de marché (règlement relatif aux abus de marché) et abrogeant la directive

2003/6/CE du Parlement européen et du Conseil et les directives 2003/124/CE, 2003/125/CE et 2004/72/CE de la Commission, et la date à laquelle cette information est rendue publique.

Art. L. 22-10-57 *(Créé, Ord. n° 2020-1142, 16 sept. 2020)*. – Dans les sociétés dont les actions sont admises aux négociations sur un marché règlementé, l'attribution d'options donnant droit à la souscription ou à l'achat d'actions à un mandataire social en application de l'article L. 225-185 s'effectue dans les conditions prévues aux articles L. 22-10-8, L. 22-10-26 ou L. 22-10-76.

Art. L. 22-10-58 *(Créé, Ord. n° 2020-1142, 16 sept. 2020)*. – Dans une société dont les titres sont admis aux négociations sur un marché réglementé, des options ouvrant droit à la souscription ou à l'achat d'actions ne peuvent être attribuées aux personnes mentionnées au quatrième alinéa de l'article L. 225-185 que si la société remplit au moins une des conditions suivantes au titre de l'exercice au cours duquel sont attribuées ces options :

1° La société procède, dans les conditions prévues aux articles L. 225-177 à L. 225-186 et aux articles L. 22-10-56 et L. 22-10-57, à une attribution d'options au bénéfice de l'ensemble de ses salariés et d'au moins 90 % de l'ensemble des salariés de ses filiales au sens de l'article L. 233-1 et relevant de l'article L. 210-3 ;

2° La société procède, dans les conditions prévues aux articles L. 225-197-1 à L. 225-197-5 et L. 22-10-59, à une attribution gratuite d'actions au bénéfice de l'ensemble de ses salariés et d'au moins 90 % de l'ensemble des salariés de ses filiales au sens de l'article L. 233-1 et relevant de l'article L. 210-3 ;

3° Un accord d'intéressement au sens de l'article L. 3312-2 du Code du travail, un accord de participation dérogatoire au sens de l'article L. 3324-2 du même code ou un accord de participation volontaire au sens de l'article L. 3323-6 du même code est en vigueur au sein de la société et au bénéfice d'au moins 90 % de l'ensemble des salariés de ses filiales au sens de l'article L. 233-1 et relevant de l'article L. 210-3 du présent code. Si, dans la société ou dans ses filiales précitées, des accords sont en vigueur ou étaient en vigueur au titre de l'exercice précédent, la première attribution autorisée par une assemblée générale postérieure à la date de publication de la loi n° 2008-1258 du 3 décembre 2008 en faveur des revenus du travail ne peut intervenir que si les sociétés concernées modifient les modalités de calcul de chacun de ces accords au moyen d'un accord ou d'un avenant ou versent un supplément d'intéressement collectif au sens de l'article L. 3314-10 du Code du travail ou un supplément de réserve spéciale de participation au sens de l'article L. 3324-9 du même code.

§ 3. – Des attributions d'actions gratuites

Art. L. 22-10-59 *(Créé, Ord. n° 2020-1142, 16 sept. 2020)*. – I. – L'aménagement statutaire concernant le cas d'attributions gratuites d'actions à certaines catégories des membres du personnel salarié d'une société prévu à la troisième phrase du deuxième alinéa de l'article L. 225-197-1 n'est pas applicable aux sociétés dont les actions sont admises aux négociations sur un marché réglementé.

II. – Dans une société dont les actions sont admises aux négociations sur un marché réglementé, à l'issue de la période d'obligation de conservation, les actions attribuées en application de l'article L. 225-197-1 ne peuvent pas être cédées :

1° Dans le délai de trente jours calendaires avant l'annonce d'un rapport financier intermédiaire ou d'un rapport de fin d'année que l'émetteur est tenu de rendre public ;

2° *Par les membres* du conseil d'administration ou de surveillance, par les membres du directoire ou exerçant les fonctions de directeur général ou de directeur général délégué et par les salariés ayant connaissance d'une information privilégiée, au sens de l'article 7 du règlement (UE) n° 596/2014 du Parlement européen et du Conseil du 16 avril 2014 sur les abus de marché (règlement relatif aux abus de marché) et abrogeant la directive 2003/6/CE du Parlement européen et du Conseil et les directives 2003/124/CE, 2003/125/CE et 2004/72/CE de la Commission, qui n'a pas été rendue publique.

III. – Dans les sociétés dont les actions sont admises aux négociations sur un marché réglementé, l'attribution d'actions aux mandataires sociaux en application des dispositions de l'article L. 225-197-1 s'effectue dans les conditions prévues, selon le cas, à l'article L. 22-10-8, à l'article L. 22-10-30 ou à l'article L. 22-10-76.

Art. L. 22-10-60 *(Créé, Ord. n° 2020-1142, 16 sept. 2020)*. – Dans une société dont les titres sont admis aux négociations sur un marché réglementé, des actions ne peuvent être attribuées dans le cadre des premier et deuxième alinéas du II de l'article L. 225-197-1 que si la société remplit au moins une des conditions suivantes au titre de l'exercice au cours duquel sont attribuées ces actions :

1° La société procède, dans les conditions prévues aux articles L. 225-197-1 à L. 225-197-5 et L. 22-10-59, à une attribution gratuite d'actions au bénéfice de l'ensemble de ses salariés et d'au moins 90 % de l'ensemble des salariés de ses filiales au sens de l'article L. 233-1 et relevant de l'article L. 210-3 ;

2° La société procède, dans les conditions prévues aux articles L. 225-177 à L. 225-186 et L. 22-10-57, à une attribution d'options au bénéfice de l'ensemble de ses salariés et d'au moins 90 % de l'ensemble des salariés de ses filiales au sens de l'article L. 233-1 et relevant de l'article L. 210-3 ;

3° Un accord d'intéressement au sens de l'article L. 3312-2 du Code du travail, un accord de participation dérogatoire au sens de l'article L. 3324-2 du même code ou un accord de participation volontaire au sens de l'article L. 3323-6 du même code est en vigueur au sein de la société et au bénéfice d'au moins 90 % de l'ensemble des salariés de ses filiales au sens de l'article L. 233-1 et relevant de l'article L. 210-3 du présent code. Si, dans la société ou dans ses filiales précitées, des accords sont en vigueur ou étaient en vigueur au titre de l'exercice précédent, la première attribution autorisée par une assemblée générale postérieure à la date de publication de la loi n° 2008-1258 du 3 décembre 2008 en faveur des revenus du travail ne peut intervenir que si les sociétés concernées modifient les modalités de calcul de chacun de ces accords au moyen d'un accord ou d'un avenant ou versent un supplément d'intéressement collectif au sens de l'article L. 3314-10 du Code du travail ou un supplément de réserve spéciale de participation au sens de l'article L. 3324-9 du même code ;

4° L'ensemble des salariés éligibles de la société et au moins 90 % de l'ensemble des salariés éligibles de ses filiales au sens de l'article L. 233-1 et relevant de l'article L. 210-3 bénéficient d'un versement effectué dans les conditions prévues au 1° de l'article L. 3332-11 du Code du travail.

§ 4. – De la souscription, de l'achat ou de la prise en gage par les sociétés de leurs propres actions

Art. L. 22-10-61 *(Créé, Ord. n° 2020-1142, 16 sept. 2020).* – L'article L. 225-208 n'est pas applicable aux sociétés dont les actions sont admises aux négociations sur un marché réglementé ou sur un système multilatéral de négociation soumis aux dispositions du II de l'article L. 433-3 du Code monétaire et financier.

Art. L. 22-10-62 *(Créé, Ord. n° 2020-1142, 16 sept. 2020).* – L'assemblée générale d'une société dont les actions sont admises aux négociations sur un marché réglementé ou sur un système multilatéral de négociation soumis aux dispositions du II de l'article L. 433-3 du Code monétaire et financier dans les conditions prévues par le règlement général de l'Autorité des marchés financiers, figurant sur une liste arrêtée par cette autorité dans les conditions fixées par son règlement général, peut autoriser le conseil d'administration ou le directoire, selon le cas, à acheter un nombre d'actions représentant jusqu'à 10 % du capital de la société. L'assemblée générale définit les finalités et les modalités de l'opération, ainsi que son plafond. Cette autorisation ne peut être donnée pour une durée supérieure à dix-huit mois. Le comité d'entreprise est informé de la résolution adoptée par l'assemblée générale.

Lorsque les actions sont rachetées pour favoriser la liquidité dans les conditions définies par le règlement général de l'Autorité des marchés financiers, le nombre d'actions pris en compte pour le calcul de la limite de 10 % prévue au premier alinéa correspond au nombre d'actions achetées, déduction faite du nombre d'actions revendues pendant la durée de l'autorisation.

Le conseil d'administration peut déléguer au directeur général ou, en accord avec ce dernier, à un ou plusieurs directeurs généraux délégués, les pouvoirs nécessaires pour réaliser l'opération mentionnée au premier alinéa. Le directoire peut déléguer à son président ou avec son accord à un ou plusieurs de ses membres les pouvoirs nécessaires pour la réaliser. Les personnes désignées rendent compte au conseil d'administration ou au directoire de l'utilisation faite de ce pouvoir dans les conditions prévues par ces derniers.

L'acquisition, la cession ou le transfert de ces actions peut être effectué par tous moyens. Ces actions peuvent être annulées dans la limite de 10 % du capital de la société par périodes de vingt-quatre mois.

Les sociétés qui font participer les salariés aux fruits de l'expansion de l'entreprise par l'attribution de leurs propres actions, celles qui attribuent leurs actions dans les conditions prévues aux articles L. 225-197-1 à L. 225-197-3 et L. 22-10-59 du présent code ainsi que celles qui entendent consentir des options d'achat d'actions à des salariés peuvent utiliser à cette fin tout ou partie des actions acquises dans les conditions prévues

ci-dessus. Elles peuvent également leur proposer d'acquérir leurs propres actions dans les conditions prévues par les articles L. 3332-1 et suivants du Code du travail.

Le nombre d'actions acquises par la société en vue de leur conservation et de leur remise ultérieure en paiement ou en échange dans le cadre d'une opération de fusion, de scission ou d'apport ne peut excéder 5 % de son capital. Ces dispositions sont applicables aux programmes de rachat soumis à l'approbation des assemblées générales se tenant à compter du 1er janvier 2006.

En cas d'annulation des actions achetées, la réduction de capital est autorisée ou décidée par l'assemblée générale extraordinaire qui peut déléguer au conseil d'administration ou au directoire, selon le cas, tous pouvoirs pour la réaliser. Un rapport spécial établi par les commissaires aux comptes sur l'opération envisagée est communiqué aux actionnaires de la société dans un délai fixé par décret en Conseil d'État.

Voir aussi : Règlement général de l'AMF, article 241-1 et suivants relatifs à l'information à diffuser à l'occasion de programmes de rachats de titres de capital admis aux négociations sur un marché réglementé.

Voir : art. R. 22-10-39, p. 1755.

Art. L. 22-10-63 *(Créé, Ord. n° 2020-1142, 16 sept. 2020).* – **L'article L. 225-209-2 n'est pas applicable aux sociétés dont les actions sont admises aux négociations sur un marché réglementé soumis aux dispositions du II de l'article L. 433-3 du Code monétaire et financier.**

Art. L. 22-10-64 *(Créé, Ord. n° 2020-1142, 16 sept. 2020).* – **Les sociétés doivent déclarer à l'Autorité des marchés financiers les opérations qu'elles envisagent d'effectuer en application des dispositions de l'article L. 22-10-62. Cette déclaration est réputée avoir été réalisée lorsque ces sociétés l'ont effectuée en application de l'article 5 ou des dispositions d'une pratique de marché admise par l'Autorité des marchés financiers en application de l'article 13 du règlement (UE) n° 596/2014 du Parlement européen et du Conseil du 16 avril 2014 sur les abus de marché (règlement relatif aux abus de marché) et abrogeant la directive 2003/6/CE du parlement européen et du Conseil et les directives 2003/124/CE, 2003/125/CE et 2004/72/CE de la Commission. Elles rendent compte chaque mois à l'Autorité des marchés financiers des acquisitions, cessions, annulations et transferts qu'elles ont effectués.**

L'Autorité des marchés financiers peut leur demander à ce sujet toutes les explications ou les justifications qu'elle juge nécessaires.

S'il n'est pas satisfait à ces demandes ou lorsqu'elle constate que ces transactions enfreignent les dispositions de l'article L. 22-10-62, l'Autorité des marchés financiers peut prendre toutes mesures pour empêcher l'exécution des ordres que ces sociétés transmettent directement ou indirectement.

Voir : art. L. 242-24, p. 594.

Art. L. 22-10-65 *(Créé, Ord. n° 2020-1142, 16 sept. 2020).* – **Les actions possédées en violation des articles L. 22-10-61 et L. 22-10-62 doivent être cédées dans un délai d'un an à compter de leur souscription ou de leur acquisition. À l'expiration de ce délai, elles doivent être annulées.**

Voir : art. L. 242-24, p. 594.

Sous-section 5. – Du contrôle

Art. L. 22-10-66 *(Créé, Ord. n° 2020-1142, 16 sept. 2020).* – **Pour application de l'article L. 225-228, lorsque les actions de la société sont admises aux négociations sur un marché réglementé, le conseil d'administration choisit, sans que prennent part au vote le directeur général et le directeur général délégué, s'ils sont administrateurs, les commissaires aux comptes qu'il envisage de proposer.**

Art. L. 22-10-67 *(Créé, Ord. n° 2020-1142, 16 sept. 2020).* – **L'action en justice mentionnée à l'article L. 823-6 peut être exercée par une association répondant aux conditions fixées par l'article L. 22-10-44.**

Voir : art. R. 823-5, p. 2315.

Art. L. 22-10-68 *(Créé, Ord. n° 2020-1142, 16 sept. 2020).* – **Le droit de poser des questions par écrit et de demander en référé la désignation d'un ou plusieurs experts chargés de présenter un rapport dans les conditions prévues aux deux premiers alinéas de l'article L. 225-231 peut être exercé par une association répondant aux conditions fixées à l'article L. 22-10-44. Dans les sociétés dont les actions sont admises aux**

négociations sur un marché réglementé, l'Autorité des marchés financiers peut également exercer l'action en référé prévue au troisième alinéa de l'article L. 225-231. Le rapport lui est alors également adressé.

Voir : art. L. 225-231, p. 422.

Art. L. 22-10-69 *(Créé, Ord. n° 2020-1142, 16 sept. 2020).* – Le droit de poser par écrit des questions au président du conseil d'administration ou au directoire dans les conditions prévues à l'article L. 225-232 peut être exercé par une association répondant aux conditions fixées à l'article L. 22-10-44.

Voir : art. L. 225-232, p. 424.

Art. L. 22-10-70 *(Créé, Ord. n° 2020-1142, 16 sept. 2020).* – L'action en justice mentionnée à l'article L. 823-7 peut être exercée par une association répondant aux conditions fixées par l'article L. 22-10-44.

Art. L. 22-10-71 *(Créé, Ord. n° 2020-1142, 16 sept. 2020).* – Les commissaires aux comptes, s'il en existe, présentent, dans un rapport joint au rapport mentionné au deuxième alinéa de l'article L. 225-100, leurs observations sur le rapport mentionné, selon le cas, à l'article L. 225-37 ou à l'article L. 225-68, en ce qui concerne les informations mentionnées à l'article L. 22-10-11. Ils attestent de l'existence des autres informations requises dans ce rapport par les articles L. 22-10-9, L. 22-10-10 et L. 225-37-4.

Sous-section 6. – De la dissolution

Art. L. 22-10-72 *(Créé, Ord. n° 2020-1142, 16 sept. 2020).* – Le tribunal de commerce peut, à la demande de tout intéressé, prononcer la dissolution de la société, si le nombre des actionnaires est réduit à moins de sept depuis plus d'un an pour les sociétés dont les actions sont admises aux négociations sur un marché réglementé ou sur un système multilatéral de négociation.

Il peut accorder à la société un délai maximal de six mois pour régulariser la situation. Il ne peut prononcer la dissolution si, le jour où il statue sur le fond, cette régularisation a eu lieu.

Voir : art. R. 210-15, p. 1678.

Art. L. 22-10-73 *(Créé, Ord. n° 2020-1142, 16 sept. 2020).* – L'action en responsabilité contre les administrateurs ou le directeur général mentionnée à l'article L. 225-252 peut être exercée par une association répondant aux conditions fixées par l'article L. 22-10-44.

Voir : art. L. 225-252, p. 428.

Section 2. – Dispositions propres aux sociétés en commandite par actions

Art. L. 22-10-74 *(Créé, Ord. n° 2020-1142, 16 sept. 2020).* – Les dispositions de l'article L. 226-4-1, relatives à la proportion des membres du conseil de surveillance de chaque sexe, sont applicables sans condition de seuil aux sociétés dont les actions sont admises aux négociations sur un marché réglementé.

Toute nomination intervenue en violation du premier alinéa et n'ayant pas pour effet de remédier à l'irrégularité de la composition du conseil est nulle.

Voir : art. L. 226-4-1, p. 435.

Art. L. 22-10-75 *(Créé, Ord. n° 2020-1142, 16 sept. 2020).* – Par dérogation à l'article L. 226-8, dans les sociétés dont les actions sont admises aux négociations sur un marché règlementé, la rémunération du ou des gérants et la rémunération des membres du conseil de surveillance sont allouées dans les conditions prévues à l'article L. 22-10-76.

Voir : art. L. 226-8, p. 436.

Art. L. 22-10-76 *(Créé, Ord. n° 2020-1142, 16 sept. 2020).* – I. – Dans les sociétés dont les actions sont admises aux négociations sur un marché réglementé, la rémunération du ou des gérants et la rémunération des membres du conseil de surveillance sont déterminées conformément à une politique de rémunération. Cette politique est conforme à l'intérêt social de la société, contribue à sa pérennité et s'inscrit dans sa stratégie commerciale. Elle décrit toutes les composantes de la rémunération fixe et variable et explique le processus de décision suivi pour sa détermination, sa révision et sa mise en œuvre.

Les éléments de cette politique s'appliquant aux gérants sont établis par les associés commandités délibérant, sauf clause contraire des statuts, à l'unanimité. Cette décision est prise après avis consultatif du conseil de surveillance et en tenant compte, le cas échéant, des principes et conditions prévus par les statuts. Toutefois, les statuts peuvent prévoir que ces éléments sont établis par le conseil de surveillance.

Les éléments de cette politique s'appliquant aux membres du conseil de surveillance sont établis par le conseil de surveillance.

Elle est présentée de manière claire et compréhensible au sein du rapport sur le gouvernement d'entreprise mentionné au dernier alinéa de l'article L. 226-10-1.

Le contenu et les modalités de la publicité de la politique de rémunération sont fixés par décret en Conseil d'État.

II. – La politique de rémunération du ou des gérants et des membres du conseil de surveillance fait l'objet d'un projet de résolution soumis à l'approbation de l'assemblée générale ordinaire et à l'accord des commandités donné, sauf clause contraire, à l'unanimité, chaque année et lors de chaque modification importante dans la politique de rémunération.

Lorsque la résolution n'est pas approuvée et qu'une politique de rémunération a été précédemment approuvée dans les conditions prévues au présent article, celle-ci continue de s'appliquer et un projet de résolution présentant une politique de rémunération révisée et indiquant de quelle manière ont été pris en compte le vote des actionnaires et des commandités et, le cas échéant, les avis exprimés lors de l'assemblée générale, est soumis à l'approbation de la prochaine assemblée générale ordinaire et à l'accord des commandités donné, sauf clause contraire, à l'unanimité.

En l'absence de politique de rémunération précédemment approuvée dans les conditions prévues au présent article, si l'assemblée générale des actionnaires et les commandités n'approuvent pas le projet de résolution, la rémunération est déterminée conformément à la rémunération attribuée au titre de l'exercice précédent ou, en l'absence de rémunération attribuée au titre de l'exercice précédent, conformément aux pratiques existant au sein de la société, et un projet de résolution présentant une politique de rémunération révisée et indiquant de quelle manière ont été pris en compte le vote des actionnaires et des commandités et, le cas échéant, les avis exprimés lors de l'assemblée générale est soumis à l'approbation de la prochaine assemblée générale ordinaire et à l'accord des commandités donné, sauf clause contraire, à l'unanimité.

III. – Aucun élément de rémunération, de quelque nature que ce soit, ne peut être déterminé, attribué ou versé par la société, ni aucun engagement correspondant à des éléments de rémunération, des indemnités ou des avantages dus ou susceptibles d'être dus à raison de la prise, de la cessation ou du changement de leurs fonctions ou postérieurement à l'exercice de celles-ci ne peut être pris par la société, s'il n'est pas conforme à la politique de rémunération approuvée ou, en son absence, aux rémunérations ou aux pratiques mentionnées au dernier alinéa du II.

Toutefois, les associés commandités, en ce qui concerne le ou les gérants, ou le conseil de surveillance, en ce qui concerne les membres du conseil de surveillance, peuvent déroger à l'application de la politique de rémunération si cette dérogation est temporaire, subordonnée à la survenance de circonstances exceptionnelles, conforme à l'intérêt social et nécessaire pour garantir la pérennité ou la viabilité de la société.

Tout versement, attribution ou engagement effectué ou pris en méconnaissance des dispositions du présent III est nul dans cette mesure.

IV. – Les éléments ou les engagements mentionnés au premier alinéa du III sont déterminés, attribués, ou pris *par délibération du conseil de surveillance.*

Voir : art. R. 22-10-40, p. 1755.

Voir : bibliographie ss art. L. 22-10-8, p. 498.

Art. L. 22-10-77 *(Créé, Ord. n° 2020-1142, 16 sept. 2020).* – I. – Dans les sociétés dont les actions sont admises aux négociations sur un marché réglementé, l'assemblée générale ordinaire chargée de l'approbation des comptes de l'exercice et les commandités, donnant leur accord, sauf clause contraire, à l'unanimité, statuent sur un projet de résolution portant sur les informations mentionnées au I de l'article L. 22-10-9.

Lorsque le projet de résolution mentionné à l'alinéa précédent n'est pas approuvé, le conseil de surveillance soumet une politique de rémunération révisée, en indiquant de quelle manière ont été pris en compte le vote des actionnaires et des commandités et, le cas échéant, les avis exprimés lors de l'assemblée générale, à l'approbation de la prochaine assemblée générale ordinaire et à l'accord des commandités donné, sauf clause contraire, à l'unanimité. Le versement de la somme allouée pour l'exercice en cours aux membres du conseil de surveillance est suspendu jusqu'à l'approbation de la politique de rémunération révisée. Lorsqu'il est rétabli, il inclut l'arriéré depuis la dernière assemblée générale.

Lorsque le projet de résolution présentant la politique de rémunération révisée en application du précédent alinéa n'est pas approuvé, la somme suspendue ne peut être versée, et les mêmes effets que ceux associés à la désapprobation du projet de résolution mentionné au premier alinéa s'appliquent.

II. – Dans les sociétés dont les actions sont admises aux négociations sur un marché réglementé, l'assemblée générale et les commandités, statuant, sauf clause contraire, à l'unanimité, statuent sur les éléments fixes, variables et exceptionnels composant la rémunération totale et les avantages de toute nature versés au titre de l'exercice antérieur par des résolutions distinctes pour le président du conseil de surveillance, le ou les gérants.

Les éléments de rémunération variables ou exceptionnels attribués au titre de l'exercice écoulé au gérant ou au président du conseil de surveillance ne peuvent être versés ou attribués qu'après approbation par une assemblée générale et accord des commandités donné, sauf clause contraire, à l'unanimité, des éléments de rémunération de la personne concernée, dans les conditions prévues à l'alinéa précédent.

Art. L. 22-10-78 *(Créé, Ord. n° 2020-1142, 16 sept. 2020)*. – Dans les sociétés dont les titres sont admis aux négociations sur un marché réglementé, le rapport sur le gouvernement d'entreprise mentionné à l'article L. 226-10-1 comporte les informations, le cas échéant adaptées aux sociétés en commandite par actions, mentionnées à l'article L. 225-37-4 et aux articles L. 22-10-10 et L. 22-10-11.

Dans les sociétés dont les actions sont admises aux négociations sur un marché réglementé, le rapport sur le gouvernement d'entreprise comporte également les informations mentionnées à l'article L. 22-10-9.

Ce rapport est approuvé par le conseil de surveillance et rendu public.

Les commissaires aux comptes, s'il en existe, présentent, dans un rapport joint au rapport de gestion mentionné au deuxième alinéa de l'article L. 225-100, leurs observations sur ce rapport en ce qui concerne les informations mentionnées à l'article L. 22-10-11. Outre les informations requises par l'article L. 225-37-4, ils attestent de l'existence dans ce rapport de gestion des autres informations requises par les articles L. 22-10-9 et L. 22-10-10.

TITRE III. – DISPOSITIONS COMMUNES AUX DIVERSES SOCIÉTÉS COMMERCIALES

CHAPITRE I. – DU CAPITAL VARIABLE

Bibliographie : J.-P. Dom, *Le domaine de la variabilité du capital après la mise en vigueur du nouveau Code de commerce : Bull. Joly Sociétés* 2000, p. 1191. • P. Le Vey, *Le statut des associés dans les sociétés à capital variable non coopératives : Dr. sociétés* juill. 2008, p. 6.

Art. L. 231-1 *(Anc. L. 24 juill. 1867 ; mod., L. n° 2003-7, 3 janv. 2003)*. – Il peut être stipulé dans les statuts des sociétés qui n'ont pas la forme de société anonyme ainsi que dans toute société coopérative que le capital social est susceptible d'augmentation par des versements successifs des associés ou l'admission d'associés nouveaux et de diminution par la reprise totale ou partielle des apports effectués.

Les sociétés dont les statuts contiennent la stipulation ci-dessus sont soumises, indépendamment des règles générales qui leur sont propres suivant leur forme spéciale, aux dispositions du présent chapitre.

Voir : art. L. 247-10, p. 599.

SARL : *voir note sous art. L. 223-2, p. 302.*

Art. L. 231-2 *(Anc. L. 24 juill. 1867)*. – Si la société a usé de la faculté accordée par l'article L. 231-1 cette circonstance doit être mentionnée dans tous les actes et documents émanant de la société et destinés aux tiers, par l'addition des mots « à capital variable ».

Voir : art. L. 247-10, p. 599.

Art. L. 231-3 *(Anc. L. 24 juill. 1867).* – **Ne sont pas assujettis aux formalités de dépôt et de publication les actes constatant les augmentations ou les diminutions du capital social opérées dans les termes de l'article L. 231-1, ou les retraits d'associés, autres que les gérants ou administrateurs, qui auraient lieu conformément à l'article L. 231-6.**

Art. L. 231-4 *(Anc. L. 24 juill. 1867).* – **Les actions ou coupons d'actions sont nominatifs, même après leur entière libération.**

Ils ne sont négociables qu'après la constitution définitive de la société.

La négociation ne peut avoir lieu que par voie de transfert sur les registres de la société, et les statuts peuvent donner, soit au conseil d'administration, soit à l'assemblée générale, le droit de s'opposer au transfert.

Art. L. 231-5 *(Anc. L. 24 juill. 1867 ; mod., L. n° 2001-420, 15 mai 2001).* – **Les statuts déterminent une somme au-dessous de laquelle le capital ne peut être réduit par les reprises des apports autorisés par l'article L. 231-1.**

Cette somme ne pourra être inférieure ni au dixième du capital social stipulé dans les statuts ni, pour les sociétés autres que coopératives, au montant minimal du capital exigé pour la forme de la société considérée par les dispositions législatives la régissant.

Les sociétés coopératives sont définitivement constituées après le versement du dixième.

Art. L. 231-6 *(Anc. L. 24 juill. 1867).* – **Chaque associé peut se retirer de la société lorsqu'il le juge convenable à moins de conventions contraires et sauf application du premier alinéa de l'article L. 231-5.**

Il peut être stipulé que l'assemblée générale a le droit de décider, à la majorité fixée pour la modification des statuts, que l'un ou plusieurs des associés cessent de faire partie de la société.

L'associé qui cesse de faire partie de la société, soit par l'effet de sa volonté, soit par suite de décision de l'assemblée générale, reste tenu, pendant cinq ans, envers les associés et envers les tiers, de toutes les obligations existant au moment de sa retraite.

Bibliographie : D. Gallois-Cochet, *L'obscure clarté du régime de l'exclusion statutaire : Dr. sociétés* 2014, étude 23.

Art. L. 231-7 *(Anc. L. 24 juill. 1867).* – **La société, quelle que soit sa forme, est valablement représentée en justice par ses administrateurs.**

Art. L. 231-8 *(Anc. L. 24 juill. 1867).* – **La société n'est dissoute ni par la mort ou par le retrait d'un associé ni par un jugement de liquidation, ou par une mesure d'interdiction d'exercer une profession commerciale, ou par une mesure d'incapacité prononcée à l'égard de l'un des associés ou la déconfiture de l'un d'entre eux. Elle continue de plein droit entre les autres associés.**

CHAPITRE II. – DES COMPTES SOCIAUX

Section I. – Des documents comptables

Bibliographie : C. Pinoteau, *De l'obligation de dresser un inventaire à la clôture de chaque exercice dans les sociétés et des conditions dans lesquelles il doit être établi : JCP CI 1974, 11586.* • G. Cosson, *L'information des actionnaires par l'inventaire : RF compt. 1977, p. 237.* • F. Pasqualini, *Le principe de l'image fidèle en droit comptable*, Litec 1992. • F. Marty, *La responsabilité pour publication de faux bilans semestriels peut-elle être retenue contre les commissaires aux comptes ? : Bull. Joly Sociétés* 1997, p. 195.

Art. L. 232-1 *(Anc. L. n° 66-537, 24 juill. 1966 ; mod., L. n° 2009-1255, 19 oct. 2009 ; Ord. n° 2013-544, 27 juin 2013 ; Ord. n° 2015-900, 23 juill. 2015 ; Ord. n° 2017-1162, 12 juill. 2017 ; L. n° 2018-727, 10 août 2018).* – **I. – À la clôture de chaque exercice le conseil d'administration, le directoire ou les gérants dressent l'inventaire, les comptes annuels conformément aux dispositions de la section 2 du chapitre III du titre II du livre Ier et établissent un rapport de gestion écrit. Ils incluent dans l'annexe :**

1° Un état des cautionnements, avals et garanties donnés par la société. Cette disposition n'est pas applicable aux sociétés exploitant un établissement de crédit, une société de financement ou une entreprise d'assurance ;

2° Un état des sûretés consenties par elle.

II. – Le rapport de gestion expose la situation de la société durant l'exercice écoulé, son évolution prévisible, les événements importants survenus entre la date de la clôture de l'exercice et la date à laquelle il est établi, ses activités en matière de recherche et de développement. Il y est fait mention des succursales existantes.

III. – Les documents mentionnés au présent article sont, le cas échéant, mis à la disposition des commissaires aux comptes dans des conditions déterminées par décret en Conseil d'État.

IV. – Sont dispensées de l'obligation d'établir un rapport de gestion les sociétés commerciales qui sont des petites entreprises au sens de l'article L. 123-16. Cette dispense n'est pas applicable aux sociétés appartenant à l'une des catégories définies à l'article L. 123-16-2 ou dont l'activité consiste à gérer des titres de participations ou des valeurs mobilières.

NB : Conformément à l'article 55, V de la loi n° 2018-727 du 10 août 2018, ces dispositions s'appliquent aux rapports afférents aux exercices clos à compter de la publication de ladite loi.

Voir : art. L. 241-4, p. 581, L. 242-8, p. 592 et L. 242-10, p. 592, art. R. 225-102, p. 1710 et R. 232-1 et s., p. 1757.
Rapport de gestion, art. L. 223-26, p. 321, L. 225-100, p. 382 et L. 225-102 et s., p. 383.
Comptabilité des commerçants, art. L. 123-12 et s., p. 36 et art. R. 123-172 et s., p. 1627.
Modifications dans la présentation des comptes annuels et les méthodes d'évaluation, art. L. 232-6, p. 519.
Décisions du Conseil de la concurrence en cas de pratiques anticoncurrentielles, art. L. 464-2, al. 5, p. 934.

Art. L. 232-2 *(Anc. L. n° 66-537, 24 juill. 1966).* – Dans les sociétés commerciales qui répondent à l'un des critères définis par décret en Conseil d'État et tirés du nombre de salariés ou du chiffre d'affaires, compte tenu éventuellement de la nature de l'activité, le conseil d'administration, le directoire ou les gérants sont tenus d'établir une situation de l'actif réalisable et disponible, valeurs d'exploitation exclues, et du passif exigible, un compte de résultat prévisionnel, un tableau de financement en même temps que le bilan annuel et un plan de financement prévisionnel.

Le décret en Conseil d'État ci-dessus mentionné précise la périodicité, les délais et les modalités d'établissement de ces documents.

Pour la détermination du nombre des salariés, sont assimilés aux salariés de la société, ceux des sociétés, quelle que soit leur forme, dont elle détient directement ou indirectement plus de la moitié du capital.

Voir : art. R. 232-2 et s., p. 1757.

Art. L. 232-3 *(Anc. L. n° 66-537, 24 juill. 1966 ; mod., L. n° 2019-486, 22 mai 2019).* – Dans les sociétés anonymes, les documents visés à l'article L. 232-2 sont analysés dans des rapports écrits sur l'évolution de la société, établis par le conseil d'administration ou le directoire. Les documents et rapports sont communiqués simultanément au conseil de surveillance, au commissaire aux comptes, s'il en existe, et au comité d'entreprise.

En cas de non-observation des dispositions de l'article L. 232-2 et de l'alinéa précédent, ou si les informations données dans les rapports visés à l'alinéa précédent appellent des observations de sa part, le commissaire aux comptes le signale dans un rapport au conseil d'administration ou au directoire, selon le cas. Le rapport du commissaire aux comptes est communiqué simultanément au comité d'entreprise. Il est donné connaissance de ce rapport à la prochaine assemblée générale.

Voir : art. R. 232-4 à R. 232-7, p. 1758.

Art. L. 232-4 *(Anc. L. n° 66-537, 24 juill. 1966).* – Dans les autres sociétés que les sociétés anonymes, les rapports prévus à l'article L. 232-3 sont établis par les gérants qui les communiquent au commissaire aux comptes, au comité d'entreprise et, le cas échéant, au conseil de surveillance lorsqu'il est institué dans ces sociétés.

En cas de non-observation des dispositions de l'article L. 232-2 et de l'alinéa précédent, ou si les informations données dans les rapports visés à l'alinéa précédent appellent des observations de sa part, le commissaire aux comptes le signale dans un rapport au gérant ou dans le rapport annuel. Il peut demander que son rapport soit adressé aux associés ou qu'il en soit donné connaissance à l'assemblée des associés. Ce rapport est communiqué au comité d'entreprise.

Voir : art. R. 232-4 à R. 232-7, p. 1758.

Art. L. 232-5 *(Anc. L. n° 66-537, 24 juill. 1966).* – **Les sociétés qui établissent des comptes consolidés conformément aux articles L. 233-18 à L. 233-26 peuvent, dans les conditions prévues à l'article L. 123-17 et par dérogation à l'article L. 123-18, inscrire les titres des sociétés qu'elles contrôlent de manière exclusive, au sens de l'article L. 233-16, à l'actif du bilan en fonction de la quote-part des capitaux propres déterminée d'après les règles de consolidation que ces titres représentent. Cette méthode d'évaluation, si elle est choisie, s'applique à l'ensemble des titres qui répondent aux conditions précédentes. Il est fait mention de l'option dans l'annexe.**

La contrepartie de la variation annuelle de la quote-part globale de capitaux propres représentative de ces titres ne constitue pas un élément de résultat ; elle est inscrite distinctement dans un poste de capitaux propres ; elle n'est pas distribuable et ne peut être utilisée à compenser les pertes ; néanmoins, si l'écart global devient négatif, il est inscrit au compte de résultat.

Si une société fait usage de la méthode prévue aux alinéas précédents, les sociétés qu'elle contrôle appliquent la même méthode lorsqu'elles contrôlent elles-mêmes d'autres sociétés dans les mêmes conditions.

Un décret en Conseil d'État fixe les modalités d'application du présent article.

Voir : art. R. 232-8, p. 1758.

Art. L. 232-6 *(Abr., L. n° 2011-525, 17 mai 2011).*

Rédaction antérieure. Art. L. 232-6 *(Anc. L. n° 66-537, 24 juill. 1966).* – Lorsque, dans les conditions définies à l'article L. 123-17, des modifications interviennent dans la présentation des comptes annuels comme dans les méthodes d'évaluation retenues, elles sont de surcroît signalées dans le rapport de gestion et, le cas échéant, dans le rapport des commissaires aux comptes.

Voir : Rapport de gestion, art. L. 223-26, p. 321, L. 225-100, p. 382, L. 225-102, p. 383 et L. 232-1, p. 517.

Bibliographie : B. Starck, *La réévaluation des bilans : RTD com.* 1949, p. 48. • A. Dalsace, *La révision des bilans : RTD com.* 1960, p. 777. • C. Kalfon, *La réévaluation libre des bilans : JCP* CI 1972, II, 10721. • E. du Pontavice, *Réévaluation libre, mission du commissaire aux comptes : Bull. CNCC* juin 1972, p. 278 ; *La réévaluation des bilans et l'affectation de l'écart de réévaluation libre à l'amortissement des pertes antérieures : JCP* CI 1975, II, 11659. • B. Micha, *La réévaluation légale des bilans : RF compt.* 1980, p. 380. • F. Pasqualini, *Le droit comptable serait-il impérialiste ?, in Mél. Mouly*, Litec, 1998, p. 237.

Permanence des méthodes. La permanence des méthodes ne s'impose pas à l'assemblée générale des actionnaires : Rép. min. : *JOAN Q*, 5 avr. compt. 1972, 819.

Section II. – Des documents propres aux sociétés faisant publiquement appel à l'épargne

Art. L. 232-7 *(Rempl., Ord. n° 2009-80, 22 janv. 2009 ; mod., L. n° 2014-1662, 30 déc. 2014).* – **Les sociétés dont les actions sont admises aux négociations sur un marché réglementé annexent à leurs comptes annuels un tableau relatif à la répartition et à l'affectation des sommes distribuables qui seront proposées à l'assemblée générale.**

Les I, III et VII de l'article L. 451-1-2 du Code monétaire et financier sont applicables aux sociétés mentionnées au premier alinéa, à l'exception des sociétés d'investissement à capital variable.

Voir : art. R. 232-13, p. 1759.

Art. L. 232-8 *(Abr., Ord. n° 2009-80, 22 janv. 2009).*

Section III. – Des amortissements et des provisions

Art. L. 232-9 *(Anc. L. n° 66-537, 24 juill. 1966).* – **Sous réserve des dispositions du deuxième alinéa de l'article L. 232-15, les frais de constitution de la société sont amortis avant toute distribution de bénéfices et, au plus tard, dans un délai de cinq ans.**

Les frais d'augmentation de capital sont amortis au plus tard à l'expiration du cinquième exercice suivant celui au cours duquel ils ont été engagés. Ces frais peuvent être imputés sur le montant des primes d'émission afférentes à cette augmentation.

Toutefois, les sociétés dont l'objet exclusif est la construction et la gestion d'immeubles locatifs à usage principal d'habitation ou le crédit-bail immobilier, ainsi que les sociétés immobilières pour le commerce et l'industrie, peuvent amortir les frais de constitution de la société et les frais d'augmentation de capital dans les mêmes conditions que leurs immeubles. Les sociétés agréées pour le financement des télécommunications peuvent amortir les frais de constitution et les frais d'augmentation de capital dans les mêmes conditions que leurs immeubles et leurs équipements.

Voir : art. R. 232-13, p. 1759.

Section IV. — Des bénéfices

Bibliographie : G. Albertolli, *La recherche de bénéfices à partager, élément constitutif de la société,* thèse Paris, 1969. • F. Terré, *De la détermination des sommes distribuables, commentaire des articles 344 à 346 de la loi du 24 juillet 1966 sur les sociétés commerciales : Éco. et compt.* juin 1977, n° 118, p. 29.

Art. L. 232-10 *(Anc. L. n° 66-537, 24 juill. 1966).* – **À peine de nullité de toute délibération contraire, dans les sociétés à responsabilité limitée et les sociétés par actions, il est fait sur le bénéfice de l'exercice, diminué, le cas échéant, des pertes antérieures, un prélèvement d'un vingtième au moins affecté à la formation d'un fonds de réserve dit « réserve légale ».**

Ce prélèvement cesse d'être obligatoire, lorsque la réserve atteint le dixième du capital social.

Art. L. 232-11 *(Anc. L. n° 66-537, 24 juill. 1966 ; mod., L. n° 2003-7, 3 janv. 2003).* – **Le bénéfice distribuable est constitué par le bénéfice de l'exercice, diminué des pertes antérieures, ainsi que des sommes à porter en réserve en application de la loi ou des statuts, et augmenté du report bénéficiaire.**

En outre, l'assemblée générale peut décider la mise en distribution de sommes prélevées sur les réserves dont elle a la disposition. En ce cas, la décision indique expressément les postes de réserve sur lesquels les prélèvements sont effectués. Toutefois, les dividendes sont prélevés par priorité sur le bénéfice distribuable de l'exercice.

Hors le cas de réduction du capital, aucune distribution ne peut être faite aux actionnaires lorsque les capitaux propres sont ou deviendraient à la suite de celle-ci inférieurs au montant du capital augmenté des réserves que la loi ou les statuts ne permettent pas de distribuer.

L'écart de réévaluation n'est pas distribuable. Il peut être incorporé en tout ou partie au capital.

Art. L. 232-12 *(Anc. L. n° 66-537, 24 juill. 1966).* – **Après approbation des comptes annuels et constatation de l'existence de sommes distribuables, l'assemblée générale détermine la part attribuée aux associés sous forme de dividendes.**

Toutefois, lorsqu'un bilan établi au cours ou à la fin de l'exercice et certifié par un commissaire aux comptes fait apparaître que la société, depuis la clôture de l'exercice précédent, après constitution des amortissements et provisions nécessaires, déduction faite s'il y a lieu des pertes antérieures ainsi que des sommes à porter en réserve en application de la loi ou des statuts et compte tenu du report bénéficiaire, a réalisé un bénéfice, il peut être distribué des acomptes sur dividendes avant l'approbation des comptes de l'exercice. Le montant de ces acomptes ne peut excéder le montant du bénéfice défini au présent alinéa. Ils sont répartis aux conditions et suivant les modalités fixées par décret en Conseil d'État.

Tout dividende distribué en violation des règles ci-dessus énoncées est un dividende fictif.

Voir : art. L. 241-3, 2°, p. 581 et L. 242-6, 1°, p. 583, art. R. 232-17, p. 1759.

Bibliographie : P. Cordonnier, *Des pouvoirs de l'assemblée générale ordinaire des actionnaires en matière de constitution de réserves : Journ. soc.* 1928, p. 64. • F. Goré, *Les réserves occultes dans les sociétés par actions : Journ. soc.* 1947, p. 149. • J.-P. Le Gall et A. Viandier, *Le « dividend access » : JCP* E 1991, I, 103. • F. Peltier, *L'attribution d'un dividende majoré à l'actionnaire stable : Bull. Joly Sociétés* 1993, p. 551. • F. Pollaud-Dulian, *La querelle du dividende majoré, un aspect du principe d'égalité dans le droit des sociétés cotées en Bourse : JCP* 1993, I, 3697. • G. Baranger, Assemblée annuelle : *modifications pour l'affectation des résultats : Bull. Joly Sociétés* 2005, p. 323. • V. Mercier, *Le droit des biens au secours du droit des sociétés : le régime de la répartition des dividendes : Dr. sociétés* 2008, n° 1.

1) Nature de fruits des dividendes. Les dividendes qui, faisant partie du bénéfice distribuable, sont, soit en vertu des statuts, soit après décision de l'assemblée générale, répartis entre les actionnaires participent de la nature des fruits ; il s'ensuit qu'en application de l'article 1652 du

Code civil, les intérêts légaux sont dus par le cessionnaire sur le prix de la cession d'actions ▪ Cass. com., 5 oct. 1999, n° 97-17.377 : *JurisData* n° 1999-003368 ; *Bull. civ.* IV, n° 163 ; *D.* 2000, p. 552, note G. Morris-Becquet ; *JCP* E 2000, p. 29, obs. A. Viandier et J.-J. Caussain ; p. 612, note R. Besnard-Goudet ; *RD bancaire et bourse* 1999, p. 249, obs. M. Germain et M.-A. Frison-Roche ; *Bull. Joly Sociétés* 1999, p. 1104, note A. Couret ; *RTD com.* 2000, p. 138, obs. M. Storck. – V. pour la même solution à propos de la cession de parts sociales, au motif que les dividendes participent de la nature des fruits ▪ Cass. com., 5 déc. 2000 : *JurisData* n° 2000-007352 ; *JCP* E 2001, p. 895, obs. A. Viandier et J.-J. Caussain ; *Dr. sociétés* 2001, n° 45, obs. F.-X. Lucas ; *Bull. Joly Sociétés* 2001, p. 883, note P. Scholer.

2) Date de naissance des dividendes. C'est la décision de l'assemblée générale de distribuer tout ou partie des bénéfices réalisés au cours de l'exercice sous forme de dividendes qui confère à ces dividendes l'existence juridique ; il s'ensuit qu'ils ne figurent dans le patrimoine de l'associé qu'à compter de cette décision ▪ Cass. com., 23 oct. 1990, n° 89-13.999 : *JurisData* n° 1990-002943 ; *JCP* E 1991, II, 127, note P. Serlooten ; *JCP* N 1991, p. 87, note M. Marteau-Petit ; *D.* 1991, p. 173, note Y. Reinhard. ▪ Cass. com., 9 juin 2004 : *JurisData* n° 2004-024213 ; *Bull. Joly Sociétés* 2004, p. 1403, note H. Le Nabasque ; *Dr. sociétés* déc. 2004, n° 204, obs. F.-G. Trébulle ; *Dr. et patrimoine* févr. 2005, p. 132, obs. D. Poracchia ; *JCP* E 2004, act. p. 1043. Les bénéfices réalisés par une société ne participent de la nature des fruits que lors de leur attribution sous forme de dividendes, lesquels n'ont pas d'existence juridique avant l'approbation des comptes de l'exercice par l'assemblée générale, la constatation par celle-ci de l'existence de sommes distribuables et la détermination de la part qui est attribuée à chaque associé. ▪ Cass. com., 14 déc. 2010, n° 09-72.267 : *JurisData* n° 2010-023852 ; *JCP* E 2011, n° 1006 ; *Dr. sociétés* 2011, comm. 51, note D. Gallois-Cochet. ▪ Cass. com., 13 sept. 2017, n° 16-13.674, *JurisData* n° 2017-017734 : *Rev. sociétés* 2018, p. 264, note H. Barbier ; *Dr. sociétés* 2017, comm. 185, note H. Hovasse ; *Bull. Joly Sociétés* 2017, p. 12, note A. Reygrobellet ; *D.* 2017, p. 2237, note D. Gallois-Cochet.

3) Objet du dividende. La décision de distribution de dividendes constituant un acte juridique unilatéral et non un contrat, la remise de biens immobiliers en paiement du dividende ne constitue pas une cession et ne peut en conséquence être soumise aux droits de mutation à titre onéreux ▪ Cass. com., 12 févr. 2008, n° 05-17.085 : *Bull. Joly Sociétés* 2008, p. 338, note A. Couret ; *D.* 2008, p. 1113, note D.-R. Martin ; *Dr. sociétés* 2008, n° 113, obs. J.-L. Pierre ; *JCP* E 2008, 1478, note H. Hovasse ; *JCP* E 2008, 2545, n° 2, obs. F. Deboissy et G. Wicker ; *Rev. sociétés* 2009, p. 665, note D. Gallois-Cochet. – Le paiement du dividende sous forme de remise d'actifs sociaux n'est pas soumis aux droits de mutation à titre onéreux ▪ Cass. com., 31 mai 1988, n° 86-11.503 : *JurisData* n° 1988-703433 ; *Bull. Joly Sociétés* 1988, p. 610. ▪ Cass. com., 6 juin 1990, n° 88-17.133 : *JurisData* n° 1990-701823 ; *JCP* E 1991, 166, note M. Marteau-Petit ; *Bull. Joly Sociétés* 1990, p. 813, note P. Derouin. ▪ Cass. com., 6 avr. 1993, n° 90-21.940 : *Dr. fisc.* 1993, n° 28, comm. 1455 ; *RJF* 1993, n° 1071.

4) Prescription de l'action en paiement. Lorsque les dividendes sont versés en compte courant d'associé, la prescription de la créance de remboursement du compte courant d'un associé ne court qu'à compter du jour où ce dernier demande le paiement du solde de son compte (société civile). ▪ Cass. com., 18 oct. 2017, n° 15-21.906 : *Bull. Joly* 2017, p. 730, note J.-F. Barbièri.

Art. L. 232-13 *(Anc. L. n° 66-537, 24 juill. 1966).* **– Les modalités de mise en paiement des dividendes votés par l'assemblée générale sont fixées par elle ou, à défaut, par le conseil d'administration, le directoire ou les gérants, selon le cas.**

Toutefois, la mise en paiement des dividendes doit avoir lieu dans un délai maximal de neuf mois après la clôture de l'exercice. La prolongation de ce délai peut être accordée par décision de justice.

Voir : art. R. 232-18, p. 1759.

Art. L. 232-14 *(Mod., L. n° 2003-7, 3 janv. 2003 ; mod., Ord. n° 2009-80, 22 janv. 2009).* **– Une majoration de dividendes dans la limite de 10 % peut être attribuée par des statuts à tout actionnaire qui justifie, à la clôture de l'exercice, d'une inscription nominative depuis deux ans au moins et du maintien de celle-ci à la date de mise en paiement du dividende. Son taux est fixé par l'assemblée générale extraordinaire. Dans les sociétés dont les titres de capital sont admis aux négociations sur un marché réglementé, le nombre de titres éligibles à cette majoration de dividendes ne peut excéder, pour un même actionnaire, 0,5 % du capital de la société. La même majoration peut être attribuée, dans les mêmes conditions en cas de distribution d'actions gratuites.**

Cette majoration ne peut être attribuée avant la clôture du deuxième exercice suivant la modification des statuts.

Bibliographie : F. Peltier, *L'attribution d'un dividende majoré à l'actionnaire stable : Bull. Joly Sociétés* 1993, p. 551. • H. Le Nabasque, *La loi autorisant le versement de primes de fidélité a été adoptée : JCP* E 1994, I, 413. • P. Engel et P. Troussière, *La prime de fidélité aux actionnaires par attribution d'une majoration du dividende : JCP* E 1995, I, 433. • Y. Guyon, *La loi du 12 juillet 1994 sur le dividende majoré : Rev. sociétés* 1995, p. 7. • A. Viandier et J.-J. Caussain, *Prime de fidélité, loi n° 94-578 du 12 juillet 1994 : JCP* E 1995, I, 392. • R. Routier, *Primes de fidélité : le revers de la médaille : Bull. Joly Sociétés* 1996, p. 23.

Art. L. 232-15 *(Anc. L. n° 66-537, 24 juill. 1966).* **– Il est interdit de stipuler un intérêt fixe ou intercalaire au profit des associés. Toute clause contraire est réputée non écrite.**

Les dispositions de l'alinéa précédent ne sont pas applicables, lorsque l'État a accordé aux actions la garantie d'un dividende minimal.

Voir : C. civ., art. 1844-1, p. 2978.

Bibliographie : Sur le régime antérieur à la loi n° 66-537, J. Derruppé, *La clause d'intérêts fixes* in *Mélanges J. Hamel*, Paris 1961, 179.

Promesse de cession. Le principe de la prohibition des clauses d'intérêt fixe ne s'applique pas à la stipulation d'intérêts insérée dans une promesse de cession d'actions, qui oblige le seul cessionnaire et non la société ▪ Cass. com., 27 sept. 2005, n° 02-14.009 : *JurisData* n° 2005-030027 ; *Bull. Joly Sociétés* 2006, p. 92, note A. Couret ; *D.* 2005, p. 2682, note A. Lienhard ; *Dr. sociétés* déc. 2005, n° 210, obs. H. Lécuyer.

Art. L. 232-16 *(Anc. L. n° 66-537, 24 juill. 1966).* **– Les statuts peuvent prévoir l'attribution, à titre de premier dividende, d'un intérêt calculé sur le montant libéré et non remboursé des actions. Sauf disposition contraire des statuts, les réserves ne sont pas prises en compte pour le calcul du premier dividende.**

Art. L. 232-17 *(Anc. L. n° 66-537, 24 juill. 1966).* **– La société ne peut exiger des actionnaires ou porteurs de parts aucune répétition de dividendes, sauf lorsque les deux conditions suivantes sont réunies :**

1° Si la distribution a été effectuée en violation des dispositions des articles L. 232-11, L. 232-12 et L. 232-15.

2° Si la société établit que les bénéficiaires avaient connaissance du caractère irrégulier de cette distribution au moment de celle-ci ou ne pouvaient l'ignorer compte tenu des circonstances.

Art. L. 232-18 *(Anc. L. n° 66-537, 24 juill. 1966).* **– Dans les sociétés par actions, les statuts peuvent prévoir que l'assemblée statuant sur les comptes de l'exercice a la faculté d'accorder à chaque actionnaire, pour tout ou partie du dividende mis en distribution ou des acomptes sur dividende, une option entre le paiement du dividende ou des acomptes sur dividende en numéraire ou en actions.**

Lorsqu'il existe des catégories différentes d'actions, l'assemblée générale statuant sur les comptes de l'exercice a la faculté de décider que les actions souscrites seront de la même catégorie que les actions ayant donné droit au dividende ou aux acomptes sur dividende.

L'offre de paiement du dividende ou des acomptes sur dividende en actions doit être faite simultanément à tous les actionnaires.

Art. L. 232-19 *(Anc. L. n° 66-537, 24 juill. 1966 ; mod., L. n° 2019-486, 22 mai 2019).* **– Le prix d'émission des actions émises dans les conditions prévues à l'article L. 232-18 ne peut être inférieur au nominal.**

Dans les sociétés dont les actions sont admises aux négociations sur un marché réglementé, le prix d'émission ne peut être inférieur à 90 % de la moyenne des cours cotés aux vingt séances de bourse précédant le jour de la décision de mise en distribution diminuée du montant net du dividende ou des acomptes sur dividende.

Dans les autres sociétés, le prix d'émission est fixé, au choix de la société, soit en divisant le montant de l'actif net calculé d'après le bilan le plus récent par le nombre de titres existants, soit à dire d'expert désigné en justice à la demande du conseil d'administration ou du directoire, selon le cas. L'application des règles de détermination du prix d'émission est vérifiée par le commissaire aux comptes, s'il en existe, qui présente un rapport spécial à l'assemblée générale visée à l'article L. 232-18.

Lorsque le montant des dividendes ou des acomptes sur dividende auquel il a droit ne correspond pas à un nombre entier d'actions, l'actionnaire peut recevoir le nombre d'actions immédiatement inférieur complété d'une soulte en espèces ou, si l'assemblée générale l'a demandé, le nombre d'actions immédiatement supérieur, en versant la différence en numéraire.

Bibliographie : A. Gaudemet, *Le prix d'émission des actions attribuées en paiement du dividende par les sociétés cotées : un (petit) espace de liberté : Bull. Joly Sociétés* 2014, p. 475.

Art. L. 232-20 *(Anc. L. n° 66-537, 24 juill. 1966 ; mod., L. n° 2019-744, 19 juill. 2019).* – La demande de paiement du dividende en actions, accompagnée, le cas échéant, du versement prévu au deuxième alinéa de l'article L. 232-19 doit intervenir dans un délai fixé par l'assemblée générale, sans qu'il puisse être supérieur à trois mois à compter de la date de ladite assemblée générale. L'augmentation de capital est réalisée du seul fait de cette demande, et, le cas échéant, de ce versement et ne donne pas lieu aux formalités prévues à l'article L. 225-142, au deuxième alinéa de l'article L. 225-144, et à l'article L. 225-146.

Toutefois, en cas d'augmentation du capital, le conseil d'administration ou le directoire, selon le cas, peut suspendre l'exercice du droit d'obtenir le paiement du dividende en actions pendant un délai qui ne peut excéder trois mois.

Lors de sa première réunion suivant l'expiration du délai fixé par l'assemblée générale en application du premier alinéa du présent article, le conseil d'administration ou, selon le cas, le directoire, constate le nombre des actions émises en application du présent article et apporte les modifications nécessaires aux clauses des statuts relatives au montant du capital social et au nombre des actions qui le représentent. Sur délégation du conseil d'administration ou du directoire, le directeur général ou un directeur général délégué, le président ou un membre du directoire peut procéder à ces opérations dans le mois qui suit l'expiration du délai fixé par l'assemblée générale.

Section V. – De la publicité des comptes

Bibliographie : N. Stolowy, *De nouvelles injonctions en matière de publication des comptes par les sociétés : Dr. sociétés* 2006, p. 9 ; *JCP* E 2006, 1462. • J.-P. Legros, *L'exécution forcée du dépôt au greffe des comptes des sociétés commerciales : Dr. sociétés* 2013, étude 13, p. 9. • J.-F. Barbièri, *La présentation simplifiée et la confidentialité des comptes sociaux selon la loi PACTE : Bull. Joly Sociétés* juin 2019, n° 119w3, p. 94.

Art. L. 232-21 *(Anc. D. n° 67-236, 23 mars 1967 ; mod., L. n° 2012-387, 22 mars 2012).* – I. – Les sociétés en nom collectif dont tous les associés indéfiniment responsables sont des sociétés à responsabilité limitée ou des sociétés par actions sont tenues de déposer au greffe du tribunal, pour être annexés au registre du commerce et des sociétés, dans le mois suivant l'approbation des comptes annuels par l'assemblée ordinaire des associés ou dans les deux mois suivant cette approbation lorsque ce dépôt est effectué par voie électronique :

1° Les comptes annuels et, le cas échéant, les comptes consolidés, le rapport sur la gestion du groupe, les rapports des commissaires aux comptes sur les comptes annuels et les comptes consolidés, éventuellement complétés de leurs observations sur les modifications apportées par l'assemblée qui leur ont été soumis ;

2° La proposition d'affectation du résultat soumis à l'assemblée et la résolution d'affectation votée ou la décision d'affectation prise.

Le rapport de gestion doit être tenu à la disposition de toute personne qui en fait la demande, selon des conditions définies par décret en Conseil d'État.

II. – En cas de refus d'approbation ou d'acceptation, une copie de la délibération de l'assemblée est déposée dans le même délai.

III. – Les obligations définies ci-dessus s'imposent également aux sociétés en nom collectif dont tous les associés indéfiniment responsables sont des sociétés en nom collectif ou en commandite simple dont tous les associés indéfiniment responsables sont des sociétés à responsabilité limitée ou par actions.

IV. – Pour l'application du présent article, sont assimilées aux sociétés à responsabilité limitée ou par actions les sociétés de droit étranger d'une forme juridique comparable.

Voir : art. R. 232-19, p. 1759 ; art. R. 232-19-1, p. 1759 et R. 247-3, p. 1776.

Injonction de faire, art. L. 123-5-1, p. 30, art. L. 611-2, II, p. 1105.

Art. L. 232-22 *(Anc. D. n° 67-236, 23 mars 1967 ; mod., L. n° 2008-776, 4 août 2008 ; L. n° 2012-387, 22 mars 2012).* – I. – Toute société à responsabilité limitée est tenue de déposer au greffe du tribunal, pour être annexés au registre du commerce et des sociétés, dans le mois suivant l'approbation des comptes annuels par l'assemblée ordinaire des associés ou par l'associé unique ou dans les deux mois suivant cette approbation lorsque ce dépôt est effectué par voie électronique :

1° Les comptes annuels et, le cas échéant, les comptes consolidés, le rapport sur la gestion du groupe, les rapports des commissaires aux comptes sur les comptes annuels et les comptes consolidés, éventuellement complétés de leurs observations sur les modifications apportées par l'assemblée ou l'associé unique aux comptes annuels qui leur ont été soumis ;

2° La proposition d'affectation du résultat soumise à l'assemblée ou à l'associé unique et la résolution d'affectation votée ou la décision d'affectation prise.

Le rapport de gestion doit être tenu à la disposition de toute personne qui en fait la demande, selon des conditions définies par décret en Conseil d'État.

II. – En cas de refus d'approbation ou d'acceptation, une copie de la délibération de l'assemblée ou de la décision de l'associé unique est déposée dans le même délai.

Voir : art. R. 232-20, p. 1760 ; art. R. 232-20-1, p. 1760 et R. 247-3, p. 1776.

Injonction de faire, art. L. 123-5-1, p. 30, art. L. 611-2, II, p. 1105.

Art. L. 232-23 *(Anc. D. n° 67-236, 23 mars 1967 ; mod., L. n° 2008-776, 4 août 2008 ; L. n° 2012-387, 22 mars 2012 ; L. n° 2016-1691, 9 déc. 2016 ; Ord. n° 2017-1142, 7 juill. 2017 ; L. n° 2019-486, 22 mai 2019 ; Ord. n° 2019-1067, 21 oct. 2019).* – I. – Toute société par actions est tenue de déposer au greffe du tribunal, pour être annexés au registre du commerce et des sociétés, dans le mois suivant l'approbation des comptes annuels par l'assemblée générale des actionnaires ou dans les deux mois suivant cette approbation lorsque ce dépôt est effectué par voie électronique :

1° Les comptes annuels, le rapport de gestion, le rapport des commissaires aux comptes sur les comptes annuels, le cas échéant, éventuellement complété de leurs observations sur les modifications apportées par l'assemblée aux comptes annuels qui ont été soumis à cette dernière ainsi que, le cas échéant, les comptes consolidés, le rapport sur la gestion du groupe, le rapport des commissaires aux comptes sur les comptes consolidés et le rapport du conseil de surveillance ;

2° La proposition d'affectation du résultat soumise à l'assemblée et la résolution d'affectation votée.

Il est fait exception à l'obligation de déposer le rapport de gestion pour les sociétés mentionnées au premier alinéa autres que celles dont les titres sont admis aux négociations sur un marché réglementé ou sur un système multilatéral de négociation soumis aux dispositions du II de l'article L. 433-3 du Code monétaire et financier dans les conditions prévues par le règlement général de l'Autorité des marchés financiers. Le rapport de gestion doit toutefois être tenu à la disposition de toute personne qui en fait la demande, selon des conditions définies par décret en Conseil d'État.

II. – En cas de refus d'approbation des comptes annuels, une copie de la délibération de l'assemblée est déposée dans le même délai.

III. – Les sociétés qui, auprès de l'Autorité des marchés financiers, déposent ou soumettent à l'enregistrement un document d'enregistrement ou un document d'enregistrement universel prévu par le règlement (UE) n° 2017/1129 du 14 juin 2017, peuvent, dans les délais prévus au premier alinéa du I, le déposer également au greffe du tribunal.

Ce dépôt vaut dépôt des documents mentionnés aux 1° et au 2° du I, lorsque ces derniers sont inclus dans le document d'enregistrement ou le document d'enregistrement universel. Le document d'enregistrement ou le document d'enregistrement universel comprend une table permettant au greffier de les identifier.

Les documents mentionnés aux 1° et 2° du I qui ne sont pas contenus dans le document d'enregistrement ou le document d'enregistrement universel ou dont la table mentionnée au précédent alinéa ne permet pas l'identification sont déposés concomitamment à celui-ci au greffe du tribunal.

Voir : art. R. 232-21, p. 1760 ; art. R. 232-21-1, p. 1760 et R. 247-3, p. 1776.

Injonction de faire, art. L. 123-5-1, p. 30, L. 611-2, II, p. 1105.

Intérêt à agir. L'action tenant à assurer l'accomplissement des formalités de publicité incombant aux sociétés commerciales en application des dispositions de l'article L. 232-23 est, sauf abus, ouverte à toute personne, sans condition tenant à l'existence d'un intérêt particulier. ■ Cass. com., 3 avr. 2012, n° 11-17.130 ; *Dr. sociétés* juin 2012, comm. 100, note D. Gallois-Cochet ; *Rev. sociétés* 2012, p. 571, note A. Reygrobellet ; *Bull. Joly Sociétés* 2012, p. 545, note F.-X. Lucas.

Art. L. 232-24 *(L. n° 2012-387, 22 mars 2012 ; mod., L. n° 2017-256, 28 févr. 2017 ; mod., L. n° 2018-938, 30 oct. 2018).* – Le greffier, lorsqu'il constate l'inexécution du dépôt prévu au I des articles L. 232-21 à L. 232-23, informe le président du tribunal de commerce pour qu'il puisse faire application de l'article L. 123-5-2 ou du II de l'article L. 611-2 ainsi que le représentant de l'État dans le département.

Art. L. 232-25 *(Ord. n° 2014-86, 30 janv. 2014 ; mod., L. n° 2015-990, 6 août 2015 ; L. n° 2019-486, 22 mai 2019).* – Lors du dépôt prévu au I des articles L. 232-21 à L. 232-23, les sociétés répondant à la définition des micro-entreprises au sens de l'article L. 123-16-1, à l'exception des sociétés mentionnées à l'article L. 123-16-2 et de celles dont l'activité consiste à gérer des titres de participations et de valeurs mobilières, peuvent déclarer que les comptes annuels qu'elles déposent ne seront pas rendus publics.

Lors de ce même dépôt, les sociétés répondant à la définition des petites entreprises, au sens de l'article L. 123-16, à l'exception des sociétés mentionnées à l'article L. 123-16-2, peuvent demander que le compte de résultat ne soit pas rendu public. Les sociétés appartenant à un groupe, au sens de l'article L. 233-16, ne peuvent faire usage de cette faculté.

Lors de ce même dépôt, les sociétés répondant à la définition des moyennes entreprises, au sens de l'article L. 123-16, à l'exception des sociétés mentionnées à l'article L. 123-16-2, peuvent demander que ne soit rendue publique qu'une présentation simplifiée de leur bilan et de leur annexe dans des conditions fixées par un règlement de l'Autorité des normes comptables. Dans ce cas, la présentation simplifiée n'a pas à être accompagnée du rapport des commissaires aux comptes. Les sociétés appartenant à un groupe, au sens de l'article L. 233-16, ne peuvent faire usage de cette faculté.

Lorsqu'il est fait usage de la faculté prévue au troisième alinéa du présent article, la publication de la présentation simplifiée est accompagnée d'une mention précisant le caractère abrégé de cette publication, le registre auprès duquel les comptes annuels ont été déposés, si un avis sans réserve, un avis avec réserves ou un avis défavorable a été émis par les commissaires aux comptes, ou si ces derniers se sont trouvés dans l'incapacité d'émettre un avis, et si le rapport des commissaires aux comptes fait référence à quelque question que ce soit sur laquelle ils ont attiré spécialement l'attention sans pour autant émettre une réserve dans l'avis.

Les autorités judiciaires, les autorités administratives au sens de l'article 1er de la loi n° 2000-321 du 12 avril 2000 relative aux droits des citoyens dans leurs relations avec les administrations ainsi que la Banque de France et les personnes morales, relevant de catégories définies par arrêté des ministres chargés de l'économie et des finances, qui financent ou investissent, directement ou indirectement, dans les entreprises ou fournissent des prestations au bénéfice de ces personnes morales ont toutefois accès à l'intégralité des comptes.

Un décret en Conseil d'État fixe les modalités d'application du présent article.

Voir : art. R. 232-22, p. 1760.

Art. L. 232-26 *(Créé, L. n° 2019-486, 22 mai 2019).* – Lorsque les micro-entreprises font usage de la faculté prévue à l'article L. 232-25, le rapport des commissaires aux comptes n'est pas rendu public.

Lorsque les petites et les moyennes entreprises font usage de la faculté prévue au même article L. 232-25, les documents rendus publics ne sont pas accompagnés du rapport des commissaires aux comptes. Ils comportent une mention précisant si les commissaires aux comptes ont certifié les comptes sans réserve, avec réserves, s'ils ont refusé de les certifier, s'ils ont été dans l'incapacité de les certifier ou si leur rapport fait référence à quelque question que ce soit sur laquelle ils ont attiré spécialement l'attention sans pour autant assortir la certification de réserves.

CHAPITRE III. – DES FILIALES, DES PARTICIPATIONS ET DES SOCIÉTÉS CONTRÔLÉES

NB : Cette section évoque, partiellement au moins, le groupe de sociétés, ce qui justifie que l'on rattache aux articles L. 233-1 et suivants les références bibliographiques et législatives concernant le groupe de sociétés.

Bibliographie : M. Verdier, *Concentrations économiques et droit des sociétés, in Mél. J. Hamel*, 1961, p. 213. • C. Champaud, *Le pouvoir de concentration de la société par actions*, Sirey 1962. • R. Contin et H. Hovasse, *L'autonomie patrimoniale des sociétés : D.* 1971, chron. p. 197. • J. Paillusseau, *Faut-il en France un droit des groupes de sociétés ? : JCP* 1971, I, 2401 *bis* ; *Le groupe de sociétés : RTD com.* 1972, p. 813. • B. Oppetit et A. Sayag, *Méthodologie d'un droit des groupes de sociétés : Rev. sociétés* 1973, p. 577. • J. Guyénot, *Les participations d'une société au capital d'une autre société : Études*

P. Azard, 1980, 87. • D. Schmidt, *La responsabilité civile dans les relations de groupe de sociétés : Rev. sociétés* 1981, p. 725. • M. Pelletier, *Les filiales*, thèse Paris II, 1980. • A. Supiot, *Groupes de sociétés et paradigme de l'entreprise : RTD com.* 1985, p. 621. • J.-P. Storck, *Définition légale du contrôle d'une société en droit français : Rev. sociétés* 1986, p. 385. • C. Armand et A. Viandier, *Réflexions sur l'exercice de l'action sociale dans les groupes de sociétés : transparence des personnalités et opacité des responsabilités ? : Rev. sociétés* 1986, p. 557. • A. Couret, *Le prix du contrôle d'une société : Bull. Joly Sociétés* 1986, p. 167. • B. Bouloc, *Droit pénal et groupes d'entreprises : Rev. sociétés* 1988, p. 181. • C. Hannoun, *Le droit et les groupes de sociétés*, LGDJ, 1991. • M. Pariente, *Les groupes de sociétés*, Litec 1993. • C. D'Hoir-Laupetre, *L'émergence d'un droit des obligations adapté au phénomène des groupes de sociétés : D.* 1993, chron. p. 248. • C. Mouly, *Contrats bancaires et groupes de sociétés : Groupes de sociétés, contrats et responsabilités*, LGDJ, 1994, p. 15. • M. Bini et A. Roth, *La création de sociétés filiales par une association : Bull. Joly Sociétés* 1996, p. 657. • M. Pariente, *Les groupes et la loi du 24 juillet 1966 : Rev. sociétés* 1996, p. 465. • A. Couret, *Vers un nouveau droit des groupes : LPA* 18 avr. 1997. • M. Pariente, *Les actionnaires des sociétés liées du groupe : Rev. sociétés* 1999, p. 805. • B. Plagnet, *L'intérêt du groupe en droit fiscal : les incidences du régime de l'intégration fiscale : Bull. ANSA* mars-mai 2000, n° 3027. • Q. Urban, *La « communauté d'intérêt », un outil de régulation et de fonctionnement du groupe de sociétés : RTD com.* 2000, p. 1. • M. Menjucq, *La circulation internationale des sociétés : Bull. Joly Sociétés* 2001, p. 233. • Ph. Merle, *Les conventions au sein des groupes : LPA* 4 mai 2001, p. 49. • J.-P. Dom, *Les dimensions du groupe de sociétés après les réformes de l'année 2001 : Rev. sociétés* 2002, p. 1. • B. Grimonprez, Pour une responsabilité des sociétés mères du fait de leurs filiales : *Rev. sociétés* 2009, p. 715. • N. Pelletier, *La responsabilité au sein des groupes de sociétés en cas de procédure collective*, LGDJ, 2013. • J. Vallansan, *Libres propos sur l'application du droit des entreprises en difficulté aux groupes de sociétés : Mél. en l'honneur du professeur Jean Prieur*, LexisNexis, 2014, p. 227. • I. Parachkevova et *alii*, *La responsabilité dans les groupes de sociétés : Act. prat. ing. soc.* mai-juin 2017, n° 3. • M. Bourgeois-Bertrel, *La holding, approche d'une notion « fonctionnelle » : Dr sociétés* 2016, étude 4. • J.-Ch. Pagnucco (ss dir.), *Dossier* Les groupes de sociétés : *quels pouvoirs, quelle responsabilité ? : Dr. sociétés* 2017, dossiers 7 à 17. • A. Rabreau (ss dir.), *Dossier La personnalité morale à l'épreuve des groupes de sociétés : regards croisés : Dr. & patr.* mai 2017, p. 41. • M.-P. Dumont et C. Lisanti (ss dir.), *Groupes de sociétés et procédures collectives : de l'autonomie patrimoniale des sociétés groupées à l'unité patrimoniale du groupe ?* : LexisNexis, coll. FNDE, 2018.

Section I. – Définitions

Art. L. 233-1 *(Anc. L. n° 66-537, 24 juill. 1966 ; mod., Ord. n° 2015-900, 23 juill. 2015)*. **– Lorsqu'une société possède plus de la moitié du capital d'une autre société, la seconde est considérée, pour l'application des sections 2 et 4 du présent chapitre, comme filiale de la première.**

Voir : non-prise en compte des actions à dividende prioritaire sans droit de vote, art. L. 228-35-11, p. 479.

1) Absence de personnalité morale du groupe. Les groupes de sociétés sont dépourvus de la personnalité morale et donc de la capacité de contracter ; en conséquence, ils ne peuvent ouvrir un compte bancaire ▪ Cass. com., 2 avr. 1996, n° 94-16.380 : *JurisData* n° 1996-001319 ; *Bull. Joly Sociétés* 1996, p. 510, note P. Le Cannu ; *JCP G* 1997, II, 22803, note J.-P. Chazal. Un « groupe de sociétés » ne peut, faute de personnalité morale, être titulaire de droits et d'obligations et se voir infliger une condamnation. ▪ Cass. com., 15 nov. 2001, n° 10-21.701 ; *Rev. sociétés* 2012, p. 37, note S. Prevost.

2) Autonomie juridique des filiales. – Même si elle est intégrée dans un groupe, une société qui dispose de ses propres organes de direction et des moyens matériels et humains nécessaires à la réalisation de son objet, qui traite en son nom propre avec les tiers, doit être regardée comme une *société autonome, sauf à* démontrer qu'elle a été créée à des fins frauduleuses ou que la société mère s'ingère, volontairement ou non, d'une manière telle dans son fonctionnement que les tiers sont fondés à croire qu'en traitant avec elle, ils traitent en réalité avec la société mère ▪ CA Versailles, 22 févr. 1996, n° 95-5888 : *JurisData* n° 1996-020407 ; *Bull. Joly Sociétés* 1996, p. 505, note M. Pariente.

– Une société mère n'est pas tenue de financer sa filiale pour lui permettre de remplir ses obligations même si celle-ci est chargée d'un service public pouvant présenter un risque pour l'intérêt général ▪ Cass. com., 26 mars 2008, n° 07-11.619 : *Bull. Joly Sociétés* 2008, p. 908, note F.-G. Trébulle ; *Rev. sociétés* 2008, p. 812, note B. Rolland.

– Une société mère ne peut, sauf à méconnaître la règle « nul ne plaide par procureur », se substituer à sa filiale pour intenter en ses lieu et place une action judiciaire pour la réparation du préjudice subi par la seule filiale ▪ Cass. com., 17 déc. 1991, n° 89-21.607 : *Rev. sociétés* 1992, p. 323, note Y. Chartier ; *Bull. Joly Sociétés* 1992, p. 186, note C. Hannoun.

– S'agissant de l'inexécution par une filiale de son obligation d'assurer la réhabilitation d'un site pollué, la société mère, qui n'a pas commis de faute dans les suites qu'elle a réservées à sa prise de participation laquelle est intervenue peu de temps avant la cessation d'activité de la filiale, n'est pas tenue de financer celle-ci pour lui permettre de remplir ses obligations même si cette dernière est chargée d'un service public pouvant présenter un risque pour l'intérêt général ▪ Cass. com., 26 mars 2008, n° 07-11.619 : *Bull. Joly Sociétés* 2008, p. 908, note F.-G. Trébulle : *Rev. sociétés* 2008, p. 811, note B. Rolland.

3) Fictivité. Les diverses sociétés d'un groupe, auquel appartient une filiale chargée de l'exécution d'un contrat informatique demeuré inachevé, méritent d'être condamnées *in solidum* dès lors qu'elles se présentent à leur clientèle comme une entité unique, ayant les mêmes locaux, le même téléphone, le même logo et minimisent leurs désignations propres ; par ailleurs, les dirigeants de plusieurs sociétés étaient intervenus dans l'exécution du contrat qui n'avait pu être achevé en raison de la « décision de groupe » de mettre un terme aux activités de la filiale prestataire qui n'avait ainsi aucune autonomie et subissait l'immixtion des autres sociétés dans sa gestion ▪ Cass. com., 4 mars 1997 : *JurisData* n° 1997-000900 ; *JCP* E 1997, pan. n° 432-438 ; *Bull. Joly Sociétés* 1997, p. 557, note J.-J. Daigre. – V. également, sur l'acte de gestion par immixtion, ▪ Cass. 3e civ., 14 oct. 1992, n° 90-17.817 : *JurisData* n° 1992-002098 ; *Dr. sociétés* 1992, n° 243, obs. T. Bonneau.

4) Responsabilité de la société mère et théorie de l'apparence. – Doit être cassé pour manque de base légale l'arrêt qui retient que la société mère est obligée par le mandat contracté par sa filiale sans caractériser une immixtion de la société mère dans l'exécution de ce mandat de nature à créer pour les mandants une apparence trompeuse propre à leur permettre de croire légitimement qu'elle était aussi leur cocontractant ▪ Cass. ass. plén., 9 oct. 2006, nos 06-11.056 et 06-11.307 : *Bull. Joly Sociétés* 2007, p. 57, note F.-X. Lucas.

– Mais les sociétés mères qui se sont comportées en véritables parties au contrat conclu par leurs filles et ont eu la volonté d'en assumer personnellement tous les engagements en découlant, ainsi que d'en respecter toutes les clauses, ont aussi accepté l'application de la clause attributive de compétence ▪ Cass. com., 20 nov. 1990, n° 89-14.869 : *Bull. Joly Sociétés* 1991, p. 99, et p. 209, note J.-P. Laborde.

– Ne donne pas de base légale à sa décision la cour d'appel qui déclare une société mère solidairement responsable de sa filiale sans constater que l'immixtion de la société mère dans les affaires de sa filiale avait été de nature à créer pour la victime une apparence trompeuse propre à lui permettre de croire légitimement que cette société était aussi son contractant. ▪ Cass. com., 12 juin 2012, n° 11-16.109 : *JurisData* n° 2012-012947 ; *Dr. sociétés* 2012, n° 157, note R. Mortier ; *Rev. sociétés* 2013, p. 95, note C. Tabourot-Hyest ; *D.* 2013, p. 584, *La responsabilité de la société mère pour les actes de sa filiale*, J. Schmeidler ; *Bull. Joly Sociétés* 2012, p. 611, note J.-F. Barbièri.

– Des comportements de la société mère caractéristiques d'une immixtion dans les affaires de sa filiale peuvent être retenus pour justifier une assignation en paiement des dettes de cette filiale dès lors que l'immixtion de la mère a été de nature à créer une apparence propre à faire croire que la mère se substituait à sa filiale, ▪ Cass. com., 3 févr. 2015, n° 13-24.895 : *JurisData* n° 2015-001601 ; *Bull. Joly Sociétés* 2015, p. 128, note A. Couret ; *JCP* E 2015, n° 1159, note B. Dondero ; *D.* 2015, p. 2401, obs. E. Lamazerolles ; *RTD civ.* 2015, 388, obs. H. Barbier.

5) Lettre d'intention. La société mère, unique actionnaire puis actionnaire majoritaire d'une filiale au profit de laquelle elle souscrit une lettre d'intention auprès d'une banque, ne respecte pas l'obligation de moyens de cet engagement lorsqu'elle réduit considérablement sa participation au capital de sa filiale sans en avertir la banque comme elle était tenue de le faire aux termes de la lettre d'intention, empêchant ainsi celle-ci de réagir utilement ▪ Cass. com., 19 mars 1991, n° 89-16.464 : *JurisData* n° 1991-000962 ; *Bull. Joly Sociétés* 1991, p. 523, note P. Le Cannu.

6) Infractions au droit de la concurrence. Le droit de l'Union européenne de la concurrence vise les activités des entreprises et la notion d'entreprise comprend toute entité exerçant une activité économique, indépendamment du statut juridique de cette entité et de son mode de financement. La notion d'entreprise, placée dans ce contexte, doit être comprise comme désignant une unité économique même si, du point de vue juridique, cette unité économique est constituée de plusieurs personnes physiques ou morales. Le comportement d'une filiale peut être imputé à la société mère notamment lorsque, bien qu'ayant une personnalité juridique distincte, cette filiale ne détermine pas de façon autonome son comportement sur le marché, mais applique pour l'essentiel les instructions qui lui sont données par la société mère, eu égard en particulier aux liens économiques, organisationnels et juridiques qui unissent ces deux entités juridiques. ▪ CJUE, 10 sept. 2009, aff. C-97/08, *Akzo Nobel NV / Commisison* ; *Bull. Joly Sociétés* 2010, p. 69, note B. Blaise et C. Prieto ; *RTD com.* 2010 p. 144, note Cl. Champaud et D. Danet ; *RTD eur.* 2010, p. 667, note L. Idot. ▪ CJUE, 1er juill. 2010, aff. C-407/08, *Knauf Gips / Commission*. Lorsqu'une filiale est détenue en totalité par une société mère, il n'est pas nécessaire d'examiner si la société mère peut influer de manière déterminante sur la politique de sa filiale, cette dernière suivant nécessairement une politique tracée par les mêmes organes statutaires qui déterminent la politique de la société mère. ▪ CJUE, 1er juill. 2010, T-321/05, *AstraZeneca / Commission*. Il ne saurait être exclu qu'une société holding puisse être tenue pour solidairement responsable pour les infractions au droit de la concurrence de l'Union commises par une filiale de son groupe dont elle ne détient pas directement le capital social, pour autant que cette société holding exerce une influence déterminante sur ladite filiale, et cela même indirectement par le biais d'une société interposée. Tel est notamment le cas lorsque la filiale ne détermine pas de façon autonome son comportement sur le marché par rapport à la société interposée, laquelle n'agit pas non plus de façon autonome sur le marché, mais applique pour l'essentiel les instructions qui lui sont données par la société holding. ▪ CJUE, 1re ch., 20 janv. 2011, aff. C-90/09, *General Quimica SA* : *JCP* E 2011, n° 45 ; *Bull. Joly Sociétés* 2011, n° 137, p. 318, note G. Decocq.

7) Théorie du co-emploi. En cas de confusion d'intérêts, d'activité et de direction entre la société ayant embauché des salariés et une autre société du groupe, la seconde doit être qualifiée de co-employeur à l'égard des salariés. ▪ Cass. soc., 18 janv. 2011, n° 09-69.199 : *Bull. civ.* V, n° 23 ; *Bull. Joly Sociétés* 2011, p. 215, note P. Morvan ; *Dr. sociétés* 2011, p. 372, note G. Couturier ; *JCP* S 2011, 1065, P. note Morvan ; *RDT* 2011, p. 168, note F. Géa ; *Rev. sociétés* 2011, p. 154, note A. Couret. ▪ Cass. soc., 28 sept. 2011, n° 10-12.278, Métaleurop : *Bull. Joly Sociétés* 2012, n° 15, p. 59, note N. Morelli ; I 2012, p. 901, obs. P. Lokiec et J. Porta ; *JCP* S 2011, 1548, note H. Guyot. Hors l'existence d'un lien de subordination, une société faisant partie d'un groupe ne peut être considérée comme un co-employeur à l'égard du personnel employé par une autre, que s'il existe entre elles, au-delà de la nécessaire coordination des actions économiques entre les sociétés appartenant à un même groupe et de l'état de domination économique que cette appartenance peut engendrer, une confusion d'intérêts, d'activités et de direction se manifestant par une immixtion dans la gestion économique et sociale de cette dernière. ▪ Cass. soc. 2 juill. 2014, n° 13-15.208, Molex : *JurisData* n° 2014-014251 ; *Bull. Joly Sociétés* 2014, p. 394, note N. Pelletier ; *JCP* S 2014, 1311, note G. Loiseau ; *Bull. Joly Sociétés* 2014, p. 418, note F.-X. Lucas. ▪ Cass. soc., 4 févr. 2016, n° 14-24.050 : *Bull. Joly Sociétés* 2016, p. 20, note R. Damman et S. François. ▪ Cass. soc., 6 juill. 2016, n° 14-27.266 : *D.* 2016, p. 2096, note R. Dammann et R. François ; *Bull. Joly* 2016, p. 597, note J.-P. Laborde ; *JCP* G 2016, n° 37, p. 1645, note Y. Pagnerre ; *RDT* 2016, p. 560, note S. Vernac. ▪ Cass. soc., 13 juil. 2017, n° 16-13.699 : *Bull. Joly Sociétés* 2017, p. 668, note C. Neau-Leduc. ▪ Cass. soc., 24 mai 2018, n° 17-15.630, P+B : *JurisData* n° 2018-008649 ; *JCP* E 2018, 672, note G. Dedessus-Le-Moustier ; *JCP* S 2018, act. 167, note G. Loiseau. ▪ Cass. soc., 24 mai 2018, n° 17-15.630, P+B : *JurisData* n° 2018-008649 ; *JCP* E 2018, 672, note G. Dedessus-Le-Moustier.

8) Responsabilité civile de la société mère. Responsabilité de l'associé envers un créancier social. La responsabilité d'un associé vis-à-vis des créanciers de la société ne saurait être mise en cause qu'à raison d'une faute intentionnelle d'une particulière gravité, incompatible avec l'exercice normal des prérogatives attachées à la qualité d'associé. ▪ Cass. com., 18 févr. 2014, n° 12-29.752 : *Bull. civ.* IV, n° 40 ; *JurisData* n° 2014-002810 ; *JCP* E 2014, no 1160, note B. Dondero ; *D.* 2014, p. 764, note Th. Favario ; *Bull. Joly Sociétés* 2014, p. 382, note B. Fages ; *D.* 2014, p. 2434, note J.-C. Hallouin. – **Responsabilité de la société mère envers les salariés d'une filiale.** Engage sa responsabilité envers les salariés d'une société d'un groupe, la société tête de groupe qui a pris des décisions dommageables pour la filiale, aggravant sa situation économique difficile, ne répondant à aucune utilité pour elle et uniquement profitables à son actionnaire unique, puisque par sa faute et sa légèreté blâmable elle a concouru à la déconfiture de l'employeur et à la disparition des emplois qui en est résulté. ▪ Cass. soc., 8 juill. 2014, n° 13-15.573 : *Bull. civ.* V, n° 100 ; *JCP* S 2014, 1311, note G. Loiseau ; *RDT* 2014, p. 625, note M. Kocher ; *Cah. soc.* 2014, p. 511, obs. J. Icard ; *Rev. sociétés* 2014, p. 709, note A. Couret et M-P. Schramm ; *Bull. Joly* 2014, p. 418, note F.-X. Lucas. Engage sa responsabilité envers les salariés d'une société d'un groupe, la société actionnaire principal qui a pris, par l'intermédiaire des sociétés du groupe, des décisions préjudiciables dans son seul intérêt d'actionnaire, lesquelles ont entraîné la liquidation partielle de la société employeur. ▪ Cass. soc., 24 mai 2018, n° 16-22.881, P+B : *JurisData* n° 2018-008644, note G. Dedessus-Le-Moustier. ▪ Cass. soc., 24 mai 2018, n° 16-18.621, préc.

– **Salarié dirigeant d'une filiale.** V. sous art. L. 225-22, p. 337.

– **Cumul entre un contrat de travail et un mandat social.** Un administrateur ne peut devenir salarié de la société qu'il administre, fût-ce à l'occasion du transfert de son contrat de travail d'une autre société appartenant au même groupe ▪ Cass. soc., 6 oct. 1993, n° 90-44.561 : *JurisData* n° 1993-001808 ; *JCP* E 1994, I, 331, n° 13, obs. A. Viandier et J.-J. Caussain.

9) Groupe et droit de la concurrence. Il ne saurait être exclu qu'une société holding puisse être tenue pour solidairement responsable pour les infractions au droit de la concurrence de l'Union commises par une filiale de son groupe dont elle ne détient pas directement le capital social, pour autant que cette société holding exerce une influence déterminante sur ladite filiale, et cela même indirectement par le biais d'une société interposée. Tel est notamment le cas lorsque la filiale ne détermine pas de façon autonome son comportement sur le marché par rapport à la société interposée, laquelle n'agit pas non plus de façon autonome sur le marché, mais applique pour l'essentiel les instructions qui lui sont données par la société holding. ▪ CJUE, 1re ch., 20 janv. 2011, aff. C-90/09, *General Quimica SA* : *JCP* E 2011, n° 45 ; *Bull. Joly Sociétés* 2011, n° 137, p. 318, note G. Decocq.

Art. L. 233-2 *(Anc. L. n° 66-537, 24 juill. 1966 ; mod., Ord. n° 2015-900, 23 juill. 2015)*. **– Lorsqu'une société possède dans une autre société une fraction du capital comprise entre 10 et 50 %, la première est considérée, pour l'application « des sections 2 et 4 » du présent chapitre, comme ayant une participation dans la seconde.**

Voir : non-prise en compte des actions à dividende prioritaire sans droit de vote, art. L. 228-35-11, p. 479.

Art. L. 233-3 *(Anc. L. n° 66-537, 24 juill. 1966 ; mod., L. n° 2001-1168, 11 déc. 2001 ; L. n° 2005-842, 26 juill. 2005 ; Ord. n° 2015-1576, 3 déc. 2015)*. **– I. – Toute personne, physique ou morale, est considérée, pour l'application des sections 2 et 4 du présent chapitre, comme en contrôlant une autre :**

1° Lorsqu'elle détient directement ou indirectement une fraction du capital lui conférant la majorité des droits de vote dans les assemblées générales de cette société ;

2° Lorsqu'elle dispose seule de la majorité des droits de vote dans cette société en vertu d'un accord conclu avec d'autres associés ou actionnaires et qui n'est pas contraire à l'intérêt de la société ;

3° Lorsqu'elle détermine en fait, par les droits de vote dont elle dispose, les décisions dans les assemblées générales de cette société ;

4° Lorsqu'elle est associée ou actionnaire de cette société et dispose du pouvoir de nommer ou de révoquer la majorité des membres des organes d'administration, de direction ou de surveillance de cette société.

II. – Elle est présumée exercer ce contrôle lorsqu'elle dispose directement ou indirectement, d'une fraction des droits de vote supérieure à 40 % et qu'aucun autre associé ou actionnaire ne détient directement ou indirectement une fraction supérieure à la sienne.

III. – Pour l'application des mêmes sections de présent chapitre, deux ou plusieurs personnes agissant de concert sont considérées comme en contrôlant conjointement une autre lorsqu'elles déterminent en fait les décisions prises en assemblée générale.

Voir : action de concert, art. L. 233-10, p. 534.

Sur les conventions de trésorerie : A. Viandier, *Les opérations financières au sein des groupes de sociétés* : *JCP* E 1985, 14447. – J.-C. Hallouin et P. Bouteiller, *Centralisation de trésorerie dans les groupes* : *Act. prat.* juill.-août 2006.

Également : C. monét. fin., art. L. 511-5, p. 3218 et L. 511-7, p. 3221.

1) Appréciation du contrôle. La Cour de cassation renvoie aux juges du fond l'appréciation du contrôle. ▪ Cass. com., 26 févr. 2013, n° 12-13.721 : *JurisData* n° 2013-003197 ; *JCP* E 2013, n° 1327, note S. Schiller.

2) Contrôle conjoint et action de concert. Il résulte de l'article L. 233-3, III du Code de commerce que, pour l'application de l'article L. 233-31 *du même code, deux ou plusieurs* personnes agissant de concert sont considérées comme en contrôlant conjointement une autre lorsqu'elles déterminent en fait les décisions prises en assemblée générale. Le contrôle conjoint défini par l'article L. 233-3, III du Code de commerce n'est pas exclu par la seule circonstance que l'un des concertistes dispose d'une majorité qui serait, en l'absence de l'accord conclu entre eux, de nature à lui permettre de déterminer seul les décisions prises en assemblée. ▪ Cass. com., 29 juin 2010, n° 09-16.112 : *JurisData* n° 2010-010642 ; *JCP* E 2010, 1778, note A. Viandier ; *Bull. Joly Sociétés* 2010, p. 834, note H. Le Nabasque ; *Dr. sociétés* 2010, p. 28, comm. 207, R. Mortier.

3) Action concertée au conseil d'administration. Un accord pour mettre en place une nouvelle organisation des organes de gestion peut être constitutif d'une action de concert. Le contrôle conjoint suppose que les sociétés agissant de concert déterminent en fait les décisions prises en assemblée générale. ▪ Cass. com., 15 mars 2011, n° 10-11.877, *Bull. Joly* 2011, note D. Schmidt ; *Rev. sociétés* 2011, p. 552, note F. Martin Laprade.

Art. L. 233-4 *(Anc. L. n° 66-537, 24 juill. 1966)*. **– Toute participation même inférieure à 10 % détenue par une société contrôlée est considérée comme détenue indirectement par la société qui contrôle cette société.**

Bibliographie : H. Le Nabasque, *La notion de « participation indirecte » en droit des sociétés* : *Bull. Joly Sociétés* 2016, p. 176.

Art. L. 233-5 *(Mod., L. n° 2003-706, 1er août 2003 ; Ord. n° 2009-80, 22 janv. 2009).* **– Le ministère public et l'Autorité des marchés financiers pour les sociétés dont les actions sont admises aux négociations sur un marché d'instruments financiers mentionné au II de l'article L. 233-7 sont habilités à agir en justice pour faire constater l'existence d'un contrôle sur une ou plusieurs sociétés.**

Art. L. 233-5-1 *(L. n° 2010-788, 12 juill. 2010).* **– La décision par laquelle une société qui possède plus de la moitié du capital d'une autre société au sens de l'article L. 233-1, qui détient une participation au sens de l'article L. 233-2 ou qui exerce le contrôle sur une société au sens de l'article L. 233-3 s'engage à prendre à sa charge, en cas de défaillance de la société qui lui est liée, tout ou partie des obligations de prévention et de réparation qui incombent à cette dernière en application des articles L. 162-1 à L. 162-9 du Code de l'environnement est soumise, selon la forme de la société, à la procédure mentionnée aux articles L. 223-19, L. 225-38, L. 225-86, L. 226-10 ou L. 227-10 du présent code.**

Bibliographie : F. Barrière, *Le Grenelle II ou l'art législatif à l'envers ? À propos de certaines dispositions de droit des sociétés* : *JCP* E 2010, n° 1752. • G. J. Martin, *Commentaire des articles 225, 226 et 227 de la loi n° 2010-788 du 12 juillet 2010 portant engagement national pour l'environnement (dite « Grenelle II »)* : *Rev. sociétés* 2011, p. 75.

Section II. – Des notifications et des informations

Art. L. 233-6 *(Anc. L. n° 66-537, 24 juill. 1966).* **– Lorsqu'une société a pris, au cours d'un exercice, une participation dans une société ayant son siège social sur le territoire de la République française représentant plus du vingtième, du dixième, du cinquième, du tiers ou de la moitié du capital de cette société ou s'est assuré le contrôle d'une telle société, il en est fait mention dans le rapport présenté aux associés sur les opérations de l'exercice et, le cas échéant, dans le rapport des commissaires aux comptes.**

Le conseil d'administration, le directoire ou le gérant d'une société rend compte dans son rapport de l'activité et des résultats de l'ensemble de la société, des filiales de la société et des sociétés qu'elle contrôle par branche d'activité. Lorsque cette société établit et publie des comptes consolidés, le rapport ci-dessus mentionné peut être inclus dans le rapport sur la gestion du groupe mentionné à l'article L. 233-26.

Art. L. 233-7 *(Mod., L. n° 2001-420, 15 mai 2001 ; L. n° 2003-706, 1er août 2003 ; Ord. n° 2004-604, 24 juin 2004 ; L. n° 2004-1343, 9 déc. 2004 ; rempl., L. n° 2005-842, 26 juill. 2005 ; L. n° 2007-1774, 17 déc. 2007 ; mod., Ord. n° 2009-15, 8 janv. 2009 ; Ord. n° 2009-105, 30 janv. 2009 ; Ord. n° 2009-105, 30 janv. 2009 ; L. n° 2010-1249, 22 oct. 2010 ; L. n° 2012-387, 22 mars 2012 ; Ord. n° 2015-1576, 3 déc. 2015 ; L. n° 2016-1691, 9 déc. 2016 ; Ord. n° 2020-1142, 16 sept. 2020).* **– I. – Lorsque les actions d'une société ayant son siège sur le territoire de la République sont admises aux négociations sur un marché réglementé d'un État partie à l'accord sur l'Espace économique européen ou sur un marché d'instruments financiers admettant aux négociations des actions pouvant être inscrites en compte chez un intermédiaire mentionné à l'article L. 211-3 du Code monétaire et financier, toute personne physique ou morale agissant seule ou de concert qui vient à posséder, directement ou indirectement, un nombre d'actions représentant plus du vingtième, du dixième, des trois vingtièmes, du cinquième, du quart, des trois dixièmes, du tiers, de la moitié, des deux tiers, des dix-huit vingtièmes ou des dix-neuf vingtièmes du capital ou des droits de vote informe la société dans un délai fixé par décret en Conseil d'État, à compter du franchissement du seuil de participation, du nombre total d'actions ou de droits de vote qu'elle possède.**

L'information mentionnée à l'alinéa précédent est également donnée dans les mêmes délais lorsque la participation en capital ou en droits de vote devient inférieure aux seuils mentionnés par cet alinéa.

La personne tenue à l'information prévue au premier alinéa précise en outre dans sa déclaration :

a) **Le nombre de titres qu'elle possède donnant accès à terme aux actions à émettre et les droits de vote qui y seront attachés ;**

b) Les actions déjà émises que cette **personne peut acquérir, en vertu d'un accord ou d'un instrument financier mentionné à l'article L. 211-1 du Code monétaire et financier, sans préjudice des dispositions des 4° et 4°** ***bis*** **du I de l'article L. 233-9 du présent code. Il en est de même pour les droits de vote que cette personne peut acquérir dans les mêmes conditions.**

II. – La personne tenue à l'information mentionnée au I informe également l'Autorité des marchés financiers, dans un délai et selon des modalités fixés par son règlement général, à compter du franchissement du seuil de

participation, lorsque les actions de la société sont admises aux négociations sur un marché réglementé ou sur un marché d'instruments financiers autre qu'un marché réglementé, à la demande de la personne qui gère ce marché d'instruments financiers. Dans ce dernier cas, l'information due à la société et à l'Autorité des marchés financiers peut ne porter que sur une partie des seuils mentionnés au I, dans les conditions fixées par le règlement général de l'Autorité des marchés financiers. Cette information est portée à la connaissance du public dans les conditions fixées par le règlement général de l'Autorité des marchés financiers.

Le règlement général précise également les modalités de calcul des seuils de participation.

III. – Les statuts de la société peuvent prévoir une obligation supplémentaire d'information portant sur la détention de fractions du capital ou des droits de vote inférieures à celle du vingtième mentionnée au I. L'obligation porte sur la détention de chacune de ces fractions, qui ne peuvent être inférieures à 0,5 % du capital ou des droits de vote.

IV. – Les obligations d'information prévues aux I, II et III du présent article ainsi que l'obligation d'information prévue au I de l'article L. 22-10-48 ne s'appliquent pas aux actions, accords et instruments financiers mentionnés au présent article ainsi qu'au I de l'article L. 233-9, et qui ont pour caractéristique d'être :

1° Acquis aux seules fins de la compensation, du règlement ou de la livraison d'instruments financiers, dans le cadre habituel du cycle de règlement à court terme défini par le règlement général de l'Autorité des marchés financiers ;

2° Détenus par les teneurs de comptes conservateurs dans le cadre de leur activité de tenue de compte et de conservation ;

3° Détenus par un prestataire de services d'investissement dans son portefeuille de négociation au sens de l'article 11 de la directive 2006/49/CE du Parlement et du Conseil du 14 juin 2006 sur l'adéquation des fonds propres des entreprises d'investissement et des établissements de crédit à condition que ces actions ne représentent pas une quotité du capital ou des droits de vote de l'émetteur de ces titres supérieure à un seuil fixé par le règlement général de l'Autorité des marchés financiers et que les droits de vote attachés à ces titres ne soient pas exercés ni autrement utilisés pour intervenir dans la gestion de l'émetteur ;

4° Remis aux membres du Système européen de banques centrales ou par ceux-ci dans l'exercice de leurs fonctions d'autorités monétaires, dans les conditions fixées par le règlement général de l'Autorité des marchés financiers ;

5° Acquis à des fins de stabilisation conformément au règlement (UE) n° 596/2014 du Parlement européen et du Conseil du 16 avril 2014 sur les abus de marché (règlement relatif aux abus de marché) et abrogeant la directive 2003/6/CE du Parlement européen et du Conseil et les directives 2003/124/CE, 2003/125/CE et 2004/72/CE de la Commission, pour autant que les droits de vote attachés auxdites actions ne soient pas exercés ni utilisés autrement pour intervenir dans la gestion de l'émetteur.

V. – Les obligations d'information prévues aux I, II et III ne s'appliquent pas :

1° Au teneur de marché lors du franchissement du seuil du vingtième du capital ou des droits de vote dans le cadre de la tenue de marché, à condition qu'il n'intervienne pas dans la gestion de l'émetteur dans les conditions fixées par le règlement général de l'Autorité des marchés financiers ;

2° Lorsque la personne mentionnée au I est contrôlée, au sens de l'article L. 233-3, par une entité soumise à l'obligation prévue aux I à III pour les actions détenues par cette personne ou que cette entité est elle-même contrôlée, au sens de l'article L. 233-3, par une entité soumise à l'obligation prévue aux I à III pour ces mêmes actions.

VI. – En cas de non-respect de l'obligation d'information mentionnée au III, les statuts de la société peuvent prévoir que les dispositions des deux premiers alinéas de l'article L. 233-14 ne s'appliquent qu'à la demande, consignée dans le procès-verbal de l'assemblée générale, d'un ou plusieurs actionnaires détenant une fraction du capital ou des droits de vote de la société émettrice au moins égale à la plus petite fraction du capital dont la détention doit être déclarée. Cette fraction ne peut toutefois être supérieure à 5 %.

VI *bis*. – Le règlement général de l'Autorité des marchés financiers précise les cas et conditions dans lesquels une modification de la répartition de la participation entre les différents types d'instruments mentionnés au I du présent article et de l'article L. 233-9 oblige la personne tenue à l'information mentionnée aux I et II du présent article à déclarer un franchissement d'un seuil prévu au I.

VII. – Lorsque les actions de la société sont admises aux négociations sur un marché réglementé, la personne tenue à l'information prévue au I est tenue de déclarer, à l'occasion des franchissements de seuil du dixième, des

trois vingtièmes, du cinquième ou du quart du capital ou des droits de vote, les objectifs qu'elle a l'intention de poursuivre au cours des six mois à venir.

Cette personne précise dans sa déclaration :

a) Les modes de financement de l'acquisition ;

b) Si elle agit seule ou de concert ;

c) Si elle envisage d'arrêter ses achats ou de les poursuivre et d'acquérir ou non le contrôle de la société ;

d) La stratégie qu'elle envisage vis-à-vis de l'émetteur et les opérations pour la mettre en œuvre ;

e) Ses intentions quant au dénouement des accords et instruments mentionnés aux 4° et 4° *bis* du I de l'article L. 233-9, si elle est partie à de tels accords ou instruments ;

f) Tout accord de cession temporaire ayant pour objet les actions et les droits de vote ;

g) Si elle envisage de demander sa nomination ou celle d'une ou plusieurs personnes comme administrateur, membre du directoire ou du conseil de surveillance.

Le règlement général de l'Autorité des marchés financiers précise le contenu de ces éléments en tenant compte, le cas échéant, du niveau de la participation et des caractéristiques de la personne qui procède à la déclaration.

Cette déclaration est adressée à la société dont les actions ont été acquises et doit parvenir à l'Autorité des marchés financiers dans des délais fixés par décret en Conseil d'État. Cette information est portée à la connaissance du public dans les conditions fixées par le règlement général de l'Autorité des marchés financiers.

En cas de changement d'intention dans le délai de six mois à compter du dépôt de cette déclaration, une nouvelle déclaration motivée doit être adressée à la société et à l'Autorité des marchés financiers sans délai et portée à la connaissance du public dans les mêmes conditions. Cette nouvelle déclaration fait courir à nouveau le délai de six mois mentionné au premier alinéa.

Voir : art. L. 233-10, p. 534, L. 233-14, p. 536, L. 247-2, p. 598, art. R. 233-1, p. 1760.

Voir aussi : Règl. gén. AMF, art. 223-11 et s.

Bibliographie : A. Couret, *La méconnaissance des obligations de déclaration de franchissement de seuils : RJDA* 2004, 227. • F. Bucher, *Le nouveau dispositif sur les franchissements de seuil après la loi Breton du 26 juillet 2005 : Bull. Joly Sociétés* 2005, p. 1307. • M. Lay, *La réforme juridique des déclarations de franchissement de seuils : JCP* E 2005, p. 1285. • H. Hovasse, *Pouvoir du bureau de l'assemblée des actionnaires, franchissement de seuil et action de concert : Dr. sociétés* août-sept. 2007, repère p. 8. • A. Omaggio, *Ordonnance du 30 janvier 2009 : regard critique sur la réforme relative aux déclarations de franchissement de seuils et aux déclarations d'intention : Dr. sociétés* avr. 2009, n° 4. • F. Peltier et C. Maison-Blanche, *Déclarations de franchissement de seuils : JCP* E 2009, 1509. • A. Viandier, *La réforme du régime des franchissements de seuils et des déclarations d'intention par l'ordonnance n° 2009-105 du 30 janvier 2009 : JCP* E 2009, 1248. • A. Omaggio, *Ordonnance du 30 janvier 2009 : regard critique sur la réforme relative aux déclarations de franchissement de seuils et aux déclarations d'intention : Dr. sociétés* avr. 2009, n° 4, Fiche pratique 4. • A. Gaudemet, *Les aspects de droit boursier de la loi du 22 mars 2012 relative à la simplification du droit et à l'allègement des démarches administratives : Bull. Joly Sociétés* 2012, p. 484. • F. Martin-Laprade, *Ordonnance de transposition de la directive Transparence : peut-on être tenu de déclarer un franchissement de seuil sans être actionnaire ? : Bull. Joly bourse* 2016, p. 52.

1) Sociétés dont les titres ne sont pas admis sur un marché réglementé. L'article L. 233-7 s'applique à la société lorsque les titres de capital qu'elle a émis sont admis aux opérations d'Euroclear France, dépositaire central, et que ses statuts prévoient leur inscription en compte chez un intermédiaire habilité. ▪ Cass. com., 10 févr. 2015, n° 13-14.778 : *D.* 2015, p. 430 ; *Dr. sociétés* 2015, n° 73, note S. Torck ; *Bull. Joly Sociétés* 2015, p. 182, note H. Le Nabasque ; *Bull. Joly Sociétés* 2015, p. 234, note Y. Paclot.

2) Fusion-absorption. La société absorbante, ayant cause universelle de la société absorbée, n'a pas à renouveler la déclaration de franchissement de seuil à laquelle a procédé la société absorbée au titre de l'acquisition des actions transmises par l'effet de la fusion ▪ Cass. com., 26 mars 2008, n° 06-20.156 : *Bull. Joly Sociétés* 2008, p. 489, note P. Le Cannu ; *Dr. sociétés* 2008, comm. 188, obs. T. Bonneau ; *Rev. sociétés* 2008, p. 834, note H. Le Nabasque.

Art. L. 233-7-1 *(L. n° 2009-1255, 19 oct. 2009* ; mod., L. n° 2016-1691, 9 déc. 2016). **– Lorsque les actions de la société ont cessé d'être admises aux négociations sur un marché réglementé pour être admises aux négociations sur un système multilatéral de négociation soumis aux dispositions du II de l'article L. 433-3 du Code monétaire et financier, la personne tenue à l'information mentionnée au I de l'article L. 233-7 du présent code informe également l'Autorité des marchés financiers dans un délai et selon des modalités fixées par son règlement général, à compter du franchissement du seuil de**

participation, pendant une durée de trois ans à compter de la date à laquelle ces actions ont cessé d'être admises aux négociations sur un marché réglementé. Cette information est portée à la connaissance du public dans les conditions fixées par le règlement général de l'Autorité des marchés financiers.

L'alinéa précédent est applicable aux sociétés dont la capitalisation boursière est inférieure à un milliard d'euros.

Le VII de l'article L. 233-7 est également applicable à la personne mentionnée au premier alinéa du présent article.

Art. L. 233-8 *(Anc. L. n° 66-537, 24 juill. 1966 ; mod., L. n° 2003-706, 1er août 2003 ; rempl., L. n° 2005-842, 26 juill. 2005 ; mod., L. n° 2007-1774, 17 déc. 2007 ; L. n° 2010-1249, 22 oct. 2010 ; L. n° 2012-387, 22 mars 2012 ; L. n° 2016-1691, 9 déc. 2016).* – I. – Au plus tard dans les quinze jours qui suivent l'assemblée générale ordinaire, toute société par actions informe ses actionnaires du nombre total de droits de vote existant à cette date. Néanmoins, les sociétés dont les actions ne sont pas admises aux négociations sur un marché réglementé ne sont pas tenues à cette information lorsque le nombre de droits de vote n'a pas varié par rapport à celui de la précédente assemblée générale ordinaire. Dans la mesure où, entre deux assemblées générales ordinaires, le nombre de droits de vote varie d'un pourcentage fixé par arrêté du ministre chargé de l'économie, par rapport au nombre déclaré antérieurement, la société, lorsqu'elle en a connaissance, informe ses actionnaires.

II. – Les sociétés mentionnées au I de l'article L. 233-7 dont des actions sont admises aux négociations sur un marché réglementé d'un État partie à l'accord sur l'Espace économique européen ou dont les actions sont admises aux négociations sur un système multilatéral de négociation soumis aux dispositions du II de l'article L. 433-3 du Code monétaire et financier dans les conditions déterminées par le règlement général de l'Autorité des marchés financiers publient chaque mois le nombre total de droits de vote et le nombre d'actions composant le capital de la société s'ils ont varié par rapport à ceux publiés antérieurement, dans des conditions et selon des modalités fixées par le règlement général de l'Autorité des marchés financiers. Ces sociétés sont réputées remplir l'obligation prévue au I.

Voir : art. R. 233-2, p. 1761. - Régl. gén. AMF, art. 223-16 et s.

Art. L. 233-9 *(Rempl., L. n° 2005-842, 26 juill. 2005 ; mod., Ord. n° 2009-107, 30 janv. 2009 ; Ord. n° 2009-105, 30 janv. 2009 ; mod. à compter du 1er octobre 2012, L. n° 2012-387, 22 mars 2012 ; mod., Ord. n° 2013-676, 25 juill. 2013 ; Ord. n° 2015-1576, 3 déc. 2015).* – I. – Sont assimilés aux actions ou aux droits de vote « mentionnés » au I de l'article L. 233-7 :

1° Les actions ou les droits de vote possédés par d'autres personnes pour le compte de cette personne ;

2° Les actions ou les droits de vote possédés par les sociétés que contrôle cette personne au sens de l'article L. 233-3 ;

3° Les actions ou les droits de vote possédés par un tiers avec qui cette personne agit de concert ;

4° Les actions déjà émises que cette personne, ou l'une des personnes mentionnées aux 1° à 3° est en droit d'acquérir à sa seule initiative, immédiatement ou à terme, en vertu d'un accord ou d'un instrument financier mentionné à l'article L. 211-1 du Code monétaire et financier. Il en va de même pour les droits de vote que cette personne peut acquérir dans les mêmes conditions ;

4° *bis* Les actions déjà émises sur lesquelles porte tout accord ou instrument financier mentionné à l'article L. 211-1 du Code monétaire et financier ayant pour cette personne ou l'une des personnes mentionnées aux 1° et 3° un effet économique similaire à la possession desdites actions, que cet accord ou instrument financier donne droit à un règlement physique ou à un règlement en espèces. Il en va de même pour les droits de vote sur lesquels porte, dans les mêmes conditions, tout accord ou instrument financier ;

5° Les actions dont cette personne a l'usufruit ;

6° Les actions ou les droits de vote possédés par un tiers avec lequel cette personne a conclu un accord de cession temporaire portant sur ces actions ou droits de vote ;

7° Les actions déposées auprès de cette personne, à condition que celle-ci puisse exercer les droits de vote qui leur sont attachés comme elle l'entend en l'absence d'instructions spécifiques des actionnaires ;

8° Les droits de vote que cette personne peut exercer librement en vertu d'une procuration en l'absence d'instructions spécifiques des actionnaires concernés.

Le règlement général de l'Autorité des marchés financiers fixe les conditions « et modalités » d'application des 4° et 4° *bis*, en particulier les conditions dans lesquelles un accord ou instrument financier est considéré comme ayant un effet économique similaire à la possession d'actions.

II. – Ne sont pas assimilées aux actions ou aux droits de vote « mentionnés » au I de l'article L. 233-7 :

1° Les actions détenues par les organismes de placement collectif en valeurs mobilières « ou les placements collectifs relevant des paragraphes 1, 2 et 6 de la sous-section 2, du paragraphe 2 ou du sous-paragraphe 1 du paragraphe 1 de la sous-section 3, ou de la sous-section 4 de la section 2 du chapitre IV du titre Ier du livre II du Code monétaire et financier » ou les SICAF gérés par une société de gestion de portefeuille contrôlée par cette personne au sens de l'article L. 233-3, dans les conditions fixées par le règlement général de l'Autorité des marchés financiers sauf exceptions prévues par ce même règlement ;

2° Les actions détenues dans un portefeuille géré par un prestataire de services d'investissement contrôlé par cette personne au sens de l'article L. 233-3, dans le cadre du service de gestion de portefeuille pour compte de tiers dans les conditions fixées par le règlement général de l'Autorité des marchés financiers, sauf exceptions prévues par ce même règlement.

3° *(Abrogé).*

Voir : art. L. 223-10, p. 304 ; Règl. gén. AMF, art. 223-12 et s.

Bénéficiaire économique. La commission des sanctions de l'AMF considère que l'article L. 233-9, I, 2° a pour objet d'assurer la bonne information du marché sur l'identité du bénéficiaire économique d'une participation détenue au travers d'une ou plusieurs entités. AMF déc. sanct. 28 janv. 2013, *Sté Gilapsi et M. Eisenberg : Dr. sociétés* 2013, n° 86, note S. Storck ; *Rev. sociétés* 2013, p. 248, note P. Didier. Le président d'une association de défense d'actionnaires sollicitant les pouvoirs de ses adhérents pour les représenter à une assemblée générale n'est pas tenu de comptabiliser les mandats recueillis, alors que ses intentions de vote avaient été rendues publiques et que les procurations qui lui avaient été confiées indiquaient que les actionnaires certifiaient avoir pris connaissance de ses intentions de vote. ▪ AMF, déc. sanct., 31 déc. 2019, n° 20 : *Bull. Joly Bourse* mars 2020, p. 19, note N. Rontchevsky.

Art. L. 233-10 *(Anc. L. n° 66-537, 24 juill. 1966 ; mod., L. n° 2001-420, 15 mai 2001 ; L. n° 2001-1168, 11 déc. 2001 ; L. n° 2003-7, 3 janv. 2003 ; L. n° 2007-211, 19 févr. 2007 ; L. n° 2010-1249, 22 oct. 2010).* – **I.** – Sont considérées comme agissant de concert les personnes qui ont conclu un accord en vue d'acquérir, de céder ou d'exercer des droits de vote, pour mettre en œuvre une politique commune vis-à-vis de la société ou pour obtenir le contrôle de cette société.

II. – Un tel accord est présumé exister :

1° Entre une société, le président de son conseil d'administration et ses directeurs généraux ou les membres de son directoire ou ses gérants ;

2° Entre une société et les sociétés qu'elle contrôle au sens de l'article L. 233-3 ;

3° Entre des sociétés contrôlées par la même ou les mêmes personnes ;

4° Entre les associés d'une société par actions simplifiée à l'égard des sociétés que celle-ci contrôle.

5° Entre le fiduciaire et le bénéficiaire d'un contrat de fiducie, si ce bénéficiaire est le constituant.

III. – Les personnes agissant de concert sont tenues solidairement aux obligations qui leur sont faites par les lois et règlements.

Bibliographie : P. Le Cannu, *L'action de concert : Rev. sociétés* 1991, 675. • D. Martin et A. Viandier, *Lexique de l'action de concert : RJDA* 4/92, 239. • D. Schmidt et C. Baj, *Récentes évolutions de l'action de concert : RD bancaire et bourse* 1992, 184. • J.-J. Daigre, *De l'action de concert après la décision du CMF du 13 novembre 1998 : JCP* E 1999, p. 660. • D. Schmidt, *Contrôle et action de concert : évolutions : JCP* E 2002, comm. 72. • J.-J. Daigre, D. Bompoint et F. Basdevant, *Les pactes d'actionnaires dans les sociétés cotées : Actes prat. ing. sociétaire* juill.-août 2002, n° 64, p. 5. • C. Goyet, *Le critère de l'action de concert selon Dominique Schmidt : éléments de discussion, in Mél. D. Schmidt*, Joly, 2005, p. 294. • C. Goyet, *Action de concert. Encore un effort pour être Européen : D.* 2011, p. 536. • O. Dexant De Bailliencourt, *Les pactes d'actionnaires dans les sociétés cotées, préf. H. Synvet, D.* 2012.

1) Caractérisation de l'action de concert. – **Affaire *Sacyr/Eiffage*.** Les textes n'exigeant pas que l'accord résulte d'un écrit, ni qu'il revête un caractère contraignant, est rapportée la preuve d'une action de concert dans l'hypothèse d'acquisitions successives d'actions de la société Eiffage par la société Sacyr et d'autres sociétés ayant procédé, non d'un simple parallélisme des comportements, mais d'une démarche collective organisée tendant à la poursuite d'une finalité commune consistant à se grouper pour apparaître en force afin d'imposer ensemble, par surprise, lors de l'assemblée générale de la société, une recomposition à leur avantage du conseil d'administration leur permettant ensuite d'opérer un rapprochement entre les deux sociétés ; les obligations d'information relatives aux prises de participation n'ayant pas été respectées *[C. monét. fin., art. L. 451-2, p. 967]*, le projet d'offre publique d'échange présenté par la société Sacyr, qui ne respectait pas les principes de transparence et de loyauté, a pu à bon droit être déclaré non conforme par l'AMF *[Règl. gén. AMF, 12 nov. 2004, art. 231-3, p. 1177]* ■ CA Paris, 2 avr. 2008, n° 2007-11675 : *Bull. Joly Sociétés* 2008, p. 411, note H. Le Nabasque ; *D.* 2008, p. 1057, note A. Lienhard ; *Dr. sociétés* 2008, n° 212, obs. T. Bonneau. – D. Bureau et H. Letréguilly, *L'affaire « Sacyr/Eiffage » devant les tribunaux : beaucoup de questions et peu de réponses* : *D.* 2008, p. 2882. – En l'absence d'accord écrit, l'existence d'une action de concert peut être démontrée par un faisceau d'indices graves, précis et concordants : ■ Cass. com., 15 mai 2012, n° 11-11.633 : *Rev. sociétés* 2012, p. 509, note H. Le Nabasque. ■ Cass. com., 15 sept. 2012, n° 11-11.633 : *Bull. Joly Sociétés* 2012, p. 805, note S. Storck.

– Affaire *Gecina*. L'accord conclu par les actionnaires de référence constitue une action de concert dès lors qu'il est établi que les opérations réalisées en exécution de cet accord ne caractérisent pas des démarches individuelles mais relèvent d'un comportement commun, solidaire et assorti d'une dimension contraignante forte, entre ces personnes, en vue d'acquérir et d'exercer des droits de vote de la société, étant observé que ces opérations ne peuvent être exécutées sans une concertation mutuelle et réitérée à chaque étape entre les actionnaires et que, ce faisant, pendant la durée de l'accord, les actionnaires mettent en œuvre solidairement une politique consistant à restructurer à leur profit l'actionnariat de la société ■ CA Paris, 24 juin 2008, n° 2007-21048 : *Dr. sociétés* 2009, n° 213, obs. T. Bonneau ; *Bull. Joly Sociétés* 2009, p. 135, note H. Le Nabasque ; *Rev. sociétés* 2008, p. 644, note F. Martin-Laprade ; Rejet du pourvoi ■ Cass. com., 27 oct. 2009, n° 08-18.819 : *JurisData* n° 2009-050064 ; *Dr. sociétés* 2010, n° 52, note R. Mortier.

– La détention de la majorité du capital et des droits de vote ainsi que l'exercice des fonctions opérationnelles sont insuffisants à démontrer que les protagonistes avaient conclu un accord en vue d'exercer des droits de vote pour mettre en œuvre une politique commune vis-à-vis de la société ou pour obtenir le contrôle de celle-ci. ■ Cass. com., 22 nov. 2016, n° 15-11.063 : *JurisData* n° 2016-024708 ; *Rev. sociétés* 2017, p. 230, note O. Dexant de Bailliencourt ; *Bull. Joly Sociétés* 2017, p. 173, note A. Gaudemet ; *RTD com.* 2017, p. 140, note R. Rontchevsky ; *Bull. Joly Bourse* 2017, p. 12, note D. Schmidt ; *Dr. sociétés* 2017, comm. 47, note R. Vabres.

2) Preuve de l'action de concert. Présomption d'action de concert. Après avoir rappelé qu'aux termes de l'article 356-1-3 de la loi de 1966 *[C. com., art. L. 233-10]*, l'action de concert est présumée exister entre une société, le président de son conseil d'administration et ses directeurs généraux ou les membres de son directoire ou ses gérants, entre une société et les sociétés qu'elle contrôle au sens de l'article 355-1 *[C. com., art. L. 233-3]* et entre les sociétés contrôlées par la même ou les mêmes personnes, la cour d'appel en déduit justement que les dirigeants d'une société concernée par la négociation d'un bloc de contrôle et soumise à la procédure de garantie des cours étaient présumés avoir agi de concert, non comme vendeurs d'actions, mais en leur qualité de dirigeants sociaux ■ Cass. com., 4 juill. 1995, n° 93-15.444 : *JurisData* n° 1995-001861 ; *D.* 1996, p. 440, note C. Hannoun.

Art. L. 233-10-1 *(L. n° 2006-387, 31 mars 2006)*. **– En cas d'offre publique d'acquisition, sont considérées comme agissant de concert les personnes qui ont conclu un accord avec l'auteur d'une offre publique visant à obtenir le contrôle de la société qui fait l'objet de l'offre. Sont également considérées comme agissant de concert les personnes qui ont conclu un accord avec la société qui fait l'objet de l'offre afin de faire échouer cette offre.**

Art. L. 233-11 *(Anc. L. n° 66-537, 24 juill. 1966 ; mod., L. n° 2001-420, 15 mai 2001 ; L. n° 2003-706, 1er août 2003)*. **– Toute clause d'une convention prévoyant des conditions préférentielles de cession ou d'acquisition d'actions admises aux négociations sur un marché réglementé et portant sur au moins 0,5 % du capital ou des droits de vote de la société qui a émis ces actions doit être transmise dans un délai de cinq jours de bourse à compter de la signature de la convention ou de l'avenant introduisant la clause concernée, à la société et à l'Autorité des marchés financiers. À défaut de transmission, les effets de cette clause sont suspendus, et les parties déliées de leurs engagements, en période d'offre publique.**

La société et l'Autorité des marchés financiers doivent également être informées de la date à laquelle la clause prend fin.

Les clauses des conventions conclues avant la date de publication de la loi n° 2001-420 du 15 mai 2001 relative aux nouvelles régulations économiques qui n'ont pas été transmises à l'Autorité des marchés financiers à cette date doivent lui être transmises, dans les mêmes conditions et avec les mêmes effets que ceux mentionnés au premier alinéa, dans un délai de six mois.

Les informations mentionnées aux alinéas précédents sont portées à la connaissance du public dans les conditions fixées par le règlement général de l'Autorité des marchés financiers.

Voir : Règl. gén. AMF, art. 223-18.

Bibliographie : A. Couret, *Le régime des offres publiques issu de la loi sur les nouvelles régulations économiques : D.* 2001, p. 1178. • V. Medail et P. Vergnole, *La réforme des offres publiques par la loi sur les nouvelles régulations économiques : Bull. Joly Sociétés* 2001, p. 766. • D. Ohl, *Les pactes d'actionnaires à l'épreuve du droit boursier : D.* 2011, p. 323. • O. Dexant De Bailliencourt, *Les pactes d'actionnaires dans les sociétés cotées*, préf. H. Synvet, *D.* 2012.

Art. L. 233-12 *(Anc. L. n° 66-537, 24 juill. 1966)*. – Lorsqu'une société est contrôlée directement ou indirectement par une société par actions, elle notifie à cette dernière et à chacune des sociétés participant à ce contrôle le montant des participations qu'elle détient directement ou indirectement dans leur capital respectif ainsi que les variations de ce montant.

Les notifications sont faites dans le délai d'un mois à compter soit du jour où la prise de contrôle a été connue de la société pour les titres qu'elle détenait avant cette date, soit du jour de l'opération pour les acquisitions ou aliénations ultérieures.

Voir : art. L. 247-2, p. 598.

Art. L. 233-13 *(Anc. L. n° 66-537, 24 juill. 1966 ; mod., L. n° 2005-842, 26 juill. 2005 ; L. n° 2007-1774, 17 déc. 2007)*. – En fonction des informations reçues en application des articles L. 233-7 et L. 233-12, le rapport présenté aux actionnaires sur les opérations de l'exercice mentionne l'identité des personnes physiques ou morales détenant directement ou indirectement plus du vingtième, du dixième, des trois vingtièmes, du cinquième, du quart, du tiers, de la moitié, des deux tiers, des dix-huit vingtièmes ou des dix-neuf vingtièmes du capital social ou des droits de vote aux assemblées générales. Il fait également apparaître les modifications intervenues au cours de l'exercice. Il indique le nom des sociétés contrôlées et la part du capital de la société qu'elles détiennent. Il en est fait mention, le cas échéant, dans le rapport des commissaires aux comptes.

Voir : art. L. 247-2, p. 598.

Art. L. 233-14 *(Mod., L. n° 2003-7, 3 janv. 2003 ; L. n° 2003-706, 1er août 2003 ; Ord. n° 2004-604, 24 juin 2004 ; L. n° 2005-842, 26 juill. 2005 ; L. n° 2007-1774, 17 déc. 2007 ; Ord. n° 2009-15, 8 janv. 2009 ; Ord. n° 2009-105, 30 janv. 2009 ; L. n° 2012-387, 22 mars 2012)*. – L'actionnaire qui n'aurait pas procédé régulièrement aux déclarations prévues aux I, II, VI *bis* et VII de l'article L. 233-7 auxquelles il était tenu est privé des droits de vote attachés aux actions excédant la fraction qui n'a pas été régulièrement déclarée pour toute assemblée d'actionnaires qui se tiendrait jusqu'à l'expiration d'un délai de deux ans suivant la date de régularisation de la notification.

Dans les mêmes conditions, les droits de vote attachés à ces actions et qui n'ont pas été régulièrement déclarés ne peuvent être exercés ou délégués par l'actionnaire défaillant.

Le tribunal de commerce dans le ressort duquel la société a son siège social peut, le ministère public entendu, sur demande du président de la société, d'un actionnaire ou de l'Autorité des marchés financiers, prononcer la suspension totale ou partielle, pour une durée ne pouvant excéder cinq ans, de ses droits de vote à l'encontre de tout actionnaire qui n'aurait pas procédé aux déclarations prévues à l'article L. 233-7 ou qui n'aurait pas respecté le contenu de la déclaration prévue au VII de cet article pendant la période de six mois suivant sa publication dans les conditions fixées par le règlement général de l'Autorité des marchés financiers.

Bibliographie : *T. Bonneau, Franchissement de seuils, privation des droits de vote et ayant cause, in Mél.* Didier, Économica, 2008, p. 25. • M. Roussille, *Le droit de vote de l'associé, droit fondamental ? : Dr. sociétés* juill. 2014, dossier spécial 65e anniversaire, n° 3.

1) **Pouvoirs du bureau de l'assemblée.** Aucun texte n'attribue au bureau de l'assemblée générale mixte des actionnaires d'une société le pouvoir de priver des actionnaires de leurs droits de vote au motif qu'ils n'auraient pas satisfait à l'obligation de notifier le franchissement d'un seuil de participa-

tion dès lors que l'existence de l'action de concert d'où résulterait cette obligation est contestée. ▪ Cass. com., 15 mai 2012, n° 10-23.389 : *JurisData* n° 2012-010781 ; *JCP* E 2012, note A. Couret et B. Dondero ; *Rev. sociétés* 2012, p. 514, note Y. Paclot ; *D.* 2012, p. 1400 ; *D.* 2012, p. 2697, obs. E. Lamazerolles ; *Bull. Joly Sociétés* 2012, p. 557, note H. Le Nabasque. ▪ Cass. com., 10 févr. 2015, n° 13-14.778 : *Bull. Joly Sociétés* 2015, p. 182, note H. Le Nabasque. L'existence du concert entre deux actionnaires d'une société cotée, invoquée devant le bureau de l'assemblée générale, n'ayant pas été contestée devant celui-ci, il était de la compétence du bureau de la constater et d'appliquer les limitations de droits de vote résultant du défaut de déclaration de franchissements de seuil. ▪ Cass. com., 27 juin 2018, n° 15-29.366 : *JurisData* n° 2018-011348 ; *RTD com.* 2018, p. 745, note N. Rontchevsky ; *Bull. Joly Sociétés* 2018, p. 562, note D. Schmidt ; *Dr. sociétés* 2018, comm. 170, note R. Vabres.

2) Constitutionnalité de l'article L. 233-14. Il ne peut être exclu que la privation des droits de vote attachés aux actions excédant la fraction qui n'a pas été régulièrement déclarée soit regardée comme une sanction ayant le caractère d'une punition et que, eu égard à son caractère automatique, elle apparaisse incompatible avec les exigences découlant du principe de nécessité des peines, lequel implique qu'une sanction ayant ce caractère ne puisse être appliquée que si l'autorité compétente la prononce expressément en tenant compte des circonstances propres à chaque espèce. ▪ Cass. com., 17 déc. 2013, n° 13-14.778 : *Bull. Joly Sociétés* 2014, p. 162, note A.-V. Le Fur et D. Schmidt. Les deux premiers alinéas de l'article L. 233-14 sont déclarés conformes à la Constitution. ▪ Cons. const., 28 févr. 2014, déc. n° 2013-369 QPC : *JCP* E 2014, n° 1118, étude A. Couret.

3) Durée de la privation de droits de vote. La privation des droits de vote se poursuit jusqu'à l'expiration d'un délai de 2 ans suivant la date de régularisation de la notification. À défaut de régularisation, la privation des droits de vote se poursuit. ▪ Cass. com., 27 juin 2018, n° 15-29.366 : *JurisData* n° 2018-011348 ; *RTD com.* 2018, p. 745, note N. Rontchevsky ; *Bull. Joly Sociétés* 2018, p. 562, note D. Schmidt ; *Dr. sociétés* 2018, comm. 170, note R. Vabres.

Art. L. 233-15 *(Anc. L. n° 66-537, 24 juill. 1966 ; mod., Ord. n° 2015-900, 23 juill. 2015).* **– Le conseil d'administration, le directoire ou le gérant de toute société ayant des filiales ou des participations, inclut dans l'annexe de la société un tableau, en vue de faire apparaître la situation des dites filiales et participations au sens de la présente section.**

Voir : art. R. 233-2, p. 1761.

Section III. – Des comptes consolidés

Art. L. 233-16 *(Anc. L. n° 66-537, 24 juill. 1966 ; mod., L. n° 2003-706, 1er août 2003 ; Ord. n° 2015-900, 23 juill. 2015).* **– I. – Les sociétés commerciales établissent et publient chaque année à la diligence du conseil d'administration, du directoire, du ou des gérants, selon le cas, des comptes consolidés ainsi qu'un rapport sur la gestion du groupe, dès lors qu'elles contrôlent de manière exclusive ou conjointe une ou plusieurs autres entreprises, dans les conditions ci-après définies.**

II. – Le contrôle exclusif par une société résulte :

1° Soit de la détention directe ou indirecte de la majorité des droits de vote dans une autre entreprise ;

2° Soit de la désignation, pendant deux exercices successifs, de la majorité des membres des organes d'administration, de direction ou de surveillance d'une autre entreprise. La société consolidante est présumée avoir effectué cette désignation lorsqu'elle a disposé au cours de cette période, directement ou *indirectement*, **d'une fraction supérieure à** *(Rect. Journal Officiel 18 Novembre 2000)* **« 40 % » des droits de vote, et qu'aucun autre associé ou actionnaire ne détenait, directement ou indirectement, une fraction supérieure à la sienne ;**

3° Soit du droit d'exercer une influence dominante sur une entreprise en vertu d'un contrat ou de clauses statutaires, lorsque le droit applicable le permet.

III. – Le contrôle conjoint est le partage du contrôle d'une entreprise exploitée en commun par un nombre limité d'associés ou d'actionnaires, de sorte que les décisions résultent de leur accord.

IV – *(Abr., Ord. n° 2015-900, 23 juill. 2015).*

Voir : art. R. 233-3 et s., p. 1761.

Art. L. 233-17 *(Anc. L. n° 66-537, 24 juill. 1966 ; mod., Ord. n° 2015-900, 23 juill. 2015).* **– Par dérogation aux dispositions de l'article L. 233-16, les sociétés mentionnées audit article sont exemptées,**

dans des conditions fixées par décret en Conseil d'État, de l'obligation d'établir et de publier des comptes consolidés et un rapport sur la gestion du groupe :

1° Lorsqu'elles sont elles-mêmes sous le contrôle d'une entreprise qui les inclut dans ses comptes consolidés et publiés et qu'elles n'émettent pas des valeurs mobilières admises aux négociations sur un marché réglementé ou des titres de créances négociables. En ce cas, toutefois, l'exemption est subordonnée à la condition qu'un ou plusieurs actionnaires ou associés de l'entreprise contrôlée représentant au moins le dixième de son capital social ne s'y opposent pas ;

2° Ou lorsque l'ensemble constitué par une société et les entreprises qu'elle contrôle ne dépasse pas pendant deux exercices successifs sur la base des derniers comptes annuels arrêtés, pour deux des trois critères mentionnés à l'article L. 123-16, un niveau fixé par décret et qu'aucune de ces société ou entreprises n'appartient à l'une des catégories définies à l'article L. 123-16-2.

Voir : art. R. 233-15 et R. 233-16, p. 1763.

Art. L. 233-17-1 *(L. n° 2012-387, 22 mars 2012 ; mod., Ord. n° 2015-900, 23 juill. 2015)*. – Sous réserve d'en justifier dans l'annexe prévue à l'article L. 123-12, les sociétés mentionnées au I de l'article L. 233-16 sont exemptées de l'obligation d'établir et de publier des comptes consolidés et un rapport sur la gestion du groupe lorsque toutes les entreprises qu'elles contrôlent de manière exclusive ou conjointe, au sens du même article L. 233-16, présentent, tant individuellement que collectivement, un intérêt négligeable par rapport à l'objectif défini à l'article L. 233-21 ou qu'elles peuvent être exclues de la consolidation en vertu de l'article L. 233-19.

Art. L. 233-17-2 *(Ord. n° 2015-900, 23 juill. 2015)*. – Sont comprises dans la consolidation les filiales ou participations contrôlées de manière exclusive ou conjointe ou sur lesquelles est exercée une influence notable.

L'influence notable sur la gestion et la politique financière d'une entreprise est présumée lorsqu'une société dispose, directement ou indirectement, d'une fraction au moins égale au cinquième des droits de vote de cette entreprise.

Art. L. 233-18 *(Anc. L. n° 66-537, 24 juill. 1966 ; mod., Ord. n° 2004-1382, 20 déc. 2004)*. – Les comptes des entreprises placées sous le contrôle exclusif de la société consolidante sont consolidés par intégration globale.

Les comptes des entreprises contrôlées conjointement avec d'autres actionnaires ou associés par la société consolidante sont consolidés par intégration proportionnelle.

Les comptes des entreprises sur lesquelles la société consolidante exerce une influence notable sont consolidés par mise en équivalence.

Art. L. 233-19 *(Anc. L. n° 66-537, 24 juill. 1966)*. – I. – Sous réserve d'en justifier dans l'annexe établie par la société consolidante, une filiale ou une participation est laissée en dehors de la consolidation lorsque des restrictions sévères et durables remettent en cause substantiellement le contrôle ou l'influence exercée par la société consolidante sur la filiale ou la participation ou les possibilités de transfert de fonds par la filiale ou la participation.

II. – Sous la même réserve, une filiale ou une participation peut être laissée en dehors de la consolidation lorsque :

1° Les actions ou parts de cette filiale ou participation ne sont détenues qu'en vue de leur cession ultérieure ;

2° La filiale ou la participation ne représente, seule ou avec d'autres, qu'un intérêt négligeable par rapport à l'objectif défini à l'article L. 233-21 ;

3° les informations nécessaires à l'établissement des comptes consolidés ne peuvent être obtenues sans frais excessifs ou dans des délais compatibles avec ceux qui sont fixés en application des dispositions de l'article L. 233-27.

Art. L. 233-20 *(Anc. L. n° 66-537, 24 juill. 1966 ; Ord. n° 2009-79, 22 janv. 2009)*. – Les comptes consolidés comprennent le bilan et le compte de résultat consolidés ainsi qu'une annexe : ils forment un tout indissociable.

À cet effet, les entreprises comprises dans la consolidation sont tenues de faire parvenir à la société consolidante les informations nécessaires à l'établissement des comptes consolidés.

Les comptes consolidés sont établis et publiés selon des modalités fixées par un règlement de l'Autorité des normes comptables. Ce règlement détermine notamment le classement des éléments du bilan et du compte de résultat ainsi que les mentions à inclure dans l'annexe.

Voir : art. R. 233-3 et s., p. 1761.

Art. L. 233-21 *(Anc. L. n° 66-537, 24 juill. 1966)*. – Les comptes consolidés doivent être réguliers et sincères et donner une image fidèle du patrimoine, de la situation financière ainsi que du résultat de l'ensemble constitué par les entreprises comprises dans la consolidation.

Il est fait application, le cas échéant, des dispositions prévues aux premiers et deuxième alinéas de l'article L. 223-14.

Art. L. 233-22 *(Anc. L. n° 66-537, 24 juill. 1966 ; mod., Ord. n° 2015-900, 23 juill. 2015)*. – Sous réserve des dispositions de l'article L. 233-23, les comptes consolidés sont établis selon les principes comptables et les règles d'évaluation du présent code compte tenu des aménagements indispensables résultant des caractéristiques propres aux comptes consolidés par rapport aux comptes annuels « et de la présentation de l'ensemble consolidé comme une entité économique unique ».

Les éléments d'actif et de passif, les éléments de charge et de produit compris dans les comptes consolidés sont évalués selon des méthodes homogènes, sauf si les retraitements nécessaires sont de coût disproportionné et d'incidence négligeable sur le patrimoine, la situation financière et le résultat consolidés.

Art. L. 233-23 *(Anc. L. n° 66-537, 24 juill. 1966 ; mod., Ord. n° 2009-79, 22 janv. 2009 ; Ord. n° 2015-900, 23 juill. 2015)*. – Sous réserve d'en justifier dans l'annexe, la société consolidante peut faire usage, dans les conditions prévues à l'article L. 123-17, de règles d'évaluation fixées par règlement de l'Autorité des normes comptables, et destinées :

1° À évaluer les biens fongibles en considérant que le premier bien sorti est le dernier bien rentré ;

2° À permettre la prise en compte de règles non conformes à celles fixées par les articles L. 123-18 à L. 123-21.

Voir : art. R. 233-10, p. 1762.

Art. L. 233-24 *(Ord. n° 2004-1382, 20 déc. 2004 ; mod., Ord. n° 2015-900, 23 juill. 2015)*. – Lorsqu'elles utilisent les normes comptables internationales adoptées par règlement de la Commission européenne, les sociétés commerciales qui établissent et publient des comptes consolidés au sens de l'article L. 233-16 sont dispensées de se conformer aux règles comptables prévues par les articles L. 233-17-2 à L. 233-23 et L. 233-25 pour l'établissement et la publication de leurs comptes consolidés.

Art. L. 233-25 *(Anc. L. n° 66-537, 24 juill. 1966 ; mod., Ord. n° 2015-900, 23 juill. 2015)*. – Sous réserve d'en justifier dans l'annexe, les comptes consolidés peuvent être établis à une date différente de celle des comptes annuels de la société consolidante si cette date est retenue par la majorité des entreprises comprises dans la consolidation pour leurs comptes sociaux.

Dans ce cas, il est tenu compte, pour l'établissement des comptes consolidés, des événements importants qui *ont concerné* l'actif ou le passif des entreprises comprises dans la consolidation et qui sont survenus entre la date de clôture de leur bilan et la date de clôture du bilan consolidé.

Si la date de clôture de l'exercice d'une entreprise comprise dans la consolidation est antérieure ou postérieure de plus de trois mois à la date de clôture de l'exercice de consolidation, ceux-ci sont établis sur la base de comptes intérimaires contrôlés par un commissaire aux comptes ou, s'il n'en est point, par un professionnel chargé du contrôle des comptes.

Art. L. 233-26 *(Anc. L. n° 66-537, 24 juill. 1966)*. – Le rapport sur la gestion du groupe expose la situation de l'ensemble constitué par les entreprises comprises dans la consolidation, son évolution prévisible, les événements importants survenus entre la date de clôture de l'exercice de consolidation et la date à laquelle les comptes consolidés sont établis ainsi que ses activités en matière de recherche et de développement. Ce rapport peut être inclus dans le rapport de gestion mentionné à l'article L. 232-1.

Art. L. 233-27 *(Anc. L. n° 66-537, 24 juill. 1966).* – Un décret en Conseil d'État fixe les conditions dans lesquelles les comptes consolidés et le rapport sur la gestion du groupe sont mis à la disposition des commissaires aux comptes.

Voir : art. R. 232-1, p. 1757.

Art. L. 233-28 *(Anc. L. n° 85-11, 3 janv. 1985 ; mod., Ord. n° 2005-1126, 8 sept. 2005).* – Les personnes morales ayant la qualité de commerçant qui sans y être tenues, en raison de leur forme juridique ou de la taille de l'ensemble du groupe, publient des comptes consolidés, se conforment aux dispositions des articles L. 233-16 et L. 233-18 à L. 233-27. En ce cas, lorsque leurs comptes annuels sont certifiés dans les conditions prévues au premier alinéa de l'article L. 823-9, leurs comptes consolidés le sont dans les conditions du deuxième alinéa de cet article.

Section IV. – Des participations réciproques

Art. L. 233-29 *(Anc. L. n° 66-537, 24 juill. 1966).* – Une société par actions ne peut posséder d'actions d'une autre société, si celle-ci détient une fraction de son capital supérieure à 10 %.

À défaut d'accord entre les sociétés intéressées pour régulariser la situation, celle qui détient la fraction la plus faible du capital de l'autre doit aliéner son investissement. Si les investissements réciproques sont de la même importance, chacune des sociétés doit réduire le sien, de telle sorte qu'il n'excède pas 10 % du capital de l'autre.

Lorsqu'une société est tenue d'aliéner les actions d'une autre société, l'aliénation est effectuée dans le délai fixé par décret en Conseil d'État. La société ne peut exercer les droits de vote attachés à ces actions.

Voir : art. L. 247-3, p. 598, R. 233-17 et R. 233-18, p. 1764.

Bibliographie : A. Couret, *La mise en œuvre des nouvelles dispositions sur l'autocontrôle : Bull. Joly Sociétés* 1991, p. 789.

Sanction. Les prescriptions de l'article 358 de la loi du 24 juillet 1966 *[C. com., art. L. 233-29]* ne sont pas sanctionnées par la nullité de la cession ▪ Cass. com., 3 janv. 1996 : *JurisData* n° 1996-000167 ; *Bull. Joly Sociétés* 1996, p. 285, note A. C.

Art. L. 233-30 *(Anc. L. n° 66-537, 24 juill. 1966).* – Si une société autre qu'une société par actions compte parmi ses associés une société par actions détenant une fraction de son capital supérieure à 10 %, elle ne peut détenir d'actions émises par cette dernière.

Si elle vient à en posséder, elle doit les aliéner dans le délai fixé par décret en Conseil d'État et elle ne peut, de leur chef, exercer le droit de vote.

Si une société autre qu'une société par actions compte parmi ses associés une société par actions détenant une fraction de son capital égale ou inférieure à 10 %, elle ne peut détenir qu'une fraction égale ou inférieure à 10 % des actions émises par cette dernière.

Si elle vient à en posséder une fraction plus importante, elle doit aliéner l'excédent dans le délai fixé par décret en Conseil d'État et elle ne peut, du chef de cet excédent, exercer le droit de vote.

Voir : art. R. 233-18, R. 233-19, p. 1764.

Art. L. 233-31 *(Anc. L. n° 66-537, 24 juill. 1966).* – Lorsque des actions ou des droits de vote d'une société sont possédés par une ou plusieurs sociétés dont elle détient directement ou indirectement le contrôle, les droits de vote attachés à ces actions ou ces droits de vote ne peuvent être exercés à l'assemblée générale de la société. Il n'en est pas tenu compte pour le calcul du quorum.

Section V. – Des offres publiques d'acquisition

(L. n° 2006-387, 31 mars 2006)

Art. L. 233-32 *(L. n° 2006-387, 31 mars 2006 ; mod., L. n° 2014-384, 29 mars 2014).* – I. – Pendant la période d'offre publique visant une société dont des actions sont admises aux négociations sur un marché réglementé, le conseil d'administration ou le directoire, après autorisation du conseil de surveillance de la société visée, peut prendre toute décision dont la mise en œuvre est susceptible de faire échouer l'offre, sous réserve des pouvoirs expressément attribués aux assemblées générales dans la limite de l'intérêt social de la société.

II. – Sans préjudice des autres mesures permises par la loi, l'assemblée générale extraordinaire de la société visée, statuant dans les conditions de quorum et de majorité prévues à l'article L. 225-98, peut décider l'émission de bons permettant de souscrire, à des conditions préférentielles, à des actions de ladite société, et leur attribution gratuite à tous les actionnaires de cette société ayant cette qualité avant l'expiration de la période d'offre publique.

L'assemblée générale peut déléguer cette compétence au conseil d'administration ou au directoire. Elle fixe le montant maximum de l'augmentation de capital pouvant résulter de l'exercice de ces bons ainsi que le nombre maximum de bons pouvant être émis.

La délégation peut également prévoir la fixation de conditions relatives à l'obligation ou à l'interdiction, pour le conseil d'administration ou le directoire, de procéder à l'émission et à l'attribution gratuite de ces bons, d'y surseoir ou d'y renoncer. La société visée porte à la connaissance du public, avant la clôture de l'offre, son intention d'émettre ces bons.

Les conditions d'exercice de ces bons, qui doivent être relatives aux termes de l'offre ou de toute offre concurrente éventuelle, ainsi que les autres caractéristiques de ces bons, dont le prix d'exercice ou les modalités de détermination de ce prix, sont fixées par l'assemblée générale ou, sur délégation de celle-ci, par le conseil d'administration ou le directoire. Ces bons deviennent caducs de plein droit dès que l'offre et toute offre concurrente éventuelle échouent, deviennent caduques ou sont retirées.

III. – *(Abr., L. n° 2014-384, 29 mars 2014).*

Voir : art. L. 225-149-3, p. 408.

Bibliographie : A. Couret, *Les bons d'offre : D.* 2006, p. 1372. • M.-N. Dompé, *La transposition de la directive OPA et les principes directeurs des offres : Dr. sociétés* nov. 2006, p. 5. • C. Malecki, *La loi du 31 mars 2006 relative aux OPA et l'information des actionnaires et des salariés : D.* 2006, p. 2314. • H. Le Nabasque, *Les mesures de défense anti-OPA depuis la loi n° 2006-387 du 31 mars 2006 : Rev. sociétés* 2006, p. 237. • D. Ohl, *Les bons d'offre : la fin des OPA hostiles : Bull. Joly Bourse* 2006, p. 527. • A. Viandier, *OPA, OPE et autres offres publiques : Fr. Lefebvre*, 2ᵉ éd. 2006. • H. Brillon, *L'état de la transposition de la directive OPA du 21 avril 2004 dans l'Union européenne : Dr. sociétés* mars 2007, Focus 11. • K.-J. Hopt, *Les offres publiques d'acquisition en droits français et allemand après la 13ᵉ directive : D.* 2007, p. 462. • D. Schmidt, *Les droits des minoritaires et les offres publiques : D.* 2007, p. 1887. • S. Torck, *La proposition de loi « Florange » et le droit des offres publiques : Dr. sociétés* 2014, étude 2. • M.-A. Noury, *La loi « Florange » et l'abandon du principe de neutralité des dirigeants en période d'offre publique : JPC E* 2014, n° 1271. • F. Barrière et C. de Reals, *La loi Florange : une loi anti-OPA ? : Rev. sociétés* 2014, p. 279. • E. Mouial-Bassilana et I. Parachkévova, *Les apports de la loi Florange au droit des sociétés : Bull. Joly Sociétés*, 2014 p. 314. • M. Nussenbaum, *Les dispositions anti-OPA à l'épreuve de l'intérêt des actionnaires : JCP E* 2021, 1121.

Art. L. 233-33 *(L. n° 2006-387, 31 mars 2006 ; rempl., L. n° 2014-384, 29 mars 2014).* – I. – Par dérogation au I de l'article L. 233-32, les statuts d'une société dont des actions sont admises à la négociation sur un marché réglementé peuvent prévoir que, en période d'offre publique, les mesures prévues aux I et II du même article L. 233-32 doivent être autorisées préalablement par l'assemblée générale et que toute délégation d'une mesure dont la mise en œuvre est susceptible de faire échouer l'offre, hormis la recherche d'autres offres, accordée par l'assemblée générale avant la période d'offres, est suspendue en période d'offre publique.

II. – Par dérogation au I dudit article L. 233-32, les statuts d'une société dont des actions sont admises à la négociation sur un marché réglementé peuvent prévoir que, en période d'offre publique, toute décision du conseil d'administration, du directoire après autorisation du conseil de surveillance, du directeur général ou de l'un des directeurs généraux délégués, prise avant la période d'offres, qui n'est pas totalement ou partiellement mise en œuvre, qui ne s'inscrit pas dans le cours normal des activités de la société et dont la mise en œuvre est susceptible de faire échouer l'offre doit faire l'objet d'une approbation ou d'une confirmation par l'assemblée générale.

III. – Les statuts peuvent prévoir que les I et II du présent article s'appliquent à toute offre ou uniquement lorsque l'offre est engagée par des entités, agissant seules ou de concert au sens de l'article L. 233-10, ou qui sont respectivement contrôlées, au sens des II ou III de l'article L. 233-16, par des entités, dont le conseil d'administration, le conseil de surveillance, à l'exception de leur pouvoir de nomination, le directoire, le directeur général ou l'un des directeurs généraux délégués de la société visée doivent également obtenir l'approbation préalable de l'assemblée générale pour prendre toute mesure dont la mise en œuvre est susceptible de faire échouer l'offre, hormis la recherche d'autres offres.

Art. L. 233-34 *(L. n° 2006-387, 31 mars 2006).* – Sauf lorsqu'elles résultent d'une obligation législative, les clauses des statuts d'une société dont des actions sont admises à la négociation sur un marché réglementé prévoyant des restrictions statutaires au transfert d'actions de la société sont inopposables à l'auteur d'une offre publique pour les titres qui lui seraient apportés dans le cadre de son offre.

Art. L. 233-35 *(L. n° 2006-387, 31 mars 2006).* – Les statuts d'une société dont des actions sont admises à la négociation sur un marché réglementé peuvent prévoir que les effets de toute clause d'une convention conclue après le 21 avril 2004 prévoyant des restrictions au transfert d'actions de la société sont inopposables à l'auteur de l'offre, en période d'offre publique.

Voir : Règl. gén. AMF, art. 223-20.

Art. L. 233-36 *(L. n° 2006-387, 31 mars 2006).* – Les statuts d'une société dont des actions sont admises à la négociation sur un marché réglementé peuvent prévoir que les effets de toute clause d'une convention conclue après le 21 avril 2004 prévoyant des restrictions à l'exercice des droits de vote attachés à des actions de la société sont suspendus en période d'offre publique visant la société lors des assemblées réunies aux fins d'adopter ou d'autoriser toute mesure susceptible de faire échouer l'offre.

Voir : Règl. gén. AMF, art. 223-20.

Art. L. 233-37 *(L. n° 2006-387, 31 mars 2006).* – Les statuts d'une société dont des actions sont admises à la négociation sur un marché réglementé peuvent prévoir que les effets des restrictions statutaires à l'exercice des droits de vote attachés à des actions de la société sont suspendus en période d'offre publique visant la société lors des assemblées réunies aux fins d'adopter ou d'autoriser toute mesure susceptible de faire échouer l'offre.

Voir : Règl. gén. AMF, art. 223-20.

Art. L. 233-38 *(L. n° 2006-387, 31 mars 2006 ; mod., Ord. n° 2020-1142, 16 sept. 2020).* – Les statuts d'une société dont des actions sont admises à la négociation sur un marché réglementé peuvent prévoir que les effets des restrictions statutaires à l'exercice des droits de vote attachés à des actions de la société ainsi que les effets de toute clause d'une convention conclue après le 21 avril 2004 prévoyant des restrictions à l'exercice des droits de vote attachés à des actions de la société sont suspendus lors de la première assemblée générale suivant la clôture de l'offre lorsque l'auteur de l'offre, agissant seul ou de concert, vient à détenir, à l'issue de celle-ci, une fraction du capital ou des droits de vote supérieure à une quotité fixée par le règlement général de l'Autorité des marchés financiers, sans pouvoir atteindre le seuil prévu par l'article L. 22-10-47.

Voir : Règl. gén. AMF, art. 223-20.

Art. L. 233-39 *(L. n° 2006-387, 31 mars 2006).* – Les statuts d'une société dont des actions sont admises à la négociation sur un marché réglementé peuvent prévoir que les droits extraordinaires de nomination ou révocation des administrateurs, membres du conseil de surveillance, membres du directoire, directeurs généraux, directeurs généraux délégués, détenus par certains actionnaires sont suspendus lors de la première assemblée générale suivant la clôture de l'offre lorsque l'auteur de l'offre, agissant seul ou de concert, détient à l'issue de celle-ci une fraction du capital ou des droits de vote supérieure à une quotité fixée par le règlement général de l'Autorité des marchés financiers.

Voir : Règl. gén. AMF, art. 223-20.

Art. L. 233-40 *(L. n° 2006-387, 31 mars 2006).* – Lorsqu'une société décide d'appliquer ou de mettre fin à l'application des dispositions prévues aux articles L. 233-35 à L. 233-39, elle en informe l'Autorité des marchés financiers, qui rend cette décision publique. Les conditions et modalités d'application du présent article sont fixées *par le règlement général de l'Autorité des marchés financiers.*

CHAPITRE IV. – DE LA PROCÉDURE D'ALERTE

Art. L. 234-1 *(Anc. L. n° 66-537, 24 juill. 1966 ; mod., L. n° 2005-845, 26 juill. 2005 ; L. n° 2011-525, 17 mai 2011 ; L. n° 2016-1547, 18 nov. 2016).* – Lorsque le commissaire aux comptes d'une société anonyme relève, à l'occasion de l'exercice de sa mission, des faits de nature à compromettre la continuité de l'exploitation, il en informe le président du conseil d'administration ou du directoire dans des conditions fixées par décret en Conseil d'État.

À défaut de réponse sous quinze jours ou si celle-ci ne permet pas d'être assuré de la continuité de l'exploitation, le commissaire aux comptes invite, par un écrit dont copie est transmise au président du tribunal de commerce, le président du conseil d'administration ou le directoire à faire délibérer le conseil d'administration ou le conseil de surveillance sur les faits relevés. Le commissaire aux comptes est convoqué à cette séance. La délibération du conseil d'administration ou du conseil de surveillance est communiquée au président du tribunal de commerce et au comité d'entreprise ou, à défaut, aux délégués du personnel. Le commissaire aux comptes peut demander à être entendu par le président du tribunal, auquel cas le second alinéa du I de l'article L. 611-2 est applicable.

Lorsque le conseil d'administration ou le conseil de surveillance n'a pas été réuni pour délibérer sur les faits relevés ou lorsque le commissaire aux comptes n'a pas été convoqué à cette séance ou si le commissaire aux comptes constate qu'en dépit des décisions prises la continuité de l'exploitation demeure compromise, une assemblée générale est convoquée dans des conditions et délais fixés par décret en Conseil d'État. Le commissaire aux comptes établit un rapport spécial qui est présenté à cette assemblée. Ce rapport est communiqué au comité d'entreprise ou, à défaut, aux délégués du personnel. Si, à l'issue de la réunion de l'assemblée générale, le commissaire aux comptes constate que les décisions prises ne permettent pas d'assurer la continuité de l'exploitation, il informe de ses démarches le président du tribunal de commerce et lui en communique les résultats. Il peut demander à être entendu par le président du tribunal, auquel cas le second alinéa du I de l'article L. 611-2 est applicable.

Dans un délai de six mois à compter du déclenchement de la procédure d'alerte, le commissaire aux comptes peut en reprendre le cours au point où il avait estimé pouvoir y mettre un terme lorsque, en dépit des éléments ayant motivé son appréciation, la continuité de l'exploitation demeure compromise et que l'urgence commande l'adoption de mesures immédiates.

Voir : art. R. 234-1 à R. 234-4, p. 1764.

Art. L. 234-2 *(Anc. L. n° 66-537, 24 juill. 1966 ; mod., L. n° 2005-845, 26 juill. 2005 ; L. n° 2011-525, 17 mai 2011 ; L. n° 2016-1547, 18 nov. 2016).* – Dans les autres sociétés que les sociétés anonymes, le commissaire aux comptes demande au dirigeant, dans des conditions fixées par décret en Conseil d'État, des explications sur les faits visés au premier alinéa de l'article L. 234-1. Le dirigeant est tenu de lui répondre sous quinze jours. La réponse est communiquée au comité d'entreprise ou, à défaut, aux délégués du personnel et, s'il en existe un, au conseil de surveillance. Dès réception de la réponse ou à défaut de réponse sous quinze jours, [l]e commissaire aux comptes en informe le président du tribunal de commerce. Il peut demander à être entendu par le président du tribunal, auquel cas le second alinéa du I de l'article L. 611-2 est applicable.

À défaut de réponse du dirigeant ou s'il constate qu'en dépit des décisions prises la continuité de l'exploitation demeure compromise, le commissaire aux comptes établit un rapport spécial et invite, par un écrit dont la copie est envoyée au président du tribunal de commerce, le dirigeant à faire délibérer sur les faits relevés une assemblée générale convoquée dans des conditions et délais fixés par décret en Conseil d'État.

Si, à l'issue de la réunion de l'assemblée générale, le commissaire aux comptes constate que les décisions prises ne permettent pas d'assurer la continuité de l'exploitation, il informe de ses démarches le président du tribunal de commerce et lui en communique les résultats. Il peut demander à être entendu par le président du tribunal, auquel cas le second alinéa du I de l'article L. 611-2 est applicable.

Le dernier alinéa de l'article L. 234-1 est applicable.

Voir : art. R. 234-5 à R. 234-7, p. 1765.

Bibliographie : J. Paillusseau, *L'alerte du commissaire aux comptes dans la SAS : JCP* G 2000, 262.

Art. L. 234-3 *(Anc. L. n° 66-537, 24 juill. 1966).* – Le comité d'entreprise ou, à défaut, les délégués du personnel exercent dans les sociétés commerciales les attributions prévues aux articles L. 422-4 et L. 432-5 du Code du travail.

Le président du conseil d'administration, le directoire ou les gérants, selon le cas, communiquent aux commissaires aux comptes les demandes d'explication formées par le comité d'entreprise ou les délégués du personnel, les rapports adressés au conseil d'administration ou au conseil de surveillance, selon le cas, ainsi que les réponses faites par ces organes, en application des articles L. 422-4 et L. 432-5 du Code du travail.

Art. L. 234-4 *(L. n° 2005-845, 26 juill. 2005).* **– Les dispositions du présent chapitre ne sont pas applicables lorsqu'une procédure de conciliation ou de sauvegarde a été engagée par les dirigeants conformément aux dispositions des titres I et II du livre VI.**

CHAPITRE V. – DES NULLITÉS

Bibliographie : Nguyen Xan Chanh, *La nullité des sociétés commerciales dans la loi du 24 juillet 1966 : D.* 1968, chron. p. 27. • Y. Serra, *Nullité et inopposabilité au regard de la réception de la directive n° 69-151 du Conseil des Communautés européennes : D.* 1973, chron. p. 97. • P. Macqueron, *La nullité des sociétés*, thèse Rouen, 1981. • D. Grillet-Ponton, *La méconnaissance d'une règle impérative de la loi, cause de nullité des actes et délibérations des organes sociaux : Rev. sociétés* 1984, p. 259. • B. Saintourens, *Les causes de nullité des sociétés ; l'impact de la première directive européenne : Bull. Joly Sociétés* 1991, p. 123. • M. Germain, *De quelques limites à la nullité des décisions sociales prévue par l'article 360 : Bull. Joly Sociétés* 1992, p. 491. • P. Le Cannu, *Inexistence ou nullité des sociétés fictives : Bull. Joly Sociétés* 1992, p. 875. • C. Hannoun, *L'action en nullité et le droit des sociétés : RTD com.* 1993, p. 227. • F. Leclerc, *Que reste-t-il des nullités de sociétés en droit français après l'arrêt Marleasing ? : RJ com.* 1993, p. 321. • P. Rouast-Bertier, *Société fictive et simulation : Rev. sociétés* 1993, p. 725. • P. Le Cannu, *Nullité et participation des associés aux décisions collectives : RJDA* 12/1998, p. 987. • C. Cutajar-Rivière, *La société écran : essai sur sa notion et son régime juridique*, LGDJ, 1999. • L. Comanges, *Le dangereux paradoxe des sociétés fictives : Bull. Joly Sociétés* 2003, p. 12. • J.-J. Ansault, *Le contrôle de l'intérêt à agir en nullité des délibérations sociales : Rev. sociétés* 2012, p. 7. • I. Parachkévova, *La rétroactivité des sanctions en droit des sociétés : JCP E* 2013, n° 1511. • C. Coupet, *Les nullités en SAS, in La SAS : 25 ans après*, Bibliothèque de Droit de l'entreprise, LexisNexis, 2019, p. 127. • E. Guégan, *Les nullités des décisions sociales : Dalloz*, 2020. • C. Coupet et D. Poracchia, *La nullité des décisions d'associé : Act. prat. ing. soc.* 2020, dossier 2. • A. Couret, *Repenser la question des nullités en droit des sociétés : Bull. Joly Sociétés* juin 2020, p. 48.

Art. L. 235-1 *(Anc. L. n° 66-537, 24 juill. 1966 ; mod., L. n° 2019-486, 22 mai 2019).* **– La nullité d'une société ou d'un acte modifiant les statuts ne peut résulter que d'une disposition expresse du présent livre ou des lois qui régissent la nullité des contrats. En ce qui concerne les sociétés à responsabilité limitée et les sociétés par actions, la nullité de la société ne peut résulter ni d'un vice de consentement ni de l'incapacité, à moins que celle-ci n'atteigne tous les associés fondateurs. La nullité de la société ne peut non plus résulter des clauses prohibées par l'article 1844-1 du Code civil.**

La nullité d'actes ou délibérations autres que ceux prévus à l'alinéa précédent ne peut résulter que de la violation d'une disposition impérative du présent livre, à l'exception de la première phrase du premier alinéa de l'article L. 225-35 et de la troisième phrase du premier alinéa de l'article L. 225-64, ou des lois qui régissent les contrats, à l'exception du dernier alinéa de l'article 1833 du Code civil.

Voir : C. civ., art. 1844-10, p. 2980 ; Dir. UE n° 2017/1132, 14 juin 2017, art. 11.

1) **Causes de nullité des sociétés.** – **Droit européen.** Le juge national, saisi d'un litige entrant dans le domaine d'application de la directive CEE n° 68-151 du 9 mars 1968 tendant à coordonner, pour les rendre équivalentes, les garanties qui sont exigées dans les États membres des sociétés pour protéger les intérêts des associés et des tiers, est tenu d'interpréter son droit national à la lumière du texte *et de la finalité de cette directive, en vue d'empêcher la déclaration* de nullité d'une société anonyme pour une cause autre que celles énumérées à son article 11, ▪ CJCE, 13 nov. 1990, *Marleasing : Bull. Joly Sociétés* 1991, p. 190 ; *JCP* G 1991, II, 21658, note P. Level ; *Rev. sociétés* 1991, p. 532, note Y. Chaput. – Il en résulte que, s'agissant d'une SA entrant dans le champ d'application de la directive, l'article L. 235-1, en ce qu'il se réfère au droit commun des contrats comme cause de nullité d'un contrat de société, n'est pas compatible avec les dispositions de la directive qui énumèrent de manière limitative les causes de nullité des sociétés, ce qui interdit de prononcer la nullité de la société sur le fondement du défaut d'objet et de la violation des articles 1832 et 1833, ▪ CA Paris, 21 sept. 2001 : *JurisData* n° 2001-161190 ; *Dr. sociétés* 2002, n° 78, obs. T. Bonneau ; *Bull. Joly Sociétés* 2002, p. 626, note M. Menjucq ; *RJ com.* 2002, n° 5, p. 219, note M. Luby. – Il résulte des dispositions des articles 1833 et 1844-10 du Code civil, qui doivent, en ce qui concerne les causes de nul-

lité des sociétés à responsabilité limitée, être analysées à la lumière de l'article 11 de la directive 68/151/CEE du Conseil, du 9 mars 1968, repris à l'article 12 de la directive 2009/101/CE du Parlement européen et du Conseil, du 16 septembre 2009, tel qu'interprété par la Cour de justice de l'union européenne, que la nullité d'une société tenant au caractère illicite ou contraire à l'ordre public de son objet doit s'entendre comme visant exclusivement l'objet de la société tel qu'il est décrit dans l'acte de constitution ou dans les statuts. ▪ Cass. com., 10 nov. 2015, n° 14-18.179 : *JurisData* n° 2015-025182 ; *Bull. Joly Sociétés* 2016, p. 28, note S. Messaï-Bahri ; *Rev. sociétés* 2016, p. 219, note B. Lecourt ; *D.* 2015, p. 2373 ; *Dr. sociétés* 2016, n° 78, obs. M. Roussille ; *Dr. sociétés* 2016, chron. 1, note E. Schlumberger.

– **Illicéité de la cause.** La nullité d'une société peut résulter de l'illicéité de sa cause ▪ Cass. com., 19 janv. 1970, n° 68-12.940 : *D.* 1970, p. 479, note Poulain.

– **Illicéité de l'objet.** Est illicite la SARL constituée pour l'exercice d'une activité contraire aux prescriptions du Code de santé public relatives à la fabrication et à la mise sur le marché de produits pharmaceutiques. ▪ Cass. com., 27 mai 2015, n° 14-17.035 : *Bull. Joly Sociétés* 2015, n° 11, note L. Camensulli-Feuillard. La nullité d'une SARL tenant au caractère illicite ou contraire à l'ordre public de son objet doit s'entendre comme visant exclusivement l'objet de la société tel qu'il est décrit dans les statuts et non l'objet réel. ▪ Cass. com., 10 nov. 2015, n° 14-18.179. Prive sa décision de base légale la cour d'appel qui refuse d'annuler une société sans rechercher si les statuts prévoyant que cette société, d'une durée de 99 ans, avait pour objet l'exploitation d'une surface commerciale de distribution sous l'enseigne E. Leclerc, que le président de la société ou son conjoint devait être obligatoirement détenteur du droit d'usage de cette enseigne, enfin que ces règles ne pouvaient être modifiées qu'à l'unanimité et les dispositions du contrat de parrainage conclu entre les associés n'avaient pas pour objet ou pour effet de porter atteinte aux articles L. 420-1 et L. 420-3 du Code de commerce ainsi qu'aux principes de la liberté contractuelle et de la liberté de la concurrence, ▪ Cass. com., 26 avr. 2017, n° 15-14.243 : *JurisData* n° 2017-007788 ; *Dr. sociétés* 2017, comm. 137, note R. Mortier.

– ***Affectio societatis.*** L'absence d'*affectio societatis* est une cause de nullité de la société ▪ Cass. com., 19 nov. 1962 : *JurisData* n° 1962-098463 ; *JCP* 1962, IV, 170. ▪ Cass. 3e civ., 8 janv. 1975, n° 73-13.635 : *JurisData* n° 1975-098002 ; *Rev. sociétés* 1976, p. 301, note I. Balensi. ▪ Cass. 3e civ., 22 juin 1976, n° 74-10.119 : *JurisData* n° 1976-700052 ; *D.* 1977, p. 619, note P. Diener.

– **Erreur.** L'erreur commise par un souscripteur entrant dans une société de crédit mutuel en vue d'obtenir un prêt immédiat alors que les prêts consentis par la société n'étaient que des prêts à terme différé est réputée avoir vicié son consentement ▪ CA Rennes, 26 oct. 1950 : *JCP* 1950, II, 5876. – Mais l'erreur sur la valeur ne peut pas entraîner la nullité de la société ▪ CA Aix-en-Provence, 9 févr. 1949 : *JCP* 1949, II, 5068, note D. B.

– **Fraude.** La société constituée en vue de porter atteinte aux droits des créanciers doit être annulée pour fraude ▪ Cass. com., 22 juin 1970, n° 68-11.340 : *JurisData* n° 1970-097215 ; *Rev. sociétés* 1971, p. 151, note J. H.

– **Fictivité.** – Notion. Est fictive la filiale, unipersonnelle de fait, dépourvue de toute structure pour fonctionner et n'ayant aucune activité, constituée seulement pour permettre à la société mère d'offrir à un prêteur une garantie réelle. Il en résulte que la sûreté réelle consentie par cette filiale fictive, avant que sa fictivité ne soit établie, demeure valable et opposable aux créanciers chirographaires de la société mère ▪ Cass. com., 22 juin 1999, n° 98-13.611 : *JurisData* n° 1999-002640 ; *Bull. Joly Sociétés* 1999, p. 978, note A. Couret. La seule absence de vie sociale, laquelle s'explique par la santé de sa gérante, n'établit pas la fictivité d'une société régulièrement constituée, identifiée et immatriculée, alors que son objet statutaire avait été réalisé par l'achat d'un immeuble et sa mise à disposition d'un associé aux fins d'exploitation (société civile immobilière). ▪ Cass. com., 15 nov. 2017, n° 16-20.193 : *JurisData* n° 2017-025502 ; *Rev. sociétés* 2018, p. 233, note J.-J. Daigre ; *Dr. sociétés* 2018, comm. 59, note R. Mortier.

– Sanction. Une société fictive est nulle mais elle n'est pas inexistante ▪ Cass. com., 16 juin 1992, n° 90-17.237 : *JurisData* n° 1992-001326 ; *JCP* E 1992, pan. 1025 ; *Bull. Joly Sociétés* 1992, p. 960 ; *RJDA* 1993, p. 40.

– **Simulation.** Dès lors qu'il est établi que la société était une société fictive, sans activité, dont le capital était détenu en presque totalité par le gérant, avec son épouse, lequel s'engageait tant au nom de la société qu'en son nom propre, le gérant, auteur de la simulation, doit être personnellement tenu des dettes de la société sur le fondement de l'article 1321 du Code civil ▪ CA Paris, 28 oct. 1999 : *JurisData* n° 1999-133117 ; *Bull. Joly Sociétés* 2000, p. 219, note J.-P. Dom. – La déclaration de simulation d'une SCI permet de poursuivre le bien apparemment acheté par celle-ci entre les mains de celui qui, n'étant pas associé, en a seul financé l'acquisition ▪ Cass. 3e civ., 18 déc. 2007, n° 06-21.897 : *Dr. sociétés* 2008, n° 121, obs. R. Mortier.

2) Causes de nullité de délibérations sociales. – Nullité des actes modifiant les statuts : nécessité d'une disposition expresse. L'article

L. 223-30 ne prévoyant pas la nullité des décisions modificatives des statuts adoptées en violation des règles statutaires de majorité, les décisions extraordinaires organisant un coup d'accordéon dans une SARL sont valables, alors même qu'elles ont été adoptées par l'associé détenant seulement 51 % du capital social. ▪ Cass. com., 30 mai 2012, n° 11-16.272 : *JurisData* n° 2012-011529 ; *JCP* E 2012, 1525, note M. Roussille ; *JCP* E 2012, 1777, n° 1, obs. F. Deboissy et G. Wicker ; *Rev. sociétés* 2012, n° 140, note M. Roussille ; *Dr. sociétés* 2012, n° 140, note M. Roussille ; *D.* 2012, p. 1478, obs. A. Lienhard, et p. 1581, note B. Dondero ; *D.* 2012, p. 2696, obs. J.-C. Hallouin ; *Bull. Joly Sociétés* 2012, p. 615, note A. Gaudemet. – Ne sont pas prescrites à peine de nullité les dispositions de l'article L. 225-204, alinéa 2, du Code de commerce qui prévoient l'établissement d'un rapport par le commissaire aux comptes sur les causes et conditions d'une réduction de capital, et sa communication aux actionnaires préalablement à la tenue de l'assemblée générale ▪ Cass. com., 15 mars 2017, n° 15-50.021 (P) : *JurisData* n° 2017-004484 ; *Bull. Joly Sociétés* 2017, p. 311, note J.-F. Barbièri ; *Dr. sociétés* 2017, comm. 100, note C. Coupet ; *RTD com.* 2017, p. 649, J. Moury ; *Rev. sociétés* 2017, p. 355, note P. Pisoni.

– **Violation des statuts.** La violation des statuts ou du règlement intérieur d'une société commerciale n'est pas en principe sanctionnée par la nullité. ▪ Cass. com., 18 mai 2010, n° 09-14.855 : *JurisData* n° 2010-006635 ; *JCP* E 2010, n° 1562, note A. Couret et B. Dondero et n° 2134, obs. P. Mousseron ; *Bull. Joly Sociétés* 2010, p. 651, note H. Le Nabasque ; *Dr. sociétés* 2010, n° 156, obs. M.-L. Coquelet ; *D.* 2010, p. 1345, note A. Lienhard ; *D.* 2010, p. 2405, note F. Marmoz ; *D.* 2010, p. 2800, obs. J.-C. Hallouin ; *Rev. sociétés* 2010, p. 212, note A. Charvériat ; *Rev. sociétés* 2010, p. 374, note P. Le Cannu ; *RTD civ.* 2010, 553, obs. B. Fages ; *JCP* E 2011, n° 1000, chron. F. Deboissy et G. Wicker. – Le non-respect des stipulations contenues dans les statuts ou dans un règlement intérieur n'est pas sanctionné par la nullité sauf lorsqu'il a été fait usage de la faculté, ouverte par une disposition impérative, d'aménager conventionnellement la règle posée par celle-ci ; la possibilité donnée aux associés de sociétés à responsabilité limitée de limiter la cessibilité des parts sociales entre eux relève des dispositions impératives des articles L. 223-14 et L. 223-16 du Code de commerce. ▪ Cass. com., 10 févr. 2015, n° 13-25.588 : *JurisData* n° 2015-002497 ; *Dr. sociétés* 2015, n° 67, note D. Gallois-Cochet ; *Bull. Joly Sociétés* 2015, p. 238, note J.-C. Pagnucco ; *JCP* E 2015, chron. 1577, n° 9, note M. Buchberger. – La méconnaissance des règles statutaires de majorité renforcée requise pour la modification des statuts est sanctionnée par la nullité (société civile immobilière) ▪ Cass. 3e civ., 8 juill. 2015, n° 13-14.348 : *JurisData* n° 2015-017375 ; *Dr. sociétés* 2015, n° 190, note R. Mortier ; *Rev. sociétés* 2016, p. 169, note E. Schlumberger ; *RTD com.* 2015, 533, obs. A. Constantin ; *D.* 2015, p. 2401, obs. J.-C. Hallouin. – Les associés d'une SARL peuvent déroger à une clause des statuts et s'en affranchir par l'établissement d'actes postérieurs, valables dès lors que tous les associés y consentent. ▪ Cass. com., 12 mai 2015, n° 14-13.744 : *JurisData* n° 2015-011268 ; *Dr. sociétés* 2015, n° 148, note D. Gallois-Cochet ; *Bull. Joly Sociétés* 2015, n° 9, note F. Danos. – Dans une société par actions simplifiée, la décision prise en violation d'une disposition statutaire prévoyant la compétence de la collectivité des associés, en application de l'article L. 227-9 du Code de commerce, n'est pas susceptible d'annulation, ▪ Cass. com., 26 avr. 2017, n° 14-13.554 : *Dr. sociétés* 2017, comm. 141, note C. Coupet ; *Rev. sociétés* 2017, p. 422, note D. Schmidt.

– **Violation d'une disposition réglementaire.** – Les nullités visées à l'article 360 de la loi du 24 juillet 1966 *[C. com., art. L. 235-1]* ne peuvent résulter que de la non-conformité à une disposition impérative de la loi ou des dispositions qui régissent les contrats, et non d'une infraction au décret du 23 mars 1967. ▪ CA Paris, 22 mai 1992, n° 91/2988 : *JurisData* n° 1992-021619 ; *Bull. Joly Sociétés* 1992, p. 1087. ▪ Cass. com., 12 déc. 1995, n° 94-12.489 : *Bull. Joly Sociétés* 1996, p. 207, note P. Le Cannu. Dans une société civile, la violation du délai réglementaire de convocation des associés est sanctionnée par la nullité, lorsqu'elle a fait grief à l'associé. ▪ Ch. mix., 16 déc. 2005, n° 04-10.986 : *JurisData* n° 2005-031451 : *Bull. Joly Sociétés* 2006, p. 536, note L. Grosclaude ; *D.* 2007, p. 267, note J.-Cl. Hallouin ; *Dr. sociétés* 2006, comm. 36, note F.-X. Lucas ; *RTD com.* 2006, p. 148, note M.-H. Monsérié-Bon ; *Rev. sociétés* 2006, p. 327, note B. Saintourens. Dans une SARL, la violation des règles statutaires de convocation de l'assemblée des associés est cause de nullité lorsqu'elle a fait grief à l'associé. ▪ Cass. com., 10 nov. 2015, nos 14-16.022 et 15-15.430 : *JurisData* n° 2015-025178 ; *Bull. Joly Sociétés* 2016, p. 26, note M. Buchberger ; *Dr. sociétés* 2016, comm. 30, M. Roussille). L'article R. 225-120 du Code de commerce ne prévoit pas expressément l'annulation des émissions de valeurs mobilières donnant accès au capital en l'absence de communication aux actionnaires des éléments qu'il énumère. Même si elle est susceptible de porter atteinte au droit à l'information des actionnaires, la méconnaissance de ce texte ne peut être frappée de nullité qu'en cas de grief rapporté par celui qui s'en prévaut. ▪ CA Paris, pôle 5, ch. 8, 10 nov. 2015, n° 14/23492 : *JurisData* n° 2015-025512 ; *Dr. sociétés* 2016, comm. 80, note M. Roussille.

– **Causes de nullité de droit commun.** Doit être annulée l'assemblée générale extraordinaire de la société dont l'associée unique était atteinte d'un trouble mental ▪ CA Paris, pôle 5, ch. 8, 26 juin 2018, n° 17/03617 : *Dr. sociétés* 2019, comm. 1, note R. Mortier.

– **Contrariété à l'intérêt social.** Une délibération sociale n'encourt pas la nullité au seul motif de sa contrariété à l'intérêt social. ▪ Cass. com., 13 janv. 2021, n° 18-21.860 : *JurisData* n° 2021-000235 ; *Dr. sociétés* 2021, comm. 36, note J.-F. Hamelin ; *Bull. Joly Sociétés* avr. 2021, p. 13, note E. Schlumberger ; *D.* 2021, p. 399, note D. Schmidt.

– **Exclusion.** L'impossibilité pour l'associé exclu de venir s'expliquer devant l'organe ayant prononcé son exclusion n'est pas une cause de nullité de la décision d'exclusion. ▪ Cass. com., 13 juill. 2010, n° 09-16.156 : *JurisData* n° 2010-011617 ; *D.* 2010, p. 1868, obs. A. Lienhard ; *D.* 2010, p. 2880, note B. Dondero ; *Dr. sociétés* 2010, comm. 200, obs. H. Hovasse ; *JCP E* 2011, n° 1000, chron. F. Deboissy et G. Wicker. ▪ Cass. com., 9 nov. 2010, n° 10-10.150 : *JurisData* n° 2010-020769 ; *Dr. sociétés* févr. 2011, n° 25, obs. M.-L. Coquelet ; *Bull. Joly Sociétés* févr. 2011, p. 114, note P. Mousseron.

3) Intérêt et qualité à agir. – Intérêt à agir. L'action en nullité, comme toutes les actions en justice, exige du demandeur qu'il justifie d'un intérêt légitime, ▪ CA Lyon, 9 juill. 1951 : *D.* 1952, somm. p. 24. – Comp. ▪ Cass. com., 5 mai 1981 : *Rev. sociétés* 1982, p. 95, note A. V. ▪ Cass. com., 15 juill. 1992, n° 90-15.589 : *JCP E* 1992, I, 172, n° 11, obs. A. Viandier et J.-J. Caussain ; *Bull. Joly Sociétés* 1992, p. 1202, note J.-F. Barbièri. Un associé qui a consenti à la délibération dont il demande l'annulation n'est pas de ce seul fait dépourvu d'intérêt à agir (société coopérative) ▪ Cass. com., 13 nov. 2003, n° 00-20.646 : *JurisData* n° 2003-020998 ; *Bull. Joly Sociétés* 2004, p. 413, note H. Le Nabasque ; *RTD com.* 2004, p. 551, note H. Monsérié-Bon ; *Rev. sociétés* 2004, p. 97, note B. Saintourens ; *JCP E* 2004, 337, note A. Viandier.

– **Qualité d'actionnaire.** L'action en annulation d'une assemblée générale extraordinaire ayant approuvé un projet de fusion et fondée sur le dol est ouverte à tous les actionnaires ayant un intérêt légitime, peu important par ailleurs qu'ils ne soient pas restés actionnaires postérieurement à l'assemblée dont il s'agit ▪ CA Paris, 16 janv. 1996, n° 94-19336 : *JurisData* n° 1996-020897 ; *Bull. Joly Sociétés* 1996, p. 500, note A. Couret. – De même, le demandeur qui agit en annulation d'une délibération du conseil d'administration n'est pas tenu d'avoir eu la qualité d'actionnaire au jour de la délibération contestée ▪ Cass. com., 4 juill. 1995, n° 93-17.969 : *JurisData* n° 1995-001829 ; *D.* 1996, p. 186, note J.-C. Hallouin ; *Bull. Joly Sociétés* 1995, p. 968, note J.-F. Barbièri.

– **Nullité relative.** Une nullité relative (nullité pour cause de violation d'une formalité protégeant certains actionnaires) peut être invoquée seulement par ceux que cette sanction a pour objet de protéger ▪ CA Pau, 9 juin 1987 : *JurisData* n° 1987-042617 ; *JCP E* 1988, 15168, n° 4. Tout associé peut se prévaloir de l'absence de convocation d'un associé à l'assemblée générale. ▪ Cass. 3e civ., 21 oct. 1998, n° 96-16.537 : *JurisData* n° 1998-003937 ; *Dr. sociétés* 1999, comm. 2, note Th. Bonneau ; *RTD com.* 1999, p. 116, note Cl. Champaud ; *Bull. Joly Sociétés* 1999, p. 107, note L. Grosclaude ; *JCP E* 1999, 86, note Y. Guyon ; *D.* 2000, p. 232, note J.-Cl. Hallouin ; *Defrénois* 1999, p. 1192, note J. Honorat.

4) Compétence du juge des référés (non). L'annulation des délibérations de l'assemblée générale d'une société, qui n'est ni une mesure conservatoire, ni une mesure de remise en état, n'entre pas dans les pouvoirs du juge des référés. ▪ Cass. com., 13 janv. 2021, nos 18-25.713 et 18-25.730 : *JurisData* n° 2021-000233 ; *Bull. Joly Sociétés* mars 2021, n° 121v7, p. 7, note J. Heinich ; *Dr. sociétés* 2021, comm. 45, note R. Mortier.

Art. L. 235-2 *(Anc. L. n° 66-537, 24 juill. 1966).* **– Dans les sociétés en nom collectif et en commandite simple, l'accomplissement des formalités de publicité est requis à peine de nullité de la société, de l'acte ou de la délibération, selon les cas, sans que les associés et la société puissent se prévaloir, à l'égard des tiers, de cette cause de nullité. Toutefois, le tribunal a la faculté de ne pas prononcer la nullité encourue, si aucune fraude n'est constatée.**

Art. L. 235-2-1 *(L. n° 2006-387, 31 mars 2006).* **– Les délibérations prises en violation des dispositions régissant les droits de vote attachés aux actions peuvent être annulées.**

Art. L. 235-3 *(Anc. L. n° 66-537, 24 juill. 1966).* **– L'action en nullité est éteinte lorsque la cause de la nullité a cessé d'exister le jour où le tribunal statue sur le fond en première instance, sauf si cette nullité est fondée sur l'illicéité de l'objet social.**

Voir : C. civ., art. 1844-11, p. 2980.

Art. L. 235-4 *(Anc. L. n° 66-537, 24 juill. 1966).* **– Le tribunal de commerce, saisi d'une action en nullité, peut, même d'office, fixer un délai pour permettre de couvrir les nullités. Il ne peut prononcer la nullité moins de deux mois après la date de l'exploit introductif d'instance.**

Si pour couvrir une nullité, une assemblée doit être convoquée ou une consultation des associés effectuée, et s'il est justifié d'une convocation régulière de cette assemblée ou de l'envoi aux associés du texte des projets de décision accompagné des documents qui doivent leur être communiqués, le tribunal accorde par jugement le délai nécessaire pour que les associés puissent prendre une décision.

Voir : C. civ., art. 1844-13, p. 2980.

Art. L. 235-5 *(Anc. L. n° 66-537, 24 juill. 1966)*. – Si à l'expiration du délai prévu à l'article L. 235-4, aucune décision n'a été prise, le tribunal statue à la demande de la partie la plus diligente.

Art. L. 235-6 *(Anc. L. n° 66-537, 24 juill. 1966)*. – En cas de nullité d'une société ou d'actes et délibérations postérieurs à sa constitution, fondée sur un vice du consentement ou l'incapacité d'un associé, et lorsque la régularisation peut intervenir, toute personne y ayant intérêt peut mettre en demeure celui qui est susceptible de l'opérer, soit de régulariser, soit d'agir en nullité dans un délai de six mois à peine de forclusion. Cette mise en demeure est dénoncée à la société.

La société ou un associé peut soumettre au tribunal saisi dans le délai prévu à l'alinéa précédent, toute mesure susceptible de supprimer l'intérêt du demandeur, notamment par le rachat de ses droits sociaux. En ce cas, le tribunal peut, soit prononcer la nullité, soit rendre obligatoires les mesures proposées, si celles-ci ont été préalablement adoptées par la société aux conditions prévues pour les modifications statutaires. Le vote de l'associé dont le rachat des droits est demandé est sans influence sur la décision de la société.

En cas de contestation, la valeur des droits sociaux à rembourser à l'associé est déterminée conformément aux dispositions de l'article 1843-4 du Code civil. Toute clause contraire est réputée non écrite.

Voir : art. R. 235-1, p. 1765 ; C. civ., art. 1844-12, p. 2980.

Art. L. 235-7 *(Anc. L. n° 66-537, 24 juill. 1966)*. – Lorsque la nullité d'actes et délibérations postérieurs à la constitution de la société est fondée sur la violation des règles de publicité, toute personne ayant intérêt à la régularisation de l'acte peut mettre la société en demeure d'y procéder, dans le délai fixé par décret en Conseil d'État. À défaut de régularisation dans ce délai, tout intéressé peut demander la désignation, par décision de justice, d'un mandataire chargé d'accomplir la formalité.

Voir : art. R. 235-1 et R. 235-2, p. 1765.

Art. L. 235-8 *(Anc. L. n° 66-537, 24 juill. 1966)*. – La nullité d'une opération de fusion ou de scission ne peut résulter que de la nullité de la délibération de l'une des assemblées qui ont décidé l'opération ou du défaut de dépôt de la déclaration de conformité mentionnée au troisième alinéa de l'article L. 236-6.

Lorsqu'il est possible de porter remède à l'irrégularité susceptible d'entraîner la nullité, le tribunal saisi de l'action en nullité d'une fusion ou d'une scission accorde aux sociétés intéressées un délai pour régulariser la situation.

Voir : art. L. 235-11, p. 549 et L. 236-1 et s., p. 550.

Art. L. 235-9 *(Anc. L. n° 66-537, 24 juill. 1966 ; mod., Ord. n° 2004-604, 24 juin 2004)*. – Les actions en nullité de la société ou d'actes et délibérations postérieurs à sa constitution se prescrivent par trois ans à compter du jour où la nullité est encourue, sous réserve de la forclusion prévue à l'article L. 235-6.

Toutefois, l'action en nullité d'une fusion ou d'une scission de sociétés se prescrit par six mois à compter de la date de la dernière inscription au registre du commerce et des sociétés rendue nécessaire par l'opération.

L'action en nullité fondée sur l'article L. 225-149-3 se prescrit par trois mois à compter de la date de l'assemblée générale suivant la décision d'augmentation de capital.

Voir : C. civ., art. 1844-14, p. 2980.

Bibliographie : C. Hannoun, *Remarques sur la prescription de l'action en nullité en droit des sociétés : Rev. sociétés* 1991, p. 45. • J.-P. Brill, *Brèves réflexions sur le jeu de l'exception de nullité en droit des sociétés, in Mél. D. Schmidt*, Joly, 2005, *p. 51.*

1) **Exception de nullité.** L'exception de nullité est perpétuelle ■ Cass. com., 15 févr. 1994, n° 92-12.330 : *RJDA* 1994, p. 530. ■ Cass. com., 28 mars 2006, n° 02-13.852 : *JurisData* n° 2006-033011 ; *Bull. Joly Sociétés* 2006, p. 1029, note P. Le Cannu ; *Dr. sociétés* 2006, comm. 108, obs. J. Monnet. ■ Cass. 3e civ., 23 oct. 2013, n° 12-30.129 : *JurisData* n° 2013-024093 ; *Dr. sociétés* 2014, comm. 4, note H. Hovasse. Et ce, peu important que l'action en exécution de la délibération litigieuse ait été

introduite avant l'expiration du délai de prescription de l'action en nullité. ▪ Cass. com., 18 mars 2020, n° 18-16.099 : *JurisData* n° 2020-004397 ; *Bull. Joly Sociétés* juin 2020, p. 11, note E. Guégan ; *Rev. sociétés* 2021, p. 45, note S. Mérabet.

2) Délai applicable. Défaut d'agrément. La prescription applicable à l'action en nullité pour défaut d'agrément en cas de cession de parts sociales à un tiers étranger est celle de trois ans et cette action se prescrit à compter du jour où la nullité est encourue ▪ Cass. com., 9 nov. 1993, n° 91-19.724 : *JurisData* n° 1993-002416 ; *JCP* E 1994, I, 363, n° 8, obs. A. Viandier et J.-J. Caussain ; *Bull. Joly Sociétés* 1994, p. 82 ; *D.* 1994, p. 435, note D. Velardocchio.

– **Apport partiel d'actif.** L'action en nullité d'une délibération approuvant un apport partiel d'actif se prescrit par six mois, comme les actions en nullité d'une fusion ou d'une scission ▪ Cass. com., 3 juin 2003 : *Bull. Joly Sociétés* 2003, p. 933, note B. Saintourens ; *D.* 2003, p. 1695, obs. A. Lienhard ; *D.* 2004, somm. p. 273, obs. J.-C. Hallouin ; *Dr. sociétés* sept. 2003, n° 145, obs. H. Hovasse ; *JCP* E 2003, act. p. 1188. ▪ Cass. com., 30 nov. 2004 : *Bull. Joly Sociétés* 2005, p. 241, note P. Le Cannu ; *JCP* E 2005, act., p. 14 ; *JCP* E 2005, 131, n° 2, obs. J.-J. Caussain.

– **Abus de majorité.** L'action en annulation d'une délibération sociale fondée sur un abus de majorité relève de la prescription triennale prévue par l'article L. 235-9 du Code de commerce. L'action en réparation du préjudice causé par un abus de majorité se prescrit par 5 ans. ▪ Cass. com., 30 mai 2018, n° 16-21.022 : *JurisData* n° 2018-009058 ; *Bull. Joly Sociétés* 2018, p. 572, note A. Bugada ; *Dr. sociétés* 2018, comm. 145, note J. Heinich ; *Gaz. Pal.* 25 sept. 2018, n° 331u1, p. 61, note M. Laroche.

3) Point de départ de la prescription. L'action en nullité des délibérations sociales se prescrit par 3 ans à compter du jour où elles sont prises, sauf dissimulation entraînant une impossibilité d'agir. ▪ Cass. com., 26 sept. 2018, n° 16-13.917 : *JurisData* n° 2018-017192 ; *Dr. sociétés* 2010, comm. 7, note J. Heinich.

Art. L. 235-10 *(Anc. L. n° 66-537, 24 juill. 1966).* **– Lorsque la nullité de la société est prononcée, il est procédé à sa liquidation conformément aux dispositions des statuts et du chapitre VII du présent titre.**

Voir : art. L. 237-1 et s., p. 567, R. 235-3, p. 1766. - C. civ., art. 1844-15, p. 2980.

Art. L. 235-11 *(Anc. L. n° 66-537, 24 juill. 1966).* **– Lorsqu'une décision judiciaire prononçant la nullité d'une fusion ou d'une scission est devenue définitive, cette décision fait l'objet d'une publicité dont les modalités sont fixées par décret en Conseil d'État.**

Elle est sans effet sur les obligations nées à la charge ou au profit des sociétés auxquelles le ou les patrimoines sont transmis entre la date à laquelle prend effet la fusion ou la scission et celle de la publication de la décision prononçant la nullité.

Dans le cas de la fusion, les sociétés ayant participé à l'opération sont solidairement responsables de l'exécution des obligations mentionnées à l'alinéa précédent à la charge de la société absorbante. Il en est de même, dans le cas de scission, de la société scindée pour les obligations des sociétés auxquelles le patrimoine est transmis. Chacune des sociétés auxquelles le patrimoine est transmis répond des obligations à sa charge nées entre la date de prise d'effet de la scission et celle de la publication de la décision prononçant la nullité.

Art. L. 235-12 *(Anc. L. n° 66-537, 24 juill. 1966).* **– Ni la société, ni les associés ne peuvent se prévaloir d'une nullité à l'égard des tiers de bonne foi. Cependant, la nullité résultant de l'incapacité ou d'un vice du consentement est opposable même aux tiers, par l'incapable et ses représentants légaux, ou par l'associé dont le consentement a été surpris par erreur, dol ou violence.**

Voir : C. civ., art. 1844-16, p. 2981.

1) Domaine. *L'article 369 de la loi du 24 juillet 1966 [C. com., art. L. 235-12]* est étranger aux rapports pouvant exister entre la société et les associés ▪ CA Paris, 29 mars 1991, n° 4012/89 : *JurisData* n° 1991-021660 ; *Bull. Joly Sociétés* 1991, p. 534, note P. Le Cannu.

2) Mauvaise foi. Le tiers est de mauvaise foi lorsqu'il connaissait l'illicéité ▪ Cass. req., 8 nov. 1880 : *S.* 81, 1, 290.

Art. L. 235-13 *(Anc. L. n° 66-537, 24 juill. 1966).* **– L'action en responsabilité fondée sur l'annulation de la société ou des actes et délibérations postérieurs à sa constitution se prescrit par trois ans à compter du jour où la décision d'annulation est passée en force de chose jugée.**

La disparition de la cause de nullité ne met pas obstacle à l'exercice de l'action en dommages-intérêts tendant à la réparation du préjudice causé par le vice dont la société, l'acte ou la délibération était entaché. Cette action se prescrit par trois ans à compter du jour où la nullité a été couverte.

Le délai de prescription de l'action en responsabilité fondée sur l'article L. 235-13 commence à courir non pas du jour où la décision irrégulière a été adoptée par les associés majoritaires mais du jour où la décision d'annulation est passée en chose de force jugée. ▪ Cass. com., 19 mars 2013, n° 12-16.910 : *Rev. sociétés* 2014, p. 169, note A.-L. Champetier de Ribes-Justeau.

Voir : C. civ., art. 1844-17, p. 2981.

Art. L. 235-14 *(Ord. n° 2004-274, 25 mars 2004)*. **– Le fait pour le président des organes de direction et d'administration ou le président de séance de ces organes de ne pas constater les délibérations de ces organes par des procès-verbaux est sanctionné par la nullité des délibérations desdits organes.**

L'action est ouverte à tout administrateur, membre du directoire ou membre du conseil de surveillance.

Cette action en nullité peut être exercée jusqu'à l'approbation du procès-verbal de la deuxième réunion du conseil d'administration, du directoire ou du conseil de surveillance qui suit celle dont les délibérations sont susceptibles d'être annulées.

Elle est soumise aux articles L. 235-4 et L. 235-5.

CHAPITRE VI. – DE LA FUSION ET DE LA SCISSION

Bibliographie : Y. Cheminade, *La nature juridique de la fusion : RTD com.* 1970, p. 15. • J. Martin, *La notion de fusion : RTD com.* 1978, p. 269. • M. Cozian, *Le régime fiscal applicable aux fusions de sociétés : Bull. Joly Sociétés* 1992, p. 1263. • J.-J. Daigre, *Peut-on absorber une société ayant un actif net négatif ? : JCP* E 1992, I, 165. • B. Solle, *Traitement juridique de la perte subie par la société absorbée durant la période intercalaire : RJDA* 1992, p. 335. • Y. Brochen et L. Dejoie, *DPU et fusions de sociétés : JCP* N 1993, I, 2804. • B. Caillaud, H. Bonnasse et J.-P. Bouère, *La loi Madelin et le droit des fusions : Bull. Joly Sociétés* 1994, p. 733. • A. De Waal, *Brèves réflexions sur la fusion rapide : Dr. fisc.* 1996, n° 4, p. 129. • B. Caillaud et A. Bonnasse, *Les fusions faisant intervenir des sociétés de personnes : JCP* E 1998, p. 595. • V. Merat, *Fusions et sociétés de personnes : aspects pratiques : Dr. sociétés* 2002, chron. 9. • A. Pietrancosta et C. Gerschel, *La « dissolution-confusion » en passe de supplanter la fusion : Dr. et patrimoine* juin 2002, p. 32. • S. Sylvestre, *Une société absorbante peut-elle avoir un actif net négatif ? : Bull. Joly Sociétés* 2002, p. 1003. • D. Ledouble, *Le règlement du CRC sur les fusions : facteur de progrès ou de complexité : Bull. Joly Sociétés* 2005, p. 331. • H. Le Nabasque, *L'incidence des normes européennes sur le droit français applicable aux fusions et au transfert de siège social : Rev. sociétés* 2005, p. 81. • M. Chadefaux, *Les fusions de sociétés : régime juridique et fiscal : Rev. fid.* 7e éd. 2012. • H. Le Nabasque (dir.), *La réforme des fusions et scissions de sociétés : Bull. Joly Sociétés* 2012, p. 260. • J.-Y. Mercier, *Fusions, Apports partiels d'actifs, Scissions*, éd. Francis Lefebvre, 3e éd. 2014, coll. « Dossiers pratiques ». • O. Meier et G. Schier, *Fusions acquisitions*, Dunod 2016, 5e éd.

Section I. – Dispositions générales

Art. L. 236-1 *(Anc. L. n° 66-537, 24 juill. 1966)*. **– Une ou plusieurs sociétés peuvent, par voie de fusion, transmettre leur patrimoine à une société existante ou à une nouvelle société qu'elles constituent.**

Une société peut aussi, par voie de scission, transmettre son patrimoine à plusieurs sociétés existantes ou à plusieurs sociétés nouvelles.

Ces possibilités sont ouvertes aux sociétés en liquidation à condition que la répartition de leurs actifs entre les associés n'ait pas fait l'objet d'un début d'exécution.

Les associés des sociétés qui transmettent leur patrimoine dans le cadre des opérations mentionnées aux trois alinéas précédents reçoivent des parts ou des actions de la ou des sociétés bénéficiaires et, éventuellement, une soulte en espèces dont le montant ne peut dépasser 10 % de la valeur nominale des parts ou des actions attribuées.

Voir : C. civ., art. 1844-4, p. 2978.

1) **Notion de fusion.** – *Fusion et cession d'un actif social.* L'opération consistant en une cession de l'actif social immobilier à une autre société, accompagnée du paiement du passif social et du remboursement des apports des actionnaires, ne réalise pas une fusion ▪ Cass. com., 3 nov. 1975, n° 74-11.927 : *JurisData* n° 1975-097248 ; *Bull. civ.* IV, n° 248.

– *Fusion et apport.* L'opération de fusion-absorption, qui entraîne la dissolution sans liquidation de la société absorbée et la transmission universelle de son patrimoine à la société absorbante et qui n'a pas pour contrepartie l'attribution à la société absorbée de droits sociaux au sein de la société absorbante, ne constitue pas un apport fait par la première à la seconde. Dès lors, le pacte de préférence consenti en cas d'apport en société d'un immeuble appartenant à la société ne joue pas, ▪ Cass. com., 9 nov. 2010, n° 09-70.726 : *JurisData* n° 2010-020700 ; *Dr. sociétés* 2011, n° 1, comm. M.-L. Coquelet ; *JCP* E 2011, n° 1073 ; *D.* 2010, p. 2702, obs. A. Lienhard ; *Bull. Joly Sociétés* 2011, p. 123, note P. Le Cannu.

– Fusion et cession de fonds de commerce. Une fusion par absorption ne constituant pas une cession de fonds de commerce, les dispositions concernant les mentions obligatoires en matière de vente de fonds de commerce ne s'appliquent pas, ▪ CA Paris, 10 avr. 1986 : *JurisData* n° 1986-021173.

2) Opposabilité aux tiers. Une fusion non publiée est inopposable aux tiers ▪ Cass. com., 29 juin 1993, n° 91-17.183 : *JurisData* n° 1993-001546 ; *JCP* E 1993, I, 3715, n° 15, obs. A. Viandier et J.-J. Caussain ; *Bull. Joly Sociétés* 1993, p. 914, note B. Saintourens.

3) Fraude paulienne. La fusion faite dans le but de frauder aux droits des créanciers peut être annulée par la voie de l'action paulienne ▪ Cass. com., 10 juin 1963 : *JurisData* n° 1963-799285 ; *D.* 1968, p. 116, note C. Lombois.

Art. L. 236-2 *(Anc. L. n° 66-537, 24 juill. 1966 ; mod., L. n° 2008-649, 3 juill. 2008)*. **– Les opérations visées à l'article L. 236-1 peuvent être réalisées entre des sociétés de forme différente.**

Elles sont décidées, par chacune des sociétés intéressées, dans les conditions requises pour la modification de ses statuts.

Si l'opération comporte la création de sociétés nouvelles, chacune de celles-ci est constituée selon les règles propres à la forme de société adoptée.

Lorsque les opérations visées à l'article précédent comportent la participation de sociétés anonymes et de sociétés à responsabilité limitée, les dispositions des articles L. 236-10, L. 236-11, L. 236-13, L. 236-14, L. 236-15, L. 236-18, L. 236-19, L. 236-20 et L. 236-21 sont applicables.

Voir : C. civ., art. 1844-4, p. 2978.

Approbation du projet de fusion par les assemblées d'actionnaires. Les assemblées générales des actionnaires des sociétés qui participent à l'opération de fusion peuvent approuver la fusion après avoir modifié les conditions arrêtées dans le projet de fusion, notamment pour tenir compte des observations du commissaire à la fusion. ▪ Cass. com., 6 oct. 2015, n° 14-11.680 : *JurisData* n° 2015-022074 ; *Dr. sociétés* 2015, n° 212, note D. Gallois-Cochet ; *JCP* E 2016, n° 1037, note B. Dondero ; *Rev. sociétés* 2016, p. 159, note A. Reygrobellet.

Art. L. 236-3 *(Anc. L. n° 66-537, 24 juill. 1966 ; mod., L. n° 2019-744, 19 juill. 2019)*. **– I. – La fusion ou la scission entraîne la dissolution sans liquidation des sociétés qui disparaissent et la transmission universelle de leur patrimoine aux sociétés bénéficiaires, dans l'état où il se trouve à la date de réalisation définitive de l'opération. Elle entraîne simultanément l'acquisition, par les associés des sociétés qui disparaissent, de la qualité d'associés des sociétés bénéficiaires, dans les conditions déterminées par le contrat de fusion ou de scission.**

II. – Toutefois, il n'est pas procédé à l'échange de parts ou d'actions de la société bénéficiaire contre des parts ou actions des sociétés qui disparaissent lorsque ces parts ou actions sont détenues :

1° Soit par la société bénéficiaire ou par une personne agissant en son propre nom mais pour le compte de cette société ;

2° Soit par la société qui disparaît ou par une personne agissant en son propre nom mais pour le compte de cette société ;

3° Soit par une société qui détient la totalité des parts ou actions de la société bénéficiaire et de la société qui disparaît ou par une personne agissant en son propre nom mais pour le compte de cette société.

Voir : publicité de la dissolution de la société absorbée, art. R. 123-69, 3°, p. 1602.

Bibliographie : *Fusion et conventions* intuitu personae. A. Viandier, *Les contrats conclus* intuitu personae *face à la fusion des sociétés, in Mél. C. Mouly*, Litec, 1998, t. II, p. 193. • M. Dubertret, L'intuitu personae *dans les fusions : Rev. sociétés* 2006, p. 721. • P.-Y. Bérard, *Les fusions à l'épreuve de l'*intuitu personae : *RTD com.* 2007, p. 279. • R. Raffray, *La transmission universelle du patrimoine des personnes morales*, Bibl. des thèses Dalloz, 2011.

Fusion et actions en justice. M.-L. Coquelet, *Le sort des actions en justice en cas de transmission universelle du patrimoine : Bull. Joly Sociétés* 2007, p. 783.

Fusion et sûretés. X. Jaspar et T. Métais, *Les limites à la transmission universelle du patrimoine, les contrats intuitu personae : Bull. Joly Sociétés* 1998, p. 447. • H. Le Nabasque, *Fusion de banques et garanties : Mél. AEDBF III*, Banque éditeur, 2001, p. 233. • D. Houtcieff, *Contribution à l'étude de l'intuitu personae, remarques sur la considération de la personne du créancier par la caution : RTD civ.* 2003, p. 3. • G. Damy, *Le cautionnement et la transmission universelle du patrimoine : Dr. et patrimoine* sept. 2004, p. 46. • D. Pohé, *La distinction, obligation de règlement, obligation de couverture et la fusion-absorption : LPA* 25 sept. 2004, n° 191, p. 8. • N. Morelli, *Le sort du cautionnement dans les opérations de fusion : Bull. Joly Sociétés* 2004, p. 933. • A. Prüm, *Fusion de banques et survie des cautionnements consentis en faveur des établissements absorbés : RD bancaire et fin.* 2006, p. 1.

Fusion et clause d'agrément. M. Jeantin, *Clauses d'agrément et fusion de sociétés commerciales : Dr. sociétés* 1988, n° 5, p. 2. • I. Parleani, *La fusion-absorption à l'épreuve des clauses d'agrément, in Mél. Guyon*, Dalloz, 2003, p. 1061. • J.-P. Bertrel, *Fusions-acquisitions : une clause d'agrément est-elle applicable en cas de fusion ou de scission ? : Dr. et patrimoine* avr. 2003, p. 22. • A. Constantin, *L'application des clauses d'agrément en cas de fusion ou scission : le poids des mots, le choc des principes : Bull. Joly Sociétés* 2003, p. 742. • B. Espesson-Vergeat, *Le clair-obscur de la clause d'agrément dans les opérations de fusion : LPA* 8 janv. 2004, p. 15.

Fusion et principe de personnalité des peines. A. Gallois, *La responsabilité pénale de la société absorbante en cas de fusion-absorption frauduleuse : Dr. sociétés* 2010, étude 7. • L. Gamet, *Le principe de personnalité des peines à l'épreuve des fusions et des scissions de sociétés : JCP* G 2001, I, 345. • Y. Muller, *La responsabilité pénale de la personne morale en cas de fusion-absorption : JCP* E 2004, I, 1151. • N. Morelli, *Les restructurations de sociétés à l'épreuve du principe de personnalité des peines : JCP* E 2005, p. 203. • F. Stasiak, *Fusion et responsabilité pénale des personnes morales en droit boursier, in Mél. B. Bouloc*, Dalloz, 2007, p. 1091. • I. Barsan, *La personnalité des peines appliquée aux personnes morales en cas de fusion : Rev. sociétés* 2018, p. 156.

Fusion et usufruit. H. Le Nabasque, *Le sort de l'usufruit en cas de fusion : Mélanges en l'honneur du Professeur Michel Germain*, LexisNexis – LGDJ Lextenso éditions, 2015, p. 436. • D. Gallois-Cochet, *Fusion-absorption, transmission de l'usufruit et jurisprudence de la CJUE : Dr. sociétés* 2015, repère n° 11.

I – PRINCIPES

1) Transmission universelle du patrimoine de l'absorbé à l'absorbante. *a)* Principe. – Transmission des créances. En raison de cette transmission universelle, il n'y a pas lieu d'observer les prescriptions de l'article 1690 ancien du Code civil prévues en cas de cession de créance, ▪ Cass. 1re civ., 7 mars 1972 : *JurisData* n° 1972-000071 ; *JCP* 1972, II, 17270, note Y. Guyon. ▪ Cass. 1re civ., 25 avr. 1974 : *JurisData* n° 1974-000115 ; *Gaz. Pal.* 1974, 2, p. 635, note A. Plancqueel.

– Transmission des dettes. Transmission d'une dette de réparation, ▪ Cass. soc., 29 avr. 1980, n° 79-11.496 : *JurisData* n° 1980-700383 ; *JCP* 1980, IV, 263.

– Transmission d'un accord collectif. La transmission universelle du patrimoine fait bénéficier automatiquement la société absorbante du bénéfice de l'allègement des cotisations sociales résultant de l'accord de réduction du temps de travail conclu par la société absorbée, ▪ Cass. civ., 16 déc. 2010, n° 08-21.985 : *D.* 2011, p. 74, note A. Lienhard.

– Transmission d'un bail commercial. Le bail commercial dont la société absorbée est titulaire est transféré de plein droit à la société absorbante *sans qu'il s'agisse d'une cession*, ▪ Cass. com., 1er juin 1993 : *JCP* E 1994, I, 363, n° 11, obs. A. Viandier et J.-J. Caussain.

b) **Exceptions.** Les conventions conclues *intuitu personae* ne sont pas transmissibles, ▪ CA Aix-en-Provence, 11 juin 1997 : *JurisData* n° 1997-046678 ; *JCP* E 1997, I, 710, n° 10, obs. A. Viandier et J.-J. Caussain. – Les stipulations d'un contrat, précisant notamment qu'il est conclu *intuitu personae*, peuvent faire obstacle à ce que la société absorbante s'en prévale sans l'accord du cocontractant. ▪ Cass. com., 13 déc. 2005, n° 03-16.878 : *JurisData* n° 2005-031321 ; *JCP* E 2006, 1669, note H. Hovasse ; *RTD com.* 2006, p. 429, note P. Le Cannu ; *Bull. Joly* 2006, p. 591, note X. Vamparys. Le transfert d'un contrat à la société bénéficiaire d'une transmission universelle du patrimoine n'est pas subordonné au consentement des parties, lorsque le contrat n'a pas été conclu en considération de la personne du cocontractant dont le patrimoine est transmis, ▪ Cass. com., 8 nov. 2017, n° 16-17.296 : *JurisData* n° 2017-022431 ; *JCP* E 2018, comm. 1045, note C. Coupet ; *Dr. sociétés* 2018, comm. 21, note R. Mortier ; *Rev. sociétés* 2018, p. 171, J.-M. Moulin.

Les juges du fond doivent rechercher si la fusion-absorption n'a pas eu pour effet d'entraîner la caducité de la délégation de pouvoirs accordée pour la durée de la responsabilité du salarié délégataire au sein de la société absorbée : ▪ Cass. crim., 20 juill. 2011, n° 10-86.705 *JurisData* n° 2011-014800 ; *Bull. Joly Sociétés* 2011, p. 957, note N. Ferrier.

2) Disparition de la société absorbée. – Cession des actions de la société absorbée. Est nulle pour défaut d'objet toute cession de parts, d'actions ou de droits conférés par ces titres, d'une société ayant disparu par l'effet d'une opération de fusion absorption ▪ Cass. com., 26 mai 2009, n° 08-12.691 (PB) : *D.* 2009, p. 1477 ; *JCP E* 2009, n° 31-34, 1767, n° 4, F. Deboissy et G. Wicker.

3) Échange d'actions. – Situation des époux. Les parts attribuées dans la société absorbante à l'issue d'une fusion, qui remplacent les parts propres détenues dans la société absorbée, sont des biens propres par subrogation de propres en application des articles 1406 et 1407 du Code civil (SCP). ▪ Cass. 1re civ., 13 déc. 2017, n° 16-24.772 : *Rev. sociétés* 2018, p. 455, E. Linglin ; *Dr. sociétés* 2018, comm. 60, R. Mortier.

II – APPLICATIONS

A – Actions en justice

4) Acquisition de partie à l'instance par la société absorbante. En sa qualité d'ayant cause universel de la société absorbée, la société absorbante acquiert de plein droit, à la date de la fusion, la qualité de partie aux instances antérieurement engagées par la société absorbée et peut se prévaloir des condamnations prononcées au profit de celle-ci, lors même que le jugement est intervenu au nom de la société absorbée à une date postérieure à celle de la fusion ▪ Cass. com., 21 oct. 2008, n° 07-19.102 (PB) : *Bull. Joly Sociétés* 2009, p. 114, note X. Vamparys ; *D.* 2008, p. 2792, obs. A. Lienhard ; *JCP* E 2545, n° 3, obs. F. Deboissy et G. Wicker. Lorsque l'opération de fusion-absorption se réalise au cours de la procédure engagée contre la société absorbée et que la société absorbante intervient à l'instance, la fin de non-recevoir tirée de l'absence de droit d'agir de la société absorbée est écartée. ▪ Cass. com., 13 mars 2019, n° 17-20.252 : *JurisData* n° 2019-004611 ; *JCP* E 2019, 1327, note Ph. Métais et E. Valette ; *Rev. sociétés* 2019, p. 736, note A. Reygrobellet ; *Bull. Joly Sociétés* juill. 2019, n° 119u5, p. 49, note O. Staes.

5) Actes de procédure de la société absorbée. Une assignation délivrée par une société absorbée est nulle et l'irrégularité est insusceptible d'être couverte par l'intervention à l'instance de la société absorbante. ▪ Cass. com., 7 déc. 1993, *n° 91-19.339 : JurisData* n° 1993-002708 ; *Bull. Joly Sociétés* 1994, p. 282, note J. Mestre. ▪ Cass. com., 6 mai 2003, n° 00-17.344 : *JurisData* n° 2003-018984 ; *Dr. sociétés* 2003, n° 203, obs. F.-G. Trébulle. ▪ Cass. com., 13 mars 2007, n° 05-21.594 : *Bull. Joly Sociétés* 2007, p. 965, note J.-J. Barbièri. – Ayant perdu sa personnalité morale, la société absorbée ne peut interjeter appel d'un jugement postérieurement à la fusion. ▪ Cass. com., 11 févr. 1986 : *Bull. Joly Sociétés* 1986, p. 627. – Le vice affectant l'acte d'appel établi au nom d'une société absorbée à un date où celle-ci, radié du RCS, n'avait plus d'existence, et tenant à l'inexistence de la personne morale, ne peut être couvert par l'intervention de la société absorbante ▪ Cass. com., 22 févr. 2005 : *Bull. Joly Sociétés* 2005, p. 868, note P. Scholer. ▪ Cass. com., 13 mars 2019, n° 17-20.252, *JurisData* n° 2019-004611 ; *JCP* E 2019, 1327, note Ph. Métais et E. Valette ; *Rev. sociétés* 2019, p. 736, note A. Reygrobellet ; *Bull. Joly Sociétés* juill. 2019, n° 119u5, p. 49, note O. Staes.

6) Poursuites répressives. – **CJUE.** Une fusion par absorption entraîne la transmission de l'obligation de payer une amende infligée après la fusion pour une infraction à la législation du travail commise avant cette fusion par la société absorbée (Dir. n° 78/855, art. 19). ▪ CJUE, 5 mars 2015, n° C-343/13, *Modelo Continente Hipermercados SA : JurisData* n° 2015-006137 ; *Bull. Joly Sociétés* 2015, p. 200, note A. Couret et, p. 393, note H. Le Nabasque ; *JCP* E 2015, n° 1234, note F. Barrière ; *Dr. sociétés* 2015, n° 89, note M. Roussille ; *Dr. pén.* 2015, p. 36, note G. Notté ; *Europe* 2015, comm. 187, obs. S. Cazet ; *RTD civ.* 2015, p. 388, obs. H. Barbier ; *Rev. Lamy Dr. aff.*, n° 104, note A. Reygrobellet ; *Rev. sociétés* 2015, p. 677, note B. Lecourt ; *D.* 2015. p. 1506, obs. C. Mascala et p. 2401, obs. E. Lamazerolles ; *AJ pénal* 2015, 493, obs. J. Lasserre Capdeville.

– **CEDH.** En condamnant la société absorbante à une amende civile (art. L. 442-6, p. 801) pour des fait commis par la société absorbée, les juridictions internes n'ont pas porté atteinte au principe de la personnalité des peines (CEDH, art. 6). ▪ CEDH, 1er oct. 2019, n° 37858/14, *JurisData* n° 2019-018932 ; *Contrats conc. consom.* 2020, comm. 8, note N. Mathey ; *Dr. sociétés* 2020, comm. 20, note R. Mortier ; *Bull. Joly Sociétés* déc. 2019, p. 29, note A. Reygrobellet.

– **Conseil constitutionnel.** Appliqué en dehors du droit pénal, le principe selon lequel nul n'est punissable que de son propre fait peut faire l'objet d'adaptations, dès lors que celles-ci sont justifiées par la nature de la sanction et par l'objet qu'elle poursuit et qu'elles sont proportionnées à cet objet. Qu'une personne morale bénéficiaire d'une fusion absorption puisse se voir infliger une amende civile à raison de pratiques restrictives de concurrence imputables à une autre personne morale disparue dans le cadre de cette fusion absorption, n'est pas contraire au principe selon lequel nul n'est punissable que de son propre fait (recours sur l'interprétation jurisprudentielle de l'article L. 442-6 III du Code de commerce). ▪ Cons. const., 18 mai 2016, déc. n° 2016-542 QPC.

– **Chambre commerciale.** En cas de fusion-absorption d'une société par une autre société entrant dans le champ de la directive 78/855 du 9 octobre 1978, la société absorbante peut être condamnée pénalement à une peine d'amende ou de confiscation pour des faits constitutifs d'une infraction commise par la société absorbée avant l'opération. Cette interprétation nouvelle, qui constitue un revirement de jurisprudence, ne s'appliquera qu'aux opérations conclues postérieurement au prononcé de l'arrêt. Néanmoins, l'existence d'une fraude à la loi permet au juge de prononcer une sanction pénale à l'encontre de la société absorbante lorsque l'opération a eu pour objectif de faire échapper la société absorbée à sa responsabilité pénale et ce, indépendamment de la mise en oeuvre de la directive du 9 octobre 1978. ■ Cass. crim., 25 nov. 2020, n° 18-86.955 : *JurisData* n° 2020-019279 ; *AJ pénal* 2020, p. 576, obs. D. Apelbaum et A. Battaglia ; *Rev. sociétés* 2021, p. 79, note B. Bouloc ; *Dr. pénal* 2021, comm. 2, note Ph. Conte ; *Bull. Joly Sociétés* 2021, n° 121r1, p. 41, note A. Couret ; *Rev. sociétés* 2021, p. 115, note H. Matsopoulou ; *JCP G* 2021, 17, note D. Rebut ; *RTD com.* 2020, p. 961, note L. Saenko ; *Dr. sociétés* 2021, comm. 13, note R. Salomon ; *D.* 2021, p. 161, avis R. Salomon et note G. Beaussonie ; *JCP E* 2021, 1006, note F. Stasiak. Le principe de la personnalité des peines ne fait pas obstacle au prononcé d'une sanction à l'encontre de la personne morale à laquelle l'entreprise a été juridiquement transmise. ■ Cass. com., 20 nov. 2001, n°s 99-16.776 et 99-18.253 : *JurisData* n° 2001-011780 ; *RJD adm.* 2002, n° 306. ■ Cass. com., 28 févr. 2006, n° 05-12.138 : *JurisData* n° 2006-032440 ; *Contrats, conc., consom.* 2006, comm. 88, note G. Decocq. ■ Cass. com., 21 janv. 2014, n° 12-29.166 : *JurisData* n° 2014-000577 ; *Bull. Joly Sociétés* 2014, p. 180, note A. Couret ; *D.* 2014, p. 269, obs. E. Chevrier et 531, note M.-C. Sordino ; *RTD civ.* 2014, 367, obs. H. Barbier ; *AJCA* 2014, 41, obs. L. Constantin ; *RDC* 2014, 415, obs. M. Behar-Touchais ; *JCP E* 2014, n° 1124, note L. Arcelin-Lécuyer ; *JCP G* 2014, n° 1750, obs. M. Billiau ; *RJDA* 2014, 283, note J. Riffault-Silk ; *D.* 2014, p. 2434, note J.-C. Hallouin.

– **Conseil d'État.** Une sanction administrative peut être prononcée à l'égard de la société absorbante pour des manquements commis par la société absorbée. ■ CE, 22 nov. 2000, n° 207697 : *JurisData* n° 2000-142475 ; *Banque et droit* 2001, n° 75, p. 26, note H. de Vauplane et J.-J. Daigre. ■ CE, 17 déc. 2008, n° 316000 : *JurisData* n° 2008-074658 ; *RD bancaire et fin.* 2009, comm. 75, note D. Bompoint. – ■ CE, 3e et 8e ss-sect., avis, 4 déc. 2009, n° 329173 : *JurisData* n° 2009-081570 ; *Dr. fisc.* 2010, comm. 181, concl. E. Glaser, note J.-L. Pierre.

– **Chambre criminelle. Action publique.** L'article 121-1 du Code pénal s'interprète comme interdisant que des poursuites pénales soient engagées à l'encontre de la société absorbante pour des faits commis par la société absorbée avant que cette dernière perde son existence juridique. ■ Cass. crim., 20 juin 2000, n° 99-86.742 : *JurisData* n° 2000-002990 ; *Bull. crim.* 2000, n° 237 ; *Rev. sociétés* 2001, p. 851, note I. Urbain-Parléani ; *D.* 2001, p. 853, note H. Matsopoulou ; *Bull. Joly Sociétés* 2001, p. 40, obs. C. Mascala ; *LPA* 27 avr. 2001, n° 84, p. 15, note J.-F. Barbieri ; *RTD com.* 2001, p. 459, obs. C. Champaud et D. Danet. ■ Cass. crim., 14 oct. 2003, n° 02-86.376 : *JurisData* n° 2003-020659 ; *Bull. crim.* 2003, n° 389 ; *Rev. sc. crim.* 2004, n° 2, p. 339, note E. Fortis ; *Dr. pén.* 2004, comm. 20, obs. M. Véron. ■ Cass. crim., 9 sept. 2009, n° 08-87.312 : *JurisData* n° 2009-049715 ; *Dr. sociétés* 2009, comm. 213, obs. R. Salomon ; *Bull. Joly Sociétés* 2010, p. 179, note X. Vamparys. ■ Cass. crim., 25 oct. 2016, n° 16-80.366 : *JurisData* n° 2016-022301 ; *D.* 2016, p. 2606, note R. Dalmau ; *Rev. sociétés* 2017, p. 234, note H. Matsopoulou ; *Dr. sociétés* 2017, comm. 34, note R. Salomon ; *Dr. sociétés* 2017, comm. 1, note E. Schlumberger. **Action civile.** Les tribunaux répressifs ne sont compétents pour connaître de l'action civile en réparation du dommage né d'une infraction intentionnelle qu'accessoirement à l'action publique ; il en résulte qu'ils ne peuvent se prononcer sur l'action civile qu'autant qu'il a été préalablement statué au fond sur l'action publique. En conséquence, à défaut de condamnation de l'absorbée avant la fusion, l'absorbante ne peut être condamnée au versement de dommages et intérêts aux parties civiles. ■ Cass. crim., 23 avr. 2013, n° 12-83.244 : *JurisData* n° 2013-008126 ; *Bull. crim.* n° 95 ; *Dr. sociétés* 2013, comm. 147, obs. R. Salomon ; *RTD com.* 2013, p. 817, obs. B. Bouloc. À l'inverse, la fusion-absorption n'empêche pas la condamnation de l'absorbante à des dommages et intérêts dès lors que la fusion a eu lieu après que l'absorbée a été déclarée coupable du délit pour lequel elle était poursuivie. ■ Cass. crim., 28 févr. 2017, n° 15-81.469 : *JurisData* n° 2017-003478 ; *Dr. sociétés* 2017, comm. 80, note J. Heinich ; *Dr. sociétés* 2017, comm. 154, note R. Salomon.

7) Liquidation de l'astreinte. Le caractère personnel de l'astreinte ne s'oppose pas à ce que sa liquidation, qui tend à une condamnation pécuniaire, puisse être poursuivie à l'encontre de la société absorbante pour des faits commis par la société absorbée antérieurement à la date de la publication de la fusion-absorption. ■ Cass. 2e civ., 1er sept. 2016, n° 15-19.524 : *JurisData* n° 2016-016026 ; *Rev. sociétés* 2017, p. 145, note B. Lecourt ; *Dr. sociétés* 2016, comm. 182, note R. Mortier ; *Gaz. Pal.* 2016, n° 38, p. 78, note J.-M. Moulin.

B – Sûretés et garanties

1° *Cautionnement*

8) Fusion-absorption de la société créancière. – Dettes antérieures à la fusion. En cas de fusion donnant lieu à la formation d'une personne morale nouvelle, l'obligation de la caution qui s'était engagée envers l'une des entreprises fusionnées demeure pour les créances dont la société était titulaire lors de la fusion ▪ Cass. 1re civ., 12 janv. 1999, n° 96-18.274 : *JurisData* n° 1999-000164 ; *Bull. Joly Sociétés* 1999, p. 537, note P. Le Cannu. – Quand la caution s'est engagée au titre d'un prêt qui constitue une obligation à terme, souscrit juste avant la fusion, la dette n'est pas née postérieurement à la fusion, même si elle ne devient exigible que plus tard ; en conséquence, la caution reste engagée ▪ Cass. com., 17 juill. 2001, n° 98-15.382 : *JurisData* n° 2001-010687 ; *Bull. Joly Sociétés* 2001, p. 1249, note P. Scholer ; *Dr. sociétés* nov. 2001, n° 157. ▪ Cass. com., 14 mai 2008, n° 07-14.305 : *Dr. sociétés* 2008, n° 155, obs. H. Hovasse. ▪ Cass. com., 22 févr. 2017, n° 14-26.704 : *JurisData* n° 2017-002832 ; *Dr. sociétés* 2017, comm. 105, obs. C. Coupet. ▪ Cass. com., 25 sept. 2019, n° 18-13.686 : *Dr. sociétés* 2020, comm. 38, obs. J.-F. Hamelin ; *Rev. sociétés* 2020, p. 224, N. Mathey. – La fusion-absorption entraînant la transmission universelle du patrimoine de la société absorbée à la société absorbante, dans l'état où il se trouve à la date de l'opération, le cautionnement garantissant le paiement des loyers au bénéfice d'une société absorbée propriétaire d'un immeuble donné à bail est transmis de plein droit, sauf stipulation contraire, à la société absorbante, ▪ Cass. com., 8 nov. 2005, n° 01-12.896 : *JurisData* n° 2005-030656 ; *Bull. Joly Sociétés* 2006, p. 344, note P. Le Cannu ; *Dr. sociétés* févr. 2006, n° 16, obs. H. Lécuyer ; *JCP* E 2005, 1000, note D. Legeais ; *JCP* E 2006, 1753, n° 9, obs. P. Simler ; *JCP* G 2005, II, 10170, note D. Houtcieff ; *Rev. sociétés* 2006, p. 57, note M.-L. Coquelet.

– **Dettes postérieures à la fusion.** L'engagement de caution disparaît pour l'avenir en cas de fusion-absorption de la société bénéficiaire de la garantie. ▪ Cass. com., 17 juill. 1990, n° 89-11.059 : *JurisData* n° 1990-002112 ; *JCP* E 1991, 143, note V. Grellière ; *Rev. sociétés* 1991, p. 67, note D. Randoux. – En cas de fusion, entraînant la création d'une personne morale nouvelle, d'une société bénéficiaire d'un engagement de caution, le cautionnement n'est maintenu pour les dettes postérieures à la fusion que si la caution s'est expressément manifestée en ce sens ▪ Cass. com., 20 janv. 1987, n° 85-14.035 : *JurisData* n° 1987-099070 ; *JCP* E 1987, 16342, n° 20, obs. A. Viandier et J.-J. Caussain ; *JCP* G 1987, II, 20844, note M. Germain. ▪ Cass. 3e civ., 16 févr. 2000 : *JurisData* n° 2000-000645 ; *Dr. sociétés* 2000, n° 78, obs. D. Vidal. ▪ Cass. 1re civ., 28 sept. 2004, n° 03-10.810 : *JurisData* n° 2004-024946 ; *Bull. Joly Sociétés* 2005, p. 587, note M.-L. Coquelet ; *D.* 2004, p. 2786 ; *JCP* E 2005, 569, note A.-S. Barthez ; *D.* 2005, somm. p. 2958, obs. J.-C. Hallouin et E. Lamazerolles ; *Rev. sociétés* 2005, p. 371, note D. Legeais. ▪ Cass. com., 30 juin 2009 : *JurisData* n° 2009-049183 ; *RD bancaire et fin.* 2009, n° 6, comm. 188, D. Legeais et A. Cerles. ▪ Cass. com., 13 sept. 2011, n° 10-21.370 : *JurisData* n° 2011-022726 ; *Dr. sociétés* 2011, n° 214, note D. Gallois-Cochet ; *Rev. sociétés* 2012, p. 500, note J.-F. Barbièri. – En cas de fusion affectant le créancier bénéficiaire d'un cautionnement, la seule date à prendre en considération pour déterminer si l'engagement de caution concerne une dette née postérieurement ou non à la date de la fusion est celle de la publicité légale de la fusion. ▪ Cass. com., 4 juin 2013, n° 12-16.611 : *Bull. Joly Sociétés* 2013, p. 812, note B. Dondero. – Le seul engagement de la caution de garantir à l'égard de la société absorbante de nouvelles dettes de la société débitrice ne peut, faute d'accord établi de celle-ci, transférer la garantie du cautionnement antérieurement consenti en faveur de la société absorbée, ▪ Cass. com., 16 sept. 2014, n° 13-17.779 : *Bull. Joly Sociétés* 2014, p. 706, note B. Dondero ; *Rev. sociétés* 2015, p. 231, note F. Teffo.

9) Fusion-absorption de la caution. En cas d'absorption d'une société ayant souscrit un engagement de sous-caution, la société absorbante est tenue d'exécuter cet engagement dans les termes de celui-ci ; le contrat de sous-cautionnement ayant été conclu antérieurement à la fusion, la banque absorbante était tenue de l'exécuter. ▪ Cass. com., 7 janv. 2014, n° 12-20.204 : *JurisData* n° 2014-000012 ; *JCP* E 2014, n° 1033, note D. Legeais ; *Dr. sociétés* 2014, n° 45, note D. Gallois-Cochet ; *Bull. Joly Sociétés* 2014, p. 98, note A. Couret et B. Dondero ; *D.* 2014, p. 77, obs. A. Lienhard ; *Rev. sociétés* 2014, p. 291, note J.-J. Ansault ; *JCP* G 2014, n° 435, étude Ph. Simler ; *JCP* G 2014, n° 236, note H. Hovasse ; *D.* 2014, p. 2434, note J.-C. Hallouin.

10) Fusion-absorption du débiteur principal. Principe. En cas de fusion de sociétés, par voie d'absorption d'une société par une autre, l'obligation de la caution qui s'était engagée à garantir les dettes de la société absorbée n'est maintenue, pour la garantie des dettes de la société absorbante nées postérieurement à la fusion, que dans le cas d'une manifestation expresse de volonté de la caution de s'engager à garantir de telles dettes, ▪ Cass. com., 17 mai 2017, n° 15-15.745 : *JurisData* n° 2017-009418 ; *Dr. sociétés* 2017, comm. 165, note C. Coupet. **Dette de loyer.** En cas de dissolution d'une société par voie de fusion-absorption, l'engagement de la caution garantissant le paiement des loyers dus par la société absorbée demeure pour tous les loyers nés du contrat de bail, peu important que la dette n'ait pas été exigible antérieurement à la fusion, ▪ Cass. com., 8 nov. 2005, n° 02-18.449 : *JurisData* n° 2005-030654 ; *Bull. Joly Sociétés* 2006, p. 345, note P. Le Cannu ; *D.* 2006, p. 2875, obs. A. Lienhard ; *Dr. sociétés* 2006, n° 16, obs. H. Lécuyer ; *JCP* E 2005, 1000, note D. Legeais ;

JCP E 2006, 1753, n° 9, obs. Ph. Simler ; *JCP* G 2005, II, 10170, note D. Houtcieff ; *Rev. sociétés* 2006, p. 57, note M.-L. Coquelet. Prêt. En cas de fusion-absorption de la société cautionnée, l'engagement de caution garantissant le remboursement d'un prêt demeure pour les obligations nées avant la dissolution ▪ Cass. com., 21 janv. 2003, n° 97-13.027 : *JurisData* n° 2003-017338 ; *D.* 2003, p. 496 ; *JCP* E 2003, act. p. 365.

11) Fusion-absorption par le débiteur principal. La caution est tenue des dettes de la société garantie résultant des crédits octroyés aux sociétés qu'elle a absorbées et dont la dissolution sans liquidation a entraîné la transmission universelle de leur patrimoine à la société absorbante. ▪ Cass. com., 28 févr. 2018, n° 16-18.692 : *JurisData* n° 2018-002736 ; *RTD civ.* 2018, p. 458, note P. Crocq ; *Bull. Joly Sociétés* 2018, p. 351, note B. Dondero ; *D.* 2018, p. 2056, note E. Lamazerolles ; *RTD com.* 2018, p. 376, note A. Lecourt ; *Rev. sociétés* 2018, p. 365, note N. Martial-Braz ; *Dr. sociétés* 2018, comm. 78, note R. Mortier ; *Gaz. Pal.* 26 juin 2018, n° 324y6, p. 62, note J.-M. Moulin.

2° Sous-cautionnement

12) Fusion-absorption de la société sous-caution. En cas d'absorption d'une société ayant souscrit un engagement de sous-caution, la société absorbante est tenue d'exécuter cet engagement dans les termes de celui-ci, ▪ Cass. com., 7 janv. 2014, n° 12-20.204 : *JurisData* n° 2014-000012 ; *Dr. sociétés* 2014, comm. 45, note D. Gallois-Cochet ; *JCP* E 2014, 1033, note D. Legeais ; *JCP* N 2014, 1268, n° 8, obs. Ph. Simler et Ph. Delebecque ; *JCP* G 2014, 236, note H. Hovasse ; *RD bancaire et fin.* 2014, comm. 45, note A. Cerles.

3° Sûretés réelles

13) Renouvellement d'inscription hypothécaire. L'omission dans le bordereau de renouvellement d'inscription de l'hypothèque initialement inscrite au nom de la société absorbée des modifications tenant à l'identité du créancier [société absorbante] n'emporte pas nullité du renouvellement, dès lors qu'il n'en résulte aucune aggravation de la situation du débiteur ▪ Cass. 3e civ., 11 oct. 2006, n° 05-21.313 : *JurisData* n° 2006-035328 ; *Bull. Joly Sociétés* 2007, p. 392, note N. Morelli.

14) Nantissement. La société absorbante devenant l'ayant-cause universel de la société absorbée, l'inscription du nantissement pris à l'égard de la seconde conserve ses effets à l'égard de la première, sans qu'il soit nécessaire que le créancier procède à une inscription modificative postérieure à la fusion. ▪ Cass. com., 2 déc. 2008, n° 07-19.325 : *Dr. sociétés* 2009, n° 47, obs. M.-L. Coquelet.

4° Assurance

15) Si la dette de responsabilité de la société absorbée est transmise de plein droit à la société absorbante, l'assurance de responsabilité de cette dernière, souscrite avant la fusion, n'a pas vocation à garantir le paiement d'une telle dette, sauf stipulation contraire. ▪ Cass. 3e civ., 26 nov. 2020, n° 19-17.824 : *JurisData* n° 2020-019299 ; *Dr. sociétés* 2021, comm. 7, note J.-F. Hamelin ; *JCP* G 2021, 178, note A. Pimbert ; *Bull. Joly Sociétés* 2021, n° 121r2, p. 45, note A. Reygrobellet ; *JCP* E 2021, 1108, note A. Touzain.

5° Garantie de passif

16) Garantie stipulée en faveur de l'absorbée. La société absorbante, étant par l'effet de la fusion-absorption substituée de plein droit dans l'ensemble des droits et obligations de la société absorbée, peut se prévaloir de la clause de garantie stipulée en faveur de l'absorbée même en l'absence de mention de cette clause dans le traité de fusion ▪ Cass. com., 10 juill. 2007, n° 05-14.358 : *Bull. Joly Sociétés* 2007, p. 1225, note A. Couret ; *D.* 2007, p. 2113, obs. A. Lienhard ; *Dr. sociétés* 2007, n° 181, obs. J. Monnet ; *JCP* E 2007, 1280, n° 4, obs. J.-J. Caussain, F. Deboissy et G. Wicker ; *Rev. sociétés* 2007, p. 798, note M. Dubertret.

C – Droits sociaux (agrément et préemption)

17) Clause d'agrément visant expressément une opération de fusion. Rien n'interdit d'étendre, par une mention expresse des statuts, l'application d'une clause d'agrément à des opérations de fusion ▪ Cass. com., 15 mai 2007, n° 06-13.484 : *Bull. Joly Sociétés* 2007, p. 1075, note M. Menjucq ; *JCP* E 2007, 1909. ▪ Cass. com., 3 juin 1986, n° 85-12.657 : *JurisData* n° 1986-001265 ; *JCP* E 1986, 15846, obs. A. Viandier et J.-J. Caussain. – *Contra* ▪ Cass. com., 19 avr. 1972 : *Rev. sociétés* 1973, p. 105, note J. H *[décision rendue à propos d'une SARL]*.

18) Autres clauses d'agrément. – La fusion-absorption ne figurant pas au nombre des actes pour lesquels la clause d'agrément est interdite par l'article L. 228-23 du Code de commerce, une cour d'appel peut, dans son pouvoir souverain d'interprétation, retenir que la clause d'agrément visant la transmission de toute action ou certificat d'investissement à un tiers non actionnaire s'applique au transfert des titres à l'absorbante suite à l'absorption de la société actionnaire ▪ Cass. com., 6 mai 2003, nos 01-12.567 et 01-03.172 : *JurisData* n° 2003-018972 ; *D.* 2004, somm. p. 273, obs. J.-C. Hallouin ; *JCP* E 2003, 1327, note D. Cohen ; *JCP* E 2003, 1203, n° 8, obs. J.-J. Caussain, F. Deboissy et G. Wicker ; *RTD com.* 2003, 525, obs. J.-P. Chazal et Y. Reinhard.

– Mais, par une appréciation souveraine, une cour d'appel peut retenir que la clause des statuts d'une SCEA visant la cession à une personne étrangère à la société ne saurait s'appliquer à la transmission des parts par voie de fusion-absorption, dont le mécanisme est différent de la cession ▪ Cass. com., 12 févr. 2008, n° 06-20.966 : *Dr. sociétés* 2008, n° 74, obs. R. Mortier ; *JCP* E 2008, 2209, note Y. Paclot.

19) **Sanction du défaut d'agrément.** À défaut d'agrément de la société absorbante ayant recueilli, par l'effet de la fusion, les actions appartenant à la société absorbée, la sanction de la nullité étant impraticable du fait de la disparition de la société absorbée rendant impossible le retour à l'état antérieur, et l'allocation de dommages et intérêts ne répondant pas à l'objectif de la clause d'agrément, il y a lieu d'appliquer le dispositif de rachat prévu à l'article L. 228-24 en cas de refus d'agrément ▪ CA Paris, 9 févr. 2006 : *JurisData* n° 2006-293485 ; *Bull. Joly Sociétés* 2006, p. 766, note X. Vamparys ; *D.* 2006, p. 654, obs. A. Lienhard ; *JCP* E 2006, 1498 ; *Rev. sociétés* 2006, p. 431, obs. I. Urbain-Parleani.

Voir : annot. sous art. L. 236-20, p. 562.

Art. L. 236-4 *(Anc. L. n° 66-537, 24 juill. 1966).* **– La fusion ou la scission prend effet :**

1° En cas de création d'une ou plusieurs sociétés nouvelles, à la date d'immatriculation, au registre du commerce et des sociétés, de la nouvelle société ou de la dernière d'entre elles ;

2° Dans les autres cas, à la date de la dernière assemblée générale ayant approuvé l'opération sauf si le contrat prévoit que l'opération prend effet à une autre date, laquelle ne doit être ni postérieure à la date de clôture de l'exercice en cours de la ou des sociétés bénéficiaires ni antérieure à la date de clôture du dernier exercice clos de la ou des sociétés qui transmettent leur patrimoine.

Bibliographie : A. Viandier, *La portée de l'effet rétroactif de la fusion : RJDA* 8-9/1999, p. 699. • S. Schiller, *La rétroactivité des fusions : JCP* E 2013, n° 1513.

1) **Clause de rétroactivité et fiscalité.** En cas de clause de rétroactivité stipulée dans un traité de fusion, rien ne s'oppose à ce que soient prises en compte toutes les conséquences de la rétroactivité pour la détermination des bénéfices imposables de la société absorbante dans le bilan de clôture de l'exercice au cours duquel la convention a été définitivement conclue, mais les effets de la fusion, qui ne sauraient remonter à une date antérieure à l'ouverture de cet exercice, restent sans influence sur le bilan de clôture du ou des exercices précédents, et donc sur les bénéfices imposables dégagés par chacune des sociétés concernées au cours de ces exercices ▪ CE, 26 mai 1993, n° 78157 : *JurisData* n° 1993-600252 ; *Bull. Joly Sociétés* 1993, p. 790. – Une fois la rétroactivité stipulée dans le traité de fusion, il est impossible d'y renoncer ▪ CE, 18 mars 1992, n° 62402 : *JurisData* n° 1992-600212 ; *Bull. Joly Sociétés* 1992, p. 563, note P. Derouin.

2) **Date d'effet de la fusion.** – **Clause de rétroactivité et tiers.** La caution de la société absorbée *ne peut se prévaloir* de la date d'effet rétroactive de la fusion convenue entre les parties ▪ Cass. com., 23 mars 1999 : *JurisData* n° 1999-001230 ; *JCP* E 1999, p. 1012, note A. Couret ; *Dr. sociétés* 1999, n° 110, obs. T. Bonneau ; *Bull. Joly Sociétés* 1999, p. 679, note R. Routier ; *D.* 1999, *Cah. dr. aff.*, p. 699, note S. Grataloup ; *RJDA* 1999, p. 699, note A. Viandier ; *Rev. sociétés* 1999, p. 339, note P. Le Cannu. ▪ Cass. com., 29 janv. 2002, n° 98-20.882 : *Bull. Joly Sociétés* 2002, p. 683, note M.-L. Coquelet. – **Publicité au RCS et tiers.** En cas de fusion-absorption, la dissolution d'une société n'est opposable aux tiers que par sa mention au registre du commerce et des sociétés avec l'indication de sa cause ainsi que celle de la raison sociale ou dénomination, forme juridique et siège des personnes morales ayant participé à l'opération. ▪ Cass. com., 23 janv. 2007, n° 05-16.460 : *JurisData* n° 2007-037127 ; *Bull. Joly Sociétés* 2007, p. 616, note J.-F. Barbièri ; *Rev. sociétés* 2007, p. 531, note B. Saintourens. ▪ Cass. com., 24 mai 2011, n° 10-19.222 : *JurisData* n° 2011-009610 ; *Dr. sociétés* 2011, comm. 189, note R. Mortier. ▪ Cass. com., 31 mars 2015, n° 14-10.120 : *JurisData* n° 2015-007195 ; *Rev. sociétés* 2016, p. 29, note J.-M. Moulin. ▪ Cass. com., 28 juin 2017, n° 15-27.605 : *JurisData* n° 2017-012821. **Cependant :** La société absorbée perd sa personnalité morale dès la date de la dernière assemblée générale ayant approuvé la fusion-absorption, peu important la date à laquelle est intervenue sa radiation du registre du commerce et des sociétés. ▪ Cass. com., 3 févr. 2015, n° 13-26.622. ▪ Cass. 2e civ., 27 juin 2019, n° 18-18.449 : *JurisData* n° 2019-011362 ; *Dr. sociétés* 2019, comm. 203, note J.-F. Hamelin.

Art. L. 236-5 *(Anc. L. n° 66-537, 24 juill. 1966).* **– Par dérogation aux dispositions du deuxième alinéa de l'article L. 236-2, si l'opération projetée a pour effet d'augmenter les engagements d'associés ou d'actionnaires de l'une ou de plusieurs sociétés en cause, elle ne peut être décidée qu'à l'unanimité desdits associés ou actionnaires.**

Voir : C. civ., art. 1836, p. 2975.

Art. L. 236-6 *(Anc. L. n° 66-537, 24 juill. 1966 ; mod., L. n° 2014-1545, 20 déc. 2014 ; L. n° 2019-486, 22 mai 2019)*. – **Toutes les sociétés qui participent à l'une des opérations mentionnées à l'article L. 236-1 établissent un projet de fusion ou de scission.**

Ce projet est déposé au greffe du tribunal de commerce du siège desdites sociétés et fait l'objet d'une publicité dont les modalités sont fixées par décret en Conseil d'État.

À peine de nullité, les sociétés anonymes et les sociétés européennes participant à l'une des opérations mentionnées au premier et au deuxième alinéa de l'article L. 236-1 sont tenues de déposer au greffe une déclaration dans laquelle elles relatent tous les actes effectués en vue d'y procéder et par laquelle elles affirment que l'opération a été réalisée en conformité des lois et règlements. Le greffier, sous sa responsabilité, s'assure de la conformité de la déclaration aux dispositions du présent article.

La déclaration prévue au troisième alinéa du présent article est également établie par les sociétés participant à une opération de fusion transfrontalière au sein de l'Union européenne.

Voir : art. R. 236-1, R. 236-2, p. 1766 et R. 236-4, p. 1768.

Art. L. 236-6-1 *(L. n° 2012-387, 22 mars 2012)*. – **La société qui apporte une partie de son actif à une autre société et la société qui bénéficie de cet apport peuvent décider d'un commun accord de soumettre l'opération aux dispositions des articles L. 236-1 à L. 236-6.**

Art. L. 236-7 *(Anc. L. n° 66-537, 24 juill. 1966)*. – **Les dispositions du présent chapitre relatives aux obligataires sont applicables aux titulaires de titres participatifs.**

Section II. – Dispositions relatives aux sociétés anonymes

Bibliographie : H. Hovasse et S. Robineau, *L'inadaptation des articles 385 et 386 de la loi du 24 juillet 1966 à la protection des créanciers dans une opération d'apport partiel d'actif : Bull. Joly Sociétés* 1998, p. 203. • P.-Y. Chabert, *La figure de la scission partielle en droit français : Rev. sociétés* 2004, p. 759. • H. Le Nabasque, *Le régime juridique de la répartition des titres entre les actionnaires dans la figure de la scission partielle : Rev. sociétés* 2004, p. 779. • L. Faugerolas et P. Deval, *La protection des obligataires internationaux en cas de fusion ou de scission de la société émettrice, in Mél. D. Schmidt*, Joly, 2005, p. 239. • W. Bordet, *Apport et condition résolutoire peuvent-ils faire bon ménage ? : JCP* E 2006, 1213. • G. Chaudré et J. Pépin Foundoux, *Fusions internes (C. com., art. L. 236-10) : JCP* E 2008, 2500. • A. Guengant, *Aménagement du régime juridique des opérations nationales de fusions et scissions : JCP* E 2008, 1977. • D. Pubellier et M. Suru, *Fusions : simplifier ce n'est pas faire simple : JCP* E 2008, 2501. • J.-F. Carré et S. Bol, *Les « apports partiels d'actifs simplifiés » : des apports partiels d'actifs sans augmentation de capital ? : JCP* E 2012, p. 15, étude 1288. • C. Coupet, *Loi du 19 juillet 2019 de simplification, de clarification et d'actualisation : miscellanées de droit des sociétés : Bull. Joly Sociétés*, oct. 2019, n° 120e1, p. 35. • J.-F. Hamelin, *Réforme des transferts universels : à la recherche de la simplification : Dr. sociétés* 2019, comm. 188. • R. Mortier et a., *La loi Mohamed Soilihi article par article : Dr. sociétés* 2019, étude 14.

Art. L. 236-8 *(Anc. L. n° 66-537, 24 juill. 1966)*. – **Les opérations visées à l'article L. 236-1 et réalisées uniquement entre sociétés anonymes sont soumises aux dispositions de la présente section.**

Art. L. 236-9 *(Anc. L. n° 66-537, 24 juill. 1966 ; mod., n° 2011-525, 17 mai 2011 ; L. n° 2019-486, 22 mai 2019)*. – **I. – La fusion est décidée par l'assemblée générale extraordinaire de chacune des sociétés qui participent à l'opération.**

La fusion est soumise, le cas échéant, dans chacune des sociétés qui participent à l'opération, à la ratification des assemblées spéciales d'actionnaires mentionnées aux articles L. 225-99 et L. 228-15.

Le projet de fusion est soumis aux assemblées spéciales des porteurs de certificats d'investissement statuant selon les règles de l'assemblée générale des actionnaires, à moins que la société absorbante n'acquière ces titres sur simple demande de leur part, dans les conditions de publicité dont les modalités sont fixées par décret en Conseil d'État, et que cette acquisition ait été acceptée par leur assemblée spéciale. Tout porteur de certificats d'investissement qui n'a pas cédé ses titres dans le délai fixé par décret en Conseil d'État le demeure dans la société absorbante aux conditions fixées par le contrat de fusion, sous réserve des dispositions du dernier alinéa de l'article L. 228-30.

Sauf si les actionnaires des sociétés participant à l'opération de fusion en décident autrement dans les conditions prévues au II de l'article L. 236-10, le conseil d'administration ou le directoire de chaque société participant à l'opération établit un rapport écrit qui est mis à la disposition des actionnaires.

Les conseils d'administration ou les directoires des sociétés participant à l'opération informent leurs actionnaires respectifs, avant la date de l'assemblée générale prévue au premier alinéa, de toute modification importante de leur actif et de leur passif intervenue entre la date de l'établissement du projet de fusion et la date de la réunion des assemblées générales mentionnées au même alinéa.

Ils en avisent également les conseils d'administration ou les directoires des autres sociétés participant à l'opération afin que ceux-ci informent leurs actionnaires de ces modifications.

Les modalités de mise en œuvre de ces informations sont déterminées par décret en Conseil d'État.

II. – Par dérogation au premier alinéa du I, l'assemblée générale extraordinaire de la société absorbante peut déléguer sa compétence au conseil d'administration ou au directoire, selon le cas, pour décider d'une fusion par absorption pendant une durée qu'elle fixe et qui ne peut excéder vingt-six mois. L'assemblée générale extraordinaire de la société absorbante qui décide une fusion par absorption peut également déléguer le pouvoir au conseil d'administration ou au directoire, selon le cas, de déterminer les modalités définitives du projet de fusion, pour une durée qu'elle fixe et qui ne peut excéder cinq ans.

Lorsqu'il sollicite l'une ou l'autre de ces délégations, le conseil d'administration ou le directoire établit un rapport écrit qui est mis à la disposition des actionnaires.

Lorsque l'assemblée générale extraordinaire fait usage d'une des facultés prévues au premier alinéa du présent II et que la fusion nécessite une augmentation de capital, elle délègue également, par une résolution particulière et dans les conditions prévues aux articles L. 225-129 à L. 225-129-5, son pouvoir ou sa compétence de décider de l'augmentation de capital permettant d'attribuer des titres de capital aux associés de la ou des sociétés absorbées.

Lorsque l'assemblée générale extraordinaire fait usage d'une des facultés prévues au premier alinéa du présent II, un ou plusieurs actionnaires de la société absorbante réunissant au moins 5 % du capital social peuvent demander en justice, dans un délai fixé par décret en Conseil d'État, la désignation d'un mandataire aux fins de convoquer l'assemblée générale extraordinaire de la société absorbante pour qu'elle se prononce sur l'approbation de la fusion ou du projet de fusion.

Voir : art. R. 236-5, p. 1768.

Bibliographie : A. Reygrobellet, *Les délégations de l'assemblée générale dans les opérations de restructuration : Rev. sociétés* 2019, p. 609. • A. Tadros, *Les nouveautés de la loi PACTE en matière d'opérations de fusion, scission et apport partiel d'actif : D.* 2019, p. 1894. • H. Le Nabasque, *L'introduction par la loi PACTE d'une délégation de pouvoir et d'une délégation de compétence en matière de fusion* : *Bull. Joly Sociétés* 2019 juin 2019, n° 119w2, p. 6.

Art. L. 236-10 *(Rempl., L. n° 2008-649, 3 juill. 2008 ; mod., L. n° 2008-776, 4 août 2008 ; L. n° 2016-1691, 9 déc. 2016 ; L. n° 2019-486, 22 mai 2019).* – I. – Sauf si les actionnaires des sociétés participant à l'opération de fusion en décident autrement dans les conditions prévues au II du présent article, un ou plusieurs commissaires à la fusion, désignés par décision de justice et soumis à l'égard des sociétés participantes aux incompatibilités prévues à l'article L. 822-11-3, établissent sous leur responsabilité un rapport écrit sur les modalités de la fusion.

Les commissaires à la fusion vérifient que les valeurs relatives attribuées aux actions des sociétés participant à l'opération sont pertinentes et que le rapport d'échange est équitable. Ils peuvent obtenir à cette fin, auprès de chaque société, communication de tous documents utiles et procéder à toutes vérifications nécessaires.

Le ou les rapports des commissaires à la fusion sont mis à la disposition des actionnaires. Ils indiquent :

1° La ou les méthodes suivies pour la détermination du rapport d'échange proposé ;

2° Le caractère adéquat de cette ou ces méthodes en l'espèce ainsi que les valeurs auxquelles chacune de ces méthodes conduit, un avis étant donné sur l'importance relative donnée à ces méthodes dans la détermination de la valeur retenue ;

3° Les difficultés particulières d'évaluation s'il en existe.

II. – La décision de ne pas faire désigner un commissaire à la fusion est prise, à l'unanimité, par les actionnaires de toutes les sociétés participant à l'opération. À cette fin, les actionnaires sont consultés avant que ne commence à courir le délai exigé pour la remise de ce rapport préalablement à l'assemblée générale appelée à se prononcer sur le projet de fusion ou, le cas échéant, à la décision du conseil d'administration ou du directoire, selon le cas, de la société absorbante.

III. – Lorsque l'opération de fusion comporte des apports en nature ou des avantages particuliers, le commissaire à la fusion ou, s'il n'en a pas été désigné en application du II, un commissaire aux apports désigné dans les conditions prévues à l'article L. 225-8 établit le rapport prévu à l'article L. 225-147.

Voir : l'article L. 225-224 a été abrogé, L. n° 2003-706, 1er août 2003, art. 111 et art. R. 236-3, R. 236-6, et R. 236-7, p. 1767.

Art. L. 236-11 *(Mod., L. n° 2008-649, 3 juill. 2008 ; L. n° 2011-525, 17 mai 2011 ; L. n° 2019-744, 19 juill. 2019).* – Lorsque, depuis le dépôt au greffe du tribunal de commerce du projet de fusion et jusqu'à la réalisation de l'opération, la société absorbante détient en permanence la totalité des actions représentant la totalité du capital des sociétés absorbées ou qu'une même société détient en permanence la totalité des actions représentant la totalité du capital de la société absorbante et des sociétés absorbées, il n'y a lieu ni à approbation de la fusion par l'assemblée générale extraordinaire des sociétés participant à l'opération ni à l'établissement des rapports mentionnés au quatrième alinéa de l'article L. 236-9, et à l'article L. 236-10.

Toutefois, un ou plusieurs actionnaires de la société absorbante réunissant au moins 5 % du capital social peut demander en justice la désignation d'un mandataire aux fins de convoquer l'assemblée générale extraordinaire de la société absorbante pour qu'elle se prononce sur l'approbation de la fusion.

Bibliographie : H. Le Nabasque, A. Soilleux, et A. Duguay, *La réforme des fusions simplifiées : Bull. Joly Sociétés* 2012, p. 265. • B. Saintourens et Ph. Emy, *Simplification et amélioration de la qualité du droit des sociétés après la loi n° 2011-525 du 17 mai 2011 : Rev. sociétés* 2011, p. 467. • C. Coupet, *Loi du 19 juillet 2019 de simplification, de clarification et d'actualisation : miscellanées de droit des sociétés : Bull. Joly Sociétés* oct. 2019, p. 35. • R. Mortier et a., *Simplification du droit des sociétés – La loi Mohamed Soilihi article par article (2e partie) : Dr. sociétés* 2019, étude 14.

Art. L. 236-11-1 *(L. n° 2011-525, 17 mai 2011 ; L. n° 2016-1691, 9 déc. 2016 ; mod., L. n° 2019-744, 19 juill. 2019).* – Lorsque, depuis le dépôt au greffe du tribunal de commerce du projet de fusion et jusqu'à la réalisation de l'opération, la société absorbante détient en permanence au moins 90 % des droits de vote des sociétés absorbées ou qu'une même société détient en permanence au moins 90 % des droits de vote de la société absorbante et des sociétés absorbées, sans en détenir la totalité :

1° Il n'y a pas lieu à approbation de la fusion par l'assemblée générale extraordinaire de la société absorbante. Toutefois, un ou plusieurs actionnaires de la société absorbante réunissant au moins 5 % du capital social peut demander en justice la désignation d'un mandataire aux fins de convoquer l'assemblée générale extraordinaire de la société absorbante pour qu'elle se prononce sur l'approbation de la fusion ;

2° Il n'y a pas lieu à l'établissement des rapports mentionnés aux articles L. 236-9 et L. 236-10 lorsque les actionnaires minoritaires de la société absorbée se sont vu proposer, préalablement à la fusion, le rachat de leurs actions par la société absorbante à un prix correspondant à la valeur de celles-ci, déterminé, selon le cas :

a) Dans les conditions prévues à l'article 1843-4 du Code civil, si les actions de la société absorbée ne sont pas admises aux négociations sur un marché réglementé ;

b) Dans le cadre d'une offre publique initiée dans les conditions et selon les modalités fixées par le règlement général de l'Autorité des marchés financiers, si les actions de la société absorbée sont admises aux négociations sur un marché réglementé ;

c) Dans le cadre d'une offre répondant aux conditions des a ou b, si les actions de la société absorbée sont admises aux négociations sur un système multilatéral de négociation soumis aux dispositions du II de l'article L. 433-3 du Code monétaire et financier.

Art. L. 236-12 *(Anc. L. n° 66-537, 24 juill. 1966).* – Lorsque la fusion est réalisée par voie de création d'une société nouvelle, celle-ci peut être constituée sans autres apports que ceux des sociétés qui fusionnent.

Dans tous les cas, le projet de statuts de la société nouvelle est approuvé par l'assemblée générale extraordinaire de chacune des sociétés qui disparaissent. Il n'y a pas lieu à approbation de l'opération par *l'assemblée générale de la société nouvelle.*

Art. L. 236-13 *(Anc. L. n° 66-537, 24 juill. 1966 ; mod., L. n° 2003-7, 3 janv. 2003).* – Le projet de fusion est soumis aux assemblées d'obligataires des sociétés absorbées, à moins que le remboursement des titres sur simple demande de leur part ne soit offert auxdits obligataires. L'offre de remboursement est soumise à publicité, dont les modalités sont fixées par décret en Conseil d'État.

Lorsqu'il y a lieu à remboursement sur simple demande, la société absorbante devient débitrice des obligataires de la société absorbée.

Tout obligataire qui n'a pas demandé le remboursement dans le délai fixé par décret en Conseil d'État conserve sa qualité dans la société absorbante aux conditions fixées par le contrat de fusion.

Voir : art. R. 236-11 et R. 236-12, p. 1769.

Art. L. 236-14 *(Anc. L. n° 66-537, 24 juill. 1966).* **– La société absorbante est débitrice des créanciers non obligataires de la société absorbée au lieu et place de celle-ci, sans que cette substitution emporte novation à leur égard.**

Les créanciers non obligataires des sociétés participant à l'opération de fusion et dont la créance est antérieure à la publicité donnée au projet de fusion peuvent former opposition à celui-ci dans le délai fixé par décret en Conseil d'État. Une décision de justice rejette l'opposition ou ordonne, soit le remboursement des créances, soit la constitution de garanties si la société absorbante en offre et si elles sont jugées suffisantes.

À défaut de remboursement des créances ou de constitution des garanties ordonnées, la fusion est inopposable à ce créancier.

L'opposition formée par un créancier n'a pas pour effet d'interdire la poursuite des opérations de fusion.

Les dispositions du présent article ne mettent pas obstacle à l'application des conventions autorisant le créancier à exiger le remboursement immédiat de sa créance en cas de fusion de la société débitrice avec une autre société.

Absence d'opposition et perte d'un droit préférentiel. En présence d'un prêt consenti à une société, garanti par un cautionnement et par un nantissement portant sur les parts de la société, le prêteur qui n'exerce pas son droit d'opposition au projet de fusion et qui perd ainsi le bénéfice du nantissement commet une faute à l'origine de la perte d'un droit préférentiel, de nature à décharger la caution, selon l'article 2314 du Code civil. ▪ Cass. com., 23 sept. 2020, n° 19-13.378 : *JurisData* n° 2020-014744 ; *Dr. sociétés* 2020, comm. 144, note J.-F. Hamelin ; *RD bancaire et fin.* nov. 2020, comm. 129, note D. Legeais ; *Bull. Joly Sociétés* déc. 2020, p. 40, A. Reygrobellet.

Voir : art. L. 145-16, p. 260, art. R. 236-8 à R. 236-10, p. 1768.

Art. L. 236-15 *(Anc. L. n° 66-537, 24 juill. 1966 ; mod., Ord. n° 2004-604, 24 juin 2004).* **– Le projet de fusion n'est pas soumis aux assemblées d'obligataires de la société absorbante. Toutefois, l'assemblée générale des obligataires peut donner mandat aux représentants de la masse de former opposition à la fusion dans les conditions et sous les effets prévus aux alinéas deuxième et suivants de l'article L. 236-14.**

Voir : art. R. 236-8, p. 1768.

Art. L. 236-16 *(Mod., L. n° 2011-525, 17 mai 2011 ; L. n° 2019-744, 19 juill. 2019).* **– Les articles L. 236-9 et L. 236-10 sont applicables à la scission.**

Bibliographie : C. Coupet, *Loi du 19 juillet 2019 de simplification, de clarification et d'actualisation : miscellanées de droit des sociétés* : *Bull. Joly Sociétés* oct. 2019, p. 35. • R. Mortier et a., *Simplification du droit des sociétés – La loi Mohamed Soilihi article par article (2e partie)* : *Dr. sociétés* 2019, étude 14.

Art. L. 236-17 *(Mod., L. n° 2011-525, 17 mai 2011).* **– Lorsque la scission doit être réalisée par apports à** ***des sociétés*** **anonymes nouvelles, chacune des sociétés nouvelles peut être constituée sans autre apport que celui de la société scindée.**

En ce cas, et si les actions de chacune des sociétés nouvelles sont attribuées aux actionnaires de la société scindée proportionnellement à leurs droits dans le capital de cette société, il n'y a pas lieu à l'établissement des rapports mentionnés aux articles L. 236-9 et L. 236-10.

Dans tous les cas, les projets de statuts des sociétés nouvelles sont approuvés par l'assemblée générale extraordinaire de la société scindée. Il n'y a pas lieu à approbation de l'opération par l'assemblée générale de chacune des sociétés nouvelles.

Art. L. 236-18 *(Anc. L. n° 66-537, 24 juill. 1966 ; mod., L. n° 2003-7, 3 janv. 2003).* **– Le projet de scission est soumis aux assemblées d'obligataires de la société scindée, conformément aux dispositions du 3° du I de l'article L. 228-65, à moins que le remboursement des titres sur simple demande de leur part ne**

soit offert auxdits obligataires. L'offre de remboursement est soumise à publicité, dont les modalités sont fixées par décret en Conseil d'État.

Lorsqu'il y a lieu à remboursement sur simple demande, les sociétés bénéficiaires des apports résultant de la scission sont débitrices solidaires des obligataires qui demandent le remboursement.

Voir : art. R. 236-11, p. 1769.

Art. L. 236-19 *(Anc. L. n° 66-537, 24 juill. 1966)*. **– Le projet de scission n'est pas soumis aux assemblées d'obligataires des sociétés auxquelles le patrimoine est transmis. Toutefois, l'assemblée ordinaire des obligataires peut donner mandat aux représentants de la masse de former opposition à la scission, dans les conditions et sous les effets prévus aux alinéas deuxième et suivants de l'article L. 236-14.**

Art. L. 236-20 *(Anc. L. n° 66-537, 24 juill. 1966)*. **– Les sociétés bénéficiaires des apports résultant de la scission sont débitrices solidaires des obligataires et des créanciers non obligataires de la société scindée, au lieu et place de celle-ci sans que cette substitution emporte novation à leur égard.**

1) Transmission universelle du patrimoine. – Principe. Sauf dérogation expresse prévue par les parties, communauté ou confusion d'intérêts ou fraude, l'apport partiel d'actif emporte, lorsqu'il est placé sous le régime des scissions, transmission universelle de la société apporteuse à la société bénéficiaire de tous les droits, biens et obligations dépendant de la branche d'activité apportée. ▪ Cass. com., 16 févr. 1988, n° 86-19.645 : *JurisData* n° 1988-000344 ; *Bull. civ.* IV, n° 69 ; *JCP* E 1988, I, 15177, note A. Viandier et J.-J. Caussain ; *RTD com.* 1988, p. 639, note Y. Reinhard ; *RD bancaire et bourse* 1988, p. 130, note M. Jeantin. ▪ Cass. com., 23 juin 2004, n° 02-13.115 : *JurisData* n° 2004-024436 ; *Dr. sociétés* déc. 2004, n° 219, obs. H. Hovasse. Lorsque l'apport partiel d'actif a été placé sous le régime des scissions, qu'il porte sur une universalité de biens et que les formalités légales de publicité ont été accomplies, les dispositions de l'article 1690 relatives à la cession de créance ne sont pas applicables. ▪ Cass. 2e civ., 12 juill. 2001, n° 98-10.444 : *JurisData* n° 2001-010673 ; *JCP* E 2003, note J.-J. Daigre. ▪ Cass. com., 18 mai 2005 : *JurisData* n° 2005-028477 ; *Dr. sociétés* 2005, n° 170, obs. H. Lécuyer. Transmission de la créance de réparation du préjudice spécifique d'anxiété du salarié exposé à l'amiante. ▪ Cass. soc., 18 juin 2014, n° 12-29.691 : *JurisData* n° 2014-013597 ; *Bull. civ.* V, n° 151 ; *Rev. sociétés* 2015 p. 26, note J.-M. Moulin. ▪ Cass. soc., 19 nov. 2014, nos 13-19.263 à 13-19.273 : *JurisData* n° 2014-027633 ; *JCP* E 2014, 1343, note F. Bousez. ▪ Cass. soc., 10 déc. 2014, nos 13-22.430 à 13-22.452. ▪ Cass. soc., 20 déc. 2017, nos 16-23.867 à 16-23.942 : *JurisData* n° 2017-026612. Une cour d'appel a pu retenir sans dénaturation qu'une clause de garantie solidaire consentie par le preneur d'un bail commercial au profit de son bailleur *« s'appliquait dans le cas de* cessions du droit au bail par voie d'apport partiel d'actifs ». ▪ Cass. 3e civ., 11 avr. 2019, n° 18-16.121 : *JurisData* n° 2019-005606 ; *Bull. Joly Sociétés* sept. 2019, n° 119z2, p. 55, note C. Barrillon ; *D.* 2019, p. 1511, note M.-P. Dumont ; *JCP* E 2019, 1353, note P. Lemay ; *JCP* E 2019, 1531, R. Raffray. Transmission d'un immeuble. ▪ La transmission d'un immeuble n'est pas soumise au droit de préemption urbain lorsqu'elle est réalisée dans le cadre d'un apport partiel d'actif soumis au régime des scissions. Rép. min., n° 21133 : *JOAN* 15 oct. 2019, p. 9271.

– Éléments non mentionnés dans le traité. Le fait qu'une dette n'ait pas été mentionnée dans les documents relatifs à la scission ne saurait dispenser les sociétés issues de la scission d'en supporter la charge ▪ Cass. com., 7 déc. 1966 : *Bull. civ.* III, n° 474. – Sauf dérogation expresse dans le traité d'apport ou de scission, en cas d'apport partiel d'actif placé sous le régime des scissions, la transmission universelle des biens, droits et obligations s'opère de plein droit, dès lors qu'ils se rattachent à la branche d'activité apportée, quand bien même ils ne figureraient pas dans le traité à la suite d'une erreur, d'un oubli ou d'une autre cause ▪ Cass. com., 4 févr. 2004, n° 00-13.501 : *JurisData* n° 2004-022358 ; *Bull. Joly Sociétés* 2004, p. 649, note P. Le Cannu ; *D.* 2004, somm. p. 2929, obs. J.-C. Hallouin. – Le fait qu'une agence de la société apporteuse ne soit pas citée dans les différentes annexes du contrat comportant notamment la liste des agences apportées ne suffit pas à établir que l'agence non citée est étrangère à la branche d'activité apportée ou qu'elle a été exclue par la volonté expresse des parties ▪ Cass. com., 7 oct. 2008, n° 07-17.731 : *Bull. Joly Sociétés* 2009, p. 112, note X. Vamparys ; *Dr. sociétés* 2009, n° 256, obs. H. Hovasse.

– Exceptions : contrats conclus *intuitu personae*. Le contrat d'agence commerciale, conclu en considération de la personne du contractant, ne peut être transmis, même par cession partielle d'actifs, qu'avec l'accord du cessionnaire et de l'agent commercial ▪ Cass. com., 29 oct. 2002, n° 01-03.987 : *JurisData* n° 2002-016255 ; *Bull. Joly Sociétés* 2003, p. 192, note D. Krajeski ; *D.* 2003, p. 2231, note J.-P. Brill et C. Koering. – Le contrat de franchise, conclu en considération de la personne du franchiseur, ne peut être transmis, en cas d'apport partiel d'actif consenti par ce dernier, sans l'accord du franchisé ▪ Cass. com., 3 juin 2008, n° 06-13.761 : *Bull. Joly Sociétés* 2008, p. 905, note B. Saintourens ; *D.* 2008, p. 1623, obs. A. Lienhard ; *JCP* E 2008, 2210, note H. Hovasse. – La convention d'ouverture de crédit, conclue en considération de la personne de l'emprunteur, ne peut, sauf accord de la banque créancière, être transmise par l'effet d'un apport partiel d'actif soumis au régime des scissions. ▪ Cass. com., 15 mars 2011, n° 10-11.650, *Bull. Joly Sociétés* 2011, p. 497, note M. Thiberge. – Une opération d'apport partiel d'actifs soumise au régime des scissions n'emporte pas automatiquement transfert d'un contrat de crédit-bail compris dans la branche d'activité apportée si les stipulations dudit contrat prévoient un accord préalable et écrit du bailleur à toute transmission. ▪ Cass. com., 6 sept. 2011, n° 10-21.079 : *Bull. Joly Sociétés* 2012, p. 54, note X. Vamparys. ▪ Cass. Com., 7 janv. 2014, n° 10-18.319 : *Bull. Joly Sociétés* 2014, p. 335, note B. Dondero.

2) Solidarité. Dans le cas d'un apport partiel d'actif placé sous le régime des scissions, la société apporteuse reste, sauf dérogation prévue à l'article L. 236-21, solidairement obligée avec la société bénéficiaire au paiement des dettes transmises à cette dernière. ▪ Cass. com., 12 déc. 2006, n° 05-15.619 : *Bull. Joly Sociétés* 2007, p. 492, note J.-C. Hallouin ; *Dr. sociétés* 2007, n° 50, obs. H. Hovasse ; *JCP* E 2007, 1877, n° 8, obs. J.-J. Caussain, F. Deboissy et G. Wicker ; *Rev. sociétés* 2007, p. 76, note D. Poracchia. ▪ Cass. 2e civ., 12 févr. 2009, n° 05-22.044 : *JurisData* n° 2009-01047233 ; *Bull. Joly Sociétés* 2009, p. 578, note H. Le Nabasque. ▪ Cass. 3e civ., 2 déc. 2009, n° 08-16.563 : *JurisData* n° 2009-050589 ; *Dr. sociétés* 2010, n° 2, 24, comm. H. Hovasse ; *JCP* E 2010, 1890, F.-G. Trébulle. ▪ Cass. com., 8 févr. 2011, n° 10-12.273 : *JurisData* n° 2011-001365 ; *Dr. sociétés* 2011, n° 85, obs. M.-L. C. ; *Bull. Joly Sociétés* 2011, p. 418, note P. Le Cannu ; *Bull. Joly Sociétés* 2011, p. 418, note P. Le Cannu ; *Rev. sociétés* 2012, p. 33, note L. Amiel-Cosme. Concernant la créance de réparation née du préjudice spécifique d'anxiété du salarié exposé à l'amiante ▪ Cass. soc., 9 nov. 2017, n° 16-17.899 : *JurisData* n° 2017-022303 ; *Dr. sociétés* 2018, comm. 47, note C. Coupet.

3) Sort des garanties. – Hypothèque. L'apport partiel d'actifs qui comportait modification dans la personne du titulaire de l'inscription, sans aggraver la situation du débiteur, avait pour effet d'investir le subrogé de la créance primitive avec tous ses avantages et accessoires. ▪ Cass. 3e civ., 17 nov. 2010, n° 09-70.452 : *D.* 2010, p. 2835, note A. Lienhard ; *Dr. sociétés* févr. 2011, n° 23, obs. M.-L. Coquelet.

– **Cautionnement.** L'engagement d'un associé qui s'est porté caution solidaire, sans limitation de durée, en garantie du remboursement des sommes dues par la société apporteuse subsiste pour les dettes existantes lors de l'opération, mais ne saurait être étendu aux avances et crédits consentis par le créancier cautionné à la société bénéficiaire de l'apport partiel d'actif ▪ CA Paris, 24 sept. 1992, n° 91-003960 : *JurisData* n° 1992-024369 ; *Bull. Joly Sociétés* 1992, p. 1283, note P. Delebecque. – La substitution de débiteur résultant de l'apport partiel d'actif ne libère pas la caution de la société apporteuse, laquelle devient garante de la société bénéficiaire de l'apport au titre des sommes dues à la date de l'opération ▪ CA Amiens, 17 févr. 2004, n° 02/00393 : *JurisData* n° 2004-238513 ; *Dr. sociétés* juill. 2004, n° 129, obs. J. Monnet.

– **Sous-cautionnement.** En cas de transmission universelle par le créancier, par voie de scission, d'une branche complète et autonome d'activité à une autre société, l'obligation de la sous-caution, qui s'est engagée envers la caution de ce créancier, n'est maintenue pour la garantie des dettes nées postérieurement à la scission que dans le cas d'une manifestation expresse de volonté de la sous-caution de garantir les dettes du débiteur envers la société bénéficiaire de la transmission. ▪ Cass. com., 8 mars 2017, n° 15-14.290, *JurisData* n° 2017-003973 ; *Dr. sociétés* 2017, comm. 165, note C. Coupet ; *RTD com.* 2017, p. 633, note A. Lecourt ; *Rev. sociétés* 2017, p. 407, note J.-M. Moulin.

– **Garantie autonome.** Sauf convention contraire, la garantie autonome, qui ne suit pas l'obligation garantie, n'est pas transmise en cas de scission de la société bénéficiaire de la garantie. ▪ Cass. com., 31 janv. 2017, nos 15-19.158 et 15-19.174 (P) : *JurisData* n° 2017-001404 ; *AJ contrat* 2017, p. 190, note N. Borga ; *Dr. sociétés* 2017, comm. 63, note C. Coupet ; *Bull. Joly Sociétés* 2017, p. 234, note B. Dondero ; *JCP* G 2017, comm. 310, note Ph. Simler.

4) Actions en justice. – Irrecevabilité de l'action exercée par la société apporteuse. S'agissant d'un apport partiel d'actif soumis au régime des scissions, la société apporteuse n'a plus, à compter de la date de réalisation de l'apport, ni intérêt ni qualité pour agir en appel, même si elle était partie en première instance ▪ Cass. 2e civ., 9 nov. 2006, n° 05-18.047 : *D.* 2007, p. 702, note G. Kessler, rejetant le pourvoi contre.

– **Recevabilité de l'action exercée par la société bénéficiaire.** Dès lors que les sociétés ont conclu un traité d'apport partiel d'actif placé sous le régime des scissions, seule la société bénéficiaire a intérêt et qualité pour exercer les actions en justice afférentes à la branche apportée ▪ Cass. com., 3 avr. 2007, n° 06-10.481 : *Bull. Joly Sociétés* 2007, p. 963.

– **Action en justice contre la société bénéficiaire.** Dès lors que les parties n'ont pas mentionné qu'elles se plaçaient sous le régime des scissions, l'apport partiel d'actif n'emporte pas transmission universelle des passifs et actifs liés à la branche d'activité cédée. En conséquence, le tiers qui a agi en paiement contre la société apporteuse puis contre la société repreneuse, ne bénéficie pas de l'effet interruptif de prescription attaché à la première action. ▪ Cass. com., 19 janv. 2016, n° 14-19.760 : *JurisData* n° 2016-012514 ; *Dr. sociétés* 2016, comm. 144, note M. Roussille ; *Rev. sociétés* 2016, p. 224, note P. Pisoni.

Voir : annot. sous art. L. 236-3, p. 551.

Art. L. 236-21 ***(Anc. L. n° 66-537, 24 juill. 1966).*** **– Par dérogation aux dispositions de l'article L. 236-20, il peut être stipulé que les sociétés bénéficiaires de la scission ne seront tenues que de la partie du passif de la société scindée mise à la charge respective et sans solidarité entre elles.**

En ce cas, les créanciers non obligataires des sociétés participantes peuvent former opposition à la scission dans les conditions et sous les effets prévus aux alinéas deuxième et suivants de l'article L. 236-14.

Le régime des nullités de la scission prévu par la directive n° 82/891/CEE ne s'oppose pas à l'introduction par des créanciers d'une société scindée, après la réalisation d'une scission d'une action paulienne pour que la scission leur soit déclarée inopposable. ▪ CJUE, 30 janv. 2020, n° C-394/18, *IGI Srl* : *JurisData* n° 2020-001576 ; *Bull. Joly Sociétés* mai 2020, p. 38, note R. Mortier ; *Dr. sociétés* 2020, comm. 63, note J.-F. Hamelin ; *JCP* E 2020, 1344, note R. Raffray ; *Dr. sociétés* 2020, chron. 4, note E. Shlumberger.

Voir : art. R. 236-8 et R. 236-9, p. 1768.

Art. L. 236-22 ***(Anc. L. n° 66-537, 24 juill. 1966 ; mod., L. n° 2019-744, 19 juill. 2019).*** **– La société qui apporte une partie de son actif à une autre société et la société qui bénéficie de cet apport peuvent décider d'un commun accord de soumettre l'opération aux dispositions des articles L. 236-16 à L. 236-21.**

Lorsque, depuis le dépôt au greffe du tribunal de commerce du projet d'apport et jusqu'à la réalisation de l'opération, la société qui apporte une partie de son actif détient en permanence la totalité des actions représentant la totalité du capital de la société bénéficiaire de l'apport ou que la société bénéficiaire de l'apport détient en permanence la totalité des actions représentant la totalité du capital de la société qui apporte une partie de son actif, il n'y a lieu ni à approbation de l'opération par l'assemblée générale extraordinaire des sociétés participant à l'opération ni à l'établissement des rapports mentionnés au quatrième alinéa du I de l'article L. 236-9 et à l'article L. 236-10.

Toutefois, un ou plusieurs actionnaires de la société qui apporte une partie de son actif réunissant au moins 5 % du capital social peuvent demander en justice la désignation d'un mandataire aux fins de convoquer l'assemblée générale extraordinaire de cette société pour qu'elle se prononce sur l'approbation de l'apport.

Bibliographie : E. Loubet et E. Rapone, *La condition suspensive dans les apports partiels d'actif : Dr. sociétés* 2017, étude 10. • C. Coupet, *Loi du 19 juillet 2019 de simplification, de clarification et d'actualisation : miscellanées de droit des sociétés : Bull. Joly Sociétés* oct. 2019, p. 35. • R. Mortier *et a.*, *Simplification du droit des sociétés – La loi Mohamed Soilihi article par article (2e partie) : Dr. sociétés 2019, étude 14.*

Notion de branche autonome d'activité. N'est pas constitutif d'un apport partiel d'actif soumis en tant que tel au droit fixe d'enregistrement prévu par l'article 817 du CGI, faute qu'il y ait apport d'une branche complète et autonome d'activité, l'apport d'un fonds de commerce dès lors que les marques comprises dans le fonds n'étaient ni apportées ni mises à disposition de la société bénéficiaire de l'apport à laquelle n'était consenti qu'un droit d'usage précaire sur les noms commerciaux. ▪ Cass. com., 10 janv. 2006, n° 02-17.279 : *Bull Joly sociétés* 2006, p. 945 note A. Couret et B. Dondero. – Sauf dérogation expresse prévue par les *parties dans le traité d'apport*, l'apport partiel d'actif emporte, lorsqu'il est placé sous le régime des scissions, transmission universelle, de la société apporteuse à la société bénéficiaire, de tous les biens, droits et obligations dépendant de la branche d'activité qui fait l'objet de l'apport. Par conséquent, la cour d'appel ne pouvait pas exclure la transmission d'une créance au motif qu'elle ne figurait pas dans la liste des créances transmises tout en constatant que l'apport portait sur une branche d'activité. ▪ Cass. com., 12 févr. 2013, n° 11-23.895 : *JurisData* n° 2013-002108 ; *Dr. sociétés* 2013, n° 101, note D. Gallois-Cochet ; *Rev. sociétés* 2014, p. 27, note V. Thomas ; *Bull. Joly Sociétés* 2013, p. 575, note B. Dondero. ▪ Cass. com., 31 mars 2015, n° 14-16.339 : *Rev. sociétés* 2015, p. 724, note J.-M. Moulin. La transmission universelle des biens, droits et obligations dépendant d'une branche d'activité transférée ne s'opère *de plein* droit qu'en cas d'apport partiel d'actif placé sous le régime des scissions. ▪ Cass. com., 19 janv. 2016, n° 14-19.760 : *Rev. sociétés* 2016, p. 224, note P. Pisoni.

Sauf dérogation expresse prévue par les parties dans le traité d'apport, l'apport partiel d'actif emporte, lorsqu'il est placé sous le régime des scissions, transmission universelle de la société apporteuse à la société bénéficiaire de tous les biens, droits et obligations dépendant de la branche d'activité qui fait l'objet de l'apport ▪ Cass. soc., 19 nov. 2014, n° 13-19.263 et ▪ Cass. soc., 10 déc. 2014, n° 13-22.430 : *Bull. Joly Sociétés* 2015, p. 137, note B. Dondero ; *Rev. sociétés* 2015, p. 292, note V. Thomas ; *D.* 2015, p. 2401, obs. E. Lamazerolles. Également. ▪ Cass. soc., 18 juin 2014, n° 12-29.691 : *D.* 2014. 1375 ; *Rev. sociétés* 2015. 26, note J.-M. Moulin.

La cour d'appel ne peut déclarer les salariés irrecevables en leurs demandes d'indemnisation de leur préjudice d'anxiété et de bouleversement dans les conditions d'existence, sans qu'il résulte de ses constatations que l'obligation était étrangère à la branche d'activité apportée ou qu'elle était expressément exclue par le traité d'apport ▪ Cass. soc., 19 nov. 2014, n° 13-19.263 : *Bull. Joly Sociétés* 2015, p. 137, note B. Dondero ; *D.* 2015. 104, chron. E. Wurtz ; *Rev. sociétés* 2015, p. 292, note V. Thomas. ▪ Cass. soc., 10 déc. 2014, n° 13-22.430 : *Rev. sociétés* 2015. 292, note V. Thomas.

Voir : annot. sous art. L. 236-20, p. 562.

Section III. – Dispositions relatives aux sociétés à responsabilité limitée

Art. L. 236-23 *(Anc. L. n° 66-537, 24 juill. 1966 ; mod., L. n° 2008-649, 3 juill. 2008).* – **Les dispositions des articles L. 236-10, L. 236-11, L. 236-13, L. 236-14, L. 236-15, L. 236-18, L. 236-19, L. 236-20 et L. 236-21 sont applicables aux fusions ou aux scissions des sociétés à responsabilité limitée au profit de sociétés de même forme.**

Lorsque la fusion est réalisée par apports à une société à responsabilité limitée nouvelle, celle-ci peut être constituée sans autres apports que ceux des sociétés qui fusionnent.

Lorsque la scission est réalisée par apports à des sociétés à responsabilité limitée nouvelles, celles-ci peuvent être constituées sans autre apport que celui de la société scindée. En ce cas, et si les parts de chacune des sociétés nouvelles sont attribuées aux associés de la société scindée proportionnellement à leurs droits dans le capital de cette société, il n'y a pas lieu à l'établissement du rapport mentionné à l'article L. 236-10.

Dans les cas prévus aux deux alinéas précédents, les associés des sociétés qui disparaissent peuvent agir de plein droit en qualité de fondateurs des sociétés nouvelles et il est procédé conformément aux dispositions régissant les sociétés à responsabilité limitée.

Art. L. 236-24 *(Anc. L. n° 66-537, 24 juill. 1966).* – **La société qui apporte une partie de son actif à une autre société et la société qui bénéficie de cet apport peuvent décider d'un commun accord de soumettre l'opération aux dispositions applicables en cas de scission par apports à des sociétés à responsabilité limitée existantes.**

Apport partiel d'actif entre deux SARL. Un apport partiel d'actif intervenant entre deux sociétés à responsabilité limitée ne peut être soumis au régime des scissions qu'à la condition que la société bénéficiaire de l'apport préexiste à l'opération ; cette condition est remplie dès lors que la SARL bénéficiaire a été immatriculée avant la convention d'apport partiel d'actif. Par ailleurs, l'article L. 141-16, alinéa 2 du Code de commerce qui permet, en cas d'apport partiel d'actif consenti entre sociétés anonymes, la substitution de plein droit de locataire sans que les clauses restrictives de la cession puissent être invoquées s'applique en cas d'apport partiel d'actif d'une SARL à une autre SARL dans la mesure où ces sociétés peuvent décider de soumettre l'opération aux dispositions applicables en cas de scission ▪ Cass. com., 30 avr. 2003, n° 01-16.697 : *JurisData* n° 2003-018808 ; *Bull. Joly Sociétés* 2003, p. 913, note M.-L. Coquelet ; *D.* 2003, p. 1367, obs. A. Lienhard ; D. 2004, somm. p. 272, obs. J.-C. Hallouin ; *JCP* E 2003, act. p. 969 ; *JCP* E 2003, 1206, note J. Monnet.

Section IV. – Dispositions particulières aux fusions transfrontalières

(L. n° 2008-649, 3 juill. 2008)

Bibliographie : M. Luby, *Impromptu sur la directive n° 2005/56 sur les fusions transfrontalières des sociétés de capitaux : Dr. sociétés* juin 2006, p. 5. ● M. Loy, *Les fusions transfrontalières : entre présent et avenir : JCP* E 2007, 1987. ● C. Cathiard, *Le régime des fusions transfrontalières depuis la loi du 3 juillet 2008 : Dr. sociétés* oct. 2008, p. 8. ● A. Guengant, *Fusions transfrontalières : transposition de la directive 2005/56/CE du 26 octobre 2005 : JCP* E 2008, 2000. ● G. Baffoy, *La mission impartie au notaire dans le contrôle de la légalité des fusions transfrontalières : RFN* sept. 2008, n° 14. ● D. Lencou et M. Menjucq, *Les fusions transfrontalières de sociétés de capitaux : enfin une réalité mais des difficultés persistantes :*

D. 2009, p. 886. • H. Le Nabasque, *Les fusions transfrontalières après la loi n° 2008-649 du 3 juillet 2008 : Rev. sociétés* 2009, p. 483. • B. Krief, *Le droit européen des sociétés, un droit en construction : JCP* E 2012, n° 6, étude 1103, p. 27. • Th. Mastrullo, *Les scissions transfrontalières : Bull. Joly Sociétés* juill. 2018, p. 456. • E. Schlumberger, *Les fusions transfrontalières : Bull. Joly Sociétés* juill. 2018, p. 463. • C. Cathiard, *Directive Mobilité transfrontalière des entreprises : le texte est adopté : Dr. sociétés* juill. 2019, étude 9. • C. Cathiard, *Analyse pratique du nouveau contrôle anti-abus, anti-fraude dans les opérations de transformations, fusions et scissions transfrontalières : Dr. sociétés* 2019, étude 12. • E. Schlumberger, *Chronique de droit européen des sociétés (harmonisation des règles touchant à la mobilité transfrontalière des sociétés) : Dr. sociétés* 2020, chron. 3. • B. Lecourt, *Évènement historique en droit européen des sociétés : adoption de la directive sur la mobilité transfrontalière des sociétés : Rev. sociétés 2019*, p. 360. • A. Sotiropoulou, *Réflexions sur l'abus et la fraude en matière de transformations transfrontalières des sociétés : Bull. Joly Sociétés* juin 2020, p. 54. • M. Menjucq (colloque sous la dir.), *Harmonisation des opérations de transfert de siège et de scission transfrontalières : enfin l'aboutissement ! : Bull. Joly Sociétés* juin 2020, p. 50. • B. Lecourt, *Enfin une directive sur la mobilité transfrontalière des sociétés ! : Rev. sociétés* 2020, p. 338.

V. égal. annot. ss art. L. 210-6 et s., p. 288.

Art. L. 236-25 *(L. n° 2008-649, 3 juill. 2008).* – **Les sociétés anonymes, les sociétés en commandite par actions, les sociétés européennes immatriculées en France, les sociétés à responsabilité limitée et les sociétés par actions simplifiées peuvent participer, avec une ou plusieurs sociétés ressortissant du champ d'application du paragraphe 1 de l'article 2 de la directive 2005/56/CE du Parlement européen et du Conseil, du 26 octobre 2005, sur les fusions transfrontalières des sociétés de capitaux et immatriculées dans un ou plusieurs autres États membres de la Communauté européenne, à une opération de fusion dans les conditions prévues par les dispositions de la présente section ainsi que par celles non contraires des sections I à III du présent chapitre.**

Voir : art. R. 236-13 et s., p. 1769.

Bibliographie : A. Larcena et E. Colly-Chenard, *Fusion transfrontalière simplifiée et allègement des formalités légales de fusion – une difficile lecture croisée : Dr. sociétés* 2013, n° 8.

1) Liberté d'établissement. Porte atteinte à la liberté d'établissement le fait de refuser de manière générale dans un État membre *[Allemagne]* l'inscription d'une fusion entre une société établie dans un État membre et une société dont le siège est situé dans un autre État membre ▪ CJCE, 13 déc. 2005, n° C-411/03 : *Bull. Joly Sociétés* 2006, p. 771, note G. Baranger ; *D.* 2006, act. p. 148 ; *D.* 2006, p. 451, note M. Luby.

2) Loi applicable. La loi applicable, à la suite d'une fusion par absorption transfrontalière, à l'interprétation, à l'exécution des obligations ainsi qu'aux modes d'extinction d'un contrat d'emprunt conclu par la société absorbée, est celle qui était applicable à ce contrat avant cette fusion ▪ CJUE, 3e ch. 7 avr. 2016, aff. C-483/14, *KA Finanz : JurisData* n° 2016-010331 ; *D.* 2016, p. 1404, note J. Chacornac et p. 2025, note S. Bollée et L. D'Avout ; *Europe* 2016, comm. 222, note L. Idot ; *Dr. sociétés* 2017, chron. 1, note E. Schlumberger.

Art. L. 236-26 *(L. n° 2008-649, 3 juill. 2008).* – **Par dérogation à l'article L. 236-1 et lorsque la législation d'au moins un des États membres de la Communauté européenne concernés par la fusion le permet, le traité de fusion peut prévoir, pour les opérations mentionnées à l'article L. 236-25, le versement en espèces d'une soulte supérieure à 10 % de la valeur nominale ou, à défaut, du pair comptable, des titres, parts ou actions attribués.**

Le pair comptable est défini comme la quote-part du capital social représentée par une action ou une part sociale.

Voir : art. R. 236-15 et R. 236-16, p. 1770.

Art. L. 236-27 *(L. n° 2008-649, 3 juill. 2008 ; L. n° 2015-994, 17 août 2015).* – **L'organe de gestion, d'administration ou de direction de chacune des sociétés participant à l'opération établit un rapport écrit qui est mis à la disposition** *des associés.*

En complément **du** *respect des obligations* **prévues à l'article L. 2323-33 du Code du travail, le rapport** *mentionné* **au premier alinéa du présent article est mis à la disposition des délégués du personnel ou, à défaut, des salariés eux-mêmes, dans les conditions prévues par décret en Conseil d'État.**

Sans préjudice du dernier alinéa de l'article L. 225-105, l'avis du comité d'entreprise consulté en application de l'article L. 2323-33 du Code du travail ou, à défaut, l'avis des délégués du personnel est,

s'il est transmis dans des délais prévus par décret en Conseil d'État, annexé au rapport mentionné au premier alinéa du présent article.

Art. L. 236-28 *(L. n° 2008-649, 3 juill. 2008)*. – Les associés qui décident la fusion peuvent subordonner la réalisation de celle-ci à leur approbation des modalités décidées pour la participation des salariés, au sens de l'article L. 2371-1 du Code du travail, dans la société issue de la fusion transfrontalière.

Ils se prononcent, par une résolution spéciale, sur la possibilité de mise en œuvre de procédures d'analyse et de modification du rapport d'échange des titres ou d'indemnisation des associés minoritaires, lorsque cette possibilité est offerte aux associés de l'une des sociétés participant à la fusion par la législation qui lui est applicable. La décision prise en application de ces procédures lie la société issue de la fusion.

Art. L. 236-29 *(L. n° 2008-649, 3 juill. 2008)*. – Dans un délai fixé par décret en Conseil d'État, le greffier du tribunal dans le ressort duquel la société participant à l'opération est immatriculée délivre, après avoir procédé à la vérification prévue à l'article L. 236-6, une attestation de conformité des actes et des formalités préalables à la fusion.

Ce certificat précise si une procédure d'analyse et de modification du rapport d'échange des titres ou d'indemnisation des associés minoritaires est en cours.

Voir : art. R. 236-17, p. 1770.

Art. L. 236-30 *(L. n° 2008-649, 3 juill. 2008)*. – Un notaire ou le greffier du tribunal dans le ressort duquel la société issue de la fusion sera immatriculée contrôle, dans un délai fixé par décret en Conseil d'État, la légalité de la réalisation de la fusion et de la constitution de la société nouvelle issue de la fusion.

Il contrôle en particulier que les sociétés qui fusionnent ont approuvé un projet de fusion dans les mêmes termes et que les modalités relatives à la participation des salariés ont été fixées conformément au titre VII du livre III de la deuxième partie du Code du travail.

Voir : art. R. 236-18 à R. 236-20, p. 1771.

Art. L. 236-31 *(L. n° 2008-649, 3 juill. 2008)*. – La fusion transfrontalière prend effet :

1° En cas de création d'une société nouvelle, conformément à l'article L. 236-4 ;

2° En cas de transmission à une société existante, selon les prévisions du contrat, sans toutefois pouvoir être antérieure au contrôle de légalité, ni postérieure à la date de clôture de l'exercice en cours de la société bénéficiaire pendant lequel a été réalisé ce contrôle.

La nullité d'une fusion transfrontalière ne peut pas être prononcée après la prise d'effet de l'opération.

Art. L. 236-32 *(L. n° 2008-649, 3 juill. 2008)*. – Lorsque l'une des sociétés participant à l'opération mentionnée à l'article L. 236-25 est soumise à un régime de participation des salariés, et que tel est également le cas de la société issue de la fusion, cette dernière adopte une forme juridique permettant l'exercice de cette participation.

CHAPITRE VII. – DE LA LIQUIDATION

Voir : C. civ., art. *1844-8 et 1844-9*, p. 2979.

Bibliographie : J. Honorat, *L'article 1844-8 du Code civil et la fin de la personnalité morale des sociétés : Defrénois* 1981, art. 32754. • A. Bouilloux, *La survie de la personnalité morale pour les besoins de la liquidation : Rev. sociétés* 1994, p. 393. • E. Boronad-Lesoin, *La survie de la personnalité morale dissoute : RTD com.* 2003, p. 1. • F.-X. Lucas (ss dir.), *La liquidation dite amiable des sociétés : Bull. Joly Sociétés* 2009, p. 285.

Section I. – Dispositions générales

Art. L. 237-1 *(Anc. L. n° 66-537, 24 juill. 1966)*. – Sous réserve des dispositions du présent chapitre, la liquidation des sociétés est régie par les dispositions contenues dans les statuts.

Voir : C. civ., art. 1844-8, p. 2979.

Art. L. 237-2 *(Anc. L. n° 66-537, 24 juill. 1966).* – **La société est en liquidation dès l'instant de sa dissolution pour quelque cause que ce soit sauf dans le cas prévu au troisième alinéa de l'article 1844-5 du Code civil. Sa dénomination sociale est suivie de la mention « société en liquidation ».**

La personnalité morale de la société subsiste pour les besoins de la liquidation, jusqu'à la clôture de celle-ci.

La dissolution d'une société ne produit ses effets à l'égard des tiers qu'à compter de la date à laquelle elle est publiée au registre du commerce et des sociétés.

Voir : art. R. 237-1, p. 1771 et art. R. 247-4, p. 1776 ; C. civ., art. 1844-8, p. 2979.

1) **Caractère d'ordre public de la liquidation.** Une société est en liquidation dès l'instant de sa dissolution pour quelque cause que ce soit ▪ Cass. com., 5 mars 1991, n° 89-21.381 : *Bull. Joly Sociétés* 1991, p. 499. – Il n'est pas du pouvoir des associés, fût-ce à l'unanimité, de décider qu'il n'y a pas lieu à la liquidation et au partage d'une société dissoute ▪ Cass. com., 24 oct. 1989, n° 88-12.713 : *JurisData* n° 1989-703248 ; *JCP* G 1990, II, 15708, note Y. Guyon.

2) **Représentation de la société à l'égard des tiers.** – **Représentation par le liquidateur.** Le liquidateur a en principe seul qualité, pendant la durée de la liquidation, pour représenter en justice la société ▪ Cass. com., 15 déc. 1977, n° 76-11.865 : *JurisData* n° 1977-798298 ; *Rev. sociétés* 1978, p. 725.

– **Fin du pouvoir de représentation.** À la suite de la publication de la clôture de la liquidation, le liquidateur n'a plus qualité pour représenter la société ▪ Cass. com., 15 juin 1993, n° 91-14.575 : *JurisData* n° 1993-001233 ; *RJDA* 1993, p. 775. ▪ Cass. com., 8 mars 1994, n° 92-18.810 : *Bull. Joly Sociétés* 1994, p. 636. – Il s'ensuit que la société ne peut être représentée que par un administrateur *ad hoc* nommé en justice ▪ Cass. com., 18 janv. 2000, n° 96-16.223 : *JurisData* n° 2000-000270 ; *RJDA* 2000, n° 423. ▪ Cass. 2e civ., 24 janv. 2008, n° 07-10.748 : *Bull. Joly Sociétés* 2008, p. 388, note G. Gil.

– **Autres pouvoirs du liquidateur.** Le liquidateur peut passer valablement un accord, dès lors qu'il s'agit indiscutablement de la suite et de la conclusion d'une affaire courante conclue antérieurement ▪ Cass. 1re civ., 16 févr. 1966 : *JurisData* n° 1966-000124 ; *Bull. civ.* I, n° 124.

3) **Survie de la personnalité morale pour les besoins de la liquidation.** – La personnalité morale continue pour les besoins de la liquidation ▪ Cass. com., 26 janv. 1993, n° 91-11.285 : *JurisData* n° 1993-000100 ; *JCP* G 1993, IV, 802 ; *Bull. Joly Sociétés* 1993, p. 431. ▪ Cass. com., 5 juill. 1994, n° 92-19.372 : *Bull. Joly Sociétés* 1994, § 298, p. 1089. ▪ Cass. com., 10 déc. 1996 : *Bull. Joly Sociétés* 1997, p. 340, note P. Le Cannu.

– Pendant la liquidation, les statuts continuent de s'appliquer ▪ Cass. 3e civ., 3 févr. 1993, n° 90-14.234 : *JurisData* n° 1993-000301 ; *Bull. Joly Sociétés* 1993, p. 471, note M. Jeantin.

– La personnalité morale de la société survivant pendant toute la durée de la liquidation, les titres sociaux conservent leur nature mobilière jusqu'au partage ▪ Cass. 2e civ., 27 oct. 1971 : *JurisData* n° 1971-099288 ; *D.* 1972, p. 473, note M. Donnier. – Par suite, jusqu'à la clôture de la liquidation, les parts sociales peuvent être cédées et faire l'objet d'une saisie-arrêt ▪ Cass. com., 3 oct. 2006, n° 04-14.611 : *Bull. Joly Sociétés* 2007, p. 237, note M.-N. Legrand.

– Une société en cours de liquidation peut être déclarée en règlement judiciaire ou en liquidation des biens *[redressement ou liquidation judiciaires]* ▪ Cass. com., 27 janv. 1958 : *D.* 1958, p. 349, note R. Houin.

– La société absorbée peut agir en justice jusqu'à la publication de la dissolution au RCS ▪ Cass. com., 24 mai 2011, n° 10-19.222 : *Bull. Joly Sociétés* 2011, p. 758, note R. Raffray.

4) **Situation après la clôture de la liquidation.** – **Perte de la personnalité morale à la clôture de la liquidation.** La dissolution constatée par une assemblée générale et suivie du partage met fin à la personnalité morale de la société, même si les liquidateurs n'ont pu rendre compte de leur mission ▪ Cass. com., 8 nov. 1971, n° 68-13.807 : *JurisData* n° 1971-097267 ; *Bull. civ.* IV, n° 267.

– **Maintien de la personnalité morale tant que tous les droits et obligations à caractère social ne sont pas liquidés.** Malgré la clôture de la liquidation, la personnalité morale d'une société subsiste aussi longtemps que les droits et obligations à caractère social ne sont pas liquidés ▪ CA Paris, 13 mars 1979 : *JurisData* n° 1979-255130 ; *Rev. sociétés* 1980, p. 94, note J.-P. Sortais. ▪ Cass. com., 13 févr. 1996 : *Bull. Joly Sociétés* 1996, p. 496, note J.-J. Daigre. – Si des obligations à caractère social ne sont pas liquidées au moment de la radiation de la société, des créanciers ont intérêt à obtenir la nomination d'un administrateur *ad hoc* pour représenter la société dans l'action en responsabilité engagée contre elle ▪ Cass. com., 11 juill. 1988, n° 87-11.927 : *JurisData* n° 1988-702004 ; *Rev. sociétés* 1988, p. 521, note Y. Guyon. – La personnalité morale d'une société subsiste aussi longtemps que les droits et obligations à caractère social ne sont pas liquidés, la société devant être mise en cause après désignation, à l'initiative du demandeur à l'instance, d'un mandataire chargé de reprendre les opérations de liquidation ▪ Cass. com., 26 janv. 1993, n° 91-11.285 : *JurisData* n° 1993-000100 ; *Rev. sociétés* 1993, p. 394, note Y. Chartier.

– Action en paiement à l'encontre des anciens associés d'une société à risque limité. Dans le cas d'une société à risque limité dans laquelle les associés ne supportent les pertes qu'à concurrence de leurs apports *[SARL]*, le créancier social peut réclamer paiement à l'associé dans la mesure où la quote-part d'actif social lui revenant à l'issue des opérations de liquidation est supérieure à la dette sociale ▪ Cass. com., 3 juill. 2001, n° 98-20.720 : *JurisData* n° 2001-010986 ; *JCP* E 2002, 76, note Y. Guyon.

Art. L. 237-3 *(Anc. L. n° 66-537, 24 juill. 1966 ; mod., L. n° 2012-387, 22 mars 2012)*. – **L'acte de nomination du liquidateur est publié par celui-ci, dans les conditions et délais fixés par décret en Conseil d'État, qui détermine également les documents à déposer en annexe au registre du commerce et des sociétés.**

Le ministère public ou toute personne intéressée peut demander au président du tribunal compétent statuant en référé d'enjoindre au liquidateur, le cas échéant sous astreinte, de procéder à cette publication.

Voir : art. L. 238-1, p. 574, L. 247-5, p. 598, L. 247-6, p. 599, art. R. 237-2 et R. 237-3, p. 1771.

Art. L. 237-4 *(Anc. L. n° 66-537, 24 juill. 1966 ; mod., L. n° 2003-7, 3 janv. 2003)*. – **Ne peuvent être nommées liquidateurs les personnes auxquelles l'exercice des fonctions de directeur général, d'administrateur, de gérant de société, de membre du directoire ou du conseil de surveillance est interdit ou qui sont déchues du droit d'exercer ces fonctions.**

Art. L. 237-5 *(Anc. L. n° 66-537, 24 juill. 1966)*. – **La dissolution de la société n'entraîne pas de plein droit la résiliation des baux des immeubles utilisés pour son activité sociale, y compris des locaux d'habitation dépendant de ces immeubles.**

Si, en cas de cession du bail, l'obligation de garantie ne peut plus être assurée dans les termes de celui-ci, il peut y être substitué, par décision de justice, toute garantie offerte par le cessionnaire ou un tiers, et jugée suffisante.

Voir : art. R. 237-4, p. 1772.

Art. L. 237-6 *(Anc. L. n° 66-537, 24 juill. 1966)*. – **Sauf consentement unanime des associés, la cession de tout ou partie de l'actif de la société en liquidation à une personne ayant eu dans cette société la qualité d'associé en nom, de commandité, de gérant, d'administrateur, de directeur général, de membre du conseil de surveillance, de membre du directoire, de commissaire aux comptes ou de contrôleur, ne peut avoir lieu qu'avec l'autorisation du tribunal de commerce, le liquidateur et, s'il en existe, le commissaire aux comptes ou le contrôleur dûment entendus.**

Voir : art. L. 247-8, p. 599.

Art. L. 237-7 *(Anc. L. n° 66-537, 24 juill. 1966)*. – **La cession de tout ou partie de l'actif de la société en liquidation au liquidateur ou à ses employés ou à leurs conjoint, ascendants ou descendants, est interdite.**

Voir : art. L. 247-8, p. 599.

Art. L. 237-8 *(Anc. L. n° 66-537, 24 juill. 1966 ; mod., L. n° 2003-7, 3 janv. 2003)*. – **La cession globale de l'actif de la société ou l'apport de l'actif à une autre société, notamment par voie de fusion, est autorisé :**

1° *Dans les sociétés* **en nom collectif, à l'unanimité des associés ;**

2° Dans les sociétés en commandite simple, à l'unanimité des commandités et à la majorité en nombre et en capital des commanditaires ;

3° Dans les sociétés à responsabilité limitée, à la majorité exigée pour la modification des statuts ;

4° Dans les sociétés par actions, aux conditions de quorum et de majorité prévues pour les assemblées extraordinaires et, en outre, dans les sociétés en commandite par actions, avec l'accord unanime des commandités.

Art. L. 237-9 *(Anc. L. n° 66-537, 24 juill. 1966)*. – **Les associés, y compris les titulaires d'actions à dividende prioritaire sans droit de vote, sont convoqués en fin de liquidation pour statuer sur le compte définitif, sur le quitus de la gestion du liquidateur et la décharge de son mandat et pour constater la clôture de la liquidation.**

À défaut, tout associé peut demander en justice la désignation d'un mandataire chargé de procéder à la convocation.

Voir : art. L. 247-6, p. 599, R. 237-5 et R. 237-7, p. 1772.

Art. L. 237-10 *(Anc. L. n° 66-537, 24 juill. 1966)*. **– Si l'assemblée de clôture prévue à l'article L. 237-9 ne peut délibérer ou si elle refuse d'approuver les comptes du liquidateur, il est statué, par décision de justice, à la demande de celui-ci ou de tout intéressé.**

Voir : art. L. 247-6, 2°, p. 599, R. 237-6 à R. 237-9, p. 1772.

Art. L. 237-11 *(Anc. L. n° 66-537, 24 juill. 1966)*. **– L'avis de clôture de la liquidation est publié selon les modalités fixées par décret en Conseil d'État.**

Voir : art. R. 123-75, p. 1603 et art. R. 237-8, p. 1772.

Art. L. 237-12 *(Anc. L. n° 66-537, 24 juill. 1966)*. **– Le liquidateur est responsable, à l'égard tant de la société que des tiers, des conséquences dommageables des fautes par lui commises dans l'exercice de ses fonctions.**

L'action en responsabilité contre les liquidateurs se prescrit dans les conditions prévues à l'article L. 225-254.

Voir : art. L. 247-8, p. 599 et R. 237-2 et R. 237-3, p. 1771.

1) **Faute du liquidateur.** Commet une faute le liquidateur qui omet sciemment de payer certains créanciers, alors que l'actif ne peut suffire à régler la totalité du passif. ▪ Cass. com., 2 févr. 1988, n° 86-17.209. ▪ CA Paris, 3ᵉ ch., 28 mai 1993 : *JurisData* n° 1993-600507 ; *Bull. Joly Sociétés* 1993, p. 1115, note J.-F. Barbièri.

2) **Demandeur à l'action en responsabilité. Action sociale.** Aucun texte n'autorise les associés à exercer l'action sociale *ut singuli* contre le liquidateur ▪ Cass. com., 21 juin 2016, n° 14-26.370 : *JurisData* n° 2016-012271 ; *Dr. sociétés* 2016, comm. 185, note C. Coupet ; *Bull. Joly Sociétés* 2016, p. 665, note P. Rubellin ; *D.* 2016, p. 2244, note T. Gauthier ; *Rev. sociétés* 2017, p. 154, note A. Lecourt ; *Bull. Joly Sociétés* 2016, p. 665, note P. Rubellin. ▪ Cass. com., 6 déc. 2017, n° 16-21.005 : *JurisData* n° 2017-025055 ; *Bull. Joly Sociétés* 2018, p. 208, note C. Coupet ; *Rev. sociétés* 2018, p. 719, note A. El Mejri ; *Dr. sociétés* 2018, comm. 26, note J. Heinich. **Action individuelle.** Un associé est recevable à se constituer partie civile contre les mandataires d'une société en liquidation ▪ Cass. crim., 8 nov. 1993 : *Bull. Joly Sociétés* 1994, (p. 523) p. 162, note J.-F. Barbièri. La responsabilité du liquidateur prévue par l'article L. 237-12 n'est pas subordonnée à la démonstration d'une faute séparable de ses fonctions. Il n'est pas nécessaire que la faute commise soit intentionnelle et d'une particulière gravité ▪ *Cass. com., 11 juin 2013, n° 12-18.853 : JurisData n° 2013-011980* ; *JCP* E 2013, 989, note H. Wang-Foucher ; *Dr. sociétés* 2013, comm. 180, note M. Rousille. L'associé intentant une action individuelle contre le liquidateur doit apporter la preuve d'un préjudice distinct du préjudice collectif subi par la société ▪ Cass. com., 21 juin 2016, n° 14-26.370 : *JurisData* n° 2016-012271, préc.

3) **Prescription.** Le délai de prescription de l'action en responsabilité engagée à l'encontre du liquidateur court à compter du jour où les droits du demandeur ont été reconnus par une décision passée en force de chose jugée. ▪ Cass. com., 25 juin 2013, n° 12-19.173 : *JurisData* n° 2013-013207 ; *Dr. sociétés* 2013, n° 181, note M. Roussille ; *Bull. Joly Sociétés* 2013, p. 542, concl. P. Mollard et note E. Mouial-Bassilana.

4) **Compétence.** La juridiction commerciale est compétente pour connaître des manquements commis par le liquidateur, qui agit dans l'intérêt social et réalise des opérations se rattachant directement à la gestion de la société commerciale. ▪ Cass. com., 14 nov. 2018, n° 16-26.115, FPBI : *JurisData* n° 2018-020146 ; *Dr. sociétés* 2019, comm. 23, note C. Coupet ; *Bull. Joly Sociétés* 2019, p. 17, note A. Reygrobellet.

5) **Liquidateur de fait.** Les dispositions de l'article L. 237-12 du Code de commerce ne s'appliquent qu'aux personnes investies de la qualité de liquidateur de la société dissoute. ▪ Cass. com., 23 mars 2010, n° 09-13.666 : JurisData n° 2010-002536 ; *JCP* E 2010, 1616, note A. Ballot-Léna.

Art. L. 237-13 *(Anc. L. n° 66-537, 24 juill. 1966)*. **– Toutes actions contre les associés non liquidateurs ou leurs conjoint survivant, héritiers ou ayants cause, se prescrivent par cinq ans à compter de la publication de la dissolution de la société au registre du commerce et des sociétés.**

Section II. – Dispositions applicables sur décision judiciaire

Art. L. 237-14 *(Anc. L. n° 66-537, 24 juill. 1966 ; mod., L. n° 2001-420, 15 mai 2001).* – I. – À défaut de clauses statutaires ou de convention expresse entre les parties, la liquidation de la société dissoute est effectuée conformément aux dispositions de la présente section, sans préjudice de l'application de la première section du présent chapitre.

II. – En outre, il peut être ordonné par décision de justice que cette liquidation sera effectuée dans les mêmes conditions à la demande :

1° De la majorité des associés, dans les sociétés en nom collectif ;

2° D'associés représentant au moins 5 % du capital, dans les sociétés en commandite simple, les sociétés à responsabilité limitée et les sociétés par actions ;

3° Des créanciers sociaux.

III. – Dans ce cas, les dispositions des statuts contraires à celles de la présente section sont réputées non écrites.

Voir : art. R. 237-10, p. 1772.

Art. L. 237-15 *(Anc. L. n° 66-537, 24 juill. 1966).* – Les pouvoirs du conseil d'administration, du directoire ou des gérants prennent fin à dater de la décision de justice prise en application de l'article L. 237-14 ou de la dissolution de la société si elle est postérieure.

Art. L. 237-16 *(Anc. L. n° 66-537, 24 juill. 1966).* – La dissolution de la société ne met pas fin aux fonctions du conseil de surveillance et des commissaires aux comptes.

Art. L. 237-17 *(Anc. L. n° 66-537, 24 juill. 1966).* – En l'absence de commissaires aux comptes, et même dans les sociétés qui ne sont pas tenues d'en désigner, un ou plusieurs contrôleurs peuvent être nommés par les associés dans les conditions prévues au I de l'article L. 237-27. À défaut, ils peuvent être désignés, par décision de justice, à la demande du liquidateur ou de tout intéressé.

L'acte de nomination des contrôleurs fixe leurs pouvoirs, obligations et rémunérations ainsi que la durée de leurs fonctions. Ils encourent la même responsabilité que les commissaires aux comptes.

Voir : art. R. 237-11, p. 1772.

Art. L. 237-18 *(Anc. L. n° 66-537, 24 juill. 1966).* – I. – Un ou plusieurs liquidateurs sont désignés par les associés, si la dissolution résulte du terme statutaire ou si elle est décidée par les associés.

II. – Le liquidateur est nommé :

1° Dans les sociétés en nom collectif, à l'unanimité des associés ;

2° Dans les sociétés en commandite simple, à l'unanimité des commandités et à la majorité en capital des commanditaires ;

3° Dans les sociétés à responsabilité limitée, à la majorité en capital des associés ;

4° Dans les sociétés anonymes, aux conditions de quorum et de majorité prévues pour les assemblées générales ordinaires ;

5° Dans les sociétés en commandite par actions, aux conditions de quorum et de majorité prévues pour les assemblées générales ordinaires, cette majorité devant comprendre l'unanimité des commandités ;

6° *Dans les sociétés* par actions simplifiées, à l'unanimité des associés, sauf clause contraire.

Voir : art. L. 237-4, p. 569, L. 247-5, p. 598, art. R. 237-14, p. 1773.

Art. L. 237-19 *(Anc. L. n° 66-537, 24 juill. 1966).* – Si les associés n'ont pu nommer un liquidateur, celui-ci est désigné par décision de justice à la demande de tout intéressé, dans les conditions déterminées par décret en Conseil d'État.

Voir : art. R. 237-2, p. 1771, R. 237-12 à R. 237-14, p. 1773.

Art. L. 237-20 *(Anc. L. n° 66-537, 24 juill. 1966).* – Si la dissolution de la société est prononcée par décision de justice, cette décision désigne un ou plusieurs liquidateurs.

Voir : art. R. 237-13, p. 1773.

Art. L. 237-21 *(Anc. L. n° 66-537, 24 juill. 1966).* – **La durée du mandat du liquidateur ne peut excéder trois ans. Toutefois, ce mandat peut être renouvelé par les associés ou le président du tribunal de commerce, selon que le liquidateur a été nommé par les associés ou par décision de justice.**

Si l'assemblée des associés n'a pu être valablement réunie, le mandat est renouvelé par décision de justice, à la demande du liquidateur.

En demandant le renouvellement de son mandat, le liquidateur indique les raisons pour lesquelles la liquidation n'a pu être clôturée, les mesures qu'il envisage de prendre et les délais que nécessite l'achèvement de la liquidation.

Voir : art. L. 238-2, p. 574, art. R. 237-15, p. 1773.

Expiration des fonctions de liquidateur. À défaut de durée prévue dans la désignation du liquidateur ou dans les statuts ou, encore, de renouvellement à leur terme par l'associé unique, les fonctions du liquidateur prennent fin à l'expiration du délai de 3 ans prévu par la loi, et la décision de l'associé unique prise après ce terme n'a pas pu avoir pour effet de le renouveler rétroactivement. ▪ Cass. com., 4 oct. 2011, n° 09-16.793 : *JurisData* n° 2011-021267 ; *Bull. Joly Sociétés* 2012, p. 17, note L. Camensuli-Feuillard. Même s'il a été désigné pour toute la durée de la liquidation conformément aux statuts, le liquidateur ne peut poursuivre son mandat au-delà de la durée de trois ans prévue par l'article L. 237-21 du Code de commerce, sauf renouvellement régulier. ▪ Cass. com., 3 mai 2016, n° 14-25.213 : *JurisData* n° 2016-008396 ; *JCP* E 2016, 1386, note B. Dondero ; *Bull. Joly Sociétés* 2016, p. 491, note A. Reygrobellet ; *Dr. sociétés* 2016, comm. 165, note M. Roussille.

Art. L. 237-22 *(Anc. L. n° 66-537, 24 juill. 1966).* – **Le liquidateur est révoqué et remplacé selon les formes prévues pour sa nomination.**

Art. L. 237-23 *(Anc. L. n° 66-537, 24 juill. 1966 ; mod., L. n° 2012-387, 22 mars 2012).* – **Dans les six mois de sa nomination, le liquidateur convoque l'assemblée des associés à laquelle il fait rapport sur la situation active et passive de la société, sur la poursuite des opérations de liquidation et le délai nécessaire pour les terminer. Le délai dans lequel le liquidateur fait son rapport peut être porté à douze mois sur sa demande par décision de justice.**

À défaut, il est procédé à la convocation de l'assemblée soit par l'organe de contrôle, s'il en existe un, soit par un mandataire désigné, par décision de justice, à la demande de tout intéressé. Le juge déchoit le liquidateur qui n'a pas accompli ces diligences de tout ou partie de son droit à rémunération pour l'ensemble de sa mission. Il peut en outre le révoquer.

Si la réunion de l'assemblée est impossible ou si aucune décision n'a pu être prise, le liquidateur demande en justice les autorisations nécessaires pour aboutir à la liquidation.

Voir : art. L. 247-7, p. 599, art. R. 237-15, p. 1773.

Art. L. 237-24 *(Anc. L. n° 66-537, 24 juill. 1966).* – **Le liquidateur représente la société. Il est investi des pouvoirs les plus étendus pour réaliser l'actif, même à l'amiable. Les restrictions à ces pouvoirs, résultant des statuts ou de l'acte de nomination, ne sont pas opposables aux tiers.**

Il est habilité à payer les créanciers et répartir le solde disponible.

Il ne peut continuer les affaires en cours ou en engager de nouvelles pour les besoins de la liquidation que s'il y a été autorisé, soit par les associés, soit par décision de justice s'il a été nommé par la même voie.

Voir : art. R. 237-13 et R. 237-15, p. 1773.

Pouvoirs du liquidateur amiable. Le liquidateur amiable peut, sans autorisation, agir en recouvrement d'une créance de dommages-intérêts au nom de la société. ▪ Cass. com., 8 juin 2010, n° 09-15.550 : *JurisData* n° 2010-008786 ; *Bull. Joly Sociétés* 2010, p. 903, note F.-X. Lucas ; *JCP* E 2010, 1664 note J.-P. Legros ; *Dr. sociétés* 2010, n° 168, comm. J.-P. Legros.

Art. L. 237-25 *(Anc. L. n° 66-537, 24 juill. 1966 ; mod., L. n° 2012-387, 22 mars 2012).* – **Le liquidateur, dans les trois mois de la clôture de chaque exercice, établit les comptes annuels au vu de l'inventaire qu'il a dressé des divers éléments de l'actif et du passif existant à cette date et un rapport écrit par lequel il rend compte des opérations de liquidation au cours de l'exercice écoulé.**

Sauf dispense accordée par décision de justice, le liquidateur convoque selon les modalités prévues par les statuts, au moins une fois par an et dans les six mois de la clôture de l'exercice l'assemblée des associés qui

statue sur les comptes annuels, donne les autorisations nécessaires et éventuellement renouvelle le mandat des contrôleurs, commissaires aux comptes ou membres du conseil de surveillance.

Si l'assemblée n'est pas réunie, le rapport prévu au premier alinéa ci-dessus est déposé au greffe du tribunal de commerce et communiqué à tout intéressé.

À défaut d'accomplir ces diligences, le liquidateur peut être déchu de tout ou partie de son droit à rémunération pour l'ensemble de sa mission par le président du tribunal saisi en application de l'article L. 238-2. Il peut en outre être révoqué selon les mêmes formes.

Voir : art. L. 238-2, p. 574, L. 247-7, p. 599, art. R. 237-15, p. 1773.

Art. L. 237-26 *(Anc. L. n° 66-537, 24 juill. 1966)*. – En période de liquidation, les associés peuvent prendre communication des documents sociaux, dans les mêmes conditions qu'antérieurement.

Voir : art. L. 238-1, p. 574.

Art. L. 237-27 *(Anc. L. n° 66-537, 24 juill. 1966)*. – I. – Les décisions prévues au deuxième alinéa de l'article L. 237-25 sont prises :

1° À la majorité des associés en capital, dans les sociétés en nom collectif, en commandite simple et à responsabilité limitée ;

2° Dans les conditions de quorum et de majorité des assemblées ordinaires, dans les sociétés par actions ;

3° Sauf clause contraire, à l'unanimité des associés, dans les sociétés par actions simplifiée.

II. – Si la majorité requise ne peut être réunie, il est statué, par décision de justice, à la demande du liquidateur ou de tout intéressé.

III. – Lorsque la délibération entraîne modification des statuts, elle est prise dans les conditions prescrites à cet effet, pour chaque forme de société.

IV. – Les associés liquidateurs peuvent prendre part au vote.

Voir : art. R. 237-15, p. 1773.

Art. L. 237-28 *(Anc. L. n° 66-537, 24 juill. 1966)*. – En cas de continuation de l'exploitation sociale, le liquidateur est tenu de convoquer l'assemblée des associés, dans les conditions prévues à l'article L. 237-25. À défaut, tout intéressé peut demander la convocation, soit par les commissaires aux comptes, le conseil de surveillance ou l'organe de contrôle, soit par un mandataire désigné par décision de justice.

Voir : art. R. 237-15, al. 2, p. 1773.

Art. L. 237-29 *(Anc. L. n° 66-537, 24 juill. 1966)*. – Sauf clause contraire des statuts, le partage des capitaux propres subsistant après remboursement du nominal des actions ou des parts sociales est effectué entre les associés dans les mêmes proportions que leur participation au capital social.

Voir : art. L. 247-7, p. 599, R. 237-16 à R. 237-18, p. 1773.

Art. L. 237-30 *(Anc. L. n° 66-537, 24 juill. 1966 ; mod., L. n° 2012-387, 22 mars 2012)*. – Le remboursement des actions à dividende prioritaire sans droit de vote doit s'effectuer avant celui des actions ordinaires.

Il en est de même pour le dividende prioritaire qui n'a pas été intégralement versé.

Peut être annulé le remboursement intégral ou partiel des actions ordinaires avant le remboursement intégral des actions à dividende prioritaire sans droit de vote.

Les actions à *dividende* prioritaire sans droit de vote ont, proportionnellement à leur montant nominal, les mêmes droits que les autres *actions sur le boni* de liquidation.

Toute clause contraire aux dispositions du présent article est réputée non *écrite*.

Voir : art. L. 228-35-2 et s., p. 477.

Art. L. 237-31 *(Anc. L. n° 66-537, 24 juill. 1966)*. – Sous réserve des droits des créanciers, le liquidateur décide s'il convient de distribuer les fonds devenus disponibles en cours de liquidation.

Après mise en demeure infructueuse du liquidateur, tout intéressé peut demander en justice qu'il soit statué sur l'opportunité d'une répartition en cours de liquidation.

La décision de répartition des fonds est publiée selon les modalités fixées par décret en Conseil d'État.

Voir : la décision de justice évoquée à l'alinéa 2 de cet article est de la compétence du président du tribunal de commerce statuant en référé (art. R. 237-15 et R. 237-16, p. 1773).

CHAPITRE VIII. – DES INJONCTIONS DE FAIRE

(L. n° 2001-420, 15 mai 2001)

Bibliographie : S. Zeidenberg, *Le renouveau des injonctions de faire : Dr. et patrimoine* nov. 2001, p. 74. • M. Avazant, *La sanction civile en droit des sociétés ou l'apport du droit commun au droit spécial : Rev. sociétés* 2003, p. 442. • E. Jeuland et F. Manin, *Les incertitudes du référé injonction de faire en droit des sociétés : Rev. sociétés* 2004, p. 1. • P. Le Cannu, *L'ordonnance n° 2004-604 du 24 juin 2004 et les sanctions civiles : RTD com.* 2004, p. 764. • N. Stolowy, *De nouvelles injonctions en matière de publication des comptes par les sociétés : Dr. sociétés* avr. 2006, p. 9 ; *JCP E* 2006, 1462. • J.-P. Legros, *Les référés injonctions de faire relatifs aux augmentations de capital après la loi du 22 mars 2012 : Dr. sociétés* 2013, n° 1.

Art. L. 238-1 *(L. n° 2001-420, 15 mai 2001 ; mod., Ord. n° 2004-274, 25 mars 2004 ; Ord. n° 2004-604, 24 juin 2004)*. – **Lorsque les personnes intéressées ne peuvent obtenir la production, la communication ou la transmission des documents visés aux articles L. 221-7, L. 223-26, L. 225-115, L. 225-116, L. 225-117, L. 225-118, L. 225-129, L. 225-129-5, L. 225-129-6, L. 225-135, L. 225-136, L. 225-138, L. 225-177, L. 225-184, L. 228-69, L. 237-3 et L. 237-26, elles peuvent demander au président du tribunal statuant en référé soit d'enjoindre sous astreinte au liquidateur ou aux administrateurs, gérants, et dirigeants de les communiquer, soit de désigner un mandataire chargé de procéder à cette communication.**

La même action est ouverte à toute personne intéressée ne pouvant obtenir du liquidateur, des administrateurs, gérants ou dirigeants communication d'une formule de procuration conforme aux prescriptions fixées par décret en Conseil d'État ou des renseignements exigés par ce décret en vue de la tenue des assemblées.

Lorsqu'il est fait droit à la demande, l'astreinte et les frais de procédure sont à la charge des administrateurs, des gérants, des dirigeants ou du liquidateur mis en cause.

Procédure. La procédure d'injonction de faire organisée par le texte doit être dirigée comme les dirigeants, pris en leur nom personnel, auxquels incombent la communication des documents, et non contre la société qu'ils représentent ■ Cass. com., 1er juill. 2008, n° 07-20.643 (PB).

Art. L. 238-2 *(L. n° 2003-706, 1er août 2003 ; mod., L. n° 2012-387, 22 mars 2012)*. – **Tout intéressé peut demander au président du tribunal statuant en référé d'enjoindre sous astreinte au liquidateur de remplir les obligations prévues aux articles L. 237-21, L. 237-23 et L. 237-25.**

Art. L. 238-3 *(L. n° 2003-721, 1er août 2003 ; mod., L. n° 2005-842, 26 juill. 2005 ; rempl., L. n° 2012-387, 22 mars 2012)*. – **Le ministère public ainsi que toute personne intéressée peuvent demander au président du tribunal compétent statuant en référé d'enjoindre, le cas échéant sous astreinte, au représentant légal d'une société à responsabilité limitée, d'une société anonyme, d'une société anonyme à participation ouvrière, d'une société par actions simplifiée, d'une société européenne ou d'une société en commandite par actions de porter sur tous les actes et documents émanant de la société :**

1° La dénomination sociale, précédée ou suivie immédiatement et lisiblement des mentions ou initiales suivantes, selon les cas : « société à responsabilité limitée » ou « SARL », « société anonyme » ou « SA », « société anonyme à participation ouvrière » ou « SAPO », « société par actions simplifiée » ou « SAS », « société européenne » ou « SE » ou « société en commandite par actions » ;

2° L'indication du capital social, sauf s'il s'agit d'une société à capital variable au sens de l'article L. 231-1. Dans ce dernier cas, le ministère public ou toute personne intéressée peut demander au président du tribunal de commerce statuant en référé d'enjoindre, le cas échéant sous astreinte, au représentant légal d'une société à capital variable de porter sur tous les actes et documents émanant de la société la dénomination sociale, précédée ou suivie immédiatement et lisiblement des mots : « à capital variable ».

Le ministère public ou toute personne intéressée peut demander au président du tribunal compétent statuant en référé d'enjoindre, le cas échéant sous astreinte, au représentant légal d'un groupement d'intérêt économique de porter sur tous les actes et documents émanant de ce groupement la dénomination de celui-ci, suivie *immédiatement et lisiblement de la mention* ou des initiales : « groupement d'intérêt économique » ou « GIE ».

Art. L. 238-3-1 *(L. n° 2005-842, 26 juill. 2005)*. – **Tout intéressé peut demander au président du tribunal statuant en référé d'enjoindre sous astreinte aux sociétés utilisant le sigle « SE » dans leur dénomination sociale en méconnaissance des dispositions de l'article 11 du règlement (CE) n° 2157/2001 du Conseil, du 8 octobre 2001, relatif au statut de la société européenne (SE), de modifier cette dénomination sociale.**

Art. L. 238-4 *(Ord. n° 2004-274, 25 mars 2004)*. – Tout intéressé peut demander au président du tribunal statuant en référé d'enjoindre sous astreinte au président des organes de direction et d'administration de transcrire les procès-verbaux de ces réunions sur un registre spécial tenu au siège social.

Art. L. 238-5 *(Ord. n° 2004-274, 25 mars 2004)*. – Tout intéressé peut demander au président du tribunal statuant en référé d'enjoindre sous astreinte au président de l'assemblée générale des actionnaires ou des obligataires de transcrire les procès-verbaux de ces assemblées sur un registre spécial tenu au siège social.

Art. L. 238-6 *(Ord. n° 2004-604, 24 juin 2004 ; mod., L. n° 2019-744, 19 juill. 2019)*. – Si l'assemblée spéciale des actionnaires à dividende prioritaire n'est pas consultée dans les conditions prévues aux articles L. 228-35-6, L. 228-35-7 et L. 228-35-10, le président du tribunal statuant en référé peut, à la demande de tout actionnaire, enjoindre sous astreinte aux gérants ou au président du conseil d'administration ou du directoire de convoquer cette assemblée ou désigner un mandataire chargé de procéder à cette convocation.

La même action est ouverte à tout actionnaire ou tout titulaire de valeurs mobilières donnant accès au capital lorsque l'assemblée générale ou spéciale à laquelle il appartient n'est pas consultée dans les conditions prévues à l'article L. 225-99 et aux articles L. 228-16 ou L. 228-103.

CHAPITRE IX. – DE LA LOCATION D'ACTIONS ET DE PARTS SOCIALES

(L. n° 2005-882, 2 août 2005)

Bibliographie : B. Pichard, *La location d'actions, outil de stabilisation de l'actionnariat : Dr. sociétés* janv. 2006, p. 17 ; *JCP* E 2005, 1705. • C. Ferry, *La mise en place d'un crédit-bail de titres de sociétés : JCP* E 2007, 1709.

Art. L. 239-1 *(L. n° 2002-73, 17 janv. 2002 et rect. JO 13 févr. 2002 ; suspendu, L. n° 2003-6, 3 janv. 2003 ; abr., L. n° 2005-32, 18 janv. 2005 ; rétabli dans la version suivante, L. n° 2005-882, 2 août 2005 ; mod., Ord. n° 2011-915, 1er août 2011 ; L. n° 2014-1545, 20 déc. 2014)*. – Les statuts peuvent prévoir que les actions des sociétés par actions ou les parts sociales des sociétés à responsabilité limitée soumises à l'impôt sur les sociétés de plein droit ou sur option peuvent être données à bail, au sens des dispositions de l'article 1709 du Code civil, au profit d'une personne physique.

La location d'actions ne peut porter que sur des titres nominatifs non négociables sur un marché réglementé, non inscrits aux opérations d'un dépositaire central et non soumis à l'obligation de conservation prévue à l'article L. 225-197-1 du présent code ou aux délais d'indisponibilité prévus aux chapitres II et III du titre IV du livre IV du Code du travail.

La location d'actions ou de parts sociales ne peut pas porter sur des titres :

1° Détenus par des personnes physiques dans le cadre de la gestion de leur patrimoine privé lorsque les produits et plus-values bénéficient d'un régime d'exonération en matière d'impôt sur le revenu ;

2° Inscrits à l'actif d'une société de capital-risque mentionnée à l'article 1er-1 de la loi n° 85-695 du 11 juillet 1985 portant diverses dispositions d'ordre économique et financier ou d'une société unipersonnelle d'investissement à risque mentionnée à l'article 208 D du Code général des impôts ;

3° Détenus par un fonds commun de placement à risques, un fonds commun de placement dans l'innovation ou un fonds d'investissement de proximité respectivement mentionnés aux articles L. 214-28, L. 214-30 et L. 214-31 du Code monétaire et financier.

À peine de nullité, les actions ou parts louées ne peuvent faire l'objet d'une sous-location ou d'un prêt de titres au sens des articles L. 211-22 à L. 211-26 du même code.

Les actions des sociétés par actions ou les parts sociales des sociétés à responsabilité limitée, lorsque les unes ou les autres de ces sociétés sont constituées pour l'exercice des professions visées à l'article 1er de la loi n° 90-1258 du 31 décembre 1990 relative à l'exercice sous forme de sociétés des professions libérales soumises à un statut législatif ou réglementaire ou dont le titre est protégé et aux sociétés de participations financières de professions libérales, ne peuvent pas faire l'objet du contrat de bail prévu au présent article, sauf au profit de professionnels salariés ou collaborateurs libéraux exerçant en leur sein et, à l'exception des sociétés intervenant dans le domaine de la santé ou exerçant les fonctions d'officier public ou ministériel, de professionnels exerçant la profession constituant l'objet social de ces sociétés.

Lorsque la société fait l'objet d'une procédure de sauvegarde ou de redressement judiciaire en application du titre III du livre VI du présent code, la location de ses actions ou parts sociales ne peut intervenir que dans les conditions fixées par le tribunal ayant ouvert cette procédure.

Art. L. 239-2 *(L. n° 2005-882, 2 août 2005)*. – Le contrat de bail est constaté par acte authentique ou sous seing privé soumis à la procédure de l'enregistrement. Il comporte, à peine de nullité, des mentions dont la liste est fixée par décret en Conseil d'État.

Il est rendu opposable à la société dans les formes prévues à l'article 1690 du Code civil.

La délivrance des actions ou parts est réalisée à la date à laquelle est inscrite, dans le registre des titres nominatifs de la société par actions ou dans les statuts de la société à responsabilité limitée, à côté du nom de l'actionnaire ou de l'associé, la mention du bail et du nom du locataire. À compter de cette date, la société doit adresser au locataire les informations dues aux actionnaires ou associés et prévoir sa participation et son vote aux assemblées conformément aux dispositions du deuxième alinéa de l'article L. 239-3.

Les actions ou parts louées font l'objet d'une évaluation en début et en fin de contrat, ainsi qu'à la fin de chaque exercice comptable lorsque le bailleur est une personne morale. Cette évaluation est effectuée sur la base de critères tirés des comptes sociaux. Elle est certifiée par un commissaire aux comptes.

Voir : art. R. 239-1, p. 1773.

Art. L. 239-3 *(L. n° 2005-882, 2 août 2005)*. – Les dispositions légales ou statutaires prévoyant l'agrément du cessionnaire de parts ou d'actions sont applicables dans les mêmes conditions au locataire.

Le droit de vote attaché à l'action ou à la part sociale louée appartient au bailleur dans les assemblées statuant sur les modifications statutaires ou le changement de nationalité de la société et au locataire dans les autres assemblées. Pour l'exercice des autres droits attachés aux actions et parts sociales louées, le bailleur est considéré comme le nu-propriétaire et le locataire comme l'usufruitier.

Pour l'application des dispositions du livre IV du présent code, le bailleur et le locataire sont considérés comme détenteurs d'actions ou de parts sociales.

Art. L. 239-4 *(L. n° 2005-882, 2 août 2005)*. – Le bail est renouvelé dans les mêmes conditions que la conclusion du bail initial.

En cas de non-renouvellement du contrat de bail ou de résiliation, la partie la plus diligente fait procéder à la radiation de la mention portée dans le registre des titres nominatifs de la société par actions ou dans les statuts de la société à responsabilité limitée.

Art. L. 239-5 *(L. n° 2005-882, 2 août 2005)*. – Tout intéressé peut demander au président du tribunal statuant en référé d'enjoindre sous astreinte au représentant légal de la société par actions ou de la société à responsabilité limitée, en cas de signification ou d'arrivée à terme d'un contrat de bail portant sur des actions ou des parts sociales de la société, de modifier le registre des titres nominatifs ou les statuts et de convoquer l'assemblée des associés à cette fin.

CHAPITRE X. – DE L'INFORMATION DES SALARIÉS EN CAS DE VENTE DE LEUR SOCIÉTÉ

(L. n° 2014-856, 31 juill. 2014 ; intitulé mod., L. n° 2015-990, 6 août 2015)

Bibliographie : B. Dondero, *L'information des salariés sur la cession d'entreprise issue de la loi ESS* : *Bull. Joly Sociétés* 2014, p. 408. • D. Poracchia, P. Portier et N. Goetz, *Loi ESS et l'option d'achat de leur entreprise par les salariés : un choc de complexité* : *Bull. Joly Sociétés* 2014, p. 454 ; *Loi ESS et l'option d'achat de leur entreprise par les salariés : de nouvelles précisions qui laissent entier le choc de complexification* : *Bull. Joly Sociétés* 2014, p. 728. • A. Couret et V. Delage, *L'obligation pour le cédant d'informer les salariés de sa volonté de céder le contrôle de l'entreprise* : *JCP* E 2014, 1434. • S. De Vendeuil, *L'obligation d'information des salariés en cas de vente de leur société* : *JCP* E 2017, 1325.

Section 1. – De l'instauration d'un délai permettant aux salariés de présenter une offre en cas de vente des parts sociales, actions ou valeurs mobilières donnant accès à la majorité du capital dans les sociétés qui ne sont pas soumises à l'obligation de mettre en place un comité d'entreprise

(Intitulé mod., L. n° 2015-990, 6 août 2015)

Art. L. 23-10-1 *(L. n° 2014-856, 31 juill. 2014 ; mod., Cons. const. n° 2015-476 QPC, 17 juill. 2015 : JO 19 juill. 2015 ; JurisData n° 2015-017174 ; L. n° 2015-990, 6 août 2015)*. – Dans les sociétés qui n'ont pas l'obligation de mettre en place un comité d'entreprise en application de l'article L. 2322-1 du Code du travail, lorsque le propriétaire d'une participation représentant plus de 50 % des parts sociales d'une société à responsabilité limitée ou d'actions ou valeurs mobilières donnant accès à la majorité du capital d'une société par actions veut les vendre, les salariés en sont informés, et ce au plus tard deux mois avant la vente, afin de permettre à un ou plusieurs salariés de présenter une offre d'achat de cette participation.

Lorsque le propriétaire n'est pas le chef d'entreprise, la notification est faite à ce dernier et le délai court à compter de cette notification. Le chef d'entreprise notifie sans délai aux salariés cette information, en leur indiquant qu'ils peuvent lui présenter une offre d'achat.

Le chef d'entreprise notifie sans délai au propriétaire toute offre d'achat présentée par un salarié.

Lorsque la participation est détenue par le chef d'entreprise, celui-ci notifie sa volonté de vendre directement aux salariés en les informant qu'ils peuvent lui présenter une offre d'achat, et le délai court à compter de la date de cette notification.

La vente peut intervenir avant l'expiration du délai de deux mois dès lors que chaque salarié a fait connaître sa décision de ne pas présenter d'offre.

Lorsqu'une action en responsabilité est engagée, la juridiction saisie peut, à la demande du ministère public, prononcer une amende civile dont le montant ne peut excéder 2 % du montant de la vente.

Voir : art. D. 23-10-1, p. 1774.

Art. L. 23-10-2 *(L. n° 2014-856, 31 juill. 2014)*. – À leur demande, les salariés peuvent se faire assister par un représentant de la chambre de commerce et de l'industrie régionale, de la chambre régionale d'agriculture, de la chambre régionale de métiers et de l'artisanat territorialement compétentes en lien avec les chambres régionales de l'économie sociale et solidaire et par toute personne désignée par les salariés, dans des conditions définies par décret.

Voir : art. D. 23-10-3, p. 1774.

Art. L. 23-10-3 *(L. n° 2014-856, 31 juill. 2014)*. – L'information des salariés peut être effectuée par tout moyen, précisé par voie réglementaire, de nature à rendre certaine la date de sa réception par ces derniers.

(L. n° 2015-990, 6 août 2015) Lorsque l'information est faite par lettre recommandée avec demande d'avis de réception, la date de réception de l'information est la date de la première présentation de la lettre.

Les salariés sont tenus à une obligation de discrétion s'agissant des informations reçues en application de la présente section, dans les mêmes conditions que celles prévues pour les membres des comités d'entreprise à l'article L. 2325-5 du Code du travail, sauf à l'égard des personnes dont le concours est nécessaire pour leur permettre de présenter *(Mots suppr., L. n° 2015-990, 6 août 2015)* « ... » une offre d'achat.

Voir : art. D. 23-10-2, p. 1774.

Art. L. 23-10-4 *(L. n° 2014-856, 31 juill. 2014 ; mod., L. n° 2015-990, 6 août 2015)*. – Les articles L. 23-10-1 à L. 23-10-3 sont applicables à la vente d'une participation dans une société soumise à une réglementation particulière prescrivant que tout ou partie de son capital soit détenu par un ou plusieurs associés ou actionnaires répondant à certaines conditions en termes notamment de qualification professionnelle, sous réserve :

1° Soit qu'un au moins des salariés pouvant présenter l'offre d'achat remplisse les conditions requises ;

2° Soit que la vente ne porte pas sur la partie du capital soumise à la réglementation et détenue par l'associé ou l'actionnaire répondant aux conditions requises.

Art. L. 23-10-5 *(L. n° 2014-856, 31 juill. 2014 ; mod., L. n° 2015-990, 6 août 2015)*. – La vente intervient dans un délai maximal de deux ans après l'expiration du délai prévu à l'article L. 23-10-1. Au-delà de ce délai, toute « vente » est soumise aux articles L. 23-10-1 à L. 23-10-3.

Art. L. 23-10-6 *(L. n° 2014-856, 31 juill. 2014 ; mod., L. n° 2015-990, 6 août 2015)*. – La présente section n'est pas applicable :

1° En cas de vente de la participation à un conjoint, à un ascendant ou à un descendant ;

2° Aux sociétés faisant l'objet d'une procédure de conciliation, de sauvegarde, de redressement ou de liquidation judiciaires régie par le livre VI ;

3° Si, au cours des douze mois qui précèdent la vente, celle-ci a déjà fait l'objet d'une information en application de l'article 18 de la loi n° 2014-856 du 31 juillet 2014 relative à l'économie sociale et solidaire.

Section 2. – De l'information des salariés leur permettant de présenter une offre en cas de vente des parts sociales ou actions ou valeurs mobilières donnant accès à la majorité du capital, dans les sociétés soumises à l'obligation de mettre en place un comité d'entreprise

(Intitulé mod., L. n° 2015-990, 6 août 2015)

Art. L. 23-10-7 *(L. n° 2014-856, 31 juill. 2014 ; mod., Cons. const. n° 2015-476 QPC, 17 juill. 2015 : JO 19 juill. 2015 ; JurisData n° 2015-017174 ; L. n° 2015-990, 6 août 2015)*. – Dans les sociétés soumises à l'obligation de mettre en place un comité d'entreprise en application de l'article L. 2322-1 du Code du travail et se trouvant, à la clôture du dernier exercice, dans la catégorie des petites et moyennes entreprises au sens de l'article 51 de la loi n° 2008-776 du 4 août 2008 de modernisation de l'économie, lorsqu'il veut vendre une participation représentant plus de 50 % des parts sociales d'une société à responsabilité limitée ou des actions ou valeurs mobilières donnant accès à la majorité du capital d'une société par actions, le propriétaire de la participation notifie sa volonté de vendre à la société.

(Al. mod., L. n° 2015-994, 17 août 2015) Au plus tard en même temps qu'il procède, en application de l'article L. 2323-33 du Code du travail, à l'information et à la consultation du comité d'entreprise, le chef d'entreprise porte à la connaissance des salariés la notification prévue au premier alinéa du présent article et leur indique qu'ils peuvent lui présenter une offre d'achat.

Le chef d'entreprise notifie sans délai au propriétaire toute offre d'achat présentée par un salarié.

Lorsque la participation est détenue par le chef d'entreprise, celui-ci notifie sa volonté de vendre directement aux salariés, en les informant qu'ils peuvent lui présenter une offre d'achat.

Lorsqu'une action en responsabilité est engagée, la juridiction saisie peut, à la demande du ministère public, prononcer une amende civile dont le montant ne peut excéder 2 % du montant de la vente.

En cas d'absences concomitantes du comité d'entreprise et de délégué du personnel, constatées conformément aux articles L. 2324-8 et L. 2314-5 du Code du travail, la vente est soumise aux articles L. 23-10-1 à L. 23-10-6 du présent code.

Art. L. 23-10-8. – À leur demande, les salariés peuvent se faire assister par un représentant de la chambre de commerce et de l'industrie régionale, de la chambre régionale d'agriculture, de la chambre régionale de métiers et de l'artisanat territorialement compétentes en lien avec les chambres régionales de l'économie sociale et solidaire et par toute personne désignée par les salariés, dans des conditions définies par décret.

Voir : art. D. 23-10-3, p. 1774.

Art. L. 23-10-9 *(L. n° 2014-856, 31 juill. 2014)*. – L'information des salariés peut être effectuée par tout moyen, précisé par voie réglementaire, de nature à rendre certaine la date de sa réception par ces derniers.

(L. n° 2015-990, 6 août 2015) Lorsque l'information est faite par lettre recommandée avec demande d'avis de réception, la date de réception de l'information est la date de la première présentation de la lettre.

Les salariés sont tenus à une obligation de discrétion s'agissant des informations reçues en application de la présente section, dans les mêmes conditions que celles prévues pour les membres des comités d'entreprise à l'article L. 2325-5 du Code du travail, sauf à l'égard des personnes dont le concours est nécessaire pour leur permettre de présenter *(Mots suppr., L. n° 2015-990, 6 août 2015)* « ... » une offre d'achat.

Voir : art. D. 23-10-2, p. 1774.

Art. L. 23-10-10 *(L. n° 2014-856, 31 juill. 2014 ; mod., L. n° 2015-990, 6 août 2015)*. – Les articles L. 23-10-7 à L. 23-10-9 sont applicables à la vente d'une participation dans une société soumise à une réglementation particulière prescrivant que tout ou partie de son capital soit détenu par un ou plusieurs associés ou actionnaires répondant à certaines conditions en termes notamment de qualification professionnelle, sous réserve :

1° Soit qu'un au moins des salariés pouvant présenter l'offre d'achat remplisse les conditions requises ;

2° Soit que la « vente » ne porte pas sur la partie du capital soumise à la réglementation et détenue par l'associé ou l'actionnaire répondant aux conditions requises.

Art. L. 23-10-11 *(L. n° 2014-856, 31 juill. 2014 ; mod., L. n° 2015-990, 6 août 2015 ; L. n° 2015-994, 17 août 2015).* – La vente est de nouveau soumise aux articles L. 23-10-7 à L. 23-10-9 lorsqu'elle intervient plus de deux ans après la date à laquelle tous les salariés ont été informés de la vente.

Si pendant cette période de deux ans le comité d'entreprise est consulté, en application de l'article L. 2323-33 du Code du travail, sur un projet de vente des éléments faisant l'objet de la notification prévue à l'article L. 23-10-7, le cours de ce délai de deux ans est suspendu entre la date de saisine du comité et la date où il rend son avis et, à défaut, jusqu'à la date où expire le délai imparti pour rendre cet avis.

Art. L. 23-10-12 *(L. n° 2014-856, 31 juill. 2014 ; mod., L. n° 2015-990, 6 août 2015).* – La présente section n'est pas applicable :

1° En cas de vente de la participation à un conjoint, à un ascendant ou à un descendant ;

2° Aux sociétés faisant l'objet d'une procédure de conciliation, de sauvegarde, de redressement ou de liquidation judiciaires régie par le livre VI ;

3° Si, au cours des douze mois qui précèdent la vente, celle-ci a déjà fait l'objet d'une information en application de l'article 18 de la loi n° 2014-856 du 31 juillet 2014 relative à l'économie sociale et solidaire.

CHAPITRE XI. – DU PARTAGE DES PLUS-VALUES DE CESSION DE TITRES AVEC LES SALARIÉS DE SOCIÉTÉ

(Chapitre créé, L. n° 2019-486, 22 mai 2019)

Art. L. 23-11-1 *(Créé, L. n° 2019-486, 22 mai 2019).* – Tout détenteur de titres d'une société peut prendre, vis-à-vis de l'ensemble des salariés de celle-ci, l'engagement de partager avec eux une partie de la plus-value de cession ou de rachat de ses titres au jour où il en cédera ou rachètera tout ou partie.

L'engagement de partage des plus-values peut également être pris par une pluralité de détenteurs de titres, ceux-ci étant soit parties à un même contrat de partage des plus-values, soit parties à des contrats de partage des plus-values distincts.

L'engagement de partage des plus-values ne crée pas de solidarité entre un détenteur de titres signataire d'un contrat de partage et la société. Il ne crée pas non plus d'obligations pour les détenteurs de titres, directs ou indirects, qui ne sont pas parties à un tel engagement.

L'engagement de partage ne peut porter que sur des plus-values de cession de titres de sociétés mentionnées à la première phrase du *b* du 2° du I de l'article 150-0 B *ter* du Code général des impôts.

Lorsque la société concernée contrôle, au sens de l'article L. 233-3 du présent code, directement ou indirectement une ou plusieurs sociétés mentionnées à l'avant-dernier alinéa du présent article, l'engagement mentionné au premier alinéa est pris vis-à-vis de l'ensemble de leurs salariés. Il en est de même lorsque la société concernée est contrôlée, au sens de l'article L. 233-3, directement ou indirectement, par une ou plusieurs sociétés mentionnées à l'avant-dernier alinéa du présent article.

Art. L. 23-11-2 *(Créé, L. n° 2019-486, 22 mai 2019).* – L'engagement de partage défini à l'article L. 23-11-1 est constaté dans un contrat conclu entre tout détenteur de titres et la société concernée qui s'engage à transférer aux salariés concernés le montant résultant de l'engagement de partage, dont elle déduira les charges fiscales et sociales que ce transfert engendre.

La signature du contrat de partage des plus-values est soumise à la condition de l'existence préalable, dans chaque entreprise mentionnée à l'article L. 23-11-1, d'un plan d'épargne entreprise défini aux articles L. 3332-1 et suivants du Code du travail.

Le contrat de partage des plus-values a pour objet de définir les conditions et modalités de la répartition entre les salariés des sommes résultant de l'engagement. Il définit notamment :

1° La période pour laquelle il est conclu, d'une durée minimale de cinq ans ;

2° Son champ d'application, sous réserve de l'article L. 23-11-3 du présent code ;

3° Les modalités de calcul des sommes versées aux salariés, qui tiennent compte de l'évolution de la valeur des titres cédés entre le jour de leur acquisition et celui de leur cession et qui ne peuvent excéder 10 % du montant de la plus-value mentionnée au premier alinéa de l'article L. 23-11-1 du présent code, déterminée dans les conditions prévues au premier alinéa du 1 de l'article 150-0 D du Code général des impôts, ce montant incluant, le cas échéant, le montant des compléments de prix afférents à cette même cession ;

4° Les conditions d'information des salariés ;

5° Les procédures convenues pour régler les différends qui peuvent surgir dans l'application de l'accord ;

6° La durée minimale entre la date de la conclusion du contrat de partage et la date de la cession des titres, qui ne peut être inférieure à trois ans.

Art. L. 23-11-3 *(Créé, L. n° 2019-486, 22 mai 2019).* – Le contrat de partage mentionné à l'article L. 23-11-2 rend bénéficiaires l'ensemble des salariés présents dans la ou les sociétés mentionnées à l'article L. 23-11-1 pendant tout ou partie de la période comprise entre la date de sa signature et la date de la cession des titres de la société concernée et qui sont adhérents au plan d'épargne d'entreprise au jour de cette cession.

Sont assimilées à des périodes de présence :

1° Les périodes de congé de maternité prévu à l'article L. 1225-17 du Code du travail et de congé d'adoption prévu à l'article L. 1225-37 du même code ;

2° Les périodes de suspension du contrat de travail consécutives à un accident du travail ou à une maladie professionnelle en application de l'article L. 1226-7 dudit code.

Les sommes sont réparties entre les salariés bénéficiaires conformément au 2° de l'article L. 3332-11 du même code de manière uniforme, proportionnelle à la durée de présence dans l'entreprise au cours de la période écoulée entre la signature du contrat et la cession des titres ou proportionnelle aux salaires.

Les sommes réparties ne peuvent excéder 30 % du montant annuel du plafond mentionné à l'article L. 241-3 du Code de la sécurité sociale.

Le bénéfice du contrat de partage des plus-values est subordonné à une condition d'ancienneté dans la société pendant la période couverte par l'accord de partage des plus-values qui ne peut être ni inférieure à celle prévue à l'article L. 3342-1 du Code du travail ni supérieure à deux ans.

Art. L. 23-11-4 *(Créé, L. n° 2019-486, 22 mai 2019).* – Après la cession, le montant en résultant est versé, dans un délai d'un mois à compter de la date de la cession ou, le cas échéant, à compter de la date de perception d'un complément de prix afférent à cette cession, par le ou les détenteurs de titres cédants à la société dont les titres ont été cédés. Ce montant est insaisissable et incessible.

La société ayant reçu les sommes conformément au premier alinéa du présent article les répartit entre les salariés concernés conformément au contrat et les verse sur le plan d'épargne entreprise des bénéficiaires dans les conditions prévues à l'article L. 3332-11 du Code du travail. Elle prélève sur ce montant les sommes nécessaires à l'acquittement des charges fiscales et sociales induites.

Conformément au deuxième alinéa du présent article, la répartition et l'attribution aux bénéficiaires doivent avoir lieu dans les quatre-vingt-dix jours de la réception du versement. Le cas échéant, le dépassement de ce délai est sanctionné par la majoration des versements dus à chaque bénéficiaire au taux d'intérêt légal à compter de la date de ce dépassement ; cette majoration reste à la charge de la société.

TITRE IV. – DISPOSITIONS PÉNALES

Bibliographie : A. Vitu, *Regards sur le droit pénal des sociétés : Études R. Roblot*, LGDJ, 1984, p. 247. • B. Bouloc, *Faut-il réformer le droit pénal des sociétés ? : Rev. sociétés* 2000, p. 130 ; *Brèves remarques sur les aspects de droit pénal de la loi NRE : Rev. sociétés* 2001, p. 645. • Y. Paclot, *De l'illégalité des dispositions pénales de l'ordonnance du 18* septembre 2002 *relative à la partie législative du Code de commerce : JCP* E 2002, n° 1379, p. 1514. • M. Haschke-Dournaux, *Les voies de la réforme du droit pénal des sociétés : Bull. Joly Sociétés* 2003, p. 377. • C. Mascala, *Le dérapage de l'interprétation jurisprudentielle en droit pénal des affaires : D.* 2004, p. 3050. • J.-H. Robert, *Nouvelles dépénalisations éparses du droit des sociétés [Ord. n° 2004-274, 25 mars 2004] : JCP* E 2004, 94 ; *Tableau récapitulatif des dépénalisations opérées depuis 2003 dans le droit des sociétés par actions : Dr. sociétés* mars 2005, n° 3. • J.-C. Saint-Pau, *L'insécurité juridique de la détermination du responsable en droit pénal des affaires : Gaz. Pal.* 10 févr. 2005, p. 7. • H. Matsopoulou, *Un premier regard* *sur la dépénalisation de la vie des affaires : D.* 2008, p. 864. • G. Notté, *La dépénalisation de la vie des affaires (rapport Coulon) : JCP* E 2008, act. 149. • E. Le Moulec, *Les implications de la réécriture des articles 1833 et 1835 du Code civil par la loi PACTE sur l'abus de biens sociaux : RTD com.* 2020, p. 1.

CHAPITRE I. – DES INFRACTIONS CONCERNANT LES SOCIÉTÉS À RESPONSABILITÉ LIMITÉE

Art. L. 241-1 *(Abr., L. n° 2012-387, 22 mars 2012).*

Art. L. 241-2 *(Anc. L. n° 66-537, 24 juill. 1966 ; mod., Ord. n° 2004-274, 25 mars 2004 ; Ord. n° 2019-1067, 21 oct. 2019).* – Est puni de 150 000 € d'amende le fait, pour les fondateurs, le président, les administrateurs ou les directeurs généraux d'une société anonyme, d'émettre ou négocier des actions ou des coupures d'actions sans que les actions de numéraire aient été libérées à la souscription de la moitié au moins ou sans que les actions d'apport aient été intégralement libérées avant l'immatriculation de la société au registre du commerce et des sociétés.

La peine prévue au présent article peut être portée au double lorsque les actions ou coupures d'actions ont fait l'objet d'une offre au public, à l'exception des offres mentionnées au 1° ou au 2° de l'article L. 411-2 du Code monétaire et financier ou à l'article L. 411-2-1 du même code.

Voir : art. L. 223-11, p. 304 ; art. L. 241-9, p. 582.

Art. L. 241-3 *(Anc. L. n° 66-537, 24 juill. 1966 ; mod., L. n° 2013-907, 11 oct. 2013 ; L. n° 2013-1117, 6 déc. 2013).* – Est puni d'un emprisonnement de cinq ans et d'une amende de 375 000 € :

1° Le fait, pour toute personne, de faire attribuer frauduleusement à un apport en nature une évaluation supérieure à sa valeur réelle ;

2° Le fait, pour les gérants, d'opérer entre les associés la répartition de dividendes fictifs, en l'absence d'inventaire ou au moyen d'inventaires frauduleux ;

3° Le fait, pour les gérants, même en l'absence de toute distribution de dividendes, de présenter aux associés des comptes annuels ne donnant pas, pour chaque exercice, une image fidèle du résultat des opérations de l'exercice, de la situation financière et du patrimoine à l'expiration de cette période en vue de dissimuler la véritable situation de la société ;

4° Le fait, pour les gérants de faire, de mauvaise foi, des biens ou du crédit de la société, un usage qu'ils savent contraire à l'intérêt de celle-ci, à des fins personnelles ou pour favoriser une autre société ou entreprise dans laquelle ils sont intéressés directement ou indirectement ;

5° Le fait, pour les gérants, de faire, de mauvaise foi, des pouvoirs dont ils disposent, en cette qualité, un usage qu'ils savent contraire aux intérêts de la société, à des fins personnelles ou pour favoriser une autre société ou entreprise dans laquelle ils sont intéressés directement ou indirectement.

Outre les peines complémentaires prévues à l'article L. 249-1, le tribunal peut également prononcer à titre de peine complémentaire, dans les cas prévus au présent article, l'interdiction des droits civiques, civils et de famille prévue à l'article 131-26 du Code pénal.

L'infraction définie au 4° est punie de sept ans d'emprisonnement et de 500 000 € d'amende lorsqu'elle a été réalisée ou facilitée au moyen soit de comptes ouverts ou de contrats souscrits auprès d'organismes établis à l'étranger, soit de l'interposition de personnes physiques ou morales ou de tout organisme, fiducie ou institution comparable établis à l'étranger.

Voir : sous art. L. 223-9, p. 303, L. 223-22, p. 315, L. 223-26, p. 321, L. 241-9, p. 582 et L. 242-6, p. 583.
V. jurispr. ss art. L. 242-6, p. 583.

Art. L. 241-4 *(Anc. L. n° 66-537, 24 juill. 1966 ; mod., L. n° 2001-420, 15 mai 2001).* – Est puni d'une amende de 9 000 € :

1° Le fait, pour les gérants, de ne pas, pour chaque exercice, dresser l'inventaire, établir les comptes annuels et un rapport de gestion ;

2° et 3° *(Abr.).*

Voir : sous art. L. 223-26, p. 321, L. 241-9, p. 582 et L. 242-6, p. 583.

L'omission d'établissement des comptes sociaux et le défaut de présentation de ces derniers à l'assemblée générale sont des délits contraventionnels et ne peuvent donc être sanctionnés par une peine d'emprisonnement. ▪ Cass. crim., 23 mai 2013, n° 12-84.520 : *JurisData* n° 2013-016725 ; *JCP* E 2014, 1028, chron. n° 14, R. Salomon ; *Dr. sociétés* 2013, n° 168, note R. Salomon.

Art. L. 241-5 *(Anc. L. n° 66-537, 24 juill. 1966 ; rempl., L. n° 2012-387, 22 mars 2012).* – **Est puni de 9 000 € d'amende le fait, pour les gérants, de ne pas soumettre à l'approbation de l'assemblée des associés ou de l'associé unique l'inventaire, les comptes annuels et le rapport de gestion établis pour chaque exercice.**

Voir : sous art. L. 223-26, p. 321, L. 241-9, p. 582.

L'omission d'établissement des comptes sociaux et le défaut de présentation de ces derniers à l'assemblée générale sont des délits contraventionnels. ▪ Cass. crim., 23 mai 2013, n° 12-84.520 : *JurisData* n° 2013-016725 ; *JCP* E 2014, 1028, chron. n° 14, R. Salomon.

Art. L. 241-6 *(Abr., L. n° 2012-387, 22 mars 2012).*

Rédaction antérieure. Art. L. 241-6 *(Anc. L. n° 66-537, 24 juill. 1966).* – Est puni d'un emprisonnement de six mois et d'une amende de 4 500 € le fait, pour les gérants, lorsque les capitaux propres de la société, du fait de pertes constatées dans les documents comptables, deviennent inférieurs à la moitié du capital social :

1° De ne pas dans les quatre mois qui suivent l'approbation des comptes ayant fait apparaître ces pertes, consulter les associés afin de décider s'il y a lieu à dissolution anticipée de la société ;

2° De ne pas déposer au greffe du tribunal de commerce, inscrire au registre du commerce et des sociétés et publier dans un journal d'annonces légales, la décision adoptée par les associés.

Voir : art. L. 223-42, p. 327, L. 241-9, p. 582.

Art. L. 241-7 *(Abr., L. n 2003-721, 1er août 2003).*

Art. L. 241-8 *(Abr., L. n° 2001-420, 15 mai 2001).*

Art. L. 241-9 *(Anc. L. n° 66-537, 24 juill. 1966 ; mod., L. n° 2003-721, 1er août 2003).* – **Les dispositions des articles L. 241-2 à L. 241-6 sont applicables à toute personne qui, directement ou par personne interposée, aura, en fait, exercé la gestion d'une société à responsabilité limitée sous le couvert ou au lieu et place de son gérant légal.**

Voir : art. L. 245-16, p. 597 et L. 246-2, p. 597.

Bibliographie : D. Tricot, *Les critères de la gestion de fait : Dr. et patrimoine* janv. 1996, p. 24. • N. Dedessus-Le-Moustier, *La responsabilité du dirigeant de fait : Rev. sociétés* 1997, p. 499.

Notion de gérant de fait. – Peut être déclaré dirigeant de fait celui qui accomplit, en toute indépendance, des actes de direction, de gestion et d'administration de la société ▪ Cass. crim., 28 nov. 2007, n° 07-80.248.

– L'article 431 de la loi du 24 juillet 1966 *[C. com., art. L. 241-9]* vise notamment l'individu qui, sans être gérant, dirige à son gré une SARL, traite avec les fournisseurs et les clients et oriente l'activité de la société ▪ Cass. crim., 25 nov. 1969 : *Bull. crim.* 1969, n° 314. ▪ Cass. crim., 12 oct. 1995, n° 94-85.114 : *Rev. sociétés* 1996, p. 319, note B. Bouloc.

CHAPITRE II. – DES INFRACTIONS CONCERNANT LES SOCIÉTÉS ANONYMES

Bibliographie : *Le droit pénal spécial des sociétés anonymes : Études de droit commercial,* ss dir. J. Hamel, Dalloz, 1955. • B. Bouloc, *Qualité d'actionnaire et droit pénal : Rev. sociétés* 1999, p. 743. • F. Barrière, *Ordre public et impérativité en droit pénal des sociétés anonymes : Rev. sociétés* 2007, p. 713.

Section I. – Des infractions relatives à la constitution

Art. L. 242-1 *(Anc. L. n° 66-537, 24 juill. 1966 ; Ord. n° 2009-80, 22 janv. 2009 ;* **mod.,** *L. n° 2012-387, 22 mars 2012).* – **Est puni de 150 000 € d'amende le fait, pour les fondateurs, le président, les administrateurs ou les directeurs généraux d'une société anonyme, d'émettre ou négocier des actions ou des coupures d'actions sans que les actions de numéraire aient été libérées à la souscription de la moitié au moins ou sans que les actions d'apport aient été intégralement libérées avant l'immatriculation de la société au registre du commerce et des sociétés.**

La peine prévue au présent article peut être portée au double lorsque les actions ou coupures d'actions ont fait l'objet d'une offre au public *(Mots aj., Ord. n° 2019-1067, 21 oct. 2019)* « , à l'exception des offres mentionnées au 1° ou au 2° de l'article L. 411-2 du Code monétaire et financier ou à l'article L. 411-2-1 du même code ».

Art. L. 242-2 *(Anc. L. n° 66-537, 24 juill. 1966 ; mod., L. n° 2001-420, 15 mai 2001).* **– Est puni d'un emprisonnement de cinq ans et d'une amende de 9 000 € le fait, pour toute personne :**

1° à 3° *(Abr.)* ;

4° De faire attribuer frauduleusement à un apport en nature une évaluation supérieure à sa valeur réelle.

Majoration frauduleuse d'apport. – Est une majoration frauduleuse le fait de dissimuler volontairement le nantissement affectant le fonds de commerce apporté ▪ Cass. crim., 22 janv. 1990 : *JurisData* n° 1990-000483.

– Il n'est pas interdit, pour déterminer la valeur d'un apport, de prendre en considération des critères objectifs étrangers à la simple valeur marchande du bien apporté ▪ Cass. crim., 12 avr. 1976 : *JurisData* n° 1976-096115 ; *JCP* 1977, II, 18523, note Y. Guyon.

– Les commissaires aux comptes qui ont attribué à l'apport une valeur supérieure à sa valeur réelle doivent être condamnés au titre d'auteurs principaux du délit de majoration frauduleuse ▪ Cass. crim., 12 avr. 1976, même arrêt.

Art. L. 242-3 *(Anc. L. n° 66-537, 24 juill. 1966 ; mod., L. n° 2012-387, 22 mars 2012).* **– Est puni de 150 000 € d'amende le fait, pour les titulaires ou porteurs d'actions, de négocier des actions de numéraire pour lesquelles le versement de la moitié n'a pas été effectué.**

Art. L. 242-4 *(Abr., L. n° 2012-387, 22 mars 2012).*

Rédaction antérieure. Art. L. 242-4 *(Anc. L. n° 66-537, 24 juill. 1966 ; mod., Ord. n° 2004-604, 24 juin 2004).* – Est puni des peines prévues à l'article L. 242-3 le fait, pour toute personne, d'avoir établi ou publié la valeur des actions ou promesses d'actions visées audit article.

Art. L. 242-5 *(Anc. L. n° 66-537, 24 juill. 1966).* **– Est puni d'un emprisonnement de six mois et d'une amende de 9 000 € le fait d'accepter ou de conserver les fonctions de commissaire aux apports, nonobstant les incompatibilités et interdictions légales.**

Section II. – Des infractions relatives à la direction et à l'administration

Art. L. 242-6 *(Anc. L. n° 66-537, 24 juill. 1966 ; mod., L. n° 2013-907, 11 oct. 2013 ; L. n° 2013-1117, 6 déc. 2013).* **– Est puni d'un emprisonnement de cinq ans et d'une amende de 375 000 € le fait pour :**

1° Le président, les administrateurs ou les directeurs généraux d'une société anonyme d'opérer entre les actionnaires la répartition de dividendes fictifs, en l'absence d'inventaire, ou au moyen d'inventaires frauduleux ;

2° Le président, les administrateurs ou les directeurs généraux d'une société anonyme de publier ou présenter aux actionnaires, même en l'absence de toute distribution de dividendes, des comptes annuels ne donnant pas, pour chaque exercice, une image fidèle du résultat des opérations de l'exercice, de la situation financière et du patrimoine, à l'expiration de cette période, en vue de dissimuler la véritable situation de la société ;

3° Le président, les administrateurs ou les directeurs généraux d'une société anonyme de faire, de mauvaise foi, des biens ou du crédit de la société, un usage qu'ils savent contraire à l'intérêt de celle-ci, à des fins personnelles ou pour favoriser une autre société ou entreprise dans laquelle ils sont intéressés directement ou indirectement ;

4° Le président, les administrateurs ou les directeurs généraux d'une société anonyme de faire, de mauvaise foi, des *pouvoirs qu'ils possèdent* ou des voix dont ils disposent, en cette qualité, un usage qu'ils savent contraire aux intérêts de la société, à des fins personnelles ou pour favoriser une autre société ou entreprise dans laquelle ils sont intéressés directement ou indirectement.

Outre les peines complémentaires prévues à l'article L. 249-1, le tribunal peut également prononcer à titre de peine complémentaire, dans les cas prévus au présent article, l'interdiction des droits civiques, civils et de famille prévue à l'article 131-26 du Code pénal.

L'infraction définie au 3° est punie de sept ans d'emprisonnement et de 500 000 € d'amende lorsqu'elle a été réalisée ou facilitée au moyen soit de comptes ouverts ou de contrats souscrits auprès d'organismes établis à l'étranger, soit de l'interposition de personnes physiques ou morales ou de tout organisme, fiducie ou institution comparable établis à l'étranger.

Voir : art. L. 241-3, p. 581.

Bibliographie : ***Sur la répartition de dividendes fictifs.*** L. Mermillod, *Les délits d'ordre comptable : le droit pénal spécial des sociétés anonymes*, Dalloz 1955, p. 311. • M. Delmas-Marty, *Les délits financiers commis dans le cadre des sociétés commerciales : D.* 1978, chron. p. 87.

Sur la publication ou la présentation de comptes sociaux ne donnant pas une image fidèle. J. Larguier, *Mauvaise foi et faux bilan, in Mél. J. Hamel*, Dalloz, 1961, p. 291. • F. Pasqualini, *Le principe de l'image fidèle en droit comptable*, Litec, 1992. • J.-L. Medus, *Conventions de portage et information comptable et financière : Rev. sociétés* 1993, p. 509. • F. Marty, *La responsabilité pour publication de faux bilans semestriels peut-elle être retenue contre les commissaires aux comptes ? : Bull. Joly Sociétés* 1997, p. 195. • N. Stolowy, *Interprétation stricte des lois pénales et image fidèle : JCP* G 1999, I, 157. • M. Pitron et J.-P. Pham-Ba, *L'image fidèle de l'entreprise : JCP* E 2003, 105.

Sur l'abus des biens, du crédit, des pouvoirs et des voix. J.-M. Verdier, *L'abus de mandat social : abus des biens et du crédit de la société ; abus de pouvoir. Le droit pénal spécial des sociétés anonymes*, Dalloz, 1955, p. 181. • J. Larguier, *Le point de départ de la prescription en matière d'abus de biens sociaux, in Mél. Secretan*, 1965, p. 159. • J. Leauté, *La reconnaissance de la notion de groupe en droit pénal des affaires : JCP* G 1973, I, 2551. • M. Trochu, M. Jeantin et D. Lange, *De quelques applications particulières du droit pénal des sociétés au phénomène économique des groupes de sociétés : D.* 1975, chron. p. 8. • B. Bouloc, *Droit pénal et groupes d'entreprises : Rev. sociétés* 1988, p. 181. • J. Clara, De l'abus de biens et de crédit en groupe de sociétés : *JCP* E 1993, I, 247. • C. Freyria et J. Clara, *De l'abus de biens et de crédit en groupe de sociétés : JCP* E 1993, I, 247. • X. De Roux et K. Bougartchev, *L'abus de biens : derniers excès : Bull. Joly Sociétés* 1995, p. 1025. • C. Ducouloux-Favard, *Les déviances de la gestion dans nos grandes entreprises : D.* 1996, chron. p. 190 ; *Fausses factures et corruption : D.* 1996, chron. p. 352. • C. Freyria, *Imprescriptibilité du délit en droit pénal des affaires ? : JCP* E 1996, 563. • M. Dobkine, *Réflexions itératives à propos de l'abus de biens sociaux : D.* 1997, chron. p. 323. • L. Godon, *Abus de confiance et abus de biens sociaux : Rev. sociétés* 1997, p. 285. • J.-F. Renucci, *Infractions d'affaires et prescription de l'action publique : D.* 1997, chron. p. 23. • A. Dekeuwer, *Défense et illustration de l'incrimination d'abus de biens sociaux dans un système de corruption : JCP* E 1998, p. 310. • A. Medina, *L'abus de biens sociaux : délit inutile ? : D. affaires* 2000, n° 16, p. III. • E. Joly et C. Joly-Baumgartner, *L'abus de biens sociaux à l'épreuve de la pratique*, Économica, 2002. • Y. Mayaud, *Appel à la raison, ou pour une approche cohérente de la prescription de l'abus de biens sociaux : D.* 2004, p. 194. • H. Matsopoulou, *Le retour en grâce de l'intérêt personnel dans l'abus de biens sociaux : D.* 2005, p. 2075. • D. Rebut, *L'abus de biens sociaux par abstention : D.* 2005, p. 1290. • M.-E. Boursier, *Le fait justificatif de groupe dans l'abus de biens sociaux : entre efficacité et clandestinité : Rev. sociétés* 2005, p. 273. • J.-P. Brouillaud, *Faut-il supprimer la notion d'intérêt personnel dans la définition de l'abus de biens sociaux ? : D.* 2008, p. 375. • Joly sociétés, EA 010, *Abus de biens sociaux*, par A. Lecourt. • M. Cozian, A. Viandier et F. Deboissy, *Droit des sociétés*, LexisNexis, 33e éd., 2020, nos 910 et s. • R. Salomon, *Droit de vote et droit pénal : Dr. sociétés* 2014, dossier spécial 65e anniversaire, n° 9.

I – RÉPARTITION DE DIVIDENDES FICTIFS

1) Préservation du capital. Le fait que le capital n'ait pas été entamé par la répartition reprochée ne désarme pas la répression, dès lors que l'assemblée générale n'a pas expressément autorisé un prélèvement sur les réserves ▪ Cass. crim., 22 janv. 1937 : *D.* 1937, 1, p. 71. ▪ Cass. crim., 4 mai 1954 : *JCP* 1954, II, 8239, note D. B.

2) Consommation du délit. La mise à la disposition des actionnaires du dividende fictif, par une décision leur conférant un droit privatif sur ce dividende, consomme le délit ▪ Cass. crim., 28 mars 1936 : *DH* 1936, p. 27.

II – PUBLICATION OU PRÉSENTATION DE COMPTES SOCIAUX NE DONNANT PAS UNE IMAGE FIDÈLE

3) Distinction avec d'autres délits. Usage de faux. La communication par le gérant de bilans erronés à l'occasion de la cession des parts d'une SARL, qui s'analyse en une information donnée à des tiers, ne constitue pas le délit de présentation aux associés de comptes infidèles, mais peut constituer le délit d'usage de faux *[C. pén., art. 441-1]* ▪ Cass. crim., 30 juin 2004, n° 03-85.319 : *JurisData* n° 2004-024821 ; *Dr. sociétés* janv. 2005, n° 19, obs. R. Salomon.

Escroquerie. Le fait pour un président de conseil d'administration de présenter des bilans inexacts pour accréditer auprès d'un tiers la santé de sa société est constitutif d'une escroquerie, ▪ Cass. crim., 16 mars 1970, n° 68-91.807 : *Bull. crim.* 1970, n° 107.

4) Distinction du délit de publication et du délit de présentation. Sans en faire application à l'espèce qui lui était soumise, la Cour de cassation estime que si, après avoir présenté des comptes infidèles, des dirigeants sociaux en réalisent une publication, un nouveau délit est constitué par cet acte et il se prescrira indépendamment du premier ▪ Cass. crim., 31 oct. 2000 : JurisData n° 2000-007197 ; *JCP* E 2001, p. 807, note J.-H. Robert.

5) Inexactitude matérielle de la comptabilité. Est constitutive du délit de présentation de comptes infidèles la mention dans les résultats de la société des encours, alors que la plupart des travaux ainsi répertoriés concernaient des contrats non encore signés, ▪ Cass. crim., 10 sept. 2014, n° 13-85.428 : *JurisData* n° 2014-021760 ; *Dr. sociétés* 2014, n° 176, note R. Salomon.

6) Élément intentionnel. – **Preuve de l'élément intentionnel.** L'article 437 de la loi du 24 juillet 1966 *[C. com., art. L. 242-6]* n'institue pas une présomption de mauvaise foi et l'intention coupable doit être établie dans chaque cas ▪ Cass. crim., 2 mars 1983 : *D.* 1983, inf. rap. p. 492.

– **Indifférence des mobiles.** Le mobile ayant animé les dirigeants sociaux est indifférent et il importe peu qu'ils aient uniquement agi dans un but de fraude fiscale ▪ Cass. crim., 18 déc. 1956 : *Journ. soc.* 1957, p. 350. ▪ Cass. crim., 27 nov. 1978, n° 77-92.430 : *Bull. crim.* 1978, n° 331.

7) Personnes punissables. – Auteur principal.

– L'absence d'un administrateur lors de la réunion du conseil, ayant arrêté les comptes, voire de celle de l'assemblée les ayant approuvés n'interdit pas de le poursuivre ▪ Cass. crim., 20 juill. 1977, n° 76-92.671 : *Bull. crim.* 1977, n° 267.

– Le lien de subordination dans lequel est placé le directeur administratif d'une société ne saurait avoir pour effet de le soustraire à l'application des sanctions pénales ▪ Cass. crim., 14 janv. 1980, n° 77-92.082 : *JurisData* n° 1980-797021 ; *Bull. crim.* 1980, n° 21.

– Doit être cassé l'arrêt ayant relaxé l'administrateur représentant l'État au sein du conseil d'administration d'un établissement de crédit sans rechercher si ce dernier, tenu à une obligation d'information, n'avait pas effectivement voté, lors du conseil d'administration, l'arrêté des comptes dans lesquels a été constatée une insuffisance des provisions pour risques et dépréciations ▪ Cass. crim., 17 mai 2006, n° 05-81.758 : *Dr. pén.* 2006, comm. 14 et *JCP* E 2006, 2509, note J.-H. Robert.

– **Complice.**

– Est complice du délit de présentation de comptes sociaux ne donnant pas une image fidèle l'expert-comptable qui, intervenant en tant que professionnel de la comptabilité, omet de faire mentionner dans les comptes annuels une provision pour dépréciation des stocks et y fait figurer une augmentation de capital n'ayant pas été certifiée par le commissaire aux comptes ▪ Cass. crim., 9 nov. 1992, n° 92-81.954 : *JurisData* n° 1992-003116 ; *Bull. Joly Sociétés* 1993, p. 432, note J.-F. Barbièri.

– Est également complice le commissaire aux comptes qui, bien qu'ayant relevé des anomalies dans les comptes, propose à l'assemblée générale leur approbation afin de ne pas nuire à la bonne marche de l'entreprise ▪ Cass. crim., 3 janv. 1983, n° 82-92.127 : *JurisData* n° 1983-700337 ; *Bull. crim.* 1983, n° 2.

8) Personnes recevables à agir. – L'acquéreur de la majorité des actions est recevable à se constituer partie civile, peu important que le plaignant soit devenu actionnaire postérieurement à la présentation du bilan critiqué dès lors que celui-ci a servi de base à l'évaluation des actions achetées ▪ Cass. crim., 5 nov. 1991, n° 90-82.605 : *JurisData* n° 1991-003024 ; *Bull. Joly Sociétés* 1992, p. 163, note J.-F. Barbièri ; *RJDA* 1992, p. 114.

– L'actionnaire ayant déposé plainte à l'encontre du président de la société concernée pour publication de comptes inexacts et diffusion de fausses informations est aussi recevable à se constituer partie civile dès lors qu'il a acheté ses titres avant la publication des comptes sociaux ▪ Cass. crim., 30 janv. 2002 : *JurisData* n° 2002-013027 ; *JCP* E 2002, n° 1082, p. 1201, note J. Cellier et n° 1639, p. 1813, obs. J.-J. Caussain, F. Deboissy et G. Wicker ; *Bull. Joly Sociétés* 2002, p. 798, note J.-F. Barbièri ; *Rev. sociétés* 2002, p. 350, note B. Bouloc. – Néanmoins un actionnaire ne peut obtenir des dommages et intérêts dès lors qu'il est établi que la publication des comptes inexacts n'a été déterminante ni de sa décision de prendre une participation dans la société ni de l'évaluation des actions ▪ Cass. crim., 5 mai 2004, n° 03-82.801 : *JurisData* n° 2004-024100 ; *Bull. Joly Sociétés* 2004, p. 1250, note J.-F. Barbièri.

– Est recevable à agir une banque qui a accordé des concours financiers à une société dont la situation était irrémédiablement compromise, dès lors qu'il est établi que la présentation des comptes infidèles certifiés par le commissaire aux comptes a été déterminante dans la décision d'octroi de ces crédits ▪ Cass. crim., 13 févr. 1997 : *JurisData* n° 1997-01658 ; *Rev. sociétés* 1997, p. 975, note B. Bouloc.

– Est recevable à agir le créancier de la société lorsque les comptes annuels qui lui ont été présentés ont justifié le maintien des relations contractuelles avec la société ▪ Cass. crim., 8 mars 2006, n° 05-81.153 : *Dr. sociétés* août-sept. 2006, n° 133, obs. R. Salomon ; *Bull. Joly Sociétés* 2006, p. 1041, note H. Matsopoulou.

9) Délai d'exercice de l'action. Le délit de présentation de comptes annuels ne donnant pas une image fidèle se prescrit à compter de leur publication et non à compter de la découverte de la pratique frauduleuse ▪ Cass. crim., 9 juill. 1996 : *JurisData* n° 1996-003580 ; *Bull. CNCC* 1996, 713, note P. Merle, *[décision rendue à propos d'une SARL]*. – Le délai de trois ans de la prescription commence à courir du jour de la publication ou de la présentation des comptes sociaux ne donnant pas une image fidèle et non à compter du moment où une victime normalement diligente aurait eu la possibilité de découvrir l'infraction ▪ Cass. crim., 20 févr. 1997, n° 96-81.613 : *JurisData* n° 1997-001949 ; *Rev. sociétés* 1997, p. 572, note B. Bouloc.

III – ABUS DES BIENS, DU CRÉDIT, DES POUVOIRS ET DES VOIX

10) Sociétés étrangères. L'incrimination d'abus de biens sociaux ne peut être étendue à des sociétés que la loi n'a pas prévues, telle une société de droit étranger, et pour lesquelles seule la qualification d'abus de confiance est susceptible d'être retenue ▪ Cass. crim., 3 juin 2004, n° 03-80.593 : *JurisData* n° 2004-024246 ; *Bull. Joly Sociétés* 2004, p. 1373, note M. Menjucq ; *JCP* G 2004, 10151, II, note M. Raimon ; *JCP* E 2004, 1600, note M. Raimon ; *D.* 2004, p. 2440 et p. 3213, note D. Caramalli ; *Rev. sociétés* 2004, p. 912, note B. Bouloc. ▪ Cass. crim., 3 nov. 2005, n° 05-80.363 : *JurisData* n° 2005-031495 ; *Dr. sociétés* févr. 2006, n° 30, obs. R. Salomon. – Mais doit être considérée comme une société de nationalité française la société dont le siège statutaire est à l'étranger mais le siège réel en France ▪ Cass. crim., 31 janv. 2007, n°s 02-85.809 et 05-82.671 : *Dr. sociétés* 2007, n° 83, obs. R. Salomon. ▪ Cass. crim., 10 mars 2010, n° 09-82.453 : *JurisData* n° 2010-002945 ; *Dr. sociétés* 2010, p. 37, comm. 125, R. Salomon ; *JCP* E 2010, 1617, note R. Salomon.

11) Distinction avec d'autres délits. – **Banqueroute.** Sur l'incompatibilité des qualifications de banqueroute et d'abus de biens sociaux ▪ Cass. crim., 27 oct. 1999, n° 98-85.651 : *JurisData* n° 1999-004749 ; *Dr. pén.* 2000, comm. 48, obs. J.-H. Robert. – La qualification d'abus de biens sociaux ne peut être appliquée aux détournements commis, après la date de cessation des paiements, par les dirigeants d'une société soumise à une procédure collective, ces faits étaient constitutifs de banqueroute ▪ Cass. crim., 30 juin 2004 : *Dr. sociétés* janv. 2005, n° 18, obs. R. Salomon.

– **Abus de confiance.** Est constitutif du délit d'abus de confiance le fait pour le dirigeant d'une société ayant une activité de gestion locative de détourner à son profit des loyers perçus par la société pour le compte de ses clients ▪ Cass. crim., 7 sept. 2005, n° 05-80.163 : *JurisData* n° 2005-030011 ; *JCP* E 2006, 1122, note J.-H. Robert ; *Dr. sociétés* déc. 2005, n° 228, obs. R. Salomon.

– **Usage de faux.** Un même prévenu peut être déclaré coupable des mêmes faits sous plusieurs qualifications, dès lors que les délits d'usage de faux et d'abus de biens sociaux protègent des intérêts sociaux différents et qu'une seule peine a été prononcée. ▪ Cass. crim., 1er déc. 2010, n° 09-86.644 : *JurisData* n° 2010-025196 ; *Dr. sociétés* mars 2011, n° 60, comm. R. Salomon.

12) Dirigeant de fait. – L'appréciation de la qualité de dirigeant de fait résulte d'un faisceau d'indices de direction et de pouvoirs mis en œuvre par le juge. ▪ Cass. crim., 21 sept. 2011 : *JurisData* n° 2011-023473 ; *Dr. sociétés* 2011, n° 227, note R. Salomon. ▪ Cass. crim., 22 janv. 2014, n° 12-87.105 : *Rev. sociétés* 2014, p. 452, note B. Bouloc.

– Le dirigeant de droit, prévenu d'abus de biens sociaux, ne peut pas s'exonérer de sa responsabilité pénale par le seul fait qu'il n'a pas réellement exercé ses fonctions. ▪ Cass. crim., 31 mai 2012, n° 11-86.234 : *JurisData* n° 2012-015056 ; *Dr. sociétés* 2012, n° 192, note R. Salomon ; *JCP* E 2012, 1687, note R. Salomon ; *Rev. sociétés* 2013, p. 47, note H. Matsopoulou.

13) Complicité. Est complice l'expert-comptable qui a transcrit systématiquement en comptabilité, des écritures dissimulant des délits qui se sont renouvelés et a, sciemment, par aide ou assistance, favorisé la préparation et la consommation des abus de biens sociaux poursuivis. ▪ Cass. crim., 25 févr. 2009, n°s 08-80.314 et 01-80.812 : *JurisData* n° 2009-047337 ; *Dr. sociétés* mai 2009, comm. 103, R. Salomon ; *Bull. Joly* 2009, p. 792, note E. Dezeuze, p. 792.

14) Actes constitutifs de l'usage abusif. – **Abstention.** Est constitutive d'un abus de pouvoir l'abstention délibérée de réclamer le paiement de livraisons à une société dans laquelle le dirigeant est intéressé ▪ Cass. crim., 15 mars 1972, n° 71-91.378 : *JurisData* n° 1972-095107 ; *Bull. crim.* 1972, n° 107. – L'usage des biens ou du crédit de la société contraire à l'intérêt de celle-ci peut résulter non seulement d'une action, mais aussi d'une abstention volontaire, telle le défaut de réintégration d'une somme indûment débitée du compte bancaire de la société [SARL] ▪ Cass. crim., 28 janv. 2004, n° 02-88.094 : *JurisData* n° 2004-022527 ; *JCP* E 2005, 736, n° 3, obs. Y. Muller ; *Rev. sociétés* 2004, p. 722, note B. Bouloc.

– **Participation personnelle.** Est insuffisante à caractériser la participation personnelle à l'infraction la simple constatation qu'il appartenait au prévenu, directeur général de la société, de contrôler les actes de gestion du président auteur de l'infraction ▪ Cass. crim., 23 mars 2005, n° 04-84.7565 : *JurisData* n° 2005-028259 ; *JCP* E 2005, 1230, note J.-H. Robert ; *Dr. sociétés* janv. 2006, n° 11, obs. R. Salomon. – Une action personnelle du dirigeant n'est pas caractérisée dès lors qu'est constatée l'absence de participation de l'administrateur au conseil d'administration et à l'assemblée générale ayant permis la réalisation de l'opération litigieuse. ▪ Cass. crim., 9 mars 2016, n° 15-80.547 : *JurisData* n° 2016-004210 ; *Dr. pén.* 2016, comm. 85, note J.-H. Robert ; *Dr. sociétés* 2016, comm. 91, note R. Salomon.

– **Comité des rémunérations.** Se rend coupable d'abus de pouvoirs le président du conseil d'administration ayant usé de son statut pour faire avaliser, par le conseil d'administration, le renouvellement complet du conseil des rémunérations et pour priver ces deux organes de leur indépendance nécessaire au bon fonctionnement de la société, dans son intérêt personnel, en vue de percevoir des avantages financiers. ▪ Cass. crim., 19 mai 2012, n° 11-85.150 : *JurisData* n° 2012-010049 ; *Dr. sociétés* 2012, n° 130, note R. Salomon. Le prévenu a abusé des pouvoirs qu'il détenait en qualité de président du conseil d'administration, en s'assurant le contrôle du comité des rémunérations et en ne mettant pas les membres du conseil d'administration en mesure de remplir leur mission. ▪ Cass. crim., 16 mai 2012, n° 11-85.150 : *JurisData* n° 2012-010049 ; *JCP* E 2012, 1396, note C. Ducouloux-Favard ; *Rev. sociétés* 2012, p. 697, note P. Le Cannu ; *D.* 2012, p. 1401 ; *D.* 2012, p. 1705, obs. C. Mascala ; *Bull. Joly Sociétés* 2012, p. 579, note X. Salvat et B. Dondero.

– **Compte courant débiteur.** Constitue un abus du crédit social le fait, pour le président, de bénéficier de manière illicite d'un découvert sur son compte courant dans la société, ce qui aboutit à une confusion entre son patrimoine personnel et celui de la société ▪ Cass. crim., 19 oct. 1978, n° 77-92.742 : *JurisData* n° 1978-799282 ; *Rev. sociétés* 1979, p. 872, note B. Bouloc ; *D.* 1979, p. 153. ▪ Cass. crim., 3 nov. 1980 : *JurisData* n° 1980-700367 ; *Bull. Joly Sociétés* 1980, p. 716. ▪ Cass. crim., 29 oct. 1998 : *JurisData* n° 1998-005133. ▪ Cass. crim., 14 nov. 2013, n° 12-83.653 : *JurisData* n° 2013-025518 ; *JCP* E 2014, 1028, chron. 1, R. Salomon ; *Dr. sociétés* 2014, n° 16, note R. Salomon. ▪ Cass. crim., 8 janv. 2014, n° 13-80.087 : *JCP* E 2014, n° 1395, note R. Salomon.

– **Violation de la procédure des conventions réglementées.** Commet un abus de biens sociaux le dirigeant qui s'est délibérément abstenu de soumettre à la procédure des conventions réglementées son intégration dans le plan de sauvegarde pour l'emploi et l'avance qu'il avait perçue sur son indemnité de départ. ▪ Cass. crim., 25 sept. 2019, n° 18-83.113 : *JurisData* n° 2019-016455 ; *JCP* E 2019, 1502, B. Dondero ; *Bull. Joly Sociétés* janv. 2020, p. 25, note J.-F. Barbièri ; *RTD com.* 2010, p. 1019 et *Rev. sociétés* 2020, p. 1019, note B. Bouloc ; *JCP* E 2020, 1006, note R. Salomon.

– **Contrariété à l'intérêt social.** Doit être caractérisé au titre de l'élément matériel du délit d'abus de biens sociaux une contrariété de l'acte de gestion incriminée à l'intérêt social. ▪ Cass. crim., 22 oct. 2014, n° 13-81.743 : *JurisData* n° 2014-024934 ; *Dr. sociétés* 2015, n° 17, note R. Salomon. ▪ Cass. crim., 25 oct. 2017, n° 16-85.221 : *JurisData* n° 2017-021083 ; *Dr. sociétés* 2017, comm. 216, note R. Salomon.

– **Infraction pénale.** L'usage des biens d'une société [SARL] est nécessairement contraire à l'intérêt social lorsqu'il est réalisé dans un but illicite, comme la corruption d'un maire ▪ Cass. crim., 22 avr. 1992, n° 90-85.125 : *JurisData* n° 1992-001905 ; *RJDA* 1992, p. 835. – Mais, pour qualifier une opération d'abus de biens sociaux, il convient d'établir que celle-ci est à la fois étrangère à l'objet de la société et contraire à son intérêt ; la Cour de cassation casse, pour insuffisance de motivation, l'arrêt qui avait retenu la qualification d'abus de biens sociaux s'agissant de la démarche du président de la société, qui avait effectué des versements importants au profit d'une personne afin d'obtenir d'elle une intervention susceptible de faire éviter à la société le reversement au Trésor d'une aide à l'exportation ainsi qu'une imposition fiscale ▪ Cass. crim., 6 févr. 1997, n° 96-80.615 : *JurisData* n° 1997-000531 ; *D.* 1997, p. 334, note J.-F. Renucci ; *Bull. Joly Sociétés* 1997, p. 291, note J.-F. Barbièri ; *JCP* G 1998, II, 10017, note M. Pralus.

– **Risque anormal de sanctions pénales ou fiscales.**

– Quel que soit l'avantage à court terme qu'elle peut procurer, l'utilisation des fonds sociaux ayant pour seul objet de commettre un délit tel que la corruption est contraire à l'intérêt social en ce qu'elle expose la personne morale au risque anormal de sanctions pénales ou fiscales contre elle-même ou ses dirigeants et porte atteinte à son crédit et à sa réputation ▪ Cass. crim., 27 oct. 1997, n° 96-83.698 : *JurisData* n° 1997-004190 ; *JCP* G 1998, II, 10017, note M. Pralus ; *D.* 1997, inf. rap. p. 251 ; *Bull. Joly Sociétés* 1998, p. 11, note J.-F. Barbièri.

– Est constitutif d'un abus de biens sociaux l'usage des fonds sociaux ayant eu pour effet d'exposer la personne morale et ses dirigeants à des poursuites pénales ou fiscales, sans qu'il soit nécessaire que leur utilisation ait eu lieu à des fins exclusivement personnelles ▪ Cass. crim., 14 mai 2003, n° 02-83.254 : *Bull. Joly Sociétés* 2003, p. 1043, note J.-F. Barbièri ; *D.* 2003, p. 1766, obs. A. Lienhard ; *D.* 2004, somm. p. 319, obs. M. Segonds ; *JCP* E 2003, act. p. 1096 ; *Rev. sociétés* 2003, p. 910, note B. Bouloc. ▪ Cass. crim., 10 mars 2004, n° 02-84.207 : *JurisData* n° 2004-023328 ; *Bull. Joly Sociétés* 2004, p. 952, note J.-F. Barbièri ; *D.* 2004, p. 1240 ; *JCP* E 2005, 736, n° 5, obs. Y. Muller *[voyage offert à un client potentiel en vue d'obtenir la conclusion d'un marché]*. ▪ Cass. crim., 6 avr. 2016, n° 15-81.859 : *JurisData* n° 2016-006396 ; *D.* 2016, p. 1836, note C. Mascala ; *Dr. pén.* 2016, comm. 99, note J.-H. Robert ; *Dr. sociétés* 2016, comm. 114, note R. Salomon.

– **Réserve de participation.** Commettent un abus de biens sociaux les dirigeants, non liés par un contrat de travail avec la société, qui ont bénéficié d'une partie de la réserve de participation à laquelle seuls les salariés de cette société avaient droit. ▪ Cass. com., 18 juill. 2017, n° 16-83.911 : *JurisData* n° 2017-014521 ; *Dr. sociétés* 2017, comm. 197, note R. Salomon.

15) Éléments inopérants. – Remboursement ultérieur. Le fait que le dirigeant ait ultérieurement remboursé les fonds détournés n'est pas de nature à l'exonérer de sa responsabilité pénale ▪ Cass. crim., 19 mai 1999 : *JurisData* n° 1999-002210. – La régularisation ultérieure de prélèvements illégaux n'enlève pas aux faits leur caractère délictueux ▪ Cass. crim., 22 sept. 2004, n° 03-82.266 : *JurisData* n° 2004-025301 ; *Bull. Joly Sociétés* 2005, § 6, p. 45, note J.-F. Barbièri ; *Rev. sociétés* 2005, p. 200, note B. Bouloc.

– **Approbation du conseil d'administration.** L'approbation donnée par le conseil d'administration à la perception d'une rémunération excessive, comme l'absence de réaction d'intervenants extérieurs, ne peuvent faire disparaître à eux seuls le caractère délictueux des détournements ▪ Cass. crim., 22 sept. 2004, *Bull. Joly Sociétés* 2005, p. 45, note J.-F. Barbièri ; *Rev. sociétés* 2005, p. 200, note B. Bouloc.

16) Groupe de sociétés. Le concours financier apporté par le dirigeant d'une société à une autre entreprise dans laquelle il est intéressé n'échappe aux prévisions des textes incriminant le délit d'abus de biens sociaux que si, d'une part, l'existence d'un groupe de sociétés est établie, et si, d'autre part, ce concours est dicté par les intérêts de ce groupe appréciés au regard d'une politique commune, n'est pas dépourvu de contrepartie ou ne rompt pas l'équilibre entre les engagements respectifs des diverses sociétés, et n'excède pas la possibilité financière de celle qui en supporte la charge ▪ Cass. com., 4 févr. 1985 : *JurisData* n° 1985-000537, *JCP* G, II, 20585 note W. Jeandidier. ▪ Cass. crim., 4 sept. 1996 : *Bull. crim.* 1996, n° 314 ; *JurisData* n° 1996-003916 ; *Bull. Joly Sociétés* 1997, p. 107, note N. Rontchevsky. ▪ Cass. crim., 23 avr. 1991, n° 90-81.444 : *JurisData* n° 1991-001427 ; *Bull. Joly Sociétés* 1991, p. 849, note A. Couret ; *RJDA* 1991, n° 602 [convention de trésorerie]. ▪ Cass. crim., 2 déc. 1991, n° 90-87.563 : *JurisData* n° 1991-004012 ; *Bull. Joly Sociétés* 1992, p. 424, note P. Delebecque. ▪ Cass. crim., 14 avr. 1993, n° 92-85.047 : *JurisData* n° 1993-001346 ; *Bull. Joly Sociétés* 1993, p. 771, note M. Jeantin. ▪ Cass. crim., 5 mai 1997 : *JurisData* n° 1997-003021 ; *Bull. Joly Sociétés* 1997, p. 953, note J.-F. Barbièri ; *Dr. et patrimoine* 2/1998, p. 78, obs. J.-P. Bertrel ; *JCP* E 1997, pan. 1049. ▪ Cass. crim., 20 mars 2007, n° 05-85.253 (PFI) : *Dr. sociétés* 2007, n° 141, obs. R. Salomon ; *Bull. Joly Sociétés* 2007, p. 953, note J.-F. Barbièri. ▪ Cass. crim., 10 févr. 2010 : *JurisData* n° 2010-001541 ; *Dr. sociétés* 2010, n° 103, note R. Salomon. ▪ Cass. crim., 16 janv. 2013, n° 11-88.852 : *JurisData* n° 2013-001635 ; *Dr. sociétés* 2013, n° 74, note R. Salomon. ▪ Cass. crim., 27 nov. 2013, n° 12-84.804 : *Rev. sociétés* 2014, p. 186, note B. Bouloc. ▪ Cass. crim., 19 mars 2014, n° 12-83.188 : *JurisData* n° 2014-005242 ; *Dr. sociétés* 2014, n° 92, note R. Salomon ; *JCP* E 2014, n° 1395, note R. Salomon.

17) Exigence d'un intérêt personnel.

a) **Principe.** Doit être cassé pour absence de motif l'arrêt qui condamne un dirigeant pour abus de biens sociaux sans rechercher s'il avait pris un intérêt personnel, direct ou indirect, dans les faits litigieux, à savoir :

– le règlement de fausses factures ▪ Cass. crim., 1er mars 2000, n° 98-86.353 : *Bull. Joly Sociétés* 2000, p. 710, note A. Médina ; *D.* 2000, p. 214, obs. A. Lienhard ; *Rev. sociétés* 2000, p. 576, note B. Bouloc ;

– le paiement d'un salaire fictif ▪ Cass. crim., 4 nov. 2004, n° 03-87.327 : *JurisData* n° 2004-026026 ; *Dr. sociétés* 2005, n° 57, obs. R. Salomon ; *JCP* E 2005, 527, note J.-H. Robert.

b) **Intérêt non directement patrimonial.** La recherche d'un prestige ou d'une notoriété, fût-elle politique, est de nature à constituer les fins personnelles au sens de l'article 437 de la loi de 1966 *[C. com., art. L. 242-6]* ▪ Cass. crim., 20 mars 1997 : *JurisData* n° 1997-002701 ; *Bull. Joly Sociétés* 1997, p. 855, note J.-F. Barbièri ; *D.* 1999, p. 28, note D. Boccara.

c) **Fins non exclusivement personnelles.** Aucun texte n'exigeant que l'usage des biens sociaux ait eu lieu à des fins exclusivement personnelles, est constitutif d'un abus de biens sociaux le montage juridique et financier consistant à facturer à des filiales des honoraires, ne correspondant à aucune prestation utile, au profit de la holding dont les ayants-cause exclusifs étaient le dirigeant des filiales et son fils ▪ Cass. crim., 25 oct. 2006, n° 05-85.998 (PF) : *Bull. Joly Sociétés* 2007, p. 243, note J.-F. Barbièri ; *Dr. sociétés* 2007, n° 16, obs. R. Salomon.

d) **Présomption d'intérêt personnel.**

– **En cas de prélèvement occulte de fonds sociaux.** Selon l'article 425, 4° *[C. com., art. L. 241-3, 4°]*, s'il n'est pas justifié qu'ils ont été utilisés dans le seul intérêt de la société, les fonds sociaux prélevés de manière occulte par un dirigeant social l'ont nécessairement été dans son intérêt personnel ▪ Cass. crim., 11 janv. 1996 : *Bull. crim.* 1996, n° 21 ; *JurisData* n° 1996-000702 ; *JCP* E 1996, pan. 446 ; *Rev. sociétés* 1996, p. 586, note B. Bouloc. – Lorsque le dirigeant prélève des fonds sociaux de façon occulte, il est présumé les avoir utilisés dans son intérêt personnel, à moins qu'il ne justifie de l'utilisation des sommes dans le seul intérêt de la société ▪ Cass. crim., 20 juin 1996 : *Bull. crim.* 1996, n° 271 ; *JurisData* n° 1996-003203 ; *JCP* E 1996, I, 589, n° 16, obs. A. Viandier et J.-J. Caussain ; *Bull. Joly Sociétés* 1997, p. 18, note J.-F. Barbièri. ▪ Cass. crim., 14 juin 2006, n° 05-85.912 : *Dr. sociétés* oct. 2006, n° 152, obs. R. Salomon. ▪ Cass. crim., 29 juin 2016, n° 15-84.228 : *JurisData* n° 2016-012679 ; *Dr. sociétés* 2016, comm. 155, note R. Salomon. ▪ Cass. crim., 13 déc. 2016, n° 15-86.654 : *JurisData* n° 2016-026861 ; *Dr. sociétés* 2017, comm. 53, note R. Salomon.

– **En cas de cession de biens sociaux de manière occulte.** ▪ Cass. crim., 24 sept. 2008, n° 08-80.872 (PF) : *Dr. sociétés* 2008, n° 234, obs. R. Salomon.

18) Infractions connexes. – **Complicité d'abus de biens sociaux.** Se rend coupable de complicité d'abus de biens sociaux, abus de confiance et banqueroute l'expert-comptable qui a masqué, en toute connaissance de cause, les détournements de fonds sociaux et qui a établi des procès-verbaux d'assemblées générales autorisant certaines des opérations litigieuses ▪ Cass. crim., 19 mai 1999, n° 98-83.587 : *Bull. Joly Sociétés* 1999, p. 959, note J.-F. Barbièri. – Ne peut en revanche être poursuivi pour complicité l'expert-comptable qui n'a fait que retranscrire fidèlement dans les écritures la réalité d'opérations qui mettaient en évidence les prélèvements opérés par le dirigeant ▪ Cass. crim., 6 sept. 2000, n° 00-80.989 : *JurisData* n° 2000-006306 ; *Bull. Joly Sociétés* 2001, p. 17, note C. Roca ; *RJDA* 1/2000, n° 39.

– **Recel.** Le fait de s'approprier en connaissance de cause des actions dont la valeur patrimoniale se trouve améliorée par l'incorporation d'actifs provenant d'abus de biens constitue un recel d'abus de biens ▪ Cass. crim., 3 mai 1982, n° 81-91.455 : *JurisData* n° 1982-702892 ; *Rev. sociétés* 1983, p. 811, note B. Bouloc.

– **Prescription du recel d'abus de biens sociaux.** Le recel ne saurait se prescrire avant que l'infraction dont il procède soit apparue dans des conditions permettant l'exercice de l'action publique ▪ Cass. crim., 19 mars 2008, n° 07-82.125 : *Dr. sociétés* 2008, n° 110, obs. R. Salomon.

– **Action en insuffisance d'actif social.** Sur la possibilité du cumul de l'action civile et l'action en *comblement* de l'insufissance d'actifs ▪ Cass. crim., 29 oct. 1996, n° 95-84.354 : *JurisData* n° 1996-004876 ; *Rev. sociétés* 1997, p. 377, note B. Bouloc. – Le dirigeant d'une société, déjà condamné pénalement pour abus de biens sociaux et civilement, au cours de l'instance pénale, au paiement de dommages et intérêts, peut être condamné à supporter une partie du passif de la société, sur le fondement de l'article 180 de la loi du 25 janvier 1985 *[C. com., art. L. 624-3 anc., désormais L. 651-2]* car, au-delà de la qualification pénale d'abus de biens sociaux du prêt consenti par le dirigeant à un ami personnel, la privation de trésorerie qui en est résultée pour la société a été à l'origine d'une faute de gestion ▪ Cass. com., 29 févr. 2000, n° 96-15.827 : *JurisData* n° 2000-000853 ; *JCP E* 2000, p. 682.

19) Exercice de l'action civile.

a) **Personnes dont l'action est recevable.**

– **Société.** L'action civile est ouverte à la société elle-même ▪ Cass. crim., 16 févr. 1999, n° 98-81.400 : *Bull. Joly Sociétés* 1999, p. 650, note D. Ohl ; *JCP E* 1999, p. 1633, note J.-H. Robert ; *Rev. sociétés* 1999, p. 646, note B. Bouloc. – V., après liquidation de la société, pour l'exercice de l'action par un mandataire *ad hoc* ▪ Cass. crim., 29 juin 2005, n° 05-80.803 : *JurisData* n° 2005-029672 ; *Dr. sociétés* mars 2006, n° 47, obs. R. Salomon. – Est également recevable à agir le liquidateur d'une société déclarée en liquidation judiciaire qui représente la société et non les créanciers ▪ Cass. crim., 8 mars 2006, n° 05-82.865 : *Bull. Joly Sociétés* 2006, p. 1048, note P. Scholer.

Siège statutaire étranger et siège réel français de la société victime d'abus de biens. Une société, victime d'abus de biens sociaux, qui réalise l'essentiel de son activité et de son chiffre d'affaires en France, et qui dispose d'un local d'exploitation sur le territoire national, est soumise à la loi française, ▪ Cass. crim., 25 juin 2014, n° 13-84.445 : *JurisData* n° 2014-014411 ; *Dr. sociétés* 2014, n° 135, note R. Salomon ; *JCP E* 2014, n° 1395, note R. Salomon ; *Rev. sociétés* 2015, p. 50, note M. Menjucq.

– **Associé agissant *ut singuli*.**

– L'action civile peut être exercée par l'actionnaire agissant *ut singuli* en réparation du préjudice social ▪ Cass. crim., 12 déc. 2000, n° 97-83.470 : *JurisData* n° 2000-008064 ; *Rev. sociétés* 2001, p. 323, note A. Constantin.

– L'actionnaire de la société mère peut se constituer partie civile dans la poursuite d'un abus de biens sociaux commis au préjudice d'une filiale, dès lors qu'il est établi que les circonstances sur lesquelles s'appuie son action permettent d'admettre comme possible l'existence du préjudice allégué et sa relation directe avec l'infraction poursuivie ▪ Cass. crim., 6 févr. 1996, n° 95-84.041 : *JurisData* n° 1996-000288 ; *Bull. Joly Sociétés* 1996, p. 410, note J.-F. Barbièri ; *JCP E* 1996, 837, note J.-F. Renucci et O. Meyer. – L'action en responsabilité doit emprunter la voie de l'action sociale *ut singuli*, et non celle de l'action individuelle ▪ Cass. crim., 4 avr. 2001 : *D.* 2002, p. 1475, note E. Scholastique.

– La société mère peut, par la voie de l'action sociale, agir en réparation du préjudice subi par sa filiale à 100 % ▪ Cass. crim., 13 déc. 2000, n° 99-84.855 : *JurisData* n° 2000-008066 ; *Bull. Joly Sociétés* 2001, p. 387, note J.-F. Barbièri.

– Est recevable l'action civile intentée par l'actionnaire d'une société absorbante demandant, par la voie de l'action sociale *ut singuli*, la réparation du dommage résultant de délits commis au préjudice de la société absorbée et de ses filiales ▪ Cass. crim., 2 avr. 2003, n° 02-82.674 : *JurisData* n° 2003-019019 ; *Bull. Joly Sociétés* 2003, p. 929, note J.-F. Barbièri. ▪ Cass. crim., 2 avr. 1998, n° 96-82.991 : *Bull. Joly Sociétés* 1998, p. 969, note J.-F. - Barbièri.

b) **Personnes dont l'action est irrecevable.**

– **Associé agissant à titre individuel.**

– Le délit d'abus de biens sociaux n'occasionne un dommage personnel et direct qu'à la société elle-même *[SARL]* et non à chaque associé ▪ Cass. crim., 5 déc. 2001 : *Bull. Joly Sociétés* 2002, p. 492, note H. Le Nabasque. – L'associé ne peut échapper à cette exigence en invoquant un prétendu préjudice moral ▪ Cass. crim., 14 juin 2006, n° 05-86.306 : *JurisData* n° 2006-034771 ; *Dr. sociétés* oct. 2006, n° 151, obs. R. Salomon.

– Est irrecevable l'action d'un actionnaire en vue de la réparation d'un préjudice individuel dans la mesure où la dépréciation des titres d'une société découlant des agissements délictueux des dirigeants constitue non pas un dommage propre à chaque associé, mais un préjudice subi par la société elle-même ▪ Cass. crim., 13 déc. 2000, 2 arrêts : *JurisData* n°s 2000-008065 et 2000-008066 ; *JCP* E 2001, p. 1138, note J.-H. Robert ; *Bull. Joly Sociétés* 2001, p. 497 et 498, note J.-F. Barbièri. ▪ Cass. crim., 9 mars 2005, n° 04-85.825 : *JurisData* n° 2005-027890 ; *Bull. Joly Sociétés* 2005, p. 959, note P. Scholer.

– Est irrecevable l'action de deux actionnaires invoquant la réduction du capital social intervenue et leur éviction de la société, car la dévalorisation du capital social découlant du délit d'abus de pouvoir commis par un dirigeant constitue non pas un dommage propre à chaque associé, mais un préjudice subi par la société elle-même ▪ Cass. crim., 13 déc. 2000, n° 99-84.855 : *Bull. Joly Sociétés* 2001, p. 499, note J.-F. Barbièri. ▪ Cass. crim., 18 sept. 2002, n° 02-81.892 : *Bull. Joly Sociétés* 2003, p. 63, note J.-F. Barbièri.

– **Créancier.** L'action des créanciers est irrecevable ▪ Cass. crim., 24 avr. 1971 : *Rev. sociétés* 1971, p. 608, note B. Bouloc. ▪ Cass. crim., 9 nov. 1992 : *Bull. Joly Sociétés* 1993, p. 317 ; *RJDA* 1993, p. 41. ▪ Cass. crim., 22 juin 1995 : *Bull. Joly Sociétés* 1995,p. 1047, note P.L.C ; *RJDA* 1995, p. 960. ▪ Cass. crim., 20 mai 2009, n° 08-86.899 : *JurisData* n° 2009-049197 : *Dr. sociétés* août 2009, comm. 8-9, 170, note R. Salomon ; *JCP* E 2009, 1977, note R. Salomon. ▪ Cass. crim., 3 juin 2015, n° 13-88.608 : *JurisData n° 2015-013000 ; Dr. sociétés 2015, comm. 159, note R. Salomon.*

– **Caution.** La constitution de partie civile de la caution de la société est irrecevable, l'exécution de l'obligation mise à sa charge ne résultant directement que de son seul engagement contractuel ▪ Cass. crim., 25 nov. 1975, n° 74-93.426 : *JurisData* n° 1975-798035 ; *JCP* 1976, II, n° 18476, note M. Delmas-Marty ; *Rev. sociétés* 1976, p. 655, note B. Bouloc. ▪ Cass. crim., 23 mars 2016, n° 15-81.448 : *JurisData* n° 2016-005299 ; *Rev. sociétés* 2016, p. 688, note B. Bouloc ; *RTD com.* 2016, p. 347, note B. Bouloc ; *Rev. sc. crim.* 2016, p. 277, H. Matsopoulou ; *Dr. sociétés* 2016, comm. 92, note R. Salomon.

– **Salarié.** Sont irrecevables :

– l'action d'un directeur salarié se prétendant lésé en tant que bénéficiaire d'un intéressement aux résultats et du fait d'un licenciement économique dont il avait été l'objet ; en effet, il ne peut souffrir, à raison du délit d'abus de biens sociaux, que d'un préjudice qui serait indirect et dont la réparation ne pourrait être demandée qu'aux juridictions civiles ▪ Cass. crim., 7 mars 2000, n° 99-81.011 : *Bull. Joly Sociétés* 2000, p. 720, note P. Scholer ;

– l'action civile d'un syndicat et d'un salarié, la diminution du montant des primes attribuées aux salariés au titre de la réserve spéciale de participation n'étant qu'une conséquence indirecte des délits commis ▪ Cass. crim., 28 janv. 2004, n° 03-81.345 : *Bull. Joly Sociétés* 2004, p. 827, note G. Auzero ; *Rev. sociétés* 2004, p. 405, note B. Bouloc ;

– l'action civile d'anciens salariés, le délit d'abus de biens sociaux n'étant pas la cause directe du préjudice moral subi par ceux-ci ▪ Cass. crim., 23 mars 2005, n° 04-84.7565 : *JurisData* n° 028259 ; *JCP* E 2005, 1230, note J.-H. Robert ; *Dr. sociétés* janv. 2006, n° 11, obs. R. Salomon. Sont irrecevables à se constituer partie civile du chef d'abus de biens sociaux les salariés dans la mesure où le préjudice invoqué par eux ne résulte pas directement de ce délit. ▪ Cass. crim., 3 juin 2015, n° 13-88.608 : *JurisData* n° 2015-013000 ; *Dr. sociétés* 2015, n° 159, note R. Salomon.

– **Trésor public.** Est irrecevable la constitution de partie civile de l'agent judiciaire du Trésor ▪ Cass. crim., 28 févr. 2006, n° 05-83.461 : *JurisData* n° 2006-032884 ; *Bull. Joly Sociétés* 2006, p. 1035, note C. Masala ; *D.* 2006, p. 1456, obs. A. Lienhard ; *D.* 2006, p. 2145, note S. Jacopin ; *Dr. sociétés* juin 2006, n° 95, obs. R. Salomon.

20) Prescription. – **Principe.** La prescription de l'abus de biens, court, non pas du jour de la commission de l'infraction, mais du jour où le délit est apparu et a pu être constaté dans des conditions permettant l'exercice de l'action publique ▪ Cass. crim., 10 août 1981 : *JurisData* n° 1981-002270 ; *Rev. sociétés* 1983, p. 369, note B. Bouloc.

– **Constitutionnalité.** L'assemblée plénière refuse de renvoyer au Conseil constitutionnel la question prioritaire de constitutionnalité relative à la prescription de l'abus de biens sociaux. ▪ Cass. ass. plén., 20 mai 2011, n°s 11-90.025, 11-90.032, 11-90.033 et 11-90.042.

– **Mise en œuvre.** Lorsque les charges résultant des contrats constitutifs de l'infraction ont fait l'objet d'une inscription dans les comptes sociaux soumis à l'approbation des associés, la prescription de l'action publique du chef d'abus de biens sociaux court, sauf dissimulation, à compter de la présentation des comptes annuels par lesquels les dépenses litigieuses sont mises indûment à la charge de la société ▪ Cass. crim., 5 mai 1997, n° 96-81.889 : *JurisData* n° 1997-002449 ; *Bull. crim.* 1997, n° 153. ▪ Cass. crim., 13 oct. 1999 : *JCP* E 2000, p. 1380, note D. Ohl ; *Bull. Joly Sociétés* 2000, p. 182, note J.-F. Barbièri ; *Rev. sociétés* 2000, p. 360, note B. Bouloc. ▪ Cass. crim., 27 juin 2001 : *JurisData* n° 2001-010665 ; *Dr. et patrimoine* 1/2002, p. 100, obs. D. Poracchia ; *Dr. pén.* nov. 2001, p. 16, obs. J.-H. Robert ; *JCP* E 2001, p. 1747 ; *Bull. Joly Sociétés* 2001, p. 1117, note J.-F. Barbièri ; *Rev. sociétés* 2001, p. 873, note B. Bouloc. ▪ Cass. crim., 1er déc. 2004, n° 03-85.553 : *JurisData* n° 2004-026403 ; *Bull. Joly Sociétés* 2005, p. 494, note J.-F. Barbièri ; *Rev. sociétés* 2005, p. 444, note B. Bouloc. ▪ Cass. crim., 6 avr. 2005, n° 04-82.926 : *Dr. sociétés* oct. 2005, n° 185, obs. R. Salomon. ▪ Cass. crim., 30 janv. 2013, n° 12-80.107 : *JurisData* n° 2013-002628 ; *Dr. sociétés* 2013, n° 91, note R. Salomon ; *Rev. sociétés* 2013, p. 371, note H. Matsopoulou. ▪ Cass. crim., 30 janv. 2013, n° 12-80.107 : *JurisData* n° 2013-002628 ; *JCP* E 2014, 1028, chron. n° 3, R. Salomon. – Le point de départ de la prescription du délit d'abus de biens sociaux court, en l'absence de dissimulation, à la date de présentation des comptes annuels par lesquels les dépenses litigieuses ont été mises à la charge de la société. ▪ Cass. crim., 22 janv. 2014, n° 12-87.170 : *JurisData* n° 2014-000611 ; *Dr. sociétés* 2014, n° 72, note. R. Salomon ; *JCP* E 2014, n° 1395, note R. Salomon. ▪ Cass. crim., 2 avr. 2014, n° 13-80.010 : *JurisData* n° 2014-006476 ; *JCP* E 2014, n° 1395, note R. Salomon ; *Rev. sociétés* 2014, p. 592, note B. Bouloc. – La prescription de l'abus de biens sociaux peut être reportée à compter de la révélation de l'infraction, dès lors qu'elle a été dissimulée. ▪ Cass. crim., 4 mai 2016, n° 14-88.237 : *JurisData* n° 2016-008331 ; *RTD com.* 2016, p. 576, note B. Bouloc ; *Dr. sociétés* 2016, comm. 134, R. Salomon. – La dissimulation de *l'abus de* biens sociaux et la connexité de ce délit avec une autre infraction sont des exceptions au principe selon lequel l'abus de biens sociaux se prescrit à compter de la date de sa commission. ▪ Cass. crim., 16 déc. 2015, n° 13-84.592 : *JurisData* n° 2015-028262 ; *Dr. sociétés* 2016, n° 48, note R. Salomon.

– **Exigence d'une révélation à un tiers n'ayant pas participé à l'infraction.**

– Quand l'auteur et le complice du délit sont les seuls associés de la société victime *[SARL]*, aucun tiers ne peut être alerté sur l'irrégularité des opérations et le délai de prescription commence à courir au jour de la saisie au domicile du gérant des documents établissant le délit et non pas au jour de l'inscription en comptabilité des opérations délictueuses ▪ Cass. crim., 23 mai 2002, n° 01-83.983 : *JurisData* n° 2002-015339 ; *Bull. Joly Sociétés* 2002, p. 1048, note E. Deleuze.

– Un abus de biens sociaux tacitement accepté par l'ensemble des associés, lesquels avaient tous intérêt à sa dissimulation, ne se prescrit qu'à compter du jour où il est découvert par un tiers à la société, en l'espèce le contrôleur de l'administration fiscale ▪ Cass. crim., 8 mars 2006, n° 04-86.648 : *JCP* E 2006, 1954, note J.-H. Robert ; *Rev. sociétés* 2006, p. 602, note B. Bouloc.

– **Autorisation du conseil de surveillance.** Le point de départ du délai de prescription ne saurait être fixé à la date de l'autorisation de l'opération litigieuse par le conseil de surveillance dans la mesure où celui-ci n'a pas eu d'informations sur l'opération envisagée ; la prescription de l'action court donc, sauf dissimulation, à la date ultérieure de présentation des comptes annuels ▪ Cass. crim., 20 oct. 2004, n° 03-84.986 : *JurisData* n° 2004-025774 ; *Dr. sociétés* mars 2005, n° 57, obs. R. Salomon.

– **Inscription comptable inexacte.** La présentation des comptes annuels ne fait pas courir le délai de prescription lorsque ceux-ci ne sont pas fidèles et sincères ; il en est ainsi lorsque des commissions ont été versées à des bureaux d'études en rémunération de prestations fictives ▪ Cass. crim., 23 mai 2002 : *Bull. Joly Sociétés* 2002, p. 1048, note E. Dezeuze ; *Rev. sociétés* 2002, p. 746, note B. Bouloc ; lorsqu'un contrat de travail fictif a été conclu ▪ Cass. crim., 28 mai 2003, n° 02-84.223 : *Bull. Joly Sociétés* 2003, p. 1147, note J.-F. Barbièri ; *JCP* E 2003, act. p. 1186 ; ou encore lorsqu'ont été établies des factures destinées à justifier dans les comptes sociaux des opérations fictives ▪ Cass. crim., 16 nov. 2005, n° 05-81.185 : *JurisData* n° 2005-031387 ; *Dr. sociétés* févr. 2006, n° 29, obs. R. Salomon ; *JCP* G 2006, II, 10110, note P. Conte ; *Rev. sociétés* 2006, p. 602, note B. Bouloc.

– **Conventions à exécution successive.** Le délit d'abus de biens sociaux est une infraction instantanée consommée lors de chaque usage abusif des biens de la société ; par suite, en cas de convention à exécution successive aboutissant à mettre périodiquement à la charge de la société des dépenses indues, l'infraction est constituée chaque fois qu'un paiement est effectué ; aussi le point de départ de la prescription ne résulte-t-il pas de l'approbation initiale des conventions mais de l'approbation par les associés du rapport spécial des commissaires aux comptes établi chaque année sur ces conventions ▪ Cass. crim., 8 oct. 2003, n° 02-81.471 : *Bull.*

Joly Sociétés 2004, p. 54, note J.-F. Barbièri ; *D.* 2003, p. 2695, obs. A. Lienhard ; *JCP* E 2004, 29, n° 4, obs. J.-J. Caussain, F. Deboissy et G. Wicker, cassant ▪ CA Paris, 25 janv. 2002, n° 00/06879 : *JurisData* n° 2002-221223 ; *Rev. sociétés* 2002, p. 346, note B. Bouloc ; *JCP* E 2002, 851, n° 8, obs. A. Viandier et J.-J. Caussain.

– **Conventions réglementées.** Lorsque les conventions frauduleuses ayant pour parties la société victime, ses dirigeants et une société tierce participent du domaine des conventions réglementées, l'inobservation des règles légales constitue une dissimulation empêchant le cours de la prescription, laquelle se trouve suspendue jusqu'à ce que le formalisme légal ait été respecté ▪ Cass. crim., 10 avr. 2002, n° 01-80.090 : *JurisData* n° 2002-014468 ; *Bull. Joly Sociétés* 2002, p. 935, note P. Scholer ; *Dr. pén.* 2002, comm. 96, obs. J.-H. Robert.

21) Sanctions. – Principe d'interprétation stricte. En application du principe de légalité des délits et des peines, l'auteur d'un abus de biens sociaux ne peut être condamné qu'aux seules peines prévues par les articles L. 241-3 et L. 242-6 du Code de commerce. ▪ Cass. crim., 9 mai 2007, n° 07-81.298 : *Dr. sociétés* 2007, n° 165, obs. R. Salomon. ▪ Cass. crim., 6 déc. 2006, n° 06-82.860 : *Dr. sociétés* 2007, n° 58, obs. R. Salomon. ▪ Cass. crim., 19 sept. 2007, n° 07-80.533 : *JCP* E 2008, 1122, note J.-H. Robert. – **Motivation de la peine**. Une cour d'appel peut prononcer une peine complémentaire d'interdiction de gérer, si elle est spécialement motivée par la gravité des faits, la personnalité de l'auteur et sa situation personnelle. ▪ Cass. crim., 1er févr. 2017, n° 15-83.984 (P) : *JurisData* n° 2017-001409 ; *JCP* G 2017, comm. 277, note J. Leblois-Happe ; *Dr. sociétés* 2017, comm. 71, note R. Salomon.

Art. L. 242-7 *(Abr., Ord. n° 2004-274, 25 mars 2004).*

Art. L. 242-8 *(Anc. L. n° 66-537, 24 juill. 1966).* – **Est puni d'une amende de 9 000 € le fait, pour le président, les administrateurs ou les directeurs généraux d'une société anonyme, de ne pas, pour chaque exercice, dresser l'inventaire et établir des comptes annuels et un rapport de gestion.**

Section III. – Des infractions relatives aux assemblées d'actionnaires

Art. L. 242-9 *(Anc. L. n° 66-537, 24 juill. 1966 ; mod., L. n° 2003-706, 1er août 2003).* – **Est puni d'un emprisonnement de deux ans et d'une amende de 9 000 € :**

1° Le fait d'empêcher un actionnaire de participer à une assemblée d'actionnaires ;

2° *(Abr.)* ;

3° Le fait de se faire accorder, garantir ou promettre des avantages pour voter dans un certain sens ou pour ne pas participer au vote, ainsi que le fait d'accorder, garantir ou promettre ces avantages.

Bibliographie : M. Riou, *La protection pénale du droit de vote des actionnaires : Le droit pénal spécial des sociétés anonymes*, Dalloz, 1955, p. 325. • A. Viandier, *Observations sur les conventions de vote : JCP* E 1986, 15405. • M. Jeantin, *Les conventions de vote : RJ com.* 1990, p. 124. • M. Germain, *Le transfert du droit de vote : RJ com.* 1990, p. 135. • B. Mercadal, *Pour la validité des conventions de vote entre actionnaires : RJDA* 1992, 727. • P. Didier, *Les conventions de vote, in Mél. J. Foyer*, 1997, p. 341. • R. Salomon, *Droit de vote et droit pénal : Dr. sociétés* juill. 2014, dossier spécial 65e anniversaire, n° 9.

1) Représentation d'une personne morale. Une personne morale actionnaire peut être représentée aux assemblées générales par son représentant légal ou par un fondé de pouvoir désigné à cet effet, que ce dernier soit ou non actionnaire ▪ Cass. crim., 26 mai 1994, n° 92-83.095 : *JurisData* n° 1994-002912 ; *Bull. Joly Sociétés* 1994, p. 1076, note A. Couret ; *RJDA* 1994, p. 816.

2) Nullité. La mise en œuvre de l'action civile sur le fondement de l'article 440, 3°, de la loi de 1966 *[C. com., art. L. 242-9, 3°]* ne saurait aboutir au prononcé de la nullité des résolutions de l'assemblée concernée ▪ Cass. com., 8 mai 1963 : *JCP* 1963, II, 13282, note J.R.

Art. L. 242-10 *(Anc. L. n° 66-537, 24 juill. 1966 ; mod., L. n° 2012-387, 22 mars 2012).* – **Est puni d'un emprisonnement de six mois et d'une amende de 9 000 euros le fait, pour le président ou les administrateurs d'une société anonyme, *de ne pas soumettre à l'approbation* de l'assemblée générale ordinaire les comptes *annuels et le* rapport de gestion prévus à l'article L. 232-1.**

Art. L. 242-11 *(Abr., L. n° 2003-706, 1er août 2003).*

Art. L. 242-12 et L. 242-13 *(Abr., Ord. n° 2004-274, 25 mars 2004).*

Art. L. 242-14 *(Abr., L. n° 2001-420, 15 mai 2001).*

Art. L. 242-15 *(Abr., L. n° 2012-387, 22 mars 2012).*

> **Rédaction antérieure.** Art. L. 242-15 *(Anc. L. n° 66-537, 24 juill. 1966 ; mod., Ord. n° 2004-274, 25 mars 2004).* – Est puni d'une amende de 3 750 €, le fait, pour le président ou les administrateurs d'une société anonyme :
> 1° *(Abr., L. n° 2003-706, 1er août 2003)* ;
> 2° De ne pas annexer à la feuille de présence les pouvoirs donnés à chaque mandataire ;
> 3° De ne pas procéder à la constatation des décisions de toute assemblée d'actionnaires par un procès-verbal signé des membres du bureau [...] mentionnant : la date et le lieu de la réunion, le mode de convocation, l'ordre du jour, la composition du bureau, le nombre d'actions participant au vote et le quorum atteint, les documents et rapports soumis à l'assemblée, un résumé des débats, le texte des résolutions mises aux voix et le résultat des votes.

Art. L. 242-16 *(Abr., L. n° 2003-706, 1er août 2003).*

Section IV. – Des infractions relatives aux modifications du capital social

Sous-section 1. – De l'augmentation du capital

Art. L. 242-17 *(Anc. L. n° 66-537, 24 juill. 1966 ; rempl., L. n° 2012-387, 22 mars 2012 ; mod., Ord. n° 2019-1067, 21 oct. 2019).* – **Est puni de 150 000 € d'amende le fait, pour le président, les administrateurs ou les directeurs généraux d'une société anonyme, d'émettre des actions ou des coupures d'actions sans que le capital antérieurement souscrit de la société ait été intégralement libéré ou sans que les nouvelles actions d'apport aient été intégralement libérées avant l'inscription modificative au registre du commerce et des sociétés ou encore sans que les actions de numéraire nouvelles aient été libérées, lors de la souscription, du quart au moins de leur valeur nominale et, le cas échéant, de la totalité de la prime d'émission.**

La peine prévue au présent article peut être doublée lorsque les actions ou coupures d'actions émises ont fait l'objet d'une offre au public, à l'exception des offres mentionnées au 1° ou au 2° de l'article L. 411-2 du Code monétaire et financier ou à l'article L. 411-2-1 du même code.

Le présent article n'est applicable ni aux actions qui ont été régulièrement émises par conversion d'obligations convertibles à tout moment ou par utilisation des bons de souscription, ni aux actions émises dans les conditions prévues aux articles L. 232-18 à L. 232-20.

Voir : art. L. 242-1, p. 582.

Art. L. 242-18 *(Abr., L. n° 2003-706, 1er août 2003).*

Art. L. 242-19 *(Abr., L. n° 2003-706, 1er août 2003).*

Art. L. 242-20 *(Anc. L. n° 66-537, 24 juill. 1966).* – **Est puni d'un emprisonnement de deux ans et d'une amende de 18 000 € le fait, pour le président, les administrateurs ou les commissaires aux comptes d'une société anonyme, de donner ou confirmer des indications inexactes dans les rapports présentés à l'assemblée générale appelée à décider de la suppression du droit préférentiel de souscription des actionnaires.**

Art. L. 242-21 *(Anc. L. n° 66-537, 24 juill. 1966).* – **Les dispositions des articles L. 242-2 à L. 242-5** ***relatives*** **à la constitution des sociétés anonymes sont applicables en cas d'augmentation de capital.**

Sous-section 2. – De l'amortissement du capital

Art. L. 242-22 *(Abr., L. n° 2001-420, 15 mai 2001).*

Sous-section 3. – De la réduction du capital

Art. L. 242-23 *(Anc. L. n° 66-537, 24 juill. 1966 ; rempl., L. n° 2012-387, 22 mars 2012).* – **Est puni de 30 000 € d'amende le fait, pour le président ou les administrateurs d'une société anonyme, de procéder à une réduction du capital social sans respecter l'égalité des actionnaires.**

Bibliographie : R. Salomon, *Droit de vote et droit pénal : Dr. sociétés* 2014, dossier spécial 65e anniversaire, n° 9.

Art. L. 242-24 *(Anc. L. n° 66-537, 24 juill. 1966 ; mod., L. n° 2012-387, 22 mars 2012).* – Est puni de 150 000 € d'amende le fait, pour le président, les administrateurs ou les directeurs généraux d'une société anonyme, d'utiliser des actions achetées par la société en application de l'article L. 225-208 afin de faire participer les salariés aux résultats, d'attribuer des actions gratuites ou de consentir des options donnant droit à l'achat d'actions à des fins autres que celles prévues au même article L. 225-208.

Est passible de la même peine le fait, pour le président, les administrateurs ou les directeurs généraux d'une société anonyme, d'effectuer, au nom de celle-ci, les opérations interdites par le premier alinéa de l'article L. 225-216.

Section V. – Des infractions relatives au contrôle

Art. L. 242-25 à L. 242-28 *(Abr., L. n° 2001-420, 15 mai 2001).*

Voir : art. L. 820-4 à L. 820-7, p. 1474.

Section VI. – Des infractions relatives à la dissolution

Art. L. 242-29 *(Abr., L. n° 2012-387, 22 mars 2012).*

Rédaction antérieure. Art. L. 242-29 *(Anc. L. n° 66-537, 24 juill. 1966).* – Est puni d'un emprisonnement de six mois et d'une amende de 4 500 € le fait, pour le président ou les administrateurs d'une société anonyme, lorsque les capitaux propres de la société, du fait de pertes constatées dans les documents comptables, deviennent inférieurs à la moitié du capital social :

1° De ne pas, dans les quatre mois qui suivent l'approbation des comptes ayant fait apparaître ces pertes, convoquer l'assemblée générale extraordinaire à l'effet de décider s'il y a lieu à dissolution anticipée de la société ;

2° De ne pas déposer au greffe du tribunal de commerce, inscrire au registre du commerce et des sociétés et publier dans un journal d'annonces légales la décision adoptée par l'assemblée générale.

Voir : art. L. 225-248, p. 425.

Section VII. – Des infractions relatives aux sociétés anonymes comportant un directoire et un conseil de surveillance

Art. L. 242-30 *(Anc. L. n° 66-537, 24 juill. 1966 ; mod., L. n° 2003-721, 1er août 2003 ; L. n° 2011-525, 17 mai 2011 ; L. n° 2012-387, 22 mars 2012).* – Les peines prévues par les articles L. 242-1 à L. 242-24 pour les présidents, les directeurs généraux et les administrateurs des sociétés anonymes sont applicables, selon leurs attributions respectives, aux membres du directoire et aux membres du conseil de surveillance des sociétés anonymes régies par les dispositions des articles L. 225-57 à L. 225-93.

Les dispositions de l'article L. 246-2 sont en outre applicables aux sociétés anonymes régies par les articles L. 225-57 à L. 225-93.

Section VIII. – Des infractions relatives aux sociétés anonymes à participation ouvrière

Art. L. 242-31 *(Abr., L. n° 2012-387, 22 mars 2012).*

Rédaction antérieure. Art. L. 242-31 *(Anc. L. 24 juill. 1867).* – Est puni d'une amende de 3 750 € le fait, pour le président, les administrateurs ou les directeurs généraux d'une société anonyme à participation ouvrière, usant de la faculté d'émettre des actions de travail, de ne pas mentionner cette circonstance par l'addition des mots « participation ouvrière » sur tous actes ou sur tous documents émanant de la société et destinés aux tiers.

CHAPITRE III. – DES INFRACTIONS CONCERNANT LES SOCIÉTÉS EN COMMANDITE PAR ACTIONS

Art. L. 243-1 *(Anc. L. n° 66-537, 24 juill. 1966).* – Les articles L. 242-1 à L. 242-29 s'appliquent aux *sociétés* en commandite par actions.

Les peines prévues pour les présidents, les administrateurs ou les directeurs généraux des sociétés anonymes sont applicables, en ce qui concerne leurs attributions, aux gérants des sociétés en commandite par actions.

Art. L. 243-2 *(Abr., L. n° 2001-420, 15 mai 2001).*

CHAPITRE IV. – DES INFRACTIONS CONCERNANT LES SOCIÉTÉS PAR ACTIONS SIMPLIFIÉES

Art. L. 244-1 *(Anc. L. n° 66-537, 24 juill. 1966 ; mod., L. n° 2011-525, 17 mai 2011 ; L. n° 2012-387, 22 mars 2012).* – Les articles L. 242-1 à L. 242-6, L. 242-8, L. 242-17 à L. 242-24 s'appliquent aux sociétés par actions simplifiées.

Les peines prévues pour le président, les administrateurs ou les directeurs généraux des sociétés anonymes sont applicables au président et aux dirigeants des sociétés par actions simplifiées.

Les articles L. 242-20, L. 820-6 et L. 820-7 s'appliquent aux commissaires aux comptes des sociétés par actions simplifiées.

Art. L. 244-2 *(Mod., L. n° 2001-420, 15 mai 2001 ; L. n° 2003-721, 1er août 2003).* – Le fait, pour un président ou un dirigeant de société par actions simplifiée de ne pas consulter les associés dans les conditions prévues par les statuts en cas d'augmentation, d'amortissement ou de réduction du capital, de fusion, de scission, de dissolution ou de transformation en une société d'une autre forme, est puni de six mois d'emprisonnement et de 7 500 € d'amende.

Art. L. 244-3 *(Abr., Ord. n° 2019-1067, 21 oct. 2019).*

Rédaction antérieure. Art. L. 244-3 *(Mod., Ord. n° 2009-80, 22 janv. 2009).* – Est puni d'une amende de 18 000 € le fait, pour les dirigeants d'une société par actions simplifiée, de procéder à une offre au public de titres financiers ou de faire admettre des actions aux négociations sur un marché réglementé.

Art. L. 244-4 *(Anc. L. n° 66-537, 24 juill. 1966).* – Les dispositions des articles L. 244-1, L. 244-2 et L. 244-3 sont applicables à toute personne qui, directement ou par personne interposée, aura en fait exercé la direction d'une société par actions simplifiée sous le couvert ou au lieu et place du président et des dirigeants de cette société.

CHAPITRE IV *BIS*. – DES INFRACTIONS CONCERNANT LES SOCIÉTÉS EUROPÉENNES

(L. n° 2005-842, 26 juill. 2005)

Art. L. 244-5 *(L. n° 2005-842, 26 juill. 2005).* – Les articles L. 242-1 à L. 242-30 s'appliquent aux sociétés européennes.

Les peines prévues pour le président, les administrateurs, les directeurs généraux, les membres du directoire ou les membres du conseil de surveillance des sociétés anonymes sont applicables au président, aux administrateurs, aux directeurs généraux, aux membres du directoire ou aux membres du conseil de surveillance des sociétés européennes.

L'article L. 242-20 s'applique aux commissaires aux comptes des sociétés européennes.

Voir : art. L. 229-1 et s., p. 493.

CHAPITRE V. – DES INFRACTIONS RELATIVES AUX VALEURS MOBILIÈRES ÉMISES PAR LES SOCIÉTÉS PAR ACTIONS

Section I. – Des infractions relatives aux actions

Art. L. 245-1 et L. 245-2 *(Abr., L. n° 2001-420, 15 mai 2001).*

Art. L. 245-3 *(Abr., L. n° 2012-387, 22 mars 2012).*

Rédaction antérieure. Art. L. 245-3 *(Anc. L. n° 66-537, 24 juill. 1966 ; mod., Ord. n° 2004-604, 24 juin 2004).* – Sont punis d'un emprisonnement de six mois et d'une amende de 6 000 € le président et les administrateurs, les directeurs généraux, les membres du directoire et du conseil de surveillance d'une société anonyme, les gérants d'une société en commandite par actions :

1° Dont la société procède à l'amortissement de son capital alors que la totalité des actions à dividende prioritaire sans droit de vote n'ont pas été intégralement rachetées et annulées ;

2° Dont la société, en cas de réduction du capital non motivée par des pertes et réalisée selon les modalités prévues à l'article L. 225-207, ne rachète pas, en vue de leur annulation, les actions à dividende prioritaire sans droit de vote avant les actions ordinaires.

Art. L. 245-4 *(Anc. L. n° 66-537, 24 juill. 1966 ; mod., Ord. n° 2004-604, 24 juin 2004 ; L. n° 2012-387, 22 mars 2012).* – **Le fait, pour le président et les administrateurs, les directeurs généraux, les membres du directoire et du conseil de surveillance d'une société anonyme, les gérants des sociétés en commandite par actions, de détenir, directement ou indirectement dans les conditions prévues par l'article L. 228-35-8, des actions à dividende prioritaire sans droit de vote de la société qu'ils dirigent est puni d'une amende de 150 000 €.**

Art. L. 245-5 *(Abr., L. n° 2012-387, 22 mars 2012).*

Rédaction antérieure. Art. L. 245-5 *(Anc. L. n° 66-537, 24 juill. 1966).* – Est puni d'un emprisonnement de six mois et d'une amende de 6 000 € le fait, pour le liquidateur d'une société, de ne pas respecter les dispositions de l'article L. 237-30.

Section II. – Des infractions relatives aux parts de fondateur

Art. L. 245-6 *(Abr., L. n° 2001-420, 15 mai 2001).*

Section III. – Des infractions relatives aux obligations

Art. L. 245-7 et L. 245-8 *(Abr., L. n° 2001-420, 15 mai 2001).*

Art. L. 245-9 *(Anc. L. n° 66-537, 24 juill. 1966 ; mod., Ord. n° 2004-274, 25 mars 2004).* – **Est puni d'une amende de 9 000 € le fait, pour le président, les administrateurs, les directeurs généraux ou les gérants d'une société par actions d'émettre, pour le compte de cette société, des obligations négociables qui, dans une même émission, ne confèrent pas les mêmes droits de créance pour une même valeur nominale.**

Art. L. 245-10 *(Abr., L. n° 2003-706, 1er août 2003).*

Art. L. 245-11 *(Anc. L. n° 66-537, 24 juill. 1966 ; mod., Ord. n° 2004-604, 24 juin 2004).* – **Est puni d'un emprisonnement de deux ans et d'une amende de 9 000 € le fait :**

1° D'empêcher un obligataire de participer à une assemblée générale d'obligataires ;

2° De se faire accorder, garantir ou promettre des avantages particuliers pour voter dans un certain sens ou pour ne pas participer au vote, ainsi que le fait d'accorder, garantir ou promettre ces avantages particuliers.

Art. L. 245-12 *(Anc. L. n° 66-537, 24 juill. 1966 ; mod., Ord. n° 2004-604, 24 juin 2004).* – **Est puni d'une amende de 6 000 € le fait :**

1° Pour le président, les administrateurs, les directeurs généraux, les gérants, les commissaires aux comptes, les membres du conseil de surveillance ou les employés de la société débitrice ou de la société garante de tout ou partie des engagements de la société débitrice ainsi que pour leurs ascendants, descendants ou conjoints de représenter des obligataires à leur assemblée générale, ou d'accepter d'être les représentants de la masse des obligataires ;

2° Pour le président, les administrateurs, les directeurs généraux ou les gérants de sociétés détenant au moins 10 % du capital des sociétés débitrices, de prendre part à l'assemblée générale des obligataires à raison des obligations détenues par ces sociétés.

Art. L. 245-13 *(Anc. L. n° 66-537, 24 juill. 1966 ; mod., Ord. n° 2004-274, 25 mars 2004).* – **Est puni d'une amende de 4 500 € le fait, pour le président de l'assemblée générale des obligataires, de ne pas procéder à la constatation des décisions de toute assemblée générale d'obligataires par procès-verbal, mentionnant la date et le lieu de la réunion, le mode de convocation, l'ordre du jour, la composition du bureau, le nombre d'obligataires participant au vote et le quorum atteint, les documents et rapports soumis à l'assemblée, un résumé des débats, le texte des résolutions mises aux voix et le résultat des votes.**

Art. L. 245-14 *(Abr., L. n° 2003-706, 1er août 2003).*

Art. L. 245-15 *(Anc. L. n° 66-537, 24 juill. 1966 ; mod., L. n° 2003-706, 1er août 2003 ; Ord. n° 2004-604, 24 juin 2004).* – Les infractions prévues aux articles L. 245-9, L. 245-12 et L. 245-13 sont punies de cinq ans d'emprisonnement et de 18 000 € d'amende lorsqu'elles ont été commises frauduleusement en vue de priver les obligataires ou certains d'entre eux d'une part des droits attachés à leur titre de créance.

Section IV. – Dispositions communes

Art. L. 245-16 *(Anc. L. n° 66-537, 24 juill. 1966).* – Les dispositions du présent chapitre visant le président, les administrateurs, les directeurs généraux et les gérants de sociétés par actions sont applicables à toute personne qui, directement ou par personne interposée, aura, en fait, exercé la direction, l'administration ou la gestion desdites sociétés sous le couvert ou au lieu et place de leurs représentants légaux.

Voir : art. L. 241-9, p. 582 et annot. sous art. L. 242-6, p. 583.

Section V. – Des infractions relatives aux sociétés anonymes comportant un directoire et un conseil de surveillance

Art. L. 245-17 *(Anc. L. n° 66-537, 24 juill. 1966).* – Les peines prévues par les articles L. 245-1 à L. 245-15 pour les présidents, les directeurs généraux et les administrateurs des sociétés anonymes sont applicables, selon leurs attributions respectives, aux membres du directoire et aux membres du conseil de surveillance des sociétés anonymes régies par les dispositions des articles L. 225-57 à L. 225-93.

Les dispositions de l'article L. 245-16 sont en outre applicables aux sociétés anonyme régies par les articles L. 225-57 à L. 225-93.

CHAPITRE VI. – DES INFRACTIONS COMMUNES AUX DIVERSES FORMES DE SOCIÉTÉS PAR ACTIONS

Art. L. 246-1 *(Abr., L. n° 2003-721, 1er août 2003).*

Art. L. 246-2 *(Anc. L. n° 66-537, 24 juill. 1966 ; mod., L. n° 2005-842, 26 juill. 2005).* – Les dispositions des articles L. 242-1 à L. 242-29, L. 243-1 et L. 244-5 visant le président, les administrateurs ou les directeurs généraux de sociétés anonymes ou de sociétés européennes et les gérants de sociétés en commandite par actions sont applicables à toute personne qui, directement ou par personne interposée, a, en fait, exercé la direction, l'administration ou la gestion desdites sociétés sous le couvert ou au lieu et place de leurs représentants légaux.

Voir : art. L. 241-9, p. 582 et annot. sous art. L. 242-6, p. 583 ; art. L. 245-16, p. 597.

CHAPITRE VII. – DES INFRACTIONS COMMUNES AUX DIVERSES FORMES DE SOCIÉTÉS COMMERCIALES

Section I. – Des infractions relatives aux filiales, aux participations et aux sociétés contrôlées

Art. L. 247-1 *(Anc. L. n° 66-537, 24 juill. 1966 ; mod., Ord. n° 2015-900, 23 juill. 2015).* – I. – Est puni d'un emprisonnement de deux ans et d'une amende de 9 000 € le fait, pour les présidents, les administrateurs, les directeurs généraux ou les gérants de toute société :

1° De ne pas faire mention dans le rapport annuel présenté aux associés sur les opérations de l'exercice, d'une prise de participation dans une société ayant son siège sur le territoire de la République française représentant plus du vingtième, du dixième, du cinquième, du tiers, de la moitié ou des deux tiers du capital ou des droits de vote aux assemblées générales de cette société ou de la prise de contrôle d'une telle société ;

2° De ne pas, dans le même rapport, rendre compte de l'activité et des résultats de l'ensemble de la société, des filiales de la société et des sociétés qu'elle contrôle par branche d'activité ;

3° De ne pas « inclure dans l'annexe » de la société le tableau prévu à l'article L. 233-15 et comportant les renseignements en vue de faire apparaître la situation desdites filiales et participations.

3° De ne pas annexer au bilan de la société le tableau prévu à l'article L. 233-15 et comportant les renseignements en vue de faire apparaître la situation desdites filiales et participations.

II. – Est puni d'une amende de 9 000 € le fait, pour les membres du directoire, du conseil d'administration ou les gérants des sociétés visées à l'article L. 233-16, sous réserve des dérogations prévues à l'article L. 233-17, de ne pas établir et adresser aux actionnaires ou associés, dans les délais prévus par la loi, les comptes consolidés. Le tribunal peut en outre ordonner l'insertion du jugement, aux frais du condamné, dans un ou plusieurs journaux.

III. – Est puni des peines mentionnées au I le fait, pour le commissaire aux comptes, de ne pas faire figurer dans son rapport les mentions visées au 1° du I du présent article.

Art. L. 247-2 *(Anc. L. n° 66-537, 24 juill. 1966 ; mod., L. n° 2003-7, 3 janv. 2003 ; L. n° 2003-706, 1er août 2003 ; Ord. n° 2009-80, 22 janv. 2009)*. – I. – Est puni d'une amende de 18 000 € le fait, pour les présidents, les administrateurs, les membres du directoire, les gérants ou les directeurs généraux des personnes morales, ainsi que pour les personnes physiques de s'abstenir de remplir les obligations d'informations auxquelles cette personne est tenue, en application de l'article L. 233-7, du fait des participations qu'elle détient.

II. – Est puni de la même peine le fait, pour les présidents, les administrateurs, les membres du directoire, les gérants ou les directeurs généraux d'une société, de s'abstenir de procéder aux notifications auxquelles cette société est tenue, en application de l'article L. 233-12, du fait des participations qu'elle détient dans la société par actions qui la contrôle.

III. – Est puni de la même peine le fait, pour les présidents, les administrateurs, les membres du directoire, les gérants ou les directeurs généraux d'une société, d'omettre de faire mention dans le rapport présenté aux actionnaires sur les opérations de l'exercice de l'identité des personnes détenant des participations significatives dans cette société des modifications intervenues au cours de l'exercice, du nom des sociétés contrôlées et de la part du capital de la société que ces sociétés détiennent, dans les conditions prévues par l'article L. 233-13.

IV. – Est puni de la même peine le fait, pour le commissaire aux comptes, d'omettre dans son rapport les mentions visées au III.

V. – Pour les sociétés dont les actions sont admises aux négociations sur un marché d'instruments financiers mentionné au II de l'article L. 233-7, les poursuites sont engagées après que l'avis de l'Autorité des marchés financiers a été demandé.

Art. L. 247-3 *(Mod., L. n° 2003-706, 1er août 2003 ; Ord. n° 2009-80, 22 janv. 2009)*. – Est puni d'une amende de 18 000 € le fait, pour les présidents, les administrateurs, les membres du directoire, les directeurs généraux ou les gérants de sociétés, de contrevenir aux dispositions des articles L. 233-29 à L. 233-31.

Pour les sociétés dont les actions sont admises aux négociations sur un marché réglementé, les poursuites pour infraction aux dispositions de l'article L. 233-31 sont engagées après que l'avis de l'Autorité des marchés financiers a été demandé.

Section II. – Des infractions relatives à la publicité

Art. L. 247-4 *(Abr., L. n° 2012-387, 22 mars 2012)*.

> **Rédaction antérieure. Art. L. 247-4** *(Anc. L. n° 66-537, 24 juill. 1966)*. – Est puni d'une amende de 9 000 € le fait, pour toute personne, de ne pas satisfaire aux obligations résultant de l'article L. 225-109 dans le délai et suivant les modalités fixées par décret en Conseil d'État.

Section III. – Infractions relatives à la liquidation

Art. L. 247-5 *(Anc. L. n° 66-537, 24 juill. 1966)*. – Est puni d'un emprisonnement de deux ans et d'une *amende* 9 000 € le fait de contrevenir à l'interdiction d'exercer les fonctions de liquidateur.

Quiconque est condamné par application de l'alinéa précédent ne peut plus être employé, à quelque titre que ce soit, par la société dans laquelle il a exercé les fonctions prohibées. En cas d'infraction à cette interdiction, la personne condamnée et son employeur, si ce dernier en a eu connaissance, sont punis des peines prévues audit alinéa.

Art. L. 247-6 *(Abr., L. n° 2012-387, 22 mars 2012).*

Rédaction antérieure. Art. L. 247-6 *(Anc. L. n° 66-537, 24 juill. 1966).* – Est puni d'un emprisonnement de six mois et d'une amende de 9 000 € le fait, pour le liquidateur d'une société :

1° De ne pas publier dans le délai d'un mois de sa nomination, dans un journal d'annonces légales dans le département du siège social, l'acte le nommant liquidateur et déposer au registre du commerce et des sociétés les décisions prononçant la dissolution ;

2° De ne pas convoquer les associés, en fin de liquidation, pour statuer sur le compte définitif, sur le quitus de sa gestion et la décharge de son mandat, et pour constater la clôture de la liquidation, ou de ne pas, dans le cas prévu à l'article L. 237-10, déposer ses comptes au greffe du tribunal ni demander en justice l'approbation de ceux-ci.

Art. L. 247-7 *(Anc. L. n° 66-537, 24 juill. 1966 ; mod., L. n° 2012-387, 22 mars 2012).* **– Est puni de 150 000 € d'amende le fait, pour un liquidateur en cas de liquidation judiciaire d'une société, de :**

1° Ne pas déposer sur un compte ouvert dans un établissement de crédit au nom de la société en liquidation, dans le délai de quinze jours à compter de la décision de répartition, les sommes réparties entre les associés et les créanciers ;

2° Ne pas déposer à la Caisse des dépôts et consignations, dans le délai d'un an à compter de la clôture de la liquidation, les sommes attribuées à des créanciers ou à des associés qui n'ont pas été réclamées.

Voir : art. R. 237-17 et R. 237-18, p. 1773.

Art. L. 247-8 *(Anc. L. n° 66-537, 24 juill. 1966).* **– Est puni d'un emprisonnement de cinq ans et d'une amende de 9 000 € le fait, pour un liquidateur, de mauvaise foi :**

1° De faire des biens ou du crédit de la société en liquidation, un usage qu'il sait contraire à l'intérêt de celle-ci, à des fins personnelles ou pour favoriser une autre société ou entreprise dans laquelle il est intéressé directement ou indirectement ;

2° De céder tout ou partie de l'actif de la société en liquidation contrairement aux dispositions des articles L. 237-6 et L. 237-7.

Bibliographie : B. Mercadal, *Abus de biens sociaux, responsabilité pénale des personnes morales : RJDA* 11/1998, chron. p. 879.

Section IV. – Des infractions relatives aux sociétés anonymes comportant un directoire et un conseil de surveillance

Art. L. 247-9 *(Anc. L. n° 66-537, 24 juill. 1966).* **– Les peines prévues par les articles L. 247-1 à L. 247-4 pour les présidents, les directeurs généraux et les administrateurs de sociétés anonymes, sont applicables, selon leurs attributions respectives, aux membres du directoire et aux membres du conseil de surveillance des sociétés anonymes régies par les dispositions des articles L. 225-57 à L. 225-93.**

Bibliographie : A. Vitu, *Regards sur le droit pénal des sociétés* in *Études Roblot*, LGDJ 1984, p. 247.

Section V. – Des infractions relatives aux sociétés à capital variable

Art. L. 247-10 *(Abr., L. n° 2012-387, 22 mars 2012).*

Rédaction antérieure. Art. L. 247-10 *(Anc. L. 24 juill. 1867).* – Est puni d'une amende de 3 750 € le fait, pour le président, le gérant ou, de façon générale, le dirigeant d'une société usant de la faculté prévue à l'article L. 231-1 de ne pas mentionner cette circonstance par l'addition des mots « à capital variable » sur tous actes et sur tous documents émanant de la société et destinés aux tiers.

CHAPITRE VIII. – DISPOSITIONS CONCERNANT LES DIRECTEURS GÉNÉRAUX DÉLÉGUÉS DES SOCIÉTÉS ANONYMES OU DES SOCIÉTÉS EUROPÉENNES

(L. n° 2001-420, 15 mai 2001 ; intitulé mod., L. n° 2005-842, 26 juill. 2005)

Art. L. 248-1 *(L. n° 2001-420, 15 mai 2001 ; mod., L. n° 2005-842, 26 juill. 2005).* **– Les dispositions du présent titre visant les directeurs généraux des sociétés anonymes ou des sociétés européennes sont applicables, selon leurs attributions respectives, aux directeurs généraux délégués.**

Voir : art. L. 229-1 et s., p. 493.

CHAPITRE IX. – PEINES COMPLÉMENTAIRES APPLICABLES AUX PERSONNES PHYSIQUES

(L. n° 2008-776, 4 août 2008)

Art. L. 249-1 *(L. n° 2008-776, 4 août 2008)*. **– Les personnes physiques coupables des infractions prévues aux chapitres I à VIII du présent titre encourent également à titre de peines complémentaires l'interdiction, suivant les modalités prévues par l'article 131-27 du Code pénal, soit d'exercer une fonction publique ou d'exercer l'activité professionnelle ou sociale dans l'exercice ou à l'occasion de l'exercice de laquelle l'infraction a été commise, soit d'exercer une profession commerciale ou industrielle, de diriger, d'administrer, de gérer ou de contrôler à un titre quelconque, directement ou indirectement, pour leur propre compte ou pour le compte d'autrui, une entreprise commerciale ou industrielle ou une société commerciale. Ces interdictions d'exercice peuvent être prononcées cumulativement.**

Principe de légalité criminelle. L'article L. 249-1 limite l'interdiction de gérer aux seules entreprises commerciales, industrielles et aux sociétés commerciales. ▪ Cass. crim., 21 sept. 2011 : *JurisData* n° 2011-024389 ; *Dr. sociétés* 2012, n° 15, note R. Salomon. Le principe de légalité des peines fait obstacle à ce que l'auteur d'un abus de biens sociaux puisse être condamné à la peine d'interdiction de gérer toute personne morale et à la peine de publication de la décision de condamnation dans les journaux. ▪ Cass. crim., 25 janv. 2012, n° 11-80.291 : *JurisData* n° 2012-003092 ; *Dr. sociétés* 2012, p. 35, n° 89, note R. Salomon. ▪ Cass. crim., 29 juin 2016, n° 15-18.871 : *JurisData* n° 2016-012677 ; *Dr. sociétés* 2016, comm. 156, note R. Salomon.

TITRE V. – DES GROUPEMENTS D'INTÉRÊT ÉCONOMIQUE

Bibliographie : C. Lavabre, *Le groupement d'intérêt économique*, Litec (Bibl. dr. entr., t. XII). • *Le groupement d'intérêt économique, réflexions sur une nouvelle entité juridique : D.* 1969, 35 ; *Le groupement d'intérêt économique*, Litec, coll. « Bibl. dr. entr. », 1972, t. XII ; *De la participation des coopératives agricoles à des groupements d'intérêt économique : D.* 1973, 223. • Y. Guyon, *Les GIE dans le commerce de détail : D.* 1973, 91. • J.-J. Burst, *Une personnalité morale ambiguë : la personnalité morale du groupement d'intérêt économique : JCP* 1976, I, 2783. • Y. Guyon, *Les obstacles juridiques au développement des groupements d'intérêt économique : Rev. sociétés* 1978, 25. • J. Richard, *Le groupement d'intérêt économique et le sort de ses résultats depuis la loi n° 89-377 du 13 juin 1989 : JCP* E 1989, II, 15633 ; *Un rêve baroque ou le GIE spéculateur : JCP* N 1993, I, p. 148. • D. Lepeltier et G. Lesguillier, *GIE, GEIE*, GLN Joly, 2e éd. 1995. • Joly Sociétés, EG 005, *Groupement d'intérêt économique*, par Q. Urban. • *JCl. Sociétés-Traité, Groupement d'intérêt économique*, Fasc. 166-22 et 166-30 par J.-J. Burst et H. Azarian. • M. Cozian, A. Viandier et F. Deboissy, *Droit des sociétés*, LexisNexis, 33e éd., 2020, nos 1780 et s.

CHAPITRE I. – DU GROUPEMENT D'INTÉRÊT ÉCONOMIQUE DE DROIT FRANÇAIS

Art. L. 251-1 *(Anc. Ord. n° 67-821, 23 sept. 1967)*. **– Deux ou plusieurs personnes physiques ou morales peuvent constituer entre elles un groupement d'intérêt économique pour une durée déterminée.**

Le but du groupement est de faciliter ou de développer l'activité économique de ses membres, d'améliorer ou d'accroître les résultats de cette activité. Il n'est pas de réaliser des bénéfices pour lui-même.

Son activité doit se rattacher à l'activité économique de ses membres et ne peut avoir qu'un caractère auxiliaire par rapport à celle-ci.

1) Réunion de toutes les parts entre les mains d'une personne. La réunion de toutes les parts d'un GIE entre les mains d'une seule personne est une cause de dissolution judiciaire du groupement : *Rép. min. : JOAN Q, 26 janv. 1981, p. 373.*

2) Mise en réserve des bénéfices. Si le but du GIE n'est pas de réaliser des bénéfices pour lui-même, cette règle ne fait pas obstacle à ce qu'une partie des résultats provenant de ces activités soit mise en réserve dans les comptes du groupement pour les besoins de la réalisation de son objet. ▪ Cass. com., 6 mai 2014, n° 13-11.427 : *JurisData* n° 2014-009978 ; *Dr. sociétés* 2014, p. 25, n° 123, note H. Hovasse ; *Rev. sociétés* 2014, p. 574, note A.-C. Muller. À défaut de clause statutaire ou de décision d'assemblée en ce sens, le membre du groupement d'intérêt économique qui se retire de celui-ci ou en est exclu ne peut obtenir le remboursement de sa part dans les réserves régulièrement constituées. ▪ Cass. com., 19 janv. 2016, n° 14-19.796 : *JurisData* n° 2016-000758 ; *Rev. sociétés* 2016, p. 307, note P. Le Cannu ; *Dr. sociétés* 2016, comm. 55, note H. Hovasse ; *JCP* E 2016, comm. 1314, Ch. Lebel ; *Gaz. Pal.* 2016, n° 30, p. 77, note J.-M. Moulin ; *D.* 2016, p. 2365, note A. Rabreau ; *Rev. proc. coll.* 2016, comm. 89, note F. Reille.

Art. L. 251-2 *(Anc. Ord. n° 67-821, 23 sept. 1967).* **– Les personnes exerçant une profession libérale soumise à un statut législatif ou réglementaire ou dont le titre est protégé peuvent constituer un groupement d'intérêt économique ou y participer.**

Art. L. 251-3 *(Anc. Ord. n° 67-821, 23 sept. 1967).* **– Le groupement d'intérêt économique peut être constitué sans capital.**

Les droits de ses membres ne peuvent être représentés par des titres négociables. Toute clause contraire est réputée non écrite.

Art. L. 251-4 *(Anc. Ord. n° 67-821, 23 sept. 1967).* **– Le groupement d'intérêt économique jouit de la personnalité morale et de la pleine capacité à dater de son immatriculation au registre du commerce et des sociétés, sans que cette immatriculation emporte présomption de commercialité du groupement. Le groupement d'intérêt économique dont l'objet est commercial peut faire de manière habituelle et à titre principal tous actes de commerce pour son propre compte. Il peut être titulaire d'un bail commercial.**

Les personnes qui ont agi au nom d'un groupement d'intérêt économique en formation avant qu'il ait acquis la jouissance de la personnalité morale sont tenues, solidairement et indéfiniment, des actes ainsi accomplis, à moins que le groupement, après avoir été régulièrement constitué et immatriculé, ne reprenne les engagements souscrits. Ces engagements sont alors réputés avoir été souscrits dès l'origine par le groupement.

Voir : art. R. 123-36, p. 1591 et R. 123-60, p. 1600. - C. civ., art. 1843, p. 2976.

1) **Personnalité morale.** Les GIE ont une personnalité distincte de celle de leurs membres et exercent, conformément à leur objet et dans les limites fixées par leurs statuts, une activité qui leur est propre ▪ CE, 4 avr. 1997 : *JurisData* n° 1997-041747.

2) **Caractère civil ou commercial.** L'immatriculation au registre du commerce et des sociétés n'emportant pas présomption de commercialité, le caractère civil ou commercial du groupement est déterminé par son objet ▪ CA Orléans, 9 nov. 1972 : *JCP* 1973, II, 17508, note Y. Guyon. – Le caractère civil ou commercial d'un GIE doit être déterminé en fonction de son activité réelle, ▪ CA Paris, 21 févr. 1990, n° 89/13578 : *JurisData* n° 1990-020233 ; *JCP* E 1990, 15784, n° 15, obs. A. Viandier et J.-J. Caussain. ▪ CA Paris, 13 nov. 1996 : *JurisData* n° 1996-023052 ; *Bull. Joly Sociétés* 1997, p. 145, note D. Lepeltier. Un groupement d'intérêt économique est commercial dès lors que ses statuts l'autorisent à effectuer toutes opérations commerciales se rattachant directement ou indirectement à la réalisation de son objet. On peut dès lors en déduire que ce groupement effectue des actes de commerce et que son objet présente un caractère commercial. ▪ Cass. com., 15 juin 2010, n° 09-15.130 : *JurisData* n° 2010-009399 ; *JCP* E 2010, n° 1966, note H. Hovasse ; *Dr. sociétés* 2010, comm. 177.

Art. L. 251-5 *(Anc. Ord. n° 67-821, 23 sept. 1967 ; mod., L. n° 2003-7, 3 janv. 2003).* **– La nullité du groupement d'intérêt économique ainsi que des actes ou délibérations de celui-ci ne peut résulter que de la violation des dispositions impératives du présent chapitre, ou de l'une des causes de nullité des contrats en général.**

L'action en nullité est éteinte lorsque la cause de la nullité a cessé d'exister le jour où le tribunal statue sur le fond en première instance, sauf si cette nullité est fondée sur l'illicéité de l'objet du groupement.

Les articles 1844-12 à 1844-17 du Code civil sont applicables aux groupements d'intérêt économique.

Voir : C. civ., art. 1844-10, p. 2980 et C. com., art. L. 235-1, p. 544.

Nullité des actes du GIE. Les règles qui gouvernent la nullité des actes ou délibérations dans les sociétés civiles ou commerciales s'étendant aux GIE, la nullité desdits actes ou délibérations ne peut résulter que de la violation de dispositions impératives régissant ces groupements, ou de l'une des causes de nullité des contrats en général (C. com., art. L. 251-5), ▪ Cass. com., 6 mai 2014, n° 13-11.427 : *Bull. Joly Sociétés* 2014, p. 455, note F.-X. Lucas.

Art. L. 251-6 *(Anc. Ord. n° 67-821, 23 sept. 1967).* **– Les membres du groupement sont tenus des dettes de celui-ci sur leur patrimoine propre. Toutefois, un nouveau membre peut, si le contrat le permet, être exonéré**

des dettes nées antérieurement à son entrée dans le groupement. La décision d'exonération doit être publiée. Ils sont solidaires, sauf convention contraire avec le tiers cocontractant.

Les créanciers du groupement ne peuvent poursuivre le paiement des dettes contre un membre qu'après avoir vainement mis en demeure le groupement par acte extrajudiciaire.

1) Obligations aux dettes sociales. Les membres d'un GIE sont solidairement tenus, sauf convention contraire avec le tiers contractant, des dettes du GIE ▪ Cass. com., 24 juin 2008, n° 07-10.886 (FD) : *Bull. Joly Sociétés* 2009, p. 396, note Q. Urban ; *Dr. sociétés* 2008, n° 222, obs. R. Mortier. – La responsabilité des membres d'un GIE suppose l'immatriculation du groupement et l'inscription de ses membres au registre du commerce et des sociétés ▪ Cass. com., 30 juin 1987, n° 85-11.916 : *JurisData* n° 1987-001372 ; *JCP* E 1987, 16959, n° 27, obs. A. Viandier et J.-J. Caussain.

2) Solidarité et contribution au passif. La contribution au passif des membres du GIE doit être calculée selon les modalités du contrat constitutif ▪ Cass. com., 17 mai 1989, n° 87-15.667 : *JurisData* n° 1989-701476 ; *JCP* E 1990, 15784, n° 16, obs. A. Viandier et J.-J. Caussain.

3) Procédures collectives. – Le terme d'associé devant être interprété dans un sens large, il désigne, pour l'application des règles relatives aux procédures collectives, les membres d'un GIE ▪ Cass. com., 12 mai 1975, n° 73-14.066 : *JurisData* n° 1975-097126 ; *Bull. civ.* IV, n° 126.

– Le prononcé de la nullité du GIE ne fait pas b obstacle à l'ouverture d'une procédure de redressement judiciaire ▪ Cass. com., 5 avr. 1994, n° 92-15.118 : *Bull. Joly Sociétés* 1994, p. 662, note P. Le Cannu.

– En application de l'article L. 624-1 ancien du Code de commerce, l'ouverture d'une procédure collective à l'égard de chacun des membres d'un GIE en redressement ou liquidation judiciaire n'est pas subordonnée à une faute du membre ▪ Cass. com., 29 nov. 2005 : *JurisData* n° 2005-031067 ; *Dr. sociétés* févr. 2006, n° 21, obs. J.-P. Legros.

4) Titre exécutoire. Le titre délivré à l'encontre d'un GIE n'emporte pas le droit de saisir, entre les mains d'un tiers, par la voie de la saisie-attribution, les créances des membres du groupement, fussent-ils tenus solidairement des dettes de ce dernier, à défaut de titre exécutoire pris contre eux ▪ Cass. 2e civ., 15 janv. 2004, n° 02-14.547 : *JurisData* n° 2004-021845 ; *Bull. Joly Sociétés* 2004, p. 711, note F.-X. Lucas.

Art. L. 251-7 *(Anc. Ord. n° 67-821, 23 sept. 1967).* **– Le groupement d'intérêt économique peut émettre des obligations, aux conditions générales d'émission de ces titres par les sociétés, s'il est lui-même composé exclusivement de sociétés qui satisfont aux conditions prévues par le présent livre pour l'émission d'obligations.**

Le groupement d'intérêt économique peut également émettre des obligations aux conditions générales d'émission de ces titres prévues par la loi n° 85-698 du 11 juillet 1985 autorisant l'émission de valeurs mobilières par certaines associations s'il est lui-même composé exclusivement d'associations qui satisfont aux conditions prévues par cette loi pour l'émission d'obligations.

Voir : C. monét. fin., art. L. 213-7, p. 3286 et L. 213-20, p. 3288.

Art. L. 251-8 *(Anc. Ord. n° 67-821, 23 sept. 1967).* **– I. – Le contrat de groupement d'intérêt économique détermine l'organisation du groupement, sous réserve des dispositions du présent chapitre. Il est établi par écrit et publié selon les modalités fixées par décret en Conseil d'État.**

II. – Le contrat contient notamment les indications suivantes :

1° La dénomination du groupement ;

2° Les nom, raison sociale ou dénomination sociale, la forme juridique, l'adresse du domicile ou du siège social et, s'il y a lieu, le numéro d'identification de chacun des membres du groupement, ainsi que, selon le cas, la ville où se situe le greffe où il est immatriculé ou la ville où se situe la chambre des métiers où il est inscrit ;

3° La durée pour laquelle le groupement est constitué ;

4° L'objet du groupement ;

5° L'adresse du siège du groupement.

III. – Toutes les modifications du contrat sont établies et publiées dans les mêmes conditions que le contrat lui-même. Elles ne sont opposables aux tiers qu'à dater de cette publicité.

Art. L. 251-9 *(Anc. Ord. n° 67-821, 23 sept. 1967).* **– Le groupement, au cours de son existence, peut accepter de nouveaux membres dans les conditions fixées par le contrat constitutif.**

Tout membre du groupement peut se retirer dans les conditions prévues par le contrat, sous réserve qu'il ait exécuté ses obligations.

1) **Retrait.** – Date de prise d'effet. En l'absence, dans les statuts ou le règlement intérieur, de toute stipulation prévoyant un éventuel préavis en cas d'exercice du droit de retrait, le groupement est fondé à considérer que le retrait est d'effet immédiat, le membre n'étant pas autorisé à différer les effets de sa décision ■ Cass. com., 3 avr. 2007, n° 06-10.526 : *Bull. Joly Sociétés* 2007, p. 1281, note D. Poracchia ; *Dr. sociétés* 2007, n° 110, obs. F.-X. Lucas. ■ Cass. com., 20 mars 2012, n° 11-11.097 : *Rev. sociétés* 2013, p. 35, note M.-L. Coquelet ; *D.* 2012, p. 1844, obs. M.-P. Dumont-Lefrand.

– **Opposabilité du retrait.** Le retrait n'est opposable aux tiers qu'à dater de sa publication ■ Cass. com., 15 juill. 1987, n° 86-13.520 : *JCP* E 1988, 15168, n° 18, obs. A. Viandier et J.-J. Caussain.

2) **Exclusion.** La décision de l'assemblée des membres d'un GIE d'exclure l'un d'entre eux, votée sans que soient respectés les droits de la défense, peut être suspendue en référé dans l'attente d'une décision sur la validité ■ Cass. com., 7 juill. 1992, n° 90-12.855 : *JurisData* n° 1992-001713 ; *JCP* E 1993, I, 218, n° 16, obs. A. Viandier et J.-J. Caussain ; *Bull. Joly Sociétés* 1992, p. 1100, note A. Couret.

Art. L. 251-10 *(Anc. Ord. n° 67-821, 23 sept. 1967)*. – **L'assemblée des membres du groupement est habilitée à prendre toute décision, y compris de dissolution anticipée ou de prorogation, dans les conditions déterminées par le contrat. Celui-ci peut prévoir que toutes les décisions ou certaines d'entre elles seront prises aux conditions de quorum et de majorité qu'il fixe. Dans le silence du contrat, les décisions sont prises à l'unanimité.**

Le contrat peut aussi attribuer à chaque membre un nombre de voix différent de celui attribué aux autres. À défaut, chaque membre dispose d'une voix.

L'assemblée est obligatoirement réunie à la demande d'un quart au moins des membres du groupement.

Art. L. 251-11 *(Anc. Ord. n° 67-821, 23 sept. 1967)*. – **Le groupement est administré par une ou plusieurs personnes. Une personne morale peut être nommée administrateur du groupement sous réserve qu'elle désigne un représentant permanent, qui encourt les mêmes responsabilités civile et pénale que s'il était administrateur en son nom propre. Le ou les administrateurs du groupement, et le représentant permanent de la personne morale nommée administrateur sont responsables individuellement ou solidairement selon le cas, envers le groupement ou envers les tiers, des infractions aux dispositions législatives et réglementaires applicables aux groupements, de la violation des statuts du groupement, ainsi que de leurs fautes de gestion. Si plusieurs administrateurs ont coopéré aux mêmes faits, le tribunal détermine la part contributive de chacun dans la réparation du dommage. Sous cette réserve, le contrat de groupement ou, à défaut, l'assemblée des membres organise librement l'administration du groupement et nomme les administrateurs dont il détermine les attributions, les pouvoirs et les conditions de révocation.**

Dans les rapports avec les tiers, un administrateur engage le groupement par tout acte entrant dans l'objet de celui-ci. Toute limitation de pouvoirs est inopposable aux tiers.

1) **Révocation.** – Révocation *ad nutum*. Les administrateurs des GIE sont révocables ad nutum ■ CA Paris, 6 déc. 1979 : *JurisData* n° 1979-600920 ; *Rev. sociétés* 1981, p. 364, note J. H.

– **Indemnisation.** Des dommages et intérêts peuvent être alloués à l'administrateur en cas de révocation intervenue dans des conditions vexatoires, et décidée sans qu'il ait pu présenter des observations ■ CA Paris, 29 janv. 2002, n° 2001/09639 : *JurisData* n° 2002-185884 ; *JCP* E 2002, 851, n° 6, obs. A. Viandier et J.-J. Caussain. – Un administrateur ne peut invoquer la violation du principe de la contradiction lorsqu'il a été invité à se présenter à l'assemblée générale après avoir été informé qu'y serait évoquée la question du renouvellement de son mandat et avoir disposé d'un délai suffisant pour préparer son intervention ■ Cass. com., 14 juin 2005, n° 02-18.864 : *Bull. Joly Sociétés* 2005, p. 1413, note P. Le Cannu ; *D.* 2005, p. 1777, obs. A. Lienhard ; *JCP* E 2005, 1232.

2) **Responsabilité pénale.** Pour la condamnation d'un président pour abus de biens sociaux, V. ■ Cass. crim., 27 janv. 1986 : *JurisData* n° 1986-701868 ; *Bull. Joly Sociétés* 1986, p. 629.

3) **Cumul du mandat d'administrateur avec un contrat de travail.** S'il est erroné de tenir nul par principe le contrat de travail consenti à l'administrateur d'un GIE, encore faut-il que la situation de l'intéressé soit compatible avec un lien de subordination à l'égard du GIE dont il est l'administrateur unique, ce qui n'est pas le cas lorsqu'il détient seul l'ensemble des pouvoirs au sein du GIE, qu'il procède seul aux licenciements et qu'il contracte seul avec les fournisseurs ■ Cass. soc., 17 sept. 2008, n° 07-41.344 : *JCP* E 2237, note I. Beyneix.

Art. L. 251-12 *(Anc. Ord. n° 67-821, 23 sept. 1967).* – Le contrôle de la gestion, qui doit être confié à des personnes physiques, et le contrôle des comptes sont exercés dans les conditions prévues par le contrat constitutif du groupement.

Toutefois, lorsqu'un groupement émet des obligations dans les conditions prévues à l'article L. 251-7, le contrôle de la gestion doit être exercé par une ou plusieurs personnes physiques nommées par l'assemblée. La durée de leurs fonctions et leurs pouvoirs sont déterminés dans le contrat.

Le contrôle des comptes dans les groupements visés à l'alinéa précédent et dans les groupements qui comptent cent salariés ou plus à la clôture d'un exercice doit être exercé par un ou plusieurs commissaires aux comptes choisis sur la liste visée à l'article L. 822-1 et nommés par l'assemblée pour une durée de six exercices. Les dispositions du présent code concernant les incompatibilités, les pouvoirs, les fonctions, les obligations, la responsabilité, la récusation, la révocation, la rémunération du commissaire aux comptes des sociétés anonymes ainsi que les sanctions prévues par l'article L. 242-27 sont applicables aux commissaires des groupements d'intérêt économique, sous réserve des règles propres à ceux-ci.

Dans les cas prévus aux deux alinéas précédents, les dispositions des articles L. 242-25, L. 242-26 et L. 242-28, L. 245-8 à L. 245-17 sont applicables aux dirigeants du groupement, aux personnes physiques dirigeants des sociétés membres ou représentants permanents des personnes morales dirigeants de ces sociétés.

Voir : art. R. 251-1, p. 1776.

Art. L. 251-13 *(Anc. Ord. n° 67-821, 23 sept. 1967).* – Dans les groupements qui répondent à l'un des critères définis à l'article L. 232-2, les administrateurs sont tenus d'établir une situation de l'actif réalisable et disponible, valeurs d'exploitation exclues, et du passif exigible, un compte de résultat prévisionnel, un tableau de financement en même temps que le bilan annuel et un plan de financement prévisionnel.

Un décret en Conseil d'État précise la périodicité, les délais et les modalités d'établissement de ces documents.

Voir : art. R. 251-2, p. 1776.

Art. L. 251-14 *(Anc. Ord. n° 67-821, 23 sept. 1967).* – Les documents visés à l'article L. 251-13 sont analysés dans des rapports écrits sur l'évolution du groupement établis par les administrateurs. Les documents et rapports sont communiqués au commissaire aux comptes et au comité d'entreprise.

En cas de non-observation des dispositions de l'article L. 251-13 et de l'alinéa précédent, ou si les informations données dans les rapports visés à l'alinéa précédent appellent des observations de sa part, le commissaire aux comptes le signale dans un rapport aux administrateurs ou dans le rapport annuel. Il peut demander que son rapport soit adressé aux membres du groupement ou qu'il en soit donné connaissance à l'assemblée de ceux-ci. Ce rapport est communiqué au comité d'entreprise.

Art. L. 251-15 *(Anc. Ord. n° 67-821, 23 sept. 1967).* – Lorsque le commissaire aux comptes relève, à l'occasion de l'exercice de sa mission, des faits de nature à compromettre la continuité de l'exploitation du groupement, il en informe les administrateurs, dans des conditions qui sont fixées par décret en Conseil d'État. Ceux-ci sont tenus de lui répondre sous quinze jours. La réponse est communiquée au comité d'entreprise. Le commissaire aux comptes en informe le président du tribunal.

En cas d'inobservation de ces dispositions, ou s'il constate qu'en dépit des décisions prises la continuité de l'exploitation demeure compromise, le commissaire aux comptes établit un rapport spécial et invite par écrit les administrateurs à faire délibérer la prochaine assemblée générale sur les faits relevés. Ce rapport est communiqué au comité d'entreprise.

Si, à l'issue de la réunion de l'assemblée générale, le commissaire aux comptes constate que les décisions prises ne permettent pas d'assurer la continuité de l'exploitation, il informe de ses démarches le président du tribunal et lui en communique les résultats.

***Voir :** art. R. 251-3, p. 1776.*

Art. L. 251-16 *(Anc. Ord. n° 67-821, 23 sept. 1967).* – Le comité d'entreprise ou, à défaut, les délégués du personnel exercent dans les groupements d'intérêt économique, les attributions prévues aux articles L. 422-4 et L. 432-5 du Code du travail.

Les administrateurs communiquent au commissaire aux comptes les demandes d'explication formées par le comité d'entreprise ou les délégués du personnel, les rapports qui leur sont adressés et les réponses qu'ils ont faites en application des articles L. 422-4 et L. 432-5 du Code du travail.

Art. L. 251-17 *(Anc. Ord. n° 67-821, 23 sept. 1967 ; mod., L. n° 2012-387, 22 mars 2012).* **– Les actes et documents émanant du groupement et destinés aux tiers, notamment les lettres, factures, annonces et publications diverses, doivent indiquer lisiblement la dénomination du groupement suivie des mots : « groupement d'intérêt économique » ou du sigle : « GIE ».**

Art. L. 251-18 *(Anc. Ord. n° 67-821, 23 sept. 1967).* **– Toute société ou association dont l'objet correspond à la définition du groupement d'intérêt économique peut être transformée en un tel groupement sans donner lieu à dissolution ni à création d'une personne morale nouvelle.**

Un groupement d'intérêt économique peut être transformé en société en nom collectif sans donner lieu à dissolution ni à création d'une personne morale nouvelle.

Voir : Transformation en GEIE. art. L. 252-8, p. 607.

Transformation d'un GIE. La Chancellerie n'est pas hostile à la modification de l'ordonnance de 1967 en vue de l'extension de cette règle à l'hypothèse inverse de transformation d'un GIE en société ou en association : Rép. min. : *JOAN* Q, 2 févr. 1981, p. 488. – Mais en attendant cette extension, la transformation d'un GIE en société ou en association entraîne la création d'un être moral nouveau : Rép. min. : *JOAN* Q, 2 nov. 1987, p. 6090 ; *JCP* E 1987, 16959, n° 1, obs. A. Viandier et J.-J. Caussain.

Art. L. 251-19 *(Anc. Ord. n° 67-821, 23 sept. 1967).* **– Le groupement d'intérêt économique est dissous :**

1° Par l'arrivée du terme ;

2° Par la réalisation ou l'extinction de son objet ;

3° Par la décision de ses membres dans les conditions prévues à l'article L. 251-10 ;

4° Par décision judiciaire, pour de justes motifs ;

5° Par le décès d'une personne physique ou par la dissolution d'une personne morale, membre du groupement, sauf stipulation contraire du contrat.

Art. L. 251-20 *(Anc. Ord. n° 67-821, 23 sept. 1967 ; mod., L. n° 2003-7, 3 janv. 2003).* **– Si l'un des membres est frappé d'incapacité, de faillite personnelle ou de l'interdiction de diriger, gérer, administrer ou contrôler une entreprise commerciale quelle qu'en soit la forme, ou une personne morale de droit privé non commerçante, le groupement est dissout, à moins que sa continuation ne soit prévue par le contrat ou que les autres membres ne la décident à l'unanimité.**

Art. L. 251-21 *(Anc. Ord. n° 67-821, 23 sept. 1967).* **– La dissolution du groupement d'intérêt économique entraîne sa liquidation. La personnalité du groupement subsiste pour les besoins de la liquidation.**

Art. L. 251-22 *(Anc. Ord. n° 67-821, 23 sept. 1967).* **– La liquidation s'opère conformément aux dispositions du contrat. À défaut, un liquidateur est nommé par l'assemblée des membres du groupement ou, si l'assemblée n'a pu procéder à cette nomination, par décision de justice.**

Après paiement des dettes, l'excédent d'actif est réparti entre les membres dans les conditions prévues par le contrat. À *défaut, la répartition* **est faite par parts égales.**

Art. L. 251-23 *(Anc. Ord. n° 67-821, 23 sept. 1967 ; mod., L. n° 2003-7, 3 janv. 2003 ; rempl., L. n° 2012-387, 22 mars 2012).* **– L'appellation : « groupement d'intérêt économique » et le sigle : « GIE » ne peuvent être utilisés que par les groupements soumis au présent chapitre. Le ministère public ou toute personne intéressée peut demander au président du tribunal compétent statuant en référé d'interdire, le cas échéant sous astreinte, l'emploi illicite de cette appellation.**

Le président du tribunal peut, en outre, ordonner la publication de la décision, son affichage dans les lieux qu'il désigne, son insertion intégrale ou par extraits dans les journaux et sa diffusion par un ou plusieurs services de communication au public en ligne qu'il indique, le tout aux frais des dirigeants du groupement ayant illégalement utilisé cette appellation ou ce sigle.

Ordonnance n° 67-821 du 23 septembre 1967

sur les groupements d'intérêt économique

Voir : (Abr. et codifiée à l'exception des articles 18 à 21, Ord. n° 2000-912, 18 sept. 2000, art. 1er et 4, I, 26°. V. art. L. 251-1 à L. 251-23, p. 600).

Art. 18. – Les actes de formation de groupements d'intérêt économique entraînent la perception du droit d'apport dans les conditions prévues à l'article 714-I (alinéa 1er) du Code général des impôts.

Art. 19. – Les groupements d'intérêt économique constitués et fonctionnant dans les conditions visées aux articles qui précèdent n'entrent pas dans le champ d'application de l'article 206-I du Code général des impôts, mais chacun de leurs membres est personnellement passible, pour la part des bénéfices correspondant à ses droits dans le groupement, soit de l'impôt sur le revenu des personnes physiques, soit de l'impôt sur les sociétés s'il s'agit de personnes morales relevant de cet impôt.

Pour l'application de cette disposition, la répartition est effectuée dans les conditions fixées par le contrat de groupement ou, à défaut, par fractions égales.

Art. 20. – I. – La transformation d'une société à capitaux ou d'une association constituée conformément à la loi du 1er juillet 1901 en groupement d'intérêt économique est considérée comme une cessation d'entreprise et entraîne l'établissement de l'impôt sur les sociétés dans les conditions prévues à l'article 201 (1 et 3) du Code général des impôts.

II. – 1. Cette transformation peut, par dérogation aux dispositions de l'article 111 *bis* du Code général des impôts, être réalisée moyennant le paiement d'une taxe forfaitaire de 15 % sur les bénéfices et réserves capitalisées ou non.

Cette taxe, libératoire de tout impôt sur le revenu, est perçue selon les règles et sous les sanctions applicables en matière de droits d'enregistrement.

Elle n'est pas admise en déduction pour l'assiette des impôts sur le revenu des personnes physiques ni de l'impôt sur les sociétés.

2. *(Abr., L. fin. n° 2003-1311, 30 déc. 2003).*

3. L'application des dispositions du II (1 et 2) ci-dessus est subordonnée à la condition que l'acte constatant la transformation soit enregistré avant le 1er janvier 1971.

Voir aussi : les dispositions de l'article 93-II, D, 3°, sont applicables aux revenus distribués ou répartis perçus à compter du 1er janvier 2005 (L. fin., n° 2003-1311, 30 déc. 2003, art. 93, II, E).

Art. 21. – Les membres d'un groupement d'intérêt économique bénéficient des mêmes avantages fiscaux que les membres des sociétés conventionnées instituées par l'ordonnance n° 59-248 du 4 février 1959 et des groupements visés au 2 de l'article 39 *octies* du Code général des impôts, lorsqu'ils remplissent tous les conditions prévues par ces dispositions.

Art. 22 *(Abr., Ord. n° 2000-912, 18 sept. 2000).*

CHAPITRE II. – DU GROUPEMENT EUROPÉEN D'INTÉRÊT ÉCONOMIQUE

Bibliographie : J.-P. Ferret, *Un nouvel instrument au service de la coopération des entreprises : le groupement européen d'intérêt économique : Defrénois* 1989, 407. • Y. Guyon, *La loi du 13 juin 1989 sur le groupement français et le groupement européen d'intérêt économique : ALD* 1989, 169. • L. Idot et C. Saint-Alary-Houin, *Du GIE au GEIE et réciproquement, commentaire de la loi du 13 juin 1989 : LPA* 4 oct. 1989. • M. Vion, *Le groupement européen d'intérêt économique (GEIE), avec formules de statuts : Defrénois* 1989, 945. • J. Richard, *Groupement européen d'intérêt économique (sans capital) : JCP* E 1990, II, 15742. • S. Vichatzky, *Le GEIE : RTDE* 1990, 275. • D. Lepeltier et G. Lesguillier, *Les groupements d'intérêt économique : GIE, GEIE*, Joly, 2e éd. 1995. • C. Gavalda, *L'acculturation dans la législation française de la formule du GEIE : Mél. Derruppé*, p. 37, GLN Joly et Litec 1991.

Voir : Règl. CEE n° 2137-85, 25 juill. 1985, relatif à l'institution d'un groupement européen d'intérêt économique (GEIE).

Art. L. 252-1 *(Anc. L. n° 89-377, 13 juin 1989).* **– Les groupements européens d'intérêt économique immatriculés en France au registre du commerce et des sociétés ont la personnalité juridique dès leur immatriculation.**

Voir : art. R. 252-1, p. 1777.

Art. L. 252-2 *(Anc. L. n° 89-377, 13 juin 1989).* – Les groupements européens d'intérêt économique ont un caractère civil ou commercial selon leur objet. L'immatriculation n'emporte pas présomption de commercialité d'un groupement.

Art. L. 252-3 *(Anc. L. n° 89-377, 13 juin 1989).* – Les droits des membres du groupement ne peuvent être représentés par des titres négociables.

Art. L. 252-4 *(Anc. L. n° 89-377, 13 juin 1989).* – Les décisions collégiales du groupement européen d'intérêt économique sont prises par l'assemblée des membres du groupement. Toutefois, les statuts peuvent stipuler que ces décisions, ou certaines d'entre elles, peuvent être prises sous forme de consultation écrite.

Art. L. 252-5 *(Anc. L. n° 89-377, 13 juin 1989).* – Le ou les gérants d'un groupement européen d'intérêt économique sont responsables, individuellement ou solidairement selon le cas, envers le groupement ou envers les tiers, soit des infractions aux dispositions législatives ou réglementaires applicables au groupement, soit des violations des statuts, soit de leurs fautes de gestion. Si plusieurs gérants ont coopéré aux mêmes faits, le tribunal détermine la part contributive de chacun dans la réparation du dommage.

Art. L. 252-6 *(Anc. L. n° 89-377, 13 juin 1989).* – Une personne morale peut être nommée gérant d'un groupement européen d'intérêt économique. Lors de sa nomination, elle est tenue de désigner un représentant permanent qui encourt les mêmes responsabilités civile et pénale que s'il était gérant en son nom propre, sans préjudice de la responsabilité solidaire de la personne morale qu'il représente.

Art. L. 252-7 *(Anc. L. n° 89-377, 13 juin 1989).* – Les dispositions législatives applicables aux groupements d'intérêt économique relatives aux obligations comptables, au contrôle des comptes et à la liquidation sont applicables aux groupements européens d'intérêt économique.

Voir : art. L. 251-12 à L. 251-16, p. 604, L. 251-21, p. 605 et L. 251-22, p. 605. – **Pour les groupements de nature civile,** art. L. 612-1 et s., p. 1112.

Art. L. 252-8 *(Anc. L. n° 89-377, 13 juin 1989).* – Toute société ou association, tout groupement d'intérêt économique peut être transformé en un groupement européen d'intérêt économique sans donner lieu à dissolution ni à création d'une personne morale nouvelle.

Un groupement européen d'intérêt économique peut être transformé en un groupement d'intérêt économique de droit français ou une société en nom collectif, sans donner lieu à dissolution ni à création d'une personne morale nouvelle.

Art. L. 252-9 *(Anc. L. n° 89-377, 13 juin 1989).* – La nullité du groupement européen d'intérêt économique ainsi que des actes ou délibérations de celui-ci ne peut résulter que de la violation des dispositions impératives du règlement n° 2137-85 du 25 juillet 1985 du Conseil des communautés européennes, ou des dispositions du présent chapitre ou de l'une des causes de nullité des contrats en général.

L'action en nullité est éteinte lorsque la cause de la nullité a cessé d'exister le jour où le tribunal statue sur le fond en première instance, sauf si cette nullité est fondée sur l'illicéité de l'objet du groupement.

Il est fait application des articles 1844-12 à 1844-17 du Code civil.

Art. L. 252-10 *(Abr., Ord. n° 2019-1067, 21 oct. 2019).*

> **Rédaction antérieure. Art. L. 252-10** *(Mod., Ord. n° 2009-80, 22 janv. 2009).* – Les groupements européens d'intérêt économique ne peuvent, à peine de nullité des contrats conclus ou des titres émis, procéder à une offre au public de titres financiers.
>
> Est puni d'un emprisonnement de deux ans et d'une amende de 300 000 € le fait, pour le ou les gérants d'un groupement européen d'intérêt économique ou le représentant permanent d'une personne morale gérant d'un groupement européen d'intérêt économique de procéder à une offre au public de titres financiers.

Art. L. 252-11 *(Anc. L. n° 89-377, 13 juin 1989 ; rempl., L. n° 2012-387, 22 mars 2012).* – L'utilisation dans les rapports avec les tiers de tous actes, lettres, notes et documents similaires ne comportant pas les mentions relatives au groupement européen d'intérêt économique prescrites à l'article 25 du règlement (CEE) n° 2137/85 du Conseil du 25 juillet 1985 relatif à l'institution d'un groupement européen d'intérêt économique (GEIE) peut faire l'objet d'une injonction, le cas échéant sous astreinte, dans les conditions prévues à l'article L. 238-3.

Art. L. 252-12 *(Anc. L. n° 89-377, 13 juin 1989 ; rempl., L. n° 2012-387, 22 mars 2012).* – L'appellation : « groupement européen d'intérêt économique » et le sigle : « GEIE » ne peuvent être utilisés que par les groupements soumis au règlement (CEE) n° 2137/85 du Conseil du 25 juillet 1985 précité. Le ministère public ou toute personne intéressée peut demander au président du tribunal compétent statuant en référé d'interdire, le cas échéant sous astreinte, l'emploi illicite de cette appellation.

Le président du tribunal peut, en outre, ordonner la publication de la décision, son affichage dans les lieux qu'il désigne, son insertion intégrale ou par extraits dans les journaux et sa diffusion par un ou plusieurs services de communication au public en ligne qu'il indique, le tout aux frais des dirigeants du groupement ayant illégalement utilisé cette appellation ou ce sigle.

Art. L. 252-13 *(Abr., Ord. n° 2005-1126, 8 sept. 2005).*

CHAPITRE III. – DISPOSITIONS COMMUNES AUX GROUPEMENTS D'INTÉRÊT ÉCONOMIQUE DE DROIT FRANÇAIS ET AUX GROUPEMENTS EUROPÉENS D'INTÉRÊT ÉCONOMIQUE

(Chapitre créé, Ord. n° 2019-1067, 21 oct. 2019)

Art. L. 253-1 *(Ord. n° 2019-1067, 21 oct. 2019).* – Il est interdit à toute personne ou entité de procéder à une offre au public, au sens du règlement (UE) n° 2017/1129 du 14 juin 2017, portant sur les droits de membre d'un groupement d'intérêt économique ou d'un groupement européen d'intérêt économique mentionnés aux articles L. 251-3 et L. 252-3, à peine de nullité des contrats conclus ou des droits créés.

Nonobstant les dispositions de l'alinéa précédent, l'offre au public de ces droits est autorisée si elle répond aux caractéristiques des offres définies au 1° ou au 3° de l'article L. 411-2 du Code monétaire et financier.

LIVRE TROISIÈME

DE CERTAINES FORMES DE VENTES ET DES CLAUSES D'EXCLUSIVITÉ

TITRE PREMIER. – DES LIQUIDATIONS, DES VENTES AU DÉBALLAGE, DES SOLDES ET DES VENTES EN MAGASINS D'USINE

Art. L. 310-1 *(Anc. L. n° 96-603, 5 juill. 1996 ; mod., Ord. n° 2004-274, 25 mars 2004 ; Ord. n° 2014-295, 6 mars 2014).* **– Sont considérées comme liquidations les ventes accompagnées ou précédées de publicité et annoncées comme tendant, par une réduction de prix, à l'écoulement accéléré de la totalité ou d'une partie des marchandises d'un établissement commercial à la suite d'une décision, quelle qu'en soit la cause, de cessation, de suspension saisonnière ou de changement d'activité, ou de modification substantielle des conditions d'exploitation.**

Les liquidations sont soumises à déclaration préalable auprès du maire de la commune dont relève le lieu de la liquidation. Cette déclaration comporte la cause et la durée de la liquidation qui ne peut excéder deux mois. Elle est accompagnée d'un inventaire des marchandises à liquider. Lorsque l'événement motivant la liquidation n'est pas intervenu au plus tard dans les six mois qui suivent la déclaration, le déclarant est tenu d'en informer l'autorité administrative compétente.

Pendant la durée de la liquidation, il est interdit de proposer à la vente d'autres marchandises que celles figurant à l'inventaire sur le fondement duquel la déclaration préalable a été déposée.

NB : L'ordonnance du 6 mars 2014 transférant aux maires la compétence relative aux ventes en liquidation s'applique depuis le 1er juillet 2014. Pour l'outre-mer, V. art. L. 950-2, p. 1555 et art. L. 960-1, p. 1563.

1) Application dans le temps. La réforme opérée par l'ordonnance du 25 mars 2004 doit être appliquée de manière rétroactive dès lors qu'elle s'analyse comme une loi pénale plus douce (■ Cass. *crim., 3 nov.* 2004, n° 04-81.018 : *JurisData* n° 2004-032519).

2) Notion de déclaration préalable. L'envoi, par la direction d'un magasin, d'une télécopie aux fins de demande d'autorisation adressée au maire d'une commune, constitue une déclaration préalable au sens de l'article L. 310-1 du Code de commerce (■ Paris, 14 sept. 2005 : *JurisData* n° 2005-288691).

3) Publicité des liquidations. Il découle du principe d'interprétation stricte de la loi pénale que le délit prévu par l'article L. 121-15 du Code de la consommation sanctionnant toute publicité sur une opération soumise à autorisation qui n'a pas fait l'objet d'une telle autorisation n'est pas applicable aux ventes en liquidation dès lors que celles-ci sont soumises à déclaration préalable et non à autorisation (■ Cass. crim., 3 nov. 2010, n° 10-81.222 : *JurisData* n° 2010-022555 ; *Contrats, conc. consom.* 2011, comm. 82, obs. G. Raymond).

4) Conformité au droit européen. Interrogée sur des dispositions du droit autrichien applicables aux ventes en liquidations qui prévoyaient une autorisation préalable avant toute annonce, la Cour de justice de l'Union européenne a énoncé « que la directive 2005/29/CE du Parlement européen et du Conseil, du 11 mai 2005, relative aux pratiques commerciales déloyales des entreprises vis-à-vis des consommateurs dans le marché intérieur (...) doit être interprétée en ce sens qu'elle s'oppose à ce qu'une juridiction nationale ordonne la cessation d'une pratique commerciale ne relevant pas de l'annexe I de cette directive, au seul motif que ladite pratique n'a pas fait l'objet d'une autorisation préalable de l'administration compétente, sans pour autant procéder elle-même à une appréciation du caractère déloyal de la pratique concernée au regard des critères énoncés aux articles 5 à 9 de ladite directive » (▪ CJUE, 17 janv. 2013, aff. C-206/11 : *D.* 2013, pan. p. 945, obs. N. Sauphanor-Brouillard ; *Lettre distrib.* 2013/2, p. 2).

Art. L. 310-2 *(Anc. L. n° 96-603, 5 juill. 1996 ; mod., Ord. n° 2004-274, 25 mars 2004 ; L. n° 2005-882, 2 août 2005 ; L. n° 2008-776, 4 août 2008 ; L. n° 2010-874, 27 juill. 2010 ; L. n° 2014-344, 17 mars 2014 ; L. n° 2016-1691, 9 déc. 2016)*. **– I. – Sont considérés comme ventes au déballage les ventes et rachats de marchandises effectués dans des locaux ou sur des emplacements non destinés à la vente au public ou au rachat de ces marchandises ainsi qu'à partir de véhicules spécialement aménagés à cet effet.**

Les ventes au déballage ne peuvent excéder deux mois par année civile dans un même local, sur un même emplacement ou dans un même arrondissement. Les ventes au déballage de fruits et légumes frais effectuées en période de crise conjoncturelle ne sont pas prises en compte pour le calcul de cette limite. Les ventes au déballage font l'objet d'une déclaration préalable auprès du maire de la commune dont dépend le lieu de la vente *(Mots aj., L. n° 2016-1691, 9 déc. 2016)* **« , dont une copie est adressée concomitamment à l'autorité administrative chargée de la concurrence et de la consommation dans le département du lieu de vente. »**

Les particuliers non inscrits au registre du commerce et des sociétés sont autorisés à participer aux ventes au déballage en vue de vendre exclusivement des objets personnels et usagés deux fois par an au plus.

II. – Les dispositions du I ne sont pas applicables aux professionnels :

1° Effectuant, dans une ou plusieurs communes, des tournées de ventes définies par le 1° de l'article L. 121-22 du Code de la consommation ;

2° Réalisant des ventes définies par l'article L. 320-2 ;

3° Qui justifient d'une permission de voirie ou d'un permis de stationnement pour les ventes réalisées sur la voie publique.

III. – Les dispositions du I ne sont pas applicables aux organisateurs de :

1° Manifestations commerciales comportant des ventes de marchandises au public dans un parc d'exposition ;

2° Manifestations commerciales qualifiées de salon professionnel ne se tenant pas dans un parc d'exposition ;

3° Fêtes foraines et de manifestations agricoles lorsque seuls des producteurs ou des éleveurs y sont exposants.

Voir : art. R. 310-8 et s., p. 1780.

Bibliographie : G. Raymond, *LME : modification du régime des ventes au déballage : Contrats, conc. consom.* août 2008, n° 8, comm. 221.

1) Champ d'application. Constituent des ventes au déballage au sens de l'article 27 de la loi du 5 juillet 1996, devenu l'article L. 310-2 du Code de commerce, les ventes de marchandises effectuées dans des locaux ou sur des emplacements non destinés à la vente au public de ces marchandises ; l'absence de fixité quant à la nature des produits vendus et d'autorisation de la commission départementale d'urbanisme commercial sont impropres à caractériser des ventes au déballage (▪ Cass. com., 24 sept. 2003, n° 01-16.639 : *Bull. civ.* IV, n° 148 ; *RJDA* 2/2004, n° 154 ; *JCP* E 2003, pan. 1524 et 1525 ; *D.* 2003, p. 2636). Pour rejeter la qualification de vente au déballage et après avoir constaté que les statuts de la société bailleresse des lieux où se sont déroulées les ventes litigieuses précisent que son objet social est l'organisation de manifestations commerciales, le tribunal se borne à retenir que ces statuts n'autorisent pas la société à exercer directement une activité commerciale ou artisanale dans les locaux dont elle dispose et qu'en conséquence les ventes litigieuses se sont déroulées conformément à la réglementation. En se déterminant par de tels motifs, sans rechercher si les ventes des marchandises litigieuses ont été effectuées dans des locaux ou sur des emplacements non destinés à la vente au public de ces marchandises et, dans l'affirmative, si ces ventes ont été effectuées sans autorisation administrative préalable, le tribunal n'a pas donné de base légale à sa décision (▪ Cass. com., 24 sept. 2003, n° 02-10.069 : *Bull. civ.* IV, n° 149). Peuvent être condamnés du chef de vente au déballage non autorisée les prévenus qui ont effectué une vente d'articles de Noël sous un chapiteau et dans une galerie marchande dépendant d'un magasin et possédant des entrées indépendantes. En effet, la présentation à la vente de marchandises sur des emplacements non destinés à la vente au public constitue une vente au déballage au sens de l'article L. 310-2 du Code de commerce, sans qu'il soit possible de tenir compte du lieu du paiement et de l'ancienneté de la pratique litigieuse (▪ Cass. crim., 16 juin 2004, n° 03-84.058). Une société exploitant un hypermarché a été poursuivie pour avoir procédé, dans l'allée centrale de la galerie marchande du centre commercial où elle est installée, à la vente au déballage de différentes marchandises en méconnaissance de l'autorisation donnée par un arrêté municipal ; le tribunal correctionnel l'a relaxée et a déclaré mal fondée la partie civile ; appel a été interjeté par une association de défense des consommateurs et par le ministère public. Pour déclarer la société coupable du délit de vente au déballage sans déclaration préalable, l'arrêt attaqué retient qu'elle ne rapporte pas la preuve que la surface de vente complémentaire, installée dans la galerie commerciale, entrait dans le cadre du régime transitoire d'application de l'article 102 de la loi n° 2008-776 du 4 août 2008, à défaut, notamment, de produire l'autorisation de la propriétaire pour l'emprise créée par ce nouvel espace de vente. En statuant ainsi, et dès lors que la présentation à la vente de marchandises sur des emplacements non destinés à la vente au public, sans autorisation préalable, constitue une vente au déballage au sens de l'article L. 310-2 du Code de commerce, la cour d'appel a justifié sa décision (▪ Cass. crim., 10 mars 2015, n° 14-83.350 : *Bull. crim.*, n° 51 ; *Contrats, conc. consom.* 2015/8-9, comm. 217, obs. G. Raymond). C'est en vain que le prévenu prétend qu'il est libre d'utiliser à sa guise le parking qui lui appartient. De même, le fait que les prix ne soient pas mentionnés sur les présentoirs importe peu pour la qualification de vente au déballage (▪ Nancy, 19 févr. 2003 : *JurisData* n° 2003-229031).

2) Élément moral. Selon l'article 121-3, alinéa 1er, du Code pénal, la seule constatation de la violation, en connaissance de cause, d'une prescription légale ou réglementaire implique, de la part de son auteur, l'intention coupable. En l'espèce, une société exploitant un hypermarché et *le directeur* du magasin ont été poursuivis pour avoir procédé, dans *l'allée centrale de la galerie* marchande du centre commercial où est installé l'hypermarché, à la vente au déballage de bicyclettes, cyclomoteurs et autres marchandises sans autorisation préalable. Pour les relaxer, la cour d'appel retient qu'à la date du contrôle, une partie de la surface de vente de l'hypermarché était affectée de travaux d'extension qui rendaient inexploitable cette zone commerciale, que dans la mesure où l'hypermarché bénéficiait d'une autorisation d'exploitation d'une surface de vente suffisante pour englober le mail de circulation, le directeur du magasin a pu considérer pouvoir reporter cette surface de vente neutralisée par les travaux sur le mail de circulation sans devoir solliciter une autorisation de vente au déballage comme il le faisait jusqu'ici. Les juges en déduisent que le délit de vente au déballage sans déclaration préalable n'est pas caractérisé faute d'élément intentionnel. La décision est cassée dès lors qu'il résultait des constatations des juges que la vente avait eu lieu sur un emplacement non destiné à la vente au public (▪ Cass. crim., 14 juin 2016, n° 15-84.162 : *JurisData* n° 2016-011587).

3) Responsabilité des personnes morales. En déclarant pénalement responsable une association de commerçants, sans préciser quel organe ou représentant aurait engagé la responsabilité pénale de cette personne morale et alors que le délit de vente au déballage sans autorisation n'est imputable, à titre d'auteur principal, qu'à la personne qui procède à la vente, la cour d'appel n'a pas donné de base légale à sa décision (▪ Cass. crim., 29 avr. 2003, n° 02-85.353 : *Bull. crim.* 2003, n° 91). Pour une illustration de la condamnation d'une personne morale (▪ Cass. crim., 26 juin 2001, n° 00-83.466 : *Bull. crim.* 2001, n° 161).

4) Procédure de référé. L'article L. 310-2 du Code de commerce, relatif à la vente au déballage, est parfaitement clair et ne nécessite aucune interprétation sur son sens et sa portée. Le juge des référés est donc compétent pour connaître d'une demande, fondée sur l'article 873 du nouveau Code de procédure civile et tendant à faire cesser le trouble manifestement illicite que constitue une vente au déballage effectuée en violation de l'article L. 310-2 du Code de commerce (▪ Nancy, 19 févr. 2003 : *JurisData* n° 2003-229031).

Art. L. 310-3 ***(Mod., Ord. n° 2004-274, 25 mars 2004 ; L. n° 2008-776, 4 août 2008, art. 98, I et IV ; L. n° 2011-525, 17 mai 2011 ; L. n° 2014-626, 18 juin 2014 ; L. n° 2019-486, 22 mai 2019).*** **– I. – Sont considérées comme soldes les ventes qui sont accompagnées ou précédées de publicité et sont annoncées comme tendant, par une réduction de prix, à l'écoulement accéléré de marchandises en stock.**

Les soldes ont lieu, pour l'année civile, durant deux périodes d'une durée minimale de trois semaines et d'une durée maximale de six semaines chacune, dont les dates et les heures de début et de fin sont fixées par un arrêté du ministre chargé de l'économie. Cet arrêté peut prévoir, pour ces deux périodes, et pour les ventes autres que celles mentionnées à l'article L. 221-1 du Code de la consommation, des dates différentes dans certains

départements pour tenir compte d'une forte saisonnalité des ventes ou d'opérations commerciales menées dans des régions frontalières.

Les produits annoncés comme soldés doivent avoir été proposés à la vente et payés depuis au moins un mois à la date de début de la période de soldes considérée.

II. – Dans toute publicité, enseigne, dénomination sociale ou nom commercial, l'emploi du mot : solde(s) ou de ses dérivés est interdit pour désigner toute activité, dénomination sociale ou nom commercial, enseigne ou qualité qui ne se rapporte pas à une opération de soldes telle que définie au I ci-dessus.

NB : Conformément au II de l'article 16 de la loi n° 2019-486 du 22 mai 2019, ces dispositions entrent en vigueur à compter du 1er jour du 6e mois suivant la publication de ladite loi.

Bibliographie : F. Auque, *Les ambiguïtés de la réglementation des soldes : JCP* E 1998, p. 648. • N. Mouligner, *Ventes en soldes : interprétation jurisprudentielle de la définition légale : D.* 2004, doctr. 259. • G. Raymond, *LME : modification du régime des soldes : Contrats, conc. consom.* août 2008, n° 8, comm. 222.

Voir : art. R. 310-15 et s., p. 1780.

1) Entrée en vigueur de la LME. Pour la chambre criminelle de la Cour de cassation, « une loi nouvelle qui abroge une incrimination s'applique aux faits commis antérieurement à son entrée en vigueur et faisant l'objet de poursuites non encore terminées par une décision passée en force de chose jugée ». En l'espèce, il résultait de l'arrêt attaqué qu'une société de distribution et son directeur avaient été poursuivis pour des faits de ventes en soldes en dehors des périodes autorisées commis en décembre 2006. Pour écarter le moyen tiré de l'entrée en vigueur de la loi du 4 août 2008 ayant abrogé ce délit et confirmer le jugement les ayant déclarés coupables de ce chef, les juges du second degré ont énoncé que la nouvelle rédaction de l'article L. 310-5 du Code de commerce ne trouvait pas à s'appliquer en l'espèce. En se déterminant ainsi, alors que l'article L. 310-5, 3° du Code de commerce, dans sa rédaction applicable depuis le 1er janvier 2009, ne réprime plus, lorsqu'elle sont pratiquées en dehors des périodes autorisées prévues à l'article L. 310-3 de ce code, les ventes accompagnées ou précédées de publicité, annoncées comme tendant, par une réduction de prix, à l'écoulement accéléré de marchandises en stock, la cour d'appel a violé les textes et principes ci-dessus rappelés (■ Cass. crim., 24 janv. 2012, n° 11-84.045 : *Bull. crim.* 2012, n° 20, et sur renvoi ■ Paris, 25 mars 2013, n° 12/03278).

2) Notion de solde. Sont considérées comme soldes les ventes accompagnées ou précédées de publicité et annoncées comme tendant, par une réduction de prix, à l'écoulement accéléré d'un stock prédéterminé et non renouvelable de marchandises (■ Cass. com., 28 janv. 2004, n° 01-16.381 : *JurisData* n° 2004-022122 ; *Bull. civ.* IV, n° 20). *Ne constitue pas une opération* de soldes illicite la vente d'articles à un prix réduit neuf semaines avant le début de la période légale des soldes dès lors que la publicité ayant trait à cette vente n'annonçait pas de manière explicite que cette vente tendait, par une réduction de prix, à l'écoulement accéléré de marchandises en stock mais se bornait à annoncer une réduction de prix sur une sélection d'articles (■ Paris, 1er mars 1999 : *JurisData* n° 1999-022905 ; *RJDA* 12/99, n° 1314).

N'est pas considérée comme solde la réduction de prix accordée sous forme de bons à valoir sur des achats ultérieurs (■ Cass. crim., 23 janv. 2001, n° 00-84.749 : *JurisData* n° 2001-008597 ; *RJDA* 8-9/2001, n° 855).

3) Information des commerçants. La publication de l'arrêté préfectoral fixant les dates des soldes au recueil périodique des actes administratifs de la préfecture suffit à le rendre opposable à tous les commerçants, sans qu'une information individuelle soit nécessaire (■ Cass. crim., 20 nov. 2001, n° 00-87.433 : *JurisData* n° 2001-012586 ; *RJDA* 3/2002, n° 241).

4) Soldes en dehors des périodes autorisées. Le fait d'envoyer des milliers de cartons d'invitation, indiquant des remises importantes pour une période juste antérieure à celle légale des soldes, constitue une publicité au sens de l'article L. 310-3, le but de l'opération étant de réaliser un écoulement accéléré des stocks par une réduction des prix (■ Cass. crim., 19 févr. 2003, n° 02-80.085 : *JurisData* n° 2003-018156 ; *Annonces Seine* 12 janv. 2004, p. 11 ; *RJDA* 11/2003, n° 1053. ■ Cass. com., 2 juin 2004, n° 02-21.394 : *JurisData* n° 2004-023925 ; *RJDA* 8-9/2004, n° 962, p. 864, rapp. de Monteynard ; *D.* 2004, p. 1897). Les juges doivent rechercher si le stock de marchandises mises en vente était prédéterminé et non renouvelable (■ Cass. com., 28 janv. 2004, n° 01-16.381 : *JurisData* n° 2004-022122 ; *D.* 2004, p. 417, obs. E. Chevrier, comm. 1228, note N. Mouligner. ■ Cass. com., 2 juin 2004, préc.).

Une campagne publicitaire organisée pour convaincre la clientèle que l'objectif de la société est de réaliser un écoulement accéléré des stocks par une réduction des prix, réalisée quinze jours avant la date d'ouverture des soldes, constitue le délit de soldes illicites ; à cet égard, peu importe que les publicités ne mentionnent pas le terme « soldes », dès lors que la société, informée de la législation en vigueur, s'est abstenue d'employer le mot, tout en suggérant au consommateur une opération d'écoulement du stock par l'effet d'importantes réductions de prix (■ Cass. crim., 13 janv. 2004, n° 03-80.563 : *JurisData* n° 2004-022246 ; *Bull. crim.* 2004, n° 10 ; *RJDA* 5/2004, n° 545 ; *D.* 2004, p. 634. ■ Cass. crim., 5 déc. 2006, n° 05-87.386 : *JurisData* n° 2006-036428 ; *RJDA* 4/2007, n° 338 ; *D.* 2007, p. 79, obs. E. Chevrier). Une personne peut être condamnée du chef de vente en soldes en dehors des périodes autorisées pour avoir vendu des articles qui ne pouvaient faire l'objet de réassort, à prix réduit de 60 % jusqu'à épuisement du stock. Il importe peu que l'une des activités des magasins appartenant à la société dont la prévenue est la dirigeante consiste à vendre à prix réduit des produits de fin de séries rachetés à d'autres commerçants. En effet, l'activité de soldeur et de vendeur de produits dégriffés ne doit donner lieu aux procédés de promotion commerciale par voie de publicité définis à l'article L. 310-3 du Code de commerce qu'au cours des périodes autorisées (■ Paris, 17 mars 2009 : *JurisData* n° 2009-002494). L'affirmation suivant laquelle l'opération litigieuse poursuivait un objectif d'alignement sur des concurrents procédant de manière analogue n'est pas de nature à affecter la responsabilité du prévenu (■ Grenoble, 20 oct. 2004 : *JurisData* n° 2004-257933).

5) **Concurrence déloyale.** Une opération commerciale mise en œuvre en dehors des prescriptions de l'article L. 310-3 du Code de commerce constitue un acte de concurrence déloyale et porte préjudice à ceux qui, exerçant la même activité, respectent la réglementation (■ Nîmes, 3 févr. 2009 : *JurisData* n° 2009-009284).

6) **Recevabilité de l'action.** Si une association ne peut, hors habilitation législative, agir en justice au nom d'intérêts collectifs, il en est autrement lorsqu'elle agit pour la défense collective d'intérêts individuels, son action se situant dans le prolongement des dommages subis personnellement par ses membres et dans le cadre précis de son objet. Doit ainsi être déclarée recevable l'action exercée par une association de commerçants et visant à faire réparer l'atteinte à l'intérêt collectif des commerçants de cette branche d'activité causée par des ventes en solde opérées en dehors des périodes autorisées (■ Nîmes, préc.).

Art. L. 310-4 *(Anc. L. n° 96-603, 5 juill. 1996).* **– La dénomination de magasin ou de dépôt d'usine ne peut être utilisée que par les producteurs vendant directement au public la partie de leur production non écoulée dans le circuit de distribution ou faisant l'objet de retour. Ces ventes directes concernent exclusivement les productions de la saison antérieure de commercialisation, justifiant ainsi une vente à prix minoré.**

Art. L. 310-5 *(Anc. L. n° 96-603, 5 juill. 1996 ; mod., Ord. n° 2004-274, 25 mars 2004 ; L. n° 2008-776, 4 août 2008 ; L. n° 2009-526, 12 mai 2009).* **– Est puni d'une amende de 15 000 euros :**

1° Le fait de procéder à une liquidation sans la déclaration préalable mentionnée à l'article L. 310-1 ou en méconnaissance des conditions prévues à cet article ;

2° Le fait de procéder à une vente au déballage sans la déclaration prévue par l'article L. 310-2 ou en méconnaissance de cette déclaration ;

3° Le fait de réaliser des soldes portant sur des marchandises détenues depuis moins d'un mois à la date de début de la période de soldes considérée ;

4° Le fait d'utiliser le mot : solde(s) ou ses dérivés dans les cas où cette utilisation ne se rapporte pas à une opération de soldes définie au I de l'article L. 310-3 ;

5° Le fait d'utiliser la dénomination magasin d'usine ou dépôt d'usine en méconnaissance des dispositions de l'article L. 310-4 ;

5° bis **Le fait, pour un parc d'exposition, de ne pas se faire enregistrer ou de ne pas déclarer de programme de manifestations commerciales en application du second alinéa de l'article L. 762-1, ou de ne pas déclarer les modifications au programme faisant l'objet de la déclaration annuelle initiale ;**

6° Le fait d'organiser une manifestation commerciale sans la déclaration prévue au second alinéa de l'article L. 762-2 ou de ne pas respecter les conditions de réalisation de la manifestation déclarée.

Les personnes physiques encourent également la peine complémentaire d'affichage ou de diffusion de la décision prononcée, dans les conditions prévues par l'article 131-35 du Code pénal.

Art. L. 310-6 *(Rempl., L. n° 2009-526, 12 mai 2009).* **– Les personnes morales déclarées responsables pénalement, dans les conditions prévues par l'article 121-2 du Code pénal, des infractions définies à l'article L. 310-5 du présent code encourent, outre l'amende suivant les modalités prévues par l'article 131-38 du Code pénal, la peine prévue par le 9° de l'article 131-39 du même code.**

Art. L. 310-6-1 *(Rempl., Ord. n° 2016-301, 14 mars 2016 ; mod., Ord. n° 2017-303, 9 mars 2017).* – Les infractions prévues au présent titre ou par les textes pris pour son application sont recherchées et constatées par les agents mentionnés au II de l'article L. 450-1, dans les conditions prévues aux articles L. 450-1, L. 450-2, L. 450-3, L. 450-7 et L. 450-8. Les articles L. 521-1, L. 521-2 et L. 524-1 à L. 524-3 du Code de la consommation peuvent être mis en œuvre à partir des constatations effectuées.

Pour ces infractions, l'autorité administrative chargée de la concurrence et de la consommation a droit, tant que l'action publique n'a pas été mise en mouvement, de transiger, après accord du procureur de la République, dans les conditions prévues à l'article L. 490-5.

Art. L. 310-7 *(Anc. L. n° 96-603, 5 juill. 1996).* – Les modalités d'application des dispositions du présent titre sont fixées par décret en Conseil d'État, et notamment les secteurs dans lesquels les annonces, quel qu'en soit le support, de réduction de prix aux consommateurs ne peuvent s'exprimer en pourcentage ou par la mention du prix antérieurement pratiqué, et la durée ou les conditions de cette interdiction.

Arrêté du 11 mars 2015

relatif aux annonces de réduction de prix à l'égard du consommateur

Art. 1er. – Toute annonce de réduction de prix est licite sous réserve qu'elle ne constitue pas une pratique commerciale déloyale au sens de l'article L. 120-1 du Code de la consommation et qu'elle soit conforme aux exigences du présent arrêté.

Art. 2. – Lorsqu'une annonce de réduction de prix est faite dans un établissement commercial, l'étiquetage, le marquage ou l'affichage des prix réalisés conformément aux dispositions en vigueur doivent préciser, outre le prix réduit annoncé, le prix de référence qui est déterminé par l'annonceur et à partir duquel la réduction de prix est annoncée.

Art. 3. – Lorsque l'annonce de réduction de prix est d'un taux uniforme et se rapporte à des produits ou services parfaitement identifiés, cette réduction peut être faite par escompte de caisse. Dans ce cas, cette modalité doit faire l'objet d'une information, l'indication du prix réduit n'est pas obligatoire et l'avantage annoncé s'entend par rapport au prix de référence.

Art. 4. – L'annonceur doit pouvoir justifier de la réalité du prix de référence à partir duquel la réduction de prix est annoncée.

Voir aussi : DGCCRF, Lignes directrices relatives à l'encadrement des promotions, publiées le 5 févr. 2019 sur son site internet.

Bibliographie : A. Berg-Moussa, *3 Questions – L'arrêté du 11 mars 2015 sur les annonces de réduction de prix à l'égard du consommateur : JCP* E 2015, 297. • M.-P. Bonnet-Desplan, *L'arrêté est mort, vive l'arrêté ! : Lettre distrib.* 2015/4, p. 4.

Conformité au droit européen. Sur l'ancien arrêté du 31 décembre 2008 et le risque de contrariété à la directive 2005/29/CE relative aux pratiques commerciales déloyales, V. ▪ CJUE, 10 juill. 2014, aff. C-421/12 : *Europe* 2014, comm. 412, obs. M. Meister ; *RTDE* 2014, 730, n° 7, obs. C. Aubert de Vincelles. V. la question préjudicielle posée par ▪ Cass. crim., 9 sept. 2014, n° 13-85.927 : *Contrats, conc. consom.* 2014, comm. 283, obs. G. Raymond ; *D.* 2015, p. 588, obs. E. Poillot.

En réponse, la Cour de justice a énoncé que « La directive 2005/29/CE du *Parlement européen et du Conseil*, du 11 mai 2005, relative aux pratiques commerciales déloyales des entreprises vis-à-vis des consommateurs dans le marché intérieur et modifiant la directive 84/450/CEE du Conseil et les directives 97/7/CE, 98/27/CE et 2002/65/CE du Parlement européen et du Conseil et le règlement (CE) n° 2006/2004 du Parlement européen et du Conseil (« directive sur les pratiques commerciales déloyales »), doit être interprétée en ce sens qu'elle s'oppose à des dispositions nationales, telles que celles en cause au principal, qui prévoient une interdiction générale, sans évaluation au cas par cas permettant d'établir le caractère déloyal, des annonces de réduction de prix qui ne font pas apparaître le prix de référence lors du marquage ou de l'affichage *des prix*, pour autant que ces dispositions poursuivent des finalités tenant à la protection des consommateurs. Il appartient à la juridiction de renvoi d'apprécier si tel est le cas dans l'affaire au principal » (▪ CJUE, 8 sept. 2015, aff. C-13/15 : *AJCA* 2015/11, p. 470, obs. C. Pecnard et G. Robic).

TITRE II. – DES VENTES AUX ENCHÈRES PUBLIQUES

Bibliographie : S. Armand, *La proposition de loi Marini et Gaillard visant à modifier la réglementation des ventes volontaires de meubles aux enchères publiques : une réforme en trompe-l'œil : Gaz. Pal.* 15-17 juin, n°s 167 à 169, p. 2. • A. Diehl, *Les difficiles contours de la définition d'enchères publiques : Expertises* 2009, n° 334, p. 98. • M.-P. Fenoll-Trousseau et Ph. Prest, *Réforme des ventes de meubles aux enchères publiques : le consommateur protégé par une plus grande liberté, toujours encadrée : JCP* E 2009, n° 11, 1232. • J.-Ch. Honlet et O. de Baecque, *La réforme des ventes volontaires de meubles aux enchères publiques : D.* 2001, chron. 141. • L. Mauger-Vielpeau, *La réforme des enchères publiques – À propos de la Dir. communautaire n° 2006/123/CE, 12 déc. 2006 : Dr. et patrimoine* 2008, p. 81 ; *Le déclin des ventes aux enchères publiques (L. n° 2011-850, 20 juill. 2011) : JCP* E 2012, 1236. • *JCl. Contrats Distribution*, Fasc. 3870, par René Maurice.

NB : La loi du 20 juillet 2011 est entrée en vigueur le 1er septembre 2011 (L. n° 2011-850, 20 juill. 2011, art. 50). Une grande partie de la jurisprudence qui suit a été rendue en application du droit antérieur à cette réforme.

Art. L. 320-1 *(Rempl., L. n° 2011-850, 20 juill. 2011).* **– Les ventes aux enchères publiques de meubles et d'effets mobiliers corporels sont régies par le présent titre.**

Les ventes de comestibles et d'objets de peu de valeur, à cri public, sont libres.

Notion d'enchères publiques. Le caractère public de l'enchère ne s'infère pas du lieu où elle se déroule, qui peut être privé, ou du nombre de personnes présentes, mais par la seule considération de l'accessibilité à tous des ventes qui y sont proposées (■ Paris, 28 mars 1990 : *JurisData* n° 1990-021184 ; *Gaz. Pal.* 1990, 1, p. 246). La perception d'un droit d'entrée ne prive pas les enchères de leur caractère public (■ TGI Douai, ch. corr., 29 avr. 1988 : *Journ. commissaires-priseurs* 1991, p. 14, note G. Gaultier) de même qu'un accès réservé à une certaine catégorie de professionnels (Rép. min. n° 8625 : *JOAN Q*, 17 janv. 1994, p. 272 ; *JCP* G 1994, V, n° 30).

Art. L. 320-2 *(Rempl., L. n° 2011-850, 20 juill. 2011).* **– Constituent des ventes aux enchères publiques les ventes faisant intervenir un tiers, agissant comme mandataire du propriétaire ou de son représentant, pour proposer et adjuger un bien au mieux-disant des enchérisseurs à l'issue d'un procédé de mise en concurrence ouvert au public et transparent. Le mieux-disant des enchérisseurs acquiert le bien adjugé à son profit ; il est tenu d'en payer le prix.**

Sauf dispositions particulières et le cas des ventes effectuées dans le cercle purement privé, ces ventes sont ouvertes à toute personne pouvant enchérir et aucune entrave ne peut être portée à la liberté des enchères.

CHAPITRE I. – DES VENTES VOLONTAIRES DE MEUBLES AUX ENCHÈRES PUBLIQUES

Section I. – Dispositions générales

Art. L. 321-1 *(L. n° 2000-642, 10 juill. 2000 ; mod., L. n° 2011-850, 20 juill. 2011).* **– Sous réserve des dispositions de l'article L. 322-8, les ventes volontaires de meubles aux enchères publiques peuvent porter sur des biens neufs ou sur des biens d'occasion. Ces biens sont vendus au détail, par lot ou en gros, c'est-à-dire par lots suffisamment importants pour ne pas être considérés comme tenus à la portée du consommateur. La vente en gros ne peut porter que sur des biens neufs issus du stock d'une entreprise. Lorsque des biens neufs sont *mis en vente par le commerçant* ou l'artisan qui les a produits, il en est fait mention dans les documents et publicités annonçant la vente.**

Sont considérés comme meubles par le présent chapitre les meubles par nature.

Sont considérés comme d'occasion les biens qui, à un stade quelconque de la production ou de la distribution, sont entrés en la possession d'une personne pour son usage propre, par l'effet de tout acte à titre onéreux ou à titre gratuit, ou ont subi des altérations qui ne permettent pas leur mise en vente comme neufs.

Lorsque la vente porte sur un bien neuf, il en est fait mention dans la publicité prévue à l'article L. 321-11.

1) **Biens d'occasion.** Les biens d'occasion visés par l'article L. 321-1 doivent s'entendre de ceux qui sont entrés en possession d'une personne pour son usage propre par l'effet d'un acte onéreux ou à titre gratuit. Ne peuvent répondre à cette qualification les biens désignés par le vendeur comme étant des « retours clients » (■ Angers, 29 nov. 2005 : *JurisData* n° 2005-296036).

2) **Biens neufs.** Doivent être qualifiés de biens neufs des marchandises provenant directement du fabricant et présentant des défauts de fabrication (▪ TGI Vannes, 11 oct. 1983 : *Journ. commissaires-priseurs* 1984, p. 59), de même que des bijoux pour lesquels des pierres ayant servi précédemment ont été utilisées, si le remontage et le sertissage des pierres ont nécessité un travail important (▪ CA Paris, 26 nov. 1980 : *JurisData* n° 1980-099427 ; *Journ. commissaires-priseurs* 1980, p. 14. ▪ CA Versailles, 11 juill. 1983 : *Journ. commissaires-priseurs* 1984, p. 97. ▪ Cass. crim., 14 juin 1984 : *JCP G* 1984, IV, 272).

Art. L. 321-2 *(Mod., L. n° 2006-728, 23 juin 2006 ; L. n° 2011-850, 20 juill. 2011 ; L. n° 2014-344, 17 mars 2014).* **– Les ventes volontaires de meubles aux enchères publiques sont, sauf les cas prévus à l'article L. 321-36 organisées et réalisées dans les conditions prévues au présent chapitre par des opérateurs exerçant à titre individuel ou sous la forme juridique de leur choix.**

Lorsqu'ils satisfont à des conditions de formation fixées par la voie réglementaire, les notaires et les huissiers de justice peuvent également organiser et réaliser ces ventes, à l'exception des ventes volontaires aux enchères publiques de marchandises en gros, dans les communes où il n'est pas établi d'office de commissaire-priseur judiciaire. Ils exercent cette activité à titre accessoire dans le cadre de leur office et selon les règles qui leur sont applicables. Ce caractère accessoire s'apprécie au regard des résultats de cette activité rapportés à l'ensemble des produits de l'office, de la fréquence de ces ventes, du temps qui y est consacré et, le cas échéant, du volume global des ventes volontaires de meubles aux enchères publiques réalisées dans le ressort du tribunal judiciaire. Ils ne peuvent être mandatés que par le propriétaire des biens.

Rédaction future. *(Al. mod. à compter du 1er juillet 2022, Ord. n° 2016-728, 2 juin 2016)* Lorsqu'ils satisfont à des conditions de formation fixées par la voie réglementaire, les notaires peuvent également organiser et réaliser ces ventes, à l'exception des ventes volontaires aux enchères publiques de marchandises en gros, dans les communes où il n'est pas établi d'office de commissaire de justice. Ils exercent cette activité à titre accessoire dans le cadre de leur office et selon les règles qui leur sont applicables. Ce caractère accessoire s'apprécie au regard des résultats de cette activité rapportés à l'ensemble des produits de l'office, de la fréquence de ces ventes, du temps qui y est consacré et, le cas échéant, du volume global des ventes volontaires de meubles aux enchères publiques réalisées dans le ressort du tribunal judiciaire. Ils ne peuvent être mandatés que par le propriétaire des biens.

Hormis les cas prévus à l'article L. 321-36, la dénomination « ventes aux enchères publiques » est réservée aux ventes organisées et réalisées par les personnes mentionnées au présent article.

Tout autre usage de cette dénomination est passible des sanctions prévues à l'article L. 121-6 du Code de la consommation.

Loi n° 2011-850 du 20 juillet 2011

Art. 4. – II. – Les trois premières phrases du second alinéa entrent en vigueur le 1er janvier 2013. Les notaires et les huissiers de justice qui, avant le 1er janvier 2013, organisent et réalisent des ventes volontaires de meubles aux enchères publiques depuis plus de deux ans sont réputés remplir les conditions de formation prévues à ces mêmes phrases.

1) **Commissaires-priseurs.** Il résulte de la réforme du 10 juillet 2000 que les commissaires-priseurs judiciaires ne peuvent exercer des ventes volontaires aux enchères publiques de meubles corporels que dans le cadre de sociétés commerciales (▪ TGI, Bar-le-Duc, 17 déc. 2002 : *JurisData* n° 2002-202082).

2) **Huissiers de justice.** Le prévenu, huissier de justice, doit être relaxé du chef de réalisation à titre habituel de ventes volontaires de meubles aux enchères publiques, puisque le chiffre d'affaires représenté par les honoraires des ventes *volontaires est inférieure à 10 pour* cent du chiffre *d'affaires global* de l'office, de sorte que l'activité incriminée entre dans les prévisions de l'article L. 321-2, alinéa 2 du Code de commerce. Le prévenu ne peut être déclaré coupable de ladite infraction alors même qu'il est l'associé majoritaire d'une société de ventes volontaires de meubles aux enchères publiques, détenant plus de 90 pour cent du capital social et qu'il en a toujours été le dirigeant, étant le seul responsable de l'organisation de la société et détenant les pleins pouvoirs dans cette structure (▪ Aix-en-Provence, 8 févr. 2006 : *JurisData* n° 2006-302058. Qualifiant également d'accessoire l'activité exercée par un huissier, V. ▪ Nancy, 9 oct. 2003 : *JurisData* n° 2003-238444). Doit en revanche être interdite l'activité exercée par un huissier sur une commune où se trouve installé un commissaire-priseur (▪ TGI Bar-le-Duc, 21 nov. 2001 : JurisData n° 2001-208244).

3) **Profession de courtier de marchandise assermenté.** Le législateur n'a ni porté une atteinte disproportionnée à la liberté d'entreprendre ni méconnu sa compétence en soumettant

l'accès à la profession de courtier de marchandises assermenté à la possession d'une habilitation à diriger des ventes volontaires de meubles aux enchères publiques et en renvoyant au pouvoir réglementaire le soin de déterminer les conditions d'obtention de cette habilitation. Contrairement aux autres personnes habilitées à diriger des ventes volontaires de meubles aux enchères publiques, les notaires et huissiers ne pourront exercer cette activité qu'à titre accessoire, uniquement pour des ventes de marchandises au détail et dans les communes où il n'est pas établi d'office de commissaire-priseur judiciaire. L'accès à la profession de notaire et d'huissier est soumise en elle-même à des conditions de diplôme. Ainsi, les notaires et huissiers se trouvent dans une situation différente des autres personnes pouvant être habilitées à diriger des ventes volontaires de meubles aux enchères publiques, notamment des courtiers de marchandises assermentés. Par suite, les dispositions contestées ne méconnaissent pas le principe d'égalité des citoyens devant la loi. La question de la conformité des articles L. 131-13, L. 321-2 et L. 321-4 du Code de commerce aux droits et libertés garantis par la Constitution, qui n'est pas nouvelle, ne présente pas un caractère sérieux de telle sorte qu'il n'y a pas lieu de la renvoyer au Conseil constitutionnel (■ CE, ss-sect. 6 et 1 réunies, 14 mai 2014, n° 373589).

4) Sociétés fournissant les moyens matériels de l'activité. Doit être cassé l'arrêt déclarant coupable de ventes volontaires de meubles aux enchères publiques sans être titulaire d'un agrément, une société à responsabilité limitée ayant pour objet social l'organisation, la promotion et la réalisation de ventes volontaires de biens meubles corporels ainsi que la diffusion d'informations commerciales relatives à ces ventes, au motif qu'elle serait une société de ventes volontaires de meubles aux enchères publiques au sens des articles L. 321-4 et suivants du Code de commerce et non, comme elle le prétendait, un simple outil informatique et de communication. En effet, les juges du fond ont omis de répondre aux conclusions qui soutenaient que l'huissier, qui pratiquait licitement les ventes aux enchères publiques litigieuses, avait seul la qualité de mandataire des propriétaires, qu'il procédait lui-même aux adjudications, et que la société se bornait à fournir les moyens matériels de cette activité (■ Cass. crim., 16 janv. 2007, n° 06-82.381 : *JurisData* n° 2007-037508, cassant ■ Aix-en-Provence, 8 févr. 2006 : *JurisData* n° 2006-302058).

Décret n° 2013-884 du 1er octobre 2013

Art. 15. – Les notaires et les huissiers de justice, dispensés de condition de formation pour organiser et réaliser des ventes volontaires de biens meubles aux enchères publiques, en application du II de l'article 4 de la loi n° 2011-850 du 20 juillet 2011 de libéralisation des ventes volontaires de meubles aux enchères publiques, se déclarent à la chambre départementale dont ils relèvent. Leur déclaration est effectuée par lettre recommandée avec demande d'avis de réception ou par tout moyen équivalent dans le délai de quatre mois à compter de la publication du présent décret. Elle est accompagnée de la justification de l'organisation et de la réalisation, par leur soin, à la date du 1er janvier 2013 et depuis plus de deux ans, de ventes volontaires de meubles aux enchères publiques.

Le Conseil supérieur du notariat et la Chambre nationale des huissiers de justice dressent la liste des professionnels concernés à partir des données recueillies par les chambres départementales et la transmettent, dans le délai de six mois à compter de la publication du présent décret, au Conseil des ventes volontaires de meubles aux enchères publiques.

Art. L. 321-3 *(L. n° 2000-642, 10 juill. 2000 ; mod., L. n° 2011-850, 20 juill. 2011).* **– Le fait de proposer, en agissant comme mandataire du propriétaire, un bien aux enchères publiques à distance par voie électronique pour l'adjuger au mieux-disant des enchérisseurs constitue une vente aux enchères par voie électronique, soumise aux dispositions du présent chapitre.** *(L. n° 2014-344, 17 mars 2014)* **« La seule circonstance qu'une confirmation, conforme aux dispositions de** *(Mots rempl. à compter du 1er octobre 2016, Ord. n° 2016-131, 10 févr. 2016)* **« l'article 1127-2 » du Code civil (anc. art. 1369-5), soit exigée est sans incidence sur la qualification de la vente ».**

Les opérations de courtage aux enchères réalisées à distance par voie électronique se caractérisant par l'absence d'adjudication au mieux-disant des enchérisseurs et d'intervention d'un tiers dans la description du bien et la conclusion de la vente ne constituent pas des ventes aux enchères publiques au sens du présent chapitre.

Le prestataire de services mettant à la disposition du vendeur une infrastructure permettant d'organiser et d'effectuer une opération de courtage aux enchères par voie électronique informe le public de manière claire et non équivoque sur la nature du service proposé, dans les conditions fixées à l'article L. 111-2 du Code de la

consommation et au III de l'article L. 441-6 du présent code. Un arrêté conjoint du garde des Sceaux, ministre de la Justice, et du ministre chargé de la culture précise les conditions dans lesquelles le prestataire de services porte également à la connaissance du vendeur et de l'acquéreur la réglementation relative à la circulation des biens culturels, ainsi qu'à la répression des fraudes en matière de transactions d'œuvres d'art et d'objets de collection, lorsque l'opération de courtage aux enchères par voie électronique porte sur de tels biens.

Les manquements aux dispositions du troisième alinéa sont punis d'une sanction pécuniaire dont le montant peut atteindre le double du prix des biens mis en vente en méconnaissance de cette obligation, dans la limite de 15 000 € pour une personne physique et de 75 000 € pour une personne morale.

Les manquements aux dispositions du troisième alinéa sont recherchés et constatés par procès-verbal dans les conditions fixées aux II et III de l'article L. 450-1 et aux articles L. 450-2, L. 450-3, L. 450-7 et L. 450-8 du présent code.

Le double du procès-verbal, accompagné de toutes les pièces utiles et mentionnant le montant de la sanction encourue, est notifié à la personne physique ou morale concernée. Le procès-verbal indique la possibilité pour la personne visée de présenter, dans un délai d'un mois, ses observations écrites ou orales.

À l'issue de ce délai d'un mois, le procès-verbal, accompagné, le cas échéant, des observations de la personne visée, est transmis à l'autorité administrative compétente qui peut, par décision motivée et après une procédure contradictoire, ordonner le paiement de la sanction pécuniaire mentionnée au quatrième alinéa. La personne concernée est informée de la possibilité de former un recours gracieux ou contentieux contre cette décision dans un délai de deux mois à compter de la notification de la sanction.

Les sanctions pécuniaires et les astreintes mentionnées au présent article sont versées au Trésor public et sont recouvrées comme les créances de l'État étrangères à l'impôt et au domaine.

***(Rempl., Ord. n° 2016-301, 14 mars 2016)* Les « articles L. 512-2 et L. 511-9 » du Code de la consommation (anc. art. L. 141-1, V et VI) peuvent être mis en œuvre à partir des constatations effectuées.**

Toute personne intéressée peut demander au président du tribunal statuant en référé d'enjoindre sous astreinte au prestataire de services qui délivre des informations de nature à susciter dans l'esprit du public une confusion entre son activité et la vente aux enchères par voie électronique de modifier ces informations afin de supprimer cette confusion ou de se conformer aux dispositions du présent chapitre.

Enchères par l'intermédiaire d'un site de courtage. Peut être condamnée une société dont l'activité exclusive est la vente d'objets par l'intermédiaire du site internet eBay dès lors que la société organise le déroulement des enchères et détermine le délai d'enchérissement, prend totalement en charge l'opération de vente pour le compte du vendeur qui ne connaît qu'elle et qui sait qu'il s'adresse à un site de vente aux enchères, détermine toutes les modalités de vente dont les conditions de l'adjudication qui est seulement sous-traitée à eBay mais dont elle conserve la maîtrise. Cette activité exercée en pleine connaissance de cause par la société entre dans le domaine d'application de l'article L. 321-3 du Code de commerce, qui exige un agrément du Conseil des ventes volontaires de meubles (■ Paris, 5 mars 2009 : *JurisData* n° 2009-004996). Mais attendu d'une part, que par une interprétation souveraine des clauses du contrat, exclusive de dénaturation, que rendait nécessaire leur ambiguïté, la cour d'appel a retenu *que [le courtier en ligne] était un intermédiaire qui mettait en relation vendeurs et acheteurs de véhicules d'occasion et définissait une procédure pour parvenir à la vente sans pour autant la conclure, et que son rôle restait celui d'un courtier* ; que d'autre part, ayant constaté, par motifs propres et adoptés, que si la vente était proposée au plus offrant, ce dernier devait, par la suite, procéder seul, sans l'intervention [du courtier], à une nouvelle manœuvre pour confirmer son accord, de sorte que le bien mis en vente n'était pas adjugé à l'issue des enchères et que le dernier enchérisseur restait libre de ne pas contracter, la cour d'appel en a exactement déduit que l'activité litigieuse n'était pas soumise à la réglementation des ventes volontaires de meubles aux enchères publiques (■ Cass. 1re civ., 19 févr. 2013, n° 11-23.287 : *Bull. civ.* I, n° 22 ; *D.* 2013, act. 564 ; *Lettre distrib.* 2013/3, p. 4). Il résulte de l'article L. 321-3 du Code de commerce qu'une vente aux enchères publiques est constituée par le fait de proposer, en agissant comme mandataire du propriétaire, un bien aux enchères publiques à distance par voie électronique pour l'adjuger au mieux-disant des enchérisseurs. Les CGV de la société proposant sur internet la vente de véhicules automobiles à une clientèle de professionnels ne suffisent pas à conférer un caractère privé aux ventes opérées par son intermédiaire. Le fonctionnement de la vente décrit dans les CGV consiste en une mise en vente du bien pour le compte du propriétaire qui n'est à aucun moment en relation directe avec l'acquéreur si bien que la transaction est exclusivement menée à bonne fin par l'intermédiaire de la société. La circonstance que l'offre la plus élevée doive être acceptée par le propriétaire du bien pour que la vente soit parfaite n'est pas exclusive d'un mandat au sens de l'article 1984 du Code civil. En outre, le fait que la société apparaisse à l'issue du processus comme l'entité ayant vocation à faire l'achat du véhicule pour le céder immédiatement à l'acquéreur ne disqualifie pas l'opération de vente aux enchères du fait de la combinaison d'un mandat et d'un contrat de commission. Ce transfert de propriété ne constitue en effet qu'une étape technique dans le cadre d'un processus d'ensemble où la société intervient en qualité de mandataire du propriétaire au sens de l'article L. 321-3 du Code de commerce et non comme vendeur. Il convient dès lors de faire interdiction à la société de poursuivre l'organisation et la réalisation de ventes aux enchères publiques par voie électronique sous astreinte de 1 000 euros par infraction constatée sauf à solliciter et obtenir l'agrément du Conseil des ventes volontaires de meubles aux enchères publiques et à payer à ce dernier la somme provisionnelle de 5 000 euros à titre de dommages-intérêts (▪ Versailles, 12 sept. 2013, n° 11/06689).

Sous-section 1. – Les opérateurs de ventes volontaires de meubles aux enchères publiques

(Intitulé rempl. à compter du 1er septembre 2011, L. n° 2011-850, 20 juill. 2011)

Art. L. 321-4 *(Rempl., L. n° 2011-850, 20 juill. 2011)*. **– Seuls peuvent organiser et réaliser des ventes volontaires de meubles aux enchères publiques et des ventes aux enchères par voie électronique les opérateurs remplissant les conditions définies au présent article.**

I. – S'il s'agit d'une personne physique, l'opérateur de ventes volontaires de meubles aux enchères publiques doit :

1° Être français ou ressortissant d'un État membre de l'Union européenne ou d'un autre État partie à l'accord sur l'Espace économique européen ;

2° N'avoir pas été l'auteur de faits ayant donné lieu à une condamnation pénale définitive pour des agissements contraires à l'honneur, à la probité ou aux bonnes mœurs ou de faits de même nature ayant donné lieu à une sanction disciplinaire ou administrative de destitution, radiation, révocation, de retrait d'agrément ou d'autorisation dans la profession qu'il exerçait antérieurement ;

3° Avoir la qualification requise pour diriger une vente ou être titulaire d'un titre, d'un diplôme ou d'une habilitation reconnus équivalents en la matière ;

4° Avoir préalablement déclaré son activité auprès du Conseil des ventes volontaires de meubles aux enchères publiques institué par l'article L. 321-18.

II. – S'il s'agit d'une personne morale, l'opérateur de ventes volontaires de meubles aux enchères publiques doit :

1° Être constitué en conformité avec la législation d'un État membre de l'Union européenne ou d'un autre État partie à l'accord sur l'Espace économique européen et avoir son siège statutaire, son administration centrale ou son principal établissement sur le territoire de l'un de ces États membres ou parties ;

2° Disposer d'au moins un établissement en France, y compris sous forme d'agence, de succursale ou de filiale ;

3° Comprendre parmi ses dirigeants, associés ou salariés au moins une personne remplissant les conditions mentionnées aux 1° à 3° du I ;

4° Justifier que ses dirigeants n'ont pas fait l'objet d'une condamnation pénale définitive pour des agissements contraires à l'honneur, à la probité ou aux bonnes mœurs ou n'ont pas été les auteurs de faits de même nature ayant donné lieu à une sanction disciplinaire ou administrative de destitution, radiation, révocation, de retrait d'agrément ou d'autorisation dans la profession qu'ils exerçaient antérieurement ;

5° Avoir préalablement déclaré son activité auprès du Conseil des ventes volontaires de meubles aux enchères publiques institué par l'article L. 321-18.

III. – Les personnes physiques remplissant les conditions mentionnées aux 1° à 3° du I prennent le titre de commissaire-priseur de ventes volontaires, à l'exclusion de tout autre, lorsqu'elles procèdent à ces ventes.

IV. – Les opérateurs de ventes volontaires de meubles aux enchères publiques portent à la connaissance du public, sur tous documents ou publicités, la date à laquelle a été faite leur déclaration d'activité auprès du Conseil des ventes volontaires de meubles aux enchères publiques.

Légalité du décret d'application. L'article L. 321-4 du Code de commerce prévoit que l'organisation et la réalisation de ventes volontaires de meubles aux enchères publiques sont soumises, quelles que soient les personnes qui exercent cette activité, à une exigence spécifique de qualification. En prévoyant, pour répondre à cette exigence de qualification, que les opérateurs de ventes volontaires de meubles aux enchères publiques doivent détenir un diplôme national de licence en droit et un diplôme national de licence en histoire de l'art, ou en arts appliqués ou en archéologie ou en arts plastiques, le décret n° 2013-884 du 1er octobre 2013 ne porte par lui-même aucune atteinte ni à la liberté d'entreprendre ni au principe d'égalité. Il n'est pas sur ce point entaché d'une erreur manifeste d'appréciation (■ CE, ss-sect. 6 et 1 réunies, 17 avr. 2015, nos 373589 et 373594).

Art. L. 321-5 *(Rempl., L. n° 2011-850, 20 juill. 2011)*. **– I. – Lorsqu'ils organisent ou réalisent des ventes volontaires de meubles aux enchères publiques, les opérateurs mentionnés à l'article L. 321-4 agissent comme mandataires du propriétaire du bien ou de son représentant. Le mandat est établi par écrit.**

Les opérateurs de ventes volontaires de meubles aux enchères publiques mentionnés au même article L. 321-4 prennent toutes dispositions propres à assurer pour leurs clients la sécurité des ventes volontaires aux enchères publiques qui leur sont confiées, notamment lorsqu'ils recourent à d'autres prestataires de services pour organiser et réaliser ces ventes. Ces prestataires ne peuvent ni acheter pour leur propre compte les biens proposés lors de ces ventes, ni vendre des biens leur appartenant par l'intermédiaire des opérateurs auxquels ils prêtent leurs services.

II. – Les opérateurs de ventes volontaires de meubles aux enchères publiques mentionnés au même article L. 321-4 ne sont pas habilités à acheter ou à vendre directement ou indirectement pour leur propre compte des biens meubles proposés dans le cadre de leur activité, sinon dans le cas prévu à l'article L. 321-12 et dans le cas où ils ont acquis, après la vente aux enchères publiques, un bien qu'ils ont adjugé afin de mettre un terme à un litige survenu entre le vendeur et l'adjudicataire. Dans cette dernière hypothèse, ils sont autorisés à revendre le bien, y compris aux enchères publiques, à condition que la publicité mentionne de façon claire et non équivoque qu'ils en sont les propriétaires.

Cette interdiction s'applique également à leurs salariés ainsi qu'aux dirigeants et associés lorsqu'il s'agit d'une personne morale. À titre exceptionnel, ces salariés, dirigeants et associés ainsi que les opérateurs mentionnés au I de l'article L. 321-4 exerçant à titre individuel peuvent cependant vendre, dans le cadre d'enchères publiques organisées par l'opérateur, des biens leur appartenant, à condition qu'il en soit fait mention dans la publicité de manière claire et non équivoque.

III. – Lorsqu'un opérateur de ventes volontaires de meubles aux enchères publiques mentionné au même article L. 321-4 procède, en dehors du cas prévu à l'article L. 321-9 et après avoir dûment informé par écrit le vendeur au préalable de sa possibilité de recourir à une vente volontaire aux enchères publiques, à la vente de gré à gré d'un bien en tant que mandataire de son propriétaire, le mandat doit être établi par écrit et comporter une estimation du bien. La cession de gré à gré fait l'objet d'un procès-verbal.

1) Mauvaise estimation du bien. L'article L. 321-5 du Code de commerce impose aux opérateurs de ventes volontaires de meubles aux enchères publiques de prendre toutes dispositions propres à assurer pour leurs clients, vendeurs comme acheteurs, la sécurité des ventes qui leur sont confiées. La cour d'appel qui constate, d'une part, que le commissaire-priseur de ventes volontaires et la société, opérateur de ventes volontaires, dont il est le gérant, ont fait figurer dans le catalogue d'une vente une estimation d'un tableau fixée à une valeur comprise entre 30 000 et 40 000 euros, pourtant démentie par un expert, qui, sur simple photographie, avait, avant même que le catalogue de la vente ne soit commandé, estimé cette toile à une valeur comprise entre 80 000 et 120 000 euros, soit une première évaluation supérieure de près de trois à quatre fois celle mentionnée dans le catalogue, et indiqué *au commissaire-priseur que* « *compte* tenu de l'*engouement actuel pour ce peintre* et pour les artistes chinois en général une plus-value est tout à fait envisageable », avant de conclure à une évaluation située dans une fourchette comprise entre 300 000 et 400 000 euros, d'autre part, que le peintre, auteur du tableau litigieux, est un artiste de renom jouissant d'une cote établie qui pouvait être aisément vérifiée, a pu déduire de ces constatations et énonciations que le commissaire-priseur et la société avaient commis une faute en faisant figurer, dans le catalogue, une estimation du tableau litigieux délibérément sous-évaluée et en rien conforme aux dires de l'expert, tout en mentionnant le nom de celui-ci pour ce lot spécifique (■ Cass. 1re civ., 15 juin 2016, n° 15-19.365, à paraître au *Bull.*).

2) Mandat donne par le propriétaire. Il résulte de l'article L. 321-5, I, alinéa 1, du Code de commerce que le mandat en vertu duquel les opérateurs mentionnés à l'article L. 321-4 du même code agissent pour le propriétaire du bien ou son représentant, lorsqu'ils organisent ou réalisent des ventes volontaires de meubles aux enchères publiques, est établi par écrit. Cette disposition étant d'ordre public, le mandat de vente écrit du propriétaire d'un bien destiné à une vente volontaire ne présente pas un caractère purement probatoire non exclusif de toute autre preuve (■ Cass. 1re civ., 15 juin 2016 préc.).

Art. L. 321-6 *(L. n° 2000-642, 10 juill. 2000 ; L. n° 2011-850, 20 juill. 2011).* **– Les opérateurs mentionnés à l'article L. 321-4 doivent justifier :**

1° De l'existence dans un établissement de crédit d'un compte destiné exclusivement à recevoir les fonds détenus pour le compte d'autrui ;

2° D'une assurance couvrant leur responsabilité professionnelle ;

3° D'une assurance ou d'un cautionnement garantissant la représentation des fonds mentionnés au 1°.

Tous éléments relatifs à la nature des garanties financières prévues aux 1° à 3° sont portés à la connaissance des destinataires de leurs services sous une forme appropriée.

Art. L. 321-7 *(Rempl., L. n° 2011-850, 20 juill. 2011).* **– Les opérateurs mentionnés à l'article L. 321-4 donnent au Conseil des ventes volontaires de meubles aux enchères publiques toutes précisions utiles sur les locaux où auront lieu de manière habituelle les expositions de meubles offerts à la vente ainsi que les opérations de ventes aux enchères publiques et sur les infrastructures utilisées en cas de vente aux enchères par voie électronique. Lorsque l'exposition ou la vente a lieu dans un autre local, ou à distance par voie électronique, ils en avisent préalablement le conseil.**

Ils communiquent également au Conseil des ventes volontaires de meubles aux enchères publiques, à sa demande, toutes précisions utiles relatives à leur organisation, ainsi qu'à leurs moyens techniques et financiers.

Art. L. 321-8 *(Abr., L. n° 2011-850, 20 juill. 2011).*

Art. L. 321-9 *(L. n° 2000-642, 10 juill. 2000 ; mod., L. n° 2011-850, 20 juill. 2011).* **– Seules les personnes remplissant les conditions mentionnées aux 1° à 3° du I de l'article L. 321-4 sont habilitées à diriger la vente, à désigner le dernier enchérisseur comme adjudicataire ou à déclarer le bien non adjugé et à dresser le procès-verbal de cette vente.**

Le procès-verbal est arrêté au plus tard un jour franc après clôture de la vente. Il mentionne les nom et adresse du nouveau propriétaire déclarés par l'adjudicataire, l'identité du vendeur, la désignation de l'objet ainsi que son prix constaté publiquement.

Les biens déclarés non adjugés à l'issue des enchères peuvent être vendus de gré à gré, à la demande du propriétaire des biens ou de son représentant, par l'opérateur de ventes volontaires ayant organisé la vente aux enchères publiques. Sauf stipulation contraire convenue par avenant au mandat postérieurement à cette vente, cette transaction ne peut être faite à un prix inférieur à la dernière enchère portée avant le retrait du bien de la vente ou, en l'absence d'enchères, au montant de la mise à prix. Le dernier enchérisseur est préalablement informé s'il est connu. Elle fait l'objet d'un acte annexé au procès-verbal de la vente.

Procès-verbal. Il résulte des articles L. 321-4 et L. 321-9 que ne constitue pas un acte authentique le procès-verbal dressé par un commissaire-priseur judiciaire qui dirige une vente organisée et réalisée par une société de ventes volontaires de meubles aux enchères publiques (■ Cass. com., 19 déc. 2006, n° 05-15.872 : *Bull. civ.* IV, n° 270).

Art. L. 321-10 *(L. n° 2000-642, 10 juill. 2000 ; mod., L. n° 2011-850, 20 juill. 2011).* **– Les opérateurs mentionnés à l'article L. 321-4 tiennent jour par jour un registre en application des articles 321-7 et 321-8 du Code pénal ainsi qu'un répertoire sur lequel ils inscrivent leurs procès-verbaux. Ils doivent tenir ce registre et ce répertoire sous une forme électronique, dans des conditions définies par décret.**

Faute disciplinaire. Il résulte des articles L. 321-10 et R. 321-45 du Code de commerce que le commissaire du gouvernement près le conseil procède à l'instruction préalable du dossier des poursuites disciplinaires engagées devant ce dernier à l'encontre de l'opérateur de ventes volontaires aux enchères publiques et peut se faire communiquer tous renseignements ou documents, au nombre desquels figure le registre tenu jour par jour par les opérateurs de ventes volontaires de meubles aux enchères publiques mentionnés à l'article L. 321-4 du même code, en application des articles 321-7 et 321-8 du Code pénal. Aux termes de l'article L. 321-22 du Code de commerce, tout manquement aux lois, règlements ou obligations professionnelles applicables aux mêmes opérateurs et aux personnes habilitées à diriger les ventes en vertu du premier alinéa de l'article L. 321-9 peut donner lieu à sanction disciplinaire. En conséquence, le défaut de communication du registre susmentionné est de nature à constituer une faute disciplinaire (■ Cass. 1re civ., 15 juin 2016, n° 15-19.365, à paraître au *Bull.*).

Art. L. 321-11 *(L. n° 2000-642, 10 juill. 2000 ; mod., L. n° 2011-850, 20 juill. 2011).* – Chaque vente volontaire de meubles aux enchères publiques donne lieu à une publicité sous toute forme appropriée.

Le prix de réserve est le prix minimal arrêté avec le vendeur au-dessous duquel le bien ne peut être vendu. Si le bien a été estimé, ce prix ne peut être fixé à un montant supérieur à l'estimation la plus basse figurant dans la publicité, ou annoncée publiquement par la personne qui procède à la vente et consignée au procès-verbal.

(Mots rempl., Ord. n° 2019-698, 3 juill. 2019) « L'article L. 442-5 » est applicable à tout vendeur se livrant à titre habituel à la revente de biens neufs en l'état à un prix inférieur à leur prix d'achat effectif, par le procédé des enchères publiques, dans les conditions prévues à cet article.

1) **Publicité des enchères.** L'imprécision des mentions figurant sur les catalogues ou des informations fournies lors de la vente engage la responsabilité du mandataire (V. la jurisprudence rendue avant la réforme du 19 juillet 2000 ▪ Cass. 1re civ., 12 mars 2002, n° 99-15.711 : *JurisData* n° 2002-013486 ; *JCP* G 2002, IV, 1707 ; *Bull. civ.* I, n° 90. ▪ Paris, 29 avr. 2002 : *JurisData* n° 2002-188848 ; *JCP* E 2003, 1028, p. 1145, note F. et V. Pasqualini. ▪ Paris, 1er oct. 2001 : *JurisData* n° 2001-162223 ; *JCP* E 2002, 916, § 15, obs. F. Pasqualini).

2) **Prix de réserve.** Le mandataire ayant vendu l'objet en dessous du prix de réserve peut être condamné à payer la différence entre le prix obtenu et le prix escompté par le vendeur (▪ Cass. com., 28 avr. 1993, n° 91-12.561 : *Bull. civ.* IV n° 157 ; *JCP* G 1993, IV, n° 1570). L'indemnité due par le mandataire doit être égale au montant de la différence entre le prix de réserve et le prix d'adjudication, déduction faite des frais à la charge du vendeur afférents à cette différence (▪ TGI Paris, 1re ch., 26 janv. 1989 : *JurisData* n° 1989-043767 ; *Journ. commissaires-priseurs* 1989, p. 138. ▪ TGI Paris, 1re ch., 1re sect., 13 oct. 1993 : *JurisData* n° 1993-048700. ▪ TGI Paris, 1re ch., 1re sect., 20 févr. 1997 : *JurisData* n° 1997-040145).

Art. L. 321-12 *(Rempl., L. n° 2011-850, 20 juill. 2011).* – Un opérateur de ventes volontaires de meubles aux enchères publiques mentionné à l'article L. 321-4 peut garantir au vendeur un prix d'adjudication minimal du bien proposé à la vente. Si le bien a été estimé, ce prix ne peut être fixé à un montant supérieur à l'estimation la plus basse mentionnée à l'article L. 321-11.

Si le prix d'adjudication minimal garanti n'est pas atteint lors de la vente aux enchères, l'opérateur est autorisé à se déclarer adjudicataire du bien à ce prix. À défaut, il verse au vendeur la différence entre le prix d'adjudication minimal garanti et le prix d'adjudication effectif.

Il peut revendre le bien ainsi acquis, y compris aux enchères publiques. La publicité doit alors mentionner de façon claire et non équivoque que l'opérateur est le propriétaire du bien.

Art. L. 321-13 *(L. n° 2000-642, 10 juill. 2000 ; mod., L. n° 2011-850, 20 juill. 2011).* – Un opérateur de ventes volontaires de meubles aux enchères publiques mentionné à l'article L. 321-4 peut consentir au vendeur une avance sur le prix d'adjudication du bien proposé à la vente.

Art. L. 321-14 *(L. n° 2000-642, 10 juill. 2000 ; mod., L. n° 2011-850, 20 juill. 2011).* – Les opérateurs de ventes volontaires de meubles aux enchères publiques mentionné à l'article L. 321-4 sont responsables à l'égard du vendeur et de l'acheteur de la représentation du prix et de la délivrance des biens dont ils ont effectué la vente. Toute clause qui vise à écarter ou à limiter leur responsabilité est réputée non écrite.

Le bien adjugé ne peut être délivré à l'acheteur que lorsque l'opérateur ayant organisé la vente en a perçu le prix ou lorsque toute garantie lui a été donnée sur le paiement du prix par l'acquéreur.

À défaut de paiement par l'adjudicataire, après mise en demeure restée infructueuse, le bien est remis en vente à la demande du vendeur sur *(Mots rempl., L. 2015-177, 16 févr. 2015)* « réitération des enchères » ; si le vendeur ne formule pas cette demande dans un délai de trois mois à compter de l'adjudication, la vente est résolue de plein droit, sans préjudice de dommages et intérêts dus par l'adjudicataire défaillant.

Les fonds détenus pour le compte du vendeur doivent être versés à celui-ci au plus tard deux mois à compter de la vente.

1) ***Responsabilité à l'égard de l'acheteur.*** L'acquéreur d'une coupe en cristal avec monture en bronze argenté, ayant porté ses enchères par téléphone, ne peut soutenir avoir été victime d'une erreur dans la mesure où son activité d'antiquaire en fait un professionnel de l'achat ou de la vente d'objets d'art anciens devant connaître parfaitement les précautions à prendre avant de se porter acquéreur d'un objet mis en vente aux enchères (▪ Dijon, 23 oct. 2007 : *JurisData* n° 2007-346330). Le commissaire-priseur ayant représenté un tableau comme authentique malgré l'absence d'expertise

avant la mise en vente engage sa responsabilité envers l'acheteur du fait de cette négligence et doit l'indemniser à hauteur des frais d'adjudication (■ Pau, 6 mars 2006 : *JurisData* n° 2006-334199). Faute d'être qualifié de prête-nom, le commissaire-priseur doit fournir toutes les informations utiles concernant l'identité du vendeur afin de permettre à l'acheteur d'exercer ses droits, sans qu'il soit possible d'exiger qu'une telle information soit donnée au moment même de la vente (■ Cass. 1re civ., 16 févr. 1983, n° 82-10.348 : *JurisData* n° 1983-700454 ; *Bull. civ.* I, n° 65 ; *Gaz. Pal.* 1983, 2, pan. jurispr. p. 184. ■ Cass. 1re civ., 26 mai 1993 : *JurisData* n° 1993-001170 ; *Bull. civ.* I, n° 191). Le commissaire-priseur, organisateur de la vente, répond des agissements de l'expert dont il s'est adjoint les services et qui avait en l'espèce présenté un tableau comme étant en « très bon état » alors qu'il présentait une tâche au dos et de nombreux repeints (■ Cass. 1re civ., 19 févr. 2014, n° 12-14.682, rendu sous l'empire des anciennes dispositions figurant aux articles L. 321-4, alinéa 2 et L. 321-31, alinéa 2).

2) **Restitutions.** Les restitutions consécutives à l'annulation d'une vente pour erreur sur la substance n'ayant lieu qu'entre les parties contractantes (C. civ., art. 1117), le commissaire-priseur ne peut être condamné qu'à des dommages-intérêts en réparation du préjudice causé à l'acquéreur par sa faute, hormis le cas où il n'a pas fourni en temps utile à ce dernier les renseignements nécessaires à l'identification certaine du vendeur (■ Cass. 1re civ., 30 avr. 2014, n° 12-21.304).

3) **Responsabilité à l'égard du vendeur.** Le vendeur doit être débouté de sa demande en garantie formée contre le commissaire-priseur et portant sur le prix de vente à restituer, la restitution du prix par suite de l'annulation de la vente ne constituant pas un préjudice indemnisable (■ Pau, 6 mars 2006, préc.). Faute d'engager sa responsabilité, le mandataire qui se voit confier un objet en vue de la vente doit s'assurer qu'il est en présence du propriétaire du bien ou d'une personne habilitée à le faire vendre et vérifier l'accord pour une telle vente (■ Paris, 15e ch. A, 10 mars 1993 : *JurisData* n° 1993-0200430. ■ Cass. 1re civ., 18 janv. 2000, n° 97-16.959 : *JurisData* n° 2000-000083 ; *JCP G* 2000, IV, 1393, p. 437 ; *Bull. civ.* I, n° 12). Engage sa responsabilité le commissaire-priseur qui n'informe pas le vendeur de la date de la vente afin de lui permettre d'y assister et éventuellement de faire connaître son prix de réserve (■ Paris, 31 mai 1996 : *JurisData* n° 1996-021895 ; *Gaz. Pal.* 1996, 2, jurispr. p. 491. ■ TGI Paris, 16 oct. 1991 : *JurisData* n° 1991-050650).

Art. L. 321-15 *(L. n° 2000-642, 10 juill. 2000 ; mod., L. n° 2009-526, 12 mai 2009 ; L. n° 2011-850, 20 juill. 2011).* **– I. – Est puni de deux ans d'emprisonnement et de 375 000 euros d'amende le fait de procéder ou de faire procéder à une ou plusieurs ventes volontaires de meubles aux enchères publiques :**

1° Si l'opérateur qui organise la vente n'a pas procédé à la déclaration préalable prévue à l'article L. 321-4 ou fait l'objet d'une interdiction temporaire ou définitive d'exercer l'activité de ventes volontaires de meubles aux enchères publiques ;

2° Ou si le ressortissant d'un État membre de la Communauté européenne ou d'un État partie à l'accord sur l'Espace économique européen qui organise la vente n'a pas procédé à la déclaration prévue à l'article L. 321-24 ;

3° Ou si la personne qui dirige la vente ne remplit pas les conditions prévues à l'article L. 321-4 ou est frappée d'une interdiction à titre temporaire ou définitif de diriger de telles ventes.

II. – Les personnes physiques coupables de l'une des infractions aux dispositions prévues au présent article encourent également les peines complémentaires suivantes :

1° L'interdiction, pour une durée de cinq ans au plus, d'exercer une fonction publique ou d'exercer l'activité professionnelle ou sociale dans l'exercice ou à l'occasion de l'exercice de laquelle l'infraction a été commise ;

2° L'affichage ou la diffusion de la condamnation prononcée dans les conditions prévues par l'article 131-35 ***du Code pénal ;***

3° La confiscation des sommes ***ou objets irrégulièrement*** **reçus par l'auteur de l'infraction, à l'exception des objets susceptibles de restitution.**

III *(III abr., L. n° 2011-850, 20 juill. 2011).*

IV. – Le Conseil des ventes volontaires de meubles aux enchères publiques peut se constituer partie civile dans le cadre des poursuites judiciaires intentées sur le fondement du présent article.

Art. L. 321-16 *(Abr., L. n° 2011-850, 20 juill. 2011).*

Art. L. 321-17 *(L. n° 2000-642, 10 juill. 2000 ; mod., L. n° 2004-130, 11 févr. 2004 ; L. n° 2008-561, 17 juin 2008 ; mod., L. n° 2011-850, 20 juill. 2011).* **– Les opérateurs de ventes volontaires de meubles aux enchères publiques mentionnés à l'article L. 321-4 et les officiers publics ou ministériels compétents pour**

procéder aux ventes judiciaires et volontaires ainsi que les experts qui les assistent dans la description, la présentation et l'estimation des biens engagent leur responsabilité au cours ou à l'occasion des prisées et des ventes de meubles aux enchères publiques, conformément aux règles applicables à ces ventes.

Les clauses qui visent à écarter ou à limiter leur responsabilité sont interdites et réputées non écrites.

Les actions en responsabilité civile engagées à l'occasion des prisées et des ventes volontaires et judiciaires de meuble aux enchères publiques se prescrivent par cinq ans à compter de l'adjudication ou de la prisée. Mention de ce délai de prescription doit être rappelée dans la publicité prévue à l'article L. 321-11.

1) Mentions erronées. Il résulte des articles L. 321-17, alinéa 1er, du Code de commerce et 1382, devenu 1240 du Code civil, qu'à l'égard de l'acquéreur, le commissaire-priseur, qui affirme sans réserve l'authenticité de l'œuvre d'art qu'il est chargé de vendre ou ne fait pas état des restaurations majeures qu'elle a subies, engage sa responsabilité, sans préjudice d'un recours contre l'expert dont il s'est fait assister. En l'espèce, le commissaire-priseur avait porté, sur des catalogues, des mentions manifestement erronées garantissant l'authenticité de fauteuils et fait une présentation incomplète d'une bibliothèque et avait ainsi engagé sa responsabilité à l'égard de l'acquéreur, sans pouvoir s'en exonérer en arguant du fait qu'il a eu recours à un expert indépendant (■ Cass. 1re civ., 21 oct. 2020, n° 19-10.536, F-P+B, *SAS Étude de Provence c/ L. et a.* : *JurisData* n° 2020-016683 ; *Resp. civ. et assur.* n° 1, janvier 2021, comm. 14).

2) Prescription. L'exigence du rappel de la mention du délai de prescription de 5 ans dans la publicité à laquelle donnent lieu les ventes aux enchères publiques ayant été posée à l'article L. 321-17 du Code de commerce par la loi n° 2011-850 du 20 juillet 2011, soit postérieurement à la vente litigieuse, la cour d'appel n'avait pas à procéder à la vérification invoquée (■ Cass. 1re civ., 21 oct. 2020, n° 19-15.415 : *JurisData* n° 2020-016703).

Sous-section 2. – Le conseil des ventes volontaires de meubles aux enchères publiques

Art. L. 321-18 *(L. n° 2000-642, 10 juill. 2000 ; Ord. n° 2008-507, 30 mai 2008 ; Ord. n° 2009-104, 30 janv. 2009 ; mod., L. n° 2011-850, 20 juill. 2011).* – Il est institué une autorité de régulation dénommée « Conseil des ventes volontaires de meubles aux enchères publiques ».

Le Conseil des ventes volontaires de meubles aux enchères publiques, établissement d'utilité publique doté de la personnalité morale, est chargé :

1° D'enregistrer les déclarations des opérateurs de ventes volontaires de meubles aux enchères publiques mentionnés à l'article L. 321-4 ;

2° D'enregistrer les déclarations des ressortissants des États mentionnés à la section 2 ;

3° De sanctionner, dans les conditions prévues à l'article L. 321-22 les manquements aux lois, règlements et obligations professionnelles applicables aux opérateurs de ventes volontaires de meubles aux enchères publiques mentionnés à l'article L. 321-4 et aux ressortissants d'un État membre de l'Union européenne ou d'un État partie à l'accord sur l'Espace économique européen exerçant à titre occasionnel l'activité de ventes volontaires de meubles aux enchères publiques en France ;

4° De collaborer avec les autorités compétentes des autres États membres de l'Union européenne ou parties à l'accord sur l'Espace économique européen afin de faciliter l'application de la directive 2005/36/ CE du Parlement européen et du Conseil du 7 septembre 2005 relative à la reconnaissance des qualifications professionnelles ;

5° *(Abr., Ord. n° 2020-115, 12 févr. 2020)* ;

6° D'identifier les bonnes pratiques et de promouvoir la qualité des services, en lien avec les organisations professionnelles représentatives des opérateurs de ventes volontaires de meubles aux enchères publiques mentionnés à l'article L. 321-4 et avec les organisations professionnelles représentatives des experts ;

7° D'observer l'économie des enchères ;

8° D'élaborer, après avis des *organisations professionnelles représentatives* des opérateurs de ventes volontaires *de meubles aux enchères publiques* mentionnés à l'article L. 321-4, un recueil des obligations déontologiques de ces opérateurs, soumis à l'approbation du garde des Sceaux, ministre de la Justice, et rendu public.

Les manquements aux obligations déontologiques mentionnées au 8°, lorsqu'ils sont commis de manière générale par les opérateurs de ventes volontaires, font l'objet d'un avis du conseil des ventes volontaires rappelant ces obligations.

Le Conseil des ventes volontaires de meubles aux enchères publiques peut également formuler des propositions de modifications législatives et réglementaires au sujet de l'activité de ventes volontaires aux enchères publiques.

Voir : A. 21 févr. 2012 : *JORF* 29 févr. 2012, portant approbation du recueil des obligations déontologiques des opérateurs de ventes volontaires de meubles aux enchères publiques, adopté par le Conseil des ventes volontaires de meubles aux enchères publiques lors de sa délibération en date du 15 février 2012.

Art. L. 321-19 *(L. n° 2000-642, 10 juill. 2000 ; mod., L. n° 2011-850, 20 juill. 2011)*. **– Le Conseil des ventes volontaires de meubles aux enchères publiques, la Chambre nationale des commissaires-priseurs judiciaires et le Conseil national des courtiers de marchandises assermentés assurent conjointement l'organisation de la formation professionnelle en vue de l'obtention de la qualification requise pour diriger les ventes.**

> **Rédaction future.** Art. L. 321-19 *(Mod., L. n° 2011-850, 20 juill. 2011)*. – Le Conseil des ventes volontaires de meubles aux enchères publiques, *(Mots rempl. à compter du 1er juillet 2022, Ord. n° 2016-728, 2 juin 2016)* « la chambre nationale des commissaires de justice » et le Conseil national des courtiers de marchandises assermentés assurent conjointement l'organisation de la formation professionnelle en vue de l'obtention de la qualification requise pour diriger les ventes.

Art. L. 321-20 *(L. n° 2000-642, 10 juill. 2000 ; mod., L. n° 2011-850, 20 juill. 2011)*. **– Le Conseil des ventes volontaires de meubles aux enchères publiques informe la chambre nationale et les chambres des commissaires-priseurs judiciaires, ainsi que les chambres départementales des huissiers de justice et des notaires et le Conseil national des courtiers de marchandises assermentés, des faits commis dans le ressort de celles-ci qui ont été portés à sa connaissance et qui porteraient atteinte à la réglementation des ventes volontaires de meubles aux enchères publiques.**

Les chambres départementales des huissiers de justice et des notaires, la chambre nationale et les chambres des commissaires-priseurs judiciaires ainsi que le Conseil national des courtiers de marchandises assermentés procèdent à la même information envers le Conseil des ventes volontaires de meubles aux enchères publiques.

Aux seules fins d'observation du marché des ventes volontaires de meubles aux enchères publiques, le Conseil des ventes volontaires de meubles aux enchères publiques peut demander à la Chambre nationale des huissiers de justice et au Conseil supérieur du notariat la communication du chiffre d'affaires hors taxes annuel réalisé par les notaires et huissiers de justice dans leur activité accessoire de ventes volontaires de meubles aux enchères publiques. Ce chiffre d'affaires est établi à partir des données recueillies par les chambres régionales d'huissiers de justice et les chambres des notaires à l'occasion des inspections annuelles des offices.

Art. L. 321-21 *(Rempl., L. n° 2011-850, 20 juill. 2011)*. **– Le Conseil des ventes volontaires de meubles aux enchères publiques comprend onze membres nommés pour quatre ans à raison de :**

1° Un membre du Conseil d'État, en activité ou honoraire, nommé par le garde des Sceaux, ministre de la Justice, sur proposition du vice-président du Conseil d'État ;

2° Deux conseillers de la Cour de cassation, en activité ou honoraires, nommés par le garde des Sceaux, ministre de la Justice, sur proposition du premier président de la Cour de cassation ;

3° Un membre de la Cour des comptes, en activité ou honoraire, nommé par le garde des Sceaux, ministre de la Justice, sur proposition du premier président de la Cour des comptes ;

4° Trois personnalités exerçant ou ayant cessé d'exercer depuis moins de cinq ans l'activité d'opérateur de ventes volontaires de meubles aux enchères publiques, respectivement nommées par le garde des Sceaux, ministre de la Justice, par le ministre chargé de la culture et par le ministre chargé du commerce ;

5° Trois personnalités qualifiées en matière de ventes volontaires de meubles aux enchères publiques, respectivement nommées par le garde des Sceaux, ministre de la Justice, par le ministre chargé de la culture et par le ministre chargé du commerce ;

6° Un expert ayant l'expérience de l'estimation de biens mis en vente aux enchères publiques, nommé par le ministre chargé de la culture.

Des suppléants sont désignés en nombre égal et dans les mêmes formes.

Il ne peut être mis fin aux fonctions des membres et du président avant l'expiration de leur mandat qu'en cas de démission ou d'empêchement, dans des conditions définies par décret en Conseil d'État.

Le mandat des membres du conseil est renouvelable une fois.

Le président est nommé par le garde des Sceaux, ministre de la Justice, parmi les personnes désignées aux 1°, 2° ou 3°.

Les membres du conseil exerçant au cours de leur mandat l'activité de ventes volontaires aux enchères publiques ne participent pas aux délibérations relatives à la situation individuelle des opérateurs mentionnés aux articles L. 321-4 et L. 321-24.

Un magistrat du parquet est désigné pour exercer les fonctions de commissaire du Gouvernement auprès du Conseil des ventes volontaires de meubles aux enchères publiques.

Il peut proposer une solution amiable aux différends intéressant un opérateur de ventes volontaires de meubles aux enchères publiques qui sont portés à sa connaissance.

Le financement du conseil est assuré par le versement de cotisations professionnelles acquittées par les opérateurs de ventes volontaires de meubles aux enchères publiques mentionnés à l'article L. 321-4 et assises sur le montant des honoraires bruts perçus l'année précédente à l'occasion des ventes organisées sur le territoire national. Le montant de ces cotisations est fixé tous les trois ans par arrêté du garde des Sceaux, ministre de la Justice, après avis du Conseil des ventes volontaires de meubles aux enchères publiques et des organisations professionnelles représentatives des opérateurs mentionnés au même article L. 321-4.

Le conseil désigne un commissaire aux comptes et *(Mots aj., L. n° 2019-486, 22 mai 2019)* « , lorsque les conditions définies au deuxième alinéa du I de l'article L. 823-1 sont réunies, » un commissaire aux comptes suppléant. Il est soumis au contrôle de la Cour des comptes.

Art. L. 321-22 *(L. n° 2000-642, 10 juill. 2000 ; mod., L. n° 2011-850, 20 juill. 2011).* – Tout manquement aux lois, règlements ou obligations professionnelles applicables aux opérateurs de ventes volontaires de meubles aux enchères publiques mentionnés à l'article L. 321-4 et aux personnes habilitées à diriger les ventes en vertu du premier alinéa de l'article L. 321-9 peut donner lieu à sanction disciplinaire. La prescription est de trois ans à compter du manquement. Toutefois, si l'opérateur est l'auteur de faits ayant donné lieu à une condamnation pénale, l'action se prescrit par deux ans à compter de la date à laquelle cette condamnation est devenue définitive.

Le conseil statue par décision motivée. Aucune sanction ne peut être prononcée sans que les griefs aient été communiqués au représentant légal de l'opérateur ou à la personne habilitée à diriger les ventes, que celui-ci ait été mis à même de prendre connaissance du dossier et qu'il ait été entendu ou dûment appelé.

Aucun membre du Conseil des ventes volontaires de meubles aux enchères publiques ne peut participer à une délibération relative à :

1° Une affaire dans laquelle il a un intérêt direct ou indirect, dans laquelle il a déjà pris parti ou s'il représente ou a représenté l'intéressé ;

2° Un organisme au sein duquel il a, au cours des trois années précédant la délibération, détenu un intérêt direct ou indirect, exercé des fonctions ou détenu un mandat.

Tout membre du conseil doit informer le président des intérêts, directs ou indirects, qu'il détient ou vient à détenir, des fonctions qu'il exerce ou vient à exercer et de tout mandat qu'il détient ou vient à détenir au sein d'une personne morale. Ces informations, ainsi que celles concernant le président, sont tenues à la disposition des membres du conseil.

Les sanctions applicables aux opérateurs de ventes volontaires de meubles aux enchères publiques sont, compte tenu de la gravité des faits reprochés : l'avertissement, le blâme, l'interdiction d'exercer tout ou partie de l'activité de ventes volontaires de meubles aux enchères publiques ou de diriger des ventes à titre temporaire pour une durée qui ne peut excéder trois ans, l'interdiction définitive d'exercer l'activité de ventes volontaires de meubles aux enchères publiques ou l'interdiction définitive de diriger des ventes.

(Al. créé, Ord. n° 2016-1635, 1er déc. 2016) « Tout manquement aux obligations prévues par les dispositions des sections 3 à 6 du *chapitre Ier du titre VI du livre V* du Code monétaire et financier donne *également lieu à la mise en œuvre* des dispositions de l'article *(Ord. n° 2020-115, 12 févr. 2020)* « *L. 561-37* » de ce code. »

En cas d'urgence et à titre conservatoire, le président du conseil peut prononcer la suspension provisoire de l'exercice de tout ou partie de l'activité de ventes volontaires de meubles aux enchères publiques d'un opérateur ou d'une personne habilitée à diriger les ventes.

Cette mesure peut être ordonnée pour une durée qui ne peut excéder un mois, sauf prolongation décidée par le conseil pour une durée qui ne peut excéder trois mois. Le président en informe sans délai le conseil.

La suspension ne peut être prononcée sans que les griefs aient été communiqués à l'intéressé, qu'il ait été mis à même de prendre connaissance du dossier et qu'il ait été entendu ou dûment appelé par le président du conseil.

Le conseil peut publier ses décisions dans les journaux ou supports qu'il détermine, sauf si cette publication risque de causer un préjudice disproportionné aux parties en cause. Les frais de publication sont à la charge des personnes sanctionnées.

Droit à un procès équitable. L'exigence d'un procès équitable, au regard des principes d'égalité des armes et d'impartialité du juge, impose qu'une juridiction disciplinaire de première instance ne soit pas partie au recours contre ses propres décisions ; le Conseil des ventes mobilières qui prononce une sanction disciplinaire constitue une telle juridiction. Partant, viole l'article 6 de la Convention des droits de l'homme et des libertés fondamentales l'arrêt qui, prononçant, sur le recours formé contre une décision disciplinaire de relaxe partielle rendue par le Conseil des ventes volontaires, une interdiction temporaire d'exercer toute activité à l'égard d'opérateurs de ventes volontaires de meubles aux enchères publiques, statue au vu des observations écrites déposées par cette juridiction (■ Cass. 1re civ., 10 sept. 2014, n° 13-21.762 : *Bull. civ.* I, n° 147).

Art. L. 321-23 *(L. n° 2000-642, 10 juill. 2000).* **– Les décisions du Conseil des ventes volontaires de meubles aux enchères publiques et de son président peuvent faire l'objet d'un recours devant la cour d'appel de Paris. Le recours peut être porté devant le premier président de ladite cour statuant en référé.**

Section II. – Libre prestation de services de l'activité de ventes volontaires de meubles aux enchères publiques par les ressortissants des États membres de l'Union européenne et des États parties à l'accord sur l'Espace économique européen

(Intitulé mod. à compter du 1er septembre 2011, L. n° 2011-850, 20 juill. 2011)

Art. L. 321-24 *(L. n° 2000-642, 10 juill. 2000 ; mod., Ord. n° 2008-507, 30 mai 2008).* **– Les ressortissants d'un État membre de la Communauté européenne ou d'un État partie à l'accord sur l'Espace économique européen qui exercent à titre permanent l'activité de ventes volontaires de meubles aux enchères publiques dans l'un de ces États autres que la France peuvent accomplir, en France, cette activité professionnelle à titre occasionnel. Cette activité ne peut être accomplie qu'après déclaration faite au Conseil des ventes volontaires de meubles aux enchères publiques. La déclaration est faite au moins un mois avant la date de la première vente réalisée en France. Cette déclaration est renouvelée une fois par an si le prestataire envisage d'exercer son activité professionnelle de façon occasionnelle au cours de l'année concernée ou en cas de changement matériel relatif à sa situation professionnelle.**

Art. L. 321-25 *(L. n° 2000-642, 10 juill. 2000).* **– Les personnes exerçant l'activité de ventes volontaires de meubles aux enchères publiques à titre permanent dans leur pays d'origine font usage, en France, de leur qualité exprimée dans la ou l'une des langues de l'État où elles sont établies, accompagnée d'une traduction en français, ainsi que, s'il y a lieu, du nom de l'organisme professionnel dont elles relèvent.**

Art. L. 321-26 *(Rempl., L. n° 2011-850, 20 juill. 2011 ; mod., Ord. n° 2016-1809, 22 déc. 2016).* **– Pour pouvoir exercer l'activité de ventes volontaires de meubles aux enchères publiques à titre temporaire et occasionnel, le ressortissant d'un État membre de l'Union européenne ou d'un autre État partie à l'accord sur l'Espace économique européen doit justifier dans la déclaration mentionnée à l'article L. 321-24 qu'il est légalement établi dans l'un de ces États, qu'il n'encourt aucune interdiction même temporaire d'exercer et qu'il détient les qualifications professionnelles requises le cas échéant dans l'État membre d'origine.**

(Rempl., Ord. n° 2016-1809, 22 déc. 2016) **« Toutefois, lorsque cette activité ou la formation y conduisant n'est pas réglementée dans son État d'établissement, le prestataire doit justifier avoir exercé cette activité dans un ou plusieurs États membres de l'Union européenne ou parties à l'accord sur l'Espace économique européen, pendant au moins une année à temps plein ou à temps partiel pendant une durée totale équivalente, au cours des dix années qui précèdent la prestation. » S'il s'agit d'une personne morale, elle**

doit justifier dans la déclaration qu'elle comprend parmi ses dirigeants, ses associés ou ses salariés une personne remplissant ces conditions.

Art. L. 321-27 *(L. n° 2000-642, 10 juill. 2000 ; mod., L. n° 2011-850, 20 juill. 2011).* **– Les ressortissants d'un État membre de la Communauté européenne ou d'un État partie à l'accord sur l'Espace économique européen sont tenus de respecter les règles régissant l'activité de ventes volontaires de meubles aux enchères publiques prévues par les articles L. 321-1 à L. 321-3 et L. 321-5 à L. 321-17 sans préjudice des obligations non contraires qui leur incombent dans l'État dans lequel ils sont établis.**

Art. L. 321-28 *(L. n° 2000-642, 10 juill. 2000 ; mod., L. n° 2011-850, 20 juill. 2011).* **– En cas de manquement aux dispositions du présent chapitre, les ressortissants des États membres de l'Union européenne et des États parties à l'accord sur l'Espace économique européen sont soumis aux dispositions de l'article L. 321-22. Toutefois, les sanctions de l'interdiction temporaire ou définitive de l'exercice de l'activité sont remplacées par les sanctions de l'interdiction temporaire ou définitive d'exercer en France l'activité de ventes volontaires de meubles aux enchères publiques.**

En cas de sanction, le Conseil des ventes volontaires de meubles aux enchères publiques en avise l'autorité compétente de l'État d'établissement.

Section III. – Des experts intervenant dans les ventes volontaires de meubles aux enchères publiques

(Intitulé rempl. à compter du 1er septembre 2011, L. n° 2011-850, 20 juill. 2011)

Art. L. 321-29 *(Rempl., L. n° 2011-850, 20 juill. 2011).* **– Les opérateurs de ventes volontaires de meubles aux enchères publiques mentionnés à l'article L. 321-4, les huissiers de justice et les notaires peuvent, sous leur seule responsabilité, s'assurer du concours d'experts, quelle qu'en soit l'appellation, pour les assister dans la description, la présentation et l'estimation des biens mis en vente.**

Le public est informé de l'intervention d'experts dans l'organisation de la vente.

Art. L. 321-30 *(Rempl., L. n° 2011-850, 20 juill. 2011).* **– Tout expert intervenant à titre onéreux à l'occasion d'une vente de meubles aux enchères publiques est tenu de contracter une assurance garantissant sa responsabilité professionnelle.**

Il est solidairement responsable avec l'organisateur de la vente pour ce qui relève de son activité.

Tous éléments relatifs à la nature de la garantie prévue au premier alinéa sont portés à la connaissance du public.

Responsabilité de l'expert. Engage sa responsabilité l'expert ayant présenté un tableau comme étant en « très bon état » alors qu'il comportait une tâche au dos et de nombreux repeints si bien que sa revente à une clientèle exigeante apparaissait difficile, causant un préjudice à la galerie qui en avait fait l'acquisition (■ Cass. 1re civ., 19 févr. 2014, n° 12-14.682, rendu sous l'empire des anciennes dispositions figurant aux articles L. 321-4, alinéa 2 et L. 321-31, alinéa 2). Si l'expert n'est tenu qu'à une obligation de moyen renforcée, il peut lui être reproché, en l'espèce, de n'avoir justifié par aucun élément avoir entrepris des recherches ou des travaux, avoir réuni une documentation sérieuse pour se convaincre de l'authenticité de la date de la sculpture annoncée dans le catalogue de vente, sans la moindre réserve (■ Paris, 6 févr. 2015, n° 12/10208 : *JurisData* n° 2015-006604).

Art. L. 321-31 *(Rempl., L. n° 2011-850, 20 juill. 2011).* **– L'organisateur de la vente veille au respect par l'expert dont il s'assure le concours des obligations et interdictions respectivement prévues au premier alinéa de l'article L. 321-30 et à l'article L. 321-32. Il en informe le public.**

Art. L. 321-32 *(Rempl., L. n° 2011-850, 20 juill. 2011).* **– L'expert mentionné à l'article L. 321-29 ne peut décrire, présenter, estimer, ni mettre en vente un bien lui appartenant, ni se porter acquéreur directement ou indirectement pour son propre compte d'un bien dans les ventes aux enchères publiques auxquelles il apporte son concours.**

À titre exceptionnel, l'expert peut cependant vendre, par l'intermédiaire d'un opérateur mentionné à l'article L. 321-4, un bien lui appartenant à condition qu'il en soit fait mention dans la publicité de manière claire et non équivoque.

Art. L. 321-33 *(L. n° 2000-642, 10 juill. 2000).* – Le fait, pour toute personne ne figurant pas sur la liste prévue à l'article L. 321-29 d'user de la dénomination mentionnée à cet article, ou d'une dénomination présentant une ressemblance de nature à causer une méprise dans l'esprit du public, est puni des peines prévues par l'article 433-17 du Code pénal.

Art. L. 321-34 à L. 321-35-1 *(Abr. L. n° 2011-850, 20 juill. 2011).*

Section IV. – Dispositions diverses

Art. L. 321-36 *(L. n° 2000-642, 10 juill. 2000 ; mod., L. n° 2011-850, 20 juill. 2011).* – Les ventes aux enchères publiques de meubles appartenant à l'État ainsi que toutes les ventes de biens meubles effectuées en la forme domaniale continuent d'être faites selon les modalités prévues à l'article L. 3211-17 du Code général de la propriété des personnes publiques. Toutefois, par dérogation aux dispositions du même article L. 3211-17, ces ventes peuvent être faites avec publicité et concurrence, pour le compte de l'État, par les opérateurs de ventes volontaires de meubles aux enchères publiques mentionnés aux articles L. 321-4 et L. 321-24 du présent code, dans les conditions prévues par le présent chapitre.

Les ventes de meubles aux enchères publiques relevant du Code des douanes sont faites selon les modalités prévues par le même code. Toutefois, par dérogation aux dispositions du Code des douanes, ces ventes peuvent également être faites avec publicité et concurrence, pour le compte de l'État, par les opérateurs de ventes volontaires de meubles aux enchères publiques mentionnés aux articles L. 321-4 et L. 321-24 dans les conditions prévues par le présent chapitre.

Art. L. 321-37 *(Rempl., L. n° 2011-850, 20 juill. 2011).* – À l'exception des contestations relatives aux ventes volontaires aux enchères publiques de marchandises en gros, qui sont portées devant les tribunaux de commerce, les tribunaux civils sont seuls compétents pour connaître des actions en justice relatives aux activités de vente dans lesquelles est partie un opérateur de ventes volontaires de meubles aux enchères publiques mentionné à l'article L. 321-4. Toute clause contraire est réputée non écrite. Néanmoins, si l'opérateur est une personne morale, les associés peuvent convenir, dans les statuts, de soumettre à des arbitres les contestations qui surviendraient entre eux ou entre opérateurs de ventes volontaires à raison de leur activité.

Art. L. 321-38 *(Rempl., L. n° 2011-850, 20 juill. 2011).* – Un décret en Conseil d'État fixe les conditions d'application du présent chapitre. Il définit :

1° Les qualifications professionnelles requises pour diriger une vente ;

2° Les conditions de reconnaissance des titres, diplômes et habilitations équivalents et les modalités de la déclaration préalable prévue à l'article L. 321-4 ainsi que la liste des pièces à y joindre ;

3° Le régime du cautionnement prévu à l'article L. 321-6 et les modalités selon lesquelles la nature des garanties financières est portée à la connaissance des destinataires des services ;

4° Les conditions d'information du Conseil des ventes volontaires de meubles aux enchères publiques lorsque l'exposition ou la vente n'a pas lieu dans les locaux mentionnés à la première phrase du premier alinéa de l'article L. 321-7 ;

5° Les mentions devant figurer sur la publicité prévue à l'article L. 321-11 ;

6° *(Abr., Ord. n° 2020-115, 12 févr. 2020)* ;

7° Les modalités d'organisation et de fonctionnement du Conseil des ventes volontaires de meubles aux enchères publiques.

Voir : art. R. 321-1 et s., p. 1783.

Ordonnance du 26 juin 1816

qui établit, en exécution de la loi du 28 avril 1816, des commissaires-priseurs judiciaires dans les villes chefs-lieux d'arrondissement, ou qui sont le siège d'un tribunal de grande instance, et dans celles qui, n'ayant ni sous-préfecture ni tribunal, renferment une population de cinq mille âmes et au-dessus

Art. 1er-1 *(Mod., L. n° 2015-990, 6 août 2015 ; D. n° 2016-661, 20 mai 2016 ; abr. à compter du 1er juillet 2022, Ord. n° 2016-728, 2 juin 2016 ; D. n° 2017-895, 6 mai 2017).* – Toute création, tout transfert

(Mots aj., D. n° 2020-931, 29 juill. 2020) « en dehors de l'une des zones mentionnées au I de l'article 52 de la loi n° 2015-990 du 6 août 2015 pour la croissance, l'activité et l'égalité des chances économiques, » ou suppression d'un office de commissaire-priseur judiciaire sont faits par arrêté du garde des Sceaux, ministre de la Justice, qui fixe, le cas échéant, le lieu d'implantation de l'office.

Les demandes en ce sens lui sont transmises par téléprocédure sur le site internet du ministère de la Justice.

Le bureau de la chambre nationale des commissaires-priseurs judiciaires communique au garde des Sceaux, ministre de la Justice, toute information dont il dispose permettant d'apprécier la pertinence de tout projet de suppression d'un office de commissaire-priseur judiciaire, de transfert d'un office effectué dans les conditions prévues au III de l'article 2 de la présente ordonnance, d'ouverture ou de suppression de bureaux annexes par des commissaires-priseurs judiciaires ou de transformation d'un bureau annexe en office distinct.

NB : Conformément à l'article 17 du décret n° 2020-931 du 29 juillet 2020, les dispositions introduites par son article 13 entrent en vigueur le 1er janvier 2021. Elles s'appliquent aux déclarations déposées à compter de cette date.

Art. 1er-1-1 *(L. n° 2015-990, 6 août 2015 ; abr. à compter du 1er juillet 2022, Ord. n° 2016-728, 2 juin 2016)*. **–** Toute personne remplissant les conditions de nationalité, d'aptitude, d'honorabilité, d'expérience et d'assurance est nommée par le ministre de la Justice en qualité de commissaire-priseur judiciaire dans les zones où l'implantation d'offices de commissaire-priseur judiciaire apparaît utile pour renforcer la proximité ou l'offre de services.

La nomination peut toutefois être refusée dans les cas prévus au III de l'article 52 de la loi n° 2015-990 du 6 août 2015 pour la croissance, l'activité et l'égalité des chances économiques.

Un appel à manifestation d'intérêt est organisé dans les zones identifiées conformément au II du même article 52.

Un décret en Conseil d'État fixe les modalités d'application du présent article.

Art. 1er-1-2 *(L. n° 2015-990, 6 août 2015 ; abr. à compter du 1er juillet 2022, Ord. n° 2016-728, 2 juin 2016)*. **–** Les commissaires-priseurs judiciaires cessent leurs fonctions lorsqu'ils atteignent l'âge de soixante-dix ans. Sur autorisation du ministre de la Justice, ils peuvent continuer d'exercer leurs fonctions jusqu'au jour où leur successeur prête serment, pour une durée qui ne peut excéder douze mois.

Art. 1er-2 *(Mod., L. n° 2015-990, 6 août 2015 ; D. n° 2016-661, 20 mai 2016 ; abr. à compter du 1er juillet 2022, Ord. n° 2016-728, 2 juin 2016)*. **–** Les suppressions d'offices de commissaire-priseur judiciaire ne peuvent intervenir qu'à la suite :

1° Du décès, de la démission ou de la destitution de leur titulaire ;

2° De l'atteinte, par leur titulaire, de la limite d'âge fixée pour l'exercice des fonctions de commissaire-priseur judiciaire ou, le cas échéant, de l'expiration de l'autorisation de prolongation d'activité prévue par l'article 1er-1-2 de la présente ordonnance ;

3° Si le titulaire de l'office est une société, de sa dissolution.

Art. 1er-3 *(Abr., L. n° 2015-990, 6 août 2015)*.

Art. 2 *(Abr., L. n° 2015-990, 6 août 2015 ; rétabli dans la version suivante, D. n° 2016-66, 20 mai 2016 ; abr. à compter du 1er juillet 2022, Ord. n° 2016-728, 2 juin 2016)*. **–** I. – Le transfert d'un office est le déplacement du siège de cet office au sein d'une même zone, parmi celles mentionnées au I ou au III de l'article 52 de la loi du 6 août 2015 susmentionnée.

II. – Le transfert d'un office au sein de l'une des zones mentionnées au I de l'article 52 de la loi du 6 août 2015 susmentionnée fait l'objet d'une déclaration, au plus tard dans un délai de dix jours à compter de ce transfert, auprès de la chambre de discipline et du procureur général près la cour d'appel dans le ressort de laquelle l'office a été transféré ainsi que, le cas échéant, de la chambre de discipline et du procureur général près la cour d'appel dans le ressort de laquelle était initialement établi l'office.

(Al. rempl., D. n° 2020-931, 29 juill. 2020) « Dans le même délai, la déclaration est également adressée au garde des sceaux, ministre de la justice, par téléprocédure sur le site internet du ministère de la justice, et au bureau de la chambre nationale des commissaires de justice, par téléprocédure. Le garde des sceaux, ministre de la justice, peut, par décision motivée et dans un délai de deux mois à compter de cette déclaration, faire opposition au transfert. »

III. – Le transfert d'un office au sein de l'une des zones mentionnées au III de l'article 52 de la loi du 6 août 2015 susmentionnée est autorisé, dans la forme prévue au premier alinéa de l'article 1er-1 de la présente ordonnance, par le garde des Sceaux, ministre de la Justice.

NB : Conformément à l'article 17 du décret n° 2020-931 du 29 juillet 2020, les dispositions introduites par son article 13 entrent en vigueur le 1er janvier 2021. Elles s'appliquent aux déclarations déposées à compter de cette date.

Art. 3 *(Mod., L. n° 2015-990, 6 août 2015 ; abr. à compter du 1er juillet 2022, Ord. n° 2016-728, 2 juin 2016).* **–** Sous réserve des dispositions de l'article 5, les commissaires-priseurs judiciaires exercent leurs fonctions sur l'ensemble du territoire national, à l'exclusion des départements du Bas-Rhin, du Haut-Rhin et de la Moselle.

Toutefois, ils ne peuvent procéder à titre habituel aux prisées et aux ventes de meubles aux enchères publiques en dehors du ressort du tribunal judiciaire du siège de leur office et, le cas échéant, d'un bureau annexe attaché à l'office.

Les autres officiers publics ou ministériels habilités par leur statut à effectuer des prisées et des ventes judiciaires ou volontaires de meubles corporels aux enchères publiques peuvent y procéder dans leur ressort d'instrumentation, à l'exception des communes où est établi un office de commissaire-priseur judiciaire.

Art. 5 *(Mod., L. n° 2000-642, 10 juill. 2000 ; abr. à compter du 1er juillet 2022, Ord. n° 2016-728, 2 juin 2016).* **–** Dans les villes où il existe des monts-de-piété, des commissaires-priseurs judiciaires choisis parmi ceux résidant dans ces villes seront exclusivement chargés de toutes les opérations de prisées et de ventes ainsi que cela est établi pour les commissaires-priseurs judiciaires de Paris par le règlement du 27 juillet 1805.

La désignation des commissaires-priseurs judiciaires près des monts-de-piété sera faite par les administrateurs de ces établissements, qui fixeront le nombre de ces officiers nécessaires pour le service.

Art. 6 *(Mod., L. n° 2000-642, 10 juill. 2000 ; abr. à compter du 1er juillet 2022, Ord. n° 2016-728, 2 juin 2016).* **–** Lesdits commissaires-priseurs judiciaires pourront recevoir toute déclaration concernant les ventes auxquelles ils procéderont, recevoir et viser toutes les oppositions qui y seront formées, introduire devant les autorités compétentes tous référés auxquels leurs opérations pourront donner lieu, et citer, à cet effet, les parties intéressées devant lesdites autorités.

Art. 7 *(Mod., L. n° 2000-642, 10 juill. 2000 ; abr. à compter du 1er juillet 2022, Ord. n° 2016-728, 2 juin 2016).* **–** Toute opposition, toute saisie-arrêt, formées entre les mains des commissaires-priseurs judiciaires et relatives à leurs fonctions, toute signification de jugement prononçant la validité desdites oppositions ou saisies-arrêts, seront sans effet, à moins que l'original desdites oppositions, saisies-arrêts ou significations de jugement n'ait été visé par le commissaire-priseur judiciaire : en cas d'absence ou de refus, il en sera dressé procès-verbal par l'huissier, qui sera tenu de le faire viser par le maire de la commune.

Art. 8 *(Mod., L. n° 2000-642, 10 juill. 2000 ; abr. à compter du 1er juillet 2022, Ord. n° 2016-728, 2 juin 2016).* **–** Les commissaires-priseurs judiciaires auront la police dans les ventes et pourront faire toutes réquisitions pour y maintenir l'ordre.

Ils pourront porter, dans l'exercice de leurs fonctions, une toge de laine noire, fermée par devant, à manches larges ; toque noire, cravate tombante de batiste blanche plissée, cheveux longs ou ronds.

Art. 9 *(Mod., Ord. n° 2016-727, 2 juin 2016).* **–** Dans des conditions fixées par décret en Conseil d'État, les sommes détenues par les commissaires-priseurs judiciaires pour le compte de tiers, dans le cadre de l'exécution des mandats de justice pour lesquels ils sont désignés en application du III de l'article L. 812-2 du Code de commerce sont déposées sur un compte spécialement affecté ouvert à cet effet auprès de la Caisse des dépôts et consignations.

Art. 11 *(Mod., L. n° 2000-642, 10 juill. 2000 ; abr. à compter du 1er juillet 2022, Ord. n° 2016-728, 2 juin 2016).* **–** Les fonctions de commissaire-priseur judiciaire sont incompatibles avec celles des autres officiers publics et ministériels. Toutefois, les commissaires-priseurs judiciaires qui, avant la date d'entrée en vigueur du décret n° 92-194 du 27 février 1992, exerçaient en outre les activités d'huissier de justice sont autorisés à poursuivre ces activités.

Art. 12 *(Mod., L. n° 2000-642, 10 juill. 2000 ; abr. à compter du 1er juillet 2022, Ord. n° 2016-728, 2 juin 2016).* **–** Le garde des Sceaux, ministre de la Justice peut, à la demande du titulaire de l'office, autoriser l'ouverture d'un ou plusieurs bureaux annexes, soit à l'intérieur du département, soit à l'extérieur du département dans un canton ou une commune limitrophe de la commune ou du canton où est établi l'office à l'exclusion toutefois des communes où est établi un office de commissaire-priseur judiciaire. Le ou les bureaux annexes ainsi ouverts restent attachés à l'office, sans qu'il soit besoin, lors de la nomination d'un nouveau titulaire, de renouveler l'autorisation précédemment accordée.

L'autorisation est donnée par arrêté du garde des Sceaux, ministre de la Justice.

L'autorisation peut être rapportée à tout moment, dans les mêmes formes, si les circonstances ont cessé de la justifier.

La transformation d'un bureau annexe en office distinct fait l'objet d'un arrêté du garde des Sceaux, ministre de la Justice.

L'appel à manifestation d'intérêt prévu au II de l'article 52 de la loi n° 2015-990 du 6 août 2015 pour la croissance, l'activité et l'égalité des chances économiques est réputé valoir autorisation d'ouvrir un bureau annexe au titre du présent article. L'ouverture du bureau annexe fait l'objet d'une information préalable du garde des Sceaux, ministre de la Justice, du procureur général, de la compagnie régionale et de la chambre nationale des commissaires-priseurs judiciaires. Un arrêté du garde des Sceaux, ministre de la Justice, constate l'ouverture du bureau annexe.

Les demandes et informations adressées au garde des Sceaux, ministre de la Justice, au titre du présent article lui sont transmises par téléprocédure sur le site internet du ministère de la Justice.

Art. 13 *(Mod., L. n° 2000-642, 10 juill. 2000 ; mod. et abr. à compter du 1er juillet 2022, Ord. n° 2016-728, 2 juin 2016 ; rempl., D. n° 2019-257, 29 mars 2019)*. **–** Les commissaires-priseurs judiciaires seront placés sous la surveillance de nos procureurs près des tribunaux judiciaires, sans préjudice des dispositions des articles L. 814-10-1 et L. 814-10-2 du Code de commerce.

Lorsqu'il est tenu sur support papier, ce répertoire est préalablement visé au commencement, coté et paraphé à chaque page par le président de la chambre de discipline ou son délégué. La formalité du paraphe peut être remplacée par l'utilisation d'un procédé empêchant toute substitution ou addition de feuilles.

Lorsqu'il est tenu sur support électronique, le répertoire est signé par le président de la chambre de discipline ou son délégué au moyen d'un procédé de signature électronique sécurisée tel que défini par le décret n° 2017-1416 du 28 septembre 2017 relatif à la signature électronique.

Une expédition du répertoire est déposée, chaque année, avant le 1er mars, au greffe du tribunal judiciaire. Dans le cas où le répertoire aura été tenu sur support électronique, ce dépôt pourra être réalisé par voie électronique dans des conditions garantissant sa confidentialité, l'intégrité de son contenu, l'identité de l'expéditeur et celle du destinataire.

II. – Le procès-verbal de vente établi sur support électronique doit l'être au moyen d'un système de traitement, de conservation et de transmission de l'information agréé par la chambre nationale des commissaires de justice et garantissant l'intégrité et la confidentialité de son contenu.

Les systèmes de communication d'information mis en œuvre par les commissaires-priseurs judiciaires doivent être interopérables avec ceux des autres commissaires-priseurs judiciaires et des organismes auxquels ils doivent transmettre des données.

Le procès-verbal établi sur support électronique doit être signé par le commissaire-priseur judiciaire au moyen d'un procédé de signature électronique sécurisée conforme aux exigences du décret n° 2017-1416 du 28 septembre 2017 relatif à la signature électronique.

Tout document, soit constitué originairement sur support électronique, soit transféré sur ce support au moyen d'un procédé de numérisation garantissant sa reproduction à l'identique, peut être annexé au procès-verbal. Lorsqu'un document est annexé, il doit être indissociablement lié à l'acte auquel il se rapporte.

Le commissaire-priseur judiciaire qui délivre une expédition du procès-verbal de vente sur support électronique y mentionne la date et y appose sa signature électronique dématérialisée.

Le procès-verbal de vente établi sur support électronique doit être conservé dans des conditions de nature à en préserver l'intégrité et la lisibilité. Il est enregistré pour sa conservation dans un minutier central dès son établissement par le commissaire-priseur judiciaire, qui en conserve l'accès exclusif. Le minutier central est établi et contrôlé par la chambre nationale des commissaires de justice.

L'ensemble des informations concernant l'acte dès son établissement, telles que les données permettant de l'identifier, de déterminer ses propriétés et d'en assurer la traçabilité, doit être également conservé.

Les opérations successives justifiées par sa conservation, notamment les migrations dont il peut faire l'objet, ne retirent pas à l'acte sa nature d'original.

Art. 14 *(Mod., Ord. n° 2016-727, 2 juin 2016)*. **–** Les commissaires-priseurs judiciaires seront placés sous la surveillance de nos procureurs près des tribunaux judiciaires, sans préjudice des dispositions des articles L. 814-10-1 et L. 814-10-2 du Code de commerce.

Art. 15 *(Abr., D. n° 2017-895, 6 mai 2017)*.

Art. 17 *(Abr. à compter du 1er juillet 2022, Ord. n° 2016-728, 2 juin 2016)*. **–** Notre aimé et féal chevalier, chancelier de France, chargé du portefeuille du ministère de la Justice, est chargé de l'exécution de la présente ordonnance.

Loi n° 2000-642 du 10 juillet 2000
portant réglementation des ventes volontaires de meubles aux enchères publiques
(JO 11 juill.)

Art. 29 *(Mod., L. n° 2011-850, 20 juill. 2011 ; L. n° 2015-990, 6 août 2015 ; abr. à compter du 1er juillet 2022, Ord. n° 2016-728, 2 juin 2016)*. – Sont judiciaires au sens de la présente loi les ventes de meubles corporels et incorporels aux enchères publiques prescrites par la loi ou par décision de justice, ainsi que les prisées correspondantes.

Les titulaires d'un office de commissaire-priseur dont le statut est fixé par l'ordonnance n° 45-2593 du 2 novembre 1945 relative au statut des commissaires-priseurs prennent le titre de commissaires-priseurs judiciaires. Ils ont, avec les autres officiers publics ou ministériels et les autres personnes légalement habilitées, seuls compétence pour organiser et réaliser les ventes judiciaires de meubles corporels et incorporels aux enchères publiques, et faire les inventaires et prisées correspondants.

Les commissaires-priseurs judiciaires peuvent exercer des activités de ventes volontaires de meubles aux enchères publiques et procéder à la vente de gré à gré de biens meubles en qualité de mandataire du propriétaire des biens, au sein de sociétés régies par le livre II du Code de commerce. Ces sociétés sont soumises aux dispositions du chapitre Ier du titre II du livre III du même code. Elles peuvent se livrer, pour les besoins des ventes volontaires qu'elles sont chargées d'organiser, à des activités de transport de meubles, de presse, d'édition et de diffusion de catalogues.

Les articles L. 752-1, L. 752-2 et L. 752-15 du même code ne sont pas applicables aux locaux utilisés par les sociétés mentionnées au troisième alinéa.

Quiconque a fait usage, sans remplir les conditions exigées pour le porter, d'un titre tendant à créer dans l'esprit du public une confusion avec le titre et la profession réglementés par la présente loi est puni des peines encourues pour le délit d'usurpation de titre prévu à l'article 433-17 du Code pénal.

....

Art. 30 *(Mod., Ord. n° 2000-912, 18 sept. 2000 ; abr. à compter du 1er juillet 2022, Ord. n° 2016-728, 2 juin 2016)*. – Les sociétés de ventes volontaires de meubles aux enchères publiques et les officiers publics ou ministériels compétents pour procéder aux ventes judiciaires et volontaires engagent leur responsabilité au cours ou à l'occasion des ventes de meubles aux enchères publiques, conformément aux règles applicables à ces ventes.

Les clauses qui visent à écarter ou à limiter leur responsabilité sont interdites et réputées non écrites.

Les actions en responsabilité civile engagées à l'occasion des prisées et des ventes volontaires et judiciaires de meubles aux enchères publiques se prescrivent par dix ans à compter de l'adjudication ou de la prisée.

NB : Ordonnance n° 2000-912 du 18 septembre 2000, article 4 42° : L'article 30 de la loi n° 2000-642 du 10 juillet 2000 est abrogé en tant qu'il s'applique aux ventes volontaires de meubles aux enchères publiques.

....

Art. 46 *(Abr. à compter du 1er juillet 2022, Ord. n° 2016-728, 2 juin 2016)*. – Il est créé une Compagnie des commissaires-priseurs judiciaires de Paris, comportant la chambre de discipline actuellement attachée à la Compagnie des commissaires-priseurs de Paris.

La Compagnie des commissaires-priseurs de Paris est transformée en société anonyme. Cette transformation n'entraîne pas création d'une personne morale nouvelle.

Art. 47 *(Abr. à compter du 1er juillet 2022, Ord. n° 2016-728, 2 juin 2016)*. – *(V. CPI, art. L. 122-5)*.

....

Art. 52 *(Abr. à compter du 1er juillet 2022, Ord. n° 2016-728, 2 juin 2016)*. – Les actions en responsabilité civile engagées à l'occasion des ventes volontaires et judiciaires de meubles aux enchères publiques, ainsi que des expertises correspondantes et des prisées, en cours à la date de promulgation de la présente loi, se prescrivent par dix ans à compter de cette date, à moins que la prescription ne soit acquise selon les règles applicables antérieurement avant ce délai.

....

Art. 54 *(Mod., Ord. n° 2000-912, 18 sept. 2000 ; L. n° 2011-850, 20 juill. 2011 ; abr. à compter du 1er juillet 2022, Ord. n° 2016-728, 2 juin 2016)*. – Les personnes ayant subi avec succès l'examen d'aptitude à la profession de commissaire-priseur remplissent la condition de qualification mentionnée à l'article L. 321-4 du Code de commerce.

Art. 56 et 57 *(Abr., Ord. n° 2016-728, 2 juin 2016)*.

CHAPITRE II. – DES AUTRES VENTES AUX ENCHÈRES

Art. L. 322-1 *(Anc. L. 25 juin 1841)*. – **Les ventes publiques et au détail de marchandises qui ont lieu après décès ou par autorité de justice sont faites selon les formes prescrites et par les officiers ministériels préposés pour la vente forcée du mobilier conformément aux articles 53 de la loi n° 91-650 du 9 juillet 1991 relative à la réforme des procédures civiles d'exécution et 945 du Code de procédure civile.**

Art. L. 322-2 *(Anc. L. 25 juin 1841 ; mod., L. n° 2005-845, 26 juill. 2005 ; L. n° 2011-850, 20 juill. 2011)* (1). – **Les ventes de marchandises après liquidation judiciaire sont faites conformément aux articles L. 642-19 et suivants.**

Elles peuvent être faites par le ministère des commissaires-priseurs judiciaires, des notaires ou des huissiers de justice lorsqu'elles ont lieu au détail ou par lots, ou par le ministère des courtiers de marchandises assermentés lorsqu'elles ont lieu en gros. Les biens meubles du débiteur autres que les marchandises ne peuvent être vendus aux enchères que par le ministère des commissaires-priseurs judiciaires, des notaires ou des huissiers de justice, en application des lois et règlements régissant les interventions de ces différents officiers.

Art. L. 322-3 *(Anc. L. 25 juin 1841 ; mod., L. n° 2011-850, 20 juill. 2011)*. – **Les ventes publiques et par enchères après cessation de commerce, ou dans les autres cas de nécessité dont l'appréciation est soumise au tribunal de commerce, ne peuvent avoir lieu qu'autant qu'elles ont été préalablement autorisées par le tribunal de commerce, sur la requête du commerçant propriétaire, à laquelle est joint un état détaillé des marchandises.**

Le tribunal constate, par son jugement, le fait qui donne lieu à la vente ; il indique le lieu de l'arrondissement où se fait la vente ; il peut même ordonner que les adjudications n'ont lieu que par lots dont il fixe l'importance.

Il décide qui, des courtiers de marchandises assermentés, des commissaires-priseurs judiciaires ou des autres officiers publics, est chargé de la réception des enchères.

L'autorisation ne peut être accordée pour cause de nécessité qu'au marchand sédentaire, ayant depuis un an au moins son domicile réel dans l'arrondissement où la vente doit être opérée.

Des affiches apposées à la porte du lieu où se fait la vente énoncent le jugement qui l'a autorisée.

1) **Conditions de la désignation.** Pour la désignation de l'officier ministériel chargé de procéder à la vente aux enchères publiques, le tribunal n'a plus l'obligation de se conformer aux « lois et règlements d'attribution » de l'article 5 de la loi du 25 juin 2000, codifié à l'article L. 322-3, et peut en charger un courtier même en présence d'un commissaire-priseur (■ Cass. 1re civ., 20 mars 2007, n° 06-17.524 : *JurisData* n° 2007-038172 ; *RJDA* 7/2007, n° 713).

2) **Pouvoirs du *président* du tribunal.** Dès *lors que l'article* L. 322-3 du Code de commerce dispose que le tribunal de commerce est saisi par requête, qu'il doit constater le fait qui donne lieu à la vente, et qu'il statue par jugement, il fait entrer la procédure d'autorisation de vente aux enchères publiques dans le champ des procédures gracieuses lesquelles ne ressortent pas du pouvoir que le président de cette juridiction tient des articles 874 et suivants du Nouveau Code de procédure civile d'*ordonner* en cas d'urgence les mesures exigées par les circonstances (■ Angers, 29 nov. 2005 : *JurisData* n° 2005-296036).

(1) Lors de son entrée en vigueur, la présente loi n'est pas applicable aux procédures en cours, V. L. n° 2005-845, 26 juill. 2005.

Art. L. 322-4 *(Rempl., L. n° 2011-850, 20 juill. 2011).* – Les ventes aux enchères publiques de marchandises en gros faites en application de la loi ou ordonnées par décision de justice sont confiées à un courtier de marchandises assermenté.

Art. L. 322-5 *(Anc. L. 25 juin 1841 ; mod., L. n° 2011-850, 20 juill. 2011).* – Toute infraction aux dispositions des articles L. 322-1 à L. 322-7 est punie de la confiscation des marchandises mises en vente et, en outre, d'une amende de 3 750 euros, qui est prononcée solidairement tant contre le vendeur que contre le courtier de marchandises assermenté ou l'officier public qui l'a assisté, sans préjudice des dommages intérêts, s'il y a lieu.

Art. L. 322-6 *(Anc. L. 25 juin 1841 ; mod., L. n° 2011-850, 20 juill. 2011).* – Le fait pour les vendeurs, les courtiers de marchandises assermentés ou les officiers publics de comprendre dans les ventes faites par autorité de justice, sur saisie, après décès, liquidation judiciaire, cessation de commerce, ou dans les autres cas de nécessité dont l'appréciation est soumise au tribunal de commerce des marchandises neuves ne faisant pas partie du fonds ou mobilier mis en vente, est passible des peines prévues à l'article L. 322-5.

Art. L. 322-7 *(Anc. L. 25 juin 1841 ; mod., L. n° 2011-850, 20 juill. 2011).* – Dans les lieux où il n'y a point de courtiers de marchandises assermentés, les commissaires-priseurs judiciaires, les notaires et huissiers font les ventes prévues à l'article L. 322-4, conformément aux dispositions légales et réglementaires régissant leurs interventions.

Ils sont, pour lesdites ventes, soumis aux formes, conditions et tarifs imposés aux courtiers.

Art. L. 322-8 *(Rempl., L. n° 2011-850, 20 juill. 2011).* – Les ventes volontaires aux enchères publiques en gros d'armes, de munitions et de leurs éléments essentiels ne peuvent avoir lieu que sur autorisation préalable du tribunal de commerce.

Voir aussi : l'article 3 de l'Ordonnance n° 2004-279, 25 mars 2004, est applicable en Nouvelle-Calédonie (Ord. n° 2004-279, 25 mars 2004, art. 8), et dans les îles Wallis-et-Futuna (Ord. n° 2004-279, 25 mars 2004, art. 9).

Art. L. 322-9 *(Rempl., L. n° 2011-850, 20 juill. 2011).* – Les courtiers de marchandises assermentés sont soumis aux dispositions prescrites par les articles 871 et 873 du Code général des impôts.

Art. L. 322-10 *(Anc. L. 28 mai 1858 ; mod., L. n° 2011-850, 20 juill. 2011).* – Le droit de courtage pour les ventes qui font l'objet des articles L. 322-8 à L. 322-13 est fixé, pour chaque localité, par le ministre chargé du commerce, après avis de la chambre de commerce et d'industrie territoriale et du tribunal de commerce. En aucun cas, il ne peut excéder le droit établi dans les ventes de gré à gré, pour les mêmes sortes de marchandises.

Art. L. 322-11 *(Anc. L. 28 mai 1858).* – Les contestations relatives aux ventes réalisées en application de l'article L. 322-8 sont portées devant le tribunal de commerce.

Art. L. 322-12 et L. 322-13 *(Abr., L. n° 2011-850, 20 juill. 2011).*

Art. L. 322-14 *(Anc. L. 3 juill. 1861).* – Les tribunaux de commerce peuvent, après décès ou cessation de commerce, et dans tous les autres cas de nécessité dont l'appréciation leur est soumise, autoriser la vente aux enchères en gros des marchandises de toute espèce et de toute provenance.

L'autorisation est donnée sur requête. Un état détaillé des marchandises à vendre est joint à la requête.

Le tribunal constate par son jugement le fait qui donne lieu à la vente.

Art. L. 322-15 *(Anc. L. 3 juill. 1861 ; mod., L. n° 2011-850, 20 juill. 2011).* – Les ventes judiciaires de marchandises en gros autorisées en vertu de l'article L. 322-14 ainsi que toutes celles qui sont autorisées ou ordonnées par la justice consulaire dans les divers cas prévus par le présent code sont faites par des courtiers de marchandises assermentés.

Néanmoins, il appartient toujours au tribunal ou au juge qui autorise ou ordonne la vente de désigner, pour y procéder, un commissaire-priseur judiciaire, un huissier de justice ou un notaire. Dans ce cas, l'officier public, quel qu'il soit, est soumis aux dispositions qui régissent les courtiers de marchandises assermentés relativement aux formes, aux tarifs et à la responsabilité.

Art. L. 322-16 *(Anc. L. 3 juill. 1861).* – Les dispositions des articles L. 322-11 à L. 322-13 sont applicables aux ventes visées aux articles L. 322-14 et L. 322-15.

TITRE III. – DES CLAUSES D'EXCLUSIVITÉ

Bibliographie : *Ouvrages.* N. Eréséo, *La clause d'exclusivité : JCl. Concurrence-consommation*, fasc. 635.

Art. L. 330-1 *(Anc. L. 14 oct. 1943).* – **Est limitée à un maximum de dix ans la durée de validité de toute clause d'exclusivité par laquelle l'acheteur, cessionnaire ou locataire de biens meubles s'engage vis-à-vis de son vendeur, cédant ou bailleur, à ne pas faire usage d'objets semblables ou complémentaires en provenance d'un autre fournisseur.**

Art. L. 330-2 *(Anc. L. 14 oct. 1943).* – **Lorsque le contrat comportant la clause d'exclusivité mentionnée à l'article L. 330-1 est suivi ultérieurement, entre les mêmes parties, d'autres engagements analogues portant sur le même genre de biens, les clauses d'exclusivité contenues dans ces nouvelles conventions prennent fin à la même date que celle figurant au premier contrat.**

Bibliographie : P. Voirin, *Commentaire de la loi du 14 octobre 1943 : DC* 1944, L. 1.

I – DOMAINE DES ARTICLES L. 330-1 ET L. 330-2

1) **Distribution exclusive.** Constitue une clause d'exclusivité, au sens de l'article L. 330-1, l'engagement pris par une société de mettre en bouteille, à partir d'un concentré fourni exclusivement par une autre société et selon un conditionnement fixé par celle-ci, une boisson gazeuse destinée à être distribuée sur le territoire national, la première société s'interdisant de mettre en bouteille et de commercialiser aucune autre boisson semblable à une boisson fabriquée avec le même produit, ou comportant dans sa dénomination le mot désignant ce produit ou imitant la boisson produite à partir du concentré de son fournisseur (▪ Cass. com., 7 avr. 1992, n° 90-21.260 : *JurisData* n° 1992-000751 ; *Bull. civ.* IV, n° 154 ; *D.* 1992, somm. 396, obs. D. Ferrier ; *JCP* E 1992, II, 333, note P. Schodermeier. – *Contra*, ▪ Paris, 20 sept. 1990, n° 90-12956 : *JurisData* n° 1990-023839 ; *JCP* E 1992, II, 245, note Schodermeier, se fondant sur le caractère accessoire de l'exclusivité par rapport à l'objet principal du contrat qui portait sur la fabrication et la commercialisation des boissons litigieuses). La clause d'exclusivité soumise à cet article doit cependant correspondre à une clause d'approvisionnement exclusif mise à la charge d'un acheteur et non à une clause d'exclusivité de distribution souscrite par un fournisseur au profit d'un distributeur (▪ Paris, 26 sept. 2018, n° 16/10218 : *Lettre distrib.* 2018/11, p. 12, obs. S. Destours).

2) **Quasi-exclusivité.** Les articles L. 330-1 et L. 330-2 ont été jugés applicables au contrat de distribution conclu par un licencié installé en outre-mer qui s'était engagé à « *ne s'approvisionner en produits [x] qu'auprès du concédant* » et à « *ne vendre dans les magasins à l'enseigne [x] que des produits portant le label [x], à l'exception de certains produits spécifiques à la région et des produits dont la DVL trop courte ne permet pas de commande sur la métropole* ». Le contrat concédait en outre que « *les produits fabriqués localement pourront être mis sous la marque [x], mais après études des produits (échantillons, analyse) afin d'une part de mettre le label sur des produits de qualité et, d'autre part, de voir si ces articles pourraient intéresser d'autres entités exploitant la marque* ». Ces libertés accordées au distributeur ont été jugées indifférentes dès lors « *que les dérogations* [à l'exclusivité] *ne visaient pas des produits concurrents de ceux* » du concédant (▪ Cass. com., 15 janv. 2013, n°s 11-17.797 et 11-24.155 : *Concurrences* 2013/2, p. 84, obs. N. Eréséo ; *Lettre distrib.* 2013/2, p. 3).

3) **Location-gérance.** Relève de la loi du 14 octobre 1943 (devenue L. 330-1 et L. 330-2), le contrat de location-gérance conclu entre un fournisseur et un distributeur de fruits et légumes assumant un engagement d'exclusivité quant à la fourniture des produits (▪ Cass. com., 10 févr. 1998, n° 95-21.906 : *JurisData* n° 1998-000524 ; *Bull. civ.* IV, n° 71 ; *D.* 1998, somm. p. 335, obs. D. Ferrier) de même que le contrat de location-gérance conclu entre une compagnie pétrolière et un pompiste (▪ Saint-Denis de la Réunion, 4 sept. 2006 : *JurisData* n° 2006-324655).

4) **Bail commercial.** Est soumis à la limitation de dix ans, le contrat de bail commercial comprenant à titre accessoire une exclusivité d'approvisionnement mise à la charge du locataire (▪ Cass. com., 14 déc. 1999, n° 97-20.304 : *Contrats, conc. consom.* 2000, comm. 46, note S. Poillot-Peruzzetto). Jugé qu'une clause d'un bail commercial interdisant au bailleur de conclure un autre bail commercial dans ses locaux, pour un commerçant ayant la même activité que le premier locataire, est soumise à l'article L. 330-1 du Code de commerce et se trouve applicable au bail en cours depuis moins de 10 ans en l'espèce (▪ Reims, 18 oct. 2011 : *JurisData* n° 2011-031583).

5) **Location-entretien.** La clause qui réserve au bailleur d'une installation téléphonique le bénéfice des prestations d'entretien et de modification du matériel n'est pas soumise au respect de la loi du 14 octobre 1943 [devenue L. 330-1 et

L. 330-2] (■ Cass. com., 28 févr. 1989, n° 87-15.526 : *JurisData* n° 1989-700427 ; *D.* 1990, somm. p. 325, obs. J. Huet. ■ Cass. com., 6 juin 1990, n° 88-19.108 : *Bull. civ.* IV, n° 170, p. 117). Seule la clause imposant au locataire de ne pas se procurer auprès d'un autre fournisseur un matériel similaire peut relever de ce dispositif (■ Cass. com., 9 mai 1990, n° 88-17.238 : *JurisData* n° 1990-001411 ; *Bull. civ.* IV, n° 143, p. 96).

6) Grande distribution. Les dispositions de l'article L. 330-1 ne sont pas applicables aux engagements souscrits par un distributeur affilié à l'égard d'un grand groupe de distribution lorsque ceux-ci ne fixent qu'une durée minimale d'adhésion, sous peine de régler une pénalité pour retrait anticipé, et non une véritable exclusivité d'approvisionnement. Au demeurant, même lorsque celle-ci s'infère de la combinaison de plusieurs stipulations différentes comme en l'espèce, la limite de dix ans ne saurait s'appliquer qu'à la durée de l'approvisionnement exclusif et non à l'obligation de demeurer adhérent du groupement qui en l'espèce avait été convenue pour 30 ans (■ Paris, 15 mai 2014, n° 12/23358). Sur la nécessité d'apprécier l'obligation de demeurer adhérent pendant une certaine durée sous l'angle des articles L. 420-1 et L. 420-3 du Code de commerce, V. cept. ■ Cass. com., 26 avr. 2017, n° 15-14.243 : *JurisData* n° 2017-007788 ; *Contrats, conc. consom.* 2017/8-9, comm. 174, obs. M. Malaurie-Vignal.

7) Dépôt. Jugé que les articles L. 330-1 et L. 330-2 ne s'appliquent pas au contrat de dépôt, celui-ci ne faisant pas partie des conventions visées par ces dispositifs (■ Rouen, 16 sept. 2010 : *JurisData* n° 2010-023374).

8) Contrat d'exercice libéral de la médecine. L'article L. 330-1 du Code de commerce ne saurait s'appliquer à un contrat d'exercice libéral de la médecine dès lors que les relations nouées entre les parties ne sont pas des relations commerciales (■ Rouen, 20 mars 2008 : *JurisData* n° 2008-365661).

9) Prorogation ou reconduction du contrat. La conclusion par les parties d'un contrat ne s'analysant pas comme la prorogation d'un précédent contrat déjà conclu pour une durée de dix ans ne relève pas de l'article L. 330-1 du Code de commerce (■ Cass. com., 21 févr. 1995, n° 93-13.302 : *JurisData* n° 1995-000325 ; *Lettre distrib.* 1995/5). Jugé dans le même sens qu'une relation d'exclusivité nouée pour une durée totale de 13 ans ne relève pas de l'article L. 330-1 dès lors que les parties avaient conclu puis renouvelé différents contrats à chaque fois pour une durée déterminée inférieure à 10 ans (■ Paris, 2 sept. 2005 : *JurisData* n° 2005-302043).

II – RÉGIME DES ARTICLES L. 330-1 ET L. 330-2

10) Ordre public international. Une sentence, rendue en France en matière internationale, avait tranché un contentieux relatif à un contrat de distribution régi par le droit français et conclu entre un fabricant français et un distributeur allemand, lequel s'était engagé par le contrat de distribution à vendre en Allemagne les produits fabriqués en France. Dans le cadre du recours en annulation de la sentence porté devant la cour de Paris, il était reproché à l'arbitre d'avoir admis l'efficacité d'une clause d'exclusivité qui violait l'article L. 330-1 du Code de commerce. En réponse, les magistrats relèvent « que le délai de 10 ans prévu par l'article 330-1 du Code de commerce est une règle spécifique du droit français ; [et] que la société [du fabricant], qui au demeurant fonde son recours sur la seule violation de l'ordre public interne, ne précise pas en quoi ces règles intéresseraient l'ordre public international » (■ Paris, 27 mai 2003, n° 99PA01333 : *RTD com.* 2004, p. 259, obs. E. Loquin).

11) Qualité pour agir. Viole l'article L. 330-1 ensemble l'article 1338 du Code civil la cour d'appel qui, pour écarter l'application du premier de ces textes, retient que les agissements de la partie qui l'invoquait traduisaient sa volonté de renoncer à se prévaloir de la nullité de la clause d'exclusivité, alors que l'application de cette loi peut être demandée par toute personne y ayant intérêt (■ Cass. com., 7 avr. 1992, préc.).

12) Sanction. Viole l'article L. 330-1 du Code de commerce, la cour d'appel qui annule des contrats contenant une clause d'exclusivité dont la durée était supérieure à dix ans alors que ces « contrats étaient valides jusqu'à l'échéance du terme de dix ans » (■ Cass. com., 10 févr. 1998, préc.).

Art. L. 330-3 *(Anc. L. n° 89-1008, 31 déc. 1989).* **– Toute personne qui met à la disposition d'une autre personne un nom commercial, une marque ou une enseigne, en exigeant d'elle un engagement d'exclusivité ou de quasi-exclusivité pour l'exercice de son activité, est tenue, préalablement à la signature de tout contrat conclu dans l'intérêt commun des deux parties, de fournir à l'autre partie un document donnant des informations sincères, qui lui permette de s'engager en connaissance de cause.**

Ce document, dont le contenu est fixé par décret, précise notamment, l'ancienneté et l'expérience de l'entreprise, l'état et les perspectives de développement du marché concerné, l'importance du réseau d'exploitants, la durée, les conditions de renouvellement, de résiliation et de cession du contrat ainsi que le champ des exclusivités.

Lorsque le versement d'une somme est exigé préalablement à la signature du contrat mentionné ci-dessus, notamment pour obtenir la réservation d'une zone, les prestations assurées en contrepartie de cette somme sont précisées par écrit, ainsi que les obligations réciproques des parties en cas de dédit.

Le document prévu au premier alinéa ainsi que le projet de contrat sont communiqués vingt jours minimum avant la signature du contrat, ou, le cas échéant, avant le versement de la somme mentionnée à l'alinéa précédent.

Voir : art. R. 330-1 (informations requises), p. 1797 et art. R. 330-2 (sanction pénale), p. 1798.

Bibliographie : G. Amedee-Manesme, *Le document précontractuel imposé par l'article 1er de la loi Doubin et le décret du 4 avril 1991 : analyse et proposition d'un précontrat type : JCP* E 1991, I, 66. • G. Blanc, *Les contrats de distribution concernés par la loi Doubin : D.* 1993, chron. 218. • C. Chambonnaud, *La loi du 31 décembre 1989 et la protection du franchisé* in *Mélanges Derrupé*, Litec 1991, p. 119. • N. Dissaux, *L'information précontractuelle du franchisé : un joyeux anniversaire : JCP* G 2010, n° 5, 134 ; *L'obligation d'information mise à la charge du franchiseur : RDC* 2012/3, p. 1072 ; *Pauvre « loi Doubin »... : JCP* E 2016, 1235. • P. Durand, *L'information pré-contractuelle obligatoire du concessionnaire exclusif : CDE* 1990/5, p. 21. • D. Ferrier, *L'obligation d'informer le futur franchisé : RDC* 2012/3, p. 1068. • J.-C. Grall, *Le décret Doubin : un texte tant attendu et déjà si contesté : Gaz. Pal.* 1991, 2, 767. • C. Lucas de Leyssac, *Les fauteurs de textes : Vie jud.* 6-12 mai 1991. • P. Lutz et M.-P. Wagner, *Pourquoi la loi Doubin n'est pas applicable aux contrats de bière : D.* 2001, p. 1708. • D. Mainguy et J.-L. Respaud, *Comment renforcer l'efficacité de la loi Doubin (article L. 330-3 du Code de commerce) ? : Contrats, conc. consom.* 2003, chron. 4. • Ph. Neau-Leduc, *La théorie générale des obligations à l'épreuve de la loi Doubin : CDE* 1998/2, p. 27. • J. Threard, *L'article 1er de la loi Doubin... et les contrats de concession et de franchise : Gaz. Pal.* 1991, 2, doctr. 609. • G. Virassamy, *La moralisation des contrats de distribution par la loi Doubin du 31 décembre 1989 (art. 1er) : JCP* E 1990, II, 15809. • Varii auctores, *La loi Doubin : CDE* 1990/4. • L. Vogel et J. Vogel, *Loi Doubin : des certitudes et des doutes : D. affaires* 1995, 1, p. 5.

I – DOMAINE DE L'ARTICLE L. 330-3

1) Exclusivité. Ne relève pas de l'article L. 330-3 du Code de commerce, le contrat qui ne prévoit pas d'exclusivité à la charge du distributeur, celui-ci ne pouvant exciper l'existence d'une exclusivité de fait (▪ Cass. com., 17 mars 2004, n° 02-12.671 : *Lettre distrib.* 2004/6). Jugé qu'une licence de marque ne prévoyant aucune exclusivité à la charge du licencié n'est pas soumise au respect de l'article L. 330-3 du Code de commerce (▪ Rennes, 24 févr. 2009 : *JurisData* n° 2009-006988), le concédant serait-il lui-même tenu par une telle exclusivité (▪ Chambéry, 19 déc. 2008 : *JurisData* n° 2008-374264). Le fait qu'un contrat de location-gérance fournisse à titre indicatif les coordonnées de l'agent d'assurance du bailleur et que le recours au comptable du bailleur soit imposé au preneur ne s'analyse pas comme un engagement d'exclusivité au sens de l'article L. 330-3 (▪ Paris, 9 janv. 2009 : *JurisData* n° 2009-002245).

2) Quasi-exclusivité. Ayant relevé que « s'il existe pour les adhérents au réseau litigieux une possibilité d'exploiter des activités non concurrentes, ils sont, pour les produits couverts par la convention, tenus à une quasi-exclusivité, c'est à bon droit que la cour d'appel a retenu que l'obligation d'information précontractuelle prévue par l'article L. 330-3 du Code de commerce s'imposait à l'*exploitant de l'enseigne »* (▪ *Cass. com., 19 janv. 2010, n° 09-10.980, Sté Groupe Expert c/ Épx C. : Bull. civ.* 2010, IV, n° 15 ; *Concurrences* 2010/2, p. 89, note N. Eréséo ; *Contrats, conc. consom.* 2010/4, comm. 92, note M. Malaurie-Vignal ; *JCP* E 2010, n° 15, 1348, note E. Friedel et G. Toulouse ; *D.* 2011, pan. p. 540, obs. D. Ferrier). Jugé cependant que la condition d'exclusivité n'est pas satisfaite lorsque l'engagement d'approvisionnement exclusif assumé par l'acheteur se limite à une catégorie limitée de produits [en l'espèce des boissons] proposés dans un établissement au domaine d'activité plus large [restaurant de type pizzeria] (▪ Nancy, 5 nov. 2002 : *JurisData* n° 2002-221770). Décidant dans le même sens que « les dispositions de l'article L. 330-3 du Code de commerce (...) ne sont pas applicables en l'espèce dans la mesure où [le distributeur] comme son successeur étaient propriétaires d'un fonds de commerce de café restaurant et n'avaient pas comme seule activité la vente des bières mais pouvaient librement commercialiser d'autres produits que ceux faisant l'objet du contrat de fourniture de bière » (▪ Colmar, 22 janv. 2014, n° 12/01609 : *Lettre distrib.* 2014/2, obs. K. Biancone et dans le même sens ▪ Nancy, 25 mai 2016, n° 15/01501 : *Lettre distrib.* 2016/7-8, p. 4, obs. A. Cohen-Boulakia). Jugé également que la condition de quasi-exclusivité au sens de l'article L. 330-3 est satisfaite lorsqu'elle couvre 90 % de l'activité du distributeur (▪ Paris, 11 oct. 1995 : *JurisData* n° 1995-023673).

Voir : sur la quasi-exclusivité, C. trav., art. L. 7321-2, p. 2952.

3) Mise à disposition d'un signe distinctif. Les contrats conclus entre un brasseur et un débitant de boissons (contrats de « bière) échappent à l'application de l'article L. 330-3 dès lors que le fournisseur ne met pas un signe distinctif à la disposition du distributeur, les éléments publicitaires (PLV) généralement prêtés ou donnés par le brasseur ne pouvant être pris en considération

(▪ Douai, 26 janv. 2017, n° 15/07130 : *Concurrences* 2017/2, p. 108, obs. N. Eréséo. ▪ Montpellier, 17 févr. 2015, n° 14/01926 : *Concurrences* 2015/2, p. 110, obs. N. Eréséo. ▪ Reims, 7 juin 2016, n° 14/02970 : *Concurrences* 2016/4, p. 110, obs. N. Eréséo. ▪ Aix-en-Provence, 28 mai 2004 : *JurisData* n° 2004-247799. ▪ Nancy, 5 nov. 2002 : *JurisData* n° 2002-221770. ▪ Montpellier, 11 déc. 2001 : *JurisData* n° 2001-176695. ▪ Pau, 23 mai 2001 : *JurisData* n° 2001-144005).

4) Location-gérance. L'article L. 330-3 s'applique au contrat de location-gérance (▪ CA Paris, 7 juill. 1995, n° 11332/95 : *JurisData* n° 1995-023106 ; *Lettre distrib.* 1995/11. ▪ CA Paris, 18 mai 2000 : *Lettre distrib.* 2000/7-8. ▪ Cass. com., 4 févr. 2004, n° 00-21.319 : *JurisData* n° 2004-022354 ; *Lettre distrib.* 2004/4. ▪ Cass. com., 7 juill. 2004, n° 03-12.797 : *Lettre distrib.* 2004/9). Les dispositions de cet article ne peuvent cependant être excipées par le locataire-gérant contre le brasseur avec lequel il n'est pas en relation contractuelle, le contrat de distribution ayant été signé par le propriétaire du fonds (▪ CA Douai, 24 janv. 2013, n° 11/06247 : *JurisData* n° 2013-001370 ; *Lettre distrib.* 2013/3, p. 2 ; *Concurrences* 2013/2, p. 86, obs. A.-C. Martin).

5) Conventions séparées. Un fournisseur ne peut écarter l'application de l'article L. 330-3 du Code de commerce en concluant deux contrats distincts, l'un portant sur la mise à disposition d'un signe distinctif, l'autre sur l'engagement d'exclusivité (▪ Toulouse, 18 déc. 1997 : *JurisData* n° 1997-056216 ; *Lettre distrib.* 1998/1. ▪ 28 janv. 1999 : *Lettre distrib.* 1999/6. ▪ 19 juin 2000 : *Lettre distrib.* 2001/3).

6) Contrat de recherche d'un local commercial. Le contrat préparatoire au contrat de franchise organisant la recherche par le franchiseur d'un local commercial conforme au savoir-faire n'est pas soumis au respect de l'article L. 330-3 du Code de commerce (▪ Paris, 17 juin 2015, n° 13/05387 : *Concurrences* 2015/4, p. 137, obs. N. Eréséo).

7) Reconduction du contrat. Les exigences légales doivent être respectées au moment de la reconduction d'un contrat à durée déterminée (▪ Cass. com., 14 janv. 2003, n° 00-11.781 : *JurisData* n° 2003-017359 ; *CDE* 2003/3, p. 20, obs. D. Mainguy ; *D.* 2003, p. 2304, note H. Kenfack, p. 2429, obs. D. Ferrier ; *RTD civ.* 2003, 497, obs. J. Mestre et B. Fages ; *JCP* E 2004, chron. 384, n° 3, obs. Ph. Neau-Leduc. ▪ Paris, 7 nov. 2018, n° 16/10209, *Lettre distrib.* 2018/12, p. 8, obs. K. Biancone).

8) Cession du contrat. L'article L. 330-3 s'applique lors de la cession du contrat accompagnant la cession du fonds de commerce du distributeur (▪ Cass. com., 7 janv. 2004, n° 00-11.692 : *JurisData* n° 2004-021750 ; *Lettre distrib.* 2004/2), le distributeur/cessionnaire devant solliciter l'information due auprès du fournisseur/cédé et non du distributeur/cédant (▪ Cass. com., 21 févr. 2012, n° 11-13.653 : *Contrats, conc. consom.* 2012/5, comm. 123, obs. M. Malaurie-Vignal ; *D.* 2013, pan. p. 738, obs. D. Ferrier ; *Concurrences* 2012/2, p. 88, obs. A.-C. Martin ; *RDC* 2012/4, p. 1260, obs. C. Grimaldi).

9) Contrat international. Si l'article L. 330-3 édicte des mesures protectrices de l'ordre public interne, il n'est pas une loi de police applicable dans l'ordre international (▪ Paris, 30 nov. 2001 : *CDE* 2002/3, p. 29, n° 3, obs. J. Raynard) ; il en résulte qu'une partie ne peut prétendre voir sanctionner de nullité, au regard des prescriptions que cette loi comporte, le contrat de droit international expressément soumis au droit espagnol, qui la lie à son contractant, et la demande de nullité doit être rejetée (même déc.). Jugé au contraire que l'article L. 330-3 constitue une loi de police applicable nonobstant la désignation par les parties de la loi québécoise comme loi du contrat (▪ CA Paris, 25 oct. 2011, n° 10/24023 : *Lettre distrib.* 2011/12, p. 3 ; *RDC* 2012/2, p. 563, obs. J.-B. Racine).

10) Prescription. Si la sanction du défaut de remise d'un document conforme à l'article L. 330-3 se prescrit par cinq ans à compter de la conclusion du contrat, l'action fondée sur la réticence dolosive du franchiseur ne court qu'à compter du moment où le franchisé a eu connaissance de l'information dissimulée (▪ Paris, 1er avr. 2015, n° 13/00841 : *Lettre distrib.* 2015/6, p. 2, obs. A. Bories. Comp. ▪ Paris, 3 avr. 2019, n° 17/12787 : *Lettre distrib.* 2019/5, p. 5, obs. A. Bories).

II – RÉGIME DE L'ARTICLE L. 330-3

A – Modalités de l'obligation d'information

11) Débiteur de l'information. Jugé que si l'obligation d'information précontractuelle prévue par l'article L. 330-3 du Code de commerce s'impose en premier lieu au franchiseur, le franchisé est lui aussi débiteur de cette obligation dans l'hypothèse d'une cession du contrat de franchise (▪ Metz, 23 sept. 2008 : JurisData n° 2008-371948). V. cependant la solution de principe posée par ▪ Cass. com., 21 févr. 2012, préc., faisant du fournisseur/cessionnaire le débiteur de l'obligation d'information.

12) Devoir de mise en garde du banquier. Doit être sanctionnée pour violation de son devoir de mise en garde la banque qui n'attire pas l'attention de sa cliente emprunteuse, par ailleurs franchisée, sur les risques encourus du fait des inexactitudes entourant le document d'information précontractuelle remis par un franchiseur

(■ Paris, 29 avr. 2014, n° 13/02390 : *Concurrences* 2014/12, p. 152, obs. N. Eréséo). Pour des décisions en sens contraire, V. ■ Paris, 9 juill. 2015, n° 14/03433. ■ Montpellier, 23 juin 2015, n° 13/06786. ■ Riom, 22 juill. 2015, n° 14/00125 : *Concurrences* 2015/4, p. 136, obs. N. Eréséo ; *AJCA* 2015/11, p. 482, obs. D. Ferré et R. Pihéry. ■ Montpellier, 17 févr. 2015, n° 14/01926 : *Concurrences* 2015/2, p. 110, obs. N. Eréséo.

13) Créancier de l'information. La cour d'appel de Paris a jugé recevable la demande d'indemnisation personnelle formée par le dirigeant d'une société franchisée au motif qu'il « peut agir sur le fondement des dispositions de l'article 1382 du Code civil, pour obtenir réparation du préjudice qu'il estime subir à titre personnel du fait des agissements dolosifs allégués [du franchiseur] » et qu'il « peut également en sa qualité de tiers au contrat, agir en responsabilité contre [le franchiseur] si [celui]-ci, par ses manquement contractuels, lui a causé un préjudice personnel » (■ Paris, 19 févr. 2014, n° 11/20167 : *JCP* E 2014, 1308, note A. Bories ; *Concurrences* 2014/3, p. 108, obs. N. Eréséo).

14) Contenu de l'information. Études de marché et comptes prévisionnels. Si la loi ne met pas à la charge de l'animateur d'un réseau une étude du marché et s'il appartient au candidat à l'adhésion à ce réseau de procéder lui-même à une analyse d'implantation précise, dans le cas où l'animateur donne au candidat une telle information, celle-ci doit, en application de l'article L. 330-3 du Code de commerce, fournir une présentation sincère du marché local (■ Cass. com., 19 janv. 2010, n° 09-10.980, *Sté Groupe Expert c/ Épx C. : Bull. civ.* 2010, IV, n° 15 ; *Concurrences* 2010/2, p. 89, note N. Eréséo ; *Contrats, conc. consom.* 2010/4, comm. 92, note M. Malaurie-Vignal ; *JCP* E 2010, n° 15, 1348, note E. Friedel et G. Toulouse ; *D.* 2011, pan. p. 540, obs. D. Ferrier. V. déjà ■ Cass. com., 11 févr. 2003, n° 01-03.932 : *JurisData* n° 2003-017835 ; *CDE* 2003/5, p. 41, obs. D. Mainguy ; *D.* 2003, p. 2304, note H. Kenfack). Pareillement, si les comptes prévisionnels ne figurent pas dans les éléments devant se trouver dans le document d'information précontractuel, ils doivent, lorsqu'ilssont communiqués, présenter un caractère sérieux (jurisprudence constante, V. en dernier lieu ■ Cass. com., 13 sept. 2017, n° 15-19.740 : *JurisData* n° 2017-017695 ; *Contrats, conc. consom.* 2017/12, comm. 245, obs. M. Malaurie-Vignal). Dénature le document litigieux et viole l'article 1134 du Code civil la cour d'appel qui, pour rejeter la demande d'annulation du contrat, s'appuie sur une annexe intitulée « trame d'état du marché local » qui n'était qu'un support vierge devant permettre aux franchisés de dresser eux-mêmes un état du marché local et ne contenait aucune information fournie par le franchiseur (■ Cass. com., 10 déc. 2013, n°s 12-23.890 et 12-23.115 : *Lettre distrib.* 2014/1).

15) Moment de l'information. Les exigences légales d'information doivent avoir été respectées au moment où les parties se sont accordées définitivement, qui peut être le moment de la signature du contrat (■ Cass. com., 17 juill. 2001 : *D.* 2002, p. 3008, obs. D. Ferrier ; *RJDA* 1/2002, n° 34 ; *D.* 2001, p. 2674, obs. E. Chevrier ; *CDE* 2002/3, p. 30, n° 4, obs. J.-L. Respaud) ; c'est à ce moment que s'apprécie le délai légal et non au moment où les parties ont décidé de son commencement par une clause de terme *a quo* rétroactif (même déc.). – V. H. Kenfack, *La lettre et l'esprit (à propos de ■ Cass. com., 17 juill. 2001) : D.* 2002, p. 827. Un fournisseur ne saurait faire échec à l'application de l'article L. 330-3 en prétendant avoir communiqué les documents exigés par la loi alors que cette communication s'est opérée plusieurs mois après la signature du contrat (■ Cass. com., 25 sept. 2007, n° 05-20.922 : *JurisData* n° 2007-040545). Doit être annulé le contrat signé le même jour que le document d'information précontractuel et la décharge l'accompagnant dès lors qu'il est établi que ces deux derniers documents ont été antidatés d'un mois afin de faire croire au respect du délai de vingt jour prévu par l'article L. 330-3 (■ Paris, pôle 5, ch. 10, 13 févr. 2017, n° 15/20233, *SAS Distribution Casino France : Concurrences* 2017/2, p. 108, obs. N. Eréséo).

B – Sanction du défaut d'information

16) Exigence d'un vice du consentement. Le défaut d'information est sans incidence sur la validité du contrat s'il n'a pas eu pour effet de vicier le consentement du distributeur (■ Cass. com., 10 févr. 1998, n° 95-21.906 : *JurisData* n° 1998-000524 ; *JCP* E 1998, jurispr. p. 894, note L. Leveneur ; *RJDA* 6/1998, n° 705 ; *LPA* 23 sept. 1998, p. 18, obs. M. Malaurie-Vignal et M. Petitier, cassant ■ Paris, 7 juill. 1995 : *JCP* E 1996, I, 523, obs. M.-E. André et J. Raynard. ■ Cass. com., 21 nov. 2001 : *Contrats, conc. consom.* 2001, comm. 20, obs. L. Leveneur. ■ Cass. com., 4 févr. 2004, n° 00-21.319 : *JurisData* n° 2004-022354 ; *CDE* 3/2004, p. 28, n° 1, obs. J.-L. Respaud ; *D.* 2005, p. 151, obs. D. Ferrier. ■ Cass. com., 7 juill. 2004, n° 02-13.574 : *JurisData* n° 2004-024772 ; *RJDA* 1/2005, n° 25 ; *CDE* 6/2004, chron. p. 10, obs. D. Mainguy et J.-L. Respaud ; *D.* 2004, p. 2229 ; *D.* 2005, p. 151, obs. D. Ferrier).

17) Charge de la preuve. Ayant retenu qu'en l'absence de remise du document d'information, des distributeurs ont été privés de précisions et d'informations essentielles difficilement accessibles, l'arrêt attaqué constate, sans inverser la charge de la preuve, que le fournisseur n'établit pas la parfaite connaissance, exclusive de tout vice du consentement, qu'ils avaient lorsqu'ils se sont engagés (▪ Cass. com., 4 févr. 2004, n° 00-21.319 : *JurisData* n° 2004-022354 ; *RDC* 2004/3, p. 729, obs. M. Behar-Touchais). Jugé que le franchisé « qui a signé le contrat et paraphé toutes ses pages dont celle reconnaissant qu'il a reçu le DIP [document d'information précontractuel] au moins 20 jours avant la signature du contrat ne peut soutenir qu'il ne l'a pas reçu ». Néanmoins, le franchiseur qui n'apporte pas la démonstration du contenu de ce document ne peut en prouver la conformité aux exigences réglementaires fixées par l'article R. 330-1 (▪ CA Nîmes, 13 sept. 2012, n° 10/05404 : *Lettre distrib.* 2013/2, p. 1, obs. K. Biancone). Jugé par ailleurs que « le document précontractuel versé aux débats n'est pas signé et qu'ainsi, le respect du délai de communication de ce document avant la signature du contrat de franchise ne peut être vérifié ; que si le franchisé ne conteste pas l'avoir reçu, le franchiseur ne peut prétendre l'avoir communiqué "plusieurs semaines" avant la conclusion du contrat, ce qui aurait laissé au franchisé le temps de compléter ses données » (▪ CA Paris, 3 oct. 2012, n° 11/05235 : *Concurrences* 2013/1, p. 113, obs. D. Ferrier). Le « non-respect du délai de vingt jours prévu à l'article L. 330-3 du Code de commerce ne fait pas présumer l'existence d'un vice du consentement » (▪ Cass. com., 7 oct. 2014, n° 13-23.119 : *Concurrences* 2015/1, p. 125, obs. A.-C. Martin ; *Lettre distrib.* 2014/11, p. 6, obs. A. Bories). Les juges du fond ne peuvent cependant rejeter la demande d'annulation du contrat en se fondant sur le simple fait que le créancier de l'information avait en l'espèce attesté avoir reçu un document reprenant les éléments définis par l'article L. 330-3 du Code de commerce sans vérifier par eux-mêmes que le document litigieux reprenait bien les informations exigées (▪ Cass. com., 10 janv. 2018, n° 15-25.287 : *Lettre distrib.* 2018/2, p. 2, obs. A. Bories et dans le même sens ▪ Paris, 12 sept. 2018, n° 15/1422 : *Lettre distrib.* 2018/10, p. 6, obs. A. Bories et ▪ Paris, 23 mai 2018, n° 16-07.307 : *Concurrences* 2018/3, p. 116, obs. N. Eréséo).

18) Erreur sur la rentabilité économique de l'opération. Ne donne pas de base légale à sa décision la cour d'appel qui, après avoir constaté que les résultats de l'activité du franchisé s'étaient révélés très inférieurs aux prévisions et avaient entraîné rapidement sa mise en liquidation judiciaire, refuse d'annuler le contrat de franchise sans rechercher si ces circonstances ne révélaient pas, même en l'absence de manquement du franchiseur à son obligation précontractuelle d'information, que le consentement du franchisé avait été déterminé par une erreur substantielle sur la rentabilité de l'activité entreprise (▪ Cass. com., 4 oct. 2011, n° 10-20.956 : *JCP* G 2012, 135, note J. Ghestin ; *D.* 2012, 3052, note N. Dissaux et p. 577, obs. D. Ferrier ; *Concurrences* 2012/1, p. 125, obs. A.-C. Martin ; *JCP* E 2013, 1200, obs. D. Mainguy ; *RDC* 2012/2, p. 535, obs. C. Grimaldi. – V. dans la même affaire, l'arrêt rendu après un second pourvoi ▪ Cass. com., 17 mars 2015, n°s 13-24.853 et 14-10.365 : *Lettre distrib.* 2015/4, p. 1, obs. A. Bories ; *Concurrences* 2015/3, p. 101, obs. A.-C. Martin). Pour des applications de cette jurisprudence par les juges du fond, V. ▪ Paris, 29 oct. 2014, 2e esp. (sur renvoi), n°s 13/24671 et 13/24680. ▪ Paris, 5 nov. 2014, n° 12/13457. ▪ Montpellier, 21 oct. 2014, 2e esp., n°s 13/03206 et 13/03207 : *Lettre distrib.* 2014/12, p. 3, obs. A. Bories. – V. égal. ▪ Montpellier, 21 oct. 2014, n° 13/03206 : *JurisData* n° 2014-033743 ; *Contrats, conc. consom.* 2015/4, comm. 88, obs. M. Malaurie-Vignal et ▪ Lyon, 5 juin 2014, n° 13/03651 : *Concurrences* 2014/12, p. 154, obs. D. Ferrier.

Lorsque le franchiseur, qui n'est pas légalement tenu de le faire, remet au franchisé un compte d'exploitation prévisionnel, ce document doit être sincère et vérifiable. En l'espèce, les prévisions se sont révélées exagérément optimistes et l'écart entre ces prévisions et les chiffres réalisés a dépassé la marge d'erreur inhérente à toute donnée prévisionnelle, sans que les mauvais chiffres constatés puissent être imputés au franchisé. Ces prévisions ont provoqué, dans l'esprit des cocontractants, novices dans le secteur économique concerné, une erreur sur la rentabilité de leur activité, portant sur la substance même du contrat de franchise, pour lequel l'espérance de gain est déterminante. Dans ces circonstances, la cour d'appel n'était pas tenue d'analyser la portée des stipulations du contrat, selon lesquelles le franchisé déclarait, d'une part, avoir conscience de ce que les données communiquées ne permettaient d'élaborer que des hypothèses chiffrées sans garantie de résultat et, d'autre part, qu'un décalage, même important, entre ses réalisations effectives et les estimations prévisionnelles ne pourrait constituer un motif de remise en cause de son engagement contractuel (▪ Cass. com., 10 juin 2020, n° 18-21.536 : *Contrats, conc. consom.* 2020/10, comm. 139, note M. Malaurie-Vignal). Mais l'erreur sur la rentabilité du concept d'une franchise ne peut conduire à la nullité du contrat pour vice du consentement si elle ne procède pas de données établies et communiquées par le franchiseur (▪ Cass. com., 24 juin 2020, n° 18-15.249 : *Contrats, conc. consom.* 2020/10, comm. 138, note M. Malaurie-Vignal).

Dans une espèce, la Cour a approuvé des juges du fond d'avoir relevé « que les franchisés ont fait établir un "business plan" (un plan d'affaires) sur la base des informations fournies par le franchiseur, sans qu'il soit démontré qu'elles fussent erronées [et] que le fait que la rentabilité se soit avérée inférieure aux résultats escomptés résulte de paramètres multiples, et en particulier de la gestion des franchisés eux-mêmes, pourtant mis en garde par le franchiseur sur différents dysfonctionnements, d'autant que les autres établissements exploitant le même concept connaissaient dans le même temps des résultats bénéficiaires » (■ Cass. com., 5 janv. 2016, n° 14-11.624 : *Concurrences* 2016/2, p. 126, obs. N. Eréséo).

19) Dissimulation des déboires connus par le franchiseur. N'est justifiée par aucun élément objectif sérieux l'allégation suivant laquelle le franchisé n'aurait pas contracté s'il avait su que le dirigeant de la société du franchiseur avait fait l'objet d'une faillite personnelle et d'une interdiction de gérer prononcée pour une durée de cinq ans (■ Cass. com., 19 janv. 2016, n° 14-16.272 : *Concurrences* 2016/2, p. 124, obs. N. Eréséo). Jugé dans le même sens qu'il n'est pas « démontré en quoi la connaissance, par les franchisés, de l'information selon laquelle une société, dirigée par le même gérant que le franchiseur, a été mise en redressement judiciaire [...] aurait déterminé autrement l'expression de leur volonté » (■ Cass. com., 5 janv. 2016, n° 14-11.624 : *Concurrences* 2016/2, p. 124, obs. N. Eréséo ; *Contrats, conc. consom.* 2015/3, comm. 66, obs. M. Malaurie-Vignal).

V. cependant une espèce où l'annulation a été prononcée aux motifs que le franchiseur avait occulté que le directeur régional du réseau avait connu une déconfiture autrefois alors même que celle-ci avait eu pour cadre l'exploitation d'une autre franchise sur un secteur différent, V. ■ Paris, 14 janv. 2015, n° 12/18716 : *Concurrences* 2015/2, p. 115, obs. N. Eréséo).

20) Dissimulation de l'existence d'une concurrence dans la zone de chalandise. Dans une espèce où le DIP ne contenait pas la présentation du réseau des affiliés et ne mentionnait pas l'existence, dans la zone d'implantation prévue au contrat, de quatre autres points de vente bénéficiant du savoir-faire et distribuant les mêmes produits que ceux fournis aux affiliés, la Cour de cassation a approuvé les juges du fond qui avaient estimé que le fournisseur s'était rendu coupable de dol par réticence si bien que le contrat méritait d'être annulé (■ Cass. com., 13 juin 2018, n° 17-10.618 : *Lettre distrib.* 2018/7-8, p. 3, obs. A. Bories). Comp. cependant avec une espèce où la Cour de cassation approuve des juges du fond qui avaient décidé que le devoir de loyauté n'imposait pas au franchiseur d'informer le franchisé de l'existence de projets d'implantation dans la zone de chalandise (■ Cass. com., 30 mai 2018, n° 17-14.303 : *Concurrences* 2018/3, p. 114, obs. N. Ferrier ; *Lettre distrib.* 2018/7-8, p. 1, obs. N. Eréséo).

21) Appréciation du manquement à l'obligation d'information : rejet de la demande du distributeur. Doit être cassé l'arrêt qui annule pour dol un contrat de franchise en retenant que le document d'information précontractuel remis aux franchisés ne contenait pas de présentation du marché local et comprenait des informations sur le réseau qui étaient anciennes, sans rechercher si la situation du réseau avait été récemment modifiée et si celle du marché local différait de celle du marché national de sorte que les franchisées ne se seraient pas engagées en connaissance de cause (■ Cass. com., 8 juin 2017, n° 15-29.093 : *Contrats, conc. consom.* 2017/8-9, comm. 172, note M. Malaurie-Vignal).

Le défaut de communication d'informations facilement accessibles et insignifiantes est sans incidence sur le consentement du distributeur. Manquaient en l'espèce : « la domiciliation bancaire, ce qui ne peut être sérieusement considéré comme de nature à vicier le consentement des concessionnaires, et les comptes annuels du concédant, accessibles au greffe du tribunal de commerce (...). De la même façon, une simple recherche sur annuaire permettait d'accéder aux coordonnées précises des membres du réseau, leur ville d'implantation étant indiquée » (■ Toulouse, 26 janv. 2006, n° 04/04647 : *JurisData* n° 2006-312311 ; *Lettre distrib.* 2006/5). Jugé dans le même sens qu'un franchisé ne saurait reprocher au franchiseur l'inexactitude de l'information portant sur le nombre de concessionnaires par réseau et sur le nombre de clients par concession, cette information n'étant pas déterminante de l'engagement d'un commerçant expérimenté (■ Paris, 24 sept. 2008 : *JurisData* n° 2008-374047). Après avoir constaté que [le franchiseur] avait remis le document d'information précontractuelle au futur franchisé le 4 avril 2006, puis lui avait adressé, trois mois plus tard, un document complémentaire sur l'état du marché local, l'arrêt relève que l'étude de site n'a pas occulté l'attraction de la zone pour des enseignes de restauration et le risque de saturation et retient qu'il ne peut être reproché au franchiseur d'avoir trompé [le franchisé] en ne lui signalant pas, avant la signature du contrat de franchise, le 14 mai 2007, un événement qui s'est produit postérieurement à cette signature, à savoir l'ouverture d'un magasin concurrent en juillet 2007 (■ Cass. com., 15 sept. 2015, n° 14-15.052).

Le défaut de délivrance d'« informations importantes » relatives à la rentabilité de l'exploitation ne justifie pas l'annulation du contrat dès lors que le distributeur [en l'espèce locataire-gérant d'une station-service] « avait exploité depuis plus de six années des stations-service (...) dans des environnements fort différents et avait été à même d'apprécier les chances et les risques d'une telle exploitation » (■ Cass. com., 7 juill.

2004, n° 02-15.950 : *JurisData* n° 2004-024592 ; *Bull. civ.* IV, n° 150 ; *D.* 2005, p. 151, obs. D. Ferrier). Pour d'autres espèces tenant compte de l'expérience économique du franchisé ou de sa qualité de professionnel, V. ▪ Paris, 5 févr. 2014, n° 12/18858 et 19 févr. 2014, n° 11/19868 : *D.* 2015, p. 953, obs. D. Ferrier. ▪ Lyon, 5 juin 2014, n° 13/03651 : *Concurrences* 2014/12, p. 154, obs. D. Ferrier. ▪ Paris, 5 nov. 2014, n° 12/13457 : *Concurrences* 2015/2, p. 114, obs. A.-C. Martin. En présence d'un concept novateur alliant crédit et assurance, les juges du fond doivent s'assurer que l'expérience acquise dans l'un des domaines objet du savoir-faire (crédit ou assurance) est suffisante pour permettre au franchisé d'apprécier l'état du marché local (▪ Cass. com., 5 janv. 2016, n°s 14-15.706, 14-15.707, 14-15.700, 14-15.703, 14-15.704 et 14-15.708 : *Concurrences* 2016/2, p. 123, obs. A.-C. Martin). V. cependant une espèce où la Cour de cassation a reproché à des juges du fond d'avoir tenu compte de la formation d'origine du franchisé (ingénierie automobile) pour estimer qu'il avait été en mesure d'apprécier le caractère irréaliste du prévisionnel d'activité remis par un franchiseur du secteur de la gestion de patrimoine (▪ Cass. com., 10 déc. 2013, n°s 12-23.890 et 12-23.115 : *Lettre distrib.* 2014/1).

Ayant constaté que le franchisé avait établi le prévisionnel et retenu qu'il devait, pour apprécier la rentabilité du réseau, se renseigner notamment auprès d'autres affiliés et franchisés dont il avait les coordonnées, la cour d'appel, qui n'a pas imposé à un profane une obligation de vérification des éléments communiqués par un professionnel mais a fait ressortir, dans le cadre d'une relation d'affaires entre professionnels, un manque de diligence, a, sans être tenue de procéder à une recherche que ces constatations et appréciations rendaient inopérantes, légalement justifié sa décision (▪ Cass. com., 7 oct. 2014, préc.). Pour la cour d'appel de Paris, un « prévisionnel d'exploitation est élaboré par le franchisé et donne un objectif raisonnable à atteindre ; que le commerçant candidat à la franchise doit au cours de l'exécution du contrat s'efforcer de l'atteindre tout en sachant que différents facteurs ne dépendant pas du seul franchiseur peuvent en rendre la réalisation impossible ». En l'espèce, le franchiseur n'avait pas validé le prévisionnel établi par le franchisé et donc garanti sa réalisation et les magistrats ont souligné que les franchisés « étaient des chefs d'entreprise et qu'en cette qualité, ils savaient ce qu'est un prévisionnel, comment il est élaboré et quelles en sont les limites » et que la société du franchiseur « n'avait pas d'obligation d'information à leur égard autre que celle que la loi lui imposait de donner par le document d'information précontractuel ou encore en vertu de la nécessaire loyauté que se doivent les futurs cocontractants, qu'elle n'avait pas à les mettre en garde, voire les dissuader de contracter », ce d'autant mieux qu'ils avaient signé le contrat après une longue période de pourparlers (plus d'un an) et trois mois après avoir reçu le DIP de sorte que leur décision apparaissait mûrement réfléchie (▪ Paris, 16 sept. 2015, n° 13/08191 : *Concurrences* 2016/1, p. 116, obs. N. Eréséo).

Un franchisé ne peut soutenir que la promesse d'une rentabilité avantageuse faite par le franchiseur aurait vicié son consentement, la preuve d'un dol n'étant pas apportée. Il ne démontre pas que le document remis était erroné puisque l'écart qui existe entre le chiffre d'affaires prévisionnel et celui réalisé concrètement est insuffisant. Le franchisé, commerçant expérimenté, se devait d'apprécier la faisabilité des promesses de rentabilité, le franchiseur n'étant pas tenu à une obligation de résultat sur la rentabilité du fonds, solution qui serait contraire à l'autonomie juridique et financière du commerçant indépendant qu'est le franchisé (▪ Paris, 24 sept. 2008 : *JurisData* n° 2008-374047). En sa qualité de professionnel du commerce considéré, le franchisé est en mesure d'apprécier la valeur des promesses de rentabilité qui lui sont faites, celles-ci ne mettant pas à la charge du franchiseur une obligation de résultat. Il appartient au franchisé ayant signé une attestation de réception du document d'information précontractuelle de s'assurer de l'exhaustivité de la documentation fournie et de sa conformité aux exigences légales. Plus largement, il incombe à tout franchisé de procéder lui-même à une étude d'implantation précise lui permettant d'apprécier le potentiel et, partant, la viabilité du fonds de commerce qu'il entend créer (▪ Paris, 22 sept. 2010 : *JurisData* n° 2010-022925). « Le risque d'altération du consentement du distributeur doit (...) être apprécié *in concreto* au regard de l'expérience de celui-ci, de sa connaissance des affaires et du domaine d'activité concerné ; en l'espèce, (...) lors de la signature des [contrats] objet du présent litige, le [distributeur] avait déjà acquis une expérience significative en matière d'abonnements de téléphone mobile dès lors [qu'il] distribuait [les] produits [du fournisseur] depuis le 29 juillet 1997 ; [qu'il] a ensuite conclu trois autres contrats de distribution avec [le même fournisseur] en 1997, 1999 et 2001 ; qu'eu égard à sa qualité ainsi établie de professionnel averti du secteur d'activité en cause, [le distributeur] ne démontre pas avoir eu son consentement vicié du fait de défaut d'information précontractuelle, lequel ne l'a donc pas privé des éléments d'appréciation nécessaires à une prise de décision éclairée » (▪ Paris, 20 oct. 2010, n° 08/10864 : *Concurrences* 2011/1, p. 125). Viole l'article L. 330-3 du Code de commerce le franchiseur ayant mis au point un concept de maison « en prêt à finir » et s'étant abstenu d'indiquer dans les documents d'information remis aux franchisés la nécessité de disposer d'une « maison témoin » dans les trois ans du contrat. En effet, faute d'attirer spécialement l'attention sur cette charge importante, qui est un élément essentiel dont les franchisés ne peuvent se dispenser durablement, tous les prévisionnels fournis sont nécessairement faussés et trompeurs sur les capacités financières à prévoir en début d'exploitation. Doit cependant être cassé l'arrêt ayant décidé d'annuler les contrats de franchise litigieux et d'ordonner la restitution et le paiement de diverses sommes sans rechercher si le manquement du franchiseur avait déterminé le consentement des franchisés, conformément à l'article 1116 du Code civil (▪ Cass. com., 15 mars 2011, n° 10-11.871 : *JurisData* n° 2011-003918). Jugé que l'écart entre les prévisions comptables du franchiseur et les résultats était limité à 21 % et ne pouvait dès lors être considéré comme révélant un manque de sincérité des informations transmises ; l'exécution du contrat de partenariat étant par ailleurs soumise à l'aléa économique de l'activité et aux diligences du partenaire qui contracte à titre personnel avec ses fournisseurs et prêteurs (▪ Cass. com., 1er oct. 2013, n° 12-23.337 : *Lettre distrib.* 2013/11). Jugé également « que le chiffre d'affaires annuel effectif de [la franchisée, soit 90 000 euros sur 10 mois au lieu de 230 000 euros sur un an], ne peut en soi démontrer le caractère irréaliste du prévisionnel alors que d'autres facteurs aléatoires comme la conjoncture économique, outre la gestion du franchisé, sa capacité de vente, sa force de conviction doivent être pris en compte » (▪ Paris, 24 avr. 2013, n° 10/08318 : *Concurrences* 2013/3, p. 95, obs. N. Eréséo). Malgré le silence gardé par le franchiseur sur l'état du marché local dans le DIP, les juges du fond ont refusé d'annuler le contrat dès lors que le franchisé avait « disposé d'un délai supérieur aux usages [de 6 mois en l'espèce] pour s'informer sur les potentialités économiques du fonds, plus généralement [pour] compléter les éventuelles insuffisances dans l'information fournie » si bien que « le candidat à la franchise devait réaliser lui-même une étude précise du marché local ». Les juges ont également écarté le grief faisant valoir que le DIP ne mentionnait pas le nombre d'entreprises ayant quitté le réseau et les raisons de cette disparition puisque « le préambule du contrat de franchise précisait que le franchisé reconnaissait avoir eu communicationde tous les documents et informations précontractuels exigés par la législation applicable » (▪ *Cass. com., 28 mai 2013, n° 11-27.256* : *Lettre distrib.* 2013/9).

22) Appréciation du manquement à l'obligation d'information : admission de la demande du distributeur. La différence entre le chiffre d'affaires prévisionnel indiqué par le franchiseur (plus de 200 000 €) et le chiffre réellement réalisé par le franchisé (84 330 € les 15 premiers mois) révèle un écart sans rapport avec la marge normale d'incertitude inhérente aux études de marché et ouvre une action en annulation du contrat. Le franchiseur ne saurait faire valoir en défense que les documents litigieux, qualifiés de documents « type », n'avaient pas été paramétrés en fonction des spécificités du projet d'entreprise du franchisé et ne peut pas davantage faire valoir qu'il n'avait pas été informé suffisamment tôt du retard pris par le franchisé, ce qui lui aurait permis de préconiser les mesures de redressement opportunes, rien ne démontrant que ces mesures auraient permis de rattraper un tel retard (▪ Paris, 9 avr. 2009 : *JurisData* n° 2009-012644). Des chiffres prévisionnels supérieurs de 86 %, 145 % et 148 % aux résultats comptables obtenus sur les mêmes produits par la société franchisée justifient l'annulation du contrat pour dol (▪ Rennes, 17 juin 2008 : *JurisData* n° 2008-006572). Justifie pareillement l'annulation du contrat un chiffre d'affaires réalisé par le distributeur inférieur de plus de 36 % au chiffre d'affaires prévisionnel, l'ampleur de la différence entre prévision et résultat traduisant la légèreté avec laquelle l'étude a été entreprise alors même qu'aucune faute de gestion expliquant les déboires du fonds de commerce n'est démontrée (▪ Cass. com., 19 janv. 2010, n° 09-10.980, *Sté Groupe Expert c/ Épx C.* : *Bull. civ.* IV, n° 15 ; *Concurrences* 2010/2, p. 89, note N. Eréséo ; *Contrats, conc. consom.* 2010/4, comm. 92, note M. Malaurie-Vignal ; *JCP E* 2010, n° 15, 1348, note E. Friedel et G. Toulouse ; *D.* 2011, pan. p. 540, obs. D. Ferrier). Ayant retenu que les chiffres prévisionnels contenus dans le document, fournis par le franchiseur, sont exagérément optimistes au regard de l'écart très important qu'ils présentent avec les chiffres d'affaires réalisés par la société [franchisée], à laquelle il n'est reproché aucune faute de gestion, et relevé que ces données portent sur la substance même du contrat de franchise, pour lequel l'espérance de gain est déterminante, la cour d'appel, qui n'était pas tenue d'effectuer une recherche que ces appréciations souveraines rendaient inopérantes, et qui a fait ressortir le caractère déterminant des chiffres communiqués, a caractérisé le vice du consentement qu'elle a retenu pour prononcer l'annulation du contrat (▪ Cass. com., 12 juin 2012, n° 11-19.047 : *D.* 2012, p. 2079, note N. Dissaux, et p. 391, obs. S. Amrani-Mekki et M. Mekki ; *D.* 2013, pan. p. 738, obs. D. Ferrier ; *RTD civ.* 2012, p. 724, obs. B. Fages). Pour une autre espèce, le document d'information faisait état d'un chiffre d'affaires moyen de 500 000 euros et d'une marge commerciale de 55 % alors que les deux sociétés constituées par le franchisé n'avaient réalisé qu'une marge de 28 % et un chiffre de 109 250 euros pour l'une et 271 059 pour l'autre. Par ailleurs, le franchiseur n'avait pas prévu la rémunération des gérants dans les prévisions, ni le point mort comptable permettant de déterminer le chiffre minimum nécessaire pour dégager du bénéfice alors qu'il avait la maîtrise complète de la marge commerciale en fixant les prix de vente publics et les prix d'achat des produits à sa centrale. Dans ces conditions, la 1re chambre civile de la Cour de cassation a estimé que l'arrêt contesté avait tranché le litige conformément aux règles de droit en décidant d'annuler le contrat (■ Cass. 1re civ., 25 janv. 2017, n° 15-28.064 : *Concurrences* 2017/2, p. 108, obs. N. Eréséo).

S'agissant d'une licence de marque conclue pour l'exploitation d'un centre de remise en forme, l'arrêt attaqué « relève par motifs propres et adoptés que le document d'information précontractuel remis [au licencié] ne comporte aucune présentation du marché national des clubs de sport, que s'agissant du marché local aucun chiffre n'est donné permettant d'apprécier l'importance réelle de ce marché, qu'il s'y ajoute une information erronée quant à l'absence d'équivalent en France au concept du type de celui développé par [le concédant] et des affirmations banales, générales et non étayées s'agissant des perspectives de développement ; qu'il constate que la société [du concédant] a fourni [au licencié] des documents comportant des indications inexactes et contradictoires sur l'identité [de l'un des exploitants] ; qu'en l'état de ces constatations et appréciations desquelles il ressortait que le défaut d'informations invoqué avait vicié le consentement [du licencié], la cour d'appel a légalement justifié sa décision » (■ Cass. com., 4 mai 2010, n° 09-15.139 : *D.* 2011, pan. p. 540, obs. D. Ferrier).

Après un échec connu en 2004, un franchiseur avait relancé deux années plus tard un réseau de distribution portant sur la fourniture de kits destinés à la construction de maisons individuelles. Dans ce contexte, les magistrats ont jugé que le promoteur du réseau avait manqué à son obligation de sincérité prévue par l'article L. 330-3 du Code de commerce. En effet, ce dernier n'avait pas communiqué aux deux franchisés à l'origine de la procédure la date de conclusion de l'ensemble des contrats de franchise des membres *du réseau*, ni donné d'informations crédibles sur les perspectives de rentabilité et de développement de l'activité. Ce manquement avait nécessairement empêché toute appréciation pertinente par les franchisés du degré de stabilité et de rentabilité du réseau, ainsi que de la réalité du savoir-faire du franchiseur, au point de vicier leur consentement (■ Paris, 17 mars 2010 : *JurisData* n° 2010-015258 ; *Contrats, conc. consom.* 2010, comm. 250, obs. N. Mathey).

Conformément à l'article L. 330-3 du Code de commerce, le franchiseur est tenu de fournir au franchisé un historique de la franchise, ainsi qu'une analyse du potentiel du réseau. Doit, à ce titre être annulé le contrat de franchise portant sur l'exploitation d'un système de fabrication et de diffusion de sandwiches pour lequel le franchiseur n'a communiqué qu'un historique partiel de la franchise et un budget prévisionnel irréaliste en vue de dissimuler les difficultés de développement du réseau en province. Cette omission et cette rétention d'informations essentielles mettant en cause la viabilité et l'exploitation du concept considéré doivent être regardées comme constitutives d'un dol au sens de l'article 1116 du Code civil, commis au détriment du franchisé qui s'est engagé sur la foi d'informations fausses et trompeuses. Le franchiseur est dès lors tenu de restituer les sommes versées par le franchisé au titre du contrat de franchise, soit 389 428 € (■ Paris, 19 janv. 2011 : *JurisData* n° 2011-001123).

Pour justifier l'annulation du contrat, une cour d'appel rappelle que « si la loi ne met pas à la charge du franchiseur une étude du marché local, en revanche dans le cas où une telle information est donnée, la loi met à la charge du franchiseur une présentation sincère du marché local ». En l'espèce, elle considère que l'étude « de marché contenant 3 pages n'a pas un caractère sérieux ; qu'en effet les années retenues pour l'analyse de l'évolution de la population sont celles de 1982, 1990 et 1999, soit 5 ans avant la remise du document ; que de même l'activité de la population, le taux de chômage ou le revenu moyen par habitant sont ceux de l'année 1999 ; qu'aucune donnée récente sur la population d'Annecy n'a été fournie [au franchisé], qu'aucune information ne lui a été donnée sur la répartition de la population par catégories socio-professionnelles et sur le nombre exact de centres concurrents sous enseigne nationale ; que la comparaison faite par le franchiseur entre la zone d'attraction du centre de Paris et celle d'Annecy n'est pas pertinente, alors qu'il aurait dû établir une comparaison avec une autre ville de province similaire ; que n'apparaît pas non plus dans ce document une étude des perspectives de développement du marché, tous éléments qui auraient permis d'éclairer utilement la réflexion [du franchisé] sur l'importance du risque commercial qu'il prenait, sur la viabilité ou non de son projet », et que « par ailleurs le compte d'exploitation prévisionnel joint à cette étude de marché faisait apparaître pour le centre d'Annecy un chiffre d'affaires de 25 174 euro par mois, de 302 094 euro par an et un résultat de 41 481 euro ; que ces chiffres prévisionnels étaient grossièrement erronés puisque trois fois et demi supérieurs à ceux qui seront réalisés » (■ Paris, 30 juin 2011, n° 06/20603 : *Concurrences* 2011/4, p. 112, obs. D. Ferrier).

Le départ, dans les 12 mois précédant la signature du contrat, de 11 franchisés du réseau, occulté par le franchiseur, constitue « *un élément d'infor-*

mation essentiel pour la candidate à la franchise qui n'a ainsi pas été en mesure d'appréhender avec exactitude la pérennité du réseau » (▪ Paris, 17 janv. 2018, n° 15/17647 : *Lettre distrib.* 2018/3, p. 2, obs. A. Bories).

L'article L. 330-3 du Code de commerce impose au franchiseur de fournir à l'autre partie un document, donnant des informations sincères, qui lui permette de s'engager en connaissance de cause. Ayant relevé que le franchisé, dont le contrat impliquait l'exploitation de plusieurs points de vente en province, s'était engagé sur la foi des informations fausses et trompeuses communiquées par le franchiseur et retenu que celui-ci, qui devait fournir un historique de la franchise, avait volontairement déformé la réalité du réseau en occultant sciemment les difficultés de son développement en province, procédant à une rétention d'informations essentielles mettant en cause la viabilité de l'exploitation, la cour d'appel, qui a ainsi fait ressortir le caractère déterminant des manœuvres déployées, a fait l'exacte application des articles L. 330-3 du Code de commerce et 1116 du Code civil (▪ Cass. com., 3 avr. 2012, n° 11-16.303 : *Contrats, conc. consom.* 2012, comm. 175, obs. M. Malaurie-Vignal ; *D.* 2013, pan. p. 738, obs. D. Ferrier). L'annulation du contrat de franchise doit être prononcée lorsque le franchiseur fournit des informations obsolètes, excessivement générales, voire incomplètes ou absentes. En l'espèce, le franchiseur s'était livré « sciemment, à une présentation trompeuse et tronquée de l'ensemble du réseau » puisqu'il avait occulté la liquidation judiciaire d'un membre du réseau survenue après plusieurs années de chiffre d'affaires inexistant. Le réseau avait été présenté de manière trompeuse faute d'indication d'un ratio entre partenaires entrants et sortants qui aurait fait ressortir qu'entre 2006 et 2010 l'organisation n'avait progressé que de sept partenaires alors que le franchiseur avait fourni une présentation beaucoup plus flatteuse. Au demeurant, sur une période de cinq années, le réseau s'était pratiquement renouvelé deux fois, la plupart des membres présents à l'origine ayant préféré ne pas souscrire un nouveau contrat et les chiffres d'affaires avancés par le franchiseur n'avaient pratiquement jamais été approchés (▪ Colmar, 30 sept. 2015, n° 14/02315 : *Concurrences* 2016/1, p. 116, obs. N. Eréséo).

Après avoir relevé qu'il résultait des contrats de partenariat par elle conclus que la société du franchiseur s'engageait à fournir au partenaire les statistiques commerciales et les performances des autres établissements du réseau, avec l'affirmation que ces informations étaient indispensables à l'évolution de l'enseigne et aux performances du réseau, qu'il appartenait impérativement à celle-ci d'informer son cocontractant de la cessation d'exploitation de l'enseigne dans la même zone de chalandise, et, plus généralement, que la société du franchiseur avait l'obligation de faire une présentation loyale du réseau d'exploitants, l'arrêt retient qu'en occultant les raisons de l'échec du précédent franchisé ainsi que les répercussions qui en ont découlé sur le secteur au regard de la réputation commerciale de l'enseigne, en procédant à une présentation erronée du réseau et en opérant une transmission erronée des chiffres prévisionnels, le franchiseur a enfreint son obligation de sincérité sur des données nécessairement déterminantes au regard du consentement du franchisé et que les informations transmises, par leur caractère erroné et dénué de sérieux, sont révélatrices de la volonté délibérée de la société du franchiseur de tromper le consentement de son cocontractant (▪ Cass. 1re civ., 3 nov. 2016, n° 15-24.886 : *Lettre distrib.* 2016/12, p. 6, obs. A. Bories).

Dans une espèce concernant le secteur de la « conciergerie d'entreprise », les juges relèvent « qu'aucun retour d'expérience n'avait pu être effectué ni aucun réseau constitué au moment de la conclusion du contrat litigieux ; que les maigres données sur le chiffre d'affaires et la rentabilité prévisionnels ne pouvaient qu'être affectées par cette circonstance, volontairement cachée au partenaire, l'empêchant ainsi d'appréhender la pérennité et la stabilité du réseau ». Par ailleurs, le franchiseur « ne justifie pas davantage avoir fourni d'informations crédibles sur les perspectives de rentabilité et de développement de l'activité considérée, ni même sur une expérimentation et exploitation préalables de celle-ci sur une période suffisamment longue pour que le concept correspondant puisse avoir été utilement testé sur le plan commercial (...), la connaissance de l'ensemble de ces informations aurait été un élément indispensable pour éclairer la réflexion [de la franchisée] sur la nature du risque auquel elle s'exposait en intégrant le réseau. En conclusions, « ces omissions, qui s'analysent en un manquement à l'obligation de sincérité mise à la charge [du franchiseur] par l'article L. 330-3 du Code de commerce, ont nécessairement empêché toute appréciation pertinente par [la franchisée] du degré de stabilité et de rentabilité du réseau ainsi que de la réalité du savoir-faire du franchiseur et doivent être considérées comme constitutives d'une réticence dolosive (▪ Paris, 3 oct. 2012, n° 11/05235 : *Concurrences* 2013/1, p. 113, obs. D. Ferrier).

« Même si le dirigeant de la société [franchisée] n'était pas novice pour avoir repris avec succès un centre [franchisé] de la même enseigne dans une autre région quelques années auparavant, [le franchiseur] devait lui communiquer des chiffres sérieux concernant le marché local, l'arrêt relève que le chiffre d'affaires prévisionnel annoncé par le franchiseur s'est révélé deux fois supérieur à celui réalisé par [le franchisé] qui, même après plusieurs années d'exploitation, n'a jamais réussi à atteindre le montant annoncé pour la première année ; qu'il ajoute que cet écart dépasse la marge habituelle d'erreur en la matière, qu'aucune défaillance dans la gestion de l'entreprise par le franchisé n'est de nature à l'expliquer et que [le franchiseur] ne fournit aucun exemple de centres de lavage implantés dans des agglomérations de taille similaire ayant réalisé entre 2003 et 2008 des chiffres d'affaires comparables aux prévisions annoncées ; qu'il en déduit que [le franchiseur], qui a fourni [au franchisé] un prévisionnel irréaliste et chimérique, a failli à son obligation d'information et que la société [franchisée], trompée sur cet élément déterminant dans le calcul des risques qu'elle prenait en ouvrant un centre, a ainsi été victime d'un vice du consentement » (▪ Cass. com., 25 juin 2013, n° 12-20.815 : *Lettre distrib.* 2013/9).

Un franchiseur avait occulté dans le document d'information le fait qu'il ne pourrait plus exploiter la marque objet du contrat à partir d'une certaine date qui était antérieure au terme du contrat de franchise, ce qu'il n'ignorait pas au moment de la signature. Pour la cour, « *outre le fait que cette absence d'information est contraire aux dispositions de l'article R. 330-1 susvisé, elle a nécessairement entraîné une erreur sur la substance de la chose objet du contrat, la* [société du franchisé] *ayant contracté avec l'idée fausse des droits qu'elle croyait acquérir par l'effet du contrat, que ce soit pour les 5 premières années ou pour la possibilité de reconduire le contrat pour une nouvelle durée de 5 ans* », concluant que c'était à juste titre que les premiers juges avaient annulé le contrat (▪ Dijon, 2e ch., 12 janv. 2017, n° 14/01096, *SAS France Éditeurs : Concurrences* 2017/2, p. 108, obs. N. Eréséo).

Se rend coupable de dol le franchiseur qui n'informe pas un nouveau franchisé de la concurrence que pouvait lui faire l'ancien franchisé situé à quelques mètres de son implantation alors que cette information conditionnait son activité future et la rentabilité escomptée (▪ Paris, 27 juin 2012, n° 09/06563 : *Concurrences* 2012/4, p. 89, obs. D. Ferrier).

23) Résiliation. L'irrespect de l'obligation précontractuelle d'information du franchiseur ne peut entraîner *la résiliation du contrat* de franchise (▪ Cass. com., 12 févr. 2008 : *RDC* 2008/3, p. 862, note M. Behar-Touchais).

24) Dommages-intérêts : principes. Le distributeur victime d'un défaut d'information peut solliciter des dommages-intérêts même en l'absence d'un vice du consentement et d'une demande d'annulation du contrat, pourvu que le dommage dont réclame réparation le distributeur « ne soit pas dû qu'à sa propre faute » (▪ Cass. com., 21 janv. 2004, n° 02-16.866 : *JurisData* n° 2004-022185. ▪ Cass. com., 9 oct. 2007, n° 05-14.118 : *JurisData* n° 2007-040801. ▪ Cass. com., 27 janv. 2009, n° 07-21.616 : *JurisData* n° 2009-046791).

25) Dommages-intérêts : lien de causalité. Jugé que les fautes commises par le fournisseur dans son obligation précontractuelle d'étude et de renseignement à l'égard du futur adhérent, qui ont privé celui-ci des éléments d'appréciation lui permettant de se former valablement une opinion sur l'opportunité de son investissement, ont un lien de causalité directe avec la liquidation judiciaire de la société [exploitant le point de vente] et donc les préjudices subis par les gérants du fait de la mise en œuvre du cautionnement qu'ils avaient souscrit à l'égard d'une banque (▪ Cass. com., 19 janv. 2010, n° 09-10.980, *Sté Groupe Expert c/ Épx C. : Bull. civ.* 2010, IV, n° 15 ; *Concurrences* 2010/2, p. 89, note N. Eréséo ; *Contrats, conc. consom.* 2010/4, comm. 92, note M. Malaurie-Vignal ; *JCP* E 2010, n° 15, 1348, note E. Friedel et G. Toulouse ; *D.* 2011, pan. p. 540, obs. D. Ferrier). Ne tire pas les conséquences légales de ses constatations et viole les articles 1116 et 1382 du Code civil, la cour d'appel qui, après avoir retenu que l'absence d'information déterminante donnée par un fournisseur à un distributeur sur la conclusion antérieure d'un autre contrat de concession sur le territoire qui lui avait été concédé, en violation de la zone d'exclusivité, constituait une réticence dolosive, énonce que, la seule faute commise par le fournisseur étant un manquement à l'obligation précontractuelle d'information, le distributeur ne peut prétendre être indemnisé que du préjudice en résultant directement, qui est constitué par la perte de la chance de contracter en toute connaissance de cause des éléments d'information légalement exigés, et donc, de refuser éventuellement de contracter à d'autres conditions (▪ Cass. com., 17 mars 2015, n° 14-10.595 : *Lettre distrib.* 2015/4, p. 1, obs. A. Bories).

26) Dommages-intérêts : preuve de la faute. Si les comptes prévisionnels ne figurent pas dans les éléments devant se trouver dans le document d'information précontractuelle, ils doivent, lorsqu'ils sont communiqués, présenter un caractère sérieux. Après avoir constaté que des comptes prévisionnels avaient été remis au franchisé et relevé qu'il existe des écarts non négligeables entre les chiffres d'affaires prévus et ceux réalisés et que la marge prévue n'a pas été atteinte, l'arrêt attaqué retient que le franchiseur ne s'explique pas sur les bases d'élaboration des comptes prévisionnels lui ayant permis d'avancer de tels chiffres. Il retient encore qu'il ne peut être fait grief au franchisé d'avoir pratiqué une marge insuffisante dès lors qu'au regard de la situation de concurrence tendue existant dans le secteur, l'augmentation de la marge, entraînant une hausse des prix, n'aurait pas nécessairement entraîné une augmentation du chiffre d'affaires.

En l'état de ces constatations et appréciations souveraines faisant ressortir que les écarts constatés n'étaient pas imputables au franchisé mais au manquement qu'avait commis le franchiseur en communiquant à celui-ci des comptes prévisionnels dépourvus de caractère sérieux, la cour d'appel, qui n'a pas mis à la charge du franchiseur une obligation de résultat, a légalement justifié sa décision (■ Cass. com., 31 janv. 2012, n° 11-10.834 : *Lettre distrib.* 2012/3 ; *D.* 2013, pan. p. 738, obs. D. Ferrier ; *Concurrences* 2012/2, p. 90, obs. A.-C. Martin).

27) Dommages-intérêts : préjudice réparable. Le préjudice résultant du manquement à une obligation précontractuelle d'information est constitué par une perte de chance de ne pas contracter ou de contracter à des conditions plus avantageuses et non par une perte d'une chance d'obtenir les gains attendus (■ Cass. com., 31 janv. 2012, préc. V. plus récemment : ■ Cass. com., 27 janv. 2021, n° 17-27.773). Jugé dans le même sens qu'un franchisé ne peut utilement, sauf à méconnaître les conséquences mêmes de la nullité prononcée, réclamer l'allocation d'un préjudice financier correspond à la non-obtention des résultats commerciaux qu'il eût été en droit d'attendre de l'exploitation de la franchise considérée (■ Cass. com., 18 oct. 2011, n° 10-23.524 : *Concurrences* 2012/1, p. 125, obs. A.-C. Martin). Viole dès lors l'article 1382 du Code civil la cour d'appel qui inclut dans le préjudice réparé la perte de chance de percevoir la somme figurant dans les prévisionnels remis par le franchiseur avant la conclusion du contrat (■ Cass. com., 25 nov. 2014, n° 13-24.658 : *Lettre distrib.* 2015/1, p. 2, obs. A. Bories).

TITRE IV. – DES RÉSEAUX DE DISTRIBUTION COMMERCIALE

(L. n° 2015-990, 6 août 2015)

Bibliographie : P. Arhel, *Volet « concurrence » de la loi Macron... : LPA* 29 sept. 2015, p. 7. • M. Béhar-Touchais, *De Lefebvre à Macron : la valse des contrats d'affiliation devant l'Assemblée nationale et le Sénat : RDC* 2015. • D. Ferrier, *La loi du 6 août 2015 pour la croissance, l'activité et l'égalité des chances économiques... en matière de distribution (?) : D.* 2015, 1904. • N. Ferrier, *Les apports de la loi Macron au droit de la distribution : Montesquieu Law review*, mars 2017 ; *Les clauses usuelles des contrats de distribution à l'aune des évolutions récentes : RJ com.* 2016, p. 699. • D. Mainguy, *Premières vues sur le « droit français nouveau des réseaux de distribution commerciale » : JCP* E 2015, 1548. • M. Malaurie-Vignal, *Les apports de la loi Macron en droit de la distribution : Contrats, conc. consom.* 2015, comm. 256. • A.-C. Martin, *Loi pour la croissance, l'activité et l'égalité des chances économiques (dite Macron) : quelles contraintes pour les professionnels du commerce ? : Lettre distrib.* 2015/9, p. 1. • M.-E. Pancrazi, *Nouveautés dans le secteur de la distribution : JCP* E 2015, 1405. • A. Riéra, *Vers un nouveau contrat d'affiliation ? : AJCA* 2015/10, p. 411. • J.-C. Roda *et alii*, *Le droit français de la distribution après la loi Macron du 6 août 2016 : Concurrences* 2016/1, dossier p. 13 et s. • L. Vogel et J. Vogel, *Loi Macron : un nouveau régime des contrats de distribution inutile, coûteux et inadapté : AJCA* 2015/12, p. 512.

Art. L. 341-1 *(L. n° 2015-990, 6 août 2015).* – **L'ensemble des contrats conclus entre, d'une part, une personne physique ou une personne morale de droit privé regroupant des commerçants, autre que celles mentionnées aux chapitres V et VI du titre II du livre Ier du présent code, ou mettant à disposition les services mentionnés au premier alinéa de l'article L. 330-3 et, d'autre part, toute personne exploitant, pour son compte ou pour le compte d'un tiers, un magasin de commerce de détail, ayant pour but commun l'exploitation de ce magasin et comportant des clauses susceptibles de limiter la liberté d'exercice par cet exploitant de son activité commerciale prévoient une échéance commune.**

La résiliation d'un de ces contrats vaut résiliation de l'ensemble des contrats mentionnés au premier alinéa du présent article.

Le présent article n'est pas applicable au contrat de bail dont la durée est régie par l'article L. 145-4, au contrat d'association et au contrat de société civile, commerciale ou coopérative.

Art. L. 341-2 *(L. n° 2015-990, 6 août 2015).* – **I. – Toute clause ayant pour effet, après l'échéance ou la résiliation d'un des contrats mentionnés à l'article L. 341-1, de restreindre la liberté d'exercice de l'activité commerciale de l'exploitant qui a précédemment souscrit ce contrat est réputée non écrite.**

II. – Ne sont pas soumises au I du présent article les clauses dont la personne qui s'en prévaut démontre qu'elles remplissent les conditions cumulatives suivantes :

1° Elles concernent des biens et services en concurrence avec ceux qui font l'objet du contrat mentionné au I ;

2° Elles sont limitées aux terrains et locaux à partir desquels l'exploitant exerce son activité pendant la durée du contrat mentionné au I ;

3° Elles sont indispensables à la protection du savoir-faire substantiel, spécifique et secret transmis dans le cadre du contrat mentionné au I ;

4° Leur durée n'excède pas un an après l'échéance ou la résiliation d'un des contrats mentionnés à l'article L. 341-1.

NB : Les articles L. 341-1 et L. 341-2 s'appliquent à l'expiration d'un délai d'un an à compter de la promulgation de la loi, soit le 6 août 2016.

1) Application dans le temps. Pour la cour d'appel de Paris, la loi nouvelle s'applique aux contrats qui étaient en cours le 6 août 2016. En effet, il résulte des travaux parlementaires que la période transitoire d'un an « *a manifestement été souhaitée par le législateur* [...] *pour permettre l'adaptation des contrats en cours, de sorte que la volonté du législateur était bien de voir appliquer ces dispositions auxdits contrats* ». Par ailleurs, la cour se réfère à la décision du Conseil constitutionnel et surtout au communiqué de presse l'accompagnant selon lequel la loi « *prévoit l'exigence d'une échéance commune, fixe comme règle que la résiliation de l'un des contrats visés par le législateur vaut résiliation de l'ensemble des contrats et impose la mise en conformité des contrats en cours un an après la promulgation de la loi* » (▪ Paris, 22 nov. 2018, n° 18/06688 : *Concurrences* 2019/1, p. 101, note N. Eréséo ; *Lettre distrib.* 2018/12, p. 2, obs. A. Bories. – Et dans le même sens, V. ▪ CA Paris, Pôle 5, Ch. 4, 3 févr. 2021, n° 19/03895, *Lettre distrib.* mars 2021, p. 2, obs. N. Eréséo. V. ▪ Poitiers, 7 mai 2019, n° 18/00518 : *Lettre distrib.* 2019/6, p. 4, obs. L. Bettoni. ▪ Paris, 1er juill. 2020, n° 17/21498 : *Concurrences* 2020/4, p. 146, note N. Eréséo. – *Contra* : ▪ Rennes, 6 nov. 2018, n° 16/01406).

2) Domaine. Les dispositions des articles L. 341-1 et suivants ne s'appliquent qu'aux ensembles contractuels convenus entre deux personnes physiques ou morales sans que la portée du texte, restrictif de la liberté contractuelle, ne puisse être étendue aux contrats d'approvisionnement et d'enseigne conclus entre une société affiliée et deux filiales appartenant certes au même groupe mais nécessairement distinctes du point de vue de la personnalité juridique (▪ Poitiers, 7 mai 2019, n° 18/00518, préc.). La cour d'appel de Paris juge « inapplicables en l'espèce les dispositions de l'article L. 341-2 du Code de commerce [...], au motif qu'une agence de travail temporaire n'est manifestement pas susceptible de rentrer dans les prévisions du législateur au titre des commerces de détail qui sont les seuls visés par ce texte » (▪ Paris, 27 janv. 2021, n° 19/03581 : *Lettre distrib.* févr. 2021, p. 2, obs. N. Eréséo).

Jugé au contraire que le texte s'applique à un contrat isolé conclu entre un franchiseur et un franchisé exploitant une agence immobilière, v. ▪ Paris, 22 nov. 2018, préc., ou entre un franchiseur et un franchisé exploitant un centre de nettoyage de véhicules automobiles, V. ▪ CA Paris, 1er juill. 2020, n° 17/21498 : *Concurrences* 2020/4, p. 146, note N. Eréséo, ou encore entre un franchiseur et un franchisé achetant et revendant de l'or, V. ▪ CA Paris, 3 févr. 2021, préc.

LIVRE QUATRIÈME

DE LA LIBERTÉ DES PRIX ET DE LA CONCURRENCE

Bibliographie : *Approches transversales.* P. Alfredo, *Droit de la concurrence : une approche franco-espagnole : D.* 2000, act. jurispr. 645. • F. Amiel, *Télévision payante et droit de la concurrence, une histoire récente mouvementée : Rev. Lamy conc.* 2011, n° 1954. • O. Ancelin et F. de Bakker, *La chaîne d'approvisionnement alimentaire et le droit de la concurrence : JCP* E 2013, 1562. • P. Arhel, *Comportements anticoncurrentiels dans le cadre de la normalisation : LPA* 26 juill. 2010, n° 147, p. 4. • J.-B. Auby et R. Noguellou, *Droit de l'urbanisme et droit de la concurrence :* in *Études offertes à M. Bazex*, Litec 2009, p. 1. • E. Baccichetti et Ph. Bonnet, *Droit des pratiques anticoncurrentielles et droits de propriété intellectuelle : JCP* E 2009, 2057. • L. Arcelin, *L'entreprise en difficulté face au droit de la concurrence : Rev. Lamy conc.* 2005, n° 106 ; *L'alliance raisonnable entre le droit de la concurrence et CEDH : Rev. Lamy conc.* 2007, n° 804. • P. Arhel, *Application du droit de la concurrence dans le secteur de la santé publique : LPA* 2009, n° 117, p. 7. • C. Barreau, *La participation française au Réseau européen de concurrence après la LME : une inopportune divergence ? : Contrats, conc. consom.* 2011, étude 13. • M. Behar-Touchais, *Internet, entente et abus de position dominante : Comm. com. électr.* 2007, étude 19. • O. Benoît, *Le droit de la concurrence est un droit de l'abus : brèves observations : Dr. et patrimoine* 2000, n° 84, p. 62. • P. Bezard, *La place du droit de la concurrence : RJ com.* 2000, n° 4, p. 99. • D. Blanc, *Droit de la concurrence : la dépénalisation n'est pas la solution (dossier : quelle dépénalisation pour le droit des affaires ?) : AJP* 2008, n° 2 p. 69. • C. Bloud-Rey, *Loyauté et pratiques anticoncurrentielles, antinomie ?*, in *La loyauté en droit de la concurrence et de la consommation : LPA* 24 nov. 2011, p. 234. • B. Bouloc, *De quelques concepts pénaux maltraités en droit de la concurrence : Rev. Lamy conc.* 2011, n° 1808. • M.-C. Boutard-Labarde, *PME et droit de la concurrence : LPA* 20 déc. 1995, p. 40. • L. Boy, *Le droit de la concurrence : régulation et/ou contrôle des restrictions à la concurrence : JCP* G 2004, I, 166. • B. Brun, *La prise en compte toujours accrue des groupes de sociétés en droit de la concurrence : Dr. sociétés* 2006, étude 12. • B. Brun et A. Toulemont-Dakoure, *Les barrières à l'entrée en droit de la concurrence : Contrats, conc. consom.* 2003, chron. 11. • F. Brunet, *Commerce électronique et droit de la concurrence : LPA* 6 févr. 2004, p. 45 ; *Le droit de la concurrence face aux défis de la crise mondiale : Rev. Lamy conc.* 2009, n° 1445. • Ch.-E. Bucher, *L'obligation de non-concurrence née de la garantie d'éviction : entre droit de la concurrence et droits fondamentaux : Contrats, conc. consom.* 2011, étude 12. • H. Calvet et F. Lévêque, *Droit de la concurrence et droit de la propriété intellectuelle, frères ennemis ? : Rev. Lamy conc.* 2013/37, n° 2429. • M. Chagny et I. Luc, *Quels contrôles des contrats d'affaires par les autorités de concurrence : AJ Contrats d'affaires* 2015, n° 3, p. 112. • M. Chagny, *Les contrats d'affaires à l'épreuve des nouvelles règles sur l'abus de l'état de dépendance et le déséquilibre significatif : AJCA* 2016, n° 3, p. 115. • Colloque *Dix ans de droit de la concurrence : Rétrospectives et perspectives, rapport introductif : Contrats, conc. consom.* 2016, dossier 11. • A.-S. Choné-Grimaldi, G. della Cananea et G. Godiveau, *La concurrence et sa régulation en Europe : Les enseignements de l'analyse comparée du droit, Colloque, Les dimensions de la sphère publique en droit de la concurrence : RD conc.* 2015, n° 1, concurrences+, www.concurrences.com. • E. Claudel, *Le consentement en droit de la concurrence, consécration ou sacrifice ? : RTD com.* 1999, p. 291. • Colloque *Les droits de la concurrence, chance ou contrainte pour l'entreprise ? : Contrats, conc. consom.* 2006, étude 21. • Colloque *Droit de la concurrence et droit privé : CDE* 2000/3, p. 1. • Colloque *L'efficacité des décisions en droit de la concurrence : LPA* 28 déc. 2000. • Colloque AFEC, *L'année 2010 en droit de la concurrence : Contrats, conc. consom.* 2011, dossiers 1 à 6 ; *L'année 2011 en droit de la concurrence : Contrats, conc. consom.* 2012, dossier 1 à 6 ; *L'année 2012 en droit de la concurrence : Contrats, conc. consom.* 2013, dossier 1 à 10. • Colloque *Le fonctionnement concurrentiel du marché de la publicité : Rev. Lamy conc.* 2011, n° 1887. • Colloque *Les PME face au droit de la concurrence : Rev. Lamy conc.* 2011, n° 1959. • Colloque *Économétrie et droit de la concurrence : Rev. Lamy conc.* 2012, n° 2018. • Colloque *Droit de la concurrence et droit de la publicité, Accords et désaccords : Rev. Lamy conc.* 2012, n° 2075. • Colloque, *Le secteur de la santé : Rev. Lamy conc.* 2012, n° 2082. • Colloque, *Droit de la concurrence : droit innovant et/ou droit de l'innovation ? : Rev. Lamy conc.* 2012, n° 2084. • A. Condomines, *L'application du droit de la concurrence aux associations professionnelles : JCP* E 2005, 130. • A. Constantin, *L'emprise du droit de la concurrence sur le contrat de société : défiance et illustration : D. 2012, p. 2717. • N. Coutrelis, Amendes, procédures antitrust et CEDH : l'harmonie plutôt que la confrontation : Rev. Lamy conc. 2011, n° 1955. • Th. D'Alès et A. Constans, Le futur arsenal au bénéfice des victimes de pratiques anticoncurrentielles ou quand l'office du juge n'est plus de juger mais d'indemniser : JCP E 2015, n° 14, p. 25. • G. Decocq et A.-L. Hélène des Ylouses, Le secret des affaires et le droit des ententes anticoncurrentielles : JCP E 2016, 1456. • H. Delzangles, Les régulations, Colloque, Les dimensions de la sphère publique en droit de la concurrence : RD conc. 2015, n° 1, concurrences+, www.concurrences.com. • G. Dezobry, L'analyse concurrentielle de la rente nucléaire : Contrats, conc. consom. 2009, étude 4. • E. Dieny, Industrie pharmaceutique et droit de la concurrence : entre présent et futur : Contrats, conc. consom. 2006, étude 17. • Dossier Droit de l'environnement et droit de la concurrence : LPA 15 juin 2006, p. 24. • Dossier Entreprise et risque concurrentiel : Rev. Lamy conc. 2010, n° 1560. • Dossier Concurrence et consommateurs au XXIe siècle : Rev. Lamy conc. 2010, n° 1622. • Dossier Distribution et droit de la concurrence : JCP E 2012, 1180. • Dossier Les sanctions du droit de la concurrence : JCP E 2013, 1168. • F. Dreifuss-Netter, Droit de la concurrence et droit commun des obligations : RTD com. 1990, p. 369. • A. Errera, Droits sportifs, télévision payante et concurrence : Rev. Lamy conc. 2014/37, n° 2492. • B. Fages et J. Mestre, L'emprise du droit de la concurrence sur le contrat : RTD com. 1998, p. 71. • D. Fasquelle, L'incidence des difficultés des entreprises sur l'application du droit de la concurrence : RD conc. 2005, n° 1, p. 41. • D. Ferrier, Le régime juridique des pièces détachées « visibles » de véhicules automobiles : une double méprise : D. 2015, n° 3, p. 169 ; Un singulier pluriel... : RD conc. 2015, n° 2, p. 5. • J.-Cl. Fourgoux, Un droit de la concurrence ou une éthique de la concurrence pour le troisième millénaire ? : Gaz. Pal. 2 janv. 2000, p. 65. • Th. Fossier et F. Lévêque, Le bien et le mal en droit économique : Rev. Lamy conc. 2011, n° 1830. • M.-A. Frison-Roche, Ambition et efficacité de la régulation économique : RD bancaire et fin. 2010, étude 34 ; Régulation versus concurrence, in Au-delà des codes, in Mélanges M.-S. Payet, Dalloz, 2011, p. 171. • Ph. Glaudet, État, monopole et concurrence : quelles leçons à tirer des économistes du droit ? : Defrénois 2009, p. 1229. • M. Glais, Le processus concurrentiel : une présentation historique des apports de la théorie économique : RTD com. 2014, p. 37. • J.-Ch. Grall et C. Ducros, Agriculture et concurrence : Rev. Lamy conc. 2013, n° 2242. • C. Grynfogel et J. Marthan, Le clair-obscur de l'obligation d'exclusivité : de quelques singularités dans l'appréciation de l'Autorité de la concurrence : RJDA 2010, p. 3. • M.-D. Hagelsteen, Les professions libérales et le droit de la concurrence : Dr. adm. 2006, étude 5. • F. Hoffmann, Probabilité et droit de la concurrence : RFDA 2011, p. 531. • L. Idot, Information et droit de la concurrence : Rev. Lamy dr. aff. 2003, n° 60, p. 5 ; La place de l'arbitrage dans la résolution des litiges en droit de la concurrence : D. 2007, p. 2681 ; La contribution des autorités de concurrence à la politique de l'énergie de l'Union européenne : RD conc. 2011, n° 2, p. 66 ; L'Autorité de la concurrence, régulateur de réseau ? : Mél. D. Tricot, Litec-Dalloz 2011, p. 183. • F. Jenny, La crise économique et financière, la régulation et la concurrence : RD conc. 2009, n° 2, p. 59 ; L'articulation des sanctions en matière de droit de la concurrence du point de vue économique : JCP E 2013, 1169 ; La distinction droit public-droit privé a-t-elle une pertinence en droit de la concurrence ? Colloque, Les dimensions de la sphère publique en droit de la concurrence : RD conc. 2015, n° 1, concurrences+, www.concurrences.com. • E. Jeuland, Ch. Brömmelmeyer et M. Serafimova, Directive Private enforcement : l'Union européenne dépasse-t-elle les bornes ? : JCP E 2015, n° 2, p. 555. • M. Kamal et L. Perez, La liberté d'entreprendre à la lumière de la question prioritaire de constitutionnalité : Rev. Lamy conc. 2012, n° 2041. • H. Kazzi, L'analyse des barrières à l'entrée : entre convergences et risques : Contrats, conc. consom. 2007, étude 15. • K. Kecsmar, Le droit de la concurrence à l'épreuve des structures sociétales obscures : Rev. Lamy conc. 2012, n° 2176. • J.-Ph. Kovar, Droit de la concurrence et droit de l'insolvabilité : Rev. Lamy dr. aff. 2010, n° 45, p. 62. • A. Lacresse et V. Marx, La loi Macron et l'Autorité de la concurrence : une autorité (encore) plus efficace ? : Rev. Lamy conc. 2016, n° 46, p. 19. • A. Larue, La confrontation entre les règles du droit des sociétés et du droit de la concurrence : CDE 2000/5, p. 6. • Ch. Lemaire et D. Blanc, Un nouvel essor des relations entre le Conseil de la concurrence et les juridictions en droit de la concurrence : JCP E 2006, 2590. • P. Le More et J.-M. Talau, La réforme de l'urbanisme commercial à l'aune des droits de l'urbanisme et de la concurrence : Contrats, conc. consom. 2013, étude 6. • Ch. Leroy, La libre concurrence mondialisée : essai sur les rapports entre le droit du libre-échange et le droit de la concurrence : Rev. Lamy conc. 2012, n° 2016. • J.-L. Lesquins, Politiques de concurrence et analyse économique : Rev. Lamy conc. 2013/36, n° 2382. • H. Lesguillons, Le droit de la concurrence et les accords entre actionnaires : RD aff. int. 2005, p. 153. • Ph. Le Tourneau, Liberté égalité fraternité dans le droit de la concurrence : Gaz. Pal. 5 juill. 1991, p. 1. • D. Lescop, Les moteurs de recherche et la concurrence : faut-il réguler Google ? : RD conc. 2010, n° 2, p. 44. • I. Luc et L. Gauthier, Les questions prioritaires de constitutionnalité en droit de la concurrence : RD conc. 2012, n° 2, p. 200. • Cl. Lucas de Leyssac, Concurrence et compétition : D. 2002, p. 1722 ; Et si on laissait faire le marché ? : RD conc. 2008, n° 2, p. 1. • J. Lucas, De la prise en compte par l'Autorité de la concurrence des difficultés de l'entreprise : Rev. proc. coll. 2012, étude 11. • M. Malaurie-Vignal et et F. Riem, Urbanisme commercial et droit de la concurrence : JCP E 2011, 1579. • F. Martucci, Constitution économique et concurrence : En quête d'une matrice constitutionnelle du droit de la concurrence, Colloque, Les dimensions de la sphère publique en droit de la concurrence : RD conc. 2015, n° 1, concurrences+, www.concurrences.com. • T. Massart, Le périmètre du droit, l'activité juridique accessoire et le droit de la concurrence : LPA 15 déc. 2009, n° 249, p. 4. • D. Mazeaud, L'attraction du droit de la concurrence : RTD com. 1998, p. 95. • A. Mexis, Juges de la concurrence et concurrence des juges. La question prioritaire de constitutionnalité et le droit de l'Union européenne : Rev. Lamy conc. 2010, n° 1691. • M. Mekki, Le principe de loyauté probatoire a-t-il encore un avenir dans le contentieux de la concurrence ? : D. 2016, p. 2355. • W. Moeschel, Harmonisation concurrente entre les différents droits de la concurrence ? : RTD com. 2006, p. 37. • B. Montels, La violence économique, illustration du conflit entre droit commun des contrats et droit de la concurrence : RTD com. 2002, p. 417. • B. Mounier-Khun et E. Dieny,

Responsabilité des dirigeants et collaborateurs de l'entreprise dans le cadre des pratiques anticoncurrentielles : perspectives : JCP E 2008, 1232. • H. Narayan-Fourment, *La maîtrise des prix : hors du droit de la concurrence, point de salut : D.* 2004, p. 2023. • S. Naugès, *L'articulation entre droit commun de la concurrence et droit de la régulation sectorielle : AJDA* 2007, p. 672. • A. Perrot, *Politique de la concurrence et faillites bancaires. Les éclairages de la théorie économique : Rev. Lamy conc.* 2009, n° 1444. • R. Poesy, *La Cour de cassation et les pratiques anticoncurrentielles : RJDA* 2002, p. 391. • F. Puel et V. Rebeyrotte, *Abus de puissance contractuelle et pratique anticoncurrentielles,* in *Dossier : La puissance du cocontractant : AJ Contrats d'affaires* déc. 2015, p. 499. • Y. Simonnet, *La loi NOME : l'interventionnisme au secours de la concurrence : Rev. Lamy dr. aff.* 2011, n° 60, p. 57. • J. Riffault-Silk, *La régulation de l'énergie, principes, bilan et réformes : Rev. Lamy conc.* 2011, n° 1880. • K. Szczerbina, *Droit de la concurrence et droit de la consommation : LPA* 14-17 juill. 2006, p. 3. • J. Théry-Schultz, *Concurrence et secteurs à tarifs réglementés : à propos d'une apparente contradiction : RD conc.* 2009, n° 4, p. 51. • A. Thevand, *Taxis et concurrence : AJDA* 2010, p. 1124. • J.-P. Viennois, *La légitime défense en droit de la concurrence ou l'emprunt concevable d'une notion au droit pénal : Rev. sc. crim.* 2004, p. 295. • L. Vogel, *Droits de l'homme et droit de la concurrence,* in *Mél. Y. Serra,* Dalloz, 2006, p. 443. • Ch. Verdure, *L'application du droit de la concurrence dans le secteur des déchets : examen au regard de la définition du marché pertinent : Rev. Lamy conc.* 2011, n° 1883. • F. Vialla et C. Raja, *Analyse du contexte concurrentiel du secteur de la distribution pharmaceutique : Rev. Lamy conc.* 2014/39, n° 2508. • L. Vogel, *Du droit de la concurrence à la concurrence des droits : RD conc.* 2008, n° 3. • F. Zivy, *Réguler la concurrence : un principe particulièrement nécessaire à notre temps : Rev. Lamy conc.* 2015, n° 1, p. 115.

Sur la loi n° 2001-420 du 15 mai 2001 sur les nouvelles régulations économiques. L. Arcelin, *Pratiques commerciales et concentrations économiques : Contrats, conc. consom.* 2001, étude 18. • P. Arhel, *Modernisation du droit français de la concurrence (loi relative aux nouvelles régulations économiques) : JCP* E 2001, p. 928. • Ch. Babusiaux, *La conception de la régulation dans la réforme de la concurrence par la loi NRE : LPA* 3 juin 2002, p. 11. • M. Behar-Touchais et D. Ferrier, *Les pratiques restrictives de concurrence : CDE* 2001-4, p. 18. • L. Idot, *La réforme du contrôle français des concentrations : CDE* 2001-4, p. 1 ; *La deuxième partie de la loi « NRE » ou la réforme du droit français de la concurrence : JCP* G 2001, I, 343. • B. Martor et V. Barral, *La réforme du droit français des concentrations : LPA* 26 janv. 2001, p. 4. • M.-E. Pancrazi, *La moralisation des pratiques commerciales : Dr. et patrimoine* déc. 2001, p. 65. • A. Pirovano, *Droit de la concurrence et progrès social (après la loi NRE du 15 mai 2001) : D.* 2001, p. 62. • C. Prieto, *La lutte contre les pratiques anticoncurrentielles : l'élan donné par la loi sur les nouvelles régulations économiques : Dr. et patrimoine* déc. 2001, p. 74. • V. Selinsky, *Les pratiques anticoncurrentielles dans la loi du 15 mai 2001 relative aux NRE : CDE* 2001-4, p. 9. • Ch. Vilmart, *L'effectivité de la lutte contre les pratiques commerciales abusives dans la loi NRE : JCP* E 2001, p. 1994, p. 2046.

Sur l'ordonnance n° 2004-1173 du 4 novembre 2004 portant adaptation de certaines dispositions du Code de commerce au droit communautaire de la concurrence. L. Idot, *Adaptation du droit français au règlement n° 1/2003 : Europe* 2004, comm. 425. • M. Malaurie-Vignal, *Adaptation du droit français de la concurrence : Contrats, conc. consom.* 2004, comm. 178. • S. Poillot-Peruzzetto, *Introduction de règles inspirées du droit international privé en droit de la concurrence : Contrats, conc. consom.* 2005, comm. 13.

Sur la loi n° 2005-882 du 2 août 2005 en faveur des petites et moyennes entreprises. D. Ferrier et D. Ferré, *La réforme des pratiques commerciales : loi n° 2005-882 du 2 août 2005 : JCP* E 2005, 1530 ; *La réforme des pratiques commerciales : loi n° 2005-882 du 2 août 2005 : Contrats, conc. consom.* 2004, étude 18. • J.-Ch. Grall, J.-M. Meffre et Cl. Guet, *Loi Dutreil du 2 août 2005 en faveur des PME : analyse critique des dispositions relatives au droit des relations industrie-commerce : D.* 2005, p. 2149.

Sur la loi n° 2008-3 du 3 janvier 2008 pour le développement de la concurrence au service des consommateurs. D. Ferrier, *La réforme des pratiques commerciales : D.* 2008, p. 429. • D. Ferrier et D. Ferré, *La réforme des pratiques commerciales : loi n° 2008-3 du 3 janvier 2008 : Contrats, conc. consom.* 2008, étude 2. • D. Ferré, N. Genty et E. Deberdt, *La loi Chatel n° 2008-3 du 3 janvier 2008 : quelles incidences dans les relations fournisseur-distributeur ? : Rev. Lamy dr. aff.* févr. 2008, p. 41. • F.-X. Testu et J. Herzele, *La formalisation contractuelle du résultat des négociations commerciales entre fournisseurs et distributeurs : JCP* E 2008, 1113. • Ch. Vilmart, *La loi Chatel pour le développement de la concurrence au service des consommateurs : JCP E 2008, 1041.*

Sur la loi n° 2008-776 du 4 août 2008 de modernisation de l'économie. M. Chagny, *Une (r)évolution du droit français de la concurrence ? À propos de la loi LME du 4 août 2008 : JCP* G 2008, I, 196 ; *Mobiliser la concurrence, les entrepreneurs, etc. À propos du projet de loi de modernisation de l'économie : JCP* G 2008, act. 319. • M. Debroux, *Le rapport Attali et la réforme du droit de la concurrence : tabula rasa ou retouches a minima ? : Rev. Lamy conc.* 2008, n° 1577. • G. Decocq, *Diverses dispositions intéressant le droit de la concurrence : Contrats, conc. consom.* 2008, dossier 9. • Dossier *LME. Un an après : Rev. Lamy conc.* 2009, n° 1496. • J.-L. Fourgoux, *La loi du 4 août 2008, une révolution prometteuse mais ténébreuse : Gaz. Pal.* 14-16 sept. 2008, p. 2. • B. Lasserre, *La nouvelle régulation de la concurrence : Rev. Lamy conc.* 2009, n° 1448 ; *La régulation concurrentielle, un an après sa réforme : un point de vue d'autorité : RD conc.* 2010, n° 3, p. 35 et n° 4, p. 56. • V. Selinsky, *Les mutations du droit procédural de la concurrence : Rev. Lamy dr. aff.* févr. 2010, n° 2732, p. 75. • Ch. Vilmart et E. Leguin, *La loi de modernisation de l'économie : une tentative encore inachevée de modernisation du droit français de la concurrence : JCP* E 2008, 1997.

Sur la loi n° 2015-990 du 6 août 2015 pour la croissance, l'activité et l'égalité des chances économiques. P. Arhel, *Volet « concurrence » de la loi Macron pour la croissance, l'activité et l'égalité des chances économiques : LPA* 29 sept. 2015, n° 194, p. 7. • D. Bosco, *Dispositions de la loi Macron touchant au droit de la concurrence : Contrats, conc. consom.* 2015, comm. 237 ; *La loi Macron, loi « libérale » ? : Contrats, conc. consom.* 2015, repère 9 ; *Adoption de la loi Macron : aspects de droit de la concurrence : JCP* E, 2015, n° 31, p. 10. • J.-C. Roda, *Le nouvel article L. 462-10 du Code de commerce : Le renforcement (relatif) du contrôle de la puissance d'achat* in dossier : *Le droit français de la concurrence après la loi Macron : RD conc.* 2016, n° 1, p. 35.

Sur l'ordonnance n° 2017-303 du 9 mars 2017 relative aux actions en dommages et intérêts du fait des pratiques anticoncurrentielles. S. Carval, *Les actions en dommages-intérêts des victimes de pratiques anticoncurrentielles : à propos de l'ordonnance et du décret du 9 mars 2017 : JCP* G mars 2017, n° 12, 298. • L. Idot, *Premières vues sur la transposition de la directive 2014/104/UE en France : Europe* 2017, n° 4, alerte 16. • A.-C. Martin, *Indemnisation des victimes de pratiques anticoncurrentielles : émergence d'un droit spécial de la responsabilité du fait des pratiques anticoncurrentielles ? : Lettre distrib.* avr. 2017, p. 2.

Sur la loi n° 2020-1508 du 3 décembre 2020 portant diverses dispositions d'adaptation au droit de l'Union européenne en matière économique et financière. L. Idot et *alii*, *La loi DDADUE : Simple adaptation ou réforme du droit français de la concurrence : Concurrences* 2021/1, p. 22.

Voir : bibliographies sous chacun des titres du présent Livre.

TITRE PREMIER. – DISPOSITIONS GÉNÉRALES

Art. L. 410-1. – Les règles définies au présent livre s'appliquent *(Mots rempl., Ord. n° 2021-649, 26 mai 2021)* « aux entreprises entendues comme les entités, quelle que soit leur forme juridique et leur mode de financement qui exercent une activité » de production, de distribution et de services, y compris celles qui sont le fait de personnes publiques, notamment dans le cadre de conventions de délégation de service public.

Bibliographie : *Bibliographie générale.* L. Arcelin, *Notion d'entreprise en droit interne et communautaire de la concurrence : JCl. Concurrence-consommation*, Fasc. 35. • E. Bernard, *L'« activité économique », un critère d'applicabilité du droit de la concurrence rebelle à la conceptualisation : RID éco.* 2009, p. 353. • G. Clamour et S. Destours, *Les 20 ans de l'article 53 de l'ordonnance du 1er décembre 1986 : Revue Lamy conc.* 2007, n° 729. • Colloque *Champ et limites de l'ordonnance du 1er décembre 1986 : l'article 53 : Rev. conc. consom.* 1997, n° 96, p. 37.

Concurrence et personnes publiques. J.-L. Autin, *Personnes publiques et concurrence : CDE* 1994/3, p. 4. • M. Bazex, *Droit de la concurrence et personnes publiques : Gaz. Pal.* 1994, 2, doctr. p. 1198 ; *Le Conseil de la concurrence et les marchés publics : AJDA* 1994, n° spécial, p. 103 ; *Le droit public de la concurrence : RFDA* 1998, p. 781 ; *Le juge administratif et l'application du droit national et communautaire de la concurrence : contenu et spécificité : Rev. conc. consom.* 2000, n° 116, p. 11. • E. Berkani, *Droit de la concurrence et commande publique : état des lieux d'un vieux couple : RD conc.* 2007, n° 1, p. 58. • D. Berlin, *Les actes de puissance publique et le droit de la concurrence : AJDA* 1995, p. 259. • S. Blazy, *Les actes normatifs des autorités publiques et les règles de concurrence : Gaz. Pal.* 1997, 1, doctr. p. 279. • M.-C. Boutard-Labarde et L. Vogel, *Droit de la concurrence et personnes publiques : Gaz. Pal.* 1989, 1, doctr. p. 747. • M.-A. Brossay et P. de Boecke, *L'acheteur public : prévenir, détecter et gérer les pratiques anticoncurrentielles : CP-ACCP* mai 2010, n° 99, p. 41. • N. Charbit, *Marée haute et écueils de la jurisprudence du Conseil d'État en matière de concurrence. À propos de quelques affaires récentes : LPA* 2001, n° 37, p. 4 ; *L'application du droit de la concurrence au domaine public : affrontement sur la voie publique ? : RTD com.* 2004, p. 47. • J.-Y. Chérot, *Les méthodes du juge administratif dans le contentieux de la concurrence : AJDA* 2000, p. 687. • G. Clamour, *Domaine public et droit de la concurrence : consolidation de l'édifice prétorien : Rev. Lamy conc.* 2005, n° 216. • Colloque *Dix ans après l'arrêt* Million et Marais *: et après ? : JCP* A 2007, 2281. • Ph. Cossalter, *Les EPIC face au droit de la concurrence : JCP* A 2009, 2221. • Dossier *Les pratiques anticoncurrentielles*, in *CP-ACCP* mai 2010, n° 99. • Dossier *Le droit des transports face à la concurrence et à la décentralisation : AJDA* 2009, p. 1020. • Th. Fossier et M. Saltiel, *Service public et concurrence : contributions récentes de la cour d'appel de Paris : JCP* G 2010, 515. • G. Gonzalez, *Domaine public et droit de la concurrence : AJDA* 1999, p. 387. • O. Guézou, Droit de la *concurrence et contrats publics*. Contentieux administratif et pratiques anticoncurrentielles in Mélanges *M. Guibal*, PUM 2006, t. I, p. 107. • L. Idot, *Commande publique et droit de la concurrence : un autre regard : RD conc.* 2008, n° 1, p. 52. • J.-J. Israël, *Les rapports du droit administratif avec le droit de la concurrence issu de l'ordonnance du 1er décembre 1986 : LPA* 1990, n° 38, p. 10. • J.-P. Jouguelet, *Remarques sur la passation des délégations de service public et les atteintes au droit de la concurrence : RJEP* 2007, étude 1. • G. Kalflèche, *Secteur public et concurrence : la convergence des droits : AJDA* 2007, p. 2420. • J. Leonnet, *Application des règles du droit de la concurrence aux personnes publiques : Rapport annuel de la*

Cour de cassation 1996, p. 157. • M. Karpenschif, *Les délégations de service public et le droit de la concurrence : JCP* A 2013, 2057. • J.-L. Lesquins, *Le droit de la concurrence et les personnes publiques : Rev. conc. consom.* 1995, n° 87, p. 39. • F. Llorens et P. Soler-Couteaux, *La soumission des personnes publiques au droit de la concurrence : D.* 1989, chron., p. 67. • A. Louvaris, *Les contrats des collectivités territoriales et le droit de la concurrence : Contrats-Marchés publ.* 2007, étude 9. • A. Marceau, *Police administrative et droit public de la concurrence : AJDA* 2002, p. 190. • G. Mathieu, *L'application du droit de la concurrence aux personnes publiques : D.* 1995, chron. p. 27. • S. Nicinski, *Les évolutions du droit administratif de la concurrence : AJDA* 2004, p. 751. • B. Stirn, *Droit public et droit de la concurrence* in *Mélanges C. Champaud*, Dalloz 1997, p. 556. • Ph. Terneyre, *Secteur public et concurrence : la convergence des principes : AJDA* 2007, p. 1906. • J.-M. Thouvenin, *Personnes publiques, personnes privées investies d'une mission de service public, et droit de la concurrence : D. affaires* 1997, p. 331.

Concurrence entre personnes publiques et personnes privées. J.-Y. Chérot, *Nouvelles observations sur la régulation par le Conseil d'État de la concurrence entre personnes publiques et personnes privées* in *Mélanges F. Moderne*, Dalloz 2004, p. 87. • G. Clamour, *Retour sur la libre et égale concurrence entre opérateur public et opérateur privé : Revue Lamy conc.* 2005, n° 291 ; *Du droit applicable aux actions économiques des personnes publiques : Rev. Lamy conc.* 2006, n° 641 ; *Qui peut le moins peut le plus ! Ou la liberté économique de fait des personnes publiques : JCP* A 2007, 2286 ; *De l'action économique des collectivités territoriales en présence d'initiative privée : Rev. Lamy conc.* 2010, n° 1642. • E. Delacour, *La concurrence des personnes publiques aux entreprises privées : Gaz. Pal.* 1997, 1, doctr. p. 1009. • G. Eckert, *De la candidature des personnes publiques à l'attribution d'un marché public ou d'une délégation de service public : Contrats-Marchés publ.* 2001, étude 2 ; *L'égalité de concurrence entre opérateurs publics et privés sur le marché* in *Liber amicorum J. Waline*, Dalloz, 2002, p. 207. • L. Idot, *Concurrence entre secteurs public et privé : RID éco.* 1994, p. 449. • Y. Laidié, *La concurrence entre établissements publics et opérateurs privés dans l'accès aux contrats publics : Dr. adm.* 2001, étude 8. • Ch. Lemaire, *Les avantages concurrentiels des personnes publiques : RJEP* 2004, p. 404. • M. Lombard, *À propos de la liberté de concurrence entre opérateurs publics et opérateurs privés : D.* 1994, chron. p. 164. • Cl. Lucas de Leyssac, *Diversification des entreprises publiques et concurrence déloyale : D.* 1995, chron. 288. • S. Nicinski, *Les sociétés publiques locales et le droit de la concurrence : RFDA* 2012, p. 1135.

Répartition de compétences. A. Louvaris et E. Claudel, *Action en réparation des dommages concurrentiels subis par une collectivité publique : quel tribunal compétent ? : AJ Contrats d'affaires* 2016, p. 30. • D. Chabanol, *La répartition des compétences juridictionnelles : CP-ACCP* mai 2010, n° 99, p. 52. • A. Colin-Goguel, *La compétence du Conseil de la concurrence face aux services publics : quelle place pour le critère de détachabilité ? : Rev. conc. consom.* 2002, n° 126, p. 35. • M.-A. Frison-Roche, *Le poids des idées dans la répartition des compétences entre juges judiciaire et administratif en matière de concurrence au regard de la loi du 8 février 1995 : Gaz. Pal.* 1995, 2, doctr. p. 755 ; *Le juge administratif face au droit de la concurrence : un sujet de dispute : Rev. conc. consom.* 1995, n° 88, p. 13. • Y. Gaudemet, *Conflits de compétence et droit de la concurrence. Sur une équivoque* in *Mélanges R. Perrot*, Dalloz 1995, p. 121. • D. Truchet, *Le mythe de l'unification du contentieux de la concurrence* in *Mélanges B. Jeanneau*, Dalloz 2002, p. 539. • J.-J. Israël, *Contentieux administratif et contentieux de la concurrence* in *Mélanges R. Chapus*, Montchrestien 1992, p. 315.

Concurrence et droit social. E. Alfandari, *La concurrence dans les services sociaux : quelle concurrence pour quels services sociaux ? : RD sanit. soc.* 2006, p. 779. • J.-D. Combrexelle, *Droit du travail et droit de la concurrence : le conflit des droits* in *Mélanges D. Labetoulle*, Dalloz, 2007, p. 185. • L Driguez, *Les institutions de protection sociale face au droit de la concurrence : confirmations ou inflexions : RD sanit. soc.* 2010, p. 1048. • B. Edelman, *Droit du travail, droit de la concurrence. Un nouveau contrat social : D.* 2009, p. 1547. • A. Guedj, *La protection sociale et le droit de la concurrence : LPA* 25 juin 1999, p. 16. • S. Hennion-Moreau, *La notion d'entreprise en droit social communautaire : Dr. soc.* 2001, p. 957 ; *Services sociaux et concurrence : RD sanit. soc.* 2006, p. 801. • L. Idot, *Droit social et droit de la concurrence : confrontation ou cohabitation ? : Europe* 1999, étude 11. • G. Lyon-Caen, *L'infiltration du droit du travail par le droit de la concurrence : Dr. ouvrier* 1992, p. 316. • E. Putman, *Les rapports entre droit social et droit de la concurrence : RID éco.* 1998, p. 107.

Concurrence et normalisation. E. Aubry, *La normalisation au regard des règles de concurrence : Contrats, conc. consom.* 2016, n° 3, étude 3.

• *Sommaire*

I – EXERCICE D'UNE ACTIVITÉ ÉCONOMIQUE

A – Activité économique et personnes publiques

1° *Distinction de l'exercice de l'activité économique et de l'exercice de prérogatives de puissance publique*

1) Acte d'organisation du service public. Il résulte de l'article 53 de l'ordonnance de décembre 1986 (devenu C. com., art. L. 410-1) que les règles qui y sont définies ne s'appliquent aux personnes publiques qu'autant que celles-ci se livrent à des activités de production, de distribution et de services. L'organisation du service public de la distribution de l'eau à laquelle procède un conseil municipal n'est pas constitutive d'une telle activité. L'acte juridique de dévolution de l'exécution de ce service n'est pas, par lui-même, susceptible d'empêcher, de restreindre ou de fausser le jeu de la concurrence sur le marché, et il n'appartient en conséquence qu'aux juridictions de l'ordre intéressé de vérifier la validité de cet acte au regard des dispositions de l'article 9 de l'ordonnance (devenu C. com., art. L. 420-3) (▪ T. confl., 6 juin 1989, n° 2578 : *JurisData* n° 1989-643902 ; *Rec. CE*, p. 293 ; *RFDA* 1989, p. 457, concl. B. Stirn ; *AJDA* 1989, p. 431, chron. M. Honorat et M. Baptiste ; *RDP* 1989, p. 1780, note Y. Gaudemet ; *JCP* G 1990, II, 21395, note P. Terneyre).

En ce sens, V. par ex. ▪ CE, 23 juill. 1993, n° 138504 : *JurisData* n° 1993-045412 ; *Rec. CE*, p. 226 ; *RFDA* 1994, p. 252, note P. Terneyre.

2) Pouvoir d'administration. La décision prise par la Ligue Nationale de Football d'unifier la billetterie informatique des clubs participant aux manifestations sportives qu'elle organise en imposant un logiciel ressortit aux pouvoirs d'administration et aux prérogatives de puissance publique qui ont été conférés à ce groupement par le règlement administratif des championnats de France et, partant, elle ne constitue pas une activité de production, de distribution ou de services, à laquelle s'appliqueraient les règles de l'ordonnance de 1986 et il n'appartient qu'à la juridiction administrative d'en apprécier la validité (▪ T. confl., 4 nov. 1996 : *JurisData* n° 1996-051273 ; *Rec. CE*, p. 552 ; *JCP* G 1997, II, 22802, concl. J. Arrighi de Casanova ; *AJDA* 1997, p. 203, chron. D. Chauvaux et T.-X. Girardot).

3) Gestion du domaine public. Si dans la mesure où elles effectuent des activités de production, de distribution ou de services les personnes publiques peuvent être sanctionnées par le Conseil de la concurrence agissant sous le contrôle de l'autorité judiciaire, les décisions par lesquelles ces personnes assurent la mission de service public qui leur incombe au moyen de prérogatives de puissance publique, relèvent de la compétence de la juridiction administrative pour en apprécier la légalité et, le cas échéant, pour statuer sur la mise en jeu de la responsabilité encourue par ces personnes publiques (▪ T confl., 18 oct. 1999, n° 03174 : *Rec. CE*, p. 469, concl. R. Schwartz ; *AJDA* 1999, p. 996, chron. P. Fombeur et M. Guyomar, et p. 1029, note M. Bazex ; *RFDA* 2000, p. 567, note Y. Laidié). En l'espèce, les décisions d'ADP de regrouper à l'aérogare d'Orly-Ouest les activités du groupe Air-France et de refuser à la société TAT d'ouvrir de nouvelles lignes à partir de cette aérogare qui se rattachent à la gestion du domaine public constituent l'usage de prérogatives de puissance publique. En revanche, sont détachables de l'appréciation de la légalité d'un acte administratif, les pratiques d'ADP susceptibles de constituer un abus de position dominante consistant dans l'obligation faite à la Compagnie TAT d'utiliser les services d'assistance en escale de cet établissement public en substitution à ses personnels.

En ce sens, V. par ex. ▪ Cass. com., 19 nov. 2002, n° 01-02.546 : *JurisData* n° 2002-016455 ; *Bull. civ.* IV, n° 170 ; *Contrats, conc. consom.* 2002, comm. 24, obs. M. Malaurie-Vignal ; *RJDA* 2003, n° 196. – *Adde* ▪ Cass. com., 16 mai 2000, n° 99-12.872 : *JurisData* n° 2000-002013 ; *Bull. civ.* IV, n° 99 ; *D.* 2000, jurispr. p. 315, obs. A. Marmontel ; *Contrats, conc. consom.* 2000, comm. 112, obs. M. Malaurie-Vignal ; *RJDA* 2000, n° 1172.

4) Marchés publics. Dans la mesure où elles exercent des activités de production, de distribution et de services, et sauf en ce qui concerne les décisions ou actes portant sur l'organisation du service public ou mettant en œuvre des prérogatives de puissance publique, les personnes publiques peuvent être sanctionnées par le Conseil de la concurrence agissant sous le contrôle de l'autorité judiciaire. En matière de marchés publics, lesquels ne traduisent pas la mise en œuvre de prérogatives de puissance publique, la compétence du juge administratif en qualité de juge du contrat, résultant de l'article 2 de la loi n° 2001-1168 du 11 décembre 2001 portant mesures urgentes de réformes à caractère économique et financier (loi MURCEF), ne fait pas obstacle à la compétence du Conseil de la concurrence, sous le contrôle de la Cour d'appel de Paris, pour statuer sur les litiges fondés sur l'invocation des pratiques anticoncurrentielles (▪ T. confl., 4 mai 2009, n° 3714 : *JurisData* n° 2009-376918 ; *Bull. civ.*, n° 12 ; *LPA* 2009, n° 120, p. 12, concl. M. Guyomar ; AJDA 2009, p. 1490, note G. Eckert et p. 2440, note E. Glaser ; *Dr. adm.* 2009, comm. 145, note M. Bazex ; *RJDA* 2009, n° 1011 ; *Rev. Lamy conc.* 2009, n° 1468, note G. Clamour). En l'espèce, la pratique imputée au Centre des monuments nationaux (CMN), établissement public administratif qui exerce une activité de production, de distribution et de services, et consistant à réduire, voire supprimer, les commandes et, partant, les ventes des ouvrages édités et diffusés par la société Jean-Paul Gisserot, objet d'un marché public liant les parties, au profit du service éditorial du CMN, et susceptible de constituer une pratique anticoncurrentielle, étrangère à l'organisation du service public géré par l'établissement public, ne constitue pas la mise en œuvre de prérogatives de puissance publique ; dès lors, le litige, introduit sur le fondement des règles de la concurrence, relève de la compétence de la juridiction judiciaire.

5) Activité typiquement de puissance publique. La jurisprudence européenne exclut du champ d'application du droit de la concurrence les organismes qui exercent des prérogatives qui appartiennent par essence aux États et qui participent de leur souveraineté. Ainsi, une activité n'est pas économique dès lors qu'elle implique l'exercice de prérogatives « typiquement » de puissance publique : tel est le cas de l'activité de perception des redevances de route de l'Organisation européenne pour la sécurité de la navigation aérienne (▪ CJCE, 19 janv. 1994, aff. C-364/92 : *Rec. CJCE* 1994, I, p. 43 ; *Europe* 1994, comm. 114, obs. L. Idot ; *D.* 1995, jurispr. p. 33, note G. Lhuillier), des activités de la même organisation en matière de normalisation technique et de gestion des droits de propriété intellectuelle (▪ TPICE, 12 déc. 2006, aff. T-155/04 : *Rec. CJCE* 2006, II, p. 4797 ; *Europe* 2007, comm. 68, obs. L. Idot ; *Rev. Lamy conc.* 2007, n° 745, note L. Arcelin. – Conf. par ▪ CJCE, 26 mars 2009, aff. C-113/07 P : *Rec. CJCE* 2009, I, p. 2207 ; *Europe* 2009, comm. 198, obs. L. Idot ; *AJDA* 2009, p. 988, obs. E. Broussy, F. Donnat et Ch. Lambert ; *Rev. Lamy conc.* 2009, n° 1408, obs. L. Arcelin), de la perception de redevances destinées à financer l'activité de surveillance antipollution dans un port pétrolier (▪ CJCE, 18 mars 1997, aff. C-343/95 : *Rec. CJCE* 1997, I, p. 1547 ; *Europe* 1997, comm. 160, obs. L. Idot) ou encore de l'activité consistant à sauvegarder, dans une base de données, des données que les entreprises sont tenues de communiquer en vertu d'obligations légales, à permettre aux personnes intéressées de consulter ces données et/ou à leur fournir des copies sur support papier de celles-ci (▪ CJUE, 12 juill. 2012, aff. C-138/11 : *Contrats, conc. consom.* 2012, comm. 263, obs. G. Decocq ; *Rev. Lamy conc.* 2013, n° 2191, obs. C. Robin).

C'est la même approche qui est retenue par les juridictions nationales : s'agissant d'une décision ministérielle d'octroi d'une subvention (▪ Paris, 11 janv. 1994 : *JurisData* n° 1994-020361 ; *BOCC* 1994, p. 21. – Conf. de ▪ Cons. conc., déc. n° 93-D-07, 28 avr. 1993 : *BOCC* 1993, p. 169) ; concernant l'activité des agences financières de bassin, établissements publics administratifs, dont la mission consiste, en vertu de la loi, à veiller à l'équilibre des ressources et des besoins en eau dans un bassin ou un groupe de bassins déterminé (▪ CE, 1er juin 1994, n° 133820 : *JurisData* n° 1994-046597 ; *Rec. CE*, p. 278 ; *AJDA* 1994, p. 633, concl. J. Arrighi de Casanova). S'agissant des banques mutualistes, le Tribunal des conflits a décidé qu'en attribuant à la Confédération nationale du crédit mutuel (CNCM) la mission de veiller au bon fonctionnement du crédit mutuel et en la dotant des pouvoirs les plus étendus d'organisation et de gestion sur les caisses qu'elle représente, le législateur a confié à cette confédération, bien que celle-ci soit une association de droit privé régie par la loi du 1er juillet 1901, l'exécution, sous le contrôle de l'administration, d'un service public impliquant l'usage des prérogatives de puissance publique (▪ T. confl., 2 mai 1977, n° 02054 et 6 nov. 1978, n° 02086). L'Autorité de la concurrence a récemment repris cette analyse pour décider que les actes à caractère général ou individuel par lesquels la CNCM détermine l'organisation territoriale des caisses et fédérations ou délimite leur champ d'action géographique constituent la manifestation des prérogatives de puissance relevant de la seule appréciation du juge administratif. La même solution a été retenue au sujet d'un système d'échange d'informations entre différentes entités qui n'a pas été jugé détachable de l'appréciation de la légalité des actes relevant des prérogatives de puissance publique détenues par la CNCM (▪ Aut. conc., déc. n° 16-D-30, 21 déc. 2016 : *Concurrences* 2017/2, p. 199, note. J.-P. Kovar).

6) Pratiques détachables de l'appréciation de la légalité d'un acte administratif. Les hôtels de la plate-forme et de la périphérie de Paris Roissy sont demandeurs d'installations aéroportuaires destinées à informer les passagers de leur existence et de leur localisation. ADP est le seul opérateur disposant des offres de support d'information dans l'aéroport, eu égard à sa qualité de gestionnaire unique des infrastructures aéroportuaires. L'accès aux moyens de signalisation proposé, contre rémunération, par ADP ne caractérise pas l'exercice d'une mission de service public relevant de prérogatives de puissance publique, mais l'offre d'une prestation de services. Il s'en déduit que la redevance perçue constituait la rémunération de ce service et non l'indemnité due au titre d'une occupation privative du domaine public (▪ Cass. com., 7 janv. 2004, n° 00-12.451 : *JurisData* n° 2004-021690 ; *Bull. civ.* IV, n° 5 ; *BOCC* 2004, p. 299 ; *AJDA* 2004, p. 851, obs. N. Charbit ; *RJDA* 2004, n° 633). *Rappr.* ▪ T confl., 15 janv. 2007, n° C 3568 : *Rev. Lamy conc.* 2008, n° 1086, obs. G. Clamour.

En ce sens, V. ▪ CJCE, 24 oct. 2002, aff. C-82/01 : *Rec. CJCE* 2002, I, p. 9334 ; *AJDA* 2003, p. 436, note

J.-Y. Chérot ; *Contrats, conc. consom.* 2003, comm. 11, obs. S. Poillot-Peruzzetto ; *Europe* 2002, comm. 419, obs. L. Idot.

7) Modalités d'intervention sur les marchés ouverts à la concurrence et risque concurrentiel. L'autorité de la concurrence rappelle que les personnes publiques sont potentiellement en mesure d'utiliser les moyens à leur disposition au titre de leurs missions de service public pour financer des activités en concurrence : ■ Aut. conc., 31 juill. 2014, avis n°s 14-A-10, 14-A-11 et 14-A-12.

2° Conséquences de la distinction

• **Conséquence procédurale : répartition des compétences juridictionnelles pour l'application des règles de concurrence aux personnes publiques**

8) Règle de répartition des compétences. Assise sur les décisions préc. du Tribunal des conflits, la solution est aujourd'hui stabilisée autour de l'idée qu'une décision prise dans l'exercice de prérogatives de puissance publique n'est jamais constitutive d'une activité de production, de distribution et de services, ce qui rend alors le droit de la concurrence inapplicable et prive les autorités de concurrence de leur compétence. Pour le reste, toutes les mesures de gestion privée d'une personne publique sont susceptibles de constituer une activité de production, de distribution ou de services. Cette notion d'ordre fonctionnel et non organique embrasse l'exercice d'une activité économique en dehors de toute référence à « la qualité de l'opérateur ou à la forme selon laquelle il intervient » (■ Paris, 8 févr. 2000, n° 1999/00141 : *JurisData* n° 2000-115898 ; *BOCC* 2000, p. 137 ; *Contrats, conc. consom.* 2000, comm. 128, obs. M. Malaurie-Vignal).

Ainsi, la forme juridique des personnes qui exercent une activité visée par l'article L. 410-1, leur éventuel agrément par l'État, ou leur participation à une mission de service public, ne sauraient empêcher l'Autorité d'agir (■ Paris, 11 sept. 2009, n° 07/04371 : *BOCC* 9 oct. 2009).

L'appartenance d'une entreprise au secteur public ne la met pas en dehors du champ d'application du droit commun de la concurrence, comme le dispose l'article L. 410-1 (■ Aut. conc., déc. n° 12-D-04, 23 janv. 2012 : *Contrats, conc. consom.* 2013, alerte 1, obs. C. Mongouachon ; *Rev. Lamy conc.* 2012, n° 2042, obs. S. Ziani).

– La compétence des juridictions administratives

9) Décision de création d'un service public local. La décision de créer un service public local constitue une décision administrative. Sa contestation, au regard de ses incidences, ne peut appartenir qu'à la juridiction administrative. Le Conseil de la concurrence l'a expressément indiqué à propos des refus d'exercer une compétence, en l'espèce le refus d'intervenir pour organiser les transports maritimes pour la desserte des îles de Lérins, alors que la collectivité territoriale en cause est devenue l'autorité organisatrice des transports en vertu de la loi n° 2002-267 du 27 février 2002 modifiant la loi n° 82-1153 du 30 décembre 1982 d'orientation des transports intérieurs (■ Cons. conc., déc. n° 05-D-60, 8 nov. 2005 : *BOCC* 2006, p. 415 ; *Contrats, conc. consom.* 2005, comm. 204, obs. M. Malaurie-Vignal ; *Dr. adm.* 2006, comm. 1, obs. M. Bazex et S. Blazy ; *Rev. Lamy conc.* 2006, n° 444, obs. S. Destours. – Déc. conf. par ■ Paris, 4 juill. 2006, n° 2005/23732 : *BOCC* 2006, p. 1101).

Plus généralement, il n'appartient pas au Conseil de la concurrence de se prononcer sur l'étendue et le contenu d'un service public (■ Cons. conc., déc. n° 05-D-68, 12 déc. 2005 : *BOCC* 2006, p. 608 ; *Rev. Lamy conc.* 2006, n° 511, obs. S. Destours. – Conf. par ■ Paris, 7 nov. 2006, n° 2006/00570 : *JurisData* n° 2006-321832 ; *BOCC* 2007, p. 671 ; *Dr. adm.* 2007, comm. 3, obs. M. Bazex et S. Blazy).

10) Actes d'autorisation. Les autorisations administratives, qu'elles concernent un opérateur public ou un opérateur privé, ressortissent à la compétence du juge administratif, qui doit s'assurer de l'innocuité de leurs effets concurrentiels. Il en est ainsi par exemple de l'acte par lequel le préfet accepte ou rejette une demande de création ou d'extension d'une chambre funéraire (■ Cons. conc., déc. n° 05-D-39, 5 juill. 2005 : *BOCC* 2006, p. 298 ; *Rev. Lamy conc.* 2005, n° 373, obs. S. Destours) ou de l'autorisation à accorder à un organisme de tourisme en application des articles L. 213-5 et R. 213-16 du Code de tourisme (■ CAA Nancy, 14 juin 2007, n° 06NC01474 : *AJDA* 2007, p. 1933, note G. Clamour ; *Rev. Lamy conc.* 2007, n° 920, obs. G. Clamour).

11) Occupation du domaine public. Il existe des actes de gestion du domaine public qui, parce qu'ils constituent l'usage de prérogatives de puissance publique liées à la mise en œuvre d'une mission de service public ou à la manifestation des pouvoirs régaliens conférés à l'Administration, dans l'intérêt public, sur le domaine public, sont des décisions administratives bénéficiant de l'immunité juridictionnelle au regard de la compétence du Conseil de la concurrence et, partant, de la cour d'appel de Paris (■ Cass. com., 19 nov. 2002, préc., art. L. 410-1, annot. n° 3, p. 656 – Adde ■ Cass. com., 16 mai 2000, préc., art. L. 410-1, annot. n° 3, p. 656. ■ Aut. conc., déc. n° 10-D-13, 15 avr. 2010 : *Rev. dr. transp.* 2010, comm. 132, obs. L. Grard ; *RD conc.* 2011, n° 3, p. 82, obs. L. Nicolas-Vullierme ; *Rev. Lamy conc.* 2010, n° 1645, obs. S. Destours et n° 1655, obs. M. Lavedan), à moins qu'il ne s'agisse d'une pratique détachable (▪ Cass. com., 7 janv. 2004, préc., art. L. 410-1, annot. n° 8, p. 658).

12) Police de la conservation du domaine. Les diverses mesures relevant de la police de la conservation du domaine public ne sauraient ressortir à la compétence du Conseil de la concurrence mais relèvent de celle du juge administratif qui a vocation à leur rendre opposable le droit de la concurrence. Il peut s'agir, par exemple, d'autorisation de démolition d'un appontement, comme de l'attribution d'un droit exclusif d'utilisation et d'entretien d'ouvrages d'accostage (▪ Cons. conc., déc. n° 05-D-60, 8 nov. 2005, préc., art. L. 410-1, annot. n° 10, p. 658).

13) Police des jeux. Les décisions relatives à l'exploitation des casinos sont régies par la loi du 12 juillet 1983 relative aux jeux de hasard et le décret modifié n° 59-1489 du 22 décembre 1959. Celles concernant la délivrance d'autorisation d'exploitation relèvent de la compétence du ministre, exerçant une police administrative spéciale, et constituent des actes administratifs exclusifs de la compétence du Conseil de la concurrence : la qualification de la décision du ministre, au regard du droit de la concurrence, ne relève pas de la compétence du Conseil de la concurrence, conformément à l'article L. 410-1. La décision du ministre n'entre pas dans les catégories d'activités mentionnées dans cet article : l'appréciation de sa légalité, éventuellement au regard du droit de la concurrence, relève des seules juridictions administratives (▪ Cons. conc., déc. n° 05-D-20, 13 mai 2005 : *BOCC* 2005, p. 817 ; *Rev. Lamy conc.* 2005, n° 291, obs. S. Destours. – Conf. par ▪ Paris, 13 déc. 2005 : *BOCC* 2006, p. 856).

En ce sens, V. ▪ CE, sect., 10 mars 2006, n° 264098 : *JurisData* n° 2006-069775 ; *BJCP* 2006, n° 46, p. 203, concl. D. Casas, p. 209, obs. Ch. M. ; *Contrats-Marchés publ.* 2006, comm. 150, obs. G. Eckert ; *Dr. adm.* 2006, comm. 94, note A. Ménéménis ; *Contrats, conc. consom.* 2006, comm. 136, obs. P. Brunet ; *AJDA* 2006, p. 751, note J.-D. Dreyfus ; *Rev. Lamy conc.* 2006, n° 578, note G. Clamour.

14) Actes d'organisation de l'achat public. Le choix des entreprises chargées de la fourniture de travaux, l'organisation de la mise en concurrence des entreprises lors de passation de marchés publics et la mise en œuvre des modalités d'attribution des lots, par l'acheteur public, ne constituent pas des actes de production, de distribution ou de services au sens de l'article L. 410-1 et ne relèvent donc pas de la compétence du Conseil de la concurrence (▪ Cons. conc., déc. n° 90-D-24, 4 juill. 1990 : *BOCC* 1990, p. 366. – Conf. par ▪ Paris, 7 févr. 1991 : *JurisData* n° 1991-040915 ; *BOCC* 1991, p. 48. ▪ Cons. conc., déc. n° 92-D-62, 18 nov. 1992 : *BOCC* 1993, p. 15. – Conf. par ▪ Paris, 7 mai 1997, n° 93/859 : *JurisData* n° 1997-021109 ; *BOCC* 1997, p. 407 ; rejet pourvoi par ▪ Cass. com., 18 mai 1999, n° 97-15.814 : *JurisData* n° 1999-002136 ; *BOCC* 1999, p. 528. ▪ Cons. conc., déc. n° 93-D-25, 15 juin 1993 : *BOCC* 1993, p. 265. – Conf. par ▪ Paris, 29 mars 1994, n° 93/17916 : *JurisData* n° 1994-022703 ; *BOCC* 1994, p. 166. ▪ Cons. conc., déc. n° 01-D-16, 24 avr. 2001 : *BOCC* 2001, p. 487. – Conf. par ▪ Paris, 29 janv. 2002, n° 2001/09404 : *JurisData* n° 2002-221189 ; *BOCC* 27 mars 2002. ▪ Cons. conc., déc. n° 05-D-04, 17 févr. 2005 : *BOCC* 2005, p. 738 ; *Rev. Lamy conc.* 2005, n° 219, obs. S. Destours. ▪ Cons. conc., déc. n° 06-MC-03, 11 déc. 2006 : *JCP* A 2007, 2001, note M. Karpenschif ; *Contrats, conc. consom.* 2007, comm. 47, note M. Bazex ; *Dr. adm.* 2007, comm. 19, note M. Bazex et S. Blazy ; *Contrats-Marchés publ.* 2007, comm. 54, note G. Eckert ; *Gaz. Pal.* 2007, n° 94, p. 27, note J. Philippe et T. Janssens ; *Rev. Lamy conc.* 2007, n° 767, note G. Glamour et S. Destours. Rappr. ▪ Aut. conc., déc. n° 09-D-35, 25 nov. 2009 : *Rev. Lamy conc.* 2010, n° 1534, obs. S. Destours).

Rappr. ▪ CE, 29 juill. 1994, n° 130503 : *JurisData* n° 1994-049842 ; *Rec. CE*, p. 365 ; *CJEG* 1996, p. 116, note E.-B. B. ▪ CE, 27 juill. 2001, n° 218067 : *JurisData* n° 2001-062987 ; *RFDA* 2001, p. 1126, concl. C. Bergeal ; *ACCP* 2001, n° 5, p. 7, note S. Nicinski ; *Europe* 2002, comm. 60, note P. Cassia. ▪ CE, 23 févr. 2005, n° 264712 : *JurisData* n° 2005-068145 ; *Rec. CE*, p. 71 ; *AJDA* 2005, p. 669, chron. F. Donnat et D. Casas ; *JCP* A 2005, 1190, note F. Linditch ; *Contrats-Marchés publ.* 2005, comm. 107, note G. Eckert ; *Rev. Lamy conc.* 2005, n° 294, obs. G. Clamour.

Reste que la Cour de justice (▪ CJCE, 11 juill. 2006, aff. C-205/03 : *Rec. CJCE* 2006, I, p. 6295 ; *Europe* 2006, comm. 288, obs. L. Idot ; *Contrats, conc. consom.* 2006, comm. 225, obs. M. Bazex ; *Rev. Lamy conc.* 2006, n° 625, obs. L. Arcelin et n° 642, obs. S. Destours. – Conf. de ▪ TPICE, 4 mars 2003, aff. T-319/99 : *Rec. CJCE* 2003, II, p. 357 ; *Dr. adm.* 2003, comm. 103, obs. M. Bazex et S. Blazy ; *Europe* 2003, comm. 175, obs. L. Idot ; *Contrats, conc. consom.* 2003, comm. 93, obs. S. Poillot-Peruzzetto) et, dans une moindre mesure le Conseil de la concurrence (▪ Cons. conc., déc. n° 05-D-61, 9 nov. 2005 : *BOCC* 2006, p. 474 ; *Rev. Lamy conc.* 2006, n° 445, obs. S. Destours), imposent le respect du droit de la concurrence à un demandeur intermédiaire, alors assimilé à un offreur de biens ou de services sur un marché donné.

15) Contrat administratif. Les litiges relatifs à la responsabilité des personnes auxquelles sont imputés des comportements susceptibles d'avoir altéré les stipulations d'un contrat administratif, notamment ses clauses financières, dont la connaissance relève de la juridiction administrative, et d'avoir ainsi causé un préjudice à la personne publique qui a conclu ce contrat, relèvent de la compétence de la juridiction administrative (▪ T. confl., 15 nov. 2015, (n° C 4035) : *AJDA* 2015, 2292 ; A. Louvaris et E. Claudel, *AJ Contrats d'affaires* 2016, p. 30).

– La compétence des autorités de concurrence

16) La jurisprudence des autorités de concurrence retient une interprétation fonctionnelle des notions d'entreprises et d'activités économiques pour déceler une activité de production, de distribution ou de services. C'est ainsi qu'ont été considérés comme exerçant une activité économique tant des sociétés publiques, des EPIC, des EPA, des services de l'État que des régies.

17) Sociétés publiques. Tel a été le cas pour *France Télécom* (V. par ex. ▪ Cons. conc., déc. n° 97-D-53, 1er juill. 1997 : *BOCC* 1997, p. 712 ; conf. par ▪ Paris, 19 mai 1998, n° 97/18715 : *JurisData* n° 1998-021589 ; *BOCC* 1998, p. 339. ▪ Cons. conc., déc. n° 01-D-46, 23 juill. 2001 : *BOCC* 2001, p. 872. ▪ Cons. conc., déc. n° 02-D-63, 8 oct. 2002 : *Contrats, conc. consom.* 2003, comm. 40, obs. M. Malaurie-Vignal. ▪ Cons. conc., déc. n° 04-D-17, 11 mai 2004 : *BOCC* 2004, p. 568 ; *Contrats, conc. consom.* 2004, comm. 160, obs. M. Malaurie-Vignal. ▪ Cons. conc., déc. n° 04-D-48, 14 oct. 2004 : *BOCC* 2005, p. 48 ; *Rev. Lamy conc.* 2005, n° 30, obs. V. Selinsky ; réf. par ▪ Paris, 12 avr. 2005, n° 2004/14273 : *JurisData* n° 2005-269415 ; *BOCC* 2005, p. 492 ; cassé par ▪ Cass. com., 10 mai 2006, n° 03-20.175 : *Bull. civ.* IV, n° 115 ; *Contrats, conc. consom.* 2006, comm. 140, obs. G. Decocq ; *RD conc.* 2006, n° 3, p. 98, obs. A. Wachsmann ; *Rev. Lamy conc.* 2006, n° 555, obs. M. Dumarcay ; *RJDA* 2006, n° 958 ; sur renvoi, ▪ Paris, 2 avr. 2008, n° 2007/05604 : *Contrats, conc. consom.* 2008, comm. 167, obs. G. Decocq ; cassé par ▪ Cass. com., 3 mars 2009, n° 08-14.435 : *JurisData* n° 2009-047255 ; *Bull. civ.*, IV, n° 30 ; *Contrats, conc. consom.* 2009, comm. 142, obs. G. Decocq ; *RD conc.* 2009, n° 2, p. 118, obs. A.-L. Sibony ; *RJDA* 2009, n° 893 ; sur renvoi, ▪ Paris, 27 janv. 2011, n° 2010/08945 : *Contrats, conc. consom.* 2011, comm. 70, obs. G. Decocq ; *RD conc.* 2011, n° 2, p. 114, obs. A.-L. Sibony ; *Rev. Lamy conc.* 2011, n° 1786, obs. S. Cholet ; rejet pourvoi par ▪ Cass. com., 17 janv. 2012, n° 11-13.067 : *JurisData* n° 2012-000562 ; *Bull. civ.* IV, n° 7 ; *D.* 2012, p. 277, obs. E. Chevrier ; *Contrats, conc. consom.* 2012, comm. 75, obs. G. Decocq ; *RJDA* 2012, n° 532 ; *RD conc.* 2012, n° 2, obs. A. Lacresse ; *Rev. Lamy conc.* 2012, n° 2030, obs. S. Cholet. ▪ Cons. conc., déc. n° 05-D-59, 7 nov. 2005 : *BOCC* 2006, p. 404 ; conf. par ▪ Paris, 4 juill. 2006, n° 2005/23751 : *JurisData* n° 2006-304411 ; *BOCC* 8 déc. 2006 ; rejet pourvoi par ▪ Cass. com., 23 oct. 2007, n° 06-17.852 : *JurisData* n° 2007-041066 ; *BOCC* 15 sept. 2008), *TDF* (▪ Cons. conc., déc. n° 99-D-14, 23 févr. 1999 : *BOCC* 1999, p. 389), *La Française des jeux* (▪ Cons. conc., déc. n° 00-D-50, 5 mars 2001 : *BOCC* 2001, p. 343. – Conf. par ▪ Paris, 20 nov. 2001, n° 2001/06665 : *JurisData* n° 2001-163157 ; *BOCC* 2002, p. 98 ; rejet pourvoi par ▪ Cass. com., 10 déc. 2003, n° 01-17.493 : *JurisData* n° 2003-021542 ; *BOCC* 2004, p. 298 ; *Contrats, conc. consom.* 2004, comm. 58, obs. M. Malaurie-Vignal) ou une *SEM locale* (▪ Cons. conc., déc. n° 00-D-57, 6 déc. 2000 : *BOCC* 2001, p. 117. ▪ Cons. conc., déc. n° 00-D-74, 23 janv. 2001 : *BOCC* 2001, p. 127. ▪ Aut. conc., déc. n° 11-D-06, 24 févr. 2011 : *Rev. Lamy conc.* 2011, n° 1854, obs. S. Destours).

18) Établissements publics industriels et commerciaux. Il en a ainsi été jugé s'agissant d'*EDF* avant 2004 (V. par ex. ▪ Cons. conc., déc. n° 96-D-80, 10 déc. 1996 : *BOCC* 1997, p. 146. – Conf. par ▪ Paris, 27 janv. 1998, n° 97/04323 : *JurisData* n° 1998-020146 ; *BOCC* 1998, p. 54 ; *AJDA* 1998, p. 437, note C. Adam et S. Blazy. ▪ Cons. conc., décis n° 99-D-51, 20 juill. 1999 : *BOCC* 1999, p. 698. – Conf. par ▪ Paris, 23 mai 2000, n° 1999/23791 : *JurisData* n° 2000-114381 ; *BOCC* 2000, p. 333. ▪ Cons. conc., déc. n° 00-D-47, 22 nov. 2000 : *BOCC* 2000, p. 822. ▪ Cons. conc., déc. n° 02-D-34, 11 juin 2002 : *BOCC* 2002, p. 648), d'*Aéroports de Paris* avant 2005 (V. par ex. ▪ Cons. conc., déc. n° 98-D-77, 15 déc. 1998 : *BOCC* 2000, p. 135 ; annulée par ▪ Paris, 8 févr. 2000 : *BOCC* 2000, p. 135 ; rejet pourvoi par ▪ Cass. com., 7 janv. 2004, préc., art. L. 410-1, annot. n° 6, p. 657) de l'*UGAP* (V. par ex. ▪ Paris, 13 janv. 1998, n° 93/09481 : *JurisData* n° 1998-020020 ; *JCP* E 1998, II, 10217, note S. Grandvuillemin), de l'*INC* (▪ Cons. conc., déc. n° 00-D-54, 28 nov. 2001 : *BOCC* 2001, p. 40 ; réf. par ▪ Paris, 15 mai 2001, n° 2000/23348 : *JurisData* n° 2001-149210 ; *BOCC* 2002, p. 382 ; cassé par ▪ Cass. com., 23 avr. 2003, n° 01-12.345 : *JurisData* n° 2003-018872 ; *BOCC* 11 août 2003), de l'*INA* (▪ Cons. conc., déc. n° 03-D-18, 10 avr. 2003 : *BOCC* 2003, p. 665), de *GDF* (▪ Cons. conc., déc. n° 03-D-44, 17 sept. 2003 : *BOCC* 2003, p. 967), de l'*ONF* (▪ Cons. conc., déc. n° 04-D-02, 10 févr. 2004 : *BOCC* 2004, p. 390 ; *Dr. adm.* 2004, comm. 58, obs. M. Bazex et S ; Blazy ; *AJDA* 2004, p. 850, obs. N. Charbit ; *Contrats, conc. consom.* 2004, comm. 78, obs. M. Malaurie-Vignal. – Déc. conf. par ▪ Paris, 27 juill. 2004 : *BOCC* 2004, p. 725) du *CSTB* (▪ Cons. conc., déc. n° 04-D-71, 17 déc. 2004 : *BOCC* 2005, p. 245 ; *Rev. Lamy conc.* 2005, n° 218, obs. S. Destours), de la *SNCF* (V. par ex. ▪ Paris, 31 oct. 1991 : *JurisData* n° 1991-024921 ; *D.* 1992, 312, note V. Sélinsky ; Gaz. Pal. 1992, 1, 357, concl. Thin. ▪ Cons. conc., déc. n° 05-D-53, 6 oct. 2005 : *BOCC* 2006, p. 376 ; *Rev. Lamy conc.* 2006, p. 48. ▪ Cons. conc., déc. n° 09-D-06, 5 févr. 2009 : *Contrats, conc. consom.* 2009, comm. 77, obs. M. Bazex et comm. 109, obs. D. Bosco ; *RD conc.* 2009, n° 2, p. 106, obs.

L. Nicolas-Vullierme ; *Rev. Lamy conc.* 2009, n° 1333, note F. Marty et J. Pillot ; déc. conf. par ▪ Paris, 23 févr. 2010, n° 2009/05544 : *JurisData* n° 2010-000931 ; *Contrats, conc. consom.* 2010, comm. 103, obs. G. Decocq ; *RD conc.* 2010, n° 2, p. 73, obs. L. Nicolas-Vullierme ; *Rev. Lamy conc.* 2010, n° 1581, obs. V. Selinsky et M. Dumarçay et n° 1659, obs. R. Christol ; rejet pourvoi par ▪ Cass. com., 16 avr. 2013, n° 10-14.881 : *JurisData* n° 2013-007346 ; *Contrats, conc. consom.* 2013, comm. 140, obs. G. Decocq ; *RJDA* 2013, n° 548. ▪ Aut. conc., déc. n° 12-D-25, 18 déc. 2012 : *Contrats, conc. consom.* 2013, comm. 59, obs. D. Bosco ; *Rev. Lamy conc.* 2013/35, n° 2258, obs. V. Selinsky ; partiellement réformé par ▪ Paris, 6 nov. 2014, n° 2013/01128 : *JurisData* n° 2014-028572 ; *RD conc.* 2015, n° 1, p. 97, obs. A.-L. Sibony ; cass. partielle, ▪ Cass. com., 22 nov. 2016, n° 14-28.224 : *Contrats, conc. consom.* 2017, comm. 16, obs. G. Decocq ; et sur renvoi ▪ Paris, 20 déc. 2018, n° 17/01304 : *Contrats, conc. consom.* 2019, comm. 49, obs. G. Decocq), du *CNES* (▪ Cons. conc., déc. n° 05-D-54, 6 oct. 2005 : *BOCC* 2006, p. 380 ; *Rev. Lamy conc.* 2006, p. 48), de *La Poste* (▪ Cons. conc., déc. n° 05-D-63, 17 nov. 2005 : *BOCC* 2006, p. 492) ou du *Port autonome du Havre* (▪ Cons. conc., déc. n° 07-D-28, 13 sept. 2007 : *Contrats, conc. consom.* 2007, comm. 276, note M. Bazex et comm. 277, obs. G. Decocq ; *AJDA* 2007, p. 2348, note S Nicinski ; *Rev. Lamy conc.* 2008, n° 1001, obs. S. Destours. – Conf. par ▪ Paris, 5 nov. 2008, n° 2007/17386 : *JurisData* n° 2008-006770 ; *Rev. Lamy conc.* 2008, n° 1293, obs. S. Destours).

19) Établissements publics administratifs. Il en est allé de même pour l'*IGN* (▪ Cons. conc., déc. n° 03-D-62, 18 déc. 2003 : *BOCC* 2004, p. 65. ▪ Cons. conc., déc. n° 06-D-23, 21 juill. 2006 : *Rev. Lamy conc.* 2007, n° 698, obs. S. Destours), les *Haras Nationaux* (▪ Cons. conc., déc. n° 05-D-29, 16 juin 2005 : *Dr. adm.* 2005, comm. 166, obs. M. Bazex et S. Blazy ; *AJDA* 2005, p. 1657, obs. N. Charbit ; *RD conc.* 2005, n° 3, p. 78, obs. A. Wachsmann ; *Rev. Lamy conc.* 2005, n° 370, obs. G. Clamour) ou le *CNED* (▪ Cons. conc., déc. n° 05-D-68, 12 déc. 2005, préc.).

20) Directions centrales. Exercent pareillement des activités économiques la *Direction des constructions navales* de Lorient, alors émanation du ministère de la Défense (pour la construction d'une vedette maritime, ▪ Cons. conc., déc. n° 91-D-25, 29 mai 1991 : *BOCC* 1991, p. 181. – Conf. par ▪ Paris, 6 nov. 1991, n° 91/12992 : *JurisData* n° 1991-024625 ; *BOCC* 1991, p. 316 ; rejet pourvoi par ▪ Cass. com., 14 déc. 1993, n° 91-21.421 : *JurisData* n° 1993-002714 ; *BOCC* 1994, p. 141 ; *CJEG* 1994, p. 124, note J. Leonnet), la *Direction de la Météorologie nationale*, alors Direction du ministère de l'Équipement (pour la fourniture d'informations météorologiques, ▪ Cons. conc., déc. n° 92-D-35, 13 mai 1992 : *BOCC* 1992, p. 224 ; réf. par ▪ Paris, 18 mars 1993 : *JurisData* n° 1993-022219 ; *BOCC* 1993, p. 110 ; cassé par ▪ Cass. com., 12 déc. 1995, n° 93-13.880 : *JurisData* n° 1995-003343 ; *BOCC* 1996, p. 3 ; *CJEG* 1996, p. 180, note L. Idot ; *AJDA* 1996, p. 131, note M. Bazex ; *RFDA* 1996, p. 360, note R. Drago) ou la *Direction des monnaies et médailles*, alors Direction du ministère de l'Économie (pour la fabrication de médailles-souvenir, ▪ Cons. conc., déc. n° 05-D-75, 22 déc. 2005 : *BOCC* 2006, p. 728 ; *AJDA* 2006, p. 467, obs. L. Richer ; *Rev. Lamy conc.* 2006, n° 510, obs. S. Destours ; réf. partiellement par ▪ Paris, 12 déc. 2006, n° 2006/01743 : *JurisData* n° 2006-321817 ; *D.* 2007, p. 221, obs. E. Chevrier ; *Contrats, conc. consom.* 2007, comm. 49, obs. M. Malaurie-Vignal ; *RTD com.* 2007, 50, obs. E. Claudel).

21) Services déconcentrés de l'État. Il en a été jugé pareillement pour les *DDE*, les *DDA* et les *CETE* (pour des prestations d'ingénierie, V. ▪ Cons. conc., déc. n° 04-D-52, 9 nov. 2004 : *BOCC* 2005, p. 183 ; *Rev. Lamy conc.* 2005, n° 144, obs. M. Bazex et S. Blazy. ▪ Cons. conc., déc. n° 04-D-53, 9 nov. 2004 : *BOCC* 2005, p. 185 ; *Rev. Lamy conc.* 2005, n° 144, obs. M. Bazex et S. Blazy).

22) Régies locales. Nombre de régies municipales et départementales, chargées d'une mission de service public industriel, constituent des entreprises, à l'instar des régies exploitant un service de remontées mécaniques (▪ Cons. conc., déc. n° 91-D-07, 19 févr. 1991 : *BOCC* 1991, p. 94 ; réf. par ▪ Paris, 26 sept. 1991, n° 89PA01158 : *JurisData* n° 1991-046435 ; *BOCC* 1991, p. 292 ; cassé par ▪ Cass. com., 9 nov. 1993 : *BOCC* 1993, p. 357), de celles fournissant des prestations complémentaires au service extérieur des pompes funèbres (▪ Cons. conc., déc. n° 97-D-92, 16 déc. 1997 : *BOCC* 1998, p. 9. ▪ Cons. conc., déc. n° 03-D-33, 3 juill. 2003 : *BOCC* 2003, p. 725. ▪ Cons. conc., déc. n° 05-D-39, 5 juill. 2005 : *BOCC* 2006, p. 298 ; *Rev. Lamy conc.* 2005, n° 373, obs. S. Destours. ▪ Cons. conc., déc. n° 08-D-09, 6 mai 2008 : *Contrats, conc. consom.* 2009, comm. 186, obs. G. Decocq ; *JCP* A 2009, 2149, obs. M. Karpenschif ; *Rev. Lamy conc.* 2008, n° 1148, obs. S. Destours ; conf. par ▪ Paris, 31 mars 2009, n° 2008/11353 : *JurisData* n° 2009-007550 ; *Rev. Lamy conc.* 2009, n° 1422, obs. S. Destours) ou celles encore exerçant des activités de prestations touristiques et de transport (▪ Cons. conc., déc. n° 04-D-79, 23 déc. 2004 : *BOCC* 2005, p. 272 ; *JCP* A 2005, p. 346, note J.-L. Albert ; *AJDA* 2005, p. 470, obs. L. Richer ; *Dr. adm.* 2005, comm. 33, note M. Bazex et S. Blazy ; *Rev. Lamy conc.* 2005, n° 143, note S. Destours. – Conf. par ▪ Paris, 28 juin 2005, n° 2005/01605 : *JurisData* n° 2005-277918 ; *BOCC* 2005, p. 824 ; *AJDA* 2005, p. 1658, obs. N. Charbit ; *Dr. adm.* 2005, comm.

154, obs. M. Bazex et S. Blazy ; *Rev. Lamy conc.* 2005, n° 371, obs. S. Destours ; cassé par ▪ Cass. com., 17 juin 2008, n° 05-17.566 : *JurisData* n° 2008-044422 ; *Bull. civ.* IV, n° 122 ; *D.* 2008, p. 1281, obs. E. Chevrier ; *AJDA* 2008, p. 2314, obs. S. Nicinski ; *RJDA* 2008, n° 1187 ; *Contrats, conc. consom.* 2008, comm. 211, obs. G. Decocq ; *RD conc.* 2008, n° 3, p. 88, obs. C. Prieto ; *RD transp.* 2008, comm. 206, obs. L. Grard ; *Rev. Lamy conc.* 2008, n° 1217, obs. S. Destours ; sur renvoi, ▪ Paris, 9 juin 2009, n° 07/05029 : *RD conc.* 2009, n° 3, p. 88, note A.-L. Sibony ; *Rev. Lamy conc.* 2009, n° 1470, obs. S. Destours ; cass. par ▪ Cass. com., 13 juill. 2010, n° 09-67.439 : *JurisData* n° 2010-01163 ; *Bull. civ.* IV, n° 126 ; *D.* 2010, p. 1933, obs. E. Chevrier ; *Contrats, conc. consom.* 2010, comm. 227, obs. G. Decocq ; *RD conc.* 2010, n° 4, p. 126, obs. A.-L. Sibony ; *Rev. Lamy conc.* 2010, n° 1682, obs. S. Destours ; sur renvoi ▪ Paris, 20 déc. 2012, n° 2011/05667 : *Contrats, conc. consom.* 2013, comm. 60, obs. G. Decocq ; *Rev. Lamy conc.* 2013/35, n° 2284, obs. S. Destours ; puis ▪ Aut. conc., déc. n° 18-D-07, 31 mai 2018 : *Concurrences* 2018/3, p. 105, obs. F. Marty, décidant de prononcer un non-lieu. ▪ Aut. conc., déc. n° 09-D-18, 2 juin 2009 : *Dr. adm.* 2009, comm. 97, obs. M. Bazex ; *Rev. Lamy conc.* 2009, n° 1472, obs. S. Destours).

• Conséquence matérielle : différenciation dans l'application du droit de la concurrence aux personnes publiques

– Règles de concurrence appliquées par les autorités de concurrence aux comportements des opérateurs publics

23) Ententes. S'agissant des personnes publiques, les ententes relevées concernent rarement des accords entre personnes publiques (toutefois, pour une entente entre EDF et GDF, V. ▪ Cons. conc., déc. n° 99-D-51, 20 juill. 1999, préc.) mais, le plus souvent, des accords entre une personne publique et des partenaires privés auxquels sont consentis, essentiellement pour de simples contreparties financières, des *avantages illicites* (V. ▪ Cons. conc., déc. n° 91-D-07, 19 févr. 1991, préc., à propos d'un accord conclu entre une régie municipale des sports et certains moniteurs de ski qui, garantissant une priorité d'accès aux remontées mécaniques à ces seuls moniteurs, conduisait la régie à en refuser l'accès à d'autres moniteurs en réalisant une discrimination illicite constitutive d'une entente prohibée) ou des *droits exclusifs non justifiés* comme l'illustre l'abondant contentieux en matière sportive (V. par ex. ▪ *Cons. conc., déc. n° 94-D-40, 28 juin 1994* : *BOCC* 1994, p. 395. – Conf. par ▪ Paris, 14 juin 1995, n° 27154/94 : *JurisData* n° 1995-045281 ; *BOCC* 1995, p. 279. ▪ Cons. conc., déc. n° 97-D-71, 7 oct. 1997 : *BOCC* 1997, p. 894 ; annulée par ▪ Paris, 29 juin 2000 : *BOCC* 2000, p. 468. ▪ Cons. conc., déc. n° 98-D-31, 13 mai 1998 : *BOCC* 1998, p. 494. ▪ TGI Paris, 3e ch., 18 mai 2004 : *Rev. Lamy conc.* 2005, n° 369, note D. Brault. ▪ Aut. conc., déc. n° 09-D-31, 21 sept. 2009 : *Contrats, conc. consom.* 2010, comm. 15, obs. M. Malaurie-Vignal ; *Rev. Lamy conc.* 2010, n° 1522, obs. R. Bouniol. – *Comp.* ▪ Aut. conc., déc. n° 10-D-17, 25 mai 2010 : *RD conc.* 2010, n° 3, p. 86, obs. M. Debroux ; *Rev. Lamy conc.* 2010, n° 1646, obs. S. Destours).

Bibliographie : G. Simon, *La nature juridique des règlements sportifs à objet commercial* : *D.* 1999, chron. p. 174. – A. Errera, *Droits sportifs, télévision payante et concurrence* : *Rev. Lamy conc.* 2014/37, n° 2492. – B. Geneste, *Les fédérations sportives face au droit de la concurrence* : *RAE* 1999, p. 147. – L. Idot, *Sport et concurrence* : *Rev. conc. consom.* 1999, n° 111, p. 6. – F. Rizzo, *Confrontation entre les règles gouvernant la compétition sportive et le droit de la concurrence* : *Rev. Lamy conc.* 2006, n° 486. – E. Honorat, *Droit du sport et concurrence* : *AJDA* 2007, p. 1631.

24) Abus de position dominante. Les personnes publiques ont bien plus de facilité à tomber sous le coup de la prohibition des abus de position dominante puisque, bien souvent, elles bénéficient historiquement d'une telle position sur le marché. En effet, l'abus de position dominante constitue le risque majeur qu'encourent les personnes publiques intervenant sur le marché, en raison même de leur poids, de leurs moyens et de leur régime juridique. C'est particulièrement vrai pour les entreprises en situation de monopole ou de quasi-monopole, de droit ou de fait. Cette situation à risque a donné lieu à un abondant contentieux qui est exposé *infra*, sous l'article L. 420-2.

– Règles de concurrence opposées par les juridictions administratives aux actes de la puissance publique

25) Clauses d'un contrat. L'opposabilité du droit interne de la concurrence aux actes administratifs a été consacrée sur le terrain contractuel avec la décision *Société Million et Marais* du Conseil d'État aux termes de laquelle les clauses d'un contrat administratif ne peuvent légalement avoir pour effet de placer l'entreprise dans une situation où elle contreviendrait aux prescriptions du droit des pratiques anticoncurrentielles (▪ CE, sect., 3 nov. 1997, n° 169907 : *JurisData* n° 1997-050805 ; *Rec. CE*, p. 406, concl. J.-H. Stahl ; *RJDA* 1998, n° 224 et 229, concl. J.-H. Sthal, p. 87 ; *AJDA* 1997, 945, chron. T.-X. Girardot et F. Raynaud ; *AJDA* 1998, 247, note O. Guézou ; *RDP* 1998, 256, note Y. Gaudemet). En l'espèce, la Haute juridiction a d'abord considéré que si le contrat litigieux, en attribuant à la société des PFG un droit exclusif sur les prestations du service extérieur des pompes funèbres de la commune a créé au profit de cette entreprise une position dominante au sens des dispositions de l'article 8 de l'ordonnance de décembre 1986 (devenu C. com., art. L. 420-2), la durée de six ans, renouvelable une fois par décision expresse, de cette convention ne met pas la société en situation de contrevenir aux dispositions de l'ordonnance de décembre 1986. Le Conseil d'État a ensuite jugé qu'à supposer que le contrat litigieux ait contribué, en raison des droits exclusifs qu'il comporte, à assurer à la société PFG une position dominante sur une partie substantielle du marché commun des prestations funéraires et soit susceptible d'affecter les échanges intracommunautaires, ses clauses ne seraient incompatibles avec l'article 82 du traité CE (devenu art. 102 du TFUE) que si l'entreprise était amenée, par l'exercice du droit exclusif dans les conditions dans lesquelles il lui a été accordé, à exploiter la position dominante de façon abusive. La durée d'exploitation stipulée par le contrat litigieux ne constitue pas un abus de nature à mettre la société Million et Marais en situation de contrevenir aux stipulations précitées du traité (▪ CE, sect., 3 nov. 1997, préc.).

26) Clauses réglementaires. Concernant les clauses ayant un tel caractère, l'action normative d'une personne publique peut avoir pour effet d'avantager un cocontractant, d'élargir sans justification sa position dominante. À ce titre, l'attention doit être particulièrement portée sur les actes tarifaires. *Rappr.* ▪ CE, 25 nov. 2002, n° 240821 : *JurisData* n° 2002-064703 ; *Rec. CE*, p. 94 ; *RJEP* 2003, p. 178, concl. C. Maugüé. ▪ CE, 29 juill. 2002, n° 226670 : *JurisData* n° 2002-064727 ; *Rec. CE*, p. 280 ; *AJDA* 2002, p. 1072, note S. Nicinski ; *Contrats, conc. consom.* 2003, comm. 39, obs. M. Malaurie-Vignal ; *RJEP* 2003, p. 16, concl. C. Maugüé ; *Dr. adm.* 2002, comm. 173, note M. Bazex et S. Blazy.

27) Actes réglementaires. L'opposabilité des dispositions du droit des pratiques anticoncurrentielles a vocation à s'appliquer à l'ensemble des actes administratifs unilatéraux. Pour des *exemples* concernant des actes réglementaires, et notamment des décrets (V. ▪ CE, sect., 8 nov. 1996, n° 157442 : *Rec. CE*, p. 441 ; *AJDA* 1997, p. 142, chron. D. Chauvaux et T.-X. Girardot. ▪ CE, 17 déc. 1997, n° 181611 : *JurisData* n° 1997-046424 ; *Rec. CE*, p. 491 ; *CJEG* 1998, p. 105, concl. J.-D. Combrexelle ; *AJDA* 1998, p. 369, note B. Nouel ; *D.* 1998, jurispr. p. 591, note B. Jorion. ▪ CE, 1er avr. 1998, n° 188529 : *Rec. CE*, p. 114 ; *RD sanit. soc.* 1998, p. 816, concl. J.-C. Bonichot. ▪ CE, 16 juin 2004 : *Rec. CE*, tables p. 611 ; *BJCP* 2004, p. 367, concl. J.-H. Stahl ; *AJDA* 2004, p. 1509, obs. N. Charbit ; *Dr. adm.* 2004, comm. 140, obs. M. Bazex et S. Blazy ; *Europe* 2004, comm. 370, obs. P. Cassia et E. Saulnier ; *Contrats, conc. consom.* 2004, comm. 155, obs. M. Malaurie-Vignal ; *Rev. Lamy conc.* 2005, n° 46, note S. Destours ; *JCP* E 2005, p. 277, note S. Grandvuillemin. ▪ CE, 20 avr. 2005 : *Rec. CE*, tables, p. 772 ; *Dr. adm.* 2005, comm. 82, obs. F. D. ; *Rev. Lamy conc.* 2005, n° 296, obs. G. Clamour. ▪ CE, 26 janv. 2007, n° 276928 : *AJDA* 2007, p. 744, note S. Nicinski ; *Dr. adm.* 2007, comm. 67, note G. Marson ; *Rev. Lamy conc.* 2007, n° 770, obs. G. Clamour).

28) Occupation du domaine public. L'autorisation d'occupation temporaire du domaine public qui a été accordée ne doit pas conduire l'occupant privatif à abuser de la position dominante acquise du fait de son installation sur le domaine public (▪ CE, 13 juin 1997, n° 167907 : *Rec. CE*, p. 230 ; *AJDA* 1997, p. 794, concl. C. Bergeal). – *Rappr.* ▪ TA Paris, 7 juin 2004 : *Dr. adm.* 2005, comm. 8, obs. M. Bazex et S. Blazy ; *JCP* A 2004, p. 1516, obs. J. Moreau ; *Rev. Lamy conc.* 2005, n° 216, note G. Clamour). ▪ CAA Paris, 6 mars 2012, n° 10PA00316 : *JurisData* n° 2012-007187 ; *Contrats, conc. consom.* 2012, chron. 4, n° 2, obs. L. Ayache. ▪ CE, 23 mai 2012, n° 348909 : *JurisData* n° 2012-010845 ; *JCP* G 2012, 684, obs. M. Touzeil-Divina ; *RJDA* 2012, n° 803 ; *Rev. Lamy conc.* 2012, n° 2105, note G. Clamour. ▪ CAA Paris, 6 mars 2012, n° 10PA00316 : *JurisData* n° 2012-007187 ; *Rev. Lamy conc.* 2013/35, n° 2287, obs. G. Clamour. ▪ CAA Paris, 7 févr. 2013, n° 10PA05686 : *JurisData* n° 2013-015939 ; *Rev. Lamy conc.* 2013/35, n° 2282, obs. G. Clamour.

Comp. ▪ CE, sect., 26 mars 1999, n° 157678 : *Rec. CE*, p. 96, concl. J.-H. Stahl ; *AJDA* 1999, p. 427, note M. Bazex ; *D.* 2000, jurispr. p. 204, note J.-P. Markus ; *RJDA* 1999, p. 1139 ; *RDP* 1999, p. 1545, note S. Manson ; *RFDA* 1999, p. 977, note D. Pouyaud. ▪ CAA Paris, 4 déc. 2003, n° 00PA02632 : *Contrats-Marchés publ.* 2004, comm. 54, obs. G. Eckert ; *AJDA* 2005, p. 200, note S. Nicinski ; *Rev. Lamy conc.* 2005, n° 216, note G. Clamour. ▪ CAA Marseille, 19 févr. 2007, n° 04MA00915 : *Rev. Lamy conc.* 2008, n° 1004, obs. G. Clamour. ▪ CAA Douai, 12 avr. 2007, n° 06DA00456 : *Rev. Lamy conc.* 2008, n° 1005, obs. G. Clamour. ▪ CAA Bordeaux, 27 nov. 2007, n° 05BX01215 : Rev. Lamy conc. 2008, n° 1090, obs. G. Clamour. ▪ CAA Bordeaux, 30 déc. 2008, n° 06BX01765 : *Rev. Lamy conc.* 2008, n° 1358, obs. G. Clamour. ▪ CAA Nantes, 4 mai 2010, n° 09NT01343 : *Rev. Lamy conc.* 2010, n° 1686, obs. G. Clamour ; annulé par ▪ CE, 29 oct. 2012, n° 341173 : *JurisData* n° 2012-024329 ; *Rev. Lamy conc.* 2013, n° 2218, note G. Clamour. ▪ TA Paris, 2 nov. 2010 : *Rev. Lamy conc.* 2011, n° 1852, note G. Clamour. ▪ CAA Lyon, 7 juill. 2011, n° 09LY02676 : *Rev. Lamy conc.* 2012, n° 1983, obs. G. Clamour.

29) Police de l'affichage. De façon générale, dès lors que l'exercice des pouvoirs de police administrative est susceptible d'affecter des activités de production, de distribution ou de service, la circonstance que les mesures de police ont pour objectif la protection de l'ordre public ou, dans certains cas, la sauvegarde des intérêts spécifiques que l'administration a pour mission de protéger ou de garantir n'exonère pas l'autorité investie de ces pouvoirs de police de l'obligation de prendre en compte également les règles de concurrence (▪ CE, sect., avis cont., 22 nov. 2000, n° 223645 : *JurisData* n° 2000-061381 ; *Rec. CE*, p. 526, concl. S. Austry ; *AJDA* 2001, p. 198, note M.-C. Rouault ; *D.* 2001, p. 2110, note N. Albert ; *RDP* 2001, p. 393, note C. Guettier. *Rappr.* ▪ CE, ord., 13 nov. 2009, n° 325551 : *JurisData* n° 2009-013514 ; *Rev. Lamy conc.* 2010, n° 1537, obs. G. Clamour). En l'espèce, si la réglementation locale de l'affichage en zone de publicité restreinte ne peut légalement avoir par elle-même pour objet de créer une position dominante sur un marché pertinent, elle peut avoir un tel effet, notamment par la limitation du nombre des emplacements d'affichage. Toutefois, la création d'une position dominante par l'effet de la réglementation locale de l'affichage en zone de publicité restreinte n'est incompatible avec le respect des dispositions relatives à la concurrence que si cette réglementation conduit nécessairement à l'exploitation de la position dominante de manière abusive. Il résulte de ce qui précède qu'il appartient au maire, lorsqu'il réglemente la publicité sur le territoire de sa commune, de veiller à ce que les mesures de police prises par lui ne portent aux règles de concurrence que les atteintes justifiées au regard des objectifs de la réglementation de l'affichage (▪ CE, sect., avis cont., 22 nov. 2000, préc.).

En ce sens, V. ▪ CAA Bordeaux, 18 févr. 2003, n° 01BX02625 : *JurisData* n° 2003-206703 ; *AJDA* 2003, p. 1232, note P. Quilichini. ▪ CAA Marseille, 31 janv. 2008, n° 06MA01827 : *Rev. Lamy conc.* 2008, n° 1223, obs. G. Clamour. ▪ CAA Marseille, 21 févr. 2008 : *Rev. Lamy conc.* 2008, n° 1222, obs. G. Clamour. ▪ CAA Lyon, 18 déc. 2008, n° 06LY02265 : *Rev. Lamy conc.* 2009, n° 1348, note G. Clamour. ▪ CAA Nantes, 15 juill. 2011, n° 10NT01848 : *Rev. Lamy conc.* 2011, n° 1936, obs. G. Clamour.

30) Police des ventes au déballage. L'autorité administrative compétente tient des dispositions de l'article L. 310-2 du Code de commerce le pouvoir d'apprécier l'opportunité des ventes projetées, et d'accorder ou de refuser les autorisations demandées ; ce pouvoir lui est conféré, en même temps que dans un but de police, en vue de protéger les intérêts du commerce local et des consommateurs, sans pour autant méconnaître les règles de la concurrence (▪ CAA Douai, 16 nov. 2004, n° 01DA00715 : *AJDA* 2005, p. 77, obs. J. Michel ; *Rev. Lamy conc.* 2005, n° 220, obs. G. Clamour). En l'espèce, le refus opposé à la demande d'autoriser chaque dimanche une vente au déballage d'automobiles d'occasion sur le parking d'un centre routier n'a pas eu pour objet de favoriser les grands concessionnaires de l'automobile, ou pour effet de les placer dans une situation leur permettant d'abuser d'une position dominante en matière de vente de véhicules d'occasion (▪ CAA Douai, 16 nov. 2004, préc.).

31) Police de la signalisation routière. Il incombe au ministre, lorsqu'il fait application des règles en vigueur en matière de signalisation routière (C. route, art. R. 418-1 et s.), de veiller, sous le contrôle du juge de l'excès de pouvoir, à ce que ses mesures ne portent à la liberté du commerce et de l'industrieet aux règles de concurrence que lesatteintes justifiées au regard des objectifs de la réglementation de la signalisation routière (▪ CAA Paris, 22 nov. 2005, n° 02PA02189 : *Rev. Lamy conc.* 2006, n° 513, obs. G. Clamour). En l'espèce, il ne ressortait pas des pièces du dossier que la position dominante des Parcs Astérix et Eurodisney les conduise nécessairement à abuser de cette position et, en tout état de cause, à supposer même que les parcs d'attraction et les foires puissent être regardés comme relevant du même marché pertinent et que le refus opposé à la demande de l'association requérante d'implanter aux abords de Paris des panneaux de signalisation de la Foire du Trône ait créé en faveur des parcs d'attraction Astérix et Eurodisney, lesquels disposent d'une telle signalisation, une position dominante, la condition d'automaticité n'est pas remplie (▪ CAA Paris, 22 nov. 2005, préc.).

32) Police de la circulation. En prenant une mesure d'interdiction permanente de la circulation et du stationnement dans le passage de l'Industrie, à Paris, tempérée par la possibilité en tout temps pour les véhicules de livraison d'y accéder et de s'y arrêter à cette fin, le préfet n'a pas excédé les limites de son pouvoir de police et porté, eu égard aux objectifs poursuivis, une atteinte disproportionnée à la liberté d'aller et venir des riverains, ou méconnu la liberté du commerce et de l'industrie et des règles de concurrence (▪ CAA Paris, 9 févr. 2006, n° 03PA02753 : *Rev. Lamy conc.* 2006, n° 581, obs. G. Clamour). *Rappr.* ▪ CE, 15 mai 2009, n° 311082 : *AJDA* 2009, p. 1815, obs. S. Nicinski ; *RJDA* 2010, n° 559 ; *Rev. Lamy conc.* 2009, n° 1419, *obs. G. Clamour*, concernant la légalité de l'arrêté ministériel modifiant les modalités de calcul du nombre minimal de membres d'équipage obligatoire pour les bateaux-mouches.

33) Aménagement commercial. Il appartient à la commission nationale d'équipement commercial, comme à toute autorité administrative détenant des pouvoirs dont l'exercice est susceptible d'affecter des activités de production, de distribution et de services, de rechercher, dans l'exercice des pouvoirs qui lui sont reconnus par la loi du 27 décembre 1973 et l'article L. 750-1 du Code de commerce, si la réalisation d'un projet soumis à son autorisation conduit nécessairement à l'exploitation abusive d'une position dominante et, dans l'affirmative, de refuser d'accorder l'autorisation demandée (▪ CE, 17 déc. 2003, n° 241471 : *JurisData* n° 2003-066330 ; *Rec. CE*, tables p. 689 ; *Collectivités-Intercommunalité* 2004, comm. 45, obs. L. Erstein. ▪ CE, 30 juill. 2003, n° 227838 : *JurisData* n° 2003-065774 ; *Rec. CE*, tables p. 686 ; *AJDA* 2003, p. 2036, concl. R. Schwartz ; *Dr. adm.* 2003, comm. 230, obs. R. S. ; *Collectivités-Intercommunalité* 2003, comm. 219, obs. L. Erstein).

B – Activité économique et organismes à but désintéressé

1° Distinction de l'activité économique et de l'activité à but social

34) Activité à caractère social. Aux termes d'une jurisprudence européenne bien établie, les organismes qui remplissent une fonction de caractère exclusivement social, sans aucun but lucratif et dans un souci de solidarité nationale, n'exercent pas une activité économique (▪ CJCE, 17 févr. 1993, aff. C-159 et C-160/91 : *Rec. CJCE* 1993, I, p. 637 ; *Europe* 1993, comm. 172, obs. L. Idot. ▪ CJCE, 22 janv. 2002, aff. C-218/00 : *Rec. CJCE* 2002, I, p. 691 ; *Europe* 2002, comm. 109, obs. L. Idot. ▪ CJCE, 16 mars 2004, aff. C-264/01 : *Rec. CJCE* 2004, I, p. 2493 ; *Europe* 2004, comm. 142, obs. L. Idot ; *Dr. adm.* 2004, comm. 74, obs. M. Bazex et S. Blazy. ▪ CJCE, 5 mars 2009, aff. C-350/07 : *Rec. CJCE* 2009, I, p. 1513 ; *Europe* 2009, comm. 198, obs. L. Idot).

C'est pareillement que la Cour de cassation retient une solution se fondant sur la finalité sociale des régimes de sécurité sociale, pour les exclure du champ du droit de la concurrence (V. par ex. ▪ Cass. crim., 25 nov. 1992, n° 91-83.512 : *JurisData* n° 1992-003274 ; *Bull. crim.* 1992, n° 389. ▪ Cass. com., 6 avr. 1993, n° 91-17.835 : *JurisData* n° 1993-000651 ; *Bull. civ.* IV, n° 137. ▪ Cass. com., 12 juill. 1993 : *Contrats, conc. consom.* 1993, comm. 151, obs. L. Vogel. ▪ Cass. soc., 10 mars 1994, n° 91-11.516 : *JurisData* n° 1994-000659 ; *Bull. civ.* V, n° 87. ▪ Cass. soc., 11 mars 1999, n° 97-18.403 : *JurisData* n° 1999-001176 ; *Europe* 1999, comm. 382. ▪ Cass. soc., 21 janv. 2009, n° 07-12.411 : *JurisData* n° 2009-046649 ; *Rev. Lamy conc.* 2009, n° 1352, obs. S. Destours. ▪ Cass. soc., 4 mai 2011, n° 10-11.951 : *JurisData* n° 2011-007718 ; *RJDA* 2011, n° 655). Telle est également l'analyse du Conseil d'État qui a dénié la qualité d'entreprise aux organismes gérant un système de sécurité sociale fondé sur le principe de solidarité nationale dans le cadre d'une affiliation obligatoire (V. par ex., ▪ CE, sect., 12 févr. 1997 : *Rec. CE*, tables p. 728. ▪ CE, sect., 21 oct. 1998, n° 188682 : *JurisData* n° 1998-051097 ; *Rec. CE*, tables p. 803. ▪ CE, 29 oct. 2008, n° 305746 : *JurisData* n° 2008-074435 ; *Rev. Lamy conc.* 2009, n° 1301, obs. G. Clamour). V. aussi ▪ Aut. conc., déc. n° 10-D-23, 23 juill. 2010 : *Rev. Lamy conc.* 2010, n° 1683, obs. S. Destours. – Conf. par ▪ Paris, 27 janv. 2011 : *Contrats, conc. consom.* 2011, comm. 100, obs. G. Decocq ; *Rev. Lamy conc.* 2011, n° 1778, obs. S. Cholet et n° 1799, obs. S. Destours.

35) Activité à caractère économique. En revanche, constitue l'exercice d'une activité économique la gestion d'un régime facultatif de sécurité sociale (▪ CJCE, 16 nov. 1995, aff. C-244/94 : *Rec. CJCE* 1995, I, p. 4013 ; *Europe* 1996, comm. 38). Même solution pour des fonds de pension gérés comme des entreprises, les profits de la gestion servant aux seuls adhérents, ce qui exclut toute solidarité nationale (V. par ex. ▪ CJCE, 21 sept. 1999, aff. C-67/96 : *Rec. CJCE* 1999, I, p. 5751. ▪ CJCE, 12 sept. 2000, aff. C-180 à C-184/98 : *Rec. CJCE* 2000, I, p. 6451).

C'est semblablement que la jurisprudence nationale considère que les organismes mutualistes entrent dans le champ d'application du droit de la concurrence lorsqu'ils sont mis en cause à l'occasion de l'incidence de leur comportement sur un marché (▪ Cass. com., 21 oct. 1997, n° 95-14.457 : *JurisData* n° 1997-004134 ; *Bull. civ.* IV, n° 270 ; *RJDA* 1998, n° 349, pour des pharmacies mutualistes). Pour des mutuelles d'assurance, V. ▪ Cass. crim., 12 févr. 1990, n° 89-80.815 : *JurisData* n° 1990-701111 ; *JCP G* 1990, II, 21582, obs. Ph. Conte ; *D.* 1991, somm. 247, obs. Ch. Gavalda et Cl. Lucas de Leyssac. Pour des exploitants thermaux, V. ▪ Aut. conc., déc. n° 09-D-39, 18 déc. 2009 : *Contrats, conc. consom.* 2010, comm. 51, obs. G. Decocq ; *Rev. Lamy conc.* 2010, n° 1588, obs. S. Destours.

2° Distinction de l'activité économique et de l'activité à but corporatif

36) Activité à but corporatif. Un syndicat professionnel qui ne se livre pas à une activité économique, distincte de sa mission première de défense des intérêts de ses adhérents, n'a pas la qualité d'acteur économique au sens de l'article L. 410-1, même si, par une action ponctuelle, il a pu porter atteinte à la concurrence (▪ Cass. com., 15 janv. 2002, n° 00-13.059 : *JurisData* n° 2002-012537 ; *Bull. civ.* IV, n° 15 ; *D.* 2002, p. 720, obs. E. Chevrier ; *Contrats, conc. consom.* 2002, comm. 61, obs. M. Malaurie-Vignal ; *RJDA* 2002, n° 562. – Conf. ▪ Paris, 29 févr. 2000, n° 1999/17522 : *JurisData* n° 2000-107137 ; *D.* 2000, act. jurispr. p. 182, obs. J. Daleau ; *Contrats, conc. consom.* 2000, comm. 95, obs. M. Malaurie-Vignal ; *LPA* 6 févr. 2001, p. 13, obs. J.-S. Bergé ; *RJDA* 2000, n° 604 ; annulation de ▪ Cons. conc., déc. n° 99-D-41, 22 juin 1999 : *D.* 1999, inf. rap. 207 ; *Contrats, conc. consom.* 1999, comm. 178, obs. M. Malaurie-Vignal). V. aussi B. Edelman, *Où la concurrence sera le genre humain : syndicats et ordre public économique : D.* 2000, chron. p. 261. *Comp.* rôle de facilitateur du syndicat professionnel tant à l'organisation d'échanges illicites qu'à la protection de leur confidentialité : ▪ Aut. conc., déc. n° 15-D-19, 15 déc. 2015 : *RD. conc.* 2016, n° 1, p. 89, obs. L. B. ; Inf. partiellement par ▪ Paris, 19 juill. 2018, n° 16/01270 : *Contrats, conc. consom.* 2018, comm. 195, obs. G. Decocq.

37) Activité à caractère économique. Parce que la diffusion d'un communiqué dans lequel le Conseil central de l'ordre national des pharmaciens diffusait une interprétation inexacte du Code de la santé publique sur laquelle il se fondait pour manifester son opposition à l'activité de portage de médicaments à domicile ne manifestait pas l'exercice d'une prérogative de puissance publique, le Conseil central sortait de la mission de service public qui lui est conférée en tant qu'ordre professionnel, et constituait une intervention sur le marché du portage de médicaments à domicile dont le Conseil de la concurrence pouvait connaître (▪ Cass. com., 16 mai 2000 : *Bull. civ.* IV, n° 100 ; *RJDA* 2000, n° 1171 ; *JCP* E 2000, pan. 1111 ; *D.* 2000, p. 298, obs. A. Marmontel ; *LPA* 15 nov. 2000, p. 20, obs. M. Malaurie-Vignal).

Semblablement, le Conseil de la concurrence est compétent pour connaître des comportements des conseils de l'Ordre des chirurgiens-dentistes qui, parce qu'ils invitent leurs membres à adopter telle ou telle attitude sur le marché sur lequel ils opèrent, constituent une intervention dans une activité de services (▪ Cons. conc., déc. n° 09-D-07, 12 févr. 2009 : *Rev. Lamy conc.* 2009, n° 1351, obs. S. Destours ; conf. par ▪ Paris, 19 janv. 2010, n° 2009/06049 : *JurisData* n° 2010-000340 ; *Contrats, conc. consom.* 2010, comm. 78, obs. G. Decocq ; *Rev. Lamy conc.* 2010, n° 1592, obs. S. Destours ; rejet pourvoi par ▪ Cass. com., 7 juin 2011, n° 09-80.036 : *JurisData* n° 2011-014291 ; *Contrats, conc. consom.* 2011, comm. 195, obs. G. Decocq ; *RJDA* 2011, n° 960). En ce sens, V. ▪ Cons. conc., déc. n° 97-D-26, 22 avr. 1997 : *BOCC* 1997, p. 479. ▪ Cons. conc., déc. n° 98-D-73, 25 nov. 1998 : *BOCC* 1999, p. 68. ▪ Cons. conc., déc. n° 07-D-41, 28 nov. 2007 : *RD conc.* 2008, n° 1, p. 114, obs. E. Claudel ; *Rev. Lamy conc.* 2008, n° 1023, obs. C. Nourissat. ▪ Aut. conc., déc. n° 09-D-17, 22 avr. *2009 : D. 2009, p. 1741, obs. Ch. Alleaume* ; *RD conc.* 2009, n° 3, p. 84, obs. L. Nicolas-Vullierme ; *Rev. Lamy conc.* 2009, n° 1421, obs. S. Destours et n° 1401, obs. V. Selinsky. ▪ Aut. conc., déc. n° 09-D-39, 18 déc. 2009 : *Contrats, conc. consom.* 2010, comm. 51, obs. G. Decocq ; *Rev. Lamy conc.* 2010, n° 1588, obs. S. Destours. ▪ Aut. conc., déc. n° 10-D-11, 24 mars 2010 : *RD conc.* 2010, n° 2, p. 75, obs. M. Debroux ; *Rev. Lamy conc.* 2010, n° 1644, obs. S. Destours. ▪ Aut. conc., déc. n° 10-D-25, 28 juill. 2010 : *Rev. Lamy conc.* 2010, n° 1685, obs. S. Destours. ▪ Aut. conc., déc. n° 12-D-19, 26 sept. 2012 : *Rev. Lamy conc.* 2013, n° 2221, obs. S. Destours, et n° 2230, obs. E. Chassaing.

Sur les limites de la compétence de l'Autorité pour contrôler les décisions prises par les ordres professionnels, V. au sujet de décisions prises par les ordres des avocats ▪ Aut. conc., déc. n° 18-D-12, 18 juill. 2018. – Et ▪ Aut. conc., déc. 18-D-18, 20 sept. 2018 : *Concurrences* 2018/4, p. 204, obs. J. Ph. Kovar, conf. par ▪ Paris, 10 oct. 2019, n° 18/23386 : *Contrats, conc. consom.* 2019/12, comm. 202, note G. Decocq. Pour une décision par laquelle l'Autorité se déclare incompétente pour connaître des pratiques commises par l'ordre national des infirmiers dans l'exercice de ses missions de service public, V. ▪ Aut. conc., déc. n° 18-D-01, 18 janv. 2018 : *Concurrences* 2018/2, p. 193, obs. J. Ph. Kovar.

C – Activité économique et organismes de normalisation et de certification

38) Secteur du bâtiment. L'autorité de la concurrence formule plusieurs propositions ou recommandations afin de « mieux piloter les processus de normalisation en renforçant le rôle de l'AFNOR, lever les obstacles qui pourraient affaiblir le fonctionnement concurrentiel du marché de la certification et rapprocher du droit commun les processus de normalisation et de certification dans le secteur du bâtiment » (▪ Aut. conc., avis n° 15-A-16, 16 nov. 2015 : *JCP* E 2015, act. 893. – E. Aubry, *La normalisation au regard des règles de concurrence : Contrats, conc. consom.* 2016, n° 3, étude 3).

II – EXERCICE D'UNE ACTIVITÉ ÉCONOMIQUE AUTONOME

39) Autonomie économique. La direction régionale d'une société de dimension nationale ne peut être considérée comme une entreprise au regard des règles de la concurrence que si elle dispose d'une réelle autonomie économique. Tel n'est pas le cas de la liberté d'action accordée par délégation à des directeurs régionaux soit dans les seuls domaines technique et juridique, soit pour la passation de marchés mais sous le contrôle étroit de la direction générale de la société (▪ Paris, 24 juin 1993 : *JurisData* n° 1993-022168 ; RJDA 1993, n° 715 ; rejet pourvoi par ▪ Cass. com., 3 mai 1995, n° 93-17.144 : *Bull. civ.* IV, n° 129). Rappr. ▪ Cass. com., 4 juin 1996, n° 94-17.065 : *Bull. civ.* IV, n° 160 ; *JCP* E 1996, I, 613, n° 20, obs. L. Vogel ; *RJDA* 1996, n° 937. ▪ Paris, 27 sept. 1996 : *JurisData* n° 1996-024488 ;

BOCC 1996, p. 521 ; *JCP* E 1998, p. 76, n° 2, obs. L. Vogel.

Dès lors que la délégation donnée au directeur d'une agence n'était accordée que sous la réserve « expresse » que le mandataire exercerait ses pouvoirs suivant les directives des personnes dont il relevait « hiérarchiquement » et auxquelles il devrait rendre compte, la cour d'appel a pu décider que cette agence ne disposait d'aucune indépendance économique (▪ Cass. ass. plén., 14 mars 1997 [2e esp.] : *Bull. civ.* IV, n° 3 ; *JCP* E 1997, II, 1004, note L. Idot ; *JCP* E 1998, p. 76, n° 2 D, obs. L. Vogel).

Il incombe à l'entreprise qui prétend que les pratiques illicites litigieuses ne lui sont pas imputables mais le sont à son agence locale de fournir au Conseil de la concurrence et à la cour d'appel tous éléments de preuve établissant que son agence locale bénéficiait à la date des faits et pour le marché considéré de l'autonomie commerciale, financière et technique dans la zone économique concernée (▪ Cass. com., 12 mars 1996, n° 93-19.955 : *JurisData* n° 1996-001101 ; *Bull. civ.* IV, n° 84 ; *RJDA* 1996, n° 936). Rappr. ▪ Cass. com., 28 janv. 2003, n° 01-00.528 : *JurisData* n° 2003-017500 ; *Bull. civ.* IV, n° 12 ; *D.* 2003, p. 553, obs. E. Chevrier ; *Contrats, conc. consom.* 2003, comm. 57, obs. M. Malaurie-Vignal ; *RJDA* 2003, n° 652.

Les dispositions de l'article L. 410-1 limitent l'application des dispositions du livre IV du Code de commerce à toutes les activités de production, de distribution et de services. Il s'ensuit que les dispositions du livre IV ne sauraient s'appliquer de manière séparée aux mandataires sociaux d'entreprises visées dans la saisine, sans que celle-ci dénonce un comportement découlant d'une activité économique autonome. À défaut, ces personnes forment une unité économique avec les sociétés visées et leur activité n'est pas soumise en tant que telle aux règles de concurrence (▪ Cons. conc., déc. n° 08-D-19, 31 juill. 2008 : *Rev. Lamy conc.* 2009, n° 1274, obs. V. Selinsky et S. Cholet).

Les agents commerciaux ne sont susceptibles de perdre leur qualité d'opérateur économique indépendant que lorsqu'ils ne supportent aucun des risques résultant des contrats négociés pour le commettant et opèrent comme auxiliaires intégrés à l'entreprise du commettant. Par extension, ces critères permettent d'établir qu'un fournisseur et un distributeur forment une seule unité économique et que leurs relations ne tombent pas sous le coup des dispositions poursuivant les ententes ou accords anticoncurrentiels. Ainsi, afin de déterminer si les articles L. 420-1 et 81, § 1 du traité CE (devenu art. 101, § 1 du TFUE) sont applicables aux relations entre un fournisseur et ses distributeurs partenaires, il convient de déterminer si le distributeur partenaire est en mesure de décider de sa stratégie commerciale indépendamment de son fournisseur et d'établir si les risques assumés par le distributeur constituent des risques économiques sensibles liés aux ventes des produits ou aux investissements spécifiques au marché (▪ Aut. conc., déc. n° 09-D-23, 30 juin 2009 : *Rev. Lamy conc.* 2010, n° 1519, note R. Fabre et Ph. Charles). En l'espèce, aux fins de l'application du droit de la concurrence, il est établi que les distributeurs partenaires du fournisseur n'ont pas la capacité de déterminer de façon autonome leur stratégie commerciale et n'assument aucun risque économique sensible dans le cadre de leur activité commerciale, le risque majeur lié aux invendus étant pris en charge par le seul fournisseur. Dès lors, en dépit de leurs personnalités juridiques distinctes, le fournisseur et ses distributeurs partenaires forment une unité économique unique au sens du droit de la concurrence et, par conséquent, leurs relations échappent à la prohibition posée par les articles L. 420-1 et 81 du traité CE (devenu art. 101 du TFUE). En ce sens, V. ▪ Aut. conc., déc. n° 09-D-31, 21 sept. 2009 : *Contrats, conc. consom.* 2010, comm. 15, obs. M. Malaurie-Vignal ; *Rev. Lamy conc.* 2010, n° 1522, obs. R. Bouniol.

Art. L. 410-2 ***(Mod., Ord. n° 2008-1161, 13 nov. 2008).*** **– Sauf dans les cas où la loi en dispose autrement, les prix des biens, produits et services relevant antérieurement au 1er janvier 1987 de l'ordonnance n° 45-1483 du 30 juin 1945 sont librement déterminés par le jeu de la concurrence.**

Toutefois, *dans les secteurs ou* les zones où la concurrence par les prix est limitée en raison soit de situations de monopole ou de difficultés durables d'approvisionnement, soit de dispositions législatives ou réglementaires, un décret en Conseil d'État peut réglementer les prix après consultation de l'Autorité de la concurrence.

Les dispositions des deux premiers alinéas ne font pas obstacle à ce que le Gouvernement arrête, par décret en Conseil d'État, contre des hausses ou des baisses excessives de prix, des mesures temporaires motivées par une situation de crise, des circonstances exceptionnelles, une calamité publique ou une situation manifestement anormale du marché dans un secteur déterminé. Le décret est pris après consultation du Conseil national de la consommation. Il précise sa durée de validité qui ne peut excéder six mois.

1) Exceptions au principe de la libre fixation des prix. Les services correspondant à l'activité dont les huissiers de justice ont le monopole sont exclus, en raison de l'existence même de ce monopole, du champ d'application de l'ordonnance du 30 juin 1945 ; ils ne sont donc pas au nombre des services visés à l'article 1er de l'ordonnance de décembre 1986 (devenu C. com., art. L. 410-2). À l'inverse, ceux des services correspondant aux activités hors monopole des officiers publics ou ministériels demeurent dans le champ d'application de l'ordonnance de 1945 ; leurs prix doivent donc être librement déterminés. En conséquence, doit être annulé, en ce qu'il fixe les tarifs applicables à cette activité, le décret n° 88-914 du 7 septembre 1988, modifiant le décret n° 67-18 du 5 janvier 1967 fixant le tarif général des huissiers de justice en matière civile et commerciale, qui a été pris sans que le Conseil de la concurrence ait été consulté (▪ CE, ass., 21 oct. 1994, n° 103018 : *D.* 1994, inf. rap. 261). V. cependant loi de validation n° 94-1133, 27 déc. 1994.

Les actes réservés, en application de la loi du 31 décembre 1971, au monopole des avocats, sont exclus du champ d'application du principe, posé à l'alinéa 1er de l'article L. 410-2, de libre détermination des prix des biens, produits et services par le jeu de la concurrence. Ainsi, ce principe n'est pas applicable à la postulation devant les tribunaux de grande instance en matière civile, réservée par l'article 4 de la loi du 31 décembre 1971 au monopole des avocats. Dès lors, rien ne faisait obstacle à ce que le Gouvernement en réglemente la tarification. Le moyen tiré de ce que le Gouvernement ne pouvait prendre cette réglementation sans procéder à la consultation préalable du Conseil de la concurrence, ultérieurement prévue par l'ordonnance du 1er décembre 1986, ne peut être utilement invoqué (▪ CE, 23 nov. 2005, n° 263284 : *JurisData* n° 2005-069269 ; *JCP* G 2006, II, 10038, note Y. Aguila ; *Rev. Lamy conc.* 2006, n° 512, obs. G. Clamour).

L'application de l'article L. 162-38 du Code de la sécurité sociale se substitue à celle de l'article L. 410-2 et le régime des prix n'est pas libre. En revanche, les prix des prestations de services qu'un médecin libéral apporte à un hôpital ne sont pas prédéfinis par les nomenclatures et tarifs relatifs au remboursement des assurés sociaux et relèvent du régime de droit commun de la liberté des prix prévu aujourd'hui à l'article L. 410-2, premier alinéa (▪ Cons. conc., déc. n° 07-D-41, 28 nov. 2007 : *RD conc.* 2008, n° 1, p. 114, obs. E. Claudel ; *Rev. Lamy conc.* 2008, n° 1023, obs. C. Nourissat).

2) Secteurs de concurrence limitée. Le décret n° 88-1208 du 30 décembre 1988, réglementant les tarifs des péages d'autoroute, est valable car le secteur autoroutier constitue un secteur où la concurrence par les prix est limitée au sens de l'article 1er, alinéa 2 de l'ordonnance de décembre 1986 (devenu C. com., art. L. 410-2, al. 2) (▪ CE, 3 mars 1993, n° 105461 : *JurisData* n° 1993-040848 ; *RJDA* 1993, n° 722).

La situation de concurrence limitée par les prix qui résulte nécessairement d'une position dominante occupée sur un marché de taille réduite, sur lequel l'importation des marchandises est soumise à l'octroi de mer, est de celles dans lesquelles, en application des dispositions de l'article L. 410-2, les prix peuvent être réglementés (▪ CE, 18 janv. 2006, n° 269406 : *JurisData* n° 2006-069505 ; *AJDA* 2006, p. 1169, note A. Laget-Annamayer ; *Rev. Lamy dr. aff.* mars 2006, n° 147 ; *Rev. Lamy conc.* 2006, n° 512, obs. G. Clamour).

Sur l'application de l'article L. 410-2, alinéa 2 aux tarifs de vente de l'électricité, V. L. n° 2000-108, 10 févr. 2000, modifiée relative à la modernisation et au développement du service public de l'électricité, art. 4. – Voir aussi D. n° 2001-365, 26 avr. 2001, relatif aux tarifs d'utilisation des réseaux publics de transport et de distribution d'électricité (*JO* 31 juill.) ; D. n° 2002-1014, 19 juill. 2002, fixant les tarifs d'utilisation des réseaux publics de transport et de distribution d'électricité (*JO* 23 juill.) ; D. n° 2004-325, 8 avr. 2004, relatif à la tarification spéciale de l'électricité comme produit de première nécessité (*JO* 10 avr.) ; D. n° 2008-778, 13 août 2008, relatif à la fourniture de gaz naturel au tarif spécial de solidarité (*JO* 14 août).

Sur l'application de l'article L. 410-2, alinéa 2 aux prix de vente, dans toutes les collectivités territoriales d'outre-mer pour lesquelles l'État a compétence en matière de réglementation des prix, de produits ou de familles de produits de première nécessité qu'il détermine pour chaque collectivité territoriale d'outre-mer en fonction de ses particularités, V. L. n° 2009-594, 27 mai 2009, pour le développement économique des outre-mer, art. 1er. V. J.-F. Calmette, *Les dispositions de la loi du 27 mai 2009 en matière de contrôle des prix et de relance économique : Dr. adm.* 2009, étude 14.

3) Pratique des relevés de prix. La fixation des prix par le libre jeu de la concurrence, prévue par l'article 410-2, commande que les concurrents puissent comparer leurs prix et, en conséquence, en faire pratiquer des relevés par leurs salariés dans leurs magasins respectifs. Il en résulte qu'encourt la cassation l'arrêt qui pour rejeter une demande d'injonction d'autorisation de faire pratiquer des relevés de prix par ses salariés au moyen de lecteurs optiques de codes barres, dans les magasins situés dans sa zone chalandise, présentée par une société exploitant une grande surface, exige que celle-ci démontre l'existence d'un usage à cet égard (▪ Cass. com., 16 juill. 1991, n° 90-15.242 : *BRDA* 1991, n°s 15-16, p. 3. ▪ Cass. com., 4 oct. 2011, n° 10-21.862 : *JurisData* n° 2011-020754 ; *D.* 2011, p. 2462, obs. E. Chevrier et p. 2900, note C. Durez ; *RJDA* 2012, n° 90 et p. 3, rapp. V. Michel-Amsellem ; *Contrats, conc. consom.* 2012, comm. 7, obs. M. Malaurie-Vignal ; *JCP* E 2012, 1074, obs. E. Lamazerolles. *Rappr.* ▪ Cass. com., QPC, 13 mars 2012, n° 10-25.509 : *JurisData* n° 2012-004282 ; *RJDA* 2012, n° 621.

Art. L. 410-3 *(L. n° 2012-1270, 20 nov. 2012)*. – **Dans les collectivités relevant de l'article 73 de la Constitution et dans les collectivités d'outre-mer de Saint-Barthélemy, de Saint-Martin, de Saint-Pierre-et-Miquelon et de Wallis-et-Futuna, et dans les secteurs pour lesquels les conditions d'approvisionnement ou les structures de marché limitent le libre jeu de la concurrence, le Gouvernement peut arrêter, après avis public de l'Autorité de la concurrence et par décret en Conseil d'État, les mesures nécessaires pour remédier aux dysfonctionnements des marchés de gros de biens et de services concernés, notamment les marchés de vente à l'exportation vers ces collectivités, d'acheminement, de stockage et de distribution. Les mesures prises portent sur l'accès à ces marchés, l'absence de discrimination tarifaire, la loyauté des transactions, la marge des opérateurs et la gestion des facilités essentielles, en tenant compte de la protection des intérêts des consommateurs.**

Bibliographie : P. Arhel, *Volet « prix et concurrence » de la loi relative à la régulation économique outre-mer : JCP* E 2012, act. 733. • X. Delpech, *Une loi économique pour l'outre-mer : Dalloz Act.*, 2012. • S. Manna, *Loi de régulation économique Outre-mer : les bases d'un droit de la concurrence ultra-marin : Rev. Lamy conc.* 2013/35, n° 2307. • Ch. Montet et F. Venayre, *La loi REOM contre la vie chère en Outre-mer : une construction difficile entre concurrence et administration des prix : Rev. Lamy conc.* 2013/35, n° 2308. • F. Venayre, *Marchés de carburants dans les DOM : évolution de la réglementation et première application de l'article L. 410-3 du Code de commerce : Rev. Lamy conc.* 2014/39, n° 2549.

Art. L. 410-4 *(L. n° 2012-1270, 20 nov. 2012)*. – **Dans les collectivités relevant de l'article 73 de la Constitution et dans les collectivités d'outre-mer de Saint-Barthélemy, de Saint-Martin, de Saint-Pierre-et-Miquelon et de Wallis-et-Futuna, et en conformité avec l'article 349 du traité sur le fonctionnement de l'Union européenne, le Gouvernement peut réglementer, après avis public de l'Autorité de la concurrence et par décret en Conseil d'État, le prix de vente de produits ou de familles de produits de première nécessité.**

Art. L. 410-5 *(L. n° 2012-1270, 20 nov. 2012 ; mod., L. n° 2015-1268, 14 oct. 2015 ; Ord. n° 2017-303, 9 mars 2017)*. – **I. – Dans les collectivités relevant de l'article 73 de la Constitution et dans les collectivités d'outre-mer de Saint-Martin, de Saint-Pierre-et-Miquelon et de Wallis-et-Futuna, après avis public de l'observatoire des prix, des marges et des revenus territorialement compétent, le représentant de l'État négocie chaque année avec les organisations professionnelles du secteur du commerce de détail et leurs fournisseurs, qu'ils soient producteurs, grossistes ou importateurs, ainsi qu'avec les entreprises de fret maritime et les transitaires un accord de modération du prix global d'une liste limitative de produits de consommation courante.**

En cas de réussite des négociations, l'accord est rendu public par arrêté préfectoral.

II. – En l'absence d'accord un mois après l'ouverture des négociations, le représentant de l'État arrête, sur la base des négociations mentionnées au I et des prix les plus bas pratiqués dans le secteur économique concerné, le prix global de la liste mentionnée au premier alinéa du même I, ainsi que ses modalités d'encadrement.

III. – Le prix global de la liste mentionnée au I, tel qu'il est pratiqué, est affiché en application de l'article L. 113-3 du Code de la consommation.

IV. – Les manquements au III du présent article sont recherchés et constatés par les agents mentionnés au II de l'article L. 450-1 du présent code, dans les conditions fixées aux articles L. 450-2, L. 450-3, L. 450-7, L. 450-8 et L. 490-8.

V. – Les modalités d'application des I à IV du présent article sont précisées par décret.

Art. L. 410-6 *(L. n° 2017-256, 28 févr. 2017)*. – **I. – À titre expérimental et pour une durée de cinq ans à compter du 1er juillet 2017, dans le Département de Mayotte et en Guyane, après avis public de l'observatoire des prix, des marges et des revenus territorialement compétent, le représentant de l'État négocie chaque année avec les grandes et moyennes surfaces présentes sur le territoire un tarif professionnel maximal pour leur activité de gros à l'égard des petites surfaces de commerce de détail enregistrées au registre du commerce et des sociétés.**

II. – En l'absence d'accord dans un délai d'un mois à compter de l'ouverture des négociations, le représentant de l'État arrête, sur la base des négociations mentionnées au I, le tarif professionnel maximal ainsi que ses modalités d'encadrement. Les modalités de calcul d'un tarif maximal consistent en un pourcentage de majoration par rapport au prix d'achat des grandes et moyennes surfaces ou en un pourcentage de minoration par rapport aux prix facturés aux consommateurs.

TITRE II. – DES PRATIQUES ANTICONCURRENTIELLES

Art. L. 420-1 *(Mod., L. n° 2001-420, 15 mai 2001).* **– Sont prohibées, même par l'intermédiaire direct ou indirect d'une société du groupe implantée hors de France, lorsqu'elles ont pour objet ou peuvent avoir pour effet d'empêcher, de restreindre ou de fausser le jeu de la concurrence sur un marché, les actions concertées, conventions, ententes expresses ou tacites ou coalitions, notamment lorsqu'elles tendent à :**

1° Limiter l'accès au marché ou le libre exercice de la concurrence par d'autres entreprises ;

2° Faire obstacle à la fixation des prix par le libre jeu du marché en favorisant artificiellement leur hausse ou leur baisse ;

3° Limiter ou contrôler la production, les débouchés, les investissements ou le progrès technique ;

4° Répartir les marchés ou les sources d'approvisionnement.

Bibliographie : M.-A. Afchain, *Le fondement de l'illicéité des échanges d'informations entre concurrents : JCP* E 2007, 1278. • V. Michel-Amsellem, *Loyauté de la preuve des pratiques anticoncurrentielles : RJDA* 2008, p. 855. • O. Ancelin-Menais, *L'imputabilité des pratiques anticoncurrentielles : JCP* E 2008, 1428. • M. Behar-Touchais, *L'action de groupe en droit de la concurrence (ou la patiente Pénélope) : Banque et droit* 2014, n° HS nov., p. 34. • L. Binet, *Les ententes anticoncurrentielles dans les appels d'offres publics : CP-ACCP* mai 2010, n° 99, p. 33. • J. Buhart et R. Maulin, *La preuve en matière de cartels : État des lieux et perspectives : RD conc.* 2011, n° 4, p. 51. • N. Castagnon, *Internet et réseaux de distribution : Contrats, conc. consom.* 2003, étude 10. • M. Chagny, *Distribution sélective et Internet : développements récents en droit de la concurrence : RJ com.* 2013, p. 147. • F. Chaput, *Répondre à un appel d'offres en groupement : efficace, mais risqué : Contrats, conc. consom* 2009, étude 9 ; *L'autonomie de la filiale en droit des pratiques anticoncurrentielles : Contrats, conc. consom.* 2010, chron. 1. • Colloque *Les échanges d'informations : Rev. Lamy conc.* 2011, n° 1958. • Colloque *Réseaux de distribution et vente en ligne : Rev. Lamy conc.* 2014/38, n° 2495. • M. Deschamps et P. Reis, *L'utilisation stratégique des organisations professionnelles dans le cadre des infractions anticoncurrentielles, l'exemple de la France : Rev. Lamy dr. aff.* mai 2012, p. 85. • Dossier *Restrictions verticales : le marché pertinent : LPA* 6 oct. 2000, p. 6. • Th. D'Alès et A. Constans, *Le futur arsenal au bénéfice des victimes de pratiques anticoncurrentielles ou quand l'office du juge n'est plus de juger mais d'indemniser : JCP* E 2015, n° 14, p. 25. • D. Ferrier, *La distribution sur Internet dans le cadre d'un réseau : D.* 2006, p. 2594. • V. Forti, *À propos des ententes anticoncurrentielles au sein des entreprises communes : la position de la Cour suprême des États-Unis : Contrats, conc. consom.* 2011, étude 8. • C. Grynfogel, *De quelques variations sur le même thème : l'échange d'informations et le droit de la concurrence : RJDA* 2008, p. 221. • C. Grynfogel et J. Marthan, *Le clair-obscur de l'obligation d'exclusivité : de quelques singularités dans l'appréciation de l'Autorité de la concurrence : RJDA* 2010, p. 3. • A. Guillotin, *La preuve et la forme des ententes : JCP* E 2012, 1107. • N. Homobono et A. Marie, *Le rôle de la DGCCRF dans l'application du droit des pratiques anticoncurrentielles depuis la réforme de 2008 : RD conc.* 2012, n° 1, p. 30. • B. Honorat, *Comment concilier distribution sélective et Internet : le Conseil de la concurrence définit les limites : Contrats, conc. consom.* 2007, étude 7. • D. Lescop, *Échanges d'informations entre non-concurrents : D.* 2009, p. 187. • F. Linditch, *Ententes et marchés publics : JCl. Contrats et Marchés publics*, Fasc. 36. • A. Mendoza-Caminade, *Les réseaux de distribution et la vente par Internet : JCP* E 2013, 1202 ; *Distribution des cosmétiques et des médicaments : l'inéluctable commercialisation par Internet ? : D.* 2014, p. 192. • G. de Muizon, *Les tests de preuve économiques permettant de caractériser une pratique anticoncurrentielle : RD conc.* 2012, n° 4, p. 25. • D. Perron, *La production laitière et les ententes : confirmation législative de l'exception agricole aux règles de la concurrence : RD rur.* 2009, étude 2. • N. Petit, *L'actualité du droit matériel des pratiques anticoncurrentielles*, in *L'année 2010 en droit de la concurrence : Contrats, conc. consom.* 2011, dossier 3. • E. Pfister, *Contrat, libre concurrence et ordre public. La sanction des ententes dans la jurisprudence française du XIXe siècle : RDC* 2012/2, p. 349. • F. Puel, *Echanges d'informations, droit de la concurrence et préparation d'une opération de concentration : RD conc.* 2010, n° 4, p. 69. • F. Puel, L. François-Martin et F. Coulon, *La protection grandissante du e-commerce par le droit de la concurrence : Rev. Lamy conc.* 2012, n° 2073. • N. Raud et G. Notté, *Les pratiques de la grande distribution alimentaire stigmatisées : JCP* E 2011, act. 678. • S. de Senilhes et O. Roux, *Distribution sélective et commerce électronique : une évolution inachevée : RJDA* 2010, p. 447. • L. Tolot, *La participation d'une filiale commune à une entente ou l'ambivalence des relations mère-fille : Rev. Lamy conc.* 2011, n° 1886. • S. Treard, *Prix imposés dans le cadre de réseaux de distribution sélective : RJDA* 2013, p. 635. • F. Venayre, *Les apports de la théorie économique à l'étude des accords d'échanges d'informations : Rev. Lamy conc.* 2005, n° 178 ; *Échanges d'informations : évaluation des effets anticoncurrentiels : Rev. Lamy conc.* 2006, n° 417. • C. Vilmart, *Les échanges d'informations selon les lignes directrices sur les restrictions horizontales : JCP* E 2011, n° 1052. • L. Vogel, *Définition et preuve de l'entente en droit français de la concurrence : JCP* E 1991, p. 491 ; *Les limites du marché comme instrument du droit de la concurrence : JCP* G 1994, I, 3737. • P. Wilhelm et F. Vever, *Échanges d'informations sur un marché oligopolistique : réflexions sur la grille d'analyse des autorités de concurrence : Contrats, conc. consom.* 2006, étude 6.

• ***Sommaire***

I – NOTIONS GÉNÉRALES

1) Application territoriale. Le Conseil de la concurrence est compétent pour connaître des opérations effectuées à l'étranger dès lors qu'elles ont des effets sur le territoire français (▪ Cons. conc., déc. n° 89-D-22, 13 juin 1989 : *D.* 1991, somm. 247, obs. Ch. Gavalda et Cl. Lucas de Leyssac). Lorsque le comportement d'une filiale française peut être imputée à sa société mère étrangère, celle-ci peut être condamnée sans qu'il soit tenu compte du fait qu'elle n'a elle-même aucune activité en France (▪ Aut. conc., déc. n° 16-D-14, 23 juin 2016 ; conf. partielle par ▪ Paris, 17 mai 2018, n° 2016/16621 : *Contrats, conc. consom.* 2018, comm. 137, obs. G. Decocq).

Le Conseil de la concurrence est incompétent pour examiner les effets de pratiques en Polynésie française et en Nouvelle-Calédonie mais reste compétent pour examiner les pratiques d'entreprises françaises agissant en France métropolitaine dans le but de s'ouvrir des marchés d'exportation (▪ Cons. conc., déc. n° 04-D-45, 16 sept. 2004 : *Rev. Lamy conc.* 2005, n° 11, obs. V. Selinsky. ▪ Cons. conc., déc. n° 06-D-01, 7 févr. 2006 : *Rev. Lamy conc.* 2006, n° 499, obs. V. Selinsky). Cette solution tient compte de la particularité du statut des Territoires d'outre-mer, dans lesquels le droit de la concurrence français n'est en principe pas applicable (pour la Polynésie française, V. ▪ Cons. conc., déc. n° 93-D-16, 25 mai 1993 : *BOCC* 1993, p. 189 ; *RJDA* 1993, n° 630), sauf si une disposition législative expresse le prévoit (V. ▪ CE, 9 févr. 1990 : *Rec. CE*, p. 28).

2) Imputabilité de l'entente. V. sous art. L. 464-2, *annot. n° 6, p. 942.*

3) Autonomie des parties à l'entente. Pour se prévaloir d'une véritable autonomie, une entité doit pouvoir démontrer que ses organes dirigeants sont à même de déterminer librement une stratégie industrielle, financière et commerciale pleinement autonome (▪ Cons. conc., déc. n° 95-D-66, 17 oct. 1995 : *BOCC* 1996, p. 5. – Conf. par ▪ Paris, 27 sept. 1996 : *BOCC* 1996, p. 521. ▪ Cons. conc., déc. n° 98-D-26, 7 avr. 1998 : *BOCC* 1998, p. 424. – Conf. par ▪ Paris, 19 janv. 1999 : *BOCC* 1999, p. 41. ▪ Cons. conc., déc. n° 99-D-57, 12 oct. 1999 : *BOCC* 2000, p. 188). À défaut, elle est considérée comme formant une seule et même entreprise avec sa société mère et, de ce fait, c'est cette dernière qui sera condamnée au titre des pratiques incriminées.

Une *filiale* est, en principe, présumée autonome (V. par ex. ▪ Cons. conc., déc. n° 97-D-53, 1er juill. 1997 : *BOCC* 1997, p. 712 ; conf. par ▪ Paris, 19 mai 1998 : *BOCC* 1998, p. 339. ▪ Cons. conc., déc. n° 06-D-26, 15 sept. 2006 : *D.* 2006, p. 2599, obs. E. Chevrier ; *Rev. Lamy conc.* 2006, n° 679, obs. V. Selinsky). La présomption peut évidemment être renversée (V. par ex. ▪ Cons. conc., déc. n° 02-D-67, 7 nov. 2002 : *Contrats, conc. consom.* 2003, comm. 73, obs. M. Malaurie-Vignal ; *RJDA* 2003, n° 648. ▪ Cons. conc., déc. n° 04-D-48, 14 oct. 2004 : *BOCC* 2005, p. 48 ; *Rev. Lamy conc.* 2005, n° 14, obs. V. Selinsky. – *Adde* ▪ Paris, 19 mai 1999, n° 1999/00403 : *Juris-Data* n° 1999-023146 ; *Contrats, conc. consom.* 1999, comm. 160, obs. M. Malaurie-Vignal ; *D.* 1999, inf. rap. 162). Semblablement, un *établissement distinct* au sens du droit social n'est pas nécessairement une entreprise au sens du droit de la concurrence (V. ▪ Cons. conc., déc. n° 04-D-42, 4 août 2004 : *BOCC* 9 déc. 2004 ; *Rev. Lamy conc.* 2005, n° 14, obs. V. Selinsky).

Plus généralement, la prohibition des ententes anticoncurrentielles n'est pas applicable aux accords passés entre des sociétés appartenant à un même groupe, dès lors que celles-ci ne disposent pas d'une réelle autonomie sur le marché. En l'absence d'autonomie commerciale et financière, ces sociétés forment en effet une unité économique au sein de laquelle les décisions et accords ne peuvent relever du droit des ententes et les critères pris en compte pour déterminer si une société mère forme avec sa filiale une unité économique au sens du droit de la concurrence incluent l'importance de la participation financière de la société mère dans le capital de la filiale, l'existence d'organes de direction propres à la filiale et la possibilité pour ces organes de déterminer et mettre en œuvre de manière autonome sur le marché une stratégie industrielle, financière et commerciale. Dans ces conditions, l'existence d'une autonomie commerciale et financière réelle d'une entreprise commune à l'égard de ses sociétés mères doit en effet être démontrée au regard de l'ensemble de ces critères (▪ Paris, 20 janv. 2011, n° 2010/08165 : *Contrats, conc. consom.* 2011, comm. 74, obs. G. Decocq ; *Rev. Lamy conc.* 2011, n° 1784, obs. S. Cholet. – réf. de ▪ Aut. conc., déc. n° 10-D-13, 15 avr. 2010 : *Rev. dr. transp.* 2010, comm. 132, obs. L. Grard ; *RD conc.* 2011, n° 3, p. 82, obs. L. Nicolas-Vullierme ; *Rev. Lamy conc.* 2010, n° 1645, obs. S. Destours et n° 1655, obs. M. Lavedan).

Voir aussi : sous art. L. 410-1, annot. n° 39, p. 666.

4) Charge de la preuve de l'entente. La preuve de pratiques anticoncurrentielles entrant dans le champ d'application des articles L. 420-1 et L. 420-2, ayant pour effet d'empêcher de restreindre ou de fausser le jeu de la concurrence, incombe à celui qui s'en prétend victime, ou aux autorités administratives dans le cadre des enquêtes qui sont diligentées en application de l'article L. 450-3 (▪ Cass. com., 12 oct. 1993, n° 91-16.988 : *JurisData* n° 1993-002164 ; *Bull. civ.* IV, n° 337 ; *D.* 1994, somm. 169, obs. Ch. Gavalda et Cl. Lucas de Leyssac ; *D.* 1995, somm. 85, obs. D. Ferrier).

5) Mode de preuve irrecevable. Sauf disposition expresse contraire du Code de commerce, les règles du Code de procédure civile s'appliquent au contentieux des pratiques anticoncurrentielles relevant de l'Autorité de la concurrence ; l'enregistrement d'une communication téléphonique réalisé à l'insu de l'auteur des propos tenus constitue un procédé déloyal rendant irrecevable sa production à titre de preuve (▪ Cass. com., ass., 7 janv. 2011, n° 09-14.316 : *JurisData* n° 2011-000038 ; *Bull. Cass.* ▪ *Cass. ass. plén.*, n° 1 ; *D.* 2011, p. 157, obs. E. Chevrier et p. 562, note F. Fourment ; *Contrats, conc. consom.* 2011, comm. 71, obs. D. Bosco ; *JCP* E 2011, 1053, obs. M. Malaurie-Vignal ; *JCP* G 2011, 208, note B. Ruy ; *RD conc.* 2011, n° 1, p. 195, obs. Ch. Lemaire et S. Naudin ; *Rev. Lamy conc.* 2011, n° 1782, obs. V. Selinsky et n° 1803, obs. B. Cheynel ; *RJDA* 2011, n° 653 ; cass. de ▪ Paris, 29 avr. 2009, n° 2008/11907 : *JurisData* n° 2009-007496 ; *D.* 2009, p. 1352, obs. E. Chevrier ; *Contrats, conc. consom.* 2009, comm. 174, obs. G. Decocq ; *Rev. Lamy conc.* 2009, n° 1398, obs. V. Selinsky ; *JCP* E 2010, 1347, note J. Raynaud ; *RTD com.* 2010, p. 73, obs. E. Claudel ; sur renvoi de ▪ Cass. com., 3 juin 2008, n° 07-17.147 : *JurisData* n° 2008-044217 ; *Bull. civ.* IV, n° 112 ; *D.* 2008, p. 1687, obs. E. Chevrier ; *JCP* E 2008, 2055, note G. Royer ; *RJDA* 2008, n° 951 ; *Contrats, conc. consom.* 2008, comm. 204, obs. D. Bosco ; *RD conc.* 2008, n° 3, p. 135, obs. Ch. Lemaire ; *Rev. Lamy conc.* 2008, n° 1193, obs. V. Selinsky ; *RTD com.* 2009, p. 431, obs. B. Bouloc ; cass. de ▪ Paris, 19 juin 2007, n° 2006/00628 : *JurisData* n° 2007-336831 ; *Contrats, conc. consom.* 2007, comm. 208, obs. G. Decocq ; *Rev. Lamy conc.* 2007, n° 894, obs. V. Selinsky et n° 937, obs. B. Cheynel. – Conf. ▪ Cons. conc., déc. n° 05-D-66, 5 déc. 2005 : *D.* 2006, p. 225, obs. E. Chevrier ; *RTD com.* 2006, p. 325, obs. E. Claudel ; *RD conc.* 2006, n° 1, p. 157, obs. C. Momège ; *Rev. Lamy conc.* 2006, n° 459, obs. C. Nourissat).

V. *contra*. Le Tribunal de l'Union européenne admet comme preuve d'un cartel les propos enregistrés à l'insu de leurs auteurs lors de conversations téléphoniques (Trib. UE, 8 sept. 2016, aff. T-54/14, *Gold sh* : *RD conc.* 2016, n° 4, p. 161, obs. P. Cardonnel ; *Contrats, conc. consom.* 2016, comm. 240, obs. G. Decocq).

V. aussi sous art. L. 463-1, annot. n° 6, p. 917.

6) Entente et abus de position dominante. Les notions d'entente et d'abus de position dominante, au sens des articles L. 420-1 et L. 420-2, ne sont pas exclusives l'une de l'autre (▪ Cass. com., 21 juin 1994, n° 92-17.598 : *JurisData* n° 1994-001534 ; *Bull. civ.* IV, n° 233 ; *RJDA* 1994, n° 1317). En ce sens, V. ▪ Aut. conc., déc. n° 09-D-36, 9 déc. 2009 : *RD conc.* 2010, n° 1, p. 95, obs. L. Nicolas-Vullierme ; *Rev. Lamy conc.* 2010, n° 1575, note P. Arhel ; conf., sur ce point, par ▪ Paris, 23 sept. 2010, n° 2010/00163 : *Contrats, conc. consom.* 2010, comm. 277, obs. G. Decocq ; cass., sur un autre point, par ▪ Cass. com., 31 janv. 2012, n° 10-25.772 : *JurisData* n° 2012-001279 ; *Bull. civ.* IV, n° 16 ; *Contrats, conc. consom.* 2012, comm. 103, obs. G. Decocq ; *RJDA* 2012, n° 531 ; sur renvoi, ▪ Paris, 4 juill. 2013, n° 2012/05160 : *JurisData* n° 2013-015880 ; *Contrats, conc. consom.* 2013, comm. 245, obs. G. Decocq ; *Rev. Lamy conc.* 2013/37, n°s 2400 et 2406, obs. S. Cholet ; pourvoi rejeté ▪ Cass. com., 6 janv. 2015, n° 13-21.305 : *JurisData* n° 2015-000066 ; *Contrats, conc. consom.* 2015, comm. 70, obs. G. Decocq ; *AJ Contrats d'affaires* 2015, n° 3, p. 129, obs. M. Ponsard ; *RD conc.* 2015, n° 2, p. 94, obs. A.-L. Sibony).

7) Entente et concentration. Les procédures prévues pour le contrôle des ententes et celles relatives au contrôle des concentrations sont différentes et inconciliables entre elles (▪ Paris, 28 juin 1994, n° 93/12166 : *JurisData* n° 1994-023147 ; *BOCC* 1994, p. 268 ; *Contrats, conc. consom.* 1994, comm. 169, obs. L. Vogel ; rejet pourvoi par ▪ Cass. com., 26 nov. 1996, n° 94-20.651 : *JurisData* n° 1996-004509 ; *Bull. civ.* IV, n° 291 ; *BOCC* 1996, p. 628). Sont donc irrecevables les saisines visant des opérations de concentration économique ayant fait l'objet d'un arrêté ministériel, en application des articles 38 et suivants de l'ordonnance de 1986, dès lors que les parties en litige n'ont pas fait état de pratiques illicites issues de ces accords pouvant faire l'objet, le cas échéant, d'une saisine distincte du Conseil de la concurrence sur le fondement des articles 7 et 8 (devenus C. com., art. L. 420-1 et L. 420-2) (arrêts préc.).

La circonstance que l'Autorité de la concurrence identifie dans le cadre de l'examen d'une demande d'autorisation d'une opération de concentration d'éventuels comportements anticoncurrentiels que la nouvelle entité serait susceptible de mettre en œuvre à l'issue de l'opération, et qu'elle cherche à prévenir ce risque au moyen de l'acceptation d'engagements comportementaux, ne lui interdit pas d'examiner les comportements réellement mis en œuvre par la nouvelle entité sur le fondement des dispositions des articles L. 420-1 et L. 420-2, et de se prononcer sur des éléments nouveaux portés à sa connaissance par des tiers, ou découverts dans le cadre d'une instruction de ses services. L'analyse des risques concurrentiels effectués par l'Autorité *a priori* ne saurait avoir d'incidence sur la possibilité pour celle-ci d'examiner et de qualifier les comportements anticoncurrentiels reprochés à une entreprise dans le cadre de son contrôle *a posteriori* (■ Aut. conc., déc. n° 10-D-32, 16 nov. 2010 : *Contrats, conc. consom.* 2011, comm. 15, obs. G. Decocq et chron. 2, n° 1, obs. D. Bosco ; *RD conc.* 2011, n° 1, p. 110, obs. F. Marty).

8) Applicabilité du droit européen. *Affectation du commerce entre États membres.* Les termes « *susceptible d'affecter* » énoncés par les articles 101 et 102 du TFUE supposent que l'accord ou la pratique abusive en cause permette, sur la base d'un ensemble d'éléments objectifs de droit ou de fait, d'envisager avec un degré de probabilité suffisant qu'il puisse exercer une influence directe ou indirecte, actuelle ou potentielle, sur les courants d'échanges entre États membres, sans que soit exigée la constatation d'un effet réalisé sur le commerce intracommunautaire. Dès lors, viole ces dispositions ainsi que l'article 3 du règlement CE n° 1/2003 du 16 décembre 2002, relatif à la mise en œuvre des règles de concurrence prévues aux articles 81 et 82 CE, la Cour d'appel qui, pour juger que les pratiques sanctionnées par l'Autorité de la concurrence n'étaient pas susceptibles d'affecter le commerce entre États membres, retient que le seul opérateur non français qui s'est manifesté sur le marché concerné n'était pas ressortissant de l'Union mais jamaïcain (■ Cass. com., 31 janv. 2012 : *Bull. civ. IV, n° 16 ; Contrats, conc. consom.* 2012, comm. 103, obs. G. Decocq ; *RJDA* 2012, n° 531 ; *Rev. Lamy conc.* 2012, n° 2029, obs. S. Cholet, et n° 2128, obs. B. Cheynel ; cass., sur ce point, de ■ Paris, 23 sept. 2010 : *Contrats, conc. consom.* 2010, comm. 277, obs. G. Decocq ; annulation, sur ce point, de ■ Aut. conc., déc. n° 09-D-36, 9 déc. 2009 : *RD conc.* 2010, n° 1, p. 95, obs. L. Nicolas-Vullierme ; *Rev. Lamy conc.* 2010, n° 1575, note P. Arhel). – Sur renvoi, V. ■ Paris, 4 juill. 2013 : *Contrats, conc. consom.* 2013, comm. 245, obs. G. Decocq ; *Rev. Lamy conc.* 2013/37, n°s 2400 et 2406, obs. S. Cholet – pourvoi rejeté ■ Cass. com., 6 janv. 2015 : *Contrats, conc. consom.* 2015, comm. 70, obs. G. Decocq ; *AJ Contrats d'affaires* 2015, n° 3, p. 129, obs. M. Ponsard ; *RD conc.* 2015, n° 2, p. 94, obs. A.-L. Sibony).

9) Applicabilité du droit européen. *Affectation sensible du commerce entre États membres.* En présence d'une entente ne couvrant qu'une partie d'un État membre, le caractère sensible de l'affectation du commerce entre États membres doit être apprécié en priorité au regard du volume de ventes affecté par la pratique par rapport au volume de ventes global des produits en cause à l'intérieur de cet État. Il en résulte que prive sa décision de base légale au regard de l'article 101 du TFUE, la cour d'appel qui pour retenir le caractère sensible de l'affectation du commerce entre États membres résultant d'une entente portant sur le seul avitaillement en carburant d'une compagnie aérienne sur un aéroport, ne retient que la taille des entreprises en cause et le lieu de leur activité(■ Cass. com., 1er mars 2011, n° 09-72.830 : *JurisData* n° 2011-002674 ; *Bull. civ.* IV, n° 29 ; *Europe* 2011, alerte 26, obs. L. Idot ; *D.* 2011, p. 813, obs. E. Chevrier ; *Contrats, conc. consom.* 2011, comm. 120, obs. D. Bosco ; *RJDA* 2011, n° 579 ; *Rev. Lamy conc.* 2011, n° 1780, obs. V. Selinsky ; cass., sur ce point, de ■ Paris, 24 nov. 2009, n° 2009/00315 : *JurisData* n° 2009-017472 ; *Contrats, conc. consom.* 2010, comm. 16, obs. G. Decocq et comm. 54, obs. D. Bosco ; *RD conc.* 2010, n° 1, p. 93, obs. L. Nicolas-Vullierme et p. 160, obs. Ch. Momège ; *Rev. Lamy conc.* 2010, n° 1602, obs. E. Barbier de la Serre ; conf. de ■ Cons. conc., déc. n° 08-D-30, 4 déc. 2008 : *Contrats, conc. consom.* 2009, comm. 56, obs. G. Decocq ; *RD conc.* 2009, n° 1, p. 193, obs. J. Gstalter ; *Rev. Lamy conc.* 2009, n° 1361, note E. Barbier de la Serre). Dans la même affaire, sur renvoi, V. ■ Paris, 28 mars 2013, n° 2011/18245 : *JurisData* n° 2013-006473 ; *Contrats, conc. consom.* 2013, comm. 138, obs. G. Decocq (pourvois rejetés, V. ■ Cass. com., 20 janv. 2015, n° 13-16.745 : *JurisData* n° 2015-000577 ; *AJ Contrats d'affaires* 2015, n° 2, p. 53 ; *Contrats, conc. consom.* 2015, comm. 96, obs. G. Decocq).

Il résulte de la jurisprudence communautaire (■ CJUE, 24 sept. 2009, aff. C-125/07 P, C-133/07 P, C-135/07 P et C-137/07 P, *Erste Group Bank c/ Commission : Rec.*, p. I-8681, points 36 et s.) qu'une entente s'étendant à l'ensemble du territoire d'un État membre, ayant, par sa nature même, pour effet de consolider des cloisonnements de caractère national, induit une forte présomption d'affectation du commerce entre les États membres, qui ne peut être écartée que si l'analyse des caractéristiques de l'accord et du contexte économique dans lequel il s'insère démontre le contraire (■ Cass. com., 7 oct. 2014, n° 13-19.476 : *JurisData* n° 2014-024178 ;

Contrats, conc. consom. 2014, comm. 278, obs. G. Decocq ; conf. sur ce point de ▪ Paris, 16 mai 2013, n° 2012/01227 : *JurisData* n° 2013-011014 ; *Contrats, conc. consom.* 2013, comm. 166, obs. G. Decocq ; *Rev. Lamy conc.* 2013/36, n° 2337, obs. V. Selinsky ; conf. de ▪ Aut. conc., déc. n° 11-D-19, 15 déc. 2011 : *Rev. Lamy conc.* 2012, n° 2028, obs. P. Arhel). À ce titre, dès lors qu'une clause d'exclusivité s'étend à l'ensemble du territoire national, il s'en déduit une présomption d'affectation du commerce entre États membres et il appartient à la société qui se prévaut de sa validité de rapporter la preuve contraire résultant des caractéristiques de l'accord et du contexte économique dans lequel la clause s'insérait (▪ Cass. com., 18 nov. 2020, n° 19-14.828).

En l'état de pratiques cumulées d'entente et d'abus de position dominante commises sur une partie seulement d'un État membre, le caractère sensible de l'affectation directe ou indirecte, potentielle ou actuelle, du commerce intracommunautaire résulte d'un ensemble de critères, parmi lesquels la nature des pratiques, la nature des produits concernés et la position de marché des entreprises en cause, le volume de ventes global concerné par rapport au volume national n'étant qu'un élément parmi d'autres. En conséquence, viole les articles 101 et 102 du TFUE, ainsi que l'article 3 du règlement CE n° 1/2003 du 16 décembre 2002, la cour d'appel qui, pour juger que les pratiques sanctionnées par l'Autorité de la concurrence n'étaient pas susceptibles d'affecter le commerce entre États membres, retient qu'il est nécessaire, notamment dans le cas où seule une partie d'un État membre constitue le marché géographique pertinent, de se référer au volume de ventes global concerné par rapport au volume national, et qu'une telle démarche aurait conduit l'Autorité à écarter l'existence d'un effet sensible (▪ Cass. com., 31 janv. 2012 : *Bull. civ.* IV, n° 16 ; *Contrats, conc. consom.* 2012, comm. 103, obs. G. Decocq ; *RJDA* 2012, n° 531 ; *Rev. Lamy conc.* 2012, n° 2029, obs. S. Cholet, et n° 2128, obs. B. Cheynel ; cass., sur ce point, de ▪ Paris, 23 sept. 2010 : *Contrats, conc. consom.* 2010, comm. 277, obs. G. Decocq ; annulation, sur ce point, de ▪ Aut. conc., déc. n° 09-D-36, 9 déc. 2009 : *RD conc.* 2010, n° 1, p. 95, obs. L. Nicolas-Vullierme ; *Rev. Lamy conc.* 2010, n° 1575, note P. Arhel. – Sur renvoi, V. ▪ Paris, 4 juill. 2013 : *Contrats, conc. consom.* 2013, comm. 245, obs. G. Decocq ; *Rev. Lamy conc.* 2013/37, n°s 2400 et 2406, obs. S. Cholet ; pourvoi rejeté ▪ Cass. com., 6 janv. 2015 : *Contrats, conc. consom.* 2015, comm. 70, obs. G. Decocq ; *AJ Contrats d'affaires* 2015, n° 3, p. 129, obs. M. Ponsard ; *RD conc.* 2015, n° 2, p. 94, obs. A.-L. Sibony). En l'espèce, viole les articles 101 et 102 du TFUE l'article 3 du règlement CE n° 1/2003 du 16 décembre 2002, ainsi que les articles L. 420-1 et L. 420-2 la cour d'appel qui, constatant que des pratiques n'étaient pas susceptibles d'avoir un effet sensible sur le commerce entre États membres, annule la décision de l'Autorité tant en ce qu'elle est fondée sur les articles 101 et 102 du TFUE qu'en ce qu'elle est fondée sur les articles L. 420-1 et L. 420-2 (même arrêt).

10) Articulation des droits interne et européen. V. Règl. (CE) n° 1/2003, 16 déc. 2002, Annexe 4, *De la liberté des prix et de la concurrence*, p. 3098.

II – ENTENTES ILLICITES

11) Position économique des auteurs de la concertation. La prohibition édictée par l'article L. 420-1 ne se limite pas aux pratiques réunissant ou opposant des entreprises en situation de concurrence, mais intéresse toutes formes de concertation, quels qu'en soient les auteurs et les victimes directes (▪ Cass. com., 9 nov. 1993, n° 91-20.722 : *Bull. civ.* IV, n° 399 ; *D.* 1994, 399, note M. Lombard ; *ibid.*, somm. 220, obs. Y. Serra).

12) Intention de restreindre la concurrence. À supposer même qu'il soit établi que les parties à une concertation ont agi sans intention subjective de restreindre la concurrence, mais dans un tout autre but, de telles considérations ne sont pas pertinentes auxfins de l'application de l'article L. 420-1 du Code de commerce, dont la violation constitue une infraction objective et ne requiert aucune intentionnalité (jurisprudence constante, V. en dernier lieu ▪ Paris, 20 déc. 2018, n° 18/07722).

13) Objet ou effet anticoncurrentiel. La démonstration du fait qu'une pratique ou une convention a eu un effet sur la concurrence n'est pas nécessaire pour la qualifier au regard des dispositions del'article 7 de l'ordonnance du 1er décembre 1986, dès lors qu'il est établi que son objet était anticoncurrentiel ou qu'elle pouvait avoir un effet anticoncurrentiel (▪ Cons. conc., déc. n° 96-D-02, 9 janv. 1996). *Adde* ▪ Aut. conc., déc. n° 10-D-39, 22 déc. 2010 rappelant le caractère alternatif des conditions d'objet ou d'effet anticoncurrentiel de la pratique ; V. toutefois ▪ Paris, 23 févr. 2012, n° 2010/20555 : *Contrats, conc. consom.* 2012, comm. 104, obs. D. Bosco ; *RD bancaire et fin.* 2012, étude 18, note J. Lucas et Th. Schrepel : faute d'établir l'existence de restrictions de concurrence inhérentes à l'accord incriminé qui a institué les commissions en cause, une restriction par objet n'apparaît pas démontrée au cas d'espèce et, dans ces conditions, l'Autorité ne pouvait se dispenser d'examiner les effets de l'accord et pour, le cas échéant, le sanctionner, de réunir des éléments établissant que le jeu de la concurrence avait été, en fait, soit empêché, soit restreint, soit faussé de façon sensible (réformant ▪ Aut.

conc., déc. n° 10-D-28, 20 sept. 2010 : *Contrats, conc. consom.* 2010, comm. 278, obs. G. Decocq ; *RD conc.* 2010, n° 4, p. 208, obs. Ch. Lemaire ; *Rev. Lamy conc.* 2011, n° 1726, obs. V. Selinsky et partiellement censurée sur la question des interventions volontaires par ▪ Cass. com., 14 avr. 2015, n° 12-15.971 : *RD conc.* 2015, n° 3, p. 153, obs. C. L., et sur renvoi ▪ Paris, 21 déc. 2017, n° 15/17638 : *Concurrences* 2018/2, p. 66, obs. L. Bernardeau, confirmant la décision de l'Autorité tout en réformant le montant de certaines amendes et de nouveau censuréepar ▪ Cass. com., 29 janv. 2020, n°s 18-10.967 et 18-11.001 : *Contrats, conc. consom.* 2020/3, comm. 49, note. D. Bosco).

Rapp. La Cour de Justice contrôle que la notion de restriction par objet ne soit appliquée qu'à certains types de coordination entre entreprises révélant un degré suffisant de nocivité à l'égard de la concurrence pour qu'il puisse être considéré que l'examen de leurs effets n'est pas nécessaire (▪ CJUE, 11 sept. 2014, aff. C-67/13, *CB c/ Commission : RD conc.* 2014, n° 4, p. 110, note M. Behar-Touchais ; *Contrats, conc. consom.* 2014, comm. 250, obs. D. Bosco ; *Contrats, conc. consom.* 2014, comm. 249, obs. G. Decocq ; *RJDA* 2015, n° 2, p. 71, obs. I. Luc. – Concl. av. gén. Wathelet, 25 juin 2015, ss ▪ CJUE, n° C-373/14P, *Toshiba Corporation c/ Commission.* – N. Petit, *La rationalisation au long cours de la restriction de concurrence par « objet » dans la jurisprudence de la Cour de justice de l'Union européenne : AJCA* 2015, 422. – *Adde* sur renvoi ▪ Trib. UE, 30 juin 2016, aff. T-491/07, *Groupement des cartes bancaires : RD conc.* 2016, n° 4, p. 87, obs. M. D.) ; précisant que les accords qui visent la répartition des marchés ont, en eux-mêmes, un effet restrictif de concurrence « ne pouvant être justifié au moyen d'une analyse économique dans lequel le comportement anticoncurrentiel en cause s'inscrit » ▪ CJUE, 16 juill. 2015, aff. C-172/14 : *Contrats, conc. consom.* 2015, comm. 262, G. Decocq. ▪ CJUE, 20 janv. 2016, aff. C-373/14, *P, Toshiba Corporation : Contrats, conc. consom.* 2016, comm. 71, G. Decocq.

Pour apprécier si l'accord présente un degré de nocivité suffisant, il y a lieu de s'attacher à la *teneur* de ses dispositions, aux objectifs qu'il vise à atteindre ainsi qu'au *contexte économique et juridique* dans lequel il s'insère (▪ CJUE, 30 janv. 2020, aff. C-307/18 : *Contrats, conc. consom.* 2020/5, comm. 71, note Bosco, au sujet d'accords de « pay for delay ». ▪ CJUE, 2 avr. 2020, aff. C-228/18 : *Contrats, conc. consom.* 2020/6, comm. 103, note D. Bosco, au sujet de commissions interbancaires).

Adde. S'agissant d'échanges d'informations stratégiques constitutifs d'une restriction de concurrence par objet : ▪ CJUE, 19 mars 2015, aff. C-286/13, *P : RD conc.* 2015, n° 2, p. 81, obs. M. Behar-Touchais).

A – Ententes horizontales

1° Cartels

• Preuve de l'accord de volontés

14) Parallélisme de comportements. De jurisprudence constante, il est admis que la preuve des pratiques anticoncurrentielles peut résulter d'un faisceau d'indices graves, précis et concordants. Au titre de ceux-ci, figurent les comportements parallèles d'opérateurs concurrents. Pour autant, le parallélisme des comportements n'est pas nécessairement éloquent. En effet, des comportements parallèles peuvent résulter d'une anticipation sur les prix, notamment lorsque le marché est transparent (V. par ex. ▪ Cons. conc., déc. n° 99-D-10, 2 févr. 1999 : *BOCC* 1999, p. 296). Il faut alors rechercher les indices démontrant que le parallélisme procède d'une volonté commune de restreindre la concurrence (V. par ex. ▪ Cons. conc., déc. n° 95-D-63, 14 nov. 1995 : *BOCC* 1996, p. 27. ▪ Cons. conc., déc. n° 02-D-57, 19 sept. 2002 : *BOCC* 2002, p. 1092. ▪ Cons. conc., déc. n° 04-D-43, 8 sept. 2004 : *Rev. Lamy conc.* 2005, n° 20, obs. V. Selinsky. ▪ Cass. com., 23 juin 2004, n° 01-17.896 : *JurisData* n° 2004-024309 ; *Bull. civ.* IV, n° 132 ; *D.* 2004, p. 2439 ; *Contrats, conc. consom.* 2004, comm. 159, obs. M. Malaurie-Vignal ; *RJDA* 2005, n° 80 ; *Rev. Lamy conc.* 2005, n° 118, obs. J. Peyre).

Jugé que s'il faut réunir des preuves précises et cohérentes pour établir l'existence d'une infraction aux articles L. 420-1 du Code de commerce et 81 du traité CE (devenu art. 101 du TFUE), il n'est pas exigé que chacune des preuves permette, à elle seule, d'établir l'infraction. Il suffit que tous les éléments de preuve, considérés dans leur ensemble, répondent à cette condition, en recourant à la méthode du faisceau d'indices graves, précis et concordants. En effet, dans la mesure où la plupart des accords et pratiques interdits par le droit de la concurrence présentent un caractère clandestin, les documents afférents sont fragmentaires et rares, surtout dans les groupes mondiaux particulièrement au fait des risques encourus en cas de manquements au droit de la concurrence. Dans de tels cas, l'existence d'une pratique ou d'un accord anticoncurrentiel doit être déduite d'une série d'éléments matériels ou d'indices qui, considérés ensemble, peuvent, en *l'absence d'une* autre explication plausible, constituer la preuve d'une infraction aux règles de la concurrence (▪ Cons. conc., déc. n° 08-D-30, 4 déc. 2008 : *Contrats, conc. consom.* 2009, comm. 56, obs. G. Decocq ; *RD conc.* 2009, n° 1, p. 193, obs. J. Gstalter ; *Rev. Lamy conc.* 2009, n° 1361, note E. Barbier de la Serre ; conf. par ▪ Paris, 24 nov. 2009 : *Contrats, conc. consom.* 2010, comm. 16, obs. G. Decocq et comm. 54, obs. D. Bosco ; *RD conc.* 2010, n° 1, p. 93, obs. L. Nicolas-Vullierme et p. 160, obs. Ch. Momège ; *Rev. Lamy conc.* 2010, n° 1602, obs. E. Barbier de la Serre ; cass., sur un autre point, par ▪ Cass. com., 1er mars 2011 : *Bull. civ.* IV, n° 29 ; *Europe* 2011, alerte 26, obs. L. Idot ; *D.* 2011, p. 813, obs. E. Chevrier ; *Contrats, conc. consom.* 2010, comm. 120, obs. D. Bosco ; *RJDA* 2011, n° 579 ; sur renvoi, V. ▪ Paris, 28 mars 2013 : *Contrats, conc. consom.* 2013, comm. 138, obs. G. Decocq ; pourvois rejetés, V. ▪ Cass. com., 20 janv. 2015 : *AJ Contrats d'affaires* 2015, n° 2, p. 53 ; *Contrats, conc. consom.* 2015, comm. 96, obs. G. Decocq).

Le parallélisme de comportement n'implique pas toujours la concertation qui doit donc être démontrée par celui qui invoque une entente (▪ Cass. com., 3 juin 2014, n° 13-11.488, inédit).

15) Documents saisis. Un document régulièrement saisi, quel que soit le lieu où il l'a été, est opposable à l'entreprise qui l'a rédigé, à celle qui l'a reçu et à celles qui y sont mentionnées et peut être utilisé comme preuve d'une concertation ou d'un échange d'informations entre entreprises, le cas échéant par le rapprochement avec d'autres indices concordants (▪ Cons. conc., déc. n° 08-D-15, 2 juill. 2008 : *Rev. Lamy conc.* 2008, n° 1195, obs. V. Selinsky). En ce sens, V. ▪ Aut. conc., déc. n° 11-D-13, 5 oct. 2011 : *Rev. Lamy conc.* 2012, n° 1968, obs. S. Cholet. Conf. par ▪ Paris, 28 mars 2013 : *Contrats, conc. consom.* 2013, comm. 139, obs. G. Decocq.

16) Participation à des réunions occultes ou secrètes. Dès lors qu'il a été établi qu'une entreprise a participé à des réunions entre entreprises à caractèremanifestement anticoncurrentiel il incombe à cette entreprise d'avancer des indices de nature à établir que sa participation auxdites réunions était dépourvue de tout esprit anticoncurrentiel en démontrant qu'elle a indiqué à ses concurrents qu'elle y participait dans une optique différente de la leur.

En l'absence d'une telle preuve de distanciation, le fait que cette entreprise ne se conforme pas aux résultats de ces réunions n'est pas de nature à la priver de sa pleine responsabilité du fait de sa participation à l'entente (V. par ex. ▪ CJCE, 25 janv. 2007, n° C-403/04 P : *JurisData* n° 2007-007905 ; *Rec. CJCE* 2007, I, p. 729).

En droit européen, l'accord de volonté d'une entreprise est par suite démontré par sa participation à une seule (V. ▪ CJCE, 4 juin 2009, aff. C-8/08 : *Rec. CJCE* 2009, I, p. 4529 ; *Europe* 2009, comm. 323, obs. L. Idot ; *Contrats, conc. consom.* 2009, comm. 197, obs. G. Decocq ; *RJDA* 2010, n° 79 ; *RD conc.* 2009, n° 3, p. 79, obs. M. Debroux ; *Rev. Lamy conc.* 2009, n° 1397, obs. C. Robin) ou plusieurs réunions ayant un objet anticoncurrentiel, à moins qu'elle ne s'en soit distanciée publiquement, sans qu'il soit besoin de constater la mise en œuvre effective des décisions prises. L'absence de mise en œuvre est un élément à prendre en compte, non pas pour qualifier l'infraction mais pour établir le montant de la sanction.

En droit national, le standard de preuve est le même lorsqu'il s'agit d'une entente mise au point au cours de réunions informelles, de nature le plus souvent occulte ou secrète, auxquelles participent de leur propre initiative les entreprises concurrentes. En effet, une entreprise doit s'abstenir rigoureusement de participer à des prises de contact, directes ou indirectes, avec ses concurrents en vue d'échanger sur les politiques commerciales et notamment les prix des biens ou des services qu'elle offre sur le marché. Ce type de réunion informelle, généralement secrète et d'ailleurs abritée derrière des noms de code (« le Club », la « réunion des confrères ») qui tente de dissimuler le véritable objet pour lequel sont conviés dirigeants ou responsables commerciaux d'entreprises concurrentes à l'initiative de l'une d'entre elles, n'appelle qu'une réponse de la part des entreprises : refuser d'y participer ou, si la bonne foi du participant est surprise, se distancier sans délai et publiquement du mécanisme anticoncurrentiel dont la réunion est le support. La participation à une seule de ces réunions – même si elle est passive – suffit en effet à conforter le mécanisme de l'entente : d'une part, elle renseigne sur le comportement commercial que les autres acteurs ont décidé d'adopter sur le marché, alors que l'autonomie qu'exige la concurrence entre entreprises suppose que ces dernières restent dans l'incertitude sur la stratégie de leurs compétiteurs, d'autre part elle permet aux participants plus actifs d'escompter que l'absence d'opposition de l'entreprise ne viendra pas perturber le jeu collusif (V. par ex. ▪ Cons. conc., déc. n° 06-D-09, 11 avr. 2006 : *D.* 2006, p. 1231, obs. E. Chevrier ; *Contrats, conc. consom.* 2006, comm. 110, obs. G. Decocq ; *RTD com.* 2006, 315, n° 5, obs. E. Claudel ; *RJDA* 2006, n° 708 ; *RD conc.* 2006, n° 2, p. 144, obs. Ch. Momège ; *Rev. Lamy dr. aff.* mai 2006, n° 266, obs. V. Selinsky ; *Rev. Lamy conc.* 2006, n° 331, obs. B. Cheynel et, n° 585, obs. E. Barbier de la Serre ; conf. par ▪ Paris, 24 avr. 2007, n° 05/04686 : *Contrats, conc. consom.* 2007, comm. 155, obs. G. Decocq ; *RD conc.* 2007, n° 3, p. 92, obs. E. Claudel ; *Rev. Lamy conc.* 2007, n° 829, obs. V. Selinsky. ▪ Cons. conc., déc. n° 07-D-48, 18 déc. 2007 : *Contrats, conc. consom.* 2008, comm. 49, obs. D. Bosco ; *RD conc.* 2008, n° 1, p. 113, obs. E. Claudel et p. 174, obs. Ch. Lemaire ; *Rev. Lamy conc.* 2008, n° 1070, obs. V. Selinsky ; conf. par ▪ Paris, 25 févr. 2009, n° 2008/02003 : JurisData n° 2009-007585 ; *Contrats, conc. consom.* 2009, comm. 108, obs. G. Decocq. ▪ Cons. conc., déc. n° 08-D-32, 16 déc. 2008 : *RD conc.* 2009, n° 1, p. 110, obs. M. Debroux et E. Rieu et p. 196, obs. Ch. Lemaire ; *Rev. Lamy conc.* 2009, n° 1334, obs. S. Cholet ; réf. sur un autre point par ▪ Paris,

19 janv. 2010, n° 2009/00334 : *JurisData* n° 2010-000337 ; *D.* 2010, p. 261, obs. E. Chevrier ; *Contrats, conc. consom.* 2010, comm. 79, obs. G. Decocq ; *RJDA* 2010, n° 680 ; *Rev. Lamy dr. aff.* mars 2010, n° 2773, obs. D. Ferré et K. Biancone ; *RD conc.* 2010, n° 2, p. 68, obs. M. Debroux et p. 131, obs. Ch. Lemaire ; *Rev. Lamy conc.* 2010, n° 1573, note L. Boy. ■ Aut. conc., déc. n° 11-D-13, 5 oct. 2011 : *Rev. Lamy conc.* 2012, n° 1968, obs. S. Cholet. Conf. par ■ Paris, 28 mars 2013 : *Contrats, conc. consom.* 2013, comm. 139, obs. G. Decocq. ■ Aut. conc., déc. n° 19-D-24, 17 déc. 2019. ■ Cass. com., 10 févr. 2021, n° 19-20.599). Le standard de preuve est en revanche plus exigeant lorsque la concertation anticoncurrentielle se déroule au cours de réunions tenues dans le cadre statutaire d'une organisation professionnelle (V. ci-dessous n° 19).

17) Échanges téléphoniques et échanges de SMS. Échanges téléphoniques confortant la participation à des réunions secrètes (■ Aut. conc., déc. n° 15-D-03, 11 mars 2015 : *RD conc.* 2015, n° 2, p. 91 obs. M. Behar-Touchais ; décision partiellement annulée en raison d'erreurs de droit dans la détermination du montant de l'amende par ■ Paris, 23 mai 2017, n° 15/08224 : *Concurrences* 2017/3, p. 70, note E. Thomas et pourvoi rejeté par ■ Cass. com., 24 juin 2020, n° 17-20.177 : *Concurrences* 2020/4, p. 124, note E. Thomas).

18) Évocation des prix de détail lors d'une conférence de presse. Caractérise une évocation des prix de détails entre fournisseurs et distributeurs susceptibles de constituer une entente sur le prix, le fait pour le fournisseur de mettre en œuvre une stratégie ayant pour objectif de « faire connaître aux distributeurs les prix auquel il souhaite que ses produits soient revendus au détail » (■ Aut. conc., déc. n° 15-D-18, 1er déc. 2015 : *Contrats, conc. consom.* 2016, comm. 15, obs. D. Bosco).

19) Participation à des réunions statutaires. Sur la question de la valeur probante de la participation à des réunions organisées dans le cadre d'institutions (« réunions statutaires » de syndicats, associations...), l'Autorité de la concurrence adopte une position quelque peu différente de celle du droit européen en considérant que la participation à une seule réunion ne constitue pas, en soi, la preuve de l'adhésion aux projets anticoncurrentiels (■ Cons. conc., déc. n° 06-D-03, 9 mars 2006 : *Rev. Lamy conc.* 2006, n° 547, note V. Sélinsky. – Conf. par ■ Paris, 29 janv. 2008, n° 2006/07820 : *JurisData* n° 2008-353903 ; *Contrats, conc. consom.* 2008, comm. 83, obs. G. Decocq ; *RD conc.* 2008, n° 2, p. 107, obs. E. Claudel ; *Rev. Lamy conc.* 2008, n° 1054, obs. V. Sélinsky. – Dans le même sens, V. plus récemment ■ Aut. conc., déc. n° 16-D-20, 29 sept. 2016, – conf. par ■ Paris, 6 juill. 2017, n° 16/22365 : *Concurrence* 2017/4, p. 87, note A.-S. Choné-Grimaldi). Elle retient que l'accord de volonté est démontré dans l'une des circonstances suivantes : (i) le caractère anticoncurrentiel de la réunion était connu d'avance et l'entreprise en cause y a participé en connaissance de cause ; (ii) l'entreprise en cause a donné son accord exprès à l'entente après la tenue de la réunion ; (iii) l'entreprise en cause a diffusé les consignes arrêtées lors de la réunion ; (iv) l'entreprise en cause a ensuite appliqué les mesures concrètes décidées lors de la réunion (■ Aut. conc., déc. n° 16-D-20 préc.).

• **Variété des restrictions de concurrence**

20) Échanges d'informations. Si la transparence entre les acteurs économiques n'est pas susceptible, sur un marché concurrentiel, de restreindre l'autonomie de décision et par suite la concurrence entre les offreurs au sens de l'article L. 420-1 compte tenu du caractère atomisé de l'offre et de l'incertitude subsistant pour chacun des opérateurs économiques quant au caractère prévisible du comportement de ses concurrents, il en va autrement sur un marché oligopolistique fortement concentré où l'échange régulier entre les acteurs assurant la majeure partie voire la totalité de l'offre, selon une périodicité rapprochée et systématique, d'informations nominatives, précises et non publiques sur le marché est de nature à altérer sensiblement la concurrence qui subsiste entre les opérateurs économiques dès lors que la mise en commun régulière et rapprochée de ces informations a pour effet de révéler périodiquement à l'ensemble des concurrents les positions sur le marché et les stratégies de chacun d'eux (■ Paris, 26 sept. 2006, n° 2005/24285 : *JurisData* n° 2006-311947 ; *RJDA* 2006, n° 1267 ; *D.* 2006, p. 2459, obs. E. Chevrier ; *JCP* 2006, II, 10204, note A.-L. Sibony ; *Contrats, conc. consom.* 2006, comm. 226, obs. M. Malaurie-Vignal. – Conf. ■ Cons. conc., déc. n° 05-D-64, 25 nov. 2005 : *BOCC* 29 avr. 2006 ; *D.* 2007, p. 198, note Sabathié). En ce sens, V. ■ Cons. conc., avis n° 06-A-18, 5 oct. 2006 : *Rev. Lamy conc.* 2007, n° 681, obs. V. Selinsky. – *Adde*, dans le secteur de la grande distribution : ■ Aut. conc., déc. n° 14-D-19, 18 déc. 2014 : *RD conc.* 2015, n° 2, p. 89, obs. M. Debroux. – Réf. part. par ■ Paris, 27 oct. 2016, n° 2015/01673. – Et cass. part. par ■ Cass. com., 27 mars 2019, n° 16-26.472 puis sur renvoi ■ Paris, 18 juin 2020, n° 19/08.826 : *Concurrences* 2020/4, p. 126, note A-S. Choné-Grimaldi.

Exigeant la nécessité de démontrer « de façon concrète » si les échanges d'informations critiqués ont eu « pour objet ou pour effet réel ou potentiel de permettre à chacun des opérateurs de s'adapter au comportement prévisible de ses concurrents » (■ Cass. com., 29 juin 2007, n° 07-10.303 : *JurisData* n° 2007-039946 ; *Bull. civ.* IV, n° 181 ; *D.* 2007, p. 1953, obs. E. Chevrier ; *Contrats, conc. consom.* 2007, comm. 209, obs. M. Bazex et S. Blazy ; *RJDA* 2007, n° 1153 ; *RD conc.* 2007, n° 3, p. 87, obs. M. Debroux et Orengo ; *Rev. Lamy conc.* 2007, n° 896, obs. V. Selinsky ; ▪ Cass. partielle de ▪ Paris, 12 déc. 2006, n° 2006/00048 : *JurisData* n° 2006-317994 ; *Contrats, conc. consom.* 2007, comm. 16, obs. M. Malaurie-Vignal ; *JCP* E 2007, 1179, note S. Grandvuillemin ; *JCP* E 2007, 10012, note M. Chagny ; *RJDA* 2007, n° 404 ; *RD conc.* 2007, n° 1, p. 82, obs. E. Claudel ; *Rev. Lamy conc.* 2007, n° 751, obs. F. Veneyre ; conf. de ▪ Cons. conc., déc. n° 05-D-65, 30 nov. 2005 : *Contrats, conc. consom.* 2006, comm. 9, obs. M. Malaurie-Vignal ; *RD conc.* 2006, n° 1, p. 129, obs. E. Claudel ; *Rev. Lamy conc.* 2006, n° 417, note F. Veneyre). *Rappr.* ▪ Paris, 9 déc. 2003, n° 2003/07056 : *JurisData* n° 2003-228758 ; *RJDA* 2004, n° 758 ; annulation de ▪ Cons. conc., déc. n° 03-D-17, 31 mars 2003 : *RJDA* 2003, n° 649. ▪ Paris, 17 juin 2003, n° 2002/17634 : *JurisData* n° 2003-214611 ; *BOCC* 2003, p. 535 ; réf. de ▪ Cons. conc., déc. n° 02-D-57, 19 sept. 2002 : *BOCC* 2002, p. 1092. ▪ Cass. com., 22 nov. 2005, n° 04-19.108 : *JurisData* n° 2005-030854 ; *Bull. civ.* IV, n° 231 ; *D.* 2006, p. 139, obs. E. Chevrier ; *Contrats, conc. consom.* 2006, comm. 49, obs. M. Malaurie-Vignal ; *RJDA* 2006, n° 462 ; *Rev. Lamy conc.* 2005, n° 60, obs. C. Nourissat ; rejet pourvoi contre ▪ Paris, 21 sept. 2004, n° 2003/18636 : *JurisData* n° 2004-249326 ; *JCP* E 2004, 1881, obs. G. Decocq ; *RTD com.* 2005, p. 68, obs. E. Claudel ; *RD conc.* 2004, p. 89, obs. V. Michel-Amsellem ; *Rev. Lamy conc.* 2005, n° 60, obs. B. Cheynel ; conf. de ▪ Cons. conc., déc. n° 03-D-45, 25 sept. 2003 : *D.* 2003, p. 2831, obs. E. Chevrier ; *RJDA* 2004, n° 103 ; *JCP* E 2004, p. 83, obs. P. Arhel ; *Contrats, conc. consom.* 2004, comm. 7, obs. M. Malaurie-Vignal ; *RD conc.* 2004, p. 89, obs. V. Michel-Amsellem. Sur l'absence d'effets sur la concurrence d'échanges d'informations non stratégiques et insusceptibles d'affecter l'autonomie commerciale des entreprises, V. ▪ Aut. conc., déc. 17-D-03, 27 févr. 2017 : *Concurrences* 2017/2, p. 93, note A.-S. Choné-Grimaldi.

En fonction de leurs caractéristiques intrinsèques et du contexte juridique et économique dans lequel ils s'insèrent, des échanges d'informations, soit seront à qualifier de restrictions de la concurrence par leur objet même, soit devront être appréciés au regard de leurs effets actuels ou potentiels (▪ Aut. conc., déc. n° 13-D-03, 13 févr. 2013 : *Rev. Lamy conc.* 2013/35, n° 2263, obs. V. Selinsky ; partiellement réformée par ▪ Paris, 25 sept. 2014, n° 2013/05595 : *JurisData* n° 2014-023571 ; *RD conc.* 2015, n° 1, p. 89, obs. M. D. ; *Rev. Lamy conc.* 2015/42, p. 45, obs. V. Selinsky). *Adde* sur la qualification de restriction de concurrence par objet des échanges d'informations stratégiques, ▪ CJUE, 19 mars 2015, aff. C-286/13, *P* : *RD conc.* 2015, n° 2, p. 81, obs. M. Behar-Touchais.

21) Entente sur les prix. Le fait que des entreprises commercialisant un produit banalisé se trouvent confrontées à l'apparition d'un nouveau concurrent et s'alignent sur les prix pratiqués par celui-ci pour vendre à des prix inférieurs à ceux pratiqués avant l'arrivée du nouvel opérateur, est insuffisant pour constituer à lui seul un indice d'entente anticoncurrentielle entre ces entreprises (▪ Paris, 3 nov. 1994 : *JCP* E 1995, I, 492, n° 12, obs. L. Vogel ; *RJDA* 1994, n° 1325 ; *D.* 1996, somm. 181, obs. Ch. Gavalda et Cl. Lucas de Leyssac. – Conf. par ▪ Cass. com., 4 févr. 1997, n° 94-21.147 : *JurisData* n° 1997-000573 ; *Bull. civ.* IV, n° 41 ; *RJDA* 1997, n° 664). Mais à condition que les prix pratiqués par les entreprises présentes sur le marché concerné avant l'arrivée du concurrent plus compétitif ne soient pas inférieurs à leur coût variable de production sous peine d'augmenter leurs pertes par rapport à celles qu'elles enregistreraient si elles s'abstenaient de vendre le produit (même déc.).

Ont été sanctionnés des fabricants de roulements à bille qui se sont entendus sur le niveau des hausses de prix bruts ainsi que sur les taux de remise applicables aux distributeurs. De tels échanges d'informations sur les augmentations de prix bruts et sur les évolutions des taux de remise, avant que celles-ci ne soient annoncées et ne deviennent effectives sont de nature à favoriser des hausses artificielles de prix. Les sociétés concernées sont, en effet, d'autant plus incitées à procéder à de telles hausses, qu'elles sont assurées que leurs concurrents augmenteront également leurs prix au même moment (▪ Cons. conc., déc. n° 02-D-57, 19 sept. 2002 : *BOCC* 2002, p. 1092. – Conf. sur ce point, par ▪ Paris, 17 juin 2003 : *BOCC* 2003, p. 535).

Ont été sanctionnées des entreprises qui se sont entendues sur un prix plancher, à la hausse, pour la commercialisation d'eau de javel aux collectivités (▪ Cons. conc., déc. n° 05-D-03, 10 févr. 2005 : *Rev. Lamy conc.* 2005, n° 202, obs. V. Selinsky).

Ont été sanctionnées des entreprises du secteur de la fabrication de portes en bois qui se sont entendues sur la détermination de prix minima de vente communs (▪ Cons. conc., déc. n° 06-D-09, 11 avr. 2006 : *D.* 2006, p. 1231, obs. E. Chevrier ; *Contrats, conc. consom.* 2006, comm. 110, obs. G. Decocq ; *RTD com.* 2006, 315, n° 5, obs. E. Claudel ; *RJDA* 2006, n° 708 ; *RD conc.* 2006, n° 2, p. 144, obs. Ch. Momège ; *Rev. Lamy dr. aff.* mai 2006, n° 266, obs. V. Selinsky ; *Rev. Lamy conc.* 2006, n° 331, obs. B. Cheynel et, n° 585, obs. E. Barbier de la Serre ; conf. par ▪ Paris, 24 avr. 2007 : *Contrats, conc. consom.* 2007, comm. 155, obs. G. Decocq ; *RD conc.* 2007, n° 3, p. 92, obs. E. Claudel ; *Rev. Lamy conc.* 2007, n° 829, obs. V. Selinsky).

Ont été sanctionnées des entreprises de déménagement pour s'être entendues sur les prix de certains services et pour avoir réalisé des devis de complaisance en vue de fausser la concurrence sur le marché (▪ Cons. conc., déc. n° 07-D-48, 18 déc. 2007 : *Contrats, conc. consom.* 2008, comm. 49, obs. D. Bosco ; *RD conc.* 2008, n° 1, p. 113, obs. E. Claudel et p. 174, obs. Ch. Lemaire ; *Rev. Lamy conc.* 2008, n° 1070, obs. V. Selinsky. – Conf. par ▪ Paris, 25 févr. 2009 : *Contrats, conc. consom.* 2009, comm. 108, obs. G. Decocq).

Ont été sanctionnés des fabricants de contreplaqué pour avoir, au sein de leur organisation professionnelle, d'une part mis en place une grille tarifaire commune de leurs produits et d'autre part, coordonné pendant plusieurs années leurs hausses tarifaires, en vue de fausser la concurrence sur le marché (▪ Cons. conc., déc. n° 08-D-12, 21 mai 2008 : *Contrats, conc. consom.* 2008, comm. 181, obs. D. Bosco ; *RD conc.* 2008, n° 3, p. 89, obs. E. Claudel ; *Rev. Lamy conc.* 2008, n° 1129, obs. P. Arhel).

Ont été sanctionnées les principales banques françaises pour avoir mis en place de manière concertée et appliqué une commission interbancaire de 4,3 centimes d'euros sur 80 % des chèques échangés en France, à l'occasion de la dématérialisationdu système de compensation des chèques. Ces mêmes banques ont également été sanctionnées pour avoir appliqué deux autres commissions interbancaires pour services connexes ; en l'absence de justification sur la proportionnalité aux coûts, il a été enjoint aux banques concernées de procéder à leur révision en prenant comme base les coûts de la banque la plus efficace (▪ Aut. conc., déc. n° 10-D-28, 20 sept. 2010 : *Contrats, conc. consom.* 2010, comm. 278, obs. G. Decocq ; *RD conc.* 2010, n° 4, p. 208, obs. Ch. Lemaire ; *Rev. Lamy conc.* 2011, n° 1726, obs. V. Selinsky ; réf. par ▪ Paris, 23 févr. 2012 : *Contrats, conc. consom.* 2012, comm. 104, obs. D. Bosco ; *RD bancaire et fin.* 2012, étude 18, note J. Lucas et Th. Schrepel ; partiellement censurée sur la question des interventions volontaires par ▪ Cass. com., 14 avr. 2015, n° 12-15.971 : *RD conc.* 2015, n° 3, p. 153, obs. C. L., et sur renvoi ▪ Paris, 21 déc. 2017, n° 15/17638 : *Concurrences* 2018/2, p. 66, obs. L. Bernardeau, confirmant la *décision* de l'Autorité tout en réformant le montant de certaines amendes. – Et de nouveau censurée par ▪ Cass. com., 29 janv. 2020, n°s 18-10.967 et 18-11.001 : *Contrats, conc. consom.* 2020/3, comm. 49, note. D. Bosco).

Ont été sanctionnés des producteurs d'endives et plusieurs de leurs organisations professionnelles qui, par différents moyens (diffusion de consignes de prix minimum, encadrement des offres promotionnelles, gestion des volumes d'endives mis en vente et échanges d'informations sur les prix pratiqués par les producteurs), ont maintenu des prix minima pendant quatorze ans (▪ Aut. conc., déc. n° 12-D-08, 6 mars 2012 : *Contrats, conc. consom.* 2012, comm. 131, obs. D. Bosco ; *Rev. Lamy conc.* 2012, n° 2094, obs. V. Selinsky ; réformée par ▪ Paris, 15 mai 2014, estimant que l'Autorité n'avait pas démontré que les pratiques s'inscrivaient dans une même entente complexe, unique et continue car elle n'avait établi ni la complémentarité des infractions, ni leur réalisation dans un objectif anticoncurrentiel unique pendant toute leur durée : *RD conc.* 2014, n° 3, p. 90, note M. D. ; et sur pourvoi ▪ Cass. com., 8 déc. 2015, n° 14-19.589, posant une question préjudicielle à la Cour de justice sur l'articulation entre la PAC et les règles de concurrences ; et suite au recours préjudiciel. – ▪ CJUE, aff. C-671/15, 14 nov. 2017 : *Contrats, conc. consom.* 2017, focus 10 ; *Concurrences* 2018/1, p. 71, note A.-S. Choné-Grimaldi, qui a énoncé que des pratiques qui portent sur une concertation relative aux prix ou aux quantités mises sur le marché ou sur des échanges d'informations stratégiques ne peuvent être soustraites à l'interdiction des ententes prévue à l'article 101, § 1 TFUE que lorsqu'elles sont convenues entre membres d'une même organisation de producteurs (OP) ou d'une même association d'organisations de producteurs (AOP) reconnue par un État membre et qu'elles sont strictement nécessaires à la poursuite du ou des objectifs assignés à l'organisation de producteurs ou à l'association d'organisations de producteurs concernée en conformité avec la réglementation de l'Union européenne. En revanche, même au sein d'une même OP ou d'une même AOP, la fixation de prix plancher n'échappe pas à l'article 101, § 1). V. égal. ▪ Cass. com., 12 sept. 2018, n° 14-19.589 : à paraître au *Bull.*, rendu après la réponse au recours préjudiciel et ▪ Aut. conc., avis n° 18-A-04, 3 mai 2018.

Pour une décision sanctionnant un syndicat professionnel du secteur vinicole qui avait élaboré et diffusé des consignes générales de prix minimum sans avoir la qualité d'une OP ou d'une AOP, V. ▪ Aut. conc., déc. n° 18-D-06, 23 mai 2018 : *Concurrences* 2018/3, p. 90, obs. M. Debroux.

Ont été sanctionnés des abatteurs pour avoir fixé de façon concertée des quantités de porcs achetées dans le but, notamment, de faire baisser le prix du porc payé aux éleveurs (▪ Aut. conc., déc. n° 13-D-03, 13 févr. 2013 : Rev. Lamy conc. 2013/35, n° 2263, obs. V. Selinsky ; partiellement réformée par ▪ Paris, 25 sept. 2014 : *RD conc.* 2015, n° 1, p. 89, obs. M. D. ; *Rev. Lamy conc.* 2015/42, p. 45, obs. V. Selinsky).

Ont été sanctionnés des producteurs de produits laitiers pour s'être informés et mis d'accord sur des hausses de prix et leurs justifications auprès des acheteurs et avoir faussé leurs réponses à des appels d'offres formulés par la grande distribution (▪ Aut. conc., déc. n° 15-D-03, 11 mars 2015 : *RD conc.* 2015, n° 2, p. 91 obs. M. Behar-Touchais ; décision partiellement annulée en raison d'erreurs de droit dans la détermination du montant de l'amende par ▪ Paris, 23 mai 2017, n° 15/08224 : *Concurrences* 2017/3, p. 70, note E. Thomas et pourvoi rejeté par ▪ Cass. com., 24 juin 2020, n° 17-20.177 : *Concurrences* 2020/4, p. 124, note E. Thomas).

Ont été acceptés les engagements pris par une plateforme de vente en ligne de prestations de services hôteliers à modifier la clause de parité tarifaire et à supprimer toute clause imposant des obligations de parité en termes de disponibilités de chambres ou de conditions commerciales non seulement à l'égard des plateformes concurrentes mais également des canaux directs hors ligne des hôtels et d'une partie de leurs canaux en ligne (▪ Aut. conc., déc. n° 15-D-06, 15 avr. 2015 : *RD conc.* 2015, n° 3, p. 83, obs. F. Marty ; *RDC* 2015, n° 4, p. 931, obs. M. Béhar-Touchais. *Adde* ▪ Aut. conc., Bilan de l'efficacité des engagements pris par Booking.com devant l'Autorité de la concurrence, 9 févr. 2017 : *Contrats, conc. consom.* 2017, comm. 82, D. Bosco).

Ont été sanctionnés des fabricants d'électroménager pour s'être entendus entre 2006 et 2007 puis 2008 et 2009 sur les prix de revente conseillés communiqués aux distributeurs, l'Autorité ayant estimé qu'il s'agissait d'une infraction unique et répétée dès lors que les entreprises poursuivaient un objectif unique (▪ Aut. conc., déc. n° 18-D-24, 5 déc. 2018 : *Concurrences* 2019/1, p. 82, note A.-S. Choné-Grimaldi).

22) Répartition de marchés. Le Conseil de la concurrence a sanctionné les trois opérateurs mobiles français pour s'être concertés afin de stabiliser l'évolution de leurs parts de marché entre 2000 et 2002. Cette concertation s'est effectivement traduite par une relative stabilité, à moyen terme, des parts des trois opérateurs dans les ventes de nouveaux abonnements et a facilité le changement de stratégie qu'ils ont opéré à partir de 2000. Jusqu'alors, le développement des opérateurs mobiles s'était appuyé sur l'acquisition de parts de marché, au prix de dépenses d'acquisition élevées. À partir de 2000, période qui coïncide avec la fin de la course à la part de marché, l'accent mis par les trois opérateurs, de manière concordante, sur la rentabilisation de la base de clientèle acquise, a notamment entraîné un relèvement des prix et l'adoption de mesures telles que la priorité donnée aux forfaits avec engagements contre les cartes prépayées ou l'instauration des paliers de 30 secondes après une première minute indivisible. Ces mesures, défavorables au consommateur, présentaient le risque de provoquer une baisse des ventes (et donc des parts de marché) de l'opérateur qui se serait aventuré à les mettre en œuvre unilatéralement. L'intérêt de la concertation était donc de faciliter la mise en place de cette stratégie, en permettant aux trois opérateurs de s'assurer qu'ils poursuivaient simultanément la même politique et que leurs parts de marché relatives resteraient par conséquent stables (▪ Cons. conc., déc. n° 05-D-65, 30 nov. 2005 : *Contrats, conc. consom.* 2006, comm. 9, obs. M. Malaurie-Vignal ; *RD conc.* 2006, n° 1, p. 129, obs. E. Claudel ; *Rev. Lamy conc.* 2006, n° 417, note F. Veneyre. – Conf. par ▪ Paris, 12 déc. 2006 : *Contrats, conc. consom.* 2007, comm. 16, obs. M. Malaurie-Vignal ; *JCP* E 2007, 1179, note S. Grandvuillemin ; *JCP* E 2007, II, 10012, note M. Chagny ; *RJDA* 2007, n° 404 ; *RD conc.* 2007, n° 1, p. 82, obs. E. Claudel ; *Rev. Lamy conc.* 2007, n° 751, obs. F. Veneyre ; cassé partiellement par ▪ Cass. com., 29 juin 2007 : *Bull. civ.* IV, n° 181 ; *D.* 2007, p. 1953, obs. E. Chevrier ; *Contrats, conc. consom.* 2007, comm. 209, obs. M. Bazex et S. Blazy ; *RJDA* 2007, n° 1153 ; *RD conc.* 2007, n° 3, p. 87, obs. M. Debroux et Orengo ; *Rev. Lamy conc.* 2007, n° 896, obs. V. Selinsky).

Ont été sanctionnés des entreprises du négoce de produits sidérurgiques et le principal syndicat de la profession pour avoir mis en place un cartel de grande ampleur portant à la fois sur les prix, les clients et les marchés (▪ Cons. conc., déc. n° 08-D-32, 16 déc. 2008 : *RD conc.* 2009, n° 1, p. 110, obs. M. Debroux et E. Rieu et p. 196, obs. Ch. Lemaire ; *Rev. Lamy conc.* 2009, n° 1334, obs. S. Cholet ; réf. sur un autre point par ▪ Paris, 19 janv. 2010 : *Contrats, conc. consom.* 2010, comm. 79, obs. G. Decocq ; *D.* 2010, p. 261, obs. E. Chevrier ; *RJDA* 2010, n° 680 ; *Rev. Lamy dr. aff.* mars 2010, n° 2773, obs. D. Ferré et K. Biancone ; *RD conc.* 2010, n° 2, p. 68, obs. M. Debroux et p. 131, obs. Ch. Lemaire ; *Rev. Lamy conc.* 2010, n° 1573, note L. Boy).

Ont été sanctionnées quatre compagnies pétrolières qui se sont concertées afin de se répartir le marché lancé par Air France pour la fourniture en carburéacteur de son escale à la Réunion et de garantir leur part de marché respective. En limitant conjointement les volumes offerts, elles ont contraint Air France à ne pouvoir faire autrement, pour couvrir ses besoins en carburant, que d'accepter les quatre offres sans pouvoir en rejeter aucune, ni négocier les prix (▪ Cons. conc., déc. n° 08-D-30, 4 déc. 2008 : *Contrats, conc. consom.* 2009, comm. 56, obs. G. Decocq ; *RD conc.* 2009, n° 1, p. 193, obs. J. Gstalter ; *Rev. Lamy conc.* 2009, n° 1361, note E. Barbier de la Serre ; conf. par ▪ Paris, 24 nov. 2009 : *Contrats, conc. consom.* 2010, comm. 16, obs. G. Decocq et comm. 54, obs. D. Bosco ; *RD conc.* 2010, n° 1, p. 93, obs. L. Nicolas-Vullierme et p. 160, obs. Ch. Momège ; *Rev. Lamy conc.* 2010, n° 1602, obs. E. Barbier de la Serre ;

cass., sur un autre point, par ▪ Cass. com., 1er mars 2011 : *Bull. civ.* IV, n° 29 ; *Europe* 2011, alerte 26, obs. L. Idot ; *D.* 2011, p. 813, obs. E. Chevrier ; *Contrats, conc. consom.* 2010, comm. 120, obs. D. Bosco ; *RJDA* 2011, n° 579 ; sur renvoi, V. ▪ Paris, 28 mars 2013 : *Contrats, conc. consom.* 2013, comm. 138, obs. G. Decocq ; pourvois rejetés, V. ▪ Cass. com., 20 janv. 2015 : *AJ Contrats d'affaires* 2015, n° 2, p. 53).

Ont été sanctionnés des meuniers allemands et français qui ont conclu entre eux un pacte de non-agression mutuelle dont l'objet était de limiter l'accès réciproque à leurs marchés nationaux respectifs et à maîtriser les exportations franco-allemandes de farines en sachets en les maintenant à un niveau déterminé par avance (▪ Aut. conc., déc. n° 12-D-09, 13 mars 2012 : *Contrats, conc. consom.* 2012, comm. 131, obs. D. Bosco ; *Rev. Lamy conc.* 2012, n° 2093, note V. Selinsky ; partiellement réformée par ▪ Paris, 20 nov. 2014, n° 2012/06826 : *JurisData* n° 2014-029158 ; *RD conc.* 2015, n° 1, p. 90, obs. M. Behar-Touchais ; *Contrats, conc. consom.* 2015, comm. 39, obs. G. Decocq ; *AJ Contrats d'affaires* 2015, n° 1, p. 28, obs. M. Ponsard, cassation partielle : ▪ Cass. com., 8 nov. 2016 : *Contrats, conc. consom.* 2017, comm. 18, obs. G. Decocq ; *Concurrences* 1-2017, p. 94, obs. A.-S. Choné-Grimaldi. – Et sur renvoi ▪ Paris, 4 juill. 2019, n° 16/23609 : *Contrats, conc. consom.* 2019/10, comm. 163, note G. Decocq). Pour la sanction d'une répartition semblable des marchés géographiques dans le même secteur de la meunerie mais limitée au territoire français, V. ▪ Aut. conc., déc. n° 19-D-15, 8 juill. 2019 : *Contrats, conc. consom.* 2019/10, comm. 156, note M. Malaurie-Vignal ; *Lettre distrib.* 2019/9, p. 10, obs. S. Destours ; *Concurrences* 2019/4, p. 93, note L. Bernardeau.

2° *Marchés publics*

23) Échanges d'informations. *Illicéité de principe.* Tout échange d'information préalablement au dépôt des offres est anticoncurrentiel s'il est de nature à diminuer l'incertitude où toutes les entreprises doivent se trouver placées, relativement au comportement de leurs concurrentes. Cette incertitude est en effet la seule contrainte de nature à pousser des opérateurs concurrents à faire le maximum d'efforts en terme de qualité et de prix pour obtenir le marché. À l'inverse, toute limitation de cette incertitude affaiblit la concurrence entre les offreurs et pénalise l'acheteur public, obligé à payer un prix plus élevé que celui qui aurait résulté d'une concurrence non faussée (▪ Cons. conc., déc. n° 01-D-17, 25 avr. 2001 : *BOCC* 24 juill. 2001). En ce sens, V. par ex. ▪ Paris, 26 janv. 1999 : *D.* 1999, inf. rap. 52. ▪ Paris, 15 juin 1999, n° 1998/17863 : *JurisData* n° 1999-117847 ; *LPA* 24 juill. 2000, p. 5, obs. N. Reboul. ▪ Paris, 25 mai 2005 : *BOCC* 2005, p. 641).

Selon une jurisprudence constante, des entreprises appartenant à un même groupe, mais disposant d'une autonomie commerciale, peuvent présenter des offres distinctes et concurrentes, à la condition de ne pas se concerter avant le dépôt de ces offres. Dans l'autre sens, ces entreprises peuvent renoncer à leur autonomie commerciale à l'occasion d'une mise en concurrence et se concerter soit pour décider quelle sera l'entreprise qui déposera une offre, soit pour établir ensemble cette offre dans un groupement, à la condition de n'en présenter qu'une seule. En revanche, si ces entreprises déposent plusieurs offres séparées, elles sont réputées manifester ainsi leur autonomie commerciale et garantir aux yeux du pouvoir adjudicateur l'existence d'une concurrence entre elles. Dans l'hypothèse où ces offres multiples auraient été établies en concertation, elles ne peuvent dès lors plus être considérées comme indépendantes et leur coordination peut être qualifiée d'entente anticoncurrentielle. À cet égard, il est sans incidence sur cette qualification que le responsable du marché ait connu les liens juridiques unissant les sociétés concernées, dès lors que l'existence de tels liens n'implique pas nécessairement la concertation ou l'échange d'informations (V. en dernier lieu, ▪ Aut. conc., déc. n° 18-D-02, 19 févr. 2018 : *Concurrences* 2018/2, p. 73, obs. M. Debroux).

24) Échanges d'informations. *Preuve.* En matière de marchés publics ou privés sur appel d'offres, une entente anticoncurrentielle peut prendre la forme, notamment d'une coordination des offres ou d'échanges d'informations entre entreprises antérieures à la date où le résultat de l'appel d'offres est connu ou peut l'être, qu'il s'agisse de l'existence de compétiteurs, de leur nom, de leur importance, de leur absence d'intérêt pour le marché considéré, ou des prix qu'ils envisagent de proposer ; la preuve de l'existence de telles pratiques qui sont de nature à limiter l'indépendance des offres, condition normale du jeu de la concurrence peut résulter en particulier d'un faisceau d'indices constitué par le rapprochement de diverses pièces recueillies au cours de l'instruction, même si chacune de ces pièces prise isolément n'a pas un caractère suffisamment probant (▪ Cons. conc., déc. n° 07-D-01, 17 janv. 2007 ; annulée en partie par ▪ Paris, 15 janv. 2008, n° 2007/02775 : *JurisData* n° 2008-353915 ; *D.* 2008, p. 347, obs. E. Chevrier ; *Contrats, conc. consom.* 2008, comm. 84, obs. G. Decocq ; *RJDA* 2008, n° 437 ; *Rev. Lamy conc.* 2008, n° 1055, obs. V. Selinsky ; rejet pourvoi par ▪ Cass. com., 16 déc. 2008, n° 08-13.162 : *JurisData* n° 2008-046332 ; *Contrats, conc. consom.* 2009, comm. 55, obs. G. Decocq ; *RD conc.* 2009, n° 1, p. 113, obs. L. Nicolas-Vullierme). En ce sens, V. par ex. ▪ Cons. conc., déc. n° 01-D-13, 19 avr. 2001 : *BOCC* 25 mai 2001. ▪ Paris, 3 nov. 2009, n° 2009/01024 : *JurisData* n° 2009-014161 ; *Contrats, conc. consom.* 2010, comm. 14, obs. G. Decocq.

Jugé qu'un document unique, non corroboré par des éléments extrinsèques, peut établir l'existence d'un échange d'informations entre entreprises avant le dépôt d'une offre, à la condition que son contenu établisse avec certitude qu'une telle entente a eu lieu (▪ Cons. conc., déc. n° 07-D-01, 17 janv. 2007. ▪ Paris, 15 janv. 2008 et ▪ Cass. com., 16 déc. 2008 préc.).

En l'absence même de tout document, l'antériorité de la concertation par rapport au dépôt de l'offre peut être déduite à défaut de date certaine apposée sur un document, de l'analyse de son contenu et du rapprochement de celui-ci avec des éléments extrinsèques, et notamment avec le résultat des appels d'offres (▪ Cons. conc., déc. n° 08-D-15, 2 juill. 2008 : *Rev. Lamy conc.* 2008, n° 1195, obs. V. Selinsky).

25) Échanges d'informations. *Illustrations.* L'échange d'informations entre entreprises sur les prix, même s'il n'a pas été suivi d'une offre ou a abouti à une consultation infructueuse ou à une adjudication inférieure à celle du maître de l'ouvrage avait pour effet de tromper ce dernier sur la réalité de la concurrence et ne pouvait être tenu pour licite (▪ Cass. com., 6 oct. 1992, n° 90-16.755 : *Bull. civ.* IV, n° 294 ; *Contrats, conc. consom.* 1992, comm. 205, obs. L. Vogel ; *RJDA* 1993, n° 44. ▪ Paris, 15 sept. 1995 : *JCP* E 1995, pan. 1289 ; *D.* 1996, somm. 177, obs. Ch. Gavalda et Cl. Lucas de Leyssac. ▪ Paris, 2 avr. 1996, n° 95/12792 : *JurisData* n° 1996-020751 ; *JCP* E 1996, pan. 547).

La pratique de l'offre « de couverture » simulant une proposition concurrente pour faire apparaître une entreprise comme mieux disante est illicite en ce qu'elle est de nature à entraver le libre jeu de la concurrence et est également susceptible de provoquer une hausse artificielle des prix (▪ Cass. crim., 14 déc. 1995, n° 94-85.912 : *JurisData* n° 1995-004205 ; *RJDA* 1996, n° 364. ▪ Cass. com., 4 févr. 1997, n° 95-10.486 : *JurisData* n° 1997-000437 ; *JCP* E 1997, pan. 280).

Les offres déposées individuellement par des entreprises ayant renoncé à constituer un groupement en réponse à un appel d'offres sont illicites (▪ Cons. conc., déc. n° 05-D-17, 27 avr. 2005 : *Rev. Lamy conc.* 2005, n° 276, obs. V. Sélinsky). *Comp.* ▪ Cons. conc., déc. n° 01-D-59, 25 sept. 2001 : *BOCC* 2001, p. 977.

Les échanges d'informations effectués entre entreprises susceptibles de participer à un groupement ne doivent pas porter sur des éléments de l'appel d'offres tant que le groupement n'est pas constitué. Sinon, ces échanges faussent la concurrence entre entreprises toujours susceptibles de présenter des offres indépendantes (▪ Cons. conc., déc. n° 06-D-25, 28 juill. 2006 : *Rev. Lamy conc.* 2007, n° 682, obs. V. Sélinsky). Sur l'existence éventuelle d'un groupement formant une seule unité économique, voir cependant note suivante *in fine*.

26) Constitution de groupements et présence d'une seule unité économique. Il est de jurisprudence constante que la constitution, par des entreprises indépendantes et concurrentes, d'un groupement en vue de répondre à un appel d'offres n'est pas, en soi, illicite. De tels groupements peuvent avoir un effet pro-concurrentiel s'ils permettent à des entreprises ainsi regroupées de concourir alors qu'elles n'auraient pas été en état de le faire isolément ou de concourir sur la base d'une offre plus compétitive. La constitution de groupements peut, en revanche, avoir un effet anticoncurrentiel si elle provoque une diminution artificielle du nombre des entreprises candidates et dissimule une entente anticoncurrentielle de prix ou de répartition de marchés. Il en découle, en pratique, que le caractère anticoncurrentiel d'un groupement n'est caractérisé qu'en certaines circonstances. L'absence de nécessités techniques ou économiques de nature à justifier un tel groupement fait présumer son caractère anticoncurrentiel, mais ce n'est qu'une présomption simple qui peut être écartée. Le Conseil de la concurrence a déjà eu l'occasion de préciser si certaines justifications étaient ou non acceptables au regard de l'objectif de préservation de la concurrence. La formule du groupement peut en effet avoir plusieurs justifications pour une entreprise qui y a recours : l'aider à acquérir une compétence lui faisant défaut ; s'assurer de meilleures chances de succès ; répartir la charge de travail afin de gagner en souplesse ; la mettre en situation de réaliser des travaux qu'il lui aurait été difficile de réaliser seule compte-tenu de leur importance. Ces justifications s'apprécient au cas par cas, en évaluant leur effet sur l'intensité de la concurrence résiduelle une fois le groupement formé (▪ Cons. conc., déc. n° 06-D-32, 31 oct. 2006 : *Rev. Lamy conc.* 2007, n° 683, obs. V. Selinsky. ▪ Cons. conc., déc. n° 07-D-11, 28 mars 2007 : *BOCC* 31 juill. 2007 ; *Rev. Lamy conc.* 2007, n° 824, obs. V. Sélinsky. ▪ Cons. conc., déc. n° 07-D-34, 24 oct. 2007 : *Rev. Lamy conc.* 2008, n° 976, obs. V. Sélinsky. ▪ Aut. conc., déc. n° 09-D-18, 2 juin 2009 : *Dr. adm.* 2009, comm. 97, obs. M. Bazex ; *Rev. Lamy conc.* 2009, n° 1472, obs. S. Destours). C'est ainsi, par exemple, que le Conseil de la concurrence a estimé que la constitution de groupements avait eu pour effet de diminuer de manière artificielle le nombre des entreprises candidates, une seule offre ayant été déposée pour chaque lot, et de faciliter la répartition des lots convenue au préalable entre les entreprises (■ Cons. conc., déc. n° 08-D-15, 2 juill. 2008 : *Rev. Lamy conc.* 2008, n° 1195, obs. V. Selinsky. V. aussi ■ Paris, 5 janv. 2010, n° 2009/02679 : *JurisData* n° 2010-000339 ; *Contrats, conc. consom.* 2010, comm. 77, obs. G. Decocq ; *RD conc.* 2010, n° 2, p. 137, obs. Ch. Lemaire et S. Naudin).

Cependant n'entrent plus dans le champ de l'interdiction des ententes anticoncurrentielles les offres distinctes déposées par des entités qui forment toutes une seule et même unité économique. Reconsidérant sa position après un arrêt rendu par la Cour de justice de l'Union européenne (■ CJUE, 17 mai 2018, aff. C-531/16), l'Autorité de la concurrence ne jugera dorénavant l'interdiction applicable qu'en présence de filiales autonomes par rapport à la société mère (■ Aut. conc., déc. n° 20-D-19, 25 nov. 2020 : *Contrats, conc. consom.* 2021/1, comm. 11, note D. Bosco ; *Concurrences* 2021/1, p. 126, obs. A.- S. Choné-Grimaldi). Auparavant, la jurisprudence avait par exemple jugé indifférents les liens structurels et capitalistiques existant entre trois sociétés demanderesses, puisqu'en présentant sciemment des devis en opposition avec une société du même groupe elles se sont prévalues de leur autonomie vis-à-vis d'un client fondé à s'en tenir à l'apparence découlant des personnalités morales distinctes ; de plus, rien ne permet d'affirmer que le client était informé des liens entre les sociétés ayant des noms différents (■ Paris, 11 mai 2010 : *Contrats, conc. consom.* 2010, comm. 184, obs. G. Decocq).

27) Rôle de l'acheteur public. La compromission des maîtres de l'ouvrage avec des entreprises qui se sont livrées à une répartition de marchés publics, à la supposer établie, ne fait pas échec à l'application de l'article L. 420-1 (■ Cass. com., 6 oct. 1992 : *Bull. civ.* IV, n° 294 ; *Contrats, conc. consom.* 1992, comm. 205, obs. L. Vogel ; *RJDA* 1993, n° 44).

Les pratiques utilisées par le maître de l'ouvrage à l'occasion d'un appel d'offres, même si elles facilitent les pratiques irrégulières des entreprises, ne peuvent pas faire échec à l'application des dispositions de l'article L. 420-1, dès lors que sont établies à l'encontre des sociétés des pratiques tendant à fausser le jeu de la concurrence (■ Cons. conc., déc. *n° 05-D-19, 12 mai 2005* : *D.* 2005, p. 1411, obs. E. Chevrier ; *Contrats, conc. consom.* 2005, comm. 173, obs. M. Malaurie-Vignal ; *RD conc.* 2005, n° 3, p. 127, obs. Ch. Momège ; *Rev. Lamy conc.* 2005, n° 227, obs. C. Robin ; conf. sur ce point par ■ Paris, 7 mars 2006, n° 2005/12604 : *JurisData* n° 2006-298135 ; *RD conc.* 2006, n° 2, p. 143, obs. V. Michel-Amsellem ; rejet pourvoi par ■ Cass. com., 6 mars 2007, n° 06-13.501 : *Bull. civ.* IV, n° 77 ; *D.* 2007, p. 937, obs. E. Chevrier ; *Contrats, conc. consom.* 2007, comm. 130, obs. G. Decocq ; *RJDA* 2007, n° 897 ; *RD conc.* 2007, n° 2, p. 151, obs. V. Michel-Amsellem ; *Rev. Lamy conc.* 2007, n° 863, obs. B. Cheynel).

Le comportement, ou l'inexpérience, du maître de l'ouvrage à l'occasion d'un appel d'offres, même s'il est susceptible de faciliter les pratiques irrégulières des entreprises, ce qui semble être le cas en l'espèce, ne peut faire échec à l'application des règles de concurrence (■ Cons. conc., déc. n° 09-D-03, 21 janv. 2009 : *RD conc.* 2009, n° 2, p. 109, obs. L. Nicolas-Vullierme).

La compromission ou la tolérance des pouvoirs publics dans la mise en œuvre de pratiques anticoncurrentielles ne fait pas obstacle à l'application des dispositions de l'article L. 420-1 (■ Aut. conc., déc. n° 10-D-13, 15 avr. 2010 : *Rev. dr. transp.* 2010, comm. 132, obs. L. Grard ; *RD conc.* 2011, n° 3, p. 82, obs. L. Nicolas-Vullierme ; *Rev. Lamy conc.* 2010, n° 1645, obs. S. Destours et n° 1655, obs. M. Lavedan).

3° *Organismes professionnels*

28) Ordres professionnels. *Diffusion de barèmes.* En adoptant un règlement fixant les honoraires minima que doivent respecter ses membres, même s'il ne s'agit là que d'une recommandation, en le diffusant et le tenant à jour, un ordre professionnel prend une décision qui est l'expression fidèle de sa volonté de coordonner le comportement de ses membres sur le marché, qui relève de l'article L. 420-1. Un tel barème est une action concertée qui a un objet anticoncurrentiel et justifie que l'ordre soit sanctionné (V. par ex. ■ Comm. conc., avis, 19 nov. 1981 : *BOCC* 5 août 1982, p. 266 ; *D.* 1983, inf. rap. p. 221, obs. Ch. Gavalda et Cl. Lucas de Leyssac. ■ Cons. conc., déc. n° 87-D-53, 1er déc. 1987 : *BOCC* 1987, p. 360. ■ Cons. conc., déc. n° 93-D-30, 7 juill. 1993 : *BOCC* 1993, p. 266. ■ Cons. conc., déc. n° 96-D-78, 3 déc. 1996 : *BOCC* 1997, p. 65. – Conf. par ■ Paris, 9 déc. 1997 : *JurisData* n° 1997-930006 ; *JCP* G 1998, II, 10078, note R. Martin. ■ Paris, 15 avr. 1992 : *JurisData* n° 1992-021129 ; *JCP* E 1992, pan. 675. ■ Cons. conc., déc. n° 97-D-45, 10 juin 1997 : *BOCC* 1997, p. 610. ■ Cons. conc., déc. n° 98-D-01, 7 janv. 1998 : *BOCC* 1998, p. 117. ■ Cons. conc., déc. n° 98-D-02, 7 janv. 1998 : *BOCC* 1998, p. 121. ■ Cons. conc., déc. n° 98-D-05, 14 janv. 1998 : *BOCC* 1998, p. 123. ■ Cons. conc., déc. n° 98-D-06, 14 janv. 1998 : *BOCC* 1998, p. 707. ■ Cons. conc., déc. n° 98-D-07, 14 janv. 1998 : *BOCC* 1998, p. 707. – Conf. par ■ Paris, 10 nov. 1998, n° 1998/05215 : *JurisData* n° 1998-022759 ; *JCP* E 1998, pan. p. 1951. ■ Cons. conc., déc. n° 98-D-81, 21 déc. 1998 : *BOCC* 1999, p. 137. ■ Cons. conc., déc. n° 00-D-52, 15 janv. 2001 : *BOCC* 2001, p. 103. – Conf. par ■ Paris, 11 sept. 2001, n° 2001/02754 : *JurisData* n° 2001-158292 ; *BOCC* 2001, p. 901. ■ Cass. com., 21 mars 2000, n° 98-10.183 : *JurisData* n° 2000-001278 ; *LPA* 15 nov. 2000, p. 13, obs. M. Malaurie-Vignal. – Conf. ■ Paris, 9 déc. 1997 : *JurisData* n° 1997-930006 ; *JCP* E 1998, p. 1968, note R. Martin.

▪ Aut. conc., déc. n° 19-D-12, 24 juin 2019 : *Concurrences* 2019/4, p. 92, note A.-S. Choné-Grimaldi).

Comp. ▪ Cons. conc., déc. n° 97-D-07 : *BOCC* 1997, p. 65 et ▪ Cons. conc., déc. n° 97-D-09, 18 févr. 1997 : *BOCC* 1997, p. 274, pour lesquelles la preuve de pratiques anticoncurrentielles n'a pas été considérée comme rapportée.

29) Syndicats professionnels. *Diffusion de barèmes et de consignes de prix.* Selon la pratique décisionnelle constante du Conseil de la concurrence, s'il est loisible à un syndicat professionnel ou à un groupement professionnel de diffuser des informations destinées à aider ses membres dans l'exercice de leur activité, cette aide ne doit pas exercer d'influence directe ou indirecte sur le libre jeu de la concurrence à l'intérieur de la profession ; en particulier, les indications données ne doivent pas avoir pour effet de détourner les entreprises d'une appréhension directe de leurs coûts qui leur permette de fixer individuellement leurs prix (▪ Cons. conc., déc. n° 07-D-16, 9 mai 2007 : *Contrats, conc. consom.* 2007, comm. 182, obs. G. Decocq ; *RD conc.* 2007, n° 3, p. 87, obs. M. Debroux ; *Rev. Lamy conc.* 2007, n° 819, obs. V. Selinsky. – Conf. par ▪ Paris, 17 sept. 2008, n° 2007/20354 : *JurisData* n° 2008-001602 ; *Contrats, conc. consom.* 2008, comm. 275, obs. G. Decocq). En l'espèce, en communiquant à ses membres un barème de tarifs des prestations de séchage du maïs, les organisations en cause ont empêché les collecteurs de fixer individuellement leurs tarifs en fonction de leurs coûts réels et les a au contraire incité à forfaitiser leurs prix, ce qui a contribué à les rigidifier et à les aligner (▪ Cons. conc., déc. n° 07-D-16, 9 mai 2007 préc.).

Pour la diffusion de barèmes, V. par ex. ▪ Paris, 21 janv. 1993, n° 92/12554 : *JurisData* n° 1993-021437 ; *JCP* E 1993, pan. 556 (pour l'établissement d'un barème du temps des diverses prestations fournies par des entreprises). ▪ Paris, 3 mars 1993 : *Gaz. Pal.* 1993, 19-20 mai, obs. Y. Jobard (pour la diffusion d'un barème d'honoraires par la Fédération des agents consignataires de navires et agents maritimes). ▪ Aut. conc., déc. n° 19-D-12, 24 juin 2019 : *Concurrences* 2019/4, p. 92, note A.-S. Choné-Grimaldi (sanction d'un GIE de notaires et d'une chambre interdépartementale pour diffusion d'un barème de prix contraire à la libre concurrence instaurée par la loi Macron du 6 août 2015). ▪ Aut. conc., déc. n° 19-D-19, 30 sept. 2019 : *Concurrences* 2020/1, p. 78, note A.-S. Choné-Grimaldi (sanction de l'ordre des architectes ayant *usé de méthodes agressives* pour s'assurer du respect d'un barème de prix).

Pour l'indication de prix conseillés, V. par ex. ▪ Paris, 10 mars 1988 : *JurisData* n° 1988-620838 ; *Gaz. Pal.* 1988, 1, 350 (pour la « préconisation » d'un prix sur le marché du pain). ▪ Paris, 4 juin 1992, n° 92/1577 : *JurisData* n°. 1992-021548 ; *D.* 1992, inf. rap. 243 (pour des directives d'une fédération de producteur de majorer les prix pour lutter contre la concurrence étrangère). ▪ Paris, 19 sept. 2000, n° 2000/05039 : *JurisData* n° 2000-125021 ; *LPA* 30 mars 2001, p. 6, obs. M. Malaurie-Vignal (pour des recommandations de prix du syndicat des négociants détaillants en combustible du Nord. V. aussi ▪ Cons. conc., déc. n° 07-D-41, 28 nov. 2007 : *RD conc.* 2008, n° 1, p. 114, obs. E. Claudel ; *Rev. Lamy conc.* 2008, n° 1023, obs. C. Nourissat ▪ Aut. conc., déc. n° 09-D-39, 18 déc. 2009 : *Contrats, conc. consom.* 2010, comm. 51, obs. G. Decocq ; *Rev. Lamy conc.* 2010, n° 1588, obs. S. Destours. ▪ Paris, 6 juin 2013, n° 2012/02945 : *JurisData* n° 2013-013574 ; *Contrats, conc. consom.* 2013, comm. 219, obs. G. Decocq). ▪ Aut. conc., déc. n° 18-D-06, 23 mai 2018 : *Concurrences* 2018/3, p. 90, obs. M. Debroux (sanction d'un syndicat professionnel du secteur vinicole qui avait élaboré et diffusé des consignes générales de prix minimum).

Pour des agissements de syndicats de médecins ne portant pas atteinte au jeu de la concurrence sur un marché, V. ▪ Cass. com., 7 avr. 2010, n° 09-13.163 : *JurisData* n° 2010-003344 ; *Bull. civ.* IV, n° 71 ; *Contrats, conc. consom.* 2010, comm. 162, obs. M. Bazex ; *RJDA* 2010, n° 878 ; *RD conc.* 2010, n° 2, p. 67, obs. M. Debroux et A. Bourgery ; rejet pourvoi contre ▪ Paris, 18 mars 2009, n° 06/11854 : *Contrats, conc. consom.* 2009, comm. 135, obs. G. Decocq ; réf. de ▪ Cons. conc., déc. n° 08-D-06, 2 avr. 2008 : *Contrats, conc. consom.* 2008, comm. 164, obs. G. Decocq ; *RD conc.* 2008, n° 2, p. 105, obs. M. Debroux ; *Rev. Lamy conc.* 2008, n° 1261, note M. Deschamps et F. Marty.

Pour la sanction d'une participation active d'un syndicat professionnel tant à l'organisation d'échanges illicites qu'à la protection de leur confidentialité ▪ Aut. conc., déc. n° 15-D-19, 15 déc. 2015 : *RD conc.* 2016, n° 1, p. 89, obs. L. B. ; Inf. partiellement par ▪ Paris, 19 juill. 2018, n° 16/01270 : *Contrats, conc. consom.* 2018, comm. 195, obs. G. Decocq.

En droit européen, pour les critères permettant de sanctionner une réglementation nationale autorisant une organisation professionnelle d'avocats à fixer le tarif minimal des rémunérations (▪ CJUE, 23 nov. 2017, aff. C-427/16 et C-428/16 : *JurisData* n° 2017-025389 ; *Contrats, conc. consom.* 2018/2, comm. 32, note G. Decocq).

30) Boycott. Dès lors qu'un *ordre professionnel* représente la collectivité de ses membres, une pratique susceptible d'avoir un objet ou un effet anticoncurrentiel mise en œuvre par un tel organisme révèle nécessairement une entente entre ses membres (▪ Cass. com., 16 mai 2000 : *Bull. civ.* IV, n° 100 ; *RJDA* 2000, n° 1171 ; *JCP* E 2000, pan. 1111 ; *D.* 2000, p. 298, obs. A. Marmontel ; *LPA* 15 nov. 2000, p. 20, obs. M. Malaurie-Vignal ; rejet pourvoi contre ▪ Paris, 10 févr. 1998, n° 97/09995 : *JurisData* n° 1998-020181 ; *LPA* 1er juill. 1999, p. 17, note A. Tabutiaux et S. Huichard. – Conf. de ▪ Cons. conc., déc. n° 97-D-18, 18 mars 1997 : *BOCC* 1997, p. 329). Jugé, en l'espèce, que la diffusion, par le conseil de l'ordre national des pharmaciens, d'un communiqué condamnant le portage à domicile organisé de médicaments constitue une intervention sur le marché du portage portant atteinte aux règles de concurrence. En ce sens, V. ▪ Paris, 4 févr. 1997, n° 96/11060 : *JurisData* n° 1997-020289 ; *JCP* E 1997, pan. 1117, pour une action de boycottage de l'Ordre national des architectes. ▪ Cass. com., 10 mars 1998, n° 96-13.602 : *JurisData* n° 1998-001066 ; *RJDA* 1998, n° 914 ; *LPA* 21 août 1998, p. 12, obs. N. Reboul, pour une pratique de boycott à l'égard d'un pharmacien. – *Rappr.* ▪ Aut. conc., déc. n° 09-D-17, 22 avr. 2009 : *D.* 2009, p. 1741, obs. Ch. Alleaume ; *RD conc.* 2009, n° 3, p. 84, obs. L. Nicolas-Vullierme ; *Rev. Lamy conc.* 2009, n° 1401, obs. V. Selinsky, condamnation d'un ordre de pharmaciens pour avoir encouragé un établissement de soins à se fournir en médicaments auprès de pharmaciens désignés sur des critères de proximité.

Constituent des pratiques concertées prohibées par l'article L. 420-1 les consignes données par un *syndicat professionnel* de boycotter les produits d'un fabricant, alors que cette mesure de rétorsion n'est justifiée ni par la position dominante de la société, aucun abus n'étant démontré, ni par l'illicéité des pratiques mises en cause par cette société, la résistance légitime à une concurrence jugée agressive et déloyale ne pouvant prendre la forme d'une pratique prohibée (▪ Paris, 10 juill. 1992, n° 97/1778 : *JurisData* n° 1992-022408 ; *BOCC* 15 août 1992 ; *D.* 1992, inf. rap. 225). *Rappr.*▪ Aut. conc., déc. n° 10-D-11, 24 mars 2010 : *RD conc.* 2010, n° 2, p. 75, obs. M. Debroux ; *Rev. Lamy conc.* 2010, n° 1644, obs. S. Destours, condamnant le syndicat national des ophtalmologistes pour avoir incité au boycott de certains opticiens. V. également des pratiques de boycott défensif *mises en œuvre* par un groupement d'intérêt économique regroupant des artisans taxis afin d'empêcher le développement des VTC ▪ Aut. conc., déc. n° 19-D-05, 28 mars 2019, conf. par ▪ Paris, 20 févr. 2020, n° 19/08337 : *Concurrences* 2020/2, p. 78, note L. Bernardeau.

Mais, jugeant que le boycott constitue une action délibérée en vue d'évincer un opérateur du marché et que, faute d'établir la volonté d'éviction, les pratiques litigieuses ne peuvent être qualifiées de boycott (▪ Cass. com., 22 oct. 2002, n° 00-18.048 : *JurisData* n° 2002-015993 ; *Bull. civ.* IV, n° 148 ; *RJDA* 2003, n° 195 ; *JCP* E 2002, pan. 1743 ; *D.* 2003, p. 63, obs. E. Chevrier ; *RTD com.* 2003, 72, obs. E. Claudel). *Rappr.* ▪ Aut. conc., déc. n° 12-D-19, 26 sept. 2012 : *Rev. Lamy conc.* 2013, n° 2221, obs. S. Destours, et n° 2230, obs. E. Chassaing.

31) Contrôle des adhésions. Les clauses statutaires organisant la procédure d'agrément des professionnels candidats à l'adhésion d'une association professionnelle peuvent avoir un objet ou un effet anticoncurrentiel, dès lors que la sélection des candidats à l'adhésion n'est pas fondée sur des critères objectifs de nature qualitative et appliqués de manière non discriminatoire et qu'elles sont utilisées pour empêcher l'accès au marché à certaines entreprises (▪ Cons. conc., déc. n° 96-D-04, 23 janv. 1996 : *BOCC* mai 1996).

Si l'admission de nouveaux membres au sein d'une organisation professionnelle par cooptation ne constitue pas en elle-même une pratique contraire au droit de la concurrence, une telle modalité peut, notamment lorsqu'elle est associée à d'autres dispositions telles que le parrainage et la dispense de motivation des refus, avoir elle aussi pour effet de limiter le jeu de la concurrence (▪ Cons. conc., déc. n° 98-D-81, 21 déc. 1998 : *LPA* 25 nov. 1999, p. 10, obs. N. Reboul).

32) Entente sur les prix. Constitue une action concertée faussant le jeu de la concurrence le contrat passé par une fédération professionnelle avec des entreprises de travail temporaire pour aligner les salaires des intérimaires en contrepartie d'une recommandation de ces entreprises aux adhérents de la fédération (▪ Paris, 8 sept. 1998, n° 97/18780 : *JurisData* n° 1998-022332 ; *JCP* E 1998, pan. p. 1716 ; *LPA* 23 juin 1999, p. 22, obs. N. Reboul).

4° Autres

33) Centrale de référencement. *Boycott.* Le fait pour une centrale de référencement d'organiser entre les distributeurs indépendants qu'elle regroupe le boycott des produits d'un fournisseur qu'elle avait référencés pour la période en cours et l'élimination de ces produits de leurs linéaires est de nature à limiter artificiellement l'accès du fournisseur au marché et constitue une action concertée prohibée (▪ Cons. conc., déc. n° 94-D-60, 13 déc. 1994 : *BOCC* 1995, p. 47 ; *JCP* E 1995, I, 492, n° 10, obs. L. Vogel. – Conf. par ▪ Paris, 13 déc. 1995, n° 93/027381 : *JurisData* n° 1995-024820 ; *BOCC* 1996, p. 57 ; *D.* 1997, somm. 108, obs. Ch. Paulin ; rejet pourvoi par ▪ Cass. com., 27 janv. 1998, n° 95-45.168 : *RJDA* 1998, n° 799).

34) GIE. *Clause de non-concurrence.* L'existence d'une clause de non-concurrence dans le règlement intérieur d'un GIE n'est pas, en elle-même, nécessairement illicite mais les clauses de non-concurrence doivent être strictement proportionnées aux objectifs licites à atteindre (▪ Cons. conc., déc. n° 07-D-16, 9 mai 2007 : *Contrats, conc. consom.* 2007, comm. 182, obs. G. Decocq ; *RD conc.* 2007, n° 3, p. 87, obs. M. Debroux ; *Rev. Lamy conc.* 2007, n° 819, obs. V. Selinsky. – Conf. par ▪ Paris, 17 sept. 2008 : *Contrats, conc. consom.* 2008, comm. 275, obs. G. Decocq). En l'espèce, une clause de non-concurrence incluse dans le règlement intérieur d'un GIE et interdisant à ses membres de démarcher les coopérateurs d'une autre coopérative membre du GIE est illicite car elle est de nature à cloisonner les parts de marché de chaque membre et à cristalliser artificiellement leurs positions respectives (déc. préc.). V. aussi ▪ Cons. conc., déc. n° 97-D-01, 15 janv. 1997 : *BOCC* 25 mars 1997 ; *Contrats, conc. consom.* 1997, comm. 81, obs. L. Vogel.

Sur l'illicéité de clauses limitant le droit d'adhérents de coopératives de détaillants d'ouvrir de nouveaux points de vente, V. ▪ Cass. com., 16 mai 1995, n° 93-16.556 : *JurisData* n° 1995-001105 ; *Bull. civ.* IV, n° 147 ; rejet pourvoi contre ▪ Paris, 3 juin 1993. – Conf. de ▪ Cons. conc., déc. n° 92-D-38, 9 juin 1992 : *Contrats, conc. consom.* 1992, comm. 158, obs. L. Vogel.

Sur la qualification de restriction par objet retenue pour une clause de restriction territoriale stipulée dans le règlement intérieur d'une société coopérative, analysée sous l'angle des ententes horizontales, V. ▪ Aut. conc., déc. n° 16-D-26, 24 nov. 2016, conf. par ▪ Paris, 18 janv. 2018, n° 17/01703 : *Concurrences* 2018/2, p. 70, obs. A.-S. Choné-Grimaldi. Dans le même sens, V. ▪ Aut. con., déc. n° 19-D-15, 8 juill. 2019 : *Contrats, conc. consom.* 2019/10, comm. 156, note M. Malaurie-Vignal ; *Lettre distrib.* 2019/9, p. 10, obs. S. Destours ; *Concurrences* 2019/4, p. 93, note L. Bernardeau.

35) Grande distribution. ***Clause d'exclusivité d'enseigne.*** Doit être cassé l'arrêt qui ne recherche pas si les statuts d'une société, pris dans leur ensemble, prévoyant que cette société, d'une durée de 99 ans, avait pour objet l'exploitation d'une surface commerciale de distribution sous l'enseigne « x », que le président de la société ou son conjoint devait être obligatoirement détenteur du droit d'usage de cette enseigne, enfin que ces règles statutaires ne pouvaient être modifiées qu'à l'unanimité et les dispositions du contrat de parrainage conclu entre les associés n'avaient pas pour objet ou pour effet de porter atteinte aux *articles L. 420-1 et L. 420-3 du Code de commerce* ainsi qu'aux principes de la liberté contractuelle et de la liberté de la concurrence (▪ Cass. com., 26 avr. 2017, n° 15-14.243 : *JurisData* n° 2017-007788 ; *Contrats, conc. consom.* 2017/8-9, comm. 174, obs. M. Malaurie-Vignal).

36) Accords de rapprochement d'entreprises. Pour un exemple d'analyse des risques d'entente induits par des accords de rapprochement de centrales d'achats et de référencement : ▪ Aut. conc., avis n° 15-A-06, 31 mars 2015 : *RD conc.* 2015, n° 3, p. 97, obs. N. Eréséo.

37) « Facilitateur » de cartels. Syndicat professionnel : ▪ Aut. conc., déc. n° 15-D-19, 15 déc. 2015 : *RD conc.* 2016, n° 1, p. 89, obs. L. B. ; Inf. partiellement par ▪ Paris, 19 juill. 2018, n° 16/01270 : *Contrats, conc. consom.* 2018, comm. 195, obs. G. Decocq. – *Comp.* en droit de l'union européenne, courtier dans le secteur financier ▪ CE, 4 févr. 2015, aff. COMP/39861, *ICAP* : *RD conc.* 2015, n° 2, p. 84, obs. L. Bernardeau.

B – Ententes verticales

1° *Principes généraux*

38) Accord de volontés. ***Preuve.*** En matière d'accords verticaux, la preuve de l'entente peut résulter de la signature, par les parties, de contrats ou de conditions générales de vente comportant des clauses à objet anticoncurrentiel (V. par ex. ▪ Cass. com., 1er juin 1993, n° 91-14.242 : *JurisData* n° 1993-001248 ; *Bull. civ.* IV, n° 201 ; *Contrats, conc. consom.* 1993, comm. 175, obs. L. Vogel ; *D.* 1995, somm. 79, obs. D. Ferrier. ▪ Cons. conc., déc. n° 07-D-06, 28 févr. 2007 : *BOCC* 7 juin 2007 ; *RJDA* 2007, n° 555 ; *RD conc.* 2007, n° 2, p. 101, obs. E. Claudel). En l'absence de telles clauses, il faut distinguer les situations dans lesquelles les relations fournisseurs/distributeurs s'insèrent dans le cadre de relations contractuelles suivies et habituelles, des situations dans lesquelles les relations sont ponctuelles et hors de tout contrat de distribution ou de concession.

Dans le cadre de relations contractuelles suivies entre fournisseur et distributeurs, les distributeurs ne peuvent être considérés comme ayant accepté tacitement, par avance, lors de la signature du contrat de distribution ou de concession, toute pratique voulue par le fournisseur. C'est ainsi que si la pratique du fournisseur (interdiction d'exporter ou imposition de prix) ne peut se rattacher à aucune clause du contrat « en tenant compte, le cas échéant, de tous les autres facteurs pertinents, tels que les buts poursuivis par ce contrat à la lumière du contexte économique et juridique au regard duquel celui-ci a été conclu » (▪ CJCE, 13 juill. 2006, aff. C-74/04 : *Rec. CJCE* 2006, I, p. 6585 ; *Europe* 2006, comm. 289, obs. L. Idot ; RD conc. 2006, n° 4, p. 67, obs. M. van der Woude ; *Rev. Lamy conc.* 2006, n° 628, obs. V. Selinsky. – Conf. de ▪ TPICE, 3 déc. 2003, aff. T-208/01 : *Rec. CJCE* 2003, II, p. 5141 ; *Europe* 2004, comm. 84, obs. L. Idot ; *Contrats, conc. consom.* 2004, comm. 27, obs. S. Poillot-Peruzzetto), les distributeurs ne peuvent être considérés comme ayant accepté tacitement, par avance, l'invitation du fournisseur à commettre une pratique anticoncurrentielle. Mais dès lors que cette invitation adressée par le fournisseur aux distributeurs a été effectivement acceptée par les distributeurs, l'accord de volonté de ces derniers est démontré.

La démonstration d'une entente verticale anticoncurrentielle généralisée au sein d'un réseau de distribution, impliquant des distributeurs représentant une part significative de la distribution concernée, ne requiert pas l'identification de tous les distributeurs ayant participé à l'entente dès lors qu'il n'est pas retenu d'entente totale au sein du réseau (■ Cass. com., 7 oct. 2014 : *Contrats, conc. consom.* 2014, comm. 278, obs. G. Decocq ; conf. sur ce point de ■ Paris, 16 mai 2013 : *Contrats, conc. consom.* 2013, comm. 166, obs. G. Decocq ; *Rev. Lamy conc.* 2013/36, n° 2337, obs. V. Selinsky ; conf. de ■ Aut. conc., déc. n° 11-D-19, 15 déc. 2011 : *Rev. Lamy conc.* 2012, n° 2028, obs. P. Arhel).

En dehors de telles relations, l'invitation du fournisseur à commettre une pratique anticoncurrentielle et l'acquiescement des distributeurs doivent être démontrés. La Cour de justice a jugé que « pour qu'un accord au sens de l'article 81, § 1 du traité (devenu art. 101, § 1 du TFUE) puisse être réputé conclu au moyen d'une acceptation tacite, il est nécessaire que la manifestation de volonté de l'une des parties contractantes visant un but anticoncurrentiel constitue une invitation à l'autre partie, qu'elle soit expresse ou implicite, à la réalisation commune d'un tel but, et ce d'autant plus qu'un tel accord n'est pas, à première vue, dans l'intérêt de l'autre partie » (■ CJCE, 6 janv. 2004, aff. C-2/01 : *Rec. CJCE* 2004, I, p. 23 ; *Europe* 2004, comm. 84, obs. L. Idot ; *RJDA* 2004, p. 603, note J.-M. Cot. – Conf. de ■ TPICE, 26 oct. 2000, aff. T-41/96 : *Rec. CJCE* 2000, II, p. 3383).

Il résulte de ce qui précède que la preuve de l'élémentsubjectif qui caractérise la notion même d'accord au sens de l'article 81, § 1 du traité (devenu art. 101, § 1 du TFUE), c'est-à-dire la concordance de volontés entre opérateurs économiques sur la mise en œuvre d'une politique, doit reposer sur la constatation directe ou indirecte de la manière dont s'est manifestée la volonté des parties de se comporter sur le marché conformément aux termes dudit accord (■ Paris, 29 juin 2004, n° 03PA02494 : *BOCC* 2004, p. 623 ; *Rev. Lamy conc.* 2005, n° 18, obs. V. Selinsky. – Conf. de ■ Cons. conc., 23 déc. 2003, déc. n° 03-D-66 : *BOCC* 2004, p. 74 ; rejet pourvoi par ■ Cass. com., 12 juill. 2005, n° 04-16.896 : *Rev. Lamy conc.* 2006, n° 422, obs. C. Robin). En l'espèce, les plans « anti-rabais » consistant à interdire aux concessionnaires de pratiquer des rabais sur certains modèles et les « aides pressions imports » visant à permettre aux concessionnaires de lutter contre les réimportations de véhicules des autres États membres ne résultent pas d'une concertation entre entreprises, à défaut de la démonstration d'une concordance de volontés sur l'objet de l'accord (même arrêt).

Pareillement, le traitement discriminatoire entre distributeurs intégrés ne suffit pas à caractériser une entente entre distributeurs et fournisseurs, dans la mesure où l'opacité des conditions générales de vente ne permet pas d'établir que les distributeurs avaient connaissance des différences de traitement, les pratiques litigieuses ne relevant donc pas d'une concertation entre les intéressés mais traduisant au contraire un comportement unilatéral du fournisseur (■ Cons. conc., déc. n° 99-D-31, 18 mai 1999 : *BOCC* 1999, p. 495 ; *Contrats, conc. consom.* 1999, comm. 143, obs. M. Malaurie-Vignal. – Conf. par ■ Paris, 15 févr. 2000, n° 1999/17586 : *JurisData* n° 2000-106094 ; *BOCC* 2000, p. 177).

39) Prix imposés. *Preuve.* En l'absence de preuve établissant directement la volonté du fournisseur d'imposer des prix (clause de prix imposés, déclarations établissant cette volonté ou témoignages de tiers), la preuve de cette volonté est rapportée lorsqu'un faisceau d'indices « graves, précis et concordants » converge pour établir les trois points suivants : en premier lieu, les prix de vente au détail souhaités par le fournisseur sont connus des distributeurs ; en deuxième lieu, une police des prix a été mise en place pour éviter que des distributeurs déviants ne compromettent le fonctionnement durable de l'entente ; en troisième lieu, ces prix souhaités par le fournisseur et connus des distributeurs sont significativement appliqués par ces derniers (■ Cons. conc., déc. n° 06-D-04, 13 mars 2006 : *BOCC* 2007, p. 143 ; *Contrats, conc. consom.* 2006, comm. 83, obs. M. Malaurie-Vignal ; *RD conc.* 2006, n° 2, p. 82, obs. E. Claudel ; *Rev. Lamy conc.* 2006, n° 557, obs. M. Dumarcay ; *RJDA* 2006, n° 705 ; réf. par ■ Paris, 26 juin 2007, n° 2007/06386 : *JurisData* n° 2007-344764 ; *Contrats, conc. consom.* 2007, comm. 211, obs. G. Decocq ; *RJDA* 2007, n° 1015 ; *RD conc.* 2007, n° 3, p. 81, obs. M. Debroux ; *Rev. Lamy conc.* 2007, n° 895, obs. S. Cholet ; cassé par ■ Cass. com., 10 juill. 2008, n° 07-17.276 : *Bull. civ.* IV, n° 152 ; *D.* 2008, p. 2225, obs. E. Chevrier ; *Contrats, conc. consom.* 2008, comm. 236, obs. G. Decocq ; *RJDA* 2008, n° 1312 ; *RD conc.* 2008, n° 4, p. 136, obs. Ch. Momège ; *Rev. Lamy conc.* 2008, n° 1197, obs. V. Selinsky et S. Cholet ; sur renvoi, V. ■ Paris, 10 nov. 2009 : *JurisData* n° 2009-015168 ; *Contrats, conc. consom.* 2010, comm. 17, obs. G. Decocq ; *RJDA* 2010, n° 176 ; *Rev. Lamy conc.* 2010, n° 1520, obs. V. Selinsky et n° 1554, obs. M. Lavedan ; cassé par ■ Cass. com., 23 nov. 2010, n° 09-17.204 : *JurisData* n° 2010-021983 ; *D.* 2010, p. 2901, obs. E. Chevrier ; *Contrats, conc. consom.* 2011, comm. 17, obs.

G. Decocq ; *RJDA* 2011, n° 266 ; *RD conc.* 2011, n° 1, p. 193, obs. Ch. Lemaire et S. Naudin ; *Rev. Lamy conc.* 2011, n° 1813, obs. E. Barbier de la Serre ; sur renvoi, V. ▪ Paris, 26 janv. 2012, n° 2010/23945 : *Contrats, conc. consom.* 2012, comm. 100, obs. G. Decocq ; *Rev. Lamy conc.* 2012, n° 2027, obs. M. Dumarcay ; cass., sur un autre point, par ▪ Cass. com., 11 juin 2013, n° 12-13.961 : *JurisData* n° 2013-011956 ; *D.* 2013, p. 1542, obs. E. Chevrier ; *Contrats, conc. consom.* 2013, comm. 217, obs. G. Decocq ; *RJDA* 2013, p. 635, chron. S. Treard ; V. ref. sur renvoi après cassation par ▪ Paris, 10 avr. 2014, n° 2013/12458 ; V. pourvoi rejeté par ▪ Cass. com., 9 juin 2015, n° 14-17.025).

En ce sens, V. par ex. ▪ Cons. conc., déc. n° 04-D-67, 1er déc. 2004 : *Contrats, conc. consom.* 2005, comm. 67, obs. M. Malaurie-Vignal ; *Rev. Lamy conc.* 2005, n° 121, obs. J. Peyre. ▪ Cons. conc., déc. n° 07-D-04, 24 janv. 2007 : *Contrats, conc. consom.* 2007, comm. 70, obs. M. Malaurie-Vignal ; *RD conc.* 2007, n° 2, p. 99, obs. E. Claudel ; *Rev. Lamy conc.* 2007, n° 752, obs. V. Selinsky. ▪ Cons. conc., déc. n° 07-D-50, 20 déc. 2007 : *Contrats, conc. consom.* 2008, comm. 39, obs. M. Malaurie-Vignal ; *RJDA* 2008, n° 328 ; *RD conc.* 2008, n° 1, p. 108, obs. E. Claudel ; *Rev. Lamy conc.* 2008, n° 1058, obs. S. Cholet ; conf. par ▪ Paris, 28 janv. 2009, n° 2008/00255 : *JurisData* n° 2009-007882 ; *Contrats, conc. consom.* 2009, comm. 83, obs. G. Decocq ; *RD conc.* 2009, n° 2, p. 107, obs. L. Nicolas-Vullierme ; rejet pourvoi par ▪ Cass. com., 7 avr. 2010, n° 09-11.936 : *JurisData* n° 2010-003405 ; *Contrats, conc. consom.* 2010, comm. 163, obs. G. Decocq ; *RD conc.* 2010, n° 2, p. 68, obs. L. Nicolas-Vullierme. ▪ Cass. com., 8 avr. 2008 : *Contrats, conc. consom.* 2008, comm. 163, obs. M. Malaurie-Vignal ; *Rev. Lamy conc.* 2008, n° 1132, obs. C. Robin ; rejet pourvoi contre ▪ Paris, 29 mai 2007. – Conf. de ▪ Cons. conc., déc. n° 05-D-70, 19 déc. 2005 : *Rev. Lamy conc.* 2006, n° 488, note V. Selinsky.

Cependant, la réunion de ces trois indices, qualifiée de « faisceau à trois branches », ne constitue que le mode de preuve le plus généralement utilisé du concours de volontés des deux parties, lorsqu'il s'agit de démontrer une entente verticale sur les prix et l'Autorité ne saurait être tenue, en toute espèce, de réunir un faisceau d'indices articulé en trois branches, lorsqu'elle dispose d'indices documentaires ou comportementaux qui viennent établir, d'une part, l'invitation du fabricant et, d'autre part, l'acquiescement des distributeurs à la pratique litigieuse (▪ Aut. conc., déc. n° 20-D-20, 3 déc. 2020 : *Lettre distrib. janv. 2021, p. 7, obs. K. Biancone* ; *Concurrences* 2021, p. 143, note A.- C. Martin).

40) Utilisation du règlement n° 2790/99/CE comme « guide d'analyse » en droit national. Le Conseil de la concurrence peut utilement s'appuyer sur le règlement européen d'exemption n° 2790/99 concernant l'application de l'article 81, § 3, CE à des catégories d'accords verticaux et de pratiques concertées (sur lequel voir Annexe 4, *De la liberté des prix et de la concurrence*, p. 3051), même lorsqu'il est inapplicable, dès lors qu'il ne s'en sert que comme un « guide d'analyse » pour l'appliquer au droit national (▪ Cons. conc., déc. n° 00-D-82, 26 févr. 2001 : *BOCC* 2001, p. 187. – Conf. par ▪ Paris, 7 mai 2002 : *BOCC* 2002, p. 400. ▪ Cons. conc., déc. n° 01-D-45, 19 juill. 2001 : *BOCC* 2001, p. 866 ; *RJDA* 2002, n° 103. ▪ Cons. conc., déc. n° 03-D-60, 17 déc. 2003 : *BOCC* 2004, p. 56 ; *JCP* E 2004, jurispr. 475, note P. Arhel. – Conf. par ▪ Paris, 29 juin 2004, n° 04/01560 : *JurisData* n° 2004-247012 ; *BOCC* 2004, p. 625 ; *Rev. Lamy conc.* 2005, n° 10, obs. V. Selinsky). Le Conseil de la concurrence s'est même référé audit règlement alors que les faits reprochés (validité d'un système de distribution sélective de vêtements ou encore accords dans le secteur de la distribution de motos) étaient antérieurs à son entrée en vigueur (▪ Cons. conc., déc. n° 02-D-01, 22 janv. 2002 : *BOCC* 2002, p. 235. ▪ Cons. conc., déc. n° 03-D-42, 18 août 2003 : *BOCC* 2003, p. 953).

2° *Accords de distribution*

Bibliographie : Sur les contrats d'affiliation de magasins indépendants dans le secteur de la distribution alimentaire, V. ▪ Aut. conc., avis n° 10-A-26, 7 déc. 2010 : *Contrats, conc. consom.* 2011, étude 3, note M. Malaurie-Vignal ; *Rev. Lamy conc.* 2011, n° 1776, note V. Selinsky ; *JCP* G 2011, 177, obs. N. Dissaux. ▪ *Rappr.* ▪ Aut. conc., déc. n° 11-D-03, 15 févr. 2011 : *Contrats, conc. consom.* 2011, comm. 92, obs. M. Malaurie-Vignal ; *Rev. Lamy conc.* 2011, n° 1791, obs. V. Selinsky. ▪ Aut. conc., déc. n° 11-D-20, 16 déc. 2011 : *D.* 2012, p. 577, n° 2, obs. D. Ferrier ; *Contrats, conc. consom.* 2012, comm. 43, obs. M. Malaurie-Vignal. ▪ Aut. conc., avis n° 12-A-01, 11 janv. 2012 : *Contrats, conc. consom.* 2012, comm. 63, obs. M. Malaurie-Vignal ; *Rev. Lamy conc.* 2012, n° 2175, note M. Deschamps. – *Adde*, ▪ Cass. com., 4 nov. 2014 : *RD conc.* 2015, n° 1, p. 121, note N. Ereseo ; *Contrats, conc. consom.* 2015, comm. 33, obs. M. Malaurie-Vignal.

• Franchise

– Absence de restriction de concurrence

41) Clause d'approvisionnement exclusif. Le franchiseur est en droit d'imposer au franchisé de vendre ou d'utiliser dans le cadre des prestations de services exclusivement des produits répondant aux spécifications objectives minimales de qualité fixées par lui ou de vendre ou d'utiliser dans le cadre de la prestation de services des produits fabriqués seulement par le franchiseur ou par des tiers désignés par lui, lorsqu'il n'est pas possible en pratique, en raison de la nature des produits qui font l'objet de la franchise, de définir des spécifications objectives de qualité, dans la mesure où le respect de ces obligations est nécessaire à la protection des droits de propriété industrielle ou intellectuelle du franchiseur ou pour maintenir l'identité commune et la réputation du réseau franchisé (▪ Cons. conc., déc. n° 96-D-16, 19 mars 1996 : *BOCC* 1996, p. 263 ; *JCP* 1996, I, 613, n° 14, obs. L. Vogel). En ce sens, V. ▪ Cons. conc., déc. n° 94-D-31, 24 mai 1994 : *BOCC* 1994, p. 274 ; *Contrats, conc. consom.* 1994, comm. 164. ▪ Cons. conc., déc. n° 94-D-32, 24 mai 1994 : *BOCC* 1994, p. 275.

En matière de franchise, les clauses qui organisent le contrôle indispensable à la préservation de l'identité et de la réputation du réseau, symbolisé par l'enseigne, ne constituent pas des restrictions de concurrence au sens des articles 101, paragraphe 1, du Traité sur le fonctionnement de l'Union européenne et L. 420-1 du Code de commerce. Doit ainsi être approuvé l'arrêt qui retient que la clause d'approvisionnement exclusif imposée aux franchisés était nécessaire pour disposer chez chacun d'eux d'une uniformité de qualité et de goût des produits fabriqués selon un cahier des charges et un procédé propre au franchiseur, constituant ainsi un élément décisif pour l'image et l'identité du réseau de franchise (▪ Cass. com., 20 déc. 2017, n° 16-20.500 : *Contrats, conc. consom.* 2018, comm. 75, obs. D. Bosco. – V. également ▪ Cass. com., 20 déc. 2017, n° 16-20.501).

Sur la nécessité de démontrer concrètement en quoi la clause d'approvisionnement exclusif est indispensable pour préserver l'identité et la réputation du réseau de franchise, V. ▪ Cass. com., 10 janv. 1995, n° 92-17.892 : *LPA* 5 mai 1995, note O. Gast ; *RJDA* 1995, n° 561 ; *D.* 1997, somm. 58, obs. D. Ferrier. – *Adde* ▪ Cass. com., 16 sept. 2014, n° 13-18.710 : *JurisData* n° 2014-021322 ; *Concurrences* 2014/4, p. 150, note N. Ereseo. ▪ Cass. com., 20 déc. 2017, n° 16-20.501.

42) Clauses de non-concurrence et de non-affiliation. Les clauses de non-affiliation ou de non-concurrence peuvent être considérées comme *inhérentes* à la franchise dans la mesure où elles permettent d'assurer la protection du savoir-faire transmis qui ne doit profiter qu'aux membres du réseau et de laisser au franchiseur le temps de réinstaller un franchisé dans la zone d'exclusivité ; ces clauses doivent cependant rester proportionnées à l'objectif qu'elles poursuivent (▪ Cons. conc., déc. n° 96-D-36, 28 mai 1996 : *BOCC* 1996, p. 408 ; *Contrats, conc. consom.* 1996, comm. 167, obs. L. Vogel. – Conf. par ▪ Paris, 18 mars 1997, n° 96-07119 : *JurisData* n° 1997-020654 ; *BOCC* 1997, p. 267 ; *JCP* E 1998, p. 75, n° 2, obs. L. Vogel ; *D.* 1999, somm. 24, obs. E. Claudel ; rejet pourvoi par ▪ Cass. com., 12 janv. 1999, n° 97-13.125 : *JurisData* n° 1999-000076 ; *Bull. civ.* IV, n° 9 ; *Contrats, conc. consom.* 1999, comm. 42, obs. M. Malaurie-Vignal ; *JCP* E 1999, p. 1909, obs. P. Arhel ; *LPA* 23 mars 1999, p. 12, note J. L. ; *LPA* 25 nov. 1999, p. 13, obs. N. Reboul).

La clause de non-réafiliation en ce qu'elle n'est pas indispensable à la préservation de l'identité et de la réputation du réseau symbolisé par l'enseigne, méconnaît l'article L. 420-1 du Code de commerce (▪ Cass. com., 16 sept. 2014 : *RD conc.* 2014, n° 4, p. 150, note N. Ereseo. ▪ Cass. com., 30 mars 2016, n° 14-22.261 : *Lettre distrib.* mai 2016, p. 5, obs. A. Bories).

43) Droit de préemption ou de préférence. Pour une appréciation *in concreto* de l'effet anticoncurrentiel d'une clause accordant un droit de préemption insérée au profit d'une coopérative de distribution en cas de cession d'un magasin franchisé, V. ▪ Aut. conc., déc. n° 13-D-19, 29 oct. 2013 : *Contrats, conc. consom.* 2014, comm. 6, obs. M. Malaurie-Vignal. En l'espèce, ni le droit de préemption ni les autres clauses comme celles relatives aux pénalités n'ont eu d'effet sur la faculté des magasins de changer d'enseigne – pourvoi rejeté par ▪ Paris, 26 mars 2015, n° 12/02052 : *RD conc.* 2015, n° 1, p. 96 obs. F. Marty. V. également ▪ Cass. com., 3 mai 2018, n° 16-27.926 : *Contrats, conc. consom.* 2018/7, comm. 132, obs. M. Malaurie-Vignal ; *Concurrences* 2018/3, p. 113, obs. A.-C. Martin, en ce sens qu'un pacte de préférence peut être justifié par le fait que le franchiseur puisse sécuriser ses investissements en empêchant l'appropriation des efforts commerciaux favorables du partenariat en cause par un concurrent, aucune preuve d'atteinte à la concurrence n'étant par ailleurs rapportée par le franchisé. Pour des analyses plus sévères des effets du pacte de préférence dans le secteur de la distribution alimentaire, V. Aut. conc., avis n° 10-A-26, 7 déc. 2010 : *Contrats, conc. consom.* 2011, étude 3, note M. Malaurie-Vignal ; *Rev. Lamy conc.* 2011, n° 1776, note V. Selinsky ; *JCP* G 2011, 177, obs. N. Disssaux.

– Présence d'une restriction de concurrence

44) Fixation des prix au sein du réseau. La diffusion par le franchiseur, auprès des franchisés du réseau, de documents destinés à la clientèle comportant les taux de commission et les frais forfaitaires fixes préimprimés avait pour objet et pouvait avoir pour effet de restreindre le jeu de la concurrence sur le marché du dépôt-vente d'objets d'occasion en limitant la libre détermination de leurs prix par chacune des entreprises du réseau. En effet, la diffusion de ces documents par le franchiseur ne constituait pas seulement un confort de gestion pour les franchisés mais une forte incitation à appliquer les taux de commission et les frais forfaitaires indiqués, lesquels, communiqués aux déposants et très généralement appliqués, ont entraîné une restriction effective du libre jeu de la concurrence sur le marché concerné, ayant ainsi un effet équivalent à une pratique de prix imposés (▪ Paris, 8 juill. 1994, n° 92-1878 : *JurisData* n° 1994-023023 ; *BOCC* 1994, p. 327. – Conf. sur ce point, de ▪ Cons. conc., déc. n° 93-D-43, 19 oct. 1993 : *BOCC* 1993, p. 331).

Si l'indication de prix conseillés peut être admise dès lors qu'il n'est exercé aucune pression sur les revendeurs pour en assurer le respect, le fait de préciser que les prix indiqués en annexe « font partie intégrante » du contrat est de nature à leur conférer un caractère obligatoire et à limiter la liberté commerciale des revendeurs (▪ Paris, 3 nov. 1995, n° 95/7158 : *JurisData* n° 1995-024030 ; *BOCC* 1995, p. 460. – Conf. de ▪ Cons. conc., déc. n° 95-D-14, 7 févr. 1995 : *BOCC* 1995, p. 97 ; *Contrats, conc. consom.* 1995, n° 107, obs. L. Vogel). V. égal. ▪ Aut. conc., déc. 17-D-01, 26 janv. 2017 (diffusion d'une « charte internet » devant être signée par les distributeurs et comprenant des prix publics conseillés).

Le fait de conditionner le référencement des revendeurs sur Internet au respect par ces derniers des prix communiqués confère aux accords signés un objet anticoncurrentiel (▪ Cass. com., 7 oct. 2014 : *Contrats, conc. consom.* 2014, comm. 278, obs. G. Decocq ; conf. sur ce point de ▪ Paris, 16 mai 2013 : *Contrats, conc. consom.* 2013, comm. 166, obs. G. Decocq ; *Rev. Lamy conc.* 2013/36, n° 2337, obs. V. Selinsky ; conf. de ▪ Aut. conc., déc. n° 11-D-19, 15 déc. 2011 : *Rev. Lamy conc.* 2012, n° 2028, obs. P. Arhel).

Lorsque les revendeurs disposent en réalité d'une marge de manœuvre réduite à l'extrême par le caractère très bas des prix maximum figurant dans le catalogue d'un franchiseur, dans un contexte de grande tension des prix des produits sur le marché et par les principes mêmes qui, par la charte du franchiseur, gouvernent les relations entre le franchiseur et ses franchisés, leur faisant obligation de ne pas s'éloigner, dans des proportions trop importantes, des prix établis dans cette chaîne de distribution développant une image de pratique de prix bas, il en résulte une incitation vigoureuse du distributeur à se conformer à ces prix, qui ne réservent pas, au demeurant, une marge importante (▪ Paris, 13 déc. 1995 : *BOCC* 1996, p. 57 ; *D.* 1997, somm. 108, obs. Paulin. – Conf. de ▪ Cons. conc., déc. n° 94-D-60, 13 déc. 1994 : *BOCC* 1995, p. 47 ; *JCP* E 1995, I, 492, n° 10, *obs. L. Vogel ; rejet pourvoi par* ▪ *Cass. com., 27 janv. 1998* : *RJDA* 1998, n° 799).

Un Code de bonne conduite « comités et collectivités », annexé au contrat de franchise, a la même valeur contractuelle, la même force obligatoire que le contrat lui-même. Dès lors, l'obligation qu'il impose aux franchisés de vendre au prix « comités d'entreprises » conduit ces derniers à appliquer un prix consigné dans un contrat qui s'avère être un prix imposé par le franchiseur. L'interdiction de « surenchère-remise » participe de la même volonté de limiter la liberté commerciale des franchisés (▪ Cons. conc., déc. n° 07-D-04, 24 janv. 2007 : *BOCC* 2007, p. 659 ; *Contrats, conc. consom.* 2007, comm. 70, obs. M. Malaurie-Vignal ; *RD conc.* 2007, n° 2, p. 99, obs. E. Claudel ; *Rev. Lamy conc.* 2007, n° 752, obs. V. Selinsky).

Par ailleurs, la fixation concertée de prix par des commerçants indépendants regroupés sous une même enseigne ne constitue pas une pratique prohibée par les dispositions de l'article L. 420-1 lorsque ces commerçants ne sont pas situés dans la même zone de chalandise ; il est, en outre, possible à un franchiseur de communiquer à des franchisés, situés dans la même zone de chalandise, des barèmes de prix maximaux de revente ou de prix conseillés, à condition que ces indications soient sans ambiguïté et que ces prix ne revêtent pas en réalité le caractère de prix imposés ou de prix minimaux ; à l'inverse, lorsque les franchisés sont regroupés sous la même enseigne et situés, pour certains d'entre eux, sur les mêmes zones de chalandise, la fixation de prix de revente identiques ou minimaux que tous les membres du réseau se trouvent, en fait, dans l'obligation d'appliquer constitue une pratique prohibée par l'article L. 420-1 (▪ Cons. conc., déc. n° 96-D-36, 28 mai 1996 : *BOCC* 1996, p. 408 ; *Contrats, conc. consom.* 1996, comm. 167, obs. L. Vogel. – Conf. par ▪ Paris, 18 mars 1997 : *BOCC* 1997, p. 267 ; *JCP* E 1998, p. 75, n° 2, obs. L. Vogel ; *D.* 1999, somm. 24, obs. E. Claudel ; rejet pourvoi par ▪ Cass. com., 12 janv. 1999 : *Bull. civ.* IV, n° 9 ; *Contrats, conc. consom.* 1999, comm. 42, obs. M. Malaurie-Vignal ; *JCP* E 1999, p. 1909, obs. P. Arhel ; *LPA* 23 mars 1999, p. 12, note J. L. ; *LPA* 25 nov. 1999, p. 13, obs. N. Reboul). En ce sens, V. ▪ Cons. conc., déc. n° 96-D-16, 19 mars 1996 : *BOCC* 1996, p. 263. ▪ Cons. conc., déc. n° 97-D-51, 24 juin 1997 : *BOCC* 1997, p. 698 ; *D.* 1998, somm. 223, obs. Y. Serra.

Comp. les deux espèces suivantes dans lesquelles il n'a pas été établi que les franchisés de chaque enseigne considérée se soient trouvés effectivement en situation de concurrence : ▪ Cons. conc., déc. n° 97-D-48, 18 juin 1997 : *BOCC* 1997, p. 657 ; *Contrats, conc. consom.* 1997, comm. 152, obs. L. Vogel ; *D.* 1998, somm. 223, obs. Y. Serra ; *LPA* 8 avr. 1998, p. 26, note P. Arhel ; *LPA* 27 nov. 1998, p. 20, note Y. Marot. ▪ Cons. conc., déc. n° 03-D-39, 4 sept. 2003 : BOCC 2003, p. 935 ; *Contrats, conc. consom.* 2003, comm. 181, obs. M. Malaurie-Vignal.

45) Clause d'approvisionnement exclusif. En vertu du droit interne et des règles dégagées au plan européen, un franchiseur n'est en droit d'imposer aux franchisés de s'approvisionner exclusivement auprès de sa société ou auprès des fournisseurs qu'il aura référencés qu'autant qu'il est prouvé qu'il n'est pas possible, en pratique, en raison de la nature des produits qui font l'objet de la franchise, d'appliquer des spécifications de qualité objectives (■ Cons. conc., déc. n° 96-D-36, 28 mai 1996 : *BOCC* 1996, p. 408 ; *Contrats, conc. consom.* 1996, comm. 167, obs. L. Vogel. – Conf. par ■ Paris, 18 mars 1997 : *BOCC* 1997, p. 267 ; *JCP* E 1998, p. 75, n° 2, obs. L. Vogel ; *D.* 1999, somm. 24, obs. E. Claudel ; rejet pourvoi par ■ Cass. com., 12 janv. 1999 : *Bull. civ.* IV, n° 9 ; *Contrats, conc. consom.* 1999, comm. 42, obs. M. Malaurie-Vignal ; *JCP* E 1999, p. 1909, obs. P. Arhel ; *LPA* 23 mars 1999, p. 12, note J. L. ; *LPA* 25 nov. 1999, p. 13, obs. N. Reboul).

En ce sens, V. ■ Cons. conc., déc. n° 96-D-16, 19 mars 1996 : *BOCC* 1996, p. 263 ; *JCP* 1996, I, 613, n° 14, obs. L. Vogel. ■ Cons. conc., déc. n° 97-D-48, 18 juin 1997 : *BOCC* 1997, p. 657 ; *Contrats, conc. consom.* 1997, comm. 152, obs. L. Vogel ; *D.* 1998, somm. 223, obs. Y. Serra ; *LPA* 8 avr. 1998, p. 26, note P. Arhel ; *LPA* 27 nov. 1998, p. 20, note Y. Marot. ■ Cons. conc., déc. n° 97-D-51, 24 juin 1997 : *BOCC* 1997, p. 698 ; *D.* 1998, somm. 223, obs. Y. Serra. ■ Cons. conc., déc. n° 99-D-49, 6 juill. 1999 : *BOCC* 1999, p. 629 ; *LPA* 23 oct. 1999, p. 11, note P. Arhel ; *RJDA* 2000, n° 215. ■ Cass. com., 2 juill. 2002, n° 00-14.939 : *RJDA* 2002, n° 1206.

46) Clause d'aménagement exclusif des magasins. S'il est possible à un franchiseur d'exiger pour assurer l'unité du réseau de faire respecter par les franchisés les éléments d'identification de la marque à travers le respect d'un cahier des charges, rien ne justifie en l'espèce que le décorateur du franchiseur soit seul à pouvoir effectuer ce type de prestation. Une telle clause a pour objet et a pu avoir pour effet de restreindre le jeu de la concurrence en limitant l'accès au marché d'agencement et de fourniture de tels locaux. N'étant ni nécessaire à la distribution en franchise, ni indispensable au maintien de l'identité du réseau, déjà protégée par l'agrément du local et des aménagements par le franchiseur, son absence ne mettrait pas en péril l'unité du réseau et le savoir-faire du franchiseur (■ Cons. conc., n° 96-D-16, 19 mars 1996 : *BOCC* 1996, p. 263 ; *JCP* 1996, I, 613, n° 14, obs. L. Vogel).

En ce sens, V. ■ Cons. conc., déc. n° 96-D-36, 28 mai 1996 : *BOCC* 1996, p. 408 ; *Contrats, conc. consom.* 1996, comm. 167, obs. L. Vogel. – Conf. par ■ Paris, 18 mars 1997 : *BOCC* 1997, p. 267 ; *JCP* E 1998, p. 75, n° 2, obs. L. Vogel ; *D.* 1999, somm. 24, obs. E. Claudel ; rejet pourvoi par ■ Cass. com., 12 janv. 1999 : *Bull. civ.* IV, n° 9 ; *Contrats, conc. consom.* 1999, comm. 42, obs. M. Malaurie-Vignal ; *JCP* E 1999, p. 1909, obs. P. Arhel ; *LPA* 23 mars 1999, p. 12, note J. L. ; *LPA* 25 nov. 1999, p. 13, obs. N. Reboul. ■ Cons. conc., déc. n° 99-D-49, 6 juill. 1999 : *BOCC* 1999, p. 629 ; *LPA* 23 oct. 1999, p. 11, note P. Arhel ; *RJDA* 2000, n° 215. ■ Cass. com., 2 juill. 2002 : *RJDA* 2002, n° 1206.

47) Clause interdisant les rétrocessions entre franchisés. Pareille interdiction empêche les franchisés de s'approvisionner auprès d'autres franchisés et de profiter, le cas échéant, de meilleures conditions d'achat, sans qu'une telle clause apparaisse justifiée par la nécessité de maintenir l'image du réseau de franchise ; cette clause peut avoir pour effet de restreindre la concurrence entre ceux des franchisés qui sont en situation de concurrence potentielle en limitant leurs sources d'approvisionnement ; cette clause est donc contraire aux dispositions de l'article L. 420-1 (■ Cons. conc., déc. n° 96-D-36, 28 mai 1996 : *BOCC* 1996, p. 408 ; *Contrats, conc. consom.* 1996, comm. 167, obs. L. Vogel. – Conf. par ■ Paris, 18 mars 1997 : *BOCC* 1997, p. 267 ; *JCP* E 1998, p. 75, n° 2, obs. L. Vogel ; *D.* 1999, somm. 24, obs. E. Claudel ; rejet pourvoi par ■ Cass. com., 12 janv. 1999 : *Bull. civ.* IV, n° 9 ; *Contrats, conc. consom.* 1999, comm. 42, obs. M. Malaurie-Vignal ; *JCP* E 1999, p. 1909, obs. P. Arhel ; *LPA* 23 mars 1999, p. 12, note J. L. ; *LPA* 25 nov. 1999, p. 13, obs. N. Reboul).

48) Clause de non-concurrence et de non-affiliation. Les contrats types litigieux contiennent une clause qui interdit aux franchisés, en fin de contrat, d'exercer dans la zone d'exclusivité un commerce concurrent sous forme de commerce associé pendant toute la période quinquennale et deux ans après sa fin normale ; en cas de rupture anticipée du contrat, il est fait interdiction au franchisé de se réinstaller, même à titre individuel, dans la zone d'exclusivité pendant une durée de deux ans. En l'espèce, l'interdiction de réaffiliation est d'une durée excessive dans la mesure où elle interdit à un ancien franchisé dont le contrat aurait été rompu peu de temps après sa conclusion de s'affilier à un autre réseau pendant une durée de plusieurs années ; de même, l'interdiction d'exercer tout commerce similaire quelle qu'en soit la forme, pour une durée de deux ans, est excessive ; par suite, ces obligations sont contraires aux dispositions de l'article L. 420-1, dès lors qu'elles ont pu dissuader d'anciens franchisés de se réinstaller soit à titre individuel, soit en tant que membre d'un réseau sur la zone d'exclusivité pendant les périodes stipulées au contrat (■ Cons. conc., déc. n° 96-D-36, 28 mai 1996 : *BOCC* 1996, p. 408 ; *Contrats, conc. consom.* 1996, comm. 167, obs. L. Vogel. – Conf. par ■ Paris, 18 mars 1997 : *BOCC* 1997, p. 267 ; *JCP* E 1998, p. 75, n° 2, obs. L. Vogel ; *D.* 1999, somm. 24, obs. E. Claudel ; rejet pourvoi par ■ Cass. com., 12 janv. 1999 : *Bull. civ.* IV, n° 9 ; *Contrats, conc. consom.* 1999, comm. 42, obs.

M. Malaurie-Vignal ; *JCP* E 1999, p. 1909, obs. P. Arhel ; *LPA* 23 mars 1999, p. 12, note J. L. ; *LPA* 25 nov. 1999, p. 13, obs. N. Reboul).

Pour une clause également disproportionnée, V. ▪ Cons. conc., déc. n° 97-D-51, 24 juin 1997 : *BOCC* 1997, p. 698 ; *D.* 1998, somm. 223, obs. Y. Serra. Rappr. ▪ Aut. conc., avis n° 10-A-26, 7 déc. 2010 : *Contrats, conc. consom.* 2011, étude 3, note M. Malaurie-Vignal ; *Rev. Lamy conc.* 2011, n° 1776, note V. Selinsky ; *JCP* G 2011, 177, obs. N. Disssaux. – Rappr. ▪ Cass. com., 4 nov. 2014, n° 12-25.419 : *JurisData* n° 2014-026561 ; *RD conc.* 2015, n° 1, p. 121, note N. Ereseo ; *Contrats, conc. consom.* 2015, comm. 33, obs. M. Malaurie-Vignal.

▪ Aut. conc., déc. n° 11-D-03, 15 févr. 2011 : *Contrats, conc. consom.* 2011, comm. 92, obs. M. Malaurie-Vignal ; *Rev. Lamy conc.* 2011, n° 1791, obs. V. Selinsky. ▪ Aut. conc., déc. n° 11-D-20, 16 déc. 2011 : *D.* 2012, p. 577, n° 2, obs. D. Ferrier ; *Contrats, conc. consom.* 2012, comm. 43, obs. M. Malaurie-Vignal. ▪ Aut. conc., avis n° 12-A-01, 11 janv. 2012 : *Contrats, conc. consom.* 2012, comm. 63, obs. M. Malaurie-Vignal ; *Rev. Lamy conc.* 2012, n° 2175, note M. Deschamps. ▪ Paris, 6 mars 2013 : *JurisData* n° 2013-006467 ; *Contrats, conc. consom.* 2013, comm. 113, obs. M. Malaurie-Vignal. ▪ Paris, 3 avr. 2013 : *JurisData* n° 2014-022319 ; *Rev. Lamy conc.* 2013/36, n° 2370, obs. R. Amaro ; *RJDA* 2013, n° 999. ▪ Cass. com., 23 sept. 2014 : *Contrats, conc. consom.* 2014, comm. 269, obs. M. Malaurie-Vignal ; *RDC* 2015, n° 1, obs. C. Grimaldi, p. 70). ▪ Paris, 13 déc. 2017, n° 13/12625 : *Concurrences* 2018/2, p. 98, obs. N. Ferrier ; *Lettre distrib.* 2018/1, p. 3, obs. A. Bories).

L'article 5, sous *b)*, du règlement n° 2790/1999 du 22 décembre 1999 concernant l'application de l'article 81, § 3, CE (devenu 101, § 3 TFUE) à des catégories d'accords verticaux et de pratiques concertées, doit être interprété en ce sens que le membre de phrase « *locaux et... terrains à partir desquels l'acheteur a opéré pendant la durée du contrat* » vise uniquement les lieux à partir desquels les biens ou services contractuels sont offerts à la vente et non pas l'ensemble du territoire dans lequel ces biens ou services peuvent être vendus au titre d'un contrat de franchise (▪ CJUE, Ord., 7 févr. 2013, aff. C-117/12 : *Contrats, conc. consom.* 2013, comm. 83, obs. G. Decocq).

• **Distribution sélective**

– **Absence de restriction de concurrence**

49) *Conditions licites de sélection. Principe.* Dès lors qu'ils préservent le jeu d'une certaine concurrence sur le marché, les systèmes de distribution sélective sont conformes aux dispositions de l'article L. 420-1 et à celles de l'article 81, § 1 du traité CE (devenu art. 101, § 1, du TFUE) si les critères de choix des revendeurs ont un caractère objectif, sont justifiés par les nécessités d'une distribution adéquate des produits en cause, n'ont pas pour objet ou pour effet d'exclure par nature une ou des formes déterminées de distribution et ne sont pas appliqués de manière discriminatoire (▪ Cons. conc., déc. n° 87-D-15, 9 juin 1987 : *BOCC* 1987, p. 177 ; *JCP* E 1987, I, 16499. – Conf. par ▪ Paris, 28 janv. 1988, n° 87/11812 : *JurisData* n° 1988-020600 ; *BOCC* 1988, p. 33 ; *Gaz. Pal.* 1988, 1, 208, note J.-P. Marchi ; *JCP* E 1988, I, 17145 ; rejet pourvoi par ▪ Cass. com., 25 avr. 1989, n° 88-11.894 : *BOCC* 1989, p. 135 ; *D.* 1990, 64, note Lavillaine-Juliet).

En ce sens, V. ▪ Cons. conc., déc. n° 89-D-43, 5 déc. 1989 : *BOCC* 1990, p. 10. ▪ Paris, 25 sept. 1991 : *JurisData* n° 1991-644998 ; *BOCC* 1991, p. 291 ; *D.* 1991, inf. rap. 240. ▪ Cons. conc., déc. n° 96-D-57, 1er oct. 1996 : *BOCC* 1997, p. 42 ; *Contrats, conc. consom.* 1997, comm. 50, obs. L. Vogel ; conf par ▪ Paris, 1er juill. 1997, n° 97/1334 : *JurisData* n° 1997-021769 ; *BOCC* 1997, p. 548 ; *LPA* 6 févr. 1998, note P. Arhel. – ▪ Cons. conc., déc. n° 96-D-72, 19 nov. 1996 : *BOCC* 1997, p. 141 ; *Contrats, conc. consom.* 1997, comm. 66, obs. L. Vogel. – Conf. par ▪ Paris, 9 déc. 1997, n° 97/5451 : *JurisData* n° 1997-023732 ; *Contrats, conc. consom.* 1998, comm. 26, obs. M. Malaurie-Vignal ; *D.* 1998, somm. 340, obs. D. Ferrier ; *LPA* 6 juill. 1998, p. 15, obs. M. Malaurie-Vignal et M. Petitier. ▪ Cass. com., 21 oct. 1997 : *Bull. civ.* IV, n° 271 ; *RJDA* 1997, n° 1480, et p. 995, obs. P. Leclercq ; *D.* 1998, somm. 340, obs. D. Ferrier ; *LPA* 6 juill. 1998, p. 14, obs. M. Malaurie-Vignal. ▪ Cons. conc., déc. n° 98-D-67, 27 oct. 1998 : *BOCC* 1999, p. 134. ▪ Cons. conc., déc. n° 99-D-78, 15 déc. 1999 : *BOCC* 2000, p. 139. ▪ Cons. conc., déc. n° 05-D-50, 21 sept. 2005 : *BOCC* 2006, p. 358. ▪ Cons. conc., déc. n° 06-D-04, 13 mars 2006 : *BOCC* 2007, p. 143 ; *Contrats, conc. consom.* 2006, comm. 83, obs. M. Malaurie-Vignal ; *RD conc.* 2006, n° 2, p. 82, obs. E. Claudel ; *Rev. Lamy conc.* 2006, n° 557, obs. M. Dumarcay ; *RJDA* 2006, n° 705.

50) Conditions licites de sélection. *Mise en œuvre.* Les fabricants de produits cosmétiques et d'hygiène corporelle peuvent, dans la limite de ce qui est nécessaire à une distribution adéquate de leurs produits, fixer à leurs revendeurs des *conditions relatives à la présentation et au stockage de leurs produits, à l'organisation du conseil à la vente par une personne compétente et à la détention d'un stock déterminé* (▪ Cons. conc., déc. n° 87-D-15, 9 juin 1987 : *BOCC* 1987, p. 177 ; *JCP* E 1987, I, 16499. – Conf. par ▪ Paris, 28 janv. 1988 : *BOCC* 1988, p. 33 ; *Gaz. Pal.* 1988, 1, 208, note J.-P. Marchi ; *JCP* E 1988, I, 17145 ; rejet pourvoi par ▪ Cass. com., 25 avr. 1989 : *BOCC* 1989, p. 135 ; *D.* 1990, 64, note Lavillaine-Juliet).

Pour le caractère licite d'un refus d'agrément fondé sur l'*exigence d'un standing du point de vente compatible avec le prestige de grandes marques* (▪ Cass. com., 8 juin 2017, n° 16-15.372 : *JurisData* n° 2017-010949 ; *Contrats, conc. consom.* 2017/8-9, comm. 179, obs. M. Malaurie-Vignal. ▪ T. com. Paris, 1er oct. 1987 : *JurisData* n° 1987-600100 ; *Gaz. Pal.* 1987, 2, somm. 471. ▪ T. com. Paris, 20 janv. 1989 : *JurisData* n° 1989-605321 ; *Gaz. Pal.* 1989, 2, 805. ▪ T. com. Paris [réf.], 16 mai 1989 : *JurisData* n° 1989-605322 ; *Gaz. Pal.* 1989, 2, 808).

Un fabricant de parfums peut légitimement refuser l'agrément à un commerçant, dès lors que, après avoir fait procéder à une étude déterminant le nombre des points de vente potentiel par agglomération en fonction du nombre d'habitants, il estime que la création de nouveaux points de vente excédentaires peuvent entraîner des surcoûts tant pour le fournisseur que pour les consommateurs, ce qui justifie la *limitation quantitative* de ses points de vente (▪ Paris, 10 févr. 1995 : *JurisData* n° 1995-970141 ; *D.* 1997, somm. 62, obs. D. Ferrier).

Les *obligations de constituer des stocks ou de s'acquitter d'un minimum d'achat lors de la première commande* constituent des exigences qualitatives si elles contribuent à une meilleure distribution du produit concerné. En l'espèce, un distributeur qui souhaite entrer sur le réseau de distribution concerné doit réaliser une immobilisation immédiate en stock d'un montant très nettement supérieur au montant du chiffre d'affaires minimum annuel exigé d'un distributeur déjà membre du réseau. Cependant, la différence entre ces deux obligations apparaît justifiée par la nécessité, pour les nouveaux distributeurs, de se procurer une gamme homogène de produits, alors que les distributeurs déjà en place auront simplement à compléter leur gamme chaque année. Ainsi, les obligations mises à la charge des nouveaux membres du réseau n'apparaissent pas excessives au regard des nécessités d'une bonne distribution du produit. L'obligation de détenir « un stock suffisant pour répondre aux besoins des consommateurs » ne saurait être isolée de la clause précédente et, dès lors, ne peut être taxée d'imprécision (▪ Cons. conc., déc. n° 99-D-78, 15 déc. 1999 : *BOCC* 2009, p. 139).

Le critère tiré de la disponibilité du conseil revêt un caractère objectif puisqu'il est apprécié en rapprochant le chiffre d'affaires annuel d'un magasin du nombre de personnes qualifiées à la vente des produits. Ce critère objectif présente un caractère qualitatif indéniable et n'est pas en soi de nature à exclurecertaines formes de distribution, telles que les grands magasins ou les parapharmacies (▪ Versailles, 16 mai 2002, n° 99/07658 : *JurisData* n° 2002-250117 ; *D.* 2003, p. 2433, obs. D. Ferrier).

Aucune disposition ne s'oppose à ce qu'un réseau de distribution sélective établisse sa propre grille d'évaluation et procède à la *notation des points de vente* candidats à l'agrément, faute de démontrer que le distributeur aurait agréé des établissements présentant des caractéristiques identiques à celles des points de vente litigieux (même arrêt).

Le critère « *potentiel de vente* », dès lors qu'il se rapporte à une aire géographique commerçante, est un critère qualitatif qui donne lieu à une évaluation objective du point de vente en fonction de sa zone d'implantation, de sorte qu'il ne saurait être fait grief à la société en cause d'imposer à un distributeur d'une marque ayant une telle notoriété que la sienne d'avoir un point de vente disposant d'un potentiel de vente de ses produits. Il n'est pas établi que la société en cause se fonde sur la clause dite des « *vitrines en rez-de-chaussée* » pour écarter les implantations de points de vente agréés dans les grandes surfaces. La clause dite de *stock représentatif de la gamme*, qui fait obligation au distributeur de disposer à l'intérieur d'un point de vente, non pas d'un stock quantifié, mais d'une gamme représentative de produits, selon la zone de chalandise, devant être exposés de manière valorisante, ne peut avoir pour objet de restreindre la liberté d'accès des candidats distributeurs, puisqu'elle vise à éviter la pratique des prix d'appel et l'existence de stocks dépareillés qui détériorent l'image d'une marque (▪ Paris, 29 juin 2004 : *BOCC* 2004, p. 625 ; *Rev. Lamy conc.* 2005, n° 10, obs. V. Selinsky. – Conf. de ▪ Cons. conc., déc. n° 03-D-60, 17 déc. 2003 : *BOCC* 2004, p. 56 ; *JCP* E 2004, jurispr. 475, note P. Arhel).

La mise en place d'un contrat de distribution sélective par un brasseur est justifiée par le fait que la commercialisation de la bière en fûts requiert, à la différence de celle vendue en bouteilles ou en boîtes, la *mise en œuvre d'équipements, de services d'assistance et de soins particuliers* en vue de préserver la qualité du produit jusqu'à son tirage destiné au consommateur final. Le fait que le brasseur ait distribué la bière en fûts sans contrat de distribution sélective pendant longtemps ne saurait l'empêcher de recourir à un tel système de vente (▪ Cons. conc., déc. n° 05-D-50, 21 sept. 2005 : *BOCC* 2006, p. 358).

Comp. pour un refus de sélection licite de distributeurs satisfaisant les critères qualitatifs de sélection : ▪ Cass. com., 21 juin 2016, n° 15-10.438 : RD *conc.* 2016, n° 4, obs. D. Ferrier, p. 112 ; *Lettre distrib.* sept. 2016, p. 4, obs. N. Ereseo ; comp. avec ▪ Paris, 30 sept. 2015, n° 13/07975 : *Concurrences* 1-2016, p. 111, obs. A.-C. Martin. ▪ Paris, 19 oct. 2016, n° 14/07956 : *Lettre distrib.* nov. 2016, p. 1, obs. N. Ereseo ; *Contrats, conc. consom.* 2017, comm. 19, obs. G. Decocq. ▪ Cass. com., 8 juin 2017, n° 15-28.355 : *Contrats, conc. consom.* 2017/8-9, comm. 173, obs. M. Malaurie-Vignal ; *Lettre distrib.* 2017/7-8, p. 2, obs. N. Eréséo. – *Adde* en matière automobile : ▪ Cass. com., 7 juin 2016, n° 14-22.093 : *Lettre distrib.* juill.-août 2016, p. 4, obs. N. Ereseo. ▪ Cass. com., 6 sept. 2016, n° 15-11.415 : *RD conc.* 2016, n° 4, obs. D. Ferrier, p. 112.

Pour la cour d'appel de Paris, le refus d'agrément n'est pas un acte unilatéral exclusif de la qualification d'entente et le caractère isolé de ce refus ne signifie pas que la preuve d'un concours de volontés ne saurait être rapportée (▪ Paris, 23 janv. 2019, n° 16/16856 : *Lettre distrib.* 2019/2, p. 5, obs. N. Eréséo. V. cependant un arrêt ultérieur qui semble avoir remis en cause cette solution ▪ Paris, pôle 5, ch. 4, 27 nov. 2019, n° 18/06901 : *Lettre distrib.* 2020/1, p. 1, obs. N. Eréséo et dans le même sens ▪ Paris, 21 oct. 2020, n° 18/27620 : *Lettre distrib.* 2020/11, p. 1, obs. N. Eréséo). À l'inverse, pour le tribunal de commerce de Paris, le refus d'agréer des distributeurs qui répondent aux critères qualitatifs ne suffit pas à fournir la preuve d'actes illicites constitutifs d'une entente s'il s'agit d'actes isolés ne relevant pas d'un comportement systématique (▪ T. com. Paris, 21 févr. 2018, n° 2017006510 : *Concurrences* 2018/2, p. 94, obs. N. Eréséo).

S'agissant de l'application du droit commun, la Cour de cassation retient que l'exigence de bonne foi ne requiert pas, de la part de la tête d'un réseau de distribution, la détermination et la mise en œuvre d'un processus de sélection de ses distributeurs sur le fondement de critères définis et objectivement fixés (▪ Cass. com., 27 mars 2019, n° 17-22.083, à paraître au *Bull.* ; *Concurrences* 2019/3, p. 95, note N. Eréséo ; *Contrats, conc. consom.* 2019/6, comm. 101, obs. M. Malaurie-Vignal, cassant ▪ Paris, 24 mai 2017, n° 15/12129 : *Lettre distrib.* 2017/6, p. 3, obs. A.-C. Martin).

51) Conditions licites de sélection. *Preuve.* C'est sur le fournisseur que pèse la charge de la preuve de la réalisation des conditions qu'implique la licéité du réseau de distribution sélective (V. par ex. ▪ Cass. com., 13 déc. 1988, 31 janv. 1989, 10 mai 1989 : *JurisData* n° 1989-701778 ; *D.* 1989, 427, note A. Bénabent ; *Gaz. Pal.* 1989, 1, 418, note J.-J. Burst ; *LPA* 17 mai 1989, note Grellière ; *D.* 1989, 335, note Ph. Malaurie. ▪ Cass. com., 21 mars 1989, n° 87-13.909 : *JurisData* n° 1989-000825 ; *D.* 1989, 427, note A. Bénabent ; *D.* 1990, p. 104, obs. Ch. Gavalda et Cl. Lucas de Leyssac. – Cassant ▪ Paris, 18 déc. 1986 : *JurisData* n° 1986-028356 ; *D.* 1988, somm. 23, obs. D. Ferrier. ▪ Cass. com., 22 oct. 1991, n° 90-13.470 : *D.* 1992, somm. 393, obs. D. Ferrier. ▪ Cass. com., 27 oct. 1992, n° 89-19.655 : *Bull. civ.* IV, n° 333. ▪ Cass. com., 10 oct. 2000, n° 98-15.990 : *RJDA* 2001, n° 509). De même, c'est sur lui que pèse la preuve que son réseau de distribution fonctionne réellement selon les règles du contrat-type dont il se prévaut et que le choix des vendeurs s'opère selon des critères objectifs sans faire de discrimination entre les commerçants (▪ Cass. com., 26 oct. 1993, n° 91-21.931 : *JurisData* n° 1993-002185 ; *RJDA* 1993, n° 1057).

52) Effets licites de la sélection. Le parfumeur dont la distribution des produits est assurée par un réseau de détaillants spécialisés liés avec lui par des contrats de distribution sélective, comportant des obligations réciproques et ayant pour objet notamment de veiller au maintien de leur qualité et au prestige dont ils jouissent, est fondé à opposer un refus de vente au commerçant qui sollicite le rétablissement du contrat dont il bénéficiait de sa part au titre de son point de vente, alors que le distributeur agréé s'interdit de mettre en vente dans ses locaux des marchandises qui sont susceptibles de déprécier, par leur voisinage, l'image de la marque du producteur de parfums et que le demandeur, en dépit de cette prohibition, a vendu ces produits en un autre lieu que celui pour lequel il était agréé ; le demandeur a donc manifestement transgressé la loi des parties, justifiant *ipso facto* la résiliation du contrat décidé par le vendeur (▪ T. com. Nanterre, 17 déc. 1987 : *JurisData* n° 1987-600193 ; *Gaz. Pal.* 1988, 1, 174, note J.-P. Marchi. – *Comp.* ▪ Cass. com., 28 nov. 1995, n° 94-14.898 : *JurisData* n° 1995-003299 ; *RJDA* 1996, n° 212, qui retient la faute du vendeur qui a offert à la vente des coffrets-cadeaux offerts par le fabricant. – *Adde*, ▪ Paris, 23 oct. 1995, n° 93/019247 : *JurisData* n° 1995-024021 ; *RJDA* 1996, n° 213).

Il est loisible à un fournisseur de déterminer librement les conditions de distribution de ses produits et de faire cœxister au sein de son réseau de distribution plusieurs catégories de distributeurs (agréés et non agrées), selon le type de relations commerciales qu'il entretient avec eux, dès lors qu'il n'en résulte aucune discrimination anticoncurrentielle. En effet, l'existence d'un double système de distribution n'est pas, en soi, anticoncurrentiel puisque cela permet aux consommateurs de bénéficier d'une offre plus abondante et plus diversifiée (▪ Cons. conc., déc. n° 00-D-72, 16 janv. 2001 : *BOCC* 2001, p. 123. – Conf. par ▪ Paris, 26 juin 2001, n° 2001/03254 : *JurisData* n° 2001-151175 ; *BOCC* 2002, p. 207 ; *RJDA* 2002, n° 373). En l'espèce, le fait que le fournisseur a choisi de livrer, d'une part, des montres bénéficiant de la garantie internationale à son réseau de distributeurs agréés et, d'autre part, des montres ne bénéficiant pas de la garantie internationale au réseau parallèle, ne constitue pas une pratique discriminatoire ; en effet, les deux catégories de distributeurs ne sont pas placés dans des situations équivalentes ; ainsi, les distributeurs agréés doivent répondre aux critères de sélection, alors que les distributeurs du réseau parallèle ne sont pas soumis aux mêmes sujétions ; dès lors, le fait de distribuer des produits ayant des caractéristiques différentes dans des réseaux différents ne constitue pas en lui-même une pratique anticoncurrentielle (même arrêt). L'obligation de transmettre les factures relatives à la vente des produits du brasseur n'excède pas ce qui est nécessaire à la mise en œuvre d'un contrat de distribution sélective dans la mesure où un tel contrat a vocation à réserver la vente des produits concernés aux distributeurs agréés. La possibilité de contrôle par le fournisseur du respect de l'étanchéité du réseau est donc un élément nécessaire au bon fonctionnement du système (■ Cons. conc., déc. n° 05-D-50, 21 sept. 2005 : *BOCC* 2006, p. 358).

– Présence d'une restriction de concurrence

53) Conditions illicites de sélection. Compte tenu des dispositions légales relatives à l'organisation de la profession de pharmacien, l'obligation faite, par les fabricants de produits cosmétiques et d'hygiène corporelle, aux revendeurs d'avoir la *qualité de pharmacien d'officine* aboutit à exclure toutes les autres formes de distribution. Cette obligation limite, dans les faits, la concurrence entre les revendeurs d'une même marque même si rien n'interdit en droit aux pharmaciens de fixer librement les prix des produits en cause. Ladite obligation empêche des distributeurs d'un État membre de la Communauté économique européenne autre que la France, et qui ne seraient pas pharmaciens d'officine de vendre en France les produits considérés (■ Cons. conc., déc. n° 87-D-15, 9 juin 1987 : *BOCC* 1987, p. 177 ; *JCP* E 1987, I, 16499. – Conf. par ■ Paris, 28 janv. 1988 : *BOCC* 1988, p. 33 ; *Gaz. Pal.* 1988, 1, 208, note J.-P. Marchi ; *JCP* E 1988, I, 17145 ; rejet pourvoi par ■ Cass. com., 25 avr. 1989 : *BOCC* 1989, p. 135 ; *D.* 1990, 64, note Lavillaine-Juliet).

Pareillement, les fabricants peuvent légitimement, pour ceux de leurs produits contenant une certaine proportion d'éléments actifs, pour ceux destinés à des peaux fragiles ou accompagnant un traitement, exiger de leurs distributeurs la présence sur le point de vente de personnes spécialement qualifiées par leur formation pour les fonctions de conseil au client et de liaison *avec le fabricant*, notamment celle d'un titulaire d'un diplôme de pharmacien, *cette exigence* n'étant pas interdite par les textes en vigueur. Toutefois, l'exclusion de toute forme de commercialisation, même répondant à ce critère, autre que la *pharmacie d'officine*, constitue une restriction discriminatoire et non proportionnée aux nécessités de la distribution des produits en cause (■ Paris, 1er juill. 1997 : *BOCC* 1997, p. 548 ; *LPA* 6 févr. 1998, note P. Arhel. – Conf. de ■ Cons. conc., déc. n° 96-D-57, 1er oct. 1996 : *BOCC* 1997, p. 42 ; *Contrats, conc. consom.* 1997, comm. 50, obs. L. Vogel).

Justifie légalement sa décision la cour d'appel qui, après avoir rappelé que la CJUE a dit pour droit le 13 octobre 2011 (aff. C-439/09) qu'une clause contractuelle, dans un système de distribution sélective, exigeant que les ventes de produits cosmétiques et d'hygiène corporelle soient effectuées dans un espace physique en présence obligatoire d'un pharmacien diplômé, ayant pour conséquence l'interdiction de l'utilisation d'internet pour ces ventes, constitue une restriction par objet si elle n'apparaît pas objectivement justifiée eu égard aux propriétés des produits en cause, et observé que seul est réclamé le bénéfice de l'exemption individuelle prévue par les articles 101, § 3, du TFUE et L. 420-4, relève que les produits dermo-cosmétiques n'entrent pas dans le monopole des pharmaciens, qu'il n'est pas établi que ces produits nécessitent sur le plan de la santé des utilisateurs des conseils particuliers et que toute personne ayant bénéficié d'une formation adéquate en dermatologie ou cosmétologie peut dispenser un conseil d'utilisation de sorte que la clause a un caractère disproportionné et illicite, et que si une restriction par objet peut bénéficier d'une exemption individuelle au sens de l'article 101, § 3, du TFUE, c'est à la condition qu'une telle pratique restrictive de concurrence contribue à un progrès économique et soit indispensable à la réalisation de ce progrès, ce qui n'est pas prétendu (■ Cass. com., 24 sept. 2013, n° 12-14.344 : *JurisData* n° 2013-020553 ; *D.* 2014, p. 192, obs. E. Chevrier ; *JCP* E 2013, 1657, obs. Ch. Vilmart ; *RJDA* 2014, p. 3, chron. J. Riffault-Silk).

S'il peut paraître légitime, pour des fabricants de chaussures de sport à très forte notoriété, de réserver la distribution de leurs produits ou de la partie la plus élaborée de leurs gammes à des distributeurs spécialisés ou à des revendeurs disposant de rayons spécialisés, il ne leur appartient ni de faire une application discriminatoire des critères exigés, ni de limiter la liberté commerciale de leurs revendeurs, ni de soumettre leur agrément à des conditions autres que celles qui sont objectivement définies par les contrats de distribution (■ Cons. conc., déc. n° 89-D-43, 5 déc. 1989 : *BOCC* 1990, p. 10. – Conf. sur ce point, par ■ Paris, 7 juin 1990, n° 90/001904 : *JurisData* n° 1990-023492 ; *BOCC* 1990, p. 213). En l'espèce, les fabricants de chaussures concernés subordonnaient l'accès à leur réseau de distribution au respect par les distributeurs de l'*application de marges minimales* et ne se limitaient pas à des critères objectifs de nature qualitative dans leurs contrats de distribution sélective.

Pour le caractère illicite d'un refus de vente fondé sur le refus de la part d'un fabricant de parfums d'agréer un revendeur au prétexte qu'un nombre suffisant d'établissements avait déjà obtenu son agrément dans la même commune, sans être en mesure de justifier que ce *critère quantitatif* est appliqué de manière uniforme, selon des critères objectifs tels que le taux de densité de la population ou les facteurs locaux de commercialité (■ Paris, 24 févr. 1994, n° 92/014978 : *JurisData* n° 1994-020363 ; *RJDA* 1994, n° 919). Voir aussi ■ Paris, 29 nov. 2007, n° 05/16049 : *JurisData* n° 2007-352302 ; *Contrats, conc. consom.* 2008, comm. 70, obs. M. Malaurie-Vignal.

S'il est loisible aux fabricants de subordonner leur agrément à des conditions adéquates de présentation, de stockage, d'assortiment et d'information du fabricant, aucun argument n'établit que la vente des produits de dermocosmétique et d'hygiène corporelle devrait répondre à des conditions plus strictes que celles autorisées pour les parfums, conditions qui n'impliquent nullement que l'*espace de vente* de ces produits soit *clos*, dès lors qu'il est proportionné et suffisamment séparé (■ Cons. conc., déc. n° 96-D-57, 1er oct. 1996 : *BOCC* 1997, p. 42 ; *Contrats, conc. consom.* 1997, comm. 50, obs. L. Vogel ; conf par ■ Paris, 1er juill. 1997 : *BOCC* 1997, p. 548 ; *LPA* 6 févr. 1998, note P. Arhel).

L'exigence d'une *surface minimum de vente*, si elle peut constituer une barrière à l'entrée dans la distribution des produits en cause pour certains types de commerce, ne saurait être considérée comme une condition nécessaire à la distribution adéquate des produits cosmétiques et d'hygiène corporelle (même déc.).

Un fabricant peut légitimement souhaiter qu'un distributeur expose ses produits dans une vitrine afin d'en assumer la promotion. Cependant, le caractère ambigu des clauses des fabricants exigeant une *présentation des produits dans des vitrines* a pu avoir pour effet de dissuader certaines formes de commerce, et en particulier les grandes surfaces qui, en règle générale, ne disposent pas de vitrines extérieures, d'accéder à la distribution des produits en cause (même déc.).

Si un fabricant peut légitimement souhaiter que ses produits ne soient pas distribués dans un contexte dévalorisant, le *caractère imprécis et non objectif de la clause* exigeant que l'enseigne du point de vente soit compatible avec l'image de marque de ses produits a pu avoir pour effet de limiter l'accès, pour certaines formes de commerce, et notamment les grandes surfaces, à la distribution des produits en cause (même déc. – *Rappr.* ■ Paris, 16 janv. 1995 : *RJDA* 1995, n° 266 ; *D.* 1997, somm. 60, obs. D. Ferrier. ■ Paris, 18 sept. 2013, n° 09/28475 : *JurisData* n° 2013-020103 ; *Contrats, conc. consom.* 2014, comm. 5, obs. *M. Malaurie-Vignal).*

Un fabricant peut légitimement souhaiter que l'image de marque de ses produits soit préservée par ses distributeurs. La *clause de marques concurrentes* peut ainsi assurer au fabricant que son produit ne sera pas vendu dans un contexte dévalorisant. Mais une telle clause peut avoir pour effet de restreindre la capacité du distributeur agréé d'accéder au réseau de distribution sélective, dès lors qu'elle contraint le distributeur à satisfaire à des conditions supplémentaires exigées par des fabricants d'autres marques (même déc.).

Si un fabricant de montres de luxe peut légitimement exiger des distributeurs de son réseau qu'ils offrent une gamme de produits d'horlogerie-bijouterie et les services de conseil et d'assistance technique nécessaires, il lui suffit pour cela de sélectionner ses distributeurs sur de tels critères, sans pour autant ajouter une *condition relative à la spécialisation* de leur activité *en horlogerie-bijouterie*, qui est discriminatoire dans la mesure où elle permet au fabricant de réserver la vente de ses produits au circuit des horlogers-bijoutiers traditionnels et d'exclure de son réseau de distribution toutes les autres formes de commerce (■ Cons. conc., déc. n° 96-D-72, 19 nov. 1996 : *BOCC* 1997, p. 141 ; *Contrats, conc. consom.* 1997, comm. 66, obs. L. Vogel. – Conf. par ■ Paris, 9 déc. 1997 : *Contrats, conc. consom.* 1998, comm. 26, obs. M. Malaurie-Vignal ; *D.* 1998, somm. 340, obs. D. Ferrier ; *LPA* 6 juill. 1998, p. 15, obs. M. Malaurie-Vignal et M. Petitier. – *Rappr.* ■ Paris, 31 oct. 1991 : *JurisData* n° 1991-024542 ; *Contrats, conc. consom.* 1991, comm. 50, obs. L. Leveneur).

Il appartient au fournisseur de définir des critères de sélection qui soient applicables à l'ensemble de ses distributeurs. Or, il a maintenu un critère reposant sur l'*aménagement d'un atelier de réparation avec la présence d'un horloger-spécialiste*, alors qu'il n'ignorait pas que la pénurie d'horlogers qualifiés en rendait la mise en pratique difficile. Il a donc fixé une exigence trop élevée eu égard à ses possibilités de réalisation, tout au moins en France (même déc.).

La méthode d'appréciation des « *possibilités locales de vente des produits* » de la marque manque de précision et se prête à une application subjective et éventuellement discriminatoire. Il appartient au fournisseur de définir des critères de sélection objectifs des distributeurs s'il veut limiter leur nombre en fonction des contraintes de sa production et de ses objectifs commerciaux (même déc.).

Est injustifié le refus d'agrément à un réseau de distribution sélective fondé sur le motif général que la commercialisation de produits cosmétiques selon les techniques de la grande distribution leur fait perdre leur *renommée* et leur caractère *luxueux* (■ Cass. com., 21 oct. 1997 : *Bull. civ.* IV, n° 271 ; *RJDA* 1997, n° 1480, et p. 995, obs. P. Leclercq ; *D.* 1998, somm. 340, obs. D. Ferrier ; *LPA* 6 juill. 1998, p. 14, obs. M. Malaurie-Vignal).

Les conditions d'agrément des distributeurs, exposées dans le préambule du contrat de distribution sélective proposé par le fournisseur à ses distributeurs, se réfèrent à la notion de « *commerce traditionnel de produits de luxe* », exercé soit « dans le cadre d'un magasin spécialisé dans les arts de la table », soit « dans le cadre d'un département spécialisé à l'intérieur d'un magasin ». Cette notion de commerce traditionnel peut aboutir à exclure certaines formes modernes de distribution (▪ Cons. conc., déc. n° 99-D-78, 15 déc. 1999 : *BOCC* 2009, p. 139).

54) Effets illicites de la sélection. Dans les conditions actuelles d'organisation et de fonctionnement de la distribution des produits cosmétiques et d'hygiène corporelle, la *diffusion* par les fabricants et les grossistes répartiteurs *de prix conseillés de revente* et l'*interdiction de rétrocession entre revendeurs agréés*, qui n'est pas nécessaire pour assurer une distribution adéquate, introduisent des rigidités ayant également pour effet de limiter la concurrence par les prix entre les distributeurs d'une même marque (▪ Cons. conc., déc. n° 87-D-15, 9 juin 1987 : *BOCC* 1987, p. 177 ; *JCP* E 1987, I, 16499. – Conf. par ▪ Paris, 28 janv. 1988 : *BOCC* 1988, p. 33 ; *Gaz. Pal.* 1988, 1, 208, note J.-P. Marchi ; *JCP* E 1988, I, 17145 ; rejet pourvoi par ▪ Cass. com., 25 avr. 1989 : *BOCC* 1989, p. 135 ; *D.* 1990, 64, note Lavillaine-Juliet).

Un fabricant de chaussures de skis à très forte notoriété a engagé ses distributeurs à *fixer des prix de vente qui ne soient pas inférieurs aux prix préconisés*, en subordonnant au respect de cette politique tarifaire la ponctualité de ses livraisons et le renouvellement annuel de l'agrément ; il s'est attaché à définir les dates de début des ventes à prix soldés, à interdire les ventes conjointes de chaussures et de fixation faisant apparaître des rabais sur ses produits ; faute de disposer de la liberté de déterminer leurs prix de vente, de nombreux distributeurs ont appliqué les tarifs préconisés par le fournisseur (▪ Paris, 25 sept. 1991 : *BOCC* 1991, p. 291 ; *D.* 1991, inf. rap. 240. – Conf. de ▪ Cons. conc., déc. n° 91-D-03, 15 janv. 1991 : *BOCC* 1991, p. 49 ; rejet pourvoi par ▪ Cass. com., 18 mai 1993, n° 91-20.471 : *BOCC* 1993, p. 151).

S'il revient à un fabricant de montres de luxe *d'arrêter* dans chaque cas particulier la participation financière *qu'il accorde à un* distributeur du réseau pour la campagne publicitaire qu'il engage sur les montres de la marque, l'octroi d'un tel crédit ne saurait être subordonné au respect d'une convention qui priverait les distributeurs de la possibilité d'organiser librement leurs *campagnes publicitaires*. Une telle disposition, qui peut avoir pour effet de dissuader les distributeurs de faire porter leurs campagnes publicitaires sur les prix, constitue une entrave à leur liberté commerciale (▪ Cons. conc., déc. n° 96-D-72, 19 nov. 1996 : *BOCC* 1997, p. 141 ; *Contrats, conc. consom.* 1997, comm. 66, obs. L. Vogel. – Conf. par ▪ Paris, 9 déc. 1997 : *Contrats, conc. consom.* 1998, comm. 26, obs. M. Malaurie-Vignal ; *D.* 1998, somm. 340, obs. D. Ferrier ; *LPA* 6 juill. 1998, p. 15, obs. M. Malaurie-Vignal et M. Petitier).

Justifie sa décision la cour d'appel qui, pour décider qu'une *clause d'approvisionnement minimum* prévue dans un contrat de distribution sélective ne présentait pas de « caractère raisonnable », retient que l'obligation d'approvisionnement imposée était *disproportionnée* par rapport au pourcentage des ventes du fournisseur de produits cosmétiques sur l'ensemble du marché et qu'elle avait pour effet d'un côté, de réserver l'accès au réseau de distribution au seul revendeur qui était en mesure de souscrire à un tel engagement et, de l'autre, de contraindre les distributeurs agréés à consacrer une part significative de leurs efforts à la vente des produits contractuels (▪ Cass. com., 13 mai 1997, n° 95-14.035 : *JurisData* n° 1997-002082 ; *Bull. civ.* IV, n° 131 ; *Contrats, conc. consom.* 1997, comm. 118, obs. L. Vogel ; *D.* 1998, somm. 339, obs. Ferrier).

La clause d'un contrat de distribution sélective de logiciels interdisant la *vente par correspondance* et comme *produit d'appel* est anticoncurrentielle en ce qu'elle a pour effet de limiter artificiellement la concurrence à l'intérieur de la marque (▪ Paris, 28 oct. 1997, n° 97/3194 : *JurisData* n° 1997-023262 ; *BOCC* 1997, p. 774. – Conf. de ▪ Cons. conc., déc. n° 96-D-76, 26 nov. 1996 : *BOCC* 1997, p. 60).

Dès lors que les conditions générales de vente n'interdisent pas la vente d'articles de prêt-à-porter féminin défraîchis ou périmés, le fait de limiter la possibilité de les vendre avec un *rabais pendant les seules périodes de soldes* limite la liberté commerciale des revendeurs au-delà de ce qui est nécessaire pour la protection de la notoriété de la marque (▪ Cons. conc., déc. n° 98-D-67, 27 oct. 1998 : *BOCC* 1999, p. 134).

Si les accords de distribution sélective peuvent légitimement interdire aux distributeurs de vendre les produits contractuels auprès de grossistes ou de détaillants ne faisant pas partie du réseau du fournisseur, est, en revanche, prohibée toute clause visant à limiter les rétrocessions entre les distributeurs agréés (même déc.).

Constitue une restriction caractérisée la clause interdisant la revente à des distributeurs non agréés qui s'étend à des territoires sur lesquels la distribution sélective n'est pas mise en place (▪ Paris, 25 mai 2016, n° 14/03918 : *Concurrences* 2016/3, p. 93, note N. Eréséo. – Comp. ▪ Paris, 28 févr. 2018, n° 16/02263). Jugeant au contraire en référé qu'une clause du même type n'est pas manifestement illicite (▪ Paris, 2 nov. 2017, n° 17/03300 : *Concurrences* 2018/1, p. 108, note N. Eréséo).

Ne constitue pas une restriction caractérisée la clause prévoyant pendant 1 an une limitation des ventes actives d'un produit nouveau sur un territoire dans lequel le fournisseur ne l'a pas encore commercialisé (▪ Paris, 30 août 2019, n° 18/20739 : *Concurrences* 2019/4, p. 106, note A.-C. Martin).

Le non-respect des critères qualitatifs n'était pas le motif réel de résiliation du contrat de distribution sélective ; les véritables raisons de cette résiliation résidaient dans la *politique commerciale de remise de prix* du distributeur, et donc de non-respect des prix conseillés par le fournisseur. La résiliation du contrat témoigne de la volonté du fabricant d'arts de la table de sélectionner ses revendeurs non pas en fonction de critères objectifs, de nature qualitative, mais de leur adhésion à une politique commerciale ayant pour objet et pouvant avoir pour effet de limiter la concurrence par les prix entre les revendeurs (▪ Cons. conc., déc. n° 99-D-78, 15 déc. 1999 : *BOCC* 2009, p. 139).

Un fabricant de lunettes de luxe a utilisé les dispositions du contrat de distribution sélective (relatives, d'une part, à l'interdiction de faire mention dans tout document publicitaire de la marque et/ou des produits sans accord écrit préalable du fournisseur et, d'autre part, à l'interdiction de toute pratique de promotion avec discount systématique) pour empêcher les distributeurs de pratiquer des prix inférieurs aux prix conseillés par lui. Cette pratique, qui a été imposée par des menaces, des avertissements et, dans certains cas, des ruptures de livraison, a eu pour objet et pour effet de faire obstacle au jeu de la concurrence par les prix pour les distributeurs situés dans une même zone de chalandise (▪ Cons. conc., déc. n° 01-D-45, 19 juill. 2001 : *BOCC* 2001, p. 866 ; *RJDA* 2002, n° 103).

Pour rejeter la demande du distributeur agréé aux fins de livraison, l'arrêt retient que les contrats ayant été rompus, ce distributeur ne peut solliciter la livraison des produits cosmétiques de la marque au réseau de distribution sélective auquel il n'appartient plus. En statuant ainsi sans constater que le distributeur ne remplissait plus les *conditions d'agrément*, la cour d'appel a privé sa décision de base légale au regard de l'article L. 420-1 (▪ Cass. com., 14 janv. 2003, n° 99-14.198 : *D.* 2003, somm. 2430, obs. D. Ferrier ; *RJ com.* 2004, p. 114, note Lebreton-Derrien ; *LPA* 15 juin 2004, obs. Bacchichetti).

Il résulte d'une jurisprudence constante que les clauses des contrats de distribution sélective liant fabricants et distributeurs, ou les interventions des *fabricants dans la distribution lorsqu'elles* visent à *limiter la liberté* commerciale des *distributeurs*, par des pratiques de prix imposés ou toute pratique aboutissant au même résultat, sont contraires aux articles 81 du traité (devenu art. 101 du TFUE) et L. 420-1 (▪ Cons. conc., déc. n° 06-D-04, 13 mars 2006 : *BOCC* 2007, p. 143 ; *Contrats, conc. consom.* 2006, comm. 83, obs. M. Malaurie-Vignal ; *RD conc.* 2006, n° 2, p. 82, obs. E. Claudel ; *Rev. Lamy conc.* 2006, n° 557, obs. M. Dumarcay ; *RJDA* 2006, n° 705. – Conf. sur ce point, par ▪ Paris, 26 juin 2007 : *Contrats, conc. consom.* 2007, comm. 211, obs. G. Decocq ; *RJDA* 2007, n° 1015 ; *RD conc.* 2007, n° 3, p. 81, obs. M. Debroux ; *Rev. Lamy conc.* 2007, n° 895, obs. S. Cholet ; cassé par ▪ Cass. com., 10 juill. 2008 : *Bull. civ.* IV, n° 152 ; *D.* 2008, p. 2225, obs. E. Chevrier ; *Contrats, conc. consom.* 2008, comm. 236, obs. G. Decocq ; *RJDA* 2008, n° 1312 ; *RD conc.* 2008, n° 4, p. 136, obs. Ch. Momège ; *Rev. Lamy conc.* 2008, n° 1197, obs. V. Selinsky et S. Cholet ; sur renvoi, V. ▪ Paris, 10 nov. 2009 : *Contrats, conc. consom.* 2010, comm. 17, obs. G. Decocq ; *RJDA* 2010, n° 176 ; *Rev. Lamy conc.* 2010, n° 1520, obs. V. Selinsky et n° 1554, obs. M. Lavedan ; cassé par ▪ Cass. com., 23 nov. 2010 : *D.* 2010, p. 2901, obs. E. Chevrier ; *Contrats, conc. consom.* 2011, comm. 17, obs. G. Decocq ; *RJDA* 2011, n° 266 ; *RD conc.* 2011, n° 1, p. 193, obs. Ch. Lemaire et S. Naudin ; *Rev. Lamy conc.* 2011, n° 1813, obs. E. Barbier de la Serre ; sur renvoi, V. ▪ Paris, 26 janv. 2012 : *Contrats, conc. consom.* 2012, comm. 100, obs. G. Decocq ; *Rev. Lamy conc.* 2012, n° 2027, obs. M. Dumarcay ; cass., sur un autre point, par ▪ Cass. com., 11 juin 2013, n° 12-13.961 : *Contrats, conc. consom.* 2013, comm. 217, obs. G. Decocq ; *RJDA* 2013, n° 750).

55) Limitation des modes de commercialisation (VPC, sites internet, plateformes de vente en ligne). Il résulte de l'article 4 c du règlement n° 2790/1999 du 22 décembre 1999 concernant l'application de l'article 81, § 3 du Traité CE (devenu 101, § 3 du TFUE) à des catégories d'accords verticaux et de pratiques concertées que l'exemption de l'interdiction de restreindre la concurrence ne s'applique pas aux accords qui ont pour objet la restriction des ventes actives ou des ventes passives aux utilisateurs finals par les membres d'un système de distribution sélective qui opèrent en tant que détaillants sur le marché, sans préjudice de la possibilité d'interdire à un membre du système d'opérer à partir d'un lieu d'établissement non autorisé. Dans un cas où un fabricant de produits cosmétiques d'hygiène corporelle avait retiré son agrément à un distributeur qui vendait les produits contractuels *par correspondance* à des comités d'entreprise, n'a pas donné de base légale à sa décision la cour d'appel qui a confirmé le jugement ayant déclaré bien fondé le retrait d'agrément sans rechercher si la clause d'interdiction de vente par correspondance avait pour objet une telle restriction des ventes passives ou actives (▪ Cass. com., 20 mars 2012, n° 11-16.128 : *JurisData* n° 2012-004956 ; *Bull. civ.*

IV, n° 62 : *Contrats, conc. consom.* 2012, comm. 151, obs. M. Malaurie-Vignal ; *RJDA* 2012, n° 899). En revanche, ne constitue pas une restriction caractérisée la clause par laquelle le distributeur s'engage à ne pas procéder à des ventes actives d'un nouveau produit qui n'a pas encore été lancé dans le pays sur le territoire duquel il est établi pendant une durée d'une année à compter de la date du premier lancement de ce produit dans un autre État membre (■ Paris, 14 mars 2017, n° 15/23991 : *Concurrences* 2017/3, p. 84, obs. N. Eréséo).

En imposant à ses distributeurs agréés une *interdiction de vente* des produits *sur Internet*, un fournisseur limite d'emblée la liberté commerciale de ses distributeurs en excluant un moyen de commercialisation de ses produits cosmétiques et d'hygiène corporelle. En effet, cette interdiction prive les distributeurs agréés de la faculté de prospecter des clients par l'envoi de messages ou de satisfaire à des demandes non sollicitées adressées sur leur site ; cette pratique équivaut à une limitation des ventes actives et passives des distributeurs. Il en résulte que l'interdiction en cause a nécessairement un objet restrictif de concurrence, qui vient s'ajouter à la limitation de concurrence inhérente au choix même d'un système de distribution sélective par le fabricant, qui limite le nombre de distributeurs habilités à distribuer le produit et empêche les distributeurs de vendre ces biens à des distributeurs non agréés (■ Cons. conc., déc. n° 08-D-25, 29 oct. 2008 : *Contrats, conc. consom.* 2008, comm. 271, obs. M. Malaurie-Vignal ; *Rev. Lamy conc.* 2009, n° 1272, note P. Arhel ; *RJDA* 2009, n° 142). Sur recours contre cette décision, la Cour d'appel de Paris a décidé de saisir la Cour de justice des communautés européennes d'un recours préjudiciel en interprétation (■ Paris, 29 oct. 2009, n° 2008/23812 : *JurisData* n° 2009-013725 ; *Contrats, conc. consom.* 2009, comm. 287, obs. M. Malaurie-Vignal ; *RJDA* 2010, n° 175 ; *RTD com.* 210, p. 81, obs. E. Claudel ; *RD conc.* 2010, n° 1, p. 91, obs. M. Debroux ; *Rev. Lamy conc.* 2010, n° 1521, obs. V. Selinsky). Aux termes de la réponse de la Cour, l'article 101, § 1, du TFUE doit être interprété en ce sens qu'une clause contractuelle, dans le cadre d'un système de distribution sélective, exigeant que les ventes de produits cosmétiques et d'hygiène corporelle soient effectuées dans un espace physique en présence obligatoire d'un pharmacien diplômé, ayant pour conséquence l'interdiction de l'utilisation d'Internet pour ces ventes, constitue une restriction par objet au sens de cette disposition si, à la suite d'un examen individuel et concret de la teneur et de l'objectif de cette clause contractuelle et du contexte juridique et économique dans lequel elle s'inscrit, il apparaît que, eu égard aux propriétés des produits en cause, cette clause n'est pas objectivement justifiée (■ CJUE, 13 oct. 2011, aff. C-439/09 : *Europe* 2011, comm. 471, obs. L. Idot ; *Contrats, conc. consom.* 2011, comm. 257, obs. M. Malaurie-Vignal et comm. 263, obs. G. Decocq ; *D.* 2011, p. 2590, obs. E. Chevrier ; *JCP* G 2011, 1430, note D. Ferrier ; *JCP* E 2011, act. 554, obs. J.-L. Lesquins et L. Ferchiche ; *JCP* E 2011, 1833, note Ch. Vilmart ; *JCP* E 2012, 1182, note L. Vogel ; *RJDA* 2012, n° 208 ; *RD conc.* 2012, n° 1, p. 88, obs. M. Debroux ; *Rev. Lamy conc.* 2012, n° 1969, obs. C. Robin). L'article 4, sous c), du règlement n° 2790/1999 de la Commission, du 22 décembre 1999, concernant l'application de l'article 81, § 3, du traité à des catégories d'accords verticaux et de pratiques concertées, doit être interprété en ce sens que l'exemption par catégorie prévue à l'article 2 dudit règlement ne s'applique pas à un contrat de distribution sélective qui comporte une clause interdisant *de facto* Internet comme mode de commercialisation des produits contractuels. En revanche, un tel contrat peut bénéficier, à titre individuel, de l'applicabilité de l'exception légale de l'article 101, § 3, du TFUE si les conditions de cette disposition sont réunies (même arrêt). Rapportant cette réponse à l'espèce, la cour d'appel de Paris a confirmé la déc. n° 08-D-25 du 29 oct. 2008 préc. (V. ■ Paris, 31 janv. 2013, n° 2008/23812 : *JurisData* n° 2013-002813 ; *D.* 2013, p. 360, obs. E. Chevrier, et p. 887, note D. Ferrier ; *Europe* 2013, comm. 135, obs. L. Idot ; *Contrats, conc. consom.* 2013, comm. 64, obs. G. Decocq, et comm. 76, obs. M. Malaurie-Vignal ; *JCP* E 2013, 1119, obs. Ch. Vilmart ; *JCP* E 2013, 1133, obs. G. Amédée-Manesme ; *RJDA* 2013, n° 455). Pour une application des principes de l'arrêt de la CJUE du 13 octobre 2011 précité à une clause obligeant le distributeur à se déplacer physiquement chez le client afin de garantir le respect de son obligation de conseil, V. ■ Aut. conc., déc. n° 18-D-23, 24 oct. 2018 : *Concurrences* 2019/1, p. 97, note A.-C. Martin, conf. partiellement par ■ Paris, pôle 5, ch. 7, 17 oct. 2019, n° 18/24456 : *Contrats, conc. consom.* 2019/12, comm. 203, note G. Decocq. – Et dans le même sens, V. ■ Aut. conc., déc. n° 19-D-14, 1er juill. 2019 : *Concurrences* 2019/4, p. 108, note A.-C. Martin.

La circonstance, à la supposer établie, que l'accord ne bénéficie pas d'une exemption par catégorie n'implique pas nécessairement que le réseau de distribution sélective contrevient à l'article 101, § 1er du TFUE. Doit ainsi être cassé l'arrêt qui rejette la demande d'indemnisation faite par un fournisseur et dirigée contre plusieurs opérateurs hors réseau aux seuls motifs que plusieurs clauses du contrat constituent des restrictions caractérisées au sens du règlement (CE) n° 2790/1999 alors applicable (■ Cass. com., 16 mai 2018, n° 16-18.174 : à paraître au *Bull.* ; *JCP* E 2018, 1431, n° 31-35, note N. Ferrier ; *Lettre distrib.* 2018/6, p. 1, obs. N. Eréséo ; *Concurrences* 2018/3, p. 110, obs. A.-C. Martin).

Rappr. ▪ Cass. com., 7 oct. 2014, V. annot. n° 43, p. 689. ▪ Aut. conc. communiqué de presse du 22 nov. 2015. ▪ Aut. conc., déc. n° 14-D-07, 23 juill. 2014 : *RD conc.* 2014, n° 4, p. 127, obs. M. Béhar-Touchai ; *Contrats, conc. consom.* 2014, comm. 241, obs. M. Malaurie-Vignal. ▪ Aut. conc., déc. n° 12-D-23, 12 déc. 2012 : *Contrats, conc. consom.* 2013, comm. 279, obs. M. Malaurie-Vignal ; *JCP* E 2013, 1202, note A. Mendoza-Caminade ; *Rev. Lamy conc.* 2013/35, n° 2259, obs. V. Selinsky ; réf., sur un autre point, (possibilité d'une limitation objectivement justifiée tant par la nature du produit concerné que par les exigences d'une bonne commercialisation de ce dernier) par ▪ Paris, 13 mars 2014, n° 2013/00714 : *JurisData* n° 2014-005546 ; *Contrats, conc. consom.* 2014, comm. 118, obs. G. Decocq. ▪ Aut. conc., avis n° 12-A-20, 18 sept. 2012 : *Contrats, conc. consom.* 2012, comm. 279, obs. M. Malaurie-Vignal ; *RTD com.* 2013, p. 739, note E. Claudel ; *Rev. Lamy conc.* 2013, n° 2189, note R. Christol. ▪ Cons. conc., déc. n° 07-D-07, 8 mars 2007 : *D.* 2007, p. 2209, note J.-L. Fourgoux ; *Contrats, conc. consom.* 2007, comm. 122, obs. M. Malaurie-Vignal. ▪ Cons. conc., déc. n° 06-D-28, 5 oct. 2006 : *Rev. Lamy conc.* 2006, n° 675, note V. Selinsky ; *RJDA* 2007, n° 102. ▪ Cons. conc., déc. n° 06-D-24, 24 juill. 2006 : *Contrats, conc. consom.* 2006, comm. 187, obs. M. Malaurie-Vignal ; *Comm. com. électr.* 2006, comm. 145, obs. M. Chagny ; *Rev. Lamy conc.* 2006, n° 675, note V. Selinsky ; conf. par ▪ Paris, 16 oct. 2007, n° 2006/17900 : *JurisData* n° 2007-344770 ; *D.* 2007, p. 2729, obs. E. Chevrier ; *Contrats, conc. consom.* 2007, comm. 297, obs. M. Malaurie-Vignal ; *RJDA* 2007, n° 1282 ; *Rev. Lamy conc.* 2008, n° 1014, obs. B. Cheynel. ▪ T. com. Pontoise, 15 avr. 1999 : *JurisData* n° 1999-111496 ; *D.* 1999, jurispr. p. 725, note C. Manara ; *Comm. com. électr.* 2000, comm. 8, obs. X. Linant de Bellefonds ; *RJDA* 1999, n° 916 ; infirmé par ▪ Versailles, 2 déc. 1999 : *JurisData* n° 1999-106158 ; *RJDA* 2000, n° 407 ; *D.* 2000, jurispr. 92, obs. C. Manara ; *JCP* E 2000, p. 1230, note M. Vivant ; *D.* 2001, somm. 299, obs. D. Ferrier.

Mais l'exploitation d'un point de vente physique peut être un critère licite d'agrément à un réseau de distribution sélective (▪ Paris, 5 juin 2019, n° 17/11700 : *Concurrences* 2019/3, p. 96, note N. Ferrier. ▪ Paris, 18 avr. 2008, n° 07/04360 : *Contrats, conc. consom.* 2008, comm. 177, obs. D. Bosco). Jugé dans le même sens que le fabricant peut réserver aux seuls points de vente physiques le lancement des produits nouveaux pendant un délai d'un an. ▪ Lyon, 7 mai 2015 : *RD conc. 2015, n° 3, p. 92, obs. A.-C. Martin.* ▪ Paris, 13 janv. 2016 : *Lettre distrib.* mars 2016, obs. A.-C. Martin, p. 1, admettant la licéité d'une sélection des distributeurs sur la base de critères exigés pour la revente en ligne répondant, en l'espèce, « à la qualité des produits ».

Vente sur les *sites internet non agréés ou sur tout site tiers*, notamment de *Market places*. Dans le cadre d'une action en référé, la cour d'appel de Paris avait mis en avant « un faisceau d'indices sérieux et concordants tendant à établir avec l'évidence requise en référé que cette interdiction de principe du recours pour les distributeurs des produits cosmétiques, pour l'essentiel pharmaciens d'officine, à une plate-forme en ligne quelles qu'en soient les caractéristiques est susceptible de constituer, sauf justification objective, une restriction de concurrence caractérisée exclue du bénéfice de l'exemption communautaire individuelle » (▪ Paris, 2 févr. 2016, *Lettre distrib.* mars 2016, obs. J.-M. – Vertut). La cour d'appel s'était notamment appuyée sur un communiqué de presse, une consultation universitaire ainsi que sur une décision de l'Autorité de la concurrence allemande mais l'arrêt rendu a été cassé aux motifs qu'en se déterminant ainsi, sans expliquer en quoi les décisions auxquelles elle se référait étaient de nature à écarter l'existence d'un trouble manifestement illicite résultant de l'atteinte au réseau de distribution sélective de la société concernée, dont la licéité avait été admise par la décision n° 07-D-07 du 8 mars 2007 du Conseil de la concurrence, qui n'avait pas fait l'objet de révision, la cour d'appel a privé sa décision de base légale (▪ Cass. com., 13 sept. 2017, n° 16-15.067 : *Concurrences* 2017/4, p. 110, note D. Ferrier ; *Contrats, conc. consom.* 2017/11, comm. 221, note M. Malaurie-Vignal).

Pour la Cour de justice de l'Union européenne, l'article 101, paragraphe 1, TFUE doit être interprété en ce sens qu'il ne s'oppose pas à une clause contractuelle [...] qui interdit aux distributeurs agréés d'un système de distribution sélective de produits de luxe visant, à titre principal, à préserver l'image de luxe de ces produits de recourir de manière visible à des plateformes tierces pour la vente sur Internet des produits contractuels, dès lors que cette clause vise à préserver l'image de luxe desdits produits, qu'elle est fixée d'une manière uniforme et appliquée d'une façon non discriminatoire, et qu'elle est proportionnée au regard de l'objectif poursuivi, ce qu'il appartient à la juridiction de renvoi de vérifier. En outre, l'article 4 du règlement (UE) n° 330/2010 de la Commission, du 20 avril 2010 doit être interprété en ce sens que, dans des circonstances telles que celles en cause au principal, l'interdiction faite aux membres d'un système de distribution sélective de produits de luxe, qui opèrent en tant que distributeurs sur le marché, d'avoir recours de façon visible à des entreprises tierces pour les ventes par Internet, ne constitue pas une restriction de la clientèle, au sens de l'article 4, sous *b)*, de ce règlement, ni une restriction des ventes passives aux utilisateurs finals, au sens de l'article 4, sous *c)*, dudit règlement (■ CJUE, 6 déc. 2017, aff. C-230/16 : *Lettre distrib.* 2017/12, p. 1, obs. N. Eréséo ; *Contrats, conc. consom.* 2018/2, comm. 26, note M. Malaurie-Vignal ; *Concurrences* 2018/1, p. 104, note A.-C. Martin, et pour des applications de cette jurisprudence V. ■ Paris, 13 juill. 2018, n° 17/20787 : *Lettre distrib.* 2018/9, p. 4, obs. N. Eréséo ; *Concurrences* 2018/4, p. 125, obs. A.-C. Martin. – Et ■ Aut. conc., déc. n° 18-D-23, 24 oct. 2018 : *Concurrences* 2019/1, p. 97, note A.-C. Martin, conf. partiellement par ■ Paris, pôle 5, ch. 7, 17 oct. 2019, n° 18/24456 : *Contrats, conc. consom.* 2019/12, comm. 203, note G. Decocq). Pour une extension de cette même jurisprudence à un système de distribution exclusive, V. ■ Aut. conc., déc. n° 20-D-03, 3 déc. 2020 : *Contrats, conc. consom.* 2021/2, comm. 23, note M. Malaurie-Vignal.

Adde. ■ Aut. conc., déc. n° 14-D-07, 23 juill. 2014, préc. ■ Aut. conc., communiqué de presse, 22 nov. 2015 (aff. Adidas) : *RD conc.* 2016, n° 1, p. 186, obs. Ch. Lemaire. *Adde* pour le rejet d'un recours en concurrence déloyale contre une plateforme de vente en ligne faute pour le fournisseur de rapporter la preuve de la licéité de son réseau de distribution sélective : ■ Paris, 25 mai 2016 : *RD conc.* 2016, n° 3, p. 93, obs. N. Ereseo. ■ Paris, 29 juin 2016, n° 14/00335 : *RD conc.* 2016, n° 4, p. 112, obs. A.-C. Martin.

• Distribution exclusive

56) Absence de restriction de concurrence. Dès lors qu'ils préservent une certaine concurrence sur le marché, les systèmes de distribution exclusive ou sélective sont conformes aux dispositions de l'article L. 420-1, si les critères de choix des revendeurs ont un caractère objectif, n'ont pas pour objet ou pour effet d'exclure une ou des formes déterminées de commercialisation et ne sont pas appliqués de manière discriminatoire (■ Cons. conc., déc. n° 91-D-22, 14 mai 1991 : *BOCC* 1991, p. 222. – Conf. par ■ Paris, 19 déc. 1991, n° 91/014068 : *JurisData* n° 1991-025171 ; *BOCC* 1992, p. 25). En ce sens, V. ■ Paris, 22 oct. 1991, n° 90/011029 : *JurisData* n° 1991-024189 ; *D.* 1992, somm. 393, obs. D. Ferrier.

Dès lors que le fait, pour un fournisseur et l'un de ses distributeurs auquel il a confié une zone territoriale exclusive, d'exercer des pressions sur un distributeur disposant d'une exclusivité territoriale dans une autre zone pour que ce dernier retire une offre faite à un client de la zone concédée au premier distributeur, est prohibé par les dispositions de l'article L. 420-1 si cette offre n'avait été que la réponse passive à la demande spontanée d'un client ; à l'inverse, ne peut être considéré comme ayant pour objet ou pour effet de restreindre ou de fausser le jeu de la concurrence le fait, pour un distributeur bénéficiant d'une exclusivité territoriale et son fournisseur, de demander à un autre distributeur disposant d'une exclusivité dans une autre zone de respecter les conditions licites de son contrat (■ Cons. conc., déc. n° 97-D-31, 20 mai 1997 : *BOCC* 1997, p. 577 ; *Contrats, conc. consom.* 1997, comm. 151, obs. L. Vogel). *Comp.* sur l'application de la distinction vente actives/ventes passives à propos d'un contrat comportant une clause d'exclusivité territoriale ■ Cass. com., 20 sept. 2016, n° 13-15.935 : *Contrats, conc. consom.* 2016, comm. 254, obs. M. Malaurie-Vignal.

57) Présence d'une restriction de concurrence. Si des fabricants de produits et matériels pour kinésithérapeutes présentant un caractère de technicité particulier peuvent en réserver la distribution à certains revendeurs, il ne leur appartient pas de limiter la liberté commerciale de ceux-ci et notamment la liberté de fixer leurs prix de vente ou celle de vendre en dehors de la zone qui leur est attribuée (■ Cons. conc., déc. n° 91-D-22, 14 mai 1991 : *BOCC* 1991, p. 222. – Conf. par ■ Paris, 19 déc. 1991 : *BOCC* 1992, p. 25). En l'espèce, les distributeurs agréés jouissent d'une protection territoriale absolue ; les prix de revente aux kinésithérapeutes sont soit imposés, soit conseillés ; les fournisseurs ont conféré un caractère minimum à leurs prix conseillés par des pressions pouvant aller jusqu'à la rupture des relations commerciales, exercées à l'encontre de certains revendeurs ainsi que par des discriminations de remises ou d'exclusivité et par des clauses de prix dans les contrats.

Le Conseil de la concurrence a jugé contraires à l'article L. 420-1 : les clauses subordonnant le maintien d'un type d'accord à la renonciation par le distributeur d'élargir la gamme de produits qu'il propose à la vente car elles constituent une barrière à l'entrée pour les nouveaux offreurs entendant s'implanter sur le marché ; les clauses prohibant la rétrocession des marchandises entre les membres du réseau car elles ont pour objet et peuvent avoir pour effet de limiter la concurrence entre les revendeurs proposant les matériels en cause ; l'interdiction faite au réparateur de vendre tant des tondeuses de la marque que des matériels concurrents car elle a, par une limitation du nombre de points de vente, pour objet et peut avoir pour effet de restreindre la concurrence entre les fabricants d'outillage à moteur ; la clause n'autorisant le revendeur réparateur à livrer d'autres revendeurs qu'après l'accord écrit préalable du fournisseur car elle a pour effet d'introduire un cloisonnement du marché au bénéfice des concessionnaires distributeurs de tondeuses autoportées (■ Cons. conc., déc. n° 96-D-17, 19 mars 1996 : *BOCC* 1996, p. 365).

Un fournisseur recourant à un réseau de distributeurs exclusifs auxquels il concède des territoires d'exclusivité ne saurait licitement interdire à ces distributeurs de répondre à des sollicitations de clients situés dans des zones géographiques autres que celles faisant l'objet de l'exclusivité dès lors qu'ils ne procèdent pas à une politique de vente active en dehors du territoire qui leur a été concédé (▪ Cons. conc., déc. n° 98-D-62, 13 oct. 1998 : *BOCC* 1998, p. 740).

La clause d'un contrat de concession exclusive interdisant au concessionnaire de commercialiser directement ou indirectement les appareils objet du contrat « dans aucun territoire placé hors de France » est anticoncurrentielle (▪ Cons. conc., déc. n° 00-D-35, 26 sept. 2000 : *BOCC* 2000, p. 729).

3° Accords de commercialisation

Bibliographie : Sur les contrats d'affiliation de magasins indépendants dans le secteur de la distribution alimentaire, V. ▪ Aut. conc., avis n° 10-A-26, 7 déc. 2010 : *Contrats, conc. consom.* 2011, étude 3, note M. Malaurie-Vignal ; *Rev. Lamy conc.* 2011, n° 1776, note V. Selinsky ; *JCP* G 2011, 177, obs. N. Disssaux. – Rappr. ▪ Aut. conc., déc. n° 11-D-03, 15 févr. 2011 : *Contrats, conc. consom.* 2011, comm. 92, obs. M. Malaurie-Vignal ; *Rev. Lamy conc.* 2011, n° 1791, obs. V. Selinsky. ▪ Aut. conc., déc. n° 11-D-20, 16 déc. 2011 : *D.* 2012, p. 577, n° 2, obs. D. Ferrier ; *Contrats, conc. consom.* 2012, comm. 43, obs. M. Malaurie-Vignal. ▪ Aut. conc., avis n° 12-A-01, 11 janv. 2012 : *Contrats, conc. consom.* 2012, comm. 63, obs. M. Malaurie-Vignal ; *Rev. Lamy conc.* 2012, n° 2175, note M. Deschamps.

58) Clause de confidentialité. Aux termes des accords commerciaux signés entre le Galec (centrale d'achat des centres Leclerc) et chacun des producteurs de lessives, ces derniers s'engageaient à verser au premier un avantage calculé en pourcentage du chiffre d'affaires réalisé par les sociétés adhérentes avec les fournisseurs concernés au titre de l'année en cours ; il était précisé dans chaque cas que « cet accord est confidentiel et ne sera pas diffusé aux adhérents ». Cette stipulation était de nature, d'une part, à empêcher les adhérents du Galec de déduire cette ristourne de leurs prix d'achat et de la répercuter sur leurs prix de vente et, d'autre part, de créer une opacité artificielle sur certaines des conditions accordées aux centres Leclerc de nature à permettre aux producteurs de mieux résister aux demandes de concessions tarifaires présentées par les autres distributeurs concurrents de ces centres. Ainsi, la clause de confidentialité figurant dans ces accords, qui était de nature à fausser et à restreindre le jeu de la concurrence sur le marché des lessives, est prohibée (▪ Cons. conc., déc. n° 94-D-60, 13 déc. 1994 : *BOCC* 1995, p. 47 ; *JCP* E 1995, I, 492, n° 10, obs. L. Vogel. – Conf. par ▪ Paris, 13 déc. 1995 : *BOCC* 1996, p. 57 ; *D.* 1997, somm. 108, obs. Paulin ; rejet pourvoi par ▪ Cass. com., 27 janv. 1998 : *RJDA* 1998, n° 799).

59) Clause de durée. Sont illicites des clauses contractuelles liant les cocontractants pendant des périodes excessivement longues (V. par ex. ▪ Cons. conc., déc. n° 05-D-49, 28 juill. 2005 : *D.* 2005, p. 2379, obs. E. Chevrier ; *RD conc.* 2005, n° 4, p. 68, obs. E. Claudel ; *Rev. Lamy conc.* 2005, n° 352, obs. P. Arhel).

60) Clause d'exclusivité. La conclusion de clauses d'exclusivité ne constitue pas, par elle-même, une entente anticoncurrentielle, à la condition qu'elle n'affecte pas la concurrence au-delà des restrictions qui peuvent être nécessaires pour assurer la rentabilité d'une activité, par exemple du fait de l'existence d'investissements spécifiques ou du fait du caractère particulièrement risqué d'une activité ; si de telles clauses ont pour objet ou peuvent avoir pour effet de fausser ou de restreindre directement ou indirectement le jeu de la concurrence sur le marché concerné, elles constituent par l'effet – constaté ou potentiel – d'éviction qu'elles comportent une entente prohibée par l'article L. 420-1 ; dès lors, l'analyse revient à vérifier que les clauses d'exclusivité et le cas échéant les autres clauses des contrats n'instaurent pas, en droit ou en pratique, une barrière artificielle à l'entrée sur le marché en appréciant l'ensemble de leurs éléments constitutifs ; en pratique, l'effet d'éviction ou de verrouillage que peuvent comporter les clauses d'exclusivité dépend de nombreux facteurs, parmi lesquels le champ et la portée de l'exclusivité, la part de la demande liée, la durée ou la combinaison dans le temps des contrats, les conditions de résiliation et de renouvellement, la position des opérateurs et les conditions régnant sur le marché en cause (▪ Paris, 3 juill. 2013, n° 11/17161 : *JCP* E 2013, 1656, obs. V. Marx ; *Rev. Lamy conc.* 2013/37, n° 2399, obs. V. Selinsky ; *RJDA* 2013, n° 947).

Pour apprécier le caractère anticoncurrentiel des clauses d'exclusivité, il convient de s'assurer que ces clauses n'instaurent pas, en droit ou en pratique, une barrière artificielle à l'entrée sur le marché en appréciant l'ensemble de leurs éléments constitutifs : le champ d'application, la durée, l'existence d'une justification technique à l'exclusivité, et la contrepartie économique obtenue par le client (▪ Cons. conc., déc. n° 08-D-10, 7 mai 2008 : *Contrats, conc. consom.* 2008, comm. 185, obs. G. Decocq ; *RD conc.* 2008, n° 3, p. 96, obs. C. Prieto).

Aussi, faute d'être justifiées dans les conditions prévues par l'article L. 420-4, alinéa 2, les clauses d'exclusivité contenues dans des contrats types de diffusion de certaines chaînes thématiques francophones sont soumises aux dispositions de l'article L. 420-1 (▪ Paris, 17 juin 1992, n° 91/24914 : *JurisData* n° 1992-021900 ; *Bull. inf. C. cass.* 15 oct. 1992, n° 1596).

Semblablement, en concluant avec six entreprises un engagement d'exclusivité pour la fourniture des prestations de manutention à l'occasion de salons d'exposition et dont elle a assuré la mise en œuvre par circulaires ou guides adressés aux exposants les informant qu'ils ne pouvaient avoir recours qu'à ces prestataires agréés, une société organisatrice de salons a interdit l'accès au marché de toutes entreprises autres que celles par elle sélectionnées et relève de l'article L. 420-1 (■ Cass. com., 13 févr. 1996, n° 94-11.955 : *JurisData* n° 1996-000390 ; *JCP* E 1996, pan. 485 ; rejet pourvoi contre ■ Paris, 25 janv. 1994, n° 93/15536 : *JurisData* n° 1994-020206 ; *D.* 1994, inf. rap. 46. – Conf. de ■ Cons. conc., déc. n° 93-D-13, 18 mai 1993 : *D.* 1993, p. 597, note Ch. Gavalda).

61) Clause de non-concurrence. Une clause de non-concurrence peut être analysée comme une entente prohibée par l'article L. 420-1 (V. par ex. ■ Cass. com., 9 nov. 1993 : *Bull. civ.* IV, n° 399 ; *D.* 1994, 399, note M. Lombard, somm. 220, obs. Y. Serra).

L'interdiction apportée par une clause de non-concurrence doit s'apprécier concrètement et son ajustement doit être contrôlé dans le temps et dans l'espace par rapport à la fonction qu'elle remplit (V. par ex. ■ Cass. com., 4 mai 1993, n° 91-17.937 : *JurisData* n° 1993-000789 ; *Bull. civ.* IV, n° 172 ; *JCP* G 1993, II, 22111, note M.-C. Boutard-Labarde ; *Contrats, conc. consom.* 1993, comm. 110, obs. L. Vogel ; *D.* 1994, somm. 220, obs. Y. Serra. ■ Cons. conc., déc. n° 93-D-11, 4 mai 1993 : *D.* 1995, somm. 208, obs. Y. Serra).

Ainsi, est illicite la clause interdisant au cocontractant d'un prestataire de services l'exercice de son activité professionnelle indépendante, alors que même limitée dans l'espace et dans le temps, cette clause était disproportionnée au regard de l'objet du contrat (■ Cass. com., 4 janv. 1994, n° 92-14.121 : *JurisData* n° 1994-000056 ; *RJDA* 1994, n° 297).

62) Clause de préférence. La clause de préférence obligeant, en cas de non-renouvellement du bail, le bailleur d'un emplacement publicitaire qui désirerait louer les lieux aux mêmes fins, à réserver pendant un an la préférence au locataire précédemment en place à prix égal avec les offres écrites des entreprises concurrentes, a pour effet de fausser le libre jeu de la concurrence (■ Aix-en-Provence, 29 janv. 1998 : *JCP* E 1998, pan. p. 1331).

63) Clause de restitution en nature du matériel. L'obligation de restitution en nature des cuves prêtées par la compagnie pétrolière impose des travaux coûteux au revendeur de carburant, non justifiés par des nécessités techniques en raison de la durée de vie des cuves, et est susceptible de le dissuader de traiter avec un autre fournisseur ; elle est ainsi disproportionnée avec la fonction qui lui a été fixée de faire respecter l'exclusivité d'achat du carburant et constitue un frein à la concurrence d'autres fournisseurs (■ Cass. com., 18 févr. 1992, n° 87-12.844 : *JurisData* n° 1992-000321 ; *Contrats, conc. consom.* 1992, comm. 113, obs. L. Leveneur ; *RJDA* 1992, n° 474).

64) Dénigrement. En s'entendant pour diffuser des allégations de nature à jeter la suspicion et à dégrader la position des produits en cause sur le marché, deux sociétés ont mis en œuvre une entente prohibée (V. par ex. ■ Cons. conc., déc. n° 04-D-75, 22 déc. 2004 : *Rev. Lamy conc.* 2005, n° 200, obs. C. Robin).

65) Exercice abusif d'un droit exclusif. L'exercice d'un droit exclusif par son titulaire peut donner lieu à un comportement abusif (■ Cass. com., 26 nov. 2003, n° 00-22.605 : *JurisData* n° 2003-021075 ; *Bull. civ.* IV, n° 178 ; *RJDA* 2004, n° 907). En l'espèce, la pratique reprochée consiste pour la société TF1 à subordonner, par le moyen de clauses types insérées dans les contrats de coproduction, son engagement de financer les œuvres audiovisuelles à l'acceptation du producteur délégué de confier, dès la signature de ces contrats, l'édition et la distribution de l'œuvre sous forme de vidéogrammes à titre exclusif à une de ses filiales, pour une durée allant jusqu'à dix ans, voire quinze à dix-huit ans, sans pour autant prendre aucun engagement quant à l'exploitation effective de l'œuvre sous cette forme. La société TF1 obtient ainsi une protection contre une exploitation de droits par une entreprise concurrente et cherche à entraver l'accès de tout compétiteur potentiel sur le marché dérivé de l'édition vidéographique et à garantir sa progression sur ce marché. Cette pratique n'est justifiée ni par des nécessités particulières au secteur de la télévision ni par les exigences propres à l'activité d'édition des vidéogrammes. La pratique contractuelle en cause ne constitue pas l'exercice normal des droits exclusifs de reproduction du coproducteur mais un abus de ce droit en vue de fausser la concurrence.

Le cumul de l'ensemble des exclusivités stipulées dans des contrats, de très longue durée, tous signés avec le même partenaire et tous renouvelés dans des conditions qui ont ôté aux parties en présence toute indépendance dans la gestion de leur stratégie commerciale et rendu impossible la rupture de leurs liens contractuels, ne pouvait avoir d'autre objet et d'autre effet au moins potentiel que de préserver leurs relations économiques de toute concurrence extérieure en verrouillant efficacement le marché (■ Aut. conc., déc. n° 09-D-31, 21 sept. 2009 : *Contrats, conc. consom.* 2010, comm. 15, obs. M. Malaurie-Vignal ; *Rev. Lamy conc.* 2010, n° 1522, obs. R. Bouniol).

66) Partenariat illicite. Le partenariat entre la SNCF et Expedia créant l'agence VSC constitue une entente contraire aux articles 81 du traité (devenu art. 101 du TFUE) et L. 420-1 du Code de commerce, ayant pour objet et pour effet de favoriser leur filiale commune sur le marché des services d'agence de voyages prestés pour les voyages de loisir au détriment des concurrents. L'agence VSC et, à travers elle, Expedia ont ainsi, en violation des règles de concurrence, bénéficié d'avantages – qui leur ont été réservés – liés au partage du site marchand de la SNCF et, notamment, du trafic généré par l'achat de billets de train, de l'envoi de *newsletters* communes, du partage inégalitaire des revenus publicitaires et du bénéfice de la marque contenant la mention « SNCF » (▪ Cons. conc., déc. n° 09-D-06, 5 févr. 2009 : *Contrats, conc. consom.* 2009, comm. 77, obs. M. Bazex et comm. 109, obs. D. Bosco ; *RD conc.* 2009, n° 2, p. 106, obs. L. Nicolas-Vullierme ; *Rev. Lamy conc.* 2009, comm. 1333, note F. Marty et J. Pillot ; déc. conf. par ▪ Paris, 23 févr. 2010 : *Contrats, conc. consom.* 2010, comm. 103, obs. G. Decocq ; *RD conc.* 2010, n° 2, p. 73, obs. L. Nicolas-Vullierme ; *Rev. Lamy conc.* 2010, n° 1581, obs. V. Selinsky et M. Dumarçay et n° 1659, obs. R. Christol ; rejet pourvoi par ▪ Cass. com., 16 avr. 2013 : *Contrats, conc. consom.* 2013, comm. 140, obs. G. Decocq ; *RJDA* 2013, n° 548).

67) Prix minimum de revente imposé. Il résulte de l'article L. 420-1 qu'est illicite la clause figurant dans un contrat de vente, conclu entre un fabricant de marchandises et un revendeur détaillant, aux termes de laquelle seul le fabricant a le pouvoir d'apprécier à la fin de chaque année si sont ou non réunies les conditions d'octroi de la ristourne prévue au contrat, l'existence d'une telle clause ayant pour effet de maintenir à un niveau artificiellement élevé les prix de vente au détail et de rendre impossible la revente avec une marge bénéficiaire réduite (▪ Cass. com., 5 févr. 1991, n° 89-20.191 : *JurisData* n° 1991-701443 ; *Bull. civ.* IV, n° 56 ; *RTD com.* 1991, 630, obs. B. Bouloc ; rejet pourvoi contre ▪ Paris, 28 juin 1989, n° 89-00834 : *JurisData* n° 1989-022831 ; *BOCC* 1989, p. 171. – Conf. de ▪ Cons. conc., déc. n° 88-D-47, 6 déc. 1988 : *BOCC* 1988, p. 356).

L'inscription, dans les contrats de coopération commerciale, de clauses limitant directement ou indirectement la liberté des distributeurs de fixer leurs prix revêt le caractère d'une pratique anticoncurrentielle. Tel est notamment le cas des dispositions qui fixent un taux de marge minimum à la revente, qui interdisent l'intégration de ristournes différées inconditionnelles dans les prix, ou encore des clauses dites pénales qui donnent au fabricant la possibilité de supprimer les remises de coopération commerciale s'il estime qu'il y a eu revente à perte. Tel est encore le cas des dispositions dont la rédaction vise à permettre des interventions ultérieures du fabricant dans la politique de prix de son distributeur (▪ Cons. conc., déc. n° 94-D-55, 18 oct. 1994 : *BOCC* 1994, p. 535. – Conf. par ▪ Paris, 23 mai 1995, n° 90-25640 : *JurisData* n° 1991-022137 ; *BOCC* 1995, p. 201).

Ont été sanctionnées les entreprises leader du secteur de l'alimentation pour chiens et chats pour s'être entendues avec l'ensemble de leurs grossistes indépendants pendant cinq années (prix de revente imposés, interdiction des ventes passives, exclusivités commerciales) et avoir limité la concurrence au stade de la distribution en gros destinée aux magasins spécialisés (▪ Aut. conc., déc. n° 12-D-10, 20 mars 2012 : *Contrats, conc. consom.* 2012, comm. 131, obs. D. Bosco ; conf. par ▪ Paris, 10 oct. 2013, n° 2012/07909 : *JurisData* n° 2013-025131 ; *Contrats, conc. consom.* 2014, comm. 18, obs. D. Bosco).

68) Plateformes de réservation en ligne. Ont été acceptés les engagements pris par une plateforme de vente en ligne de prestations de services hôteliers à modifier la clause de parité tarifaire et à supprimer toute clause imposant des obligations de parité en termes de disponibilités de chambres ou de conditions commerciales non seulement à l'égard des plateformes concurrentes mais également des canaux directs hors ligne des hôtels et d'une partie de leurs canaux en ligne (▪ Aut. conc., déc. n° 15-D-06, 15 avr. 2015 : *RD conc.* 2015, n° 3, p. 83, obs. F. Marty ; *RDC* 2015, n° 4, p. 931, obs. M. Béhar-Touchais ; *adde* ▪ Aut. conc., Bilan de l'efficacité des engagements pris par Booking.com devant l'Autorité de la concurrence, 9 févr. 2017 : *Contrats, conc. consom.* 2017, comm. 82, D. Bosco).

III – PRATIQUES LICITES

69) Accords d'importance mineure. L'article L. 420-1 n'est pas applicable lorsque l'accord dénoncé n'a qu'une portée limitée dans le marché pertinent considéré et ne peut porter atteinte de façon sensible au jeu de la concurrence (▪ Cass. com., 4 mai 1993 : *Bull. civ.* IV, n° 172 ; *JCP* 1993, II, 22111, note M.-C. Boutard-Labarde ; *Contrats, conc. consom.* 1993, comm. 110, obs. L. Vogel ; *D.* 1994, somm. 220, obs. Y. Serra).

Semblablement, en absence de toute définition légale ou réglementaire d'un seuil de sensibilité, il appartient aux juridictions saisies de vérifier si l'effet potentiel ou avéré des pratiques incriminées est de nature à restreindre de manière sensible le jeu de la concurrence sur le marché concerné (▪ Cass. com., 12 janv. 1999 : *Bull. civ.* IV, n° 9 ; *Contrats, conc. consom.* 1999, comm. 42, obs. M. Malaurie-Vignal ; *JCP* E 1999, p. 1909, obs. P. Arhel ; *LPA*

23 mars 1999, p. 12, note J. L. ; *LPA* 25 nov. 1999, p. 13, obs. N. Reboul ; rejet pourvoi contre ▪ Paris, 18 mars 1997 : *BOCC* 1997, p. 267 ; *JCP* E 1998, p. 74, n° 2, obs. L. Vogel ; *D.* 1999, somm. 24, obs. E. Claudel).

V. aussi sous C. com., art. L. 464-6-1 et L. 464-6-2.

70) Aides financières aux concessionnaires d'un réseau. Le versement par un constructeur d'aides commerciales spécifiques à ses concessionnaires afin de soutenir ses réseaux, de développer ses ventes ou d'éviter leur chute ne constitue pas, en soi, une pratique illicite, dès lors que leurs conditions d'octroi ne sont pas en elles-mêmes critiquables (▪ Paris, 29 juin 2004 : *BOCC* 2004, p. 623 ; *Rev. Lamy conc.* 2005, n° 25, obs. V. Selinsky. – Conf. de ▪ Cons. conc., déc. n° 03-D-66, 29 juin 2004 : *BOCC* 2004, p. 74 ; rejet pourvoi par ▪ Cass. com., 12 juill. 2005 : *Rev. Lamy conc.* 2006, n° 422, obs. C. Robin. ▪ Paris, 21 sept. 2004, n° 04/01850 : *JurisData* n° 2004-277902 ; *BOCC* 8 nov. 2004 ; *Rev. Lamy conc.* 2005, n° 25, obs. V. Selinsky. – Conf. de ▪ Cons. conc., déc. n° 03-D-67, 23 déc. 2004 : *BOCC* 2004, p. 79). En effet, il résulte d'une jurisprudence constante que de telles aides, lorsqu'elles sont accordées par une entreprise en position dominante à ses filiales ou à ses clients, sont anticoncurrentielles à condition qu'elles révèlent un abus (V. ▪ Cons. conc., déc. n° 02-D-34, 11 juin 2002 : *BOCC* 2002, p. 648. ▪ Cons. conc., déc. n° 03-D-46, 30 sept. 2003 : *BOCC* 2003, p. 1008. Voir aussi ▪ Cons. conc., déc. n° 97-D-31, 20 mai 1997 : *BOCC* 1997, p. 577). Il convient donc de démontrer non seulement la position dominante de l'entreprise auteur des versements mais aussi un comportement abusif résultant des conditions ou des conséquences anticoncurrentielles attachées à l'octroi de ces aides.

Rappr. ▪ Cons. conc., déc. n° 05-D-18, 29 avr. 2005 : *Rev. Lamy conc.* 2005, n° 285, obs. J. Peyre : les tarifs préférentiels accordés à un membre du réseau sont licites lorsqu'ils sont justifiés par des contreparties économiques objectives, réelles et appliquées sans discrimination.

71) Clause d'exclusivité. Pour apprécier le caractère anticoncurrentiel des clauses d'exclusivité, il convient de s'assurer que ces clauses n'instaurent pas, en droit ou en pratique, une barrière artificielle à l'entrée sur le marché en appréciant l'ensemble de leurs éléments constitutifs : le champ d'application, la durée, l'existence d'une justification technique à l'exclusivité, et la contrepartie économique obtenue par le client (▪ Cons. conc., déc. n° 08-D-10, 7 mai 2008 : *Contrats, conc. consom.* 2008, comm. 185, obs. G. Decocq ; *RD conc.* 2008, n° 3, p. 96, obs. C. Prieto).

En l'absence d'effet anticoncurrentiel sur les marchés concernés (marché de la billetterie confrontant les sociétés de billetterie et les organisateurs de spectacles ou les gestionnaires des salles et stades et marché de la production de spectacles), que ce soit à titre isolé ou cumulatif, la clause d'exclusivité n'est pas illicite (▪ Cons. conc., déc. n° 04-D-66, 1er déc. 2004 : *Rev. Lamy conc.* 2005, n° 130, obs. C. Robin).

La règle d'appartenance exclusive à une chaîne hôtelière est licite au regard du droit de la concurrence dès lors qu'elle s'inscrit dans un accord d'importance mineure, que l'opérateur qui l'impose n'est pas en position dominante sur le marché pertinent et que la restriction de concurrence est justifiée pour préserver sa situation concurrentielle (▪ TGI Paris, 6 juill. 2005 : *Rev. Lamy conc.* 2005, n° 355, obs. S. Cholet).

72) Clause de quotas de vente. Les clauses de quotas de vente élevés ne sont pas assimilables à des clauses de non-concurrence susceptibles de fermer le marché si elles sont dénuées de caractère contraignant, notamment en raison de leur non application (▪ Cons. conc., déc. n° 05-D-48, 28 juill. 2005 : *Rev. Lamy conc.* 2005, n° 354, obs. J. Peyre).

73) Clause de préférence. Si les entreprises présentes sur le marché de l'affichage de grand format peuvent légitimement prendre des mesures collectives destinées à protéger, pendant la durée du bail, l'intégrité et l'efficacité des emplacements qu'elles ont pris en location, de telles mesures ne peuvent être considérées comme compatibles avec les dispositions de l'article L. 420-1 que si elles sont nécessairement inhérentes aux avantages économiques que le système de protection mis en place tend à assurer (▪ Cons. conc., déc. n° 95-D-39, 30 mai 1995 : *BOCC* 1995, p. 343 : *JCP* 1996, I, 613, n° 12, obs. L. Vogel ; *D.* 1996, somm. 179, obs. Ch. Gavalda et Cl. Lucas de Leyssac, pour des clauses de préférence conférées en fin de bail aux loueurs d'emplacements d'affichage grand format).

74) Coopération commerciale. Les accords de coopération commerciale, pour lesquels l'adhésion des revendeurs marque leur consentement aux clauses clairement stipulées, ne sont pas contraires aux dispositions de l'article L. 420-1, dès lors que n'en sont pas exclus par nature des distributeurs qui seraient prêts à fournir les services considérés, que les conditions d'obtention de ces accords sont définies de façon objective et ne sont pas appliquées de façon discriminatoire et qu'elles n'ont ni pour objet ni pour effet de limiter la liberté des commerçants de déterminer leurs prix de vente (▪ Cons. conc., déc. n° 90-D-42, 6 nov. 1990 : *BOCC* 30 nov. 1990. – Conf. par ▪ Paris, 5 juill. 1991 : *JurisData* n° 1991-643682 ; *RJDA* 1991, n° 724 ; *D.* 1991, inf. rap. 246. – Rejet pourvoi par ▪ Cass. com., 12 oct. 1993, n° 91-17.983 : *RJDA* 1993, n° 921 [2e esp.]). En ce sens, V. ▪ Paris, 22 oct. 1997, n° 95/015481 : *JurisData* n° 1997-023295 ; *RJDA* 1998, n° 227.

75) Création de filiales communes. Si la création, par des entreprises ayant un objet social identique, de filiales communes peut avoir des effets restrictifs sur le marché, l'existence de ces filiales ne saurait, à elle seule, et à défaut d'autres éléments de preuve, établir que cette entente ait un caractère illicite (▪ Cass. com., 29 nov. 1994, n° 92-18.514 : *JurisData* n° 1994-002859 ; *JCP* E 1995, I, 492, n° 11, obs. L. Vogel).

76) Enseigne commune. De même que l'enseigne d'un distributeur peut se trouver valorisée par l'image des marques qu'il commercialise, la marque d'un producteur peut bénéficier des efforts de ses distributeurs pour promouvoir leurs enseignes. En effet, l'image des enseignes peut avoir une influence sur l'image des marques qui y sont distribuées ; le service assuré à un producteur par un ensemble de distributeurs regroupés sous une enseigne commune, et ayant intérêt à promouvoir en commun cette enseigne, peut être plus important que celui qui serait rendu par les mêmes distributeurs s'ils ne s'étaient pas regroupés en adoptant la même enseigne (▪ Cons. conc., déc. n° 90-D-42, 6 nov. 1990 : *BOCC* 30 nov. 1990. – Conf. par ▪ Paris, 5 juill. 1991 : *RJDA* 1991, n° 724 ; *D.* 1991, inf. rap. 246 ; rejet pourvoi par ▪ Cass. com., 12 oct. 1993 : *RJDA* 1993, n° 921 [2e esp.]). En l'espèce, le fait pour un fournisseur d'offrir aux groupements de distributeurs ayant adopté la même enseigne et une politique commune des remises quantitatives fondées sur la totalité des commandes du groupement, sans offrir cette même possibilité aux groupements de distributeurs qui n'ont pas adopté une enseigne commune, n'a pas le caractère d'une pratique anticoncurrentielle dès lors que les distributeurs regroupés ont le choix d'adopter ou non une enseigne commune et restent libres de suivre des politiques de prix autonomes. Il n'est pas établi que la possibilité pour les distributeurs ayant adopté une enseigne commune de regrouper leurs commandes ait été subordonnée au respect de prix de revente déterminés par le fournisseur (▪ Paris, 5 juill. 1991, préc.). En ce sens, V. ▪ Cass. com., 18 avr. 2000, n° 97-22.604 : *JurisData* n° 2000-001727 ; *LPA* 17 nov. 2000, p. 6, obs. Fraudin ; cassant ▪ Paris, 29 oct. 1997 : *JurisData* n° 1997-612746 ; *RJDA* 1998, n° 227 ; *D.* 1997, inf. rap. 255.

Semblablement, des commerçants regroupés *en coopérative, qui ont fait le choix* d'une politique basée sur une enseigne commune, peuvent déterminer ensemble une formule de vente cohérente avec l'image qu'ils veulent donner, dès lors que, compte tenu de la structure de la distribution dans le secteur, les moyens mis en œuvre à cette fin ne sont pas susceptibles de fausser le jeu de la concurrence. La valorisation d'un signe collectif d'identification du distributeur, distinct de la marque des produits offerts, n'implique pas nécessairement de la part des groupements concernés la définition exhaustive de modalités communes de commercialisation, s'il est justifié que les systèmes de vente exclus sont objectivement définis et incompatibles avec l'image de leur enseigne (▪ Cons. conc., déc. n° 92-D-38, 9 juin 1992 : *Contrats, conc. consom.* 1992, comm. 158, obs. L. Vogel. – Conf. par ▪ Paris, 3 juin 1993 ; rejet pourvoi par ▪ Cass. com., 16 mai 1995 : *Bull. civ.* IV, n° 147).

77) Préconisation. Le fait qu'une entreprise préconise l'utilisation de certains types de services ou le recours à certains opérateurs n'est pas anticoncurrentiel en soi. Ce n'est que lorsque la préconisation, fruit d'une entente ou mise en œuvre par une entreprise en position dominante, s'est accompagnée d'une volonté d'éviction et qu'elle a conduit à une perturbation du marché qu'elle revêt un caractère anticoncurrentiel (▪ Cons. conc., déc. n° 04-D-29, 6 juill. 2004 : *Rev. Lamy conc.* 2005, n° 19, obs. V. Selinsky).

78) Promotions. Le fait pour un producteur de proposer à ses distributeurs de participer à une promotion temporaire en leur offrant des remises promotionnelles fonction du volume de leurs ventes, ou le fait de leur proposer de bénéficier d'une ristourne en contrepartie d'un engagement semestriel de chiffre d'affaires, ne constituent pas des pratiques prohibées, dès lors que ces propositions ou accords ne sont pas offerts de façon discriminatoire et qu'ils n'ont ni pour objet ni pour effet de limiter la liberté des commerçants de déterminer de façon autonome leur politique de prix de revente (▪ Cons. conc., déc. n° 90-D-42, 6 nov. 1990 : *BOCC* 30 nov. 1990. – Conf. par ▪ Paris, 5 juill. 1991 : *RJDA* 1991, n° 724 ; *D.* 1991, inf. rap. 246 ; rejet pourvoi par ▪ Cass. com., 12 oct. 1993 : *RJDA* 1993, n° 921 [2e esp.]). En ce sens, V. ▪ Paris, 22 oct. 1997 : *RJDA* 1998, n° 227.

79) Recommandation d'une organisation professionnelle. Une organisation professionnelle reste dans les limites de sa mission d'information et de conseil de ses adhérents en conseillant ces derniers sur les mesures à prendre en prévision d'éventuels abus de centrales d'achat (▪ Cons. conc., déc. n° 05-D-33, 27 juin 2005 : *Rev. Lamy conc.* 2005, n° 284, obs. V. Selinsky).

Rappr. ▪ Cass. com., 9 mars 1993, n° 91-16.591 : *JurisData* n° 1993-000478 ; *Bull. civ.* IV, n° 100 ; *D.* 1994, somm. 172, obs. Ch. Gavalda et Cl. Lucas de Leyssac, considérant que le respect du principe général de délicatesse inclus dans le préambule du règlement intérieur de la Confédération nationale des administrateurs de biens, qui implique de la part des professionnels droiture et probité, n'est pas une notion anticoncurrentielle.

80) Remises et ristournes différées. L'octroi de ristournes ou de remises différées n'est pas restrictif de concurrence lorsque le principe et le montant de ces avantages en sont acquis de manière certaine dès le franchissement des seuils quantitatifs qui en déterminent l'attribution, et lorsque tous les distributeurs peuvent sans aléas, ni restrictions, en répercuter le montant sur leurs prix de ventes (■ Cass. com., 12 oct. 1993 : *Bull. civ.* IV, n° 337 ; *D.* 1994, somm. 169, obs. Ch. Gavalda et Cl. Lucas de Leyssac ; *D.* 1995, somm. 85, obs. D. Ferrier ; cassant partiellement ■ Paris, 13 juin 1991 : *JurisData* n° 1991-643877 ; *Contrats, conc. consom.* 1991, comm. 186, obs. L. Vogel ; *JCP* E 1991, I, 89, n° 9, obs. J. Azéma).

81) Renégociation à l'occasion de la création d'une centrale d'achat. Le fait, pour des distributeurs qui ont créé une centrale commune d'achat, de faire savoir aux principaux fournisseurs qu'ils entendent, en raison de l'accroissement de la puissance d'achat générée par cette création, négocier des ristournes supplémentaires, voire conditionner la poursuite des relations commerciales déjà nouées à l'acceptation de telles conditions supplémentaires, sans contrepartie réelle, pourrait être visé par les dispositions de l'article L 420-1 si ces demandes avaient pour objet ou pour effet de restreindre l'accès de certains fournisseurs aux consommateurs. De même, s'il était démontré que les distributeurs ont utilisé leur centrale commune d'achat pour s'échanger des informations, en vue d'harmoniser leurs conditions d'achat dont dépendent en partie les prix proposés dans leurs magasins aux consommateurs, de telles pratiques fausseraient le jeu de la concurrence sur les marchés de la distribution de produits de grande consommation (■ Cons. conc., déc. n° 05-D-62, 10 nov. 2005 : *Rev. Lamy conc.* 2006, n° 421, obs. V. Selinsky). En l'espèce, aucun de ces griefs n'a été établi. En ce sens, V. ■ Cons. conc., déc. n° 03-D-11, 21 févr. 2003 : *BOCC* 2003, p. 927.

82) Renégociation à l'occasion d'une opération de concentration. Si l'acceptation par les fournisseurs de renégocier à la hausse les avantages précédemment consentis par le contrat les liant à un distributeur ne saurait caractériser leur participation à une entente, l'acte par lequel un distributeur, à l'occasion de la réalisation par celui-ci d'une opération de concentration, fait savoir à l'ensemble de ses fournisseurs d'une catégorie de produits, ou à une partie substantielle d'entre eux, qu'il entend, en simple raison de l'accroissement de sa puissance d'achat, renégocier certaines des conditions que ces fournisseurs lui ont consenties ou qu'il entend subordonner la poursuite des relations commerciales qu'il a nouées avec eux à des conditions supplémentaires par rapport à celles qu'il avait acceptées doit être regardé comme susceptible d'être visé par les dispositions de l'article L. 420-1, dès lors qu'il présente un caractère de généralité suffisant (■ Cons. conc., déc. n° 95-D-34, 9 mai 1995 : *Contrats, conc. consom.* 1995, comm. 146, obs. L. Vogel ; réf. par ■ Paris, 5 mars 1996, n° 95-15538 : *JurisData* n° 1996-020427 ; *BOCC* 12 avr. 1996 ; *Contrats, conc. consom.* 1996, comm. 59, obs. L. Vogel ; *RJDA* 1996, n° 1218 ; cassé par ■ Cass. com., 7 avr. 1998, n° 96-13.735 : *JurisData* n° 1998-001673 ; *Bull. civ.* IV, n° 127 ; *Contrats, conc. consom.* 1998, comm. 89, obs. L. Vogel ; *RJDA* 1998, n° 1050). En l'espèce, les demandes du distributeur (liées au versement de participations publicitaires), même lorsqu'elles revêtent un caractère général, ne présentent pas de caractère anticoncurrentiel, dès lors qu'elles sont assorties d'une contrepartie réelle pour le fournisseur, en termes d'extension de gamme ou d'opérations de promotion commerciale (même déc.).

Rappr. ■ Cons. conc., déc. n° 93-D-21, 8 juin 1993 : *BOCC* 1993, p. 197 ; *RJDA* 1993, n° 1055. – Conf. par ■ Paris, 25 mai 1994, n° 93/17366 : *JurisData* n° 1994-022892 ; *BOCC* 1994, p. 236 ; rejet pourvoi par ■ Cass. com., 10 déc. 1996, n° 94-13.056 : *JurisData* n° 1996-004771 ; *Bull. civ.* 1996, IV, n° 310 ; *RJDA* 1997, n° 530.

83) Réorganisation d'un SAV. Un fournisseur est libre de réorganiser son service après-vente de pièces détachées (■ Cons. conc., déc. n° 05-D-46, 28 juill. 2005 : *Rev. Lamy conc.* 2005, n° 353, obs. J. Peyre). En l'espèce, la résiliation des contrats de sous-traitance concernant la réparation de produits (montres) justifie un arrêt de livraison des pièces détachées.

84) Ristournes qualitatives. Le fait pour un producteur de produits de marque d'accorder des ristournes qualitatives, en sus des remises quantitatives, à ceux de ces distributeurs qui offrent des services ne constitue pas en soi une pratique prohibée par l'ordonnance de décembre 1986 dès lors que les conditions d'obtention de ces ristournes qualitatives n'excluent pas des distributeurs qui seraient prêts à fournir les services considérés, qu'elles sont définies de façon objective et ne sont pas appliquées de façon discriminatoire et qu'elles n'ont ni pour objet ni pour effet de limiter la liberté des commerçants de déterminer de façon autonome leur politique de prix de revente (■ Cons. conc., déc. n° 90-D-42, 6 nov. 1990 : *BOCC* 30 nov. 1990. – Conf. par ■ Paris, 5 juill. 1991 : *RJDA* 1991, n° 724 ; *D.* 1991, inf. rap. 246 ; rejet pourvoi par ■ Cass. com., 12 oct. 1993 : *RJDA* 1993, n° 921 [2e esp.]). En ce sens, V. aussi ■ Paris, 22 oct. 1997 : *RJDA* 1998, n° 227.

Semblablement, il est loisible à un fournisseur d'octroyer des avantages qualitatifs s'il estime que les consommateurs apprécient les services rendus par les distributeurs et s'il peut espérer ainsi maintenir ou conforter son image de marque et, par voie de conséquence, développer ses ventes et intensifier la concurrence avec les autres marques ; une telle pratique n'est pas en elle-même de nature à empêcher, restreindre ou fausser le jeu de la concurrence, à la condition cependant que les conditions d'obtention de ces ristournes n'excluent pas des distributeurs qui seraient prêts à fournir les services considérés, qu'elles soient définies de façon objective et ne soient pas appliquées de façon discriminatoire, et qu'elles n'aient ni pour objet ni pour effet de limiter la liberté des commerçants de déterminer de façon autonome leur politique de prix de revente (■ Cons. conc., déc. n° 97-D-15, 4 mars 1997 : *BOCC* 29 avr. 1997 ; *LPA* 2 janv. 1998, obs. P. Arhel. – Conf. par ■ Paris, 10 mars 1998, n° 97/09986 : *JurisData* n° 1998-020435 ; *BOCC* 2 mai 1998 ; *Contrats, conc. consom.* 1998, comm. 90, obs. L. Vogel ; rejet pourvoi par ■ Cass. com., 24 oct. 2000, n° 98-12.947 : *Contrats, conc. consom.* 2001, comm. 9, obs. M. Malaurie-Vignal).

Voir aussi ■ Cass. com., 29 oct. 1996, n° 94-17.918 : *JurisData* n° 1996-005496 ; *Bull. civ.* IV, n° 262 ; *RJDA* 1997, n° 71 ; cassant ■ Paris, 8 juill. 1994, n° 93/26207 : *JurisData* n° 1994-022706 ; *D.* 1994, inf. rap. 241 ; sur renvoi, ■ Paris, 18 nov. 1997, n° 97/3645 : *JurisData* n° 1997-023733 ; *RJDA* 1998, n° 346, considérant que l'article L. 420-1 ne s'applique pas dans le cas d'un fabricant lié à certains de ses distributeurs par un contrat type d'assistance technique en vertu duquel ceux-ci s'engageaient, en contrepartie d'une ristourne sur les ventes de ses produits, à fournir des prestations techniques déterminées aux acheteurs.

Art. L. 420-2 ***(L. n° 2001-420, 15 mai 2001 ; mod., L. n° 2005-882, 2 août 2005).*** **– Est prohibée, dans les conditions prévues à l'article L. 420-1, l'exploitation abusive par une entreprise ou un groupe d'entreprises d'une position dominante sur le marché intérieur ou une partie substantielle de celui-ci. Ces abus peuvent notamment consister en refus de vente, en ventes liées ou en conditions de vente discriminatoires ainsi que dans la rupture de relations commerciales établies, au seul motif que le partenaire refuse de se soumettre à des conditions commerciales injustifiées.**

Est en outre prohibée, dès lors qu'elle est susceptible d'affecter le fonctionnement ou la structure de la concurrence, l'exploitation abusive par une entreprise ou un groupe d'entreprises de l'état de dépendance économique dans lequel se trouve à son égard une entreprise cliente ou fournisseur. Ces abus peuvent notamment consister en refus de vente, en ventes liées, en pratiques discriminatoires visées ***(Rempl., Ord. n° 2019-698, 3 juill. 2019)*** **« aux articles L. 442-1 à L. 442-3 » ou en accords de gamme.**

Bibliographie : M. Bazex, *Entre concurrence et régulation, La théorie des « facilités essentielles » : Rev. conc. consom.* 2001, n° 119, p. 37. • L. Bidaud, *La relation offre-demande et la délimitation du marché pertinent en droit français de la concurrence : CDE* 2000/4, p. 1. • A. Bourdu et V. Varlamoff, *La diversification des entreprises publiques et le jeu de la concurrence par les mérites : Contrats, conc. consom.* 2009, alerte 30. • M.-C. Boutard-Labarde et D. Bureau, *La détermination du marché pertinent : RJDA* 1993, p. 743. • L. Boy, *Abus de dépendance économique : reculer pour mieux sauter ? : Rev. Lamy conc.* 2010, n° 1618. • G. Canivet, *Le droit de propriété confronté à la théorie des infrastructures essentielles : Rev. Lamy conc.* 2006, n° 658. • Dossier *Quelle tarification pour les services liés à l'usage d'infrastructures ? : Rev. Lamy conc.* 2010, n° 1625 et n° 1665. • B. Duloum, *Prix prédateur sur un marché non dominé : la difficile preuve de la construction d'une réputation d'agressivité : JCP E* 2009, 1761. • P. Durand, *La rupture des contrats de concession exclusive au regard de l'article 8 de l'Ordonnance du 1er décembre 1986 : CDE* 1987, n° 6, p. 21. • J.-C. Fourgoux, *L'abus de dépendance économique : Gaz. Pal.* 13 févr. 1997, n° spéc. *Droit de la concurrence*, p. 25. • M. Glais, *L'état de dépendance économique au sens de l'article 8 de l'ordonnance du 1er décembre 1986, analyse économique : Gaz. Pal.* 1989, 1, doctr. 290. • F. Marty, *Les stratégies de ciseau tarifaire : analyse économique et mise en perspective des pratiques décisionnelles européenne et américaine : Rev. Lamy conc.* 2011, n° 1832. • F. Marty et J. Pillot, *Pratiques de boycott ou refus d'accès à une facilité essentielle ? : Rev. Lamy conc.* 2011, n° 1724. • E. Muller, *L'abus de position dominante : Gaz. Pal.* 1991, 2, doctr. 351. • S. Nicinski, *Règles de concurrence et exploitation des ressources essentielles : JCP A* 2007, 2287. • A. Perrot, *Les pratiques de prix bas sont-elles anticoncurrentielles ? : Rev. Lamy conc.* 2006, n° 613. • Th. Picot, *Injonctions structurelles et position dominante : les « glissements progressifs » de l'abus : LPA* 16 nov. 2012, n° 230. • N. Raud et G. Notté, *Les pratiques de la grande distribution alimentaire stigmatisées : JCP E* 2011, act. 678. • Ph. Rincazaux et E. Dieny, *Position dominante collective : vers une notion unifiée ? : Rev. Lamy conc.* 2005, n° 257 et 334. • G. Terrier et L. Donnedieu de Vabres, *La théorie des facilités essentielles constitue-t-elle le meilleur moyen de faire face à la rareté des ressources ? : Rev. Lamy conc.* 2006, n° 657. • M. Thill-Tayara et C. Couadou, *Le droit d'accès à l'épreuve de la théorie des installations essentielles : Contrats, conc. consom.* 1999, étude 6. • L. Vogel, *Les limites du marché comme instrument du droit de la concurrence : JCP G* 1994, I, 3737 ; *Discrimination tarifaire : quelle marge de manœuvre pour les entreprises ?* in *L'année 2012 en droit de la concurrence : Contrats, conc. consom.* 2013, dossier 5.

• **Sommaire**

I – ABUS DE POSITION DOMINANTE

A – Position dominante

1° *Délimitation d'un marché pertinent*

1) Définition. Le marché se définit comme le lieu théorique où se confrontent l'offre et la demande de produits ou de services qui sont considérés par les acheteurs ou les utilisateurs comme substituables entre eux mais non substituables aux autres biens ou services offerts (V. par ex. ▪ Paris, 17 juin 1992, n° 91/24914 : *JurisData* n° 1992-021900 ; *BOCC* 1992, p. 217 ; *RJDA* 1992, n° 843. ▪ Paris, 17 mai 1994, n° 93/25117 : *JurisData* n° 1994-022891 ; *D.* 1996, somm. 175, obs. Ch. Gavalda et Cl. Lucas de Leyssac. ▪ Paris, 18 janv. 1995, n° 94/10874 : *JurisData* n° 1995-021058 ; *D.* 1995, inf. rap. 81).

Le marché pertinent est une réalité économique qui préexiste à la décision qui le définit ; en outre, la définition des marchés pertinents pour l'application d'une réglementation sectorielle ne lie pas les autorités de concurrence saisies au contentieux, qui peuvent retenir des marchés différents en tenant compte des circonstances propres à chaque affaire ; en l'espèce, il importe seulement que la définition retenue soit motivée par des considérations, relatives aux caractéristiques du service demandé et de l'offre élaborée pour y répondre, contemporaines des pratiques en cause (▪ Paris, 27 janv. 2011 : *Contrats, conc. consom.* 2011, comm. 70, obs. G. Decocq ; *RD conc.* 2011, n° 2, p. 114, obs. A.-L. Sibony ; *Rev. Lamy conc.* 2011, n° 1786, obs. S. Cholet et n° 1811, obs. E. Barbier de la Serre ; rejet pourvoi par ▪ Cass. com., 17 janv. 2012 : *Bull. civ.* IV, n° 7 ; *D.* 2012, p. 277, obs. E. Chevrier ; *Contrats, conc. consom.* 2012, comm. 75, obs. G. Decocq ; *RJDA 2012, n° 532* ; *RD conc.* 2012, n° 2, obs. A. Lacresse ; *Rev. Lamy conc.* 2012, n° 2030, obs. S. Cholet ; sur renvoi de ▪ Cass. com., 3 mars 2009, n° 08-14.435 : *JurisData* n° 2009-047255 ; *Bull. civ.* IV, n° 30 ; *Contrats, conc. consom.* 2009, comm. 142, obs. G. Decocq ; *RJDA* 2009, n° 893 ; *RD conc.* 2009, n° 2, p. 118, obs. A.-L. Sibony ; cass. de ▪ Paris, 2 avr. 2008 : *Contrats, conc. consom.* 2008, comm. 167, obs. G. Decocq ; renvoi de ▪ Cass. com., 10 mai 2006 : *Bull. civ.* IV, n° 115 ; *Contrats, conc. consom.* 2006, comm. 140, obs. G. Decocq ; *RD conc.* 2006, n° 3, p. 98, obs. A. Wachsmann ; *Rev. Lamy conc.* 2006, n° 555, obs. M. Dumarcay ; *RJDA* 2006, n° 958 ; cass. de ▪ Paris, 12 avr. 2005 : *BOCC* 2005, p. 492 ; réformation de ▪ Cons. conc., 14 oct. 2004, déc. n° 04-D-48 : *BOCC* 2005, p. 48 ; *Rev. Lamy conc.* 2005, n° 30, obs. V. Selinsky).

• Critères généraux de délimitation

2) Critères de substituabilité. La notion de marché concerné implique qu'une concurrence effective puisse exister entre les produits qui en font partie, ce qui suppose un degré suffisant d'interchangeabilité en vue du même usage entre tous les produits faisant partie du même marché (▪ Paris, 13 avr. 1999, n° 1998/25093 : *JurisData* n° 1999-020631 ; *D.* 1999, inf. rap. 140). Aussi, les critères de substituabilité d'un produit permettant de délimiter le marché économique de référence s'apprécient différemment selon la *nature* ou les *modalités de commercialisation* du produit en cause (▪ Cass. com., 29 nov. 1994 : *JurisData* n° 1994-002204 ; *Bull. civ.* IV, n° 358 ; *Contrats, conc. consom.* 1995, comm. 34, obs. L. Vogel).

3) Nature du produit. L'arrêt qui a constaté qu'il existait en ce qui concerne le jeu « Trivial pursuit » des jeux aux mécanismes intellectuels similaires rendant ce produit aisément substituable, a retenu exactement que la notoriété d'un *jeu* ne saurait lui permettre à lui seul de constituer un marché particulier. C'est à bon droit que la cour d'appel a décidé que le marché de référence était celui des jeux de société (▪ Cass. com., 2 juin 1992, n° 90-18.224 : *JurisData* n° 1992-001364 ; *Bull. civ.* IV, n° 224 ; *Contrats, conc. consom.* 1993, comm. 229, obs. L. Vogel ; rejet pourvoi contre ▪ Paris, 12 juill. 1990 : *JurisData* n° 1990-023259 ; *D.* 1990, inf. rap. 224). – *Rappr.* ▪ Cass. com., 29 janv. 2002, n° 98-23.207 : *JurisData* n° 2002-013814 ; *Contrats, conc. consom.* 2002, comm. 229, obs. M. Malaurie-Vignal, considérant que le seul critère de notoriété d'une œuvre musicale ne suffit pas à établir son insubstituabilité par rapport à d'autres créations musicales.

Pour les praticiens, et pour traiter le cas de certains patients, le médicament Dobutrex n'est pas substituable aux autres médicaments. Il existe bien, dans ces conditions un marché du *médicament* Dobutrex sur lequel se rencontrent l'acheteur de Dobutrex, qui est tenu d'acheter ce produit, et la société Lilly France qui est la seule entreprise, en France, à le commercialiser (▪ Cons. conc., déc. n° 96-D-12, 5 mars 1996 : *BOCC* 1996, p. 320 ; conf.

par ■ Paris, 6 mai 1997 : *JurisData* n° 1997-021378 ; *LPA* 11 mars 1998, obs. P. Arhel ; rejet pourvoi par ■ Cass. com., 15 juin 1999, n° 97-15.185 : *JurisData* n° 1999-002482 ; *Bull. civ.* IV, n° 128 ; *LPA* 10 avr. 2000, p. 32, obs. N. Reboul ; *RJDA* 1999, n° 1013 ; *RTD com.* 2000, 242, obs. S. Poillot-Peruzetto). Plus généralement, s'agissant des spécialités pharmaceutiques, la pratique décisionnelle et la jurisprudence, tant nationales qu'européennes, considèrent que les possibilités de substitution entre les médicaments sont limitées par leurs indications et contre-indications thérapeutiques respectives, qui dépendent elles-mêmes des propriétés pharmacologiques des produits, mais aussi par l'avis des médecins prescripteurs, ainsi que par d'éventuels écarts de prix (■ Aut. conc., déc. n° 10-D-37, 17 déc. 2010 : *Contrats, conc. consom.* 2011, comm. 35, obs. D. Bosco ; *Rev. Lamy conc.* 2011, n° 1785, obs. P. Arhel).

La cour d'appel qui a constaté que le goût du *fromage* de Cantal se distinguait nettement de celui des autres fromages à pâte pressée non cuite a pu, sans avoir à rechercher si la baisse de consommation de ce produit s'expliquait par un report de la clientèle sur d'autres fromages à pâte pressée, statuer ainsi qu'elle l'a fait (■ Cass. com., 29 nov. 1994, n° 93-10.275 : *JurisData* n° 1994-002204 ; *Bull. civ.* IV, n° 358 ; *Contrats, conc. consom.* 1995, comm. 34, obs. L. Vogel). En ce sens, V. ■ Cons. conc., déc. n° 04-D-13, 8 avr. 2004 : *Contrats, conc. consom.* 2004, comm. 95, obs. M. Malaurie-Vignal ; *RJDA* 2004, n° 1052 ; *JCP* E 2004, 1195, note P. Arhel ; *Rev. Lamy conc.* 2005, n° 15, obs. J. Peyre. – Conf. par ■ Paris, 9 nov. 2004. – Rejet pourvoi par ■ Cass. com., 6 déc. 2005, n° 04-19.541 : *JurisData* n° 2005-031175 ; *Bull. civ.* IV, n° 240 ; *Contrats, conc. consom.* 2006, comm. 47, obs. M. Malaurie-Vignal ; *JCP* E 2006, 1608, note Reifegerste ; *D.* 2006, p. 64, obs. E. Chevrier et p. 514, obs. D. Ferrier ; *RJDA* 2006, n° 591 ; *RTD com.* 2006, 577, obs. E. Claudel, considérant que les spécificités du roquefort comparées à celles des fromages à pâte persillée, le goût plus fort et plus typé du roquefort, la stratégie commerciale des offreurs présentant le roquefort comme un fromage haut de gamme, le prix de vente du roquefort, très nettement supérieur à celui des bleus, les contraintes géographiques et la réglementation spécifique imposées aux producteurs, conduisent à conclure qu'il existe bien un marché pertinent du roquefort.

Les *équipements de football*, qui se composent principalement de chaussures, de vêtements et de ballons adaptés à la pratique de ce sport, sont non substituables ou faiblement substituables avec les équipements utilisés dans d'autres sports, étant observé que les demandeurs d'articles de football sont les pratiquants de ce sport (■ Paris, 23 août 1995, n° 95/18922 : *JurisData* n° 1995-022294 ; *JCP* E 1995, pan. 969 ; partiellement cassé par ■ Cass. com., 2 déc. 1997, n° 95-19.753 : *JurisData* n° 1997-004873 ; *Bull. civ.* IV, n° 316 ; *Contrats, conc. consom.* 1998, comm. 24, obs. L. Vogel ; *RJDA* 1998, n° 225).

S'il existe une certaine substituabilité entre les différentes *boissons* sans alcool ou faiblement alcoolisées, celle-ci est insuffisante pour considérer que les boissons au goût de cola seraient sur le même marché que toutes les autres boissons gazeuses sucrées (■ Cons. conc., n° 96-D-67, 29 oct. 1996 : *BOCC* 1997, p. 134 ; *Contrats, conc. consom.* 1997, comm. 67, obs. L. Vogel). D'ailleurs, la Commission européenne a écarté la thèse d'une substituabilité générale entre toutes les boissons sans alcool (■ Comm. CE, 22 juill. 1992) et a estimé qu'il convenait de délimiter les marchés des boissons par type de goût, en isolant un marché des boissons au goût de cola (■ Comm. CE, 21 déc. 1992).

Il y a lieu de distinguer le secteur du *mobilier urbain* publicitaire de celui du mobilier urbain non publicitaire ; du point de vue des collectivités locales, plusieurs marchés peuvent être distingués au sein de chacun de ces secteurs, correspondant aux principaux types de fonctions assurées par les équipements disposés sur la voie publique (■ Cons. conc., déc. n° 98-D-52, 7 juill. 1998 : *BOCC* 1998, p. 582).

En vertu d'une jurisprudence constante, tant européenne que nationale, des produits appartenant à une même famille de produits mais présentant des caractéristiques et propriétés thérapeutiques ou virologiques différentes peuvent chacun constituer autant de marchés spécifiques, en ce que ces produits ne sont pas substituables entre eux du point de vue des utilisateurs ou des prescripteurs (■ Cons. conc., déc. n° 04-D-26, 30 juin 2004 : *BOCC* 2004, p. 686 ; *Rev. Lamy conc.* 2005, n° 16, obs. J. Peyre). En l'espèce, il existe un marché des *produits sanguins* bruts à usage non thérapeutique prélevés sur des donneurs présentant des garanties virologiques importantes (risque hépatite et sida faible) et un standard biologique moyen.

4) Modalités de commercialisation. Ne donne pas de base légale à sa décision, au regard de l'article L. 420-2, la cour d'appel qui décide que le marché de la vente du *livre* par clubs constitue un marché de référence spécifique, sans établir, qu'eu égard à son objet déterminé par référence au caractère substituable des produits, la vente des livres par clubs forme un marché économique suffisamment identifiable pour être distinct du marché général du livre (■ Cass. com., 10 mars 1992, n° 90-16.298 : *JurisData* n° 1992-000476 ; *Bull. civ.* IV, n° 111 ; *D.* 1992, 355, note Ch. Gavalda. – Cassant ■ Paris, 21 mai 1990, n° 89-000405 : *JurisData* n° 1990-

023068 ; *D.* 1990, 523, note Ch. Gavalda. Mais, voir l'arrêt de renvoi, ▪ Paris, 11 mars 1993 : *RJDA* 1993, n° 413, qui maintient que la vente de livres par clubs constitue un marché de référence, mais en développant la démonstration).

Internet étant, en fait, un simple moyen de communication, il ne saurait constituer en soi un marché pertinent (▪ T. com. Nanterre, 4 oct. 2000 : *JurisData* n° 2000-145332 ; *D.* 2001, p. 1371, obs. C. Manara). – Comp. ▪ Cons. conc., déc. n° 04-D-51, 4 nov. 2004 : *BOCC* 2005, p. 181, estimant qu'il n'est pas exclu que la vente de voyages en ligne constitue un marché distinct, connexe du marché de la distribution de billets de train. – *Rapp.* ▪ Aut. conc., déc. n° 15-D-06, 15 avr. 2015, pour les engagements acceptés d'une plateforme de vente en ligne de prestations de services hôteliers : *RD conc.* 2015, n° 3, p. 83, obs. F. Marty ; *RDC* 2015, n° 4, p. 931, obs. M. Béhar-Touchais ; *adde* ▪ Aut. conc., Bilan de l'efficacité des engagements pris par Booking.com devant l'Autorité de la concurrence, 9 févr. 2017 : *Contrats, conc. consom.* 2017, comm. 82, D. Bosco)

Comp. en matière de concentrations : substituabilité des ventes en lignes et des ventes en magasin pour la délimitation du marché pertinent : ▪ Aut. conc., déc. n° 116-DCC, 27 juill. 2016 : *Contrats, conc. consom.* 2017, chron. 1, D. Bosco et C. Prieto. – Et dans le même sens : ▪ Aut. conc., déc. n° 19-DCC-65, 17 avr. 2019 : *Contrats, conc. consom.* 2019/8-9, chron. n° 4. V. cependant ▪ Aut. conc., déc. n° 18-DCC-50, 20 avr. 2018. – Et ▪ Aut. conc., déc. n° 18-DCC-148, 24 août 2018.

Le marché de la distribution de *carburéacteur* sur l'aéroport de Saint-Denis-de-la-Réunion constitue un marché de référence, les possibilités d'approvisionnement sur les aéroports voisins étant insuffisantes pour établir l'existence d'un marché de substitution (▪ Paris, 6 juill. 1994 : *JurisData* n° 1994-022117 ; *Contrats, conc. consom.* 1994, comm. 197, obs. L. Vogel ; *RJDA* 1994, n° 1324 ; rejet pourvoi par ▪ Cass. com., 5 mars 1996, n° 94-17.699 : *JurisData* n° 1996-000771 ; *Bull. civ.* IV, n° 76 ; *JCP* E 1996, pan. 579).

Pour décider qu'il existe, sur le territoire français, un marché pertinent de la *chaîne en or de qualité et de fabrication française*, distinct de celui des produits importés, distribués à des prix inférieurs, qui sont considérés comme de moindre qualité et qui ne sont pas substituables aux précédents, la cour d'appel retient que les professionnels peuvent faire très facilement la distinction entre les produits importés et ceux fabriqués en France, qu'ils considèrent les produits importés comme de moindre qualité et d'une moins bonne finition que les produits fabriqués en France. En se déterminant ainsi, la cour d'appel, qui n'a pas analysé de façon concrète le comportement d'approvisionnement des détaillants indépendants en chaînes en or en s'abstenant de rechercher si, compte tenu des qualités respectives des deux types de chaînes, la demande de ces détaillants pour les chaînes en or de fabrication française était indépendante du prix des chaînes de fabrication étrangère, n'a pas donné de base légale à sa décision (▪ Cass. com., 26 juin 2007, n° 05-21.378 : *JurisData* n° 2007-039780 ; *RJDA* 2007, n° 1152 ; *JCP* E 2007, pan. 2114).

• Critères spécifiques de délimitation

5) Particularismes géographiques. Si les particularismes géographiques ne peuvent à eux seuls justifier l'existence d'un marché pertinent au sens de l'article L. 420-2, est justifiée la décision qui relève que la fabrication sur place de certains objets (tuiles) n'est pas substituable aux autres du fait de l'incidence contraignante du coût du transport sur des éléments pondéreux et de faible valeur intrinsèque (▪ Cass. com., 29 juin 1993, n° 91-14.295 : *JurisData* n° 1993-001530 ; *Bull. civ.* IV, n° 276 ; *RJDA* 1993, n° 276). *Rappr.* ▪ Cass. com., 9 avr. 1996, n° 94-13.293 : *JurisData* n° 1996-001616 ; *RJDA* 1996, n° 1070, pour l'existence d'un marché géographique spécifique en matière de service de pompes funèbres. *Comp.* ▪ Cass. com., 9 mai 2001, n° 98-22.150 : *JurisData* n° 2001-009383 ; *Bull. civ.* IV, n° 85 ; *RJDA* 2001, n° 1264, pour un cas d'espèce dans lequel le marché pertinent est apparu comme étant, non pas celui des prestations traditionnelles de pompes funèbres, mais comme incluant les fournitures de marbrerie avec lesquelles il constituait un marché unique, géographiquement délimité par la commune d'implantation du funérarium et les six communes limitrophes. *Adde* ▪ Cons. conc., déc. n° 04-D-70, 16 déc. 2004 : *BOCC* 2005, p. 238, estimant que la relative porosité des bassins de chalandise n'empêche pas le droit de la concurrence de délimiter des marchés locaux. S'il en était autrement, il faudrait admettre que la plupart des marchés locaux devraient, de proche en proche, être étendus aux marchés géographiques voisins pour constituer au final un marché global.

6) Spécificités techniques. Les juges doivent rechercher si le choix des demandeurs à l'*élimination des déchets est ou non déterminé* pour tel ou tel mode de traitement des ordures ménagères par des considérations tenant à leurs spécificités techniques, ce pourquoi chacun de ces procédés ne serait pas substituable aux autres (▪ Cass. com., 22 mai 2001, n° 99-14.716 : *JurisData* n° 2001-009670 ; *Bull. civ.* IV, n° 97 ; *Contrats, conc. consom.* 2001, comm. 135, obs. M. Malaurie-Vignal ; *RJDA* 2001, n° 1265 ; cassant ▪ Paris, 13 avr. 1999, n° 1998/25093 : *JurisData* n° 1999-020631 ; *BOCC* 1999, p. 254. – Conf. de ▪ Cons. conc., déc. n° 98-D-61, 6 oct. 1998 : *BOCC* 1998, p. 775). *Rappr.*

■ Cons. conc., déc. n° 02-D-68, 14 nov. 2002 : *BOCC* 2003, p. 169 ; *Contrats, conc. consom.* 2003, comm. 72, obs. M. Malaurie-Vignal ; *RJDA* 2003, n° 650, considérant que la substituabilité technique ne saurait à elle seule délimiter un marché pertinent. En l'espèce, il est établi que les différences de méthodes de production entre tuyaux flexibles métalliques onduleux et tuyaux flexibles en caoutchouc conduisent à des spécificités perceptibles par le consommateur en termes de prix et d'esthétique ; en outre, l'écart de prix important et durable reposant sur une longévité bien supérieure du tuyau flexible métallique onduleux constitue un élément supplémentaire de différenciation objective de ce dernier produit ; il en résulte que les tuyaux flexibles en caoutchouc ne sont pas substituables aux tuyaux flexibles métalliques onduleux, dont la production et la distribution constituent un marché spécifique.

7) **Évolution des caractéristiques et spécificités du marché analysé.** Les caractéristiques et les spécificités de la vente événementielle en ligne ayant évolué au cours de la période, notamment avec l'essor des sites de e-commerce proposant une offre de déstockage, les possibilités de substitution, notamment du côté de la demande, sont susceptibles d'avoir évolué. Dès lors, il n'est plus concevable, à ce jour, d'analyser la substituabilité du côté de la demande pour la période visée par le grief notifié. En effet, la perception contemporaine qu'ont les acteurs du marché sur les possibilités de substitution qui leur étaient offertes ou qu'ils considéraient comme telles il y a près d'une décennie ne pourrait être considérée aujourd'hui comme suffisamment fiable (■ Aut. conc., déc. n° 14-D-18, 28 nov. 2014 : *RD conc.* 2015, n° 1, p. 107, obs. A. Warchsmann ; *AJ Contrats d'affaires* 2015, n° 2, p. 84, note R. Pihéry et D. Ferré ; conf. par ■ Paris, 12 mai 2016 : *RD conc.* 2016, n° 3, p. 72, obs. A. Warchsmann ; *Contrats, conc. consom.* 2016, comm. 170, obs. G. Decocq ; pourvoi rejeté par ■ Cass. com., 6 déc. 2017, n° 16-18.835 : *Contrats, conc. consom.* 2018/3, comm. 53, note G. Decocq).

8) **Appels d'offres.** Pour déterminer si une entreprise qui a répondu à un appel d'offres détient une position dominante, il convient d'examiner non pas le marché particulier résultant du croisement de l'appel d'offres et des soumissions qui ont été déposées en réponse, mais le marché plus général où sont actifs l'ensemble des opérateurs susceptibles de répondre à l'appel d'offres concerné (■ Cons. conc., déc. n° 01-D-66, 10 oct. 2001 : *BOCC* 2002, p. 27 ; *Contrats, conc. consom.* 2002, comm. 47, obs. M. Malaurie-Vignal).

Le fait pour une entreprise en position de monopole de retarder la publication d'une offre de référence sur le marché amont des infrastructures de diffusion des signaux télévisuels en outre-mer, dont l'accès était nécessaire à ses concurrents pour entrer sur le marché aval de la diffusion des signaux télévisuels est constitutif d'un abus de position dominante (■ Aut. conc., déc. n° 15-D-01, 5 févr. 2015 : *Contrats, conc. consom.* 2015, comm. 93, obs. D. Bosco ; *RD conc.* 2015, n° 2, p. 97, obs. A. Wachsmann, conf. partielle par ■ Paris, 15 sept. 2016 : *RD conc.* 2016, n° 4, p. 105, obs. A. Wachsmann ; pourvoi rejeté par ■ Cass. com., 30 mai 2018, n° 16-24.792 : *Contrats, conc. consom.* 2018, comm. 138, obs. G. Decocq).

2° *Détermination d'une domination*

• Critères de la domination

9) **Parts de marché.** La notion de position dominante, qui s'entend comme le pouvoir de faire obstacle à une concurrence effective, suppose que l'entreprise considérée occupe sur le marché une place prépondérante que lui assurent notamment l'importance des parts de marché qu'elle détient dans celui-ci, la disproportion entre celles-ci et celles des entreprises concurrentes, comme éventuellement son statut et ses modes d'action commerciale (V. par ex. ■ Paris, 17 oct. 1990, n° 90/011434 : *JurisData* n° 1990-023883 ; *JCP* E 1990, I, 20494. ■ Paris, 7 juill. 1995, n° 95/4817 : *JurisData* n° 1995-022427 ; *Gaz. Pal.* 1995, 2, somm. 489. ■ Paris, 13 avr. 1999, n° 1998/25093 : *JurisData* n° 1999-020631 ; *LPA* 10 avr. 2000, p. 37, obs. M. Malaurie-Vignal).

La baisse des parts de marché du leader n'empêche pas qu'il reste dominant si les chutes de ses ventes ne sont pas compensées par une hausse des ventes de ses concurrents (■ Cons. conc., déc. n° 05-D-70, 19 déc. 2005 : *Contrats, conc. consom.* 2008, comm. 163, obs. M. Malaurie-Vignal ; *Rev. Lamy conc.* 2006, n° 427, note V. Selinsky. – Conf. par ■ Paris, 29 mai 2007 ; rejet pourvoi par ■ Cass. com., 8 avr. 2008 : *Rev. Lamy conc.* 2008, n° 1132, obs. C. Robin. – *Rappr.* ■ Aut. conc., déc. n° 09-D-33, 10 nov. 2009 : *RD conc.* 2010, n° 1, p. 102, obs. F. Marty).

L'argument de la SNCF selon lequel, malgré sa forte part de marché, elle ne serait pas en position dominante car elle consent des pertes pour affronter la pression concurrentielle des nouveaux entrants et de la route, ne permet pas à lui seul de remettre en cause le fait qu'elle dispose encore, à ce jour, d'une position dominante sur le marché en cause. De nombreuses raisons peuvent expliquer qu'une entreprise effectue des pertes. Celles-ci peuvent par exemple tenir à l'organisation commerciale ou sociale de l'entreprise, à l'existence d'une pratique anticoncurrentielle, etc. (■ Aut. conc., déc. n° 12-D-25, 18 déc. 2012 : *Contrats, conc. consom.* 2013, comm. 59, obs. D. Bosco ; *Rev. Lamy conc.* 2013/35, n° 2258, obs. V. Selinsky ; partiellement réformé par ■ Paris, 6 nov. 2014 : *RD conc.* 2015, n° 1, p. 97, obs. A.-L. Sibony ; ▪ Cass. partielle, ▪ Cass. com., 22 nov. 2016, n° 14-28.224 : *Contrats, conc. consom.* 2017, comm. 16, obs. G. Decocq. – Et sur renvoi ▪ Paris, 20 déc. 2018, n° 17/01304 : *Contrats, conc. consom.* 2019, comm. 49, obs. G. Decocq).

L'appartenance à un groupe économique puissant, occupant une position de « leadership » sur le plan national dans un secteur d'activité, est un indice qui peut, parmi d'autres, être retenu pour caractériser une position dominante (▪ Cass. com., 9 avr. 1996, n° 94-13.293 : *JurisData* n° 1996-001616 ; *RJDA* 1996, n° 1070).

La position de quasi-monopole caractérise nécessairement et de ce seul fait une position dominante puisque l'entreprise concernée détient la totalité ou la quasi-totalité des parts du marché où elle n'est, de ce fait, soumise à aucune concurrence (▪ Aut. conc., déc. n° 11-D-15, 16 nov. 2011 : *Rev. Lamy conc.* 2012, n° 1970, obs. S. Cholet).

Mais, même si une entreprise détient la plus forte part du marché, cette simple constatation ne permet pas d'en déduire qu'elle dispose d'une position dominante (▪ Paris, 17 oct. 1990 : *JCP* E 1990, I, 20494). Semblablement, l'importance de l'écart entre les parts de marché de deux entreprises ne permet pas de présumer l'existence d'une position dominante de l'une d'elles (▪ Paris, 19 oct. 1999, n° 1999/06894 : *JurisData* n° 1999-107818 ; *Gaz. Pal.* 2000, somm. 220).

L'appréciation de la position dominante d'une entreprise s'effectue donc à partir d'un faisceau de critères qui prend en compte des données d'ordre structurel comme les parts de marché de l'entreprise et celles de ses principaux concurrents, mais aussi des éléments qui sont de nature à donner un avantage concurrentiel à l'entreprise concernée comme l'appartenance à un groupe puissant ou la détention d'une avance technologique (▪ Aut. conc., déc. n° 13-D-11, 14 mai 2013 : *Dalloz Act.* 27 mai 2013, obs. L. Constantin ; *Contrats, conc. consom.* 2013, comm. 157, obs. M. Malaurie-Vignal et comm. 161, obs. D. Bosco ; *RJDA* 2013, p. 639, obs. I. Luc ; *Rev. Lamy conc.* 2013/36, n° 2338, obs. S. Cholet ; conf. par ▪ Paris, 18 déc. 2014, n° 2013/12370 : *JurisData* n° 2014-034254 ; *RD conc. 2015*, n° 1, p. 102, obs. F. Marty, conf. par ▪ Cass. com., 18 oct. 2016 : *RD conc.* 2017, n° 1, p. 105, obs. F. Marty).

10) Valeur économique. La position dominante d'un producteur sur un marché géographiquement délimité se définit par la valeur économique qu'il développe par rapport à l'activité considérée (▪ Cass. com., 9 avr. 1996 : *RJDA* 1996, n° 1070).

L'appréciation de la position dominante repose sur l'appréciation d'un ensemble de critères, dont notamment la position de l'entreprise en cause et celle de ses concurrents sur le marché pertinent, la notoriété dont jouit cette entreprise, l'existence de barrières à l'entrée sur le marché pertinent, l'absence d'une menace crédible d'expansion des concurrents sur ce marché et l'absence de puissance d'achat compensatrice des clients (▪ Aut. conc., déc. n° 12-D-01, 10 janv. 2012 : *Dalloz Act.* 24 janv. 2012, obs. L. Constantin).

Le fait, pour une société, de définir, dans le cadre du réseau de franchise qu'elle a mis en place, la politique commerciale du groupe et de décider dans quelles conditions les produits de sa marque peuvent ou non être revendus par des tiers qui ne sont pas des distributeurs exclusifs ou des points de vente à son enseigne caractérise la position dominante de cette société sur le marché des vêtements portant sa marque (▪ Cass. com., 4 mai 1999, n° 97-13.402 : *LPA* 5 avr. 2000, p. 16, obs. N. Reboul ; *RJDA* 1999, n° 1014).

La notoriété et la part importante des ventes des produits d'un fournisseur lui confèrent une position dominante sur le marché pertinent en cause. Le refus que ce fournisseur oppose à la demande de baisse de prix d'un de ses distributeurs, auquel il a suggéré de respecter les prix de vente qu'il conseille, c'est-à-dire, d'augmenter les prix de vente au consommateur, illustre le fait que le fournisseur ne craint pas que le distributeur se tourne vers un autre fournisseur et est bien en mesure d'avoir un comportement indépendant dans une mesure appréciable vis-à-vis de ses concurrents, de ses clients et, finalement des consommateurs (▪ Cons. conc., déc. n° 04-D-12, 7 avr. 2004 : *BOCC* 2004, p. 547 ; *D.* 2004, p. 1309 ; *JCP* E 2004, 1546, note P. Arhel).

11) Moyens financiers. En limitant son contrôle concernant l'existence d'une position dominante de la société FR3 à une comparaison du chiffre d'affaires de l'entreprise par rapport à celui de ses concurrents dans le domaine spécifique des productions audiovisuelles destinées à des usages non télévisuels sans prendre en considération les avantages financiers et matériels dont la société FR3 disposait pour promouvoir l'ensemble de ses activités reconnues par la loi, la cour d'appel a méconnu les dispositions de l'article L. 420-1 (▪ Cass. com., 28 janv. 1992, n° 90-16.766 : *JurisData* n° 1992-000125 ; *Bull. civ.* IV, n° 5 ; *D.* 1992, jurispr. 538 et chron. 288, note Cl. Lucas de Leyssac ; *CJEG* 1992, p. 288, obs. J. L. Sur renvoi, ▪ Versailles, 17 mai 1994 : *JurisData* n° 1994-603118 ; *D.* 1992, jurispr. 539 ; *Gaz. Pal.* 1995, 1, 49, note M. Junqua-Lamarque. Sur ces deux arrêts, V. Cl. Lucas de Leyssac, *Diversification des entreprises publiques et concurrence déloyale* : *D.* 1995, chron. 288 et M. Junqua-Lamarque, *La diversification des opérateurs publics sous haute surveillance* : *Gaz. Pal.* 1995, 1, doctr. 981).

Sur la prise en compte des moyens financiers de France Telecom, sans commune mesure avec ceux de ses concurrents, V. ▪ Cons. conc., déc. n° 96-D-10, 20 févr. 1996 : *BOCC* 1996, p. 147.

12) Droit exclusif. La société Lilly France dispose d'un droit exclusif de distribution du médicament Dobutrex assuré par le dépôt d'un brevet et par une autorisation de mise sur le marché délivrée par le ministère de la Santé. Dans ces conditions, pendant la période en cause, cette société a détenu une position dominante, en France, sur le marché du médicament Dobutrex (▪ Cons. conc., déc. n° 96-D-12, 5 mars 1996 : *BOCC* 1996, p. 320 ; conf. par ▪ Paris, 6 mai 1997 : *LPA* 11 mars 1998, obs. P. Arhel ; rejet pourvoi par ▪ Cass. com., 15 juin 1999 : *Bull. civ.* IV, n° 128 ; *LPA* 10 avr. 2000, p. 32, obs. N. Reboul ; *RJDA* 1999, n° 1013 ; *RTD com.* 2000, 242, obs. S. Poillot-Peruzetto).

Sur le marché de la production d'électricité, l'établissement public EDF détient un monopole légal, assorti d'exceptions limitées, ce qui le conduit à assurer, en 1993, 96,6 % de la production nationale d'électricité. En outre, il détient le monopole du transport et il est concessionnaire des réseaux de distribution de 95 % des communes françaises. Ainsi, EDF dispose d'une position dominante sur les marchés de la production, du transport et de la distribution d'électricité (▪ Cons. conc., déc. n° 00-D-47, 22 nov. 2000 : *BOCC* 2000, p. 822).

13) Appel d'offres. Deux cas de figure sont envisageables concernant la position des entreprises répondant à un appel d'offres. Le premier est celui dans lequel il existe une entreprise en position dominante parmi l'ensemble des entreprises susceptibles de répondre à l'appel d'offres. La position dominante est alors directement appréciée sur le marché même où se déroule la pratique. Un second cas de figure est celui dans lequel il existe une position dominante sur le marché connexe de l'exécution de la prestation (marché aval), sans que ceci ne s'accompagne d'une domination directe sur le marché amont de l'appel d'offres au moment du dépôt des offres. Il convient dans ce deuxième cas d'examiner la possibilité d'abuser de la position dominante détenue sur le marché aval en mettant en œuvre une pratique anticoncurrentielle sur le marché amont (▪ Cons. conc., déc. n° 09-D-10, 27 févr. 2009 : *RD conc.* 2009, n° 2, p. 125, obs. A. Wachsmann ; *Rev. Lamy conc.* 2009, n° 1349, obs. S. Destours ; conf. par ▪ Paris, 9 mars 2010, n° 2009/07930 : *JurisData* n° 2010-003656 ; *Contrats, conc. consom.* 2010, comm. 129, obs. G. Decocq ; *JCP* E 2010, 1386, obs. M. Bazex ; *RJDA* 2010, n° 786 et p. 665, note C. Grynfogel ; *D.* 2010, p. 1920, note M. Malaurie-Vignal ; *RD conc.* 2010, n° 2, p. 81, obs. A. Wachsmann ; *Rev. Lamy conc.* 2010, n° 1647, obs. S. Destours et n° 1656, obs. Ch. Winckler ; rejet pourvoi par ▪ Cass. com., 21 juin 2011, n° 10-15.754 : *JurisData* n° 2011-012315 ; *Contrats, conc. consom.* 2011, comm. 222, obs. G. Decocq ; *RJDA* 2012, n° 91 ; *Rev. Lamy conc.* 2011, n° 1933, obs. S. Destours). En l'espèce, la SNCM était en position dominante sur le marché du renouvellement de la délégation de service public pour le transport maritime au départ de Marseille, qui est le marché pertinent sur lequel doit être appréciée la pratique dénoncée. Il est donc inutile d'examiner la position de la SNCM sur des marchés connexes, comme celui du transport de passagers ou de fret entre la Corse et le continent (même déc.).

Lorsque l'auteur de l'appel d'offres est en position de monopole, le fait de retarder la publication d'une offre de référence sur le marché amont des infrastructures de diffusion des signaux télévisuels en outre-mer, dont l'accès était nécessaire à ses concurrents pour entrer sur le marché aval de la diffusion des signaux télévisuels est constitutif d'un abus de position dominante (▪ Aut. conc., déc. n° 15-D-01, 5 févr. 2015 : *Contrats, conc. consom.* 2015, comm. 93, obs. D. Bosco ; *RD conc.* 2015, n° 2, p. 97, obs. A. Wachsmann, conf. partielle par ▪ Paris, 15 sept. 2016 : *RD conc.* 2016, n° 4, p. 105, obs. A. Wachsmann ; pourvoi rejeté par ▪ Cass. com., 30 mai 2018, n° 16-24.792 : *Contrats, conc. consom.* 2018, comm. 138, obs. G. Decocq).

14) Titulaire sortant d'un contrat public. Le fait d'être le titulaire sortant d'un contrat public ne permet pas d'établir par lui-même une situation de dominance. En effet, il faut des circonstances particulières qui s'ajoutent à la situation de titulaire sortant pour qu'un comportement de celui-ci sur le marché mis en jeu puisse constituer, le cas échéant, un abus de la position dominante détenue sur un autre marché (▪ Cons. conc., déc. n° 08-D-24, 22 oct. 2008 : *Rev. Lamy conc.* 2009, n° 1291, note S. Destours). Pour une illustration où de telles circonstances particulières ont été considérées comme réunies, V. ▪ Cons. conc., déc. n° 06-MC-02, 27 juin 2006 : *Contrats, conc. consom.* 2006, comm. 163, obs. G. Decocq ; *Rev. Lamy conc.* 2006, n° 621, note Ch. Neau-Leduc et n° 643, obs. S. Destours.

• Domination collective

15) Notion. De jurisprudence constante, la dominance collective se différencie de l'entente. Sont en dominance collective des entreprises qui, du fait de leurs caractéristiques propres et des circonstances spécifiques au marché concerné, adoptent des comportements parallèles qui les conduisent à se comporter comme si elles ne formaient qu'une seule entreprise, sans que cette identité de comportement nécessite le concours de leurs volontés. À l'inverse, l'entente résulte précisément de ce concours des volontés (▪ Cons. conc., déc. n° 07-D-08, 12 mars 2007 : *RJDA* 2007, n° 558 ; *RD conc.* 2007, n° 2, p. 116, obs. C. Prieto ; *Rev. Lamy conc.* 2007, n° 821, obs. V. Selinsky ; réf. par ▪ Paris, 6 mai 2008, n° 2007/06172 : *Contrats, conc. consom.* 2008, comm. 184, obs. G. Decocq ; *RD conc.* 2008, n° 3, p. 95, obs. C. Prieto ; cass. partielle par ▪ Cass. com., 7 juill. 2009, n° 08-15.609 : *JurisData* n° 2009-049114 ; *Bull. civ.* IV, n° 97 ; *Contrats, conc. consom.* 2009, comm. 227, obs. G. Decocq ; *RJDA* 2010, n° 297 ; sur renvoi, ▪ Paris, 15 avr. 2010, n° 2009/14634 : *JurisData* n° 2010-004973 ; *Contrats, conc. consom.* 2010, comm. 159, obs. G. Decocq ; *RD conc.* 2010, n° 3, p. 91, obs. F. Marty ; *Rev. Lamy conc.* 2010, n° 1633, obs. A. Mexis ; rejet pourvoi par ▪ Cass. com., 12 juill. 2011, n° 10-17.830 : *JurisData* n° 2011-014307 ; *Contrats, conc. consom.* 2011, comm. 244, obs. G. Decocq ; *RJDA* 2011, n° 962. – *Rappr.* ▪ Aut. conc., déc. n° 10-D-36, 17 déc. 2010 : *JCP* E 2011, 1302, obs. M. Malaurie-Vignal ; *RD conc.* 2011, n° 1, p. 200, obs. Ch. Lemaire).

16) Preuve. Pour démontrer l'existence d'une position dominante collective, il faut établir que les entreprises ont, ensemble, notamment en raison des facteurs de corrélation existant entre elles, le pouvoir d'adopter une même ligne d'action sur le marché et d'agir dans une mesure appréciable indépendamment des autres concurrents, de leur clientèle et, finalement, des consommateurs (▪ CJCE, 31 mars 1998 : *Rec. CJCE* 1998, I, p. 1375. ▪ TPICE, 25 mars 1999, n° T-102/96 : *JurisData* n° 1999-590004 ; *Rec. CJCE* 1997, II, p. 879), ce qui peut ressortir de l'examen même des liens ou facteurs de corrélation juridiques existant entre les entreprises ou de l'examen de la structure du marché.

L'existence de liens structurels entre des entreprises d'une part, tels que des liens en capital ou encore des accords formalisés entre elles, et l'adoption d'une ligne commune d'action sur le marché d'autre part, suffisent à démontrer l'existence d'une position de dominance collective (▪ Paris, 6 juill. 1994 : *Contrats, conc. consom.* 1994, comm. 197, obs. L. Vogel ; *RJDA* 1994, n° 1324 ; rejet pourvoi par ▪ Cass. com., 5 mars 1996 : *Bull. civ.* IV, n° 76 ; *JCP* E 1996, pan. 579. ▪ Cons. conc., déc. n° 02-D-44, 11 juill. 2002 : *BOCC* 2002, p. 873 ; *Contrats, conc. consom.* 2002, comm. 157, obs. M. Malaurie-Vignal ; *Rev. Lamy dr. aff.* 2002, n° 3473, note V. Selinsky et Ch. Montet ; *RJDA* 2002, n° 1204 ; *JCP* E 2003, p. 224, note P. Arhel. ▪ Cons. conc., déc. n° 02-D-68, 14 nov. 2002 : *BOCC* 2003, p. 169 ; *Contrats, conc. consom.* 2003, comm. 72, obs. M. Malaurie-Vignal ; *RJDA* 2003, n° 650. ▪ Cons. conc., déc. n° 98-D-76, 9 déc. 1998 : *BOCC* 1999, p. 166 ; *Contrats, conc. consom.* 1999, comm. 111, note M. Malaurie-Vignal. ▪ TPICE, 7 oct. 1999 : *Rec. CJCE* 1999, II, p. 2969. ▪ CJCE, 16 mars 2000, n° C-395/96 P : *JurisData* n° 2000-300020 ; *Rec. CJCE* 2000, I, p. 1365. ▪ Paris, 30 oct. 2001, n° 2001/04911 : *JurisData* n° 2001-156220 ; *BOCC* 2001, p. 1045 : *Contrats, conc. consom.* 2001, comm. 173, note M. Malaurie-Vignal ; *RTD com.* 2002, 294, obs. E. Claudel. ▪ Cons. conc., déc. n° 07-D-08, 12 mars 2007 : *RJDA* 2007, n° 558 ; *RD conc.* 2007, n° 2, p. 116, obs. C. Prieto ; *Rev. Lamy conc.* 2007, n° 821, obs. V. Selinsky ; réf. par ▪ Paris, 6 mai 2008 : *Contrats, conc. consom.* 2008, comm. 184, obs. G. Decocq ; *RD conc.* 2008, n° 3, p. 95, obs. C. Prieto ; cass. partielle par ▪ Cass. com., 7 juill. 2009 : *Bull. civ.* IV, n° 97 ; *Contrats, conc. consom.* 2009, comm. 227, obs. G. Decocq ; *RJDA* 2010, n° 297 ; sur renvoi, ▪ Paris, 15 avr. 2010 : *Contrats, conc. consom.* 2010, comm. 159, obs. G. Decocq ; *RD conc.* 2010, n° 3, p. 91, obs. F. Marty ; *Rev. Lamy conc.* 2010, n° 1633, obs. A. Mexis ; rejet pourvoi par ▪ Cass. com., 12 juill. 2011 : *Contrats, conc. consom.* 2011, comm. 244, obs. G. Decocq ; *RJDA* 2011, n° 962).

En l'absence de tels liens, la seule structure du marché peut permettre de mettre en évidence une position dominante collective, si les critères cumulatifs suivants sont réunis : la structure oligopolistique et la transparence du marché concerné, la possibilité d'exercer des représailles sur les entreprises déviant de la ligne d'action commune et enfin la non-contestabilité du marché ou l'absence de compétition potentielle (▪ TPICE, 6 juin 2002 : *Rec. CJCE* 2002, II, p. 2585 ; *RJDA* 2002, n° 946. ▪ Cons. conc., déc. n° 06-D-02, 20 févr. 2006 : *BOCC* 2007, p. 6 ; *RD conc.* 2006, n° 2, p. 90, obs. C. Prieto ; *Rev. Lamy conc.* 2006, n° 560, obs. V. Selinsky. ▪ CJCE, 10 juill. 2008, n° C-413/06 P : *Rec. CJCE* 2008, I, p. 4951 ; *Contrats, conc. consom.* 2008, comm. 233, obs. G. Decocq).

3° *Lien entre position dominante et abus*

17) Marché connexe. Les pratiques abusives prohibées par les articles L. 420-2 du Code de commerce et 82 du traité CE (devenu art. 102 du TFUE) doivent résulter de l'exploitation par une entreprise ou un groupe d'entreprises, d'une position dominante sur le marché des biens ou services en cause ou sur un marché connexe. Des pratiques mises en œuvre sur un marché non dominé ne peuvent toutefois être considérées comme constitutives d'une exploitation abusive d'un marché dominé connexe que si, du fait de cette connexité, et de la prééminence détenue sur le marché non dominé par l'entreprise, elle peut y manifester, par rapport aux autres opérateurs qui y sont présents, une indépendance de comportement lui conférant une responsabilité particulière dans le maintien d'une concurrence effective et non faussée (▪ Cons. conc., déc. n° 05-D-28, 15 juin 2005 : *BOCC* 2006, p. 224). En ce sens, V. ▪ Cass. com., 9 mai 2001 : *Bull. civ.* IV, n° 85 ; *RTD com.*

2001, p. 876, obs. E. Claudel ; *RJDA* 2001, n° 1264. ▪ CJCE, 3 juill. 1991 : *JurisData* n° 1991-113362 ; *Rec. CJCE* 1991, I, p. 3359. ▪ TPICE, 6 oct. 1994 : *Rec. CJCE* 1994, II, p. 755 ; rejet pourvoi par ▪ CJCE, 14 nov. 1996 : *Rec. CJCE* 1996, I, p. 5951. ▪ Cass. com., 17 mars 2009, n° 08-14.503 : *JurisData* n° 2009-047484 ; *Bull. civ.*, IV, n° 39 ; *D.* 2009, p. 867, obs. E. Chevrier ; *Contrats, conc. consom.* 2009, comm. 144, obs. D. Bosco ; *RJDA* 2009, n° 895 ; *RD conc.* 2009, n° 2, p. 117, obs. A. Wachsmann ; *Rev. Lamy conc.* 2009, n° 1404, obs. V. Selinsky ; rejet pourvoi contre ▪ Paris, 8 avr. 2008, n° 2007/07008 : *Contrats, conc. consom.* 2008, comm. 166, obs. D. Bosco ; *RJDA* 2008, n° 714 ; réf. de ▪ Cons. conc., déc. n° 07-D-09, 14 mars 2007 : *Contrats, conc. consom.* 2007, comm. 133, obs. G. Decocq ; *RJDA* 2007, n° 662 ; *RD conc.* 2007, n° 2, p. 110, note L. Flochel et A. Wachsmann ; *Rev. Lamy conc.* 2007, n° 817, note A.-L. Sibony). Un lien de connexité peut notamment résulter de certaines caractéristiques communes aux marchés concernés, telles que l'identité d'offreurs, l'identité de demandeurs ou l'identité de fonctionnement (▪ Aut. conc., déc. n° 04-D-32, 8 juill. 2004 ; déc. n° 03-D-09, 14 févr. 2003 ; déc. n° 03-D-01, 14 janv. 2003). En outre, l'intégration verticale entre les deux marchés ou la stratégie de l'entreprise en position dominante elle-même peut également permettre d'établir un lien de connexité entre les deux marchés (▪ Aut. conc., déc. n° 00-D-50, 5 mars 2001). Jugé en application de ces principes que la Française des jeux et les casinos n'interviennent pas sur des marchés connexes (▪ Aut. conc., déc. n° 17-D-17, 27 sept. 2017).

B – Exploitation abusive de la situation

18) Objet ou effet anticoncurrentiel. L'article L. 420-1 prohibe les ententes et actions concertées « lorsqu'elles ont pour objet ou peuvent avoir pour effet » d'empêcher, de restreindre, de fausser le jeu de la concurrence sur un marché ; l'article L. 420-2 prohibe l'exploitation abusive d'une position dominante « dans les mêmes conditions ». Il suffit donc qu'une clause ait eu pour objet de restreindre et de fausser le jeu de la concurrence (▪ Cons. conc., déc. n° 97-D-92, 16 déc. 1997 : *BOCC* 1998, p. 9).

La recherche de l'effet anticoncurrentiel de la pratique poursuivie est présentée tantôt comme le but poursuivi concrètement par l'entreprise, auquel cas l'analyse se confond avec celle de l'abus, tantôt comme le ressort essentiel du comportement (pratique anticoncurrentielle *per se*), auquel cas la conjonction « ou » qu'énonce la loi indique que l'effet anticoncurrentiel suffit à consacrer le grief poursuivi (▪ Paris, 23 mars 2010, n° 2009/09977 : *Contrats, conc. consom.* 2010, comm. 130, obs. G. Decocq ; *JCP* E 2010, 1411, obs. M. Malaurie-Vignal ; *RD conc.* 2010, n° 2, p. 82, obs. A. Wachsmann ; conf. de ▪ Aut. conc., déc. n° 09-D-14, 25 mars 2009 : *Rev. Lamy conc.* 2009, n° 1403, obs. V. Selinsky ; *RD conc.* 2009, n° 2, p. 126, obs. A.-L. Sibony).

Afin d'établir le caractère abusif d'une pratique d'éviction, l'effet anticoncurrentiel de celle-ci sur le marché doit exister, mais il ne doit pas être nécessairement concret, étant suffisante la démonstration d'un effet anticoncurrentiel potentiel de nature à évincer les concurrents au moins aussi efficaces que l'entreprise en position dominante (▪ Aut. conc., déc. n° 13-D-06, 28 févr. 2013 : *Rev. Lamy conc.* 2013/35, n° 2268, obs. V. Selinsky conf. par ▪ Paris, 26 févr. 2015, n° 2013/06663 [pourvoi en cours] : *Contrats, conc. consom.* 2015, comm. 122, obs. G. Decocq).

1° *Abus dans les relations horizontales*

19) Action en justice. Le fait pour une entreprise qui occuperait une position dominante d'intenter une action en justice ne saurait être qualifié de pratique anticoncurrentielle que dans des circonstances tout à fait exceptionnelles, lorsque l'action ne vise manifestement pas à faire valoir ce que l'entreprise peut légitimement considérer comme étant son droit et qu'elle est conçue dans le cadre d'un plan ayant pour but d'éliminer, par ce harcèlement, la concurrence (▪ TPICE, 17 juill. 1998 : *JCP* 1998, I, 189, n° 2, obs. M.-C. Boutard-Labarde). Pour un rappel en ce sens, voir ▪ Cons. conc., déc. n° 99-D-77, 7 déc. 1999 : *BOCC* 2000, p. 97. ▪ Cons. conc., déc. n° 02-D-76, 19 déc. 2002 : *BOCC* 2003, p. 178. ▪ Paris, 4 févr. 2003 : *BOCC* 2003, p. 224. ▪ Cons. conc., déc. n° 04-D-12, 7 avr. 2004 : *D.* 2004, p. 1309 ; *JCP* E 2004, 1546, note P. Arhel. ▪ Aut. conc., déc. n° 11-D-15, 16 nov. 2011 : *Rev. Lamy conc.* 2012, n° 1970, obs. S. Cholet. ▪ Aut. conc., déc. n° 12-D-14, 5 juin 2012 : *Rev. Lamy conc.* 2012, n° 2146, obs. V. Selinsky. ▪ Paris, 19 déc. 2018, n° 17/00219 : *Contrats, conc. consom.* 2019, comm. 32, obs. G. Decocq.

20) Ciseau tarifaire. La notion de ciseau tarifaire correspond à des situations où un opérateur en monopole ou en position dominante sur un marché amont, également actif sur un marché aval ouvert à la concurrence, pratique des prix sur les marchés amont et aval tels qu'une entreprise concurrente sur le marché aval, même si elle est aussi efficace, n'est pas en mesure de pratiquer un prix compétitif à moins de consentir des pertes (▪ Cons. conc., déc. n° 04-D-45, 16 sept. 2004 : *BOCC* 2004, p. 820 ; *Rev. Lamy conc.* 2005, n° 30, obs. V. Selinsky). En l'espèce, puisque les prix que les NMPP proposaient à Export Press sur le marché amont de la distribution en gros de la presse nationale en Nouvelle-Calédonie et en Polynésie française étaient supérieurs aux prix qu'elle proposait aux éditeurs sur le marché aval des services d'exportation des titres des éditeurs français vers ces deux territoires d'outre-mer, Export Press était incapable de concurrencer les NMPP sur le marché aval, à moins de consentir des pertes.

Une pratique de ciseau tarifaire a un effet anticoncurrentiel si un concurrent potentiel aussi efficace que l'entreprise dominante verticalement intégrée auteur de la pratique ne peut entrer sur le marché aval qu'en subissant des pertes ; un tel effet peut être présumé seulement lorsque les prestations fournies à ses concurrents par l'entreprise auteur du ciseau tarifaire leur sont indispensables pour la concurrencer sur le marché aval (▪ Paris, 27 janv. 2011 : *Contrats, conc. consom.* 2011, comm. 70, obs. G. Decocq ; *RD conc.* 2011, n° 2, p. 114, obs. A.-L. Sibony ; *Rev. Lamy conc.* 2011, n° 1786, obs. S. Cholet et n° 1811, obs. E. Barbier de la Serre ; rejet pourvoi par ▪ Cass. com., 17 janv. 2012 : *Bull. civ.* IV, n° 7 ; *D.* 2012, p. 277, obs. E. Chevrier ; *Contrats, conc. consom.* 2012, comm. 75, obs. G. Decocq ; *RJDA* 2012, n° 532 ; *RD conc.* 2012, n° 2, obs. A. Lacresse ; *Rev. Lamy conc.* 2012, n° 2030, obs. S. Cholet ; sur renvoi de ▪ Cass. com., 3 mars 2009 : *Bull. civ.*, IV, n° 30 ; *Contrats, conc. consom.* 2009, comm. 142, obs. G. Decocq ; *RJDA* 2009, n° 893 ; *RD conc.* 2009, n° 2, p. 118, obs. A.-L. Sibony ; cass. de ▪ Paris, 2 avr. 2008 : *Contrats, conc. consom.* 2008, comm. 167, obs. G. Decocq ; renvoi de ▪ Cass. com., 10 mai 2006 : *Bull. civ.* IV, n° 115 ; *Contrats, conc. consom.* 2006, comm. 140, obs. G. Decocq ; *RD conc.* 2006, n° 3, p. 98, obs. A. Wachsmann ; *Rev. Lamy conc.* 2006, n° 555, obs. M. Dumarcay ; *RJDA* 2006, n° 958 ; cass. de ▪ Paris, 12 avr. 2005 : *BOCC* 2005, p. 492 ; réformation de ▪ Cons. conc., 14 oct. 2004, déc. n° 04-D-48 : *BOCC* 2005, p. 48 ; *Rev. Lamy conc.* 2005, n° 30, obs. V. Selinsky). Pour une application récente dans le secteur de la diffusion hertzienne, V. ▪ Aut. conc., déc. n° 15-D-10, 11 juin 2015. – Conf. par ▪ Paris, 12 oct. 2017, n° 15/14038 : *Contrats, conc. consom.* 2018/1, comm. 12, note G. Decocq, condamnant TDF, héritière d'un monopole légal et aujourd'hui titulaire d'une convention d'occupation domaniale sur le site de diffusion de la tour Eiffel, pour *des pratiques de ciseau tarifaire* ayant empêché les opérateurs alternatifs de proposer des offres concurrentes.

21) Différenciation tarifaire et pratiques discriminatoires. La différenciation tarifaire abusive constitue une pratique distincte du ciseau tarifaire, dès lors qu'elle peut fausser le jeu de la concurrence sans pour autant empêcher les concurrents du marché aval aussi efficaces de proposer leurs services de manière rentable (▪ Aut. conc., déc. n° 09-D-36, 9 déc. 2009 : *RD conc.* 2010, n° 1, p. 95, obs. L. Nicolas-Vullierme ; *Rev. Lamy conc.* 2010, n° 1575, note P. Arhel ; conf., sur ce point, par ▪ Paris, 23 sept. 2010 : *Contrats, conc. consom.* 2010, comm. 277, obs. G. Decocq ; cass., sur un autre point, par ▪ Cass. com., 31 janv. 2012 : *Bull. civ.* IV, n° 16 ; *Contrats, conc. consom.* 2012, comm. 103, obs. G. Decocq ; *RJDA* 2012, n° 531 ; sur renvoi, V. ▪ Paris, 4 juill. 2013 : *Contrats, conc. consom.* 2013, comm. 245, obs. G. Decocq ; *Rev. Lamy conc.* 2013/37, n°s 2400 et 2406, obs. S. Cholet ; pourvoi rejeté ▪ Cass. com., 6 janv. 2015 : *Contrats, conc. consom.* 2015, comm. 70, obs. G. Decocq ; *AJ Contrats d'affaires* 2015, n° 3, p. 129, obs. M. Ponsard ; *RD conc.* 2015, n° 2, p. 94, obs. A.-L. Sibony).

Abuse de sa position dominante l'opérateur téléphonique pratiquant un écart de prix abusif entre les appels émis vers ses clients (« on net ») et ceux, plus chers, émis vers les réseaux téléphoniques de ses concurrents (« off net ») lorsque la différence de prix excède les écarts de coûts supportés par l'opérateur (en l'espèce écarts de prix plus de trois fois supérieurs aux écarts de coût) (▪ Aut. conc., 13 juin 2014 : *RD conc.* 2014, n° 4, p. 133, obs. F. Marty ; *adde* dans une autre affaire visant le même opérateur, ▪ Aut. conc., déc. n° 12-D-24, 13 déc. 2012, avis demandé à la Commission européenne : ▪ Paris, 19 juin 2014, n° 1013/01006. Confirmant la décision de l'ADLC sauf sur le montant des sanctions ▪ Paris, 12 mai 2016 : *RD conc.* 2016, n° 3, p. 76, obs. F. Marty, et sur pourvoi rejeté ▪ Cass. com., 5 avr. 2018, n° 16-19.186 : *Contrats, conc. consom.* 2018, comm. 92, obs. D. Bosco).

Pour l'application du droit européen, la notion de « désavantage dans la concurrence », au sens de l'article 102, second alinéa, sous c, TFUE, doit être interprétée en ce sens qu'elle vise, dans l'hypothèse où une entreprise dominante applique des prix discriminatoires à des partenaires commerciaux sur le marché en aval, la situation dans laquelle ce comportement est susceptible d'avoir pour effet une distorsion de la concurrence entre ces partenaires commerciaux. La constatation d'un tel « désavantage dans la concurrence » ne requiert pas la preuve d'une détérioration effective et quantifiable de la position concurrentielle, mais doit se fonder sur une analyse de l'ensemble des circonstances pertinentes de l'espèce qui permet de conclure que ledit comportement a une influence sur les coûts, sur les bénéfices, ou sur un autre intérêt pertinent d'un ou de plusieurs desdits partenaires, de sorte que ce comportement est de nature à affecter ladite position (▪ CJUE, 19 avr. 2018, aff. C-525/16). Pour une application de ces principes par l'Autorité de la concurrence, V. ▪ Aut. conc., déc. n° 18-D-11, 4 juill. 2018 : *Concurrences* 2018/4, p. 119, obs. F. Marty).

22) Clause de durée. Des entreprises détenant une position dominante collective abusent de celle-ci en mettant en œuvre des pratiques ayant pour effet de verrouiller le marché en cause en liant leurs cocontractants pendant des durées excessivement longues (▪ Cons. conc., déc. n° 05-D-49, 28 juill. 2005 : *D.* 2005, p. 2379, obs. E. Chevrier ; *RD conc.* 2005, n° 4, p. 68, obs. E. Claudel ; *Rev. Lamy conc.* 2005, n° 352, obs. P. Arhel). *Adde* ▪ Cons. conc., déc. n° 00-D-47, 22 nov. 2000 : *BOCC* 2000, p. 822).

L'obstruction mise par le groupe Decaux au remplacement de ses mobiliers urbains dans l'agglomération de Rennes et le maintien de son exploitation au-delà de la date d'échéance de son contrat auquel la ville de Rennes a mis fin après avoir choisi un autre prestataire dans le cadre d'un appel d'offres, constituent un abus de la position dominante qu'il occupe sur le marché national de fourniture du mobilier urbain, qui a faussé le jeu de la concurrence sur ce marché et celui, connexe, de l'affichage (▪ Cons. conc., déc. n° 04-D-32, 8 juill. 2004 : *BOCC* 2004, p. 757 ; *Contrats, conc. consom.* 2004, comm. 156, obs. M. Malaurie-Vignal ; *RD conc.* 2005, n° 2, p. 54, obs. C. Prieto ; *Rev. Lamy conc.* 2005, n° 27, obs. V. Selinsky ; *adde* sur le marché amont des infrastructures de diffusion des signaux télévisuels en outre-mer, dont l'accès était nécessaire à ses concurrents pour entrer sur le marché aval de la diffusion des signaux télévisuels (▪ Aut. conc., déc. n° 15-D-01, 5 févr. 2015 : *Contrats, conc. consom.* 2015, comm. 93, obs. D. Bosco ; *RD conc.* 2015, n° 2, p. 97, obs. A. Wachsmann, conf. partielle par ▪ Paris, 15 sept. 2016 : *RD conc.* 2016, n° 4, p. 105, obs. A. Wachsmann ; pourvoi rejeté par ▪ Cass. com., 30 mai 2018, n° 16-24.792 : *Contrats, conc. consom.* 2018, comm. 138, obs. G. Decocq).

23) Clause d'exclusivité. La conclusion de clauses d'exclusivité au bénéfice d'une entreprise en position dominante ne constitue pas, par elle-même, un abus à la condition que le comportement de l'opérateur dominant n'affecte pas la concurrence au-delà des restrictions qui sont la conséquence inévitable de sa position dominante. Si, en effet, de telles clauses ont pour objet ou peuvent avoir pour effet de fausser ou de restreindre directement ou indirectement le jeu de la concurrence sur le marché concerné, elles constituent par l'effet – constaté ou potentiel – d'éviction qu'elles comportent un abus de position dominante prohibé par l'article L. 420-2. En outre, une clause d'exclusivité *ne saurait être examinée,* du point de vue de son effet sur la concurrence, indépendamment des conditions de sortie des contrats dans lesquels elle est insérée. En effet, lorsque la sortie anticipée du contrat est difficile et coûteuse, l'effet de l'exclusivité est renforcé. Inversement, lorsqu'une telle sortie est rapide et peu coûteuse, l'effet de l'exclusivité est amoindri. Ainsi, il convient tout d'abord de s'assurer que les clauses d'exclusivité n'instaurent pas, en droit ou en pratique, une barrière artificielle à l'entrée sur le marché en appréciant l'ensemble de leurs éléments constitutifs : le champ d'application, la durée, l'existence d'une justification technique à l'exclusivité, et la contrepartie économique obtenue par le client (▪ Cons. conc., déc. n° 07-MC-01, 25 avr. 2007 : *Contrats, conc. consom.* 2007, comm. 176, obs. M. Bazex ; *RD conc.* 2007, n° 3, p. 99, obs. A. Wachsmann ; *Rev. Lamy conc.* 2007, n° 826, obs. V. Selinsky et n° 843, obs. S. Destours ; conf. par ▪ Paris, 26 juin 2007 : *Contrats, conc. consom.* 2007, comm. 218, obs. G. Decocq ; *RDC* 2007, p. 1171, obs. L. Idot. ▪ Cons. conc., déc. n° 08-D-16, 3 juill. 2008 : *Contrats, conc. consom.* 2008, comm. 209, obs. D. Bosco ; *RD conc.* 2008, n° 4, p. 90, obs. A. Wachsmann). *Adde* ▪ Aut. conc., déc. n° 16-D-14, 23 juin 2016 : *RD conc.* 2016, n° 4, p. 101, obs. A. Wachsmann ; conf. partielle par ▪ Paris, 17 mai 2018, n° 2016/16621 : *Contrats, conc. consom.* 2018, comm. 137, obs. G. Decocq).

Afin d'apprécier l'effet de verrouillage du marché que des clauses d'exclusivité mises en œuvre par une entreprise en position dominante peuvent tendre à produire, il convient de prendre en compte notamment leur durée effective, qui peut être plus longue que la durée inscrite au contrat du fait de l'existence de clauses de tacite reconduction, de promotion et de non-concurrence ou d'une intégration technique rendant plus difficile la rupture de la relation (▪ Aut. conc., déc. n° 13-D-06, 28 févr. 2013 : *Rev. Lamy conc.* 2013/35, n° 2268, obs. V. Selinsky ; conf. par ▪ Paris, 26 févr. 2015, n° 2013/06663 [pourvoi en cours] : *Contrats, conc. consom.* 2015, comm. 122, obs. G. Decocq).

Ainsi, l'abus peut résulter de l'imposition d'une clause d'exclusivité d'approvisionnement de longue durée assortie d'une clause de tacite reconduction dont les conditions rendent difficile la dénonciation du contrat (▪ Cons. conc., déc. n° 98-D-52, 7 juill. 1998 : *BOCC* 1998, p. 582).

L'abus peut résulter du fait, pour une société en position dominante sur le marché de la chaussure de football de marque, d'imposer une clause contractuelle de priorité dans les contrats qu'elle conclut avec les clubs de football professionnels et dans celui qui la lie à la Ligue nationale de football, faisant obligation de lui adresser copie des propositions des concurrents afin que, dans un certain délai, elle fasse valoir son droit d'option prioritaire à des conditions équivalentes (▪ Paris, 4 juill. 2000 : *JCP* E 2000, pan. 1786 et ▪ Paris, 29 juin 2000, n° 1997/27703 : *JurisData* n° 2000-123000 ; *LPA* 30 mars 2001, p. 6, obs. M. Malaurie-Vignal). *Comp.* ▪ Cons. conc., déc. n° 04-D-60, 25 nov. 2004 : *BOCC* 2005, p. 214 ; *Rev. Lamy conc.* 2005, n° 132, obs. C. Robin.

L'imposition systématique, par une société en position dominante sur le marché du traitement des coupons de réduction, d'une clause d'exclusivité sans justification technique ou commerciale réelle et objective, conjuguée, d'une part, avec la rétention des codes comme moyen de pression sur les clients ainsi qu'avec l'interdiction du double codage, d'autre part, avec des propositions tarifaires destinées à maintenir des relations d'exclusivité afin d'empêcher l'accès d'un concurrent sur le marché, constituent un ensemble de pratiques anticoncurrentielles prohibées par l'article L. 420-2 (▪ Cons. conc., déc. n° 02-D-33, 10 juin 2002 : *BOCC* 2002, p. 637 ; *RJDA* 2002, n° 1203). *Rappr.* ▪ Cass. com., 12 févr. 2002, n° 00-10.465 : *JurisData* n° 2002-013066 ; *Contrats, conc. consom.* 2002, comm. 109, obs. M. Malaurie-Vignal.

En droit européen, pour une décision prononçant une amende de 997 millions d'euros contre l'opérateur dominant du secteur des jeux de puces électroniques qui avait imposé une clause d'exclusivité à ses clients, V. ▪ Comm. CE, 24 janv. 2018, IP/18/241 : *Concurrences* 2018/2, p. 79, obs. F. Marty.

24) Confusion entre mission de service public et activités exercées en concurrence. Une régie municipale a abusé de sa position dominante en mettant en place une information et un accueil des familles ainsi qu'une organisation des locaux qui ne permettaient pas de distinguer clairement les activités de la chambre funéraire, les autres activités de pompes funèbres et les services administratifs, s'attribuant ainsi un avantage concurrentiel indu sur les autres opérateurs de pompes funèbres (▪ Cons. conc., déc. n° 08-D-09, 6 mai 2008 : *Contrats, conc. consom.* 2009, comm. 186, obs. G. Decocq ; *JCP* A 2009, 2149, obs. M. Karpenschif ; *Rev. Lamy conc.* 2008, n° 1148, obs. S. Destours ; conf. par ▪ Paris, 31 mars 2009 : *Rev. Lamy conc.* 2009, n° 1422, obs. S. Destours).

Un opérateur historique local utilise l'image du service public au soutien de ses intérêts de fournisseur d'électricité alors que c'est uniquement en sa qualité de gestionnaire du réseau de transport qu'il exerce une mission de service public, la fourniture d'électricité ne figurant plus dans le périmètre du service public de l'électricité mais dans celui du secteur ouvert à la concurrence. En sa qualité de fournisseur, il ne peut revendiquer une appartenance au service public pas plus que les qualités censées découler de cette appartenance (▪ Aut. conc., déc. n° 09-D-14, 25 mars 2009 : *Rev. Lamy conc.* 2009, n° 1403, obs. V. Selinsky ; *RD conc.* 2009, n° 2, p. 126, obs. A.-L. Sibony ; conf. par ▪ Paris, 23 mars 2010 : *Contrats, conc. consom.* 2010, comm. 130, obs. G. Decocq ; *JCP* E 2010, 1411, obs. M. Malaurie-Vignal ; *RD conc.* 2010, n° 2, p. 82, obs. A. Wachsmann). *Rappr.* ▪ Aut. conc., déc. n° 09-MC-01, 8 avr. 2009 : *Dr. adm.* 2009, comm. 66, obs. M. Bazex ; *RD conc.* 2009, n° 2, p. 190, obs. D. Lescop ; *Rev. Lamy conc.* 2009, n° 1405, obs. V. Selinsky et n° 1420, obs. S. Destours, décision enjoignant à EDF de modifier sa communication commerciale de façon à séparer celle relevant de ses activités de service public et celle de ses filiales intervenant dans le secteur concurrentiel. Pour la décision au fond sanctionnant EDF, V. ▪ Aut. conc., déc. n° 13-D-20, 17 déc. 2013 : *Dalloz Act.* 10 janv. 2014, obs. E. Chevrier ; *Rev. Lamy conc.* 2014/39, n° 2526, obs. S. Destours. – Réformée partiellement par ▪ Paris, 21 mai 2015 : *RD conc.* 2015, n° 3, p. 77, obs. F. Marty. – Arrêt cassé par ▪ Cass. com., 27 sept. 2017, n° 15.20.087 : *JurisData* n° 2017-019307 ; *Contrats conc. consom.* 2017/12, comm. 252, note G. Decocq, mais seulement en ce que l'arrêt n'avait pas retenu la réitération comme circonstance aggravante ; et sur renvoi ▪ Paris, 27 sept. 2018, n° 17/22720 : *Concurrences* 2019/1, p. 89, note F. Marty).

Le seul fait, pour une filiale appartenant au groupe constitué par l'opérateur historique d'un marché libéralisé, de mentionner son appartenance à ce groupe ne saurait en lui-même caractériser un abus de position dominante que détiendrait l'une des entités de ce groupe. Le bénéfice des avantages d'image liés à l'appartenance à un tel groupe est inhérent à la possibilité laissée à ces groupes de poursuivre ou de développer leurs activités dans des domaines ouverts à la concurrence. C'est seulement dans des circonstances particulières, comme celles conduisant à entretenir la confusion entre une activité de service public et l'activité concurrentielle ou à tirer parti d'autres avantages spécifiques liés à l'activité de service public, qu'un abus du type de celui dénoncé peut, le cas échéant, être caractérisé (▪ Aut. conc., déc. n° 10-D-14, 16 avr. 2010 : *RD conc.* 2010, n° 3, p. 97, obs. F. Marty ; *Rev. Lamy conc.* 2010, n° 1643, obs. S. Destours ; conf. par ▪ Paris, 2 déc. 2010, n° 2010/08010 : *Contrats, conc. consom.* 2011, comm. 41, obs. G. Decocq ; *Rev. Lamy conc.* 2011, n° 1806, obs. Ch. Winckler ; rejet pourvoi par ▪ Cass. com., 9 oct. 2012, n° 10-28.718 : *JurisData* n° 2012-022753 ; *Contrats, conc. consom.* 2012, comm. 286, obs. G. Decocq).

La SNCF a abusé de sa position dominante sur le marché du transport ferroviaire de marchandises par train massif en utilisant à son profit les informations confidentielles dont elles disposait aux fins exclusives de la gestion de l'accès à l'infrastructure ferroviaire française dont elle avait la charge en tant que GID (gestionnaire d'infrastructure déléguée), comportement qui lui a permis de protéger artificiellement sa position dominante en réduisant le degré d'incertitude existant sur ce marché et en évinçant certains concurrents de trafics stratégiques (▪ Aut. conc., déc. n° 12-D-25, 18 déc. 2012 : *Contrats, conc. consom.* 2013, comm. 59, obs. D. Bosco ; *Rev. Lamy conc.* 2013/35, n° 2258, obs. V. Selinsky ; partiellement réformé par ▪ Paris, 6 nov. 2014 : *RD conc.* 2015, n° 1, p. 97, obs. A.-L. Sibony. ▪ Cass. partielle, ▪ Cass. com., 22 nov. 2016, n° 14-28.224 : *Contrats, conc. consom.* 2017, comm. 16, obs. G. Decocq ; et sur renvoi ▪ Paris, 20 déc. 2018, n° 17/01304 : *Contrats, conc. consom.* 2019, comm. 49, obs. G. Decocq).

La SNCF a commis un abus de position dominante consistant à publier, de manière tardive et incomplète, la liste de ses cours de marchandises dans le DRR (document de référence du réseau), ce qui lui a permis de protéger sa position dominante sur le marché des services ferroviaires de marchandises par train massif, notamment en évinçant certains concurrents de trafics stratégiques (même déc.).

La SNCF a abusé de sa position dominante en rendant indisponibles, de façon aussi massive qu'injustifiée, des sillons indispensables à la pénétration de ses concurrents sur le marché du transport ferroviaire de marchandises par train massif, retardant ainsi de façon artificielle leur développement (même déc.).

25) Dénigrement. La concurrence suppose un certain degré de rivalité et de compétition entre les acteurs d'un marché. Néanmoins, cette lutte pour la conquête de la clientèle n'autorise pas tous les comportements, surtout de la part d'une entreprise qui, détenant une position dominante sur un marché, encourt une responsabilité particulière. Parmi les actes qui peuvent être regardés comme abusifs, le dénigrement occupe une place majeure. Le dénigrement consiste à jeter publiquement le discrédit sur une personne, un produit ou un service identifié ; il se distingue de la critique dans la mesure où il émane d'un acteur économique qui cherche à bénéficier d'un avantage concurrentiel en jetant le discrédit sur son concurrent ou sur les produits de ce dernier. Néanmoins, tout dénigrement mis en œuvre par une entreprise en position dominante, s'il peut relever de la concurrence déloyale et engager la responsabilité de l'entreprise vis-à-vis de ses concurrents, n'est pas nécessairement constitutif d'un abus sanctionné au titre de l'article L. 420-2. Pour qu'un dénigrement puisse être qualifié d'abus de position dominante, il convient que soit établi un lien entre la domination de l'entreprise et la pratique de dénigrement (▪ *Cons. conc., déc. n° 07-D-33, 15 oct. 2007 : D. 2007*, p. 2668, obs. E. Chevrier ; *Contrats, conc. consom.* 2007, comm. 307, obs. D. Bosco ; *RTD com.* 2007, 63, obs. E. Claudel ; *RD conc.* 2007, n° 4, p. 131, obs. Ch. Momège ; *Rev. Lamy conc.* 2008, n° 965, obs. P. Arhel). En ce sens, V. ▪ Cons. conc., déc. n° 92-D-62, 18 nov. 1992 : *BOCC* 15 janv. 1993. ▪ Cons. conc., déc. n° 07-MC-06, 11 déc. 2007 : *Rev. Lamy conc.* 2008, n° 1052, obs. P. Arhel ; conf. par ▪ Paris, 5 févr. 2008, n° 2007/21342 : *Contrats, conc. consom.* 2008, comm. 104, obs. G. Decocq ; *RD conc.* 2008, n° 2, p. 158, obs. Ch. Momège. ▪ Aut. conc., déc. n° 09-D-14, 25 mars 2009 : *Rev. Lamy conc.* 2009, n° 1403, obs. V. Selinsky ; *RD conc.* 2009, n° 2, p. 126, obs. A.-L. Sibony ; conf. par ▪ Paris, 23 mars 2010 : *Contrats, conc. consom.* 2010, comm. 130, obs. G. Decocq ; *JCP* E 2010, 1411, obs. M. Malaurie-Vignal ; *RD conc.* 2010, n° 2, p. 82, obs. A. Wachsmann. ▪ Aut. conc., déc. n° 09-D-28, 31 juill. 2009 : *Contrats, conc. consom.* 2009, comm. 246, obs. M. Malaurie-Vignal. ▪ Aut. conc., déc. n° 10-D-16, 17 mai 2010 : *Contrats, conc. consom.* 2010, comm. 183, obs. D. Bosco ; *Rev. Lamy conc.* 2010, n° 1634, note P. Arhel. ▪ Aut. conc., déc. n° 11-D-15, 16 nov. 2011 : *Rev. Lamy conc.* 2012, n° 1970, obs. S. Cholet. ▪ Aut. conc., déc. n° 14-D-08, 24 juill. 2014 : *RD conc.* 2014, n° 4, p. 137, obs. A. Wachsmann, partiellement réf. par ▪ Paris, 24 sept. 2015 : *RD conc.* 2016, n° 1, p. 100, obs. F. Marty, pourvoi rejeté par ▪ Cass. com., 8 juin 2017, n° 15-26.151 : *JurisData* n° 2017-010956 ; *Contrats, conc. consom.* 2017/8-9, comm. 181, note. G. Decocq ; *Lettre distrib.* 2017/7-8, p. 6, obs. K. Biancone. ▪ Aut. conc., déc. n° 16-D-11, 6 juin 2016 : *RD conc.* 2016, n° 3, p. 79, obs. F. Marty et sur pourvoi rejeté ▪ Cass. com., 16 sept. 2020, n° 18-11.034.

Pour apprécier l'existence d'une pratique de dénigrement, l'Autorité s'attache tout d'abord à vérifier si le discours commercial tenu par l'entreprise en position dominante relève de constatations objectives ou s'il procède d'assertions non vérifiées. Puis, afin de déterminer si le discours commercial de l'entreprise dominante est de nature à influencer la structure du marché, l'Autorité examine les effets attendus ou réels de ce discours auprès des partenaires commerciaux ou de la clientèle potentielle de ses concurrents. Il n'est en effet pas nécessaire de démontrer que le comportement de l'entreprise en position dominante a eu un effet anticoncurrentiel concret sur le marché concerné pour pouvoir le qualifier d'abusif. Il suffit de démontrer qu'il tend à restreindre la concurrence ou, en d'autres termes, qu'il est de nature à avoir un tel effet. Enfin, au nombre des éléments que l'Autorité retient pour établir l'existence d'un lien entre la domination de l'entreprise en cause et la pratique de dénigrement figurent la notoriété de cette entreprise et la confiance que lui accordent les acteurs du marché qui sont de nature à renforcer significativement l'impact du discours développé par celle-ci (▪ Aut. conc., déc. n° 13-D-11, 14 mai 2013 : *Dalloz Act.* 27 mai 2013, obs. L. Constantin ; *Contrats, conc. consom.* 2013, comm. 157, obs. M. Malaurie-Vignal et comm. 161, obs. D. Bosco ; *RJDA* 2013, p. 639, obs. I. Luc ;

Rev. Lamy conc. 2013/36, n° 2338, obs. S. Cholet ; conf. par ▪ Paris, 18 déc. 2014 : *RD conc.* 2015, n° 1, p. 102, obs. F. Marty ; conf. par ▪ Cass. com., 18 oct. 2016 : *RD conc.* 2017, n° 1, p. 105, obs. F. Marty). Si la preuve de l'existence d'une pratique de dénigrement peut résulter de l'existence formelle de pièces se suffisant à elles-mêmes, elle peut aussi résulter d'un faisceau d'indices graves, précis et concordants, apprécié globalement et constitué par diverses pièces recueillies au cours de l'instruction, et ce alors même que chacune des pièces prises isolément n'aurait pas un caractère suffisamment probant, ainsi le cas échéant que par le rapprochement de ces pièces avec d'autres éléments de preuve tels que les témoignages de personnes auxquelles est destiné le discours en cause (même déc.). En ce sens, V. ▪ Aut. conc., déc. n° 13-D-21, 18 déc. 2013 : *Rev. Lamy conc.* 2014/39, n° 2509, obs. P. Arhel ; recours rejeté par ▪ Paris, 26 mars 2015 : *RD conc.* 2015, n° 3, p. 67, obs. E. T. ; pourvoi rejeté ▪ Cass. com., 11 janv. 2017, n° 15-17.134 : *Concurrences* 2017/2, p. 90, note A.-S. Choné-Grimaldi.

Pour des pratiques de dénigrement émanant d'une entreprise jouissant de l'image du service public (secteur du gaz) et ayant pris la forme d'une communication trompeuse dirigée vers les clients susceptibles de basculer vers une offre de marché, V. ▪ Aut. conc., déc. n° 17-D-06, 21 mars 2017 : *Concurrences* 2017/2, p. 97, note F. Marty, et sur appel ▪ Paris, 6 juill. 2017, n° 17/07296 (rejet d'une demande de communication de pièces).

Pour des pratiques de dénigrement mises en œuvre par un laboratoire pharmaceutique et visant à retarder l'entrée sur le marché d'un médicament générique, V. ▪ Aut. conc., déc. n° 17-D-25, 20 déc. 2017 : *Contrats, conc. consom.* 2018, comm. 72, obs. D. Bosco. – Conf. part. ▪ Paris, 11 juill. 2019, n° 18/01945 : *Contrats, conc. consom.* 2019/10, comm. 162, note G. Decocq. Rappr. ▪ CJUE, 23 janv. 2018, aff. C-179/16 : *Concurrences* 2018/2, p. 63, obs. E. Thomas.

Pour des pratiques de dénigrement émanant de trois laboratoires pharmaceutiques en position dominante collective et visant à décourager l'utilisation d'une spécialité pharmaceutique moins chère, V. ▪ Aut. conc., déc. n° 20-D-11, 9 sept. 2020 : *Contrats, conc. consom.* 2020/11, comm. 164, obs. D. Bosco.

26) Exclusivité de diffusion. Canal Plus, qui détient une position dominante sur le marché de la télévision à péage et sur le marché des droits de diffusion des films français récents, a abusé de sa position en imposant aux producteurs la conclusion de contrats de préachat de droits de diffusion lui accordant une priorité et une exclusivité de diffusion payante, en interdisant aux producteurs de vendre les droits de leurs films pour une diffusion en paiement à la séance, empêchant ainsi l'émergence du marché né des progrès technologiques de la diffusion des films récents à la télévision par paiement à la séance (▪ Paris, 15 juin 1999, n° 1999/01785 : *JurisData* n° 1999-118630 ; *BOCC* 1999, p. 439 ; *Contrats, conc. consom.* 1999, comm. 145, obs. M. Malaurie-Vignal ; *JCP* E 1999, p. 1966, note J.-Cl. Fourgoux ; rejet pourvoi par ▪ Cass. com., 30 mai 2000, n° 99-17.038 : *JurisData* n° 2000-002281 ; *Bull. civ.* IV, n° n° 112 ; *RJDA* 2000, n° 1176).

27) Gratuité. En offrant à certains annonceurs la gratuité de l'affichage sur des panneaux à Rennes et la prise en charge des coûts techniques liés à la transformation du format des affiches, le groupe Decaux a abusé de la position dominante qu'il détient sur le marché de la fourniture de mobilier urbain en altérant la concurrence sur le marché de l'affichage et a enfreint les dispositions de l'article L. 420-2 du Code de commerce et de l'article 82 du traité CE (▪ Cons. conc., déc. n° 04-D-32, 8 juill. 2004 : *BOCC* 2004, p. 757 ; *Contrats, conc. consom.* 2004, comm. 156, obs. M. Malaurie-Vignal ; *RD conc.* 2005, n° 2, p. 54, obs. C. Prieto ; *Rev. Lamy conc.* 2005, n° 27, obs. V. Selinsky).

28) Infrastructure essentielle. *Notion.* Une infrastructure ou une ressource essentielle désigne des installations ou des équipements indispensables pour assurer la liaison avec les clients et/ou permettre à des concurrents d'exercer leurs activités et qu'il serait impossible de reproduire par des moyens raisonnables (▪ Paris, 9 sept. 1997 : *JurisData* n° 1997-022854 ; *BOCC* 1997, p. 692 ; *JCP* E 1998, p. 75, n° 2, obs. L. Vogel. – Conf. de ▪ Cons. conc., déc. n° 96-D-51, 3 sept. 1996 : *BOCC* 1997, p. 3 ; *Contrats, conc. consom.* 1997, comm. 31, obs. L. Vogel ; rejet pourvoi par ▪ Cass. com., 25 janv. 2000, n° 97-20.199 : *JurisData* n° 2000-000414 ; *BOCC* 2000, p. 133).

La limitation de la liberté contractuelle du détenteur d'une infrastructure essentielle s'applique lorsque : en premier lieu, l'infrastructure est possédée par une entreprise qui détient un monopole (ou une position dominante) ; en deuxième lieu, l'accès à l'infrastructure est strictement nécessaire (ou indispensable) pour exercer une activité concurrente sur un marché amont, aval ou complémentaire de celui sur lequel le détenteur de l'infrastructure détient un monopole (ou une position dominante) ; en troisième lieu, l'infrastructure ne peut être reproduite dans des conditions économiques raisonnables par les concurrents de l'entreprise qui la gère ; en quatrième lieu, l'accès à cette infrastructure est refusé ou autorisé dans des conditions restrictives injustifiées ; en cinquième lieu, l'accès à l'infrastructure est possible (▪ Cons. conc., avis n° 02-A-08 : *ADCC* 2008, n° 902, note S. Destours).

C'est en application de ces critères cumulatifs qu'ont été qualifiés d'infrastructures essentielles : une *hélistation* (▪ Cons. conc., déc. n° 96-D-51, 3 sept. 1996, ▪ Paris, 9 sept. 1997 et ▪ Cass. com., 25 janv. 2000, préc. En ce sens, V. aussi ▪ Cons. conc., déc. n° 02-D-16, 5 mars 2002 : *BOCC* 2002, p. 247), les *réseaux câblés* dont France Telecom est propriétaire et seul exploitant technique (▪ Cass. com., 18 avr. 2000, n° 99-13.627 : *Bull. civ.* IV, n° 75 ; *D.* 2000, p. 289, obs. A. Marmontel ; *RJDA* 2000, n° 922 ; *LPA* 30 mars 2001, p. 8, obs. M. Malaurie-Vignal ; *RTD com.* 2000, 636, obs. E. Claudel ; rejet pourvoi contre ▪ Paris, 15 mars 1999, n° 1999/03137 : *JurisData* n° 1999-111107 ; *BOCC* 1999, p. 293. – Conf. de ▪ Cons. conc., déc. n° 99-MC-01, 12 janv. 1999 : *BOCC* 1999, p. 179), la *liste des abonnés au téléphone* (▪ Cass. com., 4 déc. 2001, n° 99-16.642 : *JurisData* n° 2001-012012 ; *Bull. civ.* IV, n° 193 ; *Contrats, conc. consom.* 2002, comm. 46, obs. M. Malaurie-Vignal ; *RTD com.* 2002, 296, obs. E. Claudel ; rejet pourvoi contre ▪ Paris, 29 juin 1999, n° 1999/01269 : *JurisData* n° 1999-023446 ; *BOCC* 1999, p. 447 ; *LPA* 24 juill. 2000, p. 11, obs. N. Reboul ; annulation, sur un autre point, de ▪ Cons. conc., déc. n° 98-D-60, 29 sept. 1998 : *BOCC* 1999, p. 43 ; *D. affaires* 1999, p. 623, obs. A.M. – En ce sens, voir ▪ Paris, 1er sept. 1998, n° 98/12345 : *JurisData* n° 1998-022123 ; *Contrats, conc. consom.* 1998, comm. 163, obs. M. Malaurie-Vignal ; *LPA* 23 juin 1999, p. 18, obs. Arsac), les *linéaires des grandes et moyennes surfaces* (▪ Cons. conc., déc. n° 04-D-13, 8 avr. 2004 : *Contrats, conc. consom.* 2004, comm. 95, obs. M. Malaurie-Vignal ; *RJDA* 2004, n° 1052 ; *JCP* E 2004, jurispr. 1195, note P. Arhel ; *Rev. Lamy conc.* 2005, n° 15, obs. J. Peyre. – Conf. par ▪ Paris, 9 nov. 2004 ; rejet pourvoi par ▪ Cass. com., 6 déc. 2005 : *Bull. civ.* IV, n° 240 ; *Contrats, conc. consom.* 2006, comm. 47, obs. M. Malaurie-Vignal ; *JCP* E 2006, 1608, note Reifegerste ; *D.* 2006, p. 64, obs. E. Chevrier et p. 514, obs. D. Ferrier ; *RJDA* 2006, n° 591 ; *RTD com.* 2006, 577, obs. E. Claudel), la *boucle locale* et son prolongement au sein des installations de France Télécom (▪ Cons. conc., 7 nov. 2005, déc. n° 05-D-59 : *D.* 2005, p. 3012, obs. E. Chevrier ; *Contrats, conc. consom.* 2005, comm. 207, obs. M. Malaurie-Vignal ; *RD conc.* 2006, n° 1, p. 141, obs. C. Prieto ; *Rev. Lamy conc.* 2006, n° 428, obs. V. Selinsky ; conf. par ▪ Paris, 4 juill. 2006, n° 2005/23751 : *JurisData* n° 2006-304411 ; *Contrats, conc. consom.* 2006, comm. 204, obs. G. Decocq ; *RD conc.* 2006, n° 3, p. 140, obs. V. Michel-Amsellem ; *Rev. Lamy conc.* 2006, n° 653, obs. C. Nourissat ; rejet pourvoi par ▪ Cass. com., 23 oct. 2007, n° 06-17.852 : *JurisData* n° 2007-041066 ; *D.* 2007, p. 3002, obs. E. Chevrier ; *Contrats, conc. consom.* 2007, comm. 308, obs. G. Decocq ; *RD conc.* 2008, n° 1, p. 121, obs. C. Prieto) ou un *système informatisé de réservation de billets de train* (▪ Cons. conc., déc. n° 09-D-06, 5 févr. 2009 : *Contrats, conc. consom.* 2009, comm. 77, obs. M. Bazex et comm. 109, obs. D. Bosco ; *RD conc.* 2009, n° 2, p. 106, obs. L. Nicolas-Vullierme ; *Rev. Lamy conc.* 2009, comm. 1333, note F. Marty et J. Pillot ; déc. conf. par ▪ Paris, 23 févr. 2010 : *Contrats, conc. consom.* 2010, 103, obs. G. Decocq ; *RD conc.* 2010, n° 2, p. 73, obs. L. Nicolas-Vullierme ; *Rev. Lamy conc.* 2010, n° 1581, obs. V. Selinsky et M. Dumarçay et n° 1659, obs. R. Christol ; rejet pourvoi par ▪ Cass. com., 16 avr. 2013 : *Contrats, conc. consom.* 2013, comm. 140, obs. G. Decocq ; *RJDA* 2013, n° 548), un *refus d'insertion d'une annonce publicitaire* (▪ Paris, 17 sept. 2014 : *Contrats, conc. consom.* 2014, comm. 276, obs. D. Bosco ; *AJ Contrats d'affaires* 2015, n° 2, p. 70, obs. M. Chagny), un refus d'accès à des *bases de données d'informations médicales* (▪ Aut. conc., déc. n° 14-D-06, 8 juill. 2014 : *RD conc.* 2014, n° 4, p. 135, note F. Marty ; conf. par ▪ Paris, 24 sept. 2015, n° 2014/17586 : *RD conc.* 2015, n° 2, p. 124, obs. F. Marty ; pourvoi rejeté par ▪ Cass. com., 21 juin 2017, n° 15-25.941 : *JurisData* n° 2017-012245 ; *Contrats, conc. consom.* 2017/8-9, comm. 182, note G. Decocq ; *Concurrences* 2017/3, p. 74, note F. Marty). Comp. ▪ Aut. conc., déc. n° 16-SOA-02, 23 mai 2016 relative à une saisine d'office pour avis portant sur l'exploitation des données dans le secteur de la publicité en ligne.

Pour une symétrie d'information entre les candidats à un appel d'offres pour un accès à des *infrastructures nécessaires à la diffusion hertzienne terrestre des chaînes de télévision* (▪ Aut. conc., déc. n° 15-D-01, 5 févr. 2015 : *Contrats, conc. consom.* 2015, comm. 93, obs. D. Bosco ; *RD conc.* 2015, n° 2, p. 97, obs. A. Wachsmann, conf. partielle par ▪ Paris, 15 sept. 2016 : *RD conc.* 2016, n° 4, p. 105, obs. A. Wachsmann ; pourvoi rejeté par ▪ Cass. com., 30 mai 2018, n° 16-24.792 : *Contrats, conc. consom.* 2018, comm. 138, obs. G. Decocq).

En revanche, cette qualification a été refusée à de simples *terrains* (▪ Cons. conc., déc. n° 05-D-30, 21 juin 2005 : *BOCC* 2006, p. 231 ; *D.* 2005, p. 2379, obs. E. Chevrier ; *Rev. Lamy conc.* 2005, n° 372, obs. S. Destours) à un *logiciel informatique*, propriété des NMPP (▪ Cass. com., 20 févr. 2007, n° 06-12.424 : *JurisData* n° 2007-037497 ; *Bull. civ.* IV, n° 51 ; *D.* 2007, p. 724, obs. E. Chevrier ; *RJDA* 2007, n° 895 ; rejet pourvoi contre ▪ Paris, 31 janv. 2006, n° 2005/14782 : *JurisData* n° 2006-298119 ; *RJDA* 2006, n° 709 ; *Rev. Lamy conc.* 2006, n° 498, note V. Selinsky et n° 517, obs. E. Barbier de la Serre ; renvoi de ▪ Cass. com., 12 juill. 2005, n° 04-12.388 : *JurisData* n° 2005-029484 ; *BOCC* 2005, p. 936 ; *Contrat, conc. consom.* 2005, comm. 190, obs. M. Malaurie-Vignal ; *JCP* E 2005, 1700, note François ; *D.* 2005, p. 2144, obs. E. Chevrier ; *RJDA* 2006, n° 202 ; cassation de ▪ Paris, 12 févr. 2004, n° 2004/00827 : *JurisData* n° 2004-235805 ;

BOCC 2004, p. 422 ; *Contrat, conc. consom.* 2004, comm. 111, obs. M. Malaurie-Vignal ; *JCP* E 2004, chron. 1739, n° 12, obs. Ch. Caron. – Conf. de ▪ Cons. conc., déc. n° 03-MC-04, 22 déc. 2003 : *BOCC* 2004, p. 100 ; *JCP* E 2004, chron. 1739, n° 12, obs. Ch. Caron. V. égal., pour le rejet d'une saisine faute d'éléments probants qui avait été initiée par une entreprise du secteur du logiciel qui prétendait avoir abusivement été écartée d'une plateforme de réservation en ligne de billets d'avion ▪ Aut. conc., déc. n° 19-D-04, 21 févr. 2019) et aux *librairies-boutiques* gérées par le Centre des Monuments Nationaux (▪ Cons. conc., déc. n° 08-D-08, 29 avr. 2008 : *Contrats, conc. consom.* 2008, comm. 168, obs. G. Decocq ; *RD conc.* 2008, n° 3, p. 100, obs. A. Wachsmann ; conf. par ▪ Paris, 23 févr. 201 : *Contrats, conc. consom.* 2010, comm. 99, obs. G. Decocq ; *RD conc.* 2010, n° 3, p. 100, obs. A. Wachsmann ; *Rev. Lamy conc.* 2010, n° 1587, obs. S. Destours). V. encore le refus de considérer comme une infrastructure essentielle le réseau FttH (fiber to the home) détenu par un opérateur historique de télécommunications (▪ Aut. conc., déc. n° 20-D-02, 23 janv. 2020 : *Concurrences* 2020/2, p. 91, note M. Cartapanis).

29) Infrastructure essentielle. *Applications.* Lorsque l'exploitant monopolistique d'une infrastructure essentielle est en même temps le concurrent potentiel d'une entreprise offrant un service exigeant le recours à cette facilité, cet exploitant peut restreindre ou fausser le jeu de la concurrence sur le marché aval du service en abusant de sa position dominante ou de la situation de dépendance économique dans laquelle se trouve son concurrent à son égard en établissant un prix d'accès à cette facilité injustifié, non proportionné à la nature et à l'importance des services demandés, non transparent et non orienté vers les coûts encourus relevant de critères objectifs (▪ Paris, 9 sept. 1997 : *BOCC* 1997, p. 692 ; *JCP* E 1998, p. 75, n° 2, obs. L. Vogel. – Conf. de ▪ Cons. conc., déc. n° 96-D-51, 3 sept. 1996 : *BOCC* 1997, p. 3 ; *Contrats, conc. consom.* 1997, comm. 31, obs. L. Vogel ; rejet pourvoi par ▪ Cass. com., 25 janv. 2000 : *BOCC* 2000, p. 133). En l'espèce, l'exploitation d'une *hélistation ayant* été confiée à titre exclusif à une société de transports sanitaires, cette société a abusé de sa position dominante en imposant à une société concurrente de fourniture de transports héliportés une tarification injustifiée et discriminatoire pour l'accès à l'hélistation.

Constitue un trouble manifestement illicite le fait pour France Télécom d'utiliser sa liste d'abonnés au téléphone fixe pour diffuser une brochure publicitaire faisant la promotion d'un produit nouveau (téléphone mobile) car les concurrents n'ont pas accès à cette facilité essentielle que constitue le fichier des abonnés au service public de téléphonie (▪ Paris, 1er sept. 1998 : *Contrats, conc. consom.* 1998, comm. 163, obs. M. Malaurie-Vignal ; *LPA* 23 juin 1999, p. 18, obs. Arsac).

Constitue un abus de position dominante en raison d'une tarification excessive, à un prix sans rapport raisonnable avec le coût de la prestation fournie, la tarification des services offerts par France Télécom aux opérateurs de marketing pour la liste des abonnés au téléphone, sous forme de fichiers mis à disposition des entreprises pour leurs besoins de prospection commerciale, cette base étant essentielle pour des opérateurs exerçant une activité concurrente (▪ Cass. com., 4 déc. 2001 : *Bull. civ.* IV, n° 193 ; *Contrats, conc. consom.* 2002, comm. 46, obs. M. Malaurie-Vignal ; *RTD com.* 2002, 296, obs. E. Claudel ; rejet pourvoi contre ▪ Paris, 29 juin 1999 : *BOCC* 1999, p. 447 ; *LPA* 24 juill. 2000, p. 11, obs. N. Reboul ; annulation, sur un autre point, de ▪ Cons. conc., déc. n° 98-D-60, 29 sept. 1998 : *BOCC* 1999, p. 43 ; *D. affaires* 1999, p. 623, obs. A.M.).

Si l'État peut percevoir des droits privatifs à l'occasion de la communication des données publiques en vue de leur commercialisation, lorsque cette communication peut être regardée, au sens des lois sur la propriété littéraire et artistique, comme une œuvre de l'esprit, ces droits ne peuvent faire obstacle, par leur caractère excessif, à l'activité concurrentielle d'autres opérateurs économiques lorsque ces données constituent pour ces derniers une ressource essentielle pour élaborer un produit ou assurer une prestation qui diffèrent de ceux fournis par l'État ; dans un tel cas, la perception de droits privatifs excessifs constitue un abus de position dominante contraire aux dispositions de l'article L. 420-2 (▪ CE, 29 juill. 2002 : *Rec. CE*, p. 280 ; *JCP* E 2003, p. 149, note J.-M. Bruguière ; *AJDA* 2002, p. 1072, note S. Nicinski ; *Contrats, conc. consom.* 2003, comm. 39, obs. M. Malaurie-Vignal ; *RJEP* 2003, p. 16, concl. C. Maugüé ; *Dr. adm.* 2002, comm. 173, note M. Bazex et S. Blazy ; *RJDA* 12/2002, n° 1327). Voir aussi ▪ CE, 2 avr. 2003, n° 247769 : *JurisData* n° 2003-065578 ; *RJDA* 2003, n° 1022.

En refusant, pendant la période en cause, l'accès à son réseau demandé par une entreprise concurrente, France Télécom a abusé de sa position dominante sur la boucle locale et son prolongement, facilité essentielle, ce qui a eu pour objet et pour effet de maintenir artificiellement son quasi-monopole sur le marché amont du haut débit par l'ADSL, pratique illicite au regard des dispositions de l'article L. 420-2 (▪ Cons. conc., déc. n° 05-D-59, 7 nov. 2005 : *D.* 2005, p. 3012, obs. E. Chevrier ; *Contrats, conc. consom.* 2005, comm. 207, obs. M. Malaurie-Vignal ; *RD conc.* 2006, n° 1, p. 141, obs. C. Prieto ; *Rev. Lamy conc.* 2006, n° 428, obs. V. Selinsky ; conf. par ▪ Paris, 4 juill. 2006 : *Contrats, conc. consom.* 2006, comm. 204, obs. G. Decocq ; *RD conc.* 2006, n° 3, p. 140, obs.

V. Michel-Amsellem ; *Rev. Lamy conc.* 2006, n° 653, obs. C. Nourissat ; rejet pourvoi par ▪ Cass. com., 23 oct. 2007 : *D.* 2007, p. 3002, obs. E. Chevrier ; *Contrats, conc. consom.* 2007, comm. 308, obs. G. Decocq ; *RD conc.* 2008, n° 1, p. 121, obs. C. Prieto).

La SNCF a abusé de sa position dominante en imposant aux agences de voyages en ligne d'utiliser la licence Ravel pour accéder à la facilité essentielle Résarail (système informatisé de réservation de billets de train) et ce, à un coût particulièrement élevé, érigeant ainsi des barrières à l'entrée sur le marché français de la distribution de billets de train (▪ Cons. conc., déc. n° 09-D-06, 5 févr. 2009 : *Contrats, conc. consom.* 2009, comm. 77, obs. M. Bazex et comm. 109, obs. D. Bosco ; *RD conc.* 2009, n° 2, p. 106, obs. L. Nicolas-Vullierme ; *Rev. Lamy conc.* 2009, n° 1333, note F. Marty et J. Pillot ; déc. conf. par ▪ Paris, 23 févr. 2010 : *Contrats, conc. consom.* 2010, comm. 103, obs. G. Decocq ; *RD conc.* 2010, n° 2, p. 73, obs. L. Nicolas-Vullierme ; *Rev. Lamy conc.* 2010, n° 1581, obs. V. Selinsky et M. Dumarçay et n° 1659, obs. R. Christol ; rejet pourvoi par ▪ Cass. com., 16 avr. 2013 : *Contrats, conc. consom.* 2013, comm. 140, obs. G. Decocq ; *RJDA* 2013, n° 548) ; *Rapp.* pour des engagements pris par la SNCF ▪ Aut. conc., déc. n° 14-D-11, 2 oct. 2014 : *RD conc.* 2015, n° 1, p. 105, obs. A.-L. Sibony ; pour ceux pris par une plateforme de réservation en ligne de prestations hôtelières ▪ Aut. conc., déc. n° 15-D-06, 15 avr. 2015 : *RD conc.* 2015, n° 3, p. 83, obs. F. Marty ; *RDC* 2015, n° 4, p. 931, obs. M. Béhar-Touchais ; *adde* ▪ Aut. conc., Bilan de l'efficacité des engagements pris par Booking.com devant l'Autorité de la concurrence, 9 févr. 2017 : *Contrats, conc. consom.* 2017, comm. 82, D. Bosco – et pour ceux pris par des exploitants de parcs de pylônes nécessaires au développement de la téléphonie mobile : ▪ Aut. conc., déc. n° 15-D-09, 4 juin 2015 : *RD conc.* 2015, n° 3, p. 85, obs. A.-L. Sibony.

TDF, héritière d'un monopole légal et titulaire d'une convention d'occupation domaniale du site de la tour Eiffel utilisé pour la diffusion hertzienne, a été condamnée pour abus de position dominante pour avoir, d'abord, fourni tardivement et partiellement les informations techniques et tarifaires qui étaient nécessaires aux concurrents pour construire leur offre lors du renouvellement de la convention d'occupation domaniale, ensuite, pour s'être rendue coupable des mêmes faits sur le marché aval des services de diffusion radiophonique en ne proposant pas d'offre sur mesure suffisamment complète à un concurrent afin qu'il puisse à son tour construire son offre à destination des radios et, enfin, pour avoir mis en place une tarification anticoncurrentielle constitutive d'un ciseau tarifaire en ce que les offres d'hébergement proposées aux opérateurs alternatifs ne leur laissaient pas d'espace économique suffisant pour proposer des offres concurrençant celle de TDF (▪ Aut. conc., déc. n° 15-D-10, 11 juin 2015. – Conf. par ▪ Paris, 12 oct. 2017, n° 15/14038 : *Contrats, conc. consom.* 2018/1, comm. 12, note G. Decocq).

30) Infrastructure essentielle et passation d'une délégation de service public. Les faits reprochés s'inscrivaient dans le cadre du renouvellement de contrats d'affermage du service de distribution d'eau, venus à échéance dans trois communes, pour l'exécution desquels le gestionnaire du service public s'engageait à prendre en charge l'approvisionnement en eau potable. La Cour d'appel de Paris a commencé par constater que la société Lyonnaise des eaux contrôlait des installations de production, de distribution et de stockage qui lui assuraient de manière exclusive l'alimentation en eau potable des trois communes en cause sans laquelle la distribution de l'eau ne pouvait y être assurée. Elle en a déduit que les sociétés retenues pour participer à la mise en concurrence de la délégation dudit service public par les communes concernées, qui ne disposaient d'aucune ressource substituable à l'eau produite par la société Lyonnaise des eaux, devaient avoir accès à celle-ci à des conditions tarifaires objectives, transparentes et non discriminatoires leur permettant de concourir utilement aux marchés pour lesquels elles sont constituées. Elle en a conclu que, émanant de la société Lyonnaise des eaux, en position dominante et disposant des ressources essentielles, le refus de communiquer à ses concurrentes les conditions de vente du produit indispensable à l'accès au marché de la délégation du service public de la distribution de l'eau qu'elle est seule à détenir, tombant sous le coup de l'article L. 420-1, est manifestement illicite (▪ Paris, 29 juin 1998, n° 98/11955 : *JurisData* n° 1998-022259 ; *BOCC* 1998, p. 393 ; *LPA* 28 juin 1999, p. 13, obs. N. Reboul ; réformation de ▪ Cons. conc., déc. n° 98-MC-04, 12 mai 1998 : *BOCC* 1998, p. 356 ; rejet pourvoi par ▪ Cass. com., 3 mai 2000, n° 98-18.602 : *JurisData* n° 2000-001703 ; *Bull. civ.* IV, n° 92 ; *RJDA* 2000, n° 1173 ; *RJDA* 2000, n° 1173 ; *LPA* 16 nov. 2000, p. 7, obs. M. Malaurie-Vignal).

31) Offre indivisible. Lorsqu'une entreprise incontournable répond à un appel d'offres en déposant uniquement une offre indivisible, l'offre en cause constitue un levier lui permettant de remporter avec certitude le marché dans la mesure où la collectivité ne peut l'écarter au profit des offres concurrentes. À cet égard, cette offre a un objet anticoncurrentiel. Son effet anticoncurrentiel va plus loin qu'une simple incitation faite à la collectivité publique : une telle offre empêche toute comparaison des offres et un éventuel panachage entre des offres concurrentes (▪ Cons. conc., déc. n° 09-D-10, 27 févr. 2009 : *RD conc.* 2009, n° 2, p. 125, obs. A. Wachsmann ; *Rev. Lamy conc.* 2009, n° 1349, obs. S. Destours ; conf. par ■ Paris, 9 mars 2010 : *Contrats, conc. consom.* 2010, comm. 129, obs. G. Decocq ; *JCP* E 2010, 1386, obs. M. Bazex ; *RJDA* 2010, n° 786 et, p. 665, note C. Grynfogel ; *D.* 2010, p. 1920, note M. Malaurie-Vignal ; *RD conc.* 2010, n° 2, p. 81, obs. A. Wachsmann ; *Rev. Lamy conc.* 2010, n° 1647, obs. S. Destours et n° 1656, obs. Ch. Winckler ; rejet pourvoi par ■ Cass. com., 21 juin 2011 : *Contrats, conc. consom.* 2011, comm. 222, obs. G. Decocq ; *RJDA* 2012, n° 91 ; *Rev. Lamy conc.* 2011, n° 1933, obs. S. Destours). En l'espèce, il est établi que l'offre globale et indivisible déposée par la SNCM avait nécessairement pour conséquence d'évincer les concurrents dans la mesure où elle ne laissait à la collectivité publique pas d'autre choix que d'accepter cette offre dans sa globalité si elle souhaitait préserver la continuité de la desserte maritime entre Marseille et la Corse telle qu'elle était définie par le cahier des charges. En pratique, une telle offre a le même effet anticoncurrentiel qu'une offre couplée assortied'un avantage économique substantiel ayant pour objet et pour effet d'exclure automatiquement les offres des entreprises concurrentes (même déc.).

32) Prix prédateurs. *Définition.* La prédation peut être définie comme la pratique par laquelle une entreprise en position dominante fixe ses prix à un niveau tel qu'elle subit des pertes ou renonce à des profits à court terme dans le but d'évincer ou de discipliner un ou plusieurs concurrents, ou encore de rendre plus difficile l'entrée de futurs compétiteurs sur le marché, afin ultérieurement de remonter ses prix pour récupérer ses pertes. Elle se distingue donc d'une simple politique unilatérale de prix bas ou d'une situation de « guerre des prix » que l'on peut observer sur certains marchés, qui traduisent simplement un fonctionnement de la concurrence favorable aux consommateurs. Plus généralement, toute stratégie reposant sur l'acceptation temporaire de pertes n'est pas non plus nécessairement anticoncurrentielle, comme notamment lorsque les sacrifices financiers consentis par une entreprise sont nécessaires pour pouvoir pénétrer un nouveau marché, déclencher un abaissement des coûts de production par le biais d'un effet d'apprentissage, ou encore accroître sa base installée de clients pour engendrer un effet de réseau. Ce qui caractérise la prédation dans une pratique de prix bas proposés à l'ensemble ou à certains consommateurs du marché, c'est donc l'aspect volontaire des pertes, la stratégie d'éviction ou de discipline les concernant et l'objectif de récupération au détriment du consommateur. Comme pour tout abus allégué de position dominante, cet effet escompté d'éviction est central dans l'examen de la pratique : le sacrifice consenti n'a, en effet, de sens que si l'entreprise prédatrice considère qu'il est possible pour elle de récupérer à plus long terme, sur le marché dominé, les pertes ou les moindres profits subis, une fois que l'éviction recherchée aura produit son effet, c'est-à-dire la capacité à exploiter son pouvoir de marché grâce à une situation devenue plus favorable après la sortie de concurrents. C'est cette récupération – possible – des pertes après disparition ou affaiblissement des concurrents qui explique pourquoi les autorités de concurrence, dont le but est de protéger le bien-être du consommateur final, prohibent la prédation : si le consommateur bénéficie, à court terme, des prix prédateurs bas, il souffrira, ensuite, de prix plus élevés ou d'un choix moins large dans la période suivant la prédation (■ Cons. conc., déc. n° 07-D-09, 14 mars 2007 : *Contrats, conc. consom.* 2007, comm. 133, obs. G. Decocq ; *RJDA* 2007, n° 662 ; *RD conc.* 2007, n° 2, p. 110, note L. Flochel et A. Wachsmann ; *Rev. Lamy conc.* 2007, n° 817, note A.-L. Sibony ; réf. par ■ Paris, 8 avr. 2008 : *Contrats, conc. consom.* 2008, comm. 166, obs. D. Bosco ; *RJDA* 2008, n° 714. – Rejet pourvoi par ■ Cass. com., 17 mars 2009, n° 08-14.503 : *JurisData* n° 2009-047484 ; *D.* 2009, p. 867, obs. E. Chevrier ; *Contrats, conc. consom.* 2009, comm. 144, obs. D. Bosco ; *RJDA* 2009, n° 895 ; *RD conc.* 2009, n° 2, p. 117, obs. A. Wachsmann ; *Rev. Lamy conc.* 2009, n° 1404, obs. V. Selinsky. – *Adde* ■ Cons. conc., déc. n° 07-D-39, 23 nov. 2007 : *Contrats, conc. consom.* 2008, comm. 21, obs. D. Bosco ; *Rev. Lamy conc.* 2007, n° 974, obs. V. Selinsky. ■ Aut. conc., déc. n° 09-D-33, 10 nov. 2009 : *RD conc.* 2010, n° 1, p. 102, obs. F. Marty). – *Rappr.* ■ Cons. conc., déc. n° 94-D-30, 24 mai 1994 : *BOCC* 1994, p. 272 ; *Contrats, conc. consom.* 1994, comm. 166, obs. L. Vogel. ■ Cons. conc., déc. n° 96-D-67, 29 oct. 1996 : *BOCC* 1997, p. 134 ; *Contrats, conc. consom.* 1997, comm. 67, obs. L. Vogel. ■ Cons. conc., déc. n° 04-D-17, 11 mai 2004 : *BOCC* 2004, p. 568 ; *Contrats, conc. consom.* 2004, comm. 160, obs. M. Malaurie-Vignal.

En revanche, estimant que la possibilité de récupération des pertes n'est pas un préalable à la constatation d'une pratique de prix prédateurs, V. ■ TPICE, 30 janv. 2007, aff. T-340/03 : *Rec. CJCE* 2007, II, p. 107 ; *Europe* 2007, comm. 99, obs. L. Idot ; Contrats, conc. consom. 2007, comm. 74, obs. G. Decocq ; *Rev. Lamy conc.* 2007, n° 753, obs. V. Selinsky et n° 769, obs. S. Destours. – Conf. par ■ CJCE, 2 avr. 2009, aff. C-202/07 P : *Rec. CJCE* 2009, I, p. 2369 ; *Europe* 2009, comm. 242, obs. L. Idot ; *Contrats, conc. consom.* 2009, comm. 167, obs. Decocq ; *RJDA* 2009, n° 896 ; *RD conc.* 2009, n° 2, p. 112, obs. A.-L. Sibony.

33) Prix prédateurs. *Preuve.* Ainsi que cela résulte de la jurisprudence de la Cour de justice des communautés européennes (■ CJCE, 3 juill. 1991 : *Rec. CJCE* 1991, I, p. 3359), la preuve de la prédation peut être apportée selon la position des prix de vente par rapport à différents niveaux envisageables de coûts (coût variable moyen, coût total moyen et, coût incrémental), ce qui conduit à envisager différents cas de figure.

Coût variable moyen. L'objet anticoncurrentiel de la politique de prix est présumé si les prix de vente sur le marché où l'éviction des concurrents est recherchée sont inférieurs au coût moyen variable de l'entreprise en cause, sauf pour cette dernière à apporter une preuve contraire, compatible avec les faits de l'espèce et étayée par une explication convaincante de son comportement (▪ Cons. conc., déc. n° 07-D-09, 14 mars 2007 et ▪ Cons. conc., déc. n° 07-D-39, 23 nov. 2007 préc.).

Coût total moyen. Si les prix de vente en cause sont inférieurs aux coûts moyens totaux de l'entreprise mais supérieurs à ses coûts variables, la constatation constitue un simple indice que cette politique de prix a un objet anticoncurrentiel. La pratique de prédation n'est établie que si l'autorité de concurrence apporte la preuve que le comportement de l'entreprise adopté en matière de prix s'inscrit dans une stratégie de prédation, c'est-à-dire une stratégie visant le découragement des concurrents et la récupération ultérieure des pertes initialement subies. En effet, dans la mesure où une pratique de prédation engendre des pertes pour l'entreprise qui la met en œuvre, sa rationalité doit être recherchée avec soin par l'autorité de concurrence (▪ Cons. conc., déc. n° 07-D-09, 14 mars 2007 et ▪ Cons. conc., déc. n° 07-D-39, 23 nov. 2007 préc.).

Coût incrémental. La spécificité de certaines industries peut conduire les autorités de concurrence à utiliser un test de coût différent, plus adapté à la nature des activités économiques en cause ou des structures de marché : le coût incrémental. C'est la Commission européenne qui, la première, en a défini les contours. Ainsi, s'agissant d'un opérateur détenant un monopole lié à une mission de service public et diversifiant ses activités, elle a retenu que le caractère prédateur des prix pratiqués sur le marché concurrentiel devait être évalué en prenant comme référence les seuls coûts incrémentaux liés à l'activité concurrentielle, c'est-à-dire ceux qui ne seraient pas engagés par l'entreprise si elle n'exerçait pas cette activité. Les coûts communs à l'activité en monopole et qui, en tout état de cause, doivent être supportés pour la mission de service public, ne sont donc pas pris en compte. Il en résulte que les coûts incrémentaux sont, *en principe, supérieurs aux coûts variables, dans la* mesure où ils peuvent inclure des coûts fixes si ceux-ci ont été exclusivement engagés pour la fourniture de biens ou services sur le marché concurrentiel (Comm. ▪ CE, 20 mars 2001, n° 230462 : *JurisData* n° 2001-061940 ; *JOCE* n° L 125, 5 mai 2001 ; *Europe* 2001, comm. 228, obs. L. Idot). Le Conseil de la concurrence s'est également engagé dans cette voie dans un contexte voisin impliquant un opérateur public dont les coûts fixes étaient très importants et les coûts variables presque nuls. L'autorité de concurrence a alors considéré qu'il était justifié de comparer les prix non pas aux coûts variables mais aux coûts incrémentaux de long terme. En l'espèce, le Conseil a retenu que le coût pertinent pour comparer les prix de vente était le coût incrémental lié à l'activité de la compagnie de vedettes pendant la saison touristique, les coûts fixes liés aux investissements (achat d'une vedette rapide) étant le résultat d'une obligation de service public s'imposant à la compagnie été comme hiver (▪ Cons. conc., 23 déc. 2004, déc. n° 04-D-79 : *BOCC* 2005, p. 272 ; *JCP* A 2005, p. 346, note J.-L. Albert ; *AJDA* 2005, p. 470, obs. L. Richer ; *Dr. adm.* 2005, comm. 33, note M. Bazex et S. Blazy ; *Rev. Lamy conc.* 2005, n° 143, note S. Destours. – Conf. par ▪ Paris, 28 juin 2005 : *BOCC* 2005, p. 824 ; *AJDA* 2005, p. 1658, obs. N. Charbit ; *Dr. adm.* 2005, comm. 154, obs. M. Bazex et S. Blazy ; *Rev. Lamy conc.* 2005, n° 371, obs. S. Destours ; cass. par ▪ Cass. com., 17 juin 2008 : *Bull. civ.* IV, n° 122 ; *D.* 2008, p. 1281, obs. E. Chevrier ; *AJDA* 2008, p. 2314, obs. S. Nicinski ; *RJDA* 2008, n° 1187 ; *Contrats, conc. consom.* 2008, comm. 211, obs. G. Decocq ; *RD conc.* 2008, n° 3, p. 88, obs. C. Prieto ; *RD transp.* 2008, comm. 206, obs. L. Grard ; *Rev. Lamy conc.* 2008, n° 1217, obs. S. Destours ; sur renvoi, ▪ Paris, 9 juin 2009 : *RD conc.* 2009, n° 3, p. 88, note A.-L. Sibony ; *Rev. Lamy conc.* 2009, n° 1470, obs. S. Destours ; cass. par ▪ Cass. com., 13 juill. 2010 : *Bull. civ.* IV, n° 126 ; *D.* 2010, p. 1933, obs. E. Chevrier ; *Contrats, conc. consom.* 2010, comm. 227, obs. G. Decocq ; *RD conc.* 2010, n° 4, p. 126, obs. A.-L. Sibony ; *Rev. Lamy conc.* 2010, n° 1682, obs. S. Destours ; sur renvoi ▪ Paris, 20 déc. 2012 : *Contrats, conc. consom.* 2013, comm. 60, obs. G. Decocq ; *Rev. Lamy conc.* 2013/35, n° 2284, obs. S. Destours ; puis ▪ Aut. conc., déc. n° 18-D-07, 31 mai 2018 : *Concurrences* 2018/3, p. 105, obs. F. Marty, décidant d'un non-lieu). V. aussi Ch. Barthélémy, *Coûts incrémentaux et subventions croisées : une méthode d'analyse qui participe du rééquilibrage entre la libre concurrence et le service public : RJEP* 2005, p. 225. – A. Mazières, *Concurrence et services publics : détermination des coûts pertinents : AJDA* 2005, p. 1334.

L'article 82 CE (devenu 102 TFUE) doit être interprété en ce sens qu'une politique de prix bas appliqués à l'égard de certains anciens clients importants d'un concurrent par une entreprise occupant une position dominante ne peut être considérée comme constitutive d'une pratique d'éviction abusive au seul motif que le prix appliqué par cette entreprise à l'un de ces clients se situe à un niveau inférieur aux coûts totaux moyens imputés à l'activité concernée, mais supérieur aux coûts incrémentaux moyens afférents à celle-ci. Afin d'apprécier l'existence d'effets anticoncurrentiels dans de telles circonstances, il y a lieu d'examiner si cette politique de prix, sans justification objective, a pour résultat l'éviction effective ou probable de ce concurrent, au détriment du jeu de la concurrence et, de ce fait, des intérêts des consommateurs (▪ CJUE, 27 mars 2012, aff. C-209/10 : *Europe* 2012, comm. 196, obs. L. Idot ; *Contrats, conc. consom.* 2012, comm. 154, obs. G. Decocq).

La SNCF a abusé de la position dominante qu'elle détient sur le marché du transport ferroviaire par train massif en mettant en œuvre une politique tarifaire tendant à évincer ses concurrents aussi efficaces, dès lors qu'elle pratiquait des prix inférieurs à ses coûts moyens incrémentaux de long terme (▪ Aut. conc., déc. n° 12-D-25, 18 déc. 2012 : *Contrats, conc. consom.* 2013, comm. 59, obs. D. Bosco ; *Rev. Lamy conc.* 2013/35, n° 2258, obs. V. Selinsky ; partiellement réformé par ▪ Paris, 6 nov. 2014 : *RD conc.* 2015, n° 1, p. 97, obs. A.-L. Sibony ; cass. partielle, ▪ Cass. com., 22 nov. 2016, n° 14-28.224 : *Contrats, conc. consom.* 2017, comm. 16, obs. G. Decocq. – Et sur renvoi ▪ Paris, 20 déc. 2018, n° 17/01304 : *Contrats, conc. consom.* 2019, comm. 49, obs. G. Decocq).

34) Publicité illicite. Pour décider qu'aucun abus de position dominante ne pouvait être retenu à l'encontre de l'INC, l'arrêt retient que la publicité illicite effectuée à la télévision par l'INC s'avère dépourvue d'effet anti-concurrentiel ; en statuant ainsi, après avoir relevé que l'INC ne peut sérieusement soutenir qu'il n'y a pas de corrélation entre la publicité faite par lui et le volume des ventes de ses magazines tandis que son directeur a expressément admis que dès lors que cette pratique a cessé, les ventes ont nettement chuté et après avoir indiqué que le succès des achats de ses magazines en kiosque était lié à la publicité quasi quotidienne réalisée par le biais des émissions télévisées, ce dont il ressortait que la place acquise par l'INC sur le marché considéré n'était pas due à ses seuls mérites mais tenait à la pratique dénoncée laquelle avait effectivement faussé l'exercice de la concurrence, la cour d'appel n'a pas tiré les conséquences légales de ses propres constatations (▪ Cass. com., 23 avr. 2003 : *BOCC* 11 août 2003 ; *Contrats, conc. consom.* 2003, comm. 156, obs. M. Malaurie-Vignal ; cassation de ▪ Paris, 15 mai 2001 : *BOCC* 2002, p. 382 ; réformation de ▪ Cons. conc., déc. n° 00-D-54, 28 nov. 2001 : *BOCC* 2001, p. 40).

35) Refus de communiquer ses conditions de vente. Le refus de communiquer les conditions de vente d'un produit de la part d'une entreprise détenant une position dominante à ses concurrents, dès lors que cette communication est indispensable à leur accès au marché, constitue un abus de position dominante (▪ Paris, 29 juin 1998 : *BOCC* 1998, p. 393 ; *LPA* 28 juin 1999, p. 13, obs. N. Reboul ; rejet pourvoi par ▪ Cass. com., 3 mai 2000 : *Bull. civ.* IV, n° 92 ; *RJDA* 2000, n° 1173 ; *LPA* 16 nov. 2000, p. 7, obs. M. Malaurie-Vignal).

36) Refus de publication. Le refus, de la part d'une entreprise détenant une position dominante sur le marché de la presse spécialisée dans l'information portant sur la détection de métaux et de trésors, de publier une annonce publicitaire d'une entreprise concurrente, en ce qu'elle peut avoir pour objet ou pour effet de restreindre le jeu de la concurrence sur le marché des détecteurs de métaux, constitue l'abus de cette position au sens de l'article L. 420-1 (▪ Paris, 23 janv. 1998, n° 97/12943 : *JurisData* n° 1998-020056 ; *BOCC* 1998, p. 52. – Conf. de ▪ Cons. conc., déc. n° 97-D-21, 25 mars 1997 : *BOCC* 1997, p. 461).

37) Remises de couplage. Le couplage consiste à conditionner un avantage tarifaire à l'achat de deux produits ou de deux prestations de services. L'offre porte alors sur deux produits ou deux services pour lesquels une remise importante est accordée afin de vendre l'ensemble. Aussi, entrent dans les prévisions de l'article L. 420-2 les rabais de couplage, lorsqu'une telle remise opère entre un marché amont sur lequel l'entreprise couplante est en monopole et un marché aval ouvert à la concurrence, dont le produit offert sur le marché amont est un entrant obligé, et que cette pratique a un effet ou un objet anticoncurrentiel (▪ Paris, 26 sept. 2006, n° 2005/23649 : *JurisData* n° 2006-312316 ; *D.* 2006, p. 2460, obs. E. Chevrier ; *Rev. Lamy conc.* 2006, n° 685, obs. V. Selinsky. – Conf. de ▪ Cons. conc., déc. n° 05-D-58, 3 nov. 2005 : *BOCC* 14 mars 2006 ; *Rev. Lamy dr. civ.* 2006, n° 1, 143, obs. D. Spector ; *Rev. Lamy conc.* 2006, n° 429, obs. V. Selinsky). – V. aussi ▪ Cons. conc., déc. n° 99-D-14, 23 févr. 1999 : *BOCC* 1999, p. 389. ▪ Cons. conc., déc. n° 04-D-22, 21 juin 2004 : *BOCC* 2004, p. 673 ; *Contrats, conc. consom.* 2004, comm. 139, obs. M. Malaurie-Vignal ; *Rev. Lamy conc.* 2005, n° 31, obs. V. Selinsky. ▪ Cons. conc., déc. n° 04-D-56, 15 nov. 2004 : *BOCC* 2005, p. 199 ; Rev. Lamy conc. 2005, n° 116, note D. Brault. ▪ Cons. conc., déc. n° 05-D-13, 18 mars 2005 : *BOCC* 2005, p. 772 ; *Rev. Lamy conc.* 2005, n° 203, obs. V. Selinsky.

38) Remises de fidélité. Le fait pour une entreprise détenant une position dominante sur un marché d'offrir une prime de fidélité à ceux de ses clients qui pourraient être tentés de devenir également clients d'une entreprise concurrente plutôt que de jouer le jeu d'une concurrence par les mérites en abaissant sans discrimination son tarif unitaire de vente ou en améliorant la qualité de ses produits pour les rendre plus compétitifs constitue une pratique prohibée par l'article L. 420-2 (■ Cons. conc., déc. n° 96-D-10, 20 févr. 1996 : *BOCC* 1996, p. 147. – Conf. partiellement par ■ Paris, 18 févr. 1997, n° 96/8306 : *JurisData* n° 1997-020325 ; *BOCC* 1997, p. 185 ; rejet pourvoi, sur ce point, par ■ Cass. com., 6 avr. 1999, n° 97-12.776 : *JurisData* n° 1999-001493 ; *Bull. civ.* IV, n° 79 ; *Contrats, conc. consom.* 1999, comm. 113, obs. M. Malaurie-Vignal ; *JCP* E 1999, pan. 986 ; *LPA* 25 nov. 1999, p. 16, obs. Arsac ; *RJDA* 1999, n° 731 et n° 1015). *Adde* pour des remises fidélisantes ayant pour effet un verrouillage du marché des services mobiles ■ Aut. conc., déc. n° 15-D-20, 17 déc. 2015 : *RD conc.* 2016, n° 2, p. 106, obs. F. Marty.

La pratique qui consiste pour une entreprise, détenant une position dominante sur un marché, à offrir une prime de fidélité à ceux de ses clients qui pouvaient être tentés de devenir également clients d'entreprises concurrentes sur un autre marché, est prohibée (■ Cons. conc., déc. n° 96-D-12, 5 mars 1996 : *BOCC* 1996, p. 320 ; conf. par ■ Paris, 6 mai 1997 : *LPA* 11 mars 1998, obs. P. Arhel ; rejet pourvoi par ■ Cass. com., 15 juin 1999 : *Bull. civ.* IV, n° 128 ; *LPA* 10 avr. 2000, p. 32, obs. N. Reboul ; *RJDA* 1999, n° 1013 ; *RTD com.* 2000, 242, obs. S. Poillot-Peruzetto). – Rappr. ■ Cass. com., 28 juin 2005, n° 04-13.910 : *JurisData* n° 2005-029184 ; *RJDA* 2006, n° 201 ; *JCP* E 2005, pan. 1374. – Voir aussi ■ Cons. conc., déc. n° 01-D-23, 10 mai 2001 : *BOCC* 24 mai 2001, p. 499, rappelant que la pratique consistant pour un opérateur qui détient, du fait de l'exploitation exclusive d'un brevet, un monopole sur un marché, de mettre en place, à l'arrivée d'un concurrent sur le marché, des remises de fidélité pour dissuader les acheteurs de s'adresser à ce concurrent, est une pratique qui vise à empêcher la diversification et la fluidité du marché et qui revêt, en conséquence, un caractère de gravité certain. En l'espèce, constitue un abus de position dominante le fait pour un laboratoire pharmaceutique d'accorder à une centrale d'achat, sur le prix de vente d'un principe actif, une remise croissant en fonction du pourcentage d'augmentation de la commande globale de ce principe actif par l'ensemble des adhérents et de proposer à ceux-ci une prime de fidélité calculée sur le chiffre d'affaires annuel réalisé sur l'ensemble de la gamme des produits vendus par le laboratoire pharmaceutique.

Le système d'attribution de primes mis en place *par la société Coca-Cola, non prévues au tarif général adressé à tous les* entrepositaires-grossistes, s'apparente aux remises dites de « fidélité », calculées non exclusivement en fonction des quantités *fixées objectivement* et valables pour tous les entrepositaires-grossistes. Ces accords, en donnant un avantage financier substantiel aux négociants qui s'engageaient à ne pas commercialiser au-delà du seuil de 15 % les produits du seul concurrent de Coca-Cola, revêtent le caractère d'une pratique ayant pour objet et pouvant avoir effet de dissuader les débitants de boissons qui auraient cherché à diversifier leur approvisionnement (■ Cons. conc., n° 96-D-67, 29 oct. 1996 : *BOCC* 1997, p. 134 ; *Contrats, conc. consom.* 1997, comm. 67, obs. L. Vogel).

Lorsque les seuils de déclenchement des différentes tranches de rabais, liés aux taux pratiqués, conduisent à réserver le bénéfice de rabais ou de rabais supplémentaires, à certains partenaires commerciaux tout en leur donnant un avantage économique non justifié par le volume d'activité qu'ils apportent et par les éventuelles économies d'échelle qu'ils permettent au fournisseur de réaliser par rapport à leurs concurrents, un système de rabais de quantité entraîne l'application de conditions inégales à des prestations équivalentes ; peuvent constituer, à défaut de justifications objectives, des indices d'un tel traitement discriminatoire, un seuil de déclenchement du système élevé, ne pouvant concerner que quelques partenaires particulièrement importants de l'entreprise en position dominante, ou l'absence de linéarité de l'augmentation des taux de rabais avec les quantités (■ CJCE, 29 mars 2001, aff. C-163/99 : *Rec. CJCE* 2001, I, p. 2613). *Rappr.* ■ Cons. conc., déc. n° 03-D-09, 14 févr. 2003 : *BOCC* 2003, p. 346 ; *RJDA* 2003, n° 546, considérant que la mise en place d'un barème de remises par une entreprise en position dominante est licite à la condition que ce barème s'appuie sur des caractéristiques transparentes, objectives et non discriminatoires et, en l'espèce, que se rend coupable la société qui applique une grille de rabais calculée de telle sorte que seule la plus grosse société puisse bénéficier de la remise maximale qui est égale au double de celle que peuvent espérer tous ses concurrents.

Constituent un abus de position dominante de la part d'un fournisseur des accords de coopération prévoyant l'octroi de remises globales sur le chiffre d'affaires facturé en contrepartie du référencement d'une gamme de ses produits d'une étendue telle qu'elle conduit à saturer le plan d'assortiment (linéaires) des distributeurs (■ Cons. conc., déc. n° 04-D-13, 8 avr. 2004 : *Contrats, conc. consom.* 2004, comm. 95, obs. M. Malaurie-Vignal ; *RJDA* 2004, n° 1052 ; *JCP* E 2004, 1195, note P. Arhel ; *Rev. Lamy conc.* 2005, n° 15, obs. J. Peyre. – Conf. par ■ Paris, 9 nov. 2004. – Rejet pourvoi par ■ Cass. com., 6 déc. 2005 : Bull. civ. IV, n° 240 ; *Contrats, conc. consom.* 2006, comm. 47, obs. M. Malaurie-Vignal ; *JCP* E 2006, 1608, note Reifegerste ; *D.* 2006, p. 64, obs. E. Chevrier et p. 514, obs. D. Ferrier ; *RJDA* 2006, n° 591 ; *RTD com.* 2006, 577, obs. E. Claudel).

Le seul fait qu'une entreprise soit en position dominante ne lui interdit pas, par principe, le recours à des remises purement quantitatives (■ Paris, 4 avr. 2006, n° 2005/14057 : *JurisData* n° 2006-298980 ; *RJDA* 2006, n° 837 ; *Rev. Lamy conc.* 2006, n° 546, note A. Winckler et S. Genevaz ; réf. de ■ Cons. conc., déc. n° 05-D-32, 22 juin 2005 : *BOCC* 2006, p. 235 ; *RJDA* 2005, n° 1287 ; *Rev. Lamy conc.* 2005, n° 272, obs. P. Arhel). En l'espèce, des remises calculées sur l'année en fonction du chiffre d'affaires réalisé et des remises récompensant le taux de progression par rapport à l'année précédente, calculé également en fonction du chiffre d'affaires réalisé consenties aux centrales d'achat, dès lors que l'effet de forclusion de ces remises, dont il n'a pas été constaté qu'elles n'aient pas été accordées par les autres fabricants de produits haut de gamme, ni qu'elles aient conduit les détaillants à se détourner de ces derniers, alors qu'il est constant que le marché connaissait, à l'époque considérée, un développement significatif, ne résulte d'aucun élément du dossier et ne saurait se déduire du seul fait qu'elles ont accompagné d'autres pratiques restrictives de concurrence.

Pour déterminer l'éventuel caractère abusif d'un système de rabais quantitatifs, il y a lieu d'apprécier l'ensemble des circonstances, et notamment les critères et les modalités d'octroi des rabais, et d'examiner si les rabais tendent, par un avantage qui ne repose sur aucune prestation économique qui le justifie, à enlever à l'acheteur, ou à restreindre dans son chef, la possibilité de choix en ce qui concerne ses sources d'approvisionnement, à barrer l'accès du marché aux concurrents, à appliquer à des partenaires commerciaux des conditions inégales à des prestations équivalentes ou à renforcer la position dominante par une concurrence faussée (■ Aut. conc., déc. n° 13-D-21, 18 déc. 2013 : *Dalloz Act.* 15 janv. 2014, obs. E. Chevrier ; *Rev. Lamy conc.* 2014/39, n° 2059, obs. P. Arhel ; recours rejeté par ■ Paris, 26 mars 2015 : *RD conc.* 2015, n° 3, p. 67, obs. E. T. ; pourvoi rejeté ■ Cass. com., 11 janv. 2017, n° 15-17.134 : *Concurrences* 2017/2, p. 90, note A.-S. Choné-Grimaldi).

Adde. Position de la CJUE qui, revenant sur les *principes classiques posés* par l'arrêt Hoffmann-La Roche (■ CJCE, 13 févr. 1979, 85/76) estime aujourd'hui que les rabais de fidélité ne sont interdits par l'article 102 TFUE que s'ils ont la capacité de restreindre la concurrence, la Commission devant analyser, si l'entreprise conteste en cours de procédure la capacité d'éviction de ses rabais, l'importance de la position dominante de l'entreprise sur le marché pertinent, le taux de couverture du marché par la pratique contestée, les conditions et les modalités d'octroi des rabais en cause, leur durée et leur montant ainsi que l'existence éventuelle d'une stratégie visant à évincer les concurrents au moins aussi efficaces (■ CJUE, 6 sept. 2017, aff. C-413/14 : *Contrats, conc. consom.* 2017/11, comm. 227, note D. Bosco ; *Concurrences* 2017/4, p. 90, note A.-L. Sibony ; *Lettre distrib.* 2017/10, p. 2, obs. N. Eréséo).

Pour une application, dans le secteur de la distribution de la presse, de l'interdiction des pratiques fidélisantes des entreprises en position dominante, lorsque ces pratiques sont susceptibles de produire un effet d'exclusion, V. ■ Cons. conc., déc. n° 09-D-04, 27 janv. 2009 : *RD conc.* 2009, n° 2, p. 120, obs. A. Wachsmann ; *Rev. Lamy conc.* 2009, n° 1336, obs. P. Arhel.

Comp. avec un système de ristournes constitutif d'un abus de position dominante et de dépendance économique au motif que les ristournes accordées favorisaient certains opérateurs « s'engageant à augmenter leur volume » d'achat alors que des opérateurs réalisant déjà un certain volume supérieur en était exclus, V. ■ Paris, 22 oct. 2015, n° 14/03665 : *RD conc.* 2016, n° 1, p. 99 obs. F. Marty ; *Contrats, conc. consom.* 2015, comm. 14, obs. D. Bosco.

39) Rétention d'informations. Caractérise l'exploitation abusive d'une position dominante le fait pour France Télécom de réserver en partie à une entreprise publique, pour l'édition des annuaires professionnels, l'information concernant les abonnés obtenue dans l'exercice de ses missions relatives au service public des télécommunications, alors qu'une telle prérogative lui confère le monopole de l'édition des annuaires professionnels comprenant la liste exhaustive des abonnés au téléphone, en privant tout éditeur concurrent des informations relatives à ceux inscrits sur la liste orange (■ Paris, 7 févr. 1994, n° 93-8769 : *JurisData* n° 1994-020312 ; *D.* 1994, somm. 291, obs. H. Maisl ; *JCP G* 1995, II, 22403, note J. Frayssinet ; rejet pourvoi par ■ Cass. com., 6 mai 1996, n° 94-13.347 : *JurisData* n° 1996-001766 ; *Bull. civ.*, IV, n° 125 ; *RJDA* 1996, n° 938).

Le verrouillage, par une entreprise en position dominante, de l'accès à des fonctions essentielles des appareils qu'elle fabrique, sans nécessité objective, au risque d'éliminer toute concurrence dans la maintenance ou la réparation de ces appareils, peut constituer un abus prohibé par l'article L. 420-2 (■ Cons. conc., déc. n° 06-D-35, 21 nov. 2006 : *BOCC* 2007, p. 511 ; *Contrats, conc. consom.* 2007, comm. 25, obs. G. Decocq ; *RD conc.* 2007, n° 1, p. 95, obs. C. Prieto).

Comp. Discrimination dans l'accès à une « information cruciale » : ■ Aut. conc., déc. n° 15-D-20, 17 déc. 2015 : *RD conc.* 2016, n° 2, p. 106, obs. F. Marty.

40) Riposte abusive. La société Éditions Philippe Amaury (EPA) a mis en œuvre sur le marché du lectorat de la presse quotidienne nationale d'information sportive, un abus de position dominante consistant à lancer un quotidien à bas prix à vocation éphémère, *Aujourd'hui Sport*, concomitamment à l'entrée sur le marché du quotidien à bas prix *Le 10Sport.com*, dans le seul but de contraindre celui-ci à sortir du marché. Ce faisant, la société EPA a méconnu les dispositions des articles L. 420-2 du Code de commerce et 102 du TFUE (▪ Aut. conc., déc. n° 14-D-02, 20 févr. 2014 : *Dalloz Act.* 6 mars 2014, obs. E. Chevrier ; *Contrats, conc. consom.* 2014, comm. 95, obs. D. Bosco ; *Rev. Lamy conc.* 2014/39, n° 2509, obs. V. Selinsky ; *RD conc.* 2014, n° 2, p. 96, obs. A.-L. Sibony et A. Washman, confirmé par ▪ Paris, 25 mai 2015 : *Contrats, conc. consom.* 2015, comm. 179, obs. G. Decocq ; *RD conc.* 2015, n° 3, p. 86, obs. A.-L. Sibony et A. Washman, pourvoi rejeté par ▪ Cass. com., 1er mars 2017, n° 15-19.068).

41) Subventions croisées. *Licéité de principe.* Il est licite, pour une entreprise publique qui dispose d'une position dominante sur un marché en vertu d'un monopole légal, d'entrer sur un ou des marchés relevant de secteurs concurrentiels, à condition qu'elle n'abuse pas de sa position dominante pour restreindre ou tenter de restreindre l'accès au marché pour ses concurrents en recourant à des moyens autres que ceux qui relèvent d'une concurrence par les mérites ; ainsi, une entreprise publique disposant d'un monopole légal, qui utilise les ressources de son activité monopolistique pour subventionner une nouvelle activité, ne méconnaît pas, de ce seul fait, les dispositions de l'article L. 420-2 (▪ Cons. conc., déc. n° 00-D-47, 22 nov. 2000 : *BOCC* 2000, p. 822. ▪ Cons. conc., déc. n° 00-D-50, 5 mars 2001 : *BOCC* 2001, p. 343. – Conf. par ▪ Paris, 20 nov. 2001 : *BOCC* 2002, p. 98 ; rejet pourvoi par ▪ Cass. com., 10 déc. 2003 : *BOCC* 2004, p. 298 ; *Contrats, conc. consom.* 2004, comm. 58, obs. M. Malaurie-Vignal. ▪ Cons. conc., déc. n° 00-D-57, 6 déc. 2000 : *BOCC* 2001, p. 117. ▪ Cons. conc., déc. n° 02-D-34, 11 juin 2002 : *BOCC* 2002, p. 648. ▪ Cons. conc., déc. n° 02-D-63, 8 oct. 2002 : *Contrats, conc. consom.* 2003, comm. 40, obs. M. Malaurie-Vignal. ▪ Cons. conc., déc. n° 03-D-44, 17 sept. 2003 : *BOCC* 2003, p. 967. ▪ Cons. conc., déc. n° 05-D-53, 6 oct. 2005 : *BOCC* 2006, p. 376 ; *Rev. Lamy conc.* 2006, p. 48. ▪ Cons. conc., déc. n° 05-D-54, 6 oct. 2005 : *BOCC* 2006, p. 380 ; *Rev. Lamy conc.* 2006, p. 48. ▪ Cons. conc., déc. n° 05-D-63, 17 nov. 2005 : *BOCC* 2006, p. 492 ; *Rev. Lamy conc.* 2006, n° 430, note V. Selinsky. ▪ Aut. conc., déc. n° 17-D-08, 1er juin 2017 : *Concurrences* 2017/3, p. 77, note A.-L. Sibony). *Rappr.* ▪ TPICE, 20 mars 2002, n° T-175/99 : *Europe* 2002, comm. 187, obs. L. Idot ; *Contrats, conc. consom.* 2002, comm. 98, obs. S. Poillot-Peruzzetto.

42) Subventions croisées. *Encadrement.* Toutefois, est susceptible de constituer un abus, le fait, pour une entreprise disposant d'un monopole légal, c'est-à-dire d'un monopole dont l'acquisition n'a supposé aucune dépense et est insusceptible d'être contesté, d'utiliser tout ou partie de l'excédent de ressources que lui procure son activité sous monopole pour subventionner une offre présentée sur un marché concurrentiel lorsque la subvention est utilisée pour pratiquer des prix prédateurs ou lorsqu'elle a conditionné une pratique commerciale, qui sans être prédatrice, a entraîné une perturbation durable du marché qui n'aurait pas eu lieu sans elle (▪ Cons. conc., déc. n° 00-D-47, 22 nov. 2000, préc. ▪ Cons. conc., déc. n° 00-D-50, 5 mars 2001, préc. ▪ Cons. conc., déc. n° 02-D-34, 11 juin 2002, préc. ▪ Cons. conc., déc. n° 02-D-63, 8 oct. 2002, préc. ▪ Cons. conc., déc. n° 03-D-44, 17 sept. 2003, préc. ▪ Cons. conc., déc. n° 05-D-53, 6 oct. 2005, préc. ▪ Cons. conc., déc. n° 05-D-54, 6 oct. 2005, préc. ▪ Cons. conc., déc. n° 05-D-63, 17 nov. 2005, préc.). Ainsi, la mise à disposition de moyens tirés d'une activité réalisée sous monopole légal pour le développement d'activités relevant du champ concurrentiel est susceptible d'être qualifiée au regard de l'article L. 420-2 si deux conditions cumulatives sont réunies : il faut, en premier lieu, que la mise à disposition de moyens puisse être qualifiée de « subvention », c'est-à-dire qu'elle ne donne pas lieu, de la part de l'activité qui en bénéficie, à des contreparties financières reflétant la réalité des coûts ; il faut, en second lieu, que l'appui ainsi apporté présente un caractère anormal (▪ Cons. conc., déc. n° 00-D-57, 6 déc. 2000, préc. ▪ Cons. conc., déc. n° 02-D-63, 8 oct. 2002, préc. ▪ Cons. conc., déc. n° 05-D-53, 6 oct. 2005, préc. ▪ Cons. conc., déc. n° 05-D-63, 17 nov. 2005, préc.).

C'est dans ce cadre qu'il a été établi que la Française des jeux avait enfreint les dispositions de l'article L. 420-2 : utilisant les ressources tirées du monopole des jeux, la Française des jeux a consenti à sa filiale une subvention, qui a permis à cette dernière de pratiquer, sur le marché concurrentiel de la maintenance informatique, des prix inférieurs à ses coûts variables, pratique qui a eu pour effet de lui permettre de remporter dix-sept contrats de maintenance que des concurrents auraient remportés si cette pratique de prix n'avait pas eu lieu (▪ Cons. conc., déc. n° 00-D-50, 5 mars 2001, préc.).

En ce sens que des perspectives de rentabilité établies à douze ans seulement ne constituent pas nécessairement un indice de prédation, V. ▪ Aut. conc., déc. n° 17-D-08, 1er juin 2017 : *Concurrences* 2017/3, p. 77, note A.-L. Sibony).

2° *Abus dans les relations verticales*

43) Conditions de vente discriminatoires. Des pratiques de discrimination et de favoritisme, lorsqu'elles sont le fait d'une entreprise en position dominante, sont susceptibles d'être contraires à l'article L. 420-2 du Code de commerce et à l'article 102 du TFUE (▪ Aut. conc., déc. n° 13-D-04, 14 févr. 2013 : *Contrats, conc. consom.* 2013, chron. 2, n° 3, obs. L. Ayache).

La discrimination peut d'abord consister à renforcer de manière artificielle l'entreprise qui la met en œuvre dans la compétition qu'elle livre sur le marché dominé ou sur un autre marché. Un comportement de ce type relève de la catégorie des abus dits d'éviction, en ce qu'il découle en général de la stratégie d'une entreprise tendant à tirer parti du pouvoir qu'elle détient sur un marché pour affaiblir, discipliner, voire évincer un ou plusieurs de ses concurrents. La discrimination peut aussi porter atteinte au jeu concurrentiel sans que l'entreprise la mettant en œuvre ne soit directement partie prenante sur le marché affecté. Ce type de comportement relève de la catégorie des abus dits d'exploitation, en ce qu'il procède de la mobilisation d'un pouvoir de marché d'une manière tendant à porter atteinte au bon fonctionnement des marchés, au-delà du seul intérêt de l'entreprise en cause (▪ Aut. conc., déc. n° 13-D-07, 28 févr. 2013 : *Rev. Lamy conc.* 2013/36, n° 2364, obs. E. Barbier de la Serre ; confirmé par ▪ Paris, 24 juin 2014, n° 2013/06758 : *RD conc.* 2014, n° 4, p. 143, obs. A. Washman).

Ayant relevé que les conditions tarifaires privilégiées consenties à sa filiale par la société TF1 n'ont pas bénéficié aux éditeurs de vidéogrammes extérieurs au groupe et constituent des conditions de vente discriminatoires de nature à fausser artificiellement la concurrence en favorisant la filiale de la société TF1, la cour d'appel, qui a relevé que la société TF1 faisait vainement valoir que les conditions tarifaires consenties à sa filiale faisaient l'objet de contreparties réelles dont elle a écarté l'existence, et qui a estimé que cette pratique avait pu avoir pour effet de limiter l'accès au marché en cause d'entreprises concurrentes, a légalement justifié sa décision (▪ Cass. com., 26 nov. 2003 : *Bull. civ.* IV, n° 178 ; *RJDA* 2004, n° 907 ; rejet pourvoi contre ▪ Paris, 21 nov. 2000, n° 2000/06426 : *JurisData* n° 2000-132566 ; *BOCC* 2000, p. 813. – Conf. de ▪ Cons. conc., déc. n° 99-D-85, 22 déc. 1999 : *BOCC* 2000, p. 210).

Rappr. ▪ Cons. conc., déc. n° 09-D-06, 5 févr. 2009 : *Contrats, conc. consom.* 2009, comm. 77, obs. M. Bazex et comm. 109, obs. D. Bosco ; *RD conc.* 2009, n° 2, p. 106, obs. L. Nicolas-Vullierme ; *Rev. Lamy conc.* 2009, comm. 1333, note F. Marty et J. Pillot ; déc. conf. par ▪ Paris, 23 févr. 2010 : *Contrats, conc. consom.* 2010, comm. 103, obs. G. Decocq ; *RD conc.* 2010, n° 2, p. 73, obs. L. Nicolas-Vullierme ; *Rev. Lamy conc.* 2010, n° 1581, obs. V. Selinsky et M. Dumarçay et n° 1659, obs. R. Christol ; rejet pourvoi par ▪ Cass. com., 16 avr. 2013 : *Contrats, conc. consom.* 2013, comm. 140, obs. G. Decocq ; *RJDA* 2013, n° 548.

L'Autorité de la concurrence considère que les règles de fonctionnement du service « Google Ads » régissant les relations entre Google et les annonceurs de publicité ne sont pas définies et appliquées de manière objective, transparente et non discriminatoire de sorte que les annonceurs sont placés en situation d'incertitude. Une sanction de 150 000 millions d'euros pour abus de position dominante a ainsi été infligée (▪ Aut. conc., déc. n° 19-D-26, 19 déc. 2019 : *Contrats, conc. consom.* 2020/3, comm. 46, note D. Bosco).

44) Prix imposés ou excessifs. Un fabricant de jouets a mis en place un dispositif tendant à contraindre explicitement ou implicitement ses distributeurs à se conformer à sa politique de prix en prévoyant dans ses conditions de vente et ses contrats de coopération commerciale, sous peine de suppression de remise complémentaire, l'interdiction, pour ses distributeurs, non seulement de tenir compte des remises et des ristournes auxquelles ils peuvent prétendre dans l'établissement de leur prix de vente, mais aussi de rétrocéder les marchandises aux autres distributeurs du réseau (▪ Cons. conc., déc. n° 99-D-45, 30 juin 1999 : *BOCC* 1999, p. 688). Pour un fabricant d'articles de sport condamné pour abus de position dominante après avoir diffusé très largement les prix de revente souhaités et avoir surveillé et sanctionné les distributeurs qui ne les respectaient pas, V. ▪ Aut. conc., déc. 17-D-02, 1er févr. 2017.

Le seul fait pour un opérateur occupant une position dominante sur un marché de relever ses tarifs est insuffisant pour caractériser une violation des dispositions de l'article L. 420-2 (▪ Paris, 3 oct. 2000, n° 1999/24852 : *JurisData* n° 2000-124452 ; *BOCC* 2000,p. 703 ; *LPA* 3 avr. 2001, p. 12 et 14, obs. M. Malaurie-Vignal ; *Comm. com. électr.* 2001, comm. 9, obs. G. Decocq ; rejet pourvoi par ▪ Cass. com., 24 sept. 2002, n° 99-14.446 : *BOCC* 2002, p. 1054). En l'espèce, la modulation du tarif d'abonnement des fournisseurs de services exploitant des codes minitel ne suffit pas à établir la position dominante.

La pratique de prix excessifs peut caractériser un abus de position dominante lorsqu'il existe une disproportion manifeste entre le prix et la valeur du service correspondant ou lorsqu'une telle anomalie apparaît à la suite d'une comparaison effectuée sur une base homogène dans le cadre d'une analyse des composants du prix pratiqué ou lorsque des paiements sont exigés alors même qu'il n'y a pas de prestation en contrepartie ou encore lorsqu'ils sont sans rapports raisonnables avec la valeur de la prestation économique fournie (▪ Aut. conc., déc. n° 18-D-17, 20 sept. 2018 : *Concurrences* 2019/1, p. 91, note. A. Wachsmann). Mais pour la cour d'appel de Paris, le simple fait d'augmenter des tarifs ne saurait être qualifié en tant que tel comme un abus d'exploitation s'il n'est pas démontré que le prix qui résulte de l'augmentation est lui-même excessif (■ Paris, pôle 5, ch. 7, 14 nov. 2019, n° 18/23992 : *Juris-Data* n° 2019-020845 ; *Contrats, conc. consom.* 2020/1, comm. 12, note D. Bosco).

45) Refus d'octroyer un droit exclusif. L'exploitation d'un droit de propriété intellectuelle par une entreprise en position dominante peut être considérée, eu égard aux circonstances particulières de l'espèce, comme restreignant « le droit des concurrents d'exploiter leur propre capacité d'innovation » et peut, partant, constituer un abus (■ Aut. conc., déc. n° 12-D-01, 10 janv. 2012 : *Dalloz Act.* 24 janv. 2012, obs. L. Constantin).

Le refus, opposé par une entreprise qui détient une position dominante et qui est titulaire d'un droit de propriété intellectuelle sur une structure modulaire indispensable pour la présentation de données sur les ventes régionales de produits pharmaceutiques dans un État membre, d'octroyer une licence pour l'utilisation de cette structure à une autre entreprise, qui souhaite également fournir de telles données dans le même État membre, constitue un abus de position dominante au sens de l'article 82 CE (devenu art. 102 TFUE) dès lors que les conditions suivantes sont réunies : l'entreprise qui a demandé la licence a l'intention d'offrir, sur le marché de la fourniture des données en cause, des produits ou des services nouveaux que le titulaire du droit de propriété intellectuelle n'offre pas et pour lesquels il existe une demande potentielle de la part des consommateurs ; le refus n'est pas justifié par des considérations objectives ; le refus est de nature à réserver à l'entreprise titulaire du droit de propriété intellectuelle le marché de la fourniture des données sur les ventes de produits pharmaceutiques dans l'État membre concerné, en excluant toute concurrence sur celui-ci (■ CJCE, 29 avr. 2004, aff. C-418/01 : *Rec. CJCE* 2004, I, p. 5039 ; *Europe* 2004, comm. 214, obs. L. Idot ; *Comm. com. électr.* 2004, comm. 69, obs. Ch. Caron ; *D.* 2004, p. 2366, note F. Sardain ; *RJDA* 2004, n° 1053 ; *RD conc.* 2005, n° 2, p. 24, note Gyselen ; *Rev. Lamy conc.* 2005, n° 9, note J. Peyre).

Un refus de licence n'est pas anticoncurrentiel en soi puisqu'il relève de la liberté commerciale du propriétaire du bien intellectuel, sauf si ce bien est essentiel à l'activité de l'entreprise demanderesse (■ Cons. conc., déc. n° 04-D-76, 22 déc. 2004 : *BOCC* 2005, p. 204 ; annulée par ■ Paris, 24 mai 2005, n° 2005/01576 : *JurisData* n° 2005-277952 ; *BOCC 2005, p. 643*).

Sur l'affaire *Microsoft*, V. ■ TPICE, 17 sept. 2007, aff. T-201/04 : *Rec. CJCE* 2007, II, p. 2977 ; *Europe* 2007, étude 7, note L. Idot ; *D.* 2007, p. 2303, obs. E. Chevrier et p. 2884, note C. Prieto ; *Contrats, conc. consom.* 2007, comm. 279, obs. D. Bosco ; *RJDA* 2007, n° 1154 ; *RD conc.* 2007, n° 4, p. 78, obs. C. Prieto ; *Rev. Lamy conc.* 2008, n° 966, note F. Leveque et n° 1039, note J.-Ph. Gunther et D. Tayar ; *Comm. com. électr.* 2008, étude 7, note M. Behar-Touchais.

46) Refus de vente. Trois conditions liminaires doivent être remplies afin d'examiner si un refus d'accès ou de fourniture est constitutif d'un abus de position dominante, à savoir (i) le caractère indispensable (ou objectivement nécessaire) du produit ou service auquel l'accès est refusé, (ii) l'affectation de la concurrence résultant du refus d'accès ou de fourniture et (iii) le caractère novateur du produit offert par le demandeur d'accès. Enfin, il ressort des pratiques décisionnelles nationale et européenne que le marché secondaire sur lequel se trouve le demandeur d'accès peut être tant aval que connexe au marché primaire (■ Aut. conc., déc. n° 12-D-01, 10 janv. 2012 : *Dalloz Act.* 24 janv. 2012, obs. L. Constantin).

Le fait, pour un importateur d'appareils photographiques, de se réserver l'exclusivité des réparations et de refuser de commercialiser les pièces détachées n'est abusif que s'il peut être établi, d'une part, que la vente des pièces détachées forme un marché suffisamment identifiable pour être distinct du marché général des appareils photographiques ou de leur réparation et, d'autre part, que les pratiques ne sont pas justifiées par des nécessités objectives tenant à la mise en place d'un service après-vente de qualité qui ne peut être assuré sans le contrôle permanent de l'importateur que par des agents ayant des compétences techniques et un outillage approprié et bénéficiant d'une formation initiale et continue (■ Cass. com., 14 nov. 1995, n° 94-17.397 : *JurisData* n° 1995-003228 ; *Contrats, conc. consom.* 1996, comm. 6, obs. L. Vogel ; *RJDA* 1996, n° 242 ; cass. de ■ Paris, 30 juin 1994, n° 93/24149 : *JurisData* n° 1994-023148 ; *BOCC* 1994, p. 270 ; *Contrats, conc. consom.* 1994, comm. 67, obs. L. Vogel).

S'agissant de montres de luxes, l'interdiction faite aux réparateurs agréés de fournir des pièces détachées aux réparateurs indépendants est un élément inhérent aux systèmes sélectifs qui s'inscrit hors du champ d'application de l'article 101 TFUE et qui n'est pas considéré par le règlement (UE) n° 330/2010 comme une restriction caractérisée, à l'inverse de ce qui est prévu pour le secteur des véhicules à moteur (■ TUE, 23 oct. 2017, aff. T-712/14 : *Contrats, conc. consom.* 2018/1, comm. 8, note M. Malaurie-Vignal ; *Lettre distrib.* 2017/11, p. 7, obs. K. Biancone).

Il est loisible à un groupe, dont une filiale produit un bien intermédiaire qui pour la plus grande partie alimente une autre filiale fabricant un produit fini, de réserver à cette seconde filiale la partie de sa production amont qui lui est nécessaire ; de même, lorsque des contrats d'approvisionnement de long terme ont été passés avec des clients, il est licite pour un producteur même en position dominante de refuser de répondre à une nouvelle demande qui excède ses capacités de production restant disponibles (▪ Cons. conc., déc. n° 01-D-70, 24 oct. 2001 : *BOCC* 2002, p. 34 ; *Contrats, conc. consom.* 2002, comm. 48, obs. M. Malaurie-Vignal).

Doit être condamné le fabricant de bougies d'allumage « *dont les produits sont incontournables et non substituables pour les distributeurs interrogés* » ayant refusé de vendre ses produits à un distributeur prenant ainsi le risque de l'exclure du marché. Le fabricant avait cherché à justifier son comportement par des actes de contrefaçon, le distributeur s'étant à une époque approvisionné auprès d'un distributeur américain et avait ainsi revendu en Europe des produits non autorisés par le titulaire de la marque. Mais la Cour a relevé que ce comportement constituait une conséquence directe du refus d'approvisionnement opposé par le fabricant au distributeur et qu'il n'était invoqué qu'*a posteriori* de manière très artificielle, « *la nécessité de se défendre contre des pratiques déloyales de concurrents ou de clients ne constitu[ant] jamais un facteur justificatif de pratiques anticoncurrentielles, l'opérateur devant se contenter de saisir les juridictions compétentes* » (▪ Paris, 5 juill. 2017, n° 15/12365 : *Contrats, conc. consom.* 2017/10, comm. 208, note G. Decocq ; *Concurrences* 2017/4, p. 112, note N. Eréséo ; *Lettre distrib.* 2017/9, p. 8, obs. K. Biancone). En ce sens que des soupçons d'actes de contrefaçon ne peuvent justifier un refus de vente mais seulement une action en justice devant les juridictions compétentes, V. égal. ▪ Cass. com., 21 juin 2017, n° 15-25.941 : *JurisData* n° 2017-012245 ; *Contrats, conc. consom.* 2017/8-9, comm. 182, note G. Decocq ; *Concurrences* 2017/3, p. 74, note F. Marty, rejetant le pourvoi dirigé contre ▪ Paris, 24 sept. 2015, n° 2014/17586, rendu après ▪ Aut. conc., 8 juill. 2014, DC n° 14-D-06.

47) Rupture de relations commerciales établies. La rupture avant le terme contractuellement défini d'une relation commerciale exclusive *relève du contentieux* commercial et peut éventuellement donner lieu à réparation sur ce terrain. Mais, en ce qui concerne le droit de la concurrence, celui-ci ne trouve à s'appliquer que si la rupture brutale de la relation commerciale a un objet ou des effets anticoncurrentiels, qu'ils soient avérés ou potentiels. Il faut en effet que, par son objet ou ses effets avérés ou potentiels sur la structure ou le fonctionnement du secteur ou du marché en cause, cette pratique puisse être considérée comme portant atteinte à la concurrence, au détriment du bien-être des clients, des utilisateurs des produits ou services en cause ou encore des consommateurs (▪ Aut. conc., déc. n° 13-D-07, 28 févr. 2013 : *Rev. Lamy conc.* 2013/36, n° 2364, obs. E. Barbier de la Serre).

II – ABUS DE DÉPENDANCE ÉCONOMIQUE

48) Dépendance économique. *Notion.* L'état de dépendance économique se définit comme l'impossibilité, pour une entreprise, de disposer d'une solution techniquement et économiquement équivalente aux relations contractuelles qu'elle a nouées avec une autre entreprise (▪ Cass. com., 12 févr. 2013, n° 12-13.603 : *JurisData* n° 2013-002159 ; *Dalloz Act.* 25 févr. 2013, obs. E. Chevrier ; *Contrats, conc. consom.* 2013, comm. 114, obs. M. Malaurie-Vignal ; *RJDA* 2013, n° 365). En l'état des constatations et appréciations, faisant ressortir l'absence d'obstacle juridique ou factuel à la faculté de diversification de la société, la cour d'appel a pu retenir que cette dernière n'était pas en situation de dépendance économique (même déc.).

L'état de dépendance économique caractérise une situation dans laquelle une entreprise est obligée de poursuivre des relations commerciales avec une autre lorsqu'il lui est impossible de s'approvisionner en produits substituables dans des conditions équivalentes (▪ Paris, 5 juill. 1991 : *RJDA* 1991, n° 724 ; *D.* 1991, inf. rap. 247). En ce sens, voir ▪ Paris, 22 janv. 1992, n° 91/16.421 : *JurisData* n° 1992-020334 ; *D.* 1992, inf. rap. 123. ▪ Versailles, 27 janv. 2000, n° 9294/96 : *JurisData* n° 2000-108585 ; *JCP* E 2000, p. 872 ; *D.* 2000, p. p. 157 ; rejet pourvoi par ▪ Cass. com., 9 avr. 2002, n° 00-13.921 : *RTD com.* 2003, 75, obs. E. Claudel.

Si la nouvelle rédaction de l'article L. 420-2, alinéa 2, issue de la loi NRE du 15 mai 2001, ne comporte plus de référence explicite à l'absence de solution équivalente, il n'en demeure pas moins que la dépendance économique, au sens de ce texte, ne peut résulter que de l'impossibilité dans laquelle se trouve une entreprise de disposer d'une solution techniquement et économiquement équivalente aux relations contractuelles qu'elle a nouées, soit en qualité de client, soit en qualité de fournisseur, avec une autre entreprise (▪ Cons. conc., déc. n° 01-D-49, 31 août 2001 : *BOCC* 2001, p. 960 ; *RJDA* 2002, n° 563 ; *RTD com.* 2003, 75, obs. E. Claudel ; *RJ com.* 2003, 30, note H. Courivaud. – Conf. par ▪ Paris, 9 avr. 2002, n° 2001/17568 : *JurisData* n° 2002-248796 ; *BOCC* 2002, p. 390 ; partiellement cassé par ▪ Cass. com., 3 mars 2004, n° 02-14.529 : *JurisData* n° 2004-022753 ; *Bull. civ.* IV, n° 44 ; *Contrats, conc. consom.* 2004, comm. 108, obs. M. Malaurie-Vignal ; *D.* 2004, p. 874, obs. E. Chevrier ; *D.* 2005, p. 149, obs. D. Ferrier ; *RTD com.* 2004, 463, obs. E. Claudel ; *RJDA* 2004, n° 908). Pour un rappel en ce sens, ▪ Cons. conc., déc. n° 05-D-48, 28 juill. 2005 : *BOCC* 2006, p. 348 ; *Rev. Lamy conc.* 2005, n° 354, obs. J. Peyre. ▪ Aut. conc., déc. n° 10-D-08, 3 mars 2010 : *Contrats, conc. consom.* 2010, comm. 123, obs. M. Malaurie-Vignal ; *Rev. Lamy conc.* 2010, n° 1578, obs. L. Arcelin.

49) Dépendance économique d'un distributeur par rapport à un fournisseur. La situation d'un état de dépendance économique s'apprécie, s'agissant d'un distributeur par rapport à un producteur ou fournisseur, en tenant compte de l'importance de la part du fournisseur dans le chiffre d'affaires du revendeur, de la notoriété de la marque du fournisseur, de l'importance de la part de marché de ce dernier et de l'impossibilité pour le distributeur d'obtenir d'autres fournisseurs des produits équivalents (▪ Cons. conc., déc. n° 89-D-16, 2 mai 1989 : *BOCC* 1989, p. 145. En ce sens, V. ▪ Cons. conc., déc. n° 88-D-47, 6 déc. 1988 : *BOCC* 1988, p. 356. ▪ Paris, 12 juill. 1990 : *D.* 1990, inf. rap. 224 ; rejet pourvoi par ▪ Cass. com., 2 juin 1992 : *Bull. civ.* IV, n° 224 ; *Contrats, conc. consom.* 1993, comm. 229, obs. L. Vogel. ▪ Cass. com., 12 oct. 1993 : *Bull. civ.* IV, n° 337 ; *JCP* E 1993, pan. 1348 ; rejet pourvoi contre ▪ Paris, 13 juin 1991 : *Contrats, conc. consom.* 1991, comm. 186, obs. L. Vogel ; *JCP* E 1991, I, 89, n° 9, obs. J. Azéma. ▪ Versailles, 27 janv. 2000 : *JCP* E 2000, p. 872 ; *D.* 2000, p. 157 ; rejet pourvoi par ▪ Cass. com., 9 avr. 2002 : *RTD com.* 2003, 75, obs. E. Claudel. ▪ Cons. conc., déc. n° 02-D-77, 27 déc. 2002 : *BOCC* 2003, p. 180. ▪ Cons. conc., déc. n° 04-D-26, 30 juin 2004 : *BOCC* 2004, p. 686 ; *Rev. Lamy conc.* 2005, n° 26, obs. V. Selinsky. – Conf. par ▪ Paris, 25 janv. 2005, n° 2004/13142 : *JurisData* n° 2005-267355 ; *BOCC* 23 juin 2005, p. 475 ; *D.* 2005, p. 711, obs. E. Chevrier ; *Rev. Lamy conc.* 2005, n° 206, obs. V. Selinsky. ▪ Aut. conc., déc. n° 10-D-08, 3 mars 2010 : *Contrats, conc. consom.* 2010, comm. 123, obs. M. Malaurie-Vignal ; *Rev. Lamy conc.* 2010, n° 1578, obs. L. Arcelin. ▪ Aut. conc., déc. n° 11-D-04, 23 févr. 2011 : *Contrats, conc. consom.* 2011, comm. 114, obs. M. Malaurie-Vignal ; *Rev. Lamy conc.* 2011, n° 1788, obs. V. Selinsky).

La caractérisation d'une dépendance collective des membres d'un réseau à l'égard d'un fournisseur suppose « *que ce réseau constitue un groupe d'entreprises aux caractéristiques suffisamment homogènes, dont les membres sont placés, à l'égard de ce fournisseur, dans la même position économique et juridique* » (▪ Aut. conc., déc. n° 10-D-08, 3 mars 2010 : *Contrats, conc. consom.* 2010, comm. 123, obs. M. Malaurie-Vignal ; *Rev. Lamy conc.* 2010, n° 1578, obs. L. Arcelin). Ne relève pas d'une telle dépendance les membres d'un réseau de restauration qui relèvent de deux régimes contractuels distincts, les uns exploitant leur propre fonds de commerce, les autres exploitant un fonds mis en gérance par le franchiseur (▪ Aut. conc., déc. n° 18-D-22, *Concurrences* 2019/1, p. 103, note N. Eréséo).

Pour une affaire où la dépendance économique a été caractérisée du fait d'un enchevêtrement de clauses et de pratiques d'exclusivité et de non-concurrence mises en œuvre par un fabricant disposant d'une marque si prestigieuse (Apple) que la sortie du réseau avait nécessairement pour conséquence la perte des investissements réalisés par les distributeurs, V. ▪ Aut. conc., déc. n° 20-D-04, 16 mars 2020 : *Contrats, conc. consom.* 2020/7-8, comm. 128, note D. Bosco ; *Concurrences* 2020/4, p. 134, note M. Cartapanis.

La franchise est un mode normal de distribution qui n'implique pas nécessairement chez le franchisé un état de dépendance économique (▪ Paris, 16 oct. 1992, n° 92/10173 : *JurisData* n° 1992-023070 ; *D.* 1993, inf. rap. 28). Mais ce n'est pas le cas dans l'hypothèse d'une immixtion poussée du franchiseur dans la gestion du franchisé (▪ Cass. com., 16 déc. 1997, n° 95-21.555 : *JurisData* n° 1997-005115 ; *RJDA* 1998, n° 521 ; *LPA* 6 juill. 1998, p. 25, obs. M. Malaurie-Vignal, pour un cas de location-gérance d'un supermarché doublé de franchise). En ce sens, V. ▪ Aut. conc., déc. n° 10-D-08, 3 mars 2010 : *Contrats, conc. consom.* 2010, comm. 123, obs. M. Malaurie-Vignal ; *Rev. Lamy conc.* 2010, n° 1578, obs. L. Arcelin, estimant que la mise en évidence d'une situation de dépendance économique de franchisés à l'égard d'un franchiseur pourrait résulter du jeu cumulé d'un ensemble de clauses contractuelles imposées par ce dernier, dont la finalité serait de limiter la possibilité des franchisés de quitter le réseau et de restreindre leur liberté contractuelle dans des proportions dépassant les objectifs inhérents à la franchise, sans que la circonstance que ces clauses aient été volontairement souscrites puisse leur être opposée.

Est sous l'entière dépendance économique et ne dispose pas de solution équivalente la société qui, en sa qualité de mandataire, ne fait qu'exploiter le fonds aux clauses et conditions définies par une société pétrolière, en distribuant des carburants aux prix et conditions qui lui auront été définis, tout en n'étant pas libre de ses conditions d'achat, ni de vente, ce qui l'empêche de pouvoir préserver ses marques (▪ T. com. Paris, 3 févr. 1997 : *Gaz. Pal.* 1998, 1, somm. 176).

La seule circonstance qu'un distributeur réalise une part très importante, voire exclusive, de son approvisionnement auprès d'un seul fournisseur, ne suffit pas à caractériser son état de dépendance économique au sens de l'article L. 420-2 (▪ Cass. com., 3 mars 2004 : *Bull. civ.* IV, n° 44 ; *Contrats, conc. consom.* 2004, comm. 108, obs. M. Malaurie-Vignal ; *D.* 2004, p. 874, obs. E. Chevrier ; *D.* 2005, p. 149, obs. D. Ferrier ; *RTD com.* 2004, 463, obs.

E. Claudel ; *RJDA* 2004, n° 908 ; sur renvoi, ▪ Paris, 5 oct. 2004, n° 04/05646 : *JurisData* n° 2004-278323 ; *RJDA* 2005, n° 198 ; *JCP* E 2005, 1177, n° 13, obs. D. Mainguy ; *Contrats, conc. consom.* 2005, comm. 30, obs. M. Malaure-Vignal ; rejet pourvoi par ▪ Cass. com., 6 déc. 2005, n° 04-19.541 : *JurisData* n° 2005-031175 ; *D.* 2006, p. 140, obs. E. Chevrier et p. 512, obs. D. Ferrier ; *RJDA* 2006, n° 706).

Pour le rejet d'une demande de dommages et intérêts formée par un distributeur contre deux de ses fournisseurs au motif que l'importance des parts de ces derniers dans le marché considéré ne peut se déduire, en l'absence d'autres justifications, « de la seule notoriété de ces marques ou de l'exploitation de procédés de fabrication spécifiques » (▪ Cass. com., 12 janv. 1999, n° 96-21.644 : *JurisData* n° 1999-000078 ; *RJDA* 1999, n° 482 ; *JCP* E 1999, p. 1911, obs. P. Arhel ; *LPA* 25 nov. 1999, p. 15, obs. Arsac).

Un locataire pourrait être considéré comme dépendant économiquement d'un bailleur commercial s'il ne disposait d'aucune solution alternative (▪ Cons. conc., déc. n° 05-D-05, 18 févr. 2005 : *BOCC* 2005, p. 741 ; *Rev. Lamy conc.* 2005, n° 205, obs. V. Selinsky).

Comp. avec un système de ristournes constitutif d'un abus de position dominante et de dépendance économique au motif que les ristournes accordées favorisaient certains opérateurs « s'engageant à augmenter leur volume » d'achat alors que des opérateurs réalisant déjà un certain volume supérieur en était exclus, V. ▪ Paris, 22 oct. 2015, n° 14/03665 : *RD conc.* 2016, n° 1, p. 99 obs. F. Marty ; *Contrats, conc. consom.* 2015, comm. 14, obs. D. Bosco.

50) Dépendance économique d'un fournisseur par rapport à un distributeur. S'agissant d'un fournisseur, l'état de dépendance économique doit s'apprécier au regard de plusieurs critères et, notamment, de l'importance de la part du chiffre d'affaires réalisé par ce fournisseur avec le distributeur, de l'importance du distributeur dans la commercialisation des produits concernés, des facteurs ayant conduit à la concentration des ventes du fournisseur auprès du distributeur (choix *stratégique ou nécessité* technique), de l'existence et de la diversité éventuelle de solutions alternatives pour le fournisseur. Pour apprécier l'importance des deux derniers critères qui ne peuvent pas toujours donner lieu à une observation directe, peuvent être prises en compte, notamment, la faiblesse des ressources financières du fournisseur, la faiblesse des marges des offreurs sur le marché sur lequel il opère, l'absence de notoriété de la marque du fournisseur, la durée et l'importance de la pratique de la politique de partenariat qu'il a éventuellement nouée avec le distributeur, l'importance et la surcapacité d'offre sur le marché de ses produits, l'importance des contraintes de transport de ses produits (▪ Cons. conc., déc. n° 93-D-21, 8 juin 1993 : *BOCC* 1993, p. 197 ; *RJDA* 1993, n° 1055. – Conf. par ▪ Paris, 25 mai 1994 : *BOCC* 1994, p. 236 ; rejet pourvoi par ▪ Cass. com., 10 déc. 1996, n° 94-16.192 : *JurisData* n° 1996-004768 ; *Bull. civ.*, IV, n° 310 ; *RJDA* 1997, n° 530. En ce sens, V. ▪ Cons. conc., déc. n° 93-D-59, 15 déc. 1993 : *BOCC* 1994, p. 107. ▪ Cons. conc., déc. n° 94-D-60, 13 déc. 1994 : *BOCC* 1995, p. 47 ; *JCP* E 1995, I, 492, n° 10, obs. L. Vogel. – Conf. par ▪ Paris, 13 déc. 1995 : *BOCC* 1996, p. 57 ; *D.* 1997, somm. 108, obs. Paulin ; rejet pourvoi par ▪ Cass. com., 27 janv. 1998 : *RJDA* 1998, n° 799. ▪ Cons. conc., déc. n° 96-D-44, 18 juin 1996 : *BOCC* 1996, p. 564 ; *JCP* E 1998, p. 76, n° 2, obs. L. Vogel. ▪ Cons. conc., déc. n° 04-D-12, 7 avr. 2004 : *BOCC* 2004, p. 547 ; *D.* 2004, p. 1309 ; *JCP* E 2004, 1546, note P. Arhel. ▪ Aut. conc., déc. n° 11-D-09, 8 juin 2011 : *Contrats, conc. consom.* 2011, comm. 193, obs. D. Bosco ; *RD conc.* 2011, n° 3, p. 110, obs. F. Marty, et p. 199, obs. Guillaume ; *Rev. Lamy conc.* 2011, n° 1905, obs. P. Arhel et n° 1932, obs. S. Destours). *Comp.* accords de rapprochement de centrales d'achats et de référencement : ▪ Aut. conc., avis n° 15-A-06, 31 mars 2015 : *RD conc.* 2015, n° 3, p. 97, obs. N. Eréséo.

L'importance anormale des participations au financement d'un catalogue (l'*Argus de la distribution*) ne saurait constituer l'abus d'une dépendance économique qui n'est pas démontrée (▪ Paris, 13 déc. 1995 : *BOCC* 1996, p. 57 ; *D.* 1997, somm. 108, obs. Paulin).

Pour apprécier l'absence de solution équivalente, peuvent être prises en compte notamment la faiblesse des ressources financières de l'entreprise, la faiblesse de ses marges, la durée et l'importance de la pratique de partenariat qu'elle a éventuellement nouée avec le distributeur (▪ Cons. conc., déc. n° 96-D-44, 18 juin 1996 : *BOCC* 1996, p. 564 ; *JCP* E 1998, p. 76, n° 2, obs. L. Vogel).

Dès lors que les parties n'étaient liées par aucun écrit et par aucun engagement formel d'exclusivité, il appartenait au juge de vérifier de façon concrète si la société prétendument en état de dépendance était dans l'impossibilité de trouver d'autres débouchés sur le marché local concurrentiel de la réparation des conteneurs ou si elle avait négligé de s'assurer de solutions de substitution (▪ Cass. com., 10 déc. 1996, n° 94-16.192 : *JurisData* n° 1996-004768 ; *Bull. civ.* IV, n° 309).

L'appréciation de solutions équivalentes nécessite l'examen du point de savoir si les facteurs de production sont spécialisés dans la fabrication de biens et services destinés aux distributeurs et ne peuvent être ni utilisés ni adaptés à la production d'autres biens et services, à un coût économiquement acceptable (▪ Aut. conc., déc. n° 11-D-09, 8 juin 2011 : *Contrats, conc. consom.* 2011, comm.

193, obs. D. Bosco ; *RD conc.* 2011, n° 3, p. 110, obs. F. Marty, et p. 199, obs. Guillaume ; *Rev. Lamy conc.* 2011, n° 1905, obs. P. Arhel et n° 1932, obs. S. Destours).

51) Preuve. La preuve de l'exploitation abusive d'un état de dépendance économique ou d'une position dominante ne saurait, en l'absence de toutes autres justifications, résulter des seuls quotas d'achat contenus dans un contrat de concession exclusive (▪ Cass. com., 4 juill. 1996 : *RJDA* 1995, n° 1388).

Tous les modes de preuve (documents écrits, témoignages, aveux) sont utilisables devant l'Autorité, sous réserve du respect du principe de loyauté de la preuve. Sous cette réserve, le seul critère pertinent pour apprécier la valeur probante d'une preuve réside dans sa crédibilité. En outre, le régime en matière de preuve devant l'Autorité n'implique aucun formalisme particulier (▪ Aut. conc., déc. n° 13-D-11, 14 mai 2013 : *Dalloz Act.* 27 mai 2013, obs. L. Constantin ; *Contrats, conc. consom.* 2013, comm. 157, obs. M. Malaurie-Vignal et comm. 161, obs. D. Bosco ; *RJDA* 2013, p. 639, obs. I. Luc ; *Rev. Lamy conc.* 2013/36, n° 2338, obs. S. Cholet ; confirmé par ▪ Paris, 18 déc. 2014 : *RD conc.* 2015, n° 1, p. 102, obs. F. Marty ; conf. par ▪ Cass. com., 18 oct. 2016 : *RD conc.* 2017, n° 1, p. 105, obs. F. Marty).

52) Recevabilité. Une entreprise ne peut invoquer l'article L. 420-2, alinéa 2, qu'à la condition de démontrer s'être trouvée dans un rapport de client à fournisseur (▪ Versailles, 22 nov. 2001, n° 00/03750 : *JurisData* n° 2001-211160 ; *D.* 2002, p. 1824, note Zeidenberg ; rejet pourvoi par ▪ Cass. com., 7 janv. 2004 : *Bull. civ.* IV, n° 4 ; *Contrats, conc. consom.* 2004, comm. 39, obs. M. Malaurie-Vignal ; *RJ com.* 2004, p. 101, obs. G. Decocq ; *RTD com.* 2004, 466, obs. E. Claudel ; *RJDA* 2004, n° 632). En l'espèce, tel n'est pas le cas d'un actionnaire majoritaire d'une société dans les rapports qu'elle entretient avec son fournisseur.

53) Rupture de relations commerciales établies. Est constitutif d'un abus de dépendance économique vis-à-vis d'un distributeur le fait, pour un fournisseur, de rompre des relations commerciales établies avec ce distributeur en situation de dépendance économique, pour des raisons non objectives et discriminatoires (▪ Cons. conc., déc. n° 04-D-26, 30 juin 2004 : *BOCC* 2004, p. 686 ; *Rev. Lamy conc.* 2005, n° 26, obs. V. Selinsky. – Conf. par ▪ Paris, 25 janv. 2005, n° 2004/13142 : *JurisData* n° 2005-267355 ; *BOCC* 25 janv. 2005, n° 2004/13142, p. 475 ; *D.* 2005, p. 711, obs. E. Chevrier ; *Rev. Lamy conc.* 2005, n° 206, obs. V. Selinsky). En l'espèce, le Conseil de la concurrence a estimé que l'abus de dépendance était caractérisé par la rupture des relations commerciales entre le fournisseur de produits sanguins (auteur de la rupture) et l'acquéreur, intervenue brutalement, de façon unilatérale et sans préavis, alors qu'aucune faute ne pouvait être imputée à l'acquéreur. Comp. ▪ Cons. conc., déc. n° 08-D-31, 10 déc. 2008 : *Contrats, conc. consom.* 2008, comm. 49, obs. M. Malaurie-Vignal ; *RD conc.* 2009, n° 1, p. 194, obs. Ch. Lemaire.

Pour un cas d'abus de dépendance économique dans le cadre d'un contrat de distribution agréée (▪ Versailles, 1er oct. 1991, n° 5373/90 : *JurisData* n° 1991-044912 ; *Gaz. Pal.* 1993, 6-7 janv., somm., note d'Hœraene.

Art. L. 420-2-1 *(L. n° 2012-1270, 20 nov. 2012)*. **– Sont prohibés, dans les collectivités relevant de l'article 73 de la Constitution et dans les collectivités d'outre-mer de Saint-Barthélemy, de Saint-Martin, de Saint-Pierre-et-Miquelon et de Wallis-et-Futuna, les accords ou pratiques concertées ayant pour objet ou pour effet d'accorder des droits exclusifs d'importation à une entreprise ou à un groupe d'entreprises.**

(Al. créé, L. n° 2020-1508, 3 déc. 2020) **Est également prohibé dans les collectivités mentionnées au premier alinéa du présent article le fait, pour une entreprise exerçant une activité de grossiste importateur ou de commerce de détail ou pour un groupe d'entreprises dont au moins une des entités exerce une de ces activités, d'appliquer à l'encontre d'une entreprise dont elle ne détient aucune part du capital des conditions discriminatoires relatives à des produits ou services pour lesquels existe une situation d'exclusivité d'importation de fait.**

Bibliographie : P. Arhel, *Volet « prix et concurrence » de la loi relative à la régulation économique outre-mer : JCP* E 2012, act. 733. • X. Delpech, *Une loi économique pour l'outre-mer : Dalloz Act.* 23 nov. 2012. • N. Eréséo, *L'encadrement juridique des droits exclusifs d'importation consentis outre-mer* in *La lutte contre la vie chère par la régulation économique (dir. G. Virassamy) : PUAM* 2015, p. 39 et s. • S. Manna, *Loi de régulation économique Outre-mer : les bases d'un droit de la concurrence ultra-marin : Rev. Lamy conc. 2013/35, n° 2307.* • Ch. Montet et F. Venayre, La loi REOM contre la vie chère *en Outre-mer : une construction difficile entre concurrence et administration des prix : Rev. Lamy conc.* 2013/35, n° 2308.

1) Pratiques d'importations exclusives interdites. « *Chaque grossiste-importateur a conservé la qualité de distributeur des produits [du fournisseur] pour une zone déterminée tout en étant soumis à une interdiction de procéder à des ventes actives en dehors de son territoire, se trou-*

vant, de fait, protégé de la concurrence des autres distributeurs [du fournisseur]. La clause l'empêchant de distribuer les produits des concurrents [du fournisseur] consolide cette situation d'exclusivité de fait. » : ■ Aut. conc., n° 16-D-15, 6 juill. 2016 : *RD conc.* 2016, n° 4, p. 92, obs. E. T.

2) *Comp.* ■ Aut. conc., test de marché, 13 mai 2015 : *RD conc.* 2015, n° 3, p. 94, obs. N. Eréséo ; pour une décision d'acceptation d'engagements ■ Aut. conc., déc. n° 15-D-14, 10 sept. 2015, sur les pratiques mises en œuvre par les sociétés Bolton Solitaire SAS, Danone SA, Johnson & Johnson Santé et Beauté France SAS15 et Pernod-Ricard SA dans le secteur de la distribution des produits de grande consommation en outremer (procédure d'engagements). Pour une condamnation prononcée dans le cadre de la procédure de transaction, V. ■ Aut. conc., déc. n° 17-D-14, 17 juill. 2017. – Pour une condamnation prononcée dans le secteur de la commercialisation de pièges à termites, V. ■ Aut. conc., déc. n° 18-D-03, 20 févr. 2018 : *Concurrences* 2018/2, p. 73, obs. M. Debroux. Pour une autre condamnation dirigée contre un importateur grossiste de produits alimentaires, V. ■ Aut. conc., déc. n° 18-D-21, 8 oct. 2018 : *Concurrences* 2019/1, p. 79, obs. L. Bernardeau. – Part. réf. par ■ Paris, 20 févr. 2020, n° 18/24178. – V. égal. une décision de condamnation concernant des produits de biologie médicale ■ Aut. conc., déc. n° 19-D-11, 29 mai 2019 : *Concurrences* 2019/3, p. 86, note A.-S. Choné-Grimaldi. – Une autre concernant des produits de parfumerie et des cosmétiques ■ Aut. conc., déc. n° 19-D-20, 8 oct. 2019. Puis une autre concernant du Champagne ■ Aut. conc., déc. n° 20-D-16, 29 oct. 2020.

Art. L. 420-2-2 ***(L. n° 2016-1920, 29 déc. 2016).*** **– Sont prohibés les accords, les pratiques concertées et les pratiques unilatérales ayant pour objet ou pour effet d'interdire ou de limiter substantiellement la possibilité pour une entreprise qui exécute des prestations de transport public particulier de personnes ou des services occasionnels de transport collectif de personnes effectués au moyen de véhicules légers :**

1° De recourir simultanément à plusieurs intermédiaires ou acteurs de mise en relation avec des clients en vue de la réalisation de ces prestations ;

2° Sans préjudice de l'article L. 3142-5 du Code des transports, de commercialiser sans intermédiaire les services de transport qu'elle exécute ;

3° De faire la promotion, au moyen de signes extérieurs sur le véhicule, d'une ou plusieurs offres de transport, y compris celles qu'elle commercialise sans intermédiaire.

NB : Les dispositions, issues de l'article 3 de la loi n° 2016-1920 du 29 décembre 2016, entrent en vigueur le premier jour du troisième mois suivant la promulgation de la loi susvisée. Les dispositions sont applicables aux contrats conclus avant cette date.

Art. L. 420-3 ***(Mod., L. n° 2012-1270, 20 nov. 2012 ; L. n° 2016-1920, 29 déc. 2016).*** **– Est nul tout engagement, convention ou clause contractuelle se rapportant à une pratique prohibée par les articles L. 420-1, L. 420-2, L. 420-2-1 et L. 420-2-2.**

NB : Les modifications de ces dispositions, issues de l'article 3 de la loi n° 2016-1920 du 29 décembre 2016, entrent en vigueur le premier jour du troisième mois suivant la promulgation de la loi susvisée. Les dispositions modifiées sont applicables aux contrats conclus avant cette date.

Bibliographie : M. Chagny, *La place des dommages-intérêts dans le contentieux des pratiques anticoncurrentielles : Rev. Lamy conc.* 2005, n° 340 ; *Faut-il prendre en compte les objectifs du droit de la concurrence dans les actions en dommages et intérêts ? : Rev. Lamy dr. aff.* 2007, n° 12, p. 96 ; *Quelle(s) mutation(s) dans la réparation des dommages concurrentiels ? : Rev. Lamy dr. aff.* févr. 2010, n° 2733, p. 80 ; *L'accès judiciaire des victimes de pratiques anticoncurrentielles au dossier de l'Autorité de la concurrence : D.* 2013, p. 851. • E. Claudel, *La procédure d'amicus curiae : Bilan en demi-teinte de la pratique européenne et française : RD conc.* 2012, n° 4, p. 38. • Colloque *Les sanctions judiciaires des pratiques anticoncurrentielles : LPA* 20 janv. 2005. • Colloque *Les recours collectifs. Quels enjeux stratégiques et économiques ? : Rev. Lamy conc.* 2011, n° 1888. • Dossier *Réparation des dommages concurrentiels : Rev. Lamy conc.* 2009, n° 1321. • I. Hœpfner-Leger, *Les poursuites privées en matière de pratiques anticoncurrentielles : JCP* E 2006, p. 2050. • L. Idot, *Les sanctions civiles des pratiques anticoncurrentielles : RD conc.* 2007, n° 2, p. 91. • V. Lasserre, *Les sanctions civiles en droit de la concurrence*, in *Mélanges M.-S. Payet*, Dalloz, 2011, p. 343. • V. Lasserre-Kiesow, *La promotion des sanctions civiles en droit des pratiques anticoncurrentielles : D.* 2007, p. 2116. • C. Marechal, *Le volet « concurrence » de la loi n° 2014-344 du 17 mars 2014 relative à la consommation : Contrats, conc. consom.* 2014, dossier 4. • D. Roskis et Ch.-M. Doremus, *L'accès aux dossiers de l'Autorité de la concurrence dans le contentieux indemnitaire des pratiques anticoncurrentielles : Rev. Lamy conc.* 2013/36, n° 2378. • R. Saint-Esteben, *Pour ou contre les dommages et intérêts punitifs : LPA* 20 janv. 2005, p. 53. • J. Vogel, *Stratégie et moyens de défense face à une action en dommages-intérêts pour atteinte au droit de la concurrence : JCP* E 2013, 1172.

1) Titulaire de l'action en nullité. Pour se prononcer sur la recevabilité d'une demande en annulation, le juge doit rechercher si le requérant à un intérêt à faire cesser une pratique anticoncurrentielle (▪ Cass. com., 24 oct. 2000, n° 98-14.382 : *JurisData* n° 2000-006362 ; *Bull. civ.* IV, n° 163 ; *Contrats, conc. consom.* 2001, comm. 7, obs. M. Malaurie-Vignal ; *D.* 2000, p. 429, obs. A. Marmontel ; *RTD com.* 2001, 427, obs. E. Claudel ; *RJDA* 2001, n° 236).

Le ministre de l'Économie ne saurait tirer de l'article 9 de l'ordonnance de décembre 1986 (devenu C. com., art. L. 420-3) le pouvoir de se substituer aux parties pour solliciter l'application de ces dispositions, celles-ci ne comportant par ailleurs aucune dispense au respect dû au principe de la contradiction qui implique qu'aient été appelées dans la cause toutes les parties signataires de la convention comportant la clause dont l'annulation est poursuivie (▪ Paris, 22 mars 2000 : *Gaz. Pal.* 2000, 2, somm. 1606).

Une partie à un contrat, support d'une entente anticoncurrentielle, ne peut se prévaloir de l'illicéité d'une clause de ce contrat pour réclamer des dommages-intérêts pour non-exécution de cette clause (▪ Cass. com., 29 janv. 2002, n° 00-11.433 : *D.* 2002, p. 1550 ; *LPA* 3 juill. 2003, obs. M. Malaurie-Vignal). *Comp.* ▪ CJCE, 20 sept. 2001, aff. C-453/99 : *Rec CJCE* 2001, I, p. 6297, considérant qu'une partie à un contrat susceptible de restreindre ou de fausser le jeu de la concurrence, au sens de l'article 81 du traité CE (devenu art. 101 du TFUE), peut invoquer la violation de cette disposition pour obtenir une protection juridictionnelle à l'encontre de l'autre partie contractante. En effet, l'article 81 du traité (devenu art. 101 du TFUE) s'oppose à une règle de droit national interdisant à une partie à un tel contrat de demander des dommages et intérêts en réparation d'un préjudice occasionné par l'exécution dudit contrat au seul motif que l'auteur de la demande est partie à celui-ci. En revanche, le droit européen ne s'oppose pas à une règle de droit national qui refuse à une partie à un contrat de se fonder sur ses propres actions illicites aux fins d'obtenir des dommages et intérêts, dès lors qu'il est établi que cette partie a une responsabilité significative dans la distorsion de la concurrence.

2) Régime de l'action en nullité. La violation des dispositions des articles L. 420-1 et L. 420-2 constitue une faute délictuelle dont la victime peut obtenir réparation sur le fondement de l'article 1382 du Code civil (▪ Paris, 28 juin 2002, n° 2000/10676 : *JurisData* n° 2002-186210 ; *RJDA* 2002, n° 1205 ; *RTD com.* 2003, 78, obs. E. Claudel).

Pour l'application de l'article 9 de l'ordonnance de décembre 1986 (devenu C. com., art. L. 420-3), l'annulation d'une convention se rapportant à une pratique anticoncurrentielle prohibée peut être prononcée même si tous les cocontractants n'y ont pas participé ou n'en ont pas eu connaissance (▪ Cass. com., 24 oct. 2000 : *Bull. civ.* IV, n° 163 ; *Contrats, conc. consom.* 2001, comm. 7, obs. M. Malaurie-Vignal ; *D.* 2000, p. 429, obs. A. Marmontel ; *RTD com.* 2001, 427, obs. E. Claudel ; *RJDA* 2001, n° 236). Mais il faut rapporter la preuve que les conventions avaient pour objet ou pouvaient avoir pour effet de restreindre la concurrence sur un marché pertinent (▪ Cass. com., 26 juin 2007, n° 98-14.382 : *JurisData* n° 2000-006362 ; *Bull. civ.* IV, n° 175 ; *Contrats, conc. consom.* 2007, comm. 245, obs. M. Malaurie-Vignal ; *RJDA* 2007, n° 1152). Et seuls encourent l'annulation, sur le fondement des articles L. 420-3 du Code de commerce et 101 § 1 et 2 TFUE, les engagements, accords ou décisions constituant des pratiques anticoncurrentielles au sens de ces textes. À ce titre, l'arrêt attaqué retient exactement que les engagements qui peuvent être annulés en application de ces textes sont seulement ceux qui ont caractérisé les échanges d'informations sanctionnés par l'Autorité de concurrence et que les contrats de fourniture passés postérieurement ne sont pas, par eux-mêmes, des accords interdits, dès lors qu'ils ne correspondent pas aux pratiques anticoncurrentielles sanctionnées et n'en ont pas été les instruments (▪ Cass. com., 13 sept. 2017, n°s 15-22.837 et 15-23.070 : *Contrats, conc. consom.* 2017/11, comm. 231, note G. Decocq).

Pour la Cour de justice de l'Union européenne, les décisions d'engagements ne certifient pas que les pratiques visées sont conformés à l'article 101 du TFUE. Un juge national peut donc, à la différence de la Commission, considérer que l'entreprise a commis une infraction et prononcer la nullité du contrat (▪ CJUE, 23 nov. 2017, aff. C-547/16 : *Contrats, conc. consom.* 2018/1, comm. 16, note D. Bosco).

L'article 9 de l'ordonnance de décembre 1986 (devenu C. com., art. L. 420-3) ne prévoit pas pour le juge la possibilité d'ordonner la conclusion d'un contrat ou son renouvellement (▪ Cass. com., 24 oct. 2000, préc.) ; en conséquence, la cour d'appel était fondée à rejeter la demande du locataire en annulation du congé qui lui avait été donné et à le déclarer sans droit ni titre.

Une décision définitive du Conseil de la concurrence désignant nommément la société appelante comme l'une des victimes d'actions concertées ayant eu pour objet d'entraver le libre exercice de la concurrence établit suffisamment que les comportements qu'elle a sanctionnés à ce titre constituent bien des fautes à l'égard de l'appelante, laquelle est bien fondée à poursuivre l'indemnisation du préjudice qui en a résulté pour elle (▪ Versailles, 24 juin 2004 : *JCP E* 2004, p. 1614).

S'il existe un lien entre la faute des auteurs des ententes et la majoration des prix des matières premières, le lien de causalité entre ces prix majorés et le préjudice allégué n'est quant à lui pas établi du fait de la possibilité qu'avait le vendeur de répercuter cette majoration dans ses prix de vente ; ne l'ayant pas fait alors qu'il le pouvait, celui-ci a librement arrêté sa politique tarifaire sans que la responsabilité des défenderesses puisse être engagée (■ T. com. Nanterre, 11 mai 2006 : *Rev. Lamy conc.* 2006, n° 719, obs. M. Chagny). *Rappr.* ■ Cass. com., 15 juin 2010, n° 09-15.816 : *JurisData* n° 2010-009653 ; *Contrats, conc. consom.* 2010, comm. 232, obs. M. Malaurie-Vignal ; *RD conc.* 2010, n° 4, p. 205, obs. F. Lemaire et M. Cousin ; *RJDA* 2011, n° 349.

Les juges du fond saisis d'une demande de dommages-intérêts fondée sur l'article 1382 du Code civil doivent rechercher si un comportement ayant été qualifié d'abus de position dominante dans une autre instance faisant application de l'article L. 420-2, peut constituer une faute génératrice d'un préjudice (■ Cass. com., 23 mars 2010, n° 08-20.427 : *JurisData* n° 2010-002593 ; *Contrats, conc. consom.* 2010, comm. 131, obs. G. Decocq).

L'entente établie, il convient de prononcer la nullité de la clause anticoncurrentielle qui en constitue le support, de prononcer la restitution des sommes d'argent payées sur le fondement de celle-ci et d'allouer à la victime de cette pratique des dommages-intérêts pour la perte de clientèle qu'elle a subie (■ Paris, 14 déc. 2011, n° 09/20639 : *Contrats, conc. consom.* 2012, comm. 69, obs. G. Decocq ; *Rev. Lamy conc.* 2012, n° 2032, obs. C. Robin).

3) Effets de la nullité. La nullité d'un contrat se rapportant à une pratique prohibée par l'article L. 420-1 a pour conséquence de le priver rétroactivement de tout effet (■ Cass. com., 3 janv. 1996, n° 94-13.169 : *JurisData* n° 1996-000169 ; *RJDA* 1996, n° 806).

Si un contrat est nul en vertu de l'article 9 de l'ordonnance de décembre 1986 (devenu C. com., art. L. 420-3), cette nullité est sans effet sur la garantie à première demande qui l'accompagne, s'agissant d'un engagement autonome qui ne se rapporte pas directement à la pratique prohibée (■ Versailles, *28 févr. 1992 : RJDA 1992, n° 715*).

4) Action en réparation. *Divulgation d'informations couvertes par le secret de l'instruction devant l'Autorité de la concurrence.* Le principe du respect des droits de la défense ne justifie la divulgation, dans un procès civil, d'informations couvertes par le secret de l'instruction devant le Conseil de la concurrence, devenu l'Autorité de la concurrence, que si cette divulgation, incriminée par l'article L. 463-6, est nécessaire à l'exercice de ces droits (■ Cass. com., 19 janv. 2010, n° 08-19.761 : *JurisData* n° 2010-051192 ; *Bull. civ.* IV, n° 8 ; *Contrats, conc. consom.* 2010, comm. 105, obs. G. Decocq ; *D.* 2010, p. 320, obs. E. Chevrier ; *RJDA* 2010, n° 681 ; *RD conc.* 2010, n° 2, p. 136, obs. Ch. Lemaire et S. Naudin ; *Rev. Lamy conc.* 2010, n° 1612, obs. E. Barbier de la Serre). Une cour d'appel, devant laquelle était produite des pièces issues d'une procédure achevée devant le Conseil de la concurrence, a décidé, à bon droit, de les écarter des débats, à la demande de la partie visée par les informations contenues dans ces pièces, dès lors que les parties les ayant produites, qui n'ont pas contesté que cette production était de nature à entraîner leur divulgation, n'ont ni justifié, ni même allégué, de l'éventuelle nécessité de cette divulgation, pour s'opposer à la demande de retrait de ces pièces des débats (même arrêt). Comp. ■ T. com. Paris, 8 nov. 2011 : *JurisData* n° 2011-027462 ; *Contrats, conc. consom.* 2012, comm. 24, obs. D. Bosco ; *Europe* 2012, comm. 86, obs. L. Idot ; *Rev. Lamy conc.* 2012, n° 1976, obs. S. Cholet.

5) Action en réparation. *Demande de transmission de pièces détenues par l'Autorité de la concurrence.* L'acceptation d'engagements par l'Autorité de la concurrence à l'occasion de pratiques anticoncurrentielles répond aux préoccupations de concurrence mais cette décision administrative ne peut avoir pour effet de priver les éventuelles victimes de ces pratiques de toute possibilité de faire valoir leurs droits dans le cadre d'un contentieux en indemnisation devant le tribunal de commerce. En application de l'article 138 du Code de procédure civile, le demandeur à l'instance peut solliciter la communication d'informations qui ne portent que sur des versions non confidentielles des documents contenus dans le dossier d'instruction de l'Autorité, la Cour de cassation ayant par ailleurs précisé que la divulgation d'informations visées à l'article L. 463-6 du Code de commerce couvertes par le secret de l'instruction se justifie si elle est nécessaire à l'exercice des droits de la partie en cause (V. ■ Cass. com., 19 janv. 2010, préc.). Le fait que certains documents émanent ou reproduisent des déclarations de tiers à la procédure ne saurait constituer un empêchement légitime au sens de l'article 141 du Code de procédure civile. Par ailleurs, l'article 6 de la loi n° 78-753 du 17 juin 1978 modifié par la loi n° 2011-525 du 17 mai 2011 ne peut faire échec au pouvoir du juge fixé par l'article 138précité (■ T. com. Paris, 24 août 2011, n° 2011014911 : *JurisData* n° 2011-018245 ; *Contrats, conc. consom.* 2011, comm. 221, obs. D. Bosco ; *Rev. Lamy conc.* 2011, n° 1909, obs. V. Selinsky ; *RD conc.* 2011, n° 4, p. 178, obs. Ch. Lemaire et S. Naudin ; *Rev. Lamy conc.* 2012, n° 2007, obs. G. Fabre). En ce sens, V. ■ T. com. Paris, 16 mars 2012, n° 2011014911 : *JurisData* n° 2012-004475 ; *Contrats, conc. consom.* 2012, comm. 135, obs. D. Bosco ; *Rev. Lamy conc.* 2012, n° 2125, obs. M. Lavedan ; réf. par ▪ Paris, 20 nov. 2013, n° 12/05813 : *Contrats, conc. consom.* 2014, comm. 74, obs. D. Bosco.

Voir également : la nouvelle rédaction de art. L. 462-3, p. 898, issue de la L. n° 2012-1270, 20 nov. 2012.

Art. L. 420-4 *(Mod., L. n° 2001-420, 15 mai 2001 ; Ord. n° 2008-1161, 13 nov. 2008 ; L. n° 2012-1270, 20 nov. 2012 ; L. n° 2016-1920, 29 déc. 2016).* **– I. – Ne sont pas soumises aux dispositions des articles L. 420-1 et L. 420-2 les pratiques :**

1° Qui résultent de l'application d'un texte législatif ou d'un texte réglementaire pris pour son application ;

2° Dont les auteurs peuvent justifier qu'elles ont pour effet d'assurer un progrès économique, y compris par la création ou le maintien d'emplois, et qu'elles réservent aux utilisateurs une partie équitable du profit qui en résulte, sans donner aux entreprises intéressées la possibilité d'éliminer la concurrence pour une partie substantielle des produits en cause. Ces pratiques qui peuvent consister à organiser, pour les produits agricoles ou d'origine agricole, sous une même marque ou enseigne, les volumes et la qualité de production ainsi que la politique commerciale, y compris en convenant d'un prix de cession commun ne doivent imposer des restrictions à la concurrence, que dans la mesure où elles sont indispensables pour atteindre cet objectif de progrès.

II. – Certaines catégories d'accords ou certains accords, notamment lorsqu'ils ont pour objet d'améliorer la gestion des entreprises moyennes ou petites, peuvent être reconnus comme satisfaisant à ces conditions par décret pris après avis conforme de l'Autorité de la concurrence.

III. – Ne sont pas soumis aux dispositions des articles L. 420-2-1 et L. 420-2-2 les accords ou pratiques dont les auteurs peuvent justifier qu'ils sont fondés sur des motifs objectifs tirés de l'efficacité économique et qui réservent aux consommateurs une partie équitable du profit qui en résulte.

Certaines catégories d'accords ou de pratiques, certains accords ou certaines pratiques, notamment lorsqu'ils ont pour objet de favoriser l'apparition d'un nouveau service, peuvent être reconnus comme satisfaisant aux conditions mentionnées au premier alinéa du présent III, par arrêté conjoint des ministres chargés de l'économie et des transports, pris après avis conforme de l'Autorité de la concurrence et pour une durée ne pouvant excéder cinq ans.

NB : Les modifications, issues de l'article 3 de la loi n° 2016-1920 du 29 décembre 2016, entrent en vigueur le premier jour du troisième mois suivant la promulgation de la loi susvisée. Les dispositions modifiées sont applicables aux contrats conclus avant cette date.

Bibliographie : D. Barthe, *Faits justificatifs des pratiques anticoncurrentielles : JCl. Concurrence-consommation*, Fasc. 320. • J.-B. Blaise, *L'article 10-2° et la contribution au progrès économique : du bilan économique à la règle de raison : Gaz. Pal.* 12 févr. 1997, n° spéc., p. 9. • J.-L. Fourgoux et L. Djavadi, *L'exemption en période de crise économique : CDE* 2009, n° 3, p. 20. • O. Schaller et Ph. Gugler, *Le pouvoir compensateur : un nouveau motif d'efficacité économique en droit de la concurrence ? : RD conc.* 2009, n° 3, 26.

Voir aussi : pris en application de l'article L. 420-4, II : D. n° 96-499, 7 juin 1996, relatif aux accords entre producteurs bénéficiant de signes de qualité dans le domaine agricole (*JO* 11 juin). – D. n° 96-500, 7 juin 1996, relatif aux accords entre producteurs agricoles ou entre producteurs agricoles et entreprises concernant des mesures d'adaptation à des situations de crise (*JO* 11 juin ; *JCP* E 1996, I, 613, n° 17, obs. L. Vogel). – D. n° 2007-1884, 26 déc. 2007, concernant un accord relatif aux délais de paiement dans la filière automobile (*JO* 30 déc. ; *Contrats, conc. consom.* 2008, comm. 136, obs. G. Decocq).

I – EXCEPTION TEXTUELLE

1) Interprétation stricte. Seul un texte législatif ou un texte réglementaire pris pour son application peut exonérer une pratique anticoncurrentielle. Pour de rares comportements anticoncurrentiels *résultant de l'application d'un texte de loi*, V. ▪ Paris, 22 mai 2001, n° 2000/19807 : *JurisData* n° 2001-150719 ; *BOCC* 2001, p. 530 ; *Gaz. Pal.* 2001, 2, somm. 1952 ; rejet pourvoi par ▪ Cass. com., 7 janv. 2004 : *Bull. civ.* IV, n° 3 ; *RJDA* 2004, n° 631. ▪ Cons. conc., déc. n° 03-D-03, 16 janv. 2003 : *BOCC* 2003, p. 323 ; *JCP* E 2008, p. 714, obs. R. Martin. ▪ Cass. 1re civ., 14 nov. 2001, n° 98-19.033 : *JurisData* n° 2001-011604 ; *Bull. civ.* I, n° 255, et de *textes réglementaires* pris pour son application, V. ▪ CE, sect., 10 nov. 1999, n° 203779. ▪ CE, sect., 7 juill. 2000, n° 198564. ▪ CE, 20 avr. 2005, n° 260779 : *AJDA* 2005, p. 2064, note S. Nicinski. ▪ CE, 6 juill. 2007, n° 294599 : *Rev. Lamy conc.* 2007, n° 919, obs. G. Clamour. ▪ CE, 29 avr. 2009, n° 305695 : *JurisData* n° 2009-075356 ; *Rev. Lamy conc.* 2009, n° 1476, obs. G. Clamour. ▪ CE, 10 nov. 2010, n° 337075 : *JurisData* n° 2010-021008 ; *Rev. Lamy conc.* 2011, n° 1742, obs. G. Clamour.

À l'inverse, un *décret simple* (■ Cons. conc., déc. n° 94-D-41, 5 juill. 1994 : *BOCC* 1994, p. 419), une *incitation des pouvoirs publics* (■ Cons. conc., déc. n° 92-D-44, 7 juill. 1992 : *BOCC* 1992, p. 285), un *usage professionnel* (■ Cons. conc., déc. n° 95-D-39, 30 mai 1995 : *BOCC* 1995, p. 343. ■ Cons. conc., 28 nov. 2007, déc. n° 07-D-41 : *RD conc.* 2008, n° 1, p. 114, obs. E. Claudel ; *Rev. Lamy conc.* 2008, n° 1023, obs. C. Nourissat), une lettre du ministre de l'Économie autorisant une opération de concentration (■ Aut. conc., déc. n° 10-D-04, 26 janv. 2010 : *Rev. Lamy conc.* 2010, n° 1576, obs. V. Selinsky) et, *a fortiori*, une *convention* (■ Paris, 14 juin 1995 : *BOCC* 1995, p. 279. ■ Cons. conc., déc. n° 07-D-08, 12 mars 2007 : *RJDA* 2007, n° 558 ; *RD conc.* 2007, n° 2, p. 116, obs. C. Prieto ; *Rev. Lamy conc.* 2007, n° 821, obs. V. Selinsky) ne suffisent pas.

2) Lien de causalité direct. De surcroît, pour l'application de cette disposition exonératoire, la pratique doit découler de manière *inéluctable* du texte (■ Cons. conc., déc. n° 96-D-18, 26 mars 1996 : *BOCC* 1996, p. 367). Il faut en effet que les pratiques contestées soient la *conséquence directe et nécessaire* de ces textes (■ Cons. conc., déc. n° 03-D-03, 16 janv. 2003, préc. ■ Aut. conc., déc. n° 10-D-04, 26 janv. 2010 : *Rev. Lamy conc.* 2010, n° 1576, obs. V. Selinsky). Aussi, le fait, par exemple, qu'une réglementation restreigne le jeu de la concurrence, notamment sur les prix, en imposant des plafonds de marge, ne fait pas obstacle à l'application du droit des ententes car la concurrence peut s'exercer autrement que par les prix et, notamment, par les services (■ Cass. com., 21 juin 1994, n° 92-14.589 : *BOCC* 1994, p. 391. Voir aussi ■ Cass. com., 10 mars 1998 : *BOCC* 1998, p. 167).

En revanche, les missions des greffiers sont rémunérées par des tarifs fixés par un texte réglementaire pris pour l'application d'un texte législatif auxquels ceux-ci ne peuvent déroger. Les prix pratiqués par les greffiers sont donc la conséquence directe et nécessaire des textes qui régissent leurs activités (■ Aut. conc., déc. n° 13-D-23, 30 déc. 2013 : *Rev. Lamy conc.* 2014/39, n° 2513, obs. E. Rodriguez). En conséquence, les tarifs pratiqués par Infogreffe, pour la transmission par voie électronique des informations juridiques et économiques relatives aux entreprises figurant sur les registres légaux dont les greffiers des tribunaux de commerce ont la charge, doivent être considérés comme n'étant pas soumis aux dispositions de l'article L. 420-2 par application de l'article L. 420-4-I, 1° (même déc.).

3) Absence de comportement autonome de l'entreprise. En tout état de cause, cette exception ne peut être retenue que si la législation ne laisse subsister aucune possibilité à l'entreprise d'adopter un comportement autonome conforme aux règles de concurrence (■ Cons. conc., déc. n° 07-D-50, 20 déc. 2007 : *Contrats, conc. consom.* 2008, comm. 39, obs. M. Malaurie-Vignal ; *RJDA* 2008, n° 328 ; *RD conc.* 2008, n° 1, p. 108, obs. E. Claudel ; *Rev. Lamy conc.* 2008, n° 1058, obs. S. Cholet ; conf. par ■ Paris, 28 janv. 2009 : *Contrats, conc. consom.* 2009, comm. 83, obs. G. Decocq ; *RD conc.* 2009, n° 2, p. 107, obs. L. Nicolas-Vullierme ; rejet pourvoi par ■ Cass. com., 7 avr. 2010 : *Contrats, conc. consom.* 2010, comm. 163, obs. G. Decocq ; *RD conc.* 2010, n° 2, p. 68, obs. L. Nicolas-Vullierme). *Rappr.* ■ Aut. conc., déc. n° 10-D-13, 15 avr. 2010 : *Rev. dr. transp.* 2010, comm. 132, obs. L. Grard ; *RD conc.* 2011, n° 3, p. 82, obs. L. Nicolas-Vullierme ; *Rev. Lamy conc.* 2010, n° 1645, obs. S. Destours et n° 1655, obs. M. Lavedan. ■ Aut. conc., déc. n° 13-D-23, 30 déc. 2013 : *Rev. Lamy conc.* 2014/39, n° 2513, obs. E. Rodriguez.

II – PROGRÈS ÉCONOMIQUE

4) Critères. Quatre critères doivent être satisfaits pour octroyer une exemption à une pratique jugée anticoncurrentielle dans le cadre de l'alinéa 2 du I de l'article L. 420-4 : la réalité du progrès économique, le caractère indispensable et adapté des pratiques en cause pour l'obtenir, l'existence d'un bénéfice pour les consommateurs et l'absence d'élimination de toute concurrence. Chacune de ces quatre conditions doit être remplie pour que le bénéfice d'une exemption individuelle soit admissible (■ Aut. conc., déc. n° 13-D-14, 11 juin 2013 : *Rev. Lamy conc.* 2013/37, n° 2405, obs. S. Cholet).

5) Charge de la preuve. Après avoir retenu exactement que les justifications admises par l'article 10, 2° de l'ordonnance de décembre 1986 (devenu C. com., art. L. 420-4, I, 2°) impliquent l'existence de pratiques définies par les articles L. 420-1 et L. 420-2, et que constituait une telle pratique, en ce qu'elle réalisait une sélection quantitative ayant pour objet de restreindre le jeu de la concurrence sur le marché considéré, la clause par laquelle le fournisseur imposait à ses distributeurs que leur local soit ouvert à la clientèle sans aucune restriction ni limitation, la cour d'appel a retenu à bon droit qu'il appartenait au fournisseur d'apporter la preuve des faits qui, en vertu de l'article 10, 2° de l'ordonnance de décembre 1986 (devenu C. com., art. L. 420-4, I, 2°), seraient propres à justifier la pratique litigieuse (■ Cass. com., 6 nov. 1990, n° 89-13.116 : *Bull. civ.* IV, n° 266 ; *RTD com.* 1991, 431, obs. B. Bouloc. *Rappr.* ■ Cons. conc., déc. n° 07-D-08, 12 mars 2007 : *RJDA* 2007, n° 558 ; *RD conc.* 2007, n° 2, p. 116, obs. C. Prieto ; *Rev. Lamy conc.* 2007, n° 821, obs. V. Selinsky).

L'Autorité est uniquement tenue, aux fins de déterminer si un accord contribue à améliorer la production ou la distribution des produits ou à promouvoir le progrès technique ou économique, d'examiner les arguments de fait et les éléments de preuve fournis par l'entreprise dans le cadre de sa demande d'exemption (▪ Aut. conc., déc. n° 12-D-09, 13 mars 2012 : *Contrats, conc. consom.* 2012, comm. 131, obs. D. Bosco ; *Rev. Lamy conc.* 2012, n° 2093, note V. Selinsky ; partiellement réformée par ▪ Paris, 20 nov. 2014 : *RD conc.* 2015, n° 1, p. 90, obs. M. Behar-Touchais ; *Contrats, conc. consom.* 2015, comm. 39, obs. G. Decocq ; *AJ Contrats d'affaires* 2015, n° 1, p. 28, obs. M. Ponsard, cassation partielle : ▪ Cass. com., 8 nov. 2016 : *Contrats, conc. consom.* 2017, comm. 18, obs. G. Decocq ; *RD conc.* 2017, n° 1, p. 94, obs. A.-S. Choné-Grimaldi. – Et sur renvoi ▪ Paris, 4 juill. 2019, n° 16/23609 : *Contrats, conc. consom.* 2019/10, comm. 163, note G. Decocq).

Il ne résulte nullement de la jurisprudence que la démonstration d'une pratique abusive de différenciation tarifaire imposerait, du fait de possibles effets pro-concurrentiels, l'application d'un standard de preuve plus élevé que celui utilisé pour d'autres pratiques susceptibles d'être qualifiées d'abus de position dominante. C'est à l'entreprise dominante qu'il appartient de démontrer que ses pratiques, bien qu'elles tendent à porter atteinte à la concurrence, sont économiquement justifiées, par exemple par des gains d'efficacité substantiels. Dans ce cadre, la jurisprudence impose également de déterminer si l'effet anticoncurrentiel qui résulte de la pratique peut être contrebalancé, voire surpassé, par des avantages en termes d'efficacité qui profitent également au consommateur. Si l'effet d'éviction de la pratique est sans rapport avec les avantages pour le marché et les consommateurs ou s'il va au-delà de ce qui est nécessaire pour atteindre ces avantages, la pratique doit être considérée comme abusive (▪ Aut. conc., déc. n° 12-D-24, 13 déc. 2012 : *Rev. Lamy conc.* 2013/35, n° 2267, obs. V. Selinsky ; sursis à statuer de ▪ Paris, 19 juin 2014, n° 13/010006, rejet des moyens de procédure et renvoi pour avis à la Commission européenne : *Contrats, conc. consom.* 2014, comm. 197, obs. G. Decocq. Conf. partielle de la décision de l'Autorité par ▪ Paris, 19 mai 2016, n° 13/01006 réduisant les sanctions de 20 % et sur pourvoi rejeté ▪ Cass. com., 5 avr. 2018, n° 16-19.186 : *Contrats, conc. consom.* 2018/5, comm. 92, obs. D. Bosco).

6) **Réseaux de distribution.** Pour des *hypothèses de restrictions de concurrence dans des* réseaux de distribution exemptées au titre de leur contribution au progrès économique, V. ▪ Paris, 22 oct. 1991 : *D.* 1992, somm. 393, obs. D. Ferrier. ▪ Versailles, 6 févr. 1992 : *JurisData* n° 1992-043127 ; *Gaz. Pal.* 28-30 mars 1993. ▪ Paris, 13 juill. 1993 : *JurisData* n° 1993-024184 ; *RJDA* 1994, n° 303. ▪ Cass. com., 4 mai 1999 : *LPA* 5 avr. 2000, p. 16, obs. N. Reboul ; *RJDA* 1999, n° 1014.

Pour des illustrations, plus nombreuses, de restrictions de concurrence non exemptées, dans le cadre : d'un réseau de *distribution sélective*, V. ▪ Cons. conc., déc. n° 87-D-15, 9 juin 1987 : *BOCC* 1987, p. 177 ; *JCP* E 1987, I, 16499. – Conf. par ▪ Paris, 28 janv. 1988 : *BOCC* 1988, p. 33 ; *Gaz. Pal.* 1988, 1, 208, note J.-P. Marchi ; *JCP* E 1988, I, 17145. – Rejet pourvoi par ▪ Cass. com., 25 avr. 1989 : *BOCC* 1989, p. 135 ; *D.* 1990, 64, note Lavillaine-Juliet. ▪ Paris, 1er juill. 1997 : *BOCC* 1997, p. 548 ; *LPA* 6 févr. 1998, note P. Arhel. – Conf. de ▪ Cons. conc., déc. n° 96-D-57, 1er oct. 1996 : *BOCC* 1997, p. 42 ; *Contrats, conc. consom.* 1997, comm. 50, obs. L. Vogel ; d'un réseau de *distribution exclusive*, V. ▪ Cons. conc., déc. n° 96-D-17, 19 mars 1996 : *BOCC* 1996, p. 365 ; d'un *groupement de distributeurs*, V. ▪ Cons. conc., déc. n° 92-D-38, 9 juin 1992 : *Contrats, conc. consom.* 1992, comm. 158, obs. L. Vogel. – Conf. par ▪ Paris, 3 juin 1993 ; rejet pourvoi par ▪ Cass. com., 16 mai 1995 : *Bull. civ.* IV, n° 147.

7) **Hors des réseaux de distribution.** À supposer que l'apiculture française connaisse une situation durablement difficile qui pourrait expliquer, dans une certaine mesure, le comportement des organisations professionnelles en cause, lesdites organisations ne sont pas fondées à invoquer les dispositions de l'article 10, 2° de l'ordonnance de décembre 1986 (devenu C. com., art. L. 420-4, I, 2°) alors qu'elles se sont limitées à tenter d'infléchir l'évolution des cours, sans assortir ces mesures de dispositions d'ordre structurel touchant à l'organisation de la production et à la valorisation de certains types de miel ; en outre, le maintien d'entreprises déficitaires ne saurait être assimilé à un objectif de progrès économique au sens de l'article précité (▪ Cons. conc., déc. n° 95-D-77, 5 déc. 1995 : *BOCC* 1996, p. 35 ; *Contrats, conc. consom.* 1996, comm. 61, obs. L. Vogel).

L'argument tiré de la nécessité et de la survie des entreprises ne constitue pas une cause d'exonération accordée par l'article L. 420-4 aux auteurs de pratiques pouvant justifier d'une contribution au progrès économique (▪ Cons. conc., déc. n° 05-D-03, 10 févr. 2005 : *Rev. Lamy conc.* 2005, n° 202, obs. V. Selinsky).

La société poursuivie ne justifie aucunement que la participation à une entente pour faire échec à l'appel d'offres concernant un achat groupé de défibrillateurs était le seul moyen d'empêcher la disparition de petits concurrents sur le marché. En outre, si le progrès économique allégué est d'avoir fait échec à une procédure prétendument illégale, le même objectif aurait pu être atteint par des moyens légaux en formant un recours devant le juge administratif pour qu'il se prononce sur cette illégalité, sans qu'il soit nécessaire de mettre en œuvre une entente (■ Cons. conc., déc. n° 07-D-49, 19 déc. 2007 : *RD conc.* 2008, n° 1, p. 112, obs. E. Claudel ; *Rev. Lamy conc.* 2008, n° 1056, obs. V. Selinsky ; conf. par ■ Paris, 8 avr. 2009, n° 2008/01092 : *JurisData* n° 2009-007511 ; *Contrats, conc. consom.* 2009, comm. 173, obs. D. Bosco ; *Rev. Lamy conc.* 2009, n° 1396, obs. V. Selinsky et n° 1433, obs. E. Barbier de la Serre).

En revanche, eu égard au fait que la pratique permet à des patients de bénéficier d'appareillages rares dans de meilleures conditions, qu'elle porte sur une demande marginale, qu'elle n'est pas obligatoire et qu'elle intervient dans un contexte où la concurrence peut difficilement jouer, il y a lieu de considérer qu'elle contribue au progrès en bénéficiant aux utilisateurs sans avoir elle-même un impact significatif sur la concurrence (■ Cons. conc., déc. n° 07-D-05, 21 févr. 2007 : *BOCC* 2007, p. 701 ; *RD conc.* 2007, n° 2, p. 100, obs. E. Claudel).

Ont été exemptées certaines commissions interbancaires (commissions sur rejet d'image-chèque, sur demandes de télécopie, pour archivage et sur image-chèque circulante) : elles sont indispensables au passage au système dématérialisé de compensation des chèques interbancaires en rémunérant des services nouveaux apparus avec le système électronique ; un système de commissions interbancaires, multilatérales et à un montant fixe liées au coût moyen du service rendu, est proportionné à la réalisation du gain d'efficacité attendu ; une partie des gains retirés par le passage au système dématérialisé a été répercutée par les banques sur les consommateurs sous la forme d'une accélération du crédit des comptes bancaires des clients remettant des chèques et par une sécurité accrue des transactions ; la concurrence des banques n'est pas éliminée sur les marchés de l'émission et de la remise des chèques par l'instauration de ces commissions (■ Aut. conc., déc. n° 10-D-28, 20 sept. 2010 : *Contrats, conc. consom.* 2010, comm. 278, obs. G. Decocq ; *RD conc.* 2010, n° 4, p. 208, obs. Ch. Lemaire ; *Rev. Lamy conc.* 2011, n° 1726, obs. V. Selinsky ; réf. par ■ Paris, 23 févr. 2012 : *Contrats, conc. consom.* 2012, comm. 104, obs. D. Bosco ; *RD bancaire et fin.* 2012, étude 18, note J. Lucas et Th. Schrepel ; partiellement censurée sur la question des interventions volontaires par ■ Cass. com., 14 avr. 2015, n° 12-15.971 : *RD conc.* 2015, n° 3, p. 153, obs. C. L., et sur renvoi ■ Paris, 21 déc. 2017, n° 15/17638 : *Concurrences* 2018/2, p. 66, obs. L. Bernardeau, confirmant la décision de l'Autorité tout en réformant le montant de certaines amendes et de nouveau censurée par ■ Cass. com., 29 janv. 2020, n°s 18-10.967 et 18-11.001 : *Contrats, conc. consom.* 2020/3, comm. 49, note. D. Bosco).

8) Articulation des droits interne et européen. L'Autorité ne peut accorder une exemption au titre de l'article L. 420-4 que si les pratiques en cause sont susceptibles d'être exemptées en vertu de l'article 101, § 3, du TFUE. Toutefois, les conditions de l'exemption prévue au titre de l'alinéa 2 du I de l'article L. 420-4 sont en substance identiques à celles prévues au titre de l'article 101, § 3, du TFUE si bien que l'Autorité conduit, en principe, une analyse concomitante de l'exemption éventuelle d'une pratique restrictive au titre de ces deux dispositions (■ Aut. conc., déc. n° 12-D-08, 6 mars 2012 : *Contrats, conc. consom.* 2012, comm. 131, obs. D. Bosco ; *Rev. Lamy conc.* 2012, n° 2094, obs. V. Selinsky ; réformée par ■ Paris, 15 mai 2014, n° 2012/06498 : *RD conc.* 2014, n° 3, p. 90, note M. D. : solution à rapprocher du rapport de la Commission européenne, 6 mai 2014, COM (2014) 249 final).

Art. L. 420-5 *(Mod., L. n° 2005-882, 2 août 2005).* **– Sont prohibées les offres de prix ou pratiques de prix de vente aux consommateurs abusivement bas par rapport aux coûts de production, de transformation et de commercialisation, dès lors que ces offres ou pratiques ont pour objet ou peuvent avoir pour effet d'éliminer d'un marché ou d'empêcher d'accéder à un marché une entreprise ou l'un de ses produits.**

(L. n° 2017-256, 28 févr. 2017) **« En Guadeloupe, en Guyane, en Martinique, à La Réunion et dans le Département de Mayotte, lorsque des denrées alimentaires identiques ou similaires à celles qui sont produites et commercialisées localement sont proposées aux consommateurs à des prix manifestement inférieurs à ceux pratiqués dans l'hexagone, la conclusion d'un accord entre les acteurs de l'importation et de la distribution, d'une part, et ceux de la production et de la transformation locales, d'autre part, peut être rendue obligatoire par le représentant de l'État dans le territoire. Celui-ci prend en compte les volumes de produits concernés, la situation économique des producteurs locaux et l'intérêt des consommateurs à très faibles revenus. Cet accord, dont la négociation est conduite sous l'égide de l'État et des collectivités compétentes en matière de développement économique, doit mentionner les opérations continues menées par la distribution afin d'offrir au consommateur des denrées produites localement ainsi que la politique menée par les producteurs locaux afin de satisfaire au mieux les besoins des consommateurs. L'accord est rendu public par arrêté préfectoral. En l'absence d'accord dans le délai de dix jours ouvrables à compter de l'ouverture des négociations, le représentant de l'État**

dans le territoire prend par arrêté toute mesure relevant de sa compétence et permettant de répondre aux objectifs précités ».

Les coûts de commercialisation comportent également et impérativement tous les frais résultant des obligations légales et réglementaires liées à la sécurité des produits.

***(Al. rempl., L. n° 2018-938, 30 oct. 2018)* « Les premier et troisième alinéas » ne sont pas applicables en cas de revente en l'état, à l'exception des enregistrements sonores reproduits sur supports matériels et des vidéogrammes destinés à l'usage privé du public.**

Bibliographie : G. Decocq, *Réglementation des enchères à distance et prohibition des prix abusivement bas des vidéogrammes : Comm. com. électr.* 2005, comm. 175. • F. Fournier, *Haro sur les prédateurs : répression des prix abusivement bas : CDE* 1997/1, p. 5. • R. Kovar, *Les pratiques de prix abusivement bas en matière de commercialisation des supports de son dans la jurisprudence du Conseil de la concurrence : CDE* 1999/5, p. 1. • A. Perrot, *Les pratiques de prix bas sont-elles anticoncurrentielles ? : Rev. Lamy conc.* 2006, n° 613. • G. Semadeni, *Les offres ou pratiques de prix abusivement bas et leurs sanctions : CDE* 1996/5, p. 8. • A. Winckler, *Prix bas : objectif ou abus ? : Rev. Lamy conc.* 2006, n° 613.

Voir aussi : ▪ Cons. conc., avis n° 97-A-18 : *BOCC* 17 sept. 1997, p. 639 ; *JCP* E 1998, p. 776, n° 3, obs. L. Vogel.

1) Principe d'interdiction. La qualification de prix abusivement bas suppose la réunion de trois conditions cumulatives : en premier lieu, le prix en question doit être un prix de vente au consommateur ; en deuxième lieu, le niveau de prix proposé doit être insuffisant au regard des coûts de production, de transformation et de commercialisation ; en troisième lieu, le prix pratiqué doit traduire une volonté d'éviction ou bien comporter une potentialité d'éviction du concurrent ou du produit concurrent (▪ Cons. conc., déc. n° 06-D-23, 21 juill. 2006 : *BOCC* 2007, p. 392 ; *Rev. Lamy conc.* 2007, n° 698, obs. Destours S. ▪ Cons. conc., déc. n° 08-D-01, 18 janv. 2008 : *Contrats, conc. consom.* 2008, comm. 85, obs. D. Bosco ; *Rev. Lamy conc.* 2008, n° 1088, obs. S. Destours ; *RJDA* 2008, n° 459).

2) Notion de consommateur. Le consommateur est la personne physique ou morale qui, sans expérience particulière dans le domaine où elle contracte, agit pour la satisfaction de ses besoins personnels et utilise dans ce seul but le produit ou le service acquis (▪ Paris, 3 juill. 1998, n° 97/15750 : *JurisData* n° 1998-021922 ; *D.* 1999, jurispr. p. 249, note J.-P. Chazal ; *Contrats conc. consom.* 1998, comm. 131, obs. M. Malaurie-Vignal. – Conf. de ▪ Cons. conc., déc. n° 97-PB-02, 27 mai 1997 : *BOCC* 1997, p. 619).

Sur le refus d'appliquer le texte aux offres de prix faites aux *acheteurs publics*, ces derniers n'étant pas considérés comme des consommateurs. En effet, la notion de prix abusivement bas concerne les pratiques de prix sur les marchés de détail ; elle ne peut donc s'appliquer aux soumissions d'une entreprise à un appel d'offres d'une collectivité *publique* (▪ *Cons. conc., déc. n° 07-D-38, 15 nov.* 2007 : *Rev. Lamy conc.* 2008, n° 999, obs. S. Destours. *Rappr.* ▪ Paris, 3 juill. 1998, préc. ▪ Cons. conc., déc. n° 99-PB-01, 21 déc. 1999 : *BOCC* 2000, p. 224 ; *LPA* 17 nov. 2000, p. 4, obs. M. Malaurie-Vignal, conf. par ▪ Paris, 14 nov. 2000, n° 2000/06154 : *JurisData* n° 2000-126393 ; *JCP* E 2000, pan. 1980. ▪ Cons. conc., déc. n° 01-D-10, 30 mars 2001 : *BOCC* 2001, p. 376. ▪ Cons. conc., déc. n° 08-D-01, 18 janv. 2008 : *Contrats, conc. consom.* 2008, comm. 85, obs. D. Bosco ; *RJDA* 2008, n° 459 ; *RD conc.* 2008, n° 2, p. 183, obs. J.-Ph. Kovar ; *Rev. Lamy conc.* 2008, n° 1088, obs. S. Destours. ▪ Aut. conc., déc. n° 09-D-20, 11 juin 2009 : *RD conc.* 2009, n° 3, p. 152, obs. J.-Ph. Kovar).

Sur le refus d'appliquer le texte aux *revendeurs*, V. ▪ Cons. conc., déc. n° 04-D-33, 19 juill. 2004 : *BOCC* 2004, p. 774, considérant que les concurrents mis en cause par le plaignant sont des distributeurs qui exercent une activité de distribution, c'est-à-dire de revente en l'état.

3) Notion de prix abusivement bas. L'application des dispositions sur les prix abusivement bas de l'article L. 420-5 n'est pas limitée aux pratiques des entreprises en position dominante, à la différence des dispositions de l'article L. 420-2 dont relèvent les pratiques de prix prédateurs mises en œuvre par une entreprise en position dominante (▪ Cons. conc., déc. n° 04-D-10, 1er avr. 2004 : *BOCC* 2004, p. 541 ; *D.* 2004, p. 1235).

L'article 10-1 de l'ordonnance de décembre 1986 (devenu C. com., art. L. 420-5) concerne autant les produits que les prestations de services (▪ Cons. conc., déc. n° 96-PB-01, 27 nov. 1996 : *BOCC* 1997, p. 15).

En ce qui concerne les coûts susceptibles de servir de référence pour apprécier le caractère abusivement bas des prix, en tout état de cause seront pris en considération les coûts variables, un prix de vente inférieur au coût variable permettant de présumer l'éviction. Par ailleurs, des prix pourraient être considérés comme abusivement bas par rapport aux coûts moyens totaux, même s'ils étaient supérieurs aux coûts variables, si la pratique de prix bas est accompagnée d'indices suffisamment sérieux et concordants d'une volonté délibérée de capter la clientèle au détriment d'un concurrent (▪ Cons. conc., déc. n° 98-PB-03, n° 98-

PB-04 et n° 98-PB-05, 8 juill. 1998 : *BOCC* 1998, p. 539 à 544. V. aussi ■ Cons. conc., avis n° 97-A-18, 8 juill. 1997 : *BOCC* 1997, p. 639).

4) Effet d'éviction. Si un distributeur est confronté à plusieurs reprises et à intervalles suffisamment rapprochés à des ventes à prix bas de la part d'un ou de plusieurs concurrents, alors que lui-même ne serait pas en mesure de pratiquer de tels prix aussi régulièrement sans remettre en cause l'équilibre de son entreprise, et s'il était établi que les prix en question constituaient des prix abusivement bas, une telle situation pourrait aboutir à l'éviction du marché de ce distributeur (■ Cons. conc., déc. n° 98-PB-06, 15 sept. 1998 : *BOCC* 1998, p. 637).

Dans l'hypothèse où une entreprise aurait pratiqué un prix de vente qui serait inférieur aux coûts variables, la preuve de la volonté d'éviction résulte de plein droit de la mise en œuvre de cette pratique si l'entreprise est en position dominante ; mais si l'entreprise n'est pas en position dominante, cette pratique constitue une présomption simple ou indice de sa volonté d'éviction, qui doit être complétée par d'autres indices pour établir l'existence d'une telle volonté ; dans ce dernier cas, il convient alors d'examiner si la démonstration de la volonté d'éviction ou de la potentialité d'éviction, exigée par le texte de l'article L. 420-5, résulte de l'ensemble des éléments figurant au dossier (■ Cons. conc., déc. n° 02-D-66, 6 nov. 2002 : *BOCC* 2003, p. 161 ; *Contrats, conc. consom.* 2003, comm. 74, obs. M. Malaurie-Vignal).

Dès lors que la volonté ou l'effet d'éviction n'est pas établi par un faisceau d'indices suffisamment probants, la pratique de prix prédateurs alléguée par les saisissants ne peut être démontrée que si les prix pratiqués par l'opérateur dominant sont inférieurs à la moyenne de ses coûts variables (■ Cons. conc., déc. n° 04-D-10, 1er avr. 2004 : *BOCC* 2004, p. 541 ; *D.* 2004, p. 1235).

Art. L. 420-6 ***(Mod., L. n° 2001-420, 15 mai 2001 ; Ord. n° 2008-1161, 13 nov. 2008 ; L. n° 2016-1920, 29 déc. 2016).*** **– Est puni d'un emprisonnement de quatre ans et d'une amende de 75 000 euros le fait, pour toute personne physique de prendre frauduleusement une part personnelle et déterminante dans la conception, l'organisation ou la mise en œuvre de pratiques visées aux articles L. 420-1, L. 420-2 et L. 420-2-2.**

Le tribunal peut ordonner que sa décision soit publiée intégralement ou par extraits dans les journaux qu'il désigne, aux frais du condamné.

Les actes interruptifs de la prescription devant [l']Autorité de la concurrence en application *(Mots aj., Ord. n° 2021-649, 26 mai 2021)* « du troisième alinéa » de l'article L. 462-7 sont également interruptifs de la prescription de l'action publique.

NB : Les modifications, issues de l'article 3 de la loi n° 2016-1920 du 29 décembre 2016, entrent en vigueur le premier jour du troisième mois suivant la promulgation de la loi susvisée. Les dispositions modifiées sont applicables aux contrats conclus avant cette date.

Bibliographie : J.-B. Blaise, *La sanction pénale*, in *Les sanctions du droit de la concurrence : JCP* E 2013, 1170. • D. Blanc, *Droit de la concurrence : la dépénalisation n'est pas la solution : AJP* 2008, p. 69. • B. Bouloc, *La sanction judiciaire des pratiques anticoncurrentielles par la voie pénale : LPA* 20 janv. 2005 ; *De quelques concepts pénaux maltraités en droit de la concurrence : Rev. Lamy conc.* 2011, n° 1808. • E. David, *Les poursuites pénales contre les auteurs de pratiques anticoncurrentielles : l'exemple de la France depuis l'ordonnance du 1er décembre 1986 : RD conc.* 2006, n° 2, p. 175. • J.-Cl. Fourgoux, *La survivance du droit pénal dans l'antitrust : Rev. sc. crim.* 2004, p. 651. • D. de Giles, *Le droit pénal de la concurrence en Europe : JCP* E 2003, p. 20 et 68. • Cl. et M.-P. Lucas de Leyssac, *L'inquiétant article L. 420-6 du Code de commerce et comment se rassurer, in Mélanges dédiés à B. Bouloc*, Dalloz, 2007, p. 675. • H. Matsopoulou, *L'exercice de l'action civile devant le juge répressif en matière d'ententes : Rev. Lamy conc.* 2008, n° 1042. • B. Mounier-Kuhn et E. Dieny, *Responsabilité des dirigeants et collaborateurs de l'entreprise dans le cadre des pratiques anticoncurrentielles : JCP* E 2008, 1232, p. 20. • F. Prunet, *Concurrence et responsabilité pénale des personnes morales : un effet inattendu de la loi Perben II : Gaz. Pal.* 2005, doctr. 3786.

1) QPC. L'article L. 420-6 du Code de commerce en ce qu'il incrimine l'abus de position dominante visé à l'article L. 420-2, alinéa 1er dudit code, lequel ne précise ni quelles sont les pratiques qui peuvent être abusives, se contentant d'en donner des illustrations, ni si l'abus doit avoir pour objet ou pour effet d'entraver la concurrence, et ne permet pas de savoir si la tromperie constitue un élément constitutif de l'infraction, méconnaît-il le principe de la légalité des délits et des peines tel que garanti par l'article 9 de la Déclaration des droits de l'homme et du citoyen ? La chambre criminelle a refusé de transmettre une telle question au Conseil constitutionnel aux motifs que ces textes sont rédigés en des termes suffisamment clairs et précis pour exclure tout risque d'arbitraire et laissent au juge, auquel la loi permet de consulter l'autorité de la concurrence, le soin, conformément à son office, de qualifier des comportements que le législateur, de part leur complexité et leur variété, ne peut énumérer de façon exhaustive (■ Cass. crim., 19 déc. 2018, n° 18-82.746 : *Concurrences* 2019/1, p. 174, note Ch. Lemaire ; *Contrats, conc. consom.* 2019, comm. 53, obs. G. Decocq).

2) **Droit transitoire.** Les sanctions pénales prévues à l'article 17 de l'ordonnance de décembre 1986 (devenu C. com., art. L. 420-6) ne peuvent concerner que des faits postérieurs à la création du Conseil de la concurrence (■ Cass. crim., 7 déc. 1987, n° 87-81.536 : *JurisData* n° 1987-002214 ; *D.* 1988, 477, note G. Roujou de Boubée).

3) **Champ d'application.** Le délit de revente à perte n'entre pas dans les prévisions de l'article 17 de l'ordonnance de décembre 1986 (devenu C. com., art. L. 420-6) (■ Cass. crim., 4 févr. 1991, n° 90-81.382 : *JurisData* n° 1991-000985 ; *JCP* E 1991, pan. 516).

4) **Charge de la preuve.** Il appartient aux parties civiles de rapporter la preuve que par leurs agissements personnels les prévenus se sont rendus coupables de pratiques anticoncurrentielles dans le cas particulier de l'exploitation abusive d'une position dominante (■ Cass. crim., 21 nov. 1991, n° 91-81.064 : *JurisData* n° 1991-003579 ; *Gaz. Pal.* 1992, 1, 256, note J.-Cl. Fourgoux ; *RTD com.* 1992, 883, obs. Bouzat).

5) **Illustrations.** Pour des exemples de participation frauduleuse à une entente anticoncurrentielle dans le cadre d'une offre à un marché public, V. ■ Cass. crim., 16 mai 2001, n° 99-83.467 : *JurisData* n° 2001-009962 ; *Bull. crim.* 2001, n° 124 ; *RTD com.* 2003, 80, obs. E. Claudel. ■ Rouen, 25 févr. 2002 : *LPA* 13 déc. 2002, obs. P. Arhel ; *RTD com.* 2003, 80, obs. E. Claudel. ■ Cass. crim., 20 févr. 2008, n° 07-81.651 : *Bull. crim.* 2008, n° 44 ; *D.* 2008, p. 779, obs. E. Chevrier ; *Contrats, conc. consom.* 2008, comm. 110, obs. G. Decocq ; *RJDA* 2008, n° 578 ; *RD conc.* 2008, n° 3, p. 136, obs. Ch. Lemaire ; *Rev. Lamy conc.* 2008, n° 1072, obs. V. Selinsky).

6) **Publication.** La publication des paragraphes de la décision du Conseil de la concurrence qui énoncent, en termes détaillés, les charges retenues contre des personnes physiques ayant pris une part personnelle et déterminante dans la conception, l'organisation ou la mise en œuvre de pratiques anticoncurrentielles pour justifier la transmission du dossier au procureur de la République, en application de l'article L. 462-6, alinéa 2, est de nature à porter atteinte, de façon irréparable, à la présomption d'innocence qui bénéficie aux intéressés (■ Paris, 22 sept. 2004, n° 04/14608 : *JurisData* n° 2004-249338 ; *D.* 2004, p. 2788 ; *RTD com.* 2005, 280, obs. E. Claudel).

7) **Prescription.** Le délai de prescription du délit de participation frauduleuse à une entente prohibée peut être reporté, en cas de dissimulation, au jour où cette infraction est apparue et a pu être constatée dans des conditions permettant l'exercice de l'action publique (■ Cass. crim., 20 févr. 2008, préc., note 4).

Il résulte de l'article L. 420-6, issu de la loi du 15 mai 2001, applicable aux faits postérieurs à son entrée en vigueur, que la saisine du Conseil de la concurrence est interruptive de la prescription de l'action publique (■ Cass. crim., 17 juin 2009, n° 08-84.482 : *JurisData* n° 2009-049124 ; *Bull. crim.* 2009, n° 125 ; *D.* 2009, p. 2034, obs. E. Chevrier ; *Contrats, conc. consom.* 2009, comm. 228, obs. G. Decocq ; *RJDA* 2010, n° 77 ; *Rev. Lamy conc.* 2011, n° 1745, obs. B. Bouloc). La participation frauduleuse à une action concertée tendant à refuser l'accès à un marché est un délit qui ne commence à se prescrire qu'à partir de l'instant où le prévenu cesse d'y prendre part (même arrêt).

V. aussi sous art. L. 462-7, annot. n° 8, p. 908.

8) **Autorité de la chose jugée.** En principe, l'autorité de la chose jugée au pénal ne s'impose aux autorités administratives qu'en ce qui concerne les constatations de fait que les juges répressifs ont retenues et qui sont le support nécessaire de leurs décisions. En l'espèce, l'Autorité de la concurrence n'est liée par aucune constatation de fait retenue par le juge pénal à l'appui d'une décision revêtue de l'autorité de la chose jugée. En tout état de cause, si les constatations de fait qui sont le support nécessaire d'une décision pénale s'imposent à elle, il appartient à l'Autorité de la concurrence de donner aux faits qui lui sont soumis leur qualification juridique au regard des dispositions des articles L. 420-1 et L. 420-2, sous le contrôle de la cour d'appel de Paris (■ Aut. conc., déc. n° 11-D-02, 26 janv. 2011 : *Contrats, conc. consom.* 2011, comm. 75, obs. C. Prebissy-Schnall ; *RD conc.* 2011, n° 2, p. 106, obs. N. Jalabert-Doury ; *Rev. Lamy conc.* 2011, n° 1777, note L. Arcelin-Lecuyer, et n° 1807, obs. A. Mexis ; réf., sur un autre point, par ■ Paris, 11 oct. 2012, n° 2011/03298 : *Contrats, conc. consom.* 2012, comm. 285, obs. G. Decocq ; cass., sur un autre point, par ■ Cass. com., 18 févr. 2014, n° 12-27.643 : *JurisData* n° 2014-002728 ; *Dalloz Act.* 6 mars 2014, obs. E. Chevrier ; *Contrats, conc. consom.* 2014, comm. 100, obs. G. Decocq ; *RJDA* 2014, p. 379, chron. S. Treard).

Art. L. 420-6-1 *(Créé, Ord. n° 2021-649, 26 mai 2021).* – **Les directeurs, gérants et autres membres du personnel de l'entreprise ou association d'entreprises qui ont pris une part personnelle et déterminante dans la conception, l'organisation ou la mise en œuvre de pratiques mentionnées à l'article L. 420-1 sont exempts des peines prévues par l'article L. 420-6 si cette entreprise ou association d'entreprises a bénéficié d'une**

exonération totale des sanctions pécuniaires en application de la procédure prévue au IV de l'article L. 464-2 au titre de ces pratiques, et s'il est établi qu'ils ont activement coopéré avec l'Autorité de la concurrence et le ministère public.

La coopération active d'une personne est appréciée au regard des critères suivants :

1° La personne se tient à la disposition des services d'enquête et de l'Autorité de la concurrence pour répondre à toute question pouvant contribuer à établir les faits ;

2° La personne s'abstient de détruire, de falsifier ou de dissimuler des informations ou des preuves pertinentes ;

3° La personne apporte des éléments de preuve de nature à établir l'infraction et à en identifier les autres auteurs ou complices.

L'exemption de peine n'est pas accordée aux directeurs, gérants et autres membres du personnel qui, au moment de la demande d'exonération des sanctions pécuniaires formée par l'entreprise ou l'association d'entreprises pour laquelle ils travaillent en application de la procédure prévue au IV de l'article L. 464-2, avaient connaissance d'une procédure administrative ou judiciaire relative à leur participation aux pratiques mentionnées à l'article L. 420-1 faisant l'objet de cette demande d'exonération.

Art. L. 420-7 ***(Ord. n° 2004-1173, 4 nov. 2004 ; mod., Ord. n° 2011-337, 29 mars 2011).*** **– Sans préjudice des articles L. 420-6, L. 462-8, L. 463-1 à L. 463-4, L. 463-6, L. 463-7 et L. 464-1 à L. 464-8, les litiges relatifs à l'application des règles contenues dans les articles L. 420-1 à L. 420-5 ainsi que dans les articles 81 et 82 du traité instituant la Communauté européenne et ceux dans lesquels ces dispositions sont invoquées sont attribués, selon le cas et sous réserve des règles de partage de compétences entre les ordres de juridiction, aux juridictions civiles ou commerciales dont le siège et le ressort sont fixés par décret en Conseil d'État. Ce décret détermine également le siège et le ressort de la ou des cours d'appel appelées à connaître des décisions rendues par ces juridictions.**

Bibliographie : R. Amaro, *De quelques cailloux procéduraux dans les bottes des victimes de pratiques anticoncurrentielles... – Les questions de compétence matérielle laissées sans réponse : Contrats, conc. consom.* 2015, n° 3, étude 4. • D. Bosco, *La spécialisation judiciaire française en matière de concurrence dans l'impasse : RD conc.* 2011, n° 1, p. 236. • M. Chagny, *Restrictions à la compétence matérielle des juridictions judiciaires et droit de la concurrence : Procédures* 2011, dossier 10. • Dossier *Spécialisation des juridictions : regards croisés sur la réforme : Rev. Lamy conc.* 2007, n° 734. • P. Lefevre, *Les juridictions spécialisées : une nouvelle mode ? : Gaz. Pal.* 2007, doctr. 1542. • S. Pietrini, *Indépendance et interdépendance des juridictions et autorités de concurrence (éléments de droit comparé) : LPA* 27 mars 2009, p. 13. • V. Selinsky, *Quand les juges du commerce appliquent le droit de la concurrence : Rev. Lamy conc.* 2005, n° 190.

Voir : art. R. 420-3 et s., p. 1800 et tableaux des juridictions compétentes.

1) Compétence exclusive des juridictions spécialisées : au fond. Il résulte des termes de l'article L. 420-7 que les litiges relatifs à l'application des règles contenues dans les articles L. 420-1 à L. 420-5, ainsi que dans les articles 101 et 102 du TFUE, et ceux dans lesquels ces dispositions sont invoquées, sont attribués, selon le cas et sous réserve des règles de partage de compétences entre les ordres de juridictions, aux tribunaux de grande instance ou aux tribunaux de commerce *dont le siège et le ressort* sont fixés par décret en Conseil d'État. L'arrêt relève que si la société Rocade ne tend pas à faire juger que la société Casino est l'auteur d'un abus de position dominante, mais seulement à obtenir que la société Casino lui permette de réaliser des relevés de prix dans l'établissement commercial de cette dernière, il n'en demeure pas moins que l'assignation introductive d'instance invoque expressément l'article L. 420-2. Il relève encore que la société Casino soulève une question relative à l'application de l'article L. 420-1. Il retient, enfin, qu'il ressort tant du libellé de l'article L. 420-7, que des travaux parlementaires, que le législateur a entendu conférer une compétence exclusive aux tribunaux spécialisés dans le contentieux des pratiques anticoncurrentielles. En l'état de ces constatations et énonciations, c'est à bon droit, sans dénaturer les termes de l'assignation introductive d'instance et sans avoir à procéder à la recherche inopérante visée par la quatrième branche (rechercher si le moyen de défense articulé par la société Casino, fondé sur l'article L. 420-1, présentait un caractère sérieux), que la cour d'appel s'est déclarée incompétente et a ordonné le renvoi de l'affaire devant le tribunal de commerce de Rennes (▪ Cass. com., 9 nov. 2010, n° 10-10.937 : *JurisData* n° 2010-020763 ; *Bull. civ.* IV, n° 169 ; *D.* 2010, p. 2764, obs. E. Chevrier ; *Contrats, conc. consom.* 2011, comm. 5, obs. M. Malaurie-Vignal ; *RJDA* 2011, n° 267 ; *Rev. Lamy conc.* 2011, n° 1814, obs. E. Barbier de la Serre ; rejet pourvoi contre ▪ Poitiers, 27 oct. 2009, n° 09/02574 : *JurisData* n° 2009-013543 ; *Contrats, conc. consom.* 2010, comm. 5, obs. M. Malaurie-Vignal). En ce sens, V. ▪ Montpellier, 14 mars 2011 : *Lettre distrib.* 2011/4.

2) Compétence exclusive des juridictions spécialisées : en référé. En application des dispositions de l'article 873 du Code de procédure civile, le président du tribunal de commerce est compétent, même en présence d'une contestation sérieuse, pour prescrire en référé les mesures conservatoires ou de remise en état qui s'imposent soit pour prévenir un dommage imminent, soit pour faire cesser un trouble manifestement illicite. Toutefois, aux termes de l'article 872 du Code de procédure civile, il ne peut le faire que dans la limite de la compétence du tribunal. Par suite, dès lors que les articles L. 420-7 et R. 420-3 du Code de commerce donnent compétence exclusive à des tribunaux spécialisés pour statuer sur les litiges relatifs à l'application des règles contenues dans les articles L. 420-1 à L. 420-4 du Code de commerce et 101 et 102 du TFUE, et ayant pour objet la nullité des conventions ou l'allocation de dommages-intérêts, le tribunal de commerce d'Albi est incompétent pour prononcer le caractère manifestement illicite du refus d'agrément d'un distributeur par un constructeur automobile et renvoie le demandeur devant le tribunal de Bordeaux (■ T. com. Albi, réf., 28 oct. 2009 : *JurisData* n° 2009-014828 ; *Contrats, conc. consom.* 2010, comm. 11, obs. D. Bosco ; *RJDA* 2010, n° 561).

3) Compétence exclusive de la cour d'appel de Paris. Il résulte de la combinaison des articles L. 420-7 et R. 420-5 du Code de commerce, ce dernier issu du décret n° 2005-1756, entré en vigueur le 1er janvier 2006, que la cour d'appel de Paris est seule investie du pouvoir de statuer sur les appels formés contre les décisions rendues sur les litiges relatifs à l'application des articles L. 420-1 à L. 420-5 du même code, ainsi qu'à l'application des articles 101 et 102 du TFUE ; l'inobservation de ces textes est sanctionnée par une fin de non-recevoir (■ Cass. com., 21 févr. 2012, n° 11-13.276 : *JurisData* n° 2012-002929 ; *D.* 2012, p. 677, obs. E. Chevrier ; *RJDA* 2012, n° 620 ; rejet pourvoi contre ■ Lyon, 10 févr. 2011, n° 10/04812 : *Lettre distrib.* 2011/3). Ayant relevé que le litige était relatif à l'application des articles L. 420-1 et L. 420-2 et que l'appel avait été formé le 28 février 2007, la cour d'appel en a justement déduit que cet appel était irrecevable (même arrêt).

TITRE III. – DE LA CONCENTRATION ÉCONOMIQUE

Bibliographie : ***Bibliographie générale.*** E. Baccichetti et P. Bonnet, *Contrôle des concentrations : des sanctions souvent très lourdes : LPA* 2009, n° 149, p. 4 ; *Contrôle des concentrations et droits de propriété intellectuelle : JCP* E 2009, 2093. • O. Billard et K.-A. Jouvensal, *L'analyse de la concurrence au plan local dans le cadre du contrôle des concentrations bancaires : Banque et droit* 2009, n° 128, p. 9. • F. Blanc, *Opérations de concentrations : légalité des engagements alternatifs : AJDA* 2016, p. 1871. • D. Bosco, *L'année 2010 en droit des concentrations : Contrats, conc. consom.* 2011, dossier 4 ; *Chronique de droit des concentrations : Contrats, conc. consom.* 2010, chron. 1 et 2, 2011, chron. 1, 2012, chron. 1 et 3, 2013, chron. 1 et 3 et 2014, chron. 1. • P. Bougette et Ch. Montet, *Doutes sur les remèdes structurels dans le contrôle des concentrations : Rev. Lamy conc.* 2005, n° 110. • L. Boy, *Le relatif et l'universel. Entre contrôle juridictionnel et gouvernement des juges en droit de la concurrence, in Mél. Guinchard*, Dalloz, 2010, p. 505. • D. Brault, *Ententes et concentration : y aurait-il un accord tacite de répartition sur le marché de la protection de la concurrence ? : RJDA* 1995, p. 90. • F. Brunet et J.-S. Duprey, *Secteur bancaire et contrôle des concentrations communautaire et français : entre rupture et continuité : Rev. Lamy conc.* 2010, n° 1513. • F. Bucher, *Droit de la concurrence et des offres publiques : Bull. Joly Bourse* 2003, p. 1. • M. Cardon, *Le droit des concentrations et le Conseil d'État : Dr. adm.* 2003, étude 18. • G. Cerutti, *Bilan et perspectives du contrôle français des concentrations : RD conc.* 2006, n° 3, 50. • Ph. Choné et E. Pfister, *Contrôle des concentrations et concurrence spatiale : l'exemple de la fusion des groupes Banques populaires et Caisses d'épargne : Rev. Lamy conc.* 2010, n° 1559. • M. Cousin, *Regards sur le contrôle des concentrations dans les secteurs régulés en 2006 : LPA* 29 nov. 2007. • G. Decocq, *La concentration entre entreprises de télévision payante : RJ com.* 2006, p. 474. • J.-M. Cot, *Projet de concentration : notion de projet suffisamment abouti : RD conc.* 2005, n° 4, p. 94. • Dossier *Quel contrôle pour les concentrations d'entreprises ? : Rev. Lamy conc.* 2009, n° 1323. • R. Fabre et M. Dany, *Application de la nouvelle définition des opérations de concentration à la franchise : D.* 2003, p. 195. • D. Fasquelle, *Unité ou dualité du contrôle des entreprises communes en droit français de la concurrence : LPA* 1er mars 2000, p. 5. • G. Federico, *Les effets concurrentiels des concentrations dans les secteurs du gaz et de l'électricité : Rev. Lamy conc.* 2006, n° 493. • L. Flochel, Contrôle des *concentrations horizontales : les tests UPP, GUPPI et IPR : RD conc.* 2011, n° 1, p. 30. • P. Galmiche et J. Lucas, Le suivi des *engagements en matière de contrôle des concentrations : Contrats, conc. consom.* 2012, étude 5 et *JCP* E 2012, 1295. • S. Genevaz et Charles Bertin, *Concentrations sur les marchés d'appels d'offres : L'expérience française : RD conc.* 2011, n° 3, p. 70. • M. Glais, *Vingt-cinq ans de contrôle français de la concentration : un bilan analytique et statistique : JCP* E 2004, 1390. • Ph. Guibert, *Le secteur immobilier à l'épreuve du contrôle des concentrations : RD conc.* 2007, n° 2, p. 46. • P. Hubert, *Contrôle des concentrations et juge administratif français : Rev. Lamy conc.* 2005, n° 265. • N. Jalabert-

Doury, *Concentrations et position dominante collective après l'arrêt Airtours : le point sur le concept, les facteurs structurels et les critères : CDE* 2002/5. • N. Jalabert-Doury, N. Mouy, T. Hoehn, M. Gaved et L. Nouvel, *Le suivi de l'exécution des engagements dans les concentrations françaises : RD conc.* 2007, n° 2, p. 29. • M. Kdyem, *Retour sur la complémentarité entre droit des concentrations et droit de la presse : Gaz. Pal.* 2008, doctr. 2297. • B. Laurent-Bellue et F. Bourgeois, *Les cessions de bloc de contrôle au regard de l'évolution récente du droit boursier et de la concurrence : Bull. Joly Bourse* 2003, p. 741. • Ch. Liebscher, *L'arbitrage dans les procédures de contrôle des concentrations : des perspectives : Gaz. Pal.* 2003, doctr. 1501. • A. Lofaro et et J.-P. Van der Veer, *Concentrations et effet de réseau dans le secteur de l'Internet : Rev. Lamy conc.* 2011, n° 1717. • L.-F. Martin, *Le contrôle des distributeurs par la tête de réseau : RD conc.* 2010, n° 1, p. 63. • F. Martin Laprade, *Une articulation délicate entre le droit de la concurrence et le droit boursier : RD bancaire et fin.* 2003, p. 407. • P. de Montalembert et O. Ancelin, *Spécificités du régime du contrôle des concentrations appliqué aux opérations de capital-investissement : JCP* E 2004, 1509. • T. Montéran, M. Ponsard et M. Marcinkowski, *Le contrôle des opérations de concentration et les entreprises en redressement et liquidation judiciaires : Rev. proc. coll.* 2004, p. 193. • G. de Muizon, *Quels engagements pour remédier aux effets anticoncurrentiels d'une fusion sur un marché d'appel d'offres ? : Rev. Lamy conc.* 2011, n° 1956. • T. Oster, *Le contrôle des concentrations en temps de crise.* Business as usual ? : *CDE* 2009/3, p. 31. • C. du Payrat, *Pourquoi faut-il introduire un filet de sécurité dans le cadre du contrôle des concentrations français ? : LPA* 28 mars 2006, p. 4. • J. Pellet, *Les fusions en sursis : la suspension des opérations de concentration : RD conc.* 2007, n° 2, p. 39. • Th. Piquereau et F. Amand, *Le suivi des engagements souscrits dans le cadre du contrôle des concentrations en France : RD conc.* 2007, n° 4, p. 36. • J.-C. Roda, *L'actualité des procédures négociées : pratiques anticoncurrentielles et concentrations*, in *L'année 2011 en droit de la concurrence : Contrats, conc. consom.* 2012, dossier 4 ; *Le contrat, instrument de sécurisation d'une opération de concentration : RTD com.* 2013, p. 439. • D. Sevy, *Le contrôle des concentrations dans les industries de réseau : particularités et enjeux : Rev. Lamy conc.* 2005, n° 344. • J.-H. Stahl, *Le contrôle des décisions administratives à finalité concurrentielle : l'exemple des concentrations : Rev. conc. consom.* 2000, n° 116, p. 17. • D. Sevy et F. Palomino, *Réflexions sur le traitement des gains d'efficacité en contrôle des concentrations : Rev. Lamy conc.* 2012, n° 1961. • D. Tayar, *Entreprises communes et risques de coordination des sociétés mères en contrôle des concentrations : RD conc.* 2009, n° 3, p. 62. • F.-X. Testu et V. Thiré, *Concentration et entreprises d'assurance : l'exemple des fusions et partenariats impliquant des mutuelles santé : JCP* E 2007, 1490. • D. Theophile et H. Parmentier, *L'étendue du contrôle juridictionnel dans le contentieux du contrôle des concentrations en droit français et communautaire : RD conc.* 2006, n° 1, p. 39. • F. Puel, *Échanges d'informations, droit de la concurrence et préparation d'une opération de concentration : RD conc.* 2010, n° 4, p. 69. • D. Théophile et P. Mèle, *Quelques observations sur le contrôle juridictionnel des concentrations par le Conseil d'État à l'aune du droit communautaire : Gaz. Pal.* 2009, doctr. 294. • P. Wilhelm et F. Vever, *La notion de concentration en droit interne et communautaire : tentative de définition : Contrats, conc. consom.* 2007, étude 13. • A. J.-M. Thouvenin, *Actes faisant grief et droit de la concurrence : Contrats, conc. consom.* 2005, étude 19. • Th. Vergé, *Le contrôle des concentrations dans les entreprises innovantes : Rev. Lamy conc.* 2010, n° 1627. • A. Winckler, *La théorie de l'entreprise défaillante « Failing Firm Defense » : une renaissance dans la crise ? : Rev. Lamy conc.* 2009, n° 1387.

Sur la loi n° 2008-776 du 4 août 2008 de modernisation de l'économie. M. Bazex et S. Blazy, *Les dispositions de la LME relatives au contrôle des opérations de concentration entre entreprises : quelle régulation pour le contrôle des opérations de concentration : Contrats, conc. consom.* 2008, dossier 7. • F. de Bure et I. Girgenson, *Le pouvoir d'intervention du ministre de l'Économie en matière de concentrations : Rev. Lamy conc.* 2009, n° 1265. • I. Girgenson, *L'entrée en vigueur de la nouvelle réglementation française du contrôle des concentrations : Rev. Lamy conc.* 2009, n° 1327. • S. Martin, *Contrôle des concentrations : la fin d'une exception française : JCP* E 2008, 1117. • Ch. Vilmart, *Le transfert du contrôle des concentrations à l'Autorité de la concurrence : Contrats, conc. consom.* 2009, alerte 10.

Sur la loi n° 2015-990 du 6 août 2015 pour la croissance, l'activité et l'égalité des chances économiques. D. Bosco : *JCP* E 2015, 1417 ; *Contrats, conc. consom.* 2016, chron. 1 ; J.-M. Cot : *RD conc.* 2015, n° 4, p. 150).

Voir aussi : ▪ Aut. conc., 23 juill. 2020, *Lignes directrices relatives au contrôle des concentrations : Contrats, conc. consom.* 2020/10, comm. 147, obs. D. Bosco. ▪ Aut. conc., 16 déc. 2009, Lignes directrices relatives au contrôle des concentrations : *Contrats, conc. consom.* 2010, alerte 15, obs. V. Jaunet et comm. 50, obs. G. Decocq ; *Rev. Lamy dr. aff.* févr. 2010, n° 2717, p. 33, obs. C. Anadon. – *Adde* • N. Mouy, *Les nouvelles lignes directrices concentrations : RD conc.* 2010, n° 1, p. 11. • V. Jaunet, E. Sarrazin et N. Kerbrat, *Lignes directrices de l'ADLC relatives au contrôle des concentrations : panorama des principales décisions : Contrats, conc. consom.* 2010, étude 8. • F. Palomino, *Aspects économiques du contrôle des concentrations : ce que nous indiquent les lignes directrices de l'Autorité de la concurrence par rapport à l'approche communautaire : Rev. Lamy conc.* 2010, n° 1567. ▪ Aut. conc., 10 juill. 2013, *Lignes directrices révisées relatives au contrôle des concentrations : Contrats, conc. consom.* 2013, chron. 13, étude Ch. et Ch. Vilmart ; *Contrats, conc. consom.* 2014, chron. 1, n° 2, obs. D. Bosco ; *D.* 2013, p. 2540, obs. D. Redon et S. Nasser El Dine-Pomar.

Art. L. 430-1 *(L. n° 2001-420, 15 mai 2001)*. **– I. – Une opération de concentration est réalisée :**

1° Lorsque deux ou plusieurs entreprises antérieurement indépendantes fusionnent ;

2° Lorsqu'une ou plusieurs personnes, détenant déjà le contrôle d'une entreprise au moins ou lorsqu'une ou plusieurs entreprises acquièrent, directement ou indirectement, que ce soit par prise de participation au capital ou achat d'éléments d'actifs, contrat ou tout autre moyen, le contrôle de l'ensemble ou de parties d'une ou plusieurs autres entreprises.

II. – La création d'une entreprise commune accomplissant de manière durable toutes les fonctions d'une entité économique autonome constitue une concentration au sens du présent article.

III. – Aux fins de l'application du présent titre, le contrôle découle des droits, contrats ou autres moyens qui confèrent, seuls ou conjointement et compte tenu des circonstances de fait ou de droit, la possibilité d'exercer une influence déterminante sur l'activité d'une entreprise, et notamment :

– des droits de propriété ou de jouissance sur tout ou partie des biens d'une entreprise ;

– des droits ou des contrats qui confèrent une influence déterminante sur la composition, les délibérations ou les décisions des organes d'une entreprise.

Bibliographie : M. Kdyem, *Retour sur la complémentarité entre droit des concentrations et droit de la presse : Gaz. Pal.* 2008, doctr. 2297. • T. Montéran, M. Ponsard et M. Marcinkowski, *Le contrôle des opérations de concentration et les entreprises en redressement et liquidation judiciaires : Rev. proc. coll.* 2004, p. 193. • T. Oster, *Le contrôle des concentrations en temps de crise. Business as usual ? : CDE* 2009/3, p. 31. • A. Winckler, *La théorie de l'entreprise défaillante « Failing Firm Defense » : une renaissance dans la crise ? : Rev. Lamy conc.* 2009, n° 1387.

1) Champ d'application. En l'absence de dispositions écartant expressément les marchés du lectorat, de la publicité et des petites annonces dans la presse quotidienne régionale du champ d'application des dispositions des articles L. 430-1 et suivants, celles-ci s'appliquent, conformément à l'article L. 410-1, à toutes les activités de production, de distribution et de services. L'édition et la distribution de publications de presse relèvent de cette définition. Les dispositions de la loi du 1er août 1986 portant réforme du régime juridique de la presse s'appliquent dès lors concomitamment à celles prévues par le Code de commerce (■ Cons. conc., avis n° 05-A-18, 11 oct. 2005). Sur la suite de l'affaire, V. Lettre min. Économie, 28 oct. 2005 : *BOCC* 16 déc. 2005.

S'agissant du contrôle des concentrations dans le secteur bancaire, V. ■ CE, ass., 16 mai 2003, n° 255482 : *JurisData* n° 2003-065287 ; *RFDA* 2004, p. 109, concl. G. Goulard ; *AJDA* 2003, p. 1330, note F. Donnat et D. Casas ; *RJDA* 2003, n° 1256 ; *Contrats, conc. consom.* 2003, comm. 125, obs. M. Malaurie-Vignal.

Rapp. : pour l'application des articles L. 2323-1 et L. 2323-20 du Code du travail (sollicitation d'un expert par le comité d'entreprise d'une entreprise partie à l'opération) sont parties à l'opération de concentration l'ensemble des entités économiques qui sont affectées, directement ou indirectement, *par la prise de contrôle* (■ *Cass. soc., 26 oct. 2010,* n° 09-65.565 : *JurisData* n° 2010-019498 ; *JCP* S 2010, n° 50, p. 1543, obs. J.-S. Lipski. ■ Cass. soc., 2 juill. 2014, n° 13-17.357 : *JurisData* n° 2014-014972 ; *Contrats, conc. consom.* 2015, focus 1, obs. J. Lucas ; *Contrats, conc. consom.* 2015, chron. 1, obs. D. Bosco).

2) Fusion d'entreprises. Une concentration peut avoir lieu lorsqu'une entreprise est absorbée par une autre et dans ce cas, elle entraîne la disparition de la personnalité morale de l'entreprise absorbée (■ Aut. conc., déc. n° 13-D-01, 31 janv. 2013 : *Contrats, conc. consom.* 2013, étude 5, note J. Lucas ; *Contrats, conc. consom.* 2013, chron. 3, n° 5, obs. D. Bosco ; *Rev. Lamy conc.* 2013/35, n° 2256, obs. J.-B. Pinçon).

L'opération qui consiste en l'absorption d'une filiale, contrôlée exclusivement par un groupe, par une autre filiale contrôlée exclusivement par le même groupe n'est pas une concentration. En effet, bien qu'il s'agisse de la fusion de deux sociétés statutairement distinctes, cette opération est une réorganisation interne du groupe, qui n'emporte aucun changement de contrôle. Par conséquent, cette opération n'est pas une concentration au sens de l'article L. 430-1 du Code de commerce (Lettre min. Économie, 9 août 2002 : *BOCC* 21 oct. 2002 ; *RJDA* 2003, p. 6, obs. D. Berlin).

La création d'une unité économique commune chargée, en vertu d'une convention d'affiliation, de la direction économique de ses fondatrices doit s'analyser comme une fusion de fait alors même que les fondatrices continuent à exister juridiquement et que la nouvelle unité économique commune ne détient pas leur capital (Lettre min. Économie, 21 nov. 2003 : *BOCC* 30 sept. 2004 ; *Contrats, conc. consom.* 2004, comm. 174, obs. M. Malaurie-Vignal).

3) Entreprise commune. Avant que la loi NRE du 15 mai 2001 n'introduise le II de l'article L. 430-1, le Conseil de la concurrence considérait que, pour que la création d'une entreprise commune constitue une concentration au sens des dispositions de l'article 39 de l'ordonnance de décembre 1986 (devenu C. com., art. L. 430-1), il était nécessaire que cette entreprise assure toutes les fonctions d'une entreprise autonome d'une manière durable et que sa création n'ait pas pour objet et ne puisse avoir pour effet une coordination sur les marchés pertinents du comportement des sociétés mères entre elles ou de l'une d'entre elles avec la filiale commune : ▪ Cons. conc., avis n° 97-A-23, 15 oct. 1997 : *BOCC* 1998, p. 3 ; *Contrats, conc. consom.* 1998, comm. 78, obs. L. Vogel).

Semblablement, pour le Conseil d'État, une filiale commune à plusieurs entreprises ne peut être regardée comme une concentration que si elle assure de manière durable toutes les fonctions d'une entité économique autonome (▪ CE, 31 mai 2000, n° 213161 ; *JurisData* n° 2000-060472 ; *Rec. CE*, p. 194, concl. F. Lamy ; *D.* 2000, p. 336, obs. A. Marmontel ; *RJDA* 2000, n° 1177). V. aussi Lettre min. Économie, 23 août 1999 : *BOCC* 2000, p. 61.

4) Exception d'entreprise défaillante. S'agissant de la reprise, par un concurrent, d'une société en difficulté, le ministre de l'Économie doit autoriser l'opération sans l'assortir de prescriptions lorsqu'il apparaît que les effets de cette opération sur la concurrence ne seraient pas plus défavorables que ceux qui résulteraient de la disparition de l'entreprise en difficulté, c'est-à-dire s'il est établi, en premier lieu, que ces difficultés entraîneraient la disparition rapide de la société en l'absence de reprise, en deuxième lieu, qu'il n'existe pas d'autre offre de reprise moins dommageable pour la concurrence, portant sur la totalité ou une partie substantielle de l'entreprise et, en troisième lieu, que la disparition de la société en difficulté ne serait pas moins dommageable pour les consommateurs que la reprise projetée (▪ CE, sect., 6 févr. 2004, n° 249267 : *JurisData* n° 2004-066409 ; *Rec. CE*, p. 28 ; *RFDA* 2004, p. 286, concl. E. Glaser ; *AJDA* 2004, p. 647, chron. F. Donnat et D. Casas ; *Dr. adm.* 2004, comm. 57, note M. Bazex et S. Blazy ; *Contrats, conc. consom.* 2004, étude 14, note A. Masson ; *RJDA* 2004, n° 760).

Sur les suites de l'affaire, V. ▪ Cons. conc., avis n° 04-A-16, 28 juill. 2004. – Lettre min. Économie, 16 août 2004 : *BOCC* 21 janv. 2005 ; *RD conc.* 2005, n° 1, p. 81, obs. M. Cot ; *Rev. Lamy conc.* 2005, n° 114, obs. I. Girgenson. ▪ CE, 13 févr. 2006, n° 278796 : *JurisData* n° 2006-069678 ; *RFDA* 2006, p. 715, concl. E. Glaser ; *Dr. adm.* 2006, comm. 72, obs. M. Bazex et S. Blazy ; *Rev. Lamy conc.* 2006, n° 495, obs. I. Girgenson.

5) Influence déterminante. Constitue une concentration l'opération qui a pour effet de permettre à une société d'exercer une influence déterminante sur la gestion courante et sur la politique commerciale présente et future d'une autre société. En effet, la première dispose de droits de préemption lui permettant, le cas échéant, de prendre en partie ou en totalité le contrôle de la seconde ; l'apport en capitaux de la première représente environ 70 % du chiffre d'affaires mondial annuel de la seconde ; la première achète à la seconde une centaine de brevets nouveaux (▪ Cons. conc., avis n° 91-A-09, 15 oct. 1991 : *BOCC* 14 mars 1992 ; *Contrats, conc. consom.* 1992, comm. 80, obs. L. Vogel).

Il y a lieu de tenir compte, pour l'appréciation du caractère déterminant de l'influence d'une entreprise sur une autre, non seulement des effets virtuels des accords au moment de leur examen, comme par exemple une simple participation minoritaire dans le capital, mais également des effets potentiels de ces accords, comme par exemple les incidences d'une importante créance ou encore des droits de conversion d'obligations, de préemption ou d'options sur l'émission possible d'actions nouvelles (▪ Cons. conc., avis n° 95-A-13, 11 juill. 1995 : *BOCC* 8 sept. 1995 ; *Contrats, conc. consom.* 1995, comm. 167, obs. L. Vogel).

Dans le contrôle des concentrations, il y a lieu de tenir compte, pour l'appréciation du caractère déterminant de l'influence d'une entreprise sur une autre, des rapports entre les actionnaires de la société acheteuse (▪ CE, sect., 31 janv. 2007, n° 294896 : *JurisData* n° 2007-071396 ; *RJDA* 2007, p. 307, concl. E. Glaser ; *D.* 2007, p. 500, obs. E. Chevrier ; *AJDA* 2007, p. 789, chron. F. Lénica et J. Boucher ; *Dr. adm.* 2007, comm. 55, obs. M. Bazex et S. Blazy et comm. 68, obs. E. Glaser ; *JCP E* 2007, 1576, obs. G. Marson ; *RD conc.* 2007, n° 2, p. 134, obs. M. Cot ; *Rev. Lamy conc.* 2007, n° 744, note S. Manna).

Sur l'exercice d'une influence déterminante par des moyens non capitalistiques, V. par ex. ▪ Aut. conc., déc. n° 09-DCC-46, 28 sept. 2009 (location-gérance) ; déc. n° 09-DCC-80, 16 déc. 2009 (pacte d'actionnaires) ; déc. n° 09-DCC-06, 20 mai 2009 (contrat de franchise). Sur la question, V. D. Bosco, *Chronique de droit des concentrations* : Contrats, conc. consom. 2010, chron. 1, n° 3.

Pour l'évaluation du changement induit par le passage d'un contrôle conjoint à exclusif, V. par ex. ▪ Aut. conc., déc. n° 13-DCC-90, 11 juill. 2013 : *Rev. Lamy conc.* 2014/37, n° 2444, obs. A. Rossion et A. Babinet.

Art. L. 430-2 ***(Rempl., L. n° 2008-776, 4 août 2008 ; mod., L. n° 2010-853, 23 juill. 2010 ; Ord. n° 2011-337, 29 mars 2011 ; L. n° 2012-1270, 20 nov. 2012 ; Ord. n° 2014-487, 15 mai 2014 ; L. n° 2015-990, 6 août 2015).*** **– I. – Est soumise aux dispositions des articles L. 430-3 et suivants du**

présent titre toute opération de concentration, au sens de l'article L. 430-1, lorsque sont réunies les trois conditions suivantes :

– le chiffre d'affaires total mondial hors taxes de l'ensemble des entreprises ou groupes de personnes physiques ou morales parties à la concentration est supérieur à 150 millions d'euros ;

– le chiffre d'affaires total hors taxes réalisé en France par deux au moins des entreprises ou groupes de personnes physiques ou morales concernés est supérieur à 50 millions d'euros ;

– l'opération n'entre pas dans le champ d'application du règlement (CE) n° 139/2004 du Conseil, du 20 janvier 2004, relatif au contrôle des concentrations entre entreprises.

II. – Lorsque deux au moins des parties à la concentration exploitent un ou plusieurs magasins de commerce de détail, est soumise aux dispositions des articles L. 430-3 et suivants du présent titre toute opération de concentration, au sens de l'article L. 430-1, lorsque sont réunies les trois conditions suivantes :

– le chiffre d'affaires total mondial hors taxes de l'ensemble des entreprises ou groupes de personnes physiques ou morales parties à la concentration est supérieur à 75 millions d'euros ;

– le chiffre d'affaires total hors taxes réalisé en France dans le secteur du commerce de détail par deux au moins des entreprises ou groupes de personnes physiques ou morales concernés est supérieur à 15 millions d'euros ;

– l'opération n'entre pas dans le champ d'application du règlement (CE) n° 139/2004 du Conseil, du 20 janvier 2004, précité.

III. – Lorsque au moins une des parties à la concentration exerce tout ou partie de son activité dans un ou plusieurs départements d'outre-mer, dans le Département de Mayotte, dans les îles Wallis-et-Futuna ou dans les collectivités d'outre-mer de Saint-Pierre-et-Miquelon, Saint-Martin et Saint-Barthélemy, est soumise aux dispositions des articles L. 430-3 et suivants du présent titre toute opération de concentration, au sens de l'article L. 430-1, lorsque sont réunies les trois conditions suivantes :

– le chiffre d'affaires total mondial hors taxes de l'ensemble des entreprises ou groupes de personnes physiques ou morales parties à la concentration est supérieur à 75 millions d'euros ;

– le chiffre d'affaires total hors taxes réalisé individuellement dans au moins un des départements ou collectivités territoriales concernés par deux au moins des entreprises ou groupes de personnes physiques ou morales concernés est supérieur à 15 millions d'euros, ou à 5 millions d'euros dans le secteur du commerce de détail sans qu'il soit nécessaire que ce seuil soit atteint par l'ensemble des entreprises concernées dans le même département ou la même collectivité territoriale ;

– l'opération n'entre pas dans le champ d'application du règlement (CE) n° 139/2004 du Conseil, du 20 janvier 2004, précité.

IV. – Une opération de concentration visée aux I, II ou III entrant dans le champ du règlement (CE) n° 139/2004 du Conseil, du 20 janvier 2004, précité qui a fait l'objet d'un renvoi total ou partiel à l'Autorité de la concurrence est soumise, dans la limite de ce renvoi, aux dispositions du présent titre.

V. – Les chiffres d'affaires visés aux I, II et III sont calculés selon les modalités définies par l'article 5 du règlement (CE) n° 139/2004 du Conseil, du 20 janvier 2004, précité.

Voir : sur le règlement (CE) n° 139/2004, 20 janv. 2004, V. Annexe 4, *De la liberté des prix et de la concurrence*, p. 3051.

Bibliographie : L.-F. Martin, *Le contrôle des distributeurs par la tête de réseau : RD conc.* 2010, n° 1, p. 63. • C. du Payrat, *Pourquoi faut-il introduire un filet de sécurité dans le cadre du contrôle des concentrations français ? : LPA* 28 mars 2006, p. 4.

1) **Chiffre d'affaires.** Les chiffres d'affaires des différentes participations détenues ont été additionnés, en prenant en compte la totalité du chiffre d'affaires de l'entreprise cible lorsque le fonds d'investissement en détient le contrôle exclusif, et ce quel que soit le montant de la participation détenue dans le capital. Dans l'hypothèse où le fonds détient un contrôle conjoint sur l'entreprise, le chiffre d'affaires de l'entreprise commune est imputé à parts égales à chacune des entreprises détenant le contrôle en commun, quelle que soit la part du capital qu'elles détiennent. De manière générale, les chiffres d'affaires générés par ailleurs par les investisseurs du fonds ne sont pas pris en compte dans le calcul du chiffre d'affaires du fonds (Lettre min. Économie, 8 juill. 2002 : *BOCC* 21 oct. 2002 ; *RJDA* 2003, p. 6, obs. D. Berlin). En ce sens, V. aussi Lettre min. Économie, 18 juill. 2002 : *BOCC* 28 oct. 2002. – Lettre min. Économie, 9 août 2002 : *BOCC* 25 nov. 2002.

En application des articles L. 432-1 bis du Code du travail (devenu L. 2323-20) et L. 430-1 du Code de commerce, le seuil du chiffre d'affaires à prendre en considération en cas d'opérations de concentration doit être apprécié à partir du chiffre d'affaires total réalisé par les entreprises jointes à l'opération, c'est-à-dire, en cas de cession, le cédant et le cessionnaire (▪ Cass. soc., 13 nov. 2007, n° 06-12.339 : *RD conc.* 2008, n° 1, p. 135, obs. M. Cot ; *RJDA* 2008, n° 329).

2) Commerce de détail. La loi LME a introduit à article L. 430-2, II des seuils spécifiques de contrôlabilité des opérations de concentration dans le secteur ducommerce de détail. La faiblesse de ces seuilspermet d'appréhender des opérations jusque-là soustraites à tout contrôle. Ainsi, depuis l'entrée en vigueur du nouveau dispositif, l'Autorité de la concurrence a rendu nombre de décisions concernant le seul secteur de la distribution alimentaire. Dans la très grande majorité des décisions rendues, l'analyse concurrentielle du marché aval de la distribution à dominante alimentaire, menée au niveau des zones de chalandise, de façon tout à fait classique, montre qu'aucune des opérations n'est de nature à porter atteinte à la concurrence. Dans certaines de ces décisions, l'Autorité observe que la tête de réseau détenait déjà un contrôle conjoint sur la cible avec le cédant, pour cause de conclusion d'un contrat de distribution et/ou d'un pacte d'actionnaires conférant au cessionnaire une influence déterminante sur la cible au sens de l'article L. 430-1 (V. par ex. ▪ Aut. conc., déc. n° 09-DCC-04, 29 avr. 2009 ; ▪ Aut. conc., déc. n° 09-DCC-64, 17 nov. 2009 ; ▪ Aut. conc., déc. n° 09-DCC-76, 16 déc. 2009 ; ▪ Aut. conc., déc. n° 10-DCC-09, 3 févr. 2010 ; ▪ Aut. conc., déc. n° 10-DCC-10, 27 janv. 2010 ; ▪ Aut. conc., déc. n° 10-DCC-17, 25 févr. 2010 ; ▪ Aut. conc., déc. n° 10-DCC-19, 24 févr. 2010 ; ▪ Aut. conc., déc. n° 10-DCC-27, 19 mars 2010 ; ▪ Aut. conc., déc. n° 10-DCC-29, 30 mars 2010 ; ▪ Aut. conc., déc. n° 10-DCC-38, 26 avr. 2010).

Art. L. 430-3 ***(L. n° 2001-420, 15 mai 2001 ; mod., L. n° 2004-1343, 9 déc. 2004 ; L. n° 2008-776, 4 août 2008 ; L. n° 2015-990, 6 août 2015).*** **– L'opération de concentration doit être notifiée à l'Autorité de la concurrence avant sa réalisation. La notification peut intervenir dès lors que la ou les parties concernées sont en mesure de présenter un projet suffisamment abouti pour permettre l'instruction du dossier et notamment lorsqu'elles ont conclu un accord de principe, signé une lettre d'intention ou dès l'annonce d'une offre publique. Le renvoi à l'Autorité de la concurrence de tout ou partie d'un cas de concentration notifié à la Commission européenne vaut notification au sens du présent article.**

L'obligation de notification incombe aux personnes physiques ou morales qui acquièrent le contrôle de tout ou partie d'une entreprise ou, dans le cas d'une fusion ou de la création d'une entreprise commune, à toutes les parties concernées qui doivent alors notifier conjointement. Le contenu du dossier de notification est fixé par décret.

La réception de la notification d'une opération, ou le renvoi total ou partiel d'une opération relevant de la compétence de l'Union européenne, fait l'objet d'un communiqué publié par l'Autorité de la concurrence selon des modalités fixées par décret.

Dès réception du dossier, l'Autorité de la concurrence en adresse un exemplaire au ministre chargé de l'économie.

Voir : sur le contenu du dossier de notification, art. R. 430-2, p. 1801.

Bibliographie : J.-M. Cot, *Projet de concentration : notion de projet suffisamment abouti : RD conc.* 2005, n° 4, p. 94. • N. Jalabert-Doury, B. E. Amory, N. Mouy, D. Tayar et S. Clerckx, *La procédure de prénotification : RD conc.* 2012, n° 4, p. 12.

1) Application de la loi dans le temps. Si la loi NRE du 15 mai 2001 a rendu obligatoire la notification au ministre chargé de l'économie (ancienne rédaction) des projets de concentration entrant dans le champ d'application des articles *L. 430-1 et* L. 430-2 et si celui-ci a, de ce fait, perdu, dans le nouveau régime issu de la loi précitée, le pouvoir de contrôler *a posteriori*, sauf dans les cas prévus à l'article L. 430-8, les opérations de concentration définitivement réalisées, il résulte des dispositions du deuxième alinéa de l'article 94 de ladite loi que le ministre a conservé ce pouvoir s'agissant des opérations de concentration engagées de façon irrévocable avant la date d'entrée en vigueur du nouveau régime de contrôle des concentrations, laquelle résulte des dispositions combinées de l'article 94 de la loi du 15 mai 2001 et de l'article 51 du décret du 30 avril 2002, pris pour son application ; il résulte des mêmes dispositions que l'examen de ces dernières opérations reste régi, dans le cas où le ministre décide de les soumettre au Conseil de la concurrence, aux règles de fond et de procédure fixées par les articles L. 430-1 à L. 430-7 dans leur rédaction issue de l'ordonnance du 1er décembre 1986 ainsi que par les règlements pris pour leur application (▪ CE, 9 juill. 2003, n° 248828 : *JurisData* n° 2003-065756 ; *RFDA* 2003, p. 121, concl. F. Seners ; *AJDA* 2003, p. 2380, note S. Nicinski ; *RJDA* 2004, n° 634).

2) Irrecevabilité de la notification. Ni l'article L. 430-3 (ancienne rédaction) ni aucune autre disposition ne font obligation au ministre chargé de l'économie de saisir le Conseil de la concurrence avant de prendre la décision de rejeter comme irrecevable la notification d'un projet de concentration (■ CE, 31 mai 2000 : *Rec. CE*, p. 194, concl. F. Lamy ; *D.* 2000, p. 336, obs. A. Marmontel ; *RJDA* 2000, n° 1177).

3) **Procédure contradictoire.** Si les dispositions de l'article L. 430-3 (ancienne rédaction) imposent au ministre de l'Économie de rendre publique l'opération de concentration envisagée, afin notamment de recueillir les observations éventuelles des tiers intéressés, aucun texte ni aucun principe n'exigent que la décision du ministre soit précédée d'une procédure contradictoire avec les tiers intéressés (■ CE, 27 juin 2007, n° 278652 : *JurisData* n° 2007-072081 ; *AJDA* 2007, p. 1737, obs. S. Nicinski ; *Dr. adm.* 2007, comm. 149, obs. M. Bazex et S. Blazy ; *RJDA* 2007, n° 1285).

Art. L. 430-4 *(L. n° 2001-420, 15 mai 2001 ; mod., L. n° 2008-776, 4 août 2008 ; L. n° 2015-990, 6 août 2015).* **– La réalisation effective d'une opération de concentration ne peut intervenir qu'après l'accord de l'Autorité de la concurrence ou, lorsqu'il a évoqué l'affaire dans les conditions prévues à l'article L. 430-7-1, celui du ministre chargé de l'économie.**

En cas de nécessité particulière dûment motivée, les parties qui ont procédé à la notification peuvent demander à l'Autorité de la concurrence une dérogation leur permettant de procéder à la réalisation effective de tout ou partie de la concentration sans attendre la décision mentionnée au premier alinéa et sans préjudice de celle-ci. L'octroi de cette dérogation peut être assorti de conditions.

La dérogation mentionnée au deuxième alinéa cesse d'être valable si, dans un délai de trois mois à compter de la réalisation effective de l'opération, l'Autorité de la concurrence n'a pas reçu la notification complète de l'opération.

Bibliographie : J. Pellet, *Les fusions en sursis : la suspension des opérations de concentration : RD conc.* 2007, n° 2, p. 39.

1) **Suspension de l'opération.** Les dispositions du premier alinéa de l'article L. 430-4 n'ont ni pour objet ni pour effet de faire obstacle à la mise en œuvre des dispositions de l'article L. 5121-1 du Code de justice administrative qui permettent au juge des référés, lorsque certaines conditions sont réunies, de suspendre l'exécution d'une décision administrative (■ CE, ord., 19 mai 2005, n° 279697 : *JurisData* n° 2005-068566 ; *D.* 2005, p. 1552, obs. E. Chevrier ; *Dr. adm.* 2005, comm. 100, obs. M. Bazex et S. Blazy ; *Contrats, conc. consom.* 2005, comm. 131, obs. M. Malaurie-Vignal ; *AJDA* 2005, p. 2167, chron. C. Landais et F. Lénica ; *RD conc.* 2005, n° 3, p. 93, obs. J. Philippe ; *Rev. Lamy conc.* 2005, n° 267, obs. P. Geffriaud). Pour les suites de cette affaire, V. ■ CE, 13 févr. 2006, n° 279180 : *JurisData* n° 2006-069741 ; *RFDA* 2006, p. 702, concl. E. Glaser ; *Dr. adm.* 2006, comm. 72, obs. M. Bazex et S. Blazy ; *RJDA* 2006, n° 711 ; *JCP E* 2006, 2405, n° 16, obs. G. Decocq ; *RD conc.* 2006, n° 2, p. 111, obs. J. Philippe ; *Rev. Lamy conc.* 2006, n° 494, obs. I. Girgenson. *Comp.* ■ CE, ord., 25 juill. 2006, n° 294897 : *Rev. Lamy conc.* 2006, n° 703, obs. B. Cheynel.

Pour une illustration, V. ■ CE, ord., 26 mai 2010 : *Contrats, conc. consom.* 2011, chron. 1, n° 2, obs. D. Bosco (recevabilité, mais rejet du référé-suspension en l'espèce).

2) **Dérogation.** Pour une application du second alinéa de l'article L. 430-4, V. Lettre min. Économie, 15 nov. 2002 : *BOCC* 31 janv. 2003.

Art. L. 430-5 *(L. n° 2001-420, 15 mai 2001 ; mod., L. n° 2008-776, 4 août 2008 ; L. n° 2015-990, 6 août 2015).* **– I. – L'Autorité de la concurrence se prononce sur l'opération de concentration dans un délai de vingt-cinq jours ouvrés à compter de la date de réception de la notification complète.**

II. – Les parties à l'opération peuvent s'engager à prendre des mesures visant notamment à remédier, le cas échéant, aux effets anticoncurrentiels de l'opération soit à l'occasion de la notification de cette opération, soit à tout moment avant l'expiration du délai de vingt-cinq jours ouvrés à compter de la date de réception de la notification complète, tant que la décision prévue au I n'est pas intervenue.

Si des engagements sont reçus l'Autorité de la concurrence, le délai mentionné au I est prolongé de quinze jours ouvrés.

L'Autorité de la concurrence peut suspendre le délai mentionné au I du présent article lorsque les parties ayant procédé à la notification ont manqué de l'informer dès sa survenance d'un fait nouveau, qui aurait dû être notifié s'il s'était produit avant une notification au sens de l'article L. 430-3, ou ont manqué de lui communiquer tout ou partie des informations demandées dans le délai imparti, ou lorsque des tiers ont manqué de lui communiquer, pour des raisons imputables aux parties ayant procédé à la notification, les informations demandées. Le délai reprend son cours dès la disparition de la cause ayant justifié la suspension.

En cas de nécessité particulière, telle que la finalisation des engagements mentionnés à l'alinéa précédent, les parties peuvent demander à l'Autorité de la concurrence de suspendre les délais d'examen de l'opération dans la limite de quinze jours ouvrés.

III. – L'Autorité de la concurrence peut :
– soit constater, par décision motivée, que l'opération qui lui a été notifiée n'entre pas dans le champ défini par les articles L. 430-1 et L. 430-2 ;
– soit autoriser l'opération, en subordonnant éventuellement, par décision motivée, cette autorisation à la réalisation effective des engagements pris par les parties ;
– soit, si elle estime qu'il subsiste un doute sérieux d'atteinte à la concurrence, engager un examen approfondi dans les conditions prévues à l'article L. 430-6.

IV. – Si l'Autorité de la concurrence ne prend aucune des trois décisions prévues au III dans le délai mentionné au I, éventuellement prolongé en application du II, elle en informe le ministre chargé de l'économie. L'opération est réputée avoir fait l'objet d'une décision d'autorisation au terme du délai ouvert au ministre chargé de l'économie par le I de l'article L. 430-7-1.

1) Saisine du Conseil de la concurrence par le ministre de l'Économie (jurisprudence antérieure à la loi LME du 4 août 2008). Tant sous le régime de contrôle des concentrations issu de l'ordonnance du 1er décembre 1986 que sous celui issu de la loi NRE du 15 mai 2001, la saisine du Conseil de la concurrence par le ministre chargé de l'économie n'est qu'un élément de la procédure qui permet aux autorités compétentes soit d'interdire l'opération de concentration, soit de l'autoriser, sous la réserve éventuelle de l'observation de prescriptions de nature à assurer une concurrence suffisante ou à contribuer au progrès économique et social ; elle a, dès lors, le caractère d'un acte préparatoire et ne constitue pas par elle-même une décision susceptible de faire l'objet d'un recours pour excès de pouvoir ; il en est de même de la décision par laquelle le ministre chargé de l'économie refuse de retirer cette saisine (■ CE, 9 juill. 2003 : *RFDA* 2003, p. 121, concl. F. Seners ; *AJDA* 2003, p. 2380, note S. Nicinski ; *RJDA* 2004, n° 634).

Eu égard, d'une part, au fait que la société requérante apporte peu de précisions quant à la nature des opérations d'acquisition qui devraient, selon elle, être soumises au contrôle du Conseil de la concurrence et, d'autre part, au fait que le Conseil de la concurrence évalue les effets sur le concurrence des opérations de concentration dont il est saisi compte tenu de la position sur le marché des entreprises concernées et donc de toutes les opérations d'acquisition qu'elles ont par ailleurs déjà réalisées, le ministre de l'économie a pu, *sans commettre* d'erreur manifeste d'appréciation, opposer un refus aux demandes de saisine du Conseil de la concurrence que l'intéressée lui a adressées (■ CE, 5 nov. 2003, n° 244082 : *JurisData* n° 2003-066070 ; *RFDA* 2004, p. 126, concl. F. Seners ; *Dr. adm.* 2004, comm. 4, obs. M. Bazex et S. Blazy ; *RJDA* 2004, n° 635).

Le ministre n'a pas commis d'erreur d'appréciation en estimant que, compte tenu des engagements pris par les parties, l'opération litigieuse n'était pas de nature à porter atteinte à la concurrence ; dès lors, il n'était pas tenu de saisir le Conseil de la concurrence du projet qui lui était notifié (■ CE, 27 juin 2007 : *AJDA* 2007, p. 1737, obs. S. Nicinski ; *Dr. adm.* 2007, comm. 149, obs. M. Bazex et S. Blazy ; *RJDA* 2007, n° 1285).

2) Saisine du Conseil de la concurrence par le Conseil d'État (jurisprudence antérieure à la loi LME du 4 août 2008). Il y a lieu, pour établir la conviction du Conseil d'État, de décider avant dire droit de saisir le Conseil de la concurrence, autorité administrative indépendante habilitée à analyser, en les complétant par ses propres investigations, les informations réunies par l'Administration sur un projet de concentration notifié, afin d'éclairer l'autorité compétente sur les atteintes que ce projet est susceptible de porter à la concurrence et, le cas échéant, sur le caractère suffisant des contributions apportées au progrès économique pour compenser ces atteintes (■ CE, 20 juill. 2005, n° 279180 : *JurisData* n° 2005-068694 ; *RFDA* 2006, p. 692, concl. E. Glaser ; *AJDA* 2005, p. 2167, chron. C. Landais et F. Lénica ; *Dr. adm.* 2005, comm. 133, obs. M. Bazex ; *RJDA* 2006, n° 68).

3) Contrôle de la motivation. Si les dispositions du IV de l'article L. 430-5 prévoient qu'une opération de concentration peut faire l'objet d'une autorisation tacite, cette circonstance ne saurait faire obstacle à ce que le juge exerce un contrôle sur les motifs de la décision prise dans le délai prévu par la loi lorsque celle-ci, comme en l'espèce, a été expressément motivée (■ CE, ord., 19 mai 2005 : *D.* 2005, p. 1552, obs. E. Chevrier ; *Dr. adm.* 2005, comm. 100, obs. M. Bazex et S. Blazy ; *Contrats, conc. consom.* 2005, comm. 131, obs. M. Malaurie-Vignal ; AJDA 2005, p. 2167, chron. C. Landais et F. Lénica ; *RD conc.* 2005, n° 3, p. 93, obs. J. Philippe ; *Rev. Lamy conc.* 2005, n° 267, obs. P. Geffriaud).

4) Autorité de la chose jugée. L'autorité de chose jugée qui s'attache à l'annulation pour excès de pouvoir de la décision du 5 juillet 2002 prononcée par la décision du Conseil d'État du 6 février 2004 [V. sous art. L. 430-1, annot. n° 4, p. 751], s'étend aux motifs qui en sont le nécessaire soutien (■ CE, 13 févr. 2006 : *RFDA* 2006, p. 715, concl. E. Glaser ; *Dr. adm.* 2006, comm. 72, obs.

M. Bazex et S. Blazy ; *Rev. Lamy conc.* 2006, n° 495, obs. I. Girgenson). L'autorité de la chose ainsi jugée ne saurait être opposée aux appréciations dépendant de la situation de fait à la date de la nouvelle décision du ministre ; ainsi, le ministre n'a pas méconnu l'autorité de la chose jugée en tirant le 16 août 2004 des conclusions différentes de celles qu'il avait retenues deux ans auparavant s'agissant des effets de l'opération sur la concurrence, de la détention des marques notoires et des barrières à l'entrée (même arrêt).

5) **Définition du (des) marché(s) pertinent(s).** Le ministre précise qu'il a évalué les positions des parties à l'opération de concentration à partir du nombre de leurs points de vente, en le rapportant au nombre total de distributeurs présents sur chacune des zones de chalandise, celles-ci étant constituées par les centres-villes et les centres commerciaux dans lesquels les enseignes de la société cible sont implantées ; les zones de chalandise ainsi délimitées ont été, ainsi que le relève le ministre, élargies dans plusieurs cas, quand des opérateurs concurrents étaient présents à proximité de ces centres ; ces éléments font état de façon suffisamment détaillée des critères en fonction desquels, faute de données statistiques qui auraient permis au ministre de délimiter des zones isochrones, le ministre a pu, sans erreur de droit, délimiter le périmètre des zones de chalandise au sein desquelles il a mené son analyse (▪ CE, 26 mai 2010, n° 313764 : *RJDA* 2011, n° 351). En outre, compte tenu des caractéristiques des produits et des services de téléphonie mobile en cause, le nombre d'implantations commerciales dans une zone de chalandise constituait en l'espèce, en l'absence, au demeurant, d'informations statistiques plus précises, une indication pertinente pour apprécier la situation concurrentielle au niveau local et évaluer les risques d'atteinte à la concurrence liés à l'opération. Par ailleurs, si l'analyse des effets d'une opération de concentration ne peut se réduire au constat des parts de marché détenues lors de l'opération, mais doit s'étendre à leur potentiel d'évolution ultérieure, compte tenu de tous les éléments susceptibles de compenser ou d'accroître l'ampleur des parts conférées aux parties à la concentration, le ministre n'a pas commis d'erreur de droit en tenant compte, pour anticiper les effets de l'opération sur chacun des marchés locaux qu'il a identifiés, des facteurs d'évolution générale du marché de la distribution des produits et des services de téléphonie mobile qu'il avait identifiés et des barrières à l'entrée sur le marché, liées notamment aux spécificités du régime juridique des baux commerciaux ; sur ce dernier point, le ministre, qui n'était pas tenu de procéder à une analyse prospective des disponibilités en matière de locaux commerciaux dans chacune des zones de chalandise identifiées, a suffisamment motivé sa décision (arrêt préc.).

Substituabilité des ventes en lignes et des ventes en magasin pour la délimitation du marché pertinent : ▪ Aut. conc., déc. n° 116-DCC, 27 juill. 2016 : *Contrats, conc. consom.* 2017, chron. 1, D. Bosco et C. Prieto. – Et dans le même sens : ▪ Aut. conc., déc. n° 19-DCC-65, 17 avr. 2019 : *Contrats, conc. consom.* 2019/8-9, chron. 4.

Pour des analyses sur les marchés de la publicité en ligne, V. ▪ Aut. conc., déc. n° 18-DCC-18, 1er févr. 2018 : *Contrats, conc. consom.* 2018, chron. 4, p. 6, obs. D. Bosco. ▪ Aut. conc., déc. n° 18-DCC-63, 23 avr. 2018. *Adde* : ▪ Aut. conc., avis n° 18-A-03, 6 mars 2018 : *Contrats, conc. consom.* 2018, comm. 97, obs. D. Bosco.

6) **Analyse concurrentielle.** Pour une analyse très détaillée bien que menée dans le cadre de la procédure d'examen rapide, V. ▪ Aut. conc., déc. n° 09-DCC-16, 22 juin 2009 : *Contrats, conc. consom.* 2009, comm. 224, obs. M. Bazex ; *RJ com.* 2009, p. 361, note A. Decocq ; *Banque et droit* 2009, n° 128, p. 9, note O. Billard et K.-A. Jouvensal ; *Rev. Lamy conc.* 2010, n° 1513, note F. Brunet et J.-S. Duprey et n° 1559, note Ph. Choné et E. Pfister. Pour des analyses menées au sujet de plateformes digitales intervenant dans le secteur des petites annonces immobilières, V. ▪ Aut. conc., déc. n° 18-DCC-18, 1er févr. 2018 : *Contrats, conc. consom.* 2018, chron. 4, p. 6, obs. D. Bosco.

7) **Analyse concurrentielle. *Pouvoir de marché.*** En relevant que l'appréciation du pouvoir de marché d'un groupe de distribution, aux fins de procéder à l'analyse des effets concurrentiels d'une opération de concentration réalisée entre deux réseaux de distribution, qui est distincte de l'appréciation de l'existence d'une influence déterminante, aux fins d'identifier une opération de concentration, exige la prise en compte de tous les magasins adhérents des réseaux, dès lors que leur politique commerciale n'est pas suffisamment autonome, l'Autorité de la concurrence (▪ Aut. conc., déc. n° 10-DCC-01, 12 janv. 2010), qui s'est d'ailleurs conformée à une pratique constante des autorités de concurrence, n'a pas commis d'erreur de droit ; en procédant à une analyse concrète des contrats propres aux deux réseaux en cause en l'espèce et en retenant, pour apprécier l'autonomie commerciale des différentes catégories d'adhérents, des éléments tels que le respect de la politique du franchiseur en matière de communication publicitaire, la participation à des campagnes promotionnelles, l'exclusivité d'approvisionnement auprès de fournisseurs référencés par le franchiseur pour une partie des achats, l'interdiction de modifier un point de vente sans l'autorisation du franchiseur, la possibilité, pour le franchiseur, de fixer un prix

maximum, l'obligation de référencement d'une partie des lignes de produits du franchiseur ou encore l'existence de clauses de préemption, de substitution et de préférence au profit du franchiseur en cas de cession d'un magasin franchisé, l'Autorité de la concurrence n'a pas non plus commis d'erreur de droit ; enfin, en procédant, comme elle y était d'ailleurs tenue, à une analyse prospective des effets probables de l'opération sur l'autonomie des franchisés au sein du nouveau groupe de distribution, elle n'a pas davantage commis d'erreur de droit ; elle n'a, par ailleurs, pas méconnu les principes d'égalité et de sécurité juridique ni, en tout état de cause, le principe de protection de la confiance légitime (▪ CE, 23 déc. 2010, n° 337533 : *JurisData* n° 2010-024900 ; *RJDA* 2011, n° 350 ; *AJDA* 2011, p. 654, obs. E. Glaser ; *Rev. Lamy conc.* 2011, n° 1774, obs. F. de Bure). Pour une application de ces principes dans le secteur des articles de jardinage, V. ▪ Aut. conc., déc. n° 18-DCC-148, 24 août 2018, concluant à l'absence d'autonomie des distributeurs de la cible comme de ceux de l'acquéreur.

8) **Analyse concurrentielle. *Position dominante collective.*** Les comportements d'opérateurs en situation oligopolistique sur un marché peuvent, en l'absence même de toute entente formelle, être implicitement coordonnés, de sorte que le pouvoir de ces opérateurs sur le marché s'en trouve accru, au détriment, notamment, des consommateurs ; l'identification d'une telle position dominante collective suppose que, compte tenu des différents indices et éléments de preuve qui peuvent être relevés, il apparaisse que chacun des membres de l'oligopole est en mesure de connaître de manière suffisamment précise et immédiate l'évolution du comportement des autres, qu'il existe des menaces de représailles crédibles en cas de déviation de la ligne d'action implicitement approuvée par tous et que les réactions prévisibles des consommateurs et des concurrents actuels ou potentiels de l'oligopole ne peuvent suffire à remettre en cause les résultats attendus de la collusion tacite (▪ CE, 31 juill. 2009, n° 305903 : *JurisData* n° 2009-007919 ; *RJEP* 2009, n° 670, p. 7, note E. Glaser ; *AJDA* 2009, p. 1595, note S.-J. Lieber et D. Bootteghi ; *Contrats, conc. consom.* 2009, comm. 249, obs. D. Bosco ; *RJDA* 2010, n° 785 ; *RD conc.* 2009, n° 4, p. 134, obs. D. Tayar ; *Rev. Lamy conc.* 2009, n° 1450, obs. D. Spector ; *Rev. Lamy dr. aff.* nov. 2009, n° 2592, p. 35, note P. Hubert et J. de Douhet). Arrêt inspiré de la jurisprudence européenne, V. ▪ TPICE, 6 juin 2002 : *Rec. CJCE* 2002, II, p. 2585 ; *RJDA* 2002, n° 946. ▪ CJCE, 10 juill. 2008 : *Rec. CJCE* 2008, I, p. 4951 ; *Contrats, conc. consom.* 2008, comm. 233, obs. G. Decocq. Comp. ▪ CE, 30 juin 2006, n° 283479 : *JurisData* n° 2006-070365 ; *RJEP* 2007, p. 98, concl. F. Seners ; *RJDA* 2007, n° 409.

Art. L. 430-6 *(Rempl., L. n° 2008-776, 4 août 2008).* **– Lorsqu'une opération de concentration fait l'objet, en application du dernier alinéa du III de l'article L. 430-5, d'un examen approfondi, l'Autorité de la concurrence examine si elle est de nature à porter atteinte à la concurrence, notamment par création ou renforcement d'une position dominante ou par création ou renforcement d'une puissance d'achat qui place les fournisseurs en situation de dépendance économique. Elle apprécie si l'opération apporte au progrès économique une contribution suffisante pour compenser les atteintes à la concurrence.**

La procédure applicable à cet examen approfondi de l'opération par l'Autorité de la concurrence est celle prévue au deuxième alinéa de l'article L. 463-2 et aux articles L. 463-4, L. 463-6 et L. 463-7. Toutefois, les parties qui ont procédé à la notification et le commissaire du Gouvernement doivent produire leurs observations en réponse à la communication du rapport dans un délai de quinze jours ouvrés.

Avant de statuer, l'autorité peut entendre des tiers en l'absence des parties qui ont procédé à la notification. Les comités d'entreprise des entreprises parties à l'opération de concentration sont entendus à leur demande par l'autorité dans les mêmes conditions.

1) **Examen approfondi.** Pour la première décision de l'Autorité de la concurrence utilisant la procédure d'examen approfondi, V. ▪ *Aut. conc.*, déc. n° 10-DCC-11, 26 janv. 2010 : *Rev. Lamy conc.* 2010, n° 1570, obs. F. de Bure ; *Contrats, conc. consom.* 2010, chron. 1, n°s 2 et 4, obs. D. Bosco. Depuis, V. aussi ▪ Aut. conc., déc. n° 10-DCC-198, 30 déc. 2010 : *Rev. Lamy conc.* 2011, n° 1768, note Ch. Montet.

2) **Progrès économique.** Le développement du progrès économique peut s'entendre également d'une contribution à la lutte contre la pollution de l'environnement (▪ Cons. conc., avis n° 94-A-18, 17 mai 1994 : *Contrats, conc. consom.* 1994, comm. 173).

Le fait qu'une entreprise ne disparaisse pas du marché, grâce à son rachat par un concurrent, est susceptible de constituer un progrès économique, à certaines conditions (▪ Cons. conc., avis n° 96-A-01, 31 janv. 1996 : *BOCC* 1996, 415 ; *JCP* E 1998, p. 77, n° 4, obs. L. Vogel).

3) **Procédure.** La procédure prévue à l'article L. 430-6 (ancienne rédaction) n'a un caractère pleinement contradictoire qu'à l'égard des parties à la concentration litigieuse ; il en résulte que les concurrents qui contestent cette opération et qui, n'étant pas parties à cette opération, doivent être regardés comme des tiers, n'ont pas à recevoir

communication du rapport établi par les rapporteurs (▪ CE, 19 oct. 2005, n° 285648 : *RJDA* 2006, n° 68). *Adde*, le projet de décision tenant compte des modifications apportées aux engagements initialement pris n'a pas à être communiqué aux tiers. Selon l'article L. 430-7, III, seules les « parties intéressées » seront destinataires du projet de décision : ▪ CE, 5 nov. 2014, n° 373065 et ▪ Aut. conc., déc. n° 14-DCC-160, 30 oct. 2014 : *Contrats, conc. consom.* 2015, chron. 5, obs. D. Bosco).

Les investigations auxquelles se livre le Conseil de la concurrence (ancienne rédaction) pour apprécier la portée économique d'une concentration impliquent qu'il prenne connaissance d'informations couvertes par le secret des affaires, ce qui exclut que les concurrents hostiles à cette concentration y soient contradictoirement associés ; eu égard à l'indépendance et aux méthodes de travail de cette autorité collégiale, le fait que les sociétés requérantes n'ont pas été contradictoirement associées aux dites investigations ne saurait suffire à faire regarder l'examen de cet avis comme viciant l'équité du procès (▪ CE, 13 févr. 2006 : *RFDA* 2006, p. 702, concl. E. Glaser ; *Dr. adm.* 2006, comm. 72, obs. M. Bazex et S. Blazy ; *RJDA* 2006, n° 711 ; *JCP E* 2006, 2405, n° 16, obs. G. Decocq ; *RD conc.* 2006, n° 2, p. 111, obs. J. Philippe ; *Rev. Lamy conc.* 2006, n° 494, obs. I. Girgenson).

Conformément aux dispositions de l'article L. 430-6 du Code de commerce, le rapporteur général ou le rapporteur général-adjoint ne sont pas tenus de produire un rapport complémentaire avant que le collège ne se prononce sur une deuxième série d'engagements proposés par les parties ▪ CE, 5 nov. 2014, n° 373065 et ▪ Aut. conc., déc. n° 14-DCC-160, 30 oct. 2014 : *Contrats, conc. consom.* 2015, chron. 5, obs. D. Bosco.

Art. L. 430-7 *(Rempl., L. n° 2008-776, 4 août 2008 ; L. n° 2015-990, 6 août 2015).* **– I. – Lorsqu'une opération de concentration fait l'objet d'un examen approfondi, l'Autorité de la concurrence prend une décision dans un délai de soixante-cinq jours ouvrés à compter de l'ouverture de celui-ci.**

II. – Après avoir pris connaissance de l'ouverture d'un examen approfondi en application du dernier alinéa du III de l'article L. 430-5, les parties peuvent proposer des engagements de nature à remédier aux effets anticoncurrentiels de l'opération. Lorsque des engagements ou des modifications apportées à des engagements déjà proposés sont transmis à l'Autorité de la concurrence moins de vingt jours ouvrés avant la fin du délai mentionné au I, celui-ci expire vingt jours ouvrés après leur réception, dans la limite de quatre-vingt-cinq jours ouvrés à compter de l'ouverture de l'examen approfondi.

En cas de nécessité particulière, telle que la finalisation des engagements mentionnés à l'alinéa précédent, les parties peuvent demander à l'Autorité de la concurrence de suspendre les délais d'examen de l'opération dans la limite de vingt jours ouvrés. Ces délais peuvent également être suspendus à l'initiative de l'Autorité de la concurrence lorsque les parties ayant procédé à la notification ont manqué de l'informer d'un fait nouveau dès sa survenance ou de lui communiquer, en tout ou partie, les informations demandées dans le délai imparti, ou que des tiers ont manqué de lui communiquer, pour des raisons imputables aux parties ayant procédé à la notification, les informations demandées. En ce cas, le délai reprend son cours dès la disparition de la cause ayant justifié sa suspension.

III. – L'Autorité de la concurrence peut, par décision motivée :

– soit interdire l'opération de concentration et enjoindre, le cas échéant, aux parties de prendre toute mesure propre à rétablir une concurrence suffisante ;

– soit autoriser l'opération en enjoignant aux parties de prendre toute mesure propre à assurer une concurrence suffisante ou en les obligeant à observer des prescriptions de nature à apporter au progrès économique une contribution suffisante pour compenser les atteintes à la concurrence.

Les injonctions et prescriptions mentionnées aux deux alinéas précédents s'imposent quelles que soient les clauses contractuelles éventuellement conclues par les parties.

Le projet de décision est transmis aux parties intéressées, auxquelles un délai raisonnable est imparti pour présenter leurs observations.

IV. – Si l'Autorité de la concurrence n'entend prendre aucune des décisions prévues au III, elle autorise l'opération par une décision motivée. L'autorisation peut être subordonnée à la réalisation effective des engagements pris par les parties qui ont procédé à la notification.

V. – Si aucune des décisions prévues aux III et IV n'a été prise dans le délai mentionné au I, éventuellement prolongé en application du II, l'Autorité de la concurrence en informe le ministre chargé de l'économie. L'opération est réputée avoir fait l'objet d'une décision d'autorisation au terme du délai ouvert au ministre chargé de l'économie par le II de l'article L. 430-7-1.

1) **Injonction ministérielle (jurisprudence antérieure à la loi LME du 4 août 2008).** Dans le cas où les ministres concernés acceptent la prise de contrôle d'une entreprise par une autre, en assortissant cette acceptation d'une condition qui a pour effet de priver une entreprise tierce de la possibilité de se porter acquéreur de certains établissements, la décision en cause ne peut légalement intervenir sans que cette entreprise tierce ait été mise en mesure, conformément au principe général des droits de la défense, de présenter ses observations (■ CE, sect., 9 avr. 1999, n° 191654 : *Rec. CE*, p. 117 ; *CJEG* 1999, p. 214, concl. J.-H. Stahl ; *D.* 2000, p. 157, note A. Troianiello ; *RJDA* 1999, n° 1140).

2) **Contrôle de proportionnalité.** En estimant, au cas d'espèce, que les propositions faites par l'une des entreprises parties au projet de concentration pour compenser les effets anticoncurrentiels de l'opération étaient insuffisantes en raison de la durée trop courte et de la portée trop limitée des engagements pris par l'entreprise, les ministres concernés, qui ont enjoint à celle-ci de renoncer à son projet, n'ont pas procédé à une appréciation erronée des circonstances de l'affaire. Eu égard à la nature et à l'importance des effets anticoncurrentiels du projet de concentration et à la difficulté corrélative de déterminer des mesures adéquates pour les compenser, la décision prise par les ministres de s'opposer purement et simplement à l'opération projetée ne peut être regardée comme ayant porté une atteinte excessive à la liberté du commerce et de l'industrie (■ CE, 9 avr. 1999, n° 201853 : *JurisData* n° 1999-050088 ; *Rec. CE*, p. 199 ; *CJEG* 1999, p. 223, concl. J.-H. Stahl ; *AJDA* 1999, p. 611, note M. Bazex et B. Thiry ; *D.* 2000, p. 157, note A. Troianiello ; *RJDA* 1999, n° 1141. Dans la même affaire et dans le même sens, V. ■ CE, 6 oct. 2000, n° 216645 : *JurisData* n° 2000-061036 ; *RJDA* 2000, p. 847, concl. L. Touvet et n° 1177). *Rappr.* ■ CE, sect., 30 déc. 2010, n° 338197 : *JurisData* n° 2010-024728 ; *Contrats, conc. consom.* 2011, chron. 2, n° 7, obs. D. Bosco ; *RJDA* 2011, n° 352.

3) ***Compétence* de la juridiction administrative.** La juridiction administrative, et plus particulièrement au sein de celle-ci, le Conseil d'État statuant en premier et dernier ressort, sont compétents pour connaître d'un recours pour excès de pouvoir contre l'arrêté par lequel les ministres intéressés décident, dans le cadre du contrôle des concentrations économiques, de prononcer des injonctions et, notamment, d'enjoindre aux entreprises de modifier ou compléter l'opération projetée ou de prendre toute mesure propre à assurer ou rétablir une concurrence suffisante (■ CE, 9 avr. 1999, 2 esp. préc.).

4) **Engagements.** Si les parties ayant pris des engagements ne peuvent légalement, tout en assurant le respect formel des critères expressément prévus par un engagement, adopter des mesures ou un comportement ayant pour conséquence de le priver de toute portée et de produire des effets anticoncurrentiels qu'il entendait prévenir, il appartient toutefois à l'Autorité de la concurrence de n'accepter des engagements que s'ils sont suffisamment certains et mesurables pour garantir que les effets anticoncurrentiels qu'ils ont pour finalité de prévenir ne seront pas susceptibles de se produire dans un avenir relativement proche (■ CE, ass., 23 déc. 2013, n° 363702 : *Dalloz Act.* 9 janv. 2014, obs. J.-M. Pastor ; *Contrats, conc. consom.* 2014, comm. 71, obs. G. Decocq ; *Rev. Lamy conc.* 2014/39, n° 2502, obs. C. Medina).

Sur les engagements pris par un opérateur public, dans les conditions prévues à l'article L. 430-7, V. ■ Aut. conc., déc. n° 09-DCC-54, 16 oct. 2009 : *Contrats, conc. consom.* 2010, comm. 100, obs. M. Bazex.

5) **Procédure.** Il résulte des dispositions combinées des articles L. 430-7, L. 461-1 et L. 461-3 du Code de commerce que les décisions prévues à l'article L. 430-7 doivent être adoptées par l'Autorité de la concurrence siégeant soit en formation plénière, soit en sections, soit en commission permanente, mais ne peuvent être adoptées, contrairement aux décisions relatives à des concentrations ne faisant pas l'objet d'un examen approfondi, par le seul président ou un vice-président désigné par lui (■ CE, ass., 23 déc. 2013, n° 363702 : *Dalloz Act.* 9 janv. 2014, obs. J.-M. Pastor ; *Contrats, conc. consom.* 2014, comm. 71, obs. G. Decocq ; *Rev. Lamy conc.* 2014/39, n° 2502, obs. C. Medina).

L'annulation rétroactive de la décision d'autorisation attaquée, qui serait de nature à priver l'Autorité de la concurrence de la capacité de sanctionner d'éventuels manquements aux engagements qui y sont annexés, aurait, dans les circonstances de l'espèce, des conséquences manifestement excessives ; dans ces conditions, sans qu'il y ait lieu de prononcer une mesure d'injonction, il y a lieu de limiter dans le temps les effets de l'annulation et de prévoir que, sous réserve des actions contentieuses engagées à la date de la présente décision contre les actes pris sur son fondement, les effets de la décision attaquée antérieurement à son annulation doivent être regardés comme définitifs (même arrêt).

6) **Prise de position de l'Autorité de la concurrence.** Sont susceptibles de recours en annulation les « avis, recommandations, mises en garde et prises de position adoptés par les autorités de régulation dans l'exercice des missions dont elles sont investies », lorsqu'ils « revêtent le caractère de dispositions générales et impératives

ou énoncent des prescriptions individuelles dont ces autorités pourraient ultérieurement censurer la méconnaissance » ou « sont de nature à produire des effets notables, notamment de nature économique, ou ont pour objet d'influer de manière significative sur les comportements des personnes auxquelles ils s'adressent » (▪ CE, 21 mars 2016, déc. n°s 368082 et 390023).

7) Interdiction de l'opération. Pour la première fois depuis 2009, l'Autorité de la concurrence a interdit une concentration (en l'espèce prévue entre deux hypermarchés). Elle a estimé que l'opération aurait entraîné la création d'un duopole et favorisé une coordination tacite. Elle aurait également emporté une hausse des prix due à la disparition de la rivalité entre l'hypermarché racheté et l'hypermarché déjà présent dans la zone (▪ Aut. conc., déc. n° 20-DCC-116, 28 août 2020).

Art. L. 430-7-1 *(L. n° 2008-776, 4 août 2008 ; L. n° 2015-990, 6 août 2015).* **– I. – Dans un délai de cinq jours ouvrés à compter de la date à laquelle il a reçu la décision de l'Autorité de la concurrence ou en a été informé en vertu de l'article L. 430-5, le ministre chargé de l'économie peut demander à l'Autorité de la concurrence un examen approfondi de l'opération dans les conditions prévues aux articles L. 430-6 et L. 430-7.**

II. – Dans un délai de vingt-cinq jours ouvrés à compter de la date à laquelle il a reçu la décision de l'Autorité de la concurrence ou en a été informé en vertu de l'article L. 430-7, le ministre chargé de l'économie peut évoquer l'affaire et statuer sur l'opération en cause pour des motifs d'intérêt général autres que le maintien de la concurrence et, le cas échéant, compensant l'atteinte portée à cette dernière par l'opération.

Les motifs d'intérêt général autres que le maintien de la concurrence pouvant conduire le ministre chargé de l'économie à évoquer l'affaire sont, notamment, le développement industriel, la compétitivité des entreprises en cause au regard de la concurrence internationale ou la création ou le maintien de l'emploi.

Lorsqu'en vertu du présent II le ministre chargé de l'économie évoque une décision de l'Autorité de la concurrence, il prend une décision motivée statuant sur l'opération en cause après avoir entendu les observations des parties à l'opération de concentration. Cette décision peut éventuellement être conditionnée à la mise en œuvre effective d'engagements.

Cette décision est transmise sans délai à l'Autorité de la concurrence.

Si le ministre chargé de l'économie estime que les parties n'ont pas exécuté dans les délais fixés un engagement figurant dans sa décision, il peut prendre les décisions prévues aux 1° à 3° du IV de l'article L. 430-8.

Menace sur l'emploi. Faisant pour la première fois usage de son pouvoir d'évocation, le ministre de l'économie est revenu sur une décision de l'Autorité de la concurrence ayant prononcé des injonctions qui selon lui étaient susceptibles d'avoir un impact significatif sur la stratégie industrielle et la rentabilité du groupe et donc sur les emplois portés par celui-ci. Le ministre a donc autorisé la concentration en substituant aux conditions imposées initialement par l'Autorité une unique condition de maintien de l'emploi (▪ Min. Économie, déc. n° 602, 19 juill. 2018, évoquant ▪ Aut. conc., déc. n° 18-DCC-95, 14 juin 2018 : *Concurrences* 2018/4, p. 145, obs. O. Billard et Y. Chevalier ; *Contrats, conc. consom.* 2019, chron. p. 23, obs. D. Bosco).

Bibliographie : F. de Bure et I. Girgenson, *Le pouvoir d'intervention du ministre de l'Économie en matière de concentrations : Rev. Lamy conc.* 2009, n° 1265.

Art. L. 430-8 *(L. n° 2001-420, 15 mai 2001 ; mod., L. n° 2008-776, 4 août 2008 ; L. n° 2015-990, 6 août 2015).* **– I. – Si une opération de concentration a été réalisée sans être notifiée, l'Autorité de la concurrence enjoint sous astreinte, dans la limite prévue au II de l'article L. 464-2, aux parties de notifier l'opération, à moins de revenir à l'état antérieur à la concentration. La procédure prévue aux articles L. 430-5 à L. 430-7 est alors applicable.**

En outre, l'autorité peut infliger aux personnes auxquelles incombait la charge de la notification une sanction pécuniaire dont le montant maximum s'élève, pour les personnes morales, à 5 % de leur chiffre d'affaires hors taxes réalisé en France lors du dernier exercice clos, augmenté, le cas échéant, de celui qu'a réalisé en France durant la même période la partie acquise et, pour les personnes physiques, à 1, 5 million d'euros.

II. – Si une opération de concentration notifiée et ne bénéficiant pas de la dérogation prévue au deuxième alinéa de l'article L. 430-4 a été réalisée avant l'intervention de la décision prévue au premier alinéa du même article, l'Autorité de la concurrence peut infliger aux personnes ayant procédé à la notification une sanction pécuniaire qui ne peut dépasser le montant défini au I.

III. – En cas d'omission ou de déclaration inexacte dans une notification, l'Autorité de la concurrence peut infliger aux personnes ayant procédé à la notification une sanction pécuniaire qui ne peut dépasser le montant défini au I.

Cette sanction peut s'accompagner du retrait de la décision ayant autorisé la réalisation de l'opération. À moins de revenir à l'état antérieur à la concentration, les parties sont alors tenues de notifier de nouveau l'opération dans un délai d'un mois à compter du retrait de la décision, sauf à encourir les sanctions prévues au I.

IV. – Si elle estime que les parties n'ont pas exécuté dans les délais fixés une injonction, une prescription ou un engagement figurant dans sa décision ou dans la décision du ministre ayant statué sur l'opération en application de l'article L. 430-7-1, l'Autorité de la concurrence constate l'inexécution. Elle peut :

1° Retirer la décision ayant autorisé la réalisation de l'opération. À moins de revenir à l'état antérieur à la concentration, les parties sont tenues de notifier de nouveau l'opération dans un délai d'un mois à compter du retrait de la décision, sauf à encourir les sanctions prévues au I ;

2° Enjoindre sous astreinte, dans la limite prévue au II de l'article L. 464-2, aux parties auxquelles incombait l'obligation non exécutée d'exécuter dans un délai qu'elle fixe les injonctions, prescriptions ou engagements figurant dans la décision ;

3° Enjoindre sous astreinte, dans la limite prévue au II de l'article L. 464-2, aux parties auxquelles incombait l'obligation, d'exécuter dans un délai qu'elle fixe des injonctions ou des prescriptions en substitution de l'obligation non exécutée.

En outre, l'Autorité de la concurrence peut infliger aux personnes auxquelles incombait l'obligation non exécutée une sanction pécuniaire qui ne peut dépasser le montant défini au I.

La procédure applicable est celle prévue au deuxième alinéa de l'article L. 463-2 et aux articles L. 463-4, L. 463-6 et L. 463-7. Toutefois, les parties qui ont procédé à la notification et le commissaire du Gouvernement doivent produire leurs observations en réponse à la communication du rapport dans un délai de quinze jours ouvrés.

L'Autorité de la concurrence se prononce dans un délai de soixante-quinze jours ouvrés.

V. – Si une opération de concentration a été réalisée en contravention des décisions prises en application des articles L. 430-7 et L. 430-7-1, l'Autorité de la concurrence enjoint sous astreinte, dans la limite prévue au II de l'article L. 464-2, aux parties de revenir à l'état antérieur à la concentration.

En outre, l'Autorité de la concurrence peut infliger aux personnes auxquelles les décisions précitées s'imposaient la sanction pécuniaire prévue au I.

Bibliographie : E. Baccichetti et P. Bonnet, *Contrôle des concentrations : des sanctions souvent très lourdes : LPA* 2009, n° 149, p. 4. • P. Bougette, M. Deschamps et Ch. Montet, *Le premier retrait d'autorisation de concentration pour non-respect des engagements en France : Rev. Lamy conc.* 2012, n° 2014. • P. Galmiche et J. Lucas, *Le suivi des engagements en matière de contrôle des concentrations : Contrats, conc. consom.* 2012, étude 5 et *JCP* E 2012, 1295. • N. Jalabert-Doury, N. Mouy, T. Hoehn, M. Gaved et L. Nouvel, *Le suivi de l'exécution des engagements dans les concentrations françaises : RD conc.* 2007, n° 2, p. 29. • G. Nouët, *La sanction de l'inexécution d'engagements déposés au titre du contrôle des concentrations : Rev. Lamy conc.* 2011, n° 1890. • Th. Piquereau et F. Amand, *Le suivi des engagements souscrits dans le cadre du contrôle des concentrations en France : RD conc.* 2007, n° 4, p. 36. • J.-C. Roda, *L'actualité des procédures négociées : pratiques anticoncurrentielles et concentrations*, in *L'année 2011 en droit de la concurrence : Contrats, conc. consom.* 2012, dossier 4.

1) Défaut de notification. Le défaut de notification d'une opération de concentration doit être imputé à la ou aux personne(s) physique(s) ou *morale(s) sur* lesquelles pesait l'obligation de notification, c'est-à-dire à celle(s) acquérant de façon ultime le contrôle de la cible, et non à la seule personne juridiquement signataire de l'accord d'acquisition (▪ Aut. conc., déc. n° 12-D-12, 11 mai 2012 : *Contrats, conc. consom.* 2013, chron. 1, n° 2, obs. D. Bosco ; *RD conc.* 2012, n° 3, p. 161, obs. D. Berlin ; *Rev. Lamy conc.* 2012, n° 2166, obs. E. Barbier de la Serre ; conf. par ▪ CE, 24 juin 2013, n° 360949 : *Dalloz Act.* 8 juill. 2013, obs. S. Sprungard ; *Contrats, conc. consom.* 2014, chron. 1, n° 3, obs. D. Bosco ; *Rev. Lamy conc.* 2013/37, n° 2392, obs. S. Schrameck ; *RJDA* 2014, n° 568).

La liberté laissée à un groupe de choisir la société qui notifiera en pratique l'opération ne modifie nullement la situation juridique de la ou des personne (s) tenue(s) à l'obligation de notification au sens de *l'alinéa* 2 de *l'article* L. 430-3 (même déc.).

Le non-respect de l'obligation prévue à l'article L. 430-3 constitue, par nature, une infraction grave à l'ordre public économique dans la mesure où ce manquement prive l'Autorité de la concurrence de toute possibilité de contrôler un projet de concentration préalablement à sa réalisation, et ce, quels que puissent être les effets possibles de l'opération projetée sur la concurrence. La caractérisation du manquement sanctionné par le I de l'article L. 430-8 ne nécessite donc pas la démonstration d'une atteinte à la concurrence qui pourrait être provoquée par la concentration non notifiée. Si cette infraction est, dès lors, grave par nature, l'appréciation de l'Autorité n'en tient pas moins compte des circonstances concrètes propres au cas d'espèce, qu'elles soient aggravantes ou atténuantes, et notamment du caractère plus ou moins évident de la contrôlabilité de l'opération, de la taille de l'entreprise et des moyens, notamment juridiques, dont celle-ci pouvait disposer, ou de l'éventuelle volonté délibérée de ses responsables de contourner l'obligation légale de notification, en particulier lorsque l'opération était susceptible de porter une atteinte substantielle à la concurrence (même déc.). En ce sens, V. ■ Aut. conc., déc. n° 13-D-01, 31 janv. 2013 : *Contrats, conc. consom.* 2013, étude 5, note J. Lucas ; *Contrats, conc. consom.* 2013, chron. 3, n° 5, obs. D. Bosco ; *Rev. Lamy conc.* 2013/35, n° 2256, obs. J.-B. Pinçon, *Adde* ■ CE, 15 avr. 2016, n° 375658 : *Contrats, conc. consom.* 2017, chron. 1, D. Bosco et C. Prieto.

Adde, sur le rejet d'une question prioritaire de constitutionnalité portant sur l'article L. 430-8 du Code de commerce et sa conformité au principe de nécessité des peines : ■ CE, 16 juill. 2014, n° 375658 : *Contrats, conc. consom.* 2015, chron. 1, obs. D. Bosco.

2) Sanction du défaut de notification. Pour fixer le montant de la sanction, il doit également être tenu compte, notamment, du caractère plus ou moins évident de l'existence d'une obligation, au regard des articles L. 430-1 et L. 430-2 du Code de commerce, de notifier l'opération de concentration, de la taille de l'entreprise concernée et de ses moyens humains, du caractère délibéré du manquement qu'elle commet, de l'intention qu'elle a, en le commettant, de contourner les règles de la concurrence, de la coopération qu'elle apporte au cours de la procédure ainsi que de sa situation financière ■ CE, 15 avr. 2016, n° 375658 : *Contrats, conc. consom.* 2017, chron. 1, D. Bosco et C. Prieto.

3) Sanction de la réalisation anticipée d'opération notifiée (« gun jumping »). Pour un exemple de condamnation à hauteur de 80 millions d'euros d'entreprises qui avaient mis en œuvre de manière anticipée les opérations de concentration, V. ■ Aut. conc., déc. n° 16-D-24, 8 nov. 2016 : *Contrats, conc. consom.* 2017/8-9, chron. 4, comm. 7, obs. D. Bosco. En droit européen, comp. ■ CJUE, 31 mai 2018, aff. C-633/16 : *Concurrences* 2018/3, p. 130, obs. J.-F. Bellis et V. Lefever, jugeant que la dénonciation d'un accord de coopération avec un tiers par l'une des parties à la concentration ne se traduit pas par un changement durable de contrôle et peut avoir lieu avant que l'opération ne soit notifiée aux autorités.

4) Suivi des engagements. À la différence d'injonctions imposées par l'autorité de contrôle, les engagements sont proposés par les parties à l'opération de concentration. Celles-ci sont tenues de proposer des engagements suffisants pour remédier aux problèmes de concurrence identifiés. Il appartient aux parties de s'assurer dès ce stade que les engagements retenus, tels que modifiés pour intégrer le cas échéant les préoccupations que leur premier état peut avoir suscité chez l'autorité de contrôle, peuvent effectivement être exécutés, dès lors que ces derniers conditionnent la délivrance de l'autorisation de l'opération. Dans ces conditions, les parties ne sauraient invoquer, au stade du contrôle de leur exécution, l'impossibilité ou la difficulté de se conformer aux engagements souscrits, dont elles ont elles-mêmes approuvé le contenu et le délai de mise en œuvre (■ Aut. conc., déc. n° 11-D-12, 20 sept. 2011 : *Comm. com. électr.* 2011, comm. 113, obs. M. Chagny ; *RD conc.* 2011, n° 4, p. 137, note J.-M. Cot et A. Blanchet ; *Rev. Lamy conc.* 2011, n° 1890, note G. Nouët, et n° 1891, obs. F. de Bure et L. Bary ; *Contrats, conc. consom.* 2012, chron. 1, n° 4, obs. D. Bosco ; *Rev. Lamy conc.* 2012, n° 2014, note P. Bougette, M. Deschamps et Ch. Montet ; conf., sur ce point, par ■ CE, ass., 21 déc. 2012, n° 353856 : *RFDA* 2013, p. 55, concl. V. Daumas ; *Contrats, conc. consom.* 2013, chron. 3, n° 2, obs. D. Bosco ; *AJDA* 2013, p. 215, obs. X. Domino et A. Bretonneau ; *Dr. adm.* 2013, comm. 18 et 27, obs. M. Bazex ; *RJDA* 2013, n° 842).

Le contrôle effectué ne relève pas d'une appréciation globale mais porte sur le respect des engagements pris un par un, dont chacun a valeur obligatoire. En effet, la décision d'autorisation de l'opération de concentration est délivrée sous la condition de la bonne exécution de l'ensemble des engagements retenus, qui sont tous nécessaires à la résolution des atteintes à la concurrence identifiées. Ainsi, la circonstance qu'une partie des engagements ait été respectée ne saurait faire échec à un constat d'inexécution. À l'inverse, le respect formel de la lettre d'un engagement peut être insatisfaisant s'il s'avère que l'entreprise qui était tenue de le mettre en œuvre a par ailleurs pris des mesures aboutissant à le vider en tout ou en partie de sa portée. Dans de tels cas, il appartient à l'Autorité d'apprécier les suites à donner aux manquements constatés, en fonction notamment de la nature de l'engagement concerné (même déc.).

Rappr. ■ Aut. conc., déc. n° 12-D-15, 9 juill. 2012 : *RD conc.* 2012, n° 4, p. 125, note J.-M. Cot et A. Blanchet ; *Rev. Lamy conc.* 2012, n° 2140, obs. F. de Bure ; *Contrats, conc. consom.* 2013, chron. 1, n° 4, obs. D. Bosco.

5) Mandataire. Pour contrôler la bonne exécution des engagements souscrits dans le cadre d'une opération de concentration, un mandataire peut, dans les cas les plus complexes, avoir été désigné pour en surveiller la réalisation et rendre compte auprès de l'autorité de contrôle. Dans un tel cas, si les rapports établis par le mandataire sont de nature à éclairer utilement l'analyse effectuée par l'Autorité, cette dernière n'est pas liée par les appréciations portées par le mandataire dans le cadre de l'exercice de sa mission de suivi des engagements (▪ Aut. conc., déc. n° 11-D-12, 20 sept. 2011, préc., note 2).

6) Inexécution d'engagements. *Sanction.* À la différence des sanctions que l'Autorité de la concurrence peut prononcer en application des dispositions des 1°, 2° et 3° du IV de l'article L. 430-8 du Code de commerce, la sanction financière qu'elle peut, en outre, infliger en cas d'absence de réalisation effective d'engagements pris par les parties à une opération de concentration a un objet purement répressif. Eu égard à cet objet, il incombe à l'Autorité de la concurrence, ainsi qu'au juge saisi d'un recours de pleine juridiction, d'apprécier la proportionnalité d'une telle sanction au regard de la gravité des manquements constatés, c'est-à-dire de l'importance des engagements non respectés dans l'ensemble des mesures correctrices adoptées afin de prévenir les effets anticoncurrentiels de l'opération de concentration, du comportement de l'entreprise dans la mise en œuvre des engagements souscrits ainsi que de sa situation particulière, notamment de sa situation financière (▪ CE, 7 nov. 2019, n° 424702 : *JurisData* n° 2019-019555 ; *Contrats, conc. consom.* 2019/12, comm. 201, note D. Bosco, conf. ▪ Aut. conc., déc. n° 18-D-16, 27 juill. 2018. – V. égal. ▪ CE, ass. plén., 21 déc. 2012, n° 353856 : *RFDA* 2013, p. 55, concl. V. Daumas ; *Contrats, conc. consom.* 2013, chron. 3, n° 2, obs. D. Bosco ; *AJDA* 2013, p. 215, obs. X. Domino et A. Bretonneau ; *Dr. adm.* 2013, comm. 18 et 27, obs. M. Bazex ; *RJDA* 2013, n° 842).

Par sa nature même, le non-respect des engagements ou injonctions pris en application du titre relatif à la concentration économique par la partie à laquelle ils incombent revêt un caractère particulièrement grave (A. min. Éco., 21 août 2007 : *RD conc.* 2007, n° 4, p. 99, obs. J. Philippe ; *Rev. Lamy conc.* 2008, n° 963, obs. I. Girgenson).

La gravité d'un tel manquement doit cependant être appréciée en fonction des circonstances concrètes propres à chaque cas d'espèce, et notamment de son ampleur, de sa durée ou encore du comportement de l'entreprise en cause. Des circonstances aggravantes ou atténuantes peuvent également être prises en considération à ce stade de l'appréciation (▪ Aut. conc., déc. n° 12-D-15, 9 juill. 2012, préc., note 2). Il n'est pas nécessaire de démontrer qu'un manquement ait eu des effets réels sur la concurrence, même si la preuve de tels effets peut naturellement être prise en compte. C'est en effet, en premier lieu, par rapport à l'objectif ayant conduit à la prise de l'engagement qu'il convient de raisonner : lorsqu'une décision d'autorisation rend obligatoire un engagement souscrit par une entreprise en vue de remédier à un risque d'atteinte à la concurrence identifié dans le cadre de l'analyse de l'opération, c'est dans le but de garantir qu'une telle atteinte ne puisse se matérialiser dans le futur. Le non-respect ultérieur de l'engagement permet à ce risque de se concrétiser. Plus le risque que l'engagement était destiné à prévenir est important, plus le manquement est de nature, toutes choses égales par ailleurs, lui-même à avoir, actuellement ou potentiellement, des conséquences importantes (même déc.).

Il résulte de l'économie des dispositions de l'article L. 430-8 que le prononcé d'une décision de retrait et celui d'une injonction constituent des options alternatives ouvertes à l'Autorité de la concurrence lorsqu'elle constate l'inexécution d'engagements souscrits dans le cadre d'une opération de concentration. En effet, l'injonction d'exécuter l'obligation non respectée peut difficilement se concevoir si la décision de rendre celle-ci obligatoire est retirée dans le même temps (▪ Aut. conc., déc. n° 11-D-12, 20 sept. 2011, préc., note 2).

Le recours à telle ou telle des options ouvertes par l'article L. 430-8 doit être effectué en prenant en compte l'ensemble des circonstances caractérisant chaque cas d'espèce. L'Autorité tient compte, notamment, de la nature des manquements constatés, en appréciant leur gravité et l'atteinte à la concurrence que la décision d'autorisation avait pour objet de prévenir. Elle peut également prendre en compte la nature des engagements souscrits, leur importance dans l'économie générale de la décision d'autorisation de l'opération de concentration, ou encore le temps écoulé depuis l'opération de concentration et la durée des engagements restant à courir à la date à laquelle elle statue (▪ Aut. conc., déc. n° 12-D-15, 9 juill. 2012, préc., note 2).

7) Inexécution d'engagements. *Injonction.* Le ministre de l'Économie a, par deux fois, enjoint sous astreinte à des entreprises d'exécuter les engagements qu'elles avaient pris à l'occasion d'une procédure de contrôle des concentrations (A. min. Éco., 21 août 2007 : *RD conc.* 2007, n° 4, p. 99, obs. J. Philippe ; *Rev. Lamy conc.* 2008, n° 963, obs. I. Girgenson. – A. min. Éco., 17 nov. 2008 : *Contrats, conc. consom.* 2009, comm. 51, obs. G. Decocq ; *Rev. Lamy conc.* 2009, n° 1332, obs. J.-S. Duprey). Sur la possibilité désormais offerte à l'Autorité de la concurrence de fixer des injonctions ou des prescriptions en substitution de l'obligation non exécutée, V. ▪ Aut. conc., déc.

n° 17-D-04, 8 mars 2017 relative au respect de l'engagement figurant dans la décision autorisant l'acquisition de SFR par le groupe Altice relatif à l'accord conclu avec Bouygues Telecom le 9 novembre 2010 : *Contrats, conc. consom.* 2017/8-9, chron. 4, comm. 6, obs. D. Bosco, qui fixe un nouveau calendrier d'exécution des prestations de déploiement de la fibre et place sous le contrôle d'un mandataire la maintenance du réseau suite à l'inexécution de l'engagement de déploiement d'un tel réseau issu de ▪ Aut. conc., déc. n° 14-DCC-160, 30 oct. 2014, relative à la prise de contrôle exclusif de SFR par le groupe Altice : *Contrats, conc. consom.* 2015, chron. 5, comm. 1, obs. D. Bosco. Le Conseil d'État a rejeté le recours dirigé contre la décision n° 17-D-04 en énonçant qu'eu égard à leur objet qui, outre sa portée punitive, est la préservation de l'ordre public économique, les sanctions prévues par le 1° et le 2° du IV de l'article L. 430-8 du Code de commerce, qui sont distinctes de la sanction pécuniaire prévue au quatrième alinéa de ce IV, doivent être proportionnées à la gravité des manquements constatés et aux exigences de maintien ou de rétablissement d'un niveau de concurrence suffisant sur les marchés concernés. Pour apprécier, dans ce cadre, la proportionnalité des injonctions sous astreinte, il y a lieu de tenir compte de l'importance des engagements en tout ou partie non respectés au regard de l'ensemble des mesures correctives adoptées et des effets anticoncurrentiels qu'ils entendaient prévenir, de l'ampleur des manquements et de la nécessité d'assurer le maintien d'une concurrence suffisante sur les marchés concernés (▪ CE, sect. cont., 28 sept. 2017, n° 409770 : *Contrats, conc. consom.* 2017/12, comm. 254, note G. Decocq).

8) Inexécution d'engagements. *Retrait de la décision d'autorisation.* Le moyen invoquant l'application du 1° du IV de l'article L. 430-8 n'est pas recevable dans le cadre d'une procédure ouverte au titre du droit des pratiques anticoncurrentielles dès lors qu'une décision de retrait d'une autorisation de concentration ne peut intervenir que dans le cadre procédural spécifique fixé par les dispositions du IV de l'article L. 430-8 (▪ Aut. conc., déc. n° 10-D-32, 16 nov. 2010 : *Contrats, conc. consom.* 2011, comm. 15, obs. G. Decocq et chron. 2, n° 1, obs. D. Bosco ; *RD conc.* 2011, n° 1, p. 110, obs. F. Marty).

Les conséquences d'un retrait de la décision ayant autorisé la réalisation de l'opération de concentration sont définies par le IV de l'article L. 430-8. Le retrait entraîne l'obligation pour les parties de notifier à nouveau l'opération auprès de l'Autorité. Celle-ci doit alors examiner l'opération selon la procédure prévue au titre III du livre IV du Code de commerce en prenant en compte l'ensemble des données de fait existant à la date à laquelle elle statue. Ce n'est que lorsque les parties renoncent à notifier à nouveau l'opération qu'elles doivent revenir à l'état antérieur à la concentration (▪ Aut. conc., déc. n° 11-D-12, 20 sept. 2011, préc., note 2). Sur la nouvelle autorisation donnée suite au retrait de la première, V. ▪ Aut. conc., déc. n° 12-DCC-100, 23 juill. 2012 ; conf. par ▪ CE, ass., 21 déc. 2012, n° 362347 : *Contrats, conc. consom.* 2013, chron. 5, n° 2, obs. D. Bosco ; *RJDA* 2013, n° 843 ; mais les injonctions adoptées en 2012 ont été réexaminées par ▪ Aut. conc., déc. n° 17-DCC-92, 22 juin 2017.

Lorsqu'elle prononce l'une ou l'autre des décisions prévues aux 1° et 2° du IV de l'article L. 430-8, l'Autorité peut, en sus, infliger une sanction pécuniaire aux parties contrevenantes. Le montant de cette sanction, qui doit être déterminée de façon individuelle lorsque plusieurs contrevenants sont concernés, doit aussi être proportionné aux circonstances pertinentes du cas d'espèce. La nature particulière du manquement visé par le IV de l'article L. 430-8 doit également être prise en considération : la sanction pouvant être imposée en cas de non-respect d'engagements souscrits dans le cadre d'une opération de concentration, et conditionnant l'autorisation de celle-ci par l'Autorité – ou antérieurement par le ministre chargé de l'économie – doit en tout état de cause être déterminée de telle sorte que l'entreprise ayant pris les engagements ne soit pas incitée à se livrer à un calcul économique consistant à les proposer à l'Autorité en vue d'obtenir l'autorisation de la concentration, mais sans vouloir les exécuter effectivement ou sans prendre les mesures nécessaires à cet effet. Il importe donc que la sanction pécuniaire imposée en cas de non-respect d'engagements soit fixée à un niveau suffisant pour dissuader les intéressés de ne pas exécuter leurs engagements (même déc.).

9) Prescription. Le titre III du livre IV du Code de commerce ne contient aucune disposition expresse portant sur l'existence d'une prescription spécifiquement applicable aux faits visés au I de l'article L. 430-8. Il convient toutefois de retenir que la prescription quinquennale prévue par le I de l'article L. 462-7 est applicable aux faits relevant du I de l'article L. 430-8 (▪ Aut. conc., déc. n° 12-D-12, 11 mai 2012, préc. note 1 ; conf. par ▪ CE, 24 juin 2013, n° 360949 : *Contrats, conc. consom.* 2014, chron. 1, n° 3, obs. D. Bosco ; *Rev. Lamy conc.* 2013/37, n° 2392, obs. S. Schrameck ; *RJDA* 2014, n° 568).

Dans la mesure où les faits visés au I de l'article L. 430-8 concernent l'omission d'une notification devant intervenir à un moment précis et où la réalisation d'une opération de concentration économique intervient en un trait de temps, même si ses effets sont appelés à se poursuivre, il y a lieu de considérer que la réalisation d'une opération de concentration sans qu'elle ait été notifiée préalablement constitue une infraction permanente soumise au régime des infractions instantanées, de sorte que la prescription commence à courir au jour où se matérialise le changement de contrôle (même déc.).

Art. L. 430-9 ***(Mod., L. n° 2008-776, 4 août 2008).*** **– L'Autorité de la concurrence peut, en cas d'exploitation abusive d'une position dominante ou d'un état de dépendance économique enjoindre, par décision motivée, à l'entreprise ou au groupe d'entreprises en cause de modifier, de compléter ou de résilier, dans un délai déterminé, tous accords et tous actes par lesquels s'est réalisée la concentration de la puissance économique qui a permis les abus même si ces actes ont fait l'objet de la procédure prévue au présent titre.**

1) Pratiques anticoncurrentielles et concentrations. Les procédures prévues pour le contrôle des ententes et celles relatives au contrôle des concentrations sont différentes et inconciliables entre elles (▪ Paris, 28 juin 1994 : *BOCC* 1994, p. 268 ; *Contrats, conc. consom.* 1994, comm. 169, obs. L. Vogel ; rejet pourvoi par ▪ Cass. com., 26 nov. 1996 : *Bull. civ.* IV, n° 291 ; *BOCC* 1996, p. 628). L'article L. 430-9, s'il permet le cumul des contrôles des concentrations et des pratiques anticoncurrentielles lorsqu'il s'agit d'un cas d'exploitation abusive d'une position dominante ou d'un état de dépendance économique, ne prévoit aucune possibilité d'examen conjoint des concentrations et des ententes (même déc.).

En ce sens qu'une opération de concentration s'inscrivant en dessous des seuils de contrôlabilité et donc non notifiable ne peut de manière subsidiaire être contrôlée en application des articles L. 420-2 et 102 TFUE en l'absence de comportement abusif mis en œuvre par l'entreprise concernée après la réalisation de l'opération (▪ Aut. conc., déc. n° 20-D-01, 16 janv. 2020 : *Concurrences* 2020/2, p. 89, note F. Marty).

2) Contrôle *a posteriori*. Il résulte de l'article L. 430-9 que lorsqu'une opération concentrative qui, en elle-même, ne constitue pas une pratique répréhensible, a permis la réalisation d'un abus de position dominante, le Conseil de la concurrence (ancienne rédaction) peut, une fois qu'il a constaté qu'un tel abus de position dominante avait été commis, demander au ministre de mettre en œuvre les dispositions précitées afin que soit *remise en cause* pour l'avenir, par le biais d'une mesure de police non constitutive d'une sanction, l'opération de concentration (▪ Cons. conc., déc. n° 02-D-44, 11 juill. 2002 : *BOCC* 2002, p. 873 ; *Contrats, conc. consom.* 2002, comm. 157, obs. M. Malaurie-Vignal ; *Rev. Lamy dr. aff.* 2002, n° 3473, note V. Selinsky et Ch. Montet ; *RJDA* 2002, n° 1204 ; *JCP* E 2003, 224, note P. Arhel). En l'espèce, afin d'éviter que ne se reproduisent les abus de position dominante constatés, il y a lieu de demander au ministre chargé de l'économie d'enjoindre aux entreprises poursuivies de modifier, compléter ou résilier, dans un délai déterminé, tous accords et tous actes qui ont conduit ces entreprises à associer leurs moyens dans le cadre des filiales communes qu'elles ont créées conjointement dans les secteurs de l'eau potable et de l'assainissement (même déc.).

3) Application dans le temps. Pour l'application de l'article L. 430-9, il importe peu que les opérations soient intervenues plusieurs décennies avant l'entrée en vigueur de cette disposition (▪ Paris, 18 févr. 2003, n° 2002/14535 : *JurisData* n° 2003-200255 ; *BOCC* 21 nov. 2003 ; *Contrats, conc. consom.* 2004, comm. 8, obs. M. Malaurie-Vignal ; *JCP* E 2003, 612, obs. P. Arhel ; conf. de ▪ Cons. conc., déc. n° 02-D-44, 11 juill. 2002 préc.).

4) Recours. Il résulte des articles L. 464-7 et L. 464-8 que les décisions prises sur le fondement de l'article L. 430-9 ne sont susceptibles que d'un recours devant le juge administratif ; la cour d'appel, qui était saisie d'une décision dont le seul objet était la mise en œuvre des pouvoirs dévolus au Conseil par l'article L. 430-9, relatif à la concentration économique, a excédé sa compétence (▪ Cass. com., 12 juill. 2004, n° 03-12.409 : *JurisData* n° 2004-024693 ; *Bull. civ.* IV, n° 152 ; *D.* 2004, p. 2374, obs. E. Chevrier ; *JCP* E 2004, chron. 1739, n° 22, obs. G. Decocq ; *Contrats, conc. consom.* 2004, comm. 173, obs. M. Malaurie-Vignal ; *RD conc.* 2004, p. 92, obs. Ch. Momège ; *Rev. Lamy conc.* 2005, n° 2, obs. V. Selinsky et n° 57, obs. B. Cheynel ; *RJDA* 2004, p. 1059, note S. Destours ; cass. de ▪ Paris, 18 févr. 2003 : *BOCC* 21 nov. 2003 ; *Contrats, conc. consom.* 2004, comm. 8, obs. M. Malaurie-Vignal ; *JCP* E 2003, 612, obs. P. Arhel).

En vertu d'un principe fondamental reconnu par les lois de la République, à l'exception des matières réservées par nature à l'autorité judiciaire, relève en dernier ressort de la compétence de la juridiction administrative l'annulation ou la réformation des décisions prises par les autorités exerçant le pouvoir exécutif dans l'exercice des prérogatives de puissance publique ; en l'absence de disposition législative expresse dérogeant à ce principe, il appartient à cette juridiction de connaître de la légalité des actes pris pour l'application de l'article L. 430-9 (▪ CE, 7 nov. 2005, n° 271982 :

JurisData n° 2005-069189 ; *RFDA* 2006, p. 726, concl. E. Glaser ; *RJDA* 2006, n° 67 ; *D.* 2005, p. 3084, obs. E. Chevrier ; *Rev. Lamy conc.* 2006, n° 497, obs. F. de Bure et H. Kanellopoulos et n° 521, obs. B. Cheynel). La décision par laquelle le Conseil de la concurrence saisit le ministre de l'Économie (ancienne rédaction) d'une demande tendant à ce qu'il prenne les mesures entrant dans les prévisions de l'article L. 430-9 n'est qu'un élément de procédure qui permet à celui-ci de prononcer des injonctions à l'encontre des entreprises en cause ; elle est, par elle-même, dépourvue de tout effet juridique à leur égard ; elle présente, dès lors, le caractère d'un acte préparatoire et n'est pas susceptible de faire l'objet d'un recours pour excès de pouvoir (même déc.).

Art. L. 430-10 *(Rempl., L. n° 2008-776, 4 août 2008)*. **– Lorsqu'ils interrogent des tiers au sujet de l'opération, de ses effets et des engagements proposés par les parties, et rendent publique leur décision dans des conditions fixées par décret, l'Autorité de la concurrence et le ministre chargé de l'économie tiennent compte de l'intérêt légitime des parties qui procèdent à la notification ou des personnes citées à ce que leurs secrets d'affaires ne soient pas divulgués.**

Voir : art. R. 463-15-1, p. 1894.

TITRE IV. – DE LA TRANSPARENCE, DES PRATIQUES RESTRICTIVES DE CONCURRENCE ET D'AUTRES PRATIQUES PROHIBÉES

Bibliographie : *Sur la loi n° 2001-420 du 15 mai 2001 sur les nouvelles régulations économiques.* M. Behar-Touchais et D. Ferrier, *Les pratiques restrictives de concurrence : CDE* 2001-4, p. 18. • M.-E. Pancrazi, *La moralisation des pratiques commerciales : Dr. et patrimoine* déc. 2001, p. 65. • Ch. Vilmart, *L'effectivité de la lutte contre les pratiques commerciales abusives dans la loi NRE : JCP* E 2001, p. 1994, p. 2046.

Sur la circulaire du 16 mai 2003 relative à la négociation commerciale entre fournisseurs et distributeurs. L. Givry et Ph. Guibert, *La circulaire Dutreil : un nouveau cadre pour la négociation commerciale, fruit d'un compromis : Rev. Lamy dr. aff.* juill. 2003, p. 5. • J.-Ch. Grall, *Commentaire de la circulaire Dutreil : suite et fin ! : Dr. et patrimoine* juill.-août 2003, p. 28. • L. Pouille, *Plaidoyer pour un changement dans les rapports entre fournisseurs et distributeurs : Contrats, conc. consom.* 2004, étude 11.

Sur la loi n° 2005-882 du 2 août 2005 en faveur des petites et moyennes entreprises. D. Fasquelle et Roberval, *Une nouvelle réforme du droit des pratiques commerciales restrictives et de la transparence tarifaire par la loi en faveur des PME du 2 août 2005 : LPA* 6 déc. 2005, p. 4. • D. Ferrier et D. Ferré, *La réforme des pratiques commerciales : loi n° 2005-882 du 2 août 2005 : JCP* E 2005, 1530 ; *La réforme des pratiques commerciales : loi n° 2005-882 du 2 août 2005 : Contrats, conc. consom.* 2004, étude 18. • J.-Ch. Grall, J.-M. Meffre et Cl. Guet, *Loi Dutreil du 2 août 2005 en faveur des PME : analyse critique des dispositions relatives au droit des relations industrie-commerce : D.* 2005, p. 2149.

Sur la circulaire du 8 décembre 2005 relative aux relations commerciales. D. Ferrier et D. Ferré, *La circulaire du 8 décembre 2005 relative aux relations commerciales : Contrats, conc. consom.* 2006, étude 2. • M. Malaurie-Vignal, *Une circulaire en chasse une autre ! : Contrats, conc. consom.* 2006, comm. 29.

Sur la loi n° 2008-3 du 3 janvier 2008 pour le développement de la concurrence au service des consommateurs. A. Decocq, *De l'avenir des pratiques dites « restrictives de concurrence » (titre IV du livre IV du Code de commerce) ; La loi du 3 janvier 2008 : le rapport Hagelsteen : RJ com.* 2008/2, p. 96. • D. Ferrier, *La réforme des pratiques commerciales : D.* 2008, p. 429. • D. Ferrier et D. Ferré, *La réforme des pratiques commerciales : loi n° 2008-3 du 3 janvier 2008 : Contrats, conc. consom.* 2008, étude 2. • D. Ferré, N. Genty et E. Deberdt, *La loi Chatel n° 2008-3 du 3 janvier 2008 : quelles incidences dans les relations fournisseur-distributeur ? : Rev. Lamy dr. aff.* févr. 2008, p. 41. • F.-X. Testu et J. Herzele, *La formalisation contractuelle du résultat des négociations commerciales entre fournisseurs et distributeurs : JCP* E 2008, 1113. • Ch. Vilmart, *La loi Chatel pour le développement de la concurrence au service des consommateurs : JCP* E 2008, 1041.

Sur la loi n° 2008-776 du 4 août 2008 de modernisation de l'économie. M. Behar-Touchais, *Le séisme tranquille du « Rapport Hagelsteen » (À propos de la négociabilité des tarifs et des conditions générales de vente) : Rev. Lamy conc.* 2008/2, p. 30. • M. Chagny, *Le nouveau droit de la concurrence : quel impact sur les relations contractuelles ? : Contrats, conc. consom.* 2008/12, p. 3 ; *Une (r)évolution du droit français de la concurrence ? À propos de la loi LME du 4 août 2008 : JCP* G 2008, I, 196 ; *Mobiliser la concurrence, les entrepreneurs, etc. À propos du projet de loi de modernisation de l'économie : JCP* G 2008, act. 319. • E. Claudel, *Réformes du droit français de la concurrence : le grand jeu ? : RTD com.* 2008, p. 698. • M. Cousin, *La négociabilité des tarifs et des conditions de vente après la LME : quels garde-fous ? : JCP* E 2008, 2288. • M. Debroux, *Le rapport Attali et la réforme du droit de la concurrence : tabula rasa ou retouches a minima ? : Rev. Lamy conc.* 2008, n° 1577. • G. Decocq, *Diverses dispositions intéressant le droit de la concurrence : Contrats, conc. consom.* 2008, dossier 9. • D. Ferrier et D. Ferré, *La réforme des pratiques commerciales : D.* 2008, p. 2235. • J.-L. Fourgoux, *La loi du 4 août 2008, une révolution prometteuse mais ténébreuse : Gaz. Pal.* 14-16 sept. 2008, p. 2. • N. Genty, D. Delesalle et E. Deberdt, *LME : l'ultime réforme des relations commerciales ? : Rev. Lamy dr. aff.* oct. 2008, n° 1893. • J.-Ch. Grall, Th. Lamy et N. Kouchnir-Cargill, *Loi de modernisation de l'économie, An I. Dispositions relatives aux relations industrie/commerce : Rev. Lamy conc.* 2009, n° 1383 et n° 1446. • V. Lefebvre-Dutilleul et P. Mottier, *LME et relations fournisseurs-distributeurs dans le secteur pharmaceutique : Rev. Lamy dr. aff.* déc. 2008, n° 1998. • A. Malan, *Le champ d'application dans l'espace des dispositions de la LME en matière de pratiques restrictives de concurrence : Contrats, conc. consom.* 2010/3, étude 4. • J.-M. Vertut, *Modernisation de l'économie et du délai légal de paiement : Lettre distrib.* 2008/09, p. 1. • Ch. Vilmart, *Le volet concurrence de la loi en faveur des PME : de la « facturologie » au « bidouillage » : Gaz. Pal.* 22 nov. 2005, p. 2. • Ch. Vilmart et E. Leguin, *La loi de modernisation de l'économie : une tentative encore inachevée de modernisation du droit français de la concurrence : JCP* E 2008, 1997.

Sur la loi n° 2010-874 du 27 juillet 2010 de modernisation de l'agriculture et de la pêche. J.-G. Grall et S. Darmon, *La loi de modernisation de l'agriculture et de la pêche du 27 juillet 2010, Contractualisation obligatoire : présentation et incertitudes ! : Rev. Lamy conc.* 2011/1, p. 36. • B. Grimonprez, *Relations commerciales agricoles : l'aube de la conctractualisation. – À propos de la loi de modernisation de l'agriculture : Contrats, conc. consom.* 2010, étude 12. • C. Mezen, *Le vente de produits agricoles : un contrat nommé de distribution en matière agricole : RTD com.* 2012/4, p. 693. • F. Roussel, *Les principales dispositions de la loi du 27 juillet 2010 de modernisation de l'agriculture et de la pêche : JCP* N 2010, 1270.

Sur la loi n° 2014-344 du 17 mars 2014 relative à la consommation. M. Behar-Touchais, *Les nouveaux pouvoirs de l'Administration pour lutter contre les pratiques restrictives de concurrence : RDC* 2014/3, p. 1427 ; *Projet de loi Hamon : Le droit des pratiques restrictives est-il en passe de devenir du droit administratif ? : Concurrences* 2013/4, p. 5. • A. Berg-Moussa, *Le volet B to B de la loi Hamon : les modifications apportées à la réglementation des relations commerciales : Contrats, conc. consom.* 2014/5, alerte 28. • M. Chagny, *Le droit (substantiel) des pratiques restrictives de concurrence s'invite dans la loi consommation : RTD com.* 2014, p. 67 ; *Loi Hamon : quel impact sur les contrats d'affaires ? Propos introductif : AJ Contrats d'affaires* avr. 2014, p. 10. • J.-C. Grall, *Loi relative à la consommation (loi Hamon) : implications sur les négociations commerciales : Rev. Lamy conc.* 2014/2, p. 39. • N. Eréséo, *L'encadrement par la loi Hamon des relations entre fournisseurs et distributeurs : Gaz. Pal.* 24 avr. 2014, n° 114, p. 33. • D. Faizant et F. Coulon, *Les dispositions de la loi en faveur de la consommation relatives à la transparence et aux relations commerciales : nouvelle évolution ou révolution ? : Contrats, conc. consom.* 2014/5, dossier 9. • D. Ferrier, *Loi du 17 mars 2014 « relative à la consommation » et pour un encadrement renforcé des relations entre professionnels : D.* 2014, 889. • N. Ferrier et A.-C. Martin, *Loi relative à la consommation en faveur des consommateurs… et de certains professionnels – À propos de la loi n° 2014-344 du 17 mars 2014 : JCP* G 2014, n° 13, 376. • J.-L. Fourgoux, *Les apports de la loi Hamon : Un pas en avant, deux pas en arrière : Concurrences* 2014/2, p. 119. • C. Maréchal, *Le volet « concurrence » de la loi n° 2014-344 du 17 mars 2014 relative à la consommation : Contrats, conc. consom.* 2014/5, dossier 4. • V. Pironon, *Loi Hamon : quel impact pour les contrats d'affaires ? Les aspects internationaux : AJ Contrats d'affaires* avr. 2014, p. 13.

Sur la loi n° 2015-990 du 6 août 2015 pour la croissance, l'activité et l'égalité des chances économiques. P. Arhel, *Volet « concurrence » de la loi Macron… : LPA* 29 sept. 2015, p. 7. • M. Béhar-Touchais, *De Lefebvre à Macron : la valse des contrats d'affiliation devant l'Assemblée nationale et le Sénat : RDC* 2015/3. • D. Bosco, *La loi Macron, une loi libérale ? : Contrats, conc. consom.* 2015/10, repère 9. • X. Delpech, *Loi Macron : Quelles nouveautés pour les entreprises ? : AJCA* 2015/8-9, p. 342. • D. Ferrier, *La loi du 6 août 2015 pour la croissance, l'activité et l'égalité des chances économiques… en matière de distribution (?) : D.* 2015, 1904. • D. Mainguy, *Premières vues sur le « droit français nouveau des réseaux de distribution commerciale » : JCP* E 2015, 1548. • M. Malaurie-Vignal, *Les apports de la loi Macron en droit de la distribution : Contrats, conc. consom.* 2015/11, comm. 256. • A.-C. Martin, *Loi pour la croissance, l'activité et l'égalité des chances économiques (dite Macron) : quelles contraintes pour les professionnels du commerce ? : Lettre distrib.* 2015/9, p. 1. • M.-E. Pancrazi, *Nouveautés dans le secteur de la distribution : JCP* E 2015, 1405. • G. Parléani, *Loi Macron : toujours plus « en pratiques restrictives » : AJCA* 2015/10, p. 407. • J.-C. Roda et *alii*, *Le droit français de la distribution après la loi Macron du 6 août 2015 : Concurrences* 2016/1, dossier p. 13 et s.

Sur la loi n° 2016-1691 du 9 décembre 2016 relative à la transparence, à la lutte contre la corruption et à la modernisation de la vie économique. J.-B. Gouache et M. Béhar-Touchais, *Les apports de la loi Sapin II du 9 déc. 2016 en matière de distribution : Contrats, conc. consom.* 2017/6, étude 7.

Sur la loi n° 2018-938 du 30 octobre 2018 pour l'équilibre des relations commerciales dans le secteur agricole et alimentaire. F. Riem, *L. EGalim : contrat, concentration, consommation ? : Contrats, conc. consom.* 2019, focus 6. • F. Buy, *Le Parlement français adopte la loi « EGalim » et habilite le gouvernement français à réformer le titre IV du livre IV : Concurrences* 2019/1, p. 106.

Sur l'ordonnance n° 2019-359 du 24 avril 2019 portant refonte du titre IV du livre IV du Code de commerce. V. Beaumeunier, *Regards croisés sur les pratiques commerciales après la réforme du droit des pratiques restrictives : Contrats. conc. consom.* 2019/7, dossier 12. • F. Buy, *La (décevante) réforme du droit des relations commerciales : D.* 2019, p. 1122. • G. Decocq, *Refonte : Contrats, conc. consom.* 2019/6, repère 6. • N. Eréséo, *Recodification à droit non constant du titre IV du livre IV du Code de commerce : Lettre distrib.* 2019/5, p. 1. • Y. Picod, *Le nouveau droit des pratiques abusives de l'article L. 442-1 du Code de commerce : AJ contrat* 2019, p. 201.

Sur la loi n° 2020-1525 du 7 décembre 2020 d'accélération et de simplification de l'action publique. F. Buy, *Les lois DDADUE et ASAP réforment le droit des relations commerciales : Concurrences* 2021/1, p. 150.

CHAPITRE PRÉLIMINAIRE. – DISPOSITIONS GÉNÉRALES

Bibliographie : G. Decocq, *Petit à petit l'oiseau fait son nid : Contrats, conc. consom.* 2007/4, repère 4, p. 1. • J.-P. Dumas, *Libre propos, la Commission d'examen des pratiques commerciales : D.* 2003, p. 1146. • D. Ferré, *Bilan 2005-2006 des décisions rendues en matière de pratiques restrictives : quel bilan tirer des rapports présentés à la CEPC ? : Contrats, conc. consom.* 2007, étude 6. • D. Ferré et R. Pihéry, *Pratiques restrictives de concurrence : Étude du bilan de la CEPC 2010 : Contrats, conc. consom.* 2011/1, étude 1 ; *Pratiques restrictives de concurrence : étude du bilan de la CEPC 2011 : Contrats, conc. consom.* 2012/1, étude 1 ; *Pratiques restrictives de concurrence : étude du bilan 2012 de la CEPC : Concurrences* 2012/4, p. 56 ; *Pratiques restrictives de concurrence : Étude du rapport de la CEPC 2013 : Concurrences* 2013/4, Pratiques p. 1. • J.-Ch. Grall, *La Commission d'examen des pratiques commerciales : Rev. Lamy conc.* 2009, n° 1409. • S. Lebreton, *La Commission d'examen des pratiques commerciales : LPA* 26 août 2002, n° 170, p. 26. • P. Leclerc, *Le fonctionnement de la Commission d'examen des pratiques commerciales : CDE* 2007/3, étude 12, p. 23. • A.-C. Martin et R. Pihéry, *Pratiques restrictives de concurrence et transparence judiciaire : entre la loi « Hamon » et la loi « Macron », les bilans de décisions judiciaires de l'année 2014 : Journ. sp. sociétés* 2015, n° 133, p. 47. • F. Petit, *À propos de la loi du 15 mai 2001, La Commission d'examen des pratiques commerciales : un nouveau cadre juridique pour les rapports entre les fournisseurs et les distributeurs ? : RRJ* 2002/1, p. 339.

Art. L. 440-1 *(L. n° 2014-344, 17 mars 2014).* – **I. – La commission d'examen des pratiques commerciales est composée d'un député et d'un sénateur désignés par les commissions permanentes de leur assemblée compétentes en matière de relations commerciales entre fournisseurs et revendeurs, de membres, éventuellement honoraires, des juridictions administratives et judiciaires, de représentants des secteurs de la production et de la transformation agricole et halieutique, ainsi qu'industrielle et artisanale, des transformateurs, des grossistes, des distributeurs et de l'administration, ainsi que de personnalités qualifiées.**

Le président de la commission est désigné parmi ses membres par décret. Lorsque celui-ci n'est pas membre d'une juridiction, un vice-président appartenant à une juridiction administrative ou judiciaire est également désigné, dans les mêmes conditions. Elle comprend un nombre égal de représentants des producteurs et des revendeurs.

Les membres de la commission sont tenus au secret professionnel pour les faits, actes et renseignements dont ils ont pu avoir connaissance en raison de leurs fonctions.

II. – Le président de la commission peut décider de mettre en place plusieurs chambres d'examen au sein de la commission.

La commission assure, sous la responsabilité de son président, l'anonymat des saisines et des documents qui lui sont soumis, y compris vis-à-vis de ses membres.

Un décret détermine l'organisation, les moyens et les modalités de fonctionnement de la commission ainsi que les conditions nécessaires pour assurer l'anonymat des acteurs économiques visés dans les avis et recommandations de la commission.

III. – La commission entend, à sa demande, les personnes et fonctionnaires qu'elle juge utiles à l'accomplissement de sa mission.

Son président peut demander qu'une enquête soit effectuée par les agents habilités à cet effet à l'article L. 450-1 du présent code *(Mots rempl., Ord. n° 2016-301, 14 mars 2016)* **« et aux articles** *L. 511-3, L. 511-21 et L. 511-22* **du Code de la consommation »** (anc. art. L. 215-1)**, selon les procédures prévues. Le compte rendu de l'enquête est remis au président de la commission, qui s'assure qu'il préserve l'anonymat des personnes concernées.**

IV. – La commission est saisie par le ministre chargé de l'économie, par le ministre chargé du secteur économique concerné, par le président de l'Autorité de la concurrence, par toute personne morale, notamment les organisations

professionnelles ou syndicales, les associations de consommateurs agréées, les chambres consulaires ou d'agriculture, ainsi que par tout producteur, fournisseur ou revendeur s'estimant lésé par une pratique commerciale. Elle peut également se saisir d'office.

La commission d'examen des pratiques commerciales peut également être consultée par les juridictions sur des pratiques, définies au présent titre, relevées dans les affaires dont celles-ci sont saisies.

La décision de saisir la commission n'est pas susceptible de recours. La commission fait connaître son avis dans un délai maximal de quatre mois à compter de sa saisine. Il est sursis à toute décision sur le fond de l'affaire jusqu'à réception de l'avis ou, à défaut, jusqu'à l'expiration du délai de quatre mois susmentionné. Toutefois, des mesures urgentes ou conservatoires nécessaires peuvent être prises. L'avis rendu ne lie pas la juridiction.

L'avis de la commission d'examen des pratiques commerciales est publié après la décision rendue par la juridiction l'ayant saisie pour avis.

V. – La commission a pour mission de donner des avis ou de formuler des recommandations sur les questions, les documents commerciaux ou publicitaires, y compris les factures et contrats couverts par un secret *(Rempl., L. n° 2018-670, 30 juill. 2018)* « des affaires », et les pratiques concernant les relations commerciales entre producteurs, fournisseurs et revendeurs, qui lui sont soumis.

L'avis rendu par la commission porte notamment sur la conformité au droit de la pratique ou du document dont elle est saisie.

La commission peut également décider d'adopter une recommandation sur les questions dont elle est saisie et sur toutes celles entrant dans ses compétences, notamment celles portant sur le développement des bonnes pratiques. Lorsqu'elle fait suite à une saisine en application du premier alinéa du présent V, cette recommandation ne contient aucune indication de nature à permettre l'identification des personnes concernées. La recommandation est communiquée au ministre chargé de l'économie et est publiée sur décision de la commission.

La commission exerce, en outre, un rôle d'observatoire régulier des pratiques commerciales, des facturations et des contrats conclus entre producteurs, fournisseurs et revendeurs qui lui sont soumis.

Elle établit chaque année un rapport d'activité, qu'elle transmet au Gouvernement et aux assemblées parlementaires. Ce rapport est rendu public. Il comprend une analyse détaillée du nombre et de la nature des infractions au présent titre ayant fait l'objet de sanctions administratives ou pénales. Il comprend également les décisions rendues en matière civile sur les opérations engageant la responsabilité de leurs auteurs.

Voir : art. D. 440-1 et s., p. 1805.

Voir aussi : Avis n° 10-15, *Application de la LME à certaines relations fournisseurs/distributeurs : Contrats, conc. consom.* 2011, alerte 9. – Avis n° 10-07, *Venant compléter le dispositif de Questions-Réponses relatif à la mise en œuvre de la loi de modernisation de l'économie : JCP* E 2010, act. 240 ; *Contrats, conc. consom.* 2010, comm. 178, obs. M. Malaurie-Vignal. – Avis n° 10-04, *Venant compléter le dispositif de Questions-Réponses relatif à la mise en œuvre de la loi de modernisation de l'économie : JCP* E 2010, act. 197 ; *Contrats, conc. consom.* 2010, comm. 125, obs. M. Malaurie-Vignal. – Avis n° 10-03, *Sur la licéité d'une opération publipromotionnelle menée par un distributeur : Contrats, conc. consom.* 2010, comm. 96, obs. M. Malaurie-Vignal. – Avis n° 10-01, *Venant compléter le dispositif de Questions-Réponses relatif à la mise en œuvre de la loi de modernisation de l'économie : Contrats, conc. consom.* 2010, comm. 95, obs. M. Malaurie-Vignal. – Avis n° 09-09, *Venant compléter le dispositif de Questions-Réponses relatif à la mise en œuvre de la loi de modernisation de l'économie : Contrats, conc. consom.* 2009, comm. 266, obs. M. Malaurie-Vignal. – Avis n° 09-06, *Venant compléter le dispositif de Questions-Réponses relatif à la mise en œuvre de la loi de modernisation de l'économie : Contrats, conc. consom.* 2009, comm. 192, obs. M. Malaurie-Vignal. – Avis n° 09-05, *Complétant les questions-réponses du 22 décembre 2008 sur la mise en œuvre de la loi de modernisation de l'économie : Contrats, conc. consom.* 2009, comm. 128, obs. M. Malaurie-Vignal ; *Lettre distrib. 2009/3* ; *JCP* E 2009, act. 229. – Avis n° 09-04, Sur certaines pratiques de vente mises en œuvre *dans le secteur des manuels scolaires* ; *Contrats, conc. consom.* 2009, comm. 162, obs. M. Malaurie-Vignal. – Avis n° 09-01 *relatif à une recommandation distributeurs et industriels sur les conditions et qualité de la livraison des produits de grande consommation : JCP* E 2009, act. 106 ; *Contrats, conc. consom.* 2009, alerte 22. – Avis n° 08-06, *relatif à la légalité de pratiques qui seraient mises en œuvre par certains distributeurs à l'égard de leurs fournisseurs : Lettre distrib.* 2009/3 ; *JCP* E 2009, act. 105 ; *Contrats, conc. consom.* 2009, comm. 43, obs. M. Malaurie-Vignal. – Avis n° 07-07 *relatif à la demande d'avis des professionnels de l'Intérim : Lettre distrib.* 2008/2, p. 2. – Avis n° 06-01, *concernant certaines pratiques appliquées à une entreprise de livraison de marchandises au consommateur par ses clients distributeurs : Lettre distrib.* 2007/3, p. 4. – Avis n° 04-08, *relatif à la conformité au droit des pratiques d'enchères électroniques inversées : Contrats, conc. consom.* 2005, n° 66, obs. M. Malaurie-Vignal. – Avis n° 04-06, *relatif à certaines pratiques dans le secteur de la distribution alimentaire : Lettre distrib.* 2004/12, p. 3, obs. N. Eréséo. – Avis n° 04-04, *concernant certaines clauses contenues dans des conditions d'achat : Lettre distrib.* 2004/10, p. 1, obs. J.-M. Vertut. – Avis n° 04-02, *relatif à la conformité de certaines pratiques à l'article L. 442-6 du Code du commerce : RDC* 2004/3, p. 733, obs. M. Behar-Touchais.

CHAPITRE I. – DE LA TRANSPARENCE DANS LA RELATION COMMERCIALE

(Intitulé rempl. et chapitre mod., Ord. n° 2019-359, 24 avr. 2019) (1)

Voir : les annotations sous le Chapitre I dans sa rédaction antérieure, p. 742.

Section 1. – Les conditions générales de vente

(Division créée, Ord. n° 2019-359, 24 avr. 2019)

Art. L. 441-1 *(Rempl., Ord. n° 2019-359, 24 avr. 2019).* – I. – Les conditions générales de vente comprennent notamment les conditions de règlement, ainsi que les éléments de détermination du prix tels que le barème des prix unitaires et les éventuelles réductions de prix.

II. – Toute personne exerçant des activités de production, de distribution ou de services qui établit des conditions générales de vente est tenue de les communiquer à tout acheteur qui en fait la demande pour une activité professionnelle. Cette communication s'effectue par tout moyen constituant un support durable.

Ces conditions générales de vente peuvent être différenciées selon les catégories d'acheteurs de produits ou de prestations de services. Dans ce cas, l'obligation de communication prescrite au premier alinéa du présent II porte uniquement sur les conditions générales de vente applicables à une même catégorie d'acheteurs.

III. – Dès lors que les conditions générales de vente sont établies, elles constituent le socle unique de la négociation commerciale.

Dans le cadre de cette négociation, les parties peuvent convenir de conditions particulières de vente qui ne sont pas soumises à l'obligation de communication prescrite au II.

Lorsque le prix d'un service ne peut être déterminé a priori ou indiqué avec exactitude, le prestataire de services est tenu de communiquer au destinataire qui en fait la demande la méthode de calcul du prix permettant de vérifier ce dernier, ou un devis suffisamment détaillé.

IV. – Tout manquement au II est passible d'une amende administrative dont le montant ne peut excéder 15 000 € pour une personne physique et 75 000 € pour une personne morale.

Art. L. 441-2 *(Rempl., Ord. n° 2019-359, 24 avr. 2019).* – Tout prestataire de services est tenu, à l'égard de tout destinataire de prestations de services, de respecter les obligations d'information définies à l'article L. 111-2 du Code de la consommation.

Cette obligation ne s'applique pas aux services mentionnés aux livres Ier à III et au titre V du livre V du Code monétaire et financier ainsi qu'aux opérations pratiquées par les entreprises régies par le Code des assurances, par les fonds de retraite professionnelle supplémentaire mentionnés à l'article L. 381-1 du même code, par les mutuelles ou unions mentionnées à l'article L. 214-1 du Code de la mutualité, par les institutions de retraite professionnelle supplémentaire mentionnées à l'article L. 942-1 du Code de la sécurité sociale, par les mutuelles et unions régies par le livre II du Code de la mutualité et par les institutions de prévoyance et unions régies par le titre III du livre IX du Code de la sécurité sociale.

Section 2. – La négociation et la formalisation de la relation commerciale

(Division créée, Ord. n° 2019-359, 24 avr. 2019)

Sous-section 1. – Conventions écrites

Art. L. 441-3 *(Rempl., Ord. n° 2019-359, 24 avr. 2019).* – I. – Une convention écrite conclue entre le fournisseur, à l'exception des fournisseurs de produits mentionnés à l'article L. 443-2, et le distributeur ou le prestataire de services mentionne les obligations réciproques auxquelles se sont engagées les parties à l'issue de la négociation commerciale, dans le respect des articles L. 442-1 à L. 442-3. Cette convention est établie soit dans un document unique, soit dans un ensemble formé par un contrat-cadre et des contrats d'application.

(1) Antérieurement aux modifications opérées par l'article 1er de l'ordonnance n° 2019-539 du 24 avril 2019, le présent chapitre intitulé « De la transparence », comprenait les articles L. 441-1 à L. 441-10. – NDLR.

II. – Sans préjudice des articles L. 442-1 à L. 442-3, tout avenant à la convention mentionnée au I fait l'objet d'un écrit qui mentionne l'élément nouveau le justifiant.

III. – La convention mentionnée au I fixe, aux fins de concourir à la détermination du prix convenu, les obligations suivantes :

1° Les conditions de l'opération de vente des produits ou des prestations de services, y compris les réductions de prix, et le cas échéant les types de situation dans lesquelles et les modalités selon lesquelles des conditions dérogatoires de l'opération de vente sont susceptibles d'être appliquées ;

2° Les services de coopération commerciale, propres à favoriser la commercialisation des produits ou services du fournisseur, que le distributeur ou le prestataire de service lui rend, ne relevant pas des obligations d'achat et de vente, en précisant l'objet, la date prévue, les modalités d'exécution, la rémunération de ces services ainsi que les produits ou services auxquels ils se rapportent et la rémunération globale afférente à l'ensemble de ces obligations ;

3° Les autres obligations destinées à favoriser la relation commerciale entre le fournisseur et le distributeur ou le prestataire de services, en précisant pour chacune l'objet, la date prévue et les modalités d'exécution, ainsi que la rémunération ou la réduction de prix globale afférente à l'ensemble de ces obligations ;

4° *(4° créé, L. n° 2020/1525, 7 déc. 2020)* **L'objet, la date, les modalités d'exécution, la rémunération et les produits auxquels il se rapporte de tout service ou obligation relevant d'un accord conclu avec une entité juridique située en dehors du territoire français, avec laquelle le distributeur est directement ou indirectement lié.**

IV. – La convention mentionnée au I est conclue pour une durée d'un an, de deux ans ou de trois ans, au plus tard le 1er mars de l'année pendant laquelle elle prend effet ou dans les deux mois suivant le point de départ de la période de commercialisation des produits ou des services soumis à un cycle de commercialisation particulier. Lorsqu'elle est conclue pour une durée de deux ou de trois ans, elle fixe les modalités selon lesquelles le prix convenu est révisé. Ces modalités peuvent prévoir la prise en compte d'un ou de plusieurs indicateurs disponibles reflétant l'évolution du prix des facteurs de production.

V. – Le fournisseur communique ses conditions générales de vente au distributeur dans un délai raisonnable avant le 1er mars ou, pour les produits ou services soumis à un cycle de commercialisation particulier, avant le point de départ de la période de commercialisation.

NB : Aux termes de l'article 5 de l'ordonnance n° 2019-359 du 24 avril 2019 :

I. – Les dispositions du II de l'article L. 441-3 du Code de commerce, dans leur rédaction résultant de la présente ordonnance, sont applicables à toute convention en cours d'exécution à la date d'entrée en vigueur de cette ordonnance, à compter de cette date.

II. – Sans préjudice des dispositions du I de l'article 5, pour les conventions en cours à la date d'entrée en vigueur de la présente ordonnance dont la durée est supérieure à un an, l'article L. 441-3 dans sa rédaction résultant de cette ordonnance s'appliquent à compter du 1er mars 2020.

III. – Les dispositions de l'article L. 441-3 relatives aux factures restent applicables, dans leur rédaction antérieure à l'entrée en vigueur de la présente ordonnance, aux factures émises avant le 1er octobre 2019.

Centrales d'achat. La CEPC considère qu'une « centrale d'achat, s'approvisionnant auprès de fournisseurs pour revendre à des distributeurs indépendants, est soumise au formalisme prescrit par le nouvel article L. 441-3 du Code de commerce tant dans ses relations avec ses propres fournisseurs qu'avec ses clients qui achètent pour revendre. Il n'y est fait exception que dans le cas où la relation d'approvisionnement est établie sur la seule base des conditions générales ou catégorielles de ses propres fournisseurs, ou de ses conditions générales ou catégorielles lorsqu'elle est fournisseur des distributeurs indépendants ». La centrale est en outre tenue de respecter le formalisme additionnel de l'article L. 441-4 lorsque ses conditions d'application sont réunies, la centrale étant en l'espèce exclue de la notion de grossiste permettant l'exclusion de l'article (CEPC, avis n° 20-6, 17 déc. 2020 : *Contrats, conc. consom.* 2021/3, *comm.* 40, note M. Malaurie-Vignal).

Art. L. 441-4 *(Rempl., Ord. n° 2019-359, 24 avr. 2019)*. **– I. – Le présent article est applicable à la convention mentionnée au I de l'article L. 441-3 lorsqu'elle est relative aux produits de grande consommation définis comme des produits non durables à forte fréquence et récurrence de consommation. La liste de ces produits de grande consommation est fixée par décret.**

II. – Le présent article n'est pas applicable au grossiste, qui s'entend de toute personne physique ou morale qui, à des fins professionnelles, achète des produits à un ou plusieurs fournisseurs et les revend, à titre principal, à d'autres commerçants, grossistes ou détaillants, à des transformateurs ou à tout autre professionnel qui s'approvisionne pour les besoins de son activité. Sont assimilés à des grossistes les centrales d'achat ou de référencement de grossistes.

Sont exclus de la notion de grossiste les entreprises ou les groupes de personnes physiques ou morales exploitant, directement ou indirectement, un ou plusieurs magasins de commerce de détail ou intervenant dans le secteur de la distribution comme centrale d'achat ou de référencement pour des entreprises de commerce de détail.

III. – La convention mentionne le barème des prix unitaires, tel qu'il a été préalablement communiqué par le fournisseur, avec ses conditions générales de vente, ou les modalités de consultation de ce barème dans la version ayant servi de base à la négociation.

IV. – La convention fixe le chiffre d'affaires prévisionnel, qui constitue, avec l'ensemble des obligations fixées par la convention conformément au III de l'article L. 441-3, le plan d'affaires de la relation commerciale. Lorsque sa durée est de deux ou trois ans, cette convention fixe les modalités selon lesquelles le chiffre d'affaires prévisionnel est révisé.

V. – La date d'entrée en vigueur de chacune des obligations prévues aux 1° à 3° du III de l'article L. 441-3 est concomitante à la date d'effet du prix convenu. Celui-ci s'applique au plus tard le 1er mars.

Les dispositions du 1° du III de l'article L. 441-3 relatives aux conditions dérogatoires de l'opération de vente ne sont pas applicables au présent article.

VI. – Le fournisseur communique ses conditions générales de vente au distributeur au plus tard trois mois avant le 1er mars ou, pour les produits soumis à un cycle de commercialisation particulier, deux mois avant le point de départ de la période de commercialisation. Le distributeur dispose d'un délai raisonnable à compter de la réception des conditions générales de vente pour notifier par écrit les motifs de refus de ces dernières ou son acceptation ou, le cas échéant, les dispositions des conditions générales de vente qu'il souhaite soumettre à la négociation.

VII. – Les conditions dans lesquelles, le cas échéant, le fournisseur s'engage à accorder aux consommateurs, en cours d'année, des avantages promotionnels sur ses produits ou services sont fixées dans des mandats confiés au distributeur ou au prestataire de services, conclus et exécutés conformément aux articles 1984 et suivants du Code civil. Chacun de ces contrats de mandat précise, notamment, le montant et la nature des avantages promotionnels accordés, la période d'octroi *(Mots aj., Ord. n° 2021-859, 30 juin 2021)* (1) « , la quantité prévisionnelle de produits concernés » et les modalités de mise en œuvre de ces avantages ainsi que les modalités de reddition de comptes par le distributeur au fournisseur.

Pour les produits agricoles mentionnés à l'article L. 443-2, le lait et les produits laitiers, ces avantages ne peuvent dépasser 30 % de la valeur du barème des prix unitaires, frais de gestion compris.

NB : Aux termes de l'article 5 II de l'ordonnance n° 2019-359 du 24 avril 2019, pour les conventions en cours à la date d'entrée en vigueur de la présente ordonnance dont la durée est supérieure à un an, l'article L. 441-4 du Code de commerce dans sa rédaction résultant de cette ordonnance s'applique à compter du 1er mars 2020.

Art. L. 441-5 *(Rempl., Ord. n° 2019-359, 24 avr. 2019).* – Une convention écrite est établie, dans le respect des articles L. 441-1 et L. 442-1 à L. 442-3, pour tout achat de produits manufacturés, fabriqués à la demande de l'acheteur en vue d'être intégrés dans sa propre production, dont le montant est supérieur à un seuil fixé par décret. Elle mentionne les conditions convenues entre les parties, notamment :

1° L'objet de la convention et les obligations respectives des parties ;

2° Le prix ou les modalités de sa détermination ;

3° Les conditions de facturation et de règlement ;

4° Les responsabilités respectives des parties et les garanties, telles que, le cas échéant, les modalités d'application d'une réserve de propriété ;

5° Les règles régissant la propriété intellectuelle entre les parties lorsque la nature de la convention le justifie ;

6° La durée de la convention ainsi que les modalités de sa résiliation ;

7° Les modalités de règlement des différends quant à l'exécution de la convention et, si les parties décident d'y recourir, les modalités de mise en place d'une médiation.

NB : Aux termes de l'article 5 II de l'ordonnance n° 2019-359 du 24 avril 2019, pour les conventions en cours à la date d'entrée en vigueur de la présente ordonnance dont la durée est supérieure à un an, l'article L. 441-4 du Code de commerce dans sa rédaction résultant de cette ordonnance s'applique à compter du 1er mars 2020.

---

(1) Dispositions applicables à compter du 1er novembre 2021 aux contrats conclus après le 1er juillet 2021. Les contrats en cours d'exécution le 1er juillet 2021 sont mis en conformité avec les dispositions de l'ordonnance n° 2021-859 du 29 juin 2012 dans un délai de douze mois, Ord. n° 2021-859, 30 juin 2021, art. 4.

Art. L. 441-6 *(Rempl., Ord. n° 2019-359, 24 avr. 2019).* – Tout manquement aux dispositions des articles L. 441-3 à L. 441-5 est passible d'une amende administrative dont le montant ne peut excéder 75 000 € pour une personne physique et 375 000 € pour une personne morale.

Le maximum de l'amende encourue est porté à 150 000 € pour une personne physique et 750 000 € pour une personne morale en cas de réitération du manquement dans un délai de deux ans à compter de la date à laquelle la première décision de sanction est devenue définitive.

Art. L. 441-7 *(Rempl., Ord. n° 2019-359, 24 avr. 2019).* – I. – Le contrat conclu entre un fournisseur et un distributeur portant sur la conception et la production de produits alimentaires selon des modalités répondant aux besoins particuliers de l'acheteur et vendus sous marque de distributeur mentionne le prix ou les critères et modalités de détermination du prix d'achat des produits agricoles entrant dans la composition de ces produits alimentaires.

II. – L'obligation prévue au I s'applique uniquement lorsque la vente des produits agricoles fait l'objet d'un contrat écrit. Elle s'applique, le cas échéant, lorsque le vendeur est une société mentionnée à l'article L. 521-1 du Code rural et de la pêche maritime.

NB : Aux termes de l'article 5 II de l'ordonnance n° 2019-359 du 24 avril 2019, pour les conventions en cours à la date d'entrée en vigueur de la présente ordonnance dont la durée est supérieure à un an, l'article L. 441-4 du Code de commerce dans sa rédaction résultant de cette ordonnance s'applique à compter du 1er mars 2020.

Sous-section 2. – Clause de renégociation

(Division créée, Ord. n° 2019-359, 24 avr. 2019)

Art. L. 441-8 *(L. n° 2014-344, 17 mars 2014 ; mod., L. n° 2015-990, 6 août 2015 ; D. n° 2018-670, 30 juill. 2018 ; L. n° 2018-938, 30 oct. 2018).* – Sans préjudice de l'article 172 *bis* du règlement (UE) n° 1308/2013 du Parlement européen et du Conseil du 17 décembre 2013 portant organisation commune des marchés des produits agricoles et abrogeant les règlements (CEE) n° 922/72, (CEE) n° 234/79, (CE) n° 1037/2001 et (CE) n° 1234/2007 du Conseil, [l]es contrats d'une durée d'exécution supérieure à trois mois portant sur la vente des produits agricoles et alimentaires figurant sur une liste fixée par décret, dont les prix de production sont significativement affectés par des fluctuations des prix des matières premières agricoles et alimentaires et des produits agricoles et alimentaires et, le cas échéant, des coûts de l'énergie comportent une clause relative aux modalités de renégociation du prix permettant de prendre en compte ces fluctuations à la hausse comme à la baisse.

Cette clause, définie par les parties, précise les conditions et les seuils de déclenchement de la renégociation et prend notamment en compte les indicateurs mentionnés à l'article L. 631-24-1 du Code rural et de la pêche maritime ou, à défaut, un ou plusieurs indicateurs des prix des produits agricoles ou alimentaires constatés sur le marché sur lequel opère le vendeur diffusés, le cas échéant, par accords interprofessionnels ou par l'Observatoire de la formation des prix et des marges des produits alimentaires.

La renégociation de prix est conduite de bonne foi dans le respect du secret des affaires, ainsi que dans un délai, précisé dans le contrat, qui ne peut être supérieur à un mois. Elle tend à une répartition équitable entre les parties de l'accroissement ou de la réduction des coûts de production résultant de ces fluctuations. Elle tient compte notamment de l'impact de ces fluctuations sur l'ensemble des acteurs de la chaîne d'approvisionnement. Un compte rendu de cette négociation est établi, selon des modalités définies par décret.

(Al. mod., Ord. n° 2019-359, 24 avr. 2019) Le fait de ne pas prévoir de clause de renégociation conforme aux deux premiers alinéas, de ne pas respecter le délai fixé au troisième alinéa, de ne pas établir le compte rendu prévu au même troisième alinéa ou de porter atteinte, au cours de la renégociation, aux secrets de fabrication ou au secret des affaires est passible d'une amende administrative dont le montant ne peut excéder 75 000 € pour une personne physique et 375 000 € pour une personne morale. Le maximum de l'amende encourue est doublé en cas de réitération du manquement dans un délai de deux ans à compter de la date à laquelle la première décision de sanction est devenue définitive.

Si la renégociation de prix n'aboutit pas à un accord au terme du délai d'un mois prévu au troisième alinéa *(Mots suppr., Ord. n° 2019-359, 24 avr. 2019)* « ... » et sauf recours à l'arbitrage, il est fait application de l'article L. 631-28 du Code rural et de la pêche maritime sans que le contrat puisse prévoir un autre dispositif de médiation.

Le présent article ne fait pas obstacle à toute autre renégociation, dans le respect *(Mots rempl., Ord. n° 2019-359, 24 avr. 2019)* « du présent titre ».

Le présent article est également applicable aux contrats d'une durée d'exécution supérieure à trois mois portant sur la conception et la production, selon des modalités répondant aux besoins particuliers de l'acheteur, de produits mentionnés au premier alinéa.

Section 3. – La facturation et les délais de paiement

(Division créée, Ord. n° 2019-359, 24 avr. 2019)

Sous-section 1. – Facturation

Art. L. 441-9 *(Rempl., Ord. n° 2019-359, 24 avr. 2019)*. – I. – Tout achat de produits ou toute prestation de service pour une activité professionnelle fait l'objet d'une facturation.

Le vendeur est tenu de délivrer la facture dès la réalisation de la livraison ou de la prestation de services au sens du 3 du I de l'article 289 du Code général des impôts. L'acheteur est tenu de la réclamer.

Le vendeur et l'acheteur conservent chacun un exemplaire de toute facture émise dans la limite de durée prévue par les dispositions applicables du Code général des impôts. La facture émise sous forme papier est rédigée en double exemplaire.

Sous réserve du *c* du II de l'article 242 *nonies* A de l'annexe II au Code général des impôts, dans sa version en vigueur au 26 avril 2013, la facture mentionne le nom des parties ainsi que leur adresse et leur adresse de facturation si elle est différente, la date de la vente ou de la prestation de service, la quantité, la dénomination précise, et le prix unitaire hors TVA des produits vendus et des services rendus ainsi que toute réduction de prix acquise à la date de la vente ou de la prestation de services et directement liée à cette opération de vente ou de prestation de services, à l'exclusion des escomptes non prévus sur la facture.

La facture mentionne la date à laquelle le règlement doit intervenir. Elle précise les conditions d'escompte applicables en cas de paiement à une date antérieure à celle résultant de l'application des conditions générales de vente, le taux des pénalités exigibles le jour suivant la date de règlement inscrite sur la facture ainsi que le montant de l'indemnité forfaitaire pour frais de recouvrement due au créancier en cas de retard de paiement. Le règlement est réputé réalisé à la date à laquelle les fonds sont mis, par le client, à la disposition du bénéficiaire ou de son subrogé.

La facture mentionne le numéro du bon de commande lorsqu'il a été préalablement établi par l'acheteur.

II. – Tout manquement au I est passible d'une amende administrative dont le montant ne peut excéder 75 000 € pour une personne physique et 375 000 € pour une personne morale.

Le maximum de l'amende encourue est porté à 150 000 € pour une personne physique et 750 000 € pour une personne morale en cas de réitération du manquement dans un délai de deux ans à compter de la date à laquelle la première décision de sanction est devenue définitive.

Sous-section 2. – Délais de paiement

Art. L. 441-10 *(Rempl., Ord. n° 2019-359, 24 avr. 2019)*. – I. – Sauf dispositions contraires figurant aux conditions de vente ou convenues entre les parties, le délai de règlement des sommes dues ne peut dépasser trente jours après la date de réception des marchandises ou d'exécution de la prestation demandée.

Le délai convenu entre les parties pour régler les sommes dues ne peut dépasser soixante jours après la date d'émission de la facture.

Par dérogation, un délai maximal de quarante-cinq jours fin de mois après la date d'émission de la facture peut être convenu entre les parties, sous réserve que ce délai soit expressément stipulé par contrat et qu'il ne constitue pas un abus manifeste à l'égard du créancier.

En cas de facture périodique au sens du 3 du I de l'article 289 du Code général des impôts, le délai convenu entre les parties ne peut dépasser quarante-cinq jours après la date d'émission de la facture.

II. – Les conditions de règlement mentionnées au I de l'article L. 441-1 précisent les conditions d'application et le taux d'intérêt des pénalités de retard exigibles le jour suivant la date de règlement figurant sur la facture ainsi que le montant de l'indemnité forfaitaire pour frais de recouvrement due au créancier dans le cas où les sommes dues sont réglées après cette date. Sauf disposition contraire qui ne peut toutefois fixer un taux inférieur à trois fois le taux d'intérêt légal, ce taux est égal au taux d'intérêt appliqué par la Banque centrale européenne à son opération de refinancement la plus récente majoré de 10 points de pourcentage. Dans ce cas, le taux applicable pendant le premier semestre de l'année concernée est le taux en vigueur au 1er janvier de l'année en question. Pour le second semestre de l'année concernée, il est le taux en vigueur au 1er juillet de l'année en question. Les pénalités de retard sont exigibles sans qu'un rappel soit nécessaire. Tout professionnel en situation de retard de paiement est de plein droit débiteur, à l'égard du créancier, d'une indemnité forfaitaire pour frais de recouvrement, dont le montant est fixé par décret. Lorsque les frais de recouvrement exposés sont supérieurs au montant de cette indemnité forfaitaire, le créancier peut demander une indemnisation complémentaire, sur justification. Toutefois, le créancier ne peut invoquer le bénéfice de ces indemnités lorsque l'ouverture d'une procédure de sauvegarde, de redressement ou de liquidation judiciaire interdit le paiement à son échéance de la créance qui lui est due.

III. – Sous réserve de dispositions spécifiques plus favorables au créancier, lorsqu'une procédure d'acceptation ou de vérification permettant de certifier la conformité des marchandises ou des services au contrat est prévue, la durée de cette procédure est fixée conformément aux bonnes pratiques et usages commerciaux et, en tout état de cause, n'excède pas trente jours à compter de la date de réception des marchandises ou de réalisation de la prestation des services, à moins qu'il n'en soit expressément stipulé autrement par contrat et pourvu que cela ne constitue pas une clause ou pratique abusive au sens de l'avant-dernier alinéa de l'article L. 441-16 ou de l'article L. 442-1. La durée de la procédure d'acceptation ou de vérification ne peut avoir pour effet ni d'augmenter la durée, ni de décaler le point de départ du délai maximal de paiement prévu aux deuxième, troisième et quatrième alinéas du I, à moins qu'il n'en soit expressément stipulé autrement par contrat et pourvu que cela ne constitue pas une clause ou pratique abusive, au sens de l'avant-dernier alinéa de l'article L. 441-16 ou de l'article L. 442-1.

Art. L. 441-11 *(Créé, Ord. n° 2019-359, 24 avr. 2019)*. – I. – Les professionnels d'un secteur, clients et fournisseurs, peuvent décider conjointement de réduire le délai maximum de paiement fixé aux deuxième, troisième et quatrième alinéas du I de l'article L. 441-10. Ils peuvent également proposer de retenir la date de réception des marchandises ou d'exécution de la prestation de services demandée comme point de départ de ce délai. Des accords peuvent être conclus à cet effet par leurs organisations professionnelles. Un décret peut étendre le nouveau délai maximum de paiement à tous les opérateurs du secteur ou, le cas échéant, valider le nouveau mode de computation et l'étendre à ces mêmes opérateurs.

II. – Le délai de paiement, par tout producteur, revendeur ou prestataire de services, ne peut dépasser :

1° *(1° rempl., Ord. n° 2021-859, 30 juin 2021)* (1) Pour les achats de produits agricoles et alimentaires périssables et de viandes congelées ou surgelées, de poissons surgelés, de plats cuisinés et de conserves fabriqués à partir de produits alimentaires périssables :

a) Trente jours après la date de livraison ;

b) Ou, en cas de facture périodique au sens du 3 du I de l'article 289 du Code général des impôts, trente jours après la fin de la décade de livraison ;

Le délai mentionné à l'alinéa précédent s'applique sauf disposition dérogatoire figurant dans les contrats types pluriannuels liant les fournisseurs de raisins ou de moût destinés à l'élaboration de vins passibles des droits de circulation prévus à l'article 438 du Code général des impôts et leurs acheteurs directs, sous réserve que ces contrats aient été rendus obligatoires conformément à l'article 164 du règlement (UE) n° 1308/2013 du *17 décembre 2013 avant* le 1er janvier 2019 et que leur extension soit renouvelée à compter de cette date sans modification significative des conditions de paiement au détriment des fournisseurs de raisins et de moût.

c) En cas de facture périodique pour des achats de produits saisonniers effectués dans le cadre de contrats d'intégration conclus dans le secteur des fruits et légumes mentionnés aux articles L. 326-1 à L. 326-3 du Code rural et de la pêche maritime, trente jours à compter de la fin du mois au cours duquel la livraison est effectuée ;

2° Vingt jours après *(Mots rempl., Ord. n° 2021-859, 30 juin 2021)* (1) « la date » de livraison pour les achats de bétail sur pied destiné à la consommation et de viandes fraîches dérivées ;

(1) Dispositions applicables à compter du 1er novembre 2021 aux contrats conclus après le 1er juillet 2021. Les contrats en cours d'exécution le 1er juillet 2021 sont mis en conformité avec les dispositions de l'ordonnance n° 2021-859 du 29 juin 2012 dans un délai de douze mois, Ord. n° 2021-859, 30 juin 2021, art. 4.

3° Trente jours après la fin du mois de livraison pour les achats de boissons alcooliques passibles des droits de consommation prévus à l'article 403 du Code général des impôts ;

4° *(4° rempl., Ord. n° 2021-859, 30 juin 2021)* (1) Soixante jours après la date d'émission de la facture pour les achats de produits agricoles et alimentaires non périssables. Lorsque la facture est établie par l'acheteur, ce délai commence à courir à compter de la date de livraison ;

5° Trente jours après la date d'émission de la facture pour le transport routier de marchandises, pour la location de véhicules avec ou sans conducteur, pour la commission de transport ainsi que pour les activités de transitaire, d'agent maritime et de fret aérien, de courtier de fret et de commissionnaire en douane ;

6° Pour les ventes entre, d'une part, les industriels de l'agroéquipement, constructeurs et importateurs et, d'autre part, les entreprises de distribution spécialisées et de réparation, dans le secteur de l'agroéquipement :

a) Cinquante-cinq jours fin de mois après la date d'émission de la facture pour les matériels d'entretien d'espaces verts ;

b) Cent-dix jours fin de mois après la date d'émission de la facture pour les matériels agricoles à l'exception des tracteurs, matériels de transport et d'élevage ;

7° Quatre-vingt-dix jours après la date d'émission de la facture pour le règlement du solde des factures relatives à des livraisons effectuées avant l'ouverture de la saison d'activité dans le secteur des articles de sport, pour les ventes d'équipements nécessaires à la pratique des sports de glisse sur neige entre les fournisseurs et les entreprises dont l'activité est exclusivement ou quasi exclusivement saisonnière ;

8° Cinquante-quatre jours fin de mois après la date d'émission de la facture dans le secteur de la filière du cuir, pour les ventes entre les fournisseurs et les distributeurs spécialisés ;

9° Cinquante-neuf jours fin de mois ou soixante-quatorze jours nets après la date d'émission de la facture dans le secteur de l'horlogerie, de la bijouterie, de la joaillerie et de l'orfèvrerie pour les ventes entre, d'une part, les fournisseurs, fabricants, importateurs ou grossistes et, d'autre part, les distributeurs spécialisés, au titre de leur activité au sein d'un point de vente ou dans le cadre de leur activité de vente à distance ou les centrales d'achat dont l'activité principale est de revendre des produits de l'horlogerie, de la bijouterie, de la joaillerie et de l'orfèvrerie à des distributeurs spécialisés ;

10° Pour les ventes entre les fabricants et les distributeurs spécialisés dans le secteur du commerce du jouet :

a) Quatre-vingt-quinze jours nets après la date d'émission de la facture pour la période « du permanent » s'étendant du mois de janvier au mois de septembre inclus ;

b) Soixante-quinze jours nets après la date d'émission de la facture pour la période de fin d'année, s'étendant du mois d'octobre au mois de décembre inclus.

III. – Le délai maximum mentionné aux 6° à 10° du II est expressément stipulé par contrat et ne doit pas constituer un abus manifeste à l'égard du créancier. À défaut de stipulation expresse, le délai prévu au deuxième alinéa du I de l'article L. 441-10 est applicable.

Art. L. 441-12 *(Créé, Ord. n° 2019-359, 24 avr. 2019)*. – Par dérogation au I de l'article L. 441-10 *(Mots suppr., Ord. n° 2021-859, 30 juin 2021)* (1) « ... », le délai convenu entre les parties pour le paiement des achats effectués en franchise de la taxe sur la valeur ajoutée, en application de l'article 275 du Code général des impôts, de biens destinés à faire l'objet d'une livraison en l'état hors de l'Union européenne ne peut dépasser quatre-vingt-dix jours après la date d'émission de la facture. Le délai convenu entre les parties est expressément stipulé par contrat et ne doit pas constituer un abus manifeste à l'égard du créancier.

À défaut de stipulation expresse ou si les biens ne reçoivent pas la destination prévue au premier alinéa, les pénalités de retard mentionnées au II de l'article L. 441-10 sont exigibles.

Le présent article n'est pas applicable aux achats effectués par les grandes entreprises.

Art. L. 441-13 *(Créé, Ord. n° 2019-359, 24 avr. 2019)*. – Pour les livraisons de marchandises qui font l'objet d'une importation dans le territoire fiscal des départements de la Guadeloupe, de la Martinique, de la Guyane, de La Réunion et de Mayotte ainsi que des collectivités d'outre-mer de Saint-Barthélemy, de Saint-Martin, des îles Wallis-et-Futuna et de Saint-Pierre-et-Miquelon, les délais de paiement prévus au I de l'article

(1) Dispositions applicables à compter du 1er novembre 2021 aux contrats conclus après le 1er juillet 2021. Les contrats en cours d'exécution le 1er juillet 2021 sont mis en conformité avec les dispositions de l'ordonnance n° 2021-859 du 29 juin 2012 dans un délai de douze mois, Ord. n° 2021-859, 30 juin 2021, art. 4.

L. 441-10 et aux 1° à 4° du II de l'article L. 441-11 ne sont décomptés qu'à partir de la date de dédouanement de la marchandise au port de destination finale. Lorsque la marchandise est mise à la disposition de l'acheteur, ou de son représentant, en métropole, le délai n'est décompté qu'à partir du vingt et unième jour suivant la date de cette mise à disposition ou à partir de la date du dédouanement si celle-ci est antérieure.

Art. L. 441-14 *(Créé, Ord. n° 2019-359, 24 avr. 2019).* – Les sociétés dont les comptes annuels sont certifiés par un commissaire aux comptes communiquent des informations sur les délais de paiement de leurs fournisseurs et de leurs clients suivant des modalités définies par décret.

Ces informations font l'objet d'une attestation du commissaire aux comptes, dans des conditions fixées par ce même décret. Lorsque la société concernée est une grande entreprise ou une entreprise de taille intermédiaire, au sens de l'article 51 de la loi n° 2008-776 du 4 août 2008 de modernisation de l'économie, le commissaire aux comptes adresse son attestation au ministre chargé de l'économie si elle démontre, de façon répétée, des manquements significatifs de la société aux prescriptions du I de l'article L. 441-10 ou du 5° du II de l'article L. 441-11.

Art. L. 441-15 *(Créé, Ord. n° 2019-359, 24 avr. 2019).* – I. – Tout professionnel opérant dans un secteur économique mentionné au III peut demander à l'autorité administrative chargée de la concurrence et de la consommation de prendre formellement position sur la conformité aux deuxième, troisième et quatrième alinéas du I de l'article L. 441-10 des modalités de computation des délais de paiement qu'il envisage de mettre en place.

Cette prise de position formelle a pour objet de prémunir ce professionnel d'un changement d'appréciation de l'autorité administrative qui serait de nature à l'exposer à la sanction administrative prévue à l'article L. 441-16.

II. – La validité de la prise de position mentionnée au I prend fin à compter de la date à laquelle :

1° La situation du professionnel n'est plus identique à celle présentée dans sa demande ;

2° Est entrée en vigueur une modification de dispositions législatives ou réglementaires de nature à affecter cette validité ;

3° L'autorité administrative notifie au professionnel, après l'avoir préalablement informé, la modification de son appréciation.

III. – Un décret en Conseil d'État précise les secteurs économiques mentionnés au I dans lesquels se posent des difficultés particulières en matière de délais de paiement appréciées en fonction du nombre et de la gravité des incidents de paiement qui y sont constatés et de leur impact économique sur les secteurs concernés ou de la nature et de la récurrence des difficultés d'interprétation qu'y font naître les règles relatives aux délais de paiement.

Art. L. 441-16 *(Créé, Ord. n° 2019-359, 24 avr. 2019).* – Est passible d'une amende administrative dont le montant ne peut excéder 75 000 € pour une personne physique et deux millions d'euros pour une personne morale, le fait de :

a) (a rempl., Ord. n° 2021-859, 30 juin 2021) (1) Ne pas respecter les délais de paiement prévus au I de l'article L. 441-10, au II de l'article L. 441-11, à l'article L. 441-12 et à l'article L. 441-13 ;

b) Ne pas indiquer, dans les conditions de règlement fixées au I de l'article L. 441-1, les mentions prévues au II de l'article L. 441-10 ;

c) Fixer un taux ou des conditions d'exigibilité des pénalités de retard non conformes aux prescriptions du II de l'article L. 441-10 ;

d) Ne pas respecter les modalités de computation des délais de paiement convenues entre les parties conformément aux deuxième, troisième et quatrième alinéas du I de l'article L. 441-10.

Sous les mêmes sanctions, sont interdites toutes clauses ou pratiques ayant pour effet de retarder abusivement le point de départ des délais de paiement mentionnés au présent article.

Le maximum de l'amende encourue est porté à 150 000 € pour une personne physique et quatre millions d'euros pour une personne morale en cas de réitération du manquement dans un délai de deux ans à compter de la date à laquelle la première décision de sanction est devenue définitive.

(1) Dispositions applicables à compter du 1er novembre 2021 aux contrats conclus après le 1er juillet 2021. Les contrats en cours d'exécution le 1er juillet 2021 sont mis en conformité avec les dispositions de l'ordonnance n° 2021-859 du 29 juin 2012 dans un délai de douze mois, Ord. n° 2021-859, 30 juin 2021, art. 4.

CHAPITRE I *(Rédaction antérieure)*. – DE LA TRANSPARENCE

Bibliographie : *Généralités sur la transparence.* C. Aronica et D. Ostojski, *Les conditions générales de vente, un incontournable de la relation commerciale : AJ Contrats d'affaires* juill. 2014, 165. • L.-M. Augagneur, *Transparence tarifaire, opacité législative : RTD com.* 2008, p. 221. • J. Acquaviva et M. De Montblanc, *Les nouveaux documents commerciaux : CDE* 1993/3. • P. Arhel, *Les conditions générales de vente : Rev. conc. consom.* 1993, n° 74, p. 11. • J. Biolay, *Transparence et publicité (Loi du 29 janvier 1993) : JCP* E 1993, I, 249. • L. Lucas de Leyssac, *Transparence, dépendance et partenariat : LPA* 6 mars 1996. • M. Malaurie-Vignal, *Transparence tarifaire, négociation contractuelle et liberté des prix au regard de la loi du 1er juillet 1996 : D.* 1996, 362. • A.-C. Martin et Ph. Vanni, *Encadrement des négociations et formalisme des conventions : JCl. Concurrence-consommation*, Fasc. 283. • J.-M. Mousseron et M.-E. André, *La transparence tarifaire (Étude des articles 31 à 33 de l'ordonnance de 1986, mod. 1992-1993) : CDE* 1993/1. • L. et J. Vogel, *Ombres et lumières de la transparence tarifaire (Conditions générales de vente et facturation) : JCP* E 1995, I, 436.

Rédaction antérieure. Art. L. 441-1 *(Mod., L. n° 2012-1270, 20 nov. 2012)*. – Les règles relatives aux conditions de vente au consommateur sont fixées par *(Mots rempl., Ord. n° 2016-301, 14 mars 2016)* « les articles L. 112-1, L. 112-2, L. 141-1 et L. 224-100 » du Code de la consommation (anc. art. L. 113-3) :

Code de la consommation

Art. L. 112-1 *(Ord. n° 2016-301, 14 mars 2016)*. – Tout vendeur de produit ou tout prestataire de services informe le consommateur, par voie de marquage, d'étiquetage, d'affichage ou par tout autre procédé approprié, sur les prix et les conditions particulières de la vente et de l'exécution des services, selon des modalités fixées par arrêtés du ministre chargé de l'économie, après consultation du Conseil national de la consommation.

Art. L. 112-2 *(Ord. n° 2016-301, 14 mars 2016 ; mod., L. n° 2017-203, 21 févr. 2017)*. – Les dispositions de l'article L. 112-1 s'appliquent à toutes les activités de production, de distribution et de services, y compris celles qui sont le fait de personnes publiques, notamment dans le cadre de conventions de délégation de service public ainsi qu'aux prestations mentionnées au titre IV *bis* du livre IV du Code de commerce.

Les règles relatives à l'obligation de renseignements du public par les établissements de crédit, les sociétés de financement, les établissements de monnaie électronique, les établissements de paiement et les organismes mentionnés à l'article L. 518-1 du Code monétaire et financier sont fixées par l'article L. 312-1-1 du même code.

Art. L. 141-1 *(Ord. n° 2016-301, 14 mars 2016 ; mod., Ord. n° 2017-269, 2 mars 2017)*. – Dans les collectivités relevant de l'article 73 de la Constitution et dans les collectivités de Saint-Barthélemy, de Saint-Martin, de Saint-Pierre-et-Miquelon et des îles Wallis-et-Futuna, en cas de situation conjoncturelle où le prix de cession par leur producteur de produits agricoles périssables ou de produits issus de cycles courts de production est anormalement bas par rapport à la moyenne des prix observés lors de la période correspondante de la précédente campagne, l'observatoire des prix, des marges et des revenus mentionné au titre Ier A du livre IX du Code de commerce peut proposer au représentant de l'État de rendre obligatoire l'affichage sur les lieux de vente du prix d'achat au producteur et du prix de vente au consommateur.

NB : Conformément à l'article 9 de l'ordonnance n° 2017-269 du 2 mars 2017, ces dispositions entrent en vigueur à la date d'entrée en vigueur du décret portant dispositions relatives à l'outre-mer du Code de la consommation et au plus tard le 1er juillet 2017.

Art. L. 224-100 *(Ord. n° 2016-301, 14 mars 2016)*. – Les règles relatives à l'obligation de renseignements par les établissements de crédit, les sociétés de financement, les établissements de monnaie électronique, les établissements de paiement et les organismes mentionnés à l'article L. 518-1 du Code monétaire et financier à l'égard de leurs clients sont fixées par les dispositions des sections III et IV du chapitre IV du titre Ier du livre III du Code monétaire et financier.

Les règles relatives aux relations contractuelles entre les établissements de crédit et leurs clients sont fixées par les dispositions du chapitre II du titre III du livre Ier et celles du chapitre II du titre Ier du livre III du même code.

Rédaction antérieure. Art. L. 441-2 *(Mod., L. n° 2005-157, 23 févr. 2005 ; Ord. n° 2010-462, 6 mai 2010 ; rempl., L. n° 2010-874, 27 juill. 2010)*. – I. – Toute publicité à destination du consommateur, diffusée sur tout support ou visible de l'extérieur du lieu de vente, mentionnant une réduction de prix ou un prix promotionnel sur les produits alimentaires périssables doit préciser la nature et l'origine des produits offerts et la période pendant laquelle est maintenue l'offre proposée par l'annonceur. La mention relative à l'origine est inscrite en caractères d'une taille égale à celle de la mention du prix.

(Al. aj., L. n° 2018-938, 30 oct. 2018) Dans la promotion par les opérateurs de vente d'un produit alimentaire, le terme « gratuit » ne peut être utilisé comme outil marketing et promotionnel dans le cadre d'une relation commerciale.

Lorsque de telles opérations promotionnelles sont susceptibles, par leur ampleur ou leur fréquence, de désorganiser les marchés, un arrêté interministériel ou, à défaut, préfectoral fixe, pour les produits concernés, la périodicité et la durée de telles opérations.

Toute infraction aux dispositions des premier *(Mots aj., L. n° 2018-938, 30 oct. 2018)* « au troisième » alinéas est punie d'une amende de 15 000 €.

La cessation de la publicité réalisée en violation du présent I peut être ordonnée dans les conditions prévues à l'article *(Mots rempl., Ord. n° 2016-301, 14 mars 2016)* « L. 132-8 » du Code de la consommation (anc. art. L. 121-3).

II. – Pour un fruit ou légume frais ayant fait l'objet, entre le fournisseur et son acheteur, d'un accord sur le prix de cession, l'annonce du prix, hors lieu de vente, est autorisée dans un délai maximal de trois jours précédant le premier jour de l'application du prix annoncé, pour une durée qui ne peut excéder cinq jours à compter de cette date.

L'accord sur le prix de cession est formalisé dans un contrat écrit signé par les parties, dont un exemplaire est détenu par chacune d'entre elles avant la diffusion de l'annonce du prix hors lieu de vente. Le présent alinéa ne s'applique pas aux annonces de prix réalisées sur le lieu des ventes au déballage mentionnées à l'article L. 310-2 du présent code.

III. – Dans les cas où les conditions mentionnées au premier alinéa du II ne sont pas réunies, toute annonce de prix, hors lieu de vente, portant sur un fruit ou légume frais, quelle que soit l'origine de celui-ci, doit faire l'objet d'un accord interprofessionnel d'une durée d'un an renouvelable, conclu conformément à l'article L. 632-1 du Code rural et de la pêche maritime. Cet accord précise les périodes durant lesquelles une telle annonce est possible et ses modalités.

Cet accord peut être étendu conformément aux articles L. 632-3 et L. 632-4 du même code.

IV. – Les II et III ne sont pas applicables aux fruits et légumes frais appartenant à des variétés non produites en France métropolitaine.

Fruits ou légumes frais. Jugé que la diffusion par un hypermarché d'un catalogue publicitaire prévoyant des offres promotionnelles sur un lot de filets d'aulx, oignons et échalotes ne relève pas des dispositions de l'article L. 441-2 alinéa 3 du Code de commerce, ces produits n'étant pas des fruits ou légumes frais au sens de cet article (■ Montpellier, 16 déc. 2003 : *JurisData* n° 2003-238505).

Rédaction antérieure. Art. L. 441-2-1. – *(L. n° 2005-157, 23 févr. 2005 ; mod., L. n° 2008-3, 3 janv. 2008 ; L. n° 2008-776, 4 août 2008 ; Ord. n° 2010-462, 6 mai 2010 ; L. n° 2010-874, 27 juill. 2010)* – Pour les produits agricoles périssables ou issus de cycles courts de production, d'animaux vifs, de carcasses ou pour les produits de la pêche et de l'aquaculture, figurant sur une liste établie par décret, un distributeur ou prestataire de services ne peut bénéficier de remises, rabais et ristournes ou prévoir la rémunération de services rendus à l'occasion de leur revente, propres à favoriser leur commercialisation et ne relevant pas des obligations d'achat et de vente, ou de services ayant un objet distinct, que si ceux-ci sont prévus dans un contrat écrit portant sur la vente de ces produits par le fournisseur.

Ce contrat comprend notamment des clauses relatives aux engagements sur les volumes, aux modalités de détermination du prix en fonction des volumes et des qualités des produits et des services concernés et à la fixation d'un prix. Il indique les avantages tarifaires consentis par le fournisseur au distributeur au regard des engagements de ce dernier.

Lorsqu'un contrat type relatif aux activités mentionnées au premier alinéa est inclus dans un accord interprofessionnel adopté par l'organisation interprofessionnelle reconnue pour le produit concerné et étendu en application des dispositions des articles L. 632-3 et L. 632-4 du Code rural et de la pêche maritime, le contrat mentionné au premier alinéa doit être conforme à ce contrat type. Toute infraction aux dispositions du présent article est punie d'une amende de 15 000 Euros.

Les deuxième et troisième alinéas ne sont pas applicables aux produits pour lesquels la conclusion de contrats écrits a été rendue obligatoire en application de l'article *(Mots rempl., L. n° 2018-938, 30 oct. 2018)* « L. 631-24-2 » du Code rural et de la pêche maritime.

Voir : art. D. 441-2, p. 1808.

Domaine. Il appartient au grossiste bénéficiaire des remises d'établir que les produits litigieux (fruits et légumes) n'étaient pas destinés à être revendus en l'état aux consommateurs s'il souhaite échapper à la nécessité de s'engager sur un volume d'achat déterminé (■ Cass. crim., 22 janv. 2014, n° 13-80.576 : *Concurrences* 2014/2, p. 113, obs. A.-C. Martin ; *Lettre distrib.* 2014/2, obs. J.-M. Vertut).

Rédaction antérieure. Art. L. 441-2-2 *(L. n° 2010-874, 27 juill. 2010)*. – Par dérogation aux dispositions de l'article L. 441-2-1, un acheteur, un distributeur ou un prestataire de services ne peut bénéficier de remises, rabais et ristournes pour l'achat de fruits et légumes frais.

(L. n° 2014-344, 17 mars 2014) « Un acheteur, un distributeur ou un prestataire de services peut toutefois bénéficier de réfactions tarifaires résultant d'une non-conformité, qualitative ou quantitative, du produit livré à la commande si un accord, conclu par une organisation interprofessionnelle reconnue dans les conditions prévues à l'article L. 632-1 du Code rural et de la pêche maritime, en a précisé les conditions.

Cet accord peut être étendu conformément aux articles L. 632-3 et L. 632-4 du même code.

Tout manquement à l'interdiction prévue au présent article par l'acheteur, le distributeur ou le prestataire de services est passible d'une amende administrative dont le montant ne peut excéder 15 000 € pour une personne physique et 75 000 € pour une personne morale. L'amende est prononcée dans les conditions prévues à l'article L. 465-2 du présent code. Le montant de l'amende encourue est doublé en cas de réitération du manquement dans un délai de deux ans à compter de la date à laquelle la première décision de sanction est devenue définitive. »

Voir : L. n° 2010-874, art. 14, III retardant l'entrée en vigueur de l'article L. 441-2-2 à « six mois après la publication de la présente loi ».

Interdiction des services fictifs. L'interdiction des réfactions tarifaires prévue par l'article L. 441-2-2 ne peut être contournée par la rémunération de services fictifs au mépris de l'article L. 442-6, I, 1° (■ Paris, 15 janv. 2015, n° 13/03832 : *Lettre distrib.* 2015/4, p. 6, obs. M.-P. Bonnet-Desplan).

Sur la possibilité pour une organisation interprofessionnelle de conclure un accord dérogatoire, V. DGCCRF, note d'information n° 2014-190, qui fait référence à l'accord INTEFEL qui bénéficie en pratique aux entreprises non membres alors que l'accord n'a pas été étendu. Sur cette pratique, V. *Lettre distrib.* 2015/5, p. 6, obs. A. Louvet.

Rédaction antérieure. Art. L. 441-3 *(Mod., L. n° 2012-387, 22 mars 2012 ; L. n° 2014-344, 17 mars 2014)*. – Tout achat de produits ou toute prestation de service pour une activité professionnelle doivent faire l'objet d'une facturation.

Sous réserve des deuxième et troisième alinéas du 3 du I de l'article 289 du Code général des impôts, le vendeur est tenu de délivrer la facture dès la réalisation de la vente ou la prestation du service. L'acheteur doit la réclamer. La facture doit être rédigée en double exemplaire. Le vendeur et l'acheteur doivent en conserver chacun un exemplaire.

Sous réserve du *c* du II de l'article 242 *nonies* A de l'annexe II au Code général des impôts, dans sa version en vigueur au 26 avril 2013, la facture doit mentionner le nom des parties ainsi que leur adresse, la date de la vente ou de la prestation de service, la quantité, la dénomination précise, et le prix unitaire hors TVA des produits vendus et des services rendus ainsi que toute réduction de prix acquise à la date de la vente ou de la prestation de services et directement liée à cette opération de vente ou de prestation de services, à l'exclusion des escomptes non prévus sur la facture.

La facture mentionne également la date à laquelle le règlement doit intervenir. Elle précise les conditions d'escompte applicables en cas de paiement à une date antérieure à celle résultant de l'application des conditions générales de vente, le taux des pénalités exigibles le jour suivant la date de règlement inscrite sur la facture ainsi que le montant de l'indemnité forfaitaire pour frais de recouvrement due au créancier en cas de retard de paiement. Le règlement est réputé réalisé à la date à laquelle les fonds sont mis, par le client, à la disposition du bénéficiaire ou de son subrogé.

Voir aussi : CGI, art. 289, 289 *bis*, 1751. – CGI, art. 242 *nonies*, annexe II. – LPF, art. L. 246. – Et sur la pratique des factures périodiques : CEPC, avis n° 18-2 *bis*, 10 sept. 2018. – DGCCRF, note d'information n° 2012-164, 29 nov. 2012, relative à l'indemnité forfaitaire pour frais de recouvrement : *Lettre distrib.* 2012/12, p. 3.

Bibliographie : P. Arhel, *La fonction économique de la facture : assurer la transparence tarifaire : Rev. conc. consom.* 1992, n° 67, p. 24. • F. Delbarre, *La nouvelle (?) facture : CDE* 1996/5, p. 2. • M.-A. Frison-Roche et J.-M. Meffre, *Les principes directeurs des mentions obligatoires en matière de facturation : D.* 1994, chron. 311. • J.-M. Meffre, *Quelles ristournes le fournisseur doit-il mentionner sur ses factures ? : CDE* 1993/6. • J.-M. Mousseron, *La facturologie : CDE* 1988/4, p. 3. • C. Pecnard-Azria, *Facturation et revente à perte (un an de pratique des articles 31 et 32 de l'ordonnance du 1er décembre 1986) : Gaz. Pal.* 1987, 2, doctr. 810. • P. Pigassou, *Les mentions sur facture après la loi du 1er juillet 1996 : D.* 1997, chron. 157. • N. Renaudin, *La facturologie : une science à la portée de tous : Rev. conc. consom.* 1994, n° 81, p. 33. • Ch. Vilmart, *Le volet concurrence de la loi en faveur des PME : de la « facturologie » au « bidouillage » : Gaz. Pal.* 22 nov. 2005, p. 2.

1) Personnes concernées. Les dispositions de l'article L. 441-3 sur la facturation s'imposent indistinctement au vendeur et à l'acheteur, tenus à des obligations complémentaires et réciproques (■ Cass. crim., 20 juin 1994, n° 93-83.037 : *JurisData* n° 1994-001488 ; *JCP* E 1995, I, 492, n° 3, obs. L. Vogel). L'acheteur est cependant simplement obligé de réclamer la facture au vendeur sans être tenu de l'obtenir effectivement, une solution contraire équivaudrait à une responsabilité pénale du fait d'autrui (■ Colmar, 16 déc. 1994 : *Lettre distrib.* 1995/7-8). L'article L. 441-3 ne s'applique pas aux vendeurs occasionnels de sorte que leurs acheteurs ne commettent pas de faute en ne réclamant pas de facture à l'occasion des achats (■ Limoges, 16 oct. 1996 : *Lettre distrib.* 1996/12). Voir cependant une espèce où un acheteur, en l'espèce ferrailleur, a été condamné pour avoir acquis des métaux auprès de simples particuliers considérés comme des *professionnels* en raison du volume très important des transactions litigieuses (■ Cass. crim., 1er déc. 2010, n° 09-87.887).

2) Identification des personnes concernées. S'agissant de l'obligation de mentionner l'adresse du client, voir : Lettre DGCCRF à CMS Bureau Francis Lefebvre, BRDA, 1er mars 2005, et Instr. fisc. 7 août 2003 : *BOI* 7 août, envisageant la situation où une entreprise dispose de plusieurs établissements et autorisant, à certaines conditions, la mention d'un établissement autre que l'établissement principal.

3) Produits ou services concernés. N'étant ni des produits ni des prestations de services, les biens cédés par les contrats successivement conclus par les parties, à savoir le droit au bail d'un local commercial puis l'aménagement dudit local, n'entrent pas dans le champ d'application de l'article L. 441-3 (■ Cass. com., 9 mai 2001, n° 98-19.959 : *JurisData* n° 2001-009595 ; *RJDA* 10/2001, n° 1029).

4) Identification des produits ou services concernés. La facture doit permettre d'identifier avec précision la nature exacte des services rendus, les produits et quantités de produits concernés, ainsi que les dates de réalisation de ces services (■ Paris, 30 nov. 2009 : *JurisData* n° 2009-017725. ■ Paris, 29 juin 1998, n° 97/07929 : *JurisData* n° 1998-022208 ; *RJDA* 12/1998, n° 1407. ■ Cass. crim., 12 févr. 1998 et

■ Paris, 25 févr. 1998, n° 96/00851 : *JurisData* n° 1998-021225 ; *LPA* 21 août 1998, p. 11, obs. Y. Reboul). La facture doit indiquer non seulement la nature du produit mais encore ses caractéristiques de façon à garantir la transparence tarifaire (■ Cass. crim., 10 mars 1999, n° 98-81.521 : *JurisData* n° 1999-001405 ; *JCP* E 1999, p. 1911, obs. P. Arhel ; *CDE* 1999/5, p. 23, A, obs. D. Mainguy ; *Contrats, conc. consom.* 1999, n° 95, obs. M. Malaurie-Vignal ; *JCP* E 2000, p. 177, obs. D. Fasquelle ; *LPA* 26 nov. 1999, p. 20, obs. F. Pelletier ; *RJDA* 8-9/1999, n° 993). La facture doit également mentionner la description des services rémunérés pour apprécier la réalité du service offert (■ Cass. crim., 6 déc. 2006, n° 06-82.834 : *JurisData* n° 2006-036797 ; *RJDA* 5/2007, n° 561 ; *D.* 2007, p. 302, obs. E. Chevrier ; *JCP* E 2007, pan. 1141 ; *ibid.*, 2303, n° 11, obs. Decocq ; *D.* 2008, pan. 252, obs. V. Valette-Ercole. – Comp. ■ Limoges, 21 févr. 2007, n° 06/00686 : *JurisData* n° 2007-345785 ; *RJDA* 6/2007, n° 653).

5) **Facturation des services d'intermédiation.** Des sociétés de distribution avaient rompu les relations jusqu'ici nouées avec un commissionnaire de transport en lui reprochant d'avoir dissimulé une marge dans les coûts de fret facturés. La Cour de cassation a approuvé les juges du fond d'avoir rejeté la demande en responsabilité des sociétés de distribution aux motifs qu'après avoir rappelé que, selon l'article L. 441-3 du Code de commerce, la facture que tout vendeur de produits ou de prestation de service a l'obligation d'établir doit mentionner les éléments qu'il énumère, parmi lesquels « la quantité, la dénomination précise et le prix unitaire hors TVA des produits vendus et des services rendus », l'arrêt retient à bon droit que ces dispositions n'imposent pas la mention sur la facture du prix effectivement payé par le commissionnaire au transporteur mais celle du « prix unitaire hors TVA des produits vendus et des services rendus », ce qui peut s'entendre du prix effectivement payé par le donneur d'ordre au commissionnaire, puis constate que les factures établies par le commissionnaire, qui mentionnent, avec les quantités facturées, un forfait FOB port de départ à B/N port d'arrivée, les frais supplémentaires, les taxes, les frais d'intermédiation, le coût de « son intervention », sont conformes aux dispositions légales précitées (■ Cass. com., 20 sept. 2017, n° 16-17.152 : à paraître au *Bull.* ; *Lettre distrib.* 2017/10, p. 8, obs. J.-M. Vertut). Le commissionnaire de transport qui ne fait figurer sur ses factures qu'un prix forfaitaire, sans mentionner le prix du transport effectué et le montant de la commission prélevée, commet le délit de facturation irrégulière prévu par l'article L. 441-3 du Code de commerce(■ Cass. crim., 19 févr. 2003, n° 02-80.351 : *JurisData* n° 2003-018159 ; *RJDA* 10/2003, n° 1006).

6) **Illustrations de clauses imprécises.** Des mentions du type « *Présence en linéaire d'un assortiment de produits fournisseurs* », « *mise en avant, tête de gondole, box spécifique ou présentoir* » ne répondent pas, du fait de leur trop grande généralité, à l'exigence de précision posée par l'article L. 441-3 (■ Angers, 8 janv. 2008 : *JurisData* n° 2008-371674). De même, les expressions « *dynamique commerciale-présence de produits* » ou « *promotion publicitaire-présence de produits* », soit en « *animation-rayon* », soit « *sur prospectus* », sont jugées trop imprécises dès lors qu'elles ne permettent pas « *de vérifier la réalité et la valeur de ces services* » (■ Cass. crim., 23 sept. 2008, pourvoi n° 08-81.278 : *Lettre distrib.* 2008/12). La mention « Poires Williams » sans autre indication est insuffisante à cet égard dès lors que la mention de la catégorie du produit en cause a des incidences sur le prix (■ Cass. crim., 10 mars 1999 : *JCP* E 1999, p. 1911, obs. P. Arhel ; *CDE* 1999/5, p. 23, A, obs. D. Mainguy ; *Contrats, conc. consom.* 1999, n° 95, obs. M. Malaurie-Vignal ; *JCP* E 2000, p. 177, obs. D. Fasquelle ; *LPA* 26 nov. 1999, p. 20, obs. F. Pelletier ; *RJDA* 8-9/1999, n° 993). Ne répond pas aux exigences de précision issues de l'article L. 441-3 la facture faisant référence à une gamme de produits, voire une famille de produits, sans indications complémentaires permettant d'identifier la nature exacte des produits concernés (■ Amiens, 2 mai 2007 : *JurisData* n° 2007-339225). Un fabricant de bijoux entretenait des relations commerciales régulières avec un groupe de la grande distribution. Dans un contexte de fausse coopération commerciale et de rupture brutale de relations commerciales établies, la cour d'appel a constaté que les factures produites ne respectaient nullement les exigences de l'article L. 441-3 du Code de commerce et se contentaient « *de libellés généraux tels que « contrat cadre de collaboration et de coopération commerciale » ou « partenariat » ou encore « gestion du versement centralisé des ristournes/services et répartition auprès des magasins » »*. En conséquence, plusieurs sociétés du groupe de distribution ont été condamnées à restituer au fournisseur les sommes indûment perçues, faute de preuve de la réalité des services facturés. (■ Cass. com., 11 sept. 2012, n° 11-17.458 : *Lettre distrib.* 2012/10, p. 2 ; *Concurrences* 2012/4, p. 98, obs. J.-L. Fourgoux).

7) **Notion de prix unitaire.** La loi n'exige que la mention, sur les factures, du prix unitaire des produits vendus avant toute imputation de réductions de prix et non l'indication du prix final effectivement payé (■ Cass. crim., 12 juin 1997, n° 96-80.752 : *JurisData* n° 1997-003500 ; *D.* 1997, inf. rap. 187).

8) Notion de réduction de prix acquise. Seules les réductions de prix acquises à la date de la vente doivent, aux termes de l'article 31 (L. 441-3), être mentionnées sur les factures de vente (■ Cass. crim., 12 juin 1997 : *D.* 1997, inf. rap. 187) ; les ristournes de fin d'année, dont le bénéfice n'est acquis au distributeur des produits d'une marque qu'après réalisation de certains seuils de chiffre d'affaires ou d'opérations de promotion, ne sauraient être regardées, faute d'accomplissement des conditions auxquelles elles sont subordonnées, comme acquises au moment de la vente (même déc.). Un escompte obtenu en contrepartie d'un paiement anticipé s'analyse comme une réduction de prix acquise à la date de la vente et doit en conséquence figurer sur la facture (■ Cass. crim., 21 juin 2000, n° 99-86.433 : *JurisData* n° 2000-003167 ; *Lettre distrib.* 2000/6). De même qu'une réduction de prix soumise à un événement conditionnel lorsque cet événement dépend de la seule volonté du distributeur (■ Paris, 26 févr. 1996, n° 95-06702 : *JurisData* n° 1996-020299 ; *Lettre distrib.* 1996/5). Mais l'article L. 441-3 du Code de commerce, qui dispose que la facture doit mentionner toute réduction de prix acquise à la date de la vente, n'interdit pas d'y faire également figurer une remise conditionnelle (■ Cass. com., 6 sept. 2011, n° 10-17.963 : *Bull. civ.* IV, n° 125). V. égal. CEPC, avis n° 14-9, 22 sept. 2014 : *Lettre distrib.* 2014/11, obs. J.-M. Vertut et n° 15-17, 29 avr. 2015 : *Lettre distrib.* 2015/5, obs. J.-M. Vertut). Pour la CEPC, la pratique consistant à convenir, lors des négociations pour l'année N, d'une réduction de prix inconditionnelle dont le paiement est différé à la ou aux premières factures d'achat de l'année N + 1 doit, du point de vue des règles de facturation, donner lieu à la mention de la réduction sur la facture correspondant à l'opération de vente à laquelle elle se rapporte, en pied de facture. Cette ristourne peut être imputée sous forme d'avoir sur une facture émise ultérieurement. Ces deux factures émises à des dates différentes devront chacune être réglées dans les délais prévus par la législation en vigueur en matière de délais de paiement (CEPC, avis n° 16-18, 16 déc. 2016 relatif à une demande d'avis d'un avocat portant sur la licéité d'une pratique de facturation : *Contrats, conc. consom.* 2017/2, alerte 8).

9) Délivrance immédiate de la facture. Sur la possibilité pour le créancier de différer l'émission de la facture notamment lorsque sont concernées des prestations de service annuelles, V. CEPC, avis n°s 15-25, 15-26 *et* 15-27, *29 oct. et 5 nov. 2016 : Lettre distrib. 2015/12, p. 5, obs. A.-C. Martin.*

10) Renvoi aux documents contractuels. Les mentions exigées par l'article L. 441-3 du Code de commerce doivent figurer sur les factures sans qu'il soit nécessaire de se référer aux documents qui les fondent ou à la législation applicable (■ Cass. crim., 3 mai 2017, n° 15-85.875 : *JurisData* n° 2017-008259 ; *Contrats, conc. consom.* 2017/7, comm. 151, obs. M. Malaurie-Vignal. ■ Cass. crim., 6 déc. 2006 : *RJDA* 5/2007, n° 561 ; *D.* 2007, p. 302, obs. E. Chevrier ; *JCP* E 2007, pan. 1141). Jugé dans le même sens que les mentions prévues par la loi doivent figurer sur les factures sans qu'il soit besoin de se référer aux contrats de coopération commerciale correspondants (■ Paris, 30 nov. 2009 : *JurisData* n° 2009-017725).

11) Prestations liées. Jugé que relève de l'article L. 441-3 du Code de commerce le fait pour un fabricant de commercialiser des ordinateurs accompagnés de logiciels préinstallés qui ne sont pas nécessaires à son utilisation sans distinguer sur la facture le prix de la machine du prix des logiciels. La relaxe doit en revanche être prononcée s'agissant de l'absence de mention sur la facture du prix du logiciel d'exploitation dès lors que celui-ci est nécessaire au fonctionnement de l'ordinateur (■ Montpellier, 7 mai 2009 : *JurisData* n° 2009-006020).

12) Libre circulation des marchandises. Les dispositions de l'article L. 441-3 ne constituent pas une entrave à la libre circulation des marchandises dès lors qu'elles portent sur les modalités de vente et s'appliquent de la même manière aux produits nationaux et à ceux en provenance des autres États membres (■ Cass. crim., 18 juin 1998, n° 97-81.510 : *JurisData* n° 1998-003397 ; *RJDA* 11/1998, n° 1285 ; *JCP* E 1999, p. 1911, obs. P. Arhel ; *LPA* 28 juin 1999, p. 12, obs. Y. Reboul).

13) Contrats internationaux. Les dispositions du Livre IV du Code de commerce s'appliquent aux produits achetés en France, même si ces produits doivent être distribués ou revendus à l'étranger (■ Cass. com., 16 juin 1998, n° 96-20.182 : *JurisData* n° 1998-002767 ; *RJDA* 11/1998, n° 1300 ; *JCP* E 1999, p. 1912, obs. P. Arhel ; *JCP* E 2000, p. 177, obs. D. Fasquelle ; *Contrats, conc. consom.* 1998, n° 146, note M. Malaurie-Vignal ; *LPA* 23 juin 1999, p. 17, obs. Y. Reboul). Elles s'appliquent également aux factures d'exportateurs étrangers dès lors que la transaction s'est réalisée sur le territoire français (■ Cass. crim., 18 juin 1998, n° 97-81.510 : *JurisData* n° 1998-003397 ; *JCP* E 2000, p. 177, obs. D. Fasquelle ; *Contrats, conc. consom.* 1998, n° 148, note M. Malaurie-Vignal). Pour la Commission d'examen des pratiques commerciales, « l'infraction est réputée commise sur le territoire de la République dès lors qu'un de ses faits constitutifs a eu lieu sur ce territoire (...) ; l'importateur français est tenu d'exiger de son fournisseur étranger l'établissement d'une facture conforme (...) quand bien même le vendeur résidant à l'étranger ne serait pas poursuivi (...) ; même lorsque les éléments constitutifs de l'infraction sont localisés à l'étranger, les faits peuvent tomber sous le coup de la loi pénale française si leurs effets se produisent en France » (CEPC, 31 janv. 2014, avis n° 14-0 : *Lettre distrib.* 2014/2, obs. A. Louvet).

14) Procédure. Les dispositions de l'article L. 441-3 permettent à l'administration des impôts de bénéficier du mode d'investigation prévu par l'article L. 450-4 (▪ Cass. com., 24 mai 1994, n° 93-10.844 : *RJDA* 11/94, n° 1162. 12 déc. 1995 : *RJDA* 3/1996, n° 395) ; la demande d'autorisation de visite domiciliaire fondée sur ces textes ne constitue donc pas un détournement de procédure (▪ Cass. com., 24 mai 1994, préc.).

15) Élément moral de l'infraction. La seule constatation de la violation en connaissance de cause d'une prescription légale ou réglementaire [en l'espèce Ord. 1er déc. 1986, art. 31 devenu C. com., art. L. 441-3] implique, de la part de son auteur, l'intention coupable exigée par l'article 121-3, alinéa 1er du Code pénal (▪ Cass. crim., 25 mai 1994, n° 93-85.158 : *JurisData* n° 1994-002899 ; *Bull. crim.* 1994, n° 203 ; *Lettre distrib.* 1994/11).

16) Imputabilité de l'infraction. Le chef de rayon d'un magasin ne dispose pas des moyens, des pouvoirs et de l'autorité nécessaires pour considérer qu'il a reçu une délégation de pouvoir relativement à la facturation des produits dont il a la responsabilité dans son rayon (▪ Besançon, 8 mars 1994 : *Lettre distrib.* 1994/9. ▪ Cass. crim., 21 juin 2000, n° 99-82.567 : *Lettre distrib.* 2000/10). Se rend en revanche coupable du délit prévu par l'article L. 441-3, le directeur d'un magasin qui bénéficie d'une délégation de pouvoir explicite quant à son obligation de vérifier la régularité des factures (▪ Caen, 29 mars 2000, n° 99/00726 : *JurisData* n° 2000-117703 ; *Lettre distrib.* 2000/9). De même qu'un président de directoire qui dispose du pouvoir d'exercer son contrôle sur la politique commerciale et financière de l'entreprise ainsi que sur les modalités de facturation des produits achetés par la société (▪ Cass. crim., 21 juin 2000 : *Lettre distrib.* 2000/10). L'infraction commise dans le cadre de la politique commerciale de la société est réputée avoir été accomplie pour le compte de celle-ci par ses organes ou représentants au sens de l'article L. 121-2, alinéa 1 du Code pénal de sorte que la responsabilité pénale de la société est engagée (▪ Cass. crim., 25 juin 2008, n° 07-88.373 : *Bull. crim.* 2008, n° 167, *Lettre distrib.* 2008/10, *JCP* E 2008, n° 35, 2361, note C. Ducloux-Favard). Le prévenu, titulaire d'une délégation de pouvoir au sein d'une société, doit être condamné du chef de facturation non conforme. En n'établissant pas ou en n'exigeant pas des fournisseurs, en qualité d'acheteur, des factures dénommant exactement les réductions acquises à la date de la vente, il a violé les dispositions de l'article L. 441-3 du Code de commerce, ce qu'il ne pouvait ignorer en qualité de professionnel aguerri (▪ Paris, 30 nov. 2009 : *JurisData* n° 2009-017725). Jugé également qu'un prévenu doit être condamné du chef d'achat sans facture, dès lors qu'il est établi qu'il achetait des produits sans réclamer de factures (▪ Paris, 21 sept. 2009 : *JurisData* n° 2009-010975).

17) Sanction civile. En cas de violation, l'article L. 441-3 ne prévoit « aucune sanction civile telle que la nullité de la facture ou le défaut d'exigibilité de la prestation insuffisamment caractérisée » (▪ Colmar, 17 sept. 2012, nos 12/0671 et 11/04697. ▪ Aix-en-Provence, 19 sept. 2012, n° 10/19266). Un arrêt note également en des termes très généraux qu'« aucune conséquence civile n'est attachée à cette violation » (▪ Paris, 21 nov. 2012, n° 10/08275). Les magistrats soulignent en conséquence que l'éventuel irrespect de l'article L. 441-3 n'a aucune incidence sur la validité de l'obligation litigieuse. En effet, l'article pose une règle de forme et non de fond, sa violation ne saurait remettre en cause la validité d'une créance (▪ Versailles, 12 avr. 2012, n° 11/01737), d'une obligation à paiement (▪ Paris, 25 janv. 2012, n° 11/07614), ou encore d'une facture, fut-elle non-conforme aux prescriptions légales (▪ Douai, 24 mai 2012, n° 09/09041. ▪ Colmar, 17 sept. 2012, nos 12/0671 et 11/04697).

18) Prescription. Après avoir énoncé que, selon l'article L. 110-4 du Code de commerce, les obligations nées à l'occasion de leur commerce entre commerçants se prescrivent par cinq ans, l'arrêt relève que les prestations dont le paiement est demandé ont été exécutées en mars 2008 et octobre 2009. Il rappelle que l'article L. 441-3 du Code de commerce, dans sa rédaction antérieure à celle issue de l'ordonnance n° 2019-359 du 24 avril 2019, impose au vendeur de délivrer sa facture dès la réalisation de la prestation de service et que, si ce texte prévoit aussi que l'acheteur doit réclamer la facture qui mentionne la date à laquelle le règlement doit intervenir, l'obligation au paiement du client prend naissance au moment où la prestation commandée a été exécutée. En l'état de ces énonciations, constatations et appréciations, faisant ressortir que la société [du créancier] connaissait, dès l'achèvement de ses prestations, les faits lui permettant d'exercer son action en paiement de leur prix, la cour d'appel a exactement retenu que l'action en paiement introduite par cette société le 2 février 2015 était prescrite, peu important la date à laquelle elle avait décidé d'établir sa facture (▪ Cass. com., 26 févr. 2020, n° 18-25.036, à paraître au *Bull.* : *Contrats, conc. consom.* 2020/5, comm. 83, note N. Mathey).

19) Faux en écriture privée. S'agissant de factures faisant état de services fictifs de coopération commerciale, il est loisible aux magistrats de mettre en œuvre les dispositions de l'article L. 441-1 du Code pénal relatif au faux en écriture privée « dès lors que les poursuites visent, non l'octroi injustifié d'avantages commerciaux, mais l'établissement de documents comportant une altération de vérité » (■ Cass. crim., 25 juin 2008 : *Bull. crim.* 2008, n° 167 ; *Lettre distrib.* 2008/10 ; *JCP* E 2008, n° 35, 2361, note C. Ducloux-Favard).

Sur la facturation des « autres obligations destinées à favoriser la relation commerciale entre le fournisseur et le distributeur », voir Instr. 18 nov. 2008 : *BOI* 18 nov. 2008, n° 97, reproduite sous l'article L. 441-7, p. 791.

Loi n° 94-665 du 4 août 1994

relative à l'emploi de la langue française
(JO 5 août)

Art. 2. – Dans la désignation, l'offre, la présentation, le mode d'emploi ou d'utilisation, la description de l'étendue et des conditions de garantie d'un bien, d'un produit ou d'un service, ainsi que dans les factures et quittances, l'emploi de la langue française est obligatoire.

[...].

Rédaction antérieure. Art. L. 441-3-1. – *(L. n° 2010-874, 27 juill. 2010 ; L. n° 2014-344, 17 mars 2014 ; Ord. n° 2017-303, 9 mars 2017).* – À l'exception des produits destinés à être vendus en ferme sur un marché physique de gros par le producteur ou l'organisation de producteurs, les fruits et légumes frais destinés à la vente ou à la revente à un professionnel établi en France doivent, lors de leur transport sur le territoire national, y compris dans l'enceinte des marchés d'intérêt national, être accompagnés d'un bon de commande établi par l'acheteur ou d'un contrat passé avec le commissionnaire ou le mandataire. Le bon de commande doit mentionner le nom des parties, leur adresse, la date de la commande, la quantité, les modalités de détermination du prix et la dénomination précise des produits. Le contrat doit mentionner le nom des parties, leur adresse, sa date, son objet ainsi que les conditions de fixation du prix payé au fournisseur et de rémunération du commissionnaire ou du mandataire.

Dans le cas où les documents mentionnés au premier alinéa n'ont pu être présentés aux services de contrôle lors du transport, il appartient à l'acheteur de transmettre à ces mêmes services, dans un délai de quarante-huit heures, ces documents ou, à défaut, un message, écrit ou par voie électronique, certifiant qu'il a bien commandé les produits concernés et précisant le ou les prix convenus avec son fournisseur pour l'achat de ces produits.

Lorsque l'acheteur réalise lui-même le transport des produits qu'il a achetés directement dans les locaux de ses fournisseurs, il atteste, lors du contrôle, qu'il est propriétaire des produits.

Tout manquement aux obligations résultant du présent article par l'acheteur, le commissionnaire, le mandataire ou le fournisseur est passible d'une amende administrative dont le montant ne peut excéder 15 000 € pour une personne physique et 75 000 € pour une personne morale. L'amende est prononcée dans les conditions prévues à l'article L. 470-2. Le montant de l'amende encourue est doublé en cas de réitération du manquement dans un délai de deux ans à compter de la date à laquelle la première décision de sanction est devenue définitive.

Rédaction antérieure. Art. L. 441-4. – Toute infraction aux dispositions de l'article L. 441-3 est punie d'une amende de 75 000 €.

L'amende peut être portée à cinquante pour cent de la somme facturée ou de celle qui aurait dû être facturée.

Rédaction antérieure. Art. L. 441-5 *(L. n° 2008-3, 3 janv. 2008).* – Les personnes morales déclarées pénalement responsables de l'infraction prévue à l'article L. 441-4 encourent une peine d'exclusion des marchés publics pour une durée de cinq ans au plus, en application du 5° de l'article 131-39 du Code pénal.

Rédaction antérieure. Art. L. 441-6 *(Mod., L. n° 2001-420, 15 mai 2001 ; L. n° 2005-882, 2 août 2005 ; L. n° 2006-10, 5 janv. 2006 ; L. n° 2008-3, 3 janv. 2008 ; L. n° 2008-776, 4 août 2008 ; L. n° 2010-853, 23 juill. 2010 ; L. n° 2012-387, 22 mars 2012 ; L. n° 2012-1270, 20 nov. 2012 ; L. n° 2014-344, 17 mars 2014 ; L. n° 2014-626, 18 juin 2014 ; L. n° 2015-990, 6 août 2015 ; L. n° 2016-1691, 9 déc. 2016 ; Ord. n° 2017-484, 6 avr. 2017).* – I. – Tout producteur, prestataire de services, grossiste ou importateur est tenu de communiquer ses conditions générales de vente à tout acheteur de produits ou tout demandeur de prestations de services qui en fait la demande pour une activité professionnelle. Elles comprennent :

– les conditions de vente ;
– le barème des prix unitaires ;
– les réductions de prix ;
– les conditions de règlement.

Les conditions générales de vente peuvent être différenciées selon les catégories d'acheteurs de produits ou de demandeurs de prestation de services. Dans ce cas, l'obligation de communication prescrite au premier alinéa porte sur les conditions générales de vente applicables aux acheteurs de produits ou aux demandeurs de prestation de services d'une même catégorie. *(Aj., L. n° 2016-1691, 9 déc. 2016)* « Pendant leur durée d'application, les conditions générales de vente relatives à des produits alimentaires comportant un ou plusieurs produits agricoles non transformés devant faire l'objet d'un contrat écrit, en application soit du décret en Conseil d'État *(Mots rempl., L. n° 2018-938, 30 oct. 2018)* ", soit d'un accord interprofessionnel étendu, prévus à l'article L. 631-24-2 du Code rural et de la pêche maritime", indiquent le prix prévisionnel moyen proposé par le vendeur au producteur de ces produits agricoles. Cette obligation s'applique, le cas échéant, lorsque le vendeur est une société mentionnée à l'article L. 521-1 du même code. Les critères et modalités de détermination du prix prévisionnel mentionné au présent alinéa peuvent faire référence à un ou plusieurs indices publics de coût de production en agriculture et à un ou plusieurs indices publics des prix de vente aux consommateurs des produits alimentaires. Ces indices sont fixés de bonne foi entre les parties et peuvent être spécifiques au contrat ou établis par accord interprofessionnel ».

Les conditions générales de vente constituent le socle unique de la négociation commerciale. Dans le cadre de cette négociation, tout producteur, prestataire de services, grossiste ou importateur peut convenir avec un acheteur de produits ou demandeur de prestation de services de conditions particulières de vente qui ne sont pas soumises à l'obligation de communication prescrite au premier alinéa.

Sauf dispositions contraires figurant aux conditions de vente ou convenues entre les parties, le délai de règlement des sommes dues est fixé au trentième jour suivant la date de réception des marchandises ou d'exécution de la prestation demandée.

Le délai convenu entre les parties pour régler les sommes dues ne peut dépasser soixante jours à compter de la date d'émission de la facture. Par dérogation, un délai maximal de quarante-cinq jours fin de mois à compter de la date d'émission de la facture peut être convenu entre les parties, sous réserve que ce délai soit expressément stipulé par contrat et qu'il ne constitue pas un abus manifeste à l'égard du créancier. Le délai convenu entre les parties pour régler les sommes dues ne peut dépasser quarante-cinq jours fin de mois ou soixante jours à compter de la date d'émission de la facture. En cas de facture périodique, au sens du 3 du I de l'article 289 du Code général des impôts, le délai convenu entre les parties ne peut dépasser quarante-cinq jours à compter de la date d'émission de la facture.

Les professionnels d'un secteur, clients et fournisseurs, peuvent décider conjointement de réduire le délai maximum de paiement fixé à l'alinéa précédent. Ils peuvent également proposer de retenir la date de réception des marchandises ou d'exécution de la prestation de services demandée comme point de départ de ce délai. Des accords peuvent être conclus à cet effet par leurs organisations professionnelles. Un décret peut étendre le nouveau délai maximum de paiement à tous les opérateurs du secteur ou, le cas échéant, valider le nouveau mode de computation et l'étendre à ces mêmes opérateurs.

Nonobstant les dispositions précédentes, pour le transport routier de marchandises, pour la location de véhicules avec ou sans conducteur, pour la commission de transport ainsi que pour les activités de transitaire, d'agent maritime et de fret aérien, de courtier de fret et de commissionnaire en douane, les délais de paiement convenus ne peuvent en aucun cas dépasser trente jours à compter de la date d'émission de la facture.

Les conditions de règlement doivent obligatoirement préciser les conditions d'application et le taux d'intérêt des pénalités de retard exigibles le jour suivant la date de règlement figurant sur la facture ainsi que le montant de l'indemnité forfaitaire pour frais de recouvrement due au créancier dans le cas où les sommes dues sont réglées après cette date. Sauf disposition contraire qui ne peut toutefois fixer un taux inférieur à trois fois le taux d'intérêt légal, ce taux est égal au taux d'intérêt appliqué par la Banque centrale européenne à son opération de refinancement la plus récente majoré de 10 points de pourcentage. Dans ce cas, le taux applicable pendant le premier semestre de l'année concernée est le taux en vigueur au 1er janvier de l'année en question. Pour le second semestre de l'année concernée, il est le taux en vigueur au 1er juillet de l'année en question. Les pénalités de retard sont exigibles sans qu'un rappel soit nécessaire. Tout professionnel en situation de retard de paiement est de plein droit débiteur, à l'égard du créancier, d'une indemnité forfaitaire pour frais de recouvrement, dont le montant est fixé par décret. Lorsque les frais de recouvrement exposés sont supérieurs au montant de cette indemnité forfaitaire, le créancier peut demander une indemnisation complémentaire, sur justification. Toutefois, le créancier ne peut invoquer le bénéfice de ces indemnités lorsque l'ouverture d'une procédure de sauvegarde, de redressement ou de liquidation judiciaire interdit le paiement à son échéance de la créance qui lui est due.

La communication prévue au premier alinéa s'effectue par tout moyen conforme aux usages de la profession.

Par dérogation au neuvième alinéa, pour les ventes de produits ou les prestations de services relevant de secteurs présentant un caractère saisonnier particulièrement marqué, les parties peuvent convenir d'un délai de paiement qui ne peut dépasser le délai maximal applicable en 2013 en application d'un accord conclu sur le fondement du III de l'article 121 de la loi n° 2012-387 du 22 mars 2012 relative à la simplification du droit et à l'allègement des démarches administratives. Ce délai doit être expressément stipulé par contrat et ne doit pas constituer un abus manifeste à l'égard du créancier. Un décret fixe la liste des secteurs concernés.

Par dérogation au neuvième alinéa du présent I, le délai convenu entre les parties pour le paiement des achats effectués en franchise de la taxe sur la valeur ajoutée, en application de l'article 275 du Code général des impôts, de biens destinés à faire l'objet d'une livraison en l'état hors de l'Union européenne ne peut dépasser quatre-vingt-dix jours à compter de la date d'émission de la facture. Le délai convenu entre les parties est expressément stipulé par contrat et ne doit pas constituer un abus manifeste à l'égard du créancier. Si les biens ne reçoivent pas la destination prévue à la première phrase du présent alinéa, les pénalités de retard mentionnées au douzième alinéa du présent I sont exigibles. Le présent alinéa n'est pas applicable aux achats effectués par les grandes entreprises.

II. – Lorsque le prix d'un service ou d'un type de service ne peut être déterminé a priori ou indiqué avec exactitude, le prestataire de services est tenu de communiquer au destinataire qui en fait la demande la méthode de calcul du prix permettant de vérifier ce dernier, ou un devis suffisamment détaillé.

III. – Tout prestataire de services est également tenu à l'égard de tout destinataire de prestations de services des obligations d'information définies à l'article L. 111-2 du Code de la consommation.

Cette obligation ne s'applique pas aux services mentionnés aux livres Ier à III et au titre V du livre V du Code monétaire et financier ainsi qu'aux opérations pratiquées par les entreprises régies par le Code des assurances *(Mots aj., Ord. n° 2017-484, 6 avr. 2017)* « , par les fonds de retraite professionnelle supplémentaire mentionnés à l'article L. 381-1 du même code, par les mutuelles ou unions mentionnées à l'article L. 214-1 du Code de la mutualité, par les institutions de retraite professionnelle supplémentaire mentionnées à l'article L. 942-1 du Code de la sécurité sociale », par les mutuelles et unions régies par le livre II du Code de la mutualité et par les institutions de prévoyance et unions régies par le titre III du livre IX du Code de la sécurité sociale.

IV. – Sous réserve de dispositions spécifiques plus favorables au créancier, lorsqu'une procédure d'acceptation ou de vérification permettant de certifier la conformité des marchandises ou des services au contrat est prévue, la durée de cette procédure est fixée conformément aux bonnes pratiques et usages commerciaux et, en tout état de cause, n'excède pas trente jours à compter de la date de réception des marchandises ou de réalisation de la prestation des services, à moins qu'il n'en soit expressément stipulé autrement par contrat et pourvu que cela ne constitue pas une clause ou pratique abusive au sens du second alinéa du VI du présent article ou de l'article L. 442-6. La durée de la procédure d'acceptation ou de vérification ne peut avoir pour effet ni d'augmenter la durée, ni de décaler le point de départ du délai maximal de paiement prévu au neuvième alinéa du I, à moins qu'il n'en soit expressément stipulé autrement par contrat et pourvu que cela ne constitue pas une clause ou pratique abusive, au sens du second alinéa du VI du présent article ou de l'article L. 442-6.

V. – Pour les livraisons de marchandises qui font l'objet d'une importation dans le territoire fiscal des départements de la Guadeloupe, de la Martinique, de la Guyane, de La Réunion et de Mayotte ainsi que des collectivités d'outre-mer de Saint-Barthélemy, de Saint-Martin, des îles Wallis-et-Futuna et de Saint-Pierre-et-Miquelon, les délais de paiement prévus aux huitième et neuvième alinéas du I du présent article « ne sont décomptés qu' » à partir de la date de dédouanement de la marchandise au port de destination finale. Lorsque la marchandise est mise à la disposition de l'acheteur, ou de son représentant, en métropole, le délai *(Rempl., L. n° 2017-256, 28 févr. 2017)* « n'est décompté qu' » à partir du vingt et unième jour suivant la date de cette mise à disposition ou à partir de la date du dédouanement si celle-ci est antérieure.

VI. – Sont passibles d'une amende administrative dont le montant ne peut excéder 75 000 € pour une personne physique et deux millions d'euros pour une personne morale le fait de ne pas respecter les délais de paiement mentionnés aux huitième, neuvième, onzième et dernier alinéas du I du présent article, le fait de ne pas indiquer dans les conditions de règlement les mentions figurant à la première phrase du douzième alinéa du même I, le fait de fixer un taux ou des conditions d'exigibilité des pénalités de retard selon des modalités non conformes à ce même alinéa ainsi que le fait de ne pas respecter les modalités de computation des délais de paiement convenues entre les parties conformément au neuvième alinéa dudit I. L'amende est prononcée dans les conditions prévues à l'article *(Réf. rempl., Ord. n° 2017-303, 9 mars 2017)* « L. 470-2. » Le montant de l'amende encourue est doublé en cas de réitération du manquement dans un délai de deux ans à compter de la date à laquelle la première décision de sanction est devenue définitive.

Sous les mêmes sanctions, sont interdites toutes clauses ou pratiques ayant pour effet de retarder abusivement le point de départ des délais de paiement mentionnés au présent article.

NB : Les ajouts opérés par la loi du 22 mars 2012 (concernant notamment l'indemnité forfaitaire de recouvrement) sont en vigueur depuis le 1er janvier 2013. Ils s'appliquent aux contrats en cours pour les créances dont le délai de paiement commence à courir après cette date (L. n° 22 mars 2012, art. 121, V). Par ailleurs, les manquements mentionnés au 1er alinéa du VI de l'article L. 441-6 commis antérieurement à l'entrée en vigueur de la loi n° 2014-626 du 18 juin 2014 restent régis par le texte dans sa rédaction en vigueur au moment des faits (une amende pénale de 15 000 euros était prévue à la place de l'actuelle amende administrative). V. L. n° 2014-626, 18 juin 2014, art. 68, II.

Voir aussi : DGCCRF, note d'information n° 2012-164, 29 nov. 2012, relative à l'indemnité forfaitaire pour frais de recouvrement : *Lettre distrib.* 2012/12, p. 3, remplacée par une note n° 2013-26 : *Lettre distrib.* 2013/9. Sur les apports de la loi n° 2014-344 du 17 mars 2014 relative à la consommation, V. égal. DGCCRF, note n° 2014-149, 6 août 2014 : *Lettre distrib.* 2014/9, p. 1, obs. N. Eréséo, annulée et remplacée par une nouvelle note du 22 octobre 2014, *Lettre distrib.* 2014/11, p. 4, obs. N. Eréséo.

1) Domaine. L'article L. 441-6 ne saurait être invoqué dans le cadre d'un litige entre un mandataire judiciaire ayant fait valoir ses droits à la retraite et la SELARL qui avait repris ses dossiers dès lors qu'un tel litige n'oppose pas des producteurs, des prestataires de services, des grossistes ou des importateurs au sens du texte précité (■ Reims, 1er févr. 2010, n° 09/00528, inédit). Jugé que « le litige s'inscrivant dans le cadre d'une cession d'actions et non d'un rapport entre les personnes visées par cette disposition, l'article L. 441-6 du Code de commerce se trouve ici sans application » (■ Paris, 17 févr. 2010, n° 08/06814, inédit). Les dispositions de l'article L. 441-6 du Code de commerce ne sont pas applicables à un contrat de cession de fonds de commerce. *Doit dès lors être cassé l'arrêt qui condamne le cessionnaire d'un fonds de commerce à payer au cédant une pénalité égale à trois fois le taux d'intérêt légal sur le solde du prix du stock qui n'avait pas été réglé* (■ Cass. com., 3 mars 2015, n° 14-11.414 : à paraître au *Bull.* ; *Contrats, conc. consom.* 2015/5, 117, obs. M. Malaurie-Vignal ; *AJCA* 2015/5, p. 238, obs. A. Reygrobellet). En ce sens que l'article L. 441-6 relatif à l'exigibilité immédiate des pénalités de retard doit s'appliquer aux sociétés civiles immobilières ou de construction-vente, V. CEPC, avis n° 10/01, *venant compléter le dispositif de questions/réponses relatif à la mise en œuvre de la loi de modernisation de l'économie* : *Contrats, conc. consom.* 2010/4, comm. 95, obs. M. Malaurie-Vignal. Un avocat en relation avec une clientèle professionnelle bénéficie des pénalités de retard et de l'indemnité forfaitaire pour frais de recouvrement (■ Cass. 2e civ., 3 mai 2018, nos 17-13.167 et 17-11.926 : *Concurrences* 2018/3, p. 118, obs. J.- L. Fourgoux). Mais doit être cassé l'arrêt de la cour d'appel qui applique l'article L. 441-6 à une association en retenant que ce texte lui est applicable dès lors que seuls les consommateurs sont exclus de son champ d'application « sans rechercher, comme elle y était invitée, si, compte tenu de son activité, l'association n'avait pas la qualité de non-professionnel, exclusive de l'application des pénalités litigieuses » (■ Cass. 1re civ., 5 févr. 2020, n° 18-18.854, à paraître au *bull.* : *Contrats, conc. consom.* 2020/5, comm. 65, note M. Malaurie-Vignal ; *Concurrences* 2020/2, p. 108, note F. Buy).

2) Application dans le temps. Les dispositions de la loi du 15 mai 2001 modifiant l'article L. 441-6 du Code de commerce, qui répondent à des considérations d'ordre public particulièrement impérieuses, sont applicables, dès la date d'entrée en vigueur de ce texte, aux contrats en cours (■ Cass. com., 3 mars 2009 : *Bull. civ.* IV, n° 31 ; *JCP* E 2009, 1739, obs. G. Decocq, 1543, note D. Mainguy ; *Contrats, conc. consom.* 2009, comm. 129, note M. Malaurie-Vignal ; *Lettre distrib.* 2009/3, p. 1, obs. J.-M. Vertut ; *D.* 2010, pan. p. 2891, obs. D. Ferrier).

3) Application dans l'espace. En ce sens que les dispositions de l'article L. 441-6 doivent s'appliquer aux contrats internationaux, V. Note d'information de la DGCCRF n° 2009-28 du 2 mars 2009 sur *L'application des dispositions du titre IV, livre IV relatives aux délais de paiement après la loi de modernisation de l'économie du 4 août 2008* et CEPC, avis n° 09/06, *venant compléter le dispositif de questions/réponses relatif à la mise en œuvre de la loi de modernisation de l'économie* : *Contrats, conc. consom.* 2009/7, comm. 192, note M. Malaurie-Vignal. V. également Rép. min. n° 22748 à Mme Ch. Guittet : *JOAN* Q 30 juill. 2013, p. 8237 ; *Contrats, conc. consom.* 2013/10, alerte 60. V. plus récemment CEPC, avis n° 15-08, 26 mars 2015 : *Lettre distrib.* 2015/5, p. 1, note A. Brès ; *Contrats, conc. consom.* 2015/7, comm. 170, obs. M. Malaurie-Vignal. S'agissant des pénalités de retard, V. CEPC, avis n° 13-07, 13 août 2013 : *Lettre distrib.* 2013/9 ; *Concurrences* 2013/4, p. 101, obs. J.-L. Fourgoux. Et en dernier lieu, V. CEPC, avis n° 21-3 relatif à une demande d'avis d'un professionnel portant sur l'application des délais de paiement définis par le Code de commerce dans des relations commerciales internationales.

Pour la CEPC, les amendes administratives introduites par la loi dite Hamon du 17 mars 2014 *peuvent* être mises en œuvre dans les rapports entre un vendeur français et un acheteur étranger malgré la soumission du contrat à la loi interne d'un État étranger, notamment lorsque l'ensemble de la relation commerciale se déroule en France. En revanche, en présence d'une clause attributive de juridiction désignant une juridiction étrangère et d'une clause d'*electio juris* désignant une loi étrangère, le juge étranger saisi d'une action de nature civile devrait conserver toute latitude pour refuser de tirer les conséquences civiles de la violation du droit français (CEPC, avis n° 16-1 relatif à une demande d'avis d'un avocat sur le caractère impératif des délais de paiement dans le cadre d'un contrat international : *Lettre distrib.* 2016/3, p. 5, obs. F. Leclerc).

En revanche, les contrats de vente internationale de marchandises relevant de la convention de Vienne du 11 avril 1980 ne sont pas soumis au plafond des délais de paiement prévu par l'article L. 441-6, I, alinéa 9 du Code de commerce. Par l'application combinée de la convention, des principes généraux dont elle s'inspire et de la directive n° 2011/7/UE du Parlement européen et du Conseil du 16 février 2011 concernant la lutte contre les retards de paiement dans les transactions commerciales, les délais de paiement convenus entre les parties ne devraient pas constituer un abus manifeste à l'égard du créancier, c'est-à-dire traduire un écart manifeste par rapport aux bonnes pratiques et usages commerciaux, contraire à la bonne foi et à un usage loyal, compte tenu de la nature du produit (CEPC, avis n° 16-12 relatif à une demande d'avis d'un avocat portant sur l'application du plafond légal des délais de paiement dans un contexte international : *Lettre distrib.* 2016/7-8, p. 1, obs. F. Leclerc).

Les ventes intervenues entre une filiale française du fournisseur et une filiale française de l'acheteur en application d'un contrat-cadre de fourniture conclu entre leurs sociétés mères étrangères respectives conservent en principe leur caractère de ventes internes soumises au droit interne français et partant au plafonnement des délais de paiement. Il ne pourrait en aller différemment que si l'une des sociétés mères au moins pouvait s'analyser comme une partie à la vente ou comme l'établissement de la filiale disposant de la relation la plus étroite avec le contrat (CEPC, avis n° 19-2 : *Lettre distrib.* mai 2019, p. 6, obs. F. Leclerc).

I – CONDITIONS DE VENTE

4) Autorité des conditions générales de vente. Les conditions de vente « ne sauraient être globalement remises en cause par des conditions générales d'achat » car « le sens, prévu à l'article L. 441-6 du Code de commerce, de l'établissement des relations entre fournisseur et distributeur à partir de l'offre du fournisseur (...) commande tout le dispositif des articles L. 441-1 et suivants du Code de commerce c'est-à-dire le contrôle de la transparence de l'offre (...) et, grâce à cette transparence, le contrôle des pratiques restrictives de concurrence » ; de sorte que « l'application de conditions d'achat se substituant aux conditions générales de vente crée une opacité dans les relations entre fournisseurs et distributeurs susceptible de favoriser des discriminations injustifiées » [anc. art. L. 442-6, I, 1°, C. com.] (CEPC, avis, n° 04-04,

7 juill. 2004 : *D.* 2005, somm. p. 149, obs. D. Ferrier). Les conditions générales de vente d'un fournisseur ne peuvent être dénoncées en bloc par un acheteur « avant que les négociations ne s'engagent » (CEPC, avis, n° 08-06, 19 déc. 2008 : *Lettre distrib.* 2009/3). Ainsi « l'intangibilité des CGA, leur systématisation excluant toute négociation véritable, outre l'inversement de la situation de négociation voulue par le législateur dans l'article L. 441-6 du Code de commerce établissent un déséquilibre significatif dans les obligations des parties, au détriment du fournisseur » (■ Paris, 18 déc. 2013 : *JurisData* n° 2013-030435 ; *RDC* 2014/3, p. 411, obs. M. Behar-Touchais ; *Contrats, conc. consom.* 2014/3, comm. 64, obs. N. Mathey et sur pourvoi ■ Cass. com., 27 mai 2015, n° 14-11.387 : *Lettre distrib.* 2015/6, p. 8, obs. J.-M. Vertut ; *Contrats, conc. consom.* 2015/10, comm. 229, obs. N. Mathey ; *Concurrences* 2015/4, p. 138, obs. M. Chagny ; *AJCA* 2015/8-9, p. 379, obs. S. Bros. – V. dans le même sens ■ Paris, 12 juin 2019, n° 18/21153). Sur la portée du principe de primauté des CGV dans les contrats internationaux, V. CEPC, avis n° 15-08 préc.

5) Conditions catégorielles. Un fournisseur de produits étant tenu de communiquer ses conditions générales de vente dans les conditions prévues à l'article L. 441-6 du Code de commerce, il ne peut refuser à un acheteur la communication des conditions générales de vente applicables à une catégorie de clientèle que s'il établit, selon des critères objectifs, que cet acheteur n'appartient pas à la catégorie concernée. Dans ces conditions, une cour d'appel prive sa décision de base légale en rejetant le recours exercé par un acheteur qui avait été privé de la communication des conditions générales applicables aux officines de pharmacie sans préciser les critères appliqués par le fournisseur pour définir ses catégories d'acheteurs qui lui avaient permis de retenir que cet acheteur n'était pas une officine et relevait nécessairement de la catégorie des grossistes et des conditions générales y afférentes (■ Cass. com., 29 mars 2017, n° 15-27.811 : à paraître au *Bull.* ; *JurisData* n° 2017-005679 ; *Contrats, conc. consom.* 2017/6, comm. 125, note M. Malaurie-Vignal ; *Lettre distrib.* 2017/4, obs. J.-M. Vertut. – Et sur renvoi ■ Paris, 4 juill. 2019, n° 12/14522 : *Lettre distrib.* 2019/9, p. 9, obs. K. Biancone). Analysant la possibilité d'élaborer des conditions générales spécifiques à une catégorie d'acheteurs en ce sens qu'« une catégorie ne saurait être conçue pour un opérateur particulier », et ce nonobstant *l'abrogation par la loi du 4 août 2008 de l'interdiction* de la discrimination (Questions/réponses publiées par la DGCCRF sur son site : *Lettre distrib.* 2009/3).

6) Personnes soumises au devoir de communication. La société régisseur de la publicité dans les annuaires officiels de France Télécom n'est ni producteur, ni grossiste, ni importateur et peut refuser de communiquer ses tarifs à une société qui commercialise des appareils de balnéothérapie et qui n'a pas la qualité de revendeur vis-à-vis de celle-ci (■ Paris, 3 juin 1993 : *JurisData* n° 1993-021726 ; *JCP* E 1993, pan. 1076).

7) Bénéficiaires du devoir de communication. Pour bénéficier des dispositions de l'article L. 441-6, le demandeur doit avoir la qualité d'acheteur, et ne pas vouloir seulement connaître les prix des produits vendus par le distributeur pour ajuster ses propres prix (■ Versailles, 3 avr. 1997 : *RJDA* 8-9/1997, n° 1054, conf. part. par ■ Cass. com., 1er juin 1999, n° 97-15.421 : *JurisData* n° 1999-002194 ; *JCP* E 1999, pan. 1318 ; *CDE* 1999/5, p. 23, A, obs. D. Mainguy ; *JCP* E 2000, p. 177, obs. D. Fasquelle ; *LPA* 23 nov. 1999, p. 5, obs. J. L. ; *LPA* 10 avr. 2000, p. 44, obs. L. Etner ; *RJDA* 8-9/1999, n° 1019 ; *Lettre distrib.* 1999/2009). Mais la mauvaise foi du demandeur au sens de l'ancien article 37-5, 1°, *a)* de l'ordonnance de 1945 prohibant le refus de vente [prohibition aujourd'hui supprimée] ne légitime pas un refus de communication des conditions de vente au sens de l'article L. 441-6 dès lors que ces deux infractions sont distinctes et que la légitimité du refus de vente tirée de la mauvaise foi du demandeur ne saurait être perpétuelle (■ Versailles, 4 mars 1986 : *JurisData* n° 1986-600295 ; *Lettre distrib.* 1986/5). Le bénéfice du devoir de communication ne saurait être réservé à des catégories spécifiques d'acheteurs, le fournisseur ne pouvant en l'espèce justifier son refus en prétendant que les informations demandées ne concernent que la « grande distribution » (■ Cass. com., 24 oct. 2000, n° 98-13.037 : *JurisData* n° 2000-006632 ; *Lettre distrib.* 2000/12 ; décision rendue avant la consécration par la loi du 2 août 2005 de la possibilité d'établir des « conditions générales de vente (...) différenciées selon les catégories d'acheteurs de produits ou de demandeurs de prestations de services », art. L. 441-6, al. 2. – Pour une décision admettant cette possibilité avant même l'entrée en vigueur de la réforme de 2005, voir ■ T. com. Paris, 11 mai 2005 : *Lettre distrib.* 2006/5, p. 1, obs. M.-E. André). Pour la cour d'appel de Paris, une entreprise non agréée par un fournisseur ayant mis en place un système de distribution sélective ne saurait s'appuyer sur l'article L. 441-6 pour obtenir communication des conditions générales de vente dès lors qu'elle ne peut avoir la qualité d'acheteur au sens du texte (■ *Paris*, 19 oct. 2016, n° 14/07956 : *JurisData* n° 2016-021811 ; *Concurrences* 2017/1, p. 113, obs. N. Eréséo).

8) Formes de la demande de communication. Le devoir de communication ne saurait, même sous le couvert d'usages professionnels, être subordonné au respect par le distributeur de conditions telles qu'une négociation verbale ; une demande de communication formulée par telex devant être satisfaite sans autre formalité (▪ Paris, 24 mars 1992, n° 020962 : *JurisData* n° 1992-020962 ; *Lettre distrib.* 1992/7-8).

9) Portée du devoir de communication. L'article L. 441-6 implique nécessairement l'obligation faite au fournisseur d'établir ses conditions de vente et son barème des prix (▪ Paris, 8 juin 1988 : *Lettre distrib.* 1989/1). Jugeant à l'inverse que l'article L. 441-6 n'oblige pas les entreprises à établir préalablement des barèmes ou des conditions générales de vente (▪ Nancy, 23 juin 1998, n° 94003968 : *JurisData* n° 1998-045642 ; *JCP* E 1999, pan. 493, concernant la vente de fruits et légumes). Le fournisseur ne peut s'abriter derrière l'absence d'établissement de ses conditions générales de vente pour en refuser la communication (▪ Cass. com., 18 janv. 1994, n° 91-16.894 : *JurisData* n° 1994-000174 ; *Contrats, conc. consom.* 1994, n° 162, note L. Vogel).

10) Contenu du devoir de communication. Le revendeur est en droit d'obtenir communication non seulement des conditions générales de vente et de tarifs du fournisseur mais encore des conventions accordant aux revendeurs des rabais et ristournes à titre occasionnel ou habituel, à l'exclusion de ceux constituant la rétribution de services spécifiques (▪ Cass. com., 27 févr. 1990, n° 88-12.189 : *JurisData* n° 1990-000538 ; *D.* 1990, 521, note Ph. Malaurie ; *JCP* E 1990, II, 15900, n° 2, obs. J. Azéma, rejetant le pourvoi formé contre ▪ Grenoble, 7 janv. 1988 : *JurisData* n° 1988-600334 ; *Gaz. Pal.* 1988, 1, 217 note J.-P. Fourgoux. ▪ 18 janv. 1994 : *JCP* E 1995, I, 492, n° 4, obs. L. Vogel. ▪ Versailles, 8 janv. 1998, n° 8794/94 : *JurisData* n° 1998-042254 ; *LPA* 4 sept. 1998, p. 11, obs. M. Malaurie-Vignal).

11) Procédure. Le juge des référés peut ordonner cette communication lorsque son refus constitue un trouble manifestement illicite (▪ Cass. com., 8 oct. 1991, n° 89-16.738 : *RJDA* 1991/12, n° 1049. ▪ Paris, 25 avril 1989 : *Lettre distrib.* 1989/6). En revanche, en prononçant une astreinte le juge statue pour l'avenir et par disposition générale en ajoutant au texte de l'article L. 441-6 une sanction qu'il ne comporte pas (▪ Cass. com., 8 oct. 1991, n° 89-16.738 : *RJDA* 1991/12, n° 1049).

II – CONDITIONS DE RÈGLEMENT

Bibliographie : J.-P. Arroyo, *Dépassement des délais de paiement « plafonds » de la loi LME : une sanction automatique ? : D.* 2009, p. 2499. – L.-M. Augagneur, *Application dans le temps et dans l'espace de la LME sur les délais de paiement impératifs : JCP* E 2008, n° 45, 2365, p. 20 ; *La directive n° 2011/7 à la recherche d'une « culture du paiement rapide » : Contrats, conc. consom.* 2011/12, étude 16 ; *Délais de paiement : simplifier en dérogeant : JCP* E 2012, étude 1363. – A. Berg-Moussa, *Les apports de la loi Hamon en matière de délais de paiement : JCP* E 2014, 1320. – D. Ferré et S. Hotte, *Délais de paiement : une délicate mise en œuvre : Rev. Lamy* conc. 2009, n° 1506. – S. Giuil, *Rédaction des conditions de vente et des factures depuis la loi NRE : mentions obligatoires relatives aux conditions derèglement : LPA* 1er nov. 2002, p. 6. – R. Gouyet, *La répression des retards de paiement dans les transactions commerciales à travers le prisme de la Loi NRE : Contrats, conc. consom.* 2002, chron. 11. – J.-Ch. Grall, T.-N. Kouchnir-Cargill et E. Camilleri, *L'application aux contrats internationaux des dispositions du Code de commerce relatives aux délais de paiement issues de la LME du 4 août 2008 : Rev. Lamy dr. aff.* 2009/1, n° 2058. – J.-C. Grall et T. Bussonnière, *Loi Hamon : quelle sanction en cas de non-respect du délai de paiement convenu inférieur aux plafonds légaux ? : Rev. Lamy conc.* 2014/12, p. 23. – F. Labarthe, *La nature juridique des pénalités instituées par la loi n° 92-1442 du 31 décembre 1992 relative aux délais de paiement entre les entreprises : D.* 1995, chron. 61. – G. Lardeux, *La lutte contre le retard de paiement dans les transactions commerciales : Contrats, conc. consom.* 2000/7, chron. 5. – N. Mathey, *Une nouvelle tentative de lutte contre les délais de paiement excessifs : Contrats, conc. consom.* 2008/11, dossier 4. – Ch. Vilmart, *La réduction des délais de paiement par la LME : mythe ou réalité ? : Revue Lamy conc.* 2009, n° 1338. – M.-P. Wagner, *Pénalités de retard : encore des interrogations : D.* 2004, chron. 2634.

12) Point de départ du délai de paiement. La clause comme la pratique consistant à substituer à la date d'émission identifiée à la date d'exécution du service, une autre date postérieure correspondant à celle à laquelle la facture parvient au client, ont pour effet de retarder sans justification légitime le point de départ des délais de paiement, de sorte que leur auteur est passible des sanctions administratives prévues à l'article L. 441-6-VI (CEPC, avis n° 19-5). Le fait de prévoir un pourcentage d'achèvement des travaux très élevé et la nécessité de l'émission par le maître d'œuvre d'un certificat de paiement après vérification de la bonne exécution des travaux pour que l'entrepreneur puisse émettre sa facture est susceptible de contrevenir à l'article L. 441-6, VI, alinéa 2 du Code de commerce qui prohibe les clauses ou pratiques ayant pour effet de retarder abusivement le point de départ des délais de paiement (CEPC, avis n° 19-6).

13) Escompte. En ce sens que l'acheteur doit être informé de l'absence d'escompte pratiqué par le vendeur en cas de paiement anticipé, voir : note de service DGCCRF n° 5955 : *Contrats, conc. consom.* 1993, n° 194.

14) Exigibilité des pénalités de retard. Les pénalités de retard pour non-paiement des factures sont dues de plein droit, sans rappel et sans avoir à être indiquées dans les conditions générales ou les contrats (▪ Cass. com., 22 nov. 2017, n° 16-19.739. ▪ Cass. com., 20 déc. 2017, n° 16-25.786. ▪ Cass. com., 3 mars 2009, n° 07-16.527 : *JurisData* n° 2009-047257 ; préc.). Jugé en conséquence que « l'article L. 441-6 du Code de commerce (...) ne subordonne pas le droit aux pénalités de retard à la communication des conditions générales de vente ou à une contractualisation de ses dispositions, la liberté des parties n'étant maintenue sur ce point que pour un éventuel dépassement du taux d'intérêt qui est impératif et calculé sur la base du taux d'intérêt appliqué par la Banque centrale européenne (...) » ; jugé par ailleurs que l'importance du dispositif justifie son application dans le cadre d'une demande de provision faite en référé qui doit être considérée comme ne se heurtant à aucune contestation sérieuse (▪ Versailles, 19 mai 2010, n° 09/03526). Le taux d'intérêt des pénalités de retard de la Banque centrale européenne majoré de sept points (puis dix points depuis 2009) est applicable de plein droit quand bien même il n'aurait pas été indiqué dans le contrat (▪ Cass. 3e civ., 30 sept. 2015, n° 14-19.249 : à paraître au *Bull.*). Mais ne donne pas de base légale à sa décision la cour d'appel qui prononce une condamnation à des pénalités de retard sans constater que les conditions générales applicables entre les parties ou qu'un accord conclu par les organisations professionnelles du secteur concerné faisaient exception au délai de trente jours prévu par l'article L. 441-6 du Code de commerce (▪ Cass. com., 10 nov. 2015, n° 14-15.968 : à paraître au *Bull.* ; *Lettre distrib.* 2015/12, p. 5, obs. A.-C. Martin ; *Contrats, conc. consom.* 2016/2, comm. 42, obs. M. Malaurie-Vignal ; *Concurrences* 2016/1, p. 118, obs. J.-L. Fourgoux).

15) Nature des pénalités. Après avoir relevé que les dispositions de l'alinéa 6 de l'article L. 441-6 du Code de commerce sont des dispositions légales supplétives, c'est exactement que la cour d'appel a jugé que les pénalités dues par application de ce texte ne constituent pas une clause pénale et ne peuvent donc être réduites en raison de leur caractère abusif (▪ Cass. com., 2 nov. 2011, n° 10-14.677 : *Concurrences* 2012/1, p. 135, obs. M. Dany). Les pénalités de retard dues en cas de non-paiement de factures à bonne date, prévues par l'article L. 441-6 du Code de commerce dans sa rédaction antérieure à celle issue de l'ordonnance n° 2019-359 du 24 avril 2019, ne sont pas applicables à la condamnation à une indemnité, laquelle emporte intérêts au taux légal. Doit ainsi être cassé l'arrêt qui condamne une entreprise à payer une indemnité pour rupture brutale et assortit cette indemnité d'intérêts au taux prévu par l'article L. 441-6 (▪ Cass. com., 18 déc. 2019, n° 17-20.197).

16) Capitalisation. La pénalité de retard prévue par l'article L. 441-6 du Code de commerce, constituant un intérêt moratoire, peut être assortie de la capitalisation prévue par l'article 1154 du Code civil (▪ Cass. com., 10 nov. 2015, préc.).

17) Caractère complémentaire de la demande de pénalités. Une entreprise ayant assigné en paiement en première instance peut réclamer des pénalités pour la première fois en appel dès lors que cette demande présente un caractère complémentaire au sens de l'article 566 du Code de procédure civile (▪ Cass. com., 8 juill. 2014, n° 13-20.383).

18) Amende administrative (rétroactivité). La loi Hamon du 17 mars 2014 qui a modifié le régime des sanctions applicables aux délais de paiement en introduisant une amende administrative de 375 000 euros (depuis augmentée) à la place d'une amende civile de 2 000 000 d'euros doit s'analyser comme une loi plus douce d'application rétroactive (▪ CAA Marseille, 25 févr. 2019, n° 18MA01094 : *Concurrences* 2019/2, p. 100, obs. F. Buy).

Voir aussi : sur la pratique des factures périodiques ▪ CEPC, avis n° 18-2 *bis*, 10 sept. 2018.

Loi n° 2012-387 du 22 mars 2012

relative à la simplification du droit et à l'allégement des démarches administratives

Art. 121 *(Mod., Ord. n° 2019-698, 3 juill. 2019)*. – [...]

III. – Par dérogation aux deuxième et *troisième alinéas du I de l'article* L. 441-10 du Code de commerce, des *accords interprofessionnels peuvent* définir des délais de paiement supérieurs à ceux prévus au même neuvième alinéa, sous réserve qu'ils soient expressément stipulés par contrat et qu'ils ne constituent pas un abus manifeste à l'égard du créancier et, sous réserve :

1° Qu'ils portent sur des ventes de produits ou des prestations de services relevant de secteurs ayant été couverts par un accord conclu conformément à l'article 21 de la loi n° 2008-776 du 4 août 2008 de modernisation de l'économie et qui présentent un caractère saisonnier particulièrement marqué rendant difficile le respect du délai prévu aux deuxième et troisième alinéas du I de l'article L. 441-10 du Code de commerce ;

2° Qu'ils fixent des délais inférieurs aux délais de paiement applicables au 31 décembre 2011 en application de l'accord conclu conformément à l'article 21 de la loi n° 2008-776 du 4 août 2008 précitée.

Ces accords sont conclus avant le premier jour du septième mois suivant la publication de la présente loi. Ils fixent leur durée de validité, qui ne peut être supérieure à trois ans.

Ils sont reconnus comme satisfaisant aux conditions prévues au présent III par décret pris après avis de l'Autorité de la concurrence. Ce décret peut étendre le bénéfice des délais de paiement dérogatoires à tous les opérateurs dont l'activité est couverte par l'accord.

Voir : art. D. 441-5-1, p. 1810.

Rédaction antérieure. Art. L. 441-6-1 *(L. n° 2008-776, 4 août 2008 ; mod., L. n° 2012-387, 22 mars 2012 ; L. n° 2014-344, 17 mars 2014).* – Les sociétés dont les comptes annuels sont certifiés par un commissaire aux comptes *(Rempl., L. n° 2015-990, 6 août 2015)* « communiquent » des informations sur les délais de paiement de leurs fournisseurs et de leurs clients suivant des modalités définies par décret.

Ces informations font l'objet d'une attestation du commissaire aux comptes, dans des conditions fixées par ce même décret. Lorsque la société concernée est une grande entreprise ou une entreprise de taille intermédiaire, au sens de l'article 51 de la loi n° 2008-776 du 4 août 2008 de modernisation de l'économie, le commissaire aux comptes adresse son attestation au ministre chargé de l'économie si elle démontre, de façon répétée, des manquements significatifs de la société aux prescriptions des neuvième et dixième alinéas du I de l'article L. 441-6 du présent code.

Rédaction antérieure. Art. L. 441-6-2 *(L. n° 2018-727, 10 août 2018).* – I. – Tout professionnel opérant dans un secteur économique mentionné au III du présent article peut demander à l'autorité administrative chargée de la concurrence et de la consommation de prendre formellement position sur la conformité au neuvième alinéa du I de l'article L. 441-6 des modalités de computation des délais de paiement qu'il envisage de mettre en place.

Cette prise de position formelle a pour objet de prémunir ce professionnel d'un changement d'appréciation de l'autorité administrative qui serait de nature à l'exposer à la sanction administrative prévue au VI du même article L. 441-6.

II. – La validité de la prise de position mentionnée au I prend fin à compter de la date à laquelle :

1° La situation du professionnel n'est plus identique à celle présentée dans sa demande ;

2° Est entrée en vigueur une modification de dispositions législatives ou réglementaires de nature à affecter cette validité ;

3° L'autorité administrative notifie au professionnel, après l'avoir préalablement informé, la modification de son appréciation.

III. – Un décret en Conseil d'État précise les secteurs économiques mentionnés au I dans lesquels se posent des difficultés particulières en matière de délais de paiement appréciées en fonction du nombre et de la gravité des incidents de paiement qui y sont constatés et de leur impact économique sur les secteurs concernés ou de la nature et de la récurrence des difficultés d'interprétation qu'y font naître les règles relatives aux délais de paiement.

Rédaction antérieure. Art. L. 441-7 *(L. n° 2008-3, 3 janv. 2008 ; mod., L. n° 2008-776, 4 août 2008 ; L. n° 2014-344, 17 mars 2014 ; L. n° 2016-1691, 9 déc. 2016).* – I. – Une convention écrite conclue entre le fournisseur et le distributeur ou le prestataire de services indique les obligations auxquelles se sont engagées les parties, dans le respect des articles L. 441-6 et L. 442-6, en vue de fixer le prix à l'issue de la négociation commerciale. Elle indique le barème de prix tel qu'il a été préalablement communiqué par le fournisseur, avec ses conditions générales de vente, ou les modalités de consultation de ce barème dans la version ayant servi de base à la négociation. Établie soit dans un document unique, soit dans un ensemble formé par un contrat-cadre annuel et des contrats d'application, elle fixe :

1° Les conditions de l'opération de vente des produits ou des prestations de services telles qu'elles résultent de la négociation commerciale dans le respect de l'article L. 441-6, y compris les réductions de prix ;

2° Les conditions dans lesquelles le distributeur ou le prestataire de services rend au fournisseur, à l'occasion de la revente de ses produits ou services aux consommateurs ou en vue de leur revente aux professionnels, tout service propre à favoriser leur commercialisation ne relevant pas des obligations d'achat et de vente, en précisant l'objet, la date prévue, les modalités d'exécution, la rémunération des obligations ainsi que les produits ou services auxquels elles se rapportent ;

3° Les autres obligations destinées à favoriser la relation commerciale entre le fournisseur et le distributeur ou le prestataire de services, en précisant pour chacune l'objet, la date prévue et les modalités d'exécution, ainsi que la rémunération ou la réduction de prix globale afférente à ces obligations.

(Rempl., L. n° 2016-1691, 9 déc. 2016) « La convention écrite est conclue pour une durée d'un an, de deux ans ou de trois ans, au plus tard le 1er mars de l'année pendant laquelle elle prend effet ou dans les deux mois suivant le point de départ de la période de commercialisation des produits ou des services soumis à un cycle de commercialisation particulier. Lorsqu'elle est conclue pour une durée de deux ou de trois ans, elle doit fixer les modalités selon lesquelles le prix convenu est révisé. Ces modalités peuvent prévoir la prise en compte d'un ou de plusieurs indices publics reflétant l'évolution du prix des facteurs de production. »

La rémunération des obligations relevant des 2° et 3° ainsi que, le cas échéant, la réduction de prix globale afférente aux obligations relevant du 3° ne doivent pas être manifestement disproportionnées par rapport à la valeur de ces obligations.

Les obligations relevant des 1° et 3° concourent à la détermination du prix convenu. Celui-ci s'applique au plus tard le 1er mars. La date d'entrée en vigueur des clauses prévues aux 1° à 3° ne peut être ni antérieure ni postérieure à la date d'effet du prix convenu. Le fournisseur communique ses conditions générales de vente au distributeur au plus tard trois mois avant la date butoir du 1er mars ou, pour les produits ou services soumis à un cycle de commercialisation particulier, deux mois avant le point de départ de la période de commercialisation.

Les conditions dans lesquelles, le cas échéant, le fournisseur s'engage à accorder aux consommateurs, en cours d'année, des avantages promotionnels sur ses produits ou services sont fixées dans le cadre de contrats de mandat confiés au distributeur ou prestataire de services ; conclu et exécuté conformément aux articles 1984 et suivants du Code civil, chacun de ces contrats de mandat précise, notamment, le montant et la nature des avantages promotionnels accordés, la période d'octroi et les modalités de mise en œuvre de ces avantages ainsi que les modalités de reddition de comptes par le distributeur au fournisseur.

(Al. créé, L. n° 2016-1691, 9 déc. 2016) « Pour les produits agricoles mentionnés à l'article L. 441-2-1, le lait et les produits laitiers, ces avantages ne peuvent dépasser 30 % de la valeur du barème des prix unitaires, frais de gestion compris. »

Sans préjudice des dispositions et stipulations régissant les relations entre les parties, le distributeur ou le prestataire de services répond de manière circonstanciée à toute demande écrite précise du fournisseur portant sur l'exécution de la convention, dans un délai qui ne peut dépasser deux mois. Si la réponse fait apparaître une mauvaise application de la convention ou si le distributeur s'abstient de toute réponse, le fournisseur peut le signaler à l'autorité administrative chargée de la concurrence et de la consommation.

Le présent I n'est pas applicable aux produits mentionnés au premier alinéa de l'article L. 441-2-1 *(Mots aj., L. n° 2015-990, 6 août 2015)* « , ni à la convention conclue entre un fournisseur et un grossiste conformément à l'article L. 441-7-1 ».

II. – Le fait de ne pas pouvoir justifier avoir conclu dans les délais prévus une convention satisfaisant aux exigences du I est passible d'une amende administrative dont le montant ne peut excéder 75 000 € pour une personne physique et 375 000 € pour une personne morale. L'amende est prononcée dans les conditions prévues à l'article *(Réf. rempl., Ord. n° 2017-303, 9 mars 2017)* « L. 470-2. » Le maximum de l'amende encourue est doublé en cas de réitération du manquement dans un délai de deux ans à compter de la date à laquelle la première décision de sanction est devenue définitive.

NB : Les modifications issues de la loi n° 2016-1691 du 9 décembre 2016 s'appliquent aux conventions conclues à compter du 1er janvier 2017.

NB : Les dispositions issues de la loi n° 2014-344 du 17 mars 2014 sont applicables aux contrats conclus à compter du premier jour du quatrième mois suivant sa promulgation. Sur les apports de cette loi, V. DGCCRF, note n° 2014-149, 6 août 2014 : *Lettre distrib.* 2014/9, p. 1, obs. N. Eréséo, annulée et remplacée par une nouvelle note du 22 octobre 2014 : *Lettre distrib.* 2014/11, p. 4, obs. N. Eréséo.

Bibliographie : *Ouvrages.* A.-C. Martin et Ph. Vanni, *Encadrement des négociations et formalisme des conventions : JCl. Concurrence consommation*, Fasc. 283.

Revues. M. Behar-Touchais, *Le nouveau contrat unique conclu entre fournisseur et grand distributeur issu de la loi Chatel du 3 janvier 2008 : RDC* 2008/2, p. 415. • B. Grimonprez, *La mort subite du contrat de coopération commerciale : Contrats, conc. consom.* 2009/1, étude 1, p. 7. • S. Leclerc, *Convention prévue à l'article L. 441-7 du Code de commerce : objet et champ d'application : Contrats, conc. consom.* 2010, alerte 61. • M. Malaurie-Vignal, *Convention unique et facturation : précisions de la DGCCRF : Contrats, conc. consom.* 2009/1, comm. 10. • G. Pasqui, *La coopération commerciale : Rev. conc. consom.* 1992, n° 67, p. 28. • A. Targa, *La coopération commerciale : CDE* 1995/1, p. 17. • J.-M. Vertut, *Frein à la coopération commerciale : les vertus insoupçonnées de l'ABS : Lettre distrib.* 2006/1, p. 1 ; *Les négociations d'avantages financiers arrière dans la tourmente : Rev. Lamy. dr. aff.* janv. 2007, 47 ; *Les étrennes des administrations (ou de deux sœurs pas si jumelles que cela) : Lettre distrib.* 2008/12, p. 1.

Sur les apports des dernières réformes, V. également la bibliographie générale sous le titre IV du présent livre.

I – COOPÉRATION COMMERCIALE JURISPRUDENCE ANTÉRIEURE À LA LOI DU 2 AOÛT 2005, ANC. ART. L. 441-6, AL. 5, ET AUX LOIS DU 3 JANVIER ET DU 4 AOÛT 2008, ANC. ART. L. 441-7, I

1) Généralités. Le contrat écrit de coopération commerciale doit constater la fourniture par le distributeur de services spécifiques détachables des simples obligations résultant des achats et des ventes *et l'irrégularité de la convention équivaut à son absence* (■ Cass. com., 6 déc. 2006 : *RTD com.* 2007, p. 465, obs. B. Bouloc. Dans le même sens ■ Cass. com., 3 mars 2004, n° 02-14.529 : *JurisData* n° 2004-022753 ; *Lettre distrib.* 2004/4). Les services de coopération commerciale « recouvrent des actions de nature à stimuler ou à faciliter au bénéfice du fournisseur la revente de ses produits par le distributeur » (■ TGI Strasbourg, 25 nov. 2005 : *JurisData* n° 2005-311354 ; *Lettre distrib.* 2006/1, obs. J.-M. Vertut).

2) Services spécifiques. En énonçant que les prestations visées par des contrats de coopération avaient pour objet, notamment, la promotion, la démonstration, la préconisation active des produits du fournisseur, ainsi que la réalisation d'opérations « marketing » destinées à développer la notoriété de ces produits, la cour d'appel a fait ressortir que ces prestations portaient sur la fourniture par le distributeur de services spécifiques détachables des simples obligations résultant des achats et des ventes, procurant une contrepartie réelle au fournisseur (■ Cass. com., 6 déc. 2005, n° 04-19.320 : *JurisData* n° 2005-031176 ; *D.* 2006, pan. p. 512, obs. D. Ferrier). La promotion par le distributeur des produits du fournisseur constitue un service spécifique en ce sens qu'elle ne se situe pas dans le champ normal des relations contractuelles (■ Cass. crim., 15 oct. 1996, n° 95-83.284 : *Lettre distrib.* 1996/1).

3) **Services non spécifiques.** Les obligations faites au détaillant de réaliser un chiffre d'affaires annuel déterminé, de maintenir en exposition un échantillonnage complet de la gamme des produits et de collaborer à la politique commerciale du fabricant ne vont pas au-delà des obligations ordinairement contractées entre fournisseurs et distributeurs (■ Cass. com., 27 févr. 1990, n° 88-12.189 : *JurisData* n° 1990-000538 ; *Bull. civ.* IV, n° 59). Des prestations « d'optimisation régionales linéaires » et de « location d'espace d'exposition » ne sont pas des services spécifiques dès lors qu'elles se rapportent à de simples mises en rayon (■ Caen, 19 mars 2000 : *Lettre distrib.* 2000/9).

4) **Obligation de formalisation.** L'absence de signature des fournisseurs sur 16 contrats de coopération commerciales, parmi 38 examinés par les juges, « conduit à considérer qu'il n'y avait pas eu d'accord préalable entre le fournisseur et le distributeur, tant sur la nature du service rendu que sur sa rémunération, contrairement aux exigences légales de transparence dans les relations commerciales » (■ Amiens, 2 mai 2007 : *JurisData* n° 2007-339225).

II – CONVENTION RÉCAPITULATIVE

5) **Application dans le temps.** Les réformes opérées par les lois du 3 janvier et 4 août 2008 ont maintenu les exigences formelles issues de la loi du 2 août 2005 de sorte que le prévenu, poursuivi pour manquement aux règles de transparence tarifaire prévues par l'article L. 441-7, n'invoque pas utilement l'existence de dispositions pénales plus douces susceptibles de s'appliquer immédiatement (■ Paris, 28 janv. 2009 : *JurisData* n° 2009-000647). Jugé dans le même sens que la loi du 2 août 2005 a maintenu l'exigence de formalisation des contrats de coopération commerciale prévue par l'article L. 441-6, alinéa 5 dans sa rédaction issue de la loi NRE du 15 mai 2001, dont les dispositions abrogées sont aujourd'hui reprises à l'article L. 441-7, de sorte que le prévenu n'est pas fondé à soutenir que les agissements qui lui sont reprochés ne sont plus pénalement répréhensibles ; l'application rétroactive des peines plus douces prévues avant la réforme de 2005 s'imposant cependant par application du principe de rétroactivité *in mitius* (■ Amiens, 2 mai 2007 : *JurisData* n° 2007-339225).

6) **Application dans l'espace.** Pour la CEPC, les dispositions de l'article L. 441-7 sont susceptibles de relever de la matière administrative et d'exclure en conséquence les règlements européens Bruxelles I, Rome I et Rome II. Dans les rapports entre les parties à la relation commerciale, ces dispositions peuvent revêtir le caractère de loi de police au sens de l'article 9, § 1 du règlement Rome I. En effet, les travaux parlementaires éclairent parfaitement la volonté du législateur : imposer la transparence entre fournisseurs et distributeurs à travers notamment un formalisme contractuel de nature à garantir la loyauté et l'équilibre dans les relations commerciales et à permettre à l'Administration française d'exercer son contrôle. En tout état de cause, l'article L. 441-7 n'est applicable qu'aux situations internationales qui entrent dans son champ d'application dans l'espace, ce que le Code de commerce ne prévoit pas expressément. Par conséquent, une application de la loi française, en présence d'un élément d'extranéité, nécessite, dans ces deux hypothèses, une analyse *in concreto* de la relation commerciale afin d'apprécier si les éléments de rattachement au territoire français sont suffisants au regard de l'objectif poursuivi par ce texte pour en justifier l'application immédiate (CEPC, avis n° 19-7 : *Lettre distrib.* 2019/6, p. 7, obs. F. Leclerc).

7) **Domaine.** Lorsque les parties n'ont pas convenu de prestations, relevant de la coopération commerciale ou « des autres obligations », ou de réductions de prix en application des conditions générales ou particulières de vente, c'est-à-dire lorsque la relation commerciale se borne à la conclusion de contrats instantanés sur le fondement des conditions générales ou catégorielles du vendeur, il n'est point requis d'établir une convention unique conforme à l'article L. 441-7 (CEPC, avis n° 10/07, 1er avr. 2010).

Saisie par une société coopérative d'une question portant sur l'application de l'article L. 441-7 du Code de commerce lorsque les achats sont opérés par un commissionnaire à l'achat, la CEPC a répondu que « la convention écrite doit (…) être établie entre le commissionnaire à l'achat et le fournisseur. Cette obligation ne s'impose pas aux relations entre le commissionnaire et son commettant qui sont régies par le contrat de commission, pas plus qu'elle ne s'impose aux relations entre le cocontractant et le commettant ». (CEPC, avis n° 12/05, 10 avr. 2012 : *Rev. Lamy conc.* 2012, n° 2104, obs. J.-Ch. Grall. V. égal. CEPC, avis n° 13-09 relatif à une demande de précision suite à l'avis de la CEPC 12-05 sur l'établissement d'une convention écrite lors de l'intervention d'un commissionnaire à l'achat : *Lettre distrib.* 2013/10).

À la question de savoir si l'article L. 441-7 s'applique aux relations entre un entrepositaire grossiste du secteur des boissons et une entreprise du secteur CHR (Cafés, Hôtels, Restaurants), la CEPC a répondu que l'article concerné « vise à contractualiser les conditions de la vente d'un produit ou d'un service entre un fournisseur et un distributeur ou un prestataire de service, en vue de sa revente en l'état, ce qui exclut les produits ou services destinés à être transformés par ces derniers ». Si la CEPC qualifie le grossiste de « fournisseur », elle refuse que les CHR puissent être des distributeurs ou des prestataires de services au sens de l'article L. 441-7 du Code de commerce « dès lors qu'(...) ils transforment les produits qu'ils revendent à leurs clients dans le cadre d'une prestation de service globale (service par un personnel qualifié, ambiance...) » (CEPC, avis n° 13-01, 15 avr. 2013 : *Lettre distrib.* 2013/5).

La revente de produits alimentaires ou de boissons par les exploitants de complexes cinématographiques n'apparaît pas constituer une activité de distribution au sens de l'article L. 441-7 (devenu L. 441-3 et L. 441-4) du Code de commerce dès lors que cette activité est accessoire à leur activité principale de diffuseur de films en salles (CEPC, avis n° 19-10 : *Lettre distrib.* 2019/11, p. 8, obs. J.-M. Vertut).

8) Portée du formalisme. Pour la cour d'appel de Paris, les règles de forme prévues par l'article L. 441-7 ne le sont pas *ad validitatem*, le contrat de référencement demeurant soumis au principe du consensualisme (■ Paris, 12 déc. 2019, n° 17/04346 : *Lettre distrib.* 2020/2, p. 10, obs. A. Louvet).

9) Entrée en vigueur de la convention. Pour la CEPC, la contrainte d'une société, filiale d'un groupe étranger qui impose de clôturer son exercice fiscal à une date différente de l'année civile, n'entre pas dans le champ de l'exception visée à l'article L. 441.7 du Code de commerce, qui vise une saisonnalité spécifique du cycle de commercialisation. Il incombe à celui qui invoque le caractère particulier du cycle de commercialisation d'apporter la preuve de celui-ci.

La société a toutefois la possibilité de proposer, ultérieurement à la date du 1er mars, une modification de son tarif, que le client demeure libre d'accepter ou non. Toutefois, il est rappelé que tout avenant signé ultérieurement ne doit pas remettre en cause l'économie générale du contrat tel qu'initialement signé (CEPC, avis n° 17-7, 16 mai 2017, relatif à une demande d'avis d'un avocat à propos de *la date d'entrée en vigueur des clauses de la convention unique concourant à la détermination du prix* : *Lettre distrib.* 2017/6, p. 6, obs. J.-M. Vertut).

10) Intangibilité de la convention. Pour la cour d'appel de Paris, le principe de la modification sous forme d'avenants de l'accord cadre annuel, en cours d'année, est admis, sous réserve toutefois que l'équilibre commercial soit préservé et dans la limite de l'article L. 442-6, I, 2° qui prohibe la soumission du cocontractant à des obligations instaurant un déséquilibre significatif. En l'espèce, le fait d'imposer des réductions de prix, unilatéralement ou par l'usage de menaces ou de moyens de rétorsion, sans aucune contrepartie, bouleverse nécessairement de manière significative l'équilibre des droits et obligations (■ Paris, 16 mai 2018, n° 17/11187 : *Contrats, conc. consom.* 2018, comm. 175, obs. N. Mathey).

11) Exigence de précision. Viole les exigences de transparence issues de l'article L. 441-7, la centrale de référencement ayant conclu avec ses fournisseurs, fin 2005 et début 2006, des conventions dites contrats de coopération commerciale et conventions de prestations de services distincts, qui, les premières, reproduisaient les termes d'un contrat type de partenariat, intitulé « conseil et aide à l'élaboration personnalisée d'un plan promotionnel », repoussant à une date indéterminée l'information du fournisseur sur la nature et la durée des prestations qui en feraient l'objet, et, les secondes, présentées sous les dénominations de « plan d'action par famille de produits », « plan de développement des performances fournisseurs » ou « plan d'implantation des produits par type de magasins », ne renseignaient pas les fournisseurs sur les dates auxquelles les engagements allégués seraient exécutés alors que leur rémunération était calculée à partir du 1er janvier 2006 (■ Cass. crim., 9 févr. 2010, n° 09-81.574 : *JurisData* n° 2010-001122, rejetant le pourvoi dirigé contre ■ Paris, 28 janv. 2009 préc.). Une centrale de référencement en relation avec un fournisseur réclame à celui-ci le paiement de deux factures correspondant à des contrats de coopération commerciale qui avaient été conclus pour les années 2007 et 2008. Après avoir rappelé les termes de l'article L. 441-7 du Code de commerce et de la circulaire du 8 décembre 2005, la cour d'appel relève plusieurs manquements : présence de services non détachables (ristournes assises sur des objectifs de vente), absence d'indication des produits concernés par les services litigieux, absence d'indications précises relatives à la nature exacte des services rendus, etc. La cour décide en conséquence de débouter la centrale de ses demandes en paiement dès lors qu'elles sont fondées sur la production de factures établies en exécution de conventions contraires à des dispositions légales d'ordre public (■ Saint-Denis de La Réunion, 5 juill. 2019, n° 18/00110).

12) Reddition des comptes. Une centrale d'achat mandataire d'un distributeur chargé de la négociation des conditions commerciales applicables avec les fournisseurs référencés n'est pas tenue de révéler la teneur des négociations mais seulement leur résultat si bien que la centrale peut s'abriter derrière le secret des affaires pour refuser de communiquer des informations relatives aux modalités de calcul des ristournes (■ Cass. com., 8 juin 2017, n° 15-27.146 : *Contrats, conc. consom.* 2017/8-9, comm. 171, note M. Malaurie-Vignal ; *Lettre distrib.* 2017/7-8, obs. N. Lefeuvre. *Contra* : ■ Paris, 1er juin 2016, n° 14/00997 : *Lettre distrib.* 2016/7-8, obs. J.-M. Vertut). Le secret des affaires ne constitue cependant pas en lui-même un obstacle à l'application de l'article 145 du Code de procédure civile, dès lors que la mesure d'instruction sollicitée procède d'un motif légitime et qu'elle est nécessaire à la protection des droits des requérantes. Les juges du fond doivent ainsi circonscrire la mesure demandée en application de l'article 145 aux éléments permettant d'atteindre cet objectif sans porter une atteinte excessive aux intérêts légitimes des autres parties (■ Cass. com., 18 oct. 2017, n° 16-15.900).

13) Spécialisation des juridictions. Un litige dans lequel une partie invoque la violation de l'article L. 441-7 du Code de commerce ne relève pas des juridictions spécialement désignées à l'article D. 442-3 (■ Cass. com., 20 sept. 2017, n° 16-13.144 : *Concurrences* 2018/1, p. 117, obs. F. Buy).

Instruction du 18 novembre 2008

BOI 18 nov. 2008, n° 97 : *Taxe sur la valeur ajoutée. Négociation commerciale dans la grande distribution. Modalités de facturation*

Bibliographie : M. Malaurie-Vignal, *La notion d'autres obligations destinées à favoriser la relation commerciale – À propos de Instr. 18 nov. 2008 : Contrats, conc. consom.* 2009/1, comm. 9, p. 19. • N. Valluis, V. Dellanois et F. Manin, *La réforme des relations commerciales par la LME est-elle compatible avec la directive TVA ? : JCP* E 2009, n° 12, 1304. • J.-M. Vertut, *Les étrennes des administrations (ou de deux sœurs pas si jumelles que cela) : Lettre distrib.* 2008/12, p. 1.

I. – L'article 92 de la loi de modernisation de l'économie (n° 2008-776, 4 août 2008) a modifié les dispositions du Code de commerce relatives à la négociation commerciale au regard de la pratique des marges arrières dans la grande distribution.

Il résulte de l'article L. 441-7 du Code de commerce ainsi modifié que les obligations destinées à favoriser la relation commerciale entre le fournisseur et le distributeur ou le prestataire de services concourent à la détermination du prix de l'opération de fourniture.

Il est admis que lorsqu'en application de ces dispositions, les obligations auxquelles s'engage le distributeur ou le prestataire de services constituent des éléments de formation du prix de l'opération de vente, ces obligations ne sont pas constitutives de services distincts de l'opération de vente. Dans cette situation, les obligations relatives à la facturation portent sur la seule facture qui est adressée par le fournisseur à l'acheteur et sur laquelle figure le prix ainsi déterminé.

Les services dits de coopération commerciale visés au 2° du I de l'article L 441-7 du Code de commerce ne sont pas concernés par cette évolution.

14) Détermination du résultat imposable. Refusant de traiter comme des remises, rabais ou ristournes, les sommes facturées par le distributeur dans le cadre de services rendus par lui (en l'espèce : présence des produits sur les catalogues et prospectus, mises en avant d'offres promotionnelles, centralisation des paiements, fourniture de statistiques de vente) et exigeant la réintégration des sommes litigieuses dans le résultat imposable, V. ■ CAA Versailles, 9 avr. 2013, nos 11VE01702 et 11VE01703 : *Lettre distrib.* 2014/4, obs. J.-M. Vertut).

Rédaction antérieure. Art. L. 441-7-1 *(L. n° 2015-990, 6 août 2015 ; L. n° 2016-1691, 9 déc. 2016)*. – I. – Une convention *écrite conclue* entre le fournisseur et le grossiste indique les obligations auxquelles se sont engagées les parties, dans le respect des articles L. 441-6 et L. 442-6, en vue de fixer le prix à l'issue de la négociation commerciale. Établie soit dans un document unique, soit dans un ensemble formé par un contrat-cadre annuel et des contrats d'application, elle fixe :

1° Les conditions de l'opération de vente des produits ou des prestations de services telles qu'elles résultent de la négociation commerciale dans le respect de l'article L. 441-6, y compris les réductions de prix ;

Le cas échéant, les types de situation et les modalités selon lesquelles des conditions dérogatoires de l'opération de vente sont susceptibles d'être appliquées ;

2° Les conditions dans lesquelles le grossiste rend au fournisseur, en vue de la revente de ses produits aux professionnels, tout service propre à favoriser leur commercialisation ne relevant pas des obligations d'achat et de vente, en précisant l'objet, la date prévue, les modalités d'exécution, la rémunération des obligations ainsi que les produits ou services auxquels elles se rapportent ;

3° Les autres obligations destinées à favoriser la relation commerciale entre le fournisseur et le grossiste, en précisant pour chacune l'objet, la date prévue et les modalités d'exécution, ainsi que la rémunération ou la réduction de prix globale afférente à ces obligations.

Les obligations relevant des 1° et 3° concourent à la détermination du prix convenu.

La convention écrite est conclue pour une durée d'un an, de deux ans ou de trois ans, au plus tard le 1er mars de l'année pendant laquelle elle prend effet ou dans les deux mois suivant le point de départ de la période de commercialisation des produits ou des services soumis à un cycle de commercialisation particulier. Lorsqu'elle est conclue pour une durée de deux ou de trois ans, elle doit fixer les modalités selon lesquelles le prix convenu est révisé. Ces modalités peuvent prévoir la prise en compte d'un ou de plusieurs indices publics reflétant l'évolution du prix des facteurs de production.

Le présent I n'est pas applicable aux produits mentionnés au premier alinéa de l'article L. 441-2-1.

II. – Au sens du I, la notion de grossiste s'entend de toute personne physique ou morale qui, à des fins professionnelles, achète des produits à un ou plusieurs fournisseurs et les revend, à titre principal, à d'autres commerçants, grossistes ou détaillants, à des transformateurs ou à tout autre professionnel qui s'approvisionne pour les besoins de son activité.

Sont assimilés à des grossistes, au sens du premier alinéa du présent II, les centrales d'achat ou de référencement de grossistes.

Sont exclus de la notion de grossiste les entreprises ou les groupes de personnes physiques ou morales exploitant, directement ou indirectement, un ou plusieurs magasins de commerce de détail ou intervenant dans le secteur de la distribution comme centrale d'achat ou de référencement pour des entreprises de commerce de détail.

III. – Le fait de ne pas pouvoir justifier avoir conclu dans les délais prévus une convention satisfaisant aux exigences du I du présent article est passible d'une amende administrative dont le montant ne peut excéder 75 000 € pour une personne physique et 375 000 € pour une personne morale. L'amende est prononcée dans les conditions prévues à l'article *(Rempl., Ord. n° 2017-303, 9 mars 2017)* « L. 470-2. » Le plafond de l'amende encourue est doublé en cas de réitération du manquement dans un délai de deux ans à compter de la date à laquelle la première décision de sanction est devenue définitive.

NB : Les modifications issues de la loi n° 2016-1691 du 9 décembre 2016 s'appliquent aux conventions conclues à compter du 1er janvier 2017.

Bibliographie : N. Ferrier, *L'allégement des règles de la négociation commerciale dans le commerce de gros. Prémices d'un droit commun de la négociation pour les relations égalitaires ? : JCP* E 2016, 1509.

Rédaction antérieure. Art. L. 441-8 *(L. n° 2014-344, 17 mars 2014)*. – *(Mots aj., L. n° 2018-938, 30 oct. 2018)* « Sans préjudice de l'article 172 *bis* du règlement (UE) n° 1308/2013 du Parlement européen et du Conseil du 17 décembre 2013 portant organisation commune des marchés des produits agricoles et abrogeant les règlements (CEE) n° 922/72, (CEE) n° 234/79, (CE) n° 1037/2001 et (CE) n° 1234/2007 du Conseil, » les contrats d'une durée d'exécution supérieure à trois mois portant sur la vente des produits *(Mots aj., L. n° 2018-938, 30 oct. 2018)* « agricoles et alimentaires » figurant sur *(Rempl., L. n° 2018-938, 30 oct. 2018)* « une liste fixée » par décret, dont les prix de production sont significativement affectés par des fluctuations des prix des matières premières agricoles et alimentaires *(Mots aj., L. n° 2018-938, 30 oct. 2018)* « et des produits agricoles et alimentaires et, le cas échéant, des coûts de l'énergie » comportent une clause relative aux modalités de renégociation du prix permettant de prendre en compte ces fluctuations à la hausse comme à la baisse.

(Rempl., L. n° 2018-938, 30 oct. 2018) Cette clause, définie par les parties, précise les conditions et les seuils de déclenchement de la renégociation et prend notamment en compte les indicateurs mentionnés à l'article L. 631-24-1 du Code rural et de la pêche maritime ou, à défaut, un ou plusieurs indicateurs des prix des produits agricoles ou alimentaires constatés sur le marché sur lequel opère le vendeur diffusés, le cas échéant, par accords interprofessionnels ou par l'Observatoire de la formation des prix et des marges des produits alimentaires.

La renégociation de prix est conduite de bonne foi dans le respect du secret en matière industrielle et commerciale et du secret des affaires, ainsi que dans un délai, précisé dans le contrat, qui ne peut être supérieur à *(Rempl., L. n° 2018-938, 30 oct. 2018)* « un » mois. Elle tend à une répartition équitable entre les parties de l'accroissement ou de la réduction des coûts de production résultant de ces fluctuations. Elle tient compte notamment de l'impact de ces fluctuations sur l'ensemble des acteurs de la chaîne d'approvisionnement. Un compte rendu de cette négociation est établi, selon des modalités définies par décret.

Le fait de ne pas prévoir de clause de renégociation conforme aux deux premiers alinéas du présent article, de ne pas respecter le délai fixé au troisième alinéa, de ne pas établir le compte rendu prévu au même troisième alinéa ou de porter atteinte, au cours de la renégociation, aux secrets de fabrication ou au secret des affaires est passible d'une amende administrative dont le montant ne peut excéder 75 000 € pour une personne physique et 375 000 € pour une personne morale. L'amende est prononcée dans les conditions prévues à l'article *(Rempl., Ord. n° 2017-303, 9 mars 2017)* « L. 470-2. » Le maximum de l'amende encourue est doublé en cas de réitération du manquement dans un délai de deux ans à compter de la date à laquelle la première décision de sanction est devenue définitive.

(Al. aj., L. n° 2018-938, 30 oct. 2018) « Si la renégociation de prix n'aboutit pas à un accord au terme du délai d'un mois prévu au troisième alinéa du présent article, et sauf recours à l'arbitrage, il est fait application de l'article L. 631-28 du Code rural et de la pêche maritime sans que le contrat puisse prévoir un autre dispositif de médiation. »

Le présent article ne fait pas obstacle à toute autre renégociation, dans le respect des articles L. 441-7 et L. 442-6.

(Al. aj., L. n° 2015-990, 6 août 2015) « Le présent article est également applicable aux contrats d'une durée d'exécution supérieure à trois mois portant sur la conception et la production, selon des modalités répondant aux besoins particuliers de l'acheteur, de produits mentionnés au premier alinéa. »

NB : Conformément aux *dispositions du IV de l'article* 96 de la loi n° 2018-938 du 30 octobre 2018, les renégociations de prix ainsi que *les procédures* de médiation et instances juridictionnelles qui sont en cours à la date de publication de ladite loi restent soumises à l'article L. 441-8 du Code de commerce dans sa rédaction antérieure à la même loi. Les dispositions issues de la loi du 17 mars 2014 sont applicables aux contrats conclus à compter du premier jour du quatrième mois suivant sa promulgation. Sur ce nouveau texte, V. DGCCRF, note n° 2014-149, 6 août 2014 : *Lettre distrib.* 2014/9, p. 1, obs. N. Eréséo, annulée et remplacée par une nouvelle note du 22 octobre 2014 : *Lettre distrib.* 2014/11, p. 4, obs. N. Eréséo.

Bibliographie : M. Behar-Touchais, *Quand la théorie de l'imprévision entre par la petite porte : la clause de « hardship » imposée sous peine d'amende administrative : RDC* 2013/4, p. 1431. • J.-L. Fourgoux, *La clause de révision dans les contrats d'affaires : AJ Contrats d'affaires* avr. 2014, p. 24.

Produits sous marque de distributeur (MDD). Pour la CEPC, l'application de l'article L. 441-8 du Code de commerce à des produits MDD dépend, avant l'entrée en vigueur de la loi n° 2015-990 du 6 août 2015 de la qualification juridique des contrats : il a vocation à jouer lorsque les produits répondent à des caractéristiques déterminées à l'avance par le fabricant et qu'il s'agit par conséquent de ventes tandis qu'il est exclu lorsque les produits répondent à des besoins particuliers exprimés par le distributeur, cette hypothèse étant celle de contrats d'entreprise. Les contrats relatifs à des produits MDD, conclus à compter du 8 août 2015, doivent quant à eux respecter les dispositions de l'article L. 441-8 du Code de commerce, qu'ils soient qualifiés de contrats de vente ou de contrats d'entreprise. La part éventuellement prise par une fédération professionnelle à la mise en œuvre du dispositif de l'article L. 441-8 doit s'effectuer dans le respect de cette règle et du décret d'application, mais aussi du droit des pratiques anticoncurrentielles. Il en résulte que les préconisations formulées par la fédération professionnelle quant aux modalités d'application et notamment l'indice de référence ou le seuil de déclenchement de la renégociation doivent rester de simples préconisations que les parties à la relation contractuelle sont libres de prendre en compte ou non (CEPC, avis n° 16-17, 22 sept. 2016 relatif à une demande d'avis d'une fédération professionnelle sur l'application de la clause de renégociation tarifaire : *Contrats, conc. consom.* 2017/1, alerte 2). V. égal. CEPC, Recommandation n° 20-2 relative à un guide de bonnes pratiques en matière de contrats portant sur des produits à marque de distributeur (MDD) : *Lettre distrib.* janv. 2021, p. 5, obs. N. Eréséo.

Rédaction antérieure. Art. L. 441-9 *(L. n° 2014-344, 17 mars 2014)*. **–** I. – Une convention écrite est établie, dans le respect des articles L. 441-6 et L. 442-6, pour tout achat de produits manufacturés, fabriqués à la demande de l'acheteur en vue d'être intégrés dans sa propre production, dont le montant est supérieur à un seuil fixé par décret. Elle indique les conditions convenues entre les parties, notamment :

1° L'objet de la convention et les obligations respectives des parties ;

2° Le prix ou les modalités de sa détermination ;

3° Les conditions de facturation et de règlement dans le respect des dispositions législatives applicables ;

4° Les responsabilités respectives des parties et les garanties, telles que, le cas échéant, les modalités d'application d'une réserve de propriété ;

5° Les règles régissant la propriété intellectuelle entre les parties, dans le respect des dispositions législatives applicables, lorsque la nature de la convention le justifie ;

6° La durée de la convention ainsi que les modalités de sa résiliation ;

7° Les modalités de règlement des différends quant à l'exécution de la convention et, si les parties décident d'y recourir, les modalités de mise en place d'une médiation.

II. – À défaut de convention écrite conforme au I, les sanctions prévues au II de l'article L. 441-7 sont applicables.

Rédaction antérieure. Art. L. 441-10 *(L. n° 2016-1691, 9 déc. 2016)*. **–** Le contrat d'une durée inférieure à un an conclu entre un fournisseur et un distributeur portant sur la conception et la production de produits alimentaires selon des modalités répondant aux besoins particuliers de l'acheteur mentionne le prix ou les critères et modalités de détermination du prix d'achat des produits agricoles non transformés entrant dans la composition de ces produits alimentaires lorsque ces produits agricoles doivent faire l'objet d'un contrat écrit en application soit du décret en Conseil d'État *(Mots rempl., L. n° 2010-938, 30 oct. 2018)* « , soit d'un accord interprofessionnel étendu, prévus à l'article L. 631-24-2 du Code rural et de la pêche maritime. » Cette obligation s'applique, le cas échéant, lorsque le vendeur est une société mentionnée à l'article L. 521-1 du même code.

Les critères et modalités de détermination des prix mentionnés au premier alinéa du présent article peuvent faire référence à un ou plusieurs indices publics de coût de production en agriculture et à un ou plusieurs indices publics des prix de vente aux *consommateurs* des produits alimentaires. Ces indices sont fixés de bonne foi entre les parties et peuvent être spécifiques au contrat ou établis *par accord interprofessionnel*.

CHAPITRE II. – DES PRATIQUES COMMERCIALES DÉLOYALES ENTRE ENTREPRISES

(Intitulé rempl. et chapitre mod., Ord. n° 2019-359, 24 avr. 2019) (1)

Voir : les annotations sous le Chaptitre II dans sa rédaction antérieure, p. 765.

(1) Antérieurement aux modifications opérées par l'article 1er de l'ordonnance n° 2019-539 du 24 avril 2019, le présent chapitre intitulé « Des pratiques restrictives de concurrence », comprenait les articles L. 442-1 à L. 442-10. – NDLR.

Section 1. – Des pratiques restrictives de concurrence

(Division créée, Ord. n° 2019-359, 24 avr. 2019)

Art. L. 442-1 *(Rempl., Ord. n° 2019-359, 24 avr. 2019).* – I. – Engage la responsabilité de son auteur et l'oblige à réparer le préjudice causé le fait, dans le cadre de la négociation commerciale, de la conclusion ou de l'exécution d'un contrat, par toute personne exerçant des activités de production, de distribution ou de services :

1° D'obtenir ou de tenter d'obtenir de l'autre partie un avantage ne correspondant à aucune contrepartie ou manifestement disproportionné au regard de la valeur de la contrepartie consentie ;

2° De soumettre ou de tenter de soumettre l'autre partie à des obligations créant un déséquilibre significatif dans les droits et obligations des parties.

3° *(3° créé, L. n° 2020-1525, 7 déc. 2020)* D'imposer des pénalités disproportionnées au regard de l'inexécution d'engagements contractuels ou de procéder au refus ou retour de marchandises ou de déduire d'office du montant de la facture établie par le fournisseur les pénalités ou rabais correspondant au non-respect d'une date de livraison, à la non-conformité des marchandises, lorsque la dette n'est pas certaine, liquide et exigible, sans même que le fournisseur ait été en mesure de contrôler la réalité du grief correspondant. »

II. – Engage la responsabilité de son auteur et l'oblige à réparer le préjudice causé le fait, par toute personne exerçant des activités de production, de distribution ou de services de rompre brutalement, même partiellement, une relation commerciale établie, en l'absence d'un préavis écrit qui tienne compte notamment de la durée de la relation commerciale, en référence aux usages du commerce ou aux accords interprofessionnels.

En cas de litige entre les parties sur la durée du préavis, la responsabilité de l'auteur de la rupture ne peut être engagée du chef d'une durée insuffisante dès lors qu'il a respecté un préavis de dix-huit mois.

Les dispositions du présent II ne font pas obstacle à la faculté de résiliation sans préavis, en cas d'inexécution par l'autre partie de ses obligations ou en cas de force majeure.

III *(III créé, L. n° 2020-1508, 3 déc. 2020).* – Engage la responsabilité de son auteur et l'oblige à réparer le préjudice causé le fait, par toute personne proposant un service d'intermédiation en ligne au sens du règlement (UE) 2019/1150 du Parlement européen et du Conseil du 20 juin 2019 promouvant l'équité et la transparence pour les entreprises utilisatrices de services d'intermédiation en ligne, de ne pas respecter les obligations expressément prévues par le même règlement.

Toute clause ou pratique non expressément visée par ledit règlement est régie par les autres dispositions du présent titre.

Art. L. 442-2 *(Rempl., Ord. n° 2019-359, 24 avr. 2019).* – Engage la responsabilité de son auteur et l'oblige à réparer le préjudice causé le fait, par toute personne exerçant des activités de production, de distribution ou de services de participer directement ou indirectement à la violation de l'interdiction de revente hors réseau faite au distributeur lié par un accord de distribution sélective ou exclusive exempté au titre des règles applicables du droit de la concurrence.

Art. L. 442-3 *(Rempl., Ord. n° 2019-359, 24 avr. 2019 ; mod., L. n° 2020-1508, 3 déc. 2020).* – Sont nuls les clauses ou contrats prévoyant pour toute personne exerçant des activités de production, de distribution ou de services, la possibilité :

a) De bénéficier rétroactivement de remises, de ristournes ou d'accords de coopération commerciale ;

b) De bénéficier automatiquement des conditions plus favorables consenties aux entreprises concurrentes par le cocontractant.

c) (c) créé, L. n° 2020-1508, 3 déc. 2020) D'interdire au cocontractant la cession à des tiers des créances qu'il détient sur elle. »

Art. L. 442-4 *(Rempl., Ord. n° 2019-359, 24 avr. 2019).* – I. – Pour l'application des articles L. 442-1, L. 442-2, L. 442-3, L. 442-7 et L. 442-8, l'action est introduite devant la juridiction civile ou commerciale compétente par toute personne justifiant d'un intérêt, par le ministère public, par le ministre chargé de l'économie ou par le président de l'Autorité de la concurrence lorsque ce dernier constate, à l'occasion des affaires qui relèvent de sa compétence, une pratique mentionnée aux articles précités.

Toute personne justifiant d'un intérêt peut demander à la juridiction saisie d'ordonner la cessation des pratiques mentionnées aux articles L. 442-1, L. 442-2, L. 442-3, L. 442-7 et L. 442-8 ainsi que la réparation du préjudice subi. Seule la partie victime des pratiques prévues aux articles L. 442-1, L. 442-2, L. 442-3, L. 442-7 et L. 442-8 peut faire constater la nullité des clauses ou contrats illicites et demander la restitution des avantages indus.

Le ministre chargé de l'économie ou le ministère public peuvent demander à la juridiction saisie d'ordonner la cessation des pratiques mentionnées aux articles L. 442-1, L. 442-2, L. 442-3, L. 442-7 et L. 442-8. Ils peuvent également, pour toutes ces pratiques, faire constater la nullité des clauses ou contrats illicites et demander la restitution des avantages indument obtenus, dès lors que les victimes de ces pratiques sont informées, par tous moyens, de l'introduction de cette action en justice. Ils peuvent également demander le prononcé d'une amende civile dont le montant ne peut excéder le plus élevé des trois montants suivants :

– cinq millions d'euros ;

– le triple du montant des avantages indument perçus ou obtenus ;

– 5 % du chiffre d'affaires hors taxes réalisé en France par l'auteur des pratiques lors du dernier exercice clos depuis l'exercice précédant celui au cours duquel les pratiques ont été mises en œuvre.

II. – La juridiction ordonne systématiquement la publication, la diffusion ou l'affichage de sa décision ou d'un extrait de celle-ci selon les modalités qu'elle précise. Elle peut ordonner l'insertion de la décision ou de l'extrait de celle-ci dans le rapport établi sur les opérations de l'exercice par les gérants, le conseil d'administration ou le directoire de l'entreprise. Les frais sont supportés par la personne condamnée.

La juridiction peut ordonner l'exécution de sa décision sous astreinte.

Le juge des référés peut ordonner, au besoin sous astreinte, la cessation des pratiques abusives ou toute autre mesure provisoire.

III. – Les litiges relatifs à l'application des articles L. 442-1, L. 442-2, L. 442-3, L. 442-7 et L. 442-8 sont attribués aux juridictions dont le siège et le ressort sont fixés par décret.

Art. L. 442-5 *(Rempl., Ord. n° 2019-359, 24 avr. 2019)*. – I. – Le fait, pour tout commerçant, de revendre ou d'annoncer la revente d'un produit en l'état à un prix inférieur à son prix d'achat effectif est puni de 75 000 € d'amende. Cette amende peut être portée à la moitié des dépenses de publicité dans le cas où une annonce publicitaire, quel qu'en soit le support, fait état d'un prix inférieur au prix d'achat effectif. La cessation de l'annonce publicitaire peut être ordonnée dans les conditions prévues à l'article L. 121-3 du Code de la consommation.

Le prix d'achat effectif est le prix unitaire net figurant sur la facture d'achat, minoré du montant de l'ensemble des autres avantages financiers consentis par le vendeur exprimé en pourcentage du prix unitaire net du produit et majoré des taxes sur le chiffre d'affaires, des taxes spécifiques afférentes à cette revente et du prix du transport.

Le prix d'achat effectif est affecté d'un coefficient de 0,9 pour le grossiste qui distribue des produits ou services exclusivement à des professionnels qui lui sont indépendants et qui exercent une activité de revendeur au détail, de transformateur ou de prestataire de services final. Est considérée comme indépendante toute entreprise libre de déterminer sa politique commerciale et dépourvue de lien capitalistique ou d'affiliation avec le grossiste.

II. – Les dispositions du I ne sont pas applicables :

1° Aux ventes volontaires ou forcées motivées par la cessation ou le changement d'une activité commerciale ;

2° Aux produits dont la vente présente un caractère saisonnier marqué, pendant la période terminale de la saison des ventes et *dans* l'intervalle compris entre deux saisons de vente ;

3° Aux produits qui ne répondent plus à la demande générale en raison de l'évolution de la mode ou de l'apparition de perfectionnements techniques ;

4° Aux produits, aux caractéristiques identiques, dont le réapprovisionnement s'est effectué en baisse, le prix effectif d'achat étant alors remplacé par le prix résultant de la nouvelle facture d'achat ;

5° Aux produits alimentaires commercialisés dans un magasin d'une surface de vente de moins de 300 mètres carrés et aux produits non alimentaires commercialisés dans un magasin d'une surface de vente de moins de 1 000 mètres carrés, dont le prix de revente est aligné sur le prix légalement pratiqué pour les mêmes produits par un autre commerçant dans la même zone d'activité ;

6° À condition que l'offre de prix réduit ne fasse l'objet d'une quelconque publicité ou annonce à l'extérieur du point de vente, aux produits périssables à partir du moment où ils sont menacés d'altération rapide ;

7° Aux produits soldés mentionnés à l'article L. 310-3.

Ces exceptions ne font pas obstacle à l'application du 2° de l'article L. 653-5 et du 1° de l'article L. 654-2.

III. – Les personnes morales déclarées pénalement responsables de l'infraction prévue au I encourent la peine mentionnée au 9° de l'article 131-39 du Code pénal.

La cessation de l'annonce publicitaire peut être ordonnée dans les conditions prévues à l'article L. 121-3 du Code de la consommation.

Loi n° 2020-1525 du 7 décembre 2020

d'accélération et de simplification de l'action publique

Art. 125. – I. – Le prix d'achat effectif défini au deuxième alinéa du I de l'article L. 442-5 du Code de commerce est affecté d'un coefficient de 1,10 pour les denrées alimentaires et les produits destinés à l'alimentation des animaux de compagnie revendus en l'état au consommateur.

II. – A. – Les dispositions du présent II s'appliquent aux avantages promotionnels, immédiats ou différés, ayant pour effet de réduire le prix de vente au consommateur de denrées alimentaires ou de produits destinés à l'alimentation des animaux de compagnie.

B. – Les avantages promotionnels, le cas échéant cumulés, mentionnés au A du présent II, accordés au consommateur pour un produit déterminé, ne sont pas supérieurs à 34 % du prix de vente au consommateur ou à une augmentation de la quantité vendue équivalente.

C. – Sous réserve des dispositions du III, ces avantages promotionnels, qu'ils soient accordés par le fournisseur ou par le distributeur, portent sur des produits ne représentant pas plus de 25 % :

1° Du chiffre d'affaires prévisionnel fixé par la convention prévue à l'article L. 441-4 du Code de commerce ;

2° Du volume prévisionnel prévu par un contrat portant sur la conception et la production de produits alimentaires selon des modalités répondant aux besoins particuliers de l'acheteur ;

3° Des engagements de volume portant sur des produits agricoles périssables ou issus de cycles courts de production, d'animaux vifs, de carcasses ou pour les produits de la pêche et de l'aquaculture.

Pour l'application des dispositions du présent C, la convention mentionnée au 1° et le contrat mentionné au 2° fixent respectivement un chiffre d'affaires prévisionnel et un volume prévisionnel.

D. – Les dispositions du présent II ne s'appliquent pas aux produits périssables et menacés d'altération rapide, à la condition que l'avantage promotionnel ne fasse l'objet d'aucune publicité ou annonce à l'extérieur du point de vente.

E. – Tout manquement aux obligations du présent II par le fournisseur ou le distributeur est passible d'une amende administrative dont le montant ne peut excéder 75 000 € pour une personne physique et 375 000 € ou la moitié des dépenses de publicité effectuées au titre de l'avantage promotionnel pour une personne morale.

Les agents mentionnés au II de l'article L. 450-1 du Code de commerce sont habilités à rechercher et à constater les manquements aux dispositions du présent article dans les conditions prévues au livre IV du même code. L'article L. 470-1 dudit code peut être mis en œuvre à partir des constatations effectuées.

L'amende est prononcée dans les conditions prévues à l'article L. 470-2 du même code. Le maximum de l'amende encourue est doublé en cas de réitération du manquement dans un délai de deux ans à compter de la date à laquelle la première décision de sanction est devenue définitive.

III. – Un arrêté du ministre chargé de l'économie fixe la liste des denrées ou catégories de denrées alimentaires pour lesquelles, par dérogation, les dispositions du C du II ne sont pas applicables, dans les conditions suivantes :

1° Plus de la moitié des ventes de l'année civile aux consommateurs des denrées ou catégories de denrées alimentaires concernées est, de façon habituelle, concentrée sur une durée n'excédant pas douze semaines au total ;

2° La dérogation prévue au premier alinéa du présent III fait l'objet d'une demande, motivée et accompagnée de toutes données utiles pour l'appréciation de la saisonnalité des ventes au regard du critère prévu au 1°, par l'interprofession représentative des denrées ou catégories de denrées concernées ou, lorsqu'il n'existe pas d'interprofession pour ce type de denrées ou de catégorie de denrées, par une organisation professionnelle *représentant des producteurs ou des* fournisseurs des denrées ou catégories *de denrées concernées.*

IV. – Le Gouvernement remet au Parlement respectivement avant le 1er octobre 2021 et avant le 1er octobre 2022 deux rapports évaluant les effets du présent article sur la construction des prix de vente des denrées alimentaires et des produits destinés à l'alimentation des animaux de compagnie revendus en l'état au consommateur et le partage de la valeur entre les producteurs et les distributeurs.

Ces rapports prennent en compte les éléments d'appréciation de la pertinence des mesures en cause, fournis par l'ensemble des acteurs économiques concernés de la filière alimentaire.

V. – Les dispositions du présent article ne sont pas applicables dans les collectivités de la Guadeloupe, de la Guyane, de la Martinique, de La Réunion et de Mayotte, ni dans les collectivités de Saint-Barthélemy, de Saint-Martin et de Saint-Pierre-et-Miquelon.

VI. – A. – Un décret en Conseil d'État, pris après avis de l'Autorité de la concurrence, peut suspendre l'application des dispositions des I à III pour tout ou partie des denrées ou produits mentionnés aux I et II, si les conditions prévues au B du présent VI sont remplies. Dans ce cas, l'Assemblée nationale et le Sénat en sont informés sans délai.

B. – Les dispositions du A du présent VI sont applicables si le comportement d'un nombre significatif d'acheteurs de denrées ou produits mentionnés aux I et II, lors de la négociation ou de l'exécution des conventions et des contrats mentionnés au II, est de nature à compromettre sensiblement l'atteinte de l'un des objectifs de rétablissement de conditions de négociation plus favorables pour les fournisseurs, de développement des produits dont la rentabilité est trop faible et de meilleur équilibre dans les filières alimentaires de l'article 15 de la loi n° 2018-938 du 30 octobre 2018 pour l'équilibre des relations commerciales dans le secteur agricole et alimentaire et une alimentation saine, durable et accessible à tous.

VII. – Les dispositions du présent article sont applicables aux contrats en cours d'exécution à la date d'entrée en vigueur de la présente loi.

VIII. – À l'exception du IX, les dispositions du présent article sont applicables jusqu'au 15 avril 2023.

Voir : A. 29 janv. 2021, *JORF* n° 003 du 7 févr. 2021, mod., A. 16 févr. 2021, *JORF* n° 0045 du 21 févr. 2021 visant les 1° produits qui du fait de leurs caractéristiques, y compris leur conditionnement ou leur emballage, peuvent se rattacher à la catégorie des confiseries de chocolat saisonnières et correspondent aux périodes de commercialisation de Noël et de Pâques ; 2° les produits issus des palmipèdes à foie gras ; 3° les champignons sylvestres, en conserve, surgelés ou déshydratés ; 4° et les escargots préparés en conserve, surgelés ou frais.

Art. L. 442-6 *(Rempl., Ord. n° 2019-359, 24 avr. 2019).* **– Est puni d'une amende de 15 000 € le fait par toute personne d'imposer, directement ou indirectement, un caractère minimal au prix de revente d'un produit ou d'un bien, au prix d'une prestation de service ou à une marge commerciale.**

Art. L. 442-7 *(Anc. art. L. 442-9 créé, L. n° 2005-157, 23 févr. 2005 ; mod., L. n° 2008-3, 3 janv. 2008 ; Ord. n° 2019-358, 24 avr. 2019 ; dénum. et mod., Ord. n° 2019-359, 24 avr. 2019).* **– Engage la responsabilité de son auteur et l'oblige à réparer le préjudice causé le fait pour un acheteur de produits agricoles ou de denrées alimentaires de faire pratiquer par son fournisseur un prix de cession abusivement bas.**

Pour caractériser un prix de cession abusivement bas, il est tenu compte notamment des indicateurs de coûts de production mentionnés aux articles L. 631-24, L. 631-24-1, L. 631-24-3 et L. 632-2-1 du Code rural et de la pêche maritime ou, le cas échéant, de tous autres indicateurs disponibles dont ceux établis par l'Observatoire de la formation des prix et des marges des produits alimentaires mentionné à l'article L. 682-1 du même code. Dans le cas d'une première cession, il est également tenu compte des indicateurs figurant dans la proposition de contrat du producteur agricole.

L'article L. 442-4 est applicable à l'action prévue par le présent article.

Art. L. 442-8 *(Anc. art. L. 442-10 créé, L. n° 2005-882, 2 août 2005 ; mod., L. n° 2008-3, 3 janv. 2008 ; dénum. et rempl., Ord. n° 2019-359, 24 avr. 2019).* **– I. – Est nul le contrat par lequel un fournisseur s'engage envers toute personne exerçant des activités de production, de distribution ou de services sur une offre de prix à l'issue d'enchères inversées à distance, organisées notamment par voie électronique, lorsque l'une au moins des règles suivantes n'a pas été respectée :**

1° Préalablement aux enchères, l'acheteur ou la personne qui les organise pour son compte communique de façon transparente et non discriminatoire à l'ensemble des candidats admis à présenter une offre les éléments déterminants des produits ou des prestations de services qu'il entend acquérir, ses conditions et modalités d'achat, ses critères de sélection détaillés ainsi que les règles selon lesquelles les enchères vont se dérouler ;

2° À l'issue de la période d'enchères, l'identité du candidat retenu est révélée au candidat qui, ayant participé à l'enchère, en fait la demande. Si l'auteur de l'offre sélectionnée est défaillant, nul n'est tenu de reprendre le marché au dernier prix ni à la dernière enchère.

II. – L'acheteur ou la personne qui organise les enchères pour son compte effectue un enregistrement du déroulement des enchères qu'il conserve pendant un an. Il est présenté aux agents habilités s'il est procédé à une enquête dans les conditions prévues au titre V.

III. – Les enchères à distance inversées organisées par l'acheteur ou par son représentant sont interdites pour les produits agricoles figurant sur une liste établie par décret, ainsi que pour les produits alimentaires de consommation courante issus de la première transformation de ces produits.

IV. – Le fait de ne pas respecter les dispositions des I à III engage la responsabilité de son auteur et l'oblige à réparer le préjudice causé.

Les dispositions de l'article L. 442-4 sont applicables aux opérations mentionnées aux I à III.

Section 2. – Des autres pratiques prohibées

(Division créée, Ord. n° 2019-359, 24 avr. 2019)

Art. L. 442-9 *(Créé, Ord. n° 2019-359, 24 avr. 2019)*. – I. – Est puni de deux ans d'emprisonnement et de 30 000 € d'amende le fait d'opérer la hausse ou la baisse artificielle soit du prix de biens ou de services, soit d'effets publics ou privés, notamment à l'occasion d'enchères à distance :

1° En diffusant, par quelque moyen que ce soit, des informations mensongères ou calomnieuses ;

2° En introduisant sur le marché ou en sollicitant soit des offres destinées à troubler les cours, soit des sur-offres ou sous-offres faites aux prix demandés par les vendeurs ou prestataires de services ;

3° Ou en utilisant tout autre moyen frauduleux.

La tentative est punie des mêmes peines.

II. – Lorsque la hausse ou la baisse artificielle des prix concerne des produits alimentaires, la peine est portée à trois ans d'emprisonnement et 45 000 € d'amende.

III. – Les personnes physiques coupables des infractions prévues au présent article encourent également les peines complémentaires suivantes :

1° L'interdiction des droits civiques, civils et de famille, suivant les modalités de l'article 131-26 du Code pénal ;

2° L'affichage ou la diffusion de la décision prononcée dans les conditions prévues par l'article 131-35 du Code pénal.

IV. – Les personnes morales déclarées pénalement responsables des infractions prévues aux I et II encourent les peines mentionnées aux 2° à 6° et 9° de l'article 131-39 du Code pénal.

L'interdiction mentionnée au 2° de l'article 131-39 du même code porte sur l'activité dans l'exercice ou à l'occasion de l'exercice de laquelle l'infraction a été commise.

Art. L. 442-10 *(Créé, Ord. n° 2019-359, 24 avr. 2019)*. – Aucune association ou coopérative d'entreprise ou d'administration ne peut, de façon habituelle, offrir des produits à la vente, les vendre ou fournir des services si ces activités ne sont pas prévues par ses statuts.

Art. L. 442-11 *(Créé, Ord. n° 2019-359, 24 avr. 2019)*. – Il est interdit à toute personne d'offrir à la vente des produits ou de proposer des services en utilisant, dans des conditions irrégulières, le domaine public de l'État, des collectivités locales et de leurs établissements publics.

Les infractions à l'interdiction mentionnée au premier alinéa sont recherchées et constatées dans les conditions définies par les articles L. 450-1 à L. 450-3-2 et L. 450-7.

Les agents peuvent consigner, dans des locaux qu'ils déterminent et pendant une durée qui ne peut être supérieure à un mois, les produits offerts à la vente et les biens ayant permis la vente des produits ou l'offre de services.

La consignation donne lieu à l'établissement immédiat d'un procès-verbal. Celui-ci comporte un inventaire des biens et des marchandises consignés ainsi que la mention de leur valeur. Il est communiqué dans les cinq jours de sa clôture au procureur de la République et à l'intéressé.

La juridiction peut ordonner la confiscation des produits offerts à la vente et des biens ayant permis la vente des produits ou l'offre de services. La juridiction peut condamner l'auteur de l'infraction à verser au Trésor public une somme correspondant à la valeur des produits consignés, dans le cas où il n'a pas été procédé à une saisie.

CHAPITRE II *(Rédaction antérieure)*. – DES PRATIQUES RESTRICTIVES DE CONCURRENCE

Rédaction antérieure. Art. L. 442-1 *(Mod., L. n° 2003-7, 3 janv. 2003)*. – Les règles relatives aux ventes ou prestations avec primes, aux refus de vente ou de prestation, prestations par lots ou par quantités imposées sont fixées par les articles *(Rempl., Ord. n° 2016-301, 14 mars 2016)* « L. 121-19 et L. 121-11 » du Code de la consommation (anc. L. 121-35 et L. 122-1) reproduits ci-après :

Code de la consommation

Art. L. 121-19 *(Ord. n° 2016-301, 14 mars 2016)*. – Est interdite toute vente ou offre de vente de produits ou de biens ou toute prestation ou offre de prestation de services faite aux consommateurs et donnant droit, à titre gratuit, immédiatement ou à terme, à une prime consistant en produits, biens ou services dès lors que la pratique en cause revêt un caractère déloyal au sens de l'article L. 121-1.

Les dispositions du présent article s'appliquent à toutes les activités de production, de distribution et de services, y compris celles qui sont le fait de personnes publiques, notamment dans le cadre de conventions de délégation de service public.

Les règles relatives aux ventes avec primes applicables aux produits et services proposés pour la gestion d'un compte de dépôt sont fixées au 2 du I de l'article L. 312-1-2 du Code monétaire et financier.

Voir : notes sous C. consom., art. L. 121-19, p. 3063.

Art. L. 121-11 *(Ord. n° 2016-301, 14 mars 2016)*. – Est interdit le fait de refuser à un consommateur la vente d'un produit ou la prestation d'un service, sauf motif légitime ;

Est également interdit le fait de subordonner la vente d'un produit à l'achat d'une quantité imposée ou à l'achat concomitant d'un autre produit ou d'un autre service ainsi que de subordonner la prestation d'un service à celle d'un autre service ou à l'achat d'un produit dès lors que cette subordination constitue une pratique commerciale déloyale au sens de l'article L. 121-1.

(Al. aj., Ord. n° 2018-361, 16 mai 2018) « Est également interdit le fait de subordonner la vente d'un bien ou la fourniture d'un service à la conclusion d'un contrat d'assurance accessoire au bien ou au service vendu, sans permettre au consommateur d'acheter le bien ou d'obtenir la fourniture du service séparément. »

Pour les établissements de crédit et les organismes mentionnés à l'article L. 518-1 du Code monétaire et financier, les règles relatives aux ventes subordonnées sont fixées par les dispositions du 1 du I de l'article L. 312-1-2 du même code.

Les dispositions du présent article s'appliquent à toutes les activités de production, de distribution et de services, y compris celles qui sont le fait de personnes publiques, notamment dans le cadre de conventions de délégation de service public.

Rédaction antérieure. Art. L. 442-2 *(Mod., L. n° 2008-3, 3 janv. 2008)*. – Le fait, pour tout commerçant, de revendre ou d'annoncer la revente d'un produit en l'état à un prix inférieur à son prix d'achat effectif est puni de 75 000 € d'amende. Cette amende peut être portée à la moitié des dépenses de publicité dans le cas où une annonce publicitaire, quel qu'en soit le support, fait état d'un prix inférieur au prix d'achat effectif. La cessation de l'annonce publicitaire peut être ordonnée dans les conditions prévues à l'article *(Rempl., Ord. n° 2016-301, 14 mars 2016)* « L. 132-8 du Code de la consommation. »

Le prix d'achat effectif est le prix unitaire net figurant sur la facture d'achat, minoré du montant de l'ensemble des autres avantages financiers consentis par le vendeur exprimé en pourcentage du prix unitaire net du produit et majoré des taxes sur le chiffre d'affaires, des taxes spécifiques afférentes à cette revente et du prix du transport.

Le prix d'achat effectif tel que défini au deuxième alinéa est affecté d'un coefficient de 0,9 pour le grossiste qui distribue des produits ou services exclusivement à des professionnels qui lui sont indépendants et qui exercent une activité de revendeur au détail, de transformateur ou de prestataire de services final. Est indépendante au sens de la phrase précédente toute entreprise libre de déterminer sa politique commerciale et dépourvue de lien capitalistique ou d'affiliation avec le grossiste.

Bibliographie : J.-J. Burst et J.-M. Mousseron, *Le seuil de revente à perte : CDE* 1992/3, p. 15. • J.-P. Grall, *Le nouveau seuil de revente à perte : CDE* 2005/6, étude 37, p. 36. • B. de Massias, *Le souffle du vent communautaire sur la réglementation de la revente à perte : RJDA* 11/92, 806. • M. Malaurie-Vignal, *La revente à perte, un tourment de la France : Contrats, conc. consom.* 2005/6, repère 6, p. 3. • D. Théophile et C. Giolito, *Le juge communautaire rachète la prohibition de la revente à perte : le prix d'un revirement : CDE* 1994/4. • L. Vogel : *JCP* 1996, I, 613, n° 4. • D. Voinot, *L'interdiction de revente à perte est-elle conforme à la directive sur les pratiques commerciales déloyales à l'égard des consommateurs : AJ Contrats d'affaires* 2014/7, 171.

1) La jurisprudence qui suit a été en partie rendue en application de l'article 1er de la loi de finances n° 63-628 du 2 juillet 1963, abrogé par l'article 11-I de la loi n° 96-588, du 1er juillet 1996. Les réformes successives ont modifié la méthode de calcul du seuil de revente à perte (prises en compte depuis 2005 des « autres avantages financiers ») ainsi que les exceptions à l'interdiction de revente à perte, spécialement l'exception d'alignement.

2) **Conformité au droit européen.** L'article 30 du traité CEE [devenu art. 34 TFUE] doit être interprété en ce sens qu'il ne s'applique pas à une législation d'un État membre interdisant de façon générale la revente à perte (▪ CJCE, 24 nov. 1993 : *JurisData* n° 1993-605525 ; *JCP* E 1994, II, 592, note L. Vogel). La directive 2005/29/CE du Parlement européen et du Conseil, du 11 mai 2005, relative aux pratiques commerciales déloyales des entreprises vis-à-vis des consommateurs doit cependant être interprétée en ce sens qu'elle s'oppose à une disposition nationale, en l'espèce issue du droit belge, qui prévoit une interdiction générale d'offrir à la vente ou de vendre des biens à perte, pour autant que cette disposition poursuit des finalités tenant à la protection des consommateurs (▪ CJUE, 7 mars 2013, aff. C-343/12 : *Contrats, conc. consom.* 2013/6, alerte 34, focus par L. Arcelin ; *JCP* E 2013, pan. 1202 ; *Lettre distrib.* 2013/4, p. 1, obs. M.-P. Bonnet-Desplan). En ce sens que l'interdiction prévue par le droit espagnol de vendre à perte entre détaillants et grossistes est contraire à la directive du 11 mai 2005 dès lors qu'elle a pour finalité la protection des consommateurs (▪ CJUE, 19 oct. 2017, aff. C-295/16). Pour la Cour de cassation, l'article L. 442-2 échappe au champ d'application de la directive du 11 mai 2005 s'agissant en l'espèce de relations entre une centrale d'achat et des détaillants, soit des transactions entre professionnels (▪ Cass. com., 22 nov. 2017, n° 16-18.028, rejetant le pourvoi dirigé contre ▪ Douai, 31 mars 2016, n° 15/02238 : *JurisData* n° 2016-011257 ; *Contrats, conc. consom.* 2016/7, comm. 165, obs. M. Malaurie-Vignal ; *Lettre distrib.* 2016/5, p. 8, obs. M.-P. Bonnet-Desplan. – Et dans le même sens ▪ Cass. crim., 19 déc. 2017, n° 17-83.867 : *JurisData* n° 2017-026511 ; *Contrats, conc. consom.* 2018/2, comm. 37, note S. Bernheim-Desvaux. ▪ Cass. crim., 16 janv. 2018, n° 16-83.457 : *JurisData* n° 2018-000266 ; *Contrats, conc. consom.* 2018, comm. 66, obs. M. Malaurie-Vignal).

3) **Rôle de la facture (jurisprudence antérieure à la loi du 2 août 2005).** La seule production de factures suffit à établir l'illicéité de la revente pratiquée en deçà du prix d'achat effectif qui y figure (▪ Cass. crim., 4 avr. 2001, *n° 00-83.001 : RJDA 12/2001, n° 1269 ; CDE* 2002/3, p. 36, n° 14, obs. *D. Mainguy*).

4) **Prise en compte de l'économie globale de l'opération.** Lorsqu'un commerçant vend deux objets différents, dont un à 1 F, et lorsque le prix de cette opération indivisible n'est pas inférieur au coût d'achat et de production effectivement supporté par le vendeur, il n'y a pas revente à perte (▪ Cass. crim., 7 mai 2002, n° 01-83.412 : *JurisData* n° 2002-014476 ; *Bull. crim.* 2002, n° 109 ; *RJDA* 2/2003, n° 197 ; *JCP* E 2002, pan. 1099 ; *D.* 2002, p. 2050 ; *D.* 2003, somm. 1033, obs. F. Chopin ; *RTD com.* 2002, 738, obs. B. Bouloc). Mais il y a revente à perte si les produits peuvent être achetés séparément (▪ Versailles, 28 janv. 1999, n° 181/97 : *JurisData* n° 1999-040370 ; *RJDA* 4/1999, n° 486, conf. par ▪ Cass. com., 29 janv. 2002, n° 99-16.053 : *JurisData* n° 2002-012787 ; *RJDA* 6/2002, n° 696).

5) **Opérations concomitantes.** L'infraction de revente à perte ne suppose pas que le revendeur détienne la marchandise au moment de la vente, et les opérations d'achat et de revente peuvent être concomitantes (▪ Cass. crim., 6 déc. 2006, n° 06-81.947 : *JurisData* n° 2006-036849 ; *D.* 2007, pan. p. 1911, obs. D. Ferrier ; *RJDA* 5/2007, n° 564 ; *Dr. pén.* 2007, comm. 41, obs. H.-J. Robert).

6) **Notion de grossiste.** Le grossiste visé par le texte étant toute entreprise libre de déterminer sa politique commerciale et dépourvue de tout lien capitalistique ou d'affiliation avec ses acheteurs, une telle qualification ne peut être retenue s'agissant en l'espèce de relations entretenues entre une centrale, agissant comme acheteur-revendeur, et ses affiliés, le critère d'indépendance n'étant pas satisfait (▪ Cass. com., 22 nov. 2017, préc.).

7) **Concurrence déloyale.** En l'absence de revente à perte, un distributeur ne commet pas de concurrence déloyale en commercialisant les produits pour un prix très inférieur à celui pratiqué par les membres d'un système de distribution sélective dès lors que son approvisionnement est licite (▪ Cass. com., 8 nov. 2016, n° 15-15.072 : *JurisData* n° 2016-023303 ; *Concurrences* 2017/1, p. 111, obs. D. Ferrier ; *Lettre distrib.* 2016/12, p. 3, obs. N. Eréséo).

8) **Justification de la revente à perte.** Un commerçant ne peut vendre à perte au prétexte qu'il doit brader ses stocks pour sauver son entreprise de la liquidation judiciaire (▪ T. corr. Paris, 23 janv. 2002 : *RJDA* 10/2002, n° 1087). Il revient au commerçant qui entend justifier sa pratique de revente à perte pour des raisons de concurrence directe, de prouver la matérialité de l'alignement et d'établir la réalité du prix pratiqué pour le même produit et pour la même période de revente *par* un ou plusieurs de ses concurrents (▪ Cass. crim., 4 nov. 1991, n° 90-87.342 : *JurisData* n° 1991-003414 ; *Gaz. Pal.* 1992, 19-21 avr., somm., p. 11, obs. Doucet) ; cette preuve peut être apportée à tout moment, même après la clôture du procès-verbal (▪ Cass. crim., 10 avr. 1995, n° 94-82.026 : *JurisData* n° 1995-001314 ; *RJDA* 6/1995, n° 735. ▪ 3 avr. 1997 :

RJDA 12/1997, n° 1506). Mais la preuve relative à l'illicéité du prix d'alignement incombe à la partie poursuivante (■ Cass. crim., 11 mars 1991 [2 arrêts] : *Gaz. Pal.* 1991, 2, 399, note D. Bayet ; *Bull. crim.* 1991, n° 120 et n° 121 ; *RTD com.* 1992, 211, obs. B. Bouloc et 273, obs. P. Bouzat. ■ Cass. crim., 17 janv. 1994, n° 93-80.362 : *JurisData* n° 1994-002968 ; *D.* 1995, 577, note Ph. Casson ; *RJDA* 3/1994, n° 305). L'exception d'alignement n'est pas subordonnée à la simultanéité des pratiques visées à l'article 1er [devenu C. com., art. L. 442-2] (■ Cass. crim., 28 juin 1993, n° 92-86.739 : *JurisData* n° 1993-704845 ; *JCP* E 1993, pan. 1185. ■ Cass. crim., 17 janv. 1994 : *D.* 1995, 577, note Ph. Casson ; *RJDA* 3/1994, n° 305), ni au fait que le prix pratiqué soit exactement égal au prix servant de référence (■ Cass. crim., 23 janv. 1995, n° 94-80.453 : *JurisData* n° 1995-001200 ; *JCP* E 1995, pan. 666. ■ Cass. crim., 3 mai 1995, n° 94-82.041 : *JurisData* n° 1995-001416 ; *RJDA* 7/1995, n° 862).

Voir désormais les exceptions prévues à l'article L. 442-4 du Code de commerce.

9) Élément moral. Le délit de revente à perte est établi par la seule constatation de l'élément matériel sans que l'intention frauduleuse soit exigée (■ Cass. crim., 4 févr. 1991, n° 90-81.382 : *JurisData* n° 1991-000985 ; *Gaz. Pal.* 1991, note Doucet ; *RTD com.* 1992, 272, obs. P. Bouzat).

10) Imputabilité de l'infraction. L'article L. 442-2 s'applique au dirigeant d'une société mère, centrale d'achats, qui revend à certaines de ses filiales divers matériels à des prix inférieurs à ceux de leur achat auprès des fabricants (■ Cass. crim., 21 juin 1993, n° 92-80.538 : *RJDA* 8/1993, n° 720). De même dans les opérations entre une société mère et sa filiale à 100 % dès lors qu'il s'agit de personnes morales distinctes (■ Douai, 20 déc. 2005, n° 05/01725 : *JurisData* n° 2005-300932 ; *Contrats, conc. consom.* 2006, n° 159, obs. M. Malaurie-Vignal, conf. par ■ Cass. com., 22 nov. 2006 : *D.* 2007, pan. 1911, obs. D. Ferrier ; *D.* 2008, pan. 251, obs. V. Valette-Ercole ; *RJDA* 5/2007, n° 563). Hors les cas où la loi en dispose autrement, le chef d'entreprise, qui n'a pas personnellement pris part à la réalisation de l'infraction, peut s'exonérer de sa responsabilité pénale s'il rapporte la preuve qu'il a délégué ses pouvoirs à une personne pourvue de la compétence, de l'autorité et des moyens nécessaires (■ Cass. crim., 17 janv. 1994 : *D.* 1995, 577, note Ph. Casson ; *RJDA* 3/1994, n° 305).

11) QPC. En écartant l'application immédiate des paragraphes I à III de l'article 47 de la loi n° 2005-882 du 2 août 2005, le paragraphe IV du même article n'a pas porté atteinte au principe de nécessité des peines énoncé à l'article 8 de la Déclaration de 1789 (■ Cons. const., déc. n° 2010-74-QPC, 3 déc. 2010 : *Contrats, conc. consom.* 2011, alerte 7).

S'agissant du seuil spécifique applicable aux produits alimentaires, V. *supra* sous l'article L. 442-5 nouveau les dispositions de l'ordonnance n° 2018-1128 du 12 décembre 2018.

Circulaire du 8 décembre 2005

relative aux relations commerciales (extraits)

[...]. – Les dispositions du deuxième alinéa de l'article L. 442-2 du Code de commerce fixent de nouvelles modalités de calcul du seuil de revente à perte à compter du 1er janvier 2006.

4.1 Définitions

4.1.1 Le prix unitaire net figurant sur la facture est le prix tarif minoré des réductions de prix telles que définies à l'article L. 441-3 du Code de commerce.

4.1.2 Les autres avantages financiers consentis par le vendeur sont constitués de l'ensemble des avantages consentis au client et qui ne sont pas portés sur la facture de vente du produit. La loi en faveur des PME prévoit de prendre en compte dans le calcul du SRP tous les avantages financiers consentis par le fournisseur à son client ou au mandataire de son client, quand bien même ledit mandataire ne rétrocéderait pas les sommes perçues à son mandant. Il s'agit :

– *des ristournes* assorties d'une condition, quelle que soit leur date de liquidation, et qui ont fait l'objet lors de la négociation commerciale d'un accord entre le vendeur et l'acheteur. Lors de la détermination du SRP, il appartiendra à celui qui prendra la responsabilité d'imputer ces ristournes dans le prix d'achat effectif de justifier auprès de l'autorité de contrôle, le cas échéant a posteriori, de la licéité de cette prise en compte ;

– de l'ensemble des rémunérations perçues par le distributeur ou par le prestataire de services au titre des différents services visés au I de l'article L. 441-7 du Code de commerce, c'est-à-dire les services de coopération commerciale et ceux fournis à l'appui de contrats de services distincts.

4.1.3 Situation des nouveaux instruments promotionnels (NIP)

Les nouveaux instruments promotionnels recouvrent plusieurs formes ; ils font l'objet soit d'un contrat de mandat par lequel le fournisseur consent au consommateur un avantage financier dont le distributeur fait l'avance à l'occasion du passage en caisse, soit d'un contrat de coopération commerciale. Dans le premier cas, l'avantage n'étant pas consenti au distributeur, il n'entre pas dans la catégorie des autres avantages financiers. Dans le second cas, en revanche, l'avantage perçu suit le régime général de la coopération commerciale.

4.1.4 Les pénalités sanctionnent contractuellement un manquement d'une partie à ses obligations. À ce titre, elles n'entrent pas dans la catégorie des autres avantages financiers.

[...].

4.2.4 Situation particulière des grossistes

L'article 47-II de la loi du 2 juillet 2005 instaure un SRP spécifique pour les grossistes. Il leur permet d'appliquer un coefficient de 0,90 au prix d'achat effectif tel que défini par les deuxième et troisième alinéas de l'article L. 442-2 du Code de commerce.

Les grossistes visés sont ceux qui « distribuent des produits ou services exclusivement aux professionnels qui [leur] sont indépendants, et qui exercent une activité de revendeur au détail, de transformateur ou de prestataire de services final. »

Une première condition a donc trait à la clientèle qui doit être exclusivement professionnelle. La condition sus énoncée s'apprécie au niveau du grossiste et non client par client de ce grossiste, interdisant par là même toute différenciation du SRP par cet opérateur.

Une deuxième condition est liée à l'indépendance de la clientèle par rapport au grossiste. Cette condition s'apprécie au regard d'éléments de fait et de droit : la politique commerciale du client doit être librement définie et il ne doit y avoir aucun lien capitalistique ou d'affiliation entre le grossiste et ses clients. Ainsi, un grossiste ou une centrale d'achat vendant à des professionnels ayant des liens capitalistiques ou d'affiliation avec lui, ou qui ne sont pas libres de leur politique commerciale ne saurait prétendre au bénéfice de l'article 47-II. Rien ne s'oppose à ce qu'un grossiste appartenant à un groupe de sociétés, ou ayant des liens d'affiliation avec des commerçants au détail, mais dont l'activité s'exerce exclusivement à l'égard d'entreprises indépendantes de lui, extérieures à son groupe ou réseau d'affiliation, bénéficie de ces dispositions.

Rédaction antérieure. Art. L. 442-3 *(Mod., L. n° 2008-3, 3 janv. 2008)*. – Les personnes morales déclarées pénalement responsables de l'infraction prévue à l'article L. 442-2 encourent la peine mentionnée au 9° de l'article 131-39 du Code pénal.

La cessation de l'annonce publicitaire peut être ordonnée dans les conditions prévues à l'article *(Rempl., Ord. n° 2016-301, 14 mars 2016)* « L. 132-8 du Code de la consommation. »

Rédaction antérieure. Art. L. 442-4 *(Mod., L. n° 2005-845, 26 juill. 2005 ; L. n° 2008-776, 4 août 2008)*. – I. – Les dispositions de l'article L. 442-2 ne sont pas applicables :

1° Aux ventes volontaires ou forcées motivées par la cessation ou le changement d'une activité commerciale ;

2° Aux produits dont la vente présente un caractère saisonnier marqué, pendant la période terminale de la saison des ventes et dans l'intervalle compris entre deux saisons de vente ;

3° Aux produits qui ne répondent plus à la demande générale en raison de l'évolution de la mode ou de l'apparition de perfectionnements techniques ;

4° Aux produits, aux caractéristiques identiques, dont le réapprovisionnement s'est effectué en baisse, le prix effectif d'achat étant alors remplacé par le prix résultant de la nouvelle facture d'achat ;

5° Aux produits alimentaires commercialisés dans un magasin d'une surface de vente de moins de 300 mètres carrés et aux produits non alimentaires commercialisés dans un magasin d'une surface de vente de moins de 1 000 mètres carrés, dont le prix de revente est aligné sur le prix légalement pratiqué pour les mêmes produits par un autre commerçant dans la même zone d'activité ;

6° À condition que l'offre de prix réduit ne fasse l'objet d'une quelconque publicité ou annonce à l'extérieur du point de vente, aux produits périssables à partir du moment où ils sont menacés d'altération rapide ;

7° Aux produits soldés mentionnés à l'article L. 310-3.

II. – Les exceptions prévues au I ne font pas obstacle à l'application du 2° de l'article L. 653-5 et du 1 de l'article L. 654-2.

Rédaction antérieure. Art. L. 442-5. – *Est puni d'une amende de 15 000 €* le fait par toute personne d'imposer, *directement ou indirectement*, un caractère *minimal* au prix de revente d'un produit ou d'un bien, au prix d'une prestation de *service ou à une marge commerciale*.

Bibliographie : D. Achach, *L'interdiction des prix imposés : Rev. conc. consom.* 1987/40, p. 25. • R. Amaro, *Les prix imposés en droit de la concurrence : un « péché majeur ? » : AJCA* 2015/7, p. 296. • F. Delbarre, *Réglementation des prix imposés : RJDA* 1993/3, p. 167. • D. Ferrier, *Prix imposés, prix conseillés*, étude DGCCRF 1988.

I – PRATIQUES JUGÉES ILLICITES

A – Imposition directe des prix de revente

1) Respect d'un coefficient minimal. Est constitutif du délit de prix imposé l'envoi par un fournisseur de lettres de rappel à l'ordre à des distributeurs qui ne respectent pas le coefficient minimal qu'il préconise (■ Versailles, 28 nov. 1990 : *JurisData* n° 1990-047227 ; *Gaz. Pal.* 1991, 2, 410). V. également une décision condamnant un fournisseur qui avait exigé par courrier que le distributeur pratique le prix catalogue majoré de 5 % (■ Aix-en-Provence, 23 janv. 2014 : *JurisData* n° 2014-004693).

2) Livraison de produits pré-étiquetés. Impose un prix minimal de revente, le franchiseur qui livre à ses franchisés des produits assortis d'une étiquette mentionnant leur prix et conditionnant le bénéfice de la garantie contractuelle (■ Cass. com., 7 oct. 1997, n° 95-19.518 : *JCP* E 1998, p. 1645, note D. Manguy. ■ Angers, 6 nov. 2012, n° 10/03039 : *Lettre distrib.* 2012/12, p. 1, obs. M. David-Calas, relevant en outre que la modification du prix supposait une intervention informatique soumise à l'autorisation du franchiseur). Jugeant à l'inverse que la pratique du « pré-étiquetage » ne constitue pas une imposition du prix de revente (■ Montpellier, 30 août 2000, n° 99/0000608 : *JurisData* n° 2000-137072 ; *Lettre distrib.* 2000/9).

3) Clause de fixation des prix. Un franchiseur du secteur de la pharmacie et de la parapharmacie est en conflit avec un franchisé l'ayant assigné afin d'obtenir l'annulation du contrat et plus subsidiairement la résolution de celui-ci à ses torts. S'agissant de la demande de résolution, le franchisé reproche au franchiseur divers manquements et notamment une imposition des prix de revente. Les magistrats relèvent la présence de la clause suivante dans le contrat : « Le franchisé s'engage à respecter et ne pas modifier (sauf modification de pure forme) les tarifs clientèles, ainsi que les modèles de contrats clients qui lui seront communiqués par le franchiseur ». Ils estiment que cette clause est illicite puisqu'elle a « pour effet d'imposer au franchisé d'appliquer à la clientèle le tarif déterminé et transmis par le franchiseur » (■ *Paris*, 9 janv. 2019, n° 16/21425).

B – Imposition indirecte des prix de revente

4) Prix conseillés. Pour un exemple de « prix conseillés » qui constituaient en réalité des prix imposés en raison de menaces de rétorsions commerciales (■ Cass. crim., 25 nov. 1991, n° 91-80.159 : *JurisData* n° 1991-004030 ; *Gaz. Pal.* 1992, 1, somm. 166, obs. Doucet ; *RTD com.* 1992, 882, obs. P. Bouzat), ou de prix « indicatifs » de revente qui revêtent un caractère obligatoire compte tenu d'une clause interdisant aux revendeurs toute remise promotionnelle sur les produits de la marque sans le consentement du concédant et d'une politique de refus systématique de telles remises (■ Cass. crim., 22 août 1995, n° 94-83.196 : *JurisData* n° 1995-002607 ; *RJDA* 1/1996, n° 77).

5) Refus de livraison. Le fait pour un fournisseur de refuser de livrer un revendeur au motif qu'il estime trop bas le prix pratiqué par lui, et ce, en croyant pouvoir se dispenser de lui indiquer le prix minimal à partir duquel il l'autoriserait à commercialiser ses produits, conduit exactement aux mêmes conséquences, au plan commercial, que le fait de lui préciser un prix minimal (■ Cass. crim., 31 oct. 2000, n° 99-86.588 : *JurisData* n° 2000-007510 ; *JCP* E 2001, pan. 447 ; *RJDA* 5/2001, n° 643 ; *D.* 2001, somm. 2347, obs. de Lamy ; *CDE* 2001/4, p. 33, obs. D. Mainguy).

6) Ristournes faussement conditionnelles. L'établissement artificiel de seuils de revente à perte par le biais de ristournes en apparence « conditionnelles » mais en réalité « inconditionnelles » constitue une pratique d'imposition de prix minimum de revente (■ Cons. conc., 25 sept. 2003 : *JCP* E 2004, jurispr. 70, note P. Arhel).

Voir : annot. citée sous art. L. 420-1, p. 670.

7) Fausse coopération commerciale. Viole l'article L. 442-5 du Code de commerce la cour d'appel qui rejette le grief de prix imposé en se bornant à relever, s'agissant de services de coopération commerciale, qu'il n'était pas démontré que les réductions de prix litigieuses avaient pour but ou pour résultat de supprimer ou de limiter la politique de prix pratiquée par les distributeurs et de les contraindre à relever leurs tarifs, alors qu'elle aurait dû rechercher, comme il lui était demandé, si la rémunération prévue par le fournisseur dans les accords de coopération litigieux correspondait à la rémunération de véritables services spécifiques détachables des opérations de vente (■ Cass. com., 3 mars 2004, n° 02-14.529 : *Bull. civ.* IV, n° 44).

II – PRATIQUES JUGÉES LICITES

8) Preuve de l'application des prix. Un fabricant de compléments alimentaires avait confié à une société la distribution exclusive de ses produits *via* un site internet, dans l'attente de l'aménagement de son propre site. S'appuyant sur les échanges de courriers intervenus entre les parties, la cour d'appel avait condamné le fournisseur à réparer le préjudice subi par le distributeur, sur le fondement de l'article L. 442-5 du Code de commerce au motif qu'il était indiscutable que ce dernier avait « tenté constamment d'imposer des prix minima, pour protéger ses ventes sur catalogue » et que « gênée dans sa politique commerciale », la société victime avait subi un préjudice. Par un arrêt rendu au visa de l'article 1382 du Code civil, la chambre commerciale prononce la cassation pour défaut de base légale. La cour d'appel se voit reprocher de n'avoir pas recherché si le distributeur avait appliqué les prix minima que le fournisseur avait tenté de lui imposer (■ Cass. com., 23 oct. 2012, n° 11-19.383).

9) Utilisation d'un logiciel. Jugé qu'un franchiseur ne s'était pas rendu coupable d'une imposition illicite des prix aux motifs que le franchisé avait choisi volontairement de bénéficier de l'assistance pour la gestion des prix grâce à un logiciel fourni par le promoteur du réseau et n'avait pas fait usage de la faculté qui lui était offerte de modifier manuellement les prix alors même qu'un constat d'huissier versé aux débats avait permis d'établir que ces modifications étaient possibles dans des temps raisonnables (■ Paris, 3 sept. 2014, n° 12/09785 : *Lettre distrib.* 2014/10, p. 5, obs. J.-M. Vertut).

10) Offre de réduction de prix. Le fait d'offrir, à l'occasion de la cession d'un produit, des rabais, remises ou ristournes, dans des conditions d'attribution définies de manière objective et ne prêtant pas à discrimination, n'est pas de nature à restreindre la liberté de leur bénéficiaire de fixer le prix de revente de ce produit et ne saurait constituer une pratique tendant à conférer un caractère minimal au prix de revente (■ Cass. crim., 29 nov. 1993 et ■ Cass. com., 12 oct. 1993, n° 91-16.988 : *JurisData* n° 1993-002164 ; *RJDA* 1/1994, n° 57).

11) Suppression d'une remise. Ne relève pas de l'article L. 442-5 du Code de commerce le fait pour un fournisseur de supprimer une substantielle réduction de prix (21 %) dont bénéficiait jusqu'ici l'un de ses distributeurs afin de l'aligner sur les conditions consenties aux autres. En effet, même si cette démarche a été influencée par les prix trop faibles pratiqués par ce distributeur, le fournisseur a eu « le souci premier de ne pas fausser (...) le marché en consentant à l'ensemble de ses revendeurs les mêmes tarifs de départ ». Si cette modification pouvait certes engendrer une augmentation du prix revente pratiqué par le distributeur, elle ne l'imposait aucunement, même indirectement, ce dernier demeurant totalement libre de répercuter ou non ces nouvelles conditions à ses propres clients. Elle n'avait pas non plus pour but de l'évincer du marché puisque les nouveaux tarifs étaient identiques par rapport à ceux offerts aux autres *revendeurs (■ Angers, 10 janv. 2012 : JurisData* n° 2012-003287 ; *Concurrences* 2012/2, p. 102).

12) Réductions de prix hors facture. La pratique de rabais, remises ou ristournes hors facture ne constitue pas une façon d'imposer indirectement un caractère minimal au prix de revente ; s'il existe un délit de refus de vente [aujourd'hui abrogé], il n'existe pas de délit de refus d'acheter et le distributeur est libre d'adhérer ou non aux conditions de vente proposées par le fournisseur (■ Versailles, 14 mai 1992 : *JurisData* n° 1992-050999 ; *RJDA* 1992, n° 849. – *Adde*, ■ Cass. crim., 30 nov. 1992, n° 91-83.707 : *JurisData* n° 1992-003033 ; *RJDA* 1/1993, n° 50).

13) Imposition des conditions de vente négociées par un franchiseur. Ne peut être critiquée la clause imposant au franchisé les conditions de vente conclues par le franchiseur avec les fournisseurs agréés, dès lors que cette clause n'interdit pas au distributeur de négocier librement ses prix de revente avec les professionnels qui constituent sa clientèle (■ Paris, 28 juin 1993 : *JCP* E 1994, I, 313, n° 16, obs. M. Mousseron).

14) Prix maximal. Ne relève pas de l'incrimination de prix de revente imposé, le fait pour un franchiseur d'établir un catalogue semestriel comportant l'indication du prix maximal de revente des produits (■ Paris, 13 nov. 1984 : *JurisData* n° 1984-600561 ; *Lettre distrib.* 1984/4). Jugé dans le même sens que l'article L. 442-5 du Code de commerce n'est pas applicable au contrat de distribution qui prévoit un prix maximum de revente dans le cadre d'une politique commerciale visant à maintenir un niveau de prix très bas afin d'entraîner « l'achat d'impulsion » du consommateur. Le contrat litigieux rappelait d'ailleurs expressément que le concessionnaire pouvait fixer librement ses prix de revente, ainsi que sa marge bénéficiaire qu'il pouvait réduire en pratiquant un prix inférieur à celui conseillé. Le taux conséquent de marge contractuelle permettait en effet au distributeur de réduire les prix sans risquer de revendre à perte, le prix d'achat des produits étant limité à 35 pour cent du prix de revente, alors qu'il est ordinairement fixé à 45 pour cent (■ Toulouse, 26 janv. 2006 : *JurisData* n° 2006-312311).

15) Prix conseillés. Ne relève pas de l'article L. 442-5 du Code de commerce la pratique suivant laquelle le fournisseur conseille des prix de revente dès lors qu'il est établi que le distributeur, en l'espèce un concessionnaire, a pu user de sa liberté dans le choix de sa politique commerciale en pratiquant des prix plus élevés sans jamais faire l'objet de mise en garde de la part du concédant (■ Toulouse, 6 déc. 2007 : *JurisData* n° 2007-363862). Jugé dans le même sens qu'un distributeur est mal fondé à demander la nullité du contrat de franchise en raison de la présence dans le contrat d'une clause de prix de revente conseillés, associée à une clause d'approvisionnement exclusif. En effet, la clause litigieuse n'est assortie d'aucune sanction, d'aucune clause pénale, ni même d'aucune contrainte ou menace de rétorsion directe ou indirecte, ce qui l'exclut de la catégorie des clauses de prix minimum imposés contraires aux dispositions de l'article L. 442-5 du Code de commerce (■ Riom, 20 juin 2007 : *Juris-Data* n° 2007-340383).

16) Contrat conclu avec un dépositaire. La sanction de l'imposition d'un prix de revente n'est pas applicable dans le cadre d'une relation entretenue à l'égard d'un dépositaire tenu d'appliquer les prix fixés par le déposant (■ Colmar, 6 oct. 1978 : *Lettre distrib.* 1979/7-8).

III – SANCTION

17) Annulation du contrat. Doit être cassé pour violation de l'article 1134 du Code civil l'arrêt qui a écarté « le moyen d'annulation du contrat pour pratique de prix imposés » en faisant valoir que le distributeur était libre de fixer ses prix alors que « les prix de vente publics étaient fixés à la livraison et communs à toutes les boutiques » (■ Cass. com., 21 juin 2017, n° 15-25.423).

18) Résolution du contrat. Une clause de fixation des prix illicite ne justifie pas le prononcé de la résolution aux torts du franchiseur dès lors que le manquement prêté à ce dernier n'a pas empêché l'exécution du contrat, que le franchisé n'a pas émis la moindre contestation sur ce point avant le litige et que fait défaut le degré de gravité exigé pour le prononcé de la résolution judiciaire (■ Paris, 9 janv. 2019, n° 16/21425).

Rédaction antérieure. Art. L. 442-6 ***(Mod., L. n° 2005-882, 2 août 2005 ; L. n° 2008-3, 3 janv. 2008 ; L. n° 2008-776, 4 août 2008 ; Ord. n° 2008-1161, 13 nov. 2008 ; L. n° 2010-874, 27 juill. 2010 ; L. n° 2014-344, 17 mars 2014 ; L. n° 2015-990, 6 août 2015 ; L. n° 2016-1691, 9 déc. 2016).*** – I. – Engage la responsabilité de son auteur et l'oblige à réparer le préjudice causé le fait, par tout producteur, commerçant, industriel ou personne immatriculée au répertoire des métiers :

1° D'obtenir ou de tenter d'obtenir d'un partenaire commercial un avantage quelconque ne correspondant à aucun service commercial effectivement rendu ou manifestement disproportionné au regard de la valeur du service rendu. Un tel avantage peut notamment consister en la participation, non justifiée par un intérêt commun et sans contrepartie proportionnée, au financement d'une opération d'animation ou de promotion commerciale, d'une acquisition ou d'un investissement, en particulier dans le cadre de la rénovation de magasins, du rapprochement d'enseignes ou de centrales de référencement ou d'achat ou de la rémunération de services rendus par une centrale internationale regroupant des distributeurs. Un tel avantage peut également consister en une globalisation artificielle des chiffres d'affaires, en une demande d'alignement sur les conditions commerciales obtenues par d'autres clients ou en une demande supplémentaire, en cours d'exécution du contrat, visant à maintenir ou accroître abusivement ses marges ou sa rentabilité ;

2° De soumettre ou de tenter de soumettre un partenaire commercial à des obligations créant un déséquilibre significatif dans les droits et obligations des parties ;

3° D'obtenir ou de tenter d'obtenir un avantage, condition préalable à la passation de commandes, sans l'assortir d'un engagement écrit sur un volume d'achat proportionné et, le cas échéant, d'un service demandé par le fournisseur et ayant fait l'objet d'un accord écrit ;

4° D'obtenir ou de tenter d'obtenir, sous la menace d'une rupture brutale totale ou partielle des relations commerciales, des conditions manifestement abusives concernant les prix, les délais de paiement, les modalités de vente ou les services ne relevant pas des obligations d'achat et de vente ;

5° De rompre brutalement, même partiellement, une relation commerciale établie, sans préavis écrit tenant compte de la durée de la relation commerciale et respectant la durée minimale de préavis déterminée, en référence aux usages du commerce, par des accords interprofessionnels. Lorsque la relation commerciale porte sur la fourniture de produits sous marque de distributeur, la durée minimale de préavis est double de celle qui serait applicable si le produit n'était pas fourni sous marque de distributeur. À défaut de tels accords, des arrêtés du ministre chargé de l'économie peuvent, pour chaque catégorie de produits, fixer, en tenant compte des usages du commerce, un délai minimum de préavis et encadrer les conditions de rupture des relations commerciales, notamment en fonction de leur durée. Les dispositions qui précèdent ne font pas obstacle à la faculté de résiliation sans préavis, en cas d'inexécution par l'autre partie de ses obligations ou en cas de *force majeure*. Lorsque la rupture de la relation commerciale résulte d'une mise en concurrence par enchères à distance, la durée minimale de préavis est *double de celle* résultant de l'application des dispositions du présent alinéa dans les cas où la durée du préavis initial est de moins de six mois, et d'au moins un an dans les autres cas ;

6° De participer directement ou indirectement à la violation de l'interdiction de revente hors réseau faite au distributeur lié par un accord de distribution sélective ou exclusive exempté au titre des règles applicables du droit de la concurrence ;

7° D'imposer une clause de révision du prix, en application du cinquième alinéa du I de l'article L. 441-7 ou de l'avant-dernier alinéa de l'article L. 441-7-1, ou une clause de renégociation du prix, en application de l'article L. 441-8, par référence à un ou plusieurs indices publics sans rapport direct avec les produits ou les prestations de services qui sont l'objet de la convention ;

8° De procéder au refus ou retour de marchandises ou de déduire d'office du montant de la facture établie par le fournisseur les pénalités ou rabais correspondant au non-respect d'une date de livraison ou à la non-conformité des marchandises, lorsque la dette n'est pas certaine, liquide et exigible, sans même que le fournisseur n'ait été en mesure de contrôler la réalité du grief correspondant ;

9° De ne pas communiquer ses conditions générales de vente, dans les conditions prévues à l'article L. 441-6, à tout acheteur de produits ou tout demandeur de prestations de services qui en fait la demande pour l'exercice d'une activité professionnelle ;

10° De refuser de mentionner sur l'étiquetage d'un produit vendu sous marque de distributeur le nom et l'adresse du fabricant si celui-ci en a fait la demande conformément à l'article L. 112-6 du Code de la consommation ;

11° D'annoncer des prix hors des lieux de vente, pour un fruit ou légume frais, sans respecter les règles définies aux II et III de l'article L. 441-2 du présent code ;

12° De passer, de régler ou de facturer une commande de produits ou de prestations de services à un prix différent du prix convenu résultant de l'application du barème des prix unitaires mentionné dans les conditions générales de vente, lorsque celles-ci ont été acceptées sans négociation par l'acheteur, ou du prix convenu à l'issue de la négociation commerciale faisant l'objet de la convention prévue à l'article L. 441-7, modifiée le cas échéant par avenant, ou de la renégociation prévue à l'article L. 441-8 ;

13° De soumettre ou de tenter de soumettre un partenaire commercial à des pénalités pour retard de livraison en cas de force majeure.

II. – Sont nuls les clauses ou contrats prévoyant pour un producteur, un commerçant, un industriel ou une personne immatriculée au répertoire des métiers, la possibilité :

a) De bénéficier rétroactivement de remises, de ristournes ou d'accords de coopération commerciale ;

b) D'obtenir le paiement d'un droit d'accès au référencement préalablement à la passation de toute commande ;

c) D'interdire au cocontractant la cession à des tiers des créances qu'il détient sur lui ;

d) De bénéficier automatiquement des conditions plus favorables consenties aux entreprises concurrentes par le cocontractant ;

e) D'obtenir d'un revendeur exploitant une surface de vente au détail inférieure à 300 mètres carrés qu'il approvisionne mais qui n'est pas lié à lui, directement ou indirectement, par un contrat de licence de marque ou de savoir-faire, un droit de préférence sur la cession ou le transfert de son activité ou une obligation de non-concurrence postcontractuelle, ou de subordonner l'approvisionnement de ce revendeur à une clause d'exclusivité ou de quasi-exclusivité d'achat de ses produits ou services d'une durée supérieure à deux ans.

L'annulation des clauses relatives au règlement entraîne l'application du délai indiqué au huitième alinéa du I de l'article L. 441-6, sauf si la juridiction saisie peut constater un accord sur des conditions différentes qui soient équitables.

III. – L'action est introduite devant la juridiction civile ou commerciale compétente par toute personne justifiant d'un intérêt, par le ministère public, par le ministre chargé de l'économie ou par le président de l'Autorité de la concurrence lorsque ce dernier constate, à l'occasion des affaires qui relèvent de sa compétence, une pratique mentionnée au présent article.

Lors de cette action, le ministre chargé de l'économie et le ministère public peuvent demander à la juridiction saisie d'ordonner la cessation des pratiques mentionnées au présent article. Ils peuvent aussi, pour toutes ces pratiques, faire constater la nullité des clauses ou contrats illicites et demander la répétition de l'indu. Ils peuvent également demander le prononcé d'une amende civile dont le montant ne peut être supérieur à cinq millions d'euros. Toutefois, cette amende peut être portée au triple du montant des sommes indûment versées ou, de manière proportionnée aux avantages tirés du manquement, à 5 % du chiffre d'affaires hors taxes réalisé en France par l'auteur des pratiques lors du dernier exercice clos depuis l'exercice précédant celui au cours duquel les pratiques mentionnées au présent article ont été mises en œuvre. La réparation des préjudices subis peut également être demandée. Dans tous les cas, il appartient au prestataire de services, au producteur, au commerçant, à l'industriel ou à la personne immatriculée au répertoire des métiers qui se prétend libéré de justifier du fait qui a produit l'extinction de son obligation.

La juridiction ordonne systématiquement la publication, la diffusion ou l'affichage de sa décision ou d'un extrait de celle-ci selon les modalités qu'elle précise. Elle peut également ordonner l'insertion de la décision ou de l'extrait de celle-ci dans le rapport établi sur les opérations de l'exercice par les gérants, le conseil d'administration ou le directoire de l'entreprise. Les frais sont supportés par la personne condamnée.

La juridiction peut ordonner l'exécution de sa décision sous astreinte.

Les litiges relatifs à l'application du présent article sont attribués aux juridictions dont le siège et le ressort sont fixés par décret.

IV. – Le juge des référés peut ordonner, au besoin sous astreinte, la cessation des pratiques abusives ou toute autre mesure provisoire.

NB : Les dispositions nouvelles issues de la loi du 17 mars 2014 sont applicables aux contrats conclus à compter du premier jour du quatrième mois suivant sa promulgation. Sur les apports de ce texte, V. DGCCRF, note n° 2014-149, 6 août 2014 : *Lettre distrib.* 2014/9, p. 1, obs. N. Eréséo, annulée et remplacée par une nouvelle note du 22 octobre 2014 : *Lettre distrib.* 2014/11, p. 4, obs. N. Eréséo.

Bibliographie : R. Amaro, *Le déséquilibre significatif en droit commun des contrats ou les incertitudes d'une double filiation : Contrats, conc. consom.* 2014/8-9, étude 8. • M.-E. Ancel, *L'article L. 442-6-I, 5° en droit international privé : RJ com.* 2009, p. 200. • L.-M. Aubagneur, *La répercussion d'une baisse d'activité sur les fournisseurs et sous-traitants constitue-t-elle une rupture partielle des relations commerciales établies ? Ou comment la crise révèle un cas d'imprévision : JCP* E 2009, 1446 ; *L'anticipation raisonnable de la rupture des relations commerciales – À propos d'un non-revirement de la Cour de cassation : JCP* E 2009, 1969. • M. Behar-Touchais, *À la recherche d'une plus grande efficacité dans la lutte contre les pratiques restrictives : Rev. Lamy conc.* 2005/2, p. 39 ; *Mutations du droit des pratiques restrictives de concurrence : Rev. Lamy dr. aff.* 2010/2, 66 ; *L'article 6 du règlement Rome II et les pratiques restrictives de concurrence internationales : Rev. Lamy conc.* 2010/1, p. 31 ; *La rupture d'une relation commerciale établie : LPA* 9 oct. 2008, p. 9. • A. Berg-Moussa, *Notion de déséquilibre significatif et action du ministre : point d'étape et nouveaux questionnements : JCP* E 2012, 1139. • M. Boizard, *La réception de la notion de violence économique en droit : LPA* 16 juin 2004, n° 120, p. 5. • M. Chagny, *La notion de dommages et intérêts punitifs et ses répercussions sur le droit de la concurrence : JCP* G 2006, I, 149 ; *Le nouveau droit de la* *concurrence : quel impact sur les relations contractuelles ? : Contrats, conc. consom.* 2008, alerte 70 ; *L'essor jurisprudentiel de la règle sur le déséquilibre significatif 5 ans après : RTD com.* 2014, p. 500. • *L'article L. 442-6, I, 2° du Code de commerce entre droit du marché et droit commun des obligations : D.* 2011, p. 392. • M. Chagny, J.-L. Fourgoux, C. Penard, J. Riffault-Silk et D. Tricot, *Approches plurielles du déséquilibre significatif : Concurrences* 2011/2, dossier spécial. • G. Chantepie, *La précarité des relations commerciales : Contrats, conc. consom.* 2012/11, étude 11. • K. Le Couviour, *Regards critiques sur la rupture brutale des relations commerciales établies : RTD com.* 2008/1, p. 1. • S. Destours et J.-M. Vertut, *Centrales, super centrales et (re)négociation des accords commerciaux : la puissance de négociation sous surveillance : CDE* 2007/3, p. 39. • Dewolf, *Réflexions sur le déréférencement abusif : LPA* 1997, n° 17, p. 13. • C. Dutheuil de la Rochère, *Regards civilistes sur les nullités de l'article L. 442-6 du Code de commerce : RRJ* 2003/4, p. 2503. • N. Eréséo, *Le détournement du droit des pratiques restrictives de concurrence à travers l'exemple de l'article L. 442-6, I, 5° du Code de commerce : Concurrences* 2010/2, p. 57 ; *Les contrats de distribution et la réforme du droit des obligations in Les contrats spéciaux et la réforme du droit des obligations* (dir. L. Andreu et M. Mignot) : Institut Universitaire Varenne, coll. Colloques & Essais, 2017, p. 363. • D. Ferré, *Regards sur l'efficacité du Titre IV, Livre IV du Code de commerce à l'occasion d'un bilan : CDE* 2007/3, p. 26. • D. Ferrier, *Les nouvelles règles du (dé)référencement : CDE* 1996/5, p. 6 ; *Le déréférencement d'un fournisseur par une centrale d'achat in La cessation des relations contractuelles d'affaires*, PUAM 1997, p. 45 ; *Les pratiques restrictives de concurrence, pour quelle finalité in Mélanges Y. Serra*, Dalloz 2006, p. 189. • N. Ferrier, *La violence économique en droit de la distribution in La violence économique* (dir. Y. Picod et D. Mazeaud) : Dalloz, coll. Thèmes et commentaires, 2017 ; *Un an de droit français des pratiques restrictives de concurrence : Contrats, conc. consom.* 2017/7, étude 7 ; *La prévention du grief de rupture brutale d'une relation commerciale établie par le contenu du contrat in Flux et reflux de la rupture brutale des relations commerciales* (dir. C. Mouly-Guillemaud), Lexisnexis, coll. act. dr. entr., t. 35, 2018, p. 45 ; *Quelle autonomie procédurale du droit de la concurrence : Contrats, conc. consom.* 2019/6, dossier 5. • N. Ferrier et L. Sautonie-Laguionie, *La distribution parallèle à l'épreuve de l'opposabilité du réseau : RTD civ.* 2011/2, p. 225. • N. Ferrier et S. Hotte, *De l'influence du droit des contrats sur le droit des pratiques restrictives de concurrence : Concurrences* 2016/1, version en ligne, p. 13. • J.-L. Fourgoux, *Le droit de la distribution doit-il encore comporter des dispositions relatives aux pratiques restrictives de concurrence ? : Contrats, conc. consom.* 2006, dossier 26. • J.-L. Fourgoux et L. Djavadi, *Les clauses contractuelles à l'épreuve du « déséquilibre significatif » : état de la jurisprudence : Contrats, conc. consom.* 2013, étude 14. • A. Fourment et D. Batude, *Préjudice découlant de la rupture brutale de relations commerciales établies. Plaidoyer pour une prévisibilité des calculs prétoriens : Contrats, conc. consom.* 2015/12, étude 16. • E. Gicquiaud, *Le contrat à l'épreuve du déséquilibre significatif : RTD com.* 2014, p. 267. • J.-C. Grall, *Déséquilibre significatif : convergence et divergence entre le B to B et le B to C : Rev. Lamy conc.* 2015/2, p. 26. • Ch. Jamin et D. Béchillon, *La Convention européenne des droits de l'Homme au supermarché (de l'immixtion du ministre de l'Économie dans la coopération commerciale) : D.* 2007, chron. 2313. • C. Lachieze, *La rupture des relations commerciales à la croisée du droit commun et du droit de la concurrence : JCP* E 2004, 1996. • N. Lajnef, *Le déséquilibre significatif dans les contrats d'affaires : Rev. Lamy conc.* 2014/2, 171. • S. Le Gac-Pech, *L'établissement des relations de distribution : entre classicisme et modernité : Contrats, conc. consom.* 2009, étude 12. • O. Leroy et B. Ruy, *Juridictions spécialisées dans le contentieux des pratiques restrictives de concurrence – Décret du 11 novembre 2009 : questions en suspens, risques encourus : JCP* G 2010, prat. 72. • L. Leveneur, *QPC : l'article L. 442-6, I, 2° du Code de commerce sur la sellette : Contrats, conc. consom.* 2010, repère 11. • I. Luc, *L'application judiciaire du déséquilibre significatif : Quelles difficultés ? Quels conseils ? : AJ Contrats d'affaires* juin 2014, 109. • D. Mainguy, *L'esprit et la lettre du nouvel article L. 442-6 du Code de commerce : JCP* E 2002, étude 1729 ; *Les mystères de la rupture brutale de relations commerciales établies : JCP* E 2003, n° 51, 1792 ; *La nature de la responsabilité du fait de la rupture brutale des relations commerciales établies : une controverse jurisprudentielle à résoudre : D.* 2011, p. 1495. • M. Malaurie-Vignal, *Le nouvel article L. 442-6 du Code de commerce apporte-t-il de nouvelles limites à la négociation contractuelle : Contrats, conc. consom.* 2008/11, étude 5, p. 12 ; *L'article L. 442-6 du Code de commerce, une disposition restée lettre morte : Contrats, conc. consom.* 2006/6, étude 10, p. 15 ; *Faut-il avoir peur du déséquilibre significatif ? : Contrats, conc. consom.* 2015/7, étude 9. • A.-C. Martin et R. Pihéry, *Stratégie contentieuse en droit de la concurrence : éviter ou affronter les juridictions spécialisées ? : Journ. sp. sociétés* 2015, n° 127, p. 49. • N. Mathey, *La rupture des relations commerciales établies en période de crise : Contrats, conc. consom.* 2010/2, étude 3 ; *Le déséquilibre significatif : approches civiliste et consuméristes : Contrats, conc. consom.* 2013/5, dossier 3, p. 19. • J.-M. Meffre, 36°5 le matin ou de la brutalité dans les *relations commerciales : D. affaires* 1999, 1143. • C. Mouly-Guillemaud, *Le repreneur du fonds reprend la relation commerciale : une relation établie bien au-delà du réel : D.* 2012, p. 795 ; *Rupture brutale d'une relation contractuelle établie, quelle place pour l'anticipation des parties ? : Rev. Lamy conc.* 2013/4, n° 37 ; *Redéfinir le champ de l'article L. 442-6, I, 5° du Code de commerce pour préserver le droit des sociétés : RLDA* 2015, 109, p. 56 ; *Fondement contractuel ou délictuel de l'indemnisation de la rupture d'une relation contractuelle : quelle stratégie privilégier ? : RLDC* 2015, n° 127, p. 8. • S. Petit, *Réflexions sur l'incrimination de la menace d'une brusque rupture des relations commerciales : D.* 2010, p. 1813. • G. Parléani, *Le devenir du déséquilibre significatif : AJ Contrats d'affaires* juin 2014, 104. • M. Pichon de Bury et Ch. Minet, *Incidences de la suppression de l'article L. 442-6, I, 1° du Code de commerce et de l'introduction de la notion de « déséquilibre significatif » par la LME : Contrats, conc. consom.* 2008, étude 13 ; *La sanction des abus de discrimination un après la LME : vers une liberté totale de discriminer ? : Contrats, conc. consom.* 2009, alerte 58. • A. Penneau, *L'article L. 442-6, III, C. com., en question : D.* 2007, chron. 2630. • M. Ponsard, *Le déséquilibre significatif visé à l'article L. 442-6, I,*

2° du *Code de commerce. Bilan et perspectives : Contrats, conc. consom.* 2013, dossier 4. • L. Pouille, *Plaidoyer pour un changement dans les rapports entre fournisseurs et distributeurs : Contrats, conc. consom.* 2004, chron. 11. • J. Raynard, *Le ministre, le juge et le contrat, Réflexions circonspectes à propos de l'article L. 446-6, III, C. commerce : JCP* A 2007, I, 1864. • S. Regnault, *Guide de la rupture des relations commerciales établies : Dr. et patrimoine* 2007, p. 48. • F. Riem, *Le nouveau droit des pratiques restrictives : rupture ou continuité ? : Rev. Lamy conc.* 2009, n° 1462. • J. Rochfeld, *La rupture des relations contractuelles en temps de crise économique : RDC* 2010/1, p. 499. • E. Rocher, *Le déséquilibre significatif et la commande ouverte dans l'industrie : JCP* E 2012, étude 1741. • C. Rougeau-Mauger, *Réflexion sur la nature juridique de l'action en justice du ministre de l'Économie en matière de pratiques restrictives de concurrence : RTD com.* 2010, p. 653. • V. Selinsky, *La négociation commerciale un an après la loi LME : Rev. Lamy conc.* 2009, n° 1507. • A. Van Eeckhout, *La durée du préavis de rupture d'une relation contractuelle : RDC* 2005/2, p. 491. • P. Vergucht, *La rupture brutale d'une relation commerciale établie : RJ com.* 1997, p. 128. • L. Vogel, *Discrimination tarifaire : quelle marge de manœuvre pour les entreprises : Contrats, conc. consom.* 2013/5, dossier 5, p. 29. • J. Vogel, *Négociations tarifaires fournisseurs/grande distribution, comment aborder les négociations 2012 ? : JCP* E 2012, 1183.

Voir : sur les récentes modifications législatives, bibliographie sous le Titre IV.

NB : sur le récent renforcement de la puissance d'achat des entreprises de la grande distribution, V. ■ Aut. conc., avis n° 15-A-06, 31 mars 2015, relatif au rapprochement des centrales d'achat et de référencement dans le secteur de la grande distribution : *Concurrences* 2015/3, p. 97, obs. N. Eréséo. V. égal. art. L. 462-10, p. 913 issu de la loi n° 2015-990 du 6 août 2015.

• Sommaire

I – RÈGLES DE FOND

A – Discrimination

1) Conséquence de l'abrogation de l'interdiction des discriminations. Rappelant que la loi n° 2008-776 du 4 août 2008 « a supprimé l'interdiction des pratiques discriminatoires (...) à compter de son entrée en vigueur, soit le 5 août 2008 », les conseillers ont énoncé que depuis cette date « la discrimination, en droit commercial, n'est plus interdite en soi » et « que, par ailleurs, les pratiques de discrimination bénéficient de l'exemption automatique du règlement d'exemption n° 330/2010 de la Commission du 20 avril 2010 concernant l'application de l'article 101, *paragraphe 3, du traité sur le fonctionnement de l'Union européenne* (...) lorsque le fournisseur a une part de marché inférieure à 30 % » (■ Paris, 7 janv. 2015, n° 12/19768 : *JurisData* n° 2015-001464 ; *Contrats, conc. consom.* 2015/3, comm. 62, obs. M. Malaurie-Vignal).

2) La jurisprudence qui suit a été rendue en application de l'ancien article L. 442-6, I, 1° du Code de commerce dans sa rédaction antérieure à la loi du 4 août 2008.

3) Généralités. La discrimination ne peut résulter de la différence entre l'offre d'un partenaire et l'offre d'un de ses concurrents, elle se révèle à l'observation d'offres différentes faites par un même opérateur (■ Cass. com., 29 janv. 2008 : *Bull. civ.* IV, n° 20).

4) Preuve. C'est à celui qui se prétend victime d'une pratique discriminatoire qu'il revient de prouver le désavantage ou l'avantage dans la concurrence qu'il invoque, ceux-ci ne pouvant pas être seulement virtuels (■ Versailles, 24 oct. 1996 : *JurisData* n° 1996-850699 ; *RJDA* 5/1997, n° 667) ; en revanche, il appartient au vendeur de justifier de la licéité des remises de prix qu'il accorde à certains clients, lorsque celles-ci ne sont pas contestées (■ Cass. com., 13 janv. 1998, n° 95-20.773 : *JurisData* n° 1998-000064 ; *JCP* E 1998, pan. p. 348 ; *D.* 1998, somm. 341, obs. D. Ferrier ; *RJDA* 5/1998, n° 649. – *Adde,* ■ Versailles, 5 mars 1998, n° 9767/96 : *JurisData* n° 1998-042253 ; *D.* 1998, somm. 341, obs. D. Ferrier).

5) Discrimination à rebours. Le prix d'un bien ou d'un service ne peut être fixé en fonction du seul usage ou du seul intérêt qu'un client pourrait avoir à son égard (■ Paris, 15 mai 2008 : *JurisData* n° 2008-363630).

6) « Partenaire économique ». L'expression « partenaire économique » implique l'existence de relations commerciales avec l'auteur de la prétendue pratique discriminatoire et recouvre une notion incluant tout professionnel exerçant une activité de production, de distribution ou de service (■ Versailles, 7 oct. 2004 : *JurisData* n° 2004-256239).

7) Concurrence déloyale. L'arrêt qui relève que la société fournisseur a appliqué à deux entreprises, clientes du distributeur, des prix inférieurs à ceux facturés dans le même temps pour le même produit à celui-ci, ce dont il se déduit que la société fournisseur a vendu ses produits en concurrençant son distributeur, justifie légalement sa décision de condamnation du fournisseur pour avoir commis une faute engageant sa responsabilité à l'égard du distributeur, sans qu'il soit nécessaire de vérifier les conditions d'application de l'article L. 442-6, I, 1° du Code de commerce (■ Cass. com., 25 avr. 2006, n° 03-20.353 : *D.* 2007, pan. p. 1911, obs. D. Ferrier).

8) Refus de vente. Le refus de vente ou de prestation de services peut engager la responsabilité civile de son auteur s'il a un caractère discriminatoire (■ Dijon, 25 juin 1998, n° 00001941/97 : *JurisData* n° 1998-044819 ; *RJDA* 12/1998, n° 1422).

9) Achat exclusif. Le fait pour une société de contraindre son partenaire, en état de dépendance économique, à s'approvisionner auprès de fournisseurs avec lesquels il a été convenu qu'ils pratiqueraient à son égard un prix plus élevé, à charge de rétrocéder la différence à la société, est une pratique discriminatoire fautive dès lors qu'elle ne repose pas sur une contrepartie *accordée à l'acheteur* (■ Agen, 9 sept. 2009 : *JurisData* n° 2009-018383).

10) Distribution agréée. Un fournisseur ne saurait justifier les prix discriminatoires qu'il applique à une société en prétextant que celle-ci a été exclue de son réseau de distribution et qu'il est fondé à proposer à ses autres distributeurs des tarifs préférentiels en raison des services spécifiques rendus par eux, notamment en matière de savoir-faire, de fidélité et d'image donnée de ses produits, dès lors qu'il n'apporte aucune information objective et contrôlable sur les conditions de fonctionnement de son réseau de distribution ainsi que sur les raisons précises de l'exclusion du revendeur, se contentant de faire état de « critères de distributeur idéal » et de « critères de coopération de distributeur » qui n'auraient pas été respectés par le revendeur, alors qu'il s'agit de critères purement subjectifs fixés par le fournisseur et contrôlés par lui seul (■ Versailles, 5 mars 1998, n° 9767/96 : *JurisData* n° 1998-042253 ; *D.* 1998, somm. p. 342, obs. D. Ferrier).

11) Distribution sélective qualitative. Ne constitue pas une pratique prohibée le fait pour un fournisseur d'accorder des ristournes qualitatives ajoutées aux remises quantitatives dès lors que les conditions d'obtention de ces ristournes sont définies de façon objective et qu'elles ne limitent pas la liberté des commerçants de fixer leur politique de prix de façon autonome (■ Paris, 5 juill. 1991 : *JurisData* n° 1991-643682 ; *RJDA* 8-9/1991, n° 724. ■ 22 oct. 1997, n° 95/015481 : *JurisData* n° 1997-023295 ; *RJDA* 2/1998, n° 227).

12) Distribution sélective quantitative. Ne relève pas de l'article L. 442-6, I, 1° du Code de commerce, la pratique consistant pour un fournisseur à limiter directement le nombre de distributeurs sélectionnés dès lors que cette pratique repose sur une « organisation économique » largement admise aujourd'hui (■ Paris, 3 juill. 2008 : *JurisData* n° 2008-368714).

13) Distribution exclusive. Le concédant a le droit de traiter avec le cocontractant de son choix et n'est pas tenu de motiver sa décision ni de communiquer les critères selon lesquels ce choix est exercé (■ Cass. com., 7 avr. 1998, n° 96-13.219 : *JurisData* n° 1998-001670 ; *RJDA* 8-9/1998, n° 975 ; *JCP* E 1999, p. 1910, obs. P. Arhel). Décidant à l'inverse que les concessionnaires doivent être choisis suivant les mêmes critères objectifs opposables à tous les candidats (■ Cass. com., 25 janv. 2000, n° 98-30.291 : *JurisData* n° 2000-000415 ; *Contrats, conc. consom.* 2000, comm. 64, obs. M. Malaurie-Vignal).

14) Vente par correspondance. Ne donne pas de base légale à sa décision la cour d'appel qui, pour débouter des sociétés de leurs demandes tendant à ce qu'il soit établi qu'elles ont fait l'objet de conditions de prix discriminatoires, relève que ces sociétés, qui vendent exclusivement par correspondance des instruments destinés aux prothésistes et aux chirurgiens-dentistes, n'offrent pas les mêmes services à la clientèle que ceux rendus par les distributeurs tenant des « dépôts dentaires », sans vérifier, de façon concrète, si celles-ci offraient, en tout ou partie, les services différenciés correspondant à ceux énumérés dans le barème de remises élaboré par le fournisseur (■ Cass. com., 13 janv. 1998, n° 95-20.773 : *JurisData* n° 1998-000064 ; *D.* 1998, somm. p. 342, obs. D. Ferrier).

15) Distribution de médicaments. Un grossiste-exportateur ne peut se plaindre du refus de fourniture d'un médicament opposé par un fabricant alors même que ce médicament est livré à d'autres grossistes dès lors que ceux-ci n'exercent pas le même type d'activité et obéissent à des sujétions spécifiques prévues par le Code de la santé publique (■ Paris, 19 mars 2008 : *JurisData* n° 2008-366884).

16) Coopération commerciale. Les fournisseurs, qui sont en situation de solliciter des services et non de les offrir, ne sont pas tenus d'informer les centrales d'achats des conditions plus favorables consenties à l'une d'entre elles en raison des services de coopération commerciale convenus. Doit en conséquence être annulée la transaction ayant prévu la restitution de plusieurs millions d'euros en contrepartie d'une prétendue discrimination dont aurait été victime une enseigne (■ Versailles, 29 oct. 2009 : *JurisData* n° 2009-015907 ; *Contrats, conc. consom.* 2010/2, comm. 44, note M. Malaurie-Vignal).

17) Activité cinématographique. Le distributeur de films peut décider de limiter le nombre de copies d'un film s'il estime, afin d'en assurer le succès, que celui-ci doit bénéficier d'une exploitation surtout étendue dans le temps, à condition que l'exercice de cette liberté n'ait pas pour objet ou pour résultat de défavoriser systématiquement un exploitant pour rapport à l'un de ses concurrents dans une zone de chalandise (■ Paris, 7 juin 2000, n° 1999/08614 : *JurisData* n° 2000-115616 ; *JCP* E 2000, pan. 1211).

18) Réseaux de télécommunication. Un partenaire économique se définit comme le professionnel avec lequel une entreprise commerciale entretient des relations commerciales pour conduire une action quelconque, ce qui suppose une volonté commune et réciproque d'effectuer de concert des actes ensemble dans des activités de production, de distribution ou de service, par opposition à la notion plus large d'agent économique ou plus étroite de cocontractant (■ Versailles, 7 oct. 2004, n° 03/02078 : *JurisData* n° 2004-256239 ; *JCP* E 2004, pan. 1836 ; *JCP* E 2005, 1004, n° 9, obs. Decocq), ce qui n'est pas le cas des opérateurs de téléphonie, obligés à l'interconnexion des réseaux téléphoniques par l'Autorité de régulation des télécommunications (même déc.).

19) Mutuelles. Une mutualité de pharmacies, en exploitant une pharmacie dépourvue de personnalité juridique distincte, est la concurrente *directe des officines libérales et, par voie de conséquence,* sa « partenaire économique », de sorte que la chambre syndicale est fondée à demander réparation du préjudice subi du fait du prix discriminatoire pratiqué par la mutuelle à l'égard de ses adhérents, non justifié par des contreparties réelles, afin d'obtenir qu'ils fréquentent exclusivement les pharmacies mutualistes du département (■ Cass. com., 21 oct. 1997, n° 95-14.457 : *JurisData* n° 1997-004134 ; *JCP* E 1997, pan. 1303 ; *RJDA* 3/1998, n° 349 ; *LPA* 22 mai 1998, p. 8, obs. M. Malaurie-Vignal. ■ 12 mars 2002, n° 00-11.638 : *JurisData* n° 2002-013526 ; *JCP* E 2002, pan. 703). Pour les mutuelles d'assurance, V. ■ Cass. crim., 12 févr. 1990, n° 89-80.803 : *D.* 1991, somm. 247, obs. C. Gavalda et Lucas de Leyssac ; pour les organismes de sécurité sociale, V. ■ Paris, 19 nov. 1992, n° 34330/89 : *JurisData* n° 1990-025997 ; *D.* 1993, inf. rap. 20. ■ Cass. crim., 25 nov. 1992, n° 91-83.512 : *JurisData* n° 1992-003274 ; *D.* 1993, inf. rap. 47. ■ CJCE, 17 févr. 1993, n° C-159/91 : *JurisData* n° 1993-620013 ; *D.* 1993, 277, obs. Prétot.

B – Abus de dépendance économique

Voir : la loi LME du 4 août 2008 a abrogé l'article L. 442-6, I, 2°, *b)* sanctionnant l'exploitation abusive d'un état de dépendance économique. V. désormais jurisprudence sous art. L. 420-2, al. 2, p. 708.

C – Prestations commerciales fictives ou surévaluées

20) QPC. Jugé que les termes de l'article L. 442-6 I 2°, a) du Code de commerce, devenu L. 442-6, I, 1°, selon lesquels « Engage la responsabilité de son auteur et l'oblige à réparer le préjudice causé, le fait, par tout producteur, commerçant, industriel ou artisan : (...) d'obtenir ou de tenter d'obtenir d'un partenaire commercial un avantage quelconque ne correspondant à aucun service commercial effectivement rendu ou manifestement disproportionné au regard de la valeur du service rendu (...) », définissent de manière claire, précise et sans ambiguïté le comportement qu'ils visent, ces termes ayant, en outre, déjà fait l'objet d'une jurisprudence des juges du fond cohérente et nombreuse et incluant un élément moral de l'infraction. D'où il suit qu'il n'y a pas lieu de renvoyer la question posée au Conseil constitutionnel (■ Cass. com., 15 févr. 2011, n° 10-21.551 : inédit). Jugeant pour des motifs similaires que l'article L. 442-6, I, 2°, devenu L. 442-6, I, 1°, doit être déclaré conforme à l'article 7 de la Convention de sauvegarde des droits de l'homme et des libertés fondamentales (■ Cass. com., 12 juill. 2011, n° 10-21.551 : *Contrats, conc. consom.* 2011/11, comm. 237, obs. N. Mathey). Cependant, pour la Cour d'appel de Paris, l'article L. 442-6, I, 1° ne saurait s'appliquer à des réductions de prix si la preuve d'une soumission et d'un déséquilibre significatif n'est pas rapportée, le Conseil constitutionnel n'ayant pas admis le contrôle des prix en dehors de la disposition figurant au 2° de l'article L. 442-6, I (■ Paris, Pôle 5, Ch. 4, 4 nov. 2020, n° 19/09129 : *Lettre distrib.* 2020/12, p. 1, note N. Eréséo).

21) Domaine. Un avocat est en conflit avec la SCP à laquelle il est lié par un contrat de collaboration libérale. Il lui réclame une somme importante à titre de dommages-intérêts pour disproportion manifeste au regard du service rendu au sens de l'article L. 442-6, I, 1° alors applicable. La Cour de cassation approuve les juges du fond d'avoir rejeté sa demande aux motifs que « le partenariat commercial visé à l'article L. 442-6, I, 1° et 2°, du Code de commerce s'entendant d'échanges commerciaux conclus entre les parties, c'est à bon droit que la cour d'appel a retenu que ce texte n'avait pas vocation à s'appliquer, dès lors qu'il n'existe pas de relation commerciale entre un avocat et le cabinet au sein duquel il collabore » (■ Cass. com., 20 févr. 2019, n° 17-27.967). Le syndicat d'une entreprise de transport conclut plusieurs contrats de location et de maintenance de photocopieurs. Il conteste la validité de différentes stipulations en s'appuyant notamment sur l'article L. 442-6, I, 1°. Les magistrats rappellent cependant que le texte ne s'applique qu'entre partenaires commerciaux, le partenaire se définissant comme le « professionnel avec lequel une entreprise commerciale entretient des relations commerciales pour conduire une activité quelconque, ce qui suppose une volonté commune et réciproque d'effectuer de concert des actes ensemble dans des activités de production, de distribution et de services, par opposition à la notion plus large d'agent économique ou plus étroite de cocontractant ». Or, en l'espèce, les magistrats estiment que le contrat litigieux ne fait pas du syndicat le partenaire économique du prestataire mais un simple cocontractant, locataire de photocopieurs pour les besoins de son activité (■ Paris, 1er juill. 2019, n° 18/15322). Sur la notion de partenaire commercial, V. égal. *infra* n° 38 les décisions rendues en matière de déséquilibre significatif.

22) Vice du consentement. L'article L. 442-6, I, 1° n'implique nullement la démonstration d'un vice du consentement subi par la victime ou l'existence de pressions exercées à son encontre mais a seulement pour finalité de sanctionner des pratiques restrictives de concurrence qui faussent le fonctionnement du marché en raison de la situation de dépendance économique de l'un des partenaires commerciaux à l'égard de l'autre (■ Rennes, 20 janv. 2009 : *JurisData* n° 2009-005294).

23) Autres obligations destinées à favoriser la relation commerciale. Les services autres que ceux destinés à favoriser la commercialisation des produits tels que définis par l'article L. 441-7 du Code de commerce [anciens services distincts devenus « autres obligations destinées à favoriser la relation commerciale entre le fournisseur et le distributeur », art. L. 441-7, 3°] ne sont nullement exonérés de l'interdiction des pratiques restrictives de concurrence définies par l'article L. 442-6-I, 1° dès lors qu'ils sont fictifs ou qu'ils ont donné lieu en contrepartie à des avantages disproportionnés (■ Rennes, 20 janv. 2009 : *JurisData* n° 2009-005294).

24) Forme de l'avantage obtenu du partenaire. L'action en répétition exercée sur le fondement [des articles L. 442-6 I et L. 442-6, III du Code de commerce] par le ministre chargé de l'économie suppose seulement la constatation d'un avantage indu reçu par le distributeur du fournisseur ne correspondant à aucun service commercial effectivement rendu par le distributeur au fournisseur ou manifestement disproportionné au regard du service rendu. Viole dès lors ces articles la Cour d'appel qui, pour rejeter l'action d'un distributeur, retient que l'avantage litigieux « ne s'est concrétisé par aucun mouvement de fonds » (■ Cass. com., 18 oct. 2011, n° 10-15.296 : *Contrats, conc. consom.* 2012/1, comm. 10, obs. N. Mathey ; *Concurrences* 2012/1, p. 133, obs. J.-L. Fourgoux). L'avantage peut prendre la forme d'échantillons gratuits remis par le fournisseur au distributeur (■ Paris, 13 juin 2018, n° 18/04602 : *Lettre distrib.* 2018/7-8, p. 6, obs. J.-M. Vertut). Pour la CEPC, l'article L. 442-6, I, 1° est applicable à un système de remises basé sur le chiffre d'affaires réalisé par les parties. Elle souligne cependant que l'avantage en cause peut être justifié par des contreparties proportionnées dès lors que « le fait de bénéficier de la concentration du chiffre d'affaires de la part d'un client, sans qu'aucun artifice soit à l'origine de cette concentration, présente indéniablement un intérêt pour le prestataire qui en bénéficie. Par ailleurs, la construction du barème, telle qu'elle a été conçue, peut sembler de nature à écarter le risque d'un avantage manifestement disproportionné dans la mesure où une remise de fin d'année n'est prévue qu'en cas de franchissement d'un certain seuil en chiffres d'affaires, c'est le même pourcentage qui s'applique systématiquement à une tranche donnée de chiffres d'affaires, sous réserve que les pourcentages retenus dans le barème ne soit [sic] pas excessifs » (CEPC, avis n° 15-24, 23 juill. 2015 : *Lettre distrib.* 2015/9, obs. N. Eréséo ; Contrats, conc. *consom.* 2015/11, comm. 255, obs. N. Mathey).

25) Méthode d'appréciation de l'absence ou de l'insuffisance de la contrepartie. Les juges du fond ne peuvent se déterminer à partir des seuls intitulés des factures litigieuses, en relevant que les prestations y sont décrites avec toute la précision nécessaire, sans vérifier concrètement si les prestations ont été effectuées et si elles sont distinctes des opérations d'achat et de revente (■ Cass. com., 24 sept. 2013, n° 12-23.353 : *D.* 2014,

p. 893, obs. D. Ferrier). Une centrale s'étant engagée à assurer quatre services différents au profit d'un fournisseur, il y a lieu d'apprécier si chacun de ces services a été rendu ou, à défaut, s'ils n'ont pas fait l'objet d'une rémunération excessive, le fait pour les parties d'avoir prévu une rémunération ne distinguant pas entre les différents services n'impose pas une appréciation globale du déséquilibre entre prestation offerte et avantage reçu (■ Rennes, 20 janv. 2009 : *JurisData* n° 2009-005294). Jugé que « si la faiblesse du chiffre d'affaires réalisé par le distributeur sur le ou les produits concernés par une action de coopération commerciale pendant la période de référence au regard de l'avantage qui lui a été consenti ou l'absence de progression significative des ventes pendant cette période de référence peuvent constituer des éléments d'appréciation de l'éventuelle disproportion manifeste entre ces deux éléments, elles ne peuvent à elles seules constituer la preuve de cette disproportion manifeste, les distributeurs qui concluent des accords de coopération commerciale n'étant pas tenus à une obligation de résultat » (■ Cass. com., 27 avr. 2011, n° 10-13.690 : *D.* 2012, pan. p. 577, obs. D. Ferrier ; et sur renvoi ■ Orléans, 12 avr. 2012, n° 11/02284 : *Concurrences* 2012/3, p. 139, obs. M. Chagny). Jugé dans le même sens que le caractère disproportionné de la rémunération d'un service doit s'apprécier en fonction de la valeur de ce service et non en regard des résultats commerciaux concrètement obtenus par le fournisseur suite aux opérations de promotion des ventes mises en place (■ Rennes, 20 janv. 2009, préc. ■ Orléans, 12 avr. 2012, n° 11/02986 : *JurisData* n° 2012-027905 ; *D.* 2013, pan. p. 735, obs. D. Ferrier). Pour une application de ces critères d'appréciation dans une espèce où un fournisseur avait remis de nombreux échantillons gratuits sans connaître une augmentation significative de ses ventes, V. ■ Paris, 13 juin 2018, n° 18/04602 : *Lettre distrib.* 2018/7-8, p. 6, obs. J.-M. Vertut.

26) **Charge de la preuve.** Des juges du fond ne peuvent rejeter une demande de remboursement des sommes versées au titre de la coopération commerciale en reprochant au demandeur de ne pas avoir rapporté la preuve, conformément à l'article 9 du Code de procédure civile, du caractère fictif des prestations facturées alors qu'il appartenait au grand distributeur, en application de l'article L. 442-6, III, alinéa 2, de justifier les faits ayant produit l'extinction de ses obligations (■ Cass. com., 24 sept. 2013, n° 12-23.353 : *D.* 2014, p. 893, obs. D. Ferrier, *et sur renvoi après cassation ■ Paris, 29 juin 2016*, n° 14/02306 : *JurisData* n° 2016-018004 ; *Contrats, conc. consom.* 2016/10, comm. 211, obs. M. Malaurie-Vignal).

27) **Nullité et prescription.** Les actions en annulation des contrats de coopération commerciale, qui sont fondées sur la nullité d'ordre public de ceux-ci, sont soumises à la prescription de l'article L. 110-4 du Code de commerce qui, initialement décennale, est devenue quinquennale en application de la loi n° 2008-561 du 17 juin 2008 portant réforme de la prescription en matière civile (■ Cass. com., 4 mars 2020, n° 17-17.148). En outre, cette nullité présente les caractères d'une nullité absolue (même arrêt ; à comparer avec la solution de droit commun retenue par ■ Cass. com., 22 mars 2016, n° 14-14.218). Une centrale de référencement de la grande distribution est en conflit avec un fournisseur d'articles de sport placé en liquidation judiciaire. Le liquidateur assigne la centrale afin d'obtenir répétition de sommes payées au titre de différents services de coopération commerciale qu'il juge fictifs. Confirmant la décision des premiers juges, la cour juge deux de ces factures prescrites. Elle estime qu'à la simple lecture de ces deux factures, le fournisseur aurait pu ou aurait dû s'apercevoir de différents éléments permettant de présumer le caractère fictif des prestations (non-respect des conditions de forme, absence de mentions permettant d'identifier la réalité et la consistance des services rendus). Elle juge en conséquence que « le point de départ de la prescription se situe au jour de l'émission des factures et, à tout le moins, au jour du paiement de ces factures » soit 30 jours à compter de leur établissement et elle retient que la prescription quinquennale fait échec à la demande du fournisseur (■ Paris, 9 janv. 2019, n° 17/09617).

28) **Calcul du préjudice.** « Dès lors qu'est démontrée une disproportion manifeste entre la valeur du service rendu et la rémunération perçue, le partenaire qui a payé est fondé à obtenir la réparation de son préjudice, constitué par la totalité des sommes versées en trop (...) ; la cour d'appel, qui a ordonné le remboursement des sommes excédant la valeur réelle des services, dont elle a souverainement apprécié le montant, a légalement justifié sa décision » (■ Cass. com., 11 sept. 2012, n° 11-14.620 : *D.* 2012, 2766, obs. N. Dorandeu ; 2013, pan. p. 735, obs. D. Ferrier ; *Concurrences* 2012/4, p. 99, obs. J.-L. Fourgoux).

29) **Imputabilité de l'infraction.** En dépit de sa qualité de mandataire des distributeurs affiliés, la centrale d'achat qui négocie en toute indépendance les contrats de coopération commerciale, facture et encaisse les prestations effectuées à ce titre, apparaît comme un cocontractant autonome des fournisseurs et doit à ce titre assumer la responsabilité découlant de la violation de l'article L. 442-6, I, 1° du Code de commerce (■ Paris, 29 juin 2016, n° 14/09786 : *JurisData* n° 2016-018005 ; *Contrats, conc. consom.* 2016/10, comm. 211, obs. M. Malaurie-Vignal, et sur pourvoi rejeté ■ Cass. com., 26 sept. 2018, n° 17-10.173).

30) Illustrations. Services fictifs. Doit être annulée la transaction ayant prévu la restitution de plusieurs millions d'euros en réparation d'une prétendue discrimination dont aurait été victime une enseigne. Celle-ci n'étant pas établie, l'accord litigieux doit être requalifié en contrat de coopération commerciale rétroactif ne reposant sur aucune contrepartie au bénéfice des fournisseurs (■ Versailles, 29 oct. 2009 : *JurisData* n° 2009-015907 ; *Contrats, conc. consom.* 2/2010, comm. 44, note M. Malaurie-Vignal). La rémunération par le fournisseur, quelle qu'en soit la forme (avoir ou facture), de l'exécution par le distributeur d'une obligation légale d'inventaire lui incombant exclusivement caractérise l'obtention d'un avantage non justifié par une contrepartie (■ Poitiers, 29 janv. 2013, n° 11/03252 : *JurisData* n° 2013-010594 ; *Lettre distrib.* 2013/3, p. 1, obs. J.-M. Vertut). De même que le paiement d'une somme uniquement justifiée par le référencement d'un fournisseur, exigible avant toute prise de commande (■ Paris, 24 mai 2012, n° 09/10725 : *Lettre distrib.* 2012/9, p. 3 ; *Concurrences* 2012/3, p. 141, obs. J.-L. Fourgoux ; pourvoi rejeté par ■ Cass. com., 25 juin 2013, n° 12-21.623 : *Contrats, conc. consom.* 2013/10, comm. 213 ; *Lettre distrib.* 2013/9). L'interdiction des réfactions tarifaires prévue par l'article L. 441-2-2 ne peut être contournée par la rémunération de services fictifs au mépris de l'article L. 442-6, I, 1° (■ Paris, 15 janv. 2015, n° 13/03832 : *Lettre distrib.* 2015/4, p. 6, obs. M.-P. Bonnet-Desplan). Pour une affaire concernant un grossiste en fruits et légumes, exerçant dans plusieurs sites, et notamment sur un marché d'intérêt national, condamné pour avoir facturé des services fictifs de mise en avant des produits, V. ■ Paris, 13 janv. 2015, n° 13/03832 : *AJ Contrats d'affaires* mars 2015, 137, obs. J.-L. Fourgoux. Une centrale de référencement de la grande distribution est en conflit avec un fournisseur d'articles de sport placé en liquidation judiciaire. Le liquidateur assigne la centrale afin d'obtenir répétition de sommes payées au titre de différents services de coopération commerciale qu'il juge fictifs. Les magistrats relèvent de manière générale qu'il incombe au grand distributeur « d'une *part*, de justifier la spécificité des services rendus au titre de la coopération commerciale et payés par la société [du fournisseur], en ce qu'ils donnent droit à un avantage particulier au fournisseur en stimulant la revente de ses produits et qu'ils doivent par conséquent aller au-delà des simples obligations résultant des opérations d'achat-vente et, d'autre part, de démontrer la réalité de ces services, laquelle ne peut résulter du seul fait que les factures aient été payées sans réserve ». En l'espèce, les magistrats relèvent que la facture se contentait d'indiquer qu'elle était établie en exécution de l'accord commercial 2009 et de reproduire les quatre rubriques de cet accord relatif aux « autres obligations destinées à favoriser les relations commerciales », à savoir l'optimisation marketing, l'optimisation de la diffusion, l'optimisation de la logistique et l'optimisation administrative, chaque rubrique étant décrite dans des termes très généraux. La facture ne comportait aucune autre indication quant aux prestations concernées et quant à la date précise de leur réalisation et ne permettait pas de connaître exactement la plus-value apportée par ces services. En conséquence, la cour a ordonné la restitution des sommes correspondantes (■ Paris, 9 janv. 2019, n° 17/09617).

31) Illustrations. Services surévalués. Décidant que trois services avaient fait l'objet d'une surfacturation, notamment un service dénommé « plan d'action par famille de produits » consistant pour les fournisseurs à recevoir des données très générales, c'est-à-dire non personnalisées en fonction de la nature du produit fourni et non commentées, un autre service dénommé « plan de développement des performances fournisseurs », consistant à communiquer aux fournisseurs des tableaux détaillant leurs ventes sur le marché, tableaux jugés difficilement exploitables dès lors qu'ils ne donnaient pas une vision globale du marché, et un dernier service appelé « plan d'implantation par type de magasin », jugé comme ne présentant aucun intérêt pour les fournisseurs qui pouvaient se rendre compte par eux-mêmes de la stratégie de l'enseigne. Le tribunal relève que ces différents services avaient été facturés pour des montants de 10 à 20 fois supérieurs par rapport aux prix généralement pratiqués par les panélistes et condamne la centrale d'achat à payer 2 millions d'euros au titre de l'amende civile (■ T. com. Évry, 14 oct. 2009 : *Lettre distrib.* 2009/11 ; *Concurrences* 2010/1, p. 121, obs. M. Chagny ; conf. par ■ Paris, 2 févr. 2012, n° 09/22350 : *Lettre distrib.* 2012/3, p. 1, obs. J.-M. Vertut ; *Rev. Lamy conc.* 2012, n° 2103, note J.-Ch. Grall et P. Touret ; *Concurrences* 2012/2, p. 100, obs. J.-L. Fourgoux, sauf en ce que le tribunal avait déclaré indivisibles, économiquement et juridiquement, les deux accords litigieux conclus entre les parties. – V. cependant la cassation prononcée par ■ Cass. com., 10 sept. 2013, n° 12-21.804 : *Contrats, conc. consom.* 2013/12, comm. 259, sur la question des restitutions). Une Cour d'appel a estimé « que la valeur réelle des prestations commerciales ne peut être supérieure à la moitié environ des sommes facturées ». En l'espèce, le référencement d'un fournisseur était conditionné par un taux de coopération commerciale proche de 46 % en moyenne, défini globalement, avant la réalisation des prestations et sans égard pour la valeur effective des services, occurrence qui manifestait une disproportion manifeste au préjudice du fournisseur. La centrale a en conséquence été condamnée à restituer le trop-perçu évalué en l'espèce à plusieurs millions d'euros (▪ Paris, 19 janv. 2011 : *JurisData* n° 2011-000592 ; *JCP* E 2011, 1871, obs. Ph. Stoffel-Munck. – Pourvoi rejeté par ▪ Cass. com., 11 sept. 2012, n° 11-14.620 : *D.* 2012, 2766, obs. N. Dorandeu ; 2013, pan. p. 735, obs. D. Ferrier).

En ce sens que la redevance forfaitaire perçue par un franchiseur à l'entrée du réseau ne constitue pas un avantage sans contrepartie ou moyennant une contrepartie disproportionnée dès lors qu'elle est versée en contrepartie de la concession de la franchise, de la formation initiale et du droit d'utilisation de la marque et du savoir-faire (▪ Paris, 17 mai 2017, n° 14/18290 : *Lettre distrib.* 2017/7-8, p. 7, obs. J.-M. Vertut).

La remise par un fournisseur de produits de beautés d'un nombre d'échantillons gratuits correspondant à 14 % du montant total des produits livrés au distributeur correspond à un avantage disproportionné au regard de la contrepartie obtenue par ce fournisseur dont les ventes avaient peu progressé sur la période de référence (▪ Paris, 13 juin 2018, n° 18/04602 : *Lettre distrib.* 2018/7-8, p. 6, obs. J.-M. Vertut).

Pour d'autres illustrations plus anciennes, voir également ▪ T. com. Aubenas, 8 mars 2005. ▪ T. corr. Bar-Le-Duc, 4 oct. 2005. ▪ TGI Strasbourg, 25 nov. 2005 : *JurisData* n° 2005-311354 ; *Lettre distrib.* 2006/6, obs. J.-M. Vertut. ▪ Douai, 13 mai 2005. ▪ T. com. Créteil, 24 oct. 2006 : *JurisData* n° 2006-370212 ; *Lettre distrib.* 2006/11, obs. J.-M. Vertut.

32) Application aux réductions de prix. « En raison du principe de la libre négociation du prix, le contrôle judiciaire du prix demeure exceptionnel en matière de pratiques restrictives de concurrence. Ce contrôle ne s'effectue pas en dehors d'un déséquilibre significatif, lorsque le prix n'a pas fait l'objet d'une libre négociation, ainsi que l'a rappelé le Conseil constitutionnel dans sa décision n° 2018-749 QPC (V. consid. n° 7) à la suite de l'arrêt de la Cour de cassation du 25 janvier 2017 (▪ Cass. com., 25 janv. 2017, n° 15-23.547). Dès lors, les dispositions de l'article L. 442-6, I, 1° précité ne s'appliquent pas à la réduction de prix obtenue d'un partenaire commercial » (▪ Paris, Pôle 5, Ch. 4, 4 nov. 2020, n° 19/09.129 : *Lettre distrib.* 2020/12, p. 1, note N. Eréséo). La Cour d'appel de Paris jugeait auparavant que, même si le législateur n'avait entendu viser à l'origine que les services de *coopération commerciale, l'article L.* 442-6, *I, 1° s'applique* aux ristournes convenues entre fournisseurs et distributeurs, celles-ci devant alors reposer sur une contrepartie proportionnée (▪ Paris, 13 sept. 2017, n° 15/24117 : *Lettre distrib.* 2017/11, p. 3, obs. N. Eréséo).

33) Application à l'obligation de transmettre un fichier client. Un franchiseur du secteur de l'ameublement et des arts de la table est en conflit avec une société franchisée exploitant 4 points de vente et mise en redressement judiciaire. Le franchiseur avait créé son propre site internet marchand et avait sollicité de ses franchisés l'engagement de mettre à sa disposition l'intégralité de leurs bases de données clients dans le but de fidéliser ces derniers au réseau et d'accroître le volume des ventes. L'administrateur et la société franchisée estimaient que cette obligation était contraire à l'article L. 442-6, I, 1°. La cour d'appel de Paris les déboute de leur demande considérant qu'il « existe bien des contreparties réelles et sérieuses a la mise à disposition temporaire, par le franchisé, de sa base de données clients », résidant dans son exploitation par le franchiseur « à des fins de fidélisation » ou « marketing pour accroître le volume des ventes du réseau ». Elle relève, en outre, que les ventes réalisées *via* le site internet du franchiseur, représentant à peine 1 % du chiffre d'affaires annuel réalisé par le franchisé, ne révélaient pas une appropriation de la clientèle par la tête de réseau (▪ Paris, 22 mai 2019, n° 17/05279 : *Lettre distrib.* 2019/7-8, p. 5, obs. N. Eréséo).

D – Clauses instaurant un déséquilibre significatif

34) QPC. Décidant que le comportement stigmatisé par l'article L. 442-6, I, 2° est défini en des termes suffisamment clairs et précis pour ne pas méconnaître le principe de légalité des délits et des peines (▪ Cons. const., déc. 13 janv. 2011, n° 2010-85-QPC : *Contrats, conc. consom.* 2011, étude 5, note J.-L. Fourgoux, comm. 62, obs. N. Mathey, comm. 63, obs. M. Malaurie-Vignal ; *JCP* G 2011, 274, note D. Mainguy ; *D.* 2011, 415, note Y. Picod, 392, chron. M. Chagny et 450, pan. D. Ferrier). Le contrôle des prix permis par cette disposition (V. n° 39) est en outre conforme à la liberté d'entreprendre et à la liberté contractuelle en ce qu'il est justifié par un objectif d'intérêt général tenant à la nécessité de maintenir un équilibre entre partenaires commerciaux et en ce qu'il ne produit pas d'atteintes disproportionnées au regard de cet objectif (▪ Cons. const., déc. 30 nov. 2018, n° 2018-749-QPC : *JCP* E 2018, 1638, note M. Béhar-Touchais ; *Lettre distrib.* 2018/12, p. 1, obs. N. Eréséo ; *Contrats, conc. consom.* 2019, comm. 23, note N. Mathey).

35) Charte des droits fondamentaux. Pour la Cour d'appel de Paris, l'article L. 442-6 n'est pas soumis au respect de la charte des droits fondamentaux de l'UE dès lors que les dispositions en cause n'entrent pas dans le champ d'application du droit de l'Union (■ Paris, 11 sept. 2013, n° 2009/02296 : *RDC* 2014/2, p. 231, obs. M. Behar-Touchais).

36) Loi de police. La disposition de l'article L. 442-6 interdisant les clauses instaurant un déséquilibre significatif doit être jugée « nécessaire pour la sauvegarde de l'organisation politique, sociale et économique du pays au point de régir impérativement la situation quelle que soit la loi applicable et de constituer une loi de police » (■ T. com. Paris, 7 mai 2015, n° 2015000040 : *RTD com.* 2015/3, p. 483, note M. Chagny, confirmé par ■ Paris, 21 juin 2017, n° 15/18784 : *Concurrences* 2017/4, p. 117, note F. Buy ; *Lettre distrib.* 2017/7-8, p. 3, obs. F. Leclerc et sur pourvoi rejeté ■ Cass. com., 8 juill. 2020, n° 17-31.536 : *Contrats, conc. consom.* 2020/10, comm. 140, note N. Mathey. – Dans le même sens ■ T. com. Paris, 2 sept. 2019, n° 2017050625 : *Lettre distrib.* 2019/9, p. 1, obs. S. Chaudouet).

37) Application dans le temps. Introduite par la loi de modernisation de l'économie du 4 août 2008 et applicable à compter du 1er janvier 2009, la disposition interdisant la soumission à des obligations créant un déséquilibre peut cependant s'appliquer aux effets légaux d'un contrat conclu avant son entrée en vigueur ainsi qu'à l'exécution des obligations découlant de ces contrats, comme en l'espèce le fait pour un groupe de distribution de faire une application contestée de la clause légale lui permettant d'imposer les prix pratiqués par un gérant de succursale (■ Paris, 7 déc. 2017, n° 16/00113 : *Lettre distrib.* 2018/1, p. 1, obs. S. Chaudouet).

38) Principes : domaine et notion de partenaire commercial. Pour la Cour de cassation, « le partenaire commercial est la partie avec laquelle l'autre partie s'engage, ou s'apprête à s'engager, dans une relation commerciale » (■ Cass. com., 15 janv. 2020, n° 18-10.512, à paraître au *Bulletin* : *Contrats, conc. consom.* 2020/3, comm. 43, note N. Mathey ; *Lettre distrib.* 2020/2, p. 1, note S. Chaudouet, rejetant le pourvoi contre ■ Paris, 27 sept. 2017, n° 16/00671 : *Lettre distrib.* 2017/10, p. 1, obs. S. Chaudouet).

Jugé que les dispositions relatives au déséquilibre significatif concernent « *toute* relation commerciale instaurée à l'occasion d'un partenariat », comme une relation de sous-traitance en l'espèce, et pas seulement les relations entre fournisseurs et distributeurs (■ Paris, 12 déc. 2013, n° 11/18274 : *RDC* 2014/3, p. 411, obs. M. Behar-Touchais ; *Lettre distrib.* 2014/1, p. 1, obs. J.-M. Vertut). Pour la CEPC, qui fait sienne une définition doctrinale, le « partenaire commercial » visé par le texte est « le professionnel avec lequel une entreprise commerciale entretient des relations commerciales pour conduire une action quelconque, ce qui suppose une volonté commune et réciproque d'effectuer de concert des actes ensemble dans des activités de production, de distribution ou de service, par opposition à la notion plus large d'agent économique ou plus étroite de cocontractant » (CEPC, avis n° 12-07, relatif à une demande d'avis d'une fédération professionnelle appartenant au secteur du matériel électrique). La CEPC estime par ailleurs que le partenariat « *implique un examen concret de la relation et de l'objet du contrat* » et considère la condition remplie lorsque le contrat s'inscrit comme en l'espèce dans la durée et est destiné à développer l'activité du client (CEPC, avis n° 15-01, relatif à un contrat portant sur la création de site internet : *Lettre distrib.* 2015/3, p. 1, obs. S. Chaudouet).

Pour exclure l'application du texte, une juridiction retient qu'« il n'est pas soutenu que [les contractants] avaient antérieurement [à la conclusion du contrat litigieux] quelque relation que ce soit » et en conclut que la partie se prévalant de la disposition ne pouvait dès lors être qualifiée, lors de la souscription du contrat litigieux, de « partenaire commercial » au sens du 2° de l'article L. 442-6, I (■ Lyon, 16 mai 2013, n° 11/07152 : *Concurrences* 2013/3, p. 96, obs. M. Chagny. Dans le même sens, V. ■ Paris, 6 juill. 2018, n° 17/00776). Décidant à l'inverse qu'aucune disposition textuelle n'exclut l'application du texte au partenariat conclu pour la première fois (■ Paris, 11 janv. 2019, n° 17/00234 : *Lettre distrib.* 2019/2, p. 1, obs. S. Chaudouet et dans le même sens, V. ■ Paris, 19 déc. 2018, n° 17/03922). Une juridiction rejette l'application du texte aux motifs que celui-ci exige « des relations de partenariat commercial » absentes en l'espèce dès lors que le demandeur ne prouvait pas « dépendre pour son activité » de la prestation réalisée par son cocontractant (■ Bordeaux, 27 mars 2014, n° 12/05105). Pour d'autres espèces dans le même sens, V. ■ Nancy, 14 févr. 2013, n° 12/00378 ; ■ Aix-en-Provence, 20 juin 2013, n° 12/07275 ; ■ Douai, 3 juill. 2014, n° 13/04060. Pour la cour d'appel de Toulouse, doit être exclu l'opérateur ponctuel avec lequel ne se trouve pas créé un courant d'affaires (■ Toulouse, 18 mars 2014, n° 12/03453 : *D.* 2015, p. 947, obs. D. Ferrier).

Pour la Cour de cassation, le partenariat commercial s'entend d'échanges commerciaux conclus directement entre les parties. En conséquence, une cour d'appel écarte à bon droit le texte s'agissant en l'espèce d'une demande dirigée par un réparateur automobile contre un assureur, tiers payeur, avec lequel le réparateur n'entretenait aucune relation commerciale (■ Cass. com., 31 janv. 2018, n° 16-24.063 : *Contrats, conc. consom.* 2018, comm. 67, obs. N. Mathey).

Pour la cour d'appel de Paris, un locataire ne peut utilement invoquer l'application de l'article L. 442-6-1-2° du Code de commerce aux relations unissant les parties simplement liées par une convention de location financière, qui n'implique pas une volonté commune et réciproque d'effectuer de concert des actes ensemble dans des activités de production, de distribution ou de service » (■ Paris, 27 sept. 2017, n° 16/00671 : *Lettre distrib.* 2017/10, p. 1, obs. S. Chaudouet. ■ Paris, 21 sept. 2016, n° 14/06802 : *Lettre distrib.* 2016/10, p. 1, obs. N. Eréséo. – Dans le même sens, ■ Aix-en-Provence, 10 mars 2016, n° 15/06564. ■ Limoges, 5 avr. 2016, n° 15/00002. ■ Grenoble, 10 mai 2016, n° 13/03121). Pour la cour d'appel d'Aix-en-Provence, l'auto-entrepreneur qui contracte avec une société chargée de créer son site internet n'est pas un partenaire économique au sens du texte mais un simple cocontractant, locataire pour ses besoins professionnels (■ Aix-en-Provence, 10 mars 2016, n° 2016/140 : *Contrats, conc. consom.* 2016, comm. 141, obs. M. Malaurie-Vignal. *Contra* : CEPC, avis n° 15-01, 30 sept. 2015, relatif à une demande d'avis sur un contrat portant sur la création de site internet au regard de sa conformité avec l'article L. 442-6-I, 1° et 2° du Code de commerce, à propos de clauses asymétriques de résiliation unilatérale et de clauses limitatives de responsabilité rédigées de manière trop large).

Pour la Commission d'examen des pratiques commerciales, un GIE de médecins libéraux ayant conclu un contrat de location et de maintenance peut être qualifié de partenaire commercial au sens de l'article L. 442-6, I, 2° (■ CEPC, avis n° 16-3, relatif à une demande d'avis portant sur les pratiques contractuelles de deux sociétés en matière d'équipement de publipostage : *Lettre distrib.* 2016/3, p. 4, obs. N. Eréséo). Mais pour la Cour de cassation, la relation existant entre un avocat et la SCP au sein de laquelle il exerce n'est pas un partenariat commercial au sens de l'article L. 442-6, I, 2° du Code de commerce (■ Cass. 1re civ., 20 févr. 2019, n° 17-27.967, à paraître au *Bulletin* : *Contrats, conc. consom.* 2019/5, comm. 86, note N. Mathey).

39) Principes : domaine et existence de textes spéciaux. Pour la cour d'appel de Paris, les dispositions du statut des baux commerciaux prévues aux articles L. 145-1 et suivants sont exclusives de toute application conjointe ou alternative des dispositions de l'article L. 442-6, I, 2° (■ Paris, 25 nov. 2016, n° 16/08557 : *Lettre distrib.* 2017/1, p. 1, obs. S. Chaudouet. – Pourvoi rejeté par ■ Cass. 3e civ., 15 févr. 2018, n° 17-11.329 : *Concurrences 2018/2, p. 106, obs. F. Buy ; Contrats, conc. consom. 2018,* comm. 151, obs. N. Mathey). Pour la Cour de cassation, sont exclues du champ d'application de l'article L. 442-6, I, 2° du Code de commerce les modalités de retrait du membre d'un groupement d'intérêt économique, prévues par le contrat constitutif ou par une clause du règlement intérieur de ce groupement (■ Cass. com., 11 mai 2017, n° 14-29.717 : à paraître au *Bull.* ; *JurisData* n° 2017-008800 ; *Lettre distrib.* 2017/6, p. 1, obs. N. Eréséo ; *Contrats, conc. consom.* 2017/7, comm. 147, note N. Mathey ; *Concurrences* 2017/4, p. 116, note V. Durand). Les dispositions de l'article L. 442-6, I, 2° et 5° du Code de commerce sont étrangères aux rapports entretenus par les sociétés en cause, adhérentes d'une société coopérative de commerçants détaillants avec cette dernière (■ Cass. com., 18 oct. 2017, n° 16-18.864 : à paraître au *Bull.* ; *JurisData* n° 2017-020501 ; *Contrats, conc. consom.* 2018/1, comme. 9, note M. Malaurie-Vignal ; *Lettre distrib.* 2017/11, p. 1, obs. C. Mouly-Guillemaud ; *Concurrences* 2018/1, p. 113, obs. F. Buy).

Ayant constaté que l'article L. 511-4 du Code monétaire et financier prévoit seulement que les articles L. 420-1 à L. 420-4 du Code de commerce sur les pratiques anticoncurrentielles s'appliquent aux établissements de crédit et aux sociétés de financement pour leurs opérations de banque et leurs opérations connexes définies à l'article L. 311-2 du même code, la cour d'appel en a justement déduit que, pour ces opérations, le législateur n'a pas étendu aux établissements de crédit et sociétés de financement l'application des textes relatifs aux pratiques restrictives de concurrence, de sorte que les activités exercées par la société [x] dans le cadre des opérations de location financière litigieuses ne relèvent pas du Code de commerce mais des dispositions spécifiques du Code monétaire et financier (■ Cass. com., 15 janv. 2020, n° 18-10.512, à paraître au *Bulletin* : *Contrats, conc. consom.* 2020/3, comm. 43, note N. Mathey ; *Lettre distrib.* 2020/2, p. 1, note S. Chaudouet et, rejetant le pourvoi contre. ■ Paris, 27 sept. 2017, n° 16/00671 : *AJ contrat* 2017, p. 535, note N. Eréséo ; *Lettre distrib.* 2017/10, p. 1, obs. S. Chaudouet. – Et dans le même sens ■ T. com. Paris, 2 sept. 2019, n° 2017050625 : *Lettre distrib.* 2019/9, p. 1, obs. S. Chaudouet).

40) Principes : preuve. Le ministre est fondé à produire des procès-verbaux (PV) contenant des déclarations de fournisseurs anonymisées dès lors que ce procédé ne porte pas une atteinte excessive aux droits de la défense des sociétés mises en cause ou au principe du contradictoire (■ Paris, 12 juin 2019, n° 18/20323 : *Lettre distrib.* 2019/7-8, p. 2, obs. S. Chaudouet).

41) Principes : tentative de soumission. Pour l'application du texte, il importe peu que les clauses litigieuses aient été effectivement appliquées (■ Paris, 4 juill. 2013 : *JurisData* n° 2013-015022 ; *Contrats, conc. consom.* 2013/10, comm. 2008, obs. N. Mathey ; pourvoi rejeté par ■ Cass. com., 29 sept. 2015, n° 13-25.043 : *JCP* E 2016, 1040, note

S. Le Gac-Pech ; *Lettre distrib.* 2015/10, obs. N. Eréséo ; *Concurrences* 2016/1, p. 119, obs. F. Buy) et il importe également peu que les effets concrets du déséquilibre ne soient pas mesurés (■ Paris, 11 sept. 2013, n° 2009/02296 : *RDC* 2014/2, p. 231, obs. M. Behar-Touchais). Pour la Cour de cassation, les juges du fond ne sont en effet pas tenus de rechercher les effets précis du déséquilibre significatif allégué (■ Cass. com., 3 mars 2015, n° 14-10.907 : *JCP* G 2015, 603, note M. Behar-Touchais ; *Contrats, conc. consom.* 2015/5, 115, obs. N. Mathey ; *D.* 2015, p. 947, obs. D. Ferrier ; *Lettre distrib.* 2015/4, p. 3, obs. N. Eréséo).

42) Principes : notion de soumission. Une clause instaurant un déséquilibre significatif ne saurait être sanctionnée sans que soit rapportée la preuve d'une soumission (■ Cass. com., 14 févr. 2018, n° 17-11.924 : *Concurrences* 2018/2, p. 107, obs. F. Buy, et dans le même sens ■ Paris, 20 déc. 2017, n°s 13/04879 et 13/11192 : *Concurrences* 2018/2, p. 108, obs. J.-L. Fourgoux). Pour la Cour d'appel de Paris, la soumission « consiste à faire peser ou tenter de faire peser sur un partenaire commercial, du fait du déséquilibre du rapport de force existant entre les parties, des obligations injustifiées et non réciproques » mais « elle ne s'identifie pas à une contrainte irrésistible » (■ Paris, 29 oct. 2014, n° 13/11059 : *D.* 2015, p. 947, obs. D. Ferrier ; *RTD com.* 2014, p. 758, obs. M. Chagny). Elle caractériserait par ailleurs « l'élément moral de l'infraction » (■ Paris, 1er oct. 2014, n° 13/16336 : *RDC* 2015/1, p. 67, obs. M. Behar-Touchais ; *Lettre distrib.* 2014/10, p. 2, obs. N. Eréséo ; *Rev. Lamy conc.* 2015/1, p. 47, obs. J.-C. Grall et T. Bussonnière). Dans une autre affaire, la cour d'appel de Paris a relevé que « la soumission ou tentative de soumission n'est pas subordonnée à la preuve de l'existence de pressions ou des contraintes ; qu'elle résulte de l'insertion même de ces clauses dans les contrats intervenant entre des parties dont la puissance n'est pas la même selon des modalités qui traduisent l'absence de marge de négociation pour les fournisseurs ». En l'espèce, la soumission a été établie alors que le distributeur qui se la voyait reprocher était en relation avec de puissantes multinationales du secteur de l'électronique et alors que les clauses stigmatisées apparaissaient sous plusieurs variantes (■ Paris, 25 nov. 2015, n° 12/14513 : *Lettre distrib.* 2016/1, p. 1, obs. N. Eréséo ; pourvoi rejeté par ■ Cass. com., 26 avr. 2017, n° 15-27.865 : *JurisData* n° 2017-007784 ; *Contrats, conc. consom.* 2017/7, comm. 146, note N. Mathey). Pour une autre espèce où la soumission a été établie du fait de l'insertion de clauses déséquilibrées dans des contrats que les fournisseurs n'avaient pas la possibilité de négocier (■ Paris, 18 déc. 2013 : *JurisData* n° 2013-030435 ; *Contrats, conc. consom.* 2014/3, comm. 64, obs. N. Mathey). À l'argument d'une centrale d'achat qui soutenait que les conditions prévues avaient fait l'objet d'une libre négociation commerciale, la Cour objecte qu'elle ne fait jamais connaître son accord ou son désaccord sur les réserves des avenants proposés par les fournisseurs et « qu'il peut être ainsi constaté que si la négociation est possible, elle n'est pas effective et que les contrats soumis aux fournisseurs sont de véritables contrats d'adhésion ; que la « soumission » est ainsi établie » (■ Paris, 20 nov. 2013, n° 12/04791 : *Lettre distrib.* 2013/12. – Pourvoi rejeté par ■ Cass. com., 3 mars 2015, n° 14-10.907 : *JCP* G 2015, 603, note M. Behar-Touchais ; *Contrats, conc. consom.* 2015/5, comm. 115, obs. N. Mathey ; *D.* 2015, p. 947, obs. D. Ferrier ; *Lettre distrib.* 2015/4, p. 3, obs. N. Eréséo). Pour un autre arrêt, la soumission peut être présumée à partir de la structure du marché de la distribution alimentaire et par le constat de l'existence d'un contrat-type proposé par l'acheteur à l'ensemble des fournisseurs, sauf à ce que le défendeur parvienne à faire la preuve d'une négociation effective de ce contrat-type (■ Cass. com., 4 oct. 2016, n° 14-28.013 : *JurisData* n° 2016-020311 ; *Contrats, conc. consom.* 2016/12, comm. 253, note N. Mathey ; *Lettre distrib.* 2016/10, p. 1, obs. N. Eréséo. Faisant application de ces principes, V. ■ Paris, 19 avr. 2017, n° 15/24221 : *Lettre distrib.* 2017/5, p. 1, obs. N. Eréséo). Cependant, si la structure du marché de la grande distribution peut constituer un indice de rapports de forces déséquilibrés, se prêtant difficilement à des négociations véritables, cette seule considération ne peut suffire à établir la soumission à un contrat, même si celui-ci est un contrat-type. Cet indice doit être complété par d'autres éléments comme la circonstance suivant laquelle les fournisseurs ont tenté, sans succès, d'obtenir la suppression des clauses litigieuses ou l'absence de suite donnée aux réserves ou avenants formulés par eux (■ Paris, 20 déc. 2017, n° 13/04879 : *Lettre distrib.* 2018/1, p. 9, obs. J.-M. Vertut). En effet, la soumission ou la tentative de soumission d'un fournisseur ou partenaire commercial à des clauses instituant un déséquilibre significatif implique de démontrer l'absence de négociation effective des clauses incriminées. Si la structure d'ensemble du marché de la grande distribution peut constituer un indice de l'existence d'un rapport de force déséquilibré, ce seul élément ne peut suffire et doit être complété par d'autres indices établissant l'absence de négociation effective. N'inverse pas la charge de la preuve la cour d'appel qui, après avoir retenu que les affirmations du ministre chargé de l'Économie, selon lesquelles les clauses litigieuses avaient été intégrées dans toutes les conventions passées avec les fournisseurs, n'étaient étayées par aucun élément de preuve, relève que les seuls contrats versés aux débats, pour lesquels aucun élément de preuve quant aux circonstances factuelles dans lesquelles ils avaient été conclus, permettant d'écarter l'existence de négociations effectives, n'était rapporté, concernaient des fournisseurs qui ne pouvaient être qualifiés de PME ou de TPE, et parmi lesquels trois avaient pu négocier une voire deux clauses du contrat, tandis qu'un autre avait fait le choix de ne pas dénoncer la clause litigieuse qui, de fait, n'était pas appliquée, et retient qu'il n'est pas établi que les clauses litigieuses pré-rédigées par la société constituaient une composante intangible des contrats examinés et n'avaient pu faire l'objet d'aucune négociation effective, pour en déduire que la preuve de la soumission ou tentative de soumission exigée par l'article L. 442-6, I, 2° du Code de commerce, dans sa rédaction applicable à la cause, n'était pas rapportée (▪ Cass. com., 20 nov. 2019, n° 18-12.823, à paraître au *Bulletin* : *Contrats, conc. consom.* 2020/1, comm. 6, note N. Mathey ; *Lettre distrib.* 2019/12, p. 1, obs. S. Chaudouet). V. cept. une espèce où la soumission a été simplement déduite de la difficulté pour la victime de se passer du partenaire commercial pour accéder à la clientèle (▪ Paris, 19 janv. 2018, n° 16/11167 : *Lettre distrib.* 2018/2, p. 6, obs. J.-M. Vertut). Répondant à l'argument faisant valoir qu'un contrat d'adhésion est nécessairement emporté par soumission, les juges relèvent que le texte suppose « l'existence d'un rapport de force entre les cocontractants ayant permis à l'un d'eux » une soumission ou tentative de soumission à des obligations déséquilibrées et « que si les contrats d'adhésion ne permettent pas *a priori* de négociations entre les parties, il incombe néanmoins à la partie qui invoque l'existence d'un déséquilibre significatif de rapporter la preuve qu'elle a dû accepter, du fait du rapport de force existant, des obligations injustifiées et non réciproques », ajoutant qu'en l'espèce, la société cliente « n'invoque ni ne justifie de l'existence d'une pression, d'une contrainte, d'un rapport déséquilibré, d'un état de dépendance économique ou juridique l'ayant obligée à signer » les contrats litigieux qui paraissaient au contraire lui avoir apporté toute satisfaction (▪ Paris, 24 juin 2016, n° 13/20422). Pour le tribunal de commerce de Paris, la plateforme électronique Amazon est, du fait de son caractère incontournable, en mesure de soumettre les vendeurs tiers à des obligations créant un déséquilibre significatif (▪ T. com. Paris, 2 sept. 2019, n° 2017050625 : *Lettre distrib.* 2019/9, p. 1, obs. S. Chaudouet). Dans une autre affaire, la Cour d'appel de Paris évoque la « puissance » de négociation de La Poste dans le secteur de *l'acheminement des colis et juge établie la condition de soumission* après avoir constaté la présence de clauses identiques dans les contrats conclus avec la clientèle professionnelle (▪ Paris, 7 janv. 2021, n° 18/17.376 : *Lettre distrib.* févr. 2021, p. 1, obs. S. Chaudouet).

43) Principes : objet du déséquilibre. Droits et obligations. Peuvent seules faire l'objet d'une appréciation les clauses ayant pour objet une obligation et non celles constitutives d'une simple déclaration dont il ne découle aucune obligation, aucun engagement ou aucun droit (▪ T. com. Paris, 20 mai 2014, n° 2013070793 : *Concurrences* 2014/3, p. 110, obs. M. Chagny ; *Rev. Lamy conc.* 2014/4, p. 28, obs. J.-C. Grall et T. Bussonnière). Pour la cour d'appel de Paris, une clause prévoyant une simple faculté pour le fournisseur d'accorder un avoir, sans obligation formellement stipulée en ce sens, peut relever de l'article L. 442-6, I, 2° du Code de commerce (▪ Paris, 25 nov. 2015, n° 12/14513 : *Lettre distrib.* 2016/1, p. 1, obs. N. Eréséo ; pourvoi rejeté par ▪ Cass. com., 26 avr. 2017, n° 15-27.865 : *JurisData* n° 2017-007784 ; *Lettre distrib.* 2017/7, comm. 146, note N. Mathey). Le champ d'application du texte n'est pas limité aux clauses contractuelles mais vise également les pratiques entre partenaires commerciaux (▪ Paris, 16 mai 2018, n° 17/11187 : *Contrats, conc. consom.* 2018, comm. 175, obs. N. Mathey).

44) Principes : objet du déséquilibre. Prix. La similitude des notions de déséquilibre significatif prévues aux articles L. 132-1, devenus L. 212-1, du Code de la consommation et L. 442-6, I, 2° du Code de commerce, relevée par le Conseil constitutionnel dans sa décision n° 2010-85 QPC du 13 janvier 2011, n'exclut pas qu'il puisse exister entre elles des différences de régime tenant aux objectifs poursuivis par le législateur dans chacun de ces domaines, en particulier quant à la catégorie des personnes qu'il a entendu protéger et à la nature des contrats concernés, l'article L. 442-6, I, 2° n'excluant pas que le déséquilibre significatif puisse résulter d'une inadéquation du prix au bien vendu (▪ Cass. com., 25 janv. 2017, n° 15-23.547 : à paraître au *Bull.* ; *JurisData* n° 2017-000899 ; *Contrats, conc. consom.* 2017/4, comm. 77, obs. N. Mathey ; *Lettre distrib.* 2017/3, p. 1, obs. N. Eréséo ; *JCP* G 2017, doctr. 255, note M. Béhar-Touchais ; *D.* 2017, p. 481, note F. Buy ; *Contrats, conc. consom.* 2017/7, étude 7 par N. Ferrier). Appréciant à ce titre la licéité de la clause prévoyant une redevance forfaitaire d'entrée dans un réseau de franchise, V. ▪ Paris, 17 mai 2017, n° 14/18290 : *Lettre distrib.* 2017/7-8, p. 7, obs. J.-M. Vertut, ou encore la licéité de la clause prévoyant la rémunération de services de coopération commerciale et de celle prévoyant le paiement de ristournes ▪ Paris, 13 sept. 2017, n° 15/24117 : *Lettre distrib.* 2017/11, p. 3, obs. N. Eréséo. – Pour une application dans le secteur de la publicité, V. ▪ Paris, 19 janv. 2018, n° 16/11167 : *Lettre distrib.* 2018/2, p. 6, obs. J.-M. Vertut. V. déjà sur la possibilité d'apprécier l'équilibre du prix objet de l'obligation, ▪ Paris, 1er juill. 2015, n° 13/19251 : *Let-*

tre distrib. 2015/7-8, obs. J.-M. Vertut ; *Contrats, conc. consom.* 2015/10, comm. 229, obs. N. Mathey ; *Concurrences* 2015/4, p. 139, obs. J.-L. Fourgoux ; *RTD com.* 2015/3, p. 493, note M. Chagny et ▪ Paris, 14 nov. 2014, n° 12/14728 : *JurisData* n° 2014-028300 ; *Contrats, conc. consom.* 2015/3, comm. 65, obs. N. Mathey et sur pourvoi ▪ Cass. com., 8 juin 2017, n° 15-15.417. ▪ Paris, 23 mai 2013, n° 12/01166 : *RDC* 2014/3, p. 411, obs. M. Behar-Touchais. V. égal CEPC, avis n°s 15-21 et 15-22, 21 mai 2015 : *Lettre distrib.* juill./août 2015, p. 5, obs. N. Eréséo ; *Concurrences* 2015/3, p. 103, obs. J.-L. Fourgoux ; avis n° 15-24, 23 juill. 2015 : *Lettre distrib.* 2015/9, obs. N. Eréséo.

Le fournisseur qui se prétend victime d'un déséquilibre significatif du fait d'un refus de revalorisation, par un client, du prix d'achat des marchandises doit en rapporter la preuve par la fourniture d'éléments sur la composition de ses coûts (▪ Cass. com., 25 oct. 2017, n° 15-24.060).

45) Principes : appréciation du déséquilibre. Les magistrats retiennent que le déséquilibre peut « être établi par l'absence de réciprocité ou la disproportion entre les obligations des parties » et que « compte tenu du rapport de force en présence, des clauses prévoyant des obligations ou des avantages injustifiés, sans contrepartie ou sans motif légitime, à la charge ou au bénéfice d'une partie peuvent être considérées en elles-mêmes, indépendamment de leurs effets, comme étant illicites » (▪ Paris, 1er oct. 2014, n° 13-16.336 : *RDC* 2015/1, p. 67, obs. M. Behar-Touchais ; *Lettre distrib.* 2014/10, p. 2, obs. N. Eréséo ; *Rev. Lamy conc.* 2015/1, p. 47, obs. J.-C. Grall et T. Bussonnière). *A contrario*, une prérogative forte accordée à l'une des parties (en l'espèce une faculté discrétionnaire de résiliation unilatérale) peut échapper à la qualification de déséquilibre significatif lorsqu'elle est réciproquement et identiquement reconnue à l'autre partie (▪ Cass. com., 12 avr. 2016, n° 13-27.712 : *Contrats, conc. consom.* 2016/6, comm. 142, obs. N. Mathey ; *Concurrences* 2016/3, p. 95, obs. N. Eréséo).

Pour la Commission d'examen des pratiques commerciales, le déséquilibre renvoie à une « obligation défavorable, sans réciprocité ni contrepartie véritable ou justification objective » (CEPC, avis n° 14-06, 30 sept. 2014 : *Lettre distrib.* 2014/10, p. 2, obs. N. Eréséo). Sur la prise en considération des pratiques habituelles d'un secteur comme indice d'absence de déséquilibre significatif, V. ▪ Paris, 12 déc. 2013, n° 11/18274 : *RDC* 2014/3, p. 411, obs. M. Behar-Touchais ; *Lettre distrib.* 2014/1, p. 1, obs. J.-M. Vertut. Pour une décision insistant sur le fait qu'une clause est déséquilibrée quand elle est néfaste pour l'économie et le consommateur, V. ▪ Paris, 11 sept. 2013, n° 2009/02296 : *RDC* 2014/2, p. 231, obs. M. Behar-Touchais.

46) Principes : prise en compte du contexte. Le déséquilibre instauré par une clause peut être corrigé par l'effet d'une autre (▪ Paris, 4 juill. 2013 : *JurisData* n° 2013-015022 ; *Contrats, conc. consom.* 2013/10, comm. 2008, obs. N. Mathey ; pourvoi rejeté par ▪ Cass. com., 29 sept. 2015, n° 13-25.043 : *JCP* E 2016, 1040, note S. Le Gac-Pech ; *Lettre distrib.* 2015/10, obs. N. Eréséo ; *Concurrences* 2016/1, p. 119, obs. F. Buy), l'article L. 442-6 invitant « à apprécier le contexte dans lequel le contrat est conclu et l'économie du contrat » (▪ Paris, 11 sept. 2013 : *JurisData* n° 2013-019306 ; *Contrats, conc. consom.* 2013/12, comm. 269 ; *Lettre distrib.* 2013/10. – Pourvoi rejeté par ▪ Cass. com., 3 mars 2015, n° 13-27.525, à paraître au *Bull.* ; *JCP* G 2015, 603, note M. Behar-Touchais ; *JCP* E 2015, 1207, note S. Le Gac-Pech ; *Contrats, conc. consom.* 2015/5, 115, obs. N. Mathey ; *RTD com.* 2015/3, p. 486, note M. Chagny ; *RDC* 2015/3, p. 523, note M. Behar-Touchais ; *Lettre distrib.* 2015/4, p. 3, obs. N. Eréséo ; *Concurrences* 2015/2, p. 117, obs. J.-L. Fourgoux). Ayant relevé l'existence d'un déséquilibre significatif dans les droits et obligations des parties, résultant de deux clauses litigieuses, qu'aucune autre stipulation ne permettait de corriger, et constaté qu'aucune suite n'était donnée aux réserves ou avenants proposés par les fournisseurs pour les modifier, la cour d'appel, qui a procédé à une analyse globale et concrète du contrat et apprécié le contexte dans lequel il était conclu ou proposé à la négociation, et qui n'était pas tenue de rechercher les effets précis du déséquilibre significatif auquel [le grand distributeur] avait soumis ou tenté de soumettre ses partenaires, a satisfait aux exigences de l'article L. 442-6, I, 2°, du Code de commerce (▪ Cass. com., 3 mars 2015, n° 14-10.907, préc.). C'est sans inverser la charge de la preuve qu'une cour d'appel reproche au défendeur de ne pas avoir démontré qu'à l'issue de la négociation dont il fait état, la modification des autres clauses a permis de rééquilibrer le contrat (▪ Cass. com., 3 mars 2015, n° 13-27.525, préc.).

47) Principes : absence de prise en compte des effets de la pratique. Pour la cour d'appel de Paris, les effets des pratiques n'ont pas à être pris en compte ou recherchés. L'éventuelle rétrocession aux consommateurs finals des avantages financiers obtenus des fournisseurs ne saurait en particulier justifier le comportement du grand distributeur. En effet, l'infraction vise à protéger les partenaires et non, à titre principal, à réaliser les conditions d'un marché concurrentiel (▪ Paris, 16 mai 2018, n° 17/11187 : *Contrats, conc. consom.* 2018, comm. 175, obs. N. Mathey).

48) Principes : sanction. La partie victime d'un déséquilibre significatif, au sens de l'article L. 442-6, I, 2 du Code de commerce, est fondée à faire prononcer la nullité de la clause du contrat qui crée ce déséquilibre, s'agissant d'une clause illicite qui méconnaît les dispositions d'ordre public de ce texte (▪ Cass. com., 30 sept. 2020, n° 18-25.204 : *Contrats, conc. consom.* 2020/12, comm. 172, note N. Mathey). D'autres décisions estimaient que la clause instaurant un déséquilibre significatif devait être réputée non écrite (▪ Rouen, 12 déc. 2012, n° 12/01200 : *JurisData* n° 2012-033564 ; *Contrats, conc. consom.* 2013, comm. 117, obs. N. Mathey. ▪ Paris, 7 juin 2013 : *JurisData* n° 2013-012615 ; *Contrats, conc. consom.* 2013/10, comm. 208, obs. N. Mathey ; *Concurrences* 2013/3, p. 96, obs. J.-L. Fourgoux). V. dans le même sens, CEPC, 13 févr. 2014, avis n° 14-02 : *Lettre distrib.* 2014/3, obs. J.-M. Vertut. Pour une espèce où la juridiction a exigé la réécriture de la clause, V. ▪ Paris, 29 oct. 2014, n° 13/11059 : *D.* 2015, p. 947, obs. D. Ferrier ; *RTD com.* 2014, p. 758, obs. M. Chagny. Estimant au contraire que l'article L. 442-6, I, 2° n'est « sanctionné que par l'octroi de dommages-intérêts et non par la nullité de la stipulation contestée », V. ▪ Paris, 6 sept. 2016, n° 15/21026 : *Lettre distrib.* 2016/10, p. 1, obs. N. Eréséo et dans le même sens ▪ Versailles, 17 mars 2016, n° 14/02790. ▪ Versailles, 31 mars 2016, n° 14/02978. ▪ Paris, 18 mai 2016, n° 14/12584. ▪ Paris, 6 sept. 2016, n° 15/21026. ▪ Aix-en-Provence, 3 nov. 2016, n° 14/13050.

49) Principes : prescription. L'action tendant à constater qu'une clause doit être réputée non écrite n'est enfermée dans aucun délai de prescription, une clause réputée non écrite étant censée ne jamais avoir existé (▪ Paris, 24 mai 2019, n° 17/08357 : *Lettre distrib.* 2019/6, p. 1, obs. S. Chaudouet).

50) Principes : imputabilité. Les juges du fond peuvent retenir que toutes les sociétés d'un groupe de distribution doivent être déclarées solidairement responsables de la soumission ou de la tentative de soumission à des clauses instaurant un déséquilibre significatif. En particulier, la responsabilité de la société franchiseur peut être engagée au titre de son rôle pilote dans l'élaboration de la convention, de même que celle des autres sociétés du groupe ayant exécuté cette convention ou au nom desquelles elle était conclue (▪ Cass. com., 4 oct. 2016, n° 14-28.013 : *JurisData* n° 2016-020311 ; *Contrats, conc. consom.* 2016/12, comm. 253, note N. Mathey ; *Lettre distrib.* 2016/10, p. 1, obs. N. Eréséo).

51) Applications : *conditions générales d'achat (CGA).* « *L'intangibilité des CGA, leur systématisation excluant toute négociation véritable, outre l'inversement de la situation de négociation voulue par le législateur dans l'article L. 441-6 du Code de commerce établissent un déséquilibre significatif dans les obligations des parties, au détriment du fournisseur* » (▪ Paris, 18 déc. 2013 : *JurisData* n° 2013-030435 ; *RDC* 2014/3, p. 411, obs. M. Behar-Touchais ; *Contrats, conc. consom.* 2014/3, comm. 64, obs. N. Mathey et sur pourvoi ▪ Cass. com., 27 mai 2015, n° 14-11.387 : *Lettre distrib.* 2015/6, p. 8, obs. J.-M. Vertut ; *Contrats, conc. consom.* 2015/10, comm. 229, obs. N. Mathey ; *Concurrences* 2015/4, p. 138, obs. M. Chagny ; *AJCA* 2015/8-9, p. 379, obs. S. Bros. V. dans le même sens, ▪ Paris, 12 juin 2019, n° 18/20323 : *Lettre distrib.* 2019/7-8, p. 2, obs. S. Chaudouet).

52) Applications : acomptes mensuels sur ristournes de fin d'année. Instaure un déséquilibre significatif la clause prévoyant le paiement d'acomptes mensuels au titre de réductions de prix normalement payées en fin d'année puisque liées au montant annuel des achats effectués par le distributeur. Le fournisseur était en conséquence conduit à payer une dette avant qu'elle ne soit exigible et sans qu'il soit possible de tenir compte d'une variation d'activité en cours d'année, le contrat ne prévoyant aucun tempérament à l'obligation de paiement des acomptes dans ce cas de figure. Le tribunal relève en outre que ces acomptes devaient obligatoirement être effectués par virement et que tout manquement était sanctionné à hauteur de 1 % par jour ouvré de retard, avec un plafond global de 10 % mais un montant minimal forfaitaire de 50 € (▪ T. com. Lille, 6 janv. 2010 : *JurisData* n° 2010-000338 ; *Lettre distrib.* n° 1-2010, note J.-M. Vertut ; *Contrats, conc. consom.* 2010/3, comm. 71, p. 21, note N. Mathey ; *JCP G* 2010, 516, obs. M. Chagny ; *D.* 2010, p. 1000, note J. Sénéchal ; *Rev. Lamy conc.* 2010, n° 23, p. 43, note M. Behar-Touchais ; *RDC* 2010/3, p. 928, obs. M. Behar-Touchais).

53) Applications : clause de révision de prix. Instaure un déséquilibre significatif la clause de variation des prix dont les conditions et les modalités de mise en œuvre varient considérablement suivant qu'il s'agit de permettre leur hausse ou leur baisse. En l'espèce, la stipulation litigieuse imposait une baisse immédiate et automatique des prix en cas de baisse du coût des matières premières, sous peine de résiliation de la convention, cependant que l'hypothèse inverse d'une hausse des coûts soumettait le fournisseur à une procédure, des délais et des conditions très spécifiques, tenant notamment à la nécessité d'établir une justification objective (▪ T. com. Lille, 7 sept. 2011 : *JurisData* n° 2011-020988 ; *Contrats, conc. consom.* 2011/11, comm. 234, obs. N. Mathey ; *D.* 2012, pan. p. 577, obs. D. Ferrier ; *JCP E* 2011, 1701, note G. Chantepie ; conf. par ▪ Paris, 11 sept. 2013 : *JurisData* n° 2013-019306 ; *Contrats, conc. consom.* 2013/12, comm. 269 ; pourvoi rejeté par ▪ Cass. com., 3 mars 2015, n° 13-27.525, préc. ▪ T. com. Meaux, 24 janv. 2012, n° 2009/02296 : *Lettre distrib.*

2012/2 ; *Concurrences* 2012/2, p. 97, obs. M. Dany ; conf. par ▪ Paris, 4 juill. 2013 : *JurisData* n° 2013-015022 ; *Contrats, conc. consom.* 2013/12, comm. 269 ; pourvoi rejeté par ▪ Cass. com., 29 sept. 2015, n° 13-25.043 : *JCP* E 2016, 1040, note S. Le Gac-Pech ; *Lettre distrib.* 2015/10, obs. N. Eréséo ; *Concurrences* 2016/1, p. 119, obs. F. Buy). V. également une décision déclarant abusive la stipulation suivant laquelle « en cas de baisse du tarif d'un produit, le fournisseur établira au client un avoir correspondant à l'écart entre le précédent prix et le nouveau prix multiplié par le nombre de produits en stock chez le client. Le client indiquera au fournisseur l'état du stock concerné » (▪ T. com. Bobigny, 29 mai 2012 : *Concurrences* 2012/3, p. 138, obs. J.-L. Fourgoux. Sur appel ▪ Paris, 25 nov. 2015, n° 12/14513 : *Lettre distrib.* 2016/1, p. 1, obs. N. Eréséo ; pourvoi rejeté par ▪ Cass. com., 26 avr. 2017, n° 15-27.865 : *JurisData* n° 2017-007784 ; *Lettre distrib.* 2017/7, comm. 146, note N. Mathey). « Faute de contrepartie suffisante, les clauses visant à l'obtention automatique des meilleures conditions tarifaires et promotionnelles, dans les contrats des hôtels incriminés situés sur le territoire français, sont constitutives d'un déséquilibre significatif au sens de l'article L. 442-6, I, 2° » (▪ T. com. Paris, 15 mai 2015, n° 2015000040, conf. par ▪ Paris, 21 juin 2017, n° 15/18784 : *Concurrences* 2017/4, p. 117, note F. Buy ; *Lettre distrib.* 2017/7-8, p. 3, obs. F. Leclerc et sur pourvoi rejeté ▪ Cass. com., 8 juill. 2020, n° 17-31.536 : *Contrats, conc. consom.* 2020/10, comm. 140, note N. Mathey).

54) Applications : modification de la convention unique. Pour la cour d'appel de Paris, le principe de la modification sous forme d'avenants de l'accord cadre annuel, en cours d'année, est admis, sous réserve toutefois que l'équilibre commercial soit préservé et dans la limite de l'article L. 442-6, I, 2° qui prohibe la soumission du cocontractant à des obligations instaurant un déséquilibre significatif. En l'espèce, le fait d'imposer des réductions de prix, unilatéralement ou par l'usage de menaces ou de moyens de rétorsion, sans aucune contrepartie, bouleverse nécessairement de manière significative l'équilibre des droits et obligations (▪ Paris, 16 mai 2018, n° 17/11187 : *Contrats, conc. consom.* 2018, comm. 175, obs. N. Mathey).

55) Applications : clause de parité tarifaire. Pour le tribunal de commerce de Paris, instaurent un déséquilibre significatif les clauses de parité tarifaire imposant aux entreprises d'hôtellerie d'accorder automatiquement aux plateformes de réservation en ligne leurs meilleures conditions tarifaires et promotionnelles ▪ T. com. Paris, 7 mai 2015, n° 2015000040 : *RDC* 2015/4, p. 931, note M. Behar-Touchais ; *RTD com.* 2015/3, p. 483, note M. Chagny, confirmé par ▪ Paris, 21 juin 2017, n° 15/18784 : *Concurrences* 2017/4, p. 117, note F. Buy ; *Lettre distrib.* 2017/7-8, p. 3, obs. F. Leclerc et sur pourvoi rejeté ▪ Cass. com., 8 juill. 2020, n° 17-31.536 : *Contrats, conc. consom.* 2020/10, comm. 140, note N. Mathey. V. depuis la loi dite « Macron », les nouvelles dispositions du Code du tourisme, articles L. 311-5-1 et suivants.

56) Applications : clause relative au risque de mévente. Instaure un déséquilibre significatif la clause prévoyant qu'« en cas d'obsolescence d'un produit, d'arrêt de fabrication ou de mévente, le fournisseur pourra établir, à son initiative, un avoir au bénéfice du client correspondant à l'écart entre le prix auquel le produit a été acheté par le client et un prix conforme à la situation nouvelle du marché à l'achat, multiplié par le nombre de produits en stock chez le client. Le client indiquera au fournisseur l'état du stock concerné » (▪ T. com. Bobigny, 29 mai 2012 : *Concurrences* 2012/3, p. 138, obs. J.-L. Fourgoux. Sur appel ▪ Paris, 25 nov. 2015, n° 12/14513 : *Lettre distrib.* 2016/1, p. 1, obs. N. Eréséo ; pourvoi rejeté par ▪ Cass. com., 26 avr. 2017, n° 15-27.865 : *JurisData* n° 2017-007784 ; *Lettre distrib.* 2017/7, comm. 146, note N. Mathey). Doit également être déclarée abusive la clause obligeant le fournisseur à reprendre le stock d'invendus à la fin du cycle de commercialisation (▪ T. com. Meaux, 24 janv. 2012, n° 2009/02296 : *Lettre distrib.* 2012/2 ; *Concurrences* 2012/2, p. 97, obs. M. Dany ; conf. par ▪ Paris, 4 juill. 2013 : *JurisData* n° 2013-015022 ; *Contrats, conc. consom.* 2013/12, comm. 269 ; pourvoi rejeté par ▪ Cass. com., 29 sept. 2015, n° 13-25.043 : *JCP* E 2016, 1040, note S. Le Gac-Pech ; *Lettre distrib.* 2015/10, obs. N. Eréséo ; *Concurrences* 2016/1, p. 119, obs. F. Buy).

57) Applications : clause de retour des produits dégradés par la clientèle. Instaure un déséquilibre significatif la clause ayant pour objet de garantir le distributeur contre toute détérioration par les clients du magasin des produits faisant l'objet d'une promotion. En effet, le fournisseur avait l'obligation de s'assurer que « le mécanisme assemblant (les primes ou offres promotionnelles détachables ou découpables) n'entraînera pas la destruction par le consommateur de l'emballage et/ou du produit dans les points de vente » et se soumettait ainsi à une obligation de résultat alors qu'il ne maîtrisait pas totalement les moyens pour lui permettre de l'exécuter (▪ Paris, 18 déc. 2013 : *JurisData* n° 2013-030435 ; *Contrats, conc. consom.* 2014/3, comm. 64, obs. N. Mathey et sur pourvoi ▪ Cass. com., 27 mai 2015, n° 14-11.387 : *Lettre distrib.* 2015/6, p. 8, obs. J.-M. Vertut ; *Contrats, conc. consom.* 2015/10, comm. 229, obs. N. Mathey ; *Concurrences* 2015/4, p. 138, obs. M. Chagny ; *AJCA* 2015/8-9, p. 379, obs. S. Bros). Dans le même sens, ▪ Paris, 1er oct. 2014, préc.

58) Applications : clause concernant le taux de service du fournisseur. Une clause dite de taux de service minimum de 98,5 % a été jugée comme instaurant un déséquilibre significatif, notamment en ce que le taux pratiqué était uniforme et ne tenait pas compte, d'une part, de l'existence éventuelle de stocks pouvant compenser le préjudice subi par l'enseigne ou, d'autre part, des différences de marge pouvant exister entre les produits. Le taux retenu a par ailleurs été jugé excessif, d'autant que ses modalités d'application sur un mois seulement ne permettaient pas au fournisseur de rattraper un éventuel écart. Plus largement, la clause a été stigmatisée comme ne reposant sur aucune contrepartie ou réciprocité (▪ T. com. Lille, 7 sept. 2011 et ▪ Paris, 11 sept. 2013, préc. ; pourvoi rejeté par ▪ Cass. com., 3 mars 2015, n° 13-27.525, préc.).

59) Applications : clause pénale. Des clauses pénales peuvent légitimement être prévues pour garantir l'exécution des obligations liées à l'approvisionnement du distributeur par le fournisseur. Pour en garantir l'efficacité, les montants prévus peuvent être supérieurs au préjudice subi ; le recours au pouvoir modérateur du juge demeurant possible. En revanche, l'absence de réciprocité des sanctions est susceptible de révéler un déséquilibre significatif. En l'espèce, les obligations du distributeur, notamment celles qui relevaient de la coopération commerciale, ne faisaient l'objet d'aucune clause pénale (▪ Paris, 18 déc. 2013 : *JurisData* n° 2013-030435 ; *Contrats, conc. consom.* 2014/3, comm. 64, obs. N. Mathey et sur pourvoi ▪ Cass. com., 27 mai 2015, n° 14-11.387 : *Lettre distrib.* 2015/6, p. 8, obs. J.-M. Vertut ; *Contrats, conc. consom.* 2015/10, comm. 229, obs. N. Mathey ; *Concurrences* 2015/4, p. 138, obs. M. Chagny ; *AJCA* 2015/8-9, p. 379, obs. S. Bros). V. égal. ▪ Bordeaux, 11 mars 2014, n° 11/04944 : *AJ Contrats d'affaires* juill. 2014, 181, obs. M. Dany et ▪ Paris, 7 oct. 2016, n° 13/19175 : *Lettre distrib.* 2016/11, p. 5, obs. J.-M. Vertut, relevant l'existence de manquements du cocontractant qui étaient réciproquement sanctionnés pour valider la clause pénale stipulée en l'espèce. Mais la clause pénale prévoyant, en cas de résiliation du contrat aux torts du franchisé, le paiement par ce dernier du montant de la redevance annuelle multiplié par le nombre d'années à courir jusqu'au terme du contrat ne créé pas un déséquilibre significatif (▪ Paris, 15 mai 2019, n° 17/20051 : *Concurrences* 2019/2, p. 93, note D. Ferré).

60) Applications : clause de résiliation unilatérale. Une clause d'un contrat de référencement offrait au distributeur la possibilité de résilier unilatéralement le contrat sans préavis et sans indemnisation. Le tribunal a jugé qu'à défaut de manquement grave, la clause instaurerait un déséquilibre significatif. Le contrat prévoyait par ailleurs que la résiliation pouvait intervenir notamment en cas de sous-performance du produit. Dès lors qu'une telle circonstance dépend étroitement des conditions dans lesquelles le produit est présenté à la vente par le distributeur, la clause a été jugée potestative et donc constitutive d'un déséquilibre significatif (▪ T. com. Meaux, 6 déc. 2011 : *Contrats, conc. consom.* 2012/3, comm. 62, obs. N. Mathey ; *Concurrences* 2012/1, p. 130, obs. M. Chagny ; conf. par ▪ Paris, 20 nov. 2013 : *JurisData* n° 2013-026814 ; *Contrats, conc. consom.* 2014/3, comm. 63, obs. M. Malaurie-Vignal ; pourvoi rejeté par ▪ Cass. com., 3 mars 2015, n° 14-10.907, préc.). Jugé dans le même sens qu'une clause octroyant au seul donneur d'ordre une faculté de résilier le contrat sans indemnité et pour simple convenance personnelle devait être déclarée non écrite, aucune faculté de résiliation n'étant parallèlement offerte au prestataire (▪ Rouen, 12 déc. 2012 : *JurisData* n° 2012-033564 ; *Contrats, conc. consom.* 2013/5, comm. 117, obs. N. Mathey). En revanche, la qualification de déséquilibre significatif peut être écartée lorsque la faculté discrétionnaire de résiliation unilatérale est offerte aux deux parties dans les mêmes conditions (▪ Cass. com., 12 avr. 2016, n° 13-27.712 : *Lettre distrib.* 2016/5, p. 4, obs. N. Eréséo ; *Contrats, conc. consom.* 2016/6, comm. 142, obs. N. Mathey. Dans le même sens, V. ▪ Montpellier, 17 sept. 2013, n° 12/05690 : *JurisData* n° 2013-026667 ; *Contrats, conc. consom.* 2013/12, comm. 269).

61) Applications : clause relative aux délais de paiement. Au sujet de deux clauses permettant au distributeur, pour l'une, de ne payer la fourniture de marchandises qu'à 30 ou 60 jours et, pour l'autre, de recevoir paiement des prestations de service assurées au profit du fournisseur avant leur réalisation, le tribunal a retenu qu'elles instauraient un « déséquilibre de trésorerie au détriment du fournisseur » et devaient en conséquence recevoir la qualification prévue par l'article L. 442-6, I, 2° (▪ T. com. Meaux, 6 déc. 2011. ▪ Paris, 20 nov. 2013, préc. et ▪ Paris, 1er oct. 2014, préc.). Soumet son partenaire à une clause instaurant un déséquilibre significatif la centrale d'achat imposant un délai de 30 jours à ses fournisseurs mais s'octroyant des délais de paiement et d'escompte plus favorables ▪ Paris, 18 déc. 2013 : *JurisData* n° 2013-030435 ; *Contrats, conc. consom.* 2014/3, comm. 64, obs. N. Mathey et sur pourvoi ▪ Cass. com., 27 mai 2015, n° 14-11.387 : *Lettre distrib.* 2015/6, p. 8, obs. J.-M. Vertut ; Contrats, conc. consom. 2015/10, comm. 229, obs. N. Mathey ; *Concurrences* 2015/4, p. 138, obs. M. Chagny ; *AJCA* 2015/8-9, p. 379, obs. S. Bros. Instaure un déséquilibre significatif la clause obligeant le fournisseur « à avoir une couverture de stock inférieure ou égale à ses délais de paiement et à reprendre les produits à faible rotation » (■ Paris, 19 avr. 2017, n° 15/24221 : *Lettre distrib.* 2017/5, p. 1, obs. N. Eréséo).

62) Applications : pénalités de retard. Instaure un déséquilibre significatif la clause relative au retard dans l'exécution des obligations qui prévoit contre le fournisseur une pénalité certaine et chiffrée mais contre le distributeur une pénalité éventuelle et non chiffrée (■ Paris, 1er oct. 2014, préc.).

63) Applications : clause de renonciation à l'exécution d'une décision de justice. Relève d'une tentative de soumission à une obligation créant un déséquilibre significatif la pratique par laquelle une enseigne de la grande distribution obtient de ses fournisseurs l'engagement de ne pas faire valoir les droits qu'ils tirent d'une décision de justice (■ T. com. Paris, 22 nov. 2011, n° 2011/058173 : *Lettre distrib.* 2011/12, p. 1, obs. M.-P. Bonnet-Desplan ; *Contrats, conc. consom.* 2012/4, comm. 93, obs. N. Mathey ; *Concurrences* 2012/1, p. 132, obs. J.-L. Fourgoux ; conf. par ■ Paris, 22 nov. 2013, n° 12/03177 : *Lettre distrib.* 2013/11, sauf sur le montant de l'amende civile porté à deux millions d'euros).

64) Applications : clause obligeant les parties à intervenir dans toute instance. Instaure un déséquilibre significatif la clause par laquelle « chaque partie s'engage à intervenir dans toute procédure ou instance qui viendrait à être engagée par un tiers au contrat, pour faire valoir sa position sur celui-ci tel qu'il a été négocié et conclu » (■ T. com. Paris, 20 mai 2014, n° 2013070793 : *RDC* 2014/12, p. 672, obs. M. Behar-Touchais ; *Concurrences* 2014/3, p. 110, obs. M. Chagny).

65) Applications : clause compromissoire et clause de loi applicable. Jugé que « la clause compromissoire ne peut être regardée comme étant manifestement nulle pour soumettre le contrat à une loi étrangère alors qu'en application de l'article 3 de la Convention de Rome de 1980 sur la loi applicable aux obligations contractuelles, en vigueur à la date de conclusion du contrat, les parties avait la faculté, qu'elles ont exercée, de choisir *librement* la loi régissant leur convention ; qu'il ne peut davantage être affirmé *au soutien du moyen* tiré de la nullité manifeste de la clause que celle-ci conduirait à priver d'effectivité les dispositions du droit communautaire réservant l'application des lois de police en lui interdisant d'invoquer les dispositions protectrices du Code de commerce alors que l'article 7 de la Convention de Rome prévoit expressément "lors de l'application, en vertu de la convention, de la loi d'un pays déterminé, la possibilité de donner effet aux dispositions impératives de la loi d'un autre pays avec lequel la situation présente un lien étroit, si et dans la mesure où, selon le droit de ce dernier pays, ces dispositions sont applicables quelle que soit la loi régissant le contrat", ce qui rend sans objet la demande de question préjudicielle soumise par [la demanderesse ». Par ailleurs, il ne peut « être retenu que cette clause serait nulle pour méconnaître le droit d'accès au juge et pour consacrer un déni de justice dans la mesure où [la demanderesse], société commerciale qui ne peut être assimilée à un consommateur, est en mesure de faire valoir ses droits devant la juridiction arbitrale et que dans le cadre de la reconnaissance en France de la sentence, elle dispose d'un recours juridictionnel effectif devant les juridictions étatiques » (■ Paris, 18 mars 2014, n° 12/13601 : *Contrats, conc. consom.* 2014/6, comm. 128, obs. N. Mathey ; *Concurrences* 2014/2, p. 125, obs. J.-L. Fourgoux). Jugé dans le même sens que ne créé pas un déséquilibre significatif la clause compromissoire qui ne prive pas le franchisé de son droit d'accès au juge (■ Paris, 11 sept. 2018, n° 16/19913 : *Contrats, conc. consom.* 2018, comm. 192, obs. N. Mathey).

66) Applications : clause instaurant une discrimination. Un distributeur ne saurait prétendre être victime d'un déséquilibre significatif entre les droits et obligations des parties au contrat au seul motif qu'il se trouve discriminé par rapport à un autre distributeur bénéficiant de tarifs plus intéressants (■ Versailles, 27 oct. 2011 : *JurisData* n° 2011-030371 ; *Concurrences* 2012/2, p. 96, obs. M. Chagny ; *Contrats, conc. consom.* 2012/2, comm. 42, obs. N. Mathey).

67) Applications : indemnisation du fournisseur en cas d'annulation d'une commande. N'instaure pas un déséquilibre significatif la clause des CGV d'un fournisseur permettant l'indemnisation de ce dernier en cas d'annulation d'une commande et pour des sommes pouvant atteindre 100 % du montant de la commande annulée (■ Paris, 5 juill. 2018, n° 16/19329 : *Lettre distrib.* 2018/9, p. 8, obs. J.-M. Vertut).

E – Conditions de règlement abusives

68) Retards conséquents. Sont abusives au sens de l'article L. 442-6, I, 7° les conditions de règlement pratiquées par un client accusant des retards pouvant aller jusqu'à 233 jours de sorte que le fournisseur est fondé à rompre sans préavis la relation jusqu'ici entretenue avec ce client (■ Paris, 12 juin 2008 : *JurisData* n° 2008-367892).

69) Paiement comptant. Le fait pour un fournisseur d'imposer un paiement comptant à un client offrant pourtant toutes garanties ne relève pas de l'article L. 442-6, I, 7° du Code de commerce (■ Paris, 1er oct. 2008 : *JurisData* n° 2008-371149).

F – Rupture brutale des relations commerciales établies

70) QPC. Au soutien d'un refus de renvoi au Conseil constitutionnel, la Cour de cassation a relevé que « l'article L. 442-6, I, 5° du Code de commerce énonce des conditions d'incrimination dénuées d'ambiguïté, claires et précises, lesquelles bénéficient d'une application jurisprudentielle élaborée sous l'empire de l'article 36, alinéa 5, de l'ordonnance du 1er décembre 1986, dont la disposition attaquée n'est que la transposition », ajoutant « que l'application des critères qu'elle fixe dépend des situations particulières de chaque cas d'espèce et n'est nullement livrée à l'arbitraire des juges du fond dont les décisions sont soumises au contrôle des cours d'appel et à un contrôle de l'application de la disposition dans tous ses éléments constitutifs par la Cour de cassation ». En outre, « si l'article 4 de la Déclaration de 1789 énonce le principe de la liberté du citoyen d'exercer ses droit naturels entre les seules bornes déterminées par la loi, l'article L. 442-6, I, 5°, ne fait que fixer une borne à la liberté de rompre une relation contractuelle, constituée par le préjudice causé à autrui par l'abus de cette liberté (...) la question posée ne présente donc pas de caractère sérieux au regard des exigences qui s'attachent aux dispositions, règles et principes de valeur constitutionnelle invoqués » (▪ Cass. com., 5 avr. 2011, n° 10-25.323 : *Contrats, conc. consom.* 2011, comm. 143, obs. N. Mathey).

1° *Champ d'application et portée de l'interdiction*

71) Ordre public. Si l'article L. 442-6, I, institue une responsabilité d'ordre public à laquelle les parties ne peuvent pas renoncer par anticipation, il découle des articles 1134, 2044 et 2046 du Code civil qu'il ne leur est pas interdit de convenir des modalités de la rupture, ou de transiger sur l'indemnisation du préjudice subi (▪ Cass. com., 16 déc. 2014, n° 13-21.363 : *JCP* E 2015, 1115, note N. Dissaux ; *Contrats, conc. consom.* 2015/2, comm. 34, obs. N. Mathey ; *D.* 2015, p. 947, obs. D. Ferrier ; *Lettre distrib.* 2015/1, p. 1, obs. C. Mouly-Guillemaud).

72) Relations précontractuelles, post-contractuelles ou non contractuelles. L'article L. 442-6, I, 5° s'applique même en cas de rupture de relations précontractuelles (▪ Cass. com., 5 mai 2009, n° 08-11.916 : *Contrats, conc. consom.* 2009, comm. 191, note N. Mathey ▪ Montpellier, 11 août 1999, *n° 98/0003685 : JurisData n° 1999-127668* ; *D.* 2001, somm. 298, obs. D. Ferrier ; *CDE* 1999/5, p. 19, n° 4, obs. D. Mainguy). L'article L. 442-6, 5°, ne fait pas de distinction entre les relations commerciales contractuellement établies et les autres (▪ T. com. Avignon, 25 juin 1999 ; *RJDA* 11/1999, n° 1253). L'article L. 442-6, 5°, s'applique même si des propositions de négocier la durée du préavis ont été faites après la rupture (▪ Cass. com., 3 déc. 2002, n° 99-18.349 : *JurisData* n° 2002-016950 ; *RJDA* 5/2003, n° 548 ; *CDE* 2003/5, chron. 3, p. 41, obs. J.-L. Respaud ; *JCP* E 2003, jurispr. 1792, note D. Mainguy ; *D.* 2003, somm. 2432, obs. D. Ferrier, cassant ▪ Montpellier, 11 août 1999, préc. en ce qu'il avait admis que le report du préavis le rendait acceptable). Pour une espèce où les juges admettent, malgré l'annulation du contrat conclu entre les parties, que des relations commerciales au sens de l'article L. 442-6, I, 5° ont été nouées entre les parties, V. ▪ Lyon, 30 sept. 2011 : *JurisData* n° 2011-025746.

Le principe de non-cumul des responsabilités contractuelle et délictuelle n'interdit pas de formuler une demande distincte, fondée sur l'article L. 442-6, I, 5° du Code de commerce, qui tend à la réparation d'un préjudice résultant non pas d'un manquement contractuel mais de la rupture brutale d'une relation commerciale établie (▪ Cass. com., 24 oct. 2018, n° 17-25.672 : *Contrats, conc. consom.* 2018, comm. 201, obs. N. Mathey. – Et dans le même sens ▪ Cass. com., 27 mars 2019, n° 16-24.630 : *Contrats, conc. consom.* 2019/6, comm. 103, note N. Mathey). En application de ces principes, lorsqu'un fournisseur met un terme à une exclusivité profitant à un distributeur, celui-ci peut obtenir deux indemnités, l'une pour faute contractuelle, l'autre pour rupture brutale partielle (▪ Paris, 12 janv. 2021, n° 20/02665 : *Lettre distrib.* févr. 2021, p. 3, obs. C. Mouly-Guillemaud). Pour la cour d'appel de Paris, le principe de non-cumul des responsabilités entraînait l'irrecevabilité de la demande portant cumulativement sur la responsabilité délictuelle de l'auteur de la rupture brutale et sa responsabilité contractuelle pour rupture abusive contraire à la loyauté et à la bonne foi lorsqu'elle s'appuie sur le même fait générateur (▪ Paris, 19 janv. 2018, n° 15/21628 : *Lettre distrib.* 2018/2, p. 1, obs. C. Mouly-Guillemaud et dans le même sens ▪ Paris, 30 sept. 2016, n° 14/03616. Jurisprudence abandonnée par ▪ Paris, 8 mars 2019, n° 16/14856).

73) Menace de rupture brutale. La menace de rupture brutale au sens de l'article L. 442-6, I, 4° ne peut être invoquée que si les manœuvres dénoncées interviennent en cours de contrat et non lorsque la rupture est déjà consommée (▪ Cass. com., 20 juin 2018, n° 16-24.163 : *Contrats, conc. consom.* 2018, comm. 152, obs. N. Mathey).

74) Application aux tiers. Un tiers peut invoquer, sur le fondement de la responsabilité délictuelle, la rupture brutale d'une relation commerciale dès lors que ce manquement lui a causé un préjudice (▪ Cass. com., 6 sept. 2011, n° 10-11.975 : *Contrats, conc. consom.* 2011/12, comm. 258, obs.

N. Mathey ; *Concurrences* 2012/4, p. 122, obs. J.-L. Fourgoux ; *RTD civ.* 2011, p. 706, obs. B. Fages). Pour une application de la solution au bénéfice d'un sous-traitant ayant obtenu une indemnité de la part d'un client qui avait mis un terme aux relations entretenues avec l'entrepreneur principal, V. ▪ Paris, 27 févr. 2014, n° 12/04804 : *Lettre distrib.* 2014/4, obs. C. Mouly-Guillemaud.

Mais seule la partie qui entretient directement une relation commerciale établie avec l'autre partie peut, sur le fondement de l'article L. 442-6, I, 5°, rechercher la responsabilité de cette dernière dans le cas où elle aurait, brutalement et sans préavis écrit, rompu cette relation. Les tiers ne peuvent demander l'indemnisation du préjudice que leur cause cette rupture brutale que sur le fondement du droit commun de la responsabilité civile délictuelle (▪ Cass. com., 18 mars 2020, n° 18-20.256 : *Contrats, conc. consom.* 2020/6, comm. 97, note N. Mathey).

Ayant fait ressortir que la rupture des relations entre la société exploitante et la société coopérative avait causé à chaque associé de cette dernière un préjudice personnel et distinct de celui qui aurait pu être subi par elle, la cour d'appel a pu condamner l'auteur de la rupture à indemniser les associés coopérateurs à raison de la rupture brutale de la relation commerciale qui existait entre lui et la société coopérative (▪ Cass. com., 26 nov. 2013, n° 12-26.015 : *Contrats, conc. consom.* 2014/2, comm. 41, obs. N. Mathey). L'article L. 442-6, I, 5° ne vise cependant que la situation de rupture d'une relation commerciale et ne saurait être invoqué pour reprocher à un partenaire le contrat signé avec un tiers (principal client de la victime de la rupture), circonstance qui ne saurait traduire en elle-même une volonté cachée de rupture (▪ Cass. com., 11 mars 2014, n° 13-13.578 : *Contrats, conc. consom.* 2014/5, comm. 115, obs. N. Mathey).

Mais viole le principe suivant lequel « une relation commerciale établie s'entend d'échanges commerciaux conclus directement entre les parties », la cour d'appel qui retient « que l'article L. 442-6, I, 5°, du Code de commerce vise un rapport économique entre, d'une part, un commerçant, d'autre part, un prestataire de service ou fournisseur de biens et que ce texte n'exige pas qu'il existe un lien direct entre le commerçant à l'origine de la rupture et l'agent économique qui s'en prétend victime, mais suppose seulement l'existence d'un courant d'affaires d'une certaine intensité, portant sur un objet spécifique, traduisant un savoir-faire du partenaire pour satisfaire aux besoins de son client lui permettant d'anticiper pour l'avenir une certaine continuité du flux d'affaires », en concluant que tel est le cas d'une personne physique qui avait consacré toute sa vie professionnelle à la confection du catalogue d'une société et avait tiré l'essentiel de ses revenus de cette activité, peu important qu'elle ait entretenu cette relation comme salariée de son cocontractant, dirigeante de celui-ci ou dirigeante d'une entreprise sous-traitante de celui-ci (▪ Cass. com., 7 oct. 2014, n° 13-20.390 : *Contrats, conc. consom.* 2015/1, comm. 8, obs. N. Mathey ; *Lettre distrib.* 2014/11, p. 3, obs. C. Mouly-Guillemaud).

75) Groupe de sociétés. Ayant par ses constatations fait ressortir que des filiales et des franchisés n'avaient disposé d'aucune autonomie dans la décision de nouer des relations commerciales avec un prestataire de services puis dans celle de les rompre, la cour d'appel a pu retenir la responsabilité du franchiseur sur le fondement de l'article L. 442-6, I, 5° du Code de commerce (▪ Cass. com., 5 juill. 2016, n° 14-27.030 : *JurisData* n° 2016-013947 ; *Contrats, conc. consom.* 2016/10, comm. 213, obs. N. Mathey ; *Lettre distrib.* 2016/9, p. 5, obs. C. Mouly-Guillemaud). S'agissant d'une demande de condamnation *in solidum* dirigée contre une société mère et ses filiales, les magistrats ont retenu que si les services rendus ont été indistinctement commandés et facturés à trois sociétés du groupe, leur regroupement capitalistique ne saurait anéantir l'autonomie de leurs personnes morales et établir entre ces différentes sociétés une solidarité qui ne résulte d'aucune manifestation de leur volonté, ni d'un comportement de leur part suscitant une croyance erronée de la société demanderesse de ce que chacune représentait toutes les autres, ni enfin d'une immixtion de la société mère dans la gestion des sociétés filiales. Il n'est pas non plus démontré que les prestations commandées et facturées à l'une ou l'autre de ces sociétés profitaient à l'ensemble. Par conséquent, les relations en cause ne pouvaient être examinées de manière globale mais séparément (▪ Paris, 20 mars 2014 : *JurisData* n° 2014-005437 ; *Contrats, conc. consom.* 2014/6, comm. 130, obs. N. Mathey. – V. égal. ▪ Cass. com., 20 mai 2014, n° 12-26.705 : *Bull.* IV, n° 90 ; *Contrats, conc. consom.* 2014/8-9, comm. 192, obs. N. Mathey ; *D.* 2015, p. 947, obs. D. Ferrier). La possibilité d'envisager comme formant un tout des relations entretenues successivement avec plusieurs sociétés d'un même groupe est subordonnée à une identité d'objet, absente en l'espèce dès lors que le distributeur victime de la rupture s'était vu confier des missions et des projets à chaque fois spécifiques et en des lieux différents (▪ Cass. com., 23 oct. 2012, n° 11-22.383 : *Concurrences* 2013/1, p. 120, obs. M. Dany et M. Le Moullec). Reprenant les mêmes principes, la Cour de cassation a approuvé des juges du fond qui avaient fait ressortir l'absence de reprise des relations initiales dès lors qu'aucun des contrats n'établissait la volonté des parties de faire reprendre, par la seconde filiale, les droits et obligations de la première, le second contrat ne se référant si au nom de cette dernière, ni à une reprise du contrat antérieur. Par ailleurs, les prestations n'étaient pas identiques de même que leur lieu d'exécution (■ Cass. com., 5 janv. 2016, n° 14-25.397 : *Lettre distrib.* 2016/3, p. 3, obs. C. Mouly-Guillemaud).

Des juges du fond ne peuvent décider que deux sociétés du même groupe ont droit à un préavis identique après avoir constaté qu'elles n'étaient pas dans un même état de dépendance économique et sans relever d'éléments justifiant qu'un même préavis soit accordé (■ Cass. com., 7 oct. 2014, n° 13-19.692 : *Contrats, conc. consom.* 2015/1, comm. 8, obs. N. Mathey ; *Lettre distrib.* 2014/11, p. 3, obs. C. Mouly-Guillemaud). Par ailleurs, prive sa décision de base légale au regard de l'article L. 442-6, I, 5°, du Code de commerce la cour d'appel qui, pour déterminer la durée du préavis suffisant dont doit bénéficier une entreprise, victime de la rupture brutale de ses relations commerciales avec deux sociétés d'un même groupe, prend en compte son état de dépendance économique à l'égard de ces deux sociétés, sans constater que ces dernières avaient agi de concert et alors qu'elle avait relevé qu'elles étaient autonomes dans leurs relations commerciales avec la victime (■ Cass. com., 6 oct. 2015, n° 14-19.499 : à paraître au *Bulletin* ; *Lettre distrib.* 2015/11, p. 1, obs. C. Mouly-Guillemaud ; *Contrats, conc. consom.* 2015/12, comm. 279, obs. N. Mathey ; *Concurrences* 2016/1, p. 120, obs. F. Buy ; *AJCA* 2015/12, p. 532, obs. A.-M. Luciani). Jugé dans le même sens que « compte tenu de l'indépendance de chaque société du groupe, la société demanderesse ne saurait se prévaloir de la totalité du chiffre d'affaires réalisé avec l'ensemble de celles-ci, dans l'estimation de la durée du préavis auquel elle pouvait prétendre » (■ Paris, 20 mars 2014 : *JurisData* n° 2014-005437 ; *Contrats, conc. consom.* 2014/6, comm. 130, obs. N. Mathey).

76) Existence d'une durée impérative, légale ou réglementaire : LOTI. Les dispositions de l'article L. 442-6 I 5° du Code de commerce ne s'appliquent pas dans le cadre des relations commerciales de transports publics routiers de marchandises exécutés par des sous-traitants, lorsque le contrat-type qui prévoit la durée des préavis de rupture, institué par la loi du 30 décembre 1982 d'orientation des transports intérieurs (LOTI), régit, faute de dispositions contractuelles, les rapports du sous-traitant et de l'opérateur de transport (■ Cass. com., 4 oct. 2011, n° 10-20.240 : *Contrats, conc. consom. 2011/12, comm. 259, obs.* N. Mathey ; *Concurrences* 2012/4, p. 124, obs. J.-L. Fourgoux. ■ Cass. com., 22 sept. 2015, n° 13-27.726 : à paraître au *Bull.* ; *Lettre distrib.* 2015/10, p. 2, obs. C. Mouly-Guillemaud ; *Contrats, conc. consom.* 2015, comm. 281, obs. N. Mathey. ■ Cass. com., 25 sept. 2019, n° 17-22.275). Il résulte de la combinaison de l'article L. 442-6-I-5° du Code de commerce, des articles 8-II de la loi n° 82-1153 du 30 décembre 1982, dite LOTI et 12-2 du contrat type approuvé par le décret n° 2003-1295 du 26 décembre 2003 que les usages commerciaux en référence desquels doit s'apprécier la durée du préavis de résiliation du contrat de sous-traitance de transport contractuellement convenu sont nécessairement compris comme conformes au contrat type dont dépendent les professionnels concernés (■ Cass. com., 19 nov. 2013, n° 12-26.404 : *Contrats, conc. consom.* 2014/2, comm. 39, obs. N. Mathey ; *JCP E* 2013, n° 51, 1704, note D. Bazin-Beust). Mais, pour la cour d'appel de Paris, lorsque les parties ont expressément prévu un délai de préavis de rupture du contrat litigieux, le contrat-type n'est pas applicable et l'article L. 442-6, I, 5° a vocation à jouer (■ CA Paris, 7 févr. 2019, n° 17/15940 : *Lettre distrib.* 2019/3, p. 1, obs. C. Mouly-Guillemaud).

Il ne peut être fait grief à la cour d'appel d'avoir refusé de saisir d'une question préjudicielle le Conseil d'État, au motif d'une contrariété entre les dispositions de l'article 12.2 du contrat type applicable aux transports publics routiers de marchandiseseffectués par des sous-traitants, approuvé par décret, et celles de l'article L. 442-6, I, 5°, du Code de commerce, ces dispositions n'entrant pas en concurrence dans la mesure où ce dernier article ne s'applique pas aux relations commerciales de transports publics routiers de marchandises exécutés par des sous-traitants lorsque le contrat type, institué par la loi d'orientation des transports intérieurs du 30 décembre 1982 (LOTI), qui prévoit en son article 12.2 la durée du préavis de rupture, régit, faute de stipulations contractuelles, les rapports du sous-traitant et de l'opérateur de transport. La cour d'appel qui, saisie d'une question préjudicielle relative à la légalité de l'article 12.2 du contrat type, retient que si le contrat type institué par la LOTI, en application de son l'article 8, II, alinéa 2, ne doit pas contrevenir aux dispositions législatives en matière de contrat, tel n'est pas le cas de l'article L. 442-6, I, 5°, du Code de commerce, qui instaure une responsabilité de nature délictuelle, et en déduit justement que la question préjudicielle formée à ce titre n'est pas sérieuse. C'est à juste titre que la cour d'appel, après avoir rappelé que le principe d'égalité n'interdit pas que des situations différentes fassent l'objet de solutions différentes, relève que le décret n° 2003-1395 du 26 décembre 2003 approuve le contrat type issu des négociations conduites par les organisations professionnelles concernées et le Conseil national des transports et en déduit que les règles ainsi instituées, qui s'appliquent à la situation particulière des sous-traitants de transports routiers publics de marchandises, ne caractérisent pas une rupture d'égalité, de sorte que la question préjudicielle soulevée sur ce fondement n'est pas sérieuse (■ Cass. com., 23 sept. 2014, n° 12-27.387, *Bull. civ.* IV, n° 141 ; *Contrats, conc. consom.* 2014/12, comm. 271, obs. N. Mathey).

77) Existence d'une durée impérative, légale ou réglementaire : règlements européens d'exemption (automobile). Jugeant que le préavis d'une durée d'un an exempté par le règlement d'exemption (CE) 1475/95 s'impose face à l'exigence d'une rupture dépourvue de brutalité au sens de l'article L. 442-6, I, 5° du Code de commerce (■ Paris, 11 mai 2011 : *JurisData* n° 2011-009306 : *Concurrences* 2012/3, p. 123, obs. N. Eréséo). Revenant sur sa position, la cour d'appel de Paris a plus récemment accepté d'examiner si un préavis supérieur à celui exempté par le règlement européen n'aurait pas dû être accordé à la victime (■ Paris, 15 janv. 2014, n° 12/13845 : *Concurrences* 2014/2, p. 115, obs. N. Eréséo ; *Lettre distrib.* 2014/2, obs. C. Mouly. ■ Paris, 24 juin 2015, n° 13/05110 : *Lettre distrib.* 2015/9, p. 2, obs. C. Mouly-Guillemaud). Pour une autre juridiction, le règlement (UE) n° 1400-2002, venu en remplacement du règlement (CE) 1475/95, n'a pas pour vocation de suppléer, écarter ou compléter les dispositions d'ordre public interne de l'article L. 442-6, I, 5° (■ Versailles, 4 sept. 2012, n° 11/01018 : *JurisData* n° 2012-033920 ; *D.* 2012, act. 2445, obs. E. Chevrier ; *Contrats, conc. consom.* 2012/12, comm. 278, note N. Mathey ; *Concurrences* 2012/4, p. 86, obs. N. Eréséo ; *RDC* 2013/1, p. 179, obs. M. Behar-Touchais ; *Lettre distrib.* 2012/10, p. 2). Dès lors que le règlement litigieux se borne à exiger une durée minimale de préavis, « la législation nationale qui impose ou permet d'exiger un délai de préavis supérieur à celui prévu par la législation européenne n'est pas contraire à cette législation en sorte que rien ne permet d'en exclure l'application » (■ Limoges, 9 févr. 2012, n° 10/01700 : *Concurrences* 2012/4, p. 86, obs. N. Eréséo ; *RDC* 2013/1, p. 179, obs. M. Behar-Touchais ; *Lettre distrib.* 2012/10, ■ cassé par ■ Cass. com., 14 mai 2013, n° 12-15.390 et sur renvoi ■ Limoges, 18 févr. 2015, n° 13/01488 : *Concurrences* 2015/2, p. 112, obs. N. Eréséo, puis après un nouveau pourvoi ■ Cass. com., 5 juill. 2016, n° 15-17.004 : *JurisData* n° 2016-013672 ; *Contrats, conc. consom.* 2016/10, comm. 212, obs. N. Mathey ; *Lettre distrib.* 2016/9, p. 3, obs. C. Mouly-Guillemaud).

78) Existence d'une durée impérative, légale ou réglementaire : agents commerciaux. Décidant que « l'article L. 442-6-I-5° du Code de commerce ne s'applique pas lors de la cessation des relations ayant existé entre un agent commercial et son mandant pour lesquelles la durée de préavis qui doit être respectée est fixée par l'article L. 134-11 du Code de commerce en fonction du nombre d'années d'exécution du contrat » (■ Cass. com., 3 avr. 2012, n° 11-13.527 : *Bull. civ.* IV, n° 71 ; *D.* 2012, p. 1062, obs. E. Chevrier ; *Concurrences* 2012/3, p. 132, obs. M. Chagny ; *Rev. Lamy conc.* 2013, n° 2208, obs. M. Behar-Touchais ; *JCP E* 2013, 1200, obs. J.-L. Respaud ; *Contrats, conc. consom.* 2012/6, comm. 149, note N. Mathey). L'exclusion de l'article L. 442-6, I, 5° se justifie également pour les activités accessoires de l'agent commercial ne relevant pas de son statut (■ Cass. com., 18 oct. 2017, n° 15-19.531 : *Lettre distrib.* 2017/11, p. 1, obs. C. Mouly-Guillemaud).

79) Existence d'une durée impérative, légale ou réglementaire : secteur bancaire. Les dispositions de l'article L. 442-6, I, 5° du Code de commerce relatives à la responsabilité encourue pour rupture brutale d'une relation commerciale établie ne s'appliquent pas à la rupture ou au non-renouvellement de crédits consentis par un établissement de crédit à une entreprise, opérations exclusivement régies par les dispositions du Code monétaire et financier (■ Cass. com., 25 oct. 2017, n° 16-16.839 : à paraître au *Bull.* ; *Lettre distrib.* 2017/11, p. 1, obs. C. Mouly-Guillemaud ; *Concurrences* 2018/1, p. 114, obs. F. Buy). Les dispositions de l'article L. 313-12 du Code monétaire et financier prévoyant un préavis de 60 jours pour toute rupture de crédit privent l'article L. 442-6, I, 5° du Code de commerce de toute application (■ Montpellier, 20 nov. 2012, n° 11/06281). Dans le même sens, ■ T. com. Paris, 30 oct. 2014, n° J 2014000072 : *RD bancaire et fin.* 2015, comm. 2, note F.-J. Crédot et Th. Samin. Relève en revanche de l'article L. 442-6, I, 5° le contrat d'intermédiaire en opérations de banque régi par les articles L. 519-1 et suivant du Code monétaire et financier, ces articles ne prévoyant aucune disposition encadrant spécifiquement la rupture des relations (■ Paris, 17 oct. 2018, n° 16/10631 : *Lettre distrib.* 2018/11, p. 2, obs. C. Mouly-Guillemaud).

80) Existence d'une durée impérative, légale ou réglementaire : gérants-mandataires. Si le régime institué par les articles L. 146-1 et suivants du Code de commerce prévoit, en son article L. 146-4, le paiement d'une indemnité minimale au profit des gérants-mandataires en cas de résiliation du contrat sans faute grave de leur part, il ne règle en aucune manière la durée du préavis à respecter, que le même texte laisse à la convenance des parties, ce dont il se déduit qu'ont vocation à s'appliquer les règles de responsabilité instituées par l'article L. 442-6, I, 5° du même code lorsque le préavis consenti est insuffisant au regard de la durée de la relation commerciale établie entre les parties et des autres circonstances (■ Cass. com., 2 oct. 2019, n° 18-15.676, à paraître au *Bulletin* : *Contrats, conc. consom.* 2019/12, comm. 198, note N. Mathey ; *Lettre distrib.* 2019/11, p. 1, obs. C. Mouly-Guillemaud). La cour d'appel de Paris juge au contraire que les dispositions d'ordre général de l'article L. 442 6, I, 5° du

Code du commerce, qui instaurent une responsabilité de nature délictuelle, et partant, celles des articles L. 442-6 et D. 442-6 du même code qui donnent compétence à des juridictions spécialisées en matière de rupture brutale et abusive de relations commerciales, ne s'appliquent pas lors de la cessation des relations entre un mandant et son gérant-mandataire régie par les articles L. 146-1 et suivants du Code de commerce (■ Paris, 17 janv. 2018, n° 15/04973 : *Lettre distrib.* 2018/2, p. 1, obs. C. Mouly-Guillemaud. – Cassé par ■ Cass. com., 2 oct. 2019, préc. ■ Paris, pôle 1, ch. 8, 23 sept. 2016, n° 16/08899 : *JurisData* n° 2016-020656 ; *Contrats, conc. consom.* 2016/11, comm. 237, obs. N. Mathey. ■ Paris, 11 oct. 2018, n° 16/24228 : *Lettre distrib.* 2018/11, p. 2, obs. C. Mouly-Guillemaud).

81) Produits ou services concernés. Les termes de la loi ne permettent pas, dans la généralité de l'expression, d'instaurer des réserves ou des exceptions selon le type de marché ou de contrat (■ Douai, 15 mars 2001 : *JurisData* n° 2001-164640 ; *JCP* E 2001, p. 1861, note M. Pédamon ; *CDE* 2002/3, p. 32, n° 7, obs. D. Mainguy ; *D* 2002, p. 307, note André ; *Lettre distrib.* avr. 2001, p. 1, note V. Sélinsky ; *Contrats, conc. consom.* 2001, comm. 125, obs. M. Malaurie-Vignal ; *RTD civ.* 2002, 296, obs. J. Mestre et B. Fages). La « relation commerciale établie » peut porter sur la fourniture d'un produit ou d'une prestation de service (■ Cass. com., 16 déc. 2008, n° 07-18.050 : *JurisData* n° 2008-046291 ; *Bull. civ.* IV, n° 208 ; *JCP* G 2009, II, 10034, note A.-L. Archambault ; *Contrats, conc. consom.* 2009, comm. 100, obs. N. Mathey ; *D.* 2010, pan. p. 2892, obs. D. Ferrier ; *D.* 2009, act. jurispr. 164, obs. E. Chevrier. ■ Cass. com., 23 avr. 2003, n° 01-11.664 : *JurisData* n° 2003-018820 ; *JCP* E 2003, pan. 878, chron. 1627, n° 5, obs. G. D. ; *Contrats, conc. consom.* 2003, n° 7, comm. 107, obs. M. Malaurie-Vignal ; *D.* 2003, p. 1434, obs. E. Chevrier, somm. 2433, obs. D. Ferrier ; *RJDA* 10/2003, n° 917 ; *CDE* 2003/5, chron. 3, p. 41, obs. J.-L. Respaud ; *D.* 2003, 2304, note H. Kenfack ; *JCP* E 2003, jurispr. 1792, note D. Mainguy ; *ibid.* 1899, n° 47, obs. G. Decocq ; *JCP* E 2004, chron. 424, n° 10, obs. C. Mouly, conf. ■ Douai, 15 mars 2001, préc.).

82) Groupements d'intérêt économique. Le retrait d'un membre d'un groupement d'intérêt économique ne relève pas de l'article L. 442-6, 5°, sauf dispositions statutaires (■ Cass. com., 3 avr. 2007, n° 06-10.526 : *JurisData* n° 2007-038435 ; *Contrats, conc. consom.* 2007, n° 171, obs. M. Malaurie-Vignal ; *JCP E 2008, 1638, n° 2, obs. D. Mainguy).*

83) Coopératives. Les statuts des coopératives fixant aux termes de l'article 7 de la loi du 10 septembre 1947, les conditions d'adhésion, de retrait et d'exclusion des associés, les conditions dans lesquelles les liens unissant une société coopérative et un associé peuvent cesser sont régies par les statuts de cette dernière et échappent à l'application de l'article L. 442-6, I, 5° (■ Cass. com., 8 févr. 2017, n° 15-23.050 : à paraître au *Bull.* ; *JurisData* n° 2017-001815 ; *Contrats, conc. consom.* 2017/4, comm. 78, obs. N. Mathey ; *Lettre distrib.* 2017/3, p. 1, obs. N. Eréséo. Dans le même sens, V. ■ Cass. com., 16 mai 2018, n° 17-14.236). Les dispositions de l'article L. 442-6, I, 2° et 5° du Code de commerce sont étrangères aux rapports entretenus par les sociétés en cause, adhérentes d'une société coopérative de commerçants détaillants avec cette dernière (■ Cass. com., 18 oct. 2017, n° 16-18.864 : à paraître au *Bull.* ; *JurisData* n° 2017-020501 ; *Contrats, conc. consom.* 2018/1, comme. 9, note M. Malaurie-Vignal ; *Lettre distrib.* 2017/11, p. 1, obs. C. Mouly-Guillemaud ; *Concurrences* 2018/1, p. 113, obs. F. Buy). Au contraire, pour la cour d'appel de Paris, l'article L. 442-6, I, 5° est applicable à la rupture décidée par une coopérative d'entreprises de transport routier de marchandises à l'encontre de l'un de ses membres (■ Paris, 28 mai 2015, n° 14/00099 : *Lettre distrib.* 2015/7-8, obs. C. Mouly-Guillemaud ; *Contrats, conc. consom.* 2015/8-9, comm. 203, obs. N. Mathey. Dans le même sens, ■ Paris, 26 janv. 2017, n° 15/18120 : *JurisData* n° 2017-005019).

84) Baux commerciaux. Une succession de baux commerciaux ne peut caractériser une relation commerciale établie au sens de l'article L. 442-6, I, 5°, les locaux mis à disposition ne caractérisant aucun produit ni aucune prestation de service en rapport avec le texte (■ Paris, 27 janv. 2017, n° 14/24110 : *Concurrences* 2017/2, p. 119, note J.-L. Fourgoux).

85) Dépendance économique ou exclusivité. L'application des dispositions de l'article L. 442-6, 5°, n'est pas subordonnée à un état de dépendance économique de la victime (■ T. com. Amiens, 22 oct. 1999 : *RJDA* 2/2000, n° 217). La victime de rupture brutale d'une relation commerciale établie n'a pas à démontrer qu'elle était en état de dépendance économique par rapport à l'auteur de la rupture alléguée, ni davantage qu'elle bénéficiait d'une exclusivité (■ Cass. com., 17 mars 2004, n° 02-14.751 : *D.* 2005, pan. 150, obs. D. Ferrier ; *RJDA* 5/2005, n° 628. ■ Paris, 20 oct. 2004 : *D.* 2004, p. 2996. ■ Cass. com., 23 janv. 2007, n° 04-16.779 : *JurisData* n° 2007-037046 ; *RJDA* 5/2007, n° 562 ; *D.* 2007, p. 501, obs. E. Chevrier ; *JCP E* 2007, pan. 1319). L'état de dépendance est en revanche un critère pour apprécier la durée du préavis suffisant, V. *infra*.

86) Caractère commercial de la relation : services publics et établissements publics. Un organisme administratif chargé d'une mission de service public [en l'espèce le Comité Interprofessionnel du Vin de Champagne] peut se plaindre d'une rupture brutale, peu important son défaut de qualité de commerçant (■ Reims, 6 nov. 2006 : *JurisData* n° 2006-332259) ; de même qu'un établissement d'enseignement privé général (■ Paris, 29 févr. 2008 : *JurisData* n° 2008-357630, *Lettre distrib.* 2008/6) ou une chaîne de télévision du service public (■ Paris, 8 oct. 2008 : *JurisData* n° 2008-370476). Un établissement public industriel et commercial (EPIC) peut se rendre coupable d'une rupture brutale des relations commerciales établies (■ Paris, 22 déc. 2017 : *Contrats, conc. consom.* 2018/2, comm. 27, note N. Mathey).

87) Caractère commercial de la relation : associations. Le statut juridique de la victime du comportement incriminé étant sans incidence, une association peut se prévaloir de l'article L. 442-6, I, 5° du Code de commerce (■ Cass. com., 6 févr. 2007, n° 03-20.463 : *JurisData* n° 2007-037248 ; *D.* 2007, p. 653, obs. E. Chevrier ; *ibid.*, p. 1317, note A. Cathiard ; *ibid.*, pan. 1694, obs. A. Ballot-Léna ; *JCP* E 2007, pan. 1387 ; *ibid.*, 2303, n° 14, obs. Decocq ; *JCP* G 2007, II 10109, obs. L. Archambault ; *RD conc.* 2007, n° 2, p. 123, note Mitchell ; *Contrats, conc. consom.* 2007, comm. 92, obs. M. Malaurie-Vignal ; *RJDA* 7/2007, n° 784 ; *JCP* E 2008, 1638, n° 2, obs. D. Mainguy). Le régime juridique d'une association, comme le caractère non lucratif de son activité, ne sont pas de nature à l'exclure du champ d'application de l'article L. 442-6, I, 5° du Code de commerce en tant qu'auteur du comportement prohibé dès lors qu'elle procède à une activité de production, de distribution ou de services (■ Cass. com., 25 janv. 2017, n° 15-13.013 : à paraître au *Bull.* ; *JurisData* n° 2017-000897 ; *Contrats, conc. consom.* 2017/3, comm. 54, obs. N. Mathey). Pour une application du texte contre une association à but non lucratif soutenant les personnes handicapées mentales qui avait rompu une relation régulièrement entretenue avec un artisan-taxi (■ Paris, 4 avr. 2012 : *D.* 2013, pan. p. 736, obs. D. Ferrier). Jugé auparavant que l'association auteur de la rupture ne peut être poursuivie sur le fondement de cet article dès lors qu'elle ne relève d'aucune des catégories visées par le dispositif [« tout producteur, commerçant, industriel ou personne immatriculée au répertoire des métiers »] (■ Cass. com., 5 janv. 2016, n° 14-15.555 : *Lettre distrib.* 2016/2, p. 3, obs. C. Mouly-Guillemaud ; *Contrats, conc. consom.* 2015/3, comm. 67, obs. N. Mathey ; *AJCA* 2016, p. 155, obs. S. Carval. ■ Paris, 1er oct. 2008 : *JurisData* n° 2008-371736. Dans le même sens ■ Douai, 13 févr. 2012, n° 10/09275).

88) Caractère commercial de la relation : professions libérales. Deux chirurgiens en relation avec une clinique ne peuvent se plaindre d'une rupture brutale dès lors que le Code de déontologie leur fait interdiction d'exercer la médecine en tant que commerce (■ Cass. com., 23 oct. 2007, n° 06-16.774 : *JurisData* n° 2007-041012 ; *Bull. civ.* IV, n° 20 ; *RTD com.* 2007, p. 558, obs. L. Grosclaude ; *D.* 2007, p. 2805, obs. E. Chevrier ; *RJDA* 4/2008, n° 458 ; *JCP* E 2007, pan. 2468 ; *JCP* E 2008, 1638, n° 2, obs. D. Mainguy) ; même solution rendue au détriment des notaires (■ Cass. com., 20 janv. 2009, n° 07-17.556 : *D.* 2009, act. p. 369, note E. Chevrier), des avocats (■ Cass. com., 24 nov. 2015, n° 14-22.578 : *Lettre distrib.* 2016/1, p. 2, obs. C. Mouly-Guillemaud ; *Concurrences* 2016/1, p. 124, obs. F. Buy ; *Contrats, conc. consom.* 2016/2, comm. 39, obs. N. Mathey ; *D.* 2016, 462, note C. Mouly-Guillemaud. ■ Rennes, 3 avr. 2012, n° 11/01911. ■ Angers, 17 juin 2014 : *JurisData* n° 2014-015412 ; *Contrats, conc. consom.* 2014/10, comm. 222, obs. N. Mathey) et des conseils en propriété industrielle (■ Paris, 14 mars 2012, n° 10/15338) qui sont exclus du bénéfice de l'article L. 442-6, I, 5° même lorsqu'ils exercent sous forme de société commerciale dès lors que l'article L. 422-12 du Code de la propriété intellectuelle édicte un principe d'incompatibilitéavec toute activité de nature commerciale (■ Cass. com., 3 avr. 2013, n° 12-17.905 : *Contrats, conc. consom.* 2013/6, comm. 131, obs. N. Mathey). Les architectes peuvent cependant se prévaloir de l'article L. 442-6, I, 5° du Code de commerce dès lors que cet article s'applique à toute rupture d'une relation commerciale établie, que celle-ci porte sur la fourniture d'un produit ou la prestation d'un service (■ Cass. com., 16 déc. 2008 : *Bull. civ.* IV, n° 208 ; *JCP* G 2009, II, 10034, note A.-L. Archambault ; *Contrats, conc. consom.* 2009, comm. 100, obs. N. Mathey ; *D.* 2010, pan. p. 2892, obs. D. Ferrier ; *D.* 2009, act. jurispr. 164, obs. E. Chevrier). De même, un cabinet de soins dentaires auteur d'une rupture brutale peut être assigné sur le fondement du texte par le prothésiste lui fournissant du matériel (■ Paris, 26 sept. 2018, n° 16/07727 : *Lettre distrib.* 2018/11, p. 2, obs. C. Mouly-Guillemaud). Il résulte de l'article 22 de l'ordonnance n° 45-2138 du 19 septembre 1945, portant institution de l'ordre des experts-comptables et réglementant le titre et la profession d'expert-comptable, modifiée par la loi n° 2010-853 du 23 juillet 2010, que l'activité d'expert-comptable est incompatible avec toute activité commerciale ou acte d'intermédiaire, à l'exception de ceux répondant à la double condition d'être réalisés à titre accessoire et de ne pas mettre en péril les règles d'indépendance et de déontologie de la profession. Ce texte précise que les conditions et limites à l'exercice de ces activités et à la réalisation de ces actes seront fixées par les normes professionnelles élaborées par le conseil supérieur de l'ordre et agréées par arrêté du ministre chargé de l'économie. En l'absence de publication de cette norme, et faute pour la société [victime de la rupture] d'avoir établi que les prestations de services dont elle reprochait à la société [auteur de la rupture] l'interruption brutale étaient accessoires à sa mission d'expert-comptable et de nature commerciale, c'est à bon droit que la cour d'appel a retenu que les dispositions de l'article L. 442-6, I, 5° du Code de commerce, dans sa rédaction antérieure à l'ordonnance n° 2019-359 du 24 avril 2019, n'étaient pas applicables aux relations ayant existé entre les deux sociétés (■ Cass. com., 10 févr. 2021, n° 19-10.306, à paraître au *Bull.*).

89) Caractère commercial de la relation : sociétés d'assurance mutuelles. Le régime juridique des sociétés mutuelles d'assurance, comme le caractère non lucratif de leur activité, ne sont pas de nature à les exclure du champ d'application des dispositions du Code de commerce relatives aux pratiques restrictives de concurrence dès lors qu'elles procèdent à une activité de services (■ Cass. com., 14 sept. 2010, n° 09-14.322 : *Bull. civ.* 2010, IV, n° 135 ; *Contrats, conc. consom.* 2010, comm. 249, obs. N. Mathey ; *JCP* E 2010, 2013, obs. J.-J. Barbieri).

90) Caractère établi de la relation. Principes. La qualification de relations commerciales établies au sens de l'article L. 442 6, I, 5° du Code de commerce n'est pas conditionnée par l'existence d'un échange permanent et continu entre les parties, une succession de contrats ponctuels pouvant être suffisante pourvu qu'elle fasse ressortir la régularité, le caractère significatif et la stabilité de la relation commerciale entre l'auteur de la rupture et la victime (■ Cass. com., 15 sept. 2009, n° 08-19.200 : *Bull. civ.* IV, n° 110 ; *Contrats, conc. consom.* 2009/11, comm. 265, note N. Mathey ; *Concurrences* 2009/4, p. 128, obs. M. Dany ; *RTD com.* 2009, p. 799, obs. B. Bouloc ; *D.* 2009, act. jurispr. 2277, obs. E. Chevrier). Ne donne pas de base légale à sa décision la cour d'appel qui qualifie de relation commerciale établie au sens de l'article L. 442-6, I, 5° du Code de commerce, la relation entretenue entre une chaîne de télévision et une société de production indépendante qui, pendant huit ans, a fourni des émissions télévisées à la chaîne, sans rechercher si, eu égard à la nature de la prestation de conception et de réalisation de programmes télévisuels, la société de production pouvait légitimement s'attendre à la stabilité de la relation (■ Cass. com., 18 mai 2010, n° 08-21.681 : *Bull. civ.* IV, n° 89 ; *D.* 2010, 1341, obs. E. Chevrier ; *D.* 2011, pan. p. 540, obs. D. Ferrier. *V. l'arrêt de renvoi, se prononçant en faveur d'une relation établie* ■ Paris, 1er juill. 2011, n° 10-12.993 : *Concurrences* 2012/4, p. 121, obs. M. Dany. – V. le rejet du pourvoi par ■ Cass. com., 25 sept. 2012, n° 11-24.425 : *Concurrences* 2013/1, p. 120, obs. M.-C. Mitchell ; *Rev. Lamy conc.* 2013, n° 2209, obs. M. Behar-Touchais, jugeant la motivation de l'arrêt cette fois suffisante. – Dans le même sens, V. plus récemment ■ Cass. com., 13 nov. 2013, n° 12-25.361 : *Contrats, conc. consom.* 2014/2, comm. 40, obs. N. Mathey). Un arrêt plus récent fait référence aux critères d'une « relation suivie, stable et habituelle » sans mentionner l'exigence d'un caractère significatif, « le faible volume d'un courant d'affaires n'ayant pas d'incidences sur la brutalité de la rupture » (■ Cass. com., 6 sept. 2016, n° 15-15.086 : *Lettre distrib.* 2016/10, p. 3, obs. C. Mouly-Guillemaud).

Pour la jurisprudence antérieure, voir un arrêt décidant que ne relèvent pas de l'article L. 442-6, I, 5°, les relations entre un entrepreneur de construction et un sous-traitant qui résultent de contrats indépendants et ponctuels lorsque le sous-traitant n'a pas passé de contrat-cadre avec son donneur d'ordre et ne bénéficie d'aucune exclusivité ou garantie de chiffre d'affaires (■ Cass. com., 16 déc. 2008, n° 07-15.589 : *Bull. civ.* IV, n° 207 ; *D.* 2010, pan. p. 2892, obs. D. Ferrier ; *D.* 2009, p. 225, obs. E. Chevrier ; *Contrats, conc. consom.* 2009, comm. 73, note N. Mathey ; *JCP* E 2009, 1479, obs. D. Mainguy).

91) Caractère établi de la relation. Illustrations. Relation en l'espèce établie en référence à la durée ainsi qu'à la stabilité des relations laquelle a été appréciée en fonction du nombre de chantiers réalisés par un maître d'œuvre (■ Angers, 10 mai 2005 : *JurisData* n° 2005-278098). Relation établie par le constat qu'une société passait 8 à 9 commandes annuellement auprès du fournisseur victime de la rupture, ce qui représentait pour certains exercices jusqu'à 30 % du chiffre d'affaires de ce fournisseur (■ Caen, 2 juin 2005 : *JurisData* n° 2005-284346). La succession d'opérations ponctuelles, régulièrement renouvelées, constitue une relation établie au sens de l'article L. 442-6, I, 5°. Le fait que les relations établies en l'espèce avec un créateur de lignes de vêtements cessaient entre chaque saison est sans incidence sur la régularité des relations contractuelles (■ Paris, 13 sept. 2006 : *JurisData* n° 2006-311466). L'existence de relations commerciales entre les parties depuis une longue période, caractérisée par une facturation et un règlement régulier onze fois par an pendant six ans pour l'exécution de travaux s'inscrivant dans la durée caractérise une relation établie au sens de l'article L. 442-6, I, 5° du Code de commerce (■ Bordeaux, 7 févr. 2007 : *JurisData* n° 2007-334655). Il résulte de la succession de contrats prorogés et/ou renouvelés qu'une relation commerciale durable était établie entre les parties depuis [vingt ans], le distributeur étant dès lors recevable à agir non au titre du renouvellement du dernier contrat mais au titre de la rupture de la relation commerciale dans son ensemble (▪ Paris, 29 nov. 2007, n° 04/09125 : *JurisData* n° 2007-353808 ; *D.* 2008, pan. p. 2193, obs. D. Ferrier). Jugeant que des relations même très brèves peuvent être établies au sens de l'article L. 442-6, I, 5° du Code de commerce (▪ Paris, 1er déc. 2004, n° S03/36267 : *JurisData* n° 2004-255837 ; *Lettre distrib.* 2005/6, relations ayant duré 17 mois. ▪ Aix-en-Provence, 28 mai 2004 : *JurisData* n° 2004-243998, moins d'un an. Comp. ▪ Cass. com., 18 déc. 2007, n° 06-10.390 : inédit). Jugeant établies des relations entretenues entre un producteur de vins et un caviste et soulignant que le faible volume des achats [une trentaine de caisses seulement chaque année] ne devait pas être pris en considération (▪ Bordeaux, 30 avr. 2009 : *JurisData* n° 2009-004565. – V. cependant ▪ Cass. com., 15 sept. 2009 préc., s'attachant au caractère significatif de la relation). S'attachant à l'irrégularité des commandes d'une année sur l'autre pour écarter l'existence d'une relation établie (▪ Paris, 10 déc. 2010, n° 08/02598 : *Contrats, conc. consom.* 2011, comm. 31, obs. N. Mathey). Se basant sur la particularité des produits concernés (vêtements), les magistrats estiment que la relation était nécessairement précaire du fait des fluctuations éphémères de la mode (▪ Paris, 4 juill. 2018, n° 15/20409 : *Lettre distrib.* 2018/9, p. 6, obs. C. Mouly-Guillemaud).

Le recours régulier à la procédure d'appel d'offres pour sélectionner le partenaire a pour effet de priver la relation de tout caractère établi (▪ Cass. com., 20 sept. 2011, n° 10-15.750 : *Contrats, conc. consom.* 2012/1, comm. 12, obs. N. Mathey. ▪ Paris, 7 oct. 2016, n° 13/19175 : *Lettre distrib.* 2016/11, p. 2, obs. C. Mouly-Guillemaud. – Pour un arrêt reprochant aux juges du fond de n'avoir pas recherché si ce recours régulier à la procédure d'appel d'offres n'était pas de nature à priver la relation de tout caractère établi, V. ▪ Cass. com., 4 nov. 2014, n° 13-22.726 : *Contrats, conc. consom.* 2015/2, comm. 35, obs. N. Mathey ; *Lettre distrib.* 2014/12, p. 4, obs. C. Mouly-Guillemaud). La relation demeure précaire et donc non établie quand bien même le demandeur établirait avoir jusqu'ici constamment remporté les appels d'offres organisés par l'auteur de la rupture (▪ Paris, 7 oct. 2016, n° 13/19175 : *JurisData* n° 2016-020921 ; *Contrats, conc. consom. 2017/1, comm. 11, obs.* N. Mathey. – Rappr. ▪ Cass. com., 18 oct. 2017, n° 16-15.138 : *JurisData* n° 2017-020731). Jugeant à l'inverse que « le recours à un appel d'offres ne suffit pas à exclure par principe l'existence d'une relation commerciale établie (...) sauf s'il peut être déduit de certaines circonstances (...) la précarité annoncée de la situation » (▪ Versailles, 27 oct. 2011, n° 10/04733 : *Lettre distrib.* 2012/2). Décidant que la pratique de contrats non renouvelables par tacite reconduction, conformément aux usages de la profession qui prévoyaient un contrat par saison sans garantie de pérennité, excluait que la victime ait pu s'attendre à la stabilité de la relation de sorte que l'article L. 442-6, I, 5° était inapplicable (▪ Cass. com., 12 févr. 2013, n° 12-13.819 : *Contrats, conc. consom.* 2013/5, comm. 115, obs. N. Mathey). En revanche, la conclusion de trois contrats assortis à chaque fois de périodes d'essai n'a pas été jugée de nature à écarter la condition de stabilité posée par le texte (▪ Paris, 12 sept. 2013, n° 11-22934 : *Lettre distrib.* 2013/10). De même, la Cour de cassation a approuvé des juges du fond qui, en présence d'une succession de contrats à durée déterminée, avaient constaté que chaque contrat indiquait sa date de prise et de fin d'effet, sa durée, limitée à une année, et excluait toute tacite reconduction et qui avaient retenu qu'un nouveau contrat était conclu entre les parties dès la cessation du précédent, sans difficulté depuis six ans, et que, compte tenu de leurs pratiques antérieures, du chiffre d'affaires significatif et exclusif généré par la relation, la société victime de la rupture pouvait légitimement s'attendre à la signature d'un nouveau contrat à l'échéance du précédent (▪ Cass. com., 23 juin 2015, n° 14-14.687 : *Lettre distrib.* 2015/9, p. 2, obs. C. Mouly-Guillemaud ; *Contrats, conc. consom.* 2015/10, comm. 228, obs. N. Mathey). Pour la cour d'appel de Paris, aucune relation établie ne peut résulter du fait que les parties ont conclu un contrat à durée déterminée d'une durée de cinq ans, renouvelable par tacite reconduction pour des périodes calendaires d'une année, dans la limite de cinq renouvellements (▪ Paris, 5 juill. 2017, n° 17/08074 : *Lettre distrib.* 2017/9, p. 1, obs. C. Mouly-Guillemaud). Pour un autre arrêt, l'absence de clause de tacite reconduction applicable au renouvellement d'un dernier contrat conclu pour une durée déterminée n'est pas en soi un obstacle à la reconnaissance du caractère établi de la relation (▪ Paris, 17 oct. 2018, n° 16/10390 : *Lettre distrib.* 2018/11, p. 8, obs. C. Mouly-Guillemaud. – V. également ▪ Cass. com., 5 avr. 2018, n° 16-26.568 : *Lettre distrib.* 2018/5, p. 3, obs. C. Mouly-Guillemaud ; *Contrats, conc. consom.* 2018, comm. 111, obs. N. Mathey).

Pour la Cour de cassation, l'annonce de la cession du fonds de commerce d'une partie à la relation ne fait pas perdre à celle-ci son caractère établi (▪ Cass. com., 3 juill. 2019, n° 17-18.681 : *Concurrences* 2019/4, p. 118, note V. Durand).

92) Prise en compte des ruptures partielles. Peut constituer une rupture brutale une modification du contrat portant sur les conditions contractuelles tarifaires comme non tarifaires dès lors qu'elle est substantielle et non négociable. Mais une simple proposition de modification des conditions contractuelles ne peut être qualifiée de rupture si elle est négociable (▪ Cass. com., 20 nov.

2019, n° 18-11.966 : *JurisData* n° 2019-020772 ; *Contrats, conc. consom.* 2020/2, comm. 23, note N. Mathey). Relève de l'article L. 442-6, I, 5° du Code de commerce la diminution substantielle et brutale du volume de produits confiés en manutention par un donneur d'ordre à un sous-traitant, en l'espèce de 75000 à 29000 unités (▪ Orléans, 29 mai 2008 : *JurisData* n° 2008-367264). Constitue une rupture partielle de relation commerciale établie, la modification au détriment d'un client des conditions de règlement des produits contractuels (▪ Paris, 11 oct. 2006 : *JurisData* n° 2006-322713. ▪ Reims, 6 nov. 2006 : *JurisData* n° 2006-332259. ▪ Montpellier, 2e ch. civ., 19 févr. 2008, n° 06/7980. ▪ Douai, 12 juin 2006 : *Concurrences* 2008/3, note P. Vanni) ou plus largement toute modification substantielle des conditions de la relation commerciale (▪ Cass. com., 8 juin 2017, n° 15-27.961 : *Contrats, conc. consom.* 2017/10, comm. 199, note N. Mathey). Constitue une rupture partielle l'abaissement du taux de rémunération accordé à un distributeur de 25 % à 12 % (▪ Rennes, 29 janv. 2008 : *JurisData* n° 2008-001201) ou encore la modification des prix pratiqués par le partenaire contractuel, multipliés par 2,5 ou 4 avec un préavis de seulement 15 jours (▪ Cass. com., 12 mars 2002, n° 99-17.578. Dans le même sens, ▪ Dijon, 4 déc. 2007, n° 06/02172 : *JurisData* n° 2007-354371 ; *Concurrences* 2008/1, note M. du Gardin. – Et ▪ Paris, 17 janv. 2019, n° 16/23339 : *Contrats, conc. consom.* 2019/4, comm. 67, note N. Mathey). En revanche, l'abandon réciproque de l'exclusivité conformément aux stipulations contractuelles n'est pas assimilable à une rupture partielle des relations commerciales (▪ Cass. com., 9 juill. 2013, n° 12-20.468 : *Contrats, conc. consom.* 2013/10, comm. 209, obs. N. Mathey ; *Concurrences* 2013/4, p. 105, obs. M. Chagny ; *RDC* 2014/1, p. 69, obs. C. Grimaldi) mais constitue seulement l'aménagement contractuel de l'exécution du préavis et n'a pas pour effet de déroger aux dispositions impératives de l'article L. 442-6, I, 5° (▪ Cass. com., 11 mai 2017, n° 16-13.464 : *JurisData* n° 2017-008860 ; *Contrats, conc. consom.* 2017/7, comm. 149, note N. Mathey ; et dans le même sens ▪ Cass. com., 24 juin 2020, n° 18-25.517). De même, que la suppression de remises exceptionnelles découlant du fait que le distributeur qui en bénéficiait ne répondait plus aux conditions contractuelles arrêtées par les parties (▪ Cass. com., 19 janv. 2016, n° 14-24.687 : *Lettre distrib.* 2016/2, p. 3, obs. C. Mouly-Guillemaud) ou des modifications non substantielles des conditions de vente jusqu'ici applicables, en l'espèce la modification de 5 % d'un taux de remise qui n'affectait que 35 % du chiffre d'affaires du distributeur (▪ Cass. com., 31 mars 2015, n° 14-11.329 : *Contrats, conc. consom.* 2015, comm. 145, note N. Mathey). Un distributeur ayant proposé à un fournisseur « de maintenir avec [lui] leur relation commerciale pendant la période de préavis lui permettant de mettre en œuvre, dès le début de cette période, une solution de remplacement » ne se rend pas coupable d'une rupture brutale des relations. À cet égard, il importe peu « que cette solution de remplacement nécessite la définition d'une nouvelle relation contractuelle entre les parties ». L'objection du fournisseur selon laquelle la proposition émise par le distributeur aurait nécessité « une totale restructuration de l'entreprise, à des conditions très défavorables par rapport aux conditions antérieures » étant sans incidence (▪ Cass. com., 9 mars 2010, n° 08-21.055 : *Lettre distrib.* 2010/4). Suite à une restructuration, un donneur d'ordre avait signé avec son sous-traitant un contrat prévoyant une diminution progressive du volume des relations d'affaires (25 % du CA en 2001, 20 % en 2002, 15 % en 2003). Prenant acte de ce contrat, les magistrats écartent la qualification de rupture partielle brutale alléguée par le sous-traitant, alors même que la diminution des commandes avait été plus rapide que prévu. En effet, les clauses litigieuses avaient assorti de réserves les obligations attachées au programme de désengagement, notamment en considération du contexte économique, qui s'était en l'espèce dégradé (▪ Paris, 9 sept. 2009 : *JurisData* n° 2009-010041). Voir cependant une espèce où un distributeur s'efforçait vainement de rejeter la qualification de rupture brutale en mettant en avant que la rupture avait été rendue prévisible par une diminution progressive du volume des commandes et une évolution des modes d'approvisionnement des distributeurs et de leurs attentes quant aux produits, ceux du fournisseur étant jugés « vieillots » (▪ Paris, 13 févr. 2009 : *JurisData* n° 2009-375694).

Prise en compte d'un contexte de crise : après avoir constaté que la société x n'avait pris aucun engagement de volume envers son partenaire, l'arrêt relève, par motifs propres et adoptés, qu'elle a souffert d'une baisse de chiffre d'affaires d'un peu plus de 15 % du fait de la situation conjoncturelle affectant le marché du textile, baisse qu'elle n'a pu que répercuter sur ses commandes dans la mesure où un donneur d'ordre ne peut être contraint de maintenir un niveau d'activité auprès de son sous-traitant lorsque le marché lui-même diminue ; qu'il constate que, dans le même temps, cette société a proposé une aide financière à la société y pour faire face à la baisse de ses commissions, démontrant sa volonté de poursuivre leur relation commerciale ; qu'il ajoute que, nonobstant le fait que la société x ait momentanément cessé de passer des commandes au cours de l'année 2009, la société y a reçu des commissions au cours des douze mois de l'année 2009 ; qu'en l'état de ces constatations et appréciations, la cour d'appel a pu retenir que la baisse des commandes de la société x, inhérente à un marché en crise, n'engageait pas sa responsabilité (■ Cass. com., 8 nov. 2017, n° 16-15.285 : à paraître au *Bull.* ; *JurisData* n° 2017-022161 ; *Contrats, conc. consom.* 2018/1, comm. 10, note N. Mathey ; *Lettre distrib.* 2017/12, p. 2, obs. C. Mouly-Guillemaud. – Et dans le même sens, V. ■ Cass. com., 6 févr. 2019, n° 17-23.361 : *Contrats, conc. consom.* 2019/4, comm. 66, note N. Mathey). V. également un arrêt ayant considéré qu'une diminution importante du volume des commandes pouvait être justifiée par une baisse d'activité conjoncturelle du client (■ Paris, 30 mai 2012, n° 11/09247 : *Concurrences* 2012/3, p. 133, obs. M.-C. Mitchell. Dans le même sens, ■ Paris, 14 janv. 2016, n° 14/16799 : *Contrats, conc. consom.* 2016/4, comm. 93, obs. N. Mathey). Mais le caractère prévisible de la diminution de commande n'exonère pas nécessairement l'auteur de la rupture partielle de la nécessité d'accorder un préavis (■ Cass. com., 8 mars 2016, n° 14-25.718 : *Lettre distrib.* 2016/4, p. 3, obs. C. Mouly-Guillemaud).

2° *Régime*

93) Ordre public. Il ne peut être fait obstacle aux dispositions d'ordre public de l'article L. 442-6, I, 5°, par des clauses permettant une rupture sans préavis dès lors que l'inexécution du contrat n'a pas un degré de gravité suffisant (■ Cass. com., 9 juill. 2013, n° 12-21.001 : *Lettre distrib.* 2013/9, p. 1, obs. C. Mouly. ■ Cass. com., 25 sept. 2007, n° 06-15.517 : *JurisData* n° 2007-040542 ; *RJDA* 12/2007, n° 1286 ; *D.* 2008, 1115, note C. Mouly-Guillemaud ; *JCP* E 2008, 1638, n° 2, obs. D. Mainguy). Pour une espèce où une clause de dédit accompagnée d'une indemnité contractuelle correspondant à une durée de préavis d'une année a été jugée comme satisfaisant aux exigences de l'article L. 442-6, I, 5°, V. ■ Cass. com., 24 nov. 2015, n° 14-19.685 : *Lettre distrib.* 2016/1, p. 3, obs. C. Mouly-Guillemaud.

94) Exigence d'un préavis. Le caractère prévisible de la rupture d'une relation commerciale établie ne prive pas celle-ci de son caractère brutal si elle ne résulte pas d'un acte du partenaire manifestant son intention de ne pas poursuivre la relation commerciale et faisant courir un délai de préavis (■ Cass. com., 6 sept. 2016, n° 14-25.891 : *JurisData* n° 2016-018036 ; *Contrats conc. consom.* 2016/11, comm. 233, obs. N. Mathey ; *Lettre distrib.* 2016/9, p. 5, obs. C. Mouly-Guillemaud). Une prétendue annonce orale ne peut pallier l'absence d'écrit, de même que le ralentissement des commandes (■ Cass. com., 24 sept. 2013, n° 12-24.538 : *Bull. civ.* IV, n° 137 ; *Lettre distrib.* 2013/10). En revanche, l'intégrité d'un courrier électronique ne pouvant en l'espèce être remise en cause, une cour d'appel décide exactement que son envoi à la victime de la rupture valait préavis au sens de l'article L. 442-6, I, 5° (■ Cass. com., 8 déc. 2015, n° 14-18.228 : *Lettre distrib.* 2016/1, p. 2, obs. C. Mouly-Guillemaud ; *Contrats, conc. consom.* 2015/3, comm. 68, obs. N. Mathey).

Les juges du fond doivent tenir compte du préavis réellement effectué et non de celui initialement notifié (■ Cass. com., 11 juin 2013, n° 12-21.424 : *Contrats, conc. consom.* 2013/8, comm. 184, obs. N. Mathey).

L'annonce d'un appel d'offres, c'est-à-dire d'une mise en concurrence du cocontractant, peut valoir préavis de rupture au sens de l'article L. 442-6, I, 5° (■ Cass. com., 5 janv. 2016, n° 14-25.397 : *Lettre distrib.* 2016/2, p. 3, obs. C. Mouly-Guillemaud. ■ Cass. com., 8 déc. 2015, n° 14-18.228, préc. ■ Cass. com., 22 oct. 2013, n° 12-25.992 : *Lettre distrib.* 2013/11, p. 1, obs. C. Mouly. ■ Cass. com., 6 juin 2001, n° 99-20.831 : *JurisData* n° 2001-010141 ; *RJDA* 10/2001, n° 936 ; *CDE* 2002/3, p. 32, n° 7, obs. D. Mainguy ; *Contrats, conc. consom.* 2001, n° 160, obs. M. Malaurie-Vignal ■ Cass. com., 18 déc. 2007, n° 2007/811 : *RJDA* 2008, n° 719 ; *Concurrences* 2008/1, note P. Vanni. ■ Dijon, 16 avr. 2009 : *JurisData* n° 2009-377403. ■ Paris, 3 juin 2009 : *JurisData* n° 2009-012266). Jugé cependant que l'annonce doit être faite par écrit et être suffisamment claire quant à l'issue des relations dans l'hypothèse où le destinataire ne respecterait pas les nouvelles conditions posées par l'appel d'offres (■ Lyon, 3 juill. 2008, n° 06/05257 : *JurisData* n° 2008-370966 ; *JCP* E 2008, n° 51-52, p. 27. ■ Paris, 17 oct. 2018, n° 16/10390 : *Lettre distrib.* 2018/11, p. 8, obs. C. Mouly-Guillemaud). Pour d'autres juges, l'annonce d'un appel d'offres « ne formalise pas le caractère inéluctable et univoque d'une rupture des relations commerciales et ne saurait constituer un préavis écrit au sens des dispositions législatives » litigieuses (■ Versailles, 27 oct. 2011, n° 10/04733 : *Concurrences* 2012/2, p. 95, obs. M-C. Mitchell).

Décidant que l'annonce écrite relative à la création en cours d'une filiale destinée à reprendre les activités exercées par le partenaire vaut préavis de rupture au sens de l'article L. 442-6, I, 5° (■ Cass. com., 7 avr. 2009, n° 08-11.572 : *Concurrences* 2009/3, p. 100, obs. M.-C. Mitchell). L'adéquation du préavis écrit qui est consenti, tenant compte de la durée de la relation commerciale, s'apprécie à la date à laquelle l'auteur de la rupture notifie son intention d'y mettre fin. En l'espèce, le maintien effectif et provisoire des relations pour une durée de 5 mois a fait l'objet d'une imputation sur le délai de préavis jugé nécessaire (■ Cass. com., 29 janv. 2013, n° 11-23.676 : *Bull. civ.* IV, n° 19 ; *D.* 2013, act. 361 ; *JCP* E 2013, 1225, obs.

F. Buy ; *Contrats, conc. consom.* 2013/4, comm. 75, note N. Mathey ; *Lettre distrib.* 2013/2, p. 2).

Sauf circonstances particulières, l'octroi d'un préavis suppose le maintien de la relation commerciale aux conditions antérieures. Le préavis de douze mois accordé en l'espèce à la victime de la rupture a donc été privé de tout intérêt par la décision prise par l'auteur de mettre un terme avec effet immédiat à l'exclusivité territoriale qui profitait jusqu'ici à son cocontractant, l'empêchant ainsi de mettre à profit la durée de préavis pour se réorganiser(■ Cass. com., 10 févr. 2015, n° 13-26.414 : *Contrats, conc. consom.* 2015/4, comm. 89, obs. N. Mathey ; *RDC* 2015/3, p. 470, note O. Deshayes ; *Lettre distrib.* 2015/3, p. 2, obs. C. Mouly-Guillemaud ; *AJ Contrats d'affaires* avr. 2015, 182, obs. S. Carval ; *JCP* E 2015, 1180, note S. Le Gac-Pech). Pareillement, ne respecte pas le préavis accordé, le fournisseur qui diminue substantiellement ses commandes les derniers mois de la relation, l'argument suivant lequel l'auteur de la rupture ne souhaitait pas se trouver avec un excédent de marchandises après la fin de la relation étant jugé inopérant (■ Paris, 19 avr. 2017, n° 15/24221 : *Lettre distrib.* 2017/5, p. 1, obs. N. Eréséo). La Cour de cassation juge encore que les juges du fond ne peuvent rejeter la demande de la victime de la rupture « sans répondre aux conclusions… qui faisait valoir qu'en conditionnant la conclusion d'un nouveau contrat d'importation à des objectifs de vente élevés, voire au maximum de la capacité du marché local, [le fournisseur] avait en réalité imposé plus d'obligations dans le cadre du préavis qu'avant la résiliation, de sorte[que la victime] n'avait pu bénéficier d'un réel préavis » (■ Cass. com., 29 mars 2017, n° 15-23.579 : *JurisData* n° 2017-005712 ; *Contrats, conc. consom.* 2017/7, comm. 152, obs. N. Mathey). En revanche, l'abandon réciproque de l'exclusivité à la charge des parties, conformément aux stipulations contractuelles, constitue l'aménagement contractuel de l'exécution du préavis et n'a pas pour effet de déroger aux dispositions impératives de l'article L. 442-6, I, 5° (■ Cass. com., 11 mai 2017, n° 16-13.464 : *JurisData* n° 2017-008860 ; *Contrats, conc. consom.* 2017/7, comm. 149, note N. Mathey). V. également sur le même thème ■ Cass. com., 24 juin 2020, n° 18-25.517. ■ Paris, 12 sept. 15/09702. – Et ■ Paris, 19 sept. 2018, n°s 16/09988 et 18/08183 : *Contrats, conc. consom.* 2018, comm. 193, obs. N. Mathey).

95) Durée du préavis suffisant. Principes. *« L'existence d'un accord interprofessionnel* ne dispense pas la juridiction d'examiner si le préavis, qui respecte le délai minimal fixé par cet accord, tient compte de la durée de la relation commerciale et des autres circonstances de l'espèce » (■ Cass. com., 2 déc. 2008, n° 08-10.731 : *Bull. civ.* IV, n° 201 ; *D.* 2010, pan. p. 2892, obs. D. Ferrier ; *Lettre distrib.* 2009/1, note C. Mouly-Guilemaud). Pour une liste des accords interprofessionnels pris en application de l'article L. 442-6, V. CEPC, avis n° 13-04, 13 juin 2013 : *Lettre distrib.* 2013/9-8.

Lorsque les parties entretiennent plusieurs relations commerciales, et que chacune d'entre elles fait l'objet d'une rupture distincte soumise à un préavis propre, il appartient au juge de rechercher, pour chacune des ruptures, si le préavis octroyé peut être considéré, au regard de la durée de la relation, comme suffisant (■ Cass. com., 10 févr. 2021, n° 19-15.369, à paraître au *Bull.*).

L'existence d'un délai de préavis contractuel ne dispense pas la juridiction d'examiner si ce délai n'est pas excessif compte tenu de la durée de la relation commerciale et des autres circonstances. En l'espèce, le préavis suffisant a été établi à 6 mois alors que le préavis contractuel prévoyait 2 ans (■ Cass. com., 22 oct. 2013, n° 12-19.500 : *Contrats, conc. consom.* 2013/12, comm. 266, obs. N. Mathey ; *Contrats, conc. consom.* 2013/11, p. 1, obs. C. Mouly). Rompt brutalement la relation commerciale, la société qui après avoir notifié à son partenaire la rupture des relations avec un préavis de trois mois, a maintenu les relations au-delà du terme fixé puis a notifié une nouvelle rupture avec un préavis de deux mois seulement, jugé trop bref au regard de la durée totale de la relation commerciale (■ Cass. com., 16 avr. 2013, n° 12-15.591 : *Contrats, conc. consom.* 2013/7, comm. 159, obs. N. Mathey).

96) Durée du préavis suffisant – Ancienneté des relations. Pour déterminer la durée des relations contractuelles, les juges doivent rechercher, en cas de changement de fournisseur, si le dernier fournisseur, en reprenant certains engagements du premier, n'avait pas continué la relation contractuelle initialement nouée (■ Cass. com., 29 janv. 2008 : *D.* 2008, p. 475, obs. E. Chevrier ; *JCP* E 2008, pan. 1317). Jugé dans le même sens qu'en reprenant un fonds de commerce, et donc la clientèle qui y est attachée, un fournisseur avait repris la relation qui s'était nouée entre un client et le cédant du fonds de commerce, avec pour enjeu une ancienneté de relations s'établissant à 18 ans contre 2 ans si l'on ne tenait pas compte des relations antérieures à la cession (■ Paris, 22 janv. 2009 : *JurisData* n° 2009-376029. V. également ■ Lyon, 8 janv. 2009, n° 07/08055 et *dans le même* sens ■ Cass. com., 2 nov. 2011, n° 10-25.323 : Contrats, conc. consom. 2012/1, comm. 11, obs. N. Mathey ; *D.* 2012, p. 795, note C. Mouly-Guillemaud). Jugé qu'une cession de marque avait entrainé la reprise de la relation nouée par l'ancien titulaire avec un distributeur chargé de la prospection commerciale des produits litigieux (■ Versailles, 5 juin 2012, n° 10/09551 : *Concurrences* 2012/4, p. 134, obs. J.-L. Fourgoux). Statuant sur l'application de l'article L. 442-6 I 5° du Code de commerce, une cour d'appel a pu retenir que la relation commerciale établie avait été initialement nouée avec un tiers, dès lors qu'elle a constaté que cette relation avait été poursuivie par l'auteur de la rupture. Pour ce faire, la cour s'était notamment appuyé sur le préambule du contrat conclu par les parties qui faisait expressément référence à cette relation antérieure (■ Cass. com., 25 sept. 2012, n° 11-24.301 : *Rev. Lamy dr. aff.* 2013, n° 4407, note. C. Mouly-Guillemaud ; *Rev. Lamy dr. aff.* 2012, n° 4322 ; *JCP* E 2013, 1003, obs. P. Mousseron ; *D.* 2012, act. 2382, obs. E. Chevrier ; *Contrats, conc. consom.* 2012/12, comm. 280, note N. Mathey ; *RTD civ.* 2012/4, p. 721, obs. B. Fages).

Mais la reprise des relations antérieurement nouées par le propriétaire d'un fonds cédé n'est pas automatique. Elle ne s'opère notamment pas lorsque le repreneur n'a pas manifesté son intention de continuer les relations (■ Paris, 13 févr. 2014, n° 12/09668 : *Lettre distrib.* 2014/3, obs. C. Mouly-Guillemaud ; *Concurrences* 2014/2, p. 124, obs. M. Chagny) ou lorsque leur poursuite s'est opérée seulement plusieurs années après la cession (■ Paris, 22 janv. 2014, n° 11/17920 : *Lettre distrib.* 2012/2, obs. C. Mouly). Fait une exacte application des dispositions de l'article L. 442-6, I, 5°, du Code de commerce, une cour d'appel qui retient que la seule circonstance qu'une société, locataire-gérant puis acquéreur d'un fonds de commerce, ait noué des relations commerciales, pendant le temps de la location gérance, avec un ancien partenaire du cédant, avant d'y mettre fin peu après l'acquisition du fonds, ne permet pas de considérer que cette société ait eu l'intention de poursuivre la relation commerciale initialement nouée entre le cédant et ce partenaire et en déduit que le préavis dont doit bénéficier ce dernier n'a pas à être déterminé en considération de la relation commerciale qu'il avait précédemment nouée avec le cédant (■ Cass. com., 15 sept. 2015, n° 14-17.964 : à paraître au *Bull.* ; *Lettre distrib.* 2015/10, p. 2, obs. C. Mouly-Guillemaud ; *Contrats, conc. consom.* 2015/12, comm. 280, obs. N. Mathey ; *Concurrences* 2015/4, p. 140, obs. M.-C. Mitchell). Plus généralement, « en matière de rupture brutale d'une relation commerciale établie, la seule circonstance qu'un tiers, ayant repris l'activité ou partie de l'activité d'une personne, continue une relation commerciale que celle-ci entretenait précédemment ne suffit pas à établir que c'est la même relation commerciale qui s'est poursuivie avec le partenaire concerné, si ne s'y ajoutent des éléments démontrant que telle était la commune intention des parties » (■ Cass. com., 10 févr. 2021, n° 19-15.369 : à paraître au *Bull.*). Cassation de l'arrêt ayant retenu que la société cessionnaire avait repris les engagements de la société cédante à l'égard de la société requérante et, ainsi, poursuivi la relation commerciale initialement nouée entre celle-ci et la société cédante et qu'il en résultait une relation commerciale établie et continue en se déterminant par des motifs impropres à établir que la société cessionnaire, simple acquéreur d'un fonds de commerce, pouvait se prévaloir, à l'encontre de la société requérante, de la durée de la relation commerciale initialement nouée entre cette société et le cédant du fonds (■ Cass. com., 3 mai 2016, n° 15-10.158 : *Juris-Data* n° 2016-008621 ; *Contrats, conc. consom.* 2016/7, comm. 166, obs. N. Mathey). Plus largement, « une relation commerciale avec un fournisseur peut se poursuivre avec un autre partenaire » mais seulement si « les parties ont entendu se situer dans la continuation de relations antérieures ; qu'ainsi la notion de "continuation" d'une relation commerciale établie est caractérisée en "présence" d'une volonté de continuation ou de l'absence de véritable altérité, le nouvel entrant dans la relation ne pouvant masquer, derrière l'écran d'une nouvelle personne juridique, l'identification des personnes déjà en relation » (■ Paris, 30 sept. 2015, n° 13/07915 : *Lettre distrib.* 2015/11, p. 1, obs. C. Mouly-Guillemaud ; *AJCA* 2015/12, p. 529, obs. G. Parléani). Une relation nouée avec un partenaire se poursuit avec un autre lorsque les conventions initialement conclues sont remplacées par de nouvelles ayant le même objet et mentionnant « remplace et annule les contrats précédemment conclus » (■ Cass. com., 4 déc. 2019, n° 18-13.768 : *Contrats, conc. consom.* 2020/2, comm. 24, note N. Mathey). Sur le critère de l'intention de poursuivre la relation, V. également ■ Paris, 20 oct. 2016, n° 15/02714 : *Lettre distrib.* 2016/11, p. 2, obs. C. Mouly-Guillemaud.

En revanche, une relation commerciale peut être jugée poursuivie entre un cessionnaire et le donneur d'ordre initial lorsque le plan de cession vise expressément, parmi les éléments repris, la clientèle et lorsque le nouveau donneur d'ordre passe différentes commandes, laissant ainsi croire au cessionnaire que les relations commerciales ont vocation à se poursuivre comme auparavant (■ Cass. com., 20 mai 2014, n° 12-20.313 : *Contrats, conc. consom.* 2014/8-9, comm. 139, obs. N. Mathey). S'agissant des relations entretenues successivement avec plusieurs sociétés d'un même groupe, la possibilité de les envisager comme formant un tout est subordonnée à une identité d'objet. Tel n'est pas le cas en l'espèce dès lors que le distributeur victime de la rupture s'était vu confier des missions et des projets à chaque fois spécifiques et en des lieux différents (■ Cass. com., 23 oct. 2012, n° 11-22.383 : *Concurrences* 2013/1, p. 120, obs. M. Dany et M. Le Moullec). Reprenant les mêmes principes, la Cour de cassation a approuvé des juges du fond qui avaient fait ressortir l'absence de reprise des relations initiales dès lors qu'aucun des contrats n'établissait la volonté des parties de faire reprendre, par la seconde filiale, les droits et obligations de la première, le second contrat ne se référant si au nom de cette dernière, ni à une reprise du contrat antérieur. Par ailleurs, les prestations n'étaient pas identiques de même que leur lieu d'exécution (▪ Cass. com., 5 janv. 2016, n° 14-25.397 : *Lettre distrib.* 2016/3, p. 3, obs. C. Mouly-Guillemaud).

Le cédant d'un fonds de commerce qui ne s'assure pas de la reprise des relations antérieurement nouées avec ses partenaires peut se rendre coupable d'une rupture brutale des relations établies (▪ Paris, 12 janv. 2018, n° 15/20452 : *Lettre distrib.* 2018/2, p. 3, obs. C. Mouly-Guillemaud).

Décidant que l'interruption provisoire des relations entre les parties pendant trois années, sans contestation de la part de la victime ou faute imputable à l'auteur, empêche de prendre en considération, pour le calcul de l'ancienneté des relations, la durée antérieure à la reprise des échanges (▪ Cass. com., 15 nov. 2011, n° 10-25.472 : *Concurrences* 2012/1, p. 130, obs. M.-C. Mitchell).

Suite au non-renouvellement d'un contrat de franchise conclu pour 5 ans entre un fournisseur et un distributeur, les relations entre les parties s'étaient maintenues pour une durée de 5 mois mais sur une base contractuelle différente. Les juges du fond ayant estimé que les relations antérieures étaient de seulement 5 mois, la cassation est prononcée aux motifs qu'ils auraient dû prendre en considération « l'intégralité de la relation entre les parties » (▪ Cass. com., 24 nov. 2009, n° 07-19.248 : *Concurrences* 2010/1, p. 124, note M. Dany ; *Contrats, conc. consom.* 2010/4, note N. Mathey).

97) Durée du préavis suffisant – Autres circonstances de l'espèce : dépendance économique de la victime. Si la rupture brutale d'une relation commerciale établie peut être constatée sans qu'il soit nécessaire de vérifier un état de dépendance économique (▪ Cass. com., 17 mai 2004, préc.), une telle qualification est susceptible de servir de critère pour apprécier la durée du préavis suffisant (▪ Cass. com., 4 oct. 2016, n° 15-14.025 : *JurisData* n° 2016-020307 ; *Contrats, conc. consom.* 2017/1, comm. 9, obs. N. Mathey. ▪ Cass. com., 2 nov. 2011, n° 10-25.323 : *Contrats, conc. consom.* 2012/1, comm. 11, obs. N. Mathey. ▪ *Cass. com., 3 mai 2012, n° 11-10.544* : *JCP* G 2012, n° 29, 867, note S. Le Gac-Pech ; *D.* 2012, 1324, obs. E. Chevrier, et 2766, obs. N. Dorandeu ; 2013, pan. p. 736, obs. D. Ferrier ; *RDC* 2013/1, p. 185, obs. C. Grimaldi ; *Contrats, conc. consom.* 2012, comm. 174, obs. N. Mathey). Ainsi, une cour d'appel, qui s'est référée à la situation de la victime de la rupture par rapport à son cocontractant et ayant relevé que le chiffre d'affaires réalisé par la première avec la seconde ne représentait qu'une partie de son activité, a pu fixer la durée du préavis à six mois (▪ Cass. com., 7 juill. 2004, n° 03-11.472 : *D.* 2005, somm. p. 150, obs. D. Ferrier). Décidant dans le même sens que c'est sans méconnaître l'article L. 442-6 qu'une cour d'appel a pu apprécier la durée du préavis qui aurait dû être accordé en référence à la dépendance économique de la victime (▪ Cass. com., 15 juin 2010, n° 09-66.761 : *D.* 2011, pan. p. 540, obs. D. Ferrier). Ayant relevé qu'un fournisseur n'était pas contractuellement lié à titre exclusif à la société qui assurait la distribution de ses produits, faisant ainsi ressortir la liberté qu'il avait d'assurer la diversification de ses activités, une cour d'appel a souverainement estimé que la durée du préavis fixée à six mois était suffisante (▪ Cass. com., 12 mai 2004, n° 01-12.865 : *JurisData* n° 2004-023745 ; *D.* 2005, somm. p. 150, obs. D. Ferrier). Jugé dans le même sens que la dépendance n'a pas à être prise en considération pour majorer le préavis lorsque la victime, en l'espèce un fournisseur, n'a rien fait pour diversifier sa clientèle (▪ Paris, 14 sept. 2012, n° 11/10263 : *JurisData* n° 2012-021856 ; *Rev. Lamy conc.* 2013, n° 2207, obs. M. Behar-Touchais). Mais une cour d'appel ne peut limiter l'indemnisation d'une victime en se fondant sur l'absence d'exclusivité de fait ou de droit mise à sa charge et sur le reproche d'une absence de diversification de sa clientèle sans avoir constaté que sa dépendance résultait d'un choix délibéré de sa part (▪ Cass. com., 4 nov. 2014, n° 13-22.726 : *Contrats, conc. consom.* 2015/2, comm. 35, obs. N. Mathey).

La victime de la rupture ne peut prétendre à une indemnisation complémentaire au titre de son état de dépendance économique lorsque cette circonstance a déjà été prise en compte pour la détermination de son préjudice causé par la brutalité de la rupture (▪ Cass. com., 20 mai 2014, n° 13-16.398 : *Bull.* IV, n° 89 ; *Contrats, conc. consom.* 2014/7, comm. 158, obs. N. Mathey ; *Lettre distrib.* 2014/6, p. 1, obs. C. Mouly-Guillemaud).

Des juges du fond ne peuvent décider que deux sociétés du même groupe ont droit à un préavis identique après avoir constaté qu'elles n'étaient pas dans un même état de dépendance économique et sans relever d'éléments justifiant qu'un même préavis soit accordé (▪ Cass. com., 7 oct. 2014, n° 13-19.692 : *Contrats, conc. consom.* 2015/1, comm. 8, obs. N. Mathey ; *Lettre distrib.* 2014/11, p. 3, obs. C. Mouly-Guillemaud). Par ailleurs, prive sa décision de base légale au regard de l'article L. 442-6, I, 5°, du Code de commerce la cour d'appel qui, pour déterminer la durée du préavis suffisant dont doit bénéficier une entreprise, victime de la rupture brutale de ses relations commerciales avec deux sociétés d'un même groupe, prend en compte son état de dépendance économique à l'égard de ces deux sociétés, sans constater que ces dernières avaient agi de concert et alors qu'elle avait relevé qu'elles étaient autonomes dans leurs relations commerciales avec la victime (■ Cass. com., 6 oct. 2015, n° 14-19.499 : à paraître au *Bull.* ; *Lettre distrib.* 2015/11, p. 1, obs. C. Mouly-Guillemaud ; *Contrats, conc. consom.* 2015/12, comm. 279, obs. N. Mathey ; *Concurrences* 2016/1, p. 120, obs. F. Buy ; *AJCA* 2015/12, p. 532, obs. A.-M. Luciani ; et sur renvoi ■ Paris, 20 déc. 2017, n° 15/20154 : *Contrats, conc. consom.* 2018/2, comm. 28, note N. Mathey). Jugé dans le même sens que « *compte tenu de l'indépendance de chaque société du groupe, la société demanderesse ne saurait se prévaloir de la totalité du chiffre d'affaires réalisé avec l'ensemble de celles-ci, dans l'estimation de la durée du préavis auquel elle pouvait prétendre* » (■ Paris, 20 mars 2014 : *JurisData* n° 2014-005437 ; *Contrats, conc. consom.* 2014/6, comm. 130, obs. N. Mathey).

98) **Durée du préavis suffisant – Autres circonstances de l'espèce : reconversion de la victime.** Justifie sa décision la cour d'appel qui apprécie la durée nécessaire de préavis en référence à la nécessité pour la victime de « réorienter son activité et trouver éventuellement de nouveaux partenaires » (■ Cass. com., 11 mars 2014, n° 13-11.097 : *Lettre distrib.* 2014/4, obs. C. Mouly-Guillemaud) ou qui « relève que dans le secteur économique concerné coexistent de nombreux fournisseurs auprès desquels la [victime de la rupture] pouvait réorienter son activité pour pallier les inconvénients de la rupture » (■ Cass. com., 25 mars 2014, n° 13-14.215 : *Contrats, conc. consom.* 2014/6, comm. 135, obs. N. Mathey). Une relation n'ayant duré que trois ans peut justifier un préavis de 24 mois lorsque la rupture a des conséquences graves pour la victime eu égard au marché concerné, qualifié en l'espèce par les magistrats de « marché captif ». Celui était en effet caractérisé par une structure duopolistique [aéronautique civile], étant précisé que le seul autre client potentiel de la victime était déjà en relation avec une *autre entreprise* (■ Toulouse, 16 sept. 2009, n° 08/04848 : *Concurrences* 2009/4, obs. M. Dany ; *Lettre distrib.* 2009/10). Un fournisseur de matériel de bricolage réalisait avec une enseigne de la grande distribution alimentaire environ 60 % de son chiffre d'affaires, et ce depuis de très nombreuses années. Les magistrats ont cependant estimé que cette occurrence ne justifiait pas un préavis plus long que celui qui avait été accordé en l'espèce dès lors que le fournisseur disposait de nombreuses voies de reconversion, notamment en se tournant vers la grande distribution spécialisée. À cet égard, le déréférencement du fournisseur a été considéré comme une opportunité dès lors que la présence des produits litigieux dans les linéaires de la grande distribution alimentaire est perçue, par les professionnels du secteur considéré, comme un obstacle pour pénétrer le marché de la grande distribution spécialisée (■ Paris, 18 nov. 2009, n° 09/00341 : *Lettre distrib.* 2009/1).

Le préavis dû à la victime n'a pas à tenir compte du maintien de son activité et de sa reconversion effective avant son expiration, la brutalité de la rupture d'une relation commerciale établie devant s'apprécier à la date de la notification de cette rupture (■ Cass. com., 5 juill. 2017, n° 16-14.201 : *Contrats, conc. consom.* 2017/10, comm. 201, note N. Mathey ; *Concurrences* 2017/4, p. 121, note F. Buy ; *Lettre distrib.* 2017/9, p. 4. ■ Cass. com., 6 nov. 2012, n° 11-24.570 : *Rev. Lamy dr. aff.* 2013, n° 4555, note C. Mouly-Guillemaud ; *Concurrences* 2013/1, p. 121, obs. M. Dany et M. Le Moullec. ■ Cass. com., 9 juill. 2013, n° 12-20.468 : *Contrats, conc. consom.* 2013/10, comm. 209, obs. N. Mathey). Cependant, pour la cour d'appel de Paris, si la durée du préavis s'apprécie au moment de la rupture, « *la reconversion effective de la victime, intervenue après la rupture,* [...] *peut être prise en compte* [...] *en ce que cette reconversion démontre rétroactivement que la victime pouvait trouver des solutions alternatives au moment de la rupture* ». (■ Paris, 28 juin 2017, n° 14/26044 : *Lettre distrib.* 2017/9, p. 4, obs. C. Mouly-Guillemaud. – *Adde* ■ Paris, 28 janv. 2016, n° 14/13036 : *JurisData* n° 2016-002372 ; *JCP* G 2016, 288, note C. Grimaldi, cassé par ■ Cass. com., 5 juill. 2017, préc.). V. cependant l'abandon de cette jurisprudence dissidente dans les arrêts les plus récents (■ Paris, 23 mai 2018, n° 16/06103. ■ Paris, 4 juill. 2018, n° 15/15553 : *Lettre distrib.* 2018/9, p. 2, obs. C. Mouly-Guillemaud).

99) **Durée du préavis suffisant – Autres circonstances de l'espèce : cycles de production ou de distribution.** Décidant qu'un distributeur de chaussures avait disposé d'un délai de préavis suffisant de six mois pour un contrat à durée déterminée dont la durée d'exécution avait été, avant notification de sa résiliation, d'une année, sans que la victime de la rupture puisse faire valoir que son cocontractant l'avait mis dans l'impossibilité d'écouler le stock de chaussures qu'il avait été dans l'obligation de constituer pour la collection d'hiver. L'auteur de la rupture, un grand magasin, qui connaissait pourtant les contraintes et la durée de commercialisation afférentes aux produits de cette spécialité, n'avait informé le distributeur de sa décision de rompre les relations qu'au mois d'avril 1995, c'est-à-dire à un moment où il avait déjà passé commande de toute la collection d'hiver auprès des fournisseurs et où il était trop tard pour l'annuler, tout en lui imposant de fermer son

stand le 30 septembre suivant quand les ventes en ce domaine ne devenaient effectives qu'à compter de ce mois-là, même si la commercialisation commençait le 15 juillet (■ Cass. com., 8 janv. 2002, n° 98-13.142 : *JurisData* n° 2002-012506 ; *D.* 2002, somm. p. 3009, obs. D. Ferrier ; *CDE* 2004/6, chron. p. 10, obs. D. Mainguy). Voir également, dans le secteur de la distribution des vêtements, un arrêt prenant en considération la rotation des collections pour apprécier le caractère brutal de la rupture (■ Lyon, 7 janv. 2010 : *JurisData* n° 2010-000383 ; *Contrats, conc. consom.* 2010, comm. 206, obs. N. Mathey) et, dans le secteur viticole, une décision s'attachant aux cycles de production pour décider que le préavis accordé à un exploitant était conforme à l'article L. 442-6 (■ Versailles, 3 juill. 2012 : *JurisData* n° 2012-016676 ; *Contrats, conc. consom.* 2012/10, comm. 232, obs. N. Mathey).

100) Durée du préavis suffisant – Autres circonstances de l'espèce : clause de non-concurrence. Voir une décision tenant compte de l'existence d'une clause de non-concurrence pour apprécier la durée du préavis (■ Paris, 23 févr. 2007, n° 04/16524 : *JurisData* n° 2007-336518 ; *RJDA* 8-9/2007, n° 833).

101) Durée du préavis suffisant. Autres circonstances de l'espèce : ruptures concomitantes. Pour une décision prenant en considération la circonstance que la victime de la rupture avait dû subir dans le même temps deux ruptures consécutives (■ Douai, 6 juill. 2009, n° 09/00519 : *JurisData* n° 2009-008903 ; *RDC* 2010/1, p. 156, obs. M. Behar-Touchais).

102) Durée du préavis suffisant. Autres circonstances de l'espèce : produits sous marque de distributeur. La durée minimale de préavis n'est doublée que lorsque la relation commerciale porte sur la fourniture de produits sous marque de distributeur. À ce titre, l'entreprise dont l'activité s'inscrit dans le cycle de fabrication de produits de ce type sans assurer leur fourniture, se contentant de réaliser diverses prestations de services, ne saurait bénéficier de la règle du doublement (■ Cass. com., 7 juin 2011, n° 10-12.095 : *Contrats, conc. consom.* 2011, comm. 213, obs. N. Mathey). De même, le préavis ne saurait être doublé lorsque le propriétaire de la marque n'assure pas la distribution des produits (■ Cass. com., 24 nov. 2015, n° 14-24.672 : *Lettre distrib.* 2016/1, p. 2, obs. C. Mouly-Guillemaud).

103) Durée du préavis suffisant. Autres circonstances de l'espèce : règlement dans le secteur automobile. Le règlement (UE) 1400/2002 concernant les accords de distribution de véhicules automobiles « n'a pas pour vocation de suppléer, écarter ou compléter les dispositions d'ordre public interne de l'article L. 442-6-1, 5° du Code de commerce », les durées minimales prévues par lui « ne résultent ni des usages ni d'accords professionnels et ne peuvent y être assimilés pour servir de référence afin d'apprécier la durée du préavis minimale au sens de l'article L. 442-6-1, 5° du Code de commerce, étant observé qu'il n'est pas démontré que la durée de préavis de 24 mois correspond à l'usage adopté dans la distribution automobile » (■ Versailles, 4 sept. 2012, n° 11/01018 : *Concurrences* 2012/4, p. 86, obs. N. Eréséo).

104) Justification de la rupture brutale. Ne constitue pas une des causes prévues par la loi et justifiant la rupture d'une relation commerciale établie sans préavis suffisant la prise de contrôle d'une société anonyme par un actionnaire exerçant, sur un autre territoire, une activité de distribution d'une marque concurrente, dès lors qu'aucun élément de la procédure ne permet d'affirmer que le changement intervenu comporterait les germes d'une inexécution future du contrat (■ Douai, 2e ch., sect. 1, 29 sept. 2005, n° 04/00265 : *JurisData* n° 2005-325972 ; *Bull. inf. C. cass.* n° 634, 15 févr. 2006, n° 325). Dès lors que l'exploitation d'enseignes concurrentes par des distributeurs avait été tolérée au sein du réseau, elle n'était pas de nature à justifier une rupture sans préavis des relations commerciales (■ Paris, 10 avr. 2014 : *JurisData* n° 2014-007747 ; *Contrats, conc. consom.* 2014/7, comm. 159, obs. N. Mathey). Jugeant que « le changement consécutif au rachat d'une société ne peut justifier l'interruption des prestations sans préavis de rupture » (■ Nancy, 18 févr. 2004 : *JurisData* n° 2004-236209).

Retenant une grève comme justification du non-respect du préavis aux motif qu'« avant le déclenchement de la grève, la société avait constaté qu'elle était confrontée à des difficultés insurmontables et que ses actionnaires avaient décidé sa liquidation anticipée, qu'elle avait tenté toute mesure pour éviter le déclenchement d'une grève empêchant le plein respect du préavis, qu'elle ne pouvait pas prévoir que le protocole d'accord signé par les représentants syndicaux de son personnel serait jugé insuffisant par celui-ci, ce qui paralyserait la production et ne lui laisserait, compte tenu du fait qu'elle se trouvait dans une situation voisine de l'état de cessation des paiements, aucun moyen pour le contraindre à accomplir les tâches nécessaires à la satisfaction des clients » (■ Cass. com., 9 oct. 2007, n° 06-16.744 : *JurisData* n° 2007-040805).

Prise en compte d'un contexte de crise : après avoir constaté que la société x n'avait pris aucun engagement de volume envers son partenaire, l'arrêt relève, par motifs propres et adoptés, qu'elle a souffert d'une baisse de chiffre d'affaires d'un peu plus de 15 % du fait de la situation conjoncturelle affectant le marché du textile, baisse qu'elle n'a pu que répercuter sur ses commandes dans la mesure où un donneur d'ordre ne peut être contraint de maintenir un niveau d'activité auprès de son sous-traitant lorsque le marché lui-même diminue ; qu'il constate que, dans le même temps, cette société a proposé une aide financière à la société y pour faire face à la baisse de ses commissions, démontrant sa volonté de poursuivre leur relation commerciale ; qu'il ajoute que, nonobstant le fait que la société x ait momentanément cessé de passer des commandes au cours de l'année 2009, la société y a reçu des commissions au cours des douze mois de l'année 2009 ; qu'en l'état de ces constatations et appréciations, la cour d'appel a pu retenir que la baisse des commandes de la société x, inhérente à un marché en crise, n'engageait pas sa responsabilité (▪ Cass. com., 8 nov. 2017, n° 16-15.285 : à paraître au *Bull.* ; *JurisData* n° 2017-022161 ; *Contrats, conc. consom.* 2018/1, comm. 10, note N. Mathey ; *Lettre distrib.* 2017/12, p. 2, obs. C. Mouly-Guillemaud). Décidant dans le même sens qu'un fournisseur d'engins de construction ne pouvait se voir reprocher une diminution subite et significative des prestations confiées à un partenaire dès lors que le fournisseur avait été lui-même confronté à une forte diminution de ses commandes en raison de la crise économique et financière (▪ Cass. com., 12 févr. 2013, n° 12-11.709 : *Contrats, conc. consom.* 2013, comm. 79, note N. Mathey ; *Lettre distrib.* 2013/3, p. 3). V. égal. ▪ Paris, 30 mai 2012, n° 11/09247 : *Concurrences* 2012/3, p. 133, obs. M.-C. Mitchell. ▪ Paris, 14 janv. 2016, n° 14/16799 : *Contrats, conc. consom.* 2016/4, comm. 93, obs. N. Mathey. Jugeant au contraire que la baisse subite du carnet de commande d'un donneur d'ordre ne constitue pas un événement imprévisible et irrésistible de nature à l'exonérer de sa responsabilité pour rupture brutale des relations nouées avec un sous-traitant, et ce en dépit d'un contexte avéré de crise économique (▪ Chambéry, 8 juill. 2010, n° 10/00446 : *Contrats, conc. consom.* 2010, comm. 248, obs. N. Mathey).

Ne saurait être condamné pour rupture brutale, le fournisseur qui met un terme immédiat à la relation qu'il entretenait avec un distributeur en s'appuyant sur une clause librement convenue qui autorisait la rupture sans préavis et sans indemnité en cas de manquement grave, le comportement reproché à la victime de la rupture correspondant à la définition du manquement donnée par le contrat (▪ Cass. com., 11 sept. 2012, n° 11-23.067 : *Contrats, conc. consom.* 2012/11, comm. 256, note N. Mathey). Pour autant, dans le cadre de l'application de l'article L. 442-6, I, 5°, les juges ne sont pas liés par la présence de la clause résolutoire pour apprécier la gravité du manquement, notamment lorsque la clause litigieuse a fait l'objet dans le passé d'applications plus tolérantes que celle reprochée en l'espèce (▪ Cass. com., 24 nov. 2015, n° 14-19.678 : *Lettre distrib.* 2016/1, p. 3, obs. C. Mouly-Guillemaud). La clause autorisant une rupture sans préavis en cas d'insuffisance des résultats du cocontractant ne s'impose pas au juge qui doit déterminer si le manquement en cause est suffisamment grave pour justifier une rupture brutale (▪ Cass. com., 9 juill. 2013, n° 12-21.001 : *Lettre distrib.* 2013/9, p. 1, obs. C. Mouly). Plus généralement, le juge n'est pas tenu pas les modalités formelles de résiliation prévues au contrat lorsqu'il doit apprécier la gravité du comportement de la victime de la rupture (▪ Cass. com., 8 nov. 2017, n° 16-15.296 : *Lettre distrib.* 2017/12, p. 2, obs. C. Mouly-Guillemaud). À cet égard, une cour d'appel ne peut écarter l'existence d'une rupture brutale en s'appuyant sur l'irrespect par la victime d'objectifs de vente sans préciser en quoi ce manquement était suffisamment grave pour justifier le comportement de l'auteur de la rupture (▪ Cass. com., 5 avr. 2018, n° 16-19.923 : *Contrats, conc. consom.* 2018, comm. 110, obs. N. Mathey).

Un courrier prenant acte des dysfonctionnements des produits fournis ne suffit pas à caractériser un manquement grave justifiant la rupture sans préavis (▪ Cass. com., 10 juin 2020, n° 18-23.555 : *Contrats, conc. consom.* 2020/7-8, comm. 124, note N. Mathey).

La circonstance que l'auteur de la rupture décide de faire réaliser en interne les prestations qu'il confiait à un partenaire ne le dispense pas de son obligation d'octroyer un préavis (▪ Cass. com., 29 janv. 2020, n° 17-20.052 : *Contrats, conc. consom.* 2020/5, comm. 64, note N. Mathey).

La non-conformité à la législation sociale reprochée à la victime de la rupture et l'absence de labellisation qui en découlait ne saurait justifier la rupture brutale décidée par son partenaire dès lors que le refus de labellisation n'était pas définitif et qu'un nouvel audit pouvait être effectué à brève échéance (▪ Cass. com., 6 déc. 2016, n° 15-12.320 : *JurisData* n° 2016-028319 ; *Contrats, conc. consom.* 2017/2, comm. 35, obs. N. Mathey).

La simple proposition de modification, même substantielle, des conditions contractuelles antérieurement négociées ne justifie pas la rupture sans préavis des relations commerciales dès lors qu'il n'était pas établi que la proposition litigieuse n'était pas négociable (▪ Cass. com., 6 nov. 2012, n° 11-26.554 : *JCP* E 2013, 1004, obs. N. Mathey).

Jugé qu'en présence d'une clause claire et précise organisant la durée d'un contrat et prévoyant deux renouvellements successifs par tacite reconduction, c'est sans faute que l'une des parties met fin à la relation au terme du dernier contrat conclu (▪ Caen, 23 avr. 2009, n° 08/03016 : *Concurrences*

2009/4, p. 129, obs. M.-C. Mitchell). Ne saurait être brutale la rupture qui n'est pas imprévisible, soudaine, ou violente. À cet égard, la présence dans le contrat rompu d'une clause excluant toute tacite reconduction établissait que la victime de la rupture ne pouvait ignorer que ce contrat, à l'échéance, était susceptible soit de faire l'objet d'une nouvelle négociation, soit de ne pas être renouvelé (▪ Cass. com., 20 nov. 2012, n° 11-22.660 : *D.* 2013, pan. p. 736, obs. D. Ferrier ; *Contrats, conc. consom.* 2013, comm. 32, note N. Mathey ; *Concurrences* 2013/1, p. 122, obs. J.-L. Fourgoux).

Doit être cassé l'arrêt qui, pour rejeter le grief de rupture brutale, relève que le demandeur n'avait pas formulé la moindre protestation pendant plusieurs mois quant à la durée du préavis qui lui était accordé (▪ Cass. com., 27 oct. 2009, n° 08-19.396 : *Contrats, conc. consom.* 2010, comm. 7, obs. N. Mathey).

Même en présence d'un manquement suffisamment grave d'une partie à même de justifier une rupture sans préavis, l'autre partie peut lui accorder un préavis sans que cela disqualifie le critère de gravité requis pour une rupture immédiate (▪ Cass. com., 14 oct. 2020, n° 18-22.119 : *Lettre distrib.* 2020/11, p. 2, obs. C. Mouly-Guillemaud. Comp. ▪ Cass. com., 29 janv. 2020, n° 18-20.781 : *Contrats, conc. consom.* 2020/5, comm. 63, note N. Mathey. ▪ Cass. com., 1er mars 2017, n° 15-12.785).

105) Incidence d'une clause de médiation. La « cour d'appel, qui a relevé que l'action engagée par [le demandeur], fondée sur les dispositions de l'article L. 442-6, I, 5° du Code de commerce, visait la rupture d'une relation commerciale établie, (…) n'a pas méconnu la loi des parties en écartant la clause de médiation préalable figurant au contrat (…), dont l'application était limitée aux différends portant sur la fin de ce contrat précis » (▪ Cass. com., 12 juin 2012, n° 11-18.852 : *Contrats, conc. consom.* 2012/10, comm. 231, note N. Mathey ; *Concurrences* 2012/4, p. 98, obs. M. Chagny ; *JCP* E 2013, 1200, obs. D. Mainguy).

106) Dommages-intérêts. Le fournisseur ne peut obtenir réparation que du préjudice entraîné par le caractère brutal de la rupture et non du préjudice découlant de la rupture elle-même (▪ Douai, 15 mars 2001 : *JCP* E 2001, p. 1861, note M. Pédamon ; *CDE* 2002/3, p. 32, n° 7, obs. D. Mainguy ; *Contrats, conc. consom.* 2001, comm. 125, obs. M. Malaurie-Vignal. ▪ Rennes, 30 nov. 2004 : *JCP* E 2005, 1177, n° 2, obs. D. Mainguy. ▪ Cass. com., 23 avr. 2003 : *JCP E 2003*, pan. 878, chron. 1627, n° 5, obs. G. D. ; *Contrats, conc. consom.* 2003, n° 7, comm. 107, obs. M. Malaurie-Vignal ; *D.* 2003, p. 1434, obs. E. Chevrier ; *RJDA* 10/2003, n° 917 ; *CDE* 2003/5, chron. 3, p. 41, obs. J.-L. Respaud ; *D.* 2003, 2304, note H. Kenfack ; *JCP* E 2003, jurispr. 1792, note D. Mainguy ; *JCP* E 2004, chron. 424, n° 10, obs. C. Mouly, conf. ▪ Douai, 15 mars 2001, préc.). Les préjudices résultant pour la victime de la perte partielle de son fonds et des coûts de licenciement de son personnel ne sont à ce titre indemnisables que si la preuve est rapportée qu'ils ont été causés par la brutalité de la rupture (▪ Cass. com., 11 juin 2013, n° 12-20.846 : *Contrats, conc. consom.* 2013/8, comm. 189).

Viole l'article 1382 du Code civil et le principe de réparation intégrale du préjudice la cour d'appel qui condamne l'auteur de la rupture à payer des commissions jusqu'au terme prévisible du contrat résilié sept mois avant son échéance et des dommages-intérêts correspondant à un préavis de six mois, le même dommage étant indemnisé deux fois (▪ Cass. com., 16 févr. 2016, n° 14-22.914 : *Lettre distrib.* 2016/4, p. 3, obs. C. Mouly-Guillemaud).

Viole le principe de réparation intégrale du préjudice et l'article 1382 du Code civil la cour d'appel qui retient que le préavis octroyé par l'auteur de la rupture avait été de dix mois et demi puis estime qu'un préavis de deux ans aurait été nécessaire avant d'allouer à la victime une indemnité basée sur cette dernière durée (▪ Cass. com., 11 juin 2013, n° 12-22.229 : *Contrats, conc. consom.* 2013/8, comm. 184, obs. N. Mathey).

Les dommages-intérêts sont établis en référence à la marge brute que la victime aurait dû réaliser durant la période de préavis dont elle a été privée, calculée à l'aide des résultats comptables des années qui précèdent la rupture (jurisprudence constante, V. par ex. ▪ Cass. com., 28 avr. 2009, n° 08-12.788 : *Contrats, conc. consom.* 2009, comm. 190, note N. Mathey. ▪ Chambéry, 23 juin 2009 et ▪ Aix-en-Provence, 17 avr. 2009, n° 06/20859 : *Juris-Data* n° 2009-007535 ; *Contrats, conc. consom.* 2010/1, comm. 4, note N. Mathey), les éléments comptables postérieurs à la rupture ne devant pas être pris en considération (▪ Cass. com., 22 oct. 2013, n° 12-28.704 : *Lettre distrib.* 2013/11, p. 1, obs. C. Mouly). S'agissant des prestations de service, la marge brute correspond au chiffre d'affaires hors taxes (▪ Cass. com., 24 nov. 2015, n° 14-19.678 : *Lettre distrib.* 2016/1, p. 2, obs. C. Mouly-Guillemaud). Pour un arrêt imposant de tenir compte de la plus-value réalisée par la victime de la rupture brutale, V. ▪ Cass. com., 30 sept. 2020, n° 18-22.724. Pour un arrêt ayant apprécié à la baisse les résultats prévisibles de la victime de la rupture, et ce en considération d'un contexte de crise, voir ▪ Chambéry, 8 juill. 2010 : *Contrats, conc. consom.* 2010, comm. 248, obs. N. Mathey. Pour un autre arrêt ayant calculé le préjudice résultant de la rupture par référence à la perte de marge brute mais seulement jusqu'à la date de la cessation de son activité dès lors qu'au-delà de celle-ci l'entreprise ne supportait plus de charges fixes (▪ Cass. com., 28 mai 2013, n° 12-19.147 : *Contrats, conc. consom.* 2013/8, comm. 183, obs. N. Mathey).

La victime qui s'est librement placée en état de dépendance économique à l'égard de l'auteur de la rupture peut être en partie privée de son droit à réparation, en l'espèce à hauteur de 25 % du dommage subi (■ Douai, 15 mars 2001 : *JurisData* n° 2001-162514 ; *JCP* E 2001, n° 1661, note M. Pédamon). Décidant cependant que l'auteur de la rupture ne peut reprocher à la victime « de ne pas avoir notifié sa situation de dépendance économique, contrairement aux dispositions contractuelles » ; « qu'il n'est pas démontré, et qu'il est même hautement improbable, eu égard à l'ensemble des circonstances du litige et notamment à l'argumentation de [la société auteur de la rupture], que si cette dernière avait connu – à supposer qu'elle ait pu l'ignorer – le pourcentage du chiffre d'affaires total de [la victime] réalisé dans ses relations avec elle, ceci ait eu la moindre influence sur sa décision de rompre les relations, ou sur le préavis ; que [l'auteur de la rupture] prétendant qu'il n'y a pas eu de rupture ni de relation commerciale établie, du fait de la nature de celle-ci, cette connaissance n'aurait rien changé à son attitude ; qu'il s'ensuit qu'il n'y a aucun lien de causalité entre la faute alléguée de [la victime] et une diminution du préjudice subi du fait de la brusque rupture, même sous forme d'une perte de chance sérieuse et susceptible d'être évaluée que la rupture n'ait pas eu lieu, ou qu'elle n'ait pas été brutale ; qu'il n'y a pas lieu à diminution du montant de l'indemnité pour brusque rupture », fixé en l'espèce à 379 592,47 € (■ Paris, 11 mars 2009, RG n° 07/05589, rendu sur renvoi après ■ Cass. com., 23 janv. 2007, n° 04-16.779 : *Bull. civ.* IV, n° 8).

G – Pénalités abusives

107) Domaine. Une société ayant pour activité la vente à distance de produits alimentaires confie des prestations logistiques à une autre société. La société cliente résilie le contrat et déduit des pénalités du montant des factures émises par le prestataire. Celui-ci invoque l'article L. 442-6, I, 8° mais la cour juge le texte inapplicable *dans la mesure* où le prestataire n'est pas le fournisseur de la société cliente (■ Paris, 24 janv. 2019, n° 16/23193).

108) Illustrations. Le client qui déduit d'office des pénalités sur les factures de son fournisseur au titre de produits manquants ou endommagés, sans mettre ce dernier en mesure de contrôler la matérialité des griefs, viole l'article L. 442-6, I, 8° du Code de commerce (■ Paris, 19 avr. 2017, n° 15/24221 : *JurisData* n° 2017-007467 ; *Contrats, conc. consom.* 2017/7, comm. 150, obs. M. Malaurie-Vignal).

II – RÈGLES DE PROCÉDURE ET SANCTIONS

A – Juridiction compétente

1° *Litiges internes*

109) Options de compétence offertes au demandeur. La rupture brutale d'une relation commerciale établie est un délit civil de sorte que le demandeur a le choix de saisir soit la juridiction du lieu du défendeur, soit la juridiction du lieu du fait dommageable, soit celle dans le ressort de laquelle le dommage a été subi, et ce nonobstant l'existence d'une clause attributive de compétence (■ Cass. com., 6 févr. 2007, n° 04-13.178 : *Bull. civ.* IV, n° 21 ; *D.* 2007, p. 653, obs. E. Chevrier ; *JCP* E 2007, pan. 1388 ; *RJDA* 7/2007, n° 785). Dans le même sens, voir ■ Cass. com., 13 janv. 2009, n° 08-13.971 : *Bull. civ.* IV, n° 3 ; *D.* 2010, pan. p. 2892, obs. D. Ferrier ; *Lettre distrib.* 2009/2, soulignant en outre que le demandeur avait assigné « exclusivement » sur le fondement de l'article L. 442-6-I, 5° du Code de commerce et écartant le jeu d'une clause attributive de juridiction.

Jugé dans le même sens que la clause par laquelle « les parties conviennent d'attribuer compétence au tribunal de commerce de Paris pour le règlement de toute contestation relative à l'application ou l'interprétation du présent contrat » est inapplicable en matière de responsabilité pour rupture brutale des relations (■ Versailles, 18 nov. 2010 : *JurisData* n° 2010-026134 ; *Contrats, conc. consom.* 2011, comm. 66, obs. N. Mathey).

110) Pluralité de défendeurs. S'il résulte de l'article 42, alinéa 2 du Code de procédure civile qu'en cas de pluralité de défendeurs, le demandeur saisit, à son choix, la juridiction du lieu où demeure l'un d'eux, cette faculté n'est pas exclusive de celle que lui confère l'article 46, alinéa 3 du même code de saisir, en matière délictuelle, outre la juridiction du lieu où demeure le défendeur, la juridiction du lieu du fait dommageable ou celle dans le ressort de laquelle le dommage a été subi, lorsque cette juridiction est à ce titre compétente à l'égard de tous les défendeurs (■ Cass. com., 7 juill. 2009, n° 08-16.633 : *Bull. civ.* IV, n° 96 ; *Concurrences* 2009/4, obs. M. Dany ; Contrats, conc. consom. 2009, comm. 220, note N. Mathey).

111) Spécialisation des juridictions. Application dans le temps. Les voies de recours dont un jugement peut faire l'objet sont régies par la loi applicable au jour de ce jugement et non au jour où le tribunal est saisi. En conséquence, la Cour de Paris est compétente exclusivement pour apprécier l'appel des décisions rendues par des juges du premier degré saisis avant le 1er décembre 2009, date d'entrée en vigueur du décret de spécialisation (■ Paris, 27 juin 2012, n° 10/04855 : *Concurrences*

2012/4, p. 97, obs. J.-L. Fourgoux. ■ Paris, 13 déc. 2012, n° 10/25266 : *JurisData* n° 2015-018777 ; *JCP* E 2013, 1035, note. S. Temple-Boyer. ■ Cass. com., 24 sept. 2013, n° 12-24.538 : *Contrats, conc. consom.* 2013/12, comm. 267, obs. N. Mathey). Il résulte de la combinaison de ces textes qu'une procédure introduite par une assignation délivrée antérieurement au 1er décembre 2009, date de l'entrée en vigueur du décret n° 2009-1384 du 11 novembre 2009, n'est pas soumise aux dispositions de l'article D. 442-3 du Code de commerce qui en sont issues et ne relève pas du pouvoir juridictionnel exclusif dévolu à la cour d'appel de Paris (■ Cass. com., 12 avr. 2016, n° 14-21.247 : *Contrats, conc. consom.* 2016/6, comm. n° 143, obs. N. Mathey).

112) Spécialisation des juridictions. Bien-fondé de la demande. Jugé qu'au regard de l'article L. 442-6 du Code de commerce, la détermination du tribunal compétent n'est pas subordonnée à l'examen du bien-fondé de la demande (■ Cass. com., 26 mars 2013, n° 12-12.685 : *Bull.* IV, n° 49 ; *D.* 2013, act. 900, obs. E. Chevrier et 2014, 893, obs. D. Ferrier ; *Contrats, conc. consom.* 2013/6, comm. 132, obs. N. Mathey).

113) Spécialisation des juridictions. Invocation du seul droit commun. Pour déclarer irrecevable la demande de dommages-intérêts formée par la société victime, l'arrêt attaqué relève que cette société prétendait, dans son assignation, avoir été victime d'une rupture unilatérale des relations commerciales, opérée de mauvaise foi, sans raison légitime, de manière abusive et brutale par une autre société qui avait laissé se créer une confiance dans la poursuite d'un engagement, et en déduit que c'est à bon droit que les premiers juges ont constaté qu'ils étaient saisis d'une demande d'indemnisation fondée sur l'article L. 442-6, I, 5°, du Code de commerce relevant du pouvoir juridictionnel du tribunal de commerce de Paris, juridiction spécialement désignée par l'article D. 442-3 du Code de commerce pour le ressort de la cour d'appel de Versailles. Mais, en statuant ainsi, alors que, dans son assignation, la société victime avait fondé sa demande de dommages-intérêts sur les seules dispositions du droit commun de la responsabilité contractuelle et qu'elle avait précisé devant le tribunal qu'elle ne fondait pas sa demande d'indemnisation sur l'article L. 442-6 du Code de commerce, peu important ses allégations, inopérantes, renvoyant à la notion de rupture brutale d'une relation commerciale établie, la cour d'appel *a violé le principe suivant lequel le juge ne doit* pas dénaturer l'écrit qui lui est soumis (■ Cass. com., 18 sept. 2019, n° 18-10.225 : *Concurrences* 2019/4, p. 119, note F. Buy).

114) Spécialisation des juridictions. Compétence de la cour de Paris. Procédant à un revirement de jurisprudence, la Cour de cassation a énoncé qu'en application des articles L. 442-6, III, et D. 442-3 du Code de commerce, seuls les recours formés contre les décisions rendues par les juridictions du premier degré spécialement désignées sont portés devant la cour d'appel de Paris, de sorte qu'il appartient aux autres cours d'appel, conformément à l'article R. 311-3 du Code de l'organisation judiciaire, de connaître de tous les recours formés contre les décisions rendues par les juridictions situées dans leur ressort qui ne sont pas désignées par le second texte ; qu'il en est ainsi même dans l'hypothèse où celles-ci auront, à tort, statué sur l'application du premier, auquel cas elles devront relever, d'office, l'excès de pouvoir commis par ces juridictions en statuant sur des demandes qui, en ce qu'elles ne relevaient pas de leur pouvoir juridictionnel, étaient irrecevables (■ Cass. com., 29 mars 2017, nos 15-17.659 et 15-24.241 : à paraître au *Bull.* ; *JurisData* nos 2017-005681 et 2017-005680 ; *JCP* G 2017, n° 18, 498, note. M. Béhar-Touchais ; *Contrats, conc. consom.* 2017/5, comm. 98, note N. Mathey et 2017/6, comm. 126, note M. Malaurie-Vignal ; *Lettre distrib.* 2017/4, obs. C. Mouly-Guillemaud). Cependant, « l'application, à la présente instance, de la règle issue du revirement de jurisprudence, qui conduirait à retenir l'irrecevabilité de l'appel formé devant la cour d'appel de Paris, aboutirait à priver [la demanderesse], qui ne pouvait ni connaître, ni prévoir, à la date à laquelle elle a exercé son recours, la nouvelle règle jurisprudentielle limitant le pouvoir juridictionnel de la cour d'appel de Paris, d'un procès équitable, au sens de l'article 6, paragraphe 1, de la Convention de sauvegarde des droits de l'homme et des libertés fondamentales ; que la censure de l'arrêt n'est, dès lors, pas encourue » (■ Cass. com., 21 mars 2018, n° 16-28.412 : *Lettre distrib.* 2018/4, p. 1, obs. C. Mouly-Guillemaud ; *Contrats, conc. consom.* 2018, comm. 89, obs. N. Mathey).

Jugé auparavant qu'il résulte de la combinaison des articles L. 442-6, III, alinéa 5, et D. 442-3 du Code de commerce que la cour d'appel de Paris est seule investie du pouvoir de statuer sur les appels formés contre les décisions rendues dans les litiges relatifs à l'application de l'article L. 442-6 du même code et que l'inobservation de ces textes est sanctionnée par une fin de non-recevoir ; que c'est à bon droit et sans méconnaître le droit à un procès équitable que la cour d'appel, qui n'était pas saisie d'une demande de disjonction, a retenu que le fait que [X] avait également formé des demandes non fondées sur l'article L. 442-6 du Code de commerce ne lui permettait pas de déroger à cette règle et qu'elle a déclaré l'appel irrecevable pour le tout (■ Cass. com., 24 sept. 2013, n° 12-21.089 : *Contrats, conc. consom.* 2013/12, comm. 267, obs. N. Mathey). Mais ayant relevé qu'en cause d'appel, une partie fondait ses demandes, non seulement sur l'article 1134 du Code civil, comme en première instance, mais également sur les dispositions de l'article L. 442-6, I, 5°, du Code de commerce, c'est sans méconnaître ses pouvoirs qu'après avoir énoncé que les dispositions des articles L. 442-6, III, alinéa 5, et D. 442-3 du Code de commerce ont pour conséquence de priver toute cour d'appel autre que celle de Paris du pouvoir de connaître des demandes fondées sur les dispositions du premier de ces textes, une cour d'appel a déclaré irrecevables les demandes en ce qu'elles étaient fondées sur ce texte, mais a statué sur l'application de l'article 1134 du Code civil (■ Cass. com., 7 oct. 2014, n° 13-21.086 : *Contrats, conc. consom.* 2014/12, comm. 270, obs. N. Mathey ; *D.* 2015, p. 946, obs. D. Ferrier ; *D.* 2014, p. 2329, obs. F. Buy ; *Lettre distrib.* 2014/11, p. 1, obs. C. Mouly-Guillemaud). Le demandeur ayant formé, dès la première instance, une seule demande en paiement de dommages-intérêts, fondée indistinctement sur les articles 1134 et 1184 du Code civil et L. 442-6, I, 5° du Code de commerce, c'est à bon droit qu'une cour d'appel, autre que celle de Paris, a déclaré la demande irrecevable (■ Cass. com., 6 sept. 2016, n°s 14-27.085 et 15-15.328 : *JurisData* n° 2016-018112 ; *Contrats conc. consom.* 2016/11, comm. 234, obs. N. Mathey). Sur les rapports entre droit commun et disposition spéciale de l'article L. 442-6, V. égal. ■ Cass. com., 4 nov. 2014, n° 12-25.856 : *Lettre distrib.* 2014/12, p. 2, obs. C. Mouly-Guillemaud.

En matière de contredit, il résulte des articles L. 442-6, III, D. 442-3 du Code de commerce et R. 311-3 du Code de l'organisation judiciaire que le pouvoir juridictionnel exclusif dont dispose la cour d'appel de Paris pour connaître des litiges relatifs à l'application de l'article L. 442-6 du Code de commerce est limité aux recours contre les décisions rendues par les juridictions désignées à l'article D. 442-3 du Code de commerce, les recours formés contre les décisions rendues par des juridictions non spécialement désignées, y compris dans l'hypothèse où celles-ci ont à tort, statué sur de tels litiges, relevant des cours d'appel dans le ressort desquelles ces juridictions sont situées. Viole, dès lors, ces dispositions, la cour d'appel qui déclare un contredit irrecevable alors que celui-ci, formé contre une décision rendue par une juridiction non spécialisée située dans son ressort, était recevable et qu'il lui appartenait de constater le défaut de pouvoir juridictionnel de cette juridiction pour statuer sur les demandes fondées sur l'article L. 442-6 du Code de commerce (■ Cass. com., 26 avr. 2017, n° 15-26.780 : à paraître au *Bull.* ; *JurisData* n° 2017-007741 ; *Contrats, conc. consom.* 2017/6, comm. 127, note N. Mathey).

La fin de non-recevoir tirée de l'inobservation de la règle d'ordre public investissant la cour d'appel de Paris du pouvoir juridictionnel exclusif de statuer sur les appels formés contre les décisions rendues dans les litiges relatifs à l'application de l'article L. 442-6 du Code de commerce doit être relevée d'office par le juge (■ Cass. com., 31 mars 2015, n° 14-10.016 : à paraître au *Bull.* ; *Lettre distrib.* 2015/5, obs. C. Mouly-Guillemaud). Jugé dans le même sens que doit être relevée d'office la fin de non-recevoir tirée de l'inobservation de la règle d'ordre public investissant la cour d'appel de Paris du pouvoir juridictionnel exclusif de statuer sur les contredits formés à l'encontre des décisions rendues dans les litiges relatifs à l'application de l'article L. 442-6 du Code de commerce, introduits après la date d'entrée en vigueur du décret n° 2009-1384 du 11 novembre 2009 (■ Cass. com., 20 oct. 2015, n° 14-15.851 : à paraître au *Bull.* ; *Contrats, conc. consom.* 2016/1, comm. 8, obs. N. Mathey ; *Concurrences* 2016/1, p. 121, obs. J.-L. Fourgoux).

115) Spécialisation des juridictions. Mesures d'instruction *in futurum*.. Si la partie qui demande une mesure sur le fondement de l'article 145 du Code de procédure civile dispose du choix de saisir soit le président du tribunal appelé à connaître du litige soit celui du tribunal du lieu de l'exécution de la mesure d'instruction, le président saisi ne peut toutefois ordonner une telle mesure que dans les limites du pouvoir juridictionnel de ce tribunal. C'est donc à bon droit qu'ayant constaté que le demandeur se prévalait dans sa requête de pratiques méconnaissant l'article L. 442-6, I, 2° du Code de commerce et relevé que le tribunal de commerce de Grenoble, dans le ressort duquel la mesure d'investigation devait être exécutée, n'avait pas le pouvoir juridictionnel de statuer sur un tel litige du fait de la spécialisation prévue par les textes, la cour d'appel a infirmé les ordonnances déférées et rétracté l'ordonnance sur requête ayant ordonné la mesure, peu important que la requête ait pu invoquer, en outre, un fondement de droit commun (■ Cass. com., 17 janv. 2018, n° 17-10.360 : à paraître au *Bull.* ; *Contrats, conc. consom.* 2018/3, comm. 46, note N. Mathey ; *Lettre distrib.* 2018/2, p. 4, obs. F. Leclerc).

Cependant n'est pas soumise à la spécialisation des juridictions la demande de mesure d'instruction *in futurum* fondée uniquement sur l'article 145 du Code de procédure civile (■ Cass. com., 14 oct. 2020, n° 18-23.672 : *Contrats, conc. consom* 2020/12, comm. 174, note N. Mathey).

116) Spécialisation des juridictions. Baux commerciaux. Un tribunal de grande instance figurant dans la liste des juridictions spécialisées mentionnée à l'annexe 4-2-2, visée par l'article D. 442-4 du Code de commerce, saisi dans un litige opposant deux sociétés commerciales, de deux demandes indemnitaires, l'une au titre d'une faute à l'occasion des négociations sur le renouvellement d'un bail commercial, l'autre au titre du déséquilibre significatif auquel le bailleur aurait tenté de soumettre le preneur à l'occasion de ces négociations, retient à bon droit sa compétence dès lors que la solution nécessite d'apprécier le respect du statut des baux commerciaux, qui relève de la compétence exclusive du tribunal de grande instance, et que l'article L. 442-6, III, du Code de commerce attribue aux juridictions civiles comme aux juridictions commerciales la connaissance des litiges relatifs à l'application de cet article (■ Cass. com., 18 oct. 2016, n° 14-27.212 : à paraître au *Bull.* ; *JurisData* n° 2016-021480).

117) Spécialisation des juridictions. Clause attributive de compétence. Les dispositions de l'article L. 442-6 attribuant le pouvoir juridictionnel, pour les litiges relatifs à son application, aux juridictions désignées par l'article D. 442-3 ne peuvent être mises en échec par une clause attributive de juridiction (■ Cass. com., 1er mars 2017, n° 15-22.675 : à paraître au *Bull.* ; *JurisData* n° 2017-003313 ; *Contrats, conc. consom.* 2017/5, comm. 99, note M. Malaurie-Vignal). Une clause attributive de compétence ne doit pas pouvoir faire échec aux règles de compétence territoriale instaurées par le décret n° 2009-1384 du 11 novembre 2009 relatif à la spécialisation des juridictions en matière de pratiques restrictives de concurrence, aujourd'hui codifié à l'article D. 442-3, alinéa 1er, du Code de commerce (même arrêt). Relevant dans le même sens qu'il « suffit que le droit des pratiques [restrictives de concurrence] soit invoqué comme moyen de défense, même de manière superfétatoire, pour que la compétence spéciale s'applique, écartant d'emblée la clause attributive de compétence » (■ Douai, 4 avr. 2012 : *JurisData* n° 2012-006709). Même soulevé à titre accessoire, le grief tenant à la violation des règles prévues à l'article L. 442-6 du Code de commerce emporte l'application des principes gouvernant la spécialisation des juridictions. En effet, la règle selon laquelle l'accessoire suit le principal conduit à reconnaître à la juridiction spécialisée la faculté de juger l'intégralité du litige. Le caractère impératif de la compétence exclusive des tribunaux rend par ailleurs inapplicable toute clause y dérogeant (■ Versailles, 31 mars 2011, n° 10/09794).

118) Autorité de la concurrence. Le Conseil de la concurrence [devenu Autorité de la concurrence] est incompétent pour connaître d'une action en responsabilité pour pratiques discriminatoires fondée sur l'article L. 442-6 (■ Paris 3 mai 1990, n° 09/001042 : *JurisData* n° 1990-021962 ; *D.* 1990, inf. rap. 142). Le refus de vente [anc. Ord. 1er déc. 1986, art. 36-2] ne relève de la compétence du Conseil de la concurrence que dans la mesure où il se rattache à l'exploitation abusive d'une position dominante ou à celle d'un état de dépendance économique (■ Paris, 22 janv. 1992 : *D.* 1992, inf. rap. 123).

2° *Litiges internationaux*

119) Juridiction nationale compétente. Doit recevoir application la clause attributive de juridiction insérée dans un contrat international et visant tout litige découlant de ce contrat, et ce même si l'article L. 442-6 devait recevoir la qualification de loi de police (■ Cass. 1re civ., 6 mars 2007, n° 06-10.946 : *JurisData* n° 2007-037781 ; *Bull. civ.* I, n° 93. ■ Paris, 28 oct. 2010 : *JurisData* n° 2010-021513 ; *Contrats, conc. consom.* 2011, comm. 32, obs. N. Mathey dans le cadre d'un recours en rupture brutale. ■ Cass. 1re civ., 22 oct. 2008, n° 07-15.823 : *JurisData* n° 2008-045459 ; *Bull. civ.* I, n° 233 ; *Contrats, conc. consom.* 2008, comm. 270, obs. M. Malaurie-Vignal ; *JCP* G 2008, II, 10187, note L. d'Avout ; *JCP* E 2008, 2535, note N. Mathey ; *Lettre distrib.* 2008/12 ; *D.* 2009, p. 200, note F. Jault-Seseke, dans le cadre d'un recours portant sur un grief d'exploitation abusive d'un état de dépendance économique). Viole ainsi l'article 3 du Code civil, les principes généraux du droit international privé, ensemble les articles 3 et 5 du règlement (CE) n° 44/2001 du Conseil du 22 décembre 2000 la cour d'appel qui retient la compétence des juridictions françaises aux motifs que le texte fondant l'action relève d'une loi de police, alors que seules les règles de conflit de juridictions doivent être mises en œuvre pour déterminer la juridiction compétente, des dispositions impératives constitutives de lois de police seraient-elles applicables au fond du litige (■ Cass. com., 24 nov. 2015, n° 14-14.924 : à paraître au *Bull.* ; *Contrats, conc. consom.* 2016/2, comm. 40, obs. N. Mathey. Dans le même sens, ■ Cass. 1re civ., 18 janv. 2017, n° 15-26.105 : à paraître au *Bull.* ; *Lettre distrib.* 2017/2, p. 4, obs. F. Leclerc).

Jugé que la clause donnant compétence aux juridictions allemandes pour tous les litiges découlant des relations contractuelles est suffisamment large et compréhensive pour s'appliquer à des faits de rupture brutale des relations, peu important la nature délictuelle ou contractuelle de l'action (■ Cass. com., 20 mars 2012, n° 11-11.570 : *Concurrences* 2012/3, p. 137, obs. M. Dany et M. Le Moullec ; *Contrats, conc. consom.* 2012/8-9, comm. 208, note N. Mathey). L'action en réparation du préjudice consécutif à une rupture brutale est de nature délictuelle ce dont il résulte que la juridiction compétente est celle de l'État dans lequel le dommage a eu lieu, nonobstant toute clause contraire (■ Cass. com., 21 oct. 2008, n° 07-12.336 : *JurisData* n° 2008-045498 ; *Lettre distrib.* 2008/12 ; *Contrats, conc. consom.* 2009, comm. 8, p. 18, note

N. Mathey. ▪ Rennes, 3 nov. 2009 : *Contrats, conc. consom.* 2010, comm. 124, obs. N. Mathey. ▪ Cass. com., 18 janv. 2011, n° 10-11.885 : *Contrats, conc. consom.* 2011, comm. 64, obs. N. Mathey. ▪ Cass. com., 13 déc. 2011, n° 11-12.024 : *Contrats, conc. consom.* 2012, comm. 44, obs. N. Mathey).

Mais l'article 5, point 3, du règlement (CE) n° 44/2001 du Conseil, du 22 décembre 2000, concernant la compétence judiciaire, la reconnaissance et l'exécution des décisions en matière civile et commerciale, doit être interprété en ce sens qu'une action indemnitaire fondée sur une rupture brutale de relations commerciales établies de longue date, telle que celle en cause dans l'affaire au principal, ne relève pas de la matière délictuelle ou quasi délictuelle au sens de ce règlement s'il existait, entre les parties, une relation contractuelle tacite, ce qu'il revient à la juridiction de renvoi de vérifier (▪ CJUE, 14 juill. 2016, aff. C-196/15, *Granarolo* : *JurisData* n° 2016-019136 ; *Contrats, conc. consom.* 2016/11, comm. 235, obs. N. Mathey). Reprenant ces principes, la Cour de cassation a approuvé un arrêt d'appel qui avait identifié une relation contractuelle tacite entre un fournisseur ayant vendu pendant plusieurs années, soit de 2003 à 2010, du matériel agricole à une société qui distribuait les produits en France. L'article 5 des conditions générales des contrats de vente conclus entre les parties, intitulé « Lieu de livraison », précisait « les marchandises sont censées être livrées à partir de nos magasins avant expédition » si bien que, la cour d'appel, qui n'a pas méconnu les termes du litige, a pu retenir que l'action relevait de la matière contractuelle et, les marchandises étant livrées en Belgique, déclarer le tribunal de commerce de Paris incompétent (▪ Cass. com., 20 sept. 2017, n° 16-14.812 : à paraître au *Bull.* ; *JurisData* n° 2017-018227 ; *Contrats, conc. consom.* 2017/12, comm. 246, note N. Mathey ; *Lettre distrib.* 2017/10, p. 4, obs. F. Leclerc. – Comp. ▪ Cass. com., 21 juin 2017, n° 16-11.828 : *Contrats, conc. consom.* 2017/11, comm. 222, note N. Mathey ; *Lettre distrib.* 2017/9, p. 7, obs. F. Leclerc). Mais pour la Cour de justice, un contrat de concession commerciale s'analyse comme un contrat de fourniture de services de sorte qu'en application de *l'article 7.1 du règlement* n° 1215/2012, la juridiction compétente est celle de l'État membre où se trouve le lieu de la fourniture principale des services, tel qu'il découle des dispositions du contrat ainsi que, à défaut de telles dispositions, de l'exécution effective de ce contrat et, en cas d'impossibilité de le déterminer sur cette base, celui du domicile du prestataire (▪ CJUE, 8 mars 2018, aff. C-64/17 : *Lettre distrib.* 2018/4, p. 3, obs. F. Leclerc).

Voir également : CEPC, avis n° 13-10 : *Lettre distrib.* 2013/10, p. 1, obs. A. Duffour ; *Concurrences* 2013/4, p. 102, obs. J.-L. Fourgoux.

3° *Arbitrage*

120) Clause compromissoire. Après avoir rappelé que l'article L. 442-6, III, du Code de commerce réserve au ministre chargé de l'économie la faculté de saisir le juge pour faire cesser des pratiques illicites et prononcer des amendes civiles, l'arrêt énonce, à bon droit, que l'action ainsi attribuée au titre d'une mission de gardien de l'ordre public économique pour protéger le fonctionnement du marché et de la concurrence est une action autonome dont la connaissance est réservée aux juridictions étatiques au regard de sa nature et de son objet ; que, le ministre n'agissant ni comme partie au contrat ni sur le fondement de celui-ci, la cour d'appel a caractérisé l'inapplicabilité manifeste au litige de la convention d'arbitrage du contrat de distribution (▪ Cass. 1re civ., 6 juill. 2016, n° 15-21.811 : *JurisData* n° 2016-013778 ; *Contrats, conc. consom.* 2016/10, comm. 214, obs. N. Mathey).

L'arbitrage n'est pas exclu du seul fait que les dispositions impératives de l'article L. 442-6, I, 5° du Code de commerce sont applicables (▪ Cass. com., 1er mars 2017, n° 15-22.675 : à paraître au *Bull.* ; *JurisData* n° 2017-003313 ; *Contrats, conc. consom.* 2017/5, comm. 99, note M. Malaurie-Vignal).

Les articles L. 442-6 et D. 442-3 du Code de commerce ont pour objet d'adapter les compétences et les procédures judiciaires à la technicité du contentieux des pratiques restrictives de la concurrence, et la circonstance que le premier de ces textes confie au ministre chargé de l'économie et au ministère public une action autonome aux fins de protection du marché et de la concurrence n'a pas pour effet d'exclure le recours à l'arbitrage pour trancher les litiges nés, entre les opérateurs économiques, de l'application de l'article L. 442-6. Dès lors, doit être approuvé l'arrêt qui retient que l'action aux fins d'indemnisation du préjudice prétendument résulté de la rupture de relations commerciales n'est pas de celles dont la connaissance est réservée aux juridictions étatiques (▪ Cass. 1re civ., 21 oct. 2015, n° 14-25.080 : à paraître au *Bull.* ; *Contrats, conc. consom.* 2016/2, comm. 41, obs. M. Malaurie-Vignal ; *Concurrences* 2016/1, p. 122, obs. J.-C. Roda). Jugé dans le même sens que la spécialisation des juridictions appelées à connaître de l'article L. 442-6 est sans effet sur une clause compromissoire qui doit recevoir pleine application (▪ Paris, 1er juill. 2014 : *JurisData* n° 2014-015198 ; *Contrats, conc. consom.* 2014, comm. 218, obs. N. Mathey) et que la nature délictuelle de l'action en réparation d'une rupture brutale de relations commerciales établies est sans effet sur la validité d'une clause compromissoire qui doit recevoir pleine application (▪ Aix-en-Provence, 29 mai 2008 : *JurisData* n° 2008-366372 ; *JCP* E 2009, 1739, obs. G. Decocq).

121) Principe « compétence-compétence ». Décidant qu'en vertu du principe « compétence-compétence » selon lequel il appartient à l'arbitre international de statuer par priorité sur sa propre compétence, la juridiction étatique est sans pouvoir pour se prononcer sur cette question, sauf inapplicabilité manifeste de la clause compromissoire, peu important que des dispositions d'ordre public [en l'espèce l'article L. 442-6, I, 5°], fussent-elles constitutives d'une loi de police, soient applicables au fond du litige (▪ Cass. 1re civ., 8 juill. 2010, n° 09-67.013 : *Bull. civ.* I, n° 156 ; *JCP* E 2010, 1135, obs. G. Decocq ; *Rev. arb.* 2010, p. 513, note R. Dupeyré ; *JCP* E 2011, 1109, obs. J. Béguin, 2134, obs. J. Raynard). Dans le même sens, V. ▪ Cass. com., 1er mars 2017, préc.

B – Loi applicable

122) Rupture brutale. Application de la loi du lieu du dommage. Retenant « que la loi applicable à la responsabilité extracontractuelle est celle de l'État du lieu où le fait dommageable s'est produit et que ce lieu s'entend aussi bien de celui du fait générateur du dommage que de celui du lieu de réalisation de ce dernier ; qu'après avoir rappelé à juste titre qu'en cas de délit complexe, il y a lieu de rechercher le pays présentant les liens les plus étroits avec le fait dommageable, l'arrêt retient que ces liens résultent en l'espèce de la relation contractuelle préexistant depuis plus de douze ans entre les parties, que celles-ci ont formalisé par un contrat conclu à Paris, en désignant le droit français comme loi applicable et le tribunal de commerce de Paris comme juridiction compétente ; qu'en l'état de ces constatations et énonciations, et abstraction faite du motif surabondant visé par les deux dernières branches, la cour d'appel, en retenant que la loi applicable à la demande de dommages-intérêts formée par la [victime de la rupture] était la loi française, a fait l'exacte application des articles 3 du Code civil et L. 442-6, I, 5° du Code de commerce » (▪ Cass. com., 25 mars 2014, n° 12-29.534 : *Bull.* IV, n° 58 ; *Contrats, conc. consom.* 2014/7, comm. 157, obs. M. Malaurie-Vignal ; *AJ Contrats d'affaires* juin 2014, 141, obs. V. Pironon ; *JCP* E 2014, 1501, obs. C. Nourrissat ; *D.* 2014, 1250, note F. Jault-Seseke, 1967, obs. L. d'Avout et S. Bollée, 2488, obs. Centre de droit de la concurrence Yves Serra ; *RTD civ.* 2014, p. 656, obs. H. Barbier, 848, obs. L. Usunier ; *Rev. crit. DIP* 2014, 823, note O. Boskovic). Le préavis exigé par l'article L. 442-6, I, 5°, du Code de commerce constituant une règle de fond, *justifie légalement* sa décision la cour d'appel qui, retenant que l'activité du fournisseur se situait en France, lieu du dommage résultant de la brutalité de la rupture, applique la loi française (▪ Cass. com., 20 mai 2014, n° 12-26.705 : *Bull.* IV, n° 90 ; *Contrats, conc. consom.* 2014/8-9, comm. 192, obs. N. Mathey ; *Lettre distrib.* 2014/6, p. 3, obs. C. Mouly-Guillemaud ; *AJ Contrats d'affaires* août-sept. 2014, 242, obs. A.-M. Luciani ; *JCP* E 2014, 1501, obs. C. Nourrissat).

La loi applicable à la rupture de relations commerciales établies est celle de l'État dans lequel le dommage a été subi (▪ Cass. com., 21 oct. 2008 : *Lettre distrib.* 2008/12 ; *Contrats, conc. consom.* 2009/1, comm. 8, p. 18, note N. Mathey) et ce nonobstant toute clause contraire désignant une loi étrangère (▪ Lyon, 25 sept. 2008 : *JurisData* n° 370532, appliquant l'article L. 442-6, I, 5° du Code de commerce malgré le choix par les parties de la loi italienne) ou une convention internationale (▪ Colmar, 10 juin 2008 : *JurisData* n° 2008-367661, écartant l'application de la convention de Vienne sur le contrat de vente internationale de marchandises eu égard à la nature délictuelle de l'action). Voir cependant ▪ Cass. 1re civ., 22 oct. 2008 : *Bull. civ.* I, n° 233 ; *Lettre distrib.* 2008/12 ; *D.* 2009, p. 200, note F. Jault-Seseke.

Mais pour la Cour de justice, une demande formée sur une prétendue rupture brutale des relations est susceptible selon les cas de revêtir une nature contractuelle lorsque la relation rompue a été formalisée par un contrat-cadre ou lorsque les juges du fond sont susceptibles d'identifier une relation contractuelle tacite (▪ CJUE, 14 juill. 2016, aff. C-196/15, *Granarolo* : *JurisData* n° 2016-019136 ; *Contrats, conc. consom.* 2016, comm. 235, obs. N. Mathey).

Pour la cour d'appel de Paris, même lorsque la règle de conflit de lois désigne une loi étrangère, le juge français doit faire application de l'article L. 442-6, I, 5° du Code de commerce en ce que cette disposition doit s'analyser comme une loi de police (▪ Paris, 19 sept. 2018, n° 16/05579 : *Contrats, conc. consom.* 2018, comm. 192, obs. N. Mathey ; *Lettre distrib.* 2018/10, p. 2, obs. F. Leclerc. ▪ Paris, 9 janv. 2019, n° 18/09522 : *Contrats, conc. consom.* 2019/5, comm. 87, obs. N. Mathey). V. cependant ▪ Paris, 28 févr. 2019, n° 17/16475 : *Lettre distrib.* 2019/4, p. 6, obs. F. Leclerc.

123) Déséquilibre significatif et autres pratiques restrictives de concurrence. L'action visant à sanctionner la soumission à des obligations créant un déséquilibre significatif relève de la matière extracontractuelle et donc du règlement « Rome II » si bien que la loi applicable est celle de l'État du lieu du dommage (▪ Paris, 21 juin 2017, n° 15/18784 : *Concurrences* 2017/4, p. 117, note F. Buy ; *Lettre distrib.* 2017/7-8, p. 3, obs. F. Leclerc, infirmant sur ce point ▪ T. com. Paris, 7 mai 2015, n° 2015000040 : *Lettre distrib.* 2015/6, p. 6, obs. F. Leclerc et sur pourvoi rejeté ▪ Cass. com., 8 juill. 2020, n° 17-31.536 : *Contrats, conc. consom.* 2020/10, comm. 140, note N. Mathey).

Les dispositions de l'article L. 442-6 ne sauraient recevoir en bloc la qualification de loi de police au sens du règlement Rome I. Une telle qualification doit être rejetée s'agissant de la disposition prévue au II, *d*) qui répute non écrites les clauses permettant de bénéficier automatiquement des conditions plus favorables consenties aux entreprises concurrentes par le cocontractant. En revanche, le I, 2° interdisant les clauses instaurant un déséquilibre significatif doit être jugé nécessaire pour la sauvegarde de l'organisation politique, sociale et économique du pays au point de régir impérativement la situation quelle que soit la loi applicable et de constituer une loi de police (▪ T. com. Paris, 7 mai 2015, n° 2015000040 : *Lettre distrib.* 2015/6, p. 6, obs. F. Leclerc). Pour la cour d'appel de Paris, les deux dispositions précitées doivent recevoir la qualification de loi de police au regard des objectifs qu'elles poursuivent (préservation de la loyauté et de l'égalité des chances dans la compétition) et de l'importance particulière que les pouvoirs publics leur accordent en offrant des pouvoirs spécifiques au Ministre de l'Économie et en prévoyant des sanctions originales (▪ Paris, 21 juin 2017, n° 15/18784 : *Concurrences* 2017/4, p. 117, note F. Buy ; *Lettre distrib.* 2017/7-8, p. 3, obs. F. Leclerc et sur pourvoi rejeté ▪ Cass. com., 8 juill. 2020, n° 17-31.536 : *Contrats, conc. consom.* 2020/10, comm. 140, note N. Mathey).

C – Prescription

124) Prescription quinquennale. Il découle de la qualification délictuelle accordée à l'action en rupture brutale d'une relation commerciale établie que la prescription quinquennale visée à l'article L. 110-4 du Code de commerce est applicable, à l'exclusion de la prescription annale prévue par l'article L. 133-6 s'agissant en l'espèce d'un contrat de transport (▪ Cass. com., 11 mai 2010, n° 09-10.797 : *Contrats, conc. consom.* 2010, comm. 205. ▪ Cass. com., 21 sept. 2010, n° 09-15.716 : *JCP* E 2011, 1135, obs. G. Decocq). L'action pour rupture brutale de relations commerciales établies, fussent-elles nées d'un contrat de transport, n'est pas soumise à la prescription annale de l'article L. 133-6 du Code de commerce (▪ Cass. com., 1er oct. 2013, n° 12-23.456 : *Contrats, conc. consom.* 2014/2, comm. 42, obs. N. Mathey).

La prescription de l'action en responsabilité pour rupture brutale court à compter de la notification de la rupture dès lors que la victime a eu connaissance, à cette date, de l'absence de préavis et du préjudice en découlant (▪ Cass. com., 8 juill. 2020, n° 18-24.441, à paraître au *Bull.* : *Contrats, conc. consom.* 2020/20, comm. 141, note N. Mathey).

S'agissant de l'action en nullité exercée contre des accords de coopération commerciale comportant des rémunérations indues, une juridiction décide justement que la prescription de dix ans doit s'appliquer, en application de l'article L. 110-4 du Code de commerce dans sa rédaction en vigueur avant la loi du 17 juin 2008 (▪ Cass. com., 11 sept. 2012, n° 11-17.458 : *Lettre distrib.* 2012/10, p. 2 ; *Concurrences* 2012/4, p. 98, obs. J.-L. Fourgoux).

D – Pouvoirs du juge

125) Référé. Le juge, en statuant en référé, en vertu de l'article L. 442-6, ne peut ordonner les mesures prévues par ce texte que si les conditions fixées soit aux articles 808 ou 809, soit aux articles 872 ou 873 du Code de procédure civile, sont remplies (▪ Cass. com., 27 juin 1989, n° 88-10.250 : *JurisData* n° 1989-002123 ; *JCP* E 1990, II, 15730, n° 6, obs. J. Azéma ; *ibid.*, 15878, note G. Virassamy, rejetant pourvoi contre ▪ Paris, 18 déc. 1987 : *JurisData* n° 1987-600190 ; *Gaz. Pal.* 1988, 1, 168. – Comp. ▪ Cass. com., 17 juill. 1990, n° 89-14.119 : *JurisData* n° 1990-002224 ; *JCP* 1990, I, 20436 ; *D.* 1991, 472, note Reynès ; *Rev. conc. consom.* 1991, n° 6 ; *JCP* E 1991, I, 39, n° 7, obs. J. Azéma). Mais l'existence d'une contestation sérieuse ne fait pas obstacle à ce que le juge des référés prescrive les mesures conservatoires qui s'imposent pour prévenir un dommage imminent ou pour faire cesser un trouble illicite (▪ Cass. com., 20 janv. 1996 : *RJDA* 4/96, n° 519). Jugé qu'un fournisseur confronté à un préavis de rupture manifestement insuffisant peut obtenir en référé le maintien ou la prolongation forcée de la relation lorsque les conditions des articles L. 442-6, IV du Code de commerce et 873 du Code de procédure civile se trouvent réunies (▪ Cass. com., 10 nov. 2009, n° 08-18.337 : *D.* 2011, pan. p. 547, obs. D. Ferrier ; *Contrats, conc. consom.* 2010/4, comm. 93, note N. Mathey. ▪ Cass. com., 3 mai 2012, n° 10-28.366 : *D.* 2012, pan. p. 2766, obs. N. Dorandeu ; *JCP* E 2012, 1443, note F. Buy ; *Contrats, conc. consom.* 2012/7, comm. 173, note N. Mathey). Sur la détermination du juge des référés compétent, V. ▪ Paris, 5 juin 2014, n° 13/19047 : *AJ Contrats d'affaires* oct. 2014, 293, obs. J.-D. Bretzner.

E – Pouvoirs du ministre

126) Ministère d'avocat. L'article L. 442-6 qui donne au ministre de l'Économie le droit d'agir en cas de pratiques restrictives de la concurrence, ne le dispense pas du ministère d'avocat (▪ Cass. com., 17 juill. 2001, n° 99-19.309 : *JurisData* n° 2001-010697 ; *RJDA* 1/2002, n° 105 ; *D.* 2001, p. 2673, obs. E. Chevrier ; *JCP* E 2001, pan. 1697).

127) Qualité de partie à l'instance. Le ministre chargé de l'économie qui, exerçant le droit propre que lui confère l'article L. 442-6 III du Code de commerce, a demandé en première instance, par voie de conclusions déposées au visa de l'article L. 470-5 de ce code, la condamnation d'une société au paiement d'une amende civile pour ne pas avoir respecté les dispositions de l'article L. 442-6 I 5° du même code, a la qualité de partie à l'instance et peut en conséquence, par la voie de l'appel incident, demander la réformation du jugement ayant rejeté sa demande (▪ Cass. com., 4 déc. 2012, n° 11-21.743 : à paraître au *Bull.* ; *Concurrences* 2013/1, p. 118, obs. J.-L. Fourgoux ; *Rev. Lamy dr. aff.* 2013, n° 4412 ; *Contrats, conc. consom.* 2013/2, comm. 31, note N. Mathey ; *Lettre distrib.* 2013/1, p. 2). L'arrêt attaqué constate que le ministre, qui agit pour la défense de l'ordre public économique, peut être partie dans la procédure d'appel au cours de laquelle des sociétés de distribution entendent remettre en cause la décision qui les a condamnées pour rupture brutale des relations commerciales. En l'état de ces seules constatations, d'où se déduit l'intérêt nouveau pour le ministre à user d'une voie de recours qu'il n'avait pas exercée, la cour d'appel en a exactement retenu que le ministre était recevable en son appel incident provoqué (▪ Cass. com., 18 oct. 2016, n° 15-13.834 : *JurisData* n° 2016-021488 ; *Contrats, conc. consom.* 2016/12, comm. 255, obs. N. Mathey).

128) Juridiction compétente : compétence matérielle. L'action du ministre de l'Économie tend, dans un but de sauvegarde de l'ordre public économique, à mettre fin à des pratiques discriminatoires ; une telle action le conduit à se substituer à la partie lésée et à intervenir dans les rapports contractuels de nature commerciale mais ne lui confère pas la qualité de partie au contrat qui, seule, lui permettrait d'invoquer la théorie de l'acte mixte ; il doit donc introduire son action devant le tribunal de commerce (▪ Paris, 30 mars 1994 : *JurisData* n° 1994-021026 ; *RJDA* 10/1994, n° 1044, conf. par ▪ Cass. com., 27 juin 1995, n° 94-15.257 : *Bull. civ.* IV, n° 198).

129) Juridiction compétente : compétence territoriale. Ayant relevé que si les pratiques restrictives de concurrence sont généralement constatées à l'occasion de relations commerciales fondées sur un contrat, c'est, au travers de l'exécution du contrat, le comportement d'un opérateur économique ayant une pratique injustifiée au regard du jeu normal de la concurrence qui est sanctionné par l'action ouverte par l'article L. 442-6 du Code de commerce, et dès lors que l'action autonome du ministre aux fins de cessation de ces pratiques et aux fins d'annulation des contrats qui en sont le support, revêt la nature d'une action en responsabilité quasi délictuelle, une cour d'appel en déduit exactement qu'il peut former sa demande, à son choix, devant la juridiction du domicile du défendeur, celle du lieu du fait dommageable ou celle du lieu dans le ressort de laquelle le dommage a été subi (▪ Cass. com., 18 oct. 2011, n° 10-28.005 : *Contrats, conc. consom.* 2012/1, comm. 9, obs. N. Mathey ; *Concurrences* 2012/1, p. 133, obs. J.-L. Fourgoux). S'agissant de contrats internationaux, l'action du ministre qui est de nature délictuelle ou quasi délictuelle peut être exercée, conformément au règlement « Bruxelles I », devant le tribunal du lieu où le fait dommageable s'est produit ou risque de se produire (en l'espèce les juridictions françaises), sans que les clauses attributives de juridiction convenues en l'espèce et désignant une juridiction étrangère puissent être opposées (▪ Paris, 21 juin 2017, n° 15/18784 : *Concurrences* 2017/4, p. 117, note F. Buy ; *Lettre distrib.* 2017/7-8, p. 3, obs. F. Leclerc et sur pourvoi rejeté ▪ Cass. com., 8 juill. 2020, n° 17-31.536 : *Contrats, conc. consom.* 2020/10, comm. 140, note N. Mathey). V. égal. CEPC, avis n° 13-10 : *Lettre distrib.* 2013/10, p. 1, obs. A. Duffour et plus récemment ▪ T. com. Paris, 2 sept. 2019, n° 2017050625 : *Lettre distrib.* 2019/9, p. 1, obs. S. Chaudouet.

130) Convention européenne de sauvegarde des droits de l'Homme. Pour la Cour européenne des droits de l'homme, l'action du ministre est justifiée par la défense de l'ordre public économique et ne s'opère pas en substitution des fournisseurs. Le fait pour ces derniers de ne pas être informés de l'action est sans incidence en l'absence d'un préjudice réparable au titre des garanties de l'article 6, § 1, le distributeur demeurant libre d'attraire les fournisseurs à l'instance (▪ CEDH, 17 janv. 2012, n° 51255/08 : *Concurrences* 2012/2, p. 98, obs. M. Chagny ; *Contrats, conc. concom.* 2012/4, comm. 94, obs. M. Malaurie-Vignal ; *JCP* G I 2012, 462, note A. M. Luciani ; *Rev. Lamy conc.* 2012, n° 2035, note M. Behar-Touchais ; *RDC* 2012/3, p. 963, obs. J.-P. Marguénaud). Pour la Cour de cassation, l'action du ministre tirée de l'article L. 442-6, III, est une action autonome de protection du fonctionnement de la concurrence qui n'est pas soumise au consentement ou à la présence des fournisseurs (▪ Cass. com., 8 juill. 2008, n° 07-16.761 : *JurisData* n° 2008-044791 ; *D.* 2010, pan. p. 2892, obs. D. Ferrier ; *Lettre distrib.* 2008-7/8, p. 1, obs. J. Raynard ; *JCP* G 2008, I, 218, n° 18, obs. M. Chagny ; *JCP* E 2008, n° 30, p. 8, note A.-M. Luciani ; *Contrats, conc. consom.* 2008, comm. 237, note M. Malaurie-Vignal ; *D.* 2008, 3046, note M. Bandrac ; *Rev. Lamy conc.* 2008, 43, obs. M. Behar-Touchais ; JCP E 2009, 1739, obs. G. Decocq). Jugé en conséquenceque c'est à bon droit qu'une cour d'appel retient que l'intervention du ministre de l'Économie, des Finances et de l'Industrie concerne un domaine d'activité où la liberté contractuelle des fournisseurs peut parfois être rendue virtuelle par des pratiques commerciales que le législateur a voulu interdire pour garantir les droits fondamentaux des opérateurs économiques (■ Cass. com., 16 déc. 2008, n° 08-13.162 : *JurisData* n° 2008-046332 ; *JCP* G 2009, I, 138, obs. M. Chagny). La restitution des sommes indues aux fournisseurs doit se faire par l'intermédiaire du Trésor public dès lors que cette modalité est seule à même de garantir l'exécution de la décision judiciaire (■ Versailles, 29 oct. 2009, n° 08/07356 : *JurisData* n° 2009-015907 ; *Contrats, conc. consom.* 2010/2, comm. 44, note M. Malaurie-Vignal). Jugeant autrefois que l'article L. 442-6, III, en ce qu'il permet au ministre de l'Économie d'agir en nullité et en répétition de l'indu hors la présence des fournisseurs, est contraire à l'article 6, § 1 de la Convention européenne de sauvegarde des droits de l'Homme (■ Angers, 29 mai 2007, n° 06/00563 : *JurisData* n° 2007-342249 ; *D.* 2007, p. 1950, obs. E. Chevrier ; *JCP* E 2007, 2303, n° 9, obs. G. Decocq et 2429, note Kœring. ■ Versailles, 3 mai 2007 : *D.* 2007, p. 1656, obs. E. Chevrier ; *JCP* E 2007, 2303, n° 9, obs. G. Decocq et 2429, note Kœring).

131) QPC. À la question de savoir si l'article L. 442-6, III, alinéa 2 du Code de commerce porte atteinte aux droits et libertés garantis par la Constitution et, plus précisément, aux droits de la défense, au droit d'agir en justice et au droit de propriété du fournisseur et du distributeur, la Cour de cassation, pour justifier la transmission de la question au Conseil constitutionnel, a répondu que la disposition contestée est applicable au litige, qu'elle n'a pas déjà été déclarée conforme à la Constitution dans les motifs et le dispositif d'une décision du Conseil constitutionnel et que la question posée présente un caractère sérieux au regard du principe de garantie des libertés individuelles édicté par l'article 16 de la Déclaration des droits de l'homme de 1789 et du droit de propriété, garanti par les articles 2 et 17 de la même Déclaration. En réponse, le Conseil constitutionnel a déclaré la disposition contestée conforme à la Constitution, relevant notamment qu'elle n'apportait pas une atteinte injustifiée à la liberté d'entreprendre, au principe du contradictoire et au droit au recours ou encore au droit de propriété, pourvu que l'information des parties soit assurée (■ Cass. com., 8 mars 2011, n° 10-40.070 : *Contrats, conc. consom.* 2011, alerte 34 ■ Cons. const. n° 2011-126, 13 mai 2011 : *Contrats, conc. consom.* 2011, alerte 52 ; *JCP* G 2011, 717, note A. M. Luciani ; *D.* 2012, p. 507, note J. Barthémy et L. Boré). Il résulte de la réserve d'interprétation émise par le Conseil constitutionnel dans sa décision 2011-126 QPC du 13 mai 2011 que c'est seulement lorsque l'action engagée par l'autorité publique tend à la nullité des conventions illicites, à la restitution des sommes indûment perçues et à la réparation des préjudices que ces pratiques ont causés que les parties au contrat doivent en être informées. Ayant constaté que le ministre avait renoncé en cours d'instance à poursuivre l'annulation des clauses litigieuses, c'est à bon droit que la cour d'appel a retenu que son action, qui ne tendait plus qu'à la cessation des pratiques et au prononcé d'une amende civile, était recevable (■ Cass. com., 3 mars 2015, n° 13-27.525, à paraître au *Bull.*, et n° 14-10.907, inédit : *JCP* G 2015, 603, note M. Behar-Touchais ; *JCP* E 2015, 1207, note S. Le Gac-Pech ; *Contrats, conc. consom.* 2015/5, 115, obs. N. Mathey ; *RTD com.* 2015/3, p. 486, note M. Chagny ; *RDC* 2015/3, p. 523, note M. Behar-Touchais ; *Lettre distrib.* 2015/4, p. 3, obs. N. Eréséo ; *Concurrences* 2015/2, p. 117, obs. J.-L. Fourgoux. – T. com. Meaux, 6 déc. 2011 : *Contrats, conc. consom.* 2012/3, comm. 62, obs. N. Mathey, conf. par ■ Paris, 20 nov. 2013, n° 12/04791 : *JurisData* n° 2013-026814 ; *Contrats, conc. consom.* 2014/3, comm. 63, obs. M. Malaurie-Vignal. ■ T. com. Meaux, 24 janv. 2012 : *Lettre distrib.* 2012/2. ■ Paris, 4 juill. 2013 : *Contrats, conc. consom.* 2013, comm. 208 ; pourvoi rejeté par ■ Cass. com., 29 sept. 2015, n° 13-25.043 : *JCP* E 2016, 1040, note S. Le Gac-Pech ; *Lettre distrib.* 2015/10, obs. N. Eréséo ; *Concurrences* 2016/1, p. 119, obs. F. Buy. ■ Paris, 11 sept. 2013 : *Contrats, conc. consom.* 2013/12, comm. 269 ; *JurisData* n° 2013-019306. V. cependant ■ T. com. Créteil, 13 déc. 2011 (2 esp.), obs. Mathey préc. ; *Concurrences* 2012/1, p. 131, obs. J.-L. Fourgoux). Doit être cassé l'arrêt qui ne constate pas que les fournisseurs ont été informés de l'action du ministre, la circonstance suivant laquelle les audiences sont publiques étant insuffisante pour satisfaire cette exigence (■ Cass. com., 9 oct. 2012, n° 11-19.833 : *Concurrences* 2013/1, p. 117, obs. M. Chagny ; *Rev. Lamy dr. aff.* 2012, n° 4366).

132) Délégation de pouvoir. Le décret n° 83-167 du 12 mars 1987, qui n'a pas été abrogé et est toujours applicable, autorise le ministre de l'Économie à déléguer sa signature dans le cadre de l'ordonnance du 1er décembre 1986 relative à la liberté des prix et de la concurrence. Cette ordonnance a certes été codifiée et son article 36 est devenu l'article L. 442-6 du Code de commerce, la loi NRE du 15 mai 2001 ayant par ailleurs modifié l'article L. 442-6 du Code de commerce et donné de nouvelles définitions de faits illicites ou des demandes nouvelles fondées sur ces faits, mais ces modifications n'ont pas conféré au ministre de l'Économie un pouvoir nouveau de sorte que l'action exercée par un fonctionnaire de la DGCCRF, délégataire de pouvoir, doit être jugée recevable (■ Cass. com., 5 mai 2009, n° 08-15.264). V. aujourd'hui le décret n° 2010-1010 du 30 août 2010 ayant abrogé le décret n° 83-167 du 12 mars 1987 et ayant codifié aux articles R. 470-1 et suivants la représentation du ministre devant les juridictions.

133) Suppression pour l'avenir des clauses instaurant un déséquilibre significatif. L'article L. 442-6 du Code de commerce, qui prohibe le fait de soumettre ou de tenter de soumettre un partenaire commercial à des obligations créant un déséquilibre significatif dans les droits et obligations des parties, dispose que le ministre peut demander à la juridiction saisie d'ordonner la cessation de pratiques illicites. Ayant relevé que la demande de cessation des pratiques formée par ce dernier était fondée sur l'analyse de clauses des contrats commerciaux et annexes proposées à la négociation par [le grand distributeur], et mises en œuvre sans modification depuis 2009, la cour d'appel a fait l'exacte application de ce texte en déclarant la demande recevable en ce qu'elle visait la suppression pour l'avenir de telles clauses (▪ Cass. com., 3 mars 2015, n° 13-27.525, à paraître au *Bull.*, et n° 14-10.907, inédit : *JCP* G 2015, 603, note M. Behar-Touchais ; *JCP* E 2015, 1207, note S. Le Gac-Pech ; *Contrats, conc. consom.* 2015/5, 115, obs. N. Mathey ; *RTD com.* 2015/3, p. 486, note M. Chagny ; *RDC* 2015/3, p. 523, note M. Behar-Touchais ; *Lettre distrib.* 2015/4, p. 3, obs. N. Eréséo ; *Concurrences* 2015/2, p. 117, obs. J.-L. Fourgoux).

F – Sanctions

134) Amende civile. Jugé que les dispositions des articles 111-3, 111-4, 121-1 et 121-2 du Code pénal ne s'appliquent pas à l'amende civile prévue à l'article L. 442-6 du Code de commerce (▪ Nîmes, 25 févr. 2010, n° 07/00606 : *JurisData* n° 2010-003528 ; *BOCCRF* n° 3, 30 mars 2010 ; *RDC* 2010/4, p. 1331, obs. M. Behar-Touchais). Pour les principes de calcul, qui se rapprochent des règles appliquées dans le domaine des pratiques anticoncurrentielles, V. ▪ Paris, 3 déc. 2014, n° 13/06091 : *AJCA* 2015/5, p. 229, obs. L. Constantin.

135) Principe de personnalité des peines. Les dispositions de l'article L. 442-6 du Code de commerce, qui visent tout producteur, commerçant, industriel ou personne immatriculée au répertoire des métiers, auteur des pratiques restrictives énoncées par ce texte, s'appliquent à toute entreprise, indépendamment du statut juridique de celle-ci, et sans considération de la personne qui l'exploite. Le principe de la personnalité des peines, résultant des articles 8 et 9 de la Déclaration de 1789, ne fait pas obstacle au prononcé d'une amende civile à l'encontre de la personne morale à laquelle l'entreprise a été juridiquement transmise (▪ Cass. com., 21 janv. 2014, n° 12-29.166 : *JCP E 2014, 1124, note L. Arcelin-Lécuyer* ; *Contrats, conc. consom.* 2014/4, comm. 91, obs. N. Mathey ; *D.* 2014, p. 531, note. M.-C. Sordino ; *Concurrences* 2014/2, p. 122, obs. M. Chagny ; *RDC* 2014/3, p. 415, obs. M. Behar-Touchais ; *Rev. Lamy conc.* 2014/3, p. 36, obs. J.-D. Bretzner). Solution confirmée par ▪ Cons. const., 18 mai 2016, déc. n° 2016-542 QPC : *Contrats, conc. consom.* 2016/7, alerte 58. – Et ▪ CEDH, 5ᵉ sect., 1ᵉʳ oct. 2019, n° 37858/14 : *Contrats, conc. consom.* 2020/1, comm. 8, note N. Mathey ; *Lettre distrib.* 2019/11, p. 5, obs. A. Bories.

136) Répétition de l'indu. Jugé irrecevable la demande en répétition de l'indu formulée par le ministre en raison d'un montage faisant intervenir deux contrats indivisibles, le premier dénommé « Accord commercial » détaillant la nature du produit, le prix, les conditions de livraison et de paiement, le second dénommé « Accord de partenariat » formalisant les services assurés par la centrale d'achat, au motif que la demande ne portait que sur le premier accord. En effet, « la nullité des clauses relatives à la rémunération contenue dans les accords de partenariat illicites ne saurait être prononcée sans avoir pour conséquence la remise en cause de l'ensemble du contrat "Accord commercial", ce que l'Administration ne demande pas, et qui aurait, en tout état de cause, des conséquences indésirables » (▪ T. com. Évry, 14 oct. 2009 : *Lettre distrib.* 2009/11 ; *Concurrences* 2010/1, p. 121, obs. M. Chagny). Pour infirmer ce jugement, la Cour d'appel a cependant considéré que « la stipulation contractuelle d'indivisibilité entre les deux contrats ne saurait faire obstacle à l'application d'un texte d'ordre public sans le priver d'une grande partie de sa portée et violer les dispositions de l'article 6 du Code civil » (▪ Paris, 2 févr. 2012, n° 09/22350 : *Lettre distrib.* 2012/3, p. 1, obs. J.-M. Vertut). L'arrêt d'appel a cependant été cassé dès lors que pour condamner la centrale d'achat à restituer aux fournisseurs l'intégralité des sommes versées au titre des clauses de rémunération annulées, l'arrêt avait retenu que la réparation du trouble devait passer par la restitution aux fournisseurs des sommes indûment versées. Or, en statuant ainsi, après avoir constaté que seules les sommes versées au titre du service « communication d'un plan d'implantation des produits par type de magasin » ne correspondaient à aucun service commercial rendu, cependant que les sommes facturées en contrepartie des services « plan d'action par famille de produits » et « plan de développement des performances du fournisseur » étaient manifestement disproportionnées par rapport à la valeur du service rendu, ce dont il résultait que s'agissant de ces derniers, seules devaient être remboursées les sommes excédant la valeur réelle des services dont l'arrêt constatait qu'ils avaient été effectivement rendus, fussent-ils sans proportion avec la valeur réelle de ces services, la cour d'appel n'avait pas tiré les conséquences légales de ses constatations et violé les L. 442-6, III du Code de commerce, ensemble les articles 1235 et 1376 du Code civil (▪ Cass. com., 10 sept. 2013, n° 12-21.804 : *Contrats, conc. consom.* 2013/12, comm. 259).

Rédaction antérieure. Art. L. 442-7. – Aucune association ou coopérative d'entreprise ou d'administration ne peut, de façon habituelle, offrir des produits à la vente, les vendre ou fournir des services si ces activités ne sont pas prévues par ses statuts.

1) Finalité du dispositif. L'interdiction prévue à l'article 37, alinéa 2, ne tend pas à assurer le respect du pacte social lorsque l'activité visée n'entre pas dans les prévisions des statuts, mais à protéger la liberté de la concurrence contre une pratique de nature à en compromettre le jeu normal (■ Cass. crim., 10 juin 1991, n° 90-85.001 : *JurisData* n° 1991-002245 ; *Bull. Joly* 1991, 914, note Jeantin ; *Bull. crim.* 1991, n° 246 ; *RTD com.* 1992, 441, obs. B. Bouloc).

2) Illustration. Constitue une pratique paracommerciale illicite le fait pour une association de proposer des activités sportives à des personnes extérieuresà l'association contre le paiement d'un prix et d'un droit d'entrée (■ Cass. crim., 19 oct. 1992, n° 91-86.998 : *JurisData* n° 1992-003037 ; *RJDA* 12/1992, n° 1146).

Rédaction antérieure. Art. L. 442-8. – Il est interdit à toute personne d'offrir à la vente des produits ou de proposer des services en utilisant, dans des conditions irrégulières, le domaine public de l'État, des collectivités locales et de leurs établissements publics.

Les infractions à l'interdiction mentionnée à l'alinéa précédent sont recherchées et constatées dans les conditions définies par les articles L. 450-1 à L. 450-3 et L. 450-8.

Les agents peuvent consigner, dans des locaux qu'ils déterminent et pendant une durée qui ne peut être supérieure à un mois, les produits offerts à la vente et les biens ayant permis la vente des produits ou l'offre de services.

La consignation donne lieu à l'établissement immédiat d'un procès-verbal. Celui-ci comporte un inventaire des biens et des marchandises consignés ainsi que la mention de leur valeur. Il est communiqué dans les cinq jours de sa clôture au procureur de la République et à l'intéressé.

La juridiction peut ordonner la confiscation des produits offerts à la vente et des biens ayant permis la vente des produits ou l'offre de services. La juridiction peut condamner l'auteur de l'infraction à verser au Trésor public une somme correspondant à la valeur des produits consignés, dans le cas où il n'a pas été procédé à une saisie.

Rédaction antérieure. Art. L. 442-9 *(L. n° 2005-157, 23 févr. 2005 ; mod., L. n° 2008-3, 3 janv. 2008 ; Ord. n° 2010-462, 6 mai 2010 ; mod., Ord. n° 2019-358, 24 avr. 2019).* – Engage la responsabilité de son auteur et l'oblige à réparer le préjudice causé le fait pour un acheteur de produits agricoles ou de denrées alimentaires de faire pratiquer par son fournisseur un prix de cession abusivement bas.

Pour caractériser un prix de cession abusivement bas, il est tenu compte notamment des indicateurs de coûts de production mentionnés aux articles L. 631-24, L. 631-24-1, L. 631-24-3 et L. 632-2-1 du Code rural et de la pêche maritime ou, le cas échéant, de tous autres indicateurs disponibles dont ceux établis par l'Observatoire de la formation des prix et des marges des produits alimentaires mentionné à l'article L. 682-1 du même code. Dans le cas d'une première cession, il est également tenu compte des indicateurs figurant dans la proposition de contrat du producteur agricole.

Le III et le IV de l'article L. 442-6 sont applicables à l'action prévue par le présent article.

Pour l'application de cet article, V. les nouvelles dispositions réglementaires des articles D. 442-5 à D. 442-7 issues du décret n° 2014-1196 du 18 octobre 2014, l'ancien texte ayant été abrogé (D. n° 2008-534, 5 juin 2008).

Rédaction antérieure. Art. L. 442-10 *(L. n° 2005-882, 2 août 2005 ; mod., L. n° 2008-3, 3 janv. 2008).* – I. – Est nul le contrat par lequel un fournisseur s'engage envers tout producteur, commerçant, industriel ou personne immatriculée au répertoire des métiers sur une offre de prix à l'issue d'enchères inversées à distance, organisées notamment par voie électronique, lorsque l'une au moins des règles suivantes n'a pas été respectée :

1° Préalablement aux enchères, l'acheteur ou la personne qui les organise pour son compte communique de façon transparente et non discriminatoire à l'ensemble des candidats admis à présenter une offre les éléments déterminants des produits ou des prestations de services qu'il entend acquérir, ses conditions et modalités d'achat, ses critères de sélection détaillés ainsi que les règles selon lesquelles les enchères vont se dérouler ;

2° À l'issue de la période d'enchères, l'identité du candidat retenu est révélée au candidat qui, ayant participé à l'enchère, en fait la demande. Si l'auteur de l'offre sélectionnée est défaillant, nul n'est tenu de reprendre le marché au dernier prix ni à la dernière enchère.

II. – L'acheteur ou la personne qui organise les enchères pour son compte effectue un enregistrement du déroulement des enchères qu'il conserve pendant un an. Il est présenté s'il est procédé à une enquête dans les conditions prévues au titre V du présent livre.

III. – Les enchères à distance inversées organisées par l'acheteur ou par son représentant sont interdites pour les produits agricoles figurant sur une liste établie par décret, ainsi que pour les produits alimentaires de consommation courante issus de la première transformation de ces produits.

IV. – Le fait de ne pas respecter les dispositions des I à III engage la responsabilité de son auteur et l'oblige à réparer le préjudice causé. Les dispositions des III et IV de l'article L. 442-6 sont applicables aux opérations visées aux I à III du présent article.

Décret n° 2008-535 du 5 juin 2008

fixant la liste des produits agricoles visée au III de l'article L. 442-10 du Code de commerce

Art. 1er. – Les produits agricoles auxquels s'appliquent les dispositions du III de l'article L. 442-10 du Code de commerce sont les suivants :

– fruits et légumes destinés à être vendus à l'état frais au consommateur, y compris les pommes de terre de conservation ;
– viandes et abats de bovin, veau, porc, ovin, caprin, cheval, volaille et lapin ;
– produits de la pisciculture ;
– lait ;
– œufs ;
– miels.

CHAPITRE III. – DISPOSITIONS SPÉCIFIQUES AUX PRODUITS AGRICOLES ET AUX DENRÉESALIMENTAIRES

(Intitulé rempl., Ord. n° 2019-359, 24 avr. 2019)

Voir : les annotations sous le Chapitre III dans sa rédaction antérieure, p. 817.

Art. L. 443-1 *(Rempl., Ord. n° 2019-359, 24 avr. 2019).* **– I. – Toute publicité à destination du consommateur, diffusée sur tout support ou visible de l'extérieur du lieu de vente, mentionnant une réduction de prix ou un prix promotionnel sur les produits alimentaires périssables précise la nature et l'origine des produits offerts et la période pendant laquelle est maintenue l'offre proposée par l'annonceur. La mention relative à l'origine est inscrite en caractères d'une taille égale à celle de la mention du prix.**

Dans la promotion par les opérateurs de vente d'un produit alimentaire, le terme « gratuit » ne peut être utilisé comme outil marketing et promotionnel dans le cadre d'une relation commerciale.

Lorsque de telles opérations promotionnelles sont susceptibles, par leur ampleur ou leur fréquence, de désorganiser les marchés, un arrêté interministériel ou, à défaut, préfectoral fixe, pour les produits concernés, la périodicité et la durée de telles opérations.

Toute infraction aux dispositions des premier à troisième alinéas est punie d'une amende de 15 000 €.

La cessation de la publicité réalisée en violation du présent I peut être ordonnée dans les conditions prévues à l'article L. 121-3 du Code de la consommation.

II. – Pour un fruit ou légume frais ayant fait l'objet, entre le fournisseur et son acheteur, d'un accord sur le prix de cession, l'annonce du prix, hors lieu de vente, est autorisée dans un délai maximal de trois jours précédant le premier jour de l'application du prix annoncé, pour une durée qui ne peut excéder cinq jours à compter de cette date.

L'accord sur le prix de cession est formalisé dans un contrat écrit signé par les parties, dont un exemplaire est détenu par chacune d'entre elles avant la diffusion de l'annonce du prix hors lieu de vente. Le présent alinéa ne s'applique pas aux annonces de prix réalisées sur le lieu des ventes au déballage mentionnées à l'article L. 310-2 du présent code.

III. – Dans les cas où les conditions mentionnées au premier alinéa du II ne sont pas réunies, toute annonce de prix, hors lieu de vente, portant sur un fruit ou légume frais, quelle que soit l'origine de celui-ci, fait l'objet d'un accord interprofessionnel d'une durée d'un an renouvelable, conclu conformément à l'article L. 632-1 du Code rural et de la pêche maritime. Cet accord précise les périodes durant lesquelles une telle annonce est possible et ses modalités.

***Cet accord peut être étendu conformément aux articles* L. 632-3 et L. 632-4 du même code.**

IV. – Les II et III ne sont pas applicables aux fruits et légumes frais appartenant à des variétés non produites en France métropolitaine.

Art. L. 443-2 *(Rempl., Ord. n° 2019-359, 24 avr. 2019).* **– I. – Pour les produits agricoles périssables ou issus de cycles courts de production, d'animaux vifs, de carcasses ou pour les produits de la pêche et de**

l'aquaculture, figurant sur une liste établie par décret, un distributeur ou prestataire de services ne peut bénéficier de remises, rabais et ristournes ou prévoir la rémunération de services rendus à l'occasion de leur revente, propres à favoriser leur commercialisation et ne relevant pas des obligations d'achat et de vente, ou de services ayant un objet distinct, que si ceux-ci sont prévus dans un contrat écrit portant sur la vente de ces produits par le fournisseur.

Ce contrat écrit comprend notamment des clauses relatives aux engagements sur les volumes, aux modalités de détermination du prix en fonction des volumes et des qualités des produits et des services concernés et à la fixation d'un prix. Il mentionne les avantages tarifaires consentis par le fournisseur au distributeur au regard des engagements de ce dernier. *(Mots aj., Ord. n° 2021-859, 30 juin 2021)* (1) « Si le fournisseur s'engage à accorder aux consommateurs des avantages promotionnels sur ses produits ou services, les conditions d'octroi de ces avantages doivent être fixées dans des mandats confiés au distributeur conformément aux dispositions du VII de l'article L. 441-4 ».

Lorsqu'un contrat type relatif aux activités mentionnées au premier alinéa est inclus dans un accord interprofessionnel adopté par l'organisation interprofessionnelle reconnue pour le produit concerné et étendu en application des dispositions des articles L. 632-3 et L. 632-4 du Code rural et de la pêche maritime, le contrat mentionné au premier alinéa est conforme à ce contrat type.

Les deuxième et troisième alinéas ne sont pas applicables aux produits pour lesquels la conclusion de contrats écrits a été rendue obligatoire en application de l'article L. 631-24-2 du Code rural et de la pêche maritime.

II. – Par dérogation, un acheteur, un distributeur ou prestataire de services ne peut pas bénéficier de remises, rabais et ristournes pour l'achat de fruits et légumes frais.

Il peut toutefois bénéficier de réfactions tarifaires résultant d'une non-conformité, qualitative ou quantitative, du produit livré à la commande si un accord, conclu par une organisation interprofessionnelle reconnue dans les conditions prévues à l'article L. 632-1 du Code rural et de la pêche maritime, en a précisé les conditions.

Cet accord peut être étendu conformément aux articles L. 632-3 et L. 632-4 du même code.

III. – Tout manquement aux dispositions des I et II par l'acheteur, le distributeur ou le prestataire de services est passible d'une amende administrative dont le montant ne peut excéder 15 000 € pour une personne physique et 75 000 € pour une personne morale.

Le maximum de l'amende encourue est porté à 30 000 € pour une personne physique et 150 000 € pour une personne morale en cas de réitération du manquement dans un délai de deux ans à compter de la date à laquelle la première décision de sanction est devenue définitive.

Art. L. 443-3 *(Rempl., Ord. n° 2019-359, 24 avr. 2019)*. – À l'exception des produits destinés à être vendus en ferme sur un marché physique de gros par le producteur ou l'organisation de producteurs, les fruits et légumes frais destinés à la vente ou à la revente à un professionnel établi en France doivent, lors de leur transport sur le territoire national, y compris dans l'enceinte des marchés d'intérêt national, être accompagnés d'un bon de commande établi par l'acheteur ou d'un contrat passé avec le commissionnaire ou le mandataire. Le bon de commande mentionne le nom des parties, leur adresse, la date de la commande, la quantité, les modalités de détermination du prix et la dénomination précise des produits. Le contrat mentionne le nom des parties, leur adresse, sa date, son objet ainsi que les conditions de fixation du prix payé au *fournisseur et de rém*unération du commissionnaire ou du mandataire.

Dans le cas où les documents mentionnés au premier alinéa n'ont pu être présentés aux agents habilités lors du transport, il appartient à l'acheteur de leur transmettre, dans un délai de quarante-huit heures, ces documents ou, à défaut, un message, écrit ou par voie électronique, certifiant qu'il a bien commandé les produits concernés et précisant le ou les prix convenus avec son fournisseur pour l'achat de ces produits.

Lorsque l'acheteur réalise lui-même le transport des produits qu'il a achetés directement dans les locaux de ses fournisseurs, il atteste, lors du contrôle, qu'il est propriétaire des produits.

(1) Dispositions applicables à compter du 1er novembre 2021 aux contrats conclus après le 1er juillet 2021. Les contrats en cours d'exécution le 1er juillet 2021 sont mis en conformité avec les dispositions de l'ordonnance n° 2021-859 du 29 juin 2012 dans un délai de douze mois, Ord. n° 2021-859, 30 juin 2021, art. 4.

Tout manquement aux obligations résultant du présent article par l'acheteur, le commissionnaire, le mandataire ou le fournisseur est passible d'une amende administrative dont le montant ne peut excéder 15 000 € pour une personne physique et 75 000 € pour une personne morale.

« Le maximum de l'amende encourue est porté à 30 000 € pour une personne physique et 150 000 € pour une personne morale en cas de réitération du manquement dans un délai de deux ans à compter de la date à laquelle la première décision de sanction est devenue définitive.

Art. L. 443-4 *(Créé, Ord. n° 2019-359, 24 avr. 2019).* – I. – Pour les produits agricoles ou les produits alimentaires comportant un ou plusieurs produits agricoles, lorsque les indicateurs énumérés au neuvième alinéa du III de l'article L. 631-24 et aux articles L. 631-24-1 et L. 631-24-3 du Code rural et de la pêche maritime ou, le cas échéant, tous autres indicateurs disponibles dont ceux établis par l'Observatoire de la formation des prix et des marges des produits alimentaires existent, les conditions générales de vente mentionnées à l'article L. 441-1 du présent code, ainsi que les conventions mentionnées aux articles L. 441-3, L. 441-4, L. 441-7 et L. 443-2 y font référence et explicitent les conditions dans lesquelles il en est tenu compte pour la détermination des prix.

II. – Tout manquement aux dispositions du I est passible d'une amende administrative dont le montant ne peut excéder 75 000 € pour une personne physique et 375 000 € pour une personne morale.

Le maximum de l'amende encourue est porté à 150 000 € pour une personne physique et 750 000 € pour une personne morale en cas de réitération du manquement dans un délai de deux ans à compter de la date à laquelle la première décision de sanction est devenue définitive.

Art. L. 443-5 *(Créé, Ord. n° 2021-859, 30 juin 2021)* (1). – L'acheteur de produits agricoles et alimentaires périssables mentionnés au 1° du II de l'article L. 441-11 ne peut annuler une commande dans un délai inférieur à trente jours. Toutefois, pour un secteur d'activité, pour une catégorie d'acheteurs, pour un produit ou une catégorie de produits, ce délai peut être réduit, suivant des modalités fixées par décret, lorsque, eu égard notamment au mode de commercialisation, ce délai réduit laisse suffisamment de temps aux fournisseurs pour vendre leurs produits par l'intermédiaire d'un autre acheteur ou pour les utiliser eux-mêmes.

Tout manquement aux dispositions du présent article est passible d'une amende administrative dont le montant ne peut excéder 75 000 € pour une personne physique et 375 000 € pour une personne morale.

Le maximum de l'amende encourue est porté à 150 000 € pour une personne physique et 750 000 € pour une personne morale en cas de réitération du manquement dans un délai de deux ans à compter de la date à laquelle la première décision de sanction est devenue définitive.

Art. L. 443-6 *(Créé, Ord. n° 2021-859, 30 juin 2021)* (1). – L'obtention, l'utilisation ou la divulgation illicites de secrets d'affaires, au sens des articles L. 151-4, L. 151-5 et L. 151-6, par un acheteur de produits agricoles et alimentaires est passible d'une amende administrative dont le montant ne peut excéder 75 000 € pour une personne physique et 375 000 € pour une personne morale.

Le maximum de l'amende encourue est porté à 150 000 € pour une personne physique et 750 000 € pour une personne morale en cas de réitération du manquement dans un délai de deux ans à compter de la date à laquelle la première décision de sanction est devenue définitive.

Art. L. 443-7 *(Créé, Ord. n° 2021-859, 30 juin 2021)* (1). – Le refus par toute personne exerçant des activités de production, de transformation, de distribution ou de services de faire droit à la demande formulée par l'une des parties de confirmation écrite des conditions d'un contrat non conclu sous forme écrite et portant sur des produits agricoles et alimentaires est passible d'une amende administrative dont le montant ne peut excéder 75 000 € pour une personne physique et 375 000 € pour une personne morale.

Le maximum de l'amende encourue est porté à 150 000 € pour une personne physique et 750 000 € pour une personne morale en cas de réitération du manquement dans un délai de deux ans à compter de la date à laquelle la première décision de sanction est devenue définitive.

(1) Dispositions applicables à compter du 1er novembre 2021 aux contrats conclus après le 1er juillet 2021. Les contrats en cours d'exécution le 1er juillet 2021 sont mis en conformité avec les dispositions de l'ordonnance n° 2021-859 du 29 juin 2012 dans un délai de douze mois, Ord. n° 2021-859, 30 juin 2021, art. 4.

CHAPITRE III (*Rédaction antérieure*). – AUTRES PRATIQUES PROHIBÉES

Rédaction antérieure. Art. L. 443-1 *(Mod., L. n° 2008-3, 3 janv. 2008 ; L. n° 2008-776, 4 août 2008 ; Ord. n° 2010-462, 6 mai 2010 ; L. n° 2012-1270, 20 nov. 2012 ; L. n° 2014-344, 17 mars 2014).* – Le délai de paiement, par tout producteur, revendeur ou prestataire de services, ne peut être supérieur :

1° À trente jours après la fin de la décade de livraison pour les achats de produits alimentaires périssables et de viandes congelées ou surgelées, de poissons surgelés, de plats cuisinés et de conserves fabriqués à partir de produits alimentaires périssables, à l'exception des achats de produits saisonniers effectués dans le cadre de contrats dits de culture visés aux articles L. 326-1 à L. 326-3 du Code rural et de la pêche maritime ;

2° À vingt jours après le jour de livraison pour les achats de bétail sur pied destiné à la consommation et de viandes fraîches dérivées ;

3° À trente jours après la fin du mois de livraison pour les achats de boissons alcooliques passibles des droits de consommation prévus à l'article 403 du Code général des impôts ;

4° À quarante-cinq jours fin de mois ou soixante jours à compter de la date d'émission de la facture pour les achats de raisins et de moûts destinés à l'élaboration de vins ainsi que de boissons alcooliques passibles des droits de circulation prévus à l'article 438 du Code général des impôts, sauf dispositions dérogatoires figurant :

a) Dans des décisions interprofessionnelles prises en application de la loi du 12 avril 1941 portant création d'un comité interprofessionnel du vin de Champagne ;

b) Ou dans des accords interprofessionnels pris en application du livre VI du Code rural et de la pêche maritime et rendus obligatoires par voie réglementaire à tous les opérateurs sur l'ensemble du territoire métropolitain.

(Al. créé, L. n° 2016-1691, 9 déc. 2016) « Par dérogation aux délais de paiement prévus aux 1° à 3°, le délai convenu entre les parties pour le paiement des achats effectués en franchise de la taxe sur la valeur ajoutée, en application de l'article 275 du Code général des impôts, de biens destinés à faire l'objet d'une livraison en l'état hors de l'Union européenne ne peut dépasser quatre-vingt-dix jours à compter de la date d'émission de la facture. Le délai convenu entre les parties est expressément stipulé par contrat et ne doit pas constituer un abus manifeste à l'égard du créancier. Si les biens ne reçoivent pas la destination prévue à la première phrase du présent alinéa, les pénalités de retard mentionnées au douzième alinéa du I de l'article L. 441-6 du présent code sont exigibles. Le présent alinéa n'est pas applicable aux achats effectués par les grandes entreprises. »

Pour les livraisons de marchandises qui font l'objet d'une importation dans le territoire fiscal des départements de la Guadeloupe, de la Martinique, de la Guyane, de La Réunion et de Mayotte ainsi que des collectivités d'outre-mer de Saint-Barthélemy, de Saint-Martin *(Mots aj., Ord. n° 2014-487, 15 mai 2014)* « , des îles Wallis-et-Futuna » et de Saint-Pierre-et-Miquelon, les délais de paiement prévus aux 1° à 4° *(Mots rempl., L. n° 2017-256, 28 févr. 2017)* « ne sont décomptés qu'à partir » de la date de dédouanement de la marchandise au port de destination finale. Lorsque la marchandise est mise à la disposition de l'acheteur, ou de son représentant, en métropole, le délai *(Mots rempl., L. n° 2017-256, 28 févr. 2017)* « n'est décompté qu'à » partir du vingt et unième jour suivant la date de cette mise à disposition ou à partir de la date du dédouanement si celle-ci est antérieure.

Les manquements aux dispositions du présent article ainsi qu'aux dispositions relatives aux délais de paiement des accords mentionnés au *b* du 4° sont passibles d'une amende administrative dont le montant ne peut excéder 75 000 € pour une personne physique et *(Rempl., L. n° 2016-1691, 9 déc. 2016)* « deux millions d'euros » pour une personne morale. L'amende est prononcée dans les conditions prévues à l'article *(Rempl., Ord. n° 2017-303, 9 mars 2017)* « L. 470-2 » du présent code. Le montant de l'amende encourue est doublé en cas de réitération du manquement dans un délai de deux ans à compter de la date à laquelle la première décision de sanction est devenue définitive.

1) Notion de produits alimentaires périssables. Sur la notion de produits alimentaires périssables avant la réforme du 1er juillet 1996 (■ Paris, 4 févr. 1992 : *JurisData* n° 1992-040292 ; *Gaz. Pal.* 1992, 1, 300 ; *RJDA* 1992, n° 858).

2) Groupe de sociétés. Le non-respect de la réglementation des délais de paiement des produits alimentaires périssables prévue par l'article L. 443-1 est punissable même si l'infraction a été commise au sein d'un groupe de sociétés (■ Cass. crim., 24 mars 1999, n° 97-84.841 : *RJDA* 6/1999, n° 732).

3) Complicité. Si l'article L. 443-1 punit le non-respect par les acheteurs des délais de paiement prévus par ce texte, il ne réprime pas le fait pour un vendeur d'avoir omis de faire payer ses clients dans un délai précis (■ Poitiers, 31 mai 2001 : *RJDA* 4/2002, n° 440) ; toutefois le vendeur peut être poursuivi comme complice de l'infraction s'il est établi qu'il a, de manière intentionnelle et active, permis le dépassement du délai par les acheteurs (même déc.).

4) Preuve. Les articles L. 443-1 et s. n'édictent aucune présomption de responsabilité à la charge du dirigeant de la société où ont été constatées les pratiques illicites (■ Paris, 4 févr. 1992 : *Gaz. Pal.* 1992, 1, 300).

Rédaction antérieure. Art. L. 443-2 *(Mod., L. n° 2005-882, 2 août 2005).* – Est puni de deux ans d'emprisonnement et de 30 000 € d'amende le fait d'opérer la hausse ou la baisse artificielle soit du prix de biens ou de services, soit d'effets publics ou privés, notamment à l'occasion d'enchères à distance :

1° En diffusant, par quelque moyen que ce soit, des informations mensongères ou calomnieuses ;

2° En introduisant sur le marché ou en sollicitant soit des offres destinées à troubler les cours, soit des sur-offres ou sous-offres faites aux prix demandés par les vendeurs ou prestataires de services ;

3° Ou en utilisant tout autre moyen frauduleux.

La tentative est punie des mêmes peines.

II. – Lorsque la hausse ou la baisse artificielle des prix concerne des produits alimentaires, la peine est portée à trois ans d'emprisonnement et 45 000 € d'amende.

III. – Les personnes physiques coupables des infractions prévues au présent article encourent également les peines complémentaires suivantes :

1° L'interdiction des droits civiques, civils et de famille, suivant les modalités de l'article 131-26 du Code pénal ;

2° L'affichage ou la diffusion de la décision prononcée dans les conditions prévues par l'article 131-35 du Code pénal.

Rédaction antérieure. Art. L. 443-3 *(L. n° 2008-3, 3 janv. 2008).* – Les personnes morales déclarées pénalement responsables des infractions prévues aux I et II de l'article L. 443-2 encourent les peines mentionnées aux 2° à 6° et 9° de l'article 131-39 du Code pénal.

L'interdiction mentionnée au 2° de l'article 131-39 du même code porte sur l'activité dans l'exercice ou à l'occasion de l'exercice de laquelle l'infraction a été commise.

TITRE IV *BIS*. – DE CERTAINS TARIFS RÉGLEMENTÉS

Bibliographie : D. Bosco, *La loi Macron : loi libérale ? : Contrats, conc. consom.* 2015/10, repère 9. • M.-A. Frison-Roche, *La référence aux « coûts pertinents du service rendu » : nouvelle rationalité de la tarification de l'acte notarié : JCP* N 2016, 1011. • Y. Gaudemet, *La réforme des professions juridiques réglementées et la Constitution : JCP* N 2015, n° 6, 1071. • C. Nourissat, *Professions réglementées ou professions régulées : Procédures* 2015/2, repère 2. • V. Perruchot-Triboulet, *Conditions d'exercice des professions juridiques réglementées : JCP* E 2015, n° 37, 1407.

Art. L. 444-1 *(L. n° 2015-990, 6 août 2015).* – **Sont régis par le présent titre les tarifs réglementés applicables aux prestations des commissaires-priseurs judiciaires, des greffiers de tribunal de commerce, des huissiers de justice, des administrateurs judiciaires, des mandataires judiciaires et des notaires. Sont également régis par le présent titre les droits et émoluments de l'avocat en matière de saisie immobilière, de partage, de licitation et de sûretés judiciaires mentionnés à l'article 10 de la loi n° 71-1130 du 31 décembre 1971 portant réforme de certaines professions judiciaires et juridiques.**

Rédaction future. Sont régis par le présent titre les tarifs réglementés applicables aux prestations *(Mots rempl. à compter du 1er juillet 2022, Ord. n° 2016-728, 2 juin 2016)* « des commissaires de justice », des administrateurs judiciaires, des mandataires judiciaires et des notaires. Sont également régis par le présent titre les droits et émoluments de l'avocat en matière de saisie immobilière, de partage, de licitation et de sûretés judiciaires mentionnés à l'article 10 de la loi n° 71-1130 du 31 décembre 1971 portant réforme de certaines professions judiciaires et juridiques.

Sauf disposition contraire, lorsqu'un professionnel mentionné au premier alinéa du présent article est autorisé à exercer une activité dont la rémunération est soumise à un tarif propre à une autre catégorie d'auxiliaire de justice ou d'officier public ou ministériel, sa rémunération est arrêtée conformément aux règles dudit tarif. Les prestations accomplies par les personnes mentionnées au deuxième alinéa de l'article L. 811-2 et au premier alinéa du II de l'article L. 812-2 sont rémunérées conformément aux tarifs réglementés applicables aux administrateurs et mandataires judiciaires.

Sauf disposition contraire, les prestations que les professionnels mentionnés au premier alinéa du présent article accomplissent en concurrence avec celles, non soumises à un tarif, d'autres professionnels ne sont pas soumises à un tarif réglementé. Les honoraires rémunérant ces prestations tiennent compte, selon les usages, de la situation de fortune du client, de la difficulté de l'affaire, des frais exposés par les professionnels concernés, de leur notoriété et des diligences de ceux-ci. Les professionnels concernés concluent par écrit avec leur client une convention d'honoraires, qui précise, notamment, le montant ou le mode de détermination des honoraires couvrant les diligences prévisibles, ainsi que les divers frais et débours envisagés.

Art. L. 444-2 *(L. n° 2015-990, 6 août 2015).* – **Les tarifs mentionnés à l'article L. 444-1 prennent en compte les** ***coûts pertinents du service rendu et une rémunération*** **raisonnable, définie sur la base de critères objectifs.**

Par dérogation au premier alinéa du présent article, peut être prévue une péréquation des tarifs applicables à l'ensemble des prestations servies. Cette péréquation peut notamment prévoir que les tarifs des prestations relatives à des biens ou des droits d'une valeur supérieure à un seuil fixé par l'arrêté conjoint prévu à l'article L. 444-3 soient fixés proportionnellement à la valeur du bien ou du droit.

(Al. créé, L. n° 2019-222, 23 mars 2019) En application des deux premiers alinéas du présent article, l'arrêté conjoint mentionné au même article L. 444-3 fixe les tarifs sur la base d'un objectif de taux de résultat moyen, dont les modalités de détermination sont définies par un décret en Conseil d'État, et dont le montant est estimé globalement pour chaque profession pour l'ensemble des prestations tarifées en application de l'article L. 444-1.

(Al. abr., L. n° 2020-1672, 24 déc. 2020).

(Al. abr., L. n° 2020-1672, 24 déc. 2020).

Des remises peuvent être consenties lorsqu'un tarif est déterminé proportionnellement à la valeur d'un bien ou d'un droit en application du deuxième alinéa du présent article et lorsque l'assiette de ce tarif est supérieure à un seuil défini par l'arrêté conjoint prévu à l'article L. 444-3. Le taux des remises octroyées par un professionnel est fixe, identique pour tous et compris dans des limites définies par voie réglementaire. *(Mots aj., L. n° 2019-222, 23 mars 2019)* « Toutefois, pour certaines prestations et au-delà d'un montant d'émolument fixé par l'arrêté mentionné au même article L. 444-3, le professionnel et son client peuvent convenir du taux des remises. »

Art. L. 444-3 *(L. n° 2015-990, 6 août 2015).* – Le tarif de chaque prestation est arrêté conjointement par les ministres de la Justice et de l'Économie.

Ce tarif est révisé au moins tous les cinq ans.

Art. L. 444-4 *(L. n° 2015-990, 6 août 2015).* – Les commissaires-priseurs judiciaires, les greffiers de tribunal de commerce, les huissiers de justice, les administrateurs judiciaires, les mandataires judiciaires, les personnes mentionnées au deuxième alinéa de l'article L. 811-2 et au premier alinéa du II de l'article L. 812-2, les avocats pour les droits et émoluments mentionnés au premier alinéa de l'article L. 444-1 du présent code et les notaires affichent les tarifs qu'ils pratiquent, de manière visible et lisible, dans leur lieu d'exercice et sur leur site Internet, selon des modalités fixées dans les conditions prévues au premier alinéa de l'article L. 113-3 du Code de la consommation.

> **Rédaction future.** Art. L. 444-4 *(L. n° 2015-990, 6 août 2015).* – *(Mots rempl. à compter du 1er juillet 2022, Ord. n° 2016-728, 2 juin 2016)* « Les commissaires de justice », les administrateurs judiciaires, les mandataires judiciaires, les personnes mentionnées au deuxième alinéa de l'article L. 811-2 et au premier alinéa du II de l'article L. 812-2, les avocats pour les droits et émoluments mentionnés au premier alinéa de l'article L. 444-1 du présent code et les notaires affichent les tarifs qu'ils pratiquent, de manière visible et lisible, dans leur lieu d'exercice et sur leur site internet, selon des modalités fixées dans les conditions prévues au premier alinéa de l'article L. 113-3 du Code de la consommation.

Art. L. 444-5 *(L. n° 2015-990, 6 août 2015).* – Les ministres de la Justice et de l'Économie, pour l'application de l'article L. 444-3, et l'Autorité de la concurrence, pour l'application des articles L. 444-7 et L. 462-2-1, peuvent recueillir :

1° Toute donnée utile, auprès des professionnels mentionnés à l'article L. 444-1 ;

2° Les informations statistiques définies par voie réglementaire, auprès des instances représentatives de ces professionnels.

Art. L. 444-6 *(L. n° 2015-990, 6 août 2015).* – I. – Les agents mentionnés au II de l'article L. 450-1 recherchent et constatent les manquements aux articles L. 444-4 et L. 444-5 dans les conditions prévues aux articles L. 450-2 à L. 450-8. Ils peuvent enjoindre aux professionnels et à leurs instances représentatives de se conformer à *leurs obligations* dans les conditions prévues au I de l'article *(Rempl., Ord. n° 2017-303, 9 mars 2017)* L. 470-1.

II. – Les manquements aux articles L. 444-4 et L. 444-5 du présent code ainsi que l'inexécution des injonctions de se conformer à ces dispositions sont passibles de l'amende *(Mots rempl. à compter du 1er juillet 2016, Ord. n° 2016-301, 14 mars 2016)* « administrative dont le montant ne peut excéder 3 000 euros pour une personne physique et 15 000 euros pour une personne morale. L'amende est prononcée dans les conditions prévues à l'article L. 470-2 du Code de commerce », qui est prononcée dans les conditions prévues à l'article L. 141-1-2 du même code.

Art. L. 444-7 *(L. n° 2015-990, 6 août 2015).* – Un décret en Conseil d'État, pris après avis de l'Autorité de la concurrence, précise les modalités d'application du présent titre, notamment :

1° *(Rempl., L. n° 2019-222, 23 mars 2019)* « Les modalités selon lesquelles les coûts pertinents et la rémunération raisonnable, mentionnés au premier alinéa de l'article L. 444-2, sont évalués globalement pour l'ensemble des prestations tarifées en application de l'article L. 444-1 ; »

2° Les caractéristiques de la péréquation prévue au deuxième alinéa de l'article L. 444-2 ;
3° *(3° abr., L. n° 2020-1672, 24 déc. 2020)* ;
4° La liste des informations statistiques mentionnées au 2° de l'article L. 444-5 et les modalités de leur transmission régulière ;
5° *(5° créé, L. n° 2019-222, 23 mars 2019)* Les conditions dans lesquelles, en application du dernier alinéa de l'article L. 444-2, le professionnel et son client peuvent convenir du taux des remises.

Voir : ■ Aut. conc., avis n°s 16-A-03, 29 janv. 2016 et 16-A-06, 22 févr. 2016, concernant le projet de décret relatif aux tarifs de certains professionnels du droit.

TITRE V. – DES POUVOIRS D'ENQUÊTE

Bibliographie : D. Bosco, *Premières vues sur l'ordonnance de modernisation de la régulation de la concurrence : Contrats, conc. consom.* 2008, comm. 273. • J. Catala-Marty et L. Nouvel, *Conciliation des droits de la défense et des intérêts de l'enquête dans les perquisitions en concurrence : JCP* E 2012, 1442. • Colloque *L'entreprise face aux inspections des autorités de concurrence : Rev. Lamy conc.* 2011, n° 1957. • M. Cousin, *L'année 2010 en matière de procédures et de sanctions : Contrats, conc. consom.* 2011, dossier 5. • Dossier *Enquêtes de concurrence. Avant, pendant et après : Rev. Lamy conc.* 2009, n° 1510. • A. Marie, *Les enquêtes de la DGCCRF en matière de pratiques anticoncurrentielles : Rev. Lamy conc.* 2008, n° 1029. • C. Marechal, *Le volet « concurrence » de la loi n° 2014-344 du 17 mars 2014 relative à la consommation : Contrats, conc. consom.* 2014, dossier 4. • J. Ravoire, *La détection des pratiques anticoncurrentielles : CP-ACCP* mai 2010, n° 99, p. 45. • V. Selinsky, *Les mutations du droit procédural de la concurrence : Rev. Lamy dr. aff.* févr. 2010, n° 2732, p. 75 ; *Le dépistage des pratiques anticoncurrentielles par les opérations de visites et saisies : un équilibre restant à trouver : Rev. Lamy conc.* 2012, n° 1966. • Ch. Vilmart, *Le nouveau contrôle judiciaire des enquêtes de concurrence : JCP* E 2010, 1653.

Voir aussi : Communication du 20 octobre 2011 de la Commission concernant les bonnes pratiques relatives aux procédures d'application des articles 101 et 102 du TFUE (*JOUE* C 308, 20 oct.) : *Contrats, conc. consom.* 2011, comm. 171, obs. D. Bosco.

Art. L. 450-1 *(Rempl., Ord. n° 2008-1161, 13 nov. 2008 ; mod., L. n° 2014-344, 17 mars 2014).* – I. – Les agents des services d'instruction de l'Autorité de la concurrence habilités à cet effet par le rapporteur général peuvent procéder à toute enquête nécessaire à l'application des dispositions des titres II et III du présent livre.

Ils peuvent également, pour l'application du titre VI du présent livre, mettre en œuvre les pouvoirs d'enquête définis à l'article L. 450-3.

(Al. rempl., Ord. n° 2021-649, 26 mai 2021) Dans le cas où des investigations sont menées au nom ou pour le compte d'une autorité de concurrence d'un autre État membre, en application du 1 de l'article 22 du règlement (CE) n° 1/2003 du Conseil relatif à la mise en œuvre des règles de concurrence prévues aux articles 101 et 102 du traité sur le fonctionnement de l'Union européenne, le rapporteur général de l'Autorité de la concurrence autorise des agents de l'autorité de concurrence de l'autre État membre à assister activement les agents mentionnés à l'alinéa précédent dans leurs investigations, sous la surveillance de ces derniers.

Les modalités de cette assistance sont fixées par décret en Conseil d'État.

II. – Des fonctionnaires habilités à cet effet par le ministre chargé de l'économie peuvent procéder aux enquêtes nécessaires à l'application des dispositions du présent livre.

II *bis*. – Des fonctionnaires de catégorie A spécialement habilités à cet effet par le ministre de la justice, sur la proposition, selon le cas, du ministre chargé de l'économie ou du rapporteur général de l'Autorité de la concurrence, peuvent recevoir des juges d'instruction des commissions rogatoires.

III. – Les agents mentionnés aux I et II peuvent exercer les pouvoirs qu'ils tiennent du présent article et des articles suivants sur l'ensemble du territoire national.

Voir : art. R. 450-1, p. 1885.

1) Agents habilités (jurisprudence antérieure à l'Ord. n° 2008-1161, 13 nov. 2008). Aux termes de l'article 48 de l'ordonnance de décembre 1986 (devenu C. com., art. L. 450-1) et de l'article 2 de l'arrêté du 12 mars 1993 relatif à l'habilitation des agents des impôts à procéder aux enquêtes prévues par l'ordonnance précitée pour la constatation des infractions à l'article 31 de cette ordonnance (devenu C. com., art. L. 441-4), seuls des agents habilités par le ministre de l'Économie parmi les agents des impôts de catégorie A peuvent procéder aux visites et saisies prévues à l'article 48 de l'ordonnance (devenu C. com., art. L. 450-1) pour la constatation des infractions mentionnées à son article 31 (devenu C. com., art. L. 441-4) ; ils peuvent être assistés d'agents des impôts de catégorie B (■ Cass. com., 16 janv. 1996, n° 94-20.620 : *Bull. civ.* IV, n° 20). En l'espèce, l'ordonnance ne précise pas que les agents en cause sont habilités à procéder à des visites et saisies domiciliaires pour la recherche d'infractions à l'article 31 de l'ordonnance (devenu C. com., art. L. 441-4) et n'indique pas si l'un d'entre eux, fonctionnaire à la Direction générale des impôts, appartient à la catégorie A ; ainsi, elle ne fait pas preuve par elle-même de sa régularité (même arrêt).

Si, afin de satisfaire aux prescriptions de l'article 45 de l'ordonnance de décembre 1986 (devenu C. com., art. L. 450-1), les fonctionnaires désignés pour procéder aux visites domiciliaires doivent être choisis parmi les enquêteurs habilités, une telle exigence ne concerne pas le chef de service sous l'autorité administrative duquel ils sont placés et dont le rôle n'est pas de procéder lui-même aux opérations de visite (■ Cass. com., 13 mai 1997 [2 esp.] : *Bull. civ.* IV, n°s 133 et 134 ; *RJDA* 1997, n° 1057). En ce sens, V. déjà ■ Cass. com., 10 déc. 1996 : *Bull. civ.* IV, n° 311 ; *RJDA* 1997, n° 1055.

Constitue une cause d'annulation des opérations de visite et de saisie la désignation d'un enquêteur non placé sous l'autorité du chef de service en charge de sa désignation (■ TGI Rodez, ord., 25 avr. 2006 : *Rev. Lamy conc.* 2006, n° 588, obs. B. Cheynel).

La compétence des agents de la DGCCRF pour procéder à des investigations en matière de recherche des pratiques anticoncurrentielles n'est pas soumise à une autorisation spéciale de l'administration centrale. Un arrêté du 22 janvier 1993 relatif à l'habilitation des fonctionnaires pouvant procéder aux enquêtes nécessaires à l'application du livre IV du Code de commerce, habilite en effet de manière générale les fonctionnaires de catégories A et B, placés sous l'autorité du directeur général de la concurrence, de la consommation, et de la répression des fraudes, à procéder aux enquêtes dans les conditions prévues au titre V dudit livre (■ Cons. conc., déc. n° 07-D-29, 26 sept. 2007 : *BOCC* 24 déc. 2007).

2) Compétence territoriale. Dans le cadre de l'organisation des services de la DGCCRF, déconcentrée jusqu'au niveau départemental, les limitations à la compétence territoriale des agents procédant aux enquêtes visées à l'article 45 de l'ordonnance de décembre 1986 (devenu C. com., art. L. 450-1), qui existaient à l'époque, ne sauraient être interprétées comme s'appliquant au simple recueil d'une plainte, mais doivent être interprétées comme ne concernant que les actes d'enquête qui supposent une démarche active de la part des personnels concernés (■ Cons. conc., déc. n° 07-D-16, 9 mai 2007 : *Contrats, conc. consom.* 2007, comm. 182, obs. G. Decocq ; *RD conc.* 2007, n° 3, p. 87, obs. M. Debroux ; *Rev. Lamy conc.* 2007, n° 819, obs. V. Selinsky. – Conf. par ■ Paris, 17 sept. 2008 : *Contrats, conc. consom.* 2008, comm. 275, obs. G. Decocq). V. désormais art. L. 450-1, III, p. 862.

3) Interruption de la prescription. Les rapporteurs (désormais les agents) désignés en application de l'article L. 450-6 disposent, en application de l'article L. 450-1, du pouvoir de procéder aux enquêtes nécessaires à l'application du Code de commerce ; il en résulte qu'une audition, donnant lieu à l'établissement d'un procès-verbal, effectuée par un rapporteur, tend nécessairement à la recherche, la constatation ou la sanction des faits dénoncés dans la saisine du Conseil que ce rapporteur est chargé d'instruire, de sorte qu'un tel acte a pour effet d'interrompre la prescription (■ Cass. com., 19 juin 2001, n° 99-13.190 : *JurisData* n° 2001-010234 ; *Bull. civ.* IV, n° 120 ; *RJDA* 2001, n° 1266).

4) Droits de la défense. L'article 45, alinéa 2 de l'ordonnance de décembre 1986 (devenu C. com., art. L. 450-1, al. 2) dispose qu'un rapporteur du Conseil de la concurrence peut procéder aux enquêtes nécessaires à l'application des dispositions de cette ordonnance ; les auditions auxquelles il procède lors de cette phase préparatoire, et qui n'imposent pas que l'intéressé soit à cette occasion assisté d'un conseil, ne doivent pas être assimilées à celles donnant lieu à rédaction d'un procès-verbal lors du déroulement de la procédure d'instruction devant le Conseil de la concurrence qui suppose, aux termes des articles 18 et 21 de l'ordonnance précitée (devenus C. com., art. L. 463-1 et L. 463-2), la communication préalable des griefs et la mise à la disposition des intéressés de l'ensemble du dossier (■ Cass. com., 14 janv. 1992, n° 89-21.462 : *Bull. civ.* IV, n° 15).

L'enquête préalable ne peut avoir pour effet de compromettre irrémédiablement l'exercice des droits de la défense ; les enquêteurs sont tenus de faire connaître clairement aux personnes interrogées l'objet de leur enquête afin de garantir le droit de toute personne à ne pas être forcée de témoigner contre elle-même ou de s'avouer coupable (■ Paris, 8 avr. 1994 : *JurisData* n° 1994-605628 ; *D.* 1995, 607, note Cl. Lucas de Leyssac). Mais l'ordonnance du 1er décembre 1986 n'oblige pas les enquêteurs qui réalisent les investigations à interroger plusieurs fois les personnes qu'ils ont entendues, ni à les confronter avec les auteurs des déclarations les mettant en cause ou à recueillir leurs observations sur les pièces appréhendées chez des tiers (■ Paris, 26 janv. 1999, n° 1997/27707 : *JurisData* n° 1999-020028 ; *LPA* 16 nov. 1999, p. 18, obs. M. Petitier).

Si les enquêteurs tirent de l'article L. 450-3 la possibilité de demander des explications aux prévenus, les demandes d'explication ne peuvent être assimilées à un interrogatoire, celles-ci ne tendant pas directement à l'établissement de l'éventuelle infraction, et les dispositions du Livre IV du Code de commerce ne sont pas contraires aux dispositions du Pacte international relatif aux droits civiques et politiques et aux dispositions de la Convention européenne des droits de l'homme (■ Paris, 21 janv. 2000 : *JurisData* n° 2000-111565 ; *D.* 2000, *Cah. dr. aff.*, act. jurispr. p. 150, obs. A. Marmontel. – *Adde*, ■ Paris, 6 juin 2000, n° 1999/25124 : *JurisData* n° 2000-116512 ; *LPA* 14 nov. 2000, p. 11, obs. M. Malaurie-Vignal). L'obligation de loyauté impose aux agents de l'Administration de faire connaître clairement aux personnes l'objet de l'enquête (■ Paris, 6 juin 2000, n° 1999/25124 : *JurisData* n° 2000-116512 ; *LPA* 29 mars 2001, p. 13, obs. M. Malaurie-Vignal).

La mention préimprimée sur le procès-verbal selon laquelle l'objet de l'enquête a été porté à la connaissance de la personne entendue suffit à justifier, jusqu'à preuve contraire, de l'indication de cet objet (■ Cass. com., 20 nov. 2001, n° 99-16.776 : *JurisData* n° 2001-011780 ; *Bull. civ.* IV, n° 182 ; *RJDA* 2002, n° 316).

L'indication de l'objet de l'enquête doit être préalable aux déclarations et, à défaut d'indication expresse de cet objet ou de la mention selon laquelle il a été porté à la connaissance de la personne entendue, l'indication de cet objet peut seulement se déduire du contenu de l'acte ou d'un acte qui serait antérieur à l'audition (■ Cass. com., 14 janv. 2003, n° 00-16.962 : *JurisData* n° 2003-017254 ; *Bull. civ.* IV, n° 7 ; *RJDA* 2003, n° 651 ; *Contrats, conc. consom.* 2003, comm. 56, obs. M. Malaurie-Vignal).

Sont écartés de la procédure les procès-verbaux qui n'indiquent ni l'objet de l'enquête, ni la référence au titre III de l'ordonnance du 1er décembre 1986 (■ Cass. com., 14 janv. 2003, préc.).

Le seul fait que l'enquête ne soit pas soumise au principe du contradictoire, qui n'est applicable à la procédure qu'à compter de la notification des griefs, ne peut conduire à compromettre irrémédiablement les droits de la défense en amenant les personnes entendues à faire des déclarations sur la portée desquelles elles pourraient se méprendre ; il incombe à l'Administration d'établir que l'objet de l'enquête a été porté à la connaissance des personnes entendues, s'agissant à la fois du cadre juridique dans lequel interviennent les enquêteurs et du secteur concerné par l'enquête (■ Paris, 26 oct. 2004, n° 04/07315 : *JurisData* n° 2004-252016 ; *BOCC* 21 janv. 2005 ; *Rev. Lamy conc.* 2005, n° 153, obs. B. Cheynel).

En procédant à des enquêtes, portant sur le fond même du débat, postérieurement au prononcé de la décision du Conseil de la concurrence, le ministre de l'Économie ne peut faire usage de ses prérogatives de puissance publique sans méconnaître le principe du procès équitable posé par l'article 6 de la Convention européenne des droits de l'homme et celui du respect des droits de la défense. En conséquence, les rapports d'enquêtes et pièces annexes établis postérieurement à la saisine du Conseil de la concurrence doivent être écartés du débat (■ Paris, 25 mai 1994, n° 93/17366 : *JurisData* n° 1994-022892 ; *D.* 1996, somm. 182, obs. Ch. Gavalda et Cl. Lucas de Leyssac ; rejet pourvoi par ■ Cass. com., 10 déc. 1996 : *Bull. civ.* IV, n° 310 ; *RJDA* 1997, n° 530).

5) Commission rogatoire. Suite à une plainte avec constitution de partie civile, une information a été ouverte contre personne non dénommée pour des faits de favoritisme, délit prévu et réprimé par l'article 432-14 du Code pénal ; le juge d'instruction a délégué ses pouvoirs, par commission rogatoire, à des agents de la DGCCRF, habilités, en application de l'article 45,alinéa 3 de l'ordonnance de décembre 1986 (devenu C. com., art. L. 450-1, al. 4), et au commandant d'un groupement de gendarmerie, pour procéder à une enquête complète sur ces faits ; pour prononcer la nullité de la commission rogatoire précitée et de tous les actes postérieurs, les juges énoncent que les agents désignés par le magistrat instructeur étaient habilités à recevoir et exécuter des commissions rogatoires, mais seulement pour les infractions visées par l'ordonnance de 1986 et non dans le cadre de l'article 432-14 du Code pénal, délit pour lequel aucun texte spécial n'habilite d'autres personnes que les officiers de police judiciaire à réaliser une enquête sur commission rogatoire ; ainsi, le juge d'instruction a méconnu une règle essentielle du Code de procédure pénale (■ Cass. crim., 5 mai 1999, n° 98-85.589 : *Bull. crim.* 1999, n° 88).

Ainsi, les agents de la DDCCRF ne peuvent effectuer, pour la recherche d'un éventuel délit de favoritisme, aucun des actes d'enquête prévus notamment par les articles 45 à 48 de l'ordonnance de décembre 1986 (devenus C. com., art. L. 450-1 et s.) (■ Cass. crim., 20 sept. 2000, n° 00-84.328 : *Bull. crim.* 2000, n° 275).

Art. L. 450-2 *(Mod., L. n° 2014-344, 17 mars 2014)*. **– Les enquêtes donnent lieu à l'établissement de procès-verbaux et, le cas échéant, de rapports.**

Les procès-verbaux sont transmis à l'autorité compétente. Copie en est transmise aux personnes intéressées. Ils font foi jusqu'à preuve contraire.

1) Procès-verbal. En l'absence d'établissement, par un agent habilité, d'un procès-verbal constatant une infraction économique, les juges peuvent fonder leur décision sur les éléments du dossier soumis au débat contradictoire, tels que les courriers échangés entre l'Administration et le prévenu, et l'enquête diligentée par des officiers de police judiciaire sur instructions du procureur de la République (■ Cass. crim., 19 janv. 2000, n° 99-83.045 : *JurisData* n° 2000-000997 ; *Bull. crim.* 2000, n° 37 ; *RJDA* 2000, n° 1052 ; *LPA* 29 mars 2001, p. 10, obs. M. Malaurie-Vignal).

Le fait qu'un même procès-verbal ait été utilisé dans deux procédures ouvertes devant le Conseil de la concurrence postérieurement à la réalisation de l'enquête à la suite de deux saisines distinctes du ministre de l'économie n'a aucune incidence quant à la loyauté de l'enquête. En effet, dans le cadre de ses enquêtes d'initiative, la DGCCRF a toute compétence pour recueillir des indices et procéder à des investigations, sans préjuger de la suite qu'elle entend leur donner. Le fait que, dans un second temps, le ministre décide ou non d'utiliser le résultat de ces enquêtes pour former une ou plusieurs saisines devant le Conseil ne saurait rendre irréguliers ou déloyaux les actes d'enquête antérieurs (■ Cons. conc., déc. n° 06-D-03, 9 mars 2006 : *Rev. Lamy conc.* 2006, n° 547, note V. Sélinsky ; conf. par ■ Paris, 29 janv. 2008 : *Contrats, conc. consom.* 2008, comm. 83, obs. G. Decocq ; *RD conc.* 2008, n° 2, p. 107, obs. E. Claudel ; *Rev. Lamy conc.* 2008, n° 1054, obs. V. Sélinsky).

Le procès-verbal, rédigé conformément aux dispositions de l'article L. 450-2, qui liste les documents remis et qui est signé par le rapporteur, atteste seulement du fait que l'entreprise détentrice des documents les a remis au rapporteur. Ce dernier ne dispose d'aucune compétence pour écarter telle ou telle pièce transmise par l'entreprise ou décider de leur nullité (■ Aut. conc., déc. n° 13-D-12, 28 mai 2013 : *Contrats, conc. consom.* 2013, alerte 46 ; *Rev. Lamy conc.* 2013/36, n°s 2332 et 2335, obs. V. Selinsky ; déc. annulée par ■ Paris, 2 févr. 2017, n° 13/13058 : *Concurrences* 2017/2, p. 156, note C. Lemaire et S. Naudin aux motifs que le rapport n'avait pas émis de réserves ou occulté des documents portant des accusations sans fondement contre l'avocat de l'une des entreprises mises en cause ; pourvoi rejeté par ■ Cass. com., 10 juill. 2018, n°s 17-13.973 et 17-14.140 : *Contrats, conc. consom.* 2018, comm. 181, obs. D. Bosco).

2) Règles d'élaboration. L'entrée en vigueur de la loi du 15 juin 2000 sur la présomption d'innocence n'a pas eu pour effet de modifier les règles spécifiques applicables à l'élaboration des procès-verbaux dressés en application des articles L. 450-2 et L. 450-3, qui n'ont pas à être établis conformément aux règles de l'article 429 du Code de procédure pénale, mais selon les dispositions spécifiques applicables à la procédure devant le Conseil de la concurrence. Les procès-verbaux d'enquête, lorsque, comme en l'espèce, ils recueillent des déclarations, n'ont pas à être rédigés sous forme de questions et de réponses pour être valables (■ Cons. conc., déc. n° 05-D-66, 5 déc. 2005 : *RTD com.* 2006, p. 325, obs. E. Claudel ; *RD conc.* 2006, n° 1, p. 157, obs. C. Momège ; *Rev. Lamy conc.* 2006, n° 459, obs. C. Nourissat ; conf. par ■ Paris, 19 juin 2007 : *Contrats, conc. consom.* 2007, comm. 208, obs. G. Decocq ; *Rev. Lamy conc.* 2007, n° 894, obs. V. Selinsky et n° 937, obs. B. Cheynel ; cassé sur un autre point par ■ Cass. com., 3 juin 2008 : *Bull. civ.* IV, n° 112 ; *D.* 2008, p. 1687, obs. E. Chevrier ; *JCP E* 2008, 2055, note G. Royer ; *RJDA* 2008, n° 951 ; *Contrats, conc. consom.* 2008, comm. 204, obs. D. Bosco ; *RD conc.* 2008, n° 3, p. 135, obs. Ch. Lemaire ; *Rev. Lamy conc.* 2008, n° 1193, obs. V. Selinsky).

Si les articles L. 450-2 et R. 463-6 prévoient que les informations recueillies dans le cadre d'une enquête donnent lieu à l'établissement de procès-verbaux, ils n'imposent pas de formalisme particulier pour leur présentation, dès lors que la régularité de la communication aux services d'instruction des informations en cause peut être établie et que celles-ci sont soumises au débat contradictoire (■ Aut. conc., déc. n° 10-D-28, 20 sept. 2010 : *Contrats, conc. consom.* 2010, comm. 278, obs. G. Decocq ; *RD conc.* 2010, n° 4, p. 208, obs. Ch. Lemaire ; *Rev. Lamy conc.* 2011, n° 1726, obs. V. Selinsky ; réf., sur un autre point, par ■ Paris, 23 févr. 2012 : *Contrats, conc. consom.* 2012, comm. 104, obs. D. Bosco ; *RD bancaire et fin.* 2012, étude 18, note J. Lucas et Th. Schrepel ; partiellement censurée sur la question des interventions volontaires par ■ Cass. com., 14 avr. 2015, n° 12-15.971 : *RD conc.* 2015, n° 3, p. 153, obs. C. L., et sur renvoi ■ Paris, 21 déc. 2017, n° 15/17638 : *Concurrences* 2018/2, p. 66, obs. L. Bernardeau, confirmant la décision de l'Autorité tout en réformant le montant de certaines amendes et de nouveau censurée par ■ Cass. com., 29 janv. 2020, n°s 18-10.967 et 18-11.001 : *Contrats, conc. consom.* 2020/3, comm. 49, note. D. Bosco).

3) Double exemplaire. Il résulte de l'article 46 de l'ordonnance de décembre 1986 (devenu C. com., art. L. 450-2) que les procès-verbaux d'enquête établis sans qu'un double ait été laissé aux parties intéressées sont irréguliers ; ils doivent alors être écartés des débats (▪ Cass. com., 10 oct. 2000, n° 98-11.135 : *JurisData* n° 2000-006421 ; *Bull. civ.* IV, n° 149 ; *JCP* E 2000, pan. 1838 ; *LPA* 19 déc. 2000, p. 17, note Urion ; *LPA* 29 mars 2001, p. 7, obs. M. Petitier).

4) Preuve contraire. Les procès-verbaux sont signés de l'enquêteur et de la personne concernée par les investigations ; ces signatures, destinées à certifier, jusqu'à preuve du contraire, l'exactitude des opérations et déclarations qui y sont relatées, doivent nécessairement émaner des témoins et auteurs desdites investigations et déclarations (▪ Cass. com., 9 mai 2001 : *Bull. civ.* IV, n° 85 ; *RJDA* 2001, n° 1264. En ce sens, V. ▪ Cass. com., 20 nov. 2001 : *Bull. civ.* IV, n° 182 ; *RJDA* 2002, n° 316) ; le texte n'impose pas la signature de toutes les personnes éventuellement présentes (même déc.).

Le procès-verbal de communication de pièces ne faisant foi que jusqu'à preuve contraire, dans le cadre de leur pouvoir souverain d'appréciation des preuves, les juges du fond ont pu estimer qu'un devis figurait dans les pièces communiquées aux enquêteurs, même si la pièce en cause ne figure pas dans le procès-verbal d'inventaire (▪ Cass. com., 20 nov. 2001, préc.). Rappr. ▪ Cass. com., 13 oct. 2009, n° 08-17.269 : *Bull. civ.* IV, n° 125 ; *Contrats, conc. consom.* 2009, comm. 294, obs. G. Decocq ; *RJDA* 2010, n° 177 ; ▪ Cass. partielle de ▪ Paris, 24 juin 2008, n° 08/00661 : *D.* 2008, p. 1895, obs. E. Chevrier ; *Contrats, conc. consom.* 2008, comm. 208, obs. G. Decocq ; *RJDA* 2008, n° 1052 ; *RD conc.* 2008, n° 3, p. 137, obs. Ch. Lemaire ; réf. partielle de ▪ Cons. conc., déc. n° 06-D-07, 21 mars 2006 : *D.* 2006, p. 1165, obs. E. Chevrier ; *RJDA* 2006, n° 838 ; *Rev. Lamy conc.* 2008, n° 586, obs. B. Cheynel.

L'article L. 450-2 dispose que les procès-verbaux d'enquête administrative valent jusqu'à preuve contraire ; il s'ensuit que les seules allégations, émises postérieurement, des personnes concernées par les investigations relatées dans ces procès-verbaux ne suffisent pas à contredire les énonciations claires qui y sont portées, alors au surplus qu'elles les ont signés sans réserve (▪ Paris, 27 janv. 2011 : *Contrats, conc. consom.* 2011, comm. 72, obs. G. Decocq).

5) Rapport d'enquête. Le rapport facultatif d'enquête est dépourvu de force probante (▪ Cass. com., 20 nov. 2001, préc.).

Le fait que le rapport n'ait pas été précédé, accompagné ou suivi de procès-verbaux constatant les faits y rapportés n'entraîne pas la nullité de ce rapport en l'absence de texte la prévoyant en ce cas ou de violation d'un principe général du droit imputable à la seule rédaction de rapport dans ces conditions (▪ Nîmes, 10 mars 2011, n° 08/04995 : *BOCC* 25 mars 2011).

6) Commission rogatoire. Le procès-verbal d'audition, dressé en vertu des articles L. 450-2 et L. 450-3, étant étranger à la procédure soumise au contrôle du juge par commission rogatoire, en application de l'article L. 450-4, la contestation sur sa régularité ne relève pas de sa compétence (▪ Cass. crim., 20 oct. 2004, n° 02-87.096 : *Bull. crim.* 2004, n° 251 ; *D.* 2004, p. 3136, obs. E. Chevrier ; *Rev. Lamy conc.* 2005, n° 147, obs. B. Bouloc).

7) Nature et communication des procès-verbaux et rapports. Les procès-verbaux et les rapports qui sont établis dans le cadre d'enquêtes administratives, en application des dispositions de l'article L. 450-2, sont des documents administratifs dont la communication est régie par les dispositions de la loi n° 78-753 du 17 juillet 1978 (▪ CE, 1er mars 2004, n° 247733 : *JurisData* n° 2004-066578 ; *JCP* E 2004, pan. 441 ; *RJDA* 2005, n° 334). La circonstance que ces documents peuvent, le cas échéant, servir de fondement à des procédures engagées devant les juridictionspénales, en application des dispositions de l'article L. 420-6, n'est pas de nature à leur faire perdre ce caractère de documents administratifs (même arrêt). Il appartient seulement à l'Administration saisie d'une demande de communication de tels documents, de rechercher si celle-ci peut être refusée en application des dispositions de l'article 6 de la même loi, notamment dans le cas où elle serait de nature à porter atteinte au déroulement de procédures engagées devant une juridiction ou à l'un des secrets protégés par la loi, au nombre desquels figure le secret de l'instruction prévu par l'article 11 du Code de procédure pénale (même arrêt).

Art. L. 450-2-1 *(Créé, L. n° 2020-1525, 7 déc. 2020).* – **Les actes établis par les agents mentionnés à l'article L. 450-1 peuvent être établis ou convertis sous format numérique et peuvent être intégralement conservés sous cette forme, *dans des conditions sécurisées,* sans nécessité d'un support papier.**

***Lorsque ces actes sont établis* sous format numérique et que les dispositions du présent code exigent qu'ils soient signés, ils font l'objet, quel qu'en soit le nombre de pages et pour chaque signataire, d'une signature unique sous forme numérique, selon des modalités techniques qui garantissent que l'acte ne peut plus ensuite être modifié.**

La liste des actes concernés ainsi que les modalités de cette signature et les personnes qui peuvent y recourir sont précisées par décret en Conseil d'État.

Art. L. 450-3 *(Mod., L. n° 2001-420, 15 mai 2001 ; Ord. n° 2008-1161, 13 nov. 2008 ; L. n° 2014-344, 17 mars 2014 ; L. n° 2015-990, 6 août 2015).* **– Les agents mentionnés à l'article L. 450-1 peuvent opérer sur la voie publique, pénétrer entre 8 heures et 20 heures dans tous lieux utilisés à des fins professionnelles et dans les lieux d'exécution d'une prestation de services, ainsi qu'accéder à tous moyens de transport à usage professionnel.**

Ils peuvent également pénétrer en dehors de ces heures dans ces mêmes lieux lorsque ceux-ci sont ouverts au public ou lorsqu'à l'intérieur de ceux-ci sont en cours des activités de production, de fabrication, de transformation, de conditionnement, de transport ou de commercialisation.

Lorsque ces lieux sont également à usage d'habitation, les contrôles ne peuvent être effectués qu'entre 8 heures et 20 heures et avec l'autorisation du juge des libertés et de la détention du *(Mots rempl., Ord. n° 2019-964, 18 sept. 2019)* **« tribunal judiciaire » dans le ressort duquel sont situés ces lieux, si l'occupant s'y oppose.**

Les agents peuvent exiger la communication et obtenir ou prendre copie, par tout moyen et sur tout support, des livres, factures et autres documents professionnels de toute nature, *(Mots aj., Ord. n° 2021-649, 26 mai 2021)* **« et, le cas échéant, de leurs moyens de déchiffrement, susceptibles d'être détenus ou d'être accessibles ou disponibles, » entre quelques mains qu'ils se trouvent, propres à faciliter l'accomplissement de leur mission. Ils peuvent exiger la mise à leur disposition des moyens indispensables pour effectuer leurs vérifications. Ils peuvent également recueillir, sur place ou sur convocation, tout renseignement, document ou toute justification nécessaire au contrôle.**

Pour le contrôle des opérations faisant appel à l'informatique, ils ont accès aux logiciels et aux données stockées ainsi qu'à la restitution en clair des informations propres à faciliter l'accomplissement de leurs missions. Ils peuvent en demander la transcription par tout traitement approprié des documents directement utilisables pour les besoins du contrôle.

Bibliographie : M. Giner Asins et A. Sanz, *Enquêtes simples de concurrence : des enquêtes pas si simples : JCP* E 2014, 1029.

1) **Liberté du recours à l'enquête.** Aucune disposition législative ou réglementaire n'impose à l'Administration de justifier des motifs pour lesquels elle procède à une enquête administrative sur le fondement de l'article L. 450-3 (▪ Cass. com., 4 févr. 1997 : *Bull. civ.* IV, n° 40).

2) **Limites de l'enquête.** L'article L. 450-3 ne fait pas obligation aux enquêteurs (désormais les agents) de délimiter le marché ou les marchés, au sens de l'article L. 420-1, sur lesquels ils font porter leurs investigations (▪ Cass. com., 21 mars 2000, n° 98-11.957 : *JurisData* n° 2000-001116 ; *Bull. civ.* IV, n° 63 ; *RJDA* 2000, n° 805 ; *D.* 2000, p. 246, obs. A. Marmontel ; *LPA* 14 nov. 2000, p. 8, obs. M. Petitier ; *RTD com.* 2000, 628, obs. E. Claudel. ▪ Cass. com., 20 nov. 2001 : *Bull. civ.* IV, n° 182 ; *RJDA* 2002, n° 316). Mais leurs investigations doivent être conduites loyalement (▪ Cass. com., 20 nov. 2001, *préc.*).

Lorsque l'indication expresse de ce que l'objet de l'enquête a été porté à la connaissance des personnes entendues ne figure pas au procès-verbal, il appartient à l'Administration de démontrer qu'elle a néanmoins rempli cette obligation, cette preuve pouvant notamment ressortir des énonciations du procès-verbal (▪ Cass. com., 14 janv. 2003 : *Bull. civ.* IV, n° 7 ; *RJDA* 2003, n° 651 ; *Contrats, conc. consom.* 2003, comm. 56, obs. M. Malaurie-Vignal). L'indication de l'objet de l'enquête doit être préalable aux déclarations et, à défaut d'indication expresse de cet objet ou de la mention selon laquelle il a été porté à la connaissance de la personne entendue, l'indication de cet objet peut seulement se déduire du contenu de l'acte ou d'un acte qui serait antérieur à l'audition (même arrêt).

3) **Transmission spontanée de pièces.** La possibilité qu'ont les enquêteurs (désormais les agents), en vertu de l'article L. 450-3, de demander la communication des livres, factures et tous autres documents professionnels n'exclut pas que puissent leur être remis, hors toute contrainte, des documents qu'ils n'auraient pas demandés, de tels faits s'inscrivant bien dans le cadre des pouvoirs reconnus aux enquêteurs par le texte (▪ Cass. com., 9 mai 2001 : *Bull. civ.* IV, n° 85 ; *RJDA* 2001, n° 1264).

4) **Règles de compétence territoriale.** L'exercice du droit de communication, qui n'est qu'une des modalités du droit d'enquête prévu à l'article L. 450-3, n'autorise pas les agents de l'Administration à déroger aux règles de compétence fixées par l'article L. 450-1, notamment les limites territoriales du droit de communication des fonctionnaires de la DGCCRF (▪ Cass. crim., 10 déc. 1998, n° 98-82.535 : *JurisData* n° 1998-005139 ; *Bull. crim.* 1998, n° 339 ; *JCP* E 1999, p. 1913, obs.P. Arhel ; *LPA* 16 nov. 1999, p. 15, obs. M. Petitier ; *RJDA* 1999, n° 733). V. désormais art. L. 450-1, III, p. 862.

5) **Détournement de procédure.** Les procédures sanctionnant les infractions aux règles édic-

tées par l'ordonnance du 1er décembre 1986 sont indépendantes les unes des autres ; l'Administration n'a donc commis aucun détournement de procédure en choisissant d'enquêter sur des faits ayant fait l'objet d'un dépôt de plainte et de recourir au moyen d'investigation ouvert par l'article 48 de l'ordonnance de décembre 1986 (devenu C. com., art. L. 450-4) (■ Cass. com., 10 déc. 1996, n° 94-13.056 : *JurisData* n° 1996-004771 ; *RJDA* 1997, n° 232).

6) Constitutionnalité et conventionnalité du dispositif. Les demandes d'informations fondées sur l'article L. 450-3, alinéa 4 du Code de commerce ne sont pas des actes susceptibles de faire grief et ces dispositions qui les fondent sont conformes à la Constitution (■ Cons. const., 8 juill. 2016, déc. n° 2016-552 QPC : *RD. conc.* 2016, n° 4, p. 164, obs. C.L.-S.C.). Dans le cas en particulier où une procédure est engagée contre une entreprise à la suite d'une enquête pour pratique anticoncurrentielle, la légalité des demandes d'informations peut être contestée par voie d'exception dans le cadre d'une requête devant la cour d'appel de Paris, laquelle offre toutes les garanties d'un recours juridictionnel effectif au sens de la Constitution et de la Convention européenne des droits de l'homme (■ Aut. conc., déc. n° 16-D-28, 6 déc. 2016 ; conf. sur ce point par ■ Paris, 26 oct. 2017, n° 2017/01658 : *Concurrences* 2018/1, p. 83, note E. Thomas). Après avoir constaté que la cour d'appel était saisie d'un recours pour excès de pouvoir dirigé contre une demande d'informations et de documents adressée par écrit à une société par le rapporteur de l'ADLC en application de l'article L. 450-3 du Code de commerce, et que l'article L. 464-8 du Code de commerce ne prévoit aucun recours autonome pour contester de tels actes d'enquête qui ne sont pas des décisions de l'ADLC, l'arrêt relève que ces demandes ne sont pas assimilables à des actes intrusifs telle une inspection accomplie dans les locaux de l'entreprise et qu'un délai a été accordé à la société pour lui permettre de réunir et d'analyser la portée des éléments qu'elle entendait transmettre, ou qu'elle souhaitait ne pas communiquer si elle les estimait de nature à porter atteinte à ses droits, et de s'en expliquer afin de se prémunir contre tout reproche d'obstruction à l'enquête ; il ajoute que la validité de ce type de demande et sa conformité au droit de l'Union peuvent être contestées, tant dans le cadre du recours au fond éventuellement exercé contre une décision de sanction prononcée par l'ADLC, qu'à l'occasion d'une procédure en réparation du préjudice qu'elle estime avoir subi de ce fait. En l'état de ces constatations et appréciations, faisant ressortir que l'acte en cause ne constituait pas un acte contraignant faisant grief à l'entreprise, susceptible de porter atteinte au respect de son domicile et de sa correspondance, et qu'il pouvait faire l'objet d'autres recours assurant une protection juridictionnelle suffisante, la cour d'appel a fait une juste application de l'article 16 de la Déclaration des droits de l'homme et du citoyen, de l'article 6 de la Convention européenne de sauvegarde des droits de l'homme et des libertés fondamentales et de l'article 47 de la Charte des droits fondamentaux de l'Union européenne en déclarant le recours irrecevable (■ Cass. com., 26 avr. 2017, n° 15-25.699 : *JurisData* n° 2017-007790 ; *Contrats, conc. consom.* 2017/7, comm. 157, note G. Decocq).

Art. 450-3-1 *(L. n° 2014-344, 17 mars 2014).* **– Lorsqu'ils recherchent ou constatent une infraction ou un manquement au présent livre, les agents mentionnés à l'article L. 450-1 sont habilités à relever l'identité de la personne qu'ils contrôlent. Si celle-ci refuse ou se trouve dans l'impossibilité de justifier de son identité, ils en rendent compte immédiatement à tout officier de police judiciaire territorialement compétent, qui peut alors procéder à une vérification d'identité dans les conditions prévues à l'article 78-3 du Code de procédure pénale. En ce cas, le délai prévu au troisième alinéa du même article 78-3 court à compter du relevé d'identité.**

Ils peuvent recourir à toute personne qualifiée, désignée par l'autorité administrative dont ils dépendent. Cette personne peut les accompagner lors de leurs contrôles et prendre connaissance de tout document ou élément nécessaire à la réalisation de sa mission ou de son expertise. Elle ne peut effectuer aucun acte de procédure pénale ou de police administrative. Elle ne peut pas utiliser les informations dont elle prend connaissance à cette occasion pour la mise en œuvre des pouvoirs de contrôle dont elle dispose, le cas échéant, en vertu d'autres dispositions législatives ou réglementaires. Elle ne peut, sous les peines prévues à l'article 226-13 du Code pénal, divulguer les informations dont elle a eu connaissance dans ce cadre.

Art. 450-3-2 *(L. n° 2014-344, 17 mars 2014 ; mod., L. n° 2017-256, 28 févr. 2017).* **– I. – Lorsque l'établissement de la preuve de l'infraction ou du manquement en dépend et qu'elle ne peut être établie autrement, les agents mentionnés à l'article L. 450-1 peuvent différer le moment où ils déclinent leur qualité au plus tard jusqu'à la notification à la personne contrôlée de la constatation de l'infraction ou du manquement.**

II. – Pour le contrôle de la vente de biens et de la fourniture de services sur internet *(L. n° 2017-256, 28 févr. 2017)* « et pour celui des accords ou pratiques concertées mentionnés à l'article L. 420-2-1 », les agents mentionnés au I peuvent faire usage d'une identité d'emprunt.

Un décret en Conseil d'État précise les conditions dans lesquelles ils procèdent à leurs constatations.

(V. art. R. 450-1, p. 1885).

Art. L. 450-3-3 *(Créé, L. n° 2019-486, 22 mai 2019)*. – I. – Par dérogation aux deux derniers alinéas de l'article L. 450-3, pour la recherche et la constatation des infractions et manquements prévus au titre II du présent livre, l'accès aux données conservées et traitées par les opérateurs de télécommunication, dans les conditions et sous les limites prévues à l'article L. 34-1 du Code des postes et des communications électroniques, et par les prestataires mentionnés aux 1 et 2 du I de l'article 6 de la loi n° 2004-575 du 21 juin 2004 pour la confiance dans l'économie numérique est réalisé dans les conditions définies au présent article.

II. – L'accès aux données mentionnées au I du présent article par les agents mentionnés à l'article L. 450-1 fait l'objet d'une demande d'autorisation préalable du rapporteur général de l'Autorité de la concurrence ou de l'autorité administrative chargée de la concurrence et de la consommation auprès d'un contrôleur des demandes de données de connexion.

Le contrôleur des demandes de données de connexion est alternativement un membre du Conseil d'État, en activité ou honoraire, élu par l'assemblée générale du Conseil d'État, et un magistrat de la Cour de cassation, en activité ou honoraire, élu par l'assemblée générale de ladite Cour. Son suppléant, issu de l'autre juridiction, est désigné selon les mêmes modalités. Le contrôleur des demandes de données de connexion et son suppléant sont élus pour une durée de quatre ans non renouvelable.

Il ne peut être mis fin aux fonctions du contrôleur des demandes de données de connexion que sur sa demande ou en cas d'empêchement constaté, selon le cas, par le vice-président du Conseil d'État ou par le premier président de la Cour de cassation ou le procureur général près ladite Cour, sur saisine du ministre chargé de l'économie.

Le contrôleur des demandes de données de connexion ne peut recevoir ni solliciter aucune instruction de l'autorité de la concurrence, de l'autorité administrative chargée de la concurrence et de la consommation, ni d'aucune autre autorité dans l'exercice de sa mission.

La demande d'autorisation mentionne les éléments recueillis par les agents mentionnés à l'article L. 450-1 laissant présumer l'existence d'une infraction ou d'un manquement mentionnés au titre II du présent livre et justifiant l'accès aux données de connexion pour les besoins de l'enquête.

Les agents mentionnés à l'article L. 450-1 utilisent les données de connexion communiquées dans les conditions du présent article exclusivement dans le cadre de l'enquête pour laquelle ils ont reçu l'autorisation d'y accéder.

L'autorisation est versée au dossier d'enquête.

Ces données de connexion sont détruites à l'expiration d'un délai de six mois à compter d'une décision devenue définitive de l'Autorité de la concurrence, de l'autorité administrative chargée de la concurrence et de la consommation ou de la juridiction judiciaire ou administrative.

Les données de connexion relatives à des faits ne faisant pas l'objet de poursuites sont détruites à l'expiration d'un délai d'un mois à compter de la décision du rapporteur général de l'Autorité de la concurrence ou de l'autorité administrative mentionnée au I de l'article L. 470-2 ou de la juridiction judiciaire ou administrative, sans préjudice de leur transmission au procureur de la République en application de l'article 40 du Code de procédure pénale.

Les modalités d'application du présent article sont précisées par décret en Conseil d'État.

Art. L. 450-4 *(Mod., L. n° 2000-516, 15 juin 2000 ; L. n° 2001-420, 15 mai 2001 ; Ord. n° 2004-1173, 4 nov. 2004 ; Ord. n° 2008-1161, 13 nov. 2008 ; L. n° 2009-526, 12 mai 2009 ; L. n° 2016-731, 3 juin 2016 ; L. n° 2020-1508, 3 déc. 2020 ; Ord. n° 2021-649, 26 mai 2021)*. – Les agents mentionnés à l'article L. 450-1 ne peuvent procéder aux visites en tous lieux ainsi qu'à la saisie de documents et de tout support d'information et, le cas échéant, de leurs moyens de déchiffrement, susceptibles d'être détenus ou d'être accessibles ou disponibles que dans le cadre d'enquêtes demandées par la Commission européenne, le ministre chargé de l'économie ou le rapporteur général [de l']Autorité de la concurrence sur proposition du rapporteur, sur autorisation judiciaire donnée par ordonnance du juge des libertés et de la détention du tribunal judiciaire dans le ressort duquel sont situés les lieux à visiter. Ils peuvent également, dans les mêmes conditions, procéder à la pose de scellés sur tous locaux commerciaux, documents et supports d'information dans la limite de la durée de la visite de ces locaux. Lorsque ces lieux sont situés dans le ressort de plusieurs juridictions et qu'une action simultanée doit être menée dans chacun d'eux, une ordonnance unique peut être délivrée par l'un des juges des libertés et de la détention compétents.

Le juge vérifie que la demande d'autorisation qui lui est soumise est fondée ; cette demande doit comporter tous les éléments d'information en possession du demandeur de nature à justifier la visite. Lorsque la visite vise à permettre la constatation d'infractions aux dispositions du livre IV du présent code en train de se commettre, la demande d'autorisation peut ne comporter que les indices permettant de présumer, en l'espèce, l'existence des pratiques dont la preuve est recherchée.

La visite et la saisie s'effectuent sous l'autorité et le contrôle du juge qui les a autorisées. Celui-ci désigne le ou les chefs de service territorialement compétents, lesquels nomment autant d'officiers de police judiciaire que de lieux visités. Les officiers de police judiciaire sont chargés, chacun en ce qui les concerne, d'assister à ces opérations, d'y apporter leur concours en procédant, le cas échéant, aux réquisitions nécessaires et de tenir le juge informé du déroulement de ces opérations. Le juge ayant autorisé les opérations de visite et de saisie peut, pour en exercer le contrôle, délivrer une commission rogatoire au juge des libertés et de la détention dans le ressort duquel s'effectue la visite.

Le juge peut se rendre dans les locaux pendant l'intervention. À tout moment, il peut décider la suspension ou l'arrêt de la visite.

L'ordonnance est notifiée verbalement et sur place au moment de la visite à l'occupant des lieux ou à son représentant qui en reçoit copie intégrale contre récépissé ou émargement au procès-verbal. L'ordonnance comporte la mention de la faculté pour l'occupant des lieux ou son représentant de faire appel à un conseil de son choix. L'exercice de cette faculté n'entraîne pas la suspension des opérations de visite et saisie. En l'absence de l'occupant des lieux, l'ordonnance est notifiée après les opérations par lettre recommandée avec avis de réception. Il en va de même lorsqu'il n'est pas procédé à la visite dans un des lieux visés par l'ordonnance. La notification est réputée faite à la date de réception figurant sur l'avis.

L'ordonnance par laquelle le juge des libertés et de la détention statue sur la demande d'autorisation mentionnée au premier alinéa peut faire l'objet d'un appel devant le premier président de la cour d'appel dans le ressort de laquelle le juge a autorisé ou refusé la mesure, suivant les règles prévues par le Code de procédure pénale. Le ministère public peut interjeter appel, ainsi que la personne à l'encontre de laquelle a été ordonnée cette mesure. L'Autorité de la concurrence ou le ministre chargé de l'économie peut interjeter appel contre une ordonnance de refus d'autorisation. L'appel est formé par déclaration au greffe du tribunal judiciaire dans un délai de dix jours à compter de la notification de l'ordonnance. Il n'est pas suspensif. En cas d'appel formé à l'encontre d'une ordonnance d'autorisation, le ministre chargé de l'économie ou l'Autorité de la concurrence, selon le cas, est partie à cette procédure. Les parties à la procédure devant le premier président de la cour d'appel peuvent former un pourvoi en cassation à l'encontre de l'ordonnance rendue à son issue selon les règles prévues par le Code de procédure pénale. Les pièces saisies sont conservées jusqu'à ce qu'une décision soit devenue définitive.

La visite, qui ne peut commencer avant six heures ou après vingt et une heures, est effectuée en présence de l'occupant des lieux ou de son représentant. L'occupant des lieux peut désigner un ou plusieurs représentants pour assister à la visite et signer le procès-verbal. En cas d'impossibilité, l'officier de police judiciaire requiert deux témoins choisis en dehors des personnes relevant de son autorité, de celle de l'administration de la direction générale de la concurrence, de la consommation et de la répression des fraudes ou de celle [de l']Autorité de la concurrence.

Les agents mentionnés à l'article L. 450-1, l'occupant des lieux ou son représentant ainsi que l'officier de police judiciaire et, le cas échéant, les agents et autres personnes mandatés par la Commission européenne peuvent seuls prendre connaissance des pièces et documents avant leur saisie. Les agents mentionnés à l'article L. 450-1 peuvent procéder au cours de la visite à des auditions de l'occupant des lieux ou de son représentant en vue de recueillir les informations ou explications utiles aux besoins de l'enquête. Conformément à l'article 28 du Code de procédure pénale, l'article 61-1 du même code est applicable lorsqu'il est procédé à l'audition d'une personne à l'égard de laquelle il existe des raisons plausibles de soupçonner qu'elle a commis ou tenté de commettre une infraction.

Les inventaires et mises sous scellés sont réalisés conformément à l'article 56 du Code de procédure pénale.

Les originaux du procès-verbal et de l'inventaire sont transmis au juge qui a ordonné la visite. Une copie du procès-verbal et de l'inventaire est remise à l'occupant des lieux ou à son représentant. Une copie est également adressée par lettre recommandée avec demande d'avis de réception aux personnes mises en cause ultérieurement par les pièces saisies au cours de l'opération.

Les pièces et documents saisis sont restitués à l'occupant des lieux, dans un délai de six mois à compter de la date à laquelle la décision [de l']Autorité de la concurrence est devenue définitive. L'occupant des lieux est mis en demeure, par lettre recommandée avec avis de réception, de venir les rechercher, dans un délai de deux mois. À l'expiration de ce délai et à défaut de diligences de sa part, les pièces et documents lui sont restitués, à ses frais.

Le déroulement des opérations de visite et saisie peut faire l'objet d'un recours devant le premier président de la cour d'appel dans le ressort de laquelle le juge a autorisé ces dernières, suivant les règles prévues par le Code de procédure pénale. Le ministère public, la personne à l'encontre de laquelle a été prise l'ordonnance mentionnée au premier alinéa et les personnes mises en cause au moyen de pièces saisies au cours de ces opérations peuvent former ce recours. Le ministre chargé de l'économie ou l'Autorité de la concurrence, selon le cas, est partie à cette procédure en qualité de partie défenderesse. Ce dernier est formalisé par déclaration au greffe du tribunal judiciaire dans un délai de dix jours à compter de la remise ou de la réception du procès-verbal et de l'inventaire, ou, pour les personnes n'ayant pas fait l'objet de visite et de saisie et qui sont mises en cause, à compter de la date à laquelle elles ont reçu notification du procès-verbal et de l'inventaire et, au plus tard à compter de la notification de griefs prévue à l'article L. 463-2. Les parties à la procédure devant le premier président de la cour d'appel peuvent former un pourvoi en cassation à l'encontre de l'ordonnance rendue à son issue selon les règles prévues par le Code de procédure pénale. Les pièces saisies sont conservées jusqu'à ce qu'une décision soit devenue définitive.

Bibliographie : L. Boré, *Les visites domiciliaires à l'épreuve du droit européen : D.* 2000, p. 491. • B. Bouloc, *Les visites et saisies en droit de la concurrence. Après l'arrêt Ravon et l'ordonnance du 13 novembre 2008 : Gaz. Pal.* 2009, doctr., p. 10. • B. Bouloc et J. Bombardier, *Visites domiciliaires en droit de la concurrence : 2011, une année rock'n'roll ! : Rev. Lamy conc.* 2012, n° 1987. • J. Catala-Marty et L. Nouvel, *Conciliation des droits de la défense et des intérêts de l'enquête dans les perquisitions en concurrence : JCP E* 2012, 1442. • B. Cheynel, *Recours contre les opérations de visites et saisies : nouveaux délais, nouvelles procédures : Rev. Lamy conc.* 2009, n° 1438. • B. Cheynel, A. Mexis et Ch. Winckler, *Le législateur et les visites domiciliaires : bien, mais peut mieux faire : Rev. Lamy conc.* 2011, n° 1862. • G. Fabre, *Saisies globales de messageries et respect du secret professionnel de l'avocat : Rev. Lamy conc.* 2012, n° 1989. • Th. Fossier et D. Van Erps, *Visites domiciliaires et investigations informatiques : le point de vue du juge de contrôle et de la DG COMP : RD conc.* 2010, n° 2, p. 188. • J.-M. Garinot, *Vers une meilleure protection des secrets d'affaires : Dr. et patrimoine* 2015, n° 243, p. 24. • B. Hatoux, *La réforme des visites domiciliaires en matière de concurrence : RJDA* 2009, p. 63. • P. Hennion-Jacquet, *Que reste-t-il du secret des correspondances entre l'avocat et son client ? : D.* 2013, p. 1429. • N. Jalabert-Doury, *Saisies informatiques : le régime français à l'épreuve des impératifs de conformité et de cohérence : RD conc.* 2009, n° 2, p. 69. • J. Lasserre Capdeville, *Le contentieux des OVS devant la Chambre criminelle de la Cour de cassation : Développements récents : RD conc.* 2012, n° 4, p. 208. • A. Marie, *Les enquêtes de la DGCCRF en matière de pratiques anticoncurrentielles : Rev. Lamy conc.* 2008, n° 1029. • F. Puel et V. Rebeyrotte, *Le respect des règles de concurrence mis en perspective : JCP E* 2015, n°s 1297, 1298, 1329 et 1355. • J.-C. Roda, *Les procédures administratives de visites et de saisies à l'épreuve de la Cour européenne des droits de l'homme : Rev. Lamy conc.* 2008, n° 1160. • L. Saenko, *Les saisies globales en droit de la concurrence : perspectives nouvelles : JCP E* 2013, 1453 ; *Le rôle et le secret professionnel de l'avocat à l'épreuve des visites et saisies du droit de la concurrence : Contrats, conc. consom.* 2014, chron. 5. • V. Selinsky, *Le dépistage des pratiques anticoncurrentielles par les opérations de visites et saisies : un équilibre restant à trouver : Rev. Lamy conc.* 2012, n° 1966.

• Sommaire

I – DÉCLENCHEMENT DE LA PROCÉDURE

1) Initiative de la demande. En autorisant les visites et les saisies litigieuses sans constater que la demande d'autorisation qui lui était soumise était présentée dans le cadre d'une enquête demandée soit par le ministre chargé de l'économie, soit par le Conseil de la concurrence, le président du tribunal (désormais le juge des libertés et de la détention) n'a pas donné de base légale à sa décision (▪ Cass. com., 12 déc. 1989, n° 89-10.898 : *JurisData* n° 1989-703906 ; *Bull. civ.* V, n° 317. ▪ Cass. com., 19 déc. 1989, n° 89-12.425 : *JurisData* n° 1989-704006 ; *Bull. civ.* IV, n° 326).

Dès lors que la Cour de cassation est en mesure de s'assurer que l'enquête portant sur le marché litigieux a été demandée par le rapporteur général du Conseil de la concurrence sur proposition du rapporteur, l'ordonnance du juge des libertés satisfait aux prescriptions de l'article L. 450-4 (▪ Cass. crim., 9 févr. 2005, n° 03-85.301 : *JurisData* n° 2005-027421 ; *Bull. crim.* 2005, n° 51 ; *D.* 2005, p. 951, obs. E. Chevrier ; *RD conc.* 2005, n° 2, p. 92, obs. V. Michel-Amsellem ; *Rev. Lamy conc.* 2005, n° 223, obs. B. Cheynel et n° 300, note A. Marie).

2) Initiative du ministre de l'Économie. Si les visites et saisies prévues par l'article L. 450-4 ne peuvent être autorisées que dans le cadre des enquêtes demandées soit par le ministre chargé de l'économie, soit par le Conseil de la concurrence, il n'est pas interdit au ministre de déléguer ses pouvoirs conformément aux lois et règlements (▪ Cass. com., 10 mars 1992 : *Bull. civ.* IV, n° 108. ▪ Cass. com., 2 juin 1992 : *Bull. civ.* IV, n° 225. ▪ Cass. com., 15 juill. 1992, n° 89-20.334 : *JurisData* n° 1992-001699 ; *Bull. civ.* IV, n° 277. ▪ Cass. com., 15 mars 1994, n° 92-15.501 : *JurisData* n° 1994-000480 ; *Bull. civ.* IV, n° 116. ▪ Cass. com., 4 mars 1997, n° 95-30.130 : *JurisData* n° 1997-001086 ; *RJDA* 1997, n° 668 [1re esp.], et ▪ Cass. com., 30 nov. 1999, n° 98-83.863 : *JurisData* n° 1999-004849 ; *LPA* 20 juill. 2000, p. 21, obs. M. Petitier ; *RTD com.* 2000, 625, obs. E. Claudel, pour une délégation de signature au directeur général de la concurrence. ▪ Cass. com., 11 janv. 2000, n° 97-30.190 : *JurisData* n° 2000-000039 ; *LPA* 20 juill. 2000, p. 26, obs. M. Petitier). Mais cette délégation n'implique pas l'abandon par le ministre de la possibilité d'exercer personnellement ses pouvoirs (▪ Cass. com., 23 févr. 1993, n° 91-19.745 : *JurisData* n° 1993-000339 ; *Bull. civ.* IV, n° 77 ; *RJDA* 1993, n° 415). Le ministre délégué peut déléguer sa signature (▪ Cass. com., 17 nov. 1998, n° 97-30.010 : *JurisData n° 1998-004364 ; Bull. civ. IV, n° 270 ; RJDA 1999, n° 346* ; *JCP* E 1999, p. 1913, obs. P. Arhel. ▪ Cass. com., 1er juin 1999, n° 98-30.010 : *JurisData* n° 1999-002412 ; *LPA* 3 avr. 2000, p. 9, obs. M. Petitier).

L'article L. 450-4 n'exige pas que les demandes d'enquête émanent du ministre lui-même ni de son délégataire, ou du Conseil de la concurrence (▪ Cass. com., 25 janv. 2000, n° 98-30.293 : *JurisData* n° 2000-000416 ; *LPA* 21 juill. 2000, p. 13, obs. M. Petitier). Le directeur général de la concurrence, de la consommation et de la répression des fraudes, agissant en vertu d'une délégation permanente de signature du ministre, peut désigner un chef de brigade interrégional pour mener une enquête en lui laissant la faculté de demander, le cas échéant, une autorisation de visite domiciliaire (même déc.).

Lorsque le signataire d'une demande d'enquête agit en vertu d'une délégation subordonnée aux absences ou empêchements d'autres délégataires, le juge doit constater que la demande avait été signée par l'agent par délégation du ministre en raison des absences ou empêchements de ces autres délégataires (▪ Cass. com., 2 nov. 1994, n° 92-11.717 : *RJDA* 1995, n° 42).

La circonstance que l'ordonnance d'autorisation vise une délégation permanente de signature caduque et non la délégation régulièrement donnée pour signer les demandes d'enquête au nom du ministre en exercice n'est pas de nature à entacher d'irrégularité la demande d'enquête retenue par l'ordonnance (▪ Cass. com., 12 déc. 1995, n° 93-21.605 : *JurisData* n° 1995-003951 ; *RJDA* 1996, n° 365).

3) Initiative du Conseil de la concurrence. Lorsque les visites et saisies sont demandées par le Conseil de la concurrence, elles ne peuvent émaner que du Conseil délibérant collégialement (▪ Cass. com., 12 juill. 1993, n° 90-19.660 : *JurisData* n° 1993-001504 ; *RJDA* 1993, n° 816. ▪ Cass. com., 6 avr. 1993 : *Bull. civ.* IV, n° 145). La demande d'autorisation a été régulièrement présentée au juge dès lors que la requête du directeur régional de la concurrence s'inscrit dans l'enquête demandée par le Conseil de la concurrence au directeur général de la concurrence et qu'il résulte de la pièce produite que le président du tribunal a eu une lettre signée du président du Conseil de la concurrence demandant une enquête au directeur général et une note de ce dernier à son directeur régional (▪ Cass. com., 24 juin 1997, n° 95-30.126 : *JurisData* n° 1997-003611 ; *RJDA* 1997, n° 1507).

II – POUVOIRS ET COMPÉTENCE DU JUGE DES LIBERTÉS ET DE LA DÉTENTION

4) Autorisation judiciaire. Aucune disposition légale n'impose au juge des libertés et de la détention, qui tient de l'article L. 450-4 sa compétence pour autoriser les visites et saisies de documents, de mentionner dans l'ordonnance l'origine de sa désignation (▪ Cass. crim., 14 nov. 2007 [2 arrêts] : *D.* 2008, p. 81, obs. E. Chevrier).

L'ordonnance autorisant les agents de la répression des fraudes à faire une visite et saisie conformément à l'article L. 450-4 peut être rendue par un juge délégué par le président du tribunal de grande instance (▪ Cass. com., 4 avr. 1995, n° 93-12.948 : *JurisData* n° 1995-000783 ; *Bull. civ.* IV, n° 118. ▪ Cass. com., 3 oct. 1995, n° 94-11.709 : *Bull. civ.* IV, n° 221). V. désormais art. L. 450-4, al. 1er, p. 869.

5) Bien-fondé de la demande. Le président du tribunal (désormais le juge des libertés et de la détention) a l'obligation de vérifier le bien-fondé de la demande (▪ Cass. ch. mixte, 15 déc. 1988, n° 87-16.576 : *JurisData* n° 1988-702861 ; *Bull. civ.* 1988, n° 4 ; *D.* 1989, 189, concl. M. Jéol. ▪ Cass. com., 19 déc. 1989 : *Bull. civ.* IV, n° 326. ▪ Cass. com., 20 nov. 1990, n° 89-18.265 : *JurisData* n° 1990-702961 ; *Bull. civ.* IV, n° 294).

Pour ce faire, le juge doit vérifier de manière concrète par l'appréciation des éléments d'information que l'Administration est tenue de lui fournir que la demande d'autorisation qui lui est soumise est bien fondée et à cette fin doit se référer en les analysant, fût-ce succinctement, auxdits éléments d'information desquels il tire les faits fondant son appréciation (▪ Cass. com., 5 févr. 1991 : *Bull. civ.* IV, n° 50). En ce sens, V. ▪ Cass. com., 26 janv. 1993, n° 91-22.250 : *JurisData* n° 1993-000102 ; *Bull. civ.* IV, n° 31 ; *RJDA* 1993, n° 528. ▪ Cass. com., 6 avr. 1993 : *Bull. civ.* IV, n° 146.

Les motifs et le dispositif d'une ordonnance statuant sur une requête tendant à voir autoriser des opérations de visite et de saisie sont réputés avoir été établis par le juge qui l'a rendue et signée. Doit en conséquence être approuvée la décision du premier président qui écarte le moyen faisant grief au juge des libertés et de la détention de s'être borné à reproduire les termes de la requête dont il était saisi, une telle pratique n'étant pas contraire aux dispositions des articles 6 et 8 de la Convention européenne des droits de l'homme (▪ Cass. crim., 27 févr. 2013, n° 12-12.878 : *JurisData* n° 2013-005182 ; *Bull. crim.* 2013, n° 52 ; *Dalloz Act.* 25 mars 2013, obs. M. Bombled ; *RJDA* 2013, n° 551).

Mais l'exigence que la demande d'autorisation comporte tous les éléments d'information *de nature à justifier* la visite n'implique pas que le juge constate expressément, à peine d'irrégularité de sa décision, que cette prescription légale a été observée (▪ Cass. com., 14 janv. 1992 : *Bull. civ.* IV, n° 17).

6) Caractérisation des pratiques présumées. Le juge doit caractériser les pratiques anticoncurrentielles présumées (▪ Cass. com., 26 janv. 1993 : *Bull. civ.* IV, n° 31 ; *RJDA* 1993, n° 528. ▪ Cass. com., 15 mars 1994 : *Bull. civ.* IV, n° 116).

Il n'est pas interdit au juge, pour caractériser les présomptions retenues, de comparer les pratiques de l'espèce à des pratiques similaires qualifiées d'infractions par le Conseil de la concurrence et la cour d'appel de Paris (▪ Cass. com., 7 oct. 1997, n° 95-30.146 : *JurisData* n° 1997-003827 ; *Bull. civ.* IV, n° 247).

Il résulte de l'article L. 450-4 qu'après avoir vérifié que la demande qui lui est soumise est fondée, le juge des libertés et de la détention peut autoriser des opérations de visite et saisie dans toute entreprise, quelle que soit son activité. Encourt dès lors la cassation, l'ordonnance du délégué du premier président qui soumet l'autorisation des opérations de visite et saisie dans des entreprises de presse à des conditions particulières (▪ Cass. crim., 11 janv. 2012, n° 10/04587 : *JurisData* n° 2012-004540 ; *Bull. crim.* 2012, n° 8 ; *D.* 2012, p. 213, obs. S. Lavric ; *Contrats, conc. consom.* 2012, comm. 74, obs. G. Decocq ; *Rev. Lamy conc.* 2012, n° 2051, obs. Ch. Winckler ; cass. de ▪ Paris, ord., 17 juin 2010, n° 10/08075 : *Contrats, conc. consom.* 2010, comm. 218, obs. G. Decocq ; *Rev. Lamy conc.* 2010, n° 1694, obs. R. Christol).

Ajoute à la loi des conditions qu'elle ne comporte pas l'ordonnance du premier président qui subordonne l'autorisation d'effectuer les opérations de visite et de saisie prévues par l'article L. 450-4 à l'existence de présomptions précises, graves et concordantes permettant d'établir la réalité d'un fait inconnu à partir de faits connus (▪ Cass. crim., 22 janv. 2014, n° 13-80.021 : *JurisData* n° 2014-000630 ; *Dalloz Act.* 14 févr. 2014, obs. L. Priou-Alibert ; *JCP G* 2013, 130, obs. B. Ruy ; *Rev. Lamy conc.* 2014/39, n° 2534, obs. B. Bouloc ; *RJDA* 2014, n° 386).

Sur le pouvoir souverain du juge de considérer qu'il existe des présomptions de pratiques anticoncurrentielles justifiant des visites domiciliaires (▪ Cass. com., 14 janv. 1992 : *Bull. civ.* IV, n° 18. – *Adde*, ▪ Cass. com., 30 nov. 1999 : *LPA* 20 juill. 2000, p. 21, obs. M. Petitier).

7) Origine licite des documents fondant la demande. Le juge statuant en vertu de l'article L. 450-4 ne peut se référer qu'aux documents produits par l'Administration demanderesse détenus par celle-ci de manière apparemment licite (▪ Cass. com., 27 nov. 1991, n° 90-10.579 : *JurisData* n° 1991-003021 ; *Bull. civ.* IV, n° 366 ; *JCP E* 1992, II, 248, concl. M. Jéol ; *ibid.*, I, 174, n° 3, obs. J. Azéma ; *D.* 1992, 122, concl. M. Jéol, note Texidor). L'ordonnance retient que les documents obtenus au cours de l'enquête corroborent les éléments résultant de documents émanant des entreprises recherchées reçus par le service au moyen d'un envoi anonyme ; en se fondant sur ces derniers documents dont ainsi l'origine licite ne résultait pas des mentions de l'ordonnance, le président du tribunal n'a pas donné de base légale à sa décision (même arrêt).

Viole l'article L. 450-4 le jugement qui autorise des visites et saisies en retenant des présomptions tirées de documents provenant de saisies autorisées par une décision antérieure ayant pour objet la recherche de preuves d'agissements distincts de ceux visés dans la demande sur laquelle le juge statuait sans préciser qu'ils avaient été régulièrement saisis et au moyen de quelle procédure l'Administration a distrait ces documents des précédentes saisies (■ Cass. com., 12 juill. 1993, n° 92-12.711 : *JurisData* n° 1993-001503 ; *Bull. civ.* IV, n° 307).

Il n'est pas interdit au juge de faire état d'une déclaration anonyme, non accompagnée de la remise de documents, dès lors que cette déclaration lui est soumise au moyen d'un document, établi par les enquêteurs et signé par eux, permettant aussi d'en apprécier la teneur et est corroborée par d'autres éléments d'information décrits et analysés par lui (■ Cass. com., 26 oct. 1993 : *JurisData* n° 1993-002294 ; *Bull. civ.* IV, n° 367 ; *RJDA* 1993, n° 1060 ; *JCP* E 1999, p. 1912, obs. P. Arhel).

Le juge satisfait à son obligation de mentionner l'origine apparemment licite des pièces produites par l'Administration sur lesquelles il fonde sa décision en indiquant que ces pièces ont été obtenues soit parce qu'elles sont publiques, soit au moyen du droit de communication prévu par l'article 51 de l'ordonnance de décembre 1986 (devenu C. com., art. L. 450-7), soit à l'occasion de la participation des agents de la direction départementale de la concurrence aux commissions d'ouverture des plis (■ Cass. com., 10 déc. 1996 : *Bull. civ.* IV, n° 311 ; *RJDA* 1997, n° 1055. ■ Cass. com., 12 nov. 1996, n° 94-10.596 : *JurisData* n° 1996-004293 ; *Bull. civ.* IV, n° 272. ■ Cass. com., 30 nov. 1999 : *LPA* 20 juill. 2000, p. 21, obs. M. Petitier).

8) Confidentialité des documents fondant la demande. Le caractère manifestement confidentiel des documents recherchés et les pressions auxquelles peuvent être soumis certains tiers sont de nature à justifier l'utilisation des pouvoirs définis à l'article 48 de l'ordonnance de décembre 1986 (devenu C. com., art. L. 450-4) (■ Cass. crim., 22 oct. 2003 [1re esp.] : *Bull. crim.* 2003, n° 199).

En raison de la nature de ces agissements, dont la preuve est recherchée et qui laissent présumer que la société requérante est impliquée dans des pratiques prohibées par l'article 81 du traité CE (devenu art. 101 TFUE), et du caractère confidentiel des documents s'y rapportant, nécessairement ignorés des enquêteurs, seuls les pouvoirs conférés par l'article 48 de l'ordonnance de 1986 (devenu C. com., art. L. 450-4), non disproportionnés par rapport aux mesures envisagées, sont de nature à garantir l'accomplissement de la mission des agents mandatés par la Commission (■ Cass. crim., 22 oct. 2003 [2e esp.] : *Bull. crim.* 2003, n° 199). En l'état de ces énonciations, le président du tribunal (désormais le juge des libertés et de la détention) a procédé au contrôle qui lui incombait en vertu des articles 14, paragraphe 6, du règlement n° 17/62/CEE et 48 de l'ordonnance de 1986 (devenu C. com., art. L. 450-4) et n'avait pas à mieux s'expliquer sur le caractère confidentiel des documents figurant au dossier de la Commission (même arrêt).

9) Portée de l'ordonnance. L'autorisation de rechercher, au moyen d'une visite et d'une saisie, la preuve des agissements présumés n'emporte pas déclaration de culpabilité et ne préjuge pas de l'appréciation, par la juridiction du fond, des éléments de cette preuve (■ Cass. com., 5 févr. 1991 : *Bull. civ.* IV, n° 50. ■ Cass. com., 4 avr. 1995, n° 93-12.948 : *JurisData* n° 1995-000783 ; *JCP* E 1995, pan. 741. *Rappr.* ■ Cass. com., 20 nov. 1990 : *Bull. civ.* IV, n° 293).

L'article L. 450-4 n'institue pas une enquête autonome, mais se borne à définir un mode d'investigation qui peut être autorisé au cours de l'enquête prévue à l'article L. 450-3 (■ Cass. com., 23 mars 1993, n° 91-20.702 : *JurisData* n° 1993-000628 ; *RJDA* 1993, n° 417. ■ Cass. com., 6 avr. 1993 : *Bull. civ.* IV, n° 145 ; *RJDA* 1993, n° 532. ■ Cass. com., 12 juill. 1993, n° 91-20.433 : *RJDA* 1993, n° 816).

En autorisant la saisie de « tous documents utiles », le juge n'a pas autorisé les agents de l'Administration à saisir des documents ne se rapportant pas aux agissements retenus pour accueillir la demande de visite (■ Cass. com., 14 janv. 1992 : *Bull. civ.* IV, n° 17).

En se référant pour la compléter à sa précédente ordonnance, le président du tribunal n'avait pas à reproduire le contenu de son ordonnance principale (■ Cass. com., 4 avr. 1995 : *Bull. civ.* IV, n° 117). Cette référence ne rend pas les agents, désignés en vertu de la précédente ordonnance, incompétents (même arrêt). *Rappr.* ■ Cass. com., 15 juill. 1992 : *Bull. civ.* IV, n° 276.

Le juge ne méconnaît pas l'étendue de ses pouvoirs lorsqu'il autorise la saisie d'éléments comptables appartenant à des personnes pouvant être en relation d'affaires avec la société incriminée (■ Cass. com., 21 janv. 1996, n° 93-18.982 : *RJDA* 1997, n° 529).

L'autorisation judiciaire qui limite les pouvoirs des enquêteurs à la seule saisie de documents vise aussi bien des documents sur support papier que sur support informatique (■ Cass. crim., 14 nov. 2007, n° 05-85.739 : JurisData n° 2007-041690 ; D. 2008, p. 81, obs. E. Chevrier).

10) Commission rogatoire. Méconnaît les exigences de l'article L. 450-4 le président du tribunal de grande instance (désormais le juge des libertés et de la détention) qui fait procéder aux visites et saisies hors de son ressort sans délivrer des commissions rogatoires, pour exercer le contrôle des opérations, aux présidents des tribunaux de grande instance dans le ressort desquels doivent s'effectuer ces visites et saisies (■ Cass. com., 21 mars 1989, n° 88-10.162 : *JurisData* n° 1989-700912 ; *Bull. civ.* V, n° 93 ; *D.* 1990, somm. 109, obs. Ch. Gavalda et Cl. Lucas de Leyssac. – *Comp.* ■ Cass. com., 26 janv. 1993, n° 91-22.250 : *JurisData* n° 1993-000102 ; *RJDA* 1993, n° 529. ■ Cass. com., 11 janv. 2000, n° 97-30.190 : *JurisData* n° 2000-000039 ; *JCP* E 2000, pan. 343).

Le président du tribunal (désormais le juge des libertés et de la détention) à qui l'ordonnance donne commission rogatoire pour contrôler les opérations devant se dérouler dans le ressort de sa juridiction ne saurait à son tour porter une appréciation sur le bien-fondé de la demande de l'Administration ; il lui appartient seulement de s'assurer de l'authenticité de cette décision avant de désigner un ou plusieurs officiers de police judiciaire pour assister aux opérations et le tenir informé de leur déroulement (■ Cass. com., 30 mai 2000, n° 98-30.289 : *JurisData* n° 2000-002379 ; *LPA* 27 mars 2001, p. 12, obs. M. Petitier).

Seul le juge ayant reçu commission rogatoire pour désigner un ou plusieurs officiers de police judiciaire chargés d'assister aux opérations de visite et saisie et de le tenir informé de leur déroulement, est compétent pour statuer sur la modification de la situation des locaux à visiter, dès lors qu'ils se trouvent dans son ressort (■ Cass. crim., 9 févr. 2005 : *Bull. crim.* 2005, n° 52 ; *D.* 2005, p. 951, obs. E. Chevrier ; *RD conc.* 2005, n° 2, p. 92, obs. V. Michel-Amsellem ; *Rev. Lamy conc.* 2005, n° 223, obs. B. Cheynel et n° 300, note A. Marie).

III – DÉSIGNATION ET COMPÉTENCE TERRITORIALE DES AGENTS

11) Désignation. Le président du tribunal de grande instance (désormais le juge des libertés et de la détention) qui, par application des dispositions de l'article L. 450-4, autorise des visites et saisies dans divers locaux commerciaux ou d'habitation, a la faculté de laisser au chef de service, qui a sollicité l'autorisation exigée par la loi, le soin de désigner les agents placés sous son autorité chargés d'effectuer ces opérations, dès lors que ces agents ont été dûment habilités en qualité d'enquêteurs (■ Cass. com., 21 mars 1989 : *Bull. civ.* V, n° 93 ; *D.* 1990, somm. 109, obs. Ch. Gavalda et Cl. Lucas de Leyssac. ■ Cass. com., 5 févr. 1991 : *Bull. civ.* IV, n° 57. ■ Cass. com., 23 févr. 1999, n° 97-30.185 : *JurisData* n° 1999-000871 ; *LPA* 18 nov. 1999, p. 16, obs. M. Petitier), et à la condition qu'ils soient placés sous l'autorité de ce chef de service (■ Cass. com., 4 avr. 1995 : *Bull. civ.* IV, n° 118. ■ Cass. com., 16 mai 1995 : *Bull. civ.* IV, n° 148. ■ Cass. com., 3 oct. 1995 : *Bull. civ.* IV, n° 221. ■ Cass. com., 17 nov. 1998 : *Bull. civ.* IV, n° 270 ; *RJDA* 1999, n° 346). Cette dernière exigence ne concerne pas le chef de service sous l'autorité duquel sont placés les fonctionnaires désignés pour procéder aux visites domiciliaires et dont le rôle n'est pas de procéder lui-même aux opérations de visites (■ Cass. com., 10 déc. 1996 : *Bull. civ.* IV, n° 311 ; *RJDA* 1997, n° 1055. ■ Cass. com., 13 mai 1997 [2 esp.] : *Bull. civ.* IV, n°s 133 et 134 ; *RJDA* 1997, n° 1057).

Ne satisfait pas aux exigences de l'article L. 450-4 le président du tribunal (désormais le juge des libertés et de la détention) qui ayant autorisé une visite et saisie domiciliaires prend une ordonnance complémentaire sur la base d'une requête orale ne précisant pas si elle émane d'un enquêteur habilité par le ministre chargé de l'économie et ne mentionnant pas les justifications produites à l'appui de la demande (■ Cass. com., 15 juill. 1992 : *Bull. civ.* IV, n° 276. – *Adde* ■ Cass. com., 16 janv. 1996, n° 93-19.979 : *JCP* E 1996, pan. 329).

12) Compétence territoriale. Le président du tribunal (désormais le juge des libertés et de la détention), statuant en application de l'article 48 de l'ordonnance de 1986 (devenu C. com., art. L. 450-4), peut autoriser des agents de l'Administration autres que ceux qui présentent la demande, dès lors qu'ils sont habilités par le ministre chargé de l'économie à procéder aux enquêtes prévues par ce texte ; ayant retenu, par une décision motivée, des présomptions d'agissements communs aux entreprises visées par la demande d'autorisation nécessitant une action simultanée dans les locaux de ces entreprises et ayant relevé que certains de ces locaux étaient situés hors de la compétence territoriale du chef de la brigade interrégionale qui lui présentait la requête, le président du tribunal (désormais le juge des libertés et de la détention) a pu autoriser le chef d'une autre brigade interrégionale, dont il a constaté l'habilitation à procéder aux enquêtes prévues à l'article 48 (devenu C. com., art. L. 450-4), à lui apporter son concours pour les opérations relevant de sa compétence territoriale (■ Cass. com., 12 janv. 1999, n° 97-30.135 : *JurisData* n° 1999-000224 ; *Contrats, conc. consom.* 1999, comm. 75, obs. M. Malaurie-Vignal ; *LPA* 16 nov. 1999, obs. M. Petitier).

IV – DÉSIGNATION ET RÔLE DES OFFICIERS DE POLICE JUDICIAIRE

13) Désignation des agents OPJ. En autorisant le commissaire central à désigner, pour les sociétés situées dans le ressort de sa juridiction, les officiers de police judiciaire placés sous son autorité et territorialement compétents, le président du tribunal (désormais le juge des libertés et de la détention) a méconnu les exigences de l'article 48 de l'ordonnance de 1986 (devenu C. com., art. L. 450-4) (■ Cass. com., 23 mars 1993, n° 91-21.612 : *Bull. civ.* IV, n° 120 ; *RJDA* 1993, n° 417).

Lorsque la désignation des officiers de police judiciaire a été valablement faite par l'ordonnance d'autorisation, sa réitération par une autorité, fût-elle incompétente, est sans portée (■ Cass. com., 4 mars 1997 : *RJDA* 1997, n° 668 [2e esp.]).

La présence conjointe d'un véritable officier de police judiciaire suffit à rendre régulière la partie des opérations de visite et de saisie effectuée sous le contrôle d'un fonctionnaire n'ayant pas cette qualité (■ Cass. com., 23 juin 2004 : *Bull. civ.* IV, n° 132 ; *D.* 2004, p. 2439 ; *RJDA* 2005, n° 80 ; *Contrats, conc. consom.* 2004, comm. 159, obs. M. Malaurie-Vignal ; *Rev. Lamy conc.* 2005, n° 135, obs. J. Peyre).

14) Remplacement d'un OPJ. Il appartient à l'administration bénéficiaire de l'autorisation de demander le remplacement d'un officier de police judiciaire empêché (■ Cass. com., 25 janv. 2000 : *LPA* 21 juill. 2000, p. 11, obs. M. Petitier).

15) Rôle des OPJ. En chargeant l'officier de police judiciaire à recourir aux réquisitions nécessaires (notamment aux services éventuels de serruriers), le président du tribunal (désormais le juge des libertés et de la détention) a méconnu l'étendue des pouvoirs de l'officier de police judiciaire (■ Cass. com., 10 mars 1992 : *Bull. civ.* IV, n° 112).

En autorisant le chef d'une brigade de gendarmerie et/ou tout officier de police judiciaire territorialement compétent placé sous son autorité pour recourir aux réquisitions, le président du tribunal méconnaît l'étendue des pouvoirs de l'officier de police judiciaire (■ Cass. com., 24 mai 1994, n° 92-21.296 : *RJDA* 1994, n° 1161). V. désormais C. com., art. L. 450-4, al. 3.

V – OBJET DE LA VISITE

16) Ne satisfait pas aux exigences de l'article L. 450-4 le président du tribunal (désormais le juge des libertés et de la détention) qui autorise des visites et saisies domiciliaires ayant un objet général, en ce qui concerne les appels d'offres sur lesquels pouvaient porter les recherches, et indéterminé au regard des divers agissements visés à l'article L. 420-1, alors qu'il retient des présomptions circonscrites à certains appels d'offres et à certains agissements déterminés (■ Cass. com., 6 avr. 1993 : *Bull. civ.* IV, n° 145. ■ Cass. com., 26 oct. 1993 : *Bull. civ.* IV, n° 367. ■ Cass. com., 15 mars 1994 : *Bull. civ.* IV, n° 116. ■ Cass. com., 11 janv. 2000, n° 97-30.109 : *JurisData* n° 2000-000197 ; *Bull. civ.* IV, n° 9 ; *D.* 2000, *Cah. dr. aff.*, act. jurispr. p. 124, obs. A. Marmontel ; *LPA* 20 juill. 2000, p. 26, obs. M. Petitier).

17) Si l'Administration saisissante ne peut appréhender que les documents se rapportant aux agissements retenus par l'ordonnance d'autorisation de visite et saisie domiciliaire, il ne lui est pas interdit de saisir des documents pour partie utiles à la preuve des agissements retenus (■ Cass. com., 12 nov. 1996 [4e esp.] : *RJDA* 1997, n° 231).

18) L'objet de l'enquête étant déterminé par le marché visé et les pratiques recherchées, le fait de laisser aux enquêteurs la possibilité de décider le recours aux visites et saisies domiciliaires en fonction des résultats de leur enquête ne méconnaît pas les dispositions de l'article L. 450-4 (■ Cass. com., 4 mars 1997 : *RJDA* 1997, n° 668 [1re esp.]. ■ Cass. com., 30 nov. 1999 : *LPA* 20 juill. 2000, p. 21, obs. M. Petitier).

VI – LIEUX DE LA VISITE

19) Le juge peut autoriser une visite en tous lieux, même privés, où sont susceptibles d'être détenus les documents se rapportant aux agissements frauduleux dont la preuve est recherchée (■ Cass. com., 29 oct. 1991, n° 90-12.924 : *JurisData* n° 1991-002718 ; *Bull. civ.* IV, n° 314).

Le défaut de précision par le ministre de l'Économie de la liste des entreprises objet de l'enquête n'affecte pas l'autorisation judiciaire de procéder aux visites domiciliaires lorsque le juge a autorisé une visite dans tous les lieux nécessaires (■ Cass. com., 4 mars 1997, n° 95-30.158 : *RJDA* 1997 [1re esp.], n° 668).

Il se déduit de l'article L. 450-4 que le juge, qui autorise des opérations de visite et saisie dans les locaux d'une société, n'est pas tenu d'identifier toutes les sociétés du même groupe, domiciliées à la même adresse (■ Cass. crim., 4 avr. 2012, n° 10-88.192 : *JurisData* n° 2012-008130 ; *Dr. pén.* 2012, comm. 92, obs. J.-H. Robert).

Le juge n'est pas tenu de prendre une ordonnance spécifique autorisant la visite du véhicule appartenant à l'occupant des lieux et s'y trouvant (■ Cass. com., 21 janv. 1997, n° 94-18.855 : *JurisData* n° 1997-000213 ; *Bull. civ.* IV, n° 19 ; *RJDA* 1997, n° 529).

20) Ce magistrat est tenu d'identifier d'une façon expresse les lieux où les visites et les saisies sont autorisées. Il doit désigner un ou plusieurs officiers de police judiciaire pour assister aux opérations et le tenir informé de leur déroulement, mais il n'a pas l'obligation, dans son ordonnance, de les désigner nommément (■ Cass. com., 21 mars 1989, n° 88-10.162 : *JurisData* n° 1989-

700912 ; *Bull. civ.* IV, n° 93 ; *D.* 1990, somm. 109, obs. Ch. Gavalda et Cl. Lucas de Leyssac. – *Adde* ▪ Cass. com., 4 févr. 1992, n° 91-10.541 : *RD bancaire et bourse* 1993, 53, obs. D. Bayet et J. Pannier. – *Comp.* ▪ Cass. com., 23 mars 1993 [2 esp.] : *Bull. civ.* IV, n°s 119 et 120 ; *RJDA* 1993, n° 417 qui semblent exiger la désignation nominative des officiers de police judiciaire).

VII – CONTRÔLE DE RÉGULARITÉ

A – Jurisprudence antérieure à la loi NRE du 15 mai 2001

21) Intérêt pour agir. Toute personne intéressée est recevable à contester la régularité des opérations de visite et de saisie autorisées par le président du tribunal au moyen d'une requête présentée à cette fin à ce magistrat dont les pouvoirs de contrôle s'étendent à la constatation de l'irrégularité des opérations lorsqu'elles sont achevées, et, en ce cas, à leur annulation ; entre dans les prévisions de cette procédure le contrôle de la conformité des saisies opérées au but des recherches autorisées (▪ Cass. com., 4 juin 1991, n° 90-10.588 : *JurisData* n° 1991-001611 ; *Bull. civ.* IV, n° 212). Aussi, le président du tribunal de grande instance ne peut-il pas se déclarer incompétent pour connaître de la demande d'une entreprise en restitution de documents saisis dans ses locaux en alléguant l'irrégularité de la saisie (même arrêt).

Il appartient à toute personne intéressée qui entend contester la régularité des opérations de visite et de saisie autorisées par le président du tribunal de grande instance sur le fondement de l'article L. 450-4, de saisir d'une requête à cette fin ce magistrat, dont les pouvoirs de contrôle s'étendent à la constatation de l'irrégularité des opérations lorsqu'elles sont achevées et, en ce cas, à leur annulation ; il ne peut être question de limiter cette compétence aux seules personnes nommément visées par l'ordonnance ; il suffit de justifier d'un intérêt (▪ TGI Digne-les-Bains, ord., 21 mars 1990 : *JCP* E 1990, II, 15834, note B. Bouloc ; *D.* 1991, somm. 250, obs. Ch. Gavalda et Cl. Lucas de Leyssac).

22) Pouvoirs du juge. *La mission du président* chargé de contrôler le déroulement d'une visite domiciliaire prend fin avec les opérations, lors de la remise de la copie du procès-verbal et de l'inventaire à l'occupant des lieux ou à son représentant, et ne peut être saisi *a posteriori* d'une éventuelle irrégularité entachant ces opérations, une telle contestation relevant du contentieux dont peuvent être saisies les autorités de décision appelées à statuer sur les poursuites éventuellement engagées sur le fondement des documents appréhendés (▪ Cass. com., 30 nov. 1999, n° 98-30.005 : *JurisData* n° 1999-004193 ; *Bull. civ.* IV, n° 214 ; *JCP* E 2000, p. 1091, note B. Bouloc ; *D.* 2000, *Cah. dr. aff.*, jurispr. 27, obs. A.M. et, p. 261, note Matsopoulou ; *LPA* 20 juill. 2000, p. 24, obs. M. Petitier. ▪ Cass. com., 7 mars 2000, n° 98-30.147 : *JurisData* n° 2000-000855 ; *Bull. civ.* IV, n° 49 ; *D.* 2000, *Cah. dr. aff.*, act. jurispr. p. 194, obs. A. Marmontel ; *LPA* 21 juill. 2000, p. 15, obs. M. Petitier ; *RTD com.* 2000, 625, obs. E. Claudel. ▪ Cass. com., 18 avr. 2000, n° 98-30.178 : *JurisData* n° 2000-001744 ; *LPA* 14 nov. 2000, p. 10, et *LPA* 29 mars 2001, p. 11, obs. M. Malaurie-Vignal).

Les entreprises concernées peuvent saisir le président par voie de requête de toute contestation relative au déroulement « matériel » des opérations (▪ Cass. com., 23 févr. 1999 : *LPA* 18 nov. 1999, p. 16, obs. M. Petitier).

Viole l'article L. 450-4 le président qui décide que les entreprises concernées par l'autorisation de visite et de saisie pouvaient le saisir de toute contestation relative au déroulement des opérations, alors qu'il venait de donner commission rogatoire à cette fin à d'autres présidents territorialement compétents (▪ Cass. com., 21 mars 2000 : *Bull. civ.* IV, n° 64 ; *D.* 2000, act. jurispr. p. 224, note A. Marmontel ; *LPA* 14 nov. 2000, p. 6, obs. M. Petitier).

Le président du tribunal chargé, par commission rogatoire, de contrôler le déroulement des opérations de visite et de saisie effectuées dans son ressort, s'est à bon droit reconnu compétent pour apprécier l'adéquation des documents saisis au champ de l'ordonnance d'autorisation qu'il n'a pas rendue lui-même (▪ Cass. com., 23 mars 1999, n° 97-30.319 : *JurisData* n° 1999-001229 ; *Bull. civ.* IV, n° 70 ; *JCP* E 1999, p. 1913, obs. P. Arhel ; *LPA* 18 nov. 1999, p. 19, obs. M. Petitier).

B – Jurisprudence antérieure à l'ordonnance n° 2008-1161 du 13 novembre 2008

23) Les deux derniers alinéas de l'article L. 450-4, dans leur rédaction issue de la loi du 15 mai 2001, sont applicables immédiatement, y compris pour la répression des infractions commises avant son entrée en vigueur, dès lors qu'elle porte sur des dispositions de procédure (▪ Cons. conc., déc. n° 06-D-03, 9 mars 2006 : Rev. Lamy *conc.* 2006, n° 547, note V. Selinsky ; conf. par ▪ Paris, 29 janv. 2008 : *Contrats, conc. consom.* 2008, comm. 83, obs. G. Decocq ; *RD conc.* 2008, n° 2, p. 107, obs. E. Claudel ; *Rev. Lamy conc.* 2008, n° 1069, obs. V. Selinsky). Un tiers ne saurait se prévaloir devant le Conseil de la concurrence de l'irrégularité d'un procès-verbal établi dans le cadre de visites et saisies dès lors que l'entreprise ayant fait l'objet de ces visites et saisies ou dont le représentant a été interrogé n'en a pas contesté la régularité (même déc.).

Après la clôture des opérations de visite et de saisie de documents en vue de rechercher la preuve de pratiques anticoncurrentielles, seul est compétent, pour statuer sur la régularité du déroulement de ces opérations, le juge les ayant autorisées (■ Cass. crim., 9 févr. 2005 : *Bull. crim.* 2005, n° 52 ; *D.* 2005, p. 951, obs. E. Chevrier ; *RD conc.* 2005, n° 2, p. 92, obs. V. Michel-Amsellem ; *Rev. Lamy conc.* 2005, n° 223, obs. B. Cheynel et n° 300, note A. Marie).

C – Jurisprudence postérieure à l'ordonnance n° 2008-1161 du 13 novembre 2008

24) Mesure d'instruction. Viole l'article L. 450-4, ensemble l'article 143 du Code de procédure civile, le premier président qui saisi d'un recours sur le déroulement des opérations de visite et saisie ordonne une mesure d'instruction sans rapport concret avec le litige comme tendant à apprécier la possibilité pour les enquêteurs de procéder autrement qu'ils ne l'ont fait alors qu'il lui appartenait de vérifier concrètement, en se référant au procès-verbal et à l'inventaire des opérations, la régularité de ces dernières et d'ordonner, le cas échéant, la restitution des documents qu'il estimait appréhendés irrégulièrement ou en violation des droits de la défense (■ Cass. crim., 16 juin 2011, n° 11-80.345 : *JurisData* n° 2011-011618 ; *Bull. crim.* 2011, n° 135 ; *D.* 2011, p. 1749 ; *RD conc.* 2011, n° 3, p. 187, obs. Ch. Lemaire et S. Naudin ; *Rev. Lamy conc.* 2011, n° 1865, obs. M. Lavedan ; sur renvoi Paris, ord., 31 août 2012 : *Contrats, conc. consom.* 2012, comm. 261, obs. G. Decocq). En ce sens, ■ Cass. crim., 11 janv. 2012 : *Bull. crim.* 2012, n° 10 ; *D.* 2012, p. 214 ; *Contrats, conc. consom.* 2012, comm. 71, obs. D. Bosco ; sur renvoi, Paris, ord., 31 août 2012 : *D.* 2012, p. 2653, obs. B. Bouloc et J. Bombardier.

25) Données informatiques. Lorsque le premier président de la Cour d'appel est saisi d'un recours portant sur la régularité des opérations de visite et saisie en vue de rechercher la preuve de pratiques anticoncurrentielles, il appartient aux parties d'établir si les fichiers informatiques saisis entrent ou non dans les prévisions de l'autorisation de procéder à ces opérations (■ Cass. crim., 30 nov. 2011, n° 10-81.749 : *JurisData* n° 2011-026676 ; *Bull. crim.* 2011, n° 243 ; *D.* 2011, p. 2988).

Le premier président de la Cour d'appel retient, à bon droit, que les dispositions de la loi du 6 janvier 1978 relative à l'informatique, aux fichiers et aux libertés sont inapplicables, dès lors que l'exécution d'une opération de visite et saisie, autorisée par le juge des libertés et de la détention, est réalisée sous son contrôle et son déroulement est susceptible d'un recours devant le premier président (■ Cass. crim., 30 nov. 2011 : *Bull. crim.* 2011, n° 242 ; *D.* 2011, p. 2989).

Ne justifie pas sa décision le juge qui annule la saisie d'un ordinateur dès lors que celui-ci se trouvait dans les lieux visés par l'ordonnance autorisant les opérations de visite et saisie et qu'il n'était pas allégué l'absence dans ce matériel de données en lien avec l'objet de cette autorisation (■ Cass. crim., 14 déc. 2011, n° 10-85.293 : *JurisData* n° 2011-028264 ; *Bull. crim.* 2011, n° 259 ; *D.* 2011, p. 86).

Est justifiée la décision qui, pour déclarer régulière la saisie de fichiers informatiques effectuée lors d'une visite domiciliaire autorisée en vertu de l'article L. 450-4, énonce que ces fichiers ont été identifiés puis inventoriés et que l'occupant de lieux, qui en a reçu copie et a ainsi été mis en mesure d'en connaître le contenu, n'a pas formulé d'observations au moment où les opérations ont été effectuées puis n'a invoqué, au soutien de son recours devant le premier président, aucun élément de nature à établir l'insaisissabilité de certains des documents appréhendés (■ Cass. crim., 14 nov. 2013, n° 12-87.346 : *JurisData* n° 2013-025572 ; *Dalloz Act.* 27 nov. 2013, obs. M. Bombled ; *Rev. Lamy conc.* 2014/39, n° 2537, obs. M. Koehler de Montblanc ; *RJDA* 2014, n° 273, 1re esp.).

26) Secret professionnel des avocats. Il appartient au premier président, statuant sur un recours exercé contre le déroulement des opérations de visite et saisie effectuées par les services de l'Autorité de la concurrence, de rechercher si les pièces et supports informatiques dont la saisie est contestée, sont ou non couverts par le secret professionnel entre un avocat et son client. Lorsqu'il constate que des correspondances saisies relèvent de la protection de ce secret et alors que la violation dudit secret intervient dès que le document est saisi par les enquêteurs, le premier président doit annuler la saisie de ces pièces. Encourt dès lors la cassation, l'ordonnance qui refuse d'annuler cette saisie au motif que l'Autorité de la concurrence ne s'oppose pas à la restitution d'un document protégé et que la pertinence de la saisie ne peut s'apprécier que par la prise de connaissance de son contenu (■ Cass. crim., 24 avr. 2013, n° 12-80.331 : *JurisData* n° 2013-008124 ; *Bull. crim.* 2013, n° 102 ; *Dalloz Act.* 17 mai 2013, obs. F. Winckelmuller ; *JCP* E 2013, act. 557, obs. D. Martin ; *JCP* E 2013, 1453, note L. Saenko ; *RJDA* 2013, n° 754 ; *Rev. Lamy conc.* 2013/36, n° 2360, obs. M. Lavedan).

Mais le premier président décide, à bon droit, de limiter l'annulation de la saisie à certaines pièces parmi celles produites devant lui, dès lors que la saisie irrégulière de certains fichiers ou documents, dont il a justement tiré les conséquences, est sans effet sur la validité de l'ensemble des opérations de visite et des autres saisies (■ Cass. crim., 20 déc. 2017, nos 16-83.468 et 16-83.469 : *Contrats, conc. consom.* 2018, comm. 76, obs. G. Decocq).

Les règles entourant le secret des correspondances avocat/client peuvent s'appliquer à des correspondances internes à l'entreprise reprenant le contenu de consultations d'avocats (■ Paris, 8 nov. 2017, n° 14/13384 : *Concurrences* 2018/1, p. 159, note C. Lemaire).

Les entreprises visitées doivent disposer d'un recours effectif et concret en cas de saisie de documents sans lien avec l'enquête ou relevant de la correspondance avocat/client (■ CJUE, 5 avr. 2015, *Vinci construction et GTM génie civil et services c/ France : JurisData* n° 2015-007798 ; *Lettre CREDA* 3 avr. 2015, obs. A. Ronzano). *Adde* ■ CEDH, 21 mars 2017, n° 33931/12 : *Contrats, conc. consom.* 2017/7, comm. 158, obs. G. Decocq).

27) Entreprises tierces. Selon l'article L. 450-4 du Code de commerce, le procès-verbal et l'inventaire établis lors d'opérations de visite et de saisie doivent être notifiés aux personnes n'ayant pas fait l'objet de ces opérations mais qui sont mises en cause au moyen de pièces saisies lors de celles-ci et qui disposent d'un recours sur leur déroulement devant le premier président de la cour d'appel dans le ressort de laquelle le juge les a autorisées. Se trouve mise en cause, au sens de ce même texte, la personne visée par une demande d'autorisation de procéder dans ses locaux à des opérations de visite et de saisie fondée sur des pièces saisies au cours d'une précédente visite domiciliaire effectuée chez un tiers. Ainsi, afin d'assurer l'exercice du droit à un recours effectif de la personne mise en cause, le procès-verbal et l'inventaire dressés à l'issue de ces opérations antérieures doivent être annexés tant à la requête qu'à l'ordonnance d'autorisation du juge des libertés et de la détention qui doit être notifiée au moment de la visite (■ Cass. crim., 13 juin 2019, n° 17-87.364, à paraître au *Bulletin : Contrats, conc. consom.* 2019/8-9, comm. 145, note G. Decocq).

VIII – PROCÉDURE

28) *Absence d'audience publique.* L'ordonnance prévue à l'article 48 de l'ordonnance de 1986 (devenu C. com., art. L. 450-4) n'a pas à être rendue en audience publique et, ni le défaut d'assistance du juge par un secrétaire, ni l'absence de signature d'un greffier n'entachent la décision d'irrégularité (■ Cass. com., 12 janv. 1999 : *Contrats, conc. consom.* 1999, comm. 75, obs. M. Malaurie-Vignal ; *LPA* 16 nov. 1999, obs. M. Petitier).

29) Absence de formule exécutoire. L'apposition de la formule exécutoire (CPC, art. 502) sur les ordonnances autorisant une visite et saisie domiciliaires n'est pas exigée par l'article L. 450-4 (■ Cass. com., 16 mai 1995 : *Bull. civ.* IV, n° 148. ■ Cass. com., 3 oct. 1995 : *Bull. civ.* IV, n° 221. ■ Cass. com., 12 mars 1996 : *Bull. civ.* IV, n° 85 ; *RJDA* 1997, n° 230. ■ Cass. com., 13 mai 1997, n° 95-30.095 : *RJDA* 1997, n° 1056).

30) Présentation de la requête. *Forme.* Les dispositions de l'article 813 du Code de procédure civile relatives à la présentation des requêtes par ministère d'avocat ou d'un officier public ou ministériel ne sont pas applicables aux ordonnances de l'article L. 450-4 (■ Cass. com., 4 avr. 1995, n° 94-12.391 : *RJDA* 1995, n° 865. ■ Cass. com., 16 mai 1995 : *Bull. civ.* IV, n° 148. ■ Cass. com., 3 oct. 1995 : *Bull. civ.* IV, n° 221. ■ Cass. com., 12 mars 1996 : *Bull. civ.* IV, n° 85 ; *RJDA* 1997, n° 230. ■ Cass. com., 10 déc. 1996 : *Bull. civ.* IV, n° 311 ; *RJDA* 1997, n° 1055) ; c'est à bon droit que la requête présentée par le chef de service, agissant par délégation de pouvoir du directeur de la concurrence, a été déclarée recevable (mêmes arrêts).

31) Présentation de la requête. *Délais.* En fixant un délai maximum de 6 mois pour la présentation des requêtes tendant à l'annulation des opérations achevées, alors que l'article L. 450-4 ne prévoit pas qu'un tel recours soit enfermé dans un délai légal ou dans un délai à la discrétion du juge, le président du tribunal a excédé ses pouvoirs et violé cet article (■ Cass. com., 4 avr. 1995 : *RJDA* 1995, n° 865. ■ Cass. com., 3 oct. 1995 : *Bull. civ.* IV, n° 221. ■ Cass. com., 12 mars 1996 : *Bull. civ.* IV, n° 85 ; *RJDA* 1997, n° 230. ■ Cass. com., 10 déc. 1996 : *Bull. civ.* IV, n° 311 ; *RJDA* 1997, n° 1055. ■ Cass. com., 13 mai 1997 : *Bull. civ.* IV, n° 134 ; *RJDA* 1997, n° 1057).

L'ordonnance satisfait aux exigences légales dès lors qu'elle constate que la requête, bien que non datée, doit être réputée présentée au plus tard le jour de la reddition de l'ordonnance (■ Cass. com., 13 mai 1997 [2e esp.] : *Bull. civ.* IV, n° 133 ; *RJDA* 1997, n° 1057).

L'article L. 450-4 ne prévoit aucun délai entre la présentation de la requête et le prononcé de la décision (■ Cass. crim., 9 févr. 2005 : *Bull. crim.* 2005, n° 51 ; *D.* 2005, p. 951, obs. E. Chevrier ; *RD conc.* 2005, n° 2, p. 92, obs. V. Michel-Amsellem ; Rev. Lamy conc. 2005, n° 223, obs. B. Cheynel et n° 300, note A. Marie).

32) Assistance de l'occupant des lieux (jurisprudence antérieure à l'Ord. n° 2008-1161, 13 nov. 2008). La possibilité de faire appel à un conseil ou d'avoir des contacts avec l'extérieur durant les opérations de visite et saisie domiciliaires n'est pas prévue par la loi, s'agissant d'une mesure d'instruction devant se dérouler, en présence de l'occupant des lieux ou de son représentant, le plus rapidement possible, en présence d'un ou de plusieurs officiers de police judiciaire chargés de veiller au respect des droits de la défense et du secret professionnel, de prendre connaissance des documents avant leur saisie et d'informer le juge du déroulement des opérations (▪ Cass. com., 21 janv. 1997 : *Bull. civ.* IV, n° 19 ; *RJDA* 1997, n° 529).

La société objet d'une visite domiciliaire effectuée, à quelque date que ce soit, en application de l'article L. 450-4 peut se faire assister d'un avocat dès le début des opérations. Encourt la censure la décision du premier président qui ne fait pas droit au recours en annulation pris de ce qu'il a été fait interdiction aux conseils de la société d'accéder aux locaux visités et de prendre la parole (▪ Cass. crim., 27 nov. 2013, n° 12-86.424 : *JurisData* n° 2013-027270 ; *Rev. Lamy conc.* 2014/39, n° 2533, obs. B. Bouloc ; *RJDA* 2014, n° 387) ; dans le même sens ▪ Cass. crim., 25 juin 2014, n° 13-81.471 : *JurisData* n° 2014-014259 ; *Contrats, conc. consom.* 2014, comm. 228, obs. G. Decocq ; *RD conc.* 2014, n° 1, p. 167, obs. C. Lemaire).

33) Assistance de l'occupant des lieux (jurisprudence postérieure à l'Ord. n° 2008-1161, 13 nov. 2008). Dans les procédures fondées sur la violation du droit de la concurrence, les droits de la défense peuvent être exercés par l'occupant des lieux dès la notification de l'ordonnance autorisant les opérations de visite et saisie. Par conséquence, est fondée à demander l'annulation des opérations de visites et saisies, la société n'ayant pas eu la possibilité d'informer son conseil dès le début de ces opérations, cette possibilité ayant été différée au moment de la pose des scellés (▪ Cass. crim., 4 mai 2017, n° 16-81.071. – Et sur renvoi ▪ Paris, ord., 28 mars 2018, n° 17/16586 : *Contrats, conc. consom.* 2018, comm. 119, obs. G. Decocq). Les avocats de la société objet d'une visite domiciliaire bénéficient des droits reconnus par l'alinéa 8 de l'article L. 450-4 à cette société et à ses représentants. La décision qui, à tort, ne leur reconnaît pas ces droits n'encourt pas pour autant la censure, dès lors que la société et ses conseils, qui sont intervenus dès le début des opérations de visite et avaient nécessairement connaissance des documents susceptibles d'être appréhendés, n'ont soulevé aucune contestation sur les documents qui leur paraissaient devoir être exclus de la saisie (▪ Cass. crim., 27 nov. 2013, n° 12-85.830 : *JurisData* n° 2013-027273 ; *Dalloz Act.* 10 déc. 2013, obs. M. Bombled ; *JCP* G 2013, 1302, obs. B. Ruy ; *JCP* E 2014, 1050, note L. Saenko ; *Rev. Lamy conc.* 2014/39, n° 2532, obs. B. Bouloc ; *RJDA* 2014, n° 273, 2e esp.

34) Saisine du JLD par l'occupant des lieux en cours de visites (jurisprudence postérieure à l'Ord. n° 2008-1161, 13 nov. 2008). L'article L. 450-4 du Code de commerce ne prévoit pas que l'occupant des lieux dans lesquels ont été autorisées, par le juge des libertés et de la détention, des opérations de visite et saisie aux fins de rechercher la preuve de pratiques anticoncurrentielles doive avoir connaissance des coordonnées du juge ni qu'il doive être informé de la possibilité de recourir à celui-ci afin qu'il exerce son contrôle sur la régularité des mesures en cours. L'occupant des lieux ne dispose pas du droit de saisir lui-même le juge qui a autorisé la visite et la saisie, les officiers de police judiciaires chargés d'assister aux opérations devant, au cours de la visite, tenir ce magistrat informé des difficultés rencontrées : ▪ Cass. crim., 28 juin 2017, nos 16-81.413 et 16-81.414 : *JurisData* n° 2017-012845 ; *Contrats. conc. consom.* 2017/10, comm. 209, note G. Decocq. ▪ Cass. crim., 9 mars 2016 : *Lettre distrib.* avr. 2016, p. 5, obs. J.-M. Vertut. – *Adde* ▪ Cass. crim., 26 oct. 2016 : *Lettre distrib.* déc. 2016, p. 5, obs. J.-M. Vertut.

IX – DOCUMENTS SAISIS

35) Éléments comptables. Le juge ne méconnaît pas l'étendue de ses pouvoirs lorsqu'il autorise la saisie d'éléments comptables appartenant à des personnes pouvant être en relation d'affaires avec la société incriminée (▪ Cass. com., 21 janv. 1996 : *RJDA* 1997, n° 529).

36) Support informatique. L'autorisation judiciaire qui limite les pouvoirs des enquêteurs à la seule saisie de documents vise aussi bien des documents sur support papier que sur support informatique (▪ Cass. crim., 14 nov. 2007 : *D.* 2008, p. 81, obs. E. Chevrier).

37) Inventaire. L'inventaire des pièces et documents saisis, que doivent comporter les procès-verbaux établis par les enquêteurs en application de l'article L. 450-4, peut être dressé sans énumérer chaque document, mais en les dénombrant (▪ Cass. crim., 14 nov. 2007 [2 arrêts] : *D.* 2008, p. 81, obs. E. Chevrier).

38) Restitution. Le juge saisi d'un recours concernant le déroulement des opérations de visite et de saisie qu'il a autorisées doit en vérifier la régularité et ordonner la restitution des seuls documents dont il est établi qu'ils ont été appréhendés irrégulièrement ou en violation des droits de la défense (▪ Cass. crim., 20 mai 2009, n° 07-86.437 : *JurisData* n° 2009-048555 ; *Bull. crim.* 2009, n° 103 ; *RD conc.* 2009, n° 3, p. 126, obs. Ch. Momège). En l'espèce, en statuant, par des motifs généraux, alors qu'il lui appartenait de rechercher, d'une part, si les documents et supports d'information saisis concernaient, au moins en partie, les pratiques anticoncurrentielles susceptibles d'être relevées dans le secteur objet de l'enquête, d'autre part, si cette saisie avait été régulièrement effectuée, le juge a méconnu le sens et la portée de l'article L. 450-4 et du principe ci-dessus énoncé (même arrêt).

Il résulte de l'article L. 450-4 que le premier président qui rejette la requête de l'administration tendant à obtenir l'autorisation d'effectuer des opérations de visite et saisie ne peut ordonner la restitution immédiate des pièces saisies, celle-ci ne pouvant intervenir qu'après que la décision du premier président est devenue définitive (■ Cass. crim., 27 févr. 2013 : *Bull. crim.* 2013, n° 51 ; *Dalloz Act.* 25 mars 2013, obs. M. Bombled ; *RJDA* 2013, n° 551 ; cass. de Orléans, ord., 8 nov. 2011 : *Contrats, conc. consom.* 2012, comm. 72, obs. D. Bosco).

Il résulte de l'article L. 450-4, alinéa 6, que les pièces saisies lors d'une visite domiciliaire doivent être conservées jusqu'à ce que la décision statuant sur les opérations effectuées lors de cette visite soit devenue définitive. Méconnaît ce texte le premier président qui, infirmant l'ordonnance du juge des libertés et de la détention ayant autorisé la visite des locaux d'une société, ordonne la restitution des pièces et documents qui y ont été saisis (■ Cass. crim., 22 janv. 2014 : *Dalloz Act.* 14 févr. 2014, obs. L. Priou-Alibert ; *Rev. Lamy conc.* 2014/39, n° 2534, obs. B. Bouloc ; *RJDA* 2014, n° 386).

X – RECOURS ET COMMUNICATIONS DE PIÈCES

39) Accès aux pièces du dossier. Le droit légalement reconnu des parties à avoir accès *a posteriori* aux pièces du dossier présenté par l'Administration, demanderesse à une autorisation de visite et saisie domiciliaires qui leur fait grief ne peut être soumis à contestation, l'organisation matérielle de la communication de ces pièces relevant non de la procédure organisée par l'article 48 de l'ordonnance de 1986 (devenu C. com., art. L. 450-4), mais d'une mesure d'administration judiciaire (■ Cass. com., 3 oct. 1995, n° 94-13.381 : *JurisData* n° 1995-002470 ; *Bull. civ.* 1995, IV, n° 216 ; *RJDA* 1996, n° 78).

Dès lors que l'Administration produit des pièces pour justifier de présomptions de pratiques anticoncurrentielles au soutien d'une demande d'autorisation de visite et saisie, l'ordonnance qui l'accorde en visant et analysant lesdites pièces ne peut les soustraire à l'examen contradictoire des parties nécessaire à l'exercice du recours qu'elles sont en droit d'introduire contre ladite ordonnance (■ Cass. com., 9 juill. 1996, n° 94-19.722 : *Bull. civ.* 1996, IV, n° 214 ; *RJDA* 1997, n° 791. ■ Cass. com., 1er avr. 1997, n° 95-30.152 : *JurisData* n° 1997-001728 ; *RJDA* 1997, n° 792).

Toutefois, l'ordonnance échappe aux griefs fondés sur l'absence des pièces soumises au juge du dossier transmis à la Cour de cassation, lesquels ne concernent que la communication ultérieure des pièces produites par l'Administration ; en effet, d'un côté, en ce qu'ils sont relatifs à la « constitution du dossier officiel » destiné à être « adressé à la Cour de cassation », les griefs concernant des diligences administratives qui relèvent de l'organisation d'un service judiciaire ; d'un autre côté, s'agissant des critiques émises quant à l'absence de communication des pièces, il appartient au demandeur au pourvoi, si les pièces litigieuses ne se trouvent pas au greffe de la juridiction, de mettre en demeure l'Administration qui avait obtenu l'autorisation de visite en cause, de leur communiquer lesdites pièces de manière à permettre l'exercice de leurs droits et en particulier d'élaborer les moyens à l'appui de leur pourvoi (■ Cass. com., 10 déc. 1996 : *Bull. civ.* 1996, IV, n° 311 ; *RJDA* 1997, n° 1055. ■ Cass. com., 13 mai 1997 [1re et 2e esp.] : *Bull. civ.* 1997, IV, nos 133 et 134 ; *RJDA* 1997, n° 1057).

La production des pièces répond à sa finalité quand elle est faite en photocopie (■ Cass. com., 13 mai 1997 [1re esp.] : *Bull. civ.* 1997, IV, n° 134 ; *RJDA* 1997, n° 1057).

40) Appel. Sur le moyen relevé d'office après avis donné aux parties et pris de l'entrée en vigueur de l'ordonnance du 13 novembre 2008 ratifiée par l'article 139 de la loi du 12 mai 2009, jugeant qu'il résulte de l'article 5 IV de ladite ordonnance et de l'article L. 450-4 que la voie de l'appel a été ouverte aux demanderesses à l'encontre de la décision frappée de pourvoi et que, dès lors, le pourvoi est devenu irrecevable (■ Cass. crim., 20 mai 2009 : *Bull. crim.* 2009, n° 101 : *D.* 2009, p. 1601, obs. E. Chevrier ; *Rev. Lamy conc.* 2009, n° 1488, obs. B. Cheynel).

Sauf dispositions contraires, les règles de la procédure civile sont applicables devant le Premier président de la cour d'appel statuant, en application de l'ordonnance n° 2008-1161 du 13 novembre 2008, sur le contentieux des visites domiciliaires autorisées par le juge des libertés et de la détention en vue notamment de rechercher la preuve de pratiques anticoncurrentielles (■ Cass. crim., 8 sept. 2010, n° 09-84.467 : *JurisData* n° 2010-017666 ; *Bull. crim.*, n° 132 ; *RJDA* 2011, n° 187).

L'ordonnance rendue par un juge des libertés et de la détention pour désigner des officiers de police judiciaire chargés de prêter leur concours à des opérations de visite et saisie de documents dans les locaux d'une société, en vue de rechercher la preuve de pratiques anticoncurrentielles, n'est qu'un acte d'exécution de l'ordonnance principale rendue par le juge des libertés et de la détention pour autoriser lesdites visite et saisie. Est dès lors irrecevable le recours formé, en application du dernier alinéa de l'article L. 450-4, dans sa rédaction issue de l'ordonnance du 13 novembre 2008, contre l'ordonnance rendue sur commission rogatoire pour désigner des officiers de police judiciaire (▪ Cass. crim., 23 févr. 2011, n° 09-87.848 : *JurisData* n° 2011-003732 ; *Bull. crim.* n° 40 ; *Dr. pén.* 2011, comm. 68, obs. J.-H. Robert ; *RD conc.* 2011, n° 2, p. 190, obs. Ch. Lemaire et S. Naudin).

Sur la conventionalité des dispositions de l'article 5 IV de l'ordonnance n° 2008-1161 du 13 novembre 2008, V. ci-dessous annot. n°s 40 et 41.

41) Pourvoi en cassation (jurisprudence antérieure à l'Ord. n° 2008-1161 du 13 nov. 2008). L'ordonnance rendue par le président du tribunal de grande instance autorisant l'Administration à procéder à des visites et des saisies dans les locaux d'une entreprise, poursuivie pour des pratiques anticoncurrentielles, n'est susceptible que d'un pourvoi en cassation selon les règles prévues par le Code de procédure pénale ; il en résulte que la seule remise d'une copie de la décision à ladite entreprise par l'Administration ne fait pas courir de délai de pourvoi (▪ Cass. ch. mixte, 15 déc. 1988, n° 87-16.578 : *JurisData* n° 1988-003017 ; *Bull. civ.* 1998, ch. mixte, n° 1 ; *D.* 1989, p. 189, concl. M. Jéol).

Il n'est pas nécessaire qu'une visite ait été ordonnée dans une société pour que celle-ci ait intérêt à se pourvoir ; il suffit, comme en l'espèce, qu'elle soit présumée s'être livrée aux agissements retenus par le juge pour autoriser la recherche de la preuve (▪ Cass. com., 29 oct. 1991 : *Bull. civ.* IV, n° 314). *Comp.* ▪ Cass. com., 28 janv. 1992, n° 90-16.170 : *JurisData* n° 1992-000286 ; *Bull. civ.* IV, n°s 38 et 39, considérant que l'ordonnance n'ayant pas autorisé une visite et une saisie dans les locaux d'une société et ne visant pas cette dernière comme auteur présumé des agissements dont la preuve était recherchée, ladite société n'est pas recevable, faute d'intérêt, à critiquer l'ordonnance attaquée. En ce sens, V. aussi ▪ Cass. com., 10 mars 1992 : *Bull. civ.* IV, n° 108.

Le seul envoi d'une lettre-missive, même si une copie de la décision autorisant les agents de la DGCCRF à effectuer des visites et des saisies dans les locaux des entreprises y était jointe, ne constitue pas une notification de la décision attaquée répondant aux exigences de l'article 568, alinéa 2 du Code de procédure pénale et n'a pas fait courir le délai de pourvoi (▪ Cass. com., 6 mars *1990, n° 89-12.763 : JurisData n° 1990-700515 ; Bull. civ.* IV, n° 61).

La déclaration de pourvoi a été faite par un inspecteur de la Concurrence, de la Consommation et de la Répression des fraudes au nom du ministre chargé de l'économie à l'encontre d'une ordonnance du président du tribunal de grande instance faisant droit à la requête d'une entreprise tendant à la communication du dossier présenté par l'Administration à l'appui de sa demande de visite et saisie domiciliaires ; une telle déclaration émanant du représentant de l'Administration, laquelle a obtenu l'autorisation de visite et saisie domiciliaires, est régulière (▪ Cass. com., 3 oct. 1995 : *Bull. civ.* IV, n° 216 ; *RJDA* 1996, n° 78).

Lorsque le pourvoi en cassation formé contre une ordonnance statuant sur la contestation de la régularité des opérations de visites domiciliaires a été rejeté, le pourvoi dirigé contre l'ordonnance d'un autre juge saisi de la même contestation tend à faire échec à l'autorité de la chose jugée par la première ordonnance devenue irrévocable par l'arrêt ayant rejeté le premier pourvoi et le second pourvoi est irrecevable (▪ Cass. com., 13 mai 1997 : *Bull. civ.* IV, n° 132 ; *RJDA* 1997, n° 1058).

Par l'effet des cassations des ordonnances de visites et saisies domiciliaires, les instances ne pouvaient reprendre leur cours qu'en l'état où elles se trouvaient avant les décisions cassées, devant le président du tribunal de grande instance désigné, seul investi, par délégation spéciale de la Cour de cassation, du pouvoir de statuer sur les contestations en cause (▪ Paris, 16 nov. 2004, n° 03/02839 : *JurisData* n° 2004-272177 ; *D.* 2004, p. 73, obs. Chevrier).

Ayant sursis à statuer dans l'attente d'une décision définitive sur la validité contestée des opérations de visites et de saisies effectuées en vertu d'une autorisation du président du tribunal de grande instance et constatant que la juridiction de renvoi désignée par arrêt de la chambre commerciale pour connaître des demandes tendant à l'annulation de ces opérations n'avait pas été saisie, c'est dans l'exercice de son pouvoir discrétionnaire en vue d'une bonne administration de la justice, et non pas en application d'une règle de droit, que la cour d'appel a révoqué le sursis précédemment ordonné (▪ Cass. com., 31 janv. 2006, n° 04-20.360 : *JurisData* n° 2006-032001 ; *RD conc.* 2006, n° 2, p. 140, V. Michel-Amsellem ; cass., sur un autre point, de ▪ Paris, 16 nov. 2004, préc.).

42) Pourvoi en cassation (jurisprudence postérieure à l'Ord. n° 2008-1161 du 13 nov. 2008). Le rapporteur général de l'Autorité de la concurrence qui a sollicité et obtenu du juge des libertés et de la détention l'autorisation de procéder à des opérations de visites et saisies, en vue de rechercher la preuve de pratiques anticoncurrentielles, conformément à l'article L. 450-4, et dont le déroulement a fait l'objet d'un recours devant le premier le président de la cour d'appel est recevable à se pourvoir en cassation contre l'ordonnance dudit premier président (▪ Cass. crim., 16 juin 2011 : *Bull. crim.* 2011, n° 135 ; *D.* 2011, p. 1749 ; *RD conc.* 2011, n° 3, p. 187, obs. Ch. Lemaire et S. Naudin ; *Rev. Lamy conc.* 2011, n° 1865, obs. M. Lavedan ; sur renvoi Paris, ord., 31 août 2012 : *Contrats, conc. consom.* 2012, comm. 261, obs. G. Decocq).

Il résulte, d'une part, de l'article L. 450-4, que l'ordonnance du premier président statuant sur l'appel des ordonnances autorisant des opérations de visites et saisies est susceptible d'un pourvoi en cassation selon les règles prévues par le Code de procédure pénale, d'autre part, de l'article 568 de ce code, que le délai de cinq jours francs pour se pourvoir court à compter du prononcé de l'arrêt ou à compter de sa signification, lorsque, notamment, la partie qui, après débat contradictoire, n'était pas présente ou représentée à l'audience où l'arrêt a été prononcé, n'avait pas été informée ainsi qu'il est dit à l'article 462, alinéa 2, dudit code (▪ Cass. crim., 11 janv. 2012, n° 10-87.762 : *JurisData* n° 2012-000199 ; *Bull. crim.*, n° 9 ; *D.* 2012, p. 212). En l'espèce, le pourvoi formé cinq jours francs après le prononcé de la décision est irrecevable comme tardif.

Aux termes de l'article L. 450-4, le pourvoi en cassation contre l'ordonnance du premier président de la cour d'appel statuant sur la validité d'une ordonnance du juge des libertés et de la détention autorisant des opérations de visite et saisie en vue de rechercher la preuve de pratiques anticoncurrentielles est soumis aux dispositions du Code de procédure pénale. Il s'ensuit que lorsque la décision est rendue après débat contradictoire et que les parties ont été informées de la date à laquelle elle serait prononcée, le délai de cinq jours francs prévu par l'article 568 de ce code court du jour de ce prononcé. Cependant, lorsque l'acte de notification de l'arrêt comporte une indication erronée quant au point de départ du délai de pourvoi cette notification ouvre un nouveau délai de recours. Tel n'est pas le cas lorsque la notification est postérieure à l'expiration du délai ayant commencé à courir au jour du prononcé de l'arrêt (▪ Cass. crim., 19 déc. 2012, n° 12-81.350 : *JurisData* n° 2012-031163 ; *Bull. crim.* 2012, n° 286 ; *Dalloz Act.* 18 janv. 2013, obs. M. Bombled).

XI – CONVENTION EUROPÉENNE DES DROITS DE L'HOMME

43) Jurisprudence antérieure à l'ordonnance n° 2008-1161 du 13 novembre 2008. L'ordonnance prévue à l'article L. 450-4 ne méconnaît ni les droits de la défense, ni les dispositions des articles 6 et 8 de la Convention européenne des droits de l'homme (▪ Cass. com., 20 nov. 1990 : *Bull. civ.* IV, n° 293. ▪ Cass. com., 5 févr. 1991 : *Bull. civ.* IV, n° 50. ▪ Cass. com., 4 avr. 1995 : *JCP* E 1995, pan. 741).

La protection des droits de l'homme au sens de la Convention européenne des droits de l'homme est assurée par la vérification effectuée par le juge qui autorise la visite domiciliaire et la saisie et par le contrôle de la Cour de cassation au regard de la régularité de l'ordonnance (▪ Cass. com., 21 mars 2000, n° 98-30.317 : *JurisData* n° 2000-001115 ; *D.* 2000, act. jurispr. p. 224, note A. Marmontel ; *LPA* 14 nov. 2000, p. 6, obs. M. Petitier).

Les dispositions de l'article L. 450-4 ne contreviennent pas à celles de l'article 8-2 de la Convention européenne des droits de l'homme, dès lors qu'elles assurent la conciliation du principe de liberté individuelle et de la lutte contre les pratiques anticoncurrentielles (▪ Cass. crim., 9 févr. 2005 : *Bull. crim.* 2005, n° 51 ; *D.* 2005, p. 951, obs. E. Chevrier ; *RD conc.* 2005, n° 2, p. 92, obs. V. Michel-Amsellem ; *Rev. Lamy conc.* 2005, n° 223, obs. B. Cheynel et n° 300, note A. Marie).

44) Dispositions transitoires de l'article 5, IV de l'ordonnance n° 2008-1161 du 13 novembre 2008. À supposer que le régime des visites et saisies autorisées sur le fondement de l'article L. 450-4, dans sa rédaction antérieure à celle issue de l'ordonnance du 13 novembre 2008, se heurte à la même incompatibilité que celle relevée par la Cour européenne des droits de l'homme à propos de celles opérées en matière fiscale et douanière (V. ▪ CEDH, 21 févr. 2008, n° 2008-042829 : *JurisData* n° 2008-042829 ; *JCP* G 2008, I, 67, obs. F. Sudre ; *Rev. sociétés* 2008, p. 658, obs. B. Bouloc ; *RD conc.* 2008, n° 2, p. 151, obs. A. Maitrepierre ; *Rev. Lamy conc.* 2008, n° 1180, obs. J.-C. Roda) – alors qu'à la différence de ces dernières, les règles applicables en matière de concurrence permettent aux entreprises de contester devant le juge des libertés et de la détention le déroulement des opérations, en portant devant lui les contestations qui peuvent naître au cours des visites et saisies –, il convient, pour répondre à l'objection soulevée par l'entreprise mise en cause, de renvoyer aux dispositions du deuxième alinéa du IV de l'article 5 de l'ordonnance précitée du 13 novembre 2008. Ces dispositions transitoires offrent aux entreprises, notamment dans les cas où – comme en l'espèce – elles n'ont pas formé un pourvoi en cassation contre une autorisation de visite et saisie délivrée antérieurement à la modification de l'article L. 450-4 issue de l'article premier de l'ordonnance, la possibilité de contester cette autorisation devant la cour d'appel de Paris saisie d'un recours au fond contre la décision du Conseil statuant sur les pratiques reprochées. Compte tenu de cette possibilité, elles ne peuvent se plaindre de ce que le droit positif ne leur permettrait pas d'avoir accès à un « juge effectif » au sens de l'arrêt *Ravon* rendu par la Cour européenne le 21 février 2008 (■ Cons. conc., déc. n° 08-D-30, 4 déc. 2008 : *Contrats, conc. consom.* 2009, comm. 56, obs. G. Decocq ; *RD conc.* 2009, n° 1, p. 193, obs. J. Gstalter ; *Rev. Lamy conc.* 2009, n° 1361, note E. Barbier de la Serre ; conf. par ■ Paris, 24 nov. 2009 : *Contrats, conc. consom.* 2010, comm. 16, obs. G. Decocq et comm. 54, obs. D. Bosco ; *RD conc.* 2010, n° 1, p. 93, obs. L. Nicolas-Vullierme, et p. 160, obs. Ch. Momège ; *Rev. Lamy conc.* 2010, n° 1602, obs. E. Barbier de la Serre ; cass., sur un autre point, par ■ Cass. com., 1er mars 2011 : *Bull. civ.* IV, n° 29 ; *Europe* 2011, alerte 26, obs. L. Idot ; *D.* 2011, p. 813, obs. E. Chevrier ; *Contrats, conc. consom.* 2010, comm. 120, obs. D. Bosco ; *RJDA* 2011, n° 579 ; sur renvoi, V. ■ Paris, 28 mars 2013 : *Contrats, conc. consom.* 2013, comm. 138, obs. G. Decocq ; pourvois rejetés, V. ■ Cass. com., 20 janv. 2015 : *AJ Contrats d'affaires* 2015, n° 2, p. 53 ; *Contrats, conc. consom.* 2015, comm. 96, obs. G. Decocq).

L'article 5, IV, alinéa 2 de l'ordonnance du 13 novembre 2008 a ouvert, devant la cour d'appel de Paris saisie dans le cadre de l'article L. 464-8, un recours en contestation de l'ordonnance d'autorisation de visite et saisie ayant fait l'objet d'un pourvoi rejeté par la Cour de cassation. À l'appui de sa demande d'annulation de l'ordonnance d'autorisation, la société fait valoir en premier lieu que le nouveau dispositif légal n'instaure pas un recours effectif, au motif que confier à la juridiction saisie du fond le soin de statuer sur la régularité de l'ordonnance serait contraire au principe d'impartialité posé par l'article 6, § 1 de la Convention européenne des droits de l'homme. Or, l'exigence d'impartialité du juge a pour finalité d'éviter qu'il ne soit habité d'un quelconque préjugé sur l'affaire qui lui est soumise ; cela implique notamment que le même juge ne soit pas appelé à statuer s'il a dans une précédente intervention pris une position ou émis une appréciation qui apparaît comme susceptible d'avoir une influence sur la seconde décision ; ainsi, l'exercice successif par un même juge de fonctions juridictionnelles différentes dans un même litige n'est pas forcément contraire à l'exigence d'impartialité mais doit être apprécié au cas par cas par rapport à la finalité recherchée. En l'espèce, le président du TGI auquel il était demandé d'autoriser une visite domiciliaire était tenu de vérifier, au vu des éléments d'information communiqués par l'administration, que la demande d'autorisation qui lui était soumise était fondée ; *à ce stade, le juge se bornait* à vérifier l'existence de présomptions d'une pratique anticoncurrentielle prohibée ; son autorisation de visite ne préjugeait pas de l'appréciation par la juridiction du fond de la portée des éléments de preuve trouvés. Par conséquent, le contrôle en fait et en droit de la régularité de l'ordonnance de visite et saisie n'impliquera de la part de la cour d'appel aucune appréciation sur le bien-fondé des griefs et des sanctions ; la cour peut à la fois statuer sur les deux plans du recourssans que cela constitue une atteinte à l'exigence d'impartialité (■ Paris, 16 juin 2009, n° 2008/01540 : *JurisData* n° 2009-007321 ; *Contrats, conc. consom.* 2009, comm. 230, obs. G. Decocq ; *RD conc.* 2009, n° 3, p. 128, obs. Ch. Momège ; *Rev. Lamy conc.* 2009, n° 1489, obs. B. Cheynel ; cass., sur ce point, par ■ Cass. com., 21 juin 2011, n° 10-19.070 : *JurisData* n° 2011-012303 ; *Bull. civ.* IV, n° 101 ; *D.* 2011, p. 1749, obs. E. Chevrier ; *Contrats, conc. consom.* 2011, comm. 199, obs. D. Bosco ; *RD conc.* 2011, n° 3, p. 188, obs. Ch. Lemaire et S. Naudin ; *Rev. Lamy conc.* 2011, n° 1943, obs. E. Barbier de la Serre et S. Quilès ; *RJDA* 2011, n° 961. En ce sens, V. ■ Paris, 5 janv. 2010 : *Contrats, conc. consom.* 2010, comm. 77, obs. G. Decocq ; *RD conc.* 2010, n° 2, p. 137, obs. Ch. Lemaire et S. Naudin ; cass. par ■ Cass. com., 2 nov. 2011, n° 10-21.103 : *JurisData* n° 2011-023730 ; *D.* 2011, p. 2789, obs. E. Chevrier ; *Rev. Lamy conc.* 2011, n° 1943, obs. E. Barbier de la Serre et S. Quilès.■ Paris, 15 juin 2010, n° 2009/20624 : *JurisData* n° 2010-012497 ; *Rev. Lamy conc.* 2010, n° 1695, obs. B. Cheynel ; cass. par ■ Cass. com., 15 nov. 2011, n° 10-20.527 : *JurisData* n° 2011-025316 ; *Contrats, conc. consom.* 2012, comm. 22, obs. G. Decocq ; *RD conc.* 2012, n° 1, p. 192, obs. Ch. Lemaire et S. Naudin). La société fait valoir l'absence d'un recours effectif en deuxième lieu au motif qu'elle n'a pas eu communication de la requête et des pièces, lesquelles seraient essentielles pour apprécier la validité de l'ordonnance. Or, il ne peut être fait grief au ministre chargé de l'économie qui n'est pas partie à l'instance et qui ne pouvait pas s'attendre à une remise en cause d'une ordonnance ayant force de chose jugée depuis le rejet du pourvoi, c'est-à-dire depuis plus de dix-huit ans, de ne pas avoir communiqué ces documents. De son côté, la cour d'appel ne peut pas se dérober, au motif qu'il manquerait des pièces, à sa mission de juger le nouveau recours ouvert par le législateur ; il lui incombera d'apprécier en fait et en droit la régularité de l'ordonnance au vu des éléments du dossier, ce qui constitue un contrôle juridictionnel effectif (■ Paris, 16 juin 2009, préc.).

Le recours devant le premier président de la cour d'appel ou, à l'occasion d'un recours contre une décision de l'Autorité de la concurrence, l'examen des conditions de la perquisition par la cour d'appel de Paris, ont pour effet concret d'ouvrir un recours en appel, qui n'existait pas antérieurement, à l'encontre de l'ordonnance rendue par le juge des libertés et de la détention en matière de visite et de saisie ; ce recours consiste à examiner, *in concreto*, au regard de l'article L. 450-4, le bien-fondé de l'ordonnance d'autorisation attaquée ; il a pour suite, s'il aboutit à l'infirmation de cette décision, de conduire à l'anéantissement des actes d'enquête réalisés en application de celle-ci, avec toutes les conséquences que cela pourra, en outre, comporter sur les poursuites elles-mêmes, il s'agit donc d'un recours, certes différé, mais effectif et efficace en ce qu'il permet à l'appelant de faire valoir ses droits (■ Paris, 19 janv. 2010 : *D.* 2010, p. 261, obs. E. Chevrier ; *Contrats, conc. consom.* 2010, comm. 79, obs. G. Decocq ; *RJDA* 2010, n° 680 ; *Rev. Lamy dr. aff.* mars 2010, n° 2773, obs. D. Ferré et K. Biancone ; *RD conc.* 2010, n° 2, p. 68, obs. M. Debroux et, p. 131, obs. Ch. Lemaire ; *Rev. Lamy conc.* 2010, n° 1604, obs. Ch. Winckler ; réf. de ■ Cons. conc., déc. n° 08-D-32, 16 déc. 2008 : *RD conc.* 2009, n° 1, p. 110, obs. M. Debroux et E. Rieu et p. 196, obs. Ch. Lemaire ; *Rev. Lamy conc.* 2009, n° 1334, obs. S. Cholet).

45) L'ensemble de cette jurisprudence a récemment été contredit par la Cour européenne des droits de l'homme. En effet, dans l'arrêt *Ravon et autres* (■ CEDH, 21 févr. 2008 : *JCP* G 2008, I, 67, obs. F. Sudre ; *Rev. sociétés* 2008, p. 658, obs. B. Bouloc ; *RD conc.* 2008, n° 2, p. 151, obs. A. Maitrepierre ; *Rev. Lamy conc.* 2008, n° 1180, obs. J.-C. Roda) et les arrêts subséquents, la Cour européenne des droits de l'homme a jugé qu'en matière de visite domiciliaire, les personnes concernées doivent pouvoir obtenir un contrôle juridictionnel, en fait comme en droit, de la régularité de la décision prescrivant la visite, ainsi que, le cas échéant, des mesures prises sur son fondement ; le ou les recours disponibles doivent permettre, en cas de constat d'irrégularité, soit de prévenir la survenance de l'opération, soit, dans l'hypothèse où une opération jugée irrégulière a déjà eu lieu, de fournir à l'intéressé un redressement approprié. Or, dans les affaires en cause, les requérants n'avaient disposé que d'un recours devant la Cour de cassation pour contester la régularité de la décision prescrivant la visite, ce qui ne leur avait pas permis d'obtenir un examen des éléments de fait fondant les autorisations de visite. La Cour européenne en a conclu que le pourvoi en cassation contre l'ordonnance du juge autorisant les opérations de visite et saisie ne garantit pas un contrôle juridictionnel effectif au sens de l'article 6, § 1 de la Convention. En l'espèce, la Cour relève que, selon le régime prévu à l'article L. 450-4 – quasiment identique à celui fixé à l'article L. 16 B du Livre des procédures fiscales –, les requérantes n'ont également disposé que d'un pourvoi en cassation pour contester la régularité et le bien-fondé de l'ordonnance autorisant une visite et des saisies. Néanmoins, il y a lieu de relever qu'après l'introduction de la requête, une réforme du système de contrôle des opérations de visite et de saisie prévu à l'article L. 450-4 a été effectuée, afin d'offrir de nouvelles voies de recours. La Cour constate que les autorités, souhaitant tirer les conséquences de l'arrêt *Ravon et autres* dans le domaine du droit de la concurrence, ont modifié le droit interne par une ordonnance du 13 novembre 2008, afin de permettre aux personnes ayant fait l'objet de visite domiciliaire d'interjeter appel de l'ordonnance d'autorisation du juge des libertés et de la détention devant le premier président de la cour d'appel. Cette ordonnance contient également des dispositions transitoires rétroactives pour les opérations de visite et saisie effectuées avant son adoption. Son article 5, alinéa IV prévoit notamment que si l'autorisation de visite et saisie a fait l'objet d'un pourvoi en cassation ayant donné lieu à un arrêt de rejet de la Cour de cassation, un recours en contestation de l'autorisation est ouvert devant la cour d'appel de Paris saisie dans le cadre de l'article L. 464-8. La Cour relève que les requérantes seraient susceptibles d'être concernées par ces dispositions transitoires puisque l'instruction menée par l'Autorité de la concurrence est toujours en cours. Cependant, elle constate que cette action ne pourra être exercée que si un recours au fond est formé contre la décision de l'Autorité de la concurrence, ce qui rend nécessairement l'accessibilité de cette voie de recours incertaine, compte tenu de l'exigence préalable à la fois d'une décision au fond et d'un recours contre celle-ci. Par ailleurs, la décision au fond de l'Autorité de la concurrence, qui n'est toujours pas rendue à ce jour, n'interviendra donc que plusieurs années après les décisions ayant autorisé les opérations de visites et de saisies. Or, la Cour rappelle qu'en plus d'un contrôle en fait et en droit de la régularité et du bien-fondé de la décision ayant prescrit la visite, le recours doit également fournir un redressement approprié, ce qui implique nécessairement la certitude, en pratique, d'obtenir un contrôle juridictionnel effectif de la mesure litigieuse et ce, dans un délai raisonnable. Compte tenu de ce qui précède, la Cour estime que le recours en contestation prévu par l'ordonnance du 13 novembre 2008 ne répond pas, en l'espèce, aux exigences de l'article 6, § 1 de la Convention (■ CEDH, 21 déc. 2010 [2 esp.] : *Contrats, conc. consom.* 2011, comm. 40, obs. G. Decocq ; *D.* 2011, p. 301, obs. E. Chevrier et p. 1332, note H. Matsopoulou ; *RD conc.* 2011, n° 1, p. 178, obs. Ch. Lemaire et M. Cousin ; *Rev. Lamy conc.* 2011, n° 1862, note B. Cheynel, A. Mexis et Ch. Winckler et n° 1884, note O. Leroy et B. Buy).

Jugeant, dans une espèce considérée, que sont impropres à établir qu'un recours en contestation prévu par l'ordonnance du 13 novembre 2008 répondait aux exigences de l'article 6 § 1 de la Convention, dès lors que les sociétés en cause n'ont pu contester en fait et en droit l'ordonnance autorisant les visite et saisie de documents que quinze ans après l'exécution de celles-ci, les motifs par lesquels la cour d'appel retient que l'autorité d'enquête ne pouvant voir ses prérogatives mises en péril par la survenance d'évènements dont elle n'aurait pas maîtrisé le cours il convient de déduire le temps de la procédure proprement judiciaire jusqu'à l'ouverture d'un nouveau recours contre l'ordonnance et saisie du temps écoulé entre le jour où cette ordonnance a été rendue et celui où le recours a été rendu possible (▪ Cass. com., 14 févr. 2012, n° 11-11.750 : *JurisData* n° 2012-002071 ; *Bull. civ.* IV, n° 32 ; *D.* 2012, p. 604, obs. E. Chevrier ; *Contrats, conc. consom.* 2012, comm. 102, obs. D. Bosco ; *RJDA* 2012, n° 622 ; cass. de ▪ Paris, 27 janv. 2011 : *Contrats, conc. consom.* 2011, comm. 72, obs. G. Decocq ; *RD conc.* 2011, n° 2, p. 191, obs. Ch. Lemaire et S. Naudin).

La Cour européenne des Droits de l'Homme exige un contrôle juridictionnel concret et effectif de proportionnalité sur les saisies de documents sans lien avec l'enquête ou couverts par le secret professionnel (▪ CEDH, 2 avr. 2015, n° 63629/10 : *JurisData* n° 2015-007798 ; *RD conc.* 2015, p. 151, n° 2, obs. A. Lacresse ; *Contrats, conc. consom.* 2015, comm. 152, obs. D. Bosco).

XII – DROIT EUROPÉEN

46) Enquêtes demandées par la Commission. Dans l'hypothèse où la Cour de justice des Communautés européennes refuserait de reconnaître l'obligation pour la Commission de présenter au juge national des indices ou éléments d'information dont elle dispose et laissant présumer l'existence de pratiques anticoncurrentielles, la question se pose de savoir si, eu égard aux droits fondamentaux reconnus dans l'ordre juridique européen et à l'article 8 de la Convention européenne des droits de l'homme, ce juge est néanmoins compétent pour refuser d'accorder les visites et saisies sollicitées s'il estime que la décision de la Commission n'est pas suffisamment motivée, et ne lui permet pas de vérifier de façon concrète le bien-fondé de la demande qui lui est soumise, le mettant ainsi dans l'impossibilité d'exercer le contrôle exigé par son droit national (▪ Cass. com., 7 mars 2000 : *Bull. civ.* IV, n° 47 ; *D.* 2000, p. 180, obs. A. Marmontel et, p. 491, note J. Boré ; *LPA* 27 mars 2001, p. 9, obs. M. Petitier ; *RTD com.* 2000, 629, obs. E. Claudel ; *Contrats, conc. consom.* 2000, comm. 100, obs. S. Poillot-Peruzzetto, qui renvoie à la Cour de justice des Communautés européennes pour une question préjudicielle). – Pour la réponse de la Cour, V. ▪ CJCE, 22 oct. 2002, aff. C-94/00 : *Rec. CJCE* 2002, I, p. 9011 ; *D.* 2002, p. 3205, obs. E. Chevrier ; *Europe* 2002, comm. 422, obs. L. Idot ; *Contrats, conc. consom.* 2003, comm. 30, obs. S. Poillot-Peruzzetto. – V. aussi ▪ CJCE, 21 sept. 1989, arrêt *Hœchst : Rec. CJCE* 1989, I, p. 2859 ; *D.* 1990, somm. 112, obs. Ch. Gavalda et Cl. Lucas de Leyssac ; *JCP* G 1990, II, 21436, note M.-C. Boutard-Labarde et L. Vogel. V. désormais art. L. 450-4, al. 1er, p. 869.

47) Assistance des autorités nationales aux agents de la Commission. Il résulte de l'article 14 du règlement CE n° 17/62 du 6 février 1967 du Conseil que si les agents mandatés par la Commission ne peuvent procéder à leurs investigations qu'avec la collaboration des entreprises concernées, ils peuvent, en vertu du même article, passer outre l'opposition d'une entreprise dès lors qu'ils agissent avec le concours des autorités nationales, qui sont tenues de leur fournir l'assistance nécessaire à l'accomplissement de leur mission selon les modalités procédurales prévues par le droit national pour garantir le respect des droits des entreprises ; si cette assistance n'est exigée que lorsque l'entreprise manifeste son opposition, elle peut également être demandée à titre préventif, en vue de surmonter l'opposition éventuelle de l'entreprise (▪ Cass. com., 11 janv. 2000 : *Bull. civ.* IV, n° 8 ; *D.* 2000, p. 132, obs. A. Marmontel ; *RTD com.* 2000, 629, obs. E. Claudel). Il s'ensuit que le président du tribunal de grande instance (désormais le juge des libertés et de la détention) dans le ressort duquel la visite est ordonnée peut, en application du texte précité et de l'article 56 *bis* de l'ordonnance de 1986 (devenu C. com., art. L. 470-6), seul applicable désormais, autoriser des agents de l'administration de la concurrence à recourir aux pouvoirs coercitifs de l'article 48 (devenu C. com., art. L. 450-4) en vue d'apporter leur concours aux agents mandatés par la Commission, sans être tenu, pour ce faire, ni de constater que l'entreprise visitée s'était déjà opposée à la vérification, ni de caractériser un risque particulier d'opposition de la part de cette dernière (même arrêt).

En raison de la nature de ces agissements, dont la preuve est recherchée et qui laissent présumer que la société requérante est impliquée dans des pratiques prohibées par l'article 81 du traité CE (devenu art. 101 TFUE), et du caractère confidentiel des documents s'y rapportant, nécessairement ignorés des enquêteurs, seuls les pouvoirs conférés par l'article 48 de l'ordonnance de 1986 (devenu C. com., art. L. 450-4), non disproportionnés par rapport aux mesures envisagées, sont de nature à garantir l'accomplissement de la mission des agents mandatés par la Commission (▪ Cass. crim., 22 oct. 2003 [2e esp.] : *Bull. crim.* 2003, n° 199). En l'état de ces énonciations, le président du tribunal (désormais le juge des libertés et de la détention) a procédé au contrôle qui lui incombait en vertu des articles 14, paragraphe 6 du règlement n° 17/62/CEE et 48 de l'ordonnance de 1986 (devenu C. com., art. L. 450-4) et n'avait pas à mieux s'expliquer sur le caractère confidentiel des documents figurant au dossier de la Commission (même arrêt).

Par décision de la Commission européenne, il a été ordonné à une société de se soumettre à une inspection, diligentée en application de l'article 20, § 4 du règlement n° 1/2003 du 16 décembre 2002, relative à d'éventuelles pratiques anticoncurrentielles ; par ordonnance, le juge des libertés et de la détention a autorisé, à titre préventif, la Direction nationale des enquêtes de concurrence, de consommation et de répression des fraudes à effectuer des opérations de visite et de saisie dans les locaux de la société pour assister les agents de la Commission européenne ; saisi pour statuer sur la régularité desdites opérations, le juge des libertés et de la détention s'est déclaré incompétent ; en l'état de ces énonciations, le juge des libertés et de la détention, qui a répondu aux chefs péremptoires des conclusions dont il était saisi, a justifié sa décision, dès lors qu'il a souverainement constaté que l'ordonnance d'autorisation n'avait pas été mise en œuvre par les enquêteurs de la Direction nationale des enquêtes de concurrence, de consommation et de répression des fraudes en l'absence d'opposition de la société aux opérations de visite et de saisie effectuées par les agents de la Commission européenne (■ Cass. crim., 2 juin 2010, n° 08-87.326 : *JurisData* n° 2010-011275 ; *Bull. crim.* 2010, n° 100 ; *RJDA* 2011, n° 185).

48) Saisie de documents. Les entreprises visitées doivent disposer d'un recours effectif et concret en cas de saisie de documents sans lien avec l'enquête ou relevant de la correspondance avocat/client (■ CJUE, 5 avr. 2015, *Vinci construction et GTM génie civil et services c/ France : JurisData* n° 2015-007798 ; *Lettre CREDA* 3 avr. 2015, obs. A. Ronzano).

La Commission doit respecter strictement l'objet de l'inspection et limiter ses saisies aux documents dans le champ de l'enquête (■ CJUE, 18 juin 2015, aff. C-583/13P, *Deutsche Bahn c/ Commission : RD. conc.* 2015, n° 3, p. 147, obs. A. Lacresse).

49) Principe de confidentialité et avocat salarié. Si la confidentialité des communications entre avocats et clients fait l'objet d'une protection par le droit de l'Union européenne, le bénéfice de cette protection est subordonné à deux conditions cumulatives : d'une part, l'échange avec l'avocat doit être lié à l'exercice du « droit de la défense du client » et, d'autre part, il doit s'agir d'un échange émanant « d'avocats indépendants », c'est-à-dire d'« avocats non liés au client par un rapport d'emploi ». Quant à cette seconde condition, il y a lieu de considérer que l'exigence d'indépendance implique l'absence de tout rapport d'emploi entre l'avocat et son client, si bien que la protection au titre du principe de la confidentialité ne s'étend pas aux échanges au sein d'une entreprise ou d'un groupe avec des avocats internes. Les règles professionnelles auxquelles est soumis l'avocat, si elles sont susceptibles de renforcer la position de l'avocat interne au sein de l'entreprise, ne sont pas aptes à assurer une indépendance comparable à celle d'un avocat externe (■ CJUE, 14 sept. 2010, aff. C-550/07 : *Europe* 2010, comm. 370, obs. L. Idot ; *Contrats, conc. consom.* 2010, comm. 259, obs. G. Decocq et comm. 260, obs. D. Bosco ; *RJDA* 2010, n° 1188 ; *JCP E* 2010, 1942, obs. A. Gorny et E. Wachtel ; *Rev. Lamy conc.* 2010, n° 1713, note F. Puel et D. Ferré ; *Rev. Lamy conc.* 2011, n° 1746, note E. Barbier de la Serre et Ch. Winckler). Le refus de protéger, au titre du principe de la confidentialité, les communications échangées avec un avocat interne ne viole ni le principe de l'égalité de traitement, ni le principe du respect des droits de la défense, ni le principe de l'autonomie nationale de procédure, ni celui des compétences d'attribution. Enfin, la reconnaissance d'une protection particulière de la confidentialité des échanges entre l'entreprise et son juriste ne s'impose ni au regard de l'évolution de l'ordre juridique de l'Union, ni au regard de l'évolution des systèmes juridiques nationaux (même arrêt).

XIII – QUESTION PRIORITAIRE DE CONSTITUTIONNALITÉ

50) Les dispositions des articles L. 450-1 et L. 450-4 sont applicables au litige, lequel concerne la régularité d'une enquête effectuée par le Conseil de la concurrence pour établir l'existence d'une pratique prohibée par les dispositions des articles L. 420-1 et 101 du TFUE ; sous le couvert de la critique des articles L. 450-1 et L. 450-4, la question posée ne tend en réalité qu'à contester la conformité à la Constitution du règlement européen n° 1/2003, relatif à la mise en œuvre des règles de concurrence prévues aux articles 101 et 102 du TFUE ; d'où il suit que cette question n'est pas recevable (■ Cass. crim., QPC, 18 juin 2010 : *Rev. Lamy conc.* 2011, n° 1748, note A. Mexis ; *Lettre distrib.* 2010/10).

La disposition contestée de l'article L. 450-4, dans sa rédaction résultant de la loi du 12 mai 2009, constitue le fondement de la visite domiciliaire opérée par le rapporteur de l'Autorité de la concurrence ou de ses agents ; la question posée ne présente pas un caractère sérieux, les droits dont la méconnaissance est invoquée étant garantis, tout au long de la procédure, par l'intervention d'un juge judiciaire dont les décisions motivées, sont soumises à un recours effectif et à qui il appartient d'assurer la conciliation entre les droits visés dans la question et les nécessités de la lutte contre les pratiques anticoncurrentielles ; d'où il suit qu'il n'y a pas lieu de la renvoyer au Conseil constitutionnel (▪ Cass. crim., QPC, 22 sept. 2010, n° 10-90.099 : *JurisData* n° 2010-017030 ; *Lettre distrib.* 2010/10).

Les dispositions de l'article L. 450-4 prévoient que l'exercice de la faculté par l'occupant des lieux ou son représentant de solliciter l'assistance du conseil de son choix n'entraîne pas la suspension des opérations de visites et saisies jusqu'à l'arrivée dudit conseil ; les questions posées ne présentent pas un caractère sérieux en ce que les droits dont la méconnaissance est invoquée sont garantis, tout au long de la procédure, par l'intervention d'un juge judiciaire dont les décisions motivées sont soumises à un recours effectif et à qui il appartient d'assurer la conciliation entre les droits et libertés visés dans les questions et les nécessités de la lutte contre les pratiques anticoncurrentielles ; d'où il suit qu'il n'y a pas lieu de renvoyer au Conseil constitutionnel les questions prioritaires de constitutionnalité (▪ Cass. crim., QPC, 20 oct. 2010, n° 10-81.749 : *Lettre distrib.* 2010/11).

S'agissant de la conformité des dispositions de l'article L. 450-4 en ce qu'elles ne garantiraient pas de manière effective le droit de l'occupant des lieux de faire appel à un avocat et d'être assisté par celui-ci pendant le déroulement des opérations, la même question a déjà été posée par la même demanderesse, à l'occasion du même pourvoi par mémoire spécial ; par décision du 1er juillet 2010 (▪ Cass. crim., QPC, 1er juill. 2010), la Cour de cassation a dit n'y avoir lieu de renvoyer cette question au Conseil constitutionnel ; la présente question est dès lors irrecevable (▪ Cass. crim., QPC, 1er déc. 2010, n° 10-80.017 : *JurisData* n° 2010-023247 ; *Bull. crim.*, nos 192 et 193 ; *Lettre distrib.* 2010/12). Concernant la conformité des mêmes dispositions, mais cette fois en ce qu'elles n'assureraient pas l'effectivité du droit au recours au juge, notamment, faute de donner concrètement à l'occupant des lieux la possibilité de le faire intervenir, à des fins de contrôle ou de suspension, pendant le déroulement des opérations, la question posée ne présente pas un caractère sérieux dès lors que les dispositions contestées de l'article L. 450-4 assurent un contrôle effectif par le juge de la nécessité de chaque visite et lui donne les pouvoirs d'en suivre effectivement le cours, de régler les éventuels incidents et, le cas échéant, de mettre fin à la visite à tout moment ; d'où il suit qu'il n'y a pas lieu de la renvoyer au Conseil constitutionnel (même déc. *Rappr.* ▪ Cass. crim., QPC, 9 mars 2011, n° 10-85.310 : *Lettre distrib.* 2011/5).

Les dispositions contestées constituent le fondement de la visite domiciliaire opérée par l'administration. Les questions posées ne présentent pas un caractère sérieux, dès lors que les dispositions contestées de l'article L. 450-4 assurent un contrôle effectif, par le juge, de la nécessité de chaque visite et lui donnent les pouvoirs d'en suivre effectivement le cours, de régler les éventuels incidents portant notamment sur la saisie, par l'administration, de documents de nature personnelle, confidentielle ou couverts par le secret professionnel et, le cas échéant, de mettre fin à la visite à tout moment ; d'où il suit qu'il n'y a pas lieu de la renvoyer au Conseil constitutionnel (▪ Cass. crim., QPC, 27 juin 2012, n° 12-90.028 : *JurisData* n° 2012-015050 ; *Bull. crim.*, n° 163).

Art. L. 450-5 *(Rempl., Ord. n° 2008-1161, 13 nov. 2008 ; mod., L. n° 2012-1270, 20 nov. 2012 ; L. n° 2016-1920, 29 déc. 2016).* **– Le rapporteur général de l'Autorité de la concurrence est informé avant leur déclenchement des investigations que le ministre chargé de l'économie souhaite voir diligenter sur des faits susceptibles de relever des articles L. 420-1 à L. 420-2-2 et L. 420-5 ou d'être contraires aux mesures prises en application de l'article L. 410-3 et peut, dans un délai fixé par décret, en prendre la direction.**

Le rapporteur général est informé sans délai du résultat des investigations menées par les services du ministre. Il peut, dans un délai fixé par décret, proposer à l'Autorité de se saisir d'office.

NB : Les modifications, issues de l'article 3 de la loi n° 2016-1920 du 29 décembre 2016, entrent en vigueur le premier jour du troisième mois suivant la promulgation de la loi susvisée. Les dispositions modifiées sont applicables aux contrats conclus avant cette date.

Voir : art. D. 450-3, p. 1886.

Art. L. 450-6 *(Rempl., Ord. n° 2008-1161, 13 nov. 2008).* **– Le rapporteur général désigne, pour l'examen de chaque affaire, un ou plusieurs agents des services d'instruction aux fonctions de rapporteur. À sa demande écrite, l'autorité dont dépendent les agents mentionnés au II de l'article L. 450-1 met sans délai à sa disposition, en nombre et pour la durée qu'il a indiqués, les agents nécessaires à la réalisation des opérations mentionnées à l'article L. 450-4.**

1) Rôle du rapporteur. Il résulte des articles L. 450-1 et L. 450-6 que le rapporteur est maître de la conduite des investigations et qu'il apprécie librement l'opportunité des mesures à mettre en œuvre. Il ne peut donc être reproché au Conseil de ne pas avoir fait effectuer des visites domiciliaires (■ Paris, 23 janv. 2007, n° 2006/01498 : *JurisData* n° 2007-324831 ; *D.* 2007, p. 576, obs. E. Chevrier ; *Contrats, conc. consom.* 2007, comm. 73, obs. M. Malaurie-Vignal ; *RJDA* 2007, n° 557 ; *RD conc.* 2007, n° 2, p. 103, obs. M. Debroux ; *Rev. Lamy conc.* 2007, n° 787, obs. B. Cheynel).

2) **Désignation du rapporteur.** L'article L. 450-6 n'impose aucun délai pour la désignation du rapporteur. Aucune disposition n'impose que la nomination du rapporteur ait été effectuée préalablement à la demande d'avis des autorités administratives compétentes (■ Cons. conc., déc. n° 05-D-13, 18 mars 2005 : *D.* 2005, p. 1023, obs. E. Chevrier).

3) **Nom du rapporteur.** La demande du président du Conseil de la concurrence qui se borne à inviter l'Administration à communiquer au rapporteur des informations qu'elle détient déjà mais ne comporte aucune demande d'enquête n'a pas à faire mention du nom du rapporteur (■ Cass. com., 16 mai 2000 : *Bull. civ.* IV, n° 101 ; *Contrats, conc. consom.* 2000, comm. 144, obs. M. Malaurie-Vignal).

4) **Auto-saisine.** La désignation formelle d'un rapporteur pour instruire une affaire, conformément à l'article 50 de l'ordonnance de 1986 (devenu C. com., art. L. 450-6), n'est prévue que pour l'instruction des affaires au fond postérieure à la saisine du Conseil et non pour les procédures au cours desquelles le Conseil décide de se saisir d'office ; l'autosaisine du Conseil est en effet une décision d'ordre interne, prise hors la présence du commissaire du Gouvernement, non soumise à l'obligation de motivation, insusceptible de recours, dépourvue de formalité et dont la procédure d'adoption n'est régie par aucun texte. Il est dès lors loisible au Conseil de désigner oralement et sans formalités des rapporteurs chargés spécialement de faire un rapport oral sur la saisine d'office devant la formation chargée de se prononcer sur cette saisine, cette désignation informelle étant, en tout état de cause, dépourvue de toute incidence sur l'instruction ultérieure et ne faisant pas grief aux parties (■ Cons. conc., déc. n° 06-D-07, 21 mars 2006 : *D.* 2006, p. 1165, obs. E. Chevrier ; *RJDA* 2006, n° 838 ; *Rev. Lamy conc.* 2008, n° 586, obs. B. Cheynel).

5) **Ministre de l'Économie (jurisprudence antérieure à l'Ord. n° 2008-1161, 13 nov. 2008).** Il résulte des dispositions des articles 11, 15 et 50 de l'ordonnance de 1986 (devenus C. com., art. L. 462-5, L. 464-8 et L. 450-6) que, dès lors que le Conseil de la concurrence est saisi pour sanctionner des parties auxquelles il est reproché des pratiques illicites faisant obstacle au jeu de la libre concurrence, le ministre de l'Économie ne peut plus utiliser dans la même procédure, à l'encontre de ces parties, les pouvoirs qu'il tient des articles 45 et suivants de l'ordonnance (devenus C. com., art. L. 450-1 et s.) (■ Cass. com., 10 déc. 1996 : *Bull. civ.* IV, n° 310 ; *RJDA* 1997, n° 530. V. aussi ■ Cass. com., 18 mai 1999, n° 97-14.414 : *JurisData* n° 1999-002135 ; *LPA* 30 mars 2000, p. 18, obs. M. Petitier).

Art. L. 450-7 *(Mod., Ord. n° 2008-1161, 13 nov. 2008).* **– Les agents mentionnés à l'article L. 450-1 peuvent, sans se voir opposer le secret professionnel, accéder à tout document ou élément d'information détenu par les services et établissements de l'État** *(Mots aj., Ord. n° 2021-649, 26 mai 2021)* **« , les autorités administratives indépendantes et autorités publiques indépendantes mentionnées à l'annexe de la loi n° 2017-55 du 20 janvier 2017 portant statut général des autorités administratives indépendantes et des autorités publiques indépendantes, » et des autres collectivités publiques.**

Communication d'informations. L'article 51 de l'ordonnance de 1986 (devenu C. com., art. L. 450-7), aux termes duquel les enquêteurs peuvent, sans se voir opposer le secret professionnel, *accéder à tout document ou élément* d'information détenu par les services et établissements de l'État et des autres collectivités publiques, ne subordonne pas l'exercice de ce droit par les enquêteurs (désormais les agents) à une forme particulière, pas plus qu'il n'interdit aux services concernés de leur communiquer spontanément tous documents susceptibles d'intéresser leur mission (■ Cass. com., 26 janv. 1999, n° 97-30.110 : *Contrats, conc. consom.* 1999, comm. 58, obs. M. Malaurie-Vignal ; *JCP* E 1999, p. 1913, obs. P. Arhel ; *LPA* 18 nov. 1999, p. 15, obs. M. Petitier).

Des documents administratifs peuvent être considérés comme figurant de façon licite dans un dossier d'enquête sans que leur réception fasse l'objet d'un procès-verbal, lorsqu'ils sont fournis par les services et établissements de l'État et des autres collectivités publiques (■ Cons. conc., déc. n° 07-D-29, 26 sept. 2007 : *BOCC* 24 déc. 2007).

Art. L. 450-8 *(Mod., Ord. n° 2008-1161, 13 nov. 2008 ; L. n° 2014-344, 17 mars 2014 ; rempl., Ord. n° 2021-649, 26 mai 2021).* **– I. – Sous réserve des dispositions du II, est puni d'un emprisonnement de deux ans et d'une amende de 300 000 € le fait pour quiconque de s'opposer, de quelque façon que ce soit, à**

l'exercice des fonctions dont les agents mentionnés au II de l'article L. 450-1 sont chargés en application du présent livre.

II. – Lorsque l'opposition porte sur des actes des agents mentionnés au II de l'article L. 450-1 accomplis au titre de leur mise à disposition du rapporteur général de l'Autorité de la concurrence en application de l'article L. 450-6, et qu'elle est le fait d'une personne morale, les dispositions du I ne sont pas applicables et elle n'est passible que de la sanction pécuniaire prévue au deuxième alinéa du V de l'article L. 464-2.

Bibliographie : B. Bouloc, *Les infractions d'opposition aux fonctions au regard des droits fondamentaux : Rev. Lamy conc.* 2013/35, n° 2292.

1) **Délit d'entrave.** Dès lors que les enquêteurs (désormais les agents) habilités par le ministre chargé de l'économie exercent leurs fonctions en exécution d'une ordonnance du président du tribunal de grande instance, ils sont réputés agir dans les conditions prévues par la loi et les obstacles mis à leurs fonctions constituent le délit prévu par l'article 52 de l'ordonnance de 1986 (désormais C. com., art. L. 450-8) (■ Cass. crim., 25 févr. 1992, n° 90-86.775 : *JurisData* n° 1992-001437 ; *Bull. crim.* 1992, n° 86 ; *JCP* E 1992, pan. 957).

2) **Auto-incrimination.** Le secret professionnel comme la protection des libertés individuelles des clients ne peut être opposé aux enquêteurs, qui sont soumis à un devoir de discrétion et qui tiennent de la loi le pouvoir d'exiger la communication de documents de toute nature propres à l'accomplissement de leur mission. Les juges relèvent que le refus de communiquer les documents contractuels dans leur intégralité, qui a empêché les enquêteurs de vérifier l'application de la réglementation en matière de démarchage à domicile, constitue le délit prévu et réprimé par l'article L. 450-8, lequel consiste en une obstruction, de quelque nature que ce soit, apportée aux demandes d'un fonctionnaire de contrôle tendant à l'empêcher de procéder aux enquêtes dont il est chargé. La cour d'appel a justifié sa décision, sans porter atteinte au droit au silence garanti par les dispositions de la Convention européenne des droits de l'homme (■ Cass. crim., 24 févr. 2009, n° 08-84.410 : *JurisData* n° 2009-047349 ; *Bull. crim.* 2009, n° 46 ; *D.* 2009, p. 1017, obs. M. Léna ; *Contrats, conc. consom.* 2009, comm. 151, obs. G. Raymond ; *RTD com.* 2009, p. 636, obs. B. Bouloc).

Art. L. 450-9 *(Créé, Ord. n° 2021-649, 26 mai 2021).* **– Est puni d'un emprisonnement de deux ans et d'une amende de 300 000 € le fait pour une personne physique de s'opposer à l'exercice des fonctions dont les agents mentionnés au I de l'article L. 450-1 sont chargés en application du présent livre.**

Art. L. 450-10 *(Créé, Ord. n° 2021-649, 26 mai 2021).* **– Les dispositions de l'article 121-2 du Code pénal ne sont pas applicables aux infractions mentionnées à l'article L. 450-9, ni à celles mentionnées au I de l'article L. 450-8, lorsque l'opposition porte sur des actes des agents mentionnés au II de l'article L. 450-1 accomplis au titre de leur mise à disposition du rapporteur général de l'Autorité de la concurrence en application de l'article 450-6.**

TITRE VI. – DE L'AUTORITÉ DE LA CONCURRENCE

Bibliographie : C. Barreau, *La participation française au Réseau européen de concurrence après la LME : une inopportune divergence ? : Contrats, conc. consom.* 2011, étude 13. ● D. Bosco, *La nouvelle Autorité de la concurrence : Contrats, conc. consom.* 2008, dossier 8. ● G. Canivet, *Le juge et l'autorité de marché : RJ com.* 1992, 185. ● M. Cousin, *L'année 2010 en matière de procédures et de sanctions : Contrats, conc. consom.* 2011, dossier 5. ● Th. Dahan et Ch. Lemaire, *Portrait de l'Autorité en jeune fille. L'Autorité de la concurrence issue de la loi LME : entre aboutissement et nouveau départ : RJEP* 2011, étude 3. ● M. Deschamps, *La prévention des conflits d'intérêts au sein de l'Autorité de la concurrence : Rev. Lamy conc.* 2011, *n° 1882.* ● *M. de Drouas, E. Durand et P. Hubert, L'Autorité de la concurrence, un an après : points de vue d'usagers : RD conc.* 2010, n° 2, p. 34. ● Q. Epron, *Le statut des autorités de concurrence et la séparation des pouvoirs : RFDA* 2011, p. 1007. ● D. Ferrier et K. Biancone, *L'Autorité de la concurrence : D.* 2009, p. 1031. ● J.-L. Fourgoux, *Sur une autorité de concurrence moderne ? : RJ com.* 2008, p. 251. ● L. Idot, *La nouvelle Autorité de la concurrence en France : entre deux modèles européens ? : Europe* 2009, alerte 7. ● L. Idot et Ch. Lemaire, *Le nouveau visage de la régulation de la concurrence en France. L'Autorité de la concurrence entre deux Europe : JCP G* 2009, I, 125. ● B. Lasserre, *La transformation du Conseil de la* *concurrence en Autorité de la concurrence, clé de voûte d'une régulation de la concurrence moderne, juste et efficace : RJ com.* 2009, p. 96 ; *L'office de l'Autorité de la concurrence, in Justice et Cassation*, Dalloz, 2010, p. 100 ; *La régulation concurrentielle, un an après sa réforme : un point de vue d'Autorité : RD conc.* 2010, n° 3, p. 35 et n° 4, p. 56. • I. Luc, *L'application des principes d'impartialité aux autorités de concurrence françaises : LPA* 15 févr. 2002, p. 4 et 18 févr. 2002, p. 4. • S. Nicinski, *L'autorité de la concurrence : RFD adm.* 2009 p. 1237. • R. Poésy, *La nature juridique de l'Autorité de la concurrence : AJDA* 2009, p. 347. • V. Selinsky, *L'Autorité de concurrence « unique » : une réforme à parfaire : Rev. Lamy conc.* 2008, n° 1260. • Ch. Vilmart, *Naissance de l'Autorité de la concurrence : une réforme fondamentale mais inachevée : JCP* E 2009, 1077.

Voir : décision du 30 mars 2009 portant adoption du règlement intérieur de l'Autorité de la concurrence (*JO* 4 avr.).

CHAPITRE I. – DE L'ORGANISATION

Art. L. 461-1 *(Rempl., L. n° 2008-776, 4 août 2008 ; mod., L. n° 2010-838, 23 juill. 2010 ; Ord. n° 2015-948, 31 juill. 2015 ; L. n° 2017-55, 20 janv. 2017).* **– I. – L'Autorité de la concurrence est une autorité administrative indépendante. Elle veille au libre jeu de la concurrence. Elle apporte son concours au fonctionnement concurrentiel des marchés aux échelons européen et international.**

II. – Les attributions confiées à l'Autorité de la concurrence sont exercées par un collège composé de dix-sept membres, dont un président, nommés pour une durée de cinq ans par décret pris sur le rapport du ministre chargé de l'économie.

Le président est nommé par décret du Président de la République en raison de ses compétences dans les domaines juridique et économique.

Le collège comprend également :

1° Six membres ou anciens membres du Conseil d'État, de la Cour de cassation, de la cour des comptes ou des autres juridictions administratives ou judiciaires ;

2° Cinq personnalités choisies en raison de leur compétence en matière économique ou en matière de concurrence et de consommation ;

3° Cinq personnalités exerçant ou ayant exercé leurs activités dans les secteurs de la production, de la distribution, de l'artisanat, des services ou des professions libérales.

Les membres mentionnés au 1°, d'une part, et les membres mentionnés aux 2° et 3°, d'autre part, comprennent un nombre égal de femmes et d'hommes.

Quatre vice-présidents sont désignés parmi les membres du collège, dont au moins deux parmi les personnalités mentionnées aux 2° et 3°.

Selon des modalités fixées par décret en Conseil d'État, le collège est, à l'exception de son président, renouvelé par moitié tous les deux ans et six mois.

III. – Le mandat des membres du collège n'est renouvelable, sous réserve du septième alinéa du II, qu'une seule fois.

Nature juridique de l'Autorité de la concurrence. L'Autorité de la concurrence est, selon l'article L. 464-1, II, une autorité administrative indépendante ; elle veille au libre jeu de la concurrence et apporte son concours au fonctionnement concurrentiel des marchés aux échelons européen et international ; elle ne peut être par conséquent partie à une procédure puisqu'elle inflige des sanctions ; elle ne peut davantage être une juridiction ou « quasi-juridiction » de première instance puisqu'elle participe d'une politique publique ; que le statut de ses membres ou son organisation ne prétendent pas garantir l'impartialité au sens de la Convention ESDH ; que par application du II de l'article L. 464-1, l'Autorité de la concurrence n'est pas dotée d'une commission des sanctions et œuvre à travers un collège unique ; enfin, que le président de l'Autorité de la concurrence est désormais doté d'un droit de pourvoi en cassation (▪ Paris, 23 sept. 2010 : *Contrats, conc. consom.* 2010, comm. 277, obs. G. Decocq ; conf., sur ce point, de ▪ Aut. conc., déc. n° 09-D-36, 9 déc. 2009 : *RD conc.* 2010, n° 1, p. 95, obs. L. Nicolas-Vullierme ; *Rev. Lamy* conc. 2010, n° 1575, note P. Arhel ; cass., sur un autre point, par ▪ Cass. com., 31 janv. 2012 : *Bull. civ.* IV, n° 16 ; *Contrats, conc. consom.* 2012, comm. 103, obs. G. Decocq ; *RJDA* 2012, n° 531. Sur renvoi, V. ▪ Paris, 4 juill. 2013 : *Contrats, conc. consom.* 2013, comm. 245, obs. G. Decocq ; *Rev. Lamy conc.* 2013/37, nos 2400 et 2406, obs. S. Cholet ; pourvoi rejeté ▪ Cass. com., 6 janv. 2015 : *Contrats, conc. consom.* 2015, comm. 70, obs. G. Decocq ; *AJ Contrats d'affaires* 2015, n° 3, p. 129, obs. M. Ponsard ; *RD conc.* 2015, n° 2, p. 94, obs. A.-L. Sibony).

Décret n° 2019-169 du 6 mars 2019

fixant les modalités de renouvellement partiel du collège de l'Autorité de la concurrence

Art. 1. – I. – Les mandats du membre de l'Autorité de la concurrence nommé pour succéder à celui dont le mandat prend fin le 14 décembre 2021, du vice-président de cette Autorité nommé pour succéder à celui dont le mandat prend fin le 13 novembre 2022 et du vice-président de cette Autorité nommé pour succéder à celui dont le mandat prend fin le 15 avril 2023 prennent fin le 18 septembre 2026.

II. – La durée des mandats des treize membres nommés pour succéder aux membres dont le mandat prend fin le 18 mars 2019 est fixée comme suit :

1° Les deux vice-présidents sont nommés pour des mandats qui prennent fin le 18 mars 2024 ;

2° Au cours de la première réunion du collège suivant la nomination des onze autres membres, ceux d'entre eux qui souhaitent que leur mandat prenne fin le 18 septembre 2021 en informent le collège et il est procédé de la façon suivante :

a) Si cinq membres font part d'un tel souhait, le mandat de ces membres prend fin le 18 septembre 2021. Le mandat des six autres membres prend fin le 18 mars 2024 ;

b) Si plus de cinq de ces onze membres font part d'un tel souhait, un tirage au sort, réalisé entre ceux d'entre eux ayant émis ce souhait, détermine les cinq membres qui exercent leur mandat jusqu'au 18 septembre 2021. Le mandat des six autres membres prend fin le 18 mars 2024 ;

c) Si moins de cinq de ces onze membres font part d'un tel souhait, un tirage au sort, réalisé entre ceux des membres n'ayant pas émis ce souhait, détermine lesquels exercent également leur mandat jusqu'au 18 septembre 2021, de telle sorte que cinq des ces onze membres exercent leur mandat jusqu'à cette date. Le mandat des six autres membres prend fin le 18 mars 2024.

Les opérations de tirage au sort font l'objet d'un procès-verbal signé par le président de l'Autorité, qui le transmet au Premier ministre et au ministre chargé de l'économie.

III. – Un avis publié au Journal officiel de la République française précise la date à laquelle le mandat de chacun des membres de l'Autorité prend fin en application du présent article.

Voir aussi : Art. R. 461-10 créé par le décret n° 2019-169 du 6 mars 2019.

Art. L. 461-2 *(Rempl., L. n° 2008-776, 4 août 2008 ; mod., L. n° 2017-55, 20 janv. 2017).* **– Le président et les vice-présidents exercent leurs fonctions à plein temps.**

Est déclaré démissionnaire d'office par le ministre chargé de l'économie tout membre de l'autorité qui n'a pas participé, sans motif valable, à trois séances consécutives.

Le commissaire du Gouvernement auprès de l'autorité est désigné par le ministre chargé de l'économie.

1) Commissaire du Gouvernement. Le ministre chargé de l'économie a la faculté de saisir le Conseil de la concurrence (devenue l'Autorité de la concurrence) en vue de la sanction de pratiques anticoncurrentielles en application de l'article L. 462.5 et est par ailleurs, lui-même ou les représentants qu'il a désignés, commissaire du Gouvernement auprès du Conseil (devenue l'Autorité) en application de l'article L. 461-2 (■ Cons. conc., déc. n° 07-D-49, 19 déc. 2007 : *RD conc.* 2008, n° 1, p. 112, obs. E. Claudel ; *Rev. Lamy conc.* 2008, n° 1056, obs. V. Selinsky).

Ce dispositif prévu par la loi ne confère ni au ministre partie saisissante, ni au commissaire du Gouvernement qu'il désigne, aucun pouvoir sur le déroulement de la procédure autre que celui de déposer des observations, qui constituent un simple avis consultatif, fût-il obligatoire, communiquées aux entreprises en cause qui ont la possibilité de faire valoir leurs propres observations en réponse ; il n'en résulte aucune atteinte au principe d'égalité des armes ni aucune violation du droit à un procès équitable (■ Paris, 8 avr. 2009 : *Contrats, conc. consom.* 2009, comm. 173, obs. D. Bosco ; *RD conc.* 2009, n° 3, p. 127, obs. Ch. Momège ; *Rev. Lamy conc.* 2009, n° 1396, obs. V. Selinsky et n° 1433, obs. E. Barbier de la Serre ; conf. de ■ Cons. conc., déc. n° 07-D-49, 19 déc. 2007, préc.).

2) Conflit d'intérêt. Le Code de commerce, ainsi que le règlement intérieur et la charte de déontologie de l'Autorité de la concurrence prévoient un ensemble de mécanismes destinés à prévenir tout risque de conflit d'intérêt (■ Aut. conc., déc. n° 11-MC-01, 12 mai 2011 : *RD conc.* 2011, n° 3, p. 191, obs. Ch. Lemaire et S. Naudin).

Art. L. 461-3 *(Rempl., L. n° 2008-776, 4 août 2008 ; mod., Ord. n° 2008-1161, 13 nov. 2008 ; L. n° 2009-526, 12 mai 2009 ; L. n° 2015-990, 6 août 2015).* **– L'Autorité de la concurrence peut siéger soit en formation plénière, soit en sections, soit en commission permanente. La commission permanente est composée du président et des quatre vice-présidents.**

Les formations de l'autorité délibèrent à la majorité des membres présents. Le règlement intérieur de l'autorité détermine les critères de quorum applicables à chacune de ces formations.

En cas de partage égal des voix, la voix du président de la formation est prépondérante.

Le président, ou un vice-président désigné par lui, peut adopter seul les décisions prévues *(Mots aj., L. n° 2020-1508, 3 déc. 2020)* « au III de l'article L. 462-5, » à l'article L. 462-8, ainsi que celles prévues aux articles L. 464-2 à L. 464-6 quand elles visent des faits dont l'Autorité de la concurrence a été saisie par le ministre en application du quatrième alinéa de l'article L. 464-9. *(Mots rempl., L. n° 2020-1508, 3 déc. 2020)* « Il peut faire de même s'agissant des décisions prévues à l'article L. 430-5, des décisions de révision des mesures mentionnées aux III et IV de l'article L. 430-7, des décisions nécessaires à la mise en œuvre de ces mesures et des décisions de révision des engagements prises en application de l'article L. 464-2. »

1) **Commission permanente (jurisprudence concernant le Conseil de la concurrence).** Les dispositions qui confèrent à la commission permanente certaines attributions n'ont ni pour objet, ni pour effet de restreindre à ces attributions la compétence de cette dernière formation (■ Paris, 24 juin 2008 : *D.* 2008, p. 1895, obs. E. Chevrier ; *Contrats, conc. consom.* 2008, comm. 208, obs. G. Decocq ; *RJDA* 2008, n° 1052 ; *RD conc.* 2008, n° 3, p. 137, obs. Ch. Lemaire ; réf. partielle de ■ Cons. conc., déc. n° 06-D-07, 21 mars 2006 : *D.* 2006, p. 1165, obs. E. Chevrier ; *RJDA* 2006, n° 838 ; *RJDA* 2006, n° 838 ; *Rev. Lamy conc.* 2008, n° 586, obs. B. Cheynel ; cassé, sur un autre point, par ■ Cass. com., 13 oct. 2009 : *Bull. civ.* IV, n° 125 ; *Contrats, conc. consom.* 2009, comm. 294, obs. G. Decocq ; *RJDA* 2010, n° 177 ; sur renvoi, ■ Paris, 5 mai 2011, n° 2010/17460 : *Contrats, conc. consom.* 2011, comm. 174, obs. G. Decocq ; *Rev. Lamy conc.* 2011, n° 1868, obs. E. Barbier de la Serre ; arrêt cassé, sur un autre point, par ■ Cass. com., 15 mai 2012, n° 11-18.507 : *JurisData* n° 2012-010608 ; *D.* 2012, p. 1396, obs. E. Chevrier ; *Contrats, conc. consom.* 2012, comm. 184, obs. G. Decocq ; *RJDA* 2012, n° 898 ; *Rev. Lamy conc.* 2012, n° 2101, obs. V. Selinsky, et n° 2167, obs. E. Barbier de la Serre ; sur renvoi, ■ Paris, 10 oct. 2013 : *Contrats, conc. consom.* 2014, comm. 116, obs. G. Decocq).

2) **Principe d'impartialité (jurisprudence concernant le Conseil de la concurrence).** Le Conseil de la concurrence, statuant en commission permanente, s'étant prononcé sur le caractère prohibé d'une partie des faits qui lui étaient dénoncés dans la procédure de mesures conservatoires, ne peut, dans une formation comportant des membres ayant statué dans cette procédure, statuer à nouveau au fond, sans manquer objectivement au principe d'impartialité (■ Cass. com., 9 oct. 2001, n° 98-21.987 : *JurisData* n° 2001-011217 ; *Bull. civ.* IV, n° 160 ; *D.* 2001, p. 3528, obs. E. Chevrier ; *Contrats, conc. consom.* 2001, comm. 174, obs. M. Malaurie-Vignal ; *RJDA* 2002, n° 206 ; *RTD com.* 2002, 294, obs. E. Claudel).

En revanche, le fait que le rapporteur ait assisté au délibéré de la commission permanente n'affecte pas la validité de la décision dès lors que celle-ci s'est bornée à ouvrir la procédure (■ Paris, 27 nov. 2001, n° 2000/19180 : *JurisData* n° 2001-184730 ; *D.* 2002, p. 2043, obs. A. Reygrobellet).

Pareillement, la seule présence, dans une formation contentieuse du Conseil, de membres qui se sont exprimés antérieurement dans le cadre d'une procédure consultative ne constitue pas une violation du principe d'impartialité, du droit à un procès équitable et des droits de la défense, dès lors que les termes de l'avis rendu au terme de cette procédure ne s'apparentent pas à un préjugement (■ Paris, 18 févr. 2003, n° 01/38098 : *JurisData* n° 2003-211319 ; *Contrats, conc. consom.* 2004, comm. 8, obs. M. Malaurie-Vignal ; *JCP* E 2003, 612, note P. Arhel).

De même, la circonstance que des membres du Conseil aient siégé en commission permanente lors de la saisine d'office, puis lors de la séance décidant sur le fond de l'affaire, n'est pas contraire au principe d'impartialité, la décision de se saisir d'office ne les ayant pas conduits à préjuger de l'affaire (■ Cons. conc., déc. n° 07-D-15, 9 mai 2007 : *Contrats, conc. consom.* 2007, comm. 180, obs. G. Decocq ; *RD conc.* 2007, n° 3, p. 140, obs. Ch. Lemaire ; *Rev. Lamy conc.* 2007, n° 820, obs. S. Cholet et n° 858, obs. E. Barbier de la Serre).

Aussi, la sanction du non-respect d'une injonction ne préjugeant pas au fond, c'est à juste titre que l'arrêt retient qu'en se prononçant au fond dans une composition comprenant certains membres ayant déjà statué dans une décision se bornant à sanctionner l'inexécution d'une injonction prononcée à titre conservatoire dans une décision précédente relative à la même saisine, le Conseil n'a pas manqué au principe d'impartialité garanti par l'article 6 de la Convention européenne des droits de l'homme (■ Cass. com., 23 oct. 2007 : *D.* 2007, p. 3002, obs. E. Chevrier ; *Contrats, conc. consom.* 2007, comm. 308, obs. G. Decocq ; *RD conc.* 2008, n° 1, p. 121, obs. C. Prieto ; rejet pourvoi contre ■ Paris, 4 juill. 2006 : *Contrats, conc. consom.* 2006, comm. 204, obs. G. Decocq ; *RD conc.* 2006, n° 3, p. 140, obs. V. Michel-Amsellem ; *Rev. Lamy conc.* 2006, n° 653, obs. C. Nourissat).

Encore, le principe d'impartialité ne fait pas obstacle à ce qu'un membre de la formation qui a rendu la décision déférée participe à l'élaboration des observations écrites présentées à la cour (■ Paris, 24 juin 2008, préc. note 1).

3) **Décision du président.** La loi prévoit deux hypothèses : la prise de décision en formation, d'une part, et la prise de décision par le président ou un vice-président désigné par lui, d'autre part. C'est également ce qui ressort de l'article 37 du règlement intérieur de l'Autorité de la concurrence. La loi ne renvoie au règlement intérieur pour fixer le quorum minimum que dans la première hypothèse, la question d'un quorum étant sans objet lorsque la décision est prise par le président ou un vice-président seul (■ Aut. conc., déc. n° 13-D-08, 15 avr. 2013 : *Rev. Lamy conc.* 2013/36, n° 2339, obs. V. Selinsky). L'application du 4e alinéa de l'article L. 461-3 aux décisions prévues à l'article L. 462-8 n'est pas limitée aux « faits dont l'Autorité de la concurrence a été saisie par le ministre en application du quatrième alinéa de l'article L. 464-9 ». Cette exigence s'applique uniquement pour la prise des décisions prévues aux articles L. 464-2 à L. 464-6 (même déc.). Sur la constitutionnalité des pouvoirs du président après la réforme opérée par la loi n° 2015-990 du 6 août 2015, V. Cons. const., 20 avr. 2018, n° 2018-702 QPC : *Contrats, conc. consom.* 2018, chron. 4, p. 5.

Sur le contrôle par le Conseil d'État des décisions prises par le président, V. par ex. ■ CE, 26 juill. 2018, nos 414654 et 414657 : *Concurrences* 2018/4, p. 143, obs. D. Tayar et E. Xueref-Poviac, rejetant les recours dirigés contre une décision qui avait refusé de prolonger la durée d'exécution d'engagements pris dans le cadre d'une procédure de concentration et d'une autre décision par laquelle le président avait refusé d'agréer un candidat repreneur de deux points de vente.

4) **Avis, recommandations, prises de position....** Les « avis, recommandations, mises en garde et prises de position adoptés par les autorités de régulation dans l'exercice des missions dont elles sont investies, peuvent être déférés au juge de l'excès de pouvoir lorsqu'ils revêtent le caractère de dispositions générales et impératives ou lorsqu'ils énoncent des prescriptions individuelles dont ces autorités pourraient ultérieurement censurer la méconnaissance ; (...) ces actes peuvent également faire l'objet d'un tel recours, introduit par un requérant justifiant d'un intérêt direct et certain à leur annulation, lorsqu'ils sont de nature à produire des effets notables, notamment de nature économique, ou ont pour objet d'influer de manière significative sur les comportements des personnes auxquelles ils s'adressent ; (...) dans ce dernier cas, il appartient au juge, saisi de moyens en ce sens, d'examiner les vices susceptibles d'affecter la légalité de ces actes en tenant compte de leur nature et de leurs caractéristiques, ainsi que du pouvoir d'appréciation dont dispose l'autorité de régulation » (■ CE, 21 mars 2016, n° 390023 : *Lettre distrib.* avr. 2016, p. 5, obs. K. Biancone).

Art. L. 461-4 *(L. n° 2008-776, 4 août 2008 ; mod., L. n° 2009-526, 12 mai 2009 ; L. n° 2014-344, 17 mars 2014 ; L. n° 2017-55, 20 janv. 2017).* **– L'Autorité de la concurrence dispose de services d'instruction dirigés par un rapporteur général nommé par arrêté du ministre chargé de l'économie après avis du collège.**

Ces services procèdent aux investigations nécessaires à l'application des titres II, III et VI du présent livre.

Les rapporteurs généraux adjoints, les rapporteurs permanents ou non permanents et les enquêteurs des services d'instruction sont nommés par le rapporteur général, par décision publiée au *Journal officiel*.

Un conseiller auditeur possédant la qualité de magistrat ou offrant des garanties d'indépendance et d'expertise équivalentes est nommé par arrêté du ministre chargé de l'économie après avis du collège. Il recueille, le cas échéant, les observations des parties mises en cause et saisissantes sur le déroulement des procédures les concernant dès l'envoi de la notification des griefs. Il transmet au président de l'autorité un rapport évaluant ces observations et proposant, si nécessaire, tout acte permettant d'améliorer l'exercice de leurs droits par les parties.

Les modalités d'intervention du conseiller auditeur sont précisées par décret en Conseil d'État.

Le président délègue l'ordonnancement des dépenses des services d'instruction au rapporteur général.

Un décret en Conseil d'État détermine les conditions dans lesquelles le président de l'autorité la représente dans tous les actes de la vie civile et a qualité pour agir en justice en son nom.

Voir : *art. R. 461-1, R. 461-2 et R. 461-9, p. 1887.*

Bibliographie : D. Bosco, *Parution du dernier décret « LME » sur le conseiller auditeur « à la française » : Contrats, conc. consom.* 2009, comm. 138. • E. Barbier de la Serre et C. Macé de Gastines, *Le conseiller auditeur de l'Autorité : un homonyme plus qu'un homologue du conseiller auditeur communautaire : Rev. Lamy conc.* 2009, n° 1429. • M. Dany et M. Le Moullec, *Le conseiller auditeur de l'Autorité de la concurrence : la fin et le début d'un suspens : Rev. Lamy dr. aff.* juin

2009, n° 2359. • R. Saint-Esteben, *Le conseiller auditeur : quel rôle au sein de l'Autorité de la concurrence ? : Rev. Lamy conc.* 2009, n° 1504. • D. Voillemot, *Le rôle du conseiller auditeur de l'Autorité de la concurrence : RD conc.* 2010, n° 1, p. 218. • D. Voillemot-Tranié, *Le conseiller auditeur de l'Autorité de la concurrence française : JCP* E 2012, 1005.

Voir aussi : Décision du président de la Commission européenne du 13 oct. 2011 relative à la fonction et au mandat du conseiller auditeur dans certaines procédures de concurrence (*JOUE* L 275, 20 oct.) : *Contrats, conc. consom.* 2011, comm. 171, obs. D. Bosco ; *JCP* E 2012, act. 278, obs. G. Notté.

1) Entrée en vigueur. La faculté pour les parties de présenter des observations auprès du conseiller auditeur a été instituée par l'alinéa 4 de l'article L. 461-4, issu de l'article 95 de la loi n° 2008-776 du 4 août 2008. Cet article 95, qui a pour objet l'instauration d'une Autorité de la concurrence, prévoyait une entrée en vigueur des dispositions nouvelles à compter de la publication de l'ordonnance prévue pour leur application et, au plus tard, le 1er janvier 2009. Cette ordonnance, publiée le 13 novembre 2008, ayant maintenu les compétences du Conseil de la concurrence jusqu'à la première réunion de l'Autorité de la concurrence, l'entrée en vigueur des dispositions nouvelles issues de l'article 95 a ainsi été repoussée à cette date. Ainsi, les règles de procédure en vigueur antérieurement à la date de la première réunion de l'Autorité de la concurrence le 2 mars 2009, applicables à l'examen de la présente affaire, ne prévoyant pas la possibilité pour les parties de saisir le conseiller auditeur, les entreprises mises en cause ne sont pas fondées à se plaindre de l'absence d'intervention du conseiller auditeur dans la présente procédure (▪ Aut. conc., déc. n° 11-D-02, 26 janv. 2011 : *Contrats, conc. consom.* 2011, comm. 75, obs. C. Prebissy-Schnall ; *RD conc.* 2011, n° 2, p. 106, obs. N. Jalabert-Doury ; *Rev. Lamy conc.* 2011, n° 1777, note L. Arcelin-Lecuyer, et n° 1807, obs. A. Mexis ; réf., sur un autre point, par ▪ Paris, 11 oct. 2012 : *Contrats, conc. consom.* 2012, comm. 285, obs. G. Decocq ; cass., sur un autre point, par ▪ Cass. com., 18 févr. 2014 : *Dalloz Act.* 6 mars 2014, obs. E. Chevrier ; *Contrats, conc. consom.* 2014, comm. 100, obs. G. Decocq ; *RJDA* 2014, p. 379, chron. S. Treard).

2) Question prioritaire de constitutionnalité. L'article L. 461-4 ayant, notamment, pour objet et pour effet de parfaire la séparation des fonctions d'instruction et de décision au sein de l'Autorité de la concurrence, la question ne présente pas de caractère sérieux au regard des exigences qui s'attachent aux dispositions, règles et principes de valeur constitutionnelle invoqués ; d'où il suit qu'il n'y a pas lieu de la renvoyer au Conseil constitutionnel (▪ Cass. com., QPC, 30 nov. 2010, n° 10-17.044 : *Lettre distrib.* 2010/12. Rappr. ▪ Cass. com., QPC, 13 mai 2011, n° 10-25.772 : *Lettre distrib.* 2011/5. ▪ Cass. com., QPC, 28 juin 2011, n° 10-25.775 : *Lettre distrib.* 2011/9).

Art. L. 461-5 *(L. n° 2008-776, 4 août 2008 ; mod., L. n° 2017-55, 20 janv. 2017).* **– Les commissions du Parlement compétentes en matière de concurrence peuvent entendre le président de l'Autorité de la concurrence et consulter celle-ci sur toute question entrant dans le champ de ses compétences.**

Valeur du rapport d'activité. (jurisprudence antérieure à la loi du 20 janv. 2017). Le principe de prévisibilité juridique, consacré par le droit européen des droits de l'homme et par le droit européen, de même que le principe général de cohérence qui interdit de se contredire devant un juge au détriment d'autrui, ne donnent pas aux entreprises poursuivies le droit d'attendre le bénéfice d'une analyse juridique qu'opérerait *un document (un rapport annuel)* qui n'a valeur ni légale, ni réglementaire et s'assimile tout au plus à des indications jurisprudentielles, évolutives par nature (▪ Paris, 19 janv. 2010 : *Contrats, conc. consom.* 2010, comm. 79, obs. G. Decocq ; *D.* 2010, p. 261, obs. E. Chevrier ; *RJDA* 2010, n° 680 ; *Rev. Lamy dr. aff.* mars 2010, n° 2773, obs. D. Ferré et K. Biancone ; *RD conc.* 2010, n° 2, p. 68, obs. M. Debroux et, p. 131, obs. Ch. Lemaire ; *Rev. Lamy conc.* 2010, n° 1573, note L. Boy).

CHAPITRE II. – DES ATTRIBUTIONS

Art. L. 462-1 *(Mod., Ord. n° 2008-1161, 13 nov. 2008 ; L. n° 2009-669, 12 juin 2009 ; L. n° 2010-853, 23 juill. 2010 ; Ord. n° 2011-337, 29 mars 2011 ; L. n° 2012-1270, 20 nov. 2012 ; Ord. n° 2014-487, 15 mai 2014 ; L. n° 2015-1268, 14 oct. 2015).* **– L'Autorité de la concurrence peut être consultée par les commissions parlementaires sur les propositions de loi ainsi que sur toute question concernant la concurrence.**

Elle donne son avis sur toute question de concurrence à la demande du Gouvernement. [Elle] peut également donner son avis sur les mêmes questions à la demande des collectivités territoriales, des organisations professionnelles et syndicales, des organisations de consommateurs agréées, des chambres d'agriculture, des chambres de métiers ou des chambres de commerce et d'industrie territoriales, de la Haute Autorité pour la diffusion des œuvres et la protection des droits sur internet et des présidents des observatoires des prix, des marges et des revenus des collectivités relevant de l'article 73 de la Constitution et des collectivités d'outre-mer de Saint-Barthélemy, de Saint-Martin, de Wallis-et-Futuna et de Saint-Pierre-et-Miquelon, en ce qui concerne les intérêts dont ils ont la charge.

Bibliographie : C. Champalaune, *Nouvelles formes d'intervention des autorités de concurrence : procédures des avis de l'Autorité*, in *L'année 2012 en droit de la concurrence : Contrats, conc. consom.* 2013, dossier 7. • N. Jalabert-Doury, *Nouvelles formes d'intervention des autorités de concurrence : le point de vue des entreprises*, in *L'année 2012 en droit de la concurrence : Contrats, conc. consom.* 2013, dossier 8. • P. Spilliaert, *Les avis de l'Autorité de la concurrence : RD conc.* 2010, n° 3, p. 58 ; *Quelques considérations sur l'activité consultative de l'Autorité de la concurrence : Contrats, conc. consom.* 2011, dossier 6. • P. Wilhelm et D. Prioux, *Nouveau regard sur le régime contentieux des avis de l'Autorité de la concurrence : Contrats, conc. consom.* 2013, étude 1.

1) Absence de préjugement. Aucun des termes de l'avis rendu par le Conseil dans l'exercice de ses attributions consultatives en l'espèce à la demande de la Commission des finances de l'Assemblée nationale, sur le prix de l'eau en France et plus généralement sur la structure du marché, ne s'apparente à un préjugement (▪ Paris, 18 févr. 2003 : *BOCC* 21 nov. 2003 ; *Contrats, conc. consom.* 2004, comm. 8, obs. M. Malaurie-Vignal ; *JCP* E 2003, 612, obs. P. Arhel).

Le Conseil rappelle que les avis qu'il rend sur l'application éventuelle des dispositions de l'article L. 420-4, lorsqu'il est saisi sur le fondement de l'article L. 462-1, ne constituent pas des exemptions, ni des refus d'exemption, de pratiques interdites par le droit de la concurrence, au sens de l'article 81, § 3 du traité européen (devenu art. 101, § 3 du TFUE), dès lors qu'il n'existe pas, dans le droit national, de procédure équivalente à l'exemption européenne. Seuls une procédure contentieuse ou un avis contradictoire rendu à la demande d'une juridiction en application de l'article L. 462-3 seraient susceptibles de déterminer la position du Conseil sur la possibilité d'accorder aux pratiques en cause le bénéfice des dispositions de l'article L. 420-4 (▪ Cons. conc., avis, n° 04-A-06, 16 avr. 2004 : *BOCC* 6 sept. 2004 ; *Rev. Lamy conc.* 2005, n° 48, obs. M. Bazex et S. Blazy).

2) Absence de recours. Il est loisible à l'Autorité de la concurrence, lorsqu'elle émet un avis en vertu de l'article L. 462-1, de faire toute préconisation relative à la question de concurrence qui est l'objet de son analyse, qu'elle s'adresse au législateur, aux ministres intéressés ou aux opérateurs économiques. Les prises de position et recommandations qu'elle formule à cette occasion ne constituent pas des décisions faisant grief. Il en irait toutefois différemment si elles revêtaient le caractère de dispositions générales et impératives ou de prescriptions individuelles dont l'Autorité pourrait ultérieurement censurer la méconnaissance (▪ CE, 11 oct. 2012, n° 357193 : *Contrats, conc. consom.* 2012, comm. 282, obs. D. Bosco ; *RJDA* 2012, n° 1106 ; *RTD com.* 2013, p. 747, obs. E. Claudel ; *Rev. Lamy conc.* 2013, n° 2217, obs. G. Clamour). En l'espèce, l'avis adopté par l'Autorité de la concurrence sur la situation concurrentielle dans le secteur de la distribution alimentaire à Paris, s'il formule notamment des recommandations, dont certaines sont susceptibles d'être mises en œuvre par un groupe de distribution en particulier si ce dernier le souhaite, et s'il souligne l'importance de la position occupée par ce groupe sur ce marché, ne comporte pas, en lui-même, d'appréciations susceptibles d'emporter des effets de droit. Par suite, cet avis n'a pas le caractère de décision susceptible de faire l'objet d'un recours pour excès de pouvoir (même arrêt).

Comp. Sont susceptibles de recours en annulation les « avis, recommandations, mises en garde et prises de position adoptés par les autorités de régulation dans l'exercice des missions dont elles sont investies », lorsqu'ils « revêtent le caractère de dispositions générales et impératives ou énoncent des prescriptions individuelles dont ces autorités pourraient ultérieurement censurer la méconnaissance » ou « sont de nature à produire des effets notables, notamment de nature économique, ou ont pour objet d'influer de manière significative sur les comportements des personnes auxquelles ils s'adressent » (▪ CE, 21 mars 2016, n°s 368082 et 390023 : *Lettre distrib.* avr. 2016, p. 5, obs. K. Biancone).

Art. L. 462-2 *(Mod., Ord. n° 2008-1161, 13 nov. 2008).* **– L'Autorité est obligatoirement consultée par le Gouvernement sur tout projet de texte réglementaire instituant un régime nouveau ayant directement pour effet :**

1° De soumettre l'exercice d'une profession ou l'accès à un marché à des restrictions quantitatives ;

2° D'établir des droits exclusifs dans certaines zones ;

3° D'imposer des pratiques uniformes en matière de prix ou de conditions de vente.

Bibliographie : B. Bouloc, *Observations sur le respect de la légalité devant le Conseil de la concurrence : Gaz. Pal.* 1990, 2, doctr. 566. • J.-Y. Chérot, *La consultation du Conseil de la concurrence sur les textes législatifs et réglementaires anticoncurrentiels : D.* 1995, chron. 233.

1) Absence de régime nouveau. L'adoption de l'arrêté ministériel fixant le taux de marge des pharmaciens d'officine n'a pas à être précédée de la consultation du Conseil de la concurrence, malgré les dispositions de l'article 6 de l'ordonnance de décembre 1986 (devenu C. com., art. L. 462-2) (▪ CE, 12 juin 1992, n° 103794 : *RJDA* 1992, n° 850).

Les dispositions de l'article L. 162-38 du Code de la sécurité sociale introduites par la loi du 30 juillet 1987 instituent un régime nouveau de fixation des prix des prestations de service des médecins ; par suite, l'arrêté attaqué, qui se borne à faire application de ces dispositions, n'institue donc pas un régime nouveau au sens de l'article 6 de l'ordonnance de décembre 1986 (devenu C. com., art. L. 462-2) qui aurait obligé le Gouvernement à consulter le Conseil de la concurrence (▪ CE, 3 oct. 1994, n°s 141251, 141262 et 141269).

Le nouveau Code de déontologie des pharmaciens institué par le décret du 14 mars 1995, même s'il concerne certains des objets énumérés par les dispositions de l'article 6 de l'ordonnance de décembre 1986 (devenu C. com., art. L. 462-2) ne comporte pas l'institution d'un « régime nouveau », de sorte que le Gouvernement n'était pas tenu de recueillir l'avis préalable du Conseil de la concurrence ; le fait que, comme il en avait la faculté, il ait néanmoins sollicité cet avis et modifié ultérieurement son projet, n'a pas entaché la légalité du décret attaqué dès lors qu'il ressort des pièces du dossier que l'avis du Conseil de la concurrence a été émis dans des conditions régulières (▪ CE, 30 avr. 1997, n° 169444).

Le décret attaqué, qui fixe le montant maximum d'évolution des loyers des logements faisant l'objet d'un renouvellement de bail, se borne à faire application des dispositions de l'article 18 de la loi du 6 juillet 1989 et n'institue donc pas un régime nouveau au sens de l'article 6 de l'ordonnance du 1er décembre 1986 (devenu art. L. 462-2) ; par suite, ce décret n'avait donc pas à être précédé de la consultation du Conseil de la concurrence (▪ CE, ass., 6 juin 1997, n° 183111 : *JurisData* n° 1997-050596 ; *RJDA* 1997, n° 1366).

Le décret du 24 février 1995 qui confie à une société privée l'exploitation du système d'oléoduc Donges-Melun-Metz n'a pas le caractère d'un texte réglementaire instituant un régime nouveau et ne relève pas de l'article 6 de l'ordonnance de décembre 1986 (devenu C. com., art. L. 462-2) (▪ CE, 13 juin 1997, n° 167907 : *RJDA* 1998, n° 226).

La disposition contestée de l'arrêté du 31 janvier 2011, qui se borne à modifier de façon ponctuelle la réglementation applicable aux professionnels habilités à procéder aux contrôles des équipements sous pression, ne peut être regardée comme instituant un régime nouveau au sens des dispositions de l'article L. 462-2 ; par suite, l'irrégularité alléguée n'est pas de nature à faire sérieusement douter de la légalité de la disposition contestée (▪ CE, 29 avr. 2011, n° 348036 : *RJDA* 2012, n° 435 ; *Rev. Lamy conc.* 2011, n° 1935, obs. G. Clamour).

2) Présence d'un régime nouveau. Parce qu'il ne s'est pas borné à préciser les modalités d'application des règles européennes et nationales en vigueur mais qu'il a modifié la réglementation antérieure de manière substantielle, le décret du 25 janvier 1990 sur les modalités de réparation des quotas de pêche doit être regardé comme ayant institué un régime nouveau au sens de l'article L. 462-2. Le Conseil de la concurrence aurait donc dû être saisi pour avis (▪ CE, 28 mars 2007, n° 251094 : *JurisData* n° 2007-071712 ; *Rev. Lamy conc.* 2007, n° 921, obs. G. Clamour).

Art. L. 462-2-1 *(L. n° 2015-990, 6 août 2015).* **– À la demande du Gouvernement, l'Autorité de la concurrence donne son avis sur les prix et tarifs réglementés mentionnés, respectivement, au deuxième alinéa de l'article L. 410-2 et à l'article L. 444-1. Cet avis est rendu public.**

L'Autorité de la concurrence peut également prendre l'initiative d'émettre un avis sur les prix et tarifs réglementés mentionnés au premier alinéa du présent article. Cet avis est rendu public au plus tard un mois avant la révision du prix ou du tarif en cause.

L'engagement d'une procédure d'avis en application du présent article est rendu publique dans les cinq jours ouvrables, afin de permettre aux associations de défense des consommateurs agréées au niveau national pour ester en justice ainsi qu'aux organisations professionnelles ou aux instances ordinales concernées d'adresser leurs observations à l'Autorité de la concurrence.

(Al. abr., L. n° 2020-1508, 3 déc. 2020).

Art. L. 462-3 *(Mod., Ord. n° 2004-1173, 4 nov. 2004 ; Ord. n° 2008-1161, 13 nov. 2008 ; L. n° 2012-1270, 20 nov. 2012 ; Ord. n° 2017-303, 9 mars 2017).* **– L'Autorité peut être consultée par les juridictions sur les pratiques anticoncurrentielles définies aux articles L. 420-1 à L. 420-2-2 et L. 420-5 ainsi qu'aux articles 101 et 102 du traité sur le fonctionnement de l'Union européenne et relevées dans les affaires dont elles sont saisies. Elle ne peut donner un avis qu'après une procédure contradictoire. Toutefois, si elle dispose d'informations déjà recueillies au cours d'une procédure antérieure, elle peut émettre son avis sans avoir à mettre en œuvre la procédure prévue au présent texte.**

L'Autorité de la concurrence peut transmettre tout élément qu'elle détient concernant les pratiques anticoncurrentielles concernées, à l'exclusion des pièces élaborées ou recueillies au titre du IV de l'article L. 464-2, à toute juridiction qui la consulte ou lui demande de produire des pièces qui ne sont pas déjà à la disposition d'une partie à l'instance. Elle peut le faire dans les mêmes limites lorsqu'elle produit des observations de sa propre initiative devant une juridiction. Les dispositions prévues au présent alinéa ne sont pas applicables aux demandes de production de pièces formées en vue ou dans le cadre d'une action en dommages et intérêts fondée sur l'article L. 481-1 du présent code.

Le cours de la prescription est suspendu, le cas échéant, par la consultation de l'Autorité.

L'avis de l'Autorité peut être publié après le non-lieu ou le jugement.

NB : Conformément au I de l'article 12 de l'ordonnance n° 2017-303 du 9 mars 2017, les dispositions du présent article sont applicables aux instances introduites devant les juridictions administratives et judiciaires à compter du 26 décembre 2014.

Bibliographie : M. Chagny, *L'accès judiciaire des victimes de pratiques anticoncurrentielles au dossier de l'Autorité de la concurrence : D.* 2013, p. 851. • E. Claudel, *La procédure d'amicus curiae : Bilan en demi-teinte de la pratique européenne et française : RD conc.* 2012, n° 4, p. 38. • M. Comert et S. Nasser el dine-Pomar, *De nouvelles dispositions procédurales en matière de concurrence : Contrats, conc. consom.* 2013, étude 4.

Voir également : sous art. L. 420-3, annot. n°s 4 et 5, p. 739 et art. L. 463-6, p. 926.

1) Consultation par les juridictions. En vertu des dispositions de l'article 26 de l'ordonnance de décembre 1986 (devenu C. com., art. L. 462-3), le juge administratif peut, lorsqu'il doit apprécier la légalité d'un acte administratif en prenant en compte le droit de la concurrence, consulter le Conseil de la concurrence et lui demander des éléments d'appréciation (▪ CE, sect., 26 mars 1999 : *Rec. CE*, p. 96, concl. J.-H. Stahl ; *AJDA* 1999, p. 427, note M. Bazex ; *D.* 2000, p. 204, note J.-P. Markus ; *RJDA* 1999, p. 1139 ; *RDP* 1999, p. 1545, note S. Manson ; *RFDA* 1999, p. 977, note D. Pouyaud. – V. aussi ▪ CE, 15 mars 2000, n° 200886 : *JurisData* n° 2000-060153 ; *Dr. adm.* 2000, comm. 79, obs. G. L. C. ; *RJDA* 2000, n° 804. ▪ CE, 13 janv. 2003, n° 235176 : *JurisData* n° 2003-065167 ; *BJCP* 2003, p. 135, concl. P. Fombeur ; *AJDA* 2003, p. 899, note J.-D. Dreyfus. ▪ CE, 7 juill. 2006, n° 289012 : *Rec. CE*, p. 325 ; *Rev. Lamy conc.* 2006, n° 644, obs. G. Clamour).

En revanche, lorsqu'il appartient à la Haute Assemblée de statuer sur la légalité de la décision par laquelle le ministre de l'Économie autorise une opération de concentration, l'article L. 462-3 ne permet pas de saisir le Conseil de la concurrence (▪ CE, 20 juill. 2005 : *RFDA* 2006, p. 692, concl. E. Glaser ; *AJDA* 2005, p. 2167, chron. C. Landais et F. Lénica ; *Dr. adm.* 2005, comm. 133, obs. M. Bazex ; *RJDA* 2006, n° 68). Mais le Conseil d'État peut le consulter dans le cadre d'une mesure d'instruction (même déc. pour l'arrêt du Conseil d'État rendu après avis du Conseil de la concurrence, V. ▪ CE, 13 févr. 2006 : *RFDA* 2006, p. 702, concl. E. Glaser ; *Dr. adm.* 2006, comm. 72, obs. M. Bazex et S. Blazy ; *RJDA* 2006, n° 711 ; *JCP* E 2006, 2405, n° 16, obs. G. Decocq ; *RD conc.* 2006, n° 2, p. 111, obs. J. Philippe ; *Rev. Lamy conc.* 2006, n° 494, obs. I. Girgenson).

2) Interruption de la prescription. Le Conseil de la concurrence, chargé de la protection de l'ordre public économique, n'est pas compétent pour réparer le préjudice éventuellement subi par les parties qui le saisissent et allèguent être victimes de pratiques anticoncurrentielles, et qui peuvent saisir les juridictions civiles et répressives d'une action en indemnisation, en annulation ou en cessation des pratiques contestées dans les délais de prescription afférents à ces actions, ces juridictions ayant la faculté, en application de l'article L. 462-3 de consulter le Conseil, le cours de la prescription étant alors suspendu, le cas échéant, par cette consultation (▪ Cass. com., 17 juill. 2001, n° 99-19.309 : *Bull. civ.* IV, n° 144 ; *D.* 2001, p. 2827, obs. E. Chevrier ; *RJDA* 2002, n° 205 ; *Contrats, conc. consom.* 2001, comm. 159, obs. M. Malaurie-Vignal).

3) Articulation des procédures devant l'ADLC et les juridictions de l'ordre judiciaire. « Il est constant que l'Autorité de la concurrence, autorité administrative chargée de la protection de l'ordre public économique, est compétente pour poursuivre et, le cas échéant, sanctionner les pratiques anticoncurrentielles mais que sa décision de condamnation ne lie pas la cour d'appel de

Paris, saisie en tant que juridiction spécialement désignée pour connaître des litiges dans lesquels les dispositions des articles L. 420-1 à L. 420-5 du Code de commerce ainsi que celles des articles 101 et 102 du TFUE sur le fonctionnement de l'Union européenne sont invoquées, d'une action en réparation du préjudice éventuellement subi par la partie qui se prétend victime de pratiques anticoncurrentielles, comme tel est le cas en l'espèce. *A contrario*, l'existence d'une procédure judiciaire introduite antérieurement à sa saisine, comme c'est également le cas en l'espèce, n'empêche pas l'Autorité de la concurrence, conformément à l'article L. 462-5 du Code de commerce, d'examiner les pratiques dont elle est saisie » (■ Paris, 5 févr. 2017, n° 16/20778) – Comp. nouveaux article L. 481-1 et suivants issus de l'ordonnance du 9 mars 2017 n° 2017-303.

Art. L. 462-4 ***(Rempl., Ord. n° 2008-1161, 13 nov. 2008).*** **– L'Autorité de la concurrence peut prendre l'initiative de donner un avis sur toute question concernant la concurrence. Cet avis est rendu public. Elle peut également recommander au ministre chargé de l'économie ou au ministre chargé du secteur concerné de mettre en œuvre les mesures nécessaires à l'amélioration du fonctionnement concurrentiel des marchés.**

Bibliographie : C. Champalaune, *Nouvelles formes d'intervention des autorités de concurrence : procédures des avis de l'Autorité*, in *L'année 2012 en droit de la concurrence : Contrats, conc. consom.* 2013, dossier 7. • de Drouas, P. Hubert et Ch. Faurant, *Les entreprises face au pouvoir consultatif renforcé de l'Autorité de la concurrence : RD conc.* 2011, n° 3, p. 230. • N. Jalabert-Doury, *Nouvelles formes d'intervention des autorités de concurrence : le point de vue des entreprises*, in *L'année 2012 en droit de la concurrence : Contrats, conc. consom.* 2013, dossier 8. • P. Wilhelm et D. Prioux, *Nouveau regard sur le régime contentieux des avis de l'Autorité de la concurrence : Contrats, conc. consom.* 2013, étude 1.

Absence de recours. Il est loisible à l'Autorité de la concurrence, lorsqu'elle exerce la faculté d'émettre un avis que lui reconnaît l'article L. 462-4, de faire toute préconisation relative à la question de concurrence qui est l'objet de son analyse, qu'elle s'adresse au législateur, aux ministres intéressés ou aux opérateurs économiques. Les prises de position et recommandations qu'elle formule à cette occasion ne constituent pas des décisions faisant grief. Il en irait toutefois différemment si elles revêtaient le caractère de dispositions générales et impératives ou de prescriptions individuelles dont l'Autorité pourrait ultérieurement censurer la méconnaissance (■ CE, 11 oct. 2012, n° 346378 : *Contrats, conc. consom.* 2012, comm. 282, obs. D. Bosco ; *RJDA* 2012, n° 1106 ; *RTD com.* 2013, p. 747, obs. E. Claudel ; *Rev. Lamy conc.* 2013, n° 2217, obs. G. Clamour). En l'espèce, l'avis adopté par l'Autorité de la concurrence sur la situation concurrentielle dans le secteur de la distribution alimentaire à Paris, s'il formule notamment des recommandations, dont certaines sont susceptibles d'être mises en œuvre par un groupe de distribution en particulier si ce dernier le souhaite, et s'il souligne l'importance de la position occupée par ce groupe sur ce marché, ne comporte pas, en lui-même, d'appréciations susceptibles d'emporter des effets de droit. Par suite, cet avis n'a pas le caractère de décision susceptible de faire l'objet d'un recours pour excès de pouvoir (même arrêt).

Comp. Sont susceptibles de recours en annulation les « avis, recommandations, mises en garde et prises de position adoptés par les autorités de régulation dans l'exercice des missions dont elles sont investies », lorsqu'ils « revêtent le caractère de dispositions générales et impératives ou énoncent des prescriptions individuelles dont ces autorités pourraient ultérieurement censurer la méconnaissance » ou « sont de nature à produire des effets notables, notamment de nature économique, ou ont pour objet d'influer de manière significative sur les comportements des personnes auxquelles ils s'adressent » (■ CE, 21 mars 2016, n°s 368082 et 390023).

Art. L. 462-4-1 ***(L. n° 2015-990, 6 août 2015, version en vigueur avec terme du 1er février 2016 au 1er juillet 2022).*** **– L'Autorité de la concurrence rend au ministre de la Justice, qui en est le garant, un avis sur** ***la liberté d'installation des notaires,*** **des huissiers de justice et des commissaires-priseurs judiciaires.**

Elle fait toutes recommandations en vue d'améliorer l'accès aux offices publics ou ministériels dans la perspective de renforcer la cohésion territoriale des prestations et d'augmenter de façon progressive le nombre d'offices sur le territoire. Elle établit également un bilan en matière d'accès des femmes et des hommes aux offices publics ou ministériels, sur la base de données présentées par sexe et d'une analyse de l'évolution démographique des femmes et des jeunes au sein des professions concernées. Ces recommandations sont rendues publiques au moins tous les deux ans. Elles sont assorties de la carte mentionnée au I de l'article 52 de la loi n° 2015-990 du 6 août 2015 pour la croissance, l'activité et l'égalité des chances économiques.

L'ouverture d'une procédure visant à l'élaboration de la carte mentionnée au deuxième alinéa du présent article est rendue publique, dans un délai de cinq jours à compter de la date de cette ouverture, afin de permettre aux associations de défense des consommateurs agréées au niveau national pour ester en justice, aux instances

ordinales des professions concernées, ainsi qu'à toute personne remplissant les conditions de nationalité, d'aptitude, d'honorabilité, d'expérience et d'assurance requises pour être nommée par le ministre de la Justice en qualité de notaire, d'huissier de justice ou de commissaire-priseur judiciaire, d'adresser à l'Autorité de la concurrence leurs observations.

Lorsque l'Autorité de la concurrence délibère en application du présent article, son collège comprend deux personnalités qualifiées nommées par décret pour une durée de trois ans non renouvelable.

Voir : Aut. conc., avis n° 16-A-13, 9 juin 2016 et plus récemment ▪ Aut. conc., avis n° 18-A-08, 31 juill. 2018 : *Concurrences* 2018/4, p. 202, obs. J.-P. Kovar.

Rédaction future. Art. L. 462-4-1 *(L. n° 2015-990, 6 août 2015).* – L'Autorité de la concurrence rend au ministre de la justice, qui en est le garant, un avis sur la liberté d'installation des notaires [...] *(Mots rempl. à compter du 1er juillet 2022, Ord. n° 2016-728, 2 juin 2016)* « et des commissaires de justice ».

Elle fait toutes recommandations en vue d'améliorer l'accès aux offices publics ou ministériels dans la perspective de renforcer la cohésion territoriale des prestations et d'augmenter de façon progressive le nombre d'offices sur le territoire. Elle établit également un bilan en matière d'accès des femmes et des hommes aux offices publics ou ministériels, sur la base de données présentées par sexe et d'une analyse de l'évolution démographique des femmes et des jeunes au sein des professions concernées. Ces recommandations sont rendues publiques au moins tous les deux ans. Elles sont assorties de la carte mentionnée au I de l'article 52 de la loi n° 2015-990 du 6 août 2015 pour la croissance, l'activité et l'égalité des chances économiques.

L'ouverture d'une procédure visant à l'élaboration de la carte mentionnée au deuxième alinéa du présent article est rendue publique, dans un délai de cinq jours à compter de la date de cette ouverture, afin de permettre aux associations de défense des consommateurs agréées au niveau national pour ester en justice, aux instances ordinales des professions concernées, ainsi qu'à toute personne remplissant les conditions de nationalité, d'aptitude, d'honorabilité, d'expérience et d'assurance requises pour être nommée par le ministre de la justice en qualité de notaire, *(Mots rempl. à compter du 1er juillet 2022, Ord. n° 2016-728, 2 juin 2016)* « ou de commissaire de justice » d'adresser à l'Autorité de la concurrence leurs observations.

Lorsque l'Autorité de la concurrence délibère en application du présent article, son collège comprend deux personnalités qualifiées nommées par décret pour une durée de trois ans non renouvelable.

Voir également : D. n° 2016-216, 26 févr. 2016 relatif à l'établissement de la carte mentionnée à l'article L. 462-4-1 du Code de commerce ; D. n° 2016-661 du 20 mai 2016 relatif aux officiers publics et ministériels ; Ord. n° 2016-728 du 2 juin 2016 relative au statut de commissaire de justice.

Art. L. 462-4-2 *(L. n° 2015-990, 6 août 2015).* – **L'Autorité de la concurrence rend au ministre de la Justice, qui en est le garant, un avis sur la liberté d'installation des avocats au Conseil d'État et à la Cour de cassation.**

Elle fait toutes recommandations en vue d'améliorer l'accès aux offices d'avocat au Conseil d'État et à la Cour de cassation dans la perspective d'augmenter de façon progressive le nombre de ces offices. Elle établit, en outre, un bilan en matière d'accès des femmes et des hommes à ces offices. Ces recommandations sont rendues publiques au moins tous les deux ans.

À cet effet, elle identifie le nombre de créations d'offices d'avocat au Conseil d'État et à la Cour de cassation qui apparaissent nécessaires pour assurer une offre de services satisfaisante au regard de critères définis par décret et prenant notamment en compte les exigences de bonne administration de la justice ainsi que l'évolution du contentieux devant ces deux juridictions.

Les recommandations relatives au nombre de créations d'offices d'avocat au Conseil d'État et à la Cour de cassation permettent une augmentation progressive du nombre d'offices à créer, de manière à ne pas bouleverser les conditions d'activité des offices existants.

L'ouverture d'une procédure sur le fondement du présent article est rendue publique dans un délai de cinq jours à compter de la date de cette ouverture, afin de permettre aux associations de défense des consommateurs agréées au niveau national pour ester en justice, au conseil de l'ordre des avocats au Conseil d'État et à la Cour de cassation, ainsi qu'à toute personne remplissant les conditions de nationalité, d'aptitude, d'honorabilité, d'expérience et d'assurance requises pour être nommée par le ministre de la Justice en qualité d'avocat au Conseil d'État et à la Cour de cassation, d'adresser à l'Autorité de la concurrence leurs observations.

Lorsque l'Autorité de la concurrence délibère au titre du présent article, son collège comprend deux personnalités qualifiées nommées par décret pour une durée de trois ans non renouvelable.

Voir également : D. n° 2016-215, 26 févr. 2016 portant définition des critères prévus pour l'application de l'article L. 462-4-2 du Code de commerce ; D. n° 2016-652 du 20 mai 2016, modifiant les conditions d'accès à la profession d'avocat au Conseil d'État et à la Cour de cassation ; Avis n° 16-A-18 du 10 octobre 2016 relatif à la liberté d'installation et à des recommandations de créations d'offices d'avocat au Conseil d'État et à la Cour de cassation.

Art. L. 462-5 *(Rempl., Ord. n° 2008-1161, 13 nov. 2008 ; mod., L. n° 2012-1270, 20 nov. 2012 ; Ord. n° 2014-487, 15 mai 2014 ; L. n° 2016-1920, 29 déc. 2016).* **– I. – L'Autorité de la concurrence peut être saisie par le ministre chargé de l'économie de toute pratique mentionnée aux articles L. 420-1** *(L. n° 2016-1920, 29 déc. 2016)* **« à L. 420-2-2 » et L. 420-5 ou contraire aux mesures prises en application de l'article L. 410-3, ou de faits susceptibles de constituer une telle pratique, ainsi que des manquements aux engagements pris en application de l'article L. 430-7-1 ou pris en application des décisions de concentration intervenues avant l'entrée en vigueur de l'ordonnance n° 2008-1161 du 13 novembre 2008 portant modernisation de la régulation de la concurrence.**

II. – Pour toutes les pratiques mentionnées aux articles L. 420-1 *(L. n° 2016-1920, 29 déc. 2016)* **« à L. 420-2-2 » et L. 420-5 ou contraires aux mesures prises en application de l'article L. 410-3, l'Autorité de la concurrence peut être saisie par les entreprises ou, pour toute affaire qui concerne les intérêts dont ils ont la charge, par les organismes mentionnés au deuxième alinéa de l'article L. 462-1.**

III. – Le rapporteur général peut proposer à l'Autorité de la concurrence de se saisir d'office des pratiques mentionnées aux I et II et à l'article L. 430-8 ainsi que des manquements aux engagements pris en application des décisions autorisant des opérations de concentration intervenues avant l'entrée en vigueur de l'ordonnance n° 2008-1161 du 13 novembre 2008 portant modernisation de la régulation de la concurrence.

IV. – L'Autorité de la concurrence peut être saisie par les régions d'outre-mer, le Département de Mayotte, les îles Wallis-et-Futuna, la collectivité de Saint-Barthélemy, la collectivité de Saint-Martin et la collectivité territoriale de Saint-Pierre-et-Miquelon de toute pratique mentionnée aux articles L. 420-1 *(L. n° 2016-1920, 29 déc. 2016)* **« à L. 420-2-2 » et L. 420-5 ou contraire aux mesures prises en application de l'article L. 410-3, ou de faits susceptibles de constituer une telle pratique, concernant leur territoire respectif.**

NB : Les modifications de ces disposition, issues de l'article 3 de la loi n° 2016-1920 du 29 décembre 2016, entrent en vigueur le premier jour du troisième mois suivant la promulgation de la loi susvisée. Les dispositions modifiées sont applicables aux contrats conclus avant cette date.

1) Auto-saisine. Dès lors que la saisine du Conseil par une personne habilitée a pour effet de porter à sa connaissance des pratiques susceptibles d'être contraires aux règles de la concurrence, une fois cette saisine déposée, son auteur n'a pas la maîtrise de la procédure ainsi engagée devant le Conseil, lequel a la faculté de s'autosaisir notamment lorsqu'une saisine irrecevable ou rétractée révèle des faits dont l'examen s'avère nécessaire du point de vue de l'ordre public économique (▪ Paris, 8 sept. 1998 : *Contrats, conc. consom.* 1998, comm. 164, obs. M. Malaurie-Vignal ; *LPA* 21 juin 1999, obs. N. Reboul).

La décision par laquelle le Conseil de la concurrence décide de se saisir d'office, qui a pour objet d'ouvrir la procédure, n'est pas soumise à l'obligation de motivation et de notification ; l'absence de motivation ne caractérise aucune atteinte à la règle d'impartialité inhérente au droit à un procès équitable (▪ Paris, 27 nov. 2001 : *D.* 2002, p. 2043, obs. A. Reygrobellet).

La disparition de la société qui avait régulièrement saisi le Conseil au regard des conditions de recevabilité posées par l'article L. 462-8 n'a pas pour effet de dessaisir le Conseil de l'affaire qui avait été portée à sa connaissance (▪ Cons. conc., déc. n° 06-D-18, 28 juin 2006 : *D.* 2006, p. 2098, obs. E. Chevrier ; *JCP* E 2006, 1831, note Dieny ; *RD conc.* 2006, n° 3, p. 92, obs. E. Claudel et 141, obs. Ch. Momège).

Le Conseil apprécie souverainement l'opportunité de se saisir d'office ; il n'est tenu de rendre compte, ni des informations qui ont emporté sa décision de se saisir, ni des conditions dans lesquelles ces informations sont parvenues à sa connaissance (▪ Paris, 24 juin 2008 : *D.* 2008, p. 1895, obs. E. Chevrier ; *Contrats, conc. consom.* 2008, comm. 208, obs. G. Decocq ; *RJDA* 2008, n° 1052 ; *RD conc.* 2008, n° 3, p. 137, obs. Ch. Lemaire ; réf. partielle de ▪ Cons. conc., déc. n° 06-D-07, 21 mars 2006 : *D.* 2006, p. 1165, obs. E. Chevrier ; *RJDA* 2006, n° 838 ; *Rev. Lamy conc.* 2008, n° 586, obs. B. Cheynel ; cassé, sur un autre point, par ▪ Cass. com., 13 oct. 2009 : *Bull. civ.* IV, n° 125 ; *Contrats, conc. consom.* 2009, comm. 294, obs. G. Decocq ; *RJDA* 2010, n° 177 ; sur renvoi, ▪ Paris, 5 mai 2011 : *Contrats, conc. consom.* 2011, comm. 174, obs. G. Decocq ; *Rev. Lamy conc.* 2011, n° 1868, obs. E. Barbier de la Serre ; arrêt cassé, sur un autre point, par ▪ Cass. com., 15 mai 2012 : *D.* 2012, p. 1396, obs. E. Chevrier ; *Contrats, conc. consom.* 2012, comm. 184, obs. G. Decocq ; *RJDA* 2012, n° 898 ; *Rev. Lamy conc.* 2012, n° 2101, obs. V. Selinsky, et n° 2167, obs. E. Barbier de la Serre ; sur renvoi, ▪ Paris, 10 oct. 2013 : *Contrats, conc. consom.* 2014, comm. 116, obs. G. Decocq). Par ailleurs, la décision de saisine d'office, antérieure à toutes poursuites puisque celles-ci ne prennent naissance que par la notification des griefs, ne peut être regardée comme un acte de poursuite, encore moins comme un pré-jugement, et ne comporte dès lors, en elle-même, aucun risque d'atteinte au principe d'impartialité (même déc.).

L'article L. 462-5 permet même à l'Autorité de la concurrence de se saisir d'office, sans motiver spécialement sa décision à ce sujet (■ Paris, 27 janv. 2011 : *Contrats, conc. consom.* 2011, comm. 70, obs. G. Decocq ; *RD conc.* 2011, n° 2, p. 114, obs. A.-L. Sibony ; *Rev. Lamy conc.* 2011, n° 1786, obs. S. Cholet et n° 1811, obs. E. Barbier de la Serre ; rejet pourvoi par ■ Cass. com., 17 janv. 2012 : *Bull. civ.* IV, n° 7 ; *D.* 2012, p. 277, obs. E. Chevrier ; *Contrats, conc. consom.* 2012, comm. 75, obs. G. Decocq ; *RJDA* 2012, n° 532 ; *RD conc.* 2012, n° 2, obs. A. Lacresse ; *Rev. Lamy conc.* 2012, n° 2030, obs. S. Cholet ; sur renvoi de ■ Cass. com., 3 mars 2009 : *Bull. civ.* IV, n° 30 ; *Contrats, conc. consom.* 2009, comm. 142, obs. G. Decocq ; *RJDA* 2009, n° 893 ; *RD conc.* 2009, n° 2, p. 118, obs. A.-L. Sibony ; cass. de ■ Paris, 2 avr. 2008 : *Contrats, conc. consom.* 2008, comm. 167, obs. G. Decocq ; renvoi de ■ Cass. com., 10 mai 2006 : *Bull. civ.* IV, n° 115 ; *Contrats, conc. consom.* 2006, comm. 140, obs. G. Decocq ; *RD conc.* 2006, n° 3, p. 98, obs. A. Wachsmann ; *Rev. Lamy conc.* 2006, n° 555, obs. M. Dumarcay ; *RJDA* 2006, n° 958 ; cass. de ■ Paris, 12 avr. 2005 : *BOCC* 2005, p. 492 ; réformation de ■ Cons. conc., déc. 14 oct. 2004, n° 04-D-48 : *BOCC* 2005, p. 48 ; *Rev. Lamy conc.* 2005, n° 30, obs. V. Selinsky).

La saisine d'office, qui ne constitue pas un acte d'accusation, n'est pas en soi contraire au principe d'impartialité (■ Paris, 22 sept. 2016 : *Contrats, conc. consom.* 2016, comm. 242, obs. G. Decocq).

2) Saisine par le ministre de l'Économie. Le pouvoir du ministre de l'Économie de demander au Conseil de la concurrence de prendre des mesures conservatoires s'exerce dans le cadre du pouvoir général de saisine qui lui est conféré par l'article 11 de l'ordonnance de décembre 1986 (devenu C. com., art. L. 462-5) (■ Paris, 3 nov. 1994, n° 94PA00799 : *JurisData* n° 1994-049419 ; *D.* 1996, somm. 181, obs. Ch. Gavalda et Cl. Lucas de Leyssac ; *RJDA* 1994, n° 1325).

La décision par laquelle le ministre de l'Économie saisit le Conseil de la concurrence sur le fondement de l'article L. 462-5 en lui demandant d'examiner si la création d'une filiale commune à deux entreprises entre dans le champ d'application des articles L. 420-1 et L. 420-2 n'est pas détachable de la procédure suivie devant le Conseil (■ CE, 31 mai 2000 : *Rec. CE*, p. 194, concl. *F. Lamy ; RJDA 2000, n° 1177 ; D. 2000*, p. 336, obs. A. Marmontel).

L'article L. 462-5, dans sa rédaction issue de l'ordonnance n° 2008-1161 du 13 novembre 2008, prévoit désormais que l'Autorité de la concurrence peut être saisie par le ministre chargé de l'économie de toute pratique mentionnée aux articles L. 420-1, L. 420-2 et L. 420-5 mais également de « *faits susceptibles de constituer une telle pratique* ». Ce dernier cas vise des situations dans lesquelles le ministre n'accompagne pas sa saisine d'un rapport d'enquête effectué par ses services, mais saisit directement l'Autorité de la concurrence de pratiques susceptibles de porter atteinte à l'ordre public économique qu'il estime devoir faire l'objet d'une instruction par les rapporteurs de l'Autorité munis de pouvoirs d'investigations (■ Aut. conc., déc. n° 11-MC-01, 12 mai 2011 : *RD conc.* 2011, n° 3, p. 191, obs. Ch. Lemaire et S. Naudin).

3) Saisine par les entreprises. Une personne physique qui n'exerce pas en nom propre une activité commerciale ne peut être regardée comme une entreprise au sens de l'article 11 de l'ordonnance de décembre 1986 (devenu C. com., art. L. 462-5) (■ Paris, 1er déc. 1995, n° 95/9748 : *JurisData* n° 1995-025011 ; *Contrats, conc. consom.* 1995, comm. 62, obs. L. Vogel).

Le juriste salarié d'une société civile professionnelle dont l'inscription au barreau a été refusée par le Conseil de l'ordre n'est pas recevable à saisir le Conseil de la concurrence de pratiques constitutives d'entente prohibée et d'abus de position dominante car, n'étant que préposé de ladite société, il ne peut justifier d'une activité d'offreur de services sur le marché des prestations juridiques, et par ailleurs, n'ayant pas la qualité d'avocat, il n'est pas susceptible d'intervenir sur le marché des actes relevant du monopole de cette profession réglementée (■ Paris, 18 juin 1996, n° 95/023366 : *JurisData* n° 1996-021668 ; *Bull. inf. C. cass.* 1996, n° 1193 ; rejet pourvoi par ■ Cass. com., 16 juin 1998, n° 96-17.797 : *JurisData* n° 1998-002929 ; *JCP* E 1999, 1914, obs. P. Arhel).

Le liquidateur d'une entreprise en liquidation judiciaire n'a pas qualité pour agir devant le Conseil de la concurrence au lieu et place de celle-ci (■ Cons. conc., déc. n° 99-D-25, 6 avr. 1999 : *LPA* 3 avr. 2000, p. 13, obs. M. Malaurie-Vignal).

Un administrateur ou un liquidateur, mandaté dans une procédure collective, n'a pas qualité pour retirer une plainte devant le Conseil (■ Cons. conc., déc. n° 07-D-09, 14 mars 2007 : *Contrats, conc. consom.* 2007, comm. 133, obs. G. Decocq ; *RJDA* 2007, n° 662 ; *RD conc.* 2007, n° 2, p. 110, note L. Flochel et A. Wachsmann ; *Rev. Lamy conc.* 2007, n° 817, note A.-L. Sibony).

Pour fixer l'étendue des prérogatives du liquidateur judiciaire, il faut distinguer les actions fondées sur un droit exclusivement attaché à la personne du débiteur, dont l'exercice est naturellement réservé à celui-ci, et celles qui ne présentent pas cette caractéristique et qui sont ouvertes au liquidateur, même si leurs effets patrimoniaux ne sont qu'indirects ou éventuels ; la poursuite d'une action devant l'Autorité de la concurrence ou devant la Cour d'appel de Paris sur recours n'est pas exclusivement attachée à la personne, notamment en ce qu'elle ne relève pas des articles 1 à 515 du Code civil, ni explicitement ni implicitement, non plus que du Code de procédure pénale (▪ Paris, 9 juin 2009 : *RD conc.* 2009, n° 3, p. 88, note A.-L. Sibony ; *Rev. Lamy conc.* 2009, n° 1470, obs. S. Destours).

L'Autorité de la concurrence, qui bénéficie d'une autonomie procédurale tant à l'égard du droit judiciaire privé national qu'à l'égard du droit européen, qui est chargée par la loi d'une mission de protection de l'ordre public économique, n'a pas à justifier des circonstances de sa saisine, pas plus d'ailleurs qu'elle n'aurait de comptes à rendre à l'auteur de cette saisine (▪ Paris, 19 janv. 2010 : *Contrats, conc. consom.* 2010, comm. 78, obs. G. Decocq ; *Rev. Lamy conc.* 2010, n° 1592, obs. S. Destours ; conf. de ▪ Cons. conc., déc. n° 09-D-07, 12 févr. 2009 : *Rev. Lamy conc.* 2009, n° 1351, obs. S. Destours ; rejet pourvoi par ▪ Cass. com., 7 juin 2011 : *Contrats, conc. consom.* 2011, comm. 195, obs. G. Decocq ; *RJDA* 2011, n° 960).

Art. L. 462-6 ***(Mod., Ord. n° 2004-1173, 4 nov. 2004 ; Ord. n° 2008-1161, 13 nov. 2008 ; L. n° 2012-1270, 20 nov. 2012 ; L. n° 2016-1920, 29 déc. 2016).*** **– L'Autorité de la concurrence examine si les pratiques dont elle est saisie entrent dans le champ des articles L. 420-1 à L. 420-2-2 ou L. 420-5, sont contraires aux mesures prises en application de l'article L. 410-3 ou peuvent se trouver justifiées par application de l'article L. 420-4. Elle prononce, le cas échéant, des sanctions et des injonctions.**

Lorsque les faits lui paraissent de nature à justifier l'application de l'article L. 420-6, elle adresse le dossier au procureur de la République. Cette transmission interrompt la prescription de l'action publique.

(Al. abr., Ord. n° 2021-649, 26 mai 2021).

NB : Les modifications de ces disposition, issues de l'article 3 de la loi n° 2016-1920 du 29 décembre 2016, entrent en vigueur le premier jour du troisième mois suivant la promulgation de la loi susvisée. Les dispositions modifiées sont applicables aux contrats conclus avant cette date.

1) Compétence de l'Autorité de la concurrence. Il entre dans la compétence du Conseil de la concurrence de sanctionner les engagements anticoncurrentiels, quelle que soit la nature de la convention dans laquelle ils se trouvent insérés (▪ Paris, 6 mars 1991 : *JurisData* n° 1991-020899 ; *Gaz. Pal.* 1991, 2, 403, concl. Y. Jobard).

Le caractère commercial du litige opposant un bailleur et un preneur ne saurait faire obstacle à la compétence du Conseil de la concurrence dans la mesure où les faits litigieux sont susceptibles d'affecter le fonctionnement de certains marchés et d'être qualifiés au regard du droit de la concurrence (▪ Cons. conc., déc. n° 08-D-05, 27 mars 2008 : *Contrats, conc. consom.* 2008, comm. 131, obs. G. Decocq ; *RD conc.* 2008, n° 2, p. 117, obs. C. Prieto).

C'est ainsi que l'éventuel refus de communication des conditions générales de vente ne relève de la compétence du Conseil de la concurrence que s'il est susceptible de se rattacher à des comportements visés par les articles L. 420-1 et L. 420-2 (▪ Cons. conc., déc. n° 06-D-39, 15 déc. 2006 : *BOCC* 22 mars 2007). Rappr. ▪ Cons. conc., déc. n° 07-D-50, 20 déc. 2007 : *BOCC* 23 avr. 2008 ; *Contrats, conc. consom.* 2008, comm. 39, obs. M. Malaurie-Vignal ; *RJDA* 2008, n° 328 ; *RD conc.* 2008, n° 1, p. 108, obs. E. Claudel ; *Rev. Lamy conc.* 2008, n° 1058, obs. S. Cholet, considérant que le Conseil doit veiller à ce que les dispositions légales sur le seuil de revente à perte ne soient pas indûment invoquées pour contester au Conseil le droit de qualifier une entente verticale de prix.

2) Compétence des juridictions judiciaires. Le Conseil de la concurrence, chargé de la protection de l'ordre public économique, n'est pas compétent pour réparer le préjudice éventuellement subi par les parties qui le saisissent et qui allèguent être victimes de pratiques anticoncurrentielles et peuvent saisir les juridictions civiles et répressives d'une action en indemnisation, en annulation ou en cessation des pratiques contestées dans les délais de prescription afférents à ces actions, ces juridictions ayant la faculté, en application de l'article L. 462-3, de consulter le Conseil de la concurrence, le cours de la prescription étant alors suspendu, le cas échéant par cette consultation (▪ Cass. com., 17 juill. 2001 : *Bull. civ.* IV, n° 144 ; *D.* 2001, p. 2827, obs. E. Chevrier ; *RJDA* 2002, n° 205 ; *Contrats, conc. consom.* 2001, comm. 159, obs. M. Malaurie-Vignal).

Pareillement, il n'appartient pas au Conseil de la concurrence, dans le cadre de la compétence d'attribution qui est la sienne, d'apprécier la régularité d'un comportement au regard d'autres textes que le Livre IV du Code de commerce et des articles 81 et 82 du traité CE (devenus art. 101 et 102 du TFUE) (V., par ex., ▪ Cons. conc., déc. n° 04-D-46, 30 sept. 2004 : *D.* 2004, p. 2787 ; *Contrats, conc. consom.* 2005, comm. 8, obs. M. Malaurie-Vignal ; *Rev. Lamy conc.* 2005, n° 56, obs. V. Selinsky).

C'est ainsi que le Conseil n'est pas compétent pour prononcer la nullité des stipulations contractuelles prévues à l'article 9 de l'ordonnance de décembre 1986 (devenu C. com., art. L. 420-3), pour prendre des mesures en application des articles 17, 31 et 36 de ce même texte (respectivement devenus C. com., art. L. 420-6, L. 441-3 et s. et L. 442-6), pour appliquer l'article 1382 du Code civil (▪ Cons. conc., déc. n° 91-MC-01, 5 mars 1991 : *BOCC* 11 mai 1991).

De même, si des revendeurs estiment avoir été trompés sur leurs conditions d'entrée dans le réseau de franchise ainsi que sur la nature de leurs relations avec le fournisseur, les litiges qui peuvent en découler sont d'ordre commercial (▪ Cons. conc., déc. n° 01-D-58, 24 sept. 2001 : *BOCC* 30 oct. 2001 ; *Contrats, conc. consom.* 2002, comm. 27, obs. M. Malaurie-Vignal).

Il ne relève pas davantage de la compétence du Conseil d'apprécier la licéité de la vente par pack au regard de l'article L. 442-2 (▪ Cons. conc., déc. n° 04-D-67, 1er déc. 2004 : *Contrats, conc. consom.* 2005, comm. 67, obs. M. Malaurie-Vignal ; *Rev. Lamy conc.* 2005, n° 121, obs. J. Peyre).

Encore, l'appréciation du caractère proportionné ou non du montant des cotisations versées par les saisissantes en contrepartie des prestations fournies par un grand distributeur (C. com., art. L. 442-6, I, 1°) relève du juge commercial et non de l'Autorité de la concurrence, dès lors que ces pratiques n'affectent pas le jeu de la concurrence sur le marché concerné (▪ Aut. conc., déc. n° 11-D-20, 16 déc. 2011 : *D.* 2012, p. 577, n° 2, obs. D. Ferrier ; *Contrats, conc. consom.* 2012, comm. 43, obs. M. Malaurie-Vignal).

3) **Compétences parallèles.** Il ne résulte pas des dispositions de l'article 11 de l'ordonnance de décembre 1986 (devenu C. com., art. L. 462-6) que les litiges entre les parties fondés sur les articles L. 420-1 et L. 420-2 échappent aux juridictions de droit commun, seules compétentes pour statuer sur toutes autres demandes (▪ Paris, 27 juin 1990 : *JurisData* n° 1990-023411 ; *D.* 1991, somm. 251, obs. Ch. Gavalda et Cl. Lucas de Leyssac).

Les tribunaux de l'ordre judiciaire sont compétents pour vérifier directement la légalité de pratiques relevant des articles L. 420-1 et L. 420-2, sans qu'il soit besoin de saisir au préalable le Conseil de la concurrence (▪ Versailles, 17 mai 1994 : *JurisData* n° 1994-603118 ; *Gaz. Pal.* 1995, 1, 49, note M. Junqua-Lamarque).

La saisine du Conseil de la concurrence est facultative et la décision qu'il est appelé à rendre ne lie pas le juge judiciaire saisi d'une demande tendant à faire constater l'existence de pratiques constitutives de concurrence déloyale (▪ Cass. com., 15 oct. 1996, n° 94-21.008 : *JurisData* n° 1996-003787 ; *RJDA* 1997, n° 72). Symétriquement, le rejet par un tribunal de commerce de la plupart des griefs invoqués ne saurait s'imposer au Conseil de la concurrence dans l'exercice de la compétence qu'il tient des dispositions du Livre IV du Code de commerce pour sanctionner les pratiques anticoncurrentielles visées par ces dispositions, aux fins de sauvegarde de l'ordre public économique (▪ Cons. conc., déc. n° 04-D-21, 17 juin 2004 : *BOCC* 8 nov. 2004 ; *Contrats, conc. consom.* 2004, comm. 158, obs. M. Malaurie-Vignal). V. déjà ▪ Paris, 17 mars 1998, n° 98/00249 : *JurisData* n° 1998-020464 ; *BOCC* 27 mars 1998.

La seule existence de procédures judiciaires introduites parallèlement à une saisine du Conseil ne saurait empêcher celui-ci d'examiner, conformément à l'article 11 de l'ordonnance de décembre 1986 (devenu C. com., art. L. 462-6), les pratiques dont il est saisi, dès lors que celles-ci, ayant pour objet ou pour effet de restreindre ou fausser le jeu de la concurrence sur un marché, sont susceptibles d'être qualifiées sur le fondement des articles L. 420-1 et L. 420-2 (▪ Cons. conc., déc. n° 97-D-01, 15 janv. 1997 : *BOCC* 25 mars 1997 ; *Contrats, conc. consom.* 1997, comm. 81, obs. L. Vogel).

4) **Compétence des juridictions administratives.** V. sous art. L. 410-1, annot. nos 1 et s., p. 656.

5) **Présomption d'innocence.** La publication des paragraphes de la décision du Conseil de la concurrence qui énoncent, en termes détaillés, les charges retenues contre des personnes physiques ayant pris une part personnelle et déterminante dans la conception, l'organisation ou la mise en œuvre de pratiques anticoncurrentielles pour justifier la transmission du dossier au procureur de la République, en application de l'article L. 462-6, alinéa 2, est de nature à porter atteinte, de façon irréparable, à la présomption d'innocence qui bénéficie aux intéressés (▪ Paris, 22 sept. 2004 : *D.* 2004, p. 2788 ; *RTD com.* 2005, 280, obs. E. Claudel).

Il n'appartient pas au Conseil de la concurrence de qualifier les faits sans réserve au regard des articles L. 420-6 et L. 462-6 et d'en imputer publiquement la responsabilité pénale à des personnes, ce qui porte atteinte à la présomption d'innocence et aux droits de la défense des personnes visées, et excède les pouvoirs du Conseil (▪ Paris, 22 févr. 2005, n° 2004/14592 : *JurisData* n° 2005-266404 ; *D.* 2005, p. 886, obs. E. Chevrier ; *Contrats, conc. consom.* 2005, comm. 85, obs. M. Malaurie-Vignal).

Art. L. 462-7 ***(Mod., Ord. n° 2004-1173, 4 nov. 2004 ; Ord. n° 2008-1161, 13 nov. 2008 ; L. n° 2012-1270, 20 nov. 2012 ; L. n° 2014-344, 17 mars 2014 ; L. n° 2016-1547, 18 nov. 2016 ; Ord. n° 2017-303, 9 mars 2017 ; Ord. n° 2021-649, 26 mai 2021).*** **– I. – L'Autorité peut être saisie de faits remontant à plus de cinq ans s'il n'a été fait aucun acte tendant à leur recherche, leur constatation ou leur sanction.**

Les actes interruptifs de la prescription de l'action publique exercée en application du premier alinéa de l'article L. 420-6 sont également interruptifs de la prescription devant l'Autorité de la concurrence.

Tout acte tendant à la recherche, à la constatation ou à la sanction de pratiques anticoncurrentielles par l'Autorité de la concurrence, une autorité nationale de concurrence d'un autre État membre de l'Union européenne ou la Commission européenne interrompt la prescription de l'action devant l'Autorité de la concurrence ainsi que la prescription de l'action civile et de l'action indemnitaire engagée devant une juridiction administrative sur le fondement de l'article L. 481-1. L'interruption résultant d'un tel acte produit ses effets jusqu'à la date à laquelle la décision de l'autorité de concurrence compétente ou de la juridiction de recours ne peut plus faire l'objet d'une voie de recours ordinaire. La prescription de l'action devant l'Autorité de la concurrence est également interrompue par la transmission mentionnée au deuxième alinéa de l'article L. 462-6.

II. – La prescription est acquise lorsqu'un délai de dix ans à compter de la cessation de la pratique anticoncurrentielle s'est écoulé sans que l'Autorité de la concurrence ait statué sur celle-ci. Ce délai est suspendu jusqu'à la notification à l'Autorité de la concurrence d'une décision juridictionnelle irrévocable lorsque :

1° L'ordonnance délivrée en application de l'article L. 450-4 fait l'objet d'un appel ou lorsque le déroulement des opérations mentionnées au même article fait l'objet d'un recours, à compter du dépôt de cet appel ou de ce recours ;

2° La décision de l'Autorité de la concurrence fait l'objet d'un recours en application de l'article L. 464-8, à compter du dépôt de ce recours ;

3° La décision prise par le rapporteur général de l'Autorité de la concurrence en application de l'article L. 463-4 de refuser la protection du secret des affaires ou de lever la protection accordée fait l'objet d'un recours. Le délai mentionné au troisième alinéa du présent article est alors suspendu à compter du dépôt de ce recours.

Bibliographie : B. Cheynel, *Ordonnance et prescription décennale : Rev. Lamy conc.* 2009, n° 1368. • M. Comert et S. Nasser el dine-Pomar, *De nouvelles dispositions procédurales en matière de concurrence : Contrats, conc. consom.* 2013, étude 4.

1) Champ d'application. L'article L. 462-7 ne s'applique qu'à la procédure suivie devant le Conseil de la concurrence, peu important que sa décision soit ultérieurement annulée (▪ Cass. com., 13 juill. 2004, n° 03-11.430 : *JurisData* n° 2004-024684 ; *Bull. civ.* IV, n° 163 ; *D.* 2004, p. 2375 ; *Contrats, conc. consom.* 2004, comm. 157, obs. M. Malaurie-Vignal ; *Rev. Lamy conc.* 2005, n° 58, obs. B. Cheynel).

Le titre III du livre IV du Code de commerce ne contient aucune disposition expresse portant sur l'existence d'une prescription spécifiquement applicable aux faits visés au I de l'article L. 430-8. Il convient toutefois de retenir que la prescription quinquennale prévue par le I de l'article L. 462-7 est applicable aux faits relevant du I de l'article L. 430-8 (▪ Aut. conc., déc. n° 12-D-12, 11 mai 2012 : *Contrats, conc. consom.* 2013, chron. 1, n° 2, obs. D. Bosco ; *RD conc.* 2012, n° 3, p. 161, obs. D. Berlin ; *Rev. Lamy conc.* 2012, n° 2166, obs. E. Barbier de la Serre ; *conf. par* ▪ CE, 24 juin 2013, n° 360949 : *Contrats, conc. consom.* 2014, chron. 1, n° 3, obs. D. Bosco ; *Rev. Lamy conc.* 2013/37, n° 2392, obs. S. Schrameck ; *RJDA* 2014, n° 568).

2) Prescription quinquennale. *Application de la loi dans le temps.* S'agissant d'un texte de procédure, l'article 6 de l'ordonnance n° 2004-1173 du 4 novembre 2004, portant de trois à cinq ans le délai de prescription, est applicable immédiatement, y compris à la poursuite et à la sanction des faits antérieurs à son entrée en vigueur, sous la seule réserve qu'il ne puisse permettre de poursuivre ou de sanctionner des faits pour lesquels la prescription a été définitivement acquise en vertu du texte applicable antérieurement (▪ Cons. conc., déc. n° 06-D-08, 24 mars 2006 : *D.* 2006, p. 1105, obs. E. Chevrier ; *RD conc.* 2006, n° 2, p. 143, obs. V. Michel-Amsellem ; *Rev. Lamy conc.* 2006, n° 586, obs. B. Cheynel).

Lorsque la prescription n'est pas acquise, les lois relatives à la prescription sont applicables immédiatement aux pratiques commises avant leur entrée en vigueur (▪ Paris, 12 déc. 2006, n° 2006/02510 : *JurisData* n° 2006-321819 ; *D.* 2007, p. 79, obs. E. Chevrier ; *Contrats, conc. consom.* 2007, comm. 56, obs. G. Decocq ; *RD conc.* 2007, n° 1, p. 150, obs. V. Michel-Amsellem ; *Rev. Lamy conc.* 2007, n° 776, obs. C. Nourissat).

3) Prescription décennale. *Application de la loi dans le temps.* De nouvelles lois de procédure ne peuvent priver d'effet des actes accomplis régulièrement avant leur entrée en vigueur. En conséquence, la cour d'appel de Paris ne saurait faire application du délai de dix ans prévu par l'alinéa 3 de l'article L. 462-7 dans une procédure relative à l'application du droit de la concurrence pour laquelle une décision de sanction a été rendue par le Conseil de la concurrence avant l'entrée en vigueur de l'ordonnance du 13 novembre 2008 instaurant cette disposition (▪ Cass. com., 15 mai 2012, n° 11-18.507 : *Bull. civ.* IV, n° 99 ;

D. 2012, p. 1396, obs. E. Chevrier ; *Contrats, conc. consom.* 2012, comm. 184, obs. G. Decocq ; *RJDA* 2012, n° 898 ; *Rev. Lamy conc.* 2012, n° 2101, obs. V. Selinsky, et n° 2167, obs. E. Barbier de la Serre ; cass. de ▪ Paris, 5 mai 2011 : *Contrats, conc. consom.* 2011, comm. 174, obs. G. Decocq ; *RD conc.* 2011, n° 3, p. 189, obs. Ch. Lemaire et S. Naudin ; *Rev. Lamy conc.* 2011, n° 1868, obs. E. Barbier de la Serre ; renvoi de ▪ Cass. com., 13 oct. 2009 : *Bull. civ.* IV, n° 125 ; *Contrats, conc. consom.* 2009, comm. 294, obs. G. Decocq ; *RJDA* 2010, n° 177 ; cass. partielle de ▪ Paris, 24 juin 2008 : *D.* 2008, p. 1895, obs. E. Chevrier ; *Contrats, conc. consom.* 2008, comm. 208, obs. G. Decocq ; *RJDA* 2008, n° 1052 ; *RD conc.* 2008, n° 3, p. 137, obs. Ch. Lemaire ; réf. partielle de ▪ Cons. conc., déc. n° 06-D-07, 21 mars 2006 : *D.* 2006, p. 1165, obs. E. Chevrier ; *RJDA* 2006, n° 838 ; *Rev. Lamy conc.* 2008, n° 586, obs. B. Cheynel). Sur renvoi, V. ▪ Paris, 10 oct. 2013 : *Contrats, conc. consom.* 2014, comm. 116, obs. G. Decocq.

4) Portée de la prescription. Des faits prescrits peuvent cependant être relatés à seule fin de permettre la compréhension des griefs retenus et relatifs à des faits susceptibles d'être sanctionnés (▪ Cons. conc., déc. n° 92-D-37, 2 juin 1992 : *Contrats, conc. consom.* 1992, comm. 161, obs. L. Vogel).

Des faits remontant à plus de trois ans (désormais 5 ans) sont prescrits mais peuvent néanmoins être évoqués pour la compréhension des pratiques postérieures à cette date à la condition qu'ils ne soient ni qualifiés ni poursuivis et qu'il n'en soit pas tiré de conséquences quant à la gravité de ces pratiques (▪ Paris, 29 janv. 2002, n° S00/39491 : *JurisData* n° 2002-171623 ; *RJDA* 2002, n° 818).

L'interruption de la prescription pour des faits dont le Conseil est saisi vaut à l'égard de toutes les entreprises en cause (▪ Cass. com., 6 mars 2007 : *Bull. civ.* IV, n° 77 ; *D.* 2007, p. 937, obs. E. Chevrier ; *Contrats, conc. consom.* 2007, comm. 130, obs. G. Decocq ; *RJDA* 2007, n° 897 ; *RD conc.* 2007, n° 2, p. 151, obs. V. Michel-Amsellem ; *Rev. Lamy conc.* 2007, n° 863, obs. B. Cheynel ; rejet pourvoi contre ▪ Paris, 7 mars 2006 : *RD conc.* 2006, n° 2, p. 143, obs. V. Michel-Amsellem ; conf. sur ce point de ▪ Cons. conc., déc. n° 05-D-19, 12 mai 2005 : *D.* 2005, p. 1411, obs. E. Chevrier ; *Contrats, conc. consom.* 2005, comm. 173, obs. M. Malaurie-Vignal ; *RD conc.* 2005, n° 3, p. 127, obs. Ch. Momège ; *Rev. Lamy conc.* 2005, n° 227, obs. C. Robin).

La durée de trois ans (désormais 5 ans) à laquelle le Conseil est soumis en matière de prescription n'est en rien assimilable à un délai préfixé à la procédure, auquel il serait astreint (▪ Cons. conc., déc. n° 07-D-08, 12 mars 2007 : *RJDA* 2007, n° 558 ; *RD conc.* 2007, n° 2, p. 116, obs. C. Prieto ; *Rev. Lamy conc.* 2007, n° 821, obs. V. Selinsky ; réf. par ▪ Paris, 6 mai 2008 : *Contrats, conc. consom.* 2008, comm. 184, obs. G. Decocq ; *RD conc.* 2008, n° 3, p. 95, obs. C. Prieto ; cass. partielle par ▪ Cass. com., 7 juill. 2009 : *Bull. civ.* IV, n° 97 ; *Contrats, conc. consom.* 2009, comm. 227, obs. G. Decocq ; *RJDA* 2010, n° 297 ; sur renvoi, ▪ Paris, 15 avr. 2010 : *Contrats, conc. consom.* 2010, comm. 159, obs. G. Decocq ; *RD conc.* 2010, n° 3, p. 91, obs. F. Marty ; *Rev. Lamy conc.* 2010, n° 1633, obs. A. Mexis ; rejet pourvoi par ▪ Cass. com., 12 juill. 2011 : *Contrats, conc. consom.* 2011, comm. 244, obs. G. Decocq ; *RJDA* 2011, n° 962).

Sur la possibilité d'imputer à une société mère les manquements de ses filiales alors que la prescription est acquise au profit de ces dernières, V. en droit européen ▪ CJUE, 27 avr. 2017, aff. C-516/15 : *Contrats, conc. consom.* 2017/7, comm. 155, note D. Bosco ; *Lettre distrib.* 2017/6, p. 7, obs. K. Biancone.

5) Point de départ de la prescription. La date à retenir comme constituant le point de départ de la prescription est celle à laquelle la lettre de saisine arrive au Conseil de la concurrence, dès lors que c'est à cette date que les faits dénoncés sont portés à sa connaissance (▪ Paris, 13 déc. 2001, n° 2001/06669 : *JurisData* n° 2001-164876 ; *RTD com.* 2002, 289, obs. E. Claudel). *Comp.* ▪ Cons. conc., déc. n° 05-D-04, 17 févr. 2005 : *BOCC* 2005, p. 738 ; *D.* 2005, p. 886, obs. E. Chevrier, décidant que c'est la date de l'enregistrement de la saisine qui constitue en l'espèce le point de départ de la prescription.

En cas d'infraction continue, la date à retenir est celle à laquelle l'infraction a pris fin (▪ Paris, 11 sept. 2001, n° 2001/02754 : *JurisData* n° 2001-158292 ; *RTD com.* 2002, 289, obs. E. Claudel).

Le délit d'abus de position dominante, résultant de la conclusion d'un contrat d'approvisionnement exclusif, se prescrit à compter du dernier acte d'exécution dudit contrat (▪ Cass. crim., 19 mars 2008, n° 07-85.150 : *Bull. crim.* 2008, n° 73 ; *D.* 2008, p. 1138, obs. E. Chevrier ; *RD conc.* 2008, n° 3, p. 136, obs. Ch. Lemaire).

En admettant même que les dispositions nouvelles de l'alinéa 3 de l'article L. 462-7 soient applicables à la présente affaire, les pratiques ne sont en tout état de cause pas prescrites à la date à laquelle l'Autorité statue dès lors que, dans le cas d'une infraction continue, le délai de prescription ne commence toutefois à courir qu'à compter du jour où l'infraction a pris fin (▪ Aut. conc., déc. n° 11-D-02, 26 janv. 2011 : *Contrats, conc. consom.* 2011, comm. 75, obs. C. Prebissy-Schnall ; *RD conc.* 2011, n° 2, p. 106, obs. N. Jalabert-Doury ; *Rev. Lamy conc.* 2011, n° 1777, note L. Arcelin-Lecuyer, et n° 1807, obs. A. Mexis ; réf., sur un autre point, par ▪ Paris, 11 oct. 2012 : *Contrats, conc. consom.* 2012, comm. 285, obs. G. Decocq ; cass., sur un autre point, par ▪ Cass. com., 18 févr. 2014 : *Dalloz Act.* 6 mars 2014, obs. E. Chevrier ; *Contrats, conc. consom.* 2014, comm. 100, obs. G. Decocq ; *RJDA* 2014, p. 379, chron. S. Treard).

Une pratique anticoncurrentielle revêt un caractère instantané lorsqu'elle est réalisée en un trait de temps, dès la commission des faits qui la constituent ; elle revêt au contraire un caractère continu lorsque l'état délictuel se prolonge dans le temps par la réitération constante ou par la persistance de la volonté anticoncurrentielle après l'acte initial sans qu'un acte matériel ait nécessairement à la renouveler dans le temps (▪ Cass. com., 15 mars 2011, n° 09-17.055 : *JurisData* n° 2011-003752 ; *Bull. civ.* IV, n° 38 ; *RJDA* 2011, n° 654 ; *Rev. Lamy conc.* 2011, n° 1861, obs. B. Bouloc).

6) Interruption de la prescription. Lorsque les procès-verbaux d'auditions du rapporteur n'ont été dressés que plus de trois ans (désormais 5 ans) après la date de la saisine du Conseil de la concurrence, la cour d'appel en déduit exactement que la prescription est acquise, les actes de désignation des rapporteurs successifs, mesure d'ordre interne, n'étant pas par eux-mêmes interruptifs de prescription (▪ Cass. com., 8 juill. 1997, n° 96-10.373 : *JurisData* n° 1997-003268 ; *Bull. civ.* IV, n° 2202 ; *RJDA* 1997, n° 1505).

La saisine, par le ministre, du président du conseil constitue un acte interruptif de prescription (▪ Paris, 9 sept. 1997 : *JurisData* n° 1997-022768 ; *BOCC* 7 oct. 1997).

La convocation à une audition par le rapporteur interrompt la prescription à la date de sa réception par les personnes concernées (▪ Cons. conc., déc. n° 01-D-77, 27 nov. 2001 : *BOCC* 28 févr. 2002).

Une audition, donnant lieu à l'établissement d'un procès-verbal, effectuée par un rapporteur, tend nécessairement à la recherche, la constatation ou la sanction des faits dénoncés dans la saisine du Conseil que ce rapporteur est chargé d'instruire, de sorte qu'un tel acte a pour effet d'interrompre la prescription (▪ Cass. com., 19 juin 2001 : *Bull. civ.* IV, n° 120 ; *RJDA* 2001, n° 1266).

Une demande de renseignements sur leur situation financière et juridique adressée aux entreprises impliquées dans les faits dénoncés par le rapporteur désigné tend nécessairement à la recherche, la constatation ou la sanction des faits dénoncés dans la saisine du Conseil, en sorte que de telles investigations ont pour effet d'interrompre la prescription (▪ Cass. com., 20 nov. 2001 : *Bull. civ.* IV, n° 182 ; *RJDA* 2002, n° 316). En ce sens, V. ▪ Cass. com., 10 juill. 2008 : *Bull. civ.* IV, n° 152 ; *D.* 2008, p. 2225, obs. E. Chevrier ; *Contrats, conc. consom.* 2008, comm. 236, obs. G. Decocq ; *RJDA* 2008, n° 1312 ; *RD conc.* 2008, n° 4, p. 136, obs. Ch. Momège ; *Rev. Lamy conc.* 2008, n° 1197, obs. V. Selinsky et S. Cholet).

Est interruptif de prescription l'acte par lequel le président du conseil décide de retirer certaines pièces du dossier afin de préserver le secret des affaires (▪ Paris, 13 déc. 2001 : *RTD com.* 2002, 289, obs. E. Claudel).

Les constats d'huissier invoqués, parce qu'ils visaient à constater une faute civile, de même que la saisine du tribunal de commerce puis de la cour d'appel de Paris, qui sont intervenus dans le cadre d'une action en dommages et intérêts, pour la défense d'un intérêt particulier, ne sauraient être considérés comme des actes tendant à la recherche, la constatation et la sanction de pratiques anticoncurrentielles, effectués pour la défense d'un ordre public économique et la régulation du marché (▪ Cons. conc., déc. n° 04-D-46, 30 sept. 2004 : *D.* 2004, p. 2787 ; *Contrats, conc. consom.* 2005, comm. 8, obs. M. Malaurie-Vignal ; *Rev. Lamy conc.* 2005, n° 56, obs. V. Selinsky). V. aussi ▪ Cons. conc., déc. n° 05-D-42, 19 juill. 2005 : *D.* 2005, p. 2444, obs. E. Chevrier ; *RD conc.* 2005, n° 4, p. 118, obs. Ch. Momège ; conf. par ▪ Paris, 21 mars 2006, n° 2005/16499 : *JurisData* n° 2006-297917 ; *Contrats, conc. consom.* 2006, comm. 86, obs. M. Malaurie-Vignal ; *RD conc.* 2006, n° 2, p. 143, obs. V. Michel-Amsellem.

Dès lors que les opérations de visite et de saisie constituent des actes de recherche et de constatation des faits susceptibles de constituer des pratiques anticoncurrentielles, les décisions rendues sur les contestations élevées à l'encontre des décisions qui autorisent ces actes constituent des actes interruptifs de prescription car elles peuvent conduire à l'annulation des actes et retirer ainsi à la poursuite les éléments de preuve sur lesquels elle s'appuie (▪ Cons. conc., déc. n° 05-D-19, 12 mai 2005 : *D.* 2005, p. 1411, obs. E. Chevrier ; *Contrats, conc. consom.* 2005, comm. 173, obs. M. Malaurie-Vignal ; *RD conc.* 2005, n° 3, p. 127, obs. Ch. Momège ; *Rev. Lamy conc.* 2005, n° 227, obs. C. Robin ; conf. sur ce point par ▪ Paris, 7 mars 2006 : *RD conc.* 2006, n° 2, p. 143, obs. V. Michel-Amsellem ; rejet pourvoi par ▪ Cass. com., 6 mars 2007 : *Bull. civ.* IV, n° 77 ; *D.* 2007, p. 937, obs. E. Chevrier ; *Contrats, conc. consom.* 2007, comm. 130, obs. G. Decocq ; *RJDA* 2007, n° 897 ; *RD conc.* 2007, n° 2, p. 151, obs. V. Michel-Amsellem ; *Rev. Lamy conc.* 2007, n° 863, obs. B. Cheynel).

Un acte tendant à la recherche, la constatation ou la sanction de pratiques anticoncurrentielles, même s'il ne concerne que certaines des entreprises incriminées ou une partie seulement des faits commis pendant la période visée par la saisine, interrompt la prescription à l'égard de toutes les entreprises concernées et pour l'ensemble des faits dénoncés dès lors que ceux-ci présentent entre eux un lien de connexité. Bien que de nature différente, des faits sont susceptibles de présenter entre eux des rapports étroits caractérisant leur connexité (■ Cass. com., 12 juill. 2005, n° 04-16.933 : *Bull. civ.* IV, n° 162 ; *D.* 2005, p. 2145, obs. E. Chevrier ; *RJDA* 2005, n° 1288 ; *RD conc.* 2005, n° 4, p. 118, obs. Ch. Momège). En ce sens, V. ■ Cass. com., 10 juill. 2008, préc. – *Adde* ■ Cass. com., 11 janv. 2017, n° 15-17.134 : *Concurrences* 2017/2, p. 90, note A.-S. Choné-Grimaldi.

L'article L. 462-7 définit les actes interruptifs de prescription en fonction de leur objet ou de leur finalité, sans préciser quels en sont les auteurs (■ Cons. conc., déc. n° 05-D-69, 15 déc. 2005 : *D.* 2006, p. 223, obs. E. Chevrier ; *Contrats, conc. consom.* 2006, comm. 50, obs. M. Malaurie-Vignal ; *Rev. Lamy conc.* 2006, n° 472, obs. B. Cheynel. – Conf. par ■ Paris, 30 janv. 2007, n° 06/00566 : *JurisData* n° 2007-324848 ; *Contrats, conc. consom.* 2007, comm. 75, obs. G. Decocq ; *RJDA* 2007, n° 556 ; *RD conc.* 2007, n° 2, p. 153, obs. V. Michel-Amsellem ; *Rev. Lamy conc.* 2007, n° 783, obs. B. Cheynel ; rejet pourvoi par ■ Cass. com., 15 janv. 2008, n° 07-11.677 : *JurisData* n° 2008-042334 ; *Bull. civ.* IV, n° 5 ; *D.* 2008, p. 411, obs. E. Chevrier ; *Contrats, conc. consom.* 2008, comm. 80, obs. G. Decocq ; *RJDA* 2008, n° 579 ; *RD conc.* 2008, n° 2, p. 156, obs. Ch. Momège ; *Rev. Lamy conc.* 2008, n° 1236, obs. C. Nourissat). La deuxième saisine du Conseil porte sur les mêmes pratiques que la première saisine, tout en présentant des éléments de preuve complémentaires. Elle constitue donc un acte tendant à la recherche, la constatation ou la sanction des pratiques (même déc.). À cet égard, il est sans incidence, s'agissant de la portée interruptive de prescription de la deuxième saisine, que la jonction des procédures ait eu lieu postérieurement. Le caractère interruptif d'un acte ne saurait en effet dépendre des mesures d'administration de la procédure (même déc.).

Pour la computation du délai de prescription, ne doivent pas être pris en compte des courriers d'entreprises répondant aux questions du rapporteur dès lors que ces courriers ne constituent pas des actes tendant à la recherche, la constatation ou la sanction des pratiques visées par l'instruction, au sens de l'article L. 462-7, peu important que les demandes du rapporteur revêtent elles-mêmes un tel caractère (■ Paris, 4 juill. 2006 : *Contrats, conc. consom.* 2006, comm. 199, obs. G. Decocq ; *RJDA* 2006, n° 1076 ; *RD conc.* 2006, n° 3, p. 140, obs. V. Michel-Amsellem ; *Rev. Lamy conc.* 2006, n° 652, obs. C. Nourissat ; rejet pourvoi par ■ Cass. com., 6 nov. 2007, n° 06-16.194 : *JurisData* n° 2007-041258 ; *Bull. civ.* IV, n° 233 ; *D.* 2007, p. 2942, obs. E. Chevrier ; *Contrats, conc. consom.* 2008, comm. 15, obs. G. Decocq ; *RJDA* 2008, n° 456 ; *RD conc.* 2008, n° 1, p. 167, obs. Ch. Lemaire).

Une convocation pour audition adressée par le rapporteur au représentant de l'une des entreprises mises en cause, qui tend à la recherche, à la constatation ou à la sanction des faits dénoncés dans la saisine du Conseil de la concurrence que ce rapporteur est chargé d'instruire, est un acte interruptif de prescription (■ Cass. com., 6 nov. 2007 : *Bull. civ.* IV, n° 232 ; *D.* 2007, p. 2942, obs. E. Chevrier ; *Contrats, conc. consom.* 2008, comm. 16, obs. G. Decocq ; *RJDA* 2008, n° 456 ; *RD conc.* 2008, n° 1, p. 167, obs. Ch. Lemaire ; *Rev. Lamy conc.* 2008, n° 1024, obs. B. Cheynel ; cass. de ■ Paris, 23 mai 2006, n° 2005/20727 : *JurisData* n° 2006-302481 ; *Contrats, conc. consom.* 2006, comm. 138, obs. G. Decocq ; *RJDA* 2006, n° 959 ; *RD conc.* 2006, n° 3, p. 139, obs. V. Michel-Amsellem ; *Rev. Lamy conc.* 2006, n° 586, obs. B. Cheynel).

Est interruptive de prescription la transmission au Conseil du rapport administratif d'enquête de la DGCCRF (■ Cass. com., 10 juill. 2008, préc.).

7) Effet de l'interruption de prescription. Les actes interruptifs de prescription pour une pratique d'abus interrompent également la prescription pour une entente connexe à celle-ci (■ Paris, 26 mars 2015 : *RD conc.* 2015, n° 3, p. 153, obs. C. L. et S. N.).

8) Action publique. La délibération de la commission permanente du Conseil, ainsi que la lettre de transmission de la présidente du Conseil, prises sur le fondement de l'article L. 463-5, sont des actes tendant à la recherche, la constatation ou la sanction des faits dont est saisi le Conseil. Ces actes, réguliers, ont interrompu la prescription (■ Cons. conc., déc. n° 05-D-69, 15 déc. 2005, préc. note 5).

La transmission des pièces est un acte pris par un juge d'instruction en application de l'article L. 463-5 et à la demande du Conseil. Inutile à la procédure pénale, cet acte ne peut être rattaché qu'à la procédure de concurrence. Impliquant l'exercice, par le juge, d'un choix quant aux pièces transmises au Conseil, cet acte tend à la recherche, à la constatation et à la sanction des faits dont est saisi le Conseil (même déc. ; analyse conf. par ■ Paris, 30 janv. 2007, préc. note 5, mais infirmée sur ce point par ■ Cass. com., 15 janv. 2008, préc. note 5).

Par le procès-verbal de réception de pièces, le rapporteur s'est approprié les pièces transmises par le juge d'instruction ainsi que leur contenu, dont il a pu faire état dans la procédure qu'il instruisait et retenir à l'appui des griefs. Il s'agit donc d'un acte tendant à la recherche, à la constatation et à la sanction des faits dont est saisi le Conseil, au sens de l'article L. 462-7 (même déc.).

Nonobstant l'absence de disposition expresse alors en vigueur (V. désormais art. L. 462-7, al. 2), l'élément matériel du délit pénal prévu par l'article L. 420-6, étant défini par renvoi aux dispositions des articles L. 420-1 et L. 420-2, les actes interruptifs de la prescription de l'action publique exercée en application de l'article L. 420-6 interrompent également la prescription de l'action devant le Conseil portant sur les mêmes faits (■ Cass. com., 13 oct. 2009 : *Bull. civ.* IV, n° 125 ; *Contrats, conc. consom.* 2009, comm. 294, obs. G. Decocq ; *RJDA* 2010, n° 177 ; ■ Cass. partielle de ■ Paris, 24 juin 2008 : *D.* 2008, p. 1895, obs. E. Chevrier ; *Contrats, conc. consom.* 2008, comm. 208, obs. G. Decocq ; *RJDA* 2008, n° 1052 ; *RD conc.* 2008, n° 3, p. 137, obs. Ch. Lemaire ; réf. partielle de ■ Cons. conc., déc. n° 06-D-07, 21 mars 2006 : *D.* 2006, p. 1165, obs. E. Chevrier ; *RJDA* 2006, n° 838 ; *Rev. Lamy conc.* 2008, n° 586, obs. B. Cheynel).

La communication au rapporteur, par le juge d'instruction, de procès-verbaux et rapports d'enquête ayant un lien direct avec les faits dont le Conseil est saisi constitue un acte interruptif de la prescription (même arrêt).

Si le lien étroit, institué par le législateur, entre les faits à la source du délit pénal de l'article L. 420-6 et les infractions au droit de la concurrence réprimées par les articles L. 420-1 et L. 420-2, permet à l'action administrative de bénéficier des actes interruptifs de la prescription de l'action publique, cet effet interruptif ne met pas la survie de l'action administrative dans la dépendance de celle de l'action publique car, indépendantes, les deux actions suivent leur propre évolution en fonction des actes accomplis par chacune des autorités compétentes (même arrêt).

La prescription est interrompue par le procès-verbal établi par le rapporteur, officialisant l'intégration des pièces du dossier pénal à la procédure suivie devant le Conseil (même arrêt).

9) Impossibilité d'agir. Doit être cassé l'arrêt qui retient que le délai de prescription de trois ans (désormais 5 ans) se trouve suspendu à l'égard de l'entreprise qui a saisi le Conseil de la concurrence en application des articles L. 462-5 et L. 462-6 lorsque cette partie a été mise dans l'impossibilité d'agir pour faire exécuter un acte interruptif, car il ajoute au texte un cas de suspension de la prescription qu'il ne prévoit pas (■ Cass. com., 17 juill. 2001 : *Bull. civ.* IV, n° 144 ; *D.* 2001, p. 2827, obs. E. Chevrier ; *RJDA* 2002, n° 205 ; *Contrats, conc. consom.* 2001, comm. 159, obs. M. Malaurie-Vignal). En ce sens, V. ■ Cass. com., 26 févr. 2002, n° 99-20.829 : *JurisData* n° 2002-013249 ; *Bull. civ.* IV, n° 42 ; *JCP E* 2003, 666, note Rajot ; *RJDA* 2002, n° 819, pour les mêmes raisons à l'égard du directeur général de la consommation et de la répression des fraudes.

Art. L. 462-8 ***(Mod., Ord. n° 2004-1173, 4 nov. 2004 ; Ord. n° 2008-1161, 13 nov. 2008 ; L. n° 2015-990, 6 août 2015).*** **– L'Autorité de la concurrence peut déclarer, par décision motivée, la saisine irrecevable pour défaut d'intérêt ou de qualité à agir de l'auteur de celle-ci, ou si les faits sont prescrits au sens de l'article L. 462-7, ou si elle estime que les faits invoqués n'entrent pas dans le champ de sa compétence.**

[Elle] peut aussi rejeter la saisine par décision motivée lorsqu'[elle] estime que les faits invoqués ne sont pas appuyés d'éléments suffisamment probants *(Mots aj., Ord. n° 2021-649, 26 mai 2021)* « ou, pour les saisines reçues en application du II et du IV de l'article L. 462-5, lorsqu'elle ne les considère pas comme une priorité ».

Elle peut aussi rejeter la saisine par décision motivée lorsque les faits invoqués peuvent être traités par le ministre chargé de l'économie en application de l'article L. 464-9.

Elle peut aussi rejeter la saisine dans les mêmes conditions, lorsqu'elle est informée qu'une autre autorité nationale de concurrence d'un État membre de la Communauté européenne ou la Commission européenne a traité des mêmes faits relevant des dispositions prévues aux articles *(Mots rempl., L. n° 2020-1508, 3 déc. 2020)* « 101 et 102 du traité sur le fonctionnement de l'Union européenne ».

Elle peut aussi rejeter la saisine dans les mêmes conditions ou suspendre la procédure, lorsqu'elle est informée qu'une autre autorité nationale de concurrence d'un État membre de la Communauté européenne traite des mêmes faits relevant des dispositions prévues aux articles *(Mots rempl., L. n° 2020-1508, 3 déc. 2020)* « 101 et 102 du traité sur le fonctionnement de l'Union européenne ». Lorsque cette information est reçue par le *rapporteur au stade de l'instruction, le rapporteur général* peut suspendre son déroulement.

L'Autorité de la concurrence peut aussi décider de clore dans les mêmes conditions une affaire pour laquelle elle s'était saisie d'office.

Il est donné acte, par décision du président de l'Autorité de la concurrence ou d'un vice-président délégué par lui, des désistements des parties ou des dessaisissements effectués par la Commission européenne. En cas de désistement, l'Autorité peut poursuivre l'affaire, qui est alors traitée comme une saisine d'office.

1) Compétence. Sur la compétence des juridictions administratives, V. sous art. L. 410-1, annot. n°s 9 et s., p. 658 ; sur la compétence des juridictions judiciaires, V. sous art. L. 462-6, annot. n°s 2 et 3, p. 903.

2) Éléments probants. Alors que le rejet de *plano* de la saisine, prévu au deuxième alinéa de l'article L. 462-8, suppose une appréciation des éléments de preuve produits à l'appui de celle-ci, l'existence d'une cause d'irrecevabilité de la saisine exclut tout examen tant des preuves produites que du fond (▪ Cons. conc., déc. n° 02-D-75, 17 déc. 2002 : *Contrats, conc. consom.* 2003, comm. 111, obs. M. Malaurie-Vignal).

Aucun texte ni principe ne fait obligation à la partie saisissante d'apporter au Conseil de la concurrence la preuve des agissements qu'elle dénonce. En revanche, il lui appartient d'assortir ses déclarations d'indices crédibles permettant de présumer l'existence de pratiques illicites (▪ Cons. conc., déc. n° 04-D-48, 14 oct. 2004 : *BOCC* 2005, p. 48 ; *Rev. Lamy conc.* 2005, n° 30, obs. V. Selinsky ; réf. par ▪ Paris, 12 avr. 2005 : *BOCC* 2005, p. 492 ; cassé par ▪ Cass. com., 10 mai 2006 : *Bull. civ.* IV, n° 115 ; *Contrats, conc. consom.* 2006, comm. 140, obs. G. Decocq ; *RD conc.* 2006, n° 3, p. 98, obs. A. Wachsmann ; *Rev. Lamy conc.* 2006, n° 555, obs. M. Dumarcay ; *RJDA* 2006, n° 958 ; sur renvoi, ▪ Paris, 2 avr. 2008 : *Contrats, conc. consom.* 2008, comm. 167, obs. G. Decocq ; cassé par ▪ Cass. com., 3 mars 2009 : *Bull. civ.* IV, n° 30 ; *Contrats, conc. consom.* 2009, comm. 142, obs. G. Decocq ; *RD conc.* 2009, n° 2, p. 118, obs. A.-L. Sibony ; *RJDA* 2009, n° 893 ; sur renvoi, ▪ Paris, 27 janv. 2011 : *Contrats, conc. consom.* 2011, comm. 70, obs. G. Decocq ; *RD conc.* 2011, n° 2, p. 114, obs. A.-L. Sibony ; *Rev. Lamy conc.* 2011, n° 1786, obs. S. Cholet et n° 1811, obs. E. Barbier de la Serre ; rejet pourvoi par ▪ Cass. com., 17 janv. 2012, n° 10-28.668 : *JurisData* n° 2012-000368 ; *D.* 2012, p. 277, obs. E. Chevrier ; *Contrats, conc. consom.* 2012, comm. 75, obs. G. Decocq ; *RJDA* 2012, n° 532 ; *RD conc.* 2012, n° 2, obs. A. Lacresse ; *Rev. Lamy conc.* 2012, n° 2030, obs. S. Cholet).

Sauf à retirer toute portée à l'article L. 462-8, alinéa 2, qui a pour finalité de conduire les parties saisissantes à produire dès l'origine un ensemble suffisant d'éléments de preuve des pratiques qu'elles dénoncent, les éléments non produits devant le Conseil ne peuvent l'être pour la première fois devant la cour (▪ Paris, 17 sept. 2008 : *Contrats, conc. consom.* 2008, comm. 276, obs. G. Decocq ; *RD conc.* 2008, n° 4, p. 79,obs. E. Claudel ; *Rev. Lamy conc.* 2009, n° 1312, obs. B. Cheynel).

Il résulte des articles L. 462-8 alinéa 2 et R. 464-1 que l'Autorité de la concurrence peut rejeter la saisine lorsqu'elle estime que les faits invoqués ne sont pas appuyés d'éléments suffisamment probants, et qu'une demande de mesures conservatoires ne peut être formée qu'accessoirement à une saisine au fond. Il suit de là que, lorsque l'Autorité est saisie d'une demande de mesures conservatoires, il lui appartient de vérifier préalablement si les faits invoqués sont appuyés d'éléments suffisamment probants et, dans la négative, de rejeter la saisine, ce rejet entraînant, par voie de conséquence, celui de la demande de mesures conservatoires, sans examen de celle-ci (▪ Cass. com., 9 oct. 2012 : *Contrats, conc. consom.* 2012, comm. 286, obs. G. Decocq ; rejet pourvoi contre ▪ Paris, 2 déc. 2010 : *Contrats, conc. consom.* 2011, comm. 41, obs. G. Decocq ; *Rev. Lamy conc.* 2011, n° 1806, obs. Ch. Winckler ; conf. de ▪ Aut. conc., déc. n° 10-D-14, 16 avr. 2010 : *RD conc.* 2010, n° 3, p. 97, obs. F. Marty ; *Rev. Lamy conc.* 2010, n° 1643, obs. S. Destours).

3) Dimension locale de la pratique. Ayant constaté que l'auteur des pratiques réalise un chiffre d'affaires inférieur au seuil de 50 millions prévu par les textes, que le marché concerné (attractions touristiques) est local et en l'absence de tout risque d'affectation du commerce entre États membres, l'Autorité de la concurrence décide de rejeter la saisine aux motifs que le ministre est mieux placé pour en traiter directement en application de l'article L. 464-9 du Code de commerce (▪ Aut. conc., déc. n° 17-D-22, 29 nov. 2017).

4) Nouvelle saisine. Saisie d'un recours contre une décision de rejet d'une saisine fondée sur l'article L. 462-8, alinéa 2, la cour doit vérifier si les faits invoqués, tels qu'ils ont été soumis au Conseil, étaient appuyés d'éléments suffisamment probants, étant observé que le rejet sur ce fondement n'est pas revêtu de l'autorité de la chose décidée et n'exclut pas une nouvelle saisine autrement étayée (▪ Paris, 17 sept. 2008, préc.).

Une instruction au fond, qui devrait nécessairement s'appuyer sur des éléments factuels concernant l'attractivité des services de télévision de rattrapage, et ses effets éventuels de migration des consommateurs vers l'offre de France Télécom, n'est pas justifiée alors même que l'accord signé avec le groupe France Télévisions n'est pas entré en vigueur. Mais un tel rejet ne fait nullement obstacle à ce que des entreprises du secteur, dans le cas où elles feraient état d'éléments nouveaux provenant de l'observation ultérieure du marché, saisissent ultérieurement le Conseil (▪ Cons. conc., déc. n° 08-D-10, 7 mai 2008 : *Contrats, conc. consom.* 2008, comm. 185, obs. G. Decocq ; *RD conc.* 2008, n° 3, p. 96, obs. C. Prieto).

Art. L. 462-9 *(L. n° 2001-420, 15 mai 2001 ; mod., Ord. n° 2004-1173, 4 nov. 2004 ; Ord. n° 2021-649, 26 mai 2021).* **– I. – [L']Autorité de la concurrence peut, pour ce qui relève de ses compétences et après information préalable du ministre chargé de l'économie, communiquer les informations ou les documents qu'[elle] détient ou qu'[elle] recueille, à leur demande, à la Commission européenne ou aux autorités des autres États exerçant des compétences analogues, à leur demande, sous réserve de réciprocité, et à condition**

que l'autorité étrangère compétente soit soumise au secret professionnel avec les mêmes garanties qu'en France.

[L']Autorité de la concurrence peut, dans les mêmes conditions, selon les mêmes procédures et sous les mêmes sanctions que celles prévues pour l'exécution de sa mission, conduire ou demander au ministre chargé de l'économie de conduire des enquêtes, à la demande d'autorités étrangères exerçant des compétences analogues, sous réserve de réciprocité.

L'obligation de secret professionnel ne fait pas obstacle à la communication par les autorités de concurrence des informations ou documents qu'elles détiennent ou qu'elles recueillent, à leur demande, à la Commission européenne et aux autorités des autres États exerçant des compétences analogues et astreintes aux mêmes obligations de secret professionnel.

L'assistance demandée par une autorité étrangère exerçant des compétences analogues pour la conduite d'enquêtes ou la transmission d'informations détenues ou recueillies par [l']Autorité de la concurrence est refusée par [celle-ci] lorsque l'exécution de la demande est de nature à porter atteinte à la souveraineté, à la sécurité, aux intérêts économiques essentiels ou à l'ordre public français ou lorsqu'une procédure pénale a déjà été engagée en France sur la base des mêmes faits et contre les mêmes personnes, ou bien lorsque celles-ci ont déjà été sanctionnées par une décision définitive pour les mêmes faits.

Les autorités de concurrence, pour ce qui relève de leurs compétences respectives, peuvent utiliser des informations ou des documents qui leur auront été transmis dans les mêmes conditions par la Commission européenne ou les autorités des autres États membres exerçant des compétences analogues.

[L'Autorité] peut, pour la mise en œuvre du présent article, conclure des conventions organisant ses relations avec les autorités des autres États exerçant des compétences analogues. Ces conventions sont approuvées par [l']Autorité de la concurrence dans les conditions prévues à l'article L. 463-7. Elles sont publiées au *Journal officiel*.

II. – Dans la mise en œuvre des règles de concurrence prévues aux articles 101 et 102 du traité sur le fonctionnement de l'Union européenne, les autorités de concurrence appliquent les dispositions du règlement n° 1/2003 [du 16 décembre 2002] du Conseil relatif à la mise en œuvre des règles de concurrence prévues aux articles 101 et 102 du traité sur le fonctionnement de l'Union européenne, à l'exclusion des dispositions des cinq premiers alinéas du I du présent article.

Pour l'application des dispositions du 4 de l'article 11 de ce règlement, [l']Autorité de la concurrence transmet à la Commission européenne un résumé de l'affaire ainsi qu'un document exposant l'orientation envisagée, qui peut être la notification de griefs ou le rapport mentionnés à l'article L. 463-2. [Elle] peut mettre ces mêmes documents à la disposition des autres autorités de concurrence des États membres de l'Union européenne.

Art. L. 462-9-1 *(Ord. n° 2021-649, 26 mai 2021)*. – I. – Pour les procédures ayant fait l'objet d'une information par l'Autorité de la concurrence en application de l'article 11, paragraphe 3 du règlement (CE) n° 1/2003, l'Autorité de la concurrence informe la Commission européenne et les autorités nationales de concurrence des autres États membres de l'Union européenne lorsqu'elle décide qu'il n'y a pas lieu de poursuivre la procédure mise en œuvre et qu'elle met fin à celle-ci.

L'Autorité de la concurrence informe la Commission européenne et les autorités nationales de concurrence des autres États membre du prononcé d'une décision imposant des mesures conservatoires dans le cas de pratiques susceptibles d'être contraires aux articles 101 et 102 du traité sur le fonctionnement de l'Union européenne.

II. – Afin d'établir si une entreprise ou association d'entreprises a refusé de se soumettre aux mesures d'enquête et aux décisions prises par une autorité nationale de concurrence d'un autre État membre de l'Union européenne, l'Autorité de la concurrence peut, à la requête et au nom de cette autorité requérante, mettre en œuvre ses pouvoirs d'enquête. Elle peut, à cette même fin, échanger avec cette autorité requérante des informations et les utiliser à titre de preuve, sous réserve des garanties prévues à l'article 12 du règlement (CE) n° 1/2003.

III. – L'Autorité de la concurrence peut requérir l'assistance d'une autorité d'un autre État membre exerçant des compétences analogues pour la notification au destinataire de tout acte de procédure ou tout document relatif à l'application des articles 101 ou 102 du traité sur le fonctionnement de l'Union européenne, conformément aux règles applicables dans cet État membre.

IV. – À la requête d'une autorité d'un autre État membre exerçant des compétences analogues, et au nom de cette autorité requérante, l'Autorité de la concurrence notifie au destinataire :

1° Tous griefs préliminaires relatifs à une procédure engagée pour l'application de l'article 101 ou 102 du traité sur le fonctionnement de l'Union européenne et toutes décisions appliquant ces articles ;

2° Tout autre acte de procédure, adopté dans le cadre de l'application de ces mêmes articles, dont la notification est nécessaire en application des règles du droit national de l'autorité requérante ;

3° Tout autre document pertinent lié à l'application de ces mêmes articles, y compris les documents relatifs à l'exécution des décisions infligeant une sanction pécuniaire ou une astreinte.

La notification demandée par l'autorité requérante et mise en œuvre par l'Autorité de la concurrence est régie par le droit français. Elle est effectuée par lettre recommandée avec avis de réception.

La notification demandée par l'autorité requérante est effectuée par l'Autorité de la concurrence, sans retard injustifié, au moyen d'un instrument uniforme dont le modèle est établi par un arrêté du ministre chargé de l'économie. L'instrument uniforme transmis par l'autorité requérante, établi en langue française, est accompagné d'une copie de l'acte à notifier et de sa traduction en langue française.

L'Autorité de la concurrence n'est pas tenue d'accorder son assistance à l'autorité requérante lorsque la demande n'est pas conforme aux exigences du présent article, ou lorsque l'Autorité de la concurrence est en mesure de démontrer que l'exécution de la demande serait manifestement contraire à l'ordre public français. L'Autorité de la concurrence contacte l'autorité requérante lorsqu'elle a l'intention de rejeter sa demande de notification ou souhaite obtenir des informations complémentaires.

L'Autorité de la concurrence peut demander à l'autorité requérante de supporter pleinement l'intégralité des frais exposés au titre de la demande d'assistance, notamment les coûts de traduction, les coûts de la main d'œuvre et les coûts administratifs.

V. – L'Autorité de la concurrence peut requérir l'assistance des administrations compétentes des États membres de l'Union européenne pour l'exécution de ses décisions infligeant une sanction pécuniaire ou une astreinte adoptées en application des articles 101 ou 102 du traité sur le fonctionnement de l'Union européenne, conformément aux règles applicables dans cet État membre.

À la requête d'une autorité d'un autre État membre de l'Union européenne exerçant des compétences analogues, l'Autorité de la concurrence exécute la décision infligeant une sanction pécuniaire ou une astreinte adoptée par cette autorité requérante, dans la mesure où cette autorité, après avoir fait des efforts raisonnables sur son propre territoire, établit que l'entreprise ou l'association d'entreprises en cause ne possède pas suffisamment d'actifs dans l'État membre de cette autorité pour en permettre le recouvrement.

L'assistance de l'Autorité de la concurrence peut être accordée dans les autres cas que celui mentionné à l'alinéa précédent, en particulier lorsque l'entreprise ou l'association d'entreprises en cause n'est pas établie dans l'État membre de l'autorité requérante.

Dans tous les cas, l'assistance de l'Autorité de la concurrence n'est accordée que si la décision faisant l'objet de la demande est devenue insusceptible de recours par les voies ordinaires.

L'exécution demandée par l'autorité requérante et mise en œuvre par l'Autorité de la concurrence est régie par le droit français. Elle est effectuée par lettre recommandée avec accusé de réception.

Les règles relatives aux délais de prescription applicables à l'exécution d'une décision d'une autorité de concurrence d'un autre État membre pour laquelle l'Autorité de la concurrence accorde son assistance sont celles en vigueur dans l'État membre de l'autorité requérante.

L'assistance demandée par l'autorité requérante pour l'exécution d'une décision infligeant une sanction pécuniaire ou une astreinte est mise en œuvre sans retard injustifié, au moyen d'un instrument uniforme, dont le modèle est établi par arrêté du ministre chargé de l'économie. L'instrument uniforme transmis par l'autorité requérante, établi en langue française, est accompagné d'une copie de l'acte à exécuter et de sa traduction en langue française.

L'instrument uniforme a les effets d'un jugement au sens du 6° de l'article L. 111-3 du Code des procédures civiles d'exécution et fonde les mesures prises en vue du recouvrement de la sanction pécuniaire ou de l'astreinte.

L'Autorité de la concurrence prend toutes les mesures nécessaires en vue de l'exécution de la demande.

L'Autorité de la concurrence n'est pas tenue d'accorder son assistance à l'autorité requérante lorsque la demande n'est pas conforme aux exigences du présent article, ou lorsqu'elle est en mesure de démontrer que l'exécution de la demande serait manifestement contraire à l'ordre public français. L'Autorité de la concurrence informe l'autorité requérante lorsqu'elle a l'intention de rejeter sa demande.

Le recouvrement des sanctions pécuniaires et astreintes en France est opéré comme en matière de créances étrangères à l'impôt et au domaine, après notification du titre exécutoire par l'Autorité de la concurrence. Le montant de la sanction pécuniaire ou de l'astreinte est recouvré en euros. Au besoin, sa conversion en euros est réalisée au taux de change applicable à la date à laquelle la sanction pécuniaire ou l'astreinte a été infligée.

Les frais exposés pour l'exécution des décisions infligeant des sanctions pécuniaires et astreintes, y compris les coûts de traduction, de main d'œuvre et les coûts administratifs, peuvent être prélevés sur les recettes provenant des sommes recouvrées au nom de l'autorité requérante. À défaut de recouvrement, l'Autorité de la concurrence peut demander à l'autorité requérante le remboursement des frais avancés.

VI. – La déclaration effectuée en vue d'obtenir le bénéfice de la procédure prévue au IV de l'article L. 464-2 ne peut être transmise par l'Autorité de la concurrence à une autorité nationale de concurrence d'un autre État membre, en application de l'article 12 du règlement (CE) n° 1/2003, que si l'entreprise ou l'association d'entreprises ayant sollicité le bénéfice de cette procédure accepte cette transmission, ou si cette entreprise ou association d'entreprises a également formé une demande en vue d'obtenir le bénéfice d'une procédure équivalente devant cette autre autorité nationale de concurrence, concernant la même infraction, et qu'au moment où cette déclaration est transmise, cette entreprise ou association d'entreprises n'a plus la faculté d'obtenir de cette autre autorité nationale de concurrence le retrait des informations qu'elle lui a communiquées au soutien de sa demande.

Art. L. 462-10 *(L. n° 2015-990, 6 août 2015)*. – I. – Doit être communiqué à l'Autorité de la concurrence, à titre d'information, au moins *(Mot rempl., L. 2018-938, 30 oct. 2018)* « quatre » mois avant sa mise en œuvre, tout accord entre des entreprises ou des groupes de personnes physiques ou morales exploitant, directement ou indirectement, un ou plusieurs magasins de commerce de détail de produits de grande consommation, ou intervenant dans le secteur de la distribution comme centrale de référencement ou d'achat d'entreprises de commerce de détail, visant à négocier de manière groupée l'achat ou le référencement de produits ou la vente de services aux fournisseurs.

Le premier alinéa *(Mots aj., L. 2018-938, 30 oct. 2018)* « du présent I » s'applique lorsque le chiffre d'affaires total mondial hors taxes de l'ensemble des entreprises ou des groupes de personnes physiques ou morales parties à l'accord et le chiffre d'affaires total hors taxes réalisé à l'achat en France dans le cadre de l'accord par l'ensemble des parties à l'accord excèdent des seuils fixés par décret en Conseil d'État.

L'Autorité de la concurrence transmet au ministre chargé de l'économie, à sa demande, les accords mentionnés au premier alinéa du présent I.

II. – Un bilan concurrentiel de la mise en œuvre d'un accord défini au premier alinéa du I est effectué par l'Autorité de la concurrence, de sa propre initiative ou à la demande du ministre chargé de l'économie. À cet effet, l'Autorité de la concurrence peut demander aux parties à l'accord de lui transmettre un rapport présentant l'effet sur la concurrence de cet accord.

L'engagement de la procédure de bilan concurrentiel est rendu public par l'Autorité de la concurrence, afin de permettre aux tiers intéressés de lui adresser leurs observations. La procédure applicable est celle prévue au deuxième alinéa de l'article L. 463-2 et aux articles L. 463-4, L. 463-6 et L. 463-7. Avant de statuer, l'Autorité de la concurrence peut entendre des tiers en l'absence des parties à l'accord en cause.

Afin de réaliser le bilan concurrentiel, l'Autorité de la concurrence examine si cet accord, tel qu'il a été mis en œuvre, est de nature à porter une atteinte sensible à la concurrence au sens des articles L. 420-1 et L. 420-2. À cette occasion, elle apprécie si l'accord apporte au progrès économique une contribution suffisante pour compenser d'éventuelles atteintes à la concurrence, en prenant en compte son impact tant pour les producteurs, les transformateurs et les distributeurs que pour les consommateurs.

Si des atteintes à la concurrence telles que mentionnées au troisième alinéa du présent II ou des effets anticoncurrentiels ont été identifiés, les parties à l'accord s'engagent à prendre des mesures visant à y remédier dans un délai fixé par l'Autorité de la concurrence. L'Autorité de la concurrence peut également se saisir d'office en application du III de l'article L. 462-5 ou être saisie par le ministre chargé de l'économie en application du I du même article L. 462-5.

III. – L'Autorité de la concurrence peut prendre des mesures conservatoires selon les modalités et dans les conditions prévues au dernier alinéa de l'article L. 464-1 pour tout accord mentionné au I du présent article dès

lors que l'une des atteintes à la concurrence mentionnées au II, que cet accord entraîne ou est susceptible d'entraîner immédiatement après son entrée en vigueur, présente un caractère suffisant de gravité.

Elles peuvent comporter une injonction aux parties de revenir à l'état antérieur ou demander une modification dudit accord.

IV. – Un arrêté du ministre chargé de l'économie, pris après avis de l'Autorité de la concurrence, fixe le contenu du dossier d'information communiqué à cette autorité en application du premier alinéa du I ainsi que les éléments d'information et les documents devant figurer dans le rapport prévu au premier alinéa du II.

Bibliographie : J.-C. Roda, *Le nouvel article L. 462-10 du Code de commerce : Le renforcement (relatif) du contrôle de la puissance d'achat in dossier : Le droit français de la concurrence après la loi Macron : RD conc.* 2016, n° 1, p. 35.

Premières applications. Dans une première affaire, les préoccupations portaient principalement (i) sur le marché amont de l'approvisionnement en produits MDD, en raison de la diminution possible de la capacité des fournisseurs à investir et à innover sur ce marché, et (ii) sur le marché aval de la distribution à dominante alimentaire, de par la diminution de l'intensité concurrentielle entre les deux groupes considérés à la suite de l'homogénéisation d'une partie de leur offre en produits MDD, ce qui serait susceptible de diminuer la qualité et la diversité de l'offre dont bénéficient les consommateurs. Pour remédier à ces préoccupations, l'Autorité a accepté les engagements proposés par les parties (■ Aut. conc., déc. n° 20-D-13, 22 oct. 2020). Dans une seconde affaire, les risques concurrentiels identifiés portaient principalement sur le marché amont de l'approvisionnement en produits MDD, en raison de la diminution possible de la capacité des fournisseurs à investir et à innover sur ce marché, ce qui pourrait conduire à une diminution de la qualité et de la diversité de l'offre dont bénéficient les consommateurs. Là encore, des engagements ont été acceptés (■ Aut. conc., déc. n° 20-D-22, 17 déc. 2020).

CHAPITRE III. – DE LA PROCÉDURE

Bibliographie : L. Arcelin, *De quelques incidences des procédures connexes devant le Conseil de la concurrence : Contrats, conc. consom.* 2007, étude 8. • D. Bosco, *Premières vues sur l'ordonnance de modernisation de la régulation de la concurrence : Contrats, conc. consom.* 2008, comm. 273. • B. Cheynel, *Loyauté de la preuve des pratiques anticoncurrentielles : nécessité ne fait pas loi : Rev. Lamy conc.* 2011, n° 1803. • M. Deschamps, *La prévention des conflits d'intérêts au sein de l'Autorité de la concurrence : Rev. Lamy conc.* 2011, n° 1882. • I. Luc, *L'application des principes d'impartialité aux autorités de concurrence françaises : LPA* 15 févr. 2002, p. 4 et 18 févr. 2002, p. 4 ; *L'actualité des procédures contentieuses*, in *L'année 2011 en droit de la concurrence : Contrats, conc. consom.* 2012, dossier 3. • V. Selinsky, *Les mutations du droit procédural de la concurrence : Rev. Lamy dr. aff.* févr. 2010, n° 2732, p. 75. • F. Zivy et I. Luc, *L'équité procédurale devant l'Autorité de la concurrence : RD conc.* 2010, n° 4, p. 85.

Art. L. 463-1 *(Mod., Ord. n° 2004-1173, 4 nov. 2004 ; Ord. n° 2008-1161, 13 nov. 2008 ; L. n° 2011-525, 17 mai 2011 ; Ord. n° 2021-649, 26 mai 2021).* – **L'instruction et la procédure devant [l'] Autorité de la concurrence sont contradictoires sous réserve des dispositions prévues aux articles L. 463-4 et L. 464-10.**

1) Instruction des mesures conservatoires. Il appartient au Conseil de la concurrence, qui ne saurait être tenu d'appliquer des dispositions de procédure incompatibles avec l'urgence qui s'attache au prononcé des mesures conservatoires, de prescrire, dans chaque cas, les mesures appropriées pour concilier avec l'urgence le respect du caractère contradictoire prévu à l'article 18 de l'ordonnance de décembre 1986 (devenu C. com., art. L. 463-1) lors de l'instruction des mesures conservatoires (■ CE, 30 oct. 1987, n° 86645 : *Juris-Data* n° 1987-047389 ; *D.* 1987, inf. rap. 229).

Le principe de la contradiction devant s'apprécier au regard de la procédure d'urgence prévue par l'article 12 de l'ordonnance de décembre 1986 (devenu C. com., art. L. 464-1) et de l'article 15 du décret du 29 décembre 1986, et le rapporteur ayant tant en ce qui concerne les intérêts en cause qu'en ce qui concerne la formulation de l'injonction proposée au Conseil, exposé oralement l'affaire en présence des parties, un arrêt a décidé, à bon droit, que celles-ci avaient pu « sans que cela soit contesté » s'exprimer les dernières et débattre contradictoirement des mesures proposées (■ Cass. com., 4 févr. 1997 : *Bull. civ.* IV, n° 41 ; *RJDA* 1997, n° 664 ; rejet pourvoi contre ■ Paris, 3 nov. 1994 : *D.* 1996, somm. 181, obs. Ch. Gavalda et Cl. Lucas de Leyssac ; *RJDA* 1994, n° 1325).

Le prononcé de mesures conservatoires ne peut intervenir que s'il est établi que la pratique anticoncurrentielle susceptible d'être constituée porte une atteinte grave et immédiate à l'économie générale, à celle du secteur concerné, à celle des consommateurs ou à l'entreprise plaignante : ▪ Aut. conc., 30 juill. 2014, déc. n° 14-MC-01 : *RD conc.* 2014, n° 4, p. 212, obs. C. Lemaire, confirmé sur ce point par ▪ Paris, 9 oct. 2014, pourvoi en cours ; *Rapp.* pour une injonction de mise à disposition à titre conservatoire de fichiers clients par une entreprise ayant détenu un monopole : ▪ Aut. conc., 9 sept. 2014, déc. n° 14-MC-02 : *RD conc.* 2014, n° 4, p. 213, obs. C. Lemaire ; conf. sur ce point par ▪ Paris, 31 oct. 2014, pourvoi en cours.

2) Procédure contradictoire. *Date d'ouverture.* La procédure commençant avec le dépôt de la requête saisissant le Conseil de la concurrence, elle doit prendre, dès ce moment, un caractère contradictoire ; la lettre du directeur général de la concurrence exprimant l'avis que la requête pouvait être déclarée irrecevable aurait donc dû être communiquée au requérant pour lui permettre de répondre aux arguments développés (▪ Paris, 10 mars 1988 : *JurisData* n° 1988-600366 ; *D.* 1988, somm. 301, obs. Ch. Gavalda et Cl. Lucas de Leyssac ; *Gaz. Pal.* 1988, 1, 356, note J.-P. Marchi).

Les règles de procédure qui garantissent le principe du contradictoire ne commencent à s'appliquer qu'à compter de la date de l'ouverture de la procédure contradictoire, soit la date de l'envoi de la notification de griefs. En effet, aux termes des dispositions du premier alinéa de l'article L. 463-2, c'est la notification de griefs qui marque l'ouverture de la procédure contradictoire prévue à l'article L. 463-1 (▪ Cons. conc., déc. n° 07-D-50, 20 déc. 2007 : *BOCC* 23 avr. 2008 ; *Contrats, conc. consom.* 2008, comm. 39, obs. M. Malaurie-Vignal ; *RJDA* 2008, n° 328 ; *RD conc.* 2008, n° 1, p. 108, obs. E. Claudel ; *Rev. Lamy conc.* 2008, n° 1058, obs. S. Cholet. En ce sens, V. aussi ▪ Paris, 2 oct. 2007, n° 2006/12253 : *JurisData* n° 2007 344768 ; *Contrats, conc. consom.* 2007, comm. 305, obs. G. Decocq). Avant cette notification, les règles qui prévalent sont celles de la loyauté dans la conduite de l'instruction (même déc.).

Le droit d'accès au dossier n'est pas ouvert avant la notification de griefs qui constitue l'acte d'accusation ; la possibilité, pour toute personne entendue par un rapporteur du Conseil de la concurrence, d'être assistée de son conseil n'ouvre pas, pour autant, le droit d'accès au dossier avant la notification des griefs (▪ Cons. conc., déc. n° 09-D-07, 12 févr. 2009 : *Rev. Lamy conc.* 2009, n° 1351, obs. S. Destours ; conf. par ▪ Paris, 19 janv. 2010 : *Contrats, conc. consom.* 2010, comm. 78, obs. G. Decocq ; *Rev. Lamy conc.* 2010, n° 1592, obs. S. Destours ; rejet pourvoi par ▪ Cass. com., 7 juin 2011 : *Contrats, conc. consom.* 2011, comm. 195, obs. G. Decocq ; *RJDA* 2011, n° 960).

La notification des griefs n'a pas pour objet d'anticiper ou d'épuiser dès l'origine le débat contradictoire ultérieur, ni de retirer à la formation du Conseil appelée à prendre la décision son pouvoir de motiver librement celle-ci, dès lors qu'elle s'en tient au grief notifié et fonde sa décision sur des éléments soumis au contradictoire (▪ Cons. conc., déc. n° 05-D-64, 25 nov. 2005 : *BOCC* 29 avr. 2006 ; *D.* 2007, p. 198, note Sabathié).

3) Procédure contradictoire. *Enquêtes.* Les règles de l'enquête (art. L. 450-1 et s.) ne font pas obligation aux enquêteurs qui réalisent les investigations d'interroger plusieurs fois les personnes qu'ils ont entendues (▪ Paris, 26 janv. 1999 : *LPA* 16 nov. 1999, p. 18, obs. M. Petitier).

La cour d'appel, après avoir relevé que les observations des entreprises avaient été recueillies après la notification des griefs formulés à leur encontre, n'a pas méconnu le principe de la contradiction et les droits de la défense, en retenant que les règles de l'enquête (art. L. 450-1 et s.) ne font pas obligation aux agents qui y procèdent ou au rapporteur du Conseil de la concurrence de confronter les responsables des entreprises avec les auteurs des déclarations qui les mettaient en cause ou de les interroger sur les pièces saisies chez des tiers (▪ Cass. com., 6 oct. 1992 : *Bull. civ.* IV, n° 294 ; *Contrats, conc. consom.* 1992, comm. 205, obs. L. Vogel ; *RJDA* 1993, n° 44).

Pour dire que le délai de la phase d'instruction non contradictoire devant le Conseil de la concurrence avait dépassé les limites d'un délai raisonnable et pour annuler en conséquence la décision du Conseil, ainsi que l'instruction qui l'a précédée, l'arrêt, après avoir qualifié d'excessive la procédure d'enquête et relevé que le délai très court de la deuxième phase de la procédure montrait que la complexité de l'affaire était très relative, retient un certain nombre d'éléments dont il conclut que les fabricants sont restés dans l'ignorance de la saisine et des actes d'enquête ; en se déterminant ainsi, par des motifs impropres à établir en quoi la durée de la première phase non contradictoire de la procédure du Conseil n'était pas raisonnable et ne pouvait être justifiée par la complexité de l'affaire et les diligences menées, la cour d'appel a privé sa décision de base légale (▪ Cass. com., 23 nov. 2010 : *D.* 2010, p. 2901, obs. E. Chevrier ; *Contrats, conc. consom.* 2011, comm. 17, obs. G. Decocq ; *RJDA* 2011, n° 266 ; *RD conc.* 2011, n° 1, p. 193, obs. Ch. Lemaire et S. Naudin ; *Rev. Lamy conc.* 2011, n° 1813, obs. E. Barbier de la Serre ; sur renvoi, V. ▪ Paris, 26 janv. 2012 : *Contrats, conc. consom.* 2012, comm. 100, obs. G. Decocq ; *Rev. Lamy conc.* 2012, n° 2027, obs. M. Dumarcay, et n° 2054, obs. E. Barbier de la Serre ; cassation de ▪ Paris, 10 nov. 2009 : *Contrats, conc. consom.* 2010, comm. 17, obs. G. Decocq ; *RJDA* 2010, n° 176 ; *Rev. Lamy conc.* 2010, n° 1520, obs.

V. Selinsky et n° 1554, obs. M. Lavedan ; sur renvoi de ▪ Cass. com., 10 juill. 2008 : *Bull. civ.* IV, n° 152 ; *D.* 2008, p. 2225, obs. E. Chevrier ; *Contrats, conc. consom.* 2008, comm. 236, obs. G. Decocq ; *RJDA* 2008, n° 1312 ; *RD conc.* 2008, n° 4, p. 136, obs. Ch. Momège ; *Rev. Lamy conc.* 2008, n° 1197, obs. V. Selinsky et S. Cholet ; cass. de ▪ Paris, 26 juin 2007 : *Contrats, conc. consom.* 2007, comm. 211, obs. G. Decocq ; *RJDA* 2007, n° 1015 ; *RD conc.* 2007, n° 3, p. 81, obs. M. Debroux ; *Rev. Lamy conc.* 2007, n° 895, obs. S. Cholet ; réf. de ▪ Cons. conc., déc. n° 06-D-04, 13 mars 2006 : *BOCC* 2007, p. 143 ; *Contrats, conc. consom.* 2006, comm. 83, obs. M. Malaurie-Vignal ; *RD conc.* 2006, n° 2, p. 82, obs. E. Claudel ; *Rev. Lamy conc.* 2006, n° 557, obs. M. Dumarcay ; *RJDA* 2006, n° 705).

Pour dire que l'atteinte irrémédiable, effective et concrète aux droits de la défense, par le dépassement d'un délai raisonnable entre la date des comportements reprochés et le jour où les entreprises ont su qu'elles auraient à en répondre, était démontrée et annuler en conséquence la décision du Conseil, ainsi que l'instruction qui l'a précédée, l'arrêt relève que les fabricants sont restés dans l'ignorance de la saisine et des actes d'enquête et précise que les premières auditions formelles et offensives, qui auraient éventuellement alerté les entreprises sur les visées du Conseil, n'ont eu lieu qu'en janvier et février 2005 et ont été la seule occasion de communication démontrée des annexes du futur rapport ; l'arrêt précise encore que pour combattre la preuve des éléments fondant la décision du Conseil, les parties en cause auraient dû apporter certains éléments qu'il énumère, et observe qu'elles se trouvaient en 2005, compte tenu du délai écoulé entre les pratiques supposées et la notification des griefs, dans l'impossibilité de les présenter ; de l'ensemble de ces observations et constatations, l'arrêt conclut que devant l'accusation d'une entente verticale généralisée, reposant sur la communication ou la connaissance de prix conseillés ou indicatifs, sur l'acquiescement des distributeurs et sur une police des prix assurée par les fabricants à leur profit, les entreprises mises en cause auraient dû réunir, dès 1999, une masse d'informations que non seulement elles avaient légitimement égarées, mais dont elles ont jusqu'au dernier moment ignoré la nature exacte ; en se déterminant ainsi, par une motivation générale, sans rechercher en quoi le délai écoulé durant la phase d'instruction devant le Conseil avait causé à chacune des entreprises, formulant un grief à cet égard, une atteinte personnelle, effective et irrémédiable à son droit de se défendre, la cour d'appel a privé sa décision de base légale (▪ Cass. com., 23 nov. 2010, préc.).

La sanction qui s'attache à la violation par les autorités de concurrence de leur obligation de se prononcer dans un délai raisonnable n'est pas l'annulation de la procédure ou sa réformation mais la réparation du préjudice résultant éventuellement du délai subi sous réserve, toutefois, que la conduite de la procédure n'ait pas irrémédiablement privé les entreprises mises en cause des moyens de se défendre, de telles circonstances devant être appréciées concrètement. Dans son arrêt du 23 novembre 2010 précité, la Cour de cassation a exigé que soit démontrée par les parties une « atteinte personnelle, effective et irrémédiable » à leur droit de se défendre. La charge de la preuve de l'atteinte aux droits de la défense repose donc sur les parties en cause (▪ Aut. conc., déc. n° 11-D-02, 26 janv. 2011 : *Contrats, conc. consom.* 2011, comm. 75, obs. C. Prebissy-Schnall ; *RD conc.* 2011, n° 2, p. 106, obs. N. Jalabert-Doury ; *Rev. Lamy conc.* 2011, n° 1777, note L. Arcelin-Lecuyer, et n° 1807, obs. A. Mexis ; réf., sur un autre point, par ▪ Paris, 11 oct. 2012 : *Contrats, conc. consom.* 2012, comm. 285, obs. G. Decocq ; cass., sur un autre point, par ▪ Cass. com., 18 févr. 2014 : *Dalloz Act.* 6 mars 2014, obs. E. Chevrier ; *Contrats, conc. consom.* 2014, comm. 100, obs. G. Decocq ; *RJDA* 2014, p. 379, chron. S. Treard).

4) Procédure contradictoire. *Présence du rapporteur au délibéré.* V. sous art. L. 463-7, annot. n° 1, p. 927.

5) Loyauté de la preuve. Il n'existe aucun texte traitant de la preuve devant le Conseil (▪ Cons. conc., déc. n° 07-D-50, 20 déc. 2007, préc., note 2).

Cependant, sauf disposition expresse contraire du Code de commerce, les règles du Code de procédure civile s'appliquent au contentieux des pratiques anticoncurrentielles relevant de l'Autorité de la concurrence ; l'enregistrement d'une communication téléphonique réalisé à l'insu de l'auteur des propos tenus constitue un procédé déloyal rendant irrecevable sa production à titre de preuve (▪ Cass. com., ass., 7 janv. 2011, n° 09-14.316 : *JurisData* n° 2011-000038 ; *Bull.* ▪ *Cass. ass. plén.*, n° 1 ; *D.* 2011, p. 157, obs. E. Chevrier et p. 562, note F. Fourment ; *Contrats, conc. consom.* 2011, comm. 71, obs. D. Bosco ; *JCP* E 2011, 1053, obs. M. Malaurie-Vignal ; *JCP* G 2011, 208, note B. Ruy ; *RD conc.* 2011, n° 1, p. 195, obs. Ch. Lemaire et S. Naudin ; *Rev. Lamy conc.* 2011, n° 1782, obs. V. Selinsky et n° 1803, obs. B. Cheynel ; *RJDA* 2011, n° 653 ; cass. de ▪ Paris, 29 avr. 2009 : *D.* 2009, p. 1352, obs. E. Chevrier ; *Contrats, conc. consom.* 2009, comm. 174, obs. G. Decocq ; *Rev. Lamy conc.* 2009, n° 1398, obs. V. Selinsky ; *JCP* E 2010, 1347, note J. Raynaud ; *RTD com.* 2010, p. 73, obs. E. Claudel ; sur renvoi de ▪ Cass. com., 3 juin 2008 : *Bull. civ.* IV, n° 112 ; *D.* 2008, p. 1687, obs. E. Chevrier ; *JCP* E 2008, 2055, note G. Royer ; *RJDA*

2008, n° 951 ; *Contrats, conc. consom.* 2008, comm. 204, obs. D. Bosco ; *RD conc.* 2008, n° 3, p. 135, obs. Ch. Lemaire ; *Rev. Lamy conc.* 2008, n° 1193, obs. V. Selinsky ; *RTD com.* 2009, p. 431, obs. B. Bouloc ; cass. de ▪ Paris, 19 juin 2007 : *Contrats, conc. consom.* 2007, comm. 208, obs. G. Decocq ; *Rev. Lamy conc.* 2007, n° 894, obs. V. Selinsky et n° 937, obs. B. Cheynel. – Conf. ▪ Cons. conc., déc. n° 05-D-66, 5 déc. 2005 : *D.* 2006, p. 225, obs. E. Chevrier ; *RTD com.* 2006, p. 325, obs. E. Claudel ; *RD conc.* 2006, n° 1, p. 157, obs. C. Momège ; *Rev. Lamy conc.* 2006, n° 459, obs. C. Nourissat).

6) Code de procédure civile. Les dispositions du Code de procédure civile ne s'appliquent pas à la procédure suivie devant le Conseil de la concurrence ; les déclarations recueillies dans des conditions déloyales doivent être écartées sans que la partie intéressée ait à démontrer l'existence d'un préjudice particulier (▪ Cass. com., 14 janv. 2003 : *Bull. civ.* IV, n° 7 ; *Contrats, conc. consom.* 2003, comm. 56, obs. M. Malaurie-Vignal ; *RJDA* 2003, n° 651, à propos de l'article 114 du Code de procédure civile).

Ainsi, l'article 1124 du Code de procédure civile, qui règle la nullité pour vice de forme des actes de procédure civile, n'est pas applicable (▪ Paris, 29 mars 2005 : *D.* 2005, p. 1223, obs. E. Chevrier ; *RD conc.* 2005, n° 2, p. 93, obs. V. Michel-Amsellem). En revanche, elles sont applicables aux procédures suivies devant la cour (▪ Paris, 22 sept. 2004 : *D.* 2004, p. 2788 ; *RTD com.* 2005, 280, obs. E. Claudel. – *Adde*, ▪ Paris, 9 juin 2004 : *D.* 2004, p. 2227).

De même, la procédure suivie devant le Conseil est une procédure particulière à laquelle ne s'applique pas l'article 462 du Code de procédure civile sur la rectification des erreurs et omissions matérielles (▪ Paris, 26 juin 2007 : *Contrats, conc. consom.* 2007, comm. 211, obs. G. Decocq ; *RJDA* 2007, n° 1015 ; *RD conc.* 2007, n° 3, p. 81, obs. M. Debroux ; *Rev. Lamy conc.* 2007, n° 895, obs. S. Cholet).

Sur un plan formel et procédural, la procédure administrative qui se déroule devant l'Autorité de la concurrence n'est pas une instance au sens des Codes de procédure civile, pénale ou administrative ; l'issue d'une telle instance, qu'il s'agisse d'une condamnation, d'une transaction ou d'une décision d'incompétence est donc indifférente à l'Autorité (▪ Paris, 19 janv. 2010 : *Contrats, conc. consom.* 2010, comm. 78, obs. G. Decocq ; *Rev. Lamy conc.* 2010, n° 1592, obs. S. Destours ; rejet pourvoi par ▪ Cass. com., 7 juin 2011 : *Contrats, conc. consom.* 2011, comm. 195, obs. G. Decocq ; *RJDA* 2011, n° 960 ; conf. de ▪ Cons. conc., déc. n° 09-D-07, 12 févr. 2009 : *Rev. Lamy conc.* 2009, n° 1351, obs. S. Destours).

7) Procédure collective. À défaut de mise en cause des organes de la procédure collective devant le Conseil de la concurrence, alors que les poursuites en cours étaient susceptibles de conduire à l'adoption d'une décision affectant la situation juridique de l'entreprise, la procédure menée à son encontre, représentée par son seul dirigeant, n'estpas régulière (▪ Paris, 15 janv. 2008 : *D.* 2008, p. 347, obs. E. Chevrier ; *Contrats, conc. consom.* 2008, comm. 84, obs. G. Decocq ; *RJDA* 2008, n° 437 ; *Rev. Lamy conc.* 2008, n° 1055, obs. V. Selinsky et n° 1109, obs. B. Cheynel ; annulation en partie de ▪ Cons. conc., déc. n° 07-D-01, 17 janv. 2007). La cour d'appel peut statuer sur le fond en vertu de l'effet dévolutif de l'appel, en présence de l'administrateur et conformément aux conclusions des parties (▪ Cass. com., 16 déc. 2008 : *Contrats, conc. consom.* 2009, comm. 55, obs. G. Decocq ; *RD conc.* 2009, n° 1, p. 113, obs. L. Nicolas-Vullierme ; rejet pourvoi contre ▪ Paris, 15 janv. 2008, préc.).

Art. L. 463-2 ***(Mod., L. n° 2001-420, 15 mai 2001 ; Ord. n° 2004-1173, 4 nov. 2004 ; Ord. n° 2008-1161, 13 nov. 2008).*** **– Sans préjudice des mesures prévues à l'article L. 464-1, le rapporteur général ou un rapporteur général adjoint désigné par lui notifie les griefs aux intéressés ainsi qu'au commissaire du Gouvernement, qui peuvent consulter le dossier sous réserve des dispositions de l'article L. 463-4 et présenter leurs observations dans un délai de deux mois. Les entreprises destinataires des griefs signalent sans délai au rapporteur chargé du dossier, à tout moment de la procédure** ***d'investigation, toute modification de leur situation*** **juridique susceptible de modifier les conditions dans lesquelles elles sont représentées ou dans lesquelles les griefs peuvent leur être imputés. Elles sont irrecevables à s'en prévaloir si elles n'ont pas procédé à cette information. Le rapport est ensuite notifié aux parties, au commissaire du Gouvernement et aux ministres intéressés. Il est accompagné des documents sur lesquels se fonde le rapporteur et des observations faites, le cas échéant, par les intéressés.**

Les parties ont un délai de deux mois pour présenter un mémoire en réponse qui peut être consulté dans les quinze jours qui précèdent la séance par les personnes visées à l'alinéa précédent.

Lorsque des circonstances exceptionnelles le justifient, le rapporteur général de l'Autorité peut, par une décision non susceptible de recours, accorder un délai supplémentaire d'un mois pour la consultation du dossier et la production des observations des parties.

1) Notification de griefs. Si l'article 21 de l'ordonnance de décembre 1986 (devenu C. com., art. L. 463-2) fait obligation au Conseil (désormais au rapporteur général) de notifier les griefs aux personnes à l'encontre desquelles il envisage de décider des sanctions prévues par l'article 13 de l'ordonnance de décembre 1986 (devenu C. com., art. L. 464-2), il n'est pas tenu d'engager une telle procédure à l'égard de toutes les parties à une entente dès lors qu'il apprécie que le comportement de certaines d'entre elles ne justifie ni injonction, ni sanctions (■ Paris, 25 sept. 1991 : *JurisData* n° 1991-644998 ; *BOCC* 17 oct. 1991).

Lorsque les observations du commissaire du Gouvernement donnent aux faits et documents soumis au Conseil une interprétation différente de celle proposée par le rapport, il ne s'agit pas de griefs nouveaux au sens de l'article 21 de l'ordonnance de décembre 1986 (devenu C. com., art. L. 463-2) (■ Cass. com., 10 mars 1992, n° 90-13.701 : *BOCC* 21 mars 1992). En ce sens, V. ■ Cass. com., 6 oct. 1992 : *Bull. civ.* IV, n° 294. ■ Cass. com., 8 déc. 1992, n° 90-20.258 : *JurisData* n° 1992-002710 ; *Bull. civ.* IV, n° 404.

Les griefs n'ont pas à être notifiés aux agences locales des sociétés en cause dès lors que lesdites agences, dont les dirigeants ne sont pas à même de déterminer librement une stratégie industrielle, financière et commerciale pleinement autonome, ne constituent pas des entreprises (■ Cons. conc., déc. n° 95-D-66, 17 oct. 1995 : *BOCC* 1996, p. 5. – Conf. par ■ Paris, 27 sept. 1996 : *BOCC* 1996, p. 521).

Le Conseil de la concurrence ne saurait, en l'absence d'une notification de griefs complémentaire, sanctionner une pratique qui n'a pas été visée dans la notification de griefs, même si elle a été dénoncée ensuite dans le rapport et que les parties s'en sont expliquées devant lui (■ Paris, 23 févr. 2010 : *Contrats, conc. consom.* 2010, comm. 103, obs. G. Decocq ; *RD conc.* 2010, n° 2, p. 73, obs. L. Nicolas-Vullierme ; *Rev. Lamy conc.* 2010, n° 1581, obs. V. Selinsky et M. Dumarçay et n° 1659, obs. R. Christol ; rejet pourvoi par ■ Cass. com., 16 avr. 2013 : *Contrats, conc. consom.* 2013, comm. 140, obs. G. Decocq ; *RJDA* 2013, n° 548 ; conf. ■ Cons. conc., déc. n° 09-D-06, 5 févr. 2009 : *Contrats, conc. consom.* 2009, comm. 77, obs. M. Bazex et comm. 109, obs. D. Bosco ; *RD conc.* 2009, n° 2, p. 106, obs. L. Nicolas-Vullierme ; *Rev. Lamy conc.* 2009, n° 1333, note F. Marty et J. Pillot).

2) Signature de la notification. Dès lors que ni la notification de griefs, ni le rapport ne constituent des décisions administratives et que les autorités administratives indépendantes telles le Conseil de la concurrence constituent une catégorie juridique distincte, l'article 4 de la loi du 12 avril 2000 relative aux droits des citoyens dans leurs relations avec l'administration, qui impose que toute décision soit signée par son auteur, ne leur est pas applicable (■ Cons. conc., déc. n° 03-D-35, 24 juill. 2003 : *BOCC* 8 oct. 2003 ; conf. par ■ Paris, 30 mars 2004, n° 2003/15046 : *JurisData* n° 2004-247008 ; *BOCC* 15 juin 2004).

Dès lors qu'il n'existe aucune ambiguïté sur l'auteur de la notification de griefs dont le nom est expressément indiqué en page de couverture, l'omission de la signature prévue par l'article 4 de la loi du 12 avril 2000 n'est pas de nature à justifier l'annulation par la cour d'appel de Paris de la notification des griefs (■ Cass. com., 6 mars 2007 : *Bull. civ.* IV, n° 77 ; *D.* 2007, p. 937, obs. E. Chevrier ; *Contrats, conc. consom.* 2007, comm. 130, obs. G. Decocq ; *RJDA* 2007, n° 897 ; *RD conc.* 2007, n° 2, p. 151, obs. V. Michel-Amsellem ; *Rev. Lamy conc.* 2007, n° 863, obs. B. Cheynel ; rejet pourvoi contre ■ Paris, 7 mars 2006 : *RD conc.* 2006, n° 2, p. 143, obs. V. Michel-Amsellem ; conf. sur ce point de ■ Cons. conc., déc. n° 05-D-19, 12 mai 2005 : *D.* 2005, p. 1411, obs. E. Chevrier ; *Contrats, conc. consom.* 2005, comm. 173, obs. M. Malaurie-Vignal ; *RD conc.* 2005, n° 3, p. 127, obs. Ch. Momège ; *Rev. Lamy conc.* 2005, n° 227, obs. C. Robin). *Rappr.* ■ Cass. com., 28 janv. 2003 : *Bull. civ.* IV, n° 12 ; *D.* 2003, p. 553, obs. E. Chevrier ; *Contrats, conc. consom.* 2003, comm. 57, obs. M. Malaurie-Vignal ; *RJDA* 2003, n° 652.

3) Notification complémentaire. Il n'y a lieu d'adresser une notification de griefs complémentaire que lorsque les services d'instruction de l'Autorité envisagent de dénoncer une pratique qui n'avait pas été visée dans la notification de griefs initiale (■ Aut. conc., déc. n° 12-D-24, 13 déc. 2012 : *Rev. Lamy conc.* 2013/35, n° 2267, obs. V. Selinsky ; sursis à statuer de ■ Paris, 19 juin 2014, rejet des moyens de procédure et renvoi pour avis à la Commission européenne : *Contrats, conc. consom.* 2014, comm. 197, obs. G. Decocq. Conf. partielle de la décision de l'Autorité par ■ Paris, 19 mai 2016 réduisant les sanctions de 20 % et sur pourvoi rejeté ■ Cass. com., 5 avr. 2018, n° 16-19.186 : *Contrats, conc. consom.* 2018, comm. 92, obs. D. Bosco).

Aucune disposition n'interdit au président d'adresser une notification de griefs complémentaires, même après envoi du rapport, dès lors que les parties ont, conformément à l'article 21 de l'ordonnance de décembre 1986 (devenu C. com., art. L. 463-2), bénéficié d'un délai de deux mois pour consulter le dossier et développer leurs observations, puis d'un délai identique pour présenter un mémoire en réponse au rapport complémentaire (■ Paris, 23 mai 1995 : *BOCC* 1995, p. 201). En ce sens, V. ■ Paris, 17 juin 2003, n° 2002/17634 : *JurisData* n° 2003-214611 ; *BOCC* 2003, p. 535.

C'est par une impropriété de terme que la notification de griefs complémentaire qui précise la notification initiale mentionne qu'elle se substitue à la première ; complémentaire, cette deuxième notification avait vocation à s'ajouter à la notification initiale et non à l'annuler et la remplacer (■ Cass. com., 13 oct. 2009 : *Bull. civ.* IV, n° 125 ; *Contrats, conc. consom.* 2009, comm. 294, obs. G. Decocq ; *RJDA* 2010, n° 177 ; cass. sur un autre point de ■ Paris, 24 juin 2008 : *D.* 2008, p. 1895, obs. E. Chevrier ; *Contrats, conc. consom.* 2008, comm. 208, obs. G. Decocq ; *RJDA* 2008, n° 1052 ; *RD conc.* 2008, n° 3, p. 137, obs. Ch. Lemaire ; réf. partielle de ■ Cons. conc., déc. n° 06-D-07, 21 mars 2006 : *D.* 2006, p. 1165, obs. E. Chevrier ; *RJDA* 2006, n° 838 ; *Rev. Lamy conc.* 2008, n° 586, obs. B. Cheynel).

4) Réponse à la notification. Le délai de l'article 21 de l'ordonnance de décembre 1986 (devenu C. com., art. L. 463-2) est inapplicable aux recours en annulation des opérations de visites et saisies, ce délai n'étant applicable que lors de la procédure devant le Conseil de la concurrence (■ Cass. com., 15 juin 1999, n° 1999/01785 : *JurisData* n° 1999-118630 ; *LPA* 30 mars 2000, p. 17, obs. M. Petitier).

Il appartient à la partie en cause de démontrer en quoi le délai de deux mois pour répondre à la notification des griefs et à la notification du rapport, conforme à l'article 21 de l'ordonnance de décembre 1986 (devenu C. com., art. L. 463-2) aurait été insuffisant pour lui permettre de réunir les éléments au soutien de sa défense (■ Cass. com., 28 janv. 2003 : *Bull. civ.* IV, n° 12 ; *D.* 2003, p. 553, obs. E. Chevrier ; *Contrats, conc. consom.* 2003, comm. 57, obs. M. Malaurie-Vignal ; *RJDA* 2003, n° 652).

Le fait, pour une partie, de ne répondre à la notification de griefs, sur un certain point, que dans le cadre de son mémoire en réponse au rapport et non de ses observations à la notification de griefs ne saurait, en tant que tel, violer le principe du contradictoire dès lors que les moyens invoqués dans ce cadre peuvent être discutés lors de la séance, sauf à prouver que ces moyens requièrent une réponse écrite (■ Cons. conc., déc. n° 04-D-48, 14 oct. 2004 : *BOCC* 2005, p. 48 ; *Rev. Lamy conc.* 2005, n° 30, obs. V. Selinsky).

5) Rapport d'enquête. *Notification.* Aucune disposition ne prévoit que la notification du rapport doit être faite au siège social dès lors que l'entreprise concernée a pu avoir connaissance de ce rapport et a disposé du délai de deux mois prévu par l'article 21 de l'ordonnance de décembre 1986 (devenu C. com., art. L. 463-2) pour y répondre (■ Cass. com., 27 janv. 1998, n° 96-11.080 : *Bull. civ.* IV, n° 42 ; *RJDA* 1998, n° 800 ; *LPA* 24 août 1998, p. 6, obs. M. Malaurie-Vignal).

La transmission du rapport d'enquête de la DGCCRF par le chef du bureau de la procédure n'équivaut pas à la transmission d'une notification de griefs qui devrait être faite par le rapporteur général, en application de l'article L. 463-2. Il s'agit d'une simple transmission de pièce qui ressort des attributions du chef du bureau de la procédure, chargé de procéder à la gestion des procédures et à ce titre d'adresser aux parties, ou à leur conseil, les documents complémentaires afférant à la procédure (■ Cons. conc., déc. n° 05-D-37, 5 juill. 2005 : *D.* 2005, p. 2379, obs. E. Chevrier).

Il ne résulte pas des articles L. 463-2 et R. 463-11, pas plus que d'aucune autre règle ou principe jurisprudentiel, que l'envoi du rapport prévu par l'article L. 463-2 aurait pour effet de dessaisir le rapporteur de l'instruction du dossier (■ Aut. conc., déc. n° 12-D-24, 13 déc. 2012 : *Rev. Lamy conc.* 2013/35, n° 2267, obs. V. Selinsky ; sursis à statuer de ■ Paris, 19 juin 2014, rejet des moyens de procédure et renvoi pour avis à la Commission européenne : *Contrats, conc. consom.* 2014, comm. 197, obs. G. Decocq. Conf. partielle de la décision de l'Autorité par ■ Paris, 19 mai 2016 réduisant les sanctions de 20 % et sur pourvoi rejeté ■ Cass. com., 5 avr. 2018, n° 16-19.186 : *Contrats, conc. consom.* 2018, comm. 92, obs. D. Bosco).

6) Rapport d'enquête. *Notification aux ministres intéressés.* Sur la notion, V. ■ Paris, 6 déc. 1990 : *Gaz. Pal.* 1991, 1, 325, concl. Y. Jobard. ■ Cass. com., 5 nov. 1991, n° 90-11.565 : *JurisData* n° 1991-002786 ; *Bull. civ.* IV, n° 333. ■ Cass. com., 30 mai 1995, n° 93-15.354 : *JurisData* n° 1995-001326 ; *Bull. civ.* IV, n° 160. ■ Cass. com., 23 juin 2004 : *Bull. civ.* IV, n° 132 ; *D.* 2004, p. 2439 ; *RJDA* 2005, n° 80 ; *Contrats, conc. consom.* 2004, comm. 159, obs. M. Malaurie-Vignal ; *Rev. Lamy conc.* 2005, n° 135, obs. J. Peyre.

7) Rapport d'enquête. *Contenu.* Si les allégations touchant à la fiabilité de certaines des affirmations du rapport d'enquête peuvent être opérantes pour contester le bien-fondé des griefs notifiés, elles n'ont, en revanche, pas d'incidence sur la régularité de la procédure (■ Cons. conc., déc. n° 04-D-49, 28 oct. 2004 : *BOCC* 21 janv. 2005).

La position prise par l'enquêteur ne peut en elle-même constituer un vice de procédure, la réalisation du rapport d'enquête conduisant nécessairement l'enquêteur à exposer ses propres convictions aux termes des investigations auxquels il a procédé (même déc.).

L'article L. 463-2 ne détermine pas quel doit être le contenu du rapport rédigé après la notification de griefs (■ Cons. conc., déc. n° 05-D-19, 12 mai 2005 : *D.* 2005, p. 1411, obs. E. Chevrier ; *Contrats, conc. consom.* 2005, comm. 173, obs. M. Malaurie-Vignal ; *RD conc.* 2005, n° 3, p. 127, obs. Ch. Momège ; *Rev. Lamy conc.* 2005, n° 227, obs.

C. Robin ; conf. sur ce point par ■ Paris, 7 mars 2006 : *RD conc.* 2006, n° 2, p. 143, obs. V. Michel-Amsellem ; rejet pourvoi par ■ Cass. com., 6 mars 2007 : *Bull. civ.* IV, n° 77 ; *D.* 2007, p. 937, obs. E. Chevrier ; *Contrats, conc. consom.* 2007, comm. 130, obs. G. Decocq ; *RJDA* 2007, n° 897 ; *RD conc.* 2007, n° 2, p. 151, obs. V. Michel-Amsellem ; *Rev. Lamy conc.* 2007, n° 863, obs. B. Cheynel).

La circonstance que le rapporteur se soit appuyé, au stade du rapport, sur des pièces figurant au dossier qui, bien que venant conforter les griefs notifiés, n'avaient pas été expressément citées au stade de l'envoi de ces derniers, est sans incidence sur la régularité de la procédure, dès lors que les parties ont disposé du délai légal, à la suite de la notification du rapport, pour y répondre (■ Cons. conc., déc. n° 06-D-04, 13 mars 2006 : *BOCC* 2007, p. 143 ; *Contrats, conc. consom.* 2006, comm. 83, obs. M. Malaurie-Vignal ; *RD conc.* 2006, n° 2, p. 82, obs. E. Claudel ; *Rev. Lamy conc.* 2006, n° 557, obs. M. Dumarcay ; *RJDA* 2006, n° 705).

Aucun texte ni aucun principe n'interdit au Conseil de verser au dossier d'une saisine d'office des pièces obtenues dans le cadre d'une autre saisine (■ Cons. conc., déc. n° 07-D-09, 14 mars 2007 : *Contrats, conc. consom.* 2007, comm. 133, obs. G. Decocq ; *RJDA* 2007, n° 662 ; *RD conc.* 2007, n° 2, p. 110, note L. Flochel et A. Wachsmann ; *Rev. Lamy conc.* 2007, n° 817, note A.-L. Sibony).

Le rapport d'enquête constitue un document de synthèse auquel aucune disposition législative ou réglementaire n'attache de force probante particulière ou d'effet juridique qui lui soit attaché (■ Cons. conc., déc. n° 07-D-48, 18 déc. 2007 : *Contrats, conc. consom.* 2008, comm. 49, obs. D. Bosco ; *RD conc.* 2008, n° 1, p. 113, obs. E. Claudel et p. 174, obs. Ch. Lemaire ; *Rev. Lamy conc.* 2008, n° 1070, obs. V. Selinsky. – Conf. par ■ Paris, 25 févr. 2009 : *Contrats, conc. consom.* 2009, comm. 108, obs. G. Decocq).

Le rapport qui n'émet pas de réserves ou n'occulte pas des documents portant des accusations sans fondement contre l'avocat de l'une des entreprises mises en cause doit être annulé, de même que la décision consécutive. Les débats doivent alors être réouverts sur la base des griefs notifiés (■ Paris, 2 févr. 2017, n° 13/13058 : *Concurrences* 2017/2, p. 156, note C. Lemaire et S. Naudin, annulant ■ Aut. conc., déc. n° 13-D-12, 28 mai 2013 : *Contrats, conc. consom.* 2013, alerte 46 ; *Rev. Lamy conc.* 2013/36, n°s 2332 et 2335, obs. V. Selinsky ; pourvoi rejeté par ■ Cass. com., *10 juill. 2018, n°s 17-13.973 et* 17-14.140 : Contrats, *conc. consom.* 2018, comm. 181, obs. D. Bosco).

8) Consultation du dossier. Aucune disposition du Code de commerce n'impose l'obligation de préciser aux parties qu'elles disposent de la possibilité de consulter le dossier (■ Cons. conc., déc. n° 05-D-37, 5 juill. 2005 : *D.* 2005, p. 2379, obs. E. Chevrier).

La remise éventuelle par le Conseil d'un CD Rom n'a pas pour objet de remplacer la consultation du dossier et ne constitue qu'une facilité supplémentaire qu'offre le Conseil aux parties. Par suite, la circonstance que certains documents seraient difficilement lisibles sur ce CD Rom est sans incidence sur leur validité (■ Cons. conc., déc. n° 05-D-32, 22 juin 2005 : *BOCC* 2006, p. 235 ; *RJDA* 2005, n° 1287 ; *Rev. Lamy conc.* 2005, n° 272, obs. P. Arhel ; réf. sur un autre point par ■ Paris, 4 avr. 2006 : *RJDA* 2006, n° 837 ; *Rev. Lamy conc.* 2006, n° 546, note A. Winckler et S. Genevaz). Rappr. ■ Aut. conc., déc. n° 10-D-13, 15 avr. 2010 : *Rev. dr. transp.* 2010, comm. 132, obs. L. Grard ; *RD conc.* 2011, n° 3, p. 82, obs. L. Nicolas-Vullierme ; *Rev. Lamy conc.* 2010, n° 1645, obs. S. Destours et n° 1655, obs. M. Lavedan ; conf., sur ce point, par ■ Paris, 20 janv. 2011 : *Contrats, conc. consom.* 2011, comm. 74, obs. G. Decocq ; *Rev. Lamy conc.* 2011, n° 1784, obs. S. Cholet et n° 1815, obs. E. Barbier de la Serre.

Si l'examen des pièces du rapport devait montrer que certaines d'entre elles seraient ou incomplètes, ou difficilement lisibles, de telles insuffisances seraient de nature à réduire ou anéantir leur force probante, ce que le débat contradictoire a précisément pour objet de permettre aux parties de discuter, et non à porter atteinte au principe même de la contradiction (■ Paris, 24 juin 2008 : *D.* 2008, p. 1895, obs. E. Chevrier ; *Contrats, conc. consom.* 2008, comm. 208, obs. G. Decocq ; *RJDA* 2008, n° 1052 ; *RD conc.* 2008, n° 3, p. 137, obs. Ch. Lemaire ; réf. partielle de ■ Cons. conc., déc. n° 06-D-07, 21 mars 2006 : *D.* 2006, p. 1165, obs. E. Chevrier ; *RJDA* 2006, n° 838 ; *Rev. Lamy conc.* 2008, n° 586, obs. B. Cheynel).

9) Délai supplémentaire. L'octroi d'un délai supplémentaire accordé, postérieurement à la notification de griefs, par le président du Conseil de la concurrence (désormais le rapporteur général de l'Autorité), s'il ressort d'une de ses « compétences administratives », ne peut avoir pour objet ni pour effet d'orienter les poursuites selon les objectifs qui lui paraissent les plus appropriés dès lors qu'il est sans influence sur la nature ou le contenu des griefs notifiés par les services d'instruction. Il en résulte que l'octroi d'un délai supplémentaire accordé aux parties pour présenter leurs observations en réponse à la notification des griefs ne saurait caractériser une immixtion du président du Conseil de la concurrence (désormais par le rapporteur général de l'Autorité) dans les fonctions de poursuite et d'instruction (■ Cons. conc., déc. n° 06-D-03, 9 mars 2006 : *Rev. Lamy conc.* 2006, n° 547, note V. Sélinsky ; conf. par ■ Paris, 29 janv. 2008 : *Contrats, conc. consom.* 2008, comm. 83, obs. G. Decocq ; *RD conc.* 2008, n° 2, p. 107, obs. E. Claudel ; *Rev. Lamy conc.* 2008, n° 1069, obs. V. Selinsky).

L'article L. 463-2, alinéa 4 a pour objet de permettre au président du Conseil (désormais le rapporteur général de l'Autorité) d'apprécier si la demande de délai supplémentaire est justifiée par des circonstances exceptionnelles propres à chaque entreprise et, dans l'affirmative, d'adapter le délai accordé à la nature de ces circonstances, sous réserve de ne pas excéder un mois (même déc.).

Les dispositions de l'article L. 463-2 alinéa 4, qui prévoit que l'octroi d'un délai supplémentaire par le président (désormais le rapporteur général de l'Autorité) dépend de la démonstration par chaque partie de l'existence de circonstances exceptionnelles le justifiant, impliquent nécessairement de traiter les parties de manière individuelle et donc, le cas échéant, de manière différente selon leur situation (même déc.).

C'est sans méconnaître les dispositions de l'article L. 463-2 que l'arrêt retient que l'octroi aux parties d'un délai supplémentaire, d'au maximum un mois pour consulter le dossier et produire leurs observations, dépendant de la démonstration par chaque partie de l'existence de circonstances exceptionnelles le justifiant, le président du Conseil (aujourd'hui le rapporteur général de l'Autorité) pouvait accorder des délais de durée différente aux parties qui demandent à bénéficier d'un délai supplémentaire (■ Cass. com., 13 oct. 2009, préc., note 3).

La requérante ne démontrant pas un dysfonctionnement de service ayant empêché l'accès au dossier et la présentation de ses observations, la seule coïncidence du délai de réponse à la notification des griefs avec la période estivale ne saurait constituer, en soi, comme l'a décidé l'Autorité, une « circonstance exceptionnelle » justifiant, au sens de l'article L. 463-2, un délai supplémentaire (■ Paris, 20 janv. 2011 : *Contrats, conc. consom.* 2011, comm. 74, obs. G. Decocq ; *Rev. Lamy conc.* 2011, n° 1784, obs. S. Cholet et n° 1815, obs. E. Barbier de la Serre ; réf., sur un autre point, de ■ Aut. conc., déc. n° 10-D-13, 15 avr. 2010 : *Rev. dr. transp.* 2010, comm. 132, obs. L. Grard ; *RD conc.* 2011, n° 3, p. 82, obs. L. Nicolas-Vullierme ; *Rev. Lamy conc.* 2010, n° 1645, obs. S. Destours et n° 1655, obs. M. Lavedan).

10) Langue de la procédure. Conformément aux exigences issues de l'article 2 de la Constitution, reprises, s'agissant notamment des services publics, à l'article 1er de la loi n° 94-665 du 4 août 1994, relative à l'emploi de la langue française, la langue de procédure devant l'Autorité est le français, comme le rappelle l'article 26 de son règlement intérieur (■ Aut. conc., déc. n° 13-D-12, 28 mai 2013 : *Contrats, conc. consom.* 2013, alerte 46 ; *Rev. Lamy conc.* 2013/36, nos 2332 et 2335, obs. V. Selinsky ; déc. annulée par ■ Paris, 2 févr. 2017, n° 13/13058 : *Concurrences* 2017/2, p. 156, note C. Lemaire et S. Naudin aux motifs que le rapport n'avait pas émis de réserves ou occulté des documents portant des accusations sans fondement contre l'avocat de l'une des entreprises mises en cause ; pourvoi rejeté par ■ Cass. com., 10 juill. 2018, nos 17-13.973 et 17-14.140 : *Contrats, conc. consom.* 2018, comm. 181, obs. D. Bosco).

L'Autorité, dont la décision n'intervient pas au terme d'une procédure pénale proprement dite, et ne vise pas des personnes physiques, mais des personnes morales disposant en règle générale de ressources plus importantes pour assurer leur défense, ne méconnaît pas les exigences de l'article 6, § 3, alinéa *a* de la Convention européenne des droits de l'homme si elle établit, à la suite d'une demande faite par les parties, que celles-ci possèdent suffisamment le français pour saisir la portée des accusations formulées contre elles (■ Aut. conc., déc. n° 12-D-09, 13 mars 2012 : *Contrats, conc. consom.* 2012, comm. 131, obs. D. Bosco ; *Rev. Lamy conc.* 2012, n° 2093, note V. Selinsky ; partiellement réformée par ■ Paris, 20 nov. 2014 : *RD conc.* 2015, n° 1, p. 90, obs. M. Behar-Touchais ; *Contrats, conc. consom.* 2015, comm. 39, obs. G. Decocq ; *AJ Contrats d'affaires* 2015, n° 1, p. 28, obs. M. Ponsard ; cassation partielle : ■ Cass. com., 8 nov. 2016 : *Contrats, conc. consom.* 2017, comm. 18, obs. G. Decocq ; *Concurrences*, n° 1-2017, p. 94, obs. A.-S. Choné-Grimaldi. – Et sur renvoi ■ Paris, 4 juill. 2019, n° 16/23609 : *Contrats, conc. consom.* 2019/10, comm. 163, note G. Decocq).

Il n'est pas exigé que l'ensemble des pièces versées au dossier de l'Autorité soit accompagné d'une traduction. Ainsi, certains éléments factuels et d'appréciation versés au débat peuvent l'être dans une langue autre que le français, dans la mesure où les parties y ont accès dans les conditions prévues par la loi (même déc.).

Art. L. 463-3 ***(L. n° 2001-420, 15 mai 2001 ; mod., Ord. n° 2008-1161, 13 nov. 2008 ; L. n° 2020-1508, 3 déc. 2020).*** **– Le rapporteur général de l'Autorité de la concurrence peut décider que l'affaire sera examinée par l'Autorité sans établissement préalable d'un rapport.** ***(Rempl., L. n° 2020-1508, 3 déc. 2020)*** **« Il en informe les parties et le commissaire du Gouvernement préalablement à la notification des griefs. »**

(Al. aj., L. n° 2020-1508, 3 déc. 2020) **« Dans ce cas, si le chiffre d'affaires cumulé réalisé en France lors du dernier exercice clos de l'ensemble des parties dépasse 200 millions d'euros et dès lors qu'au moins une des**

parties intéressées en formule la demande, le délai prévu à la première phrase du premier alinéa de l'article L. 463-2 est allongé de deux mois. La demande doit être formulée dans un délai maximal de trente jours à compter de la notification des griefs. Au vu des observations des parties destinataires des griefs, le rapporteur général peut décider d'adresser un rapport aux parties selon les modalités prévues au même article L. 463-2.

Lorsque le rapporteur général décide de ne pas établir de rapport, la notification des griefs doit mentionner les déterminants de la sanction encourue. »

1) **Mesures conservatoires.** Si les articles 21 (devenu C. com., art. L. 463-2) et 22 de l'ordonnance de décembre 1986 (devenu C. com., art. L. 463-3) prévoient que le président du Conseil de la concurrence (désormais le rapporteur général de l'Autorité de la concurrence) peut décider de porter une affaire devant la commission permanente sauf, pour les parties, à demander le renvoi devant une autre formation du Conseil, ces dispositions ne sont pas applicables aux demandes de mesures conservatoires (▪ CE, 30 oct. 1987 : *D.* 1987, inf. rap. 229).

2) **Cumul de procédures.** Ni les dispositions des articles L. 463-3 et L. 464-2-III, ni aucune disposition du titre VI du livre IV du Code de commerce, n'interdisent au Conseil de la concurrence de mettre en œuvre cumulativement, dans une même affaire, la procédure simplifiée régie par le premier de ce texte et la procédure dite de transaction prévue par le second (▪ Cass., avis, 11 juill. 2005, n° 00500062 : *JurisData* n° 2005-029593 ; *Bull. civ.* IV, n° 5 ; *D.* 2005, p. 2216, obs. E. Chevrier ; *Contrats, conc. consom.* 2005, comm. 192, obs. M. Malaurie-Vignal ; *RD conc.* 2005, n° 4, p. 116, obs. V. Michel-Amsellem ; *Rev. Lamy conc.* 2005, n° 382, obs. C. Nourissat). Pour une confirmation contentieuse, V. ▪ Cass. com., 28 nov. 2006, n° 05-20.181 : *JurisData* n° 2006-036228 ; *Rev. Lamy conc.* 2007, n° 784, obs. C. Nourissat.

3) **Saisine d'office.** Il ne résulte d'aucune disposition que la procédure simplifiée serait obligatoire dans toute procédure engagée sur saisine d'office (▪ Paris, 24 juin 2008 : *D.* 2008, p. 1895, obs. E. Chevrier ; *Contrats, conc. consom.* 2008, comm. 208, obs. G. Decocq ; *RJDA* 2008, n° 1052 ; *RD conc.* 2008, n° 3, p. 137, obs. Ch. Lemaire ; réf. partielle de ▪ Cons. conc., déc. n° 06-D-07, 21 mars 2006 : *D.* 2006, p. 1165, obs. E. Chevrier ; *RJDA* 2006, n° 838 ; *Rev. Lamy conc.* 2008, n° 586, obs. B. Cheynel ; cassé, sur un autre point, par ▪ Cass. com., 13 oct. 2009 : *Bull. civ.* IV, n° 125 ; *Contrats, conc. consom.* 2009, comm. 294, obs. G. Decocq ; *RJDA* 2010, n° 177 ; sur renvoi, ▪ Paris, 5 mai 2011 : *Contrats, conc. consom.* 2011, comm. 174, obs. G. Decocq ; *Rev. Lamy conc.* 2011, n° 1868, obs. E. Barbier de la Serre ; arrêt cassé, sur un autre point, par ▪ Cass. com., 15 mai 2012 : *D.* 2012, p. 1396, obs. E. Chevrier ; *Contrats, conc. consom.* 2012, comm. 184, obs. G. Decocq ; *RJDA* 2012, n° 898 ; *Rev. Lamy conc.* 2012, n° 2101, obs. V. Selinsky, et n° 2167, obs. E. Barbier de la Serre ; sur renvoi, ▪ Paris, 10 oct. 2013 : *Contrats, conc. consom.* 2014, comm. 116, obs. G. Decocq).

Art. L. 463-4 ***(Ord. n° 2004-1173, 4 nov. 2004 ; mod., Ord. n° 2008-1161, 13 nov. 2008).*** **– Sauf dans les cas où la communication ou la consultation de ces documents est nécessaire à l'exercice des droits de la défense d'une partie mise en cause, le rapporteur général de l'Autorité de la concurrence peut refuser à une partie la communication ou la consultation de pièces ou de certains éléments contenus dans ces pièces mettant en jeu le secret des affaires d'autres personnes. Dans ce cas, une version non confidentielle et un résumé des pièces ou éléments en cause lui sont accessibles.**

Un décret en Conseil d'État précise les modalités d'application du présent article.

Voir : art. R. 463-13 et s., p. 1893.

Bibliographie : M.-C. Boutard-Labarde, *Le secret des affaires devant le Conseil de la concurrence : une surprenante négligence : Gaz. Pal.* 1992, 1, doctr. 1. • B. Cheynel, *Accès au dossier et secret des affaires : l'équilibre enfin trouvé ? : Rev. Lamy conc.* 2006, n° 612 ; *Protection du secret des affaires. Nouvelle mouture : Rev. Lamy conc.* 2009, n° 1363. • B. Geneste, *Le secret d'affaires en droit communautaire et en droit français de la concurrence : D. affaires* 1997, p. 1271 et 1309. • Ch. Lemaire, *La protection du secret des affaires devant le Conseil de la concurrence : une évolution bienvenue : JCP* E 2006, 1161. • Ch. Tasso-De Panafieu, *La protection de la divulgation des documents relatifs aux procédures de clémence . Rev. Lamy dr. aff.* sept. 2012, p. 45. • J.-P. Tran Thiet, *La protection des secrets d'affaires devant les autorités de concurrence et de régulation : RD conc.* 2007, n° 3, p. 190.

1) **Exclusion de débat contradictoire.** Une cour d'appel retient à bon droit que la finalité des dispositions de l'article 23 de l'ordonnance de décembre 1986 (devenu C. com., art. L. 463-4) exclut tout débat contradictoire devant le président du Conseil de la concurrence (désormais le rapporteur général de l'Autorité de la concurrence) qui doit statuer en fonction des seules observations de la partie qui l'a saisi (▪ Cass. com., 14 janv. 1992 : *Bull. civ.* IV, n° 16 ; *RJDA* 1992, n° 365).

2) Sanction de la violation du secret des affaires. Le moyen tiré de la violation du secret des affaires ne peut qu'être rejeté quand il n'est ni allégué ni démontré que la communication des pièces ait en quelque manière affecté la décision prise par le Conseil sur le fond de la saisine, seule déférée à la censure de la cour (■ Paris, 27 mai 1992, n° 91/25129 : *JurisData* n° 1992-021611 ; *Contrats, conc. consom.* 1992, comm. 137, obs. L. Vogel).

La sanction qui s'attache à la divulgation d'informations couvertes par le secret des affaires n'est pas la nullité de la procédure, mais le versement éventuel d'une indemnité en réparation, dans le cas où la communication de tels documents serait de nature à créer un préjudice direct et certain à ces entreprises (■ Cons. conc., déc. n° 07-D-50, 20 déc. 2007 : *BOCC* 23 avr. 2008 ; *Contrats, conc. consom.* 2008, comm. 39, obs. M. Malaurie-Vignal ; *RJDA* 2008, n° 328 ; *RD conc.* 2008, n° 1, p. 108, obs. E. Claudel ; *Rev. Lamy conc.* 2008, n° 1058, obs. S. Cholet).

3) Initiative de la procédure. Aucune disposition du Code de commerce n'autorise un enquêteur à décider, lui-même, de ne pas transmettre des pièces au Conseil de la concurrence au motif qu'elles seraient couvertes par le secret des affaires (■ Cons. conc., déc. n° 05-D-66, 5 déc. 2005 : *RTD com.* 2006, p. 325, obs. E. Claudel ; *RD conc.* 2006, n° 1, p. 157, obs. C. Momège ; *Rev. Lamy conc.* 2006, n° 459, obs. C. Nourissat ; conf. par ■ Paris, 19 juin 2007 : *Contrats, conc. consom.* 2007, comm. 208, obs. G. Decocq ; *Rev. Lamy conc.* 2007, n° 894, obs. V. Selinsky et n° 937, obs. B. Cheynel ; cassé sur un autre point par ■ Cass. com., 3 juin 2008 : *Bull. civ.* IV, n° 112 ; *D.* 2008, p. 1687, obs. E. Chevrier ; *JCP* E 2008, 2055, note G. Royer ; *RJDA* 2008, n° 951 ; *Contrats, conc. consom.* 2008, comm. 204, obs. D. Bosco ; *RD conc.* 2008, n° 3, p. 135, obs. Ch. Lemaire ; *Rev. Lamy conc.* 2008, n° 1193, obs. V. Selinsky).

4) Objet du secret des affaires. La publication de fourchettes encadrant les données chiffrées dont les entreprises ont fait valoir qu'elles constituaient des secrets d'affaires est un procédé largement employé par les autorités de concurrence pour permettre une compréhension du dossier tout en respectant la confidentialité demandée (■ Cons. conc., déc. n° 07-D-50, 20 déc. 2007, préc., note 2).

Autant un document « à charge » doit pouvoir être accessible à la partie à laquelle il est opposé car, dans ce cas, le droit pour la partie mise en cause de se défendre prime sur la protection des secrets d'affaires revendiquée par les autres parties, autant donner à une partie mise en cause accès à l'ensemble des documents dont une autre partie a demandé la protection au motif que la première pourrait y trouver des éléments à décharge conduirait à ne plus accorder de protection véritable aux secrets d'affaires, en contradiction avec la lettre et l'esprit de l'article L. 463-4. Les droits de la défense, en ce qui concerne la recherche d'éléments à décharge, sont raisonnablement assurés par la possibilité qu'a toujours la partie qui souhaite mettre en avant de tels éléments de les puiser dans sa propre « documentation » ou dans les informations non couvertes par la protection du secret des affaires (■ Cons. conc., déc. n° 09-D-05, 2 févr. 2009 : *BOCC* 18 févr. 2009 ; *Concurrences* 2009/2, p. 104, obs. L. Nicolas-Vullierme et p. 185, obs. Ch. Momège ; conf. par ■ Paris, 26 janv. 2010, n° 2009/03532 : *JurisData* n° 2010-000336 ; *Concurrences* 2010/2, p. 72, obs. L. Nicolas-Vullierme ; *Rev. Lamy conc.* 2010, n° 1603, obs. M. Lavedan ; rejet pourvoi par ■ Cass. com., 29 mars 2011, n° 10-12.913 : *JurisData* n° 2011-004946 ; *Contrats, conc. consom.* 2011, comm. 145, obs. G. Decocq ; *RJDA* 2011, n° 841 ; *RD conc.* 2011, n° 3, p. 185, obs. Ch. Lemaire et S. Naudin ; *Rev. Lamy conc.* 2011, n° 1841, obs. S. Cholet).

5) Accès au dossier. Il résulte des articles L. 463-4 et L. 463-2 que le droit des entreprises à l'accès au dossier doit être mis en balance avec la protection de leurs secrets d'affaires, et que cette mise en balance nécessite une appréciation au cas par cas, compte tenu de la situation concrète des parties, de la nature des informations concernées et de la nécessité pour la partie requérante d'y avoir accès pour se défendre, elle-même liée à la nature du grief notifié et au contexte du marchéexaminé (■ Aut. conc., déc. n° 10-D-32, 16 nov. 2010 : *Contrats, conc. consom.* 2011, comm. 15, obs. G. Decocq et chron. 2, n° 1, obs. D. Bosco ; *RD conc.* 2011, n° 1, p. 110, obs. F. Marty).

Il résulte des dispositions des articles L. 463-4 et R. 463-15 du Code de commerce qu'indépendamment de la faculté pour le rapporteur de demander le déclassement de pièces faisant l'objet d'une protection au titre du secret des affaires, s'il considère que ces pièces sont nécessaires à l'exercice des droits de la défense d'une ou plusieurs parties ou que celles-ci doivent en prendre connaissance pour les besoins du débat devant l'Autorité, seule une partie mise en cause peut demander la communication ou la consultation de la version confidentielle d'une pièce qu'elle estime nécessaire à l'exercice de ses droits, c'est à bon droit et sans méconnaître les droits dont la violation est alléguée que l'arrêt retient que la (...) partie saisissante, ne dispose pas d'une telle faculté et qu'elle n'est pas recevable à exercer un recours contre la décision accordant la protection du secret des affaires à l'égard de pièces concernant la personne qu'elle a mise en cause dans sa saisine ;

que le moyen n'est pas fondé (■ Cass. com., 19 janv. 2016, nos 14-21.670 et 14-21.671).

6) Procédure concernant une seule entreprise. Lorsque l'instruction ne concerne qu'une seule entreprise, il n'existe, à ce stade de la procédure, aucun risque de divulgation d'informations susceptibles de relever du secret des affaires de l'entreprise mise en cause, dès lors qu'aucune autre partie n'a accès à la procédure. Après avoir constaté que l'instruction de l'affaire ne concernait que les sociétés [X], lesquelles constituaient une seule entité et partie à la procédure, l'ordonnance retient, à bon droit, qu'en l'absence d'une ou de plusieurs tierces parties, ces sociétés ne peuvent justifier d'une quelconque atteinte à leurs droits, au motif de la levée de la protection du secret des affaires ; que si c'est à tort que le premier président en a déduit que leur recours était irrecevable, les sociétés [X] sont sans intérêt à demander la cassation de l'ordonnance de ce chef, dès lors qu'il résulte des constatations et appréciations précitées que le recours, quoique recevable, devait être rejeté. Par ailleurs, en l'absence de tout risque de divulgation d'informations susceptibles de relever du secret des affaires des sociétés [X], aucune méconnaissance du droit au secret des affaires de ces sociétés ni violation des articles 6 §§ 1 et 8 de la Convention de sauvegarde des droits de l'Homme et des libertés fondamentales n'est caractérisée (■ Cass. com., 29 janv. 2020, n° 18-11.726).

Art. L. 463-5 *(Mod., Ord. n° 2008-1161, 13 nov. 2008)*. **– Les juridictions d'instruction et de jugement peuvent communiquer à l'Autorité de la concurrence, sur sa demande, les procès-verbaux ou rapports d'enquête ayant un lien direct avec des faits dont l'Autorité est saisie.**

Bibliographie : V. Jaunet, *Relations entre juges de droit commun et autorités de concurrence : approche nationale*, in *L'année 2012 en droit de la concurrence : Contrats, conc. consom.* 2013, dossier 9.

1) Auteur de la demande de communication. Le pouvoir de demander à un juge d'instruction la communication de pièces appartient, selon les dispositions de l'article L. 463-5, au Conseil. Il ne résulte dès lors pas de la délibération prise sur le fondement de l'article L. 463-5 que la Commission permanente aurait excédé ses pouvoirs en empêchant le rapporteur d'exercer en pleine indépendance et sous sa seule responsabilité les pouvoirs propres qu'il tient par ailleurs des articles L. 450-1 et L. 450-6 (■ Cons. conc., déc. n° 05-D-69, 15 déc. 2005 : *D.* 2006, p. 223, obs. E. Chevrier ; *Contrats, conc. consom.* 2006, comm. 50, obs. M. Malaurie-Vignal ; *Rev. Lamy conc.* 2006, n° 472, obs. B. Cheynel. – Conf. par ■ Paris, 30 janv. 2007 : *Contrats, conc. consom.* 2007, comm. 75, obs. G. Decocq ; *RJDA* 2007, n° 556 ; *RD conc.* 2007, n° 2, p. 153, obs. V. Michel-Amsellem ; *Rev. Lamy conc.* 2007, n° 783, obs. B. Cheynel ; rejet pourvoi par ■ Cass. com., 15 janv. 2008 : *Bull. civ.* IV, n° 5 ; *D.* 2008, p. 411, obs. E. Chevrier ; *Contrats, conc. consom.* 2008, comm. 80, obs. G. Decocq ; *RJDA* 2008, n° 579 ; *RD conc.* 2008, n° 2, p. 156, obs. Ch. Momège ; *Rev. Lamy conc.* 2008, n° 1236, obs. C. Nourissat).

La mise en œuvre de la loi *NRE* n° 2001-420 du 15 mai 2001 et de l'ordonnance n° 2004-1173 du 4 novembre 2004, qui ont transféré au rapporteur général plusieurs des attributions précédemment dévolues au Conseil, a créé un contexte juridique nouveau qui justifie, à la lumière de ces évolutions, que le rapporteur général ait pu valablement exercer, au nom du Conseil, le pouvoir de mettre en œuvre l'article L. 463-5 (même déc.).

La demande de pièces adressée par le rapporteur général au juge d'instruction fait suite à la transmission de pièces du dossier d'instruction demandée à ce juge par le Conseil dans une précédente délibération ; il en résulte qu'une nouvelle délibération du Conseil était sans objet (■ Cass. com., 15 janv. 2008, préc.).

Le fait que la faculté de demander à la juridiction d'instruction, qui seule peut en décider, communication des procès-verbaux ou rapports d'enquête ayant un lien direct avec des faits dont le Conseil est saisi, n'appartient, aux termes de l'article L. 463-5, qu'au Conseil, qui met ainsi en œuvre la demande du rapporteur investi des pouvoirs d'enquête que lui confèrent l'article L. 450-1, n'est pas, en lui-même, contraire aux principes d'égalité des armes et d'impartialité résultant de l'article 6 de la Convention européenne des droits de l'homme (■ Cass. com., 13 oct. 2009 : *Bull. civ.* IV, n° 125 ; *Contrats, conc. consom.* 2009, comm. 294, obs. G. Decocq ; *RJDA* 2010, n° 177 ; ■ Cass. partielle de ■ Paris, 24 juin 2008 : *D.* 2008, p. 1895, obs. E. Chevrier ; *Contrats, conc. consom.* 2008, comm. 208, obs. G. Decocq ; *RJDA* 2008, n° 1052 ; *RD conc.* 2008, n° 3, p. 137, obs. Ch. Lemaire ; réf. partielle de ■ Cons. conc., déc. n° 06-D-07, 21 mars 2006 : *D.* 2006, p. 1165, obs. E. Chevrier ; *RJDA* 2006, n° 838 ; *Rev. Lamy conc.* 2008, n° 586, obs. B. Cheynel). Rappr. ■ Aut. conc., déc. n° 11-D-02, 26 janv. 2011 : *Contrats, conc. consom.* 2011, comm. 75, obs. C. Prebissy-Schnall ; *Rev. Lamy conc.* 2011, n° 1807, obs. A. Mexis ; réf., sur un autre point, par ■ Paris, 11 oct. 2012 : *Contrats, conc. consom.* 2012, comm. 285, obs. G. Decocq ; cass., sur un autre point, par ■ Cass. com., 18 févr. 2014, n° 12-27.643 : *JurisData* n° 2014-002728 ; *Contrats, conc. consom.* 2014, comm. 100, obs. G. Decocq ; *RJDA* 2014, p. 379, chron. S. Treard.

2) Nature de la demande de communication. La demande de communication de pièces ne constitue pas une décision par laquelle les membres du Conseil, siégeant en commission permanente, auraient été conduits à formuler une accusation ou, encore, à préjuger de l'affaire au fond. Par cette décision, le Conseil s'est borné à transmettre une demande émanant du rapporteur, qui sollicitait, au regard du déroulement de son instruction, des pièces du dossier d'instruction (▪ Cons. conc., déc. n° 05-D-69, 15 déc. 2005, préc. note 1).

Il est loisible au Conseil d'entendre le rapporteur, avant de décider la mise en œuvre de l'article L. 463-5 (même déc.).

3) Nature des pièces communiquées. La lettre et la finalité de l'article L. 463-5 sont de nature à permettre aux juridictions de décider souverainement, notamment, de l'opportunité, de la forme et de la périodicité de la communication des pièces sollicitées, cette communication permettant au rapporteur d'exploiter des pièces extraites d'une procédure judiciaire (▪ Cons. conc., déc. n° 05-D-69, 15 déc. 2005, préc. note 1). À cet égard, il n'est pas concevable que des procès-verbaux et rapports d'enquête soient communiqués au Conseil sans les pièces qui les accompagnent (même déc.). En l'espèce, le rapporteur du Conseil n'a consulté, sur l'invitation du juge d'instruction, que les pièces du dossier d'instruction ayant, selon l'appréciation de ce magistrat, un lien direct avec les faits dont était saisi le Conseil et qu'aucun élément ne corrobore l'allégation des parties selon laquelle le juge d'instruction n'aurait pas sélectionné lui-même les pièces remises en copie (▪ Cass. com., 15 janv. 2008, préc. note 1).

Rien n'empêche le rapporteur de prendre connaissance du dossier dans le cabinet du juge d'instruction et de demander la communication des pièces qu'il estime en relation directe avec les faits dont l'Autorité est saisie. Il appartient alors au juge d'instruction de vérifier que cette relation directe existe bien et, le cas échéant, de communiquer d'autres pièces ayant la même relation, que le rapporteur n'aurait pas identifiées (▪ Aut. conc., déc. n° 10-39, 22 déc. 2010 : *RD conc.* 2011, n° 1, p. 201, obs. Ch. Lemaire et S. Naudin ; *Rev. Lamy conc.* 2011, n° 1812, obs. E. Barbier de la Serre).

4) Forme de la communication. L'article L. 463-5 n'impose aucune forme particulière à la communication des pièces ayant un lien direct avec les faits dont le Conseil est saisi et autorise donc tant leur consultation sur place que la transmission de copies (▪ Cons. conc., déc. n° 05-D-69, 15 déc. 2005, préc. note 1).

Les dispositions de l'article L. 463-5 ne prévoyant pas les modalités de la communication, aucune irrégularité ne saurait résulter de ce que, à la suite de cette demande, le juge d'instruction ait informé le rapporteur qu'il pouvait prendre connaissance du dossier et en prendre copie (▪ Paris, 3 juill. 2008, n° 2007/10671 : *JurisData* n° 2008-369808 ; *Contrats, conc. consom.* 2008, comm. 244, obs. G. Decocq ; *RD conc.* 2008, n° 3, p. 136, obs. Ch. Lemaire).

Ni l'article L. 463-5, ni le Code de procédure pénale n'imposent de forme particulière à la communication par le juge d'instruction au rapporteur du Conseil de pièces de l'instruction pénale ayant un lien direct avec les faits dont est saisi le Conseil (▪ Cass. com., 13 oct. 2009, préc., note 1). En l'espèce, l'autorisation de communication donnée par le juge d'instruction, auquel a été adressée la demande du Conseil, résultait du fait même de la mise à disposition du rapporteur par le juge, par l'intermédiaire de son greffier, d'une partie des pièces de l'information pénale dont il avait la charge (même arrêt).

5) Utilisation des pièces communiquées. L'article L. 463-5 ne prévoit aucune restriction dans l'utilisation des pièces pénales communiquées au Conseil. Ces pièces peuvent donc fonder les griefs de la même façon que les pièces issues d'une enquête administrative. De même que le rapporteur peut fonder son analyse des griefs sur le rapport d'enquête administrative qui lui est transmis par le ministre chargé de l'économie sans procéder lui-même à des actes d'instruction, de même il peut procéder à cette analyse à partir des documents et pièces de la procédure pénale qui lui ont été communiqués et qui sont de nature à caractériser les griefs, sans procéder à des actes d'investigation complémentaires, s'il estime les poursuites suffisamment fondées par ces documents et pièces (▪ Cons. conc., déc. n° 06-D-07, 21 mars 2006, préc., note 1).

Une fois versées au dossier du Conseil de la concurrence, les pièces d'origine pénale sont opposables aux parties dans les mêmes conditions que les autres pièces rassemblées lors de l'instruction de l'affaire par le rapporteur (même déc.).

Toutefois, ce sont les pièces et les analyses présentées par le rapporteur qui délimitent le champ de la discussion contradictoire, celui-ci ne s'étendant pas, lorsqu'il a été fait application de l'article L. 463-5, à l'entier dossier d'instruction (▪ Paris, 24 juin 2008, préc., note 1).

L'Autorité de la concurrence est en droit d'utiliser les procès-verbaux relatifs et consécutifs à la garde à vue des responsables des entreprises concernées dans le cadre de la procédure pénale pour prouver l'existence d'une infraction aux dispositions de l'article L. 420-1 (▪ Paris, 11 oct. 2012 :

Contrats, conc. consom. 2012, comm. 285, obs. G. Decocq ; réf., sur un autre point, de ▪ Aut. conc., déc. n° 11-D-02, 26 janv. 2011 : *Contrats, conc. consom.* 2011, comm. 75, obs. C. Prebissy-Schnall ; *RD conc.* 2011, n° 2, p. 106, obs. N. Jalabert-Doury ; *Rev. Lamy conc.* 2011, n° 1777, note L. Arcelin-Lecuyer, et n° 1807, obs. A. Mexis ; cass., sur un autre point, par ▪ Cass. com., 18 févr. 2014 : *Dalloz Act.* 6 mars 2014, obs. E. Chevrier ; *Contrats, conc. consom.* 2014, comm. 100, obs. G. Decocq).

6) **Entretiens avec le juge d'instruction.** Aucun texte légal, et notamment les articles L. 462-3, L. 462-6 et L. 463-5, n'interdit au rapporteur de s'entretenir avec le juge d'instruction, que cet entretien ait lieu à la demande du juge ou du rapporteur (▪ Cons. conc., déc. n° 07-D-15, 9 mai 2007 : *Contrats, conc. consom.* 2007, comm. 180, obs. G. Decocq ; *RD conc.* 2007, n° 3, p. 140, obs. Ch. Lemaire ; *Rev. Lamy conc.* 2007, n° 820, obs. S. Cholet et n° 858, obs. E. Barbier de la Serre).

7) **Convention européenne des droits de l'homme.** Les entreprises mises en cause disposant, après la notification des griefs, de la possibilité de débattre contradictoirement, devant le Conseil puis devant la cour d'appel de Paris, tant des conditions de la communication d'éléments de l'instruction pénale, pièces dont la régularité peut être contestée par les personnes concernées, que du contenu de l'intégralité des pièces issues du dossier pénal dont le juge d'instruction a autorisé la communication au rapporteur, et de présenter toutes pièces qu'elles estiment utiles, c'est à juste titre que l'arrêt retient que les dispositions de l'article L. 463-5 ne sont pas contraires à l'article 6 de la Convention européenne de sauvegarde des droits de l'homme (▪ Cass. com., 13 oct. 2009, préc., note 1). *Rappr.* ▪ Cass. com., QPC, 28 nov. 2012, n° 12-18.410 : *RJDA* 2013, n° 260.

8) **Prescription.** V. sous art. L. 462-7, annot. n° 6, p. 907.

Art. L. 463-6 *(Mod., Ord. n° 2017-303, 9 mars 2017 ; Ord. n° 2021-649, 26 mai 2021).* **– Est punie des peines prévues à l'article 226-13 du Code pénal, la divulgation par l'une des parties des informations concernant une autre partie ou un tiers et dont elle n'a pu avoir connaissance qu'à la suite des communications ou consultations auxquelles il a été procédé.**

L'alinéa précédent n'est pas applicable lorsque la divulgation intervient conformément aux dispositions prévues au chapitre III du titre VIII ainsi qu'aux articles L. 464-10, L. 490-13 et L. 490-14.

Le secret professionnel qui s'impose aux membres du collège et aux agents de l'Autorité de la concurrence ne fait pas obstacle à la publication par l'Autorité de la concurrence d'informations succinctes relatives aux actes qu'elle accomplit en vue de la recherche, de la constatation ou de la sanction de pratiques anticoncurrentielles, lorsque la publication de ces informations est effectuée dans l'intérêt du public et dans le strict respect de la présomption d'innocence des entreprises ou associations d'entreprises concernées.

Bibliographie : M. Chagny, *L'accès judiciaire des victimes de pratiques anticoncurrentielles au dossier de l'Autorité de la concurrence : D.* 2013, p. 851. • V. Jaunet, *Relations entre juges de droit commun et autorités de concurrence : approche nationale*, in *L'année 2012 en droit de la concurrence : Contrats, conc. consom.* 2013, dossier 9.

Violation du secret de l'instruction. La violation du secret de l'instruction, qui est assimilée à la violation du secret professionnel, est punie aux articles L. 226-13 et L. 226-14 du Code pénal d'une peine d'un an d'emprisonnement et d'une amende de 15 000 €, et non par la nullité de la procédure. Ce n'est que dans l'hypothèse où les droits de la défense seraient irrémédiablement atteints par une telle violation que la procédure en serait affectée (▪ Cons. conc., déc. n° 05-D-65, 30 nov. 2005 : *Contrats, conc. consom.* 2006, comm. 9, obs. M. Malaurie-Vignal ; *RD conc.* 2006, n° 1, p. 129, obs. E. Claudel ; *Rev. Lamy conc.* 2006, n° 417, *note* F. Veneyre ; conf. par ▪ Paris, 12 déc. 2006 : *Contrats, conc. consom. 2007, comm.* 16, obs. M. Malaurie-Vignal ; *JCP* E 2007, 1179, note S. Grandvuillemin ; *JCP* E 2007, 10012, note M. Chagny ; *RJDA* 2007, n° 404 ; *RD conc.* 2007, n° 1, p. 82, obs. E. Claudel ; *Rev. Lamy conc.* 2007, n° 751, obs. F. Veneyre ; cassé partiellement par ▪ Cass. com., 29 juin 2007 : *Bull. civ.* IV, n° 181 ; *D.* 2007, p. 1953, obs. E. Chevrier ; *Contrats, conc. consom.* 2007, comm. 209, obs. M. Bazex et S. Blazy ; *RJDA* 2007, n° 1153 ; *RD conc.* 2007, n° 3, p. 87, obs. M. Debroux et Orengo ; *Rev. Lamy conc.* 2007, n° 896, obs. V. Selinsky).

La sanction de la violation du secret de l'instruction ne saurait être la nullité de la notification des griefs et encore moins de l'ensemble de la procédure (▪ Cons. conc., déc. n° 09-D-06, 5 févr. 2009 : *Contrats, conc. consom.* 2009, comm. 77, obs. M. Bazex et comm. 109, obs. D. Bosco ; *RD conc.* 2009, n° 2, p. 106, obs. L. Nicolas-Vullierme ; *Rev. Lamy conc.* 2009, n° 1333, note F. Marty et J. Pillot ; déc. conf. par ▪ Paris, 23 févr. 2010 : *Contrats, conc. consom.* 2010, comm. 103, obs. G. Decocq ; *RD conc.* 2010, n° 2, p. 73, obs. L. Nicolas-Vullierme ; *Rev. Lamy conc.* 2010, n° 1581, obs. V. Selinsky et M. Dumarçay et n° 1659, obs. R. Christol ; rejet pourvoi par ▪ Cass. com., 16 avr. 2013 : *Contrats, conc. consom.* 2013, comm. 140, obs. G. Decocq ; *RJDA* 2013, n° 548).

Aucune nullité de la procédure ou de la décision ne saurait résulter des conditions dans lesquelles les parties, à l'issue des débats, ou le Conseil, après que la décision eut été rendue, ont communiqué avec la presse à propos de ce procès, dès lors que ces communications, seraient-elles avérées, n'ont pu avoir d'influence sur la décision rendue par le collège et ainsi porter atteinte à l'impartialité de ce dernier (▪ Paris, 4 févr. 2009, n° 2008/23828 : *Contrats, conc. consom.* 2009, comm. 110, obs. G. Decocq ; *Rev. Lamy conc.* 2009, n° 1337, obs. V. Selinsky et n° 1362, note G. Muguet-Poullennec ; conf. de ▪ Cons. conc., déc. n° 08-MC-01, 17 déc. 2008 : *Contrats, conc. consom.* 2009, comm. 52, obs. D. Bosco ; *RD conc.* 2009, n° 1, p. 112, obs. L. Nicolas-Vullierme et p. 200, obs. J.-P. Tran-Thiet et O. Berg ; *RDC* 2009, p. 551, obs. C. Prieto ; cassé, sur un autre point, par ▪ Cass. com., 16 févr. 2010, n° 09-11.968 : *JurisData* n° 2010-051674 ; *Contrats, conc. consom.* 2010, comm. 102, obs. G. Decocq ; *RD conc.* 2010, n° 2, p. 65, obs. L. Nicolas-Vullierme et p. 149, obs. J.-P. Tran Thiet et O. Berg ; *Rev. Lamy conc.* 2010, n° 1577, obs. V. Selinsky et M. Dumarçay).

Le principe du respect des droits de la défense ne justifie la divulgation, dans un procès civil, d'informations couvertes par le secret de l'instruction devant le Conseil de la concurrence, devenu l'Autorité de la concurrence, que si cette divulgation, incriminée par l'article L. 463-6, est nécessaire à l'exercice de ces droits (▪ Cass. com., 19 janv. 2010 : *Bull. civ.* IV, n° 8 ; *Contrats, conc. consom.* 2010, comm. 105, obs. G. Decocq ; *D.* 2010, p. 320, obs. E. Chevrier ; *RJDA* 2010, n° 681 ; *RD conc.* 2010, n° 2, p. 136, obs. Ch. Lemaire et S. Naudin ; *Rev. Lamy conc.* 2010, n° 1612, obs. E. Barbier de la Serre). Une cour d'appel, devant laquelle était produite des pièces issues d'une procédure achevée devant le Conseil de la concurrence, a décidé, à bon droit, de les écarter des débats, à la demande de la partie visée par les informations contenues dans ces pièces, dès lors que les parties les ayant produites, qui n'ont pas contesté que cette production était de nature à entraîner leur divulgation, n'ont ni justifié, ni même allégué, de l'éventuelle nécessité de cette divulgation, pour s'opposer à la demande de retrait de ces pièces des débats (même arrêt). *Comp.* ▪ T. com. Paris, 8 nov. 2011 : *Contrats, conc. consom.* 2012, comm. 24, obs. D. Bosco ; *Europe* 2012, comm. 86, obs. L. Idot ; *Rev. Lamy conc.* 2012, n° 1976, obs. S. Cholet. V. égal. art. L. 420-3, notes n°s 4 et 5, p. 739 et la nouvelle rédaction de l'art. L. 462-3 issue de la L. n° 2012-1270, 20 nov. 2012.

Art. L. 463-7 ***(Mod., L. n° 2003-7, 3 janv. 2003 ; Ord. n° 2008-1161, 13 nov. 2008).*** **– Les séances de l'Autorité de la concurrence ne sont pas publiques. Seules les parties et le commissaire du Gouvernement peuvent y assister. Les parties peuvent demander à être entendues par l'Autorité et se faire représenter ou assister.**

L'Autorité de la concurrence peut entendre toute personne dont l'audition lui paraît susceptible de contribuer à son information.

Le rapporteur général, ou le rapporteur général adjoint désigné par lui et le commissaire du Gouvernement peuvent présenter des observations.

Le rapporteur général, ou le rapporteur général adjoint désigné par lui et le rapporteur assistent au délibéré, sans voix délibérative sauf lorsque l'Autorité statue sur des pratiques dont elle a été saisie en application de l'article L. 462-5.

Bibliographie : D. Barthe, *Propos critiques sur la disparition des rapporteurs au délibéré du Conseil de la concurrence au regard de l'article 6, § 1 de la Convention européenne des droits de l'homme : Contrats, conc. consom.* 2001, étude 2. • F. Zivy, *La séparation des fonctions d'instruction et de décision au sein de l'Autorité de la concurrence : JCP* E 2012, 1142.

1) Audition de témoins. Le principe du contradictoire *et du respect des droits de la* défense implique que les parties ou leurs représentants puissent préalablement aux débats avoir connaissance du nom et de la qualité des témoins que le Conseil prévoit de faire entendre ; les mêmes principes impliquent également la faculté pour les parties de demander au Conseil, qui en apprécie l'utilité, l'audition d'autres témoins (▪ Cass. com., 5 mars 1996 : *Bull. civ.* IV, n° 76 ; *JCP* E 1996, pan. 579).

L'audition de personnes intéressées constitue une faculté laissée à l'appréciation du rapporteur ou de l'Autorité, eu égard au contenu du dossier, et, par surcroît, le fait que les dirigeants d'une entreprise n'aient pas été entendus au cours de l'enquête et de l'instruction est, en l'absence de disposition légale en la matière, sans incidence sur la régularité de la procédure, dès lors qu'à compter de la notification de griefs et lors des différentes phases de la procédure, l'entreprise a été en mesure de faire valoir ses observations en temps utile (▪ Paris, 11 oct. 2012 : *Contrats, conc. consom.* 2012, comm. 285, obs. G. Decocq ; réf., sur un autre point, de ▪ Aut. conc., déc. n° 11-D-02, 26 janv. 2011 : *Contrats, conc. consom.* 2011, comm. 75, obs. C. Prebissy-Schnall ; *RD conc.*

2011, n° 2, p. 106, obs. N. Jalabert-Doury ; *Rev. Lamy conc.* 2011, n° 1777, note L. Arcelin-Lecuyer, et n° 1807, obs. A. Mexis ; cass., sur un autre point, par ■ Cass. com., 18 févr. 2014 : *Dalloz Act.* 6 mars 2014, obs. E. Chevrier ; *Contrats, conc. consom.* 2014, comm. 100, obs. G. Decocq ; *RJDA* 2014, p. 379, chron. S. Treard).

2) Observations du rapporteur. Aucune disposition légale n'impose que le rapport oral du rapporteur et celui du rapporteur général aient préalablement revêtu une forme écrite et aient été communiqués aux parties (■ Cass. com., 26 nov. 2003 : *Bull. civ.* IV, n° 178 ; *RJDA* 2004, n° 907).

Le fait que le rapporteur n'ait pas repris dans son intervention orale devant le conseil l'opinion exprimée dans son rapport ne saurait constituer une atteinte aux droits de la défense, dès lors que les parties ont été en mesure de lui répondre ; il résulte de l'application même du principe du contradictoire que le rapporteur, de même que les parties, peuvent modifier leur appréciation des faits de la cause y compris lors des débats tenus devant le conseil (■ Paris, 29 juin 2004 : *BOCC* 2004, p. 623 ; *Rev. Lamy conc.* 2005, n° 18, obs. V. Selinsky. – Conf. de ■ Cons. conc., 23 déc. 2003, déc. n° 03-D-66 : *BOCC* 2004, p. 74 ; rejet pourvoi par ■ Cass. com., 12 juill. 2005 : *Rev. Lamy conc.* 2006, n° 422, obs. C. Robin. En ce sens, V. ■ Paris, 21 sept. 2004 : *BOCC* 8 nov. 2004 ; *Rev. Lamy conc.* 2005, n° 25, obs. V. Selinsky. – Conf. de ■ Cons. conc., déc. n° 03-D-67, 23 déc. 2004 : *BOCC* 2004, p. 79).

3) Présence du rapporteur au délibéré. *Nullité.* La présence du rapporteur et du rapporteur général au délibéré, l'un, chargé de l'instruction du dossier et de la notification des griefs, l'autre, d'animer et de contrôler l'activité des rapporteurs, leur a permis d'exprimer sur l'affaire, devant le Conseil en l'absence des parties, des positions sur lesquelles celles-ci n'ont pas été en mesure de répondre ; une telle situation est tout à la fois contraire à l'article 6-1 de la Convention européenne des droits de l'homme, aux garanties de la défense et à l'article 18 de l'ordonnance de décembre 1986 (devenu C. com., art. L. 463-1) ; prise dans des conditions irrégulières, la décision du Conseil doit en conséquence être annulée (■ Paris, 15 juin 1999 : *BOCC* 1999, p. 439 ; *Contrats, conc. consom.* 1999, comm. 145, obs. M. Malaurie-Vignal ; *JCP* E 1999, p. 1966, note J.-Cl. Fourgoux ; rejet pourvoi par ■ Cass. com., 30 mai 2000 : *Bull. civ.* IV, n° 112 ; *RJDA* 2000, n° 1176).

La participation du rapporteur au délibéré, serait-ce sans voix délibérative, dès lors que celui-ci a procédé aux investigations utiles pour l'instruction des faits dont le Conseil est saisi, est contraire au principe de l'égalité des armes posé par l'article 6.1 de la Convention européenne des droits de l'homme ; il en est de même pour la présence à ce délibéré du rapporteur général, l'instruction du rapporteur étant accomplie sous son contrôle (■ Cass. com., 5 oct. 1999, n° 97-15.617 : *JurisData* n° 1999-003372 ; *Bull. civ.* IV, n° 158 ; *D.* 2000, somm. 9, obs. M.-L. Niboyet ; *Contrats, conc. consom.* 1999, comm. 177, obs. M. Malaurie-Vignal ; *LPA* 15 oct. 1999, n° 97-15.617, p. 4, note Cl. Ducouloux-Favard ; *RJDA* 1999, n° 1254 ; *RTD com.* 2000, 249, obs. S. Poillot-Peruzetto ; *ibid.*, 632, obs. E. Claudel). *Comp.* ■ Cass. com., 27 janv. 1998 : *Bull. civ.* IV, n° 42 ; *RJDA* 1998, n° 800 ; *D. affaires* 1999, p. 836, obs. A.M., considérant qu'il ne résulte de la présence du rapporteur et du rapporteur général nulle violation du principe de la contradiction en méconnaissance des dispositions de l'article 6 de la Convention européenne des droits de l'homme, dès lors que la cour d'appel a constaté que le Conseil n'avait fondé sa décision que sur les éléments du rapport discutés contradictoirement.

Les sociétés requérantes n'ayant exposé le moyen d'annulation tiré de la présence du rapporteur au délibéré ni lors de leur déclaration de recours ni dans les deux mois suivant la notification de la décision, elles ne sont pas recevables à le faire pour la première fois devant la Cour de cassation et la cour d'appel n'était pas tenue de le relever d'office (■ Cass. com., 27 mars 2001, n° 99-10.045 : *JurisData* n° 2001-008915 ; *Bull. civ.* IV, n° 67 ; *D.* 2001, p. 1537, obs. E. Chevrier ; *RTD com.* 2001, 875, obs. E. Claudel).

Le principe d'impartialité ne fait pas obstacle à ce qu'un même agent procède à l'instruction des faits dont le Conseil est saisi et présente un rapport oral devant la formation du Conseil amenée à statuer sur les griefs éventuellement notifiés à la suite de cette instruction, dès lors qu'il n'assiste ni ne participe au délibéré du Conseil (■ Cass. com., 9 juin 2004, n° 03-16.668 : *JurisData* n° 2004-024153 ; *Bull. civ.* IV, n° 117 ; *RJDA* 2004, n° 1393).

L'article L. 463-7, alinéa 4, a pour effet d'exclure l'assistance au délibéré du rapporteur général, de ses adjoints et des rapporteurs, lorsque le Conseil statue sur des pratiques dont il a été saisi en application de l'article L. 462-5, lequel vise les saisines concernant les infractions aux articles L. 420-1, L. 420-2 et L. 420-5, qui peuvent en particulier déboucher sur des décisions comportant des injonctions et infligeant des sanctions pécuniaires. C'est dans le souci d'assurer le caractère impartial de ces procédures, notamment requis par l'article 6 de la Convention européenne des droits de l'homme, que le législateur a écarté dans ces procédures la présence au délibéré des rapporteurs et rapporteurs généraux (■ Cons. conc., déc. n° 08-D-12, 21 mai 2008 : *Contrats, conc. consom.* 2008, comm. 181, obs. D. Bosco ; *RD conc.* 2008, n° 3, p. 89, obs. E. Claudel ; *Rev. Lamy conc.* 2008, n° 1129, obs. P. Arhel).

Mais la présence du rapporteur ayant instruit l'affaire traitée ainsi que du rapporteur général au délibéré de la décision du Conseil ne saurait entacher l'instruction, antérieure à ce délibéré, d'une méconnaissance du principe de la séparation des fonctions et porter atteinte aux droits de la défense (▪ Cass. com., 21 juin 2011 : *Bull. civ.* IV, n° 101 ; *D.* 2011, p. 1749, obs. E. Chevrier ; *Contrats, conc. consom.* 2011, comm. 199, obs. D. Bosco ; *RD conc.* 2011, n° 3, p. 188, obs. Ch. Lemaire et S. Naudin ; *Rev. Lamy conc.* 2011, n° 1943, obs. E. Barbier de la Serre et S. Quilès ; *RJDA* 2011, n° 961 ; conf., sur ce point, de ▪ Paris, 16 juin 2009 : *Contrats, conc. consom.* 2009, comm. 230, obs. G. Decocq ; *RD conc.* 2009, n° 3, p. 128, obs. Ch. Momège ; *Rev. Lamy conc.* 2009, n° 1489, obs. B. Cheynel ; sur renvoi de ▪ Cass. com., 31 janv. 2006, n° 04-20.360 : *JurisData* n° 2006-032001 ; *JCP* E 2006, 1614, n° 39, obs. G. Decocq ; *Contrats, conc. consom.* 2006, comm. 71, obs. M. Malaurie-Vignal ; *RD conc.* 2006, n° 2, p. 140, obs. V. Michel-Amsellem).

4) Présence du rapporteur au délibéré. *Conséquences de la nullité.* Après avoir annulé la décision, la cour d'appel a le pouvoir de se prononcer conformément à l'article 13 de l'ordonnance de décembre 1986 (devenu C. com., art. L. 464-2) sur les pratiques dont le Conseil était saisi (▪ Paris, 15 juin 1999, préc., note 3).

C'est à bon droit que la cour d'appel retient que l'atteinte au principe d'impartialité du juge entachant le délibéré du Conseil de la concurrence et entraînant l'annulation de sa décision n'a pas pour conséquence l'irrégularité de la procédure d'instruction qui l'a précédée (▪ Cass. com., 21 juin 2011, préc., note 3).

5) Publicité des débats. Si l'article 25, alinéa 1er de l'ordonnance de décembre 1986 (devenu C. com., art. L. 463-7, al. 1er) dispose que les séances du Conseil (désormais l'Autorité de la concurrence) ne sont pas publiques, il précise toutefois, pour sauvegarder les droits de la défense, que les parties peuvent y assister, demander à être entendues et se faire représenter, le Conseil (désormais l'Autorité de la concurrence) ayant en outre la possibilité d'entendre toute personne susceptible de contribuer à son information ; le fait que le prononcé de la décision ne soit pas public ne saurait faire grief aux parties intéressées dès lors qu'elles peuvent se pourvoir contre la décision devant une juridiction, ce qui rend inopérant le grief de l'absence de publicité des débats ou de double degré de juridiction (▪ Cass. com., 5 oct. 1999, préc., note 3).

Le fait que les débats devant le Conseil, en application de l'article L. 463-7 alinéa 1er, ainsi que le prononcé de la décision de celui-ci, ne soit pas public, ne saurait faire grief aux parties intéressées dès lors que les décisions prises par le Conseil subissent *a posteriori* le contrôle effectif d'un organe judiciaire offrant toutes les garanties d'un tribunal au sens de la Convention européenne des droits de l'homme (▪ Cass. com., 28 janv. 2003 : *Bull. civ.* IV, n° 12 ; *D.* 2003, p. 553, obs. E. Chevrier ; *Contrats, conc. consom.* 2003, comm. 57, obs. M. Malaurie-Vignal ; *RJDA* 2003, n° 652). En ce sens, V. ▪ Cass. com., 26 nov. 2003 : *Bull. civ.* IV, n° 179. ▪ Cass. com., 28 juin 2005, n° 04-13.910 : *JurisData* n° 2005-029184 ; *Bull. civ.* IV, n° 137 ; *RJDA* 2006, n° 201.

Art. L. 463-8 *(L. n° 2001-420, 15 mai 2001).* – **Le rapporteur général peut décider de faire appel à des experts en cas de demande formulée à tout moment de l'instruction par le rapporteur ou une partie. Cette décision n'est susceptible d'aucun recours.**

La mission et le délai imparti à l'expert sont précisés dans la décision qui le désigne. Le déroulement des opérations d'expertise se fait de façon contradictoire.

Le financement de l'expertise est à la charge de la partie qui la demande ou à celle du conseil dans le cas où elle est ordonnée à la demande du rapporteur. Toutefois, le conseil peut, dans sa décision sur le fond, faire peser la charge définitive sur la ou les parties sanctionnées dans des proportions qu'il détermine.

Bibliographie : M. Nussenbaum, *Les difficultés de l'expertise en matière de pratiques anticoncurrentielles* : *LPA* 20 janv. 2005, p. 37.

1) Mission d'expertise. La décision prise par le rapporteur général, conformément aux dispositions de l'article L. 463-8, de faire appel à un expert, n'a pas pour effet de priver le rapporteur, désigné pour l'examen de l'affaire, sur la base des dispositions de l'article L. 450-6, des pouvoirs d'instruction et d'enquête qui lui sont conférés par l'article L. 450-1. La possibilité de se faire décrire par l'expert l'état d'avancement de sa mission et les difficultés rencontrées entre certainement dans ces pouvoirs (▪ Cons. conc., 23 déc. 2004, déc. n° 04-D-79 : *BOCC* 2005, p. 272 ; *JCP* A 2005, p. 346, note J.-L. Albert ; *AJDA* 2005, p. 470, obs. L. Richer ; *Dr. adm.* 2005, comm. 33, note M. Bazex et S. Blazy ; *Rev. Lamy conc.* 2005, n° 143, note S. Destours. – Conf. par ▪ Paris, 28 juin 2005 : *BOCC* 2005, p. 824 ; *AJDA* 2005, p. 1658, obs. N. Charbit ; *Dr. adm.* 2005, comm.

154, obs. M. Bazex et S. Blazy ; *Rev. Lamy conc.* 2005, n° 371, obs. S. Destours ; cass. sur un autre point par ▪ Cass. com., 17 juin 2008 : *Bull. civ.* IV, n° 122 ; *D.* 2008, p. 1281, obs. E. Chevrier ; *AJDA* 2008, p. 2314, obs. S. Nicinski ; *RJDA* 2008, n° 1187 ; *Contrats, conc. consom.* 2008, comm. 211, obs. G. Decocq ; *RD conc.* 2008, n° 3, p. 88, obs. C. Prieto ; *RD transp.* 2008, comm. 206, obs. L. Grard ; *Rev. Lamy conc.* 2008, n° 1217, obs. S. Destours ; sur renvoi, ▪ Paris, 9 juin 2009 : *RD conc.* 2009, n° 3, p. 88, note A.-L. Sibony ; *Rev. Lamy conc.* 2009, n° 1470, obs. S. Destours ; cass. par ▪ Cass. com., 13 juill. 2010 : *Bull. civ.* IV, n° 126 ; *D.* 2010, p. 1933, obs. E. Chevrier ; *Contrats, conc. consom.* 2010, comm. 227, obs. G. Decocq ; *RD conc.* 2010, n° 4, p. 126, obs. A.-L. Sibony ; *Rev. Lamy conc.* 2010, n° 1682, obs. S. Destours ; sur renvoi ▪ Paris, 20 déc. 2012 : *Contrats, conc. consom.* 2013, comm. 60, obs. G. Decocq ; *Rev. Lamy conc.* 2013/35, n° 2284, obs. S. Destours ; puis ▪ Aut. conc., déc. n° 18-D-07, 31 mai 2018 : *Concurrences* 2018/3, p. 105, obs. F. Marty, décidant de prononcer un non-lieu).

2) Expertise contradictoire. Le caractère contradictoire du déroulement des opérations d'expertise prévu à l'article L. 463-8 n'impose pas que les parties soient présentes lors de toutes les réunions tenues par l'expert avec l'une ou l'autre des parties, ou avec le rapporteur, mais qu'elles en soient informées et aient été mises en mesure de donner leur position (▪ Cons. conc., 23 déc. 2004, déc. n° 04-D-79, préc.).

Les articles L. 463-8 et R. 463-16 ne prévoient pas la consultation des parties quant à la définition de la mission de l'expert. En effet, aux termes de l'article L. 463-8, seul le « déroulement des opérations d'expertise » se fait de façon contradictoire. Au cas d'espèce, la modification de la définition de l'objet de l'expertise sans consultation préalable des parties est ainsi sans incidence sur sa régularité (▪ Aut. conc., déc. n° 10-D-28, 20 sept. 2010 : *Contrats, conc. consom.* 2010, comm. 278, obs. G. Decocq ; *RD conc.* 2010, n° 4, p. 208, obs. Ch. Lemaire ; *Rev. Lamy conc.* 2011, n° 1726, obs. V. Selinsky ; réf., sur un autre point, par ▪ Paris, 23 févr. 2012 : *Contrats, conc. consom.* 2012, comm. 104, obs. D. Bosco ; *RD bancaire et fin.* 2012, étude 18, note J. Lucas et Th. Schrepel ; partiellement censurée sur la question des interventions volontaires par ▪ Cass. com., 14 avr. 2015, n° 12-15.971 : *RD conc.* 2015, n° 3, p. 153, obs. C. L., et sur renvoi ▪ Paris, 21 déc. 2017, n° 15/17638 : *Concurrences* 2018/2, p. 66, obs. L. Bernardeau, confirmant la décision de l'Autorité tout en réformant le montant de certaines amendes et de nouveau censurée par ▪ Cass. com., 29 janv. 2020, n°s 18-10.967 et 18-11.001 : *Contrats, conc. consom.* 2020/3, comm. 49, note. D. Bosco).

CHAPITRE IV. – DES DÉCISIONS ET DES VOIES DE RECOURS

Art. L. 464-1 *(Mod., L. n° 2001-420, 15 mai 2001 ; Ord. n° 2008-1161, 13 nov. 2008 ; Ord. n° 2021-649, 26 mai 2021).* – **[L']Autorité de la concurrence peut, à la demande du ministre chargé de l'économie, des personnes mentionnées au dernier alinéa de l'article L. 462-1 ou des entreprises ou de sa propre initiative et après avoir entendu les parties en cause et le commissaire du Gouvernement, prendre les mesures conservatoires qui lui sont demandées ou celles qui lui apparaissent nécessaires.**

Ces mesures ne peuvent intervenir que si la pratique en cause porte une atteinte grave et immédiate à l'économie générale, à celle du secteur intéressé, à l'intérêt des consommateurs ou le cas échéant, à l'entreprise plaignante.

Elles peuvent comporter la suspension de la pratique concernée ainsi qu'une injonction aux parties de revenir à l'état antérieur. Elles doivent rester strictement limitées à ce qui est nécessaire pour faire face à l'urgence dans l'attente d'une décision au fond.

Bibliographie : Cl. Lucas de Leyssac, *Le juge, l'urgence et la concurrence, in Mél. Ch. Gavalda*, Dalloz, 2001, p. 175. • P. Desprez et Ph. Bonnet, *Les exigences probatoires inhérentes à la procédure de mesures conservatoires devant l'Autorité de la concurrence : JCP* E 2013, 1299. • V. Selinsky, *La prévention des atteintes à la concurrence pouvant prendre appui sur des droits de propriété intellectuelle : Rev. Lamy conc.* 2006, n° 498. • D. Voillemot, *L'ordonnance du 1er décembre 1986 et les mesures conservatoires : Gaz. Pal.* 1988, 1, doctr. 199.

1) Conditions du prononcé de mesures conservatoires. Des mesures conservatoires peuvent être décidées, sur le fondement de l'article 12 de l'ordonnance de décembre 1986 (devenu C. com., art. L. 464-1), par le Conseil de la concurrence, même sans constatation préalable de pratiques manifestement illicites au regard des articles 7, 8, ou 10-1 de l'ordonnance précitée (devenus C. com., art. L. 420-1, L. 420-2 et L. 420-5), dès lors que les faits dénoncés, et visés par l'instruction dans la procédure au fond, sont *suffisamment caractérisés* pour être tenus comme la cause directe et certaine de l'atteinte relevée (■ Cass. com., 18 avr. 2000 : *Bull. civ.* IV, n° 75 ; *D.* 2000, p. 289, obs. A. Marmontel ; *RJDA* 2000, n° 922 ; *LPA* 30 mars 2001, p. 8, obs. M. Malaurie-Vignal ; *RTD com.* 2000, 636, obs. E. Claudel). Comp. ■ Cons. conc., déc. n° 04-MC-02, 9 déc. 2004 : *BOCC* 2005, p. 281 ; *RJDA* 2000, n° 101 ; *RD conc.* 2005, n° 1, p. 106, obs. V. Michel-Amsellem ; *Rev. Lamy conc.* 2005, n° 115, note V. Selinsky ; conf. par ■ Paris, 28 janv. 2005, n° 04/01234 : *JurisData* n° 2005-265246 ; *Rev. Lamy conc.* 2005, n° 204, obs. J. Peyre. – *Contra* ■ Paris, 4 févr. 1988, n° 87/20608 : *JurisData* n° 1988-020348 ; *Gaz. Pal.* 1988, 1, 349, obs. J.-P. Marchi. ■ Paris, 9 avr. 1990, n° 90-MC-02 : *JurisData* n° 1990-021181 ; *Gaz. Pal.* 1990, 1, 344 ; rejet pourvoi par ■ Cass. com., 7 avr. 1992, n° 90-14.971 : *JurisData* n° 1992-000754 ; *Bull. civ.* IV, n° 153. ■ Paris, 29 juin 1998 : *BOCC* 1998, p. 393 ; *LPA* 28 juin 1999, p. 13, obs. N. Reboul ; rejet pourvoi par ■ Cass. com., 3 mai 2000 : *Bull. civ.* IV, n° 92 ; *RJDA* 2000, n° 1173 ; *LPA* 16 nov. 2000, p. 7, obs. M. Malaurie-Vignal.

Des mesures conservatoires peuvent être décidées, sur le fondement de l'article L. 464-1, par le Conseil de la concurrence dès lors que les faits dénoncés, et visés par l'instruction dans la procédure au fond, *apparaissent susceptibles*, en l'état des éléments produits aux débats, de constituer une pratique contraire aux articles L. 420-1 ou L. 420-2, pratique à l'origine directe et certaine de l'atteinte relevée (■ Cass. com., 8 nov. 2005, n° 02-15.776 : *Bull. civ.* IV, n° 220 ; *D.* 2005, p. 2870, obs. E. Chevrier ; *Contrats, conc. consom.* 2005, comm. 206, obs. M. Malaurie-Vignal ; *RJDA* 2006, n° 461 ; *RD conc.* 2006, n° 1, p. 186, obs. V. Michel Amsellem ; *Rev. Lamy conc.* 2006, n° 461, obs. C. Nourissat ; cass. de ■ Paris, 29 juin 2004, n° 2003/10759 : *JurisData* n° 2004-254127 ; *BOCC* 2004, p. 720 ; réf. de ■ Cons. conc., déc. n° 04-MC-01, 15 avr. 2004 : *BOCC* 2004, p. 591). Comp. ■ Cass. com., 20 févr. 2007 : *Bull. civ.* IV, n° 51 ; *D.* 2007, p. 724, obs. E. Chevrier ; *RJDA* 2007, n° 895 ; rejet pourvoi contre ■ Paris, 31 janv. 2006 : *RJDA* 2006, n° 709 ; *Rev. Lamy conc.* 2006, n° 498, note V. Selinsky et n° 517, obs. E. Barbier de la Serre.

Il résulte des articles L. 462-8, alinéa 2, et R. 464-1 que l'*Autorité peut rejeter la saisine* lorsqu'elle estime que les faits invoqués ne sont pas appuyés d'éléments suffisamment probants, et qu'une demande de mesures conservatoires ne peut être formée qu'accessoirement à une saisine au fond ; il suit de là que, lorsque l'Autorité est saisie d'une demande de mesures conservatoires, il lui appartient de vérifier préalablement si les faits invoqués sont appuyés d'éléments suffisamment probants et, dans la négative, de rejeter la saisine, ce rejet entraînant, par voie de conséquence, celui de la demande de mesures conservatoires, sans examen de celle-ci (■ Cass. com., 9 oct. 2012 : *Contrats, conc. consom.* 2012, comm. 286, obs. G. Decocq ; rejet pourvoi contre ■ Paris, 2 déc. 2010 : *Contrats, conc. consom.* 2011, comm. 41, obs. G. Decocq ; *Rev. Lamy conc.* 2011, n° 1806, obs. Ch. Winckler ; conf. de ■ Aut. conc., déc. n° 10-D-14, 16 avr. 2010 : *RD conc.* 2010, n° 3, p. 97, obs. F. Marty ; *Rev. Lamy conc.* 2010, n° 1643, obs. S. Destours).

L'Autorité doit apprécier si trois critères cumulatifs sont remplis : (i) la gravité de l'atteinte, (ii) l'immédiateté de l'atteinte, (iii) le lien de causalité entre les faits dénoncés et l'atteinte. Si un des critères n'est pas rempli, les conditions d'octroi des mesures conservatoires ne sont pas réunies et la demande de mesures conservatoires n'a pas à être examinée (■ Aut. conc., déc. n° 13-D-04, 14 févr. 2013 : *Contrats, conc. consom.* 2013, chron. 2, n° 3, obs. L. Ayache).

Les mesures conservatoires que peut prononcer l'Autorité de la concurrence ne visent pas à prévenir un risque de perturbation potentielle du jeu concurrentiel mais ont vocation à répondre à une atteinte *existante, grave et immédiate* par des mesures d'urgence nécessaires pour éviter des conséquences difficilement réversibles et préserver ainsi la pleine effectivité de l'application du droit de la concurrence dans l'attente de la décision au fond (■ Cons. conc., déc. n° 09-D-15, 2 avr. 2009 : *Europe* 2009, comm. 258, obs. L. Idot).

Les mesures conservatoires prononcées par l'Autorité de la concurrence ne visent pas à encadrer de manière générale le comportement des opérateurs mais à faire face à une atteinte grave et immédiate résultant de la mise en œuvre d'une pratique spécifique mise en œuvre à un moment et sur un marché précis, dans des circonstances particulières. Dès lors, la seule circonstance que, si une offre similaire venait à être de nouveau proposée, elle risquerait de porter une atteinte grave et immédiate au secteur notamment, n'est pas suffisante pour envisager le prononcé de mesures conservatoires à ce stade (même déc.).

Semblablement, un manque à gagner, à le supposer démontré, est insuffisant à lui seul pour caractériser l'atteinte grave et immédiate justifiant le prononcé de mesures d'urgence (■ Cons. conc., déc. n° 01-MC-04, 24 sept. 2001 : *BOCC* 30 oct. 2001).

De même, la gravité des pratiques dénoncées et un manque à gagner sont impropres à caractériser des pratiques qui portent une atteinte grave ou immédiate à l'économie générale, à celle du secteur intéressé, à l'intérêt des consommateurs ou à l'entreprise plaignante (■ Paris, 21 sept. 2004 : *JurisData* n° 2004-249342 ; *D.* 2004, p. 2712).

2) Proportionnalité des mesures. Les mesures conservatoires doivent être strictement limitées, tant dans leur objet que dans leur durée, à ce qui est nécessaire pour corriger une atteinte manifeste et intolérable à l'exercice de la libre concurrence (■ Paris, 9 avr. 1990 : *Gaz. Pal.* 1990, 1, 344 ; rejet pourvoi par ■ Cass. com., 7 avr. 1992 : *Bull. civ.* IV, n° 153). En ce sens, V. ■ Paris, 15 nov. 1989 : *JurisData* n° 1989-025421 ; *D.* 1991, 70, note Cl. Lucas de Leyssac. ■ Paris, 6 août 1990 : *JurisData* n° 1990-023650 ; *Gaz. Pal.* 1991, 1, 92, obs. J.-Cl. Fourgoux ; *D.* 1991, somm. 248, obs. Ch. Gavalda et Cl. Lucas de Leyssac. ■ Paris, 23 oct. 1991, n° 91-MC-03 : *JurisData* n° 1991-025225 ; *Gaz. Pal.* 1992, 1, 62, concl. Y. Jobard. ■ Paris, 10 févr. 1992, n° 91/24063 : *JurisData* n° 1992-020434 ; *Gaz. Pal.* 6-7 janv. 1993.

S'il résulte des dispositions de l'article 12 de l'ordonnance de décembre 1986 (devenu C. com., art. L. 464-1) que le Conseil de la concurrence, après avoir été saisi au fond, peut à la demande du ministre de l'Économie ou d'une partie prendre des mesures conservatoires pour faire cesser des pratiques manifestement illicites, celles-ci peuvent revêtir des formes diverses sous réserve qu'elles restent strictement limitées à ce qui est nécessaire pour faire face à l'urgence (■ Cass. com., 4 févr. 1997 : *Bull. civ.* IV, n° 41 ; *RJDA* 1997, n° 664 ; rejet pourvoi contre ■ Paris, 3 nov. 1994 : *D.* 1996, somm. 181, obs. Ch. Gavalda et Cl. Lucas de Leyssac ; *RJDA* 1994, n° 1325).

C'est dans l'exercice de son pouvoir souverain que la cour d'appel a estimé par motifs adoptés que la mesure conservatoire sollicitée n'était pas proportionnée à la nature des atteintes dénoncées (■ Cass. com., 8 nov. 2005, préc., note 1).

Il se déduit du principe de proportionnalité que des mesures conservatoires qui interviendraient trop tard pour redresser une situation ne sont plus nécessaires et ne peuvent, par conséquent, pas être accordées (■ Cons. conc., déc. n° 08-D-16, 3 juill. 2008 : *Contrats, conc. consom.* 2008, comm. 209, obs. D. Bosco ; *RD conc.* 2008, n° 4, p. 90, obs. A. Wachsmann). Tel est le cas, en l'espèce, lorsque la société poursuivie a été mise en liquidation, toute mesure ne pouvant être qu'inefficace ou disproportionnée (même déc.).

Les mesures conservatoires qui interviendraient trop tard pour redresser une situation ne sont plus nécessaires et ne peuvent pas être accordées ; même le risque de disparition de l'entreprise qui demande ces mesures n'est pris en considération par le législateur que dans le cas d'atteinte immédiate aux intérêts de cette requérante, ce qui ne recouvre donc pas les situations anticoncurrentielles anciennes (■ Paris, 11 sept. 2009 : *BOCC* 9 oct. 2009). Réciproquement, la condition d'urgence exclut les mesures conservatoires si l'atteinte aux intérêts protégés ne se produit pas dans un avenir proche, parce qu'alors lesdites mesures pourraient affecter prématurément le fonctionnement des entreprises concernées (même arrêt).

3) Liste non limitative de mesures. L'énumération des mesures conservatoires figurant à l'article L. 464-1 n'est pas limitative et n'interdit pas au Conseil de la concurrence de prendre toutes décisions de nature à prévenir ou à redresser les situations économiques déviantes, même si ces mesures ne sont pas demandées par les parties. Le Conseil n'est donc pas lié par la demande de mesures conservatoires, telle que formulée par les parties (■ Paris, 21 mai 2002, n° 2002/07008 : *JurisData* n° 2002-179303 ; *D.* 2002, 2803, obs. E. Chevrier ; *RJDA* 2002, n° 1326).

Depuis l'entrée en vigueur de la loi NRE du 15 mai 2001, l'article L. 464-1 donne compétence au Conseil de la concurrence pour prendre « les mesures (conservatoires) qui lui apparaissent nécessaires », sans qu'il soit nécessaire qu'elles soient définies par les parties (■ Cons. conc., déc. n° 03-MC-03, 1er déc. 2003 : *BOCC* 13 févr. 2004).

Le moyen selon lequel le Conseil ne saurait prononcer de mesures conservatoires différentes de celles demandées par le saisissant, par le commissaire du Gouvernement et, le cas échéant, par une ou plusieurs autorités saisies par le Conseil pour avis ou par son rapporteur, en séance, doit être écarté (■ Cons. conc., déc. n° 04-MC-01, 15 avr. 2004, préc., note 1).

L'article L. 464-1 permet au Conseil de la concurrence de prendre, dans les mêmes conditions que celles applicables aux demandes formées devant lui, « les mesures conservatoires qui lui apparaissent nécessaires », indépendamment de celles demandées par les parties (■ Cons. conc., déc. n° 07-MC-01, 25 avr. 2007 : *Contrats, conc. consom.* 2007, comm. 176, obs. M. Bazex ; *RD conc.* 2007, n° 3, p. 99, obs. A. Wachsmann ; *Rev. Lamy conc.* 2007, n° 826, obs. V. Selinsky et n° 843, obs. S. Destours ; conf. par ■ Paris, 26 juin 2007 : *Contrats, conc. consom.* 2007, comm. 218, obs. G. Decocq ; *RDC* 2007, p. 1171, obs. L. Idot).

Les mesures conservatoires, qui ne constituent pas des sanctions et qui ne sont pas énumérées de façon limitative par l'article L. 464-1, peuvent revêtir des formes diverses, dont la publication d'un communiqué, sous réserve qu'elles restent strictement limitées à ce qui est nécessaire pour faire face à l'urgence (■ Cass. com., 13 janv. 2009, n° 08-12.510 : *JurisData* n° 2009-046542 ; *Bull. civ.* IV, n° 2 ; *D.* 2009, p. 295, obs. E. Chevrier ; *RJDA* 2009, n° 476).

4) Illustrations. En enjoignant à la société requérante d'en revenir, pour l'exécution des commandes en cours, à l'état antérieur aux refus de vente, le Conseil de la concurrence a ordonné une mesure limitée à ce qui était nécessaire pour faire face à l'urgence ; dès lors, la société requérante n'est pas fondée à demander l'annulation des mesures conservatoires prononcées à son encontre par la commission permanente du Conseil de la concurrence (■ CE, 30 oct. 1987 : *D.* 1987, inf. rap. 229).

Sur l'injonction adressée à la Ligue nationale de football de suspendre l'application d'un article du règlement des championnats de France de football professionnel (modifié en application d'un contrat de fourniture exclusive qu'elle avait conclu avec un équipementier) et de ne pas s'opposer à l'exécution des contrats en cours signés entre les clubs de football professionnel et leurs fournisseurs respectifs pour l'équipement de leurs joueurs, V. ■ Cons. conc., déc. n° 95-MC-10, 12 juill. 1995 : *BOCC* 8 sept. 1995 ; conf. par ■ Paris, 23 août 1995 : *JCP* E 1995, pan. 969 ; cassé, sur un autre point, par ■ Cass. com., 2 déc. 1997 : *Bull. civ.* IV, n° 316 ; *Contrats, conc. consom.* 1998, comm. 24, obs. L. Vogel ; *RJDA* 1998, n° 225.

Après avoir constaté que l'injonction faite par le Conseil aux entreprises de cesser de vendre du béton prêt à l'emploi à un prix unitaire inférieur à son coût moyen variable de production tel qu'il résultait de la comptabilité analytique établie mensuellement par chacune des entreprises concernées pour chacune de ses centrales était, dans l'immédiat et jusqu'à ce qu'elle ait pris les mesures définitives permettant de rétablir l'ordre public économique, la décision provisoire la plus efficace pour faire cesser les pratiques de prix dénoncées, la cour d'appel a pu statuer ainsi qu'elle l'a fait (■ Cass. com., 4 févr. 1997 : *Bull. civ.* IV, n° 41 ; *RJDA* 1997, n° 664 ; rejet pourvoi contre ■ Paris, 3 nov. 1994 : *D.* 1996, somm. 181, obs. Ch. Gavalda et Cl. Lucas de Leyssac ; *RJDA* 1994, n° 1325).

Sur l'injonction faite à France Télécom de proposer aux opérateurs tiers une offre technique et commerciale d'accès au circuit virtuel permanent pour la fourniture d'accès à Internet à haut débit par la technologie ADSL ou toute autre solution technique et économique équivalente permettant aux opérateurs tiers l'exercice d'une concurrence effective, tant par les prix que par la nature des prestations offertes, V. ■ Cons. conc., déc. n° 00-MC-01, 18 févr. 2000 : *BOCC* 21 avr. 2000 ; *Contrats, conc. consom.* 2000, comm. 80, obs. M. Malaurie-Vignal.

Sur l'injonction adressée à TDF de proposer, en concurrence avec tout autre opérateur, à toute société nationale de programmes qui en ferait la demande, de nouvelles offres de diffusion de programmes radiophoniques en FM, détaillées site par site et fréquence par fréquence ou groupe de fréquences par groupe de fréquences, en conformité avec la législation européenne abrogeant ses droits exclusifs de radiodiffusion, V. ■ Cons. conc., déc. n° 03-MC-03, 1er déc. 2003 : *BOCC* 13 févr. 2004.

Il a été enjoint à une association de suspendre l'application de l'avenant au contrat de travail, contenant une clause de localisation et une clause financière d'un montant de 100 000 €, signé avec une partie de ses salariés et d'en informer individuellement chacun des salariés concernés, jusqu'à la notification de la décision que le Conseil rendra au fond ou jusqu'au constat de la caducité de ces avenants résultant de l'acceptation, par tous les salariés concernés, saisis dans le respect de la procédure légalement applicable, de la dénonciation unilatérale engagée par l'association (■ Cons. conc., déc. n° 06-MC-02, 27 juin 2006 : *Contrats, conc. consom.* 2006, comm. 163, obs. G. Decocq ; *Rev. Lamy conc.* 2006, n° 621, note Ch. Neau-Leduc et n° 643, obs. S. Destours).

Sur l'injonction faite à EDF de modifier ses conditions générales de vente en définissant les règles applicables à la résiliation anticipée du contrat de fourniture d'électricité pour les consommateurs professionnels, ces règles devant notamment fixer de façon transparente les modalités d'exercice de la résiliation, le délai de préavis, les cas d'application et les principes de calcul de l'indemnité de résiliation, proportionnée et non excessive, en levant toute ambiguïté sur les cas où elle s'applique, V. ■ Cons. conc, déc. n° 07-MC-01, 25 avr. 2007 : *Contrats, conc. consom.* 2007, comm. 176, obs. M. Bazex ; *RD conc.* 2007, n° 3, p. 99, obs. A. Wachsmann ; *Rev. Lamy conc.* 2007, n° 826, obs. V. Selinsky et n° 843, obs. S. Destours ; conf. par ■ Paris, 26 juin 2007 : *Contrats, conc. consom.* 2007, comm. 218, obs. G. Decocq ; *RDC* 2007, p. 1171, obs. L. Idot.

Sur l'injonction adressée à EDF de transmettre au Conseil de la concurrence une proposition de fourniture d'électricité en gros ou toute autre solution techniquement et économiquement équivalente permettant aux fournisseurs alternatifs de concurrencer effectivement, sans subir de ciseau tarifaire, les offres de détail faites par EDF aux consommateurs d'électricité sur le marché libre, V. ■ Cons. conc., déc. n° 07-MC-04, 28 juin 2007 : *Contrats, conc. consom.* 2007, comm. 242, obs. M. Bazex ; *RD conc.* 2007, n° 3, p. 144, obs. Ch. Lemaire ; *Rev. Lamy conc.* 2007, n° 915, obs. S. Destours ; *Rev. Lamy conc.* 2008, n° 1115, obs. F. Lévêque.

Pour une injonction de publication dans deux journaux professionnels, V. ■ Cons. conc., déc. n° 07-MC-06, 11 déc. 2007 : *Rev. Lamy conc.* 2008, n° 1052, obs. P. Arhel ; conf. par ■ Paris, 5 févr. 2008 : *Contrats, conc. consom.* 2008, comm. 104, obs. G. Decocq ; *RD conc.* 2008, n° 2, p. 158, obs. Ch. Momège.

Il a notamment été enjoint à EDF de supprimer, dans tous les supports de communication portant la marque Bleu Ciel d'EDF, toute référence à l'activité d'EDF ENR dans la filière solaire photovoltaïque. Ces supports sont constitués, de façon non limitative, de la Lettre Bleu Ciel, de la facture de fourniture d'électricité EDF, des publicités par les médias sur l'offre Bleu Ciel, de la plateforme téléphonique du 3929, mais aussi de toute autre plateforme téléphonique conduisant au serveur vocal Bleu Ciel d'EDF, ainsi que du site Internet Bleu Ciel (▪ Aut. conc., déc. n° 09-MC-01, 8 avr. 2009 : *Dr. adm.* 2009, comm. 66, obs. M. Bazex ; *RD conc.* 2009, n° 2, p. 190, obs. D. Lescop ; *Rev. Lamy conc.* 2009, n° 1405, obs. V. Selinsky et n° 1420, obs. S. Destours).

Pour des mesures contraignant un moteur de recherche à mener des négociations de bonne foi avec des éditeurs de presse qui avaient été soumis à l'obligation d'octroyer une licence gratuite sur leurs contenus pourtant couverts par le droit voisin des éditeurs, V. ▪ Aut. conc., déc. n° 20-MC-01, 9 avr. 2020 : *Contrats, conc. consom.* 2020/6, comm. 101, note D. Bosco ; *Concurrences* 2020/3, p. 101, note M. Cartapanis. Déc. conf. par ▪ Paris, 8 oct. 2020, n° 20/08.0717 : *Concurrences* 2021/1, p. 138, obs. M. Cartapanis).

5) Procédure. Une société n'est pas fondée à invoquer la méconnaissance des dispositions de l'article 22 du décret du 29 décembre 1986, qui prévoient un délai de convocation aux séances du Conseil de trois semaines, ce délai étant incompatible avec l'urgence qui s'attache aux mesures prises dans le cadre de l'article 12 de l'ordonnance de décembre 1986 (devenu C. com., art. L. 464-1). S'agissant de telles mesures, le délai qui lui a été imparti et pendant lequel elle a pu consulter le dossier était suffisant pour assurer le caractère contradictoire de la procédure (▪ CE, 30 oct. 1987 : *D.* 1987, inf. rap. 229).

Le respect du principe du contradictoire doit s'apprécier au regard de la procédure d'urgence prévue et organisée par l'article L. 464-1 qui ne prévoit ni d'instruction, ni d'établissement d'un rapport préalable à l'examen d'une affaire par le Conseil (▪ Paris, 3 nov. 1994 : *D.* 1996, somm. 181, obs. Ch. Gavalda et Cl. Lucas de Leyssac ; *RJDA* 1994, n° 1325 ; rejet pourvoi par ▪ Cass. com., 4 févr. 1997 : *Bull. civ.* IV, n° 41 ; *RJDA* 1997, n° 664). Il ne résulte pas de l'article L. 464-1 que des délais soient imposés pour la production des mémoires ou des observations (même arrêt).

Aucune disposition du Code de commerce et du décret n° 2002-689 du 30 avril 2002 n'impose de délais pour la mise en état de procédures de mesures conservatoires qui se caractérisent par l'urgence, mais dont *l'instruction doit* permettre, dans un temps nécessairement restreint, de réunir le plus d'éléments possible (▪ Cons. conc., déc. n° 02-D-46, 19 juill. 2002 : *D.* 2002, p. 2941. En ce sens, V. ▪ Cons. conc., déc. n° 07-MC-06, 11 déc. 2007 : *Rev. Lamy conc.* 2008, n° 1052, obs. P. Arhel ; conf. par ▪ Paris, 5 févr. 2008 : *Contrats, conc. consom.* 2008, comm. 104, obs. G. Decocq ; *RD conc.* 2008, n° 2, p. 158, obs. Ch. Momège). La procédure d'exécution d'une injonction donnée en mesure conservatoire se rattache à cette procédure d'urgence et répond aux mêmes principes (même déc.).

6) Décision provisoire. Une décision de mesures conservatoires, rendue en l'état de l'instruction, constitue une décision provisoire qui ne constate pas d'infraction. Au terme de l'instruction au fond, l'Autorité de la concurrence peut retenir une analyse différente des pratiques. Il n'existe donc pas d'obstacle à ce que la pratique reprochée puisse être appréciée au regard des articles L. 420-1 du Code de commerce et 101 du traité TFUE, relatifs aux ententes et non des dispositions prohibant les abus de position dominante sur le fondement desquelles a été ordonnée la mesure conservatoire (▪ Aut. conc., déc. n° 09-D-36, 9 déc. 2009 : *RD conc.* 2010, n° 1, p. 95, obs. L. Nicolas-Vullierme ; *Rev. Lamy conc.* 2010, n° 1575, note P. Arhel ; conf., sur ce point, par ▪ Paris, 23 sept. 2010 : *Contrats, conc. consom.* 2010, comm. 277, obs. G. Decocq ; cass., sur un autre point, par ▪ Cass. com., 31 janv. 2012 : *Bull. civ.* IV, n° 16 ; *Contrats, conc. consom.* 2012, comm. 103, obs. G. Decocq ; *RJDA* 2012, n° 531 ; sur renvoi, ▪ Paris, 4 juill. 2013 : *Contrats, conc. consom.* 2013, comm. 245, obs. G. Decocq ; *Rev. Lamy conc.* 2013/37, n°s 2400 et 2406, obs. S. Cholet ; pourvoi rejeté ▪ Cass. com., 6 janv. 2015 : *Contrats, conc. consom.* 2015, comm. 70, obs. G. Decocq ; *AJ Contrats d'affaires* 2015, n° 3, p. 129, obs. M. Ponsard ; *RD conc.* 2015, n° 2, p. 94, obs. A.-L. Sibony).

7) Seconde demande de mesures conservatoires. Est recevable, dans une même affaire, une seconde demande de mesures conservatoires dès lors qu'elle est étayée d'éléments nouveaux : ▪ Aut. conc., déc. n° 15-D-11, 24 juin 2015 : *RD. conc.* 2015, n° 4, p. 188, note C. L. et S. N.

8) Référé. La procédure prévue à l'article L. 464-1 ne fait pas obstacle aux pouvoirs généraux que le juge des référés tient des articles 808 et 809, 872 et 873 du Code de procédure civile (▪ Paris, 27 juin 1990 : *D.* 1991, somm. 251, obs. Ch. Gavalda et C. Lucas de Leyssac). *Rappr.* ▪ Paris, 13 juill. 2000, n° 2000/12708 : JurisData n° 2000-116828 ; *JCP* E 2000, pan. 1451.

Art. L. 464-2 *(Rempl., L. n° 2001-420, 15 mai 2001 ; mod., Ord. n° 2004-1173, 4 nov. 2004 ; Ord. n° 2008-1161, 13 nov. 2008 ; L. n° 2012-1270, 20 nov. 2012 ; L. n° 2015-990, 6 août 2015 ;*

L. n° 2016-1920, 29 déc. 2016 ; Ord. n° 2017-303, 9 mars 2017 (1) *; L. n° 2020-1508, 3 déc. 2020)*. – I. – [L']Autorité de la concurrence peut ordonner aux intéressés de mettre fin aux pratiques anticoncurrentielles dans un délai déterminé ou *(Mots rempl., Ord. n° 2021-649, 26 mai 2021)* « leur imposer toute mesure corrective de nature structurelle ou comportementale proportionnée à l'infraction commise et nécessaire pour faire cesser effectivement l'infraction ». [Elle] peut aussi accepter des engagements *(Mots rempl., Ord. n° 2021-649, 26 mai 2021)* « , d'une durée déterminée ou indéterminée, proposés par les entreprises ou associations d'entreprises » et de nature à mettre un terme à ses préoccupations de concurrence susceptibles de constituer des pratiques prohibées visées aux articles L. 420-1, à L. 420-2-2 et L. 420-5 ou contraires aux mesures prises en application de l'article L. 410-3.

(Al. rempl., Ord. n° 2021-649, 26 mai 2021) Elle peut infliger une sanction pécuniaire lorsqu'une entreprise ou association d'entreprises a commis des pratiques anticoncurrentielles, ou en cas d'inexécution des injonctions ou de non-respect des engagements qu'elle a acceptés. Elle peut, de sa propre initiative ou sur demande de l'auteur de la saisine, du ministre chargé de l'économie ou de toute entreprise ou association d'entreprises ayant un intérêt à agir, modifier, compléter les engagements qu'elle a acceptés ou y mettre fin :

a) (a créé, Ord. n° 2021-649, 26 mai 2021) Si l'un des faits sur lesquels la décision d'engagements repose a subi un changement important, ou

b) (b créé, Ord. n° 2021-649, 26 mai 2021) Si la décision d'engagements repose sur des informations incomplètes, inexactes ou trompeuses fournies par les parties à la procédure.

(Al. mod., Ord. n° 2021-649, 26 mai 2021) Les sanctions pécuniaires sont appréciées au regard de la gravité et de la durée de l'infraction, de la situation de l'association d'entreprises ou de l'entreprise sanctionnée ou du groupe auquel l'entreprise appartient et de l'éventuelle réitération de pratiques prohibées par le présent titre. Elles sont déterminées individuellement pour chaque entreprise ou organisme sanctionné et de façon motivée pour chaque sanction. L'Autorité de la concurrence peut décider de réduire le montant de la sanction pécuniaire infligée à une entreprise ou à un organisme lorsque cette entreprise ou cet organisme a, en cours de procédure devant l'Autorité, versé à la victime de la ou des pratiques anticoncurrentielles sanctionnées une indemnité due en exécution d'une transaction au sens de l'article 2044 du Code civil.

(Al. rempl., Ord. n° 2021-649, 26 mai 2021) Le montant maximum de la sanction est, pour une entreprise, de 10 % du montant du chiffre d'affaires mondial hors taxes le plus élevé réalisé au cours d'un des exercices clos depuis l'exercice précédant celui au cours duquel les pratiques ont été mises en œuvre. Si les comptes de l'entreprise concernée ont été consolidés ou combinés en vertu des textes applicables à sa forme sociale, le chiffre d'affaires pris en compte est celui figurant dans les comptes consolidés ou combinés de l'entreprise consolidante ou combinante.

Si le contrevenant n'est pas une entreprise, le montant maximum de la sanction est de 3 millions d'euros. Le montant maximum de la sanction est, pour une entreprise, de 10 % du montant du chiffre d'affaires mondial hors taxes le plus élevé réalisé au cours d'un des exercices clos depuis l'exercice précédant celui au cours duquel les pratiques ont été mises en œuvre. Si les comptes de l'entreprise concernée ont été consolidés ou combinés en vertu des textes applicables à sa forme sociale, le chiffre d'affaires pris en compte est celui figurant dans les comptes consolidés ou combinés de l'entreprise consolidante ou combinante.

(Al. créé, Ord. n° 2021-649, 26 mai 2021) Le montant maximum de la sanction est, pour une association d'entreprises, de 10 % *du montant du chiffre d'affaires mondial* hors taxes le plus élevé réalisé au cours d'un des *exercices clos* depuis l'exercice précédant celui au cours duquel les pratiques ont été mises en œuvre.

(1) Le Conseil constitutionnel a déclaré le second alinéa du paragraphe V du présent article, dans sa rédaction résultant de l'ordonnance n° 2017-303 du 9 mars 2017, contraire à la Constitution.

« 26. D'une part, les dispositions déclarées contraires à la Constitution, dans leur rédaction contestée, ne sont plus en vigueur ».

« 27. D'autre part, afin de faire cesser l'inconstitutionnalité constatée à compter de la publication de la présente décision, il y a lieu de juger que, dans les procédures en cours fondées sur les dispositions contestées, la déclaration d'inconstitutionnalité peut être invoquée lorsque l'entreprise poursuivie a préalablement fait l'objet de poursuites sur le fondement de l'article L. 450-8 du Code de commerce ». – V. Cons. const., 26 mars 2021, n° 2021-892 QPC, art. 1er et 2 : *JO* 27 mars 2021. – NDLR.

(Al. créé, Ord. n° 2021-649, 26 mai 2021) Lorsque l'infraction d'une association d'entreprises a trait aux activités de ses membres, le montant maximal de la sanction pécuniaire est égal à 10 % de la somme du chiffre d'affaires mondial total réalisé par chaque membre actif sur le marché affecté par l'infraction de l'association.

(Al. créé, Ord. n° 2021-649, 26 mai 2021) Toutefois, la responsabilité financière de chaque entreprise en ce qui concerne le paiement de la sanction ne peut excéder le montant maximal fixé conformément au quatrième alinéa.

[L']Autorité de la concurrence peut ordonner la publication, la diffusion ou l'affichage de sa décision ou d'un extrait de celle-ci selon les modalités qu'[elle] précise. [Elle] peut également ordonner l'insertion de la décision ou de l'extrait de celle-ci dans le rapport établi sur les opérations de l'exercice par les gérants, le conseil d'administration ou le directoire de l'entreprise. Les frais sont supportés par la personne intéressée.

Les entreprises ou groupements d'entreprises ayant fait l'objet d'une injonction de l'Autorité de la concurrence en raison de pratiques contraires aux mesures prises en application de l'article L. 410-3 doivent rendre publique cette injonction en la publiant, à leurs frais, dans la presse quotidienne locale, selon des modalités précisées par l'Autorité de la concurrence. Cette publication mentionne, le cas échéant, l'existence d'un recours formé à l'encontre de l'injonction.

II *(II mod., Ord. n° 2021-649, 26 mai 2021)*. – [L']Autorité de la concurrence peut infliger aux intéressés des astreintes dans la limite de 5 % du chiffre d'affaires mondial total journalier moyen, par jour de retard à compter de la date qu'[elle] fixe, pour les contraindre :

a) À exécuter une décision les ayant obligés à mettre fin aux pratiques anticoncurrentielles, à exécuter une décision ayant imposé des conditions particulières ou à respecter une décision ayant rendu un engagement obligatoire en vertu du I ;

b) À respecter les mesures prononcées en application de l'article L. 464-1.

Le chiffre d'affaires pris en compte est calculé sur la base des comptes de l'entreprise relatifs au dernier exercice clos à la date de la décision. L'astreinte est liquidée par [l']Autorité de la concurrence qui en fixe le montant définitif. Si les comptes de l'entreprise concernée ont été consolidés ou combinés en vertu des textes applicables à sa forme sociale, le chiffre d'affaires pris en compte est celui figurant dans les comptes consolidés ou combinés de l'entreprise consolidante ou combinante.

III *(III mod., Ord. n° 2021-649, 26 mai 2021)*. – Lorsqu'une association d'entreprises ou une entreprise ne conteste pas la réalité des griefs qui lui sont notifiés, le rapporteur général peut lui soumettre une proposition de transaction fixant le montant minimal et le montant maximal de la sanction pécuniaire envisagée. Lorsque l'entreprise ou l'association d'entreprises s'engage à modifier son comportement, le rapporteur général peut en tenir compte dans sa proposition de transaction. Si, dans un délai fixé par le rapporteur général, l'entreprise ou l'association d'entreprises donne son accord à la proposition de transaction, le rapporteur général propose à l'Autorité de la concurrence, qui entend l'entreprise ou l'association d'entreprises et le commissaire du Gouvernement sans établissement préalable d'un rapport, de prononcer la sanction pécuniaire prévue au I dans les limites fixées par la transaction.

IV *(IV mod., Ord. n° 2021-649, 26 mai 2021)*. – Une exonération totale ou partielle des sanctions pécuniaires peut être accordée à une entreprise ou à une association d'entreprises qui a, avec d'autres, mis en œuvre une pratique prohibée par les dispositions de l'article L. 420-1 s'il a contribué à établir la réalité de la pratique prohibée et à identifier ses auteurs, en apportant des éléments d'information dont [l']Autorité ou l'administration ne disposaient pas antérieurement. À cette fin, l'entreprise ou l'association d'entreprises peut soumettre les déclarations qu'elle effectue au titre de cette démarche en langue française ou dans une autre langue officielle de l'Union européenne convenue entre elle et l'Autorité de la concurrence ou l'administration. Si l'entreprise ou l'association d'entreprises sollicite du rapporteur général l'attribution d'une place dans l'ordre d'arrivée en vue de bénéficier d'une exonération de sanctions pécuniaires, cette demande peut être présentée en langue française ou dans une autre langue officielle de l'Union européenne convenue entre elle et l'Autorité de la concurrence ou l'administration. Le rapporteur général informe le commissaire du Gouvernement de la démarche engagée par *l'entreprise. Il informe* l'entreprise par écrit, le cas échéant, de son éligibilité à une exonération totale ou partielle des sanctions pécuniaires encourues et *lui indique* les conditions de coopération définies par l'Autorité de la concurrence. Lors de la décision prise en application du I du présent article, l'Autorité peut, *si ces conditions* ont été respectées, accorder une exonération de sanctions pécuniaires proportionnée à la contribution apportée à l'établissement de l'infraction. Un décret en Conseil d'État précise les modalités d'organisation et d'application de cette procédure.

Lorsqu'une exonération totale des sanctions pécuniaires a été accordée à une entreprise ou une association d'entreprises en application de la procédure prévue au présent IV et lorsque les faits lui paraissent de nature à justifier l'application de l'article L. 420-6, l'Autorité de la concurrence en informe le procureur de la République et lui transmet le dossier, en mentionnant, le cas échéant, les personnes physiques qui lui paraissent éligibles à une exemption de peine.

V *(V mod., Ord. n° 2021-649, 26 mai 2021)*. – Hors les cas où la force publique peut être requise, lorsqu'une entreprise ou une association d'entreprises refuse de se soumettre à une visite ou ne défère pas à une convocation ou ne répond pas dans le délai prescrit à une demande de renseignements ou de communication de pièces formulée par un des agents visés au I de l'article L. 450-1 dans l'exercice des pouvoirs qui lui sont conférés par les titres V et VI du livre IV, l'Autorité peut, à la demande du rapporteur général, prononcer à son encontre une injonction assortie d'une astreinte, dans la limite prévue au II.

Lorsqu'une entreprise ou une association d'entreprises a fait obstruction à l'investigation ou à l'instruction, notamment en fournissant des renseignements incomplets ou inexacts, ou en communiquant des pièces incomplètes ou dénaturées, l'Autorité peut, à la demande du rapporteur général, et après avoir entendu l'entreprise en cause et le commissaire du Gouvernement, décider de lui infliger une sanction pécuniaire. Le montant maximum de cette dernière ne peut excéder 1 % du montant du chiffre d'affaires mondial hors taxes le plus élevé réalisé au cours d'un des exercices clos depuis l'exercice précédant celui au cours duquel les pratiques ont été mises en œuvre.

Si les comptes de l'entreprise concernée ont été consolidés ou combinés en vertu des textes applicables à sa forme sociale, le chiffre d'affaires pris en compte est celui figurant dans les comptes consolidés ou combinés de l'entreprise consolidante ou combinante.

Lorsqu'il est fait application des dispositions du deuxième alinéa, l'entreprise ou l'association d'entreprises concernée ne peut faire l'objet de poursuites pénales au titre des mêmes faits.

VI *(VI créé, Ord. n° 2021-649, 26 mai 2021)*. – Lorsqu'une sanction pécuniaire est infligée à une association d'entreprises en tenant compte du chiffre d'affaires de ses membres et que l'association n'est pas solvable, l'Autorité de la concurrence peut lui enjoindre de lancer à ses membres un appel à contributions pour couvrir le montant de la sanction pécuniaire.

Dans le cas où ces contributions ne sont pas versées intégralement à l'association d'entreprises dans un délai fixé par l'Autorité de la concurrence, celle-ci peut exiger directement le paiement de la sanction pécuniaire par toute entreprise dont les représentants étaient membres des organes décisionnels de cette association.

Lorsque cela est nécessaire pour assurer le paiement intégral de la sanction pécuniaire, après avoir exigé le paiement par ces entreprises, l'Autorité de la concurrence peut également exiger le paiement du montant impayé de la sanction pécuniaire par tout membre de l'association qui était actif sur le marché sur lequel l'infraction a été commise. Ce paiement n'est toutefois pas exigé des entreprises qui démontrent qu'elles n'ont pas appliqué la décision litigieuse de l'association et qui en ignoraient l'existence ou qui s'en sont activement désolidarisées avant l'ouverture de la procédure.

Bibliographie : *Bibliographie générale.* O. Ancelin-Menais, *L'imputabilité des pratiques anticoncurrentielles : JCP* E 2008, 15. • F. Arbault et I. Luc, *Procédures alternatives : les apports des nouveaux textes : Rev. Lamy* conc. 2008, n° 15, p. 152. • P. Arhel, *Réforme du système français de clémence en matière de concurrence : JCP E* 2007, act. 72. • E. Avenel et P. Bresse, *Dommage à l'économie et efficacité des sanctions prononcées à l'encontre des pratiques anticoncurrentielles : de la théorie à la pratique : LPA* 20 août 2001, p. 4. • E. Bacchichetti, *Comment choisir entre clémence et transaction ? : Rev. Lamy conc.* 2008, n° 15, p. 159. • E. Barbier de la Serre, *L'autorité, le juge et la clémence : Rev. Lamy conc.* 2006, n° 585. • E. Barbier de la Serre et R. Saint-Esteben, *Pour ou contre la procédure d'engagement ? :* Rev. Lamy conc. 2008, n° 15, p. 162. • B. Bouloc, *Pour une prise en considération de la mise en conformité spontanée en droit de la concurrence : Rev. Lamy conc.* 2010, n° 1599 ; *Remarques sur l'incitation à la mise en place d'un programme de conformité : Rev. Lamy conc.* 2012, n° 2110. • M.-C. Boutard-Labarde, *Principe de proportionnalité et fixation des amendes en droit de la concurrence : LPA* 1998, n° 117, p. 44. • D. Brault et R. Maulin, *La procédure de non-contestation des griefs : un succès non contestable : RD conc.* 2011, n° 2, p. 84. • G. Canivet et L. Vogel, *Le dommage à l'économie, critère d'évaluation de l'amende en droit français de la concurrence : RJDA* 1993, p. 599. • G. Cerutti, I. Luc, J. Davies et A. de Brousse, *Une nouvelle procédure : vers une résolution négociée des problèmes de concurrence : RD conc.* 2005, n° 1, p. 9. • C. Champalaune, *Le contrôle de la proportionnalité de la sanction par la Cour de cassation,* in *La modernisation du droit de la concurrence*, LGDJ, 2006. • L. Chatain-Autajon, *Pratiques anticoncurrentielles et restructurations : qui supporte la sanction ? : Rev. Lamy conc.* 2006, n° 663. • E. Claudel, *Le programme de clémence français : RTD com.* 2006, 568 ; *Dommages collatéraux ou les effets inattendus de la nouvelle procédure française de transaction : Concurrences* 2018/1, p. 1. • M. Cousin, *L'année 2010 en* matière de procédures et de sanctions : *Contrats, conc. consom.* 2011, dossier 5. • Colloque *Programmes de conformité* : *Rev. Lamy conc.* 2012, n° 2177 ; *Les programmes de conformité-enquêtes internes de concurrence* : *Rev. Lamy conc.* 2013/37, n° 2436. • Th. Dahan et Ch. Lemaire, *Le respect des engagements en droit antitrust doit-il être soumis à une règle de raison ?* : *RD conc.* 2012, n° 1, p. 15. • E. David, *L'incidence des procédures « alternatives » sur l'établissement des pratiques anticoncurrentielles devant l'Autorité de la concurrence et la Commission européenne* : *RD conc.* 2011, n° 1, p. 67. • F. Deboissy, *La déductibilité des sanctions prononcées par le Conseil de la concurrence, in Mél. Y. Serra*, Dalloz, 2006, p. 103. • M. Debroux et R. Sainte-Fare Garnot, *Programmes de conformité et risque de concurrence : témoignages croisés d'un juriste d'entreprise et d'un avocat* : *RD conc.* 2009, n° 2, p. 230. • J.-B. Drummen, *Les modes alternatifs de règlement des conflits en droit de la concurrence* : *JCP* E 2010, 1443. • M. Dumarçay, *Accords et désaccords des procédures d'engagements en droits français, européen et australien de la concurrence* : *Rev. Lamy conc.* 2010, n° 1666. • R. Fabre et A. Dowding, *La clémence, le cœur et la raison* : *CDE* 2007/1, p. 23. • Th. Fossier, *Le « sentencing » en droit de la concurrence* : *Rev. Lamy dr. aff.* févr. 2010, n° 50. • J.-C. Grall et N. Crouy-Fournier, *La politique de sanction de l'Autorité de la concurrence : de l'unité à la diversité* : *Rev. Lamy conc.* 2013/35, n° 2319. • S. Grandvuillemin, *Les procédures négociées devant l'Autorité de la concurrence* : *CP-ACCP* mai 2010, n° 99, p. 48 ; *Les procédures négociées en droit français des pratiques anticoncurrentielles* : *JCP* E 2011, 1344. • F. Jenny, *L'articulation des sanctions en matière de droit de la concurrence du point de vue économique* : *JCP* E 2013, 1169. • P. Kipiani, *Procédure d'engagements en matière de pratiques anticoncurrentielles : état des lieux* : *Rev. Lamy conc.* 2008, n° 1117 ; *Les engagements : vers un droit « négocié » en matière de pratiques anticoncurrentielles* : *Contrats, conc. consom.* 2010, étude 13. • M. Kœlher de Montblanc et K. Biancone, *La procédure de transaction devant le Conseil de la concurrence* : *JCP* E 2005, 1222. • M.-A. Lafortune, *L'application de la Convention européenne des droits de l'homme aux procédures de sanctions administratives* : *RD bancaire et bourse* 1999, 217. • B. Lasserre, *La non-contestation des griefs en droit français de la concurrence : bilan et perspectives d'un outil pionnier* : *RD conc.* 2008, n° 2, p. 93 ; *Le rôle de la sanction pécuniaire en droit de la concurrence* : *Rev. Lamy conc.* 2010, n° 1668. • V. Ledoux et J.-C. Roda, *Les « compliance programs » en droit de la concurrence* : *Contrats, conc. consom.* 2007, étude 14. • Ch. Lemaire, *La transaction : analyse juridique* : *Rev. Lamy conc.* 2008, n° 15, p. 180. • P. Patat et Ph. Guibert, *L'imputabilité du comportement anticoncurrentiel d'une filiale dont la totalité du capital est détenue par sa société mère* : *Rev. Lamy conc.* 2011, n° 1885. • C. Prieto, *Détermination des sanctions pécuniaires : tenants et aboutissants de la méthode retenue par l'Autorité* : *RD conc.* 2011, n° 3, p. 54. • I. Luc, *L'actualité des procédures contentieuses*, in *L'année 2011 en droit de la concurrence* : *Contrats, conc. consom.* 2012, dossier 3. • J. Philippe, M. Mason, S. Dominguez et F.-H. Boret, *L'avènement des procédures de coopération devant le Conseil de la concurrence* : *Contrats, conc. consom.* 2006, étude 28. • S. Pietrini, *Le recours à la négociation en droit de la concurrence : l'exemple des programmes de clémence* : *Rev. Lamy conc.* 2009, n° 1509. • J.-C. Roda, *L'actualité des procédures négociées*, in *L'année 2011 en droit de la concurrence* : *Contrats, conc. consom.* 2012, dossier 4. • D. Roskis et Ch.-M. Dorémus, *Sanction des pratiques anticoncurrentielles : vers plus de prévisibilité et de transparence ?* : *Contrats, conc. consom.* 2011, étude 11. • B. Ruy, *Loi Macron : les questions soulevées par la procédure de transaction, en matière de pratiques anticoncurrentielles* : *Rev. Lamy conc.* 2016, n° 49, p. 19. • V. Selinsky, *Les nouveaux instruments relatifs à la sanction des pratiques portant atteinte au jeu de la concurrence en droit français, in Mél. B. Bouloc*, Dalloz, 2007, p. 1043 ; *Procédures négociées et/ou alternatives à la sanction : quel choix pour les entreprises ?* : *Rev. Lamy conc.* 2010, n° 1668. • J. Théry-Schultz, *Pratiques continues et infractions complexes* : *Contrats, conc. consom.* 2009, étude 3. • L. Tolot, *Le prix de l'appartenance à un groupe en cas de sanction de la filiale* : *Rev. Lamy conc.* 2013/36, n° 2381. • S. Treard, *L'appartenance à un groupe et le principe de proportionnalité dans le processus d'individualisation de la sanction des pratiques anticoncurrentielles* : *RJDA* 2014, p. 379. • F. Venayre, *La détermination des sanctions dans les ententes sur appels d'offres en l'absence de contestation des griefs* : *Rev. Lamy conc.* 2011, n° 1839. • A. Vialfont, *Le droit de la concurrence et les procédures négociées* : *RID éco.* 2007, p. 157. • L. et J. Vogel, *Du droit à la régulation de la concurrence : les programmes de clémence* : *JCP* E 2005, 971. • L. Vogel, *Les sanctions administratives : efficacité du contrôle ou sécurité juridique ?* : *JCP* E 2013, 1171. • F. Zivy, *La procédure de non contestation des griefs en droit français de la concurrence : chronique d'un retour en force* : *RJEP* 2008, étude 3.

Sur les procédures négociées, voir aussi : Communiqué de procédure de l'Autorité de la concurrence du 2 mars 2009 relatif aux engagements en matière de concurrence (V. S. Grandvuillemin, *La procédure d'engagements : état des lieux après le communiqué de procédure du 2 mars 2009* : *JCP* E 2009, 1542). • Communiqué de procédure de l'Autorité de la concurrence du 3 avril 2015 relatif au programme de clémence français. • Communiqué de procédure de l'Autorité de la concurrence du 10 février 2012 relatif à la non-contestation des griefs (*Contrats, conc. consom.* 2012, Focus 21, obs. P. Arhel ; *JCP* E 2012, act. 131, obs. P. Arhel ; *Contrats, conc. consom.* 2012, étude 7, note J.-C. Roda ; *RTD com.* 2012, p. 304, note E. Claudel). • Communiqué de procédure du 19 octobre 2017 relatif à la procédure de transaction et aux programmes de conformité. • Document-cadre de l'Autorité de la concurrence du 10 février 2012 sur les *programmes de conformité* aux règles de concurrence (Contrats, conc. consom. 2012, Focus 21, obs. P. Arhel ; *JCP* E 2012, act. 131, obs. P. Arhel ; *JCP* E 2012, 1326, note D. Roskis et S. Jaffar ; *JCP* E 2012, 1474, note F. Zivy ; *RTD com.* 2012, p. 312, note E. Claudel ; Rev. Lamy *conc.* 2012, n° 2110, note B. Bouloc).

Sur le calcul des sanctions pécuniaires, voir aussi : Rapport sur l'appréciation de la sanction en matière de pratiques anticoncurrentielles remis le 20 septembre 2010 au ministre de l'Économie : *JCP* E 2010, 521, obs. N. Raud et G. Notté ; *Contrats, conc. consom.* 2010, comm. 261, obs. D. Bosco ; *Rev. Lamy dr. aff.* 2010/55, n° 3165, obs. R. Saint-Esteben ; *Rev. Lamy conc.* 2011, n° 1734, obs. V. Selinsky. • Projet de communiqué de l'Autorité de la concurrence relatif à la méthode de détermination des sanctions pécuniaires : *JCP* E 2011, act. 40, obs. P. Arhel ; *Contrats, conc. consom.* 2011, alerte 22, obs. P. Arhel et comm. 77, obs. D. Bosco. • Communiqué de l'Autorité de la concurrence du 16 mai 2011 relatif à la méthode de détermination des sanctions pécuniaires : *D.* 2011, p. 1672, entretien avec B. Lasserre ; *Contrats, conc. consom.* 2011, comm. 171, obs. G. Decocq et étude 11, note D. Roskis et Ch.-M. Dorémus ; *JCP* E 2011, act. 279, obs. P. Arhel. Sur la validation de ce communiqué, V. ▪ Paris, 10 oct. 2013 : *Contrats, conc. consom.* 2014, comm. 18, obs. D. Bosco ; *RD conc.* 2014, n° 1, p. 62, obs. N. Jalabert-Doury et, p. 181, obs. Ch. Lemaire ; *RTD com.* 2014, p. 78, obs. E. Claudel.

Conf. par ▪ Cass. com., 17 mars 2015, n° 13-26.003 : *JurisData* n° 2015-008165 ; *RD conc.* 2015, n° 2, p. 87, obs. M. Debroux ; *Contrats, conc. consom.* 2015, comm. 124, obs. G. Decocq.

Droit européen. L. Arcelin, *L'entreprise et le groupe de sociétés en droit communautaire de la concurrence : de l'unité économique à la représentation unique : Rev. Lamy dr. aff.* 2010, n° 48, p. 57. • P. Arhel, *Harmonisation des systèmes européens de clémence en matière de concurrence : JCP* E 2006, act. 433. • L. Idot, *Programmes de clémence et droit de la concurrence. L'entrée dans la phase III : RJEP* mars 2007, p. 89. • V. Ledoux et J.-C. Roda, *Adoption par la Commission européenne d'une procédure de « transaction » en matière d'ententes : Contrats, conc. consom.* 2008, étude 10. • Ch. Lemaire, *La clémence : nouvelle étape de la convergence des droits de la concurrence en Europe : Contrats, conc. consom.* 2006, étude 12. • G. Muguet-Poullennec et E. Barbier de la Serre, *La procédure d'engagements en droit de l'Union : à la recherche du juste équilibre entre efficacité administrative et protection des entreprises : Rev. Lamy conc.* 2010, n° 1690. • J.-C. Roda, *La politique de clémence communautaire : Contrats, conc. consom.* 2007, étude 4. • Ch. Vilmart, *Les procédures alternatives aux sanctions en droit communautaire de la concurrence : JCP* E 2007, 1648.

Voir aussi : Communication du 20 octobre 2011 de la Commission concernant les bonnes pratiques relatives aux procédures d'application des articles 101 et 102 du TFUE (*JOUE* C 308, 20 oct.) : *Contrats, conc. consom.* 2011, comm. 171, obs. D. Bosco.

• Sommaire

1) Dispositions transitoires. Conformément à l'article 218 II de la loi n° 2015-990 du 6 août 2015, les dispositions qu'elle modifie sont applicables aux procédures pour lesquelles les griefs ont été notifiés, en application de l'article L. 463-2 du Code de commerce, après sa publication.

I – ENGAGEMENTS

2) Conditions. Aux termes de l'article L. 464-2, I, le Conseil peut accepter des engagements de nature *à mettre un terme à ses préoccupations de concurrence* susceptibles de constituer des pratiques anticoncurrentielles (V. par ex. ▪ Cons. conc., déc. n° 05-D-12, 17 mars 2005 : *Contrats, conc. consom.* 2005, comm. 172, obs. M. Malaurie-Vignal ; *RD conc.* 2005, n° 2, p. 52, obs. M. Debroux ; *RJDA* 2005, n° 1050 ; *Rev. Lamy conc.* 2005, n° 199, obs. C. Robin. ▪ Cons. conc., déc. n° 05-D-25, 31 mai 2005 : *RD conc.* 2005, n° 3, p. 81, obs. D. Spector ; *Rev. Lamy conc.* 2005, n° 280, obs. V. Selinsky ; *RDC* 2005, p. 1036, obs. L. Idot. ▪ Cons. conc., déc. n° 05-D-29, 16 juin 2005 : *Dr. adm.* 2005, comm. 166, obs. M. Bazex et S. Blazy ; *AJDA* 2005, p. 1657, obs. N. Charbit ; *RD conc.* 2005, n° 3, p. 78, obs. A. Wachsmann ; *Rev. Lamy conc.* 2005, n° 370, obs. G. Clamour).

La question, visant des dispositions (C. com., art. L. 464-2, I et III relatifs respectivement aux engagements et à la non-contestation des griefs) ayant pour objet de favoriser le rétablissement et le maintien d'une situation normale de concurrence sur le marché concerné, sans méconnaître le droit à un recours juridictionnel effectif, ne présente pas de caractère sérieux au regard des exigences qui s'attachent aux dispositions, règles et principes de valeur constitutionnelle invoqués ; d'où il suit qu'il n'y a pas lieu de la renvoyer au Conseil constitutionnel (▪ Cass. com., QPC, 15 oct. 2010, n° 10-14.866 : *JurisData* n° 2010-019009 ; *Lettre distrib.* 2010/11).

Si le Code de commerce ne précise pas la typologie des comportements susceptibles de faire l'objet d'engagements, l'Autorité de la concurrence n'applique pas la procédure d'engagements dans les cas où, en tout état de cause, l'atteinte à l'ordre public économique impose le prononcé de sanctions pécuniaires, notamment lorsque le dommage à l'économie généré et/ou la taille du marché est important (▪ Aut. conc., déc. n° 12-D-04, 23 janv. 2012 : *Contrats, conc. consom.* 2013, alerte 1, obs. C. Mongouachon ; *Rev. Lamy conc.* 2012, n° 2042, obs. S. Ziani).

Si le recours aux engagements n'est pas envisageable en présence de cartels et n'est en principe pas opportun dans les cas d'accords horizontaux, d'accords verticaux ou de pratiques unilatérales susceptibles de revêtir une particulière gravité ou d'avoir d'ores et déjà porté une atteinte caractérisée à la concurrence et à l'économie, il peut en revanche s'avérer pertinent lorsque, eu égard à la nature des faits, à leurs caractéristiques et à leurs conséquences actuelles ou potentielles sur la concurrence, le cas se prête à ce que l'Autorité privilégie un objectif de maintien ou de rétablissement volontaire de la concurrence (▪ Aut. conc., déc. n° 12-D-17, 5 juill. 2012 : *RD conc.* 2012, n° 4, p. 69, obs. N. Jalabert-Doury ; *Rev. Lamy conc.* 2012, n° 2150, obs. S. Cholet).

Le recours à la procédure d'engagements offre l'intérêt de privilégier un rétablissement volontaire rapide de la concurrence sur le marché (▪ Aut. conc., déc. n° 11-D-14, 20 oct. 2011 : *RD conc.* 2012, n° 1, p. 108, obs. F. Marty ; *Rev. Lamy conc.* 2012, n° 1975, obs. S. Cholet).

Dans le cadre d'une procédure d'engagements destinée à répondre à des problèmes de concurrence préalablement portés à la connaissance de la partie mise en cause, il ne revient pas au Conseil de se prononcer sur une réforme statutaire allant au-delà des remèdes nécessaires pour mettre fin aux problèmes de concurrence préalablement identifiés (▪ Cons. conc., déc. n° 05-D-16, 26 avr. 2005 : *D.* 2005, p. 1354, obs. J. Daleau ; *RD conc.* 2005, n° 3, p. 79, obs. D. Spector ; *RDC* 2005, p. 1036, obs. L. Idot).

Il ne revient pas au Conseil de la concurrence de se prononcer, lors de l'examen d'une proposition d'engagements touchant à la fixation de prix, sur le caractère anticoncurrentiel du niveau absolu des tarifs proposés. Le caractère adéquat du niveau de ces tarifs est, en effet, contingent aux conditions économiques de l'instant, et, par surcroît, seule une instruction au fond permettrait, à l'issue d'une procédure contradictoire, de porter une appréciation sur l'ensemble des effets de ces barèmes tarifaires. En revanche, et dans la limite de la procédure d'engagements, le Conseil peut se prononcer sur la structure des barèmes proposés, tout en constatant que les niveaux de prix proposés lui semblent de nature à mettre effectivement fin aux pratiques ayant fait l'objet de ses préoccupations de concurrence, au vu des conditions de marché actuelles (▪ Cons. conc., déc. n° 06-D-01, 7 févr. 2006 : *Rev. Lamy conc.* 2006, n° 499, obs. V. Selinsky).

Les textes applicables, qui supposent seulement la constatation d'une atteinte actuelle à la concurrence, n'exigent nullement que celle-ci soit récente (▪ Paris, 6 nov. 2007, n° 06/07313 : *Contrats, conc. consom.* 2008, comm. 18, obs. G. Decocq ; *RJDA* 2008, n° 86 ; *RD conc.* 2008, n° 1, p. 127, obs. C. Prieto ; *Rev. Lamy conc.* 2008, n° 1014, note B. Cheynel ; cassé, sur un autre point, par ▪ Cass. com., 4 nov. 2008, n° 07-21.545 : *JurisData* n° 2008-045767 ; *Bull. civ.* IV, n° 188 ; *D.* 2008, p. 2863, obs. E. Chevrier ; *Contrats, conc. consom.* 2008, comm. 274, obs. M. Bazex ; *RJDA* 2009, n° 272 ; *RD conc.* 2009, n° 1, 189, obs. Ch. Lemaire ; *Rev. Lamy conc.* 2009, n° 1304, note B. Cheynel).

Il n'est pas nécessaire que l'appréciation du Conseil s'étende aux stipulations précises du contrat qui sera conclu entre les deux parties (▪ Cons. conc., déc. n° 08-D-04, 25 févr. 2008 : *RD conc.* 2008, n° 2, p. 120, obs. A.-L. Sibony ; *Rev. Lamy conc.* 2008, n° 1068, obs. V. Selinsky).

Faisant application du pouvoir d'appréciation que lui confère l'article L. 464-2, le Conseil n'est jamais tenu de décider de rendre obligatoires les engagements proposés par les parties (▪ Aut. conc., déc. n° 09-MC-01, 8 avr. 2009 : *Dr. adm.* 2009, comm. 66, obs. M. Bazex ; *RD conc.* 2009, n° 2, p. 190, obs. D. Lescop ; *Rev. Lamy conc.* 2009, n° 1405, obs. V. Selinsky et n° 1420, obs. S. Destours). V. déjà en ce sens ▪ Cons. conc., déc. n° 07-MC-03, 7 juin 2007 : *RJDA* 2007, n° 896.

3) Procédure. Des sociétés ne sont pas fondées à demander, après la notification du rapport, le bénéfice de la procédure d'engagement prévue par le I de l'article L. 464-2, qui, conformément à la pratique du Conseil consacrée par le décret du 27 décembre 2005 pris pour l'application de l'ordonnance du 4 novembre 2004, a pour objet de répondre à des préoccupations de concurrence résultant d'une « évaluation préliminaire » nécessairement antérieure à la notification des griefs (▪ Cons. conc., déc. n° 06-D-18, 28 juin 2006 : *D.* 2006, p. 2098, obs. E. Chevrier ; *JCP* E 2006, 1831, note Dieny ; *RD conc.* 2006, n° 3, p. 92, obs. E. Claudel et 141, obs. Ch. Momège).

L'évaluation préliminaire de concurrence sur laquelle se fonde la procédure ne saurait être confondue avec une qualification des pratiques telle que cette qualification peut être retenue dans une décision du Conseil, ni même avec la qualification proposée par les services d'instruction dans une notification de griefs. Dans ces conditions, l'acceptation par une entreprise d'entrer dans une procédure d'engagements afin de répondre à une préoccupation de concurrence exprimée par le Conseil n'est en rien assimilable à une reconnaissance de pratique anticoncurrentielle de la part de l'entreprise proposant des engagements. De même, la décision du Conseil conduisant, le cas échéant, à accepter ces engagements, ne peut être assimilée à une décision qualifiant une pratique au regard du titre III du Code de commerce (▪ Cons. conc., déc. n° 06-D-20, 13 juill. 2006 : *Contrats, conc. consom.* 2006, comm. 199, obs. G. Decocq ; *Rev. Lamy conc.* 2006, n° 631, obs. V. Selinsky).

La procédure d'engagements présente des spécificités, et en particulier des mesures d'instruction allégées par rapport à la procédure habituelle, comportant une simple évaluation préliminaire des pratiques en cause en vue d'identifier des préoccupations de concurrence, sans qu'il soit nécessaire de procéder à la qualification de comportements au sens des articles L. 410-1 ou L. 410-2, ni *a fortiori* à la constatation d'une infraction à ces dispositions, et ne nécessitant dès lors pas la détermination exacte du marché pertinent (▪ Paris, 16 oct. 2007 : *D.* 2007, p. 2729, obs. E. Chevrier ; *Contrats, conc. consom.* 2007, comm. 297, obs. M. Malaurie-Vignal ; *RJDA* 2007, n° 1282 ; *Rev. Lamy conc.* 2008, n° 1014, obs. B. Cheynel ; conf. de ▪ Cons. conc., déc. n° 06-D-24, 24 juill. 2006 : *Contrats, conc. consom.* 2006, comm. 187, obs. M. Malaurie-Vignal ; *Comm. com. électr.* 2006, comm. 145, obs. M. Chagny ; *Rev. Lamy conc.* 2006, n° 675, note V. Selinsky).

Lorsque la procédure d'engagements est mise en œuvre, les parties à la procédure doivent, sous réserve des dispositions de l'article L. 463-4, avoir accès à l'intégralité des documents sur lesquels s'est fondé le rapporteur pour établir l'évaluation préliminaire et à l'intégralité de ceux soumis au Conseil pour statuer sur les engagements ; il appartient à la cour d'appel, saisie par une partie d'une demande tendant à l'annulation de la décision du Conseil faute pour elle d'avoir eu accès à l'intégralité du dossier, de vérifier, au besoin d'office, si le défaut de communication de certaines pièces a porté atteinte à ses intérêts (▪ Cass. com., 4 nov. 2008 : *Bull. civ.* IV, n° 188 ; *D.* 2008, p. 2863, obs. E. Chevrier ; *Contrats, conc. consom.* 2008, comm. 274, obs. M. Bazex ; *RJDA* 2009, n° 272 ; *RD conc.* 2009, n° 1, p. 189, obs. Ch. Lemaire ; *Rev. Lamy conc.* 2009, n° 1304, note B. Cheynel ; cass., sur ce point, de ▪ Paris, 6 nov. 2007 : *Contrats, conc. consom.* 2008, comm. 18, obs. G. Decocq ; *RJDA* 2008, n° 86 ; *RD conc.* 2008, n° 1, p. 127, obs. C. Prieto ; *Rev. Lamy conc.* 2008, n° 1014, note B. Cheynel ; sur renvoi, V. ▪ Paris, 1er juin 2010, n° 2008/21057 : *JurisData* n° 2010-012500 ; *Contrats, conc. consom.* 2010, comm. 217, obs. G. Decocq ; *Rev. Lamy conc.* 2010, n° 1696, obs. R. Christol). C'est sur ce fondement que la Cour d'appel de Paris a annulé pour violation du contradictoire trois décisions du Conseil de la concurrence (5 juill. 2007, n° 07-D-22 ; 13 déc. 2007, nos 07-D-45 et 07-D-46) qui avaient rendus obligatoires les engagements souscrits par six laboratoires pharmaceutiques dans l'affaire des *grossistes-répartiteurs* (▪ Paris, 26 nov. 2008, n° 2007/13915 : *JurisData* n° 2008-004659 ; *Contrats, conc. consom.* 2009, comm. 15, obs. D. Bosco ; *Rev. Lamy conc.* 2009, n° 1304, note B. Cheynel ; *RDC* 2009, p. 122, obs. C. Prieto). Ces trois arrêts ont été censurés par la Cour de cassation au terme d'une motivation rigoureusement identique : pour annuler les décisions nos 07-D-22, 07-D-45 et 07-D-46 du Conseil et renvoyer l'affaire devant celui-ci, chaque arrêt retient qu'il résulte des explications concordantes de la requérante et du Conseil que ni le rapport administratif d'enquête, ni ses annexes, sur lesquels le rapporteur s'est fondé pour établir l'évaluation préliminaire et dont il n'est pas allégué qu'ils mettaient en jeu le secret des affaires, n'ont été soumis aux parties, alors même que le commissaire du Gouvernement en faisait état dans ses observations devant le Conseil et qu'il en résulte une atteinte au principe du contradictoire ; en statuant ainsi, sans rechercher, au besoin d'office, si le défaut de communication du rapport administratif d'enquête et de ses annexes avait porté atteinte aux intérêts de la société qui l'invoquait, la cour d'appel a privé sa décision de base légale (▪ Cass. com., 2 févr. 2010, n° 08-70.451 : *JurisData* n° 2010-051750 ; *Contrats, conc. consom.* 2010, comm. 106, obs. D. Bosco ; *D.* 2010, p. 437, obs. E. Chevrier ; *RJDA* 2010, n° 560 ; *RD conc.* 2010, n° 2, p. 135, obs. Ch. Lemaire et S. Naudin ; *Rev. Lamy conc.* 2010, n° 1605, obs. E. Barbier de la Serre).

Il appartient à l'Autorité de vérifier que les engagements proposés sont de nature à mettre un terme au risque de concurrence identifié. L'Autorité doit par ailleurs s'assurer que les conditions de mise en œuvre de ces engagements les rendent effectifs et garantissent à court terme un bénéfice réel pour le fonctionnement de la concurrence sur le marché (▪ Aut. conc., déc. n° 09-D-32, 26 oct. 2009 : *RD conc.* 2010, n° 1, p. 105, obs. A. Wachsmann).

La décision par laquelle l'Autorité rend obligatoires les engagements proposés par les parties atteste que ceux-ci ont été considérés comme mettant un terme aux préoccupations de concurrence identifiées, et clôt la saisine au fond. Aucun effet juridique supplémentaire ne saurait être conféré à cette décision. En particulier, cette décision ne préjuge en rien de l'appréciation que l'Autorité pourrait éventuellement porter sur les autres aspects des contrats de distribution en cause, que ceux-ci aient été ou non évoqués dans la saisine ou lors de la séance (▪ Aut. conc., déc. n° 10-D-01, 11 janv. 2010 : *Rev. Lamy conc.* 2010, n° 1582, obs. V. Selinsky).

4) Private enforcement. Une décision par laquelle l'Autorité de la concurrence accepte les engagements des entreprises poursuivies ne place pas ces dernières à l'abri de poursuites devant les juridictions judiciaires. En effet, ces entreprises demeurent responsables du préjudice subi par les victimes des pratiques ayant donné lieu aux engagements s'il est avéré que ces pratiques étaient anticoncurrentielles. Il appartient à la victime d'apporter la preuve des éléments constitutifs de faits de concurrence prohibés mais le juge peut tenir compte des éléments contenus dans la décision adoptée par l'Autorité et les considérer comme un indice ou un commencement de preuve (▪ TGI Paris, 22 févr. 2018 : *JurisData* n° 2018-004044 ; *Contrats, conc. consom.* 2018, comm. 93, obs. G. Decocq). – V. également ▪ CJUE, 23 nov. 2017 aff. C-547/16 : *Contrats, conc. consom.* 2018, comm. 34, obs. G. Decocq.

II – INJONCTIONS

5) Une injonction, constituant par nature une mesure contraignante pour celui qui la subit, est d'interprétation stricte et doit être formulée en des termes clairs, précis et exempts d'incertitude quant à son exécution (▪ Paris, 10 sept. 1996 : *JurisData* n° 1996-023949 ; *BOCC* 3 oct. 1996 ; *RJDA* 1997, n° 73).

Le prononcé d'injonctions au fond est soumis au principe de proportionnalité, ce qui signifie que les mesures ordonnées ne doivent pas excéder ce qui est strictement nécessaire pour faire cesser l'atteinte à la concurrence. Le prononcé d'injonctions apparaît néanmoins particulièrement nécessaire lorsque l'atteinte à la concurrence résulte des stipulations d'un contrat toujours en vigueur à la date de la décision de l'Autorité (▪ Aut. conc., déc. n° 10-D-13, 15 avr. 2010 : *Rev. dr. transp.* 2010, comm. 132, obs. L. Grard ; *RD conc.* 2011, n° 3, p. 82, obs. L. Nicolas-Vullierme ; *Rev. Lamy conc.* 2010, n° 1645, obs. S. Destours et n° 1655, obs. M. Lavedan).

Le non-respect d'une injonction prononcée par le Conseil constitue déjà en soi une pratique qui présente un caractère de gravité exceptionnelle (▪ Cons. conc., déc. n° 04-D-18, 13 mai 2004 : *BOCC* 6 sept. 2004 ; *D.* 2004, p. 1524 ; conf. sur ce point par ▪ Paris, 11 janv. 2005, n° 04/08439 : *JurisData* n° 2005-264746 ; *Rev. Lamy conc.* 2005, n° 226, obs. B. Cheynel).

La cour d'appel, qui s'est prononcée sur la gravité des faits découlant du non-respect de l'injonction prononcée par le Conseil, a pu estimer, dans son pouvoir d'appréciation de la proportionnalité de la sanction, qu'eu égard aux caractères délibéré et persistant du non-respect de l'injonction claire et précise adressée par le Conseil, la sanction prononcée par celui-ci devait être aggravée (▪ Cass. com., 14 mars 2006, n° 05-11.232 : *JurisData* n° 2006-032756 ; *RD conc.* 2006, n° 2, p. 146, obs. Ch. Momège ; *Rev. Lamy conc.* 2006, n° 569, obs. V. Selinsky).

Un retard de respectivement quatre et dix mois apporté à la réalisation d'une injonction de publication n'a pas créé d'autre dommage qu'un retard dans l'information du public et de la profession. Au cas d'espèce, s'agissant d'une publication qui n'avait pas un caractère d'urgence particulier au regard de ses effets attendus sur le marché, le dommage peut être considéré comme faible (▪ Cons. conc., déc. n° 08-D-07, 9 avr. 2009 : *BOCC* 26 juin 2008 ; *Contrats, conc. consom.* 2008, comm. 162, obs. G. Decocq).

III – SANCTION PÉCUNIAIRE

6) Portée du communiqué de l'Autorité de la concurrence sur le calcul des sanctions. En droit national, la sanction infligée par l'Autorité doit être prononcée conformément aux dispositions de l'article L. 464-2 du Code de commerce, dans le respect du communiqué relatif à la méthode de détermination des sanctions pécuniaires qu'elle a publié le 16 mai 2011, qui s'impose à elle, sauf à ce qu'elle explique, dans la motivation de sa décision, les circonstances particulières ou les raisons d'intérêt général la conduisant à s'en écarter (▪ Cass. com., 8 nov. 2017, n° 16-17.226 : *JurisData* n° 2017-023311 ; *Contrats, conc. consom.* 2018/1, comm. 14, note G. Decocq ; *Lettre distrib.* 2017/12, p. 6, obs. K. Biancone). L'Autorité de la concurrence qui applique le droit national n'est pas tenue par les principes de calcul issus de la jurisprudence de la Cour de justice de l'Union européenne qui seraient contraires à ceux retenus dans son communiqué (même arrêt).

7) Imputabilité. La notion d'entreprise et les règles d'imputabilité relèvent des règles matérielles du droit de la concurrence de l'Union. L'interprétation qu'en donnent les juridictions de l'Union s'impose donc à l'autorité nationale de concurrence lorsqu'elle applique ce droit (▪ Aut. conc., déc. n° 11-D-17, 8 déc. 2011 : *RD conc.* 2012, n° 1, p. 98, obs. N. Jalabert-Doury ; *Rev. Lamy conc.* 2012, n° 2026, obs. J.-L. Respaud, et n° 2050, obs. P. Patat et Ph. Guibert ; conf. par ▪ Paris, 30 janv. 2014, n° 2012/00723 : *JurisData* n° 2014-001997 ; *Contrats, conc. consom.* 2014, comm. 98, obs. G. Decocq). En ce sens, V. ▪ Aut. conc., déc. n° 12-D-09, 13 mars 2012 : *Contrats, conc. consom.* 2012, comm. 131, obs. D. Bosco ; Rev. Lamy conc. 2012, n° 2093, note V. Selinsky ; partiellement réformée par ▪ Paris, 20 nov. 2014 : *RD conc.* 2015, n° 1, p. 90, obs. M. Behar-Touchais ; *Contrats, conc. consom.* 2015, comm. 39, obs. G. Decocq ; *AJ Contrats d'affaires* 2014, n° 1, p. 28, obs. M. Ponsard, cassation partielle : ▪ Cass. com., 8 nov. 2016 : *Contrats, conc. consom.* 2017, comm. 18, obs. G. Decocq ; *Concurrences* 1-2017, p. 94, obs. A.-S. Choné-Grimaldi. – Et sur renvoi ▪ Paris, 4 juill. 2019, n° 16/23609 : *Contrats, conc. consom.* 2019/10, comm. 163, note G. Decocq.

La notion d'entreprise, au sens du droit européen de la concurrence, doit être comprise comme désignant une unité économique même si, du point de vue juridique, cette unité économique est constituée de plusieurs personnes physiques ou morales. Lorsqu'une telle entité économique enfreint les règles de la concurrence, il lui incombe, selon le principe de la responsabilité personnelle, de répondre de cette infraction. Il résulte d'une jurisprudence constante que le comportement d'une filiale peut être imputé à la société mère, notamment lorsque, bien qu'ayant une personnalité juridique distincte, cette filiale ne détermine pas de façon autonome son comportement sur le marché, mais applique pour l'essentiel les instructions qui lui sont données par la société mère, eu égard en particulier aux liens économiques, organisationnels et juridiques qui unissent ces deux entités juridiques. En effet, il en est ainsi parce que, dans une telle situation, la société mère et sa filiale font partie d'une même unité économique et, partant, forment une seule entreprise. Ainsi, le fait qu'une société mère et sa filiale constituent une seule entreprise au sens de l'article 81 CE (devenu art. 101 TFUE) permet à la Commission d'adresser une décision imposant des amendes à la société mère, sans qu'il soit requis d'établir l'implication personnelle de cette dernière dans l'infraction. Dans le cas particulier où une société mère détient 100 % du capital de sa filiale ayant commis une infraction aux règles européennes de la concurrence, d'une part, cette société mère peut exercer une influence déterminante sur le comportement de cette filiale et, d'autre part, il existe une présomption réfragable selon laquelle ladite société mère exerce effectivement une influence déterminante sur le comportement de sa filiale. Dans ces conditions, il suffit que la Commission prouve que la totalité du capital d'une filiale est détenue par sa société mère pour présumer que cette dernière exerce une influence déterminante sur la politique commerciale de cette filiale. La Commission sera en mesure, par la suite, de considérer la société mère comme solidairement responsable pour le paiement de l'amende infligée à sa filiale, à moins que cette société mère, à laquelle il incombe de renverser cette présomption, n'apporte des éléments de preuve suffisants de nature à démontrer que sa filiale se comporte de façon autonome sur le marché (même arrêt). (▪ CJCE, 10 sept. 2009, aff. C-97/08 P : *Rec. CJCE* 2009, I, p. 8237 ; *Europe* 2009, comm. 427, obs. L. Idot ; *Rev. Lamy conc.* 2010, n° 1545, obs. E. Barbier de la Serre). En ce sens, V. ▪ CJUE, 29 sept. 2011, aff. C-521/09 P : *Europe* 2011, comm. 417, obs. L. Idot ; *RD conc.* 2011, n° 4, p. 87, obs. N. Jalabert-Doury ; *Rev. Lamy conc.* 2012, n° 1973, obs. C. Robin. (Pour l'imputation du comportement d'une entreprise commune, exclusivement à l'une de ses sociétés mères, V. Trib. UE, 11 juill. 2014, aff. T-540/08, T-541/08 et T-543/08 : *Contrats, conc. consom.* 2014, comm. 225, obs. G. Decocq). *Rapp.* pour l'appréciation de la récidive au sein d'un groupe ▪ CJUE, 5 mars 2015, aff. C. 543-13 : *JurisData* n° 2015-006137. Sur la possibilité d'imputer à une société mère les manquements de ses filiales sans tenir compte de la prescription acquise au profit de ces dernières, V. ▪ CJUE, 27 avr. 2017, aff. C-516/15 : *Contrats, conc. consom.* 2017/7, comm. 155, note D. Bosco ; *Lettre distrib.* 2017/6, p. 7, obs. K. Biancone. Pour le TPIUE, la présomption suivant laquelle la mère exerce une influence déterminante sur sa fille joue également lorsqu'elle détient moins de 100 % de son capital pourvu qu'elle ait la possibilité d'exercer l'ensemble des droits de vote associés aux actions sa fille (▪ TPIUE, 12 juill. 2018, aff. T-419/14 : *Contrats, conc. consom.* 2018, comm. 182, obs. D. Bosco, conf. par ▪ CJUE, 27 janv. 2021, aff. C-595/18 : *Contrats, conc. consom.* 2021/3, comm. 46, note D. Bosco).

Cette jurisprudence s'impose à l'autorité nationale lorsqu'elle applique le droit européen (V. ▪ Aut. conc., déc. n° 09-D-36, 9 déc. 2009 : *RD conc.* 2010, n° 1, p. 95, obs. L. Nicolas-Vullierme ; *Rev. Lamy conc.* 2010, n° 1575, note P. Arhel ; conf. par ▪ Paris, 23 sept. 2010 : *Contrats, conc. consom.* 2010, comm. 277, obs. G. Decocq ; cass., sur un autre point, par ▪ Cass. com., 31 janv. 2012 : *Bull. civ.* IV, n° 16 ; *Contrats, conc. consom.* 2012, comm. 103, obs. G. Decocq ; *RJDA* 2012, n° 531 ; sur renvoi, ▪ Paris, 4 juill. 2013 : *Contrats, conc. consom.* 2013, comm. 245, obs. G. Decocq ; *Rev. Lamy conc.* 2013/37, n°s 2400 et 2406, obs. S. Cholet ; pourvoi rejeté ▪ Cass. com., 6 janv. 2015 : *Contrats, conc. consom.* 2015, comm. 70, obs. G. Decocq ; *AJ Contrats d'affaires* 2015, n° 3, p. 129, obs. M. Ponsard ; *RD conc.* 2015, n° 2, p. 94, obs. A.-L. Sibony) et, désormais, le seul droit interne (V. ▪ Aut. conc., déc. n° 11-D-02, 26 janv. 2011 : *Contrats, conc. consom.* 2011, comm. 75, obs. C. Prebissy-Schnall ; *RD conc.* 2011, n° 2, p. 106, obs. N. Jalabert-Doury ; *Rev. Lamy conc.* 2011, n° 1777, note L. Arcelin-Lecuyer ; réf., sur un autre point, par ▪ Paris, 11 oct. 2012 : *Contrats, conc. consom.* 2012, comm. 285, obs. G. Decocq ; cass., sur un autre point, par ▪ Cass. com., 18 févr. 2014 : *Dalloz Act.* 6 mars 2014, obs. E. Chevrier ; *Contrats, conc. consom.* 2014, comm. 100, obs. G. Decocq ; *RJDA* 2014, p. 379, chron. S. Treard. ▪ Aut. conc., déc. n° 11-D-13, 5 oct. 2011 : *Rev. Lamy conc.* 2012, n° 1974, obs. S. Cholet. Conf. par

■ Paris, 28 mars 2013 : *Contrats, conc. consom.* 2013, comm. 139, obs. G. Decocq).

Dans le cas où une société mère détient la totalité ou la quasi-totalité du capital de sa filiale ayant enfreint les règles de concurrence, la présomption réfragable selon laquelle la société mère exerce effectivement une influence déterminante sur sa filiale, peut être renversée par la preuve contraire, rapportée par la société mère, prenant en considération l'ensemble des éléments pertinents relatifs aux liens économiques, organisationnels et juridiques qui les unissent, établissant que sa filiale se comporte de manière autonome sur le marché et ne constitue donc pas avec elle une unité économique. Doit à cet égard être approuvé l'arrêt qui estime que le fait qu'une entreprise soit une holding non opérationnelle assurant une direction financière en coordonnant notamment les investissements financiers au sein du groupe ne suffit pas à exclure l'exercice d'une influence déterminante sur ses filiales et que la non-immixtion de la holding dans les activités de la filiale ne suffit pas à renverser cette présomption ; qui ajoute que la diversité des activités, la configuration du groupe et l'éloignement géographique de la société mère sont sans portée ; qui retient que le fait que la filiale dispose de sa propre direction locale et de ses propres moyens ne prouve pas qu'elle définit son comportement sur le marché de façon autonome et ajoute que si le gérant de la filiale, par sa qualité de « gestionnaire de transport » dans le cadre d'une activité réglementée, est seul habilité à exercer certaines missions de gestion et de contrôle, il ne peut en être déduit que cette filiale est autonome ; qui relève que cette dernière ne détenait pas de service juridique propre et recourait aux services de celui de la société holding, ce qui constitue un lien personnel entre les deux entités ; et qui retient enfin que le fait que la filiale ait opté pour la non-contestation des griefs, contrairement à la société mère, ne permet pas de conclure à son autonomie (■ Cass. com., 18 oct. 2017, n° 16-19.120, à paraître au *Bull.* : *JurisData* n° 2017-020500 ; *Contrats, conc. consom.* 2018/1, comm. 13, note G. Decocq).

L'acquéreur d'un fonds de commerce ne peut prétendre que les sanctions de pratiques anticoncurrentielles, prononcées contre son vendeur, étaient antérieures à l'acquisition et ne lui sont pas opposables, alors que la cession n'a pas interrompu la continuité de l'entreprise (■ Paris, 14 mars 1991 : *JurisData* n° 1991-040290 ; *Gaz. Pal.* 1991, 2, 635, note J.-P. Marchi). *Rappr.* ■ Cons. conc., déc. *n° 92-D-66, 8 déc. 1992 : BOCC* 13 févr. 1993 ; conf. par ■ Paris, 22 sept. 1993, n° 93/1499 : *JurisData* n° 1993-024315 ; *BOCC* 4 déc. 1993. *Comp.* ■ Paris, 19 nov. 1992, n° 92/9207 : *JurisData* n° 1992-023577 ; *BOCC* 4 déc. 1992 ; *RJDA* 1993, n° 134.

Si une entreprise cède tout ou partie de son activité mais subsiste en tant qu'entreprise, elle doit répondre des pratiques anticoncurrentielles auxquelles elle a participé antérieurement à la cession ; c'est seulement si elle disparaît en tant qu'entreprise que l'entreprise qui a acquis les moyens matériels et humains ayant servi à la commission des faits sera considérée comme responsable de la pratique incriminée (■ Cons. conc., déc. n° 96-D-64, 20 nov. 1996 : *BOCC* 25 mars 1997, p. 189 ; *JCP* E 1998, p. 76, n° 2 D, obs. L. Vogel).

L'entreprise dont les moyens humains et matériels ont concouru à la mise en œuvre d'une pratique prohibée par les dispositions des articles L. 420-1 et L. 420-2 encourt les sanctions prévues à l'article L. 464-2 tant qu'elle conserve une personnalité juridique, indépendamment de la cession desdits moyens humains et matériels (■ Cass. com., 22 nov. 2001 : *Bull. civ.* IV, n° 182 ; *Contrats, conc. consom.* 2002, comm. 28, obs. M. Malaurie-Vignal ; *JCP* E 2002, n° 1044, note L. Arcelin).

Lorsque entre le moment où les pratiques ont été mises en œuvre et le moment où l'entreprise a cessé d'exister juridiquement, les pratiques sont imputées à la personne morale à laquelle l'entreprise a été juridiquement transmise, et, à défaut d'une telle transmission, à celle qui assure en fait sa continuité économique et fonctionnelle ; il est sans conséquence que cette transmission ait été le fait de la loi (■ Cass. com., 23 juin 2004 : *Bull. civ.* IV, n° 132 ; *D.* 2004, p. 2439 ; *RJDA* 2005, n° 80 ; *Contrats, conc. consom.* 2004, comm. 159, obs. M. Malaurie-Vignal ; *Rev. Lamy conc.* 2005, n° 135, obs. J. Peyre).

Les pratiques anticoncurrentielles sont imputées à une entreprise, indépendamment du statut juridique de celle-ci et sans considération de la personne qui l'exploite. Le principe de la continuité économique et fonctionnelle de l'entreprise s'applique quel que soit le mode juridique de transfert des activités dans le cadre desquelles ont été commises les pratiques sanctionnées (■ Cass. com., 28 févr. 2006, n° 05-12.138 : *JurisData* n° 2006-032440 ; *Bull. civ.* IV, n° 49 ; *D.* 2006, p. 781, obs. E. Chevrier ; *Contrats, conc. consom.* 2006, comm. 88, obs. G. Decocq ; *RJDA* 2006, n° 707 ; *RD conc.* 2006, n° 2, p. 141, obs. V. Michel-Amsellem ; *Rev. Lamy conc.* 2006, n° 550, obs. V. Selinsky ; rejet pourvoi contre ■ Paris, 25 janv. 2005 : *BOCC* 23 juin 2005, p. 475 ; *D.* 2005, p. 711, obs. E. Chevrier ; *Rev. Lamy conc.* 2005, n° 206, obs. V. Selinsky).

En application d'une jurisprudence constante, la responsabilité du comportement infractionnel de l'entreprise suit d'abord la personne morale et, en conséquence, tant que la personne morale responsable de l'exploitation de l'entreprise qui a mis en œuvre des pratiques subsiste juridiquement, c'est elle qui doit assumer la responsabilité de ces pratiques, même si les éléments matériels et humains ayant concouru à la commission de l'infraction ont été cédés à une tierce personne. En cas de fusion-absorption de la personne morale, les pratiques doivent être imputées à la société qui succède, sur le plan juridique, à la société auteur des pratiques, c'est-à-dire la société absorbante, ce principe s'appliquant même si la société absorbante a cédé à une troisième société la branche d'activité concernée par les pratiques (■ Cons. conc., déc. n° 07-D-11, 28 mars 2007 : *BOCC* 31 juill. 2007 ; *Rev. Lamy conc.* 2007, n° 824, obs. V. Sélinsky ; V. également pour une succession de sociétés mères dans le cadre d'une restructuration d'entreprises, ■ CJUE, 10 avr. 2014, aff. C-231/11, C-232/11 et C-233/11. ■ CJUE, 10 avr. 2014, aff. C-247/11 et C-253/11 : *RD conc.* 2014, n° 3, p. 69, note M. B.-T. ; *Contrats, conc. consom.* 2014, comm. 165, obs. J. Decocq).

Aucune disposition du Code de commerce ne fait obstacle à ce qu'une administration de l'État soit sanctionnée, au titre de l'article L. 464-2, pour des pratiques anticoncurrentielles relevant d'une activité économique. Les activités de la Monnaie de Paris en cause dans la présente affaire, qui s'exercent sur un marché concurrentiel et n'ont aucun lien avec les tâches régaliennes confiées à cette direction, peuvent être isolées au sein de l'État, dans la mesure où la direction des monnaies et médailles, même si elle ne bénéficie pas aujourd'hui d'une personnalité juridique distincte de celle de l'État, jouit d'une certaine autonomie, notamment budgétaire, illustrée par le fait qu'elle dispose d'un budget annexe et gère sa propre politique commerciale (■ Cons. conc., déc. n° 05-D-75, 22 déc. 2005 : *BOCC* 2006, p. 728 ; *AJDA* 2006, p. 467, obs. L. Richer ; *Rev. Lamy conc.* 2006, n° 510, obs. S. Destours ; réf. partiellement par ■ Paris, 12 déc. 2006 : *D.* 2007, p. 221, obs. E. Chevrier ; *Contrats, conc. consom.* 2007, comm. 49, obs. M. Malaurie-Vignal ; *RTD com.* 2007, 50, obs. E. Claudel).

Si un ou plusieurs organismes ou autres entités juridiques ne revêtant pas la forme d'une société, comme des ordres professionnels ou des associations, peuvent être considérés comme exerçant une activité économique et se trouver, pour cette raison, soumis au respect des règles de concurrence, ils *n'en constituent pas pour autant des entreprises et*, à plus forte raison, une seule et même entreprise aux fins de la détermination des sanctions selon les règles prévues par le Code de commerce. Il ressort au contraire de la pratique décisionnelle et de la jurisprudence que, conformément au Code de commerce, de tels organismes sont assujettis à un maximum légal distinct de celui applicable aux entreprises (■ Aut. conc., déc. n° 13-D-06, 28 févr. 2013 : *Rev. Lamy conc.* 2013/35, n° 2268, obs. V. Selinsky, conf. par ■ Paris, 26 févr. 2015, n° 2013/06663 [pourvoi en cours] : *Contrats, conc. consom.* 2015, comm. 122, obs. G. Decocq).

Il incombe à l'entreprise qui prétend que les pratiques illicites litigieuses ne lui sont pas imputables, mais le sont à son agence locale de fournir au Conseil de la concurrence et à la cour d'appel tous éléments de preuve établissant que son agence locale bénéficiait à la date des faits et pour le marché considéré de l'autonomie commerciale, financière et technique dans la zone économique concernée (■ Cass. com., 12 mars 1996 : *Bull. civ.* IV, n° 84 ; *RJDA* 1996, n° 936). Rappr. ■ Cass. com., 28 janv. 2003 : *Bull. civ.* IV, n° 12 ; *D.* 2003, p. 553, obs. E. Chevrier ; *Contrats, conc. consom.* 2003, comm. 57, obs. M. Malaurie-Vignal ; *RJDA* 2003, n° 652.

En cas de cession dans le cadre d'un redressement judiciaire, l'article, L. 621-63 du Code de commerce empêche d'infliger au cessionnaire une sanction pécuniaire en raison de faits antérieurs (■ Cons. conc., n° 95-D-14, 7 févr. 1995 : *BOCC* 1995, p. 97 ; *Contrats, conc. consom.* 1995, n° 107, obs. L. Vogel). Rappr. ■ Cons. conc., déc. n° 96-D-16, 19 mars 1996 : *BOCC* 1996, p. 263 ; *JCP* 1996, I, 613, n° 14, obs. L. Vogel.

Le bénéfice de la procédure de non-contestation des griefs peut être accordé à une filiale alors même que sa mère continue de contester l'imputabilité des pratiques (■ Aut. conc., déc. n° 14-D-16, 18 nov. 2014 : *RD conc.* 2015, n° 1, p. 93, obs. A. R. ; conf. en appel : la réduction de l'amende octroyée à la filiale, au titre de la procédure de non-contestation des griefs, ne peut bénéficier à la société mère ■ Paris, 19 mai 2016 : *RD conc.* 2016, n° 2, p. 63 obs. E. T. ; *Contrats, conc. consom.* 2016, comm. 173, obs. D. Bosco, pourvoi rejeté par ■ Cass. com., 18 oct. 2017, n° 16-19.120, à paraître au *Bull.* : *JurisData* n° 2017-020500 ; *Contrats, conc. consom.* 2018/1, comm. 13, note G. Decocq).

Sur la procédure de non-contestation des griefs, V. sous le même article, annot. n° 18, p. 957.

Sur la nécessaire autonomie économique de l'entité poursuivie, V. sous art. L. 410-1, annot. n° 39, p. 666 et sous art. L. 420-1, annot. n° 3, p. 671.

8) Cumul. Lorsque des faits reprochés sur le fondement de l'article 8 de l'ordonnance de décembre 1986 (devenu C. com., art. L. 420-2) ont déjà été sanctionnés en tant qu'ils ont donné lieu à des pratiques prohibées par l'article 7 du même texte (devenu C. com., art. L. 420-1), il y a lieu de tenir compte de cette précédente décision pour déterminer le montant de la sanction applicable (■ Cons. conc., déc. n° 96-D-40, 14 mai 1996 : *BOCC* 3 sept. 1996).

Le principe *non bis in idem* interdit de punir deux fois les mêmes faits. Mais sont différentes les pratiques anti-concurrentielles dont la sanction est régie par les dispositions de l'article L. 464-2 de celles qui consistent dans l'inexécution d'injonctions, comportement réprimé par les dispositions de l'article L. 464-3 qui renvoient à celles de l'article L. 464-2 pour fixer les « limites » de la sanction applicable. L'élément punissable n'est pas le même : l'infraction aux règles de concurrence dans le premier cas, le refus de respecter une injonction du Conseil dans le second (▪ Cons. conc., 7 nov. 2005, déc. n° 05-D-59 : *D.* 2005, p. 3012, obs. E. Chevrier ; *Contrats, conc. consom.* 2005, comm. 207, obs. M. Malaurie-Vignal ; *RD conc.* 2006, n° 1, p. 141, obs. C. Prieto ; *Rev. Lamy conc.* 2006, n° 428, obs. V. Selinsky ; conf. par ▪ Paris, 4 juill. 2006 ; *Contrats, conc. consom.* 2006, comm. 204, obs. G. Decocq ; *RD conc.* 2006, n° 3, p. 140, obs. V. Michel-Amsellem ; *Rev. Lamy conc.* 2006, n° 653, obs. C. Nourissat ; rejet pourvoi par ▪ Cass. com., 23 oct. 2007 : *D.* 2007, p. 3002, obs. E. Chevrier ; *Contrats, conc. consom.* 2007, comm. 308, obs. G. Decocq ; *RD conc.* 2008, n° 1, p. 121, obs. C. Prieto).

La circonstance que, pour respecter les critères fixés par l'article L. 464-2 auxquels renvoient implicitement les dispositions de l'article L. 464-3, la cour d'appel ait tenu compte de « l'importance du dommage causé à l'économie » par le refus de respecter les injonctions du Conseil, dommage qui se confond en partie avec celui né des pratiques en cause, n'interdit pas au Conseil de prononcer une sanction pour réprimer ces dernières. Aucun obstacle juridique ne s'oppose à ce que deux sanctions successives, infligées à raison de pratiques différentes, prennent en compte, pour calculer leur montant, un critère partiellement commun (même déc.).

La règle *non bis in idem* est un principe de procédure pénale, aux termes duquel « nul ne peut être poursuivi ou puni pénalement à raison des mêmes faits ». Elle interdit l'exercice de deux actions répressives contre une même personne et à raison des même faits. Mais cette règle ne peut valablement être invoquée pour échapper à des situations dans lesquelles deux personnes morales distinctes sont poursuivies pour les mêmes faits, tels les entreprises adhérentes d'un groupement et le groupement lui-même, ni à la situation dans laquelle une personne morale est poursuivie pour des griefs différents (▪ Cons. conc., déc. n° 06-D-03, 9 mars 2006 : *Rev. Lamy conc.* 2006, n° 547, note V. Sélinsky ; conf. par ▪ Paris, 29 janv. 2008 : *Contrats, conc. consom.* 2008, comm. 83, obs. G. Decocq ; *RD conc.* 2008, n° 2, p. 107, obs. E. Claudel ; *Rev. Lamy conc.* 2008, n° 1054, obs. V. Sélinsky).

Il est possible de retenir la responsabilité personnelle d'un organisme collectif, parallèlement à celle de ses membres, dès lors que cet organisme collectif adopte un comportement anticoncurrentiel distinct et autonome de celui de ces membres (▪ Aut. conc., déc. n° 12-D-06, 26 janv. 2012 : *Rev. Lamy conc.* 2012, n° 2025, note F. Venayre).

Droit européen : le principe *ne bis in idem* énoncé à l'article 50 de la Charte des droits fondamentaux doit être interprété en ce sens qu'il ne s'oppose pas à ce qu'une autorité nationale de concurrence inflige à une entreprise, dans le cadre d'une même décision, une amende pour violation du droit national de la concurrence et une amende pour violation de l'article 82 du traité CE (devenu 102 TFUE). Dans une telle situation, l'autorité nationale doit néanmoins s'assurer que les amendes prises ensemble sont proportionnées à la nature de l'infraction (▪ CJUE, 3 avr. 2019, aff. C-617/17 : *Contrats, conc. consom.* 2019/6, comm. 110, note G. Decocq).

9) Gravité des faits. En application du I de l'article L. 464-2, le montant de base de la sanction de chaque entreprise en cause est déterminé en fonction de la gravité des faits et de l'importance du dommage causé à l'économie, critères qui se rapportent tous deux à l'infraction en cause. Les autres éléments d'individualisation pertinents relatifs à la situation et au comportement de chacune des entreprises en cause seront pris en considération dans un second temps (▪ Aut. conc., déc. n° 11-D-17, 8 déc. 2011 : *RD conc.* 2012, n° 1, p. 98, obs. N. Jalabert-Doury ; *Rev. Lamy conc.* 2012, n° 2026, obs. J.-L. Respaud, et n° 2050, obs. P. Patat et Ph. Guibert ; conf. par ▪ Paris, 30 janv. 2014 : *Contrats, conc. consom.* 2014, comm. 98, obs. G. Decocq). *Rappr.* ▪ Aut. conc., déc. n° 11-D-19, 15 déc. 2011 : *Rev. Lamy conc.* 2012, n° 2028, obs. P. Arhel ; conf. par ▪ Paris, 16 mai 2013 : *Contrats, conc. consom.* 2013, comm. 166, obs. G. Decocq ; *Rev. Lamy conc.* 2013/36, n° 2337, obs. V. Selinsky ; conf. par ▪ Cass. com., 7 oct. 2014 : *Contrats, conc. consom.* 2014, comm. 278, obs. G. Decocq. ▪ Aut. conc., déc. n° 12-D-27, 20 déc. 2012 : *Contrats, conc. consom.* 2013, comm. 62, obs. D. Bosco ; *Rev. Lamy conc.* 2013/35, n°s 2270 et 2272, obs. V. Selinsky.

L'article L. 464-2, alinéa 3 dispose que la sanction doit être proportionnée, notamment, à la gravité des faits reprochés et à l'importance du dommage causé à l'économie ; le deuxième critère ne se confond pas avec le premier, de sorte que si, comme en l'espèce, le dommage causé à l'économie peut être qualifié de limité, les faits peuvent en eux même revêtir un caractère certain de gravité (▪ Paris, 4 mars 2008, n° 2007/00370 : *D.* 2008, p. 913, obs. E. Chevrier ; *Contrats, conc. consom.* 2008, comm. 135, obs. G. Decocq ; *RD conc.* 2008, n° 2, p. 108, obs. E. Claudel).

La gravité des pratiques est appréciée, notamment, au regard de la nature de la restriction à la concurrence, de leur durée, de leur objet, du nombre et de la taille des entreprises impliquées, de la part de chacune d'elles sur le marché et de la situation du marché à l'intérieur duquel a été commise la violation des règles de concurrence (▪ Cass. com., 27 sept. 2017, n° 16-12.907 : *Contrats, conc. consom.* 2017/12, comm. 255, note G. Decocq).

La gravité de la pratique doit aussi s'apprécier en tenant compte des possibilités ouvertes à ses victimes de s'y soustraire (▪ Cons. conc., déc. n° 08-D-06, 2 avr. 2008 : *Contrats, conc. consom.* 2008, comm. 164, obs. G. Decocq ; *RD conc.* 2008, n° 2, p. 105, obs. M. Debroux ; *Rev. Lamy conc.* 2008, n° 1261, note M. Deschamps et F. Marty ; réf., sur un autre point, par ▪ Paris, 18 mars 2009 : *Contrats, conc. consom.* 2009, comm. 135, obs. G. Decocq ; rejet pourvoi par ▪ Cass. com., 7 avr. 2010, n° 09-13.163 : *JurisData* n° 2010-003344 ; *Bull. civ.* 2010, IV, n° 71 ; *Contrats, conc. consom.* 2010, comm. 162, obs. M. Bazex ; *RJDA* 2010, n° 878 ; *RD conc.* 2010, n° 2, p. 67, obs. M. Debroux et A. Bourgery).

La circonstance que le Conseil n'a pas prononcé les mesures conservatoires demandées par l'entreprise saisissante, faute d'une atteinte grave et immédiate à l'économie générale, à celle du secteur intéressé, à l'intérêt des consommateurs ou à l'entreprise plaignante, n'est pas de nature à atténuer la gravité des comportements constatés (▪ Cons. conc., déc. n° 09-D-07, 12 févr. 2009 : *Rev. Lamy conc.* 2009, n° 1351, obs. S. Destours ; conf. par ▪ Paris, 19 janv. 2010 : *Contrats, conc. consom.* 2010, comm. 78, obs. G. Decocq ; *Rev. Lamy conc.* 2010, n° 1592, obs. S. Destours ; rejet pourvoi par ▪ Cass. com., 7 juin 2011 : *Contrats, conc. consom.* 2011, comm. 195, obs. G. Decocq ; *RJDA* 2011, n° 960).

S'agissant d'un marché d'appel d'offres, par nature instantané, la durée à prendre en considération est celle du temps pendant lequel les prix et les parts de marché ont échappé, du fait de cet accord de volonté, au jeu normal qui serait résulté d'une compétition non faussée au départ (▪ Cass. com., 27 sept. 2017, n° 16-12.907 : *Contrats, conc. consom.* 2017/12, comm. 255, note G. Decocq ; et dans le même sens ▪ Paris, 24 nov. 2009 : *Contrats, conc. consom.* 2010, comm. 16, obs. G. Decocq et comm. 54, obs. D. Bosco ; *RD conc.* 2010, n° 1, p. 93, obs. L. Nicolas-Vullierme et p. 160, obs. Ch. Momège ; *Rev. Lamy conc.* 2010, n° 1602, obs. E. Barbier de la Serre ; cass., sur un autre point, par ▪ Cass. com., 1er mars 2011 : *Bull. civ.* IV, n° 29 ; *Europe* 2011, alerte 26, obs. L. Idot ; *D.* 2011, p. 813, obs. E. Chevrier ; *Contrats, conc. consom.* 2010, comm. 120, obs. D. Bosco ; *RJDA* 2011, n° 579 ; conf. de ▪ Cons. conc., déc. n° 08-D-30, 4 déc. 2008 : *Contrats, conc. consom.* 2009, comm. 56, obs. G. Decocq ; *RD conc.* 2009, n° 1, p. 193, obs. J. Gstalter ; *Rev. Lamy conc.* 2009, n° 1361, note E. Barbier de la Serre ; sur renvoi, V. ▪ Paris, 28 mars 2013 : *Contrats, conc. consom.* 2013, comm. 138, obs. G. Decocq ; pourvois rejetés, V. ▪ Cass. com., 20 janv. 2015 : *AJ Contrats d'affaires* 2015, n° 2, p. 53 ; *Contrats, conc. consom.* 2015, comm. 96, obs. G. Decocq).

Le nombre, le cumul et l'interaction des comportements anticoncurrentiels mis en œuvre en même temps constituent un facteur qui doit être pris en compte au titre de la gravité des faits (▪ Aut. conc., déc. n° 09-D-36, 9 déc. 2009 : *RD conc.* 2010, n° 1, p. 95, obs. L. Nicolas-Vullierme ; *Rev. Lamy conc.* 2010, n° 1575, note P. Arhel ; conf. par ▪ Paris, 23 sept. 2010 : *Contrats, conc. consom.* 2010, comm. 277, obs. G. Decocq ; cass., sur un autre point, par ▪ Cass. com., 31 janv. 2012 : *Bull. civ.* IV, n° 16 ; *Contrats, conc. consom.* 2012, comm. 103, obs. G. Decocq ; *RJDA* 2012, n° 531 ; sur renvoi, ▪ Paris, 4 juill. 2013 : *Contrats, conc. consom.* 2013, comm. 245, obs. G. Decocq ; *Rev. Lamy conc.* 2013/37, nos 2400 et 2406, obs. S. Cholet ; pourvoi rejeté ▪ Cass. com., 6 janv. 2015 : *Contrats, conc. consom.* 2015, comm. 70, obs. G. Decocq ; *AJ Contrats d'affaires* 2015, n° 3, p. 129, obs. M. Ponsard ; *RD conc.* 2015, n° 2, p. 94, obs. A.-L. Sibony).

La gravité des pratiques en cause s'apprécie globalement, non pas du point de vue de chacun des acteurs de l'entente, mais au regard de la volonté infractionnelle d'ensemble que présente l'entente et du point de vue de la légalité et des catégories économiques que la loi protège ; autrement dit, l'appréciation de la gravité d'un comportement anticoncurrentiel se distingue de l'approche individualisée de la situation de chaque entreprise (▪ Paris, 19 janv. 2010 : *D.* 2010, p. 261, obs. E. Chevrier ; *Contrats, conc. consom.* 2010, comm. 79, obs. G. Decocq ; *RJDA* 2010, n° 680 ; *Rev. Lamy dr. aff.* mars 2010, n° 2773, obs. D. Ferré et K. Biancone ; *RD conc.* 2010, n° 2, p. 68, obs. M. Debroux, et p. 131, obs. Ch. Lemaire ; *Rev. Lamy conc.* 2010, n° 1573, note L. Boy ; réf. de ▪ Cons. conc., déc. n° 08-D-32, 16 déc. 2008 : *RD conc.* 2009, n° 1, p. 110, obs. M. Debroux et E. Rieu et p. 196, obs. Ch. Lemaire ; *Rev. Lamy conc.* 2009, n° 1334, obs. S. Cholet. ▪ Aut. conc., déc. n° 10-D-28, 20 sept. 2010 : *Contrats, conc. consom.* 2010, comm. 278, obs. G. Decocq ; *RD conc.* 2010, n° 4, p. 208, obs. Ch. Lemaire ; *Rev. Lamy conc.* 2011, n° 1726, obs. V. Selinsky ; réf. par ▪ Paris, 23 févr. 2012 : *Contrats, conc. consom.* 2012, comm. 104, obs. D. Bosco ; *RD bancaire et fin.* 2012, étude 18, note J. Lucas et Th. Schrepel ; partiellement censurée sur la question des interventions volontaires par ▪ Cass. com., 14 avr. 2015, n° 12-15.971 : *RD conc.* 2015, n° 3, p. 153, obs. C. L. – Et sur renvoi ▪ Paris, 21 déc. 2017, n° 15/17638 : *Concurrences* 2018/2, p. 66, obs. L. Bernardeau, confirmant la décision de l'Autorité tout en réformant le montant de certaines amendes. – Et de nouveau censurée par ▪ Cass. com., 29 janv. 2020, n°s 18-10.967 et 18-11.001 : *Contrats, conc. consom.* 2020/3, comm. 49, note. D. Bosco). En outre, le Conseil a pu rappeler à juste titre la gravité théorique des cartels, ententes horizontales sur les prix ou ententes sur des répartitions de clientèle ou de marchés ; la pratique décisionnelle du Conseil, devenu l'Autorité, et des juridictions de contrôle établit une gradation des comportements anticoncurrentiels par ordre de gravité – même si la loi ne fait pas de même – entre abus de position dominante, entente verticale et entente horizontale, ce dernier comportement étant considéré comme le plus préoccupant. Mais le Conseil a abordé de manière trop brève le contexte de crise économique, générale et particulière à la métallurgie, en estimant que les chiffres d'affaires qui servent de base aux sanctions incluent nécessairement l'état de crise que peut traverser chaque société poursuivie, et que des moratoires du Trésor Public permettent en outre à ces entreprises de supporter le paiement d'une amende ; ce faisant, le Conseil ne peut être considéré comme ayant tenu compte de la situation de crise dans les sanctions qu'il prononçait (▪ Paris, 19 janv. 2010, préc.).

La gravité du comportement ne se confond pas avec la réalité de l'abus de position dominante, mais doit procéder d'une analyse des méthodes utilisées par l'opérateur pour parvenir à ses fins, d'une mesure des parts de marché que détient l'entreprise poursuivie, d'un examen de la durée du comportement anticoncurrentiel, de l'étendue ou la complexité des processus anticoncurrentiels, de l'affectation directe des prix, jusques et y compris les prix de détail, d'une analyse des marchés concernés, selon qu'il s'agit de marchés « sensibles » ou qui le sont moins, de marchés touchant directement le consommateur final ou pas, de l'identification de clients personnes physiques ou petites entreprises, ou de clients vulnérables (enfants, personnes âgées, malades...) ou d'une clientèle captive au sens économique, de la continuation du comportement anticoncurrentiel après la saisine de l'Autorité, ou encore du fait qu'il s'agit d'un marché public (▪ Paris, 23 mars 2010 : *Contrats, conc. consom.* 2010, comm. 130, obs. G. Decocq ; *JCP* E 2010, 1411, obs. M. Malaurie-Vignal ; *RD conc.* 2010, n° 2, p. 82, obs. A. Wachsmann ; conf. de ▪ Aut. conc., déc. n° 09-D-14, 25 mars 2009 : *Rev. Lamy conc.* 2009, n° 1403, obs. V. Selinsky ; *RD conc.* 2009, n° 2, p. 126, obs. A.-L. Sibony).

S'agissant de l'appréciation de la gravité des *faits, l'Autorité de la concurrence doit être approuvée pour avoir estimé que la pratique* des devis de complaisance était grave parce qu'elle a anéanti le processus de mise en concurrence voulu par l'administration militaire, qui est le client final, payeur de la prestation de déménagement au moyen de deniers publics ; de plus, l'Administration acceptait de payer au-delà de ses barèmes et jusqu'à deux fois l'indemnité réglementaire ; même en supposant que le devis de couverture était demandé par les militaires pressés de déménager, cela n'est pas de nature à atténuer la responsabilité des entreprises de déménagement ; en effet, aucune des circonstances alléguées par elles ne les contraignait à empêcher le libre jeu de la concurrence, sinon le désir de remporter à coup sûr un marché sans risque à un prix qui les satisfaisait (▪ Paris, 11 mai 2010 : *Contrats, conc. consom.* 2010, comm. 184, obs. G. Decocq).

La concertation en vue de la répartition des marchés réalisée par l'échange d'informations qui ont porté sur les prix des offres et le dépôt d'offres de couverture ont radicalement faussé les appels d'offres et ont été de nature à tromper les maîtres d'ouvrage quant à l'existence ou à l'intensité de la concurrence. Certes, les maîtres d'ouvrage se sont montrés vigilants puisque dans trois appels d'offres sur les cinq retenus, la procédure a été renouvelée après une première déclaration constatant le caractère infructueux des appels organisés. Mais elle a entraîné une augmentation des coûts à la charge des organisateurs, sans produire d'ailleurs une amélioration de la concurrence entre les soumissionnaires (▪ Aut. conc., déc. n° 11-D-07, 24 févr. 2011 : *Rev. Lamy conc.* 2011, n° 1839, note F. Venayre). Un autre élément d'appréciation de la gravité des pratiques réside dans le fait que sont concernées quatre entreprises qui répondent à de nombreux appels d'offres chaque année et, s'agissant de deux d'entre elles, qui jouent un rôle important dans le secteur des travaux de peinture industrielle. Le comportement des deux principales entreprises du secteur fait peser un risque de banalisation et d'entraînement à l'égard des autres entreprises de moindre importance désirant participer aux appels d'offres (même déc.). Par ailleurs, le caractère ponctuel ou la faible durée effective de la concertation n'est pas un critère pour atténuer la gravité d'une pratique d'entente horizontale en matière de marché public, puisqu'un appel d'offres est, par nature, un marché instantané qui peut être faussé sans recourir à une entente durable (même déc.).

10) Dommage causé à l'économie. Il résulte de l'article L 464-2 que le montant de la sanction d'une pratique, ayant pour objet ou pouvant avoir pour effet d'empêcher, de restreindre ou de fausser le jeu de la concurrence, doit être proportionné à l'importance du dommage causé par cette pratique à l'économie ; ce dommage ne saurait être présumé (▪ Cass. com., 7 avr. 2010 : *Bull. civ.* IV, n° 70 ; *D.* 2010, p. 1014, obs. E. Chevrier ;

Contrats, conc. consom. 2010, comm. 164, obs. G. Decocq ; *RJDA* 2010, n° 879 ; *RD conc.* 2010, n° 2, p. 67, obs. L. Nicolas-Vullierme ; *Rev. Lamy conc.* 2010, n° 1641, obs. V. Selinsky et n° 1709, note N. Dorandeu. Cass. partielle de ▪ Paris, 11 mars 2009, n° 2007/19110 : *JurisData* n° 2009-007341 ; *Contrats, conc. consom.* 2009, comm. 141, obs. G. Decocq ; sur renvoi, ▪ Paris, 30 juin 2011, n° 2010/12049 : *Contrats, conc. consom.* 2011, comm. 218, obs. G. Decocq ; *RD conc.* 2011, n° 4, p. 99, obs. N. Jalabert-Doury ; rejet pourvoi par ▪ Cass. com., 30 mai 2012, n° 11-22.144 : *JurisData* n° 2012-011726 ; *Contrats, conc. consom.* 2012, comm. 181, obs. G. Decocq ; *Rev. Lamy conc.* 2012, n° 2102, obs. V. Selinsky). *Rappr.* ▪ Paris, 26 avr. 1994 : *JurisData* n° 1994-021461 ; *Contrats, conc. consom.* 1994, comm. 121, obs. L. Vogel. – *Contra* ▪ Cass. com., 10 janv. 1995, n° 92-22.113 : *RJDA* 1995, n° 596.

Pour mesurer le dommage causé à l'économie, il ne suffit pas, comme en l'espèce, de constater que la taille du marché était très importante et que la totalité des opérateurs intervenants sur ce marché avait participé à l'échange d'informations ; il faut également tenir compte de la sensibilité de la demande au prix (même arrêt). *Comp.* ▪ Cass. com., 4 juin 1996 : *Bull. civ.* IV, n° 160 ; *JCP* E 1996, I, 613, n° 20, obs. L. Vogel ; *RJDA* 1996, n° 937. ▪ Cass. com., 1er déc. 1998, n° 96-21.680 : *JurisData* n° 1998-004776 ; *Contrats, conc. consom.* 1999, comm. 41, obs. M. Malaurie-Vignal. Le Conseil de la concurrence doit faire connaître aux sociétés poursuivies le montant qu'il entend prendre en compte à titre de référence pour leur permettre de présenter, le cas échéant, toutes observations (▪ Paris, 22 avr. 1992 : *JurisData* n° 1992-024167 ; *BOCC* 30 avr. 1992).

En revanche, l'article L. 464-2 du Code de commerce n'exige pas un chiffrage précis du dommage à l'économie mais seulement une appréciation qualitative de son existence et de son importance reposant sur une analyse aussi complète que possible des éléments du dossier (▪ Cass. com., 27 sept. 2017, n° 16-12.907 : *Contrats, conc. consom.* 2017/12, comm. 255, note G. Decocq ; et dans le même sens ▪ Cons. conc., 7 nov. 2005, déc. n° 05-D-59 : *D.* 2005, p. 3012, obs. E. Chevrier ; *Contrats, conc. consom.* 2005, comm. 207, obs. M. Malaurie-Vignal ; *RD conc.* 2006, n° 1, p. 141, obs. C. Prieto ; *Rev. Lamy conc.* 2006, n° 428, obs. V. Selinsky ; conf. par ▪ Paris, 4 juill. 2006 : *Contrats, conc. consom.* 2006, comm. 204, obs. G. Decocq ; *RD conc.* 2006, n° 3, p. 140, obs. V. Michel-Amsellem ; *Rev. Lamy conc.* 2006, n° 653, obs. C. Nourissat ; rejet pourvoi par ▪ Cass. com., 23 oct. 2007 : *D.* 2007, p. 3002, obs. E. Chevrier ; *Contrats, conc. consom.* 2007, comm. 308, obs. G. Decocq ; *RD conc.* 2008, n° 1, p. 121, obs. C. Prieto). Pour tenir compte du dommage causé à l'économie, le Conseil de la concurrence n'est pas tenu d'en chiffrer le montant, ni de quantifier l'incidence des pratiques constatées sur les prix, mais seulement de fournir des éléments permettant d'en apprécier l'incidence économique (▪ Paris, 25 janv. 1994 : *D.* 1994, inf. rap. 46).

Lorsque plusieurs entreprises sont en cause, il suffit au Conseil de caractériser l'importance du dommage global causé à l'économie, sans rechercher la part de ce dommage imputable à chaque entreprise (▪ Cons. conc., déc. n° 08-D-06, 2 avr. 2008 : *Contrats, conc. consom.* 2008, comm. 164, obs. G. Decocq ; *RD conc.* 2008, n° 2, p. 105, obs. M. Debroux ; *Rev. Lamy conc.* 2008, n° 1261, note M. Deschamps et F. Marty ; réf., sur un autre point, par ▪ Paris, 18 mars 2009 : *Contrats, conc. consom.* 2009, comm. 135, obs. G. Decocq ; rejet pourvoi par ▪ Cass. com., 7 avr. 2010 : *Bull. civ.* 2010, IV, n° 71 ; *Contrats, conc. consom.* 2010, comm. 162, obs. M. Bazex ; *RJDA* 2010, n° 878 ; *RD conc.* 2010, n° 2, p. 67, obs. M. Debroux et A. Bourgery).

Le dommage causé à l'économie est distinct du préjudice financier éventuellement subi par la victime directe de l'entente et s'apprécie en fonction de la perturbation générale apportée au fonctionnement normal des marchés. Il n'y a donc pas lieu de circonscrire au seul marché pertinent l'appréciation du dommage à l'économie (▪ Cons. conc., déc. n° 08-D-13, 11 juin 2008 : *Contrats, conc. consom.* 2008, comm. 181, obs. D. Bosco ; *RD conc.* 2008, n° 3, p. 91, obs. E. Claudel et p. 140, obs. Ch. Lemaire ; *Rev. Lamy conc.* 2008, n° 1199, obs. V. Selinsky).

L'article L. 464-2 n'impose pas de rechercher la part de marché affectée par la pratique en cause, ni de préciser la part spécifique et personnelle des entreprises sanctionnées sur ce marché ; il exige seulement de déterminer l'ordre de grandeur du dommage à l'économie afin d'en tenir compte dans la fixation proportionnelle de la sanction (▪ Paris, 29 avr. 2009, n° 2008/11907 : *JurisData* n° 2009-007496 ; *Contrats, conc. consom.* 2009, comm. 174, obs. G. Decocq ; *Rev. Lamy conc.* 2009, n° 1398, obs. V. Selinsky ; *JCP* E 2010, 1347, note J. Raynaud).

L'évaluation du dommage à l'économie procède exclusivement d'une approche globale ; ce préjudice n'est « individualisable » ni par entreprise fautive, en somme par « part de marché », ni par cocontractant « victime » (▪ Paris, 19 janv. 2010, préc. ▪ Aut. conc., déc. n° 10-D-28, 20 sept. 2010 : *Contrats, conc. consom.* 2010, comm. 278, obs. G. Decocq ; *RD conc.* 2010, n° 4, p. 208, obs. Ch. Lemaire ; *Rev. Lamy conc.* 2011, n° 1726, obs. V. Selinsky ; réf. par ▪ Paris, 23 févr. 2012 : *Contrats, conc. consom.* 2012, comm. 104, obs. D. Bosco ; *RD bancaire et fin.* 2012, étude 18, note J. Lucas et Th. Schrepel ; partiellement censurée sur la question des interventions volontaires par ▪ Cass. com.,

14 avr. 2015, n° 12-15.971 : *RD conc.* 2015, n° 3, p. 153, obs. C. L., et sur renvoi ▪ Paris, 21 déc. 2017, n° 15/17638 : *Concurrences* 2018/2, p. 66, obs. L. Bernardeau, confirmant la décision de l'Autorité tout en réformant le montant de certaines amendes. – Et de nouveau censurée par ▪ Cass. com., 29 janv. 2020, n°s 18-10.967 et 18-11.001 : *Contrats, conc. consom.* 2020/3, comm. 49, note. D. Bosco).

Le dommage à l'économie provoqué par la concertation ne se réduit pas au préjudice subi par le client mais résulte aussi de la perturbation générale apportée au fonctionnement normal du marché (▪ Paris, 11 mai 2010 : *Contrats, conc. consom.* 2010, comm. 184, obs. G. Decocq).

Pour déterminer, en application de l'article L. 464-2, le dommage à l'économie résultant de pratiques anticoncurrentielles, une cour d'appel a pu, sans se fonder sur une présomption de dommage reposant sur l'existence d'ententes anticoncurrentielles, retenir, pour évaluer le surprix payé par les clients, les estimations du Conseil de la concurrence, qui, comme toute estimation, étaient affectées d'un coefficient d'incertitude mais étaient fondées sur une méthode scientifiquement reconnue consistant à comparer les prix effectivement pratiqués sur le marché affecté par les pratiques anticoncurrentielles et ceux des concurrents étrangers sur ce marché ou ceux des sociétés auteurs des pratiques anticoncurrentielles sur d'autres marchés, après avoir éliminé l'influence d'autres facteurs explicatifs de différence de prix entre ces situations (▪ Cass. com., 12 juill. 2011 : *Contrats, conc. consom.* 2011, comm. 244, obs. G. Decocq ; *RJDA* 2011, n° 962 ; rejet pourvoi contre ▪ Paris, 15 avr. 2010 : *Contrats, conc. consom.* 2010, comm. 159, obs. G. Decocq ; *RD conc.* 2010, n° 3, p. 91, obs. F. Marty ; *Rev. Lamy conc.* 2010, n° 1633, obs. A. Mexis ; sur renvoi de ▪ Cass. com., 7 juill. 2009 : *Bull. civ.* IV, n° 97 ; *Contrats, conc. consom.* 2009, comm. 227, obs. G. Decocq ; *RJDA* 2010, n° 297 ; cass. partielle de ▪ Paris, 6 mai 2008 : *Contrats, conc. consom.* 2008, comm. 184, obs. G. Decocq ; *RD conc.* 2008, n° 3, p. 95, obs. C. Prieto ; réf. de ▪ Cons. conc., déc. n° 07-D-08, 12 mars 2007 : *RJDA* 2007, n° 558 ; *RD conc.* 2007, n° 2, p. 116, obs. C. Prieto ; *Rev. Lamy conc.* 2007, n° 821, obs. V. Selinsky).

Lorsque l'Autorité examine dans une seule et même décision deux abus de position dominante de même nature, mais mis en œuvre par des opérateurs différents, elle apprécie, en principe, de manière séparée l'importance du dommage causé par chacune de ces infractions (▪ Aut. conc., déc. n° 12-D-24, 13 déc. 2012 : *Rev. Lamy conc.* 2013/35, n° 2267, obs. V. Selinsky ; sursis à statuer de ▪ Paris, 19 juin 2014, rejet des moyens de procédure et renvoi pour avis à la Commission européenne : *Contrats, conc. consom.* 2014, comm. 197, obs. G. Decocq. Conf. partielle de la décision de l'Autorité par ▪ Paris, 19 mai 2016 réduisant les sanctions de 20 % et sur pourvoi rejeté ▪ Cass. com., 5 avr. 2018, n° 16-19.186 : *Contrats, conc. consom.* 2018, comm. 92, obs. D. Bosco).

11) Réitération des pratiques. *Notion.* La réitération des pratiques est depuis longtemps considérée par le Conseil de la concurrence comme une circonstance aggravante justifiant une élévation de la sanction notamment au regard de l'objectif de dissuasion que poursuit sa politique de sanctions. La loi NRE du 15 mai 2001 a expressément fait de la réitération un déterminant des sanctions pécuniaires prononcées par le Conseil (▪ Cons. conc., déc. n° 07-D-33, 15 oct. 2007 : *D.* 2007, p. 2668, obs. E. Chevrier ; *Contrats, conc. consom.* 2007, comm. 307, obs. D. Bosco ; *RTD com.* 2007, 63, obs. E. Claudel ; *RD conc.* 2007, n° 4, p. 131, obs. Ch. Momège ; *Rev. Lamy conc.* 2008, n° 965, obs. P. Arhel).

Concernant l'article L. 464-2, en ce qu'il permet de tenir compte de la réitération de pratiques anticoncurrentielles prohibées pour la fixation de la sanction pécuniaire, la question posée ne présente pas de caractère sérieux en ce que les termes « réitération de pratiques prohibées » sont suffisamment précis au regard de l'exigence constitutionnelle de clarté de la loi qui s'applique à toute sanction ayant le caractère d'une punition ; d'où il suit qu'il n'y a pas lieu de la renvoyer au Conseil constitutionnel (▪ Cass. com., QPC, 17 sept. 2010, n° 10-13.686 : *Lettre distrib.* 2010/10).

La notion de réitération en droit de la concurrence connaît un régime juridique *sui generis* qui doit être distingué de notions voisines du droit pénal, telles la récidive et la réitération (▪ Cons. conc., déc. n° 07-D-33, 15 oct. 2007, préc.).

12) Réitération des pratiques. *Régime.* Il n'est possible de retenir la réitération d'éventuelles pratiques prohibées par le titre II du livre IV du Code de commerce que si ces pratiques ont déjà fait l'objet d'un constat d'infraction. N'entrent pas dans cette catégorie les pratiques qui ont justifié le prononcé de mesures conservatoires dans l'attente de la décision au fond, ni celles qui ont donné lieu à des décisions acceptant et rendant obligatoires, sur le fondement du I de l'article L. 464-2, des engagements proposés par les entreprises. En revanche, toute décision constatant une infraction doit être prise en compte au titre de la réitération, quelle que soit la suite à laquelle elle a donné lieu (injonction, amende, publication, ...) (▪ Cons. conc., déc. n° 07-D-33, 15 oct. 2007, préc.). *Rappr.* ▪ Cons. conc., déc. n° 07-D-08, 12 mars 2007 : *RJDA* 2007, n° 558 ; *RD conc.* 2007, n° 2, p. 116, obs. C. Prieto ; *Rev. Lamy conc.* 2007, n° 821, obs. V. Selinsky ; réf. par ▪ Paris, 6 mai 2008 : *Contrats, conc. consom.* 2008, comm. 184, obs. G. Decocq ; *RD conc.* 2008, n° 3, p. 95, obs.

C. Prieto ; cass. partielle par ▪ Cass. com., 7 juill. 2009 : *Bull. civ.* IV, n° 97 ; *Contrats, conc. consom.* 2009, comm. 227, obs. G. Decocq ; *RJDA* 2010, n° 297 ; sur renvoi, ▪ Paris, 15 avr. 2010 : *Contrats, conc. consom.* 2010, comm. 159, obs. G. Decocq ; *RD conc.* 2010, n° 3, p. 91, obs. F. Marty ; *Rev. Lamy conc.* 2010, n° 1633, obs. A. Mexis ; rejet pourvoi par ▪ Cass. com., 12 juill. 2011 : *Contrats, conc. consom.* 2011, comm. 244, obs. G. Decocq ; *RJDA* 2011, n° 962. ▪ Cons. conc., déc. n° 07-D-47, 18 déc. 2007 : *Rev. Lamy conc.* 2008, n° 1071, obs. V. Selinsky. ▪ Cons. conc., déc. n° 09-D-04, 27 janv. 2009 : *RD conc.* 2009, n° 2, p. 120, obs. A. Wachsmann ; *Rev. Lamy conc.* 2009, n° 1336, obs. P. Arhel. ▪ Aut. conc., déc. n° 10-D-28, 20 sept. 2010 : *Contrats, conc. consom.* 2010, comm. 278, obs. G. Decocq ; *RD conc.* 2010, n° 4, p. 208, obs. Ch. Lemaire ; *Rev. Lamy conc.* 2011, n° 1726, obs. V. Selinsky ; réf. par ▪ Paris, 23 févr. 2012 : *Contrats, conc. consom.* 2012, comm. 104, obs. D. Bosco ; *RD bancaire et fin.* 2012, étude 18, note J. Lucas et Th. Schrepel ; partiellement censurée sur la question des interventions volontaires par ▪ Cass. com., 14 avr. 2015, n° 12-15.971 : *RD conc.* 2015, n° 3, p. 153, obs. C. L., et sur renvoi ▪ Paris, 21 déc. 2017, n° 15/17638 : *Concurrences* 2018/2, p. 66, obs. L. Bernardeau, confirmant la décision de l'Autorité tout en réformant le montant de certaines amendes. – Et de nouveau censurée par ▪ Cass. com., 29 janv. 2020, n°s 18-10.967 et 18-11.001 : *Contrats, conc. consom.* 2020/3, comm. 49, note. D. Bosco.

Si le droit pénal exige, pour que la récidive puisse être retenue, que la première condamnation soit devenue définitive avant la commission de faits nouveaux, une telle exigence ne saurait être posée pour la qualification d'une réitération en droit de la concurrence dès lors que, selon les termes de l'article L. 464-8, les recours contre les décisions du Conseil de la concurrence devant la Cour d'appel de Paris n'ont pas d'effet suspensif (même déc.).

La réitération a pour objet d'appréhender les cas dans lesquels une entreprise précédemment sanctionnée pour un type particulier de comportement, met de nouveau en œuvre des pratiques identiques ou similaires. Les pratiques peuvent être identiques ou similaires par leur même objet anticoncurrentiel, critère qui renvoie pour l'essentiel à la base légale utilisée pour les qualifier. Mais elles peuvent aussi être identiques ou similaires par leur même effet anticoncurrentiel, critère qui transcende au contraire les qualifications légales (même déc.).

Ainsi, des pratiques d'entente et des comportements unilatéraux peuvent rechercher le même effet d'éviction à l'égard de concurrents sur un marché, sans pour autant relever du même régime de prohibition (▪ Aut. conc., déc. n° 12-D-24, 13 déc. 2012 : *Rev. Lamy conc.* 2013/35, n° 2267, obs. V. Selinsky ; sursis à statuer de ▪ Paris, 19 juin 2014, rejet des moyens de procédure et renvoi pour avis à la Commission européenne : *Contrats, conc. consom.* 2014, comm. 197, obs. G. Decocq. Conf. partielle de la décision de l'Autorité par ▪ Paris, 19 mai 2016 réduisant les sanctions de 20 % et sur pourvoi rejeté ▪ Cass. com., 5 avr. 2018, n° 16-19.186 : *Contrats, conc. consom.* 2018, comm. 92, obs. D. Bosco).

Le législateur n'a pas fixé de limite à la prise en compte de décisions antérieures pour établir la réitération. En conséquence, le Conseil de la concurrence dispose d'une marge d'appréciation pour déterminer les périodes au cours desquelles il tiendra compte des infractions précédemment constatées (▪ Cons. conc., déc. n° 07-D-33, 15 oct. 2007, préc.). Rappr. ▪ Cons. conc., déc. n° 08-D-13, 11 juin 2008 : *Contrats, conc. consom.* 2008, comm. 181, obs. D. Bosco ; *RD conc.* 2008, n° 3, p. 91, obs. E. Claudel et p. 140, obs. Ch. Lemaire ; *Rev. Lamy conc.* 2008, n° 1199, obs. V. Selinsky.

Néanmoins, le principe de proportionnalité invite à ce que la période de temps écoulée entre les pratiques incriminées et le ou les constats d'infraction antérieurs soit prise en compte notamment pour apprécier, à l'aune de l'objectif de dissuasion, la propension de l'entreprise à s'affranchir des règles de concurrence. La réitération de pratiques sanctionnées vingt ans auparavant n'appelle pas *a priori* la même réponse que celles qui l'ont été trois ans plus tôt (▪ Cons. conc., déc. n° 08-D-32, 16 déc. 2008, préc.). *Rappr.* ▪ Cons. conc., déc. n° 08-D-13, 11 juin 2008, préc.

Pour apprécier le délai écoulé, il convient de comparer la date du premier constat d'infraction à celle du début des nouvelles pratiques. Si un tel délai ne fait pas juridiquement obstacle à ce que soit prise en compte la réitération, le Conseil n'entend pas opposer cette dernière aux entreprises au-delà de vingt ans (▪ Cons. conc., déc. n° 07-D-33, 15 oct. 2007, préc.).

La détermination du taux de majoration de 50 % n'est pas le reflet arithmétique du nombre de constats d'infraction antérieurs, mais résulte d'une appréciation globale par l'Autorité, qui témoignent, au vu de l'ensemble des éléments de réitération, de la forte propension de l'entreprise à s'affranchir des règles de la concurrence (▪ Aut. conc., déc. n° 12-D-24, 13 déc. 2012 : *Rev. Lamy conc.* 2013/35, n° 2267, obs. V. Selinsky ; sursis à statuer de ▪ Paris, 19 juin 2014, rejet des moyens de procédure et renvoi pour avis à la Commission européenne : *Contrats, conc. consom.* 2014, comm. 197, obs. G. Decocq. Conf. partielle de la décision de l'Autorité par ▪ Paris, 19 mai 2016 réduisant les sanctions de 20 % et sur pourvoi rejeté ▪ Cass. com., 5 avr. 2018, n° 16-19.186 : *Contrats, conc. consom.* 2018, comm. 92, obs. D. Bosco).

Les modifications d'organisation ou le renouvellement du personnel constatés depuis la précédente pratique sont sans incidence, dès lors que la réitération vise le renouvellement des pratiques, indépendamment de toute référence au contexte interne, nécessairement évolutif, de l'entreprise. C'est la personne morale qui assume la continuité juridique ou économique de l'entreprise auteur de la première infraction qui, en renouvelant les pratiques, commet une réitération (▪ Cons. conc., déc. n° 08-D-13, 11 juin 2008, préc.).

Si le Conseil doit prendre en compte la réitération de pratiques anti-concurrentielles au titre des critères aggravants de la sanction, l'absence d'infraction antérieure constitue une circonstance normale dont l'autorité de concurrence n'a pas à tenir compte comme circonstance atténuante (▪ Cons. conc., déc. n° 07-D-48, 18 déc. 2007 : *Contrats, conc. consom.* 2008, comm. 49, obs. D. Bosco ; *RD conc.* 2008, n° 1, p. 113, obs. E. Claudel et p. 174, obs. Ch. Lemaire ; *Rev. Lamy conc.* 2008, n° 1070, obs. V. Selinsky ; conf. par ▪ Paris, 25 févr. 2009 : *Contrats, conc. consom.* 2009, comm. 108, obs. G. Decocq).

Semblablement, si la réitération des pratiques et leur poursuite malgré l'enquête sont un facteur d'aggravation de la sanction, l'absence de réitération comme l'arrêt des pratiques à la suite de l'enquête ne sauraient constituer en elles-mêmes des circonstances atténuantes (▪ Cons. conc., déc. n° 08-D-12, 21 mai 2008 : *Contrats, conc. consom.* 2008, comm. 181, obs. D. Bosco ; *RD conc.* 2008, n° 3, p. 89, obs. E. Claudel ; *Rev. Lamy conc.* 2008, n° 1129, obs. P. Arhel).

La circonstance aggravante fondée sur la réitération de pratiques anticoncurrentielles peut être retenue pour de nouvelles pratiques identiques ou similaires, par leur objet ou leurs effets, à celles ayant donné lieu au précédent constat d'infraction, sans que cette qualification n'exige une identité quant à la pratique mise en œuvre ou quant au marché concerné (▪ Cass. com., 27 sept. 2017, n° 15.20.087 : *JurisData* n° 2017-019307 ; *Contrats conc. consom.* 2017/12, comm. 252, note G. Decocq ; et sur renvoi ▪ Paris, 27 sept. 2018, n° 17/22720 : *Concurrences* 2019/1, p. 89, note F. Marty).

13) Proportionnalité. Ne donne pas de base légale à sa décision la cour d'appel qui maintient une sanction pécuniaire infligée par le Conseil de la concurrence, sans préciser les éléments propres à déterminer le montant maximum de la sanction prévue par l'article 13, alinéa 3 de l'ordonnance de décembre 1986 (devenu C. com., art. L. 464-2, al. 4), et sans apprécier s'il existait une proportionnalité entre la peine prononcée et la gravité des faits relevés et le dommage porté à l'économie du marché de référence (▪ Cass. com., 10 mars 1992 : *Bull. civ.* IV, n° 111 ; *D.* 1992, 355, note Ch. Gavalda ; cass. de ▪ Paris, 21 mai 1990 : *D.* 1990, 523, note Ch. Gavalda). En ce sens, V. ▪ Cass. com., 6 oct. 1992 : *Bull. civ.* IV, n° 294 ; *Contrats, conc. consom.* 1992, comm. 205, obs. L. Vogel ; *RJDA* 1993, n° 44. ▪ Cass. com., 8 déc. 1992 : *Bull. civ.* IV, n° 404. ▪ Cass. com., 23 avr. 2003, n° 01-16.124 : *BOCC* 11 août 2003.

Le fait d'avoir prononcé la sanction proposée sur la base de quatre griefs notifiés alors que deux griefs avaient été abandonnés ne peut constituer une atteinte au principe de proportionnalité dès lors qu'il n'est pas établi que les pratiques abandonnées auraient eu des effets anticoncurrentiels autonomes par rapport à ceux engendrés par celles sanctionnées (▪ Paris, 19 mai 1998, n° 97/18715 : *JurisData* n° 1998-021589 ; *BOCC* 1998, p. 339).

En se déterminant par des motifs impropres à établir l'appréciation concrète de la proportionnalité de la sanction prononcée, à la gravité des faits reprochés, au dommage à l'économie et à la situation de chacune des entreprises concernées, la cour d'appel n'a pas légalement justifié sa décision (▪ Cass. com., 14 déc. 1999, n° 98-13.401 : *JurisData* n° 1999-004509 ; *Contrats, conc. consom.* 2000, comm. 44, obs. M. Malaurie-Vignal).

Les dispositions de l'article L. 464-2 commandent seulement de vérifier que la sanction prononcée répond au principe de proportionnalité selon les critères qu'il énumère, sans qu'il y ait lieu de comparer l'application qui en a été faite à d'autres entreprises également sanctionnées ou de se référer aux Lignes directrices pour le calcul des amendes que la Commission européenne a publiées pour son seul usage (▪ Paris, 20 nov. 2007, n° 2006/21159 : *JurisData* n° 2007-350030 ; *Contrats, conc. consom.* 2008, comm. 19, obs. G. Decocq ; *RD conc.* 2008, n° 1, p. 111, obs. E. Claudel).

14) Assiette et calcul. L'article L. 464-2 ne prévoit pas que le chiffre d'affaires des entreprises constitue l'assiette exclusive des sanctions que le Conseil de la concurrence peut infliger. Il ne fait référence au chiffre d'affaires que pour déterminer le montant maximum de la sanction qui peut être prononcée (▪ Cons. conc., déc. n° 09-D-05, 2 févr. 2009 : *BOCC* 18 févr. 2009 ; *RD conc.* 2009, n° 2, p. 104, obs. L. Nicolas-Vullierme et p. 185, obs. Ch. Momège ; conf. par ▪ Paris, 26 janv. 2010, n° 2009/03532 : *JurisData* n° 2010-000336 ; *RD conc.* 2010, n° 2, p. 72, obs. L. Nicolas-Vullierme ; *Rev. Lamy conc.* 2010, n° 1603, obs. M. Lavedan ; rejet pourvoi par ▪ Cass. com., 29 mars 2011 : *Contrats, conc. consom.* 2011, comm. 145, obs. G. Decocq ; *RJDA* 2011, n° 841 ; *RD conc.* 2011, n° 3, p. 185, obs. Ch. Lemaire et S. Naudin ; *Rev. Lamy conc.* 2011, n° 1841, obs. S. Cholet).

La seule circonstance que le Conseil ait retenu, pour calculer le montant de la sanction prononcée, un pourcentage du chiffre d'affaires égal à celui pris comme référence dans l'appréciation des sanctions prononcées contre d'autres parties dans la même cause ne suffit pas à caractériser le reproche de manquement à l'obligation d'individualiser la sanction prescrite par l'article L. 464-2, la commune unité de mesure ne faisant pas l'unité de l'objet mesuré (▪ Paris, 4 mars 2008 : *D.* 2008, p. 913, obs. E. Chevrier ; *Contrats, conc. consom.* 2008, comm. 135, obs. G. Decocq ; *RD conc.* 2008, n° 2, p. 108, obs. E. Claudel).

Si les sanctions doivent tenir compte des rôles respectifs joués par chaque entreprise, elles doivent néanmoins être fixées de manière individuelle et non relativement à celles prononcées à l'encontre d'autres entreprises (▪ Paris, 24 juin 2008 : *D.* 2008, p. 1895, obs. E. Chevrier ; *Contrats, conc. consom.* 2008, comm. 208, obs. G. Decocq ; *RJDA* 2008, n° 1052 ; *RD conc.* 2008, n° 3, p. 137, obs. Ch. Lemaire ; cassé, sur un autre point, par ▪ Cass. com., 13 oct. 2009 : *Bull. civ.* IV, n° 125 ; *Contrats, conc. consom.* 2009, comm. 294, obs. G. Decocq ; *RJDA* 2010, n° 177). En ce sens, V. ▪ Paris, 11 mai 2010 : *Contrats, conc. consom.* 2010, comm. 184, obs. G. Decocq.

Dans le cas d'une entente entre la société définissant la politique commerciale d'un franchiseur et le groupement de commerçants indépendants liés à celui-ci par un contrat de franchise, doit être retenu, pour déterminer l'assiette du montant maximal de la sanction encourue, le chiffre d'affaires de la seule société, à l'exclusion de celui concernant les différentes entreprises liées au franchiseur par un contrat de franchise (▪ Cass. com., 27 janv. 1998 : *RJDA* 1998, n° 799).

Les sociétés en cause dirigeant chacune la stratégie commerciale de leur groupe, le chiffre d'affaires à retenir pour calculer le plafond de la sanction pécuniaire applicable à chacune de ces deux sociétés doit être déterminé sur la base des chiffres d'affaires consolidés de chacun de ces groupes (▪ Cons. conc., déc. n° 92-D-20, 10 mars 1992 : *BOCC* 31 mars 1992). *Comp.* pour l'application du plafond de 10 % au chiffre d'affaires de la société mère conditionnée à la consolidation des comptes de la filiale : ▪ Aut. conc., déc. n° 16-D-09, 12 mai 2016 : *RD conc.* 2016, n° 2, p. 65, obs. L. B. ; Conf. partielle par ▪ Paris, 15 mars 2018, n° 16/14231 : *Contrats, conc. consom.* 2018, comm. 96, obs. G. Decocq).

Il n'est pas interdit au Conseil, et à la cour, de tenir un large compte du chiffre d'affaires propre à chaque société poursuivie, alors même qu'elle consoliderait ses comptes au sein d'un groupe. En effet, si l'article L. 464-2-I évoque le chiffre d'affaires du groupe pour hausser le maximum légal de la sanction, mais aussi pour tenir compte de la taille de l'opérateur, de la possibilité qu'a l'entreprise fautive de s'adosser juridiquement et économiquement à un ensemble plus puissant, la loi n'indique cependant pas qu'il faille s'abstraire du chiffre d'affaires de la société personnellement poursuivie. Cette référence seconde sera même préférée lorsque l'appartenance au groupe n'a joué aucun rôle significatif dans les mécanismes du comportement anticoncurrentiel et lorsque la capacité contributive de l'entreprise poursuivie n'est pas susceptible d'être dépassée par la sanction (▪ Paris, 19 janv. 2010, préc.).

Les sanctions pécuniaires sont déterminées individuellement pour chaque entreprise ou organisme sanctionné et de façon motivée pour chaque sanction. Pour fixer la sanction prononcée à l'encontre de la société contrevenante, l'arrêt retient qu'en raison de son appartenance à un groupe, dont le chiffre d'affaires est particulièrement important, cette société n'est pas fondée à se prévaloir de difficultés financières particulières affectant sa capacité contributive. En se déterminant ainsi, après avoir retenu que la société contrevenante s'était comportée de manière autonome sur le marché, la cour d'appel, qui n'a pas recherché si cette société avait la faculté de mobiliser les fonds nécessaires au règlement de la sanction auprès du groupe auquel elle appartient, a privé sa décision de base légale (▪ Cass. com., 18 févr. 2014 : *Dalloz Act.* 6 mars 2014, obs. E. Chevrier ; *RJDA* 2014, p. 379, chron. S. Treard ; *D.* 2014, p. 1359, note A.-C. Martin ; cass., sur ce point, de ▪ Paris, 11 oct. 2012 : *Contrats, conc. consom.* 2012, comm. 285, obs. G. Decocq ; réf., sur un autre point, de ▪ Aut. conc., déc. n° 11-D-02, 26 janv. 2011 : *Contrats, conc. consom.* 2011, comm. 75, obs. C. Prebissy-Schnall ; *RD conc.* 2011, n° 2, p. 106, obs. N. Jalabert-Doury ; *Rev. Lamy conc.* 2011, n° 1777, note L. Arcelin-Lecuyer, et n° 1807, obs. A. Mexis ; conf. sur renvoi après cassation par ▪ Paris, 28 mai 2015, n° 2014/09272 : *Lettre CREDA* 29 mai 2015, obs. A. Ronzano ; *RD. conc.* 2015, n° 3, p. 151 obs. C. L. V.). Les sanctions pécuniaires prononcées sur le fondement de l'article L. 464-2 du Code de commerce sont déterminées individuellement pour chaque entreprise ou organisme sanctionné et de façon motivée pour chaque sanction. Cette exigence exclut, à l'égard d'une entreprise ayant agi de manière autonome, le relèvement automatique de la sanction en raison de sa seule appartenance à un groupe (▪ Cass. com., 21 oct. 2014, n° 13-16.602 : *JurisData* n° 2014-025035 ; *RD conc.* 2015, n° 1, p. 89, obs. M. D. ; *Contrats, conc. consom.* 2015, comm. 15, obs. G. Decocq ; sur renvoi après cassation : ▪ Paris, 21 janv. 2016 : *RD conc.* 2016, n° 2, p. 100, obs. E. Thomas). – *Adde* ▪ Cass. com., 24 juin 2020, n° 17-20.177 : *Concurrences* 2020/4, p. 124, note E. Thomas, rejetant le pourvoi contre ▪ Paris,

23 mai 2017, n° 15/08224 : *Concurrences* 2017/3, p. 70, note E. Thomas, réf. partiellement ▪ Aut. conc., déc. n° 15-D-03, 11 mars 2015 : *RD conc.* 2015, n° 2, p. 91 obs. M. Behar-Touchais.

Si le Code de commerce, en ne se référant pas au chiffre d'affaires lié au marché en cause, mais uniquement au chiffre d'affaires mondial consolidé ou combiné, n'impose pas à l'Autorité de procéder de la sorte, il reste que la valeur des ventes de l'ensemble des catégories de produits en relation avec l'infraction effectuées en France par chacune des entreprises en cause, durant son dernier exercice comptable complet de participation à l'infraction, pourra être utilement retenue comme assiette de leur sanction respective (▪ Aut. conc., déc. n° 11-D-17, 8 déc. 2011 : *RD conc.* 2012, n° 1, p. 98, obs. N. Jalabert-Doury ; *Rev. Lamy conc.* 2012, n° 2026, obs. J.-L. Respaud, et n° 2050, obs. P. Patat et Ph. Guibert). En ce sens, V. ▪ Aut. conc., déc. n° 11-D-19, 15 déc. 2011 : *Rev. Lamy conc.* 2012, n° 2028, obs. P. Arhel ; conf. par ▪ Paris, 16 mai 2013 : *Contrats, conc. consom.* 2013, comm. 166, obs. G. Decocq ; *Rev. Lamy conc.* 2013/36, n° 2337, obs. V. Selinsky. ▪ Aut. conc., déc. n° 12-D-27, 20 déc. 2012 : *Contrats, conc. consom.* 2013, comm. 62, obs. D. Bosco ; *Rev. Lamy conc.* 2013/35, n°s 2270 et 2272, obs. V. Selinsky.

Il n'y a pas lieu de se limiter au chiffre d'affaires concernant les produits ou services constituant le marché pertinent sur lequel les pratiques ont été constatées. Ainsi, justifie légalement sa position la cour d'appel qui, se référant à l'article 13 de l'ordonnance de décembre 1986 (devenu C. com., art. L. 464-2), relève qu'il n'y a pas lieu d'exclure du chiffre d'affaire pris en compte la production de granit destinée à d'autres utilisations que les équipements de voirie sur lesquels étaient constatées les pratiques prohibées (▪ Cass. com., 21 juin 1994 : *Bull. civ.* IV, n° 234). De même, la cour d'appel peut retenir le montant du chiffre d'affaires hors taxe global de la société pour le dernier exercice connu et non celui réalisé dans le seul secteur d'activité concerné par les pratiques anticoncurrentielles (▪ Cass. com., 3 mai 1995 : *Bull. civ.* IV, n° 129). En ce sens, V. aussi ▪ Cass. com., 13 mai 1997, n° 95-12.996 : *JurisData* n° 1997-002221 ; *BOCC* 30 juill. 1997. ▪ Paris, 15 sept. 1995 : *JurisData* n° 1995-023537 ; *D.* 1996, somm. 177, obs. Ch. Gavalda et Cl. Lucas de Leyssac.

L'exercice de référence est le dernier clos au moment où le Conseil de la concurrence sanctionne les agissements incriminés (▪ Cass. com., 30 mai 1995 : *Bull. civ.* IV, n° 164 ; *D.* 1995, inf. rap. 186).

Le dernier exercice clos à prendre en considération pour déterminer l'assiette de la sanction est celui clos au moment où le Conseil de la concurrence a été appelé à statuer, peu important que la décision de celui-ci ait été ultérieurement annulée (▪ Cass. com., 13 juill. 2004 : *Bull. civ.* IV, n° 163 ; *D.* 2004, p. 2375 ; *Rev. Lamy conc.* 2005, n° 58, obs. B. Cheynel).

Dès lors qu'à la suite d'une fusion, la nouvelle société a assuré la continuité juridique et économique de la société auteur des pratiques anticoncurrentielles, l'assiette de la sanction pécuniaire est légalement déterminée par son seul chiffre d'affaires (▪ Cass. com., 28 janv. 2003 : *Bull. civ.* IV, n° 12 ; *D.* 2003, p. 553, obs. E. Chevrier ; *Contrats, conc. consom.* 2003, comm. 57, obs. M. Malaurie-Vignal ; *RJDA* 2003, n° 652. *Comp.* ▪ Cass. com., 23 juin 2004 : *Bull. civ.* IV, n° 132 ; *D.* 2004, p. 2439 ; *Contrats, conc. consom.* 2004, comm. 159, obs. M. Malaurie-Vignal ; *RJDA* 2005, n° 80 ; *Rev. Lamy conc.* 2005, n° 135, obs. J. Peyre).

Il convient de tenir compte, pour chacune des entreprises, de ses capacités contributives, de la part prise dans les comportements sanctionnés ainsi que de l'atteinte portée aux règles de la concurrence dans le cas du marché concerné (▪ Cons. conc., déc. n° 92-D-22, 17 mars 1992 : *BOCC* 24 avr. 1992 ; *Contrats, conc. consom.* 1992, comm. 101, obs. L. Vogel).

L'ancienneté des faits et la durée de la procédure ne constituent pas un moyen de réduction de la sanction. En outre, aucune distinction ne doit être opérée quant aux branches d'activité de l'entreprise, et on ne saurait dès lors restreindre le chiffre d'affaires de référence aux prestations dédiées à une catégorie de clientèle déterminée (▪ Paris, 29 janv. 2008 : *Contrats, conc. consom.* 2008, comm. 83, obs. G. Decocq ; *RD conc.* 2008, n° 2, p. 107, obs. E. Claudel ; *Rev. Lamy conc.* 2008, n° 1069, obs. V. Sélinsky ; conf. de ▪ Cons. conc., déc. n° 06-D-03, 9 mars 2006 : *Rev. Lamy conc.* 2006, n° 547, note V. Sélinsky).

Le Conseil peut réduire le montant de la sanction pour tenir compte des résultats déficitaires de l'entreprise (▪ Cons. conc., déc. n° 07-D-48, 18 déc. 2007, préc.). En ce sens, V. déjà ▪ Cons. conc., déc. n° 01-D-13, 19 avr. 2001 : *BOCC* 25 mai 2001.

La diminution des résultats nets ne constitue pas nécessairement l'indice de difficultés économiques mais, tout au plus, d'une diminution de rentabilité, qui ne constitue pas un critère de détermination de la sanction fixé par l'article L. 464-2 (▪ Aut. conc., déc. n° 13-D-12, 28 mai 2013 : *Contrats, conc. consom.* 2013, alerte 46 ; *Rev. Lamy conc.* 2013/36, n°s 2332 et 2335, obs. V. Selinsky ; déc. annulée par ▪ Paris, 2 févr. 2017, n° 13/13058 : *Concurrences* 2017/2, p. 156, note C. Lemaire et S. Naudin aux motifs que le rapport n'avait pas émis de réserves ou occulté des documents portant des accusations sans fondement contre l'avocat de l'une des entreprises mises en cause ; pourvoi rejeté par ▪ Cass. com., 10 juill. 2018, n°s 17-13.973 et 17-14.140 : *Contrats, conc. consom.* 2018, comm. 181, obs. D. Bosco).

Les éventuelles difficultés du secteur économique concerné par les griefs ne figurent pas parmi les critères à prendre en considération pour la détermination des sanctions figurant au I de l'article L. 464-2 du Code de commerce et ne sauraient constituer des circonstances particulières ou des raisons d'intérêt général de nature à remettre en cause l'application du communiqué sanctions par l'Autorité (■ Aut. conc., déc. n° 15-D-08, 15 mai 2015 : *RD conc.*, 2015, n° 3, p. 71, obs. M. Debroux).

Comp. en droit de l'union européenne : la valeur des ventes d'une entreprise commune à ses sociétés mères peut être prise en compte dans le calcul de la sanction, ces ventes étant considérées comme faites à des « tiers indépendants » (■ CJUE, 23 avr. 2015, aff. C-227/14 P, *LG Display c/ Commission : RD. conc.* 2015, n° 3, p. 59, obs. M. Debroux).

Entreprises « mono-produit » : en application de son communiqué relatif au calcul des sanctions, l'Autorité de la concurrence peut diminuer le montant de l'amende pour tenir compte du fait que l'entreprise concernée mène l'essentiel de son activité sur le secteur ou le marché en relation avec l'infraction (V. une affaire où une entreprise a obtenu une baisse de 90 % : ■ Aut. conc., déc. n° 11-D-19, 15 déc. 2011). Ne peuvent cependant être intégrées dans les termes de l'analyse des valeurs de vente sans lien avec l'infraction, c'est-à-dire des ventes réalisées par des entreprises n'ayant pas participé à l'entente (■ Cass. com., 8 nov. 2017, n° 16-17.226 : *JurisData* n° 2017-023311 ; *Contrats, conc. consom.* 2018/1, comm. 14, note G. Decocq ; *Lettre distrib.* 2017/12, p. 5, obs. K. Biancone).

15) Notion d'entreprise au sens de l'article L. 464-2, I, alinéa 4. Si « toute entité exerçant une activité économique peut, quelle que soit sa forme juridique, faire l'objet d'une sanction fondée sur les articles 102 TFUE et L. 420-2 du Code de commerce, il n'en demeure pas moins que l'article L. 464-2, I, alinéa 4, du Code de commerce institue un plafond de sanctions différent selon que l'entité contrevenante est ou non une entreprise ; qu'en se référant à la notion d'entreprise, le législateur a entendu distinguer les personnes condamnées en fonction de la nature de leurs facultés contributives respectives ; qu'il a ainsi fixé un montant maximum de la sanction pécuniaire, proportionné au montant du chiffre d'affaires pour celles qui sont constituées selon l'un des statuts ou formes juridiques propres à la poursuite d'un but lucratif et fixé en valeur absolue pour les autres contrevenants ; qu'après avoir relevé que l'ECMA était une entité exerçant une activité économique, comme telle soumise aux dispositions de l'article L. 420-2 du Code de commerce qui prohibent l'abus de position dominante, c'est à bon droit que la cour d'appel a retenu que cette association, régie par la loi du 1er juillet 1901, n'était pas pour autant une entreprise au sens de l'article L. 464-2, I, alinéa 4, du Code de commerce et qu'elle en a déduit qu'en déterminant la sanction au regard du maximum légal de trois millions d'euros, l'ADLC avait fait l'exacte application de ce texte, qui ne distingue pas selon que le contrevenant, qui n'est pas une entreprise, réalise ou non un chiffre d'affaires » (■ Cass. com., 8 févr. 2017, n° 15-15.005 : *JurisData* n° 2015-022145 ; *Contrats, conc. consom.* 2017/6, comm. 133, note D. Bosco ; *Lettre distrib.* mars 2017, obs. K. Biancone).

16) Constitutionnalité du dispositif. En se référant à la notion d'entreprise (1re phrase du 4e alinéa du I, distinguant selon que le contrevenant est ou non une entreprise), le législateur a entendu distinguer les personnes condamnées en fonction de la nature de leurs facultés contributives respectives ; qu'il a ainsi fixé un montant maximum de la sanction pécuniaire proportionné au montant du chiffre d'affaires pour celles qui sont constituées selon l'un des statuts ou formes juridiques propres à la poursuite d'un but lucratif et fixé en valeur absolue le montant de ladite sanction pour les autres contrevenants ; que la différence de traitement résultant des dispositions contestées est en rapport direct avec l'objet de la loi qui l'établit ; que le grief tiré de la méconnaissance du principe d'égalité doit être écarté (...) ; qu'en différenciant, pour fixer le montant maximum de la sanction, les contrevenants qui sont constitués sous l'un des statuts ou formes juridiques propres à la poursuite d'un but lucratif et les autres, le législateur s'est référé à des catégories juridiques précises permettant de déterminer la peine encourue avec une certitude suffisante ; que le grief tiré de la méconnaissance du principe de légalité des peines doit être écarté (■ Cons. const., 7 janv. 2016, déc. n° 2015-510 QPC : *Contrats, conc. consom.* 2016, comm. 75, obs. D. Bosco) ; V. également : conformité à la Constitution, des dispositions relatives au montant maximum de la sanction infligée à une entreprise (■ Cons. const., 14 oct. 2015, déc. n° 2015-489 QPC).

IV – PUBLICATION

17) Si l'article 13, alinéa 4 de l'ordonnance de décembre 1986 (devenu C. com., art. L. 464-2, I, al. 5) ne prévoit la publication dans les journaux que pour les décisions du Conseil de la concurrence et que son article 15 (devenu C. com., art. L. 464-8) ne prescrit la publication des décisions de la cour d'appel que dans le *BOCCRF*, la cour d'appel, qui a retenu qu'il était légitime que les professionnels avisés du recours formé contre la décision du Conseil de la concurrence aient également connaissance de la décision de la cour d'appel, n'a pas excédé son pouvoir en ordonnant la publication d'un communiqué dans des journaux (■ Cass. com., 14 janv. 1992 : *Bull. civ.* IV, n° 16 ; *RJDA* 1992, n° 365).

Comp., jugeant que la publication est une sanction complémentaire et que, dès lors que la décision déférée n'y recourt pas, il n'est pas permis à la Cour d'y procéder en aggravant ainsi le sort des entreprises condamnées (■ Paris, 19 janv. 2010 : *Contrats, conc. consom.* 2010, comm. 78, obs. G. Decocq ; *Rev. Lamy conc.* 2010, n° 1592, obs. S. Destours ; conf. de ■ Cons. conc., déc. n° 09-D-07, 12 févr. 2009 : *Rev. Lamy conc.* 2009, n° 1351, obs. S. Destours ; rejet pourvoi par ■ Cass. com., 7 juin 2011 : *Contrats, conc. consom.* 2011, comm. 195, obs. G. Decocq ; *RJDA* 2011, n° 960).

Rappr., jugeant que la cour d'appel, qui retient qu'il y a lieu de faire connaître son arrêt réformant une décision qui a elle-même été portée à la connaissance du public par son auteur, n'excède pas son pouvoir en ordonnant la publication d'un communiqué, dans des conditions identiques à celles de la décision réformée, peu important que l'arrêt confirme ou infirme la sanction imposée par la décision (■ Cass. com., 17 janv. 2012 : *Bull. civ.* IV, n° 7 ; *D.* 2012, p. 277, obs. E. Chevrier ; *Contrats, conc. consom.* 2012, comm. 75, obs. G. Decocq ; *RJDA* 2012, n° 532 ; *RD conc.* 2012, n° 2, obs. A. Lacresse ; *Rev. Lamy conc.* 2012, n° 2030, obs. S. Cholet, et n° 2056, obs. G. Fabre ; rejet pourvoi contre ■ Paris, 27 janv. 2011 : *Contrats, conc. consom.* 2011, comm. 70, obs. G. Decocq ; *RD conc.* 2011, n° 2, p. 114, obs. A.-L. Sibony ; *Rev. Lamy conc.* 2011, n° 1786, obs. S. Cholet et n° 1811, obs. E. Barbier de la Serre ; renvoi de ■ Cass. com., 3 mars 2009 : *Bull. civ.* IV, n° 30 ; *Contrats, conc. consom.* 2009, comm. 142, obs. G. Decocq ; *RJDA* 2009, n° 893 ; *RD conc.* 2009, n° 2, p. 118, obs. A.-L. Sibony ; cass. de ■ Paris, 2 avr. 2008 : *Contrats, conc. consom.* 2008, comm. 167, obs. G. Decocq ; renvoi de ■ Cass. com., 10 mai 2006 : *Bull. civ.* IV, n° 115 ; *Contrats, conc. consom.* 2006, comm. 140, obs. G. Decocq ; *RD conc.* 2006, n° 3, p. 98, obs. A. Wachsmann ; *Rev. Lamy conc.* 2006, n° 555, obs. M. Dumarcay ; *RJDA* 2006, n° 958 ; cass. de ■ Paris, 12 avr. 2005 : *BOCC* 2005, p. 492 ; réformation de ■ Cons. conc., 14 oct. 2004, déc. n° 04-D-48 : *BOCC* 2005, p. 48 ; *Rev. Lamy conc.* 2005, n° 30, obs. V. Selinsky).

La diffusion par le Conseil de la concurrence d'un communiqué de presse annonçant le prononcé de sa décision ne constitue pas une mesure de publication au sens de l'article 13 de l'ordonnance de décembre 1986 (devenu C. com., art. L. 464-2) et ne peut par conséquent faire l'objet d'un recours devant la Cour d'appel de Paris (■ Paris, 15 juin 1999 : *JurisData* n° 1999-128966 ; *Contrats, conc. consom.* 1999, comm. 142, obs. M. Malaurie-Vignal) ; *Comp.* Sont susceptibles de recours en annulation les « avis, recommandations, mises en garde et prises de position adoptés par les autorités de régulation dans l'exercice des missions dont elles sont investies », lorsqu'ils « revêtent le caractère de dispositions générales et impératives ou énoncent des prescriptions individuelles dont ces autorités pourraient ultérieurement censurer la méconnaissance » ou « sont de nature à produire des effets notables, notamment de nature économique, ou ont pour objet d'influer de manière significative sur les comportements des personnes auxquelles ils s'adressent » (■ CE, 21 mars 2016, n°s 368082 et 390023).

La cour d'appel ayant constaté que le titre de la publication retenu précise bien l'objet et l'identité de la personne sanctionnée et correspond à la teneur de la décision prononcée par le Conseil de la concurrence, d'où il ressort que le Conseil n'a fait qu'user du pouvoir d'ordonner la publication qui lui est attribué (■ Cass. com., 9 mai 2001 : *Bull. civ.* IV, n° 85 ; *RJDA* 2001, n° 1264).

La publication des paragraphes de la décision du Conseil de la concurrence qui énoncent, en termes détaillés, les charges retenues contre des personnes physiques ayant pris une part personnelle et déterminante dans la conception, l'organisation ou la mise en œuvre de pratiques anticoncurrentielles pour justifier la transmission du dossier au procureur de la République, en application de l'article L. 462-6, alinéa 2, est de nature à porter atteinte, de façon irréparable, à la présomption d'innocence qui bénéficie aux intéressés (■ Paris, 22 sept. 2004 : *D.* 2004, p. 2788 ; *RTD com.* 2005, 280, obs. E. Claudel).

La couverture médiatique à laquelle la décision du Conseil a donné lieu quand elle a été rendue est une information qui ne peut juridiquement se substituer à la publication ordonnée par le Conseil ni dispenser les entreprises concernées de leur obligation de respecter l'injonction (■ Cons. conc., déc. n° 05-D-08, 9 mars 2005 : *D.* 2005, p. 1349, obs. E. Chevrier ; *RTD com.* 2005, 278, obs. E. Claudel ; *RD conc.* 2005, n° 2, p. 93, obs. V. Michel-Amsellem ; *Rev. Lamy conc.* 2005, n° 826, obs. B. Cheynel).

L'injonction d'adresser, par lettre recommandée, un résumé de la décision du Conseil de la concurrence, en ce qu'elle est destinée à des personnes qui ne sont pas concernées directement par les pratiques sanctionnées est injustifiée et doit être supprimée (■ Paris, 12 déc. 2006 : *D.* 2007, p. 221, obs. E. Chevrier ; *Contrats, conc. consom.* 2007, comm. 49, obs. M. Malaurie-Vignal ; *RTD com.* 2007, 50, obs. E. Claudel ; réf. partielle de ■ Cons. conc., déc. n° 05-D-75, 22 déc. 2005 : *BOCC* 2006, p. 728 ; *AJDA* 2006, p. 467, obs. L. Richer ; *Rev. Lamy conc.* 2006, n° 510, obs. S. Destours).

V – ASTREINTE

18) Le Conseil, auquel est reconnu le pouvoir d'infliger une sanction pécuniaire en cas d'inexécution d'une injonction, est le « juge » de l'exécution des injonctions qu'il prononce (■ Paris, 30 mars 2000, n° 2000/04287 : *JurisData* n° 2000-109935 ; *BOCC* 18 oct. 2000).

Le juge de l'exécution n'est pas compétent pour assortir d'une astreinte une décision d'injonction prononcée par le Conseil de la concurrence ou par la Cour d'appel de Paris, statuant dans le cadre de la procédure du recours formé contre cette décision, pour laquelle il existe un régime juridique de sanction spécifique et exclusif mis en œuvre par cette autorité administrative indépendante (■ Cass. com., 3 nov. 2004, n° 00-19.247 : *JurisData* n° 2004-025460 ; *Bull. civ.* IV, n° 189 ; *D.* 2004, p. 3064, obs. E. Chevrier ; *Contrats, conc. consom.* 2005, comm. 9, obs. M. Malaurie-Vignal ; *RJDA* 2005, n° 332 ; *RD conc.* 2005, n° 1, p. 108, obs. V. Michel-Amsellem).

VI – NON-CONTESTATION DES GRIEFS – TRANSACTION

19) Conditions. La procédure dite de « transaction » permet une réduction de la sanction pécuniaire encourue par une entreprise, en contrepartie de la non contestation des griefs qui lui ont été notifiés, et de l'engagement de ne pas réitérer les pratiques. Cette procédure ne saurait s'appliquer en l'espèce puisque aucun grief n'a été notifié (■ Cons. conc., déc. n° 04-D-76, 22 déc. 2004 : *BOCC* 2005, p. 204 ; annulée par ■ Paris, 24 mai 2005 : *BOCC* 2005, p. 643).

La question, visant des dispositions (C. com., art. L. 464-2, I et III relatifs respectivement aux engagements et à la non-contestation des griefs) ayant pour objet de favoriser le rétablissement et le maintien d'une situation normale de concurrence sur le marché concerné, sans méconnaître le droit à un recours juridictionnel effectif, ne présente pas de caractère sérieux au regard des exigences qui s'attachent aux dispositions, règles et principes de valeur constitutionnelle invoqués ; d'où il suit qu'il n'y a pas lieu de la renvoyer au Conseil constitutionnel (■ Cass. com., QPC, 15 oct. 2010 : *Lettre distrib.* 2010/11).

La procédure de non-contestation des griefs prévue au III de l'article L. 464-2 peut, en principe, intervenir à tout moment, entre la réception de la notification de griefs et la notification du rapport aux parties, y compris une fois le délai de remise des observations expiré, dès lors que le rapport du rapporteur n'est pas encore notifié (■ Cons. conc., déc. n° 06-D-03, 9 mars 2006 : *Rev. Lamy conc.* 2006, n° 547, note V. Sélinsky ; conf. par ■ Paris, 29 janv. 2008 : *Contrats, conc. consom.* 2008, comm. 83, obs. G. Decocq ; *RD conc.* 2008, n° 2, p. 107, obs. E. Claudel ; *Rev. Lamy conc.* 2008, n° 1054, obs. V. Sélinsky).

Même si le III de l'article L. 464-2 laisse un large pouvoir d'appréciation au rapporteur général, cette situation ne fait pas obstacle à ce que le Conseil exerce un contrôle – au moins restreint – sur l'usage qu'il fait de cette faculté, dans la mesure où cette appréciation rejaillit sur le montant de la sanction finalement décidée (■ Cons. conc., déc. n° 06-D-09, 11 avr. 2006 : *D.* 2006, p. 1231, obs. E. Chevrier ; *Contrats, conc. consom.* 2006, comm. 110, obs. G. Decocq ; *RTD com.* 2006, 315, n° 5, obs. E. Claudel ; *RJDA* 2006, n° 708 ; *RD conc.* 2006, n° 2, p. 144, obs. Ch. Momège ; *Rev. Lamy dr. aff.* mai 2006, n° 266, obs. V. Selinsky ; *Rev. Lamy conc.* 2006, n° 331, obs. B. Cheynel et, n° 585, obs. E. Barbier de la Serre ; conf. par ■ Paris, 24 avr. 2007 : *Contrats, conc. consom.* 2007, comm. 155, obs. G. Decocq ; *RD conc.* 2007, n° 3, p. 92, obs. E. Claudel ; *Rev. Lamy conc.* 2007, n° 829, obs. V. Selinsky).

Il résulte des dispositions du III de l'article L. 464-2 que l'engagement de la procédure de non-contestation des griefs relève du pouvoir d'appréciation du rapporteur général, sous réserve du contrôle de l'erreur manifeste par l'Autorité, de sorte que les parties ne disposent d'aucun droit à la mise en œuvre de cette procédure (■ Paris, 23 févr. 2012 : *Contrats, conc. consom.* 2012, comm. 104, obs. D. Bosco ; *RD bancaire et fin.* 2012, étude 18, note J. Lucas et Th. Schrepel ; réf., sur autre point, de ■ Aut. conc., déc. n° 10-D-28, 20 sept. 2010 : *Contrats, conc. consom.* 2010, comm. 278, obs. G. Decocq ; *RD conc.* 2010, n° 4, p. 208, obs. Ch. Lemaire ; *Rev. Lamy conc.* 2011, n° 1726, obs. V. Selinsky ; partiellement censurée sur la question des interventions volontaires par ■ Cass. com., 14 avr. 2015, n° 12-15.971 : *RD conc.* 2015, n° 3, p. 153, obs. C. L., et sur renvoi ■ Paris, 21 déc. 2017, n° 15/17638 : *Concurrences* 2018/2, p. 66, obs. L. Bernardeau, confirmant la décision de l'Autorité tout en réformant le montant de certaines amendes. – Et de nouveau censurée par ■ Cass. com., 29 janv. 2020, n°s 18-10.967 et 18-11.001 : *Contrats, conc. consom.* 2020/3, comm. 49, note. D. Bosco).

Le bénéfice de la procédure de non-contestation des griefs peut être accordé à une filiale alors même que sa mère continue de contester l'imputabilité des pratiques (■ Aut. conc., déc. n° 14-D-16, 18 nov. 2014 : *RD conc.* 2015, n° 1, p. 93, obs. A. R. ; conf. en appel : la réduction de l'amende octroyée à la filiale, au titre de la procédure de non-contestation des griefs, ne peut bénéficier à la société mère ■ Paris, 19 mai 2016 : *RD conc.* 2016, n° 2, p. 63, obs. E. T., pourvoi rejeté par ■ Cass. com., 18 oct. 2017, n° 16-19.120 : à paraître au *Bull.* ; *JurisData* n° 2017-020500 ; *Contrats, conc. consom.* 2018/

1, comm. 13, note G. Decocq). Sur l'imputabilité des pratiques, V. sous le même art., annot. n° 7, p. 945.

L'un des effets de la non contestation des griefs étant la dispense d'établissement du rapport, la procédure de transaction n'avait plus d'intérêt une fois franchie cette étape de l'instruction (■ Cons. conc., déc. n° 07-D-50, 20 déc. 2007 : *Contrats, conc. consom.* 2008, comm. 39, obs. M. Malaurie-Vignal ; *RJDA* 2008, n° 328 ; *RD conc.* 2008, n° 1, p. 108, obs. E. Claudel ; *Rev. Lamy conc.* 2008, n° 1058, obs. S. Cholet ; conf. par ■ Paris, 28 janv. 2009 : *Contrats, conc. consom.* 2009, comm. 83, obs. G. Decocq ; *RD conc.* 2009, n° 2, p. 107, obs. L. Nicolas-Vullierme ; rejet pourvoi par ■ Cass. com., 7 avr. 2010 : *Contrats, conc. consom.* 2010, comm. 163, obs. G. Decocq ; *RD conc.* 2010, n° 2, p. 68, obs. L. Nicolas-Vullierme).

20) Calcul de la sanction. L'article L. 464-2 III a pour objet de garantir aux entreprises intéressées que si le conseil accepte les engagements qu'elles ont pris, le plafond légal applicable aux sanctions qu'il édicte est divisé par deux par rapport au régime de droit commun. Toutefois, ces dispositions ne font pas obstacle à ce que, dans la limite de ce nouveau plafond, le Conseil apprécie le montant de la sanction qui aurait été encourue par chaque entreprise et y applique le taux de réfaction qu'il retient compte tenu des propositions faites par le rapporteur général (■ Cons. conc., déc. n° 03-D-10, 20 févr. 2003 : *Contrats, conc. consom.* 2003, comm. 127, obs. M. Malaurie-Vignal ; *JCP* E 2004, 1881, obs. G. Decocq).

La réfaction prévue par l'article L. 464-2 III est applicable au plafond légal puisqu'il renvoie, sans ambiguïté, au montant maximum de la sanction encourue et non pas à la sanction que le Conseil aurait, conformément aux critères posés au I du même article, déterminée (■ Paris, 21 sept. 2004 : *JCP* E 2004, 1881, obs. G. Decocq ; *RTD com.* 2005, p. 68, obs. E. Claudel ; *RD conc.* 2004, p. 89, obs. V. Michel-Amsellem ; *Rev. Lamy conc.* 2005, n° 60, obs. B. Cheynel ; conf. de ■ Cons. conc., déc. n° 03-D-45, 25 sept. 2003 : *D.* 2003, p. 2831, obs. E. Chevrier ; *RJDA* 2004, n° 103 ; *JCP* E 2004, 83, obs. P. Arhel ; *Contrats, conc. consom.* 2004, comm. 7, obs. M. Malaurie-Vignal ; *RD conc.* 2004, p. 89, obs. V. Michel-Amsellem ; rejet pourvoi par ■ Cass. com., 22 nov. 2005 : *Bull. civ.* IV, n° 231 ; *D.* 2006, p. 139, obs. E. Chevrier ; *Contrats, conc. consom.* 2006, comm. 49, obs. M. Malaurie-Vignal ; *RJDA* 2006, n° 462 ; *Rev. Lamy conc.* 2005, n° 60, obs. C. Nourissat).

Lorsqu'est mise en œuvre la procédure prévue au III de l'article L. 464-2, la décision du Conseil, qui examine la proposition du rapporteur général relative à l'aménagement de la sanction pécuniaire éventuellement encourue, tient compte à la fois de la non contestation des griefs et des engagements pris pour l'avenir. Toutefois, la simple renonciation à contester les griefs, qui a principalement pour effet d'alléger et d'accélérer le travail de l'instruction en dispensant de la rédaction du rapport, notamment lorsqu'elle est choisie par l'ensemble des mis en cause, ne peut conduire à accorder aux entreprises en cause qu'une réduction forfaitaire et relativement limitée de la sanction encourue. C'est la qualité des engagements qui peut permettre d'accorder des contreparties plus substantielles dans le cadre de cette procédure (■ Cons. conc., déc. n° 07-D-21, 26 juin 2007 : *Contrats, conc. consom.* 2007, comm. 220, obs. G. Decocq ; *RJDA* 2007, n° 1016 ; *RD conc.* 2007, n° 3, p. 144, obs. Ch. Lemaire ; *Rev. Lamy conc.* 2007, n° 903, obs. V. Selinsky). Rappr. ■ Cons. conc., déc. n° 04-D-65, 30 nov. 2004 : *Contrats, conc. consom.* 2005, comm. 29, obs. M. Malaurie-Vignal ; *Rev. Lamy conc.* 2005, n° 154, obs. B. Cheynel, estimant que l'importance et la crédibilité des engagements souscrits par l'entreprise au cours de la procédure de transaction motivent une réduction de l'amende de 90 %. Comp. ■ Cons. conc., déc. n° 07-D-26, 26 juill. 2007 : *Rev. Lamy conc.* 2008, n° 986, obs. V. Selinsky.

Comme pour toute négociation, les positions sont libres tant qu'un accord n'est pas signé, sous la forme d'un procès-verbal de non contestation de griefs signé conjointement par l'entreprise concernée et par le rapporteur général, et la prudence impose d'envisager dès le départ la possibilité d'un non-aboutissement (■ Cons. conc., déc. n° 09-D-05, 2 févr. 2009 : *BOCC* 18 févr. 2009 ; *RD conc.* 2009, n° 2, p. 104, obs. L. Nicolas-Vullierme et p. 185, obs. Ch. Momège ; conf. par ■ Paris, 26 janv. 2010 : *RD conc.* 2010, n° 2, p. 72, obs. L. Nicolas-Vullierme ; *Rev. Lamy conc.* 2010, n° 1603, obs. M. Lavedan ; rejet pourvoi par ■ Cass. com., 29 mars 2011 : *Contrats, conc. consom.* 2011, comm. 145, obs. G. Decocq ; *RJDA* 2011, n° 841 ; *RD conc.* 2011, n° 3, p. 185, obs. Ch. Lemaire et S. Naudin ; *Rev. Lamy conc.* 2011, n° 1841, obs. S. Cholet).

En ce qui concerne la procédure de non-contestation des griefs, il est toujours loisible aux entreprises concernées de contester au plein contentieux devant la cour d'appel de Paris l'insuffisante indulgence de l'Autorité de la concurrence. Par ailleurs, l'Autorité ne peut pas valablement soutenir que le bénéfice tiré de la non-contestation doit être forfaitaire pour toutes les entreprises qui ne contestent pas puisque l'abattement dépend expressément dans la loi de la réalité des engagements pris personnellement par chacune des entreprises qui ont opté pour ce processus. Enfin, l'Autorité ne peut pas davantage considérer que l'abattement offert aux entreprises qui ne contestent pas va dépendre de la fourchette négociée au titre de la clémence avec telle ou telle autre entreprise ; en effet, et même si à engagements comparables, la clémence rend évidemment plus de services à la protection de la concurrence que la non-contestation de griefs, l'accord de clémence est inopposable, en droit et en fait, aux entreprises qui n'y sont pas partie (■ Paris, 19 janv. 2010, préc.).

21) Procédure. *L. 464-2, III, du Code de commerce dans sa rédaction antérieure à la loi n° 2015-990 du 6 août 2015 :*

Lorsqu'elles se sont engagées à ne pas contester les griefs, les entreprises n'ont pas la possibilité d'apporter des éléments destinés à démontrer que les griefs ne sont pas constitués. Toutefois, il leur est loisible de présenter au Conseil des éléments tendant à démontrer que les griefs dont elles ne contestent pas la réalité n'ont pas de caractère de gravité et n'ont pas causé de dommage à l'économie (■ Cons. conc., déc. n° 03-D-45, 25 sept. 2003, préc.).

Si l'entreprise ne peut subordonner son absence de contestation et ses engagements à condition, elle dispose devant le Conseil, qu'elle ne peut ignorer non lié par la proposition de réduction de la sanction émise par le rapporteur général, de la faculté de présenter toutes observations et de produire toutes pièces utiles à l'appréciation par cette autorité de la sanction pécuniaire qu'elle prononcera (■ Cass. com., 22 nov. 2005, préc.).

Ont bénéficié de la procédure de non contestation des griefs prévue à l'article L. 464-2, III des entreprises qui ont apporté tout leur concours aux services d'instruction du Conseil. Cette collaboration a permis d'apporter des éléments matériels sérieux de nature à démontrer les infractions suspectées en confortant les indices dont disposaient les autorités de concurrence. Cette démarche alors inédite a été entreprise alors que le dispositif de « clémence », qui est désormais prévu au IV de l'article L. 464-2, ne figurait pas encore dans le corpus législatif des règles de concurrence nationales (■ Cons. conc., déc. n° 07-D-02, 23 janv. 2007 : *D.* 2007, p. 441, obs. E. Chevrier ; *RTD com.* 2008, 60, obs. E. Claudel ; *RD conc.* 2007, n° 2, p. 155, obs. Ch. Momège). En ce sens, V. ■ Cons. conc., déc. n° 07-D-40, 23 nov. 2007 : *BOCC* 25 mars 2008 ; *RD conc.* 2008, n° 1, p. 115, obs. E. Claudel.

La non-contestation des griefs, qui fait partie intégrante de la procédure suivie devant le Conseil, ne constitue, en soi, ni un aveu ni une reconnaissance de responsabilité (■ Paris, 29 janv. 2008, préc.).

Il n'y a pas lieu de prendre en considération son comportement dans une procédure distincte concernant une autre pratique anticoncurrentielle qui lui était imputée, dans laquelle elle a trouvé à propos, contre une minoration de la sanction encourue, de ne pas contester les griefs qui lui étaient imputés et de prendre des engagements, cette procédure étant dépourvue de tout rapport avec la présente affaire (■ Paris, 8 oct. 2008, n° 2007/18040 : *JurisData* n° 2008-001652 ; *BOCC* 31 déc. 2008 ; *RD conc.* 2008, n° 4, p. 80, obs. E. Claudel ; conf. de ■ Cons. conc., déc. n° 07-D-29, 26 sept. 2007 : *BOCC* 24 déc. 2007).

L'intéressé doit renoncer à contester, non seulement la réalité des pratiques visées par la notification des griefs, mais également la qualification qui en a été donnée par les services d'instruction de l'Autorité au regard des dispositions du Code de commerce, et leur responsabilité dans la mise en œuvre de ces pratiques. Cette renonciation doit, sur l'ensemble de ces points, être claire, complète et dépourvue d'ambiguïté (■ Aut. conc., déc. n° 12-D-06, 26 janv. 2012 : *Rev. Lamy conc.* 2012, n° 2025, note F. Venayre).

22) Caducité des engagements. Pour un exemple de caducité des engagements prononcés : ■ Aut. conc., déc. n° 15-D-16, 25 nov. 2015 : *RD. conc.* 2016, n° 1, p. 81, obs. Ch. Lemaire.

23) Opposabilité aux entreprises tierces. Ayant relevé que trois sociétés n'avaient pas contesté les griefs qui leur étaient notifiés et n'avaient ainsi remis en cause ni la matérialité des faits, ni leur qualification juridique au regard du droit de la concurrence, ni leur imputabilité, c'est à bon droit que la cour d'appel a jugé que le Conseil avait justement décidé qu'en conséquence seule la question de la participation des autres sociétés, non engagées dans la procédure de non-contestation, aux pratiques anticoncurrentielles reprochées devait être discutée (■ Cass. com., 29 mars 2011, n°s 10-12.913 et 10-13.686). Cependant, la présomption d'innocence peut faire obstacle à cette opposabilité de la procédure de non-contestation des griefs (■ Paris, 3 déc. 2020, n° 13/13.058 : *Concurrences* 2021/1, p. 120, obs. M. Debroux).

L. 464-2, III du Code de commerce dans sa rédaction issue de la loi n° 2015-990 du 6 août 2015 :

24) Proposition de transaction fixant le montant minimal et maximal de la sanction pécuniaire envisagée. Les sociétés mises en cause et leur société mère ont confirmé leur accord avec les termes de la transaction dont elles ont accepté, en toute connaissance de cause, les conséquences juridiques notamment en ce qui concerne le montant de la sanction pécuniaire : ■ Aut. conc., n° 16-D-15, 6 juill. 2016 : *RD. conc.* 2016, n° 4, p. 92, obs. E. T.

Pour un exemple de mise en œuvre de la nouvelle procédure de transaction, V. ■ Aut. conc., déc. n° 17-D-06, 21 mars 2017 : *Concurrences* 2017/2, p. 97, note F. Marty (sanction à hauteur de 100 millions d'euros à l'encontre de l'opérateur historique du secteur du gaz) et sur appel ■ Paris,

6 juill. 2017, n° 17/07296 : la Cour énonce que le PV de transaction n'a pas à être communiqué à la partie saisissante qui est seulement informée qu'une transaction est intervenue entre la partie mise en cause et les services d'instruction. Par ailleurs, les observations en réponse aux griefs précédemment déposées par la partie mise en cause deviennent sans objet et sans portée procédurale du fait de la transaction et ne sont pas communicables.

Dans l'hypothèse d'une « transaction hybride », aucune violation du contradictoire ne peut être relevée dans le refus de communiquer aux membres de l'entente n'ayant pas transigé le procès-verbal de transaction dressé pour ceux qui l'avaient accepté. Même si deux décisions distinctes ont été rendues, la procédure d'instruction, la séance et le délibéré ont été uniques de sorte qu'aucun risque de préjugement n'existe (■ Cass. com., 24 juin 2020, n° 17-28.115 : *Contrats, conc. consom.* 2020/10, comm. 144, note D. Bosco).

25) Programmes de conformité. Pour l'Autorité de la concurrence, l'élaboration et la mise en œuvre de programmes de conformité ont vocation à s'insérer dans la gestion courante des entreprises, particulièrement lorsque celles-ci sont de taille conséquente. Les engagements portant sur la mise en œuvre de tels programmes de conformité n'ont par suite, pas vocation, de façon générale, à justifier une atténuation des sanctions encourues au titre des infractions au droit de la concurrence, tout spécialement s'agissant d'infractions d'une particulière gravité telles que les ententes et échanges d'informations sur les prix futurs et la politique commerciale (■ Aut. conc., déc. n° 17-D-20, 18 oct. 2017).

26) Calcul des sanctions en application de la nouvelle procédure de transaction. Les circonstances particulières résultant de la mise en œuvre [...] de la procédure de transaction fondée sur les dispositions précitées du III de l'article L. 464-2 du Code de commerce justifient que les sanctions prononcées ne soient pas motivées par référence à la méthode de détermination des sanctions pécuniaires énoncée dans le communiqué du 16 mai 2011 de l'Autorité (■ Aut. conc., déc. n° 17-D-20, préc.).

27) Recours. Le fait de ne pas contester la réalité des griefs notifiés et de limiter la discussion relative au montant de la sanction à l'intérieur d'une fourchette n'implique pas que l'entreprise renonce à toute voie de recours concernant la régularité de la procédure suivie et pas davantage qu'elle reconnait la proportionnalité de la sanction infligée, où qu'elle se situe dans la fourchette. Le recours formé contre une décision rendue à l'issue d'une procédure de transaction peut porter sur le montant de la sanction dès lors que ce recours ne remet pas en cause la fourchette de transaction acceptée (■ Paris, 13 juin 2019, n° 18/20229 : *Contrats, conc. consom.* 2019/8-9, comm. 144, note G. Decocq, déclarant recevable et rejetant le recours contre ■ Aut. conc., déc. n° 18-D-15, 26 juill. 2018).

VII – CLÉMENCE

28) Régime. L'entreprise demandant le bénéfice de la clémence doit apporter au Conseil de la concurrence tous éléments d'information, sans qu'il en soit précisé la forme et la nature, lui permettant d'établir la pratique dénoncée et d'identifier ses auteurs. Ces éléments d'information peuvent donc être constitués de preuves documentaires (documents internes à l'entreprise, compte rendus de réunions,...) que l'entreprise peut compléter par des explications synthétisées dans un ou plusieurs mémoires versés à l'appui de sa demande, ou de déclarations orales (■ Cons. conc., déc. n° 06-D-09, 11 avr. 2006, préc.).

Le Conseil accorde à la société dénonciatrice le bénéfice conditionnel de la clémence, avec une exonération totale de sanction subordonnée au respect des conditions suivantes : apporter des éléments devant concerner la période non prescrite et permettant de contribuer à établir la réalité des pratiques dénoncées et à en identifier les auteurs ; apporter au Conseil et aux services d'enquête du ministre de l'Économie une coopération totale, permanente et rapide tout au long de la procédure d'enquête et d'instruction et leur fournir tout élément de preuve qui viendrait en leur possession ou dont elles disposeraient sur les infractions suspectées ; mettre fin à sa participation aux activités illégales présumées ; ne pas avoir pris de mesures pour contraindre d'autres entreprises à participer aux infractions ; ne pas avoir informé de sa démarche les entreprises susceptibles d'être mises en cause dans le cadre des pratiques dénoncées (même déc.). En ce sens, V. ■ Cons. conc., déc. n° 07-D-48, 18 déc. 2007, préc. ■ Cons. conc., déc. n° 08-D-12, 21 mai 2008, préc.

La présentation d'une demande de clémence suppose nécessairement que l'entreprise ou l'organisme dont elle émane informe l'Autorité, premièrement, de la nature et du champ matériel, géographique et temporel de l'entente visée par cette demande, deuxièmement, de sa propre responsabilité dans cette entente et, troisièmement, de l'identité des autres entreprises ou organismes auteurs des pratiques en cause (■ Aut. conc., déc. n° 13-D-12, 28 mai 2013 : *Contrats, conc. consom.* 2013, alerte 46 ; *Rev. Lamy conc.* 2013/36, n°s 2332 et 2335, obs. V. Selinsky ; déc. annulée par ■ Paris, 2 févr. 2017, n° 13/13058 : *Concurrences* 2017/2,

p. 156, note C. Lemaire et S. Naudin ; pourvoi rejeté par ▪ Cass. com., 10 juill. 2018, n°s 17-13.973 et 17-14.140 : *Contrats, conc. consom.* 2018, comm. 181, obs. D. Bosco. – Rapp. dans la même affaire de ▪ Cass. com., 4 mars 2015, non-lieu à renvoi de QPC sur la conformité du programme de clémence).

Le niveau des réductions de sanctions pécuniaires accordées dans le cadre du programme de clémence pour les demandeurs qui ne peuvent bénéficier de l'exonération totale doit rester plus incitatif que celui pratiqué dans le cadre de la non contestation des griefs. L'espérance de gain doit nécessairement rester inférieure dans ce deuxième cas pour que les deux dispositifs soient cohérents et que l'incitation à opter pour la clémence soit préservée (▪ Cons. conc., déc. n° 07-D-21, 26 juin 2007, préc.).

Les pièces et déclarations communiquées dans les conditions fixées par le IV de l'article L. 464-2 sont recevables sans qu'il soit besoin de rechercher la motivation de l'entreprise qui les apporte : il appartient seulement d'apprécier leur vraisemblance, en les confrontant aux autres pièces du dossier. L'examen de la valeur probante des déclarations, distinct de celui de leur recevabilité, est fait lors de l'analyse du bien-fondé des griefs notifiés (▪ Cons. conc., déc. n° 08-D-32, 16 déc. 2008, préc.).

La procédure de clémence, qui relève par sa nature et par son mécanisme de la politique de concurrence que le législateur a confiée au Conseil puis à l'Autorité de la Concurrence repose pour l'essentiel sur une négociation et ne relève pas du contrôle de plein contentieux de la Cour d'appel de Paris ; en revanche, la Cour d'appel de Paris a compétence pour vérifier la licéité de l'accord de clémence au regard de l'article L 464-2, IV (▪ Paris, 19 janv. 2010, préc.).

La transmission, par les sociétés Shell et Butagaz (demandeurs à la procédure de clémence), de pièces dont l'authenticité a été déniée par les conclusions de l'expertise au vu de constatations dont la matérialité n'est pas contestée par ces deux sociétés, a gravement perturbé l'instruction de l'affaire ouverte par la saisine d'office. Elle lui paraît, en l'état des éléments présents au dossier, méconnaître les obligations de coopération entière et loyale qui pèsent sur tout demandeur de clémence, dont le premier devoir est d'étayer sa démarche par la fourniture de pièces matérielles qui doivent, chacune, mais aussi ensemble, concourir à apporter la preuve de l'entente dénoncée (▪ Aut. conc., déc. n° 10-D-36, 17 déc. 2010 : *JCP* E 2011, 1302, note M. Malaurie-Vignal ; *RD conc.* 2011, n° 1, p. 200, obs. Ch. Lemaire ; *Rev. Lamy conc.* 2011, n° 1809, obs. E. Barbier de la Serre).

Ne doivent pas être étendus à la société mise en cause en sa seule qualité de mère d'un participant au moment des faits (depuis cédé) les effets de l'immunité obtenue par son ex-filiale au titre de la procédure de clémence (▪ Paris, 2 févr. 2017, n° 13/13058 : *Concurrences* 2017/2, p. 156, note C. Lemaire et S. Naudin ; pourvoi rejeté par ▪ Cass. com., 10 juill. 2018, n° 17-13.973 et 17-14.140 : *Contrats, conc. consom.* 2018, comm. 181, obs. D. Bosco. – Rappr. en droit européen, ▪ TPIUE, aff. T-161/05, 30 sept. 2009).

L'Autorité de la concurrence est libre d'accorder une réduction excédant les limites de la « fourchette » indiquée dans l'avis de clémence (▪ Aut. conc., déc. n° 18-D-24, 5 déc. 2018 : *Concurrences* 2019/1, p. 179, obs. Ch. Lemaire).

Pour une première application de la clémence dite « plus », c'est-à-dire de la règle suivant laquelle si l'entreprise qui présente la demande est la première à fournir des preuves incontestables permettant à l'Autorité d'établir des éléments de fait supplémentaires ayant une incidence directe sur la détermination du montant des sanctions pécuniaires infligées aux participants à l'entente, l'Autorité ne tiendra pas compte de ces faits pour fixer le montant de l'amende infligée à l'entreprise qui les fournis, V. Aut. conc., déc. n° 18-D-24 préc.

29) Cumul avec la procédure de non-contestation des griefs. La coexistence du III et du IV de l'article L. 464-2 n'exclut pas la possibilité, pour le rapporteur général, de proposer à l'Autorité de tenir compte du fait qu'une entreprise ou un organisme ayant présenté une demande de clémence renonce ultérieurement à contester les griefs qui lui auraient été notifiés dans l'intervalle (▪ Aut. conc., déc. n° 11-D-17, 8 déc. 2011 : *RD conc.* 2012, n° 1, p. 98, obs. N. Jalabert-Doury ; *Rev. Lamy conc.* 2012, n° 2026, obs. J.-L. Respaud, et n° 2050, obs. P. Patat et Ph. Guibert ; conf. par ▪ Paris, 30 janv. 2014 : *Contrats, conc. consom.* 2014, comm. 98, obs. G. Decocq).

Lorsqu'une entreprise ou un organisme ayant présenté une demande de clémence et obtenu le bénéfice conditionnel d'une exonération totale ou partielle de sanction en considération de cette démarche sollicite ensuite le rapporteur général en vue d'obtenir la mise en œuvre de la procédure de non-contestation des griefs, il faut admettre que celui-ci puisse tenir compte de cette séquence procédurale. Il lui est en particulier loisible d'apprécier les suites qu'il entend réserver à la demande de mise en œuvre du III de l'article L. 464-2 à la lumière du contenu respectif de la demande de clémence, d'une part, et des griefs notifiés, d'autre part (même déc.).

Lorsque le champ des griefs notifiés diffère sur un ou plusieurs point(s) important(s) de l'entente telle que décrite par le demandeur de clémence au vu de l'ensemble des informations et des éléments de preuve dont il pouvait disposer, la mise en œuvre de la procédure de non-contestation des griefs à son égard peut revêtir un intérêt certain du point de vue du rapporteur général, compte tenu des gains procéduraux qu'elle peut engendrer. En revanche, lorsque le périmètre des griefs notifiés correspond au contenu de l'entente tel qu'il a été décrit par le demandeur de clémence, le rapporteur général peut, sans commettre d'erreur manifeste d'appréciation et à condition de respecter par ailleurs le principe d'égalité de traitement, estimer que la mise en œuvre de cette procédure n'apporte pas de valeur ajoutée suffisante au traitement de l'affaire (même déc.).

VIII – OBSTRUCTION À L'INSTRUCTION

30) Sanction de la fourniture incomplète, tardive ou incorrecte d'informations. Faisant application pour la première fois du V de l'article L. 464-2, l'Autorité relève en l'espèce que les services d'instruction se sont heurtés à des difficultés croissantes de coopération de la part d'une entreprise. Elle a d'abord transmis des informations incomplètes, imprécises et hors délais avant de refuser de communiquer les informations et éléments matériels (notamment factures et extraits de comptabilité) qui lui avaient été demandés à plusieurs reprises. L'Autorité considère que ce comportement est particulièrement grave. L'ampleur des rétentions d'informations par l'entreprise a en effet empêché les services d'instruction d'appréhender le fonctionnement du marché ainsi que de pouvoir se livrer à toute évaluation de la teneur des allégations des saisissantes. Une sanction de 30 millions d'euros a été prononcée (▪ Aut. conc., déc. n° 17-D-27, 21 déc. 2017 ; et dans la même affaire ▪ Paris, 14 juin 2018, n° 18/02036 : *Contrats, conc. consom.* 2018, comm. 160, obs. G. Decocq, déclarant irrecevable l'intervention volontaire des plaignants dans les recours contre les actes de l'instruction). Dans une autre affaire, l'Autorité a prononcé une sanction de 900 000 euros aux motifs que l'entreprise concernée par l'instruction avait détourné des courriels et brisé des scellés (▪ Aut. conc., déc. n° 19-D-09, 22 mai 2019 : *Contrats, conc. consom.* 2019/7, comm. 128, note D. Bosco).

IX – DROITS DE LA DÉFENSE

31) Les prescriptions de l'article 6 de la Convention européenne des droits de l'homme s'appliquent aux sanctions pécuniaires prévues par l'article 13 de l'ordonnance de décembre 1986 (devenu C. com., art. L. 464-2) qui, bien que de nature administrative, visent, comme en matière pénale, par leur montant élevé et la publicité qui leur est donnée, à punir les auteurs de faits contraires aux dispositions des articles 7 (devenu C. com., art. L. 420-1) et 8 de l'ordonnance précitée (devenu C. com., art. L. 420-2) et à dissuader les agents économiques à se livrer à de telles pratiques (▪ Paris, 6 mai 1997 : *LPA* 11 mars 1998, p. 18, note P. Arhel ; rejet pourvoi par ▪ Cass. com., 15 juin 1999 : *Bull. civ.* IV, n° 128 ; *JCP* E 1999, p. 1966, note J.-Cl. Fourgoux ; *RJDA* 1999, n° 1016 ; *LPA* 3 avr. 2000, p. 14, obs. Mathieu).

Toutefois, ainsi que l'a jugé la Cour européenne des droits de l'homme, des impératifs de souplesse et d'efficacité peuvent justifier l'intervention préalable, dans la procédure suivie, d'une autorité administrative qui, comme le Conseil de la concurrence, ne satisfait pas, sur tous les aspects, aux prescriptions de forme du § 1 de l'article 6 de la Convention, dès lors que les décisions prises par celle-ci subissent *a posteriori*, sur les points de fait, les questions de droit ainsi que sur la proportionnalité de la sanction prononcée avec la gravité de la faute commise, le contrôle effectif d'un organe judiciaire offrant toutes les garanties d'un tribunal au sens dudit article 6 (même arrêt). *Comp.* ▪ Paris, 15 juin 1999 : *BOCC* 1999, p. 439 ; *Contrats, conc. consom.* 1999, comm. 145, obs. M. Malaurie-Vignal ; *JCP* E 1999, p. 1966, note J.-Cl. Fourgoux. ▪ Paris, 29 juin 1999 : *BOCC* 1999, p. 447 ; *LPA* 24 juill. 2000, p. 11, obs. N. Reboul.

Il résulte de l'article 6 de la Convention que, lorsque la décision fait l'objet d'un recours de plein contentieux devant une juridiction d'appel, la procédure régissant le recours doit respecter les principes de l'égalité des armes et de l'effectivité du recours, garantissant l'exercice des droits de la défense (▪ Paris, 9 avr. 2002, n° 2001/19855 : *JurisData* n° 2002-170333 ; *JCP* E 2002, pan. 702 ; *JCP* E 2003, chron. 492, n° 2, obs. Raynaud ; *Contrats, conc. consom.* 2002, n° 177, obs. Malaurie-Vignal). V. déjà en ce sens ▪ Paris, 28 janv. 1997 : *BOCC* 31 déc. 1997.

La sanction qui s'attache à la violation de l'obligation pour le Conseil de se prononcer dans un délai raisonnable n'est pas l'annulation de la procédure ou sa réformation, mais la réparation du préjudice résultant éventuellement du délai subi (▪ Cass. com., 28 janv. 2003 : *Bull. civ.* IV, n° 12 ; *D.* 2003, p. 553, obs. E. Chevrier ; *Contrats, conc. consom.* 2003, comm. 57, obs. M. Malaurie-Vignal ; *RJDA* 2003, n° 652).

X – LOI APPLICABLE

32) En présence de saisines multiples portant sur les mêmes pratiques et qui ont été jointes, le fait que l'une d'elles soit postérieure à la date d'entrée en vigueur de la loi plus sévère (L. n° 2001-420, 15 mai 2001, dite « NRE ») est sans incidence sur l'antériorité, par rapport à cette même date, des autres saisines qui demeurent soumises à l'examen du Conseil dans le cadre du même contentieux. Ainsi, afin d'assurer l'application d'un régime unique aux pratiques visées dans des saisines jointes et le respect du principe de non-rétroactivité des lois à caractère punitif plus sévère, il convient de retenir la date de la saisine la plus ancienne pour déterminer la loi applicable (■ Cons. conc., déc. n° 05-D-49, 28 juill. 2005 : *D.* 2005, p. 2379, obs. E. Chevrier ; *RD conc.* 2005, n° 4, p. 68, obs. E. Claudel ; *Rev. Lamy conc.* 2005, n° 352, obs. P. Arhel).

L'article 94 de la loi NRE du 15 mai 2001 dispose que le (nouvel) article L. 464-2 ne s'applique pas aux affaires pour lesquelles une saisine du Conseil a été effectuée avant la date d'entrée en vigueur de la présente loi ; en revanche, la loi NRE ne dispose pas sur le sort des saisines postérieures ; il n'est pas permis d'en déduire, par un *a contrario*, que toutes les saisines postérieures peuvent donner lieu à l'application des nouvelles sanctions, en contradiction avec le principe de non-rétroactivité posé par l'article 8 de la Convention européenne des droits de l'homme ; il faut au contraire, pour les hypothèses que ne règle pas l'article 94 de la loi NRE, revenir aux principes directeurs du droit répressif. Aussi, la date des faits répréhensibles doit être déterminée par le juge au cas par cas, selon qu'il s'agit ou pas d'un comportement complexe et continu. En pareil cas, c'est le dernier fait répréhensible qui détermine la loi applicable à l'ensemble du comportement anticoncurrentiel car une infraction continue est pleinement constituée à chaque instant que dure le comportement répréhensible, le contrevenant supportant ainsi les conséquences de sa persévérance maligne (■ Paris, 19 janv. 2010, préc.).

Art. L. 464-3 ***(Ord. n° 2004-1173, 4 nov. 2004 ; mod., Ord. n° 2008-1161, 13 nov. 2008).*** **– Si les mesures, injonctions ou engagements prévus aux articles L. 464-1 et L. 464-2 ne sont pas respectés, l'Autorité peut prononcer une sanction pécuniaire dans les limites fixées à l'article L. 464-2.**

1) Procédure. Lorsqu'elle n'a pas été saisie d'une demande spécifique en ce sens dans les conditions prévues à l'article L. 462-5 (V. C. com., art. R. 464-9), aucune disposition législative ou réglementaire, ni aucun principe jurisprudentiel, ne permettent à l'Autorité de mettre en œuvre, sans avoir à se saisir d'office, la procédure prévue à l'article L. 464-3. Il en est notamment ainsi lorsque l'Autorité est saisie par le ministre chargé de l'économie, par une entreprise, ou par l'un des organismes mentionnés au deuxième alinéa de l'article L. 462-1, de pratiques anticoncurrentielles sur le seul fondement des dispositions des articles L. 420-1 ou L. 420-2 (■ Aut. conc., déc. n° 10-D-12, 15 avr. 2010 : *RD conc.* 2010, n° 3, p. 81, obs. M. Debroux ; *Rev. Lamy conc.* 2010, n° 1657, obs. M. Lavedan).

Si, aux termes d'une jurisprudence constante, le Conseil peut, sans avoir à se saisir d'office, retenir les pratiques révélées par les investigations auxquelles il a procédé à la suite de sa saisine qui, quoique non visées expressément dans celle-ci, *ont le même objet ou le même effet*, il n'en est pas de même lorsqu'une infraction révélée au cours des investigations est sanctionnée selon des règles de procédure distinctes de celles qui répriment les pratiques visées par la saisine. Tel est le cas de l'inexécution d'une injonction, réprimée par les dispositions de l'article L. 464-3, alors que la sanction des pratiques anticoncurrentielles est régie par les dispositions de l'article L. 464-2 (même déc.).

2) Champ d'application. Il résulte des termes de l'article L. 464-3 que le Conseil peut sanctionner des entreprises qui ne se sont pas conformées à une injonction, prononcée en application de l'article L. 464-2. L'injonction de publier aux frais de l'entreprise la décision est au nombre des injonctions prévues par cet article L. 464-2 (■ Cons. conc., déc. n° 04-D-47, 12 oct. 2004 : *BOCC* 21 janv. 2005 ; *D.* 2004, p. 2996).

Les modalités de l'exécution de l'injonction fixées dans la décision du Conseil font partie intégrante de l'injonction, et notamment son délai d'exécution. L'exécution tardive d'une injonction peut donc être sanctionnée au titre de l'article L. 464-3 (même déc.).

Si les entreprises concernées contreviennent à leurs engagements, l'Autorité peut être saisie sur demande du saisissant, du ministre de l'Économie, ou de toute autre entreprise ayant un intérêt à agir, ou se saisir de sa propre initiative (■ Aut. conc., déc. n° 12-D-22, 22 nov. 2012 : *Dalloz Act.* 17 déc. 2012, obs. L. Constantin ; *Rev. Lamy conc.* 2013/34, n° 2203, obs. V. Selinsky).

3) Recours. Il appartient au Conseil d'apprécier si l'injonction, telle qu'elle a été prononcée, a été respectée, sans qu'il y'ait lieu de contester le libellé de cette injonction, confirmée en appel et devenue définitive (■ Cons. conc., déc. n° 04-D-18, 13 mai 2004 : *BOCC* 6 sept. 2004 ; *D.* 2004, p. 1524).

L'entreprise poursuivie n'ayant pas déféré aux injonctions de la décision du Conseil, qui n'avait jamais fait l'objet d'un recours et qui s'imposait donc à elle, la Cour d'appel de Paris a pu décider qu'elle avait commis une faute en ne déférant pas à ces injonctions (■ Cass. com., 8 nov. 1994, n° 92-20.285 : *JurisData* n° 1994-002133 ; *Bull. civ.* IV, n° 329 ; *RJDA* 1995, n° 301).

Comp. ▪ Cons. conc., déc. n° 04-D-47, 12 oct. 2004, préc., note 2, estimant que le Conseil peut infliger une sanction tant que toutes les voies de recours n'ont pas été épuisées et que sa décision ordonnant cette injonction n'est pas devenue définitive.

4) **Sursis à exécution.** Les décisions du Conseil ont force exécutoire dès leur notification aux parties nonobstant la formation d'un recours devant la Cour d'appel de Paris. Seul le sursis ordonné par le premier président de la cour d'appel de Paris peut suspendre le caractère exécutoire de la décision. À défaut de demander ce sursis ou de l'obtenir, il n'appartient pas aux parties de décider du moment où elles procéderont à l'exécution d'une injonction à laquelle elles ont été condamnées avec un délai d'exécution à respecter (▪ Cons. conc., déc. n° 05-D-09, 14 mars 2005 : *D.* 2005, p. 1080, obs. E. Chevrier ; *RD conc.* 2005, n° 2, p. 93, obs. V. Michel-Amsellem ; *Rev. Lamy conc.* 2005, n° 226, obs. B. Cheynel). V. déjà en ce sens ▪ Cons. conc., déc. n° 04-D-47, 12 oct. 2004, préc., note 2.

V. aussi sous art. L. 464-8, annot. n° 2, p. 971.

5) **Interprétation stricte des injonctions.** Les injonctions formulées en application de l'article L. 464-1 doivent être formulées en termes clairs, précis et exempts d'incertitude quant à leur exécution ; il en résulte qu'elles sont d'interprétation stricte lorsqu'il s'agit de vérifier leur respect (▪ Cons. conc., déc. n° 05-D-36, 30 juin 2005 : *RD conc.* 2005, n° 3, p. 126, obs. Ch. Momège ; *Rev. Lamy conc.* 2005, n° 361, obs. B. Cheynel ; partiellement annulée par ▪ Paris, 21 févr. 2006, n° 2005/14774 : *JurisData* n° 2006-298123 ; *Rev. Lamy conc.* 2006, n° 505, obs. C. Robin).

La procédure de vérification du respect d'injonction doit nécessairement être conduite par référence à la décision ayant imposé cette injonction. Il s'ensuit qu'il n'appartient pas à l'Autorité de la concurrence de se prononcer, dans le cadre de cette procédure, sur des éléments qui pourraient être retenus à l'issue de la procédure au fond en cours d'instruction, mais seulement de vérifier le respect par l'entreprise de l'injonction qui lui a été faite, telle qu'éclairée par les motifs qui ont justifié son prononcé (▪ Aut. conc., déc. n° 12-D-05, 24 janv. 2012 : *Dalloz Act.* 31 janv. 2012, obs. E. Chevrier ; *Rev. Lamy conc.* 2012, n° 2034, obs. V. Selinsky et F. Venayre, et n° 2057, obs. M. Lavedan).

6) **Absence d'impunité.** Dès lors que le délai de deux mois accordé par le Conseil à l'entreprise pour se conformer aux mesures conservatoires était un délai de nature purement technique ne lui conférant pas d'impunité, l'infraction pouvait être retenue pendant cette période sans porter atteinte au principe de l'autorité de la chose établie (▪ Paris, 4 juill. 2006 : *Contrats, conc. consom.* 2006, comm. 204, obs. G. Decocq ; *RD conc.* 2006, n° 3, p. 140, obs. V. Michel-Amsellem ; *Rev. Lamy conc.* 2006, n° 653, obs. C. Nourissat).

Le délai que le Conseil a accordé à une entreprise pour satisfaire à l'injonction de faire délivrée à son encontre à titre conservatoire n'emporte pas autorisation pour cette société de ne pas satisfaire aux règles de concurrence, mais fixe la durée pendant laquelle le non-respect éventuel de l'injonction prononcée ne sera pas sanctionné (▪ Cass. com., 23 oct. 2007 : *D.* 2007, p. 3002, obs. E. Chevrier ; *Contrats, conc. consom.* 2007, comm. 308, obs. G. Decocq ; *RD conc.* 2008, n° 1, p. 121, obs. C. Prieto ; rejet pourvoi contre ▪ Paris, 4 juill. 2006, préc.).

7) **Calcul de la sanction.** Après avoir énoncé que l'article L. 464-3 du Code de commerce permet à l'Autorité, si les engagements qu'elle a acceptés ne sont pas respectés, de prononcer une sanction pécuniaire « dans les limites fixées à l'article L. 464-2 du même code », l'arrêt retient exactement que seul le montant maximal de la sanction est ainsi défini, sans toutefois qu'il soit renvoyé aux critères prévus à l'alinéa 3 de ce dernier texte pour en déterminer le quantum, lequel est fixé selon les principes généraux d'individualisation et de proportionnalité applicables à toute sanction, de sorte qu'il ne peut être reproché à l'Autorité de ne pas avoir procédé à une analyse du dommage à l'économie résultant des pratiques en cause ; qu'il retient que la gravité des manquements aux engagements pris est appréciée au regard des préoccupations de concurrence auxquelles ces engagements devaient mettre fin ; qu'il relève que la méconnaissance de tels engagements, en contrepartie desquels l'Autorité a renoncé à engager une procédure aux fins de sanction, constitue un manquement grave en lui-même [...] ; qu'en cet état, la cour d'appel, qui a procédé à une analyse concrète de la nature des engagements méconnus, ainsi que de la gravité des manquements constatés et de leurs effets, a pu, sans se contredire, rejeter le recours en réformation de la décision de l'Autorité (▪ Cass. com., 26 sept. 2018, n° 16-25.403 : *Contrats, conc. consom.* 2019, comm. 14, obs. D. Bosco ; *Concurrences* 2019/1, p. 176, note Ch. Lemaire).

Si l'article L. 464-3 fait seulement référence aux limites, c'est-à-dire au maximum légal prévu par l'article L. 464-2 en matière de sanctions pécuniaires, sans imposer le recours aux critères de détermination des sanctions prévus par le même article en cas de pratique anticoncurrentielle, l'exigence d'individualisation et le principe de proportionnalité doivent conduire à déterminer la sanction en fonction de la gravité du comportement reproché, d'une part, et de l'incidence que ce comportement a pu avoir sur la concurrence que l'injonction visait à préserver, d'autre part (▪ Aut. conc., déc. n° 12-D-05, 24 janv. 2012 : *Dalloz Act.* 31 janv. 2012, obs. E. Chevrier ; *Rev. Lamy conc.* 2012, n° 2034, obs. V. Selinsky et F. Venayre, et n° 2057, obs. M. Lavedan).

La procédure de non-respect d'engagements instituée par l'article L. 464-3 a un caractère objectif, de sorte que le manquement à un engagement est passible de sanction pécuniaire sans qu'il soit besoin de démontrer, comme l'invoque la ville de Marseille, l'intention dolosive recherchée par l'auteur du manquement, l'existence d'une pratique anticoncurrentielle qui caractériserait un tel manquement ou la gravité des conséquences pour le marché concerné (▪ Aut. conc., déc. n° 11-D-10, 6 juill. 2011 : *Rev. Lamy conc.* 2011, n° 1934, obs. S. Destours).

La décision d'accepter des engagements en les rendant obligatoires pour l'entreprise ou l'organisme qui les a souscrits assure le maintien ou le rétablissement volontaire de la concurrence sur le marché, préalablement à toute qualification des pratiques anticoncurrentielles déterminant l'existence d'un dommage à l'économie. Dès lors, sans qu'il y ait lieu de se prononcer sur l'existence d'un tel dommage, le manquement aux engagements, qui porte atteinte à la solution négociée, destinée à rétablir une situation normale de concurrence et à prévenir toute pratique anticoncurrentielle, revêt un caractère de particulière gravité, d'autant que les engagements proposés par la ville de Marseille elle-même étaient clairs, précis et dépourvus d'ambiguïté (déc. préc.).

Pour d'autres exemples de sanction du non-respect des engagements (▪ Aut. conc., déc. n° 15-D-02, 26 févr. 2015 : *RD conc.* 2015, n° 2, p. 164, obs. Ch. Lemaire. – ▪ Aut. conc., déc. n° 19-D-09, 21 juin 2018 : *Concurrences* 2018/4, p. 173, obs. C. Lemaire et H. Fricaudet).

Art. L. 464-4 ***(Mod., Ord. n° 2004-1173, 4 nov. 2004).*** **– Les sanctions pécuniaires et les astreintes sont recouvrées comme les créances de l'État étrangères à l'impôt et au domaine.**

Art. L. 464-5 ***(Abr., L. n° 2020-1508, 3 déc. 2020).***

Plafond de la sanction. Dans le cas de mise en œuvre cumulative des procédures simplifiée et de transaction, et quel que soit l'ordre chronologique de cette mise en œuvre, le montant de la sanction qui sera infligée à l'entreprise doit être calculé conformément aux dispositions de l'article L. 464-2-III, sans pouvoir dépasser le seuil fixé par l'article L. 464-5 (▪ Cass., avis, 11 juill. 2005 : *Bull. civ.* IV, n° 5 ; *D.* 2005, p. 2216, obs. E. Chevrier ; *Contrats, conc. consom.* 2005, comm. 192, obs. M. Malaurie-Vignal ; *RD conc.* 2005, n° 4, p. 116, obs. V. Michel-Amsellem ; *Rev. Lamy conc.* 2005, n° 382, obs. C. Nourissat).

V. déjà ▪ Cons. conc., déc. n° 04-D-65, 30 nov. 2004 : *Contrats, conc. consom.* 2005, comm. 29, obs. M. Malaurie-Vignal ; *Rev. Lamy conc.* 2005, n° 154, obs. B. Cheynel, estimant qu'au regard de l'ensemble des dispositions de l'article L. 464-2, I et III, les sanctions pécuniaires ne peuvent dépasser 5 % (désormais 10 %) du chiffre d'affaires mondial hors taxes au cours d'un des exercices clos depuis l'exercice précédant celui au cours duquel les pratiques ont été mises en œuvre, sans préjudice du plafond spécifique qui s'impose lorsqu'est applicable la procédure simplifiée prévue à l'article L. 463-3.

Art. L. 464-5-1 ***(L. n° 2016-731, 3 juin 2016).*** **– Les sanctions pécuniaires prononcées en application des articles L. 464-2, L. 464-3 et L. 464-5 peuvent faire l'objet d'une majoration, dans la limite de 10 % de leur montant, mise à la charge de l'organisme ou de l'entreprise sanctionné et destinée à financer l'aide aux victimes.**

Le troisième alinéa du I de l'article L. 464-2 est applicable à cette majoration et les motifs qu'il énonce sont appréciés pour en moduler le montant.

Bibliographie : D. Bosco, *Des sanctions antitrust majorées pour venir en aide aux victimes : Contrats, conc. consom.* 2016, *n° 11, comm.* 241.

Art. L. 464-6 ***(L. n° 2001-420, 15 mai 2001 ; mod., Ord. n° 2004-274, 25 mars 2004 ; Ord. n° 2008-1161, 13 nov. 2008).*** **– Lorsque aucune pratique de nature à porter atteinte à la concurrence sur le marché n'est établie, l'Autorité de la concurrence peut décider, après que l'auteur de la saisine et le commissaire du Gouvernement ont été mis à même de consulter le dossier et de faire valoir leurs observations, qu'il n'y a pas lieu de poursuivre la procédure. Cette décision est motivée.**

Irrecevabilité de la saisine. Alors qu'aux termes de l'article L. 464-6, le prononcé d'un non-lieu intervient après une analyse des faits objet de la saisine afin d'en vérifier la matérialité et de dire s'ils constituent ou non des pratiques anticoncurrentielles prohibées, l'existence d'une cause d'irrecevabilité de la saisine exclut tout examen tant des preuves produites que du fond (▪ Cons. conc., déc. n° 02-D-75, 17 déc. 2002 : *Contrats, conc. consom.* 2003, comm. 111, obs. M. Malaurie-Vignal).

Art. L. 464-6-1 *(Ord. n° 2004-274, 25 mars 2004 ; mod., Ord. n° 2008-1161, 13 nov. 2008).* **– L'Autorité de la concurrence peut également décider, dans les conditions prévues à l'article L. 464-6, qu'il n'y a pas lieu de poursuivre la procédure lorsque les pratiques mentionnées à l'article L. 420-1 ne visent pas des contrats passés en application du Code des marchés publics et que la part de marché cumulée détenue par les entreprises ou organismes parties à l'accord ou à la pratique en cause ne dépasse pas soit :**

***a)* 10 % sur l'un des marchés affectés par l'accord ou la pratique lorsqu'il s'agit d'un accord ou d'une pratique entre des entreprises ou organismes qui sont des concurrents, existants ou potentiels, sur l'un des marchés en cause ;**

***b)* 15 % sur l'un des marchés affectés par l'accord ou la pratique lorsqu'il s'agit d'un accord ou d'une pratique entre des entreprises ou organismes qui ne sont pas concurrents existants ou potentiels sur l'un des marchés en cause.**

Bibliographie : E. Claudel, *La règle de minimis, une institution controversée offrant une « zone de sécurité » bien fragile : RTD com.* 2013, p. 518.

1) Application de la loi dans le temps. Les dispositions de l'article 24 de l'ordonnance n° 2004-274 du 25 mars 2004 sont immédiatement applicables comme étant plus favorables aux entreprises en ce qu'elles instituent un seuil de sensibilité (▪ Paris, 26 oct. 2004 : *BOCC* 21 janv. 2005 ; *Rev. Lamy conc.* 2005, n° 153, obs. B. Cheynel).

2) Illustration. Pour une application du seuil *de minimis* aux pratiques d'approvisionnement exclusif exigé des stations-service sur les autoroutes pour les activités hors ventes de carburants, de lubrifiants et de produits pétroliers connexes, V. ▪ Cons. conc., déc. n° 04-D-63, 30 nov. 2004 : *Contrats, conc. consom.* 2005, comm. 47, obs. M. Malaurie-Vignal ; *RD conc.* 2005, n° 1, p. 57, obs. E. Claudel ; *Rev. Lamy conc.* 2005, n° 127, obs. C. Robin.

3) Faculté. L'emploi du verbe « peut » montre que la décision de ne pas poursuivre prise en application de l'article L. 464-6-1, lorsque la part de marché cumulée détenue par les entreprises parties à l'accord ne dépasse pas un certain seuil, n'est qu'une faculté pour l'Autorité de la concurrence qui peut décider de poursuivre même si les critères permettant une exemption sont réunis (▪ Paris, 23 févr. 2010 : *Contrats, conc. consom.* 2010, comm. 103, obs. G. Decocq ; *RD conc.* 2010, n° 2, p. 73, obs. L. Nicolas-Vullierme ; *Rev. Lamy conc.* 2010, n° 1581, obs. V. Selinsky et M. Dumarçay et n° 1659, obs. R. Christol ; rejet pourvoi par ▪ Cass. com., 16 avr. 2013 : *Contrats, conc. consom.* 2013, comm. 140, obs. G. Decocq ; *RJDA* 2013, n° 548 ; conf. ▪ Cons. conc., déc. n° 09-D-06, 5 févr. 2009 : *Contrats, conc. consom.* 2009, comm. 77, obs. M. Bazex et comm. 109, obs. D. Bosco ; *RD conc. 2009, n° 2, p. 106, obs. L. Nicolas-Vullierme* ; *Rev. Lamy conc.* 2009, n° 1333, note F. Marty et J. Pillot).

4) Conformité au droit européen. L'article L. 464-6-1 a introduit dans le Code de commerce les mêmes seuils et critères que ceux figurant à l'article 7 de la communication de la Commission européenne du 22 décembre 2001 concernant les accords d'importance mineure qui ne restreignent pas sensiblement le jeu de la concurrence au sens de l'article 81, § 1 du Traité CE (*de minimis*) et à défaut desquels la Commission considère que les accords entre entreprises qui affectent le commerce entre États membres ne restreignent pas sensiblement la concurrence au sens de l'article 101, § 1 du TFUE ; la Commission s'est engagée à ne pas poursuivre de tels accords, tout en précisant que sa communication est dépourvue de force contraignante à l'égard des juridictions et autorités des États membres, lesquels demeurent donc libres de poursuivre même des pratiques se situant en deçà des seuils figurant dans la communication (▪ Paris, 23 févr. 2010 : *Contrats, conc. consom.* 2010, comm. 103, obs. G. Decocq ; *RD conc.* 2010, n° 2, p. 73, obs. L. Nicolas-Vullierme ; *Rev. Lamy conc.* 2010, n° 1581, obs. V. Selinsky et M. Dumarçay et n° 1659, obs. R. Christol ; conf. ▪ Cons. conc., déc. n° 09-D-06, 5 févr. 2009 : *Contrats, conc. consom.* 2009, comm. 77, obs. M. Bazex et comm. 109, obs. D. Bosco ; *RD conc.* 2009, n° 2, p. 106, obs. L. Nicolas-Vullierme ; *Rev. Lamy conc.* 2009, n° 1333, note F. Marty et J. Pillot). Si l'article 3.2 du règlement n° 1/2003 du 16 décembre 2002, relatif à la mise en œuvre des règles de concurrence prévues aux articles 81 et 82 CE, dispose que « *L'application du droit national de la concurrence ne peut pas entraîner l'interdiction d'accords (...) qui sont susceptibles d'affecter le commerce entre États membres mais qui n'ont pas pour effet de restreindre la concurrence au sens de l'article 81, § 1 du traité* » (devenu 101 du TFUE), cela n'interdit pas aux autorités nationales de la concurrence de poursuivre des pratiques ayant pour objet ou pour effet de restreindre la concurrence au sens de l'article 101, § 1 du TFUE et de l'article L. 420-1 du Code de commerce, quand bien même les entreprises auteurs de ces pratiques rempliraient les critères susceptibles d'autoriser une exemption de poursuite en application de l'article L. 464-6-1 du Code de commerce (même arrêt).

Dans cette même affaire, la Cour de cassation a toutefois décidé de renvoyer à la Cour de justice de l'Union européenne la question suivante : « *l'article 101, § 1 du TFUE et l'article 3-2 du règlement n° 1/2003 doivent-ils être interprétés en ce sens qu'ils s'opposent à ce qu'une pratique d'accords, de décisions d'associations d'entreprises, ou de concertation qui est susceptible d'affecter le commerce entre États membres, mais qui n'atteint pas les seuils fixés par la Commission européenne dans sa communication du 22 décembre 2001, soit poursuivie et sanctionnée par une Autorité nationale de concurrence sur le double fondement de l'article 101, § 1, du TFUE et du droit national de la concurrence ?* » (▪ Cass. com., 10 mai 2011, n° 10-14.881 : *JurisData* n° 2011-008411 ; *Europe* 2011, comm. 260, obs. L. Idot ; *RJDA* 2011, n° 843). La Cour de justice a répondu que les articles 101, § 1, TFUE et 3, § 2, du règlement n° 1/2003 doivent être interprétés en ce sens qu'ils ne s'opposent pas à ce qu'une autorité nationale de concurrence applique l'article 101, § 1, TFUE à un accord entre entreprises qui est susceptible d'affecter le commerce entre États membres, mais qui n'atteint pas les seuils fixés par la Commission européenne dans sa communication *de minimis*, pourvu que cet accord constitue une restriction sensible de la concurrence au sens de cette disposition (▪ CJUE, 13 déc. 2012, aff. C-226/11 : *Europe* 2013, comm. 88, obs. L. Idot ; *Contrats, conc. consom.* 2013, comm. 41, obs. G. Decocq ; *D.* 2013, p. 473, obs. C. Vincent ; *JCP* E 2013, 1020, note C. Marechal ; *RJDA* 2013, n° 261 ; *Rev. Lamy conc.* 2013/35, n° 2260, obs. C. Robin). Rapportant cette réponse à l'espèce, la Cour de cassation a alors rejeté le pourvoi formé contre l'arrêt de la Cour d'appel de Paris du 23 févr. 2010 préc. (V. ▪ Cass. com., 16 avr. 2013 : *Contrats, conc. consom.* 2013, comm. 140, obs. G. Decocq ; *RJDA* 2013, n° 548).

5) **Question prioritaire de constitutionnalité.** Relative aux dispositions de l'article L. 464-6-1 ayant pour objet de renforcer l'efficacité de l'action de l'Autorité de la concurrence en lui conférant la faculté de décider, sur la base de critères objectifs et sous le contrôle de la juridiction de recours, qu'il n'y a pas lieu de poursuivre la procédure dans le cas où la pratique en cause n'apparaît pas de nature à porter une atteinte sensible au jeu de la concurrence sur le marché, la question ne présente pas de caractère sérieux au regard des exigences qui s'attachent aux dispositions, règles et principes de valeur constitutionnelle invoqués ; d'où il suit qu'il n'y a pas lieu de la renvoyer au Conseil constitutionnel (▪ Cass. com., QPC, 15 oct. 2010 : *Lettre distrib.* 2010/11).

Art. L. 464-6-2 ***(Ord. n° 2004-274, 25 mars 2004).*** **– Toutefois, les dispositions de l'article L. 464-6-1 ne s'appliquent pas aux accords et pratiques qui contiennent l'une quelconque des restrictions caractérisées de concurrence suivantes :**

a) **Les restrictions qui, directement ou indirectement, isolément ou cumulées avec d'autres facteurs sur lesquels les parties peuvent influer ont pour objet la fixation de prix de vente, la limitation de la production ou des ventes, la répartition de marchés ou des clients ;**

b) **Les restrictions aux ventes non sollicitées et réalisées par un distributeur en dehors de son territoire contractuel au profit d'utilisateurs finaux ;**

c) **Les restrictions aux ventes par les membres d'un réseau de distribution sélective qui opèrent en tant que détaillants sur le marché, indépendamment de la possibilité d'interdire à un membre du système de distribution d'opérer à partir d'un lieu d'établissement non autorisé ;**

d) **Les restrictions apportées aux livraisons croisées entre distributeurs à l'intérieur d'un système de distribution sélective, y compris entre les distributeurs opérant à des stades différents du commerce.**

1) **Fixation de prix de vente.** Si l'article L. 464-6 prévoit que le Conseil peut décider qu'il n'y a pas lieu de poursuivre la procédure lorsque aucune pratique de nature à porter atteinte à la concurrence n'est établie, tel ne peut être le cas dans l'hypothèse d'une restriction flagrante à la concurrence résultant comme en l'espèce d'accords ayant pour objet la fixation de prix de vente. À cet égard, les dispositions de l'article 24 de l'ordonnance n° 2004-274 du 25 mars 2004 portant simplification du droit et des formalités pour les entreprises, immédiatement applicables comme étant plus favorables aux entreprises en ce qu'elles instituent un seuil de sensibilité fixé à 10 % du marché affecté par l'accord lorsque les entreprises participant à cet accord sont des concurrents existants ou potentiels sur ce marché, ne sont pas davantage applicables lorsque les pratiques en cause contiennent de telles restrictions (▪ Paris, 26 oct. 2004 : *BOCC* 21 janv. 2005 ; *Rev. Lamy conc.* 2005, n° 153, obs. B. Cheynel).

Les pratiques alléguées sont des pratiques de prix de revente imposés qui échappent à la règle *de minimis* et sont sanctionnables indépendamment de la part de marché du fournisseur (▪ Cons. conc., déc. n° 05-D-06, 23 févr. 2005 : *Rev. Lamy conc.* 2005, n° 192, obs. C. Robin).

2) Répartition de marchés. La saisissante revendique vainement l'application de l'article L. 464-6-1 au motif que la part de marché cumulée détenue par les entreprises parties à l'accord ou à la pratique en cause ne dépasse pas un seuil défini par cet article, dès lors que l'article L. 464-6-2 prévoit que les dispositions de l'article L. 464-6-1 ne s'appliquent pas aux accords et pratiques, tels que visés par la notification de griefs, qui directement ou indirectement, ont pour objet la répartition de marchés ou des clients (▪ Paris, 20 janv. 2011 : *Contrats, conc. consom.* 2011, comm. 74, obs. G. Decocq ; *Rev. Lamy conc.* 2011, n° 1784, obs. S. Cholet et n° 1815, obs. E. Barbier de la Serre ; réf., sur un autre point, de ▪ Aut. conc., déc. n° 10-D-13, 15 avr. 2010 : *Rev. dr. transp.* 2010, comm. 132, obs. L. Grard ; *RD conc.* 2011, n° 3, p. 82, obs. L. Nicolas-Vullierme ; *Rev. Lamy conc.* 2010, n° 1645, obs. S. Destours et n° 1655, obs. M. Lavedan).

Art. L. 464-7 *(Mod., Ord. n° 2008-1161, 13 nov. 2008).* **– La décision de l'Autorité prise au titre de l'article L. 464-1 peut faire l'objet d'un recours en annulation ou en réformation par les parties en cause et le commissaire du gouvernement devant la cour d'appel de Paris au maximum dix jours après sa notification. La cour statue dans le mois du recours.**

Le recours n'est pas suspensif. Toutefois, le premier président de la cour d'appel de Paris peut ordonner qu'il soit sursis à l'exécution des mesures conservatoires, si celles-ci sont susceptibles d'entraîner des conséquences manifestement excessives ou s'il est intervenu, postérieurement à leur notification, des faits nouveaux d'une exceptionnelle gravité.

Bibliographie : M. Roseau, *La Cour d'appel de Paris et le contentieux objectif du droit de la concurrence (2003-2006) : du contrôle à la régulation ? : RD conc.* 2007, n° 3, p. 72.

1) Délai de recours. Si le juge doit relever d'office la fin de non-recevoir résultant de l'inobservation du délai dans lequel doit être exercée une voie de recours, il ne résulte ni de l'arrêt, ni des écritures des parties, que la cour d'appel ait été mise en mesure de constater l'irrecevabilité du recours par la production de pièces établissant le point de départ du délai (▪ Cass. com., 8 nov. 2005 : *Bull. civ.* IV, n° 220 ; *D.* 2005, p. 2870, obs. E. Chevrier ; *Contrats, conc. consom.* 2005, comm. 206, obs. M. Malaurie-Vignal ; *RJDA* 2006, n° 461 ; *RD conc.* 2006, n° 1, p. 186, obs. V. Michel Amsellem ; *Rev. Lamy conc.* 2006, n° 461, obs. C. Nourissat ; cass. de ▪ Paris, 29 juin 2004 : *BOCC* 2004, p. 720 ; réf. de ▪ Cons. conc., déc. n° 04-MC-01, 15 avr. 2004 : *BOCC* 2004, p. 591).

Eu égard au caractère accessoire de la demande de mesures conservatoires, le rejet de la saisine par application de l'article L. 462-8 emporte rejet, par voie de conséquence, de la demande de mesures conservatoires, sans examen de celle-ci. Il suit de là que la décision rendue sur ce fondement entre dans les prévisions de l'article L. 464-8 et que sont donc inapplicables les dispositions de l'article L. 464-7, propres aux recours contre les décisions se prononçant sur les mesures conservatoires (▪ Paris, 2 juill. 2008, n° 2008/06267 : *JurisData* n° 2008-369799 ; *BOCC* 10 oct. 2008 ; *Contrats, conc. consom.* 2008, comm. 242, obs. G. Decocq ; conf. ▪ Cons. conc., déc. n° 08-D-05, 27 mars 2008 : *BOCC* 26 juin 2008).

2) Recevabilité du recours. L'article L. 464-1 n'autorisant le prononcé de mesures conservatoires que si la pratique dénoncée et visée par l'instruction au fond est susceptible de constituer une pratique anticoncurrentielle, l'examen de la caractérisation par le Conseil de la pratique dénoncée ressortit à l'examen au fond par la cour d'appel du recours en annulation ou en réformation de la décision du Conseil ordonnant de telles mesures et non à la recevabilité de ce recours (▪ Cass. com., 8 nov. 2005, préc., note 1).

S'il n'a pas prononcé de décision spécifique rejetant la demande de mesures conservatoires, le Conseil, en acceptant les engagements proposés, de nature à mettre un terme à une pratique pouvant être qualifiée d'anticoncurrentielle, et en mettant ainsi fin à la procédure, a implicitement rejeté la demande de mesures conservatoires dont il était saisi ; dès lors, cette même demande, présentée par l'entreprise comme étant la conséquence de sa demande d'annulation de la décision, est recevable (▪ Paris, 16 oct. 2007 : *D.* 2007, p. 2729, obs. E. Chevrier ; *Contrats, conc. consom.* 2007, comm. 297, obs. M. Malaurie-Vignal ; *RJDA* 2007, n° 1282 ; *Rev. Lamy conc.* 2008, n° 1014, obs. B. Cheynel ; conf. ▪ Cons. conc., déc. n° 06-D-24, 24 juill. 2006 : *Contrats, conc. consom.* 2006, comm. 187, obs. M. Malaurie-Vignal ; *Comm. com. électr.* 2006, comm. 145, obs. M. Chagny ; *Rev. Lamy conc.* 2006, n° 675, note V. Selinsky).

3) Pouvoirs. Saisie d'un recours contre une décision du Conseil en application des articles 12, alinéa 5 (devenu C. com., art. L. 464-7, al. 5) ou 15, alinéa 3 de l'ordonnance de décembre 1986 (devenu C. com., art. L. 464-8, al. 3), la cour d'appel de Paris n'a pas le pouvoir ni d'annuler des clauses contractuelles ou conventions, ni de prononcer des condamnations à des dommages et intérêts (▪ Paris, 6 nov. 1991 : *BOCC* 1991, p. 316 ; *Gaz. Pal.* 1992, 1, 359, concl. Y. Jobard).

4) Tierce opposition. Les arrêts rendus par la cour de Paris en application des articles 12 (devenu C. com., art. L. 464-7) et 15 de l'ordonnance de décembre 1986 (devenu C. com., art. L. 464-8) sont passibles de tierce opposition (▪ Paris, 29 mars 1990, n° 88-3047 : *JurisData* n° 1990-023087 ; *Gaz. Pal.* 1990, 1, 322, concl. Y. Jobard).

5) Mesures conservatoires et secret des affaires (compétence de la Cour de Paris). En vertu de l'article L. 464-7 du Code de commerce, les mesures conservatoires prises par l'Autorité de la concurrence sur le fondement de l'article L. 464-1 du Code de commerce peuvent faire l'objet d'un recours en annulation ou en réformation devant la cour d'appel de Paris. Par ailleurs, selon l'article D. 464-8-1 du même code, « les décisions de l'Autorité de la concurrence mentionnées à l'article L. 490-11 sont publiées sur le site internet de l'Autorité. Leur publicité peut être limitée pour tenir compte de l'intérêt légitime des parties et des personnes citées à ce que leurs secrets d'affaires ne soient pas divulgués. » La décision prise par l'Autorité de la concurrence, sur le fondement des dispositions précitées de l'article D. 464-8-1 du Code de commerce, de limiter ou non la publicité d'une décision prise sur le fondement de l'article L. 464-1 du code est indissociable de cette décision elle-même. Dès lors, sa contestation relève également de la cour d'appel de Paris (▪ T. conf., 5 oct. 2020, n° 4193 : *Concurrences* 2021/1, p. 185, note Ch. Lemaire et A. Lacresse).

6) Pourvoi en cassation. Les arrêts de la cour d'appel de Paris statuant sur recours formés contre des décisions du Conseil prises au titre de l'article L. 464-1, peuvent, par application des dispositions des articles L. 464-7 et L. 464-8, être frappées d'un pourvoi en cassation dans le délai d'un mois à compter de leur notification (▪ Cass. com., 16 févr. 2010 : *Contrats, conc. consom.* 2010, comm. 102, obs. G. Decocq ; *RD conc.* 2010, n° 2, p. 65, obs. L. Nicolas-Vullierme et p. 149, obs. J.-P. Tran Thiet et O. Berg ; *Rev. Lamy conc.* 2010, n° 1577, obs. V. Selinsky et M. Dumarçay ; conf., sur ce point, de ▪ Paris, 4 févr. 2009 : *Contrats, conc. consom.* 2009, comm. 110, obs. G. Decocq ; *Rev. Lamy conc.* 2009, n° 1337, obs. V. Selinsky et n° 1362, note G. Muguet-Poullennec ; conf. de ▪ Cons. conc., déc. n° 08-MC-01, 17 déc. 2008 : *Contrats, conc. consom.* 2009, comm. 52, obs. D. Bosco ; *RD conc.* 2009, n° 1, p. 112, obs. L. Nicolas-Vullierme et p. 200, obs. J.-P. Tran-Thiet et O. Berg ; *RDC* 2009, p. 551, obs. C. Prieto).

Art. L. 464-8 *(Mod., L. n° 2001-1168, 11 déc. 2001 ; Ord. n° 2004-274, 25 mars 2004 ; Ord. n° 2004-1173, 4 nov. 2004 ; L. n° 2004-1343, 9 déc. 2004 ; Ord. n° 2008-1161, 13 nov. 2008 ; L. n° 2012-1270, 20 nov. 2012 ; L. n° 2020-1508, 3 déc. 2020).* **– Les décisions de l'Autorité de la concurrence mentionnées aux articles L. 462-8, L. 464-2, L. 464-3, L. 464-6 et L. 464-6-1 et L. 752-27 sont notifiées aux parties en cause et au ministre chargé de l'économie, qui peuvent, dans le délai d'un mois, introduire un recours en annulation ou en réformation devant la cour d'appel de Paris.**

Le recours n'est pas suspensif. Toutefois, le premier président de la cour d'appel de Paris peut ordonner qu'il soit sursis à l'exécution de la décision si celle-ci est susceptible d'entraîner des conséquences manifestement excessives ou s'il est intervenu, postérieurement à sa notification, des faits nouveaux d'une exceptionnelle gravité.

Le pourvoi en cassation, formé le cas échéant, contre l'arrêt de la cour, est exercé dans un délai d'un mois suivant sa notification.

Le président de l'Autorité de la concurrence peut former un pourvoi en cassation contre l'arrêt de la cour d'appel de Paris ayant annulé ou réformé une décision de l'Autorité.

Le ministre chargé de l'économie peut, dans tous les cas, former un pourvoi en cassation contre l'arrêt de la cour d'appel de Paris.

L'Autorité de la concurrence veille à l'exécution de ses décisions.

Bibliographie : O. Ancelin et I. Gossati-Kotz, *L'appel des décisions de l'Autorité de la concurrence* : JCP E 2011, 1458. • Ch. Bolze, *Le transfert du contentieux des décisions du Conseil de la concurrence à la Cour d'appel de Paris* : D. 1988, chron. 169. • O. Douvreleur, *Une voie de recours « sui generis » : le recours contre les décisions du Conseil de la concurrence* : *Gaz. Pal.* 1988, 1, doctr. 179. • Y. Gaudemet, *Le pouvoir de réformation de la Cour d'appel de Paris dans le contentieux des décisions du Conseil de la concurrence* : *JCP* G 1999, I, 188. • M. Roseau, *La Cour d'appel de Paris et le contentieux objectif du droit de la concurrence (2003-2006) : du contrôle à la régulation ?* : *RD conc.* 2007, n° 3, p. 72.

1) Cas d'ouverture du recours. Le recours n'est ouvert qu'à l'encontre des décisions énumérées à l'article L. 464-8, au nombre desquelles ne figure pas le renvoi d'une affaire à l'instruction, simple mesure interne prise par le Conseil de la concurrence pour poursuivre l'examen d'une affaire dont il entend rester saisi (▪ Paris, 11 mars 2003, n° 2002/13735 : *JurisData* n° 2003-246502 ; *BOCC* 11 juill. 2003, n° 2002/13735).

Il résulte des dispositions de l'article L. 464-8 que le recours en annulation ou en réformation devant la Cour d'appel de Paris prévu par ce texte n'est pas ouvert contre les décisions par lesquelles le Conseil de la concurrence déclare une saisine au fond recevable (■ Paris, 26 juin 2002, n° 2002/08966 : *JurisData* n° 2002-217978 ; *BOCC* 11 juill. 2003).

Il résulte des articles L. 464-7 et L. 464-8 que les décisions prises sur le fondement de l'article L. 430-9 ne sont susceptibles que d'un recours devant le juge administratif ; la cour d'appel, qui était saisie d'une décision dont le seul objet était la mise en œuvre des pouvoirs dévolus au Conseil par l'article L. 430-9, relatif à la concentration économique, a excédé sa compétence (■ Cass. com., 12 juill. 2004 : *Bull. civ.* IV, n° 152 ; *D.* 2004, p. 2374, obs. E. Chevrier ; *JCP* E 2004, chron. 1739, n° 22, obs. G. Decocq ; *Contrats, conc. consom.* 2004, comm. 173, obs. M. Malaurie-Vignal ; *RD conc.* 2004, p. 92, obs. Ch. Momège ; *Rev. Lamy conc.* 2005, n° 2, obs. V. Selinsky et n° 57, obs. B. Cheynel ; *RJDA* 2004, p. 1059, note S. Destours ; cass. de ■ Paris, 18 févr. 2003 : *BOCC* 21 nov. 2003 ; *Contrats, conc. consom.* 2004, comm. 8, obs. M. Malaurie-Vignal ; *JCP* E 2003, 612, obs. P. Arhel).

La disjonction de la saisine initiale du Conseil en trois dossiers distincts, prise en application des dispositions de l'article 31 du décret n° 2002-189 du 30 avril 2002, ne constitue pas une décision susceptible de recours par application des articles L. 464-2 et L. 464-8, les moyens visant à contester cette répartition de la saisine étant irrecevables (■ Paris, 21 sept. 2004 : *BOCC* 8 nov. 2004 ; *Rev. Lamy conc.* 2005, n° 25, obs. V. Selinsky).

Il n'appartient pas à la cour de se prononcer sur la décision du Conseil de transmettre le dossier au parquet ainsi que le prévoit l'article L. 462-6 (■ Paris, 26 oct. 2004 : *BOCC* 21 janv. 2005 ; *Rev. Lamy conc.* 2005, n° 153, obs. B. Cheynel). En ce sens, V. ■ Paris, 12 déc. 2006 : *Contrats, conc. consom.* 2007, comm. 16, obs. M. Malaurie-Vignal ; *JCP* E 2007, 1179, note S. Grandvuillemin ; *JCP* E 2007, 10012, note M. Chagny ; *RJDA* 2007, n° 404 ; *RD conc.* 2007, n° 1, p. 82, obs. E. Claudel ; *Rev. Lamy conc.* 2007, n° 751, obs. F. Veneyre ; cassé, sur un autre point, par ■ Cass. com., 29 juin 2007 : *Bull. civ.* IV, n° 181 ; *D.* 2007, p. 1953, obs. E. Chevrier ; *Contrats, conc. consom.* 2007, comm. 209, obs. M. Bazex et S. Blazy ; *RJDA* 2007, n° 1153 ; *RD conc.* 2007, n° 3, p. 87, obs. M. Debroux et Orengo ; *Rev. Lamy conc.* 2007, n° 896, obs. V. Selinsky).

Le recours n'est pas ouvert contre les décisions par lesquelles *le Conseil de la concurrence* estime *que les faits* invoqués à l'appui de la saisine sont suffisamment probants (■ Paris, 28 janv. 2005 : *D.* 2005, p. 710, obs. E. Chevrier).

Il résulte de la combinaison des articles L. 464-2 et L. 464-8 que l'entreprise, qui était en cause devant le Conseil de la concurrence en qualité de partie saisissante, et qui justifie d'un intérêt dans la mesure où la décision d'acceptation d'engagements, en mettant fin à la procédure, ne fait pas droit à ses demandes, est recevable à exercer un recours contre cette décision (■ Paris, 16 oct. 2007 : *D.* 2007, p. 2729, obs. E. Chevrier ; *Contrats, conc. consom.* 2007, comm. 297, obs. M. Malaurie-Vignal ; *RJDA* 2007, n° 1282 ; *Rev. Lamy conc.* 2008, n° 1014, obs. B. Cheynel ; conf. ■ Cons. conc., déc. n° 06-D-24, 24 juill. 2006 : *Contrats, conc. consom.* 2006, comm. 187, obs. M. Malaurie-Vignal ; *Comm. com. électr.* 2006, comm. 145, obs. M. Chagny ; *Rev. Lamy conc.* 2006, n° 675, note V. Selinsky). En ce sens, V. ■ Paris, 6 nov. 2007 : *Contrats, conc. consom.* 2008, comm. 18, obs. G. Decocq ; *RJDA* 2008, n° 86 ; *RD conc.* 2008, n° 1, p. 127, obs. C. Prieto ; *Rev. Lamy conc.* 2008, n° 1014, note B. Cheynel ; cassé, sur un autre point, par ■ Cass. com., 4 nov. 2008 : *Bull. civ.* IV, n° 188 ; *Contrats, conc. consom.* 2008, comm. 274, obs. M. Bazex ; *RJDA* 2009, n° 272 ; *RD conc.* 2009, n° 1, 189, obs. Ch. Lemaire ; *Rev. Lamy conc.* 2009, n° 1304, note B. Cheynel).

Il résulte des articles L. 462-8 et R. 464-1 que, lorsque le Conseil est saisi d'une demande de mesures conservatoires, il lui appartient de vérifier préalablement si les faits invoqués sont appuyés d'éléments suffisamment probants et, dans la négative, de rejeter la saisine ; eu égard au caractère accessoire de la demande de mesures conservatoires, le rejet de la saisine par application de l'article L. 462-8 emporte rejet, par voie de conséquence, de la demande de mesures conservatoires, sans examen de celle-ci ; il suit de là que la décision rendue sur ce fondement entre dans les prévisions de l'article L. 464-8 et que sont donc inapplicables les dispositions de l'article L. 464-7, propres aux recours contre les décisions se prononçant sur les mesures conservatoires (■ Paris, 2 juill. 2008 : *BOCC* 10 oct. 2008 ; *Contrats, conc. consom.* 2008, comm. 242, obs. G. Decocq ; conf. de ■ Cons. conc., déc. n° 08-D-05, 27 mars 2008 : *BOCC* 26 juin 2008).

Une société sanctionnée n'est pas recevable à critiquer une décision du Conseil en ce qu'elle ne sanctionne pas d'autres entreprises, cette circonstance ne lui faisant pas grief (■ Paris, 28 janv. 2009 : *Contrats, conc. consom.* 2009, comm. 83, obs. G. Decocq ; *RD conc.* 2009, n° 2, p. 107, obs. L. Nicolas-Vullierme ; conf. de ■ Cons. conc., déc. n° 07-D-50, 20 déc. 2007 : *Contrats, conc. consom.* 2008, comm. 39, obs. M. Malaurie-Vignal ; *RJDA* 2008, n° 328 ; *RD conc.* 2008, n° 1, p. 108, obs. E. Claudel ; *Rev. Lamy* conc. 2008, n° 1058, obs. S. Cholet ; rejet pourvoi par ■ Cass. com., 7 avr. 2010 : *Contrats, conc. consom.* 2010, comm. 163, obs. G. Decocq ; *RD conc.* 2010, n° 2, p. 68, obs. L. Nicolas-Vullierme). Rappr. ■ Paris, 24 avr. 2007 : *Contrats, conc. consom.* 2007, comm. 155, obs. G. Decocq ;

RD conc. 2007, n° 3, p. 92, obs. E. Claudel ; *Rev. Lamy conc.* 2007, n° 829, obs. V. Selinsky ; conf. de ▪ Cons. conc., déc. n° 06-D-09, 11 avr. 2006 : *D.* 2006, p. 1231, obs. E. Chevrier ; *Contrats, conc. consom.* 2006, comm. 110, obs. G. Decocq ; *RTD com.* 2006, 315, n° 5, obs. E. Claudel ; *RJDA* 2006, n° 708 ; *RD conc.* 2006, n° 2, p. 144, obs. Ch. Momège ; *Rev. Lamy dr. aff.* mai 2006, n° 266, obs. V. Selinsky ; *Rev. Lamy conc.* 2006, n° 331, obs. B. Cheynel et, n° 585, obs. E. Barbier de la Serre.

Les communiqués de presse diffusés par le Conseil de la concurrence n'entrant pas dans le champ de compétence de la cour, ne sont en aucun cas des causes possibles d'annulation ou de réformation des décisions, et leurs conséquences ne peuvent relever que d'une réparation de droit commun sur la preuve d'un dommage (▪ Paris, 24 nov. 2009 : *Contrats, conc. consom.* 2010, comm. 16, obs. G. Decocq et comm. 54, obs. D. Bosco ; *RD conc.* 2010, n° 1, p. 93, obs. L. Nicolas-Vullierme et p. 160, obs. Ch. Momège ; *Rev. Lamy conc.* 2010, n° 1602, obs. E. Barbier de la Serre ; cass., sur un autre point, par ▪ Cass. com., 1er mars 2011 : *Bull. civ.* IV, n° 29 ; *Europe* 2011, alerte 26, obs. L. Idot ; *D.* 2011, p. 813, obs. E. Chevrier ; *Contrats, conc. consom.* 2010, comm. 120, obs. D. Bosco ; *RJDA* 2011, n° 579 ; conf. de ▪ Cons. conc., déc. n° 08-D-30, 4 déc. 2008 : *Contrats, conc. consom.* 2009, comm. 56, obs. G. Decocq ; *RD conc.* 2009, n° 1, p. 193, obs. J. Gstalter ; *Rev. Lamy conc.* 2009, n° 1361, note E. Barbier de la Serre ; sur renvoi, V. ▪ Paris, 28 mars 2013 : *Contrats, conc. consom.* 2013, comm. 138, obs. G. Decocq ; pourvois rejetés, V. ▪ Cass. com., 20 janv. 2015 : *AJ Contrats d'affaires* 2015, n° 2, p. 53 ; *Contrats, conc. consom.* 2015, comm. 96, obs. G. Decocq). *Comp.* Sont susceptibles de recours en annulation les « avis, recommandations, mises en garde et prises de position adoptés par les autorités de régulation dans l'exercice des missions dont elles sont investies », lorsqu'ils « revêtent le caractère de dispositions générales et impératives ou énoncent des prescriptions individuelles dont ces autorités pourraient ultérieurement censurer la méconnaissance » ou « sont de nature à produire des effets notables, notamment de nature économique, ou ont pour objet d'influer de manière significative sur les comportements des personnes auxquelles ils s'adressent » (▪ CE, 21 mars 2016, nos 368082 et 390023).

La procédure de clémence, qui relève par sa nature et par son mécanisme de la politique de concurrence que le législateur a confié au Conseil, puis à l'Autorité de la concurrence, repose pour l'essentiel sur une négociation et ne relève pas du contrôle de plein contentieux de la cour d'appel de Paris. En revanche, cette même cour a compétence pour vérifier la licéité de l'accord de clémence au regard de l'article L. 464-2, IV (▪ Paris, 19 janv. 2010 : *D.* 2010, p. 261, obs. E. Chevrier ; *Contrats, conc. consom.* 2010, comm. 79, obs. G. Decocq ; *RJDA* 2010, n° 680 ; *Rev. Lamy dr. aff.* mars 2010, n° 2773, obs. D. Ferré et K. Biancone ; *RD conc.* 2010, n° 2, p. 68, obs. M. Debroux et p. 131, obs. Ch. Lemaire ; *Rev. Lamy conc.* 2010, n° 1573, note L. Boy ; réf. de ▪ Cons. conc., déc. n° 08-D-32, 16 déc. 2008 : *RD conc.* 2009, n° 1, p. 110, obs. M. Debroux et E. Rieu et p. 196, obs. Ch. Lemaire ; *Rev. Lamy conc.* 2009, n° 1334, obs. S. Cholet. ▪ Aut. conc., déc. n° 10-D-28, 20 sept. 2010 : *Contrats, conc. consom.* 2010, comm. 278, obs. G. Decocq ; *RD conc.* 2010, n° 4, p. 208, obs. Ch. Lemaire ; *Rev. Lamy conc.* 2011, n° 1726, obs. V. Selinsky ; réf. par ▪ Paris, 23 févr. 2012 : *Contrats, conc. consom.* 2012, comm. 104, obs. D. Bosco ; *RD bancaire et fin.* 2012, étude 18, note J. Lucas et Th. Schrepel ; partiellement censurée sur la question des interventions volontaires par ▪ Cass. com., 14 avr. 2015, n° 12-15.971 : *RD conc.* 2015, n° 3, p. 153, obs. C. L., et sur renvoi ▪ Paris, 21 déc. 2017, n° 15/17638 : *Concurrences* 2018/2, p. 66, obs. L. Bernardeau, confirmant la décision de l'Autorité tout en réformant le montant de certaines amendes et de nouveau censurée par ▪ Cass. com., 29 janv. 2020, nos 18-10.967 et 18-11.001 : *Contrats, conc. consom.* 2020/3, comm. 49, note. D. Bosco).

Le champ de la saisine de la cour est délimité par le cadre de la décision frappée de recours ; en l'espèce, le Conseil de la concurrence ayant statué à l'égard des engagements pris par une entreprise, dans le cadre de l'article L. 464-2, III, la cour n'a pas le pouvoir d'imposer des engagements supplémentaires ; dès lors, la demande tendant au prononcé d'injonctions est irrecevable (▪ Paris, 23 févr. 2010 : *Contrats, conc. consom.* 2010, comm. 103, obs. G. Decocq ; *RD conc.* 2010, n° 2, p. 73, obs. L. Nicolas-Vullierme ; *Rev. Lamy conc.* 2010, n° 1581, obs. V. Selinsky et M. Dumarçay et n° 1659, obs. R. Christol ; rejet pourvoi par ▪ Cass. com., 16 avr. 2013 : *Contrats, conc. consom.* 2013, comm. 140, obs. G. Decocq ; *RJDA* 2013, n° 548 ; conf. ▪ Cons. conc., déc. n° 09-D-06, 5 févr. 2009 : *Contrats, conc. consom.* 2009, comm. 77, obs. M. Bazex et comm. 109, obs. D. Bosco ; *RD conc.* 2009, n° 2, p. 106, obs. L. Nicolas-Vullierme ; *Rev. Lamy conc.* 2009, n° 1333, note F. Marty et J. Pillot).

2) Notification. Une notification d'une décision de l'Autorité de la concurrence faite au cabinet d'avocat où l'entreprise sanctionnée par cette décision a élu domicile satisfait à l'exigence de notification aux parties en cause figurant à l'article L. 464-8 du Code de commerce (▪ Paris, 16 mai 2019, n° 18/24178 : *Contrats, conc. consom.* 2019/8-9, comm. 143, note G. Decocq, déclarant caduc le recours formé par l'une des sociétés mises en cause contre ▪ Aut. conc., déc. n° 18-D-21, 8 oct. 2018).

En l'état d'une notification comportant un délai inexact, il doit être considéré que le délai de recours n'a pas couru (■ Paris, 2 juill. 2008, préc.).

Si le Conseil a notifié aux parties la rectification opérée en leur adressant une ampliation de la décision rectifiée dans les mêmes formes que la décision elle-même, cette seconde notification avait seulement pour objet de leur permettre, le cas échéant, de contester la rectification ; cette notification n'a pu avoir pour effet de prolonger le délai de recours ouvert par la première notification, régulière, de la décision, étant observé que les erreurs corrigées, simples erreurs de plume, n'affectaient ni le sens de la décision, ni sa motivation de sorte que cette première notification avait mis les parties en mesure d'en apprécier la teneur et d'exercer, si bon leur semblait, leur droit de recours dans le délai légal (■ Paris, 5 nov. 2008, n° 2008/00138 : *JurisData* n° 2008-004668 ; *RD conc.* 2009, n° 1, p. 191, obs. Ch. Lemaire ; *Rev. Lamy conc.* 2009, n° 1311, obs. B. Cheynel).

3) Qualité de partie en cause. N'a pas la qualité de partie une société qui n'a pas saisi directement le Conseil de la concurrence (■ Cass. com., 17 déc. 1991, n° 89-21.194 : *JurisData* n° 1991-003314 ; *Bull. civ.* IV, n° 397).

Le recours ne peut être formé que par l'une des parties en cause devant le Conseil de la concurrence, soit celle dont la réclamation a été déclarée irrecevable ou rejetée, soit celle qui, à la suite d'une notification de griefs, a fait l'objet d'une injonction ou d'une sanction pécuniaire (■ Paris, 11 mars 2003, préc.).

Même si les entreprises requérantes ont dû répondre à des demandes d'informations des rapporteurs en charge de l'enquête, cette circonstance ne suffit pas à leur conférer la qualité requise pour agir devant la cour d'appel contre une décision qui ne prononce aucune mesure à leur égard (même arrêt).

4) Incompétence du juge administratif. Il résulte des dispositions de l'article 15 de l'ordonnance de décembre 1986 (devenu C. com., art. L. 464-8) que le législateur a entendu organiser un recours juridictionnel spécial contre certaines décisions du Conseil de la concurrence, et notamment contre celles prononçant une sanction ; seule la cour d'appel de Paris est alors compétente pour statuer sur les sanctions prononcées par le Conseil (■ CE, 21 oct. 1998, n° 174803 : *JurisData* n° 1998-050883 ; *RTD com.* 1999, 64, obs. J. Derruppé ; *RJDA* 1999, n° 98).

5) Sursis à exécution. L'article 15 de l'ordonnance de décembre 1986 (devenu C. com., art. L. 464-8, al. 2) ne s'applique pas lorsque la décision soumise à recours a sanctionné, par application de l'article 14 de ce texte (devenu C. com., art. L. 464-3), l'inexécution partielle d'injonctions prononcées précédemment sans en édicter de nouvelles (■ Paris, réf., 6 mars 1991 : *JurisData* n° 1991-024003 ; *Gaz. Pal.* 1991, 2, 520).

Un sursis à exécution, limité dans le temps, de la décision du Conseil ordonnant à des sociétés de cesser de subordonner l'agrément de leurs distributeurs à la détention de la qualité de pharmacien d'officine est justifié pour assurer à ces sociétés la possibilité d'organiser et d'aménager par voie de contrats ou de conventions une politique commerciale nouvelle de distribution de leurs produits sans risques majeurs définitifs et irréversibles de désordre, d'atteinte à la réputation et de préjudice pour les intérêts moraux et commerciaux des victimes, sans risque de voir s'ouvrir des contentieux d'ordre civil ou même pénal et de voir engager leur responsabilité (■ Paris, réf., 11 août 1987, n° 674/87 [1re esp.] et Paris, réf., 11 sept. 1987, n° 674/87 : *JurisData* n° 1987-025234 ; *Gaz. Pal.* 1987, 2, 729 et 731, obs. J.-P. Marchi ; *D.* 1987, inf. rap. 196).

Le sursis à l'exécution d'une décision ne peut être ordonné, faute que cette exécution soit susceptible d'entraîner des conséquences manifestement excessives, alors qu'elle impose une publication forcée dans trois organes de presse, puisque la décision a déjà reçu une complète publicité par son insertion d'office au *BOCC* et par des insertions dans d'autres journaux (■ Paris, réf., 11 août 1987 [2e esp.] : *Gaz. Pal.* 1987, 2, 729 et 731, obs. J.-P. Marchi ; *D.* 1987, inf. rap. 196). *Rappr.* ■ Paris, réf., 20 mai 2003, n° 2003/08059 : *JurisData* n° 2003-213738 ; *BOCC* 11 août 2003 ; *Contrats, conc. consom.* 2003, comm. 162, obs. M. Malaurie-Vignal, estimant que le requérant n'apporte aucun élément de nature à établir que la publication forcée, qui procède du principe fondamental de la publicité des décisions à forme et à contenu juridictionnel, porte une atteinte irréversible à son crédit alors surtout qu'il a la faculté de mentionner l'existence du recours dans le texte publié.

Pour obtenir un sursis à exécution d'une décision du Conseil, il faut caractériser des conséquences manifestement excessives par la démonstration concrète et chiffrée des excès évidents qu'entraînerait de manière effective l'exécution des injonctions (■ Paris, réf., 18 févr. 1999, n° 1/99 : *JurisData* n° 1999-020316 ; *D.* 1999, inf. rap. 114 ; *LPA* 10 avr. 2000, p. 41, obs. Garcia).

Pour un sursis à exécution d'une sanction pécuniaire infligée par une décision du Conseil de nature à mettre en péril l'exploitation de la société condamnée, V. ■ Paris, réf., 20 mai 2003, préc. En ce sens, V. ■ Paris, réf., 26 juin 1996, n° 818/96 : *JurisData* n° 1996-021688 ; *BOCC* 20 août 1996.

Pour un sursis à exécution de plusieurs injonctions prononcées par l'Autorité de la concurrence qui étaient susceptibles de modifier de façon substantielle le système et la nature de la distribution sélective mise en place par un fabricant, V. ■ Paris, réf., 23 janv. 2019 : *Contrats, conc. consom.* 2019, comm. 52, obs. G. Decocq, se prononçant sur ■ Aut. conc., déc. n° 18-D-23, 24 oct. 2018 : *Concurrences* 2019, p. 97, note A.-C. Martin.

S'il ne revient pas au magistrat saisi en référé de contrôler la légalité de la décision, objet du recours, il lui revient en revanche de s'assurer, lorsqu'une irrégularité grave de procédure est invoquée, que la décision n'est pas sérieusement menacée d'annulation de ce chef de sorte que son exécution dans ces conditions serait de nature à engendrer les conséquences manifestement excessives visées à l'article L. 464-8 (■ Paris, réf., 23 janv. 2007, n° 06/21198 : *JurisData* n° 2007-324833 ; *D.* 2007, p. 576, obs. E. Chevrier ; *RJDA* 2007, n° 557 ; *Contrats, conc. consom.* 2007, comm. 97, obs. G. Decocq ; *Rev. Lamy conc.* 2007, n° 778, obs. C. Nourissat). En l'espèce, la seule constatation d'une atteinte manifeste portée aux droits de la défense justifie que l'exécution de la sanction soit suspendue jusqu'à ce que la cour, statuant sur le bien-fondé du recours, se prononce sur la légitimité de cette atteinte et, partant, sur la régularité de la procédure (même arrêt).

La circonstance que la sanction prononcée excède notablement le montant des capitaux propres de l'entreprise condamnée justifie, dans le contexte économique actuel particulièrement tendu, qu'il soit sursis à l'exécution des trois quarts de la sanction et qu'il soit également fait droit à la demande de sursis à l'exécution de la mesure de publication ordonnée qui précise le montant total de la sanction prononcée et qui, dans cette mesure, est susceptible de compliquer les relations de l'entreprise avec ses fournisseurs de crédit, banques et factors (■ Paris, réf., 4 mars 2009, n° 07/12226 : *JurisData* n° 2009-004928 ; *BOCC* 19 avr. 2010). *Rappr.* ■ Paris, réf., 26 juin 2012, [3 esp.] : *Contrats, conc. consom.* 2012, comm. 214, obs. G. Decocq ; *RD conc.* 2012, n° 4, p. 73, obs. N. Jalabert-Doury.

Il n'appartient pas au magistrat délégué par le premier président de contrôler la légalité de la décision, objet du recours dont la cour aura à *connaître*, à moins qu'en raison d'une violation flagrante des règles de droit qui lui sont applicables, la décision ne soit sérieusement menacée d'annulation, de sorte que son exécution dans ces conditions serait de nature à engendrer les conséquences manifestement excessives prévues par l'article L. 464-8 (■ Paris, réf., 11 mars 2009, n° 2007/19110 : *JurisData* n° 2009-007341 ; *BOCC* 19 avr. 2010).

Le premier président de la cour d'appel ne peut prononcer le sursis à exécution d'une décision ou d'une partie de décision de l'Autorité de la concurrence que s'il constate que cette exécution est susceptible d'entraîner des conséquences manifestement excessives ou qu'il est intervenu, postérieurement à sa notification, des faits nouveaux d'une exceptionnelle gravité. En conséquence, encourt la cassation l'ordonnance du délégué du premier président qui ordonne le sursis à exécution d'une décision en sa partie prévoyant la publication d'une phrase rappelant que les victimes d'une pratique anticoncurrentielle peuvent demander réparation du préjudice qu'elles ont subi de ce fait auprès des tribunaux compétents, au motif que l'Autorité n'a pas compétence pour susciter, recevoir ou traiter les demandes de dommages-intérêts des victimes de pratiques anticoncurrentielles (■ Cass. com., 20 mars 2012 : *Bull. civ.* IV, n° 58 ; *D.* 2012, p. 868, obs. E. Chevrier ; *Contrats, conc. consom.* 2012, comm. 133, obs. G. Decocq ; *RD conc.* 2012, n° 2, obs. A. Lacresse ; *Rev. Lamy conc.* 2012, n° 2118, obs. E. Barbier de la Serre).

L'article L. 464-8, alinéa 2, n'interdit pas au premier président de la cour d'appel de Paris, saisi sur ce fondement, de tenir compte, s'il l'estime justifié par les circonstances de l'espèce, de l'appartenance de la personne morale sanctionnée à un groupe pour apprécier si l'exécution immédiate de la décision est susceptible d'entraîner des conséquences manifestement excessives. Viole ce texte le premier président qui retient que les conséquences manifestement excessives prises en compte par ce texte doivent être appréciées au regard de la seule situation financière de la société sanctionnée (■ Cass. com., 22 oct. 2013, n° 12-23.486 : *JurisData* n° 2013-023273 ; *RJDA* 2014, n° 62).

6) **Conséquences de l'annulation.** En conséquence de l'annulation d'une décision du Conseil, la cour est tenue, par application des dispositions des articles L. 464-8 du Code de commerce, 561 et 562 du Code de procédure civile, de statuer, en fait et en droit, sur le grief notifié ; il y a donc lieu de statuer au fond, sous réserve toutefois du respect du principe général de non-aggravation du sort du requérant en l'absence de recours du ministre chargé de l'économie, qui s'oppose à ce que la sanction soit aggravée (■ Paris, 15 janv. 2008 : *D.* 2008, p. 347, obs. E. Chevrier ; Contrats, conc. *consom.* 2008, comm. 84, obs. G. Decocq ; *RJDA* 2008, n° 437 ; *Rev. Lamy conc.* 2008, n° 1055, obs. V. Selinsky ; rejet pourvoi par ■ Cass. com., 16 déc. 2008 : *Contrats, conc. consom.* 2009, comm. 55, obs. G. Decocq ; *RD conc.* 2009, n° 1, p. 113, obs. L. Nicolas-Vullierme).

En l'état des textes applicables aux recours contre les décisions du Conseil de la concurrence, la cour, à défaut de recours du ministre chargé de l'économie, n'a pas le pouvoir d'aggraver la situation des demandeurs au recours ; elle ne saurait donc porter une appréciation sur le bien-fondé des abandons de griefs, qui sont définitifs (▪ Paris, 29 janv. 2008 : *Contrats, conc. consom.* 2008, comm. 83, obs. G. Decocq ; *RD conc.* 2008, n° 2, p. 107, obs. E. Claudel ; *Rev. Lamy conc.* 2008, n° 1069, obs. V. Sélinsky ; conf. de ▪ Cons. conc., déc. n° 06-D-03, 9 mars 2006 : *Rev. Lamy conc.* 2006, n° 547, note V. Sélinsky).

7) Conséquences de la réformation. La réformation d'une décision du Conseil ne produit d'effet qu'à compter de la notification de l'arrêt de la Cour d'appel de Paris et ne modifie pas rétroactivement l'état de droit concernant la société condamnée à publier une décision, ni ne retire son caractère exécutoire à la mesure de publication ordonnée (▪ Cons. conc., déc. n° 95-D-29, 2 mai 1995 : *BOCC* 25 juill. 1995).

L'arrêt réduisant le montant des sanctions pécuniaires prononcées par le Conseil constitue le titre ouvrant droit à restitution des sommes versées au titre de l'exécution de la décision, lesdites sommes assorties des intérêts au taux légal à compter de la notification de l'arrêt valant mise en demeure (▪ Paris, 6 mai 2008 : *Contrats, conc. consom.* 2008, comm. 184, obs. G. Decocq ; *RD conc.* 2008, n° 3, p. 95, obs. C. Prieto ; cassé, sur un autre point, par ▪ Cass. com., 7 juill. 2009 : *Bull. civ.* IV, n° 97 ; *Contrats, conc. consom.* 2009, comm. 227, obs. G. Decocq ; *RJDA* 2010, n° 297 ; sur renvoi, ▪ Paris, 15 avr. 2010 : *Contrats, conc. consom.* 2010, comm. 159, obs. G. Decocq ; *RD conc.* 2010, n° 3, p. 91, obs. F. Marty ; *Rev. Lamy conc.* 2010, n° 1633, obs. A. Mexis ; rejet pourvoi par ▪ Cass. com., 12 juill. 2011 : *Contrats, conc. consom.* 2011, comm. 244, obs. G. Decocq ; *RJDA* 2011, n° 962).

8) Effet dévolutif de l'appel. Ayant annulé la procédure suivie devant le Conseil en raison de la présence du rapporteur et du rapporteur général au délibéré de cette autorité, la cour d'appel a le pouvoir de statuer sur les griefs notifiés sans avoir à examiner au préalable le grief inopérant tiré d'une requalification des griefs par le Conseil dans la décision devenue inexistante par l'effet de l'annulation prononcée (▪ Cass. com., 30 mai 2000 : *Bull. civ.* IV, n° 112 ; *RJDA* 2000, n° 1176 ; rejet pourvoi contre ▪ Paris, 15 juin 1999 : *BOCC* 1999, p. 439 ; *Contrats, conc. consom.* 1999, comm. 145, obs. M. Malaurie-Vignal ; *JCP* E 1999, p. 1966, note J.-Cl. Fourgoux).

Ayant annulé la procédure suivie devant le Conseil après la notification du rapport et le dépôt des mémoires en réponse, la cour d'appel *tient de la combinaison* de l'article L. 464-8 et de l'article 561 du Code de procédure civile le pouvoir de statuer, en fait et en droit, sur les griefs notifiés (▪ Cass. com., 4 déc. 2001 : *Bull. civ.* IV, n° 193 ; *Contrats, conc. consom.* 2002, comm. 46, obs. M. Malaurie-Vignal ; *RTD com.* 2002, 296, obs. E. Claudel ; rejet pourvoi contre ▪ Paris, 29 juin 1999 : *BOCC* 1999, p. 447 ; *LPA* 24 juill. 2000, p. 11, obs. N. Reboul). En ce sens, V. aussi ▪ Cass. com., 26 févr. 2002 : *Bull. civ.* IV, n° 42 ; *JCP* E 2003, 666, note Rajot ; *RJDA* 2002, n° 819. ▪ Cass. com., 7 janv. 2004 : *Bull. civ.* IV, n° 5 ; *AJDA* 2004, p. 851, obs. N. Charbit ; *RJDA* 2004, n° 633 ; rejet pourvoi contre ▪ Paris, 8 févr. 2000 : *BOCC* 2000, p. 135.

Saisie par les parties en cause d'un recours en annulation ou en réformation de la décision du Conseil, la cour d'appel, après avoir annulé cette décision, est tenue de statuer en fait et en droit sur les demandes des parties tendant à l'annulation de l'enquête et de l'instruction ayant conduit à la décision qu'elle annule et, le cas échéant, sur les griefs notifiés et maintenus par le rapport (▪ Cass. com., 27 sept. 2005, n° 04-16.677 : *JurisData* n° 2005-029933 ; *Bull. civ.* IV, n° 181 ; *D.* 2005, p. 2590, obs. E. Chevrier ; *RJDA* 2006, n° 335 ; *Contrats, conc. consom.* 2005, comm. 208, obs. M. Malaurie-Vignal ; *RD conc.* 2005, n° 4, p. 115, obs. V. Michel-Amsellem ; *Rev. Lamy conc.* 2005, n° 381, obs. C. Nourissat).

En ce sens, V. aussi ▪ Cass. com., 31 janv. 2006 : *JCP* E 2006, 1614, n° 39, obs. G. Decocq ; *Contrats, conc. consom.* 2006, comm. 71, obs. M. Malaurie-Vignal ; *RD conc.* 2006, n° 2, p. 140, obs. V. Michel-Amsellem ; sur renvoi, V. ▪ Paris, 16 juin 2009 : *Contrats, conc. consom.* 2009, comm. 230, obs. G. Decocq ; *RD conc.* 2009, n° 3, p. 128, obs. Ch. Momège ; *Rev. Lamy conc.* 2009, n° 1489, obs. B. Cheynel ; cass., sur un autre point, par ▪ Cass. com., 21 juin 2011 : *Bull. civ.* IV, n° 101 ; *D.* 2011, p. 1749, obs. E. Chevrier ; *Contrats, conc. consom.* 2011, comm. 199, obs. D. Bosco ; *RD conc.* 2011, n° 3, p. 188, obs. Ch. Lemaire et S. Naudin ; *Rev. Lamy conc.* 2011, n° 1943, obs. E. Barbier de la Serre et S. Quilès ; *RJDA* 2011, n° 961. Si la cour d'appel, saisie d'un recours en annulation d'une décision du Conseil est en principe tenue, après avoir annulé cette décision, de statuer en fait et en droit sur les griefs notifiés et maintenus par le rapport, il n'en est pas ainsi lorsque la cour d'appel, qui ne dispose ni des pouvoirs, ni des moyens de procéder à l'instruction d'une saisine du Conseil dans les conditions prévues par les articles L. 450-1 et suivants, annule, en raison de l'insuffisance de l'instruction du Conseil, une décision ayant dit non établies les pratiques reprochées (▪ Cass. com., 26 févr. 2008, n° 07-10.906 : *JurisData* n° 2008-042930 ; *Bull. civ.* IV, n° 44 ; *D.* 2008, p. 844, obs. E. Chevrier ; *Contrats, conc. consom.* 2008, comm. 105, obs. G. Decocq ; *RJDA* 2008, n° 715 ; *Rev. Lamy conc.* 2008, n° 1110, obs. B. Cheynel).

Le recours contre une décision de l'Autorité de la concurrence rejetant une demande de mesures conservatoires au motif que la partie saisissante n'appuie pas sa demande d'éléments suffisamment probants doit être formé, non par assignation, mais par une déclaration écrite au greffe de la cour d'appel de Paris dans le délai d'un mois de la notification de la décision de l'Autorité (■ Paris, 1er juin 2010 : *Contrats, conc. consom.* 2010, comm. 216, obs. G. Decocq).

9) Recevabilité. Les sociétés requérantes n'ayant exposé le moyen d'annulation tiré de la présence du rapporteur au délibéré ni lors de leur déclaration de recours ni dans les deux mois suivant la notification de la décision, elles ne sont pas recevables à le faire pour la première fois devant la Cour de cassation et la cour d'appel n'était pas tenue de le relever d'office (■ Cass. com., 27 mars 2001 : *Bull. civ.* IV, n° 67 ; *D.* 2001, p. 1537, obs. E. Chevrier ; *RTD com.* 2001, 875, obs. E. Claudel). En ce sens, V. ■ Cass. com., 9 oct. 2001 : *Bull. civ.* IV, n° 160 ; *D.* 2001, p. 3528, obs. E. Chevrier ; *Contrats, conc. consom.* 2001, comm. 174, obs. M. Malaurie-Vignal ; *RJDA* 2002, n° 206 ; *RTD com.* 2002, 294, obs. E. Claudel.

La cour, saisie d'un recours formé contre une décision de rejet de saisine fondée sur l'article L. 462-8, alinéa 2, doit vérifier si les faits invoqués, tels qu'ils ont été soumis au Conseil, étaient appuyés d'éléments suffisamment probants, étant observé que le rejet sur ce fondement n'est pas revêtu de l'autorité de la chose décidée et n'exclut pas une nouvelle saisine autrement étayée ; il en résulte que les éléments qui n'ont pas été produits devant le Conseil ne peuvent l'être pour la première fois devant la cour (■ Paris, 2 juill. 2008, préc., note 1).

10) Pourvoi de l'Autorité de la concurrence. La CJUE a dit pour droit dans son arrêt du 7 décembre 2010 (aff C-439/08, *Vebic : Europe* 2011, comm. 71, obs. L. Idot ; *RD conc.* 2011, n° 1, p. 179, obs. A. Maitrepierre ; *Rev. Lamy conc.* 2011, n° 1816, obs. E. Barbier de la Serre) que dans un domaine tel que celui de la constatation d'infractions aux règles de concurrence et d'imposition d'amendes, qui comporte des appréciations juridiques et économiques complexes, l'obligation incombant à une autorité de concurrence nationale d'assurer l'application effective des articles 101 et 102 du TFUE exige que celle-ci dispose de la faculté de participer, en tant que partie défenderesse, à une procédure devant une juridiction nationale dirigée contre la décision dont cette autorité est l'auteur. Il s'en déduit que l'obligation d'effectivité dans l'application des articles 101 et 102 du TFUE commande que l'Autorité de la concurrence, qui a succédé au Conseil de la concurrence comme autorité administrative indépendante chargée de mettre en œuvre sur le territoire national notamment les articles 101 et 102 du TFUE et qui avait la qualité de partie devant la cour d'appel, puisse disposer de la faculté de former un pourvoi contre un arrêt de cour d'appel réformant ou annulant une décision prise par le Conseil de la concurrence (■ Cass. com., 17 janv. 2012 : *Bull. civ.* IV, n° 7 ; *D.* 2012, p. 277, obs. E. Chevrier ; *Contrats, conc. consom.* 2012, comm. 75, obs. G. Decocq ; *RJDA* 2012, n° 532 ; *RD conc.* 2012, n° 2, obs. A. Lacresse ; *RD conc.* 2012, n° 2, obs. A. Lacresse ; *Rev. Lamy conc.* 2012, n° 2030, obs. S. Cholet ; rejet pourvoi contre ■ Paris, 27 janv. 2011 : *Contrats, conc. consom.* 2011, comm. 70, obs. G. Decocq ; *RD conc.* 2011, n° 2, p. 114, obs. A.-L. Sibony ; *Rev. Lamy conc.* 2011, n° 1786, obs. S. Cholet et n° 1811, obs. E. Barbier de la Serre ; renvoi de ■ Cass. com., 3 mars 2009 : *Bull. civ.* IV, n° 30 ; *Contrats, conc. consom.* 2009, comm. 142, obs. G. Decocq ; *RJDA* 2009, n° 893 ; *RD conc.* 2009, n° 2, p. 118, obs. A.-L. Sibony ; cass. de ■ Paris, 2 avr. 2008 : *Contrats, conc. consom.* 2008, comm. 167, obs. G. Decocq ; renvoi de ■ Cass. com., 10 mai 2006 : *Bull. civ.* IV, n° 115 ; *Contrats, conc. consom.* 2006, comm. 140, obs. G. Decocq ; *RD conc.* 2006, n° 3, p. 98, obs. A. Wachsmann ; *Rev. Lamy conc.* 2006, n° 555, obs. M. Dumarcay ; *RJDA* 2006, n° 958 ; cass. de ■ Paris, 12 avr. 2005 : *BOCC* 2005, p. 492 ; réformation de ■ Cons. conc., 14 oct. 2004, déc. n° 04-D-48 : *BOCC* 2005, p. 48 ; *Rev. Lamy conc.* 2005, n° 30, obs. V. Selinsky). V. la nouvelle rédaction de art. R. 464-11, p. 1900 issue du D. n° 2012-840 du 29 juin 2012.

Par un arrêt du 7 décembre 2010, *Vebic* (aff. C-439/08, préc.), la CJUE a dit pour droit que l'article 35 du règlement n° 1/2003 du Conseil, du 16 décembre 2002, relatif à la mise en œuvre des règles de concurrence prévues aux articles 81 et 82 du traité, doit être interprété en ce sens qu'il s'oppose à une réglementation nationale qui n'accorde pas la faculté à une autorité de concurrence nationale de participer, en tant que partie défenderesse, à une procédure judiciaire dirigée contre la décision dont cette autorité est l'auteur. Il s'en déduit que les dispositions de l'article L. 464-8, alinéa 5, selon lesquelles le président de l'Autorité de la concurrence peut former un pourvoi en cassation contre l'arrêt de la cour d'appel de Paris ayant annulé ou réformé une décision de l'Autorité, doivent s'interpréter comme permettant au président de celle-ci de former un pourvoi contre une décision statuant sur une demande de sursis à exécution formée contre une décision de l'Autorité rendue sur le fondement des dispositions des articles 101 et 102 du TFUE (■ Cass. com., 20 mars 2012 : *Bull. civ.* IV, n° 58 ; *D.* 2012, p. 868, obs. E. Chevrier ; *RJDA* 2012, n° 619 ; *RD conc.* 2012, n° 2, obs. A. Lacresse ; *Rev. Lamy conc.* 2012, n° 2123, obs. E. Barbier de la Serre).

11) Pourvoi du ministre de l'Économie. Le pourvoi en cassation n'est ouvert qu'aux parties à l'instance devant le juge du second degré ; si le ministre chargé de l'économie a le droit d'exercer un recours devant la cour d'appel contre la décision du Conseil de la concurrence, même s'il n'a pas été partie à la décision, cette décision ne déroge pas à la règle précitée ; d'où il suit que le pourvoi formé par le ministre, qui n'a pas exercé un recours contre la décision du Conseil et n'était donc pas partie à l'instance devant la cour d'appel, est irrecevable (▪ Cass. com., 15 juill. 1992 : *Bull. civ.* IV, n° 274). En ce sens, V. aussi ▪ Cass. com., 19 juin 2001 : *Bull. civ.* IV, n° 120 ; *RJDA* 2001, n° 1266. ▪ Cass. com., 25 mars 2003, n° 01-01.556 : *JurisData* n° 2003-018500 ; *Bull. civ.* IV, n° 51 ; *Contrats, conc. consom.* 2003, comm. 112, obs. M. Malaurie-Vignal ; *RJDA* 2003, n° 653).

V. désormais l'alinéa 5 de l'article L. 464-8.

12) Question prioritaire de constitutionnalité. La disposition de l'article L. 464-8, en ce qu'elle permet à l'Autorité de la concurrence de se pourvoir en cassation contre l'arrêt de la cour d'appel ayant annulé ou réformé une décision de cette dernière, n'est pas applicable au litige, dès lors que la cour d'appel a rejeté le recours formé contre la décision rendue par le Conseil de la concurrence, et non par l'Autorité de la concurrence ; d'où il suit que la question n'est pas recevable (▪ Cass. ass. plén., QPC, 18 juin 2010, n° 09-72.830 : *Dalloz Act.* 6 juill. 2010, obs. E. Chevrier ; *Lettre distrib.* 2010/10).

D'une part, la disposition de l'article L. 464-8, en ce qu'elle permet à l'Autorité de se pourvoir en cassation contre l'arrêt de la cour d'appel ayant annulé ou réformé une décision de cette dernière, n'est pas applicable à la procédure dès lors que la courd'appel a déclaré irrecevable le recours formé contre la décision de l'Autorité ayant renvoyé le dossier à l'instruction ; d'autre part, en ce qu'elle soutient que l'article L. 464-8 a pour effet de permettre à l'Autorité de participer à l'instance devant la cour d'appel de Paris, la question prioritaire de constitutionnalité ne tend, sous le couvert de la critique de cette disposition législative, qu'à contester la conformité à la Constitution des dispositions réglementaires contenues à l'article R. 464-18 du Code de commerce ; d'où il suit que la question n'est pas recevable (▪ Cass. com., QPC, 30 nov. 2010 : *Lettre distrib.* 2010/12. *Rappr.* ▪ Cass. com., QPC, 13 mai 2011 : *Lettre distrib.* 2011/5. ▪ Cass. com., QPC, 28 juin 2011 : *Lettre distrib.* 2011/9).

Art. L. 464-8-1 ***(L. n° 2016-1547, 18 nov. 2016).*** **– Les décisions prises par le rapporteur général de l'Autorité de la concurrence en application de l'article L. 463-4 de refuser la protection du secret des affaires ou de lever la protection accordée peuvent faire l'objet d'un recours en réformation ou en annulation devant le premier président de la cour d'appel de Paris ou son délégué.**

L'ordonnance du premier président de la cour d'appel de Paris statuant sur ce recours est susceptible d'un pourvoi en cassation.

Ce recours et ce pourvoi sont instruits et jugés en chambre du conseil.

Un décret en Conseil d'État précise les modalités de ce recours et de ce pourvoi.

Art. L. 464-8-2 ***(Créé, Ord. n° 2021-649, 26 mai 2021 et rect. JO 19 juin 2021).*** **– Sans préjudice des compétences exclusives du juge de l'exécution, le recours relatif à la validité de la notification par l'Autorité de la concurrence des actes mentionnés au IV de l'article L. 462-9-1 est porté devant une cour d'appel spécialement désignée par décret dans le délai d'un mois à compter de cette notification. Le recours n'est pas suspensif.**

Le président de l'Autorité de la concurrence peut former un pourvoi en cassation contre l'arrêt de la cour d'appel.

Art. L. 464-9 ***(Ord. n° 2008-1161, 13 nov. 2008 ; mod., L. n° 2012-1270, 20 nov. 2012 ; L. n° 2014-344, 17 mars 2014 ; L. n° 2015-990, 6 août 2015 ; L. n° 2016-1920, 29 déc. 2016 ; L. n° 2020-1508, 3 déc. 2020).*** **– Le ministre chargé de l'économie peut enjoindre aux entreprises de mettre un terme aux pratiques visées aux articles L. 420-1 à L. 420-2-2 et L. 420-5 ou contraires aux mesures prises en application de l'article L. 410-3 dont elles sont les auteurs lorsque ces pratiques ne concernent pas des faits relevant des articles** ***(Mots rempl., L. n° 2020-1508, 3 déc. 2020)*** **« 101 et 102 du traité sur le fonctionnement de l'Union européenne » et sous réserve que le chiffre d'affaires que chacune d'entre elles a réalisé en France lors du dernier exercice clos ne dépasse pas 50 millions d'euros et que leurs chiffres d'affaires cumulés ne dépassent pas 200 millions d'euros.**

Le ministre chargé de l'économie peut également, dans les mêmes conditions, leur proposer de transiger. Le montant de la transaction ne peut excéder 150 000 € ou 5 % du dernier chiffre d'affaires connu en France si cette valeur est plus faible. Les modalités de la transaction sont fixées par décret en Conseil d'État. L'exécution dans les délais impartis des obligations résultant de l'injonction et de l'acceptation de la transaction éteint toute action devant l'Autorité de la concurrence pour les mêmes faits. Le ministre chargé de l'économie informe l'Autorité de la concurrence des transactions conclues.

Il ne peut proposer de transaction ni imposer d'injonction lorsque les mêmes faits ont, au préalable, fait l'objet d'une saisine de l'Autorité de la concurrence par une entreprise ou un organisme visé au deuxième alinéa de l'article L. 462-1, sauf si l'Autorité de la concurrence a rejeté la saisine sur le fondement du troisième alinéa de l'article L. 462-8.

En cas de refus de transiger, le ministre chargé de l'économie saisit l'Autorité de la concurrence. Il saisit également l'Autorité de la concurrence en cas d'inexécution des injonctions prévues au premier alinéa ou des obligations résultant de l'acceptation de la transaction.

Les sommes issues de la transaction sont versées au Trésor public et recouvrées comme les créances étrangères à l'impôt et au domaine.

NB : Les modifications de ces disposition, issues de l'article 3 de la loi n° 2016-1920 du 29 décembre 2016, entrent en vigueur le premier jour du troisième mois suivant la promulgation de la loi susvisée. Les dispositions modifiées sont applicables aux contrats conclus avant cette date.

Voir : art. R. 464-9-1 et s., p. 1899.

Bibliographie : D. Bosco, *Premières vues sur l'ordonnance de modernisation de la régulation de la concurrence : Contrats, conc. consom.* 2008, comm. 273. • B. Cheynel, *Décret de procédure pour les micropratiques anticoncurrentielles : de sous-garanties pour un droit de seconde zone ? : Rev. Lamy conc.* 2009, n° 1373. • D. Ferré, K. Biancone et L.-F. Martin, *Le nouveau traitement des micropratiques anticoncurrentielles en droit français : Rev. Lamy dr. aff.* févr. 2009, p. 45. • S. Grandvuillemin, *Les micropratiques anticoncurrentielles : CP-ACCP* mai 2010, n° 99, p. 37. • N. Homobono et A. Marie, *Le rôle de la DGCCRF dans l'application du droit des pratiques anticoncurrentielles depuis la réforme de 2008 : RD conc.* 2012, n° 1, p. 30. • Th. Picot et J. Bombardier, *Mode d'emploi du dispositif d'injonction et de transaction en matière de pratiques anticoncurrentielles locales et nouvelles règles du jeu : Rev. Lamy dr. aff.* avr. 2013, p. 36.

Conséquence d'un refus de transaction. Dans le cadre de la saisine de l'Autorité de la concurrence par le ministre chargé de l'économie à la suite d'un refus de transaction « les observations formulées par les entreprises destinataires de l'injonction ou de la transaction ne sont pas transmises à l'Autorité de la concurrence » et le refus ou l'acceptation d'une transaction par une ou plusieurs des entreprises concernées « est sans effet sur la situation des autres entreprises ayant fait l'objet de la même procédure » : ▪ Aut. conc., déc. n° 16-D-02, 27 janv. 2016 : *RD conc.* 2016, n° 2, p. 102, obs. A.-S. Choné-Grimaldi.

Art. L. 464-10 *(Créé, Ord. n° 2021-649, 26 mai 2021)*. **– I. – L'accès aux déclarations effectuées en vue d'obtenir le bénéfice de la procédure d'exonération de sanction pécuniaire prévue au IV de l'article L. 464-2 ou par des dispositions équivalentes du droit national d'un autre État membre n'est accordé qu'aux parties à la procédure concernée.**

Les informations tirées de ces déclarations et qui ne peuvent être obtenues que par l'accès au dossier de la procédure peuvent être utilisées par une partie ayant eu accès à ce dossier uniquement pour l'exercice des droits de la défense dans le cadre d'une procédure relative à un recours formé contre une décision de l'Autorité de la concurrence mentionné à l'article L. 464-8 du Code de commerce.

II. – L'accès à la proposition de transaction faite dans le cadre de la procédure prévue au III de l'article L. 464-2 ou du deuxième alinéa de l'article L. 464-9 n'est accordé qu'à la partie concernée par cette proposition.

Les informations tirées de cette proposition peuvent être utilisées par cette partie uniquement pour l'exercice des droits de la défense dans le cadre d'un recours formé contre une décision de l'Autorité de la concurrence mentionné à l'article L. 464-8 ou devant la juridiction administrative statuant sur un recours contre une proposition de transaction du ministre chargé de l'économie.

TITRE VII. – DES INJONCTIONS ET SANCTIONS ADMINISTRATIVES

(Anc. titre VI bis créé, L. n° 2014-344, 17 mars 2014 ; dénum. à compter du 11 mars 2017, Ord. n° 2017-303, 9 mars 2017)

Bibliographie : C. Marechal, *Le volet « concurrence » de la loi n° 2014-344 du 17 mars 2014 relative à la consommation : Contrats, conc. consom.* 2014, dossier 4.

Art. L. 470-1 *(Anc. art. L. 465-1 créé, L. n° 2014-344, 17 mars 2014 ; dénum. à compter du 11 mars 2017, Ord. n° 2017-303, 9 mars 2017)*. **– I. – Les agents habilités, dans les conditions prévues au II de l'article**

L. 450-1, à rechercher et à constater les infractions ou manquements aux obligations prévues au titre IV du présent livre peuvent, après une procédure contradictoire, enjoindre à tout professionnel, en lui impartissant un délai raisonnable, de se conformer à ses obligations, de cesser tout agissement illicite ou de supprimer toute clause illicite. *(Mots aj., L. n° 2020-1508, 3 déc. 2020)* « Dans les mêmes conditions, ils peuvent enjoindre à tout professionnel de se conformer aux dispositions du règlement (UE) 2019/1150 du Parlement européen et du Conseil du 20 juin 2019 promouvant l'équité et la transparence pour les entreprises utilisatrices de services d'intermédiation en ligne ainsi que lui enjoindre de cesser tout agissement ou de supprimer toute clause contraire à ces dispositions. »

II. – Lorsque le professionnel concerné n'a pas déféré dans le délai imparti à une injonction qui lui a été notifiée à raison d'une infraction ou d'un manquement passible d'une amende administrative, l'autorité administrative chargée de la concurrence et de la consommation peut prononcer à son encontre, dans les conditions et selon les modalités prévues à l'article L. 470-2, une amende administrative dont le montant ne peut excéder 3 000 € pour une personne physique et 15 000 € pour une personne morale.

III *(III créé, L. n° 2020-1508, 3 déc. 2020)*. – 1. Lorsque l'injonction est notifiée à raison d'un manquement passible d'une amende civile, les agents mentionnés au I du présent article peuvent assortir leur mesure d'une astreinte journalière ne pouvant excéder un montant de 0,1 % du chiffre d'affaires mondial hors taxes réalisé au cours du dernier exercice clos. Si les comptes de l'entreprise concernée ont été consolidés ou combinés en vertu des textes applicables à sa forme sociale, le chiffre d'affaires pris en compte est celui figurant dans les comptes consolidés ou combinés de l'entreprise consolidante ou combinante.

Dans ce cas, l'injonction précise les modalités d'application de l'astreinte encourue, notamment sa date d'applicabilité, sa durée et son montant. Le montant de l'astreinte est proportionné à la gravité des manquements constatés et tient compte notamment de l'importance du trouble causé.

L'astreinte journalière court à compter du jour suivant l'expiration du délai imparti au professionnel pour se mettre en conformité avec la mesure d'injonction notifiée.

En cas d'inexécution, totale ou partielle, ou d'exécution tardive, l'autorité administrative chargée de la concurrence et de la consommation procède, dans les conditions prévues au IV de l'article L. 470-2, à la liquidation de l'astreinte. Toutefois, le total des sommes demandées au titre de la liquidation de l'astreinte ne peut être supérieur à 1 % du chiffre d'affaires mondial hors taxes réalisé au cours du dernier exercice clos. Si les comptes de l'entreprise concernée ont été consolidés ou combinés en vertu des textes applicables à sa forme sociale, le chiffre d'affaires pris en compte est celui figurant dans les comptes consolidés ou combinés de l'entreprise consolidante ou combinante.

La décision prononçant la mesure d'injonction et celle prononçant la liquidation de l'astreinte journalière sont motivées. Elles sont susceptibles d'un recours de pleine juridiction et le juge des référés, saisi d'une demande en ce sens, peut ordonner leur suspension dans les conditions prévues à l'article L. 521-1 du Code de justice administrative.

2. L'injonction mentionnée au premier alinéa du 1 du présent III peut faire l'objet, en cas d'inexécution totale ou partielle ou d'exécution tardive, d'une mesure de publicité sur le site internet de l'autorité administrative chargée de la concurrence et de la consommation ainsi que, aux frais de la personne sanctionnée, sur un support habilité à recevoir des annonces légales que cette dernière aura choisi dans le département où elle est domiciliée. La décision peut en outre être publiée, à ses frais, sur d'autres supports.

Dans ce cas, le professionnel est informé, lors de la procédure contradictoire préalable au prononcé de l'injonction, de la nature et des modalités de la mesure de publicité encourue.

NB : La nouvelle version de l'article L. 470-1 procède d'un transfert (Ord. n° 2017-303, 9 mars 2017) de l'ancien article L. 465-1 du Code de commerce (issu de la loi n° 2014-344 du 17 mars 2014). L'ancienne version de l'article L. 470-1 du Code de commerce est transférée (Ord. n° 2017-303, 9 mars 2017) à l'article L. 490-1 du Code de commerce (Version transférée : La juridiction peut condamner solidairement les personnes morales au paiement des amendes prononcées contre leurs dirigeants en vertu des dispositions du présent livre et des textes pris pour son application).

Art. L. 470-2 *(Anc. art. L. 465-2 créé, L. n° 2014-344, 17 mars 2014 ; mod., L. n° 2015-990, 6 août 2015 ; L. n° 2016-1691, 9 déc. 2016 ; dénum. à compter du 11 mars 2017, Ord. n° 2017-303, 9 mars 2017)*. – I. – L'autorité administrative chargée de la concurrence et de la consommation est l'autorité compétente pour prononcer les amendes administratives sanctionnant les manquements mentionnés au titre IV du présent livre ainsi que l'inexécution des mesures d'injonction prévues à l'article L. 470-1.

II. – L'action de l'administration pour la sanction des manquements mentionnés au I se prescrit par trois années révolues à compter du jour où le manquement a été commis si, dans ce délai, il n'a été fait aucun acte tendant à la recherche, à la constatation ou à la sanction de ce manquement.

III. – Les manquements passibles d'une amende administrative sont constatés par procès-verbal, selon les modalités prévues à l'article L. 450-2.

IV. – Avant toute décision, l'administration informe par écrit la personne mise en cause de la sanction envisagée à son encontre, en lui indiquant qu'elle peut prendre connaissance des pièces du dossier et se faire assister par le conseil de son choix et en l'invitant à présenter, dans le délai de soixante jours, ses observations écrites et, le cas échéant, ses observations orales.

Passé ce délai, l'autorité administrative peut, par décision motivée, prononcer l'amende.

V *(Rempl., L. n° 2019-486, 22 mai 2019)*. – La décision prononcée par l'autorité administrative peut être publiée sur le site internet de cette autorité administrative et, aux frais de la personne sanctionnée, sur d'autres supports.

La décision prononcée par l'autorité administrative en application *(Rempl., Ord. n° 2019-698, 3 juill. 2019)* « de l'article L. 441-16 » est publiée sur le site internet de cette autorité administrative et, aux frais de la personne sanctionnée, sur un support habilité à recevoir des annonces légales que cette dernière aura choisi dans le département où elle est domiciliée. La décision peut en outre être publiée, à ses frais, sur d'autres supports.

L'autorité administrative doit préalablement avoir informé la personne sanctionnée, lors de la procédure contradictoire fixée au IV du présent article, de la nature et des modalités de publicité de sa décision.

En cas d'inexécution par la personne sanctionnée de la mesure de publicité, l'autorité administrative peut la mettre en demeure de publier la décision sous une astreinte journalière de 150 € à compter de la notification de la mise en demeure jusqu'à publication effective.

VI. – Lorsqu'une amende administrative est susceptible de se cumuler avec une amende pénale infligée à raison des mêmes faits à l'auteur du manquement, le montant global des amendes prononcées ne dépasse pas le maximum légal le plus élevé.

VII. – Lorsque, à l'occasion d'une même procédure ou de procédures séparées, plusieurs sanctions administratives ont été prononcées à l'encontre d'un même auteur pour des manquements en concours, ces sanctions s'exécutent cumulativement.

VIII. – Les documents recueillis et établis à l'occasion de la recherche et de la constatation d'un manquement ayant donné lieu à une procédure de sanction administrative ne sont communicables qu'à la personne qui en fait l'objet ou à son représentant.

IX. – L'amende est recouvrée comme en matière de créances étrangères à l'impôt et au domaine.

X. – Les modalités d'application du présent article sont fixées par décret en Conseil d'État.

NB : La nouvelle version de l'article L. 470-2 procède d'un transfert *(Ord. n° 2017-303, 9 mars 2017)* de l'ancien article L. 465-2 du Code de commerce (issu de la loi n° 2014-344 du 17 mars 2014 et modifié par la L. n° 2015-990 du 6 août 2015). L'ancienne version de l'article L. 470-2 du Code de commerce est transférée *(Ord. n° 2017-303, 9 mars 2017)* à l'article L. 490-2 du Code de commerce (Version transférée : En cas de condamnation au titre d'un délit prévu au titre IV du présent livre, la juridiction peut ordonner que sa décision soit affichée ou diffusée dans les conditions prévues par l'article 131-10 du Code pénal).

Séparation des fonctions. Selon la cour d'administrative d'appel de Marseille, le cumul des pouvoirs de constatation et de répression des infractions par la DIRECCTE ne méconnait pas le principe d'impartialité ou tout autre principe notamment en ce que l'Administration ne saurait être assimilée à un tribunal (■ CAA Marseille, 25 févr. 2019, n° 18MA01094 : *Concurrences* 2019/2, p. 100, note F. Buy).

Art. L. 470-3 ***(Mod., L. n° 2014-344, 17 mars 2014 ; transféré par Ord. n° 2017-303, 9 mars 2017 à l'art. L. 490-3, C. com.).***

Art. L. 470-4 ***(Transféré par Ord. n° 2017-303, 9 mars 2017 à l'art. L. 490-4, C. com.).***

Art. L. 470-4-1 ***(L. n° 2005-882, 2 août 2005 ; mod., Ord. n° 2005-1086, 1er sept. 2005 ; transféré par Ord. n° 2017-303, 9 mars 2017 à l'art. L. 490-5, C. com.).***

Art. L. 470-4-2 ***(L. n° 2005-882, 2 août 2005 ; transféré par Ord. n° 2017-303, 9 mars 2017 à l'art. L. 490-6, C. com.).***

Art. L. 470-4-3 *(L. n° 2005-882, 2 août 2005 ; transféré par Ord. n° 2017-303, 9 mars 2017 à l'art. L. 490-7, C. com.).*

Art. L. 470-5 *(Transféré par Ord. n° 2017-303, 9 mars 2017 à l'art. L. 490-8, C. com.).*

Art. L. 470-6 *(Mod., L. n° 2001-420, 15 mai 2001 ; Ord. n° 2004-1173, 4 nov. 2004 ; L. n° 2004-1343, 9 déc. 2004 ; Ord. n° 2008-1161, 13 nov. 2008 ; transféré par Ord. n° 2017-303, 9 mars 2017 à l'art. L. 490-9, C. com.).*

Art. L. 470-7 *(Transféré par Ord. n° 2017-303, 9 mars 2017 à l'art. L. 490-10, C. com.).*

Art. L. 470-7-1 *(Ord. n° 2008-1161, 13 nov. 2008 ; transféré par Ord. n° 2017-303, 9 mars 2017 à l'art. L. 490-11, C. com.).*

Art. L. 470-8 *(Transféré par Ord. n° 2017-303, 9 mars 2017 à l'art. L. 490-12, C. com.).*

TITRE VIII. – DES ACTIONS EN DOMMAGES ET INTÉRÊTS DU FAIT DES PRATIQUES ANTICONCURRENTIELLES

(Titre créé à compter du 11 mars 2017, Ord. n° 2017-303, 9 mars 2017)

Bibliographie : R. Amaro, *Actions en réparation en matière de pratiques anticoncurrentielles : la directive 2014/104/UE est transposée ! : Contrats, conc. consom.* 2017/6, étude 8. • S. Carval, *Les actions en dommages-intérêts des victimes de pratiques anticoncurrentielles : à propos de l'ordonnance et du décret du 9 mars 2017 : JCP* G 2017, n° 12, 298. • L. Idot, *Premières vues sur la transposition de la directive 2014/104/UE en France : Rev. Europe* avr. 2017, n° 4, alerte 16. • A.-C. Martin, *Indemnisation des victimes de pratiques anticoncurrentielles : émergence d'un droit spécial de la responsabilité du fait des pratiques anticoncurrentielles ? : Lettre distrib.* avr. 2017, p. 2.

CHAPITRE I. – DE LA RESPONSABILITÉ

Section I. – Des conditions de la responsabilité

Art. L. 481-1 *(Ord. n° 2017-303, 9 mars 2017).* – **Toute personne physique ou morale formant une entreprise ou un organisme mentionné à l'article L. 464-2 est responsable du dommage qu'elle a causé du fait de la commission d'une pratique anticoncurrentielle définie aux articles L. 420-1, L. 420-2, L. 420-2-1, L. 420-2-2 et L. 420-5 ainsi qu'aux articles 101 et 102 du traité sur le fonctionnement de l'Union européenne.**

Art. L. 481-2 *(Ord. n° 2017-303, 9 mars 2017).* – **Une pratique anticoncurrentielle mentionnée à l'article L. 481-1 est présumée établie de manière irréfragable à l'égard de la personne physique ou morale désignée au même article dès lors que son existence et son imputation à cette personne ont été constatées par une décision qui ne peut plus faire l'objet d'une voie de recours ordinaire pour la partie relative à ce constat, prononcée par l'Autorité de la concurrence ou par la juridiction de recours.**

Une décision qui ne peut plus faire l'objet d'une voie de recours ordinaire pour la partie relative au constat de l'existence et de l'imputation d'une pratique anticoncurrentielle, prononcée par une autorité de concurrence ou par une juridiction de recours d'un autre État membre de l'Union européenne à l'égard d'une personne physique ou morale, constitue un moyen de preuve de la commission de cette pratique.

Lorsqu'une décision définitive de la Commission, statuant sur les accords, décisions ou pratiques relevant *de l'article 101 ou 102 du traité sur le fonctionnement de l'Union* **européenne, a constaté une pratique anticoncurrentielle prévue à ces articles et imputé cette pratique à une personne physique ou morale mentionnée à l'article L. 481-1, la juridiction nationale saisie d'une action en dommages et intérêts du fait de cette pratique ne peut, conformément au paragraphe 1 de l'article 16 du règlement (CE) n° 1/2003 du Conseil du 16 décembre 2002 relatif à la mise en œuvre des règles de concurrence prévues aux articles 81 et 82 du traité instituant la Communauté économique européenne, devenus articles 101 et 102 du**

traité sur le fonctionnement de l'Union européenne, prendre une décision qui irait à l'encontre de la décision adoptée par la Commission.

Art. L. 481-3 *(Ord. n° 2017-303, 9 mars 2017).* – Le préjudice subi par le demandeur du fait de la pratique anticoncurrentielle mentionnée à l'article L. 481-1 comprend notamment :

1° La perte faite, résultant :

a) Du surcoût correspondant à la différence entre le prix du bien ou du service qu'il a effectivement payé et celui qui l'aurait été en l'absence de commission de l'infraction, sous réserve de la répercussion totale ou partielle de ce surcoût qu'il a éventuellement opérée sur son contractant direct ultérieur ;

b) De la minoration résultant d'un prix plus bas que lui a payé l'auteur de l'infraction ;

2° Le gain manqué résultant notamment de la diminution du volume des ventes liée à la répercussion partielle ou totale du surcoût qu'il a été amené à opérer sur ses contractants directs ou de la prolongation certaine et directe des effets de la minoration des prix qu'il a dû pratiquer ;

3° La perte de chance ;

4° Le préjudice moral.

Art. L. 481-4 *(Ord. n° 2017-303, 9 mars 2017).* – L'acheteur direct ou indirect, qu'il s'agisse de biens ou de services, est réputé n'avoir pas répercuté le surcoût sur ses contractants directs, sauf la preuve contraire d'une telle répercussion totale ou partielle apportée par le défendeur, auteur de la pratique anticoncurrentielle.

Art. L. 481-5 *(Ord. n° 2017-303, 9 mars 2017).* – L'acheteur direct ou indirect, qu'il s'agisse de biens ou de services, qui prétend avoir subi l'application ou la répercussion d'un surcoût doit en prouver l'existence et l'ampleur.

Toutefois, l'acheteur indirect, qu'il s'agisse de biens ou de services, est réputé avoir apporté la preuve de cette répercussion lorsqu'il justifie que :

1° Le défendeur a commis une pratique anticoncurrentielle mentionnée à l'article L. 481-1 ;

2° Cette pratique a entraîné un surcoût pour le contractant direct du défendeur ;

3° Il a acheté des biens ou utilisé des services concernés par la pratique anticoncurrentielle, ou acheté des biens ou utilisé des services dérivés de ces derniers ou les contenant.

Le défendeur peut cependant démontrer que le surcoût n'a pas été répercuté sur l'acheteur indirect ou qu'il ne l'a été que partiellement par son contractant antérieur.

Art. L. 481-6 *(Ord. n° 2017-303, 9 mars 2017).* – Les règles de preuve prévues aux articles L. 481-4 et L. 481-5 sont applicables aux fournisseurs directs ou indirects de l'auteur de la pratique anticoncurrentielle qui invoquent un préjudice résultant d'une baisse du prix des biens ou services concernés par cette pratique.

Art. L. 481-7 *(Ord. n° 2017-303, 9 mars 2017).* – Il est présumé jusqu'à preuve contraire qu'une entente entre concurrents cause un préjudice.

Section II. – Des effets de la responsabilité

Sous-section 1. – La réparation du préjudice

Art. L. 481-8 *(Ord. n° 2017-303, 9 mars 2017).* – Les dommages et intérêts sont évalués au jour du jugement, en tenant compte de toutes les circonstances qui ont pu affecter la consistance et la valeur du préjudice depuis le jour de la manifestation du dommage, ainsi que de son évolution raisonnablement prévisible.

Sous-section 2. – L'incidence de la pluralité de responsables et des transactions

§ 1. – De la solidarité des responsables

Art. L. 481-9 *(Ord. n° 2017-303, 9 mars 2017).* – Lorsque plusieurs personnes physiques ou morales ont concouru à la réalisation d'une pratique anticoncurrentielle mentionnée à l'article L. 481-1, elles sont solidairement tenues de réparer le préjudice en résultant. Elles contribuent entre elles à la dette de réparation à proportion de la gravité de leurs fautes respectives et de leur rôle causal dans la réalisation du dommage.

Art. L. 481-10 *(Ord. n° 2017-303, 9 mars 2017).* – Par dérogation à l'article L. 481-9, une petite ou moyenne entreprise n'est pas tenue solidairement de réparer le préjudice subi par les victimes autres que ses contractants directs ou indirects lorsque :

1° Sa part de marché sur le marché pertinent est inférieure à 5 % pendant toute la durée de la commission de la pratique anticoncurrentielle ;

2° L'application de l'article L. 481-9 compromettrait irrémédiablement sa viabilité économique et ferait perdre toute valeur à ses actifs.

Cette dérogation n'est pas applicable lorsque la petite ou moyenne entreprise a été l'instigatrice de la pratique anticoncurrentielle, a contraint d'autres personnes à y participer ou a précédemment commis une telle pratique constatée par une décision d'une autorité de concurrence ou une juridiction de recours.

Est une petite ou moyenne entreprise pour l'application du présent article une personne relevant de la catégorie des petites et moyennes entreprises au sens de l'article 51 de la loi n° 2008-776 du 4 août 2008 de modernisation de l'économie et des mesures réglementaires prises pour son application.

Art. L. 481-11 *(Ord. n° 2017-303, 9 mars 2017).* – La personne mentionnée à l'article L. 481-1 ayant bénéficié d'une exonération totale de sanction pécuniaire en application d'une procédure de clémence n'est tenue solidairement de réparer le préjudice subi par les victimes autres que ses contractants directs ou indirects que si ces victimes n'ont pas pu obtenir la réparation intégrale de leur préjudice auprès des autres codébiteurs solidaires après les avoir préalablement et vainement poursuivis.

Art. L. 481-12 *(Ord. n° 2017-303, 9 mars 2017).* – Lorsque les victimes indemnisées sont les contractants directs ou indirects des codébiteurs solidaires, le montant de la contribution de la personne physique ou morale mentionnée à l'article L. 481-1 qui a bénéficié d'une exonération totale de sanction pécuniaire en application d'une procédure de clémence est déterminé conformément à la règle prévue à la seconde phrase de l'article L. 481-9 sans pouvoir excéder le montant du préjudice subi par ses contractants directs ou indirects.

§ 2. – L'incidence des transactions

Art. L. 481-13 *(Ord. n° 2017-303, 9 mars 2017).* – La victime qui a conclu une transaction avec l'un des codébiteurs solidaires ne peut réclamer aux autres codébiteurs non parties à la transaction que le montant de son préjudice diminué de la part du préjudice imputable au codébiteur partie à la transaction. Les codébiteurs non parties à la transaction ne peuvent réclamer au codébiteur partie à celle-ci une contribution à la somme qu'ils ont payée à cette victime.

Sauf stipulation contraire, la victime peut réclamer au codébiteur partie à la transaction le paiement du solde de son préjudice imputable aux autres codébiteurs solidaires non parties à la transaction après les avoir préalablement et vainement poursuivis.

Art. L. 481-14 *(Ord. n° 2017-303, 9 mars 2017).* – Pour fixer le montant de la contribution qu'un codébiteur peut récupérer auprès des autres codébiteurs solidaires, le juge tient également compte de l'ensemble des indemnités déjà versées par les codébiteurs en exécution d'une transaction antérieurement conclue par eux avec l'une des victimes de la pratique anticoncurrentielle.

CHAPITRE II. – DE LA PRESCRIPTION DES ACTIONS

Art. L. 482-1 *(Ord. n° 2017-303, 9 mars 2017).* – L'action en dommages et intérêts fondée sur l'article L. 481-1 se prescrit à l'expiration d'un délai de cinq ans. Ce délai commence à courir du jour où le demandeur a connu ou aurait dû connaître de façon cumulative :

1° Les actes ou faits imputés à l'une des personnes physiques ou morales mentionnées à l'article L. 481-1 et le fait qu'ils constituent une pratique anticoncurrentielle ;

2° *Le fait que cette pratique lui cause un dommage* ;

3° L'identité de l'un des auteurs de cette pratique.

Toutefois, la prescription ne court pas tant que la pratique anticoncurrentielle n'a pas cessé.

Elle ne court pas à l'égard des victimes du bénéficiaire d'une exonération totale de sanction pécuniaire en application d'une procédure de clémence tant qu'elles n'ont pas été en mesure d'agir à l'encontre des auteurs de la pratique anticoncurrentielle autres que ce bénéficiaire.

CHAPITRE III. – DE LA COMMUNICATION ET DE LA PRODUCTION DES PIÈCES

Section I. – Dispositions générales

Art. L. 483-1 *(Ord. n° 2017-303, 9 mars 2017).* **– Les demandes de communication ou de production de pièces ou de catégorie de pièces formées en vue ou dans le cadre d'une action en dommages et intérêts par un demandeur qui allègue de manière plausible un préjudice causé par une pratique anticoncurrentielle mentionnée à l'article L. 481-1 sont régies par les dispositions du Code de procédure civile ou celles du Code de justice administrative sous réserve des dispositions du présent chapitre.**

Lorsqu'il statue sur une demande présentée en application du premier alinéa, le juge en apprécie la justification en tenant compte des intérêts légitimes des parties et des tiers. Il veille en particulier à concilier la mise en œuvre effective du droit à réparation, en considération de l'utilité des éléments de preuve dont la communication ou la production est demandée, et la protection du caractère confidentiel de ces éléments de preuve ainsi que la préservation de l'efficacité de l'application du droit de la concurrence par les autorités compétentes.

NB : Conformément au I de l'article 12 de l'ordonnance n° 2017-303 du 9 mars 2017, les dispositions du présent article sont applicables aux instances introduites devant les juridictions administratives et judiciaires à compter du 26 décembre 2014.

Section II. – De la protection des pièces couvertes par le secret des affaires

(Section abr., D. n° 2018-670, 30 juill. 2018)

Art. L. 483-2 et L. 483-3 *(Abr., D. n° 2018-670, 30 juill. 2018)*

Section III. – De la communication et de la production des pièces figurant dans le dossier d'une autorité de concurrence

Art. L. 483-4 *(Ord. n° 2017-303, 9 mars 2017).* **– Le juge ne peut pas ordonner à l'Autorité de la concurrence, au ministre chargé de l'économie, à toute autorité de concurrence d'un autre État membre ou à la Commission européenne la production d'une pièce figurant dans son dossier lorsque l'une des parties ou un tiers est raisonnablement en mesure de fournir cette pièce.**

NB : Conformément au I de l'article 12 de l'ordonnance n° 2017-303 du 9 mars 2017, les dispositions du présent article sont applicables aux instances introduites devant les juridictions administratives et judiciaires à compter du 26 décembre 2014.

Art. L. 483-5 *(Ord. n° 2017-303, 9 mars 2017).* **– Le juge ne peut pas enjoindre la communication ou la production d'une pièce comportant :**

1° Un exposé écrit ou la transcription de déclarations orales présenté volontairement à une autorité de concurrence par une personne mentionnée à l'article L. 481-1 ou en son nom, et contribuant à établir la réalité d'une pratique anticoncurrentielle prévue aux articles L. 420-1 et 101 du traité sur le fonctionnement de l'Union européenne et à en identifier ses auteurs, en vue de bénéficier d'une exonération totale ou partielle de sanctions en application d'une procédure de clémence ;

2° *Un exposé écrit ou la transcription* **de déclarations orales présenté volontairement à une autorité de concurrence par une personne mentionnée à l'article L. 481-1 ou en son nom, traduisant sa volonté de renoncer à contester la réalité des griefs qui lui sont notifiés et la responsabilité qui en découle, ou reconnaissant sa participation à une pratique anticoncurrentielle et la responsabilité qui en découle, établi pour permettre à l'Autorité de la concurrence d'appliquer la procédure prévue au III de l'article L. 464-2, ou au ministre chargé de l'économie d'appliquer la procédure prévue au deuxième alinéa de l'article L. 464-9 ou aux autorités de concurrence des autres États membres et à la Commission européenne d'appliquer une procédure simplifiée ou accélérée.**

Cette interdiction s'applique également aux passages d'une pièce établie à l'occasion d'une enquête ou d'une instruction devant une autorité de concurrence et qui comporteraient une transcription ou citation littérale des exposés mentionnés aux alinéas précédents.

Le juge écarte des débats les pièces mentionnées au présent article qui seraient produites ou communiquées par les parties lorsque ces pièces ont été obtenues uniquement grâce à l'accès au dossier d'une autorité de concurrence.

NB : Conformément au I de l'article 12 de l'ordonnance n° 2017-303 du 9 mars 2017, les dispositions des quatre premiers alinéas du présent article sont applicables aux instances introduites devant les juridictions administratives et judiciaires à compter du 26 décembre 2014.

Art. L. 483-6 *(Ord. n° 2017-303, 9 mars 2017).* – À la demande d'une partie, le juge vérifie le contenu de la pièce figurant dans le dossier d'une autorité de concurrence dont il est allégué qu'elle relève de l'interdiction prévue à l'article L. 483-5. À cette fin, il se fait communiquer cette pièce par la personne ou l'autorité de concurrence qui la détient et en prend seul connaissance. Il peut, hors la présence de toute autre personne, entendre l'auteur de la pièce litigieuse assisté ou représenté par toute personne habilitée.

Le juge peut se prononcer hors la présence du public. Il adapte la motivation de sa décision aux nécessités de la protection de la confidentialité de la pièce concernée.

NB : Conformément au I de l'article 12 de l'ordonnance n° 2017-303 du 9 mars 2017, les dispositions du présent article sont applicables aux instances introduites devant les juridictions administratives et judiciaires à compter du 26 décembre 2014.

Art. L. 483-7 *(Ord. n° 2017-303, 9 mars 2017).* – Lorsque seulement une partie d'une pièce est couverte par l'interdiction prévue à l'article L. 483-5, les autres parties en sont communiquées selon les modalités du présent chapitre.

NB : Conformément au I de l'article 12 de l'ordonnance n° 2017-303 du 9 mars 2017, les dispositions du présent article sont applicables aux instances introduites devant les juridictions administratives et judiciaires à compter du 26 décembre 2014.

Art. L. 483-8 *(Ord. n° 2017-303, 9 mars 2017).* – Tant que la procédure concernée n'est pas close par une décision adoptée par l'Autorité de la concurrence sur le fondement du I de l'article L. 464-2 et des articles L. 462-8, L. 464-3, L. 464-6 ou L. 464-6-1, par le ministre chargé de l'économie sur le fondement des premier et deuxième alinéas de l'article L. 464-9 ou par une autorité de concurrence d'un autre État membre de l'Union européenne ou la Commission européenne sur le fondement de dispositions équivalentes, le juge ne peut pas enjoindre la communication ou la production d'une pièce comportant :

1° Des informations préparées par une personne physique ou morale mentionnée à l'article L. 481-1 ou toute autre personne physique ou morale concernée, ainsi que par les autorités administratives que l'Autorité de la concurrence consulte, aux fins d'une enquête ou d'une instruction menée par une autorité de concurrence ;

2° Des informations établies par une autorité de concurrence et communiquées à la personne physique ou morale mentionnée à l'article L. 481-1 ou à toute autre personne physique ou morale concernée au cours de la procédure ;

3° Un exposé écrit ou une transcription ou citation littérale d'un exposé écrit ou oral, mentionné au 2° de l'article L. 483-5, lorsque la personne mentionnée à l'article L. 481-1 auteur de l'exposé s'est retirée unilatéralement de la procédure.

Le juge écarte des débats les pièces mentionnées aux 1° à 3° qui seraient produites ou communiquées par les parties alors que la procédure concernée n'est pas close lorsque ces pièces ont été obtenues uniquement grâce à l'accès au dossier d'une autorité de concurrence.

NB : Conformément au I de l'article 12 de l'ordonnance n° 2017-303 du 9 mars 2017 les dispositions des quatre premiers alinéas du présent article sont applicables aux instances introduites devant les juridictions administratives et judiciaires à compter du 26 décembre 2014.

Art. L. 483-9 *(Ord. n° 2017-303, 9 mars 2017).* – Les articles L. 483-5 et L. 483-8 ne s'appliquent pas à une pièce qui existe indépendamment de la procédure engagée devant une autorité de concurrence, qu'elle figure ou non dans le dossier de ladite autorité.

NB : Conformément au I de l'article 12 de l'ordonnance n° 2017-303 du 9 mars 2017, les dispositions du présent article sont applicables aux instances introduites devant les juridictions administratives et judiciaires à compter du 26 décembre 2014.

Art. L. 483-10 *(Ord. n° 2017-303, 9 mars 2017).* – Lorsqu'une pièce ne relevant pas des interdictions prévues aux articles L. 483-5 et L. 483-8 a été obtenue par une personne physique ou morale uniquement

grâce à son accès au dossier d'une autorité de concurrence, cette pièce ne peut être utilisée que dans le cadre d'une action mentionnée au présent titre par ladite personne ou son ayant droit.

Art. L. 483-11 *(Ord. n° 2017-303, 9 mars 2017).* **– Un décret en Conseil d'État précise les modalités d'application du présent titre.**

TITRE IX. – DISPOSITIONS DIVERSES

(Anc. titre VII dénum. à compter du 11 mars 2017, Ord. n° 2017-303, 9 mars 2017)

Art. L. 490-1 *(Ord. n° 2017-303, 9 mars 2017).* **– La juridiction peut condamner solidairement les personnes morales au paiement des amendes prononcées contre leurs dirigeants en vertu des dispositions du présent livre et des textes pris pour son application.**

Art. L. 490-2 *(Ord. n° 2017-303, 9 mars 2017).* **– En cas de condamnation au titre d'un délit prévu au titre IV du présent livre, la juridiction peut ordonner que sa décision soit affichée ou diffusée dans les conditions prévues par l'article 131-10 du Code pénal.**

Art. L. 490-3 *(Ord. n° 2017-303, 9 mars 2017).* **– Lorsqu'une personne ayant fait l'objet, depuis moins de deux ans, d'une condamnation pour l'une des infractions définies par les articles** *(Rempl., Ord. n° 2019-698, 3 juill. 2019)* **« L. 442-5, L. 442-6 et L. 443-1 », commet la même infraction, le maximum de la peine d'amende encourue est porté au double.**

Art. L. 490-4 *(Ord. n° 2017-303, 9 mars 2017).* **– Lorsqu'une personne morale ayant fait l'objet, depuis moins de deux ans, d'une condamnation pour** *(Mots rempl., Ord. n° 2019-698, 3 juill. 2019)* **« l'infraction définie par l'article L. 442-5 » commet la même infraction, le taux maximum de la peine d'amende encourue est égal à dix fois celui applicable aux personnes physiques pour cette infraction.**

Art. L. 490-5 *(Ord. n° 2017-303, 9 mars 2017).* **– Pour les délits prévus au titre IV du présent livre pour lesquels une peine d'emprisonnement n'est pas encourue et pour les contraventions prévues au présent livre, l'autorité administrative chargée de la concurrence et de la consommation a droit, tant que l'action publique n'a pas été mise en mouvement, de transiger, après accord du procureur de la République, selon les modalités fixées par décret en Conseil d'État.**

L'acte par lequel le procureur de la République donne son accord à la proposition de transaction est interruptif de la prescription de l'action publique.

L'action publique est éteinte lorsque l'auteur de l'infraction a exécuté dans le délai imparti les obligations résultant pour lui de l'acceptation de la transaction.

Art. L. 490-6 *(Ord. n° 2017-303, 9 mars 2017).* **– I. – La composition pénale prévue à l'article 41-2 du Code de procédure pénale est applicable aux personnes morales qui reconnaissent avoir commis un ou plusieurs délits prévus au titre IV du présent livre pour lesquels une peine d'emprisonnement n'est pas encourue ainsi que, le cas échéant, une ou plusieurs contraventions connexes. Seule la mesure prévue par le** *1° de l'article* **41-2 du même code est applicable à ces personnes.**

II. – Pour les délits mentionnés au I, le procureur de la République peut proposer la composition pénale à l'auteur des faits par l'intermédiaire d'un fonctionnaire mentionné au quatrième alinéa de l'article L. 450-1 du présent code.

Art. L. 490-7 *(Ord. n° 2017-303, 9 mars 2017).* **– Pour les délits prévus au titre IV du présent livre pour lesquels une peine d'emprisonnement n'est pas encourue, vaut citation à personne la convocation en justice notifiée au prévenu, sur instruction du procureur de la République, par un fonctionnaire mentionné au quatrième alinéa de l'article L. 450-1.**

Les dispositions de l'article 390-1 du Code de procédure pénale sont applicables à la convocation ainsi notifiée.

Art. L. 490-8 *(Ord. n° 2017-303, 9 mars 2017 par transfert de l'anc. art. L. 470-5, C. com.).* **– Pour l'application des dispositions du présent livre, le ministre chargé de l'économie ou son représentant peut,**

devant les juridictions civiles ou pénales, déposer des conclusions et les développer oralement à l'audience. Il peut également produire les procès-verbaux et les rapports d'enquête.

JURISPRUDENCE SOUS L'ANCIEN ARTICLE L. 470-5 DU CODE DE COMMERCE TRANSFÉRÉ À L'ARTICLE L. 490-8 DU CODE DE COMMERCE

1) Représentation du ministre de l'Économie. L'article 36 de l'ordonnance de décembre 1986 (devenu C. com., art. L. 442-6) qui donne au ministre chargé de l'économie le droit d'agir en cas de pratique restrictive ne le dispense pas du ministère d'avocat (■ Cass. com., 17 juill. 2001 : *Bull. civ.* IV, n° 145 ; *D.* 2001, p. 2673, obs. E. Chevrier ; *Contrats, conc. consom.* 2001, comm. 161, obs. M. Malaurie-Vignal ; *RJDA* 2002, n° 105. – *Contra* ■ Paris, 16 janv. 1989 et ■ TGI Paris, 6 juin 1989 : *D.* 1990, somm. 106, obs. Ch. Gavalda et Cl. Lucas de Leyssac).

L'article 56 de l'ordonnance de décembre 1986 (devenu C. com., art. L. 470-5), qui ne concerne que l'intervention de l'administration lors d'une instance pendante et non une action principale de celle-ci, laquelle, en l'absence de dispositions contraires, reste soumise au principe formel de l'article 899 du Code de procédure civile, selon lequel les parties sont tenues de constituer avoué (même arrêt).

2) Intervention du ministre de l'Économie. Si l'article 56 de l'ordonnance de décembre 1986 (devenu C. com., art. L. 470-5) permet au ministre de l'Économie de déposer devant les juridictions civiles des conclusions et de les développer oralement à l'audience, ce texte ne lui confère pas pour autant la qualité de partie à l'action (■ Cass. com., 26 nov. 1996 : *Bull. civ.* IV, n° 290 ; *RJDA* 1997, n° 378).

Le ministre n'ayant pas exercé l'action prévue à l'article 36, alinéa 2 de l'ordonnance de décembre 1986 (devenu C. com., art. L. 442-6, III), mais s'étant borné à déposer des conclusions, sur le fondement des dispositions de l'article 56 (devenu C. com., art. L. 470-5), au soutien des prétentions du demandeur, sans formuler aucune demande distincte, sa présence dans le débat ne revêtait pas le caractère d'une intervention (■ Cass. com., 7 juill. 2004 : *Bull. civ.* IV, n° 148 ; *D.* 2004, p. 2299, obs. E. Chevrier ; *Contrats, conc. consom.* 2004, comm. 179, obs. M. Malaurie-Vignal ; *RD conc.* 2004, p. 68, obs. D. Fasquelle ; *Rev. Lamy conc.* 2005, n° 138, obs. M. Behar-Touchais).

Le ministre chargé de l'économie, auquel l'article L. 442-6, III permet d'introduire une action tendant notamment au prononcé d'une amende civile à l'encontre de l'auteur de pratiques mentionnées par les premiers paragraphes de ce texte, ne peut, sans méconnaître les articles 554 et 564 du Code de procédure civile, solliciter la condamnation de l'auteur de telles pratiques au paiement d'une amende civile lorsqu'il intervient pour la première fois en cause d'appel sur le fondement de l'article L. 470-5 (■ Cass. com., 23 janv. 2007 : *Bull. civ.* IV, n° 8 ; *D.* 2007, p. 501, obs. E. Chevrier ; *RJDA* 2007, n° 562 ; *RD conc.* 2007, n° 2, p. 124, obs. D. Fasquelle et L. Roberval).

3) Rapports d'enquête. La cour d'appel de Paris a le pouvoir de demander au Conseil de la concurrence le rapport intégral d'enquête de la direction nationale des enquêtes accompagné de ses annexes, qui ne lui avait été communiqué que partiellement par le ministre de l'Économie (■ Cass. com., 15 oct. 1996 : *Bull. civ.* IV, n° 242 ; *RJDA* 1997, n° 72). La société incriminée doit avoir la possibilité de discuter contradictoirement l'intégralité des documents (même déc.).

Art. L. 490-9 ***(Ord. n° 2017-303, 9 mars 2017 par transfert de l'anc. art. L. 470-6, C. com.).*** **– Pour l'application des articles 81 à 83 du traité instituant la Communauté européenne, le ministre chargé de l'économie et les fonctionnaires qu'il a désignés ou habilités conformément aux dispositions du présent livre d'une part, l'Autorité de la concurrence, d'autre part, disposent des pouvoirs respectifs qui leur sont reconnus par les articles du présent livre et du règlement (CE) n° 139 / 2004 du Conseil, du 20 janvier 2004, relatif au contrôle des concentrations entre entreprises et par le règlement du Conseil n° 1/2003 (CE) du 16 décembre 2002 relatif à la mise en œuvre des règles de concurrence prévues aux articles 81 et 82 du traité instituant la Communauté européenne. Les règles de procédure prévues par ces textes leur sont applicables.**

Pour l'application des articles 87 et 88 du traité instituant la Communauté européenne, le ministre chargé de l'économie et les fonctionnaires qu'il a désignés ou habilités conformément aux dispositions de l'article L. 450-1 disposent des pouvoirs qui leur sont reconnus par le titre V du livre IV.

JURISPRUDENCE SOUS L'ANCIEN ARTICLE L. 470-6 DU CODE DE COMMERCE TRANSFÉRÉ À L'ARTICLE L. 490-9 DU CODE DE COMMERCE

1) Concours des autorités nationales. Il résulte de l'article 14 du règlement CE n° 17/62 du 6 février 1967 du Conseil que si les agents mandatés par la Commission ne peuvent procéder à leurs investigations qu'avec la collaboration des entreprises concernées, ils peuvent, en vertu du même article, passer outre l'opposition d'une entreprise dès lors qu'ils agissent avec le concours des autorités nationales, qui sont tenues de leur fournir l'assistance nécessaire à l'accomplissement de leur mission selon les modalités procédurales prévues par le droit national pour garantir le respect des droits des entreprises ; si cette assistance n'est exigée que lorsque l'entreprise manifeste son opposition, elle peut également être demandée à titre préventif, en vue de surmonter l'opposition éventuelle de l'entreprise (▪ Cass. com., 11 janv. 2000 : *Bull. civ.* IV, n° 8 ; *D.* 2000, p. 132, obs. A. Marmontel ; *RTD com.* 2000, 629, obs. E. Claudel). Il s'ensuit que le président du tribunal de grande instance (désormais le juge des libertés et de la détention) dans le ressort duquel la visite est ordonnée peut, en application du texte précité et de l'article 56 *bis* de l'ordonnance de décembre 1986 (devenu C. com., art. L. 470-6), seul applicable désormais, autoriser des agents de l'administration de la concurrence à recourir aux pouvoirs coercitifs de l'article 48 (devenu C. com., art. L. 450-4) en vue d'apporter leur concours aux agents mandatés par la Commission, sans être tenu, pour ce faire, ni de constater que l'entreprise visitée s'était déjà opposée à la vérification, ni de caractériser un risque particulier d'opposition de la part de cette dernière (même arrêt).

Dès lors, d'une part, qu'il résulte de l'article 56 *bis* de l'ordonnance de décembre 1986 (devenu C. com., art. L. 470-6) que les pouvoirs prévus à l'article 48 de cette ordonnance (devenu C. com., art. L. 450-4) peuvent être mis en œuvre dans le cadre d'une enquête effectuée par la Commission européenne et, d'autre part, que le droit, pour les agents de la Commission, de prendre copie des livres ou documents professionnels suppose, en cas de refus des dirigeants de l'entreprise, que ces livres ou documents soient préalablement saisis par les fonctionnaires nationaux présents pour assister les agents de la Commission, le président du tribunal (désormais le juge des libertés et de la détention), qui a procédé au contrôle qui lui incombait en vertu des articles 14, paragraphe 6 du règlement n° 17/62/CEE et 48 de l'ordonnance de décembre 1986 (devenu C. com., art. L. 450-4), a justifié sa décision (▪ Cass. crim., 22 oct. 2003, 1re esp. : *Bull. crim.* 2003, n° 199).

2) Autonomie procédurale. Le principe de l'autonomie procédurale commande à l'autorité nationale de concurrence, qui applique les articles 81 ou 82 du traité CE (devenus art. 101 et 102, TFUE) de mettre en œuvre les règles de procédure interne, sauf si ce principe conduit à rendre impossible ou excessivement difficile l'application du droit européen de la concurrence (▪ Cass. com., 14 déc. 2004 : *Bull. civ.* IV, n° 225 ; *D.* 2005, p. 72, obs. E. Chevrier ; *Contrats, conc. consom.* 2005, comm. 46, obs. M. Malaurie-Vignal et comm. 51, obs. S. Poillot-Peruzzetto ; *RD conc.* 2005, n° 1, p. 124, obs. V. Michel-Amsellem ; *Rev. Lamy conc.* 2005, n° 157, obs. E. Barbier de la Serre).

3) Application du droit européen. V. Annexe 4, *De la liberté des prix et de la concurrence*, p. 3051.

Art. L. 490-10 *(Ord. n° 2017-303, 9 mars 2017)*. **– Les organisations professionnelles peuvent introduire l'action devant la juridiction civile ou commerciale pour les faits portant un préjudice direct ou indirect à l'intérêt collectif de la profession ou du secteur qu'elles représentent, ou à la loyauté de concurrence.**

Art. L. 490-11 *(Ord. n° 2017-303, 9 mars 2017)*. **– Un décret fixe les modalités de publicité des décisions prises en application des articles L. 462-8, L. 464-1, L. 464-2, L. 464-3, L. 464-5, L. 464-6 et L. 464-6-1.**

Art. L. 490-12 *(Ord. n° 2017-303, 9 mars 2017)*. **– Un décret en Conseil d'État détermine les modalités d'application du présent livre.**

Art. L. 490-13 *(Créé, Ord. n° 2021-649, 26 mai 2021)*. **– I. – Les informations tirées des déclarations mentionnées au I de l'article L. 464-10 et qui ne peuvent être obtenues que par l'accès au dossier de la procédure concernée peuvent être utilisées par une partie ayant eu accès à ce dossier uniquement pour l'exercice des *droits de la défense devant* la juridiction compétente, dans une affaire ayant un lien direct avec celle pour laquelle l'accès a été accordé et qui concerne la répartition, entre les auteurs d'une infraction mentionnée à l'article L. 420-1 ou au 1 de l'article 101 du traité sur le fonctionnement de l'Union européenne, d'une sanction pécuniaire infligée solidairement par l'Autorité de la concurrence ou l'autorité nationale de concurrence d'un autre État membre de l'Union européenne sur le fondement de cette dernière disposition ou des dispositions équivalentes de son droit national.**

II. – Les informations tirées de la proposition de transaction mentionnées au II de l'article L. 464-10 peuvent être utilisées par la partie concernée uniquement pour l'exercice des droits de la défense devant la juridiction compétente, dans une affaire ayant un lien direct avec celle pour laquelle l'accès au dossier de la procédure a été accordé et qui concerne la répartition, entre les auteurs d'une infraction mentionnée à l'article L. 420-1 ou au 1 de l'article 101 du traité sur le fonctionnement de l'Union européenne, d'une sanction pécuniaire infligée

solidairement par l'Autorité de la concurrence, par le ministre chargé de l'économie ou l'autorité nationale de concurrence d'un autre État membre de l'Union européenne sur le fondement de cette dernière disposition ou des dispositions équivalentes de son droit national.

Art. L. 490-14 *(Créé, Ord. n° 2021-649, 26 mai 2021)*. – Sans préjudice des dispositions du chapitre III du titre VIII, tant qu'une procédure de mise en œuvre des règles de concurrence n'est pas close par une décision adoptée par l'Autorité de la concurrence sur le fondement du I de l'article L. 464-2 et des articles L. 462-8, L. 464-3, L. 464-6 ou L. 464-6-1, par le ministre chargé de l'économie sur le fondement des premier et deuxième alinéas de l'article L. 464-9, ou par une autorité de concurrence d'un autre État membre de l'Union européenne sur le fondement de dispositions équivalentes, une partie ne peut utiliser ou divulguer devant la juridiction compétente, lorsqu'elle les a obtenues dans le cadre de cette même procédure, les informations suivantes :

1° Les informations préparées expressément par une autre personne physique ou morale ou par une autorité administrative, aux fins de la procédure de mise en œuvre ;

2° Les informations établies par l'autorité nationale de concurrence ou le ministre chargé de l'économie en application de l'article L. 464-9 et adressées à une partie au cours de la procédure de mise en œuvre ;

3° La proposition de transaction mentionnée au II de l'article L. 464-10 ou par des dispositions équivalentes du droit national d'un autre État membre, lorsqu'elle a été retirée.

LIVRE CINQUIÈME

DES EFFETS DE COMMERCE ET DES GARANTIES

TITRE PREMIER. – DES EFFETS DE COMMERCE

CHAPITRE I. – DE LA LETTRE DE CHANGE

Bibliographie : Endréo, *La provision, garantie du paiement de la lettre de change,* thèse Nantes 1980. • Suant, *La réforme des circuits d'échange des effets de commerce : JCP* E 1987, I, 16860. • Malecki, *Regards sur le formalisme cambiaire à l'heure de la signature électronique : JCP* E 2000, p. 2036. • Djoudi, *Les garanties cambiaires à l'épreuve de la lettre de change magnétique : D.* 2001, chron., p. 1858. • J.-M. Talau, *Le porteur de la lettre de change, le sous-traitant et la provision : JCP* E 1999, 996. • Szulman, *La LCR magnétique : enfin une véritable lettre de change ? : Banque et droit* nov.-déc. 2000, p. 10. • F.-G. Trébulle, *L'incidence de la réforme de la preuve sur le droit bancaire : RD bancaire et fin.* 2000, 114. • C. Hecart, *Réflexions à propos de la traite non acceptée : D.* 2003, 539.

Ouvrage. JCl. com., Fasc. 405, *Lettres de change, Généralités* par Jeantin. • *JCl. banque,* Fasc. 440, *Lettre de change relevé (LCR),* par Deschanel.

Section I. – De la création et de la forme de la lettre de change

Art. L. 511-1 *(Anc. C. com., art. 110).* **– I. – La lettre de change contient :**

1° La dénomination de lettre de change insérée dans le texte même du titre et exprimée dans la langue employée pour la rédaction de ce titre ;

2° Le mandat pur et simple de payer une somme déterminée ;

3° Le nom de celui qui doit payer dénommé tiré ;

4° L'indication de l'échéance ;

5° Celle du lieu où le paiement doit s'effectuer ;

6° Le nom de celui *auquel ou à l'ordre duquel* le paiement doit être fait ;

7° L'indication de la date et du lieu où la lettre est créée ;

8° la signature de celui qui émet la lettre dénommé tireur. Cette signature est apposée, soit à la main, soit par tout procédé non manuscrit.

II. – Le titre dans lequel une des énonciations indiquées au I fait défaut ne vaut pas comme lettre de change, sauf dans les cas déterminés aux III à V du présent article.

III. – La lettre de change dont l'échéance n'est pas indiquée est considérée comme payable à vue.

IV. – À défaut d'indication spéciale, le lieu désigné à côté du nom du tiré est réputé être le lieu du paiement et, en même temps, le lieu du domicile du tiré.

V. – La lettre de change n'indiquant pas le lieu de sa création est considérée comme souscrite dans le lieu désigné à côté du nom du tireur.

Bibliographie : Lescot, *De l'omission des mentions essentielles de la lettre de change : Ann. dr. com.* 1928, 275. • Massin, *De la signature du tireur des lettres de change : Rép. Commaille* 1967, 133. • Dupeyron, *La régularisation des actes nuls*, LGDJ 1973. • Revel, *Le contrat de domiciliation des effets de commerce : JCP* CI 1977, II, 12282. • Crionnet, *De l'omission des mentions obligatoires de la lettre de change (à propos de quelques arrêts récents de la Chambre commerciale de la Cour de cassation) : D.* 1989, chron. 129.

Ouvrage. *JCl. com.*, Fasc. 410 : *Lettre de change, Création, Forme, Capacité, Représentation* par N. Mathey.

I – CONDITIONS

A – Conditions de forme

1) Dénomination lettre de change. Ne vaut pas comme lettre de change le titre qui ne comporte pas la dénomination lettre de change (▪ Lyon, 11 juin 1956 : *D.* 1957, somm. 36). La dénomination « lettre de change » doit être exprimée dans « la même langue que le mot payez qui constitue le mot caractéristique de la lettre de change » (comptes rendus de la Conférence internationale pour l'unification du droit en matière de lettre de change... S.D.N., doc. C. 360 M. 151 cité par Roblot, *Les effets de commerce*, Sirey 1975, n° 122, p. 113).

L'unicité de langue n'est exigée que pour la création du titre et non pour les mentions d'acceptation et d'aval (Pour la mention d'aval, ▪ T. com. Lyon, 9 févr. 1970 : *Banque* 1970, 816, obs. Martin ; *RTD com.* 1970, 750, obs. Cabrillac et Rives-Lange).

2) Mandat de payer une somme déterminée. L'ordre de payer est indispensable. S'il ne figure pas dans la lettre, celle-ci peut dégénérer en billet à ordre si elle comporte les autres mentions nécessaires (▪ Cass. com., 18 mars 1959 : *Bull.* IV, n° 148. ▪ Cass. com., 23 janv. 2007, n° 05-14.036 : *JurisData* n° 2007-037053 ; *RJDA* 5/2007, n° 547 ; *D.* 2007, p. 437, obs. Delpech, jurispr. 2509, note Boujeka ; *JCP* E 2007, pan. 1314 ; *RTD com.* 2007, 421, obs. Legeais ; *D.* 2008, pan. 882, obs. D. R. Martin).

La somme peut être libellée en monnaie étrangère (▪ Cass. 1re civ., 10 mai 1966 : *JurisData* n° 1966-700277 ; *JCP* 1966, II, 14871, note Lévy).

3) Nom du tiré. (▪ Cass. req., 21 mai 1884 : *D.* 1884, 1, 291. – En ce sens que la signature du tiré accepteur ne saurait suppléer à l'absence d'indication de son nom sur le titre, ▪ Cass. com., 24 févr. 1965, n° 62-12.258 : *Gaz. Pal.* 1965, 1, 336 ; *Banque* 1965, 557, obs. Marin cassant ▪ Paris, 7 févr. 1962 : *JCP* 1962, II, 12956, note Lescot).

L'article L. 511-1, 3° n'impose nullement l'utilisa*tion du seul nom patronymique à l'exclusion* du *nom commercial* (▪ Amiens, 15 oct. 1993 : *JurisData* n° 1993-605664 ; *JCP* E 1994, II, 626, note Massot-Durin).

4) Indication du lieu de paiement. Voir notes sous art. L. 511-2, *Domiciliation*, p. 994.

5) Nom du bénéficiaire. (▪ Paris, 5 juill. 1969 : *JCP* 1970, II, 16572, note Alfandari. ▪ Cass. com., 4 juin 1973, n° 72-10.749 : *JurisData* n° 1973-097194 ; *Bull.* IV, n° 194. ▪ Cass. com., 13 mai 1986, n° 85-10.977 : *JurisData* n° 1986-000871 ; *Bull.* IV, n° 51 ; *RTD com.* 1987, 82, obs. Cabrillac et Teyssié. ▪ Cass. com., 29 mars 1994, n° 91-20.869 : *D.* 1994, somm. 183, obs. Cabrillac ; *RJDA* 8/94, n° 953).

L'emploi de simples initiales a été jugé insuffisant lorsqu'elles sont source d'ambiguïté (▪ Cass. com., 20 janv. 1981 : *JurisData* n° 1981-700123 ; *Bull.* IV, n° 38). Mais il a été jugé suffisant lorsque les initiales désignent sans incertitude ni ambiguïté le bénéficiaire (▪ Cass. com., 12 nov. 1992, n° 91-10.922 : *JurisData* n° 1992-002537 ; *Bull.* IV, n° 349 ; *D.* 1993, somm. 317, obs. Cabrillac). Mais l'indication « nous-mêmes » est suffisante pour des lettres de change émises en faveur du tireur, conformément à l'article 111 (▪ Amiens, 15 oct. 1993 : *JCP* E 1994, II, 626, note Massot-Durin). De même, il a été jugé que les effets portant tant au recto qu'au verso le cachet de la société accompagné de la signature de son gérant permettaient l'identification du bénéficiaire (▪ Cass. com., 3 avr. 2002, n° 98-15.193 : *JurisData* n° 2002-013808 ; *JCP* E 2002, pan. 820).

Le titre au porteur, ne comportant pas mention de bénéficiaire, *établit la créance* de celui qui le produit, dans les termes du droit commun, sur le souscripteur de la mention d'acceptation (▪ Cass. com., 1er mars 1994 : *RJDA* 7/94, n° 826, pour un billet à ordre).

6) Date de création. (▪ Cass. com., 7 nov. 1979 : *RTD com.* 1980, 115, obs. Cabrillac et Rives-Lange. ▪ Cass. com., 7 févr. 1983, n° 81-13.999 : *JurisData* n° 1983-700286 ; *Bull.* IV, n° 51 ; *JCP* G 1983, IV, 131 ; *D.* 1983, inf. rap. 247, obs. Cabrillac. ▪ Cass. com., 29 juin 1983, n° 82-12.111 : *Bull.* IV, 198 ; *D.* 1983, inf. rap. 476, obs. Cabrillac. ▪ Cass. com., 13 mars 1985, n° 84-10.324 : *JurisData* n° 1985-700613 ; *Bull.* IV, n° 97 ; *D.* 1985, inf. rap. 418, obs. Cabrillac. ▪ Cass. com., 7 oct. 1987, n° 86-14.542 : *JurisData* n° 1987-001525 ; *Bull.* IV, n° 216 ; *JCP* G 1987, IV, 381 ; *D.* 1988, somm. 51, obs. Cabrillac ; *RTD com.* 1988, 94, obs. Cabrillac et Teyssié). Une *date illisible* équivaut à une absence de date (▪ Cass. com., 29 mars 1994 : *D.* 1994, somm. 183, obs. Cabrillac ; *RJDA* 8/94, n° 953).

L'absence de date peut être invoquée par toute personne et opposée à tout porteur régulier (▪ Amiens, 31 oct. 1973 : *JCP* G 1974, IV, 201) ; pour la non-assimilation de l'inexactitude à l'absence de date (■ Reims, 26 févr. 1980 : *JurisData* n° 1980-080199 ; *JCP* G 1980, IV, 398).

L'apposition d'un cachet à date sur le timbre fiscal ne permet pas de suppléer l'absence de date (■ Cass. com., 7 oct. 1987 : *Bull.* IV, n° 216 ; *JCP* G 1987, IV, 381 ; *D.* 1988, somm. 51, obs. Cabrillac ; *RTD com.* 1988, obs. Cabrillac et Teyssié. ■ Paris, 20 nov. 1990 : *D.* 1991, inf. rap. 26. – *Contra*, ■ Colmar, 7 juill. 1952 : *S.* 1953, 2, 119 ; *RTD com.* 1953, 936, obs. Becqué et Cabrillac).

7) Signature du tireur. (■ Cass. com., 10 févr. 1971, n° 69-13.230 : *JurisData* n° 1971-097042 ; *Bull.* IV, n° 42. ■ Paris, 23 févr. 1979 : *JurisData* n° 1979-255035 ; *JCP* 1980, II, 13310, note Stoufflet. ■ Cass. com., 29 nov. 1994, n° 92-18.003 : *JurisData* n° 1994-002439 ; *Bull.* IV, n° 354. ■ Cass. com., 17 oct. 1995, n° 93-18.642 : *JurisData* n° 1995-002822 ; *RJDA* 1/96, n° 95). L'apposition de cette signature sur le timbre fiscal, élément ajouté à l'effet et amovible, ne permet pas d'y suppléer (■ Cass. com., 29 nov. 1994, préc.). Mais voir certaines décisions qui ont jugé qu'aucun texte ne prescrit au tireur d'une lettre de change de signer à un autre endroit que sur les timbres fiscaux (■ Paris, 2 juill. 1966 : *D.* 1966-589 ; *RTD com.* 1966, 970, obs. Becqué et Cabrillac. – *Contra*, ■ Bordeaux, 10 mai 1950 : *JCP* G 1950, IV, 142 ; *Banque* 1951, 364, obs. Marin ; *RTD com.* 1950, 616, obs. Houin. – *Adde*, ■ Cass. com., 30 nov. 1982, n° 81-12.922 : *JurisData* n° 1982-702740 ; *JCP* G 1983, IV, 55).

La signature du tireur doit être portée sur le titre lui-même et non sur le timbre fiscal (■ Cass. com., 1er déc. 1998, n° 96-11.365 : *JurisData* n° 1998-004632 ; *JCP* E 1999, pan. p. 5, obs. Bouteiller ; *RJ com.* 1999, 227, obs. Gibirila ; *RJDA* 1/99, n° 93).

En l'absence de la signature du tireur avant l'inscription de son acceptation par le tiré, une *lettre de change est nulle* faute d'un des éléments essentiels énoncés (■ Cass. com., 29 nov. 1994, préc.).

La loi du 16 juin 1966 valide la *signature du tireur à la griffe* (Gavalda : *JCP* 1966, I, 2034. – Marin : *Banque* 1966, 472). Sur la place de la signature du tireur (■ Reims, 26 févr. 1980 : *JurisData* n° 1980-080199 ; *RTD com.* 1981, 567. ■ Paris, 2 oct. 1986 : *JurisData* n° 1986-025615 ; *D.* 1987, somm. 71, obs. Cabrillac).

Les chiffres non manuscrits figurant sur la lettre de change-relevé papier *permettent d'identifier le tireur* et répondent à l'exigence de l'article L. 511-1, alinéa 1er, 8° (■ Paris, 11 janv. 1995 : *JurisData* n° 1995-020028 ; *D.* 1996, somm. 36, obs. Cabrillac).

Mais, l'omission du nom du tireur, sans que soit invoquée l'omission de la signature de celui-ci, seule exigée par l'article L. 511-1, *ne rend pas la lettre de change nulle* (■ Cass. com., 12 oct. 1993, n° 91-19.439 : *RJDA* 2/94, n° 191).

8) Signature d'acceptation. La signature d'acceptation n'est pas une mention obligatoire au sens de l'article L. 511-1 (■ Cass. com., 16 janv. 2001, n° 97-18.752 : *JurisData* n° 2001-007774 ; *LPA* 5 mars 2001, p. 9, obs. E.C. ; *D.* 2002, somm. 2113, obs. Boujeka).

9) LCR magnétique. La lettre de change-relevé magnétique est un simple procédé de recouvrement de créance qui ne repose pas sur un titre soumis aux formalités de l'article L. 511-1 du Code de commerce (■ Cass. 1re civ., 2 juin 2015, n° 14-13.775 : *JurisData* n° 2015-013154 ; *JCP* E 2015, 1466, note K. Rodriguez ; *JCP* E 2016, 1010, n° 16, note N. Mathey).

10) Caractères employés. Il n'y a pas lieu d'opérer entre les mentions d'une lettre de change aucune distinction tenant à la dimension des *caractères employés* pourvu qu'ils soient lisibles (■ Cass. com., 5 mai 1987, n° 85-18.351 : *JurisData* n° 1987-000976 ; *Bull.* IV, n° 110 ; *JCP* G 1987, IV, 232 ; *JCP* E, I, 16532 ; *D.* 1987, inf. rap. 125 ; *RTD com.* 1987, 543, obs. Cabrillac et Teyssié).

B – Conditions de fond

11) Cause. À peine de nullité la lettre de change doit avoir *une cause* (■ Cass. civ., 1er juill. 1931 : *S.* 1932, 1, 64) ; une cause licite (■ Cass. req., 21 mars 1910 : *D.* 1912, 1, 281, note Lacour. ■ Cass. civ., 16 juill. 1928 : *S.* 1929, 1, 57, note Lescot) ; une cause morale (■ Cass. civ., 11 mars 1918 : *D.* 1918, 1, 100, pour la rémunération de relations de concubinage) ; un consentement non vicié (■ Cass. com., 2 juill. 1969, n° 67-12.196 : *JurisData* n° 1969-098258 ; *JCP* 1970, II, 16427, note Langlois).

12) Bonne foi du porteur. *Les causes de nullité sont inopposables au porteur de bonne foi* (■ Cass. civ., 16 juill. 1928 : *S.* 1929, 1, 57, note Lescot. – (■ Cass. req., 11 mars 1935 : *Gaz. Pal.* 1935, 1, 740), sauf en ce qui concerne les vices apparents du titre (■ Cass. req., 10 août 1875 : S. 1875, 1, 12. ■ Cass. com., 13 mars 1985 : *Bull.* IV, n° 97).

Toutefois, même de mauvaise foi, le porteur a la possibilité d'agir contre le tireur en répétition de la somme versée (■ Cass. req., 21 mars 1910 : *D.* 1912, 1, 281, note Lacour, pour l'action exercée contre le tireur *in bonis* pour la répétition de la somme versée en contrepartie d'un effet de complaisance. ■ Cass. com., 21 juin 1977 : *JurisData* n° 1977-097177 ; *DS* 1978, 113, note Lucas de Leyssac, pour la même action accordée à un banquier escompteur de mauvaise foi).

II – SANCTIONS

A – Nullité

13) Sanction du défaut des mentions obligatoires. *Le titre qui ne comporte pas les mentions obligatoires ne vaut pas comme lettre de change :*

– défaut de désignation du tiré (▪ Cass. com., 24 févr. 1965 : *Gaz. Pal.* 1965, 1, 336 ; *Banque* 1965, 557, obs. Marin) ;

– défaut de désignation du bénéficiaire (▪ Cass. com., 4 juin 1973 : *Bull.* IV, n° 194. ▪ Cass. com., 13 oct. 1975 : *JurisData* n° 1975-097231 ; *JCP* CI 1975, I, 4918. ▪ Cass. com., 13 mai 1986, n° 85-10.977 : *JurisData* n° 1986-000871 ; *JCP* G 1986, IV, 206) ;

– défaut de date (▪ Cass. com., 7 nov. 1979, n° 78-11.302 : *JurisData* n° 1979-099280 ; *Gaz. Pal.* 1980, 1, pan. jurispr. 44, note J. D. ▪ Cass. com., 7 oct. 1987, n° 86-14.542 : *JurisData* n° 1987-001525 ; *D.* 1988, somm. 51, obs. Cabrillac ; *RTD com.* 1988, 94, obs. Cabrillac et Teyssié) ; l'apposition d'un cachet à date sur le timbre ne permet pas d'y suppléer (même arrêt. – *Contra*, ▪ Colmar, 7 juill. 1952 : *S.* 1953, 2, 119 ; *RTD com.* 1953, 936, obs. Becqué et Cabrillac. – Mais V. ▪ Rouen, 30 janv. 1976 : *D.* 1976, somm. 27 ; *RTD com.* 1976, 158) ;

– défaut d'indication du nom et de l'adresse du tireur (▪ Cass. com., 29 juin 1983, n° 82-12.111 : *JurisData* n° 1983-701574 ; *Bull.* IV, n° 198) ;

– défaut de signature du tireur (▪ Cass. com., 10 févr. 1971 : *Bull.* IV, n° 42. ▪ T. com. Lyon, 13 juin 1969 : *RTD com.* 1969, 770).

14) Caractère d'ordre public. Le moyen tiré de la *nullité* pour défaut de mentions obligatoires de la lettre de change est *d'ordre public* et peut être relevé d'office par le juge (▪ Cass. com., 16 juill. 1973, n° 72-11.035 : *JurisData* n° 1973-097243 ; *Bull.* IV, n° 243. – Comp. ▪ Cass. com., 9 nov. 1970, n° 68-13.846 : *JurisData* n° 1970-097297 ; *Bull.* IV, n° 297. ▪ Cass. com., 25 oct. 1972, n° 70-13.831 : *JurisData* n° 1972-097264 ; *Bull.* IV, n° 264).

15) Valeur du titre. Le titre qui ne comporte pas les mentions obligatoires de la lettre de change dégénère, pour autant qu'il en comporte les mentions nécessaires, *en billet à ordre* (pour un titre dépourvu de la mention du mandat de payer, ▪ Cass. com., 18 mars 1959 : *Bull.* IV, n° 148. – *Adde*, ▪ Orléans, 6 mars 1963 : *JCP* 1964, II, 13618, note Gavalda. ▪ Cass. com., 23 janv. 2007 : *RJDA* 5/2007, n° 547 ; *D.* 2007, p. 437, obs. Delpech ; jurispr. 2509, note Boujeka ; *JCP* E 2007, pan. 1314). À défaut, le *titre peut seulement faire la preuve des engagements contractés selon le droit commun* (▪ Cass. com., 13 oct. 1975, n° 74-14.203 : *JurisData* n° 1975-097231 ; *Bull.* IV, n° 231. ▪ Cass. com., 7 nov. 1979 : *Gaz. Pal.* 1980, pan. jurispr. 44, note J. D. ; *RTD com.* 1980, 115, obs. Cabrillac et Rives-Lange. – Comp. ▪ Pau, 5 févr. 1987 : *JurisData* n° 1987-040386 ; *Banque* 1987, 520, obs. Rives-Lange). Dans ce cas, le tiré peut opposer l'absence de cause de son engagement sans avoir à faire preuve de la mauvaise foi du porteur (▪ Cass. com., 23 nov. 1970 : *JurisData* n° 1970-097311 ; *D.* 1971, 396. ▪ Cass. com., 22 nov. 1978, n° 77-13.939 : *JurisData* n° 1978-097274 ; *Bull.* IV, n° 275).

Lorsque la lettre de change a été acceptée, mais qu'elle est nulle du point de vue cambiaire, le titre peut justifier de l'existence d'une obligation à la charge du tiré (▪ Cass. com., 2 nov. 1994, n° 92-21.839 : *RJDA* 12/94, n° 1339. ▪ Cass. com., 18 nov. 1997, n° 95-10.201 : *RJDA* 3/98, n° 334. ▪ Cass. com., 24 mars 1998, n° 95-19.867 : *JurisData* n° 1998-001339 ; *JCP* E 1998, pan. 826 ; *Quot. jur.* 19 mai 1998, p. 8 ; *D.* 1999, 174, note Rossi ; *RJDA* 8-9/98, n° 1036 ; *RTD com.* 1998, 647, obs. Cabrillac ; *RJ com.* 1999, 225, obs. Gibirila) ; le titre n'emporte pas délégation de créance au profit du tiers porteur auquel peuvent être opposées les exceptions résultant des rapports avec le tireur (▪ Cass. com., 24 mars 1998, préc.).

B – Altérations

16) Substitution d'une mention. La substitution, à la date d'échéance prévue, de la mention « à vue » n'entraîne pas l'annulation de l'effet, mais seulement l'inopposabilité de la modification au tiré accepteur, dès lors qu'il n'est pas discuté que l'acceptation soit antérieure à l'altération ; le tiré ne peut refuser de payer mais seulement se prévaloir de la date originaire d'échéance, avec toutes les conséquences juridiques en découlant (▪ Versailles, 8 sept. 1988 : *JurisData* n° 1988-047472 ; *D.* 1989, somm. 89, obs. Cabrillac).

C – Régularisation

17) Conditions. La lettre de change dont certaines mentions font défaut peut donner lieu à *régularisation à la condition que celle-ci intervienne :*

– avant la présentation au paiement (▪ Cass. com., 6 juill. 1965 : *JurisData* n° 1965-097554 ; *Bull.* IV, n° 425. ▪ Cass. com., 3 juin 1982 [sol. impl.] : *Bull.* IV, n° 212 ; *D.* 1983, inf. rap. 187, obs. Vasseur. ▪ Cass. com., 13 mai 1986 : *Bull.* IV, n° 51 ; *RTD com.* 1987, 82, obs. Cabrillac et Teyssié ; *JCP* G 1986, IV, 206) ; c'est le cas pour l'*indication du bénéficiaire* (▪ Cass. com., 9 avr. 1996, n° 94-10.026 : *JurisData* n° 1996-001608 ; *RJDA* 11/96, n° 1371) ; lorsque la banque a pris à l'escompte la lettre de change avec le nom du bénéficiaire, et que celle-ci ne connaissait pas le fait que ce nom avait été inscrit tardivement, cette lacune ne peut être utilement invoquée contre la banque endossataire (▪ Cass. com., 23 oct. 2001, n° 99-18.436 : *JurisData* n° 2001-011495 ; *RJDA* 3/2002, n° 306) ;

– et conformément aux conventions intervenues entre les différents intéressés (■ Paris, 23 févr. 1979 : *JurisData* n° 1979-255035 ; *JCP* G 1980, II, 19326, note Stoufflet. ■ Cass. com., 7 févr. 1983 : *Bull.* IV, n° 51 ; *D.* 1983, inf. rap. 247, obs. Cabrillac).

L'acceptation d'une lettre de change dont *le nom du bénéficiaire est laissé en blanc* vaut comme acquiescement par le tiré au choix du bénéficiaire par le tireur (■ Cass. com., 19 oct. 1965 : *DS* 1966, 25 ; *Banque* 1966, 51. ■ Paris, 26 oct. 1971 : *Banque* 1972, 94 ; *RTD com.* 1972, 428, obs. Cabrillac et Rives-Lange. ■ Cass. com., 5 févr. 1973, n° 71-14.520 : *JurisData* n° 1973-097057 ; *Bull.* IV, n° 57. ■ Paris, 23 févr. 1979, préc.) ; et la seule circonstance que le nom du bénéficiaire ait été laissé en blanc ne suffit pas à révéler qu'en apposant sa signature l'accepteur n'a pas entendu s'engager selon la loi du change (■ Cass. com., 4 oct. 1971, n° 69-13.906 : *JurisData* n° 1971-097223 ; *Bull.* IV, n° 223. ■ Cass. com., 3 mars 1975, n° 73-14.880 : *JurisData* n° 1975-097065 ; *Bull.* IV, n° 65. ■ Cass. com., 28 févr. 1983, n° 81-16.124 : *JurisData* n° 1983-700742 ; *Bull.* IV, n° 87 ; *RTD com.* 1983, 580, obs. Cabrillac et Teyssié. ■ 12 oct. 1993, n° 91-19.439 : *RJDA* 2/94, n° 191).

Il en est ainsi alors que, d'une part, le tiré accepteur avait signé la lettre en blanc sans y inscrire une mention de nature à faire apparaître qu'elle n'était pas destinée à être complétée et mise en circulation et que, d'autre part, celui qui a reçu l'effet et y a porté son nom comme bénéficiaire ignorait qu'en lui remettant, le tireur créateur et détenteur de celui-ci agissait contrairement à la volonté du tiré accepteur (■ Cass. com., 9 mars 1971, n° 69-11.788 : *JurisData* n° 1971-097075 ; *JCP* 1971, II, 16900, note Groslière et sur renvoi, ■ Limoges, 15 mai 1974 : *RJ com.* 1977, 186, note X. V. ■ Cass. com., 25 mai 1988, n° 86-18.239 : *JurisData* n° 1988-001356 ; *Bull.* IV, n° 169 ; *JCP* E 1988, I, 17634 ; *RTD com.* 1988, 655, obs. Cabrillac et Teyssié. ■ Cass. com., 25 mars 1991, n° 89-12.870 : *RD bancaire et bourse* 1991, 229, obs. Credot et Gérard. ■ Cass. com., 12 oct. 1993, préc.).

18) Griffe d'escompte. La régularisation résulte valablement de l'*apposition par la banque*, à l'endroit de la clause à ordre, de la griffe d'escompte (■ Cass. com., *19 oct. 1965* : *DS* 1966, 25. ■ Paris, 26 oct. 1971 : *Banque* 1972, 94 ; *RTD com.* 1972, 428, obs. Cabrillac et Rives-Lange).

De même, lorsque le nom du bénéficiaire restant en blanc, la signature du tireur figure au verso au titre de premier endosseur (■ Cass. com., 9 nov. 1970 : *Bull.* IV, n° 297. ■ Cass. com., 9 mars 1976, n° 74-12.637 : *JurisData* n° 1976-097085 ; *Bull.* IV, n° 85 ; *D.* 1976, inf. rap. 156. – Rappr. ■ Cass. req., 15 janv. 1940 : *S.* 1940, 1, 31).

19) Absence d'indication du lieu de création. Il résulte des dispositions de l'article L. 511-1 V que lorsque le lieu de création n'est pas indiqué sur la lettre de change, elle doit être considérée comme souscrite dans le lieu désigné à côté du nom du tireur. Ces dispositions n'exigent pas pour autant que cette indication figure au verso de la traite, dès lors qu'elle figure bien à côté du nom du tireur (■ Cass. com., 26 mai 2010, n° 09-14.561 : *JurisData* n° 2010-007226 ; *D.* 2010, act. jurispr. p. 1476, obs. X. Delpech ; *JCP* E 2010, 1631 ; *RD bancaire et fin.* 2010, n° 5, comm. 168, note F.-J. Credot et Th. Samin).

La régularisation n'est toutefois pas possible si le titre initial ne valait pas comme lettre de change en raison de l'absence des mentions essentielles pour déterminer les obligations des signataires : ainsi, en cas d'absence de signature du tireur (■ Cass. com., 7 févr. 1983, n° 81-13.999 : *JurisData* n° 1983-700286 ; *DS* 1983, inf. rap. 247, obs. Cabrillac ; *Bull.* IV, n° 51. ■ 11 juill. 1988, n° 86-18.690 : *JurisData* n° 1988-701988 ; *Bull.* IV, n° 239 ; *D.* 1989, somm. 90, obs. Cabrillac ; *JCP* E 1990, II, 15840, note E. Putman), en cas d'absence de nom et d'adresse du tireur (■ Cass. com., 23 nov. 1970 : *JurisData* n° 1970-097311 ; *DS* 1971, 396 ; *RTD com.* 1971, 745, obs. Cabrillac et Rives-Lange. ■ Cass. com., 29 juin 1983, n° 82-12.111 : *JurisData* n° 1983-701574 ; *Gaz. Pal.* 1984, 1, pan. jurispr. 27, obs. Dupichot. – *Contra*, ■ Cass. com., 28 mai 1968 : *JurisData* n° 1968-700171 ; *Bull.* IV, n° 171 ; *RTD com.* 1968, 1096, obs. Rives-Lange. ■ Versailles, 23 nov. 1995, n° 6817/95 : *JurisData* n° 1995-048651 ; *JCP* E 1996, pan. 240. – Comp., au cas de défaut de signature du tireur, le formalisme par équivalent résultant de l'apposition de la signature du tireur au verso de l'effet, aux fins d'endossement, ■ Cass. req., 19 juill. 1939 : *S.* 1939, 1, 289, note Rousseau).

20) Effets de la régularisation. La traite régularisée a la même valeur qu'une traite régulière dès son émission (■ Cass. com., 19 oct. 1965 : *DS* 1966, 25. ■ Cass. com., 9 mars 1971, n° 69-11.788 : *JurisData* n° 1971-097075 ; *Bull.* IV, n° 75 ; *JCP* 1971, II, 16900, note Groslière. ■ Cass. com., 4 oct. 1971, n° 69-13.906 : *JurisData* n° 1971-097223 ; *Bull.* IV, n° 223).

Même en l'absence de régularisation opérée régulièrement, celui qui reçoit un effet de commerce pourvu, lors de l'endossement fait à son profit, de toutes les mentions obligatoires, étant censé ne pas connaître les lacunes que ce titre pouvait présenter au moment de sa création par le tireur ou de son acceptation par le tiré, ne peut se voir opposer la nullité du titre hormis le cas où il serait démontré avoir agi sciemment au détriment du débiteur (V. C. com, art. L. 511-12. ■ Cass. civ., 10 juill. 1939 : *JCP* 1939, II, 1617, note Demontes ; *S.* 1940, 1, 16. ■ Grenoble, 28 mai 1963 : *JCP* 1964, II, 13503, note P. L. – *Adde*, ■ Cass. com., 10 oct. 1989, n° 88-11.509 : *JurisData* n° 1989-003076 ; *Bull.* IV, n° 248 ; *D.* 1990, somm. 122, obs. Cabrillac. ▪ 5 oct. 2004, n° 01-15.274 : *JurisData* n° 2004-025232 ; *RJDA* 3/2005, n° 321, pour un billet à ordre).

Voir : annot. sous art. L. 511-77, p. 1049.

21) **Mention « annulé ».** Ne fait qu'user de son pouvoir souverain la cour d'appel retenant qu'une lettre de change portant la double mention apparente du mot « annulé » avait perdu toute sa valeur (▪ Cass. com., 29 avr. 1986, n° 84-14.292 : *JurisData* n° 1986-000746 ; *Bull.* IV, n° 74 ; *JCP* E 1986, I, 15562).

22) **Lettre de change-relevé.** Sur la question de l'opposabilité des délais d'acheminement, de présentation et d'information fixés sous l'égide de l'Association française des banques.

Voir : les solutions concernant le billet à ordre-relevé et les obs. citées sous art. L. 512-1, p. 1054.

Art. L. 511-2 *(Anc. C. com., art. 111)*. **– La lettre de change peut être à l'ordre du tireur lui-même.**

Elle peut être tirée sur le tireur lui-même.

Elle peut être tirée pour le compte d'un tiers.

Elle peut être payable au domicile d'un tiers, soit dans la localité où le tiré a son domicile, soit dans une autre localité.

I – TIRAGE À L'ORDRE DU TIREUR

1) **Indifférence de l'endossement.** En faveur de la thèse selon laquelle le titre est une véritable lettre de change dès sa création par le tireur et avant même le premier endossement (▪ Cass. com., 5 déc. 1949 : *JCP* 1950, II, 5829, note Larguier ; *RTD com.* 1950, 246, obs. Houin).

II – TIRAGE SUR SOI-MÊME

2) **Illustration.** Pour une application, V. ▪ Paris, 2 oct. 1986 : *JurisData* n° 1986-026879 ; *D.* 1987, inf. rap. 71, obs. Cabrillac.

III – TIRAGE POUR COMPTE

3) **Preuve.** Le tirage pour compte n'a nullement besoin d'être établi par le texte des lettres de change et le tireur pour compte est recevable à démontrer l'existence d'une convention de tirage pour compte pour refuser de payer le donneur d'ordre (▪ Cass. com., 19 févr. 1968 : *JurisData* n° 1968-799075 ; *JCP* G 1969, II, 15730, note Lescot). La preuve de la qualité de mandataire n'est pas soumise au formalisme cambiaire (▪ Cass. com., 19 févr. 1968 : *Bull. civ.* IV, n° 269).

4) **Recours du tiré.** Le tiré qui paie sans avoir reçu provision peut se retourner contre le donneur d'ordre ou opposer à celui-ci devenu porteur le défaut de provision (▪ Cass. com., 10 mars 1970, n° 68-11.750 : *JurisData* n° 1970-097091 ; *Bull.* IV, n° 91, rejet de ▪ Paris, 24 janv. 1968 : *RTD com.* 1969, 130, obs. Cabrillac et Rives-Lange, disparition de la provision. ▪ T. com. Seine, 29 oct. 1959 : *Banque 1961, 607, obs. Marin), mais il* ne possède aucun recours contre le tireur pour compte (Rappr. ▪ T. com. Paris, 26 oct. 1970 : *Journ. agréés* 1971, 79) et ne peut lui opposer l'exception du défaut de provision (▪ Cass. req., 9 janv. 1929 [sol. impl.] : *S.* 1929, 1, 181. ▪ Paris, 2 mars 1982 : *JurisData* n° 1982-023628 ; *RTD com.* 1982, 269, obs. Cabrillac et Teyssié).

IV – DOMICILIATION

5) **Indifférence de la qualité du domiciliataire.** Une clause de domiciliation est possible ; peu importe la qualité du domiciliataire qui peut être une banque ou une société de caution mutuelle (▪ Cass. com., 29 juin 1965, n° 64-11.017 : *Banque* 1966, 131, obs. Marin ; *Bull.* IV, n° 412), le porteur de l'effet à l'échéance (▪ Cass. civ., 21 oct. 1942 : *Gaz. Pal.* 1943, 1, 15), et de manière générale toute personne capable de payer (▪ Amiens, 21 janv. 1964 : *Banque* 1964, 848, obs. Marin ; *RTD com.* 1965, 438, obs. Becqué et Cabrillac) ; le domiciliataire doit être une personne étrangère au tiré (▪ Aix-en-Provence, 23 avr. 1980 : *RTD com.* 1981, 799, obs. Cabrillac et Teyssié).

6) **Objet.** La domiciliation n'a d'autre but que de désigner le lieu de paiement d'un effet de commerce et la personne mandatée à cet effet par le tiré (▪ Cass. com., 14 mars 1984, n° 82-15.922 : *JurisData* n° 1984-700759 ; *Bull.* IV, n° 104 ; *JCP* G 1984, IV, 161).

7) **Effet.** La clause de domiciliation s'impose au porteur qui est tenu de la respecter sous peine d'encourir les déchéances du porteur négligent (V. annot. sous art. L. 511-52, p. 1045).

8) **Obligations du banquier domiciliataire envers le tiré.** Le banquier domiciliataire, qui paye des lettres de change acceptées sans avoir reçu instruction à cet effet, engage sa responsabilité envers le tiré et doit restituer les fonds indépendamment de la mention de domiciliation et sans avoir à rechercher si le préjudice du tiré est inférieur à ce montant et ce, indépendamment de toute référence à l'absence de provision du compte (▪ Cass. com., 30 nov. 1999, n° 96-16.233 : *JurisData* n° 1999-004188 ; *JCP* E 2000, pan. 10, obs. Bouteiller, p. 1089, n° 23, obs. Gavalda et Stoufflet, p. 1956, note

Djoudi ; *D.* 2000, *Cah. dr. aff. jurispr.* 24, obs. A. L. ; *RJDA* 1/2000, n° 83 ; *RTD com.* 2000, 149, obs. Cabrillac ; *RD bancaire et fin.* 2000, 12, n° 5, obs. Credot et Gérard).

Le banquier domiciliataire qui paie une lettre de change sans avoir reçu l'avis de domiciliation l'y invitant engage sa responsabilité (■ Toulouse, 10 juin 1980 : *D.* 1981, inf. rap. 305, obs. Vasseur ; *RTD com.* 1980, 575, obs. Cabrillac et Rives-Lange et rejetant le pourvoi, ■ Cass. com., 8 juin 1982 : *Bull.* IV, n° 221 ; *Banque* 1983, 99, obs. Martin ; *D.* 1983, inf. rap. 191, obs. Vasseur ; *JCP* G 1982, IV, 296 ; *RTD com.* 1983, 93, obs. Cabrillac et Teyssié. ■ T. com. Paris, 17 janv. 1980 : *JurisData* n° 1980-762232 ; *Banque* 1980, 778, obs. Marin ; *D.* 1981, inf. rap. 25, obs. Vasseur ; *RTD com.* 1980, 575, obs. Cabrillac et Rives-Lange. – *Contra,* ■ Paris, 20 juin 1985 [sol. impl.] : *RTD com.* 1985, 787, obs. crit. Cabrillac et Rives-Lange), et ne peut agir en répétition de l'indu contre le porteur (■ Cass. com., 23 avr. 1976 : *JurisData* n° 1976-635177 ; *Bull.* IV, n° 134 ; *RTD com.* 1976, 755, obs. Cabrillac et Rives-Lange ; *D.* 1977, 563, note Vermelle. ■ Cass. com., 22 nov. 1977 : *Bull.* IV, n° 275 ; *JCP* 1978, II, 18997, note Gegout ; *D.* 1978, inf. rap. 306, obs. Vasseur, et 342, obs. Cabrillac ; *RTD com.* 1979, 278, obs. Cabrillac et Rives-Lange. ■ Cass. com., 3 avr. 1978 : *D.* 1978, inf. rap. 342, obs. Cabrillac. – Comp. ■ Cass. com., 23 janv. 1978 : *D.* 1979, inf. rap. 273, obs. Cabrillac). Les parties peuvent cependant stipuler au profit du banquier un mandat permanent de paiement (■ Cass. com., 8 juin 1982, préc. – Cabrillac et Rives-Lange : obs. *RTD com.* 1980, 575. ■ Lyon, 19 févr. 1974 : *RTD com.* 1974, 130).

9) Devoir de conseil du banquier domiciliataire vis-à-vis de son client. Sur ce devoir de conseil (■ Cass. com., 9 avr. 1973 : *JCP* 1973, II, 17555, 1re esp., note Gavalda ; *Bull.* IV, n° 151 ; *RTD com.* 1973, 843, obs. Cabrillac et Rives-Lange).

10) Obligations et responsabilité du banquier domiciliataire vis-à-vis du porteur. (■ Cass. com., 3 avr. 1978, n° 77-10.440 : *JurisData* n° 1978-098104 ; *Bull.* IV, n° 104 ; *D.* 1979, inf. rap. 139, obs. Vasseur. ■ Orléans, 28 juin 1978 : *D.* 1979, inf. rap. 277, obs. Cabrillac et 358, obs. Vasseur. – *Adde,* ■ Aix-en-Provence, 20 janv. 1982 : *JurisData* n° 1982-699221 ; *RTD com.* 1983, 304, obs. Cabrillac et Teyssié).

Le banquier domiciliataire n'est pas engagé par une obligation cambiaire et ne peut invoquer la nullité de l'effet pour omission d'une de ses mentions qu'autant que le tiré aurait été en mesure de le faire et l'aurait mandaté à cet effet (■ Cass. com., 23 nov. 1999, n° 96-17.278 : *JurisData* n° 1999-004074 ; *JCP* E 2000, pan. 10, obs. Bouteiller ; *D.* 2000, *Cah. dr. aff.*, jurispr. 3, obs. A. L. ; *RTD com.* 2000, 150, obs. Cabrillac) ; le banquier qui a reçu mandat de payer doit exécuter le paiement lorsque la situation du compte eu égard au montant du découvert autorise le paiement, sauf à engager sa responsabilité envers le porteur (même déc.).

11) Conséquences du règlement de la chambre de compensation pour le banquier domiciliataire. Voir annot. sous art. L. 511-26, p. 1031.

Art. L. 511-3 ***(Anc. C. com., art. 112).*** **– Dans une lettre de change payable à vue ou à un certain délai de vue, il peut être stipulé par le tireur que la somme sera productive d'intérêts. Dans toute autre lettre de change, cette stipulation est réputée non écrite.**

Le taux des intérêts doit être indiqué dans la lettre ; à défaut de cette indication, la clause est réputée non écrite. Les intérêts courent à partir de la date de la lettre de change si une autre date n'est pas indiquée.

Sur l'incorporation dans le montant de la traite du montant des intérêts (■ Cass. com., 12 juill. 1971 : *JurisData* n° 1971-097203 ; *Bull.* IV, n° 204 ; *RTD com.* 1972, 128, obs. Cabrillac et Rives-Lange).

Art. L. 511-4 ***(Anc. C. com., art. 113).*** **– La lettre de change dont le montant est écrit à la fois en toutes lettres et en chiffres vaut, en cas de différence, pour la somme écrite en toutes lettres.**

La lettre de change dont le montant est écrit plusieurs fois, soit en toutes lettres, soit en chiffres ne vaut, en cas de différence, que pour la moindre somme.

1) Modification de la somme en chiffres. En présence d'une lettre de change dont la somme en chiffres a subi des modifications mais dont la somme en lettres n'a pas été modifiée, seules les dispositions du 1er de l'article L. 511-4 du Code de commerce sont applicables (■ Cass. com., 13 janv. 1982, n° 80-13.889 : *JurisData* n° 1982-700492 ; *Bull.* IV, n° 15 ; *JCP* G 1982, IV, 114).

2) Sommes libellées en monnaie étrangère. V. notes sous art. L. 511-1, *Conditions de forme,* p. 989.

Art. L. 511-5 ***(Anc. C. com., art. 114).*** **– Les lettres de change souscrites par des mineurs sont nulles à leur égard, sauf les droits respectifs des parties, conformément à l'** ***(Mots rempl. à compter du 1er octobre 2016, Ord. n° 2016-131, 10 févr. 2016)*** **« article 1352-4 du Code civil ».**

Si la lettre de change porte des signatures de personnes incapables de s'obliger par lettre de change, des signatures fausses ou des signatures de personnes imaginaires ou des signatures qui, pour toute autre raison, ne sauraient obliger les personnes qui ont signé la lettre de change, ou du nom desquelles elle a été signée, les obligations des autres signataires n'en sont pas moins valables.

Quiconque appose sa signature sur une lettre de change comme représentant d'une personne pour laquelle il n'avait pas le pouvoir d'agir, est obligé lui-même en vertu de la lettre et, s'il a payé, a les mêmes droits qu'aurait eus le prétendu représenté. Il en est de même du représentant qui a dépassé ses pouvoirs.

Bibliographie : Menjucq, *L'incapable majeur en droit des affaires : JCP* N 1999, n° 20, p. 836. • Youego, *La souscription d'un effet de commerce par un pseudo-mandant : RD bancaire et bourse* 2000, 254.

Voir aussi : pour la protection des consommateurs et emprunteurs, application de l'article L. 511-5 du Code de commerce aux lettres de change et billets à ordre souscrits ou avalisés par les emprunteurs même majeurs à l'occasion des opérations de crédit régies par l'article L. 313-13 du Code de la consommation.

I – INCAPABLES

1) Nullité. La lettre de change émise par *un mineur* est nulle (▪ Cass. civ., 7 mars 1922 : *D.* 1922, 1, 169. ▪ Paris, 5 juin 1968 : *JCP* 1970, II, 16322, note Durry).

2) Porteur de bonne foi. La nullité résultant de l'émission par un mineur d'une lettre de change est opposable à tous les porteurs même de bonne foi (▪ Cass. civ., 19 févr. 1856 : *S.* 1856, 1, 301. ▪ Paris, 17 juill. 1894 : *D.* 1895, 2, 25, note Thaller. ▪ 27 avr. 1896 : *D.* 1898, 2, 258, note Boistel. – *Adde,* ▪ Cass. com., 28 oct. 1969 : *JurisData* n° 1969-097318 ; *Bull.* IV, n° 318 ; *Banque* 1970, 706 ; *RTD com.* 1970, 455, obs. Cabrillac et Rives-Lange).

3) Paiement par un tiers. Le mineur n'étant pas restituable contre les obligations résultant de son délit ou de son quasi-délit, celui qui a frauduleusement donné une date postérieure au jour où il devait devenir majeur en vue de tromper les tiers sur sa capacité peut être condamné à en payer le montant au porteur (▪ Cass. req., 15 nov. 1898 et 21 mars 1899 : *DP* 1899, 1, 192 ; *S.* 1899, 1, 225, note Wahl). Et les juges du fond décident souverainement, par appréciation des circonstances et de l'intention dans laquelle le mineur a agi, qu'il a frauduleusement postdaté l'acceptation en vue de tromper les tiers sur sa capacité (mêmes décisions). La preuve du *dol du mineur* est nécessaire ; ainsi, la simple indication d'une fausse cause (▪ Cass. civ., 19 févr. 1856, préc.) ou d'une fausse date ne constitue pas nécessairement le dol du mineur (▪ Paris, 17 juill. 1894, préc.). De même pour la simple erreur du porteur non causée par l'attitude du mineur (▪ Poitiers, 10 oct. 1967 : *RTD com.* 1968, 734, et sur pourvoi ▪ Cass. com., 28 oct. 1969 : *Bull.* IV, n° 318).

II – POUVOIR DE REPRÉSENTATION

4) Procédures collectives. L'article L. 511-5, alinéa 3, ne s'applique pas à un curateur à la suspension provisoire des poursuites qui dans le cadre de sa mission de contrôle d'une entreprise en difficulté a apposé sa signature sur une lettre de change, le curateur n'apparaissant pas comme un représentant mais simplement comme investi d'une mission de surveillance (▪ Cass. com., 24 juin 1980, n° 78-11.466 : *JurisData* n° 1980-000272 ; *Bull. civ. IV*, n° 269 ; *RTD com.* 1981, 105, obs. Cabrillac et Rives-Lange).

5) Preuve du mandat. Il incombe à celui qui a apposé sa signature sur une lettre de change au nom d'une autre personne d'établir l'existence du mandat dont il se prévaut pour échapper aux poursuites engagées contre lui en application de l'article L. 511-5, alinéa 3 (▪ Cass. com., 30 juin 1992, n° 90-20.922 : *JurisData* n° 1992-001480 ; *Bull. civ.* IV, n° 255. ▪ Cass. com., 9 mars 1993, n° 90-21.601 : *RD bancaire et bourse* 1993, 157, obs. Credot et Gérard).

6) Obligations du prétendu mandataire. De par l'article L. 511-5, alinéa 3, le prétendu mandataire est engagé selon tous les aspects du droit cambiaire (▪ Cass. com., 19 mars 1958 : *D.* 1958, 354 ; *Banque* 1958, 509, obs. Marin ; *RTD com.* 1958, 580, obs. Becqué et Cabrillac).

En revanche, le prétendu représenté n'est pas engagé (▪ Poitiers, 29 mai 1967 : *Banque* 1968, 218). Il en va différemment lorsque le représentant a connu les agissements de son préposé, ce qui permet de faire jouer la théorie du mandat apparent (▪ T. com. Marseille, 29 avr. 1969 et 20 juin 1969 : *RTD com.* 1969, 772), ou s'il a ratifié ses agissements (▪ Troyes, 8 nov. 1967 : *Banque* 1969, 616).

7) Mandat apparent. Sur l'admission jurisprudentielle du mandat apparent en matière de tirage par mandataire (▪ Cass. civ., 8 nov. 1957 : *Bull.* II, n° 686 ; *RTD com.* 1958, 353, obs. Becqué et Cabrillac. ▪ Cass. com., 19 juin 1973, n° 72-10.445 : *Bull.* IV, n° 215. – Comp. ▪ Cass. com., 12 déc. 1973 : *JurisData* n° 1973-098361 ; *Bull.* IV, n° 361. ▪ Cass. com., 11 févr. 1974, n° 70-14.167 : *JurisData* n° 1974-097053 ; *Bull.* IV, n° 53. ▪ Cass. com., 29 mars 1977, n° 76-10.201 : *JurisData* n° 1977-09709 ; *Bull.* IV, n° 98. ■ Cass. com., 9 mars 1999, n° 96-13.782 : *JurisData* n° 1999-000979 ; *JCP* E 1999, pan. 790 ; *LPA* 13 avr. 1999, p. 11, note L. C. ; *RTD com.* 1999, 929, obs. Cabrillac ; *RD bancaire et bourse* 1999, 94, obs. Credot et Gérard. – V. Bonneau, *Billet à ordre et engagement cambiaire de la société par son mandataire apparent : RD bancaire et bourse* 1999, 114).

8) **Usages bancaires.** Selon les usages bancaires confirmés par les parères de 1951 à 1958, le banquier n'est pas tenu, à moins qu'il n'ait des doutes sur la bonne foi du remettant de procéder auprès du souscripteur à la vérification de la signature apposée sur l'effet, ni de vérifier l'étendue du pouvoir du signataire (■ Cass. com., 5 févr. 1985, n° 83-17.042 : *JurisData* n° 1985-700248 ; *Bull.* IV, n° 46 ; *Banque* 1985, 522, obs. Rives-Lange ; *RTD com.* 1986, 122, obs. Cabrillac et Teyssié. ■ Cass. com., 23 mai 1989, n° 87-19.231 : *JurisData* n° 1989-701618 ; *Bull.* IV, n° 160 ; *LPA* 24 nov. 1989, p. 12, obs. Credot ; *Banque* 1989, 1086, obs. Rives-Lange ; *RD bancaire et bourse* 1989, 172, obs. Credot et Gérard ; *RTD com.* 1990, 65, obs. Cabrillac et Teyssié. ■ Cass. com., 13 déc. 1994, n° 92-15.091 : *JurisData* n° 1994-002489 ; *RD bancaire et bourse* 1995, 101, obs. Credot et Gérard ; *RTD com.* 1995, 449, obs. Cabrillac et Teyssié. ■ Cass. com., 9 mars 1999 : *JCP* E 1999, pan. 790 ; *LPA* 13 avr. 1999, p. 11, note L. C. ; *RTD com.* 1999, 929, obs. Cabrillac ; *RD bancaire et bourse* 1999, 94, obs. Credot et Gérard, pour un billet à ordre. – V. Bonneau, *Billet à ordre et engagement cambiaire de la société par son mandataire apparent : RD bancaire et bourse* 1999, 114).

9) **Dépassement de pouvoir du représentant social.** S'agissant du dépassement de pouvoir d'un représentant social, cf. article 1849 du Code civil pour les sociétés civiles et les articles L. 221-5, L. 221-13, L. 225-51, L. 225-56 et L. 225-64 du Code de commerce pour les sociétés commerciales (Comp. ■ Cass. com., 25 juin 1985, n° 84-12.902 : *JurisData* n° 1985-001771 ; *Bull.* IV, n° 196 ; *D.* 1985, inf. rap. 419, obs. Cabrillac ; *Rev. sociétés* 1985, 829, note Daigre). En ce cas les obligations des autres signataires n'en sont pas moins valables en particulier celle du tiré accepteur (■ Cass. com., 15 juin 1993, n° 91-18.276 : *JurisData* n° 1993-001232 ; *RJDA* 1/94, n° 74. – *Adde*, ■ Versailles, 23 nov. 1995 : *JCP* E 1996, pan. 240).

III – TIRAGE POUR COMPTE

10) V. notes sous art. L. 511-2, p. 994.

Art. L. 511-6 *(Anc. C. com., art. 115).* **– Le tireur est garant de l'acceptation et du paiement.**

Il peut s'exonérer de la garantie de l'acceptation ; toute clause par laquelle il s'exonère de la garantie du paiement est réputée non écrite.

Section II. – De la provision

Art. L. 511-7. – La provision doit être faite par le tireur ou par celui pour le compte de qui la lettre de change sera tirée, sans que le tireur pour compte d'autrui cesse d'être personnellement obligé envers les endosseurs et le porteur seulement.

Il y a provision si, à l'échéance de la lettre de change, celui sur qui elle est fournie est redevable au tireur, ou à celui pour compte de qui elle est tirée, d'une somme au moins égale au montant de la lettre de change.

La propriété de la provision est transmise de droit aux porteurs successifs de la lettre de change.

L'acceptation suppose la provision.

Elle en établit la preuve à l'égard des endosseurs.

Qu'il y ait ou non acceptation, le tireur seul est tenu de prouver, en cas de dénégation, que ceux sur qui la lettre était tirée avaient provision à l'échéance ; sinon, il est tenu de la garantir, quoique le protêt ait été fait après les délais fixés.

Bibliographie : Hémard, *Des effets de complaisance*, thèse Paris 1900. • Ph. Jestaz, *Le tireur conserve-t-il la disponibilité de la provision après l'émission d'une lettre de change ou d'un chèque ? : RTD com.* 1966, 881. • J.-P. Marty, *Les rapports de la créance fondamentale et du titre avec la provision de la lettre de change : RTD com.* 1978, 307. • Vasseur, *Réflexions sur le régime juridique du porteur de traites non acceptées (à propos de Cass. com., 4 déc. 1984) : D.* 1985, chron., p. 199. • F. Grua, *À propos des cessions de créances par transmission d'effets : D.* 1986, chron., p. 261.

Ouvrage. *JCl. com.*, Fasc. 415, *Lettre de change, Théorie de la provision* par J. Mestre.

I – LA PROVISION DE LA LETTRE DE CHANGE

A – Existence de la provision

1) Notion. La provision est une créance de somme d'argent du tireur sur le tiré (Comp. ▪ Cass. com., 23 févr. 1983, n° 81-13.449 : *JurisData* n° 1983-700739 ; *Bull.* IV, n° 79 ; *JCP* G 1983, IV, 148 ; *D.* 1984, inf. rap. 80, obs. Vasseur ; *RTD com.* 1983, 438, obs. Cabrillac et Teyssié), dont les juges du fond apprécient souverainement l'existence (▪ Cass. com., 24 mars 1969, n° 67-12.417 : *JurisData* n° 1969-097110 ; *Bull.* IV, n° 110. ▪ 28 oct. 1974, n° 73-13.285 : *JurisData* n° 1974-097266 ; *Bull.* IV, n° 266. ▪ Cass. com., 12 juill. 1976, n° 75-12.743 : *JurisData* n° 1976-097234 ; *Bull.* IV, n° 234).

Cette créance peut être de nature civile ou commerciale (▪ Bastia, 9 juill. 1912, sous (▪ Cass. req., 10 mars 1915 : *DP* 1916, 1, 241).

Elle doit être, à l'échéance, à la fois *certaine, liquide* et *exigible* (▪ Cass. com., 8 déc. 1954 : *Bull.* III, n° 384). Toutefois le porteur devient propriétaire de la provision même si celle-ci n'est pas liquide et exigible, dès lors que la créance *existe en son principe à l'échéance* (▪ Cass. com., 4 juin 1991, n° 89NC00820 : *RD bancaire et bourse* 1991, 228, obs. Credot et Gérard ; *RTD com.* 1991, 416, obs. Cabrillac et Teyssié ; *Bull.* IV, n° 208. ▪ Cass. com., 27 oct. 1992, n° 91-11.574 : *JurisData* n° 1992-002287 ; *Bull.* IV, n° 324 ; *D.* 1993, somm. 317, obs. Cabrillac).

À défaut, le tiré est en droit de refuser d'accepter la traite ou de la payer (▪ Cass. civ., 11 mai 1853 : *DP* 1853, 1, 142), et le tireur ne peut pas invoquer la déchéance du porteur négligent (V. annot. sous art. L. 511-49, p. 1042). Mais dès lors que le porteur d'une lettre de change, dont les mentions d'acceptation étaient contestées, rapporte la preuve de l'existence de la provision à l'échéance, il appartient au tiré, sans inverser la charge de la preuve, de rapporter la preuve de la fausse acceptation (▪ Cass. com., 16 janv. 2001 : *LPA* 5 mars 2001, p. 9, obs. E. C. ; *D.* 2002, somm. 2113, obs. Boujeka).

2) Absence de provision. Il n'y a pas provision si la dette dont le tiré est tenu envers le tireur est inférieure à la somme portée sur l'effet (▪ Cass. com., 25 mai 1961, motifs : *Bull.* III, n° 225).

Cependant, s'agissant de l'action née de l'existence de la provision, V. *infra*.

3) Existence à l'échéance. La provision doit exister au jour de l'échéance de la traite (▪ Cass. *com., 24 mars 1969, n° 67-12.417* : *Bull.* IV, n° 110 ; *RTD com.* 1969, 775, obs. Cabrillac et Rives-Lange. ▪ Cass. com., 15 juill. 1975, n° 74-11.112 : *JurisData* n° 1975-097201 ; *Bull.* IV, n° 201. ▪ Cass. com., 25 nov. 1975 : *JCP* G 1976, IV, 26. ▪ Cass. com., 27 oct. 1992 : *Bull.* IV, n° 324).

Toutefois, si la créance existait au jour de l'émission de la traite et a, par la suite, disparu, l'effet sera considéré comme dépourvu de provision (▪ Cass. req., 24 janv. 1912 : *DP* 1912, 1, 520 ; *S.* 1917, 1, 121, note Bourcart. ▪ Cass. com., 24 mars 1969, préc. – *Adde*, ▪ Cass. com., 28 juin 1983 : *Bull.* IV, n° 191 ; *D.* 1984, 444, note Endréo ; *RTD com.* 1984, 115, obs. Cabrillac et Teyssié).

B – Preuve de l'existence de la provision

4) Charge de la preuve. Par application du droit commun résultant de l'article 1315, alinéa 1er du Code civil, *c'est à celui qui invoque la provision d'en établir l'existence* et de montrer ses caractères de certitude, de liquidité, d'exigibilité et de montant. Ainsi pour le tireur poursuivi par un porteur négligent (▪ Cass. civ., 27 janv. 1863 : *D.* 1863, 1, 15. ▪ Paris, 10 nov. 1932 : *S.* 1933, 2, 84), sans qu'il y ait ici à distinguer selon que le tiré a ou non accepté l'effet (▪ T. civ. Metz, 19 oct. 1949 : *D.* 1950, somm. 10). De même pour le porteur poursuivant le tiré non accepteur (▪ Cass. com., 22 nov. 1950 : *Bull.* II, n° 249 ; *RTD com.* 1951, 321, obs. Becqué et Cabrillac. ▪ Cass. com., 12 juill. 1976 : *Bull.* IV, n° 234).

5) Modes de preuve. Sur la preuve découlant de l'attitude du tiré (▪ Cass. com., 28 oct. 1974, n° 73-13.285 : *JurisData* n° 1974-097266 ; *Bull.* IV, n° 266. ▪ Cass. com., 19 janv. 1983 : *D.* 1983, inf. rap. 248, obs. Cabrillac. ▪ Cass. com., 16 juin 1987, n° 86-12.178 : *JurisData* n° 1987-001024 ; *Bull.* IV, n° 146 ; *JCP* G 1987, IV, 294 ; *Gaz. Pal.* 1987, 2, pan. jurispr. 220. – *Adde*, ▪ Aix-en-Provence, 7 janv. 1982 : *JurisData* n° 1982-600373 ; *Banque* 1982, 528, obs. Martin).

6) Présomption simple d'existence de la provision dans la relation tireur-tiré accepteur. Dans le rapport tireur-tiré, l'acceptation fait naître une présomption simple d'existence de la provision (▪ Cass. req., 13 mars 1889 : *DP* 1890, 1, 249. ▪ Cass. civ., 11 nov. 1891 : *DP* 1893, 1, 90 ; *S.* 1892, 1, 17, note Garsonnet. – (▪ Cass. req., 26 mai 1942 : *DC* 1943, 1, 86, note Chéron ; *JCP* 1942, II, 1935, note Lescot. ▪ Cass. com., 14 mai 1958 : *D.* 1958, 671. ▪ Cass. com., 3 mai 1961, n° 60-60.054 : *Bull.* III, n° 191. ▪ Cass. com., 4 janv. 1980, n° 78-12.637 : *JurisData* n° 1980-000004 ; *Bull.* IV, n° 4. ▪ Cass. com., 22 mai 1991, n° 90-10.348 : *JurisData* n° 1991-001416 ; *Bull.* IV, n° 170 ; *D.* 1992, somm. 339). C'est au tiré accepteur d'apporter la preuve du défaut de provision invoqué par lui (▪ Cass. com., 4 juin 1991, n° 90-11.975 : JurisData n° 1991-002021 ; *Bull.* IV, n° 207).

a) Ainsi, la présomption de provision pourra être écartée par le tiré accepteur en cas d'annulation, de résolution ou d'inexécution du contrat cause de l'émission de la traite (▪ Cass. req., 26 mai 1942, préc. ▪ Angers, 1er déc. 1948 : *D.* 1949, 163. ▪ Paris, 29 nov. 1978 : *DS* 1979, inf. rap. 277, obs. Cabrillac), mais non pour des actes de concurrence déloyale du tireur alors que la réception de la marchandise cause des effets est établie (▪ Amiens, 2 déc. 1975 : *JCP* G 1976, IV, 173. – Comp. ▪ Cass. com., 14 juin 1971 : *JCP* 1973, II, 17310, note Groslière ; *Gaz. Pal.* 1971, 2, 708 ; *RTD com.* 1972, 129, obs. Cabrillac et Rives-Lange).

b) Pour justifier son refus de payer le tireur demeuré porteur, le tiré accepteur doit démontrer cette inexistence de la provision à la date de l'échéance et non à une date ultérieure (▪ Cass. com., 15 juill. 1975, n° 74-11.112 : *JurisData* n° 1975-097201 ; *Bull.* IV, n° 201). Et, c'est de manière souveraine que les juges du fond apprécient l'utilité de la mesure d'instruction sollicitée par le tiré accepteur pour démontrer l'absence de provision (▪ Cass. com., 2 déc. 1974 et 7 oct. 1975, préc. ▪ Cass. com., 1er avr. 1981, n° 79-14.575 : *JurisData* n° 1981-702039 ; *Bull.* IV, n° 174. – Comp. cependant ▪ Cass. com., 8 juin 1982, n° 80-13.767 : *JurisData* n° 1982-701459 ; *Bull.* IV, n° 223 ; *JCP* G 1982, IV, 297 ; *D.* 1983, inf. rap. 43, note Cabrillac ; *RTD com.* 1983, 91, obs. Cabrillac et Teyssié où le motif du tiré accepteur reposait non sur l'absence de provision mais sur l'absence de cause).

7) Présomption simple d'existence de la provision dans la relation tireur-aval du tiré accepteur. Il résulte de la combinaison des articles L. 511-7, alinéa 4 et L. 511-21, alinéa 7, du Code de commerce que l'avaliste d'une lettre de change, tenu de la même manière que celui qu'il garantit, peut se voir opposer par le tireur la présomption de provision qui s'attache à l'acceptation. Pour combattre cette présomption, il lui incombe, comme au tiré accepteur, d'établir le défaut de provision (▪ Cass. com., 1er avr. 2014, n° 13-16.902 : *JurisData* n° 2014-006529 ; *D.* 2014, p. 863 ; *Gaz. Pal.* 2014, n° 107, p. 22 ; *JCP* E 2014, 1291, comm. K. Rodriguez).

8) Présomption irréfragable d'existence de la provision dans la relation porteur-tiré accepteur. Dans le rapport porteur-tiré accepteur, l'acceptation fait naître une présomption *irréfragable d'existence* de la provision (▪ Cass. req., 23 déc. 1903 : *DP* 1905, 1, 358. – (▪ Cass. req., 13 févr. 1928 : *DP* 1929, 1, 13, note Chéron. ▪ Paris, 26 mars 1960 : *D.* 1960, somm. 74. ▪ Cass. com., 24 mai 1947 : *RJDA* 11/94, n° 1175. ▪ Cass. com., 18 avr. 2000, n° 96-21.266 : *JurisData* n° 2000-001723 ; *RJDA* 7-8/2000, n° 796).

C – Transmission de la provision au porteur

9) Moment. Dès la remise de la traite, le banquier escompteur étant devenu propriétaire de la provision acquiert le droit de contrepasser, même après une saisie-arrêt opérée sur le compte courant du remettant (▪ Cass. com., 3 nov. 1988, n° 86-17.715 : *JurisData* n° 1988-002306 ; *RTD com.* 1989, 95, obs. Cabrillac et Teyssié).

La renonciation d'une banque à la garantie du tireur quant à l'existence de la provision d'une lettre de change qu'elle a prise à l'escompte *doit être expresse* (▪ Cass. com., 8 juill. 1997, n° 95-10.702 : *JurisData* n° 1997-003278 ; *Bull.* IV, n° 222 ; *Quot. jur.* 1997, n° 79, p. 129 ; *D.* 1998, 427, note Goyet ; *D.* 1999, somm. 150, obs. Cabrillac, dans le cas d'un « forfait d'escompte ») ; dès lors l'engagement du banquier de ne pas contrepasser emportait seulement renonciation à réclamer le montant des traites en cas de défaillance du tiré dans le paiement de la dette et ne s'appliquait pas en cas de défaut de fourniture de provision (même déc.).

10) Clause de réserve de propriété. En endossant les lettres de change acceptées par l'acheteur, le vendeur transmet au porteur tant sa créance sur le tiré que l'accessoire de celle-ci, c'est-à-dire la garantie constituée par une clause de réserve de propriété régulièrement convenue entre l'acheteur et le vendeur (▪ Cass. com., 11 juill. 1988, n° 87-10.834 : *JurisData* n° 1988-001317 ; *Banque* 1988, 932, obs. Rives-Lange ; *RTD com.* 1988, 656, obs. Cabrillac et Teyssié).

11) Traites non acceptées et traites non acceptables.

a) La provision est transférée au porteur que la traite ait été ou non acceptée (▪ Cass. civ., 18 janv. 1937 : *S.* 1937, 1, 89, note Rousseau. ▪ Paris, 14 avr. 1964 : *JCP* 1964, II, 14065, note Lescot. ▪ Cass. com., 20 mars 1984, n° 82-16.159 : *JurisData* n° 1984-700486 ; *Bull.* IV, n° 108. ▪ Cass. com., 4 déc. 1984 : *JurisData* n° 1984-701955 ; *JCP* 1985, II, 20445, note Synvet ; *JCP* E 1985, II, 14550, note Flécheux ; *D.* 1985, 181, note Bénabent ; 199, obs. Vasseur ; *Banque* 1985, 642, obs. Rives-Lange ; *RTD com.* 1985, 536, obs. Cabrillac et Teyssié).

b) Le transfert de la provision a lieu pour les traites non acceptables ou *pro forma* (▪ Cass. com., 14 déc. 1970, n° 69-13.179 : *JurisData* n° 1970-098341 ; *D.* 1972, 1, note Bouloc ; *Banque* 1971, 411, obs. Marin ; *RTD com.* 1971, 409, obs. Cabrillac et Rives-Lange. ▪ Cass. com., 15 déc. 1986, n° 85-16.166 : *JurisData* n° 1986-002735 ; *Bull.* IV, n° 238 ; *JCP* G 1987, IV, 68 ; *RTD com.* 1987, 222, obs. Cabrillac et Teyssié).

12) Date du transfert.

a) La date du transfert de la provision s'opère pour les effets non acceptés comme pour ceux acceptés à la date de la remise du titre au preneur ou de son endossement (▪ Cass. com., 29 nov. 1982, n° 81-14.005 : *JurisData* n° 1982-702734 ; *Bull.* IV, n° 374 ; *JCP* G 1983, IV, 55 ; *D.* 1983, inf. rap. 246, obs. Cabrillac. – *Adde,* ▪ Cass. com., 9 oct. 1984, n° 83-12.768 : *JurisData* n° 1984-701731 ; *Bull.* IV, n° 255 ; *D.* 1985, inf. rap. 329, obs. Vasseur), et non le jour de l'inscription de l'effet au crédit du compte courant du client (▪ Cass. com., 20 mars 1962, n° 59-11.725 : *JCP* 1962, II, 12747, note Rives-Lange).

Encore convient-il de rapporter la preuve que le banquier à qui sont offerts des effets à l'escompte ait accepté cette offre et acquis la propriété de la provision (▪ Cass. com., 20 mars 1984, n° 83-10.618 : *JurisData* n° 1984-700762 ; *Bull.* IV, n° 109 ; *JCP* G 1984, IV, 170 ; *Banque* 1984, 855, obs. Martin. – Comp. ▪ Cass. com., 30 janv. 1979, n° 77-13.714 : *JurisData* n° 1979-097037 ; *Bull.* IV, n° 38 ; *D.* 1979, inf. rap. 277, obs. Cabrillac ; *D.* 1980, inf. rap. 15, obs. Vasseur ; *Banque* 1979, 1502, obs. Martin. ▪ Cass. com., 31 janv. 1984, n° 82-14.639 : *JurisData* n° 1984-700343 ; *Bull.* IV, n° 46 ; *JCP* G 1984, IV, 111).

b) Avant échéance et en l'absence d'acceptation :

1. – En l'absence d'acceptation, les droits du porteur sur la provision sont, avant échéance, *éventuels et précaires ;* en conséquence, le tiré, même s'il a connaissance de l'existence du titre, peut, avant échéance, se libérer valablement entre les mains du tireur et le tireur conserve, jusqu'à l'échéance, le droit de réclamer sa créance au tiré (▪ Paris, 14 avr. 1964 : *JCP* 1965, II, 14065, note Lescot ; *RTD com.* 1965, 879, obs. Becqué et Cabrillac. ▪ Cass. com., 10 juill. 1973 : *Bull.* IV, n° 241 ; *Gaz. Pal.* 1973, 2, 958, note F. B. ; *RTD com.* 1973, 832, obs. Cabrillac et Rives-Lange. ▪ Cass. com., 29 janv. 1974, n° 71-12.305 : *JurisData* n° 1974-097037 ; *Bull.* IV, n° 37 ; *RTD com.* 1975, 559, obs. Cabrillac et Rives-Lange. ▪ Cass., com., 28 juin 1983 : *Bull.* IV, n° 191 ; *D.* 1984, 444, note Endréo).

De même, la provision de la traite non acceptée disparaît valablement par *compensation* avant échéance avec la créance qu'a le tiré sur le tireur (▪ Cass. civ., 26 nov. 1872 : *DP* 1872, 1, 436. ▪ Toulouse, 6 juin 1985, n° 361/85 : *JurisData* n° 1985-041978 ; *Gaz. Pal.* 1986, 1, 33 ; *RTD com.* 1986, 266, obs. Cabrillac et Teyssié. ▪ Cass. com., 18 mars 1986, n° 84-15.309 : *JurisData* n° 1986-000475 ; *Bull.* IV, n° 50 ; *JCP* E 1986, I, 15445 ; *D.* 1987, somm. 72, obs. Cabrillac, somm. 291, obs. Vasseur. ▪ Aix-en-Provence, 20 févr. 1987 et ▪ Reims, 25 mars 1987 : *JurisData* n° 1987-041806 ; *Gaz. Pal.* 1987, 2, 667 et 669, note B. G. ▪ Cass. com., 7 oct. 1987 : *D.* 1988, somm. 51, obs. Cabrillac), sans que le tiré ait l'obligation d'informer le tiers porteur de la convention de compensation conclue avec le tireur (▪ Cass. com., 26 mars 1979 : *JCP* G 1979, IV, 192. – *Contra,* ▪ Cass. *com., 6 mars 1978 : Bull. IV, n° 81, exigeant l'acceptation* du porteur à la convention de compensation).

Si le jugement d'ouverture de la procédure de redressement judiciaire du tireur d'une lettre de change non acceptée n'a pas pour effet de consolider les droits du tiers porteur de celle-ci sur la provision, et *n'empêche pas le tiré, pour la partie non acceptée de la créance, d'opposer la compensation jusqu'à l'échéance,* il ne le peut, comme l'a énoncé à bon droit la cour d'appel, que si les conditions de la compensation légale ont été réunies avant l'ouverture de la procédure collective ou, à défaut, s'il existe entre les dettes respectives du tireur et du tiré *un lien de connexité* et si le tiré a déclaré au passif du redressement judiciaire du tireur sa créance d'origine antérieure (▪ Cass. com., 22 févr. 1994, n° 92-14.438 : *JurisData* n° 1994-000315 ; *Bull.* IV, n° 70).

2. – La provision de la traite non acceptée disparaît encore valablement par l'exercice avant échéance de l'*action directe des sous-traitants* de l'entrepreneur tireur de la lettre de change sur le maître de l'ouvrage (▪ Poitiers, 27 janv. 1982, ▪ T. com. Nanterre, 26 janv. 1982, ▪ Paris, 5 févr. 1982 : *JurisData* n° 1982-600059 ; *D.* 1982, inf. rap. 411, obs. Vasseur. ▪ Cass. civ., 11 oct. 1983 : *JurisData* n° 1983-702002 ; *Bull.* III, n° 182 ; *D.* 1984, 153, note Bénabent. ▪ Cass. com., 4 déc. 1984 : *JCP* 1985, II, 20445, note Synvet ; *JCP* E 1985, II, 14540, note Flécheux ; *D.* 1985, 181, note Bénabent. – V. Vasseur, *Réflexions sur le régime juridique du porteur de traites non acceptées* [à propos de ▪ Cass. com., 4 déc. 1984] : *D.* 1985, 199. – V. déc. citées sous art. 13-1, L. n° 75-1334, 31 déc. 1975) ou par le jugement de saisie-arrêt des créanciers du tireur passé, avant échéance, en force de chose jugée (▪ Cass. com., 6 juin 1984, n° 82-16.879 : *JurisData* n° 1984-701584 ; *Bull.* IV, n° 186 ; *JCP* G 1984, IV, 261 ; *D.* 1985, inf. rap. 31, obs. Cabrillac ; *RTD com.* 1985, 124, obs. Cabrillac et Teyssié pour un avis à tiers détenteur. – *Adde,* ▪ Aix-en-Provence, 20 nov. 1985 : *Gaz. Pal.* 1986, 1, somm. 136).

3. – Cependant, le porteur de la traite non acceptée s'est vu reconnaître la faculté de s'opposer aux créanciers du tireur faisant *saisie-arrêt de la provision entre les mains du tireur* (▪ Cass. civ., 19 nov. 1850 : *S.* 1851, 1, 20 ; *DP* 1854, 2, 286. ▪ Cass. com., 29 nov. 1982 : *Bull.* IV, n° 374 ; *D.* 1983, inf. rap. 246, obs. Cabrillac) ; mais la cour suprême semble abandonner cette solution dans ses décisions les plus récentes (spécial. ▪ Cass. com., 6 juin 1984 : *Bull.* IV, n° 186 ; *JCP* G 1984, IV, 261 ; *D.* 1985, inf. rap. 31, obs. Cabrillac ; *RTD com.* 1985, 124, obs. Cabrillac et Teyssié. – *Adde,* obs. Cabrillac et Rives-Lange sous ▪ Dijon, 23 mai 1973 : *RTD com.* 1973, 833, et la jurispr. citée sous art. L. 511-31, p. 1034).

4. – Avant échéance, le porteur de la traite non acceptée peut encore pratiquer une *saisie-arrêt* ou *faire défense au tiré de s'acquitter de la provision entre les mains du tireur* aux fins d'immobiliser la provision à son profit exclusif (▪ Cass. com., 24 avr. 1972 : *JurisData* n° 1972-097119 ; *DS* 1972, 686, note Roblot ; *RTD com.* 1972, 964, obs. Cabrillac et Rives-Lange. ▪ Paris, 14 avr. 1964 : *JCP* 1965, II,

14065, note Lescot ; *D.* 1964, 725, note Goré. ▪ Cass. com., 10 juill. 1973 : *Bull.* IV, n° 241. ▪ 4 déc. 1984 : *JurisData* n° 1984-701955 ; *JCP* 1985, II, 20445, note Synvet ; *JCP* E 1986, II, 14540, note Flécheux). Mais *à condition de prouver l'existence de la provision à la date de l'échéance du titre* (▪ Cass. com., 3 mai 1995, n° 92-14.646 : *D.* 1996, 292, note Gibirila).

5. – Le tireur peut encore, dès l'émission, prévoir l'affectation spéciale de la provision au paiement de la traite entraînant une véritable cession à terme au profit du porteur de la créance sur laquelle elle porte et mettant par conséquent le porteur à l'abri des créanciers du tireur (▪ Cass. civ., 18 mai 1868 : *S.* 1868, 1, 292), ou d'une compensation avec une créance que le tiré aurait sur lui (▪ Rouen, 6 janv. 1849 : *S.* 1849, 2, 707. ▪ Douai, 4 déc. 1897 : *DP* 1900, 2, 234. – Comp. ▪ Chambéry, 17 mai 1977 : *D.* 1978, inf. rap. 84, obs. Cabrillac ; *RTD com.* 1977, 743, obs. Cabrillac et Rives-Lange). Ainsi, la banque, chargée de l'encaissement d'une lettre de change et qui, ayant reçu du remettant le mandat d'en affecter le montant au profit d'un tiers, utilise celui-là à apurer le compte débiteur de son client, viole le mandat irrévocable qu'elle a reçu et engage sa responsabilité envers le tiers à qui la banque doit reverser les fonds qu'elle s'est approprié (▪ Paris, 13 janv. 1984 : *JurisData* n° 1984-020349 ; *D.* 1984, inf. rap. 306, obs. Vasseur). L'affectation spéciale n'a pas à être formellement exprimée sur l'effet (▪ Cass. civ., 4 avr. 1865 : *DP* 1865, 1, 233. ▪ Cass. civ., 18 mai 1868 : *S.* 1868, 1, 292) et à défaut les juges du fond sont souverains pour apprécier les éléments de preuve qui leur sont soumis pour en établir l'existence (▪ Cass. com., 28 févr. 1962, n° 58-10.058 : *Bull.* III, n° 134).

c) À l'échéance et en l'absence d'acceptation :

1. – À l'échéance, le porteur d'une lettre de change même non acceptée *a un droit exclusif sur la provision* (▪ Cass. civ., 18 janv. 1937 : *DH* 1937, 145 ; *S.* 1937, 1, 89, note Rousseau. ▪ Cass. com., 4 déc. 1984 : *JCP* 1985, II, 20445, note Synvet ; *JCP* E 1985, II, 14540, note Flécheux ; *D.* 1985, 181, note Bénabent. ▪ Cass. com., 20 mars 1984, n° 82-16.159 : *JurisData* n° 1984-700486 ; *Bull.* IV, n° 108 ; *JCP* G 1984, IV, 170 ; *Banque* 1984, 858, obs. Martin ; *RTD com.* 1984, 697, obs. Cabrillac et Teyssié. ▪ Cass. com., 3 juin 2003, n° 00-11.348 : *JurisData* n° 2003-019498 ; *RJDA* 1/2004, n° 93), à supposer que celle-ci existe (▪ Cass. com., *4 oct. 1982, n° 80-14.317* : *JurisData* n° 1982-702624 ; *Bull.* IV, n° 290 ; *D.* 1983, inf. rap. 409, obs. Vasseur. – Comp. ▪ Cass. com., 23 févr. 1983 : *Bull.* IV, n° 79 ; *JCP* G 1983, IV, 148 ; *D.* 1984, inf. rap. 80, obs. Vasseur). Ce droit du porteur de la traite non acceptée est pareillement fixé à l'échéance pour la provision partielle (▪ Cass. civ., 18 janv. 1937 : *S.* 1937, 1, 89, note Rousseau. ▪ Cass. civ., 23 sept. 1940 : *DH* 1940, 157). Peu importe également que la provision soit certaine et exigible *à l'échéance, il suffit qu'elle existe en son principe* (▪ Cass. com., 4 juin 1991 : *RD bancaire et bourse* 1991, 228, obs. Credot et Gérard ; *RTD com.* 1991, 416, obs. Cabrillac et Teyssié ; *Bull.* IV, n° 208. ▪ Cass. com., 27 oct. 1992 : *Bull.* IV, n° 324 ; *D.* 1993, somm. 317, obs. Cabrillac).

2. – En conséquence, à partir de l'échéance, le tireur de la traite non acceptée ne peut plus donner au tiré l'ordre de tenir le montant de la provision à sa disposition, et le paiement que le tiré accomplirait entre ses mains ne serait plus libératoire, dès lors toutefois que le tiré aurait eu connaissance de l'émission de la traite (▪ Cass. civ., 2 juill. 1883 : *DP* 1884, 1, 272. ▪ Cass. civ., 18 janv. 1937 : *S.* 1937, 1, 89, note Rousseau. ▪ Cass. com., 3 mai 1976, préc. ▪ Cass. com., 3 juin 2003, n° 00-11.348 : *JurisData* n° 2003-019498 ; *RJDA* 1/2004, n° 93. – *Adde*, ▪ Aix-en-Provence, 25 mars 1977 : *D.* 1978, inf. rap. 340, obs. Cabrillac ; inf. rap. 420, obs. Vasseur : le tiré ne peut être considéré comme ayant nécessairement connu la présentation d'une lettre non acceptée et le paiement fait par lui au tireur est opposable au tiers porteur de la lettre, la banque auprès de laquelle il domicilie les lettres de change tirées sur lui et acceptées par lui ne pouvant être considérée comme le mandataire de son client quant aux lettres non acceptées qu'elle a ordre de rejeter).

3. – De même, à partir de l'échéance, l'action directe des sous-traitants de l'entrepreneur tireur de la lettre de change sur le maître de l'ouvrage (▪ Cass. com., 4 déc. 1984 : *JurisData* n° 1984-701955 ; *JCP* G 1985, II, 20445, note Synvet ; *JCP* E 1985, II, 14540, note Flécheux ; *D.* 1985, 181, note Bénabent), comme la saisie-arrêt ou l'avis à tiers détenteur des créanciers du tireur (▪ Cass. com., 20 mars 1984 : *Bull.* IV, n° 108), ne peuvent faire obstacle aux droits du porteur légitime.

4. – La survenance du règlement judiciaire ou de la liquidation des biens du tireur, le tiré étant demeuré débiteur principal de l'effet non accepté, entraîne déchéance du terme et fixe le droit du porteur sur la provision existant à cette date, laquelle échappe alors au gage des autres créanciers du tireur (▪ Cass. civ., 20 août 1873 : *DP* 1873, 1, 459. ▪ Cass. req., 21 mai 1884 : *DP* 1884, 1, 291. ▪ Cass. civ., 18 janv. 1937 : *S.* 1937, 1, 89, note Rousseau. ▪ Cass. com., 3 mai 1976, n° 74-14.240 : *JurisData* n° 1976-097141 ; *Bull.* IV, n° 143 ; *JCP* 1977, II, 18767, note Pierre-François) et ne peut se compenser avec la créance qu'a le tiré sur le tireur (▪ Aix-en-Provence, 20 févr. 1987, ▪ Reims, 25 mars 1987 : *Gaz. Pal.* 1987, 2, 667 et 669, note B. G.). Solution transposable à la liquidation judiciaire mais non à la sauvegarde et au *redressement judiciaire*.

Seul le porteur est en droit d'obtenir paiement et le syndic de la faillite du tireur qui aurait encaissé après échéance de l'effet la créance constituant la provision doit restitution (▪ Cass. civ., 18 janv. 1937, préc. ▪ Cass. com., 23 févr. 1983 : *Bull.* IV, n° 79 ; *JCP* G 1983, IV, 148 ; *D.* 1984, inf. rap. 80, obs. Vasseur).

5. – En revanche, *le refus par le tiré d'accepter la lettre de change*, s'il rend immédiatement exigible la créance que le tireur a contre lui et qui constitue la provision, n'a pas pour effet de modifier l'échéance de cette lettre de change et ne fixe donc pas les droits du porteur sur la provision (▪ Cass. com., 1er févr. 1977, n° 75-13.556 : *JurisData* n° 1977-097035 ; *Bull.* IV, n° 35 ; *D.* 1977, inf. rap. 398, obs. Vasseur ; *RTD com.* 1977, 332, obs. Cabrillac et Rives-Lange ; *Banque* 1977, 1127, obs. Martin. ▪ Poitiers, 31 mai 1979 : *JurisData* n° 1979-600203 ; *D.* 1980, inf. rap. 113. ▪ Reims, 25 mars 1987 : *Gaz. Pal.* 1987, 2, 669, obs. B. G.).

d) Traite acceptée :

1. – Par l'acceptation, le porteur acquiert un droit actuel, certain et irrévocable sur la provision. En conséquence, le tireur ne peut exiger du tiré le paiement de la lettre de change (▪ Cass. com., 28 juin 1976, n° 75-10.384 : *Bull.* IV, n° 219), ni céder à un tiers la provision dans les formes de la cession de créance civile (▪ Paris, 18 juin 1968 : *Banque* 1970, 97, obs. Martin ; *RTD com.* 1969, 137, obs. Rives-Lange). De même, la saisie-arrêt par les créanciers du tireur (▪ Cass. civ., 19 nov. 1850 : *DP* 1854, 5, 286 ; *S.* 1851, 1, 20. ▪ T. com. Seine, 12 déc. 1952 ; *S.* 1953, 2, 80. ▪ Bordeaux, 6 janv. 1986 : *JurisData* n° 1986-040428 ; *Banque* 1986, 290, obs. Rives-Lange), ou l'action directe des sous-traitants de l'entrepreneur tireur de la traite (▪ Cass. com., 18 févr. 1986, n° 84-13.590 : *JurisData* n° 1986-700304 ; *Bull.* IV, n° 20 ; *D.* 1986, inf. rap. 324, obs. Vasseur ; *Banque* 1986, 925, obs. Rives-Lange ; *RTD com.* 1987, 82, obs. Cabrillac et Teyssié) sont sans effet. *Adde* sur le conflit entre porteur de la traite acceptée et le cessionnaire de la créance constitutive de provision par bordereau « Dailly » – loi du 2 janv. 1981 (▪ Versailles, 1er oct. 1986 : *JurisData* n° 1986-047137 ; *Banque* 1987, 90, obs. Rives-Lange ; *D.* 1987, somm. 145, obs. Vasseur ; *RTD com.* 1987, 222, obs. Cabrillac et Teyssié) et le bénéficiaire d'une clause de réserve de propriété (▪ Paris, 2 oct. 1987 : *JurisData* n° 1987-027947 ; *D.* 1988, somm. 51, obs. Cabrillac). Comp. s'agissant de la souscription d'un billet à ordre, la solution reposant sur l'irrévocabilité de l'engagement cambiaire du maître de l'ouvrage à l'égard du porteur (▪ Aix-en-Provence, 25 mars 1987 : *JurisData* n° 1987-042985 ; *Banque* 1987, 977, obs. Rives-Lange). De même encore, pour la survenance de la liquidation judiciaire du tireur, cf. ci-dessus pour la traite non acceptée.

2. – Sur le conflit entre porteurs de plusieurs traites comportant une provision *insuffisante* (▪ Cass. civ., 2 mars 1857 : *DP* 1857, 1, 119 ; *S.* 1857, 1, 510. ▪ Nîmes, 18 avr. 1855 : *DP* 1855, 2, 215. ▪ Rouen, 24 avr. 1845 : *S.* 1847, 2, 66).

3. – Preuve. C'est au tiré accepteur d'apporter la preuve au tireur de la lettre de change du défaut de provision (▪ Cass. com., 4 mai 1999, n° 96-16.050 : *RJDA* 7/99, n° 834).

Voir : décisions citées art. L. 511-19, p. 1019.

II – EFFETS DE COMPLAISANCE

A – Définition

13) Absence d'intention de payer. Est nulle comme effet de complaisance la lettre de change émise sans provision par le tireur en accord avec le tiré qui n'a pas l'intention de la payer à son échéance (▪ Cass. req., 18 oct. 1886 : *S.* 1886, 1, 470. ▪ 27 juill. 1897 : *S.* 1901, 1, 522. ▪ 21 mars 1910 : *DP* 1912, 1, 281, note Lacour ; *S.* 1913, 1, 297, note Naquet. ▪ Cass. civ., 16 juill. 1928 : *S.* 1929, 1, 57, note Lescot. ▪ Cass. com., 28 oct. 1964 : *Bull.* III, n° 453. ▪ 25 oct. 1976 : *D.* 1977, inf. rap. 23).

Ainsi, lorsque le tiré accepteur de lettres de change n'a pas eu l'intention d'entrer dans la voie du change et de cautionner une avance consentie par la banque tiers porteur au moyen de l'escompte desdits effets, ces derniers étant purement fictifs et ne constituant qu'un expédient pour le tireur en difficulté (▪ Cass. com., 21 juin 1977 : *JurisData* n° 1977-799177 ; *D.* 1978, 113, note Lucas de Leyssac ; *D.* 1977, inf. rap. 399, obs. Vasseur ; *RTD com.* 1977, 744, obs. Cabrillac et Rives-Lange).

14) « Bons effets de complaisance ». En revanche, *sont valables les « bons effets de complaisance »* (▪ T. com., Marseille, 13 avr. 1967 : *Banque* 1967, 800, obs. Marin) que sont les effets émis sur la base d'une ouverture de crédit consentie sérieusement par le tiré (▪ Cass. com., 12 nov. 1973, n° 72-13.003 : *JurisData* n° 1973-097319 ; *Bull.* IV, n° 319 ; *D.* 1974, inf. rap. 40. – *Adde* sur la preuve de l'ouverture de crédit ▪ Cass. civ., 12 nov. 1946 : *S.* 1947, 1, 121, note Lescot ; *D.* 1947, 109. ▪ Orléans, 26 oct. 1971 : *JCP* 1972, II, 17082, note Stoufflet)… les effets de cautionnement où le tiré s'engage effectivement à payer la traite comme garant alors qu'il n'est, et ne sera à l'échéance, redevable d'aucune somme envers le tireur (▪ Cass. req., 17 nov. 1909 : *DP* 1912, 1, 281, note Lacour. ▪ 12 mars 1928 : *S.* 1928, 1, 361, note Lescot. ▪ Cass. com., 27 oct. 1954 : *Banque* 1956, 39, obs. Marin ; *RTD com.* 1955, 105, obs. Becqué et Cabrillac. ▪ 12 nov. 1973, n° 72-13.003 : *JurisData* n° 1973-097319 ; *Bull.* IV, n° 319 ; *RTD com.* 1974, 306, obs. Cabrillac et Rives-Lange) ; et dans le cadre d'un escompte fournisseur (▪ Cass. com., 23 juin 1971, n° 70-12.414 : *JurisData* n° 1971-000211 ; *Bull.* IV, n° 176 ; *JCP* 1972, II, 17040, note Gavalda et 17185, note Groslière ; D. 1972, 175, note Cabrillac ; *RTD com.* 1972, 141, obs. Cabrillac et Rives-Lange) …, les effets dits de renouvellement, effets émis à une échéance déterminée, en recouvrement d'une dette à échéance plus lointaine, et dont il est convenu qu'ils sont destinés, à leur échéance, non pas à être acquittés par le tiré, mais à être renouvelés tant qu'il le faudra, jusqu'à l'échéance de la dette elle-même (■ Lyon, 30 mars 1897 : *DP* 1897, 2, 385, note Thaller ; *S.* 1900, 2, 153, note Wahl. ■ Bastia, 9 juill. 1912 et sur pourvoi (■ Cass. req., 10 mars 1915 [sol. impl.] : *DP* 1916, 1, 241).

B – Effets

15) Rapports complaisant-complu.

a) En raison de la nullité d'ordre public qui frappe leur convention, le complaisant peut refuser d'exécuter son obligation à l'égard du complu et ce même lorsqu'elle est réclamée par le syndic de la liquidation de celui-ci (■ Cass. com., 8 janv. 1979 : *Bull.* IV, n° 7 ; *D.* 1979, inf. rap. 276, obs. Cabrillac et inf. rap. 307, obs. Vasseur).

b) Le complaisant est fondé à demander au complu la *restitution des effets revêtus de sa signature*, si ces effets sont encore en possession de ce dernier (■ Paris, 30 nov. 1861 : *Journ. trib. com.* 1862, 34. ■ Paris, 28 janv. 1863 : *Journ. trib. com.* 1863, 437).

c) Le complaisant qui a dû payer l'effet à un porteur de bonne foi ne peut agir en répétition contre le complu (■ Cass. req., 8 juin 1891 : *DP* 1892, 1, 336. ■ Paris, 16 nov. 1888 : *S.* 1891, 2, 89, note Meynial. ■ Nancy, 2 janv. 1893 : *DP* 1894, 2, 172. ■ Paris, 9 août 1904 ; *S.* 1905, 2, 144. ■ Lyon, 6 juin 1906 : *S.* 1906, 2, 264), mais dispose contre lui de l'action de *in rem verso* (■ Cass. req., 21 mars 1910 : *DP* 1912, 1, 281, note Lacour ; *S.* 1913, 1, 297, note Naquet. ■ Riom, 3 mai 1932 : *D.* 1934, 2, 84, note Pic. ■ Nancy, 14 mars 1952 : *JCP* 1952, II, 7233, note Toujas).

16) Situation des tiers.

a) Le porteur de bonne foi ne peut se voir opposer la nullité de l'effet de complaisance, et peut donc exercer contre tous les signataires, qu'ils soient eux-mêmes de bonne ou mauvaise foi les mêmes recours que s'il s'agissait d'un effet sérieux (■ Cass. req., 10 mars 1915 : *S.* 1916, 1, 5, note Ch. Lyon-Caen. ■ Cass. civ., 28 juin 1929 : *S.* 1929, 1, 350. ■ Cass. req., 11 mars 1935 : *S.* 1935, 1, 175).

b) Le porteur est considéré de bonne foi dès lors qu'il a ignoré la convention de complaisance et le caractère de l'effet (■ Cass. com., 21 juin 1977 : *DS* 1977, inf. rap. 399, obs. Vasseur ; *DS* 1978, 113, note Lucas de Leyssac). Cette bonne foi s'apprécie au moment où le porteur acquiert le titre (■ Cass. com., 22 nov. 1974 : *D.* 1974, 408).

c) En revanche, le porteur de mauvaise foi peut se voir opposer la nullité du titre, et ne peut donc exercer d'action cambiaire, pas plus contre ses complices dans la fraude que contre les autres signataires (■ Cass. com., 17 févr. 1959 : *Bull.* III, n° 87. ■ Cass. com., 28 oct. 1964 : *Bull.* III, n° 453. ■ Aix-en-Provence, 21 avr. 1981 : *JurisData* n° 1981-042216 ; *JCP* G 1982, IV, 209).

d) La mauvaise foi résulte de la simple connaissance du vice de complaisance qu'a eue le porteur (■ Cass. civ., 3 nov. 1932 : *Gaz. Pal.* 1933, 1, 40. ■ Cass. com., 11 mars 1959 : *Bull.* III, n° 132 ; *RTD com.* 1959, 908, obs. Becqué et Cabrillac. ■ Cass. com., 21 juin 1977 : *DS* 1977, inf. rap. 399, obs. Vasseur ; *DS* 1978, 113, note Lucas de Leyssac. ■ Aix-en-Provence, 21 avr. 1981 : *JCP* G 1982, IV, 209).

e) Le banquier escompteur de mauvaise foi peut, la convention d'escompte étant nulle, agir en répétition des sommes avancées au remettant complu (■ Cass. com., 21 juin 1977, préc.).

C – Sanctions

17) Responsabilité. Envers les endosseurs et porteurs de bonne foi, le complaisant et le complu engagent leur responsabilité dans les termes du droit commun (■ T. com. Le Havre, 11 mars 1896 : *DP* 1898, 2, 521, note Pic), comme le banquier qui a pris sciemment à l'escompte des effets de complaisance et octroyé ainsi un crédit injustifié qui a prolongé artificiellement la vie de l'entreprise au détriment des créanciers (■ Cass. civ., 1er août 1876 : *S.* 1876, 1, 457).

18) Sanctions pénales. Doit être relaxé du chef d'*escroquerie* le complu à la charge duquel aucune manœuvre particulière ne peut être retenue (■ Cass. crim., 13 janv. 1960 : *Bull. crim.*, n° 18. ■ 3 nov. 1983, n° 82-93.394 : *JurisData* n° 1983-702132 ; *Bull. crim.*, n° 277 ; *RTD com.* 1984, 492, obs. Cabrillac et Teyssié). Ainsi, la fabrication de fausses traites, leur utilisation dans le but de se procurer du crédit, notamment par leur mise à l'escompte et la perception d'une avance, ne constitue ni le délit de faux certificat et usage, ni celui d'escroquerie, mais le *délit de faux en écritures de commerce et usage* (■ Cass. crim., 18 janv. 1961 : *Bull. crim.*, n° 33). En revanche, constituent des manœuvres particulières constitutives du délit d'escroquerie le fait que la traite attribue une fausse qualité au tireur, au tiré ou au donneur d'aval (■ Cass. crim., 19 juill. 1934 : *Gaz. Pal.* 1934, 2, 723. ■ Cass. crim., 2 juill. 1942 : *S.* 1943, 1, 76. – *Adde*, ■ Cass. crim., 20 juill. 1967, n° 66-93.456 : *Bull. crim.* 1967, n° 227. ■ Cass. crim., 28 janv. 1959 : *JCP* 1959, II, 11012, note Bouzat. ■ Cass. crim., 5 oct. 1977, n° 77-90.482 : *JurisData* n° 1977-096290 ; *Bull. crim.* 1977, n° 290. ■ Cass. crim., 20 juin 1983, n° 82-92.593 : *JurisData* n° 1983-701489 ; *Bull. crim.* 1983, n° 189 ; *RTD com.* 1984, 492, obs. Cabrillac et Teyssié). – Un effet de complaisance est un faux pénalement punissable (■ Cass. crim., 8 janv. 2014, n° 13-80.087 : *JurisData* n° 2014-000032 ; *L'essentiel dr. bancaire* 2014, n° 3, p. 7, obs. R. Routier). L'inexistence lors de son émission d'une créance du tireur sur le tiré accepteur constitue une altération frauduleuse de la vérité constitutive d'un faux intellectuel au sens de l'article L. 441-1 du Code pénal (■ Cass. crim., 8 janv. 2014, n° 13-80.087 : *JurisData* n° 2014-000032 ; *Dr. pén.* 2014, n° 3, comm. 38, note M. Véron ; *RTD com.* 2014, p. 430, note B. Bouloc).

Section III. – De l'endossement

Art. L. 511-8 *(Anc. C. com., art. 117).* **– Toute lettre de change, même non expressément tirée à ordre, est transmissible par la voie de l'endossement.**

Lorsque le tireur a inséré dans la lettre de change les mots « non à ordre » ou une expression équivalente, le titre n'est transmissible que dans la forme et avec les effets d'une cession ordinaire.

L'endossement peut être fait même au profit du tiré, accepteur ou non, du tireur ou de tout autre obligé. Ces personnes peuvent endosser la lettre à nouveau.

L'endossement doit être pur et simple. Toute condition à laquelle il est subordonné est réputée non écrite.

L'endossement partiel est nul.

L'endossement « au porteur » vaut comme endossement en blanc.

L'endossement doit être inscrit sur la lettre de change ou sur une feuille qui y est attachée et dénommée allonge. Il doit être signé par l'endosseur. La signature de celui-ci est apposée, soit à la main, soit par tout procédé non manuscrit.

L'endossement peut ne pas désigner le bénéficiaire ou consister en un endossement partiel en blanc constitué par la simple signature de l'endosseur. Dans ce dernier cas, l'endossement, pour être valable, doit être inscrit au dos de la lettre de change ou sur l'allonge.

Bibliographie : J.-L. Rives-Lange, *Les problèmes juridiques posés par l'opération d'escompte,* LGDJ 1962.

I – CONDITIONS DE FORME DE L'ENDOSSEMENT

1) Signature. La signature est indispensable et aucun équivalent ne saurait la remplacer (▪ Cass. com., 3 juin 1982, n° 81-10.876 : *JurisData* n° 1982-701453 ; *Bull.* IV, n° 212. ▪ 24 mai 1982, n° 81-11.625 : *JurisData* n° 1982-701222 ; *Bull.* IV, n° 82 ; *JCP* G 1982, IV, 276). La loi du 16 juin 1966 valide la signature de l'endosseur à la griffe (Gavalda : *JCP* 1966, I, 2034. – Marin : *Banque* 1966, 472). Le cachet commercial d'une société apposé au dos d'un billet à ordre pour endossement et comportant le nom de la société, son adresse et ses coordonnées téléphoniques ne peut pas tenir lieu de signature, même non manuscrite, telle que pourrait l'être une griffe (▪ Paris, 16 juin 2000, n° 1997/09635 : *JurisData* n° 2000-124960 ; *RJDA* 11/2000, n° 1036. ▪ Cass. com., 25 avr. 2006, n° 04-20.583 : *JurisData* n° 2006-033212 ; *JCP* E 2006, pan. 1857 ; *D.* 2006, p. 1443, obs. Avena-Robardet ; *RJDA* 8-9/2006, n° 945).

2) Remise sans endossement. Exceptés l'endossement en blanc et l'endossement au porteur, *la simple remise de l'effet sans endossement* est impuissante à transférer à son bénéficiaire les droits attachés au titre (▪ Cass. com., 13 oct. 1970, n° 68-13.551 : *JurisData* n° 1970-097265 ; *Bull.* IV, n° 265 ; *RTD com.* 1971, 403. – *Adde,* ▪ Cass. com., 10 janv. 1984, n° 82-10.704 : *JurisData* n° 1984-700061 ; *Bull.* IV, n° 10 ; *JCP* G 1984, IV, 86 ; *D.* 1985, inf. rap. 32, obs. Cabrillac ; *RTD com.* 1984, 491, obs. Cabrillac et Teyssié). *Ainsi,* pour la seconde remise au banquier escompteur après une contre-passation qui l'a conduit à restituer la traite au remettant *in bonis* (▪ Aix-en-Provence, 7 avr. 1976 : *Gaz. Pal.* 1978, 2, 626, note Tardieu-Naudet. ▪ Cass. com., 2 mai 1977, n° 76-10.171 : *JurisData* n° 1977-097120 ; *Bull.* IV, n° 120 ; *DS* 1977, inf. rap. 400, obs. Vasseur. ▪ Cass. com., 11 juin 1979 : *Bull.* IV, n° 190 ; *D.* 1980, inf. rap. 203 ; *RTD com.* 1979, 776, obs. Cabrillac et Rives-Lange. – *Adde,* ▪ Paris, 19 déc. 1984 : *JurisData* n° 1984-027947 ; *D.* 1985, inf. rap. 419, obs. Cabrillac, la banque qui a reçu des lettres de change du tireur sans qu'elles soient endossées à son profit, mais qui lui en a versé la contrepartie, comme s'il y avait eu escompte, n'est pas en droit d'exercer l'action cambiaire contre le tiré accepteur, ni d'exercer une action en enrichissement sans cause contre ce dernier. Comp. ▪ Cass. com., 30 oct. 1984, n° 83-12.997 : *JurisData* n° 1984-701706 ; *JCP* G 1985, IV, 13).

3) Endossement partiel. L'endossement n'est partiel que si l'endosseur a manifesté son intention de porter atteinte à l'indivisibilité de la créance cambiaire ; tel n'est pas le cas lorsqu'il s'est contenté d'indiquer sur l'effet que la valeur fournie était inférieure au montant de la lettre (▪ Cass. com., 5 mars 1956 : *JCP* G 1956, II, 9369, note Roblot).

4) Endossement en blanc. Viole l'article 511-8 du Code de commerce la cour d'appel qui ne recherche pas en présence d'un endossement en blanc si le porteur a la qualité de porteur légitime (▪ Cass. com., 1er avr. 2014, n° 13-13.900 : *JurisData* n° 2014-006594 ; *RD bancaire et fin.* 2014, n° 4, comm. 125, comm. F.-J. Crédot et Th. Samin).

II – CONDITIONS DE FOND DE L'ENDOSSEMENT

5) Clause excluant l'endossement. Si la lettre de change est transmissible par endossement, il est possible d'exclure celui-ci par une clause expresse sur la lettre de change (■ Cass. com., 9 avr. 2013, n° 12-14.133 : *JurisData* n° 2013-006878 ; *JCP* E 2013, 1447, note A. Boujeka ; *D.* 2013, p. 988, obs. X. Delpech ; *Gaz. Pal.* 2013, n° 187, p. 17, obs. A.-C. Rouaud).

6) Procédures collectives. Le dessaisissement interdit au commerçant en état de redressement ou de liquidation judiciaires d'endosser valablement une lettre de change (■ Cass. req., 7 mars 1882 : *DP* 1882, 1, 147. – *Adde*, ■ Cass. com., 20 mars 1962 : *JCP* 1962, II, 12747, note Rives-Lange ; *D.* 1962, 294) En revanche, le fait qu'une lettre de change ait été endossée par le tireur alors que celui-ci était en état de cessation des paiements ne porte pas atteinte à la validité de cet endossement dès lors que, au moment où celui-ci est intervenu, le tireur n'était pas dessaisi (■ Cass. com., 18 juin 1979 : *JurisData* n° 1979-700202 ; *Bull. civ.* IV, n° 202 ; *JCP* G 1979, IV, 288 ; *D.* 1980, 265, note Vasseur, inf. rap. 136, obs. Cabrillac ; *Banque* 1979, 1504, obs. Martin).

7) Responsabilité du banquier. Sur la responsabilité du banquier qui, en connaissance de cause, accepte d'encaisser un effet transmis par un endosseur soumis à dessaisissement (■ Cass. com., 16 janv. 1980, n° 78-13.681 : *JurisData* n° 1980-799023 ; *Bull.* IV, n° 23 ; *D.* 1980, inf. rap. 435, obs. Cabrillac ; *D.* 1981, inf. rap. 26, obs. Vasseur).

III – ESCOMPTE

8) Absence d'indication sur la nature de l'endossement. Sur la détermination, en l'absence d'indication sur la nature de l'endossement, de la remise pour escompte et de celle pour encaissement (V. annot. sous art. L. 511-13, p. 1011).

9) Preuve de l'escompte. S'agissant d'effets offerts à l'escompte, doit être rapportée la preuve de l'acceptation par la banque de cette offre (■ Cass. com., 20 mars 1984 : *Bull.* IV, n° 109 ; *JCP* G 1984, IV, 170 ; *Banque* 1984, 855, obs. Martin rejet ■ *Toulouse, 30 nov. 1982* : *JurisData* n° 1982-043322 ; *D.* 1983, inf. rap. 243, obs. Cabrillac). Comp. les décisions qui retiennent en matière de transfert de la provision et d'appréciation de la mauvaise foi du banquier endossataire la date de remise de l'effet et non celle de la passation des écritures ultérieures de l'endossataire (V. annot. sous art. L. 511-7, p. 997 et annot. sous L. 511-12, p. 1007).

10) Obligation du banquier escompteur. Sauf convention contraire, dès la conclusion du contrat d'escompte, le banquier est tenu de mettre à la disposition du remettant le montant de la valeur escomptée, sous déduction de sa rémunération ; dès lors, les effets escomptés par une banque et non encore échus peuvent entrer dans l'établissement du compte des parties (■ Cass. com., 6 nov. 1984, n° 83-12.232 : *JurisData* n° 1984-701894 ; *Bull.* IV, n° 298 ; *JCP* G 1985, IV, 20 ; *Banque* 1985, 753, obs. Rives-Lange ; *RTD com.* 1985, 537, obs. Cabrillac et Teyssié).

11) Inscription en compte courant. L'escompte de lettres de change tirées sur une société et remises par elle à une banque s'étant réalisé par l'inscription de leur montant au crédit du compte courant de la société, la banque étant restée propriétaire des effets impayés qu'elle n'avait pas contre-passés, une cour d'appel, qui a ainsi fait ressortir que l'écriture passée au crédit du compte courant n'avait pas constaté la créance de la banque, a énoncé exactement que celle-ci avait conservé contre la société remettante ses créances cambiaires, qui n'avaient pas été fondues dans le compte courant et qui étaient garanties par un cautionnement (■ Cass. com., 9 juill. 1985, n° 84-12.060 : *Bull.* IV, n° 207 ; *JCP* G 1985, IV, 325 ; *D.* 1986, 316, obs. Vasseur ; *Banque* 1986, 86, obs. Rives-Lange. – Comp. ■ Cass. com., 19 mars 1980, n° 78-14.000 : *JurisData* n° 1980-700135 ; *Bull.* IV, n° 135 ; *D.* 1981, inf. rap. 17, obs. Vasseur. ■ Cass. com., 4 nov. 1982 : *D.* 1983, inf. rap. 408, obs. Vasseur).

12) Contre-passation. Le banquier peut encore user de la contre-passation pour exercer ses recours cambiaires, voir annot. sous art. L. 511-47, p. 1042. Serait-elle définitivement décidée, *la contre-passation du montant d'une lettre de change* prise à l'escompte *ne prend effet qu'à partir de son inscription en compte* (■ Cass. com., 21 juin 1994, n° 92-13.683 : *JurisData* n° 1994-001278 ; *Bull.* IV, n° 226 ; *RJDA* 12/94, n° 1340. ■ Cass. com., 4 mai 1999, n° 96-13.149 : *JurisData* n° 1999-002009 ; *RJDA* 6/99, n° 716), la seule intention ne suffisant pas (■ Cass. com., 10 janv. 1984, n° 82-12.975 : *JurisData* n° 1984-700059 ; *Bull.* IV, n° 11 ; *Banque* 1984, 1095. ■ Cass. com., 12 janv. 1999, n° 95-16.526 : *JurisData* n° 1999-000072 ; *RJDA* 2/99, n° 217 ; *LPA* 4 mars 1999, p. 7, note P. M. ; *D.* 2000, *Cah. dr. aff.*, somm. 12, obs. Lemée, pour le débit d'un compte spécial impayé et non du compte ordinaire, ou le simple débit des intérêts sur le compte ordinaire et non du montant des effets. – *Adde*, ■ Cass. com., 19 oct. 1999, n° 96-15.316 : *RJDA* 12/99, n° 1378).

Il n'y a pas contre-passation en l'absence de volonté ; c'est le cas lorsque l'écriture automatiquement passée au compte du bénéficiaire de l'escompte pour y inscrire le montant au débit après refus de paiement par le tiré est annulée par l'agent de banque gestionnaire du compte dès qu'il en a pris connaissance et manifeste ainsi que cette écriture ne correspond pas à la volonté de l'établissement (▪ Cass. com., 23 oct. 2001 : *RJDA* 3/2002, n° 306). En l'absence de contre-passation, la banque ne peut fonder son recours sur une convention de compte courant (▪ Cass. com., 5 mai 1998, n° 95-21.106 : *JurisData* n° 1998-002144 ; *RD bancaire et bourse* 1998, 172, n° 1, obs. Credot et Gérard).

Art. L. 511-9 *(Anc. C. com., art. 118)*. – **I. – L'endossement transmet tous les droits résultant de la lettre de change.**

II. – Si l'endossement est en blanc, le porteur peut :

1° Remplir le blanc, soit de son nom, soit du nom d'une autre personne ;

2° Endosser la lettre de nouveau en blanc ou à une autre personne ;

3° Remettre la lettre à un tiers, sans remplir le blanc et sans l'endosser.

1) **Convention extra-cambiaire.** Une convention extracambiaire peut régir entre les parties l'effet translatif de l'endossement mais une telle convention est inopposable aux tiers (▪ Cass. req., 17 août 1881 : *DP* 1882, 1, 340. ▪ 12 nov. 1890 : *DP* 1891, 1, 408).

2) **Transfert de la provision.** L'endossement transmet non seulement la propriété de la lettre de change, mais aussi la provision (V. annot. sous art. L. 511-7. ▪ Cass. com., 20 mars 1962 : *JCP* G 1962, 12747, note Rives-Lange).

3) **Transmission des sûretés.** Les sûretés qui garantissent, le cas échéant, le paiement de la traite ou de la créance fondamentale sont transmises de plein droit aux porteurs successifs (▪ Cass. civ., 20 juin 1854 : *DP* 1854, 1, 305 ; S. 1854, 1, 593, pour une hypothèque. ▪ Douai, 14 nov. 1901 : *D.* 1903, 158, pour un gage qui, par la circulation de la lettre de change, emporte nantissement au profit des porteurs successifs. ▪ Cass. civ., 11 déc. 1940 : *DC* 1943, 49, note Trasbot ; *JCP* 1941, II, 1667, note Demontès. ▪ Cass. civ., 19 févr. 1946 : *JCP* 1946, II, 3113, note Toujas pour le privilège du vendeur). *La transmission des sûretés* a lieu même en l'absence de mention sur l'effet (▪ Cass. civ., 11 déc. 1940 : *DC* 1943, 49, note Trasbot ; *JCP* 1941, II, 1667, note Demontès. ▪ Cass. civ., 19 févr. 1946 : *JCP* 1946, II, 3113, note Toujas). Toutefois, les parties peuvent stipuler que la garantie ne sera pas transmise aux porteurs successifs (▪ Cass. req., 26 déc. 1871 : *DP* 1872, 1, 319). En outre, l'escompte ne confère pas de plein droit à une banque le bénéfice d'un contrat d'assurance-crédit conclu par le tireur, ce contrat n'étant pas l'accessoire d'une lettre de change (▪ Cass. com., 25 févr. 1992, n° 90-14.707 : *JurisData* n° 1992-000317 ; *JCP* E 1992, pan. 523 ; *RD bancaire et bourse* 1992, 113, obs. Credot et Gérard ; *D.* 1992, 349, obs. Gavalda).

4) **Clause de réserve de propriété.** En application de l'article 1250, alinéa 1er du Code civil, le banquier peut bénéficier du transfert de la *clause de réserve de propriété* en garantie du crédit consenti car elle est un accessoire de la créance (▪ Aix-en-Provence, 15 mars 1985 : *JurisData* n° 1985-043796 ; *Gaz. Pal.* 1985, 2, 534 ; *D.* 1985, inf. rap. 225, obs. Derrida ; *RJ com.* 1985, 174, note Mestre ; *Banque* 1985, 858, obs. Rives-Lange. ▪ Paris, 28 nov. 1985, n° M.11328 : *JurisData* n° 1985-026410 ; *Gaz. Pal.* 1986, 1, 157, obs. Soinne. ▪ Toulouse, 20 mai 1987 : *JurisData* n° 1987-045657 ; *Rev. proc. coll.* 1987, n° 4, p. 66, obs. Soinne ; *D.* 1988, somm. 11, obs. Derrida. ▪ 28 juill. 1987 : *JurisData* n° 1987-049132 ; *D.* 1988, somm. 67, obs. Derrida. – *Adde*, ▪ Cass. com., 15 mars 1988 [2 arrêts] : *JCP* E 1989, II. 15408, note Morançais-Demeester ; *Gaz. Pal.* 1988, 1, 244, obs. Soinne).

Art. L. 511-10 *(Anc. C. com., art. 119)*. – **L'endosseur est, sauf clause contraire, garant de l'acceptation et du paiement.**

Il peut interdire un nouvel endossement. Dans ce cas, il n'est pas tenu à la garantie envers les personnes auxquelles la lettre est ultérieurement endossée.

1) **Clauses de non-garantie.** Les clauses de non-garantie dispensent l'endosseur de la garantie actuelle et future du débiteur de l'effet mais elles ne peuvent le libérer de garantir l'existence de la lettre ainsi que son fait personnel ; ainsi il demeure obligé en cas de nullité du titre *(▪ Cass. civ., 31 mai 1864 : DP 1864, 1, 285.* ▪ Cass. req., 3 févr. 1885 : *DP* 1885, 1, 364).

2) **Clauses non endossables.** Sur la portée de la *clause « non endossable »* apposée par le signataire qui a la double qualité de tireur et d'endosseur (▪ Paris, 11 déc. 1984 : *JurisData* n° 1984-027937 ; *RTD com.* 1985, 330, obs. Cabrillac et Teyssié).

Art. L. 511-11 *(Anc. C. com., art. 120)*. – **Le détenteur d'une lettre de change est considéré comme porteur légitime s'il justifie de son droit par une suite ininterrompue d'endossements, même si le dernier endossement est en blanc. Les endossements biffés sont à cet égard réputés non écrits. Quand un endossement en blanc est suivi d'un autre endossement, le signataire de celui-ci est réputé avoir acquis la lettre par l'endossement en blanc.**

Si une personne a été dépossédée d'une lettre de change par quelque événement que ce soit, le porteur justifiant de son droit de la manière indiquée à l'alinéa précédent n'est tenu de se dessaisir de la lettre que s'il l'a acquise de mauvaise foi ou si, en l'acquérant, il a commis une faute lourde.

1) Une banque n'est pas porteur légitime d'une lettre de change qui n'a pas été endossée à son profit, même si l'escompte a été effectué par bordereau séparé puisque le détenteur doit justifier de son droit par une suite *ininterrompue d'endossements* (▪ Cass. com., 24 nov. 1992, n° 90-20.891 : *JurisData* n° 1992-002563 ; *Bull.* IV, n° 370 ; *D.* 1993, somm. 317, obs. Cabrillac. ▪ Cass. com., 4 janv. 1994, n° 92-12.792 : *RJDA* 6/94, n° 691).

2) Dans un cas d'endossements biffés, où les annulations portées sur les originaux des lettres de change ne concernaient pas les *endos* originels, qui étaient *en blanc*, le banquier *escompteur* est le *porteur légitime de ces effets* (▪ Cass. com., 1er oct. 1996, n° 93-21.410 : *JurisData* n° 1996-003660 ; *RJDA* 1/97, n° 87).

Art. L. 511-12 *(Anc. C. com., art. 121).* **– Les personnes actionnées en vertu de la lettre de change ne peuvent pas opposer au porteur les exceptions fondées sur leurs rapports personnels avec le tireur ou avec les porteurs antérieurs, à moins que le porteur, en acquérant la lettre, n'ait agi sciemment au détriment du débiteur.**

Bibliographie : Daigre, *De la preuve des exceptions opposables par le débiteur d'une traite : RTD com.* 1977, 651. • Diener, *La mauvaise foi du banquier au sens de l'article 121 du Code de commerce : DS* 1977, chron. 97. • Gavalda, *Appréciation de la mauvaise foi du tiers porteur d'une lettre de change : JCP* CI 1978, II, 12604. • Duguet, *Les critères d'appréciation de la mauvaise foi du tiers porteur d'une lettre de change acceptée ; nécessité, au jour de son acquisition, de connaître que cette lettre de change ne sera pas provisionnée* ; Rapport à l'assemblée générale de la conférence des tribunaux de commerce de la XIVe région : Chartres, 21 avril 1979 : *Gaz. Pal.* 1979, 2, doctr. 536. • Fangain, *Commentaire sur la conférence générale des tribunaux de commerce tenue à Bordeaux le 26 octobre 1979 ; les pouvoirs du juge commercial en face de la liberté des contractants ; critère d'appréciation de la mauvaise foi du tiers porteur d'une lettre de change : Gaz. Pal.* 1979, 2, doctr. 601.

I – PORTÉE DU PRINCIPE DE L'INOPPOSABILITÉ DES EXCEPTIONS

A – Exceptions opposables à tout porteur

1) Exceptions tenant aux rapports personnels du signataire avec le porteur. Sur l'admission de la compensation résultant de ce que le tiré se trouve créancier du porteur pour une cause autre que celle résultant de l'existence de la lettre de change (▪ Cass. req., 6 févr. 1906 : *S.* 1906, 1, 65, note Lyon-Caen. – *Contra*, ▪ Paris, 15 oct. 1986 : *JurisData* n° 1986-027085 ; *D.* 1987, somm. 69, obs. crit. Cabrillac). Le tiré accepteur peut refuser le paiement au tireur,porteur de la lettre de change, pour un motif tenant à ses rapports originaires avec le tireur, notamment au défaut de provision (▪ Cass. req., 26 mai 1942 : *JCP* 1942, II, 1935, note Lescot ; *DC 1943, 1, 86, note Chéron.* ▪ Cass. com., 9 nov. 1954 : *JCP* G 1954, II, 8428. ▪ Paris, 16 déc. 1986, n° 85 18449 : *JurisData* n° 1986-027250 ; *D.* 1987, inf. rap. 12, et notes sous art. L. 511-19, p. 1019).

Le tiré peut notamment opposer au tireur-porteur une clause d'attribution de compétence territoriale insérée dans le contrat en vertu duquel il a donné l'acceptation, bien que le tireur exerce l'action cambiaire et non l'action fondamentale (▪ Cass. com., 5 mars 1991, n° 89-17.360 : *JurisData* n° 1991-000492 ; *RTD com.* 1991, 263, n° 2, obs. Cabrillac et Teyssié.

2) Exceptions communes ou impersonnelles. Est opposable à tout porteur :

– l'exception qui résulte d'une irrégularité de forme apparente de la lettre, par exemple l'absence de l'une de ses mentions essentielles (▪ Rouen, 30 janv. 1976 : *D.* 1976, somm. 27. ▪ Cass. com., 22 nov. 1978, n° 77-13.939 : *JurisData* n° 1978-097274 ; *Bull.* IV, n° 274 ; *JCP* G 1979, IV, 38. ▪ Cass. com., 13 mars 1985 : *Bull.* IV, n° 97) ;

– l'exception tirée de l'absence de consentement du débiteur cambiaire : ainsi le tiré dont la signature a été imitée n'est pas tenu (▪ Paris, 9 févr. 1963 : *JCP* G 1963, II, 13133, note Gore. ▪ Cass. com., 2 déc. 1997, n° 96-10.354 : *JurisData* n° 1997-004878 ; *JCP* E 1998, pan. p. 151. – *Contra*, ▪ Paris, 12 mai 1958 : *D.* 1958, 641, note Gore), mais peut voir sa responsabilité engagée en raison de sa négligence (▪ Grenoble, 28 mai 1963 : *D.* 1964, 132) ;

– l'exception tirée de l'incapacité du signataire (▪ Paris, 27 juill. 1894 : *DP* 1895, 2, 25, note Thaller. ▪ 27 avr. 1896 : *DP* 1898, 2, 257, note Boistel. ▪ 10 nov. 1925 : *DP* 1926, 2, 139, note H. I.), sauf manœuvres frauduleuses de l'incapable (cf. notes sous art. L. 511-5, p. 995).

B – Exceptions inopposables au porteur

3) Situation du porteur. Le principe de l'inopposabilité des exceptions profite au bénéficiaire de la traite (▪ Cass. com., 24 janv. 1967, n° 64-11.449 : *Bull.* III, n° 43 ; *D.* 1966, 25. ▪ 21 avr.

1970 : *JurisData* n° 1970-097128 ; *Bull.* IV, n° 128 ; *D.* 1970, 613 ; *RTD com.* 1971, 148), et au subrogé dans les droits du bénéficiaire (■ Cass. com., 17 juill. 1965, n° 63-10.616 : *Bull.* III, n° 446). Mais en cas d'endossement à titre de procuration, n'étant pas propriétaire du titre, l'endossataire à titre de procuration peut se voir opposer par le débiteur cambiaire toutes les exceptions que ce débiteur pourrait faire valoir contre l'endosseur (■ Cass. com., 24 sept. 2002, n° 00-10.983 : *JurisData* n° 2002-015620 ; *RJDA* 1/2003, n° 62).

4) Nullité du rapport fondamental. Le débiteur cambiaire ne peut opposer à un porteur l'exception tirée de la nullité ou de la disparition du rapport fondamental résultant notamment de l'absence de cause de l'obligation préexistante (■ Cass. com., 12 juill. 1961, n° 59-12.227 : *Bull.* III, n° 327), du caractère illicite de sa cause (■ Cass. civ., 1er juill. 1931 : *DP* 1932, 1, 12, note Laurent), du paiement ou de l'extinction de la créance fondamentale (■ Cass. com., 1er févr. 1977 : *Bull.* IV, n° 34 ; *D.* 1977, inf. rap. 398, obs. Vasseur. ■ 1er juill. 1980 : *JCP* G 1980, IV, 351. ■ 18 mars 1986, n° 719/82 : *JurisData* n° 1986-044749 ; *JCP* E 1986, I, 15445. ■ Paris, 16 déc. 1986 : *D.* 1987, inf. rap. 12), du défaut de provision provenant de la résolution du contrat initial ou de son inexécution (■ Cass. com., 4 nov. 1975, n° 74-10.884 : *JurisData* n° 1975-097258 ; *Bull.* IV, n° 258. ■ 2 févr. 1976 : *JCP* G 1977, II, 18714, note Gavalda. ■ 16 mars 1976, n° 74-13.259 : *JurisData* n° 1976-097103 ; *JCP* G 1976, IV, 163).

5) Inopposabilité des exceptions fondées sur un vice propre à l'obligation cambiaire. L'inopposabilité des exceptions joue encore pour les exceptions fondées sur un *vice propre à l'obligation cambiaire* tel que l'absence de cause (■ Cass. req., 12 nov. 1906 : *DP* 1907, 1, 98), la cause illicite (■ Cass. civ., 1er juill. 1931 : *S.* 1932, 1, 64. ■ Cass. civ., 31 janv. 1978 : *JCP* G 1978, IV, 109 ; *D.* 1978, inf. rap. 337, obs. Cabrillac ; *Gaz. Pal.* 1978, 1, somm. 198. ■ Cass. civ., 18 mai 1978, n° 76-13.503 : *JurisData* n° 1978-098137 ; *Bull.* IV, n° 137 ; *Gaz. Pal.* 1978, 2, somm. 290), les effets de complaisance (■ Cass. req., 10 mars 1915 : *S.* 1916, 1, 5, note Lyon-Caen) ; de même, s'agissant d'un vice du consentement (■ Cass. civ., 25 mai 1894 : *DP* 1894, 1, 447, pour le dol. ■ Cass. com., 2 juill. 1969, n° 67-12.196 : *JCP* G 1970, II, 16427, note Langlois, pour l'erreur sur la cause).

6) Rapports tireur-porteur. Le tireur d'une lettre de change acceptée, tenu par sa signature cambiaire *d'une obligation indépendante*, ne peut opposer au porteur, sauf convention contraire, la non-exécution d'un titre que ce dernier avait obtenu contre le tiré (■ Cass. com., 20 févr. 2007, n° 05-21.264 : *JurisData* n° 2007-037694 ; *D.* 2007, p. 865, obs. Delpech ; jurispr. 2646, note Matsopoulou ; *JCP* E 2007, pan. 1486 ; *RJDA* 8-9/2007, n° 887 ; *RTD com.* 2007, 422, obs. Legeais ; *D.* 2008, pan. 883, obs. D.R. Martin).

II – MAUVAISE FOI

A – Notion

7) Illustrations. Par l'expression utilisée à l'article L. 511-12, le législateur vise le cas où *le porteur a eu conscience*, en consentant à l'endossement du titre à son profit, de causer un dommage au débiteur cambiaire par l'impossibilité où il le mettait de se prévaloir, vis-à-vis du tireur ou d'un précédent endosseur, d'un moyen de défense issu de ses relations avec ces derniers (■ Cass. com., 26 juin 1956 : *JCP* G 1956, II, 9600, note Roblot ; *RTD com.* 1957, 147, obs. Becqué et Cabrillac. ■ Cass. com., 31 mai 1976, n° 75-11.064 : *JurisData* n° 1976-097184 ; *Bull.* IV, n° 183. ■ 9 nov. 1993 [2 arrêts] : *RJDA* 4/94, n° 431), *ou que la situation du tireur était irrémédiablement compromise* (■ Cass. com., 8 janv. 1991, n° 89-16.627 : *JurisData* n° 1991-000477 ; *RJDA* 4/91, n° 322. ■ 31 mars 1992 : *RJDA* 7/92, n° 735. ■ Cass. com., 18 mai 1993, n° 91-11.486 : *JurisData* n° 1993-001042 ; *RJDA* 12/93, n° 1066. ■ 28 nov. 1995, n° 93-21.586 : *RJDA* 2/96, n° 249. ■ Cass. com., 16 janv. 1996, n° 93-10.281 : *JurisData* n° 1996-000245 ; *RJDA* 4/96, n° 536. ■ Cass. com., 10 juin 1997, n° 95-12.403 : *JurisData* n° 1997-002669 ; *RJDA* 11/97, n° 1372 ; *RTD com.* 1997, 485, obs. Cabrillac. ■ Cass. com., 20 mai 2003, n° 99-13.541 : *JurisData* n° 2003-019317 ; *RJDA* 12/2003, n° 1237).

En acquérant l'effet, le porteur doit avoir eu une connaissance précise de l'exception dont le débiteur pouvait disposer (■ Cass. com., 13 janv. 1987, n° 85-15.583 : *JurisData* n° 1987-000290 ; *Bull.* IV, n° 17 ; *RTD com.* 1988, 469, obs. Cabrillac et Teyssié. – Comp. ■ Cass. com., 13 janv. 1998, n° 95-18.067 : *JurisData* n° 1998-000190 ; *RD bancaire et bourse* 1998, 101, obs. Credot et Gérard).

Cependant, la connaissance qu'une banque peut avoir de la situation déficiente de son client tireur, qui empêchera normalement celui-ci de fournir la provision promise au tiré, peut suffire, dans certaines circonstances, à établir la preuve de la conscience du dommage (■ Cass. com., 23 févr. 1988, n° 86-16.994 : *JurisData* n° 1988-000350 ; *Bull.* IV, n° 80 ; *RTD com.* 1988, 469, obs. Cabrillac et Teyssié. ■ Cass. com., 9 nov. 1993 [2 arrêts] : *RJDA* 4/94, n° 431. ■ Cass. com., 10 juin 1997 : *RJDA* 11/97, n° 1372 ; *RTD com.* 1997, 485, obs. Cabrillac. – Mais V. ■ Cass. com., 20 mai 2003, n° 99-13.541 : *JurisData* n° 2003-019317 ; *RJDA* 12/2003, n° 1237. ■ Cass. com., 17 mars 2004, n° 01-15.111 : *RJDA* 8-9/2004, n° 1035).

Viole l'article L. 511-12 la cour d'appel qui, ayant relevé que la banque, dans sa préoccupation manifeste de réduire le montant du découvert du compte du bénéficiaire, avait agi avec imprudence, légèreté et une précipitation significative, réduit à la moitié du montant des billets à ordre escomptés par cette banque la condamnation des souscripteurs de ces effets, après avoir retenu que la mauvaise foi de la banque, dans les conditions exigées pour faire échec au bénéfice de l'article L. 511-12, n'apparaissait pas suffisamment caractérisée (■ Cass. com., 20 févr. 1990, n° 87-19.839 : *JurisData* n° 1990-000381 ; *Bull.* IV, n° 46).

La mauvaise foi peut consister en la *connaissance de l'exception dont dispose le tiré* (■ Cass. com., 2 juill. 1996, n° 94-20.165 : *RJDA* 12/1996, n° 1506).

8) Représentation d'une personne morale et mauvaise foi. Seule la mauvaise foi des personnes ayant qualité pour représenter la personne morale peut être prise en considération (■ Cass. com., 15 juill. 1975, n° 74-11.477 : *JurisData* n° 1975-097206 ; *Bull.* IV, n° 206).

9) Traite non acceptée. Le porteur ne peut avoir conscience du préjudice qu'il cause si au moment où il reçoit la traite celle-ci n'a pas encore été acceptée (■ Cass. com., 14 mai 1962 : *Bull.* III, n° 251. – Comp. *infra*, ■ Cass. com., 30 mai 1983 : *JurisData* n° 1983-701426 ; *D.* 1984, inf. rap. 71, obs. Cabrillac).

10) Négligence. La simple négligence, la légèreté ou même l'imprudence du porteur n'est pas assimilable à la mauvaise foi (■ Cass. com., 29 juin 1964 : *Bull.* III, n° 337 ; *JCP* G 1964, II, 13949, note Gavalda. ■ Cass. com., 27 avr. 1982, n° 80-16.958 : *JurisData* n° 1982-700952 ; *Gaz. Pal.* 1982, 2, pan. jurispr. 285, obs. A. P. ; 8 janv. 1991 : *Bull.* IV, n° 11 ; *D.* 1991, somm. 218, obs. Cabrillac). Ne suffit pas à caractériser la mauvaise foi la carence du banquier qui reprend un effet à l'escompte sans se renseigner sur l'importance et l'évolution du litige entre le tireur et le tiré accepteur qui l'avait incité à restituer une première fois l'effet (■ Cass. com., 3 déc. 1980, n° 79-10.703 : *JurisData* n° 1980-745181 ; *Bull.* IV, n° 408 ; *JCP* G 1981, IV, 67 ; *D.* 1981, inf. rap. 498, note Vasseur ; *RTD com.* 1981, 324, obs. Cabrillac et Teyssié). *De même*, ne donne pas de base légale à sa décision, la cour d'appel qui retient la mauvaise foi d'une banque ayant escompté des lettres de change en se bornant à relever que celle-ci avait fait courir un risque au tiré mais sans avoir constaté qu'elle ait su, à la date de l'escompte, que l'effet serait dépourvu de provision car elle ignorait la situation financière difficile du tireur (■ Cass. com., 13 janv. 1987, n° 85-16.521 : *JurisData* n° 1987-000212 ; *Bull.* IV, n° 11 ; *JCP* E 1987, I, 16160 ; *Gaz. Pal.* 4 mars 1987, pan. jurispr. 17, note Piedelièvre ; *D.* 1987, somm. 291, obs. Vasseur ; *Rev. huissiers* 1987, p. 926).

11) Connaissance de la cessation des paiements. La seule connaissance par le porteur de la cessation des paiements du tireur ne suffit pas à le rendre de mauvaise foi (■ Cass. com., 19 nov. 1973, n° 72-13.034 : *JurisData* n° 1973-097331 ; *Bull.* IV, n° 331 ; *RTD com.* 1974, 308, obs. Cabrillac et Rives-Lange. ■ Cass. com., 4 nov. 1975, n° 74-10.884 : *JurisData* n° 1975-097258 ; *Bull.* IV, n° 258 ; *RTD com.* 1976, 378, obs. Cabrillac et Rives-Lange. ■ Cass. com., 1er juill. 1980 : *Bull.* IV, n° 283. ■ Cass. com., 18 janv. 1982 : *JurisData* n° 1982-799494 ; *Bull.* IV, n° 22. ■ Cass. com., 13 janv. 1987, préc., annot. n° 9, p. 1009. – Comp. cependant, ■ Cass. com., 9 janv. 1985, n° 83-14.948 : *Bull.* IV, n° 18).

Deux retards de paiement imputés au tireur d'une lettre de change et présumés connus de la banque sont inopérants pour faire apparaître que celle-ci était de mauvaise foi (■ Cass. com., 29 avr. 1997, n° 95-15.156 : *JurisData* n° 1997-001975 ; *RJDA* 8-9/97, n° 1068).

En revanche, si cette connaissance des difficultés du tireur s'accompagne de circonstances particulières donnant à croire que la situation est irrémédiablement compromise, la mauvaise foi du porteur sera retenue (■ Cass. com., 1er déc. 1980 : *JurisData* n° 1980-001063 ; *Bull.* IV, n° 398 ; *JCP* G 1981, IV, 67. – *Adde*, 18 mai 1993 : *RJDA* 12/93, n° 1066). Ainsi, en cas d'escompte de lettres de complaisance (Aix, 8e ch., 21 avr. 1981 : *JCP* G 1982, IV, 209), lorsque le porteur n'a reçu les traites que pour garantir des avances imprudentes (■ Cass. com., 7 mars 1961 : *JurisData* n° 1961-098124 ; *Bull.* III, n° 124), lorsque des liens très étroits unissent le remettant et le porteur : dès lors qu'ayant constaté qu'une banque avait nécessairement connaissance au moment où elle a escompté une lettre de change émise par une société de l'état de cessation des paiements de celle-ci, et qu'en raison d'un nantissement consenti à la banque par le tireur celle-ci pouvait prendre connaissance de l'économie de l'opération engagée entre le tireur et le tiré, la cour d'appel statuant en référé n'a fait qu'user de son pouvoir souverain d'appréciation en retenant que la banque ne saurait se présenter comme un porteur de bonne foi (■ Cass. com., 9 janv. 1985 : *Bull.* IV, n° 18 ; *JCP* G 1985, IV, 111. – Comp. ■ Cass. com., 18 janv. 1982, n° 80-15.556 : *JurisData* n° 1982-700493 ; *Bull.* IV, n° 22 ; *D.* 1982, inf. rap. 409, obs. Vasseur ; *JCP* G 1982, IV, 122).

12) Porteur de mauvaise foi de billets à ordre. La mauvaise foi peut consister en la connaissance de l'exception dont dispose le tiré (■ Cass. com., 2 juill. 1996, n° 94-20.165 : *RJDA* 12/96, n° 1506).

Voir pour le cas d'un *porteur de mauvaise foi* de *billets à ordre* avalisés (▪ Cass. 1re civ., 24 mars 1998 : *JCP* E 1998, p. 1601, note Jacob, pour des billets à ordre souscrits en vue du paiement d'une soulte occulte du prix de cession d'une clientèle).

B – Date d'appréciation

13) Moment de la remise. La mauvaise foi du porteur s'apprécie au moment où il acquiert la lettre de change, c'est-à-dire au moment où celle-ci lui est remise (▪ Cass. com., 22 janv. 1974 : *D.* 1974, 408. ▪ Cass. com., 12 janv. 1976, n° 74-13.037 : *JurisData* n° 1976-097017 ; *Bull.* IV, n° 11 ; *D.* 1976, inf. rap. 103. ▪ Cass. com., 23 févr. 1988, n° 86-18.116 : *JurisData* n° 1988-000367 ; *Gaz. Pal.* 1988, 1, pan. jurispr. 124 ; *D.* 1988, inf. rap. 78. ▪ Cass. com., 18 avr. 2000 : *RJDA* 7-8/2000, n° 796). C'est donc à la date de l'endossement d'un effet, et non lors de la passation des écritures ultérieures de l'endossataire que doit être recherché si celui-ci a sciemment agi au détriment du débiteur (▪ Cass. com., 31 janv. 1984 : *Bull.* IV, n° 46 ; *JCP* E 1984, I, 13293. – *Adde*, ▪ Cass. com., 30 janv. 1979 : *Bull.* IV, n° 38 ; *D.* 1979, inf. rap. 277, obs. Cabrillac ; *D.* 1980, inf. rap. 15, obs. Vasseur ; *Banque* 1979, 1502, obs. Martin. ▪ Cass. com., 11 juill. 2000, n° 97-12.037 : *RJDA* 12/2000, n° 1164. – Comp. ▪ Cass. com., 20 mars 1984, n° 83-10.618 : *JurisData* n° 1984-700762 ; *JCP* G 1984, IV, 170 ; *Banque* 1984, 855, obs. Martin et notes sous art. L. 511-7, p. 997 et L. 511-8, p. 1004).

Ne donne pas de base légale à sa décision la cour d'appel qui n'établit pas qu'*à la date de l'escompte* de deux lettres de change, la banque savait qu'elles ne seraient pas provisionnées à leur échéance et avait ainsi conscience à ce moment d'empêcher la société tirée acceptante de se prévaloir de l'exception de défaut de provision (▪ Cass. com., 24 mars 1992, n° 90-17.457 : *JurisData* n° 1992-000737 ; *Bull.* IV, n° 130 ; *D.* 1992, somm. 340, obs. Cabrillac). V. un arrêt qui décide que la connaissance de la cessation des paiements du tireur n'implique pas nécessairement que le banquier escompteur était informé au jour de l'escompte que la provision n'était pas et ne serait pas constituée au jour de l'échéance (▪ Paris, 17 nov. 1992, n° 1131-92 : *JurisData* n° 1992-023254 ; *JCP* E 1993, pan. 47).

14) Moment de l'acquisition de la lettre de change. De même, la mauvaise foi du *banquier*, au sens de l'article L. 511-12 du Code de commerce, doit être appréciée *au moment de l'acquisition de la lettre de change* et non au moment de sa présentation à l'acceptation lorsque celle-ci lui est postérieure (▪ Cass. com., 30 mai 1983 : *D.* 1984, inf. rap. 71, obs. Cabrillac. ▪ Rouen, 23 févr. 1989 : *Gaz. Pal.* 1989, 2, somm. 301). Et, dans le cas d'un escompte suivi d'une contre-passation puis d'une nouvelle reprise par le banquier, la mauvaise foi du porteur doit s'apprécier au moment de la nouvelle acquisition de la lettre de change par l'escompteur (▪ Cass. com., 2 mai 1977 : *Bull.* IV, n° 120 ; *D.* 1977, inf. rap. 400, obs. Vasseur. – 29 mai et 11 juin 1979 : *D.* 1980, inf. rap. 202, obs. Vasseur).

15) Prorogation d'échéance. *En cas de prorogation d'échéance* avec émission d'effets de renouvellement la bonne foi du porteur s'apprécie au moment où il a reçu l'effet originaire et non au moment où le renouvellement est intervenu (▪ Cass. req., 11 mars 1935 : *DP* 1936, 1, 80).

C – Preuve

16) Charge. Il appartient au débiteur de l'effet, c'est-à-dire au tiré accepteur, *de faire la preuve de la mauvaise foi du tiers porteur* (▪ Cass. com., 2 févr. 1960 : *Bull.* III, n° 48. ▪ Cass. com., 24 janv. 1967, n° 64-11.449 : *Bull.* III, n° 43. ▪ Cass. com., 13 janv. 1982 : *Bull.* IV, n° 15 ; *JCP* G 1982, IV, 114. ▪ Rouen, 23 févr. 1989 : *Gaz. Pal.* 1989, 2, somm. 301. ▪ Amiens, 15 oct. 1993 : *JCP* E 1994, II, 626, note Massot-Durin), et cette preuve peut être apportée par tous moyens (▪ Cass. req., 19 oct. 1938 : *Gaz. Pal.* 1938, 2, 897).

Le juge, lorsqu'il s'estime insuffisamment éclairé sur les faits invoqués pour justifier le refus de paiement, peut ordonner une mesure d'instruction en vue de vérifier l'exactitude des faits (▪ Cass. com., 26 juin 1956 : *JCP* G 1956, II, 9600, note Roblot ; *RTD com.* 1957, 147, obs. Becqué et Cabrillac. ▪ Cass. com., 2 déc. 1974, n° 73-13.159 : *JurisData* n° 1974-097309 ; *Bull.* IV, n° 309. ▪ Cass. com., 12 janv. 1976 : *Bull.* IV, n° 11 ; *Gaz. Pal.* 1976, 1, somm. 98 ; *D.* 1976, inf. rap. 93. – Comp. ▪ Dijon, 2 juill. 1975 : *D.* 1976, somm. 34). En revanche, en l'absence de contestation sérieuse, le juge des référés peut condamner le tiré à payer au tiers porteur, à titre de provision, une somme représentant le montant des lettres de change (▪ Cass. com., 13 janv. 1987, n° 85-16.521 : *JurisData* n° 1987-000212 ; *Bull.* IV, n° 17. ▪ Cass. com., 17 févr. 1987, n° 85-16.111 : *JurisData* n° 1987-000251 ; *Bull.* IV, n° 45 ; *Banque* 1987, 727, obs. Rives-Lange ; *RTD com.* 1987, 544, obs. Cabrillac et Teyssié). Sur l'étendue du contrôle de la Cour de cassation (▪ Cass. com., 13 janv. 1987 : *Bull.* IV, n° 11 ; *JCP* E 1987, I, 16160 ; *Gaz. Pal.* 4 mars 1987, pan. jurispr. p. 17, note Piedelièvre ; *D.* 1987, somm. 291, obs. Vasseur ; *Rev. huissiers* 1987, p. 926).

D – Conséquences

17) Sanctions contre le porteur de mauvaise foi. L'exception de défaut de provision d'une lettre de change peut être invoquée contre un porteur de mauvaise foi, non seulement pour s'opposer à une action en paiement, mais aussi afin de *restitu-*

tion du montant d'un paiement antérieur (▪ Cass. com., 18 oct. 1994, n° 92-17.309 : *JurisData* n° 1994-001866 ; *Bull.* IV, n° 294 ; *RJDA* 2/95, n° 186). La perte des recours cambiaires en conséquence de la mauvaise foi de la banque, n'est pas exclusive de l'*octroi de dommages-intérêts* pour réparer le préjudice en découlant dont pourrait justifier le débiteur tiré (même arrêt).

Art. L. 511-13 ***(Anc. C. com., art. 122).*** **– Lorsque l'endossement contient la mention « valeur en recouvrement », « pour encaissement », « par procuration », ou toute autre mention impliquant un simple mandat, le porteur peut exercer tous les droits dérivant de la lettre de change, mais il ne peut endosser celle-ci qu'à titre de procuration.**

Les obligés ne peuvent, dans ce cas, invoquer contre le porteur que les exceptions qui seraient opposables à l'endosseur.

Le mandat renfermé dans un endossement de procuration ne prend pas fin par le décès du mandant ou la survenance de son incapacité.

Lorsqu'un endossement contient la mention « valeur en garantie », « valeur en gage » ou toute autre mention impliquant un nantissement, le porteur peut exercer tous les droits dérivant de la lettre de change, mais un endossement fait par lui ne vaut que comme un endossement à titre de procuration.

Les obligés ne peuvent invoquer contre le porteur les exceptions fondées sur leurs rapports personnels avec l'endosseur, à moins que le porteur, en recevant la lettre, n'ait agi sciemment au détriment du débiteur.

I – ENDOSSEMENT DE PROCURATION

A – Conditions

1) Simple signature (endossement translatif). *L'endossement* réalisé par une *simple signature est réputé translatif* (▪ Cass. com., 23 mai 1977, n° 76-10.751 : *JurisData* n° 1977-000245 ; *Bull.* IV, n° 147 ; *D.* 1977, inf. rap. 397, obs. Vasseur ; *RTD com.* 1977, 750, obs. Cabrillac et Rives-Lange. ▪ Cass. com., 11 juill. 1978 : *JurisData* n° 1978-098196 ; *Bull.* IV, n° 196 ; *D.* 1979, inf. rap. 359, obs. Vasseur. ▪ Cass. crim., 13 mars 1979 : *JurisData* n° 1979-096103 ; *Bull. crim.*, n° 103 ; *JCP* G 1979, IV, 175 ; *D.* 1979, inf. rap. 359, obs. Vasseur ; *D.* 1979, inf. rap. 273, obs. Cabrillac ; *Banque* 1979, 12319, obs. Martin. ▪ Cass. com., 6 nov. 1984, n° 83-12.053 : *JurisData* n° 1984-701896 ; *Bull.* IV, n° 295 ; *JCP* G 1985, IV, 21 ; *D.* 1986, inf. rap. 323 rejetant le pourvoi contre ▪ Paris, 1er févr. 1983 : *JurisData* n° 1983-600058 ; *D.* 1983, inf. rap. 409, obs. Vasseur. ▪ Cass. com., 25 févr. 1992, n° 90-17.335 : *JurisData* n° 1992-000319 ; *JCP* E 1992, I, pan. 529. ▪ Cass. com., 26 janv. 1999, n° 96-11.779 : *JurisData* n° 1999-000321 ; *LPA* 4 mars 1999, p. 8, note L.C. ; *RJDA* 3/99, n° 326 ; *RD bancaire et bourse* 1999, 70, obs. Credot et Gérard. ▪ 3 mai 2000, n° 97-10.911 : *JurisData* n° 2000-001704 ; *LPA* 15 juin 2000, p. 14, obs. E.C. ; *RD bancaire et fin.* 2000, 289, n° 182 obs. Credot et Gérard ; *RJDA* 9-10/2000, n° 905. – Comp. ▪ Cass. com., 30 oct. 2007, n° 06-10.127 : *JurisData* n° 2007-041176 ; *RJDA* 3/2008, n° 323). En conséquence est inopposable au porteur de bonne foi d'un chèque endossé par un bénéficiaire en redressement judiciaire, l'opposition du tireur au paiement du chèque pour ce dernier motif (▪ Cass. com., 26 janv. 1999, n° 96-11.779 : *JurisData* n° 1999-000321 ; *RD bancaire et bourse* 1999, 93, obs. Credot et Gérard). Un signataire antérieur peut se prévaloir de la situation apparente (▪ Cass. com., 24 sept. 2002, n° 00-11.121 : *JurisData* n° 2002-015601 ; *RJDA* 1/2003, n° 63 ; *JCP* E 2002, pan. 1562).

Mais il s'agit d'une *présomption simple* susceptible de preuve contraire (▪ Aix-en-Provence, 16 déc. 1976 : *D.* 1978, inf. rap. 84, obs. Cabrillac).

2) Preuve. Dans leurs relations réciproques, l'endosseur et l'endossataire peuvent toujours établir que l'endossement est fait à titre de procuration selon les règles du droit commun (▪ Cass. com., 3 mai 1971, n° 69-12.382 : *JurisData* n° 1971-097119 ; *Bull.* IV, n° 119 ; *RTD com.* 1972, 127, obs. Cabrillac et Rives-Lange. – *Adde*, ▪ Aix-en-Provence, 20 janv. 1982 : *JurisData* n° 1982-699221 ; *RJ com.* 1984, 22).

3) Tiers de bonne foi. Les tiers, s'ils sont de bonne foi, peuvent s'en tenir à l'acte apparent (▪ Cass. com., 5 déc. 1955 : *JCP* G 1956, II, 9134, note Cabrillac). L'endossement portant la mention « valeur en recouvrement » n'est pas translatif mais a simple valeur de procuration et, vainement, la banque endossataire, pour combattre ce motif à l'encontre du souscripteur d'un billet à ordre, allègue que cette mention est le résultat d'une erreur matérielle commise par l'un de ses préposés chargé de traiter les titres (▪ Paris, 14 nov. 1986, n° 86-004579 : *JurisData* n° 1986-026855 ; *D.* 1987, somm. 69, obs. Cabrillac. – *Adde*, pour une lettre de change, ▪ Cass. com., 30 janv. 1996, n° 94-12.638 : *JurisData* n° 1996-000296 ; *JCP* E 1996, pan. 391 ; *RJDA* 4/96, n° 535 ; *Dr. et patrimoine* mai 1996, n° 1375, obs. Saint-Alary).

4) Preuve contraire et usages. Si, en l'absence de toute indication sur la nature de l'endossement, celui-ci est présumé translatif, *la preuve contraire ne saurait résulter de la pra-*

tique de ce qui est qualifié d'escompte en compte (▪ Aix-en-Provence, 8 juill. 1977 : *JCP* G 1979, II, 19111, note Stoufflet ; *D.* 1979, inf. rap. 143, obs. Vasseur. – *Adde*, pour la mention « valeur en compte », ▪ Grenoble, 10 mars 1977 : *Banque* 1978, 524, obs. Martin ; *RTD com.* 1978, 137, obs. Cabrillac et Rives-Lange. ▪ Cass. com., 3 mai 2000, n° 97-10.911 : *JurisData* n° 2000-001704 ; *LPA* 15 juin 2000, p. 14, obs. E.C. ; *RD bancaire et fin.* 2000, 289, n° 182 obs. Credot et Gérard ; *RJDA* 9-10/2000, n° 905). De même, la clause « sauf bonne fin » ou « sauf encaissement » n'a aucune influence sur la qualification de la remise (▪ Cass. com., 13 mai 1981, n° 79-16.270 : *JurisData* n° 1981-701578 ; *Bull.* IV, n° 226 ; *D.* 1982, inf. rap. 171, obs. Cabrillac ; *D.* 1982, inf. rap. 241, obs. Vasseur. ▪ Paris, 12 juill. 1985, n° L 18136 : *JurisData* n° 1985-024086 ; *Banque* 1985, 1177, obs. Rives-Lange ; *Gaz. Pal.* 1985, 2, 678, note Cukier. – *Adde*, concernant la mention « avance sur effets » portée sur les avis de crédit et relevés de compte délivrés par le banquier endossataire, ▪ Paris, 27 mai 1983 : *JurisData* n° 1983-024669 ; *D.* 1984, inf. rap. 72, obs. Cabrillac).

V. déc. citées n° suivant.

5) Preuve et inscription en compte. L'inscription d'une traite au crédit du compte du remettant traduit nécessairement, pour la jurisprudence, un transfert de propriété au profit du récepteur (▪ Cass. com., 2 nov. 1953 : *D.* 1954, 657, note Savatier. ▪ Cass. com., 23 févr. 1976, n° 74-13.093 : *JurisData* n° 1976-097063 ; *Bull.* IV, n° 63 ; *RJ com.* 1976, 410 ; *RTD com.* 1976, 768, obs. Cabrillac et Rives-Lange. ▪ Grenoble, 10 mars 1977 : *Banque* 1978, 524, obs. Martin ; *RTD com.* 1978, 137. – *Adde*, ▪ Cass. com., 17 nov. 1981, *[a contrario]* : *Bull.* IV, n° 396 ; *JCP* G 1982, II, 19766, note Stoufflet et Chaput ; *D.* 1982, 257, note Vasseur). Mais la doctrine est réservée (Cabrillac et Rives-Lange, obs. citées, Delebecque : *JCl. com.*, Fasc. 420, n° 158).

Voir cependant un arrêt qui casse pour violation des articles L. 511-8 et L. 511-13 du Code de commerce la décision d'une cour d'appel qui, pour condamner le client d'une banque à payer à celle-ci le montant d'une lettre de change qu'il lui avait remise et qui était restée impayée à son échéance, a retenu que l'effet litigieux avait fait l'objet, le jour de sa remise, d'un bordereau d'escompte, que son montant avait été porté au crédit du compte du client, que cette opération figurait sur le relevé de ce compte avec le libellé « escompté », qu'il apparaissait donc que la lettre de change avait été remise pour escompte et non pour encaissement et qu'à tout le moins, le client avait ratifié l'opération d'escompte réalisé, sans rechercher si les mentions portées sur la lettre de change révélaient l'existence d'un endossement ayant transmis à la banque la propriété de l'effet (▪ Cass. com., 27 févr. 1990, n° 88-15.840 : *JurisData* n° 1990-000356 ; *Bull.* IV, n° 56 ; *RTD com.* 1991, 73, n° 3, obs. Cabrillac et Teyssié. – *Adde*, ▪ Cass. com., 13 oct. 1970, n° 68-13.551 : *JurisData* n° 1970-097265 ; *Bull.* IV, n° 265. ▪ Cass. com., 3 juin 1982, n° 81-10.876 : *JurisData* n° 1982-701453 ; *Bull.* IV, n° 272. ▪ Cass. com., 10 janv. 1984 : *Bull.* IV, n° 10).

B – Effets

6) Droits de l'endossataire. L'endossataire à fin de procuration est tenu d'exercer les recours cambiaires sans pouvoir, de sa propre initiative, accorder un report d'échéance (▪ Rouen, 26 mars 1971 : *D.* 1971, somm. 118) ; de *restituer l'effet* sans le perdre (▪ Cass. com., 21 nov. 1967 : *JCP* G 1969, II, 15778, note C. G.) et, dans le cas où il n'encaisse qu'une partie des titres, de restituer les impayés (▪ Cass. req., 6 déc. 1921 : *DP* 1922, 1, 56). Il peut *exercer les droits dérivant de la lettre de change* et prévus par l'article L. 511-34 du Code de commerce *pour le cas de perte ou vol* de l'effet (▪ Cass. com., 8 juin 1993, n° 91-14.160 : *JurisData* n° 1993-001225 ; *RJDA* 1/94, n° 75).

7) Responsabilité du banquier endossataire. La responsabilité du banquier endossataire pour procuration peut être retenue pour avis tardif de non-paiement, notamment lorsque le remettant a continué à traiter avec son débiteur dans l'ignorance de son insolvabilité (▪ Douai, 11 déc. 1981 : *D.* 1982, inf. rap. 501, obs. Vasseur ; *RTD com.* 1983, 94, obs. Cabrillac et Teyssié. – Comp. ▪ Montpellier, 23 oct. 1953 : *D.* 1955, 131, note Savatier. – *Adde*, ▪ Cass. com., 17 janv. 1984, n° 82-15.609 : *JurisData* n° 1984-700115 ; *Gaz. Pal.* 1984, 1, pan. jurispr. 130 ; *JCP* G 1984, IV, 91, pour le retard mis à retourner les lettres impayées. ▪ Cass. com., 8 janv. 1980 : *D.* 1980, inf. rap. 388, obs. Vasseur, pour le retard mis à présenter les effets à l'encaissement). Sur l'exonération de cette responsabilité pour force majeure (grève des services bancaires, ▪ Cass. com., 12 juin 1979 : *JurisData* n° 1979-761727 ; *Bull.* IV, n° 195 ; *D.* 1980, inf. rap. 216, obs. Vasseur. – Comp. ▪ Douai, 6 mai 1976 : *Gaz. Pal.* 1977, 1, 17 ; *RTD com.* 1977, 129, obs. Cabrillac et Rives-Lange. ▪ Paris, 24 nov. 1978 : *D.* 1979, inf. rap. 364, obs. Vasseur). Sont valables les clauses d'exonération de responsabilité du banquier endossataire pour procuration (▪ Cass. civ., 9 nov. 1870 : *S.* 1871, 1, 140. ▪ Cass. civ., 27 janv. 1941 [2e esp.] : *DC* 1943, 70. ▪ Poitiers, 18 mai 1954 : *D.* 1955, 365, note Goré). Sur la portée de ces clauses de non-responsabilité (▪ Cass. com., 16 mai 1955 : *Bull.* III, n° 174. ▪ 18 oct. 1971 : *JCP* G 1972, II, 17053, note Vézian. – *Adde*, sur la clause de « non-responsabilité » ou de « dispense de protêt », notes *infra*, sous art. L. 511-43 du Code de commerce et notamment ▪ Paris,

9 juill. 1980 : *JurisData* n° 1980-601392 ; *RJ com.* 1981, 301, note Delebecque ; *Banque* 1981, 1452, obs. Martin).

Sur la responsabilité du banquier qui a accepté d'encaisser des effets sur lesquels figurait un endossement effectué par un « failli » (■ Cass. com., 16 janv. 1980, n° 78-13.681 : *JurisData* n° 1980-799023 ; *D.* 1980, inf. rap. 435, obs. Cabrillac ; *D.* 1981, inf. rap. 26, obs. Vasseur ; *Bull.* IV, n° 23).

8) Droits du banquier endossataire. Le banquier mandataire n'a, en principe, aucun droit sur les effets eux-mêmes. Ainsi, en présence de la contestation élevée sur l'existence ou la validité du rapport fondamental, il ne dispose d'aucun titre lui permettant, à défaut d'autorisation de justice, de pratiquer une saisie-arrêt ; agissant en qualité de simple mandataire, l'exception d'absence de cause du rapport fondamental que peut avoir le débiteur cambiaire à l'égard de son endosseur lui est opposable (■ Paris, 14 nov. 1986 : *D.* 1987, somm. 69, obs. Cabrillac. – Rappr. ■ Cass. com., 29 nov. 1982 : *D.* 1983, inf. rap. 246, obs. Cabrillac). N'étant pas propriétaire du titre l'endossataire à titre de procuration peut se voir opposer par le débiteur cambiaire toutes les exceptions que ce débiteur pourrait faire valoir contre l'endosseur (■ Cass. com., 24 sept. 2002 : *RJDA* 1/2003, n° 62). De même, le banquier endossataire est tenu de restituer l'intégralité de la valeur des effets (■ Aix-en-Provence, 8 juill. 1977 : *JCP* 1979, II, 19111, note Stoufflet. – Comp. ■ Aix-en-Provence, 16 avr. 1970 : *JCP* 1970, II, 16228, note Gavalda), et, lorsqu'il a par ailleurs consenti des avances au remettant, il ne peut compenser cette créance avec les sommes qu'il a pu recouvrer à partir d'effets remis à l'encaissement et qu'il doit à son client (■ Cass. com., 17 nov. 1981, n° 79-13.143 : *JurisData* n° 1981-703565 ; *Bull.* IV, n° 396 ; *JCP* G 1982, II, 19766, note Stoufflet et Chaput ; *D.* 1982, 257, note Vasseur ; *RTD com.* 1982, 277, obs. Cabrillac et Teyssié), sauf clause expresse de connexité entre le mandat de recouvrement et le crédit accordé (■ T. com. Paris, 3 avr. 1986 : *JCP* G 1986, II, 20741, note crit. Stoufflet ; *Banque* 1986, 923, obs. Rives-Lange ; *D.* 1987, somm. 92, obs. Vasseur).

Toutefois, le banquier porteur d'une lettre de change avec un *endossement « pour encaissement »*, peut exercer les droits dérivant de la lettre de change et prévus par l'article 143 L. 511-34 du Code de commerce pour le cas de perte ou de vol de l'effet (■ Cass. com., 8 juin 1993, n° 91-14.160 : *JurisData* n° 1993-001225 ; *Bull.* IV, n° 229 ; *D.* 1993, somm. 318, obs. Cabrillac).

9) Traite endossée illicitement. La traite endossée illicitement en pleine propriété par l'endossataire pour procuration n'est pas susceptible de circuler valablement et de parvenir entre les mains d'un tiers porteur de bonne foi ; en conséquence, l'endosseur dépossédé peut obtenir le paiement de sa créance contre le tiré sans qu'il y ait lieu de satisfaire aux formalités de l'article L. 511-34 du Code de commerce (■ Cass. com., 13 mars 1957 : *Gaz. Pal.* 1957, 2, 93).

C – Fin du mandat

10) Révocation. Le mandat peut être révoqué par l'endosseur, du moins tant qu'il n'est pas entièrement exécuté (■ Paris, 18 déc. 1850 : *DP* 1854, 5, 284), sauf lorsqu'il réunit les caractéristiques du mandat d'intérêt commun (dans le sens de cette qualification, ■ Cass. com., 17 nov. 1981 : *Bull.* IV, n° 396 ; *JCP* G 1982, II, 19766, note Stoufflet et Chaput ; *D.* 1982, 257, note Vasseur).

II – ENDOSSEMENT PIGNORATIF

A – Conditions

11) Preuve. Dans les relations endosseur-endossataire, la preuve peut toujours être apportée que l'endossement en blanc dissimule une constitution de gage (■ Cass. com., 3 mai 1971 : *Bull.* IV, n° 119 ; *RTD com.* 1972, 127, obs. Cabrillac et Rives-Lange. – Rappr. ■ Cass. com., 20 juin 1972, n° 71-10.789 : *JurisData* n° 1972-097200 ; *Bull.* IV, n° 200 ; *RTD com.* 1972, 966).

12) Mise en gage. Si la mise en gage d'une lettre de change peut s'effectuer par le procédé de l'endossement pignoratif prévu par l'article L. 511-13, alinéas 4 et 5 du Code de commerce, ce procédé n'est pas obligatoire et cette mise en gage peut, conformément aux dispositions de l'article L. 521-1, alinéa 1er du même code, être établie tant à l'égard des tiers que des parties contractantes par les moyens de preuve énoncés à l'article L. 110-3 de ce code (■ Chambéry, 6 juin 1966 : *JCP* G 1967, II, 15174, note Lescot ; *RTD com.* 1967, 830, obs. Becqué et Cabrillac. – Rappr. ■ Cass. com., 14 janv. 1975, n° 73-12.858 : *JurisData* n° 1975-097012 ; *Bull.* IV, n° 12).

B – Effets

13) Inopposabilité des exceptions. En tant que tiers porteur de l'effet, l'endossataire pignoratif bénéficie du principe de l'inopposabilité des exceptions (■ Cass. com., 13 mai 1981, n° 79-15.574 : *JurisData* n° 1981-701767 ; *Bull.* IV, n° 227. ■ Cass. com., 29 nov. 1982 : *Bull.* IV, n° 374 ; *JCP* G 1983, IV, 55 ; *D.* 1983, inf. rap. 246, obs. Cabrillac. – *Adde*, ■ Cass. com., 31 mai 1976, n° 75-11.683 : *JurisData* n° 1976-097183 ; *Bull.* IV, n° 183 ; *RTD com.* 1977, 128, obs. Cabrillac et Rives-Lange).

14) Réendossement. La disposition de l'article L. 511-13, alinéa 4, ne joue pas lorsque l'endossement translatif est fait au profit du précédent porteur, l'endossement pignoratif cessant, par le réendossement, de produire effet (■ Cass. com., 21 avr. 1975, n° 73-14.383 : *JurisData* n° 1975-097109 ; *Bull.* IV, n° 109 ; *RTD com.* 1975, 870 ; *JCP* G 1975, IV, 183).

Art. L. 511-14 *(Anc. C. com., art. 123)*. **– L'endossement postérieur à l'échéance produit les mêmes effets qu'un endossement antérieur. Toutefois, l'endossement postérieur au protêt faute de paiement, ou fait après l'expiration du délai fixé pour dresser le protêt, ne produit que les effets d'une cession ordinaire.**

Sauf preuve contraire, l'endossement sans date est censé avoir été fait avant l'expiration du délai fixé pour dresser le protêt.

Il est défendu d'antidater les ordres à peine de faux.

1) Effets du protêt. Le protêt interrompant la série des endossements successifs, le détenteur d'une lettre de change protestée ne peut plus se dire porteur légitime, en vertu d'un endossement en blanc consenti antérieurement à l'acte de protêt quand ce dernier n'a point été dressé à sa requête (■ Cass. req. 28 mars 1944 : *D.* 1945, 1, note Percerou ; *JCP* G 1945, II, 2790, note Lescot. – *Adde* pour la remise après expiration du délai requis pour dresser protêt, ■ Cass. com., 24 nov. 1983, n° 82-13.674 : *JurisData* n° 1983-702508 ; *Bull.* IV, n° 323).

2) A violé les articles L. 511-8 et L. 511-53 du Code de commerce la cour d'appel qui, pour condamner le tiré à payer le montant d'une lettre de change à la banque tiers porteur, a retenu que, si l'acte de protêt ne fait pas mention de la signature de l'endosseur au profit de la banque, la relation par l'huissier des endossements au verso de l'effet ne fait pas partie des énonciations du protêt ayant force probante jusqu'à inscription de faux et n'a de valeur que de simple renseignement, et que si le protêt a laissé quelque temps place à l'incertitude, il est prouvé par une signature non discutée que la lettre a été endossée en blanc, ce qui suffit à conférer à la banque tous les droits attachés au titre, alors que l'endossement doit, pour attribuer la qualité de porteur légitime, être signé avant la rédaction de l'acte de protêt (■ Cass. com., 10 janv. 1984 : *Bull.* IV, n° 10 ; *JCP* G 1984, IV, 86 ; *D.* 1985, inf. rap. 32, obs. Cabrillac ; *RTD com.* 1984, 491, obs. Cabrillac et Teyssié).

3) Droits de l'endossataire porteur après protêt. L'endossataire devenu porteur après protêt ou expiration du délai requis pour dresser protêt doit être considéré comme un cessionnaire de droit commun ; en conséquence, il ne bénéficie pas du principe d'inopposabilité des exceptions (■ Cass. com., 13 oct. 1970 : *Bull.* IV, n° 265 ; *RTD com.* 1971, 403, obs. Cabrillac et Rives-Lange. ■ 29 mai 1978 [2e esp.] : *Bull.* IV, nos 152 et 153 ; *D.* 1979, inf. rap. 278, obs. Cabrillac ; *RTD com.* 1979, 128, obs. Cabrillac et Rives-Lange. ■ Cass. com., 24 nov. 1983, n° 82-13.674 : *JurisData* n° 1983-702508 ; *Bull.* IV, n° 323. – V. art. L. 511-25, annot. n° 6, p. 1030), même au cas où il s'agit d'une traite « sans frais » (■ Aix-en-Provence, 7 avr. 1976 : *Gaz. Pal.* 1978, 2, 626, note Tardieu-Naudet).

Cependant, en vertu du droit commun, la créance lui est valablement transmise telle que l'avait l'endosseur et il ne doit pas subir les exceptions qui étaient inopposables à son cédant (■ Cass. com., 25 juin 1974 : *JurisData* n° 1974-097204 ; *Bull. civ.* IV, n° 204 ; *RTD com.* 1975, 139, obs. Cabrillac et Rives-Lange ; *Banque* 1975, 94, obs. Martin. – Comp. ■ T. com. Seine, 19 mars 1959 : *Gaz. Pal.* 1959, 2, 36 ; *RTD com.* 1959, 908, obs. Becqué et Cabrillac et ■ Cass. com., 24 nov. 1983, n° 82-13.674 : *JurisData* n° 1983-702508 ; *Bull. civ.* IV, n° 323. – *Adde* pour le rétablissement du montant de l'effet au crédit du compte après contre-passation, notes sous art. L. 511-47, p. 1042).

4) Légitimité du porteur après protêt. Pour devenir porteur légitime, un nouvel endossement est nécessaire lors de la remise après protêt ou expiration du délai requis pour dresser protêt s'agissant d'une lettre de change pourvue antérieurement d'un endos au porteur ou en blanc (■ Cass. com., 17 juill. 1980, n° 78-16.503 : *JurisData* n° 1980-799055 ; *Bull.* IV, n° 306 ; *JCP* G 1980, IV, 371. ■ Cass. com., 24 nov. 1983 : *Bull.* IV, n° 323).

5) Prescription. Les dispositions de l'article L. 511-14 du Code de commerce reçoivent application s'agissant d'une traite prescrite, l'extinction par prescription de l'action cambiaire n'entraînant pas celle de l'action fondamentale et donc celle du droit du porteur sur la provision ; en conséquence, l'endossement d'une traite prescrite opère transfert à l'endossataire de la créance de provision (■ Paris, 22 juin 1966 : *D.* 1967, 95).

Section IV. – De l'acceptation

Art. L. 511-15 *(Anc. C. com., art. 124)*. **– La lettre de change peut être, jusqu'à l'échéance, présentée à l'acceptation du tiré, au lieu de son domicile, par le porteur ou même par un simple détenteur.**

Dans toute lettre de change, le tireur peut stipuler qu'elle devra être présentée à l'acceptation, avec ou sans fixation de délai.

Il peut interdire dans la lettre la présentation à l'acceptation, à moins qu'il ne s'agisse d'une lettre de change payable chez un tiers ou d'une lettre payable dans une localité autre que celle du domicile du tiré ou d'une lettre tirée à un certain délai de vue.

Il peut aussi stipuler que la présentation à l'acceptation ne pourra avoir lieu avant un terme indiqué.

Tout endosseur peut stipuler que la lettre devra être présentée à l'acceptation, avec ou sans fixation de délai, à moins qu'elle n'ait été déclarée non acceptable par le tireur.

Les lettres de change à un certain délai de vue doivent être présentées à l'acceptation dans le délai d'un an à partir de leur date.

Le tireur peut abréger ce dernier délai ou en stipuler un plus long.

Ces délais peuvent être abrégés par les endosseurs.

Lorsque la lettre de change est créée en exécution d'une convention relative à des fournitures de marchandises et passée entre commerçants, et que le tireur a satisfait aux obligations résultant pour lui du contrat, le tiré ne peut se refuser à donner son acceptation dès l'expiration d'un délai conforme aux usages normaux du commerce en matière de reconnaissance de marchandises.

Le refus d'acceptation entraîne de plein droit la déchéance du terme aux frais et dépens du tiré.

Bibliographie : Chanteux-Bui, *Le refus d'accepter une lettre de change : RTD com.* 1978, 707. • Guyen Xuan Chanh, *La déchéance des droits du porteur de la lettre de change pour inexécution de ses obligations au regard de la présentation de l'effet à l'acceptation ou au paiement : D.* 1979, chron. 77. • Vasseur, *Réflexions sur le régime juridique du porteur de traites non acceptées (à propos de Cass. com., 4 déc. 1984) : D.* 1985, chron. 199. • Hecart, *Réflexions à propos de la traite non acceptée : D.* 2003, doctr. 539.

Ouvrage. *JCl. com.*, Fasc. 425, *Lettre de change, Acceptation* par Issa-Sayegh.

I – L'ACCEPTATION PAR LE TIRÉ

1) Acceptation par une personne morale. Lorsque des lettres de change sont rendues *acceptées par une personne morale*, un usage bancaire constant dispense le banquier escompteur d'exiger la justification des pouvoirs de la personne qui a apposé la signature d'acceptation (▪ Cass. com., 5 févr. 1985, n° 83-17.042 : *JurisData* n° 1985-700248 ; *Bull.* IV, n. 46 ; *Banque* 1985, 522, obs. Rives-Lange ; *RTD com.* 1986, 112, obs. Cabrillac et Teyssié. ▪ Cass. com., 23 mai 1989 : *Bull.* IV, n° 160 ; *LPA* 24 nov. 1989, p. 12, obs. Credot ; *Banque* 1989, 1086, obs. Rives-Lange ; *RD bancaire et bourse* 1989, 172, obs. Credot et Gérard ; *RTD com.* 1990, 65, obs. Cabrillac et Teyssié. ▪ Cass. com., 13 déc. 1994 : *RD bancaire et bourse* 1995, 101, obs. Credot et Gérard ; *RTD com.* 1995, 449, obs. Cabrillac et Teyssié. ▪ Cass. com., 9 mars 1999 : *JCP* E 1999, pan. 790 ; *LPA 13 avr. 1999, p. 11, note* L. C. ; *RTD com.* 1999, 929, obs. Cabrillac ; *RD bancaire et bourse* 1999, 94, obs. Credot et Gérard, pour un billet à ordre). – V. Arrighi, *La protection du banquier escompteur par l'usage (À propos de l'arrêt de la Chambre commerciale de la Cour de cassation du 23 mai 1989) : JCP* E 1990, II, 15861. – Th. Bonneau, *Billet à ordre et engagement cambiaire de la société par son mandataire apparent : RD bancaire et bourse* 1999, 114.

2) Droit pénal. En l'absence de toute autre circonstance, les effets de commerce, qui n'ont pas été acceptés par les tirés, ne constituent pas des titres au sens des articles 147 ancien et 441-1 du Code pénal, relatifs au faux et usage de faux (▪ Cass. crim., 5 nov. 1998, n° 97-83.170 : *JurisData* n° 1998-004591 ; *D. affaires* 2000, jurispr. 431, obs. Djoudi).

II – REFUS D'ACCEPTATION

3) Exigence d'un protêt. Même si les conditions requises par la loi ou les usages commerciaux pour que le tiré soit obligé d'accepter les lettres à lui présentées, sont réunies, une banque n'est pas fondée à faire grief au tiré de son refus d'accepter les traites qui lui sont présentées, lorsqu'elle n'a pas elle-même fait dresser protêt et a prévenu le tiré, par lettre, qu'elle ne persévérerait pas à exiger son acceptation (▪ Paris, 14 avr. 1964 : *D.* 1964, 725, note Goré).

III – EFFETS DU REFUS D'ACCEPTATION

4) Échéance. Si le refus par le tiré d'accepter une lettre de change rend immédiatement exigible, en vertu du dernier alinéa de l'article L. 511-15 du Code de commerce, la créance que le tireur a contre le tiré, et qui constitue la provision de l'effet, ce *refus n'a pas pour effet de modifier l'échéance de la lettre de change* (▪ Cass. com., 1er févr. 1977, n° 75-13.556 : *JurisData* n° 1977-

097035 ; *Bull.* IV, n° 32 ; *D.* 1977, inf. rap. 398, obs. Vasseur ; *RTD com.* 1977, 332, obs. Cabrillac et Rives-Lange ; *Banque* 1977, 1127, obs. Martin. ▪ Poitiers, 31 mai 1979 : *D.* 1980, inf. rap. 113).

5) Déchéance. Pour que la déchéance soit encourue, encore faut-il que le créancier tireur ou le tiers porteur ait respecté lui-même ses propres engagements, telle, par exemple, la délivrance d'un connaissement à laquelle l'exigibilité de la créance était soumise (▪ Cass. com., 4 déc. 1979 : *Bull.* IV, n° 322 ; *Gaz. Pal.* 1980, 1, somm. 371, note Dupichot).

6) Action du porteur. Le porteur d'un effet, même non accepté et non protesté, conserve une action fondée sur le transfert de la provision à son profit (▪ Cass. com., 7 nov. 1983, n° 82-12.944 : *JurisData* n° 1983-702592 ; *Bull.* IV, n° 291. – *Adde*, ▪ Cass. com., 14 déc. 1970 : *D.* 1972, 1, note Bouloc. ▪ Paris, 14 avr. 1964 : *JCP* 1965, II, 14065, note Lescot. – V. annot. sous art. L. 511-7, p. 997).

7) Lettre de change « pro forma ». Une lettre de change « pro forma » est en réalité une traite non acceptée et le tireur est garant du paiement (▪ Cass. com., 15 déc. 1987, n° 86-16.925 : *JCP* E 1987, I, 16883 ; *D.* 1988, somm. 50, obs. Cabrillac).

IV – RESPONSABILITÉ DU TIRÉ POUR AVIS TARDIF DU REFUS D'ACCEPTATION

8) Conditions. Le tiré qui a renvoyé, non acceptée, la lettre de change que la banque escomptrice lui avait adressée, pour acceptation, plusieurs mois auparavant, ne peut être déclaré responsable des conséquences pécuniaires que son retard a entraînées tant pour le tireur, qui a été mis en règlement judiciaire, que pour la banque qui n'a pu opérer, en temps utile, une contre-passation, dès lors que n'est pas établie l'existence d'un lien de causalité entre la faute commise par le tiré et le préjudice subi par les intéressés (▪ Cass. com., 7 oct. 1987, n° 86-14.538 : *JCP* G 1987, IV, 381 ; E, I, 16883 ; *D.* 1988, somm. 50, obs. Cabrillac). Ainsi, ne commet pas de faute le tiré qui diffère sa réponse durant quatre à six semaines selon les traites jusqu'au moment où il apprend que la livraison des marchandises devant constituer la provision n'aura pas lieu (▪ Cass. com., 1er févr. 1972, n° 70-13.580 : *JurisData* n° 1972-098045 ; *Bull.* IV, n° 45 ; *D.* 1972, somm. 146 ; *RTD com.* 1972, 963, obs. Cabrillac et Rives-Lange).

De même est également justifié l'arrêt qui déboute une banque de sa demande en paiement contre le tiré, dès lors qu'il relève qu'à la date où l'effet litigieux aurait dû être retourné à la banque les chances d'en obtenir le paiement étaient nulles (▪ Cass. com., 12 mai 1976, n° 74-13.635 : *JurisData* n° 1976-097164 ; *Bull.* IV, n° 164 ; *D.* 1976, inf. rap. 229). De même, s'agissant du renvoi par le tiré au tireur pour défaut de cause (créance fictive) d'une traite à lui présentée à l'acceptation par le banquier escompteur (▪ T. com. Valenciennes, 30 mars 1971 : *JCP* 1972, II, 17114, note Gavalda).

Mais commet une faute délictuelle et *peut engager sa responsabilité le tiré qui s'abstient de renvoyer la traite* au porteur (▪ Cass. com., 12 févr. 1974 : *JurisData* n° 1974-097056 ; *JCP* 1975, II, 17961, note Cabrillac. ▪ 13 oct. 1992 : *Bull.* IV, n° 302 ; *RTD com.* 1993, 136, obs. Cabrillac et Teyssié).

9) Information du porteur. La responsabilité du tiré qui refuse d'accepter *peut être engagée* s'il retourne l'effet au tireur sans en informer la banque porteur qui l'avait escompté, la mettant ainsi dans l'impossibilité d'en opérer la contre-passation avant le règlement judiciaire du tireur (▪ Cass. com., 26 mars 1974, n° 72-14.049 : *JurisData* n° 1974-097109 ; *Bull.* IV, n° 109 ; *RTD com.* 1974, 556. ▪ Cass. com., 8 janv. 1979 : *Gaz. Pal.* 1979, 1, somm. 232).

Art. L. 511-16 *(Anc. C. com., art. 125).* – **Le tiré peut demander qu'une seconde présentation lui soit faite le lendemain de la première. Les intéressés ne sont admis à prétendre qu'il n'a pas été fait droit à cette demande que si celle-ci est mentionnée dans le protêt.**

Le porteur n'est pas obligé de se dessaisir, entre les mains du tiré, de la lettre présentée à l'acceptation.

1) Dessaisissement de la lettre de change entre les mains du tiré. – Si le porteur peut adresser la lettre de change au tiré par voie postale, il est de son intérêt d'user de la lettre recommandée, faute de quoi, si le tiré conteste avoir reçu l'effet, il sera contraint de recourir à la procédure des articles L. 511-34 et suivants du Code de commerce (▪ Paris, 18 nov. 1981 : *JurisData* n° 1981-028140 ; *RTD com.* 1982, 268, obs. Cabrillac et Teyssié. – Comp. ▪ Aix-en-Provence, 7 janv. 1982 : *Banque* 1982, 528, obs. Martin ; *RTD com.* 1982, 268, obs. Cabrillac et Teyssié. ▪ Orléans, 9 déc. 1981 : *D.* 1982, inf. rap. 410, obs. Vasseur).

– Le banquier chargé de l'encaissement qui, après une présentation infructueuse au paiement, adresse la lettre de change au tiré en vue d'une acceptation commet une faute qui engage sa responsabilité à l'égard du porteur (▪ Cass. com., 2 juin 1975 : *Bull.* IV, n° 148 ; *RTD com.* 1976, 159).

2) **Obligation pour le tiré de faire retour au porteur de la lettre de change.** – C'est au porteur qui la lui a présentée à l'acceptation que le tiré doit renvoyer la lettre de change (▪ Cass. com., 12 févr. 1974 : *JurisData* n° 1974-097055 ; *Bull.* IV, n° 55 ; *JCP* 1975, II, 17961, note Cabrillac. ▪ Cass. com., 26 mars 1974 : *Bull.* IV, n° 109).

– Il ne peut être reproché au tiré d'avoir commis une imprudence en omettant de recommander la lettre d'envoi (▪ Cass. com., 20 déc. 1954 : *JCP* G 1955, II, 8551 ; *Gaz. Pal.* 1955, 1, 55. ▪ T. com. Seine, 4 mai 1959 ; *Journ. agréés* 1962, 91, note B. L.).

– Il appartient au porteur bénéficiaire d'une lettre de change de rapporter la preuve qu'il a subi un préjudice du fait du renvoi tardif de l'effet par le tiré (▪ Cass. com., 20 nov. 1972 : *JCP* G 1973, IV, 7. – Cf. notes sous art. L. 511-15, p. 1014 pour la responsabilité du tiré en cas d'avis tardif du refus d'accepter).

– L'obligation, pour le tiré, de faire retour, dans le plus bref délai, au tiers porteur, des lettres de change pour acceptation, n'est pas soumise à la condition d'une mise en demeure préalable (▪ Cass. com., 8 janv. 1979, n° 77-12.450 : *JurisData* n° 1979-097006 ; *JCP* G 1979, IV, 88 ; *Gaz. Pal.* 1979, 1, somm. 232 ; *D.* 1980, inf. rap. 135, obs. Cabrillac ; *RTD com.* 1979, 774).

– C'est au tribunal saisi d'une demande de dommages et intérêts d'apprécier le délai à l'expiration duquel la rétention de l'effet est devenu fautive (▪ Cass. com., 1er févr. 1972 : *Bull.* IV, n° 45 ; *RTD com.* 1972, 963. ▪ Cass. com., 12 mai 1976 : *Bull.* IV, n° 164 ; *RTD com.* 1977, 125 ; *D.* 1976, inf. rap. 229. ▪ 8 janv. 1979 : *JurisData* n° 1979-097007 ; *JCP* G 1979, IV, 88 ; *Gaz. Pal.* 1979, 1, somm. 232. ▪ Cass. com., 7 oct. 1987, n° 86-14.538 : *Bull.* IV, n° 215 ; *D.* 1988, somm. 50, obs. Cabrillac).

Art. L. 511-17 ***(Anc. C. com., art. 126).*** **– L'acceptation est écrite sur la lettre de change. Elle est exprimée par le mot « accepté » ou tout autre mot équivalent et est signée du tiré. La simple signature du tiré apposée au recto de la lettre vaut acceptation.**

Quand la lettre est payable à un certain délai de vue ou lorsqu'elle doit être présentée à l'acceptation dans un délai déterminé en vertu d'une stipulation spéciale, l'acceptation doit être datée du jour où elle a été donnée, à moins que le porteur n'exige qu'elle soit datée du jour de la présentation. À défaut de date, le porteur, pour conserver ses droits de recours contre les endosseurs et contre le tireur, fait constater cette omission par un protêt dressé en temps utile.

L'acceptation est pure et simple, mais le tiré peut la restreindre à une partie de la somme.

Toute autre modification apportée par l'acceptation aux énonciations de la lettre de change équivaut à un refus d'acceptation. Toutefois, l'accepteur est tenu dans les termes de son acceptation.

I – CONDITIONS DE FOND

1) **Régularité du titre.** Pour l'acceptation sur un titre dont une mention fait défaut (cf. notes sous art. L. 511-1, p. 989).

2) **Capacité.** L'acceptation est soumise aux mêmes règles de capacité que l'émission (V. notes sous art. L. 511-5, p. 995).

3) **Acceptation par mandataire.**

a) Faute d'un pouvoir suffisant, l'action est donnée au porteur contre le signataire de l'effet, conformément à l'article L. 511-5 du Code de commerce (▪ Cass. com., 17 juill. 1965 : *Bull.* III, n° 447 ; *RTD com. 1966, 90.* ▪ *Cass. com., 3 mars 1969,* n° 66-11.331 : *Bull.* IV, n° 78. ▪ Cass. com., 21 juill. 1975 : *D.* 1975, inf. rap. 198).

b) Dans l'hypothèse où la qualité de mandataire n'apparaît pas sur l'effet, le mandataire peut établir, par tous moyens, qu'il n'a pas signé en son nom personnel et que le contractant connaissait sa qualité (▪ Cass. com., 11 oct. 1971, n° 70-11.040 : *JurisData* n° 1971-097232 ; *Bull.* IV, n° 232 ; *RTD com.* 1972, 427. ▪ Cass. com., 3 nov. 1975, n° 73-14.471 : *Bull.* IV, n° 254. – Comp. ▪ Cass. com., 17 mars 1982 : *JurisData* n° 1982-701292 ; *JCP* G 1982, IV, 194. ▪ Cass. com., 9 févr. 1981 : *JurisData* n° 1981-700993 ; *Bull.* IV, n° 70 ; *JCP* G 1981, IV, 145 ; *D.* 1981, inf. rap. 305, obs. Cabrillac.

Mais *contra* pour la signature d'aval par un mandataire social sans mention de sa qualité, la cour décide qu'en l'absence de tout élément, le mandataire était seul engagé comme avaliste sans qu'il y ait lieu de rechercher s'il avait agi en qualité de mandataire (▪ Cass. com., 28 juin 1983, n° 82-11.885 : *JurisData* n° 1983-701798 ; *Bull.* IV, n° 190 ; *D.* 1984, somm. 71, obs. Cabrillac. ▪ Cass. com., 6 oct. 1998, n° 95-13.496 : *JurisData* n° 1998-003738 ; *RJDA* 12/98, n° 1409 ; *RTD com.* 1999, 164, obs. Cabrillac ; *RJ com.* 1999, 231, obs. Gibirila).

c) La jurisprudence considère qu'il suffit aux juges du fond de constater que la lettre de change est *acceptée par le dirigeant d'une société*, qualifié pour le faire, sans qu'il soit nécessaire de faire précéder la signature des titres et qualités du mandataire social (▪ Cass. com., 8 mars 1954 : *Bull.* III, n° 95. ▪ T. com. Seine, 5 nov. 1962 : *Journ. agréés* 1963, 128, note Thérel). Ainsi, la seule signature apposée sur la lettre de change par le président-directeur général d'une société anonyme peut valoir comme acceptation souscrite au nom de la société tirée et comme aval, donné à titre personnel, de l'engagement social (■ Cass. com., 2 févr. 1981, n° 79-15.144 : *JurisData* n° 1981-700391 ; *Gaz. Pal.* 1981, 2, 423, note Dupichot ; *RTD com.* 1981, 566. ■ 9 févr. 1981 : *JurisData* n° 1981-020357 ; *Bull.* IV, n° 69 ; *Gaz. Pal.* 1981, 2, pan. jurispr. 234. – *Contra*, ■ Strasbourg, 3 oct. 1973 : *JurisData* n° 1973-760022 ; *D.* 1975, 718, note Tendler ; *RTD com.* 1975, 868. – *Adde* lorsque sur des traites figure la double signature du représentant de la société tirée, ne peut être admise la prétention selon laquelle ce dirigeant par l'une des signatures s'est engagé comme tiré et non comme donneur d'aval puisqu'elle serait alors incompatible avec l'autre signature, laquelle ne pouvait traduire que l'acceptation de la société désignée comme tirée (■ Cass. com., 13 janv. 1987, n° 85-14.807 : *RTD com.* 1987, 224, obs. Cabrillac et Teyssié).

d) Les juges du fond peuvent condamner une société à payer le montant d'une lettre de change acceptée par son mandataire, si ce montant correspond à des marchandises livrées à la société et si le mandat donné pour engager la société n'a été révoqué qu'après acceptation de la traite et livraison des marchandises (■ Cass. com., 20 juin 1961 : *Bull.* IV, n° 279) ; de même, lorsque le gérant a accepté une traite et qu'aucune équivoque n'est possible sur l'engagement de la société qui était la chose de son gérant (■ Cass. com., 17 oct. 1977, n° 76-10.658 : *JurisData* n° 1977-098229 ; *Bull.* IV, n° 229).

e) Sur le dépassement de l'objet social par le représentant légal d'une société dotée de la personnalité morale (■ Cass. com., 25 juin 1985 : *Bull.* IV, n° 196 ; *Rev. sociétés* 1985, 829, note Daigre ; *D.* 1985, inf. rap. 419, obs. Cabrillac).

f) Sur l'existence d'un mandat apparent pour engager la société pour laquelle une personne, non habilitée, à le faire a accepté des lettres de change (■ Cass. com., 16 déc. 1959 : *Bull.* IV, n° 432. ■ T. com. Paris, 7 mai 1969 : *Journ. agréés* 1969, 279, note E. M.). Ainsi, une société ne peut valablement soutenir qu'elle ne saurait être tenue du paiement d'effets de commerce parce que ceux-ci n'auraient pas été acceptés par son gérant, seul habilité, selon elle, pour l'engager alors que la banque, tiers porteur fait observer, à juste titre, que cette société n'était pas sa cliente, qu'elle ne possédait pas de dépôt de sa signature et qu'il n'est pas, en outre, précisé par qui les effets litigieux auraient alors été acceptés (■ Paris, 13 mars 1985 : *JurisData* n° 1985-021564 ; *Gaz. Pal. 1986, 1, somm. 32*).

Un usage bancaire constant dispense le banquier escompteur, lorsque les lettres de change sont rendues acceptées par une personne morale, d'exiger la justification des pouvoirs de la personne qui a apposé la signature d'acceptation (■ Cass. com., 5 févr. 1985 : *Bull.* IV, n° 46 ; *Banque* 1985, 522, obs. Rives-Lange ; *RTD com.* 1986, 112, obs. Cabrillac et Teyssié. ■ 23 mai 1989 : *JurisData* n° 1989-022555 ; *Bull.* IV, n° 160 ; *RD bancaire et bourse* 1989, 172, obs. Credot et Gérard ; *Banque* 1989, 1086, obs. Rives-Lange ; *RTD com.* 1990, 65, obs. Cabrillac et Teyssié ; *LPA* 24 nov. 1989, p. 12, obs. Credot. ■ Cass. com., 13 déc. 1994 : *RD bancaire et bourse* 1995, 101, obs. Credot et Gérard ; *RTD com.* 1995, 449, obs. Cabrillac et Teyssié. ■ Cass. com., 9 mars 1999 : *JCP* E 1999, pan. 790 ; *LPA* 13 avr. 1999, p. 11, note L.C. ; *RTD com.* 1999, 929, obs. Cabrillac ; *RD bancaire et bourse* 1999, 94, obs. Credot et Gérard, pour un billet à ordre). V. J.-P. Arrighi, *La protection du banquier escompteur par l'usage (À propos de l'arrêt de la Chambre commerciale de la Cour de cassation du 23 mai 1989) : JCP* E 1990, II, 15861. – Th. Bonneau, *Billet à ordre et engagement cambiaire de la société par son mandataire apparent : RD bancaire et bourse* 1999, 114.

g) Toutefois, manque de base légale l'arrêt qui retient l'existence d'un mandat apparent au profit d'une personne autre que le gérant, seul habilité à accepter des traites, sans rechercher si l'accepteur n'avait jamais eu pouvoir de représenter la société ou si celle-ci n'était pas demeurée étrangère à l'apparence alléguée (■ Cass. com., 25 avr. 1977, n° 76-11.671 : *JurisData* n° 1977-097115 ; *Bull.* IV, n° 115).

– De même, s'agissant d'un associé sans pouvoir, le motif du silence gardé par la société débitrice est inopérant, l'absence de désaveu n'équivalant pas à la ratification d'un mandat (■ Cass. com., 29 mars 1977, n° 76-10.201 : *JurisData* n° 1977-097098 ; *Bull.* IV, n° 98 ; *D.* 1977, inf. rap. 397, obs. Vasseur ; *RTD com.* 1977, 555).

h) Est débouté de son action en paiement contre la société absorbante pour laquelle un salarié indélicat avait accepté des traites, le banquier qui ne pouvait ignorer l'opération d'absorption puisque régulièrement publiée, ce qui aurait dû l'inciter à une vigilance particulière et le conduire à déroger aux usages en vérifiant les pouvoirs du signataire, et ce malgré la conjugaison des trois circonstances de nature à accréditer le pouvoir du signataire : l'utilisation des cachets sociaux ; la qualité de salarié ; la coïncidence des noms du signataire et de la société absorbée (■ Cass. com., 11 févr. 1974, n° 70-14.167 : *JurisData* n° 1974-097053 ; *Bull.* IV, n° 53 ; *RTD com.* 1975, 119, note Houin ; 1974, 558, note Cabrillac et Rives-Lange. ■ Cass. com., 27 mai 1974 : *JurisData* n° 1974-700168 ; *Gaz. Pal.* 1974, 2, somm. 203).

4) Consentement. – *Fausse signature.* Il n'y a pas consentement si la signature du tiré est fausse (■ Cass. com., 7 avr. 1967 : *Bull.* III, n° 126 ; *RTD com.*

1967, 829. ▪ Cass. com., 2 déc. 1997, n° 96-10.354 : *JurisData* n° 1997-004878 ; *RJDA* 4/98, n° 503. – V. notes sous art. L. 511-12, p. 1007), sauf éventuellement à rechercher la faute de ce dernier sur le plan de la responsabilité civile (▪ Grenoble, 28 mai 1963 : *JCP* 1964, II, 13503. – Comp. ▪ Toulouse, 4 mars 1980 : *JurisData* n° 1980-699848 ; *RJ com.* 1981, 227).

– *Vices du consentement.* L'erreur est inopposable aux tiers de bonne foi (▪ Cass. com., 2 juill. 1969 : *Bull.* IV, n° 258. – V. notes sous art. L. 511-12, p. 1007. – Comp. ▪ Cass. com., 30 mai 1983 : *D.* 1984, inf. rap. 71, obs. Cabrillac). Il en est autrement dans les rapports du tiré accepteur et du tireur (cf. notes sous art. L. 511-12, p. 1007).

5) Modalités de l'acceptation. – L'acceptation doit être *pure et simple ;* sinon, elle équivaut à un refus d'acceptation (▪ Cass. com., 2 juin 1950 : *JCP* G 1950, IV, 117 ; *RTD com.* 1951, 550. ▪ Paris, 28 oct. 1999, n° 1998/06763 : *JurisData* n° 1999-104020 ; *D.* 2000, *Cah. dr. aff.*, jurispr. 54).

– Mais si, aux termes de l'article L 511-17, alinéa 4 du Code de commerce toute acceptation *conditionnelle*, autre que celle limitée à une partie du montant de la traite, équivaut à un refus d'acceptation, le tiré n'en est pas moins obligé, en vertu de ce texte, sous la condition mise par lui à son engagement et le porteur n'est nullement tenu d'informer le tireur, dans les formes et les délais prévus par l'article L. 511-42 du Code de commerce ni d'exercer un recours immédiat contre ce dernier à peine de déchéance (▪ Cass. com., 18 janv. 1955 : *JCP* 1955, II, 8602, note Lescot). Dans cette hypothèse, le porteur peut, au choix, soit exercer les recours immédiats contre les garants après avoir fait constater le refus d'acceptation du tiré, soit attendre l'échéance fixée par le tireur, soit poursuivre le tiré dans les termes de son acceptation (▪ Cass. com., 18 janv. 1955, préc. ▪ 14 oct. 1959 : *Journ. agréés* 1960, 91, note Weinberg).

II – CONDITIONS DE FORME

6) Signature par griffe. La loi n° 66-380 du 16 juin 1966 n'admettant la signature par griffe que pour le tireur et l'endosseur, la signature du tiré doit être manuscrite.

7) Date. Sauf l'hypothèse visée à l'al. 2 de l'article L. 511-17 du Code de commerce, l'acceptation non datée est parfaitement régulière et il appartient à celui qui prétend qu'elle a été donnée à une époque où le tiré ne pouvait pas valablement s'engager d'en établir la date exacte (▪ Cass. req., 2 juin 1930 : *Gaz. Pal.* 1930, 2, 208, pour une société en cours de constitution).

8) Acte séparé. Des termes impératifs de l'article 126 [L. 511-17] du Code de commerce, il ressort que l'acceptation doit figurer sur la lettre de change elle-même et que, si elle est donnée par acte séparé elle n'a que la valeur d'une promesse de paiement dépourvue de tout effet cambiaire (▪ Cass. com., 22 févr. 1954 : *JCP* CI 1954, 52983 ; *RTD com.* 1954, 367, obs. Becqué et Cabrillac). Mais dès que la signature figure au recto elle vaut acceptation, peu importe qu'elle ait été apposée en dehors du cadre préimprimé destiné à la recevoir (▪ Cass. com., 3 mai 2006, n° 04-17.139 : *JurisData* n° 2006-033316 ; *JCP* E 2006, 1892 ; *D.* 2006, p. 1526, obs. Avena-Robardet ; *RJDA* 11/2006, n° 1166 ; *JCP* E 2006, 2825, note Zollinger ; *D.* 2007, pan. 764, obs. D.-R. Martin).

9) LCR. La LCR (lettre de change relevé) papier peut faire l'objet d'une acceptation (▪ Cass. com., 30 juin 1998, n° 95-17.785 : *JurisData* n° 1998-003035 ; *D.* 1999, somm. 150, obs. Cabrillac ; *RJDA* 11/98, n° 1287). V. not. pour l'application, entre les parties, de la convention de « paiement sauf désaccord » (▪ Cass. com., 9 févr. 1999, n° 96-12.531 : *JurisData* n° 1999-000569 ; *RD bancaire et bourse* 1999, 94, obs. Credot et Gérard ; *JCP* E 2000, p. 1089, n° 22, obs. Gavalda et Stoufflet).

Art. L. 511-18 *(Anc. C. com., art. 127).* **– Quand le tireur a indiqué dans la lettre de change un lieu de paiement autre que celui du domicile du tiré, sans désigner un tiers chez qui le paiement doit être effectué, le tiré peut l'indiquer lors de l'acceptation. À défaut de cette indication, l'accepteur est réputé être obligé à payer lui-même au lieu du paiement.**

Si la lettre est payable au domicile du tiré, celui-ci peut, dans l'acceptation, indiquer une adresse du même lieu où le paiement doit être effectué.

Art. L. 511-19 *(Anc. C. com., art. 128).* **– Par l'acceptation, le tiré s'oblige à payer la lettre de change à l'échéance.**

À défaut de paiement, le porteur, même s'il est le tireur, a contre l'accepteur une action directe résultant de la lettre de change pour tout ce qui peut être exigé en vertu des articles L. 511-45 et L. 511-46.

1) Engagement unilatéral. L'acceptation est un *engagement unilatéral* (V. notes sous art. L. 511-20, p. 1020).

Lorsque aucune indication de la lettre de change ne permet au tireur de considérer que l'*acceptation* avait été souscrite en représentation d'une personne morale, l'accepteur doit être condamner à payer l'effet (▪ Cass. com., 18 janv. 1994, n° 92-11.875 : *RJDA* 6/94, n° 689).

2) Effet de l'acceptation. (■ Cass. com., 16 juin 1981, n° 80-11.017 : *Bull.* IV, n° 275 ; *D.* 1982, inf. rap. 174, obs. Cabrillac. – *Adde*, ■ Versailles, 1er oct. 1986 : *Banque* 1987, 90, obs. Rives-Lange ; *RTD com.* 1987, 222, obs. Cabrillac et Teyssié) ; mais, par cet engagement, l'accepteur devient le débiteur principal de la traite (■ Cass. civ., 18 juin 1927 : *DH* 1927, 465. ■ Cass. com., 28 déc. 1927 : *S.* 1928, 1, 121, note Lyon-Caen ; *DH* 1929, 1, 13, note Chéron) ; ainsi, le tiré qui a accepté à découvert ne peut se prévaloir de l'article 2037 du Code civil à l'encontre du tireur (■ Cass. com., 18 déc. 1927, préc.).

3) Obligation de payer. Par l'acceptation d'une lettre de change émise sur lui, le tiré s'oblige directement et personnellement à payer l'effet à son échéance à tout porteur légitime, même dans le cas où la propriété de la provision n'a pas été régulièrement transférée à ce dernier ; le droit ainsi acquis au porteur, de son propre chef, est, en effet, indépendant du droit à la provision qu'il possède du chef du tireur (■ Cass. civ., 21 mars 1939 : *JCP* 39, II, 1099 ; *DC* 1941, 68, note E. de Lagrange. ■ Cass. com., 13 mai 1986, n° 84-17.457 : *JurisData* n° 1986-000939 ; *Bull.* IV, n° 88 ; *JCP* G 1986, IV, 206 ; *RTD com.* 1986, 532, obs. crit. Cabrillac et Teyssié ; *Banque* 1987, 306, obs. crit. Rives-Lange). En conséquence, *le tiré accepteur est obligé de payer même s'il n'a pas reçu provision du tireur,* quitte à se retourner contre ce dernier pour se faire rembourser (■ Cass. com., 24 mai 1994, n° 92-14.769 : *RJDA* 11/94, n° 1175. – Comp. ■ Cass. com., 9 mars 1971 : *JCP* 1971, II, 16900, note Groslière ; *Gaz. Pal.* 1971, 2, 544 ; *RTD com.* 1971, 1049). De même, le tiré accepteur qui, en cas de procédure collective ouverte à l'encontre du tireur, est dans l'obligation de restituer la provision par lui reçue en période de cessation des paiements, reste tenu à l'égard du porteur (■ Cass. civ., 21 mars 1939, préc. – *Adde*, ■ Cass. com., 13 mai 1986, préc. et les obs. crit.).

4) Limites à l'obligation de payer. Le tiré n'est tenu que dans les termes de son acceptation et, au cas d'acceptation partielle, le porteur est en droit à l'échéance d'exercer contre le tiré, s'il ne se libère pas au-delà de son acceptation, l'action née de la provision à condition d'en démontrer l'existence (■ Chambéry, 17 mai 1977 : *D.* 1978, inf. rap. 84, obs. Cabrillac ; *RTD com.* 1977, 743, obs. Cabrillac et Rives-Lange).

L'accepteur peut, pour se soustraire au paiement, opposer au porteur de « mauvaise foi » les exceptions qu'il peut invoquer contre le tireur (cf. *art. L. 511-12, p. 1007 et les notes) ; ou encore* dénier la qualité de porteur légitime au détenteur de l'effet par suite d'irrégularité dans la chaîne des endossements (■ Cass. req., 28 mars 1944 : *DC* 1945, 1 ; *S.* 1945, 1, 17, note Lescot).

5) Présomption de provision (preuve contraire). – Si l'article L. 511-19 du Code de commerce donne au créancier tireur une action directe contre son débiteur, tiré accepteur, il n'interdit pas à celui-ci de *combattre la présomption de provision* en opposant à cette action tous les moyens de défense issus de ses rapports avec le tireur (■ Cass. com., 9 nov. 1954 : *JCP* 1954, II, 8428. ■ Cass. com., 2 déc. 1974, n° 73-13.159 : *JurisData* n° 1974-097309 ; *Bull.* IV, n° 309 ; *JCP* G 1975, IV, 28. ■ Cass. com., 7 oct. 1975, n° 73-11.526 : *JurisData* n° 1975-097222 ; *Bull.* IV, n° 222), l'acceptation n'ayant pas pour effet d'annuler ou de nover les rapports de droit commun entre les parties (■ Cass. com., 27 juin 1963 : *Bull.* III, n° 334. ■ Paris, 16 déc. 1986 : *D.* 1987, inf. rap. 12).

– Le tiré aura la charge de prouver l'absence de provision ou son insuffisance (■ Cass. com., 24 oct. 1977, n° 76-11.330 : *JurisData* n° 1977-097241 ; *Bull.* IV, n° 241 ; *RTD com.* 1978, 133. ■ Cass. com., 4 janv. 1980, n° 78-12.637 : *JurisData* n° 1980-000004 ; *Bull.* IV, n° 4 ; *JCP* G 1980, IV, 192. ■ Cass. com., 4 mai 1999 : *RJDA* 7/99, n° 834), ou l'absence de cause (■ Cass. com., 24 oct. 1977, préc.), ou l'illicéité de la cause (■ Cass. com., 26 juill. 1948 : *JCP* G 1949, II, 4536, note Toujas. ■ Cass. com., 4 juill. 1966 : *JurisData* n° 1966-700336 ; *Bull.* IV, n° 336 ; *JCP* 1967, II, 15037, note Lescot. – Comp. ■ Cass. com., 8 juin 1982 : *Bull.* IV, n° 223 ; *JCP* G 1982, IV, 297 ; *RTD com.* 1983, 91, obs. Cabrillac et Teyssié, selon lequel c'est le tireur qui doit établir la réalité du prêt qu'il invoque servant de cause à la lettre de change).

– C'est à la date de l'échéance, et non à une date ultérieure, que le tiré accepteur doit, pour justifier son refus de payer l'effet au tireur demeuré porteur, démontrer l'inexistence de la provision (■ Cass. com., 15 juill. 1975 : *Bull.* IV, n° 201. – Comp. obs. Cabrillac et Rives-Lange ; *RTD com.* 1969, 775, sous ■ Cass. com., 24 mars 1969 : *Bull.* IV, n° 110).

Sur la possibilité pour les juges du fond de refuser, avant le résultat de l'expertise, la condamnation du tiré au paiement immédiat de la lettre de change (V. annot. sous art. L. 511-81, p. 1053).

6) Conflit entre le porteur de la lettre de change acceptée et le cessionnaire de la créance constitutive de provision par bordereau « Dailly » articles L. 313-23 et suivants du Code monétaire et financier (V. jurispr. citée sous C. monét. fin., art. L. 313-28, p. 3305).

Art. L. 511-20 *(Anc. C. com., art. 129).* – **Si le tiré, qui a revêtu la lettre de change de son acceptation, a biffé celle-ci avant la restitution de la lettre, l'acceptation est censée refusée. Sauf preuve contraire, la radiation est réputée avoir été faite avant la restitution du titre.**

Toutefois, si le tiré a fait connaître son acceptation par écrit au porteur ou à un signataire quelconque, il est tenu envers ceux-ci dans les termes de son acceptation.

L'acceptation ne constitue pas un contrat nouveau entre l'acceptant et celui qui l'a requise, se greffant sur celui de la lettre de change : elle est un engagement unilatéral ; en conséquence, à l'instant où il restitue la lettre de change acceptée, l'engagement de l'accepteur devient irrévocable et, avant même que le porteur soit entré en possession du titre faisant route vers lui, l'accepteur qui s'est dessaisi de la lettre revêtue de son acceptation ne peut plus se rétracter (■ Cass. com., 2 juill. 1969 : *JCP* 1970, II, 16427, note Langlois ; *RTD com.* 1969, 1051 ; *Banque* 1969, 926, note Marin).

Section V. – De l'aval

Art. L. 511-21 *(Anc. C. com., art. 130)*. – **Le paiement d'une lettre de change peut être garanti pour tout ou partie de son montant par un aval.**

Cette garantie est fournie par un tiers ou même par un signataire de la lettre.

L'aval est donné soit sur la lettre de change ou sur une allonge, soit par un acte séparé indiquant le lieu où il est intervenu.

Il est exprimé par les mots « bon pour aval » ou par toute autre formule équivalente ; il est signé par le donneur d'aval.

Il est considéré comme résultant de la seule signature du donneur d'aval apposée au recto de la lettre de change, sauf quand il s'agit de la signature du tiré ou de celle du tireur.

L'aval doit indiquer pour le compte de qui il est donné. À défaut de cette indication, il est réputé donné pour le tireur.

Le donneur d'aval est tenu de la même manière que celui dont il s'est porté garant.

Son engagement est valable, alors même que l'obligation qu'il a garantie serait nulle pour toute cause autre qu'un vice de forme.

Quand il paie la lettre de change, le donneur d'aval acquiert les droits résultant de la lettre de change contre le garanti et contre ceux qui sont tenus envers ce dernier en vertu de la lettre de change.

Bibliographie : Sinay, *La situation juridique du donneur d'aval : RTD com.* 1953, 17. • Gore, *L'aval de la lettre de change sans indication du débiteur garanti : D.* 1957, chron. 105. • Abrahams, *L'aval de la lettre de change : RTD com.* 1958, 493. • Besson, *L'aval sans indication du débiteur garanti ; réflexions sur l'arrêt des chambres réunies du 8 mars 1960 : RTD com.* 1960, 493. • Hubrecht, *Le bénéficiaire d'un aval imprécis en matière de lettre de change : Gaz. Pal.* 1960, 1, doctr. 84. • Lescot, *L'interprétation judiciaire des règles de droit privé uniforme : JCP* G 1963, I, 1756. • Sigalas, *Aval de la lettre de change et cautionnement du rapport fondamental, réflexions sur l'arrêt de la chambre civile section commerciale du 2 mars 1964 : RTD com.* 1964, 489. • Montout-Roussy, *La situation juridique ambiguë du donneur d'aval : DS* 1974, chron. 197. • Issa-Sayegh, *Bilan de l'interprétation jurisprudentielle de l'article 130, alinéa 6 du Code de commerce : JCP* 1975, I, 2726. • A. Quinquerez, *« Piqûre de rappel » sur l'aval personnel d'un dirigeant (au sujet de l'arrêt de la chambre commerciale de la Cour de cassation du 13 septembre 2011) : RD bancaire et fin.* 2012, 20, n° 7. • F. Sauvageot, *La détermination et le plafonnement du montant des autorisations des cautions, avals et garanties dans la société anonyme* : *Rev. soc.* 2020, n° 10, p. 6 et s.

Ouvrage. *JCl. com.*, Fasc. 430, *Lettre de change, Aval* par Issa-Sayegh.

• *Sommaire*

I – CONDITIONS DE FOND

A – Donneur d'aval

1) Capacité. Le donneur d'aval doit avoir la capacité de faire le commerce, même s'il n'est pas commerçant (■ Cass. com., 21 avr. 1869 : *DP* 1869, I, 407. ■ Cass. com., 1er oct. 1996, n° 94-17.222 : *JurisData* n° 1996-003586 ; *RTD com.* 1997, 120, obs. Cabrillac ; *RJDA* 1/97, n° 89), car étant une obligation cambiaire l'aval est de nature commerciale (■ Cass. com., 17 juill. 1984, n° 83-12.802 : *JurisData* n° 1984-

701607 ; *Bull.* IV, n° 235. – Sur les conséquences du défaut de capacité, cf. art. L. 511-5, p. 995 et les notes) ; cet avaliste peut être poursuivi cambiairement sans qu'il y ait lieu de rechercher s'il avait un intérêt patrimonial à l'opération commerciale à l'occasion de laquelle l'effet a été émis (▪ Cass. com., 1er oct. 1996, préc.).

Le Trésor public ne peut pratiquer l'aval de lettres de change ni en tant qu'opération de banque, ni à titre occasionnel, ce dont il résulte que nul ne peut être son mandataire pour un tel engagement (▪ Cass. com., 24 févr. 1998, n° 95-13.606 : *JurisData* n° 1998-000848 ; *JCP* E 1999, p. 758, n° 1, obs. Gavalda et Stoufflet ; *Bull.* IV, n° 89 ; *D.* 1999, 39, note Matsopoulou ; *RJDA* 6/98, n° 790, rejetant le pourvoi contre ▪ Paris, 10 févr. 1995 : *JurisData* n° 1995-020976 ; *JCP* E 1995, pan. 386).

2) Mineur. Le tireur des lettres de change qui ont été acceptées et sur lesquelles un *aval* a été donné pour le tiré par un mineur ne peut obtenir paiement de ce dernier qu'à la condition d'établir que ce mineur a participé à un quasi-délit, cette preuve ne résultant pas de la seule signature d'aval (▪ Cass. com., 28 oct. 1969 : *Bull.* IV, n° 318 ; *RTD com.* 1970, 455).

3) Mandataire. S'agissant de l'aval donné par l'intermédiaire d'un tiers, il appartient au porteur de la traite de vérifier l'étendue des pouvoirs du mandataire (▪ Paris, 8 mai 1933 : *S.* 1933, 2, 196). Cependant, ayant constaté que l'aval figurant sur des billets à ordre n'était suivi que de la signature du donneur d'aval sans autre mention, une cour d'appel, qui n'était pas tenue de rechercher si celui-ci avait voulu intervenir à titre personnel ou en qualité de gérant de société, a décidé, à bon droit que la seule signature l'engageait personnellement (▪ Cass. com., 28 juin 1983 : *Bull.* IV, n° 190 ; *D.* 1984, somm. 71, obs. Cabrillac. ▪ Cass. com., 6 oct. 1998 : *RJDA* 12/98, n° 1409 ; *RTD com.* 1999, 164, obs. Cabrillac ; *RJ com.* 1999, 231, obs. Gibirila. ▪ Cass. com., 13 sept. 2011, n° 10-20.504 : *RD bancaire et fin.* 2012, 20, n° 7, note A. Quinquerez). De même une cour d'appel retient à bon droit que si le président d'une société avait accepté, en sa qualité de représentant légal de celle-ci, les lettres de change tirées sur elle, il avait, en faisant précéder sa signature de la mention manuscrite « bon pour aval du tiré » manifesté son intention de s'engager personnellement comme donneur d'aval (▪ Cass. com., 2 févr. 1981 : *Gaz. Pal.* 1981, 2, 423, note Dupichot ; *RTD com.* 1981, 566, obs. Cabrillac et Teyssié. ▪ Cass. com., 9 févr. 1981 : *JurisData* n° 1981-700993 ; *Bull.* IV, n° 69 ; *JCP* G 1981, IV, 145. – Comp. ▪ Cass. com., 19 oct. 1982, n° 81-11.476 : *JurisData* n° 1982-702632 ; *Bull.* IV, n° 319) ; une même personne, en la même qualité, ne peut donc être à la fois souscripteur et avaliseur du souscripteur (▪ Cass. com., 15 mai 1984, n° 83-10.458 : *JurisData* n° 1984-701379 ; *Bull.* IV, n° 156 ; *RTD com.* 1985, 125, obs. Cabrillac et Teyssié. ▪ Cass. com., 24 juin 1986, n° 85-12.061 : *JurisData* n° 1986-001311 ; *Bull.* IV, n° 135 ; *JCP* G 1986, IV, 260 ; *D.* 1987, somm. 69, obs. Cabrillac. ▪ Cass. com., 7 avr. 1987, n° 85-14.624 : *JurisData* n° 1987-000885 ; *Bull.* IV, n° 89 ; *Gaz. Pal.* 1987, 1, pan. jurispr. 131 ; *JCP* G 1987, IV, 212. ▪ Cass. com., 23 mars 1999, n° 96-13.709 : *JurisData* n° 1999-001362 ; *RJDA* 6/99, n° 718. – *Adde*, ▪ Cass. com., 13 janv. 1987 : *RTD com.* 1987, 224, obs. Cabrillac et Teyssié, lorsque sur des traites figure la double signature du représentant de la société tirée).

Si *un préposé* ne justifie pas avoir reçu de son employeur le pouvoir d'accepter les effets de commerce et qu'il n'a pas signé les lettres de change litigieuses pour les accepter au nom du tiré, on peut considérer que, par sa seule signature apposée au recto sous le mot « aval », ce préposé qui n'était ni le tireur, ni le tiré, avait donné son aval (▪ Cass. com., 21 juill. 1975 : *D.* 1975, inf. rap. 198 ; *Gaz. Pal.* 1975, 2, somm. 286).

4) Signature au recto. La seule signature du donneur d'aval, apposée au recto de la lettre de change, même non précédée de la mention « bon pour aval », est suffisante pour l'engager dès lors que cette signature ne peut être celle du tireur ou du tiré (▪ Versailles, 19 nov. 1992 : *JurisData* n° 1992-047450 ; *D.* 1993, inf. rap. 24).

B – Bénéficiaire de l'aval

5) Autre avaliseur. L'aval peut être donné au profit d'un autre avaliseur ; en ce cas, étant engagé cambiairement, il sera tenu à titre principal, en même temps que le premier avaliseur (▪ Paris, 11 oct. 1967 : *D.* 1968, somm. 65 ; *RTD com.* 1968, 383).

6) Tiré non accepteur. L'aval ne peut être donné qu'au profit d'une personne obligée cambiairement, ce qui n'est pas le cas du tiré non accepteur (▪ Cass. com., 9 juill. 1957 : *Bull.* III, n° 223 ; *JCP* G 1957, IV, 126).

7) Absence d'indication du bénéficiaire. L'article L. 511-21, alinéa 6, ne formule pas une règle de preuve, et la présomption qu'il établit est irréfragable ; il oblige à préciser, dans la mention d'aval, le nom du garanti, et supplée à l'absence de cette précision, pour écarter toute incertitude sur la portée des engagements cambiaires ; sa disposition finale limite en conséquence, à l'égard de tous, celui du donneur d'aval à la garantie du tireur ; il suit de là que le tireur, avec lequel le donneur d'aval est convenu de garantir le tiré, sans que l'aval ait précisé le nom du garanti, ne peut exercer l'action cambiaire contre le donneur d'aval en invoquant cette convention ; celle-ci peut seulement lui conférer, le cas échéant, l'action prévue par les articles 2011 et suivants du Code civil (■ Ch. réunies, 8 mars 1960, n° 37-11.088 : *JCP* 1960, II, 11616, note Roblot ; *D.* 1961, 209, note Hamel ; *Banque* 1960, 601, obs. Marin ; *RTD com.* 1960, 366, obs. Becqué et Cabrillac et 493, chron. Besson ; *Journ. agréés* 1960, 146. – *Adde*, ■ Cass. com., 2 mars 1964 : *Bull.* III, n° 109 ; *JCP* 1964, II, 13686, note Lescot. ■ Cass. com., 19 juill. 1982, n° 80-11.847 : *JurisData* n° 1982-701918 ; *Bull.* IV, n° 279 ; *RTD com.* 1983, 92, obs. Cabrillac et Teyssié. ■ Cass. com., 11 févr. 1986, n° 84-14.832 : *JurisData* n° 1986-700317 ; *Bull.* IV, n° 8 ; *JCP* E 1986, I, 15333. ■ Cass. com., 8 déc. 1992, n° 91-12.533 : *JurisData* n° 1992-002777 ; *Bull.* IV, n° 394 ; *RTD com.* 1993, 339, obs. Cabrillac et Teyssié).

– La présomption irréfragable de l'article L. 511-21, alinéa 6, *ne peut être combattue par une prestation de serment* (■ Cass. com., 30 juin 1998, n° 96-15.825 : *JurisData* n° 1998-003036 ; *JCP* E 1998, pan. p. 1377, obs. Bouteiller, p. 1452, note Bonneau ; *RJDA* 11/98, n° 1286 ; *RTD com.* 1998, 898, obs. Cabrillac ; *RJ com.* 1999, 228, obs. Gibirila).

– La présomption irréfragable de l'article L. 511-21, alinéa 6, *ne peut être contredite par une renonciation implicite* (■ Cass. com., 10 oct. 2000, n° 97-10.245 : *JurisData* n° 2000-006430 ; *RJDA* 1/2001, n° 80).

– En cas de promesse d'aval, la présomption irréfragable de l'article L. 511-21, alinéa 6, *ne lui est pas applicable* et le tireur peut se retourner contre lui (■ Cass. com., 9 avr. 1996, n° 94-11.336 : *JurisData* n° 1996-001609 ; *RJDA* 8-9/96, n° 1081).

– La sanction de l'article L. 511-21, alinéa 6, n'est pas d'ordre public et ne peut être invoquée pour la première fois, comme moyen nouveau, devant la Cour de cassation (■ Cass. com., 16 oct. 1968, n° 66-11.724 : *Bull.* IV, n° 271 ; *RTD com.* 1969, 547).

– La seule mention d'aval portée sur la lettre de change sans indication du débiteur garanti ne peut constituer un commencement de preuve par écrit de l'existence d'un cautionnement contracté en garantie du tiré par le donneur d'aval lorsqu'il n'existe aucun engagement personnel distinct de la mention d'aval portée sur l'effet (■ Cass. com., 26 mai 2010, n° 09-66.303 : *JurisData* n° 2010-007386 ; *RD bancaire et fin. 2011, n° 1, comm.* 3, note F.-J. Credot et Th. Samin).

8) Absence d'indication du bénéficiaire dans un acte séparé. S'agissant de l'aval donné exclusivement *par acte séparé*, le droit commun s'applique et, en cas d'absence d'indication du bénéficiaire, celui-ci peut être déterminé par interprétation de la volonté des intéressés (■ Cass. com., 14 févr. 1961 : *Bull.* III, n° 86. ■ Cass. com., 14 mars 1961 : *JurisData* n° 1961-098135 ; *Bull.* III, n° 135 ; *Banque* 1961, 677 ; *RTD com.* 1961, 890. – V. *infra*).

Lorsque figure sur le titre la signature d'aval sans indication du bénéficiaire, la convention distincte par laquelle l'avaliste a garanti nommément un autre signataire que le tireur, est un aval par acte séparé soustrait à la sanction de l'article L. 511-21, alinéa 6 (■ Paris 3 nov. 1960 : *Gaz. Pal.* 1961, 1, 16 ; *Banque* 1961, 180. ■ Cass. com., 13 avr., 2 et 15 mai 1961 : *JurisData* n° 1961-098155 ; *Bull.* III, n°s 155, 185 et 207. ■ Cass. com., 25 nov. 1974, n° 73-13.731 : *JurisData* n° 1974-097299 ; *Bull.* IV, n° 299 ; *RTD com.* 1975, 564, obs. Cabrillac et Rives-Lange. ■ Versailles, 9 nov. 1989 : *JurisData* n° 1989-604840 ; *D.* 1990, 438, note D.-R. Martin ; *RTD com.* 1990, 612, n° 1, obs. Cabrillac et Teyssié).

9) Droit commun du cautionnement. En vertu de l'absence d'effet novatoire attachée à la signature cambiaire, celui qui a donné son aval sur la lettre de change sans indication du bénéficiaire peut être déclaré tenu envers le tireur selon le droit commun sur le fondement des (anciens) articles 2011 et suivants du Code civil (■ Ch. réunies, 8 mars 1960, préc., ci-dessus. ■ Cass. com., 1er déc. 1970, n° 69-12.633 : *JurisData* n° 1970-097326 ; *Bull.* IV, n° 326. ■ Cass. com., 11 déc. 1984, n° 83-13.023 : *JurisData* n° 1984-702096 ; *Bull.* IV, n° 338 ; *JCP* G 1985, IV, 69). Cependant, la preuve de l'engagement du donneur d'aval en tant que caution doit résulter d'éléments extérieurs à la lettre de change (■ Cass. com., 2 mars 1964 : *Bull.* III, n° 109 ; *JCP* 1964, II, 13686, note Lescot. ■ Cass. com., 19 juin 1968 : *JCP* 1969, II, 15855, note Lescot ; *RTD com.* 1969, 547. ■ Cass. com., 19 juill. 1982, n° 80-11.847 : *JurisData* n° 1982-701918 ; *Bull.* IV, n° 279. ■ Cass. com., 25 janv. 1984, n° 82-16.281 : *JurisData* n° 1984-700182 ; *Bull.* IV, n° 39. ■ Cass. com., 11 févr. 1986 : *Bull.* IV, n° 8 ; *JCP* E 1986, I, 15333). La seule mention d'aval portée sur la lettre de change sans indication du débiteur garanti ne peut constituer un commencement de preuve par écrit de l'existence d'un cautionnement contracté en garantie du tiré par le donneur d'aval lorsqu'il n'existe aucun engagement personnel distinct de la mention d'aval porté sur l'effet (■ Cass. com., 26 mai 2010 : *RD bancaire et fin.* 2011, n° 1, comm. 3, note F.-J. Credot et Th. Samin).

C – Objet de l'aval

10) Liberté. De même que le cautionnement, l'aval ne peut être étendu au-delà des termes dans lesquels il a été donné (■ Lyon, 22 mars 1954 : *Gaz. Pal.* 1954, 2, 17). L'avaliste peut limiter sa garantie à une partie seulement de la dette principale (■ Cass. com., 30 nov. 1981, n° 80-13.599 : *JurisData* n° 1981-703570 ; *Bull.* IV, n° 416 ; *JCP* G 1982, IV, 74), ou s'obliger uniquement envers le porteur actuel à l'exclusion des porteurs subséquents (■ Cass. req., 5 févr. 1905 : *DP* 1909, 1, 383), ou affecter son engagement d'une condition (■ Cass. com., 14 déc. 1971, n° 70-12.574 : *JurisData* n° 1971-097302 ; *Bull.* IV, n° 302).

II – CONDITIONS DE FORME

11) Régularité du titre. Engagement essentiellement cambiaire, l'aval ne peut être donné que sur un titre régulier en la forme (■ Cass. com., 3 avr. 1984, n° 83-12.512 : *Bull.* IV, n° 123 ; *JCP* G 1984, IV, 184 ; *RJ com.* 1985, 59, note Nguyen ; *Gaz. Pal.* 1984, 2, pan. jurispr. 277, obs. Dupichot). – L'aval d'une lettre de change irrégulière qui est donné par une personne physique au profit d'un créancier professionnel ne peut constituer un cautionnement valable, faute de comporter les mentions manuscrites prévues par les articles L. 341-2 et L. 341-3 du Code de la consommation (■ Cass. com., 27 sept. 2016 : *JCP* E 2016, 1588, note D. Legeais ; *Contrats, conc. consom.* 2016, n° 12, comm. 268, note S. Bernheim-Desvaux). – L'aval donné sur une lettre de change nulle en raison de l'absence de signature du tireur dégénère en une promesse de porte-fort (■ CA Paris, 9 janv. 2014, n° 12/10185 : *JurisData* n° 2014-000413 ; *LPA* 20 mars 2014, n° 57, p. 6 ; *Gaz. Pal.* 2014, n° 77, p. 19 et s., obs. S. Moreil ; *RD bancaire et fin.* 2014, n° 2, comm. 53, note D. Legeais).

12) Sur la langue employée pour exprimer l'aval (V. obs. sous art. L. 511-1, p. 989).

13) Sur la dimension des caractères employés (■ Cass. com., 5 mai 1987, n° 85-18.351 : *JurisData* n° 1987-000976 ; *JCP* G 1987, IV, 232).

14) Aval donné sur la lettre de change ou sur une allonge. – Lorsque l'aval figure au recto de la traite, la loi n'exige aucune formule et la seule signature de l'avaliseur suffit à constituer la garantie (■ Cass. com., 24 févr. 1965 : *Gaz. Pal.* 1965, 1, 336, cassant ■ Paris, 7 févr. 1962 : *JCP* 1962, II, 12956, note Lescot. – *Adde*, s'agissant de la signature du mandataire social, décisions citées annot. n° 1 et s., p. 1021, « donneur d'aval »).

– La novation ne se présumant pas, la prorogation d'échéance réalisée par l'émission d'une nouvelle traite n'entraîne pas nécessairement la libération de l'aval lorsqu'il n'a pas signé les nouvelles traites (■ Versailles, 4 déc. 1985, n° 84-14.353 : *JurisData* n° 1985-703225 ; *D.* 1987, somm. 71, obs. Cabrillac).

15) Date. La loi n'exige pas que l'aval soit daté (■ Paris, 21 mai 1954 : *Gaz. Pal.* 1954, 2, 165). En cas de difficulté, la date peut être établie par tous moyens et elle est présumée, jusqu'à preuve du contraire, être la même que celle de l'effet (■ Douai, 31 juill. 1913 : *DP* 1914, 2, 1, note Percerou. ■ Orléans, 7 avr. 1954 : *Gaz. Pal.* 1954, 2, 102 ; *RTD com.* 1954, 843, obs. Becqué et Cabrillac).

16) Aval par acte séparé. L'aval fourni par acte séparé a un caractère cambiaire, tout comme celui donné sur la traite elle-même, s'il remplit les conditions exigées par la loi pour sa validité (■ Cass. com., 8 mai 1967 : *Bull.* III, n° 185), et sauf volonté contraire de l'auteur de la garantie (■ Cass. com., 3 nov. 1975, n° 74-12.048 : *JurisData* n° 1975-097249 ; *DS* 1976, somm. 25 ; *Bull.* IV, n° 249).

– Sur la promesse d'aval valant comme aval par acte séparé (■ Paris, 10 janv. 1967 : *DS* 1967, 272).

– Est nul l'aval par acte séparé qui ne comporte pas indication du lieu où il a été donné (■ Cass. com., 21 janv. 1969 : *Bull.* IV, n° 21. – Comp. ■ Paris, 10 janv. 1967 : *DS* 1967, 272. ■ Cass. com., 11 janv. 1972 : *JurisData* n° 1972-097016 ; *Bull.* IV, n° 16 ; *Gaz. Pal.* 1972, 1, 433 ; *RTD com.* 1972, 662. – Sur la suppléance à cette omission par l'oblitération du timbre fiscal, ■ Cass. com., 21 janv. 1969 [sol. impl.] et les obs. Cabrillac et Rives-Lange : *RTD com.* 1969, 774).

– Est nul car ne comporte pas les mentions exigées par l'article L. 511-21 l'aval par acte séparé lorsque la signature du prétendu avaliste résulte de la mention d'un numéro dans le texte d'un telex, même s'il s'agit d'une « *clé informatique* » (■ Cass. com., 26 nov. 1966 : *JCP* E 1997, II, 906, note Bonneau ; I, 637, n° 23, obs. Gavalda et Stoufflet ; *RD bancaire et bourse* 1997, 22, obs. Credot et Gérard ; *Banque* 1997, 90, obs. Guillot ; *RJDA* 1/97, n° 90 ; *RTD com.* 1997, 119, obs. Cabrillac ; *D.* 1997, somm. 262, obs. Cabrillac).

– L'aval par acte séparé peut, par le même document, garantir le paiement de plusieurs effets de commerce (■ Paris, 10 janv. 1967 : *DS* 1967, 272. ■ Cass. com., 2 févr. 1960 : *Bull.* III, n° 46). Néanmoins, l'aval par acte séparé, qui permet ainsi de garantir des effets futurs, n'est valable que s'il précise la nature des effets, le montant de la somme garantie et la durée de la garantie (■ Cass. civ., 7 mars 1944 : *Gaz. Pal.* 1944, 1, 214 ; *S.* 1944, 1, 100. ■ Paris, 11 mars 1954 : *RTD com.* 1954, 844, obs. Becqué et Cabrillac. ■ Cass. com., 2 févr. 1960 : *JurisData* n° 1960-099046 ; *Bull.* III, n° 46. – *Contra*, ■ T. com. Seine, 14 juin 1967 : *Journ. agréés* 1967, 703).

– Le donneur d'un aval consenti par acte séparé demeure tenu lorsque la lettre de change qu'il s'est engagée à payer n'a été remplacée par une autre que pour opérer un report d'échéance (■ Cass. com., 12 juin 1978, n° 77-10.643 : *JurisData* n° 1978-097159 ; *Bull.* IV, n° 159 ; *DS* 1978, inf. rap. 340 ; *Gaz. Pal.* 1978, 2, somm. 376 ; *RTD com.* 1979, 275, obs. Cabrillac et Rives-Lange. – Sur la même question quand il n'y a pas acte séparé, ■ Versailles, 4 déc. 1985 : *D.* 1987, somm. 71, obs. Cabrillac, cité *supra*).

– Le donneur d'aval par acte séparé est soumis à la procédure d'injonction (■ Cass. com., 8 mai

1967 : *Bull.* III, n° 185 ; *Banque* 1968, 383, obs. Marin. – Rappr. ▪ Cass. com., 9 janv. 1961 : *JurisData* n° 1961-098018 ; *Bull.* III, n° 18).

III – EFFETS

A – Rapports du donneur d'aval et du porteur

17) Cautionnement (non). L'aval constitue un engagement cambiaire gouverné par les règles propres du droit du change et n'est pas un cautionnement. Dès lors, l'obligation de mise en garde de la caution et l'exigence de proportionnalité de son engagement qui résultent de l'article L. 341-4 du Code de la consommation (nouv. art. L. 332-1) ne sont pas applicables (▪ Cass. com., 28 juin 2016 : *AJCA* 2016, 446, obs. G. Piette). Déjà en ce sens : l'avaliste n'est pas fondé à invoquer l'article L. 341-4 du Code de la consommation (▪ Cass. com., 19 déc. 2013 : *D.* 2014, p. 518 et s., note G. Piette et J. Lasserre Capdeville). L'avaliste qui garantit le paiement d'un titre cambiaire ne peut se prévaloir de l'article L. 322-22 du Code monétaire et financier qui impose une obligation d'information annuelle de la caution (▪ Cass. com., 16 juin 2009, n° 08-15.585 : *RTD com.* 2009, p. 605 et 798, obs. D. Legeais ; *JCP* 2009, n° 48, p. 492, obs. Ph. Simler ; *JCP* E 2010, n° 3, p. 12, note M.-P. Dumont-Lefrand). – V. antérieurement l'analyse selon laquelle l'aval est une *caution solidaire* (▪ Cass. req., 19 déc. 1927 : *S.* 1928, 1, 148, note Lescot). V. également note n° 11, p. 1024.

18) Application de l'article 1415 du Code civil. En l'absence de consentement exprès de son conjoint, l'avaliste ne peut engager les biens communs par application de l'article 1415 du Code civil (▪ Cass. com., 4 févr. 1997, n° 94-19.908 : *JurisData* n° 1997-000438 ; *JCP* E 1997, II, 1012, note Beignier ; *D.* 1997, somm. 261, obs. Cabrillac ; 478, note S. Piedelièvre. – *Adde*, ▪ Cass. 1re civ., 3 mai 2000, n° 97-21.592 : *JurisData* n° 2000-001687 ; *Bull. civ.* I, n° 125 ; *JCP* 2000, I, 257, n° 5, obs. Simler ; *JCP* N 2000, 1615, note S. Piedelièvre ; *D.* 2000, 546, note Ph. Thierry ; *D.* 2001, somm. 693, obs. L. Aynès ; *Defrénois* 2000, 1185, obs. Champenois ; *Banque et droit* sept.-oct. 2000, p. 43, obs. F. Jacob ; *Dr. famille 2000, n° 88, note Tougne* ; *RTD civ.* 2000, 889, obs. Vareille.

19) Étendue de la garantie de l'aval. Le donneur d'aval garantit non seulement le paiement de la dette qu'il avalise, mais aussi la date de ce paiement et ne peut faire supporter par le créancier le retard du débiteur principal (▪ Rouen, 15 déc. 1972 : *D.* 1973, somm. 83). Obligé en qualité de signataire d'une lettre de change, il ne peut, aux termes de l'article L. 511-81 du Code de commerce, obtenir aucun délai de grâce (▪ Toulouse, 28 janv. 1975 : *JCP* G 1975, II, 18160, note Guyon. – V. art. L. 511-81, annot. n° 2, p. 1053). Tenu de la même manière que celui dont il s'est porté garant, le donneur d'aval répond non seulement du montant des effets mais encore de tous les accessoires, intérêts et frais, y compris des pénalités prévues par clause pénale sauf lorsqu'il a limité son aval à l'obligation principale ou à une somme inférieure (▪ Toulouse, 28 janv. 1975 : *JCP* G 1975, II, 18160, note Guyon. ▪ Cass. com., 30 nov. 1981, n° 80-13.599 : *JurisData* n° 1981-703570 ; *Bull. civ.* IV, n° 416).

20) Conditions du paiement par l'aval. Par application de l'article L. 511-47 du Code de commerce, le donneur d'aval d'une lettre de change, poursuivi en paiement, n'est tenu de payer que contre la remise de la lettre de change avec le protêt et un compte acquitté (▪ Cass. com., 10 juin 1959 : *Bull.* III, p. 266 ; *D.* 1959, 490).

Le donneur d'aval est dégagé de toute obligation quand il a été personnellement induit en erreur par le porteur sur l'un des éléments essentiels de l'obligation qu'il entendait garantir (▪ Cass. com., 12 mars 1969 : *JurisData* n° 1969-097091 ; *Bull.* IV, n° 93 ; *RTD com.* 1969, 773, obs. Cabrillac et Rives-Lange. – Comp. ▪ Bastia, 6 mars 1855 : *DP* 1855, 2, 203. ▪ Cass. com., 16 mars 1970, n° 68-11.382 : *JurisData* n° 1970-097099 ; *Bull.* IV, n° 99. ▪ Cass. com., 3 avr. 1984 : *Bull.* IV, n° 123 ; *JCP* G 1984, IV, 184 ; *RJ com.* 1985, 59, note Nguyen ; *Gaz. Pal.* 1984, 2, pan. jurispr. 277, obs. Dupichot). En revanche, le porteur ne saurait se voir opposer des conventions ou procédures auxquelles il est resté étranger (▪ Cass. com., 10 juill. 1972, n° 71-10.483 : *JurisData* n° 1972-097220 ; *Bull.* IV, n° 220). Ainsi, une société, donneur d'aval d'un billet à ordre souscrit en règlement d'une dette d'une société absorbée par elle, ne peut opposer à l'action en paiement du bénéficiaire la nullité de l'apport-fusion, invoquée par elle contre l'ancien gérant de cette dernière société dans une procédure postérieure à la souscription (même décision).

21) Irrégularité de la lettre de change. – L'aval d'un titre ne valant pas comme effet de commerce pour vice de forme est lui-même nul ; en conséquence, l'avaliste ne peut être condamné à payer en qualité de donneur d'aval le montant d'un titre dans lequel l'indication de la date où l'effet est souscrit fait défaut (▪ Cass. com., 3 avr. 1984 : *Bull.* IV, n° 123 ; *JCP* G 1984, IV, 184 ; *RJ com.* 1985, 59, note Nguyen ; *Gaz. Pal.* 1984, 2, pan. jurispr. 277, obs. Dupichot). De même, le donneur d'aval d'un effet signé en blanc par le souscripteur n'est pas tenu au paiement de cette valeur vis-à-vis du tiers porteur de bonne foi, s'il est constaté que le billet a été simultanément l'objet d'un abus de blanc-seing ayant eu pour but l'inscription dans le corps du titre du nom d'un bénéficiaire autre que celui qui avait été convenu, et d'un faux consistant dans le changement du nom du souscripteur, afin de faire porter faussement l'aval sur un débiteur principal différent de celui qui avait été réellement cautionné (■ Cass. req., 20 mars 1882 : *DP* 1882, 1, 244. ■ Cass. civ., 14 juin 1909 : *DP* 1910, 1, 147 ; *S.* 1915, 1, 42).

– Mais sans faire application du droit cambiaire, après avoir souverainement apprécié la portée des éléments de preuve qui lui étaient soumis, une cour d'appel a pu décider que la signature portée par l'avaliste sur le titre litigieux valait comme engagement de caution en faveur du tiré (■ Cass. com., 7 janv. 1970, n° 67-11.115 : *JurisData* n° 1970-097008 ; *RTD com.* 1971, 147, obs. Cabrillac et Rives-Lange. ■ Paris, 5 déc. 1979, n° 78-14.263 : *JurisData* n° 1979-099282 ; *D.* 1980, inf. rap. 435, obs. Cabrillac. ■ Cass. com., 24 avr. 1990, n° 88-15.114 : *Bull.* IV, n° 119 ; *Gaz. Pal.* 1990, 2, somm. 488, obs. Piedelièvre. ■ 17 oct. 1995, n° 93-18.642 : *JurisData* n° 1995-002822 ; *RJDA* 1/96, n° 95, qui décide que la signature de l'avaliste sur un effet accepté ne valant pas lettre de change peut être considérée comme un acte constitutif d'un commencement de preuve par écrit. – *Adde*, ■ Cass. com., 24 févr. 1994, n° 92-17.233 : *RJDA* 7/94, n° 828. ■ Cass. com., 24 juin 1997, n° 95-18.540 : *RJDA* 12/97, n° 1518).

– Par application de l'article L. 511-77 du Code de commerce, le donneur d'aval ayant signé la lettre avant altération ne peut se soustraire à son engagement originaire (■ Cass. com., 22 juill. 1968 : *JurisData* n° 1968-097249 ; *Bull.* IV, n° 249 ; *RTD com.* 1969, 129). L'engagement du donneur d'aval reste encore valable lorsque, basé sur la partie du titre non altérée et restée sincère, il laisse intact le lien de droit qui s'est formé d'abord entre le donneur d'aval et l'endosseur qu'il a voulu cautionner puis entre eux et le porteur de bonne foi, cessionnaire de l'endosseur (■ Cass. civ., 14 juin 1909 : *DP* 1910, 1, 147 ; *S.* 1915, 1, 42).

22) Inopposabilité des exceptions purement personnelles. Tenu solidairement du paiement, le donneur d'aval ne peut opposer les exceptions purement personnelles du débiteur garanti (■ Paris, 12 juin 1942 : *DA* 1943, somm. 3. – ■ Tunis, 25 nov. 1957 : *Gaz. Pal.*, Tables quinq. 1956-1960, « Effets de commerce », n° 108-109. ■ Nîmes, 25 févr. 1970 : *Gaz. Pal.* 1970, 2, somm. 63).

23) Caractère accessoire. Le donneur d'aval pour le compte du tireur est uniquement tenu au paiement de la lettre de change, de la même manière que celui dont il s'est porté garant, et il n'a contracté aucune obligation vis-à-vis du tiré (■ Cass. com., 28 nov. 1961 : *Bull.* III, n° 444), sauf à être tenu du remboursement de la lettre de change à l'égard du tiré qui en a payé le montant sans que la provision ait été fournie, ni au moment de l'acceptation, ni au moment du paiement, ni même au moment où la condamnation contre le donneur d'aval est prononcée (■ Cass. civ., 27 avr. 1870 : *DP* 1870, 1, 258).

24) Opposabilité des exceptions inhérents à la dette du débiteur garanti. Tenu de la même manière que celui dont il s'est porté garant, le donneur d'aval peut opposer au porteur de l'effet les exceptions inhérentes à la dette du débiteur garanti (■ Cass. req., 10 janv. 1944 : *JCP* 1944, II, 2586. ■ Cass. com., 29 janv. 1975, n° 73-14.119 : *JurisData* n° 1975-097024 ; *Gaz. Pal.* 1975, 1, somm. 88. ■ 30 mars 1978, n° 76-14.774 : *JurisData* n° 1978-097095 ; *Bull.* IV, n° 95 ; *JCP* G 1978, IV, 177 ; *Gaz. Pal.* 1978, 2, somm. 290), la preuve de la cause libératoire incombant au donneur d'aval (■ Cass. com., 16 déc. 1975, n° 74-11.972 : *JurisData* n° 1975-097304 ; *Bull.* IV, n° 304. – Rappr. ■ Cass. com., 10 oct. 1955 : *Bull.* III, n° 280). Ainsi, le donneur d'aval du tiré est libéré par la remise de dette consentie par le tireur au tiré (■ Cass. com., 9 nov. 1970, n° 68-11.866 : *JurisData* n° 1970-097296 ; *Bull.* IV, n° 296 ; *D.* 1971, somm. 46. – Comp. annot. n° 28, p. 1027 pour un concordat ou un plan d'apurement du passif). De même, le donneur d'aval est fondé à opposer au créancier, tireur des effets et qui en est demeuré porteur, la nullité du contrat de prêt cause de la dette, nullité dont il résulterait celle des lettres de change créées en exécution de ce contrat, qui seraient alors dépourvues de cause (■ Cass. com., 28 nov. 1972 : *JurisData* n° 1972-098312 ; *Bull.* IV, n° 312 ; *JCP* G 1973, IV, 15 ; *D.* 1973, inf. rap. 3 ; *RTD com.* 1973, 304, obs. Cabrillac et Rives-Lange. – Rappr. ■ Cass. com., 10 oct. 1955 : *Bull.* III, n° 280. ■ Cass. com., 26 janv. 1971, n° 69-12.657 : *JurisData* n° 1971-098027 ; *Bull.* IV, n° 27 ; *D.* 1971, somm. 200 ; *RTD com.* 1971, 1050, obs. Cabrillac et Rives-Lange). Le donneur d'aval du souscripteur d'un billet à ordre peut opposer au bénéficiaire demeuré porteur de l'effet l'absence de cause de l'effet (■ Cass. com., 29 janv. 1975 : *Gaz. Pal.* 1975, 1, somm. 88) ou le caractère illicite, au moins pour partie, de la cause dudit effet (■ Cass. com., 30 mars 1978, n° 76-14.774 : *JurisData* n° 1978-097095 ; *Bull.* IV, n° 95 ; *JCP* G 1978, IV, 177 ; *Gaz. Pal.* 1978, 2, somm. 290. – *Contra*, selon une décision fort contestable, le donneur d'aval qui s'est engagé pour le compte du tiré ne peut opposer le défaut de provision au tireur-porteur de l'effet ■ T. com. Seine, 17 juin 1949 : *JCP* 1949, II, 5174, note crit. Roblot ; *RTD com.* 1949, 501, obs. crit. Houin).

25) Porteur illégitime. Tenu de la même manière que le débiteur garanti, le donneur d'aval peut encore se prévaloir de l'absence de qualité de porteur légitime au sens de l'article 120 du Code de commerce (■ Cass. com., 17 juill. 1980 : *Bull.* IV, n° 306 ; *JCP* G 1980, IV, 371), de la mauvaise foi du tiers porteur qui accepte de recevoir des traites en pleine conscience du dommage qu'il cause au donneur d'aval qu'il met dans l'impossibilité de se prévaloir du défaut de cause des effets (▪ Cass. com., 7 mars 1961 : *Bull.* III, n° 124), des déchéances prévues par l'article L. 511-49 du Code de commerce à l'encontre du porteur négligent (▪ Cass. civ., 19 déc. 1927 : *DH* 1928, 1, 66 ; *Gaz. Pal.* 1928, 1, 188), à condition que le débiteur par lui garanti puisse les invoquer ; tel n'est pas le cas de l'aval du tiré accepteur (même décision. – *Adde*, ▪ Cass. civ., 7 févr. 1934 : *DP* 1936, 1, 65, note Chéron ; *Gaz. Pal.* 1934, 1, 721. ▪ Cass. com., 28 oct. 1952 : *JCP* 1953, II, 7588. ▪ Montpellier, 1er févr. 1954 : *JCP* 1955, II, 8469, note Roblot. ▪ Cass. com., 2 févr. 1965 : *Bull.* III, n° 85 ; *JCP* 1965, II, 14207, note Lescot ; *D.* 1965, 391 ; *Gaz. Pal.* 1965, 1, 239 ; *Banque* 1965, 345, obs. Marin. ▪ Cass. com., 29 mai 1980, n° 77-11.465 : *JurisData* n° 1980-000217 ; *Bull.* IV, n° 217 ; *JCP* G 1980, IV, 298. ▪ Cass. com., 30 nov. 1981, n° 80-11.415 : *JurisData* n° 1981-703407 ; *Bull.* IV, n° 417 ; *JCP* G 1982, IV, 74 ; *DS* 1982, inf. rap. 211 ; *Gaz. Pal.* 1982, 1, pan. jurispr. 164. ▪ Cass. com., 26 févr. 1985, n° 83-14.689 : *Gaz. Pal.* 1985, 2, pan. jurispr. 228) ; ou lorsque le tiers porteur est dispensé de protêt (▪ Cass. req., 22 févr. 1869 : *DP* 1869, 1, 515), sauf à ce que cette dispense ne ressorte pas des énonciations de l'effet lui-même et qu'il ne soit pas établi que le donneur d'aval l'ait connue et acceptée (▪ Douai, 23 mars 1933 : *Rec. Douai*, 1933, 260 ; *Gaz. Pal.*, Tables quinq. 1930-1935 « Effets de commerce », n° 103). Mais tel est le cas de l'aval du tireur qui justifie avoir fourni provision à l'échéance (▪ Colmar, 21 avr. 1931 : *Gaz. Pal.* 1931, 2, 199. ▪ Douai, 23 mars 1933 : *Rec. Douai*, 1933, 260 ; *Gaz. Pal.*, Tables quinq. 1930-1935 « Effets de commerce », n° 104. – *Adde*, ▪ T. com. Valenciennes, 19 oct. 1982 : *Gaz. Pal.* 1982, 2, somm. 384).

26) Prescription. Le donneur d'aval peut invoquer la prescription de l'article L. 511-78 du Code de commerce acquise au débiteur garanti (▪ Cass. req., 2 août 1904 : *S.* 1905, 1, 185, note Bernard). En particulier, l'avaliste qui a donné son aval pour le compte de l'accepteur est soumis aux mêmes règles que ce dernier tant pour la non-déchéance des droits du porteur après l'expiration des délais de protêt que pour la prescription (▪ T. com. Seine, 6 janv. 1949 : *JCP* 1949, II, 4946, note Roblot ; *Gaz. Pal. 1949, 1, 163.* ▪ *Cass. com., 21 juin 1976*, n° 75-10.318 : *JurisData* n° 1976-097211 ; *Bull.* IV, n° 211 ; *JCP* G 1976, IV, 275 ; *Gaz. Pal.* 1976, 2, somm. 254 ; *RTD com.* 1977, 130, obs. Cabrillac et Rives-Lange. – Comp. ▪ Cass. com., 10 juill. 1968 : *Bull.* IV, n° 232. – Sur la représentation mutuelle entre donneur d'aval et débiteur garanti, cf. art. L. 511-7, annot. n° 18 et s., p. 1003).

27) Bénéfice de subrogation. Le donneur d'aval est admis, au même titre que la caution, à bénéficier de l'exonération établie par l'(ancien) article 2037 du Code civil qui déclare la caution déchargée lorsque la subrogation aux droits du créancier ne peut plus s'opérer par le fait de celui-ci (▪ Cass. req., 19 déc. 1927 : *S.* 1928, 1, 145, note Lescot ; *Gaz. Pal.* 1928, 1, 385. ▪ Cass. com., 5 janv. 1957 : *Bull.* III, n° 7 ; *JCP* CI 1957, 59902 ; *RTD com.* 1957, 437, obs. Hémard ; *RTD com.* 1958, 125, obs. Becqué et Cabrillac. ▪ Paris, 5 oct. 1966 : *JCP* 1967, II, 15301, note Lescot ; *D.* 1967, 115 ; *RTD com.* 1967, 206). Pour être ainsi déchargé de toute garantie, le donneur d'aval est tenu d'établir que sa subrogation a été rendue impossible par un fait positif ou tout au moins par une négligence imputable à ce dernier (▪ Cass. req., 30 juin 1942 : *DA* 1943, 21. ▪ Cass. com., 31 janv. 1967 : *Bull.* III, n° 54. ▪ Cass. com., 27 juin 1967 : *JurisData* n° 1967-099263 ; *Bull.* III, n° 263. ▪ Cass. com., 12 nov. 1969 : *Bull.* IV, n° 329. – Comp. ▪ Cass. com., 28 oct. 1952 : *Bull.* III, n° 324 ; *JCP* 1953, II, 7588, note Lescot ; *S.* 1953, 1, 115 ; *Gaz. Pal.* 1952, 2, 412 ; *RTD com.* 1953, 147).

28) Prorogation du terme par le créancier. De même, au cas de simple prorogation par le créancier du terme assigné au débiteur principal pour l'exécution de son obligation, le débiteur d'aval reste tenu (▪ Cass. civ., 25 mai 1938 : *DH* 1938, 385. – *Adde*, ▪ Paris, 11 oct. 1967 : *Banque* 1968, 473, obs. Marin ; *D.* 1968, somm. 66 ; *RTD com.* 1968, 735, obs. Cabrillac) ; et pour un aval donné par acte séparé (▪ Cass. com., 12 juin 1978 : *Bull.* IV, n° 159 ; *D.* 1978, inf. rap. 340, obs. Cabrillac ; *Gaz. Pal.* 1978, 2, somm. 376 ; *RTD com.* 1979, 274, obs. Cabrillac et Rives-Lange. – *Contra*, ▪ Paris, 25 nov. 1936 : *Journ. trib. com.* 1937, 444 ; *Gaz. Pal.*, Tables quinq. 1936-1940, n° 90. – Monaco, 24 mai 1930 : *Gaz. Pal.*, Tables quinq. 1930-1935, n° 96. ▪ T. com. ▪ Seine, 5 nov. 1935 : *Gaz. Pal.* 1936, 1, 27. – V. pour les délais accordés par un concordat ou plan d'apurement du passif, *supra*).

29) Renouvellement de la lettre de change. Le renouvellement de la lettre de change qui a pour résultat de créer, matériellement, un effet distinct et nouveau exige un renouvellement des avals qui ont pu être accordés, l'avaliste devant pouvoir s'assurer de la destruction de l'effet ancien (▪ Paris, 11 oct. 1967 : *D.* 1968, somm. 66 ; *Banque* 1968, 473, obs. Marin ; *RTD com.* 1968, 735, obs. Cabrillac). Toutefois, le donneur d'un aval consenti par acte séparé reste tenu, lorsque la lettre de change qu'il s'est engagé à payer n'a été remplacée par une autre que pour opérer un report d'échéance (▪ Cass. com., 12 juin 1978 : *Bull.* IV, n° 159 ; *D.* 1978, inf. rap. 340, obs. Cabrillac ; *Gaz. Pal.* 1978, 2, somm. 376 ; *RTD com.* 1979, 274, obs. Cabrillac et Rives-Lange). De même, la novation ne se présumant pas, on ne peut pas déduire de la seule remise de nouvelles traites non avalisées au banquier escompteur (destinées à se substituer, dans la convention entre le tiré et le tireur, à des traites avalisées et restées impayées), que la banque a, pour sa part, accepté une novation qui aurait eu pour effet de la priver du recours dont elle disposait en qualité de tiers porteur à l'encontre de l'avaliseur (■ Versailles, 4 déc. 1985 : *D.* 1987, somm. 71, obs. Cabrillac). En revanche, celui qui a avalisé des lettres de change créées en remplacement de deux traites non avalisées peut être condamné à en payer le montant au tireur, bien que ce dernier ait obtenu un jugement condamnant les tirés au paiement des lettres de change initiales, si ceux-ci n'ont pas exécuté ledit jugement et dès lors que les juges du fond déclarent que l'on ne saurait déduire de l'instance engagée contre les tirés la renonciation définitive du tireur à se prévaloir des traites tirées en second lieu, ni la nullité de ces dernières lettres de change (■ Cass. com., 16 oct. 1968 : *Bull.* IV, n° 271).

B – Recours du donneur d'aval

30) Recours personnel. Si le donneur d'aval est tenu de la même manière que celui dont il s'est porté garant, il acquiert, lorsqu'il a régulièrement payé contre remise de l'effet, un droit propre et personnel, que l'article L. 511-21, alinéa 9 du Code de commerce définit dans les mêmes termes que celui du porteur de bonne foi (■ Cass. com., 23 nov. 1959 : *Bull.* III, n° 393).

31) Recours subrogatoire. Par ailleurs, le donneur d'aval, lorsqu'il cautionne l'un des débiteurs de l'effet, se trouve subrogé à tous les droits qu'avait le créancier qu'il désintéresse, et cela non seulement contre le débiteur qu'il a particulièrement cautionné, mais encore contre les autres codébiteurs solidaires (■ Cass. com., 26 mai 1961 : *Gaz. Pal.* 1961, 2, 235 ; *RTD com.* 1961, 892, obs. Becqué et Cabrillac. ■ Cass. com., 19 mars 1962 : *Bull.* III, n° 178 ; *Banque* 1962, 630, obs. Marin). Ainsi, le donneur d'aval du tireur a un recours contre le tiré accepteur (mêmes déc.).

32) Aval du tireur. Recours contre le tiré accepteur. Le donneur d'aval pour le compte du tireur qui exerce contre le tiré accepteur l'action directe que lui confère l'article L. 511-21, alinéa 9 du Code de commerce, bénéficie dans l'exercice de cette action, des dispositions de l'article L. 511-12 du Code de commerce et ne peut, en conséquence, se voir opposer l'exception de défaut de provision, dont le débiteur tiré aurait pu se prévaloir à l'encontre du tireur (■ Cass. com., 23 nov. 1959 : *Bull.* III, n° 393. – *Contra,* ■ Rouen, 12 mai 1955 : *Gaz. Pal.* 1955, 2, 115 ; *Banque* 1955, 721), sauf le cas où le donneur d'aval est de mauvaise foi (■ Cass. req., 8 févr. 1932 : *S.* 1932, 1, 271. ■ T. com. Nancy, 21 déc. 1959 : *Banque* 1960, 671, obs. Marin ; *RTD com.* 1960, 860, obs. Becqué et Cabrillac).

33) Recours contre le tiré non accepteur. Subrogé dans les droits du porteur, le donneur d'aval peut encore *poursuivre le tiré non accepteur* au moyen de l'action née de la provision lorsque celle-ci a été fournie (■ Paris, 4 juin 1954 : *JCP* CI 1954, 53541).

34) Aval du tiré accepteur. Recours contre le tiré. Le donneur d'aval qui a garanti l'engagement de l'accepteur dispose d'un recours contre celui-ci (■ Cass. com., 11 juin 1951 : *Bull.* II, n° 187), mais n'en a aucun contre les endosseurs et le tireur (■ Nancy, 26 mars 1895 : *DP* 1895, 2, 451). Et, tant qu'il n'a pas payé le porteur de la lettre de change, l'avaliste ne peut produire au règlement judiciaire du tiré qu'il a garanti (■ T. com. Seine, 8 janv. 1968 : *Journ. agréés* 1968, 190, note Massin).

35) Coavalistes. Le litige opposant des coavalistes doit être réglé par application de l'article 2033 du Code civil, selon lequel, lorsque plusieurs personnes ont cautionné un même débiteur pour plusieurs dettes, la caution qui a acquitté la dette a recours contre les autres cautions, chacune pour sa part et caution (■ Besançon, 13 févr. 1974 : *DS* 1975, 230, note Crionnet ; *RTD com.* 1975, 331, obs. Cabrillac et Rives-Lange).

C – Régime des actions

36) Compétence *ratione materiae*. L'aval de la lettre de change, même consenti par acte séparé, est acte de commerce, indépendamment de la qualité de celui qui l'a souscrit, et justifie la compétence du tribunal de commerce (■ Douai, 5 janv. 1939 : *Gaz. Pal.* 1939, 1, 640. ■ T. com. Bordeaux, 5 sept. 1950 : *JCP* 1950, II, 5859, note M.P. ; *Banque* 1951, 305, obs. Marin. ■ Cass. com., 1er oct. 1996 : *RTD com.* 1997, 120, obs. Cabrillac ; *RJDA* 1/97, n° 89. – Comp. ■ Paris, 8 nov. 1923 : *Gaz. Pal.* 1924, 1, 104 et ■ Cass. com., 17 juill. 1984, n° 83-12.802 : *JurisData* n° 1984-701607 ; *Bull.* IV, n° 235) ; l'avaliste peut être poursuivi cambiairement sans qu'il y ait lieu de rechercher s'il avait un intérêt patrimonial à l'opération commerciale à l'occasion de laquelle l'effet a été émis (■ Cass. com., 1er oct. 1996, préc.). Toutefois, lorsque faute de pouvoir exercer une action cambiaire contre le donneur d'aval qui n'a pas indiqué le bénéficiaire de son aval, le tireur, qui fonde sa demande sur l'existence prétendue d'une obligation de cautionnement contracté envers lui par le donneur d'aval, doit prouver le caractère commercial de ce cautionnement pour exercer son action devant le tribunal de commerce (■ Grenoble, 21 juin 1963 : D. 1963, somm. 107. ■ T. com. Nice, 27 mars 1964 : *Gaz. Pal.* 1964, 2, 146. – Comp. ■ Cass. com., 11 déc. 1984, n° 83-13.023 : *JurisData* n° 1984-702096 ; *Bull. civ.* IV, n° 338).

37) Compétence *ratione loci*. Le tribunal territorialement compétent est, à défaut d'accord exprès répondant aux conditions de l'article 48, Code de procédure civile, celui du lieu du domicile de l'avaliste, défendeur à l'action en recouvrement, et non celui du domicile de l'avalisé (■ Cass. com., 15 mai 1984, n° 83-12.094 : *JurisData* n° 1984-701378 ; *Bull.* IV, n° 164 ; *Gaz. Pal.* 1984, 2, pan. jurispr. 276, obs. Dupichot. ■ Paris, 4 févr. 1964 : *JCP* 1964, II, 13906, note Lescot).

Section VI. – De l'échéance

Art. L. 511-22 *(Anc. C. com., art. 131)*. **– I. – Une lettre de change peut être tirée :**

1° À vue ;

2° À un certain délai de vue ;

3° À un certain délai de date ;

4° À jour fixe.

II. – Les lettres de change, soit à d'autres échéances, soit à échéances successives, sont nulles.

Art. L. 511-23 *(Anc. C. com., art. 132)*. **– La lettre de change à vue est payable à sa présentation. Elle doit être présentée au paiement dans le délai d'un an à partir de sa date. Le tireur peut abréger ce délai ou en stipuler un plus long. Ces délais peuvent être abrégés par les endosseurs.**

Le tireur peut prescrire qu'une lettre de change payable à vue ne doit pas être présentée au paiement avant un terme indiqué. Dans ce cas, le délai de présentation part de ce terme.

Bibliographie : *JCl. com.*, Fasc. 435, *Lettre de change, Échéance* par Issa-Sayegh.

1) **Porteur légitime.** La présentation au paiement ne peut être faite par un simple détenteur qui n'a pas la qualité de porteur légitime (■ Cass. com., 19 oct. 1981, n° 80-10.739 : *Bull.* IV, n° 363 ; *JCP* G 1982, IV, n° 13. ■ Cass. com., 3 juin 1982, n° 81-10.876 : *JurisData* n° 1982-701453 ; *Bull.* IV, n° 212 ; *JCP* G 1982, IV, n° 286 ; *D.* 1983, inf. rap. 187. – V. annot. sous art. L. 511-11, p. 1006).

2) **Délai de présentation.** Lorsqu'il s'agit d'une lettre de change à vue, l'article L. 511-23 du Code de commerce donne comme seule obligation au porteur de la présenter au paiement dans le délai d'un an à partir de sa date d'émission ; le porteur n'ayant pas stipulé de délai plus bref au moment de la remise de la lettre à une banque, celle-ci n'encourt aucune responsabilité envers le remettant, si la lettre est revenue impayée, alors surtout que le remettant ne rapporte pas la preuve qu'au jour où l'effet aurait dû être présenté, le tiré était solvable et que son insolvabilité s'est produite entre ledit jour et celui où l'effet a été présenté au paiement par la banque (■ Montpellier, 17 févr. 1949 : *JCP* 1949, II, 4805, note Cabrillac).

Art. L. 511-24 *(Anc. C. com., art. 133)*. **– L'échéance d'une lettre de change à un certain délai de vue est déterminée, soit par la date de l'acceptation, soit par celle du protêt.**

En l'absence du protêt, l'acceptation non datée est réputée, à l'égard de l'accepteur, avoir été donnée le dernier jour du délai prévu pour la présentation à l'acceptation.

L'échéance d'une lettre de change tirée à un ou plusieurs mois de date ou de vue a lieu à la date correspondante du mois où le paiement doit être effectué. À défaut de date correspondante, l'échéance a lieu le dernier jour de ce mois.

Quand une lettre de change est tirée à un ou plusieurs mois et demi de date ou de vue, on compte d'abord les mois entiers.

Si l'échéance est fixée au commencement, au milieu ou à la fin du mois, on entend par ces termes le 1er, le 15 ou le dernier jour du mois.

***Les expressions « huit jours »* ou « quinze jours » s'entendent, non d'une ou deux semaines, mais d'un délai de huit ou quinze jours effectifs.**

L'expression « demi-mois » indique un délai de quinze jours.

Bibliographie : *JCl. com.*, Fasc. 435, *Lettre de change, Échéance* par Issa-Sayegh.

La cour d'appel qui constate que des lettres de change acceptées, tirées à jour fixe, avaient été présentées à leur échéance et que les paiements avaient été alors différés, retient à bon droit que le défaut de paiement s'apprécie au jour de l'échéance (■ Cass. com., 2 mars 1982 : *Bull.* IV, n° 81).

Art. L. 511-25 *(Anc. C. com., art. 134)*. **– Quand une lettre de change est payable à jour fixe dans un lieu où le calendrier est différent de celui du lieu de l'émission, la date de l'échéance est considérée comme fixée d'après le calendrier du lieu de paiement.**

Quand une lettre de change tirée entre deux places ayant des calendriers différents est payable à un certain délai de date, le jour de l'émission est ramené au jour correspondant du calendrier du lieu de paiement et l'échéance est fixée en conséquence.

Les délais de présentation des lettres de change sont calculés conformément aux règles de l'alinéa précédent.

Ces règles ne sont pas applicables si une clause de la lettre de change, ou même les simples énonciations du titre, indiquent que l'intention a été d'adopter des règles différentes.

Bibliographie : *JCl. com.*, Fasc. 435, *Lettre de change, Échéance* par Issa-Sayegh.

I – MODIFICATION DE L'ÉCHÉANCE EFFECTUÉE OU SOLLICITÉE PAR LE TIRÉ

1) Effets à l'égard du tiré. Si, aux termes de l'article L. 511-17, alinéa 4 du Code de commerce, toute acceptation conditionnelle, autre que celle qui est limitée à une partie du montant de la traite, équivaut à un refus d'acceptation, le tiré n'en est pas moins obligé, en vertu de ce texte, sous la condition mise par lui à son engagement, et le porteur n'est nullement tenu d'informer le tireur, dans les formes et délai de l'article L. 511-42 du Code de commerce de cette acceptation conditionnelle, ni d'exercer un recours immédiat contre ce dernier à peine de déchéance ; il en résulte que si, lors de sa présentation à l'acceptation, le tiré a substitué à l'échéance indiquée une date plus éloignée, la banque tiers porteur qui s'est abstenue, comme elle en avait le droit, de porter ce changement de date à la connaissance du tireur, ne peut, à ne considérer que cette seule raison, être privée de toute action récursoire contre le tireur de l'effet demeuré par la suite impayé (▪ Cass. com., 18 janv. 1955 : *JCP* 1955, II, 8602, note Lescot ; *D.* 1955, 188, note Goré ; *Gaz. Pal.* 1955, 1, 145 ; *Banque* 1955, 243, obs. Martin ; *RTD com.* 1955, 353, obs. Becqué et Cabrillac).

2) Préjudice du tireur. Toutefois, le porteur qui proroge à la demande du tiré accepteur l'échéance de la traite sans prévenir à temps le tireur du refus de paiement qui a précédé la prorogation, peut occasionner à raison du retard de cette information un préjudice au tireur dont pourrait se prévaloir la caution de ce dernier (▪ Cass. com., 18 mai 1981, n° 79-12.080 : *JurisData* n° 1981-701571 ; *Bull.* IV, n° 232 ; *RTD com.* 1981, 800, obs. Cabrillac et Teyssié).

3) Absence de recours contre le tireur. Le porteur qui mentionne une nouvelle date d'échéance sur une lettre de change sans qu'il soit démontré que le tireur ait consenti à cette prorogation même implicitement est déchu de son recours contre le tireur lorsque le protêt dressé avant l'arrivée de la nouvelle échéance est tardif par rapport à la date initialement mentionnée sur l'effet (▪ Paris, 16 avr. 1969 : *RTD com.* 1970, 169, obs. Cabrillac et Rives-Lange).

II – MODIFICATION DE L'ÉCHÉANCE EFFECTUÉE À L'INSU DU TIRÉ

4) Effets à l'égard du tiré. Une prorogation d'échéance d'une lettre de change ne peut être opposée au tiré accepteur que si elle a été acceptée par lui (▪ Cass. com., 29 mai 1978, 2e esp. : *Bull.* IV, nos 152 et 153 ; *D.* 1979, inf. rap. 278, obs. Cabrillac ; *RTD com.* 1979, 128, obs. Cabrillac et Rives-Lange. ▪ Cass. com., 17 juill. 1972 : *JurisData* n° 1972-097225 ; *Bull.* IV, n° 225 ; *RTD com.* 1974, 308, obs. Cabrillac et Rives-Lange ; *Gaz. Pal.* 1973, 1, 35. ▪ Cass. com., 23 mars 1993, n° 90-19.419 : *JurisData* n° 1993-000505 ; *Bull.* IV, n° 115 ; *RD bancaire et bourse* 1993, 157, obs. Credot et Gérard ; *D.* 1993, somm. 318, obs. Cabrillac. – Comp. ▪ Cass. com., 22 avr. 1977, n° 75-14.416 : *JurisData* n° 1977-097109 ; *Bull.* IV, n° 109 ; *D.* 1977, inf. rap. 400, obs. Vasseur ; *RTD com.* 1977, 742, obs. Cabrillac et Rives-Lange. ▪ 28 avr. 1982 : *JurisData* n° 1982-021678 ; *Gaz. Pal.* 1982, 2, pan. jurispr. 281).

5) Signataire antérieur à l'altération. En vertu de l'article L. 511-77 du Code de commerce, le signataire d'une lettre de change antérieur à l'altération de l'effet n'est tenu que dans les termes du texte originaire ; par suite, lorsque à l'insu du tiré accepteur, la date d'échéance a été modifiée et reportée de la main d'un endosseur, le tiré est fondé à se prévaloir de la date originaire pour opposer la prescription au tiers porteur (▪ Cass. com., 11 janv. 1972, n° 70-10.166 : *JurisData* n° 1972-097017 ; *Bull.* IV, n° 17 ; *JCP* G 1972, IV, 48 ; *RTD com.* 1972, 662, obs. Cabrillac et Rives-Lange ; *Gaz. Pal.* 1972, 1, 433. ▪ Cass. com., 17 juill. 1972 : *Bull.* IV, n° 225 ; *RTD com.* 1974, 308, obs. Cabrillac et Rives-Lange ; *Gaz. Pal.* 1973, 1, 35. ▪ Cass. com., 12 nov. 1973, n° 72-13.662 : *Bull.* IV, n° 320 ; *JCP* G 1973, IV, 421 ; *RTD com.* 1974, 308 ; *Gaz. Pal.* 1973, 2, somm. 283 ; *D.* 1974, somm. 6).

III – EFFETS DE LA MODIFICATION DE L'ÉCHÉANCE

6) Conséquences à l'égard du donneur d'aval. V. art. L. 511-21, annot. n° 29, p. 1027.

7) Contre-passation. La contre-passation, au débit d'un compte courant, du montant d'une lettre de change prise à l'escompte et impayée à l'échéance, ne fait pas obstacle à un accord ultérieur des volontés pour le rétablissement du montant de l'effet au crédit du compte en raison des prorogations d'échéance (■ Cass. com., 6 juill. 1966 : *JurisData* n° 1966-700343 ; *Bull.* III, n° 343 ; *D.* 1967, somm. 114).

Section VII. – Du paiement

Art. L. 511-26 *(Anc. C. com., art. 135)*. **– Le porteur d'une lettre de change payable à jour fixe ou à un certain délai de date ou de vue doit présenter la lettre de change au paiement soit le jour où elle est payable, soit l'un des deux jours ouvrables qui suivent.**

La présentation d'une lettre de change à une chambre de compensation équivaut à une présentation au paiement.

Bibliographie : Gavalda, *La contre-passation des effets de commerce après clôture du compte courant : JCP* G 1963, I, 1763. • Rives-Lange, *La liberté des conventions et la contre-passation avant clôture du compte courant : JCP* 1965, I, 1889. • N'Guyen Xuan Chanh, *Paiement en effets de commerce et paiement des effets de commerce en période suspecte : DS* 1970, chron. 105. • Reymond de Gentile [Campana], *Le principe de l'égalité entre les créanciers chirographaires et la loi du 13 juillet 1967*, Sirey 1973, n° 53 et s., 263 et s. • Crut, *Lettre de change et compensation : Vie jud.* 1er juill. 1979, 1. • N'Guyen Xuan Chanh, *La déchéance des droits du porteur de la lettre de change pour l'inexécution de ses obligations au regard de la présentation de l'effet à l'acceptation ou au paiement : RJ com.* 1980, 253. • Dupichot, *En matière cambiaire, Dies interpellat pro homine : Gaz. Pal.* 1982, 2, pan. jurispr. 212. • Romani, *Les recours accessibles au banquier tiré ou domiciliataire au cas de non-respect du règlement des chambres de compensation : D.* 1993, chron. 223.

Ouvrage. *JCl. com.*, Fasc. 440, *Lettre de change, Paiement* par Issa-Sayegh.

1) Paiement par la banque domiciliaire au banquier escompteur d'une lettre de change. Le paiement par la banque domiciliaire au banquier escompteur d'une lettre de change éteint tout recours de la banque domiciliaire contre le tireur ; en conséquence, au cas où le compte de la banque escompteuse d'une lettre de change acceptée ayant été crédité du montant de cet effet présenté par elle en chambre de compensation et où la banque domiciliaire n'ayant pas, à raison de ce que le compte de son client n'était pas provisionné, restitué l'effet dans les délais prévus par le règlement de la chambre, doit être cassé pour violation des articles L. 511-7, L. 511-9 et L. 511-26 du Code de commerce l'arrêt qui condamne le tireur à garantir la banque domiciliaire de la condamnation prononcée à son encontre au profit du banquier escompteur devenu, en escomptant l'effet, propriétaire de la provision (■ Cass. com., 9 oct. 1984 : *Bull.* IV, n° 255 ; *D.* 1985, inf. rap. 329, obs. Vasseur ; *Banque* 1985, 302, obs. Rives-Lange ; *RTD com.* 1985, 338, obs. Cabrillac et Teyssié).

2) Remboursement. Dès lors que la banque domiciliaire a payé l'effet remis, elle ne peut en demander le remboursement que conformément aux usages de la chambre de compensation, c'est-à-dire quarante-huit heures ; à défaut, l'action exercée par la banque, sur le fondement de la répétition de l'indu et de l'enrichissement sans cause, contre le bénéficiaire à qui le montant de la lettre de change a été payé, doit être rejetée comme non fondée, dès lors d'une part, que la lettre de change dont la banque a assuré le paiement étant provisionnée et acceptée, la banque en la payant, n'a pas payé l'indu et ne peut se prévaloir des dispositions de l'article 1377 du Code civil, d'autre part, que le bénéficiaire ne s'est pas enrichi sans cause, puisque le montant du crédit porté à son compte était la contrepartie d'une lettre de change provisionnée et acceptée (■ Limoges, 11 mars 1980 : *D.* 1981, inf. rap. 13, obs. Vasseur ; *RTD com.* 1981, 106, obs. Cabrillac et Rives-Lange. – Comp. sur l'admission de l'enrichissement sans cause du tireur de la lettre de change escomptée mais non provisionnée, ■ Paris, 2 déc. 1982 : *JurisData* n° 1982-028158 ; *D.* 1983, inf. rap. 406, obs. Vasseur ; *RTD com.* 1984, 129, obs. Cabrillac et Teyssié).

I – CONTRE-PASSATION

3) Caractère facultatif. La contre-passation d'un effet de commerce au débit du compte du remettant est toujours facultative, le banquier pouvant préférer conserver à la traite son individualité et se réserver ainsi les recours cambiaires reconnus au porteur (■ Cass. com., 1er févr. 1961 : *JCP* 1962, II, 12670, note Rives-Lange. ■ Cass. com., 6 févr. 1980, n° 78-12.564 : *JurisData* n° 1980-098064 ; *Bull.* IV, n° 64 ; *JCP* G 1980, IV, 154).

4) Contre-passation tardive. N'engage pas sa responsabilité une banque qui restitue plus d'un an après échéance à son client un effet de commerce impayé et contre-passé dès lors que ce dernier était encore en mesure d'exercer les recours cambiaires et que le retard imputé à la banque ne lui avait occasionné aucun préjudice (■ Cass. com., 6 févr. 1980, préc. – *Adde*, ■ Cass.

com., 14 janv. 1997, n° 95-12.108 : *JurisData* n° 1997-000108 ; *RJDA* 5/97, n° 671).

5) Prise d'effet. Serait-elle définitivement décidée, la contre-passation du montant d'une lettre de change prise à l'escompte ne prend effet qu'à partir de son inscription en compte (■ Cass. com., 21 juin 1994, n° 92-13.683 : *JurisData* n° 1994-001278 ; *Bull. civ.* IV, n° 226 ; *RJDA* 12/94, n° 1340).

6) Paiement. La contre-passation d'un effet de commerce équivaut à un paiement, lorsque le remettant est in bonis, et prive la banque de tous ses droits sur le titre contre-passé (■ Cass. com., 25 janv. 1955 : *JCP* 1955, II, 8547 *bis*, note Cabrillac. ■ Cass. com., 19 déc. 1956 : *D.* 1957, 287, note Neel. ■ Cass. com., 4 juin 1985, n° 84-11.977 : *JurisData* n° 1985-701651 ; *Bull.* IV, n° 177 ; *JCP* G 1985, IV, 285 ; *Banque* 1985, 1071, obs. Rives-Lange).

Le banquier qui doit restituer l'effet au remettant est tenu pour responsable dès lors que cet effet n'est pas parvenu à son destinataire (■ Cass. com., 7 mars 2000, n° 94-10.369 : *JurisData* n° 2000-000862 ; *RTD com.* 2000, 416, obs. Cabrillac).

Le rétablissement du montant de l'effet au crédit du compte s'analyse pour le banquier en une nouvelle acquisition de l'effet ; pour que la banque puisse, en ce cas, se prévaloir de l'inopposabilité des exceptions, il faut que l'effet soit endossé à son profit, la simple remise du titre ne pouvant produire que les effets d'une cession ordinaire (■ Cass. com., 11 juin 1979 : *Bull.* IV, n° 190 ; *D.* 1980, inf. rap. 202, obs. crit. Vasseur ; *Banque* 1979, 1372, obs. crit. Martin ; *RTD com.* 1979, 776, obs. crit. Cabrillac et Rives-Lange. ■ Cass. com., 29 mai 1979 : *Bull.* IV, n° 179 ; *D.* 1980, inf. rap. 202, obs. Vasseur).

7) Absence de paiement. La contre-passation du montant d'une lettre de change au compte courant du tireur qui l'a remise à l'escompte ne vaut pas paiement si elle est postérieure à l'ouverture du redressement judiciaire de celui-ci (■ Cass. com., 5 mai 1998, n° 95-21.106 : *JurisData* n° 1998-002144 ; *RJDA* 1998, n° 150).

Justifie légalement sa décision la cour d'appel qui, après avoir relevé qu'une banque n'avait contre-passé la lettre de change escomptée à un client qu'à la suite de la clôture du compte courant, incapable de résorber son important découvert, a retenu que cette contre-passation était une simple opération comptable, qu'elle ne pouvait valoir paiement et qu'elle laissait subsister le recours de change de la banque contre le tiré accepteur (■ Cass. com., 8 juin 1982 : *JurisData* n° 1982-701457 ; *D.* 1984, 256, note Zénati ; *D.* 1983, inf. rap. 186, obs. Vasseur. – *Adde*, ■ Cass. com., 25 janv. 1955 : *JCP* 1955, II, 8547 *bis*, note Cabrillac).

La seule inscription au débit du compte du tiré d'un lettre de change, par le banquier domiciliataire, ne constituant pas un paiement au profit du tireur, la contre-passation de cette écriture *ne peut constituer une faute* au préjudice de celui-ci (■ Cass. com., 21 mai 1996, n° 94-12.750 : *JurisData* n° 1996-002016 ; *D.* 1997, 105, note D.-R. Martin ; *RJDA* 10/96, n° 1227 ; *RJ com.* 1997, 195, note Jacottes ; *RD bancaire et bourse* 1996, 191, obs. Credot et Gérard ; *Rev. huissiers* 1997, 776, note Courtier. ■ Cass. com., 13 mars 2001, n° 98-12.438 : *JurisData* n° 2001-008647 ; *RJDA* 7/2001, n° 796. – *Adde*, ■ Cass. com., 12 mars 2002, n° 00-17.264 : *JurisData* n° 2002-013666 ; *LPA* 23 avr. 2002, p. 9, obs. E. C. ; *RJDA* 7/2002, n° 804 ; *JCP* E 2002, pan. 695 ; *D.* 2002, p. 1343 ; *RTD com.* 2002, 520, obs. Cabrillac, pour une LCR).

Ne vaut pas paiement et laisse subsister les recours cambiaires du banquier la contre-passation effectuée non dans un compte courant mais dans un compte d'attente (■ Cass. com., 17 mars 1981, n° 79-15.078 : *JurisData* n° 1981-700824 ; *Bull.* IV, n° 144 ; *D.* 1981, inf. rap. 496, obs. Vasseur. ■ Versailles, 10 juin 1994 : *JurisData* n° 1994-600448 ; *D.* 1994, inf. rap. 209), ou dans un compte d'ordre (■ Cass. com., 3 avr. 1978, n° 76-14.717 : *JurisData* n° 1978-799109 ; *Bull.* IV, n° 109 ; *Banque* 1979, 271, obs. Martin), ou dans un compte « contentieux » (■ Cass. com., 4 juin 1980, n° 79-10.653 : *JurisData* n° 1980-000237 ; *Bull.* IV, n° 237 ; *JCP* G 1980, IV, 310), ou d'« effets impayés » (■ Cass. com., 10 janv. 1984 : *Bull.* IV, n° 11 ; *Banque* 1984, 1095. ■ Cass. com., 12 janv. 1999 : *RJDA* 2/99, n° 217 ; *LPA* 4 mars 1999, p. 7, note P. M. ; *D.* 2000, *Cah. dr. aff.*, somm. 12, obs. Lemée, pour le débit d'un compte spécial impayé et non du compte ordinaire, ou le simple débit des intérêts sur le compte ordinaire et non du montant des effets. ■ Cass. com., 19 oct. 1999, n° 96-15.316 : *RJDA* 12/99, n° 1378. – *Contra*, ■ Versailles, 18 févr. 1987 : *JurisData* n° 1987-600814 ; *Banque* 1987, 519, obs. Rives-Lange).

8) Caractère volontaire de la contre-passation. Si la contre-passation a un caractère irrévocable elle doit cependant être volontaire de la part du banquier ; des écritures automatiques par ordinateur, démenties par celui-ci, ne sauraient exprimer cette volonté (■ Cass. com., 22 nov. 1976 : *JurisData* n° 1976-700293 ; *Bull.* IV, n° 293 ; *JCP* G 1977, IV, 11 ; *Banque* 1976, 605, obs. Martin. ■ Cass. com., 10 janv. 1983, n° 81-15.968 : *JurisData* n° 1983-700065 ; *JCP* G 1983, IV, 93. ■ Versailles, 10 juin 1994 : *D.* 1994, inf. rap. 209. – *Adde*, ■ Cass. com., 19 déc. 2000, n° 98-10.420 : *JurisData* n° 2000-007664 ; *RJDA* 5/2001, n° 629. – V. pour une présomption de contre-passation, ■ Versailles, 1er juill. 1994 : *JurisData* n° 1994-047630 ; *D.* 1994, inf. rap. 212. – V. pour une solution contraire, justifiée en fait, ■ Cass. com., 6 nov. 1984, n° 82-16.671 : *JurisData* n° 1984-701897 ; *Bull.* IV, n° 296 ; *JCP* G 1985, IV,

21 ; *D.* 1985, 534, note Croze ; *D.* 1986, inf. rap. 323, obs. Vasseur ; *Banque* 1985, 752, obs. Rives-Lange ; *RTD com.* 1985, 538, obs. Cabrillac et Teyssié pour un chèque. – Dans le même sens pour une lettre de change, ▪ Cass. com., 17 mars 1982 : *JurisData* n° 1982-701292 ; *Bull.* IV, n° 111, rejet ▪ Amiens, 4 mai 1977 : *JurisData* n° 1977-761336 ; *D.* 1978, inf. rap. 167, obs. Vasseur).

Loi du 29 octobre 1940

relative à la forclusion en matière civile, commerciale et administrative et au délai de présentation et de protêt des effets de commerce (Validée par Ord. 22 août 1944)

Art. 3. – Jusqu'à la date qui sera fixée ultérieurement par décret, la présentation et le protêt des effets de commerce seront valablement faits pendant les dix jours ouvrables qui suivent l'échéance. [...]

Art. L. 511-27 *(Anc. C. com., art. 136)*. **– Le tiré peut exiger, en payant la lettre de change, qu'elle lui soit remise acquittée par le porteur.**

Le porteur ne peut refuser un paiement partiel.

En cas de paiement partiel, le tiré peut exiger que mention de ce paiement soit faite sur la lettre et que quittance lui en soit donnée.

Les paiements faits à compte sur le montant d'une lettre de change sont à la décharge des tireur et endosseur. Le porteur est tenu de faire protester la lettre de change pour le surplus.

1) **Preuve.** La remise volontaire du titre original, sous signature privée, par le créancier au débiteur fait preuve de la libération, et cette présomption est irréfragable aussi bien en matière commerciale qu'en matière civile ; viole cette disposition la cour d'appel qui considère, bien qu'il n'ait pas été contesté que des lettres de change tirées en règlement de factures fussent en possession du débiteur prétendu, que leur production n'apportait pas la preuve du paiement (▪ Cass. com., 30 juin 1980 : *JurisData* n° 1980-700280 ; *Bull.* IV, n° 280 ; *JCP* 1980, IV, 353 ; *RTD com.* 1981, 107, obs. crit. Cabrillac et Rives-Lange ; *D.* 1981, inf. rap. 304, obs. Cabrillac, 1982, 53, note Parleani. – *Adde*, 3 mars 1981 : *Bull.* IV, n° 118 ; *JCP* G 1981, IV, 179. ▪ Cass. com., 6 mai 1991, n° 89-19.136 : *JurisData* n° 1991-001340 ; *Bull.* IV, n° 158 ; *D.* 1992, somm. 339, obs. Cabrillac. – *Contra* ▪ Cass. req., 18 août 1832 : *DP* 1853, 1, 111 et ▪ T. com. Lyon, 18 avr. 1966 : *RTD com.* 1966, 972).

La détention par le tiré de la lettre de change impayée peut faire présumer un règlement effectué d'une autre manière au tireur qui avait, en contrepartie, restitué l'effet au tiré de sorte que ce dernier n'avait pas à justifier du mode de paiement utilisé (▪ Cass. com., 15 févr. 1983, n° 81-14.027 : *JurisData* n° 1983-700734 ; *Bull.* IV, n° 62 ; *JCP* G 1983, IV, 138 ; *RTD com.* 1984, 305, obs. Cabrillac et Teyssié). Cependant, lorsque les débiteurs ne fournissent aucune indication sur l'origine restée anonyme de la remise des lettres de change et qu'il n'est pas établi que lesdits effets leur aient été remis volontairement par le créancier, la présomption de libération de l'article 1282 du Code civil doit être écartée (▪ Cass. com., 3 déc. 1985, n° 84-16.419 : *Bull.* IV, n° 243 ; *RTD com.* 1986, 413, obs. Cabrillac et Teyssié. – Rappr. ▪ Cass. com., 3 mars 1981, préc.).

2) **Conditions de l'action en paiement contre le tiré accepteur.** Cassation de l'arrêt qui condamne le tiré accepteur à payer sur action cambiaire le montant de lettres de change au tireur qui s'abstient de produire l'original des titres (▪ Cass. com., 20 nov. 1974, n° 71-12.283 : *Bull.* IV, n° 295 ; *RTD com.* 1975, 565, obs. Cabrillac et Rives-Lange. – Comp. ▪ Cass. com., 11 juill. 1984 : *D.* 1985, inf. rap. 32, obs. Cabrillac, rejetant le pourvoi contre ▪ Paris, 3 févr. 1983 : *JurisData* n° 1983-020402 ; *D.* 1983, somm. 247, obs. Cabrillac).

3) En application de l'article L. 511-77 du Code de commerce, le tiré accepteur d'une lettre de change, qui omet de se faire remettre l'effet en le payant, ne s'expose au risque d'avoir à en payer une seconde fois le montant à un porteur de bonne foi que si, postérieurement à l'apposition de sa signature, le titre ne subit pas d'altération (▪ Cass. com., 11 janv. 1972 : *Bull.* IV, n° 17 ; *JCP* G 1972, IV, 48 ; *RTD com.* 1972, 662, obs. Cabrillac et Rives-Lange ; *Gaz. Pal.* 1972, 1, 433. ▪ 12 nov. 1973, n° 72-13.662 : *Bull.* IV, n° 320 ; *JCP* G 1973, IV, 421 ; *D.* 1974, somm. 6 ; *Gaz. Pal.* 1973, 2, somm. 283, cf. note sous art. L. 511-25, p. 1029), sauf à engager sa responsabilité quasi délictuelle pour sa négligence (Comp. ▪ Cass. com., 12 nov. 1973, préc.).

Art. L. 511-28 *(Anc. C. com., art. 137)*. **– Le porteur d'une lettre de change ne peut être contraint d'en recevoir le paiement avant l'échéance.**

Le tiré qui paie avant l'échéance le fait à ses risques et périls.

Celui qui paie à l'échéance est valablement libéré, à moins qu'il n'y ait de sa part une fraude ou une faute lourde. Il est obligé de vérifier la régularité de la suite des endossements, mais non la signature des endosseurs.

1) **Clause prévoyant un paiement anticipé.** Sur la clause réservant expressément au tiré la faculté d'escompte, c'est-à-dire la possibilité de payer avant le terme moyennant une réduction déterminée du montant de la traite (▪ Rouen, 17 mai 1871 : *DP* 1872, 5, 165 ; *S.* 1872, 2, 192. – *Adde*, ▪ T. com. Nantes, 19 oct. 1970 : *JCP* G 1971, II, 16711, note F. B.).

2) **Renonciation à l'action cambiaire.** La demande de paiement immédiat des sommes représentées par des lettres de change non venues à échéance, vaut renonciation à l'action cambiaire, qui ne peut être exercée que faute de paiement après présentation à l'encaissement (▪ Paris, 26 févr. 1988 : *JurisData* n° 1988-021181 ;- *D.* 1988, inf. rap. 84).

3) **Exercice d'un droit de rétention.** Le créancier qui a acquiescé sans réserve à ce que des lettres de change lui soient remises en vue de son paiement, ne peut prétendre exercer un droit de rétention sur les marchandises jusqu'au règlement de ces effets (▪ Cass. com., 8 juill. 1997, n° 95-14.518 : *JurisData* n° 1997-003279 ; *Bull. civ.* I, n° 221 ; *RTD com.* 1997, 654, obs. M. Cabrillac ; *RD bancaire et bourse* 1998, 24, obs. Campana et Calendini).

Art. L. 511-29 *(Anc. C. com., art. 138)*. – **Lorsqu'une lettre de change est stipulée payable en une monnaie n'ayant pas cours au lieu du paiement, le montant peut en être payé dans la monnaie du pays, d'après sa valeur au jour de l'échéance. Si le débiteur est en retard, le porteur peut, à son choix, demander que le montant de la lettre de change soit payé dans la monnaie du pays d'après le cours, soit du jour de l'échéance, soit du jour du paiement.**

Les usages du lieu de paiement servent à déterminer la valeur de la monnaie étrangère. Toutefois, le tireur peut stipuler que la somme à payer sera calculée d'après un cours déterminé dans la lettre.

Les règles ci-énoncées ne s'appliquent pas au cas où le tireur a stipulé que le paiement devra être fait dans une certaine monnaie indiquée par une clause de paiement effectif en une monnaie étrangère.

Si le montant de la lettre de change est indiqué dans une monnaie ayant la même dénomination, mais une valeur différente, dans le pays d'émission et dans celui du paiement, on est présumé s'être référé à la monnaie du lieu du paiement.

1) **Preuve.** Sur les éléments de preuve à rapporter pour écarter la présomption édictée par l'al. 4 de l'article L. 511-29 du Code de commerce (▪ Paris, 27 mai 1983 : *D.* 1984, inf. rap. 72, obs. Cabrillac).

2) **Stipulation de paiement en monnaie étrangère.** Viole l'article L. 511-29 l'arrêt qui condamne la banque débitrice d'une lettre de change, émise dans le cadre d'un crédit documentaire par négociation, à en payer la contre-valeur en francs français sans rechercher si l'indication du montant de l'effet en monnaie étrangère valait ou non stipulation de paiement dans cette monnaie (▪ Cass. com., 21 avr. 1992, n° 90-17.153 : *RJDA* 10/92, n° 936).

Art. L. 511-30 *(Anc. C. com., art. 139)*. – **À défaut de présentation de la lettre de change au paiement le jour de son échéance, ou l'un des deux jours ouvrables qui suivent, tout débiteur a la faculté d'en remettre le montant en dépôt à la Caisse des dépôts et consignations, aux frais, risques et périls du porteur.**

Art. L. 511-31 *(Mod., L. n° 2005-845, 26 juill. 2005)*. – **Il n'est admis d'opposition au paiement qu'en cas de perte de la lettre de change ou procédure de sauvegarde, de redressement ou liquidation judiciaire[s] du porteur.**

Bibliographie : *JCl. com.*, Fasc. 445, *Lettre de change, Opposition, Perte* par Issa-Sayegh.

1) **Non application en matière civile.** L'article L. 511-31 du Code de commerce, qui limite les cas dans lesquels les créanciers du bénéficiaire d'un effet de commerce peuvent faire opposition à son paiement est édicté en vue d'assurer et de faciliter la circulation des effets de commerce dans l'intérêt du commerce ; en conséquence, il n'est pas applicable en matière civile et spécialement lorsqu'il s'agit d'obligations ou de reconnaissances simples de dettes (▪ T. civ. Versailles, 8 mars 1895 : *Gaz. Pal.* 1895, 1, 609. – Comp. (▪ Cass. req., 18 juill. 1938 : *Gaz. Pal.* 1938, 2, 738, selon lequel les prescriptions inscrites dans l'article L. 511-31 du Code de commerce sont applicables quelle que soit la cause d'une créance à ordre).

2) **Saisie.** Les dispositions de l'article L. 511-31 du Code de commerce n'admettent d'opposition

au paiement d'une lettre de change, sans distinguer, selon la personne qui la forme, *qu'en cas de perte* de la lettre ou de faillite du porteur (■ Cass. com., 19 avr. 1985, n° 84-10.826 : *JurisData* n° 1985-001094 ; *Bull.* IV, n° 119 ; *JCP* G 1985, IV, 227 ; *Gaz. Pal.* 1985, 2, pan. jurispr. 267, obs. A. P. ; *RTD com.* 1986, 122, obs. Cabrillac et Teyssié). En conséquence, l'interdiction s'applique à la *saisie-arrêt* pratiquée par l'avaliste sur le tiré et à celle du tiré sur lui-même (même décision). L'interdiction concerne encore les saisies pratiquées par les créanciers du tireur de la lettre de change (■ Cass. req., 20 mai 1885 : *DP* 1886, 1, 82, V. ci-dessous, note 3), par le bénéficiaire-créancier du souscripteur du billet à ordre (■ Cass. civ., 21 juill. 1855 : *DP* 1855, 1, 288), par les créanciers du porteur au moment de l'échéance et, à plus forte raison, par les créanciers d'un précédent porteur (■ T. com. Nantes, 15 déc. 1934 : *Gaz. Pal.*, Tables quinq. 1936-1940, n° 107-108). Les dispositions de l'article L. 511-31 du Code de commerce, ont un caractère absolu et interdisent toute saisie-arrêt en matière de lettre de change dans tous les cas, et même au préjudice du tireur (■ T. com. Seine, 12 déc. 1952 : *Gaz. Pal.* 1953, 1, 97 ; *S.* 1953, 2, 80 ; *D.* 1953, somm. 31 ; *RTD com.* 1953, 144 ; *RTD civ.* 1953, 393, obs. Raynaud. ■ Montpellier, 21 mars 1951 : *Banque* 1951, 304, note Marin ; *RTD com.* 1951, 549, obs. Becqué et Cabrillac. – Rappr. ■ Dijon, 23 mai 1973 : *RTD com.* 1973, 832, obs. Cabrillac et Rives-Lange).

3) Tiers porteur. L'interdiction édictée par l'article L. 511-31 du Code de commerce, s'applique sans qu'il y ait à distinguer suivant que l'effet est passé aux mains d'un tiers porteur ou qu'il est resté aux mains du tireur (■ Aix-en-Provence 24 avr. 1926 : *Gaz. Pal.*, Tables quinq. 1925-1930, n° 85).

4) Avis à tiers détenteur. L'avis à tiers détenteur adressé au tiré de lettres de change non acceptées ne tombe pas sous la prohibition d'opposition à paiement édictée par l'article L. 511-31 du Code de commerce, qui ne peut s'appliquer qu'entre parties tenues en vertu du droit cambiaire, par conséquent, hors du cas d'espèce de *lettres de change non acceptées* (■ Aix-en-Provence, 20 nov. 1985 : *Gaz. Pal.* 1986, 1, somm. 136. – Dans le même sens, ■ Cass. com., 6 juin 1984 : *Bull.* IV, n° 186 ; *JCP* G 1984, IV, 261 ; *D.* 1985, inf. rap. 31, obs. crit. Cabrillac ; *RTD com.* 1985, 124, obs. crit. Cabrillac et Teyssié. – V. égal., ■ Cass. com., 19 avr. 1985 : *Bull.* IV, n° 119 ; *JCP* G 1985, IV, 227 ; *Gaz. Pal.* 1985, 2, pan. jurispr. 267, obs. A. P. ; *RTD com.* 1986, 122, obs. Cabrillac et Teyssié qui retient que c'est à l'action, de nature cambiaire, exercée par l'avaliste ou contre lui que s'appliquent nécessairement les dispositions de l'article L. 511-31 du Code de commerce. – *Contra*, pour l'application des dispositions de l'article L. 511-31 du Code de commerce, à la créance née de la provision, s'agissant de traites non acceptées, ■ Cass. civ., 19 nov. 1850 : *DP* 1854, 5, 286. ■ Cass. com., 29 nov. 1982 : *Bull.* IV, n° 374 ; *D.* 1983, inf. rap. 246, obs. Cabrillac. ■ Dijon, 23 mai 1973 : *RTD com.* 1973, 832, obs. Cabrillac et Rives-Lange. ■ Montpellier, 21 mars 1951 : *Banque* 1951, 304, note Marin ; *RTD com.* 1951, 549, obs. Becqué et Cabrillac).

5) Séquestre. Ne peut être ordonnée par une juridiction statuant en référé, à la demande du tiré accepteur, la remise aux mains d'un séquestre de lettres de change détenues par une banque en qualité de bénéficiaire alors qu'il n'est pas contesté que la banque fût le porteur légitime de l'effet au sens de l'article L. 511-11 du Code de commerce et qu'il n'appartient pas à la juridiction des référés d'examiner la question de savoir, si, en acquérant les lettres, la banque avait agi sciemment au détriment du débiteur (■ Cass. com., 22 janv. 1969, n° 68-10.141 : *JurisData* n° 1969-097023 ; *Bull.* IV, n° 23 ; *Banque* 1971, 305 ; *RTD com.* 1969, 776. ■ Cass. com., 23 janv. 1963, n° 61-13.131 : *Bull.* IV, n° 59 ; *Banque* 1963, 561 ; *D.* 1963, somm. 79. ■ Paris, 28 oct. 1972 : *Journ. agréés* 1974, 73, note Saint-Cène. – Rappr. ■ Cass. com., 20 juin 1977, n° 76-12.314 : *JurisData* n° 1977-097176 ; *Bull.* IV, n° 176 ; *Gaz. Pal.* 1977, 2, somm. 329).

Ainsi, si la séquestration des traites peut être ordonnée comme celle de tout meuble corporel au cas où la régularité de leur détention est contestée, il n'en est pas de même lorsque la contestation ne porte que sur l'existence de la provision, cette situation étant réglée par le droit cambiaire et ne pouvant servir de prétexte à éluder les dispositions de l'article L. 511-31 du Code de commerce, en accordant à l'acceptant une garantie que la loi lui refuse (■ Paris, 2 févr. 1960 : *JCP* G 1960, IV, 129. ■ Reims, 23 déc. 1976 : *JCP* G 1977, IV, 242. ■ TGI Saint-Étienne, 1er mars 1968 : *Banque* 1968, 891 ; *Journ. agréés* 1968, 181. ■ T. com. Seine, 29 sept. 1959 : *Journ. agréés* 1959, 312. ■ T. com. Seine, 14 févr. 1961 : *Journ. agréés* 1961, 161).

Art. L. 511-32 *(Anc. C. com., art. 141)*. **– En cas de perte d'une lettre de change non acceptée, celui à qui elle appartient peut en poursuivre le paiement sur toute suivante.**

Art. L. 511-33 *(Anc. C. com., art. 142)*. **– Si la lettre de change perdue est revêtue de l'acceptation, le paiement ne peut en être exigé sur toute suivante, que par ordonnance du juge et en donnant caution.**

1) **Photocopie.** Si une lettre de change acceptée a été perdue, le porteur ne peut en obtenir paiement qu'aux conditions et conformément à la procédure prévue par les articles L. 511-33 et s. du Code de commerce ; dès lors, une personne ne peut prétendre justifier de la qualité de porteur de l'effet par la production d'une photocopie de celui-ci ou d'une attestation de sa banque faisant état de la contre-passation de la traite à son compte, de tels documents ne pouvant se substituer à l'original de la lettre de change sur lequel se fonde le droit abstrait du porteur à en obtenir le paiement (▪ Paris, 31 mai 1983 : *JurisData* n° 1983-023987 ; *D.* 1984, inf. rap. 72, obs. Cabrillac).

2) Sur la responsabilité du tiré accepteur en cas de perte de l'effet (V. notes sous art. L. 511-34, p. 1036).

Art. L. 511-34 *(Anc. C. com., art. 143).* – **Si celui qui a perdu la lettre de change, qu'elle soit acceptée ou non, ne peut représenter toute suivante, il peut demander le paiement de la lettre de change perdue et l'obtenir par l'ordonnance du juge en justifiant de sa propriété par ses livres et en donnant caution.**

1) **Preuve.** Faute par une banque qui prétend réclamer le paiement de traites en qualité de banquier escompteur de verser aux débats les traites correspondant aux sommes dues alors que le tiré conteste que celles-ci lui aient été présentées pour acceptation, la simple production de bordereaux d'envois établis au nom du tiré ne saurait constituer une preuve suffisante de la qualité de tiers porteur du demandeur, en l'absence de toute mise en œuvre de la procédure prévue par les articles L. 511-34 et s. du Code de commerce en cas de perte de la lettre de change dont le paiement est poursuivi et, sur le terrain extra-cambiaire, de toute signification d'un transfert de créance qui demeure ainsi inopposable au défendeur (▪ Paris, 18 nov. 1981 : *JurisData* n° 1981-028029 ; *Gaz. Pal.* 1982, 1, somm. 179. – *Adde*, notes sous art. L. 511-33, p. 1035).

La propriété d'un effet de commerce perdu ou volé ne peut être prouvée contre le souscripteur, par celui qui prétend avoir été porteur de cet effet à l'échéance, que par les livres de ce dernier, ou par des actes émanés du débiteur de l'effet : cette preuve ne résulte pas d'un reçu donné par le prétendu porteur au bénéficiaire de l'effet, un tel acte étranger au souscripteur à qui on l'oppose, étant sans valeur à son égard (▪ Cass. civ., 24 juin 1863 : *DP* 1863, 1, 404. ▪ Paris, 1er avr. 1936 : *Gaz. Pal.* 1863, 1, 404. ▪ Paris, 1er avr. 1936 : *Gaz. Pal.* 1936, 2, 126). Toutefois, les juges du fond peuvent déduire la preuve de la qualité de propriétaire de la lettre de change du demandeur, de l'aveu même du défendeur, qui a déclaré dans ses écritures antérieures avoir renvoyé la traite, acceptée par ses soins, à son fournisseur (▪ Cass. com., 17 avr. 1969, n° 66-11.503 : *Bull. civ.* IV, n° 119 ; *RTD com.* 1969, 776, obs. Cabrillac et Rives-Lange).

2) **Conditions.** Toutefois, le tiré d'une lettre de *change égarée par le banquier chargé* d'en opérer le recouvrement peut être condamné à en payer le montant au tireur nonobstant les conditions posées par l'article L. 511-34 du Code de commerce, si la demande ne tend pas au paiement de la traite égarée, mais du solde de la facture qui en constituait la provision, alors que la traite n'est pas susceptible de circuler valablement et de parvenir entre les mains d'un tiers de bonne foi autorisé à en réclamer le paiement, le tireur ayant pris l'engagement écrit de ne pas représenter l'effet s'il était retrouvé, celui-ci ne comportant qu'un endos au profit de la banque simplement pour encaissement (▪ Cass. com., 13 mars 1957 : *Bull.* III, n° 100 ; *Gaz. Pal.* 1957, 2, 93 ; *Banque* 1957, 740, obs. Marin ; *RTD com.* 1958, 127, obs. Becqué et Cabrillac).

3) **Indifférence de l'acceptation par le tiré.** L'article L. 511-34 du Code de commerce ne fait aucune distinction entre le cas où la lettre de change perdue est acceptée ou ne l'est pas ; il ne pose que deux conditions à la délivrance de l'autorisation sollicitée par le requérant : la justification au moyen de ses livres de son droit de propriété sur l'effet et la fourniture d'une caution (▪ Cass. com., 9 févr. 1953 : *Bull.* III, n° 61).

4) **Porteur.** La banque porteur d'une lettre de change avec un endossement « pour encaissement » peut exercer les droits prévus par l'article L. 511-34 pour le cas de perte ou vol de l'effet (▪ Cass. com., 8 juin 1993 : *Bull.* IV, n° 229 ; *D.* 1993, somm. 318, obs. Cabrillac).

5) **Action en réparation contre le tiré.** Si, en cas de perte d'une lettre de change acceptée, le porteur peut en poursuivre le paiement sur une ordonnance du juge et en donnant caution, il n'est pas fondé à demander au tiré accepteur réparation d'un préjudice à lui causé de ce fait, lorsque du moins la perte n'est pas due à une faute de ce dernier (▪ Cass. com., 20 déc. 1954 : *JCP* 1955, II, 8551 ; *Gaz. Pal.* 1955, 1, 55 ; *D.* 1955, 83).

Art. L. 511-35 *(Anc. C. com., art. 144).* – **En cas de refus de paiement, sur la demande formée en vertu des deux articles précédents, le propriétaire de la lettre de change perdue conserve tous ses droits par un acte de protestation. Cet acte doit être fait le lendemain de l'échéance de la lettre de change perdue. Les avis**

prescrits par l'article L. 511-42 doivent être donnés au tireur et aux endosseurs dans les délais fixés par cet article.

L'acte de protestation au moyen duquel le propriétaire d'une lettre de change perdue conserve tous ses droits contre les endosseurs doit, à peine de nullité, être précédée d'une ordonnance du président, obtenue conformément aux articles L. 511-33 et L. 511-34 du Code de commerce (■ Paris, 19 nov. 1866 : *DP* 1866, 2, 47). La force majeure qui l'aurait empêché d'agir pourrait seule le mettre à l'abri de la déchéance encourue par l'inobservation des formalités prescrites par les articles L. 511-33, L. 511-34 et L. 511-35 du Code de commerce (même déc. ■ Grenoble, 9 août 1864 : *DP* 1864, 2, 206).

Art. L. 511-36 ***(Anc. C. com., art. 145).*** **– Le propriétaire de la lettre de change égarée doit, pour se procurer la suivante, s'adresser à son endosseur immédiat qui est tenu de lui prêter son nom et ses soins pour agir envers son propre endosseur, et ainsi en remontant d'endosseur à endosseur jusqu'au tireur de la lettre. Le propriétaire de la lettre de change égarée supporte les frais.**

Simple copie. Si le propriétaire d'une lettre de change peut, en cas de perte, s'en procurer une seconde conformément aux dispositions de l'article L. 511-36, ce deuxième exemplaire ne saurait toutefois en aucun cas constituer une nouvelle lettre de change, mais seulement une copie de la lettre de change originale ; il s'ensuit que le propriétaire de la lettre de change égarée, qui n'a pas fait dresser protêt à l'échéance et excipe d'un titre qui n'a été établi que postérieurement, a perdu tout recours cambiaire (■ Paris, 13 juill. 1990, n° 17472/87 : *JurisData* n° 1990-023260 ; *D.* 1991, somm. 219, obs. Cabrillac).

Art. L. 511-37 ***(Anc. C. com., art. 146).*** **– L'engagement de la caution mentionné dans les articles L. 511-33 et L. 511-34 est éteint après trois ans, si, pendant ce temps, il n'y a eu ni demandes ni poursuites en justice.**

Section VIII. – Du recours faute d'acceptation et faute de paiement

Art. L. 511-38 ***(Mod., L. n° 2005-845, 26 juill. 2005).*** **– I. – Le porteur peut exercer ses recours contre les endosseurs, le tireur et les autres obligés :**

1° À l'échéance, si le paiement n'a pas eu lieu ;

2° Même avant l'échéance :

a) **S'il y a eu refus total ou partiel d'acceptation ;**

b) **Dans les cas de procédure de sauvegarde, de redressement ou de liquidation judiciaire[s] du tiré, accepteur ou non, de cessation de ses paiements même non constatée par un jugement, ou de saisie de ses biens demeurée infructueuse ;**

c) **Dans les cas de procédure de sauvegarde, de redressement ou de liquidation judiciaire[s] du tireur d'une lettre non acceptable.**

II. – Toutefois, les garants contre lesquels un recours est exercé dans les cas prévus par le *b* et le *c* du I peuvent, dans les trois jours de l'exercice de ce recours adresser au président du tribunal de commerce de leur domicile une requête pour solliciter des délais. Si la demande est reconnue fondée, l'ordonnance fixe l'époque à laquelle les garants sont tenus de payer les effets de commerce dont il s'agit, sans que les délais ainsi octroyés puissent dépasser la date fixée pour l'échéance. L'ordonnance n'est susceptible ni d'opposition ni d'appel.

1) Assignation en paiement. L'assignation en paiement, si elle peut dispenser de la mise en demeure pour les créances exigibles, ne saurait être tenue pour équivalente à la procédure prévue à l'article L. 511-39 du Code de commerce, pour le protêt des effets non échus, malgré l'état de cessation des paiements non constaté par un jugement (■ Paris, 3ᵉ ch., 22 avr. 1976 : *JurisData* n° 1976-635097 ; *JCP* 1976, II, 18433, obs. Chaput ; *RJ com.* 1976, 229).

2) Paiement avant échéance. S'il est vrai que la « propriété » de la provision d'une lettre de change est irrévocablement acquise au porteur dès la remise à celui-ci de cet effet, il ne peut cependant en obtenir le paiement avant l'échéance que dans les cas limitativement énumérés par l'article L. 511-38 du Code de commerce : refus total ou partiel d'acceptation, faillite du tiré accepteur ou non, cessation de ses paiements même non constatée par jugement, saisie de ses biens demeurée infructueuse ou faillite du tireur d'une lettre non acceptable ; aucun de ces cas n'étant réalisé en l'espèce, il ne saurait, à peine de voir disparaître au préjudice du tiré le bénéfice du terme stipulé dans l'effet, être fait droit à la demande de provision sur le montant de la lettre de change, fondée sur le risque de défaut de paiement à l'échéance (■ TGI Foix, 20 avr. 1984 : *Gaz. Pal.* 1984, 2, somm. 359).

3) **Report d'échéance.** En retenant que la banque avait accordé aux tirés un report d'échéance sans en référer aux tireurs, modifiant ainsi les dates fixées dans les lettres de change, la cour d'appel en a, à bon droit, déduit qu'elle s'était privée du recours cambiaire contre les tireurs des effets qui ne peuvent être tenus que dans les termes du titre auquel ils ont souscrit (▪ Cass. com., 20 nov. 1990, n° 89-13.321 : *Juris-Data* n° 1990-702958 ; *Bull.* IV, n° 285 ; *RTD com.* 1991, 72, n° 1, obs. Cabrillac et Teyssié. – *Adde*, ▪ Cass. com., 18 janv. 1955 : *JCP* 1955, II, 8602, note Lescot ; *D.* 1955, 188. ▪ Paris, 16 avr. 1969 : *RTD com.* 1970, 169).

Art. L. 511-39 *(Mod., L. n° 2005-845, 26 juill. 2005)*. **– Le refus d'acceptation ou de paiement doit être constaté par un acte authentique dénommé protêt faute d'acceptation ou faute de paiement.**

Le protêt faute d'acceptation doit être fait dans les délais fixés pour la présentation à l'acceptation. Si, dans le cas prévu au premier alinéa de l'article L. 511-16, la première présentation a eu lieu le dernier jour du délai, le protêt peut encore être dressé le lendemain.

Le protêt faute de paiement d'une lettre de change payable à jour fixe ou à un certain délai de date ou de vue doit être fait l'un des deux jours ouvrables qui suivent le jour où la lettre de change est payable. S'il s'agit d'une lettre payable à vue, le protêt doit être dressé dans les conditions indiquées à l'alinéa précédent pour dresser le protêt faute d'acceptation.

Le protêt faute d'acceptation dispense de la présentation au paiement et du protêt faute de paiement.

En cas de cessation de paiement du tiré, accepteur ou non, ou en cas de saisie de ses biens demeurée infructueuse, le porteur ne peut exercer ses recours qu'après présentation de la lettre au tiré pour le paiement et après confection d'un protêt.

En cas de procédure de sauvegarde, de redressement ou de liquidation judiciaire[s] du tiré accepteur ou non ainsi qu'en cas de procédure de sauvegarde, de redressement ou de liquidation judiciaire[s] du tireur d'une lettre non acceptable, la production du jugement déclaratif suffit pour permettre au porteur d'exercer ses recours.

Voir : L. 29 octobre 1940, sous art. L. 511-26, p. 1031.

Bibliographie : *JCl. com.*, Fasc. 450, *Lettre de change, Définition du protêt* et Fasc. 455, *Application du protêt* par J.-M. Trigeaud.

1) **Augmentation du délai.** Le tireur autorisé selon l'article L. 511-43 du Code de commerce à accorder dispense de protêt peut, à plus forte raison, augmenter le délai du protêt (▪ Cass. civ., 26 nov. 1893 : *DP* 1894, 1, 102. – *Adde*, sur l'excès de pouvoir commis par le juge des référés ayant mis sous séquestre la traite dont protêt était requis hors délai légal, ▪ Cass. com., 20 juin 1977 : *Bull.* IV, n° 176).

2) **Assignation en paiement.** L'assignation en paiement, si elle peut dispenser de la mise en demeure pour les créances exigibles, ne saurait être tenue pour équivalente à la procédure prévue à l'article L. 511-39 du Code de commerce pour le protêt des effets non échus, malgré l'état de cessation des paiements non constaté par un jugement (▪ Paris, 3e ch., 22 avr. 1976 : *JCP* 1976, II, 18433, obs. Chaput ; *RJ com.* 1976, 229).

Art. L. 511-40 *(Anc. C. com., art. 148 B, al. 1 à 3)*. **– Lorsque le porteur consent à recevoir en paiement, soit un chèque ordinaire, soit un mandat de virement sur la Banque de France, soit un chèque postal, le chèque ou le mandat doit indiquer le nombre et l'échéance des effets ainsi payés. Cette indication n'est toutefois pas imposée pour les chèques ou mandats de virement créés pour le règlement entre banquiers du solde des opérations effectuées entre eux par l'intermédiaire d'une chambre de compensation.**

Si le règlement est effectué au moyen d'un chèque ordinaire et que celui-ci n'est pas payé, notification du protêt faute de paiement dudit chèque est faite au domicile de paiement de la lettre de change dans le délai prévu à l'article 41 du décret-loi du 30 octobre 1935 unifiant le droit en matière de chèques et relatif aux cartes de paiement. Le protêt faute de paiement du chèque et la notification sont faits par un seul et même exploit, sauf dans le cas où, pour des raisons de compétence territoriale, l'intervention de deux officiers ministériels est ***nécessaire.***

Si le règlement est effectué au moyen d'un mandat de virement et que celui-ci est rejeté par la Banque de France, ou au moyen d'un chèque postal et que celui-ci est rejeté par le centre de chèques postaux détenteur du compte à débiter, la non-exécution fait l'objet d'un acte de notification au domicile de l'émetteur dudit mandat ou dudit chèque postal dans les huit jours à compter de la date de l'émission. Cet acte est dressé par un huissier ou par un notaire.

Art. L. 511-41 *(Anc. C. com., art. 148 B, al. 4 à 7).* – Lorsque le dernier jour du délai accordé pour l'accomplissement de l'acte de notification de la non-exécution du mandat de virement ou du chèque postal est un jour férié légal, ce délai est prorogé jusqu'au premier jour ouvrable qui en suit l'expiration. Les jours fériés intermédiaires sont compris dans la computation du délai. Aux jours fériés légaux sont assimilés les jours où, aux termes des lois en vigueur, aucun paiement ne peut être exigé ni aucun protêt dressé.

Le tiré de la lettre de change qui reçoit la notification doit, s'il ne paie pas la lettre de change ainsi que les frais de notification et, s'il y a lieu, du protêt du chèque, restituer la lettre de change à l'officier ministériel instrumentaire. Celui-ci dresse immédiatement le protêt faute de paiement de la lettre de change.

Si le tiré ne restitue pas la lettre de change, un acte de protestation est aussitôt dressé. Le défaut de restitution y est constaté. Le tiers porteur est, en ce cas, dispensé de se conformer aux dispositions des articles L. 511-33 et L. 511-34.

Le défaut de restitution de la lettre de change constitue un délit passible des peines prévues par les articles 314-1 et 314-10 du Code pénal.

Art. L. 511-42 *(Anc. C. com., art. 149).* – Le porteur doit donner avis du défaut d'acceptation ou de paiement à son endosseur dans les quatre jours ouvrables qui suivent le jour du protêt ou celui de la présentation en cas de clause de retour sans frais.

Les notaires et les huissiers sont tenus, à peine de dommages-intérêts, lorsque l'effet indique les nom et domicile du tireur de la lettre de change, de prévenir celui-ci dans les quarante-huit heures qui suivent l'enregistrement, par la poste et par lettre recommandée, des motifs du refus de payer. Cette lettre donne lieu, au profit du notaire ou de l'huissier, à un honoraire fixé par voie réglementaire en sus des frais d'affranchissement et de recommandation.

Chaque endosseur doit, dans les deux jours ouvrables qui suivent le jour où il a reçu l'avis, faire connaître à son endosseur l'avis qu'il a reçu, en indiquant les noms et les adresses de ceux qui ont donné les avis précédents, et ainsi de suite, en remontant jusqu'au tireur.

Les délais ci-dessus indiqués courent de la réception de l'avis précédent.

Lorsque, en conformité de l'alinéa précédent, un avis est donné à un signataire de la lettre de change, le même avis doit être donné dans le même délai à son avaliseur.

Dans le cas où un endosseur n'a pas indiqué son adresse ou l'a indiquée d'une façon illisible, il suffit que l'avis soit donné à l'endosseur qui le précède.

Celui qui a un avis à donner peut le faire sous une forme quelconque, même par un simple renvoi de la lettre de change.

Il doit prouver qu'il a donné l'avis dans le délai imparti.

Ce délai est considéré comme observé si une lettre missive donnant l'avis a été mise à la poste dans ledit délai.

Celui qui ne donne pas l'avis dans le délai ci-dessus indiqué n'encourt pas de déchéance ; il est responsable, s'il y a lieu, du préjudice causé par sa négligence, sans que les dommages-intérêts puissent dépasser le montant de la lettre de change.

1) **Avaliseur du tiré accepteur.** L'avaliseur du tiré accepteur étant tenu de la même manière que celui-ci, il est mal fondé à se prévaloir d'un défaut d'avis légal de non-paiement, que le porteur des lettres de change en cause n'avait pas à lui donner (▪ Cass. com., 4 nov. 1970, n° 69-11.962 : *Gaz. Pal. 1971, 1, 701, note Desforges ; DS 1971, 189 ; RTD com.* 1971, 402, obs. Cabrillac et Rives-Lange. – *Adde*, ▪ Montpellier, 1er févr. 1954 : *JCP* 1955, II, 8469, obs. Roblot). De même, le donneur d'aval intervenu pour le souscripteur d'un billet à ordre, débiteur principal du titre, n'a pas à être avisé (▪ Cass. com., 28 oct. 1952 : *JCP* 1953, II, 7588, obs. Lescot ; *Gaz. Pal.* 1952, 2, 412).

2) **Acceptation conditionnelle.** Si, aux termes de l'article L. 511-17, alinéa 4 du Code de commerce, toute acceptation conditionnelle, autre que celle qui est limitée à une partie de la traite équivaut à un refus d'acceptation, le tiré n'en est pas moins obligé, en vertu de ce texte, sous la condition mise par lui à son engagement et le porteur n'est nullement tenu d'informer le tireur, dans les formes et les délais prévus par l'article L. 511-42 du Code de commerce (▪ Cass. com., 18 janv. 1955 : *JCP* 1955, II, 8602, obs. Lescot pour une modification d'échéance effectuée par le tiré).

3) **Convention de compte courant.** Le tireur d'une lettre de change, lié à sa banque par une convention de compte courant comportant renonciation expresse à tout avis de non-paiement de la part du porteur ne peut invoquer contre la banque restée porteur de l'effet l'article L. 511-42, dernier alinéa du Code de commerce, et il ne peut prétendre avoir subi un préjudice pour n'avoir pas été aussitôt informé du non-paiement de la lettre de change et des difficultés financières du tiré dont il

connaissait, par ailleurs, la situation difficile en raison d'un premier effet impayé que lui avait révélé le relevé de son compte (■ Cass. com., 22 déc. 1981, n° 80-13.241 : *JurisData* n° 1981-703577 ; *Bull.* IV, n° 455 ; *JCP* G 1981, IV, 95 ; *D.* 1982, inf. rap. 133. – Rappr. ■ Cass. com., 3 avr. 1978 : *Bull.* IV, n° 109). Comparer la clause de la convention de compte courant qui dispense le banquier d'observer les délais légaux pour informer le remettant du non-paiement des effets pris à l'escompte mais qui ne l'autorise pas à différer cet avis au-delà d'un délai raisonnable et conforme aux usages (■ Cass. com., 12 juin 1978 : *D.* 1979, inf. rap. 144, obs. Vasseur ; *RTD com.* 1979, 299, obs. Cabrillac et Rives-Lange. ■ Cass. com., 21 nov. 1966 : *Banque* 1967, 270, obs. Marin ; *RTD com.* 1967, 538, obs. Becqué et Cabrillac).

Sur la nécessité que le retard soit la cause génératrice du dommage (■ T. com. Marseille, 21 juin 1957 : *Banque* 1959, 321. ■ Montpellier, 15 nov. 1950 : *RTD com.* 1951, 323).

4) Dommages et intérêts. Les dommages et intérêts alloués en l'absence d'avis ou pour avis tardif ne peuvent dépasser le montant de la traite (■ Paris, 21 janv. 1964 : *D.* 1964, somm. 42. ■ Cass. com., 21 nov. 1966 : *Banque* 1967, 270, obs. Marin. ■ Douai, 7 oct. 1967 : *Banque* 1968, 139, obs. Marin. ■ T. com. Grenoble, 26 janv. 1968 : *Gaz. Pal.* 1968, 1, 116).

Art. L. 511-43 *(Anc. C. com., art. 150).* **– Le tireur, un endosseur ou un avaliseur peut, par la clause « retour sans frais », « sans protêt » ou toute autre clause équivalente inscrite sur le titre et signée, dispenser le porteur de faire dresser, pour exercer ses recours, un protêt faute d'acceptation ou faute de paiement.**

Cette clause ne dispense pas le porteur de la présentation de la lettre de change dans les délais prescrits ni des avis à donner.

La preuve de l'inobservation des délais incombe à celui qui s'en prévaut contre le porteur.

Si la clause est inscrite par le tireur, elle produit ses effets à l'égard de tous les signataires ; si elle est inscrite par un endosseur ou un avaliseur, elle produit ses effets seulement à l'égard de celui-ci. Si, malgré la clause inscrite par le tireur, le porteur fait dresser le protêt, les frais en restent à sa charge. Quand la clause émane d'un endosseur, ou d'un avaliseur, les frais du protêt, s'il en est dressé un, peuvent être recouvrés contre tous les signataires.

1) Clause de « non-responsabilité » ou de « dispense de protêt ». La clause de « non-responsabilité » ou de « dispense de protêt » est licite (■ Cass. com., 11 juin 1951 : *Bull.* III, n° 143 ; *RTD com.* 1952, 376, obs. Becqué et Cabrillac) et paraît suffisamment reposer sur la volonté tacite des parties (■ Cass. civ., 27 janv. 1941 : *DC* 1943, 70, note Chéron. – Comp. ■ Poitiers, 18 mai 1954 : *D.* 1955, 365, note Goré), et semble pouvoir résulter de simples présomptions pourvu qu'elles soient précises et concordantes (■ Cass. com., 27 janv. 1941, préc.).

Dès lors qu'il n'est pas mis en doute que la mention « retour sans frais » figurant sur une lettre de change restée impayée a été inscrite par le tireur, les juges du fond ne sont pas tenus de s'expliquer spécialement à cet égard (■ Cass. com., 23 févr. 1959 : *Bull.* III, n° 98 ; *RTD com.* 1959, 909).

La signature du tireur portée sur la lettre de change suffit à valider la clause « sans protêt » qu'il soit nécessaire d'une seconde signature distincte de la première (■ Cass. com., 2 nov. 2016 : *JCP E 2016, n° 46, act. 911*).

2) Clause stipulée sur acte séparé. Sur la validité des clauses stipulées par acte séparé (■ Agen, 15 févr. 1967 selon lequel les dispositions de la loi commerciale qui imposent au porteur d'un effet de commerce l'obligation de le faire protester dans un délai déterminé, de le présenter dans un certain délai, et d'aviser de la non-acceptation ou du non-paiement, n'intéressent pas l'ordre public, et il est possible d'y déroger par des conventions particulières, qui sont licites et obligatoires, tout en étant limitées, quant à leurs effets, aux parties qui les ont stipulées : *Banque* 1967, 800. – *Adde*, ■ Paris, 5e ch., 9 juill. 1980 : *JurisData* n° 1980-601022 ; *RJ com.* 1981, 301, note Delebecque).

3) Droits à l'égard de la caution du tireur. L'article L. 511-43 du Code de commerce disposant que la clause « sans protêt » ne saurait dispenser le porteur de la présentation de la lettre de change dans les délais impartis ni des avis à donner, la banque qui n'a pas respecté les délais impérativement prescrits par la loi pour exercer son recours se trouve déchue de ses droits à l'égard de la caution du tireur qui justifie, conformément aux dispositions de l'article L. 511-49 du Code de commerce, qu'il avait fait provision à l'échéance (■ T. com. Valenciennes, 19 oct. 1982 : *Gaz. Pal.* 1982, 2, somm. 384. – Comp. s'agissant du recours contre l'accepteur, ■ Paris, 13 janv. 1982 : *JurisData* n° 1982-028312 ; *D.* 1982, inf. rap. 175, obs. Cabrillac. V. notes sous art. L. 511-26, p. 1031).

4) Preuve. Selon l'article L. 511-43, alinéa 3 du Code de commerce, en cas d'insertion dans une lettre de change de la clause « sans frais » la preuve de l'inobservation des délais de présentation incombe à celui qui s'en prévaut contre le porteur et les juges du fond ne sont pas tenus de faire droit à la demande d'expertise formulée par le débiteur qui refuse le paiement (■ Cass. com., 4 juin 1955 : *Bull.* III, n° 196 ; *RTD com.* 1955, 854, obs. Becqué et Cabrillac).

5) Protêt. Le protêt dressé par le tiers porteur malgré la clause « retour sans frais » ne constitue pas en soi une faute, à moins que le tiré ne prouve que le tiers porteur a agi à son égard avec malice et dans l'intention de lui nuire (■ Paris, 8e ch., 8 juin 1961 : *JCP* 1962, II, 12657, note Lescot ; *D.* 1962, somm. 46 ; *Banque* 1962, 270, obs. Marin. – *Adde*, ■ Paris, 22 avr. 1976 : *JurisData* n° 1976-635097 ; *JCP* 1976, II, 18433, obs. Chaput ; *RJ com.* 1976, 229. – ■ T. Seine, 10 mai 1962 : *Banque* 1963, 45, obs. Marin.

– *Contra*, ■ Poitiers, 6 févr. 1951 : *Banque* 1952, 101, obs. Marin ; *RTD com.* 1952, 374, obs. Becqué et Cabrillac, selon lequel « il est contraire à la loyauté des affaires de modifier une clause de ce genre en dehors d'une des parties, pour lui dresser protêt inopinément, au détriment de son crédit ». ■ Lyon, 18 nov. 1959 : *Banque* 1962, 270, obs. Marin ; *RTD com.* 1962, 447, obs. Becqué et Cabrillac).

Art. L. 511-44 *(Anc. C. com., art. 151).* **– Tous ceux qui ont tiré, accepté, endossé ou avalisé une lettre de change sont tenus solidairement envers le porteur.**

Le porteur a le droit d'agir contre toutes ces personnes, individuellement ou collectivement, sans être astreint à observer l'ordre dans lequel elles se sont obligées.

Le même droit appartient à tout signataire d'une lettre de change qui a remboursé celle-ci.

L'action intentée contre un des obligés n'empêche pas d'agir contre les autres, même postérieurs à celui qui a été d'abord poursuivi.

Bibliographie : *JCl. com.*, Fasc. 465, *Lettre de change, Recours et garanties de paiement, solidarité, saisie conservatoire* par G. Endréo.

1) Débiteurs principaux. De même que le tiré accepteur (■ Cass. civ., 18 juin 1927 : *DH* 1927, 465. ■ 28 déc. 1927 : *S.* 1928, 1, 121, note Lyon-Caen ; *DH* 1929, 1, 13, note Chéron), le tireur et les endosseurs sont débiteurs principaux de la lettre de change et ne peuvent opposer au porteur l'exception de l'article 2037 du Code civil (■ Cass. com., 4 mai 1976, n° 74-13.528 : *JurisData* n° 1976-097154 ; *JCP* G 1976, IV, 209 ; *Banque* 1976, 909, obs. Marin ; *RTD com.* 1976, 757, obs. Cabrillac et Rives-Lange). Tel n'est pas le cas du donneur d'aval tenu, quant à lui, comme caution (cf. notes sous art. L. 511-21, p. 1021).

2) Action. L'action intentée contre un des coobligés n'empêche pas d'agir contre les autres même postérieurs à celui qui a été d'abord poursuivi (■ Paris, 6 janv. 1982 : *JurisData* n° 1982-020835 ; *D.* 1982, inf. rap. 174, obs. Cabrillac. – Comp. ■ Lyon, 16 nov. 1959 : *Banque* 1960, 254, obs. Marin).

3) Situation du solvens. Le signataire intermédiaire qui a dû payer sur recours cambiaire redevient automatiquement porteur légitime de la traite et « se retrouve dans la situation qui aurait été la sienne sans la remise par endossement à son banquier escompteur » (■ Montpellier, 4 févr. 1982 : *JurisData* n° 1982-698051 ; *D.* 1983, inf. rap. 44, obs. Cabrillac. ■ Cass. com., 11 avr. 1962 : *Bull.* III, n° 229).

4) Clause attributive de compétence. L'action fondée sur l'article L. 511-44 étant exercée par un tiers porteur, la clause d'attribution de compétence qui figurerait dans le contrat initial est dépourvue d'efficacité (■ Paris, 9 nov. 1965 : *JCP* 1966, II, 14819, note Lescot ; *Banque* 1966, 357, obs. Marin). Mais la clause produit effet lorsque le porteur a été partie au contrat (■ Colmar, 24 févr. 1966 : *JCP* 1967, II, 14965, note Lescot ; *D.* 1966, 543, note P. B. ; *RTD com.* 1966, 971).

5) Autorité de la chose jugée. L'autorité de la chose jugée résultant de la condamnation à paiement prononcée contre un codébiteur solidaire s'applique aux autres (■ Cass. com., 1er juin 1999 : *JurisData* n° 1999-002189 ; *LPA* 17 juin 1999, p. 11, obs. L. C. ; *RJDA* 8-9/99, n° 994). Aucune information n'incombe au porteur d'un billet à ordre envers l'avaliste en conséquence du non-paiement de l'effet (même déc.).

Art. L. 511-45 *(Anc. C. com., art. 152).* **– I. – Le porteur peut réclamer à celui contre lequel il exerce son recours :**

1° Le montant de la lettre de change non acceptée ou non payée avec les intérêts, s'il en a été stipulé ;

2° Les intérêts au taux légal à partir de l'échéance ;

3° Les frais du protêt, ceux des avis donnés ainsi que les autres frais.

II. – Si le recours est exercé avant l'échéance, déduction est faite d'un escompte sur le montant de la lettre. Cet escompte est calculé d'après le taux de l'escompte officiel fixé par la Banque de France tel qu'il existe à la date du recours au lieu du domicile du porteur.

1) **Intérêts.** L'échéance de la traite valant mise en demeure de droit, les intérêts sont dus au créancier à compter du jour de l'échéance de la traite impayée (▪ Cass. com., 1er mars 1967 : *JCP* G 1967, IV, 55. ▪ Cass. com., 29 oct. 1975, n° 74-11.663 : *JurisData* n° 1975-097245 ; *JCP* G 1975, IV, 371 ; *D.* 1976, inf. rap. 16). Le porteur d'une lettre de change peut donc réclamer à celui contre lequel il exerce son recours cambiaire les intérêts au taux légal à partir de l'échéance (▪ Cass. com., 30 juin 2009, n° 08-15.165 : *JurisData* n° 2009-048938 ; *RD bancaire et fin.* 2009, comm. 147, obs. F.-J. Credot).

En revanche, les intérêts moratoires ne courent qu'à partir de la date de la présentation de la lettre au paiement (▪ Cass. com., 4 mars 1980, n° 77-15.265 : *JurisData* n° 1980-700112 ; *Bull.* IV, n° 112 ; *RTD com.* 1980, 576, obs. Cabrillac et Rives-Lange).

Le donneur d'aval est personnellement débiteur, de plein droit à partir de l'échéance du billet à ordre, des intérêts moratoires au taux légal de la somme garantie (▪ Cass. com., 25 juin 1996, n° 24-10.100 : *JurisData* n° 1996-005488 ; *JCP* E 1996, II, 864, rapport Rémery. ▪ 21 oct. 1997, n° 95-15.565 : *JurisData* n° 1997-004282 ; *RJDA* 2/98, n° 209) ; il ne peut donc invoquer les dispositions de l'article 55, L. 25 janv. 1985, dans sa rédaction antérieure au 10 juin 1994 (mêmes arrêts).

2) **Caractère d'ordre public.** Les règles résultant de la convention de Genève visant à l'harmonisation du régime des effets de commerce en vigueur dans les pays signataires ont été incorporées dans le droit interne français dans un but d'intérêt général et de régulation économique, recherché par les parties contractantes ; dès lors, ces dispositions, et plus particulièrement l'article L. 511-45 du Code de commerce ont, par leur origine et finalité, un caractère d'ordre public ; leur violation est donc de nature à justifier l'annulation d'une sentence arbitrale (▪ Paris, 28 juin 1985 : *D.* 1985, inf. rap. 419, obs. Cabrillac).

3) **Mise en œuvre.** L'article L. 511-45 du Code de commerce concerne l'étendue, quant aux intérêts, du recours cambiaire dont dispose le porteur contre les signataires de l'effet ; ce recours, dérogatoire au droit commun, notamment en matière de paiement des intérêts, ne peut donc être dirigé que contre le tiré qui a accepté l'effet (▪ Paris, 28 juin 1985, préc. *supra*).

Il n'y a pas contradiction pour une cour d'appel, d'une part, à énoncer qu'un souscripteur de billet à ordre était en droit de surseoir à statuer au paiement desdits effets tant que n'était pas intervenue la mainlevée par les services fiscaux de l'opposition pratiquée sur son compte et, d'autre part, de condamner ce souscripteur, envers le porteur des billets, à payer des *intérêts au taux légal* à compter de la date des protêts (▪ Cass. com., 9 déc. 1986, n° 84-16.165 : *JurisData* n° 1986-002626 ; *JCP* G 1987, IV, 60).

Art. L. 511-46 *(Anc. C. com., art. 153).* – **Celui qui a remboursé la lettre de change peut réclamer à ses garants :**

1° La somme intégrale qu'il a payée ;

2° Les intérêts de ladite somme, calculés au taux légal, à partir du jour où il l'a déboursée ;

3° Les frais qu'il a faits.

Art. L. 511-47 *(Anc. C. com., art. 154).* – **Tout obligé contre lequel un recours est exercé ou qui est exposé à un recours peut exiger, contre remboursement, la remise de la lettre de change avec le protêt et un compte acquitté.**

Tout endosseur qui a remboursé la lettre de change peut biffer son endossement et ceux des endosseurs subséquents.

1) **Avaliseur.** L'avaliseur d'une lettre de change poursuivi en paiement *n'est tenu de payer que contre la remise de la lettre* de change avec le protêt et un compte acquitté (▪ Cass. com., 10 juin 1959 : *Bull.* III, n° 258).

2) **Porteur légitime.** Le signataire intermédiaire qui a dû payer sur recours cambiaire redevient automatiquement porteur légitime (cf. notes sous art. L. 511-44, p. 1041. – *Adde*, ▪ Cass. com., 4 juin 1985 : *Bull.* IV, n° 177 ; *JCP* G 1985, IV, 285 ; *Banque* 1985, 1071, obs. Rives-Lange).

Art. L. 511-48 *(Anc. C. com., art. 155).* – **En cas d'exercice d'un recours après une acceptation partielle, celui qui rembourse la somme pour laquelle la lettre n'a pas été acceptée, peut exiger que ce remboursement soit mentionné sur la lettre et qu'il lui en soit donné quittance. Le porteur doit en outre lui remettre une copie certifiée conforme de la lettre et le protêt pour permettre l'exercice des recours ultérieurs.**

Art. L. 511-49 *(Anc. C. com., art. 156).* – **I. – Après l'expiration des délais fixés :**

1° Pour la présentation d'une lettre de change à vue ou à un certain délai de vue ;

2° Pour la confection du protêt faute d'acceptation ou faute de paiement ;

3° Pour la présentation au paiement en cas de clause de retour sans frais ;

le porteur est déchu de ses droits contre les endosseurs, contre le tireur et contre les autres obligés, à l'exception de l'accepteur.

II. – Toutefois, la déchéance n'a lieu à l'égard du tireur que s'il justifie qu'il a fait provision à l'échéance. Le porteur, en ce cas, ne conserve d'action que contre celui sur qui la lettre de change était tirée.

III. – À défaut de présentation à l'acceptation dans le délai stipulé par le tireur, le porteur est déchu de ses droits de recours, tant pour défaut de paiement que pour défaut d'acceptation, à moins qu'il ne résulte des termes de la stipulation que le tireur n'a entendu s'exonérer que de la garantie de l'acceptation.

IV. – Si la stipulation d'un délai pour la présentation est contenue dans un endossement, l'endosseur seul peut s'en prévaloir.

Bibliographie : *JCl. com.*, Fasc. 460, *Lettre de change, Recours et garantie de paiement, Recours et rechange* par J.-M. Trigeaud.

I – SITUATION DES ENDOSSEURS

1) Recours limité du porteur négligent. N'a pas donné de base légale à sa décision au regard des articles L. 511-49 et L. 512-3 du Code de commerce, la cour d'appel qui, se fondant sur le droit du change, a condamné le bénéficiaire de billets à ordre, endossés par lui à l'ordre d'un tiers, à en payer le montant à celui-ci en tant que porteur de bonne foi, alors que les effets n'avaient pas été protestés dans le délai et que le porteur négligent ne peut réclamer paiement qu'au souscripteur (▪ Cass. com., 14 oct. 1980, n° 79-14.124 : *JurisData* n° 1980-705089 ; *Bull.* IV, n° 333 ; *D.* 1981, inf. rap. 301, note Cabrillac ; *Gaz. Pal.* 1981, 1, somm. 26).

II – SITUATION DU TIRÉ ACCEPTEUR

2) Recours contre le tiré. Si le protêt préliminaire d'une action en paiement d'un effet de commerce est irrégulier lorsqu'il n'a pas été dressé dans les délais légaux, le porteur n'en conserve pas moins son action contre celui sur qui la lettre était tirée (▪ Cass. req., 22 mars 1937 : *DH* 1937, 269 ; *Gaz. Pal.* 1937, 1, 954 ; S. 1937, 1, 166) tant que n'est pas acquise la prescription de trois ans prévue par l'article L. 511-78 du Code de commerce (▪ Paris, 13 janv. 1982 : *D.* 1982, inf. rap. 175, obs. Cabrillac. – V. note sous art. L. 511-26, p. 1031. – *Adde* note sous art. L. 511-21, annot. n° 32, p. 1028 pour l'avaliste de l'accepteur. – Comp. ▪ Besançon, 7 mars 1932 : *Gaz. Pal.* 1932, 2, 69 ; S. 1932, 2, 127).

Voir : annot. sous art. L. 511-43, p. 1040.

III – SITUATION DU TIREUR

3) Tireur qui justifie avoir fait provision. Le tireur d'une lettre de change, s'il justifie avoir fait provision à l'échéance, peut opposer au porteur la déchéance résultant de l'absence de protêt (▪ Cass. com., 9 nov. 1960, n° 57-11.679 : *Bull.* III, n° 357 ; *Banque* 1961, 458, obs. Marin ; *Gaz. Pal.* 1961, 1, 290. ▪ T. com. Valenciennes, 19 oct. 1982 : *Gaz. Pal.* 1982, 2, somm. 384).

Voir : annot. sous art. L. 511-43, p. 1040.

4) Avaliste du tireur. Lorsque le porteur négligent s'adresse à l'avaliste du tireur, c'est à l'avaliste à faire la preuve de la fourniture de provision à l'échéance, faute de quoi il ne saurait invoquer la déchéance résultant de l'absence de protêt (▪ Cass. com., 20 oct. 1998, n° 95-11.800 : *JurisData* n° 1998-004087 ; *RJDA* 12/98, n° 1410).

5) Caractères de la provision. Sur les caractères que doit présenter la provision, cf. *supra*, notes sous article L. 511-7 du Code de commerce. Spécialement, saisie par un banquier d'une action en paiement contre le tireur d'une lettre de change acceptée, demeurée impayée par suite de la liquidation judiciaire du tiré déclarée avant l'échéance, la cour d'appel qui se borne pour débouter le demandeur à déclarer que, n'ayant pas fait dresser protêt, il est déchu de son droit contre le tireur qui a fait provision, ne répond pas par ces énonciations aux conclusions de la banque soutenant que si le tireur avait originairement constitué provision, celle-ci avait « disparu » entre-temps du fait de l'état de cessation des paiements du tiré judiciairement constaté et que, dès lors, par application de l'article L. 511-49, alinéa 2 du Code de commerce, il ne saurait être question de lui opposer la déchéance édictée par l'alinéa 1er de ce texte (▪ Cass. com., 4 mars 1957 : *Bull.* III, n° 81 ; *Banque* 1958, 448, obs. Marin ; *RTD com.* 1958, 126, obs. Becqué et Cabrillac).

6) Charge de la preuve de la provision. La charge de la preuve de l'existence de la provision incombe au tireur qui prétend échapper au recours du porteur négligent.

Voir : annot. sous art. L. 511-7, p. 997.

7) Dispense de dénonciation. La déchéance, édictée au profit du tireur contre le porteur, faute de dénonciation du protêt dans les délais, est inapplicable dans le cas où le tireur a, par une convention formelle ou tacite, *dispensé le porteur de cette dénonciation* (▪ Cass. civ., 22 janv. 1879 : *DP* 1879, 1, 127. ▪ Lyon, 28 janv. 1881 : *DP* 1882, 2, 195), et il en est ainsi, alors même que le tireur justifierait que la provision existait à l'échéance entre les mains du tiré (▪ Cass. civ., 22 janv. 1879 : *DP* 1879, 1, 127. – *Adde, infra*, V).

8) Sûretés. Lorsque le porteur d'une lettre de change omet de conserver des sûretés attachées à la créance ou renonce à les maintenir pour obtenir des règlements partiels et la promesse d'un règlement intégral, ce n'est pas, au sens de la loi, une cause de déchéance de ses droits contre le tireur et celui-ci ne peut que demander, par une action distincte, réparation du préjudice que lui aurait causé la mainlevée des saisies avant le règlement total de l'effet (▪ Cass. com., 4 mai 1976, n° 74-13.528 : *JurisData* n° 1976-097154 ; *Bull.* IV, n° 154 ; *Banque* 1976, 909, obs. Martin ; *Gaz. Pal.* 1976, 2, somm. 217 ; *RTD com.* 1976, 757, obs. Cabrillac et Rives-Lange).

IV – SITUATION DU DONNEUR D'AVAL

Voir : annot. sous art. L. 511-21, p. 1021.

V – RENONCIATION AU DROIT D'INVOQUER LES DÉCHÉANCES

9) Caractère d'ordre public (non). Les dispositions qui prescrivent de constater par un protêt le refus du paiement d'un effet de commerce à son échéance n'étant pas d'ordre public, l'application en peut être écartée par des conventions particulières (▪ Cass. req., 8 janv. 1878 : *DP* 1878, 1, 160. ▪ Cass. civ., 12 avr. 1892 : *DP* 1892, 1, 284. ▪ 26 déc. 1893 : *DP* 1894, 1, 102. ▪ Cass. req., 8 mai 1899 : *DP* 1899, 1, 436. ▪ Cass. com., 11 juin 1951 : *Bull.* II, n° 143 ; *RTD com.* 1952, 376, obs. Becqué et Cabrillac. ▪ Cass. com., 13 mars 1957 : *Bull.* II, n° 102 ; *RTD com.* 1958, 126, obs. Becqué et Cabrillac. ▪ Agen, 15 févr. 1967 : *Banque* 1967, 800. – *Adde*, ▪ Paris, 5e ch., 9 juill. 1980 : *RJ com.* 1981, 301, note Delebecque).

10) Accord tacite. La convention dispensant le porteur d'une lettre de change des formalités du protêt peut être établie par un accord *tacite* aussi bien que par un accord exprès des parties (▪ Cass. civ., 9 nov. 1870 : *DP* 1870, 1, 350. ▪ Cass. req., 6 févr. 1872 : *DP* 1872, 1, 374. ▪ Cass. req., 10 avr. 1876 : *DP* 1876, 1, 341. ▪ Cass. civ., 27 janv. 1941 : *DC* 1943, 2, 70, note Chéron. ▪ T. com. Seine, 23 juin 1954 : *Gaz. Pal.* 1954, 2, 94 ; *Banque* 1954, 845, obs. Marin. – Comp. ▪ Poitiers, 18 mai 1954 : *D.* 1955, 365, note Gorée). Et il appartient aux juges du fond d'apprécier souverainement l'accord intervenu (▪ Cass. req., 8 janv. 1878 : *DP* 1878, 1, 160. ▪ 6 févr. 1872 : *DP* 1872, 1, 374. ▪ 10 avr. 1876 : *DP* 1876, 1, 341. ▪ Cass. civ., 27 janv. 1941 : *DC* 1943, 2, 70, note Chéron), celui-ci pouvant résulter de simples présomptions (▪ Cass. civ., 27 janv. 1941 : *DC* 1943, 2, 70, note Chéron). Spécialement, la convention portant dispense de protêt peut résulter de la correspondance des parties ainsi que du fait que l'endosseur, en sollicitant des atermoiements, savait qu'aucune poursuite n'avait été exercée contre le débiteur, et qu'à ce moment, il n'a pas invoqué la déchéance (▪ Cass. req., 6 févr. 1872 : *DP* 1872, 1, 374. ▪ T. com. Seine, 23 juin 1954 : *Gaz. Pal.* 1954, 2, 94 ; *Banque* 1954, 845, obs. Marin. – Rappr. ▪ Cass. req., 8 mai 1899 : *DP* 1899, 1, 436).

Cependant, doit être cassé, comme ne justifiant pas légalement sa décision, le jugement qui fait état d'une clause portant dispense de protêt sans s'expliquer si la condition de connaissance et d'acceptation, au moins tacite, de cette clause par la partie à laquelle on l'oppose se trouve remplie (▪ Cass. civ., 4 janv. 1910 : *DP* 1911, 1, 104).

11) Acte séparé. La dispense de protêt consentie par acte séparé est, comme la lettre de change à laquelle elle est applicable, une opération commerciale ; en conséquence, cette convention n'est pas soumise aux dispositions de l'article 1328 du Code civil et elle peut être établie par de simples présomptions (▪ Toulouse, 21 juill. 1875 sous ▪ Cass. req., 1er mai 1876 : *DP* 1876, 1, 481).

12) Effet limité aux parties. La clause portant renonciation à invoquer les déchéances pour défaut de protêt établi dans les délais doit être limitée aux parties mêmes qui l'ont stipulée ou sciemment acceptée (▪ Cass. civ., 9 nov. 1870 : *DP* 1870, 1, 350. ▪ 12 avr. 1892 : *DP* 1892, 1, 284. ▪ 26 déc. 1893 : *DP* 1894, 1, 102. ▪ Agen, 15 févr. 1967 : *Banque* 1967, 800). Ainsi, l'endosseur qui a remboursé alors que la déchéance était encourue est sans recours contre les précédents endosseurs, la renonciation à l'exception de déchéance, de la part d'un des endosseurs poursuivis en remboursement, n'étant point opposable aux autres parties en cause, chacun ne pouvant renoncer qu'à son propre droit (▪ Cass. civ., 12 juill. 1852 : *DP* 1852, 1, 202. – Comp. ▪ T. com. Lille, 17 juill. 1911 : *Gaz. Pal.* 1911, 2, 668).

Art. L. 511-50 *(Anc. C. com., art. 157).* – **Quand la présentation de la lettre de change ou la confection du protêt dans les délais prescrits est empêchée par un obstacle insurmontable tel que la prescription légale d'un État quelconque ou tout autre cas de force majeure, ces délais sont prolongés.**

Le porteur est tenu de donner, sans retard, avis du cas de force majeure à son endosseur et de mentionner cet avis, daté et signé de lui, sur la lettre de change ou sur une allonge. Pour le surplus, les dispositions de l'article L. 511-42 sont applicables.

Après la cessation de la force majeure, le porteur doit, sans retard, présenter la lettre à l'acceptation ou au paiement et, s'il y a lieu, faire dresser le protêt.

Si la force majeure persiste au-delà de trente jours à partir de l'échéance, les recours peuvent être exercés, sans que ni la présentation, ni la confection d'un protêt soit nécessaire, à moins que ces recours ne se trouvent suspendus pour une période plus longue, par application de l'article L. 511-61.

Pour les lettres de change à vue ou à un certain délai de vue, le délai de trente jours court de la date à laquelle le porteur a, même avant l'expiration des délais de présentation, donné avis de la force majeure à son endosseur. Pour les lettres de change à un certain délai de vue, le délai de trente jours s'augmente du délai de vue indiqué dans la lettre de change.

Ne sont point considérés comme constituant des cas de force majeure les faits purement personnels au porteur ou à celui qu'il a chargé de la présentation de la lettre ou de la confection du protêt.

Force majeure. Le porteur d'un effet de commerce qui n'a pu le faire protester au lieu où il était payable, qu'après les délais légaux, à raison de mesures sanitaires prises par un gouvernement étranger, sans que le commerce en ait été avisé, peut, néanmoins, être déclaré déchu de son recours contre les endosseurs, s'il est constaté que c'est par sa faute qu'il s'est trouvé en présence de cet obstacle à l'accomplissement en temps utile de la formalité du protêt ; il y a là une *appréciation de l'excuse de force majeure* qui ne saurait tomber sous le contrôle de la Cour de cassation (■ Cass. req., 7 juill. 1862 : *DP* 1863, 1, 81).

Art. L. 511-51 *(Anc. C. com., art. 158).* **– Indépendamment des formalités prescrites pour l'exercice de l'action en garantie, le porteur d'une lettre de change protestée faute de paiement peut, en obtenant la permission du juge, saisir conservatoirement les effets mobiliers des tireur, accepteur et endosseurs.**

1) **Caractère limitatif.** Les dispositions de l'article L. 511-51 du Code de commerce s'appliquant exclusivement aux tireurs, accepteurs et endosseurs d'une lettre de change protestée, elles sont limitatives et ne peuvent pas être étendues arbitrairement par le juge à des cas autres que ceux que la loi a spécialement déterminés (■ Bordeaux, 29 juill. 1857 : *DP* 1858, 2, 81 ; *S.* 1858, 2, 56).

2) **Saisie conservatoire.** Le porteur d'une lettre de change acceptée ne peut saisir conservatoirement les effets mobiliers que s'il a satisfait auparavant à la formalité du protêt (■ TGI Metz, 29 oct. 1975 et 2 nov. 1976 : *RJ com.* 1978, 402, note Créhange ; *RTD com.* 1979, 276, obs. Cabrillac et Rives-Lange. – V. sur la portée de la clause sans frais, notes sous art. L. 511-43, p. 1040).

Section IX. – Des protêts

Sous-section 1. – Des formes

Art. L. 511-52 *(Anc. C. com., art. 159).* **– Les protêts faute d'acceptation ou de paiement sont faits par un notaire ou par un huissier.**

Le protêt doit être fait par un seul et même acte :

1° Au domicile de celui sur qui la lettre de change était payable, ou à son dernier domicile connu ;

2° Au domicile des personnes indiquées par la lettre de change pour la payer au besoin ;

3° Au domicile du tiers qui a accepté par intervention.

En cas de fausse indication de domicile, le protêt est précédé d'un acte de perquisition.

1) **Nullité.** Est nul, le protêt dressé en un autre lieu que le domicile du domiciliaire (■ Cass. com., 29 juin 1965 : *D.* 1965, 823 ; *Banque* 1966, 131, obs. Marin).

2) **Domiciliation.** Doit être cassé l'arrêt qui, pour rejeter la demande en paiement présentée par le tiers porteur d'une lettre de change acceptée qui avait fait dresser protêt au domicile du tiré au lieu de le faire à la banque domiciliaire, retient que si la déchéance du porteur, qui a négligé pour la confection du protêt faute de paiement l'observation du délai légal, reste sans effet en application de l'article L. 511-49, alinéa 5 du Code de commerce, à l'égard du tiré accepteur, aucune exception semblable n'est prévue à l'article L. 511-52 du même code qui prescrit d'effectuer le protêt au domicile indiqué par la lettre de change, alors qu'à défaut d'une disposition expresse de la loi, l'irrégularité du protêt qui n'a pas été dressé au domicile indiqué par la lettre de change ne peut conférer à la déchéance encourue par le porteur de cette lettre des effets plus étendus que ceux résultant de l'absence de protêt (■ Cass. com., 16 déc. 1975, n° 74-11.856 : *JurisData* n° 1975-097305 ; *Bull.* IV, n° 305 ; *JCP* G 1976, IV, 51 ;

D. 1976, somm. 23, inf. rap. 84 ; *RTD com.* 1976, 379, obs. Cabrillac et Rives-Lange).

3) **Auteur.** Il appartient au porteur légitime de la lettre de change de requérir le protêt faute de paiement. Lorsque la lettre de change est contrepassée par le bénéficiaire, le tireur devient le porteur légitimeet lui seul peut faire dresser protêt. Parce qu'il est un acte formaliste, le protêt doit se suffire à lui-même et ne peut être complété ou régularisé par des éléments extrinsèques (■ Cass. com., 2 mars 2010, n° 09-10.723 : *JurisData* n° 2010-001117 ; *D.* 2010, act. jurispr. p. 705, obs. X. Delpech ; *RD bancaire et fin.* 2010, n° 3, comm. 81, obs. F.-J. Credot et Th. Samin).

Art. L. 511-53 *(Anc. C. com., art. 160).* **– L'acte de protêt contient la transcription littérale de la lettre de change, de l'acceptation, des endossements et des recommandations qui y sont indiquées, la sommation de payer le montant de la lettre de change. Il énonce la présence ou l'absence de celui qui doit payer, les motifs du refus de payer et l'impuissance ou le refus de signer.**

Force probante. Les énonciations du protêt font foi jusqu'à inscription de faux, ainsi notamment pour la mention de sommation, celle de la présence ou de l'absence du tiré (■ Paris, 12 déc. 1906 : *DP* 1907, 2, 15). Cependant, les motifs du refus de payer ne font foi que si la déclaration faite à l'huissier est signée par la personne interpellée (■ Cass. req., 17 nov. 1856 : *DP* 1857, 1, 57).

Art. L. 511-54 *(Anc. C. com., art. 161).* **– Nul acte de la part du porteur de la lettre de change ne peut suppléer l'acte de protêt, hors les cas prévus par les articles L. 511-32 à L. 511-37 et par les articles L. 511-40 et L. 511-41.**

Art. L. 511-55 *(Mod., Ord. n° 2019-964, 18 sept. 2019).* **– Les notaires et les huissiers sont tenus, à peine de destitution, dépens, dommages-intérêts envers les parties, de laisser copie exacte des protêts. Sous les mêmes sanctions, ils sont également tenus de remettre contre récépissé au greffier du tribunal de commerce ou du tribunal judiciaire statuant commercialement du domicile du débiteur, ou de lui adresser par lettre recommandée avec accusé de réception, une copie exacte des protêts faute de paiement des traites acceptées et des billets à ordre. Cette formalité doit être accomplie dans la quinzaine de l'acte.**

NB : En application de l'article 36 de l'ordonnance n° 2019-964 du 18 septembre 2019, ces dispositions entrent en vigueur au 1er janvier 2020.

Sous-section 2. – De la publicité

Art. L. 511-56 *(Anc. L. n° 49-1093, 2 août 1949).* **– Le greffier du tribunal de commerce tient régulièrement à jour d'après les dénonciations qui lui sont faites par les notaires et huissiers, un état nominatif et par débiteur des protêts faute de paiement des lettres de change acceptées, des billets à ordre et des chèques ainsi que des certificats de non-paiement des chèques postaux qui lui sont dénoncés par les centres de chèques postaux. Cet état comporte des énonciations dont la liste est fixée par décret.**

Code monétaire et financier

Art. L. 131-65. – Les dispositions des articles L. 511-56 à L. 511-61 du Code de commerce sont applicables au protêt dressé faute de paiement d'un chèque.

Art. L. 511-57 *(Anc. L. n° 49-1093, 2 août 1949).* **– Après l'expiration d'un délai d'un mois à compter du jour du protêt ou de l'établissement du certificat de non-paiement du chèque postal et pendant un an à compter de la même date, tout requérant peut se faire délivrer, à ses frais, par les greffiers des tribunaux susvisés, un extrait de l'état nominatif prévu à l'article L. 511-56.**

Art. L. 511-58 *(Anc. L. n° 49-1093, 2 août 1949).* **– Sur dépôt contre récépissé par le débiteur de l'effet et du protêt du chèque postal et du certificat de non-paiement ou d'une quittance constatant le paiement du chèque, le greffier du tribunal de commerce effectue, aux frais du débiteur, sur l'état dressé en application de l'article L. 511-56, la radiation de l'avis de protêt ou du certificat de non-paiement.**

Les pièces déposées peuvent être retirées pendant l'année qui suit l'expiration du délai d'un an visé à l'article L. 511-57, après quoi le greffier en est déchargé.

Art. L. 511-59 *(Anc. L. n° 49-1093, 2 août 1949)*. – Toute publication, sous quelque forme que ce soit, des états établis en vertu des dispositions de la présente sous-section est interdite sous peine de dommages-intérêts.

Art. L. 511-60 *(Anc. L. n° 49-1093, 2 août 1949)*. – Un décret en Conseil d'État détermine les modalités d'application des dispositions de la présente sous-section. Il fixe notamment le montant des rémunérations dues aux notaires ou huissiers ayant dressé les protêts et aux greffiers des tribunaux de commerce pour les différentes formalités dont ils sont chargés.

Sous-section 3. – De la prorogation des délais

Art. L. 511-61 *(Anc. L. 27 janv. 1910)*. – Dans le cas de mobilisation de l'armée, de fléau ou de calamité publique, d'interruption des services publics gérés ou soumis au contrôle de l'État ou des collectivités territoriales, des décrets en Conseil des ministres peuvent, pour tout ou partie du territoire, proroger les délais dans lesquels doivent être faits les protêts et les autres actes destinés à conserver les recours pour toutes les valeurs négociables.

Dans les mêmes circonstances et sous les mêmes conditions les échéances des valeurs négociables peuvent être prorogées.

Section X. – Du rechange

Art. L. 511-62 *(Anc. C. com., art. 163)*. – Toute personne ayant le droit d'exercer un recours peut, sauf stipulation contraire, se rembourser au moyen d'une nouvelle lettre dénommée retraite tirée à vue sur l'un de ses garants et payable au domicile de celui-ci.

La retraite comprend, outre les sommes indiquées dans les articles L. 511-45 et L. 511-46, un droit de courtage et le droit de timbre de la retraite.

Si la retraite est tirée par le porteur, le montant en est fixé d'après le cours d'une lettre de change à vue, tirée du lieu où la lettre primitive était payable sur le lieu du domicile du garant. Si la retraite est tirée par un endosseur, le montant en est fixé d'après le cours d'une lettre à vue tirée du lieu où le tireur de la retraite a son domicile sur le lieu du domicile du garant.

Bibliographie : *JCl. com.*, Fasc. 460, *Lettre de change, Recours et garanties de paiement, Recours et rechange* par Trigeaud.

Art. L. 511-63 *(Anc. C. com., art. 164)*. – Le rechange se règle, pour la France continentale, uniformément comme suit : 0,25 % sur les chefs-lieux de départements, 0,50 % sur les chefs-lieux d'arrondissements, 0,75 % sur toute autre place.

En aucun cas, il n'y aura lieu à rechange dans le même département.

Art. L. 511-64 *(Anc. C. com., art. 165)*. – Les rechanges ne peuvent être cumulés.

Chaque endosseur n'en supporte qu'un seul ainsi que le tireur.

Section XI. – De l'intervention

Art. L. 511-65 *(Anc. C. com., art. 166)*. – Le tireur, un endosseur ou un avaliseur peut indiquer une personne pour accepter ou payer au besoin.

La lettre de change peut être, sous les conditions déterminées ci-après, acceptée ou payée par une personne intervenant pour un débiteur quelconque exposé au recours.

L'intervenant peut être un tiers, même le tiré, ou une personne déjà obligée en vertu de la lettre de change, sauf l'accepteur.

L'intervenant est tenu de donner, dans un délai de deux jours ouvrables, avis de son intervention à celui pour qui il est intervenu. En cas d'inobservation de ce délai, il est responsable, s'il y a lieu, du préjudice causé par sa négligence sans que les dommages-intérêts puissent dépasser le montant de la lettre de change.

Bibliographie : *JCl. com.*, Fasc. 470, *Lettre de change, Intervention* par Jeantin.

Sous-section 1. – De l'acceptation par intervention

Art. L. 511-66 *(Anc. C. com., art. 167).* – L'acceptation par intervention peut avoir lieu dans tous les cas où des recours sont ouverts avant l'échéance au porteur d'une lettre de change acceptable.

Lorsqu'il a été indiqué sur la lettre de change une personne pour l'accepter ou la payer au besoin au lieu du paiement, le porteur ne peut exercer avant l'échéance ses droits de recours contre celui qui a apposé l'indication et contre les signataires subséquents à moins qu'il n'ait présenté la lettre de change à la personne désignée et que, celle-ci ayant refusé l'acceptation, ce refus n'ait été constaté par un protêt.

Dans les autres cas d'intervention, le porteur peut refuser l'acceptation par intervention.

Toutefois, s'il l'admet, il perd les recours qui lui appartiennent avant l'échéance contre celui pour qui l'acceptation a été donnée et contre les signataires subséquents.

L'acceptation par intervention est mentionnée sur la lettre de change ; elle est signée par l'intervenant. Elle indique pour le compte de qui elle a lieu ; à défaut de cette indication, l'acceptation est réputée donnée pour le tireur.

L'accepteur par intervention est obligé envers le porteur et envers les endosseurs postérieurs à celui pour le compte duquel il est intervenu, de la même manière que celui-ci.

Malgré l'acceptation par intervention, celui pour lequel elle a été faite et ses garants peuvent exiger du porteur, contre remboursement de la somme indiquée à l'article L. 511-45, la remise de la lettre de change, du protêt et d'un compte acquitté, s'il y a lieu.

Sous-section 2. – Du paiement par intervention

Art. L. 511-67 *(Anc. C. com., art. 168).* – Le paiement par intervention peut avoir lieu dans tous les cas où, soit à l'échéance, soit avant l'échéance, des recours sont ouverts au porteur.

Le paiement doit comprendre toute la somme qu'aurait à acquitter celui pour lequel il a lieu.

Il doit être fait au plus tard le lendemain du dernier jour admis pour la confection du protêt faute de paiement.

Art. L. 511-68 *(Anc. C. com., art. 169).* – Si la lettre de change a été acceptée par des intervenants ayant leur domicile au lieu du paiement ou si des personnes ayant leur domicile dans ce même lieu ont été indiquées pour payer au besoin, le porteur doit présenter la lettre à toutes ces personnes et faire dresser, s'il y a lieu, un protêt faute de paiement au plus tard le lendemain du dernier jour admis pour la confection du protêt.

À défaut de protêt dressé dans ce délai, celui qui a indiqué le besoin ou pour le compte de qui la lettre a été acceptée et les endosseurs postérieurs cessent d'être obligés.

Art. L. 511-69 *(Anc. C. com., art. 170).* – Le porteur qui refuse le paiement par intervention perd ses recours contre ceux qui auraient été libérés.

Art. L. 511-70 *(Anc. C. com., art. 171).* – Le paiement par intervention doit être constaté par un acquit donné sur la lettre de change, avec indication de celui pour qui il est fait. À défaut de cette indication, le paiement est considéré comme fait pour le tireur.

La lettre de change et le protêt, s'il en a été dressé un, doivent être remis au payeur par intervention.

Art. L. 511-71 *(Anc. C. com., art. 172).* – Le payeur par intervention acquiert les droits résultant de la lettre de change contre celui pour lequel il a payé et contre ceux qui sont tenus vis-à-vis de ce dernier en vertu de la lettre de change. Toutefois, il ne peut endosser la lettre de change à nouveau.

Les endosseurs postérieurs au signataire pour qui le paiement a eu lieu sont libérés.

En cas de concurrence pour le paiement par intervention, celui qui opère le plus de libération est préféré. Celui qui intervient, en connaissance de cause, contrairement à cette règle, perd ses recours contre ceux qui auraient été libérés.

Section XII. – *De la pluralité* d'exemplaires et de copies

Sous-section 1. – De la pluralité d'exemplaires

Art. L. 511-72 *(Anc. C. com., art. 173).* – La lettre de change peut être tirée en plusieurs exemplaires identiques.

Ces exemplaires doivent être numérotés dans le texte même du titre ; faute de quoi, chacun d'eux est considéré comme une lettre de change distincte.

Tout porteur d'une lettre n'indiquant pas qu'elle a été tirée en un exemplaire unique peut exiger à ses frais la délivrance de plusieurs exemplaires. À cet effet, il doit s'adresser à son endosseur immédiat qui est tenu de lui prêter ses soins pour agir contre son propre endosseur et ainsi de suite en remontant jusqu'au tireur. Les endosseurs sont tenus de reproduire les endossements sur les nouveaux exemplaires.

Bibliographie : *JCl. com.*, Fasc. 475, *Lettre de change. Pluralité d'exemplaires. Copies. Altérations* par Jeantin.

Art. L. 511-73 *(Anc. C. com., art. 174)*. – Le paiement fait sur un des exemplaires est libératoire, alors même qu'il n'est pas stipulé que ce paiement annule l'effet des autres exemplaires. Toutefois, le tiré reste tenu à raison de chaque exemplaire accepté dont il n'a pas obtenu la restitution.

L'endosseur qui a transféré les exemplaires à différentes personnes, ainsi que les endosseurs subséquents, sont tenus à raison de tous les exemplaires portant leur signature et qui n'ont pas été restitués.

Art. L. 511-74 *(Anc. C. com., art. 175)*. – Celui qui a envoyé un des exemplaires à l'acceptation doit indiquer sur les autres exemplaires le nom de la personne entre les mains de laquelle cet exemplaire se trouve. Celle-ci est tenue de le remettre au porteur légitime d'un autre exemplaire. Si elle s'y refuse, le porteur ne peut exercer de recours qu'après avoir fait constater par un protêt :

1° Que l'exemplaire envoyé à l'acceptation ne lui a pas été remis sur sa demande ;

2° Que l'acceptation ou le paiement n'a pu être obtenu sur un autre exemplaire.

Sous-section 2. – Des copies

Art. L. 511-75 *(Anc. C. com., art. 176)*. – Tout porteur d'une lettre de change a le droit d'en faire des copies.

La copie doit reproduire exactement l'original avec les endossements et toutes les autres mentions qui y figurent. Elle doit indiquer où elle s'arrête.

Elle peut être endossée et avalisée de la même manière et avec les mêmes effets que l'original.

Art. L. 511-76 *(Anc. C. com., art. 177)*. – La copie doit désigner le détenteur du titre original. Celui-ci est tenu de remettre ledit titre au porteur légitime de la copie.

S'il s'y refuse, le porteur ne peut exercer le recours contre les personnes qui ont endossé ou avalisé la copie qu'après avoir fait constater par un protêt que l'original ne lui a pas été remis sur sa demande.

Si le titre original, après le dernier endossement survenu avant que la copie ne soit pas faite, porte la clause : « à partir d'ici, l'endossement ne vaut que sur la copie » ou toute autre formule équivalente, un endossement signé ultérieurement sur l'original est nul.

Section XIII. – Des altérations

Art. L. 511-77 *(Anc. C. com., art. 178)*. – En cas d'altération du texte d'une lettre de change, les signataires postérieurs à cette altération sont tenus dans les termes du texte altéré ; les signataires antérieurs le sont dans les termes du texte originaire.

Bibliographie : *JCl. com.*, Fasc. 475, *Lettre de change. Pluralité d'exemplaires. Copies. Altérations* par Jeantin.

1) Altération postérieure à la souscription de la lettre de change. Le signataire d'une lettre de change ne saurait se prévaloir de l'altération du titre, commise postérieurement à sa souscription, dès lors que cette altération n'était pas de nature à modifier les conditions dans lesquelles ce signataire avait contracté l'engagement de payer le montant de l'effet à son échéance (■ Cass. com., 11 oct. 1954 : *JCP* 1954, II, 8388, note Lescot ; *Banque* 1955, 108, obs. Marin).

2) Altération postérieure à l'acceptation de la lettre de change. A violé l'article L. 511-1-8° du Code de commerce, la cour d'appel qui a condamné un tireur accepteur à payer à l'escompteur le montant d'une lettre de change au motif que l'altération de cette lettre de change par le tireur n'était pas de nature à modifier les conditions de l'engagement du tiré, alors qu'elle a constaté que le remplacement du nom du tireur par un autre avait été effectué postérieurement à l'acceptation de la lettre, que cette substitution était apparente au moment où l'escompteur avait reçu l'effet et que la chaîne des endossements n'était pas régulière (■ Cass. com., 30 nov. 1982 : *JCP* G 1983, IV, 55).

3) **Modification de la date d'échéance.** Sur l'application de l'article L. 511-77 du Code de commerce, à la modification de la date de l'échéance sur la traite, (V. note sous art. L. 511-25, p. 1029 et art. L. 511-78 (délai), p. 1050).

Lorsque la date d'une lettre de change a été surchargée par l'indication « à vue », la date d'échéance opposable au tiré accepteur est celle originairement mentionnée sur le titre, et ensuite l'effet est payable à vue (■ Cass. com., 12 oct. 1993 : *RJDA* 2/94, n° 191).

4) **Nature de la modification.** Sur l'altération subie par la somme en chiffres à l'exclusion de la somme en lettres portée sur une lettre de change, cf. art. L. 511-4, p. 995 et notes.

Le seul fait que des blancs aient été laissés sur la formule de la lettre de change ne constitue pas une faute du tiré accepteur le rendant responsable de la fraude ultérieure du tireur (■ Cass. civ., 17 déc. 1884 : *DP* 1885, 1, 102. ■ Cass. req., 13 avr. 1932 : *DH* 1932, 281. – Comp. pour le souscripteur d'un billet à ordre, ■ T. com. Paris, 20 mars 1973 : *RJ com.* 1973, 235, note Saint-Cène).

Section XIV. – De la prescription

Art. L. 511-78 *(Anc. C. com., art. 179)*. **– Toutes actions résultant de la lettre de change contre l'accepteur se prescrivent par trois ans à compter de la date de l'échéance.**

Les actions du porteur contre les endosseurs et contre le tireur se prescrivent par un an à partir de la date du protêt dressé en temps utile ou de celle de l'échéance, en cas de clause de retour sans frais.

Les actions des endosseurs les uns contre les autres et contre le tireur se prescrivent par six mois à partir du jour où l'endosseur a remboursé la lettre ou du jour où il a été lui-même actionné.

Les prescriptions, en cas d'action exercée en justice, ne courent que du jour de la dernière poursuite juridique. Elles ne s'appliquent pas s'il y a eu condamnation, ou si la dette a été reconnue par acte séparé.

L'interruption de la prescription n'a d'effet que contre celui à l'égard duquel l'acte interruptif a été fait.

Néanmoins, les prétendus débiteurs sont tenus, s'ils en sont requis, d'affirmer, sous serment, qu'ils ne sont plus redevables, et leur conjoint survivant, leurs héritiers ou ayants cause, qu'ils estiment de bonne foi qu'il n'est plus rien dû.

Bibliographie : Kern, *La prescription en matière d'effets de commerce,* thèse Poitiers, 1902. • Perreau, *De la non-application de la prescription quinquennale à l'action du contrat originaire en matière de lettre de change : Ann. dr. com.* 1924, 21. • Holleaux, *De l'évolution des règles propres aux courtes prescriptions fondées sur la présomption de paiement,* thèse Paris, 1927. • Buy, *Prescriptions de courte durée et suspension de la prescription : JCP* G 1977, I, 2833. • Viandier, *Les modes d'interversion des prescriptions libératoires : JCP* G 1978, I, 2885.

Ouvrage. *JCl. com.*, Fasc. 480, *Lettre de change. Prescription* par J. Mestre.

I – DOMAINE DE LA PRESCRIPTION CAMBIAIRE

1) **Condition.** La prescription abrégée de l'article L. 511-78 suppose que l'action oppose deux personnes dont l'une tire directement son droit de créance et l'autre sa dette de l'émission, de la circulation ou du paiement de la lettre de change (■ Cass. com., 26 nov. 2003, n° 01-10.787 : *JurisData* n° 2003-021131 ; *RJDA* 4/2004, n° 505).

2) **Absence de novation.** La création d'une lettre de change n'opère point novation et laisse subsister le rapport juridique antérieur existant entre le tireur et le tiré, rapport juridique qui continue à produire ses effets parallèlement au rapport de change (■ Cass. civ., 28 avr. 1900 : *DP* 1901, 1, 17, note Thaller. ■ Cass. com., 9 mai 1961, n° 58-12.336 : *Bull.* III, n° 202. ■ Cass. com., 10 janv. 1972 : *D.* 1972, somm. 85). En conséquence, la prescription prévue par l'article L. 511-78 du Code de commerce, si elle interdit l'exercice de l'action cambiaire, laisse au créancier le droit d'exercer l'action née de ses rapports préexistants avec le débiteur, laquelle peut se prescrire selon le droit commun (mêmes déc. – *Adde*, ■ Cass. com., 4 oct. 1965, n° 63-11.739 : *Bull. civ.* III, n° 471. ■ Cass. com., 21 mai 1974, n° 71-12.514 : *JurisData* n° 1974-097165 ; *Bull. civ.* IV, n° 165. ■ Cass. com., 7 juin 1974 : *Bull. civ.* IV, n° 176. ■ Paris, 12 oct. 1968 : *D.* 1969, somm. 26. ■ Nîmes, 27 févr. 1979 : *D.* 1979, inf. rap. 279, obs. Cabrillac. – Comp. ■ Reims, 28 févr. 1977 : *D.* 1978, inf. rap. 80, et 342, obs. Cabrillac). Il en est ainsi notamment pour l'action de droit commun fondée sur la convention d'escompte (■ Paris, 24 févr. 1982 : *JurisData* n° 1982-600372 ; *D.* 1982, 467, note Stoufflet ; *DS* 1983, inf. rap. 44, obs. Cabrillac ; *Banque* 1982, 526, obs. Martin et 1428, chron. Vasseur ; *RJ com.* 1983, 223, note Vasseur ; *RTD com.* 1982, 587, obs. Cabrillac et Teyssié).

3) Aval. Tenu de la même manière que celui dont il s'est porté garant, le donneur d'aval est fondé à se prévaloir de la prescription acquise au débiteur garanti (cf. note sous art. L. 511-21 (Effets), p. 1021).

II – DÉLAI

4) Point de départ. En ce qui concerne une lettre de change payable à vue, la présentation de la lettre de change déterminant l'échéance et, par conséquent, en vertu de l'article L. 511-39 A, alinéa 3, le délai pour dresser protêt en temps utile, la prescription doit courir de la date de ce protêt, et à tout le moins à l'expiration du délai d'un an ou de celui fixé conventionnellement pour la présentation selon les articles L. 511-23, alinéa 1er et L. 511-15, alinéa 6 (▪ Colmar, 18 mars 1937 : *Gaz. Pal.* 1937, 2, 81. – *Adde*, ▪ Cass. civ., 1er juill. 1845 : *DP* 1845, 1, 287).

5) Sur la modification de la date d'échéance à l'insu du tiré (V. note sous art. L. 511-25 (opposabilité au tiré accepteur), p. 1029).

III – INTERRUPTION DE LA PRESCRIPTION

6) Conditions. Pour qu'il y ait interruption de la prescription édictée par l'article L. 511-78 du Code de commerce pour les actions relatives aux lettres de change, il faut un commandement, une saisie ou une interpellation judiciaire portant réclamation du droit du demandeur, signifiés à celui qu'on veut empêcher de prescrire (▪ Cass. civ., 25 mai 1943 : *S.* 1944, 1, 11). La prescription cambiaire se trouve ainsi interrompue par l'assignation en paiement du débiteur par le créancier (▪ Cass. com., 16 mai 1984, n° 83-11.019 : *JurisData* n° 1984-701380 ; *Bull.* IV, n° 168 ; *D.* 1985, inf. rap. 29, obs. Cabrillac), par l'admission du créancier au passif du débiteur (▪ Cass. com., 31 mai 1976, n° 75-11.064 : *JurisData* n° 1976-097184 ; *Bull.* IV, n° 184 ; *JCP* G 1976, IV, 247 ; *Gaz. Pal.* 1976, 2, somm. 216 ; *D.* 1976, inf. rap. 229), ou par la production du créancier à la faillite du débiteur (▪ Cass. civ., 10 janv. 1951 : *Bull.* II, n° 19 ; *D.* 1951, 310 ; *S.* 1951, 1, 171 ; *Banque* 1951, 576, obs. Marin ; *RTD com.* 1951, 552, obs. Becqué et Cabrillac).

Une action en justice qui n'a pas pris fin maintient l'effet interruptif de la prescription (▪ Cass. com., 20 oct. 1998, n° 95-20.837 : *JurisData* n° 1998-003906 ; *JCP* E 1998, actu. p. 1753).

La reconnaissance de la dette des intérêts faite par le débiteur des lettres de change dans des lettres missives adressées au créancier entraîne la reconnaissance du capital et suffit pour interrompre la prescription cambiaire (▪ Cass. req., 12 mars 1883 : *DP* 1884, 1, 111), de même pour le paiement des intérêts échus (▪ Cass. req., 19 mai 1884 : *DP* 1884, 1, 286 ; *S.* 1885, 1, 113) ou la sollicitation de nouveaux délais et l'offre de paiement de nouveaux acomptes (▪ Reims, 28 févr. 1977 : *D.* 1978, inf. rap. 80 et 342, obs. Cabrillac). En revanche, le protêt ne constitue pas un acte interruptif de la prescription (▪ Rouen, 3 janv. 1900 : *DP* 1900, 2, 502).

7) Sur la représentation mutuelle existant entre avaliste et débiteur garanti pour l'interruption de prescription (cf. note sous art. L. 511-21 (Effets), p. 1021).

8) Non-paiement. La reconnaissance éventuelle de non-paiement de lettre de change interrompant la prescription n'a pas d'effet novatoire substituant la prescription de droit commun à la prescription cambiaire ; en conséquence, du jour de cette interruption court un nouveau délai de trois ans à l'expiration duquel la prescription est acquise (▪ Reims, 28 févr. 1977 : *D.* 1978, inf. rap. 80 et 342, note Cabrillac).

IV – INVERSION DE LA PRESCRIPTION

9) Conditions. Seules la condamnation du tiré accepteur ou de son donneur d'aval et la reconnaissance par l'un ou l'autre de sa dette par acte séparé ont pour effet à la fois d'interrompre la prescription de trois ans instituée par l'article L. 511-78 du Code de commerce en matière de lettre de change et de lui substituer la prescription de droit commun (▪ Cass. com., 21 juin 1976 : *Bull.* IV, n° 211 ; *JCP* G 1976, IV, 275 ; *Gaz. Pal.* 1976, 2, somm. 254 ; *RTD com.* 1977, 130, obs. Cabrillac et Rives-Lange. ▪ Cass. com., 18 déc. 1978 : *Bull.* IV, n° 391 ; *Gaz. Pal.* 1979, 1, somm. 232 ; *D.* 1979, inf. rap. 199).

10) Acte séparé. Pour entraîner l'inversion de la prescription, l'acte séparé établi après le non-paiement d'une lettre de change à son échéance doit résulter de la volonté novatrice des parties en faisant apparaître la volonté du débiteur de contracter une nouvelle dette qui se substituerait à l'ancienne (▪ Cass. com., 10 juin 1986, n° 84-16.374 : *JurisData* n° 1986-001259 ; *Bull.* IV, n° 120 ; *JCP* G 1986, IV, 244 ; *Banque* 1986, 1134, obs. Rives-Lange ; *Gaz. Pal.* 1987, 1, somm. 170, note A. Piedelièvre ; *RTD com.* 1986, 412, obs. Cabrillac et Teyssié. – *Adde*, ▪ Cass. req., 5 avr. 1892 : *DP* 1892, 1, 246. ▪ Cass. com., 23 avr. 1951 : *Bull.* III, n° 143. ▪ Colmar, 18 mars 1937 : *Gaz. Pal.* 1937, 2, 81).

Ne constituent pas des actes séparés opérant novation la lettre par laquelle le débiteur donne son accord pour se libérer par des versements échelonnés (▪ Cass. com., 10 juin 1986, préc. – Rappr. ▪ Reims, 28 févr. 1977 : *D.* 1978, inf. rap. 80 et 342, note Cabrillac ; *Banque* 1977, 1009, obs.

Martin), ni l'inscription d'un nantissement sur le fonds de commerce du débiteur dès lors que l'inscription de cette sûreté était prévue dans l'acte originaire ayant donné lieu à la création des effets de commerce et n'en a été que l'exécution (▪ Cass. com., 23 avr. 1951 : *Bull.* II, n° 143), ni encore, l'admission du créancier au passif de la liquidation des biens de son débiteur (▪ Cass. req., 7 avr. 1857 : *DP* 1857, 1, 362. ▪ Cass. com., 5 janv. 1864 : *DP* 1864, 1, 41. ▪ Cass. com., 31 mai 1976, sol. impl. : *Bull.* IV, n° 184 ; *JCP* G 1976, IV, 247 ; *Gaz. Pal.* 1976, 2, somm. 216 ; *D.* 1976, inf. rap. 229. ▪ Paris, 24 déc. 1930 : *Gaz. Pal.* 1931, 1, 357).

11) Compte courant. En revanche, dès lors qu'est établie, au vu notamment des relevés de compte et des rapports ayant existé entre un client et sa banque, l'existence d'un compte courant et non d'un compte de dépôt, le titulaire ne peut, pour s'opposer au paiement du solde débiteur de son compte comprenant le montant d'une lettre de change impayée tirée par lui, prise à l'escompte puis contre-passée par la banque, invoquer la prescription de l'article L. 511-78 du Code de commerce pour introduction de l'action de la banque plus d'un an après le protêt ou la date d'échéance de l'effet (▪ Cass. com., 22 déc. 1981 : *Bull.* IV, n° 455 ; *JCP* G 1982, IV, 95 ; *RTD com.* 1982, 276, obs. Cabrillac et Teyssié).

V – SUSPENSION

12) Conditions. Les juges du fond ont pu refuser d'accueillir l'exception de prescription opposée par le tiré accepteur au tiers porteur dès lors qu'il résultait de leurs constatations que ce dernier avait été dans l'impossibilité d'agir dans le délai de la loi parce qu'il se trouvait alors démuni du titre par le fait même du tiré qui avait obtenu la mise sous scellés de la lettre de change en déposant une plainte injustifiée (▪ Cass. com., 9 mai 1961, n° 58-12.714 : *Bull.* III, n° 199).

13) Procédures collectives. De même, pour le créancier qui a sollicité son admission à la faillite du débiteur, la prescription est non seulement interrompue par cette demande mais le cours en est suspendu jusqu'à la clôture des opérations (▪ Cass. com., 31 mai 1976 : *Bull.* IV, n° 184 ; *JCP* G 1976, IV, 247 ; *Gaz. Pal.* 1976, 2, somm. 216 ; *D.* 1976, inf. rap. 229. – *Adde*, ▪ TGI Saintes, 1er févr. 1966 : *JCP* 1967, II, 14989 ; *D.* 1966, somm. 73. – *Contra*, en cas de guerre, ▪ Cass. com., 4 avr. 1949 : *Bull.*, n° 167, sol. impl.).

VI – EFFETS

14) Aveu du débiteur. La prescription abrégée de l'article L. 511-78 du Code de commerce reposant sur une présomption de paiement (▪ Cass. civ., 10 mars 1937 : *Gaz. Pal.* 1937, 1, 710 ; *S.* 1937, 1, 187 ; *DH* 1937, 217. ▪ Cass. com., 14 nov. 1961, n° 58-11.881 : *Bull.* III, n° 411 ; *RTD com.* 1962, 717, obs. Becqué et Cabrillac. ▪ Cass. com., 5 nov. 1980, n° 77-13.654 : *JurisData* n° 1980-745128 ; *Bull.* IV, n° 367. ▪ Cass. com., 13 janv. 1987, n° 85-14.807 : *Bull.* IV, n° 12 ; *JCP* E 1987, I, 16161) tombe devant l'aveu par le débiteur de l'absence de paiement, aveu exprès (▪ Cass. com., 14 nov. 1961, préc. ▪ Cass. com., 13 janv. 1987, préc. ▪ Cass. com., 27 juin 1995, n° 91-21.324 : *JurisData* n° 1995-001758 ; *Bull.* IV, n° 194), ou tacite résultant notamment de l'attitude adoptée par le débiteur lors de l'instance judiciaire (▪ Cass. com., 23 juin 1970, n° 68-12.376 : *JurisData* n° 1970-097217 ; *Bull.* IV, n° 217. ▪ Cass. com., 24 nov. 1970, n° 69-13.376 : *JurisData* n° 1970-097316 ; *Bull.* IV, n° 316 ; *RTD com.* 1971, 747, obs. Cabrillac et Rives-Lange. ▪ 19 juin 1973, n° 71-11.741 : *JurisData* n° 1973-098216 ; *Bull.* IV, n° 216 ; *JCP* G 1973, IV, 297. ▪ 9 mai 1977, n° 75-12.557 : *JurisData* n° 1977-097126 ; *Bull.* IV, n° 126 ; *Gaz. Pal.* 1977, 2, somm. 261 ; *Banque* 1978, 254, obs. Martin ; *D.* 1978, inf. rap. 84, obs. Cabrillac. ▪ Cass. com., 26 févr. 1985 : *Gaz. Pal.* 1985, 2, pan. jurispr. 228. – *Adde*, sur le pouvoir d'appréciation souveraine laissé aux juges du fond, ▪ Cass. com., 7 oct. 1959, n° 58-93.562 : *Bull.* III, n° 337. ▪ Cass. com., 19 juin 1973, préc.).

Cependant, si l'aveu par le débiteur de l'absence de paiement effectif peut être retenu par le juge, puisqu'il rend, par avance, inutile la délation du serment, c'est à la condition qu'un tel aveu résulte sans équivoque soit de déclarations faites au cours de l'instance par le débiteur, soit du système de défense par lui opposé à l'action du créancier ; mais, hors ces cas, il est interdit au juge de faire échec à la prescription en recherchant, dans d'autres éléments, la preuve du non-paiement (▪ Cass. com., 5 janv. 1960 : *Bull.* III, n° 8).

Le créancier peut opposer au tireur son aveu alors même que celui-ci n'est tenu au paiement qu'à défaut du tiré accepteur (▪ Cass. com., 3 avr. 1978 : *Bull.* IV, n° 109 ; *Banque* 1979, 271, obs. Martin ; *Gaz. Pal.* 1978, 2, somm. 293).

15) Aval. Tenu de la même manière que celui dont il s'est porté garant, *le donneur d'aval peut se voir déférer le serment* de l'article L. 511-78 du Code de commerce (▪ Cass. com., 8 mars 1971, n° 70-10.046 : *JurisData* n° 1971-097070 ; *Bull.* IV, n° 70 ; RTD com. 1972, 129, obs. Cabrillac et Rives-Lange) mais limité à son absence de paiement personnel (▪ Cass. com., 30 avr. 1974, n° 73-10.463 : *JurisData* n° 1974-097139 ; *Bull.* IV, n° 139 ; *JCP* G 1974, IV, 221 ; *RTD com.* 1975, 140, obs. crit. Cabrillac et Rives-Lange).

Section XV. – Dispositions générales

Art. L. 511-79 *(Anc. C. com., art. 180)*. **– Le paiement d'une lettre de change dont l'échéance est à un jour férié légal ne peut être exigé que le premier jour ouvrable qui suit. De même, tous autres actes relatifs à la lettre de change, notamment la présentation à l'acceptation et le protêt, ne peuvent être faits qu'un jour ouvrable.**

Lorsqu'un de ces actes doit être accompli dans un certain délai dont le dernier jour est un jour férié légal, ce délai est prorogé jusqu'au premier jour ouvrable qui en suit l'expiration. Les jours fériés intermédiaires sont compris dans la computation du délai.

Bibliographie : *JCl. com.*, Fasc. 435, *Lettre de change. Échéance* par J. Issa-Sayegh.

Art. L. 511-80 *(Anc. C. com., art. 181)*. **– Aux jours fériés légaux sont assimilés les jours où, aux termes des lois en vigueur, aucun paiement ne peut être exigé, ni aucun protêt dressé.**

Art. L. 511-81 *(Anc. C. com., art. 182)*. **– Les délais légaux ou conventionnels ne comprennent pas le jour à compter duquel ils commencent à courir.**

Aucun jour de grâce ni légal ni judiciaire n'est admis sauf dans les cas prévus par les articles L. 511-38 et L. 511-50.

1) **Application.** L'article L. 511-81 du Code de commerce ne fait aucune distinction suivant la personne par qui le paiement de la lettre de change est réclamé et la règle qu'il édicte ne saurait donc être écartée au prétexte que le porteur est le tireur lui-même (■ Cass. com., 27 nov. 1961, n° 60-13.836 : *Bull.* III, n° 432 ; *JCP* G 1962, IV, 2 ; *D.* 1962, somm. 38 ; *Banque* 1962, 120, obs. Marin ; *RTD com.* 1962, 446, obs. Becqué et Cabrillac).

En conséquence, dès lors que les marchandises, pour le paiement desquelles des lettres de change ont été créées, ont été livrées et que leurs factures n'ont pas été contestées, il en résulte que le tireur dispose, à l'échéance des effets, d'une créance sur le tiré égale au montant de ceux-ci, c'est à bon droit que les juges du fond déclarent que ces effets ont provision à leur échéance et que leur paiement doit être ordonné, aucun délai ne pouvant être accordé pour le règlement, même si un autre litige oppose par ailleurs tiré et tireur (■ Cass. com., 13 juin 1977, n° 76-10.519 : *Bull.* IV, n° 166).

Pour les mêmes raisons, viole l'article L. 511-81 du Code de commerce la cour d'appel qui, après avoir estimé que le tireur avait, par son fait fautif, ruiné l'activité du tiré, ordonne une expertise relative à l'évaluation du préjudice subi par celui-ci et, ne prononçant pas immédiatement la condamnation du débiteur au paiement des lettres de change, leur accorde un délai de grâce (■ Cass. com., 14 juin 1971 : *JurisData* n° 1971-097166 ; *Bull.* IV, n° 166 ; *JCP* 1973, II, 17310, note crit. Groslière ; *D.* 1971, somm. 198 ; *RTD com.* 1972, 128, obs. Cabrillac et Rives-Lange). En revanche, en commettant un expert chargé de rechercher la cause de la lettre de change acceptée, et de vérifier l'existence de la provision, qui lui paraissait douteuse, une cour d'appel, saisie de l'action du tireur contre le tiré, n'accorde pas à celui-ci un délai au sens de l'article L. 511-81 du Code de commerce et ne fait qu'apprécier souverainement l'utilité de cette mesure d'information (■ Cass. com., 2 déc. 1974 : *Bull.* IV, n° 309 ; *Gaz. Pal.* 1971, 2, 708).

Les juges du fond qui déclarent qu'une créance est représentée par des lettres de change acceptées par le débiteur en remboursement d'un prêt, en garantie duquel il a constitué un gage, répondent aux conclusions de ce débiteur, qui soutenait que, pour partie, sa créance était représentée par le montant d'une clause pénale résultant du contrat et ils en déduisent à juste titre que par application de l'article L. 511-81, alinéa 2 du Code de commerce, *aucun délai ne peut lui être accordé* (■ Cass. com., 25 mars 1969, n° 67-14.511 : *JurisData* n° 1969-097117 ; *Bull. civ.* IV, n° 117).

2) **Non-application.** Lorsque à la suite d'un prêt hypothécaire prévoyant qu'en représentation des mensualités dues par les emprunteurs, le créancier pourrait exiger d'eux la souscription à son profit de billets à ordre, ces billets ont été créés et qu'après non-paiement d'un seul, le créancier a signifié commandement aux fins de saisie immobilière pour la totalité des sommes restant dues, et ce, par application de la clause de déchéance du terme inscrite dans l'acte de prêt, les juges du fond peuvent considérer que les délais de grâce demandés par le débiteur ne l'ont pas été à la suite d'un recours de nature cambiaire et en déduire que l'octroi de ces délais n'est pas interdit (■ Cass. com., 24 juin 1969, n° 68-12.070 : *JurisData* n° 1969-097240 ; *Bull.* IV, n° 240 ; *D.* 1970, 124, note Cabrillac ; *RTD com.* 1969, 1053, obs. Cabrillac et Rives-Lange).

De même, le bénéficiaire d'un aval consenti par acte séparé ne pouvant prétendre à une action cambiaire lorsque n'est pas mentionné le montant des sommes garanties et la durée pour laquelle est pris l'engagement du donneur d'aval ne peut se prévaloir de la règle selon laquelle tout délai de grâce doit être refusé pour le paiement des effets de commerce (▪ Rouen, 21 sept. 1973 : *D.* 1974, 246, note Roblot ; *Gaz. Pal.* 1974, 1, somm. 39).

Décret du 31 août 1937

relatif aux échéances des effets de commerce

Art. 1er. – Aucun paiement d'aucune sorte sur effet, mandat, chèque, compte courant, dépôt de fonds ou de titres ou autrement ne peut être exigé ni aucun protêt dressé le samedi et le lundi de chaque semaine, qui, pour ces opérations seulement, sont assimilés aux jours fériés légaux, conformément à l'article 181 du Code de commerce et à l'article 50, paragraphe III, du décret du 30 octobre 1935 unifiant le droit en matière de chèques.

Toutefois, les banquiers et autres personnes habilitées à payer des chèques ne pourront se prévaloir de ces dispositions pour refuser le paiement des lettres de change, billets à ordre, chèques ou autres dispositions généralement quelconques sur compte courant, dépôt de fonds ou de titres, qui leur seront présentés aux jours et heures d'ouverture de leurs établissements, au cas où ceux-ci seraient ouverts les jours visés au premier alinéa.

Art. 2. – Les frais résultant de la présentation à l'acceptation d'une lettre de change le jour où l'établissement payeur est fermé du fait de l'application des dispositions de la loi du 21 juin 1936, quand ce jour est ouvrable, ou de la présentation au paiement d'un effet de commerce quelconque dont l'échéance a lieu ce même jour, sont à la charge du tiré qui n'a pas indiqué en temps utile au tireur ce jour de fermeture, ou du tireur ou du porteur qui n'a pas tenu compte de cette indication.

Est réputé fourni en temps utile, l'avis du jour de fermeture donné au tireur par le tiré, au plus tard à l'époque où a été conclue l'opération qui a rendu celui-ci débiteur.

CHAPITRE II. – DU BILLET À ORDRE

Art. L. 512-1 *(Anc. C. com., art. 183 et 184, al. 2 à 4).* **– I. – Le billet à ordre contient :**

1° La clause à ordre ou la dénomination du titre insérée dans le texte même et exprimée dans la langue employée pour la rédaction de ce titre ;

2° La promesse pure et simple de payer une somme déterminée ;

3° L'indication de l'échéance ;

4° Celle du lieu où le paiement doit s'effectuer ;

5° Le nom de celui auquel ou à l'ordre duquel le paiement doit être fait ;

6° L'indication de la date et du lieu où le billet est souscrit ;

7° La signature de celui qui émet le titre dénommé souscripteur.

II. – Le billet à ordre dont l'échéance n'est pas indiquée est considéré comme payable à vue.

III. – À défaut d'indication spéciale le lieu de création du titre est réputé être le lieu de paiement et, en même temps, le lieu du domicile du souscripteur.

IV. – Le billet à ordre n'indiquant pas le lieu de sa création est considéré comme souscrit dans le lieu désigné à côté du nom du souscripteur.

Bibliographie : *JCl. com.*, Fasc. 490, *Billet à ordre* par Nadine Montout.

I – DOMAINE

1) Titre civil. Les règles du droit cambiaire étant de droit étroit, les dispositions des articles L. 512-1 et s. du Code de commerce ne sont pas applicables au titre civil qui, ne comportant pas le nom de la personne à laquelle ou à l'ordre de laquelle le paiement doit être fait, n'est pas un billet à ordre (▪ Rouen, 14 juin 1963 : *D.* 1963, 636 ; *Banque* 1963, 331, obs. Marin).

Ayant soutenu que, lors de son émission, le billet à ordre litigieux ne contenait pas le nom de celui à l'ordre duquel le paiement devait être fait, ce dont il résultait qu'il constituait, pour le moins, *un titre au porteur* dont le paiement pouvait être exigé de son détenteur, son signataire est sans intérêt à se prévaloir de la nullité de ce billet au regard du droit cambiaire (▪ Cass. com., 17 juill. 1984 : *JurisData* n° 1984-701125 ; *D.* 1985, somm. 29, obs. Cabrillac. ▪ 24 nov. 1992, n° 90-20.891 : *JurisData* n° 1992-002563 ; *RJDA* 2/93, n° 150 ; *RTD com.* 1993, 137, obs. Cabrillac et Teyssié). Un tel titre implique l'engagement de payer une somme déterminée à la personne, quelle qu'elle soit, qui en sera porteur à l'échéance et se transmet sans aucune des formalités de l'article 1960 du Code civil (■ Cass. civ., 31 oct. 1906 : *D.* 1908, I, 497. ■ Cass. com., 15 janv. 2002, n° 99-15.370 : *JurisData* n° 2002-012532 ; *RJDA* 5/2002, n° 546 ; *D.* 2003, somm. 341, obs. D.-R. Martin ; *RTD com.* 2002, 521, obs. Cabrillac).

Le titre au porteur, ne comportant pas mention du bénéficiaire et produit par une partie établit la créance de celle-ci, dans les termes du droit commun, sur le souscripteur de la mention d'acceptation (■ Cass. com., 1er mars 1994 : *JCP* E 1994, pan. 640).

II – CONDITIONS DE FORME

2) Signature par un non-commerçant. Signé par un non-commerçant, un billet à ordre doit être considéré comme régulier en la forme bien que ne répondant pas aux exigences de la mention manuscrite à laquelle déroge la législation spéciale aux effets de commerce (■ Paris, 1er mars 1977 : *JurisData* n° 1977-255088 ; *RJ com.* 1978, 255, note Saint-Cène ; *D.* 1978, inf. rap. 337, obs. Cabrillac ; *RTD com.* 1978, 136, obs. Cabrillac et Rives-Lange).

3) Régularisation. Même en l'absence de régularisation opérée régulièrement, celui qui reçoit un effet de commerce pourvu, lors de l'endossement fait à son profit, de toutes les mentions obligatoires, étant censé ne pas connaître les lacunes que ce titre pouvait présenter au moment de sa création par le tireur ou de son acceptation par le tiré, ne peut se voir opposer la nullité du titre hormis le cas où il serait démontré avoir agi sciemment au détriment du débiteur (cf. C. com., art. L. 511-12. ■ Cass. com., 5 oct. 2004, n° 01-15.274 : *JurisData* n° 2004-025232 ; *RJDA* 3/2005, n° 321. – *Adde*, ■ Cass. civ., 10 juill. 1939 : *JCP* 1939, II, 1617, note Demontes ; *S.* 1940, 1, 16. ■ Grenoble, 28 mai 1963 : *JCP* 1964, II, 13503, note P. L. ■ Cass. com., 10 oct. 1989 : *Bull.* IV, n° 248 ; *D.* 1990, somm. 122, obs. Cabrillac, pour une lettre de change).

4) Identité entre le souscripteur et le bénéficiaire. L'identité entre le souscripteur et le bénéficiaire n'entraîne pas la nullité du billet à ordre et l'endossement par le souscripteur-bénéficiaire au profit d'une banque lui confère la qualité de bénéficiaire du titre : (■ Cass. com., 13 sept. 2011 : *RD bancaire et fin.* 2011, 187, obs. F.-J. Crédot et Th. Samin ; *D.* 2011, 2269, obs. X. Delpech).

Voir : annot. sous art. L. 511-77, p. 1049.

III – BILLETS À ORDRE-RELEVÉ

5) Sur l'opposabilité au remettant des délais d'acheminement, de présentation et d'information, fixés sous l'égide de l'Association française des banques (■ Douai, 11 déc. 1981 : *RTD com.* 1983, 94, obs. Cabrillac et Teyssié ; *D.* 1982, inf. rap. 501, obs. Vasseur infirmant ■ T. com. Roubaix, 2 juill. 1980 : *JurisData* n° 1980-762396 ; *D.* 1980, 519, note Letartre ; *RTD com.* 1981, 108, obs. Cabrillac et Rives-Lange. – *Contra* ■ T. com. Nanterre, 27 sept. 1983 ; *Banque* 1983, 1469, obs. Martin ; *D.* 1984, inf. rap. 305, obs. Vasseur ; *RTD com.* 1984, 116, obs. Cabrillac et Teyssié).

Art. L. 512-2 *(Anc. C. com., art. 184, al. 1).* **– Le titre dans lequel une des énonciations indiquées au I de l'article L. 512-1 fait défaut ne vaut pas comme billet à ordre, sauf dans les cas déterminés aux II à IV de l'article L. 512-1.**

1) Absence de date de souscription. Le titre, qui renferme la dénomination de billet à ordre, la clause à ordre, le montant souscrit, le lieu de création et du paiement ainsi que la date d'échéance, mais qui ne porte pas la date de sa souscription ne *vaut pas comme billet à ordre ; en conséquence,* les avalistes ne sont pas tenus sur leurs engagements cambiaires (■ Cass. com., 3 avr. 1984 : *Bull.* IV, n° 123 ; *JCP* G 1984, IV, 184 ; *RJ com.* 1985, 59, note Nguyen ; *D.* 1984, inf. rap. 402 ; *Gaz. Pal.* 1984, 2, pan. jurispr. 277, obs. Dupichot). La mention contradictoire de deux dates de souscription du billet à ordre équivaut à une absence de date (■ Cass. com., 3 oct. 2018, n° 17-20.525 : *Gaz. Pal.* 2019, n° 342j1, p. 59, note S. Moreil).

2) Promesse de paiement. En application des dispositions de l'article L. 512-2 du Code de commerce, le titre qui ne comporte pas la dénomination de billet à ordre dans lequel l'indication de la date et du lieu de souscription fait défaut ne vaut pas comme billet à ordre mais comme promesse ordinaire de paiement du souscripteur transmissible par endossement (■ Cass. req., 23 juill. 1941 : *DA* 1941, 356. ■ Paris, 30 sept. 1986 : *JurisData* n° 1986-026625 ; *D.* 1987, somm. 70, obs. Cabrillac).

3) Billet au porteur. Ne s'est pas contredite et a légalement justifié sa décision la cour d'appel qui, énonçant que le billet ne contenant pas le nom de celui à l'ordre duquel le paiement doit être fait ne vaut pas comme billet à ordre mais comme une promesse ne relevant pas du droit cambiaire, a retenu que, par ce billet qui revêtait la forme au porteur, le débiteur avait accepté par avance comme créanciers tous ceux qui, successivement, en deviendraient porteurs et a déduit de ces énonciations et constatations que le porteur, investi d'un droit qui lui est propre, ne peut se voir opposer, s'il est de bonne foi, que des exceptions qui lui sont personnelles ou qui résultent de lateneur de l'acte (■ Cass. com., 17 juill. 1984 : *JurisData* n° 1984-701125 ; *D.* 1985, inf. rap. 29, obs. Cabrillac. – *Adde*, ■ Cass. civ., 31 oct. 1906 : *DP* 1908, 1, 497 ; *S.* 1908, 1, 305, note Lyon-Caen. ■ Cass. com., 24 nov. 1992, préc. sous art. L. 512-1, p. 1054).

4) **Signature du souscripteur.** Il résulte des dispositions des articles L. 512-1 et L. 512-2 du Code de commerce que le billet à ordre qui ne contient pas la signature du souscripteur ne vaut pas comme billet à ordre (■ Paris, 7 janv. 1987 : *D.* 1988, somm. 50, obs. Cabrillac).

Art. L. 512-3 *(Anc. C. com., art. 185).* – **Sont applicables au billet à ordre, en tant qu'elles ne sont pas incompatibles avec la nature de ce titre, les dispositions des articles L. 511-2 à L. 511-5, L. 511-8 à L. 511-14, L. 511-18, L. 511-22 à L. 511-47, L. 511-49 à L. 511-55, L. 511-62 à L. 511-65, L. 511-67 à L. 511-71, L. 511-75 à L. 511-81, relatives à la lettre de change.**

I – RAPPORT FONDAMENTAL

1) **Recours contre le souscripteur.** Le bénéficiaire peut agir contre le souscripteur en vertu de l'action née de la créance fondamentale (■ Cass. com., 24 juin 1969 : *Bull.* IV, n° 240 ; *D.* 1970, 124, note Cabrillac ; *RTD com.* 1969, 1053, obs. Cabrillac et Rives-Lange).

2) **Opposabilité des exceptions.** De même, la souscription d'un billet à ordre n'interdit pas au souscripteur d'opposer au bénéficiaire l'extinction de la dette, en règlement de laquelle l'effet a été émis (■ Cass. com., 12 oct. 1966 : *Bull.* III, n° 392) ou la nullité pour dissimulation de prix fondée sur l'article 1840 du Code général des impôts de la convention cause du billet à ordre (■ Cass. com., 15 oct. 1979, n° 78-10.131 : *JurisData* n° 1979-098256 ; *Bull.* IV, n° 256 ; *JCP* G 1979, IV, 381).

3) **Nullité de l'obligation fondamentale.** La condamnation prononcée sur le fondement du rapport cambiaire n'empêche pas le souscripteur de soulever, au cours d'une autre instance, la nullité de l'obligation fondamentale et la nullité étant établie, les billets souscrits en vertu de cette convention doivent être restitués au souscripteur (■ Bastia, 27 févr. 1979 : *JurisData* n° 1979-070007 ; *D.* 1980, inf. rap. 135, obs. Cabrillac).

II – INEXISTENCE DE LA PROVISION

4) **Porteur négligent.** L'article 512-3 du Code de commerce ne renvoie pas aux textes concernant la provision, d'où il suit que l'application de ces textes ne saurait être étendue au billet à ordre (■ Cass. civ., 15 déc. 1947 : *JCP* 1948, II, 4130, note Roblot ; *S.* 1948, 1, 41, note Lescot ; *D.* 1948, 127 ; *Banque* 1948, 314, obs. Marin ; *RTD com.* 1948, 288, obs. Houin. ■ Cass. com., 29 juin 1948 : *Bull.* II, n° 170 ; *RTD com.* 1949, 139, obs. Houin). En conséquence, le porteur négligent est déchu de ses recours à l'égard des endosseurs, y compris à l'égard du bénéficiaire qui est le premier endosseur (■ Cass. civ., 15 déc. 1947, préc.).

Toutefois, une décision rendue à propos du conflit entre banquier porteur d'un billet à ordre et sous-traitant disposant de l'action directe semble avoir admis l'existence d'une provision dans le billet à ordre (■ Cass. com., 5 mars 1991, n° 89-20.252 : *JurisData* n° 1991-000388 ; *Bull.* IV, n° 95 ; *D.* 1992, somm. 28, obs. Vasseur et 117, obs. Bénabent ; *RD bancaire et bourse* 1991, 146, obs. Credot et Gérard ; *JCP* E 1992, II, 289, note Crionnet ; *Gaz. Pal.* 1992, 12 juill., p. 28, note N. Montout).

5) **Billet de fonds.** Toutefois, l'endossement des billets à ordre, dits billets de fonds, emporte par lui-même et en dehors de toute subrogation expresse, la transmission au porteur de la sûreté réelle qui en est l'accessoire, dès lors que la souscription de ces billets a été prévue par l'acte de vente lui-même et n'en constitue ainsi qu'une modalité (■ Cass. civ., 11 déc. 1940 : *JCP* 1941, II, 1667, note Demontes ; *DC* 1943, 49, note Trasbot. ■ Cass. civ., 19 févr. 1946 : *JCP* 1946, II, 3113, note Toujas ; *D.* 1946, 184 ; *S.* 1946, 1, 81).

6) **Procédures collectives.** Toutefois également, il a été jugé que lorsque la somme nécessaire au paiement d'un billet à ordre était sortie du patrimoine du débiteur avant l'ouverture d'une procédure de règlement judiciaire à son encontre, la banque domiciliataire de cet effet doit en verser le montant au banquier escompteur (■ Cass. com., 3 mars 1987, n° 85-15.564 : *D.* 1988, somm. 6, obs. Derrida).

III – PAIEMENT

7) **Opposition.** De la combinaison des articles L. 511-31 et L. 512-3 du Code de commerce, il résulte qu'il n'est admis d'opposition au paiement d'un billet à ordre qu'en cas de perte de celui-ci ou de procédure collective à l'encontre, du porteur (■ Cass. com., 15 juin 1993, n° 91-14.201 : *JurisData*

n° 1993-001230 ; *Bull.* IV, n° 245 ; *D.* 1994, somm. 181, obs. Cabrillac). Le tiers saisi, souscripteur d'un billet à ordre, dispose d'un intérêt à agir pour s'opposer au paiement d'une créance cambiaire par nature insaisissable et dont il pourrait avoir à répondre (■ Cass. com., 27 sept. 2005, n° 02-16.902 : *JurisData* n° 2005-029929 ; *D.* 2005, p. 2672, obs. Delpech ; *D.* 2006, p. 1614, note Boujeka ; *RTD com.* 2006, 166, obs. Legeais ; *RTD civ.* 2006, 382, obs. Perrot ; *Banque et droit* 2006, n° 105, 57, obs. Bonneau ; *D.* 2007, pan. 756, obs. D.-R. Martin).

IV – BONNE FOI DU PORTEUR

8) Vérification de signature. Selon les usagesbancaires, le banquier n'est pas tenu, à moins qu'il n'ait des doutes sur la bonne foi du remettant, *de procéder* auprès du souscripteur *à la vérification de la signature apposée sur l'effet,* ni de vérifier l'étendue du pouvoir de signataire (■ Cass. com., 5 févr. 1985 : *Bull.* IV, n° 46 ; *Banque* 1985, 522, obs. Rives-Lange ; *RTD com.* 1986, 122, obs. Cabrillac et Teyssié. ■ Cass. com., 23 mai 1989 : *Bull.* IV, n° 160 ; *LPA*, 24 nov. 1989, p. 12, obs. Credot ; *Banque* 1989, 1086, obs. Rives-Lange ; *RD bancaire et bourse* 1989, 172, obs. Credot et Gérard ; *RTD com.* 1990, 65, obs. Cabrillac et Teyssié. ■ Cass. com., 13 déc. 1994 : *RD bancaire et bourse* 1995, 101, obs. Credot et Gérard ; *RTD com.* 1995, 449, obs. Cabrillac et Teyssié. ■ Cass. com., 9 mars 1999 : *JCP* E 1999, pan. 790 ; *LPA* 13 avr. 1999, p. 11, note L. C. ; *RTD com.* 1999, 929, obs. Cabrillac et Teyssié ; *RD bancaire et bourse* 1999, 94, obs. Credot et Gérard, pour un billet à ordre). V. Bonneau, *Billet à ordre et engagement cambiaire de la société par son mandataire apparent : RD bancaire et bourse* 1999, 114.

V – INOPPOSABILITÉ DES EXCEPTIONS

9) Indifférence de la nullité du rapport fondamental. Le principe d'inopposabilité des exceptions au tiers porteur de bonne foi édicté par l'article L. 511-12 du Code de commerce s'applique alors même que le rapport fondamental qui a causé l'émission des billets à ordre est frappé de la nullité d'ordre public édictée par l'article 1840 du Code général des impôts pour dissimulation de prix (■ Cass. com., 31 janv. 1978 : *JCP* G 1978, IV, 109 ; *D.* 1978, inf. rap. 337, obs. Cabrillac ; *Gaz. Pal.* 1978, 1, somm. 198. ■ Cass. com., 18 mai 1978, n° 76-13.503 : *JurisData* n° 1978-098137 ; *Bull.* IV, n° 137 ; *Gaz. Pal.* 1978, 2, somm. 290. – Cf. *supra*).

VI – PRESCRIPTION

10) Reconnaissance de dette. Les courtes prescriptions étant fondées sur une présomption de paiement, la reconnaissance de la dette fait disparaître le fondement même de la prescription invoquée ; dès lors, l'attitude prise en justice par un donneur d'aval peut, le cas échéant, constituer un aveu sans équivoque du non-paiement du billet à ordre, peu important que la reconnaissance de la dette n'ait pas été faite par acte séparé (■ Cass. com., 26 janv. 1985 : *Gaz. Pal.* 1985, 2, pan. jurispr. 228).

Art. L. 512-4 *(Anc. C. com., art. 187).* **– Sont également applicables au billet à ordre les dispositions de l'article L. 511-21 relatives à l'aval. Dans le cas prévu au sixième alinéa de cet article, si l'aval n'indique pas pour le compte de qui il a été donné, il est réputé l'avoir été pour le compte du souscripteur du billet à ordre.**

1) Aval donné sur un billet à ordre nul. L'aval donné sur un billet à ordre nul pour vice de forme est nul et ne vaut pas promesse de porte-fort (■ Cass. com., 8 sept. 2015, n° 14-14.208 : *JurisData* n° 2015-019912 ; *JCP* E 2016, 1010, n° 17, obs. A. Salgueiro).

2) Aval donné par le dirigeant. Lorsque la mention « bon pour aval » a été signée par le dirigeant au dessus d'un cachet mentionnant cette qualité, l'on doit considérer que l'aval a été donné par le dirigeant en qualité de représentant légal de la société et non à titre personnel (■ Cass. com., 20 juin 2018, n° 17-15.356 : *LEDB* sept. 2018, n° 111p5, p. 4, note J. Lasserre Capdeville).

3) Billet à ordre payable à vue. En vertu de la conjonction des articles L. 512-3, 512-4, L. 512-6 et L. 511-49 du Code de commerce, le porteur d'un billet à ordre, payable à vue et présenté après l'expiration des délais fixés par la loi *n'est pas déchu de ses droits* contre le souscripteur de ce billet, ni contre le donneur d'aval tenu de la même manière que celui dont il s'est porté garant (■ Cass. com., 29 mai 1980 : *Bull.* IV, n° 217 ; *JCP* G 1980, IV, 298. ■ 26 févr. 1985 : *Gaz. Pal.* 1985, 2, pan. jurispr. 228).

4) Compétence du tribunal. Le tribunal de commerce est compétent pour statuer sur la demande d'un créancier envers un avaliste qui avait cautionné la dette d'une société commerciale dont il était président et administrateur majoritaire et qui avait un intérêt personnel à garantir cette dette (■ Cass. com., 15 mai 1984 : *Bull.* IV, n° 164 ; *Gaz. Pal.* 1984, 2, pan. jurispr. 276, obs. Dupichot).

5) Compétence juridictionnelle internationale. Une personne physique qui avalise un billet à ordre n'est pas un consommateur au sens de l'article 15, § 1, du règlement CE n° 44/2001 du Conseil du 22 décembre 2000 concernant la compétence judiciaire, la reconnaissance et l'exécution des décisions en matière civile et commerciale. L'action relève de la matière contractuelle au sens de l'article 5, § 1 *a)* du même règlement (■ CJUE, 14 mars 2013, n° C-419 /11 : *D.* 2013, p. 779, note S. Menetrey).

6) Inapplication de l'article L. 312-12 du Code monétaire et financier. L'aval qui garantit le paiement d'un titre cambiaire ne constitue pas un cautionnement d'un concours financier accordé par un établissement de crédit à une entreprise au sens de l'article L. 312-12 du Code monétaire et financier. Le donneur d'aval ne peut donc se prévaloir de l'obligation annuelle d'information prévue par ce texte (■ Cass. com., 16 juin 2009 : *RTD com.* 2009, p. 605 et 798, obs. D. Legeais ; *JCP* 2009, n° 48, p. 492, obs. Ph. Simler ; *JCP* E 2010, n° 3, p. 12, note M.-P. Dumont-Lefrand. ■ Cass. com., 20 avr. 2017, n° 15-14.812 : *LEDB* 2017, obs. S. Piedelièvre).

7) Inapplication de l'article L. 341-4 du Code de la consommation. L'aval d'un billet à ordre régulier constitue un engagement cambiaire de sorte que les dispositions de l'ancien article L. 341-4 du Code de la consommation (devenu article L. 331-1 du Code de la consommation) ne sont pas applicables (■ Cass. com., 30 oct. 2012, n° 11-23.519 : *JurisData* n° 2012-024614 ; *RD bancaire et fin.* 2013, 1, comm. 10, A. Cerles ; *Contrats, conc. consom.* 2013, 3, comm. 66, G. Raymond ; *D.* 2012, p. 2588, obs. X. Delpech). L'aval est un engagement cambiaire qui obéit à des règles propres du droit du change. Par conséquent, l'avaliste n'est pas fondé à invoquer l'article L. 341-4 du Code de la consommation (■ Cass. com., 19 déc. 2013 : *D.* 2014, p. 518 et s., note G. Piette et J. Lasserre Capdeville ; *RD bancaire et fin.* 2014, note D. Legeais).

8) Application des dispositions du Code de la consommation à un billet à ordre irrégulier. L'aval d'un billet à ordre irrégulier ne comportant pas la mention du bénéficiaire est un cautionnement qui est en conséquence soumis aux (anciens) articles L. 341-2 et L. 341-3 du Code de la consommation. À défaut de répondre aux prescriptions de ces textes, ce cautionnement est nul (■ Cass. com., 5 juin 2012, n° 11-19.627 : *JurisData* n° 2012-012098 ; *JCP* G 2012, 761 ; *JCP* E 2012, 1646, n° 21, obs. A. Salguiero, et 1501, note S. Piédelièvre ; *RD bancaire et fin.* 2012, 4, comm. 117, note D. Legeais ; *D.* 2012, act. 1604, obs. X. Delpech).

Voir : annot. sous art. L. 511-21, p. 1021.

Art. L. 512-5. – **Les dispositions des articles L. 511-56 à L. 511-61 relatives à la publicité et à la prorogation des délais de protêts sont applicables au protêt dressé faute de paiement d'un billet à ordre.**

Art. L. 512-6 *(Anc. C. com., art. 188)*. – **Le souscripteur d'un billet à ordre est obligé de la même manière que l'accepteur d'une lettre de change.**

Le souscripteur du billet à ordre peut faire valoir toutes les exceptions tirées du rapport fondamental, en particulier l'absence de cause, à l'égard du bénéficiaire initial (■ Paris, 20 janv. 1995, n° 93/9066 : *JurisData* n° 1995-020746 ; *D.* 1996, somm. 34, obs. Cabrillac).

Art. L. 512-7 *(Anc. C. com., art. 189)*. – **Les billets à ordre payables à un certain délai de vue doivent être présentés au visa du souscripteur dans les délais fixés à l'article L. 511-15. Le délai de vue court de la date du visa signé du souscripteur sur le billet. Le refus du souscripteur de donner son visa daté est constaté par un protêt dont la date sert de point de départ au délai de vue.**

Art. L. 512-8 *(Anc. C. com., art. 189 bis A)*. – **Le règlement par billet à ordre n'est permis au débiteur que s'il a été expressément prévu par les parties et mentionné sur la facture. Même en ce cas, si le billet à ordre n'est pas parvenu au créancier dans les trente jours qui suivent l'envoi de la facture, le créancier peut émettre une lettre de change que le débiteur est tenu d'accepter selon les conditions prévues aux avant-dernier et dernier alinéas de l'article L. 511-15. Toute stipulation contraire est réputée non écrite.**

1) Porteur de bonne foi. La disposition de l'article L. 512-8 selon laquelle le règlement par billet à ordre n'est permis au débiteur que s'il a été expressément prévu par les parties et mentionné sur la facture concerne les rapports entre le créancier et le débiteur ; elle ne constitue pas une condition de validité du titre et le souscripteur du billet ne peut l'opposer au tiers porteur de bonne foi (■ Cass. com., 12 févr. 1991, n° 89-15.568 : *JCP* E 1991, pan° 369 ; *D.* 1991, somm. 216, obs. Cabrillac).

2) Billet à ordre-relevé : en acceptant de recevoir un billet à ordre-relevé, le bénéficiaire est, en l'absence de convention contraire, censé avoir adhéré, par le fait même, au règlement de la chambre de compensation et s'être soumis, pour le paiement de l'effet, à la procédure résultant des accords interprofessionnels (▪ Cass. com., 17 juill. 2001, n° 98-18.615 : *JurisData* n° 2001-011058 ; *RJDA* 01/2002, n° 86 ; *D.* 2001, p. 2738, obs. Delpech ; *JCP* E 2001, pan. 1646 ; *RD bancaire et fin.* 2001, n° 178, obs. Credot et Gérard. – Comp. pour une LCR, ▪ Cass. com., 28 nov. 1995, n° 93-11.986 : *JurisData* n° 1995-003297 ; *Bull.* IV, n° 271 ; *RTD com.* 1996, 98, obs. Cabrillac ; *RJDA* 2/96, n° 250. ▪ Cass. com., 12 mars 2002, n° 99-17.234 : *JurisData* n° 2002-013527 ; *RJDA* 7/2002, n° 804 ; *LPA* 23 avr. 2002, p. 9, obs. E. C. ; *JCP* E 2002, pan. 695 ; *D.* 2002, p. 1343 ; *RTD com.* 2002, 520, obs. Cabrillac).

3) Mesures conservatoires. Le bénéficiaire d'un billet à ordre à échéance peut pratiquer une saisie conservatoire sans avoir au préalable obtenu l'autorisation d'un juge (▪ Cass. com., 19 mai 2015, n° 14-17.401 : *JurisData* n° 2015-011830 ; *RD bancaire et fin.* 2015, comm. 131, note S. Piédelièvre ; *JCP* E 2016, 1010, n° 15, obs. N. Mathey).

TITRE II. – DES GARANTIES

CHAPITRE I. – DISPOSITIONS GÉNÉRALES SUR LE GAGE COMMERCIAL

(Chapitre abr. à compter du 1er janvier 2022, Ord. n° 2021-1192, 15 sept. 2021)

Art. L. 521-1 *(Anc. C. com., art. 91 ; mod., Ord. n° 2006-346, 23 mars 2006 ; abr. à compter du 1er janvier 2022, Ord. n° 2021-1192, 15 sept. 2021).* **– Le gage constitué soit par un commerçant, soit par un individu non commerçant, pour un acte de commerce, se constate à l'égard des tiers, comme à l'égard des parties contractantes, conformément aux dispositions de l'article L. 110-3.**

Le gage, à l'égard des valeurs négociables, peut aussi être établi par un endossement régulier, indiquant que les valeurs ont été remises en garantie.

À l'égard des actions, des parts d'intérêts et des obligations nominatives des sociétés financières, industrielles, commerciales ou civiles, dont la transmission s'opère par un transfert sur les registres de la société, ainsi qu'à l'égard des inscriptions nominatives sur le grand-livre de la dette publique, le gage peut également être établi par un transfert, à titre de garantie, inscrit sur lesdits registres.

Il n'est pas dérogé aux dispositions des articles 2355 à 2366 du Code civil en ce qui concerne les créances mobilières.

Les effets de commerce donnés en gage sont recouvrables par le créancier gagiste.

Bibliographie : Ouvrage collectif sous la direction de Hamel, *Le gage commercial,* Dalloz 1953.

Voir : Les articles L. 141-5 et suivants sur la vente et le nantissement du fonds de commerce, les articles L. 525-1 et suivants relatifs au nantissement de l'outillage et du matériel d'équipement, les articles L 527-1 et suivants relatifs au gage des stocks.

Sur le nantissement des créances professionnelles, C. monét. fin., art. L. 313-23 et s., p. 3295.

I – NATURE COMMERCIALE DU GAGE

1) Critère : nature commerciale de la dette garantie. C'est la nature commerciale de la *dette garantie qui détermine la nature* commerciale du gage, même si celui-ci est consenti par un non-commerçant (▪ Cass. com., 8 févr. 1962 : *Bull.* III, n° 72 ; *Banque* 1962, 704, note Marin. ▪ Cass. com., 11 juin 1974, n° 73-10.597 : *Bull.* IV, n° 190 ; *Banque* 1975, 92. ▪ Cass. com., 9 mai 2001, n° 98-46.158 : *JurisData* n° 2001-009676 ; *RJDA* 10/2001, n° 1035 ; *JCP* E 2001, p. 1858, n° 16, obs. Delebecque. ▪ Cass. com., 2 oct. 2001, n° 98-17.770 : *JurisData* n° 2001-011311 ; *RJDA* 2/2002, n° 204).

Voir : annot. sous art. L. 110-1, p. 3.

II – CONSTITUTION DU GAGE

2) Validité : absence d'exigence d'un écrit. La validité du gage commercial n'est pas subordonnée à la rédaction d'un écrit (▪ Cass. com., 17 févr. 2015, n° 13-27.080 : *JurisData* n° 2015-003017 ; *D.* 2015, p. 787, note N. Borga ; *Gaz. Pal.* 18 mars 2015, p. 18, obs. M.-P. Dumont-Lefrand).

3) Dispense d'écrit : portée générale. La règle de la dispense d'écrit édictée par l'article L. 521-1, alinéa 1er a une portée générale et s'applique même en cas de gage sur titres au porteur (▪ Cass. com., 25 févr. 1975 : *JurisData* n° 1975-799061 ; *JCP* 1975, II, 18133 *bis*, note Bost et Stemmer ; *RTD com.* 1975, 327, obs. Cabrillac et Rives-Lange et 1976, 128, obs. Houin, cassant ▪ Toulouse,

28 mars 1973 : *RTD com.* 1973, 307, obs. Cabrillac et Rives-Lange).

4) Exception légale pour le nantissement de créances de droit commun. Antérieurement à l'Ord. n° 2006-346, 23 mars 2006, la jurisprudence avait interprété la référence à l'ancien article 2075 comme impliquant que la constitution de gage doit être constatée par écrit (■ Cass. civ., 27 nov. 1865 : *DP* 1866, 1, 56 ; *S.* 1866, 1, 60. ■ Cass. req., 13 avr. 1879 : *S.* 1881, 1, 157. ■ Paris, 3 mars 1910 : *D.* 1910, 2, 153. ■ Paris, 29 juin 1993 : *JurisData* n° 1993-043662 ; *D.* 1993, inf. rap. 219). La nouvelle rédaction de l'alinéa 4 de l'article L. 521-1 du Code de commerce confirme cette solution.

Voir : pour le nantissement de créances professionnelles au profit d'un établissement de crédit, C. monét. fin., art. L. 313-23 et s., p. 3295 et pour le des comptes-titres, C. monét. fin., art. L. 211-20 et s.

5) Lettre de change. Si la mise en gage d'une lettre de change peut s'effectuer par le procédé de l'endossement pignoratif prévu par l'article L. 511-13, alinéas 4 et 5 du Code de commerce, ce procédé n'est pas obligatoire et cette mise en gage peut, conformément aux dispositions de l'article L. 521-1, alinéa 1er du même code, être établie tant à l'égard des tiers que des parties contractantes par les moyens de preuve énoncés à l'article L. 110-3 de ce code (■ Chambéry, 6 juin 1966 : *JCP* G 1967, II, 15174, note Lescot ; *RTD com.* 1967, 830, obs. Becqué et Cabrillac. – Rappr. ■ Cass. com., 14 janv. 1975 : *Bull.* IV, n° 12).

III – PREUVE DU GAGE

6) Preuve par tous moyens. La liberté de la preuve du gage commercial permet d'établir ce dernier, tant dans les rapports des parties entre elles qu'à l'égard des tiers, par tous moyens (■ Paris, 29 sept. 1994 : *JurisData* n° 1994-023536 ; *RJ com.* 1996, 100, note Rontchevsky. – Par témoignage, ■ Cass. civ., 9 janv. 1905 : *S.* 1907, 1, 115. – Par production de la correspondance échangée entre le créancier et le débiteur, ■ Cass. com., 10 févr. 1964 : *JurisData* n° 1964-098062 ; *Bull.* III, n° 62. – Par des livres de commerce, ■ Cass. com., 25 févr. 1975, cité *supra* note 2, p. 1059).

Cependant, le simple fait de ne pas retirer une marchandise (du vin primeur) à la date convenue est impuissant à établir la volonté du débiteur de l'affecter en garantie (■ Cass. com., 7 juill. 1998, n° 96-15.296 : *Bull.* IV, n° 220 ; *JCP* E 1999, p. 176, note Salvat ; n° 2, B, p. 619, obs. Delebecque ; *RJDA* 11/98, n° 1299 ; *D.* 1999, somm. 299, obs. S. Piedelièvre ; *RTD com.* 1999, 489, obs. Bouloc).

IV – OBJET DU GAGE

7) Généralité des biens mobiliers concernés. Tout bien mobilier peut être l'objet d'un gage commercial, sauf les choses hors du commerce (■ Cass. civ., 15 juin 1887 : *DP* 1888, 1, p. 25).

Ne constitue pas un obstacle à la mise en gage, une simple indisponibilité temporaire qui frappe un produit (■ Cass. civ., 6 juill. 1937 : *DH* 1937, p. 421).

8) Possibilité de constituer un gage de droit commun sur un stock. Admission, V. art. L. 527-1, p. 1096 rédaction Ord. n° 2016-56, 29 janvier 2016 (pour les gages constitués avant le 1er avril 2016, refus, V. note sous art. L. 527-1 ancienne rédaction, p. 1096).

9) Validité de la clause de substitution. La clause de substitution est valable à condition qu'elle ait été convenue de façon exprès, antérieurement aux livraisons effectuées par le vendeur et que la valeur de chaque pièce soit identique (■ Cass. com., 26 mai 2010 : *RD bancaire et fin.* 2010, comm. 141, D. Legeais ; *JCP* E 2010, 1601, note D. Legeais ; *RTD com.* 2010, p. 596, obs. D. Legeais ; *Dr. et patrimoine* sept. 2010, p. 94, obs. Ph. Dupichot ; *RD bancaire et fin.* 2010, comm. 176, A. Cerles ; *D.* 2011, p. 410, obs. P. Crocq ; *RDC* 2010, 1341, obs. A. Aynès ; *Banque et droit* 2010, n° 132, p. 46, note F. Jacob).

10) Substitution par avenant durant la période suspecte : nullité subordonnée à une supériorité de la nature ou de l'assiette du nouveau bien. La nullité de la substitution par avenant du bien gagé, effectuée pendant la période suspecte nécessite que la substitution confère un gage supérieur dans sa nature ou dans son assiette (■ Cass. com., 27 sept. 2016 : *BJE* 2017, n° 1, p. 40, obs. F. Macorig-Venier ; *Dr. et patrimoine* janv. 2017, p. 95, note P. Dupichot et A. Aynès ; *Rev. Lamy dr. civ.* déc. 2016, obs. C. Juillet ; *Gaz. Pal.* 29 nov. 2016, p. 25, obs. M.-P. Dumont-Lefrand ; *Rev. proc. coll.* 1er nov. 2016, p. 8, obs. F. Petit ; *RTD civ.* 2016, p. 864, obs. H. Barbier et p. 907, obs. P. Crocq ; *Act. proc. coll.* 2016, n° 240, obs. P. Canoli ; *Lexbase éd. aff.*, 27 oct. 2016, n° 485, obs. V. Tédené ; *Gaz. Pal.* 17 janv. 2017, p. 20, obs. G. Teboul ; *RD bancaire et fin.* 2017, comm. 242, obs. D. Legais, comm. 243, obs. A. Cerles, comm. 256, obs. C. Houin-Bressand ; *JCP* E 2016, doctr. 1643, n° 20, obs. P. Delebecque).

11) Clause de réserve de propriété. Le créancier gagiste peut invoquer son droit de rétention à l'encontre du vendeur avec réserve de propriété (■ Cass. com., 26 mai 2010 : *RD bancaire et fin.* 2010, comm. 141, D. Legeais ; *JCP* E 2010, 1601, note D. Legeais ; *RTD com.* 2010, p. 596, obs. D. Legeais ; *Dr. et patrimoine* sept. 2010, p. 94, obs. Ph. Dupichot ; *RD bancaire et fin.* 2010, comm. 176, A. Cerles ; *D.* 2011, p. 410, obs. P. Crocq ; *RDC* 2010, 1341, obs. A. Aynès ; *Banque et droit* 2010, n° 132, p. 46, note F. Jacob). Aucune obligation ne pèse sur le créancier gagiste de vérifier, lors de la constitution du gage, que les marchandises litigieuses ne sont pas grevées d'une clause de réserve de propriété (▪ Cass. com., 11 sept. 2012, n° 11-22.240 : *JurisData* n° 2012-020153 ; *JCP* G 2012, 1291, n° 17, obs. P. Delebecque ; *RTD civ.* 2012, p. 755, obs. P. Crocq ; *Dr. et patrimoine* janv. 2013, p. 90, obs. L. Aynès et P. Dupichot).

12) Créances professionnelles : nantissement au profit d'un établissement de crédit. Voir C. monét. fin., art. L. 313-23 et s.

13) Véhicule automobile. Code civil, art. 2351 et suivants.

Art. L. 521-2 ***(Abr., Ord. n° 2006-346, 23 mars 2006).***

Art. L. 521-3 ***(Anc. C. com., art. 93 ; mod., Ord. n° 2006-346, 23 mars 2006 ; L. n° 2011-850, 20 juill. 2011 ; abr. à compter du 1er janvier 2022, Ord. n° 2021-1192, 15 sept. 2021).*** **– À défaut de paiement à l'échéance, le créancier peut faire procéder à la vente publique des objets donnés en gage huit jours après une simple signification faite au débiteur et au tiers bailleur de gage, s'il y en a un, et selon les modalités prévues par le présent article, sans que la convention puisse y déroger.**

Les ventes autres que celles dont les prestataires de services d'investissement sont chargés sont faites par les courtiers de marchandises assermentés. Toutefois, sur la requête des parties, le président du tribunal de commerce peut désigner pour y procéder un commissaire-priseur judiciaire, un huissier de justice ou un notaire.

Les dispositions des articles L. 322-9 à L. 322-13 sur les ventes publiques sont applicables aux ventes prévues par l'alinéa précédent.

Le créancier peut également demander l'attribution judiciaire du gage ou convenir de son appropriation conformément aux articles 2347 et 2348 du Code civil.

I – VENTE PUBLIQUE

A – Conditions

1) Première condition : une signification. La signification qui est une mise en demeure d'avoir à payer doit se faire, contrairement à la règle générale en matière commerciale, par huissier ; une simple lettre recommandée serait insuffisante (▪ Cass. civ., 3 févr. 1937 : *DH* 1937, 165). La signification doit être adressée également à la caution ou à l'avaliseur si l'engagement du débiteur a été cautionné ou avalisé (▪ Cass. com., 2 déc. 1903 : *D.* 1905, 1, 9 n, note Guénée. ▪ Paris, 31 oct. 1950 : *Gaz. Pal.* 1951, 1, 14). L'absence d'une telle signification n'a pas d'incidence sur la validité de la procédure de réalisation, mais la caution peut invoquer l'article 2037 [2314] du Code civil pour être déchargée de ses obligations à condition que l'absence de signification lui ait causé un préjudice certain (▪ Cass. com., 1er mars 1971, n° 68-10.705 : *JurisData n° 1971-097065 ; JCP* G 1971, IV, 98. ▪ T. com. Rouen, 13 janv. 1964 : *RTD com.* 1964, 611, obs. Hémard).

2) Deuxième condition : un délai de huit jours. Après l'expiration du délai de huitaine, le débiteur ne peut éviter la vente en invoquant une exception ou en demandant un délai de grâce (▪ Paris, 10 juin 1971 : *RJ com.* 1972, 17, note Atterman ; *RTD com.* 1972, 448, obs. Hémard. ▪ Cass. com., 10 déc. 1979, n° 78-12.924 : *JurisData* n° 1979-099328 ; *Bull.* IV, n° 328 ; *D.* 1980, inf. rap. 386).

B – Mise en œuvre

3) Créancier adjudicataire : admission de la compensation. Lorsque le créancier se porte adjudicataire des biens engagés, il peut compenser la dette du prix d'adjudication avec sa propre créance à condition qu'il n'y ait pas de créanciers d'un rang préférable au sien (▪ Toulouse, 4 janv. 1960 : *JCP* 1960, II, 11650, note Becqué).

4) Imputation du paiement sur la partie garantie de la dette. Lorsqu'un gage garantit partiellement une dette, les paiements résultant de sa réalisation s'imputent sur le montant pour lequel la sûreté a été consentie et entraîne l'extinction du gage si le prix de vente est supérieur au montant garanti (▪ Cass. ass. plén., 6 nov. 2009, n° 08-17.095 : *JurisData* n° 2009-050139 ; *D.* 2009, p. 2803, obs. V. Avena-Robardet ; *JCP* G 2010, 13, note S. Piedelièvre ; *Banque et droit* 2010, n° 129, p. 46 obs. F. Jacob ; *Gaz. Pal.* 13-14 janv. 2010, p. 23, obs. C. Albigès).

II – ATTRIBUTION JUDICIAIRE

5) Admission (jurisprudence antérieure à l'entrée en vigueur de l'ordonnance n° 2006-346, 23 mars 2006). L'article L. 521-3, alinéa 1er ne vise que l'hypothèse où le créancier fait procéder à la vente publique des objets donnés en gage ; le créancier garde la faculté, conformément à l'article 2078 du Code civil, de faire ordonner en justice que le gage lui demeurera acquis en paiement jusqu'à due concurrence d'après une estimation faite par expert (■ Cass. com., 31 mai 1960 : *JCP* 1960, II, 11676, note Nectoux ; *D.* 1960, 601, note Guyon ; *RTD com.* 1960, 623, obs. Hémard, 649, obs. Houin. ■ 11 mai 1976, n° 75-10.011 : *JurisData* n° 1976-097162 ; *JCP* 1976, II, 18452, note Rodière. ■ 21 oct. 1980 : *DS* 1981, inf. rap. 191, note Vasseur). Solution confirmée par l'article L 521-3 al. 4, rédaction Ord. n° 2006-346, 23 mars 2006.

6) Choix définitif. Le créancier qui a choisi de se faire attribuer la propriété des biens donnés en gage par une décision devenue définitive, ne peut plus demander la vente aux enchères mais doit se soumettre à l'estimation faite par experts (■ Lyon, 16 oct. 1980 : *JurisData* n° 1980-080457 ; *JCP* G 1981, IV, 376).

7) Simple faculté et décharge de la caution. L'attribution judiciaire est, pour le créancier gagiste, une simple faculté ; mais il en est autrement lorsque la dette est cautionnée. La jurisprudence a retenu que le simple non-usage d'une faculté pouvait permettre le jeu du bénéfice de subrogation et décharger la caution (■ Cass. ch. mixte, 17 nov. 2006, n° 04-19.123 : *JurisData* n° 2006-035992 ; *JCP* E 2006, 2275, note D. Houtcieff ; *JCP* N 2007, 1045, note Le Magueresse ; *RD bancaire et fin.* 2007, n° 5, obs. A. Cerles ; *RTD civ.* 2007, p. 157, obs. P. Crocq ; *Defrénois* 2007, p. 440 obs. E. Savaux et p. 688, note S. Piedelièvre, *Banque et droit* janv-févr. 2007, p. 47, obs. F. Jacob ; *RTD com.* 2007, p. 215, obs. D. Legeais). Cette solution générale a été appliquée à l'exercice tardif de la faculté de demander l'attribution judiciaire du gage (■ Cass. com., 17 févr. 2009, n° 07-20.458 : *JurisData* n° 2009-047106 ; *JCP* G 2009, I, 136, n° 10, obs. M. Cabrillac ; *D.* 2009, p. 625 ; *Banque et droit* mars-avr. 2009, p. 52, obs. F. Jacob ; *JCP* G 2009, I, 150, n° 14, obs. P. Simler). Toutefois, le créancier conserve la possibilité de démontrer l'absence de préjudice pour la caution, ce qui la prive de décharge (■ Cass. com., 30 juin 2009, n° 08-17.789 : *JurisData* n° 2009-049189 ; *D.* 2009, p. 2325, note Y. Picod ; *RTD com.* 2011, p. 168, obs. A. Martin-Serf), cela sera notamment le cas en présence d'un stock ancien et difficilement réalisable (■ Cass. com., 9 juill. 2013, n° 12-19.949 : *RTD com.* 2013, p. 811, obs. A. Martin-Serf ; *Gaz. Pal.* 29 sept-1er oct. 2013, p. 36, note E. Le Corre-Broly).

III – PACTE COMMISSOIRE

8) Nullité antérieure à l'entrée en vigueur de l'ordonnance n° 2006-346, 23 mars 2006. Le pacte commissoire est nul uniquement dans l'hypothèse où il est contemporain de la constitution du gage ; est valable toute convention postérieure qui aurait pour effet de transmettre au créancier la propriété des biens gagés (■ Cass. req., 17 oct. 1906 : *DP* 1907, 1, 79 ; *S.* 1911, 1, 572. ■ Cass. 1re civ., 17 nov. 1959 : *Gaz. Pal.* 1960, 1, 62. ■ Cass. com., 12 janv. 1965 : *Gaz. Pal.* 1965, 1, 372).C'est au créancier à prouver que le pacte était postérieur à la constitution du gage ; à défaut, il peut être condamné à des dommages-intérêts s'il a réalisé le gage (■ Paris 15e ch., sect. A, 20 déc. 1983 : *JurisData* n° 028833).

Si le pacte commissoire est nul, la nullité n'atteint, en principe, que la clause et non le contrat tout entier (■ Cass. req., 24 mai 1933 : *Gaz. Pal.* 1933, 2, 379 ; *S.* 1935, 1, 257, note Battifol. ■ Cass. com., 13 janv. 1965, n° 62-11.872 : *JCP* 1966, II, 14409 ; *Banque* 1965, 423, obs. Martin).

Toutefois il en va différemment lorsque ce pacte constitue la clause déterminante du contrat ; la nullité du pacte commissoire s'étend alors au contrat tout entier (■ Cass. 1re civ., 16 mars 1983, n° 82-10.334 : *JurisData* n° 1983-700573 ; *Bull.* I, n° 100).

9) Solutions postérieures à l'entrée en vigueur de l'ordonnance n° 2006-346, 23 mars 2006. Procédure collective du débiteur : ouverture, voir art. L 622-7 ; pour la situation du créancier gagiste en cas de redressement judiciaire du débiteur, V. L. 621-23, alinéa 2, L. 621-24, alinéa 2, L. 621-71, L. 621-79, L. 621-95, alinéa 2, L. 622-21.

IV – DROIT DE RÉTENTION

10) Droit de rétention fictif. Loi n° 2008-776, 4 août 2008, voir C. civ., art. 2286, 4°. Pour l'exercice de ce droit de rétention dans les procédures collectives (V. art. L. 622-7, p. 1132, L. 641-3, p. 1286, L. 642-12, p. 1313 et L. 642-20-1, p. 1323).

Bibliographie : P. Le Corre, *La mesure de l'efficacité des gages sans dépossession dans les procédures collectives, L'inopposabilité du droit de rétention conféré par l'article 2286-4° du Code civil aux créanciers gagistes sans dépossession* : *JCP* E 2009, 1204. – D. Legeais : *Rev. bancaire et fin.* 2009, comm. 21. – P. Arroyo et É. Taÿ-Pamart, *Gage sans dépossession : quelle efficacité en cas de procédures collectives ?* : *Banque et droit* 2013, n° 149, p. 18.

CHAPITRE II. – DES DÉPÔTS EN MAGASINS GÉNÉRAUX

Bibliographie : J.-F. Riffard, *Quel avenir pour les sûretés sectorielles en matière agricole et commerciale : requiem ou statu quo ?* : *RD rur.* 2009, p. 43. ● P. Barban, *Loi PACTE : création d'un instrument de crédit sur matières premières sous-jacentes de contrats financiers* : Banque et droit 2019, n° 185, p. 31. ● T. Ravel d'Esclapon, *Premières vues sur les reçus d'entreposage* : *AJ Contrats d'affaires-Concurrence-Distribution* 2019, p. 269.

Section I. – De l'agrément, de la cession et de la cessation d'exploitation

Art. L. 522-1 *(Anc. Ord. n° 45-1744, 6 août 1945 ; mod., L. 2019-486, 22 mai 2019).* – L'exploitant d'un établissement à usage d'entrepôt où des industriels, commerçants, agriculteurs ou artisans déposent des matières premières, des marchandises, des denrées ou des produits fabriqués, ne peut émettre des bulletins de gage négociables ou des reçus d'entreposage et qualifier son établissement de magasin général que s'il a obtenu un agrément du préfet.

Art. L. 522-2 *(Anc. Ord. n° 45-1744, 6 août 1945).* – L'arrêté préfectoral statuant sur la demande d'agrément est motivé.

Art. L. 522-3 *(Anc. Ord. n° 45-1744, 6 août 1945).* – La cession d'un magasin général est subordonnée à l'agrément du préfet, donné dans les mêmes formes.

Art. L. 522-4 *(Anc. Ord. n° 45-1744, 6 août 1945).* – Toute cessation d'exploitation non suivie de cession est subordonnée à un préavis de six mois, adressé par l'exploitant au préfet. À l'expiration de ce délai, et si les intérêts généraux du commerce l'exigent, un administrateur provisoire peut être désigné par le président du tribunal *(Mots rempl., Ord. 2019-738, 17 juill. 2019)* « judiciaire statuant, sur requête ou en référé, à la demande du ministère public. »

Art. L. 522-5 *(Anc. Ord. n° 45-1744, 6 août 1945).* – Il est interdit aux exploitants des magasins généraux de se livrer, soit directement, soit indirectement, que ce soit pour leur propre compte ou pour le compte d'autrui, à titre de commissionnaire ou à tout autre titre, à aucun commerce ou spéculation ayant pour objet les marchandises pour lesquelles ils sont habilités à délivrer des récépissés-warrants.

Art. L. 522-6 *(Anc. Ord. n° 45-1744, 6 août 1945 ; mod., L. 2019-486, 22 mai 2019).* – Sont réputées tomber sous le coup de l'article L. 522-5 les sociétés exploitantes de magasins généraux, à l'exception de celles délivrant des reçus d'entreposage, dont l'un des associés, possédant plus de 10 % du capital social, exerce une activité incompatible avec les dispositions dudit article.

Art. L. 522-7 *(Anc. Ord. n° 45-1744, 6 août 1945).* – Toute société exploitante qui, par suite d'une modification intervenue dans la répartition du capital entre les associés, ne se trouve plus dans les conditions exigées par l'article L. 522-6, doit dans le mois qui suit cette modification, solliciter le maintien de l'agrément dont elle est bénéficiaire.

L'agrément reste valable jusqu'à ce que le préfet ait statué par arrêté.

Le préfet peut, soit prononcer le maintien de l'agrément dans les conditions prévues à l'article L. 522-11, soit en prononcer le retrait conformément aux dispositions de l'article L. 522-39.

Art. L. 522-8 *(Anc. Ord. n° 45-1744, 6 août 1945).* – Lorsque l'ouverture d'un établissement est subordonnée à l'intervention d'un décret ou d'un arrêté ministériel, l'agrément de cet établissement comme magasin général est accordé par ce décret ou cet arrêté.

Art. L. 522-9 *(Anc. Ord. n° 45-1744, 6 août 1945).* – Les exploitants d'établissements agréés n'ont pas à solliciter l'autorisation prévue par les textes réglementant les créations, extensions ou transferts d'établissements.

Art. L. 522-10 *(Anc. Ord. n° 45-1744, 6 août 1945).* – Les décrets ou arrêtés agréant les établissements comme magasins généraux peuvent comporter, pour l'exploitant, l'autorisation d'ouvrir une salle de ventes publiques de marchandises en gros.

Art. L. 522-11 *(Anc. Ord. n° 45-1744, 6 août 1945).* – I. – Les entreprises ne répondant pas aux conditions fixées aux articles L. 522-5 et L. 522-6 peuvent cependant solliciter l'agrément comme magasins généraux des entrepôts qu'elles exploitent ou projettent d'exploiter et obtenir, cet agrément s'il est reconnu que les intérêts du commerce l'exigent.

II. – Dans ce cas :

1° La demande d'agrément fait l'objet à la préfecture et dans la commune du lieu de l'établissement des mesures de publicité qui sont prévues par voie réglementaire ;

2° L'arrêté d'agrément fixe, en sus du cautionnement prévu à l'article L. 522-12, un cautionnement spécial au moins égal à celui-ci. Le cautionnement spécial est fourni soit en numéraire, soit par une caution bancaire.

Art. L. 522-12 *(Anc. Ord. n° 45-1744, 6 août 1945)*. – L'arrêté préfectoral autorisant l'ouverture du magasin général soumet son exploitant à l'obligation d'un cautionnement.

Sont soumis à la même obligation les établissements visés à l'article L. 522-8.

Le montant de ce cautionnement, proportionnel à la surface affectée au magasinage, est compris entre deux limites fixées par décret en Conseil d'État.

Art. L. 522-13 *(Anc. Ord. n° 45-1744, 6 août 1945)*. – Un ou plusieurs règlements types fixent, dans le cadre des dispositions du présent chapitre et du décret en Conseil d'État pris pour son application, les conditions de fonctionnement des établissements.

Voir aussi : Règlement type des magasins généraux homologué par A. du 20 mars 1947 (*JO* 28 mars rect. 13 avr.) mod. par A. du 15 juill. 1947 (*JO* 22 juill.), A. du 30 mai 1951 (*JO* 7 juin), A. du 30 janv. 1953 (*JO* 24 févr. rect. 21 mars).

Section II. – Des obligations, des responsabilités et des garanties

Art. L. 522-14 *(Anc. Ord. n° 45-1744, 6 août 1945)*. – Toute personne qui remet une marchandise en dépôt à un magasin général est tenue d'en déclarer la nature et la valeur à l'exploitant.

Art. L. 522-15 *(Anc. Ord. n° 45-1744, 6 août 1945)*. – Les exploitants de magasins généraux sont responsables, dans les limites de la valeur déclarée, de la garde et la conservation des dépôts qui leur sont confiés.

Ils ne sont pas responsables des avaries et déchets naturels provenant de la nature et du conditionnement des marchandises ou des cas de force majeure.

Les règlements types et les règlements particuliers prévus aux articles L. 522-13 et L. 522-17 précisent les obligations des exploitants en ce qui concerne la conservation des dépôts.

(*Al. aj., L. 2019-436, 22 mai 2019*) Le contrat régissant les relations de l'exploitant du magasin général et du gestionnaire de la plateforme de négociation mentionnée au premier alinéa de l'article L. 522-37-1 peut déroger aux dispositions des trois premiers alinéas du présent article.

Art. L. 522-16 *(Anc. Ord. n° 45-1744, 6 août 1945)*. – Les marchandises susceptibles d'être warrantées sont obligatoirement assurées contre l'incendie par les polices générales du magasin.

Toutefois, pour les exploitants de magasins généraux établis dans les ports maritimes, cette obligation est suspendue à l'égard des marchandises entreposées couvertes par une assurance maritime tant que cette assurance garantit ces risques.

Si, pendant cette période, un sinistre survient, la responsabilité de l'exploitant du magasin général n'est pas engagée vis-à-vis des déposants, des compagnies d'assurances et des porteurs de warrants *(Mots aj., L. 2019-436, 22 mai 2019)* « et des titulaires de reçus d'entreposage ».

À l'expiration de ladite période, les marchandises susmentionnées doivent être assurées par les polices générales du magasin.

Art. L. 522-17 *(Anc. Ord. n° 45-1744, 6 août 1945)*. – Chaque établissement est doté d'un règlement particulier qui complète les dispositions générales des règlements types en fixant les conditions d'exploitation prenant en comptes la nature et la situation du magasin.

Art. L. 522-18 *(Anc. Ord. n° 45-1744, 6 août 1945)*. – Au règlement prévu à l'article L. 522-17 sont annexés un tarif général et, éventuellement, des tarifs spéciaux pour la rétribution du magasinage, dans les termes du présent chapitre, et des services rendus à cette occasion aux déposants. La perception des taxes correspondantes a lieu indistinctement et sans aucune faveur.

Art. L. 522-19 *(Anc. Ord. n° 45-1744, 6 août 1945)*. – Les tarifs sont communiqués au préfet un mois au moins avant l'ouverture du magasin général.

Toute modification des tarifs existants doit lui être notifiée et ne devient exécutoire qu'un mois après cette notification. Toutefois, ce délai n'est pas applicable aux exploitants dont les tarifs sont soumis à une autorisation administrative.

Section III. – Du fonctionnement et du contrôle

Art. L. 522-20 *(Anc. Ord. n° 45-1744, 6 août 1945).* – Les exploitants de magasins généraux peuvent prêter sur nantissement des marchandises qu'ils reçoivent en dépôt ou négocier les warrants qui les représentent.

Art. L. 522-21 *(Anc. Ord. n° 45-1744, 6 août 1945).* – Les présidents, gérants, directeurs et le personnel des exploitations de magasins généraux sont, sous les peines prévues à l'article 226-13 du Code pénal, tenus au secret professionnel pour tout ce qui regarde les marchandises entreposées.

Art. L. 522-22 *(Anc. Ord. n° 45-1744, 6 août 1945).* – Les magasins généraux sont placés sous le contrôle de l'administration, dans les conditions fixées par décret en Conseil d'État.

Art. L. 522-23 *(Anc. Ord. n° 45-1744, 6 août 1945).* – Les dispositions du présent chapitre, le décret pris pour l'application desdites dispositions, le tarif et les règlements, sont affichés dans la partie des bureaux du magasin où le public a accès.

Section IV. – Des récépissés, des warrants et des reçus d'entreposage

(Intitulé mod., L. n° 2019-486, 22 mai 2019)

Sous-section 1. – Des récépissés et des *warrants*

Art. L. 522-24 *(Anc. Ord. n° 45-1744, 6 août 1945).* – Il est délivré à chaque déposant un ou plusieurs récépissés. Ces récépissés énoncent les nom, profession et domicile du déposant ainsi que la nature de la marchandise déposée et les indications propres à en établir l'identité et à en déterminer la valeur.

Les marchandises fongibles déposées en magasin général et sur lesquelles il a été délivré un récépissé et un warrant peuvent être remplacées par des marchandises de même nature, de même espèce et de même qualité. La possibilité de cette substitution doit être mentionnée à la fois sur le récépissé et sur le warrant.

Les droits et privilèges du porteur du récépissé et du porteur du warrant sont reportés sur les marchandises substituées.

Il peut être délivré un récépissé et un warrant sur un lot de marchandises fongibles à prendre dans un lot plus important.

Art. L. 522-25 *(Anc. Ord. n° 45-1744, 6 août 1945).* – À chaque récépissé de marchandise est annexé, sous la dénomination de warrant, un bulletin de gage contenant les mêmes mentions que le récépissé.

Les récépissés de marchandises et les warrants y annexés sont extraits d'un registre à souches.

Art. L. 522-26 *(Anc. Ord. n° 45-1744, 6 août 194).* – Les récépissés et les warrants peuvent être transférés par voie d'endossement, ensemble ou séparément.

Art. L. 522-27 *(Anc. Ord. n° 45-1744, 6 août 1945).* – Tout cessionnaire du récépissé ou du warrant peut exiger la transcription sur les registres à souches dont ils sont extraits de l'endossement fait à son profit, avec indication de son domicile.

Art. L. 522-28 *(Anc. Ord. n° 45-1744, 6 août 1945).* – L'endossement du warrant séparé du récépissé vaut nantissement de la marchandise au profit du cessionnaire du warrant.

L'endossement du récépissé transmet au cessionnaire le droit de disposer de la marchandise, à charge pour lui, lorsque le warrant n'est pas transféré avec le récépissé, de payer la créance garantie par le warrant ou d'en laisser payer le montant sur le prix de la vente de la marchandise.

Viole l'article 24 de l'ordonnance du 6 août 1945 (C. com., art. L. 522-28) la cour d'appel qui, pour débouter le banquier escompteur de warrants de sa demande d'attribution des objets warrantés déposés dans un magasin général par l'escompteur mis par la suite en redressement judiciaire, énonce que la banque ayant inscrit le montant des warrants au crédit du compte courant de l'endosseur, les sûretés représentées par les warrants avaient disparu par suite de la transformation des créances garanties en articles de crédit du compte (■ Cass. com., 12 janv. 1988, n° 86-14.886 : *JurisData* n° 1988-700346 ; *D.* 1989, 90, note Aubertin).

Art. L. 522-29 *(Anc. Ord. n° 45-1744, 6 août 1945)*. – L'endossement du récépissé et du warrant, transférés ensemble ou séparément, doit être daté.

L'endossement du warrant séparé du récépissé doit, en outre, énoncer le montant intégral, en capital et intérêts, de la créance garantie, la date de son échéance et les nom, profession et domicile du créancier.

Le premier cessionnaire du warrant doit immédiatement faire transcrire l'endossement sur les registres du magasin, avec les énonciations dont il est accompagné. Il est fait mention de cette transcription sur le warrant.

Art. L. 522-30 *(Anc. Ord. n° 45-1744, 6 août 1945)*. – Le porteur du récépissé séparé du warrant peut, même avant l'échéance, payer la créance garantie par le warrant.

Si le porteur du warrant n'est pas connu ou si, étant connu, il n'est pas d'accord avec le débiteur sur les conditions auxquelles aurait lieu l'anticipation de paiement, la somme due, y compris les intérêts jusqu'à l'échéance, est consignée à l'administration du magasin général qui en demeure responsable. Cette consignation libère la marchandise.

Art. L. 522-31 *(Anc. Ord. n° 45-1744, 6 août 1945)*. – À défaut de paiement à l'échéance, le porteur du warrant séparé du récépissé, peut, huit jours après le protêt, et sans aucune formalité de justice, faire procéder par officiers publics à la vente publique aux enchères et en gros de la marchandise engagée, conformément aux dispositions du livre III relatives aux ventes publiques de marchandises en gros.

Dans le cas où le souscripteur primitif du warrant l'a remboursé, il peut faire procéder à la vente de la marchandise, comme il est dit à l'alinéa précédent, contre le porteur du récépissé, huit jours après l'échéance et sans qu'il soit besoin d'aucune mise en demeure.

Art. L. 522-32 *(Anc. Ord. n° 45-1744, 6 août 1945)*. – I. – Le créancier est payé de sa créance sur le prix, directement et sans formalité de justice, par privilège et préférence à tous créanciers, sans autre déduction que celles :

1° Des contributions indirectes, et droits de douane dus par la marchandise ;

2° Des frais de vente, de magasinage et autres frais pour la conservation de la chose.

II. – Si le porteur du récépissé ne se présente pas lors de la vente de la marchandise, la somme excédant celle qui est due au porteur du warrant est consignée à l'administration du magasin général, comme il est dit à l'article L. 522-30.

Art. L. 522-33 *(Anc. Ord. n° 45-1744, 6 août 1945)*. – Le porteur du warrant n'a de recours contre l'emprunteur et les endosseurs qu'après avoir exercé ses droits sur la marchandise et en cas d'insuffisance.

Le délai fixé par l'article L. 511-42 pour l'exercice du recours contre les endosseurs, ne court que du jour où la vente de la marchandise est réalisée.

Le porteur du warrant perd, en tout cas, son recours contre les endosseurs s'il n'a pas fait procéder à la vente dans le mois qui suit la date du protêt.

Art. L. 522-34 *(Anc. Ord. n° 45-1744, 6 août 1945)*. – Le porteur du récépissé et du warrant a, sur les indemnités d'assurance dues en cas de sinistre, les mêmes droits et privilèges que sur la marchandise assurée.

Art. L. 522-35 *(Anc. Ord. n° 45-1744, 6 août 1945 ; mod., Ord. L. n° 2013-544, 27 juin 2013)*. – Les *établissements publics agréés pour réaliser* des opérations de crédit peuvent recevoir les warrants comme effets de commerce, avec dispense d'une des signatures exigées par leurs statuts.

Art. L. 522-36 *(Anc. Ord. n° 45-1744, 6 août 1945)*. – Celui qui a perdu un récépissé ou un warrant peut demander et obtenir par ordonnance du juge, en justifiant de sa propriété et en donnant caution, un duplicata s'il s'agit du récépissé, le paiement de la créance garantie s'il s'agit du warrant.

Si dans ce cas le souscripteur du warrant ne s'est pas libéré à l'échéance, le tiers porteur dont l'endos aura été transcrit sur les registres du magasin général pourra être autorisé par ordonnance du juge, à charge de fournir caution, à faire procéder à la vente de la marchandise engagée dans les conditions déterminées à l'article L. 522-31.

Le protêt prévu audit article donne copie des mentions telles qu'elles figurent sur le registre du magasin général.

Art. L. 522-37 *(Anc. Ord. n° 45-1744, 6 août 1945).* – En cas de perte du récépissé, la caution prévue à l'article précédent est libérée à l'expiration d'un délai de cinq ans, lorsque les marchandises en faisant l'objet n'ont pas été revendiquées par un tiers au magasin général.

En cas de perte du warrant, la caution est libérée à l'expiration d'un délai de trois ans, à compter de la transcription de l'endos.

Sous-section 2. – Des reçus d'entreposage

(L. n° 2019-486, 22 mai 2019)

Bibliographie : X. Delpech, *Précisions réglementaires sur les reçus d'entreposage : AJCA* 2020, p. 4. • T. Ravel d'Esclapon, *Premières vues sur les reçus d'entreposage : AJCA* 2019, p. 269. • A. Reygrobellet, *Les « reçus d'entreposage » : titres de propriété et non titres financiers : RTDF* 2019, p. 39.

Art. L. 522-37-1 *(L. n° 2019-486, 22 mai 2019).* – Un reçu d'entreposage ne peut être délivré qu'en représentation de matières premières inscrites sur une liste établie par arrêté du ministre chargé de l'économie et qui peuvent faire l'objet d'un contrat négocié sur une plateforme de négociation d'instruments financiers.

Ce reçu d'entreposage ne peut être admis aux négociations sur un système multilatéral défini aux articles L. 421-1, L. 424-1 ou L. 425-1 du Code monétaire et financier.

Il atteste de la propriété par son titulaire des marchandises déposées au magasin général qui l'a délivré.

Sa délivrance résulte de son inscription sur un registre tenu par le gestionnaire de la plateforme mentionnée au présent article.

Aucun reçu d'entreposage ne peut être délivré pour des marchandises pour lesquelles des sûretés ont été préalablement consenties.

Le gestionnaire de la plateforme est responsable de l'exactitude des informations mentionnées au registre ainsi que de l'intégrité de ce registre.

Art. L. 522-37-2 *(L. n° 2019-486, 22 mai 2019).* – Le reçu d'entreposage prend la forme d'une inscription dans un registre tenu par le gestionnaire de la plateforme mentionnée au premier alinéa de l'article L. 522-37-1 et sous sa responsabilité. Cette inscription précise les nom, profession et domicile du titulaire du reçu ainsi que la nature des marchandises déposées et les indications propres à en établir l'identité et à en déterminer la valeur de remplacement.

Le transfert de propriété des marchandises représentées par un reçu d'entreposage résulte de l'inscription au registre du nom de l'acquéreur en qualité de titulaire de ce reçu.

Lorsque les marchandises représentées par un reçu d'entreposage sont remises à leur propriétaire, le reçu est radié du registre.

Afin de lui permettre de réaliser les contrôles nécessaires dans le cadre de son activité d'aval accordé aux effets créés par les collecteurs de céréales en application de l'article L. 666-2 du Code rural et de la pêche maritime, l'établissement mentionné à l'article L. 621-1 du même code est habilité à recevoir communication des données à caractère personnel collectées par le gestionnaire de la plateforme mentionné au premier alinéa de l'article L. 522-37-1 du présent code.

Art. L. 522-37-3 *(L. n° 2019-486, 22 mai 2019).* – Les marchandises fongibles représentées par un reçu d'entreposage peuvent être remplacées par des marchandises de même nature, de même espèce et de même qualité.

Il peut être délivré un reçu d'entreposage représentant un lot de marchandises fongibles à prendre dans un lot plus important.

L'exploitant de magasin général ne peut utiliser ou disposer pour son propre compte des marchandises représentées par un reçu d'entreposage, sauf avec l'accord préalable de leur propriétaire.

Les mêmes marchandises ne peuvent faire l'objet de la délivrance d'un récépissé-warrant et d'un reçu d'entreposage.

Art. L. 522-37-4 *(L. n° 2019-486, 22 mai 2019)*. – Le gage des marchandises représentées par un reçu d'entreposage constitué par le titulaire de ce titre se constate à l'égard des tiers comme à l'égard des parties contractantes par son inscription au registre mentionné au premier alinéa de l'article L. 522-37-2 dans les conditions fixées par décret en Conseil d'État.

Il ne peut être consenti aucune sûreté autre que le gage constitué en application du premier alinéa du présent article sur des marchandises représentées par un reçu d'entreposage, à peine d'inopposabilité de sa constitution. La réalisation et l'attribution judiciaire du gage de marchandises représentées par un reçu d'entreposage sont régies par l'article L. 521-3.

Rédaction future. Il ne peut être consenti aucune sûreté autre que le gage constitué en application du premier alinéa du présent article sur des marchandises représentées par un reçu d'entreposage, à peine d'inopposabilité de sa constitution. La réalisation et l'attribution judiciaire du gage de marchandises représentées par un reçu d'entreposage sont régies par *(Mots rempl. à compter du 1er janvier 2022, Ord. n° 2021-1192, 15 sept. 2021)* « les articles 2346 à 2348 du Code civil ».

Les informations relatives au gage sont consultables gratuitement sur un site d'information accessible en ligne.

Un décret en Conseil d'État définit les conditions d'inscription du gage et les modalités de fonctionnement du registre.

Section V. – Des sanctions

Art. L. 522-38 *(Anc. Ord. n° 45-1744, 6 août 1945)*. – Il est interdit d'ouvrir et d'exploiter sans l'autorisation prescrite à l'article L. 522-1 un établissement recevant en dépôt des marchandises pour lesquelles sont délivrés aux déposants, sous le nom de warrants, ou tout autre nom, des bulletins de gages négociables *(Mots aj., L. n° 2019-486, 22 mai 2019)* « ou des reçus d'entreposage. »

Toute infraction à cette prohibition est punie d'une amende de 6 000 € et d'un emprisonnement d'un an.

Le tribunal peut ordonner que le jugement de condamnation sera publié intégralement ou par extraits dans les journaux qu'il désigne et affiché dans les lieux qu'il indique, notamment aux portes du domicile et des magasins du condamné, le tout aux frais du condamné, sans toutefois que les frais de cette publication puissent dépasser le maximum de l'amende encourue.

Art. L. 522-39 *(Anc. Ord. n° 45-1744, 6 août 1945)*. – En cas d'infraction commise par l'exploitant d'un magasin général aux dispositions du présent chapitre ou des décrets en Conseil d'État pris pour l'application desdites dispositions, le préfet peut, l'exploitant entendu, prononcer par arrêté, à titre temporaire ou définitif, le retrait de l'agrément.

Dans ce cas, le président du tribunal, *(Mots rempl., Ord. n° 2019-738, 17 juill. 2019)* « statuant sur requête ou en référé », désigne, à la demande du ministère public, un administrateur provisoire et détermine les pouvoirs dont il dispose pour l'exploitation de l'établissement.

En cas de retrait d'agrément à titre définitif et lorsque l'intérêt du commerce local exige le maintien du magasin général, les pouvoirs de l'administrateur provisoire peuvent comporter la mise aux enchères publiques du fonds de commerce et du matériel nécessaire à son exploitation.

Le retrait d'agrément à titre définitif peut également être prononcé à l'encontre des établissements qui auraient cessé de fonctionner comme magasins généraux ou comme entrepôts pendant au moins deux ans.

Art. L. 522-40 *(Anc. Ord. n° 45-1744, 6 août 1945)*. – Un décret en Conseil d'État fixe les conditions d'application des dispositions du présent chapitre.

Voir aussi : D. n° 45-1754, 6 août 1945, art. 12.

CHAPITRE III. – DU WARRANT HÔTELIER

(Chapitre abr. à compter du 1er janvier 2022, Ord. n° 2021-1192, 15 sept. 2021)

Bibliographie : J.-F. Riffard, *Quel avenir pour les sûretés sectorielles en matière agricole et commerciale : requiem ou statu quo ? : RD rur.* 2009, p. 43.

Art. L. 523-1 *(Anc. L. 8 août 1913 ; abr. à compter du 1er janvier 2022, Ord. n° 2021-1192, 15 sept. 2021)*. – Tout exploitant d'hôtel peut emprunter sur le mobilier commercial, le matériel et l'outillage servant à son exploitation, même devenus immeubles par destination, tout en conservant la garde dans les locaux de l'hôtel.

Les objets servant de garantie à la créance restent, jusqu'au remboursement des sommes empruntées, le gage du prêteur et de ses ayants droit.

L'emprunteur est responsable desdits objets qui demeurent confiés à ses soins, sans aucune indemnité opposable au prêteur et à ses ayants droit.

Art. L. 523-2 *(Anc. L. 8 août 1913 ; abr. à compter du 1er janvier 2022, Ord. n° 2021-1192, 15 sept. 2021)*. – L'exploitant d'hôtel, lorsqu'il n'est pas propriétaire ou usufruitier de l'immeuble dans lequel il exerce son industrie, doit, avant tout emprunt, aviser par acte extra judiciaire le propriétaire ou l'usufruitier du fonds loué ou leur mandataire légal, de la nature, de la quantité et de la valeur des objets constitués en gage, ainsi que du montant des sommes à emprunter. Ce même avis doit être réitéré par lettre, par l'intermédiaire du greffier du tribunal *(Mots rempl., Ord. n° 2019-964, 18 sept. 2019)* « judiciaire » compétent au lieu d'exploitation de l'hôtel meublé. La lettre d'avis est remise au greffier qui doit la viser, l'enregistrer et l'envoyer sous forme de pli d'affaire recommandé avec accusé de réception.

Le propriétaire, l'usufruitier ou leur mandataire légal, dans un délai de quinze jours francs à partir de la notification de l'acte précité, peuvent s'opposer à l'emprunt par acte extrajudiciaire adressé au greffier, lorsque l'emprunteur n'a pas payé les loyers échus, six mois de loyers en cours et six mois à échoir.

L'emprunteur peut obtenir mainlevée de l'opposition moyennant l'acquittement des loyers précités.

Le défaut de réponse de la part du propriétaire, de l'usufruitier, ou de leur mandataire légal, dans le délai ci-dessus fixé, est considéré comme une non-opposition à l'emprunt.

Le privilège du bailleur est réduit, jusqu'à concurrence de la somme prêtée, sur les objets servant de gage à l'emprunt. Il subsiste dans les termes de droit si l'emprunt est réalisé malgré l'opposition du bailleur.

Le bailleur peut toujours renoncer, soit à son opposition, soit au paiement des loyers ci-dessus indiqués, en apposant sa signature sur le registre prévu à l'article L. 523-3.

En cas de conflit entre le privilège du porteur du warrant hôtelier et des créanciers hypothécaires, leur rang est déterminé par les dates respectives de la transcription du premier endossement du warrant et des inscriptions d'hypothèques.

Art. L. 523-3 *(Anc. L. 8 août 1913 ; abr. à compter du 1er janvier 2022, Ord. n° 2021-1192, 15 sept. 2021)*. – Il est tenu, dans chaque greffe de tribunal de commerce, un registre à souche, coté et paraphé, dont le volant et la souche portent chacun, d'après les déclarations de l'emprunteur, des mentions dont la liste est fixée par décret.

Le volant contenant ces mentions constitue le warrant hôtelier.

Art. L. 523-4 *(Anc. L. 8 août 1913 ; abr. à compter du 1er janvier 2022, Ord. n° 2021-1192, 15 sept. 2021)*. – Le warrant hôtelier est délivré par le greffier du tribunal de commerce dans le ressort duquel est exploité l'hôtel. L'emprunteur qui le reçoit donne décharge de la remise du titre, en apposant sa signature avec la date sur le registre. Il ne peut être délivré qu'un seul warrant pour les mêmes objets. Le warrant est transféré par l'emprunteur au prêteur par voie d'endossement daté et signé.

Le prêteur doit, dans un délai de cinq jours, faire transcrire sur le registre le premier endossement. Mention de cette transcription est également énoncée sur le warrant.

Art. L. 523-5 *(Anc. L. 8 août 1913 ; abr. à compter du 1er janvier 2022, Ord. n° 2021-1192, 15 sept. 2021)*. – Le warrant est transmissible par voie d'endossement établi suivant les prescriptions de l'article L. 523-4, mais non soumis à la formalité de la transcription comme le premier endossement.

Tous ceux qui ont signé ou endossé un warrant sont tenus à la garantie solidaire envers le porteur.

L'escompteur et les réescompteurs d'un warrant sont tenus d'aviser, dans les huit jours, le greffier du tribunal de commerce, par pli recommandé, avec accusé de réception, ou verbalement contre récépissé de l'avis.

L'emprunteur peut, par une mention spéciale inscrite sur le warrant, dispenser l'escompteur et les réescompteurs de donner cet avis. En ce cas, il n'y a pas lieu à application des dispositions des deux derniers alinéas de l'article L. 523-8.

Art. L. 523-6 *(Anc. L. 8 août 1913 ; abr. à compter du 1er janvier 2022, Ord. n° 2021-1192, 15 sept. 2021)*. – Le greffier est tenu de délivrer à tout prêteur qui le requiert, soit un état des warrants, soit un certificat établissant qu'il n'existe pas d'inscription. Il est tenu de faire la même délivrance à tout hôtelier ressortissant de son greffe qui le requiert, mais seulement en ce qui concerne le fonds exploité par lui.

Cet état ne remonte pas à une période antérieure de cinq années.

Art. L. 523-7 *(Anc. L. 8 août 1913 ; abr. à compter du 1er janvier 2022, Ord. n° 2021-1192, 15 sept. 2021).* – La radiation de l'inscription est opérée sur la justification, soit du remboursement de la créance garantie par le warrant, soit d'une mainlevée régulière.

L'emprunteur qui a remboursé son warrant fait constater le remboursement au greffe du tribunal de commerce et mention du remboursement ou de la mainlevée est faite sur le registre tenu par le greffier un certificat de radiation de l'inscription.

L'inscription est radiée d'office après cinq ans, si elle n'a pas été renouvelée avant l'expiration de ce délai. Si elle est inscrite à nouveau après la radiation d'office, elle ne vaut, à l'égard des tiers, que du jour de la date.

Art. L. 523-8 *(Anc. L. 8 août 1913 ; abr. à compter du 1er janvier 2022, Ord. n° 2021-1192, 15 sept. 2021).* – L'emprunteur conserve le droit de vendre les objets warrantés à l'amiable et avant le paiement de la créance, même sans le concours du prêteur, mais leur tradition à l'acquéreur ne peut être opérée qu'après désintéressement du créancier.

L'emprunteur, même avant l'échéance, peut rembourser la créance garantie par le warrant ; si le porteur du warrant refuse les offres du débiteur, celui-ci peut, pour se libérer, consigner la somme offerte, en observant les formalités prescrites par les articles 1426 à 1429 du Code de procédure civile. Les offres sont faites au dernier ayant droit connu par les avis donnés au greffier, en conformité de l'article L. 523-5. Sur le vu d'une quittance de consignation régulière et suffisante, le président du tribunal de commerce dans le ressort duquel le warrant est inscrit rend une ordonnance aux termes de laquelle le gage est transporté sur la somme consignée.

En cas de remboursement anticipé d'un warrant, l'emprunteur bénéficie des intérêts qui restaient à courir jusqu'à l'échéance du warrant, déduction faite d'un délai de dix jours.

Art. L. 523-9 *(Anc. L. 8 août 1913 ; mod., Ord. L. n° 2013-544, 27 juin 2013 ; abr. à compter du 1er janvier 2022, Ord. n° 2021-1192, 15 sept. 2021).* – Les établissements publics agréés pour réaliser des opérations de crédit peuvent recevoir les warrants hôteliers comme effets de commerce, avec dispense d'une des signatures exigées par leurs statuts.

Art. L. 523-10 *(Anc. L. 8 août 1913 ; abr. à compter du 1er janvier 2022, Ord. n° 2021-1192, 15 sept. 2021).* – Les porteurs de warrants ont, sur les indemnités d'assurances, en cas de sinistre, les mêmes droits et privilèges que sur les objets assurés.

Art. L. 523-11 *(Anc. L. 8 août 1913 ; abr. à compter du 1er janvier 2022, Ord. n° 2021-1192, 15 sept. 2021).* – Le porteur de warrant doit réclamer à l'emprunteur paiement de sa créance échue, et, à défaut de ce paiement, réitérer sa réclamation au débiteur par lettre recommandée avec demande d'avis de réception.

Faute du paiement du warrant à l'échéance le porteur a pour la réalisation du gage, les droits que confèrent aux créanciers privilégiés ou garantis par un nantissement les dispositions des articles L. 143-5 à L. 143-15.

Toutefois, le bailleur peut toujours exercer son privilège jusqu'à concurrence de six mois de loyers échus, six mois de loyers en cours et six mois de loyers à échoir.

Si le porteur fait procéder à la vente, il ne peut plus exercer son recours contre les endosseurs et même contre l'emprunteur qu'après avoir fait valoir ses droits sur le prix des objets warrantés. En cas d'insuffisance du prix pour le désintéresser, un délai de trois mois lui est imparti, à dater du jour où la vente est réalisée, pour exercer son recours contre les endosseurs.

Art. L. 523-12 *(Anc. L. 8 août 1913 ; abr. à compter du 1er janvier 2022, Ord. n° 2021-1192, 15 sept. 2021).* – Le porteur du warrant est payé directement de sa créance sur le prix de vente, par privilège et de préférence à tous créanciers, et sans autre déduction que celle des contributions directes et des frais de vente et sans autre formalité qu'une ordonnance du président du tribunal de commerce.

Art. L. 523-13 *(Anc. L. 8 août 1913 ; abr. à compter du 1er janvier 2022, Ord. n° 2021-1192, 15 sept. 2021).* – La fausse déclaration ou le fait pour tout emprunteur de constituer un warrant sur des objets dont il n'est pas propriétaire ou déjà donnés en gage ou en nantissement ainsi que le fait pour tout emprunteur de détourner, dissiper ou volontairement détériorer, au préjudice de son créancier le gage de celui-ci, sont punis, selon les cas, puni des peines prévues pour l'escroquerie ou l'abus de confiance, aux articles 313-1, 313-7, 313-8 ou 314-1 et 314-10 du Code pénal.

Art. L. 523-14 *(Anc. L. 8 août 1913 ; abr. à compter du 1er janvier 2022, Ord. n° 2021-1192, 15 sept. 2021).* – Le montant des droits à percevoir par le greffier est fixé par décret en Conseil d'État.

Les avis prescrits par les dispositions du présent chapitre sont envoyés en la forme et avec la taxe des papiers d'affaires recommandés.

Art. L. 523-15 *(Anc. L. 8 août 1913 ; abr. à compter du 1er janvier 2022, Ord. n° 2021-1192, 15 sept. 2021).* – Sont considérées comme nulles et non avenues toutes conventions contraires aux dispositions du présent chapitre, et notamment toutes stipulations qui ont pour effet de porter atteinte au droit des locataires d'instituer le warrant hôtelier.

CHAPITRE IV. – DU WARRANT PÉTROLIER

(Chapitre abr. à compter du 1er janvier 2022, Ord. n° 2021-1192, 15 sept. 2021)

Bibliographie : J.-F. Riffard, *Quel avenir pour les sûretés sectorielles en matière agricole et commerciale : requiem ou statu quo ? : RD rur.* 2009, p. 43.

Art. L. 524-1 *(Anc. L. 21 avr. 1932 ; abr. à compter du 1er janvier 2022, Ord. n° 2021-1192, 15 sept. 2021).* – Les opérateurs, détenteurs de stocks de pétrole brut ou de produits pétroliers peuvent warranter des stocks en garantie de leurs emprunts, tout en en conservant la garde dans leurs usines ou dépôts.

Les produits warrantés restent, jusqu'au remboursement des sommes avancées, le gage du porteur du warrant.

Le warrant est établi sur une certaine quantité de marchandises d'une qualité spécifiée, sans qu'il soit nécessaire de séparer matériellement les produits warrantés des autres produits similaires détenus par l'emprunteur.

L'emprunteur est responsable de la marchandise qui reste confiée à ses soins et à sa garde, et cela sans aucune indemnité opposable au bénéfice du warrant.

Art. L. 524-2 *(Anc. L. 21 avr. 1932 ; abr. à compter du 1er janvier 2022, Ord. n° 2021-1192, 15 sept. 2021).* – Pour établir la pièce qui est dénommée « warrant pétrolier », le greffier du tribunal de commerce de la situation des produits à warranter inscrit, d'après les déclarations de l'emprunteur, la nature, la qualité, la quantité, la valeur, le lieu de situation des produits qui doivent servir de gage pour l'emprunt, le montant des sommes empruntées, ainsi que les clauses et conditions particulières relatives au warrant pétrolier, arrêtées entre les parties.

Le warrant est signé par l'emprunteur.

Il n'est valable que pour trois ans au plus, mais peut être renouvelé.

Art. L. 524-3 *(Anc. L. 21 avr. 1932 ; abr. à compter du 1er janvier 2022, Ord. n° 2021-1192, 15 sept. 2021).* – Le warrant indique si le produit warranté est assuré ou non et, en cas d'assurance, le nom et l'adresse de l'assureur.

Faculté est donnée aux prêteurs de continuer ladite assurance jusqu'à la réalisation du warrant.

Les porteurs de warrants ont, sur les indemnités d'assurances dues en cas de sinistre, les mêmes droits et privilèges que sur les produits assurés.

Art. L. 524-4 *(Anc. L. 21 avr. 1932 ; abr. à compter du 1er janvier 2022, Ord. n° 2021-1192, 15 sept. 2021).* – Le greffier du tribunal de commerce délivre, à tout requérant, un état des warrants inscrits depuis moins de cinq ans au nom de l'emprunteur ou un certificat établissant qu'il n'existe pas d'inscription.

Art. L. 524-5 *(Anc. L. 21 avr. 1932 ; abr. à compter du 1er janvier 2022, Ord. n° 2021-1192, 15 sept. 2021).* – La radiation de l'inscription est opérée sur la justification, soit du remboursement de la créance garantie par le warrant, soit d'une mainlevée régulière.

L'emprunteur qui a remboursé son warrant fait constater le remboursement par le greffe du tribunal de commerce. Mention du remboursement ou de la mainlevée est faite sur le registre prévu à l'article L. 524-2. Un certificat de radiation de l'inscription lui est délivré.

L'inscription est radiée d'office après cinq ans, si elle n'a pas été renouvelée avant l'expiration du délai. Si elle est inscrite à nouveau après la radiation d'office, elle ne vaut, à l'égard des tiers, que du jour de la nouvelle date.

Art. L. 524-6 *(Anc. L. 21 avr. 1932 ; abr. à compter du 1er janvier 2022, Ord. n° 2021-1192, 15 sept. 2021).* – L'emprunteur conserve le droit de vendre les produits warrantés à l'amiable et avant le paiement de la créance, même sans le concours du prêteur. Toutefois, la tradition, à l'acquéreur, ne peut être opérée que lorsque le créancier a été désintéressé.

L'emprunteur peut, même avant l'échéance, rembourser la créance garantie par le warrant pétrolier. Si le porteur du warrant refuse les offres du débiteur, celui-ci peut, pour se libérer, consigner la somme offerte dans les conditions prévues aux articles 1426 à 1429 du Code de procédure civile. Les offres sont faites au dernier ayant droit connu par les avis donnés au greffe du tribunal de commerce, en conformité de l'article L. 524-8. Au vu d'une quittance de consignation régulière et suffisante, le président du tribunal de commerce compétent à raison du lieu d'inscription du warrant rend une ordonnance aux termes de laquelle le gage est transporté sur la somme consignée.

En cas de remboursement anticipé d'un warrant pétrolier, l'emprunteur bénéficie des intérêts qui restaient à courir jusqu'à l'échéance du warrant, déduction faite d'un délai de dix jours.

Art. L. 524-7 *(Anc. L. 21 avr. 1932 ; mod., Ord. L. n° 2013-544, 27 juin 2013 ; abr. à compter du 1er janvier 2022, Ord. n° 2021-1192, 15 sept. 2021).* – Les établissements publics agréés pour réaliser des opérations de crédit peuvent recevoir les warrants comme effets de commerce, avec dispense d'une des signatures exigées par leurs statuts.

Art. L. 524-8 *(Anc. L. 21 avr. 1932 ; abr. à compter du 1er janvier 2022, Ord. n° 2021-1192, 15 sept. 2021).* – Le warrant pétrolier est transmissible par voie d'endossement. L'endossement est daté et signé, il énonce les noms, professions, domiciles des parties.

Tous ceux qui ont signé ou endossé un warrant sont tenus à la garantie solidaire envers le porteur.

L'escompteur ou le réescompteur d'un warrant sont tenus d'aviser, dans les huit jours, le greffe du tribunal de commerce, par pli recommandé, avec accusé de réception, ou verbalement contre récépissé de l'avis.

L'emprunteur peut, par une mention spéciale inscrite au warrant, dispenser l'escompteur ou les réescompteurs de donner cet avis, mais, dans ce cas, il n'y a pas lieu à application des dispositions du dernier alinéa de l'article L. 524-6.

Art. L. 524-9 *(Anc. L. 21 avr. 1932 ; abr. à compter du 1er janvier 2022, Ord. n° 2021-1192, 15 sept. 2021).* – Le porteur du warrant pétrolier doit réclamer à l'emprunteur paiement de sa créance échue, et, à défaut de ce paiement, constater et réitérer sa réclamation au débiteur par lettre recommandée avec demande d'avis de réception.

S'il n'est pas payé dans les cinq jours de l'envoi de cette lettre, le porteur du warrant pétrolier est tenu, à peine de perdre ses droits contre les endosseurs, de dénoncer le défaut de paiement, quinze jours francs au plus tard après l'échéance, par avertissement, pour chacun des endosseurs, remis au greffe du tribunal de commerce, qui lui en donne récépissé. Le greffe du tribunal de commerce fait connaître cet avertissement, dans la huitaine qui suit, aux endosseurs, par lettre recommandée avec demande d'avis de réception.

Art. L. 524-10 *(Anc. L. 21 avr. 1932 ; mod., L. n° 2011-850, 20 juill. 2011 ; abr. à compter du 1er janvier 2022, Ord. n° 2021-1192, 15 sept. 2021).* – En cas de refus de paiement, le porteur du warrant pétrolier peut, quinze jours après la lettre recommandée adressée à l'emprunteur, comme il est dit ci-dessus, faire procéder par un officier public ou ministériel ou un courtier de marchandises assermenté à la vente publique de la marchandise engagée. Il y est procédé en vertu d'une ordonnance rendue sur requête par le président du tribunal de commerce de la situation des marchandises warrantées, fixant les jour, lieu et heure de la vente. Elle est annoncée huit jours au moins à l'avance par affiches apposées dans les lieux indiqués par le président du tribunal de commerce. Le président du tribunal de commerce peut, dans tous les cas, en autoriser l'annonce par la voie des journaux. La publicité donnée est constatée par une mention insérée au procès-verbal de vente.

Art. L. 524-11 *(Anc. L. 21 avr. 1932 ; mod., L. n° 2011-850, 20 juill. 2011 ; abr. à compter du 1er janvier 2022, Ord. n° 2021-1192, 15 sept. 2021).* – L'officier public ou le courtier de marchandises assermenté chargé de procéder prévient, par lettre recommandée, le débiteur et les endosseurs, huit jours à l'avance, des lieu, jour et heure de la vente.

L'emprunteur peut toutefois, par une mention spéciale inscrite au warrant pétrolier, accepter qu'il n'y ait pas obligatoirement vente publique, et que la vente puisse être faite à l'amiable. En pareil cas, la vente est toujours faite en vertu d'une ordonnance du président du tribunal de commerce de la situation des marchandises warrantées rendue sur requête.

Art. L. 524-12 *(Anc. L. 21 avr. 1932 ; abr. à compter du 1er janvier 2022, Ord. n° 2021-1192, 15 sept. 2021)*. – Les dispositions de l'article 53 de la loi n° 91-650 du 9 juillet 1991 portant réforme des procédures civiles d'exécution sont applicables aux ventes prévues par les dispositions du présent chapitre.

Art. L. 524-13 *(Anc. L. 21 avr. 1932 ; abr. à compter du 1er janvier 2022, Ord. n° 2021-1192, 15 sept. 2021)*. – Le porteur du warrant est payé directement de ses créances sur le prix de vente, par privilège et de préférence à tous créanciers, sous déduction des frais de vente, et sans autres formalités qu'une ordonnance du président du tribunal de commerce.

Art. L. 524-14 *(Anc. L. 21 avr. 1932 ; abr. à compter du 1er janvier 2022, Ord. n° 2021-1192, 15 sept. 2021)*. – Si le porteur du warrant pétrolier fait procéder à la vente, conformément aux articles L. 524-9 à L. 524-11, il ne peut plus exercer son recours contre les endosseurs et même contre l'emprunteur, qu'après avoir fait valoir ses droits sur le prix des produits warrantés. En cas d'insuffisance du prix pour le désintéresser, un délai d'un mois lui est imparti, à dater du jour où la vente de la marchandise est réalisée, pour exercer son recours contre les endosseurs.

Art. L. 524-15 *(Anc. L. 21 avr. 1932 ; abr. à compter du 1er janvier 2022, Ord. n° 2021-1192, 15 sept. 2021)*. – En cas de non-conformité, constatée entre les existants et les quantités ou qualités warrantés, les prêteurs peuvent mettre immédiatement, par lettre recommandée avec accusé de réception, le titulaire du warrant pétrolier en demeure soit de rétablir la garantie dans les quarante-huit heures suivant la réception de la lettre recommandée, soit de leur rembourser, dans le même délai, tout ou partie des sommes portées sur le warrant pétrolier. S'il ne leur est pas donné satisfaction, les prêteurs ont le droit d'exiger le remboursement total de la créance en la considérant comme échue.

En pareil cas, l'emprunteur perd le bénéfice des dispositions du dernier alinéa de l'article L. 524-6, concernant le remboursement des intérêts.

Art. L. 524-16 *(Anc. L. 21 avr. 1932 ; abr. à compter du 1er janvier 2022, Ord. n° 2021-1192, 15 sept. 2021)*. – En cas de baisse de la valeur des stocks warrantés, dépassant ou égalant 10 %, les prêteurs peuvent mettre, par lettre recommandée avec accusé de réception, les emprunteurs en demeure d'avoir, soit à augmenter le gage, soit à rembourser une partie proportionnelle des sommes prêtées. Dans ce dernier cas, les dispositions du dernier alinéa de l'article L. 524-6 sont applicables.

S'il n'est pas satisfait à cette demande dans un délai de huit jours francs, les prêteurs ont la faculté d'exiger le remboursement total de leur créance en la considérant comme échue.

Art. L. 524-17 *(Anc. L. 21 avr. 1932 ; abr. à compter du 1er janvier 2022, Ord. n° 2021-1192, 15 sept. 2021)*. – Le fait pour tout emprunteur d'avoir fait une fausse déclaration, ou d'avoir constitué un warrant pétrolier sur produits déjà warrantés, sans avis préalable donné au nouveau prêteur ou le fait pour tout emprunteur ou dépositaire d'avoir détourné, dissipé ou volontairement détérioré au préjudice de son créancier le gage de celui-ci, est puni selon les cas des peines prévues aux articles 313-1, 313-7 et 313-8 ou 314-1 et *314-10 du Code pénal.*

Art. L. 524-18 *(Anc. L. 21 avr. 1932 ; abr. à compter du 1er janvier 2022, Ord. n° 2021-1192, 15 sept. 2021)*. – Lorsque pour l'exécution des dispositions du présent chapitre, il y a lieu à référé, ce référé est porté devant le président du tribunal de commerce de la situation des marchandises warrantées.

Art. L. 524-19 *(Anc. L. 21 avr. 1932 ; abr. à compter du 1er janvier 2022, Ord. n° 2021-1192, 15 sept. 2021)*. – Le montant des droits à percevoir par le greffier du tribunal de commerce à l'occasion des warrants pétroliers est celui fixé par le décret qui régit les warrants agricoles. Ce montant peut toutefois être révisé par un décret spécial aux warrants pétroliers.

Les avis prescrits par le présent chapitre sont envoyés en la forme et avec la taxe des papiers d'affaires recommandés.

Art. L. 524-20 *(Anc. L. 21 avr. 1932 ; abr. à compter du 1er janvier 2022, Ord. n° 2021-1192, 15 sept. 2021).* – **Les dispositions du présent chapitre sont applicables sous réserve du respect des obligations imposées par la loi n° 92-1443 du 31 décembre 1992 portant réforme du régime pétrolier, en particulier en ce qui concerne la constitution et la répartition des stocks et sans préjudice de la mise en jeu éventuelle de la responsabilité des opérateurs en cas d'infraction à ces obligations.**

Art. L. 524-21 *(Anc. L. 21 avr. 1932 ; abr. à compter du 1er janvier 2022, Ord. n° 2021-1192, 15 sept. 2021).* – **Le présent chapitre est applicable dans les départements du Haut-Rhin, du Bas-Rhin et de la Moselle, sous réserve des dispositions spéciales de la loi du 1er juin 1924 portant introduction des lois commerciales françaises dans ces trois départements.**

Les greffes compétents pour l'établissement des warrants pétroliers seront ceux prévus à l'article 35 de ladite loi pour l'établissement des warrants hôteliers.

CHAPITRE V. – DU NANTISSEMENT DE L'OUTILLAGE ET DU MATÉRIEL D'ÉQUIPEMENT

(Chapitre abr. à compter du 1er janvier 2022, Ord. n° 2021-1192, 15 sept. 2021)

Bibliographie : Ripert, *Le nantissement de l'outillage et du matériel d'équipement : D.* 1951, chron., p. 41 ; *Banque* 1951, 397. • Cohen, *Le nantissement de l'outillage et du matériel d'équipement : JCP* 1951, I, 912. • Jauffret, *La loi du 18 janvier 1951 : RTD com.* 1951, 201. • C. Delattre, *L'opposabilité du nantissement sur outillage et matériel dans le cadre des opérations de vérification du passif : JCP* E 2005, 1832. • J.-F. Riffard, *Quel avenir pour les sûretés sectorielles en matière agricole et commerciale : requiem ou statu quo ? : RD rur.* 2009, p. 43.

Art. L. 525-1 *(Anc. L. n° 51-59, 18 janv. 1951 ; abr. à compter du 1er janvier 2022, Ord. n° 2021-1192, 15 sept. 2021).* – **Le paiement du prix d'acquisition de l'outillage et du matériel d'équipement professionnel peut être garanti, soit vis-à-vis du vendeur, soit vis-à-vis du prêteur qui avance les fonds nécessaires au paiement du vendeur, par un nantissement restreint à l'outillage ou au matériel ainsi acquis.**

Si l'acquéreur a la qualité de commerçant, ce nantissement est soumis, sous réserve des dispositions ci-après, aux règles édictées par les chapitres II et III du titre IV du livre I, sans qu'il soit nécessaire d'y comprendre les éléments essentiels du fonds.

Si l'acquéreur n'a pas la qualité de commerçant, le nantissement est soumis aux dispositions de l'article L. 525-16.

1) Créances garanties. Après avoir rappelé que la loi du 18 janvier 1951 (C. com., art. L. 525-1 et s.) organise le nantissement du matériel acheté pour garantir le paiement du prix d'acquisition ou le remboursement des sommes prêtées pour cette acquisition, une cour d'appel a pu déclarer que si la loi a eu en vue de faciliter l'acquisition d'outillage et de matériel d'équipement professionnel, elle n'a pas interdit la constitution du nantissement qu'elle instituait lorsque l'acquéreur faisait cet achat en vue de la revente (▪ Cass. com., 15 mars 1971, n° 68-11.893 : *Gaz. Pal.* 1971, 2, somm. 75 ; *JCP* N 1971, prat. 5126. – *Adde*, ▪ Cass. com., 4 nov. 1970, n° 69-13.307 : *JurisData* n° 1970-097291 ; *D.* 1971, somm. 44).

2) Biens pouvant être nantis. Ne peuvent être qualifiés de matériel agricole les tracteurs achetés par un entrepreneur de travaux publics ; ces engins constituent des matériels de chantiers *susceptibles d'un nantissement conforme* aux règles de la loi du 18 janvier 1951 (C. com., art. L. 525-1 et s.) ; un simple gage est donc nul (▪ T. com. Montpellier, 1960 : *D.* 1961, 52).

3) Biens exclus. Lorsque le nantissement sur du fonds de commerce porte expressément sur le matériel, les dispositions relatives au nantissement spécial sur le matériel (C. com., art. L. 525-1 et s.) ne sont pas applicables (▪ Cass. com., 23 nov. 1999, n° 96-15.228 : *JurisData* n° 1999-004068 ; *D.* 2000, *Cah. dr. aff.*, jurispr. 23, obs. A. L. M. D. ; *RJDA* 1/2000, n° 98 ; *JCP* E 2000, p. 848, note Keita, p. 1709, n° 20, obs. Delebecque ; *RTD com.* 2000, 437, obs. Bouloc).

Sont également exclus les biens dont le débiteur n'est pas propriétaire. Le nantissement sur le matériel suppose un transfert préalable de la propriété que la clause de réserve de propriété entend paralyser (▪ Aix-en-Provence, 3 févr. 1984 : *JurisData* n° 1984-699062 ; *Gaz. Pal.* 1986, 1, 30, note Dureuil).

4) Personnes pouvant consentir le nantissement. Une créance correspondant à un prêt d'argent consenti au fondateur d'une société avec nantissement sur le matériel acheté à l'aide de ce prêt doit être admise à titre privilégié au passif de cette société en liquidation des biens, bien que le nantissement ait été inscrit par ce fondateur sous un numéro de registre du commerce autre que celui de la société alors en formation dès lors que la cour d'appel relève que les associés ont, suivant les statuts par eux adoptés, approuvé les actes précédemment accomplis par l'emprunteur pour le compte de la société en formation, actes, dont suivant l'appréciation souveraine des juges du fond, l'état où figurait le nantissement litigieux était joint auxdits statuts. Il s'ensuit que la cour d'appel a pu en déduire que cette inscription avait été ainsi validée sans que, pour rendre le nantissement opposable aux autres créanciers dont il n'a pas été prétendu qu'ils aient subi un grief du fait de l'inexactitude de l'inscription, ait été nécessaire une nouvelle publicité (▪ Cass. com., 29 mai 1980, n° 78-12.910 : *JurisData* n° 1980-000221 ; *Bull. civ.* IV, n° 221).

5) Personnes auxquelles le nantissement peut être consenti. Le nantissement peut être consenti au vendeur, ou à celui qui a prêté les fonds nécessaires au paiement du vendeur (▪ Paris, 29 avr. 1977 : *JurisData* n° 1977-155090 ; *Journ. agréés* 1978, 206, note Chartier).

6) Remise en cause de la vente et maintien du gage. La résolution de la vente n'entraîne pas la caducité du gage (▪ CA Montpellier, 22 mars 1984 : *JurisData* n° 1984-698172 ; *JCP* G, II, 20320, note M. Cabrillac).

Art. L. 525-2 *(Anc. L. n° 51-59, 18 janv. 1951 ; abr. à compter du 1er janvier 2022, Ord. n° 2021-1192, 15 sept. 2021)*. **– Le nantissement est consenti par un acte authentique ou sous seing privé enregistré au droit fixe.**

Lorsqu'il est consenti au vendeur, il est donné dans l'acte de vente.

Lorsqu'il est consenti au prêteur qui avance les fonds nécessaires au paiement du vendeur, le nantissement est donné dans l'acte de prêt.

Cet acte doit mentionner, à peine de nullité, que les fonds versés par le prêteur ont pour objet d'assurer le paiement du prix des biens acquis.

Les biens acquis doivent être énumérés dans le corps de l'acte et chacun d'eux doit être décrit d'une façon précise, afin de l'individualiser par rapport aux autres biens de même nature appartenant à l'entreprise. L'acte indique également le lieu où les biens ont leur attache fixe ou mentionne, au cas contraire, qu'ils sont susceptibles d'être déplacés.

Sont assimilés aux prêteurs de fonds les garants qui interviennent en qualité de caution, de donneur d'aval ou d'endosseur dans l'octroi des crédits d'équipements. Ces personnes sont subrogées de plein droit aux créanciers. Il en est de même des personnes qui endossent, escomptent, avalisent ou acceptent les effets créés en représentation desdits crédits.

1) Condition de validité. Les exigences de l'article L. 525-2 du Code de commerce sont des conditions de validité du nantissement (▪ CA Douai, 5 oct. 2000 : *Act. proc. coll.* 2001, n° 109).

2) Identification du matériel donné en nantissement. L'article L. 525-2 du Code de commerce exige que chacun des biens acquis faisant l'objet d'un nantissement soit décrit d'une façon précise. Le contrôle de cette exigence relève de l'appréciation des juges du fond (▪ Cass. com., 12 nov. 1969, n° 67-12.202 : *JurisData* n° 1969-097329 ; *JCP* 1970, II, 16230, note J.A.).

Art. L. 525-3 *(Anc. L. n° 51-59, 18 janv. 1951 ; abr. à compter du 1er janvier 2022, Ord. n° 2021-1192, 15 sept. 2021)*. **– À peine de nullité, le nantissement doit être conclu au plus tard dans le délai de deux mois à compter du jour de la livraison du matériel d'équipement sur les lieux où il doit être installé.**

À peine de nullité également, le nantissement doit être inscrit dans les conditions requises par les articles L. 142-3 et L. 142-4, et dans un délai de quinze jours à compter de la date de l'acte constitutif du nantissement.

Lorsque la livraison du matériel intervient après la date prévue dans le contrat ou si elle n'est pas faite au lieu primitivement fixé, les créances inscrites deviennent de plein droit exigibles si le débiteur n'a pas fait connaître, dans les quinze jours de cette livraison, au créancier nanti, la date ou le lieu auquel elle est intervenue.

Le nantissement ne peut être opposé aux tiers si, dans la quinzaine de l'avis à lui notifié ou dans la quinzaine du jour où il aura eu connaissance de la date ou du lieu de la livraison, le créancier nanti n'a pas requis du greffier du tribunal où a été prise l'inscription du nantissement, que mention soit faite de cette date ou de ce lieu en marge de ladite inscription.

1) Délais : coordination. Le délai de quinze jours ne se cumule pas avec le délai de deux mois à compter de la livraison imparti pour établir l'acte constitutif, il part de la date de l'acte constitutif de nantissement (▪ Montpellier, 2 nov. 1960 : *D.* 1964, 256, note Cabrillac).

2) Délai de deux mois, point de départ : la livraison. Sur la distinction entre livraison et installation, voir ▪ CA Douai, 30 janvier 2003 : *JurisData* n° 2003-209201 ; *JCP* E 2003, 495, note C. Delattre. ▪ Cass. com., 7 avril 2004 : *RJDA* 2004, n° 1049 ; *JCP* E 2005, 1832, obs. C. Delattre. La livraison est fixée pour chaque matériel pris individuellement même si les différents matériels ont ensuite été installés dans un ensemble homogène (■ CA Douai, 30 janv. 2003, préc.).

3) Lieu de la publicité : greffe du tribunal de commerce du fonds du propriétaire du matériel. La publicité doit être effectuée au greffe du tribunal de commerce du fonds du propriétaire du matériel, indépendamment du lieu où se situe le matériel (■ Cass. com., 17 mai 2017 : *JCP* G 2017, 1239, n° 22 obs. P. Delebecque ; *BJE* 2017, p. 275, obs. F. Macorig-Venier ; *RJDA* 2017, p. 675 ; *Rev. proc. coll.* 2017, n° 4, p. 8, obs. F. Petit ; *AJ Contrats d'affaires-Concurrence-Distribution* 2017, p. 346, note T. de Ravel d'Esclapon).

4) Mention rectificative : domaine. Lorsque les parties ont convenu que la livraison s'effectuerait au départ de l'usine du fabricant et que l'acte de vente et le bordereau d'inscription ne mentionnent pas la date d'arrivée de la machine à son lieu d'utilisation, le créancier n'a pas l'obligation de faire modifier les mentions de l'inscription pour y faire figurer la date réelle d'installation (■ Cass. com., 10 janv. 1983, n° 81-14.445 : *JurisData* n° 1983-700102 ; *JCP* N 1983, II, p. 177 ; *JCP* G 1984, II, 20231, note Hémard).

5) Maintien du nantissement en cas de fusion-absorption du débiteur. En cas d'absorption du débiteur, le nantissement est maintenu à l'encontre de la société absorbante sans que le créancier ait à réaliser une inscription modificative (■ Cass. com., 2 déc. 2008, n° 07-19.325 : *JurisData* n° 2008-046128 ; *JCP* G 2009, I, 150, n° 23, obs. P. Delebecque).

6) Impossibilité pour l'acquéreur de se prévaloir d'une nullité de l'inscription due à sa faute. La nullité du nantissement pour défaut d'inscription, si elle est destinée à protéger les créanciers, est aussi la sanction d'une faute commise par le créancier nanti. Dès lors que l'acquéreur d'un matériel ayant fait l'objet d'un contrat de nantissement a trompé le vendeur sur le lieu d'exploitation de son fonds de commerce en ne lui indiquant, au moment de la vente et du nantissement, que son adresse personnelle, le fait que l'inscription ait été effectuée au greffe du tribunal de commerce dudit domicile et non à celui du tribunal dans le ressort duquel était exploité le fonds, seul compétent, apparaît dû uniquement à la faute du débiteur qui, ou bien a induit en erreur son contractant sur le lieu où devait être installé le matériel, ou bien a déplacé le matériel nanti sans son accord. La société venderesse n'étant pas tenue, avant de prendre l'inscription, de vérifier si ledit matériel se trouvait effectivement installé dans le ressort du tribunal de commerce du lieu du domicile indiqué, l'acquéreur n'est pas en droit de se prévaloir d'une nullité du nantissement ou de son inscription (■ Montpellier, 9 févr. 1977 : *Gaz. Pal.* 1978, 2, somm. 308).

7) Nécessité de publier le déplacement connu même en l'absence de notification du débiteur. L'absence de notification du déplacement du matériel par le débiteur ne dispense pas le créancier ayant par ailleurs eu connaissance de ce déplacement de réaliser la publicité exigée par l'article L. 143-1 du Code de commerce. À défaut de publicité, il subit les sanctions prévues par ce texte (■ Cass. com., 7 juill. 2009, n° 08/01665 : *Gaz. Pal.* 13-14 janv. 2010, p. 25, obs. M.-P. Dumont-Lefrand ; *Rev. Lamy dr. civ.* oct. 2009, p. 37, obs. J.-J. Ansault ; *JCP* G 2009, 492, n° 20, obs. P. Delebecque).

Art. L. 525-4 *(Anc. L. n° 51-59, 18 janv. 1951 ; abr. à compter du 1er janvier 2022, Ord. n° 2021-1192, 15 sept. 2021).* **– Les biens donnés en nantissement par application du présent chapitre peuvent, en outre, à la requête du bénéficiaire du nantissement, être revêtus sur une pièce essentielle et d'une manière apparente d'une plaque fixée à demeure indiquant le lieu, la date et le numéro d'inscription du privilège dont ils sont grevés.**

Sous peine des sanctions prévues à l'article L. 525-19, le débiteur ne peut faire obstacle à cette apposition, et les marques ainsi apposées ne peuvent être détruites, retirées ou recouvertes avant l'extinction ou la radiation du privilège du créancier nanti.

1) Caractéristique exigée de la plaque. L'application d'une plaque autoadhésive ne satisfait pas aux exigences de la loi (■ CA Aix-en-Provence, 22 juin 1993, n° 91/1401 : *JurisData* n° 1993-045650 ; *JCP* E 1994, I, 365, n° 22, obs. P. Delebecque).

2) Caractère facultatif et cautionnement. Il a été jugé que ce caractère facultatif ne permet pas à la caution de reprocher, sur le fondement du bénéfice de subrogation, au créancier nanti de ne pas avoir pris cette précaution (■ Cass., 1re civ., 7 déc. 2004, n° 03-10.631 : *JurisData* n° 2004-026050 ; *LPA* 28-29 mars 2005, p. 9, obs. D.H. ; *Gaz. Pal.* 2005, somm. 2056, obs. S. Piedelièvre ; *RD bancaireet fin.* 2005, n° 42, obs. D. Legeais). Cependant, dans un autre contexte, la jurisprudence a retenu que le simple non usage d'une faculté pouvait permettre le jeu du bénéfice de subrogation et décharger la caution (■ Cass. ch. mixte, 17 nov. 2006 : *JCP* E 2006, 2275, note D. Houtcieff ; *JCP* N 2007, 1045, note Le Magueresse ; *RD bancaire et fin.* 2007, n° 5, obs. A. Cerles ; *RTD* *civ.* 2007, p. 157, obs. P. Crocq ; *Defrénois* 2007, p. 440 obs. E. Savaux et p. 688, note S. Piedelièvre ; *Banque et droit* janv.-févr. 2007, p. 47, obs. F. Jacob ; *RTD com.* 2007, p. 215, obs. D. Legeais).

Art. L. 525-5 *(Anc. L. n° 51-59, 18 janv. 1951 ; mod., Ord. n° 2016-131, 10 févr. 2016 ; abr. à compter du 1er janvier 2022, Ord. n° 2021-1192, 15 sept. 2021).* – Toute subrogation conventionnelle dans le bénéfice du nantissement doit être mentionnée en marge de l'inscription dans la quinzaine de l'acte authentique ou sous seing privé qui la constate, sur remise au greffier d'une expédition ou d'un original dudit acte.

Les conflits qui peuvent se produire entre les titulaires d'inscriptions successives sont réglés conformément à l'article 1346-3 du Code civil.

Art. L. 525-6 *(Anc. L. n° 51-59, 18 janv. 1951 ; mod., Ord. n° 2016-131, 10 févr. 2016 ; abr. à compter du 1er janvier 2022, Ord. n° 2021-1192, 15 sept. 2021).* – Le bénéfice du nantissement est transmis de plein droit conformément à l'article 1321 du Code civil aux porteurs successifs des effets qu'il garantit, soit que ces effets aient été souscrits ou acceptés à l'ordre du vendeur ou du prêteur ayant fourni tout ou partie du prix, soit plus généralement qu'ils représentent la mobilisation d'une créance valablement gagée suivant les dispositions du présent chapitre.

Si plusieurs effets sont créés pour représenter la créance, le privilège attaché à celle-ci est exercé par le premier poursuivant pour le compte commun et pour le tout.

Art. L. 525-7 *(Anc. L. n° 51-59, 18 janv. 1951 ; abr. à compter du 1er janvier 2022, Ord. n° 2021-1192, 15 sept. 2021).* – Sous peine des sanctions prévues à l'article L. 525-19, le débiteur qui, avant paiement ou remboursement des sommes garanties conformément au présent chapitre, veut vendre à l'amiable tout ou partie des biens grevés, doit solliciter le consentement préalable du créancier nanti, et à défaut, l'autorisation du juge des référés du tribunal de commerce statuant en dernier ressort.

Lorsqu'il a été satisfait aux exigences de publicité requises par le présent chapitre et que les biens grevés ont été revêtus d'une plaque conformément à l'article L. 525-4, le créancier nanti ou ses subrogés disposent pour l'exercice du privilège résultant du nantissement, du droit de suite prévu à l'article L. 143-12.

1) Conditions de publicité cumulatives. Pour bénéficier de la prérogative accordée par l'article L. 525-7, alinéa 2, le créancier nanti doit avoir réalisé la publicité par inscription et fait apposer sur le matériel une plaque (■ T. com. Nancy, 13 mars 1962 : *JCP* N 1962, II, 12789, note J.A. ; *RTD com.* 1962, p. 730).

2) Absence des conditions cumulatives de publicité : soumission au droit commun. En l'absence de réalisation des conditions cumulatives de publicité, la revendication du créancier nanti est restreinte par l'article 2276 du Code civil (■ Cass. com., 9 mai 1990 : *D.* 1990, inf. rap. p. 143).

Art. L. 525-8 *(Anc. L. n° 51-59, 18 janv. 1951 ; abr. à compter du 1er janvier 2022, Ord. n° 2021-1192, 15 sept. 2021).* – Le privilège du créancier nanti en application des dispositions du présent chapitre subsiste si le bien qui est grevé devient immeuble par destination.

L'article 2133 du Code civil n'est pas applicable aux biens nantis.

Art. L. 525-9 *(Anc. L. n° 51-59, 18 janv. 1951 ; mod., L. n° 2003-7, 3 janv. 2003 ; abr. à compter du 1er janvier 2022, Ord. n° 2021-1192, 15 sept. 2021).* – I. – Le privilège du créancier nanti en application des dispositions du présent chapitre s'exerce sur les biens grevés par préférence à tous autres privilèges, à l'exception :

1° Du privilège des frais de justice ;

2° Du privilège des frais faits pour la conservation de la chose ;

3° Du privilège accordé aux salariés par l'article L. 143-10 du Code du travail.

II. – Il s'exerce, notamment, à l'encontre de tout créancier hypothécaire et par préférence au privilège du Trésor, au privilège visé à l'article L. 243-4 du Code de la sécurité sociale, au privilège du vendeur du fonds de commerce à l'exploitation duquel est affecté le bien grevé, ainsi qu'au privilège du créancier nanti sur l'ensemble dudit fonds.

III. – Toutefois, pour que son privilège soit opposable au créancier hypothécaire, au vendeur du fonds de commerce et au créancier nanti sur l'ensemble dudit fonds, préalablement inscrits, le bénéficiaire du nantissement conclu en application du présent chapitre doit signifier auxdits créanciers, par acte extrajudiciaire, une copie de l'acte constatant le nantissement. Cette signification doit, à peine de nullité, être faite dans les deux mois de la conclusion du nantissement.

1) Droit de préférence et procédures collectives. Procédure de conciliation, primauté du privilège de conciliation, art. L. 611-11, p. 1110 ; redressement judiciaire, primauté des créanciers postérieurs, art. L. 622-17, II, p. 1151 ; liquidation judiciaire : primauté du créancier nanti sur les créances postérieures, art. L. 641-13, p. 1299 ; plan de cession, transmission de la charge du nantissement au cessionnaire, art. L. 642-12, p. 1313.

2) Droit de préférence et résolution de la vente : primauté des droits du créancier nanti sur ceux du vendeur. Le créancier nanti peut opposer son droit au vendeur bénéficiaire d'un jugement de résolution (■ Montpellier, 22 mars 1984 : *JurisData* n° 1984-698172 ; *JCP* G 1984, II, 20320, note M. Cabrillac).

3) Absence de droit de rétention : jurisprudence antérieure à la loi n° 2008-776, 4 août 2008. Le créancier nanti ne dispose sur le matériel et l'outillage d'aucun droit de rétention (■ Cass. com., 4 janv. 2005, n° 02-10.511 : *JurisData* n° 2005-026364 ; *JCP* E 2005, p. 709, n° 17, obs. M. Cabrillac et p. 1008, obs. P. Delebecque ; *D.* 2005, p. 970, note A. Aynès et pan. 2018, obs. F.-X. Lucas ; *RD bancaire et fin.* 2005, n° 91, obs. D. Legeais).

4) Droit de rétention : loi n° 2008-776, 4 août 2008. V. Code civil, art. 2286, 4°. Pour l'exercice de ce droit de rétention dans les procédures collectives, voir art. L. 622-7, p. 1132, L. 641-3, p. 1286, L. 642-12, p. 1313 et L. 642-20-1, p. 1323.

Bibliographie : P. Le Corre, *La mesure de l'efficacité des gages sans dépossession dans les procédures collectives, L'inopposabilité du droit de rétention conféré par l'article 2286, 4° du Code civil aux créanciers gagistes sans dépossession* : *JCP* E 2009, 1204. – D. Legeais : *RD bancaire et fin.* 2009, comm. 21.

5) Attribution judiciaire. L'attribution judiciaire est indépendante des règles concernant l'ordre dans lequel s'exerce sur le prix les divers privilèges en cas de vente du bien nanti (■ Cass. com, 12 févr. 1979 : *JurisData* n° 1979-796058 ; *D.* 1979, p. 354, note F. Derrida).

En cas de liquidation judiciaire le créancier nanti sur outillage et matériel est fondé à solliciter l'attribution judiciaire de son gage (■ Cass. com., 6 mars 1990, n° 88-16.036 : *JurisData* n° 1990-700537 ; *RD bancaire et bourse* 1990, 173, n° 4, obs. Campana et Calendini ; *D.* 1990, 311, note Derrida. – Comp. ■ Cass. com., 18 déc. 1990, n° 89-16.260 : *JurisData* n° 1990-003419 ; *RD bancaire et bourse* 1991, n° 2, 154, obs. Campana et Calendini).

Art. L. 525-10 *(Anc. L. n° 51-59, 18 janv. 1951 ; abr. à compter du 1er janvier 2022, Ord. n° 2021-1192, 15 sept. 2021).* **– Sous réserve des dérogations prévues par le présent chapitre, le privilège du créancier nanti est régi par les dispositions du livre I, titre IV, chapitre III en ce qui concerne les formalités d'inscription, les droits des créanciers en cas de déplacement du fonds, les droits du bailleur de l'immeuble, la purge desdits privilèges et les formalités de mainlevée.**

Voir : notes sous art. L. 525-3, p. 1075.

Art. L. 525-11 *(Anc. L. n° 51-59, 18 janv. 1951 ; abr. à compter du 1er janvier 2022, Ord. n° 2021-1192, 15 sept. 2021).* **– L'inscription conserve le privilège pendant cinq années à compter de sa régularisation définitive.**

Elle garantit, en même temps que le principal, deux années d'intérêts. Elle cesse d'avoir effet si elle n'a pas été renouvelée avant l'expiration du délai ci-dessus ; elle peut être renouvelée deux fois.

Art. L. 525-12 *(Anc. L. n° 51-59, 18 janv. 1951 ; abr. à compter du 1er janvier 2022, Ord. n° 2021-1192, 15 sept. 2021).* **– L'état des inscriptions existantes, délivré en application de l'article 32 de la loi du 17 mars 1909 relative à la vente et au nantissement des fonds de commerce, doit comprendre les inscriptions prises en vertu des dispositions du présent chapitre. Il peut être également délivré au requérant, sur sa demande, un état attestant l'existence ou l'absence, sur les biens désignés, d'inscriptions prises soit en vertu des dispositions des chapitres I et II du titre IV du livre I, soit en vertu des dispositions du présent chapitre.**

Art. L. 525-13 *(Anc. L. n° 51-59, 18 janv. 1951 ; abr. à compter du 1er janvier 2022, Ord. n° 2021-1192, 15 sept. 2021).* **– La notification, conformément à l'article L. 143-10, de poursuites engagées en vue de parvenir à la réalisation forcée de certains éléments du fonds auquel appartiennent les biens grevés du privilège du vendeur** ***ou du privilège de nantissement en vertu des dispositions*** **du présent chapitre, rend exigibles les créances garanties par ces privilèges.**

Art. L. 525-14 *(Anc. L. n° 51-59, 18 janv. 1951 ; mod., L. n° 2011-850, 20 juill. 2011 ; abr. à compter du 1er janvier 2022, Ord. n° 2021-1192, 15 sept. 2021).* **– En cas de non-paiement à l'échéance, le créancier bénéficiaire du privilège établi par le présent chapitre peut poursuivre la réalisation du bien qui en est grevé**

dans les conditions prévues à l'article L. 521-3. L'officier public ou le courtier de marchandises assermenté chargé de la vente est désigné, à sa requête, par le président du tribunal de commerce. Le créancier doit, préalablement à la vente, se conformer aux dispositions de l'article L. 143-10.

Le créancier nanti a la faculté d'exercer la surenchère du dixième, prévue à l'article L. 143-13.

1) Dispositions de l'article L 143-10 : nécessité de notifier aux créanciers inscrits sur le fonds et possibilité pour ces créanciers de demander une réalisation globale. Le créancier nanti ne peut s'opposer, sans surenchérir, à la demande des créanciers inscrits sur le fonds de procéder à la réalisation de tous les éléments du fonds (■ Cass. com., 3 nov. 1970, n° 68-11.793 : *JurisData* n° 1970-097287 ; *Bull. civ.* IV, n° 287 ; *RTD com.* 1972, 159, obs. Hémard).

2) Possibilité de demander l'attribution judiciaire. L'attribution judiciaire du gage est offerte au créancier titulaire d'un nantissement sur outillage et matériel d'équipement qui ne poursuit pas la réalisation du bien grevé (■ Cass. com., 12 févr. 1979 : *JurisData* n° 1979-796058 ; *DS* 1979, 354, note Derrida ; *Journ. agréés* 1979, 298, note Mestre ; *Banque* 1979, 671 ; *JCP* 1980, II, 19316, 2e esp. note Chartier ; *Rev. syndics* 1979, 89, obs. Plaisant. ■ Cass. com., 4 mai 1981 : *JurisData* n° 1981-701172 ; *Gaz. Pal.* 1981, 2, pan. jurispr. 295, note Piedelièvre ; *DS* 1981, 489, 1re esp., note Derrida ; *RTD com.* 1982, 114, obs. Hémard. ■ Cass. com., 16 juill. 1981, n° 80-11.922 : *JurisData* n° 1981-002673 ; *Journ. agréés* 1982, 181, note Deleau-Deshayes. ■ Cass. com., 31 janv. 1983, n° 81-15.783 : *JurisData* n° 1983-700418 ; *Gaz. Pal.* 1983, 1, pan. jurispr. 151, obs. Piedelièvre. ■ Cass. ass. plén., 26 oct. 1984, n° 83-10.055 : *JurisData* n° 1984-701610 ; *DS* 1985, 33, concl. Cabannes, note Derrida ; *Gaz. Pal.* 1985, 1, 131, note Piedelièvre ; *JCP* 1985, II, 20342, rapport Viennois, note Corlay ; *Journ. agréés* 1985, 213, note Gallet. ■ Cass. com., 12 nov. 1985, n° 84-15.377 : *JurisData* n° 1985-002940 ; *JCP* G 1986, IV, 40 ; *Bull.* IV, n° 270 ; *JCP* N 1986, prat. 9888).

L'attribution du gage au créancier est indépendante des règles relatives à l'ordre dans lequel s'exercent sur le prix les divers privilèges, en cas de vente du bien nanti (■ Cass. com., 31 janv. 1983, n° 81-15.783 : *JurisData* n° 1983-700418 ; *JCP* G 1983, IV, 121).

3) Possibilité de demander l'attribution judiciaire lors d'une procédure de liquidation. L'attribution du gage n'étant pas subordonnée à l'existence d'un droit de rétention et le droit d'attribution étant indépendant des règles concernant l'ordre dans lequel s'exercent sur le prix les divers privilèges en cas de vente du bien nanti, le créancier bénéficiaire d'un nantissement sur du matériel d'équipement vendu à une société en liquidation des biens peut en demander l'attribution judiciaire (■ Cass. com., 16 juill. 1981, n° 80-11.922 : *JurisData* n° 1981-002673 ; *JCP* G 1981, IV, 359. – *Adde*, ■ Cass. com., 12 févr. 1979 : *JurisData* n° 1979-796058 ; *Gaz. Pal.* 1979, 1, somm. 229).

4) Attribution judiciaire : simple faculté et décharge de la caution. Le créancier gagiste n'est pas tenu de demander l'attribution judiciaire du gage. Encourt dès lors la cassation l'arrêt qui, a décidé que de la créance du créancier gagiste contre les cautions serait déduit le montant total du produit de la vente du matériel aux enchères publiques « quand bien même elle n'en recevrait qu'une partie », au motif que ce créancier gagiste qui avait la possibilité de se faire attribuer le matériel nanti aurait de la sorte évité la prééminence du superprivilège des salariés (■ Cass. com., 3 nov. 1983 : *JurisData* n° 1983-702195 ; *JCP* N 1985, II, p. 178 ; *JCP* G 1984, II, 20234, note J. Mestre). Toutefois, dans un autre contexte, la jurisprudence a retenu que le simple non usage d'une faculté pouvait permettre le jeu du bénéfice de subrogation et décharger la caution (■ Cass. ch. mixte, 17 nov. 2006 : *JCP* E 2006, 2275, note D. Houtcieff ; *JCP* N 2007, 1045, note Le Magueresse ; *RD bancaire et fin.* 2007, n° 5, obs. A. Cerles ; *RTD civ.* 2007, p. 157, obs. P. Crocq ; *Defrénois* 2007, p. 440, obs. E. Savaux et p. 688, note S. Piedelièvre, *Banque et droit* janv.-févr. 2007, p. 47, obs. F. Jacob ; *RTD com.* 2007, p. 215, obs. D. Legeais).

Voir : jurispr. citée sous art. L. 521-3, p. 1061.

Art. L. 525-15 ***(Anc. L. n° 51-59, 18 janv. 1951 ; abr. à compter du 1er janvier 2022, Ord. n° 2021-1192, 15 sept. 2021).*** **– Les biens grevés en vertu du présent chapitre, dont la vente est poursuivie avec d'autres éléments du fonds, sont l'objet d'une mise à prix distincte ou d'un prix distinct si le cahier des charges oblige l'adjudicataire à les prendre à dire d'expert.**

Dans tous les cas, les sommes provenant de la vente de ces biens sont, avant toute distribution, attribuées aux bénéficiaires des inscriptions, à concurrence du montant de leur créance en principal, frais et intérêts conservés par lesdites inscriptions.

La quittance délivrée par le créancier bénéficiaire du privilège n'est soumise qu'au droit fixe.

1) Droits des créanciers nantis : prix net de la vente. Le bénéficiaire du nantissement ne peut faire valoir ses droits que sur le prix net de la vente. La mention du montant de la taxe sur la valeur ajoutée, effectuée de manière distincte du prix sur la facture de vente par un syndic d'un matériel nanti, rend ce syndic redevable de ladite taxe qui est acquise de plein droit au Trésor public (■ Cass. com., 28 nov. 1979 : *JurisData* n° 1979-700316 ; *JCP* N 1980, II, p. 133. ■ Cass. com., 2 juin 1980, n° 78-15.617 : *Gaz. Pal.* 1980, 2, somm. 554. ■ Cass. com., 2 déc. 1980, n° 79-11.427 : *JurisData* n° 1980-745177 ; *Bull. civ.* IV, n° 403).

2) Nécessité, pour le créancier nanti, de demander *a priori* la ventilation du prix. Selon l'article L. 525-15, les biens grevés, dont la vente est poursuivie avec d'autres éléments du fonds, sont l'objet d'une mise à prix distincte ou d'un prix distinctsi le cahier des charges oblige l'adjudicataire à les prendre à dire d'expert. Le créancier nanti qui, sommé de prendre communication du cahier des charges, s'abstient de proposer dans les délais légaux les moyens de nullité tirés de l'inobservation des dispositions impératives susvisées, se met par son fait dans l'impossibilité d'exercer le privilège dont il bénéficiait. Et il ne saurait être fait droit à sa demande de ventilation a posteriori du prix des éléments vendus, une telle mesure allant, d'une part, à l'encontre des prescriptions de la loi du 18 janvier 1951 [C. com., art. L. 525-1 et s.] et revenant, d'autre part, à modifier le cahier des charges qui a servi de base à l'adjudication déjà intervenue (■ Toulouse, 6 févr. 1972 : *RTD com.* 1972, 447, obs. Hémard).

Art. L. 525-16 ***(Anc. L. n° 51-59, 18 janv. 1951 ; mod., L. n° 2003-7, 3 janv. 2003 ; abr. à compter du 1er janvier 2022, Ord. n° 2021-1192, 15 sept. 2021).*** **– Si l'acquéreur n'a pas la qualité de commerçant, le nantissement est soumis aux dispositions des articles L. 525-1 à L. 525-9, L. 525-11 et L. 525-12 et du présent article. L'inscription prévue à l'article L. 525-3 est alors prise au greffe du tribunal de commerce dans le ressort duquel est domicilié l'acquéreur du bien grevé, ou, s'il s'agit d'une personne immatriculée au répertoire des métiers, dans le ressort duquel est situé son fonds artisanal.**

À défaut de paiement à l'échéance, le créancier bénéficiaire du privilège établi par le présent chapitre peut faire procéder à la vente publique du bien grevé conformément aux dispositions de l'article L. 521-3.

Les inscriptions sont rayées soit du consentement des parties intéressées, soit en vertu d'un jugement passé en force de chose jugée.

À défaut de jugement, la radiation totale ou partielle ne peut être opérée par le greffier que sur le dépôt d'un acte authentique de consentement donné par le créancier.

Lorsque la radiation non consentie par le créancier est demandée par voie d'action principale, cette action est portée devant le tribunal de commerce du lieu où l'inscription a été prise.

La radiation est opérée au moyen d'une mention faite par le greffier en marge de l'inscription.

Il en est délivré certificat aux parties qui le demandent.

Art. L. 525-17 ***(Anc. L. n° 51-59, 18 janv. 1951 ; abr. à compter du 1er janvier 2022, Ord. n° 2021-1192, 15 sept. 2021).*** **– Pour l'application des dispositions du présent chapitre, les greffiers sont assujettis aux diligences et responsabilités fixées par voie réglementaire pour la tenue du registre des inscriptions et la délivrance des états ou certificats requis.**

Leurs émoluments sont établis comme il est prévu par les textes réglementaires en vigueur.

Art. L. 525-18 ***(Anc. L. n° 51-59, 18 janv. 1951 ; abr. à compter du 1er janvier 2022, Ord. n° 2021-1192, 15 sept. 2021).*** **– Ne sont pas soumis à l'application des dispositions du présent chapitre :**

1° Les véhicules automobiles visés par le décret n° 53-968 du 30 septembre 1953 ;

2° Les navires de mer, ainsi que les bateaux de navigation fluviale visés par les articles 78 et suivants du Code du domaine public fluvial et de la navigation intérieure ;

3° Les aéronefs visés par les articles L. 110-1 et suivants du Code de l'aviation civile.

1) Exclusion du matériel incorporé dans un bâtiment de mer appartenant au même propriétaire. Il résulte de l'article L. 525-18, 2°, que l'emprunteur ne peut donner en nantissement à son prêteur ni l'outillage, ni le matériel d'équipement, acquis à crédit, qu'il incorpore à un bâtiment de mer (■ Cass. com., 1er juin 1970 : *JurisData* n° 1970-097180 ; *Bull. civ.* IV, n° 180 ; *JCP* N 1970, prat. 4892 ; *D.* 1970, 681, note Rodière ; *DMF* 1971, 131, note Calais-Auloy). Doit donc être cassé l'arrêt déclarant un tel nantissement opposable à un créancier hypothécaire au prétendu motif que si l'article L. 525-18, 2°, exclut de son champ d'application « les bâtiments de mer, pris en leur totalité, il n'en va pas de même du matériel qui s'y trouve incorporé afin d'en assurer l'équipement » (même arrêt, V. aussi sur renvoi ■ Rouen, 9 mai 1972 : *DS* 1972, 469, note Chauveau).

Le principe de l'entité juridique du navire ne peut trouver son application que si les accessoires remplacés ou apportés sur le navire appartiennent au propriétaire et ne sont pas au contraire la propriété d'un tiers ; lorsque le locataire d'un navire a acquis un moteur sur lequel un organisme de crédit a fait inscrire un nantissement, il y a lieu de déclarer le créancier du locataire du navire bien fondé dans sa demande de distraction du moteur équipant le chalutier (▪ Montpellier, 10 févr. 1961 : *D.* 1962, 647, note Calais-Auloy).

2) Véhicules automobiles non soumis à la loi. V. ▪ T. com. Montpellier, 8 déc. 1960 : *D.* 1961, 52 ; *Gaz. Pal.* 1961, 1, 228.

Art. L. 525-19 *(Anc. L. n° 51-59, 18 janv. 1951 ; abr. à compter du 1er janvier 2022, Ord. n° 2021-1192, 15 sept. 2021).* **– Est puni des peines prévues par l'abus de confiance par les articles 314-1 et 314-10 du Code pénal, le fait, pour tout acquéreur ou détenteur de biens nantis en application du présent chapitre, de les détruire ou tenter de les détruire, les détourner ou tenter de les détourner, ou enfin les altérer ou tenter de les altérer d'une manière quelconque en vue de faire échec aux droits du créancier.**

Sont punies des mêmes peines toutes manœuvres frauduleuses destinées à priver le créancier de son privilège sur les biens nantis ou à le diminuer.

1) Preuve par tout moyen du détournement. La preuve de l'identité de l'objet donné en nantissement avec celui qui a été détourné se fait par tout moyen indépendamment des dispositions prescrites par l'article L. 525-2 pour la validité du contrat de nantissement (▪ Cass. crim., 29 mars 1973 : *JurisData* n° 1973-095160 ; *Bull. crim.*, n° 160).

2) Détournement : illustrations. Peut commettre le délit de l'article L. 525-19 le gérant d'une société resté débiteur réel et responsable du matériel acquis par la société lorsque, malgré l'ordre contraire du créancier nanti, il déplace le matériel nanti (▪ Cass. crim., 26 mars 1963 : *Bull. crim.*, p. 260). Voir également pour la remise à un tiers par le débiteur d'un outillage nanti malgré l'opposition du créancier (▪ Cass. crim., 14 déc. 1967 : *Bull. crim.*, p. 774).

Art. L. 525-20 *(Anc. L. n° 51-59, 18 janv. 1951 ; abr. à compter du 1er janvier 2022, Ord. n° 2021-1192, 15 sept. 2021).* **– Des décrets en Conseil d'État déterminent les conditions d'application des dispositions du présent chapitre.**

CHAPITRE VI. – DE LA PROTECTION DE L'ENTREPRENEUR INDIVIDUEL ET DU CONJOINT

(L. n° 2003-721, 1er août 2003)

Bibliographie : V. Legrand et J. Vallansan, *Déclaration notariée d'insaisissabilité ou/et statut d'EIRL : quelle technique choisir après l'arrêt du 28 juin 2011 : Rev. proc. coll.* 2011, étude 30. • V. Legrand, *EIRL et déclaration d'insaisissabilité, quel bilan ? : JCP* N 2014, 1101 ; *Ingénierie patrimoniale et prévention du risque en entreprise individuelle : Rev. proc. coll.* 1er nov. 2014, p. 17 ; *Patrimoine familial et risque de l'entreprise : stratégies de prévention : LPA* 10 déc. 2014, n° 246, p. 3. • J. Prieur et J. Vallansan, *La protection du patrimoine privé du chef d'entreprise : le rôle du notaire : JCP* N 2014, 1332. • P.-M. Reverdy, *La protection du patrimoine de l'entrepreneur individuel : LPA* 10 janv. 2014, n° 8, p. 4 et 14 janv. 2014, n° 10, p. 7 et s. • L. Lauvergnat, *L'entrepreneur individuel et ses créanciers : existe-t-il un droit de ne pas être saisi ? : JCP* G 2013, act. 791. • CSN, *Déclaration d'insaisissabilité : un point sur l'objet de l'obligation du notaire : JCP* N 2015, act. 254. • *L'entrepreneur individuel et son notaire : conseils et stratégies pour la protection du patrimoine : Defrénois*, n° 10, 30 mai 2016 : dossier spécial : C. Jallamion, *La genèse de la volonté de protéger le patrimoine privé des déboires de l'entrepreneur individuel*, art. 123m8, p. 526 ; P. Pérochon, *L'insaisissabilité après la loi Macron*, art. 123n2, p. 532 ; J.-F. Montredon, *Réflexions d'un praticien sur le charme discret des sociétés civiles*, art. 123n7, p. 538 ; J.-P. Andrieu, *Des clauses utiles pour le régime matrimonial de l'entrepreneur individuel*, art. 123n0, p. 543 ; V. Aussel, *Le couple confronté aux créanciers professionnels*, art. 123n3, p. 547 ; P. Gautier, *L'entreprise à l'épreuve de la désunion*, art. 123p2, p. 552 ; O. Gazeau et S. Blin, *L'entrepreneur individuel gratifié*, art. 123n4, p. 556 ; A.-L. Thomat-Raynaud, *La cohérence théorique de l'« EI2P » ou l'entrepreneur individuel à deux personnalités et deux patrimoines*, art. 123n6, p. 566 ; E. Dubuisson, *Le schéma de l'EI2P : sa confrontation au couple et à la transmission*, art. 123n5, p. 572. • P. Roussel Galle, *La protection du dirigeant : insaisissabilité, EIRL : Rev. proc. coll.* 2016, p. 59. • C. Lisanti, *Pour un statut du conjoint in bonis : RTD com.* 2017, p. 269. • V. Legrand, *Les dispositifs de protection du logement de l'entrepreneur personne physique, 116e congrès des notaires de France : LPA* 14 oct. 2020, n° 156n0, p. 5. • C. Lisanti, *Plaidoyer pour une refonte des droits du conjoint in bonis : Mélanges en l'honneur de C. Saint-Alary-Houin*, LGDJ-Lextenso, 2020, p. 341 et s.

Dossiers spéciaux. *L'entrepreneur individuel et son notaire : conseils et stratégies pour la protection du patrimoine : Defrénois*, n° 10, 30 mai 2016 : dossier spécial. • C. Jallamion, *La genèse de la volonté de protéger le patrimoine privé des déboires de l'entrepreneur individuel*, art. 123m8, p. 526. • P. Pérochon, *L'insaisissabilité après la loi Macron*, art. 123n2, p. 532. • J.-F. Montredon,

Réflexions d'un praticien sur le charme discret des sociétés civiles, art. 123n7, p. 538. • J.-P. Andrieu, *Des clauses utiles pour le régime matrimonial de l'entrepreneur individuel*, art. 123n0, p. 543. • V. Aussel, *Le couple confronté aux créanciers professionnels*, art. 123n3, p. 547. • P. Gautier, *L'entreprise à l'épreuve de la désunion*, art. 123p2, p. 552. • O. Gazeau et S. Blin, *L'entrepreneur individuel gratifié*, art. 123n4, p. 556. • A.-L. Thomat-Raynaud, *La cohérence théorique de l'« EI2P » ou l'entrepreneur individuel à deux personnalités et deux patrimoines*, art. 123n6, p. 566. • E. Dubuisson, *Le schéma de l'EI2P : sa confrontation au couple et à la transmission*, art. 123n5, p. 572. • *Le régime matrimonial du chef d'entreprise en 10 questions* : *JCP* N 2020, 1000, sous la direction de A. Karm, avec H. Cathou, V. Hatton, N. Dupouy, I. Ollivier, E. Galvan, S. Vieille.

Section I. – De l'insaisissabilité de la résidence principale

Bibliographie : *Lors de l'introduction de ce dispositif par la loi du 1er août 2003.* D. Autem, *L'insaisissabilité de la résidence principale de l'entrepreneur individuel* : Defrénois 2004, p. 327. • M. Dagot, *La déclaration d'insaisissabilité du logement principal de l'entrepreneur individuel* : *JCP* N 2004, 1028. • Y. Guilhaudis et J.-C. Raffray, *Pratique de la déclaration d'insaisissabilité* : *JCP* N 2005, 1192. • M. Laugier, *Initiative économique et déclaration notariée d'insaisissabilité* : *JCP* N 2003, 1561. • P. Le Corre, *Protection de l'entrepreneur individuel et déclaration d'insaisissabilité* : *AJDI* mars 2004, p. 184. • V. Legrand, *Déclaration d'insaisissabilité et EIRL : le couple parfait ?* : *D.* 2011, p. 2485. • C. Malecki, *La loi pour l'initiative économique et l'insaisissabilité de la résidence principale de l'entrepreneur individuel* : *D.* 2003, p. 2220. • F. Pérochon, *Le créancier et la renonciation à l'insaisissabilité de la résidence*, in *Mél. Saint-Alary*, Éd. Législatives, PUSS Toulouse 2006, p. 409. • S. Piedelièvre, *L'insaisissabilité de la résidence principale de l'entrepreneur individuel, Loi n° 2003-721 du 1er août 2003 pour l'initiative économique* : *JCP* G 2003, I, 165. • F. Sauvage, *L'insaisissabilité de la résidence principale de l'entrepreneur individuel à l'épreuve de son régime matrimonial* : *JCP* N 2004, 1120. • F. Vauvillé, *La déclaration d'insaisissabilité* : Defrénois 2003, p. 1197. • L. Williatte-Pellitteri, *L'insaisissabilité de la résidence principale de l'entrepreneur individuel résultant de la loi du 1er août 2003 : La boîte de Pandore du monde des affaires ?* : *LPA* 9 août 2004, p. 3.

Après les modifications effectuées par la loi du 4 août 2008. D. Bert, *La nouvelle physionomie de la déclaration d'insaisissabilité après la LME* : *Dr. et patrimoine* mai 2009, p. 44. • S. Cabrillac, *La conservation directe de l'immeuble : insaisissabilité et inaliénabilité*, La protection de l'accédant immobilier, Colloques et débats n° 27, Litec, 2010, p. 129. • P. Delmotte, *Les vertiges de l'insaisissabilité : de quelques effets nés de la déclaration d'insaisissabilité en matière de procédure collective* : *JCP* E 2009, 1506. • D. Dupuis, *L'insaisissabilité des biens que l'entrepreneur individuel n'a pas affectés à son usage professionnel : un miroir aux alouettes ?* : *CDE* déc. 2008, p. 35. • S. Lebovici, *La déclaration d'insaisissabilité par l'entrepreneur individuel* : *Dr. et patrimoine* mars 2010, p. 49. • V. Legrand et J. Vallansan, *Déclaration notariée d'insaisissabilité ou/et statut d'EIRL : quelle technique choisir après l'arrêt du 28 juin 2011* : *Rev. proc. coll.* 2011, étude 30. • J. Leprovaux et J. Vallasan, *Vivre en procédure collective, le sort de la résidence principale protégée par la déclaration d'insaisissabilité* : *Rev. proc. coll.* janv. 2013, p. 71. • F. Pérochon, *Efficacité de la déclaration d'insaisissabilité... : oui, mais après ?* : *Rev. proc. coll.* juill. 2013, dossier 25, p. 55. • S. Piedelièvre, *Le nouveau droit de l'insaisissabilité* : Defrénois 2008, p. 2245. • P. Roussel Galle, *Déclaration d'insaisissabilité : ça ne peut plus durer ainsi !* : *Rev. proc. coll.* juill. 2012, repère 4.

Après l'introduction de l'insaisissabilité automatique par la loi du 6 août 2015. D. Bert et S. Kherbouche, *L'insaisissabilité de droit de la résidence principale de l'entrepreneur individuel : une réforme insaisissable ?* : *RTD. com.* 2016, p. 241. • M. Cazajus, *L'immeuble insaisissable en liquidation judiciaire en 10 questions* : Defrénois 2018, n° 5, p. 13. • *La perte de qualification de résidence principale en cours de procédure collective : incidence sur l'insaisissabilité* : *BJE* mars 2020, n° 117r1, p. 61. • P.-M. Le Corre, *L'insaisissabilité légale de la résidence principale : quid novi, quid boni ?* : *Gaz. Pal.* 18 oct. 2015, p. 3. • C. Gamaleu Kameni, *L'insaisissabilité de plein droit de la résidence principale de l'entrepreneur individuel : opportunité ou risque ?* : *Gaz. Pal.* 19 janv. 2016, p. 17. • S. Guillaud-Bataille et C. Lisanti, *Consacrer l'insaisissabilité du dirigeant de PME* : *JCP* N 2020, 1228. • L. Firley, *La résidence principale de l'entrepreneur individuel et la loi Macron : insaisissabilité ou saisissabilité légale ?* : *LPA* 9 juill. 2016, p. 7. • V. Legrand, *Faut-il supprimer la déclaration notariée d'insaisissabilité* : *D.* 2015, p. 2387 ; *L'insaisissabilité de la résidence principale : le cadeau empoisonné de la loi Macron (À propos de la loi n° 2015-990 du 6 août 2015)* : *LPA* 8 sept. 2015, p. 6 ; *Les dispositifs de protection du logement de l'entrepreneur personne physique* : *LPA* 14 oct. 2020, p. 5. • C. Lisanti, *Déclaration notariée d'insaisissabilité : une protection efficace du patrimoine de l'entrepreneur ?* : *JCP* N 2017, 1330. • C. Lisanti et V. Antin, *Proposition du 116e congrès des notaires de modifier l'insaisissabilité de la résidence principale de l'entrepreneur* : *Solution Notaire Hebdo*, 16 nov. 2020, *n° 38, p. 18* et s. • T. Montéran, *Un progrès social spectaculaire : la protection légale du patrimoine personnel* : *Gaz. Pal.* 18 oct. 2015, p. 5. • V. Perruchot-Triboulet, *La nouvelle insaisissabilité de la résidence principale de l'entrepreneur individuel : analyse et mise en perspective du projet de la loi Macron* : *Journ. sociétés* 1er juill. 2015, p. 23. • P. Rubellin, *Le divorce sans juge dans le cadre des difficultés économiques* : *RJPF*, 1er juill. 2018, p. 12.

Art. L. 526-1 *(L. n° 2003-721, 1er août 2003 ; mod., L. n° 2008-776, 4 août 2008 ; Ord. n° 2010-638, 10 juin 2010 ; L. n° 2013-1117, 6 déc. 2013 ; L. n° 2015-990, 6 août 2015)*. **– Par dérogation aux**

articles 2284 et 2285 du Code civil, les droits d'une personne physique immatriculée à un registre de publicité légale à caractère professionnel ou exerçant une activité professionnelle agricole ou indépendante sur l'immeuble où est fixée sa résidence principale sont de droit insaisissables par les créanciers dont les droits naissent à l'occasion de l'activité professionnelle de la personne. Lorsque la résidence principale est utilisée en partie pour un usage professionnel, la partie non utilisée pour un usage professionnel est de droit insaisissable, sans qu'un état descriptif de division soit nécessaire. La domiciliation de la personne dans son local d'habitation en application de l'article L. 123-10 du présent code ne fait pas obstacle à ce que ce local soit de droit insaisissable, sans qu'un état descriptif de division soit nécessaire.

Rédaction future. Par dérogation aux articles 2284 et 2285 du Code civil, les droits d'une personne physique immatriculée *(Mots rempl. à compter du 1er septembre 2023, Ord. n° 2021-1189, 15 sept. 2021)* « au registre national des entreprises » sur l'immeuble où est fixée sa résidence principale sont de droit insaisissables par les créanciers dont les droits naissent à l'occasion de l'activité professionnelle de la personne. Lorsque la résidence principale est utilisée en partie pour un usage professionnel, la partie non utilisée pour un usage professionnel est de droit insaisissable, sans qu'un état descriptif de division soit nécessaire. La domiciliation de la personne dans son local d'habitation en application de l'article L. 123-10 du présent code ne fait pas obstacle à ce que ce local soit de droit insaisissable, sans qu'un état descriptif de division soit nécessaire.

Par dérogation aux articles 2284 et 2285 du Code civil, une personne physique immatriculée à un registre de publicité légale à caractère professionnel ou exerçant une activité professionnelle agricole ou indépendante peut déclarer insaisissables ses droits sur tout bien foncier, bâti ou non bâti, qu'elle n'a pas affecté à son usage professionnel. Cette déclaration, publiée au fichier immobilier ou, dans les départements du Bas-Rhin, du Haut-Rhin et de la Moselle, au livre foncier, n'a d'effet qu'à l'égard des créanciers dont les droits naissent, après sa publication, à l'occasion de l'activité professionnelle du déclarant. Lorsque le bien foncier n'est pas utilisé en totalité pour un usage professionnel, la partie non affectée à un usage professionnel ne peut faire l'objet de la déclaration qu'à la condition d'être désignée dans un état descriptif de division.

Rédaction future. Par dérogation aux articles 2284 et 2285 du Code civil, une personne physique immatriculée *(Mots rempl. à compter du 1er septembre 2023, Ord. n° 2021-1189, 15 sept. 2021)* « au registre national des entreprises » peut déclarer insaisissables ses droits sur tout bien foncier, bâti ou non bâti, qu'elle n'a pas affecté à son usage professionnel. Cette déclaration, publiée au fichier immobilier ou, dans les départements du Bas-Rhin, du Haut-Rhin et de la Moselle, au livre foncier, n'a d'effet qu'à l'égard des créanciers dont les droits naissent, après sa publication, à l'occasion de l'activité professionnelle du déclarant. Lorsque le bien foncier n'est pas utilisé en totalité pour un usage professionnel, la partie non affectée à un usage professionnel ne peut faire l'objet de la déclaration qu'à la condition d'être désignée dans un état descriptif de division.

L'insaisissabilité mentionnée aux deux premiers alinéas du présent article n'est pas opposable à l'administration fiscale lorsque celle-ci relève, à l'encontre de la personne, soit des manœuvres frauduleuses, soit l'inobservation grave et répétée de ses obligations fiscales, au sens de l'article 1729 du Code général des impôts.

NDLR : La version actuelle de l'article L. 526-1 n'est applicable que pour les dettes nées à partir du 8 août 2015.

Rédaction antérieure. Art. L 526-1 *(L. n° 2003-721, 1er août 2003 ; mod., L. n° 2008-776, 4 août 2008 ; Ord. n° 2010-638, 10 juin 2010 ; L. n° 2013-1117, 6 déc. 2013)*. **–** Par dérogation aux articles 2284 et 2285 du Code civil, une personne physique immatriculée à un registre de publicité légale à caractère professionnel ou exerçant une activité professionnelle agricole ou indépendante peut déclarer insaisissables ses droits sur l'immeuble où est fixée sa résidence principale ainsi que sur tout bien foncier bâti ou non bâti qu'elle n'a pas affecté à son usage professionnel. Toutefois, cette déclaration n'est pas opposable à l'administration fiscale lorsque celle-ci relève, à l'encontre du déclarant, soit des manœuvres frauduleuses, soit l'inobservation grave et répétée de ses obligations fiscales, au sens de l'article 1729 du Code général des impôts. Cette déclaration, publiée au fichier immobilier ou, dans les départements du Bas-Rhin, du Haut-Rhin et de la Moselle, au livre foncier, n'a d'effet qu'à l'égard des créanciers dont les droits naissent, postérieurement à la publication, à l'occasion de l'activité professionnelle du déclarant.

Lorsque le bien foncier n'est pas utilisé en totalité pour un usage professionnel, la partie non affectée à un usage professionnel ne peut faire l'objet de la déclaration que si elle est désignée dans un état descriptif de division. La domiciliation du déclarant dans son local d'habitation en application de l'article L. 123-10 ne fait pas obstacle à ce que ce local fasse l'objet de la déclaration, sans qu'un état descriptif de division soit nécessaire.

I – DOMAINE

A – Les biens

1) Usage non professionnel (réponse antérieure à l'entrée en vigueur de la loi n° 2008-776, 4 août 2008). Lorsque la localisation de l'activité dans un immeuble de l'entrepreneur se fait sans aménagement professionnel d'une de ses parties (par exemple : quand elle consiste simplement à fournir une adresse postale à l'entrepreneur), l'immeuble conserve la qualification exclusive d'usage non professionnel et peut dans son ensemble faire l'objet d'une déclaration (Rép. min. n° 85332 : *JOAN Q* 20 juin 2006, p. 6639 ; *Procédures* 2006, n° 244, obs. H. Croze. – Réponse consacrée par la loi du 4 août 2008, art. L. 526-1, al. 2).

2) Exclusion des parts de SCI. Les parts de SCI ne peuvent pas faire l'objet d'une déclaration d'insaisissabilité (Rép. min. n° 52819 : *JOAN* Q 5 avr. 2005, p. 3540 ; *AJDI* 2006, p. 135, obs. J. P. Maublanc).

B – Les personnes

3) Exclusion des associés de GAEC. Les associés d'un GAEC ne peuvent procéder à une déclaration d'insaisissabilité car ils n'exercent pas une activité à titre individuel (Rép. min. n° 66042 : *JOAN* Q, 2 août 2005, p. 7580 ; *JCP* N 2005, n° 35, p. 1385).

C – La date d'entrée en vigueur

4) Inapplication de l'insaisissabilité légale aux procédures collectives ouvertes avant la date d'entrée en vigueur de la loi. L'insaisissabilité légale de la résidence principale n'est pas applicable aux procédures collectives ouvertes avant la date d'entrée en vigueur de la loi l'instituant : le 8 août 2015 (▪ Cass. com., 29 mai 2019 : *Rev. sociétés* 2019, p. 557, obs. L. C. Henry ; *LEDEN* 11/2019, p. 5, obs. P. Rubellin ; *Rev. proc. coll.* 2020, p. 65, obs. C. Lisanti).

5) Application dans le temps de l'insaisissabilité légale en cas de procédures collectives successives. La résidence principale de l'entrepreneur est exclue des liquidations judiciaires ouvertes postérieurement à l'entrée en vigueur de l'insaisissabilité légale (7 août 2015), peu importe que cette ouverture soit la conséquence de la résolution du plan adopté avant l'entrée en vigueur de la loi (▪ CA Paris, 4-8, 5 sept. 2019, n° 19/01158 : *Gaz. Pal.* 14 janv. 2020, n° 368g4, p. 60, note B. Ferrari).

II – RÉGIME

A – En droit commun

6) Déclaration d'insaisissabilité non constitutive en elle-même d'une fraude paulienne. La déclaration d'insaisissabilité n'est pas constitutive d'une fraude paulienne (▪ CA Nancy, ch. com., 23 mars 2011, n° 09/02695 : *JCP* E 2011, 1368, note C. Lebel ; *Rev. proc. coll.* mai 2012, p. 64, obs. C. Lisanti, et janv. 2013, p. 32, obs. G. Blanc).

7) Possibilité pour les créanciers d'inscrire une hypothèque judiciaire. La déclaration d'insaisissabilité ne fait pas obstacle à l'inscription, par des créanciers professionnels postérieurs, d'une hypothèque judiciaire (▪ Cass. com., 11 juin 2014, n° 13-13.643 : *JurisData* n° 2014-012570 ; *JCP* G 2014, 1162, n° 13, obs. P. Delebecque ; *D.* 2014, p. 1613, obs. P. Crocq ; *BJED* 2014, n° 5, note approb. V. Legrand ; *Gaz. Pal.* 17 juill. 2014, p. 10, note M. Mignot ; *RTD imm.* 2014, n° 3, note C. Albigès ; *JCP* G 2014, 925, note J.-J. Barbieri ; *Procédures* août 2014, n°s 8-9, comm. 232, R. Perrot et nov. 2014, n° 11, étude 15, note L. Lauvergnat ; *JCP* E 2014, 1380, note C. Lebel et 2015, 1179, n° 9, obs. H. Azarian et A. Maron ; *LPA* 22 août 2014, p. 8, note F. Vinckel ; *RDC* 2014, p. 752, obs. P. Berlioz ; *Defrénois* 2015, art. 119w3, obs. S. Cabrillac. ▪ Cass. com., 13 sept. 2016 : *Defrénois* 2016, art. 125m2, obs. S. Piédelièvre ; *Gaz. Pal.* 29 nov. 2016, p. 29, note C. Albiges).

8) Opposabilité de l'insaisissabilité fonction de la date du contrat inexécuté. Le droit à réparation né de l'inexécution du contrat prend naissance à la conclusion du contrat qui constitue la date à prendre en considération pour déterminer l'opposabilité de la déclaration d'insaisissabilité, la date du protocole d'accord réglant le litige sur l'inexécution du contrat étant indifférente (▪ Cass. com., 8 janv. 2020, n° 18-20.885 : *LPA* 23 mars 2020, n° 151fO, p. 13, note V. Legrand ; *Rev. proc. coll.* 2020, p. 6, obs. F. Petit et p. 65, obs. C. Lisanti ; *JCP* E 1536, obs. C. Lebel).

B – En présence d'une procédure collective

1° À l'égard des organes de la procédure

9) Opposabilité de l'insaisissabilité à la procédure collective même en présence de créanciers auxquels elle est inopposable. Même lorsqu'il existe des créanciers auxquels la déclaration n'est pas opposable (soit car elle est postérieure à leurs créances, soit car il s'agit de créanciers domestiques, soit car ils bénéficient d'une renonciation) la déclaration d'insaisissabilité est opposable à la procédure collective dont les organes ne peuvent procéder à la réalisation des biens concernés (▪ Cass. com., 28 juin 2011, n° 10-15.482 : *JurisData* n° 2011-012491 ; *JCP* E 2011, act. 375, obs. C. Lebel ; *D.* 2011, p. 1751, obs. A. Lienhard ; *JCP* E 2011, 1551, note F. Pérochon ; *JCP* E 2011, 1596, n° 7, obs. P. Pétel ; *JCP* E 2011, 1052, n° 12, obs. P. Delebecque ; *Rev. sociétés* 2011, p. 526, obs. P. Roussel Galle ; *LPA* 23 nov. 2011, p. 8, note F. Reille ; *LEDEN* 2011-7, n° 119, p. 1, obs. F.-X. Lucas ; *Rev. proc. coll.* 2011, étude 30, V. Legrand et J. Vallansan. ▪ Cass. com., 18 juin 2013, n° 11-23.716 : *JurisData* n° 2013-012603 ; *JCP* E 2013, 1452, note Ch. Lebel ; *Bull. Joly Entreprises en difficulté* oct. 2013, p. 667, note E. Mouial-Bassilana ; *JCP* N 2014, 1133, obs. J.-P. Garçon ; *Gaz. Pal.* 14 mars 2014, p. 13, obs. C. Brenner ; *RD bancaire et fin.* 2013, comm. 159, S. Piedelièvre. ▪ Cass. com., 24 mars 2015, n° 14-10.175 : *JurisData* n° 2015-006383 ; *JCP* N 2015, act. 478 ; *JCP* E 2015, 1245, note A. Cerati-Gauthier ; *D.* 2015, p. 799, obs. A. Lienhard et p. 1302, note N. Borga ; *BJE* 1er juill. 2015, p. 224, note L. Le Mesle. ▪ Cass. com., 30 juin 2015, n° 14-14.757 : *JurisData* n° 2015-016239 ; *JCP* E 2015, 1608, note C. Lebel ;

D. 2015, p. 1486, obs. A. Lienhard ; *Rev. proc. coll.* 1er janv. 2016, p. 35, obs. G. Berthelot ; *LPA* 17 déc. 2015, note D. Demeyre. ■ Cass. com., 22 mars 2016 : *Rev. proc. coll.* 1er mai 2016, p. 10, obs. F. Petit et 1er nov. 2016, p. 52, obs. F. Reille ; *Gaz. Pal.* 28 juin 2016, p. 64, note J. Théron ; *LPA* 24 juin 2016, p. 14, note C. Gameleu Kameni ; *Rev. sociétés* 2016, p. 303, obs. L. C. Henry ; *Defrénois* 2016, art. 125m1, obs. S. Piédelièvre).

10) Inopposabilité de l'insaisissabilité publiée postérieurement à l'ouverture de la procédure de sauvegarde. La déclaration d'insaisissabilité publiée postérieurement à l'ouverture d'une procédure collective est inopposable, même s'il s'agit de la procédure volontaire de sauvegarde (■ Cass. com., 10 mars 2021, n° 19-21.971 : *BJE* 2021, note à paraître C. Lisanti).

11) Impossibilité, pour les organes de la procédure, de demander le partage d'un bien indivis insaisissable. Le partage d'un bien indivis valablement déclaré insaisissable par le débiteur ne peut être demandé par les organes de la procédure (■ Cass. com., 14 mars 2018 : *JCP* N 2018, act. 325, obs. C. Lebel ; *D.* 2018, p. 1240, note A. Rabreau ; *Rev. proc. coll.* 1er mai 2018, p. 11, obs. F. Petit ; *BJE* 2018, n° 3, 1er mai 2018, p. 201, note V. Legrand ; *RTD civ.* 2018, p. 447, obs. W. Dross ; *AJ fam.* 2018, p. 299, obs. J. Casey ; *Act. proc. coll.* 2018, comm. 118, obs. J. Leprovaux ; *LEDEN* 2018-4, p. 6, obs. P. Rubellin ; *D.* 2018, p. 1829, obs. P. Cagnoli).

12) Possibilité pour le juge du divorce de demander la licitation d'un bien insaisissable sans intervention des organes de la procédure. Le juge peut, dans le cadre des opérations de partage et de liquidation découlant du divorce des époux, ordonner la licitation d'un bien insaisissable sans avoir à solliciter les organes de la procédure (■ Cass. com., 10 juill. 2019 : *Gaz. Pal.* 15 oct. 2019, n° 361a4, p. 65, obs. L. Antonini-Cochin ; *Ann. loyers* 2019, p. 96, obs. C. Coutant-Lapalus ; *Defrénois* 2020, p. 31, n° 156q5, obs. F. Vauvillé ; *BJE* nov. 2019, n° 117j7, p. 21, obs. C. Lisanti ; *RD bancaire et fin.* 2019, comm. 200, obs. S. Piédelièvre ; *Act. proc. coll.* 2019, repère 221, obs. P. Roussel-Galle ; *JCP* E 2019, 1551, n° 18, obs. P. Pétel ; *AJ fam.* 2019, p. 530, obs. J. Casey ;*Rev. proc. coll.* 2020, p. 65, obs. C. Lisanti).

13) Possibilité pour les organes de la procédure de contester la régularité de la déclaration. Les organes de la procédure collective peuvent contester la régularité de la publicité de la déclaration (■ Cass. com., 15 nov. 2016 : *JCP* G 2017, 21, note A. Dumery ; *JCP* E 2017, 1110, note C. Lebel et 1164, n° 10, obs. P. Pétel ; *Procédures* 1er mars 2017, p. 21, obs. B. Rolland ; *LPA* 2 janv. 2017, n° 123c1, p. 10, obs. V. Legrand ; *BJE* 1er mars 2017, note N. Borga ; *Rev. Lamy dr. aff.* 1er mars 2017, p. 40, note Q. Némoz-Rajot ; *Rev. sociétés* 2017, p. 177, obs. P. Roussel Galle ; *D.* 2016, 2333, obs. A. Lienhard ; *Bull. Dict. perm. diff. entr.* déc. 2016, n° 387, p. 1, obs. J.-P. Rémery ; *LPA* 26 janv. 2017, p. 8, note D. Debost ; *Gaz. Pal.* 10 janv. 2017, p. 52, obs. P.-M. Lecorre et p. 69, obs. D. Voinot ; *Gaz. Pal.* 17 janv. 2017, p. 20, obs. G. Teboul ; *Rev. proc. coll.* 1er janv. 2017, p. 40, obs. F. Reille et p. 10, obs. F. Petit).

14) Nullités de la période suspecte. V. art. L. 632-1, p. 1270.

2° À l'égard des créanciers auxquels la déclaration est inopposable

15) Action des créanciers auxquels la déclaration est inopposable non soumise à la compétence des organes de la procédure collective. Les créanciers auxquels la déclaration est inopposable peuvent saisir le bien sans avoir à demander l'autorisation du juge commissaire, c'est-à-dire selon le droit commun des procédures civiles d'exécution (■ Cass. com., 5 avr. 2016 : *JCP* E 2016, act. 346 ; *D.* 2016, p. 837, obs. A. Lienhard, p. 1296, note N. Borga et p. 1894, obs. P.-M. Lecorre ; *Rev. sociétés* 2016, 393, obs. L. C. Henry ; *RJ com.* 2016, 268, note Ph. Roussel Galle ; *RTD. com.* 2016, p. 548, obs. A. Martin-Serf ; *JCP* G 2016, doctr. 1224, n° 11, obs. P. Delebeque ; *JCP* E 2016, doctr. 1442, note C. Lebel et doctr. 1465, obs. P. Pétel ; *JCP* N 2016, doctr. 1218, obs. F. Vauvillé ; *BJE* juill. 2016, n° 113, p. 8, p. 257, note V. Legrand ; *Dr. et patrimoine* juill. 2016, p. 88, obs. M.-H. Monsèrié-Bon ; *Gaz. Pal.* 28 juin 2016, p. 64, obs. J. Théron ; *Dr. et patrimoine* oct. 2016, p. 75, obs. P. Crocq ; *D.* 2016, p. 1894, obs. P.-M. Lecorre ; *LEDEN* mai 2016, n° 73, p. 3, obs. T. Favario ; *RD bancaire et fin.* 2017, comm. 251, obs. S. Piédelièvre ; *Rev. proc. coll.* 2016, comm. 119, obs. F. Marcorig-Venier ; *Act. proc. coll.* 2016, comm. 120, obs. J. Leprovaux ; *RD bancaire et fin.* 2016, comm. 125, obs. D. Legeais ; *Lexbase, éd. aff.* 2016, n° 463, N 2367BWL, note E. Lecorre-Broly ; *Rev. proc. coll.* 1er nov. 2016, p. 55, obs. F. Reille ; *JCP* E 2016, doctr. 1643, n° 12, obs. P. Delebecque).

16) Action de créanciers auxquels la déclaration est inopposable : obtention d'un titre exécutoire mais sans condamnation à paiement en raison de l'interdiction de paiement des créances antérieures. Le créancier auquel la déclaration est inopposable peut exercer son droit de poursuite sur l'immeuble et obtenir un titre exécutoire constatant l'existence, le montant et l'exigibilité de la créance, mais sans prononcer de condamnation au paiement en raison du principe d'interdiction du paiement des créances antérieures (■ Cass. com., 7 oct. 2020, n° 19-13.560 : *Act. proc. coll.* 2020, comm. 241, obs. L. Fin-Langer ; *Gaz. Pal.* 1er déc. 2020, n° 390z5, p. 24, note S. Farhi ; *LEDB* déc. 2020, n° 113r2, p. 6, obs. M. Mignot ;

Rev. proc. coll. 2020, comm. 142, note P. Cagnoli ; *Gaz. Pal.* 12 janv. 2021, n° 394m5, p. 80, note M. Guastella ; *JCP* E 2020, 1535, obs. P. Pétel ; *BJE* 2021, n° 1, n° 118j5, note N. Borga ; *BJE* mars 2021, n° 121w1, p. 52, note J-J. Ansault ; *Rev. sociétés* 2020, p. 205, note F. Reille).

17) Action des créanciers auxquels la déclaration est inopposable admise même en présence d'une clôture pour insuffisance d'actif. Le créancier auquel la déclaration est inopposable dispose d'un droit de poursuite même en cas de clôture de la liquidation pour insuffisance d'actif (▪ Cass. com., 13 sept. 2017 : *JCP* G 2017, 1223, note R. Vabres ; *JCP* E 2017, 1561, note A. Cerati-Gauthier ; *BJE* 2017, n° 6, p. 416 et s., note C. Lisanti ; *Act. proc. coll.* 2017, comm. 255, obs. M. Dols-Magneville ; *JCP* E 2017, 1688, n° 3, obs. P. Pétel ; *Rev. Lamy dr. civ.* 2018, n° 156, p. 37, obs. P. Soustelle ; *Gaz. Pal.* 16 janv. 2018, p. 68, obs. P-M. Le Corre ; *LPA* 1er janv. 2018, p. 11, note V. Legrand ; *Rev. sociétés* 1er déc. 2017, p. 734, obs. P. Roussel Galle ; *Rev. proc. coll.* 1er mai 2018, p. 54, note P. Cagnoli ; *D.* 2017, p. 1759, obs. A. Lienhard ; *D.* 2018, p. 1829, obs. P. Cagnoli ; *RTD com. 2017*, p. 994, obs. A. Martin-Serf). En revanche, ce droit n'est pas fondé sur la possibilité de reprendre les poursuites individuelles prévue pour les droits attachés à la personne par l'article L. 643-11 du Code de commerce (▪ Cass. com., 13 déc. 2017 : *JCP* E 2018, 1160, note C. Lebel ; *JCP* E 2018, 1159, n° 25, obs. P. Pétel ; *BJE* 2018, n° 2, p. 102, note C. Lisanti ; *RTD com.* 2018, p. 473, obs. A. Martin-Serf ; *Act. proc. coll.* 2018, n° 14, obs. L. Fin-Langer ; *D.* 2018, p. 1829, obs. P. Cagnoli ; *LEDEN* 1er févr. 2018, n° 2, p. 5, obs. P. Rubellin ; *Dr. et proc.* 2018, p. 2, note P. Roussel Galle ;*Rev. proc. coll.* janv. 2018, p. 5, obs. F. Petit ; *Rev. proc. coll.* mars-avr. 2018, p. 53, obs. F. Reille).

18) Action des créanciers auxquels la déclaration est inopposable : effet interruptif de la déclaration de créance limité à la décision sur son admission. Le créancier auquel la déclaration est inopposable ne bénéficie de l'effet interruptif de sa déclaration de créance dans la procédure du débiteur que jusqu'à son admission et pas jusqu'à la clôture de la procédure (▪ Cass. com., 12 juill. 2016 : *D.* 2016, 1558, obs. A. Lienhard et p. 1896, obs. P.-M. Lecorre ; *Rev. sociétés* 2016, 547, obs. P. Roussel Galle ; *LPA* 10 août 2016, p. 20, note V. Legrand ; *JCP* N 2017, 1043, note J.-L. Puygauthier ; *RD bancaire et fin.* 2017, comm. 251, obs. S. Piédelièvre ; *Act. proc. coll.* 2016, comm. 203, L. Camensuli-Feuillard ; *LEDEN* sept. 2016, p. 2, obs. P. Rubellin ; *JCP* E 2016, doctr. 1661, n° 10, obs. P. Pétel ; *Rev. proc. coll.* 1er nov. 2016, p. 55, obs. F. Reille).

Art. L. 526-2 *(L. n° 2003-721, 1er août 2003 ; mod., L. n° 2008-776, 4 août 2008 ; Ord. n° 2010-638, 10 juin 2010 ; L. n° 2015-990, 6 août 2015).* **– La déclaration prévue au deuxième alinéa de l'article L. 526-1, reçue par notaire sous peine de nullité, contient la description détaillée des biens et l'indication de leur caractère propre, commun ou indivis. L'acte est publié au fichier immobilier ou, dans les départements du Bas-Rhin, du Haut-Rhin et de la Moselle, au livre foncier de sa situation.**

Lorsque la personne est immatriculée dans un registre de publicité légale à caractère professionnel, la déclaration doit y être mentionnée.

Rédaction future. Lorsque la personne est immatriculée *(Mots rempl. à compter du 1er janvier 2023, Ord. n° 2021-1189, 15 sept. 2021)* « au registre du commerce et des sociétés, au registre spécial des agents commerciaux ou au registre spécial des entreprises à responsabilité limitée », la déclaration doit y être mentionnée.

Lorsque la personne n'est pas tenue de s'immatriculer dans un registre de publicité légale, un extrait de la déclaration doit être publié dans un *(Mots rempl., L. n° 2019-486, 22 mai 2019)* **« support habilité à recevoir des annonces légales dans le » département dans lequel est exercée l'activité professionnelle pour que cette personne puisse se prévaloir du bénéfice du deuxième alinéa de l'article L. 526-1.**

Rédaction future. *(Al. rempl. à compter du 1er janvier 2023, Ord. n° 2021-1189, 15 sept. 2021)* À défaut d'une telle immatriculation, la déclaration est mentionnée au registre national des entreprises.

L'établissement de l'acte prévu au premier alinéa et l'accomplissement des formalités donnent lieu au versement aux notaires d'émoluments fixes dans le cadre d'un plafond déterminé par décret.

NB : La publication dans un support habilité à recevoir des annonces légales dans le département dans lequel est exercée l'activité professionnelle réalisée par la personne en application de l'article L. 526-2 du Code de commerce, dans sa rédaction antérieure à l'entrée en vigueur de l' ordonnance n° 201-1189 du 15 septembre 2021, demeure régulière et continue de produire ses effets liés au bénéfice du deuxième alinéa de l'article L. 526-1 du même code, Ord. n° 2021-1189, 15 sept. 2021, art. 45, I.

Bibliographie : M. Cazajus, Point pratique sur la double publicité de la déclaration d'insaisissabilité : Defrénois 2019, n° 13, p. 21, 147h3.

1) Registre de publicité légale à caractère professionnel : exclusion du tableau des avocats. Le tableau des avocats inscrits auprès d'un barreau ne constitue pas un registre de publicité légale à caractère professionnel au sens de l'article L. 526-2 du Code de commerce, par conséquent la publicité de la déclaration d'insaisissabilité doit être faite dans un journal d'annonces légales

(■ Cass. 1re civ., 15 mai 2007, n° 05-19.189 : *JurisData* n° 2007-038901 ; *RD bancaire et fin.* 2007, n° 189, obs. S. Piedelièvre).

2) Irrégularité de la publicité : droit à agir des organes de la procédure collective. Les organes de la procédure collective sont recevables à contester la régularité de la publicité de la déclaration d'insaisissabilité (■ Cass. com., 15 nov. 2016 : *JCP* G 2017, 21, note A. Dumery ; *JCP* E 2017, 1110, note C. Lebel et 1164, n° 10, obs. P. Pétel ; *Procédures* 1er mars 2017, p. 21, obs. B. Rolland ; *LPA* 2 janv. 2017, n° 123c1, p. 10, obs. V. Legrand ; *BJE* 1er mars 2017, note N. Borga ; *Rev. Lamy dr. aff.* 1er mars 2017, p. 40, note Q. Némoz-Rajot ; *Rev. sociétés* 2017, p. 177, obs. P. Roussel Galle ; *D.* 2016, 2333, obs. A. Lienhard ; *Bull. Dict. perm. diff. entr.* déc. 2016, n° 387, p. 1, obs. J.-P. Rémery ; *LPA* 26 janv. 2017, p. 8, note D. Debost ; *Gaz. Pal.* 10 janv. 2017, p. 52, obs. P.-M. Lecorre et p. 69, obs. D. Voinot ; *Gaz. Pal.* 17 janv. 2017, p. 20, obs. G. Teboul ; *Rev. proc. coll.* 1er janv. 2017, p. 40, obs. F. Reille et p. 10, obs. F. Petit). Le débiteur, même de bonne foi, ne peut invoquer le droit au procès équitable pour se soustraire à l'application du revirement autorisant les organes de la procédure à agir (■ Cass. com., 30 janv. 2019 : *BJE* mai 2019, p. 31, 116z1, note C. Lisanti ; *Rev. pro. coll.* mars 2019, p. 52, obs. C. Lisanti ; *RJC* mai 2019, p. 285, obs. M. Cazajus).

3) Irrégularité de la publicité : pas d'excès de pouvoir du juge autorisant la vente du bien. N'excède pas ses pouvoirs le juge qui exige pour faire obstacle à la vente du bien par le liquidateur que la déclaration d'insaisissabilité ait été publiée, avant l'ouverture de la procédure, dans tous les registres de publicité légale à caractère professionnel dans lesquels le débiteur était immatriculé (■ Cass. com., 2 juin 2015, n° 14-10.383 : *Gaz. Pal.* 18 oct. 2015, p. 28, note D. Voinot ; *BJE* 1er sept. 2015, p. 292, note J. Théron).

Art. L. 526-3 ***(L. n° 2003-721, 1er août 2003 ; mod., L. n° 2008-776, 4 août 2008 ; L. n° 2015-990, 6 août 2015).*** **– En cas de cession des droits immobiliers sur la résidence principale, le prix obtenu demeure insaisissable, sous la condition du remploi dans le délai d'un an des sommes à l'acquisition par la personne mentionnée au premier alinéa de l'article L. 526-1 d'un immeuble où est fixée sa résidence principale.**

L'insaisissabilité des droits sur la résidence principale et la déclaration d'insaisissabilité portant sur tout bien foncier, bâti ou non bâti, non affecté à l'usage professionnel peuvent, à tout moment, faire l'objet d'une renonciation soumise aux conditions de validité et d'opposabilité prévues à l'article L. 526-2. La renonciation peut porter sur tout ou partie des biens ; elle peut être faite au bénéfice d'un ou de plusieurs créanciers mentionnés à l'article L. 526-1 désignés par l'acte authentique de renonciation. Lorsque le bénéficiaire de cette renonciation cède sa créance, le cessionnaire peut se prévaloir de celle-ci. La renonciation peut, à tout moment, être révoquée dans les conditions de validité et d'opposabilité prévues à l'article L. 526-2. Cette révocation n'a d'effet qu'à l'égard des créanciers mentionnés à l'article L. 526-1 dont les droits naissent postérieurement à sa publication.

Les effets de l'insaisissabilité et ceux de la déclaration subsistent après la dissolution du régime matrimonial lorsque la personne mentionnée au premier alinéa de l'article L. 526-1 ou le déclarant mentionné au deuxième alinéa du même article L. 526-1 est attributaire du bien. Ils subsistent également en cas de décès de la personne mentionnée au premier alinéa dudit article L. 526-1 ou du déclarant mentionné au deuxième alinéa du même article L. 526-1 jusqu'à la liquidation de la succession.

Rédaction antérieure. Art. L. 526-3 *(L. n° 2003-721, 1er août 2003 ; mod., L. n° 2008-776, 4 août 2008).* – En cas de cession des droits immobiliers désignés dans la déclaration initiale, le prix obtenu demeure insaisissable à l'égard des créanciers dont les droits sont nés postérieurement à la publication de cette déclaration à l'occasion de l'activité professionnelle du déclarant, sous la condition du remploi dans le délai d'un an des sommes à l'acquisition par le déclarant d'un immeuble où est fixée sa résidence principale.

Les droits sur la résidence principale nouvellement acquise restent insaisissables à la hauteur des sommes réemployées à l'égard des créanciers visés au premier alinéa lorsque l'acte d'acquisition contient une déclaration de remploi des fonds.

La déclaration de remploi des fonds est soumise aux conditions de validité et d'opposabilité prévues aux articles L. 526-1 et L. 526-2.

La déclaration peut, à tout moment, faire l'objet d'une renonciation soumise aux mêmes conditions de validité et d'opposabilité. La renonciation peut porter sur tout ou partie des biens ; elle peut être faite au bénéfice d'un ou plusieurs créanciers mentionnés à l'article L. 526-1 désignés par l'acte authentique de renonciation. Lorsque le bénéficiaire de cette renonciation cède sa créance, le cessionnaire peut se prévaloir de celle-ci.

Les effets de la déclaration subsistent après la dissolution du régime matrimonial lorsque le déclarant est attributaire du bien. Le décès du déclarant emporte révocation de la déclaration.

NDLR : La version actuelle de l'article L. 526-3 n'est applicable que pour les dettes nées à partir du 8 août 2015.

Bibliographie : F. Pérochon, *Le créancier et la renonciation à l'insaisissabilité de la résidence* in *Mélanges Saint-Alary*, Éd. Législatives, PUSS de Toulouse 2006, p. 409.

Art. L. 526-4 *(L. n° 2003-721, 1er août 2003)*. – **Lors de sa demande d'immatriculation à un registre de publicité légale à caractère professionnel, la personne physique mariée sous un régime de communauté légale ou conventionnelle doit justifier que son conjoint a été informé des conséquences sur les biens communs des dettes contractées dans l'exercice de sa profession.**

Rédaction future. Lors de sa demande d'immatriculation *(Mots rempl. à compter du 1er janvier 2023, Ord. n° 2021-1189, 15 sept. 2021)* « au registre du commerce et des sociétés, au registre spécial des agents commerciaux, au registre spécial des entreprises individuelles à responsabilité limitée ou au registre national des entreprises », la personne physique mariée sous un régime de communauté légale ou conventionnelle doit justifier que son conjoint a été informé des conséquences sur les biens communs des dettes contractées dans l'exercice de sa profession.

Un décret en Conseil d'État précise en tant que de besoin les modalités d'application du présent article.

Art. L. 526-5 *(Ord. n° 2006-346, 23 mars 2006)*. – **Les dispositions des articles L. 313-14 à L. 313-14-2 du Code de la consommation sont applicables aux opérations de prêt consenties à toute personne physique immatriculée à un registre de publicité légale à caractère professionnel, à toute personne physique exerçant une activité professionnelle agricole ou indépendante ainsi qu'au gérant associé unique d'une société à responsabilité limitée, et garanties par une hypothèque rechargeable inscrite sur l'immeuble où l'intéressé a fixé sa résidence principale.**

Rédaction future. Art. L. 526-5. – Les dispositions des articles L. 313-14 à L. 313-14-2 du Code de la consommation sont applicables aux opérations de prêt consenties à toute personne physique immatriculée *(Mots rempl. à compter du 1er janvier 2023, Ord. n° 2021-1189, 15 sept. 2021)* « au registre national des entreprises », à toute personne physique exerçant une activité professionnelle agricole ou indépendante ainsi qu'au gérant associé unique d'une société à responsabilité limitée, et garanties par une hypothèque rechargeable inscrite sur l'immeuble où l'intéressé a fixé sa résidence principale.

NDLR : les articles L. 313-14 à L. 313-14-2 du Code de la consommation ont été abrogés par la loi n° 2014-344 du 17 mars 2014 rendant complexe l'application de cet article.

Voir aussi : Code civil, art. 1387-1.

Section II. – De l'entrepreneur individuel à responsabilité limitée

(L. n° 2010-658, 15 juin 2010) (1)

Bibliographie : A. Aynès, *EIRL : la séparation des patrimoines à l'épreuve du droit des sûretés : RLDC* oct. 2011, n° 86, p. 28. • S. Blin, O. Gazeau et C. Sardot, *L'affectation de l'immeuble professionnel de l'entrepreneur individuel à responsabilité limitée : AJDI* 2014, p. 264. • A. Cayol, *Comment le contrat peut-il favoriser la vie professionnelle tout en préservant la famille ? Le patrimoine d'affectation, technique de protection des biens personnels de l'entrepreneur : LPA* 3 juin 2014, p. 56. • E. Cevaër et P.-E. Perrot, *L'EIRL et les sûretés négatives – Un vin nouveau pour de vieilles outres : JCP* E 2011, 1443. • I. Dauriac et C. Grare-Didier, *Projet d'EIRL : l'enjeu pour la famille,*Defrénois 2010, art. 30096. • P. Davy, *Cession isolée d'un bien immobilier d'une EIRL :* Defrénois 2010, art. 39178. • B. Dondero, *L'EIRL ou l'entrepreneur fractionné : JCP* G 2010, 679 et *EIRL* Duo in carne una : *JCP* G 2010, 1261. • M. Douaoui-Chamseddine, *L'adaptation du droit du surendettement à l'EIRL : RD bancaire et fin.* 2011, étude 4. • E. Dubuisson, *L'EIRL est adopté ! En attendant l'entrée en vigueur : JCP* E, 2010 act. 303 ; *Patrimoines affectés, avez-vous donc une âme ? La propersonnalité au secours de l'entrepreneur individuel : D.* 2013, p. 792. • J. Laurent, *Les mutations non translatives – À propos de l'EIRL : Dr. et patrimoine* déc. 2012, p. 48. • L. Gautron et O. Lefébure, *Évolution de la nature de l'activité et de la composition du patrimoine de l'entrepreneur individuel à responsabilité limitée : difficultés pratiques : RTD com.* 2015, p. 411. • A. Guesmi, *EIRL* versus *EURL à l'aune du droit des procédures collectives : D.* 2011, p. 104. • C. Lebel, *Adoption de l'EIRL et autres mesures relatives à l'entreprise individuelle : JCP* E 2010, p. 362. • P.-M. Lecorre, *L'heure de vérité de l'EIRL : le passage sous la toise du droit des entreprises en difficulté : D.* 2011, p. 91. • V. Legrand, *L'EIRL pourra-t-il prétendre à une procédure de surendettement : D.* 2010, p. 2385 ; *Le chapitre II de l'ordonnance du 9 décembre 2010 concernant le surendettement de l'entrepreneur à responsabilité limitée : premiers constats et déception : D.* 2011, p. 99 ; *EIRL : lancement des opérations et premiers « casse-tête » à l'intention des aspirants (composition du patrimoine affecté) : LPA* 3 janv. 2011, n° 1, p. 3 ; *Déclaration d'insaisissabilité et EIRL : le couple parfait ? : D.* 2011, p. 2485 ; *L'accès au crédit de l'EIRL ou comment concilier l'inconciliable : LPA* 7 oct. 2011, p. 4 ; *L'accès au crédit de l'EIRL : retour sur la constitution des sûretés par l'entrepreneur : LPA* 20 avr. 2012, p. 6 ; *L'EIRL à patrimoines multiples ou questionnaire à choix multiples ? : D.* 2012, p. 2402 ; *L'avènement des multiples patrimoines de l'EIRL : les avantages de la schizophrénie ou le risque de paranoïa ? : LPA* 1er janv. 2013, p. 12 ; *EIRL et déclaration d'insaisissabilité, quel bilan ? : JCP* N 2014, 1101 ; *EIRL : vers une simplification : LPA* 13 mai 2013, p. 13 ; *EIRL : réforme de simplification ou de disparition ? : LPA* 30 avr. 2014, p. 6 ; Le

(1) Dispositions applicables en Nouvelle-Calédonie et dans les îles Wallis-et-Futuna : V. Ord. n° 2011-322, 24 mars 2011, art. 1er, 1° et 2, 1°.

conjoint commun en biens de l'entrepreneur et patrimoine professionnel : réconciliation de la vie professionnelle et de la famille ? : LPA 3 juin 2014, p. 86. • V. Legrand et J. Vallansan, *Déclaration notariée d'insaisissabilité ou/et statut d'EIRL : quelle technique choisir après l'arrêt du 28 juin 2011 : Rev. proc. coll.* 2011, étude 30. • A. Lienhard, *Entreprise individuelle à responsabilité limitée : naissance du patrimoine d'affectation : D.* 2010, p. 252. • F.-X. Lucas, *EIRL, de la fausse bonne idée à la vraie calamité : Bull. Joly Sociétés* 2010, p. 311. • F. Marmoz, *L'EIRL, nouvelle technique d'organisation de l'entreprise : D.* 2010, p. 1570. • R. Mésa, *L'EIRL et le droit pénal : Dr. et patrimoine* janv. 2016, p. 25. • M. Mignot, *L'EIRL et les sûretés : RRJ* 2011-3, p. 1445. • G. Notté, *Projet de loi relatif à l'entrepreneur individuel à responsabilité limitée (EIRL) : JCP* E 2010, 83. • N. Pando, *EIRL : bilan d'une première année d'existence : LPA* 17 sept. 2012, p. 186. • P. Pétel, *L'adaptation des procédures collectives à l'EIRL : JCP* E 2011, 1079. • S. Piedelièvre, *L'entreprise individuelle à responsabilité limitée :* Defrénois 2010, 1417 ; *Un nouveau départ pour l'EIRL ? : Gaz. Pal.* 17 sept. 2014, p. 9. • J.-L. Pierre, *L'entreprise à patrimoine affecté : la résurgence d'un serpent de mer : JCP* E 2009, 2184. • B. Saintourens, *L'entrepreneur individuel à responsabilité limitée, Commentaire de la loi n° 2010-658 du 15 juin 2010 : Rev. sociétés* 2010, p. 351. • M.-B. Salgado, *L'entrepreneur individuel à responsabilité limitée : illusion des uns, désillusion des autres : JCP* E 2014, 1024. • H. Synvet et A. Gaudemet, *EIRL et sûretés : LPA* 28 avr. 2011, p. 32. • G. Teboul, *L'entrepreneur individuel à responsabilité limitée : une usine sans gaz ? : Gaz. Pal.* 24 juin 2010, p. 5 et *L'ordonnance du 9 décembre 2010 : malheur à l'entrepreneur individuel à responsabilité limitée : LPA* 17 déc. 2010, 251, p. 7. • J. Vallansan, *Le sort de l'éventuelle entreprise à patrimoine affecté soumise à une procédure collective, Quelques observations à propos du projet de création d'entreprise à patrimoine affecté : JCP* E 2010, 1083. • F. Vauvillé, *Commentaire de la loi du 15 juin 2010 relative à l'entrepreneur individuel à responsabilité limitée :* Defrénois 2010, art. 39144. • T. Vincent, *EIRL : transmission entre vifs du patrimoine affectée : Rev. sociétés* 2013, p. 673.

Dossiers spéciaux. *Dr. et patrimoine* avr. 2010, *Le patrimoine d'affectation (premières analyses de l'EIRL*, avec les contributions de T. Revet, *Introduction*, p. 56 ; F.-X. Lucas, *Le choix de l'affectation patrimoniale, Défense et illustration de l'EURL* ; H. Letellier, *Le choix de l'affectation patrimoniale : avantages, limites et dangers du patrimoine affecté : les avantages de l'EIRL* ; S. Schiller, *La mise en œuvre de l'affectation patrimoniale : quelle perméabilité entre le patrimoine affecté et le patrimoine non affecté.* • *Bull. Joly Sociétés* 2011, avec les contributions de F. Pérochon, *Propos introductif*, p. 52 ; S. Rétif, *Honneur, loyauté, probité... responsabilité limitée !*, p. 53 ; D. Vidal, *Quelques comparaisons d'intérêt pratique entre EIRL et EURL*, p. 56 ; J.-P. Sénégal, *L'affectation de biens communs ou indivis*, p. 62 ; M.-H. Monsèrié-Bon, *Brèves réflexions sur les contrats et l'EIRL*, p. 65 ; E. Lecorre-Broly, *Actions en revendication ou en reprise et EIRL*, p. 68 ; P.-M. Lecorre, *Le passif de l'EIRL*, p. 70 ; M. Sénéchal, *L'EIRL : point de vue d'un mandataire judiciaire*, p. 73 ; N. Borga, *L'EIRL et la constitution de sûretés personnelles*, p. 76 ; S. Cabrillac, *L'EIRL : illusions garanties*, p. 79 ; L. Sautonie-Laguiornie, *L'EIRL et les nullités de la période suspecte*, p. 82 ; M.-P. Dumont, *La cession à titre onéreux du patrimoine affecté*, p. 85. • *Rev. proc. coll.* mars 2011, avec les contributions de P. Roussel Galle, *EIRL et droit des entreprises en difficulté : l'épreuve de vérité*, dossier 15 ; C. Delattre, *EIRL : prévention et traitement amiable des difficultés*, dossier 16 ; B. Saintourens, *EIRL : adaptation des conditions d'ouverture des procédures collectives*, dossier 17 ; C. Regnaut-Moutier, *EIRL : adaptation de la règle « faillite sur faillite ne vaut »*, dossier 18 ; C. Lebel, *EIRL : adaptation des règles gouvernant le déroulement de la procédure*, dossier 19 ; F. Macorig-Venier, *EIRL : les créanciers de l'EIRL en difficulté*, dossier 20 ; J. Lasserre Capdeville, *EIRL : adaptation des sanctions*, dossier 21 ; J. Vallansan, *EIRL et déclaration d'insaisissabilité : ou « l'entrepreneur barricadé »*, dossier 22 ; C. Henry, *EIRL :* Quid *des biens communs et des biens indivis affectés ?*, dossier 23 ; P. Roussel Galle, *EIRL : contracter et revendiquer... avec soi-même... quelle drôle d'idée...*, dossier 24. • *CDE* 2011, n° 3 : *EIRL et procédures collectives*, avec les contributions de C. Favre, Introduction, dossier 12 ; A.-S. Texier, *Rapport introductif*, dossier 13 ; J. Vallansan, *La volonté d'affectation des droits et des biens par l'EIRL*, dossier 14 ; S. Becqué-Ickowicz et M.-P. Dumont-Lefrand, *Les contrats conclus par l'EIRL*, dossier 15 ; S. Cabrillac, *EIRL et sûretés personnelles : faute de grives, on mange des merles*, dossier 16 ; C. Albigès, *Sûretés et EIRL : les sûretés réelles portant sur un bien déterminé*, dossier 17 ; C. Lisanti, *Le nantissement du patrimoine affecté ?*, dossier 18 ; F. Pérochon, *La neutralisation du statut de l'EIRL*, dossier 19. • J-D. Pellier, *La nature juridique du patrimoine affecté de l'entrepreneur individuel à responsabilité limitée : RTD. com. 2013*, p. 45.

Modification par la loi PACTE (n° 2019-486, 22 mai 2019). C. Lebel, *EIRL : simplification des règles :* JCP N 2019, 807, p. 5. • A. Benoit, *Dispositions de la loi Pacte relative aux obligations administratives et comptables, à l'EIRL et au financement des entreprises : Gaz. Pal.* 24 sept. 2019, n° 359v6, p. 6. • N. Buchberger, *L'EIRL à marche forcée... Quelle place reste-t-il pour l'EURL ? : Gaz. Pal.* 29 sept. 2020, n° 388b8, p. 53. • V. Legrand, *EIRL : nouvelle réforme par la loi PACTE : LPA* 28 mai 2019, n° 144r8, p. 8.

Remarque : un même entrepreneur individuel peut constituer plusieurs patrimoines affectés à compter du 1er janvier 2013, L. n° 2010-658, 15 juin 2010, art. 14, II.

Art. L. 526-5-1 *(Créé, L. n° 2019-486, 22 mai 2019).* **– Toute personne physique souhaitant exercer une activité professionnelle en nom propre déclare, lors de la création de l'entreprise, si elle souhaite exercer en tant qu'entrepreneur individuel ou sous le régime de l'entrepreneur individuel à responsabilité limitée défini par la présente section.**

L'entrepreneur individuel peut également opter à tout moment pour le régime de l'entrepreneur individuel à responsabilité limitée.

Art. L. 526-6 *(L. n° 2010-658, 15 juin 2010). – (Al. rempl., L. n° 2019-486, 22 mai 2019)* Pour l'exercice de son activité en tant qu'entrepreneur individuel à responsabilité limitée, l'entrepreneur individuel affecte à son activité professionnelle un patrimoine séparé de son patrimoine personnel, sans création d'une personne morale, dans les conditions prévues à l'article L. 526-7.

Ce patrimoine est composé de l'ensemble des biens, droits, obligations ou sûretés dont l'entrepreneur individuel est titulaire, nécessaires à l'exercice de son activité professionnelle. Il peut comprendre également les biens, droits, obligations ou sûretés dont l'entrepreneur individuel est titulaire, utilisés pour l'exercice de son activité professionnelle *(Mots rempl., L. n° 2019-486, 22 mai 2019)* « , qu'il décide d'y affecter et qu'il peut ensuite décider de retirer du patrimoine affecté ». Un même bien, droit, obligation ou sûreté ne peut entrer dans la composition que d'un seul patrimoine affecté.

Par dérogation à l'alinéa précédent, l'entrepreneur individuel exerçant une activité agricole au sens de l'article L. 311-1 du Code rural et de la pêche maritime peut ne pas affecter les terres utilisées pour l'exercice de son exploitation à son activité professionnelle. Cette faculté s'applique à la totalité des terres dont l'exploitant est propriétaire.

Pour l'exercice de l'activité professionnelle à laquelle le patrimoine est affecté, l'entrepreneur individuel utilise une dénomination incorporant son nom, précédé ou suivi immédiatement des mots : « Entrepreneur individuel à responsabilité limitée » ou des initiales : « EIRL ».

Bibliographie : S. Blin, O. Gazeau et C. Sardot, *L'affectation de l'immeuble professionnel de l'entrepreneur individuel à responsabilité limitée : AJDI* 2014, p. 264.

I – AFFECTATION DU PATRIMOINE

1) Absence de patrimoine affecté à l'EIRL dans la déclaration de l'entrepreneur : réunion des patrimoines en cas de procédure collective (jurisprudence antérieure à la loi n° 2019-486 du 22 mai 2019, modifiant l'article L. 526-8 II, alinéa 2). En l'absence de toute affection au patrimoine de l'EIRL, la procédure collective ouverte pour l'activité affectée réunit le patrimoine affecté et le patrimoine personnel (▪ Cass. com., 7 févr. 2018 : *JCP* G 2018, 279, note J-D. Pellier ; *D.* 2018, p. 292, obs. A. Lienhard, p. 594, note S. Tisseyre et p. 1829, obs. F-X. Lucas ; *LEDEN* mars 2018, n° 3, p. 2, obs. F. Mélin ; *Rev. sociétés* 2018, p. 203, note L.-C. Henry et p. 311, note G. Grundeler ; *JCP* E 2018, 1159, n° 1, obs. A. Thérani et 1276, note C. Lebel ; *Gaz. Pal.* 2018, n° 321n2, p. 51, note F. Reille ; *LPA 2018*, 134g4, note V. Legrand et ; *LPA 2018*, n° 135p5, note V. Perruchot-Triboulet ; *Rev. proc. coll.* 2018, p. 10, obs. F. Petit et p. 26, note B. Saintourens ; *RLDC*, 1er mai 2018, p. 54, note H. Lécuyer).

Bibliographie : B. Rolland, *Assignation en réunion de patrimoine d'un EIRL en procédure judiciaire devant le tribunal de commerce : formule : Rev. proc. coll.* 1er janv. 2015, p. 81. – S. Blin, *O. Gazeau et C. Sardot, L'affectation de l'immeuble professionnel de l'entrepreneur individuel à responsabilité limitée : AJDI* 2014, p. 264.

2) Possibilité de constituer un patrimoine d'affectation en période d'observation portant sur ... les dettes et les biens hors procédure. Il n'existe pas de disposition interdisant la constitution d'un patrimoine d'affectation durant la période d'observation, toutefois l'article L. 680-6 du Code de commerce interdisant alors l'affectation d'un bien qui appauvrit le patrimoine visé par la procédure, l'affectation ne peut porter que sur des dettes et sur des biens n'entrant pas dans le patrimoine de la procédure ouverte (Rép. min. n° 53658 : *JOAN* Q 5 janv. 2016, p. 158).

II – RÉGIME DU PATRIMOINE NON AFFECTÉ

3) EIRL : absence d'exclusion du traitement du surendettement pour les dettes non professionnelles. L'EIRL peut bénéficier du traitement du surendettement pour son patrimoine non affecté et la seule déclaration d'affectation ne constitue pas pour le traitement du surendettement une absence de bonne foi (▪ Cass. 2e civ., 27 sept. 2018 : *D. 2018*, p. 2071, note V. Legrand ; *JCP E* 2018, 1528, note J.-D. Pellier ; *Lexbase Hebdo*, 18 oct. 2018, n° 569, obs. P-M. Lecorre ; *Rev. Lamy dr. aff.*, janv. 2019, p. 38, obs. C. Gerard ; *Rev. proc. coll.*2018, p. 21, obs. S. Gjidara-Decaix ; *Gaz. Pal.*, 9 oct. 2018, n° 332y1, p. 43, obs. C. Berlaud ; *Defrénois* 31 janv. 2019, n° 144x2, p. 30, obs. F. Vauvillé).

III – ERREURS DANS LA DÉSIGNATION LIÉES À L'EXISTENCE D'UNE AFFECTATION

4) Inapplication de l'affectation au débiteur ne la mentionnant pas dans sa demande

d'ouverture d'une procédure collective. Lorsqu'une procédure collective est ouverte sans mentionner qu'elle est cantonnée au patrimoine affecté, cette restriction n'est pas opposable aux créanciers personnels qui peuvent alors déclarer leurs créances (■ Cass. com., 6 mars 2019 : *D.* 2019, p. 797, note V. Legrand et p. 1801, obs. Y. Strickler ; *BJS* mai 2019, p. 29, note M. Dols-Magneville ; *BMSI* mai 2019, p. 34, note F. Reille ; *Gaz. Pal.* 7 mai 2019, p. 18, note S. Farhi ; *RJDA* 5/2019, n° 355 ; *Dr. et patr.* nov. 2019 ; p. 17, obs. T. Mliczak ; *JCP* E 2019, 1376, obs. C. Lebel ; *Rev. sociétés* 2019, p. 421, obs. P. Roussel Galle ; *LPA* 12 sept. 2019, p. 20, obs. *M. Richevaux*).

5) **Capacité à agir du liquidateur en dépit de l'absence de référence à l'activité affectée dans la procédure collective.** L'erreur commise dans la désignation du débiteur (absence de référence à l'activité affectée) dans les jugements de redressement et de liquidation judiciaire n'affecte pas la capacité à agir du liquidateur (■ Cass. com., 23 oct. 2019, n° 18-19.952 : *JCP* E 2020, 1092, note C. Lebel ; *Gaz. Pal.* 14 janv. 2020, n° 368d9, p. 65, obs. M. Guastella ; *BJE* janv. 2020, n° 117n2, p. 41, obs. T. Favario ; *D.* 2019, p. 2390, note V. Legrand ; *Rev. proc. coll.* janv. 2020, n° 1, p. 8, obs. F. Petit et p. 37, obs. B. Saintourens).

Art. L. 526-7 *(L. n° 2010-658, 15 juin 2010 ; mod., L. n° 2010-874, 27 juill. 2010 ; L. n° 2014-626, 18 juin 2014). – (Al. mod., L. n° 2019-486, 22 mai 2019)* **La constitution du patrimoine affecté résulte d'une déclaration effectuée :**

1° Soit au registre de publicité légale auquel l'entrepreneur individuel est tenu de s'immatriculer ;

2° Soit au registre de publicité légale choisi par l'entrepreneur individuel en cas de double immatriculation ; dans ce cas, mention en est portée à l'autre registre ;

3° Soit, pour les personnes physiques qui ne sont pas tenues de s'immatriculer à un registre de publicité légale, à un registre tenu au greffe du tribunal statuant en matière commerciale du lieu de leur établissement principal ;

4° Soit, pour les exploitants agricoles, au registre de l'agriculture tenu par la chambre d'agriculture compétente.

Lorsque l'entrepreneur individuel est transféré dans le ressort d'un autre registre ou rattaché à un autre registre en cours d'activité, *(Mots suppr., L. n° 2019-486, 22 mai 2019)* **« ... » les mentions inscrites et l'ensemble des documents publics déposés sont transférés par le précédent organisme teneur de registre à celui nouvellement compétent. Dans ce cas,** *(Mots suppr., L. n° 2019-486, 22 mai 2019)* **« ... » mention du transfert est portée au premier registre. Le transfert s'effectue par voie dématérialisée et ne donne pas lieu à émolument ou redevance.**

Rédaction future. Art. L. 526-7 *(L. n° 2010-658, 15 juin 2010 ; mod., L. n° 2010-874, 27 juill. 2010 ; L. n° 2014-626, 18 juin 2014 ; L. n° 2019-486, 22 mai 2019 ; mod. à compter du 1er janvier 2023, Ord. n° 2021-1189, 15 sept. 2021).* – La constitution du patrimoine affecté résulte d'une déclaration effectuée :

1° Pour une activité commerciale, au registre du commerce et des sociétés auprès duquel le commerçant est tenu de s'immatriculer ;

2° Pour une activité relevant du secteur des métiers et de l'artisanat, au registre national des entreprises auprès duquel le chef d'entreprise est tenu de s'immatriculer en cette qualité ;

3° Pour une activité d'agent commercial, au registre spécial des agents commerciaux ;

4° Pour les activités ne relevant pas des cas prévus aux 1° à 3°, au registre spécial tenu au greffe du tribunal de commerce ou du tribunal judiciaire statuant commercialement dans le ressort duquel se trouve l'adresse de leur établissement principal.

Lorsque l'activité exercée par l'entrepreneur individuel est inscrite à la fois au registre du commerce et des sociétés et au registre national des entreprises en tant qu'entreprise du secteur des métiers et de l'artisanat, la déclaration est effectuée auprès du registre du commerce et des sociétés.

NB : Pour l'application de l'article L. 526-7 du Code de commerce, les mentions inscrites et l'ensemble des documents publics déposés avant le 1er janvier 2023 auprès du répertoire des métiers et du registre de l'agriculture, sont transférés dans les conditions prévues au *dernier alinéa de l'article susvisé*, à l'exception de la mention du transfert portée au premier registre, et selon la répartition suivante : pour une activité relevant du secteur de l'artisanat, au registre mentionné au 2° de l'article L. 526-7 du même code ; pour une activité relevant à la fois du secteur de l'artisanat et du commerce, au registre mentionné au 1° de l'article L. 526-7 du même code ; pour une activité agricole, au registre mentionné au 4° de l'article L. 526-7 du même code, Ord. n° 2021-1189, 15 sept. 2021, art. 45, II.

Art. L. 526-8 *(L. n° 2010-658, 15 juin 2010 ; mod., L. n° 2014-626, 18 juin 2014 ; L. n° 2016-1691, 9 déc. 2016 ; rempl., L. n° 2019-486, 22 mai 2019).* **– I. – Lors de la constitution du patrimoine affecté, l'entrepreneur individuel mentionne la nature, la qualité, la quantité et la valeur des biens, droits, obligations ou sûretés qu'il affecte à son activité professionnelle sur un état descriptif déposé au registre où est effectuée la déclaration prévue à l'article L. 526-7 pour y être annexé.**

En l'absence de bien, droit, obligation ou sûreté affectés en application du deuxième alinéa de l'article L. 526-6, aucun état descriptif n'est établi.

II. – La valeur inscrite est la valeur vénale ou, en l'absence de marché pour le bien considéré, la valeur d'utilité.

Sans préjudice du respect des règles d'affectation prévues à la présente section, l'entrepreneur individuel qui exerçait son activité professionnelle antérieurement à la déclaration mentionnée à l'article L. 526-7 peut présenter en qualité d'état descriptif le bilan de son dernier exercice, à condition que celui-ci soit clos depuis moins de quatre mois à la date de la déclaration. Dans ce cas, l'ensemble des éléments figurant dans le bilan compose l'état descriptif et les opérations intervenues depuis la date du dernier exercice clos sont comprises dans le premier exercice de l'entrepreneur individuel à responsabilité limitée.

Lorsque l'entrepreneur individuel n'a pas opté pour l'assimilation à une entreprise unipersonnelle à responsabilité limitée ou à une exploitation agricole à responsabilité limitée au sens de l'article 1655 *sexies* du Code général des impôts, la valeur des éléments constitutifs du patrimoine affecté correspond à leur valeur nette comptable telle qu'elle figure dans les comptes du dernier exercice clos à la date de constitution du patrimoine affecté s'il est tenu à une comptabilité commerciale, ou à la valeur d'origine de ces éléments telle qu'elle figure au registre des immobilisations du dernier exercice clos, diminuée des amortissements déjà pratiqués, si l'entrepreneur n'est pas tenu à une telle comptabilité.

Art. L. 526-8-1 *(Créé, L. n° 2019-486, 22 mai 2019).* – Postérieurement à la constitution du patrimoine affecté, l'inscription ou le retrait en comptabilité d'un bien, droit, obligation ou sûreté emporte affectation à l'activité professionnelle ou retrait du patrimoine affecté.

Sont de plein droit affectés, par l'effet d'une subrogation réelle, les créances et indemnités qui remplacent des biens affectés ainsi que les biens acquis en emploi ou remploi des biens affectés.

La comptabilité régulièrement tenue fait preuve à l'égard des tiers sous réserve des formalités prévues aux articles L. 526-9 et L. 526-11 et du respect des règles prévues au deuxième alinéa de l'article L. 526-6.

Art. L. 526-9 *(L. n° 2010-658, 15 juin 2010 ; mod., L. n° 2014-626, 18 juin 2014).* – L'affectation d'un bien immobilier ou d'une partie d'un tel bien est reçue par acte notarié et publiée au bureau des hypothèques ou, dans les départements du Bas-Rhin, du Haut-Rhin et de la Moselle, au livre foncier de la situation du bien. L'entrepreneur individuel qui n'affecte qu'une partie d'un ou de plusieurs biens immobiliers désigne celle-ci dans un état descriptif de division.

L'établissement de l'acte notarié et l'accomplissement des formalités de publicité donnent lieu au versement d'émoluments fixes dans le cadre d'un plafond déterminé par décret.

(Al. mod., L. n° 2019-486, 22 mai 2019) L'affectation ou le retrait d'un bien immobilier ou d'une partie d'un tel bien intervenant après la constitution du patrimoine affecté donne lieu aux formalités prévues au premier alinéa et au dépôt du document attestant de l'accomplissement de ces formalités au registre dont relève l'entrepreneur individuel à responsabilité limitée en application de l'article L. 526-7.

Le non-respect des règles prévues au présent article entraîne l'inopposabilité de l'affectation *(Mots aj., L. n° 2019-486, 22 mai 2019)* « ou du retrait ».

Art. L. 526-10 *(Abr., L. n° 2019-486, 22 mai 2019).*

Rédaction antérieure. Art. L. 526-10 *(L. n° 2010-658, 15 juin 2010 ; mod., L. n° 2014-626, 18 juin 2014 ; L. n° 2016-1691, 9 déc. 2016).* – Sauf dans les cas prévus au dernier alinéa de l'article L. 526-8, tout élément d'actif du patrimoine affecté, autre que des liquidités, d'une valeur déclarée supérieure à un montant fixé par décret fait l'objet d'une évaluation au vu d'un rapport annexé à la déclaration et établi sous sa responsabilité par un commissaire aux comptes, un expert-comptable, une association de gestion et de comptabilité ou un notaire désigné par l'entrepreneur individuel. L'évaluation par un notaire ne peut concerner qu'un bien immobilier.

Lorsque l'affectation d'un bien visé au premier alinéa est postérieure à la constitution du patrimoine affecté, elle fait l'objet d'une évaluation dans les mêmes formes et donne lieu au dépôt d'une déclaration complémentaire au où est déposée la déclaration prévue à l'article L. 526-7. L'article L. 526-8 est applicable, à l'exception des 1° et 2°.

Lorsque la valeur déclarée est supérieure à celle proposée par le commissaire aux comptes, l'expert-comptable, l'association de gestion et de comptabilité ou le notaire, l'entrepreneur individuel est responsable, pendant une durée de cinq ans, à l'égard des tiers sur la totalité de son patrimoine, affecté et non affecté, à hauteur de la différence entre la valeur proposée par le commissaire aux comptes, l'expert-comptable, l'association de gestion et de comptabilité ou le notaire et la valeur déclarée.

En l'absence de recours à un commissaire aux comptes, à un expert-comptable, à une association de gestion et de comptabilité ou à un notaire, l'entrepreneur individuel est responsable, pendant une durée de cinq ans, à l'égard des tiers sur la totalité de son patrimoine, affecté et non affecté, à hauteur de la différence entre la valeur réelle du bien au moment de l'affectation et la valeur déclarée.

Art. L. 526-11 *(L. n° 2010-658, 15 juin 2010 ; mod., L. n° 2014-626, 18 juin 2014).* – **Lorsque tout ou partie des biens affectés sont des biens communs ou indivis, l'entrepreneur individuel justifie de l'accord exprès de son conjoint ou de ses coïndivisaires et de leur information préalable sur les droits des créanciers mentionnés au 1°** *(Mots aj., L. n° 2019-486, 22 mai 2019)* **« du I » de l'article L. 526-12 sur le patrimoine affecté. Un même bien commun ou indivis ou une même partie d'un bien immobilier commun ou indivis ne peut entrer dans la composition que d'un seul patrimoine affecté.**

(Al. rempl., L. n° 2019-486, 22 mai 2019) **Lorsque l'affectation ou le retrait d'un bien commun ou indivis est postérieure à la constitution du patrimoine affecté, il donne lieu au dépôt au registre dont relève l'entrepreneur individuel à responsabilité limitée en application de l'article L. 526-7 du document attestant de l'accomplissement des formalités mentionnées au premier alinéa du présent article.**

Le non-respect des règles prévues au présent article entraîne l'inopposabilité de l'affectation.

Art. L. 526-12 *(Rempl., L. n° 2019-486, 22 mai 2019).* – **I. – La composition du patrimoine affecté est opposable de plein droit aux créanciers dont les droits sont nés postérieurement à la déclaration mentionnée à l'article L. 526-7.**

Par dérogation aux articles 2284 et 2285 du Code civil :

1° Les créanciers auxquels la déclaration est opposable et dont les droits sont nés à l'occasion de l'exercice de l'activité professionnelle à laquelle le patrimoine est affecté ont pour seul gage général le patrimoine affecté ;

2° Les autres créanciers auxquels la déclaration est opposable ont pour seul gage général le patrimoine non affecté.

Lorsque l'affectation procède d'une inscription en comptabilité en application de l'article L. 526-8-1 du présent code, elle est opposable aux tiers à compter du dépôt du bilan de l'entrepreneur individuel à responsabilité limitée ou, le cas échéant, du ou des documents résultant des obligations comptables simplifiées prévues au deuxième alinéa de l'article L. 526-13 auprès du registre où est immatriculé l'entrepreneur.

II. – Lorsque la valeur d'un élément d'actif du patrimoine affecté, autre que des liquidités, mentionnée dans l'état descriptif prévu à l'article L. 526-8 ou en comptabilité, est supérieure à sa valeur réelle au moment de son affectation, l'entrepreneur individuel à responsabilité limitée est responsable, pendant une durée de cinq ans, à l'égard des tiers sur la totalité de son patrimoine, affecté et non affecté, à hauteur de la différence entre la valeur réelle du bien au moment de l'affectation et la valeur mentionnée dans l'état descriptif ou en comptabilité.

Il est également responsable sur la totalité de ses biens et droits en cas de fraude ou en cas de manquement grave aux obligations prévues à l'article L. 526-13.

En cas d'insuffisance du patrimoine non affecté, le droit de gage général des créanciers mentionnés au 2° du I du présent article peut s'exercer sur le bénéfice réalisé par l'entrepreneur individuel à responsabilité limitée lors du dernier exercice clos.

Rédaction antérieure. Art. L. 526-12 *(L. n° 2010-658, 15 juin 2010 ; mod., L. n° 2016-1691, 9 déc. 2016).* – La déclaration d'affectation mentionnée à l'article L. 526-7 est opposable de plein droit aux créanciers dont les droits sont nés postérieurement à son dépôt.

Par dérogation aux articles 2284 et 2285 du Code civil :

1° Les créanciers auxquels la déclaration d'affectation est opposable et dont les droits sont nés à l'occasion de l'exercice de l'activité professionnelle à laquelle le patrimoine est affecté ont pour seul gage général le patrimoine affecté ;

2° Les autres créanciers auxquels la déclaration est opposable ont pour seul gage général le patrimoine non affecté.

Toutefois, l'entrepreneur individuel à responsabilité limitée est responsable sur la totalité de ses biens et droits en cas de fraude ou en cas de manquement grave aux règles prévues au deuxième alinéa de l'article L. 526-6 ou aux obligations prévues à l'article L. 526-13.

En cas d'insuffisance du patrimoine non affecté, le droit de gage général des créanciers mentionnés au 2° du présent article peut s'exercer sur le bénéfice réalisé par l'entrepreneur individuel à responsabilité limitée lors du dernier exercice clos.

NB : Réserve d'interprétation : V. ■ Cons. const. n° 2010-607 DC, 10 juin 2010, art. 2 et consid. 9 (*JO* 16 juin 2010).

Art. L. 526-13 *(L. n° 2010-658, 15 juin 2010).* – **L'activité professionnelle à laquelle le patrimoine est affecté fait l'objet d'une comptabilité autonome, établie dans les conditions définies aux articles L. 123-12 à L. 123-23 et L. 123-25 à L. 123-27.**

Par dérogation à l'article L. 123-28 et au premier alinéa du présent article, l'activité professionnelle des personnes bénéficiant des régimes définis aux articles 50-0, *(Réf. rempl., L. n° 2019-486, 22 mai 2019)* **« 64 *bis* » et 102 *ter* du Code général des impôts fait l'objet d'obligations comptables simplifiées.**

L'entrepreneur individuel à responsabilité limitée est tenu de faire ouvrir dans un établissement de crédit un ou plusieurs comptes bancaires exclusivement dédiés à l'activité à laquelle le patrimoine a été affecté.

Absence de comptabilité autonome de l'EIRL : réunion des patrimoines en cas de procédure collective. En l'absence de toute comptabilité autonome de l'EIRL, la procédure collective ouverte pour l'activité affectée réunit le patrimoine affecté et le patrimoine personnel (▪ T. com. Dunkerque, 11 mars 2014 : *Gaz. Pal.* 20 janv. 2015, p. 17, obs. F. Reille). V. aussi art. L. 621-2, p. 1119.

Bibliographie : B. Rolland, *Assignation en réunion de patrimoine d'un EIRL en procédure judiciaire devant le tribunal de commerce : formule : Rev. proc. coll.* 2015, p. 81.

Voir aussi : art. L. 621-2, p. 1119.

Art. L. 526-14 *(L. n° 2010-658, 15 juin 2010 ; mod., L. n° 2014-626, 18 juin 2014 ; L. n° 2016-1691, 9 déc. 2016).* – Le bilan de l'entrepreneur individuel à responsabilité limitée ou, le cas échéant, le ou les documents résultant des obligations comptables simplifiées prévues au deuxième alinéa de l'article L. 526-13 sont déposés chaque année au registre *(Mots rempl., L. n° 2019-486, 22 mai 2019)* « dont relève l'entrepreneur individuel à responsabilité limitée en application de » l'article L. 526-7 pour y être annexés. *(Phrase suppr., L. n° 2019-486, 22 mai 2019)* « ... ».

En cas de non-respect de l'obligation mentionnée au premier alinéa, le président du tribunal, statuant en référé, peut, à la demande de tout intéressé ou du ministère public, enjoindre sous astreinte à l'entrepreneur individuel à responsabilité limitée de procéder au dépôt de son bilan ou, le cas échéant, du ou des documents résultant des obligations comptables simplifiées prévues au deuxième alinéa de l'article L. 526-13.

Art. L. 526-15 *(L. n° 2010-658, 15 juin 2010 ; mod., L. n° 2014-626, 18 juin 2014).* – En cas de renonciation de l'entrepreneur individuel à responsabilité limitée à l'affectation ou en cas de décès de celui-ci, la déclaration *(Mots rempl., L. n° 2019-486, 22 mai 2019)* « mentionnée à l'article L. 526-7 » cesse de produire ses effets. Toutefois, en cas de cessation, concomitante à la renonciation, de l'activité professionnelle à laquelle le patrimoine est affecté ou en cas de décès, les créanciers mentionnés aux 1° et 2° *(Mots aj., L. n° 2019-486, 22 mai 2019)* « du I » de l'article L. 526-12 conservent pour seul gage général celui qui était le leur au moment de la renonciation ou du décès.

En cas de renonciation, l'entrepreneur individuel en fait porter la mention au registre *(Mots rempl., L. n° 2019-486, 22 mai 2019)* « dont il relève en application de » l'article L. 526-7. En cas de décès, un héritier, un ayant droit ou toute personne mandatée à cet effet en fait porter la mention au même registre.

Art. L. 526-16 *(L. n° 2010-658, 15 juin 2010 ; mod., L. n° 2014-626, 18 juin 2014).* – Par dérogation à l'article L. 526-15, l'affectation ne cesse pas dès lors que l'un des héritiers ou ayants droit de l'entrepreneur individuel décédé, sous réserve du respect des dispositions successorales, manifeste son intention de poursuivre l'activité professionnelle à laquelle le patrimoine était affecté. La personne ayant manifesté son intention de poursuivre l'activité professionnelle en fait porter la mention au registre *(Mots rempl., L. n° 2019-486, 22 mai 2019)* « dont relève l'entrepreneur individuel à responsabilité limitée en application de » l'article L. 526-7 dans un délai de trois mois à compter de la date du décès.

La reprise du patrimoine affecté, le cas échéant après partage et vente de certains des biens affectés pour les besoins de la succession, est subordonnée au dépôt d'une déclaration de reprise au registre *(Mots rempl., L. n° 2019-486, 22 mai 2019)* « dont relève l'entrepreneur individuel à responsabilité limitée en application de » l'article L. 526-7.

Art. L. 526-17 *(L. n° 2010-658, 15 juin 2010 ; mod., L. n° 2014-626, 18 juin 2014).* – I. – L'entrepreneur individuel à responsabilité limitée peut céder à titre onéreux, transmettre à titre gratuit entre vifs ou apporter en société l'intégralité de son patrimoine affecté et en transférer la propriété dans les conditions prévues aux II et III du présent article sans procéder à sa liquidation.

II. – La cession à titre onéreux ou la transmission à titre gratuit entre vifs du patrimoine affecté à une personne physique entraîne sa reprise avec maintien de l'affectation dans le patrimoine du cessionnaire ou du donataire. Elle donne lieu au dépôt par le cédant ou le donateur d'une déclaration de transfert au registre *(Mots rempl., L. n° 2019-486, 22 mai 2019)* « dont relève l'entrepreneur individuel à responsabilité limitée en application de » l'article L. 526-7 et fait l'objet d'une publicité. La reprise n'est opposable aux tiers qu'après l'accomplissement de ces formalités.

La cession du patrimoine affecté à une personne morale ou son apport en société entraîne transfert de propriété dans le patrimoine du cessionnaire ou de la société, sans maintien de l'affectation. Elle donne lieu à publication d'un avis. Le transfert de propriété n'est opposable aux tiers qu'après l'accomplissement de cette formalité.

III. – La déclaration ou l'avis mentionnés au II sont accompagnés d'un état descriptif des biens, droits, obligations ou sûretés composant le patrimoine affecté.

Les articles *(Réf. rempl., L. n° 2019-744, 19 juill. 2019)* « L. 141-2 » à L. 141-22 ne sont pas applicables à la cession ou à l'apport en société d'un fonds de commerce intervenant par suite de la cession ou de l'apport en société d'un patrimoine affecté.

Le cessionnaire, le donataire ou le bénéficiaire de l'apport est débiteur des créanciers de l'entrepreneur individuel à responsabilité limitée mentionnés au 1° *(Mots aj., L. n° 2019-486, 22 mai 2019)* « du I » de l'article L. 526-12 en lieu et place de celui-ci, sans que cette substitution emporte novation à leur égard.

Les créanciers de l'entrepreneur individuel à responsabilité limitée mentionnés au 1° *(Mots aj., L. n° 2019-486, 22 mai 2019)* « du I » de l'article L. 526-12 dont la créance est antérieure à la date de la publicité mentionnée au II du présent article, ainsi que les créanciers auxquels la déclaration n'est pas opposable et dont les droits sont nés antérieurement *(Mots rempl., L. n° 2019-486, 22 mai 2019)* « à » la déclaration *(Mots rempl., L. n° 2019-486, 22 mai 2019)* « mentionnée » à l'article L. 526-7 lorsque le patrimoine affecté fait l'objet d'une donation entre vifs, peuvent former opposition à la transmission du patrimoine affecté dans un délai fixé par voie réglementaire. Une décision de justice rejette l'opposition ou ordonne soit le remboursement des créances, soit la constitution de garanties, si le cessionnaire ou le donataire en offre et si elles sont jugées suffisantes.

À défaut de remboursement des créances ou de constitution des garanties ordonnées, la transmission du patrimoine affecté est inopposable aux créanciers dont l'opposition a été admise.

L'opposition formée par un créancier n'a pas pour effet d'interdire la transmission du patrimoine affecté.

Bibliographie : P. Davy, *Cession isolée d'un bien immobilier d'une EIRL* : Defrénois 2010, art. 39178. • M.-P. Dumont-Lefrand, *La cession à titre onéreux du patrimoine affecté* : *BJE* mars 2011, p. 85. • S. Lacroix-de Sousa, *La cession du patrimoine affecté de l'entrepreneur individuel à responsabilité limitée (EIRL)* : *D.* 20012, p. 618. • R. Mortier, *Les mutations de l'entreprise individuelle à responsabilité limitée* : *Dr. et patrimoine* avr. 2011, p. 72. • T. Vincent, *EIRL : transmission entre vifs du patrimoine affecté* : *Rev. sociétés* 2013, p. 673.

Art. L. 526-18 *(L. n° 2010-658, 15 juin 2010 ; abr. à compter du 1er janvier 2022, Ord. n° 2021-1192, 15 sept. 2021).* – L'entrepreneur individuel à responsabilité limitée détermine les revenus qu'il verse dans son patrimoine non affecté.

Art. L. 526-19 *(L. n° 2010-658, 15 juin 2010 ; mod., L. n° 2014-626, 18 juin 2014).* – *(Mots aj. à compter du 1er janvier 2020, L. fin. n° 2018-1317, 28 déc. 2018)* « Sous réserve des dispositions de l'article 19-2 de la loi n° 96-603 du 5 juillet 1996 relative au développement et à la promotion du commerce et de l'artisanat, » [l]e tarif des formalités de dépôt et de transfert des déclarations et d'inscription des mentions visées à la présente section ainsi que de dépôt et de transfert du bilan ou du ou des documents résultant des obligations comptables simplifiées prévues au deuxième alinéa de l'article L. 526-13 est fixé par décret.

> **Rédaction future.** Sous réserve des dispositions *(Mots rempl. à compter du 1er janvier 2023, Ord. n° 2021-1189, 15 sept. 2021)* « de l'article L. 123-54 », le tarif des formalités de dépôt et de transfert des déclarations et d'inscription des mentions visées à la présente section ainsi que de dépôt et de transfert du bilan ou du ou des documents résultant des obligations comptables simplifiées prévues au deuxième alinéa de l'article L. 526-13 est fixé par décret.

(Al. rempl., L. n° 2019-486, 22 mai 2019) La formalité de déclaration mentionnée à l'article L. 526-7 est gratuite lorsque la déclaration est effectuée simultanément à la demande d'immatriculation au registre de publicité légale.

> **Rédaction future.** La formalité de déclaration mentionnée à l'article L. 526-7 est gratuite lorsque la déclaration est effectuée simultanément à la demande d'immatriculation au *(Mots rempl. à compter du 1er janvier 2023, Ord. n° 2021-1189, 15 sept. 2021)* « registre dont relève l'entrepreneur individuel à responsabilité limitée en application de l'article L. 526-7 ».

Art. L. 526-20 *(L. n° 2010-658, 15 juin 2010).* – Le ministère public ainsi que tout intéressé peuvent demander au président du tribunal statuant en référé d'enjoindre sous astreinte à un entrepreneur individuel à responsabilité limitée de porter sur tous ses actes et documents sa dénomination, précédée ou suivie immédiatement et lisiblement des mots : « Entrepreneur individuel à responsabilité limitée » ou des initiales : « EIRL ».

Art. L. 526-21 *(L. n° 2010-658, 15 juin 2010).* – Les conditions d'application de la présente section sont fixées par décret en Conseil d'État.

CHAPITRE VII. – DU GAGE DES STOCKS

(Ord. n° 2006-346, 23 mars 2006 ; mod., Ord. n° 2016-56, 29 janv. 2016 ; abr. à compter du 1er janvier 2022, Ord. n° 2021-1192, 15 sept. 2021)

NDLR : la version actuelle des articles L. 527-1 et suivants ne s'applique qu'aux contrats conclus à partir du 1er avril 2016.

Bibliographie : *Lors de l'introduction de ce mécanisme par l'Ord. n° 2006-346, 23 mars 2006.* P. Bouteiller, *Le gage sur stocks de biens ou de marchandises : JCP* E 2006, 1698. • S. Cabrillac, *Le gage sur stock du Code de commerce in Évolution des sûretés réelles : regards croisés Université-Notariat*, Colloques et Débats n° 15, Litec 2008, p. 45. • S. Durteste, J.-P. Biau, V. Gaftoniuc, R. Glon, *Gage des stocks, Formule : JCP* E, 1er juin 2006, p. 1851.

Après la réforme opérée par l'Ord. n° 2016-56, 29 janvier 2016. L. Andreu et J.-F. Quiévy, *Le nouveau gage des stocks est arrivé : présentation de l'ordonnance n° 2016-56 du 29 janvier 2016 : LPA* 25 févr. 2016, p. 8. • E. Bendelac, *Quelle place l'ordonnance du 29 janvier 2016 accorde-t-elle à la liberté contractuelle dans le gage d'un stock ? : LPA* 23 mars 2016, p. 8. • M. Béraud et A. Reygrobellet, *Des attraits, s'il en est, du nouveau gage des stocks du Code de commerce : Rev. Lamy dr. civ.* 2016/136, n° 6181. • Y. Blandin, *La réforme du gage des stocks par l'ordonnance n° 2016-56 du 29 janvier 2016 : RD bancaire et fin.* 2016, étude 20. • M. Bourassin, *Réforme du gage des stocks : de l'attraction à l'attractivité : Gaz. Pal.* 8 mars 2016, p. 53. • A. Denizot, *Qu'est-ce qu'un stock : RTD civ.* 2016, p. 476. • J. Clavel-Thoraval, *Ordonnance n° 2016-56 du 29 janvier 2016 relative au gage des stocks : le régime spécial assure-t-il le financement par le stock sans compromettre la survie de l'entreprise ? : Rev. Lamy dr. civ.* mars 2016, p. 8. • C. Juillet, *La réforme du gage de stocks. Commentaire de l'ordonnance n° 2016-56 du 29 janvier 2016 relative au gage de stocks : D.* 2016, p. 561. • Y. Paclot et G. Gaede, *Ordonnance n° 2016-56 du 29 janvier 2016 relative au gage des stocks : aggiornamento salutaire ou « loi inutile » ? : JCP* E 2016, 177. • S. Piedelièvre, *La réforme du gage des stocks : Gaz. Pal.* 16 févr. 2016, p. 11. • J.-F. Riffard, *Bis repetita (non) placet : RD bancaire et fin.* 2016, étude 15.

Art. L. 527-1 *(Ord. n° 2016-56, 29 janv. 2016 ; mod., L. n° 2016-1547, 18 nov. 2016 ; abr. à compter du 1er janvier 2022, Ord. n° 2021-1192, 15 sept. 2021).* **– Le gage des stocks est une convention par laquelle une personne morale de droit privé ou une personne physique accorde à un établissement de crédit ou à une société de financement qui lui a consenti un crédit pour l'exercice de son activité professionnelle le droit de se faire payer sur ses stocks par préférence à ses autres créanciers.**

Le gage des stocks peut être constitué avec ou sans dépossession.

Il relève des articles 2286 (al. 1 et 4), 2333, 2335, 2337, 2339 à 2341, 2343, 2344 (1er al.) et 2345 à 2350 du Code civil ainsi que des dispositions du présent chapitre.

Les parties demeurent libres de recourir au gage des stocks prévu au présent chapitre ou au gage de meubles corporels prévu aux articles 2333 et suivants du Code civil.

Rédaction antérieure. Art. L. 527-1 *(Ord. n° 2006-346, 23 mars 2006 ; mod., Ord. n° 2013-544, 27 juin 2013).* – Tout crédit consenti par un établissement de crédit ou une société de financement à une personne morale de droit privé ou à une personne physique dans l'exercice de son activité professionnelle peut être garanti par un gage sans dépossession des stocks détenus par cette personne.

Le gage des stocks est constitué par acte sous seing privé.

À peine de nullité, l'acte constitutif du gage doit comporter les mentions suivantes :

1° La dénomination : « acte de gage des stocks » ;

2° La désignation des parties ;

3° La mention que l'acte est soumis aux dispositions des articles L. 527-1 à L. 527-11 ;

4° Le nom de l'assureur qui garantit contre l'incendie et la destruction ;

5° La désignation de la créance garantie ;

6° Une description permettant d'identifier les biens présents ou futurs engagés, en nature, qualité, quantité et valeur ainsi que l'indication du lieu de leur conservation ;

7° La durée de l'engagement.

Les dispositions de l'article 2335 du Code civil sont applicables.

Un gardien peut être désigné dans l'acte de gage.

Jurisprudence antérieure à Ord. n° 2016-56, 29 janvier 2016. Caractère exclusif. Le gage sur stock est exclusif du gage sans dépossession du droit commun, les parties ne disposent pas d'une option entre ces deux sûretés (■ Cass. com., 19 févr. 2013, n° 11-21.763 : *JurisData* n° 2013-002730 ; *RD bancaire et fin.* 2013, comm. 59, obs. D. Legeais ; *Rev. Lamy dr. civ.* 2013, p. 26, note C. Gisbers, et p. 35, obs. G. Marraud des Grottes ; *Gaz. Pal.* 20 mars 2013, p. 22, obs. M.-P. Dumont-Lefrand et 27 mars 2013, p. 9, note M. Mignot ; *JCP* E 2013, 1173, note D. Legeais et 1314, n° 16, obs. P. Delebecque ; *Option fin.* 25 mars 2013, p. 31, obs. G. Benteux et A. Bordenave ; *JCP* G 2013, act. 299, obs. A. Cerles, et 539, note N. Martial-Braz ; *D.* 2013, 493, note R. Dammann et G. Podeur, p. 1177, obs. H. Guillou,

p. 1363, obs. M. Bourassin et p. 1713, obs. P. Crocq ; *Dr. et patrimoine* nov. 2013, p. 91, obs. J.-P. Mattout et A. Prüm ; *Dr. et patrimoine* juill. 2013, p. 94, obs. A. Aynès et P. Dupichot ; *LPA* 17 juin 2013, p. 19, obs. N. Borga ; *RTD com.* 2013, p. 574, obs. D. Legeais. ▪ Cass. ass. plén., 7 déc. 2015, n° 14-18.435 : *JCP* E 2015, 1633, note B. Brignon ; *JCP* G 2016, p. 102, note J.-J. Ansault et C. Gijsbers ; *LPA* 18 févr. 2016, p. 8, note L. Andreu ; *Gaz. Pal.* 12 janv. 2016, p. 22, note S. Piédelièvre ; *Gaz. Pal.* 16 févr. 2016, p. 30, obs. M.-P. Dumont-Lefrand ; rapport de N. Planchon et l'avis de L. Le Mesle accessibles sur le site internet de la Cour de cassation). Cette exclusivité ne s'étend pas au gage sur stock avec dépossession qui relève du droit commun (▪ Cass. com., 1er mars 2016, n° 14-14.401 : *JurisData* n° 2016-003666 ; *JCP* G 2016, 553, n° 20, obs. P. Delebecque ; *RTD civ.* 2016, 422, obs. P. Crocq ; *Gaz. Pal.* 7 juin 2016, p. 72, obs. M. Bourassin, et 21 juin 2016, p. 36, obs. M.-P. Dumont-Lefrand ; *BJE* mai 2016, p. 174, obs. R. Bonhomme).

Bibliographie : L. d'Avout et F. Danos, *Collisions de régimes juridiques en matière de sûretés réelles : Dr. et patrimoine* juill. 2013, p. 24. – E. Le Corre-Broly, *Le gage sur stock et le Code de commerce : un mariage forcé ? : JCP* E 2014, 1538. – Y. Beckers, *Quel gage pour les établissements de crédit ? Gage sans dépossession du droit commun ou gage sur stock : RD bancaire et fin.* mai 2014, prat. 4.

Art. L. 527-2 *(Ord. n° 2016-56, 29 janv. 2016 ; abr. à compter du 1er janvier 2022, Ord. n° 2021-1192, 15 sept. 2021)*. – **La convention prévue à l'article L. 527-1 est établie par un écrit qui comporte, à peine de nullité, les mentions suivantes :**

1° La désignation des créances garanties ;

2° La description des biens gagés, présents ou futurs, en nature, qualité, quantité et valeur, ainsi que l'indication du lieu de leur conservation ;

3° La durée de l'engagement ; toutefois, lorsque la créance garantie est à durée indéterminée, le gage peut l'être également ;

4° Si le gage est avec dépossession, l'identité du tiers qui a pu être constitué gardien des biens gagés.

Art. L. 527-3 *(Ord. n° 2016-56, 29 janv. 2016 ; abr. à compter du 1er janvier 2022, Ord. n° 2021-1192, 15 sept. 2021)*. – **Peuvent être donnés en gage, à l'exclusion des biens soumis à une clause de réserve de propriété, les stocks de matières premières et approvisionnements, les produits intermédiaires, résiduels et finis ainsi que les marchandises appartenant au débiteur et estimés en nature et en valeur à la date du dernier inventaire.**

Art. L. 527-4 *(L. n° 2016-1547, 18 nov. 2016 ; abr. à compter du 1er janvier 2022, Ord. n° 2021-1192, 15 sept. 2021)*. – **Le gage des stocks est opposable aux tiers par la dépossession ou par son inscription sur un registre public tenu au greffe du tribunal dans le ressort duquel le débiteur a son siège ou son domicile.**

Bibliographie : P. Bouteiller, *La publicité des gages sans dépossession (gage de droit commun et gage des stocks) : JCP* E 2007, 1112.

Art. L. 527-5 *(Ord. n° 2016-56, 29 janv. 2016 ; abr. à compter du 1er janvier 2022, Ord. n° 2021-1192, 15 sept. 2021)*. – **Les stocks restent entièrement gagés jusqu'au complet paiement de la créance garantie, sauf stipulation prévoyant que l'étendue du gage diminue à proportion du paiement de la créance.**

Les biens acquis en remplacement des biens gagés et aliénés sont de plein droit compris dans l'assiette du gage.

Le créancier peut, à tout moment et à ses frais, faire constater l'état des stocks engagés.

Art. L. 527-6 *(Ord. n° 2016-56, 29 janv. 2016 ; abr. à compter du 1er janvier 2022, Ord. n° 2021-1192, 15 sept. 2021)*. – **Lorsque le gage est sans dépossession, le débiteur est responsable de la conservation des stocks en quantité et en qualité dans les conditions prévues à l'***(Mots rempl. à compter du 1er octobre 2016, Ord. n° 2016-131, 10 févr. 2016)* **« article 1197 du Code civil et au présent article ».**

Le débiteur s'engage à ne pas diminuer de son fait la valeur des stocks. Il tient à la disposition du créancier un état des stocks engagés ainsi que la comptabilité de toutes les opérations les concernant.

Lorsque l'état des stocks fait apparaître une diminution d'au moins 10 % de leur valeur telle que mentionnée dans l'acte constitutif, le créancier peut exiger, après mise en demeure du débiteur, le rétablissement de la garantie ou le remboursement d'une partie des sommes prêtées en proportion de la diminution constatée.

Lorsque l'état des stocks fait apparaître une diminution d'au moins 20 % de leur valeur, le créancier peut exiger, après mise en demeure du débiteur, le remboursement total de la créance considérée comme échue.

Toutefois, la convention prévue à l'article L. 527-1 peut prévoir des taux supérieurs à ceux fixés aux deux alinéas ci-dessus.

Art. L. 527-7 *(Ord. n° 2016-56, 29 janv. 2016 ; abr. à compter du 1er janvier 2022, Ord. n° 2021-1192, 15 sept. 2021)*. – En cas de remboursement anticipé de la créance, le débiteur n'est pas tenu des intérêts restant à courir jusqu'à l'échéance.

Si le créancier refuse les offres du débiteur, celui-ci peut, pour se libérer, consigner la somme offerte.

Art. L. 527-8 *(Ord. n° 2016-56, 29 janv. 2016 ; abr. à compter du 1er janvier 2022, Ord. n° 2021-1192, 15 sept. 2021)*. – À défaut de paiement de la dette garantie, le créancier peut poursuivre la réalisation de son gage suivant l'une des modalités prévues aux articles 2346 à 2348 du Code civil.

Art. L. 527-9 *(Ord. n° 2016-56, 29 janv. 2016 ; abr. à compter du 1er janvier 2022, Ord. n° 2021-1192, 15 sept. 2021)*. – Les conditions d'application des dispositions du présent chapitre sont fixées par décret en Conseil d'État.

Art. L. 527-10 *(Abr., Ord. n° 2016-56, 29 janv. 2016)*.

Rédaction antérieure. Art. L. 527-10 *(Ord. n° 2006-346, 23 mars 2006)*. – En cas de non-paiement de la créance exigible, le créancier peut poursuivre la réalisation de son gage dans les conditions prévues aux articles 2346 et 2347 du Code civil.

Droit de rétention : loi n° 2008-776, 4 août 2008. Voir Code civil, art. 2286, 4°. Pour l'exercice de ce droit de rétention dans les procédures collectives, art. L. 622-7, p. 1132, L. 641-3, p. 1286, L. 642-12, p. 1313 et L. 642-20-1, p. 1323.

Bibliographie : P. Le Corre, *La mesure de l'efficacité des gages sans dépossession dans les procédures collectives, L'inopposabilité du droit de rétention conféré par l'article 2286-4° du Code civil aux créanciers gagistes sans dépossession : JCP* E 2009, 1204. – D. Legeais : *RD bancaire et fin.* 2009, comm. 21.

Art. L. 527-11 *(Implicitement abr. à compter du 1er avril 2016, Ord. n° 2016-56, 29 janv. 2016)*.

LIVRE SIXIÈME

DES DIFFICULTÉS DES ENTREPRISES

Bibliographie : ***Articles.*** Cagnoli, *Prescription et procédures collectives : Rev. proc. coll.* 2011, étude 12. • E. Mouial Bassilana, *Rétroactivité et droit de l'entreprise en difficulté : JCP* E 2013, 1414. • Bourbouloux et Fort, *Le décret du 2 septembre 2013 : le droit à l'oubli tout relatif des dirigeants ayant connu une procédure collective : JCP* E 2013, act. 821. • Rubellin, *Retour sur le statut du conjoint du débiteur commun en biens : BJE* 2014, p. 62. • Reille, *Entreprise en difficulté et marché public : l'entente plus qu'imparfaite : Rev. proc. coll.* 2014, alerte 8. • Vermeille et Bezert, *L'éviction des actionnaires en amont de la cessation des paiements : un impératif pour lutter contre l'excès d'endettement : D.* 2013, p. 2045. • Laporte, *Que reste-t-il de la saisine d'office ? : Rev. proc. coll.* 2014, focus 25. • Delattre, *L'intervention du ministère public dans la loi de sauvegarde : Rev. proc. coll.* 2014, fiche pratique 2. • Gorins, *Évolution de la cession judiciaire d'entreprise en prévention et en procédure collective : BJE* 2015, p. 185, 112d6. • Favario, *Le livre VI du Code de commerce en son miroir constitutionnel : Rev. proc. coll.* 2015, étude 12. • Rossi, *Dispositions de la loi Macron concernant les livres VI et VII du Code de commerce : obstination ou obsession ? : Rev. proc. coll.* 2015, étude 15. • Jacotot et Fin-langer, *La loi Macron et le droit social : Rev. proc. coll.* 2015, étude 17. • Lucas, *Commentaire des dispositions de la loi du 6 août 2015 pour la croissance, l'activité et l'égalité des chances économiques intéressant le droit des entreprises en difficulté : BJE* 2015, p. 317, 112q8. • Delattre, *L'intervention de l'État dans les entreprises en difficulté : Rev. proc. coll.* 2016, étude 10. • Laroche, *Secret des affaires et droit des entreprises en difficulté : JCP* E 2016, 1458. • Pétel, *Le régime des fonds versés à la Caisse des dépôts dans le cadre des procédures collectives, Mélanges Pascale Bloch*, Bruylant, p. 187. • Fin-Langer et Jacotot, *La loi « travail » et le droit des procédures collectives : Rev. proc. coll.* 2016, étude 17. • Stefania, *La coopération du débiteur avec les organes de la procédure collective. Juste une illusion ? : JCP* E 2017, 1213. • Galockho, *Les clauses aggravant la situation du débiteur du fait de l'ouverture d'une procédure préventive ou collective : Rev. proc. coll.* 2017, étude 11. • Favario, *L'associé, financier de la société en difficulté : Rev. proc. coll.* 2017, étude 17. • Roussel Galle, *Quelques « petites » idées de réforme à droit constant du droit des entreprisse en difficulté : JCP* E 2018, 1175 ; *L'émergence d'un droit spécial des sociétés en difficulté : JCP* E 2018, 1331 ; *L'attraction du droit spécial : l'exemple du droit des sûretés et des procédures collectives : JCP* E 2018, 1332. • Rousselet, *Les règles applicables en matière d'aides publiques allouées à des entreprises en difficulté : BJE* 2018, p. 229. • Buisine, *Imprévision et droit des entreprises en difficulté : Rev. proc. coll.* 2018, étude 18. • Houssin, *Le test du respect des intérêts des créanciers ou « best interest test » : Rev. proc. coll.* 2018, étude 19. • Marcou, *L'incidence du droit des procédures collectives dans la mise en œuvre d'une restructuration entraînant transmission universelle du patrimoine : JCP* E 2019, 1191. • Borga, *L'entreprise en difficulté et la révision du contrat pour imprévision : Mél. en l'honneur de J. Mestre* : LGDJ, 2019, p. 137. • Menjucq, Pétel, Jazottes et Vallansan, *Loi Pacte et procédures collectives : Rev. proc. coll. 2019, dossiers 23 et s.* • Buisine, *Sociétés cotées en difficulté et information financière : Rev. proc. coll.* 2019, étude 15. • Delattre, *Le liquidateur judiciaire face à ses obligations environnementales : quelques rappels : Rev. proc. coll.* 2019, étude 17. • Buisine et Rousseau, *L'efficacité des procédures de restructuration, d'insolvabilité et de seconde chance : commentaire du titre IV de la directive Restructurations préventives : Rev. proc. coll.* 2020, étude 10. • Bonneau, *Le mécanisme dit du cross-class cram-down : Rev. proc. coll.* 2020, étude 11. • Buisine, *Droit de l'environnement et procédures collectives : Rev. proc. coll.* 2020, étude 17. • Vallens, *Le droit des procédures collectives est-il conforme au principe de proportionnalité ? : Rev. proc. coll.* 2020, étude 18. • Fin-Langer, *Une indemnisation des salariés et des partenaires d'une entreprise en difficulté à repenser*, in *Mélanges Saint-Alary-Houin : LGDJ*, p. 187. • Gailhbaud, *Droit du travail et procédures collectives : proposition d'un droit spécial, ibid.*, p. 209. • Henry et Vallansan, *Témoignages croisés sur le rôle de la chambre commerciale dans le droit positif des entreprises en difficulté, ibid.*, p. 243. • Idot, *L'entreprise en difficulté face aux sanctions du droit de la concurrence, ibid.*, p. 255. • Lisanti, *Plaidoyer pour une refonte des droits du conjoint in bonis, ibid.*, p. 341. • Macorig-Venier, *La protection du logement de l'entrepreneur en difficulté, ibid.*, p. 347. • Paulin, *La défaillance du transporteur aérien, ibid.*, p. 431. • Pérochon, *Vrais et faux atouts de la propriété réservée immobilière en cas de procédure* collective, *ibid.*, p. 451. • Pétel, *Saisie pénale et liquidation judiciaire*, *ibid.*, p. 465. • Poujade, *La planification du traitement de la défaillance des entreprises*, *ibid.*, p. 481. • Saintourens, *La déconfiture*, *ibid.*, p. 519. • Sautonie, *L'adaptation progressive du droit des entreprises en difficulté à la taille de l'entreprise*, *ibid.*, p. 525. • Thullier, *La diversification positive du droit des entreprises en difficulté*, *ibid.*, p. 547. • Vallansan, *Quelques atteintes au droit de gage commun par l'exercice de droits réels, à la lumière d'une jurisprudence récente* : *Rev. proc. coll.* 2021, étude 3.

Colloques et études collectives. *Loi de sauvegarde des entreprises. Risques et responsabilités en droit des procédures collectives* : *Rev. proc. coll.* 2010, dossier p. 61 et s. ; *Le périmètre du droit de la défaillance économique* : *Rev. proc. coll.* 2011, dossier p. 1 et s. • *Le droit des entreprises en difficulté à l'épreuve de la crise économique* : *BJE* 2012, p. 306 et s. ; *Personne physique et procédures collectives* : *Rev. proc. coll.* 2013, dossiers 1 à 11 ; *La loi de sauvegarde a l'âge de raison* : *Dr. et patrimoine* mars 2013, p. 41 ; *Acteurs judiciaires et sauvetage des entreprises en difficulté* : *Rev. proc. coll.* 2013, dossiers 22 à 31 ; *Entreprises en difficulté : les bonnes pratiques des professionnels* : *BJE* 2012, p. 397 ; *Les montages à l'épreuve et au service des procédures collectives* : *Rev. proc. coll.* 2013, dossiers 12 à 22 ; *Journées annuelles d'actualité du droit des entreprises en difficulté de l'ENM* : *Rev. proc. coll.* 2013, dossiers 23 à 30 ; *Quel avenir pour le mandat de justice face aux dernières évolutions du droit européen ?* : *Rev. proc. coll.* 2013, dossiers 31 à 46 ; *L'insolvabilité internationale à l'épreuve des groupes de sociétés* : *Rev. proc. coll.* 2013, dossiers 47 à 58. • *Les plans dans le livre VI du Code de commerce* : *Rev. proc. coll.* 2015, dossiers 36 à 49. • *La responsabilité civile des professionnels des procédures collectives* : *Rev. proc. coll.* 2015, table ronde 3. • *Loi Macron et procédures collectives : réactions et perspectives* : *BJE* 2015, p. 395 et s. • *La reprise d'entreprises en difficulté* : *Rev. proc. coll.* 2015, dossiers 50 et s. • *Trente ans de réformes* : *Rev. proc. coll.* 2016, dossiers 2 à 21. • *Échanges sur la hiérarchisation des intérêts dans les procédures collectives* : *BJE* 2016, p. 190 et s. • *Les procédures collectives, dix ans après* : *Cah. dr. entr.* 2016-4. • *Les procédures collectives révélatrices des limites de la propriété ?* : *Rev. proc. coll.* 2017, dossiers 13 à 24. • *Le droit des entreprises en difficulté après trente ans : droit dérogatoire, précurseur ou révélateur ?* Colloque 16 mars 2017, *Pr. univ. Toulouse 1 Capitole*. *Droit des sociétés et procédures collectives*, L'Harmattan, 2018. • *Groupes de sociétés et procédures collectives : de l'autonomie patrimoniale des sociétés groupées à l'unité patrimoniale du groupe ?* Colloque 2 juin 2017, LexisNexis 2018. • *Les coûts de faillite : le droit des entreprises en difficulté est-il performant ?* Colloque 24 nov. 2017 : *Rev. proc. coll.* 2018, dossiers 1 à 14. • *Procédures collectives et sûretés réelles : à la recherche d'équilibre et d'articulations* ; Colloque 31 mai 2018 : *Rev. proc. coll.* 2018, dossiers 15 à 26. • *Les grands concepts du droit des entreprises en difficulté*, dir. Le Corre, colloque CRAJEFE, 6 avr. 2018. • *La restructuration financière d'un groupe en difficulté dans un contexte international : le droit en action* : *BJE* juill.-août 2018, p. 284. • *Les créanciers publics face aux procédures collectives* : *Rev. proc. coll.* 2019, dossiers 27 et s. • *Responsabilité et entreprises en difficulté* ; Colloque 6 déc. 2019 : *Rev. proc. coll.* 2020, dossiers 1 à 8. • *Sûretés réelles et droit des entreprises en difficulté* : *LPA* 11 févr. 2011, p. 54 et s. • *L'incidence du numérique sur le droit des entreprises en difficulté* : *Rev. proc. coll.* 2020, dossiers 9 à 14. • *La directive du 20 juin 2019 sur la restructuration et l'insolvabilité. Quel contenu pour quelle transposition en droit français ?* : *JCP* E 2020, 1075 à 1079.

Covid-19. Allais et Houssin, *L'adaptation du droit de la faillite à la crise sanitaire liée à la Covid-19* : *JCP* E 2020, 1161. • Berthelot, *Covid-19 : les rythmes du droit des entreprises en difficulté à l'épreuve du temps* : *JCP* E 2020, 1205. • Berthelot, *Covid-19 : Acte 2 – Une nouvelle ordonnance portant sur le droit des entreprises en difficulté* : *JCP* E 2020, 374. • Buisine, *De quelques mesures exceptionnelles d'adaptation temporaire du droit des entreprises en difficulté* : *Rev. proc. coll.* 2020, étude 8. • Varii auctores, *État d'urgence sanitaire : les adaptations du droit des entreprises en difficulté*, Macorig-Vénier et Théron (dir.) : *BJE* mai 2020, p. 54. • Varii auctores, *Le droit des entreprises en difficulté au temps de la Covid-19*, Le Corre (dir.) : *Gaz. Pal.* 13 juill. 2020, p. 57 s. • Langet et Falih, *Nouvelles mesures d'adaptation du livre VI du Code de commerce aux conséquences de l'épidémie de Covid-19* : *BJE* sept. 2020, n° 118c3, p. 55.

Ordonnance n° 2014-326 du 12 mars 2014

portant réforme de la prévention des difficultés des entreprises et des procédures collectives

Bibliographie : Pétel, *Entreprises en difficulté : encore une réforme !* : *JCP* E 2014, 1223. • Lucas, *Présentation de l'ordonnance portant réforme de la prévention des difficultés des entreprises et des procédures collectives* : *BJE* 2014, p. 111. • Le Corre, *Premiers regards sur l'ordonnance du 12 mars 2014 réformant le droit des entreprises en difficulté* : *D.* 2014, p. 733. • Damman et Podeur, *Le rééquilibrage des pouvoirs au profit des créanciers résultant de l'ordonnance du 12 mars 2014* : *D.* 2014, p. 752. • Gailhbaud, *Les dispositions concernant les salariés de l'ordonnance du 12 mars 2014 : D. 2014, p. 755.* • Varii auctores, *Un nouveau souffle pour les procédures collectives* : *Rev. proc. coll.* 2014, dossiers 13 et s. • Roussel-Galle, *Réforme du droit des entreprises en difficulté : à propos du décret du 30 juin 2014* : *JCP* E 2014, 1479. • Cerati-Gauthier, *La promotion de la « reprise interne » dans l'ordonnance n° 2014-326 du 12 mars 2014* : *JCP* E 2014, 1435. • Varii auctores, *Un nouveau droit des entreprises en difficulté, plus efficace et plus équilibré* : *Rev. proc. coll.* 2014, dossiers 26 et s. • Varii auctores, *Le nouveau droit des entreprises en difficulté version 2014* : *CDE* 2015-1.

Art. 116. – La présente ordonnance entre en vigueur le 1er juillet 2014.

Elle n'est pas applicable aux procédures en cours au jour de son entrée en vigueur, à l'exception des dispositions des articles 77 et 80.

Ordonnance n° 2008-1345 du 18 décembre 2008

portant réforme du droit des entreprises en difficulté

Bibliographie : Pétel, *Le nouveau droit des entreprises en difficulté : acte II : JCP* E 2009, 1049. • Crocq, *L'ordonnance du 18 décembre 2008 et le droit des sûretés : JCP* E 2009, 1313. • Berthelot, *Les aménagements de la liquidation judiciaire issus de l'ordonnance du 18 décembre 2008 : JCP* E 2009, 1312. • Varii auctores, *Loi de sauvegarde : première réforme : Gaz. Pal.* 6-7 mars 2009, numéro spécial ; *Réforme des procédures collectives : ordonnance n° 2009-1345 du 18 décembre 2008 : Rev. proc. coll.* 2009, p. 35 et s. • Delattre, *L'intervention du ministère public dans la désignation des administrateurs et mandataires judiciaires : Rev. proc. coll.* 2009, étude 11. • Varii auctores, *Entreprises en difficulté : pratiques innovantes – aspects de droit interne et international : CDE* 2009-5, dossier, 26 et s.

Art. 173. – La présente ordonnance entre en vigueur le 15 février 2009, à l'exception de l'article 16, qui entre en vigueur le 1er janvier 2009.

Elle n'est pas applicable aux procédures en cours au jour de son entrée en vigueur, sauf en ce qui concerne :

– les dispositions de l'article 16 ;

– les dispositions des articles 133 et 135. Les actions fondées sur l'obligation aux dettes sociales ne peuvent plus être engagées à compter de l'entrée en vigueur de la présente ordonnance. En revanche, les actions déjà engagées au jour de cette entrée en vigueur se poursuivent.

Les dispositions du cinquième alinéa de l'article 63 sont applicables aux plans de sauvegarde en cours d'exécution au jour de son entrée en vigueur.

NB : les dispositions du Code de commerce issues de l'ordonnance du 18 décembre 2008 applicables aux procédures en cours sont :

– l'article L. 621-9, alinéa 3, inséré par l'article 16 de l'ordonnance ;

– l'article L. 653-4, dans sa rédaction issue de l'article 135 de l'ordonnance ;

– l'article L. 626-27, I, alinéa 3, introduit par l'article 63, alinéa 5 de l'ordonnance.

Par ailleurs, l'abrogation des articles L. 652-1 à L. 652-5 (issue de l'article 133 de l'ordonnance) concerne aussi, dans les limites prévues par l'article 173 de l'ordonnance, les procédures en cours au jour de son entrée en vigueur.

Loi n° 2005-845 du 26 juillet 2005

de sauvegarde des entreprises

Bibliographie : Pétel, *Le nouveau droit des entreprises en difficulté : JCP* E 2005, 1509. • Le Corre, *Premiers regards sur la loi de sauvegarde des entreprises : D.* 2005, n° spéc., p. 2299 et s. • Varii auctores, *La loi n° 2005-845 du 26 juillet 2005 relative à la sauvegarde des entreprises : JCP* E 2005, 1510 et s. • *Varii auctores*, ss dir. P.-M. Le Corre, *Loi du 26 juillet 2005 de sauvegarde des entreprises : Gaz. proc. coll.* 7-8 sept. 2005 et 9-10 sept. 2005. • Boulay, *Les créanciers antérieurs dans les procédures de sauvegarde, de redressement et de liquidation judiciaires : JCP* E 2006, 2407. • Crocq, *La réforme des procédures collectives et le droit des sûretés : D.* 2006, 1306. • Gandin, *Information et consultation des représentants des salariés dans le cadre de la prévention des difficultés – Loi du 26 juillet 2005 : JCP* E 2006, 2557. • R. Martin et Neveu, *L'application à la profession d'avocat de la loi du 26 juillet 2005 sur la sauvegarde des entreprises : JCP* E 2006, 1764. • Rolland, *Procédures collectives et sites contaminés : CDE* 5/2006, n° 35. • Verger et Mignone, *Aspects pratiques de l'application de la loi du 26 juillet 2005 aux professionnels libéraux : D.* 2006, 2234. • *Varii auctores*, ss dir. F.-X. Lucas et H. Lecuyer, *La réforme des procédures collectives*, LGDJ, 2006. • Varii auctores, *L'application de la loi de sauvegarde des entreprises : CDE* 2006/1, p. 11. • *Varii auctores*, ss dir. C. Regnaut-Moutier, J. Vallansan, P. Cagnoli et S. Rétif, *Les dernières réformes : Rev. proc. coll.* 2006, p. 117 et s. • Varii auctores, *La loi de sauvegarde, bilan d'étape : CDE* 2007/2. • Roussel Galle, *Réforme du droit des entreprises en difficulté*, Litec, 2e éd. 2007. • Le Corre, *Les incidences de la réforme du droit des sûretés sur les créanciers confrontés aux procédures collectives : JCP* E 2007, 1185. • Dammann et Podeur, *Fiducie-sûreté et droit des procédures collectives : évolution ou révolution ? : D.* 2007, 1359.

CHAPITRE III. – DISPOSITIONS TRANSITOIRES

Bibliographie : Bélaval et Salomon, *L'examen d'office par la Cour de cassation des dispositions transitoires de la loi de sauvegarde des entreprises* : D. 2007, chron. 1303. • Le Corre, *Les dispositions transitoires de la loi de sauvegarde, la suppression des extensions sanctions et l'application de l'obligation aux dettes sociales* : D. 2006, chron. 2737.

Art. 190. – La présente loi entre en vigueur le 1er janvier 2006, à l'exception des dispositions suivantes qui sont applicables aux procédures et situations en cours dès sa publication :

a) Dans toutes les dispositions prévoyant une incapacité, une interdiction ou une déchéance résultant d'une faillite personnelle ou d'une interdiction de gérer, ces mesures doivent être comprises comme ayant une durée maximale de quinze ans à compter du jour où la décision les ayant prononcées est devenue définitive ;

b) Les mesures de faillite personnelle et d'interdiction de gérer ainsi que les déchéances et interdictions qui en ont résulté prennent fin à la date de publication de la présente loi lorsque, à cette date, elles ont été prononcées plus de quinze années auparavant par une décision devenue définitive.

Toutefois, les poursuites déjà engagées au jour de la publication de la présente loi, sur le fondement de l'article L. 622-32 du Code de commerce, ne sont pas, même si le délai de quinze années est expiré, affectées par les dispositions qui précèdent et les sommes perçues par les créanciers leur restent acquises ;

c) L'article L. 624-10 du Code de commerce dans sa rédaction issue de la présente loi ;

d) L'article L. 643-9 du Code de commerce ;

e) Le dernier alinéa de l'article L. 811-11 du Code de commerce.

1) Professionnels libéraux. Une procédure collective peut être ouverte à l'encontre d'une personne physique exerçant une activité professionnelle indépendante dès lors qu'elle est en cessation des paiements à la date à laquelle le juge statue, peu important que son passif ait été exigible avant le 1er janvier 2006 (▪ Cass. com., 27 mai 2008, n° 07-13.131 : *JurisData* n° 2008-044130 ; *JCP* E 2008, 1870, concl. R. Bonhomme ; *JCP* E 2008, 2062, n° 1, obs. Pétel ; *D.* 2008, p. 1616, obs. A. Lienhard).

Une personne physique exerçant une activité professionnelle indépendante relève, à compter du 1er janvier 2006, des procédures collectives de la loi du 26 juillet 2005 de sauvegarde des entreprises et se trouve dès lors exclue des dispositions relatives au traitement des situations de surendettement prévues aux articles L. 330-1 et suivants du Code de la consommation (▪ Cass. com., 30 sept. 2008, n° 07-15.446 : *JurisData* n° 2008-045190 ; *JCP* E 2009, 1008, n° 1, obs. Pétel ; *JCP* E 2008, 2492, note Marmoz ; *Act. proc. coll.* 2008-18, n° 277, obs. Salhi ; *D.* 2008, p. 2501, obs. Lienhard ; *ibid.*, 2749, obs. Bélaval).

2) Faillite personnelle. Au sens de l'article 190, *a)*, la faillite personnelle doit être comprise comme ayant une durée maximale de quinze ans à compter du jour de la décision exécutoire qui la prononce (▪ Cass. com., 23 mai 2006, n° 05-11.989 : *JurisData* n° 2006-033728 ; *D.* 2006, p. 1528, obs. Lienhard ; *ibid.*, pan. 2256, obs. Lucas et Le Corre ; *Act. proc. coll.* 2006, n° 148, obs. Martineau-Bourgninaud ; *RJDA* 1/2007, n° 80 ; *JCP* E 2006, pan. 2080).

L'article 190, *b)*, disposant que les mesures de faillite personnelle et d'interdiction de gérer ainsi que les déchéances et interdictions qui en ont résulté prennent fin à la date de publication de la loi, soit le 27 juillet 2005, lorsque, à cette date, elles ont été prononcées plus de quinze ans auparavant par une décision définitive, la faillite personnelle ayant pris fin, le pourvoi est devenu sans objet (▪ Cass. com., 29 nov. 2005, n° 04-17.972 : *JurisData* n° 2005-030986 ; *Bull.* IV, n° 236 ; *D.* 2005, p. 3085, obs. Lienhard ; *D.* 2006, pan. 2252, obs. Lucas et Le Corre ; *JCP* E 2006, pan. 1075 ; *ibid.*, 1305, note Robert ; *RJDA* 4/2006, n° 447 ; *Rev. sociétés* 2006, 186, obs. Roussel-Galle ; *Dr. sociétés* 2006, n° 19, note Legros ; *Act. proc. coll.* 2005, n° 260, obs. Regnaut-Moutier ; *Rev. sociétés* 2006, 186, note Roussel-Galle. ▪ Orléans, 15 déc. 2005 : *RJDA* 4/2006, n° 446. ▪ Cass. com., 22 mai 2007, n° 06-12.766 : *JurisData* n° 2007-039048 ; *D.* 2007, p. 1507, obs. Lienhard ; *JCP* E 2007, pan. 1876 ; *JCP* E 2008, 1327, note Delattre).

3) Interdiction de gérer. Justifie sa décision une cour d'appel qui, pour déclarer le prévenu coupable de violation d'une interdiction de gérer, prononcée le 11 décembre 1979, relève que la commission de l'infraction est antérieure à la date d'entrée en vigueur de la loi et que les dispositions de l'article L. 627-4, applicable au moment des faits, incriminant ce délit, ont été reprises à l'article L. 654-15 C. com. (▪ Cass. crim., 19 sept. 2007, n° 07-82.653 : *JurisData* n° 2007-041095 ; *RJDA* 2/2008, n° 178 ; *JCP* E 2008, 1474, note Delattre).

L'article L. 653-2, qui ajoute l'interdiction de gérer « toute entreprise ayant toute autre activité indépendante », constitue une disposition plus sévère, inapplicable à des faits antérieurs (▪ Cass. crim., 17 févr. 2016 : *Rev. proc. coll.* 2016, comm. 96, obs. Martin-Serf).

Art. 191. – Lors de son entrée en vigueur, la présente loi n'est pas applicable aux procédures en cours, à l'exception des dispositions suivantes résultant de la nouvelle rédaction du livre VI du Code de commerce :

1° Le chapitre IV du titre IV ;

2° L'article L. 626-27. Cet article est applicable aux procédures de redressement judiciaire en cours ;

3° L'article L. 643-11. Cet article est applicable aux procédures de redressement ou de liquidation judiciaire en cours. Toutefois, les poursuites déjà engagées au jour de l'entrée en vigueur de cet article à l'égard de débiteurs ayant fait l'objet d'une interdiction de diriger ou de contrôler une entreprise commerciale ou une personne morale ne sont pas affectées et les sommes perçues par leurs créanciers restent acquises à ces derniers.

L'article L. 643-11 est également applicable aux procédures de règlement judiciaire ou de liquidation des biens en cours. Toutefois, les sommes perçues par les créanciers leur restent acquises ;

4° L'article L. 643-13 ;

5° Les chapitres I et II du titre V, à l'exception de l'article L. 651-2 ;

6° L'article L. 653-7 ;

7° L'article L. 653-11 ;

8° L'article L. 662-4.

1) **Sanctions professionnelles.** Il résulte des articles 190 et 191 de la loi du 26 juillet 2005 que le chapitre III du titre V du livre VI du Code de commerce dans sa nouvelle rédaction, relatif à la faillite personnelle et aux autres mesures d'interdiction, à l'exception des articles L. 653-7 et L. 653-11, n'est pas applicable aux procédures collectives en cours au 1er janvier 2006 ;

– Il s'ensuit que l'article L. 625-5 ancien, bien qu'abrogé, peut encore servir de fondement au prononcé d'une mesure de faillite personnelle ou d'interdiction de gérer contre le dirigeant d'une personne morale soumise à une procédure collective en cours au 1er janvier 2006, ayant commis l'un des actes qui y sont mentionnés (▪ Cass. com., 4 avr. 2006, n° 04-19.637 : *JurisData* n° 2006-033069 ; *D.* 2006, p. 1107, obs. Lienhard ; *JCP* E 2006, pan. 1774 ; *RJDA* 8-9/2006, n° 934. ▪ Cass. com., 19 déc. 2006, n° 05-19.088 : *JurisData* n° 2006-036655 ; *D.* 2007, p. 87, obs. Lienhard ; *RJDA* 5/2007, n° 535 ; *JCP* E 2007, pan. 1190 ; *ibid.* 1450, n° 15, obs. Pétel ; *Act. proc. coll.* 2007, comm. 20, obs. Regnaut-Moutier).

– Il s'ensuit que les dispositions de l'article L. 653-1 actuel, prévoyant un délai de trois ans, ne sont pas applicables au prononcé, par une juridiction non répressive, d'une mesure d'intérêt public, telle la faillite personnelle, à l'occasion d'une procédure ouverte antérieurement *au 1er janvier 2006* (▪ Cass. com., 16 oct. 2007, n° 06-10.805 : *JurisData* n° 2007-040841 ;*D.* 2007, p. 2666, obs. Lienhard ; *JCP* E 2007, 2471, note Cholet ; *JCP* E 2008, 1207, n° 18, obs. Pétel).

Mais l'article L. 653-11, relatif au relèvement, est applicable au dirigeant sanctionné dans le cadre d'une procédure antérieure (▪ Cass. com., 12 juill. 2011, n° 10-21.882 : *Act. proc. coll.* 2011, comm. 222).

2) **Responsabilité pour insuffisance d'actif.** Il résulte des dispositions de l'article 191, 5°, que l'article L. 624-3 ancien demeure applicable pour condamner les dirigeants au paiement de l'insuffisance d'actif d'une personne morale de droit privé soumise à une procédure collective ouverte antérieurement au 1er janvier 2006 (▪ Cass. com., 19 déc. 2006, n° 05-19.186 : *JurisData* n° 2006-036654 ; *D.* 2007, p. 86, obs. Lienhard ; *RJDA* 5/2007, n° 534 ; *JCP* E 2007, pan. 1191 ; *ibid.* 1450, n° 13, obs. Pétel ; *Act. proc. coll.* 2007, comm. 20, obs. Regnaut-Moutier). Le commissaire à l'exécution du plan est recevable à intenter une action en insuffisance d'actif dans une procédure en cours au 1er janvier 2006 (▪ Paris, 25 oct. 2006, n° 06/05437 : *JurisData* n° 2006-327173 ; *JCP* E 2007, 1357, note Roussel-Galle).

3) **Obligation aux dettes sociales.** Une demande d'obligation aux dettes sociales, substituée à une demande d'extension-sanction après l'entrée en vigueur de la loi de 2005, se prescrit par trois ans à compter du jugement de liquidation judiciaire, la demande initiale n'ayant pas eu d'effet interruptif de prescription (▪ Cass. com., 8 mars 2011, n° 09-70.714 : *JurisData* n° 2011-003134 ; *JCP* E 2011, 1596, n° 13, obs. Ph. Pétel ; *Act. proc. coll.* 2011, comm. 123, obs. C. Regnaut-Moutier ; *Rev. proc. coll.* 2011, comm. 101, obs. A. Martin-Serf ; *Bull. Joly* 2011, p. 421, note P.-M. Le Corre).

L'exclusion de cette mesure à l'encontre des dirigeants d'une société ayant fait l'objet d'un plan de cession avant l'entrée en vigueur de la loi de sauvegarde ne prive pas cette société d'une espérance légitime de créance et ne méconnaît donc pas les exigences de la CEDH (▪ Cass. com., 17 mai 2011, n° 09-72.862 : *JurisData* n° 2011-009085 ; *JCP* E 2011, 1596, n° 14, obs. Ph. Pétel).

Bibliographie : F. Arbellot, *Le droit transitoire de l'action en obligation aux dettes sociales sous* *l'empire de la loi du 26 juillet 2005 : Rev. proc. coll.* 2011, étude 8.

4) **Résolution des plans.** Il résulte des dispositions de l'article 191, 2°, que l'article L. 626-27 est applicable aux procédures de redressement judiciaire en cours au 1er janvier 2006 ; les dispositions de cet article régissent la résolution des plans de redressement par voie de continuation lorsque celle-ci n'a pas été prononcée avant cette date (▪ Cass. com., 18 mars 2008, n° 07-15.754 : *JurisData* n° 2008-043268 ; *D.* 2008, p. 977, obs. Lienhard, chron. 1234, n° 6, obs. Orsini ; *JCP* E 2008, 2062, n° 5, obs. Pétel ; *Act. proc. coll.* 2008-7, comm. 114, obs. Vallansan).

Le tribunal ayant prononcé la résolution du plan et ouvert une liquidation judiciaire le 18 janvier 2007, c'est à bon droit que la cour d'appel a soumis cette nouvelle procédure aux dispositions de l'article R. 622-19 nouveau (▪ Cass. com., 13 sept. 2011, n° 10-14.721 : *Act. proc. coll.* 2011, comm. 250, obs. L. Fin-Langer).

5) **Associés responsables.** La liquidation judiciaire d'une société suite à la résolution d'un plan antérieur à 2006 ne produit pas ses effets à l'égard de ses associés indéfiniment et solidairement responsables du passif (▪ Cass. com., 16 juin 2009, n° 08-10.232 : *JurisData* n° 2009-048655 ; *D.* 2009, act. jurispr. 1821, obs. A. Lienhard).

6) **Voies de recours.** Il résulte des dispositions de l'article 191 que les articles L. 661-1 et L. 661-2 sur les voies de recours ne sont pas applicables aux procédures collectives en cours au 1er janvier 2006 (▪ Cass. com., 19 févr. 2008 : *D.* 2008, p. 688, obs. Lienhard ; chron. 1235, n° 7, obs. Orsini ; *JCP* E 2008, pan. 1435. – V. Cerati-Gauthier : *JCP* E 2008, 1716).

Art. 192. – Les procédures ouvertes en vertu des articles L. 621-98, L. 624-1, L. 624-4 et L. 624-5 du Code de commerce, dans leur rédaction antérieure à la présente loi, ne sont pas affectées par son entrée en vigueur.

1) **Procédure ouverte.** Selon l'article 192, les procédures ouvertes en vertu de l'article L. 624-5 du Code de commerce, dans sa rédaction antérieure à la loi du 26 juillet 2005, ne sont pas affectées par son entrée en vigueur ; il s'ensuit que la procédure ouverte, à titre de sanction, contre un dirigeant social par une décision prononcée antérieurement au 1er janvier 2006, fût-elle frappée de voie de recours, continue d'être régie par les dispositions du Code de commerce dans sa rédaction antérieure à la loi précitée, peu important que l'exécution provisoire ait été, le cas échéant, arrêtée (▪ Cass. com., 4 janv. 2006, n° 04-19.868 : *JurisData* n° 2006-031494 ; *D.* 2006, p. 142, obs. Lienhard ; *ibid.*, pan. 2256, obs. Lucas et Le Corre ; *JCP* E 2006, 1569, n° 1, obs. Pétel ; *ibid.*, 1570, note Legros ; *Act. proc. coll.* 2006-2, n° 20, obs. Regnaut-Moutier ; *RJ com.* 2006, 55, note Sortais. – *Adde*, ▪ Cass. com., 27 juin 2006, n° 03-19.863 : *JurisData* n° 2006-034272 ; *RJDA* 12/2006, n° 1241 ; *D.* 2006, p. 1890, obs. Lienhard ; *JCP* E 2007, 1004, n° 9, obs. Pétel).

L'instance d'appel peut être poursuivie si la procédure a été ouverte avant le 1er janvier 2006, peu important le mode de saisine du tribunal (▪ Cass. com., 16 mai 2006, n° 05-16.668 : *JurisData* n° 2006-033618 ; *D.* 2006, p. 1449, obs. Lienhard. – *Rappr.* ▪ *Cass. com.*, 5 févr. 2008 : *D.* 2008, p. 607, obs. Lienhard ; *JCP* E 2008, 1432, n° 15, obs. Pétel).

2) **Procédure non ouverte.** Il résulte de la combinaison des articles 190 à 192 de la loi de sauvegarde des entreprises du 26 juillet 2005 que les instances aux fins de sanction engagées à l'égard des dirigeants des personnes morales sur le fondement de l'article L. 624-5 et L. 624-6 du Code de commerce dans leur rédaction antérieure à cette loi, ne peuvent plus être poursuivies si la procédure de redressement ou de liquidation judiciaire n'a pas été ouverte avant le 1er janvier 2006 (▪ Cass. com., 7 mars 2006, n° 04-20.252 : *JurisData* n° 2006-032692 ; *D.* 2006, p. 856, obs. Lienhard ; *ibid.*, pan. 2252, obs. Lucas et Le Corre ; *JCP* E 2006, 2331, n° 1, obs. Pétel ; *Act. proc. coll.* 2006, comm. 95, obs. Regnaut-Moutier).

V. Circulaire relative aux mesures législatives et réglementaires de la loi de sauvegarde des entreprises applicables aux procédures en cours : *JCP* E 2006, 1306. – V. Circulaire du 16 novembre 2006 sur l'intervention des ordres professionnels ou des autorités compétentes dans le cours des procédures du livre VI du Code de commerce ouvertes à l'égard de professionnels libéraux appartenant à des professions réglementées : JCP E 2007, 1118.

Art. L. 610-1 *(L. n° 2005-845, 26 juill. 2005)*. **– Un décret en Conseil d'État détermine, dans chaque département, le tribunal ou les tribunaux appelés à connaître des procédures prévues par le présent livre, ainsi que le ressort dans lequel ces tribunaux exercent les attributions qui leur sont dévolues.**

TITRE PREMIER. – DE LA PRÉVENTION DES DIFFICULTÉS DES ENTREPRISES

CHAPITRE I. – DE LA PRÉVENTION DES DIFFICULTÉS DES ENTREPRISES, DU MANDAT *AD HOC* ET DE LA PROCÉDURE DE CONCILIATION

Bibliographie : Roussel-Galle et Lemarchand, *La prévention ; du mandat* ad hoc *et de la conciliation aux sauvegardes accélérées et « prepack » cession : CDE* 2015-1, p. 22. • Delattre, *Le ministère public : organe de contrôle dans la procédure de conciliation : Rev. proc. coll.* 2017, étude 15. • *Le contrôle de la conciliation par le ministère public et le lien entre prévention et sanction : Rev. proc. coll.* 2018, étude 3. • Zinty, *Le vice d'abus de dépendance dans le traitement amiable des entreprises en difficulté : Rev. proc. coll.* 2019, étude 21.

Art. L. 611-1 *(Anc. L. n° 84-148, 1er mars 1984 ; mod., L. n° 2003-721, 1er août 2003 ; L. n° 2005-845, 26 juill. 2005 ; Ord. n° 2010-1512, 9 déc. 2010 ; Ord. n° 2013-544, 27 juin 2013).* **– Toute personne immatriculée au registre du commerce et des sociétés ou au répertoire des métiers ainsi que tout entrepreneur individuel à responsabilité limitée et toute personne morale de droit privé peut adhérer à un groupement de prévention agréé par arrêté du représentant de l'État dans la région.**

> **Rédaction future.** Toute personne immatriculée au registre du commerce et des sociétés ou au *(Mots rempl. à compter du 1er janvier 2023, Ord. n° 2021-1189, 15 sept. 2021)* « registre national des entreprises en tant qu'entreprise du secteur des métiers et de l'artisanat » ainsi que tout entrepreneur individuel à responsabilité limitée et toute personne morale de droit privé peut adhérer à un groupement de prévention agréé par arrêté du représentant de l'État dans la région.

Ce groupement a pour mission de fournir à ses adhérents, de façon confidentielle, une analyse des informations économiques, comptables et financières que ceux-ci s'engagent à lui transmettre régulièrement.

Lorsque le groupement relève des indices de difficultés, il en informe le chef d'entreprise et peut lui proposer l'intervention d'un expert.

À la diligence du représentant de l'État, les administrations compétentes prêtent leur concours aux groupements de prévention agréés. Les services de la Banque de France peuvent également, suivant des modalités prévues par convention, être appelés à formuler des avis sur la situation financière des entreprises adhérentes. Les groupements de prévention agréés peuvent aussi bénéficier des aides des collectivités territoriales.

Les groupements de prévention agréés sont habilités à conclure, notamment avec les établissements de crédit, les sociétés de financement et les entreprises d'assurance, des conventions au profit de leurs adhérents.

Art. L. 611-2 *(Anc. L. n° 84-148, 1er mars 1984 ; L. n° 2005-845, 26 juill. 2005 ; mod., Ord. n° 2010-1512, 9 déc. 2010 ; L. n° 2015-1268, 14 oct. 2015).* **– I. – Lorsqu'il résulte de tout acte, document ou procédure qu'une société commerciale, un groupement d'intérêt économique, ou une entreprise individuelle, commerciale ou artisanale connaît des difficultés de nature à compromettre la continuité de l'exploitation, ses dirigeants peuvent être convoqués par le président du tribunal de commerce pour que soient envisagées les mesures propres à redresser la situation.**

(Mots rempl. à compter du 1er octobre 2021, Ord. n° 2021-1193, 15 sept. 2021) **« Dès l'envoi de cette convocation », le président du tribunal peut, nonobstant toute disposition législative ou réglementaire *contraire, obtenir communication, par les commissaires aux comptes, les membres et* *(Mots rempl. à compter du 1er octobre 2021, Ord. n° 2021-1193, 15 sept. 2021)* « du comité social et économique », les administrations publiques, les organismes de sécurité et de prévoyance sociales ainsi que les services chargés de la centralisation des risques bancaires et des incidents de paiement, des renseignements de nature à lui donner une exacte information sur la situation économique et financière du débiteur.**

II. – Lorsque les dirigeants d'une société commerciale ne procèdent pas au dépôt des comptes annuels dans les délais prévus par les textes applicables, le président du tribunal peut, le cas échéant sur demande du président d'un des observatoires mentionnés à l'article L. 910-1 A, leur adresser une injonction de le faire à bref délai sous astreinte.

Si cette injonction n'est pas suivie d'effet dans un délai fixé par décret en Conseil d'État, le président du tribunal peut également faire application à leur égard des dispositions du deuxième alinéa du I.

Le II est applicable, dans les mêmes conditions, à tout entrepreneur individuel à responsabilité limitée qui ne procède pas au dépôt des comptes annuels ou documents mentionnés au premier alinéa de l'article L. 526-14, lorsque l'activité professionnelle à laquelle le patrimoine est affecté est commerciale ou artisanale.

Bibliographie : C. Delattre, *La prévention doit s'exercer dans le respect du cadre légal : Rev. proc. coll.* 2010, étude 21.

Art. L. 611-2-1 *(Ord. n° 2014-326, 12 mars 2014 ; mod., Ord. n° 2019-964, 18 sept. 2019).* – Les dispositions du I de l'article L. 611-2 sont applicables, dans les mêmes conditions, aux personnes morales de droit privé et aux personnes physiques exerçant une activité professionnelle agricole ou indépendante, y compris une profession libérale soumise à un statut législatif ou réglementaire ou dont le titre est protégé. Pour l'application du présent article, le tribunal judiciaire est compétent et son président exerce les mêmes pouvoirs que ceux conférés au président du tribunal de commerce.

Par exception, lorsque la personne physique ou morale concernée exerce la profession d'avocat, d'administrateur judiciaire, de mandataire judiciaire ou d'officier public ou ministériel, le président du tribunal judiciaire ne procède qu'à l'information de l'ordre professionnel ou de l'autorité compétente dont elle relève, sur les difficultés portées à sa connaissance relativement à la situation économique, sociale, financière et patrimoniale du professionnel.

Art. L. 611-2-2 *(Créé à compter du 1er octobre 2021, Ord. n° 2021-1193, 15 sept. 2021).* – Lorsqu'il lui apparaît que l'urgence commande l'adoption de mesures immédiates et que le dirigeant s'y refuse ou fait savoir qu'il envisage des mesures que le commissaire aux comptes estime insuffisantes, ce dernier peut en informer le président du tribunal compétent dès la première information faite, en application des articles L. 234-1, L. 234-2, L. 251-15 et L. 612-3, au président du conseil d'administration ou de surveillance ou au dirigeant.

Dans ce cas, le commissaire aux comptes informe par tout moyen et sans délai le président du tribunal de ses constats et démarches. Il peut lui adresser la copie de tous les documents utiles à cette information et lui expose les raisons qui l'ont conduit à constater l'insuffisance des décisions prises.

Le commissaire aux comptes peut, à son initiative ou à la demande du président du tribunal, transmettre à ce dernier tout renseignement complémentaire de nature à lui donner une exacte information sur la situation économique et financière de l'entreprise.

Le commissaire aux comptes peut également, à tout moment, demander à être entendu, avec les dirigeants, par le président du tribunal.

Art. L. 611-3 *(Ord. n° 2008-1345, 18 déc. 2008 ; mod., Ord. n° 2014-326, 12 mars 2014 ; L. n° 2016-1547, 18 nov. 2016 ; Ord. n° 2019-964, 18 sept. 2019).* – Le président du tribunal peut, à la demande d'un débiteur, désigner un mandataire *ad hoc* dont il détermine la mission. Le débiteur peut proposer le nom d'un mandataire *ad hoc*. La décision nommant le mandataire *ad hoc* est communiquée pour information aux commissaires aux comptes lorsqu'il en a été désigné.

Le tribunal compétent est le tribunal de commerce si le débiteur exerce une activité commerciale ou artisanale et le tribunal judiciaire dans les autres cas.

Le débiteur n'est pas tenu d'informer le comité *(Mots rempl. à compter du 1er octobre 2021, Ord. n° 2021-1193, 15 oct. 2021)* « social et économique » de la désignation d'un mandataire *ad hoc*.

Droits des créanciers. Un créancier appelé à négocier dans le cadre d'un mandat *ad hoc* n'est pas tenu d'accepter les propositions du mandataire ; il peut les refuser sans faute de sa part (■ Cass. com., 22 sept. 2015, n° 14-17.377 : *Act. proc. coll.* 2015, comm. 263, obs. Saintourens ; *BJE* 2015, p. 360, 112t3, obs. Favario ; *JCP* E 2016, 1151, note Stefania).

Art. L. 611-4 *(L. n° 2005-845, 26 juill. 2005 ; Ord. n° 2010-1512, 9 déc. 2010).* – Il est institué, devant le tribunal de commerce, une procédure de conciliation dont peuvent bénéficier les débiteurs exerçant une activité commerciale ou artisanale qui éprouvent une difficulté juridique, économique ou financière, avérée ou prévisible, et ne se trouvent pas en cessation des paiements depuis plus de quarante-cinq jours.

Art. L. 611-5 *(L. n° 2005-845, 26 juill. 2005 ; mod., L. n° 2019-486, 22 mai 2019 ; Ord. n° 2019-964, 18 sept. 2019).* – La procédure de conciliation est applicable, dans les mêmes conditions, aux personnes morales de droit privé et aux personnes physiques exerçant une activité professionnelle indépendante, y compris une profession libérale soumise à un statut législatif ou réglementaire ou dont le titre est protégé. Pour l'application du présent article, le tribunal judiciaire est compétent et son président exerce les mêmes pouvoirs que ceux attribués au président du tribunal de commerce.

La procédure de conciliation n'est pas applicable aux personnes exerçant une activité agricole définie à l'article L. 311-1 du Code rural et de la pêche maritime qui bénéficient de la procédure prévue aux articles L. 351-1 à L. 351-7 du même code.

Art. L. 611-6 *(Ord. n° 2008-1345, 18 déc. 2008 ; mod., Ord. n° 2009-112, 30 janv. 2009 ; Ord. n° 2014-326, 12 mars 2014 ; L. n° 2016-1547, 18 nov. 2016 ; L. n° 2019-486, 22 mai 2019).* – Le président du tribunal est saisi par une requête du débiteur exposant sa situation économique, financière, sociale et patrimoniale, ses besoins de financement ainsi que, le cas échéant, les moyens d'y faire face. Le débiteur peut proposer le nom d'un conciliateur.

La procédure de conciliation est ouverte par le président du tribunal qui désigne un conciliateur pour une période n'excédant pas quatre mois mais qu'il peut, par une décision motivée, proroger à la demande de ce dernier sans que la durée totale de la procédure de conciliation ne puisse excéder cinq mois. Si une demande de constatation ou d'homologation a été formée en application de l'article L. 611-8 avant l'expiration de cette période, la mission du conciliateur et la procédure sont prolongées jusqu'à la décision, selon le cas, du président du tribunal ou du tribunal. À défaut, elles prennent fin de plein droit et une nouvelle conciliation ne peut être ouverte dans les trois mois qui suivent.

La décision ouvrant la procédure de conciliation est communiquée au ministère public et si le débiteur est soumis au contrôle légal de ses comptes, aux commissaires aux comptes. Lorsque le débiteur exerce une profession libérale soumise à un statut législatif ou réglementaire ou dont le titre est protégé, la décision est également communiquée à l'ordre professionnel ou à l'autorité compétente dont, le cas échéant, il relève. Elle est susceptible d'appel de la part du ministère public. Le débiteur n'est pas tenu d'informer le comité *(Mots rempl. à compter du 1er octobre 2021, Ord. n° 2021-1193, 15 sept. 2021)* « social et économique » de l'ouverture de la procédure.

Le débiteur peut récuser le conciliateur dans des conditions et délais fixés par décret en Conseil d'État.

Après ouverture de la procédure de conciliation, le président du tribunal peut, nonobstant toute disposition législative ou réglementaire contraire, obtenir communication de tout renseignement lui permettant d'apprécier la situation économique, financière, sociale et patrimoniale du débiteur et ses perspectives de règlement, notamment par les commissaires aux comptes, les experts-comptables, les notaires, les membres et représentants du personnel, les administrations et organismes publics, les organismes de sécurité et de prévoyance sociales, les établissements de crédit, les sociétés de financement, les établissements de monnaie électronique, les établissements de paiement, les entreprises d'assurance mentionnées à l'article L. 310-2 du Code des assurances pratiquant les opérations d'assurance-crédit ainsi que les services chargés de centraliser les risques bancaires et les incidents de paiement. En outre, il peut charger un expert de son choix d'établir un rapport sur la situation économique, financière, sociale et patrimoniale du débiteur.

Tierce opposition. Pour l'irrecevabilité de la tierce opposition V. ▪ T. com. Paris, 2 mars 2018 : *BJE* 2018, p. 180, note Thullier.

Art. L. 611-7 *(L. n° 2005-845, 26 juill. 2005 ; mod., L. n° 2008-776, 4 août 2008 ; Ord. n° 2008-1345, 18 déc. 2008 ; Ord. n° 2014-326, 12 mars 2014 ; Ord. n° 2016-131, 10 févr. 2016).* – Le conciliateur a pour mission de favoriser la conclusion entre le débiteur et ses principaux créanciers ainsi que, le cas échéant, ses cocontractants habituels, d'un accord amiable destiné à mettre fin aux difficultés de l'entreprise. Il peut également présenter toute proposition se rapportant à la sauvegarde de l'entreprise, à la poursuite de l'activité économique et au maintien de l'emploi. Il peut être chargé, à la demande du débiteur et après avis des créanciers participants, d'une mission ayant pour objet l'organisation d'une cession partielle ou totale de l'entreprise qui pourrait être mise en œuvre, le cas échéant, dans le cadre d'une procédure ultérieure de sauvegarde, de redressement judiciaire ou de liquidation judiciaire.

Le conciliateur peut, pour exercer sa mission, obtenir du débiteur tout renseignement utile. Le président du tribunal communique au conciliateur les renseignements dont il dispose et, le cas échéant, les résultats de l'expertise mentionnée au cinquième alinéa de l'article L. 611-6.

Les administrations financières, les organismes de sécurité sociale, les institutions gérant le régime d'assurance chômage prévu par les articles L. 5422-1 et suivants du Code du travail et les institutions régies par le livre IX du Code de la sécurité sociale peuvent consentir des remises de dettes dans les conditions fixées à l'article L. 626-6 du présent code. Des cessions de rang de privilège ou d'hypothèque ou l'abandon de ces sûretés peuvent être consenties dans les mêmes conditions.

Le conciliateur rend compte au président du tribunal de l'état d'avancement de sa mission et formule toutes observations utiles sur les diligences du débiteur.

(Phrase rempl. à compter du 1er octobre 2021, Ord. n° 2021-1193, 15 sept. 2021) « Au cours de la procédure, le débiteur peut demander au juge qui a ouvert celle-ci de faire application de l'article 1343-5 du Code civil à l'égard d'un créancier qui l'a mis en demeure ou poursuivi, ou qui n'a pas accepté, dans le délai imparti par le conciliateur, la demande faite par ce dernier de suspendre l'exigibilité de la créance. Dans ce dernier cas, le juge peut, nonobstant les termes du premier alinéa de ce même article, reporter ou échelonner le règlement des créances non échues, dans la limite de la durée de la mission du conciliateur. » Le juge statue après avoir recueilli les observations du conciliateur. Il peut subordonner la durée des mesures ainsi prises à la conclusion de l'accord prévu au présent article. Dans ce cas, le créancier intéressé est informé de la décision selon des modalités fixées par décret en Conseil d'État.

En cas d'impossibilité de parvenir à un accord, le conciliateur présente sans délai un rapport au président du tribunal. Celui-ci met fin à sa mission et à la procédure de conciliation. Sa décision est notifiée au débiteur et communiquée au ministère public.

Voir aussi : Code de la sécurité sociale, art. R. 243-20-2.

Bibliographie : Vincent, *La faillite du plan de cession (ou les incidences du prepack cession) : D.* 2015, 577. • Gorins, *Évolution de la cession judiciaire d'entreprise en prévention et en procédure collective : BJE* 2015, p. 185, 112d6. • Teboul, *Le prepack cession : quoi de neuf ? : Rev. proc. coll.* 2016, étude 23. • Pételle, *Engagement cambiaire et délais imposés par le juge de la conciliation, Études Neau-Leduc* : LGDJ, 2018, p. 791.

1) **Délais de paiement.** Si le juge peut accorder au débiteur des délais de payement en application de l'article L. 611-7, alinéa 5, il ne peut imposer au cocontractant des engagements supplémentaires, comme de faire l'avance de droits et taxes (■ Orléans, 22 févr. 2007, n° 07/00236 : *RJDA* 6/2007, n° 636).

2) **Pouvoirs.** Le juge de la conciliation n'a pas vocation à condamner le débiteur à payer ses créanciers (■ Orléans, 20 déc. 2007, n° 07/00840 : *RJDA* 4/2008, n° 484).

3) **Clause résolutoire acquise.** Faute par le locataire d'avoir respecté l'échéancier fixé par une ordonnance passée en force de chose jugée, la clause résolutoire est acquise, ce qui exclut un nouveau délai de grâce sur le fondement de l'article L. 611-7 (■ Cass. 3e civ., 10 déc. 2008, n° 07-15.241 : *JurisData* n° 2008-046207 ; *JCP* E 2009, 1229, note P.-H. Brault ; *Gaz. proc. coll.* 26-28 avr. 2009, p. 8, obs. P.-M. Le Corre).

4) **Recours.** L'appel du créancier contre l'ordonnance octroyant des délais de paiement est irrecevable (■ Douai, 27 mars 2007, n° 06/01099 : *JurisData* n° 2007-344533 ; *JCP* E 2008, 1433, note Lebel).

Art. L. 611-8 *(L. n° 2005-845, 26 juill. 2005 ; mod., Ord. n° 2008-1345, 18 déc. 2008 ; Ord. n° 2014-326, 12 mars 2014).* – I. – Le président du tribunal, sur la requête conjointe des parties, constate leur accord et donne à celui-ci force exécutoire. Il statue au vu d'une déclaration certifiée du débiteur attestant qu'il ne se trouvait pas en cessation des paiements lors de la conclusion de l'accord, ou que ce dernier y met fin. La décision constatant l'accord n'est pas soumise à publication et n'est pas susceptible de recours. Elle met fin à la procédure de conciliation.

II. – Toutefois, à la demande du débiteur, le tribunal homologue l'accord obtenu si les conditions suivantes sont réunies :

1° Le débiteur n'est pas en cessation des paiements ou l'accord conclu y met fin ;

2° *Les termes de l'accord* sont de nature à assurer la pérennité de l'activité de l'entreprise ;

3° L'accord ne porte pas atteinte aux intérêts des créanciers non signataires.

III. – Lorsque le président du tribunal constate l'accord ou que le tribunal homologue celui-ci, il peut, à la demande du débiteur, désigner le conciliateur en tant que mandataire à l'exécution de l'accord pendant la durée de cette exécution. En cas de difficultés faisant obstacle à l'exécution de sa mission, le mandataire désigné présente sans délai un rapport, selon le cas, au président du tribunal ou au tribunal, qui peut alors

mettre fin à sa mission par décision notifiée au débiteur. Ce dernier peut également, à tout moment, solliciter la fin de cette mission.

Bibliographie : J.-P. Sortais, *Le sort des accords de conciliation en cas de refus d'homologation ou de constatation : Rev. proc. coll.* 2013, étude 12.

Paiement. Un paiement effectué à l'occasion d'une procédure de conciliation n'est pas intervenu par un moyen inhabituel révélant une fraude paulienne (■ Cass. com., 1er avr. 2008, n° 07-11.911 : *Juris-Data* n° 2008-043438 ; *JCP* E 2008, 2062, n° 16, obs. Pétel ; *D.* 2008, p. 1142, obs. Lienhard).

Art. L. 611-8-1 *(Ord. n° 2014-326, 12 mars 2014).* **– Le comité** *(Mots rempl. à compter du 1er octobre 2021, Ord. n° 2021-1193, 15 sept. 2021)* **« social et économique est informé » par le débiteur du contenu de l'accord lorsque celui-ci demande l'homologation.**

Bibliographie : Malherbe, *Ouverture de conciliation ou désignation d'un mandataire ad hoc. Vers un meilleur compromis entre secret et transparence au profit des salariés : JCP* E 2017, 1300.

Art. L. 611-9 *(L. n° 2005-845, 26 juill. 2005).* **– Le tribunal statue sur l'homologation après avoir entendu ou dûment appelé en chambre du conseil le débiteur, les créanciers parties à l'accord,** *(Mots rempl. à compter du 1er octobre 2021, Ord. n° 2021-1193, 15 sept. 2021)* **« la ou les personnes désignées par le comité social et économique », le conciliateur et le ministère public. L'ordre professionnel ou l'autorité compétente dont relève, le cas échéant, le débiteur qui exerce une profession libérale soumise à un statut législatif ou réglementaire ou dont le titre est protégé, est entendu ou appelé dans les mêmes conditions.**

Le tribunal peut entendre toute autre personne dont l'audition lui paraît utile.

Art. L. 611-10 *(L. n° 2005-845, 26 juill. 2005 ; mod., Ord. n° 2008-1345, 18 déc. 2008).* **– L'homologation de l'accord met fin à la procédure de conciliation.**

Lorsque le débiteur est soumis au contrôle légal de ses comptes, l'accord homologué est transmis à son commissaire aux comptes. Le jugement d'homologation est déposé au greffe où tout intéressé peut en prendre connaissance et fait l'objet d'une mesure de publicité. Il est susceptible d'appel de la part du ministère public et en cas de contestation relative au privilège mentionné à l'article L. 611-11, de la part des parties à l'accord. Il peut également être frappé de tierce opposition. Le jugement rejetant l'homologation ne fait pas l'objet d'une publication. Il est susceptible d'appel.

Art. L. 611-10-1 *(Ord. n° 2008-1345, 18 déc. 2008 ; mod., Ord. n° 2014-326, 12 mars 2014 ; Ord. n° 2016-131, 10 févr. 2016).* **– Pendant la durée de son exécution, l'accord constaté ou homologué interrompt ou interdit toute action en justice et arrête ou interdit toute poursuite individuelle tant sur les meubles que les immeubles du débiteur dans le but d'obtenir le paiement des créances qui en font l'objet ; nonobstant les dispositions de l'article 1343-2 du Code civil, les intérêts échus de ces créances ne peuvent produire des intérêts. Il interrompt, pour la même durée, les délais impartis aux créanciers parties à l'accord à peine de déchéance ou de résolution des droits afférents aux créances mentionnées par l'accord.**

Si, au cours de cette même durée, le débiteur est mis en demeure ou poursuivi par l'un des créanciers appelés à la conciliation dans le but d'obtenir le paiement d'une créance qui n'a pas fait l'objet de l'accord, le juge qui a ouvert la procédure de conciliation peut, à la demande du débiteur et après avoir recueilli, le cas échéant, les observations du mandataire à l'exécution de l'accord, faire application des dispositions de l'article 1343-5 du *Code civil*, en prenant en compte les conditions d'exécution de l'accord. Les dispositions du présent alinéa ne sont pas applicables aux créanciers mentionnés au troisième alinéa de l'article L. 611-7.

Bibliographie : Pérochon et Roussel Galle, *Règlement amiable et conciliation, suspension ou interdiction des poursuites, même combat ! Mélanges Pascale Bloch*, Bruylant, p. 177.

Art. L. 611-10-2 *(Ord. n° 2008-1345, 18 déc. 2008 ; mod., Ord. n° 2010-1512, 9 déc. 2010 ; Ord. n° 2014-326, 12 mars 2014).* **– Les personnes coobligées ou ayant consenti une sûreté personnelle ou ayant affecté ou cédé un bien en garantie peuvent se prévaloir des mesures accordées au débiteur en application du cinquième alinéa de l'article L. 611-7** *(Mots aj. à compter du 1er octobre 2021, Ord. n° 2021-1193, 15 sept. 2021)* **« ou du deuxième alinéa de l'article L. 611-10-1 » ainsi que des dispositions de l'accord constaté ou homologué.**

L'accord homologué entraîne la levée de plein droit de toute interdiction d'émettre des chèques conformément à l'article L. 131-73 du Code monétaire et financier, mise en œuvre à l'occasion du rejet d'un chèque émis avant l'ouverture de la procédure de conciliation. Lorsque le débiteur est un entrepreneur individuel à responsabilité limitée, cette interdiction est levée sur les comptes afférents au patrimoine visé par la procédure.

Art. L. 611-10-3 *(Ord. n° 2008-1345, 18 déc. 2008 ; mod., Ord. n° 2014-326, 12 mars 2014)*. – Saisi par l'une des parties à l'accord constaté, le président du tribunal, s'il constate l'inexécution des engagements résultant de cet accord, prononce la résolution de celui-ci.

Dans les mêmes conditions, le tribunal prononce la résolution de l'accord homologué.

Le président du tribunal ou le tribunal qui décide la résolution de l'accord peut aussi prononcer la déchéance de tout délai de paiement accordé en application du cinquième alinéa de l'article L. 611-7 ou du second alinéa de l'article L. 611-10-1.

Bibliographie : S. Ravenne, *La résolution de l'accord de conciliation : Rev. proc. coll.* 2009, étude 30.

Art. L. 611-10-4 *(Créé, Ord. n° 2021-1193, 15 sept. 2021)*. – La caducité ou la résolution de l'accord amiable ne prive pas d'effets les clauses dont l'objet est d'en organiser les conséquences.

Art. L. 611-11 *(L. n° 2005-845, 26 juill. 2005 ; mod., Ord. n° 2008-1345, 18 déc. 2008 ; Ord. n° 2014-326, 12 mars 2014)*. – En cas d'ouverture d'une procédure de sauvegarde, de redressement judiciaire ou de liquidation judiciaire, les personnes qui avaient consenti, dans le cadre d'une procédure de conciliation ayant donné lieu à l'accord homologué mentionné au II de l'article L. 611-8, un nouvel apport en trésorerie au débiteur en vue d'assurer la poursuite d'activité de l'entreprise et sa pérennité, sont payées, pour le montant de cet apport, par privilège avant toutes les autres créances, selon le rang prévu au II de l'article L. 622-17 et au *(Mots rempl. à compter du 1er octobre 2021, Ord. n° 2021-1193, 15 sept. 2021)* « I de l'article L. 643-8 ». Les personnes qui fournissent, dans le même cadre, un nouveau bien ou service en vue d'assurer la poursuite d'activité de l'entreprise et sa pérennité bénéficient du même privilège pour le prix de ce bien ou de ce service.

Cette disposition ne s'applique pas aux apports consentis par les actionnaires et associés du débiteur dans le cadre d'une augmentation de capital.

Les créanciers signataires de l'accord ne peuvent bénéficier directement ou indirectement de cette disposition au titre de leurs concours antérieurs à l'ouverture de la conciliation.

Bibliographie : Pérochon et Lucas, *Créanciers de la new money, le retour : BJE* 2015, p. 192, 112f6.

Art. L. 611-12 *(L. n° 2005-845, 26 juill. 2005)*. – L'ouverture d'une procédure de sauvegarde, de redressement judiciaire ou de liquidation judiciaire met fin de plein droit à l'accord constaté ou homologué en application de l'article L. 611-8. En ce cas, les créanciers recouvrent l'intégralité de leurs créances et sûretés, déduction faite des sommes perçues, sans préjudice des dispositions prévues à l'article L. 611-11.

Portée de la caducité. Si le créancier qui a consenti des délais ou des remises de dettes recouvre l'intégralité de ses créances et des sûretés qui les garantissaient, il ne conserve pas le bénéfice des nouvelles sûretés obtenues dans le cadre de l'accord (■ Cass. com., 25 sept. 2019, n° 18-15655 : *JCP* E 2019, 1551, n° 5, obs. Pétel ; *LEDEN* nov. 2019, n° 112x2, p. 1, obs. Lucas ; *BJE* nov. 2019, n° 0117j9, p. 1, obs. Pérochon ; *JCP* E 2020, 1022, obs. Bordais ; *BJE* janv. 2020, n° 117p6, p. 12, obs. Bourbouloux, Fort, Fornacciari ; *Gaz. Pal.* 14 janv. 2020, p. 52, obs. Giorgini).

Art. L. 611-13 *(L. n° 2005-845, 26 juill. 2005 ; mod., Ord. n° 2010-1512, 9 déc. 2010 ; Ord. n° 2014-326, 12 mars 2014 ; L. n° 2016-1547, 18 nov. 2016)*. – Les missions de mandataire *ad hoc* ou de conciliateur ne peuvent être exercées par une personne ayant, au cours des vingt-quatre mois précédents, perçu, à quelque titre que ce soit, directement ou indirectement, une rémunération ou un paiement de la part du débiteur intéressé, de tout créancier du débiteur ou d'une personne qui en détient le contrôle ou est contrôlée par lui au sens de l'article L. 233-16, sauf s'il s'agit d'une rémunération perçue au titre d'un mandat *ad hoc* ou d'un mandat de justice confié dans le cadre d'une procédure de règlement amiable ou d'une procédure de conciliation à l'égard du même débiteur ou du même créancier ou de la rémunération perçue au titre d'un mandat de justice, autre que celui de commissaire à l'exécution du plan, confié dans le cadre d'une procédure de sauvegarde ou de redressement judiciaire. L'existence d'une rémunération ou d'un paiement perçus de la part d'un débiteur entrepreneur individuel à responsabilité limitée est appréciée en considération de tous les patrimoines dont ce dernier est titulaire. La personne ainsi désignée doit attester sur l'honneur, lors de l'acceptation de son mandat, qu'elle se conforme à ces interdictions.

Les missions de mandataire *ad hoc* ou de conciliateur ne peuvent être confiées à un juge consulaire en fonction ou ayant quitté ses fonctions depuis moins de cinq ans.

Art. L. 611-14 *(L. n° 2005-845, 26 juill. 2005 ; mod., Ord. n° 2008-1345, 18 déc. 2008 ; Ord. n° 2014-326, 12 mars 2014).* – Après avoir recueilli l'accord du débiteur et, en cas de recours à la conciliation et au mandat à l'exécution de l'accord, l'avis du ministère public dans les conditions fixées par décret en Conseil d'État, le président du tribunal fixe, au moment de leur désignation, les conditions de la rémunération du mandataire ad hoc, du conciliateur, du mandataire à l'exécution de l'accord et, le cas échéant, de l'expert, en fonction des diligences qu'implique l'accomplissement de leur mission. Leur rémunération est arrêtée à l'issue de celle-ci par ordonnance du président du tribunal qui est communiquée au ministère public. La rémunération ne peut être liée au montant des abandons de créances obtenus ni faire l'objet d'un forfait pour ouverture du dossier.

Les recours contre la décision arrêtant la rémunération sont portés devant le premier président de la cour d'appel dans un délai fixé par décret en Conseil d'État.

Rémunération. En l'absence d'indication d'un montant maximal, la rémunération du mandataire *ad hoc* ou du conciliateur ne peut être déterminée par référence à leurs propositions et à l'accord du débiteur, mais est arrêtée librement par le juge taxateur, en considération des seules diligences accomplies et des frais engagés (▪ Cass. com., 3 oct. 2018, n° 17-14.522 : *BJE* 2019, p. 11, obs. Thullier).

Art. L. 611-15 *(L. n° 2005-845, 26 juill. 2005).* – Toute personne qui est appelée à la procédure de conciliation ou à un mandat *ad hoc* ou qui, par ses fonctions, en a connaissance est tenue à la confidentialité.

Bibliographie : Zabala, *Prévention des difficultés des entreprises et obligation d'information du public : JCP* E 2008, 1598. • Thullier, note ss T. com. Paris, 2 mars 2018 : *BJE* 2018, p. 180. • Delattre, *La levée de la confidentialité : quelques rappels : Rev. proc. coll.* 2020, comm. 140.

1) **Rapport du conciliateur.** Sur l'utilisation du rapport de conciliation dans une instance ultérieure contre les dirigeants sociaux, V. ▪ Cass. com., 27 sept. 2011, n° 10-20.308 : *Rev. proc. coll.* 2012, comm. 179, obs. C. Delattre.

2) **Témoignage du mandataire *ad hoc*.** C'est à bon droit que la cour d'appel a écarté des débats l'attestation remise à la caution par le mandataire *ad hoc* dans laquelle il stigmatisait l'attitude de la banque lors des négociations (▪ Cass. com., 22 sept. 2015, n° 14-17.377 : *Act. proc. coll.* 2015, comm. 263, obs. Saintourens ; *BJE* 2015, p. 360, 112t3, obs. Favario ; *Gaz. Pal.* 19 janv. 2016, p. 57, obs. Montéran).

3) **Presse.** La diffusion d'informations relatives à une procédure de prévention des difficultés des entreprises, couvertes par la confidentialité, sans qu'il soit établi qu'elles contribuent à l'information légitime du public sur un débat d'intérêt général, constitue à elle seule un trouble manifestement illicite (▪ Cass. com., 15 déc. 2015, n° 14-11.500 : *JurisData* n° 2015-028245 ; *JCP* E 2016, 1085, note Stefania ; *Act. proc. coll.* 2016, comm. 14, obs. Chaput. ▪ Cass. com., 13 févr. 2019, n° 17-18.049 : *Gaz. Pal.* 16 avr. 2019, p. 59, obs. Giorgini).

V. pour le rejet d'une QPC ▪ Cass. com., 4 oct. 2018, n° 18-10.688 : *JCP* E 2019, 1053, obs. Stefania ; *Gaz. Pal.* 15 janv. 2019, p. 51, obs. Giorgini.

4) **Expert-comptable du comité de groupe.** L'obligation de confidentialité qui couvre les documents ayant trait au mandat *ad hoc* exclut leur communication à l'expert du comité de groupe (▪ Cass. soc., 9 oct. 2019, n° 18-15.305 : *JCP* E 2020, 1272, obs. Marquet ; *Gaz. Pal.* 14 janv. 2020, p. 82, obs. Gailhbaud).

Art. L. 611-16 *(Ord. n° 2014-326, 12 mars 2014).* – Est réputée non écrite toute clause qui modifie les conditions de poursuite d'un contrat en cours en diminuant les droits ou en aggravant les obligations du débiteur du seul fait de la désignation d'un mandataire *ad hoc* en application de l'article L. 611-3 ou de l'ouverture d'une procédure de conciliation en application de l'article L. 611-6 ou d'une demande formée à cette fin.

Est réputée non écrite toute clause mettant à la charge du débiteur, du seul fait de la désignation d'un mandataire *ad hoc* en application de l'article L. 611-3 ou de l'ouverture d'une procédure de conciliation en application de l'article L. 611-6, les honoraires du conseil auquel le créancier a fait appel dans le cadre de ces procédures pour la quote-part excédant la proportion fixée par arrêté du garde des Sceaux, ministre de la Justice.

Arrêté du 25 juillet 2014
pris pour la fixation de la quote-part mentionnée à l'article L. 611-16 du Code de commerce dans sa rédaction issue de l'ordonnance n° 2014-326 du 12 mars 2014 portant réforme de la prévention des difficultés des entreprises et des procédures collectives
(JO 30 juill. 2014, p. 12524)

Art. 1er. – La quote-part incombant au débiteur au-dessus de laquelle est réputée non écrite pour la proportion l'excédant toute clause visée au deuxième alinéa de l'article L. 611-16 du Code de commerce est fixée à trois quarts des honoraires de conseil auquel le créancier a fait appel.

La convention prévoyant cette obligation est portée par le débiteur à la connaissance du juge saisi de la demande de désignation d'un mandataire *ad hoc* ou d'ouverture de la procédure de conciliation.

Les honoraires mis à la charge du débiteur doivent être préalablement visés par le créancier.

CHAPITRE II. – DES DISPOSITIONS APPLICABLES AUX PERSONNES MORALES DE DROIT PRIVÉ NON COMMERÇANTES AYANT UNE ACTIVITÉ ÉCONOMIQUE

Art. L. 612-1 *(Anc. L. n° 84-148, 1er mars 1984 ; mod., L. n° 2005-845, 26 juill. 2005 ; Ord. n° 2006-1225, 5 oct. 2006 ; Ord. n° 2009-80, 22 janv. 2009 ; L. n° 2019-486, 22 mai 2019).* – Les personnes morales de droit privé non commerçantes ayant une activité économique dont le nombre de salariés, le montant hors taxes du chiffre d'affaires ou les ressources et le total du bilan dépassent, pour deux de ces critères, des seuils fixés par décret en Conseil d'État, doivent établir chaque année un bilan, un compte de résultat et une annexe. Les modalités d'établissement de ces documents sont précisées par décret.

Ces personnes morales sont tenues de nommer au moins un commissaire aux comptes, lorsque les conditions définies au deuxième alinéa du I de l'article L. 823-1 sont réunies, et un suppléant.

Pour les coopératives agricoles et sociétés d'intérêt collectif agricole qui n'ont pas la forme commerciale et dont les titres financiers ne sont pas admis aux négociations sur un marché réglementé, cette obligation peut être satisfaite, dans les conditions définies à l'article L. 527-1-1 du Code rural et de la pêche maritime, par le recours au service d'une fédération agréée pour la révision mentionnée à l'article L. 527-1 du même code.

Les peines prévues par l'article L. 242-8 sont applicables aux dirigeants des personnes morales mentionnées au premier alinéa du présent article qui n'auront pas, chaque année, établi un bilan, un compte de résultat et une annexe.

Même si les seuils visés au premier alinéa ne sont pas atteints, les personnes morales de droit privé non commerçantes ayant une activité économique peuvent nommer un commissaire aux comptes et un suppléant dans les mêmes conditions que celles prévues au deuxième alinéa. Dans ce cas, le commissaire aux comptes et son suppléant sont soumis aux mêmes obligations, encourent les mêmes responsabilités civile et pénale et exercent les mêmes pouvoirs que s'ils avaient été désignés en application du premier alinéa.

Art. L. 612-2 *(Anc. L. n° 84-148, 1er mars 1984 ; mod., L. n° 2005-845, 26 juill. 2005).* – Les personnes morales de droit privé non commerçantes ayant une activité économique dont, soit le nombre de salariés, soit le montant hors taxes du chiffre d'affaires ou les ressources dépassent un seuil défini par décret en Conseil d'État, sont tenues d'établir une situation de l'actif réalisable et disponible, valeurs d'exploitation exclues, et *du passif exigible, un compte de résultat* prévisionnel, un tableau de financement et un plan de financement.

La périodicité, les délais et les modalités d'établissement de ces documents sont précisés par décret.

Ces documents sont analysés dans des rapports écrits sur l'évolution de la personne morale, établis par l'organe chargé de l'administration. Ces documents et rapports sont communiqués simultanément au commissaire aux comptes, au comité *(Mots rempl. à compter du 1er octobre 2021, Ord. n° 2021-1193, 15 sept. 2021)* « social et économique » et à l'organe chargé de la surveillance, lorsqu'il en existe.

En cas de non-observation des dispositions prévues aux alinéas précédents ou si les informations données dans les rapports visés à l'alinéa précédent appellent des observations de sa part, le commissaire aux comptes le signale dans un rapport écrit qu'il communique à l'organe chargé de l'administration ou de la direction. Ce rapport est communiqué au comité *(Mots rempl. à compter du 1er octobre 2021, Ord. n° 2021-1193, 15 sept. 2021)* « social et économique ». Il est donné connaissance de ce rapport à la prochaine réunion de l'organe délibérant.

Art. L. 612-3 *(Anc. L. n° 84-148, 1er mars 1984 ; mod., L. n° 2005-845, 26 juill. 2005 ; Ord. n° 2008-1345, 18 déc. 2008 ; L. n° 2011-525, 17 mai 2011 ; Ord. n° 2019-964, 18 sept. 2019).* – Lorsque le commissaire aux comptes d'une personne morale visée aux articles L. 612-1 et L. 612-4 relève, à l'occasion de l'exercice de sa mission, des faits de nature à compromettre la continuité de l'exploitation de cette personne morale, il en informe les dirigeants de la personne morale dans des conditions fixées par décret en Conseil d'État.

À défaut de réponse dans un délai fixé par décret en Conseil d'État, ou si celle-ci ne permet pas d'être assuré de la continuité de l'exploitation, le commissaire aux comptes invite, par un écrit dont la copie est transmise au président du tribunal judiciaire, les dirigeants à faire délibérer l'organe collégial de la personne morale sur les faits relevés. Le commissaire aux comptes est convoqué à cette séance. La délibération de l'organe collégial est communiquée au comité *(Mots rempl. à compter du 1er octobre 2021, Ord. n° 2021-1193, 15 sept. 2021)* « social et économique » et au président du tribunal judiciaire.

Lorsque l'organe collégial de la personne morale n'a pas été réuni pour délibérer sur les faits relevés ou lorsque le commissaire aux comptes n'a pas été convoqué à cette séance ou si le commissaire aux comptes constate qu'en dépit des décisions prises la continuité de l'exploitation demeure compromise, une assemblée générale est convoquée dans des conditions et délais fixés par décret en Conseil d'État. Le commissaire aux comptes établit un rapport spécial qui est présenté à cette assemblée. Ce rapport est communiqué au comité *(Mots rempl. à compter du 1er octobre 2021, Ord. n° 2021-1193, 15 sept. 2021)* « social et économique ».

Si, à l'issue de la réunion de l'assemblée générale, le commissaire aux comptes constate que les décisions prises ne permettent pas d'assurer la continuité de l'exploitation, il informe de ses démarches le président du tribunal et lui en communique les résultats.

Dans un délai de six mois à compter du déclenchement de la procédure, le commissaire aux comptes peut en reprendre le cours au point où il avait estimé pouvoir y mettre un terme lorsque, en dépit des éléments ayant motivé son appréciation, la continuité de l'exploitation demeure compromise et que l'urgence commande l'adoption de mesures immédiates.

Les dispositions du présent article ne sont pas applicables lorsqu'une procédure de conciliation ou de sauvegarde a été engagée par le débiteur en application des articles L. 611-6 et L. 620-1.

Art. L. 612-4 *(Anc. L. n° 84-148, 1er mars 1984 ; mod., L. n° 2005-845, 26 juill. 2005 ; Ord. n° 2005-856, 28 juill. 2005 ; L. n° 2014-856, 31 juill. 2014 ; L. n° 2019-486, 22 mai 2019).* – Toute association ayant reçu annuellement des autorités administratives, au sens de l'article 1er de la loi [n° 2000-321] du 12 avril 2000, ou des établissements publics à caractère industriel et commercial une ou plusieurs subventions en numéraire dont le montant global dépasse un seuil fixé par décret, doit établir des comptes annuels comprenant un bilan, un compte de résultat et une annexe dont les modalités d'établissement sont fixées par décret. Ces associations doivent assurer, dans des conditions déterminées par décret en Conseil d'État, la publicité de leurs comptes annuels et du rapport du commissaire aux comptes.

Ces mêmes associations sont tenues de nommer au moins un commissaire aux comptes, lorsque les conditions définies au deuxième alinéa du I de l'article L. 823-1 sont réunies, et un suppléant.

Les peines prévues à l'article L. 242-8 sont applicables aux dirigeants des associations mentionnées au premier alinéa du présent article qui n'ont pas, chaque année, établi un bilan, un compte de résultat et une annexe *(Mots aj., L. n° 2021-1109, 24 août 2021)* « ou assuré la publicité de leurs comptes annuels et du rapport du commissaire aux comptes ».

À la demande de tout intéressé *(Mots aj, L. n° 2021-1109, 24 août 2021)* « ou du représentant de l'État dans le département du siège de l'association », le président du tribunal, statuant en référé, peut enjoindre sous astreinte aux dirigeants de toute association mentionnée au premier alinéa d'assurer la publicité des comptes

annuels et du rapport du commissaire aux comptes. Le président peut, dans les mêmes conditions et à cette même fin, désigner un mandataire chargé d'effectuer ces formalités.

Art. L. 612-5 *(L. n° 2001-420, 15 mai 2001 ; mod., L. n° 2003-706, 1er août 2003 ; Ord. n° 2008-1345, 18 déc. 2008)*. **– Le représentant légal ou, s'il en existe un, le commissaire aux comptes d'une personne morale de droit privé non commerçante ayant une activité économique ou d'une association visée à l'article L. 612-4 présente à l'organe délibérant ou, en l'absence d'organe délibérant, joint aux documents communiqués aux adhérents un rapport sur les conventions passées directement ou par personne interposée entre la personne morale et l'un de ses administrateurs ou l'une des personnes assurant un rôle de mandataire social.**

Il est de même des conventions passées entre cette personne morale et une autre personne morale dont un associé indéfiniment responsable, un gérant, un administrateur, le directeur général, un directeur général délégué, un membre du directoire ou du conseil de surveillance, un actionnaire disposant d'une fraction des droits de vote supérieure à 10 % est simultanément administrateur ou assure un rôle de mandataire social de ladite personne morale.

L'organe délibérant statue sur ce rapport.

Un décret en Conseil d'État précise les conditions dans lesquelles le rapport est établi.

Une convention non approuvée produit néanmoins ses effets. Les conséquences préjudiciables à la personne morale résultant d'une telle convention peuvent être mises à la charge, individuellement ou solidairement selon le cas, de l'administrateur ou de la personne assurant le rôle de mandataire social.

Les dispositions du présent article ne sont pas applicables aux conventions courantes conclues à des conditions normales qui, en raison de leur objet ou de leurs implications financières, ne sont significatives pour aucune des parties.

TITRE II. – DE LA SAUVEGARDE

(Mod. à compter du 1er janv. 2006, L. n° 2005-845, 26 juill. 2005)

Bibliographie : Fraimout, *Les premiers enseignements de la jurisprudence sur les conditions d'ouverture de la sauvegarde judiciaire : Rev. proc. coll.* 2006, 225. • Besse et Morelli, *Le prepackaged plan à la française : pour une saine utilisation de la procédure de sauvegarde : JCP* E 2009, 1628. • Damman et Robinet, *La sauvegarde, un outil pour protéger les associés du débiteur ? : Bull. Joly Sociétés* 2009, p. 1116. • Roussel-Galle, *La procédure de sauvegarde : quand et pourquoi se mettre sous la protection de la justice : JCP* E 2006, 2437. • Pétel,*Les nouveaux critères d'ouverture : Dr. et patrimoine* déc. 2009, p. 59. • Pétel, *Le critère d'ouverture de la sauvegarde : BJE* 2012, p. 308. • Jeannerot, *Le choix entre les procédures : la procédure de sauvegarde ou le redressement judiciaire : CDE* 2015-1, p. 29. • Remery, *Le refus jurisprudentiel de la prise en compte des mobiles du débiteur dans le droit des entreprises en difficulté : BJE* 2016, p. 194, 113j4. • Menjucq et Saintourens, *L'instrumentalisation de la procédure de sauvegarde est-elle frauduleuse ? : BJE* 2016, p. 201, 113j9 et p. 203, 113k2. • Delebecque, *Le risque de détournement de la procédure de sauvegarde : BJE* 2016, p. 209, 113j7.

Art. L. 620-1 *(L. n° 2005-845, 26 juill. 2005 ; mod., Ord. n° 2008-1345, 18 déc. 2008)*. **– Il est institué une procédure de sauvegarde ouverte sur demande d'un débiteur mentionné à l'article L. 620-2 qui, sans être en cessation des paiements, justifie de difficultés qu'il n'est pas en mesure de surmonter. Cette procédure est destinée à faciliter la réorganisation de l'entreprise afin de permettre la poursuite de l'activité économique, le maintien de l'emploi et l'apurement du passif.**

La procédure de sauvegarde donne lieu à un plan arrêté par jugement à l'issue d'une période d'observation et, le cas échéant, à la constitution de *(Mots rempl. à compter du 1er octobre 2021, Ord. n° 2021-1193, 15 oct. 2021)* **« classes de parties affectées », conformément aux dispositions des articles L. 626-29 et L. 626-30.**

1) **Critère.** La situation d'une filiale doit être appréciée en elle-même, sans que soient prises en compte les capacités financières du groupe auquel elle appartient (▪ Cass. com., 26 juin 2007 [2e esp.] : *D.* 2007, p. 1864, obs. Lienhard ; *JCP* E 2008, 1207, n° 2, obs. Pétel ; *D.* 2008, pan. 570, obs. Lucas).

Hors le cas de fraude, l'ouverture de la procédure de sauvegarde ne peut être refusée au débiteur au motif qu'il chercherait ainsi à échapper à ses obligations contractuelles (▪ Cass. com., 8 mars 2011, n° 10-13.988 : *JurisData* n° 2011-002852 ; *JCP* E 2011, 1263, n° 1, obs. Ph. Pétel ; *D.* 2011, 919, note P.-M. Le Corre ; *Act. proc. coll.* 2011, comm. 106, obs. B. Saintourens ; *Gaz. Pal.* 2 avr. 2011, p. 7, obs. F. Reille ; *D.* 2011, 2069, obs. F.-X. Lucas. – M. Menjucq, *Affaire Cœur Défense : la Cour de cassation recadre la cour d'appel de Paris* : *Rev. proc. coll.* 2011, repère 2). V. aussi ▪ CA Versailles, 19 janv. 2012, n° 11/02751 : *JurisData* n° 2012-022318 ; *Rev. proc. coll.* 2012, comm. 19, obs. B. Saintourens.

Pour un cas de fraude V. ▪ CA Paris, 12 sept. 2017 : *Rev. proc. coll.* 2018, comm. 21, obs. Saintourens ; *BJE* 2018, p. 187, obs. Delattre.

L'ouverture de la procédure n'est pas subordonnée à une difficulté affectant l'activité (▪ Cass. com., 8 mars 2011, préc.).

2) Date d'appréciation. Les conditions d'ouverture de la procédure de sauvegarde doivent être appréciées au jour où il est procédé à cette ouverture (▪ Cass. com., 26 juin 2007 [2 arrêts] : *RJDA* 1/2008, n° 56 ; *RJDA* 2/2008, chron. p. 103 ; *D.* 2007, p. 1864, obs. Lienhard, chron. 2764, obs. Bélaval, Orsini, Salomon ; *JCP* E 2007, act. 340 ; *ibid.* 2120, note Vallansan ; *JCP* E 2008, 1207, n° 1, obs. Pétel ; *D.* 2008, pan. 570, obs. Lucas).

Art. L. 620-2 ***(L. n° 2005-845, 26 juill. 2005 ; mod., Ord. n° 2008-1345, 18 déc. 2008 ; Ord. n° 2010-1512, 9 déc. 2010 ; L. n° 2019-486, 22 mai 2019).*** **– La procédure de sauvegarde est applicable à toute personne exerçant une activité commerciale, artisanale ou une activité agricole définie à l'article L. 311-1 du Code rural et de la pêche maritime et à toute autre personne physique exerçant une activité professionnelle indépendante y compris une profession libérale soumise à un statut législatif ou réglementaire ou dont le titre est protégé, ainsi qu'à toute personne morale de droit privé.**

À moins qu'il ne s'agisse de patrimoines distincts de l'entrepreneur individuel à responsabilité limitée, il ne peut être ouvert de nouvelle procédure de sauvegarde à l'égard d'un débiteur déjà soumis à une telle procédure, ou à une procédure de redressement judiciaire ou de liquidation judiciaire, tant qu'il n'a pas été mis fin aux opérations du plan qui en résulte ou que la procédure de liquidation n'a pas été clôturée.

Bibliographie : Dupeyron et Barbieri, *Activité agricole et procédures collectives* : *JCP* N 1987, I, 139. • Hallouin, *Les sociétés non immatriculées face au redressement et à la liquidation judiciaires* : *JCP* E 1989, II, 15416. • Pétel, *La procédure de rétablissement personnel et les procédures collectives du Code de commerce* : *Contrats, conc. consom.* 2005, étude 15. • Cagnoli et Salhi, *La répartition des procédures de surendettement et des procédures collectives d'entreprises* : *Rev. proc. coll.* 2009, étude 17. • Regnaut-Moutier et Vallansan, *Le périmètre d'application des procédures collectives : la répartition entre la procédure commerciale et la procédure consumériste* : *Rev. proc. coll.* 2011, dossier p. 2. • Monsérié-Bon, *Le périmètre quant aux personnes des procédures de sauvegarde, de redressement et de liquidation judiciaires* : *Rev. proc. coll.* 2011, dossier p. 3. • Soinne, *L'application du droit des procédures collectives aux titulaires d'offices publics et ministériels (la situation des huissiers de justice)* : *Rev. proc. coll.* 2011, étude 18. • Lebel, *Éligibilité des associés de certaines sociétés de personnes aux procédures collectives* : *JCP* E 2014, 1207. • Vincent, *Associés indéfiniment responsables et droit des entreprises en difficulté* : *Rev. jur. com.* 2015, p. 244. • Vincent, *La qualité du débiteur dépourvu d'entreprise* : *JCP* E 2016, 1340.

I – PERSONNES PHYSIQUES

1) Exercice irrégulier du commerce. Peuvent faire l'objet d'une procédure collective : un notaire qui se livre à des opérations de courtage ou de banque avec les fonds de ses clients (▪ Cass. com., 2 févr. 1970, n° 68-12.873 : *JurisData* n° 1970-000041 ; *JCP* 1970, II, 16313, note J. A. ; *RTD com.* 1970, 473, obs. Houin), ou à des opérations de spéculation sur effets de commerce (▪ T. com. Seine, 15 févr. 1968 : *RTD com.* 1968, 388, obs. Houin) ; un huissier (▪ Cass. com., 24 mai 1966 : *JurisData* n° 1966-098269 ; *Bull.* III, n° 270 ; *RTD com.* 1966, 999, obs. Houin ; *Rev. syndics et adm. jud.* 1966, 287) ; un fonctionnaire se livrant à des actes de commerce en violation de son statut (▪ T. com. Troyes, 19 déc. 1949 : *S.* 1950, 2, 49 ; *RTD com.* 1950, 356, obs. Houin) ; celui qui agit sous le couvert d'un prête-nom (▪ Cass. com., 29 janv. 1968 : *JurisData* n° 1968-099042 ; *Rev. syndics et adm. jud.* 1968, 251, note Poulain ; *Bull.* IV, n° 42 pour un architecte) et le prête-nom lui-même (▪ Cass. com., 17 mars 1969 : *RTD com.* 1969, 1094, obs. Houin).

2) Société en formation. Les associés fondateurs n'étant ni commerçants ni artisans ne peuvent, en principe, faire l'objet d'une procédure collective (▪ Cass. com., 18 nov. 1986, n° 85-15.956 : *JurisData* n° 1986-702821 ; *JCP* E 1987, I, n° 3, 16619, obs. Cabrillac et Vivant ; *LPA* 1987, p. 18, note Honorat. ▪ Cass. com., 2 mai 1989, n° 87-16.705 : *JurisData* n° 1989-001688 ; *Bull.* IV, n° 140 ; *JCP* E 1990, II, 15658, n° 1, obs. Pétel ; *D.* 1989, somm. 283, obs. Honorat ; *RTD com.* 1990, 100, obs. Merle. ▪ Paris, 14 janv. 1987 : *JurisData* n° 1987-022558 ; *D.* 1987, inf. rap. p. 38). Mais la personne qui a effectué des actes de commerce à titre habituel au nom d'une société en formation qui n'a pas acquis la personnalité morale, peut faire l'objet d'une procédure collective (▪ Cass. com., 15 janv. 1991, n° 89-18.400 : *JurisData* n° 1991-000179 ; *Bull. Joly* 1991, 395, note Calendini).

3) Indivision et exploitation en commun. Lorsqu'un fonds de commerce indivis entre un père et une fille était exploité par le père, à défaut de l'inscription au registre du commerce du décès du père, c'est l'indivision successorale qui est restée exploitante du fonds de commerce aux lieu et place du défunt et la liquidation des biens doit être déclarée commune aux coïndivisaires (▪ Cass. com., 18 mars 1986 : *JurisData* n° 1986-700357 ; *Gaz. Pal.* 1986, 2, pan. jurispr. 155 ; *D.* 1987, 143, note Romani). V. sur l'exploitation personnelle par les héritiers du fonds de commerce de leur auteur, *D.* 1978, inf. rap. p. 95, obs. Derrida.

Sur la notion d'exploitation en commun (▪ Cass. com., 13 nov. 1961 : *RTD com.* 1962, 467, obs. Houin. ▪ Cass. com., 26 déc. 1961, n° 60-11.215 : *Bull.* III, n° 503 ; *RTD com.* 1962, 647, obs. Houin. ▪ Cass. com., 24 janv. 1962 : *Bull.* III, n° 53 ; *RTD com.* 1962, 739, obs. Houin. ▪ 19 avr. 1972, n° 71-12.840 : *JurisData* n° 1972-098244 ; *Bull.* IV, n° 114. ▪ Cass. com., 6 juin 1977, n° 75-14.790 : *JurisData* n° 1977-097161 ; *RTD com.* 1977, 714, obs. Derruppé. ▪ Basse-Terre, 2 avr. 1979 : *DS* 1980, inf. rap. 280, obs. Honorat. ▪ Cass. com., 28 juin 1983 : *D.* 1984, inf. rap. p. 95, obs. Honorat).

4) Conjoint de commerçant. Le conjoint d'un commerçant dont l'activité n'est pas séparée de celle de son époux n'est pas un commerçant et ne peut faire l'objet d'une procédure collective (▪ Cass. com., 9 oct. 1962 : *RTD com.* 1963, 366, obs. Houin. ▪ Paris, 26 janv. 1967 : *RTD com.* 1967, 854, obs. Houin. ▪ Poitiers, 12 févr. 1986 : *JurisData* n° 1986-040538 ; *Rev. proc. coll.* 1987, n° 1, p. 28, obs. Didier. ▪ Paris, 5 mars 1999, n° 1998/17078 : *JurisData* n° 1999-020543 ; *JCP* E 1999, p. 1529, n° 1, obs. M. Cabrillac. ▪ Cass. com., 14 oct. 1974 : *JCP* CI 1974, 4140. – *Contra*, ▪ Douai, 13 mars 1997 : *D.* 1997, 433, note crit. Voinot ; *JCP* E 1998, p. 28, n° 1, obs. crit. M. Cabrillac). Il en est ainsi également lorsque le conjoint est mentionné au registre du commerce et des sociétés en qualité de conjoint collaborateur (▪ Cass. com., 11 févr. 2004, n° 01-00.430 : *JurisData* n° 2004-022272 ; *JCP* E 2004, pan. 538, chron. 783, n° 1, obs. M. Cabrillac, jurispr. 1742, note Parachkevova ; *D.* 2004, p. 565, obs. Lienhard ; *RJDA* 6/2004, n° 731).

Mais est commerçant le conjoint qui exerce des actes de commerce et en fait sa profession habituelle (▪ Cass. com., 15 juill. 1987, n° 85-17.220 : *JurisData* n° 1987-001226 ; *Bull.* IV, n° 183 ; *RTD com.* 1988, 421, obs. Derruppé. ▪ Cass. com., 15 oct. 1991, n° 89-19.281 : *JurisData* n° 1991-002530 ; *JCP* E 1991, pan. *1384 ; JCP E 1992, I, 136, n° 1*, obs. Pétel. ▪ Dijon, 2 juill. 1996 : *JurisData* n° 1996-044459 ; *JCP* E 1997, pan. 147).

Sur la situation de la femme divorcée (▪ Cass. com., 28 avr. 1981, n° 80-11.447 : *JurisData* n° 1981-701167 ; *JCP* 1982, II, 19740, note Guyon).

5) Conjoint d'agriculteur. Le conjoint n'exerçant pas à titre de profession habituelle les activités définies par l'article L. 311-1 du C. rural, n'a pas la qualité d'agriculteur (▪ Cass. com., 5 avr. 1994, n° 91-18.766 : *JurisData* n° 1994-000742 ; *D.* 1994, inf. rap. p. 109. ▪ Cass. com., 17 mars 1998, n° 95-10.931 : *JurisData* n° 1998-001423 ; *RJDA* 7/1998, n° 878). Le fait pour l'épouse d'un agriculteur d'aider son mari dans ses tâches agricoles ne lui confère pas la qualité d'agriculteur, d'autant qu'elle ne cotise pas à la Caisse de la mutualité agricole et qu'elle relève de la fonction publique (▪ Caen, 16 mai 1991 : *JurisData* n° 1991-052074 ; *JCP* 1992, IV, 1303).

Mais l'épouse qui a revendiqué la qualité de co-exploitant ne peut plus contester cette qualité (▪ Cass. com., 18 mai 2017, n° 15-26.866 : *Rev. proc. coll.* 2017, comm. 162, obs. Lebel).

6) Commerçant non immatriculé. Antérieurement à la réforme du 18 décembre 2008, une personne physique non inscrite au registre du commerce ne pouvait prétendre à l'ouverture d'une procédure de redressement judiciaire (▪ Cass. com., 25 mars 1997, n° 95-11.278 : *JurisData* n° 1997-001393 ; *Bull.* IV, n° 83 ; *RJDA* 7/1997, n° 950 ; *JCP* E 1997, I, 681, n° 1, obs. M. Cabrillac ; *D.* 1997, somm. p. 311, obs. Honorat ; *Bull. Joly* 1997, 589, note J. Vallansan ; *LPA* 14 déc. 1998, p. 13, note Gioanni).

7) Non-commerçant immatriculé. La personne immatriculée au RCS doit prouver que le tiers qui s'en prévaut savait qu'elle n'était pas commerçante, à défaut de quoi la présomption de l'article L. 123-7 est irréfragable (▪ Cass. com., 27 sept. 2016, n° 14-21.964 : *JurisData* n° 2016-019558 : *JCP* E 2016, 1651, obs. Lebel).

8) SIRENE. La seule inscription au répertoire SIRENE ne suffit pas à caractériser l'exercice effectif d'une activité professionnelle indépendante (▪ Cass. com., 20 sept. 2017, n° 15-24.644 : *JurisData* n° 2017-018235 ; *JCP* E 2017, 1688, n° 1, obs. Tehrani ; *Rev. proc. coll.* 2018, comm. 15, obs. Saintourens).

9) Pluriactivité. Pour l'application du principe de l'unité du patrimoine à un débiteur personne physique qui exploitait deux entreprises, V. ▪ Cass. com., 27 nov. 1991, n° 90-11.122 : *JurisData* n° 1991-003011 ; *Bull.* IV, n° 360 ; *JCP* E 1992, I, 136, n° 3, obs. Pétel ; *D.* 1992, 81, obs. Derrida. ▪ Cass. com., 4 févr. 2003, n° 00-14.636 : *JurisData* n° 2003-017626 ; *RJDA* 7/2003, n° 738 ; Dr. sociétés 2003, n° 168, obs. Legros ; *LPA* 16 févr. 2004, p. 7, note Lécuyer. ▪ Cass. com., 19 févr. 2002, n° 98-20.579 : *JCP* E 2002, pan. 571 ; *D.* 2002, p. 958, comm. 2523, note Perdriau et Derrida ; *Dr. et patrimoine* 2002, n° 104, p. 85, obs. Houtcieff ; *RJDA* 6/2002, n° 652 ; *RTD com.* 2002, 376, obs.

Vallens. Sur les conséquences de l'ouverture irrégulière de deux procédures, V. ■ Cass. com., 11 déc. 2001, n° 98-22.643 : *JurisData* n° 2001-012131 ; *D.* 2002, comm. 2523, note Perdriau et Derrida. ■ Cass. com., 7 avr. 2004, n° 01-15.486 : *D.* 2004, p. 1384 ; *RJDA* 11/2004, n° 1236 ; *Dr. sociétés* 2004, n° 189, obs. Legros ; *Dr. et proc.* 2004, 264, note Crocq. ■ Cass. com., 1er mars 2005 : *JCP* E 2005, 1492, note Baldino.

10) EIRL. La seule circonstance que le patrimoine affecté de l'EIRL relève de la procédure instituée par le Code de commerce n'exclut pas le patrimoine non affecté du débiteur de la procédure de traitement des situations de surendettement (■ Cass. 2e civ., 27 sept. 2018, n° 17-22.013 : *JurisData* n° 2018-016378 ; *D.* 2018, p. 2071, obs. Legrand ; *JCP* E 2018, 1528, note Pellier ; *JCP* E 2019, 1000, n° 2, obs. Tehrani).

11) Associé exploitant. L'avocat qui a cessé d'exercer son activité à titre individuel pour devenir associé d'une société civile professionnelle ou d'une société d'exercice libéral n'agit plus en son nom propre mais exerce ses fonctions au nom de la société ; il cesse dès lors d'exercer une activité professionnelle indépendante (■ Cass. com., 9 févr. 2010, n° 08-17.144 : *JurisData* n° 2010-051508 ; *JCP* G 2010, act. 220, obs. J.-J. Barbieri ; *JCP* E 2010, 1267, A. Cerati-Gauthier ; *JCP* E 2010, 1296, obs. Ph. Pétel). *Adde* : concl. R. Bonhomme : *Rev. proc. coll.* 2010, étude 6.

Idem pour le membre d'un GAEC (■ Cass. soc., 5 nov. 1999, n° 97-13.209).

12) Officier ministériel empêché. Si un officier public ou ministériel auquel un suppléant a été désigné doit s'abstenir de tout acte professionnel, il demeure titulaire de l'office et peut, à ce titre, faire l'objet d'un redressement ou d'une liquidation judiciaire (■ Cass. com., 3 mai 2011, n° 10-16.758 : *JurisData* n° 2011-007711 ; *JCP* E 2011, 1596, n° 1, obs. Ph. Pétel ; *D.* 2011, p. 1343, obs. A. Lienhard ; *Rev. sociétés* 2011, p. 385, obs. Ph. Roussel-Galle ; *Gaz. Pal.* 8-9 juill. 2011, p. 18, obs. F. Reille).

13) *Associé en nom.* Les associés gérants d'une société en nom collectif qui ont de droit la qualité de commerçants sont réputés exercer une activité commerciale (■ Cass. 2e civ., 5 déc. 2013, n° 11-28.092 : *JurisData* n° 2013-027856 ; *JCP* E 2014, 1021, note A. Cerati-Gauthier ; – 1173, n° 1, obs. Ph. Pétel ; *Act. proc. coll.* 2014, comm. 20, obs. N. Borga ; *BJS* 2014, p. 184, obs. F. X. Lucas).

14) Gérant de SARL. Le gérant d'une SARL, qui n'agit pas en son nom personnel, n'exerce pas une activité professionnelle indépendante et n'est pas éligible au redressement judiciaire (■ Cass. com., 12 nov. 2008, n° 07-16.998 : *JurisData* n° 2008-045801 ; *JCP* E 2009, 1023, concl. Bonhomme, note C. Lebel ; *D.* 2008, p. 2929, obs. Lienhard ; *Gaz. proc. coll.* 2009-1, 21-22 janv. 2009, p. 26, obs. Lebel ; *Bull. Joly* 2009, p. 278, obs. P.-M. Le Corre). *Idem* pour le gérant-associé unique d'EURL (■ Cass. 2e civ., 13 oct. 2016, n° 15-24.301 : *JurisData* n° 2016-021140 ; *JCP* E 2016, 1650, obs. Cerati-Gauthier). *Idem* pour le gérant d'EARL (■ Cass. com., 3 oct. 2018, n° 17-17.812 : *JCP* E 2019, 1041, obs. Cerati-Gauthier ; *Gaz. Pal.* 15 janv. 2019, p. 53, obs. Reille).

II – PERSONNES MORALES

15) Société en formation. Faute d'avoir la personnalité morale, une société en formation ne peut faire l'objet d'une procédure collective (■ Cass. com., 10 mars 1987, n° 85-16.744 : *JurisData* n° 1987-000481 ; *JCP* G 1987, II, 20830 ; E, II, 14975, note Guyon ; *Gaz. Pal.* 1987, 1, 372, note Honorat. – *Adde*, ■ Cass. com., 7 oct. 1986 : *JurisData* n° 1986-701614 ; *Rev. proc. coll.* 1987, n° 1, p. 28, obs. Didier ; *Rev. sociétés* 1987, 587, note Sortais) ; si la personnalité morale est acquise ultérieurement, encore faut-il que la société ait repris les engagements souscrits dont l'inexécution motivait l'assignation (■ Cass. com., 10 mars 1987, préc.). Sur la situation des fondateurs, voir annot. n° 2, p. 1115.

Voir : déc. citées, sous art. L. 620-2, p. 1115.

16) Société créée de fait. Faute de personnalité morale, les sociétés créées de fait ne peuvent être mises en redressement judiciaire (■ Cass. com., 16 déc. 1975, n° 74-12.085 : *JurisData* n° 1975-097307 ; *Rev. sociétés* 1976, 502, note Honorat. ■ Aix-en-Provence, 30 juill. 1976 : *DS* 1977, inf. rap. 129. ■ Rouen, 6 nov. 1980 : *JurisData* n° 1980-600533 ; *Gaz. Pal.* 1981, 1, 249, note A. P. S. ■ Paris, 3 déc. 1991 : *JurisData* n° 1991-025174 ; *Dr. sociétés* 1992, n° 49, obs. Chaput. ■ Aix-en-Provence, 22 mai 2001, n° 97/17855 : *JurisData* n° 2001-153038 ; *RJDA* 7/2002, n° 762. – V. cpdt ■ TGI Digne, 19 juin 1985 : *D.* 1986, inf. rap. p. 10, obs. Derrida, qui décide que les procédures collectives sont applicables aux groupements de fait, qui, à l'égard des tiers, des créanciers, donnent l'apparence de posséder une personnalité propre) ; en ce cas la procédure collective peut être prononcée contre les associés qui se sont livrés à une activité commerciale à titre de profession habituelle (■ Cass. com., 16 déc. 1975, n° 74-12.085 : *JurisData* n° 1975-097307 ; *Bull.* IV, n° 307. ■ Cass. com., 30 mars 1993, n° 91-11.560. ■ Cass. com., 27 avr. 1993, n° 91-14.882 : *JurisData* n° 1993-000797 ; *Bull. Joly* 1993, note Le Nabasque ; *RJDA* 10/1993, n° 833.

■ Cass. com., 23 nov. 2004, n° 02-14.123 : *JurisData* n° 2004-025874 ; *RJDA* 4/2005, n° 381. – Comp. ■ Cass. com., 11 févr. 2004, n° 01-01.642 : *JurisData* n° 2004-022278 ; *JCP* E 2005, jurispr. 623, note Gibirila).

17) Groupement nul. Le prononcé de la nullité d'un groupement d'intérêt économique ne fait pas obstacle à l'ouverture d'une procédure de redressement judiciaire à l'égard de ce groupement (■ Cass. com., 5 avr. 1994, n° 92-15.118 : *RJDA* 8/1994, n° 941 ; *Bull. Joly* 1994, 662, note Le Cannu).

Voir : déc. citées sous art. L. 621-2, p. 1119.

18) Personnes morales de droit privé non commerçantes. Sont visés notamment :

– les groupements d'intérêt économique à objet civil (■ T. com. Meaux, 9 juill. 1971 : *DS* 1972, 647, note Lavabre) ;

– les associations (■ Cass. com., 12 févr. 1985, n° 83-10.864 : *JurisData* n° 1985-000467 ; *D.* 1985, flash, n° 9. ■ 18 juin 1985, n° 84-12.021 : *JurisData* n° 1985-701776 ; *Rev. sociétés* 1986, 282, note Guyon) ;

– les syndicats d'initiative (■ TGI Cherbourg, 22 nov. 1971 : *JCP* 1972, II, 16948) ;

– les comités d'entreprise et d'établissement (■ TGI Paris, 23 févr. 1971 : *JCP* 1971, II, 16688 ; *RTD com.* 1971, 443, obs. Houin) ;

– les caisses primaires d'assurance maladie (■ Cass. soc., 1er juin 1978 : *Bull.* V, n° 427) ;

– les organismes de prévoyance (■ Cass. com., 9 juin 1980, n° 78-15.778 : *JurisData* n° 1980-700249 ; *Rev. sociétés* 1981, 398, note Sortais pour l'Union générale de la Mutualité des Alpes-Maritimes et la Fédération des travailleurs indépendants mutualistes de la région Provence-Côte d'Azur) ;

– les mutuelles (■ Paris, 13 janv. 1988, n° 87 002960 : *JurisData* n° 1988-020065 ; *Gaz. Pal.* 1988, 1, somm. 92 et la note) ;

– les syndicats professionnels (■ Cass. com., 16 mars 2010, n° 09-12.539) ;

– sur les syndicats de copropriété (V. L. n° 65-557, 10 juill. 1965, art. 29-5). C. Regnaut-Moutier : *Rev. proc. coll.* mai-juin 2010, étude 12.

19) Personnes morales de droit public. Les personnes morales de droit public, même à caractère industriel et commercial, ne relèvent pas de la procédure de redressement judiciaire (■ Paris, 15 févr. 1991, n° 90/21744 : *JurisData* n° 1991-020161 ; *JCP* E 1991, pan. 742 ; *Gaz. Pal.* 1991, 1, 365 ; *D.* 1991, inf. rap. p. 104, pour des bureaux régionaux de fret et le Centre national des bureaux régionaux de fret. ■ Cass. soc., 6 nov. 1991, n° 88-17.869 : *JurisData* n° 1991-002759 ; *JCP* E 1992, pan. 85 ; *Bull.* V, n° 476, pour la SEITA).

III – DROIT INTERNATIONAL

Voir : Règl. (CE) n° 1346/2000 du Conseil du 29 mai 2000 relatif aux procédures d'insolvabilité, Annexe 6, *Des difficultés des entreprises*.

20) Procédure ouverte à l'étranger. En l'absence d'exequatur, l'ouverture d'une procédure collective dans un État non lié par le règlement 1346/2000 peut conférer aux organes de cette procédure qualité pour agir en France mais ne peut y produire aucun effet de dessaisissement du débiteur (■ Cass. com., 28 juin 2016 : *Act. proc. coll.* 2016, comm. 191, obs. Staes ; *Gaz. Pal.* 18 oct. 2016, p. 45, obs. Henry).

Cette décision ne fait pas obstacle à l'ouverture d'une procédure en France (■ Cass. com., 19 janv. 1988, n° 86-11.080 : *JurisData* n° 1988-000063 ; *D.* 1988, 565, note Rémery : *Rev. proc. coll.* 1988, 176, obs. Didier).

21) Universalité de la procédure. Sous réserve des traités internationaux ou d'actes communautaires, et dans la mesure de l'acceptation par les ordres juridiques étrangers, le redressement judiciaire prononcé en France produit ses effets partout où le débiteur a des biens ; l'article 6, § 1 de la Convention européenne des droits de l'homme ne saurait faire obstacle aux principes d'universalité qui caractérisent toute procédure collective et qui postulent l'interdiction des poursuites individuelles et la soumission des créanciers aux obligations du plan de redressement (■ Cass. 1re civ., 19 nov. 2002, n° 00-22.334 : *JurisData* n° 2002-016420 ; *RJDA* 4/2003, n° 403 ; *Act. proc. coll.* 2003, comm. 1, obs. Menjucq ; *JCP* E 2003, chron. 760, n° 1, obs. Pétel, jurispr. 1470, note Menjucq ; *D.* 2002, p. 3341, obs. Lienhard, somm. 1625, obs. Henry ; *D.* 2003, comm. 797, note Khairallah ; *RTD com.* 2003, 169, obs. Vallens. ■ Cass. com., 21 mars 2006, n° 04-17.869 : *JurisData* n° 2006-032818 ; *RJDA* 2/2007, n° 175 ; *JCP* E 2006, pan. 1769 et 2072, note Legros ; *D.* 2006, p. 914, obs. Lienhard ; *ibid.*, p. 1466, note Henry ; *ibid.*, pan. 2251, obs. Lucas et Le Corre ; *Bull. Joly* 2006, 930, obs. Bureau ; *Act. proc. coll.* 2006, n° 124, obs. Callé. – Rappr. ■ Versailles, 20 mars 2008, n° 07/03957 : *D.* 2008, p. 983, obs. Lienhard). V. Dammann et Ollivry, *Réflexions sur l'aménagement du principe d'universalité de la faillite* : *JCP* E 2006, 2628).

22) Ordre public international. L'*exequatur* d'une décision étrangère ouvrant une procédure collective à l'égard d'un non-commerçant n'est pas contraire à la conception française de l'ordre public international (■ Cass. com., 18 janv. 2000, n° 97-16.224 : *JurisData* n° 2000-000049 ; *JCP* E 2000, pan. 396, p. 611, note Chaput ; *LPA* 12 avr. 2000, p. 12, note Vallens ; *JCP* E 2000, p. 699, n° 2, obs. Pétel ; *D.* 2000 ; *Cah. dr. aff.*, act. jurispr., p. 105, obs. Faddoul).

CHAPITRE I. – DE L'OUVERTURE DE LA PROCÉDURE

Art. L. 621-1 *(L. n° 2005-845, 26 juill. 2005 ; mod., Ord. n° 2010-1512, 9 déc. 2010 ; Ord. n° 2014-326, 12 mars 2014 ; L. n° 2016-1547, 18 nov. 2016).* – Le tribunal statue sur l'ouverture de la procédure, après avoir entendu ou dûment appelé en chambre du conseil le débiteur et les représentants du comité d'entreprise ou, à défaut, des délégués du personnel (1).

En outre, lorsque le débiteur exerce une profession libérale soumise à un statut législatif ou réglementaire ou dont le titre est protégé, le tribunal statue après avoir entendu ou dûment appelé, dans les mêmes conditions, l'ordre professionnel ou l'autorité compétente dont, le cas échéant, il relève.

Lorsque la situation du débiteur ne fait pas apparaître de difficultés qu'il ne serait pas en mesure de surmonter, le tribunal invite celui-ci à demander l'ouverture d'une procédure de conciliation au président du tribunal. Il statue ensuite sur la seule demande de sauvegarde.

Le tribunal peut, avant de statuer, commettre un juge pour recueillir tous renseignements sur la situation financière, économique et sociale de l'entreprise. Ce juge peut faire application des dispositions prévues à l'article L. 623-2. Il peut se faire assister de tout expert de son choix.

L'ouverture d'une procédure de sauvegarde à l'égard d'un débiteur qui bénéficie ou a bénéficié d'un mandat *ad hoc* ou d'une procédure de conciliation dans les dix-huit mois qui précèdent doit être examinée en présence du ministère public, à moins qu'il ne s'agisse de patrimoines distincts d'un entrepreneur individuel à responsabilité limitée.

Dans ce cas, le tribunal peut, d'office ou à la demande du ministère public, obtenir communication des pièces et actes relatifs au mandat *ad hoc* ou à la conciliation, nonobstant les dispositions de l'article L. 611-15.

1) Ordre professionnel. L'Observatoire des détectives de France et la Confédération nationale des enquêteurs et détectives professionnels s'apparentent à des syndicats professionnels et ne peuvent recevoir la qualification d'ordre professionnel de sorte qu'ils n'ont pas à être appelés devant le tribunal ouvrant une telle procédure à l'encontre d'un détective privé (■ Cass. com., 27 mai 2008, n° 07-13.131 : *JurisData* n° 2008-044130 ; *JCP* E 2008, 2062, n° 1, obs. Ph. Pétel ; *JCP* E 2008, 1870, concl. R. Bonhomme ; *D.* 2008, p. 1616, obs. Lienhard).

2) Enquête préalable. Seul le tribunal peut commettre un juge à cet effet et non son président (■ CA Reims, 14 mars 2011, n° 10/02930 : *JurisData* n° 2011-004099 ; *JCP* E 2011, 1319, note Delattre). *Adde* : Delattre, *Rapport du juge enquêteur : quelques rappels* : *JCP* E 2018, 1217. Delattre, *Rapport d'enquête, droits de la défense et indépendance de l'expert désigné : un cocktail explosif ?* : *JCP* E 2020, 1338.

Art. L. 621-2 *(Anc. L. 621-5, renum. et mod., L. n° 2005-845, 26 juill. 2005 ; mod., Ord. n° 2008-1345, 18 déc. 2008 ; Ord. n° 2010-1512, 9 déc. 2010 ; L. n° 2012-346, 12 mars 2012 ; Ord. n° 2014-326, 12 mars 2014 ; L. n° 2019-486, 22 mai 2019 ; Ord. n° 2019-964, 18 sept. 2019).* – Le tribunal compétent est le tribunal de commerce si le débiteur exerce une activité commerciale ou artisanale. Le tribunal judiciaire est compétent dans les autres cas.

À la demande de l'administrateur, du mandataire judiciaire, du débiteur ou du ministère public, la procédure ouverte peut être étendue à une ou plusieurs autres personnes en cas de confusion de leur patrimoine avec celui du débiteur ou de fictivité de la personne morale.

Dans les mêmes conditions, un ou plusieurs autres patrimoines du débiteur entrepreneur individuel à responsabilité limitée peuvent être réunis au patrimoine visé par la procédure, en cas de confusion avec celui-ci. Il en va de même lorsque le débiteur a commis un manquement grave aux obligations prévues à l'article L. 526-13 ou encore une fraude à l'égard d'un créancier titulaire d'un droit de gage général sur le patrimoine visé par la procédure.

Pour l'application des deuxième et troisième alinéas du présent article, le président du tribunal peut ordonner toute mesure conservatoire utile à l'égard des biens du défendeur à l'action mentionnée à ces mêmes alinéas, à la demande de l'administrateur, du mandataire judiciaire, du ministère public ou d'office.

Le tribunal ayant ouvert la procédure initiale reste compétent pour ces demandes. Lorsque le débiteur soumis à la procédure initiale ou le débiteur visé par l'extension exerce une profession libérale soumise à un statut législatif

(1) Aux termes de l'article 12 de l'ordonnance n° 2021-1193 du 15 septembre 2021, au 1er alinéa du présent article, les mots « représentants du personnel ou, à défaut, des délégués du personnel » sont remplacés par les mots « la ou les personnes désignées par le comité social et économique ». Or, les mots à remplacer ne figurent pas en totalité à cet alinéa, ce qui rend par conséquent la modification impossible – NDLR.

ou réglementaire ou dont le titre est protégé, le tribunal statue en chambre du conseil après avoir entendu ou dûment appelé l'ordre professionnel ou l'autorité compétente dont, le cas échéant, il relève.

Bibliographie : Derrida, *L'unité d'entreprise est-elle une cause autonome d'extension de la procédure de redressement judiciaire ? Étude de jurisprudence in Mélanges Derruppé*, GLN Joly et Litec 1991, p. 29. • Cozian, *Société civile immobilière – société d'exploitation : est-ce vraiment un couple infernal ? : JCP* E 1997, I, 634. • Tricot, *La confusion des patrimoines et les procédures collectives : Rapp. C. cass.* 1997, p. 170. • Soinne, *Unité ou diversité des notions de fictivité et de confusion des patrimoines : péripéties ou point final ? : LPA* 12 juin 1998, p. 22. • Deleneuville, *L'extension de procédure pour confusion, fictivité ou fiction : Rev. proc. coll.* 1999, 63. • Vaillant, *Les cas de figure de confusion des patrimoines au regard des procédures collectives : D. affaires* 1999, p. 154. • Teboul, *L'extension d'une procédure collective d'une société commerciale à l'encontre d'une société civile immobilière : Gaz. Pal.* 20 avr. 2000, p. 3. • Hoonakker, *L'ouverture d'une procédure collective à l'encontre d'une société unipersonnelle oblige-t-elle l'associé unique au passif social : JCP* E 2000, p. 933. • Le Corre, *Le sort des créances en cas d'extension d'une procédure collective : D.* 2002, chron. 1122. • Rolland, *Metaleurop : l'extension de procédure entre fictivité et confusion des patrimoines : JCP* E 2005, 721. • Delmotte, *Les critères de la confusion des patrimoines dans la jurisprudence de la chambre commerciale de la Cour de cassation : RJDA* 6/2006, p. 539. • Reille, *La notion de confusion de patrimoines, cause d'extension des procédures collectives*, Litec 2006. • Demeyere, *Le maintien par l'ordonnance du 18 déc. 2008 de l'extension de procédure : pour quoi faire ? : D.* 2009, 2297. • Pétel, *La vie après la confusion de patrimoines, Mélanges Philippe Merle*, Dalloz 2013, p. 577. • Firley, *L'extension de procédure à la demande du débiteur : Rev. proc. coll.* 2014, étude 13. • Reille, *Les conditions de l'extension de procédure collective : Gaz. Pal.* 19 janv. 2016, p. 80 ; *Le régime de l'extension de procédure collective : Gaz. Pal.* 18 oct. 2016, p. 71. • Delrieu, *Réflexion pour l'extension automatique de la procédure collective d'un indivisaire à l'entreprise indivise*, in *Mélanges Saint-Alary-Houin : LGDJ*, p. 133.

Voir aussi : *JCl. Commercial*, Fasc. 2165, par A. Jacquemont ; sur la loi « Petroplus » n° 2012-346 du 12 mars 2012, V. bibliographie sous l'art. L. 631-10-2.

I – COMPÉTENCE *RATIONE MATERIAE*

1) **SELAFA.** Le TGI est compétent pour connaître de la procédure de redressement judiciaire d'une société d'avocats qui avait pris la forme d'une société d'exercice libéral à forme anonyme (▪ Paris, 6 juill. 1994 : *JurisData* n° 1994-600452 ; *JCP* E 1994, II, 598, note Daigre ; *Bull. Joly* 1994, 1006, note Jeantin, confirmant ▪ T. com. Paris, 22 mars 1994 : *JurisData* n° 1994-600420 ; *D.* 1994, 288, note Derrida ; *Bull. Joly* 1994, 673, note Jeantin. – Daigre, *Des difficultés d'application des procédures collectives aux sociétés d'exercice libéral : JCP* E 1994, I, 370).

II – EXTENSION DE LA PROCÉDURE

A – Conditions de l'extension

2) **Fictivité.** V. par exemple ▪ Cass. com., 8 nov. 1988, n° 87-11.233 : *RJ com.* 1989, 236, note Gallet ; *D.* 1989, somm. p. 372, obs. Honorat. ▪ Paris, 11 janv. 1994, n° 93-003561 : *JurisData* n° 1994-021934 ; *RJDA* 11/1994, n° 1206 ; *Bull. Joly* 1994, 318, note Pariente. Sur le critère de la fictivité – absence des éléments du contrat de société – V. ▪ Cass. com., 3 févr. 1998, n° 95-21.174 : *JurisData* n° 1998-000392 ; *JCP* E 1998, p. 652, n° 1, obs. Ph. Pétel ; *RJ com.* 1999, somm. 32, *obs. Teilliais ; Bull. Joly 1998, 654*, note Daigre.

La communauté de gérant et d'associés et la similitude des activités existant entre deux sociétés liées par un contrat de location-gérance ne suffisent pas à démontrer la fictivité de l'une par rapport à l'autre (▪ Cass. com., 14 oct. 1997, n° 95-12.619 : *JurisData* n° 1997-004073 ; *Bull. Joly* 1998, 56, note Daigre). La similitude des sigles, de l'identité des dirigeants, du siège social et de sa dépendance totale sont impropres à caractériser la fictivité d'une société (▪ Cass. com., 27 oct. 1998, n° 96-20.325 : *JurisData* n° 1998-004071 ; *JCP* E 1998, pan. 1955 ; *RJDA* 1/1999, n° 42).

3) **Confusion de patrimoines : critères.** Nécessité d'établir une confusion des comptes ou des flux financiers anormaux (▪ Cass. com., 4 juill. 2000, n° 98-12.117 : *JurisData* n° 2000-002851 ; *JCP* E 2001, p. 173, n° 1, obs. Cabrillac et Pétel ; *D.* 2000, act. jurispr., p. 375, obs. Lienhard. ▪ Cass. com., 10 juill. 2012, n° 11-18.973 : *Gaz. Pal.* oct. 2012, p. 21, obs. Reille). Ou des relations financières anormales (▪ Cass. com., 13 mars 2007, n° 05-15.833 : *Gaz. proc. coll.* 20-21 juill. 2007, p. 26, obs. Reille. ▪ Cass. com., 16 juin 2009, n° 08-15.883 : *JurisData* n° 2009-048734 ; *Rev. proc. coll.* 2010, comm. 44, obs. B. Saintourens).

Pour caractériser des relations financières anormales, il n'y a pas lieu de rechercher si celles-ci ont augmenté, au préjudice des créanciers, le passif du débiteur soumis à la procédure collective dont l'extension est demandée (▪ Cass. com., 16 juin 2015, n° 14-10.187 : *JurisData* n° 2015-014549 ; *JCP* E 2015, 1422, n° 1, obs. Pétel ; *JCP* E 2015, 1578, note Maraud ; Gaz. Pal. 18-20 oct. 2015, p. 27, obs. Reille ; *Rev. sociétés* 2015, p. 545, obs. Roussel Galle). Mais il n'y a pas relations anormales lorsqu'un prix est payé par compensation de sorte que la vente a eu une contrepartie (▪ Cass. com., 29 mai 2019, n° 18-11.613).

Un soutien financier apporté par les associés à une société est impropre à établir la confusion des patrimoines (■ Cass. com., 4 juill. 2000, préc. ■ Cass. com., 1er oct. 1997, n° 95-13.141 : *JurisData* n° 1997-003870 ; *Bull. Joly* 1998, 550, note Daigre). V. cependant ■ Cass. com., 20 janv. 2009, n° 08-11.098 : *JurisData* n° 2009-046645 ; *JCP* E 2009, 1347, n° 1, obs. crit. Pétel ; *Gaz. proc. coll.* 26-28 avr. 2009, p. 18, obs. crit. Reille). ■ Cass. com., 7 nov. 2018, n° 17-20.601.

4) Société commerciale et SCI. La confusion de patrimoines est établie en présence de transferts d'actif sans contrepartie (■ Cass. com., 17 déc. 1991, n° 91-11.998 : *JCP* E 1992, I, 166, n° 1, obs. Pétel), notamment des loyers exorbitants et le financement de travaux par la société locataire (■ Cass. com., 1er oct. 1997, n° 95-14.578 : *JurisData* n° 1997-003869 ; *Bull. Joly* 1997, 1089, note Daigre). Mais l'unité d'associés et de gestion est impropre à caractériser la confusion de patrimoines (■ Cass. com., 6 juill. 1999 [2e esp.] : *JCP* E 2000, p. 515, note Dias-Bidault) ; *idem* pour la dépendance financière de la SCI et le défaut d'encaissement de loyers (■ Cass. com., 25 juin 1996, n° 94-12.456 : *JurisData* n° 1996-002751 ; *JCP* E 1997, I, 623, n° 1, obs. Pétel. ■ Cass. com., 10 mai 2012, n° 11-15.492 : *JurisData* n° 2012-009686 ; *JCP* E 2012, 1508, n° 1, obs. Pétel). V. cependant, admettant la confusion en présence de transferts unilatéraux au profit de la société locataire ■ Cass. com., 20 janv. 2009 : *JCP* E 2009, 1347, n° 1, obs. Pétel ; pour le défaut de paiement de loyers : ■ Cass. com., 8 janv. 2013, n° 11-30.640 : *JurisData* n° 2013-000141 ; *Gaz. Pal.* 1-4 mai 2013, p. 15, obs. Reille ; *BJE* 2013, p. 77, obs. Cerati-Gauthier. ■ Cass. com., 28 févr. 2018, n° 16-26.735 : *JCP* E 2018, 1573, n° 3, obs. Cerati-Gauthier.

5) Groupe de sociétés. Une décision qui constate des conventions de gestion de trésorerie, des échanges de personnel et des avances de fonds par la société mère doit démontrer en quoi ces pratiques révèlent des relations financières anormales constitutives d'une confusion de patrimoines (aff. *Metaleurop* ■ Cass. com., 19 avr. 2005, n° 05-10.094 : *JurisData* n° 2005-028189 ; *D.* 2005, p. 1225, obs. Lienhard, pan. 2013, n° 2, obs. Lucas et Le Corre ; *JCP* E 2005, 1274, n° 1, obs. Ph. Pétel ; *Act. proc. coll.* 2005, n° 106, obs. Vallansan et Thiberge, et, sur renvoi, ■ *Paris, 11 oct. 2005, n° 05/09671* : *JurisData* n° 2005-295006 ; *RJDA* 1/2006, n° 43 ; *D.* 2005, p. 2943, obs. Lienhard).

V. également ■ Cass. com., 9 avr. 1991, n° 89-17.525 : *JurisData* n° 1991-001065 ; *JCP* E 1991, I, 73, n° 1, obs. Pétel ; *D.* 1992, somm. p. 3, obs. Derrida. ■ Cass. com., 14 avr. 1992, n° 90-15.218 : *JCP* E 1992, I, n° 2, obs. Pétel. ■ Cass. com., 11 mai 1993, n° 91-11.379 : *JurisData* n° 1993-000850 ; *Bull. civ.* IV, n° 187. ■ Paris, 21 nov. 1989 : *JurisData* n° 1989-027110 ; *Bull. Joly* 1990, 186, obs. Pétel. ■ Cass. com., 2 mai 2007, n° 06-12.378 : *JurisData* n° 2007-038692 ; *Gaz. proc. coll.* 20-21 juill. 2007, p. 27, obs. F. Reille.

6) Personnes physiques. La confusion de patrimoines peut être établie entre deux personnes physiques (■ Cass. com., 10 juill. 2001, n° 98-20.657 : *JurisData* n° 2001-010998 ; *RD bancaire et fin.* 2001, n° 228, obs. Lucas. ■ 8 janv. 2002, n° 98-23.177 : *JurisData* n° 2002-012641 ; *JCP* E 2002, pan. 295 ; V. également, ne l'admettant pas pour deux époux ■ Cass. com., 15 mars 2005, n° 03-13.136 : *JurisData* n° 2005-027657 ; *D.* 2005, p. 952, obs. Lienhard, pan. 2013, n° 1, obs. Lucas et Le Corre ; *JCP* E 2005, 1789, note Lebon ; *Act. proc. coll.* 2005, n° 81, obs. Vallansan) ou entre une personne physique et une personne morale (■ Cass. com., 19 févr. 2002, n° 99-15.237 : *RJDA* 6/2002, n° 653. ■ Cass. com., 7 déc. 2004, n° 03-12.030 : *Bull. Joly* 2005, p. 579, obs. Pétel).

7) EIRL. Le dépôt d'une déclaration d'affectation ne mentionnant pas un état descriptif des éléments affectés à l'activité professionnelle constitue un manquement grave, de nature à justifier la réunion des patrimoines (■ Cass. com., 7 févr. 2018, n° 16-24.481 : *JurisData* n° 2018-001413 ; *D.* 2018, p. 292, obs. Lienhard ; *JCP* E 2018, 1159, n° 1, obs. Tehrani ; *LEDEN* mars 2018, p. 5, obs. Rubellin).

8) Coexploitation. En soi, l'exploitation en commun, par deux frères, d'un fonds de commerce indivis ne justifie pas une extension de procédure (■ Cass. com., 15 mars 2005, n° 03-19.359 : *JurisData* n° 2005-027606 ; *Bull. civ.* IV, n° 55. ■ Versailles, 29 mars 1990 : *JurisData* n° 1990-600360 ; *Bull. Joly* 1990, 561, obs. Pétel ; *JCP* E 1990, II, 15829, n° 1, obs. Pétel). Sauf s'il est constaté que les conditions d'exploitation ont donné lieu à une confusion des patrimoines (■ Paris, 22 janv. 1993 : *D.* 1993, inf. rap. p. 117).

9) Cessation des paiements. Ayant constaté que les patrimoines de deux sociétés étaient confondus, une cour d'appel n'avait pas à procéder, en ce qui concerne la seconde société, à la constatation de la cessation de ses paiements avant de lui déclarer commune la liquidation des biens de la première société (■ Cass. com., 18 nov. 1986, n° 85-15.613 : *JurisData* n° 1986-002387 ; *D.* 1987, somm. p. 73, obs. Honorat et les réf. citées. ■ Cass. com., 16 juin 1987, n° 85-15.876 : JurisData n° 1987-001145 ; *D.* 1988, somm. p. 38, obs. Honorat. ■ Cass. com., 11 oct. 1994, n° 90-14.457 : *Bull. civ.* IV, n° 286. ■ Cass. com., 3 avr. 2001, n° 98-15.150 : *RJDA* 8-9/2001, n° 874. ■ Cass. com., 16 juin 2004, n° 01-17.234 : *JurisData* n° 2004-024155 ; *RJDA* 12/2004, n° 1346 ; *JCP* E 2004, pan. 1220 ; *D.* 2004, 1973. – Rappr. ■ Cass. com., 7 janv. 2003, n° 00-13.192 : *JurisData* n° 2003-017228 ; *Bull. civ.* IV, n° 3).

10) Qualité de commerçant. Lorsqu'est retenue la confusion des patrimoines, les juges n'ont nul besoin de constater la qualité de commerçant de la personne à laquelle la procédure est étendue (▪ Cass. com., 8 janv. 2008 : *Gaz. proc. coll.* 27-29 avr. 2009, p. 13, note F. Reille).

11) Agriculteur. En cas d'extension de procédure à un agriculteur, il n'y a pas lieu à appliquer l'article L. 621-2 du Code de commerce (anc.) qui impose la désignation préalable d'un conciliateur (▪ Cass. com., 15 févr. 2005, n° 03-10.894).

12) Date des faits. Seuls des faits antérieurs au jugement d'ouverture peuvent justifier une extension de la procédure (▪ Cass. com., 28 nov. 2000, n° 98-10.083 : *JurisData* n° 2000-007118 ; *JCP* E 2001, p. 750, n° 1, obs. Ph. Pétel ; *D.* 2001, p. 309, obs. Lienhard).

Le liquidateur nommé dans la procédure consécutive à la résolution d'un plan ne peut agir en extension sur la base de faits antérieurs à la première procédure (▪ Cass. com., 16 oct. 2012, n° 11-22.750 : *JurisData* n° 2012-023572 ; *JCP* E 2012, 1757, n° 2, obs. Ph. Pétel ; *BJE* 2012, p. 356, obs. L. Le Mesle ; *Rev. proc. coll.* 2013, comm. 5, obs. B. Saintourens ; *Gaz. Pal.* 18-19 janv. 2013, p. 17, obs. F. Reille).

13) Procédures en cours. L'extension de la procédure en raison d'une confusion de patrimoine est possible même si deux procédures collectives distinctes sont déjà en cours à l'encontre des deux intéressés (▪ Cass. com., 9 avr. 1991 : *JCP* E 1991, I, 73, n° 1, obs. Pétel ; *D.* 1992, somm. p. 3, obs. Derrida).

Le tribunal compétent est celui qui a ouvert la procéduredont l'extension est demandée (▪ Cass. com., 19 nov. 2013, n° 12-25.290 : *JurisData* n° 2013-026182 ; *D.* 2013, 2766, obs. A. Lienhard ; *Gaz. Pal.* 12-14 janv. 2014, p. 16, obs. F. Reille).

14) Limites temporelles. L'extension n'est pas possible si une procédure de liquidation judiciaire a été clôturée (▪ Cass. com., 11 juill. 1995, n° 93-15.525 : *JurisData* n° 1995-002076 ; *JCP* E 1995, I, 513, n° 1, obs. Pétel ; *D.* 1996, somm. p. 85, obs. Honorat).

Ni après que le tribunal ait arrêté un plan de redressement, soit par voie de cession soit par voie de continuation (▪ Cass. com., 22 oct. 1996, n° 95-13.024 : *JurisData* n° 1996-004074 ; *JCP* E 1997, I, 681, n° 2, obs. Ph. Pétel ; *Bull. Joly* 1997, 166, obs. Le Cannu. ▪ Cass. com., 12 nov. 1991, n° 89-19.454 : *JurisData* n° 1991-002835 ; *JCP* E 1992, I, 136, n° 2, obs. Pétel ; *LPA* 2 mars 1994, p. 14, note Derrida. ▪ Cass. com., 4 janv. 2000, n° 96-12.981 : *JurisData* n° 2000-000016 ; *JCP* E 2000, p. 698, n° 1, obs. Pétel ; *D. 2000 ; Cah. dr. aff., jurispr. 72,* obs. Lienhard. ▪ Cass. com., 16 oct. 2012 : *JCP* E 2012, 1757, n° 2, obs. Pétel ; *BJE* 2012, p. 356, obs. Le Mesle).

V. également, pour un plan de cession totale après la réforme de 2005 : ▪ Cass. com., 5 avr. 2016 : *Act. proc. coll.* 2016, comm. 114, obs. Robine ; *JCP* E 2016, 1465, n° 1, obs. Pétel ; *Gaz. Pal.* 28 juin 2016, p. 45, note Reille. ▪ Cass. com., 27 sept. 2017, n° 16-16.670 : *BJS* 2017, p. 693, note Fin-Langer ; *Rev. proc. coll.* 2018, comm. 8, obs. Cagnoli.

Pour un plan de cession partielle : ▪ Cass. com., 5 déc. 2018, n° 17-25.664 : *JCP* E 2018, 1342, obs. Cerati-Gauthier ; *JCP* E 2019, 1206, n° 2, obs. Pétel ; *Rev. proc. coll.* 2019, comm. 1, obs. Cagnoli).

15) Mise en œuvre de l'action. L'action n'est pas ouverte aux créanciers (▪ Cass. com., 16 mars 1999, n° 97-11.995 : *LPA* 8 avr. 1999, p. 5, note P. M. ; *JCP* E 1999 p. 1529, n° 1, obs. M. Cabrillac et Ph. Pétel ; *D. affaires* 1999, somm. 349, obs. Honorat. ▪ 15 mai 2001, n° 98-23.278 : *D.* 2001, p. 1949, obs. Lienhard ; *ibid.*, somm. 3425, obs. Honorat). Ni au dirigeant (▪ Cass. com., 28 mai 2002, n° 96-20.679 : *RJDA* 1/2003, n° 42). Ni à l'associé (▪ Cass. com., 26 janv. 2016, n° 15-13.986 : *JurisData* n° 2016-001038 ; *Rev. proc. coll.* 2016, comm. 134, obs. Saintourens).

L'administrateur a qualité pour agir en extension (▪ Cass. com., 15 déc. 2009, n° 08-20.934 : *JurisData* n° 2009-050788 ; *Gaz. Pal.* 16-17 avr. 2010, p. 20, obs. F. Reille ; *Rev. proc. coll.* 2010, comm. 94, obs. P. Cagnoli).

Les contrôleurs peuvent agir en cas de carence du mandataire judiciaire (▪ Cass., avis, 3 juin 2013, concl. R. Bonhomme : *Rev. proc. coll.* 2013, étude 18, comm. 117, obs. B. Saintourens ; *Gaz. Pal.* 29 sept. 2013, p. 7, obs. F. Reille ; *BJS* 2013, p. 578, obs. I. Parachkévova).

Le principe d'exclusivité de la demande ne s'applique pas (▪ Cass. com., 9 juill. 2013, n° 12-21.001 : *JurisData* n° 2013-014624 ; *Gaz. Pal.* 29 sept. 2013, n° 12-21.001, p. 16, obs. F. Reille).

16) TCS. Le tribunal ayant ouvert la procédure initiale reste compétent pour une demande d'extension quelle que soit l'entreprise visée, même lorsque celle-ci relève des tribunaux de commerce spécialisés (▪ Cass. com., 11 mars 2020, n° 18-22.962 : *JCP* E 2020, 1353, n° 2, obs. Pétel ; *BJE* mai 2020, p. 16, obs. Laroche).

17) Société étrangère. L'extension d'une procédure ouverte dans un État membre à une société dont le siège statutaire est situé dans un autre État membre n'est possible que s'il est démontré que le centre de ses intérêts principaux se trouve dans le premier État ; la seule constatation de la confusion de patrimoines ne suffit pas à faire cette démonstration (▪ CJUE, 15 déc. 2011, n° C-191/10 : JCP E 2012, 1088, note Y. Paclot et D. Poracchia ; *JCP* E 2012, 1227, n° 1, obs. Ph. Pétel ; *Rev. proc. coll.* 2012, étude 2, note M. Menjucq ; *D.* 2012, 403, note J.-L. Vallens, 406, note R. Damman et F. Müller ; *Rev. sociétés* 2012, 189, obs. Ph. Roussel-Galle).

3 – Effets de l'extension

18) Date de cessation des paiements. L'unicité de procédure des sociétés dont la confusion des patrimoines est constatée implique que le juge, qui statue sur une demande de report de la date de la cessation des paiements des sociétés concernées, détermine cette date à partir de la comparaison entre le passif exigible et l'actif disponible de ces sociétés, lesquelles constituent une même entreprise (■ Cass. com., 7 janv. 2003, n° 00-15.316 : *JurisData* n° 2003-017226 ; *RJDA* 5/2003, n° 511 ; *JCP* E 2003, pan. 298 ; *D.* 2003, p. 347).

19) Issue de la procédure. En cas d'extension de procédure sur le fondement de la confusion des patrimoines, l'unicité de la procédure collective impose que les sociétés soient placées dans une situation juridique identique (■ Cass. com., 22 oct. 1996, n° 94-20.760 : *RJDA* 2/1997, n° 262 ; *Bull. Joly* 1997, 164, obs. Pétel) ; la liquidation judiciaire de la société doit être étendue à toutes les autres, même en cas de perspectives de redressement de l'une d'entre elles (même déc.) ; ou le plan de redressement commun à toutes les sociétés ne peut être divisément résolu (■ Cass. com., 23 juin 1998, n° 96-19.997 : *JurisData* n° 1998-003539 ; *RJDA* 11/1998, n° 1264 ; *RTD com.* 1998, 924, obs. Saint-Alary-Houin).

En décidant un plan de continuation concernant une seule des sociétés en liquidation judiciaire avec extension de la procédure, la cour d'appel qui ne s'est pas prononcée sur le sort des éléments d'actif et de passif provenant de l'autre société, alors que l'extension emportait unicité de la procédure collective, a violé les articles L. 621-5 [L. 621-2] et L. 621-62 (■ Cass. com., 7 janv. 2003, n° 00-14.120 : *JurisData* n° 2003-017229 ; *JCP* E 2003, 760, n° 4, obs. Ph. Pétel ; *D.* 2003, p. 347 ; *RJDA* 6/2003, n° 610).

Une procédure unique doit être suivie, interdisant la liquidation judiciaire partielle de l'entreprise (■ Cass. com., 17 févr. 1998, n° 95-14.237 : *JurisData* n° 1998-000654 ; *JCP* E 1998, pan. p. 588 ; *Bull. Joly* 1998, 658, note Pétel ; *LPA* 12 juin 1998, p. 22, note Soinne).

20) Terme de l'extension. L'extension de procédure résultant de la confusion des patrimoines cesse avec le jugement prononçant la résolution du plan (■ Cass. com., 29 avr. 2014, n° 12-27.058 : *JurisData* n° 2014-008578 ; *Act. proc. coll.* 2014, comm. 189, obs. Thiberge ; *JCP* E 2014, 1447, n° 3, obs. Pétel ; *Gaz. Pal.* 5-7 oct. 2014, p. 26, obs. Reille. ■ Cass. com., 26 janv. 2016 : *Rev. proc. coll.* 2016, comm. 81, obs. Fraimout).

Elle prend fin avec la clôture pour extinction du passif et ne peut plus être invoquée (■ Cass. com., 21 oct. 2020, n° 19-15.545 : *JCP* E 2020, 1535, n° 5, obs. Pétel).

21) Compensation. Compensation possible entre créances et dettes connexes à l'égard des deux débiteurs confondus (■ Cass. com., 9 mai 1995, n° 93-11.724 : *JurisData* n° 1995-001036 ; *JCP* E 1995, II, 702, rapp. Remery ; *ibid.*, I, 487, n° 14, obs. M. Cabrillac).

22) Vérification des créances. Une seule déclaration des créances faite entre les mains du représentant des créanciers vaut pour n'importe laquelle des sociétés du groupe dont les passifs ont été confondus (■ Cass. com., 1er oct. 1997, n° 95-11.210 : *RJDA* 3/1998, n° 311 ; *Bull. Joly* 1997, 1087, note Daigre. – Comp. ■ Cass. com., 19 févr. 2002, n° 98-22.011 : *JurisData* n° 2002-013012 ; *JCP* E 2002, 763, n° 8, obs. Ph. Pétel ; *D.* 2002, p. 956, obs. Lienhard).

Le jugement qui étend à un codébiteur solidaire la procédure collective ouverte à l'égard de l'autre fait courir au profit du créancier un nouveau délai pour déclarer sa créance quand bien même il l'a déjà déclarée au passif de la procédure initialement ouverte ; ce créancier, lorsqu'il est titulaire d'une sûreté régulièrement publiée, doit être averti personnellement d'avoir à déclarer sa créance au passif de celui à qui la procédure a été étendue (■ Cass. com., 28 juin 2017, n° 16-16.746 : *JurisData* n° 2017-012579 ; *JCP* E 2017, 1478, note Cerati-Gauthier).

23) Non-rétroactivité. Le jugement prononçant l'extension ne rétroagit pas au jour du jugement initial d'ouverture (■ Cass. com., 28 sept. 2004, n° 02-12.552 : *JurisData* n° 2004-024983 ; *D.* 2004, p. 2651, obs. Lienhard ; *D.* 2005, pan. 292, obs. Le Corre ; *JCP* E 2005, chron. 31, n° 1, obs. Pétel, pour des poursuites intervenues antérieurement au jugement d'extension de la procédure). Incidence sur une déclaration antérieure, qui n'est pas régularisée (■ Cass. com., 4 nov. 2014, n° 13-24.014 : *Act. proc. coll.* 2014, 331 ; *BJE* 2015/1, p. 69, obs. Benilsi).

Incidence sur un bien devenu indivis avant le jugement d'extension (■ Cass. com., 7 avr. 2009, n° 07-16.061 : *JurisData* n° 2009-047818 ; *Gaz. Pal.* 26-28 juill. 2009, p. 17, obs. F. Reille ; *Rev. proc. coll.* 2010, comm. 147, obs. C. Lisanti). Incidence sur une créance née entre l'ouverture de la procédure initiale et le jugement d'extension, qui n'entre pas dans les prévisions de l'article L. 621-32 [L. 622-17] (■ Cass. com., 20 févr. 2001 : *RJDA* 6/2001, n° 709).

Incidence sur l'engagement de la veuve commune en biens du débiteur, qui n'est pas tenue des dettes nées de l'extension survenue postérieurement au décès (■ Cass., 17 sept. 2013, n° 12-20.984 : *JurisData* n° 2013-019851 ; *Gaz. Pal.* 12-14 janv. 2014, p. 41, obs. L. Antonini-Cochin ; *BJE* 2014, p. 48, obs. S. Becque-Ickowicz et S.Cabrillac).

24) Capital non versé. La confusion des patrimoines de la société et des personnes morales cessionnaires des actions ainsi que le prononcé de leur liquidation judiciaire commune est sans incidence sur l'action en paiement de la fraction non libérée du capital social dirigée par le liquidateur contre les anciens actionnaires de la société (▪ Cass. com., 26 mai 1999, n° 96-22.635 : *JurisData* n° 1999-002119 ; *JCP* E 1999, pan. 1271 ; *LPA* 7 janv. 2000, p. 17, note Courtier ; *LPA* 30 juin 1999, p. 8, obs. P. M. ; *RD bancaire et bourse* 1999, 99, obs. Germain et Frison-Roche ; *D.* 2000 ; *Cah. dr. aff.*, somm. 97, obs. Honorat).

25) Responsabilité des dirigeants. Les dettes de la personne morale que la loi permet de mettre à la charge des dirigeants, ne peuvent comprendre celles d'autres personnes morales auxquelles la procédure collective a été étendue sur le fondement d'une confusion de patrimoines mais dont ceux-ci ne seraient pas les dirigeants (▪ Cass. com., 23 mai 2000, n° 97-21.080 : *JurisData* n° 2000-002128 ; *JCP* E 2000, p. 1567, n° 13, obs. Ph. Pétel. ▪ Cass. com., 30 oct. 2007, n° 06-14.672 : *JurisData* n° 2007-041179 ; *Gaz. proc. coll.* 23-24 janv. 2008, p. 32, obs. F. Reille).

En revanche, celui qui a été dirigeant de plusieurs sociétés doit réparer l'insuffisance d'actif de l'ensemble des sociétés concernées (▪ Cass. com., 8 mars 2017, n° 15-22.337 : *JurisData* n° 2017-003959 ; *Rev. proc. coll.*2017, comm. 150, obs. Martin-Serf ; *Gaz. Pal.* 27 juin 2017, p. 41, obs. Reille).

26) Responsabilité bancaire. La recherche du soutien abusif et du crédit ruineux reprochés à une banque doit être effectuée en se plaçant à la date des décisions d'octroi des crédits ; en cas d'extension ultérieure de procédure pour confusion de patrimoines, il y a donc lieu d'apprécier séparément la situation de chaque société débitrice et l'attitude de la banque à l'égard de chacune d'elles (▪ Cass. com., 30 sept. 2008 : *JCP* E 2009, 1008, n° 17, obs. Pétel ; *Act. proc. coll.* 2008-17, n° 263, obs. C. Regnaut-Moutier ; *D.* 2008, p. 2596, obs. A. Lienhard ; *Gaz. proc. coll.* 2009-1, 21-22 janv. 2009, p. 26, obs. F. Reille ; *Bull. Joly* 2009, p. 60, note S. Torck).

27) Cautionnement. Le cautionnement donné à une société mère ne saurait être étendu à ses filiales même en présence d'une procédure collective commune (▪ Cass. com., 25 nov. 1997, n° 95-15.496 : *JurisData* n° 1997-004698 ; *JCP* E 1998, p. 652 n° 1, obs. Ph. Pétel ; *LPA* 22 mai 1998, p. 17, note Teilliais).

L'extension de la procédure à la caution éteint son obligation par confusion (▪ Cass. com., 17 févr. 2009, n° 07-16.558 : *JurisData* n° 2009-047109 ; *Act. proc. coll.* 2009, comm. 96, obs. crit. P. Cagnoli ; *Gaz. proc. coll.* 26-28 avr. 2009, p. 17, obs. crit. F. Reille ; *JCP* E 2009, 1814, n° 15, obs. crit. M. Cabrillac ; *JCP* G 2009, 228, n° 9, obs. G. Loiseau).

28) Absence d'indivision. L'extension n'emporte pas création d'une indivision (▪ Cass. com., 30 juin 2009, n° 08-15.715 : *JurisData* n° 2009-049188 ; *Rev. proc. coll.* 2010, comm. 45, obs. B. Saintourens).

Art. L. 621-3 *(Anc. L. 621-6, renum. et mod., L. n° 2005-845, 26 juill. 2005 ; L. n° 2016-1547, 18 nov. 2016).* **– Le jugement ouvre une période d'observation d'une durée maximale de six mois qui peut être renouvelée une fois, pour une durée maximale de six mois, par décision** *(Mot aj. à compter du 1er octobre 2021, Ord. n° 2021-1193, 15 sept. 2021)* **« spécialement » motivée à la demande de l'administrateur, du débiteur ou du ministère public.** *(Phrase suppr. à compter du 1er octobre 2021, Ord. n° 2021-1193, 15 sept. 2021)* **« ... ».**

Lorsqu'il s'agit d'une exploitation agricole, le tribunal peut proroger la durée de la période d'observation en fonction de l'année culturale en cours et des usages spécifiques aux productions de l'exploitation.

Bibliographie : Delattre, *Une période d'observation illimitée ne devient-elle pas une « zone de non droit » ? : Rev. proc. coll.* 2013, étude 30. • Berthelot, *La période d'observation, une notion temporelle à l'acception atemporelle : Rev. proc. coll.* 2015, étude 9.

Sanction. La loi ne sanctionne ni le dépassement des délais de la période d'observation, ni sa prolongation exceptionnelle en l'absence de demande du procureur de la République (▪ Cass. com., 10 juin 2008 : *JCP* E 2008, 2062, n° 3, obs. M. Cabrillac ; *RTD com.* 2008, 871, obs. J.-L. Vallens ; *Gaz. Pal. 27-29 juill. 2008*, p. 20, obs. P.-M. Le Corre).

La décision du tribunal de prolonger la période d'observation en l'absence de demande du ministère public ou en dépit de son opposition n'est pas un excès de pouvoir et ne peut donc pas faire l'objet d'un pourvoi du ministère public (▪ Cass. com., 13 déc. 2017, n° 16-50.051 : *JurisData* n° 2017-025672 ; *JCP* E 2018, 1159, n° 7, obs. Tehrani ; JCP G 2018, act. 10, obs. Cholet ; Act. proc. coll. 2018, comm. 33, obs. Delattre ; *Rev. soc.* 2018, p. 202, obs. Roussel-Galle).

Art. L. 621-4 *(L. n° 2005-845, 26 juill. 2005 ; mod., L. n° 2016-1547, 18 nov. 2016).* **– Dans le jugement d'ouverture, le tribunal désigne le juge-commissaire dont les fonctions sont définies à l'article L. 621-9. Il peut,**

en cas de nécessité, en désigner plusieurs. Le président du tribunal, s'il a connu du débiteur en application du titre Ier du présent livre, ne peut être désigné juge-commissaire.

Il invite le comité *(Mots rempl. à compter du 1er octobre 2021, Ord. n° 2021-1193, 15 oct. 2021)* « social et économique » à désigner un représentant parmi les salariés de l'entreprise. En l'absence de comité *(Mots rempl. à compter du 1er octobre 2021, Ord. n° 2021-1193, 15 oct. 2021)* « social et économique », les salariés élisent leur représentant, qui exerce les fonctions dévolues à ces institutions par les dispositions du présent titre. Les modalités de désignation ou d'élection du représentant des salariés sont précisées par décret en Conseil d'État. Lorsque aucun représentant des salariés ne peut être désigné ou élu, un procès-verbal de carence est établi par le débiteur.

Dans le même jugement, sans préjudice de la possibilité de nommer un ou plusieurs experts en vue d'une mission qu'il détermine, le tribunal désigne deux mandataires de justice qui sont le mandataire judiciaire et l'administrateur judiciaire, dont les fonctions sont respectivement définies à l'article L. 622-20 et à l'article L. 622-1. Il peut d'office ou, à la demande du ministère public, ou du débiteur et après avoir sollicité les observations du débiteur si celui-ci n'a pas formé la demande, désigner plusieurs mandataires judiciaires ou plusieurs administrateurs judiciaires.

Toutefois, le tribunal n'est pas tenu de désigner un administrateur judiciaire lorsque la procédure est ouverte au bénéfice d'un débiteur dont le nombre de salariés et le chiffre d'affaires hors taxes sont inférieurs à des seuils fixés par décret en Conseil d'État. Dans ce cas, les dispositions du chapitre VII du présent titre sont applicables. Jusqu'au jugement arrêtant le plan, le tribunal peut, à la demande du débiteur, du mandataire judiciaire ou du ministère public, décider de nommer un administrateur judiciaire.

Le ministère public peut soumettre à la désignation du tribunal le nom d'un ou de plusieurs administrateurs et mandataires judiciaires, sur lequel le tribunal sollicite les observations du débiteur. Le rejet de la proposition du ministère public est spécialement motivé. Le débiteur peut proposer le nom d'un ou plusieurs administrateurs. Lorsque la procédure est ouverte à l'égard d'un débiteur qui bénéficie ou a bénéficié d'un mandat *ad hoc* ou d'une procédure de conciliation dans les dix-huit mois qui précèdent, le ministère public peut en outre s'opposer à ce que le mandataire *ad hoc* ou le conciliateur soit désigné en qualité d'administrateur ou de mandataire judiciaire. Lorsque la procédure est ouverte à l'égard d'un débiteur dont le nombre de salariés est au moins égal à un seuil fixé par décret en Conseil d'État, le tribunal sollicite les observations des institutions mentionnées à l'article L. 3253-14 du Code du travail sur la désignation du mandataire judiciaire et de l'administrateur judiciaire.

Si le débiteur en fait la demande, le tribunal désigne, en considération de leurs attributions respectives telles qu'elles résultent des dispositions qui leur sont applicables, un commissaire-priseur judiciaire, un huissier de justice, un notaire ou un courtier en marchandises assermenté aux fins de réaliser l'inventaire prévu à l'article L. 622-6. Dans le cas contraire, l'article L. 622-6-1 est applicable.

Les mandataires de justice et les personnes mentionnées à l'alinéa précédent font connaître sans délai au tribunal tout élément qui pourrait justifier leur remplacement.

Bibliographie : L. Fin-Langer, *Le statut du représentant des salariés : Rev. proc. coll.* 2013, étude 14.

1) Représentant des salariés. Le représentant des salariés, auquel ses fonctions ne confèrent pas un pouvoir général de représentation de chaque membre du personnel, n'engage ces derniers par une transaction que s'il a reçu de chaque salarié un mandat spécial (■ Cass. soc., 31 mars 2009, n° 06-46.378 : *JurisData* n° 2009-047680 ; *JCP* E 2009, 1814, n° 12, obs. Ph. Pétel ; *Act. proc. coll.* 2009, comm. 145, obs. L. Fin-Langer).

2) Opposition du ministère public. L'article L. 621-4, alinéa 5, n'interdit pas au tribunal de désigner un conciliateur ou un mandataire *ad hoc* en qualité d'administrateur judiciaire au seul motif de l'opposition du ministère public à cette désignation (■ Cass. com., 31 janv. 2012, n° 10-24.019 : *JurisData* n° 2012-001319 ; *JCP* E 2012, 1227, n° 2, obs. Ph. Pétel ; *BJE* 2012, p. 166, obs. J.-P. Sortais). *Adde* N. Ghalimi, *Désignation des organes de la procédure : portée de la faculté d'opposition du ministère public : Rev. proc. coll.* 2011, étude 13 ; C. Delattre, *L'intervention du ministère public dans la désignation des organes de la procédure doit être mesurée, opportune et utile : Rev. proc. coll.* 2012, étude 10.

Art. L. 621-4-1 *(L. n° 2015-990, 6 août 2015).* – Le tribunal désigne au moins un deuxième administrateur judiciaire et un deuxième mandataire judiciaire dans le jugement d'ouverture de la procédure à l'encontre d'un débiteur lorsque ce dernier :

1° Possède un nombre d'établissements secondaires situés dans le ressort d'un tribunal où il n'est pas immatriculé au moins égal à un seuil fixé par voie réglementaire ;

2° Ou détient ou contrôle, au sens des articles L. 233-1 ou L. 233-3, au moins deux sociétés à l'encontre desquelles est ouverte une procédure de sauvegarde, de redressement ou de liquidation judiciaire ;

3° Ou est détenu ou contrôlé, au sens des mêmes articles L. 233-1 ou L. 233-3, par une société à l'encontre de laquelle est ouverte une procédure de sauvegarde, de redressement ou de liquidation judiciaire, cette société détenant ou contrôlant elle-même au moins une autre société à l'encontre de laquelle est ouverte une telle procédure,

et lorsque le chiffre d'affaires du débiteur ou de l'une des sociétés mentionnées aux 2° ou 3° dépasse un seuil défini par voie réglementaire.

Ce deuxième administrateur et ce deuxième mandataire sont, chacun en ce qui le concerne, communs au débiteur et aux sociétés mentionnées aux mêmes 2° et 3°.

Les seuils mentionnés au 1° et au cinquième alinéa, ainsi que les conditions d'expérience et de moyens que doivent remplir le deuxième administrateur et le deuxième mandataire au regard de la complexité de la procédure ou de la taille des entreprises concernées sont précisés par décret en Conseil d'État.

Bibliographie : S. Benilsi, *Le développement du co-mandat des administrateurs et des mandataires judiciaires : BJE* 2015/6, p. 426.

Art. L. 621-5 *(L. n° 2005-845, 26 juill. 2005 ; mod., Ord. n° 2008-1345, 18 déc. 2008).* **– Aucun parent ou allié, jusqu'au quatrième degré inclusivement, du débiteur personne physique ou des dirigeants, s'il s'agit d'une personne morale, ne peut être désigné à l'une des fonctions prévues à l'article L. 621-4 sauf dans les cas où cette disposition empêche la désignation d'un représentant des salariés.**

Art. L. 621-6 *(Anc. art. L. 621-9, renum. et mod., L. n° 2005-845, 26 juill. 2005 ; Ord. n° 2019-964, 18 sept. 2019).* **– Le représentant des salariés ainsi que les salariés participant à sa désignation ne doivent avoir encouru aucune des condamnations prévues par l'article L. 6 du Code électoral. Le représentant des salariés doit être âgé de dix-huit ans accomplis.**

Les contestations relatives à la désignation du représentant des salariés sont de la compétence du tribunal judiciaire qui statue en dernier ressort.

Le licenciement d'un représentant des salariés dont la désignation n'a pas été annulée par le juge d'instance en dépit de son irrégularité doit être autorisé par l'inspecteur du travail (■ Cass. soc., 23 sept. 2009, n° 08-40.603 : *JurisData* n° 2009-049559 ; *Act. proc. coll.* 2009, n° 17, comm. 257, obs. L. Fin-Langer ; *JCP* E 2010, 1011, n° 12, obs. Ph. Pétel).

Art. L. 621-7 *(Ord. n° 2008-1345, 18 déc. 2008 ; mod., Ord. n° 2014-326, 12 mars 2014).* **– Le tribunal peut, soit d'office, soit sur proposition du juge-commissaire ou à la demande du ministère public, procéder au remplacement de l'administrateur, de l'expert ou du mandataire judiciaire ou encore adjoindre un ou plusieurs administrateurs ou mandataires judiciaires à ceux déjà nommés.**

L'administrateur, le mandataire judiciaire ou un créancier nommé contrôleur peut demander au juge-commissaire de saisir à cette fin le tribunal.

Lorsque le débiteur exerce une profession libérale soumise à un statut législatif ou réglementaire ou dont le titre est protégé, l'ordre professionnel ou l'autorité compétente dont, le cas échéant, il relève peut saisir le ministère public à cette même fin.

Le débiteur peut demander au juge-commissaire de saisir le tribunal aux fins de remplacer l'administrateur, le mandataire judiciaire ou l'expert. Dans les mêmes conditions, tout créancier peut demander le remplacement de l'administrateur ou du mandataire judiciaire.

Le juge-commissaire statue par ordonnance, dans les meilleurs délais, sur la demande de remplacement qui lui est adressée de saisir le tribunal à cette fin.

***Par dérogation aux alinéas qui précèdent,* lorsque l'administrateur ou le mandataire judiciaire demande son remplacement, le président du tribunal, saisi à cette fin par le juge-commissaire, *est compétent pour y procéder.* »** **statue par ordonnance sur requête.**

Le comité *(Mots rempl. à compter du 1er octobre 2021, Ord. n° 2021-1193, 15 sept. 2021)* **« social et économique » ou, à défaut, les salariés de l'entreprise peuvent seuls procéder au remplacement du représentant des salariés.**

Art. L. 621-8 *(Anc. art. L. 621-11, renum. et mod., L. n° 2005-845, 26 juill. 2005).* **– L'administrateur et le mandataire judiciaire tiennent informés le juge-commissaire et le ministère public du déroulement de la procédure. Ceux-ci peuvent à toute époque requérir communication de tous actes ou documents relatifs à la procédure.**

Le ministère public communique au juge-commissaire sur la demande de celui-ci ou d'office, nonobstant toute disposition législative contraire, tous les renseignements qu'il détient et qui peuvent être utiles à la procédure.

1) Communication au ministère public. Elle ne concerne pas les litiges qui opposent un créancier au débiteur ou au syndic au sujet de l'existence de sa créance, de son montant ou de son caractère privilégié ou chirographaire (■ Cass. com., 4 févr. 1986, n° 85-11.521 : *JurisData* n° 1986-700326 ; *Bull.* IV, n° 4 ; *D.* 1988, somm. p. 71, obs. Derrida).

2) Communication par le ministère public. Le secret de l'instruction ne s'oppose pas à la communication d'informations au tribunal par le ministère public (■ Cass. com., 14 janv. 2014, n° 12-26.433 : *JurisData* n° 2014-000278 ; *JCP* E 2014, 1376, note C. Delattre).

Art. L. 621-9 *(Anc. art. L. 621-12, renum. et mod., L. n° 2005-845, 26 juill. 2005 ; mod., Ord. n° 2008-1345, 18 déc. 2008).* **– Le juge-commissaire est chargé de veiller au déroulement rapide de la procédure et à la protection des intérêts en présence.**

Lorsque la désignation d'un technicien est nécessaire, seul le juge-commissaire peut y procéder en vue d'une mission qu'il détermine, sans préjudice de la faculté pour le tribunal prévue à l'article L. 621-4 de désigner un ou plusieurs experts. Les conditions de la rémunération de ce technicien sont fixées par un décret en Conseil d'État.

Le président du tribunal est compétent pour remplacer le juge-commissaire empêché ou ayant cessé ses fonctions. L'ordonnance par laquelle il est pourvu au remplacement est une mesure d'administration judiciaire.

Bibliographie : Vallens, *Le juge-commissaire dans les procédures de redressement et de liquidation judiciaires : JCP* E 1985, 14550. • Porte, *Le juge-commissaire : Gaz. trib. Midi*, 26 déc. 1987. • Delattre, *Les AJMJ et le recours à des tiers : Rev. proc. coll.* 2017, étude 20. • Staes, *Le juge-commissaire : un juge atypique : Rev. proc. coll.* 2019, dossier 38. • Théron, *L'office du juge-commissaire : juge par ses ordonnances et au-delà de ses ordonnances : Rev. proc. coll.* 2019, dossier 39.

1) Contrats en cours. Viole les dispositions des articles L. 621-12 [L. 621-9] et 25 du décret du 27 décembre 1985 la cour d'appel qui a admis la compétence du juge des référés pour statuer sur l'application des dispositions de la loi relatives à la continuation des contrats en cours ; la connaissance d'une demande présentée par l'administrateur, tendant à la continuation des contrats en cours relève de la compétence exclusive du juge-commissaire, sauf à ce que ses ordonnances soient déférées au tribunal ayant prononcé le redressement judiciaire (■ Cass. com., 8 déc. 1987, n° 87-10.716 : *JurisData* n° 1987-002232 ; *JCP* E 1988, I, 17122 ; *Gaz. Pal.* 1988, 1, 167 ; *D.* 1988, 52, note Derrida. ■ Cass. com., 21 déc. 1987, n° 87-12.658 : *JurisData* n° 1987-002173 ; *Gaz. Pal.* 1988, 1, 168. ■ Cass. com., 1er oct. 1991, n° 89-13.127 : *JurisData* n° 1991-002470 ; *Bull.* IV, n° 273 ; *D.* 1993, somm. p. 10, obs. Derrida).

L'incompétence du juge des référés doit être invoquée *in limine litis* (■ Cass. com., 26 mai 1992, n° 90-13.008 : *JurisData* n° 1992-001231 ; *Bull.* IV, n° 205 ; *D.* 1993, somm. p. 2, obs. Derrida).

2) Revendication. Aucune disposition de la loi ou du décret n'interdit de soumettre une revendication au tribunal saisi de la procédure ; doit être censuré l'arrêt qui retient que le tribunal ne peut être saisi en dehors de l'hypothèse où le juge-commissaire n'a pas statué dans un délai raisonnable (■ Cass. com., 10 juill. 1990, n° 88-20.505 : *JurisData* n° 1990-702232 ; *Bull.* IV, n° 205 ; *RD bancaire et bourse* 1990, 247, obs. Campana et Calendini ; *RTD com.* 1990, 644, n° 3, obs. Martin-Serf ; *Gaz. Pal.* 1991, 1, 322, note Benezrat. ■ Cass. com., 1er oct. 1991, n° 90-11.653 : *D.* 1992, somm. p. 6, obs. Derrida).

3) Sûretés et garanties. Le juge-commissaire, organe délégué du tribunal de commerce, lui-même juridiction d'attribution, ne saurait avoir plus de pouvoirs que ceux qui lui sont conférés par la loi (■ Paris, 7 mars 1966 : *D.* 1966, 475). Il est incompétent pour établir un ordre de préférence entre les créanciers titulaires de sûreté ou de privilège (■ Cass. com., 7 juin 1982, n° 80-12.948 : *JurisData* n° 1982-701456 ; *Bull.* IV, n° 218). Il ne saurait faire usage des pouvoirs généraux que lui donne la loi pour régler les intérêts privés de certains créanciers et cela en dehors des procédures mises par la loi à leur disposition (■ Reims, 3 juin 1991 : *Rev. proc. coll.* 1992, 55, obs. Dureuil).

Le juge-commissaire est incompétent pour apprécier la régularité du droit de rétention (■ Cass. com., 6 juin 1995, n° 93-14.702 : *JurisData* n° 1995-001386 ; *Bull.* IV, n° 169 ; *JCP* E 1995, I, 513, n° 2, obs. M. C. ; *RJDA* 1/1996, n° 117 ; *Rev. proc. coll.*

1995, 286, obs. Dureuil ; *D.* 1996, somm. p. 86, obs. Honorat).

4) **Astreinte.** Le juge-commissaire est incompétent pour contraindre un plaideur, en prononçant contre lui une astreinte, à exécuter une précédente ordonnance, seul le juge de l'exécution pouvant connaître des difficultés d'exécution de l'ordonnance (▪ Cass. com., 28 avr. 1998, n° 95-13.626 : *JurisData* n° 1998-002010 ; *JCP* E 1998, p. 1356, n° 1 B, obs. P. P.).

5) **Protocole d'accord.** L'approbation d'un protocole d'accord entre dans les fonctions du juge-commissaire (▪ Cass. com., 9 déc. 1981, n° 80-10.942 : *JurisData* n° 1981-703418 ; *D.* 1982, inf. rap. p. 133 ; *Bull.* IV, n° 435).

6) **Saisie pénale.** Le juge-commissaire n'a pas compétence pour se prononcer sur la validité d'une saisie pénale (▪ Cass. com., 15 nov. 2017, n° 16-17.868 : *Gaz. Pal.* 16 janv. 2018, p. 70, obs. Boustani).

7) **Désignation d'un technicien.** La mission d'un technicien désigné par le juge-commissaire n'est pas une mesure d'instruction au sens des articles 155 et suivants du Code de procédure civile (▪ Cass. com., 23 avr. 2013, n° 12-13.256 : *JurisData* n° 2013-007981 ; *Gaz. Pal.* 12-13 juill. 2013, p. 14, obs. S. Gorrias. ▪ Cass. com., 23 juin 1998, n° 96-12.222 : *JurisData* n° 1998-002903 ; *Bull.* IV, n° 206 ; *D.* 1999, somm. p. 71, obs. Honorat ; *D. affaires* 1998, 1324, obs. A. L.).

Seul le juge-commissaire peut désigner un technicien (▪ Cass. com., 17 sept. 2013, n° 12-30.158 : *JurisData* n° 2013-019871 ; *Act. proc. coll.* 2013, comm. 243, obs. B. Rolland ; *BJS* 2013, p. 750, note G. Couturier ; *JCP* E 2014, 1020, n° 2, obs. Ph. Pétel).

V. par exemple, pour des investigations en vue de rechercher des faits susceptibles d'établir la qualité de dirigeant et de révéler des fautes de gestion (▪ Cass. com., 15 mai 2001, n° 98-15.002 : *JurisData* n° 2001-009582 ; *RJDA* 10/2001, n° 991 ; *D.* 2001, jurispr. 2031, obs. Lienhard ; *JCP* E 2001, pan. 1167 ; *D.* 2002, somm. 83, obs. Derrida) ; même si une action est en cours (▪ Cass. com., 13 sept. 2016, n° 15-11.174 : *BJS* 2016, 675, note Couturier ; *Rev. proc. coll.* 2017, comm. 88, obs. Martin-Serf) ; pour la mission tendant à établir la nature des relations financières entre plusieurs sociétés et à rechercher la date de cessation des paiements de chacune (▪ Cass. com., 13 déc. 2017, n° 16-15.962 : *Rev. proc. coll.* 2018, comm. 6, obs. Leloup-Thomas).

Art. L. 621-10 *(L. n° 2005-845, 26 juill. 2005 ; mod., Ord. n° 2008-1345, 18 déc. 2008 ; Ord. n° 2014-326, 12 mars 2014).* **– Le juge-commissaire désigne un à cinq contrôleurs parmi les créanciers qui lui en font la demande. Lorsqu'il désigne plusieurs contrôleurs, il veille à ce qu'au moins l'un d'entre eux soit choisi parmi les créanciers titulaires de sûretés et qu'un autre soit choisi parmi les créanciers chirographaires.**

Les administrations financières, les organismes et les institutions mentionnées au premier alinéa de l'article L. 626-6 sont désignés contrôleurs s'ils en font la demande ; s'il est saisi de plusieurs demandes à ce titre, le juge-commissaire désigne un seul contrôleur parmi eux. Sont également désignées contrôleur, si elles en font la demande, les institutions mentionnées à l'article L. 3253-14 du Code du travail.

Aucun parent ou allié jusqu'au quatrième degré inclusivement du débiteur personne physique ou des dirigeants de la personne morale, ni aucune personne détenant directement ou indirectement tout ou partie du capital de la personne morale débitrice ou dont le capital est détenu en tout ou partie par cette même personne, ne peut être nommé contrôleur ou représentant d'une personne morale désignée comme contrôleur.

Lorsque le débiteur exerce une profession libérale soumise à un statut législatif ou réglementaire ou dont le titre est protégé, l'ordre professionnel ou l'autorité compétente dont, le cas échéant, il relève est d'office contrôleur. Dans ce cas, le juge-commissaire ne peut désigner plus de quatre contrôleurs.

La responsabilité du contrôleur n'est engagée qu'en cas de faute lourde. Il peut se faire représenter par l'un de ses préposés ou par ministère d'avocat. Tout créancier nommé contrôleur peut être révoqué par le tribunal à la demande du ministère public.

Bibliographie : T. Stefania, *La révocation des contrôleurs : JCP* E 2013, 1471.

Pour le recours contre l'ordonnance statuant sur la nomination des contrôleurs, V. notes sous art. L. 661-6, p. 1369.

1) **Rejet de candidature.** Le juge-commissaire *n'est pas tenu de désigner contrôleur le créancier* qui en fait la demande (▪ Cass. com., 29 sept. 2015, n° 14-15.619 : *JurisData* n° 2015-021551 ; *JCP* E 2015, 1596, note Stefania ; *JCP* E 2016, 1000, n° 1, obs. Pételx).

2) **Révocation.** Sur le rejet d'une QPC, V. ▪ Cass. com., 21 oct. 2016, n° 16-40.238 : *JurisData* n° 2016-021564 ; *JCP* E 2017, 1000, note Stefania.

Art. L. 621-11 *(L. n° 2005-845, 26 juill. 2005).* **– Les contrôleurs assistent le mandataire judiciaire dans ses fonctions et le juge-commissaire dans sa mission de surveillance de l'administration de l'entreprise. Ils**

peuvent prendre connaissance de tous les documents transmis à l'administrateur et au mandataire judiciaire. Ils sont tenus à la confidentialité. Les fonctions de contrôleur sont gratuites.

Voies de recours. Si les contrôleurs assistent le représentant des créanciers dans ses fonctions, leur audition éventuelle ne leur confère pas la qualité de partie de sorte qu'un contrôleur n'est pas recevable en son appel (■ Cass. com., 9 déc. 1997, n° 95-16.206 : *JCP* E 1998, p. 653, n° 3, obs. Cabrillac et Pétel).

Un contrôleur n'a pas qualité pour former un recours contre une ordonnance rendue, à la demande du mandataire ou du liquidateur, par le juge-commissaire (■ Cass. com., 30 janv. 2019, n° 17-20.793 : *JCP* E 2019, 1206, n° 3, obs. Pétel ; *JCP* E 2019, 1225, obs. Berthelot ; *Gaz. Pal.* 9 juill. 2019, p. 64, obs. Boustani).

Art. L. 621-12 ***(L. n° 2005-845, 26 juill. 2005 ; mod., Ord. n° 2008-1345, 18 déc. 2008 ; Ord. n° 2014-326, 12 mars 2014 ; Ord. n° 2014-1088, 26 sept. 2014 ; L. n° 2016-1547, 18 nov. 2016).*** **– S'il apparaît, après l'ouverture de la procédure, que le débiteur était déjà en cessation des paiements au moment du prononcé du jugement, le tribunal le constate et fixe la date de la cessation des paiements dans les conditions prévues à l'article L. 631-8. Il convertit la procédure de sauvegarde en une procédure de redressement judiciaire. Si nécessaire, il peut modifier la durée de la période d'observation restant à courir ou la prolonger pour une durée maximale de six mois. Aux fins de réaliser la prisée des actifs du débiteur au vu de l'inventaire établi pendant la procédure de sauvegarde, il désigne, en considération de leurs attributions respectives telles qu'elles résultent des dispositions qui leur sont applicables, un commissaire-priseur judiciaire, un huissier de justice, un notaire ou un courtier en marchandises assermenté.**

Le tribunal est saisi par le débiteur, l'administrateur, le mandataire judiciaire ou le ministère public. Il se prononce après avoir entendu ou dûment appelé le débiteur.

Période suspecte. En cas de conversion d'une sauvegarde, la période suspecte ne peut comprendre la période d'observation de la sauvegarde (■ Cass. com., 18 mai 2016 : *JCP* E 2016, 1465, n° 7, obs. Pétel ; *Act. proc. coll.* 2016, comm. 142, obs. Monserie-Bon ; *Gaz. Pal.* 18 oct. 2016, p. 62, obs. Roussel Galle).

CHAPITRE II. – DE L'ENTREPRISE AU COURS DE LA PÉRIODE D'OBSERVATION

(Mod., L. n° 2005-845, 26 juill. 2005)

Art. L. 622-1 ***(Anc. art. L. 621-22, renum. et mod., L. n° 2005-845, 26 juill. 2005 ; mod., Ord. n° 2008-1345, 18 déc. 2008).*** **– I. – L'administration de l'entreprise est assurée par son dirigeant.**

II. – Lorsque le tribunal, en application des dispositions de l'article L. 621-4, désigne un ou plusieurs administrateurs, il les charge ensemble ou séparément de surveiller le débiteur dans sa gestion ou de l'assister pour tous les actes de gestion ou pour certains d'entre eux.

III. – Dans sa mission d'assistance, l'administrateur est tenu au respect des obligations légales et conventionnelles incombant au chef d'entreprise.

IV. – À tout moment, le tribunal peut modifier la mission de l'administrateur sur la demande de celui-ci, du mandataire judiciaire ou du ministère public.

V. – L'administrateur peut faire fonctionner sous sa signature les comptes bancaires ou postaux dont le ***débiteur est titulaire si ce dernier a fait l'objet*** **des interdictions prévues aux articles 65-2 et 68, troisième alinéa, du décret du 30 octobre 1935 unifiant le droit en matière de chèques [C. monét. fin., art. L. 131-72 et L. 163-6].**

1) Assistance. Sur la nécessité d'une double signature pour le fonctionnement des comptes en banque (■ Cass. com., 4 juin 2013, n° 12-17.203 : *JurisData* n° 2013-011306 ; *JCP* E 2013, 1434, n° 8, obs. Pétel ; *Gaz. Pal.* 29 sept. 2013, p. 18, obs. Bidan ; *BJE* 2013, p. 240, obs. Benilsi).

2) Contrats d'assurance. L'administrateur est tenu de vérifier l'existence et l'efficacité des contrats d'assurance (■ Cass. 3e civ., 22 oct. 2014, n° 13-25.430 : *JurisData* n° 2014-025085 ; *Gaz. Pal.* 18-20 janv. 2015, p. 19, obs. Bidan).

Art. L. 622-2 ***(Abr., Ord. n° 2008-1345, 18 déc. 2008).***

Art. L. 622-3 *(Anc. art. L. 621-23, renum. et mod., L. n° 2005-845, 26 juill. 2005)*. – **Le débiteur continue à exercer sur son patrimoine les actes de disposition et d'administration, ainsi que les droits et actions qui ne sont pas compris dans la mission de l'administrateur.**

En outre, sous réserve des dispositions des articles L. 622-7 et L. 622-13, les actes de gestion courante qu'accomplit seul le débiteur sont réputés valables à l'égard des tiers de bonne foi.

1) **Instance judiciaire.** V. notes sous art. L. 641-9, p. 1288.

En l'absence d'administrateur, le débiteur peut interjeter seul appel d'un jugement le condamnant au paiement d'une certaine somme d'argent, sans l'intervention et l'assistance du représentant des créanciers (▪ Cass. com., 18 avr. 1989, n° 87-17.647 : *JurisData* n° 1989-701172 ; *Gaz. Pal.* 1989, 2, 816 ; *D.* 1990, somm. p. 9, obs. F. Derrida ; *RTD com.* 1990, 752, obs. B. Grelon ; *JCP* E 1989, II, 15591, n° 3, obs. M. Cabrillac).

2) **Actes de gestion courante.** Constituent des actes de gestion courante que le débiteur peut faire seul des commandes passées pour les besoins de l'activité commerciale (▪ Cass. com., 11 juin 1996, n° 94-12.125 : *RJDA* 12/1996, n° 1533. ▪ 6 févr. 2001, n° 98-10.774 : *JurisData* n° 2001-008209 ; *RJDA* 6/2001, n° 708), même d'un montant important (▪ Cass. com., 13 déc. 2017, n° 16-18.244 : *Rev. proc. coll.* 2018, comm. 59, obs. Lebel) ; des expéditions effectuées par le débiteur alors que l'administrateur en avait auparavant lui-même effectué et les avait normalement réglées (▪ Cass. com., 9 janv. 2001, n° 98-10.876 : *JurisData* n° 2001-007803 ; *RJDA* 5/2001, n° 602) ; un contrat préliminaire de réservation de deux appartements accompagné d'un versement de dépôt de garantie (▪ Cass. com., 27 nov. 2001, n° 97-22.086 : *JurisData* n° 2001-011915 ; *JCP* E 2002, 763, n° 3, obs. M. Cabrillac ; *D.* 2002, p. 401, obs. A. Lienhard) ; une cession de créances professionnelles par bordereau Dailly (▪ Versailles, 13 juin 1996 : *JurisData* n° 1996-044280 ; *RJDA* 12/1996, n° 1533) ; la réception d'une mise en demeure (▪ Cass. com., 12 janv. 2010, n° 08-20.659 : *JurisData* n° 2010-051063 ; *JCP* E 2010, 1296, n° 4, obs. M. Cabrillac ; *Rev. proc. coll.* 2010, comm. 54, obs. C. Lebel) ; un contrat de travail conclu pour une courte période afin de faire face à un surcroît d'activité (▪ Cass. soc., 21 sept. 2005, n° 03-41.598 : *JurisData* n° 2005-029797 ; *D.* 2006, pan. 79, obs. Le Corre ; *JCP* E 2006, 1066, n° 2, obs. Pétel). *Contra*, pour un contrat de travail à durée déterminée (▪ Cass. soc., 26 nov. 2015 : *Rev. proc. coll.* 2016, comm. 56, obs. Jacotot).

Mais, n'est pas un acte de gestion courante : la convention passée avec un avocat en raison de l'importance et de la nature des diligences accomplies (▪ Cass. com., 30 mars 2010, n° 09-10.729 : *JurisData* n° 2010-002934 ; *Act. proc. coll.* 2010, comm. 143, obs. C. Regnaut-Moutier ; *JCP* E 2010, 1742, n° 5, obs. M. Cabrillac ; *RTD com.* 2010, p. 612, obs. A. Martin-Serf ; *Rev. proc. coll.* 2012, comm. 40, obs. C. Saint-Alary-Houin) ; la vente par le débiteur d'un immeuble de son patrimoine personnel (▪ Versailles, 15 janv. 1998, n° 95/00004032 : *JurisData* n° 1998-046230 ; *RJDA* 4/1998, n° 457) ; la signature d'un bail par un propriétaire de locaux commerciaux (▪ Versailles, 9 avr. 1998 : *RJDA* 11/1998, n° 1250) ; la décision de confier à un salarié un poste de responsabilité dans une entreprise de taille modeste (▪ Cass. com., 3 avr. 1990, n° 85-46.530 : *JurisData* n° 1990-701188 ; *Bull.* IV, n° 115).

3) **Bonne foi.** Le tiers de bonne foi est celui est celui qui ne connaissait pas les restrictions apportées aux pouvoirs du débiteur par le jugement d'ouverture, cette absence de connaissance étant présumée (▪ Cass. com., 13 sept. 2011, n° 10-24.126 : *BJE* 2012, p. 12, note Delmotte).

Aucun texte n'oblige une entreprise à informer son cocontractant du fait qu'elle fait l'objet d'un redressement judiciaire (▪ Cass. com., 24 sept. 2003, n° 00-16.831 : *RJDA* 2/2004, n° 189).

4) **Unité du patrimoine.** Pour l'application de ce principe au débiteur personne physique qui exploitait deux entreprises, V. ▪ Cass. com., 27 nov. 1991, n° 90-11.122 : *JurisData* n° 1991-003011 ; *Bull. civ.* IV, n° 360 ; *JCP* E 1992, I, 136, n° 3, obs. Pétel ; *D.* 1992, 81, note Derrida ; *RTD com.* 1992, 684, obs. Martin-Serf ; pour les biens non attachés à l'exploitation, V. ▪ Cass. com., 9 juin 1992, n° 90-16.648 : *RJDA* 10/1992, n° 950.

5) **Sanction.** Voir notes sous art. L. 641-9, p. 1288.

Art. L. 622-4 *(Anc. art. L. 621-16, renum. et mod., L. n° 2005-845, 26 juill. 2005 ; Ord. n° 2008-1345, 18 déc. 2008)*. – **Dès son entrée en fonction, l'administrateur est tenu de requérir du débiteur ou, selon le cas, de faire lui-même tous actes nécessaires à la conservation des droits de l'entreprise contre les débiteurs de celle-ci et à la préservation des capacités de production.**

L'administrateur a qualité pour inscrire au nom de l'entreprise tous hypothèques, nantissements, gages ou privilèges que le débiteur aurait négligé de prendre ou de renouveler.

Voie de recours. Un administrateur dont la plainte avec constitution de partie civile pour abus de biens sociaux déposée au nom d'une société en redressement judiciaire a été déclarée irrecevable faute pour lui d'avoir été investi du pouvoir de représenter la société, peut néanmoins valablement former appel contre cette décision dès lors qu'il tient de l'article L. 621-16 [L. 622-4] la possibilité d'accomplir tous les actes nécessaires à la conservation des droits de l'entreprise contre les débiteurs de celle-ci (■ Cass. crim., 27 févr. 2002, n° 01-82.594 : *JurisData* n° 2002-013699 ; *RJDA* 7/2002, n° 776 ; *D.* 2002, p. 2258).

Art. L. 622-5 *(Anc. art. L. 621-17, renum. et mod., L. n° 2005-845, 26 juill. 2005).* **– Dès le jugement d'ouverture, tout tiers détenteur est tenu de remettre à l'administrateur ou, à défaut, au mandataire judiciaire, à la demande de celui-ci, les documents et livres comptables en vue de leur examen.**

Art. L. 622-6 *(L. n° 2005-845, 26 juill. 2005 ; mod., Ord. n° 2008-1345, 18 déc. 2008 ; Ord. n° 2010-1512, 9 déc. 2010 ; L. n° 2013-100, 28 janv. 2013 ; Ord. n° 2013-544, 27 juin 2013).* **– Dès l'ouverture de la procédure, il est dressé un inventaire du patrimoine du débiteur ainsi que des garanties qui le grèvent. Cet inventaire, remis à l'administrateur et au mandataire judiciaire, est complété par le débiteur par la mention des biens qu'il détient susceptibles d'être revendiqués par un tiers. Le débiteur entrepreneur individuel à responsabilité limitée y fait en outre figurer les biens détenus dans le cadre de l'activité à raison de laquelle la procédure a été ouverte qui sont compris dans un autre de ses patrimoines et dont il est susceptible de demander la reprise dans les conditions prévues par l'article L. 624-19.**

Le débiteur remet à l'administrateur et au mandataire judiciaire la liste de ses créanciers, du montant de ses dettes et des principaux contrats en cours. Il les informe des instances en cours auxquelles il est partie.

L'administrateur ou, s'il n'en a pas été nommé, le mandataire judiciaire peut, nonobstant toute disposition législative ou réglementaire contraire, obtenir communication par les administrations et organismes publics, les organismes de prévoyance et de sécurité sociale, les établissements de crédit, les sociétés de financement, les établissements de monnaie électronique, les établissements de paiement ainsi que les services chargés de centraliser les risques bancaires et les incidents de paiement, des renseignements de nature à lui donner une exacte information sur la situation patrimoniale du débiteur.

Lorsque le débiteur exerce une profession libérale soumise à un statut législatif ou réglementaire ou dont le titre est protégé, l'inventaire est dressé en présence d'un représentant de l'ordre professionnel ou de l'autorité compétente dont, le cas échéant, il relève. En aucun cas l'inventaire ne peut porter atteinte au secret professionnel si le débiteur y est soumis.

L'absence d'inventaire ne fait pas obstacle à l'exercice des actions en revendication ou en restitution.

Un décret en Conseil d'État fixe les conditions d'application du présent article.

1) **Responsabilité.** Le gérant qui s'abstient de mentionner la créance d'une filiale commet une faute séparable de ses fonctions et engage sa responsabilité personnelle (■ Cass. com., 27 mai 2014, n° 12-28.657 : *JurisData* n° 2014-011476 ; *JCP E* 2014, 1397, note Cerati-Gauthier ; *Bull. Joly Sociétés* 2014, p. 467, note Mouial-Bassilana).

2) **Inventaire et prisée.** Un huissier étant désigné avec pour seule mission de dresser l'inventaire, la prisée ne pouvait être comprise dans sa mission, après conversion en redressement judiciaire, sans une décision expresse d'extension par le tribunal (■ Cass. com., 22 févr. 2017, n° 15-14.815 : *Act. proc. coll.* 2017-5, comm. 70, obs. Vallansan).

Art. L. 622-6-1 *(Ord. n° 2008-1345, 18 déc. 2008 ; mod., Ord. n° 2009-112, 30 janv. 2009 ; L. n° 2011-850, 20 juill. 2011).* **– Sauf s'il a été procédé, dans le jugement d'ouverture de la procédure, à la désignation d'un officier public ou d'un courtier de marchandises assermenté chargé de dresser l'inventaire, celui-ci est établi par le débiteur et certifié par un commissaire aux comptes ou attesté par un expert-comptable. Les dispositions du quatrième alinéa de l'article L. 622-6 ne sont, en ce cas, pas applicables.**

Si le débiteur n'engage pas les opérations d'inventaire dans un délai de huit jours à compter du jugement d'ouverture ou ne les achève pas dans un délai fixé par ce jugement, le juge-commissaire désigne pour y procéder ou les achever un commissaire-priseur judiciaire, un huissier de justice, un notaire ou un courtier en marchandises assermenté en considération de leurs attributions respectives telles qu'elles résultent des dispositions qui leur sont applicables. Il est saisi par l'administrateur, le mandataire judiciaire ou le

ministère public. Il peut également se saisir d'office. Le délai fixé pour achever les opérations d'inventaire peut être prorogé par le juge-commissaire.

Art. L. 622-7 *(Ord. n° 2008-1345, 18 déc. 2008 ; Ord. n° 2014-326, 12 mars 2014)*. **– I. – Le jugement ouvrant la procédure emporte, de plein droit, interdiction de payer toute créance née antérieurement au jugement d'ouverture, à l'exception du paiement par compensation de créances connexes. Il emporte également, de plein droit, interdiction de payer toute créance née après le jugement d'ouverture, non mentionnée au I de l'article L. 622-17. Ces interdictions ne sont pas applicables au paiement des créances alimentaires.**

II. – *(Al. rempl. à compter du 1er octobre 2021, Ord. n° 2021-1193, 15 sept. 2021)* **Le juge-commissaire peut autoriser le débiteur à faire un acte de disposition étranger à la gestion courante de l'entreprise, à consentir une sûreté réelle conventionnelle en garantie d'une créance postérieure à l'ouverture de la procédure, à payer le transporteur exerçant une action au titre de l'article L. 132-8 du Code de commerce ou à compromettre ou transiger. Néanmoins, si l'un de ces actes est susceptible d'avoir une incidence déterminante sur l'issue de la procédure, le juge-commissaire ne peut statuer qu'après avoir recueilli l'avis du ministère public. »**

(Mots rempl. à compter du 1er octobre 2021, Ord. n° 2021-1193, 15 sept. 2021) **« Après avoir recueilli les observations du ministère public, le juge-commissaire peut autoriser le débiteur à exercer le droit prévu à l'article 1699 du Code civil. Il » peut aussi l'autoriser à payer des créances antérieures au jugement, pour retirer le gage ou une chose légitimement retenue ou encore pour obtenir le retour de biens et droits transférés à titre de garantie dans un patrimoine fiduciaire, lorsque ce retrait ou ce retour est justifié par la poursuite de l'activité. Ce paiement peut en outre être autorisé pour lever l'option d'achat d'un contrat de crédit-bail, lorsque cette levée d'option est justifiée par la poursuite de l'activité.**

III. – Tout acte ou tout paiement passé en violation des dispositions du présent article est annulé à la demande de tout intéressé ou du ministère public, présentée dans un délai de trois ans à compter de la conclusion de l'acte ou du paiement de la créance. Lorsque l'acte est soumis à publicité, le délai court à compter de celle-ci.

• ***Sommaire***

I – INTERDICTION DES PAIEMENTS

Bibliographie : Bore, *Astreinte et procédures collectives : Rev. proc. coll.* 2001, 220. – R. Chendeb, *Les créances alimentaires et les procédures collectives : Rev. proc. coll.* 2009, étude 21. – R. Damman et A. Lavenant, *Percer le mystère du montage « double Luxco » : BJE* 2013, p. 268.

1) Défaut de publication. L'interdiction de l'article L. 621-24 [L. 622-7], alinéa 1er, s'applique même à défaut de publication du jugement d'ouverture (■ Rennes, 19 nov. 1999 : *JurisData* n° 1999-129103 ; *JCP* E 2000, p. 1812, note Humann). Mais n'engage pas sa responsabilité la banque qui a *débité le compte courant le jour* du prononcé du redressement judiciaire, alors que le jugement n'avait pas été publié et qu'il n'est pas établi qu'elle ait eu connaissance de la cessation des paiements (■ Cass. com., 3 mars 1998, n° 95-20.917 : *JurisData* n° 1998-000925 ; *Quot. jur.* 14 mai 1998, p. 7 ; *RJDA* 7/1998, n° 891 ; *RTD com.* 1998, 52, obs. Cabrillac).

2) Rétractation du jugement d'ouverture. Lorsque, à la suite d'une tierce opposition, le tribunal rétracte le jugement ouvrant une procédure de liquidation judiciaire et ouvre à l'égard du débiteur une procédure de redressement judiciaire, l'article L. 621-24 [L. 622-7] n'est pas applicable aux remises portées au crédit du compte du débiteur antérieurement au prononcé du jugement de rétractation (■ Cass. com., 14 mai 2002, n° 99-12.449 : *JurisData* n° 2002-014354 ; *RJDA* 10/2002, n° 1050 ; *JCP* E 2002, pan. 1018).

3) Créances antérieures. Les dispositions de l'article 243-6 du Code de la sécurité sociale ne sauraient prévaloir sur celles de l'article L. 621-24 [L. 622-7] ; ayant constaté que les cotisations de sécurité sociale réclamées au débiteur se rapportaient à des salaires perçus pour une période de travail antérieure à l'ouverture de la procédure collective, c'est à bon droit qu'un tribunal des affaires de sécurité sociale a décidé qu'une telle créance trouvait son origine antérieurement au jugement d'ouverture, peu important l'époque à laquelle les salaires correspondants avaient été payés (■ Cass. com., 8 nov. 1988 : *JCP* E 1989, I, 18070 et II, 15468, n° 2, obs. M. Cabrillac ; *D.* 1989, 36, note Honorat ; *RTD com.* 1989, 138, obs. Martin-Serf. ■ Cass. com., 13 mars 2007, n° 05-20.396 : *JurisData* n° 2007-037931 ; *RJDA* 7/2007, n° 748 ; *JCP* E 2007, 2119, n° 6, obs. Ph. Pétel).

L'interdiction des paiements justifie la rétention des cotisations ouvrières précomptées par des agriculteurs en redressement judiciaire, lorsqu'elles sont nées antérieures au jugement d'ouverture (■ Cass. crim., 24 janv. 2006, n° 05-82.519 : *D.* 2006, p. 861, obs. Lienhard).

Lorsque le débiteur a reçu une somme au titre de l'astreinte assortissant l'injonction faite par le juge-commissaire de poursuivre des relations contractuelles, le remboursement de cette somme fait par le débiteur à la suite de l'infirmation de la décision n'est pas contraire à l'article L. 621-24 [L. 622-7] (■ Cass. com., 8 déc. 1998, n° 96-21.540 : *JurisData* n° 1998-004743 ; *Bull. civ.* IV, n° 295 ; *JCP* E 1999, p. 814, n° 5 B, obs. M. Cabrillac et Ph. Pétel ; *RJDA* 2/1999, n° 193 ; *RTD com.* 1999, 975, obs. A. Martin-Serf).

Sur le fait générateur des créances, V. aussi la jurispr. citée sous les art. L. 622-21, L. 622-24 et L. 622-17.

4) Cautionnement d'un mis en examen. L'existence d'une procédure de liquidation judiciaire ne fait pas obstacle à ce qu'une personne mise en examen soit assujettie, dans le cadre d'une information pénale, à l'obligation de fournir un cautionnement, dont la restitution par le juge d'instruction ou la juridiction de jugement doit être effectuée, en application des articles L. 621-24 [L. 622-7], L. 621-40 [L. 622-21] et L. 621-41 [L. 622-22], entre les mains du liquidateur judiciaire (■ Cass. crim., 29 avr. 1996, n° 95-85.159 : *JurisData* n° 1996-002484 ; *RJDA* 12/1996, n° 1548).

5) Créances assorties de sûretés. Les dispositions de l'article 8 de la loi du 30 avril 1906 qui *interdisent au constituant* d'un warrant agricole de livrer les biens warrantés à un acquéreur avant désintéressement du créancier, ne peuvent prévaloir sur celles des articles L. 621-24 [L. 622-7], alinéa 1er (■ Cass. com., 9 avr. 1991, n° 89-14.942 : *JurisData* n° 1991-001189 ; *Bull. civ.* IV, n° 131 ; *JCP* E 1991, II, 232, note P.-M. Le Corre ; *JCP* E 1991, I, 102, n° 19, obs. M. Cabrillac ; *D.* 1992, somm. p. 256, obs. F. Derrida).

6) Créances alimentaires. Les créances salariales ne sont pas assimilables à des créances alimentaires (■ Cass. com., 3 mai 2016, n° 14-24.855 : *Act. proc. coll.* 2016, comm. 121, obs. Fin-Langer ; *JCP* E 2016, 1465, n° 10, obs. Pétel ; *JCP* E 2016, 1387, note Ronet-Yague).

7) Retrait litigieux. L'exercice du retrait litigieux prévu aux articles 1699 et 1700 du Code civil est proscrit pour le débiteur soumis à une procédure collective (■ Cass. com., 12 oct. 2004, n° 03-11.615 : *JurisData* n° 2004-025198 ; *Bull. civ.* IV, n° 183 ; *RJDA* 3/2005, n° 288 ; *JCP* E 2004, pan. 1717 ; *JCP* E 2005, p. 31, n° 16, obs. M. Cabrillac et Ph. Pétel ; *D.* 2004, p. 2790 ; *Act. proc. coll.* 2004, n° 218, obs. C. Regnaut-Moutier ; *RTD civ.* 2005, 417, obs. Gauthier. ■ Cass. com., 14 févr. 2006, n° 04-13.907 : *JurisData* n° 2006-032230 ; *D.* 2006, p. 916, obs. Lienhard ; *RJDA* 6/2006, n° 669. ■ Cass. com., 9 mai 2007, n° 06-12.111 : *JurisData* n° 2007-038943 ; *D.* 2007, p. 1509, obs. Lienhard ; *JCP* E 2007, pan. 1836. – Comp. ■ Cass. com., 19 déc. 2006, n° 04-15.818 : *JurisData* n° 2006-036652 ; *JCP* E 2007, 1740, note Markoff).

8) Effets de commerce. La fourniture de la provision d'une lettre de change n'est pas soumise aux dispositions de l'article L. 621-24 [L. 622-7] (■ Cass. com., 5 oct. 1993, n° 91-10.172 : *RJDA* 2/1994, n° 206). La date d'émission du chèque, qui ne se confond pas avec celle de sa création, doit être antérieure au jugement d'ouverture (■ Cass. com., 31 janv. 2006, n° 04-15.315 : *JurisData* n° 2006-032078 ; *D.* 2006, p. 573, obs. Avena-Robardet. ■ Cass. com., 15 oct. 2013, n° 12-18.271 : *JurisData* n° 2013-022942 ; *BJE* 2014, p. 23, obs. R. Bonhomme).

9) Séquestre. En principe, une somme séquestrée échappe à l'interdiction de paiement (v. ■ Cass. com., 20 juin 1995, n° 92-16.647 : *JurisData* n° 1995-001578 ; *JCP* E 1995, I, 513, n° 3, obs. Ph. Pétel. ■ Cass. com., 7 janv. 2003, n° 00-11.820 : *JurisData* n° 2003-017263 ; *JCP* N 2003, n° 47, p. 1696, note F. Vauvillé ; *JCP* 2004, II, 10079, note M. Keita ; *Rev. proc. coll.* 2004, 214, obs. C. Lebel ; *LPA* 12 avr. 2005, p. 10, note M. Sénéchal. V. cependant, désormais, art. R. 622-19, p. 1965).

De même lorsque la somme nécessaire au paiement d'un billet à ordre était sortie du patrimoine du débiteur avant l'ouverture de la procédure pour être affectée à ce paiement, la banque domiciliataire doit verser le montant de l'effet au banquier escompteur (■ Cass. com., 3 mars 1987, n° 85-15.564 : *D.* 1988, somm. p. 6, obs. Derrida).

10) Paiement par un tiers. L'interdiction ne s'applique pas au paiement effectué par un tiers en vertu d'une délégation (■ Cass. com., 21 nov. 1995, n° 92-19.531 : *JurisData* n° 1995-003287 ; *RJDA* 1996, n° 554. ■ Cass. com., 26 nov. 2002, n° 99-12.426 : *JurisData* n° 2002-016895 ; *RD bancaire et fin.* 2003, n° 2, p. 102, n° 77, obs. F.-X. Lucas.

■ Cass. com., 30 mars 2005, n° 03-15.561 : *JurisData* n° 2005-027860 ; *Act. proc. coll.* 2005-8, comm. 98, obs. C. Regnaut-Moutier ; *D.* 2005, pan. p. 2015, obs. F.-X. Lucas). Sur la portée de cette solution en ce qui concerne les créances successives, V. la jurisprudence relative à la cession de créance sous l'article L. 622-13 et à la saisie-attribution sous l'article L. 622-21.

En revanche, elle s'applique au paiement d'une rente viagère effectué par le conjoint commun en biens avec des fonds communs (■ Cass. 1re civ., 10 mai 2006, n° 04-14.825 : *JurisData* n° 2006-033432 ; *D.* 2006, p. 1452, obs. Lienhard ; *ibid.*, pan. 2254, obs. Lucas et Le Corre ; *Act. proc. coll.* 2006, n° 116, obs. Regnaut-Moutier).

11) Incidence sur les mises en demeure. La mise en demeure adressée postérieurement au jugement d'ouverture pour le paiement d'une dette antérieure ne peut entraîner déchéance de garantie (■ Cass. com., 8 juin 1993, n° 91-14.674 : *JurisData* n° 1993-001111 ; *JCP* E 1993, I, 295, n° 4, obs. Pétel) ou résiliation du contrat (■ Cass. com., 17 nov. 2009, n° 08-19.537 : *JurisData* n° 2009-050355 ; *Gaz. Pal.* 8-9 janv. 2010, p. 20, obs. F. Kenderian).

12) Incidences sur les prestations sociales. Le paiement de créances antérieures étant interdit, le débiteur qui n'est pas à jour de l'intégralité de ses cotisations ne peut pour autant être privé de tout droit aux prestations sociales (■ Cass. com., 5 avr. 2016 : *Act. proc. coll.* 2016, comm. 100, obs. Vallansan ; *JCP* E 2016, 1378, obs. Stefania. ■ Cass. com., 13 mars 2007 : *JCP* E 2007, 2119, n° 6, obs. Pétel).

L'URSSAF doit lui délivrer l'attestation de régularité sociale prévue à l'article L. 234-15 du Code de la sécurité sociale (■ Cass. 2e civ., 16 juin 2016 : *JCP* E 2016, 1472, note Ronet-Yague).

13) Incidence sur une transaction. Le défaut d'exécution d'une transaction ne peut être invoqué pour faire échec à l'autorité de chose jugée qui s'y attache (■ Cass. 1re civ., 10 sept. 2015, n° 14-20.917 : *JurisData* n° 2015-019991 ; *JCP* E 2016, 1000, n° 7, obs. Pétel).

14) Remboursement d'une créance cédée. La cession de créances à titre de garantie implique la restitution du droit cédé au cas où la créance garantie viendrait à être payée ; cette restitution ne constitue pas le paiement de la créance garantie (■ Cass. com., 22 mars 2017, n° 15-15.361 : *JCP* E 2017, 1301, note Zinty).

II – COMPENSATION

Bibliographie : Legras de Grandcourt, *L'interdiction ou la licéité de la compensation en cas de procédure collective de l'une des parties : Rev. proc. coll.* 1990, 119. – Montredon, *La compensation de dettes connexes après le jugement déclaratif peut-elle survivre à la loi du 25 janvier 1985 ? : JCP* E 1990, II, 15792. – Calendini, *La compensation des créances connexes dans le redressement judiciaire : Banque et droit* 1992, nos 12 et s. – Reifegerste, *La connexité des créances contractuelles : pour une approche juridique d'une condition originale de la compensation : LPA* 4 avr. 2000, p. 6. – Lutun, *La compensation en droit des procédures collectives : un cadre strict pour les uns, un espace de liberté pour les autres : JCP* E 2003, comm. 230. – S. Pelletier et M. Aymami, *La compensation des créances de loyers et de restitution du dépôt de garantie en procédure collective : JCP* E 2012, 1289.

15) Application du principe d'interdiction. En application de l'article L. 621-24 [L. 622-7], alinéa 1er, il ne saurait y avoir compensation entre une créance antérieure au jugement et une dette devenue exigible après ; c'est le cas pour la créance résultant de l'avance en compte-courant et la dette résultant de la fraction non libérée du capital (■ Paris, 30 sept. 1991 : *JurisData* n° 1991-024048 ; *JCP* E 1992, I, 136, n° 9, obs. M. Cabrillac ; *Bull. Joly* 1991, 1021, note Ph. Pétel ; *D.* 1992, 140, note F. Derrida. ■ Versailles, 6 juin 1996 : *JurisData* n° 1996-044466 ; *JCP* E 1996, pan. 851. ■ Cass. com., 20 mai 1997, n° 95-15.298 : *JurisData* n° 1997-002187 ; *RJDA* 11/97, n° 1357 ; *Bull. Joly* 1997, 804, note J.-M. Calendini). De même, il ne peut y avoir compensation lorsque la condition de réciprocité s'est trouvée remplie après le jugement d'ouverture (■ Versailles, 14 févr. 2002 : *RJDA* 2/2003, n° 153, pour un traité de fusion-absorption conclu après l'ouverture de la procédure).

16) Compensation antérieure. L'interdiction des paiements ne s'oppose pas au jeu de la compensation légale, conventionnelle ou judiciaire dès lors que ses conditions sont réunies avant le jugement d'ouverture (■ Cass. com., 14 mai 1996, n° 94-15.919 : *JurisData* n° 1996-001806 ; *D.* 1996, jurispr. p. 502, note Le Dauphin. ■ Cass. com., 3 avr. 2001, n° 98-14.961 : *JurisData* n° 2001-009217). V. également ■ Cass. com., 8 janv. 2002, n° 98-22.976 : *JurisData* n° 2002-012503 ; *D.* 2002, p. 485, obs. Lienhard ; *RJDA* 5/2002, n° 517 ; *Bull. Joly* 2002, 477, note F.-X. Lucas ; *JCP* E 2002, chron. 1639, n° 3, obs. J.-J. Caussain, F. Deboissy et G. Wicker ; *RTD com.* 2002, 371, obs. A. Martin-Serf).

17) Compensation de créances connexes : conditions. Il ne peut y avoir compensation, même entre dettes et créances connexes lorsque le créancier n'a pas déclaré sa créance au passif de la procédure (■ Cass. com., 15 oct. 1991, n° 89-20.605 : *JurisData* n° 1991-002651 ; *RD bancaire et bourse* 1992, 37, obs. M.-J. Campana et

J.-M. Calendini. ▪ Cass. com., 14 mars 1996 : *Bull. civ.* IV, n° 77 ; *D.* 1996, somm. p. 82, obs. Honorat. ▪ Cass. com., 3 mai 2011 : *JCP* E 2011, 1596, n° 11, obs. Ph. Pétel ; *JCP* E 2011, 1411, obs. Ph. Roussel-Galle ; *D.* 2011, 1215, obs. A. Lienhard), ou lorsque le créancier a acquitté sans réserve sa propre dette (▪ Cass. com., 17 juin 1997, n° 95-20.698 : *RJDA* 11/1997, n° 1408).

L'avoir étant une créance non exigible, il ne peut permettre la compensation légale (▪ Cass. com., 17 juill. 2001, n° 99-14.051 : *Rev. proc. coll.* 2002, 262, obs. Lebel).

En revanche, la survenance du plan de continuation imposant des délais de paiement n'empêche pas la compensation de jouer (▪ Cass. com., 24 oct. 1995, n° 93-17.051 : *JurisData* n° 1995-002659 ; *Bull. civ.* IV, n° 252 ; *JCP* E 1996, I, 554, n° 4, obs. M. Cabrillac ; *Bull. Joly* 1996, 154, note M.-H. Monsérié ; *RD bancaire et bourse* 1996, 37, obs. M.-J. Campana et J.-M. Calendini, cassant partiellement ▪ Amiens, 22 janv. 1993 : *JurisData* n° 1993-603911 ; *D.* 1993, 254, note F. Derrida ; *Rev. proc. coll.* 1993, 411, n° 2, obs. B. Dureuil. ▪ Cass. com., 25 mars 1997, n° 94-18.957 : *JurisData* n° 1997-001538 ; *RD bancaire et bourse* 1997, 130, n° 6, obs. M.-J. Campana et J.-M. Calendini. ▪ Cass. 3e civ., 13 févr. 2002 ; *JCP* E 2002, pan. 524 ; *D.* 2002, p. 887 ; *RJDA* 5/2002, n° 518).

Le créancier actionné en paiement peut opposer la compensation avant que sa propre créance ait été vérifiée (▪ Cass. com., 10 mars 2009, n° 07-21.528 : *JurisData* n° 2009-047446 ; *Act. proc. coll.* 2009, comm. 105, obs. C. Regnaut-Moutier). Le juge doit alors se prononcer sur le principe de la compensation (▪ Cass. com., 3 avr. 2019, n° 17-28.463 : *JCP* E 2019, 1375, n° 4, obs. Tehrani ; *BJE* juill.-août 2019, p. 36, obs. Lafaurie).

La dispense de vérification des créances n'a pas pour effet d'empêcher la compensation de dettes connexes (▪ Cass. com., 7 avr. 2009 : *Gaz. Pal.* 26-28 juill. 2009, p. 25, obs. I. Rohart-Messager).

18) Compensation de créances connexes : effets. Après avoir retenu le caractère vraisemblable de la créance déclarée et le principe de la compensation, la cour d'appel devait l'ordonner à concurrence du montant à fixer par le juge-commissaire (▪ Cass. com., 30 juin 2009, n° 08-15.631 : *JurisData* n° 2009-048940 ; *D.* 2009, act. jurispr. 1892 ; *JCP* G 2009, 228, n° 8, obs. G. Loiseau ; *JCP* E 2010, 1011, n° 9, obs. M. Cabrillac ; *Gaz. Pal.* 1-3 nov. 2009, p. 24, obs. Ph. Roussel-Galle).

19) Connexité : créances issues d'un même contrat. Peuvent être compensées après jugement d'ouverture les créances réciproques connexes car nées de l'exécution ou de l'inexécution du même contrat (▪ Cass. 1re civ., 9 mai 2001, n° 98-22.664 : *JurisData* n° 2001-009366 ; *Act. proc. coll.* 2001, comm. 138, obs. J. Vallansan, pour une indemnité d'occupation et une indemnité d'éviction. ▪ Cass. 3e civ., 13 févr. 2002, n° 00-19.943 : *JurisData* n° 2002-012962 pour une créance de loyers et une avance sur travaux. ▪ Cass. com., 15 mars 2005, n° 02-19.129 : *JurisData* n° 2005-027601 ; *Act. proc. coll.* 2005-9, comm. 107, obs. Pétel pour des sommes dues à un éleveur par une laiterie collectant le lait et les pénalités dues par cet éleveur pour dépassement des quotas de production. ▪ Cass. com., 27 sept. 2016, n° 15-10.393 : *JurisData* n° 2016-019563 ; *Act. proc. coll.* 2016-17, comm. 234, obs. Cagnoli ; *JCP* E 2016, 1661, n° 2, obs. Pétel ; *BJE* 2017/1, p. 30, obs. Benilsi, pour une astreinte visant à assurer l'exécution des obligations du bailleur, qui est connexe à la créance de loyer.

20) Connexité : ensemble contractuel. Un lien de connexité peut exister entre créances réciproques nées de ventes et d'achats conclus en exécution d'une convention ayant défini, entre les parties, le cadre du développement de leurs relations d'affaires, ou de plusieurs conventions constituant les éléments d'un ensemble contractuel unique servant de cadre général à ces relations (▪ Cass. com., 5 avr. 1994, n° 92-13.989 : *JurisData* n° 1994-000745 ; *JCP* E 1994, I, 397, n° 20, obs. M. Cabrillac et Ph. Pétel ; *RD bancaire et bourse* 1995, 84, obs. M.-J. Campana et J.-M. Calendini ; *D.* 1995, somm. p. 215, obs. A. Honorat ; *RJDA* 10/1994, n° 1070. ▪ Cass. com., 9 mai 1995, n° 93-11.724 : *JurisData* n° 1995-001036 ; *Bull. civ.* IV, 130 ; *JCP* E 1995, II, 702, rapp. J.-P. Rémery ; *JCP* E 1995, I, 487, n° 14, obs. M. Cabrillac ; *D.* 1996, 322, note Loiseau ; *RD bancaire et bourse* 1995, 221, obs. M.-J. Campana et J.-M. Calendini. ▪ Cass. com., 12 déc. 1995, n° 94-41.413 : *RD bancaire et bourse* 1996, 64, obs. M.-J. Campana et J.-M. Calendini ; *JCP* E 1996, pan. 212. ▪ Cass. com., 1er avr. 1997, n° 94-17.516 : *RD bancaire et bourse* 1997, n° 61, obs. M.-J. Campana et J.-M. Calendini. ▪ Cass. com., 6 mai 1997, n° 94-16.133 : *JurisData* n° 1997-002071 ; *RJDA* 8-9/1997, n° 1073. – *Adde*, ▪ Cass. com., 4 janv. 2000, n° 97-18.059 : *RJDA* 3/2000, n° 333. ▪ Cass. com., 1er mars 2005, n° 03-18.774 : *JurisData* n° 2005-027965 ; *RJDA* 7/2005, n° 883 ; *JCP* E 2005, 857, note Scholastique, dans le cadre d'un contrat d'affacturage). V. aussi, pour des créances réciproques nées de contrats distincts de prêt et de compte courant mais résultant d'une volonté commune de réaliser une cohérence économique globale (T. sup. appel ▪ Mayotte, 6 févr. 2001 : *D.* 2002, somm. p. 638, obs. D. Martin). V. aussi ▪ Cass. com., 19 mars 1991, n° 89-17.083 : *JurisData* n° 1991-001048 ; *Bull. civ.* 1991, IV, n° 105 ; *JCP* E 1991, II, 174, note D. Legeais ; *JCP* G 1991, II, 21726, note J.-F. Montredon ; *D.* 1991, jurispr. p. 743).

21) Compte courant bancaire. Sur la possibilité d'une compensation au sein d'un compte courant dont les parties ont fait le cadre de règlement de leurs créances réciproques, comp. (▪ Cass. com., 7 avr. 1998, n° 95-16.613 : *JurisData* n° 1998-001679 ; *JCP* E 1998, p. 1143, note Stoufflet ; *JCP* E 1999, n° 2 B, p. 618, obs. Delebecque ; *D.* 1998, somm. p. 376, obs. S. Piedelièvre ; *RJDA* 8-9/1998, n° 1028 ; *RTD com.* 1998, 653, obs. M. Cabrillac ; *RD bancaire et bourse* 1998, 56, obs. Credot et Gérard ; *RJ com.* 1999, 201, note Legrand. ▪ Cass. com., 4 juill. 2006, n° 05-11.688 : *JurisData* n° 2006-034451 ; *RJDA* 1/2007, n° 91 ; *JCP* E 2006, pan. 2237 et 2455, note Ansaloni ; *D.* 2006, p. 2028, obs. Delpech. – V. Bac, *L'effet de garantie du compte courant est-il un leurre en cas de procédure collective ? : JCP* E 1999, p. 308. – Stoufflet, *Incidence du redressement judiciaire d'une société sur le solde créditeur du compte courant : RD bancaire et bourse* 1998, 190).

Reste hors du compte la créance que la banque choisit de ne pas fusionner, notamment en l'inscrivant dans un compte dédié (▪ Cass. com., 23 avr. 2013, n° 12-17.189 et 22 mai 2013 : *JurisData* n° 2013-007935 ; *BJE* 2013, p. 287, note R. Bonhomme).

Il n'y a pas compensation entre les conventions de « facilité de caisse » et de « crédit à court terme mobilisable par escompte de billets financiers » même si elles ont été matérialisées par un support comptable unique (▪ Cass. com., 28 mars 2000, n° 97-17.563 : *RJDA* 6/2000, n° 714). Il n'y a pas connexité entre plusieurs comptes ouverts auprès d'un même établissement (▪ Cass. com., 17 juill. 2001 : *Rev. proc. coll.* 2002, 262, obs. Lebel).

La date à prendre en considération pour l'entrée en compte courant d'une créance certaine, liquide et exigible, est celle du jour du règlement à la banque et non celle de la régularisation comptable (▪ Cass. com., 22 oct. 1996, n° 94-12.546 : *JurisData* n° 1996-003947 ; *JCP* E 1996, pan. 1299 ; *RD bancaire et bourse* 1996, 244, n° 5, obs. Campana et Calendini ; *RTD com.* 1997, 126, obs. Cabrillac).

Les sommes résultant de l'encaissement d'effets après le jugement d'ouverture ne peuvent pas être entrées en compte avant celui-ci (▪ Cass. com., 28 sept. 2004, n° 03-13.182 : *RJDA* 2/2005, n° 191 ; *RD bancaire et fin.* 2005, n° 80, obs. F.-J. Crédot). Si le bénéficiaire d'un virement acquiert le droit définitif sur les fonds dès que l'ordre est devenu irrévocable, son droit de créance sur son propre banquier, chargé d'un mandat général d'encaissement, n'existe qu'à compter de la réception effective des fonds par ce dernier, qui les détient alors pour le compte de son client (▪ Cass. com., 18 sept. 2007, n° 06-14.161 : *JurisData* n° 2007-040411 ; *D.* 2007, p. 2464, obs. Avena-Robardet ; chron. 2765, obs. Bélaval, Orsini, Salomon ; *JCP* E 2007, pan. 2265 et 2499, note Mathey ; *JCP* E 2008, 1207, n° 17, obs. M. Cabrillac).

22) Connexité convenue. Lorsqu'une banque a reçu un bon de caisse souscrit avant la procédure ouverte contre le souscripteur pour garantir le solde débiteur d'un compte courant, ce bon est acquis au profit de la banque et son montant doit venir en déduction de la dette garantie, sans que ce soit un paiement préférentiel prohibé par l'article L. 621-24 [L. 622-7] (▪ Cass. com., 6 avr. 1999, n° 95-18.020 : *RJDA* 6/1999, n° 693).

23) Garantie autonome. Il n'y a pas de connexité avec la contre-garantie à première demande en raison de son caractère autonome (▪ Cass. com., 6 mars 2001, n° 98-15.239 : *JurisData* n° 2001-008540 ; *JCP* E 2001, pan. 782 ; *D.* 2001, p. 1173, obs. Lienhard). De même, le caractère autonome exclut la connexité entre la créance du garant à l'encontre du débiteur et toute créance de celui-ci à l'encontre du garant (▪ Cass. com., 19 déc. 2006, n° 05-13.461 : *JurisData* n° 2006-036653 ; *D.* 2007, p. 158, obs. Lienhard ; *RJDA* 5/2007, n° 521 ; *JCP* E 2007, pan. 1187 ; *ibid.*, 1450, n° 12, obs. Cabrillac).

24) Absence de connexité. Il ne peut y avoir compensation pour dettes connexes lorsque l'une des créances réciproques dérivait du contrat ayant uni les parties, tandis que l'autre était dépourvue de fondement contractuel (▪ Cass. com., 22 avr. 1997, n° 94-16.979 : *JurisData* n° 1997-001702 ; *RD bancaire et bourse* 1997, 129, n° 5, obs. M.-J. Campana et J.-M. Calendini ; *JCP* E 1997, I, 681, n° 18, obs. Ph. Pétel; *RTD com.* 1997, 680, obs. Martin-Serf. ▪ Cass. com., 19 mai 2004, n° 01-12.767 : *RJDA* 11/2004, n° 1260. ▪ Cass. com., 18 sept. 2007, n° 06-17.952 : *RJDA* 12/2007, n° 1194 ; *D.* 2007, p. 2476 ; *JCP* E 2008, 1207, n° 16, obs. Ph. Pétel).

Idem pour la dette d'apport en numéraire de l'actionnaire et la créance constituée par le solde créditeur du compte courant de l'associé car la première dérive du contrat de société et la seconde du contrat de prêt consenti par l'associé (▪ Cass. com., 20 mai 1997, n° 95-15.298 : *JurisData* n° 1997-002187 ; *RJDA* 11/1997, n° 1357 ; *Bull. Joly* 1997, 804, note J.-M. Calendini. – *Adde* ▪ Paris, 30 sept. 1991 : *JCP* E 1992, I, 136, n° 9, obs. M. Cabrillac ; *Bull. Joly* 1991, 1021, note Ph. Pétel ; *D.* 1992, 140, note F. Derrida. ▪ Cass. com., 9 déc. 1997, n° 95-14.082 : *JurisData* n° 1997-004926 ; *JCP* E 1998, pan. p. 205, p. 657, n° 5 B, obs. M. Cabrillac ; *RD bancaire et bourse* 1998, 74, n° 8, obs. M.-J. Campana et J.-M. Calendini ; *RJDA* 4/1998, n° 471, pour la créance d'un compte de dépôt et les sommes dues au titre d'un prêt. ▪ Cass. com., 18 janv. 2000, n° 97-12.647 : *Banque et droit* juill.-août 2000, p. 51, obs. Riassetto).

Idem pour une dette de libération du capital, non appelé avant l'ouverture de la procédure, et une créance de l'associé dérivant d'un contrat de mandat (■ Cass. com., 17 juill. 2001, n° 98-19.603 : *JurisData* n° 2001-010689 ; *RJDA* 01/2002, n° 66 ; *D.* 2001, p. 2515, obs. Lienhard ; *JCP* E 2001, pan. 1698 ; *JCP* E 2002, chron. 175, n° 15, obs. M. Cabrillac ; *Bull. Joly* 2001, 1089, note J.-Ph. Dom ; *RD bancaire et fin.* 2002, n° 114, obs. Cerles ; *Gaz. Pal.* 5-6 oct. 2001, p. 8, concl. Lafortune ; *RTD com.* 2002, 157, obs. Martin-Serf).

Idem pour des créances résultant d'une convention de fourniture et d'un contrat de prestation de services sans lien économique entre eux (■ Cass. com., 4 juin 2003 : *RJDA* 12/2003, n° 1171 ; *LPA* 18 févr. 2004, p. 4, note Mouial-Bassilana).

Idem pour une dette de TVA antérieure au jugement d'ouverture et un crédit de TVA afférent à des opérations postérieures à ce jugement (■ Cass. com., 19 janv. 1999, n° 95-22.136 : *JurisData* n° 1999-000201 ; *JCP* E 1999, p. 815, n° 5 B, obs. M. Cabrillac ; *LPA* 9 mars 1999, p. 7, note P. M. ; 18 mai 1999, note Soinne ; 15 juin, p. 22, note Brandeau ; *RJDA* 3/1999, n° 313 ; *RTD com.* 1999, 746, obs. Martin-Serf).

III – ACTES DE DISPOSITION ET SÛRETÉS

25) Unité du patrimoine. L'autorisation de l'article L. 621-24 [L. 622-7], alinéa 2 est requise, que les biens dont le débiteur entend disposer soient ou non attachés à l'exploitation (■ Cass. com., 9 juin 1992, n° 90-16.648 : *RJDA* 10/1992, n° 950).

26) Transaction. V. jurispr. sous art. L. 642-24, p. 1325. L'article L. 621-24 [L. 622-7] ne distingue pas selon l'objet de la transaction (■ Cass. com., 5 janv. 1999, n° 96-20.561 : *JurisData* n° 1999-000025 ; *JCP* E 1999, p. 809, n° 1 B, obs. M. Cabrillac ; *RJDA* 2/1999, n° 192 ; *D. affaires* 1999, somm. 350, obs. A. Honorat ; *RJ com.* 1999, 408, note C.-H. Gallet ; *Rev. proc. coll.* 1999, 176, obs. P. Canet).

27) CDD. La conclusion d'un contrat de travail à durée déterminée n'est pas un acte de disposition et ne nécessite pas l'autorisation préalable du *juge-commissaire* (■ Cass. soc., 17 oct. 2006, n° 04-45.827 : *JurisData* n° 2006-035482 ; *RJDA* 2/2007, n° 176).

28) Sûreté postérieure. Le gage-espèces constitué postérieurement à l'ouverture de la procédure collective ne peut avoir pour objet de garantir, au mépris de l'égalité entre créanciers, une créance antérieure (■ Cass. com., 3 avr. 2019, n° 18-11.281 : *JCP* E 2019, 1375, n° 5, obs. Tehrani ; *BJE* juill.-août 2019, p. 23, obs. Borga).

Sur la notion d'acte de gestion courante, V. notes sous art. L. 622-3, p. 1130.

IV – DROIT DE RÉTENTION

Bibliographie : Le Maigat, *L'efficacité du droit de rétention du créancier gagiste dans les procédures collectives : LPA* 6 déc. 1999, p. 10. – Le Corre, *L'invincibilité du droit de rétention dans les procédures collectives de paiement : D.* 2001, chron. 2815. – P.-M. Le Corre, *La mesure de l'efficacité des gages sans dépossession dans les procédures collectives : JCP* E 2009, 1204.

29) Conditions. Un commissionnaire ne peut valablement exercer son droit de rétention sur des marchandises confiées après le jugement d'ouverture pour obtenir paiement de créances antérieures (■ Cass. com., 13 nov. 2001, n° 99-12.046 : *JurisData* n° 2001-011800 ; *RJDA* 3/2002, n° 275 ; *D.* 2001, p. 3523, obs. A. Lienhard ; *JCP* E 2002, jurispr. 370, note S. Piedelièvre ; *ibid.*, 591, n° 7, obs. Simler ; *ibid.*, 807, n° 16, obs. M. Cabrillac ; *RD bancaire et fin.* 2002, n° 17, obs. F.-X. Lucas ; *RTD com.* 2002, 373, obs. A. Martin-Serf).

Sur la légitimité d'un droit de rétention d'un expert-comptable portant sur les documents comptables (■ Cass. com., 30 juin 2004, n° 01-14.075. V. cependant art. L. 622-5, p. 1131).

Un compte bancaire nanti en garantie d'une créance non exigible ne peut être bloqué par le créancier lorsque le débiteur est placé en redressement judiciaire (■ Cass. com., 22 janv. 2020, n° 18-21.647 : *Act. proc. coll.* 2020-5, comm. 61, obs. N. Borga).

30) Pouvoirs du juge-commissaire. Le droit de rétention ne peut être limité par le pouvoir conféré au juge-commissaire par l'article L. 621-25 [L. 622-8], alinéa 3 de sorte que le juge ne peut imposer une substitution de garantie (■ Cass. com., 4 juill. 2000, n° 98-11.803 : *JurisData* n° 2000-002854 ; *Bull.* IV, n° 136 ; *RJDA* 11/2000, n° 1006 ; *JCP* E 2001, p. 174, n° 3, obs. M. Cabrillac, p. 1088, n° 15, obs. Ph. Delebecque ; *D.* 2000, act. jurispr., p. 361, obs. A. Lienhard ; *D.* 2001, comm. 465, note S. Piedelièvre ; *RTD com.* 2000, 1009, obs. A. Martin-Serf ; *RTD com.* 2001, 209, obs. B. Bouloc ; *Banque et droit* 2001, n° 75, p. 44, obs. Jacob).

Le juge-commissaire est incompétent pour apprécier la régularité du droit de rétention (■ Cass. com., 6 juin 1995 : *Bull.* IV, n° 169 ; *JCP* E 1995, I, 513, n° 2, obs. M. Cabrillac ; *RJDA* 1/1996, n° 117).

Le juge-commissaire qui a autorisé l'administrateur à vendre un bon de caisse nanti sans avoir au préalable autorisé le retrait du gage a dépassé ses pouvoirs (■ Cass. com., 11 mai 1999, n° 96-11.280 : *JurisData* n° 1999-001990 ; *Bull.* IV, n° 98 ; *LPA* 1er juin 1999, p. 8, note P. M. ; *JCP* E 1999, pan. 1173 ; p. 1532, obs. M. Cabrillac ; *RJDA* 7/99, n° 799 ; *RTD com.* 2000, 166, obs. Bouloc ; *RTD com.* 2000, 174, obs. Martin-Serf ; *RD bancaire et fin.*

2000, 25, n° 22, obs. F.-X. L.). V. Courtier, *Les pouvoirs donnés au juge-commissaire par l'article 33, alinéa 3 : Rev. proc. coll.* 1999, 210.

31) Incidence à l'égard de la caution. La perte du droit de rétention nuit à la caution qui peut invoquer l'article 2037 du Code civil (désormais art. 2314) (▪ Cass. com., 25 nov. 1997, n° 95-16.091 : *JurisData* n° 1997-004701 ; *Bull.* IV, n° 301 ; *JCP* E 1998, p. 657, n° 5 B, obs. M. Cabrillac, p. 1639, obs. Ph. Simler et Ph. Delebecque ; *D.* 1998, 232, note François ; *RTD com.* 1999, 192, obs. Martin-Serf).

32) Blocage d'un compte nanti. Un compte bancaire nanti en garantie d'une créance non exigible ne peut être bloqué par le créancier lorsque le débiteur est placé en redressement judiciaire (▪ Cass. com., 22 janv. 2020, n° 18-21.647 : *JCP* E 2020, 1204, n° 4, obs. Pétel ; – 1119, note Favre-Rochex ; *Act. proc. coll.* 2020-5, comm. 61, obs. Borga).

V – CRÉDIT-BAIL

33) Respect du contrat. La loi ne permet pas de déroger à la clause fixant la durée de location à l'expiration de laquelle le preneur a la faculté d'exercer l'option d'achat (▪ Cass. com., 18 mars 2014 : *Act. proc. coll.* 2014, comm. 157, obs. Petit ; *JCP* E 2014, 1447, obs. Pétel).

VI – RÉGIME DE L'AUTORISATION

34) Autorisation *a posteriori*. L'autorisation préalable du juge-commissaire est une formalité substantielle dont l'omission ouvre droit à l'annulation du contrat (▪ Paris, 19 mai 1995 : *D.* 1995, somm. p. 309, obs. Honorat. ▪ Versailles, 15 janv. 1998 : *RJDA* 4/1998, n° 457) ; peu importe que l'autorisation ait été donnée *a posteriori* (▪ Paris, 19 mai 1995, préc.).

35) Auteur de la demande. En redressement judiciaire, l'autorisation de transiger doit être demandée par l'administrateur et le débiteur assisté (▪ Cass. com., 23 sept. 2014, n° 13-21.686 : *JurisData* n° 2014-022079 ; *Gaz. Pal.* 18-20 janv. 2015, p. 18, obs. Bidan. Comp. en sauvegarde : C. com., art. R. 622-6).

36) Nullité absolue. La sanction prévue à l'article L. 621-24, alinéa 4, [L. 622-7] est la nullité absolue du paiement, qui joue quel que soit l'auteur du paiement interdit, et peut être demandée par tout intéressé ; toutefois l'action de la banque qui demande la réintégration dans son patrimoine de sommes versées par erreur au débiteur faisant l'objet d'une procédure collective ne relève pas de cet article (▪ Cass. com., 3 oct. 2000, n° 97-17.279 : *RJDA* 2/2001, n° 185, cassant ▪ Bordeaux, 20 mai 1997, n° 95BX00198 : *RJDA* 3/1998, n° 308).

Art. L. 622-8

(Anc. art. L. 621-25, renum. et mod., L. n° 2005-845, 26 juill. 2005 ; Ord. n° 2008-1345, 18 déc. 2008 ; Ord. n° 2013-544, 27 juin 2013). **– En cas de vente d'un bien grevé *(Mots rempl. à compter du 1er octobre 2021, Ord. n° 2021-1193, 15 sept. 2021)* « d'une sûreté réelle spéciale ou d'une hypothèque légale », la quote-part du prix correspondant aux créances garanties par ces sûretés est versée en compte de dépôt à la Caisse des dépôts et consignations. Après l'adoption du plan, les créanciers bénéficiaires de ces sûretés ou titulaires d'un privilège général sont payés sur le prix suivant l'ordre de préférence existant entre eux et conformément à l'article L. 626-22 lorsqu'ils sont soumis aux délais du plan.**

Le juge-commissaire peut ordonner le paiement provisionnel de tout ou partie de leur créance aux créanciers titulaires de sûretés sur le bien. Sauf décision spécialement motivée du juge-commissaire ou lorsqu'il intervient au bénéfice du Trésor ou des organismes sociaux ou organismes assimilés, ce paiement provisionnel est subordonné à la présentation par son bénéficiaire d'une garantie émanant d'un établissement de crédit ou d'une société de financement.

Le débiteur peut proposer aux créanciers, la substitution aux garanties qu'ils détiennent de garanties équivalentes. En l'absence d'accord, le juge-commissaire peut ordonner cette substitution. Le recours contre cette ordonnance est porté devant la cour d'appel.

Bibliographie : D. Martin, *L'article 34, alinéa 2, est-il applicable au gage ? : D.* 1986, chron. 325. • Le Corre, *La vente de biens grevés de sûretés en période d'observation : dix questions-réponses : Gaz. Pal.* 12 avr. 2016, p. 80.

Voir : déc. citées sous art. L. 622-7, p. 1132.

1) Incidence sur les dividendes. Les dividendes à échoir au profit du créancier doivent être fixés en fonction des paiements anticipés qu'il a reçus (▪ Cass. com., 20 janv. 1998, n° 94-16.821 : *JurisData* n° 1998-000160 ; *JCP* E 1998, pan. p. 398 ; *RJDA* 5/1998, n° 622).

2) Crédit foncier de France. La consignation du prix d'un immeuble entre les mains du Crédit foncier de France, en vertu des textes particuliers dont il bénéficie, ne vaut paiement qu'à l'égard de l'adjudicataire, et ne prive pas les créanciers privilégiés de leur droit d'être payés par préférence sur le prix qui demeure jusqu'à sa distribution dans le patrimoine du débiteur (■ Cass. com., 22 févr. 1994, n° 91-21.202 : *JurisData* n° 1994-000318 ; *Bull.* IV, n° 77 ; *RD bancaire et bourse* 1994, 185, obs. Campana et Calendini ; *D.* 1995, somm. 24, obs. Honorat. ■ Cass. 2e civ., 10 déc. 1998, n° 96-17.600 : *JCP* E 1999, pan. p. 152).

Art. L. 622-9 ***(Anc. art. L. 621-26, renum. et mod., L. n° 2005-845, 26 juill. 2005).*** **– L'activité de l'entreprise est poursuivie pendant la période d'observation, sous réserve des dispositions des articles L. 622-10 à L. 622-16.**

1) Obligations de l'administrateur. Lorsque l'administrateur intervient à des opérations de poursuite de l'activité, il ne peut le faire sans s'être personnellement assuré que le cocontractant pourra être payé (■ Cass. com., 2 févr. 1993, n° 91-10.861 : *D.* 1993, somm. 193, obs. Honorat ; *JCP* E 1993, I, 275, n° 1, obs. Cabrillac. ■ Cass. com., 5 oct. 1993, n° 91-14.361 : *JurisData* n° 1993-002200 ; *Bull.* IV, n° 318 ; *D.* 1994, somm. p. 81, obs. Honorat ; *RJ com.* 1994, 27, n° 1385, note Lévy).

Il engage sa responsabilité s'il induit en erreur le cocontractant par des assurances imprudemment données (■ Cass. com., 11 déc. 2001, n° 99-14.824) ou par son silence. ■ Cass. com., 10 mai 2005, n° 04-11.222 : *JurisData* n° 2005-028381 ; *D.* 2005, p. 1475, obs. Lienhard) ou s'il laisse ensuite les contrats litigieux se poursuivre en sachant que les factures ne pourraient plus être réglées (■ Cass. com., 5 avr. 2016 : *Gaz. Pal.* 28 juin 2016, p. 58, obs. Bidan).

Mais lorsque l'administrateur a une simple mission d'assistance, les créanciers ne peuvent engager sa responsabilité pour faute, en raison d'une commande impayée, dès lors qu'ils n'ont pas sollicité son visa lors de la conclusion du contrat ou le paiement immédiat de la commande (■ Grenoble, 10 oct. 2001, n° 99/04604 : *JurisData* n° 2001-164031 ; *JCP* E 2001, pan. 686).

2) Date d'appréciation. La faute doit s'apprécier à la date à laquelle a pris naissance la créance du fournisseur, c'est-à-dire à la date de la commande (■ Cass. com., 17 févr. 1998, n° 95-19.865 : *JurisData* n° 1998-000856 ; *RJDA* 7/1998, n° 884. ■ Cass. com., 6 févr. 2001, n° 98-15.129 : *JurisData* n° 2001-008025 ; *JCP* E 2001, pan. 589 ; *RJDA* 5/2001, n° 603. ■ Cass. com., 15 oct. 2002 [1re esp.] : *RJDA* 2/2003, n° 154. ■ Cass. com., 16 juin 2004, n° 01-16.912 : *JurisData* n° 2004-024226 ; *RJDA* 12/2004, n° 1350).

Absence de responsabilité de l'administrateur qui signe une lettre de change demeurée impayée à un moment où la situation de la société n'était pas irrémédiablement compromise (■ Cass. com., 20 oct. 1992, n° 90-19.631 : *JurisData* n° 1992-002278 ; *Bull. civ.* IV, n° 317 ; *D.* 1993, somm. 73, obs. Honorat ; *JCP* E 1993, II, 472, note Rossi. ■ 6 févr. 2001, préc. – Comp. ■ Cass. com., 3 févr. 1998 : *RJDA* 7/1998, n° 883). De même, n'engage pas sa responsabilité l'administrateur chargé d'assister le débiteur, lorsque le compte bancaire du débiteur offrait une provision suffisante lors de l'émission du chèque sur lequel il a apposé sa signature, même si cette provision n'existait plus 627 au moment de la remise du chèque à l'encaissement (■ Cass. com., 9 janv. 2001, n° 98-11.372 : *RJDA* 5/2001, n° 604).

3) Actes de gestion courante. Les actes de gestion courante échappent normalement au visa du syndic, ce qui exclut sa responsabilité (■ Cass. com., 14 mars 1995, n° 92-21.027 : *JurisData* n° 1995-000567 ; *D.* 1995, somm. p. 305, obs. Honorat).

Le contreseing d'un chèque d'acompte consécutivement à la commande passée par le débiteur au titre d'actes de gestion courante ne suffit pas à lui seul à caractériser l'intervention du mandataire dans la passation de la commande (■ Cass. com., 6 févr. 2001, n° 98-10.774 : *JurisData* n° 2001-008209 ; *RJDA* 6/2001, n° 708).

Pour déclarer l'administrateur responsable il faut rechercher si, lors de la passation de chaque commande qui entrait dans la catégorie des actes de gestion courante et n'avait pas été visée par l'administrateur, la situation était irrémédiablement compromise ou si l'administrateur avait induit en erreur les fournisseurs par des assurances imprudemment données (■ Cass. com., 8 déc. 1998, n° 96-17.731 : *JurisData* n° 1998-004740 ; *RJDA* 3/1999, n° 306 ; *Bull. civ.* IV, n° 293 ; *D.* 1999, somm. 188, obs. Honorat ; *Rev. proc. coll.* 2000, 77, n° 10, obs. Soinne. ■ Cass. com., 18 janv. 2000, n° 97-15.690 : *Rev. proc. coll.* 2000, 77, n° 10, obs. Soinne. ■ Cass. com., 15 oct. 2002 [1re esp.] : *RJDA* 2/2003, n° 154. ■ Cass. com., 16 juin 2004 : *RJDA* 12/2004, n° 1350).

Voir : déc. citées sous art. L. 622-17, p. 1151.

Art. L. 622-10 ***(L. n° 2005-845, 26 juill. 2005 ; Ord. n° 2008-1345, 18 déc. 2008 ; Ord. n° 2014-326, 12 mars 2014 ; L. n° 2016-1547, 18 nov. 2016).*** **– À tout moment de la période d'observation, le tribunal, à la demande du débiteur, peut ordonner la cessation partielle de l'activité.**

Dans les mêmes conditions, à la demande du débiteur, de l'administrateur, du mandataire judiciaire, du ministère public ou d'office, il convertit la procédure en un redressement judiciaire, si les conditions de l'article L. 631-1 sont réunies, ou prononce la liquidation judiciaire, si les conditions de l'article L. 640-1 sont réunies.

À la demande du débiteur ou, à la demande de l'administrateur, du mandataire judiciaire ou du ministère public, lorsqu'aucun plan n'a été adopté conformément aux dispositions de l'article L. 626-30-2 et, le cas échéant, de l'article L. 626-32 par les *(Mots rempl. à compter du 1er octobre 2021, Ord. n° 2021-1193, 15 sept. 2021)* « classes mentionnées » à la section 3 du chapitre VI du présent titre, il décide également la conversion en redressement judiciaire si l'adoption d'un plan de sauvegarde est manifestement impossible et si la clôture de la procédure conduirait, de manière certaine et à bref délai, à la cessation des paiements.

Il statue après avoir entendu ou dûment appelé le débiteur, l'administrateur, le mandataire judiciaire, les contrôleurs et *(Mots rempl. à compter du 1er octobre 2021, Ord. n° 2021-1193, 15 sept. 2021)* « la ou les personnes désignées par le comité social et économique » et avoir recueilli l'avis du ministère public.

Lorsqu'il convertit la procédure de sauvegarde en procédure de redressement judiciaire, le tribunal peut, si nécessaire, modifier la durée de la période d'observation restant à courir ou la prolonger pour une durée maximale de six mois. *(Phrase créée à compter du 1er octobre 2021, Ord. n° 2021-1193, 15 sept. 2021)* « Les classes déjà constituées avant cette conversion, conformément à la section 3 du chapitre VI du présent titre, sont conservées avec les mêmes modalités de répartition et de calcul des voix, sans préjudice des recours pendants. Les opérations de constitution des classes se poursuivent nonobstant la conversion. »

Aux fins de réaliser la prisée des actifs du débiteur au vu de l'inventaire établi pendant la procédure de sauvegarde, il désigne, en considération de leurs attributions respectives telles qu'elles résultent des dispositions qui leur sont applicables, un commissaire-priseur judiciaire, un huissier de justice, un notaire ou un courtier en marchandises assermenté.

1) Conversion en redressement judiciaire. Sur le passif à prendre en considération pour apprécier la cessation des paiements en cours de sauvegarde, V. ▪ Cass. com., 24 mars 2009, n° 08-13.017 : *JurisData* n° 2009-047603 ; *Bull. Joly Sociétés* 2009, p. 691, note crit. F.-X. Lucas ; *Gaz. Pal.* 26-28 juill. 2009, p. 13, obs. C. Lebel.

2) Conversion ultérieure en liquidation. Quelles que soient les conditions dans lesquelles est intervenue l'ouverture de la procédure de redressement judiciaire, la conversion de celle-ci en une procédure de liquidation n'impose pas la constatation de l'état de la cessation des paiements (▪ Cass. com., 28 févr. 2018, n° 16-19.422 ; *JCP* E 2018, 1429, n° 1, obs. Tehrani).

3) Contrôleurs. Les articles L. 622-10 et L. 631-15 relatifs à la convocation et à l'audition de l'ordre professionnel désigné en qualité de contrôleur ne s'appliquent qu'à la procédure de première instance (▪ Cass. com., 6 juill. 2010, n° 09-67.345 : *JurisData* n° 2010-011296 ; *JCP* E 2011, 1030, n° 2, obs. Pétel ; *Gaz. Pal.* 15-16 oct. 2010, n° 09-67.345, p. 24, obs. F. Reille).

4) Avis du ministère public. Un visa n'est pas un avis (▪ Cass. com., 9 juill. 2019, n° 17-27.999 : *JCP* E 2020, 1035, obs. Delattre).

Voir : jurisprudence citée sous art. L. 631-15, p. 1261.

Art. L. 622-11 *(L. n° 2005-845, 26 juill. 2005 ; mod., Ord. n° 2008-1345, 18 déc. 2008)*. – Lorsque le tribunal prononce la liquidation, il met fin à la période d'observation et, sous réserve des dispositions de l'article L. 641-10, à la mission de l'administrateur. Dans les conditions prévues au dernier alinéa de l'article L. 622-10, il désigne une personne chargée de réaliser la prisée des actifs du débiteur.

Conversion de procédure. Lorsque le tribunal prononce la liquidation judiciaire, il met fin à la période d'observation ainsi qu'à la mission de l'administrateur, qui ne peut valablement procéder à un licenciement, sous réserve des dispositions de l'article L. 641-10 (▪ Cass. soc., 15 nov. 2011, n° 10-17.015 : *JurisData* n° 2011-025133 ; *Rev. proc. coll.* 2012, comm. 27, obs. C. Lebel ; *BJE* 2012, p. 103, obs. D. Jacotot).

Art. L. 622-12 *(L. n° 2005-845, 26 juill. 2005 ; mod., Ord. n° 2008-1345, 18 déc. 2008)*. – Lorsque les *difficultés qui ont justifié l'ouverture de la procédure* ont disparu, le tribunal y met fin à la demande du débiteur. Il statue dans les conditions prévues au quatrième alinéa de l'article L. 622-10.

Art. L. 622-13 *(Ord. n° 2008-1345, 18 déc. 2008 ; mod., Ord. n° 2014-326, 12 mars 2014)*. – I. – Nonobstant toute disposition légale ou toute clause contractuelle, aucune indivisibilité, résiliation ou résolution d'un contrat en cours ne peut résulter du seul fait de l'ouverture d'une procédure de sauvegarde.

Le cocontractant doit remplir ses obligations malgré le défaut d'exécution par le débiteur d'engagements antérieurs au jugement d'ouverture. Le défaut d'exécution de ces engagements n'ouvre droit au profit des créanciers qu'à déclaration au passif.

II. – L'administrateur a seul la faculté d'exiger l'exécution des contrats en cours en fournissant la prestation promise au cocontractant du débiteur.

Au vu des documents prévisionnels dont il dispose, l'administrateur s'assure, au moment où il demande l'exécution du contrat, qu'il disposera des fonds nécessaires pour assurer le paiement en résultant. S'il s'agit d'un contrat à exécution ou paiement échelonnés dans le temps, l'administrateur y met fin s'il lui apparaît qu'il ne disposera pas des fonds nécessaires pour remplir les obligations du terme suivant.

III. – Le contrat en cours est résilié de plein droit :

1° Après une mise en demeure de prendre parti sur la poursuite du contrat adressée par le cocontractant à l'administrateur et restée plus d'un mois sans réponse. Avant l'expiration de ce délai, le juge-commissaire peut impartir à l'administrateur un délai plus court ou lui accorder une prolongation, qui ne peut excéder deux mois, pour se prononcer ;

2° À défaut de paiement dans les conditions définies au II et d'accord du cocontractant pour poursuivre les relations contractuelles. En ce cas, le ministère public, l'administrateur, le mandataire judiciaire ou un contrôleur peut saisir le tribunal aux fins de mettre fin à la période d'observation.

IV. – À la demande de l'administrateur, la résiliation est prononcée par le juge-commissaire si elle est nécessaire à la sauvegarde du débiteur et ne porte pas une atteinte excessive aux intérêts du cocontractant.

V. – Si l'administrateur n'use pas de la faculté de poursuivre le contrat ou y met fin dans les conditions du II ou encore si la résiliation est prononcée en application du IV, l'inexécution peut donner lieu à des dommages et intérêts au profit du cocontractant, dont le montant doit être déclaré au passif. Le cocontractant peut néanmoins différer la restitution des sommes versées en excédent par le débiteur en exécution du contrat jusqu'à ce qu'il ait été statué sur les dommages et intérêts.

VI. – Les dispositions du présent article ne concernent pas les contrats de travail. Elles ne concernent pas non plus le contrat de fiducie, à l'exception de la convention en exécution de laquelle le débiteur conserve l'usage ou la jouissance de biens ou droits transférés dans un patrimoine fiduciaire.

Bibliographie : Ponceblanc, *L'article 37 et son application dans le cadre de la « déconfiture » des centres commerciaux et de leurs locataires in bonis, titulaires de baux commerciaux : Gaz. Pal.* 1991, 2, 369. • Bussy-Dunaud, *Les modalités de rupture d'un contrat en cours lorsque l'administrateur renonce à sa continuation : D.* 1992, chron. 23. • Varii auctores, *Le sort des contrats en cours dans le redressement judiciaire : RJ com.* 1992, n° spéc. • Derrida, *La notion de contrat en cours à l'ouverture de la procédure de redressement judiciaire : RJDA* 6/93, 399. • Boccara, *Procédures collectives et contrats en cours : la réforme du 10 juin 1994 : JCP* E 1994, I, 385. • Calendini, *La notion de contrats en cours : le contrat de prêt : Banque et droit* 1994, n° 34, p. 12. • Grosclaude, *Pour une nouvelle lecture de l'article 37 : LPA* 20 mai 1994. • Campana, *La résiliation de plein droit des contrats en cours : LPA* 8 juill. 1996, p. 11. • Haëhl, *L'option de l'administrateur : LPA* 8 juill. 1996, p. 4. • Bac, *De la notion de contrat en cours dans le cadre des procédures collectives et de ses grandes conséquences, notamment pour les cautions : JCP* 2000, p. 22. • Brunetti-Pons, *La spécificité du régime des contrats en cours dans les procédures collectives : RTD com.* 2000, 783. • J.-J. Governatori, *Le droit administratif à l'épreuve du droit des procédures collectives : Gaz. Pal.* 30-31 oct. 2009, p. 9. • E. Le Corre-Broly, *La déclaration de créance du bailleur financier et du crédit-bailleur : Gaz. proc. coll.* 2005/1, p. 14. • J.-P. Remery, *Location financière et ouverture d'une procédure collective dans la jurisprudence de la Cour de cassation : D.* 2013, 1634. • P.-M. Le Corre, *Droit commun de la résiliation des contrats en cours : questions réponses : Gaz. Pal.* 29 juin-1er juill. 2014, p. 41. • S. Benilsi, *Contrats en cours : un équilibre enfin atteint ? : BJE* 2014/3, p. 183. • Varii auctores, *Contrat(s) et entreprises en difficulté*, colloque 12 oct. 2018 : *BJE* 2019, p. 37 et s. • Le Corre-Broly, *Le droit commun de la continuation* des contrats en cours : Gaz. Pal. 15 oct. 2019, p. 74. • Monsérié-Bon, *Le juge-commissaire et les contrats : Rev. proc. coll.* 2019, dossier 41.

• *Sommaire*

I – DOMAINE DE L'OPTION

A – Contrat en cours

1) Contrat non exécuté. Le contrat par lequel une personne commet un commissionnaire en marchandises pour effectuer pour son compte une opération à terme, ne s'achève que par l'exécution, au terme prévu, de cette opération (▪ Cass. com., 26 mai 1998, n° 96-11.839 : *JurisData* n° 1998-002555 ; *RJDA* 10/1998, n° 1132 ; *Rev. proc. coll.* 1999, 116, obs. Laude).

2) Contrat non résilié. Lorsque le concessionnaire a été mis en redressement judiciaire avant la fin du délai de préavis que lui a adressé le concédant pour résilier le contrat, le juge-commissaire peut ordonner la poursuite du contrat (▪ Cass. com., 11 déc. 1990, n° 89-13.707 : *JurisData* n° 1990-003274 ; *JCP* E 1991, II, 228, note Behar-Touchais ; *D.* 1991, 440, note Derrida. – Rappr. ▪ Paris, 12 oct. 1990 : *Gaz. Pal.* 1991, 2, somm. 429).

3) Clause résolutoire. L'option est exclue lorsqu'une clause résolutoire est acquise avant le jugement d'ouverture (▪ Cass. com., 21 janv. 1992 [sol. impl.] : *JCP* E 1992, I, 136, n° 7, obs. Ph. Pétel. ; *D.* 1992, somm. 259, obs. F. Derrida. ▪ Versailles, 19 mars 1992 : *D.* 1992, somm. 259, obs. F. Derrida. – Rappr. ▪ Cass. com., 17 mai 1994, n° 91-21.609 : *JurisData* n° 1994-001224 ; *JCP* E 1994, I, 394, n° 4, obs. M. Cabrillac et Ph. Pétel).

En revanche, une clause résolutoire acquise en raison de la déclaration de cessation des paiements ne saurait produire effet (▪ Cass. com., 2 mars 1993, n° 90-21.849 : *JurisData* n° 1993-000366 ; *Dr. et patrimoine* déc. 1994, p. 23. – V. Sexer, *Cessation des paiements : incidence sur le jeu des clauses résolutoires : eod. loc.*, p. 20).

Pour les baux commerciaux, V. jurispr. citée *infra* sous l'art. L. 622-14.

4) Contrat renouvelé. Lorsqu'à la date de la mise en demeure adressée à l'administrateur, le bail en cours arrivait à son terme et qu'un nouveau bail était susceptible d'être conclu après fixation du montant du loyer, les dispositions de l'article L. 621-28 [L. 622-13] ne s'appliquent pas (▪ Cass. com., 17 févr. 1998, n° 96-10.644 : *JurisData* n° 1998-000777 ; *JCP* E 1998, p. 1361, note Brault ; *Quot. jur.* 7 avr. 1998, p. 3 ; *RJDA* 6/1998, n° 756. ▪ Cass. ass. plén., 7 mai 2004, n° 02-13.225 : *JurisData* n° 2004-023596 ; *D.* 2004, p. 1451, avis de Gouttes, *obs. Lienhard, somm. 2142, obs. Le Corre* ; *RJDA* 10/2004, n° 1138 ; *JCP* E 2004, pan. 755, jurispr. 1059, note Demoustier, chron. 1292, n° 14, obs. Ph. Pétel. – V. Pizon, *Bail commercial et procédures collectives, les vertus contrastées du silence* : *JCP* E 2004, pan. 1856).

5) Promesse unilatérale. Le débiteur ayant souscrit une promesse unilatérale d'achat avant le jugement d'ouverture, la levée de l'option rend la vente parfaite dès lors que l'administrateur n'a pas renoncé à la poursuite de ce contrat de promesse en cours (▪ Cass. com., 3 mai 2011 : *JCP* E 2011, 1596, n° 8, obs. Ph. Pétel ; *Act. proc. coll.* 2011, comm. 148, obs. L. Fin-Langer). Pour une promesse de vente, V. ▪ Cass. com., 7 mars 2006, n° 05-10.371 : *JurisData* n° 2006-032683 ; *JCP* E 2006, 2331, n° 11, obs. M. Cabrillac et Ph. Pétel ; *Act. proc. coll.* 2006, comm. 93, obs. M.-H. Monsèrié-Bon.

6) Vente. Une vente n'est pas un contrat en cours lorsque le transfert de propriété a été opéré avant l'ouverture de la procédure, même si les obligations principales du bénéficiaire de la transmission ne sont pas exécutées (▪ Cass. com., 9 avr. 1991 : *Bull. civ.* IV, n° 127 ; *JCP* E 1991, I, 102, n° 12, obs. M. Cabrillac et Ph. Pétel. ; *D.* 1992, somm. 257, obs. F. Derrida ; *RTD com.* 1992, 682, obs. Y. Chaput). V. également, pour une vente avec rente viagère ▪ Cass. com., 14 févr. 1995, n° 93-18.178 : *JurisData* n° 1995-000242 ; *D.* 1995, inf. rap. 89. ▪ Cass. com., 28 févr. 1995, n° 92-15.259 : *JurisData* n° 1995-000521 ; *JCP* E 1995, I, 487, n° 11, obs. Ph. Pétel ; *RJDA* 7/1995, n° 892 ▪ Cass. com., 2 mars 1999, n° 96-19.743 : *JurisData* n° 1999-001024 ; *LPA* 1er févr. 2000, p. 21, note Gallet ; *Rev. proc. coll.* 2000, 13, n° 9, obs. Macorig-Venier ; pour une vente sous condition suspensive ▪ Cass. com., 18 nov. 1980, n° 78-15.704 : *JurisData* n° 1980-745141 ; *D.* 1981, 131, note A. H.

7) Vente avec réserve de propriété. Le contrat de vente d'un immeuble dont l'une des clauses subordonne le transfert de propriété au paiement intégral du prix, est un contrat de vente à terme n'incluant pas un contrat de prêt et ce contrat est un contrat en cours dès lors qu'à l'ouverture de la procédure une partie du prix restait à payer (▪ Cass. com., 1er févr. 2000, n° 97-15.263 : *JurisData* n° 2000-000387 ; *JCP* E 2000, pan. 489 ; *RJDA* 4/2000, n° 445 ; *RTD com.* 2000, 444, obs. Laude. – V. cependant, *contra*, à propos d'une vente mobilière et pour la détermination du point de départ du délai de revendication (législation antérieure à 2008) ▪ Cass. com., 5 mai 2004, n° 01-17.201 : *JurisData* n° 2004-023639 ; *D.* 2004, p. 1525, obs. Lienhard ; *RJDA* 11/2004, n° 1238 ; *JCP* E 2004, chron. 1292, n° 11, obs. M. Cabrillac, jurispr. 1294, note Reifegerste).

8) Contrat cadre. Est en cours un contrat-cadre d'approvisionnement dont les effets ne sont pas épuisés au jour de l'ouverture de la procédure (▪ Cass. com., 20 sept. 2017, n° 14-17.225, *JurisData* n° 2017-018236 : *JCP* E 2017, 1688, n° 10, obs. Tehrani ; *Gaz. Pal.* 16 janv. 2018, p. 63, obs. Kenderian ; *BJE* 2017/6, p. 407, obs. Benilsi).

9) Prêt. Un prêt n'est pas un contrat en cours dès lors que les fonds prêtés ont été intégralement versés à l'emprunteur (■ Cass. com., 9 avr. 1991, préc. ■ Cass. com., 2 mars 1993, n° 90-21.353 : *JurisData* n° 1993-000373 ; *D.* 1993, 572, note Devéza ; *Bull. civ.* IV, n° 89 ; *JCP* E 1993, I, 277, n° 16, obs. M. Cabrillac et Ph. Pétel. ■ Cass. com., 16 nov. 1993, n° 91-17.154 : *JurisData* n° 1993-002386 ; *Bull. civ.* IV, n° 410 ; *RD bancaire et bourse* 1994, 184, obs. Campana et Calendini. ■ Cass. com., 14 déc. 1993, n° 92-11.647 : *JurisData* n° 1993-002623 ; *JCP* E 1994, I, 351, n° 13, obs. M. Cabrillac ; *RD bancaire et bourse* 1994, 184, obs. Campana et Calendini. ■ Cass. com., 13 avr. 1999, n° 96-19.428 : *JurisData* n° 1999-001639 ; *Bull. civ.* IV, n° 87 ; *JCP* E 1999, p. 1533, B, obs. M. Cabrillac ; *LPA* 25 mai 1999, p. 10, note P. M. ; *RJDA* 7/1999, n° 809 ; *Defrénois* 1999, 870, note Sénéchal ; *D. affaires* 1999, p. 801, obs. A. L. ; *RTD com.* 1999, 964, obs. Saint-Alary-Houin ; *RTD com.* 2000, 177, obs. Martin-Serf ; *D.* 2000, *Cah. dr. aff.* 257, note Lipinski. – *Adde*, ■ Cass. com., 27 févr. 2007, n° 04-16.700 : *D.* 2007, p. 1021).

10) Mandat. Par dérogation à l'article 2003 du Code civil, la fin du mandat obéit au régime des contrats en cours lorsqu'il a été conclu et n'a pas été exécuté avant le jugement de liquidation judiciaire (■ Cass. com., 28 juin 2017, n° 15-17.394, *JurisData* n° 2016-012580 : *JCP* E 2017, 1460, n° 15, obs. Tehrani ; *Rev. proc. coll.* 2018, comm. 63, obs. Roussel Galle).

11) Transaction. Pour une application de l'article L. 622-13 à une transaction inexécutée, V. ■ Cass. 1re civ., 10 sept. 2015 : *JCP* E 2016, 1000, n° 7, obs. crit. Pétel.

B – Autres distinctions

12) Contrat de société. Le contrat de société liant un associé mis en redressement judiciaire n'est pas un contrat en cours au sens de l'article L. 621-28 [L. 622-13] (■ Cass. com., 10 juill. 2007, n° 06-11.680 : *JurisData* n° 2007-040144 ; *RJDA* 1/2008, n° 52 ; *D.* 2007, p. 2107, obs. Lienhard ; *JCP* E 2007, 2474, note Legros ; *JCP* E 2008, 1207, n° 12, obs. Pétel).

Mais le contrat d'apport lié au contrat de société coopérative est un contrat en cours (■ Cass. com., 19 févr. 2013, n° 12-13.662 : *JurisData* n° 2013-002760 ; *JCP* E 2013, 1216, n° 8, obs. Ph. Pétel ; *BJS* 2013, p. 417, obs. Dondero ; *BJE* 2013, p. 138, obs. Monsérié-Bon).

13) Contrat *intuitu personae*. L'administrateur a la faculté d'exiger l'exécution des contrats en cours, sans qu'il puisse être fait de distinction selon que les contrats ont été ou non conclus en considération de la personne (■ Cass. com., 8 déc. 1987 : *JCP* E 1988, I, 17123 ; *JCP* G 1988, II, 20927, note M. Jeantin ; *D.* 1988, 52, obs. F. Derrida ; *Banque* 1988, 96, note J.-L. Rives-Lange ; *JCP* N 1988, 49, note D. Martin ; *Gaz. Pal.* 1988, 1, 167, rendu en application de l'article L. 621-28 [L. 622-13] et, sur renvoi ■ Lyon, 5 déc. 1988 : *D.* 1989, somm. 374, obs. Honorat).

En conséquence, l'administrateur doit, s'il le demande, obtenir la continuation, pendant la période d'observation des conventions de compte courant, d'ouverture de crédits, de découvert ou d'autorisation d'escompte en cours au jour du jugement de redressement judiciaire, sauf à ce que l'établissement de crédit bénéficie des dispositions de l'article L. 621-32 [L. 622-17] et, s'il a lieu, de celles du 2e alinéa de l'article 60 de la loi du 24 janvier 1984 (C. monét. fin., art. L. 313-12) (même arrêt. – *Adde*, ■ Cass. com., 14 févr. 1989, n° 87-14.629 : *JCP* E 1989, II, 15591, n° 7, obs. M. Cabrillac. ■ Cass. 1re civ., 6 janv. 1998 et ■ Versailles, 15 janv. 1998, n° 6372/95 : *JurisData* n° 1998-040037 ; *RJDA* 4/1998, n° 459. – V. obs. M.-J. Campana : *Rev. proc. coll.* 1987, n° 3, p. 26).

14) Régime de prévoyance. Les allocations d'invalidité de la CNBF ne relèvent pas du régime des contrats en cours (■ Cass. com., 19 déc. 2018, n° 17-17.311 : *Gaz. Pal.* 16 avr. 2019, p. 65, obs. Kenderian).

Sous réserve de la mise en œuvre du régime spécial de résiliation prévu à l'article L. 932-10 du Code de la sécurité sociale, les relations entre une institution de prévoyance assurant une protection sociale complémentaire et l'entreprise adhérente placée sous procédure collective sont soumises au régime des contrats en cours (■ Cass. com., 28 juin 2011, n° 09-16.646 : *JurisData* n° 2011-012887 ; *JCP* E 2011, 1596, n° 9, obs. Pétel).

Les dispositions de l'article L. 911-8 du Code de la sécurité sociale sont applicables aux anciens salariés licenciés d'un employeur placé en liquidation judiciaire, dès lors que le contrat ou l'adhésion liant l'employeur à l'organisme assureur n'est pas résilié (■ Cass., avis, 6 nov. 2017, nos 1770011 à 1770015 : *JCP* E 2018, 1075 note Ferreira ; *JCP* E 2018, 1159, n° 19, obs. Tehrani ; *BJE* 2018, p. 48, note Bourbouloux et Broud ; *Gaz. Pal.* 16 janv. 2018, p. 57, obs. Ben Cheikh-Vecchioni). Ces dispositions ne prévoient aucune condition relative à l'existence d'un dispositif assurant le financement du maintien des couvertures santé et prévoyance (■ Cass. 2e civ., 5 nov. 2020, n° 19-17.164 : *JCP* S 2020, 3112, note Coursier ; *Rev. proc. coll.* 2021, comm. 15, obs. Jacotot).

II – EXERCICE DE L'OPTION

15) Titulaire de l'option. L'option n'appartient qu'au mandataire de justice (■ Cass. com., 19 déc. 1995, n° 93-20.398 : *JurisData* n° 1995-003704 ; *RD* *bancaire et bourse* 1996, 129, n° 8, obs. M.-J. Campana et J.-M. Calendini ; *JCP* E 1996, pan. 276 ; *D.* 1996, somm. 283, obs. A. Honorat) ; elle ne saurait être exercée par le coassuré d'un débiteur à l'égard de la COFACE (même déc.).

Les dispositions de l'article L. 621-28 [L. 622-13] n'ont été édictées que dans l'intérêt de l'entreprise en redressement judiciaire et le codébiteur solidaire du débiteur ne peut se prévaloir de ces dispositions (▪ Cass. com., 13 mars 2001, n° 98-15.673 : *JurisData* n° 2001-008788 ; *RJDA* 8-9/2001, n° 877).

Sur l'exercice de l'option en l'absence d'administrateur, V. C. com., art. R. 627-1.

16) Absence d'option. Lorsque l'administrateur n'a ni expressément, ni tacitement opté pour la continuation du contrat, le défaut d'exécution n'entraîne pas la résiliation de plein droit (▪ Cass. com., 7 nov. 2006, n° 05-17.112 : *JurisData* n° 2006-035796 ; *D.* 2006, p. 2846, obs. A. Lienhard ; *D.* 2007, pan. 48, obs. Le Corre ; *RJDA* 5/2007, n° 522 ; *JCP* E 2007, 1003, étude Le Corre-Broly ; *ibid.*, 1004, n° 14, obs. M. Cabrillac).

17) Option tacite. En l'absence de mise en demeure du contractant, la décision spontanée de poursuivre un contrat résulte de l'exécution de ce contrat en connaissance de cause (▪ Cass. com., 6 déc. 1994, n° 92-18.722 : *JCP* E 1995, 457, § 15, obs. Pétel. ▪ 3 déc. 1996, n° 94-20.669. ▪ 20 juin 2000, n° 97-18.204 : *JurisData* n° 2000-002499 ; *JCP* E 2000, pan. 1403 ; *D.* 2000, act. jurispr., p. 343, obs. Pisoni ; *RTD com.* 2000, 1007, obs. Laude).

Ou de l'encaissement des créances nées de ce contrat (▪ Cass. com., 29 avr. 2002, n° 99-16.602 : *Rev. proc. coll.* 2002, 193, obs. Roussel Galle ; *Act. proc. coll.* 2002, comm. 141, obs. J. Vallansan).

18) Mise en demeure. Ne saurait être assimilée à une mise en demeure la déclaration unilatérale par laquelle le cocontractant annonce qu'il ne tient pas à poursuivre ses relations commerciales avec le débiteur (▪ Paris, 9 nov. 1994 : *JurisData* n° 1994-024496 ; *D.* 1995, inf. rap. 18).

La mise en demeure doit avoir été adressée à l'organe compétent (à l'administrateur et non au juge-commissaire) pour produire effet et faire courir le délai d'un mois (▪ Versailles, 28 sept. 2000, n° 98/0113 : *JurisData* n° 2000-134920 ; *RJDA* 1/2001, n° 46).

19) Conversion de la procédure. La liquidation judiciaire apparaissant comme la continuation de la procédure de redressement judiciaire, le liquidateur doit exercer l'option dans le mois qui suit la mise en demeure de l'administrateur, la liquidation judiciaire étant intervenue avant l'expiration de ce délai qui n'est ni interrompu ni suspendu par le jugement prononçant la liquidation judiciaire (▪ Cass. com., 23 mai 1995 : *JurisData* n° 1995-053847 ; *JCP* E 1995, I, 513, n° 15, obs. M. Cabrillac ; *D.* 1995, somm. 308, obs. Honorat, cassant partiellement ▪ Paris, 8 oct. 1992 : *JurisData* n° 1992-600003 ; *D.* 1993, somm. 2, obs. Derrida).

20) Responsabilité de l'administrateur. L'administrateur ne commet pas de faute en sollicitant un délai pour prendre position alors qu'une perspective de cession le justifiait (▪ Cass. com., 16 janv. 2019, n° 17-25.792 : *Gaz. Pal.* 16 avr. 2019, p. 64, obs. Bidan).

III – EFFETS DE L'OPTION

A – Continuation du contrat

21) Fourniture de la prestation promise. Lorsqu'il opte pour la continuation l'administrateur doit exécuter le contrat en son entier, en respectant tous les droits et obligations qui s'y attachent (▪ Cass. com., 11 oct. 1994, n° 92-17.599 : *JurisData* n° 1994-001863 ; *RJDA* 2/95, n° 202 ; *JCP* E 1995, II, 749, note Fourgoux. – Comp. ▪ Cass. com., 13 oct. 1998, n° 96-13.350 : *RJDA* 1/99, n° 69). V. par exemple : sur le versement d'acomptes (▪ Cass. com., 5 juill. 1982, n° 80-16.869 : *JurisData* n° 1982-702115 ; *Bull.* IV, n° 263 ; *D.* 1983, inf. rap. 9, obs. Derrida) ; sur l'exécution de réparations autres que locatives, en cas de liquidation judiciaire du bailleur (▪ Cass. com., 29 avr. 2002, n° 99-16.602 : *JurisData* n° 2002-014146 ; *D.* 2002, p. 1674, obs. Lienhard ; *JCP* E 2002, pan. 930 ; *RJDA* 8-9/2002, n° 909) ; peu importe que les preneurs aient déclaré leur créance au titre de travaux, cette déclaration ne valant pas abandon pour l'avenir de leur droit d'obtenir que le bailleur remplisse une des obligations résultant de la poursuite du bail (▪ Cass. com., 29 avr. 2002, préc.).

L'administrateur ne peut exiger la réitération d'une vente en cours par acte authentique qu'en payant aux promettants le prix convenu (▪ Cass. com., 22 oct. 1996 : *JCP* E 1996, pan. 1273 ; *RJDA* 2/1997, n° 264).

22) Maintien des dispositions du contrat. Est interdite toute clause qui modifie les conditions de poursuite d'un contrat en cours en diminuant les droits ou en aggravant les obligations du débiteur du seul fait de sa mise en redressement judiciaire (▪ Cass. com., 14 janv. 2014, n° 12-22.909 : *JurisData* n° 2014-000273 ; *JCP* E 2014, 1173, n° 7, obs. Pétel ; *D.* 2014, 206, obs. Lienhard ; *Act. proc. coll.* 2014, comm. 53, obs. Roussel Galle).

Si le contrat à durée déterminée vient à terme après le jugement d'ouverture, le cocontractant peut y mettre fin, après respect du délai de préavis contractuel, sauf décision abusive de sa part (▪ Cass. com., 30 oct. 2000, n° 97-14.774 : *RJDA* 2/2001, n° 186).

V. également : pour la rémunération d'un agent commercial (▪ Cass. com., 22 juin 1982, n° 78-11.362 : *JurisData* n° 1982-701464 ; *Bull. civ.* IV, n° 239 et n° 240 ; *DS* 1983, inf. rap. 62, obs. Derrida) ; pour une clause compromissoire (■ Cass. com., 19 juill. 1982, n° 80-17.183 : *JurisData* n° 1982-701759 ; *Bull. civ.* IV, n° 280 ; *JCP* CI 1983, I, 11273, n° 13, obs. Cabrillac et Vivant. ■ Cass. 1er civ., 1er avr. 2014, n° 14-14.552 : *JurisData* n° 2015-007126 ; *JCP* E 2015, 1273, obs. Lebel) ; pour une clause attributive de compétence (■ Cass. com., 9 mars 1977, n° 75-10.447 : *JurisData* n° 1977-097079 ; *D.* 1977, inf. rap. 402. ■ Cass. com., 20 juin 2000, n° 97-18.204 : *JurisData* n° 2000-002499 ; *RJDA* 11/2000, n° 1007 ; *JCP* E 2000, pan. 1403) ; pour une clause de majoration des obligations du débiteur (■ Cass. com., 11 mai 1993, n° 91-11.379 : *JurisData* n° 1993-000850 ; *JCP* E 1993, 298, n° 17, obs. M. Cabrillac ; *D.* 1993, somm. 368, obs. Honorat).

23) Adaptations nécessaires. Une banque ne peut opposer à l'administrateur qui entend poursuivre la convention d'ouverture de compte des prétextes tirés d'une impossibilité organisationnelle en raison de la nécessité de faire fonctionner le compte sous une double signature (■ Cass. com., 4 juin 2013 : *JCP* E 2013, 1434, n° 8, obs. Ph. Pétel ; *Gaz. Pal.* 29 sept. 2013, p. 18, obs. C. Bidan ; *BJE* 2013, p. 280, obs. S. Benilsi).

24) Paiement comptant. Lorsque la prestation que doit le débiteur porte sur une somme d'argent, celle-ci doit se faire comptant (droit antérieur à l'ord. du 12 mars 2014) sauf si le cocontractant accepte des délais de paiement (■ Cass. com., 20 sept. 2017, n° 14-17.225, *JurisData* n° 2017-018236 ; *JCP* E 2017, 1688, n° 10, obs. Tehrani ; *D.* 2017, p. 1830, obs. Lienhard ; *Act. proc. coll.* 2017-18, comm. 267, obs. Roussel-Galle ; *BJE* 2017/6, p. 407, obs. Benilsi).

25) Sanction des inexécutions. Le cocontractant peut invoquer l'exception d'inexécution contre l'administrateur (■ Cass. com., 5 juill. 1982 : *Bull.* IV, n° 263 ; *D.* 1983, inf. rap. 9, obs. Derrida) ; ou une clause résolutoire de plein droit pour une mauvaise exécution contractuelle postérieure à l'ouverture de la procédure (■ Cass. 3e civ., 17 mars 1976, n° 74-14.267 : *JurisData* n° 1976-099126 ; *D.* 1976, somm. 59).

Lorsqu'un contrat d'assurance est continué, le défaut de paiement d'une prime postérieure ne peut donner lieu à résiliation que dans les conditions prévues à l'article L. 113-3 du Code des assurances (■ Cass. com., 15 nov. 2016, n° 14-27.045 : *JurisData* n° 2016-023987 ; *JCP* E 2017, 1164, n° 9, obs. Pétel, 1235, note Stefania ; *Act. proc. coll.* 2017-1, comm. 1, obs. Roussel Galle ; *Gaz. Pal.* 10 janv. 2017, p. 66, obs. Kenderian).

Lorsque le contrat de crédit-bail a été poursuivi, la restitution du bien doit être obtenue par la voie d'une action en résiliation du contrat continué et non par le biais de l'action en revendication prévue par l'article L. 621-115 [L. 624-9] (■ Cass. com., 25 juin 1996, n° 94-12.456 : *JurisData* n° 1996-002751 ; *Bull.* IV, n° 300 ; *JCP* E 1997, I, 623, n° 8, obs. M. Cabrillac ; *RJDA* 1/97, n° 129. ■ Cass. com., 3 déc. 1996, n° 94-16.815 : *JurisData* n° 1996-004636 ; *RD bancaire et bourse* 1997, 36, n° 4, obs. Campana et Calendini ; *RJDA* 3/97, n° 417 ; *RTD com.* 1997, 501, obs. Bouloc).

26) Résiliation de plein droit. La résiliation de plein droit pour défaut de paiement suppose que le liquidateur ait opté, expressément ou tacitement, pour la continuation du contrat, sans que soit exigée la délivrance d'une mise en demeure préalable d'exercer cette option (■ Cass. com., 8 mars 2017, n° 15-21.397 : *Act. proc. coll.* 2017-7, comm. 107, obs. Cagnoli ; *JCP* E 2017, 1271, obs. Brignon ; *Gaz. Pal.* 27 juin 2017, p. 45, obs. Kenderian ; *BJE* 2017/4, p. 272, obs. Benilsi).

La résiliation de plein droit doit être constatée par le juge-commissaire (■ Cass. com., 20 sept. 2017, n° 16-14.065, *JurisData* n° 2017-018237 ; *JCP* E 2017, 1688, n° 11, obs. Pétel ; *BJE* 2018/1, p. 30, obs. Benilsi ; *Rev. proc. coll.* 2018, comm. 64, obs. Roussel Galle. ■ Cass. com., 4 juill. 2018, n° 17-15.038 : *JurisData* n° 2018-011773 ; *Gaz. Pal.* 9 oct. 2018, p. 71, obs. Kenderian ; *BJE* nov. 2018, p. 425, obs. Monserie-Bon ; *JCP* E 2019, 1000, n° 13, obs. Pételj.

27) Inexécutions antérieures. La continuation du contrat n'entraîne pas l'obligation pour le syndic de régler les créances antérieures au jugement nées de ce contrat (droit antérieur, ■ Cass. com., 21 avr. 1977, n° 75-12.519 : *D.* 1977, inf. rap. 298, obs. Honorat. ■ Cass. com., 17 juill. 1981, n° 79-16.405 : *JurisData* n° 1981-002352 ; *D.* 1982, inf. rap. 399, obs. Honorat. – Pour un contrat de crédit-bail, ■ Cass. com., 22 janv. 1974, n° 72-13.191 : *Gaz. Pal.* 1974, 1, 445, note Le Galcher-Baron ; *JCP* 1974, II, 17865, note E.-M. Bey ; *RTD com.* 1975, 377, obs. Houin et Le Gall). Solution confirmée par C. com., art. L. 622-13 (■ Paris, 7 janv. 1992 : *JurisData* n° 1992-020436 ; *D.* 1992, inf. rap. 111).

Mais lorsque la résiliation était demandée avant l'ouverture de la procédure pour inexécution d'une obligation de faire et non de payer une somme d'argent, le cours de l'instance ne peut en être arrêté ni par l'ouverture de la procédure ni par l'exercice de la faculté ouverte à l'administrateur par l'article L. 621-28 [L. 622-13] (■ Cass. com., 28 mai 1996, n° 93-16.125 : *JurisData* n° 1996-002079 ; *JCP* E 1996, I, 584, n° 13, obs. Ph. Pétel ; *RJDA* 11/1996, n° 1392). V. également, pour un bail rural ■ Cass. 3e civ., 21 juill. 1999, n° 96-11.634 : *JurisData* n° 1999-002971 ; *JCP* E 1999, pan. 1655 ; *JCP* E 2000, p. 126, n° 6, obs. Ph. Pétel.

28) Sort des versements antérieurs. Lorsque l'administrateur opte pour la poursuite du contrat, l'imputation des acomptes payés avant le jugement d'ouverture sur les factures émises postérieurement constitue une modalité d'exécution du contrat continué, de sorte que les créances correspondant au versement de ces acomptes ne sont pas soumises à déclaration (▪ Cass. com., 28 janv. 1997, n° 93-21.857 : *JurisData* n° 1997-000316 ; *RJDA* 5/1997, n° 698 ; *RD bancaire et bourse* 1997, 131, n° 7, obs. Campana et Calendini. ▪ Cass. com., 25 nov. 1997, n° 95-18.432 : *JurisData* n° 1997-004895 ; *RJDA* 4/1998, n° 460. ▪ Cass. com., 10 déc. 2002, n° 99-18.069 : *RJDA* 5/2003, n° 513).

La compensation légale s'opère entre la créance des loyers dus pour la période de continuation du bail et la créance de restitution du dépôt de garantie (▪ Cass. com., 20 mars 2001, n° 98-14.124 : *JurisData* n° 2001-008759 ; *Bull. civ.* IV, n° 63 ; *RJDA* 7/2001, n° 807 ; *JCP* E 2001, pan. 876, p. 1423, n° 3, obs. M. Cabrillac et Ph. Pétel ; *D.* 2001, p. 1391, obs. A. Lienhard ; *JCP* E 2002, jurispr. 224, note M. Kéita ; *RTD com.* 2001, 765, obs. A. Martin-Serf ; *AJDI* 2002, 371, obs. Gallet. ▪ Cass. com., 24 juin 2003, n° 00-17.478 : *JurisData* n° 2003-019719 ; *JCP* E 2003, chron. 1665, n° 12, obs. Kendérian ; *JCP* E 2004, jurispr. 426, note Kéita. ▪ Cass. com., 18 janv. 2005, n° 03-17.217 : *JurisData* n° 2005-026566 ; *D.* 2005, p. 430, obs. Lienhard ; *ibid.*, jurispr. 782, obs. Le Corre ; *ibid.*, pan. 2016, n° 2, obs. Lucas et Le Corre ; *ibid.*, pan. 2082, obs. Crocq ; *JCP* E 2005, 639, n° 15, obs. Cabrillac ; *RJDA* 5/2005, n° 592 ; *RTD com.* 2005, 413, obs. Martin-Serf), peu importe que l'absence de déclaration (▪ Cass. com., 18 janv. 2005, préc.). L'imputation du dépôt de garantie doit se faire en priorité sur les loyers postérieurs (▪ Cass. com., 20 mars 2001, préc. ▪ Cass. com., 24 juin 2003, préc.).

29) Concours bancaires. L'article L. 313-12 du Code monétaire et financier s'applique aux crédits en cours après l'adoption d'un plan de continuation, à moins que le banquier ne puisse invoquer une des circonstances prévues par ce texte ; en conséquence le juge des référés, dans le cadre de l'article 873 du Code de procédure civile, a compétence pour ordonner le maintien des concours auxquels le banquier a mis fin brutalement sans bénéficier de l'une de ces circonstances (▪ Cass. com., 14 févr. 1989 : *JCP* E 1989, II, 15591, n° 7, obs. Cabrillac ; *D.* 1991, somm. 11, obs. Derrida ; *RJ com.* 1989, 356, obs. Calendini ; *RTD com.* 1989, 506, obs. Cabrillac et Teyssié).

En revanche, si les conditions de l'article L. 313-12 du Code monétaire et financier, alinéas 1 ou 2, sont remplies, il doit s'appliquer aux crédits *poursuivis pendant la période d'observation* en application de l'article L. 621-28 [L. 622-13] (▪ Cass. com., 1er oct. 1991, n° 89-13.127 : *JurisData* n° 1991-002470 ; *JCP* E 1991, II, 236, note Jeantin ; *RD bancaire et bourse* 1992, p. 126, obs. Campana et Calendini ; *JCP* E 1992, I, 138, n° 18, obs. Cabrillac ; *D.* 1992, somm. 261, obs. Derrida. ▪ Cass. com., 2 mars 1993, n° 91-10.181 : *JurisData* n° 1993-000472 ; *Bull. civ.* IV, n° 88 ; dans cette espèce le préavis avait été adressé au débiteur quelques jours avant sa mise en redressement judiciaire. – V. Gavalda : *RD bancaire et bourse* 1993, 228), et non aux crédits antérieurs à la procédure (▪ Cass. com., 28 juin 1994, n° 92-10.830 : *JurisData* n° 1994-001529 ; *Bull. civ.* IV, n° 242 ; *RD bancaire et bourse* 1995, 17, obs. Credot et Gérard ; *RD bancaire et bourse* 1995, 83, obs. Campana et Calendini ; *RJDA* 1/1995, n° 65. – Comp. ▪ Cass. com., 1er juill. 1997, n° 95-15.440 : *JurisData* n° 1997-003143 ; *RJDA* 12/1997, n° 1540 ; *RD bancaire et bourse* 1998, 24, n° 5, obs. Campana et Calendini ; *RTD com.* 1997, 660, obs. Cabrillac). La notification écrite doit être adressée à l'administrateur judiciaire et non à la société (▪ Cass. com., 28 juin 1994, préc.).

30) Compte courant. La survenance du jugement de redressement judiciaire a pour conséquence nécessaire, quelle que soit la suite donnée à la convention de compte courant, d'entraîner une liquidation de ce compte au jour où il est prononcé ; la créance ainsi chiffrée, échappant au fonctionnement ultérieur du compte courant si celui-ci est continué en vertu de l'article L. 621-28, alinéa 5, [L. 622-13] doit être déclarée et payée dans les mêmes conditions que toutes les créances antérieures au jugement (▪ Versailles, 29 sept. 1988 : *JurisData* n° 1988-044568 ; *D.* 1989, 132, note D. Martin. ▪ Cass. com., 5 nov. 2003, n° 00-13.570 : *RJDA* 3/2004, n° 340. – *Adde*, ▪ Cass. com., 9 juin 1992, n° 90-15.654 : *JurisData* n° 1992-001322 ; *Banque* 1992, 950, obs. Rives-Lange. – Comp., ▪ Cass. com., 3 janv. 1995, n° 93-11.093 : *JurisData* n° 1995-000049 ; *JCP* E 1995, I, 457, n° 16, obs. M. Cabrillac ; *JCP* E 1995, I, 482, n° 8, obs. Simler et Delebecque).

Lorsque l'administrateur a demandé le maintien du compte courant en application de l'article L. 621-28 [L. 622-13], la banque ne peut agir immédiatement contre la caution pour le montant du solde provisoire tel qu'il s'établit au jour du jugement de redressement judiciaire car le cautionnement ne peut excéder ce qui est dû par le débiteur et, en l'absence de clôture du compte, le solde n'est pas exigible (▪ Cass. com., 3 janv. 1995 : *JCP* E 1995, I, 457, n° 16, obs. M. Cabrillac ; *ibid.*, I, 482, n° 8, obs. Simler et Delebecque. – Mais *contra*, ▪ Cass. com., 9 juin 1992 : *Banque* 1992, 950, obs. J.-L. Rives-Lange ; *D.* 1994, somm. 323, obs. M. Vasseur).

31) Cession des créances nées du contrat continué. Même si son exigibilité n'est pas encore déterminée, la créance résultant d'un contrat à exécution successive peut être cédée et, sortie du patrimoine du cédant, son paiement n'est pas affecté par l'ouverture de la procédure collective de ce dernier (▪ Cass. com., 7 déc. 2004, n° 02-20.732 : *JurisData* n° 2004-026082 ; *RJDA* 4/2005, n° 441 ; *D.* 2005, p. 77, obs. Lienhard ; *ibid.*, p. 230, note Larroumet ; *ibid.*, pan. 1426, obs. A. B. ; *ibid.*, pan. 2014, n° 1, obs. Lucas et Le Corre ; *ibid.*, pan. 2087, A n° 1, obs. Crocq ; *JCP* E 2005, jurispr. 236, note Raby ; *ibid.*, 639, n° 4, obs. Pétel ; *RTD com.* 2005, 155, obs. Cabrillac ; *RTD civ.* 2005, 132, obs. Mestre et Fages ; *Act. proc. coll.* 2005, n° 17, obs. Regnaut-Moutier ; *RD bancaire et fin.* 2005, n° 77, obs. Crédot et Gérard ; *Banque et droit* mars-avr. 2005, 50, obs. Bonneau ; *Defrénois* 2005, 997, obs. Gibirila. – *Contra* ■ Cass. com., 26 avr. 2000, n° 97-10.415 : *JurisData* n° 2000-001577 ; *RJDA* 11/2000, n° 1032 ; *RJDA* 7/2001, p. 663, note Likilimba ; *JCP* E 2000, p. 1134, note Legeais, p. 1560, n° 2, obs. Ph. Pétel ; *RD bancaire et fin.* 2000, 229, n° 152, obs. Legeais ; *D.* 2000, act. jurispr., p. 265, obs. Pisoni, comm. 717, note Larroumet ; *LPA* 15 juin 2000, p. 6, obs. E. C. ; *RTD com.* 2000, 994, obs. Cabrillac ; *Dr. sociétés* 2000, n° 174, obs. Chaput ; *Act. proc. coll.* 2000, n° 146, obs. Regnaut-Moutier.

La solution s'impose même lorsque la cession de créances a été effectuée à titre de garantie (■ Cass. com., 22 nov. 2005, n° 03-15.669 : *JurisData* n° 2005-030852 ; *D.* 2005, p. 3081, note Delpech ; *Act. proc. coll.* 2006, n° 2, obs. Bonhomme ; *JCP* E 2006, 1569, n° 12, obs. M. Cabrillac ; *ibid.*, pan. 1001 ; *D.* 2006, pan. 2855, obs. Crocq ; *RTD com.* 2006, 169, obs. Legeais ; *Banque et droit* mars-avr. 2006, 67, obs. Bonneau ; *RD bancaire et fin.* janv.-févr. 2006, 18, obs. Cerles ; *Dr. et patrimoine* févr. 2006, 128, obs. Dupichot ; *RJDA* 3/2006, n° 325 ; *RJDA* 4/2006, chron. Tchotourian, p. 331 ; *D.* 2007, pan. 760, obs. D.-R. Martin).

V. également la jurisprudence relative à la saisie-attribution des créances successives, *infra* sous C. com., art. L. 622-21.

B – Non-continuation

32) Renonciation spontanée. En l'absence de mise en demeure par le cocontractant, la renonciation de l'administrateur à la poursuite du contrat n'entraîne pas la résiliation de plein droit de la convention à son initiative, mais confère au seul cocontractant le droit de la faire prononcer en justice (■ Cass. com., *19 mai 2004, n° 01-13.542* : *JurisData* n° 2004-023811 ; *D.* 2004, p. 1668, obs. Lienhard ; *RJDA* 11/2004, n° 1239 ; *JCP* E 2004, 1292, n° 13, obs. Ph. Pétel, pour un bail commercial) ; une telle demande n'entre pas dans les attributions du juge-commissaire (même déc.). – V. aussi ■ Cass. com., 5 juill. 2005, n° 04-13.834 : *JurisData* n° 2005-029371 ; *D.* 2005, p. 2147, obs. Lienhard ; *JCP* E 2005, pan. 1380 ; *D.* 2006, pan. 80, obs. Le Corre, en cas de liquidation judiciaire.

Idem en cas décision préalable de continuation (■ Cass. com., 1er mars 2016, n° 14-19.875 : *BJE* 2016, p. 167, obs. Benilsi ; *Rev. proc. coll.* 2016, comm. 44, obs. Roussel Galle).

33) Résiliation par le juge-commissaire. La faculté reconnue au juge-commissaire de prononcer la résiliation d'un contrat en cours à la demande du liquidateur n'exclut pas les dispositions d'ordre public relatives aux baux d'habitation (■ Cass. com., 7 oct. 2020, nos 19-14.388 et 19-10.685 : *JCP* E 2020, 1535, n° 8, obs. Pétel).

34) Loyers postérieurs. Les loyers postérieurs à la renonciation ne sont pas des créances de procédure (■ Cass. com., 18 sept. 2007, n° 06-13.824 : *JurisData* n° 2007-040410 ; *RJDA* 1/2008, n° 58 ; *D.* 2007, p. 2393, obs. Lienhard ; *ibid.*, chron. 2767, obs. Bélaval, Orsini, Salomon ; *Act. proc. coll.* 2007, comm. 197, obs. Regnaut-Moutier ; *JCP* E 2008, 1207, n° 13, obs. Pétel).

35) Mise en demeure. Lorsque l'administrateur mis en demeure répond dans le délai d'un mois prévu par la loi, son refus entraîne résiliation de plein droit du contrat à la date de la réception par le cocontractant de ce refus (■ Cass. com., 18 mars 2003, n° 00-12.693 : *JurisData* n° 2003-018282 ; *D.* 2003, p. 972, obs. Lienhard ; *JCP* E 2003, pan. 785, chron. 1396, n° 12, obs. M. Cabrillac ; *Act. proc. coll.* 2003, n° 8, obs. Regnaut-Moutier ; *RJDA* 8-9/2003, n° 850). Il n'y a pas lieu de faire nécessairement constater cette résiliation par le juge-commissaire (même déc.). Le délai supplémentaire prévu à l'article 66 du décret court à compter de la réception de la réponse de l'administrateur (même déc.).

36) Conséquences de la résiliation. Lorsque le contrat est résilié, le liquidateur ne peut plus demander au cocontractant le paiement du solde de la commande correspondant aux travaux exécutés (■ Cass. com., 24 sept. 2003, n° 01-00.572 : *JurisData* n° 2003-020230 ; *RJDA* 2/2004, n° 190 ; *JCP* E 2003, jurispr. 1748, note Kéita ; *JCP* E 2004, chron. 202, n° 10, obs. Ph. Pétel ; *D.* 2003, p. 2503).

Sur la résolution d'un contrat de concession, V. ■ Dijon, 17 déc. 2002, n° 00/01587 : *JurisData* n° 2002-197705 ; *JCP* E 2003, pan. 293

L'ordonnance constatant ou prononçant la résiliation d'un contrat en cours est opposable aux tiers, de sorte que la résiliation du contrat de maintenance entraîne la caducité du contrat de location financière interdépendant (■ Cass. com., 11 sept. 2019, n° 18-11.401 : *JCP* E 2019, 1551, n° 14, obs. Tehrani).

37) Indemnité. Il appartient au cocontractant dont le contrat n'a pas été continué de déclarer dans le délai légal la créance dont il s'estime titulaire au titre de l'indemnité de résiliation d'un contrat de location-gérance (■ Cass. com., 23 janv. 1990, n° 88-16.172 : *JurisData* n° 1990-700127 ; *Bull. civ.* IV, n° 17. ▪ Cass. com., 9 janv. 1990, n° 87-13.397 : *JurisData* n° 1990-000127 ; *RD bancaire et bourse* 1990, 142, obs. Campana et Calendini, pour un contrat de bail).

L'article L. 621-28 [L. 622-13], alinéa 4, ne prévoit pas que la clause déterminant le montant de l'indemnité destinée à réparer le préjudice causé au bailleur en cas de résiliation de la convention serait réputée non écrite après le prononcé du redressement judiciaire du locataire (▪ Cass. com., 25 nov. 1997, n° 95-18.432 : *JurisData* n° 1997-004895 ; *RJDA* 4/1998, n° 462) ; une telle clause pénale n'est pas contraire à la règle de l'égalité des créanciers (▪ Cass. com., 10 déc. 1991, n° 90-14.145 : *JurisData* n° 1991-003159 ; *JCP* E 1992, I, 138, n° 24, obs. Pétel ; *Bull. civ.* IV, n° 378 ; *RTD com.* 1992, 667, obs. Bouloc ; *ibid.*, 686, obs. Martin-Serf). À moins qu'il ne résulte de cette clause une majoration des obligations du débiteur envers le créancier en cas de prononcé de son redressement judiciaire (▪ Cass. com., 9 juill. 1991, n° 89-19.503 : *JurisData* n° 1991-001708 ; *Bull. civ.* IV, n° 254 ; *D.* 1993, somm. 72, obs. Honorat. ▪ Cass. com., 11 mai 1993 : *Bull. civ.* IV, n° 181 ; *D.* 1993, somm. 368, obs. Honorat).

Mais doit être rejetée la déclaration portant sur une indemnité de résiliation contractuelle dont les conditions de mise en œuvre n'étaient pas réunies (▪ Cass. com., 10 mars 2009, n° 07-13.835 : *Gaz. Pal.* 26-28 juill. 2009, p. 37, obs. E. Le Corre-Broly). *Idem* pour une clause ne visant pas expressément l'hypothèse de la non-continuation (▪ Cass. com., 15 mai 2019, n° 18-14.352 : *Gaz. Pal.* 15 oct. 2019, p. 54, obs. Kenderian).

IV – RESPONSABILITÉ DE L'ADMINISTRATEUR

38) Défaut de réponse. La faute de l'administrateur peut être retenue pour défaut de réponse à la mise en demeure d'opter (▪ Cass. com., 9 juin 1998, n° 95-12.338 : *JurisData* n° 1998-002640 ; *RJDA* 11/98, n° 1251 ; *D.* 1998, somm. 329, obs. Honorat ; *RTD com.* 1999, 190, obs. Laude ; *Rev. proc. coll.* 1999, 115, obs. Laude).

39) Continuation. Il incombe au mandataire de justice de s'assurer, lorsqu'il décide la poursuite d'un contrat, des possibilités financières immédiates et prévisibles de l'entreprise, pour en garantir l'exécution (▪ Cass. com., 10 mai 2005, n° 03-18.797 : *JurisData* n° 2005-028341 ; *D.* 2005, AJ, 1475, obs. Lienhard ; *RJDA* 8-9/2005, n° 1006).

C'est à la date de l'exercice de l'option qu'il faut se placer pour déterminer si l'administrateur peut légitimement croire que le cocontractant recevra son paiement (▪ Cass. com., 3 févr. 1998, n° 95-18.381 : *RJDA* 7/98, n° 883. ▪ Cass. com., 15 oct. 2002 [2e esp.] : *RJDA* 2/2003, n° 154). ▪ Cass. com., 14 oct. 2008 : *Gaz. proc. coll.* 2009-1, 21-22 janv. 2009, p. 30, obs. Bidan).

Absence de responsabilité lorsqu'il n'est pas établi que l'administrateur chargé d'assister le débiteur, savait que la situation était irrémédiablement compromise et qu'il a demandé la conversion en liquidation judiciaire dès que la perspective de redressement a disparu (▪ Cass. com., 15 oct. 2002 [3e esp.] : *RJDA* 2/2003, n° 154), ou la résiliation du contrat (▪ Cass. com., 15 oct. 2002 [4e esp.] : *RJDA* 2/2003, n° 154) ; lorsqu'il a respecté son obligation de prudence (▪ Cass. com., 13 mai 2003, n° 00-15.484 : *RJDA* 12/2003, n° 1201 ; *JCP* E 2003, pan. 1093 ; *D.* 2003, p. 2011. ▪ Cass. com., 5 mai 2004, n° 02-19.224 : *RJDA* 10/2004, n° 1139. – *Adde* ▪ Cass. com., 18 janv. 2000 : *Rev. proc. coll.* 2000, 75, obs. Soinne. ▪ Cass. com., 30 oct. 2012, n° 11-22.529 : *Gaz. Pal.* 18-19 janv. 2013, p. 20, obs. C. Bidan).

V. également, pour des contrats de crédit-bail (▪ Cass. com., 29 avr. 2002, n° 99-14.230 : *JurisData* n° 2002-014232 ; *RJDA* 10/2002, n° 1049. ▪ Cass. com., 2 oct. 2012, n° 11-21.934 : *Gaz. Pal.* 18-19 janv. 2013, p. 22, obs. C. Bidan).

40) Renonciation. Le liquidateur est tenu de restituer les locaux loué et ne peut prétendre s'y opposer, à titre conservatoire, dans l'attente de l'issue d'un procès (▪ Cass. com., 12 janv. 2016 : *Gaz. Pal.* 28 juin 2016, p. 60, obs. Berthelot). Mais jugé qu'il est tenu à une obligation de moyen et qu'aucune faute ne peut lui être reprochée lorsque le maintien dans les locaux était indispensable à la réalisation des actifs (▪ Cass. com., 8 janv. 2020, n° 18-20.844 : *BJE* mars 2020, n° 117r2, p. 53, obs. Benilsi ; *Rev. proc. coll.* 2021, comm. 9, obs. Vallansan et Leloup-Thomas).

41) Absence de décision. L'administrateur peut être fondé à différer sa prise de position jusqu'à la réalisation du diagnostic de l'entreprise (▪ Cass. com., 7 oct. 2020, n° 19-14.807 : *Rev. proc. coll.* 2021, comm. 9, obs. Vallansan et Leloup-Thomas).

V – COMPÉTENCE

42) Juge des référés. La connaissance d'une demande présentée par l'administrateur, tendant à la continuation des contrats en cours relève de la compétence exclusive du juge-commissaire et non de la compétence du juge des référés (▪ Cass. com., 8 déc. 1987 ; *JCP* E 1988, I, 17122 ; *Gaz. Pal.* 1988, 1, 167 ; D. 1988, 52, note Derrida. ▪ Cass. com., 1er oct. 1991 : *Bull.* IV, n° 273 ; *D.* 1993, somm. 10, obs. Derrida).

Toutefois, en cas de défaut de réponse de l'administrateur dans le mois de la mise en demeure, le juge des référés est compétent pour prévenir un dommage imminent, à l'exclusion du juge-commissaire (■ Aix-en-Provence, 27 mai 1988 : *JurisData* n° 1988-045439 ; *JCP* E 1989, II, 15431, note Putman. – Comp. ■ Cass. com., 9 avr. 1992 : *JCP* E 1992, II, 300, note Le Corre ; *D.* 1993, somm. 10, obs. Derrida, qui admet la compétence du juge des référés pour connaître de la demande d'un crédit-bailleur tendant au paiement des loyers échus postérieurement au prononcé du redressement judiciaire).

Le juge des référés est compétent pour annuler la résiliation de cautionnements dès lors que l'application du 5e alinéa de l'article L. 621-28 [L. 622-13] n'est pas susceptible d'une contestation sérieuse lorsque le juge se borne à retenir que nonobstant toute disposition légale ou clause contraire, aucune résiliation ne peut résulter du seul fait de l'ouverture d'une procédure de redressement judiciaire (■ Cass. com., 26 mai 1992 : *Bull.* IV, n° 205).

La compétence donnée au juge-commissaire pour constater la résiliation de plein droit des contrats poursuivis n'exclut pas la compétence du juge des référés, appelé à statuer en application de la clause résolutoire insérée dans le bail (■ Cass. com., 10 juill. 2001, n° 99-10.397 : *JurisData* n° 2001-010590 ; *D.* 2001, p. 2830, obs. Lienhard ; *JCP* E 2002, chron. 175, n° 14, obs. Pétel).

43) Juge administratif. La juridiction administrative est compétente pour connaître du litige portant sur la résiliation d'un contrat comportant occupation du domaine public (■ Cass. com., 12 juill. 2017, n° 15-13466 : *Gaz. Pal.* 10 oct. 2017, p. 64, obs. Kenderian).

Art. L. 622-14 *(L. n° 2005-845, 26 juill. 2005 ; mod., Ord. n° 2008-1345, 18 déc. 2008 ; Ord. n° 2010-1512, 9 déc. 2010).* – **Sans préjudice de l'application du I et du II de l'article L. 622-13, la résiliation du bail des immeubles donnés à bail au débiteur et utilisés pour l'activité de l'entreprise intervient dans les conditions suivantes :**

1° Au jour où le bailleur est informé de la décision de l'administrateur de ne pas continuer le bail. Dans ce cas, l'inexécution peut donner lieu à des dommages et intérêts au profit du cocontractant, dont le montant doit être déclaré au passif. Le cocontractant peut néanmoins différer la restitution des sommes versées en excédent par le débiteur en exécution du contrat jusqu'à ce qu'il ait été statué sur les dommages et intérêts ;

2° Lorsque le bailleur demande la résiliation ou fait constater la résiliation du bail pour défaut de paiement des loyers et charges afférents à une occupation postérieure au jugement d'ouverture, le bailleur ne pouvant agir qu'au terme d'un délai de trois mois à compter dudit jugement.

Si le paiement des sommes dues intervient avant l'expiration de ce délai, il n'y a pas lieu à résiliation.

Nonobstant toute clause contraire, le défaut d'exploitation pendant la période d'observation dans un ou plusieurs immeubles loués par l'entreprise n'entraîne pas résiliation du bail.

Bibliographie : Brault, *La fin du bail commercial dans le cadre du redressement judiciaire : JCP* E 1991, I, 72. • Ponceblanc, *La préservation des droits du bailleur dans le cadre du dépôt de bilan de son locataire : la juxtaposition des articles 37, 38 et 40 de la loi du 25 janvier 1985 : Gaz. Pal.* 1992, 1, doctr. 101. • Moneger, *Baux commerciaux et réforme du droit des entreprises en difficulté : JCP* E 1995, I, 438. • Monserié, *La continuation du contrat de bail : LPA* 8 juill. 1996, p. 15. • Raffin et Roziau, *Parfois le pluriel... est bien singulier, Observations afférentes... à l'adjectif afférent de l'article 38 : JCP* 1996, I, 518. • Saint-Alary-Houin, *La résiliation du bail commercial : LPA* 8 juill. 1996, p. 22. • Vallens, *La résiliation du bail commercial après la loi du 10 juin 1994 : JCP* E 1996, I, 536. • Gallet, *Résiliation du bail commercial et redressement judiciaire : nouvelles précisions de la Cour de cassation : Rev. loyers* 1999, 218. • Kenderian, *Le bail commercial relève-t-il du régime des contrats en cours en cas de procédure collective du bailleur : D.* 2003, doctr. 610. • Kuntz et Nurit, *Le bail et la procédure collective : une valse à trois temps : BJE* 2011, p. 349 ; *BJE* 2012, p. 187. • Le Corre, *Questions-réponses sur la résiliation du bail commercial après l'ouverture d'une procédure collective : Gaz. Pal.* 18-19 janv. 2013, p. 43. • Kendérian, *La clause résolutoire du bail commercial : JCP* E 2020, 1341. • Cerati, *Locataire en liquidation judiciaire : les dernières évolutions jurisprudentielles : JCP E 2020, 1302.*

1) Mise en demeure. La mise en demeure est sans effet en matière de bail (droit antérieur à 2008 ■ Cass. com., 2 mars 2010, n° 09-10.410 : *JurisData* n° 2010-001123 ; *D.* 2010, 649, obs. A. Lienhard ; *Act. proc. coll.* 2010, comm. 95, obs. G. Blanc ; *JCP* E 2010, 1742, n° 11, obs. M. Cabrillac ; *Gaz. Pal.* 2-3 juill. 2010, p. 24, obs. F. Kenderian).

2) Clause résolutoire. L'article L. 621-29 [L. 622-14] n'interdit pas au bailleur de se prévaloir d'une résiliation acquise antérieurement au jugement de redressement judiciaire par le jeu d'une clause résolutoire acquise (■ Cass. 3e civ., 21 févr. 1990, n° 88-13.644 : *JurisData* n° 1990-700451 ; *Bull.* III, n° 52 ; *RTD com.* 1990, 478, obs. Chaput. ■ Cass. com., 12 mai 1992, n° 90-17.755 : *JurisData* n° 1992-001133 ; *D.* 1992, inf. rap. 195).

Cependant, lorsqu'à la date du jugement d'ouverture l'acquisition d'une clause résolutoire de plein droit pour défaut de paiement des loyers antérieurs à cette ouverture n'a pas encore été constatée par une décision passée en force de chose jugée, le bailleur ne peut plus poursuivre l'action antérieurement engagée (■ Cass. com., 12 juin 1990, n° 88-19.808 : *JurisData* n° 1990-001758 ; *Bull.* IV, n° 172 ; *D.* 1990, 450, note Derrida ; *JCP* E 1991, I, 46, n° 15, obs. M. Cabrillac. ■ Cass. com., 14 mai 1991, n° 89-16.924 : *JurisData* n° 1991-001341 ; *D.* 1991, inf. rap. 165. ■ Cass. com., 26 juin 1991 : *RTD com.* 1991, 659, obs. Chaput. ■ Cass. 3e civ., 27 juin 2006, n° 06/00611 : *JurisData* n° 2006-323015 ; *JCP* E 2007, 1523, n° 38, obs. Monéger. ■ Cass. com., 3 juill. 2007, n° 05-20.519 : *JurisData* n° 2007-040014 ; *RJDA* 1/2008, n° 59 ; *JCP* E 2007, 2210, note Rémery. ■ Cass. com., 28 oct. 2008, n° 07-17.662 : *JurisData* n° 2008-045585 ; *JCP* E 2009, 1382, note C. Bourgeois. – Comp. ■ Cass. com., 9 avr. 1991, n° 89-18.817 : *JurisData* n° 1991-001047 ; *D.* 1991, inf. rap. 134. ■ Cass. com., 24 oct. 1995, n° 93-17.051 : *JurisData* n° 1995-002659 ; *Bull.* IV, n° 254, pour une ordonnance de référé passée en force de chose jugée).

Il en va de même pour l'instance en constatation de la résiliation du bail pour défaut de paiement de loyers introduite avant l'ouverture de la procédure et n'ayant pas donné lieu à une décision passée en force de chose jugée (■ Cass. com., 13 avr. 1999, n° 95-19.523 : *LPA* 8 mars 2000, p. 19, note Gallet).

3) Inexécution postérieure. Un commandement préalable est nécessaire pour faire jouer une clause résolutoire en application de l'article L. 145-41 (■ Cass. com., 28 juin 2011, n° 10-19.331 : *JurisData* n° 2011-024573 ; *D.* 2011, 1895, obs. A. Lienhard ; *Gaz. Pal.* 7-8 oct. 2011, p. 26, obs. F. Kendérian).

Ce commandement n'a pas à être notifié au mandataire judiciaire (■ Cass. com., 15 nov. 2017, n° 16-13.219 : *JurisData* n° 2017-022837 ; *Rev. proc. coll.* 2018, comm. 66, obs. Roussel Galle ; *Gaz. Pal.* 16 janv. 2018, p. 66, obs. Kenderian).

Le liquidateur peut se prévaloir des dispositions de l'article L. 145-41 et solliciter des délais de paiement ainsi que la suspension des effets de la clause résolutoire tant que la résiliation du bail n'est pas constatée par une décision passée en force de chose jugée (■ Cass. com., 6 déc. 2011, n° 10-25.689 : *JurisData* n° 2011-027378 ; *JCP* E 2012, 1209, note Kenderian ; *JCP* E 2012, 1227, n° 11, obs. Pétel ; *BJE* 2012, p. 155, obs. Benilsi).

Mais le bailleur qui, sans revendiquer le bénéfice d'une clause résolutoire, agit devant le juge-commissaire pour lui demander la constatation de la résiliation de plein droit du bail n'est pas dans l'obligation de délivrer le commandement de payer exigé par l'article L. 145-41 (■ Cass. com., 9 oct. 2019, n° 18-17.563 : *JCP* E 2019, 1532, obs. Cerati-Gauthier ; *JCP* E 2019, 1551, n° 15, obs. Tehrani ; *BJE* janv. 2020, n° 117m5, p. 28, obs. Monsèrié-Bon et Ghozi ; *Gaz. Pal.* 14 janv. 2020, p. 56, obs. Kenderian). – V. également, dans une procédure de redressement : ■ Cass. 3e civ., 15 janv. 2020, n° 17-28.127.

Le défaut de paiement des loyers échus depuis plus de 3 mois après le jugement d'ouverture doit être établi au jour de l'introduction ou de la poursuite de l'action en résiliation du bail et constitue une condition de fond de la résiliation et non de recevabilité de l'action (■ Cass. com., 2 nov. 1993, n° 91-14.669 : *JurisData* n° 1993-002360 ; *Bull.* IV, n° 373 ; *JCP* E 1994, I, 351, n° 14, obs. Pétel ; *AJPI* 1994, 209, note Gallet).

4) Résiliation du bail continué. L'administrateur peut mettre un terme à tout moment à des contrats de bail, même si les loyers peuvent être payés à l'échéance (■ Cass. com., 24 janv. 2018, n° 16-13.333 : *JurisData* n° 2018-000733 ; *JCP* E 2018, 1159, n° 17, obs. Pétel).

5) Refus de renouvellement. Les dispositions de l'article L. 621-29 [L. 622-14], ni celles de l'article L. 621-40 [L. 622-21], ne font obstacle à la recevabilité de l'action en déclaration de validité de congé avec refus de renouvellement fondée sur les dispositions de l'article L. 145-17 du Code de commerce (■ Cass. 3e civ., 14 mai 1997, n° 94-22.146 : *JurisData* n° 1997-002148 ; *RJDA* 7/97, n° 954 ; *D.* 1997, somm. 305, obs. Rozès. ■ Paris, 12 sept. 2005, n° 03/20417 : *JurisData* n° 2005-281151 ; *RJDA* 4/2006, n° 394).

Mais le preneur peut se prévaloir d'un motif légitime d'inexploitation qui fait obstacle à la validation du congé avec refus de renouvellement sans indemnité d'éviction (■ Cass. 3e civ. : *Gaz. proc. coll.* 26-28 avr. 2009, p. 24, obs. F. Kendérian).

6) Copreneur. L'exercice par le liquidateur de sa faculté de résiliation du bail ne met pas fin au contrat à l'égard des autres copreneurs (■ Cass. 3e civ., 18 févr. 2015, n° 14-10.510 : *JurisData* n° 2015-003363 ; *JCP* E, 2015, 1199, obs. Cerati-Gauthier).

7) Crédit-bail. Le crédit-bail immobilier n'étant pas un contrat de bail, l'administrateur ne peut se prévaloir, à son égard, de l'article L. 621-38 [L. 622-14] (■ Versailles, 19 mars 1992 : *D.* 1992, somm. 259, obs. Derrida. ■ Cass. com., 9 mai 1995, n° 92-20.565 : *JurisData* n° 1995-001094 ; *JCP* E 1995, pan. 810. ■ Cass. com., 11 mars 1997, n° 94-15.678 : *JurisData* n° 1997-001297 ; *RJDA* 7/97, n° 953).

Art. L. 622-15 ***(Anc. art. L. 621-30, renum. et mod., L. n° 2005-845, 26 juill. 2005).*** **– En cas de cession du bail, toute clause imposant au cédant des dispositions solidaires avec le cessionnaire est réputée non écrite.**

Voir : jurisp. citée ss art. L. 641-12, p. 1298.

Art. L. 622-16 *(Anc. art. L. 621-31, renum. et mod., L. n° 2005-845, 26 juill. 2005).* **– En cas de procédure de sauvegarde, le bailleur n'a privilège que pour les 2 dernières années de loyers avant le jugement d'ouverture de la procédure.**

Si le bail est résilié, le bailleur a, en outre, privilège pour l'année courante, pour tout ce qui concerne l'exécution du bail et pour les dommages et intérêts qui pourront lui être alloués par les tribunaux.

Si le bail n'est pas résilié, le bailleur ne peut exiger le paiement des loyers à échoir lorsque les sûretés qui lui ont été données lors du contrat sont maintenues ou lorsque celles qui ont été fournies depuis le jugement d'ouverture sont jugées suffisantes.

Le juge-commissaire peut autoriser le débiteur ou l'administrateur, selon le cas, à vendre des meubles garnissant les lieux loués soumis à dépérissement prochain, à dépréciation imminente ou dispendieux à conserver, ou dont la réalisation ne met pas en cause, soit l'existence du fonds, soit le maintien de garanties suffisantes pour le bailleur.

1) **Indemnité d'occupation.** Le privilège du bailleur s'applique à toute créance résultant de l'occupation des lieux ; un propriétaire créancier d'une indemnité d'occupation peut y prétendre pour les 2 années précédant le jugement d'ouverture (■ Cass. com., 25 oct. 2011, n° 10-24.658 : *JurisData* n° 2011-023402 ; *JCP* E 2012, 1000, n° 13, obs. Ph. Pétel ; *D.* 2011, p. 2653, obs. A. Lienhard ; *Gaz. Pal.* 20-21 janv. 2012, p. 21, obs. F. Kenderian).

2) **Droits du saisissant.** La saisie emportant attribution de la créance ainsi que de tous ses accessoires, en application de l'article 43 de la loi du 9 juillet 1991, la créance de loyers a vocation à bénéficier du privilège du bailleur dans la limite des 2 ans fixée par l'article L. 621-31 (■ CA Orléans, 25 mai 2000, n° 99/01591 : *JurisData* n° 2000-114803 ; *RJDA* 12/2000, n° 1138).

Art. L. 622-17 *(Anc. art. L. 621-32, renum. et mod., L. n° 2005-845, 26 juill. 2005 ; Ord. n° 2008-1345, 18 déc. 2008 ; Ord. n° 2014-326, 12 mars 2014).* **– I. – Les créances nées régulièrement après le jugement d'ouverture pour les besoins du déroulement de la procédure ou de la période d'observation, ou en contrepartie d'une prestation fournie au débiteur pendant cette période, sont payées à leur échéance.**

II. – Lorsqu'elles ne sont pas payées à l'échéance, ces créances sont payées par privilège avant toutes les autres créances, assorties ou non de privilèges ou sûretés, à l'exception de celles garanties par le privilège établi aux articles L. 143-10, L. 143-11, L. 742-6 et L. 751-15 (1) **du Code du travail, des frais de justice nés régulièrement après le jugement d'ouverture pour les besoins du déroulement de la procédure et de celles garanties par le privilège établi par l'article L. 611-11 du présent code.**

III. – Leur paiement se fait dans l'ordre suivant :

1° Les créances de salaires dont le montant n'a pas été avancé en application des articles L. 143-11-1 à L. 143-11-3 du Code du travail (2) **;**

2° *(2° rempl. à compter du 1er octobre 2021, Ord. n° 2021-1193, 15 sept. 2021)* **Les créances résultant d'un nouvel apport de trésorerie consenti en vue d'assurer la poursuite de l'activité pour la durée de la procédure ;**

3° *(3° rempl. à compter du 1er octobre 2021, Ord. n° 2021-1193, 15 sept. 2021)* **Les créances résultant de l'exécution des contrats poursuivis conformément aux dispositions de l'article L. 622-13 et dont le cocontractant accepte de recevoir un paiement différé ;**

4° *(4° créé à compter du 1er octobre 2021, Ord. n° 2021-1193, 15 sept. 2021)* **Les autres créances, selon leur rang.**

(Al. créé à compter du 1er octobre 2021, Ord. n° 2021-1193, 15 sept. 2021) **Les apports de trésorerie** *mentionnés au* **2° et les délais de paiement mentionnés au 3° sont autorisés par le juge-commissaire dans la limite nécessaire à la poursuite de l'activité pendant la période d'observation et font l'objet d'une publicité. En cas de résiliation d'un contrat régulièrement poursuivi, les indemnités et pénalités sont exclues du bénéfice du présent article.**

IV. – Les créances impayées perdent le privilège que leur confère le II du présent article si elles n'ont pas été portées à la connaissance de l'administrateur et à défaut, du mandataire judiciaire ou, lorsque ces organes ont cessé leurs fonctions, du commissaire à l'exécution du plan ou du liquidateur, dans le délai d'un an à compter de la fin de la période d'observation. Lorsque cette information porte sur une créance déclarée pour le compte du

(1) Ces articles ont été recodifiés, V. C. trav., art. L. 3253-2 et L. 3253-3, p. 3328, art. L. 3253-4, L. 7313-8, p. 3329.
(2) Ces articles ont été recodifiés, V. C. trav., art. L. 3253-6 et s., p. 3329.

créancier en application de l'article L. 622-24, elle rend caduque cette déclaration si le juge n'a pas statué sur l'admission de la créance.

Bibliographie : Cabrillac, *L'article 40 de la loi du 25 janvier 1985 et ses difficultés d'application : Banque* 1986, p. 115. • Cardi-Broda, *Tableau synthétique sur la place des créances de nature salariale au regard de l'article 40 : Gaz. Pal.* 1986, 2, doctr. 425. • Peyramaure, *Le financement de la période d'observation : Gaz. Pal.* 1986, 2, doctr. 597. • Schmidt, *Le financement de l'entreprise pendant la période d'observation : RJ com.* 1987, p. 19, n° spéc.. • Soinne, *Les notions « d'origine », de « fait générateur » et « d'exigibilité » de la créance en droit fiscal et dans le droit des procédures collectives : Rev. proc. coll.* 1987, n° 2, p. 1. • Calendini, *Les crédits accordés par les établissements de crédit après le jugement de redressement judiciaire : JCP* E 1988, suppl. n° 18, p. 22 ; *Les crédits consentis après l'ouverture du redressement judiciaire : Banque et droit* 1990, 135. • Darroussez, *Le financement de la période d'observation, l'article 40 et les difficultés de sa mise en œuvre : Rev. proc. coll.* 1990, 329. • Laubie, *Sur quelques aspects pratiques de la situation des créanciers de l'article 40 de la loi du 25 janvier 1985 : Gaz. Pal.* 1990, 1, doctr. 65. • Campana, *Les droits des créanciers « article 40 » de la loi du 25 janvier 1985 : RD bancaire et bourse* 1991, p. 81. • Diesbecq, *Le régime des cotisations de sécurité sociale assises sur des salaires ou indemnités de préavis versés postérieurement au jugement d'ouverture de la procédure de redressement judiciaire : Gaz. Pal.* 1991, 1, doctr. 223. • Ponceblanc, *Le droit des procédures collectives, l'article 40 de la loi du 25 janvier 1985 et la résolution des plans de redressement : Gaz. Pal.* 1991, 1, doctr. 135. • Chaput, *Le financement de la période d'observation et l'article 40 de la loi : RJ com.* 1993, p. 221. • Campana et Legeais, *Le nouvel article 40 de la loi du 25 janvier 1985 : LPA* 14 sept. 1994, n° spéc., p. 49. • Bac, *En cas de procédure collective, les créanciers de l'article 40 disposent des voies d'exécution de droit commun : JCP* E 1998, prat. p. 211. • Guillou, *Fait générateur, origine, exigibilité de l'impôt dans les procédures collectives : Rev. proc. coll.* 1999, 57. • Dymant et Le Corre, *Créanciers de l'article 40 : aux ordres du starter ! : JCP* E 2000, p. 884. • Baron, *La date de naissance des créances contractuelles à l'épreuve du droit des procédures collectives : RTD com.* 2001, p. 1. • Le Corre, *La taxe foncière, une créance postérieure méritante ? : Gaz. Pal.* 15-16 oct. 2010, p. 12. • Berthelot, *Les créanciers postérieurs méritants : Rev. proc. coll.* 2011, dossier 35 et 37. • Donnette, *La notion de « créances de salaires » au sens des art. L. 622-17, III, 1° et L. 641-13, III, 1° C. com. : BJE* 2012, p. 385. • Cavalier, *Le paiement des créances fiscales dans le droit des procédures collectives : JCP* E 2015, 1029. • Berthelot, *De l'avènement d'un critère téléologique ou l'art du divinatoire pour le créancier postérieur méritant : CDE* 2016-4, 34. • Gouëzel, *La date de naissance de la créance de recours de la caution,* in *Mélanges Saint-Alary-Houin : LGDJ*, p. 229. • Théron, *Une belle évolution : la réduction du domaine du passif postérieur privilégiée, ibid.*, 533.

• *Sommaire*

I – DOMAINE DU PRIVILÈGE DE PROCÉDURE

A – Créances postérieures

1) Origine de la créance. L'origine et la naissance de la créance se situent à une même date, ▪ Cass. com., 23 avr. 2013, n° 12-14.906 : *JurisData* n° 2013-007930 ; *BJE* 2013, p. 240, obs. S. Benilsi ; *Gaz. Pal.* 12-13 juill. 2013, p. 15, obs. L.-C. Henry.

2) Créances fiscales. Le fait générateur de l'impôt sur le revenu résulte non de la perception des revenus mais de l'expiration de l'année au cours de laquelle ils ont été perçus (▪ CE, *19 déc. 1980, n° 9234 : JurisData* n° 1980-606495 ; *D.* 1981, IR p. 218, obs. Derrida. ▪ Cass. com., 12 juill. 1994, n° 90-18.265 : *JurisData* n° 1994-001451 ; *Bull. civ.* IV, n° 264 ; *JCP* E 1995, I, 417, n° 19, obs. Ph. Pétel. ▪ Cass. com., 14 janv. 2004 [3e esp.] : *RJDA* 7/2004, n° 856). *Idem* pour l'impôt sur les sociétés (▪ Cass. com., 16 déc. 2008, n° 08-12.142 : *JurisData* n° 2008-046292 ; *JCP* E 2009, 1347, n° 9, obs. Ph. Pétel ; *Gaz. proc. coll.* 26-28 avr. 2009, p. 22, obs. L.-C. Henry).

En cas de vente d'un stock de marchandises dans le cadre d'une vente d'unité de production, le montant de la TVA doit être versé au Trésor public (▪ Cass. com., 2 juin 2004, n° 01-11.757 : *JurisData* n° 2004-023926 ; *JCP* E 2004, chron. 1292, n° 7, obs. M. C. ; *D.* 2004, p. 2046). Le fait générateur de la TVA due sur une livraison à soi-même est l'expiration du délai prévu pour revendre l'immeuble soumis au régime des marchands de biens ▪ Cass. com., 16 déc. 2008 (JCP E 2009, 1267, note L. Sautonie-Laguione ; *Gaz. proc. coll.* 26-28 avr. 2009, p. 22, obs. L.-C. Henry).

Est considérée comme créance postérieure la taxe foncière grevant un immeuble pour la période postérieure au jugement ayant ouvert la procédure collective de son propriétaire (■ Cass. com., 9 mai 1985, n° 84-10.684 : *JurisData* n° 1985-001232 ; *D.* 1986, IR p. 102, obs. Honorat. ■ Cass. com., 15 oct. 2002, n° 99-18.914 : *JurisData* n° 2002-016043 ; *RJDA* 2/2003, n° 155).

Le fait générateur de la créance fiscale afférent à la cotisation due au titre de la participation des employeurs à l'effort de construction, se situe à la date à laquelle expire le délai imparti à l'employeur pour investir (■ Cass. com., 7 juill. 1998, n° 96-12.552 : *JurisData* n° 1998-003555 ; *RJDA* 11/98, n° 1253 ; *RTD com.* 1999, p. 509, obs. Martin-Serf. – V. Deleneuville, *Du fait générateur des taxes assises sur les salaires et de ses conséquences sur l'établissement de la liste des créances* : *Rev. proc. coll.* 1998, p. 20). *Idem* pour la taxe d'apprentissage et de participation au développement de la formation professionnelle (■ Cass. com., 22 févr. 2017, n° 15-17.166 : *JurisData* n° 2017-002803 ; *JCP E* 2017, pan. 1149 ; *Act. proc. coll.* 2017, comm. 99, obs. Vabres).

Le fait générateur des droits d'enregistrement est l'acte de mutation (■ Cass. com., 22 mars 2011, n° 10-16.822 : *JurisData* n° 2011-004389 ; *BJE* oct. 2011, p. 252, obs. J.-P. Sortais).

3) Créances sociales : salariés. Les cotisations de sécurité sociale afférentes à des salaires dus pour une période antérieure au jugement de redressement judiciaire doivent faire l'objet d'une déclaration de créance ; seules les cotisations dues pour la période de travail postérieure au jugement d'ouverture sont immédiatement exigibles en application de l'article L. 621-32 [L. 622-17], même si les salaires ont été versés en une fois pour la totalité de la période chevauchant le jugement de redressement judiciaire (■ Cass. com., 8 nov. 1988, n° 87-18.077 : *JurisData* n° 1988-702326 ; *JCP* E 1989, II, 15468, n° 3, obs. M. Cabrillac ; *D.* 1989, p. 36, note A. Honorat ; *RTD com.* 1989, p. 138, obs. A. Martin-Serf. ■ Cass. com., 20 févr. 1990, n° 88-17.200 : *JurisData* n° 1990-000380 ; *Bull. civ.* IV, n° 47. ■ Cass. com., 27 nov. 1991, n° 90-11.266 : *Annonces Seine* 6 janv. 1992, p. 27, obs. Roquet).

La créance relative aux indemnités de congés payés et de préavis dues à la suite de licenciements prononcés durant la période d'observation étant née régulièrement après le jugement d'ouverture du redressement judiciaire, la créance de l'URSSAF au titre des cotisations et majorations de retard se rapportant à ces indemnités entre dans les prévisions de l'article L. 621-32 (■ Cass. com., 2 mai 1990, n° 88-16.527 : *D.* 1991, p. 241, note Pagès. ■ Cass. com., 19 mai 1992, n° 90-16.962 : *JurisData* n° 1992-001190 ; *Bull. civ.* IV, n° 193. ■ Cass. com., 20 oct. 1992, n° 89-18.523 : *Bull. civ.* IV, n° 318 ; *D.* 1993, somm. p. 7, obs. Derrida).

Idem en cas de licenciement postérieur à la liquidation judiciaire (■ Cass. com., 20 févr. 1990, n° 88-17.200 : *JurisData* n° 1990-000380 ; *D.* 1991, somm. p. 3, obs. Derrida ; *JCP* E 1990, I, 19798 ; *Bull. civ.* IV, n° 47. ■ Cass. com., 10 juill. 1990, n° 88-20.493 : *JurisData* n° 1990-002231 ; *Bull.* IV, n° 207 ; *RTD com.* 1991, p. 294, n° 2, obs. Martin-Serf. ■ Cass. soc., 7 oct. 1992, n° 89-42.350 : *RJDA* 12/92, n° 1170).

Il en est de même des primes semestrielles et de vacances dues à la suite de licenciements prononcés par l'administrateur durant la période d'observation (■ Cass. com., 19 mai 1992, n° 90-16.962 : *JurisData* n° 1992-001190 ; *Bull. civ.* IV, n° 193).

Pour le 13e mois, V. ■ Cass. soc., 23 oct. 1991, n° 88-41.264 : *JurisData* n° 1991-002606 ; *Bull. civ.* V, n° 424 ; *D.* 1993, somm. p. 8, obs. F. Derrida ; *JCP* E 1992, I, 168, n° 20, obs. Ph. Pétel. ■ Cass. com., 14 déc. 1993, n° 92-11.720 : *JurisData* n° 1993-002810 ; *RJDA* 5/94, n° 579).

La créance de cotisations assise sur les indemnités de congés payés versées, hors tout licenciement, au titre des congés pris postérieurement au jugement d'ouverture mais se rapportant à un travail accompli antérieurement ne bénéficie pas du privilège de procédure (■ Cass. com., 19 mai 1992, n° 90-17.425 : *JurisData* n° 1992-001179 ; *Bull. civ.* IV, n° 194 ; *JCP* E 1992, I, 168, n° 19, obs. Ph. Pétel).

Le tribunal des affaires de sécurité sociale est seul compétent pour connaître du litige dans lequel il y a lieu de statuer, non sur le sort de la procédure de redressement judiciaire, mais sur celui des cotisations de sécurité sociale afférentes à des salaires, à l'effet de déterminer si une telle créance est née antérieurement ou postérieurement à l'ouverture de la procédure collective (■ Cass. com., 9 juill. 1991 : *Bull. civ.* IV, n° 255 ; *D.* 1992, somm. p. 282, obs. Honorat. – *Adde*, ■ Cass. com., 2 mai 1990 : *D.* 1991, p. 241, note Pagès).

4) Créances sociales : indépendants. Le fait générateur de la contribution sociale de solidarité réside dans l'existence de l'entreprise débitrice au 1er janvier de l'année au titre de laquelle elle est due (■ Cass. com., 28 juin 1994, n° 92-16.407 : *JurisData* n° 1994-001527 ; *Bull. civ.* IV, n° 241 ; *JCP* E 1995, I, 417, n° 19, obs. M. Cabrillac ; *RJDA* 1/95, n° 66).

Application du privilège de procédure à une créance de cotisations née de l'activité du débiteur pendant la période de référence, postérieurement au jugement d'ouverture, ■ Cass. com., 15 déc. 1992, n° 89-14.493 : *JurisData* n° 1992-002762 ; *Bull. civ.* IV, n° 413 ; *RJDA* 4/1993, n° 344. – Rappr., pour des cotisations d'allocations familiales de travailleur indépendant (■ Cass. com., 5 avr. 1994, n° 90-17.597 : *JurisData* n° 1994-000746 ; *RJDA* 8/1994, n° 961), ou d'assurance décès (■ Cass. com.,

13 mars 2007 : *RJDA* 7/2007, n° 748). Inversement, pour une créance antérieure, V. ▪ Cass. com., 13 févr. 2019, n° 17-23.665 : *Rev. proc. coll.* 2019, comm. 132, obs. Legrand. La créance de régularisation correspondant à une période d'activité antérieure au jugement d'ouverture doit être déclarée même si elle est fixée après ce jugement (▪ Cass. com., 13 févr. 2019, n° 17-23.665. ▪ Cass. 2e civ., 14 févr. 2019, n° 18-12.146 : *RTD com.* 2020, p. 471, obs. Martin-Serf ; *Rev. proc. coll.* 2020, comm. 148, obs. Saint-Alary-Houin).

Les cotisations d'assurance vieillesse des professionnels libéraux naissent le 1er janvier pour l'année entière (▪ Cass. com., 9 juill. 2013, n° 12-20.649 : *JurisData* n° 2013-014485 ; *Gaz. Pal.* 2013, p. 34, obs. C. Gailhbaud ; *JCP* E 2014, 1020, n° 11, obs. Pétel). Rappr. pour les cotisations CNBF (▪ Cass. com., 3 juill. 2012, n° 11-22.746 : *JurisData* n° 2012-014974 ; *D.* 2012, pan. p. 2205, obs. Le Corre ; *Gaz. Pal.* 12-13 oct. 2012, p. 23, obs. Henry ; *BJE* 2012, p. 290, obs. Favario).

5) Dépôt de garantie. Le bail ayant été conclu avant le jugement d'ouverture, la créance de restitution du dépôt de garantie doit être déclarée au passif (▪ Cass. com., 18 mai 2016, n° 13-28.328 : *Gaz. Pal.* 18 oct. 2016, p. 52, obs. Kenderian).

6) Vente. Le fait générateur de la créance du prix étant la remise de la marchandise, celle-ci entre dans les prévisions de l'article 40 [L. 622-17] lorsque cette remise a lieu après le jugement d'ouverture, sans qu'il y ait lieu de prendre en considération la date mentionnée sur les factures (▪ Cass. com., 22 nov. 1994, n° 91-18.981 : *JurisData* n° 1994-002132 ; *Bull. civ.* IV, n° 345. ▪ 3 avr. 2001, n° 98-18.069 : *RJDA* 8-9/2001, n° 876) ou la date de la commande (▪ Cass. com., 15 févr. 2000, n° 96-22.543 : *JCP* E 2000, pan. 588 ; *D.* 2000, *Cah. dr. aff.*, act. jurispr., p. 160, obs. Lienhard ; *RJDA* 6/2000, n° 685 ; *RJ com.* 2001, 83, obs. Courtier).

7) Revente d'une marchandise réservée. Dès lors que des marchandises vendues avec réserve de propriété, qui existaient en nature au jour de l'ouverture du redressement judiciaire de l'acheteur, ont été incluses dans un plan de cession des actifs après leur revendication dans le délai légal, l'administrateur de la procédure collective ne peut procéder à leur cession, en exécution du plan, sans en payer la valeur en application de l'article L. 621-32, alinéa 2, 5° [L. 622-17, III, 5°] (▪ Cass. com., 9 juin 1992, n° 90-16.804 : *JurisData* n° 1992-001325 ; *Bull. civ.* IV, n° 230 ; *RD bancaire et bourse 1993, p. 102,* obs. Campana et Calendini ; *D.* 1993, somm. 6, obs. Derrida, somm. 296, obs. Pérochon ; *JCP* E 1992, I, 195, n° 10, obs Cabrillac, cassant ▪ CA Aix-en-Provence, 20 mars 1990, n° 87-19.737 : *D.* 1991, somm. p. 42, obs. Pérochon. – *Adde*, ▪ Cass. com., 8 juin 1993, n° 90-21.928 : *JurisData* n° 1993-001552 ; *Bull. civ.* IV, n° 234 ; *D.* 1993, p. 289, obs. Pérochon. ▪ Cass. com., 20 févr. 1996, n° 93-19.653 : *D.* 1996, IR p. 01. ▪ Cass. com., 17 févr. 1998, n° 96-10.185 : *JurisData* n° 1998-000855 ; *Rev. proc. coll.* 1999, 158, n° 8, obs. Monsèrié). Il en est de même quand elles sont vendues par le débiteur après la revendication (▪ Cass. com., 10 oct. 1995, n° 93-10.808 : *JurisData* n° 1995-002811 ; *RJDA* 1/1996, n° 122. ▪ Cass. com., 5 mars 1996, n° 93-12.818 : *JurisData* n° 1996-000766 ; *RJDA* 6/1996, n° 830. ▪ Cass. com., 11 mars 1997, n° 94-20.069 : *JurisData* n° 1997-001069 ; *Bull. civ.* IV, n° 70 ; *RJDA* 7/1997, n° 962 : *RD bancaire et bourse* 1997, p. 132, obs. Campana et Calendini ; *JCP* E 1997, I, 681, n° 11, obs. M. Cabrillac ; *RTD com.* 1997, p. 668, obs. Bouloc ; *RTD com.* 2000, p. 457, obs. Martin-Serf ; *D.* 2000, somm. p. 77, obs. Pérochon et Mainguy. ▪ Cass. com., 26 juin 2001, n° 98-16.849 : *JurisData* n° 2001-010519 ; *RJDA* 12/2001, n° 1234).

8) Contrat à exécution successive. La redevance d'un contrat à exécution successive poursuivi par l'administrateur est une créance de la procédure pour la prestation afférente à la période postérieure au jugement d'ouverture et constitue une créance née antérieurement à ce jugement pour la prestation afférente à la période antérieure, peu important la date à laquelle la redevance est devenue exigible (▪ Cass. com., 28 mai 2002, n° 99-12.275 : *JurisData* n° 2002-014771 ; *RJDA* 10/2002, n° 1052 ; *JCP* E 2003, chron. 231, n° 10, obs. Ph. Pétel ; *D.* 2002, p. 2124, obs. Lienhard ; *Act. proc. coll.* 2002, n° 172, obs. Vallansan et Golhen ; *RTD com.* 2002, p. 726, obs. Martin-Serf, pour un contrat de crédit-bail. *Adde* : ▪ Cass. com., 12 janv. 2010, n° 08-21.456 : *JurisData* n° 2010-051067 ; *D.* 2010, p. 1826, obs. P.-M. Le Corre ; *Rev. proc. coll.* 2010, comm. 160, obs. F. Pérochon.

Mais le « pas de porte » étant une indemnité destinée à compenser la dépréciation de l'immeuble est une créance antérieure, même si son paiement est étalé dans le temps (▪ Cass. com., 14 avr. 1992, n° 89-18.486 : *JurisData* n° 1992-000937 ; *Bull. civ.* IV, n° 158 ; *JCP* E 1993, II, 391, note Lévy ; *JCP* E 1993, I, 236, n° 12, obs. Pétel ; *RTD com.* 1993, p. 183, obs. Martin-Serf).

Sur l'incidence de l'option de l'administrateur, V. *infra*, B.

9) Honoraires et commissions. Les juges doivent distinguer, pour déterminer la date à laquelle est née la créance d'honoraires du commissaire aux comptes, les prestations accomplies antérieurement au jugement d'ouverture de la procédure collective de celles accomplies postérieurement (▪ Cass. com., 2 oct. 2001, n° 98-22.493 : *JurisData* n° 2001-011148 ; *RJDA* 2/2002, n° 171 ; *D.* 2001, p. 3118, obs. Lienhard ; *JCP* E 2002, 175, n° 16, obs. Cabrillac ; *JCP* E 2002, 177, note Pasqualini ; *D.* 2002, jurispr. p. 800, note Derrida ; *RTD com.*

2002, p. 158, obs. Martin-Serf ; *Rev. proc. coll.* 2002, 264, obs. Dumont). *Idem* pour les honoraires d'un avocat (■ Cass. com., 19 juin 2007, n° 06-14.242 : *JurisData* n° 2007-039661 ; *RJDA* 10/2007, n° 987 ; *D.* 2007, p. 1878, obs. Lienhard ; *JCP* E 2007, pan. 2122).

Le fait générateur de la commission de l'agent commercial se situe au moment où le cocontractant se trouve lié au mandant (■ Cass. com., 15 nov. 2005, n° 03-13.261. ■ Cass. com., 7 mars 2018, n° 16-24.657 : *RTD com.* 2018, p. 474, obs. Martin-Serf ; *Rev. proc. coll.* 2020, comm. 147, obs. Saint-Alary-Houin). Mais jugé que le fait générateur de la créance de l'agent immobilier se trouve dans le mandat écrit qui doit être obligatoirement délivré à l'agent avant toute négociation et sans lequel il ne peut prétendre à aucune rémunération (■ Cass. com., 17 févr. 1998 : *JCP* E 1998, p. 808, rapp. Rémery, p. 1400, n° 18, obs. crit. Cabrillac et Pételi ; *RTD com.* 1998, p. 913, obs. Bouloc ; *ibid.*, 938, obs. Martin-Serf ; *LPA* 4 janv. 1999, p. 13, note Jazotte).

10) Honoraires de résultat. La créance d'honoraires de résultat ne naît pas à la date du paiement mais à celle de l'exécution de la prestation caractéristique (■ Cass. com., 27 sept. 2011, n° 10-21.277 : *JurisData* n° 2011-020533 ; *JCP* E 2012, 1000, n° 14, obs. Pételi ; *Act. proc. coll.* 2011, comm. 264, obs. Cagnoli. ■ Cass. com., 24 mars 2015, n° 14-15.139 : *JurisData* n° 2015-006332 ; *Act. proc. coll.* 2015, comm. 116, obs. Martineau-Bourgninaud ; *Rev. proc. coll.* 2015, comm. 116, obs. Saint-Alary-Houin).

11) Créances de restitution. La créance de restitution naît de la décision judiciaire qui l'ordonne (■ Cass. com., 5 déc. 1995, n° 93-21.172 : *JurisData* n° 1995-003543 ; *JCP* E 1996, I, 554, n° 3, obs. M. Cabrillac ; *RJDA* 3/1996, n° 411. ■ Cass. com., 8 déc. 1998, n° 96-21.540 : *JurisData* n° 1998-004743 ; *JCP* E 1999, p. 814, n° 12, obs. M. Cabrillac et Ph. Pétel ; *D.* 1999, somm. p. 190, obs. A. Honorat ; *RTD com.* 1999, p. 978, obs. A. Martin-Serf, pour la cassation ou l'infirmation d'une décision judiciaire exécutée. ■ Cass. com., 20 juin 2000, n° 97-16.732 : *JurisData* n° 2000-002633 ; *RJDA* 11/2000, n° 1008 ; *JCP* E 2001, p. 221, n° 14, obs. M. Cabrillac ; *D.* 2000, act. jurispr., p. 368, obs. Pisoni ; *RTD com.* 2000, p. 1010, obs. Martin-Serf, pour l'annulation d'un contrat. ■ Cass. com., 15 nov. 2005, n° 04-16.416 : *RJDA* 3/2006, n° 304 ; *D.* 2005, p. 3012, obs. Lienhard ; *JCP* E 2006, pan. 1069 pour la caducité d'une vente).

Mais contrairement au régime ordinaire de l'annulation, l'obligation de rembourser le prix d'une vente annulée parce qu'intervenue en période suspecte a son origine antérieurement au jugement d'ouverture (■ Cass. com., 20 janv. 2009 : *JCP* E 2009, 1347, n° 6, obs. M. Cabrillac ; *JCP* E 2009, 1381, note C. Lebel ; *D.* 2009, p. 425, obs. A. Lienhard).

V. également, fixant la date de naissance d'une créance de répétition de l'indu à la date du paiement (■ Cass. com., 24 nov. 1998, n° 96-17.100 : *JurisData* n° 1998-004487 ; *JCP* E 1999, pan. 814, n° 5 B, obs. M. Cabrillac et Ph. Pétel ; *RJDA* 1/1999, n° 68 ; *RTD com.* 1999, p. 975, obs. Martin-Serf. ■ Cass. com., 5 mai 2004, n° 02-13.137 : *RJDA* 8-9/2004, n° 1010). La créance d'indu contre le bénéficiaire d'un chèque trouve son origine non dans l'émission du chèque mais dans son encaissement (■ Cass. com., 5 juin 2007, n° 06-14.863 : *JurisData* n° 2007-039238 ; *RJDA* 8-9/2007, n° 865 ; *D.* 2007, p. 1730, obs. Lienhard ; *JCP* E 2007, pan. 1983 ; *JCP* E 2007, 2119, n° 13, obs. Cabrillac).

Le fait générateur de la créance de restitution de droits de douane est le fait juridique à l'origine de l'obligation de restitution de ces droits par l'administration et non la restitution elle-même (■ Cass. com., 23 janv. 2007, n° 05-13.995 : *JurisData* n° 2007-037049 ; *RJDA* 6/2007, n° 639 ; *JCP* E 2007, pan. 1323).

En cas de crédit affecté au financement de l'achat d'un bien par un consommateur et de résiliation du prêt en conséquence de la résolution de la vente du fait du vendeur, la créance de la banque contre ce dernier trouve son origine dans la résiliation du contrat de crédit après le jugement d'ouverture, par l'effet des dispositions de l'article L. 311-22 du Code de la consommation (■ Cass. com., 20 mai 1997, n° 93-20.819 : *JurisData* n° 1997-002192 ; *JCP* E 1997, pan. 758 ; *RJDA* 10/1997, n° 1260. ■ Cass. com., 3 févr. 1998 : *JCP* E 1998, p. 658, n° 18, obs. M. Cabrillac et Ph. Pétel, jurispr. 708, rapp. Rémery ; *RJDA* 6/1998, n° 763 ; *Bull. civ.* I, n° 52 ; *RTD com.* 1998, p. 910, obs. Bouloc ; *Rev. proc. coll.* 1999, 158, n° 8, obs. Monsèrié. ■ Cass. 1re civ., 6 avr. 2004, n° 01-00.449 : *RJDA* 10/2004, n° 1155) ; cette créance n'a pas à être déclarée (mêmes déc.).

De même en cas de subvention et de décision de retrait de la subvention et de reversement de l'acompte perçu, prise par l'ANAH postérieurement à l'ouverture de la procédure pour sanctionner l'absence de respect des conditions d'attribution de l'aide prévue, cette créance de restitution relève de l'article L. 621-32 [L. 622-17] (■ Cass. com., 13 mai 2003, n° 99-16.156 : *JurisData* n° 2003-018970 ; *Act. proc. coll.* 2003, n° 143, obs. Vallansan : *D.* 2003, p. 1764 ; *RJDA* 12/2003, n° 1202 ; *JCP* E 2003, 1396, n° 16, obs. M. Cabrillac et Ph. Pétel. ■ Cass. com., 5 mai 2004, n° 02-10.100 : *JurisData* n° 2004-023668 ; *RJDA* 10/2004, n° 1140).

12) Sanctions pécuniaires. Les sanctions pécuniaires répressives naissent avec la décision qui les prononce, même si les faits sont antérieurs au jugement d'ouverture (■ Cass. com., 14 janv. 2004 [1re esp.] : *RJDA* 7/2004, n° 856).

Les condamnations prononcées par le Conseil de la concurrence après le jugement d'ouverture sont des sanctions pécuniaires qui n'existent que depuis sa décision, de sorte que ces créances n'ont pas leur origine avant le jugement d'ouverture (▪ Cass. com., 4 mars 1997, n° 92-21.785 : *JurisData* n° 1997-000898 ; *RD bancaire et bourse* 1997, p. 132, obs. Campana et Calendini ; *RJDA* 6/97, n° 839 ; *JCP* E 1997, I, 681, n° 17, obs. M. Cabrillac ; *D.* 1998, p. 264, note Souweine ; *RTD com.* 1998, p. 944, obs. Martin-Serf. ▪ Cass. com., 14 janv. 2004, n° 01-10.107 : *JurisData* n° 2004-021826 ; *BRDA* 2004, n° 3, p. 6. ▪ Cons. conc., 18 févr. 2004, n° 02-11.754 : *D.* 2004, p. 877. – V. cependant, ▪ Cass. crim., 5 févr. 1998, n° 96-85.596 : *D. affaires* 1998, p. 912, obs. A. L. ; *RTD com.* 1998, p. 945, obs. Martin-Serf ; *Rev. proc. coll.* 1999, 189, obs. Saint-Alary-Houin).

Cependant, V. la solution contraire pour les amendes douanières dont le fait générateur réside dans les agissements sanctionnés (▪ Cass. crim., 5 févr. 1998 : *D. affaires* 1998, p. 912, obs. A. L. ; *RTD com.* 1998, p. 945, obs. Martin-Serf ; *Rev. proc. coll.* 1999, 221, n° 9, obs. Saint-Alary-Houin).

13) Créance de dépollution. La créance du Trésor public née d'une décision administrative postérieure au jugement d'ouverture n'a pas à être déclarée à la procédure collective (▪ Cass. com., 17 sept. 2002, n° 99-16.507 : *JurisData* n° 2002-015508 ; *RJDA* 1/2003, n° 44 ; *JCP* E 2002, pan. 1534 ; *JCP* E 2003, jurispr. 197, note Voinot, chron. 231, n° 14, obs. M. Cabrillac ; *D.* 2002, p. 2735, obs. Lienhard ; *RTD com.* 2003, p. 167, obs. Martin-Serf).

14) Astreinte. La créance d'astreinte a pour fait générateur le jugement de condamnation sous astreinte (▪ Cass. com., 21 janv. 2003, n° 01-01.761 : *JurisData* n° 2003-017339 ; *JCP* E 2003, 760, n° 5, obs. M. Cabrillac. ▪ Cass. com., 26 mars 2013, n° 06-10.602 : *JurisData* n° 2013-005995 ; *BJE* 2013, 238, obs. S. Benilsi).

15) Dépens et frais irrépétibles. Cette créance mise à la charge du débiteur trouve son origine dans la décision qui statue sur ces dépens et frais et entre dans les prévisions de l'article L. 621-32 [L. 622-17] lorsque cette décision est postérieure au jugement d'ouverture de la procédure collective (▪ Cass. com., 11 juin 2002 [2 arrêts] et ▪ Cass. 3e civ., 12 juin 2002, n° 00-19.038 : *JurisData* n° 2002-014755 ; *RJDA* 11/2002, n° 1171 ; *JCP* E 2003, chron. 231, n° 13, obs. M. Cabrillac et Ph. Pétel ; *D.* 2002, p. 2121, obs. Lienhard ; *D.* 2002, somm. p. 2642, obs. Fricero ; *RD bancaire et fin.* 2002, 196, n° 145, obs. F.-X. Lucas ; *RTD com.* 2002, p. 724, obs. Martin-Serf. ▪ Cass. 3e civ., 7 oct. 2009, n° 08-12.920 : *JurisData* n° 2009-049871 ; *JCP* E 2009, 2194, obs. J. Vallansan ; *Gaz. Pal.* 8-9 janv. 2010, p. 18, obs. L.-C. Henry). Il en est de même de la créance de dommages-intérêts pour procédure abusive lorsque la décision judiciaire est postérieure au jugement d'ouverture de la procédure (▪ Cass. com., 11 juin 2003, n° 00-21.775 : *JurisData* n° 2003-019476 ; *RJDA* 12/2003, n° 1203 ; *JCP* E 2003, pan. 1225 ; *JCP* E 2004, chron. 202, n° 15, obs. M. Cabrillac ; *D.* 2003, p. 2174).

16) Recours des garants. La créance de recours du garant contre le donneur d'ordre prend naissance à la date à laquelle l'engagement à première demande a été souscrit (▪ Cass. com., 19 déc. 2006 : *D.* 2007, p. 158, obs. Lienhard ; *JCP* E 2007, 1450, n° 12, obs. Cabrillac).

Il en va de même pour le cautionnement (▪ Cass. com., 30 sept. 2008, n° 07-18.479 : *JurisData* n° 2008-045257 ; *JCP* E 2008, 2493, n° 1, obs. Simler ; *Gaz. proc. coll.* 2009-1, 21-22 janv. 2009, p. 31, obs. Henry), y compris lorsque la caution exerce son recours avant paiement ▪ Cass. com., 3 févr. 2009, n° 07-19.631 : *JurisData* n° 2009-046855 ; *JCP* E 2009, 1347, n° 12, obs. M. Cabrillac ; *Dr et proc.* 2009, 202, obs. N. Picod.

Solution analogue pour l'associé en nom collectif (▪ Cass. com., 20 mars 2019, n° 15-26.171 : *JCP* E 2019, 1407, obs. Lebel). C'est au jour où il a été assigné en réparation que naît la créance indemnitaire du codébiteur *in solidum* contre son coresponsable (▪ Cass. com., 13 oct. 2015, n° 14-10.664 : *JurisData* n° 2015-022871 ; *JCP* E 2016, 1120, obs. Docq).

17) Dommages-intérêts. La date de naissance d'une créance en cas d'inexécution d'un engagement contractuel s'opère en fonction non de la constatation de cette inexécution, mais de la conclusion de l'acte d'origine (▪ Cass. com., 30 juin 2004, n° 00-22.420 : *RJDA* 1/2005, n° 58 ; *JCP* E 2004, pan. 1313 ; *D.* 2004, p. 2156. – V. pour un défaut de conformité dans la vente : ▪ Cass. com., 2 oct. 2012, n° 10-25.633 : *JurisData* n° 2012-022225 ; *Act. proc. coll.* 2012, comm. 253 ; *BJE* 2012, p. 360, obs. F. Reille).

De même, la créance née de la garantie des vices cachés a son origine au jour de la conclusion de la vente et non au jour de la révélation du vice (▪ Cass. com., 7 juill. 1992, n° 90-21.814 : *RJDA* 12/1992, n° 1172. ▪ Cass. com., 8 juin 1999, n° 96-18.840 : *JurisData* n° 1999-002321 ; *JCP* E 2000, p. 131, n° 17, obs. M. Cabrillac ; *JCP* E 2000, p. 312, n° 15, obs. Mainguy ; *LPA* 1er nov. 1999, p. 14, note Courtier ; *LPA* 30 juin 1999, p. 11, obs. P. M. ; *D.* 2000, *Cah. dr. aff.*, somm. 95, obs. Honorat) ; elle doit donc être soumise à déclaration lorsque la vente est antérieure à l'ouverture de la procédure (même déc.).

La créance de réparation de la victime d'un détournement de fonds a pour origine ce détournement (▪ Cass. com., 2 nov. 2016, n° 14-24.540 : *Rev. proc. coll.* 2017, comm. 143, obs. Houin-Bressand).

18) Soulte. Les soultes compensant l'inégalité des lots ne sont dues qu'au moment du partage (■ Cass. com., 3 nov. 2010, n° 09-14.600 : *JurisData* n° 2010-020162 ; *JCP* E 2011, 1263, n° 10, obs. Pétel ; *Act. proc. coll.* 2010, comm. 278, obs. J. Leprovaux ; *Rev. proc. coll.* 2011, comm. 75, obs. M.-P. Dumont-Lefrand).

19) Indemnité de résiliation d'un contrat en cours. Pour une application de l'exclusion prévue à l'article L. 622-17-III-2°, V. ■ Cass. com., 12 juill. 2016, n° 14-23.668.

B – Créances nées régulièrement

20) Pouvoirs. La créance née régulièrement est celle née conformément aux règles gouvernant les pouvoirs du débiteur ou, le cas échéant, de l'administrateur (■ Cass. com., 13 oct. 1998, n° 95-17.670 : *JurisData* n° 1998-003806 ; *JCP* E 1998, p. 2069, n° 18, obs. M. Cabrillac et Ph. Pétel ; *JCP* E 1999, jurispr. p. 1060, note Rossi ; *RJDA* 12/1998, n° 1377 ; *RTD com.* 1999, p. 979, obs. Martin-Serf, pour une créance délictuelle de dommages et intérêts).

Lorsque l'administrateur a reçu pour mission d'assister le débiteur dans tous les actes concernant la gestion de l'entreprise, les créances nées d'actes pour lesquels le créancier a traité avec le débiteur sans consulter l'administrateur ne sont pas nées régulièrement (■ Cass. com., 4 févr. 1992, n° 90-15.977 : *JurisData* n° 1992-000233 ; *Bull. civ.* IV, n° 54 ; *D.* 1993, somm. p.5, obs. Derrida ; *JCP* E 1992, I, 192, n° 3, obs. Cabrillac et Pétel).

La créance d'honoraires de l'avocat du débiteur assistant celui-ci dans l'exercice de ses droits propres est toujours née régulièrement (■ Cass. com., 7 oct. 2020, n° 19-12.996 : *JCP* E 2020, 1535, n° 10, obs. Tehrani).

V. aussi pour le lien entre la créance née régulièrement et la poursuite de l'activité, notamment après un jugement de liquidation judiciaire (■ Cass. com., 23 oct. 1990, n° 88-17.993 : *JurisData* n° 1990-002701 ; *D.* 1993, somm. p.6, obs. Derrida. – Comp. ■ Cass. com., 9 juin 1993 : *Bull. civ.* IV, n° 231 ; *RTD com.* 1993, p.382, obs. Martin-Serf ; *Bull. civ.* IV, n° 231 ; *D.* 1993, somm. p.5, obs. Derrida ; *JCP E 1993, I, 236,* n° 2, obs. M. Cabrillac et Ph. Pétel).

21) Renonciation au contrat en cours. En cas de renonciation au contrat par l'administrateur, le bailleur s'étant trouvé dans l'obligation de remplir ses propres engagements jusqu'à la renonciation, une cour d'appel retient à bon droit que les loyers dus par le locataire en contrepartie de la jouissance des véhicules pendant la période considérée constituent une créance née régulièrement après le jugement d'ouverture et relèvent, à ce titre, des dispositions de l'article 40 [L. 622-17] (■ Cass. com., 16 oct. 1990, n° 89-12.930 : *JurisData* n° 1990-002564 ; *Bull. civ.* IV, n° 240 ; *RD bancaire et bourse* 1991, p.73, obs. Campana et Calendini ; *RTD com.* 1991, p. 461, obs. Martin-Serf ; *JCP* E 1992, II, 300, note Le Corre. – *Adde,* ■ Cass. com., 9 avr. 1991, n° 89-16.742 : *JurisData* n° 1991-001199 ; *JCP* E 1992, II, 300, note Le Corre ; *D.* 1993, somm. p. 10, obs. Derrida ; *Bull. civ.* IV, n° 137. ■ Cass. com., 15 oct. 1991, n° 90-10.904 : *JurisData* n° 1991-002534 ; *D.* 1992, somm. p. 260, obs. Derrida ; *RJDA* 12/1991, n° 1070. ■ Cass. com., 2 avr. 1996, n° 92-19.912 : *JurisData* n° 1996-001324 ; *JCP* E 1996, pan. 655 ; *RJDA* 8-9/96, n° 1108. ■ Cass. com., 27 oct. 1998, n° 96-10.968 : *JurisData* n° 1998-004061 ; *RJDA* 12/1998, n° 1378. ■ Cass. com., 15 oct. 2002 : *RJDA* 2/2003, n° 155).

Le liquidateur n'est tenu de payer que les loyers afférents à la période comprise entre l'ouverture de la procédure et la date d'expiration du délai d'un mois ayant suivi la mise en demeure du bailleur lui demandant de se prononcer sur la poursuite du bail (■ Cass. com., 25 nov. 1997, n° 95-18.432 : *JurisData* n° 1997-004895 ; *RJDA* 4/1998, n° 462. ■ Cass. com., 2 févr. 1993, n° 91-10.463 : *JurisData* n° 1993-000292 ; *JCP* E 1993, pan. 426 ; *RJDA* 6/1993, n° 557. ■ Cass. com., 20 janv. 1998, n° 95-16.728 : *RJDA* 5/1998, n° 617) ou la renonciation (■ Cass. com., 18 sept. 2007 : *RJDA* 1/2008, n° 58 ; *D.* 2007, p. 2393, obs. Lienhard, chron. 2767, obs. Bélaval, Orsini, Salomon ; *Act. proc. coll.* 2007, comm. 197, obs. Regnaut-Moutier ; *JCP* E 2008, 1207, n° 13, obs. Pétel).

Mais le liquidateur qui ne poursuit pas le bail a l'obligation de libérer les lieux et la créance d'indemnité du propriétaire entre dans les prévisions de l'article L. 621-32 (■ Cass. com., 31 mars 1992, n° 90-13.942 : *JurisData* n° 1992-000765 ; *Bull. civ.* IV, n° 138 ; *D.* 1993, somm. p. 8, obs. Derrida ; *JCP* E 1992, I, 166, n° 9, obs. Cabrillac). L'indemnité due pour l'occupation sans droit ni titre de locaux par un locataire en redressement judiciaire est une créance de l'article 40 [L. 622-17] (■ Cass. com., 25 janv. 1994, n° 91-20.603 : *JurisData* n° 1994-000176 ; *Bull. civ.* IV, n° 33 ; *JCP* E 1994, II, 629, note Rossi).

22) Continuation du contrat en cours. Lorsqu'un contrat a été continué par l'administrateur, les pénalités dues en raison du retard apporté par le débiteur à l'achèvement des prestations à sa charge et le coût des réparations des malfaçons apparues, afférentes les unes et les autres à la poursuite du contrat, constituent des créances de l'article L. 621-32 [L. 622-17] (■ Cass. com., 26 oct. 1999, n° 97-13.233 : *JurisData* n° 1999-003862 ; *RJDA* 1/2000, n° 48). Mais lorsqu'un contrat d'entreprise stipule une pénalité par jour calendaire de retard, due de plein droit sans l'accomplissement d'aucune formalité, seule la partie de la créance constituée par les indemnités de retard acquises à compter du jugement d'ouverture n'est pas soumise à déclaration (■ Cass. com., 26 avr. 2000, n° 97-21.001 : *JurisData* n° 2000-001584 ; *RJDA* 7-8/2000, n° 778 ; *JCP* E 2000, pan. 970 ; *D.* 2000, act. jurispr., p. 293, obs. Lienhard ; *RTD com.* 2001, p. 233, obs. Martin-Serf).

23) Manquements contractuels. Les créances nées des manquements du mandataire judiciaire aux obligations d'entretien du matériel loué relèvent des dispositions de l'article L. 621-32 [L. 622-17] (■ Cass. com., 18 sept. 2007 : *RJDA* 1/2008, n° 58 ; *D.* 2007, p. 2393, obs. Lienhard, chron. 2767, obs. Bélaval, Orsini, Salomon ; *JCP* E 2007, pan. 2276). L'administrateur est tenu de payer l'indemnité due pour la réparation des dégradations des lieux loués en cas de poursuite de l'exploitation, sauf à ce qu'il prouve que ces dégradations ont été commises avant le jugement d'ouverture (■ Cass. com., 9 juill. 1996, n° 94-11.856 : *RJDA* 12/1996, n° 1534. ■ Cass. com., 15 oct. 2002 : *RJDA* 2/2003, n° 155).

24) Occupation sans titre. La créance de l'adjudicataire d'un immeuble, née de l'occupation sans droit ni titre de cet immeuble par le débiteur en liquidation judiciaire postérieurement à la signification du jugement d'adjudication entre dans les prévisions de l'article L. 621-32 [L. 622-17] (■ Cass. com., 30 mars 2005, n° 01-11.620 : *JurisData* n° 2005-027814 ; *D.* 2005, p. 1083, obs. Lienhard ; *RJDA* 8-9/2005, n° 1008 ; *JCP* E 2005, 932).

C – Créances nées pour les besoins de la procédure ou en contrepartie d'une prestation

25) Appréciation du critère légal. L'appréciation du caractère utile d'une créance doit se faire en considération de l'utilité potentielle de l'opération et non de son utilité réelle appréciée *a posteriori* (■ Cass. com., 9 mai 2018, n° 16-24.065 : *JurisData* n° 2018-007546 ; *JCP* E 2018, 1429, n° 15, obs. Tehrani ; *JCP* E 2018, 1544, obs. Lebel ; *Rev. proc. coll.* 2020, comm. 150, obs. Saint-Alary-Houin).

Le juge n'est pas tenu de constater que le débiteur a effectivement bénéficié des prestations constituant la contrepartie de la créance postérieure (■ Cass. com., 29 mai 2019, n° 17-31.501 : *Gaz. Pal.* 15 oct. 2019, p. 55, obs. Vallens ; *Rev. proc. coll.* 2020, comm. 151, obs. Saint-Alary-Houin).

26) Créances éligibles. *La taxe d'apprentissage* et la participation des employeurs à la formation professionnelle constituent une obligation légale ; inhérentes à l'activité poursuivie après le jugement d'ouverture, elles entrent dans les prévisions de l'article L. 622-17 (■ Cass. com., 22 févr. 2017, n° 15-17.166 : *JurisData* n° 2017-002803 ; *Rev. proc. coll.* 2017, comm. 146, obs. Saint-Alary-Houin). La créance d'IRPP est née pour les besoins de l'activité (■ TGI Toulouse, 2 mars 2009 : *Gaz. Pal.* 1er-3 nov. 2009, p. 15, obs. L.-C. Henry).

Les créances résultant du licenciement sont réputées nées pour les besoins de la procédure (■ Cass. soc., 16 juin 2010, n° 08-19.351 : *Rev. proc. coll.* 2010, comm. 245, obs. G. Berthelot ; *Gaz. Pal.* 15-16 oct. 2010, n° 08-19.351, p. 27, obs. L.-C. Henry ; *D.* 2011, p. 2080, obs. P.-M. Le Corre ; *RTD com.* 2011, p. 173, obs. A. Martin-Serf).

Le paiement des cotisations d'assurance maladie et maternité des avocats est une obligation légale ; inhérente à l'exercice professionnel, elle entre dans les prévisions de l'article L. 622-17 lorsque cet exercice perdure après l'ouverture de la procédure collective (■ Cass. 2e civ., 16 sept. 2010, n° 09-16.182 : *JCP* E 2011, 1030, n° 11, obs. Ph. Pétel ; *RTD com.* 2011, p. 640, obs. A. Martin-Serf ; *Rev. proc. coll.* 2012, comm. 49, obs. C. Saint-Alary-Houin). *Idem* pour la contribution sociale de solidarité et la contribution additionnelle (■ Cass. com., 15 juin 2011, n° 10-18.726 : *JCP* E 2011, 1596, n° 12, obs. Ph. Pétel ; *D.* 2011, p. 2080, obs. P.-M. Le Corre). *Idem* pour les cotisations chômage (■ Cass. com., 17 sept. 2013, n° 12-10.261 : *JurisData* n° 2013-019858 ; *BJE* 2013, p. 379, obs. F. Reille).

La créance de dépollution est née pour les besoins de la procédure (■ CA Grenoble, 31 mai 2012, n° 11/02571 : *JurisData* n° 2012-015637 ; *D.* 2012, p. 2206, obs. P.-M. Le Corre).

La créance de dépens exposés par la société débitrice à l'occasion de son appel contre un jugement de cession peut être considérée comme une créance utile née pour les besoins du déroulement de la procédure (■ Cass. com., 15 oct. 2013, n° 12-14.944 : *JurisData* n° 2013-022742 ; *Act. proc. coll.* 2013, comm. 266, obs. Vallansan ; *JCP* E 2014, 1020, n° 13, obs. Pétel ; *Gaz. Pal.* 12-14 janv. 2014, p. 24, obs. Boustani). *Idem* pour la créance d'honoraires de l'avocat du débiteur assistant celui-ci dans l'exercice de ses droits propres (■ Cass. com., 1er déc. 2015, n° 14-20.668 : *JurisData* n° 2015-027097 ; *JCP* E 2016, 1058, obs. Stéfania ; 1198, n° 11, obs. Pétel ; *BJE* 2016/2, p. 102, obs. Benilsi). La cour d'appel en apprécie souverainement le caractère proportionné (■ Cass. com., 7 oct. 2020, n° 19-12.996 : *JCP* E 2020, 1535, n° 10, obs. Tehrani).

Justifie sa décision la cour d'appel qui condamne le liquidateur à payer une indemnité d'occupation sans droit ni titre d'un local après option pour la résiliation (■ Cass. com., 17 sept. 2013, n° 12-18.293 : *BJE* 2013, p. 374, obs. F. Reille).

27) Créances non éligibles. Loyer d'habitation (■ Cass. com., 12 mars 2013, n° 11-24.365 : *Juris-*

Data n° 2013-004305 ; *Act. proc. coll.* 2013, comm. 74, obs. Fin-Langer ; *JCP* E 2013, 1341, obs. Lebel ; – 1434, n° 12, obs. Pétel).

Taxe foncière (■ Cass. com., 14 oct. 2014, n° 13-24.555 : *JurisData* n° 2014-023992 ; *JCP* E 2014, 1637, n° 11, obs. Pétel ; *Gaz. Pal.* 18-20 janv. 2015, p. 20, obs. Boustani).

Créance de dépens et de frais dus au titre de l'article 700 du Code de procédure civile (■ Cass. com., 2 déc. 2014, n° 13-20.311 : *RTD com.* 2015, 155, obs. Martin-Serf).

Indemnité de rupture d'un contrat non poursuivi, ■ Cass. com., 5 oct. 2010, n° 09-41.642 : *JurisData* n° 2010-017717 ; *D.* 2011, 406, obs. Crocq ; – 2069, obs. Le Corre et Lucas ; *Rev. proc. coll.* 2011, comm. 7, obs. Roussel Galle.

Restitution de sommes encaissées par le débiteur au détriment d'une société d'affacturage, ■ Cass. com., 4 juin 2013, n° 12-15.097 : *JurisData* n° 2013-011304 ; *Gaz. Pal.* 29 sept. 2013, p. 22, obs. Henry ; *BJE* 2013, p. 289, obs. Borga. Restitution suite à l'infirmation d'une condamnation en référé ■ Cass. com., 17 déc. 2013, n° 12-28.158 : *JurisData* n° 2013-030117 ; *JCP* E 2014, 1173, n° 9, obs. Pétel ; *Act. proc. coll.* 2014, comm. 26, obs. Cagnoli.

Créance de réparation du préjudice causé par un ancien franchisé qui continue à utiliser les signes de ralliement de la clientèle (■ Cass. com., 20 sept. 2016, n° 15-12.724 : *Rev. proc. coll.* 2017, comm. 145, obs. Houin-Bressand).

Indemnité de révocation d'un dirigeant (■ Cass. com., 12 juill. 2016, n° 14-23.668 : *Rev. proc. coll.* 2017, comm. 144, obs. Saint-Alary-Houin).

Créance de dividende d'un associé (■ Cass. com., 11 oct. 2016, n° 14-20.581).

Créance de dépollution (■ Cass. com., 5 févr. 2020, n° 18-23.961 : *Rev. Sociétés* mars 2020, p. 191, obs. Henry ; *JCP* E 2020, 1204, n° 5, obs. Tehrani ; *JCP* E 2020, 1520, note Stéfania ; *Rev. proc. coll.* 2020, comm. 152, obs. Saint-Alary-Houin). – V. Rolland, *Les dits et les non-dits de l'arrêt du 5 février 2020 rendu en matière de dépollution : petit exercice de qualification juridique d'une créance* : *Rev. proc. coll.* 2020, étude 13.

Charges de copropriété (■ Cass. com., 14 nov. 2019, n° 18-17.812 : *Rev. proc. coll.* 2020, comm. 153, obs. Saint-Alary-Houin). – Rappr. ■ Cass., avis, 21 janv. 2002, n° 00-20.002 : *JurisData* n° 2002-012806 ; *JCP* E 2002, pan. 34, chron. 1380, n° 14, obs. Cabrillac ; *RD bancaire et fin.* 2002, 128, n° 90, obs. Legeais ; *RTD com.* 2002, p. 727, obs. Martin-Serf.

28) Inexécution contractuelle. La reprise de malfaçons et pénalités de retard dues en application du contrat exécuté par le débiteur après le jugement d'ouverture n'est pas née en contrepartie d'une prestation fournie au débiteur (■ Cass. com., 18 juin 2013 : *JCP* E 2013, 1434, n° 13, obs. Ph. Pétel ; *Gaz. Pal.* 29 sept. 2013, p. 23, obs. L.-C. Henry ; *BJE* 2013, p. 381, obs. F. Reille).

Mais la créance du bailleur relative aux travaux de remise en état est la contrepartie d'une prestation fournie au débiteur pendant la période d'observation si les dégradations ont été commises pendant cette période (■ Cass. com., 2 déc. 2014, n° 13-11.059 : *JurisData* n° 2014-029546 ; *Act. proc. coll.* 2015, comm. 9, obs. Petit ; *JCP* E 2015, 1204, n° 12, obs. Pétel).

II – DROITS DES CRÉANCIERS DE LA PROCÉDURE

29) Compensation. Des créances nées régulièrement après l'ouverture de la procédure et payables à leur échéance, si elles remplissent les conditions prévues par l'article L. 641-13, peuvent faire l'objet d'une compensation légale (■ Cass. com., 1er juill. 2020, n° 18-25.487 : *Gaz. Pal.* 13 oct. 2020, p. 64, obs. Boustani-Aufan ; *Rev. proc. coll.* 2020, comm. 154, obs. Saint-Alary-Houin). – V. auparavant : ■ Cass. com., 19 mars 1991, n° 89-17.083 : *JurisData* n° 1991-001048 ; *D.* 1991, 542, note Duboc ; *D.* 1992, somm. 257, et 1993, somm. 11, obs. Derrida.

Pour une compensation avec le prix de vente d'un immeuble acquis par le créancier, V. ■ CA Amiens, 5 mars 2009, n° 07/04059 : *JCP* E 2009, 1877, note crit. Le Corre.

30) Titre exécutoire. C'est à bon droit que la cour d'appel a condamné le liquidateur d'une société à payer une certaine somme à une société de location de véhicules ayant conclu au cours de la période d'observation un contrat de location de voiture avec la débitrice et l'administrateur, la créance litigieuse étant née régulièrement après le jugement d'ouverture du redressement judiciaire et devant être payée à son échéance (■ Cass. com., 10 juill. 1990, n° 89-13.138 : *JurisData* n° 1990-002113 ; *JCP* E 1991, II, 140, note Cabrillac ; *D.* 1990, 468, note Derrida ; *RTD com.* 1991, 110, n° 4, obs. Martin-Serf).

Les créanciers de la procédure peuvent obtenir un titre exécutoire nonobstant l'existence de créances garanties par le superprivilège des salariés, sans qu'il soit porté atteinte à l'ordre des paiements fixé par l'article 621-32 [L. 622-17] (■ Cass. com., 13 oct. 1998, n° 94-19.892 : *JurisData* n° 1998-003812 ; *JCP* E 1998, p. 2063, n° 2, obs. Cabrillac ; *LPA* 19 nov. 1999, p. 18, note Teilliais ; *Rev. proc. coll.* 1999, 159, n° 10, obs. Saint-Alary-Houin ; *D.* 2001, somm. 116, obs. Derrida).

31) Voies d'exécution. Les créanciers remplissant les conditions prévues à l'article 621-32 [L. 622-17] peuvent user d'une voie d'exécution (■ Cass. com., 6 juill. 1993, n° 91-15.161 : *JurisData* n° 1993-001551 ; *Bull.* IV, n° 284), y compris une saisie attribution entre les mains du mandataire de justice (■ Cass. com., 1er avr. 2003, n° 99-18.063 : *JurisData* n° 2003-018504 ; *JCP* E 2003, pan. 926, chron. 1396, n° 18, obs. Pétel ; *Act. proc. coll.* 2003-9, n° 108, obs. Vallansan ; *D.* 2003, p. 1093, obs. Lienhard, somm. 1624, obs. F.-X. Lucas. – V. cependant art. L. 662-1, p. 1373).

Ils peuvent pratiquer une saisie conservatoire, peu important l'existence d'autres créances bénéficiant d'un rang préférentiel dans l'ordre de classement établi par la loi (■ Cass. com., 7 mars 2006, n° 04-20.106 : *JurisData* n° 2006-032633 ; *RJDA* 7/2006, n° 806).

32) Avis à tiers détenteur. Le comptable du Trésor peut exercer son droit de poursuite individuelle par voie d'avis à tiers détenteur (■ Cass. com., 20 juin 1989, n° 87-19.594 : *JurisData* n° 1989-002116 ; *Gaz. Pal.* 1989, 2, 910 ; *Bull.* IV, n° 196 ; *JCP* E 1990, II, 15658, n° 5, obs. Cabrillac ; *RD bancaire et bourse* 1990, 87, obs. Campana et Calendini ; *RTD com.* 1990, 106, obs. Martin-Serf ; *JCP* E 1991, II, 141, obs. D. F.), même entre les mains du liquidateur (■ Cass. com., 25 juin 1996, n° 94-12.402 : *JurisData* n° 1996-002760 ; *D.* 1996, 615, note Derrida ; *RJDA* 1/97, n° 118. ■ Cass. com., 17 nov. 1998, n° 96-21.157 : *JurisData* n° 1998-004558 ; *RJDA* 1/99, n° 72 ; *Rev. proc. coll.* 1999, 111, n° 23, obs. Canet ; 159, n° 11, obs. Saint-Alary-Houin.– V. cependant art. L. 662-1, p. 1373).

L'effet d'attribution immédiate résultant de l'article 43 de la loi du 9 juill. 1991, dont bénéficie l'avis à tiers détenteur en vertu de l'article 86 de cette loi, permet au Trésor public d'être préféré à tout créancier bénéficiant d'un rang préférable dans l'ordre de classement établi par l'article L. 621-32 [L. 622-17] (■ Cass. com., 11 févr. 1997, n° 94-21.784 : *JurisData* n° 1997-000562 ; *JCP* E 1997, I, 651, n° 1, obs. M. Cabrillac ; *RD bancaire et bourse* 1997, 78, obs. Campana et Calendini ; *RJDA* 7/97, n° 952 ; *LPA* 14 juill. 1997, 27, note Brandeau ; *Rev. proc. coll.* 1997, 312, obs. Canet ; *RTD com.* 1998, 210, obs. Martin-Serf. ■ Cass. com., 22 avr. 1997 : *RD bancaire et bourse* 1997, 135, n° 11, obs. Campana et Calendini ; *RJDA* 10/97, n° 1261 ; *JCP* E 1997, I, 681, n° 3, obs. M. Cabrillac. ■ Cass. com., 13 nov. 2002, n° 00-11.200 : *JurisData* n° 2002-016330 ; *RJDA* 4/2003, n° 405 ; *JCP* E 2003, 760, n° 2, obs. M. Cabrillac ; *D.* 2002, p. 3206, obs. Lienhard ; *RD bancaire et fin.* 2003, 108, n° 86, obs. Dellici).

33) Liste des créances de procédure. L'absence d'inscription d'une créance sur la liste des créances postérieures instituée par l'article R. 622-15, qui n'est sanctionnée que par la perte du privilège du paiement prioritaire, est sans effet sur le droit de poursuite du créancier devant la juridiction de droit commun (■ Cass. com., 2 juin 2016, n° 14-21.668 : *JurisData* n° 2016-012695 ; *JCP* E 2016, 1596, note Boissin et Reille ; *ibid.* 1661, n° 9, obs. Pétel ; *Gaz. Pal.* 18 oct. 2016, p. 55, obs. Boustani).

34) Exceptions à la priorité. Le créancier titulaire d'un nantissement sur outillage et matériel d'équipement, bénéficiaire de l'attribution judiciaire du gage en application de l'article L. 622-21 [L. 642-20-1], passe avant les créanciers de la procédure (■ Cass. com., 6 mars 1990, n° 88-16.036 : *JurisData* n° 1990-700537 ; *RTD com.* 1990, 265, n° 4, obs. Martin-Serf ; *JCP* E 1990, II, 15829, n° 11, obs. M. Cabrillac, cassant ■ Bastia, 21 avr. 1988 : *D.* 1988, somm. 384, obs. Honorat).

L'AGS subrogée dans le superprivilège des salariés prime les créanciers de l'article L. 621-32 [L. 622-17] (■ Cass. com., 6 juill. 1993, n° 91-14.269 : *JurisData* n° 1993-001500 ; *Bull.* IV, n° 285 ; *D.* 1993, 530, note Ramackers, rejet pourvoi contre ■ Besançon, 30 janv. 1991 : *JurisData* n° 1991-604698 ; *D.* 1991, 490, note Saint-Alary-Houin).

35) Responsabilité du mandataire de justice. Les sommes déposées à la Caisse des dépôts et consignations étant affectées au règlement des créanciers selon leur rang, le mandataire qui refuse d'effectuer un paiement avec ces fonds n'est pas fautif s'il existait des créances prioritaires (■ Cass. com., 22 mai 2007, n° 06-10.632 : *JurisData* n° 2007-039300 ; *D.* 2007, act. jurispr. p. 1665, obs. A. Lienhard ; *Rev. proc. coll.* 2007-3, p. 128, obs. C. Lebel). V. aussi déc. citées sous art. L. 622-9, p. 1139.

Ordonnance n° 2020-596 du 20 mai 2020

portant adaptation des règles relatives aux difficultés des entreprises et des exploitations agricoles aux conséquences de l'épidémie de Covid-19

Art. 7. – IV. – Les personnes qui consentent un nouvel apport de trésorerie au débiteur pendant la période d'observation définie par l'article L. 621-3 du même code en vue d'assurer la poursuite d'activité de l'entreprise et sa pérennité *et celles qui s'engagent, pour l'exécution du* plan de sauvegarde ou de redressement arrêté ou modifié par le tribunal conformément aux dispositions des titres II et III du livre VI du Code de commerce, à effectuer un tel apport bénéficient du privilège de sauvegarde ou de redressement dans la limite de cet apport.

Les apports mentionnés au premier alinéa consentis pendant la période d'observation sont autorisés par le juge-commissaire dont la décision est transcrite sur le registre mentionné à l'article R. 622-14 du même code avec l'indication de l'identité de leur auteur et de leur montant.

Le jugement qui arrête ou modifie le plan mentionne chaque privilège ainsi constitué et précise les montants garantis. Il est notifié par le greffier à ces créanciers.

Les créanciers bénéficiant du privilège de sauvegarde ou de redressement prévu au premier alinéa sont payés, pour le montant de leur apport, par privilège avant toutes les autres créances, dans l'ordre prévu au III de l'article L. 622-17 et au III de l'article L. 641-13 du même code, après les créances mentionnées au 1° de ces dispositions et avant celles mentionnées au 2°.

Par dérogation aux articles L. 626-18, L. 626-19 et L. 626-30-2 du Code de commerce, les créances garanties par le privilège de sauvegarde ne peuvent faire l'objet de remises ou de délais qui n'auraient pas été acceptés par les créanciers.

Les apports consentis par les actionnaires et associés du débiteur dans le cadre d'une augmentation de capital ne peuvent être garantis par le privilège de sauvegarde ou de redressement.

Bibliographie : P.-M. Le Corre, *Le nouveau privilège de sauvegarde ou de redressement* : *Gaz. Pal.* 13 juill. 2020, p. 80.

Art. L. 622-18 *(Anc. art. L. 621-33, renum. et mod., L. n° 2005-845, 26 juill. 2005).* **– Toute somme perçue par l'administrateur ou le mandataire judiciaire qui n'est pas portée sur les comptes bancaires ou postaux du débiteur, pour les besoins de la poursuite d'activité, doit être versée immédiatement en compte de dépôt à la Caisse des dépôts et consignations.**

En cas de retard, l'administrateur ou le mandataire judiciaire doit, pour les sommes qu'il n'a pas versées, un intérêt dont le taux est égal au taux de l'intérêt légal majoré de cinq points.

Art. L. 622-19 *(Anc. art. L. 621-38, renum. et mod., L. n° 2005-845, 26 juill. 2005).* **– Toute somme versée par l'association mentionnée à l'article L. 143-11-4 du Code du travail** (1) **en application des articles L. 143-11-1 à L. 143-11-3** (2) **du même code donne lieu à déclaration à l'administration fiscale.**

Art. L. 622-20 *(Anc. art. L. 621-39, renum. et mod., L. n° 2005-845, 26 juill. 2005 ; Ord. n° 2014-326, 12 mars 2014).* **– Le mandataire judiciaire désigné par le tribunal a seul qualité pour agir au nom et dans l'intérêt collectif des créanciers. Toutefois, en cas de carence du mandataire judiciaire, tout créancier nommé contrôleur peut agir dans cet intérêt dans des conditions fixées par décret en Conseil d'État.**

Le mandataire judiciaire a qualité pour mettre en demeure un associé ou un actionnaire de verser les sommes restant dues sur le montant des parts et actions souscrites par lui.

Le mandataire judiciaire communique au juge-commissaire et au ministère public les observations qui lui sont transmises à tout moment de la procédure par les contrôleurs.

Les sommes recouvrées à l'issue des actions introduites par le mandataire judiciaire ou, à défaut, par le ou les créanciers nommés contrôleurs, entrent dans le patrimoine du débiteur et sont affectées en cas de continuation de l'entreprise selon les modalités prévues pour l'apurement du passif.

Bibliographie : Rakotovahiny, *L'intérêt collectif des créanciers, obstacle au droit de créance individuel* : *LPA* 27 déc. 1999, p. 6. • Maréchal, *L'intérêt collectif des créanciers* : *Rev. proc. coll.* 2014, étude 10. • Sabrinni, *L'intérêt collectif des créanciers, un piège pour la Cour de cassation* : *Rev. proc. coll.* 2020, étude 4.

I – ACTIONS EN RESPONSABILITÉ

1) Liquidateur. Le liquidateur judiciaire trouve dans les pouvoirs qui lui sont conférés par *la loi*, en vue de la défense de l'intérêt collectif des créanciers, qualité pour exercer une action en paiement de dommages-intérêts contre toute personne, fût-elle titulaire d'une créance ayant son origine antérieurement au jugement d'ouverture, coupable d'avoir contribué par des agissements fautifs à la diminution de l'actif ou à l'aggravation du passif (▪ Cass. com., 16 nov. 1993 : *Bull. civ.* IV, n° 408 ; *JCP* E 1994, I, 351, n° 16, obs. M. Cabrillac et Ph. Pétel ; *D.* 1994, 57, concl. Gouttes, rapp. M. Pasturel, note F. Derrida et J.-P. Sortais. ▪ 11 oct. 1994, n° 90-12.129 : *JurisData* n° 1994-001853 ; *Bull. civ.* IV, n° 279 ; *Bull. Joly* 1994, note P. Le Cannu, pour une action en responsabilité contre un banquier pour soutien abusif).

2) Administrateur. La société, assistée de son administrateur judiciaire, ne peut agir en réparation d'un préjudice touchant les seuls créanciers

(1) Cet article a été recodifié, V. C. trav., art. L. 3253-14, p. 3336.
(2) Ces articles ont été recodifiés, V. C. trav., art. L. 3253-6 à L. 3253-10, p. 3329.

(■ Cass. com., 5 janv. 1999, n° 96-20.591 : *JurisData* n° 1999-000026 ; *JCP* E 1999, pan. p. 301 ; *RJDA* 7/99, n° 797 ; *RJ com.* 1999, 414, note Courtier ; *RTD com.* 1999, 476, obs. Cabrillac. – *Adde*, ■ Cass. com., 13 mars 2007, n° 06-13.325 : *JurisData* n° 2007-037932 ; *RJDA* 8-9/2007, n° 880).

3) **Monopole de la défense de l'intérêt collectif des créanciers.** Seul le représentant des créanciers, dont les attributions sont ensuite dévolues au liquidateur, a qualité pour agir au nom et dans l'intérêt collectif des créanciers ; un associé ou un créancier ne sont pas recevables à agir au nom des créanciers (■ Cass. com., 3 juin 1997, n° 95-15.681 : *JurisData* n° 1997-002493 ; *RD bancaire et bourse* 1997, 175, n° 5, obs. Campana et Calendini ; *JCP* E 1997, II, 988, note Behar-Touchais ; *D.* 1997, 517, note Derrida ; *JCP* E 1998, p. 33, n° 15, obs. Cabrillac ; *Rev. proc. coll.* 1998, 113, obs. Martin-Serf).

Aucun créancier ayant produit n'est recevable à agir lui-même contre un tiers en réparation du préjudice résultant de l'immobilisation de sa créance, inhérente à la procédure collective à laquelle il est soumis et, notamment, la perte des intérêts (■ Cass. ass. plén., 9 juill. 1993, n° 89-19.211 : *JurisData* n° 1993-001536 ; *JCP* G 1993, II, 22122, note Pollaud-Dulian ; *RD bancaire et bourse* 1993, 250, obs. Credot et Gérard ; *D.* 1993, 469, concl. Jéol et Dumas, note Derrida ; *Dr. sociétés* 1994, n° 26, obs. Chaput ; *RTD com.* 1993, 699, obs. Cabrillac).

Mais l'intérêt collectif des créanciers est satisfait par l'adoption d'un plan de sauvegarde et l'action *ut singuli*, réservée aux associés, qui tend à la réparation du préjudice subi par la société, échappe au monopole du commissaire à l'exécution du plan (■ Cass. com., 12 nov. 2020, n° 19-11.972 : *Act. proc. coll.* 2021-1, comm. 7, obs. J.C. Pagnucco ; *Rev. proc. coll.* 2021, comm. 3, obs. Vallansan et Leloup-Thomas).

4) **Créanciers.** L'action individuelle d'un créancier contre un tiers en réparation d'un préjudice propre est recevable (■ Cass. com., 11 oct. 1994 : *Bull. civ.* IV, n° 281 ; *Rev. huissiers* 1995, 335, note Courtier ; *JCP* 1994, IV, 2491).

Il convient de distinguer entre le préjudice résultant de l'impossibilité pour les créanciers de se faire payer leur créance, lequel ne constitue qu'une fraction du passif collectif dont l'apurement est assuré par le gage commun des créanciers et les préjudices dont la réparation est étrangère à la reconstitution du gage commun (■ Cass. com., 14 juin 2017, n° 15-26.953 : *JurisData* n° 2017-011357 ; *JCP* E 2017, 1460, n° 18, obs. Tehrani ; *JCP* E 2017, 1581, note Lebel ; *BJS* 2017, p. 745, obs. Schlumberger).

5) **Associés.** La perte des apports n'est qu'une fraction du préjudice collectif subi par l'ensemble des créanciers et doit être distinguée de la perte pour l'avenir des rémunérations qu'il aurait pu percevoir en tant que dirigeant social, à l'origine d'un préjudice distinct et personnel (■ Cass. com., 29 sept. 2015, n° 13-27.587 : *BJS* 2015, p. 661, note Parachkevova. ■ Cass. 1re civ., 3 févr. 2016, n° 14-25.695 : *BJS* 2016, p. 222, obs. Mouial-Bassilana). Comp. ■ Cass. com., 14 déc. 1999, n° 97-14.500 : *JurisData* n° 1999-004466 ; *JCP* E 2000, pan. 207, p. 1087, obs. Gavalda et Stoufflet ; *RTD com.* 2000, 157, obs. Cabrillac ; *D.* 2000, *Cah. dr. aff.*, act. jurispr., p. 90, obs. Faddoul ; *RD bancaire et fin.* 2000, 14, n° 8, obs. Credot et Gérard.

Sur le préjudice causé par la perte de valeur des parts sociales, V. ■ Cass. com., 28 janv. 2014 : *Act. proc. coll.* 2014, comm. 83, obs. Regnaut-Moutier ; *Rev. proc. coll.* 2015, comm. 44, obs. Reille. ■ Cass. com., 27 nov. 2019, n° 18-19.256 : *Rev. proc. coll.* 2020, comm. 81, obs. Martin-Serf.

Sur l'action *ut singuli* en cas de plan de sauvegarde V. ■ Cass. com., 12 nov. 2020 cité *supra*.

6) **Salariés.** Les salariés peuvent invoquer un préjudice spécial et distinct (■ Cass. soc., 14 nov. 2007, n° 05-21.239 : *JurisData* n° 2007-041397 ; *D.* 2007, p. 3075 ; *JCP* G 2008, II, 10038, note Dumont ; *BJS* 2008, 223, note B. Saintourens ; *RJ com.* 2008, 225, note J.-P. Sortais). ■ T. com. Orléans, 1er juin 2012 : *Gaz. Pal.* 3-4 août 2012, p. 19, obs. L.-C. Henry ; *BJS* 2012, p. 646, obs. N. Pelletier.

L'action en réparation des préjudices invoqués par les salariés licenciés, étrangère à la protection et à la reconstitution du gage commun des créanciers, ne relève pas du monopole du commissaire à l'exécution du plan (■ Cass. com., 2 juin 2015, n° 13-24.714 : *JCP* E 2015, 1422, n° 7, obs. Pétel ; *Act. proc. coll.* 2015, comm. 184, obs. Lucas).

7) **Caution.** La caution, poursuivie en exécution de son engagement, invoque un préjudice personnel distinct (■ Cass. com., 9 déc. 2008, n° 07-19.708 : *Gaz. proc. coll.* 26-28 avr. 2009, p. 35, obs. R. Routier).

8) **Réparation du préjudice collectif.** La banque responsable du préjudice collectif subi par les créanciers est tenue de le réparer en totalité, sauf son recours contre le créancier à qui elle impute une part de responsabilité (■ Cass. com., 5 mars 1996, n° 94-13.583 : *JurisData* n° 1996-000767 ; *JCP* E 1996, II, 878, note Chazal ; *RJDA* 12/1996, n° 1541) ; la cour d'appel ne saurait limiter le montant de la condamnation à une part de l'insuffisance d'actif au motif qu'un créancier ne pouvait ignorer la situation (même arrêt).

9) **Absence de compensation.** Il n'y a pas compensation entre la dette mise à la charge du

créancier à la suite de l'action engagée par le représentant des créanciers du débiteur et la dette de ce dernier envers le créancier (■ Cass. com., 28 mars 1995, n° 93-13.937 : *JurisData* n° 1995-000700 ; *JCP* E 1995, I, 487, n° 12, obs. M. Cabrillac et Ph. Pétel ; *RD bancaire et bourse* 1995, 101, obs. Credot et Gérard ; *ibid.*, 154, obs. Campana et Calendini ; *JCP* E 1996, I, 525, n° 5, obs. Gavalda et Stoufflet ; *D.* 1995, 410, note Derrida ; *RJDA* 10/1995, n° 1149. ■ Cass. com., 6 mai 1997, n° 94-20.855 : *JurisData* n° 1997-002069 ; *RJDA* 8-9/1997, n° 1101 ; *RD bancaire et bourse* 1997, 169, obs. Contamine-Raynaud ; *RTD com.* 1996, 127, obs. Martin-Serf. ■ Cass. com., 7 avr. 2009, n° 06-19.538 : *JurisData* n° 2009-047787 ; *JCP* E 2009, 1814, n° 14, obs. M. Cabrillac ; *Gaz. Pal.* 26-28 juill. 2009, p. 26, obs. I. Rohart-Messager) ; les cautions du débiteur doivent donc payer au créancier le reliquat de sa créance sur cette société, après distribution de la créance d'indemnité aux créanciers (■ Cass. com., 28 mars 1995, préc.).

10) Répartition. Les sommes recouvrées dans l'intérêt collectif des créanciers sont réparties entre les créanciers en tenant compte de leur rang et non pas au marc le franc (■ Cass. com., 11 juin 2014, n° 13-12.658 : *JurisData* n° 2014-012817 ; *Act. proc. coll.* 2014, comm. 226, obs. Vallansan ; *JCP* E 2014, 1447, n° 4, obs. Pétel).

II – AUTRES ACTIONS

11) Inopposabilité du crédit-bail non publié. Le représentant de créanciers tenant de la loi le pouvoir de représenter l'ensemble de ceux-ci pour la défense de leur intérêt collectif, n'a pas à indiquer au nom de quels créanciers il se présente dès lors qu'il ne peut légalement agir que dans l'intérêt de tous et non dans l'intérêt personnel d'un créancier ou d'un groupe de créanciers (■ Cass. com., 16 mars 1993, n° 90-20.188 : *JurisData* n° 1993-000508 ; *Bull. civ.* IV, n° 106 ; *JCP* E 1993, I, 227, n° 18, obs. Cabrillac ; *D.* 1993, 583, note Derrida). Le crédit-bailleur ne peut en conséquence invoquer le bénéfice de l'exception *de l'article 8 du décret n° 72-665 du 4 juillet* 1972, qu'à la condition d'établir que chacun des créanciers du preneur a eu connaissance de l'existence de ses droits (■ Cass. com., 29 avr. 1997, n° 95-15.099 : *JurisData* n° 1997-001826 ; *JCP* E 1997, pan. 636 ; *RJDA* 8-9/1997, n° 1066 ; *RTD com.* 1997, 670, obs. Bouloc).

Mais l'inopposabilité n'affecte pas les droits du crédit-bailleur sur les loyers (■ Cass. com., 29 avr. 2014, n° 13-12.528 : *JurisData* n° 2014-008555 ; *Gaz. Pal.* 29 juin-1er juill. 2014, p. 32, obs. E. Le Corre-Broly).

12) Inopposabilité d'une déclaration d'insaisissabilité. Le liquidateur, qui a qualité pour agir au nom et dans l'intérêt collectif des créanciers, est recevable à contester la régularité d'une déclaration d'insaisissabilité à l'appui d'une demande tendant à reconstituer le gage commun des créanciers (■ Cass. com., 15 nov. 2016, n° 14-26.287 : *JurisData* n° 2016-023984 ; *JCP* E 2017, 1164, n° 10, obs. Pétel ; *Act. proc. coll.* 2017-1, comm. 12, obs. Legrand ; *Gaz. Pal.* 10 janv. 2017, p. 52, obs. Le Corre et p. 69, obs. Voinot). (V. auparavant *contra* : ■ Cass. com., 13 mars 2012, n° 11-15.438 : *JurisData* n° 2012-004300 ; *JCP* E 2012, 1325, note Le Corre ; *JCP* E 2012, 1508, § 8, obs. crit. Pétel ; *Act. proc. coll.* 2012, n° 105, obs. Vallansan ; *BJS* 2012, p. 495, note Monsèrié-Bon ; *Gaz. Pal.* 27-28 juin 2012, p. 18, obs. S. Cabrillac ; *BJE* 2012, p. 147, obs. Camensuli-Feuillard ; *Rev. proc. coll.* 2012, comm. 112, obs. Lisanti). *Idem* pour une action paulienne (■ Cass. com., 23 avr. 2013, n° 12-16.035 : *JurisData* n° 2013-007907 ; *JCP* E 2013, 1380, note Pétel ; *BJE* 2013, 217, obs. Camensuli-Feuillard ; *Rev. proc. coll.* 2013, comm. 113, obs. Reille ; *Rev. sociétés* 2013, 377, obs. Roussel Galle ; *D.* 2013, 2363, obs. F.-X. Lucas). V. désormais art. L. 632-1-12°, p. 1270 et art.L. 632-4, p. 1282.

13) Solidarité du loueur de fonds de commerce. Le représentant des créanciers n'est pas recevable à exercer à l'encontre du loueur une action sur le fondement de l'article L. 144-7 du Code de commerce, instituée dans le seul intérêt des créanciers disposant d'une créance nécessaire à l'exploitation du fonds de commerce mis en location-gérance (■ Cass. com., 9 nov. 2004, n° 02-13.685 : *JurisData* n° 2004-025563 ; *RJDA* 3/2005, n° 285 ; *JCP* E 2004, pan. 1840 ; *D.* 2004, p. 3069, obs. Lienhard ; *D.* 2005, pan. 296, obs. Le Corre ; *Act. proc. coll.* 2004, n° 245, obs. Regnaut-Moutier ; *LPA* 13 avr. 2005, p. 4, obs. Lucas. ■ Cass. com., 13 déc. 2005, n° 04.18-567 : *JurisData* n° 2005-031404 ; *RJDA* 5/2006, n° 561. – *Contra* ■ Cass. com., 8 juill. 2003, n° 01-15.532 : *JurisData* n° 2003-020095 ; *RJDA* 2/2004, n° 187 ; *LPA* 18 févr. 2004, p. 9, note Lucas).

14) Obligation de l'associé aux dettes sociales. Le liquidateur judiciaire d'une société civile soumise à une procédure collective n'a pas qualité pour exercer l'action ouverte par l'art. 1857 C. civ., à chacun des créanciers contre les associés (■ Cass. com., 24 janv. 2006, n° 04-19.061 : *JurisData* n° 2006-031803 ; *D.* 2006, p. 445, obs. Lienhard ; *Dr. sociétés* 2006, n° 5, comm. 73, obs. Lucas ; *Act. proc. coll.* 2006-4, n° 40, obs. Regnaut-Moutier ; *JCP* E 2006, 1569, n° 10, obs. M. Cabrillac et Ph. Pétel ; *RJDA* 6/2006, n° 663 ; *Rev. sociétés* 2006, 410, note Barbièri et 2006, 637, note Bonneau ; *RTD com.* 2006, 435, obs. Monsèrié-Bon ; *Bull. Joly*

2006, 588, note Daigre. – V. Lucas, *Situation des associés d'une société civile soumise à une procédure collective : Dr. sociétés* 2006, n° 5, p. 16).

15) Contribution de l'associé aux pertes sociales. Le liquidateur judiciaire est recevable à agir à l'encontre des associés d'une société civile pour voir fixer leur contribution aux pertes sociales (■ Cass. com., 20 sept. 2011, n° 10-24.888 : *JurisData* n° 2011-019356 ; *JCP* E 2011, 1804, note Mortier ; *JCP* E 2012, 1000, n° 2, obs. Pétel ; *Act. proc. coll.* 2011, comm. 278, obs. Pagnucco ; *Bull. Joly Sociétés* 2011, p. 902, note Lucas. ■ Cass. com., 27 sept. 2016, n° 15-13.348 : *JurisData* n° 2016-019549 ; *JCP* E 2016, 1621, note Barrillon).

Seul le liquidateur peut agir (■ Cass. com., 3 mai 2018, n° 15-20.348 : *JurisData* n° 2018-007569 ; *JCP* E 2018, 1429, n° 5, obs. Tehrani ; *Rev. sociétés* 2018, p. 414, obs. Roussel Galle ; *BJS* 2018, p. 433, obs. Laroche).

16) Action paulienne. Le liquidateur peut exercer l'action paulienne (■ Cass. com., 13 nov. 2001, n° 98-18.292 : *JurisData* n° 2001-011628 ; *RD bancaire et fin.* 2002, n° 62, obs. Lucas ; *RTD com.* 2002, 151, obs. Saint-Alary-Houin ; *D.* 2001, p. 3617, obs. Lienhard ; *JCP* E 2002, 726, note Blanc ; *ibid.*, 807, n° 14, obs. Pétel. ■ Cass. com., 22 janv. 2020, n° 19-12492 : *Rev. proc. coll.* 2020, comm. 82, obs. Lisanti). La recevabilité de son action n'est pas subordonnée à la condition que plusieurs créanciers puissent exercer l'action (■ Cass. 1re civ., 29 mai 2013, n° 12-16.541 : *JurisData* n° 2013-013331 ; *BJE* 2013, p. 298, obs. Sautonie-Laguionie).

V. cependant, sur le cas où les créanciers se sont désistés de leur action paulienne : ■ Cass. com., 30 nov. 1993, n° 91-16.992 : *JurisData* n° 1993-002434 ; *D.* 1994, 175, note Derrida et Sortais.

Les créanciers peuvent exercer l'action paulienne contre tous les actes faits en fraude de leurs droits par le débiteur (■ Cass. com., 8 oct. 1996, n° 93-14.068 : *JurisData* n° 1996-003712 ; *JCP* E 1997, I, 623, n° 10, obs. Ph. Pétel ; *JCP* E 1997, II, 914, note Y.Guyon ; *RD bancaire et bourse* 1996, 245, n° 6, obs. Campana et Calendini ; *D.* 1997, 87, note Derrida ; somm. 78, obs. Honorat ; *RJDA* 1/1997, n° 94. – V. Pizzio-Delaporte, *L'action paulienne dans les procédures collectives : RTD com.* 1995, 715).

17) Fictivité de la société débitrice. Un tiers créancier d'un associé a qualité pour faire établir le caractère fictif de la société placée sous procédure collective, une telle action n'étant pas exercée dans l'intérêt de la collectivité des créanciers de cette société (■ Cass. com., 3 juin 2008, n° 07-11.697 : *Bull. Joly* 2008, p. 950, note F.-X. Lucas).

III – CONTRÔLEURS

18) Action en extension. L'article L. 622-20 confère au contrôleur, en cas de carence du mandataire judiciaire, qualité pour agir en extension (■ Cass., avis, 3 juin 2013, concl. R. Bonhomme : *D.* 2013, 2366, obs. crit. F.-X. Lucas ; *Rev. proc. coll.* 2013, étude 18 ; – comm. 117, obs. B. Saintourens ; *Gaz. Pal.* 29 sept. 2013, p. 7, obs. F. Reille ; *BJS* 2013, p. 578, obs. I. Parachkévova).

IV – AUTRES PROBLÈMES PROCÉDURAUX LIÉS À L'INTÉRÊT COLLECTIF

19) Voies de recours. Une tierce opposition ne peut être formée par un créancier qu'en cas de fraude à ses propres droits commise par le débiteur ; tel est le cas du Trésor public qui a délivré un avis à tiers détenteur avant l'ouverture de la procédure (■ Cass. com., 14 nov. 2000, n° 97-19.798 : *JurisData* n° 2000-006970 ; *RJDA* 2/2001, n° 183. – Comp. ■ Cass. com., 19 mai 2004, n° 01-12.814 : *JurisData* n° 2004-023861 ; *RJDA* 11/2004, n° 1196).

Un créancier titulaire d'une sûreté spéciale qui portait sur un bien objet d'une transaction passée par le liquidateur judiciaire, justifie d'un intérêt personnel, distinct de celui de la collectivité des créanciers et est recevable à interjeter appel du jugement autorisant la transaction (■ Cass. com., 10 déc. 2002, n° 99-21.411 : *JurisData* n° 2002-016805 ; *RJDA* 5/2003, n° 524 ; *D.* 2003, p. 134, obs. Lienhard ; *JCP* E 2003, chron. 760, n° 8, obs. Ph. Pétel).

20) Arbitrage. Agissant dans l'intérêt des créanciers, le liquidateur est tiers aux contrats passés par le débiteur et le responsable, et notamment, n'a pasà respecter une clause compromissoire lorsqu'elle est étrangère au litige (■ Cass. com., 14 janv. 2004, n° 02-15.541 : *JurisData* n° 2004-021794 ; *JCP* E 2004, 693, n° 1, obs. Béguin ; *RJDA* 6/2004, n° 736 ; *D.* 2004, p. 278, obs. Lienhard, pour une action du liquidateur en responsabilité pour soutien abusif). Mais l'article L. 621-39 [L. 622-20] ne s'oppose pas à la mise en œuvre de la clause compromissoire dès lors que l'action du liquidateur, fondée sur l'exécution du contrat, n'est pas inhérente à la procédure collective qui n'exercera aucune influence sur la solution du litige en cours (■ Lyon, 26 juin 2003, n° 01/02291 : *JurisData* n° 2003-222120 ; *JCP* E 2004, chron. 693, n° 1, obs. Béguin). V. Croze et Reinhard, *Procédures collectives et arbitrage : conseils pratiques aux parties et aux arbitres : JCP* E 2005, comm. 567.

Art. L. 622-21 *(Anc. art. L. 621-40, renum. et mod., L. n° 2005-845, 26 juill. 2005 ; Ord. n° 2008-1345, 18 déc. 2008).* **– I. – Le jugement d'ouverture interrompt ou interdit toute action en justice de la part de tous les créanciers dont la créance n'est pas mentionnée au I de l'article L. 622-17 et tendant :**

1° À la condamnation du débiteur au paiement d'une somme d'argent ;

2° À la résolution d'un contrat pour défaut de paiement d'une somme d'argent.

II. – *(II rempl. à compter du 1er octobre 2021, Ord. n° 2021-1193, 15 sept. 2021)* **Sans préjudice des droits des créanciers dont la créance est mentionnée au I de l'article L. 622-17, le jugement d'ouverture arrête ou interdit toute procédure d'exécution tant sur les meubles que sur les immeubles ainsi que toute procédure de distribution n'ayant pas produit un effet attributif avant le jugement d'ouverture**

III. – Les délais impartis à peine de déchéance ou de résolution des droits sont en conséquence interrompus.

IV. – *(IV créé à compter du 1er octobre 2021, Ord. n° 2021-1193, 15 sept. 2021)* **Le même jugement interdit également de plein droit, tout accroissement de l'assiette d'une sûreté réelle conventionnelle ou d'un droit de rétention conventionnel, quelle qu'en soit la modalité, par ajout ou complément de biens ou droits, notamment par inscription de titres ou de fruits et produits venant compléter les titres figurant au compte mentionné à l'article L. 211-20 du Code monétaire et financier, ou par transfert de biens ou droits du débiteur.**

(Al. créé à compter du 1er octobre 2021, Ord. n° 2021-1193, 15 sept. 2021) **Toute disposition contraire, portant notamment sur un transfert de biens ou droits du débiteur non encore nés à la date du jugement d'ouverture, est inapplicable à compter du jour du prononcé du jugement d'ouverture.**

(Al. créé à compter du 1er octobre 2021, Ord. n° 2021-1193, 15 sept. 2021) **Toutefois, l'accroissement de l'assiette peut valablement résulter d'une cession de créance prévue à l'article L. 313-23 du Code monétaire et financier lorsqu'elle est intervenue en exécution d'un contrat-cadre conclu antérieurement à l'ouverture de la procédure. Cet accroissement peut également résulter d'une disposition contraire du présent livre ou d'une dérogation expresse à son application prévue par le Code monétaire et financier ou le Code des assurances.**

Bibliographie : Campana, *La situation des créanciers*, in *Les innovations de la loi sur le redressement judiciaire des entreprises : RTD com.* 1986, n° spéc., 171. • Cabrillac, *Les incidences du jugement sur les instances en cours et à venir : Gaz. Pal.* 1987, 1, doctr. 175. • Campana, *La situation des créanciers munis de garanties* in *Les innovations de la loi sur le redressement judiciaire des entreprises : RTD com.* 1987, n° spéc., 27. • Varii auctores, *Le droit des créanciers dans les procédures des principaux pays d'Europe : Gaz. Pal.* 1989, 2, doctr. 579. • Vallens, *L'effet du redressement judiciaire sur les instances en cours : RTD com.* 1991, 429. • Ghelfi-Tastevin, *Le principe de « l'effet attributif immédiat » des saisies et le droit des entreprises en difficulté : LPA* 18 oct. 1999, p. 6 et 20 oct., p. 13. • Sénéchal, *Procédures civiles d'exécution et procédures collectives : LPA* 22 déc. 1999, p. 34. • Lyonnet, *Incidences de la survenance d'une procédure collective au regard du droit commun des procédures d'exécution : RJ com.* 2001, 97. • Menjucq, *Quel sort pour l'attribution judiciaire d'un immeuble hypothéqué en cas de procédure collective du débiteur ?*, in *Mélanges Saint-Alary-Houin* : *LGDJ*, p. 403.

• Sommaire

I – PERSONNES VISÉES

A – Créancier poursuivant

Voir : sur l'identification des créances antérieures, jurispr. citée sous C. com., art. L. 622-17.

1) Infraction pénale. La victime d'infraction ne peut poursuivre l'action civile devant la juridiction pénale afin d'obtenir la condamnation du débiteur à des dommages-intérêts (▪ Cass. ch. mixte, 29 avr. 1977, n° 74-91.441 : *JCP* 1978, II, 18883, note Chartier ; *RTD com.* 1978, 624, obs. Houin-Le Gall ; *D.* 1977, 449, note Honorat. ▪ Cass. crim., 25 mai 1981 : *JurisData* n° 2124). Mais elle peut poursuivre le débiteur afin d'obtenir sa condamnation pénale (▪ Cass. crim., 15 oct. 1970 : *Gaz. Pal.* 1971, 1, 43. ▪ Cass. crim., 7 janv. 1980, n° 79-90.608 : *D.* 1980, inf. rap. 474, obs. Honorat. ▪ Cass. crim., 29 juin 1987, n° 85-96.495 : *Rev. proc. coll.* 1987, n° 4, p. 87, obs. Dureuil) ; la constitution de partie civile est recevable en ce qu'elle tend seulement à voir fixer le montant du préjudice découlant des infractions poursuivies, pour lequel elle doit déclarer (▪ Cass. crim., 15 mars 1993, n° 94-81.631 : *RJDA*

6/1993, n° 559) ; en ce cas, la condamnation du débiteur aux frais et dépens prévue par l'article 473 du Code de procédure pénal, reste possible (■ Cass. ch. mixte, 27 févr. 1981 : *JurisData* n° 1981-700646 ; *Bull. civ.*, ch. mixte, n° 646).

2) Créance de droit public. Il appartient à la juridiction administrative de se prononcer sur l'existence et le montant de ces créances sans qu'elle soit tenue de surseoir à statuer en raison de l'ouverture d'une procédure collective (■ CE, 3 févr. et 17 mars 1978, n° 1008 : *JurisData* n° 1978-600011 ; *JCP* 1979, II, 19058, note M.B. et G.F. ; *DS* 1979, 5, note Charles et Derrida. ■ CE, 10 déc. 1980 : *JurisData* n° 1980-080042 ; *JCP* 1982, II, 19692, note Bazex et Flécheux). Le fait que la collectivité publique n'ait pas déclaré sa créance en temps utile est sans influence sur la compétence du juge administratif pour se prononcer sur sa demande (■ CE, avis, 20 janv. 1992, n° 130250 : *JurisData* n° 1992-040035 ; *JCP* E 1992, I, 192, n° 1, obs. Cabrillac et Pétel ; *D.* 1992, somm. 251, obs. Derrida ; *RJDA* 5/1992, n° 505), ainsi que sur la libération de la caution (■ CE, 14 juin 2000, n° 199585 : *JurisData* n° 2000-060755 ; *RJDA* 4/2001, n° 475 ; *JCP* E 2000, pan. 1066 ; *RTD com.* 2000, 1018, obs. Vallens ; *D.* 2001, jurispr. 2117, note Ancel ; *RD bancaire et fin.* 2001, n° 225, obs. Cerles. – *Adde*, ■ T. confl., 23 mai 2005, n° 3447 : *JurisData* n° 2005-272974 ; *RJDA* 3/2006, n° 300).

3) Créance alimentaire. La créance née d'une prestation compensatoire, qui présente, pour partie, un caractère alimentaire, si elle échappe à la règle de l'interdiction des paiements, demeure soumise à celle de l'interdiction des poursuites (■ Cass. com., 13 juin 2019, n° 17-24.587 : *JCP* G 2019, 1099, n° 8, obs. Bosse-Platière ; *JCP* E 2019, 1551, n° 11, obs. Tehrani ; *D.* 2019, p. 1907, obs. Lucas ; *Gaz. Pal.* 15 oct. 2019, p. 66, obs. Siew-Guillemin).

4) Sûreté pour autrui. Une sûreté réelle consentie pour garantir la dette d'un tiers n'impliquant aucun engagement personnel du constituant à satisfaire à l'obligation d'autrui, le bénéficiaire d'une telle sûreté n'est pas soumis à l'arrêt ou l'interdiction des voies d'exécution dans la procédure ouverte contre le propriétaire du bien grevé (■ Cass. com., 25 nov. 2020, n° 19-11.525 : *JCP* E 2021, 1191, n° 3, obs. Pétel).

B – Personne poursuivie

5) Codébiteurs et garants. La suspension des *poursuites individuelles n'interdit pas aux créanciers* d'agir contre les personnes *in bonis* tenues solidairement avec le débiteur (■ Cass. com., 26 juin 1978, n° 76-14.097 : *Bull. civ.* IV, n° 181 ; *D.* 1979, inf. rap. 34, obs. Honorat. ■ 3 juin 1980, n° 78-14.802 : *JurisData* n° 1980-700232 ; *D.* 1981, inf. rap. 8, obs. Derrida ; *Bull. civ.* IV, n° 232. ■ Cass. com., 22 févr. 1983 : *JurisData* n° 1983-700490 ; *D.* 1983, inf. rap. 425, obs. Honorat. ■ Cass. com., 27 mars 1990, n° 88-11.371 : *D.* 1990, 494, note Honorat. ■ Cass. 1re civ., 31 mars 1998, n° 95-18.008 : *JurisData* n° 1998-001495 ; *JCP* E 1998, pan. 875 ; *Rev. proc. coll.* 1999, 123, obs. Kerckhove. ■ Cass. com., 22 juin 1999, n° 96-20.256 : *JurisData* n° 1999-002757 ; *RJDA* 10/1999, n° 1102 ; *LPA* 22 juill. 1999, n° 96-20.256, p. 6, obs. P. M. ; *RTD com.* 1999, 984, obs. Vallens ; *Rev. proc. coll.* 2000, 12, n° 5, obs. Macorig-Venier (droit antérieur à 1994), pour des poursuites exercées par le créancier contre la caution. ■ Cass. 2e civ., 24 mars 1993, n° 90-18.599 : *JurisData* n° 1993-704908 ; *JCP* E 1993, pan. 667, pour des poursuites exercées contre une épouse, codébitrice de son mari. – *Adde*, ■ Cass. 1re civ., 14 juin 2000, n° 98-10.577 : *RJDA* 3/2001, n° 385 ; *JCP* E 2000, pan. 1358 ; *D.* 2000, act. jurispr., p. 318, obs. Lienhard).

V. cependant C. com., art. L. 622-28, al. 2.

6) Action directe. Le créancier bénéficiant d'une action directe contre un tiers pourra l'intenter ; ainsi la victime d'un dommage causé par le débiteur pourra intenter une action directe contre l'assureur en application de l'article 121-13 du Code des assurances, sans avoir à se soumettre à la procédure de vérification des créances (■ Cass. ch. mixte, 15 juin 1979, n° 77-14.549 : *JCP* G 1979, II, 19197, note Besson et Bigot ; *D.* 1979, 561, note Derrida et Honorat. ■ Cass. com., 8 nov. 1980 : *D.* 1981, inf. rap. 246, obs. Honorat. ■ Cass. com., 4 févr. 1986, n° 85-11.521 : *JurisData* n° 1986-700326 ; *Rev. proc. coll.* 1986, n° 4, p. 51, obs. Dureuil ; *D.* 1988, somm. 6, obs. Derrida. ■ Cass. com., 21 juill. 1987, n° 86-10.087 : *JurisData* n° 1987-001409 ; *JCP* E 1987, I, 16846).

De même, ne subit pas la suspension des poursuites le créancier d'aliments qui dispose, en vertu des articles 1er et 2 de la loi du 2 janvier 1973 d'une action directe contre les tiers débiteurs de sommes liquides et exigibles envers la personne tenue au paiement de la pension et soumise à une procédure collective (■ Cass. com., 15 juill. 1986, n° 84-16.282 : *JurisData* n° 1986-001439 ; *Rev. proc. coll.* 1986, n° 3, p. 47 ; *Rev. proc. coll.* 1988, n° 1, obs. Campana ; *Bull. civ.* IV, n° 158 ; *D.* 1987, 192, note Massip ; *ibid.*, 1988, somm. 7, obs. Derrida. – Comp. ■ Cass. com., 20 janv. 1987, n° 85-17.275 : *JurisData* n° 1987-000029 ; *Bull. civ.* IV, n° 23 ; *D.* 1987, inf. rap. 23).

7) Action oblique. En revanche, l'exercice de l'action par laquelle un créancier prétend exercer les droits et actions de son débiteur, en application de l'article 1166 du Code civil, se trouve paralysé par la suspension des poursuites (■ Cass. com., 20 avr. 1982 : *JurisData* n° 1982-700786. – Rappr.

▪ Cass. com., 3 févr. 1982 : *Bull. civ.* IV, n° 45 ; *D.* 1983, inf. rap. 1, obs. Derrida).

8) Action paulienne. V. jurispr. citée sous C. com., art. L. 622-20.

II – ACTIONS EN JUSTICE

9) Arbitrage. Le principe d'ordre public de la suspension des poursuites individuelles interdit, après l'ouverture de la procédure collective, la saisine du tribunal arbitral par un créancier dont la créance a son origine antérieurement au jugement d'ouverture, sans qu'il se soit soumis au préalable à la procédure de vérification des créances (▪ Cass. com., 2 juin 2004 [1re esp.] : *D.* 2004, p. 1732, obs. Lienhard, pan. 384, obs. Clay ; *RJDA* 11/2004, n° 1240 ; *JCP* E 2004, 975, note N. S., *ibid.*, 1292, n° 9, obs. Ph. Pétel ; *ibid.*, 1816, n° 1, obs. J. Béguin ; *RTD com.* 2004, 439, obs. Loquin, cassant ▪ Paris, 1er févr. 2002, n° 1994/15572 : *JurisData* n° 2002-168111 ; *RJDA* 6/2002, n° 659 ; *JCP* E 2003, jurispr. 447, note P. M., chron. 705, n° 6, obs. Béguin ; *Rev. arb.* 2002, 131, note Fouchard ; *Rev. proc. coll.* 2003, 310, obs. Staes. – Rappr. ▪ Cass. com., 22 janv. 2008 : *D.* 2008, p. 478, obs. Lienhard).

Application à l'arbitrage international (▪ Cass. 1re civ., 6 mai 2009, n° 08-10.281 : *JurisData* n° 2009-048035 ; *JCP* E 2009, act. 254).

L'exequatur peut être accordé dans le but non de conférer à la sentence arbitrale la force exécutoire, mais de permettre au créancier de faire reconnaître sa créance (▪ Cass. com., 12 nov. 2020, n° 19-18.849 : *JurisData* n° 2020-018296 ; *Gaz. Pal.* 12 janv. 2021, p. 53, obs. Giorigni ; *Act. proc. coll.* 2021, alerte 5, obs. Fin-Langer ; *JCP* E 2021, 1191, n° 10, obs. Tehrani).

V. Croze et Reinhard, *Procédures collectives et arbitrage : conseils pratiques aux parties et aux arbitres* : *JCP* E 2005, comm. 567.

10) Action en paiement. Sont suspendues toutes les actions tendant au paiement d'une somme d'argent, ce qui inclut une action en liquidation de l'astreinte (▪ Cass. com., 21 janv. 2003 : *JCP* E 2003, 760, n° 15, obs. M. Cabrillac ; *D.* 2003, p. 421, obs. Lienhard ; [2e esp.] ; *RJDA* 6/2003, n° 617. ▪ Cass. 2e civ., 11 mai 2006, n° 04-15.918 : *JurisData* n° 2006-033710 ; *RJDA* 6/2007, n° 638) ou une action exercée en vue de contraindre le débiteur à exécuter l'obligation qu'il avait antérieurement contractée de se substituer à une caution (▪ Cass. com., 6 juin 1995, n° 93-11.482 : *JurisData* n° 1995-001383 ; *Bull. civ.* IV, n° 166 ; *JCP* E 1995, I, 513, n° 16, obs. Ph. Pétel ; *RD bancaire et bourse* 1996, 58, n° 2, obs. Contamine-Raynaud).

11) Somme séquestrée. En principe, une somme séquestrée échappeà l'arrêt des poursuites individuelles (V. ▪ Cass. com., 20 juin 1995 : *JCP* E 1995, I, 513, n° 3, obs. Pétel ; *RD bancaire et bourse* 1996, 61, obs. Campana et Calendini. ▪ Cass. com., 13 nov. 2001, n° 97-16.652 : *JurisData* n° 2001-011627 ; *JCP* E 2002, 641, note Barrière. ▪ Cass. com., 10 juill. 2012, n° 11-21.574 : *Act. proc. coll.* 2012, n° 219. V. cependant C. com., art. R. 622-19).

12) Procédure collective du séquestre. La demande de restitution d'une somme séquestrée entre les mains d'un professionnel en liquidation judiciaire ne se heurte pas à l'interdiction de payer une créance antérieure, ni à l'interdiction de toute procédure de distribution n'ayant pas produit un effet attributif avant le jugement d'ouverture (▪ Cass. com., 23 sept. 2020, n° 19-15.122 : *JCP* E 2020, 1535, n° 1, obs. Pétel ; *BJE* nov. 2020, p. 29, obs. Touzain).

V. cependant, pour le cas d'une banque tenant un compte séquestre : ▪ Cass. com., 4 mars 1997, n° 94-13.170 : *JurisData* n° 1997-000897 ; *RD bancaire et bourse* 1997, 129, n° 4, obs. Campana et Calendini ; *Bull. Joly* 1997, 590, note Bonneau ; *Dr. et patrimoine* 1997, 79, obs. Saint-Alary ; *RTD com.* 1997, 491, obs. Cabrillac ; *RTD com.* 1998, 415, obs. Martin-Serf).

13) Immeuble déclaré insaisissable. Le créancier auquel la déclaration d'insaisissabilité est inopposablebénéficie d'un droit de poursuite sur l'immeuble, qu'il doit être en mesure d'exercer en obtenant un titre exécutoire par une action contre le débiteur (▪ Cass. com., 13 sept. 2017, n° 16-10.206 : *BJE* 2017, p. 406, obs. Lisanti ; *JCP* E 2017, 1688, n° 2, obs. Pétel, 1561, obs. Cerati-Gauthier ; *Gaz. Pal.* 16 janv. 2018, p. 68, obs. Le Corre). Mais pas un jugement de condamnation (▪ Cass. com., 7 oct. 2020, n° 19-13.560 : *JCP* E 2020, 1535, n° 2, obs. Pétel). Il peut faire inscrire une hypothèque provisoire sur l'immeuble (même arrêt).

14) Obligation de faire. En principe, l'action visant à l'exécution d'une obligation de faire échappe à l'arrêt des poursuites individuelles (V. ▪ Cass. com., 12 juill. 1994, n° 92-19.745 : *JurisData* n° 1994-001454 ; *Bull. civ.* IV, n° 261, pour la délivrance de documents à un organisme de sécurité sociale. ▪ Cass. com., 28 mars 1995, n° 92-17.805 : *JurisData* n° 1995-000705 ; *JCP* E 1995, pan. 711, pour la délivrance des lots à la suite de loteries organisées par le débiteur. ▪ Cass. com., 27 nov. 2001 : *RJDA* 4/2002, n° 409, pour une action tendant à faire cesser un état de péril. ▪ Cass. com., 3 janv. 1995 : *JCP* E 1995, I, 487, n° 13, obs. M. Cabrillac, pour l'action personnelle en restitution du rétenteur dépossédé. ▪ Cass. com., 20 mars 2019, n° 17-22.417).

Mais toute obligation de faire se résout en dommages-intérêts et la demande qui, sous couvert de condamnation du débiteur à procéder à une démolition, ne tend qu'au paiement d'une somme d'argent, tombe sous le coup de l'article L. 621-40 [L. 622-21] (■ Cass. com., 9 juill. 1996, n° 94-16.708 : *JurisData* n° 1996-003083 ; *JCP* E 1997, I, 623, n° 2, obs. M. Cabrillac ; *RTD com.* 1997, 684, obs. Martin-Serf. ■ Cass. com., 17 juin 1997, n° 94-14.109 : *D.* 1997, somm. p. 311, obs. Honorat. ■ Cass. com., 10 janv. 2012, n° 10-23.891).

15) Obligation légale. L'action du nouveau syndic de copropriété contre un ancien syndic en liquidation judiciaire visant à la remise des fonds, documents, archives et comptes du syndicat échappe à l'interdiction des poursuites dès lors qu'elle tend au respect d'une obligation légale, inhérente à la profession de syndic, et non au paiement d'une somme d'argent (■ Cass. com., 20 mars 2019, n° 17-22.417 : *JCP* E 2019, 1375, n° 3, obs. Pétel).

16) Résolution. L'interdiction s'applique à l'action, indivisible, dirigée contre deux acquéreurs solidaires, dont un seul est en liquidation judiciaire (■ Cass. com., 20 mars 2019, n° 17-20.629 : *BJE* sept. 2019, n° 117d9, p. 25, obs. Lamy).

La demande fondée sur un paiement tardif est irrecevable (■ Cass. com., 15 nov. 2016, n° 14-25.767 : *JurisData* n° 2016-023991 ; *JCP* E 2017, 1164, n° 2, obs. Pétel, 1139, obs. Brault ; *Gaz. Pal.* 10 janv. 2017, p. 65, obs. Kenderian).

17) Résolution acquise. Une action tendant simplement à constater une résiliation ou résolution déjà acquise au jour du jugement d'ouverture de la procédure ne peut être suspendue (■ Cass. 3e civ., 21 févr. 1990, n° 88-13.644 : *JurisData* n° 1990-700451 ; *JCP* E 1990, II, 15832, n° 16, obs. Cabrillac ; *Bull. civ.* III, n° 52 ; *RD bancaire et bourse* 1990, 174, obs. Campana et Calendini ; *Rev. huissiers* 1990, 1058, note R. Martin. ■ Cass. 3e civ., 17 mai 1994, n° 91-21.609 : *JurisData* n° 1994-001224 ; *Bull. civ.* IV, n° 179 ; *JCP* E 1994, I, 394, n° 4, obs. M. Cabrillac et Ph. Pétel pour un crédit-bail. ■ Cass. com., 18 nov. 2014, n° 13-23.997. ■ Cass. com., 25 nov. 1997, n° 95-15.885 : *JurisData* n° 1997-004700 ; *RJDA* 4/1998, n° 464 ; *Rev. proc. coll.* 1999, 117, obs. Macorig-Venier, pour une clause résolutoire de plein droit dans un contrat de vente d'un fonds de commerce. ■ Cass. com., 26 mai 1999, n° 96-21.054 : *JurisData* n° 1999-002114 ; *JCP* E 1999 p. 1532, n° 10, obs. Pétel ; *LPA* 30 juin 1999, p. 10, obs. P. M. ; *Rev. proc. coll.* 2000, 14, n° 11, obs. Macorig-Venier, pour un contrat d'assurance-vie. ■ 19 mars 2002, n° 99-14.783 : *RJDA* 8-9/2002, n° 908, pour un contrat de concession).

Cependant, en matière de baux commerciaux, lorsqu'à la date du jugement d'ouverture l'acquisition d'une clause résolutoire de plein droit pour défaut de paiement des loyers antérieurs à cette ouverture n'a pas encore été constatée par une décision passée en force de chose jugée, le bailleur ne peut plus poursuivre l'action antérieurement engagée (■ Cass. com., 12 juin 1990, n° 88-19.808 : *JurisData* n° 1990-001758 ; *Bull. civ.* IV, n° 172 ; *JCP* E 1991, I, 46, n° 15, obs. M.Cabrillac ; *D.* 1990, 450, note Derrida. ■ Cass. 3e civ., 27 juin 2006 : *JCP* E 2007, 1523, n° 38, obs. Monéger. ■ Cass. com., 3 juill. 2007 : *RJDA* 1/2008, n° 59 ; *JCP* E 2007, 2210, note Rémery. ■ Cass. com., 28 oct. 2008 : *JCP* E 2009, 1382, note C. Bourgeois ; *Gaz. proc. coll.* 2009-1, p. 32, obs. Kenderian. – Comp. ■ Cass. com., 9 avr. 1991 ; *D.* 1991, inf. rap. 134. ■ Cass. com., 24 oct. 1995 : *Bull. civ.* IV, n° 254, pour une ordonnance de référé passée en force de chose jugée).

18) Résolution possible. Échappent à la suspension des poursuites les actions en résolution fondées sur une autre cause que le non-paiement d'une somme d'argent :

– inexécution d'une obligation de faire (■ Cass. com., 12 mai 1992, n° 90-13.945 : *JurisData* n° 1992-001079 ; *Bull. civ.* IV, n° 181 ; *JCP* E 1992, I, 166, obs. Cabrillac – 28 mai 1996 : *JCP* E 1996, I, 584, n° 13, obs. Pétel. ■ Cass. 3e civ., 24 juin 1998, n° 96-16.711 : *JurisData* n° 1998-003109 ; *Rev. loyers* 1999, 237, note Gallet. ■ Cass. com., 11 oct. 2016, n° 15-16.099 : *Rev. proc. coll.* 2017, comm. 101, obs. Macorig-Venier. – V. Pimbert, *Résiliation du contrat de bail et ouverture d'une procédure collective : Rev. proc. coll.* 2000, 41) ;

– défaut de conformité et vices cachés (■ Cass. com., 2 mars 1999, n° 96-12.071 : *JurisData* n° 1999-001025 ; *RJDA* 5/1999, n° 573 ; *Rev. proc. coll.* 2000, 14, n° 10, obs. Macorig-Venier).

19) Action ayant un autre objet. *Idem* pour une action en inopposabilité d'un acte (■ Cass. com., 10 oct. 1978, n° 77-10.156 : *JurisData* n° 1978-097218 ; *Bull. civ.* IV, n° 218), en rescision pour lésion (■ Cass. com., 8 déc. 1976 [sol. impl.] : *Bull. civ.* IV, n° 312), en déclaration de validité du congé avec refus de renouvellement du bail commercial pour retards dans les paiements (■ Cass. 3e civ., 3 juin 1992, n° 90-19.687 : *JurisData* n° 1992-001486 ; *RTD com.* 1993, p. 289, n° 3, obs. Pédamon ; *Rev. proc. coll.* 1993, p. 403, n° 3, obs. Saint-Alary-Houin ; *Defrénois* 1993, p. 1215, n° 6, obs. Sénéchal. ■ Cass. 3e civ., 14 mai 1997, n° 94-22.146 : *JurisData* n° 1997-002148 ; *D.* 1997, somm. 305, obs. Rozès. ■ CA Paris, 19 sept. 2012, n° 10/22363 : *JurisData* n° 2012-021866 ; *JCP* E 2013, 1187, note Kenderian).

Idem pour une action en désignation d'expert (■ Cass. com., 2 déc. 2014, n° 13-24.405 : Rev. proc. *coll.* 2015, comm. 102, obs. Macorig-Venier).

Idem pour la demande d'anéantissement du contrat de vente pour non-respect des mentions obligatoires prescrites à peine de nullité ou pour inexécution de prestations, sans que ne soit recherchée une condamnation du vendeur au paiement d'une somme d'argent (▪ Cass. com., 7 oct. 2020, n° 19-14.422 : *JCP* E 2020, 1535, n° 3, obs. Tehrani).

III – VOIES D'EXÉCUTION

20) Biens communs. Le dessaisissement du mari en liquidation judiciaire interdit à la banque, également créancière de la femme *in bonis*, d'exercer des poursuites sur l'immeuble commun en dehors des cas où les créanciers du débiteur soumis à la liquidation judiciaire peuvent eux-mêmes agir, à savoir l'article L. 622-23, alinéa 1er [L. 643-2] (▪ Cass. ass. plén., 23 déc. 1994, n° 90-15.305 : *JurisData* n° 1994-002486 ; *Bull. civ.* 1994, ▪ Cass. ass. plén., n° 7 : *JCP* E 1995, II, 660, note Pétel ; *JCP* G 1995, I, 3869, n° 8, obs. Simler ; *D.* 1995, rapp. Chartier, note Derrida ; *RJDA* 1995, p. 101, concl. Roehrich ; *RJ com.* 1995, 55, obs. Storck ; *Defrénois* 1995, 445, obs. Champenois ; *Dr. et patrimoine* 1995, 65, obs. Bénabent. ▪ Cass. com., 17 juin 1997, n° 95-11.254 : *JurisData* n° 1997-002952 ; *RJDA* 11/1997, n° 1401 ; *D.* 1998, somm. 107, obs. S. Piedelièvre ; *RTD civ.* 1997, 709, obs. Crocq).

21) Biens indivis. Le créancier bénéficiaire d'une hypothèque consentie par l'ensemble des coïndivisaires peut poursuivre la vente sur saisie du bien indivis et être intégralement payé sur le prix avant tout partage (▪ Cass. com., 22 avr. 1997, n° 94-19.420 : *JurisData* n° 1997-001699 ; *JCP* E 1997, I, 681, n° 15, obs. Ph. Pétel. ▪ Cass. 1re civ., 14 juin 2000, n° 98-10.577 : *Bull. civ.* I, n° 182 ; *RJDA* 3/2001, n° 385 ; *JCP* E 2000, pan. 1358 ; *JCP* G 2001, I, 309, n° 11, obs. Stork ; *D.* 2000, p. 318, obs. Lienhard ; *D.* 2001, somm. 695, obs. Aynès ; *Defrénois* 2001, p. 368, obs. Sénéchal. ▪ Cass. com., 19 déc. 2000, n° 97-17.728 : *JurisData* n° 2000-007473 ; *RJDA* 3/2001, n° 386 ; *JCP* E 2001, pan. 302, p. 1087, n° 11, obs. Delebecque ; *D.* 2001, p. 379 ; *Defrénois* 2001, 943, obs. Théry ; *Rev. proc. coll.* 2001, 8, obs. Macorig-Venier).

Toutefois, lorsque l'indivision devient opposable aux tiers en cours de procédure, les biens indivis sont inclus dans la procédure (▪ Cass. 1re civ., 21 mai 1997, n° 95-12.460 : *JurisData* n° 1997-002159 ; *JCP* E 1997, I, 681, n° 14, obs. Ph. Pétel).

22) Immeuble déclaré insaisissable. Un créancier à qui la déclaration d'insaisissabilité est inopposable peut faire procéder à sa vente sur saisie ; il n'a pas à être autorisé par le juge-commissaire car sa saisie n'est pas une opération de liquidation judiciaire (▪ Cass. com., 5 avr. 2016 : *JCP* E 2016, 1465, n° 6, obs. Pétel ; *Act. proc. coll.* 2016, comm. 120, obs. Leprovaux ; *Gaz. Pal.* 28 juin 2016, p. 54, obs. Le Corre).

23) Biens acquis par fusion. Le créancier de la société absorbée, qui bénéficie d'une décision exécutoire lui déclarant la fusion inopposable, conserve le droit de recouvrer sa créance sur le patrimoine de la société absorbée dissoute et ne peut se voir opposer l'interdiction des procédures d'exécution résultant de l'ouverture de la procédure collective de la société absorbante (▪ Cass. com., 7 oct. 2020, n° 19-14.755 : *JCP* E 2020, 1535, n° 4, obs. Pétel).

24) Expulsion. La procédure d'expulsion, consécutive à une clause résolutoire acquise avant le jugement, n'est pas une voie d'exécution au sens de l'article L. 621-40 [L. 622-21] (▪ Cass. 3e civ., 21 févr. 1990 : *JCP* E 1990, II, 15832, n° 16, obs. Cabrillac ; *Bull. civ.* III, n° 52 ; *Rev. huissiers* 1990, 1058, note R. Martin ; *RD bancaire et bourse* 1990, 174, obs. Campana et Calendini ; *RTD com.* 1990, 478, n° 1, obs. Chaput. ▪ Cass. com., 19 déc. 1989 [sol. impl.] : *Bull. civ.* IV, n° 320 ; *JCP* E 1990, II, 15832, n° 16, obs. Cabrillac ; *D.* 1990, 450, note Derrida).

25) Procédure de distribution. V. notes ss art. R. 622-19, p. 1965.

26) Saisie immobilière. En l'absence d'adjudication définitive, la procédure de saisie immobilière est arrêtée par le jugement d'ouverture (▪ Cass. com., 4 mars 2014, n° 13-10.534 : *JurisData* n° 2014-003821 ; *Act. proc. coll.* 2014, comm. 133, obs. P. Cagnoli).

L'adjudicataire devient propriétaire de l'immeuble du seul fait de l'adjudication, et la vente sur folle enchère produit les effets d'une résolution, de sorte que la procédure de folle enchère est soumise à l'article L. 621-40 [L. 622-21] (▪ Cass. 2e civ., 19 mai 1998 : *Bull. civ.* II, n° 154 ; *RTD com.* 1999, 504, obs. Martin-Serf ; *D.* 2000, *Cah. dr. aff.*, somm. 67, obs. Pérochon et Mainguy. ▪ Cass. com., 13 oct. 1998, n° 96-17.083 : *JurisData* n° 1998-003995 ; *RJDA* 12/1998, n° 1383 ; *RTD com.* 1999, 504, obs. Martin-Serf. ▪ Cass. com., 18 févr. 2003, n° 99-18.946 : *JurisData* n° 2003-017880 ; *RJDA* 8-9/2003, n° 851).

27) Avis à tiers détenteur. En cas de signification d'un ATD ayant acquis un caractère définitif avant le jugement d'ouverture, le Trésor peut poursuivre la réalisation de son droit car il a acquis un droit direct sur la créance dont le contribuable était titulaire (▪ Cass. com., 2 juin 1980 : *JurisData* n° 1980-700228 ; *D.* 1980, 511, note Honorat. ▪ Cass. com., 2 oct. 1990, n° 88-13.709 : *JurisData* n° 1990-002436 ; *JCP* E 1990, I, 20539. – Comp. ▪ Cass. com., 22 nov. 1983, n° 82-13.022 : *JurisData* n° 1983-702378 ; *Bull. civ.* IV, n° 318). Et ceci même si l'ATD s'appliquait à une créance conditionnelle du salarié envers son employeur (▪ Cass. com., 19 mars 1991, n° 89-10.783 : *JurisData* n° 1991-001311 ; *D.* 1991, 386, note Honorat).

L'ATD ayant été notifié avant l'ouverture de la procédure, la créance de loyers échus postérieurement au prononcé du redressement judiciaire n'est pas soumise aux règles de la procédure, et n'échappe pas au transport-cession opéré par l'avis au profit du Trésor (▪ Cass., avis, 16 déc. 1994, n° 09-40.020 : *Bull. civ.*, avis, n° 24 ; *JCP* G 1995, II, 22409, note Grafmeyer ; *JCP* E 1995, II, 686, note R. Martin ; *D.* 1995, 166, note Derrida ; *RTD civ.* 1995, 965, obs. Perrot. ▪ Cass. com., 8 juill. 2003, n° 00-14.457 : *JurisData* n° 2003-020043 ; *RJDA* 11/2003, n° 1123 ; *JCP* E 2004, 202, n° 15, obs. M. Cabrillac ; *D.* 2003, 2094, obs. Lienhard. – V. également *infra* V° Saisie-attribution.

Voir pour le conflit entre le délégataire et le Trésor public créancier du délégant en liquidation judiciaire (▪ Cass. com., 29 avr. 2002, n° 99-15.072 : *JurisData* n° 2002-014148 ; *D.* 2002, p. 1835, obs. F. B., comm. 2673, note Houtcieff ; *JCP* E 2002, pan. 932 ; *RD bancaire et fin.* 2002, 200, n° 152, obs. Delleci. – Comp. ▪ Cass. com., 16 avr. 1996, n° 93-15.417 : *JurisData* n° 1996-001566 ; *Bull. civ.* IV, n° 120 ; *D.* 1996, jurispr. 571, note Larroumet, somm. 333, obs. Aynès ; *JCP* 1996, II, 22689, note Billiau et ▪ Cass. com., 26 nov. 2002, n° 01BX01242 : *RD bancaire et fin.* 2003, 102, n° 77, obs. F.-X. Lucas).

28) Saisie-attribution. Il résulte de l'article 43 de la loi du 9 juillet 1991 que la saisie-attribution qui n'a pas été contestée devant le juge de l'exécution, dans le délai d'un mois prévu à peine d'irrecevabilité, emporte attribution immédiate des sommes saisies et la survenance d'un jugement portant ouverture d'un redressement ou d'une liquidation judiciaires ne remet pas en cause cette attribution (▪ Cass. com., 16 févr. 1999, n° 95-17.928 : *JurisData* n° 1999-000798 ; *RJDA* 5/1999, n° 600. ▪ 26 nov. 2002, n° 99-16.161 : *JurisData* n° 2002-016900 ; *RJDA* 4/2003, n° 433).

Une saisie-attribution de créances à exécution successive pratiquée antérieurement au jugement d'ouverture poursuit ses effets sur les sommes échues en vertu de cette créance après ledit jugement (▪ Cass. ch. mixte, 22 nov. 2002, n° 99-13.935 : *JurisData* n° 2002-016546 ; *RJDA* 3/2003, n° 312 ; *JCP* E 2003, 397, note Legeais ; *ibid.*, 760, n° 14, obs. M. Cabrillac ; *JCP* G 2003, II, 10033, note Houtcieff ; *D.* 2002, p. 3270, obs. Lienhard ; *D.* 2003, comm. 445, note Larroumet, p. 1472, obs. Taormina ; *RD bancaire et fin.* 2003, 22, n° 19, obs. Cerles ; *ibid.*, 32, n° 37, obs. Delleci ; *LPA* 27 févr. 2004, p. 11, note Sénéchal ; *RTD com. 2003, 148, obs. Legeais* et 367, obs. Martin-Serf ; *RTD civ.* 2003, 146, obs. Perrot ; *ibid.*, 331, obs. Crocq).

Pour les effets du dessaisissement du débiteur sur la saisie-attribution, V. note sous art. L. 641-9, p. 1288.

29) Saisie conservatoire. Une saisie conservatoire de créance signifiée au tiers saisi avant la date de cessation des paiements et qui n'a pas été convertie en saisie-attribution avant la date du jugement d'ouverture n'emporte plus, dès lors, affectation spéciale et privilège au profit du créancier saisissant (▪ Cass. com., 22 avr. 1997 : *RD bancaire et bourse* 1997, 134, n° 10, obs. Campana et Calendini ; *RJDA* 8-9/1997, n° 1109 ; *JCP* E 1997, I, 681, n° 16, obs. M. Cabrillac ; *JCP* E 1997, II, 1013, note Grellière ; *Dr. et patrimoine* 1997, n° 52, p. 78, obs. Monsérié ; *JCP* E 1998, p. 223, n° 2, obs. Delebecque ; *RTD com.* 1998, 208, obs. Martin-Serf. ▪ Cass. 2e civ., 20 oct. 2005, n° 04-10.870 : *JurisData* n° 2005-030330 ; *D.* 2004, p. 2804, obs. Lienhard ; *D.* 2006, pan. 83, obs. Le Corre). Le jugement définitif reconnaissant la réalité de la créance invoquée à l'appui de la saisie conservatoire ne suffit pas à conférer au saisissant un droit acquis (▪ Cass. 2e civ., 19 mai 1999, n° 97-13.672 : *JurisData* n° 1999-001956 ; *JCP* E 1999, p. 1531, obs. Ph. Pétel ; *D.* 1999, p. 549, note Prévault ; *RJDA* 2/2000, n° 184).

L'arrêt des voies d'exécution du fait de la procédure collective implique la mainlevée de toute saisie conservatoire de biens meubles corporels lorsque, à la date du jugement prononçant le redressement judiciaire du débiteur, les biens saisis n'ont pas encore été vendus en exécution de la procédure de saisie-vente en laquelle une telle saisie doit être convertie, car ces biens appartiennent encore au débiteur (▪ Cass. com., 2 févr. 1999, n° 96-17.517 : *JurisData* n° 1999-000422 ; *JCP* E 1999, pan. 553, obs. Cadiou ; *RJDA* 3/1999, n° 333, rapp. Rémery, p. 214).

30) Saisie pénale. Le jugement de sauvegarde n'interdit pas que soit ordonnée une saisie pénale d'une créance, ni ne limite les effets d'une telle saisie préalablement ordonnée (▪ Cass. 2e civ., 5 déc. 2019, n° 17-23.576 : *JCP* E 2020, 197, note Camous ; *AJ pénal* 2020, p. 90, note Hy). — Rappr. ▪ Cass. crim., 15 nov. 2017, n° 16-17.868 : *Gaz. Pal.* 16 janv. 2018, p. 70, obs. Boustani. ▪ Cass. crim., 23 oct. 2019, n° 18-85.820 : *Rev. proc. coll.* 2020, comm. 45, obs. Boustani).

IV – EFFETS DE LA SUSPENSION DES POURSUITES

31) Délais courant contre le créancier. En cas de résolution d'un plan, le privilège de la sécurité sociale est conservé dans la seconde procédure dès lors que les jugements d'ouverture ont eu pour effet d'interdire toute voie d'exécution et que les délais impartis pour la conservation de la sûreté sont demeurés suspendus au cours du plan de continuation par l'effet des délais de règlement de la créance fixés par le plan (■ Cass. com., 27 oct. 1998, n° 94-21.873 : *JurisData* n° 1998-004065 ; *D.* 1999, somm. 187, obs. Honorat ; *JCP* E 1999, p. 1588, n° 17, obs. Delebecque. ■ Cass. soc., 20 mai 1999, n° 97-21.640 : *JurisData* n° 1999-001903 ; *JCP* E 1999, p. 1536, n° 17, obs. M. Cabrillac ; *RTD com.* 1999, 960, obs. Saint-Alary-Houin).

La suspension de prescription fiscale ne vaut qu'à l'égard du débiteur et non du codébiteur solidaire (■ CE, 10 oct. 2014, n° 364344 : *JurisData* n° 2014-023622 ; *JCP* E 2014, 1615, note D. F. – droit antérieur à 2008).

32) Délais courant contre le débiteur. Le délai de prescription qui court contre un débiteur n'est pas suspendu par sa mise en redressement judiciaire (■ Cass. com., 20 sept. 2005, n° 03-17.137 : *RJDA* 01/2006, n° 46 ; *D.* 2005, p. 2445, obs. Lienhard ; *JCP* E 2006, 1066, n° 1, obs. M. Cabrillac).

Art. L. 622-22 ***(Anc. art. L. 621-41, renum. et mod., L. n° 2005-845, 26 juill. 2005 ; Ord. n° 2014-326, 12 mars 2014).*** **– Sous réserve des dispositions de l'article L. 625-3, les instances en cours sont interrompues jusqu'à ce que le créancier poursuivant ait procédé à la déclaration de sa créance. Elles sont alors reprises de plein droit, le mandataire judiciaire et, le cas échéant, l'administrateur ou le commissaire à l'exécution du plan nommé en application de l'article L. 626-25 dûment appelés, mais tendent uniquement à la constatation des créances et à la fixation de leur montant.**

Le débiteur, partie à l'instance, informe le créancier poursuivant de l'ouverture de la procédure dans les dix jours de celle-ci.

I – DOMAINE DE LA RÈGLE

1) Absence d'instance en cours. En l'absence d'instance en cours à la date du jugement d'ouverture, le créancier après avoir déclaré sa créance, ne peut en faire constater le principe et fixer le montant qu'en suivant la procédure de vérification du passif (■ Cass. com., 17 juill. 2001, n° 98-19.258 : *JurisData* n° 2001-010684 ; *Bull. civ.* IV, n° 153 ; *RJDA* 1/2002, n° 34 ; *JCP* E 2002, 546, note Kamdem ; *Procédures* 2002, n° 7, obs. Laporte ; *Rev. proc. coll.* 2002, 268, obs. Staes. ■ Cass. com., 9 nov. 2004, n° 02-18.675 : *RJDA* 3/2005, n° 296) ; il ne peut, après l'ouverture de la procédure, engager une action en justice tendant à la constatation de sa créance et à la fixation de son montant devant une autre juridiction (■ Cass. com., 8 janv. 2002, n° 98-17.439 : *JurisData* n° 2002-012501 ; *JCP* E 2002, pan. 292 ; *D.* 2002, p. 487 ; *RJDA* 5/2002, n° 527).

2) Notion d'instance en cours. Les instances en référé n'entrent pas dans le champ d'application des dispositions de l'article L. 621-41 [L. 622-22], la créance faisant l'objet d'une telle instance doit donc être soumise à la procédure normale de vérification (■ Cass. com., 12 juill. 1994 : *Bull. civ.* IV, n° 263 ; *JCP* E 1995, I, 417, n° 5, obs. Ph. Pétel ; *JCP* E 1995, II, 640, note Gallet ; *D.* 1995, somm. 28, obs. Honorat. ■ Cass. com., 6 juill. 2010, n° 09-16.403 : *JurisData* n° 2010-011341 ; *RJ com.* 2011, 67, obs. J.-P. Sortais. ■ Cass. com., 11 déc. 2019, n° 18-19.425 : *Rev. proc. coll.* 2020, comm. 56, obs. Borga).

La demande incidente en paiement formée avant l'ouverture de la procédure collective est une instance en cours (■ Paris, 14 mars 2000, n° 1999/10287 : *JurisData* n° 2000-122052 ; *Rev. proc. coll.* 2001, 251, obs. Staes).

Une instance en cours n'est pas interrompue par l'effet du jugement d'ouverture du redressement judiciaire du débiteur dès lors que ce jugement est survenu postérieurement à l'ouverture des débats devant la cour d'appel (■ Cass. com., 14 févr. 1995, n° 93-14.198 : *JurisData* n° 1995-000246 ; *D.* 1995, somm. 217, obs. Honorat. ■ 6 févr. 2001, n° 98-44.598 : *JurisData* n° 2001-008214 ; *Rev. proc. coll.* 2002, 269, obs. Staes).

Lorsque le débiteur a payé sa dette en vertu d'un jugement sur le fond exécutoire par provision, son appel n'est pas une instance en cours soumise à l'article L. 622-22 (■ Cass. com., 15 févr. 2011, n° 09-71.487 : *JurisData* n° 2011-001923 ; *Act. proc. coll.* 2011, comm. 101, obs. P. Cagnoli ; *Rev. proc. coll.* 2012, comm. 64, obs. O. Staes).

L'action en fixation d'une astreinte provisoire par le juge de l'exécution est une instance en cours (■ Cass. com., 31 mai 2011, n° 09-68.204 : *JurisData* n° 2011-010431 ; *Rev. proc. coll.* 2012, comm. 67, obs. O. Staes).

3) Arbitrage. Le principe de suspension des poursuites individuelles est d'ordre public interne et international, ce qui exclut l'*exequatur* d'une sentence arbitrale le méconnaissant (■ Cass. 1re civ., 6 mai 2009, n° 08-10.281 : *JurisData* n° 2009-048035 ; *JCP* E 2009, 1814, n° 2, obs. Ph. Pétel ; *JCP* G 2009, 534, obs. G. Bolard ; *Procédures* 2009, comm. 236, obs. B. Rolland ; Act. proc. coll. 2009, comm. 182, obs. T. Mastrullo).

Bibliographie : Croze et Reinhard, *Procédures collectives et arbitrage : conseils pratiques aux parties et aux arbitres* : *JCP* E 2005, comm. 567. – D. Vidal, *Procédure collective et procédure d'arbitrage : quelle rencontre ?* : *Gaz. Pal.* 30-31 oct. 2009, p. 3.

4) Rapport à succession. L'instance en liquidation et partage de succession n'est pas une instance en paiement mais nécessite la mise en cause du liquidateur (■ Cass. com., 21 nov. 2018, n° 17-12.761 : *JCP* E 2019, 1206, n° 5, obs. Pétel ; *Act. proc. coll.* 2019, comm. 10, obs. Leprovaux).

5) **Créance du débiteur.** L'article L. 622-22 ne s'applique pas aux créances dont le débiteur en redressement judiciaire est bénéficiaire (▪ Cass. 3e civ., 7 sept. 2017, n° 16-19.874 : *Rev. proc. coll.* 2018, comm. 70, obs. Staes).

II – CONDITIONS DE LA REPRISE D'INSTANCE

6) **Volonté du créancier.** Le créancier qui a déclaré sa créance à la procédure collective du débiteur principal demeure libre de ne pas poursuivre l'instance en fixation de sa créance devant le juge initialement saisi et la caution n'a pas qualité pour critiquer la décision d'admission de la créance prise par le juge-commissaire en ce que celui-ci aurait dû constater qu'une instance était en cours au sens de l'article L. 621-104 [L. 624-2] (▪ Cass. com., 4 mars 2002 : *RJDA* 8-9/2003, n° 852).

7) **Validité de la déclaration.** Il appartient à la juridiction saisie de vérifier la régularité de la reprise d'instance et, à cette fin, d'apprécier la validité de la déclaration de créance (▪ Cass. com., 22 juin 1993, n° 87-19.183 : *JurisData* n° 1993-001539 ; *JCP* E 1993, I, 295, n° 3, obs. Pétel ; *D.* 1993, somm. 365, obs. Honorat). – *Adde*, ▪ Cass. com., 12 févr. 1991, n° 89-15.165 : *JurisData* n° 1991-000501 ; *Bull. civ.* IV, n° 67 ; *JCP* E 1991, I, 100, n° 7, obs. Cabrillac. ▪ Cass. com., 3 déc. 2003, n° 99-12.653 : *JurisData* n° 2003-021362 ; *RJDA* 4/2004, n° 476 ; *JCP* E 2004, pan. 179).

8) **Mise en cause des organes.** L'instance ne reprend pas valablement si le représentant des créanciers n'est pas mis en cause (▪ Cass. com., 7 janv. 1992, n° 89-15.819 : *Bull.* IV, n° 4 ; *D.* 1992, somm. 255, obs. Derrida. ▪ Cass. 3e civ., 8 janv. 2002 : *Rev. proc. coll.* 2002, 269, n° 6, obs. Staes).

III – CONSÉQUENCES DE LA RÈGLE

9) **Décision rendue sans reprise d'instance.** En l'absence de confirmation par les bénéficiaires de l'interruption d'instance, le jugement rendu après la reprise irrégulière de celle-ci est réputé non avenu (▪ Cass. com., 11 oct. 2011, n° 10-21.373 : *Rev. proc. coll.* 2012, comm. 68, obs. Staes. ▪ Cass. com., 5 mai 2015, n° 13-20.502 : *Rev. proc. coll.* 2015, comm. 184, obs. Staes).

Seul le liquidateur a qualité pour se prévaloir du caractère non avenu du jugement rendu sans reprise régulière de l'instance (▪ Cass. 2e civ., 15 avr. 2010, n° 08-12.357 : *JurisData* n° 2010-003888 ; *Act. proc. coll.* 2010, comm. 153, obs. Cagnoli ; *Rev. proc. coll.* 2011, comm. 33, obs. O. Staes. ▪ Cass. com., 13 déc. 2017, n° 16-21.375 : *Rev. proc. coll.* 2018, comm. 71, obs. Staes).

Sur la confirmation d'un tel jugement par les organes de la procédure, V. ▪ Cass. com., 26 janv. 2010, n° 08-16.959 : *JurisData* n° 2010-051354 ; *Act. proc. coll.* 2010, comm. 74, obs. Vallansan ; *D.* 2010, 380, obs. Lienhard ; *Rev. proc. coll.* 2011, comm. 34, obs. Staes.

10) **Décision rendue après reprise d'instance.** La décision qui constate la créance, à l'exclusion de toute condamnation du débiteur, ne constitue pas un titre exécutoire et ne peut, dès lors, servir de fondement à une mesure d'exécution forcée (▪ Cass. com., 4 juill. 2018, n° 16-22.986 : *Act. proc. coll.* 2018, comm. 215, obs. Cagnoli ; *BJE* nov. 2018, p. 445, obs. Hugon ; *Gaz. Pal.* 15 janv. 2019, p. 71, obs. Le Corre).

11) **Décision non rendue.** L'ouverture de la procédure n'interrompant l'instance, et le délai de péremption, qu'au profit de la personne soumise à cette procédure, il appartient au créancier d'effectuer toutes les diligences utiles pour reprendre l'instance dans le délai de deux ans sous peine de péremption (▪ Cass. 2e civ., 10 janv. 2008, n° 07-10.974 : *JurisData* n° 2008-042217 ; *JCP* E 2008, 1276, note Mélin et 1432, n° 9, obs. Cabrillac). En l'absence de déclaration, l'instance demeure interrompue jusqu'à la clôture de la liquidation judiciaire (▪ Cass., avis, 8 juin 2009, n° 00900002 : *JurisData* n° 2009-048455 ; *JCP* E 2009, 1814, n° 3, obs. Ph. Pétel ; *D.* 2009, act. jurispr. p. 1603, obs. A. Lienhard).

Art. L. 622-23 *(Ord. n° 2008-1345, 18 déc. 2008)*. – **Les actions en justice et les procédures d'exécution autres que celles visées à l'article L. 622-21 sont poursuivies au cours de la période d'observation à l'encontre du débiteur, après mise en cause du mandataire judiciaire et de l'administrateur lorsqu'il a une mission d'assistance ou après une reprise d'instance à leur initiative.**

1) **Applications.** Le liquidateur doit être mis en cause par le loueur en cas de revendication de son matériel à la suite d'une résolution du contrat de location acquise avant l'ouverture de la procédure (▪ Cass. com., 3 déc. 2003, n° 01-02.497 : *JurisData* n° 2003-021453 ; *RJDA* 5/2004, n° 591). La mise en cause du représentant des créanciers est indispensable dans le cadre du jugement homologuant le partage des biens de l'indivision post-communautaire (▪ Cass. 1re civ., 26 juin 2001, n° 98-15.104 : *Rev. proc. coll.* 2002, 260, obs. Lebel).

2) **Régularisation.** La situation résultant de la seule mise en cause du débiteur avant l'expiration du délai de prescription de l'action ouverte contre

l'assuré peut être régularisée, après cette date, par l'intervention des mandataires visés à l'article L. 621-42 [L. 622-23] jusqu'au moment où le juge statue (■ Cass. com., 25 juin 1996, n° 94-19.108 : *JurisData* n° 1996-002758 ; *D.* 1996, 481, rapp. Rémery ; *RJDA* 12/1996, n° 1537).

Art. L. 622-23-1 *(Ord. n° 2008-1345, 18 déc. 2008)*. **– Lorsque des biens ou droits présents dans un patrimoine fiduciaire font l'objet d'une convention en exécution de laquelle le débiteur constituant en conserve l'usage ou la jouissance, aucune cession ou aucun transfert de ces biens ou droits ne peut intervenir au profit du fiduciaire ou d'un tiers du seul fait de l'ouverture de la procédure, de l'arrêté du plan ou encore d'un défaut de paiement d'une créance née antérieurement au jugement d'ouverture. Cette interdiction est prévue à peine de nullité de la cession ou du transfert.**

Art. L. 622-24 *(Anc. art. L. 621-43, mod., L. n° 2003-7, 3 janv. 2003 ; renum. et mod., L. n° 2005-845, 26 juill. 2005 ; mod., Ord. n° 2008-1345, 18 déc. 2008 ; Ord. n° 2014-326, 12 mars 2014 ; L. n° 2019-486, 22 mai 2019)*. **– À partir de la publication du jugement, tous les créanciers dont la créance est née antérieurement au jugement d'ouverture, à l'exception des salariés, adressent la déclaration de leurs créances au mandataire judiciaire dans des délais fixés par décret en Conseil d'État. Lorsque le créancier a été relevé de forclusion conformément à l'article L. 622-26, les délais ne courent qu'à compter de la notification de cette décision ; ils sont alors réduits de moitié. Les créanciers titulaires d'une sûreté publiée ou liés au débiteur par un contrat publié sont avertis personnellement ou, s'il y a lieu, à domicile élu. Le délai de déclaration court à l'égard de ceux-ci à compter de la notification de cet avertissement.**

La déclaration des créances peut être faite par le créancier ou par tout préposé ou mandataire de son choix. Le créancier peut ratifier la déclaration faite en son nom jusqu'à ce que le juge statue sur l'admission de la créance.

Lorsque le débiteur a porté une créance à la connaissance du mandataire judiciaire, il est présumé avoir agi pour le compte du créancier tant que celui-ci n'a pas adressé la déclaration de créance prévue au premier alinéa.

La déclaration des créances doit être faite alors même qu'elles ne sont pas établies par un titre. Celles dont le montant n'est pas encore définitivement fixé sont déclarées sur la base d'une évaluation. Les créances du Trésor public et des organismes de prévoyance et de sécurité sociale ainsi que les créances recouvrées par les organismes visés à l'article L. 351-21 (1) **du Code du travail qui n'ont pas fait l'objet d'un titre exécutoire au moment de leur déclaration sont admises à titre provisionnel pour leur montant déclaré. En tout état de cause, les déclarations du Trésor et de la sécurité sociale sont toujours faites sous réserve des impôts et autres créances non établis à la date de la déclaration. Sous réserve des procédures judiciaires ou administratives en cours, leur établissement définitif doit, à peine de forclusion, être effectué dans le délai prévu à l'article L. 624-1. Si la détermination de l'assiette et du calcul de l'impôt est en cours, l'établissement définitif des créances admises à titre provisionnel doit être effectué par l'émission du titre exécutoire dans un délai de douze mois à compter de la publication du jugement d'ouverture. Toutefois, si une procédure de contrôle ou de rectification de l'impôt a été engagée, l'établissement définitif des créances qui en font l'objet doit être réalisé avant le dépôt au greffe du compte rendu de fin de mission par le mandataire judiciaire. Le délai de cet établissement définitif est suspendu par la saisine de l'une des commissions mentionnées à l'article L. 59 du Livre des procédures fiscales jusqu'à la date de réception par le contribuable ou son représentant de l'avis de cette commission ou celle d'un désistement.**

Les institutions **mentionnées à l'article L. 143-11-4** (2) **du Code du travail sont soumises aux dispositions du présent article pour les sommes qu'elles ont avancées et qui leur sont remboursées dans les conditions prévues pour les créances nées antérieurement au jugement ouvrant la procédure.**

Les créances nées régulièrement après le jugement d'ouverture, autres que celles mentionnées au I de l'article L. 622-17, sont soumises aux dispositions du présent article. Les délais courent à compter de la date d'exigibilité de la créance. Toutefois, les créanciers dont les créances résultent d'un contrat à exécution successive déclarent l'intégralité des sommes qui leur sont dues dans des conditions prévues par décret en Conseil d'État.

---

(1) Cet article a été recodifié, V. C. trav., art. L. 5427-1 à L. 5427-6.
(2) Cet article a été recodifié, V. C. trav., art. L. 3253-14, p. 3336.

Le délai de déclaration, par une partie civile, des créances nées d'une infraction pénale court dans les conditions prévues au premier alinéa ou à compter de la date de la décision définitive qui en fixe le montant, lorsque cette décision intervient après la publication du jugement d'ouverture.

Les créances alimentaires ne sont pas soumises aux dispositions du présent article.

Voir : déc. citées sous art. L. 622-21, p. 1165.

Bibliographie : Chaput, *Déclaration des créances et responsabilité du représentant des créanciers : Rev. proc. coll.* 1988, 149. • Coudert, *Éléments de réflexion sur les délais de déclaration de créances en matière de faillite : JCP* E 1988, II, 15236. • Neuveu, *Le relevé de forclusion : Banque* 1988, 10. • Campana et Calendini, *La déclaration de créances effectuée par un préposé du créancier : JCP* E 1993, I, 230. • Grafmeyer, *Déclaration des créances : purgatoire des créanciers au jardin des tentations ? : Banque* 1993, 91. • Soinne, *La double nature de la déclaration de créances : Banque* 1993, 94. • Le Corre, *L'inopposabilité de la forclusion issue de la loi du 10 juin 1994 : LPA* 29 juill. 1998, p. 8. • Brandeau, *Déclaration et admission des créances du Trésor et la nécessaire relecture de l'article 50, alinéa 3 : LPA* 12 janv. 1999, p. 13. • Soinne, *La « guerre » du pouvoir s'achève : LPA* 29 juin 2000, p. 24. • Deleneuville, *Les principes directeurs de l'admission définitive des créances fiscales : D.* 2001, chron. 1156. • Lienhard, *Modalités de déclaration des créances (synthèse de la jurisprudence récente) : D.* 2001, chron. 1011. • Baron, *La date de naissance des créances contractuelles à l'épreuve du droit des procédures collectives : RTD com.* 2001, 1. • Chendeb, *Les créances alimentaires et les procédures collectives : Rev. proc. coll.* 2009, étude 21. • Cavalier, *Le paiement des créances fiscales dans le droit des procédures collectives : JCP* E 2015, 1029. • Reille et Legrand, *Le sort des créanciers : plus de droits et une meilleure sécurité juridique : CDE* 2015-1, p. 42. • Bénilsi, *La dédramatisation de la déclaration de créance : LPA* 4 févr. 2015, p. 7. • Jazottes et Legrand, *Déclaration par le débiteur : retour d'expérience et difficultés : BJE* janv. 2017, p. 66. • Le Corre, *La présomption de déclaration de créance par le débiteur pour le compte du créancier : du droit relativement positif pour le créancier,* in *Mélanges Saint-Alary-Houin* : LGDJ, p. 319.

• *Sommaire*

I – DOMAINE DE LA DÉCLARATION

A – Créances à déclarer

1) Créance antérieure. Doivent être déclarées toutes les créances antérieures au jugement d'ouverture, même éventuelles (▪ Cass. com., 24 oct. 1995, n° 93-21.211 : *JurisData* n° 1995-002851 ; *RD bancaire et bourse* 1996, 130, n° 9, obs. Campana et Calendini), ou non exigibles (▪ Cass. com., 19 déc. 2000, n° 97-17.728 : *JurisData* n° 2000-007473 ; *RJDA* 3/2001, n° 343 ; *JCP* E 2001, pan. 301).

Voir : sur l'identification des créances antérieures et postérieures, jurispr. citée sous C. com., art. L. 622-17. – *Sur les créances issues d'un contrat* en cours, jurispr. citée sous C. com., art. L. 622-13.

2) Créance éteinte. Le paiement effectué avant l'ouverture de la procédure collective, en vertu d'une décision statuant sur le fond, exécutoire par provision, éteint la créance et le créancier n'est pas soumis à l'obligation de la déclarer (▪ Cass. com., 14 juin 1994, n° 92-16.322 : *JurisData* n° 1994-001295 ; *Bull. civ.* IV, n° 215 ; *JCP* E 1995, I, 417, n° 8, obs. Ph. Pétel ; rappr., pour l'attribution judiciaire d'un gage, ▪ Cass. com., 24 janv. 2006, n° 02-11.989 : *JurisData* n° 2006-031804 ; *D.* 2006, p. 499, obs. Lienhard ; *ibid.*, pan. 2860, obs. Crocq ; *JCP* E 2006, 1753, n° 15, obs. Delebecque ; *RJDA* 6/2006, n° 690 ; *RTD com.* 2006, 463 et 467, obs. Legeais ; *ibid.*, 655, obs. Bouloc).

– Comp., pour un paiement sur référé-provision, ▪ Cass. com., 12 juill. 1994 : *Bull. civ.* IV, n° 263 ; *JCP* E 1995, I, 417, n° 9, obs. Ph. Pétel ; *D.* 1995, somm. 28, obs. Honorat ; *adde*, cependant, ▪ Cass. com., 8 janv. 2008, n° 06-13.746 : JurisData n° 2008-042192 ; *JCP* E 2008, 1432, n° 12, obs. Ph. Pétel.

Une créance éteinte par voie de compensation conventionnelle intervenue avant l'ouverture de la procédure à la suite d'un gage de numéraire, n'a pas à être déclarée (■ Cass. com., 3 juin 1997, n° 95-13.365 : *JurisData* n° 1997-002491 ; *Bull. civ.* IV, n° 165 ; *RD bancaire et bourse* 1997, 165, n° 7, obs. Credot et Gérard ; *ibid.*, 1998, 22, n° 4, obs. Campana et Calendini ; *JCP* 1997, II, 22891, rapp. Rémery ; *RTD com.* 1997, 663, obs. Cabrillac ; *ibid.*, 686, obs. Martin-Serf ; *D.* 1998, 61, note François ; *ibid.*, somm. 104, obs. S. Piedelièvre).

3) Obligation de faire. L'obligation de faire incombant au débiteur ne pouvant se résoudre qu'en dommages-intérêts, la créance du maître de l'ouvrage au titre des non-façons ayant son origine antérieurement à l'ouverture de la procédure doit être déclarée (■ Cass. com., 12 nov. 1996, n° 94-17.032 : *JurisData* n° 1996-004110 ; *JCP* E 1997, pan. 3 ; *RJDA* 2/1997, n° 267. – Rappr. jurispr. citée sous C. com., art. L. 622-21).

4) Créance éventuelle. Le caractère éventuel de la créance ne dispense pas le créancier de la déclarer (■ Cass. com., 9 oct. 2019, n° 18-18.818 : *BJE* janv. 2020, n° 117n0, p. 19, obs. crit. Houssin ; *Gaz. Pal.* 14 janv. 2020, p. 68, obs. Vallens).

5) Créancier de l'indivision. Il peut faire valoir les droits qu'il tient de l'article 815-17, alinéa 1er du Code civil après l'ouverture de la procédure collective d'un indivisaire sans avoir à déclarer sa créance (■ Cass. com., 2 juin 2015, n° 12-29.405 : *JurisData* n° 2015-013210 ; *Act. proc. coll.* 2015, comm. 167, obs. Vallansan ; *BJE* 2015/5, p. 295, obs. Benilsi).

6) Caution réelle. Une sûreté réelle consentie pour garantir la dette d'un tiers n'impliquant aucun engagement personnel, la demande d'admission du bénéficiaire de la sûreté au passif du constituant doit être rejetée (■ Cass. com., 17 juin 2020, n° 19-13.153 : *JCP* E 2020, 1353, n° 18, obs. Pétel ; *Gaz. Pal.* 13 oct. 2020, p. 81, obs. Guastella ; *BJE* sept. 2020, n° 118b4, p. 24, obs. Favre-Rochex).

Bibliographie : Vallansan, *La sûreté conférée par un tiers : entre obstacles et efficacité* : *LPA* 11 févr. 2011, p. 41.

7) Droit de suite. Le créancier titulaire d'un nantissement sur un fonds de commerce n'est pas créancier de l'acquéreur de ce fonds, de sorte qu'il n'est pas tenu de déclarer sa créance au passif de redressement judiciaire de celui-ci pour exercer le droit de suite que lui confère l'article L. 143-12 du Code de commerce (■ Cass. com., 11 juin 2002, n° 00-20.982 : *JCP* G 2002, II, 10116, note Remery ; *JCP* E 2003, 194, n° 6, obs. Cabrillac ; *RTD civ.* 2003, p. 328, obs. Crocq ; *Defrénois* 2003, 37691, p. 417, n° 24, obs. Théry. ■ Cass. com., 17 déc. 2002, n° 99-20.928).

Bibliographie : Pétel, *L'exercice du droit de suite à l'encontre d'un tiers détenteur placé sous procédure collective*: *LPA* 11 févr. 2011, p. 54.

8) Créance du propriétaire revendiquant. Le revendiquant, même subrogé dans les droits du vendeur de meubles avec clause de réserve de propriété, n'a pas l'obligation de déclarer sa créance à la procédure collective du débiteur, son action n'étant que l'exercice d'un attribut du droit de propriété (■ Cass. com., 20 oct. 1992 : *D.* 1993, somm. 288, obs. Pérochon ; *Rev. proc. coll.* 1992, 425, obs. Soinne. ■ Cass. com., 11 mars 1997 : *Bull. civ.* IV, n° 70 ; *RJDA* 7/1997, n° 962 ; *RD bancaire et bourse* 1997, 132, obs. Campana et Calendini ; *JCP* E 1997, I, 681, n° 11, obs. M. Cabrillac ; *RTD com.* 1997, 668, obs. Bouloc ; *RTD com.* 2000, 457, obs. Martin-Serf ; *D.* 2000, *Cah. dr. aff.* somm. 77, obs. Pérochon et Mainguy).

9) Créance assortie d'une action directe. Le créancier disposant d'une action directe contre un tiers n'a pas à se soumettre à la procédure de vérification des créances (créancier d'aliments en vertu des articles 1er et 2 de la loi du 2 janvier 1973 ■ Cass. com., 15 juill. 1986, n° 84-16.282 : *JurisData* n° 1986-001439 ; *Bull. civ.* IV, n° 158 ; *Rev. proc. coll.* 1986, n° 3, p. 47 et 1988, n° 1, obs. Campana ; *D.* 1987, 192, note Massip ; *D.* 1988, somm. 7, obs. Derrida. Victime d'un dommage en application de l'article 121-13 du Code des assurances ■ Cass. ch. mixte, 15 juin 1979 : *JCP* G 1979, II, 19197, note Besson et Bigot ; *D.* 1979, 561, note Derrida et Honorat. ■ Cass. ch. mixte, 4 févr. 1986 : *Rev. proc. coll.* 1986, n° 4, p. 51, obs. Dureuil ; *D.* 1988, somm. 6, obs. Derrida. ■ Cass. com., 25 mars 1997, n° 95-10.062 : *JurisData* n° 1997-001390 ; *Bull. civ.* IV, n° 78 ; *RJDA* 7/1997, n° 957 ; *RD bancaire et bourse* 1997, 133, n° 9, obs. Campana et Calendini ; *Dr. et patrimoine* 1997, 76, obs. Monsèrié ; *D.* 1998, somm. 142, obs. Bonnard. ■ Cass. 3e civ., 29 janv. 2003, n° 99-16.496 : *RJDA* 6/2003, n° 616).

10) Créance en restitution du mandant. Le mandant d'un administrateur de biens en procédure collective peut déclarer au passif sa créance de restitution des fonds encaissés pour son compte ; l'exercice de cette faculté ne remet pas en cause l'affectation spéciale au remboursement de la garantie financière prévue par la loi (■ Cass. com., 18 janv. 2017, n° 15-16.531 : *JurisData* n° 2017-000513 ; *JCP* E 2017, 1164, n° 4, obs. Pétel). Les sommes remises à l'administrateur de biens ne restent pas la propriété du mandant (■ Cass. com., 19 sept. 2018, n° 17-16.582).

11) Créance transmise au repreneur. Une créance garantie par un nantissement de matériel doit être déclarée, même si le prêt est transmis au repreneur à qui incombe le paiement des échéances postérieures à la cession, en application de l'article L. 621-96, alinéa 2 (■ Cass. com., 20 juin 1995, n° 93-13.802 : *JurisData* n° 1995-

001577 ; *Bull. civ.* IV, n° 188 ; *JCP* E 1995, I, 513, n° 6, obs. Ph. Pétel).

12) Créance garantie par cessions Dailly. Seule doit être déclarée la créance garantie ; les versements effectués par les débiteur cédés n'ont pas à en être déduits (▪ Cass. com., 30 juin 2015, n° 14-13.784 : *JurisData* n° 2015-016142 ; *Act. proc. coll.* 2015, comm. 216, obs. Legeais ; *JCP* E 2016, 1000, n° 6, obs. Pétel).

13) Créance de la partie civile. Cette créance naît de l'infraction, malgré la disposition spéciale relative à son délai de déclaration (▪ Cass. com., 3 avr. 2019, n° 18-10.645 : *JCP* E 2019, 1375, n° 6, obs. Tehrani ; *JCP* E 2019, 1421, obs. Lebel ; *BJE* juil-l.-août 2019, p. 33, obs. Jazottes).

B – Créancier déclarant

Voir : V. également *infra*, Déclaration par représentation.

14) Cautionnement. La caution dispose contre le débiteur d'une créance personnelle d'indemnité en application de l'article 2032 (2309) du Code civil, qu'elle peut et doit déclarer (▪ Cass. com., 29 oct. 1991, n° 89-19.542 : *JurisData* n° 1991-002719 ; *JCP* E 1992, I, 168, obs. Cabrillac ; *Bull. civ.* IV, n° 316. ▪ Cass. com., 2 mars 1993, n° 90-21.025 : *JurisData* n° 1993-000481 ; *D.* 1993, somm. 310, obs. Aynès ; *JCP* E 1993, pan. 559. ▪ Cass. 1re civ., 25 oct. 1994, n° 91-16.729 : *JurisData* n° 1994-001953 ; *Bull. civ.* I, n° 305. ▪ Cass. com., 17 déc. 1996, n° 94-19.489 : *JurisData* n° 1996-005015 ; *JCP* E 1997, II, 941, note Behar-Touchais), de même en application de l'article 2028 (2305) du Code civil (▪ Orléans, 1er févr. 2001, n° 00/01092 : *JurisData* n° 2001-141202 ; *RJDA* 7/2001, n° 786).

Lorsque la caution a payé au créancier principal l'intégralité de sa créance antérieure non contestée et non déclarée, elle est seule tenue de déclarer la créance subrogatoire résultant de l'application de l'article 2029 (2306) du Code civil (▪ Cass. com., 13 avr. 1999 : *Bull. civ.* IV, n° 85 ; *LPA* 8 juin 1999, p. 5, note P. M. ; *JCP* E 1999, p. 1534, 13, obs. M. Cabrillac ; *RJDA* 6/1999, n° 695 ; *RTD com.* 1999, 973, obs. Martin-Serf ; *RD bancaire et bourse* 1999, 126, obs. Contamine-Raynaud ; *D.* 2000, *Cah. dr. aff.*, somm. 99, obs. Honorat ; *Rev. proc. coll.* 2000, 56, n° 5, obs. Kerckhove).

Le créancier n'a pas qualité pour déclarer la créance payée par la caution avant l'ouverture de la procédure collective du débiteur (▪ Cass. com., 1er déc. 2009, n° 07-14.199 : *D.* 2009, 2928, obs. A. Lienhard ; *Act. proc. coll.* 2010-3, n° 37, obs. P.-M. Le Corre ; *JCP* E 2010, 1296, n° 8, obs. M. Cabrillac).

15) Sous-cautionnement. Le créancier n'étant titulaire d'aucun droit contre la sous-caution qu'il aurait pu transmettre par voie de subrogation, sa déclaration de créance au passif du débiteur principal ne peut profiter à la caution lorsqu'elle exerce son recours contre la sous-caution (▪ Cass. com., 17 mai 2017, n° 15-18.460. ▪ Cass. 1re civ., 7 mai 2002, n° 99-21.088 : *JCP* E 2002, 1380, n° 9, obs. M. Cabrillac. ▪ Cass. com., 30 mars 2005 : *JurisData* n° 2002-014163 ; *JCP* E 2005, 1274, n° 14, obs. M. Cabrillac).

16) Solidarité active. En cas de solidarité active, chacun des créanciers peut déclarer la totalité de la créance (▪ Cass. com., 20 mars 2001, n° 98-13.961 : *JurisData* n° 2001-008755 ; *D.* 2001, p. 1245, obs. Lienhard ; *D.* 2002, somm. 1482, obs. Honorat ; *RJDA* 7/2001, n° 804 ; *JCP* E 2001, pan. 876, p. 1674, note Behar-Touchais ; *RD bancaire et fin.* 2001, 164, n° 117, obs. F.-X. Lucas) ; dès lors que la lettre portant déclaration de créances et le tableau récapitulatif faisait ressortir le détail de la créance de chaque créancier et que cette déclaration était régulière, la créance de tous les créanciers avait été régulièrement déclarée (même déc.).

17) Cession de créance. La cession de créance, même effectuée à titre de garantie, transférant au cessionnaire la propriété de la créance cédée, le cédant n'a plus qualité pour déclarer à la procédure collective ouverte contre le débiteur cédé (▪ Cass. com., 1er mars 2005, n° 03-15.862 : *RJDA* 7/2005, n° 881).

Le défaut d'accomplissement des formalités de l'article 1690 du Code civil ne rend pas le cessionnaire irrecevable à réclamer au débiteur cédé l'exécution de son obligation quand cette exécution n'est susceptible de faire grief à aucun droit advenu depuis la naissance de la créance soit audit débiteur cédé, soit à une autre personne étrangère à la cession ; il a donc qualité pour déclarer (▪ Cass. com., 28 sept. 2004, n° 03-12.023 : *JurisData* n° 2004-024989 ; *JCP* E 2004, pan. 1574 ; *JCP* E 2005, chron. 31, n° 10, obs. Pétel).

Le banquier cessionnaire par bordereau Dailly n'est pas tenu de justifier du non-paiement des créances qu'il détient pour déclarer sa créance à la procédure collective du cédant (▪ Cass. com., 4 déc. 2001, n° 98-17.052 : *JurisData* n° 2001-012014 ; *RJDA* 4/2002, n° 425 ; *JCP* E 2002, pan. 86 ; *RTD com.* 2002, 142, n° 11, obs. Cabrillac). Sur le contenu de sa déclaration, V. ▪ Cass. com., 20 févr. 2007, n° 05-20.562 : *JurisData* n° 2007-037499 ; *RJDA* 5/2007, n° 542 ; *JCP* E 2007 1679, n° 44, obs. Stoufflet ; *ibid.*, 2119, n° 7, obs. Cabrillac ; *D.* 2007, p. 793, obs. Delpech).

18) Créancier du conjoint *in bonis*. Titulaire d'une sûreté sur un bien commun, ce créancier doit déclarer sa créance pour participer aux répartitions effectuées dans le cadre de la procédure ouverte contre l'autre époux (▪ Cass. com., 14 mai 1996, n° 94-11.366 : *JurisData* n° 1996-001808 ; *Bull. civ.* IV, n° 129 ; *JCP* E 1996, I, 584, n° 9, obs. Ph. Pétel ; *JCP* E 1997, I, 633, obs. Ph. Simler et Ph. Delebecque ; *D.* 1996, 460, note F. Derrida ; *ibid.*, somm. 388, obs. S. Piedelièvre ; *Rev. proc. coll.* 1996, 427, obs. B. Soinne ; *RTD civ.* 1996, 666, n° 4, obs. P. Crocq ; *Defrénois* 1997, 246, note J.-P. Sénéchal. ▪ Cass. com., 17 juin 1997, n° 95-11.254 : *JurisData* n° 1997-002952 ; *D.* 1998, somm. 107, obs. S. Piedelièvre ; *RTD civ.* 1997, 709, obs. P. Crocq. ▪ Cass. com., 14 oct. 1997, n° 96-12.853 : *JurisData* n° 1997-004031 ; *Bull. civ.* IV, n° 260 ; *RJDA* 2/1998, n° 189 ; *JCP* E 1998, p. 183, note Beignier, p. 1639, obs. Simler et Delebecque ; *D.* 1998, somm. 134, obs. Revel, et 377, obs. S. Piedelièvre. ▪ Cass. com., 2 mai 2001, n° 99-10.709 : *JurisData* n° 2001-009336 ; *RJDA* 10/2001, n° 995 ; *JCP* E 2001, p. 824, pan. 1070, p. 1857, n° 12, obs. Delebecque ; *D.* 2001, jurispr. 2030, obs. Lienhard).

L'obligation de déclarer ne conditionne que l'exercice de ses droits dans le cadre de la procédure et en aucun cas leur existence, de sorte que le créancier conserve, après paiement de tous les créanciers admis, le droit de faire valoir son hypothèque sur le solde pouvant subsister sur le prix de l'immeuble grevé (▪ Cass. com., 14 mai, 1996, préc. ▪ Cass. com., 2 mai 2001, préc.).

Bibliographie : Martin-Serf, *Être ou ne pas être dans la procédure collective : RJ com.* 1996, 337. – *Adde*, Derrida, *Le sort du passif né du chef du conjoint en cas de redressement judiciaire d'un époux sous le régime de communauté légale : Mél. Colomer*, Litec, p. 153. – Sénéchal, *Le droit des procédures collectives à l'épreuve de la réforme des régimes matrimoniaux : Bull. Joly* 1995, 229. – Derrida, *La situation des créanciers personnels du conjoint du débiteur soumis à une procédure de redressement-liquidation judiciaires : bilan : D.* 1997, chron. 117. – Simler, *Sûretés, régimes matrimoniaux et procédures collectives* in *L'actualité du droit des sûretés*, Colloque LPA, Paris, 21 janv. 1998. – Perrodet, *Le conjoint du débiteur en redressement judiciaire : RTD com.* 1999, 1).

19) Indivision. Il résulte des articles 815 et suivants du *Code civil*, que tout indivisaire peut déclarer une créance de l'indivision à la procédure collective du débiteur de l'indivision (▪ Cass. com., 11 juin 2003, n° 00-11.913 : *JurisData* n° 2003-019474 ; *JCP* E 2004, chron. 202, n° 9, obs. Ph. Pétel ; *Act. proc. coll.* 2003-13, n° 171, 655, obs. Vallansan ; *Bull. Joly* 2003, 1024, note Barbièri).

Le créancier de l'indivision, lui, peut être payé sur l'actif indivis sans avoir à déclarer (solution appliquée à l'indivisaire *in bonis* lui-même : ▪ Cass. 1re civ., 26 juin 2019, n° 17-26.154 : *Rev. proc. coll.* 2020, comm. 86, obs. Dumont).

II – SÛRETÉ PUBLIÉE OU CONTRAT PUBLIÉ

20) Contrat publié. La vente en l'état futur d'achèvement est un contrat publié (▪ Cass. com., 16 sept. 2014, n° 13-17.189 : *JurisData* n° 2014-020967 ; *JCP* E 2014, 1637, n° 6, obs. Pétel ; *Act. proc. coll.* 2014, comm. 294, obs. Favario).

21) Généralité de la règle. Tous les créanciers titulaires d'une sûreté ayant fait l'objet d'une publication doivent être avertis personnellement par le représentant des créanciers d'avoir à lui déclarer leurs créances, sans qu'il y ait lieu de faire de distinction entre les sûretés (▪ Cass. com., 9 janv. 2001, n° 97-22.668 : *JurisData* n° 2001-007704 ; *RJDA* 4/2001, n° 466 ; *JCP* E 2001, p. 752, n° 7, obs. M. Cabrillac pour le privilège général du Trésor. – *Adde*, ▪ Cass. com., 4 juill. 2000, n° 97-22.414 : *Bull. civ.* IV, n° 137 ; *RJDA* 11/2000, n° 1015 ; *JCP* E 2000, pan. 1501 ; *JCP* E 2001, p. 219, n° 11, obs. Ph. Pétel, p. 1090, n° 22, obs. Ph. Delebecque ; *D.* 2000, act. jurispr., p. 353, obs. Pisoni ; *D.* 2001, somm. 617, obs. Honorat ; *RD bancaire et fin.* 2000, 302, n° 200, obs. Legeais ; *RTD com.* 2001, 228, obs. Martin-Serf).

22) Syndicat de copropriétaires. Le syndicat de copropriétaires, dont le privilège est dispensé de publication, ne peut invoquer l'absence d'avertissement d'avoir à déclarer sa créance, la loi n'instituant aucune égalité de traitement entre créanciers titulaires de sûretés publiées et titulaires de sûretés occultes (▪ Cass. com., 4 mars 2003, n° 00-13.020 : *JurisData* n° 2003-018032 ; *JCP* E 2003, 1396, n° 7, obs. M. Cabrillac ; *D.* 2003, p. 909 ; *JCP* E 2004, chron. 69, n° 17, obs. Ph. Delebecque. ▪ Cass. com., 8 févr. 2001 : *D.* 2001, p. 1244, obs. Lienhard ; *RD bancaire et fin.* 2003, 162, n° 106, obs. Legeais).

23) Notion de sûreté publiée. La signification du nantissement des parts sociales à la société exigée par l'article 253 du décret n° 92-755 du 31 juillet 1992 ne constitue pas une publication au sens de l'article L. 621-43 [L. 622-24] (▪ Cass. com., 16 mai 2006, n° 05-12.400 : *JurisData* n° 2006-033617 ; *D.* 2006, p. 1528, obs. Lienhard ; *RJDA* 10/2006, n° 1053 ; *JCP* E 2006, 2236, note Vallansan, et 2331, n° 9, obs. Ph. Pétel).

24) Sûreté publiée constituée par un tiers. Le créancier garanti par une hypothèque sur un immeuble du dirigeant de la société débitrice ne peut se prévaloir de l'inopposabilité de la forclusion à défaut d'avoir été averti par lettre recommandée avec demande d'avis de réception d'avoir à déclarer sa créance (▪ Colmar, 29 mai 2001 : *JurisData* n° 2001-154142 ; *JCP* E 2002, chron. 175, n° 11, obs. M. Cabrillac et Ph. Pétel ; *D.* 2001, p. 2743, obs. Lienhard).

25) Date d'appréciation. La qualité de titulaire d'une sûreté publiée s'apprécie à la date du jugement d'ouverture de la procédure collective (■ Cass. com., 15 avr. 2008, n° 07-12.590 : *JurisData* n° 2008-043719 ; *JCP* E 2008, 2062, n° 9, obs. M. Cabrillac ; *Act. proc. coll.* 2008-8, n° 125, obs. C. Regnaut-Moutier).

26) Caution. Le représentant des créanciers est tenu d'avertir personnellement les créanciers titulaires d'une sûreté publiée au jour du jugement d'ouverture et non sa caution (■ Cass. com., 5 déc. 2006, n° 05-17.580 : *JurisData* n° 2006-036346 ; *D.* 2007, p. 23, obs. Lienhard ; *JCP* E 2007, 1321, note J. Vallansan ; *ibid.*, 1450, n° 9, obs. M. Cabrillac. ■ Cass. com., 15 avr. 2008 : *D.* 2008, p. 1344, obs. Lienhard).

Le titulaire d'un contrat publié, auquel la forclusion n'est pas opposable faute d'avoir été averti personnellement d'avoir à déclarer sa créance, doit néanmoins déclarer sa créance pour agir contre la caution (■ Cass. com., 30 janv. 2007, n° 05-13.751 : *JurisData* n° 2007-037164 ; *D.* 2007, p. 508, obs. Lienhard ; *JCP* E 2007, 1450, n° 10, obs. M. Cabrillac ; *RTD civ.* 2007, 597, obs. Crocq ; *RTD com.* 2007, 449, obs. Martin-Serf ; *D.* 2008, pan. 578, obs. Le Corre).

27) Pluralité de créances. L'inopposabilité de la forclusion est une conséquence de la créance et non de la qualité de créancier. Elle s'applique aux créances bénéficiant d'une sûreté et non aux créances chirographaires, même si ces créances ont pour titulaire une personne également titulaire de créances privilégiées (■ Orléans, 14 juin 2002 : *RJDA* 11/2002, n° 1170. ■ Versailles, 27 nov. 2003 : *RJDA* 4/2004, n° 441).

28) Nature de l'avertissement. L'avertissement personnel des créanciers munis d'une sûreté publiée n'est pas un acte de procédure au sens de l'article 114 du Code de procédure civile (■ Cass. com., 19 févr. 2002, n° 99-20.256 : *JurisData* n° 2002-013373 ; *Act. proc. coll.* 2002, n° 96, obs. C. Regnaut-Moutier ; *RD bancaire et fin.* 2002, 131, n° 96, obs. F.-X. Lucas).

29) Contenu de l'avertissement. À défaut de reproduction exacte des mentions exigées par les textes, le juge doit rechercher si l'avertissement en cause suffisait à informer le créancier de ses droits et obligations (■ Cass. com., 17 févr. 2015, n° 13-24.403 : *Rev. proc. coll.* 2015, comm. 82, obs. Cagnoli). En l'absence de reproduction de l'article R. 621-19, cet *avertissement n'a pas fait courir le délai de déclaration* (■ Cass. com., 22 mars 2017, n° 15-19.317 : *JurisData* n° 2017-005027 ; *JCP* E 2017, 248).

En l'absence de reproduction de l'article R. 621-19, cet avertissement n'a pas fait courir le délai de déclaration (■ Cass. com., 22 mars 2017, n° 15-19.317 : *JurisData* n° 2017-005027 ; *JCP* E 2017, 248).

30) Rôle de l'avertissement. Ne peut encourir de forclusion le créancier titulaire d'une sûreté publiée qui a déclaré sa créance dans le délai de deux mois à compter de la publication du jugement d'ouverture au *BODACC*, peu important qu'il ait été averti personnellement avant cette publication (■ Cass. com., 30 oct. 2012, n° 11-22.836 : *JurisData* n° 2012-024648 ; *JCP* E 2012, 1757, n° 13, obs. Ph. Pétel ; *Gaz. Pal.* 18-19 janv. 2013, p. 9, note P.-M. Le Corre).

31) Destinataire. Pour un créancier sous tutelle, l'avertissement doit être adressé au tuteur (■ Cass. com., 6 déc. 2011, n° 10-19.959 : *JurisData* n° 2011-027370 ; *Rev. proc. coll.* 2012, comm. 117, obs. M.-P. Dumont-Lefrand).

L'avertissement ne doit pas être adressé à une personne morale qui n'est pas le créancier (réseau bancaire), ■ Cass. com., 4 juin 2013 : *Gaz. Pal.* 29 sept. 2013, p. 31, obs. P.-M. Le Corre.

Le liquidateur peut se fier aux mentions du livre foncier pour identifier le bénéficiaire de l'avertissement (■ Cass. com., 17 avr. 2019, n° 17-27.058 : *JCP* E 2019, 1413, note Lamy ; *Rev. proc. coll.* 2019, comm. 131, obs. Borga ; *JCP* E 2019, 1531, n° 10, obs. Rafray).

32) Extension de procédure. V. sous art. L. 621-2, note n° 21, p. 1123.

III – TRÉSOR PUBLIC ET SÉCURITÉ SOCIALE

33) Domaine du régime spécial. Le régime de l'admission provisionnelle s'applique aux Assedic (■ Cass. com., 27 mai 2003, n° 00-15.738 : *JurisData* n° 2003-019194 ; *RJDA* 12/2003, n° 1205 ; *JCP* E 2003, pan. 1132). Il ne s'applique pas aux organismes de prévoyance et de sécurité sociale qui ne sont pas habilités à se délivrer des titres exécutoires (■ Cass. com., 5 juill. 2005, n° 04-13.255 : *JurisData* n° 2005-029373 ; *D.* 2005, p. 1998, obs. Leinhard ; *JCP* E 2006, 1066, n° 12, obs. Ph. Pétel ; *Act. proc. coll.* 2005, comm. 204, obs. Regnaut-Moutier, pour une caisse de retraite). Il ne s'applique pas aux caisses de congés payés du bâtiment qui ne sont ni des organismes de sécurité sociale, ni des organismes visés à l'article L. 351-21 [nouv. art. L. 5427-1] du Code du travail (■ Cass. com., 12 avr. 2005, n° 02-13.053 : *JurisData* n° 2005-028024 ; *D.* 2005, p. 1228, obs. Lienhard ; *RJDA* 8-9/2005, n° 1010 ; *JCP* E 2005, 931 – *Adde*, ■ Cass. com., 3 oct. 2006, n° 05-11.340 : *JurisData* n° 2006-035335 ; *RJDA* 2/2007, n° 180 ; *JCP* E 2006, pan. 2631 ; *D.* 2006, p. 2601, obs. Lienhard, pour la Sacem).

34) Admission provisionnelle : obligation. À défaut d'avoir fait l'objet d'un titre exécutoire au moment de sa déclaration, la créance de l'URSSAF ne peut être admise qu'à titre provisionnel pour son montant déclaré, son établissement définitif devant, à peine de forclusion, être effectué dans le délai prévu à l'article L. 621-103 [L. 624-1] (▪ Cass. com., 26 sept. 2006, n° 05-15.986 : *JurisData* n° 2006-035167 ; *JCP* E 2007, 1004, n° 11, obs. Cabrillac. ▪ 27 mars 2007 [1re esp.] : *D.* 2007, p. 1144, obs. A. Lienhard ; *JCP* E 2007, 2119, n° 9, obs. M. Cabrillac).

35) Admission provisionnelle : conditions. Le juge-commissaire ne peut pas prononcer l'admission à titre provisionnel d'une créance ayant fait l'objet d'un titre exécutoire et qui est contestée (▪ Cass. com., 29 mai 2001, n° 98-18.783 : *JurisData* n° 2001-010012 ; *RJDA* 10/2001, n° 998) ; il doit seulement constater qu'une réclamation ou qu'une instance est en cours (▪ Cass. com., 11 déc. 2001, n° 99-10.796 : *JurisData* n° 2001-012390 ; *JCP* E 2002 763, n° 10, obs. M. Cabrillac ; *D.* 2002, p. 326, obs. Lienhard ; *Act. proc. coll.* 2002, n° 18, obs. Regnaut-Moutier ; *LPA* 1er mars 2002, p. 16, note Brandeau).

36) Admission provisionnelle : effets. Les créances du Trésor public et des organismes sociaux étant toujours déclarées sous réserve des impôts et autres créances non encore établis à la date de la déclaration, l'autorité de la chose jugée résultant d'une admission provisionnelle pour le montant déclaré ne peut être opposable à ces organismes (▪ Cass. com., 14 janv. 1997, n° 94-16.553 : *RJDA* 10/1997, n° 1264) ; la décision du juge-commissaire n'est pas de nature à faire obstacle à une déclaration complémentaire pour les créances non éteintes de ces organismes (même déc.).

Si les créances du Trésor public et des organismes de prévoyance peuvent être admises à titre provisionnel, il n'est pas dérogé à l'obligation de déclaration dans le délai légal et, à défaut de déclaration, à l'obligation de solliciter le relevé de forclusion (▪ Cass. com., 8 oct. 1996, n° 94-18.384 : *JurisData* n° 1996-003719 ; *JCP* E 1997, II, 954, note Brandeau. ▪ Cass. com., 3 oct. 2000, n° 97-21.415 : *JurisData* n° 2000-006217 ; *RJDA* 12/2000, n° 1139 ; *LPA* 24 nov. 2000, p. 11, note Brandeau) ; ces créanciers ne seront admis dans les répartitions et dividendes que si le juge-commissaire, saisi dans le délai d'un an, les a relevés de forclusion ; sinon leur admission se fera pour la somme déclarée à titre provisionnel (▪ Cass. com., 3 mai 1994, n° 92-12.797 : *JurisData* n° 1994-000996 ; *Bull. civ.* IV, n° 162 ; *JCP* E 1994, I, 397, n° 9, obs. M. Cabrillac et Ph. Pétel – 29 avr. 2003 : *JCP* E 2003, 1396, n° 6, obs. M. Cabrillac ; *D.* 2003, p. 1565).

37) Titre exécutoire. La contrainte décernée par le directeur d'un organisme de sécurité sociale constitue le titre exécutoire cité par l'article L. 621-43 [L. 622-24] et, tout en permettant à cet organisme de demander l'admission définitive de sa créance dans le délai visé par l'article L. 621-103 [L. 624-1], met le débiteur en mesure de saisir le tribunal des affaires de sécurité sociale à seule fin de constater la créance et d'en fixer le montant (▪ Cass. com., 17 sept. 2002, n° 00-14.190 : *JurisData* n° 2002-015506 ; *Act. proc. coll.* 2002, n° 218, obs. Le Corre ; *D.* 2002, p. 2805, obs. Lienhard ; *JCP* E 2003, chron. 231, n° 9, obs. Pétel).

Le fait que l'URSSAF ait déclaré à titre provisionnel bien qu'elle eût déjà décerné des contraintes n'est pas de nature à entraîner le rejet des créances (▪ Cass. com., 11 déc. 2019, n° 18-18.665 : *JurisData* n° 2019-022394 ; *JCP* E 2020, 1204, n° 13, obs. Tehrani ; *Act. proc. coll.* 2020-3, comm. 32, obs. Vabres).

38) Admission définitive : délai. Le délai de l'article L. 624-1 est fixé par le jugement d'ouverture dont la publication suffit à l'indiquer (▪ Cass. com., 25 oct. 2017, n° 16-15.784, *JurisData* n° 2017-021043 : *JCP* E 2018, 1046, obs. Rolland).

Ce délai est prolongé dans le seul cas d'engagement d'une procédure de contrôle ou de rectification de l'impôt, non en raison du processus normal de détermination de l'assiette de l'impôt et de calcul de son montant (▪ Cass. com., 25 oct. 2017, n° 16-18.938 : *Gaz. Pal.* 16 janv. 2018, p. 75, obs. Le Corre).

La demande de dégrèvement de taxe professionnelle présentée en application de l'article 1647 *bis* du Code général des impôts, constitue une réclamation contentieuse et ouvre une procédure administrative excluant toute forclusion (▪ Cass. com., 10 déc. 2003, n° 00-21.849 : *JurisData* n° 2003-021537 ; *JCP* E 2004, pan. 230 ; *D.* 2004, p. 142).

La réclamation du redevable au sens du droit fiscal, dans le délai fixé en exécution de l'article L. 621-103 [L. 624-1], empêche la forclusion (▪ Cass. com., 8 juill. 2003, n° 00-16.093 : *JurisData* n° 2003-020050).

39) Admission définitive : conditions. Les créances du Trésor public qui ont fait l'objet d'un titre exécutoire postérieurement à leur déclaration à titre provisionnel et d'une demande d'admission définitive dans le délai de l'article L. 621-103 [L. 624-1], sont admises définitivement par le juge-commissaire, sans attendre l'expiration du délai de réclamation contentieuse (▪ Cass. com., 8 janv. 2002, n° 99-20.167 : *JurisData* n° 2002-012500 ; *JCP* E 2002, 763, n° 10, obs. M. Cabrillac ; *D.* 2002, p. 486, obs. Lienhard). Mais lorsque le juge-commissaire a admis à titre définitif une créance précédemment admise à titre provisionnel, qu'un appel est en cours et que le débiteur élève une réclamation administrative contentieuse sur cette admission, la cour d'appel, tenue de se placer à la date à laquelle

elle statuait, a pu constater qu'une instance était en cours (■ Cass. com., 18 janv. 2005 [2e esp.] : *D.* 2005, p. 356, obs. A. Lienhard ; *JCP* E 2005, 639, n° 10, obs. M. Cabrillac).

Lorsque le receveur adresse au liquidateur le titre établissant définitivement la créance en vue de son admission définitive dans le délai fixé par l'article L. 621-103 [L. 624-1], alors même que le juge-commissaire n'a pas été saisi, à l'intérieur de ce délai, d'une requête visant à l'admission définitive de la créance, la créance doit être admise définitivement (■ Cass. com., 3 avr. 2002, n° 99-12.413 : *JurisData* n° 2002-013811 ; *D.* 2002, p. 1421, obs. Lienhard ; *JCP* E 2002, 1380, n° 10, obs. M. Cabrillac ; *Act. proc. coll.* 2002, n° 111, obs. J. Vallansan ; *RTD com.* 2002, 539, obs. Martin-Serf ; *LPA* 5 juill. 2002, p. 26, note Brandeau. – *Adde* ■ Cass. com., 14 mai 2002, n° 98-19.966 : *JurisData* n° 2002-014519 ; *RJDA* 10/2002, n° 1059). Il n'est pas nécessaire que le Trésor public fournisse le titre exécutoire dans sa déclaration à titre définitif, pourvu qu'il le fasse dans le délai (■ Cass. com., 3 mai 2006, n° 05-13.336 : *JurisData* n° 2006-033324 ; *D.* 2006, p. 1452, obs. Lienhard ; *JCP* E 2006, 1949.

Le fait que l'URSSAF ait déclaré à titre provisionnel bien qu'elle eût déjà décerné des contraintes n'est pas de nature à entraîner le rejet des créances (■ Cass. com., 11 déc. 2019, n° 18-18.665 : *JurisData* n° 2019-022394 ; *Act. proc. coll.* 2020-3, comm. 32, obs. Vabres).

– V. Brandeau, *La déclaration et l'admission des créances du Trésor public et la loi du 26 juillet 2005 : LPA* 5 mai 2006, p. 5).

40) Responsabilité de l'État. La rectification tardive d'une déclaration excessive constitue une faute de nature à engager la responsabilité de l'État (■ CE, 8 juill. 2016, n° 371080 : *Rev. proc. coll.* 2017, comm. 116, obs. Vabres)

IV – MODALITÉS DE LA DÉCLARATION

41) Absence d'équivoque. La déclaration de créance doit exprimer par elle-même, de manière non équivoque, la volonté du créancier de réclamer le paiement de sa créance (■ Cass. com., 17 févr. 1998, n° 95-18.271 : *RJDA* 6/98, n° 766). Tel n'est pas le cas en présence d'un commandement de payer (■ Cass. com., 2 oct. 1978 : *JurisData* n° 1978-798204 ; *D.* 1979, 13, note Honorat. ■ Cass. com., 8 déc. 1980 : *JurisData* n° 1980-745231 ; *D.* 1981, inf. rap. 245, obs. Honorat. ■ Cass. com., *15 avr. 1986, n° 83-14.348* : *JurisData* n° 1986-000663 ; *Bull.* IV, n° 62) ; de la copie d'une lettre de réclamation adressée au syndic pour information (■ Cass. com., 26 févr. 1980 : *D.* 1980, inf. rap. 509, obs. Honorat), de la sommation adressée au syndic d'assister à des opérations d'expertise (■ Cass. com., 16 févr. 1981, n° 79-13.174 : *JurisData* n° 1981-700513 ; *D.* 1981, inf. rap. 391, obs. Honorat), d'une transaction (■ Cass. com., 24 juin 1986, n° 85-12.041 : *JurisData* n° 1986-001799 ; *D.* 1988, somm. 68, obs. Derrida), d'une lettre adressée au syndic par le créancier l'informant de l'envoi prochain de l'état de ses créances (■ Cass. com., 31 mars 1987, n° 85-18.439 : *Bull.* IV, n° 80 ; *JCP* G 1987, IV, 203 ; *JCP* E 1987, I, 16451 ; *D.* 1988, somm. 69, obs. Derrida), d'une demande d'informations sur le sort du bail et sur les intentions de l'administrateur (■ Cass. com., 19 mars 1996, n° 92-20.896 : *JurisData* n° 1996-001205 ; *RD bancaire et bourse* 1996, 127, n° 3, obs. Campana et Calendini), du dépôt de conclusions dans une instance judiciaire (■ Cass. com., 18 nov. 1986, n° 85-12.109 : *JurisData* n° 1986-702388 ; *Bull.* IV, n° 214 ; *JCP* G 1987, IV, 36 ; *Rev. proc. coll.* 1987, n° 1, p. 47, obs. Dureuil. ■ Cass. com., 8 déc. 1998, n° 95-17.379 : *JurisData* n° 1998-004885 ; *RJDA* 2/1999, n° 198), d'une assignation en intervention forcée du liquidateur (■ Cass. com., 22 mars 1994, n° 92-10.663 : *JurisData* n° 1994-000731 ; *RJDA* 7/1994, n° 857).

Le juge apprécie souverainement si l'écrit adressé au mandataire judiciaire constitue une déclaration (■ Cass. com., 15 févr. 2011, n° 10-12.149 : *JurisData* n° 2011-001782 ; *Gaz. Pal.* 2 avr. 2011, p. 32, obs. E. Le Corre-Broly). Y compris pour une déclaration faite à titre provisionnel (■ Cass. com., 30 nov. 2010, n° 09-69.257 : *JurisData* n° 2010-022574 ; *Gaz. Pal.* 2 avr. 2011, p. 33, obs. E. Le Corre-Broly. ■ Cass. com., 6 juill. 2010, n° 09-68.474 : *JurisData* n° 2010-011350 ; *RJ com.* 2011, 65, obs. J.-P. Sortais).

42) Destinataire. La déclaration adressée à l'administrateur est inopérante (■ Cass. com., 22 juin 1993, n° 87-19.183 : *JurisData* n° 1993-001539 ; *Bull.* IV, n° 260 ; *D.* 1993, somm. 365, obs. Honorat. ■ Cass. com., 14 févr. 1995, n° 92-17.395 : *JurisData* n° 1995-000248 ; *JCP* E 1995, pan. 426). Toutefois, lorsque celui-ci la transmet au représentant des créanciers avant l'expiration du délai de 2 mois, la déclaration est valable (■ Cass. com., 6 janv. 1998, n° 95-21.880 : *JurisData* n° 1998-000028 ; *JCP* E 1998, p. 656, n° 10, obs. Ph. Pétel ; *RD bancaire et bourse* 1998, 70, n° 2, obs. Campana et Calendini ; *RJDA* 5/98, n° 619 ; *RTD com.* 2000, 718, obs. Martin-Serf).

La déclaration adressée au représentant des créanciers, avec indication par erreur de la qualité d'administrateur, est valable (■ Cass. com., 7 déc. 1999, n° 96-18.141 : JurisData n° 1999-004332 ; *JCP* E 2000, p. 751, n° 9, obs. Ph. Pétel ; *D.* 2000, *Cah. dr. aff.*, jurispr. 48, obs. A. L.).

En cas de désignation de deux représentants des créanciers, le créancier peut valablement déclarer sa créance à l'un ou l'autre (■ Cass.

com., 30 mai 2006, n° 05-14.248 : *JurisData* n° 2006-033731 ; *JCP* E 2006, 2331, n° 10, obs. Ph. Pétel).

43) Forme de la déclaration. Aucune forme n'est exigée pour l'envoi de la déclaration de créances au représentant des créanciers (■ Cass. com., 12 juill. 2004, n° 03-11.844 : *JurisData* n° 2004-024788 ; *RJDA* 11/2004, n° 1244).

La déclaration par télécopie est possible, la preuve de cette télécopie étant apportée par le rapport d'émission de la télécopie qui, en cas de contestation, peut constituer un commencement de preuve par écrit (■ Cass. com., 17 déc. 2003, n° 00-19.993 : *JurisData* n° 2003-021625 ; *JCP* E 2004, 783, n° 7, obs. Ph. Pétel ; *D.* 2004, p. 137, obs. Lienhard) ; mais il doit être corroboré par un autre élément probant (■ Cass. com., 6 oct. 2009, n° 08-21.395).

Lorsque le procédé de signature informatique ne répond pas aux exigences de la loi du 13 mars 2000, et qu'il a pu être utilisé par tout exécutant dépourvu de pouvoirs réguliers, la preuve n'est pas rapportée de l'identité de l'exécutant (■ Aix-en-Provence, 1er oct. 2003 : *JurisData* n° 2003-231466 ; *D.* 2003, p. 2768 ; *RJDA* 6/2004, n° 734).

44) Délai. Le délai court à compter de la publicité du jugement au *BODACC* (■ Cass. com., 17 mars 1998, n° 95-15.676 : *JCP* E 1998, p. 1397, n° 9, obs. M. Cabrillac ; *Quot. jur.* 30 avr. 1998, p. 7, obs. P. M. ; *RJDA* 7/1998, n° 892).

L'absence de publication (■ Cass. com., 9 janv. 2001 : *JCP* E 2001, p. 753, n° 10, obs. Ph. Pétel ; *D.* 2001, p. 548 [2e esp.], obs. Lienhard ; *RD bancaire et fin.* 2001, 91, n° 68, obs. F.-X. Lucas ; *RJ com.* 2001, 318, obs. Courtier ; *RTD com.* 2002, 365, obs. Martin-Serf) ou la publication irrégulière (■ Cass. com., 14 févr. 1995, n° 93-10.151 : *JurisData* n° 1995-000245 ; *JCP* E 1995, I, 487, n° 8, obs. M. Cabrillac et Ph. Pétel ; *D.* 1996, somm. 85, obs. Honorat. ■ Cass. com., 5 mars 2002, n° 98-17.491 : *JurisData* n° 2002-013342 ; *RD bancaire et fin.* 2002, 134, n° 103, obs. F.-X. Lucas, pour une erreur dans la date du jugement. ■ Cass. com., 4 mars 2003, n° 00-11.553 : *JurisData* n° 2003-018034 ; *JCP* E 2003, jurispr. 682 ; *D.* 2003, p. 831, obs. Lienhard ; *RJDA* 8-9/2003, n° 855) empêchent le délai de déclaration de courir, et le créancier n'a pas à être relevé d'une forclusion inexistante. La publicité du jugement prononçant *la liquidation judiciaire* après l'ouverture du redressement judiciaire du débiteur est sans influence sur le délai de déclaration des créances (■ Cass. com., 9 janv. 2001, préc.).

Toutefois les mentions de l'avis du *BODACC* qui permettent d'identifier la société malgré l'absence d'indication du numéro d'immatriculation sont suffisantes pour faire courir le délai à dater de la publication de cet avis (■ Cass. com., 5 févr. 2002, n° 99-10.427 : *RJDA* 5/2002, n° 522).

La déclaration de créances peut être effectuée avant la publication du jugement au *BODACC* (■ Cass. com., 9 déc. 1997, n° 95-16.959 : *JurisData* n° 1997-005044 ; *RD bancaire et bourse* 1998, 70, n° 2, obs. Campana et Calendini).

V – DÉCLARATION PAR REPRÉSENTATION

Bibliographie : Campana et Calendini, *La déclaration de créances effectuée par un préposé du créancier* : *JCP* E 1993, I, 230. – Le Cannu, *Les précisions apportées par le droit des procédures collectives au régime de la délégation de pouvoir dans une société* : *Bull. Joly* 1997, 628. – Reméry, *La déclaration des créances, Délégation de pouvoirs et mandat* : *JCP* E 1999, p. 406. – Lienhard, *Modalités de déclaration des créances* : *D.* 2001, 1011. – P. Pailler, *Actualité de la déclaration de créance par voie de représentant* : *Rev. proc. coll.* 2012, étude 4.

A – Mandat *ad litem*

45) Avocat. L'avocat du créancier a, sans avoir à justifier d'un pouvoir, qualité pour déclarer (■ Cass. com., 3 juin 1997, n° 95-10.603 : *JurisData* n° 1997-003041 ; *RJDA* 11/1997, n° 1404). *Idem* pour l'avocat collaborateur de celui du créancier (■ Cass. com., 25 oct. 2011 : *JCP* E 2012, 1000, n° 8, obs. Pétel ; *D.* 2011, p. 2653, obs. Lienhard).

Sa déclaration est valable même s'il omet le nom du représentant légal de la société étrangère créancière (■ Cass. com., 6 mars 2019, n° 17-22.365 : *Rev. proc. coll.* 2019, comm. 164, obs. Mastrullo).

Mais une déclaration signée « p. o. » par la secrétaire d'un avocat ne bénéficie pas de la dispense prévue pour les avocats (■ Cass. com., 17 févr. 2009, n° 07-20.458 : *JurisData* n° 2009-047106 ; *JCP* E 2009, 1347, n° 7, obs. Pétel).

46) Pouvoir spécial écrit. Lorsque la déclaration de créance n'est pas effectuée personnellement par le créancier mais par un tiers le représentant, celui-ci, s'il n'est pas avocat, doit justifier d'un pouvoir spécial donné par écrit, sans qu'il soit exigé que celui-ci ait date certaine (■ Cass. ass. plén., 26 janv. 2001, n° 99-15.153 : *JurisData* n° 2001-007938 ; *JCP* E 2001, p. 617, note M. Behar-Touchais, *ibid.*, p. 753, n° 8, obs. M. Cabrillac ; RD bancaire et fin. 2001, 91, n° 66, obs. F.-X. Lucas pour le chef de file d'un « pool bancaire ». ■ 13 nov. 2002, n° 99-19.421 : *JurisData* n° 2002-016331 ; *JCP* E 2003, pan. 20 ; *D.* 2003, p. 204 ; *RD bancaire et fin.* 2003, 27, n° 28, obs. F.-X. Lucas, et ■ Paris, 12 sept. 2006, n° 05/23065 : *RJDA* 4/2007, n° 382, pour un huissier de justice. ■ 5 nov. 2003, n° 00-18.497 : *JurisData* n° 2003-020808 ; *RJDA* 3/2004, n° 341 ; *JCP* E 2003, pan. 1761 ; *D.* 2003, p. 3048, pour un groupe de sociétés. ■ 15 mars 2005 : *RJDA* 7/2005, n° 850, pour une société d'affacturage. ■ 28 juin

2005 : *RJDA* 10/2005, n° 1131 ; *JCP* E 2005, 1637 ; *D.* 2005, 1940, obs. Lienhard ; *D.* 2006, pan. 84, obs. Le Corre, note Rémery et ▪ Cass. com., 29 nov. 2005, n° 04-16.362 : *JurisData* n° 2005-030988 ; *D.* 2006, 66, obs. Lienhard ; *JCP* E 2006, pan. 1071, pour un avoué à la cour).

Une délégation de pouvoir et un mandat notarié donnant pouvoir de « produire tous titres et pièces, affirmer la sincérité des créances du constituant » ne constituent pas le mandat spécial permettant à l'intermédiaire de déclarer une créance au nom du créancier (▪ Cass. com., 29 oct. 2002, n° 99-18.046 : *JurisData* n° 2002-016265 ; *RJDA* 3/2003, n° 281).

Le pouvoir doit viser un débiteur déterminé ; il ne vaut pas, en cas de décès, à l'égard de son héritier (▪ Cass. com., 16 déc. 2008, n° 07-20.688 : *JurisData* n° 2008-046326 ; *Gaz. proc. coll.* 26-28 avr. 2009, p. 32, obs. E. Le Corre-Broly).

47) Préposé du mandataire *ad litem*. Lorsque le tiers titulaire d'un mandat « ad litem » est une personne morale, elle peut déléguer ensuite le pouvoir d'effectuer la déclaration à l'un de ses préposés, sans qu'il soit exigé un autre mandat « ad litem » (▪ Cass. com., 14 janv. 1997, n° 94-18.033 : *JurisData* n° 1997-000073 ; *JCP* E 1997, I, 651, n° 11, obs. Ph. Pétel ; *RJDA* 3/1997, n° 413 ; *RTD com.* 1997, 513, obs. Martin-Serf). La délégation peut être antérieure au mandat initial (▪ Cass. com., 30 janv. 2007 : *D.* 2007, p. 508, obs. Lienhard ; *JCP* E 2007, pan. 1359 ; *RJDA* 8-9/2007, n° 867).

48) Production du pouvoir. Il peut être justifié du pouvoir spécial jusqu'au jour où le juge statue (▪ Cass. ass. plén., 4 févr. 2011, n° 99-15.153 : *JurisData* n° 2001-007938 ; *D.* 2011, 439, obs. A. Lienhard ; *JCP* E 2011, 1263, n° 7, obs. Pétel ; *ibid.* 1264, note Roussel-Galle ; *Rev. proc. coll.* 2011, comm. 23, obs. P. Cagnoli).

B – Représentation du créancier personne morale

49) Représentant légal. La déclaration de la créance d'une société est régulière lorsqu'elle est faite par le nouveau président du conseil d'administration même si sa nomination n'a pas été publiée (▪ Cass. com., 12 juill. 2004, n° 02-17.255 : *JurisData* n° 2004-024691 ; *RJDA* 2/2005, n° 168 ; *JCP* E 2004, pan. 1414 ; *JCP* E 2005, chron. 31, n° 9, obs. Pétel ; *D.* 2004, p. 2153 ; 24 avr. 2007 : *RJDA* 7/2007, n° 751).

Idem pour un liquidateur amiable (▪ Cass. com., 12 juill. 2004, n° 03-14.557 : *JurisData* n° 2004-024695 ; *JCP* E 2005, 31, n° 9, obs. Pétel ; *D.* 2004, p. 2153).

En revanche, ce pouvoir n'appartient au directeur général délégué d'une SAS que si les statuts ou l'acte de nomination le prévoient (▪ Cass. com., 21 juin 2011, n° 10-20.878 : *JurisData* n° 2011-012275 ; *JCP* E 2011, 1826, n° 6, obs. F. Deboissy et G. Wicker).

L'agent comptable, représentant organique de la personne morale de droit public, détient, par ses fonctions, le pouvoir de déclarer (▪ Cass. com., 31 janv. 2017, n° 15-15.983 : *JurisData* n° 2017-001388 ; *JCP* E 2017, 1164, n° 5, obs. Pétel ; *Act. proc. coll.* 2017-5, comm. 67, obs. Amlon).

50) Délégation de pouvoirs. La déclaration peut être faite par tout préposé titulaire d'une délégation de pouvoirs lui permettant d'accomplir un tel acte, sans que ce pouvoir soit soumis aux règles applicables au mandat de représentation en justice dont un tiers peut être investi (▪ Cass. com., 14 déc. 1993, n° 93-12.544 : *JurisData* n° 1993-002704 ; *JCP* E 1994, II, 573, note Campana et Calendini ; *ibid.*, I, 351, n° 9, obs. Cabrillac ; *JCP* G 1994, II, 22200, rapp. Rémery ; *Bull. Joly* 1994, 196, note Jeantin).

51) Coemployeurs. Le préposé de deux coemployeurs, investi d'une délégation régulière l'autorisant à effectuer des déclarations de créances pour l'un d'eux, n'a pas à justifier d'un pouvoir spécial (▪ Cass. com., 17 nov. 2009, n° 07-21.257 : *JurisData* n° 2009-050356 ; *Act. proc. coll.* 2010, comm. 16, obs. M.-L. Coquelet ; *JCP* E 2010, 1296, n° 9, obs. Ph. Pétel ; *Bull. Joly Sociétés* 2010, p. 246, obs. N. Ferrier).

52) Auteur de la délégation. Le conseil d'administration a le pouvoir de nommer un préposé de la société pour déclarer les créances avec ou sans faculté de délégation (▪ Cass. com., 28 sept. 2004, n° 03-12.023 : *JurisData* n° 2004-024989 ; *D.* 2004, p. 2653 ; *JCP* E 2004, pan. 1574 ; *RJDA* 2/2005, n° 167). Il en est de même du directoire (▪ Cass. com., 22 janv. 2008, n° 06-19.387 : *JurisData* n° 2008-042479 ; *D.* 2008, p. 413, obs. Lienhard ; *RJDA* 4/2008, n° 438). Sur l'incidence des modifications apportées par la loi du 15 mai 2001 à l'administration des sociétés anonymes, V. ▪ Cass. com., 3 juin 2009, n° 08-13.355 : *JurisData* n° 2009-048526 ; *Gaz. Pal.* 26-28 juill. 2009, p. 34, obs. E. Le Corre-Broly ; *Bull. Joly Sociétés* 2010, p. 172, note L. Nurit-Pontier.

53) Subdélégation. La subdélégation du pouvoir de déclarer les créances n'est valable que si elle émane d'une personne ayant reçu une délégation régulière du pouvoir de déclarer les créances et comportant la faculté de subdélégation (▪ Cass. com., 14 févr. 1995, [2e esp.] : *JCP* E 1995, I, 487, n° 9, obs. Ph. Pétel ; RD bancaire et bourse 1995, 153 et 1996, n° 55, obs. Campana et Calendini ; *Bull. Joly* 1995, 442, note J.-J. Daigre. ▪ Cass. com., 3 oct. 2000, n° 97-11.010 : *JurisData* n° 2000-006215 ; *RJDA* 1/2001, n° 48. – *Adde*, ▪ Cass. com., 29 avr. 2002, [1re esp.] : *D.* 2002, p. 1755, obs. Lienhard ; *JCP* E 2002, pan. 933 ; *RTD com.* 2002, 537, obs. Martin-Serf).

54) Pérennité de la délégation. La délégation de pouvoir donnée par le représentant légal de la société subsiste même après le changement de ce représentant tant qu'elle n'a pas été révoquée (■ Cass. com., 15 mars 2005, n° 03-13.032 : *JurisData* n° 2005-027609 ; *JCP* E 2005, pan. 725. ■ Cass. com., 3 juin 2009, n° 08-13.355 : *JurisData* n° 2009-048526 ; *JCP* E 2009, 1926, note H. Hovasse). De même la cessation des fonctions d'un préposé titulaire d'une délégation de pouvoirs n'entraîne pas l'extinction de plein droit des subdélégations de pouvoirs qu'il a pu consentir (■ Cass. com., 8 juill. 2008, n° 07/01937 : *JCP* E 2009, 1008, n° 12, obs. Pétel ; *D.* 2008, p. 2072, obs. Lienhard ; *Act. proc. coll.* 2008-14, n° 222 ; *Bull. Joly* 2008, p. 1011, note N. Ferrier).

55) Objet de la délégation. La délégation peut être générale ou spéciale (■ Cass. com., 14 févr. 1995 [4 arrêts] : *JCP* E 1995, I, 487, n° 9, obs. Ph. Pétel ; *RD bancaire et bourse* 1995, 153 et 1996, n° 55, obs. Campana et Calendini ; *Bull. Joly* 1995, 442, note Daigre. ■ Cass. com., 17 déc. 1996 : *JCP* E 1997, II, 941, note Behar-Touchais ; *ibid.*, I, 651, n° 8, obs. Ph. Pétel ; *Bull. Joly* 1997, 344, obs. Daigre), mais doit autoriser expressément le préposé soit à agir en justice, soit à effectuer des déclarations de créances (■ Cass. com., 9 juin 1998, n° 96-13.675 : *JurisData* n° 1998-002645 ; *JCP* E 1998, pan. 1333 ; *RJDA* 12/1998, n° 1387, 2e esp. ; *LPA* 14 avr. 1999, p. 10, note Paulet. – V. aussi, ■ Cass. com., 18 févr. 2003 [1re esp.] : *RJDA* 5/2003, n° 517).

56) Antériorité de la délégation. La délégation doit exister à la date de la déclaration (■ Cass. com., 22 oct. 1996 : *JCP* E 1997, I, 651, n° 9, obs. P. P. ; *RD bancaire et bourse* 1996, 241, n° 1, obs. Campana et Calendini ; *Bull. Joly* 1997, 162, obs. Le Cannu ; *RTD com.* 1997, 511, obs. Martin-Serf. ■ Cass. com., 25 mars 1997, n° 95-12.236 : *RD bancaire et bourse* 1997, 126, n° 1, obs. Campana et Calendini. ■ Cass. com., 20 janv. 1998 [2 arrêts] : *RD bancaire et bourse* 1998, 69, n° 1, obs. Campana et Calendini. ■ Cass. com., 26 mai 1998, n° 95-19.996 : *JurisData* n° 1998-002305 ; *RJDA 11/98, n° 1257 [1re esp.].* ■ Cass. com., 12 oct. 1999 : *RJDA* 12/99, n° 1356. ■ Cass. com., 7 déc. 1999, n° 97-15.767 : *RJDA* 3/2000, n° 311).

57) Preuve de la délégation. Il peut être justifié de l'existence de la délégation de pouvoirs jusqu'à ce que le juge statue sur l'admission de la créance par la production de documents établissant la délégation, ayant acquis ou non date certaine (■ Cass. com., 14 févr. 1995 [4 arrêts] : *JCP* E 1995, I, 487, n° 9, obs. Ph. Pétel ; *RD bancaire et bourse* 1995, 153 et 1996, n° 55, obs. Campana et Calendini ; *Bull. Joly* 1995, 442, note Daigre).

La délégation de pouvoirs pour déclarer les créances au nom de la personne morale ne peut être déduite des fonctions occupées par le déclarant (■ Cass. com., 4 juill. 2000, n° 97-19.835 : *RJDA* 1/2001, n° 48). Le fait pour l'auteur de la déclaration d'occuper un emploi défini par la convention collective de travail applicable comme comportant une délégation de pouvoirs de déclarer les créances ne suffit pas à établir que ce préposé tenait son pouvoir des organes habilités par la loi à représenter la personne morale (■ Cass. com., 22 oct. 1996 : *JCP* E 1997, I, 651, n° 9, obs. Ph. Pétel).

Mais une attestation émanant des organes de direction suffit à prouver la délégation (■ Cass. com., 17 déc. 1996 : *JCP* E 1997, II, 941, note M. Behar-Touchais ; *JCP* E 1997, I, 651, n° 10, obs. Ph. Pétel ; *Bull. Joly* 1997, 344, obs. J.-J. Daigre. ■ Cass. com., 28 janv. 1997, n° 94-19.405 : *JurisData* n° 1997-000318 ; *JCP* E 1997, I, 651, n° 10, obs. Ph. Pétel – Comp. ■ Cass. com., 28 mai 2002, n° 99-14.672 : *RJDA* 10/2002, n° 1058. ■ Cass. com., 28 sept. 2004, n° 03-12.023 : *JurisData* n° 2004-024989 ; *RJDA* 2/2005, n° 167 ; *JCP* E 2004, pan. 1574 ; *D.* 2004, p. 2653. ■ Cass. com., 10 mai 2005, n° 04-12.214 : *JurisData* n° 2005-028345 ; *D.* 2005, p. 1476, obs. Lienhard ; *JCP* E 2005, pan. 1102).

58) Preuve de l'identité du préposé. Aucun texte n'impose au préposé ayant signé la déclaration de préciser sur celle-ci son identité et la qualité en laquelle il agit (■ Cass. com., 19 déc. 2000, préc. ■ Cass. com., 13 nov. 2002, n° 99-21.871 : *JurisData* n° 2002-016543 ; *RJDA* 3/2003, n° 282 ; *RD bancaire et fin.* 2003, 26, n° 26, obs. F.-X. Lucas. ■ Cass. com., 12 juill. 2004, n° 02-20.185 : *RJDA* 1/2005, n° 61). Mais il importe qu'il puisse être identifié pour que soit vérifiée l'existence à son profit de la délégation de pouvoirs et la régularité de la déclaration de créances (■ Cass. com., 14 févr. 1995, préc. ■ Cass. com., 4 févr. 2003, n° 99-17.859 : *JurisData* n° 2003-017504 ; *JCP* E 2003, pan. 472 ; *D.* 2003, p. 556. ■ Cass. com., 1er avr. 2003, n° 00-20.280 : *RJDA* 10/2003, n° 1020 ; *RD bancaire et fin.* 2003, 168, n° 116, obs. F.-X. Lucas).

La charge de la preuve incombe au créancier (■ Cass. com., 17 juin 1997, n° 95-12.415 : *JurisData* n° 1997-002873 ; *JCP* E 1998, p. 31, n° 10, obs. Ph. Pétel ; *RD bancaire et bourse* 1997, 172, n° 1, obs. M.-J. Campana et J.-M. Calendini).

59) Signature de la déclaration. Est irrecevable la déclaration effectuée sur un courrier portant « la comptabilité : signé illisible », dès lors que l'identité du signataire était contestée (■ Cass. com., 17 juin 1997 : *JCP* E 1998, p. 31, n° 10, obs. Ph. Pétel ; *RD bancaire et bourse* 1997, 172, n° 1, obs. M.-J. Campana et J.-M. Calendini) Mais la preuve de l'identité du déclarant peut être faite, en l'absence de signature, par tous moyens (■ Cass. com., 21 nov. 2006, n° 05-19.298 : *JurisData* n° 2006-036051 ; *D.* 2006, p. 2983, obs. A. Lienhard ; *RD bancaire et fin.* 2007, n° 19, obs. F.-X. Lucas ; *RTD com.* 2007, 446, obs. A. Martin-Serf).

La contestation par le débiteur de l'identité du signataire ne s'analyse pas en une dénégation ou un refus de reconnaissance de signature au sens de l'article 287 du Code de procédure civile (▪ Cass. com., 1er oct. 2013, n° 12-22.122).

60) Commune. Le comptable de la commune tient de la loi le pouvoir de poursuivre la rentrée de tous les revenus de la commune et de toutes les sommes qui lui sont dues et, dès lors, celui de déclarer les créances correspondantes (▪ Cass. com., 12 juin 2001, n° 98-17.961 : *JurisData* n° 2001-010103 ; *RJDA* 12/2001, n° 1229 ; *D.* 2001, p. 2199, obs. Lienhard ; *JCP* E 2001, p. 1774, note Rémery ; *RD bancaire et fin.* 2001, n° 191, obs. F.-X. Lucas. ▪ Cass. com., 29 avr. 2003, n° 00-14.142 : *JurisData* n° 2003-018825 ; *JCP* E 2003, jurispr. 1117, note Rémery ; *D.* 2003, p. 1365 ; *Act. proc. coll.* 2003, n° 140, obs. Léfondré ; *RJDA* 11/2003, n° 1098).

61) Caisse de mutualité sociale agricole. Ces caisses tiennent de la loi la possibilité de conclure des conventions avec des organismes administrés paritairement en vue du recouvrement, pour le compte de ces organismes, des cotisations qui leur sont dues, et elles sont donc légalement habilitées à déclarer les créances correspondantes sans être tenues de justifier d'un pouvoir spécial (▪ Cass. ass. plén., 26 mars 2010, n° 09-12.843 : *JurisData* n° 2010-002454 ; *JCP* G 2010, 383, obs. Ph. Roussel-Galle ; *JCP* E 2010, 1742, n° 10, obs. Ph. Pétel).

62) Administration fiscale. Dès lors qu'il a une délégation de signature du receveur principal des impôts, notamment pour déclarer les créances, le contrôleur des impôts agit au nom du receveur principal des impôts et prend une décision entrant dans les pouvoirs de celui-ci en signant une déclaration de créance fiscale au passif de la procédure (▪ Cass. com., 9 déc. 1997, n° 95-12.239 : *JurisData* n° 1997-004927 ; *RJDA* 4/98, n° 470).

63) Masse des obligataires. Le juge peut enjoindre, à la demande d'obligataires, au représentant des créanciers, d'avoir à solliciter, sur le fondement de l'article L. 228-85 du Code de commerce, la désignation d'un mandataire chargé de procéder à la déclaration de créances de la masse des obligataires (▪ Cass. com., 2 juin 2004, n° 01-16.825 : *JurisData* n° 2004-023927 ; *JCP* E 2004, 1819, note T. Bonneau).

64) Copropriété. Le syndic de copropriété est *habilité à effectuer une déclaration* sans pouvoir spécial de l'assemblée générale des copropriétaires (▪ Cass. 3e civ., 29 janv. 2003, n° 00-21.945 : *JurisData* n° 2003-017487 ; *JCP* E 2003, 1030, note Djigo ; *Act. proc. coll.* 2003, n° 112, obs. Vallansan ; *RTD com.* 2003, 566, obs. Martin-Serf. ▪ Cass. com., 19 mai 2004, n° 02-14.805 : *JurisData* n° 2004-023809 ; *JCP* E 2004, 1196, note Djigo ; *ibid.*, 1292, n° 8, obs. M. Cabrillac).

C – Mandat présumé du débiteur

65) Information incomplète. Les créances portées à la connaissance du mandataire judiciaire font présumer de la déclaration de sa créance par son titulaire, mais seulement dans la limite du contenu de l'information fournie (▪ Cass. com., 5 sept. 2018, n° 17-18.516 : *JurisData* n° 2018-015019 ; *BJE* nov. 2018, p. 432, obs. Jazottes ; *JCP* E 2019, 1000, n° 9, obs. Pétel).

VI – EFFETS DE LA DÉCLARATION

66) Interruption de la prescription. La déclaration de créance équivalant à une demande en justice interrompt la prescription (▪ Cass. com., 15 mars 2005, n° 03-17.783 : *JurisData* n° 2005-027602 ; *JCP* E 2005, 1274, n° 13, obs. M. Cabrillac). V. art. L. 622-25-1, p. 1187.

67) Péremption d'instance. Les règles de la péremption d'instance ne concernent pas la déclaration de créances (▪ Cass. com., 27 nov. 2001, n° 98-18.971 : *Rev. proc. coll.* 2003, 112, n° 24. ▪ Cass. com., 9 nov. 2004, n° 01-16.726 : *JurisData* n° 2004-025565 ; *D.* 2005, pan. 297, obs. Le Corre ; *RTD civ.* 2005, 183, obs. Perrot ; *Rev. proc. coll.* 2005, 130, obs. Gorrias – *Adde*, ▪ Cass. com., 10 janv. 2006, n° 03-19.519 : *JurisData* n° 2006-031577 ; *JCP* E 2006, 1569, n° 2, obs. Pétel et 1947, note Chollet ; *D.* 2006, p. 443, obs. Lienhard et pan. 2251, obs. Lucas et Le Corre, ▪ Cass. 2e civ., 10 janv. 2008 : *JCP* E 2008, 1276, note Mélin et 1432, n° 9, obs. Cabrillac, ▪ Cass. com., 8 janv. 2020, n° 18-22.606 : *JCP* E 2020, 1331, obs. Houssin).

68) Mise en demeure. Lorsqu'une SNC a été mise en redressement ou en liquidation judiciaires avant l'engagement des poursuites contre les associés en nom, la déclaration de créance, qui vaut mise en demeure, rend inutile la délivrance d'une mise en demeure par acte extrajudiciaire à cette société, conformément à l'article L. 221-1 du Code de commerce (▪ Cass. com., 19 déc. 2006, n° 02-21.333 : *JurisData* n° 2006-036650 ; *RJDA* 5/2007, n° 501 ; *D.* 2007, p. 92, obs. Lienhard ; *JCP* E 2007, 1450, n° 8, obs. Cabrillac ; *Rev. sociétés* 2007, 410, note Barbièri ; *D.* 2008, pan. 579, obs. Le Corre).

VII – DROIT INTERNATIONAL

69) Principe d'ordre public. L'obligation de déclarer sa créance est un principe d'ordre public, et une décision de reconnaissance en France d'un jugement étranger ne saurait conférer à celui-ci plus de droits que n'en aurait une décision nationale, et ne saurait tenir en échec le principe d'ordre public interne et international selon lequel, en cas de procédure collective tout créancier doit déclarer sa créance (▪ Cass. 1re civ., 29 sept. 2004, n° 02-16.754 : *JurisData* n° 2004-024949 ; *D.* 2004, p. 2717 ; *D.* 2005, pan. 1266, obs. Courbe et Chanteloup ; *D.* 2005, jurispr. 2159, note Henry).

70) Avis aux créanciers étrangers. Nécessité d'un formulaire portant, dans toutes les langues officielles de l'Union européenne, le titre « Invitation à produire une créance. Délais à respecter » (▪ Cass. com., 7 juill. 2009, n° 07-17.028 : *JurisData* n° 2009-049116 ; *JCP* E 2010, 1011, n° 8, obs. Ph. Pétel ; *D.* 2009, act. jurispr. 1965).

71) Déclaration des créanciers étrangers. Une procédure de redressement judiciaire ayant été ouverte en France à l'égard d'une société étrangère, les créanciers, sans distinction de nationalité, sont admis à faire valoir leurs droits sur les biens situés en France qui appartiennent à cette société et doivent se soumettre aux exigences légales du droit français en ce qui concerne la déclaration et l'admission des créances (▪ Cass. com., 14 mai 1996, n° 94-16.186 : *JurisData* n° 1996-001811 ; *Rev. crit. DIP* 1996, 475, concl. Rémery. – Conf. ▪ Paris, 29 mars 1994 : *JurisData* n° 1994-024964 ; *D.* 1995, somm. 395, obs. Vasseur ; *JCP* E 1997, I, 679, n° 21, obs. Y. R.).

La déclaration faite à titre personnel par une personne morale ressortissante d'un autre État membre de l'Union européenne peut être effectuée par tout préposé titulaire d'une délégation de pouvoirs lui permettant d'accomplir un tel acte (▪ Cass. com., 15 déc. 2009, n° 08-15.159 : *JurisData* n° 2009-050813 ; *JCP* E 2010, 1296, n° 10, obs. Ph. Pétel ; *D.* 2010, 86, obs. A. Lienhard ; *Act. proc. coll.* 2010, comm. 22, obs. J. Vallansan. *Adde* ▪ Cass. com., 22 juin 2010, n° 09-65.481 : *JurisData* n° 2010-010047 ; *Act. proc. coll.* 2010, comm. 225, obs. D. Robine ; *Bull. Joly Sociétés* 2010, p. 755, note J.-L. Vallens ; *JCP* E 2011, 1030, n° 9, obs. Ph. Pétel).

Voir : Règl. (CE), n° 1346/2000, 29 mai 2000, Annexe 6, *Des difficultés des entreprises*.

72) Titres de créances étrangers. Si la loi de l'État d'ouverture de la procédure collective détermine les règles concernant la production, la vérification et l'admission des créances, il appartient à la loi de la source de celles-ci de définir la qualité de créancier (▪ Cass. com., 13 sept. 2011, n° 10-25.533 : *JurisData* n° 2011-018623 ; *D.* 2011, 2518, note L. d'Avout et N. Borga ; *Bull. Joly Sociétés* 2011, p. 987, note R. Libchaber ; *Rev. proc. coll.* 2011, comm. 173, obs. T. Mastrullo et M. Menjucq ; *JCP* E 2012, 1000, n° 9, obs. Ph. Pétel. – V. également R. Damman et A. Albertini, *L'arrêt Belvédère : la réception du trust et de la parallel debt en droit français* : *JCP* E 2011, 1803).

Art. L. 622-25 ***(Anc. art. L. 621-44, mod., L. n° 2003-7, 3 janv. 2003 ; renum. et mod., L. n° 2005-845, 26 juill. 2005).*** **– La déclaration porte le montant de la créance due au jour du jugement d'ouverture avec indication des sommes à échoir et de la date de leurs échéances. Elle précise la nature** ***(Mots rempl. à compter du 1er octobre 2021, Ord. n° 2021-1193, 15 sept. 2021)*** **« et l'assiette » de la sûreté dont la créance est éventuellement assortie** ***(Mots aj. à compter du 1er octobre 2021, Ord. n° 2021-1193, 15 sept. 2021)*** **« et, le cas échéant, si la sûreté réelle conventionnelle a été constituée sur les biens du débiteur en garantie de la dette d'un tiers. »**

Lorsqu'il s'agit de créances en monnaie étrangère, la conversion en euros a lieu selon le cours du change à la date du jugement d'ouverture.

Sauf si elle résulte d'un titre exécutoire, la créance déclarée est certifiée sincère par le créancier. Le visa du commissaire aux comptes ou, à défaut, de l'expert-comptable sur la déclaration de créance peut être demandé par le juge-commissaire. Le refus de visa est motivé.

1) Montant de la créance. V. sous art. L. 624-2, *note n° 1, p. 1198.*

2) Déclaration imprécise. Est inopérante la déclaration d'un créancier au double motif que le montant de la créance était déclaré « à titre indicatif » et que le relevé de compte qui s'y trouvait joint ne concordait pas avec cette déclaration (▪ Cass. com., 12 févr. 1991, n° 89-19.698 : *JCP* E 1991, I, 73, n° 14, obs. Pétel et Cabrillac ; *Bull.* IV, n° 66 ; *D.* 1992, somm. 249, obs. Derrida. – *Adde*, ▪ Cass. com., 15 févr. 2000, n° 99-81.168 : *RJDA* 5/2000, n° 563. ▪ Cass. com., 21 janv. 2003, n° 01-03.656 : *RJDA* 6/2003, n° 620).

Idem pour la déclaration d'un créancier d'une rente viagère qui se borne à demander paiement d'une mensualité sans indiquer les sommes à échoir et la date de leurs échéances (▪ Cass. com., 28 févr. 1995, n° 94-12.108 : *JurisData* n° 1995-000518 ; *JCP* E 1995, pan. 496 ; *RJDA* 7/95, n° 892).

En revanche, la déclaration ne précisant pas la date des échéances est valable lorsque le créancier a exprimé de façon non équivoque sa volonté de réclamer les créances échues et à échoir (▪ Cass. com., 9 janv. 2001, n° 97-22.048 : *RJDA* 5/2001, n° 608. ▪ Cass. com., 28 sept. 2004 : *RJDA* 2/

2005, n° 167 ; *JCP* E 2004, pan. 1574 ; *D.* 2004, p. 2653. – Comp., ▪ Cass. com., 28 juin 2005, n° 04-14.578 : *JurisData* n° 2005-029191 ; *JCP* E 2005, pan. 1383 ; *D.* 2005, 1939, obs. Lienhard ; *D.* 2006, pan. 85, obs. Le Corre). V. aussi une décision admettant que des justificatifs complémentaires aient pu être apportés après la déclaration, dès lors que celle-ci était accompagnée de justificatifs jugés suffisants à établir le principe et le montant réel des créances (▪ Cass. com., 8 juill. 2003, n° 99-10.590 : *JurisData* n° 2003-019871 ; *RJDA* 1/2004, n° 62 ; *JCP* E 2003, pan. 1379).

3) Sûreté réelle. Le créancier garanti qui, lors de sa production, n'a demandé l'admission de sa créance qu'à titre chirographaire n'est plus en droit de se prévaloir de son privilège ou de sa sûreté (▪ Cass. com., 4 mai 1976, n° 74-13.528 : *JurisData* n° 1976-097154 ; *D.* 1976, 496, note Derrida. ▪ Cass. com., 4 oct. 1983, n° 82-11.441 : *JurisData* n° 1983-701869 ; *D.* 1984, inf. rap. 131, obs. Honorat. ▪ Cass. com., 4 févr. 1992, n° 90-10.788 : *Bull.* IV, n° 57 ; *D.* 1992, somm. 250, obs. Derrida. ▪ Cass. com., 7 déc. 2004, n° 01-10.962 : *RJDA* 4/2005, n° 426).

Le commissionnaire de transport, qui n'a demandé son admission au passif de la procédure du commettant débiteur qu'à titre chirographaire, perd son privilège et ne peut retenir les marchandises car son droit de rétention est la conséquence du privilège institué par l'article 95 du Code de commerce (aujourd'hui L. 132-2) (▪ Cass. com., 8 juin 1999, n° 97-12.233 : *JurisData* n° 1999-002323 ; *Bull.* IV, n° 125 ; *JCP* E 1999, jurispr. p. 1243, concl. Rémery ; *JCP* E 2000, p. 130, 3 B, n° 13, obs. crit. M. Cabrillac ; p. 459, n° 18, obs. Delebecque ; *RJDA* 8-9/99, n° 931 ; *RTD com.* 1999, 968, obs. Martin-Serf ; *RTD com.* 2000, 167, obs. Bouloc ; *D.* 2000, somm. 297, obs. Mercadal, somm. 388, obs. S. Piedelièvre).

4) Droit de rétention autonome. Le droit de rétention n'est pas une sûreté et n'est pas assimilable au gage (▪ Cass. com., 20 mai 1997, n° 95-11.915 : *JurisData* n° 1997-002191 ; *RD bancaire et bourse* 1997, 173, n° 2, obs. Campana et Calendini ; *JCP* E 1997, I, 681, n° 10, obs. M. Cabrillac ; *JCP* E 1998, p. 221, n° 2 C, obs. Delebecque ; *D.* 1998, somm. 102, obs. S. Piedelièvre, 115, obs. Libchaber, et 479, note Kenderian ; *RTD civ.* 1997, 707, obs. Crocq ; *RTD civ.* 1998, 202, obs. Martin-Serf ; *Defrénois* 1997, p. 1427, obs. Aynès ; *LPA* 1er juin 1998, p. 8, note Remy-Corlay ; *RJ com.* 1998, somm. 338, obs. Teillais. ▪ Cass. com., 21 mars 2006, n° 04-19.794 : *JurisData* n° 2006-032837 ; *JCP* E 2006, 2224, n° 8, obs. Reinhard). Dès lors que le rétenteur a déclaré sa créance au passif, le liquidateur judiciaire ne peut retirer la chose retenue qu'en payant, avec l'autorisation du juge-commissaire, cette créance (mêmes déc.).

5) Consignation judiciaire. Le créancier bénéficiant d'une consignation judiciaire n'a pas à mentionner cette affectation spéciale dans sa déclaration et doit être payé sur les sommes régulièrement consignées antérieurement au jugement d'ouverture (▪ Cass. com., 21 mars 2006, n° 04-17.643 : *JurisData* n° 2006-032815 ; *D.* 2006, p. 982, obs. Lienhard ; *JCP* E 2006, 2331, n° 8, obs. M. Cabrillac ; *Act. proc. coll.* 2006, comm. 89, obs. C. Regnaut-Moutier).

6) Assurance vie. En cas de souscription par le débiteur d'une assurance vie et de la désignation d'un créancier comme bénéficiaire alternatif du contrat, le capital n'est jamais entré dans le patrimoine du souscripteur et le créancier n'a pas à faire état de cet acte dans sa déclaration (▪ Cass. com., 12 juin 2001, n° 98-19.873 : *JurisData* n° 2001-010104 ; *RJDA* 12/2001, n° 1230 ; *D.* 2001, jurispr. 2034, obs. Lienhard ; *JCP* E 2002, chron. 175, n° 9, obs. M. Cabrillac).

7) Certification. L'omission de la certification n'est sanctionnée par aucune disposition et donc pas par la nullité, et est sans incidence sur l'admissibilité de la créance (▪ Paris, 12 nov. 1991 : *JurisData* n° 1991-024450 ; *D.* 1992, somm. 250, obs. Derrida, conf. par ▪ Cass. com., 8 mars 1994, n° 92-10.381 : *JurisData* n° 1994-000733 ; *RJDA* 7/94, n° 858. ▪ Cass. com., 1er déc. 1992, n° 90-21.526 : *JurisData* n° 1992-003272 ; *Bull.* IV, n° 382 ; *JCP* E 1993, I, 236, n° 13, obs. Pétel).

8) Intérêts à échoir. Les modalités de calcul des intérêts dont le cours n'est pas arrêté valent déclaration pour le montant ultérieurement arrêté ; mais aucune déclaration modificative ne peut être faite hors du délai légal pour inclure les intérêts qui n'ont pas été calculés dans la déclaration initiale (▪ Cass. com., 24 nov. 1998, n° 96-13.552 : *JurisData* n° 1998-004485 ; *D.* 1999, somm. 189, obs. Honorat).

Si la déclaration inclut le montant, déjà calculé, des intérêts à échoir, elle n'a pas, ni l'ordonnance d'admission, à en prévoir les modalités de calcul (▪ Cass. com., 5 mai 2015, n° 14-13.213 : *JCP* E 2015, 1339, obs. Brignon). Si aucun texte n'oblige le créancier à distinguer le montant des intérêts du capital restant dû, il est loisible au juge-commissaire de substituer à leur montant déclaré les modalités de calcul qui résultent du contrat de prêt (▪ Cass. com., 28 févr. 2018, n° 16-24.867 : *JurisData* n° 2018-002721 ; *JCP* E 2018, 1429, n° 12, obs. Tehrani ; *RD bancaire et fin.* 2018, comm. 79, obs. Houin-Bressand). Dans la décision d'admission, la mention « intérêts pour mémoire » ne vaut pas admission de la créance d'intérêts (▪ Cass. com., 13 nov. 2007, n° 06-16.696 : *JurisData* n° 2007-041395 ; *JCP* E 2008, 1432, n° 11, obs. Cabrillac).

Pour l'admission d'un montant déjà calculé sans prendre en considération les modalités d'un plan ou les sommes pour lesquelles le créancier sera effectivement retenu dans les répartitions, V. ▪ Cass. com., 13 févr. 2019, n° 17-26.361 : *Rev. proc. coll.* 2019, comm. 137, obs. crit. Borga ; *JCP* E 2019, 1206, n° 14, obs. Tehrani.

9) Intérêts échus. Les modalités de calcul n'ont pas à figurer pour des intérêts échus mentionnés dans la déclaration de créances (▪ Cass. com., 23 nov. 1999, n° 97-12.209 : *JurisData* n° 1999-004071 ; *JCP* E 2000, pan. 63).

10) Monnaie étrangère. N'est pas irrégulière la déclaration de créances exprimées en droits de tirages spéciaux (DTS), unité de compte du Fonds monétaire international dont le cours est fixé quotidiennement (▪ Cass. com., 8 juill. 2003 : *RJDA* 1/2004, n° 62 ; *JCP* E 2003, pan. 1379 ; *D.* 2003, p. 2238).

En cas de redressement suivi d'une liquidation judiciaire, le taux de change pour la conversion en euros doit être celui en vigueur à la date du jugement d'ouverture (▪ Cass. com., 5 juin 2007, n° 05-21.767 : *JurisData* n° 2007-039236 ; *RJDA* 11/2007, n° 1133 ; *D.* 2007, p. 1788, obs. Lienhard ; *JCP* E 2007, pan. 1982 ; *ibid.* 2119, n° 14, obs. Cabrillac).

11) Documents justificatifs. La méconnaissance des dispositions de l'article L. 621-44 [L. 622-25], et 67 et 68 du décret, lorsque les documents justificatifs ne sont pas joints à la déclaration de créance, n'entraîne pas nullité de cette déclaration (▪ Cass. com., 17 déc. 1996, n° 94-19.489 : *JurisData* n° 1996-005015 ; *RJDA* 4/97, n° 566 ; *JCP* E 1997, II, 941, note Behar-Touchais. – *Adde* ▪ Cass. com., 1er déc. 1992, n° 90-21.526 : *JurisData* n° 1992-003272 ; *RJDA* 4/93, n° 3474, et ▪ Cass. com., 8 mars 1994 : *RJDA* 7/94, n° 858. ▪ Cass. com., 17 déc. 2003, n° 01-10.692 : *JurisData* n° 2003-021624 ; *RJDA* 5/2004, n° 592 ; *JCP* E 2004, pan. 268. ▪ Cass. com., 28 sept. 2004 : *RJDA* 2/2005, n° 167 ; *JCP* E 2004, pan. 1574 ; *D.* 2004, p. 2653).

Art. L. 622-25-1 ***(Ord. n° 2014-326, 12 mars 2014).*** **– La déclaration de créance interrompt la prescription jusqu'à la clôture de la procédure ; elle dispense de toute mise en demeure et vaut acte de poursuites.**

1) Codébiteur. L'effet interruptif de prescription s'étend au codébiteur solidaire (▪ CE, 10 oct. 2014 : *JCP* E 2014, 1615, note D. F.).

2) Garant. La déclaration de créance interrompt la prescription à l'égard de la caution sans qu'il soit besoin d'une notification et cet effet se prolonge jusqu'à la clôture de la procédure (▪ Cass. com., 26 sept. 2006, n° 04-19.752 : *JurisData* n° 2006-035171 ; *D.* 2006, p. 2460, obs. Lienhard ; *Act. proc. coll.* 2006, n° 17, obs. Le Corre ; *JCP* E 2007, 1004, n° 10, obs. Cabrillac. ▪ Cass. com., 16 janv. 2019, n° 17-14.002 : *JCP* E 2019, 1108, note Pellier ▪ Cass. com., 23 oct. 2019, nos 17-25.656 et 18-16.515 : *JCP* E 2019, 1551, n° 12, obs. Tehrani ; *BJE* janv. 2020, n° 117n1, p. 17, obs. Atsarias).

L'interruption est opposable au tiers constituant d'une sûreté réelle (▪ Cass. com., 17 nov. 2009, n° 08-16.605 : *JurisData* n° 2009-050357 ; *JCP* E 2010, 1296, n° 11, obs. Cabrillac ; *D.* 2009, act. jurispr. 2805, obs. Lienhard).

L'interruption cesse le jour du jugement de clôture et non de sa publication (▪ Cass. com., 1er juill. 2020, n° 18-24.979 : *JCP* E 2020, 1353, n° 19, obs. Tehrani ; *Gaz. Pal.* 13 oct. 2020, p. 82, obs. Le Corre-Broly).

3) Portée. Cet effet se produit en dépit de l'annulation ultérieure du jugement d'ouverture (▪ Cass. com., 27 janv. 2015, n° 13-20.463 : *JurisData* n° 2015-001083 ; *Rev. proc. coll.* 2015, comm. 40, obs. Legrand ; *Act. proc. coll.* 2015, comm. 69, obs. Cagnoli).

Mais le créancier inscrit, à qui est inopposable la déclaration d'insaisissabilité d'un immeuble, ne peut, dès lors qu'il n'est pas dans l'impossibilité d'agir sur l'immeuble, bénéficier de la prolongation de l'effet interruptif de prescription de sa déclaration jusqu'à la clôture de la procédure collective, cet effet prenant fin à la date de la décision ayant statué sur la demande d'admission (▪ Cass. com., 12 juill. 2016, n° 15-17.321 : *JurisData* n° 2016-013738 ; *Act. proc. coll.* 2016-15, comm. 203, obs. Camensuli-Feuillard ; *JCP* E 2016, 1661, n° 10, obs. Pétel).

Art. L. 622-26 ***(L. n° 2005-845, 26 juill. 2005 ; mod., Ord. n° 2008-1345, 18 déc. 2008 ; L. n° 2009-526, 12 mai 2009 ; Ord. n° 2014-326, 12 mars 2014).*** **– À défaut de déclaration dans les délais prévus à l'article L. 622-24, les créanciers ne sont pas admis dans les répartitions et les dividendes à moins que le juge-commissaire ne les relève de leur forclusion s'ils établissent que leur défaillance n'est pas due à leur fait ou qu'elle est due à une omission du débiteur lors de l'établissement de la liste prévue au deuxième alinéa de l'article L. 622-6. Ils ne peuvent alors concourir que pour les distributions postérieures à leur demande.**

Les créances ***(Mots aj. à compter du 1er octobre 2021, Ord. n° 2021-1193, 15 sept. 2021)*** **« et les sûretés » non déclarées régulièrement dans ces délais sont inopposables au débiteur pendant l'exécution du plan et après**

cette exécution lorsque les engagements énoncés dans le plan ou décidés par le tribunal ont été tenus. ***(Mots rempl. à compter du 1er octobre 2021, Ord. n° 2021-1193, 15 sept. 2021)*** **« Dans les mêmes conditions », elles sont également inopposables aux personnes physiques coobligées ou ayant consenti une sûreté personnelle ou ayant affecté ou cédé un bien en garantie.**

L'action en relevé de forclusion ne peut être exercée que dans le délai de six mois. Ce délai court à compter de la publication du jugement d'ouverture ou, pour les institutions mentionnées à l'article L. 143-11-4 du Code du travail (1)**, de l'expiration du délai pendant lequel les créances résultant du contrat de travail sont garanties par ces institutions. Pour les** ***(Mot suppr. à compter du 1er octobre 2021, Ord. n° 2021-1193, 15 sept. 2021)*** **« ... » titulaires d'une sûreté publiée ou liés au débiteur par un contrat publié, il court à compter de la réception de l'avis qui leur est donné. Par exception, si le créancier justifie avoir été placé dans l'impossibilité de connaître l'obligation du débiteur avant l'expiration du délai de six mois, le délai court à compter de la date à laquelle il est établi qu'il ne pouvait ignorer l'existence de sa créance.**

Bibliographie : Pelletier et Madariaga, *Le sort des créances non déclarées, suite et fin ? : Rev. proc. coll.* 2014, étude 19. • Le Corre, *Le relevé de forclusion après l'ordonnance du 12 mars 2014 : Gaz. Pal.* 18-20 janv. 2015, p. 39. • Pelletier et Thouënon, *Procédures collectives et OCA : l'exercice du droit de conversion par l'obligataire défaillant : JCP* E 2016, 1552.

1) Sanction. La créance non déclarée, n'étant pas éteinte, est inopposable à la liquidation judiciaire (▪ Cass. com., 3 nov. 2010, n° 09-70.312 : *JurisData* n° 2010-020180 ; *D.* 2010, act. 2645, obs. Lienhard ; *JCP* E 2011, 1030, n° 10, obs. M. Cabrillac ; *Rev. sociétés* 2011, 194, note Ph. Roussel-Galle ; *Gaz. Pal.* 8 janv. 2011, p. 18, note E. Le Corre-Broly). La compensation pour dettes connexes ne peut être prononcée dès lors que celui qui la sollicite n'a pas déclaré sa créance (▪ Cass. com., 3 mai 2011 : *JCP* E 2011, 1596, n° 11, obs. Ph. Pétel ; *JCP* E 2011, 1411, obs. Ph. Roussel-Galle ; *D.* 2011, 1215, obs. A. Lienhard).

Le défaut de déclaration de créance par les victimes d'une infraction commise avant l'ouverture de la procédure collective de son auteur ne saurait les priver de leur droit de se constituer partie civile pour corroborer l'action publique (▪ Cass. crim., 23 janv. 2008, n° 06-87.787 : *JurisData* n° 2008-042974 ; *JCP* E 2008, 2062, n° 15, obs. Cabrillac ; *Act. proc. coll.* 2008-17, n° 122, obs. Cerf-Hollender).

2) Conséquences pour la caution. Le défaut de déclaration ne constitue pas une exception inhérente à la dette susceptible d'être opposée par la caution pour se soustraire à son engagement ; le bénéfice de subrogation suppose que la caution aurait pu tirer un avantage effectif du droit d'être admise dans les répartitions et dividendes (▪ Cass. com., 12 juill. 2011, n° 09-71.113 : *JurisData* n° 2011-014300 ; *JCP* E 2011, 1628, obs. N. Dissaux ; *JCP* E 2012, 1000, n° 7, obs. Ph. Pétel ; *Act. proc. coll.* 2011, comm. 219, obs. P. Cagnoli ; *Gaz. Pal.* 7-8 oct. 2011, p. 15, obs. P.-M. Le Corre ; *Bull. Joly Sociétés* 2011, p. 816, obs. J.-J. Barbieri).

Le bénéfice de subrogation peut être invoqué pour une créance chirographaire (▪ Cass. com., 19 févr. 2013 : *JCP* E 2013, 1216, n° 7, obs. Ph. Pétel ; *D.* 2013, p. 565, obs. A. Lienhard). Il appartient, alors, au créancier de rapporter la preuve que la perte de son recours n'a causé aucun préjudice à la caution (▪ Cass. 1re civ., 3 juill. 2013, n° 12-21.126 : *JurisData* n° 2013-013830 ; *Act. proc. coll.* 2013, comm. 212, obs. M.-P. Dumont-Lefrand ; *JCP* E 2014, 1020, n° 9, obs. Ph. Pétel).

3) Époux codébiteurs solidaires. Le créancier au profit duquel deux époux communs en biens se sont solidairement engagés en constituant une hypothèque sur un immeuble commun ne peut, s'il n'a déclaré sa créance au passif de la procédure collective ouverte à l'égard de l'un des époux, prétendre aux répartitions faites dans le cadre de cette procédure, mais, demeurant créancier de l'autre époux, peut faire valoir son hypothèque sur le produit de la vente de l'immeuble grevé, après paiement de tous les créanciers admis (▪ Cass. com., 23 mai 2000, n° 97-11.005 : *JurisData* n° 2000-002225 ; *LPA* 18 sept. 2000, p. 13, note Gallet).

4) Prescription. Jusqu'à la clôture de la procédure collective, la prescription est suspendue par suite de l'impossibilité dans laquelle se trouve tout créancier, y compris celui qui n'a pas déclaré, de poursuivre son débiteur (▪ Cass. com., 9 sept. 2020, n° 19-10.206 : *JCP* E 2020, 1535, n° 9, obs. Tehrani ; *JCP* G 2020, 1076, obs. Brignon ; *Gaz. Pal.* oct. 2020, p. 45, obs. Le Corre ; *Act. proc. coll.* oct. 2020, alerte 225, obs. Cagnoli).

5) Responsabilité du débiteur. Le débiteur ayant, par fraude, provoqué l'absence de déclaration engage sa responsabilité civile (▪ Cass. com., 14 oct. 2008, n° 07-16.983 : JurisData n° 2008-045426 ; *Gaz. proc. coll.* 1/2009, p. 38, obs. Le Corre-Broly) V. jurispr. citée sous C. com., art. L. 643-11.

(1) Cet article a été recodifié, V. C. trav., art. L. 3253-14, p. 3336.

6) Demande en relevé de forclusion. Validité d'une requête adressée au greffe (■ Cass. com., 28 janv. 2014, n° 12-27.728 : *JurisData* n° 2014-001052 ; *JCP* E 2014, 1173, n° 2, obs. Ph. Pétel ; *D.* 2014, 369, obs. A. Lienhard).

Seul le comptable de la commune peut agir en relevé de forclusion (■ Cass. com., 13 sept. 2017, n° 16-11.531 : *JCP* E 2017, 1688, n° 7, obs. Pétel ; *BJE* 2017, p. 420, obs. Perruchot-Triboulet ; *D.* 2017, p. 1760, obs. Lienhard).

Les créances postérieures non élues peuvent donner lieu à relever de forclusion (■ Cass. com., 9 déc. 2020, n° 19-17.579 : *JurisData* n° 2020-020175 ; *Act. proc. coll.* 2021, alerte 35, obs. Cagnoli ; *JCP* E 2021, 1191, n° 4, obs. Tehrani).

7) Déclaration en cas de relevé de forclusion. Avant l'ordonnance de 2014, le créancier devait déclarer dans le délai préfix du relevé de forclusion même si le juge-commissaire n'avait pas statué sur sa demande à l'intérieur de ce délai (■ Cass. com., 9 mai 2007, n° 05-21.357 : *JurisData* n° 2007-038946 ; *JCP* E 2007, 2119, n° 8, obs. Cabrillac ; *D.* 2008, pan. 577, obs. Le Corre. ■ Cass. com., 23 avr. 2013, n° 11-25.963 : *JurisData* n° 2013-007923 ; *JCP* E 2013, 1434, n° 4, obs. Ph. Pétel ; *Rev. proc. coll.* 2013, comm. 110, obs. P. Cagnoli).

8) Recours contre le relevé de forclusion. Le recours contre l'ordonnance statuant sur un relevé de forclusion étant exercé devant le tribunal, les parties sont irrecevables à former un appel direct contre l'ordonnance ayant simultanément, à tort, admis la créance (■ Cass. com., 5 févr. 2020, n° 18-21.754 : *Act. proc. coll.* 2020-5, comm. 69, obs. Cagnoli ; *JCP* E 2020, 1204, n° 15, obs. Pétel ; *BJE* mai 2020, p. 37, obs. Henry).

9) Défaillance non due au créancier. Le créancier ne peut être relevé de forclusion s'il établit que sa défaillance est induite « pour partie » du comportement volontaire du débiteur (■ Cass. com., 13 févr. 2007, n° 05-19.095 : *JurisData* n° 2007-037420 ; *RJDA* 7/2007, n° 750). Le défaut d'envoi de l'avertissement prévu à l'article R. 622-21 au créancier n'a pas pour effet de dispenser le créancier retardataire d'établir que sa défaillance n'était pas due de son fait (■ Cass. com., 8 juin 2010, n° 09-15.769).

10) Omission volontaire. L'omission volontaire de mentionner une créance peut être constatée sans que le juge ait à vérifier l'existence de cette créance si elle est contestée par le débiteur (■ Cass. com., 12 janv. 2010, n° 09-12.133 : *Gaz. Pal.* 16-17 avr. 2010, p. 35, obs. E. Le Corre-Broly).

Le créancier qui sollicite un relevé de forclusion n'est pas tenu d'établir l'existence d'un lien de causalité entre son omission volontaire de la liste et la tardiveté de sa déclaration de créance (■ Cass. com., 10 janv. 2012, n° 10-24.847 : *JurisData* n° 2012-000204 ; *Act. proc. coll.* 2012, comm. 24, obs. L. Fin-Langer ; *JCP* E 2012, 1123, note A. Cerati-Gauthier ; *JCP* E 2012, 1227, n° 8, obs. Ph. Pétel). La connaissance de la créance par le débiteur peut suffire à établir le caractère volontaire de son omission (même arrêt).

11) Créancier ignorant sa créance. Avant l'ordonnance de 2014, il a été jugé que la loi ne faisait pas obstacle à la recevabilité d'une action en relevé de forclusion exercée après l'expiration du délai maximal d'un an par un créancier placé dans l'impossibilité d'agir pendant ce délai (■ Cass. com., 5 sept. 2013, n° 13-40.034, QPC : *JCP* E 2014, 1020, n° 7, obs. Ph. Pétel ; *BJE* 2013, p. 366, note L. Le Mesle).

Art. L. 622-27

(Anc. art. L. 621-47, renum. et mod., L. n° 2005-845, 26 juill. 2005 ; Ord. n° 2014-326, 12 mars 2014). **– S'il y a discussion sur tout ou partie d'une créance autre que celles mentionnées à l'article L. 625-1, le mandataire judiciaire en avise le créancier intéressé en l'invitant à faire connaître ses explications. Le défaut de réponse dans le délai de trente jours interdit toute contestation ultérieure de la proposition du mandataire judiciaire, à moins que la discussion ne porte sur la régularité de la déclaration de créances.**

1) Sanction. Le créancier qui n'a pas répondu s'exclut lui-même du débat (■ Cass. com., 30 mars 1993 [2 arrêts] : *JCP* E 1993, I, 277, n° 13, obs. Cabrillac ; *Rev. proc. coll.* 1993-3, 413, n° 3, obs. Dureuil ; *RJDA* 8-9/93, n° 740). Néanmoins, lorsqu'il statue sur une créance, le juge-commissaire n'est pas tenu de suivre la proposition du représentant des créanciers (■ Cass. com., 8 mars 1994, n° 91-20.379 : *JurisData* n° 1994-000600 ; *RJDA* 7/1994, n° 860. ■ Cass. com., 1er avr. 2003, n° 99-18.545 : *JurisData* n° 2003-018719 ; *RJDA* 10/2003, n° 984).

Et il n'est pas interdit au mandataire judiciaire de soutenir une proposition différente de celle résultant de la contestation (■ Cass. com., 29 mai 2019, n° 18-14.911 : *JCP* E 2019, 1375, n° 15, obs. Pétel).

2) Domaine de la sanction. La créance déclarée doit être contestée dans son existence, son montant ou sa nature, appréciés au jour du jugement d'ouverture (■ Cass. com., 29 mai 2019, n° 18-14.911 : *JCP* E 2019, 1375, n° 15, obs. Pétel. ■ Cass. com., 13 mai 2014, n° 13-14.357 : *JurisData* n° 2014-009650 ; *Act. proc. coll.* 2014, comm. 185, obs. P. Cagnoli ; *JCP* E 2014, 1447, n° 5, obs. Pétel).

La sanction ne s'applique pas lorsque la discussion porte sur la régularité de la déclaration de créance (■ Cass. com., 7 juill. 1998, n° 95-18.984 : *JurisData* n° 1998-003141 ; *JCP* E 1998, p. 2066, obs. Pétel). Ni quand la discussion porte à la fois sur la régularité de la déclaration de créance et sur la créance elle-même (■ Cass. com., 28 juin 2017, n° 16-12.382 : *JurisData* n° 2017-012581 ; *JCP* E 2017, 1460, n° 10, obs. Pétel).

La lettre invitant un organisme de sécurité sociale à produire son titre exécutoire n'est pas une lettre de contestation au sens de l'article L. 622-27 (■ Cass. com., 31 janv. 2017, n° 15-17.296 : *JurisData* n° 2017-001394 ; *JCP* E 2017, 1164, n° 6, obs. Pétel).

La règle n'a pas vocation à s'appliquer lorsqu'une instance au fond était en cours au jour de l'ouverture de la procédure collective (■ Cass. com., 5 sept. 2018, n° 17-14.960 : *JurisData* n° 2018-015017 ; *Procédures* 2018, comm. 341, obs. Rolland ; *JCP* E 2019, 1000, n° 10, obs. Pétel ; *Gaz. Pal.* 15 janv. 2019, p. 73, obs. Le Corre. ■ Cass. com., 13 févr. 2019, n° 17-28749 : *JCP* E 2019, 1264, obs. Houssin).

Aucune disposition ne contraint le créancier ayant répondu à une première lettre de contestation dans le délai imparti à répondre à une nouvelle lettre de discussion de la même déclaration de créance (■ Cass. com., 28 juin 2017, n° 16-16.614 : *JurisData* n° 2017-012582 ; *JCP* E 2017, 1460, n° 11, obs. Tehrani).

3) Portée de la sanction. Le créancier qui n'a pas répondu peut exercer un recours contre la décision du juge-commissaire dès lors que celui-ci n'a pas entériné la proposition du mandataire (■ Cass. com., 16 juin 2015 : *JCP* E 2015, 1422, n° 6, obs. Pétel).

4) Déclaration par représentation. Lorsqu'un créancier déclare sa créance par l'intermédiaire d'un mandataire, la lettre par laquelle le représentant des créanciers avise que la créance déclarée fait l'objet d'une contestation peut être adressée soit au mandataire qui a déclaré la créance, soit au créancier lui-même (■ Cass. com., 19 déc. 2006, n° 05-19.115 : *JurisData* n° 2006-036643 ; *RJDA* 6/2007, n° 643 ; *JCP* E 2007, pan. 1188).

La personne morale créancière peut répondre à la lettre du liquidateur par tout préposé de son choix sans que ce préposé soit tenu de justifier qu'il est titulaire d'une délégation de pouvoir à cette fin émanant des organes habilités par la loi à représenter la personne morale (■ Cass. com., 16 sept. 2008, n° 07-17.273 : *JurisData* n° 2008-045017 ; *JCP* E 2009, 1008, n° 13, obs. Pétel ; *D.* 2008, p. 2345, obs. Lienhard ; *Gaz. Pal.* 7-8 nov. 2008, p. 53, obs. Le Corre-Broly).

5) Créance publique. Il appartient au comptable public, qui a qualité pour déclarer, de répondre dans les délais à la contestation du mandataire judiciaire, à l'exclusion de l'ordonnateur (■ Cass. com., 23 oct. 2007, n° 06-19.069 : *JurisData* n° 2007-041014 ; *RJDA* 2/2008, n° 174 ; *JCP* E 2008, 1207, n° 10, obs. Pétel).

Mais l'envoi de la lettre de contestation au siège d'un établissement public, qui a la qualité de créancier, vaut avis à celui-ci, peu important que la lettre n'ait pas été adressée personnellement à l'agent comptable (■ Cass. com., 10 janv. 2018, n° 16-20.764 : *JurisData* n° 2018-000063 ; *JCP* E 2018, 1159, n° 13, obs. Pétel).

6) Contenu de l'avis. Nécessité de préciser :

– que le défaut de réponse dans le délai de trente jours interdit toute contestation ultérieure de la proposition (■ Cass. com., 5 déc. 1995 : *JCP* E 1996, I, 554, n° 16, obs. Ph. Pétel ; *RJDA* 3/1996, n° 417) ;

– l'objet de la contestation (■ Cass. com., 14 mai 1996, n° 94-15.314 : *JurisData* n° 1996-001804 ; *JCP* E 1996, II, 842, rapp. Rémery ; *JCP* E 1996, I, 584, n° 8, obs. Ph. Pétel ; *RD bancaire et bourse* 1996, 210, n° 3, obs. Campana et Calendini. ■ Cass. com., 20 juin 2000, n° 97-17.857 : *JurisData* n° 2000-002637 ; *RD bancaire et fin.* 2000, 233, n° 158, obs. Lucas) ; car le créancier doit être mis en mesure de faire connaître ses explications sur les points contestés (■ Cass. com., 23 sept. 2014, n° 12-29.262 : *JurisData* n° 2014-021772 ; *JCP* E 2014, 1637, n° 7, obs. Pétel).

– la proposition du mandataire judiciaire (■ Cass. com., 27 nov. 2012, n° 11-24.783 : *JurisData* n° 2012-027395 ; *Act. proc. coll.* 2013, comm. 3).

7) Contenu de la réponse. Lorsque le créancier répond en exposant les motifs pour lesquels il ne produit pas les documents demandés par le liquidateur, il explique sa position à l'égard de la contestation émise et ne peut encourir la sanction prévue par l'article L. 621-47 [L. 622-27] (■ Cass. com., 15 oct. 2002, n° 99-11.873 : *JurisData* n° 2002-016052 ; *RJDA* 2/2003, n° 160 ; *RD bancaire et fin.* 2003, 29, n° 32, obs. F.-X. Lucas). L'appréciation du contenu de la réponse fait partie de la discussion elle-même et ne relève pas de la sanction édictée pour défaut de réponse, lequel ne doit pas être confondu avec la production d'une réponse incomplète, insatisfaisante ou difficilement compréhensible (même déc.).

8) Suites de la réponse. Aucune disposition ne subordonne le maintien de la contestation d'une créance, émise par le débiteur à l'existence d'observations de sa part sur les réponses reçues des créanciers (■ Cass. com., 2 nov. 2016, n° 14-29.292 : *JurisData* n° 2016-022740 ; JCP E 2016, 1661, n° 7, obs. Pétel).

9) Créancier étranger. Aucun texte ne prévoit que, pour en faciliter la compréhension à un destinataire non francophone, le liquidateur doit recourir à une traduction du courrier qu'il envoie, celle-ci restant, en tant que de besoin, à la diligence du destinataire (■ Douai, 25 avr. 2002 : *D.* 2002, p. 2604).

10) Point de départ du délai. Le délai de trente jours court à compter de la réception de la lettre par laquelle le créancier a été informé de la proposition du représentant des créanciers (■ Cass. com., 5 nov. 2003, n° 01-00.881 : *JurisData* n° 2003-020813 ; *RJDA* 2/2004, n° 194 ; *JCP* E 2003, pan. 1760 ; *D.* 2003, p. 2963, obs. Lienhard. ■ Cass. com., 3 mars 2005 : *RJDA* 06/2005, n° 731) ; le délai ne peut courir si le créancier n'a pas retiré la lettre à La Poste (■ Cass. com., 5 nov. 2003, préc.) ou si la lettre est revenue avec la mention « n'habite pas à l'adresse indiquée » (■ Cass. com., 3 mars 2005, préc.).

11) Contestations successives. Aucune disposition de la loi et de son décret n'interdit au liquidateur de formuler plusieurs contestations successives d'une déclaration de créance (■ Cass. com., 22 oct. 1996, n° 94-19.212 : *JurisData* n° 1996-003945 ; *RJDA* 2/97, n° 268).

Art. L. 622-28 *(Anc. art. L. 621-48, renum. et mod., L. n° 2005-845, 26 juill. 2005 ; mod., Ord. n° 2008-1345, 18 déc. 2008 ; Ord. n° 2014-326, 12 mars 2014 ; Ord. n° 2016-131, 10 févr. 2016).* **– Le jugement d'ouverture arrête le cours des intérêts légaux et conventionnels, ainsi que de tous intérêts de retard et majorations, à moins qu'il ne s'agisse des intérêts résultant de contrats de prêt conclus pour une durée égale ou supérieure à un an ou de contrats assortis d'un paiement différé d'un an ou plus. Les personnes physiques coobligées ou ayant consenti une sûreté personnelle ou ayant affecté ou cédé un bien en garantie peuvent se prévaloir des dispositions du présent alinéa. Nonobstant les dispositions de l'article 1343-2 du Code civil, les intérêts échus de ces créances ne peuvent produire des intérêts.**

Le jugement d'ouverture suspend jusqu'au jugement arrêtant le plan ou prononçant la liquidation toute action contre les personnes physiques coobligées ou ayant consenti une sûreté personnelle ou ayant affecté ou cédé un bien en garantie. Le tribunal peut ensuite leur accorder des délais ou un différé de paiement dans la limite de deux ans.

Les créanciers bénéficiaires de ces garanties peuvent prendre des mesures conservatoires.

Code de la sécurité sociale

Art. L. 243-5, al. 7 *(Mod., L. n° 2019-486, 22 mai 2019).* **–** En cas de procédure de sauvegarde ou de redressement ou de liquidation judiciaires, les pénalités, majorations de retard et frais de poursuites dus par le redevable à la date du jugement d'ouverture sont remis, sauf si le passif déclaré résulte en tout ou partie du constat de l'infraction mentionnée à l'article L. 8221-1 du Code du travail.

Code général des impôts

Art. 1756. – I. – En cas de sauvegarde ou de redressement ou de liquidation judiciaires, les frais de poursuite et les pénalités fiscales encourues en matière d'impôts directs et taxes assimilées, de taxes sur le chiffre d'affaires et taxes assimilées, de droits d'enregistrement, taxe de publicité foncière, droits de timbre et autres droits et taxes assimilés, de retenue à la source prévue à l'article 204 A, dus à la date du jugement d'ouverture, sont remis, à l'exception des majorations prévues aux *b* et *c* du 1 de l'article 1728 et aux articles 1729 et 1732 et des amendes mentionnées aux articles 1737 et 1740 A ainsi qu'aux 3° et 4° de l'article 1759-0 A.

II. – En cas de mise en œuvre de la procédure de rétablissement personnel prévue aux articles L. 332-5 et L. 332-6 du Code de la consommation, les majorations, frais de poursuites et pénalités fiscales encourus en matière d'impôts directs dus à la date à laquelle la commission recommande un rétablissement personnel sans liquidation judiciaire ou à la date du jugement d'ouverture d'une procédure de rétablissement personnel avec liquidation judiciaire sont remis, à l'exception des majorations prévues aux b et c du 1 de l'article 1728 et à l'article 1729.

I – ARRÊT DU COURS DES INTÉRÊTS

A – Principe

1) Créances antérieures. L'article L. 621-48 [L. 622-28] ne s'applique qu'aux intérêts des créances dont l'origine est antérieure au jugement d'ouverture, ce qui n'est pas le cas de la créance du vendeur, titulaire d'une clause de réserve de propriété, lorsque les marchandises, qui existaient en nature à la date du jugement d'ouverture, ont été revendues par la suite (■ Cass. com., 11 juill. 1995, n° 93-13.195 : *JurisData* n° 1995-002072 ; *Bull. civ.* IV, n° 210 ; *JCP* E 1995, I, 513, n° 5, obs. M. Cabrillac).

Il ne s'applique pas aux créances de procédure ; ▪ Cass. com., 20 juin 2000 : *RJDA* 11/2000, n° 1008 ; *JCP* E 2001, p. 221, n° 14, obs. M. Cabrillac).

2) Créances salariales. L'article L. 621-48 [L. 622-28] s'applique aux créances salariales (▪ Cass. soc., 7 janv. 1992, n° 88-45.076 : *JurisData* n° 1992-000209 ; *Bull. civ.* V, n° 2. ▪ Cass. soc., 8 avr. 1992, n° 89-43.284 : *JurisData* n° 1992-000994 ; *Gaz. Pal.* 1993, 1, pan. jurispr. 12. ▪ Cass. soc., 13 janv. 1999, n° 96-44.277 : *Act. proc. coll.* 1999, n° 57. ▪ Cass. soc., 23 nov. 1999, n° 97-44.172 : *D.* 2001, somm. 116, obs. Derrida).

3) Crédit-bail. L'article L. 621-48 ne s'applique pas au contrat de crédit-bail (▪ Cass. com., 29 mai 2001, n° 97-11.151 : *JurisData* n° 2001-009799 ; *D.* 2001, jurispr. 2122, obs. Avena-Robardet ; *JCP* E 2001, pan. 1258, p. 1423, n° 2, obs. M. Cabrillac).

4) Portée du principe. Le jugement d'ouverture du redressement judiciaire arrête définitivement le cours des intérêts des créances nées antérieurement à ce jugement et ne saurait reprendre à compter de la date du jugement adoptant le plan de continuation de l'entreprise (▪ Cass. soc., 10 déc. 1996, n° 95-40.485 : *JurisData* n° 1996-004755 ; *JCP* E 1997, pan. 122. ▪ Cass. soc., 10 déc. 2002 : *RJDA* 6/2003, n° 615).

5) Caution. Comp. art. L. 631-14, al. 6, p. 1260.

En dehors d'une disposition expresse, la caution reste tenue des intérêts (sol. impl.) (▪ Cass. com., 4 avr. 2006, n° 04-20.430 : *JurisData* n° 2006-033065 ; *JCP* E 2006, 2331, n° 13, obs. M. Cabrillac ; *D.* 2006, p. 1231, obs. A. Lienhard).

6) Tiers acquéreur d'un immeuble hypothéqué. L'acquéreur à titre particulier d'un immeuble hypothéqué revendu par une société en redressement judiciaire, peut opposer au créancier poursuivant les exceptions que le débiteur aurait pu lui opposer, notamment l'arrêt du cours des intérêts (▪ Cass. com., 22 janv. 2008 : *RJDA* 5/2008, n° 550).

7) Indemnité liée à la procédure. Une clause aggravant les obligations de la débitrice en mettant à sa charge des frais supplémentaires du seul fait de sa mise en sauvegarde ne peut produire effet (▪ Cass. com., 22 févr. 2017, n° 15-15.942 : *JurisData* n° 2017-002804 ; *JCP* E 2017, 1460, n° 14, obs. Tehrani ; *Gaz. Pal.* 2017, n° 24, p. 55, obs. Le Corre).

B – Exception

8) Contrat résilié. Pour l'application de l'*exception prévue à l'article L. 621-48 [L. 622-28]*, la loi ne distingue pas entre les contrats en cours à la date de l'ouverture de la procédure collective et ceux qui ne le sont plus ou auxquels il a été mis fin avant cette date par le jeu de la clause de déchéance du terme prévue au contrat (▪ Cass. com., 16 avr. 1991, n° 89-19.868 : *JurisData* n° 1991-001193 ; *JCP* E 1991, I, 73, n° 22, obs. Cabrillac et Pétel ; *RD bancaire et bourse* 1991, 156, obs. Campana et Calendini ; *RTD com.* 1991, 662, obs. Martin-Serf ; *D.* 1991, 362, note Gavalda. ▪ Cass. com., 11 mai 1993, n° 91-11.379 : *JurisData* n° 1993-000850 ; *Bull.* IV, n° 181. ▪ 16 nov. 1993 : *RJDA* 1/94, n° 94).

9) Durée prorogée. L'exception prévue à l'article L. 621-48 [L. 622-28] ne s'applique pas lorsque des prolongations successives ont été accordées prolongeant la durée du contrat de prêt au-delà d'un an (▪ Cass. com., 29 avr. 2003, n° 99-15.544 : *JurisData* n° 2003-018821 ; *JCP* E 2003, 1396, n° 2, obs. M. Cabrillac ; *D.* 2003, p. 1436).

10) Ouverture de crédit. L'exception prévue à l'article L. 621-48 [L. 622-28] s'applique aux ouvertures de crédit (▪ Cass. com., 19 mars 1996 : *RD bancaire et bourse* 1996, 127, n° 4, obs. Campana et Calendini. ▪ Cass. com., 9 janv. 2001, n° 97-13.236 : *JurisData* n° 2001-007707 ; *D.* 2001, p. 923, obs. Avena-Robardet ; *RD bancaire et fin.* 2001, 165, n° 119, obs. F.-X. Lucas).

11) Durée indéterminée. Elle ne s'applique pas à une ouverture de crédit à durée indéterminée (▪ Cass. com., 6 mai 1997, n° 94-13.772 : *JurisData* n° 1997-002062 ; *RD bancaire et bourse* 1997, 174, obs. Campana et Calendini ; *JCP* E 1997, II, 996, note Legeais). La convention de compte courant ne précisant pas la durée pendant laquelle la mise à disposition des fonds est accordée, les modalités de remboursement accordées lors de la cession des titres ne confèrent pas au compte courant la qualité de prêt à plus d'un an (▪ Cass. com., 23 avr. 2013 : *JCP* E 2013, 1434, n° 1, obs. Ph. Pétel ; *BJE* 2013, 241, obs. A. Cerati-Gauthier).

12) Intérêts moratoires. La loi ne distingue pas entre les différentes catégories d'intérêts ; les intérêts moratoires résultant d'un contrat de prêt conclu pour une durée supérieure ou égale à un an échappent à la règle de la suspension (▪ Cass. com., 27 nov. 1991, n° 90-10.869 : *JurisData* n° 1991-003013 ; *RD bancaire et bourse* 1992, 82, obs. Campana et Calendini ; *D.* 1993, 229, note Sortais).

Idem pour la clause de capitalisation des intérêts (▪ Cass. com., 2 juill. 2013, n° 12-22.284 : *JurisData* n° 2013-013822 ; *Act. proc. coll.* 2013, comm. 202, obs. J. Vallansan ; *Gaz. Pal.* 29 sept-1er-oct. 2013, p. 30, obs. Ph. Roussel-Galle ; *JCP* E 2014, 1020, n° 3, obs. Ph. Pétel).

13) Incidence du plan. La créance d'intérêts moratoires doit être admise au passif, en l'absence de faute du créancier, lorsque les retards de remboursement des prêts sont la conséquence des délais imposés par le tribunal dans le jugement arrêtant le plan de continuation (▪ Cass. com., 2 févr. 1993, n° 91-13.558 : *JurisData* n° 1993-000205 ; *RJDA* 6/93, n° 560 ; *JCP* E 1993, I, 275, n° 3, obs. Cabrillac ; *D.* 1995, somm. 7, obs. Honorat) ; en cas de plan de continuation le créancier a droit au paiement des intérêts prévus par le contrat à raison de l'allongement de ces délais (■ Cass. com., 14 oct. 1997, n° 95-14.824 : *JurisData* n° 1997-004023 ; *RD bancaire et bourse* 1998, 26, n° 8, obs. Campana et Calendini ; *JCP* E 1998, p. 29, n° 2, obs. M. Cabrillac ; *RJDA* 1/98, n° 74. ■ Cass. com., 3 déc. 2003, n° 02-14.966 : *JurisData* n° 2003-021448 ; *RJDA* 5/2004, n° 598).

14) Caution. Le cours des intérêts est arrêté à l'égard de la caution en redressement judiciaire quelle que soit la durée du prêt garanti et même en présence d'une décision de condamnation (■ Cass. com., 16 nov. 2010, n° 09-71.935 : *JurisData* n° 2010-021428 ; *Rev. sociétés* 2011, p. 194, obs. Ph. Roussel-Galle ; *JCP* E 2011, 1263, n° 3, obs. Pétel. ■ Cass. com., 8 sept. 2015, n° 14-15.831 : *JurisData* n° 2015-019903 ; *Gaz. Pal.* 19 janv. 2016, p. 72, obs. Le Corre-Broly).

15) Régime des intérêts continués. Relative à une créance antérieure, la créance d'intérêts a, par voie d'accessoire, la nature de créance antérieure (■ Cass. com., 27 sept. 2017, n° 16-19.394 : *BJS* 2017, 749, obs. Heinich).

C – Remise automatique de pénalités

16) Sécurité sociale. Le premier alinéa de l'article L. 243-5 du Code de la sécurité sociale, qui prévoit une remise des pénalités, majorations de retard et frais de poursuites ne s'applique pas aux professionnels libéraux (■ Cass. 2^eciv., 12 févr. 2009, n° 08-13.459 : *JurisData* n° 2009-047056 ; *Gaz. proc. coll.* 26-28 avr. 2009, p. 28, obs. Roussel-Galle).

17) Portée de la règle. La remise de plein droit des pénalités et majorations dues aux organismes de sécurité sociale s'applique sans distinction suivant le caractère privilégié ou chirographaire de la créance de majoration (■ Cass. com., 16 oct. 2012 : *JCP* E 2012, 1757, n° 4, obs. Pétel). Pour une conception restrictive des pénalités fiscales concernées V. ■ CE, 30 sept. 2019, n° 415333 : *BJE* janv. 2020, n° 117n6, p. 47, obs. Dedeurwaerder.

II – POURSUITES CONTRE LES CAUTIONS ET GARANTS PERSONNES PHYSIQUES

18) Reprise des poursuites. Le créancier peut agir contre la caution personne physique dès le jugement arrêtant le plan de redressement ou prononçant la liquidation judiciaire sans qu'il soit nécessaire de notifier préalablement ce jugement à la caution (■ Cass. com., 27 févr. 2007, n° 05-20.522 : *JurisData* n° 2007-037796 ; *D.* 2007, p. 947, obs. Lienhard ; *JCP* E 2007, pan. 1453 ; *ibid.* 2119, n° 11, obs. Cabrillac ; *RJDA* 8-9/2007, n° 864).

19) Mesures conservatoires. L'article 215 du décret du 31 juillet 1992 qui fait obligation au créancier d'introduire dans le mois qui suit l'exécution de la mesure, à peine de caducité, une procédure ou d'accomplir les formalités nécessaires à l'obtention d'un titre exécutoire, doit recevoir application, l'instance ainsi ouverte devant cependant être déclarée suspendue en vertu de l'article L. 621-48 [L. 622-28] (■ Cass. com., 24 mai 2005, n° 03-17.984 : *JurisData* n° 2005-028607 ; *D.* 2005, p. 1632, obs. A. Lienhard, pan. 2084, n° 3, obs. P. Crocq ; *JCP* E 2005, 1274, n° 5, obs. Ph. Pétel ; 1860, n° 3, obs. Ph. Simler ; *Act. proc. coll.* 2005-11, n° 132, obs. J. Vallansan. – V. aussi, ■ Cass. com., 24 mai 2005, n° 00-19.721 : *JurisData* n° 2005-028554 ; *JCP* E 2005, pan. 1099).

20) Procédure. L'article L. 621-48, alinéa 2 [L. 622-28, al. 2] édicte, dans le seul intérêt de la caution, une fin de non-recevoir dont celle-ci ne peut se prévaloir pour la première fois devant la cour de cassation (■ Cass. ch. mixte, 16 nov. 2007, n° 03-14.409 : *JurisData* n° 2007-041458 ; *D.* 2007, p. 3009, obs. Lienhard ; *JCP* E 2007, pan. 2578 ; *JCP* E 2008, 1377, note Salati et 1432, n° 4, obs. Pétel).

Art. L. 622-29 ***(Anc. art. L. 621-49, renum. et mod., L. n° 2005-845, 26 juill. 2005).*** **– Le jugement d'ouverture ne rend pas exigibles les créances non échues à la date de son prononcé. Toute clause contraire est réputée non écrite.**

1) Caution. *Le maintien du terme à l'égard du débiteur principal profite à la caution* (■ Cass. com., 14 nov. 1989, n° 88-12.411 : *JurisData* n° 1989-703499 ; *Bull.* IV, n° 285 ; *LPA* 9 mars 1990, note Bouteiller ; *JCP* E 1990, I, 19379 et II, 15832, n° 21, obs. Cabrillac ; *RD bancaire et bourse* 1990, 88, obs. Campana et Calendini ; *RTD com.* 1990, 494, n° 2, obs. Martin-Serf. ■ Cass. com., 2 mars 1993, n° 90-19.551 : *JurisData* n° 1993-000482 ; *D.* 1993, somm. 309, obs. Aynès : *Bull.* IV, n° 79 ; *JCPE* 1993, I, 268, n° 5, obs. Simler et Delebecque. ■ Cass. com., 3 janv. 1995, n° 92-17.787 : *RD bancaire et bourse* 1995, 153, obs. Campana et Calendini. ■ Cass. com., 3 janv. 1995 : *JCP* E 1995, I, 457, n° 16, obs. M. Cabrillac ; *RD bancaire et bourse* 1995, 115, obs. Contamine-Raynaud, pour le cautionnement d'un compte courant).

2) Clause contraire. La règle s'impose même en présence d'une clause contraire des contrats de prêt et de cautionnement (■ Cass. 1re civ., 24 janv. 1995, n° 92-21.436 : *JurisData* n° 1995-000264 ; *JCP* E 1995, I, 457, n° 18, obs. M. Cabrillac et Ph. Pétel ; 482, n° 6, obs. Ph. Simler et Ph. Delebecque ; *RD bancaire et bourse* 1995, 117, obs. Campana et Calendini ; *RTD com.* 1995, 485, obs. Martin-Serf ; *JCP* E 1996, II, 807, note S. Piedelièvre. ▪ 20 juin 1995 : *Bull.* IV, n° 184 ; *JCP* E 1996, II, 807, note S. Piedelièvre ; *RD bancaire et bourse* 1995, 219, obs. Campana et Calendini ; *RD bancaire et bourse* 1996, 426, note Bazin).

Idem pour une clause visant la cessation des paiements (▪ Cass. com., 21 févr. 2012, n° 10-27.594 : *JurisData* n° 2012-002868 ; *D.* 2012, 2196, obs. F.-X. Lucas ; *Rev. sociétés* 2012, 399, obs. L.-C. Henry).

3) Renonciation au contrat. Ni l'ouverture de la procédure ni la renonciation de l'administrateur judiciaire à exécuter le contrat de prêt n'entraînent la déchéance du terme tant à l'égard du débiteur principal qu'à l'égard de la caution (▪ Cass. com., 3 mars 1998, n° 96-10.113 : *JurisData* n° 1998-001134 ; *RJDA* 7/98, n° 893).

Art. L. 622-30 *(Anc. art. L. 621-50, renum. et mod., L. n° 2005-845, 26 juill. 2005 ; Ord. n° 2008-1345, 18 déc. 2008).* – **Les hypothèques, gages, nantissements et privilèges ne peuvent plus être inscrits postérieurement au jugement d'ouverture. Il en va de même des actes et des décisions judiciaires translatifs ou constitutifs de droits réels, à moins que ces actes n'aient acquis date certaine ou que ces décisions ne soient devenues exécutoires avant le jugement d'ouverture.**

Toutefois, le Trésor public conserve son privilège pour les créances qu'il n'était pas tenu d'inscrire à la date du jugement d'ouverture et pour les créances mises en recouvrement après cette date si ces créances sont déclarées dans les conditions prévues à l'article L. 622-24.

Le vendeur du fonds de commerce, par dérogation aux dispositions du premier alinéa, peut inscrire son privilège.

Bibliographie : Campana, *La situation des créanciers* in *Les innovations de la procédure de redressement judiciaire : RTD com.* 1986, 171. • Daublon, *La loi du 25 janvier 1985 relative au redressement et à la liquidation judiciaires des entreprises et les ventes d'immeubles : Defrénois* 1986, art. 33753. • Dagot, *Publicité foncière et redressement judiciaire : JCP* G 1986, I, 3262. • Delebecque, *Les sûretés dans les nouvelles procédures collectives : JCP* N 1986, I, p. 185, n° 12. • Mouly, *Procédures collectives : assainir le régime des sûretés* in *Aspects du droit commercial*, Études dédiées à R. Roblot, p. 529. • Sénéchal, *La loi du 25 janvier 1985 relative au redressement et à la liquidation judiciaires des entreprises et la pratique notariale : JCP* N 1986, I, p. 1. • Campana, *La situation des créanciers garantis* in *Les innovations de la procédure de redressement judiciaire : RTD com.* 1987, 27. • Vaisse, *Sûretés et insécurité : Entr. de Nanterre : CDE* 1987, n° 5, p. 18. • Kornmann, *Propos sur la non-publication du jugement d'ouverture de la procédure à la conservation des hypothèques : Gaz. Pal.* 1989, 2, doctr. 468. • Derrida, *À propos de la modification de l'article 57 de la loi du 25 janvier 1985 par la loi du 10 juin 1994 : D.* 1995, chron. 257. • Biguenet-Morel, *La publication des actes translatifs postérieurement au redressement judiciaire : JCP* E 2005, 1490. • Borga, *L'autonomie conceptuelle de l'antichrèse, source d'effets imprévus : D.* 2006, 2090.

1) Adjudication. L'adjudication prononcée avant le redressement judiciaire mais non encore publiée à cette date, est inopposable au saisi et à l'administrateur ; cette inopposabilité n'affecte pas la validité de l'adjudication qui a fait sortir l'immeuble du patrimoine du débiteur et n'a d'effet que sur la répartition du prix de vente relevant désormais de la compétence du liquidateur (droit antérieur à 1994 ▪ Cass. com., 22 janv. 2002, n° 97-17.430 : *JurisData* n° 2002-012697 ; *JCP* E 2002, 763, n° 2, obs. Ph. Pétel ; *D.* 2002, p. 722, obs. Lienhard). Rappr. C. com., art. R. 622-19.

2) Crédit-bail. Le contrat de crédit-bail doit être publié avant le jugement d'ouverture pour le rendre opposable aux créanciers (▪ Cass. com., 11 mai 1999, n° 96-22.763 : *JurisData* n° 1999-001986 ; *Bull.* IV, n° 96 ; *LPA* 1er juin 1999, p. 5, note P.M. ; *JCP* E 1999, pan. 1173, obs. Crocq, p. 1535, obs. M. Cabrillac ; *RTD com.* 2000, 165, obs. Bouloc ; *D. 2000, Cah. dr. aff.*, somm. 95, obs. Honorat. ▪ Douai, 22 avr. 1999, n° 97/10814 : *JurisData* n° 1999-117250 ; *JCP* E 2000, p. 465, note Laugier).

3) Trésor public. L'expression « Trésor public » vise l'ensemble des services chargés de l'établissement et des recouvrements des diverses ressources fiscales de l'État et des collectivités ou organismes assimilés (▪ Cass. com., 5 févr. 1979, n° 77-11.949 : *JurisData* n° 1979-098047 ; *Bull.* IV, n° 47).

Pour une application de l'article L. 621-50, alinéa 2 [L. 622-30] (▪ Cass. com., 18 févr. 2003, n° 00-12.974 : *JurisData* n° 2003-018499 ; *D.* 2003, p. 1294 ; *RJF* 6/2003, n° 777 ; *JCP* E 2003, 1396, n° 5, obs. M. Cabrillac. ▪ 24 juin 2003, n° 00-18.828 : *JurisData* n° 2003-019635 ; *JCP* E 2004, 202, n° 13, obs. M. Cabrillac ; *D.* 2003, p. 2012).

4) Hypothèque judiciaire conservatoire. L'inscription complémentaire peut être prise après le jugement d'ouverture si l'inscription provisoire a été prise avant en raison de la rétroactivité de la première à la date de la seconde (▪ Cass. com., 17 nov. 1992, n° 90-22.058 : *JurisData* n° 1992-002530 ; *D.* 1993, 96, note Derrida ; *JCP* E 1993, I, 238, n° 20, obs. Cabrillac. ▪ Cass. com., 3 mai 2016, n° 14-21.556 : *JCP* E 2016, 1466, obs. Lebel).

Mais une nouvelle inscription ne peut être prise après le jugement d'ouverture, même pour une créance née d'une infraction pénale antérieure et bénéficiant d'un délai de déclaration spécifique

(▪ Cass. com., 27 nov. 2019, n° 13-21.068 : *JurisData* n° 2019-021147 ; *Act. proc. coll.* 2020, comm. 4, obs. Fin-Langer ; *JCP* E 2020, 1204, n° 3, obs. Tehrani).

5) **Gage automobile.** Le gage du vendeur à crédit d'un véhicule ne peut être publié, même si le délai de trois mois imparti pour la déclaration du gage n'est pas écoulé (▪ Cass. req., 13 nov. 1946 : *S.* 1947, 1, 25. ▪ Cass. civ., 17 févr. 1947 : *D.* 1947, 250. ▪ Cass. com., 3 mai 1967 : *Gaz. Pal.* 1967, 2, 117 ; *RTD com.* 1969, 112, obs. Hémard).

6) **Hypothèque sur un bien indivis.** L'hypothèque consentie sur un bien indivis par le conjoint *in bonis* est valable jusqu'à concurrence de sa part dans l'immeuble vendu, peu important l'interdiction des inscriptions du chef du mari débiteur (▪ Cass. com., 20 juin 1995, n° 93-10.331 : *JurisData* n° 1995-001570 ; *Bull.* IV, n° 183 ; *JCP* E 1995, I, 513, n° 8, obs. M. Cabrillac ; *JCP* E 1995, I, 515, n° 12, obs. Simler et Delebecque ; *D.* 1996, somm. 207, obs. S. Piedelièvre ; *D.* 1997, 1, rapp. Rémery). – V. Navarre-Laroche, *Le sort de l'immeuble indivis hypothéqué dans le liquidation judiciaire* : *Gaz. Pal.* 20 avr. 2000, p. 9.

7) **Hypothèque sur un bien commun.** L'hypothèque constituée sur un immeuble commun ne peut plus faire l'objet d'une inscription postérieurement au jugement d'ouverture de redressement judiciaire de l'un des époux (▪ Cass. com., 20 mai 1997, n° 94-10.997 : *JurisData* n° 1997-002366 ; *JCP* E 1998, p. 221, n° 2 B, obs. Delebecque ; *LPA* 8 août 1997, obs. Soinne ; *D.* 1998, somm. 107, obs. S. Piedelièvre et 134, obs. Revel. ▪ Cass. com., 3 févr. 1998, n° 94-15.450 : *JurisData* n° 1998-000626 ; *RJDA* 6/98, n° 768 ; *Rev. proc. coll.* 2000, 10, obs. Macorig-Venier).

8) **Droit international.** Les effets du jugement étranger sont sans incidence sur l'inscription hypothécaire en France, l'inscription ayant été prise avant le jugement étranger de faillite (▪ Cass. 1re civ., 17 nov. 1999, n° 97-20.624 : *JurisData* n° 1999-004007 ; *JCP* E 2000, p. 458, n° 11, obs. Delebecque ; *D.* 2000, act. jurispr., p. 84, obs. Faddoul ; *D.* 2000, comm. 547, concl. Sainte-Rose et note Khairallah).

Art. L. 622-31 ***(Anc. art. L. 621-51, renum. et mod., L. n° 2005-845, 26 juill. 2005).*** **– Le créancier, porteur d'engagements souscrits, endossés ou garantis solidairement par deux ou plusieurs coobligés soumis à une procédure de sauvegarde, peut déclarer sa créance pour la valeur nominale de son titre, dans chaque procédure.**

Art. L. 622-32 ***(Anc. art. L. 621-52, renum. et mod., L. n° 2005-845, 26 juill. 2005).*** **– Aucun recours pour les paiements effectués n'est ouvert aux coobligés soumis à une procédure de sauvegarde les uns contre les autres à moins que la réunion des sommes versées en vertu de chaque procédure n'excède le montant total de la créance, en principal et accessoire ; en ce cas, cet excédent est dévolu, suivant l'ordre des engagements, à ceux des coobligés qui auraient les autres pour garants.**

Art. L. 622-33 ***(Rempl. à compter du 1er octobre 2021, Ord. n° 2021-1193, 15 sept. 2021).*** **– Si le créancier porteur d'engagements, solidairement souscrits par le débiteur soumis à une procédure de sauvegarde et d'autres coobligés, a reçu un acompte sur sa créance avant le jugement d'ouverture, il ne peut déclarer sa créance que sous déduction de cet acompte et conserve, sur ce qui lui reste dû, ses droits contre les personnes coobligées ou ayant consenti une sûreté personnelle ou ayant affecté ou cédé un bien en garantie.**

Les personnes coobligées ou ayant consenti une sûreté personnelle ou ayant affecté ou cédé un bien en garantie qui ont fait le paiement partiel peuvent déclarer leur créance pour tout ce qu'elles ont payé à la décharge du débiteur.

Bibliographie : Campana, *Le cautionnement et l'entreprise en difficulté* : *Gaz. Pal.* 1986, 2, doctr. 717. • Soinne, *Le cautionnement et la loi du 25 janvier 1985* : *ALD* 1985, 99. • Liénard, *Le cautionnement dans le cadre des procédures de redressement et de liquidation judiciaires* : *Rev. proc. coll.* 1988, n° 2, p. 121. • Parléani, *La position bénéficiaire ou débiteur d'un cautionnement* : *CDE* 18, 1988, p. 36. • Daigre, *Le banquier et l'entreprise en redressement judiciaire : le recours du banquier contre la caution ou le crédit floué* : *Rev. huissiers* 1990, 416. • Varii auctores, *Cautionnement et redressement judiciaire des entreprises* : *CDE* 1992/2, p. 9. • Roquet, *La caution en cas de procédure collective du débiteur* : *Annonces Seine*, 19 avr. 1993. • Rubellin, *Le recours personnel de la caution contre le débiteur en redressement judiciaire* : *LPA* 21 juin 1995.

Art. L. 622-34 ***(Créé à compter du 1er octobre 2021, Ord. n° 2021-1193, 15 sept. 2021).*** **– Même avant paiement, les personnes coobligées ou ayant consenti une sûreté personnelle ou ayant affecté ou cédé un bien en garantie peuvent procéder à la déclaration de leur créance pour la sauvegarde de leur recours personnel.**

CHAPITRE III. – DE L'ÉLABORATION DU BILAN ÉCONOMIQUE, SOCIAL ET ENVIRONNEMENTAL

Art. L. 623-1 *(L. n° 2003-699, 30 juill. 2003 ; anc. art. L. 621-54, renum. et mod., L. n° 2005-845, 26 juill. 2005 ; Ord. n° 2008-1345, 18 déc. 2008).* – L'administrateur, avec le concours du débiteur et l'assistance éventuelle d'un ou plusieurs experts, est chargé de dresser dans un rapport le bilan économique et social de l'entreprise.

Le bilan économique et social précise l'origine, l'importance et la nature des difficultés de l'entreprise.

Dans le cas où l'entreprise exploite une ou des installations classées au sens du titre I du livre V du Code de l'environnement, le bilan économique et social est complété par un bilan environnemental que l'administrateur fait réaliser dans des conditions prévues par décret en Conseil d'État.

Bibliographie : *Les procédures collectives confrontées au droit de l'environnement : Rev. proc. coll.* 2011, table ronde, 1. • Rolland, *Présentation du guide 2012 à destination des administrateurs judiciaires, mandataires judiciaires et de l'inspection des installations classées : Rev. proc. coll.* 2013, étude 15. • Delattre, *Le liquidateur judiciaire face à ses obligations environnementales : quelques rappels : Rev. proc. coll.* 2019, étude 17. • Buisine, *Droit de l'environnement et procédures collectives : Rev. proc. coll.* 2020, étude 17.

Art. L. 623-2 *(Anc. art. L. 621-55, L. n° 2005-845, 26 juill. 2005 ; mod., Ord. n° 2009-866, 15 juill. 2009 ; L. n° 2013-100, 28 janv. 2013 ; Ord. n° 2013-544, 27 juin 2013 ; Ord. n° 2014-326, 12 mars 2014).* – Le juge-commissaire peut, nonobstant toute disposition législative ou réglementaire contraire, obtenir communication par les commissaires aux comptes, les experts-comptables, les notaires, les membres et représentants du personnel, par les administrations et organismes publics, les organismes de prévoyance et de sécurité sociales, les établissements de crédit, les sociétés de financement, les établissements de monnaie électronique, les établissements de paiement ainsi que les services chargés de centraliser les risques bancaires et les incidents de paiement des renseignements de nature à lui donner une exacte information sur la situation économique, financière, sociale et patrimoniale du débiteur.

Secret bancaire. Le secret bancaire ne peut être opposé au juge-commissaire après l'ouverture de la procédure de redressement judiciaire (▪ Bordeaux, 9 oct. 1992 : *JurisData* n° 1992-048725 ; *D.* 1994, somm. 327, obs. Vasseur). De même que les exceptions soulevées par des agences bancaires tenant notamment à leur devoir de non-immixtion ou aux contraintes techniques de gestion des comptes ne sont pas recevables (▪ Reims, 27 janv. 1999 : *JCP* E 1999, pan. 1992).

Livre des procédures fiscales

Art. L. 145 B *(L. n° 2005-845, 26 juill. 2005).* – Conformément aux dispositions de l'article L. 623-2 du Code de commerce, le juge-commissaire peut obtenir de l'administration communication des renseignements de nature à lui donner une exacte information sur la situation économique, financière et patrimoniale du débiteur.

Art. L. 623-3 *(Anc. art. L. 621-56, renum. et mod., L. n° 2005-845, 26 juill. 2005 ; mod., Ord. n° 2008-1345, 18 déc. 2008).* – L'administrateur reçoit du juge-commissaire tous renseignements et documents utiles à l'accomplissement de sa mission et de celle des experts.

Lorsque la procédure est ouverte à l'égard d'une entreprise qui bénéficie de l'accord amiable homologué prévu à l'article L. 611-8 du présent code ou à l'article L. 351-6 du Code rural et de la pêche maritime, l'administrateur reçoit communication du rapport d'expertise mentionné à l'article L. 611-6 ou, le cas échéant, du rapport d'expertise et du compte rendu mentionnés aux articles L. 351-3 et L. 351-6 du Code rural et de la pêche maritime.

L'administrateur consulte le mandataire judiciaire et entend toute personne susceptible de l'informer sur la situation et les perspectives de redressement de l'entreprise, les modalités de règlement du passif et conditions sociales de la poursuite de l'activité. Il en informe le débiteur et recueille ses observations.

Il informe de l'avancement de ses travaux le mandataire judiciaire ainsi que le comité *(Mots rempl. à compter du 1er octobre 2021, Ord. n° 2021-1193, 15 sept. 2021)* « social et économique ».

Lorsque le débiteur exerce une profession libérale soumise à un statut législatif ou réglementaire ou dont le titre est protégé, l'administrateur consulte l'ordre professionnel ou l'autorité compétente dont, le cas échéant, relève le débiteur.

CHAPITRE IV. – DE LA DÉTERMINATION DU PATRIMOINE DU DÉBITEUR

Section I. – De la vérification et de l'admission des créances

Art. L. 624-1 *(Anc. art. L. 621-103, renum. et mod., L. n° 2005-845, 26 juill. 2005 ; Ord. n° 2014-326, 12 mars 2014)*. – **Dans le délai fixé par le tribunal, le mandataire judiciaire établit, après avoir sollicité les observations du débiteur, la liste des créances déclarées avec ses propositions d'admission, de rejet ou de renvoi devant la juridiction compétente. Il transmet cette liste au juge-commissaire.**

Les observations du débiteur sont faites dans un délai fixé par décret en Conseil d'État. Le débiteur qui ne formule pas d'observations dans ce délai ne peut émettre aucune contestation ultérieure sur la proposition du mandataire judiciaire.

Le mandataire judiciaire ne peut être rémunéré au titre des créances déclarées ne figurant pas sur la liste établie dans le délai mentionné ci-dessus, sauf pour des créances déclarées après ce délai, en application des deux derniers alinéas de l'article L. 622-24.

1) **Observations du débiteur.** Seul le débiteur a qualité pour se prévaloir de l'irrégularité de la procédure de vérification des créances, née du fait que le liquidateur n'a pas recueilli ses observations (▪ Cass. com., 19 nov. 2003, n° 02-13.826 : *JurisData* n° 2003-038707 ; *LPA* 17 févr. 2004, p. 12, note Lucas ; *D.* 2003, p. 3050).

Le juge-commissaire n'a pas à entendre ou appeler le débiteur lorsqu'il prononce l'admission d'une créance non contestée (▪ Cass. com., 3 oct. 2000, n° 97-21.415 : *JurisData* n° 2000-006217 ; *RJDA* 1/2001, n° 51. – Mais V. ▪ Cass. com., 24 sept. 2003, n° 01-00.572 : *JurisData* n° 2003-020230 ; *JCP* E 2003, pan. 1530 ; *RJDA* 2/2004, n° 193 ; *D.* 2003, p. 2502, qui a jugé qu'en cas de décision du juge-commissaire d'admettre à titre définitif et privilégiéune créance du Trésor public précédemment admise à titre provisionnel, la débitrice en redressement judiciaire doit être entendue ou dûment appelée devant lui).

2) **État des créances.** Le dépôt d'un document ne comportant aucune décision du juge-commissaire statuant sur les créances ne peut constituer le dépôt de l'état des créances (▪ Cass. com., 7 déc. 1999, n° 97-15.709 : *JurisData* n° 1999-004333 ; *JCP* E 2000, pan. 157 ; *RJDA* 3/2000, n° 303) ; un état des créances simplement vérifiées et approuvées par le débiteur ne constitue en fait que la liste des créances remises au juge-commissaire par le mandataire judiciaire (même déc.).

3) **Trésor public.** V. jurispr. citée sous art. L. 622-24, p. 1173.

4) **Procédure.** La demande de prorogation du délai imparti par le tribunal au représentant des créanciers pour établir la liste des créances déclarées, qui relève de la juridiction gracieuse, est formée par requête (▪ Cass. com., 9 mai 2007, n° 06-10.928 : *JurisData* n° 2007-038947 ; *RJDA* 7/2007, n° 754 ; *JCP* E 2007, pan. 1834).

Art. L. 624-2 *(Anc. art. L. 621-104, renum. et mod., L. n° 2005-845, 26 juill. 2005 ; Ord. n° 2014-326, 12 mars 2014)*. – **Au vu des propositions du mandataire judiciaire, le juge-commissaire** *(Mots aj. à compter du 1er octobre 2021, Ord. n° 2021-1193, 15 sept. 2021)* **« , si la demande d'admission est recevable, » décide de l'admission ou du rejet des créances ou constate soit qu'une instance est en cours, soit que la contestation ne relève pas de sa compétence. En l'absence de contestation sérieuse, le juge-commissaire a également compétence, dans les limites de la compétence matérielle de la juridiction qui l'a désigné, pour statuer sur tout moyen opposé à la demande d'admission.**

Bibliographie : Lebois, *L'autorité de la chose jugée d'une décision d'admission d'une créance à la procédure collective : Rev. proc. coll.* 2002, 234. • Cagnoli, *Réflexions critiques sur les restrictions jurisprudentielles au pouvoir juridictionnel du juge-commissaire, en matière de vérification des créances : Rev. proc. coll.* 2009, étude 23. • Governatori, *Le droit administratif à l'épreuve du droit des procédures collectives : Gaz. Pal.* 30-31 oct. 2009, p. 9. • Vallansan, *Exception d'incompétence ou fin de non recevoir pour absence de pouvoir ? Du flou dans la procédure de vérification des créances : Rev. proc. coll.* 2012, étude 9. • Neveu et Bottin, *Des précisions sur l'office juridictionnel du juge-commissaire en matière de vérification des créances : Rev. proc. coll. 2019, étude 16.* • Faure, *Le rôle du juge-commissaire dans la vérification des créances : Rev. proc. coll.* 2019, dossier 44. • Cagnoli, *La portée des décisions en matière d'admission au passif dans la procédure collective et au-*

delà : Rev. proc. coll. 2019, dossier 45. • De Lajarte-Moukoko, *Contestation des créances déclarées : le point sur les pouvoirs du juge-commissaire : BJE* janv. 2020, n° 117j2, p. 54. • Fricero et Henry, *Désignation de la partie en charge de saisir le juge compétent en cas de contestation sérieuse de la créance devant le juge-commissaire : entre confirmation et clarification : BJE* nov. 2020, n° 118f5, p. 57. • Jazottes et Staes, *Contestation de créances : compétence et pouvoirs du juge-commissaire*, in *Mélanges Saint-Alary-Houin : LGDJ*, p. 267.

• *Sommaire*

I – ADMISSION OU REJET

A – Objet

1) **Montant de la créance.** La mention « pour mémoire » n'a aucun effet juridique (▪ Cass. com., 21 janv. 2003, n° 99-16.810. ▪ Cass. com., 13 juin 2006, n° 05-12.259).

Le montant de la créance à admettre est celui existant au jour de l'ouverture de la procédure, indépendamment des paiements effectués postérieurement entre les mains du créancier (▪ Cass. com., 8 juin 2010, n° 09-14.624 : *JurisData* n° 2010-008733 ; *JCP* E 2010, 1742, n° 9, obs. M. Cabrillac ; *Gaz. Pal.* 15-16 oct. 2010, p. 32, obs. E. Le Corre-Broly. ▪ Cass. com., 2 oct. 2012, n° 11-20.181 : *BJE* 2012, p. 374, obs. J.-P. Sortais). Les paiements effectués par les cautions de la société débitrice postérieurement au jugement d'ouverture, n'affectent pas le montant de la créance à admettre, peu important que les cautions aient accepté de ne faire valoir leurs droits contre le débiteur principal qu'après que le créancier eut été intégralement désintéressé (▪ Cass. com., 2 févr. 1999, n° 95-15.291 : *JurisData* n° 1999-000424 ; *Bull. civ.* IV, n° 34 ; *JCP* E 1999, p. 810, n° 5, obs. M. Cabrillac ; *RD bancaire et bourse* 1999, 126, obs. Contamine-Raynaud ; *Rev. proc. coll.* 2000, 56, n° 5, obs. Kerckhove).

Le juge-commissaire peut donc admettre les intérêts pour le montant déjà calculé dans la déclaration, sans prendre en considération le plan de sauvegarde (▪ Cass. com., 13 févr. 2019, n° 17-26.361 : *Rev. proc. coll.* 2019, comm. 137, obs. crit. Borga ; *JCP* E 2019, 1206, n° 14, obs. Tehrani).

Une créance ne peut être admise pour un montant supérieur à celui qui a été déclaré (▪ Cass. com., 22 janv. 2008 : *RJDA* 3/2008, n° 303. – Comp. ▪ Cass. com., 20 mars 2001, n° 98-13.946 : *JurisData* n° 2001-008954 ; *RJDA* 7/2001, n° 784 ; *Rev. proc. coll.* 2001, 253, obs. Staes. ▪ Cass. com., 27 mai 2003, n° 00-15.807 : *RJDA* 12/2003, n° 1207).

2) **Intérêts.** Dans l'ordonnance d'admission d'une créance, le juge-commissaire doit, en ce qui concerne les intérêts restant à courir après le jugement d'ouverture du redressement judiciaire du débiteur, indiquer les modalités de calcul retenues sans en fixer le montant, sa décision valant admission, dans la limite de ces modalités, de la créance d'intérêts telle qu'arrêtée ultérieurement (▪ Cass. com., 26 oct. 1999 : *RJDA* 1/2000, n° 58). Le juge-commissaire statuant dans les seuls rapports entre le créancier et le débiteur principal, n'a pas à ventiler l'admission entre principal et intérêts si cette ventilation n'a aucune incidence dans ces rapports (▪ Cass. com., 26 oct. 1999, n° 96-12.958 : *JurisData* n° 1999-003673 ; *JCP* E 2000, p. 130, n° 14, obs. M.Cabrillac ; *D.* 2000, *Cah. dr. aff.*, jurispr. 5, obs. V. A.-R. ; *LPA* 7 juin 2000, p. 24, note Courtier ; *RD bancaire et fin.* 2000, p. 17, n° 11, obs. Legeais).

3) **Créance omise.** Le juge-commissaire doit statuer sur toutes les créances déclarées, au besoin par un état complémentaire parce qu'elle avait été omise de l'état publié au *BODACC* (▪ Cass. com., 5 févr. 2002 : *JCP* E 2002, pan. 470 ; *RJDA* 6/2002, n° 663 ; *RD bancaire et fin.* 2002, 263, n° 189, obs. F.-X. Lucas. ▪ Cass. com., 13 févr. 2007, n° 05-19.878 : *JurisData* n° 2007-037428 ; *D.* 2007, p. 803, obs. Lienhard).

4) **Indemnité de recouvrement.** Une indemnité de recouvrement due si la banque se trouve dans la nécessité de recouvrer sa créance par les voies judiciaires ou autres ne peut être admise car elle met à la charge du débiteur des frais supplémentaires du seul fait de sa mise en sauvegarde (▪ Cass. com., 22 févr. 2017, n° 15-15.942 : *JurisData* n° 2017-002804 ; JCP E 2017, 1460, n° 14, obs. Therani ; *Gaz. Pal.* 2017, n° 24, p. 55, obs. Le Corre).

B – Conditions

5) **Admission sans contestation.** Dès lors qu'il a signé la liste des créances déclarées établie par

le représentant des créanciers et contenant ses propositions d'admission des créances non contestées, le juge-commissaire a décidé d'admettre ces créances (■ Cass. com., 23 nov. 2004, n° 03-14.810 : *JurisData* n° 2004-025834 ; *D.* 2004, p. 3222 ; *D.* 2005, pan. 298, obs. Le Corre ; *JCP* E 2005639, n° 9, obs. Pétel). Cependant, en l'absence de mention d'une contestation qui avait été soulevée par le débiteur, le juge-commissaire ne s'est pas prononcé ■ Cass. com., 12 nov. 2008, n° 07-11.166 : *JurisData* n° 2008-045820 ; *Gaz. proc. coll.* 2009-1, p. 39, obs. Le Corre-Broly.

6) **Convocation du débiteur.** Le juge-commissaire n'a pas à entendre ou appeler le débiteur lorsqu'il prononce l'admission d'une créance non contestée, ce qui est le cas lorsque le débiteur a participé à la vérification des créances sans élever aucune contestation auprès du représentant des créanciers, les appels nullité et de droit commun formés par le débiteur pour non-respect du contradictoire contre l'ordonnance du juge-commissaire ayant prononcé l'admission d'une telle créance sont irrecevables (■ Cass. com., 3 oct. 2000 : *RJDA* 1/2001, n° 51. – Mais V. ■ Cass. com., 24 sept. 2003 : *JCP* E 2003, pan. 1530 ; *RJDA* 2/2004, n° 193 ; *D.* 2003, p. 2502, qui a jugé qu'en cas de décision du juge-commissaire d'admettre à titre définitif et privilégié une créance du Trésor public précédemment admise à titre provisionnel, la débitrice en redressement judiciaire doit être entendue ou dûment appelée devant lui).

7) **Contestation.** Est nulle l'ordonnance d'un juge-commissaire rejetant une créance en tout ou en partie sans avoir au préalable entendu ou dûment appelé le créancier, le débiteur, l'administrateur et le représentant des créanciers (■ Rouen, 22 oct. 1987 : *JurisData* n° 1987-048693 ; *Rev. proc. coll.* 1988, 87, obs. Dureuil).

Mais en revanche, n'ont pas à être convoqués les créanciers qui n'ont pas adressé leur réponse dans le délai légal de trente jours visé par l'article 54 (L. 622-27) de la loi (■ Cass. com., 30 mars 1993, n° 91-16.393 : *JurisData* n° 1993-000625 ; *D.* 1993, inf. rap. 130, cassant ■ Bordeaux, 14 mars 1991 : *JurisData* n° 1991-042916 ; *D.* 1992, somm. 281, obs. *Honorat*).

Est nulle l'ordonnance du juge-commissaire qui rejette une créance déclarée par son titulaire sans motiver sa décision (■ Cass. com., 25 févr. 1997, n° 95-16.697 : *RJDA* 6/1997, n° 841).

8) **Déclaration mal justifiée.** Le juge-commissaire estimant que la créance déclarée n'est pas suffisamment justifiée ne peut la rejeter sans inviter au préalable le créancier déclarant à produire les documents justificatifs faisant défaut (■ Cass. com., 5 juin 2012, n° 11-17.603 : *JurisData* n° 2012-012208 ; *JCP* E 2012, 1508, § 5, obs. Pétel ; *D.* 2012, 1541, obs. Lienhard ; *Gaz. Pal.* 12-13 oct. 2012, p. 29, obs. Le Corre). Mais si l'insuffisance a justifié une contestation, il appartient au créancier de verser aux débats des pièces complémentaires sans que le juge soit tenu de l'y inviter (■ Cass. com., 2 juin 2015, n° 14-10.391 : *JurisData* n° 2015-013194 ; *JCP* E 2015, 1422, n° 5, obs. Pétel).

9) **Péremption.** La préemption d'instance ne peut atteindre la procédure de vérification dès lors que le créancier a déclaré dans les délais légaux (■ Cass. com., 7 juill. 2009, n° 07-14.455 : *JurisData* n° 2009-049117 ; *Gaz. Pal.* 1-3 nov. 2009, p. 29, obs. E. Le Corre-Broly).

10) **Caducité.** La caducité de la citation prévue par l'article 468 du Code de procédure civile n'est pas applicable en cas de défaut de comparution du créancier à l'audience du juge-commissaire, saisi par le mandataire judiciaire de la contestation de sa créance (■ Cass. com., 20 avr. 2017, n° 15-18.598 : *JurisData* n° 2017-007209 ; *JCP* E 2017, 1460, n° 12, obs. Tehrani ; *Gaz. Pal.* 2017, n° 24, p. 58, obs. Le Corre).

C – Effets

11) **Autorité de chose jugée.** La décision d'admission a l'autorité de la chose jugée (■ Cass. com., 20 juin 1978 : *JurisData* n° 1978-798172 ; *DS* 1978, 557). La créance définitivement admise ne peut plus être contestée lorsque aucun recours n'a été exercé dans le délai (■ Cass. com., 10 oct. 1995, n° 93-18.252 : *RJDA* 1/1996, n° 164. ■ Cass. com., 28 avr. 2004, n° 01-03.250 : *RJDA* 10/2004, n° 1143).

La créance admise ne peut plus être contestée ni dans son existence, ni dans son montant, ni dans sa nature (■ Cass. req., 9 févr. 1931 : *DH* 1931, 165) même en cas d'erreur de fait ou de droit (■ Cass. req., 24 oct. 1923 : *DP* 1924, 1, 192) sauf en cas d'erreur matérielle (■ Cass. 1re civ., mai 1955 : *DP* 1955, 1, 311. ■ Cass. com., 12 avr. 1967 : *RTD com.* 1967, 877, obs. Houin).

Son antériorité par rapport à la date d'ouverture de la procédure collective ne peut plus être contestée (■ Cass. com., 3 mai 2011 : *JCP* E 2011, 1596, n° 7, obs. Ph. Pétel ; *D.* 2011, 2069, obs. P.-M. Le Corre ; *Act. proc. coll.* 2011, comm. 148, obs. L. Fin-Langer ; *Gaz. Pal.* 8-9 juill. 2011, p. 12, note E. Le Corre-Broly ; *BJE* oct. 2011, p. 250, note S. Benilsi ; *Rev. proc. coll.* 2012, comm. 3, obs. P. Cagnoli).

12) **Limites.** Cet effet de l'admission des créances s'applique seulement dans la mesure de ce qui a été admis ou vérifié (■ Paris, 8 déc. 1975 : *D.* 1976, somm. 21) et uniquement pour la créance admise (■ Cass. com., 2 juin 1958 : *Bull. civ.* III, n° 223) ; mais voir pour les acomptes perçus par le créancier en

période suspecte (■ Cass. com., 4 juill. 1963 : *RTD com.* 1964, 172, obs. Houin).

L'admission d'une créance ne concerne que son montant et son caractère, privilégié ou chirographaire ; elle n'a aucune influence sur l'ordre de paiement des créances garanties (■ Paris, 18 avr. 1967 : *D.* 1967, 469 ; *RTD com.* 1967, 877, obs. Houin), ni sur la validité des paiements reçus par le créancier antérieurement (■ Cass. com., 28 avr. 1998, n° 95-22.264 : *JurisData* n° 1998-002017 ; *RJDA* 8-9/1998, n° 1010).

L'autorité de chose jugée attachée à la décision d'admission de la créance du cessionnaire ne fait pas obstacle à ce que le débiteur cédé puisse opposer au cessionnaire l'exception d'inexécution de son obligation par le cédant (■ Cass. com., 1er avr. 2008 : *JCP* E 2008, 2062, n° 10, obs. Cabrillac ; *Act. proc. coll.* 2008-8, n° 129).

13) Actions ultérieures interdites. Le caractère irrévocable de la décision d'admission des créances rend l'action en nullité visant le contrat de crédit-bail incompatible avec le caractère définitif de la chose jugée concernant la créance du crédit-bailleur (■ Cass. com., 14 oct. 1997, n° 95-15.544 : *JurisData* n° 1997-004018 ; *Bull.* I, n° 256 ; *RJDA* 2/98, n° 191 ; *RD bancaire et bourse* 1998, 71, n° 4, obs. Campana et Calendini ; *D.* 1998, somm. 96, obs. Honorat ; *RTD com.* 1998, 402, obs. Bouloc).

L'action en nullité de la période suspecte ne peut plus être exercée (■ Cass. com., 12 nov. 1991, n° 89-19.454 : *JurisData* n° 1991-002835 ; *Bull.* IV, n° 342 ; *JCP* E 1992, 136, n° 13, obs. M. Cabrillac et Ph. Pétel ; *RTD com.* 1992, 668, obs. Bouloc ; *RTD com.* 1992, 691, obs. Martin-Serf ; *D.* 1992, somm. 183, obs. Honorat. ■ Cass. com., 5 avr. 2011, n° 10-14.211 : *Gaz. Pal.* 8-9 juill. 2011, p. 29, note E. Le Corre-Broly).

La sentence arbitrale statuant sur des demandes portant sur l'existence et le montant de créances admises viole une règle d'ordre public (■ Cass. 1re civ., 11 sept. 2013, n° 11-17.201 : *JurisData* n° 2013-019234 ; *JCP* E 2013, 1692, note D. Mouralis ; *D.* 2013, 2891, note crit. N. Borga et J. Daniel).

14) Sûreté. L'admission d'une créance n'entraîne ni novation ni renonciation au privilège qui lui est attaché (■ Cass. civ., 26 mars 1941 : *DA* 1941, 194). Mais lorsqu'une créance a été admise comme hypothécaire ou privilégiée, la garantie ne peut plus être contestée (■ Cass. req., 6 juin 1904 : *D.* 1904, 1, 471. ■ Cass. req., 9 févr. 1931 : *S.* 1931, 1, 190) et inversement une créance admise à titre chirographaire ne peut plus être considérée comme privilégiée (■ Cass. com., 6 nov. 1961 : *Gaz. Pal.* 1962, 1, 111 ; *RTD civ.* 1962, 153, obs. Hébraud. ■ Paris, 12 mai 1967 : *JCP* G 1967, IV, 140 ; *RTD com.* 1967, 876, obs. Houin. – *Adde*, ■ Cass. com., 15 juin 1983, n° 82-12.062 : *JurisData* n° 1983-701430 ; *Bull.* IV, n° 176 ; *JCP* G 1984, II, 20318 ; E, II, 14344, obs. Synvet).

L'état des créances précise la nature du privilège ou de la sûreté dont la créance est assortie et l'autorité de la chose jugée s'étend à la nature de la garantie et faute d'avoir été admise, la garantie hypothécaire ne peut être opposée aux autres créanciers hypothécaires inscrits sur l'état (■ Cass. com., 6 juill. 1999, n° 96-21.684 : *JurisData* n° 1999-002829 ; *JCP* E 1999, pan. 1560 ; *LPA* 3 janv. 2000, p. 5, obs. P. M. ; *RJDA* 11/1999, n° 1231 ; *D.* 2000, somm. 327, obs. Honorat).

La décision par laquelle le juge-commissaire retient qu'une créance a été irrégulièrement déclarée et ne peut être admise au passif est une décision de rejet, qui entraîne l'extinction de la sûreté qui la garantissait (■ Cass. com., 4 mai 2017, n° 15-24.854 : *JurisData* n° 2017-008388 ; *JCP* E 2017, 1460, n° 13, obs. crit. Pétel ; *Gaz. Pal.* 27 juin 2017, p. 60, obs. crit. Le Corre. ■ Cass. com., 22 janv. 2020, n° 18-19.526 : *Act. proc. coll.* 2020-3, comm. 39, obs. Cagnoli ; *JCP* E 2020, 1204, n° 14, obs. Pétel). — V. cependant la résistance de ■ CA Montpellier, 6 oct. 2020, n° RG 17/03582 : *JCP* E 2020, 1535, n° 7, obs. Pétel.

15) Prescription. L'action en paiement d'une créance admise n'est pas soumise au délai d'exécution des titres exécutoires (■ Cass. com., 4 juill. 2018, n° 16-20.205 : *JurisData* n° 2018-012204 ; *Gaz. Pal.* 9 oct. 2018, p. 53, obs. Siew-Guillemin ; *JCP* E 2019, 1000, n° 17, obs. Pétel).

Sur l'interversion de prescription antérieurement à la loi du 17 juin 2008 V. ■ Cass. com., 18 oct. 1988, n° 86-16.029 : *JurisData* n° 1988-703499 ; *D.* 1989, 82, note Bouloc. ■ Cass. com., 12 mai 1998, n° 96-12.194 : *JurisData* n° 1998-002050 ; *D.* 1999, somm. 71, obs. Honorat. ■ Cass. com., 10 janv. 2012, n° 10-27.797 : *Rev. proc. coll.* 2012, comm. 55, obs. Patureau et Perot-Reboul).

16) Absence de titre exécutoire. L'état des créances, même visé par le juge-commissaire, ne confère pas à ce relevé le caractère d'un titre exécutoire au sens de l'article R. 145-1 [nouv. art. R. 3252-1] du Code du travail (■ Cass. com., 2 mai 2001, n° 97-19.536 : *JurisData* n° 2001-009319 ; *JCP* E 2001, pan. 1070 ; *RD bancaire et fin.* 2001, 234, n° 157, obs. Dellici) ; le liquidateur ne peut saisir les rémunérations dues au débiteur en liquidation judiciaire par son employeur (même déc.).

Idem pour la décision rendue après reprise d'une instance en cours (■ Cass. com., 4 juill. 2018, n° 16-22.986 : *JurisData* n° 2018-011875 ; *BJE* nov. 2018, p. 445, obs. Hugon ; *Act. proc. coll.* 2018, comm. 215, obs. Cagnoli ; *Gaz. Pal.* 15 janv. 2019, p. 71, obs. Le Corre).

D – Caution et coobligés

17) Principe. L'admission de la créance produit tous ses effets à l'égard de la caution solidaire (▪ Cass. com., 6 juin 1961 : *RTD com.* 1961, 943, obs. Houin. ▪ Cass. com., 8 juin 1979 : *DS* 1980, inf. rap. 67, obs. Honorat ; 211, obs. Vasseur) ou simple (▪ Cass. com., 25 janv. 1984, n° 82-15.680 : *JurisData* n° 1984-700198 ; *Bull.* IV, n° 40).

L'autorité de la chose jugée de la décision d'admission d'une créance s'impose au codébiteur solidaire (▪ Cass. com., 24 juin 2003, n° 00-18.078 : *JurisData* n° 2003-019637. ▪ Cass. com., 9 sept. 2020, n° 18-23.811 : *BJE* nov. 2020, n° 118d8, p. 23, obs. Laroche). *Idem* pour le tiers constituant d'une sûreté réelle (▪ Cass. com., 7 mars 2006, n° 04-13.762 : *JurisData* n° 2006-032578 ; *D.* 2006, p. 782, obs. Lienhard ; *JCP* E 2006, pan. 1628). *Idem* pour le cofidéjusseur d'une caution sous procédure et pour une décision de rejet (▪ Cass. com., 18 nov. 2014, n° 13-23.976 : *JurisData* n° 2014-027928 ; *Act. proc. coll.* 2014, comm. 350, obs. Cagnoli). *Idem* pour l'associé de société civile (▪ Cass. com., 20 janv. 2021, n° 19-13.539 : *JCP* E 2021, 1191, n° 11, obs. Pétel).

Inversement, le codébiteur *in bonis* peut se prévaloir de la décision d'admission limitée au principal, à l'exclusion des intérêts (▪ Cass. com., 25 nov. 2008, n° 07-14.583 : *Act. proc. coll.* 2009, comm. 51, obs. P. Cagnoli ; *JCP* E 2009, 1347, n° 8, obs. M. Cabrillac ; *Gaz. proc. coll.* 1/2009, p. 51, obs. Le Corre).

18) Limites : réclamation. La caution est une personne intéressée ayant qualité pour former une réclamation contre l'état des créances, (▪ Cass. com., 3 mai 1994, n° 92-16.158 : *JurisData* n° 1994-001003 ; *Bull.* IV, n° 161 ; *JCP* E 1994, I, 397, n° 11, obs. M. Cabrillac ; *JCP* E 1994, II, 627, note Wagner ; *RJDA* 10/94, n° 1072. ▪ Cass. com., 19 nov. 1996, n° 94-17.909 : *JurisData* n° 1996-004387 ; *RJDA* 3/97, n° 416, qui admet que malgré une décision définitive d'admission de la créance, la caution peut invoquer la forclusion à la date de la déclaration de créances en application de l'article L. 313-16 Code de la consommation – 16 mars 1999 : *JCP* E 1999, pan. 840 ; *RJDA* 5/99, n° 575 ; *RTD com. 1999, 971, obs. Martin-Serf ; D. affaires* 1999, 674, obs. P. P. ; *Rev. proc. coll.* 2000, 57, n° 5, obs. Kerckhove. ▪ Cass. com., 20 juin 2000 : *RD bancaire et fin.* 2000, 234, n° 160, obs. Lucas, qui admet l'action de la caution en l'absence de publication de la décision d'admission de la créance principale au *BODACC*. ▪ Cass. com., 9 janv. 2001, n° 97-22.053 : *JurisData* n° 2001-007795 ; *RJDA* 5/2001, n° 612).

19) Exceptions opposables par la caution. La caution peut opposer au créancier toutes les exceptions qui lui sont personnelles, notamment en application de l'article 48 de la loi du 1er mars 1984 (▪ Cass. com., 22 avr. 1997, n° 94-12.862 : *JurisData* n° 1997-001700 ; *JCP* E 1997, pan. 557 ; *RD bancaire et bourse* 1997, 126, n° 2, obs. Campana et Calendini ; 242, n° 2, obs. Contamine-Raynaud ; *RTD com.* 1998, 206, obs. Martin-Serf). En cas de contestation relative au défaut de pouvoir du représentant de la société pour souscrire la garantie, la cour d'appel était tenue de constater que la contestation ne relevait pas du pouvoir juridictionnel du juge-commissaire et devait surseoir à statuer sur l'admission de la créance après avoir invité les parties à saisir le juge compétent (▪ Cass. com., 7 févr. 2006, n° 04-19.342 : *JurisData* n° 2006-032081 ; *JCP* E 2006, pan. 1409 ; *D.* 2006, p. 578, obs. Lienhard ; *RJDA* 6/2006, n° 683). V. aussi ▪ Cass. com., 8 juill. 2008, n° 07-11.004 : *JurisData* n° 2008-044839 ; *JCP* E 2008, 2294, note Burgard ; *JCP* E 2008, 2493, n° 3, obs. Simler).

20) Pouvoirs du juge du cautionnement. Le juge du cautionnement, saisi d'une action en paiement par le créancier contre la caution, est tenu de respecter la décision passée en force de chose jugée rendue par le juge compétent de la procédure collective dans ses rapports entre le créancier et le débiteur principal, et concernant l'existence ainsi que le montant de la créance ; mais tant que cette décision n'est pas intervenue, le juge du cautionnement est juge de l'exception par application de l'article 49 du Code de procédure civile et, par suite, tenu de statuer sur toutes les exceptions inhérentes à la dette invoquée par la caution, sa décision ne s'imposant que dans les rapports entre le créancier et la caution (▪ Cass. com., 18 janv. 2000, n° 96-20.798 : *JurisData* n° 2000-000048 ; *JCP* E 2000, p. 754, n° 15, obs. M. Cabrillac ; *D.* 2000, *Cah. dr. aff.*, act. jurispr., p. 97, obs. Lienhard ; *D.* 2001, somm. 695, obs. Aynès. ▪ Cass. com., 1er févr. 2000, n° 96-21.718 : *RJDA* 5/2000, n° 597).

L'autorité de la chose jugée attachée à la décision admettant la créance de la caution porte uniquement sur l'existence et le montant de la créance, et non sur les droits respectifs du créancier et de la caution (▪ Cass. com., 23 juin 1998, n° 96-15.731 : *JurisData* n° 1998-003536 ; *JCP* E 1998, p. 2066, obs. M. Cabrillac et Ph. Pétel ; RTD com. 1999, 501, obs. Martin-Serf).

C'est à la juridiction saisie du recours contre la caution, après avoir constaté l'admission de la créance sur le débiteur principal, de rechercher la part des intérêts et du capital qui est susceptible d'être garantie par la caution (▪ Cass. com., 26 oct. 1999 : *JCP* E 2000, p. 130, n° 14, obs. M.C.).

21) Poursuites préalables contre la caution. S'il est vrai que la décision du juge de la procédure collective rendue dans les rapports entre le créancier et le débiteur principal s'impose à la caution, il n'en demeure pas moins que le créancier peut poursuivre et obtenir la condamnation de la caution devant le juge du cautionnement avant toute déclaration de créance ou, si la déclaration de créance a été faite, avant toute admission, en établissant l'existence et le montant de sa créance selon les règles du droit commun (▪ Cass. com., 18 janv. 2000 : *JCP* E 2000, p. 754, n° 15, obs. M. Cabrillac, p. 758, obs. Simler ; *D.* 2000, act. jurispr., p. 97, obs. Lienhard ; *RJDA* 4/2000, n° 478 ; *D.* 2001, somm. 695, obs. Aynès ; *RTD com.* 2001, 514, obs. Martin-Serf. ▪ Cass. com., 17 sept. 2002 : *Act. proc. coll.* 2002, n° 16, obs. Regnaut-Moutier ; *JCP* E 2003, 231, n° 15, obs. M. Cabrillac ; *D.* 2002, p. 2800, somm. 3336, obs. Aynès ; *RD bancaire et fin.* 2002, 322, n° 235, obs. F.-X. Lucas, pour un sous-cautionnement. ▪ Cass. com., 5 nov. 2003, n° 00-17.442 : *JurisData* n° 2003-020809 ; *JCP* E 2003, pan. 1752 ; *D.* 2003, p. 3050 ; *RJDA* 3/2004, n° 365. ▪ Cass. com., 9 nov. 2004, n° 02-12.044 : *JurisData* n° 2004-025597 ; *RJDA* 3/2005, n° 327).

Le juge-commissaire n'est pas tenu de surseoir à statuer dans l'attente de la décision du juge du cautionnement saisi d'une action en paiement par le créancier contre la caution, cette décision ne s'imposant que dans les rapports entre le créancier et la caution, fût-elle solidaire (▪ Cass. com., 11 févr. 2004, n° 00-13.597 : *JurisData* n° 2004-022439 ; *JCP* E 2004, 783, n° 10, obs. Ph. Pétel ; *D.* 2004, p. 638 ; *RJDA* 6/2004, n° 732).

22) Prescription. L'opposabilité aux cautions solidaires de la substitution de la prescription trentenaire à la prescription décennale résultant de la décision d'admission n'a pas pour effet de soumettre l'action en paiement du créancier contre ces cautions à cette prescription trentenaire (▪ Cass. com., 12 janv. 2016, n° 14-21.295 : *Act. proc. coll.* 2016, comm. 19, obs. Vallansan). Comp. ▪ Cass. com., 13 avr. 1999, n° 96-12.620 : *JurisData* n° 1999-001748 ; *Rev. proc. coll.* 2000, 57, n° 6, obs. Kerckhove. ▪ Cass. com., 29 sept. 2009, n° 08-19.777 : *JurisData* n° 2009-049689 ; *Act. proc. coll.* 2009, n° 276, obs. Pagnucco ; *JCP* E 2010, 1011, n° 10, obs. M. Cabrillac).

Idem pour le délai d'exécution des titres exécutoires (CPC exéc., art. L. 111-4) (▪ Cass. com., 4 juill. 2018, n° 16-20.205 : *JurisData* n° 2018-012204 ; *Gaz. Pal.* 9 oct. 2018, p. 53, obs. Siew-Guillemin ; *JCP* E 2019, 1000, n° 17, obs. Pétel. ▪ Cass. com., 16 janv. 2019, n° 17-14.002 : *Rev. proc. coll.* 2019, comm. 141, obs. Borga).

II – INSTANCE EN COURS

23) Notion d'instance en cours. Seule une instance en cours devant un juge du fond au jour du jugement d'ouverture enlève au juge-commissaire le pouvoir de décider de l'admission ou du rejet (▪ Cass. com., 14 mars 1995, n° 93-12.489 : *JurisData* n° 1995-000565 ; *D.* 1995, inf. rap. 99). Ce n'est pas le cas de l'instance en référé qui tend à obtenir une condamnation provisionnelle (▪ Cass. com., 12 juill. 1994 : *Bull. civ.* IV, n° 263 ; *JCP* E 1995, I, 417, n° 10, obs. Pétel ; *D.* 1995, somm. 28, obs. Honorat. ▪ Cass. com., 11 déc. 2019, n° 18-19.425 : *Rev. proc. coll.* 2020, comm. 56, obs. Borga).

Peu importe la radiation, qui ne met pas fin à l'instance (▪ Cass. com., 8 avr. 2015, n° 13-28.061 : *JurisData* n° 2015-007520 ; *JCP* E 2015, 1422, n° 4, obs. Pétel ; *Act. proc. coll.* 2015, comm. 144, obs. Cagnoli).

24) Incidence d'un pourvoi en cassation. L'instance n'est pas en cours, au sens de l'article L. 621-104 [L. 624-2], lorsque l'arrêt d'appel, qui a statué sur l'existence de la créance et a écarté celle-ci, est frappé d'un pourvoi en cassation (▪ Cass. com., 14 juin 1994, n° 92-15.217 : *JurisData* n° 1994-001290 ; *Bull.* IV, n° 212 ; *D.* 1995, somm. 26, obs. Honorat ; *JCP* E 1995, I, 417, n° 11, obs. Ph. Pétel).

Lorsque l'arrêt condamnant le débiteur à payer une somme d'argent est cassé, la cassation a entraîné, par application de l'article 625, alinéa 2 du Code de procédure civile, l'annulation de l'ordonnance du juge-commissaire qui avait admis la créance au passif de la procédure (▪ Cass. com., 13 mai 2003 : *JCP* E 2003, 1396, n° 9, obs. Ph. Pétel).

25) Portée de la décision. L'ordonnance constatant qu'une instance est en cours, contre laquelle aucun recours n'a été exercé, dessaisit le juge-commissaire et rend irrecevable toute nouvelle demande formée devant lui pour les mêmes créances (▪ Cass. com., 8 juill. 2008 : *JCP* E 2009, 1008, n° 14, obs. Pétel ; *Act. proc. coll.* 14/2008, n° 223 ; *D.* 2008, p. 2073. ▪ 18 nov. 2014, n° 13-24.007 : *JurisData* n° 2014-027943 ; *Rev. proc. coll.* 2015, comm. 183, obs. Staes).

III – COMPÉTENCE DU JUGE-COMMISSAIRE

26) Compétence exclusive du juge-commissaire. Les règles de la vérification du passif interdisent au tribunal d'examiner la régularité de la déclaration de la créance (▪ Cass. com., 27 oct. 1999 : *RTD com.* 2000, 191, obs. Vallens).

Idem pour le juge administratif (▪ T. confl., 23 mai 2005 : *RJDA* 3/2006, n° 300).

Idem pour le juge saisi d'une contestation échappant au juge-commissaire (▪ Cass. com., 19 déc. 2018, n° 17-15.883 : *JCP* E 2019, 1206, n° 13, obs. Tehrani ; Act. proc. coll. 2019, comm. 30, obs. Staes).

27) Contrat administratif. Il n'entre pas dans la compétence du juge-commissaire de statuer sur l'arrêté de compte d'un contrat de concession passé avec une société d'économie mixte, qui est un contrat administratif et qui relève de la compétence exclusive du juge administratif (■ Cass. com., 1er mars 2005 : *JurisData* n° 2005-027262 ; *D.* 2005, p. 1020, obs. Lienhard ; *ibid.*, pan. 2006, B, obs. Lucas et Le Corre ; *JCP* E 2005, pan. 644).

28) Dette fiscale. Les contestations relatives aux poursuites concernant les impositions dont le contentieux relève de la compétence du juge administratif sont portées devant le tribunal administratif lorsqu'elles portent sur l'existence de l'obligation de payer, sur la quotité ou l'exigibilité de l'impôt ; toutefois, le tribunal de la procédure collective est seul compétent pour connaître des contestations nées du redressement ou de la liquidation judiciaire (■ Cass. com., 28 avr. 2004, n° 01-01.649 : *JurisData* n° 2004-023446 ; *JCP* E 2004, chron. 1292, n° 10, obs. Ph. Pétel. ■ T. confl., 26 mai 2003, n° 03-03.354 : *Act. proc. coll.* 2003, n° 233 ; *LPA* 7 nov. 2003, p. 10, note J. Brandeau ; *D.* 2003, p. 2010).

Le juge de l'impôt est seul compétent pour statuer sur la prescription d'une créance fiscale (■ T. confl., 13 avr. 2015, n° C 3988 : *Gaz. Pal.* 19-21 juill. 2015, p. 22, obs. Le Corre).

Doivent être admises les créances fiscales qui n'ont pas donné lieu à une réclamation contentieuse adressée à l'administration, conformément aux dispositions du LPF (■ Cass. com., 3 févr. 2021, n° 19-20.683 : *LEDEN* mars 2021, p. 3, obs. Ollu ; *JCP* E 2021, 1191, n° 12, obs. Tehrani ; *Act. proc. coll.* 2021, comm. 67, obs. Dedeurwaerder).

29) Clause compromissoire. Le juge-commissaire, saisi d'une contestation et devant lequel est invoqué une clause compromissoire doit, après avoir, le cas échéant, vérifié la régularité de la déclaration de créance, se déclarer incompétent à moins que la convention d'arbitrage ne soit manifestement nulle ou inapplicable (■ Cass. com., 2 juin 2004 [2e esp.] : *D.* 2004, p. 1732, obs. Lienhard ; *JCP* E 2004, 975, note N. S. ; 1292, n° 9, obs. Ph. Pétel. – Comp. ■ Cass. com., 4 mars 2003, n° 99-17.316 : *JurisData* n° 2003-018208 ; *JCP* E 2003, chron. 705, n° 6, obs. Béguin).

IV – POUVOIR JURIDICTIONNEL DU JUGE-COMMISSAIRE

30) Sursis à statuer. En cas de contestation sérieuse susceptible d'avoir une incidence sur l'existence, le montant ou la nature de la créance déclarée le juge-commissaire est tenu de surseoir à statuer (■ Cass. com., 21 nov. 2018, n° 17-18.978 : *JCP* E 2019, 1206, n° 12, obs. Tehrani ; *RD bancaire et fin.* 2019, comm. 12, obs. Legeais ; *Gaz. Pal.* 9 juill. 2019, p. 67, obs. Le Corre. ■ Cass. com., 11 mars 2020, n° 18-23.586 : *JCP* E 2020, 1353, n° 11, obs. Pétel ; *Act. proc. coll.* 2020, comm. 137, obs. Théron).

V. sous l'empire des textes antérieurs : ■ Cass. com., 27 janv. 2015, n° 13-20.463 : *JurisData* n° 2015-001083 ; *Act. proc. coll.* 2015, comm. 66, obs. Théron ; *JCP* E 2015, 1135, note Brignon ; *JCP* E 2015, 1204, n° 9, obs. Pétel. ■ Cass. com., 28 janv. 2014 : *JCP* E 2014, 1173, n° 6, obs. Pétel. ■ Cass. com., 27 sept. 2017, n° 16-16.414 : *JurisData* n° 2017-018869 ; *JCP* E 2017, 1688, n° 8, obs. Tehrani.

31) Contestation sérieuse. Une contestation n'est pas sérieuse quand elle est fondée sur une transaction manifestement illicite comportant remise de dette en contrepartie d'un paiement anticipé (■ Cass. com., 26 févr. 2020, n° 18-21.907 : *Gaz. Pal.* 13 oct. 2020, p. 75, obs. Guastella).

Le juge-commissaire ne peut se prononcer sur l'imputabilité de la résolution d'un contrat (■ Cass. com., 18 févr. 2003, n° 00-11.008 : *JurisData* n° 2003-017808 ; *JCP* E 2003, pan. 569 ; *RD bancaire et fin.* 2003, 101, obs. F.-X. Lucas ; *RJDA* 7/2003, n° 744) ; sur la nullité du contrat (■ Cass. com., 5 nov. 2003, n° 00-20.122 : *JurisData* n° 2003-020822 ; *RJDA* 3/2004, n° 344) ou son exécution défectueuse (■ Cass. com., 5 juill. 2005, n° 04-13.129 : *JurisData* n° 2005-029406 ; *RJDA* 11/2005, n° 1259), son inexécution ou sa mauvaise exécution (■ Cass. com., 16 sept. 2008, n° 07-15.982 : *Gaz. proc. coll.* 1/2009, p. 40, obs. Le Corre-Broly. ■ Cass. com., 24 mars 2009, n° 07-21.567 : *JurisData* n° 2009-047592 ; *Act. proc. coll.* 2009, comm. 124, obs. crit. J. Vallansan).

Mais jugé que le juge-commissaire peut se prononcer sur la validité du nantissement et rétablir la véritable nature de la créance (■ Cass. com., 19 mai 1998, n° 96-13.958 : *JurisData* n° 1998-002056 ; *JCP* E 1998, pan. 1194 ; *D.* 1998, somm. 377, obs. S. Piedelièvre). *Idem* pour des antichrèses (■ Cass. com., 22 mars 2011 : *BJE* oct. 2011, p. 266, obs. J. Théron).

La clause majorant le taux des intérêts contractuels en cas de défaillance de l'emprunteur s'analyse en une clause pénale que le juge-commissaire peut réduire si elle est manifestement excessive (■ Cass. com., 5 avr. 2016 : *JCP* E 2016, 1465, n° 8, obs. Pétel ; *Act. proc. coll.* 2016, comm. 101, obs. Vallansan).

32) Compétence. La juridiction compétente pour trancher la contestation sérieuse n'est pas le tribunal de la procédure collective, mais celui que détermine une clause attributive de compétence ou les règles de droit commun (■ Cass. com., 1er juill. 2020, n° 18-25.522 : *JCP* E 2020, 1353, n° 12, obs. Pétel ; *Gaz. Pal.* 13 oct. 2020, p. 77, obs. Le Corre).

33) Suites du sursis à statuer. À défaut de saisine du juge compétent dans le délai prévu à l'article R. 624-5, le juge-commissaire peut rejeter la créance (■ Cass. com., 13 mai 2014, n° 13-13.284 : *JurisData* n° 2014-009680 ; *JCP* E 2014, 1447, n° 6, obs. Pétel; *Act. proc. coll.* 2014, comm. 170, obs. Vallansan ; *Gaz. Pal.* 29 juin-1er juill. 2014, p. 14, note Boustani ; *Rev. proc. coll.* 2014, comm. 92, obs. Cagnoli) ou l'admettre (▪ Cass. com., 23 sept. 2014 : *JCP* E 2014, 1637, n° 8, obs. Pételle ; *Act. proc. coll.* 2014, comm. 301, obs. Cagnoli).

Les pouvoirs du juge compétent se limitent à l'examen de la contestation et il ne peut statuer sur l'admission ou le rejet de la créance (▪ Cass. com., 19 déc. 2018, n° 17-15.883 : *JCP* E 2019, 1206, n° 13, obs. Tehrani ; *Act. proc. coll.* 2019, comm. 30, obs. Staes).

Art. L. 624-3 ***(Anc. art. L. 621-105, renum. et mod., L. n° 2005-845, 26 juill. 2005).*** **– Le recours contre les décisions du juge commissaire prises en application de la présente section est ouvert au créancier, au débiteur ou au mandataire judiciaire.**

Toutefois, le créancier dont la créance est discutée en tout ou en partie et qui n'a pas répondu au mandataire judiciaire dans le délai mentionné à l'article L. 622-27 ne peut pas exercer de recours contre la décision du juge-commissaire lorsque celle-ci confirme la proposition du mandataire judiciaire.

Les conditions et les formes du recours prévu au premier alinéa sont fixées par décret en Conseil d'État.

1) **Débiteur.** Faute pour le débiteur d'avoir soumis au représentant des créanciers la contestation relative à une créance, le juge-commissaire n'en a pas été saisi et n'a pu statuer sur elle ; l'appel formé par le débiteur contre la décision d'admission est irrecevable (▪ Cass. com., 4 févr. 1992, n° 90-12.674 : *JurisData* n° 1992-000242 ; *D.* 1992, 264, note Derrida ; *JCP* E 1992, I, 168, obs. Cabrillac et Pételle ; *Rev. proc. coll.* 1992, 492, n° 5, obs. Dureuil ; *RTD com.* 1993, 581, obs. Martin-Serf). Lorsque le débiteur a participé à la vérification des créances, effectuée conformément à l'article 72 du décret, sans élever aucune protestation, il n'est pas non plus recevable à former appel-nullité de la décision du juge-commissaire (▪ Cass. com., 14 janv. 1997 : *JCP* E 1997, I, 651, n° 12, obs. Ph. Pételle). *Idem* lorsqu'il a refusé de signer la proposition d'admission sans en indiquer le motif ni formuler la moindre observation (▪ Cass. com., 8 janv. 2013, n° 11-22.796 : *JurisData* n° 2013-000039 ; *JCP* E 2013, 1216, n° 6, obs. Ph. Pételle).

En revanche, le débiteur peut exercer un recours contre la décision du juge-commissaire, même rendue sur réclamation d'un tiers, dès lors qu'il a contesté la créance (▪ Cass. com., 22 juin 1999, n° 96-20.787 : *JurisData* n° 1999-002639 ; *JCP* E 2000, p. 131, n° 15, obs. Ph. Pételle ; *D.* 1999, *Cah. dr. aff.*, somm. 351, obs. Honorat ; *LPA* 22 juill. 1999, n° 96-20.787, p. 5, obs. P.M. ; *RTD com.* 1999, 986, obs. Vallens). Il peut exercer ce recours sans l'assistance de l'administrateur (▪ Cass. com., 24 janv. 2018, n° 16-21.701 : *JCP* E 2018, 1251, obs. Rolland ; *Rev. proc. coll.* 2018, comm. 57, obs. Lebel).

Peu importe l'objet de cette contestation, l'appel pouvant se fonder sur un autre motif (▪ Cass. com., 19 mai 2015, n° 14-14.395 : *JurisData* n° 2015-011718 ; *Act. proc. coll.* 2015, comm. 164, obs. Vallansan ; *Gaz. Pal.* 19-21 juill. 2015, p. 10, obs. Le Corre).

2) **Dessaisissement.** Le débiteur en liquidation exerçant un droit propre de contester les créances déclarées n'est pas dessaisi et l'instance n'est pas interrompue (▪ Cass. com., 26 mai 1998, n° 95-21.688 : *JurisData* n° 1998-002558 ; *JCP* E 1998, pan. 1236 ; *RTD com.* 1999, 210, obs. Vallens).

3) **Créancier.** La sanction prévue à l'article L. 621-105 [L. 624-3], lorsque le créancier s'abstient de répondre au représentant des créanciers ou au liquidateur, n'est pas applicable au créancier qui, convoqué devant le juge-commissaire dans le délai de l'article L. 621-47, a comparu devant lui, peu important l'absence de réponse à la lettre de contestation du représentant des créanciers (▪ Cass. com., 7 déc. 2004, n° 03-16.321 : *JurisData* n° 2004-026080 ; *RJDA* 4/2005, n° 429 ; *D.* 2005, p. 80, obs. Lienhard ; *JCP* E 2005, pan. 108). Son appel est donc recevable (même déc.).

Le créancier ayant régulièrement déclaré est recevable à saisir le juge-commissaire pour que celui-ci statue sur une créance omise sur l'état des créances (▪ Cass. com., 17 sept. 2013 : *Act. proc. coll.* 2013, comm. 235, obs. P. Cagnoli ; *JCP* E 2014, 1020, n° 8, obs. Ph. Pételle).

4) **Cessionnaire.** L'appel n'est pas ouvert au cessionnaire de tout ou partie de l'actif lequel peut, comme toute personne intéressée, contester l'état des créances déposé au greffe dans les conditions prévues par les articles 103 de la loi (antérieur à la codification) et 83 du décret (▪ Cass. com., 30 mars 1993, n° 91-17.732 : *Bull. civ.* IV, n° 127 ; *D.* 1993, somm. 321, obs. Honorat ; *JCP* E 1993, I, 277, n° 14, obs. Pételle).

5) **Décision mixte.** Le recours contre l'ordonnance statuant sur un relevé de forclusion étant exercé devant le tribunal, les parties sont irrecevables à former un appel direct contre l'ordonnance ayant simultanément, à tort, admis la créance (▪ Cass. com., 5 févr. 2020, n° 18-21.754 : *Act. proc. coll.* 2020-5, comm. 69, obs. Cagnoli ; *JCP* E 2020, 1204, n° 15, obs. Pételle ; BJE mai 2020, p. 37, obs. Henry).

6) **Indivisibilité de l'instance.** Le lien d'indivisibilité qui existe en matière de vérification du passif impose au débiteur d'intimer non seulement le créancier, mais aussi le mandataire judiciaire,

et de respecter à l'égard de chacun d'eux les règles de la procédure d'appel (■ Cass. com., 2 nov. 2016, n° 14-25.536 : *JurisData* n° 2016-022728 ; *Rev. proc. coll.* 2017, comm. 5, obs. Vallansan, comm. 11, obs. Cagnoli). V. également : ■ Cass. com., 13 déc. 2017, n° 16-17.975 : *JurisData* n° 2017-025639 ; *JCP* E 2018, 1159, n° 3, obs. Tehrani ; *Rev. proc. coll.* 2018, comm. 56, obs. Lebel. ■ Cass. com., 28 mars 2018, n° 16-26.453 : *JurisData* n° 2018-004831 ; *JCP* E 2018, 1429, n° 3, obs. Tehrani ; *Procédures* 2018, comm. 220, obs. Rolland).

Mais l'administrateur n'a pas, quand le débiteur est soumis à une procédure de sauvegarde, à être intimé sur l'appel d'un créancier contestant le rejet de la créance qu'il a déclarée (■ Cass. com., 20 avr. 2017, n° 15-18.182 : *Rev. proc. coll.* 2017, comm. 137, obs. Lebel).

7) Sursis à statuer. Lorsque la cour d'appel prononce un sursis à statuer, il lui appartient, après l'expiration du sursis, de statuer sur l'admission de la créance avec les pouvoirs du juge-commissaire (■ Cass. com., 10 mai 2012 : *JCP* E 2012, 1508, § 4, obs. Ph. Pétel ; *Act. proc. coll.* 2012, comm. 143, obs. J. Vallansan ; *Gaz. Pal.* 3-4 août 2012, p. 30, obs. P.-M. Le Corre).

Art. L. 624-3-1. – Les décisions d'admission ou de rejet des créances ou d'incompétence prononcées par le juge-commissaire sont portées sur un état qui est déposé au greffe du tribunal. Toute personne intéressée, à l'exclusion de celles mentionnées à l'article L. 624-3, peut former une réclamation devant le juge-commissaire dans des conditions fixées par décret en Conseil d'État.

***(Al. créé à compter du 1er octobre 2021, Ord. n° 2021-1193, 15 sept. 2021)* Les personnes coobligées ou ayant consenti une sûreté personnelle ou ayant affecté ou cédé un bien en garantie, lorsqu'elles sont poursuivies, ne peuvent se voir opposer l'état des créances lorsque la décision d'admission prévue à l'article L. 624-2 ne leur a pas été notifiée.**

Bibliographie : P.-M. Le Corre, *Le recours du dirigeant social après l'admission des créances au passif : Gaz. Pal.* 29 juin-1er juill. 2014, p. 6.

Art. L. 624-4 ***(Anc. art. L. 621-106, renum. et mod., L. n° 2005-845, 26 juill. 2005).*** **– Le juge-commissaire statue en dernier ressort dans les cas prévus à la présente section lorsque la valeur de la créance en principal n'excède pas le taux de compétence en dernier ressort du tribunal qui a ouvert la procédure.**

Section II. – Des droits du conjoint

Bibliographie : Derrida, *Le sort du passif né du chef du conjoint en cas de redressement judiciaire d'un époux sous le régime de communauté légale : Mél. Colomer*, Litec, p. 153. • Sénéchal, *Le droit des procédures collectives à l'épreuve de la réforme des régimes matrimoniaux : Bull. Joly Sociétés* 1995, 229. • Derrida, *La situation des créanciers personnels du conjoint du débiteur soumis à une procédure de redressement-liquidation judiciaires : bilan : D.* 1997, chron. 117. • Simler, *Les interférences des régimes matrimoniaux et des procédures collectives : LPA* 17 juin 1998, p. 28 ; *LPA* 24 août 1998, p. 6, obs. Malaurie-Vignal. • Varii auctores, *Procédures collectives et communauté conjugale : LPA* 26 août 1998, n° spéc. • Perrodet, *Le conjoint du débiteur en redressement judiciaire : RTD com.* 1999, p. 1. • Navarre-Laroche, *Le sort de l'immeuble indivis hypothéqué dans le liquidation judiciaire : Gaz. Pal.* 20 avr. 2000, p. 9.

Art. L. 624-5 ***(Anc. art. L. 621-111, renum. et mod., L. n° 2005-845, 26 juill. 2005 ; mod., Ord. n° 2008-1345, 18 déc. 2008)*** (1). **– Le conjoint du débiteur soumis à une procédure de sauvegarde établit la consistance de ses biens personnels conformément aux règles des régimes matrimoniaux et dans les conditions prévues par les articles L. 624-9 et L. 624-10.**

Art. L. 624-6 ***(Abr., Cons. const. n° 2011-212 QPC, 20 janv. 2012 : JO 21 janv. 2012).***

1) Abrogation par le Conseil constitutionnel (■ Cons. const., 20 janv. 2012, n° 2011-212 QPC : *JurisData* n° 2012-000445 ; *Act. proc. coll.* 2012, comm. 38, obs. V. Legrand ; *JCP* E 2012, 1227, n° 6, obs. Ph. Pétel ; *Rev. sociétés* 2012, p. 192, obs. Ph. Roussel-Galle ; *BJE* 2012, p. 120, obs. S. Becqué-

(1) Le Conseil constitutionnel a déclaré qu'à compter du 9 octobre 2015, les dispositions des 5° et 7° du paragraphe I du présent article, dans sa rédaction issue de l'ordonnance n° 2000-912 du 18 septembre 2000, applicable en Polynésie française, sont contraires à la Constitution. En revanche, le surplus du paragraphe I ainsi que le paragraphe II de cet article, dans sa rédaction issue de l'ordonnance susvisée, sont conformes à la Constitution : V. Cons. const. n° 2015-487 QPC, 7 oct. 2015, art. 1er à 3 et consid. 19 (*JO* 9 oct. 2015 ; *JurisData* n° 2015-022147). – NDLR.

Ickowicz et S. Cabrillac. – V. aussi M. Sénéchal, *Portée de l'inconstitutionnalité de l'article L. 624-6 du Code de commerce : D.* 2012, 373 ; M.-P. Dumont-Lefrand et C. Lisanti, *Feu l'article L. 624-6 du Code de commerce : Rev. proc. coll.* 2012, étude 8 ; R. Bonhomme : *BJE* 2012, p. 120).

2) Texte antérieur. Un bien du conjoint financé par le débiteur ne peut être réuni à l'actif en application de l'ancien article L. 621-112 que proportionnellement au montant des valeurs fournies par le débiteur (▪ Cass. com., 11 avr. 2012, n° 10-27.235 : *JurisData* n° 2012-007076 ; *JCP* E 2012, 1508, § 3, obs. Ph. Pétel ; *BJS* 2012, p. 497, note I. Parachkévova ; *Act. proc. coll.* 2012, comm. 148, obs. J. Leprovaux ; *Gaz. Pal.* 3-4 août 2012, p. 35, obs. L. Antonini-Cochin ; *Rev. proc. coll.* 2013, comm. 94, obs. C. Lisanti).

Art. L. 624-7 *(Anc. art. L. 621-113, renum. et mod., L. n° 2005-845, 26 juill. 2005).* **– Les reprises faites en application de l'article L. 624-5 ne sont exercées qu'à charge des dettes et hypothèques dont ces biens sont légalement grevés.**

Art. L. 624-8 *(L. n° 2005-845, 26 juill. 2005 ; mod., Ord. n° 2008-1345, 18 déc. 2008).* **– Le conjoint du débiteur qui, lors de son mariage, dans l'année de celui-ci ou dans l'année suivante, était agriculteur ou exerçait une activité commerciale, artisanale ou toute autre activité professionnelle indépendante, ne peut exercer dans la procédure de sauvegarde aucune action à raison des avantages faits par l'un des époux à l'autre, dans le contrat de mariage ou pendant le mariage. Les créanciers ne peuvent, de leur côté, se prévaloir des avantages faits par l'un des époux à l'autre.**

Section III. – Des droits du vendeur de meubles, des revendications et des restitutions

Art. L. 624-9 *(Anc. art. L. 621-115, renum. et mod., L. n° 2005-845, 26 juill. 2005 ; mod., Ord. n° 2008-1345, 18 déc. 2008).* **– La revendication des meubles ne peut être exercée que dans le délai de trois mois suivant la publication du jugement ouvrant la procédure.**

Bibliographie : Benezra, *Du bon usage de la procédure de référé en matière de revendication : Gaz. Pal.* 1989, 2, 650. • B. S., *Le champ d'application des articles 115 et suivants de la loi du 25 janvier 1985 relatifs aux revendications : Gaz. Pal.* 1989, 2, doctr. 333. • Rives-Lange et Rachez, *L'article 115 de la loi du 25 janvier 1985 a-t-il une vocation universelle ? : D.* 1991, chron. 270. • Brill-Venkatasamy, *Contrat de confié et revendication : Rev. proc. coll.* 1997-4, 397. • Chaput, *L'influence du droit des entreprises en difficulté sur le crédit-bail : RD bancaire et bourse* 1997, p. 46. • Cordier, *L'incidence de la publicité des contrats de crédit-bail mobilier en cas d'ouverture d'une procédure collective du preneur : RJDA* 11/99, p. 930. • Pérochon, *Les revendications : dernières évolutions jurisprudentielles : LPA* 13 févr. 2002, p. 4. • Diesbecq et Laverrière, *La prorogation des délais de revendication à raison de la distance et leur computation : JCP* E 2005, 959. • Le Corre-Broly, *La sanction du défaut de revendication : Gaz. Pal.* 12 avr. 2016, p. 51 ; *La publicité et les revendications, dix questions-réponses : Gaz. Pal.* 28 mars 2017, p. 72. *Varii auctores, Les procédures collectives révélatrices des limites de la propriété ? : Rev. proc. coll.* 2017, dossiers 13 à 24. • *JCl. Commercial, Redressement et liquidation judiciaires*, Fasc. 2540 et 2550, *Situation du vendeur de meubles* par Vallansan.

1) Conformité aux droits fondamentaux. Ne constituent pas une atteinte disproportionnée au droit de propriété les restrictions apportées par ce texte à l'exercice de droit de propriété (▪ Cass. com., 1er avr. 2014, n° 13-13.574 : *RTD com.* 2014, p. 692, obs. Martin-Serf ; *RTD civ.* 2014, p. 680, obs. Dross ; *BJE* 2014, 241, obs. Laroche).

Adde, malgré des circonstances particulières : ▪ Cass. com., 3 avr. 2019, n° 18-11.247 : *JCP* E 2019, 1375, n° 17, obs. Pétel ; *Gaz. Pal.* 9 juill. 2019, p. 39, obs. Le Corre-Broly.

I – DOMAINE DE LA REVENDICATION

2) Généralité de la règle. Le délai établi à l'article L. 621-115 [L. 624-9] est applicable quels que soient la cause juridique ou le titre invoqué (▪ Cass. com., 29 mai 1984, n° 83-11.516 : *RTD com.* 1985, 566, obs. Hémard et Bouloc ; *Bull.* IV, n° 151. ▪ Cass. com., 28 janv. 1997, n° 94-11.072 : *JurisData* n° 1997-000485 ; *Rev. proc. coll.* 1997, 322, obs. Soinne ; *D.* 2000, *Cah. dr. aff.*, somm. 66, obs. Pérochon et Mainguy, pour un bien prêté. ▪ Cass. com., 10 déc. 1991, n° 90-13.662 : *JurisData* n° 1991-003163 ; *Bull.* IV, n° 379 ; *RD bancaire et bourse* 1992, p. 127, obs. Campana et Calendini pour une location mobilière. ▪ Cass. com., 21 nov. 1995, n° 93-20.531 : *JurisData* n° 1995-003138 ; *JCP* E 1996, I, 554, n° 20, obs. M. Cabrillac ; *RD bancaire et bourse* 1996, 35, obs. Campana et Calendini ; *D.* 1996, 211, note Regnaut-Moutier pour un fonds de commerce. ▪ Cass. com., 22 oct. 1996 : *Bull. civ.* IV, n° 252 ; *JCP* E 1997, I, 623, n° 6, obs. M. Cabrillac ; *RTD com.* 1997, 311, obs. Bouloc pour un brevet d'invention. V. cependant, art. L. 624-10, p. 1209.

V. pour la reconnaissance de la spécificité du « contrat de confié » dans le domaine de la joaillerie (■ Cass. com., 6 juill. 1999, n° 97-10.302 : *JurisData* n° 1999-002825 ; *RTD com.* 2000, 453, obs. Martin-Serf). Le titulaire de bons de caisse doit faire établir son droit de propriété en exerçant l'action en revendication de l'article L. 621-115 [L. 624-9] (■ Paris, 26 juin 1998 : *JurisData* n° 1998-021558. – V. Lucas, *Revendication de bons de caisse dans une procédure collective : RD bancaire et bourse* 1999, 81).

3) Somme d'argent. Une demande de restitution de fonds ne peut être formée par voie de revendication, la seule voie ouverte au créancier d'une somme d'argent étant de déclarer sa créance à la procédure collective de son débiteur (■ Cass. com., 4 févr. 2003, n° 00-13.356 : *JurisData* n° 2003-017629 ; *JCP* E 2003, 1363, note Robine ; *Rev. proc. coll.* 2003, 306, obs. Monsérié-Bon ; *Defrenois* 2003, 1163, note Libchaber ; *RTD com.* 2003, 570, obs. Martin-Serf. ■ Cass. com., 22 mai 2013, n° 11-23.961 : *JurisData* n° 2013-009963 ; *JCP* E 2013, 1434, n° 5, obs. Pétel ; *Act. proc. coll.* 2013, comm. 135, obs. Cagnoli ; *D.* 2013, 1594, note F. Danos ; – 2368, obs. F. X. Lucas).

Ainsi, les sommes remises à un administrateur de biens ne restent pas la propriété du mandant (■ Cass. com., 19 sept. 2018, n° 17-16.582).

Peu importe qu'elle soit aisément identifiable au plan comptable dans les livres du débiteur (■ Cass. com., 10 mai 2000, n° 97-16.726 : *JurisData* n° 2000-002012 ; *JCP* E 2000, p. 1566, § 11, obs. Pétel ; *RTD com.* 2000, 1002, obs. Bouloc et 1012, obs. Martin-Serf ; *JCP* E 2001, 521, note Courtot et Marmoz ; *Rev. proc. coll.* mars 2001, p. 21, obs. Soinne).

Comp. pour une somme d'argent isolée sur un compte bancaire affecté : ■ Cass. 3e civ., 23 sept. 2009, n° 08-18.355 : *JurisData* n° 2009-049547 ; *JCP* E 2010, 1011, n° 11, obs. M. Cabrillac ; *Act. proc. coll.* 2009, comm. 264, obs. Regnaut-Moutier ; *D.* 2010, 1050, obs. D.-R. Martin. ■ Cass. com., 25 mars 1997, n° 93-14.215 : *JCP* E 1997, II, 991, note Pétel ; *RD bancaire et bourse* 1997, 127, n° 3, obs. Campana et Calendini ; *D.* 2000 Cah. dr. aff. somm. 70, obs. Pérochon et Mainguy.

Bibliographie : V. Alfandari, *Les droits des créanciers et des déposants d'un établissement de crédit en difficulté : D.* 1996, chron. 277. – D.-R. Martin, *De la revendication des sommes d'argent : D.* 2002, doctr. 3279. – J. François, *Retour sur la revendication des sommes d'argent : D.* 2012, 1493. – Mastrullo et Menjucq, *Procédure collective du mandataire et revendication des sommes d'argent spécialement affectées au paiement du mandant : Rev. proc. coll.* 2016, étude 11.

4) Contrat en cours. La reconnaissance par le liquidateur du droit de propriété ne dispense pas le propriétaire du bien détenu par le débiteur d'agir en revendication (■ Cass. com., 5 nov. 2013, n° 12-14.645 : *JurisData* n° 2013-024809 ; *JCP* E 2014, 1020, n° 10, obs. Pétel ; *BJE* 2014, p. 32, obs. Laroche. ■ Toulouse, 16 sept. 2014, n° 12/04704 : *Gaz. Pal.* 18-20 janv. 2015, p. 28, obs. Le Corre-Broly).

Lorsque le contrat de crédit-bail a été poursuivi, la restitution du bien doit être obtenue par la voie d'une action en résiliation du contrat continué et non par le biais de l'action en revendication prévue par l'article L. 621-115 [L. 624-9] (■ Cass. com., 25 juin 1996 : *JCP* E 1997, I, 623, n° 8, obs. M. Cabrillac ; *RTD com.* 1997, 311, obs. Bouloc. ■ Cass. com., 3 déc. 1996 : *RD bancaire et bourse* 1997, 365, n° 4, obs. Campana et Calendini ; *RJDA* 3/1997, n° 417).

5) Rétenteur dépossédé. Le dépositaire d'un meuble, qui dispose d'un droit de rétention, n'est pas soumis, pour revenir en possession du meuble dont il s'est trouvé dessaisi par la fraude ou la violence, aux dispositions de l'article L. 621-115 [L. 624-9] (■ Cass. com., 3 janv. 1995 : *JCP* E 1995, I, 487, n° 13, obs. M. Cabrillac).

6) Revendication antérieure au jugement d'ouverture. Le délai de l'article L. 621-115 [L. 624-9] ne s'applique pas lorsque l'action en revendication a été engagée avant l'ouverture de la procédure collective (■ Cass. com., 9 juill. 1996 : *JCP* E 1997, I, 623, n° 5, obs. M. Cabrillac. ■ Cass. com., 30 juin 2004, n° 02-17.771 : *RJDA* 1/2005, n° 66 ; *JCP* E 2004, pan. 1312 ; *JCP* E 2005, 31, n° 11, obs. Cabrillac ; *D.* 2004, p. 2302).

7) Attribution du gage. Lorsque le créancier gagiste demande l'attribution judiciaire du gage en application de l'article L. 622-21 [L. 642-25], il n'agit pas en revendication ; le tiers détenteur, contre lequel l'action en restitution du bien est intentée, ne peut lui faire grief de n'avoir pas agi dans le délai de l'article L. 621-115 [L. 624-9] (■ Cass. com., 28 janv. 1997, n° 93-21.662 : *JurisData* n° 1997-000324 ; *JCP* E 1997, pan. 282 ; *RJDA* 5/97, n° 710).

8) Créanciers de la procédure. Le délai de l'article L. 621-115 [L. 624-9] ne s'applique pas aux créanciers de l'article 40 [L. 622-17] (■ Cass. com., 16 mai 1995, n° 93-13.063 : *JurisData* n° 1995-001099 ; *JCP* E 1995, II, 725, note Clément ; *JCP* E 1995, I, 513, n° 10, obs. M. Cabrillac).

9) Indemnité d'assurance. Le délai de l'article L. 621-115 [L. 624-9] ne s'applique pas en cas de perte du bien, car l'indemnité d'assurance subrogée aux biens dont le vendeur était resté propriétaire, n'entre pas dans le patrimoine de l'acheteur (■ Cass. com., 22 avr. 1997, n° 93-10.114 : *JurisData* n° 1997-001697 ; *RJDA* 8-9/97, n° 1124 ; *RD bancaire et bourse* 1997, 133, n° 9, obs. Campana et Calendini ; *JCP* E 1997, I, 681, n° 12, obs. M. C. ; *RTD civ.* 1997, 696, obs. Zénati ; *Defrénois* 1997, 1439, note Bénabent ; *RTD com.* 1998, 421, obs. Martin-Serf).

II – RÉGIME

10) Délai préfix. Le délai prévu est un délai préfix qui, ne pouvant être ni interrompu ni suspendu, ne peut donner lieu à un relevé de forclusion (droit antérieur, ▪ Cass. com., 29 mai 1984, n° 83-11.516 : *Bull.* IV, n° 151 ; *RTD com.* 1985, 566, obs. Hémard et Bouloc. ▪ Paris, 5e ch., 3 mai 1984 : *JurisData* n° 1984-021956. ▪ Bordeaux, 2e ch., 10 déc. 1985 : *JurisData* n° 1985-043363. ▪ Paris, 3e ch., sect. A, 29 avr. 1986 : *JurisData* n° 1986-021854. – Loi de 1985 ▪ Cass. com., 13 févr. 1990, n° 88-13.546 : *JurisData* n° 1990-700265 ; *Bull.* IV, n° 41 ; *D.* 1991, somm. 42, obs. Pérochon).

Toutefois, le délai de revendication ne court pas lorsque le propriétaire s'est trouvé dans une impossibilité absolue d'agir (▪ Cass. com., 2 mars 1999, n° 96-19.253 : *RD bancaire et fin.* 2000, 23, n° 20, obs. F.-X. L.).

11) Revendiquant domicilié à l'étranger. La prorogation de délai de l'article 643 du Code de procédure civile ne s'applique pas au délai de trois mois de l'article L. 621-115 [L. 624-9] (▪ Cass. com., 28 sept. 2004, n° 02-11.210 : *JurisData* n° 2004-024988 ; *JCP* E 2005, 31, n° 13, obs. Cabrillac et Pétel ; *D.* 2005, pan. 299, obs. Le Corre. ▪ Cass. com., 7 févr. 2006 : *JCP* E 2006, pan. 1407 ; *D.* 2006, p. 577, obs. Lienhard ; *ibid.*, jurispr. 1547, note Marotte).

12) Revendiquant. L'action en revendication est réservée au propriétaire de la chose et ne saurait être exercée par le locataire (▪ Cass. com., 13 juin 1995, n° 93-18.375 : *JurisData* n° 1995-001511 ; *JCP* E 1995, I, 513, n° 11, obs. M. Cabrillac. ▪ Cass. com., 20 mai 1997, n° 95-11.915 : *JurisData* n° 1997-002191 ; *Bull. civ.* IV, n° 150 ; *D.* 2000, *Cah. dr. aff.*, somm. 65, obs. Pérochon et Mainguy ; *RJDA* 10/1997, n° 1259, pour un cas de location-gérance). V. cependant ▪ Cass. com., 14 nov. 2000, n° 97-21.523 : *JurisData* n° 2000-006883 ; *JCP* E 2001, p. 755, n° 14, obs. Ph. Pétel ; *Act. proc. coll.* 2000, comm. 262, obs. Lucas ; *D.* 2001, p. 233, obs. Pisoni, pour la revendication du dépositaire entre les mains du sous-dépositaire.

13) Sanction. La sanction de l'absence de revendication par le propriétaire d'un bien dans le délai prévu par l'article L. 624-9 ne consiste pas à transférer ce bien non revendiqué dans le patrimoine du débiteur mais à rendre le droit de propriété sur ce bien inopposable à la procédure collective, ce qui a pour effet d'affecter le bien au gage commun des créanciers, permettant ainsi, en tant que de besoin, sa réalisation au profit de leur collectivité ou son utilisation en vue du redressement de l'entreprise (▪ Cass. com., 3 avr. 2019, n° 18-11.247 : *JCP* E 2019, 1375, n° 17, obs. Pétel ; *Gaz. Pal.* 9 juill. 2019, p. 39, obs. Le Corre-Broly ▪ Cass. com., 4 janv. 2000, n° 96-19.511 : *JurisData* n° 2000-000114 ; *D.* 2000, comm. 533, note Le Corre-Broly ; *RJ com.* 2000, 266, note Dumesnil-Rossi et Santana ; *RTD com.* 2002, 160, n° 11, obs. Martin-Serf. ▪ Cass. com., 24 mars 2004, n° 02-18.048 : *JurisData* n° 2004-022978 ; *D.* 2004, p. 1084, obs. Lienhard ; *JCP* E 2004, 1292, n° 2, obs. M. Cabrillac). V. les conséquences en cas de résolution du plan de continuation (▪ Cass. com., 20 mai 1997, n° 94-19.413 : *RJDA* 10/1997, n° 1271).

Le propriétaire est fondé à obtenir restitution de son bien contre le tiers acquéreur de mauvaise foi (▪ Cass. com., 15 déc. 2015, n° 13-25.566 : *JurisData* n° 2015-028294 ; *JCP* E 2016, 1198, n° 9, obs. Pétel). En cas de saisie entre les mains du débiteur, il peut en demander la distraction pour s'opposer au droit du créancier saisissant (▪ Cass. com., 26 nov. 2002, n° 01-03.980 : *JurisData* n° 2002-016592 ; *RJDA* 4/2003, n° 413 ; *JCP* E 2003, pan. 130 ; *D.* 2003, p. 67).

14) Frais. Les frais d'enlèvement et de gardiennage de véhicules loués engagés par le liquidateur ne peuvent être mis à la charge du loueur au titre de la gestion d'affaires (▪ Cass. com., 13 janv. 2015, n° 13-11.550 : *JurisData* n° 2015-000220 ; *JCP* E 2015, 1204, n° 10, obs. Pétel ; *Act. proc. coll.* 2015, comm. 45, obs. Fin-Langer).

15) Créances du revendiquant. La perte par le crédit-bailleur du droit de revendiquer le bien est sans influence sur les droits qu'il prétend exercer en application du contrat, notamment en cas de résiliation, et ne fait donc pas obstacle à son admission au passif pour le montant de l'indemnité de résiliation et de la valeur résiduelle du matériel (▪ Cass. com., 3 févr. 1998 : *JCP* E 1998, p. 656, n° 12, obs. M. Cabrillac ; *D.* 2000, *Cah. dr. aff.*, somm. 71, obs. Pérochon et Mainguy).

16) Caution. La caution garantissant le prix de vente des marchandises se trouve libérée en application de l'article 2037 du Code civil (art. 2314) si le créancier vendeur n'exerce pas la revendication à temps, la clause de réserve de propriété étant une garantie accessoire de la créance du vendeur (▪ Cass. com., 11 juill. 1988, n° 86-17.643 : *JurisData* n° 1988-001315 ; *Gaz. Pal.* 1988, 2, 672 ; *Banque* 1988, 932, obs. Rives-Lange ; *RTD com.* 1988, 698, obs. Martin-Serf. ▪ Cass. com., 10 oct. 1995, n° 93-10.808 : *RJDA* 1/1996, n° 130. ▪ Cass. com., 27 avr. 2007 : *RJDA* 8-9/2007, n° 889). Il revient au créancier, pour ne pas encourir la déchéance de ses droits contre la caution, d'établir que la subrogation, qui est devenue impossible par son inaction, n'aurait pas été efficace (▪ Cass. com., 27 févr. 1996, n° 94-14.313 : *JurisData* n° 1996-003970 ; *D.* 1996, somm. 269, obs. Aynès).

17) Loi applicable. La revendication à l'encontre d'un acheteur en redressement judiciaire est régie par la loi de la procédure collective (■ Cass. com., 8 mars 1988, n° 86-17.410 : *RTD com.* 1988, 305, obs. Soinne. ■ Cass. 1re civ., 8 janv. 1991, n° 89-16.741 : *JurisData* n° 1991-700759 ; *Bull.* I, n° 9 ; *JCP* E 1991, I, 73, n° 17, obs. Cabrillac ; *D.* 1991, 276, note Rémery ; *D.* 1993, somm. 286, obs. Pérochon ; *JDI* 1993, 993, note Jacquemont ; *RTD com.* 1991, 638, obs. Bouloc. ■ Cass. com., 8 janv. 2002, n° 98-20.181 : *Rev. crit. DIP* 2002, 328, note Bureau ; *RTD com.* 2002, 727, obs. Martin-Serf).

18) Responsabilité des mandataires de justice. Engage sa responsabilité le mandataire de justice :

– qui s'est abstenu d'informer le bailleur de l'existence d'une clause de réserve de propriété portant sur certains mobiliers, faisant ainsi obstacle à l'action en revendication du vendeur (■ Cass. com., 22 févr. 1994, n° 92-13.871 : *JurisData* n° 1994-000321 ; *Bull. civ.* IV, n° 1 ; *JCP* E 1994, I, 397, n° 13, obs. M. Cabrillac ; *D.* 1995, somm. 26, obs. Honorat, – conf. ■ Paris, 3 janv. 1992 : *RD bancaire et bourse* 1992, 129, obs. Campana et Calendini) ;

– qui laisse vendre un matériel sans avoir procédé aux opérations d'inventaire prescrit par le juge-commissaire, et sans attendre l'expiration du délai de revendication (■ Cass. com., 6 juill. 1999, n° 97-12.613 : *JurisData* n° 1999-002832 ; *RJDA* 11/1999, n° 1238 ; *Rev. proc. coll.* 2000, 80, n° 14, obs. Soinne ; *RTD com.* 2000, 433, obs. Bouloc) ;

– qui avait accepté que les fournitures soient utilisées au cours de la période d'observation et qui n'a pris aucune mesure de nature à assurer l'indemnisation du créancier revendiquant (■ Cass. com., 11 juill. 1995, n° 94-11.540 : *JurisData* n° 1995-002307 ; *JCP* E 1995, pan. 1141. – Comp. ■ Cass. com., 30 juin 2004 : *RJDA* 1/2005, n° 66 ; *JCP* E 2004, pan. 1312 ; *JCP* E 2005, chron. 31, n° 11, obs. Cabrillac ; *D.* 2004, p. 2302) ;

– qui a négligé de prendre toutes mesures conservatoires permettant d'affecter les fonds provenant de la vente de marchandises incluses dans un plan de cession au règlement de la créance du vendeur revendiquant dès l'issue de la revendication (■ Cass. com., 4 janv. 2000, n° 96-18.638 : *JurisData* n° 2000-000013 ; *JCP* E 2000, pan. 298, p. 701, n° 6, obs. M. Cabrillac ; *RJDA* 2/2000, n° 183 ; *D.* 2000, *Cah. dr. aff.*, jurispr. 56, obs. Lienhard ; *Rev. proc. coll.* 2000, 80, n° 14, obs. Soinne ; *RTD com.* 2000, 708, obs. Bouloc. ■ Cass. com., 11 déc. 2001, n° 99-13.476 : *RJDA* 4/2002, n° 407) ;

– qui, n'ayant pas à se faire juge de l'irrégularité de la procédure de revendication, n'aurait pas dû vendre les stocks dans le cadre du plan de cession (■ Cass. com., 25 oct. 2017, n° 16-22.027 : *JurisData* n° 2017-021218 ; *Rev. proc. coll.* 2018, comm. 7, obs. Vallansan).

Art. L. 624-10 ***(Anc. art. L. 621-116, renum. et mod., L. n° 2005-845, 26 juill. 2005).*** **– Le propriétaire d'un bien est dispensé de faire reconnaître son droit de propriété lorsque le contrat portant sur ce bien a fait l'objet d'une publicité. Il peut réclamer la restitution de son bien dans des conditions fixées par décret en Conseil d'État.**

Bibliographie : Le Corre-Broly, *La publicité du contrat de crédit-bail mobilier et sa sanction en cas de procédure collective du locataire* : *JCP* E 1997, I, 621.

1) Domaine. La dispense de revendication s'applique au contrat de location-gérance de fonds de commerce (■ Cass. com., 15 mars 2005, n° 00-18.550 : *JurisData* 2005-027605 ; *D.* 2005, p. 890, obs. Lienhard ; *JCP* E 2005, pan. 723 ; *RJDA* 2/2006, n° 170 ; *Act. proc. coll.* 2005-8, obs. Pérochon ; *JCP* E 2005, 1274, n° 16, obs. M. Cabrillac ; *RD bancaire et fin.* 2002, n° 101, obs. Lucas, confirmant ■ *Besançon, 7 juin 2000, n° 00/00113* : *JurisData* n° 2000-119747 ; *Act. proc. coll.* 2000-16).

Pour les statuts d'une coopérative, V. implicit. ■ Cass. com., 18 sept. 2012, n° 11-17.546 : *JurisData* n° 2012-020822 ; *JCP* E 2012, 1757, n° 17, obs. Pétel ; *Act. proc. coll.* 2012, comm. 241, obs. Vallansan ; *BJS* 2012, p. 815, note J.-J. Barbieri.

L'enregistrement auprès des services des impôts n'est pas une formalité de publicité au sens de l'article L. 624-10 (■ Cass. com., 5 nov. 2013 : *JCP* E 2014, 1020, n° 10, obs. Pétel ; *BJE* 2014, p. 32, obs. Laroche).

2) Défaut de publicité. Dès lors que les contrats de location de matériels passés avec le débiteur n'ont fait l'objet d'aucune publicité, la société propriétaire ne peut pas bénéficier des dispositions de l'article L. 621-116 [L. 624-10] (■ Cass. com., 15 févr. 2005, n° 03-17.604 : *JurisData* n° 2005-026985 ; *D.* 2005, p. 641, obs. Lienhard ; *JCP* E 2005, pan. 548 ; *RJDA* 5/2005, n° 598). La connaissance par l'administrateur ou le liquidateur du droit de propriété du propriétaire ne peut suppléer l'absence de publication (même déc.).

3) Publicité irrégulière. Des erreurs commises dans l'identification du crédit-preneur rendent la publicité irrégulière et donc inopposable à la procédure collective sous laquelle ce dernier a été placé (■ Cass. com., 11 mai 2010, n° 09-14.048 : *JurisData* n° 2010-005921 ; *JCP* E 2010, 1742, n° 12, obs. M. Cabrillac ; *D.* 2010, act. jurispr. 1276, obs. A. Lienhard ; *Act. proc. coll.* 2010, comm. 177, obs. F. Petit).

Art. L. 624-10-1 ***(Ord. n° 2008-1345, 18 déc. 2008).*** **– Lorsque le droit à restitution a été reconnu dans les conditions prévues aux articles L. 624-9 ou L. 624-10 et que le bien fait l'objet d'un contrat en cours au jour de l'ouverture de la procédure, la restitution effective intervient au jour de la résiliation ou du terme du contrat.**

Art. L. 624-11 ***(Anc. art. L. 621-117, renum. et mod., L. n° 2005-845, 26 juill. 2005).*** **– Le privilège et le droit de revendication établis par le 4° de l'article 2332 du Code civil au profit du vendeur de meubles ainsi que l'action résolutoire ne peuvent être exercés que dans la limite des dispositions des articles L. 624-12 à L. 624-18 du présent code.**

> **Rédaction future.** Art. L. 624-11 *(Anc. art. L. 621-117, renum. et mod., L. n° 2005-845, 26 juill. 2005).* – Le privilège *(Mots rempl. à compter du 1er janvier 2022, Ord. n° 2021-1192, 15 sept. 2021)* « établi par le 3° » de l'article 2332 du Code civil au profit du vendeur de meubles ainsi que l'action résolutoire ne peuvent être exercés que dans la limite des dispositions des articles L. 624-12 à L. 624-18 du présent code.

Art. L. 624-12 ***(Anc. art. L. 621-118, renum. et mod., L. n° 2005-845, 26 juill. 2005).*** **– Peuvent être revendiquées, si elles existent en nature, en tout ou partie, les marchandises dont la vente a été résolue antérieurement au jugement ouvrant la procédure soit par décision de justice, soit par le jeu d'une condition résolutoire acquise.**

La revendication doit pareillement être admise bien que la résolution de la vente ait été prononcée ou constatée par décision de justice postérieurement au jugement ouvrant la procédure lorsque l'action en revendication ou en résolution a été intentée antérieurement au jugement d'ouverture par le vendeur pour une cause autre que le défaut de paiement du prix.

1) **Résolution amiable.** Seule est autorisée une résolution judiciaire et non une résolution amiable qui, effectuée en période suspecte, serait obligatoirement nulle en application de l'article L. 621-107, 4° [L. 632-1] (droit antérieur, ▪ Cass. civ., 7 oct. 1941 : *JCP* 1945, II, 2786, note Boitard ; *Gaz. Pal.* 1941, 2, 535 ; *S.* 1944, 1, 61. ▪ Cass. com., 24 mai 1948 : *JCP* 1948, II, 4568, note Becqué ; *D.* 1949, 13, note Percerou ; *RTD com.* 1948, 688, obs. Hémard et 700, obs. Houin. ▪ Cass. com., 6 juill. 1964 : *D.* 1964, 531. ▪ Paris, 3e ch., 8 juin 1976 : *JurisData* n° 00379).

2) **Période suspecte.** L'action en justice peut avoir eu lieu en période suspecte, même avec connaissance de la cessation des paiements, car elle n'entre pas dans les cas de nullité de la période suspecte (droit antérieur, ▪ Cass. com., 14 nov. 1956 : *Gaz. Pal.* 1957, 1, 192 ; *RTD com.* 1957, 470, obs. Houin. ▪ Cass. com., 19 juin 1978, n° 76-13.409 : *JurisData* n° 1978-097169 ; *Bull.* IV, n° 169 ; *JCP* G 1978, IV, 164 ; *Gaz. Pal.* 1978, 2, somm. 376. ▪ Paris, 3e ch., 22 avr. 1976 : *JurisData* n° 1976-635097 ; *JCP* 1976, II, 18433, note Chaput ; *RJ com.* 1976, 229 ; *Gaz. Pal.* 1977, 1, 114) ; sauf collusion frauduleuse entre le vendeur et le débiteur (▪ Cass. civ., 20 juin 1937 : *JCP* 37, 326 ; *DH* 1937, 406).

3) **Clause résolutoire.** La clause joue si le vendeur s'en est prévalu avant l'ouverture de la procédure (▪ Cass. com., 15 févr. 1956 : *Bull.* III, n° 75) et a manifesté son intention irrévocable de s'en prévaloir (▪ Cass. com., 18 juin 1979, n° 77-11.295 : *Bull.* IV, n° 203 ; *Banque* 1979, 1370, note L.-M. Martin ; *Gaz. Pal.* 1979, 2, somm. 508 pour une clause de réserve de propriété avant la réforme du 12 mai 1980).

Art. L. 624-13 ***(Anc. art. L. 621-119, renum., L. n° 2005-845, 26 juill. 2005).*** **– Peuvent être revendiquées les marchandises expédiées au débiteur tant que la tradition n'en a point été effectuée dans ses magasins ou dans ceux du commissionnaire chargé de les vendre pour son compte.**

Néanmoins, la revendication n'est pas recevable si, avant leur arrivée, les marchandises ont été revendues sans fraude, sur factures ou titres de transport réguliers.

1) **Date de la tradition.** La tradition dans les magasins de l'acheteur n'interdit la revendication que si elle a lieu antérieurement au jugement d'ouverture ; dans le cas contraire, le vendeur *garde son droit de revendication* (▪ Cass. com., 21 déc. 1971, n° 70-12.033 : *JurisData* n° 1971-097308 ; *Bull.* IV, n° 308. ▪ Cass. com., 26 juin 1972 : *JCP* G 1972, IV, 213 ; *D.* 1972, 639).

Mais l'administrateur peut, en ce cas, exercer l'option prévue à l'article L. 621-28 [L. 622-13] et exiger la livraison en payant le prix (▪ Cass. com., 26 juin 1972, préc.).

2) **Tradition non effectuée.** N'est pas considérée comme une tradition à l'acheteur la remise des marchandises à la « gare-départ » même si le vendeur a expédié sa facture (▪ Cass. req., 29 nov. 1875 : *DP* 1878, 1, 17. ▪ Montpellier, 10 mars 1910 : *Journ. faillites* 1910, 315. ▪ Poitiers, 17 déc. 1930 : *DH* 1931, 125) ; même si les marchandises sont arrivées à la

gare de destination, tant que l'acheteur n'en a pas réellement pris possession (▪ Cass. req., 29 nov. 1875, préc. ▪ Paris, 8 avr. 1897 : *DP* 1897, 2, 264. ▪ T. com. Tours, 30 mai 1902 : *Journ. faillites* 1902, 461).

Lorsque le commissionnaire qui a reçu les marchandises dans ses magasins n'était pas chargé de les vendre pour le compte du débiteur mais simplement de les réexpédier, la revendication du vendeur demeure possible (▪ Cass. req., 15 juin 1900 : *DP* 1900, 1, 420. ▪ Cass. com., 15 déc. 1947 : *JCP* G 1948, IV, 21).

3) Tradition effectuée. Mais il y a livraison lorsque le destinataire a pris possession effective de la marchandise (▪ Cass. req., 27 déc. 1904 : *DP* 1905, 1, 75), lorsqu'elles sont mises à sa disposition sous le régime « dépôt en douane » par un commissionnaire ou un transitaire (▪ Cass. com., 27 janv. 1959 : *Bull.* III, n° 49. ▪ Cass. com., 10 oct. 1960 : *Bull.* III, n° 313. ▪ Cass. com., 16 janv. 1973, n° 71-12.152 : *JurisData* n° 1973-097026 ; *Bull.* IV, n° 26 ; *JCP* G 1973, IV, 87 ; *Gaz. Pal.* 1973, 1, somm. 89. ▪ Cass. com., 13 mai 1986, n° 84-13.113 : *JurisData* n° 1986-700873 ; *Bull.* IV, n° 92).

4) Revente sans facture. La revendication demeure possible lorsque la mauvaise foi du sous-acquéreur est établie et que les marchandises ont été revendues sans facture (▪ Cass. com., 17 oct. 1956 : *Bull.* III, n° 246).

Art. L. 624-14

(Anc. art. L. 621-120, renum., L. n° 2005-845, 26 juill. 2005). – **Peuvent être retenues par le vendeur les marchandises qui ne sont pas délivrées ou expédiées au débiteur ou à un tiers agissant pour son compte.**

1) Vente à terme. Le droit de rétention concerne les ventes à terme comme les ventes au comptant (▪ Cass. req., 24 avr. 1903 : *DP* 1904, 1, 229, rapp. Alphandary).

2) Mise à disposition. Tant que la marchandise n'est pas effectivement délivrée à l'acheteur, le vendeur peut exercer son droit de rétention ; ainsi la mise à la disposition de l'acheteur des biens se trouvant dans les magasins du vendeur ou déposés entre les mains d'un tiers ne fait pas perdre au vendeur son droit de rétention (▪ Bordeaux, 28 mai et 18 juin 1900 : *DP* 1901, 2, 73, note Lacour ; *S.* 1904, 2, 137, note Wahl. ▪ Douai, 10 mai 1957 : *RJ com.* 1957, 307. ▪ Cass. com., 9 juill. 1979 : *Bull.* IV, p. 186) ; la tradition réelle à l'acheteur ou la remise de fait entraîne perte du droit de rétention (▪ Cass. civ., 12 mai 1903 : *DP* 1903, 1, 416).

3) Déclaration de la créance. Le vendeur ne perd pas son droit de rétention en déclarant sa créance (▪ Cass. com., 15 févr. 1956 : *Bull.* III, n° 75 ; *RTD com.* 1956, 531. ▪ 18 févr. 1957 : *Bull.* III, n° 57. ▪ Paris, 10 févr. 2004, n° 2003/11354 : *JurisData* n° 2004-232698 ; *JCP* E 2004, pan. 494).

4) Incidence sur le droit de propriété. Le droit de rétention ne manifeste pas le maintien du droit de propriété (▪ Cass. com., 29 oct. 1979 : *DS* 1980, inf. rap. 323, obs. Honorat ; *Gaz. Pal.* 1980, 1, somm. 140. ▪ Cass. com., 18 juin 1980 : *DS* 1981, inf. rap. 66, obs. Honorat).

Art. L. 624-15

(Anc. art. L. 621-121, renum., L. n° 2005-845, 26 juill. 2005). – **Peuvent être revendiqués, s'ils se trouvent encore dans le portefeuille du débiteur, les effets de commerce ou autres titres non payés, remis par leur propriétaire pour être recouvrés ou pour être spécialement affectés à des paiements déterminés.**

Revente d'une marchandise réservée. La traite acceptée par le sous-acquéreur d'une marchandise grevée de réserve de propriété n'est pas susceptible d'une revendication de la part du vendeur originaire lorsqu'elle a été conservée par le revendeur en redressement judiciaire, le vendeur originaire n'en étant pas propriétaire (▪ Versailles, 8 juin 1989 : *JCP* E 1990, II, 15668, n° 16, obs. crit. Cabrillac ; *D.* 1989, inf. rap. 226).

L'affectation spéciale visée par l'article L. 621-121 [L. 624-15] doit émaner du propriétaire de l'effet qui le revendique (même arrêt).

Art. L. 624-16

(Anc. art. L. 621-122, renum. et mod., L. n° 2005-845, 26 juill. 2005 ; Ord. n° 2006-346, 23 mars 2006 ; Ord. n° 2008-1345, 18 déc. 2008). – **Peuvent être revendiqués, à condition qu'ils se retrouvent en nature, les biens meubles remis à titre précaire au débiteur ou ceux transférés dans un patrimoine fiduciaire dont le débiteur conserve l'usage ou la jouissance en qualité de constituant.**

Peuvent également être revendiqués, s'ils se retrouvent en nature au moment de l'ouverture de la procédure, les biens vendus avec une clause de réserve de propriété. Cette clause doit avoir été convenue entre les parties dans un écrit au plus tard au moment de la livraison. Elle peut l'être dans un écrit régissant un ensemble d'opérations commerciales convenues entre les parties.

La revendication en nature peut s'exercer dans les mêmes conditions sur les biens mobiliers incorporés dans un autre bien lorsque la séparation de ces biens peut être effectuée sans qu'ils en subissent un

dommage. La revendication en nature peut également s'exercer sur des biens fongibles lorsque des biens de même nature et de même qualité se trouvent entre les mains du débiteur ou de toute personne les détenant pour son compte.

Dans tous les cas, il n'y a pas lieu à revendication si, sur décision du juge-commissaire, le prix est payé immédiatement. Le juge-commissaire peut également, avec le consentement du créancier requérant, accorder un délai de règlement. Le paiement du prix est alors assimilé à celui des créances mentionnées au I de l'article L. 622-17.

Remarque : la bibliographie sur la clause de réserve de propriété est très abondante et se trouve reproduite, pour l'essentiel, dans le fascicule 2545 du *JurisClasseur Commercial* cité *infra*. Nous indiquons exclusivement la bibliographie postérieure à la loi de 1985.

Bibliographie : Crocq, *JCl. Commercial ou procédures collectives*, Fasc. 2545. • Pérochon, *La réserve de propriété dans la vente des meubles corporels*, thèse Montpellier, 1987. • Cabrillac, *Réserve de propriété, bordereau Dailly et créance du prix de revente : D.* 1988, 225. • Genty, *La condition juridique du banquier subrogé dans les droits du vendeur de meubles corporels ayant stipulé une clause de réserve de propriété : Banque* 1988, 47. • Schmidt, Hemmele et Chopard, *La vente de son bien par le créancier propriétaire (contribution à l'étude des effets de la clause de réserve de propriété) : JCP* 1988, II, 15309. • Storck, *Revendication des marchandises et sort d'un contrat de vente conclu avec une clause de réserve de propriété : DS* 1988, 131. • Benezra, *Réserve de propriété et procédure collective : Gaz. Pal.* 1989, 1, doctr. 1. • Ghestin, Jamin, *La protection du vendeur sous réserve de propriété et la survie de l'entreprise en difficulté : Rev. proc. coll.* 1989, 291. • Pérochon, *Le conflit relatif à la créance du prix de vente des marchandises vendues sous réserve de propriété résolu en faveur du vendeur initial : D.* 1989, 431. • Scarano, *Opposabilité ou inopposabilité de la clause de réserve de propriété (observations de droit comparé et de droit international privé) : RTD com.* 1990, 535. • Ponceblanc et Monod, *La clause de réserve de propriété ou l'émergence des garanties « frustes » sur les garanties réelles : Gaz. Pal.* 1992, 2, 594. • Cande, *L'évolution de la jurisprudence en matière de clause de réserve de propriété : RJ com.* 1993, 133. • Pérochon, *La revendication favorisée (loi du 10 juin 1994) : D.* 1994, chron. 251. • Campana, *Les revendications après la réforme du 10 juin 1994* in *Le nouveau droit des défaillances d'entreprises*, Dalloz 1995. • Pérochon, *La réforme 1994 de la réserve de propriété : CDE* 1995/5, p. 25. • Voinot, *Le refus par l'acheteur de la clause de réserve de propriété : D.* 1997, chron. 312. • Bac, *Réserve de propriété : les obstacles de la dernière heure, les parades possibles : JCP* E 1998, p. 1294. • Lavabre, *Actualité de la clause de réserve de propriété : RJDA* 2/98, p. 83. • Houtmann, *De quelques réflexions à propos des difficultés d'application de la clause de réserve de propriété dans le droit des procédures collectives : LPA* 18 juin 1999, p. 6. • Pétel, *Retour sur la revendication de choses fongibles : Mél. en l'honneur de D. Tricot*, p. 571. • J.-P. Remery, *Location financière et ouverture d'une procédure collective dans la jurisprudence de la Cour de cassation : D.* 2013, 1634. • Laroche, *Le juge-commissaire et les revendications et restitutions : Rev. proc. coll.* 2019, dossier 42.

• *Sommaire*

I – EXISTENCE EN NATURE

1) Preuve. Le revendiquant doit établir l'identité des marchandises et son droit de propriété sur ces marchandises retrouvées (▪ Cass. com., 18 mai 1968 : *Bull. civ.* IV, n° 112. ▪ Cass. com., 20 mai 1986, n° 85-10.304 : *JurisData* n° 1986-700983 ; *Gaz. Pal.* 1986, 2, 607, note E. Bey, pour l'absence de moyen d'identification approprié pour un micro-ordinateur. ▪ Cass. com., 5 oct. *1993, n° 91-18.179 : JCP E 1993*, pan. 1317).

Il lui appartient de prouver que la séparation d'un bien incorporé peut se faire sans dommage (▪ Cass. com., 10 mars 2015, n° 13-23.424).

Si l'administrateur refuse de communiquer l'inventaire, la production des bons de commande et de livraison peut tenir lieu de preuve (▪ Cass. com., 13 avr. 1999 : *Bull. civ.* IV, n° 86 ; *JCP* E 1999, p. 1534, n° 14, obs. M. Cabrillac ; *Act. proc. coll.* 1999, n° 10, obs. Monsèrié-Bon ; *RTD com.* 1999, 944, obs. Bouloc ; *D.* 2000, *Cah. dr. aff.*, somm. 73, obs. Pérochon et Mainguy ; V. aussi ▪ Cass. com., 26 juin 2001 : *RJDA* 12/2001, n° 1234).

En l'absence d'inventaire, c'est au liquidateur et non au revendiquant à prouver que le bien concerné n'existait pas en nature lors de l'ouverture de la procédure (▪ Cass. com., 1er déc. 2009, n° 08-13.187 : *JurisData* n° 2009-050593 ; *JCP* E 2010, 1296, n° 12, obs. M. Cabrillac ; *D.* 2010, act. jurispr. 12, obs. A. Lienhard ; *Act. proc. coll.* 2010, comm. 27). *Idem* en présence d'un inventaire incomplet, sommaire ou inexploitable, qui équivaut à l'absence d'inventaire (■ Cass. com., 25 oct. 2017, n° 16-22.083 : *JurisData* n° 2017-021041 ; *JCP* E 2017, 1688, n° 9, obs. Pétel).

2) Date d'appréciation. Les marchandises doivent se retrouver en nature au jour de l'ouverture de la procédure collective, et non au jour de la revendication (■ Cass. com., 14 févr. 1984, n° 82-16.127 : *JurisData* n° 1984-700571 ; *DS* 1985, inf. rap. 3. ■ Cass. com., 26 mars 1985, n° 84-10.349 : *JurisData* n° 1985-701102 ; *Bull. civ.* IV, n° 109. ■ Cass. com., 23 oct. 1985, n° 84-14.821 : *JurisData* n° 1985-702917 ; *DS* 1986, inf. rap. 174. ■ Cass. com., 15 mars 2005, n° 03-30.332 : *JurisData* n° 2005-027660 ; *D.* 2005, p. 1083, obs. Lienhard), même si le débiteur les avait confiées à un tiers dès lors qu'il n'en avait pas perdu la maîtrise (■ Cass. com., 3 déc. 1996, n° 94-21.227 : *JurisData* n° 1996-004633 ; *JCP* E 1997, I, 651, n° 16, obs. M. Cabrillac ; *RD bancaire et bourse* 1997, 37, obs. Campana et Calendini ; *RJDA* 3/1997, n° 421).

3) Exigence d'ordre public. L'article L. 621-122 [L. 624-16] édicte une règle d'ordre public ; doit être cassé l'arrêt qui, pour faire droit à l'action en revendication du vendeur, retient l'existence d'une clause convenue entre les parties selon laquelle les marchandises retrouvées en possession de l'acheteur seraient présumées à tout moment celles non encore payées (■ Cass. com., 9 janv. 1990, n° 88-13.511 : *JurisData* n° 1990-700008 ; *Bull. civ.* IV, n° 8 ; *D.* 1991, 130, note Virassamy ; *ibid.*, somm. 46, obs. Pérochon ; *RTD com.* 1990, 455, n° 12, obs. Bouloc).

4) Détention par une personne morale. Peu importe que la personne morale détienne le bien revendiqué dans ses locaux ou qu'il soit détenu par son représentant légal en d'autres lieux (■ Cass. com., 10 mai 2012 : *JCP* E 2012, 1508, § 6, obs. Ph. Pétel ; *Gaz. Pal.* 3-4 août 2012, p. 32, obs. E. Le Corre-Broly).

5) Revente avec réserve. Le sous-acquéreur avec réserve de propriété ne détient pas à titre précaire les marchandises pour le compte de l'acheteur-revendeur (■ Cass. com., 3 nov. 2015 : *JurisData* n° 2015-024505 ; *JCP* E 2016, 1169, note Pelletier et Lauthier ; 1198, n° 10, obs. Pétel ; *Act. proc. coll. 2015, comm. 307*, obs. Pérochon).

6) Pouvoir souverain des juges du fond. Les juges du fond ont un pouvoir souverain sur le point de savoir si la marchandise a été transformée ou incorporée (■ Cass. com., 12 déc. 1984, n° 83-13.075 : *Bull.* IV, n° 348) et pour déterminer si une chose est fongible (■ Cass. com., 15 mars 2005 : *D.* 2005, p. 1083, obs. Lienhard et 1718, note Marly ; *JCP* E 2005, 1274, n° 15, obs. M. Cabrillac).

7) Transformation. L'abattage, le dépeçage et le découpage d'animaux arrivés sur pied dans les locaux d'un abattoir sont incompatibles avec l'exigence de l'existence en nature (■ Cass. com., 22 mars 1994, n° 92-11.223 : *JurisData* n° 1994-000732 ; *RJDA* 7/1994, n° 864). Toutefois, il a été jugé que les raisins apportés à une coopérative peuvent être revendiqués (■ Cass. com., 11 juill. 2006, n° 05-13.103 : *JurisData* n° 2006-034598 ; *D.* 2006, p. 2462, obs. Lienhard ; *Act. proc. coll.* 2006, n° 16, obs. Pérochon ; *JCP* E 2007, 1004, n° 13, obs. Cabrillac.

La prise de poids des alevins de daurade royale n'en a pas modifié la substance (■ Cass. com., 11 juin 2014, n° 13-14.844 : *JurisData* n° 2014-012799 ; *JCP* E 2014, 1447, n° 7, obs. Pétel ; *JCP* E 2014, 1562, note Dammann et Gallo).

8) Incorporation irréversible. V. pour des installations sanitaires incorporées à un immeuble ■ Cass. com., 2 mars 1999, n° 95-18.643 : *JurisData* n° 1999-000900 ; *JCP* E 1999, p. 1535, n° 15, obs. Pétel, p. 1968, note Cutajar ; *D.* 2000, *Cah. dr. aff.*, somm. 69, obs. Pérochon et Mainguy ; *RTD com.* 2000, 455, obs. Martin-Serf. Pour l'intégration d'éléments interconnectés ayant donné lieu à la création d'un ensemble nouveau : ■ Cass. com., 19 juin 2012 : *Rev. proc. coll.* 2013, comm. 133, obs. Monserié-Bon.

– V. également arrêts cités, *Rev. proc. coll.* 1987, n° 4, p. 71, obs. Soinne.

9) Incorporation réversible. Des pneumatiques montés sur des véhicules peuvent être revendiqués (■ Cass. com., 18 juill. 1989, n° 88-13.395 : *JurisData* n° 1989-702519 ; *JCP* E 1989, I, 19098 ; *RD bancaire et bourse* 1990, 51, obs. Campana ; *RTD com.* 1990, 246, obs. Bouloc ; *D.* 1991, somm. 46, obs. Pérochon. ■ Cass. com., 28 oct. 2008, n° 07-16.899 : *JurisData* n° 2008-045609 ; *JCP* E 2009, 1008, n° 16, obs. Cabrillac ; *Gaz. proc. coll.* 1/2009, p. 52, obs. Pérochon). *Idem* pour une serre qu'il est possible de démonter sans dégradation de l'immeuble voisin (■ Cass. com., 5 oct. 1993, n° 91-18.362 : *JurisData* n° 1993-002204 ; *RD bancaire et bourse* 1994, 137, obs. Campana et Calendini ; *JCP* E 1993, pan. 1319). *Idem* pour un moteur placé sur un navire (■ Cass. com., 15 mars 1994, n° 91-14.375 : *Bull.* IV, n° 110 ; *JCP* E 1994, I, 397, n° 12, obs. M. Cabrillac ; *JCP* E 1994, I, 411, n° 23, obs. Ph. Simler et Ph. Delebecque ; *ibid.*, II, 633, note C. Larroumet. ■ Cass. com., 11 mars 1997, n° 94-20.069 : *JurisData* n° 1997-001069 ; *D.* 2000, *Cah. dr. aff.*, somm. 72, obs. Pérochon et Mainguy).

10) Choses fongibles. L'article L. 621-122, alinéa 3, [L. 624-16] énonce une règle de fond attribuant au revendiquant la propriété des biens fongibles qui se trouvent entre les mains de l'acheteur dès lors que ceux-ci sont de même espèce et de même qualité que ceux qu'il avait livrés, la loi ne subordonnant la revendication de tels biens à aucune autre condition (■ Cass. com., 5 mars 2002, n° 98-17.585 : *JurisData* n° 2002-013343 ; *D.* 2002, p. 1139, obs. Lienhard ; *Act. proc. coll.* 2002, n° 115, obs. Mainguy ; *JCP* E 2002, 1380, n° 12, obs. M. Cabrillac ; *RTD civ.* 2002, 327, obs. T. Revet ; *Banque et droit* 1er mai 2002, n° 83, p. 44, obs. Jacob ; *RD bancaire et fin.* 2002, 128, n° 91, obs. D. Legeais ; *RTD com.* 2002, 544, obs. A. Martin-Serf, 717, obs. B. Bouloc. ■ Cass. com., 13 nov. 2002, n° 00-10.284 : *JurisData* n° 2002-016544 ; *JCP* E 2003, jurispr. 667, note Forgues, pour la revendication de produits pharmaceutiques. – Mais voir pour les mêmes produits, ■ Cass. com., 15 mars 2005 : *D.* 2005, p. 1083, obs. Lienhard et 1718, note Marly ; *JCP* E 2005, 1274, n° 15, obs. M. Cabrillac, qui considère que les produits pharmaceutiques ne sont pas fongibles en raison des emballages portant plusieurs indications permettant de les individualiser). Des bijoux fabriqués en série n'ont pas le caractère de choses fongibles (■ Cass. com., 15 févr. 2000 : *JCP* E 2000, pan. 588 ; *D.* 2000, act. jurispr., p. 127, obs. Lienhard ; *RTD com.* 2000, 1014, obs. Martin-Serf).

11) Quantité insuffisante. Lorsque plusieurs vendeurs revendiquent les mêmes biens fongibles, ceux-ci doivent leur être restitués à proportion de la quantité livrée par chacun d'eux et restant impayée (■ Cass. com., 29 nov. 2016, n° 15-12.350 : *JurisData* n° 2016-025371 ; *JCP* E 2017, 1164, n° 7, obs. Pétel, 1134, obs. Lebel ; *Act. proc. coll.* 2017-2, comm. 19, obs. Pérochon ; *Gaz. Pal.* 10 janv. 2017, p. 49, note Le Corre-Broly).

12) Sommes d'argent. V. sous art. L. 624-9, annot. n° 3, p. 1207.

II – CLAUSE DE RÉSERVE DE PROPRIÉTÉ

A – Conditions

13) Nature du contrat. Les biens remis en exécution d'un contrat d'entreprise peuvent faire l'objet d'une propriété réservée (■ Cass. com., 17 mars 1998, n° 95-11.209 : *JurisData* n° 1998-001247 ; *RJDA* 7/1998, n° 898 ; *D.* 1999, somm. 72, obs. Honorat ; *D.* 2000, somm. 75, obs. Pérochon et Mainguy ; *D. affaires* 1998, 803, obs. Avena-Robardet. ■ Cass. com., 29 mai 2001, n° 98-21.126 : *JurisData* n° 2001-010018 ; *RJDA* 11/2001, n° 1130 ; *JCP* E 2001, p. 2006, note Leveneur. ■ Cass. com., 19 nov. 2003, n° 01-01.137 : *JurisData* n° 2003-021073 ; *RJDA* 4/2004, n° 449 ; *JCP* E 2004, pan. 51, chron. 783, n° 11, obs. M. Cabrillac ; *LPA* 19 févr. 2004, p. 9, note Lécuyer ; *D.* 2003, p. 3049, obs. Lienhard ; *D.* 2004, comm. 801, note A. Lucas et F.-X. Lucas. – Comp. ■ Cass. com., 29 mai 2001, n° 98-21.126 : *JurisData* n° 2001-010018 ; *RJDA* 11/2001, n° 1130, et 5 nov. 2003 : *RJDA* 3/2004, n° 348 ; *JCP* E 2003, pan. 1762 ; *LPA* 19 févr. 2004, p. 9, note Lécuyer ; *D.* 2003, p. 2965). Le fait que le contrat de louage d'ouvrages porte sur des ouvrages littéraires grevés de droit de propriété intellectuelle n'a aucune incidence sur le droit de propriété sur les objets matériels (■ Cass. com., 19 nov. 2003, préc.).

14) Écrit. L'écrit peut consister en un accord cadre applicable à toutes les opérations commerciales envisagées entre le vendeur et l'acquéreur ou figurer dans tout document tel que télex, bon de livraison, accusé de réception de commande, facture ou tout autre écrit faisant référence ou reproduisant les conditions générales de vente dans lesquelles est insérée la clause de réserve de propriété (■ Rennes, 10 févr. 1983 : *JurisData* n° 1983-640228 ; *Gaz. Pal.* 1983, 1, 161. ■ Paris, 19 avr. 1983 : *JurisData* n° 1983-023487 ; *DS* 1984, inf. rap. 3. ■ Agen, 21 juin 1983 : *JurisData* n° 1983-699021 ; *Gaz. Pal.* 1984, 1, 20. ■ Rouen, 1er mars 1984 : *Gaz. Pal.* 1984, 1, 347. ■ Rennes, 30 avr. 1998 : *JurisData* n° 1998-044211 ; *JCP* E 1999, pan. 1655).

La clause de réserve de propriété peut être stipulée dans l'accusé de réception de la commande adressée par le vendeur à l'acheteur (■ Cass. com., 11 mai 1984, n° 83-11.360 : *JurisData* n° 1984-701061 ; *Gaz. Pal.* 1985, 1, 55 ; *RTD com.* 1985, 560, obs. Hémard et Bouloc).

Mais la clause de réserve de propriété figurant dans une commande contractée par voie télématique dont il n'existe aucune transcription écrite et contresignée par l'acheteur ne répond pas aux exigences de l'article L. 621-122, alinéa 2 [L. 624-16] (■ Aix-en-Provence, 25 févr. 1993 : *JurisData* n° 1993-044272 ; *RJDA* 1/94, n° 98).

15) Exigence chronologique. Cette exigence est satisfaite lorsque la clause figure sur un bon de livraison signé par l'acheteur au moment de la livraison (■ Cass. com., 11 juill. 1983, n° 82-10.639 : *JurisData* n° 1983-701645 ; *Bull.* IV, n° 215 ; *JCP* E 1984, 13608, n° 16, obs. Cabrillac et Vivant. ■ Cass. com., 10 févr. 1987, n° 85-17.028 : *Rev. proc. coll.* 1987, n° 2, p. 73, obs. Soinne).

La preuve de la date de l'accord est à la charge du revendiquant, et cela relève du pouvoir souverain des juges du fond (■ Cass. com., 13 mars 1985 : *JurisData* n° 1985-701758 ; *Bull. Joly* 1985, 543).

La délivrance d'un meuble s'opère par le seul consentement des parties si l'acheteur l'avait déjà en son pouvoir à un autre titre ; en ce cas, la clause de réserve de propriété doit avoir été convenue dans le contrat de vente (■ Cass. com., 3 juill. 2012, n° 11-18.026 : *JurisData* n° 2012-015231 ; *JCP* E 2012, 1757, n° 16, obs. Ph. Pétel ; *Act. proc. coll.* 2012, comm. 212, obs. F. Petit ; *BJE* 2012, p. 291, obs. M. Laroche ; *Gaz. Pal.* 12-13 oct. 2012, n° 11-18.026, p. 31, obs. F. Pérochon).

16) Acceptation de l'acheteur. L'opposabilité à l'acheteur d'une clause de réserve de propriété n'est pas subordonnée à l'existence d'une acceptation écrite de sa part (■ Cass. com., 11 juill. 1995, n° 93-10.385 : *JurisData* n° 1995-002073 ; *Bull.* IV, n° 210 ; *JCP* E 1995, I, 513, n° 13, obs. Ph. Pétel. ■ Cass. com., 13 oct. 1998, n° 96-10.861 : *JurisData* n° 1998-003994 ; *RJDA* 12/98, n° 1391 ; *D.* 2000, *Cah. dr. aff.*, somm. 65, obs. Pérochon et Mainguy).

L'acceptation de la clause peut être déduite, dans le cadre de relations d'affaires, de la réception sans protestation de factures antérieures en portant la mention (■ Cass. com., 31 janv. 2012, n° 10-28.407 : *JurisData* n° 2012-001310 ; *BJE* 2012, p. 158, obs. M. Laroche ; *D.* 2012, 2200, obs. F.-X. Lucas).

Mais l'acheteur ne doit pas avoir exclu formellement l'application de la clause (■ Cass. com., 10 déc. 1991 : *JCP* E 1992, I, 201, obs. Mousseron et Raynard ; *Bull.* IV, n° 384. ■ Cass. com., 11 mai 1993, n° 90-19.283 : *JurisData* n° 1993-000848 ; *Bull.* IV, n° 183 ; *D.* 1993, somm. 287, obs. Pérochon. ■ Cass. com., 24 sept. 2003, n° 01-13.829 : *JurisData* n° 2003-020343 ; *RJDA* 2/2004, n° 196).

En présence de contradictions entre les conditions générales de vente et les conditions générales d'achat la signature des bons de livraison ne peut valoir acceptation tacite (■ Cass. com., 25 oct. 1994, n° 92-21.807 : *JurisData* n° 1994-001943 ; *RJDA* 1995, n° 360 ; *JCP* E 1996, II, 779, note Vallansan. ■ 12 juill. 1994, n° 92-11.339 : *JurisData* n° 1994-002991 ; *D.* 1996, somm. 212, obs. Pérochon. ■ Cass. com., 11 juill. 1995 [2 arrêts] : *Bull. civ.* IV, n° 210 et n° 212 ; *JCP* E 1995, I, 513, n° 12, obs. Ph. Pétel ; *JCP* E 1996, II, 779, note Vallansan. ■ Cass. com., 10 janv. 2012 : *Act. proc. coll.* 2012, n° 42).

La clause doit avoir un caractère apparent et ne doit pas être noyée dans un trop grand nombre de dispositions (■ Cass. com., 12 déc. 1984, n° 83-13.075 : *JurisData* n° 1984-701758 ; *Bull.* IV, n° 348. ■ Nancy, 20 févr. 1986 : *JurisData* n° 1986-40435 pour des caractères trop fins. ■ Orléans, 16 sept. 1986 : *JurisData* n° 1986-042379 pour des caractères trop petits. ■ Cass. com., 29 mars 1989, n° 87-14.025 : *JurisData* n° 1989-000955 ; *RD bancaire et bourse* 1990, 51, obs. Campana ; *Rev. huissiers* 1989, 1220, note Daigre, pour la pâleur de l'impression. ■ Paris, 12 sept. 1999 : *D.* 2000, *Cah. dr. aff.*, somm. 65, obs. Pérochon et Mainguy, pour une clause figurant en bas de page en petits caractères).

17) Cumul avec une sûreté. Les articles L. 621-122 et L. 621-125 [L. 624-16 et L. 625-1] ne distinguent pas selon que le vendeur peut ou non bénéficier de sûretés spéciales et n'excluent pas le droit d'invoquer une clause de réserve de propriété par préférence à un éventuel droit de gage (■ Cass. com., 5 oct. 1993, n° 91-14.194 : *JurisData* n° 1993-002211 ; *Bull. civ.* IV, n° 314 ; *JCP* E 1994, I, 351, n° 11, obs. Cabrillac ; *JCP* E 1994, I, 365, n° 19, obs. Simler et Delebecque ; *RD bancaire et bourse* 1994, 137, obs. Campana et Calendini).

18) Déclaration. La déclaration de la créance n'est pas une condition de la revendication des marchandises vendues avec une clause de réserve de propriété (■ Cass. com., 29 janv. 1991 et 20 oct. 1992 : *D.* 1993, somm. 288, obs. Pérochon ; *Rev. proc. coll.* 1992, 425, obs. Soinne. ■ Cass. com., 11 mars 1997 : *Bull. civ.* IV, n° 70 ; *RD bancaire et bourse* 1997, 132, obs. Campana et Calendini ; *JCP* E 1997, I, 681, n° 11, obs. M. Cabrillac ; *RTD com.* 1997, 668, obs. Bouloc ; *RTD com.* 2000, 457, obs. Martin-Serf ; *D.* 2000, *Cah. dr. aff.*, somm. 77, obs. Pérochon et Mainguy).

L'extinction de la créance du vendeur par application de l'article L. 621-46 (ancien) ne constitue pas le terme contractuellement fixé pour le transfert de propriété (■ Cass. com., 9 janv. 1996, n° 93-12.667 : *JurisData* n° 1996-000364 ; *JCP* E 1996, I, 554, n° 19, obs. M. Cabrillac ; *JCP* E 1996, I, 571, n° 4, obs. Simler et Delebecque ; *D.* 1996, 184, note Derrida ; *Dr. et patrimoine* mai 1996, 85, obs. Monserié ; *RTD civ.* 1996, 436, obs. Patarin ; *RTD com.* 1997, 331, obs. Martin-Serf).

Si la clause de réserve de propriété constitue une sûreté réelle, sa déclaration ne confère à son bénéficiaire aucun droit de préférence dans les répartitions (■ Cass. com., 15 oct. 2013 : *Act. proc. coll.* 2013, comm. 268, obs. Vallansan ; *JCP* E 2014, 1020, n° 12, obs. Pétel).

19) Inexécution du vendeur. L'allégation du défaut de conformité du bien vendu ne fait pas obstacle à la revendication (■ Cass. com., 12 févr. 1991, n° 89-19.314 : *JurisData* n° 1991-000359 ; *JCP* E, 1992, 136, n° 17, obs. M. Cabrillac et Ph. Pétel ; *Gaz. Pal.* 1992, 1, 86, note Cressard ; *D.* 1993, somm. 288, obs. Pérochon).

20) Créance non exigible. L'action en revendication n'est pas subordonnée à l'exigibilité de la créance dont la clause de réserve de propriété est l'accessoire, mais uniquement à son existence (■ Cass. com., 20 avr. 2017, n° 15-20.619 : *BJE* juill. 2017, n° 114w9, p. 281, obs. Laroche ; *RTD civ.* 2017, p. 708, obs. Crocq).

21) Loi applicable. C'est la loi de la procédure collective qui est compétente pour déterminer les conditions d'opposabilité de la réserve de propriété, quelle que soit la loi régissant la validité et l'opposabilité en général de la clause de réserve de propriété (■ Cass. 1re civ., 8 janv. 1991, n° 89-16.741 : *JurisData* n° 1991-700759 ; *D.* 1991, 276, note Rémery ; *JCP* E 1991, I, 73, n° 17, obs. Cabrillac ; *D.* 1993, somm. 286, obs. Pérochon).

B – Effets

22) Incidence sur le contrat. La clause de réserve de propriété est une sûreté et elle ne remet pas en cause le caractère ferme et définitif de la vente (■ Cass. com., 17 oct. 2018, n° 17-14.986 : *JurisData* n° 2018-018022 ; *JCP* E 2019, 1071, n° 9, obs. Dumont-Lefrand ; *BJE* 2019, p. 25, obs. Laroche).

La vente affectée d'un telle clause n'est pas un contrat en cours au sens de l'article L. 621-28 (ancien) (■ Cass. com., 5 mai 2004, n° 01-17.201 : *JurisData* n° 2004-023639 ; *JCP* E 2004, 1292, n° 11, obs. Cabrillac ; JCP E 2004, 1294, note Reifegerste).

23) Disponibilité de la marchandise. La revendication ne rend pas les marchandises vendues avec clause de réserve de propriété indisponibles tandis que l'activité de l'entreprise est poursuivie (■ Cass. com., 11 mars 1997 : *Bull. civ.* IV, n° 70 ; *RJDA* 7/1997, n° 962 ; *RD bancaire et bourse* 1997, 132, obs. Campana et Calendini ; *JCP* E 1997, I, 681, n° 11, obs. M. C. ; *RTD com.* 1997, 668, obs. Bouloc ; *RTD com.* 2000, 457, obs. Martin-Serf ; *D.* 2000, *Cah. dr. aff.*, somm. 77, obs. Pérochon et Mainguy).

Mais la procédure ne peut en disposer sans en payer la valeur (■ Cass. com., 14 févr. 1984, n° 82-16.127 : *JurisData* n° 1984-700571 ; *Bull. civ.* IV, n° 64. ■ Cass. com., 26 mars 1985, n° 84-10.349 : *JurisData* n° 1985-701102 ; *JCP* E 1985, 14908, n° 14, obs. Cabrillac et Vivant. ■ Cass. com., 9 juin 1992, n° 90PA00004 : *D.* 1993, somm. 6, obs. Derrida, et somm. 296, obs. Pérochon ; *JCP* E 1992, I, 195, n° 10, obs. M. Cabrillac – 8 juin 1993 : *Bull. civ.* IV, n° 234 ; *D.* 1993, 289, obs. Pérochon).

24) Droit au paiement du prix. L'action en revendication des marchandises ne constitue pas une action résolutoire de la vente mais une modalité d'exécution de celle-ci (■ Cass. com., 1er oct. 1985, n° 84-12.015 : *Bull.* IV, n° 222 ; *DS* 1986, 246, note Cabrillac ; inf. rap. 172 et 174, obs. Derrida) ; le créancier qui a exercé une action en revendication conserve la faculté de déclarer sa créance au passif de la procédure collective (même arrêt). Mais le vendeur a droit à la fraction du prix convenu demeurée impayée, sans que le mandataire puisse tirer argument du montant indiqué dans la déclaration de créance du vendeur (■ Cass. com., 1er avr. 2008 : *D.* 2008, p. 1142, obs. Lienhard ; *JCP* E 2008, 2062, n° 12, obs. Cabrillac ; *Act. proc. coll.* 2008-9, n° 147, obs. Blanc ; *Rev. proc. coll.* 2008, n° 152, obs. Monsèrié-Bon).

Lorsque la valeur du bien revendiqué dépasse le solde du prix dû lors de l'exercice de l'action le vendeur doit restituer à l'acheteur la somme reçue *en excédent (C. civ., art. 2371*, V. auparavant ■ Cass. com., 5 mars 1996, n° 93-12.818 : *JurisData* n° 1996-000766 ; *Bull.* IV, n° 477 ; *JCP* E 1996, I, 584, n° 11, obs. M. Cabrillac ; *RD bancaire et bourse* 1996, 237, n° 7, obs. Credot et Gérard ; *RJDA* 12/96, n° 1545).

25) Dommages-intérêts. La demande de dommages et intérêts, formée par le vendeur en vue d'obtenir réparation du préjudice résultant de la dépréciation de la marchandise qui lui est restituée en application d'une clause de réserve de propriété, constitue une demande de paiement de somme d'argent obligeant le vendeur à se soumettre à la procédure de vérification des créances, quand bien même la dépréciation aurait eu lieu après le jugement d'ouverture, la cause de la demande étant antérieure à ce jugement (■ Cass. com., 22 juill. 1986, n° 85-15.105 : *JurisData* n° 1986-001588 ; *Bull.* IV, n° 170).

26) Perte de la marchandise. Pour le report du droit du vendeur sur l'indemnité d'assurance, V. *C. civ.*, art. 2372 ; auparavant ■ Cass. com., 1er oct. 1985 : *Bull.* IV, n° 222 ; *DS* 1986, 246, note Cabrillac ; inf. rap. 172 et 174, obs. Derrida.

C – Conflits avec d'autres droits

27) Possession vaut titre. La clause de réserve de propriété ne peut porter atteinte à la règle résultant de l'article 2279, alinéa 1er du Code civil (2276), qui interdit au vendeur originaire de biens mobiliers de revendiquer la chose à l'encontre d'un sous-acquéreur, possesseur de bonne foi, ou d'un créancier gagiste dès lors qu'il n'est pas établi qu'il ait eu connaissance de la clause grevant les biens (■ Cass. com., 19 mai 1987, n° 85-18.384 : *Bull.* IV, n° 120 ; *D.* 1988, somm. 12, obs. Derrida ; *Rev. proc. coll.* 1987, n° 4, p. 70, obs. Soinne. ■ Cass. com., 3 oct. 1989, n° 87-15.725 : *JurisData* n° 1989-703072 ; *JCP* E 1990, II, 15763, note M. Behar-Touchais ; *RTD civ.* 1990, 306, obs. Zenati ; *D.* 1991, somm. 44, obs. Pérochon ; *RD bancaire et bourse* 1990, 52, obs. Campana ; *RTD com.* 1990, 251, n° 16, obs. Bouloc ; *Bull.* IV, n° 244, pour un commissionnaire de transport muni d'un droit de rétention. – 14 et 28 nov. 1989 : *Bull.* IV, n° 290 et 300 ; *JCP* E 1990, I, 19380 et 15832, n° 14, obs. M. Cabrillac ; *D.* 1990, somm. 387, obs. Aynès ; *D.* 1991, somm. 44, obs. Pérochon. ■ 13 févr. 1990 : *Bull.* IV, n° 45 ; *D.* 1991, somm. 44, obs. Pérochon).

28) Limites. Toutefois, il faut que la possession du sous-acquéreur soit exempte de vices (■ Cass. com., 5 mars 1996, n° 93-21.541 : *JurisData* n° 1996-000765 ; *JCP* E 1996, 584, n° 12, obs. Cabrillac ; *RJDA* 12/96, n° 1544 ; *RTD civ.* 1997, 473, obs. Crocq ; *D.* 2000, *Cah. dr. aff.*, somm. 74, obs. Pérochon et Mainguy) et ne soit pas équivoque (■ Cass. com., 15 oct. 2002, n° 00-14.328 : *JurisData* n° 2002-015902 ; RJDA 2/2003, n° 166 ; JCP E 2003, 585, n° 10, obs. Mainguy, pour le sous-acquéreur d'un véhicule qui n'avait pas la carte grise. – *Adde* ■ Cass. 1re civ., 14 mai 1996, n° 93-21.187 : *JurisData* n° 1996-001832 ; *Bull.* I, n° 199 ; *RTD civ.* 1996, 408, obs. Zenati).

29) Bonne foi. La revendication est possible lorsque le sous-acquéreur est un établissement de crédit auquel l'acheteur a transmis la propriété du bien pour recevoir ce dernier en location selon la formule dite de la cession-bail, car l'établissement de crédit ne pouvait ignorer qu'il tenait le bien de quelqu'un qui n'en était pas propriétaire (▪ Cass. com., 5 mars 1996 : *JCP* E 1996, 584, n° 12, obs. Cabrillac).

La preuve de la mauvaise foi du sous-acquéreur peut être apportée malgré l'absence de publicité de la clause (▪ Cass. com., 11 mai 1993, n° 91-12.622 : *JurisData* n° 1993-000941 ; *JCP* E 1993, I, 227, n° 15, obs. Cabrillac et Pétel. – Rappr. 14 nov. 1989 : *JCP* E 1990, II, 15832, n° 14, obs. Cabrillac et Pétel ; *D.* 1990, somm. 387, obs. Aynès ; *D.* 1991, somm. 43, obs. Pérochon).

30) Hypothèque. Un moteur de navire peut être revendiqué par le vendeur impayé, malgré la constitution régulière d'une hypothèque maritime sur le navire, et quoique cette hypothèque, en application de l'article 46 de la loi n° 67-5, 3 janv. 1967, s'étende à tous les accessoires, machine, agrès et apparaux (▪ Cass. com., 15 mars 1994, n° 91-14.375 : D. 1994, inf. rap. 88).

D – Transmission

Bibliographie : Ghozi, *Nature juridique et transmissibilité de la clause de réserve de propriété* : *D.* 1986, chron., p. 317. – B. Amann, *Quelques précisions sur la nature juridique de la clause de réserve de propriété et sa transmissibilité* : *LPA* 3 août 1987, p. 25. – J. Mestre, *De la transmissibilité de la clause de réserve de propriété* : *LPA*, 25 avr. 1986, p. 85.

31) Accessoire de la créance. Voir Code civil, article 2367. Pour des applications, V. ▪ Cass. com., 15 mars 1988 [2 arrêts] : *JCP* E 1989, II, 15408, note Morançais-Demeester ; *Gaz. Pal.* 1988, 1, 244, obs. Soinne ; *D.* 1988, 330, note Pérochon ; *RTD com.* 1988, 287, obs. Hémard et Bouloc ; *Banque* 1988, 700, obs. Rives-Lange. ▪ Cass. com., 11 juill. 1988, n° 87-10.834 : *Bull.* IV, n° 241 ; *RTD com.* 1988, 656, obs. Cabrillac et Teyssié ; *Banque* 1988, 932, obs. Rives-Lange).

Sur la subrogation, V. cependant ▪ Cass., avis, 28 nov. 2016, n° 16-70.009 : *Gaz. Pal.* 28 mars 2017, p. 66 et *D.* 2017, p. 419, note Le Corre-Broly.

32) Effets de la transmission. Le prêteur, subrogé dans la sûreté que constitue la propriété réservée, n'est tenu de restituer les sommes qu'il a reçues en exécution du contrat de prêt que dans la mesure où la valeur du bien restitué excède le montant des sommes qui lui restent dues (▪ Cass. com., 23 janv. 2001, n° 97-21.660 : *JurisData* n° 2001-007979 ; *JCP* E 2001, pan. 494, p. 755, n° 13, obs. M. Cabrillac ; *D.* 2001, p. 702, obs. Lienhard ; *RD bancaire et fin.* 2001, 88, n° 62, obs. Cerles ; *RJ com.* 2001, 276, obs. Haening).

33) Caution. La clause de réserve de propriété est un accessoire de la créance dans le bénéfice duquel la caution se trouve subrogée de plein droit ; elle peut donc se prévaloir de l'article 2037 du Code civil (désormais art. 2314) à l'égard du créancier vendeur qui aurait négligé de revendiquer dans le délai légal (▪ Paris, 1er juill. 1986 : *JurisData* n° 1986-023207 ; *D.* 1987, somm. 452, obs. Aynès ; *JCP* E 1988, II, 15118, n° 16, obs. Cabrillac et Vivant ; *D.* 1988, somm. 11, obs. Derrida. ▪ Cass. com., 10 oct. 1995 : *RJDA* 1/1996, n° 130. ▪ Cass. com., 27 avr. 2007 : *RJDA* 8-9/2007, n° 889).

Art. L. 624-17 *(Anc. art. L. 621-123, renum. et mod., L. n° 2005-845, 26 juill. 2005 ; Ord. n° 2006-346, 23 mars 2006).* – **L'administrateur avec l'accord du débiteur ou à défaut le débiteur après accord du mandataire judiciaire peut acquiescer à la demande en revendication ou en restitution d'un bien visé à la présente section. À défaut d'accord ou en cas de contestation, la demande est portée devant le juge-commissaire qui statue sur le sort du contrat, au vu des observations du créancier, du débiteur et du mandataire de justice saisi.**

Bibliographie : Le Corre-Broly et Le Corre, *L'analyse jurisprudentielle de la demande en acquiescement de revendication* : *D.* 2002, chron. 948. • Maréchal, *L'acquiescement à la revendication* : *Rev. proc. coll.* 2017, étude 12.

1) Modalités de la revendication. L'article L. 621-123 [L. 624-17] institue devant l'administrateur ou, à défaut, le représentant des créanciers ou le liquidateur, un préalable obligatoire à l'engagement de l'action en revendication qui relève désormais de la seule compétence du juge-commissaire (▪ Cass. com., 2 oct. 2001, n° 98-22.304 : *JurisData* n° 2001-011147 ; *Bull.* IV, n° 155 ; *RTD com.* 2002, 360, obs. Bouloc ; *D.* 2001, p. 3043, obs. Lienhard ; *JCP* E 2002, 175, n° 13, obs. M. Cabrillac et Ph. Pétel ; *RTD com.* 2000, 159, obs. Martin-Serf ; *RJDA* 8-9/2002, n° 915. ▪ Cass. com., 15 mars 2005, n° 00-12.563 : *JurisData* n° 2005-027719 ; *D.* 2005, p. 1351, obs. Lienhard ; *JCP* E 2005, pan. 727 ; *RJDA* 07/2005, n° 859, pour l'action en revendication du prix exercée par le vendeur contre l'affactureur).

2) Phase préalable. La revendication adressée au mandataire de justice ne constitue pas une demande en justice et la société requérante n'a pas à prouver l'existence d'une délégation de pouvoir (▪ Cass. com., 6 mars 2001, n° 98-15.099 : *JurisData* n° 2001-008541 ; *JCP* E 2001, p. 1472, n° 12, obs. M. Cabrillac et Ph. Pétel ; *D.* 2001,

p. 1099, obs. A. Lienhard ; *RJDA* 6/2001, n° 714 ; *Act. proc. coll.* 2001, comm. 91, obs. J. Vallansan).

3) Contrat en cours. La lettre interrogeant le débiteur sur la poursuite du contrat de louage d'un meuble ne vaut pas demande en revendication (▪ Cass. com., 12 mars 2013, n° 11-24.729 : *JurisData* n° 2013-004307 ; *JCP* E 2013, 1434, n° 6, obs. Pétel ; *Act. proc. coll.* 2013, comm. 98, obs. Voinot ; *D.* 2013, p. 1249, obs. Pailler ; *Gaz. Pal.* 1-4 mai 2013, p. 33, obs. Le Corre-Broly).

V. cependant pour une interprétation analysant la lettre ambiguë du loueur en une revendication : ▪ Cass. com., 3 oct. 2018, n° 17-10.557 : *JurisData* n° 2018-017102 ; *Act. proc. coll.* 2018, comm. 261, Cagnoli ; *JCP* E 2019, 1000, n° 12, obs. Pétel ; *BJE* 2019, p. 22, obs. Laroche).

4) Délai de saisine. V. C. com., art. R. 624-13. L'augmentation du délai prévu par l'article 643 du Code de procédure civile ne s'applique pas à l'action en revendication portée devant le juge-commissaire (▪ Cass. com., 28 sept. 2004, n° 03-11.876 : *JurisData* n° 2004-024985 ; *JCP* E 2005, chron. 31, n° 13, obs. Cabrillac et Pétel ; *D.* 2005, pan. 299, obs. Le Corre).

En cas d'acquiescement par le liquidateur dans le délai de saisine du juge-commissaire, la forclusion attachée à l'absence de saisine de ce dernier ne peut être opposée au revendiquant (▪ Cass. com., 7 févr. 2006, n° 04-11.867 : *JurisData* n° 2006-032082 ; *D.* 2006, p. 577, obs. Lienhard ; *JCP* E 2006, 1569, n° 8, obs. M. Cabrillac ; *Act. proc. coll.* 2006, n° 51, obs. Vallansan).

5) Phase contentieuse. Si le juge-commissaire ne peut accueillir la requête en revendication lorsque le délai prévu à l'article 85-1 du décret (R. 624-13) dont dispose le mandataire n'est pas expiré, il peut cependant, en application des dispositions de l'article 126 du Code de procédure civile, statuer sur la requête dès lors que la cause d'irrecevabilité a disparu à la date où il statue (▪ Cass. com., 11 juill. 2006, n° 05-13.659 : *JurisData* n° 2006-034589 ; *D.* 2006, p. 2100, obs. Lienhard ; *D.* 2007, pan. 49, obs. Le Corre ; *JCP* E 2007, 1004, n° 12, obs. Cabrillac).

Le juge-commissaire ne peut être saisi que par le revendiquant, le débiteur ou le mandataire de justice, à l'exclusion de toute autre personne (▪ Cass. com., 24 janv. 2018, n° 16-22.128 : *JurisData* n° 2018-000712 ; *Act. proc. coll.* 2018, comm. 62, obs. Andreu).

Si le juge-commissaire ne répond pas dans un délai raisonnable, le revendiquant peut saisir la juridiction (▪ Cass. com., 5 juill. 2005, n° 04-11.320 : *JurisData* n° 2005-029370 ; *JCP* E 2005, pan. 1381 ; *D.* 2005, p. 1999, obs. Leinhard ; *ibid.*, p. 2165, note Le Corre-Broly).

6) Champ d'application. Les dispositions de l'article L. 621-123 [L. 624-17] s'appliquent aussi bien à la revendication du bien lui-même qu'à celle de son prix (▪ Cass. com., 2 oct. 2001, n° 98-22.304 : *JurisData* n° 2001-011147 ; *D.* 2001, p. 3043, obs. Lienhard ; *JCP* E 2002, 175, n° 13, obs. M. Cabrillac et Ph. Pétel ; *RTD com.* 2000, 159, obs. Martin-Serf. ▪ Cass. com., 15 mars 2005 : *D.* 2005, p. 1351, obs. Lienhard ; *JCP* E 2005, pan. 727 ; *RJDA* 7/2005, n° 859, pour l'action en revendication du prix exercée par le vendeur contre l'affactureur. ▪ Cass. com., 24 mai 2005, n° 04-13.464 : *JurisData* n° 2005-028550 ; *D.* 2005, p. 1633, obs. Lienhard ; *RJDA* 10/2005, n° 1133 ; *JCP* E 2005, pan. 962, pour l'action en revendication du prix exercée contre le sous-acquéreur).

7) Action en restitution. L'action en restitution n'est qu'une simple faculté ouverte au propriétaire dispensé de faire reconnaître son droit de propriété et n'est soumise à aucun délai (▪ Cass. com., 18 sept. 2012 : *JCP* E 2012, 1757, n° 17, obs. Ph. Pétel ; *Act. proc. coll.* 2012, comm. 241, obs. J. Vallansan ; *BJS* 2012, p. 815, note J.-J. Barbieri ; *Gaz. Pal.* 18-19 janv. 2013, p. 32, obs. E. Le Corre-Broly).

8) Mesures conservatoires. Le liquidateur est tenu de prendre les mesures conservatoires permettant l'exercice effectif des droits reconnus au revendiquant (▪ Cass. com., 26 janv. 2010, n° 09-65.357 : *JurisData* n° 2010-051356 ; *Gaz. Pal.* 16-17 avr. 2010, p. 43, obs. F. Pérochon).

9) Tiers détenteur. Le droit du propriétaire étant reconnu, le juge-commissaire n'est pas compétent pour ordonner l'appréhension du bien entre les mains d'un tiers détenteur (▪ Cass. com., 21 nov. 2018, n° 17-18.094 : *Act. proc. coll.* 2019, comm. 1, Dols-Magneville ; *Gaz. Pal.* 16 avr. 2019, p. 75, obs. Le Corre-Broly)

10) Responsabilité de l'administrateur. L'acquiescement de l'administrateur n'étant qu'une faculté dont l'exercice est laissé à sa discrétion, le défaut d'acquiescement ne peut constituer une faute (▪ Cass. com., 5 avr. 2016 : *Gaz. Pal.* 28 juin 2016, p. 59, obs. Bidan).

Art. L. 624-18 ***(Anc. art. L. 621-124, renum. et mod., L. n° 2005-845, 26 juill. 2005 ; Ord. n° 2006-346, 23 mars 2006 ; mod., Ord. n° 2008-1345, 18 déc. 2008).*** **– Peut être revendiqué le prix ou la partie du prix des biens visés à l'article L. 624-16 qui n'a été ni payé, ni réglé en valeur, ni compensé entre le débiteur et l'acheteur à la date du jugement ouvrant la procédure. Peut être revendiquée dans les mêmes conditions l'indemnité d'assurance subrogée au bien.**

Bibliographie : D. Martin, *Du conflit relatif à la créance du prix de revente d'une marchandise acquise sous réserve de propriété : D.* 1986, 323. • Cabrillac, *Réserve de propriété bordereau Dailly et créance du prix de vente : D.* 1988, 225. • F. Danos, *Exceptions inhérentes à la dette et subrogation réelle sur la créance de prix de revente : JCP* E 2011, 1366.

1) Modalités et délais. Dès lors que la procédure préliminaire de la revendication du bien, qui constitue un préalable obligatoire à la saisine du juge-commissaire, a été suivie, le revendiquant est recevable à saisir ce juge d'une demande de revendication du prix du bien (▪ Cass. com., 5 déc. 2018, n° 17-15.973 : *JCP* E 2019, 1206, n° 15, obs. Tehrani ; *Rev. sociétés* 2019, p. 217, obs. Reille ; *Gaz. Pal.* 16 avr. 2019, p. 76, obs. Le Corre-Broly).

Lorsque l'action en revendication en nature a été exercée dans le délai légal, la forclusion ne peut être opposée à l'action en revendication du prix exercée ultérieurement à l'encontre du sous-acquéreur (▪ Cass. com., 24 nov. 1998, n° 96-13.841 : *JurisData* n° 1998-004484 ; *Bull. civ.* IV, n° 279 ; *JCP* E 1999, p. 811, n° 7, obs. M. Cabrillac ; *RTD com.* 1999, 740, obs. B. Bouloc ; *RTD com.* 1999, 754, obs. A. Martin-Serf ; *D.* 2000, *Cah. dr. aff.*, somm. 75, obs. F. Pérochon et D. Mainguy).

2) Appréciation de l'existence en nature. La marchandise dont le prix est revendiqué doit exister en son état initial, non à la date du jugement d'ouverture de la procédure collective mais à celle de sa délivrance au sous-acquéreur (▪ Cass. com., 3 janv. 1995 : *JCP* E 1995, I, 457, n° 13, obs. M. Cabrillac et Ph. Pétel. ▪ Cass. com., 17 mars 1998 : *JCP* E 1998, p. 1398, n° 12, obs. Ph. Pétel ; *D.* 1999, somm. 72, obs. A. Honorat ; *D.* 2000, *Cah. dr. aff.*, somm. 75, obs. F. Pérochon et D. Mainguy. ▪ Cass. com., 5 nov. 2003, n° 00-21.357 : *JurisData* n° 2003-020806 ; *JCP* E 2004, 783, n° 13, obs. M. Cabrillac ; *LPA* 19 févr. 2004, p. 9, note H. Lécuyer ; *D.* 2003, p. 2965).

3) Contrat d'entreprise. La revendication du prix est possible lorsque la marchandise a été transmise en vertu d'un contrat d'entreprise et non d'un contrat de vente (▪ Cass. com., 17 mars 1998 et 5 nov. 2003, préc.

4) Livraison directe au sous-acquéreur. Le vendeur sous réserve de propriété peut revendiquer *contre l'acquéreur initial* le prix de revente impayé, même si la livraison a eu lieu directement entre les mains du sous-acquéreur (▪ Cass. com., 20 sept. 2005, n° 04-14.702 : *JurisData* n° 2005-029786 ; *D.* 2005, p. 2445, obs. Lienhard ; *JCP* E 2006, 1066, n° 16, obs. M. Cabrillac).

5) Prix payé après le jugement d'ouverture. La revendication du prix reste possible s'il a été payé après le jugement d'ouverture, sans qu'il y ait lieu de distinguer s'il a été payé ou non avant la demande en revendication (▪ Cass. com., 3 déc. 2003, n° 00-15.929 : *JurisData* n° 2003-021358 ; *JCP* E 2004, chron. 783, n° 12, obs. M. Cabrillac ; *D.* 2004, p. 140, obs. Lienhard ; *Act. proc. coll.* 2004, n° 2, obs. F. Pérochon. ▪ Cass. com., 24 avr. 2007, n° 06-10.599 : *JurisData* n° 2007-038690 ; *RJDA* 10/2007, n° 997).

6) Prix payé avant le jugement d'ouverture. Il appartient au sous-acquéreur de prouver qu'il a payé, réglé en valeur ou opéré une compensation en compte courant (▪ Cass. com., 17 mars 1998, n° 96-10.436 : *JCP* E 1998 p. 1398, n° 13, obs. Ph. Pétel ; *D.* 1999, somm. 72, obs. A. Honorat ; *D.* 2000, somm. 75, obs. F. Pérochon et D. Mainguy).

7) Règlement en valeur. Quand l'acheteur initial a reçu paiement du prix de revente sous la forme d'une traite acceptée par le sous-acquéreur et qu'il l'a remise à l'escompte, ou sous la forme d'un chèque ou d'un billet à ordre, l'action en revendication ne saurait aboutir, le règlement en effets devant être assimilé à un règlement en espèces (▪ Cass. req., 26 févr. 1908 : *DP* 1909, 1, 5, note Percerou. ▪ Paris, 14 mai 1985 : *JurisData* n° 1985-027146 ; *D.* 1988, somm. 65, obs. Derrida. ▪ Paris, 2 oct. 1987 : *JurisData* n° 1987-027947 ; *D.* 1988, somm. 51, obs. Cabrillac), ou en valeur (▪ Cass. com., 9 janv. 1990, n° 88-14.966 : *JurisData* n° 1990-700006 ; *D.* 1990, somm. 121, obs. Cabrillac ; *Banque* 1990, 428, obs. Rives-Lange ; *RTD com.* 1990, 436, n° 1, obs. Cabrillac et Teyssié ; *D.* 1991, somm. 48, obs. Pérochon. ▪ Cass. com., 2 nov. 1993, n° 91-16.297 : *JurisData* n° 1993-002361 ; *Bull.* IV, n° 375).

En revanche, la remise à l'escompte par le débiteur d'une lettre de change non acceptée ne peut constituer un règlement en valeur (▪ Cass. com., 6 mai 1997, n° 93-13.261 : *JurisData* n° 1997-002070 ; *Bull.* IV, n° 123 ; *JCP* E 1997, II, 997, rapp. Rémery ; *RD bancaire et bourse* 1997, 216, n° 4, obs. Credot et Gérard ; *RTD com.* 1997, 484, obs. Cabrillac ; 1998, 191, obs. Bouloc ; *D.* 2000, somm. 75, obs. Pérochon et Mainguy).

8) Dation en paiement. La dation en paiement ne met pas obstacle à la revendication du prix de revente par le vendeur sous réserve de propriété (▪ Cass. com., 14 mai 2008 : *JCP* E 2008, 2062, n° 13, obs. Cabrillac ; *Act. proc. coll.* 2008-11, n° 178, obs. Macorig-Venier ; *Rev. proc. coll.* 2008, n° 151, obs. Monsèrié-Bon ; *D.* 2008, p. 1477, obs. Lienhard).

9) Procédure collective du sous-acquéreur. Le bénéficiaire de la réserve de propriété peut revendiquer le prix même si l'acheteur initial a subi l'extinction de sa créance contre le sous-acquéreur en raison de son absence de déclaration dans la procédure de ce dernier (■ Cass. com., 21 févr. 2006, n° 04-19.672 : *JurisData* n° 2006-032307 ; *JCP* E 2006, 1569, n° 9, obs. M. Cabrillac ; *D.* 2006, p. 718, obs. Lienhard ; pan. 2255, obs. Lucas et Le Corre ; *Act. proc. coll.* 2006, n° 81, obs. Vallansan).

L'action exercée contre le sous-acquéreur s'analyse en une action personnelle et non en une action réelle (■ Cass. com., 6 oct. 2009, n° 08-15.048 : *JurisData* n° 2009-049796 ; *JCP* E 2009, 2144, note S. Reifegerste ; *JCP* G 2009, 566, obs. A.-S. Dallemagne ; *Gaz. Pal.* 1-3 nov. 2009, p. 42, obs. F. Perochon ; *JCP* E 2010, 1011, n° 12, obs. M. Cabrillac).

10) Obligation du sous-acquéreur. La responsabilité éventuelle, vis-à-vis du vendeur initial, du liquidateur qui, postérieurement à l'ouverture de la procédure et à l'exercice de l'action en revendication, a cédé des marchandises faisant l'objet d'une clause de réserve de propriété, ne libère pas le sous-acquéreur de son obligation de payer le prix convenu dans l'acte de cession (■ Cass. com., 17 mars 1998, n° 95-15.676 : *RJDA* 7/98, n° 896 ; *D.* 2000, *Cah. dr. aff.*, somm. 77, obs. Pérochon et Mainguy).

11) Montant revendiqué. La revendication du prix de revente s'exerce sur le solde du prix restant dû au jour de l'ouverture de la procédure collective du revendeur et non sur le solde du prix stipulé entre le vendeur originaire et le revendeur (■ Cass. com., 16 juin 2009, n° 08-15.753 : *JurisData* n° 2009-048659 ; *JCP* E 2009, 1814, n° 10, obs. M. Cabrillac ; *D.* 2009, act. jurispr. 1752, obs. A. Lienhard ; *Rev. proc. coll.* 2009, comm. 170, obs. M.-H. Monsèrié-Bon).

Mais le vendeur originaire ne peut pas revendiquer la créance distincte du revendeur contre le sous-acquéreur correspondant à la transformation du bien grevé (■ Cass. com., 16 juin 2009 : *JCP* E 2009, 1814, n° 11, obs. M. Cabrillac ; *D.* 2009, act. jurispr. 1752, obs. A. Lienhard ; *JCP* G 2009, 75, obs. L. Dumoulin ; *JCP* G 2009, 385, obs. J.-J. Barbieri ; *Rev. proc. coll.* 2009, comm. 170, obs. M.-H. Monsèrié-Bon).

12) Inopposabilité des exceptions. Sur l'impossibilité pour le sous-acquéreur d'opposer au vendeur initial les exceptions qu'il pourrait faire valoir contre son propre vendeur (■ Cass. com., 3 janv. 1995 : *JCP* E 1995, I, 457, n° 13, obs. M. Cabrillac et Ph. Pétel. ■ Cass. com., 5 juin 2007, n° 05-21.349 : *JurisData* n° 2007-039239 ; *D.* 2007, p. 1729, obs. Lienhard ; *JCP* E 2008, 1207, n° 11, obs. crit. Cabrillac et Pétel. ■ Cass. com., 18 janv. 2011, n° 07-14.181 : *JurisData* n° 2011-000535 ; *Gaz. Pal.* 2 avr. 2011, p. 36, obs. Pérochon ; *JCP* G 2011, 524, note S. Ravenne).

13) Conflit avec d'autres ayant droits. En cédant à une banque, par bordereau Dailly, sa créance sur le sous-acquéreur du matériel grevé d'une clause de réserve de propriété, l'acquéreur n'a pu transférer au cessionnaire plus de droits qu'il n'en avait, lesquels, en ce qui concerne le matériel, se trouvaient fixés par la vente avec clause de réserve de propriété jusqu'au complet paiement du prix stipulé (■ Cass. com., 20 juin 1989, n° 88-12.874 : *JCP* E 1990, II, 15668, n° 14, obs. Cabrillac ; *D.* 1989, 431, note Pérochon ; *Banque* 1989, 760, obs. Rives-Lange ; *RJ com.* 1989, note Gallet ; *RTD com.* 1989, 702, obs. Cabrillac et 745, obs. Martin-Serf ; *D.* 1990, somm. 235, obs. Vasseur). *Idem* pour le conflit avec un factor (■ Cass. com., 27 juin 1989, n° 87-15.847 : *JurisData* n° 1989-702117 ; *Bull. civ.*, n° 205 ; *JCP* E 1990, II, 15668, n° 15, obs. Cabrillac ; *RJ com.* 1990, 54, obs. Gallet ; *RTD com.* 1990, 269, n° 7, obs. Martin-Serf. ■ Cass. com., 26 avr. 2000, n° 97-21.486 : *JurisData* n° 2000-001580 ; *JCP* E 2000, pan. 970 ; *JCP* E 2001, p. 367, n° 12, obs. Mainguy ; *D.* 2000, act. jurispr., p. 278, obs. Pisoni ; *RTD com.* 2000, 998, obs. Bouloc).

Mais la subrogation ne peut s'opérer sur une créance sortie du patrimoine de l'acheteur-revendeur antérieurement à la mise en possession réelle du sous-acquéreur (■ Cass. com., 14 déc. 2010, n° 09-71.767 : *JurisData* n° 2010-023852 ; *Act. proc. coll.* 2011, comm. 45, obs. Saintourens ; *JCP* E 2011, 1263, n° 9, obs. Pétel ; *Gaz. Pal.* 2 avr. 2011, p. 35, obs. Pérochon).

La revendication ne saurait avoir lieu si le paiement fait par le sous-acquéreur au factor est antérieur à la revendication (■ Cass. com., 11 déc. 1990, n° 89-17.454 : *JurisData* n° 1990-003286 ; *Bull.* IV, n° 322 ; *JCP* E 1991, I, 102, n° 10, obs. Cabrillac. ■ Cass. com., 10 juill. 2001, n° 98-19.331 : *JurisData* n° 2001-010592 ; *RJDA* 01/2002, n° 73 ; *D.* 2001, p. 2597, obs. Lienhard ; *JCP* E 2001, pan. 1603 ; *Bull.* IV, n° 153 ; *RTD com.* 2002, 148, n° 11, obs. Bouloc ; *eod. loc.* 2002, 163, obs. Martin-Serf).

14) Plan de cession. L'article L. 621-124 [L. 624-18] s'applique pour la revendication du prix de revente dans l'hypothèse de marchandises vendues sous réserve de propriété cédées dans le cadre d'un plan de cession (■ Aix-en-Provence, 20 mars 1990 : *D.* 1991, somm. 42, obs. Pérochon, cassé par ■ Cass. com., 9 juin 1992, n° 90-16.804 : *JurisData* n° 1992-001325 ; *Bull.* IV, n° 230 ; *JCP* E 1992, I, 195, n° 10, obs. Cabrillac ; *RD bancaire et bourse* 1993, 102, obs. Campana et Calendini ; *D.* 1993, somm. 6, obs. Derrida, somm. 296, obs. Pérochon, mais uniquement sur le refus d'appliquer l'article L. 621-32 à la créance du vendeur). Ce n'est pas le cas lorsque le repreneur s'est engagé à payer le bénéficiaire de la clause de réserve de propriété (■ Cass. com., 17 mai 1994, n° 92-13.216 : *JurisData* n° 1994-001232 ; *Bull.* IV, n° 180 ; *JCP* E 1994, I, 394, n° 5, obs. M. Cabrillac).

Section IV. – Dispositions particulières au débiteur entrepreneur individuel à responsabilité limitée

(Ord. n° 2010-1512, 9 déc. 2010)

Art. L. 624-19 ***(Ord. n° 2010-1512, 9 déc. 2010).*** **– Le débiteur entrepreneur individuel à responsabilité limitée établit, dans les conditions prévues par l'article L. 624-9, la consistance des biens détenus dans le cadre de l'activité à raison de laquelle la procédure a été ouverte qui sont compris dans un autre de ses patrimoines. L'administrateur, avec l'accord du mandataire judiciaire, peut acquiescer à la demande tendant à la reprise du bien. À défaut d'acquiescement ou en l'absence d'administrateur, la demande est portée devant le juge-commissaire.**

Section V. – Dispositions particulières aux sociétés

(Ord. n° 2014-326, 12 mars 2014)

Art. L. 624-20 ***(Ord. n° 2014-326, 12 mars 2014).*** **– Le jugement d'ouverture rend immédiatement exigible le montant non libéré du capital social.**

Section VI. – De certaines créances antérieures dues aux producteurs agricoles

(Section VI créée à compter du 1er janvier 2022, Ord. n° 2021-1193, 15 sept. 2021)

Art. L. 624-21 ***(Créé à compter du 1er janvier 2022, Ord. n° 2021-1193, 15 sept. 2021).*** **– Les sommes dues aux producteurs agricoles par leurs acheteurs sont payées, nonobstant l'existence de toute autre créance privilégiée à l'exception de celles garanties par les articles L. 3253-2 et L. 3253-5 du Code du travail, à due concurrence du montant total des produits livrés par le producteur agricole au cours des quatre-vingt-dix jours précédant l'ouverture de la procédure.**

CHAPITRE V. – DU RÈGLEMENT DES CRÉANCES RÉSULTANT DU CONTRAT DE TRAVAIL

Section I. – De la vérification des créances

Art. L. 625-1 ***(Anc. art. L. 621-125, renum. et mod., L. n° 2005-845, 26 juill. 2005 ; Ord. n° 2008-1345, 18 déc. 2008).*** **– Après vérification, le mandataire judiciaire établit, dans les délais prévus à l'article L. 143-11-7 du Code du travail** (1)**, les relevés des créances résultant d'un contrat de travail, le débiteur entendu ou dûment appelé. Les relevés des créances sont soumis au représentant des salariés dans les conditions prévues à l'article L. 625-2. Ils sont visés par le juge-commissaire, déposés au greffe du tribunal et font l'objet d'une mesure de publicité dans des conditions fixées par décret en Conseil d'État.**

Le salarié dont la créance ne figure pas en tout ou en partie sur un relevé peut saisir à peine de forclusion le conseil de prud'hommes dans un délai de deux mois à compter de l'accomplissement de la mesure de publicité mentionnée à l'alinéa précédent. Il peut demander au représentant des salariés de l'assister ou de le représenter devant la juridiction prud'homale.

Le débiteur et l'administrateur lorsqu'il a une mission d'assistance sont mis en cause.

Bibliographie : Henry, *Les interférences des compétences de la juridiction commerciale sur le déroulement du procès prud'homal : Dr. ouvrier* 1982, 77 ; *Le sort des créances salariales : Dr. ouvrier* 1985, 179. • Jeantin, *Aspects de droit social de l'avant-projet de loi relatif au traitement des difficultés des entreprises : Dr. soc.* 1983, 469. • Arseguel, *Les droits individuels des salariés en matière d'emploi et de créances : RF compt.* sept. 1986, p. 31 et oct. 1986, p. 36. • Bell Assinot, *Le redressement judiciaire et la procédure prud'homale : le principe de la compétence du juge du travail avec la loi du 25 janvier 1985 : Gaz. Pal.* 1986, 2, doctr. 590. • Arseguel, *Aspects généraux du contentieux prud'homal relatif aux créances*

(1) Cet article a été recodifié, V. C. trav., art. L. 3253-15, p. 3337 et L. 3253-19 à L. 3253-21, p. 3339.

salariales depuis la loi du 25 janvier 1985 : Dr. soc. 1987, 807. • Lafarge et Meteye, *L'AGS et le contentieux prud'homal dans la procédure de redressement et de liquidation judiciaires des entreprises : Gaz. Pal.* 1987, 1, doctr. 391. • Lafarge, *La situation des salariés et l'AGS : RJ com.* févr. 1987, n° spéc. sur le redressement judiciaire de l'entreprise, 178. • Arseguel, *Le recouvrement des créances sociales ; Annales de l'université des Sciences sociales de Toulouse*, t. XXXVIII, 1991, p. 267. • Gailhbaud, *Le juge-commissaire et les créances salariales : Rev. proc. coll.* 2019, dossier 46.

1) **Publicité.** Si la mesure de publicité prévue à l'article L. 621-125, alinéa 1er [L. 625-1] n'est pas accomplie, le délai de forclusion ne saurait courir contre le salarié (▪ Cass. soc., 10 oct. 1990, n° 89-40.212 : *JurisData* n° 1990-703995 ; *D.* 1990, 532 ; *JCP* E 1991, I, 46, n° 19, obs. Ph. Pétel. ▪ Cass. soc., 8 avr. 1992, n° 89-43.284 : *JurisData* n° 1992-000994 ; *JCP* 1992, IV, 1742. ▪ Cass. soc., 9 mars 1994, n° 92-41.080 : *D.* 1994, 455, note Derrida ; *JCP* E 1995, I, 417, n° 16, obs. Ph. Pétel. ▪ Cass. soc., 26 févr. 2003, n° 01-60.752 : *JurisData* n° 2003-018079 ; *JCP* E 2003, pan. 614).

2) **Notification.** Le délai ne court pas lorsque le représentant des créanciers n'a pas informé le salarié de l'existence du délai et de son point de départ (▪ Cass. soc., 25 juin 2002, n° 00-44.704 : *JurisData* n° 2002-014983 ; *JCP* E 2002, pan. 1324, chron. 1380, n° 13, obs. Ph. Pétel ; *D.* 2002, p. 2406. ▪ Cass. soc., 26 févr. 2013, n° 11-20.099 : *JurisData* n° 2013-003383 ; *Act. proc. coll.* 2013, comm. 79, obs. L. Fin-Langer).

3) **Relevé de forclusion.** La saisine du conseil de prud'hommes par le salarié qui conteste la décision du représentant des créanciers, emporte nécessairement demande de relevé de forclusion lorsqu'il introduit la procédure après l'expiration de délai de deux mois, demande recevable si elle est introduite dans l'année qui suit le jugement d'ouverture – droit antérieur à 2005 – (▪ Cass. soc., 26 mars 2003, n° 01-41.747 : *JurisData* n° 2003-018445 ; *JCP* E 2003, 1396, n° 14, obs. Ph. Pétel).

Le conseil de prud'hommes n'a pas à rechercher si la défaillance du salarié n'était pas due à son fait ou si elle était due à une omission du débiteur (▪ Cass. soc., 24 janv. 2018, n° 16-16.503 : *JurisData* n° 2018-000647 ; *Act. proc. coll.* 2018-5, comm. 70, obs. Fin-Langer).

4) **Mise en cause du débiteur.** L'employeur, redevenu maître de ses biens, peut, bien que non appelé en cause, se prévaloir des décisions de fixation des créances salariales (▪ Cass. soc., 7 févr. 2018, n° 16-13.732 : *JurisData* n° 2018-001402 ; *Act. proc. coll.* 2018, comm. 71, obs. Cagnoli).

5) **Juge des référés.** Une saisine de la formation de référé du conseil de prud'hommes n'est pas suffisante pour éviter la forclusion (▪ Cass. soc., 6 mars 2002, n° 00-40.523 : *JurisData* n° 2002-013540 ; *Act. proc. coll.* 2002, n° 113).

6) **Demandes nouvelles.** Des demandes nouvelles peuvent être présentées en tout état de la procédure valablement engagée (▪ Cass. soc., 9 nov. 2005, n° 03-47.963 : *JurisData* n° 2005-030648 ; *JCP* E 2005, pan. 1845).

7) **Champ d'application.** Le salarié qui demande devant le conseil de prud'hommes la réparation du préjudice causé par l'irrégularité de fond ou de procédure de son licenciement exerce une action distincte de celle visée à l'article L. 621-125 [L. 625-1] et ne peut se voir opposer la fin de non-recevoir tirée de la forclusion prévue par ce texte (▪ Cass. soc., 4 juill. 2000, n° 98-45.502 : *JurisData* n° 2000-003191 ; *JCP* E 2000, pan. 1504 ; *D.* 2001, somm. 115, obs. Derrida).

8) **Instances en cours.** Les créances salariales qui sont l'objet d'une instance en cours devant la juridiction prud'homale à la date du jugement d'ouverture ne sont pas soumises à la vérification des créances salariales instituée par l'article L. 621-125 [L. 625-1] (▪ Cass. soc., 10 déc. 1996 : *JCP* E 1997, pan. 122 ; *Rev. proc. coll.* 1999, p. 33, n° 3, obs. Monsèrié). Elles sont poursuivies en présence des organes de la procédure et après mise en cause des institutions mentionnées à l'article L. 143-11-4 [nouv. art. L. 2353-10 et R. 3253-4] du Code du travail (▪ Cass. soc., 30 sept. 1997, n° 94-44.943 : *JurisData* n° 1997-003752 ; *Bull.* V, n° 297 ; *Rev. proc. coll.* 1999, 156, n° 2, obs. Monsèrié).

Le salarié peut saisir le conseil de prud'hommes d'une action tendant à contester le refus du représentant des créanciers de faire figurer sa créance sur un relevé des créances, peu important qu'une précédente décision prud'homale ait condamné l'employeur à payer les sommes réclamées sans que le représentant des créanciers ait été mis en cause (▪ Cass. soc., 16 déc. 1998, n° 96-43.794 : *JurisData* n° 1998-004860 ; *JCP* E 1999, p. 812, n° 94, obs. Ph. Pétel).

Art. L. 625-2 ***(Anc. art. L. 621-36 renum. et mod., L. n° 2005-845, 26 juill. 2005 ; Ord. n° 2008-1345, 18 déc. 2008).*** **– Les relevés des créances résultant des contrats de travail sont soumis pour vérification par le mandataire judiciaire au représentant des salariés mentionné à l'article L. 621-4. Le mandataire judiciaire doit lui communiquer tous documents et informations utiles. En cas de difficultés, le représentant des salariés peut s'adresser à l'administrateur et, le cas échéant, saisir le juge-commissaire. Il est tenu à l'obligation de discrétion**

mentionnée à l'article L. 432-7 du Code du travail (1). **Le temps passé à l'exercice de sa mission tel qu'il est fixé par le juge-commissaire est considéré de plein droit comme temps de travail et payé à l'échéance normale.**

Art. L. 625-3 *(Anc. art. L. 621-126, renum. et mod., L. n° 2005-845, 26 juill. 2005 ; Ord. n° 2008-1345, 18 déc. 2008).* – **Les instances en cours devant la juridiction prud'homale à la date du jugement d'ouverture sont poursuivies en présence du mandataire judiciaire et de l'administrateur lorsqu'il a une mission d'assistance ou ceux-ci dûment appelés.**

Le mandataire judiciaire informe dans les dix jours la juridiction saisie et les salariés parties à l'instance de l'ouverture de la procédure.

1) Information due par le mandataire judiciaire. Les dispositions des articles 369 et 372 du Code de procédure civile ne sont pas applicables à ces instances qui ne sont ni suspendues, ni interrompues (▪ Cass. soc., 24 nov. 2004, n° 02-45.126 : *JurisData* n° 2004-025821 ; *JCP* E 2005, pan. 24).

Si le représentant des créanciers n'a pas procédé à cette information, il ne peut valablement se prévaloir d'une inopposabilité de la décision rendue (▪ Cass. soc., 17 sept. 2003 [2 arrêts] : *JCP* E 2004, chron. 473, n° 6, obs. Morvan ; *D.* 2003, p. 2376. – Comp. ▪ Cass. soc., 13 juill. 1999, n° 97-43.014 : *JurisData* n° 1999-003214 ; *Act. proc. coll.* 1999, n° 188. ▪ Cass. soc., 25 juin 2002, n° 00-44.704 : *JurisData* n° 2002-014983 ; *RJS* oct. 2002, n° 1127. ▪ Cass. soc., 26 févr. 2003, n° 00-46.174 : *Bull.* V, n° 69 ; *JCP* E 2003, pan. 614).

2) Convocation. La juridiction prud'homale doit faire convoquer le liquidateur et l'AGS à l'audience par le greffe (▪ Cass. soc., 9 mars 2011, n° 09-67.312 : *JurisData* n° 2011-002914 ; *JCP* E 2011, 1596, n° 3, obs. Ph. Pétel ; *Act. proc. coll.* 2011, comm. 110, obs. L. Fin-Langer).

3) Pourvoi en cassation. Lorsque la société a été mise en redressement judiciaire entre la date de l'arrêt de cour d'appel en matière prud'homale et celle de la déclaration de pourvoi à l'encontre de cette décision, le pourvoi doit être déclaré irrecevable en raison de l'indivisibilité de la procédure collective dont les organes n'ont pas été mis en cause devant la Cour de cassation (▪ Cass. soc., 12 juill. 1994, n° 92-41.557 : *JurisData* n° 1994-001622 ; *Bull.* V, n° 235. – *Adde*, ▪ Cass. soc., 31 sept. 1997, n° 94-44.943 : *JurisData* n° 1997-003752 ; *JCP* E 1997, pan. 1181).

V. aussi jurispr. citée sous art. L. 625-1, p. 1221.

Art. L. 625-4 *(Anc. art. L. 621-127, renum. et mod., L. n° 2005-845, 26 juill. 2005 ; Ord. n° 2008-1345, 18 déc. 2008).* – **Lorsque les institutions mentionnées à l'article L. 143-11-4 du Code du travail** (2) **refusent pour quelque cause que ce soit de régler une créance figurant sur un relevé des créances résultant d'un contrat de travail, elles font connaître leur refus au mandataire judiciaire qui en informe immédiatement le représentant des salariés et le salarié concerné.**

Ce dernier peut saisir du litige le conseil de prud'hommes. Le mandataire judiciaire, le débiteur et l'administrateur lorsqu'il a une mission d'assistance sont mis en cause.

Le salarié peut demander au représentant des salariés de l'assister ou de le représenter devant la juridiction prud'homale.

1) Initiative de la saisine. Seul le salarié peut saisir du litige le conseil des prud'hommes, mais non le liquidateur (▪ Cass. soc., 21 mars 1989, n° 88-10.219 : *JurisData* n° 1989-002062 ; *JCP* 1989, II, 15599, n° 18, obs. Pétel ; *Bull. civ.* V, n° 233 ; *D. 1991, somm. 108, obs.* Derrida).

2) Forclusion. L'action du salarié tendant à contester le refus de l'AGS de régler tout ou partie d'une créance figurant sur un relevé des créances résultant d'un contrat de travail, n'est soumis à aucune forclusion (▪ Cass. soc., 1er févr. 2001, n° 97-45.009 : *JurisData* n° 2001-007977 ; *JCP* E 2001, pan. 544).

3) Mise en cause des organes de la procédure. La seule absence de mise en cause de l'administrateur judiciaire ou, après la fin de ses fonctions, du commissaire à l'exécution du plan, ne peut affecter la recevabilité de cette action, lorsque le représentant des créanciers encore en fonction est appelé à la procédure, avec un mandataire *ad hoc* désigné pour représenter le débiteur (▪ Cass. soc., 21 déc. 2006, n° 04-45.720 : *JurisData* n° 2006-036689 ; *JCP* E 2007, pan. 1209).

4) Droit propre de l'AGS. L'AGS dispose d'un droit propre à contester le règlement d'une créance

(1) Cet article a été recodifié, V. art. L. 2143-21 et L. 2325-5.
(2) Cet article a été recodifié, V. C. trav., art. L. 3253-14, p. 3336.

figurant sur un relevé, notamment le droit de contester le principe et l'étendue du bénéfice net et celui des capitaux propres établis par une attestation de l'inspecteur des impôts (■ Cass. soc., 10 févr. 1999, n° 96-22.157 : *JurisData* n° 1999-000561 ; *Rev. proc. coll.* 1999, 163, n° 4, obs. Taquet).

Art. L. 625-5 ***(Anc. art. L. 621-128, renum. et mod., L. n° 2005-845, 26 juill. 2005).*** **– Les litiges soumis au conseil de prud'hommes en application des articles L. 625-1 et L. 625-4 sont portés directement devant le bureau de jugement.**

1) Domaine de la règle. Application aux contestations des relevés de créances salariales (■ Cass. soc., 4 déc. 1991, n° 89-42.970 : *JurisData* n° 1991-003255 ; *Bull.* V, n° 550 ; *JCP* E 1992, I, 138, n° 20, obs. Pétel). *Idem* pour une action visant à de faire reconnaître le caractère abusif d'un licenciement (■ Cass. soc., 4 déc. 1991, n° 88-41.695 : *JurisData* n° 1991-003963 ; *JCP* E 1992, I, 138, n° 20, obs. Pétel). *Idem* pour un licenciement irrégulier (■ Cass. soc., 23 oct. 2012, n° 11-24.609 : *JurisData* n° 2012-023917 ; *Act. proc. coll.* 2012, comm. 299, obs. L. Fin-Langer).

2) Juge des référés. La saisine directe du bureau de jugement prévue à l'article L. 621-128 [L. 625-5] exclut toute possibilité de s'adresser au juge des référés pour obtenir une provision (■ Cass. soc., 17 juin 1992, n° 89-43.338 : *JurisData* n° 1992-001570 ; *Bull.* V, n° 406 ; *JCP* 1993, I, 238, n° 18, obs. Pétel).

Art. L. 625-6 ***(Anc. art. L. 621-129, renum. et mod., L. n° 2005-845, 26 juill. 2005).*** **– Les relevés des créances résultant d'un contrat de travail, visés par le juge-commissaire, ainsi que les décisions rendues par la juridiction prud'homale sont portés sur l'état des créances déposé au greffe. Toute personne intéressée, à l'exclusion de celles visées aux articles L. 625-1, L. 625-3 et L. 625-4, peut former une réclamation ou une tierce opposition dans des conditions prévues par décret en Conseil d'État.**

1) Contraintes de la procédure collective. Le conseil de prud'hommes doit se borner à déterminer le montant des sommes à inscrire sur l'état des créances déposé au greffe du tribunal, sans pouvoir condamner le liquidateur ou le représentant des créanciers à payer les sommes dues aux salariés (■ Cass. soc., 6 juin 1989, n° 87-45.172 : *JurisData* n° 1989-702077 ; *Bull.* IV, n° 424. ■ Cass. soc., 8 avr. 1992, n° 89-43.284 : *JurisData* n° 1992-000994 ; *JCP* 1992, IV, 1742 ; *Bull.* V, n° 252).

Les sommes dues par l'employeur en exécution du contrat de travail antérieurement au jugement ouvrant la procédure restent soumises, même après l'adoption d'un plan de redressement, qu'il soit par cession ou continuation, au régime de la procédure collective et doivent être inscrites sur l'état des créances déposé au greffe (■ Cass. soc., 27 oct. 1998, n° 95-44.146 : *JurisData* n° 1998-004040 ; *JCP* E 1998, jurispr. p. 774, note Serret ; *JCP* E 1999, p. 1775, n° 20, obs. Morvan ; *D.* 2001, somm. 114, obs. Derrida. – *Adde*, ■ Cass. com., 12 déc. 2001 : *Rev. proc. coll.* 2002, 270, obs. Staes).

2) Valeur de la décision. L'admission au passif revêt un caractère irrévocable, ce qui entraînait l'application de la prescription trentenaire avant la loi du 17 juin 2008 (■ Cass. soc., 21 nov. 2012, n° 11-18.923 : *JurisData* n° 2012-026456 ; *Act. proc. coll.* 2012, comm. 300, obs. L. Fin-Langer).

Section II. – Du privilège des salariés

Art. L. 625-7 ***(Anc. art. L. 621-130, renum. et mod., L. n° 2005-845, 26 juill. 2005).*** **– Les créances résultant d'un contrat de travail sont garanties en cas d'ouverture d'une procédure de sauvegarde :**

1° Par le privilège établi par les articles L. 143-10, L. 143-11, L. 742-6 et L. 751-15 du Code du travail (1)**, pour les causes et montants définis auxdits articles ;**

2° Par le privilège du 4° de l'article 2331 et du 2° de l'article 2375 du Code civil.

Rédaction future. 2° Par le privilège du *(Réf. rempl. à compter du 1er janvier 2022, Ord. n° 2021-1192, 15 sept. 2021)* « 3° » de l'article 2331 et du 2° de l'article 2375 du Code civil.

1) Entreprise de travail temporaire. Une *entreprise de travail temporaire qui a mis* des salariés à la disposition d'une société mise en redressement judiciaire ne peut demander le bénéfice du privilège des salariés pour obtenir le paiement de ses prestations (■ Versailles,

(1) Ces articles ont été recodifiés, V. C. trav., art. L. 3253-2 et L. 3253-3, p. 3328, L. 3253-4, p. 3329 et L. 7313-8, p. 2954.

21 sept. 1989 : *JurisData* n° 1989-045708 ; *Rev. proc. coll.* 1991, 254, n° 7, obs. Kerckhove ; *D.* 1990, somm. 74, obs. Honorat, conf. par ▪ Cass. com., 12 juill. 1993, n° 89-21.255 : *JurisData* n° 1993-001460 ; *Bull.* IV, n° 297 ; *D.* 1993, somm. 369, obs. Honorat).

2) **Accessoires des rémunérations.** La notion de rémunération au sens des articles 2101 et 2104 du Code civil englobe non seulement le salaire mais ses accessoires, notamment les gratifications contractuelles (▪ Paris, 28 mai 1993 : *JCP* E 1993, pan. 1006).

Art. L. 625-8 *(Anc. art. L. 621-131, renum. et mod., L. n° 2005-845, 26 juill. 2005 ; Ord. n° 2008-1345, 18 déc. 2008).* **– Nonobstant l'existence de toute autre créance, les créances que garantit le privilège établi aux articles L. 143-10, L. 143-11, L. 742-6 et L. 751-15** (1) **du Code du travail doivent, sur ordonnance du juge-commissaire, être payées dans les dix jours du prononcé du jugement ouvrant la procédure par le débiteur ou, lorsqu'il a une mission d'assistance, par l'administrateur, si le débiteur ou l'administrateur dispose des fonds nécessaires.**

Toutefois, avant tout établissement du montant de ces créances, le débiteur ou l'administrateur s'il a une mission d'assistance doit, avec l'autorisation du juge-commissaire et dans la mesure des fonds disponibles, verser immédiatement aux salariés, à titre provisionnel, une somme égale à un mois de salaire impayé, sur la base du dernier bulletin de salaire, et sans pouvoir dépasser le plafond visé à l'article L. 143-10 du Code du travail (2)**.**

À défaut de disponibilités, les sommes dues en vertu des deux alinéas précédents doivent être acquittées sur les premières rentrées de fonds.

1) **Cotisations sociales.** La créance des organismes de sécurité sociale n'est pas assimilée à une créance privilégiée de salaire, seule susceptible d'être payée sur les fonds disponibles du redevable ou les premières rentrées de fonds (▪ Cass. com., 9 juill. 2013 : *Gaz. Pal.* 2013, p. 34, obs. Gailhbaud ; *BJE* 2013, p. 368, obs. Macorig-Venier ; *JCP* E 2014, 1020, n° 11, obs. Pétel).

2) **Saisie du salarié.** L'obligation de payer certaines créances salariales sur les fonds disponibles étant subordonnée à une décision du juge-commissaire, le salarié ne peut s'en prévaloir pour procéder à une saisie (▪ Cass. com., 3 mai 2016 : *JCP* E 2016, 1465, n° 10, obs. Pétel ; *JCP* E 2016, 1387, note Ronet-Yague).

Section III. – De la garantie du paiement des créances résultant du contrat de travail

Art. L. 625-9 *(Ord. n° 2008-1345, 18 déc. 2008).* **– Sans préjudice des règles fixées aux articles L. 625-7 et L. 625-8, les créances résultant du contrat de travail ou du contrat d'apprentissage sont garanties dans les conditions fixées aux articles L. 3253-2 à L. 3253-4, L. 3253-6 à L. 3253-21 et L. 8252-3 du Code du travail.**

Voir : ces articles sont reproduits en Annexe 6, *Des difficultés des entreprises*, p. 3319.

CHAPITRE VI. – DU PLAN DE SAUVEGARDE

Bibliographie : R. Damman et G. Podeur, *La conversion de créances en capital dans les entreprises en difficulté : Bull. Joly Sociétés* 2009, p. 1129. • J.-D. Daudier de Cassini et A.-S. Noury, *Obligataires et procédures collectives : Bull. Joly Sociétés* 2009, p. 1123. • Ph. Roussel-Galle, *Associés, dirigeants et plans de continuation dans la société en difficulté : Bull. Joly Sociétés* 2009, p. 1109. • Pétel, *La reprise interne* in *Droit des sociétés et procédures collectives*, L'Harmattan, 2018, p. 129. • Buisine et Rousseau, *L'exécution anticipée du plan : Rev. proc. coll.* 2018, étude 28. • Farhi, *La conversion de créances en titres de capital lors d'une procédure collective : Rev. proc. coll.* 2019, étude 3.

Art. L. 626-1 *(L. n° 2005-845, 26 juill. 2005 ; mod., Ord. n° 2008-1345, 18 déc. 2008 ; Ord. n° 2014-326, 12 mars 2014).* **– Lorsqu'il existe une possibilité sérieuse pour l'entreprise d'être sauvegardée, le tribunal arrête dans ce but un plan qui met fin à la période d'observation.**

Le plan de sauvegarde comporte, s'il y a lieu, l'arrêt, l'adjonction ou la cession d'une ou de plusieurs activités.

(1) Ces articles ont été recodifiés, V. C. trav., art. L. 3253-2 et L. 3253-3, p. 3328, L. 3253-4, p. 3329 et L. 7313-8, p. 2954.

(2) Cet article a été recodifié, V. C. trav., art. L. 3253-2 et L. 3253-3, p. 3328.

Les cessions faites en application du présent article sont soumises aux dispositions de la section 1 du chapitre II du titre IV et à celles de l'article L. 642-22. Toutefois, le mandataire judiciaire exerce les missions confiées au liquidateur. En outre, le tribunal peut, par un jugement spécialement motivé, après avoir recueilli l'avis du ministère public et demandé celui des contrôleurs, déroger aux interdictions prévues au premier alinéa de l'article L. 642-3 et autoriser la cession à l'une des personnes mentionnées à cet alinéa, à l'exception des contrôleurs et du débiteur au titre de l'un quelconque de ses patrimoines.

Lorsqu'un plan de sauvegarde de l'emploi doit être élaboré, il est fait application des dispositions du III de l'article L. 1233-58 du Code du travail.

Les droits de préemption institués par le Code rural et de la pêche maritime ou le Code de l'urbanisme ne peuvent s'exercer sur un bien compris dans une cession d'une ou de plusieurs activités décidée en application du présent article.

1) **Plan avec cessation d'activité.** La cessation d'activité d'une personne physique ne fait pas obstacle à l'adoption d'un plan de redressement ayant pour seul objet l'apurement de son passif (■ Cass. com., 4 mai 2017, n° 15-25.046 : *JurisData* n° 2017-008391 ; *JCP* E 2017, 1460, obs. Therani, 1374, obs. Gandhour ; *LEDEN* juin 2017, p. 1, obs.

2) **Groupe de sociétés.** Rien n'interdit au tribunal, lors de l'examen de la solution proposée pour chaque société d'un groupe, de tenir compte, par une approche globale, de la cohérence du projet au regard des solutions envisagées pour les autres sociétés du groupe (■ Cass. com., 19 déc. 2018, n° 17-27.947 : *Act. proc. coll.* 2019, comm. 37, Pagnucco ; *JCP* E 2019, 1131, obs. Cerati-Gauthier ; *JCP* E 2019, 1206, n° 8, obs. Pétel ; *Rev. proc. coll.* 2019, comm. 92, obs. Dumont-Lefrand ; *JCP* E 2020, 1000, n° 10, obs. Perruchot-Triboulet).

Section I. – De l'élaboration du projet de plan

Art. L. 626-2 *(L. n° 2005-845, 26 juill. 2005 ; mod., Ord. n° 2008-1345, 18 déc. 2008)*. – Au vu du bilan économique, social et le cas échéant, environnemental, le débiteur, avec le concours de l'administrateur, propose un plan, sans préjudice de l'application des dispositions de l'article L. 622-10.

(Al. créé à compter du 1er octobre 2021, Ord. n° 2021-1193, 15 sept. 2021) Le projet de plan mentionne les engagements d'effectuer des apports de trésorerie pris pour l'exécution du plan.

Le projet de plan détermine les perspectives de redressement en fonction des possibilités et des modalités d'activités, de l'état du marché et des moyens de financement disponibles.

Il définit les modalités de règlement du passif et les garanties éventuelles que le débiteur doit souscrire pour en assurer l'exécution.

Ce projet expose et justifie le niveau et les perspectives d'emploi ainsi que les conditions sociales envisagées pour la poursuite d'activité. Lorsque le projet prévoit des licenciements pour motif économique, il rappelle les mesures déjà intervenues et définit les actions à entreprendre en vue de faciliter le reclassement et l'indemnisation des salariés dont l'emploi est menacé. Le projet tient compte des travaux recensés par le bilan environnemental.

Il recense, annexe et analyse les offres d'acquisition portant sur une ou plusieurs activités, présentées par des tiers. Il indique la ou les activités dont sont proposés l'arrêt ou l'adjonction.

Voir : sur les licenciements, biblio. sous art. L. 631-19, p. 1264.

Art. L. 626-2-1 *(L. n° 2014-856, 31 juill. 2014)*. – Lorsque le débiteur exerce une activité, bénéficiant d'une autorisation administrative, d'un agrément, d'un conventionnement ou d'une habilitation, mentionnée au II de l'article 1er de la loi n° 2014-856 du 31 juillet 2014 relative à l'économie sociale et solidaire, il consulte l'autorité administrative ou l'autorité de contrôle et de tarification pour l'élaboration du projet de plan. *(Phrase suppr. à compter du 1er octobre 2021, Ord. n° 2021-1193, 15 sept. 2021)* « ... ». *L'administrateur, lorsqu'il en a été désigné,* s'assure qu'il a été procédé à ces consultations. Le débiteur ou, s'il y a lieu, l'administrateur fait connaître au tribunal les diligences effectuées ainsi que l'avis de l'autorité administrative ou de l'autorité de contrôle et de tarification. L'autorité administrative ou l'autorité de contrôle et de tarification rend son avis dans le délai d'un mois, en tenant compte du *b* du 3° du I de l'article 1er de la loi n° 2014-856 du 31 juillet 2014 précitée. L'absence d'avis dans ce délai ne peut faire obstacle au jugement du tribunal.

Art. L. 626-3 *(Anc. art. L. 621-58, renum. et mod., L. n° 2005-845, 26 juill. 2005 ; Ord. n° 2014-326, 12 mars 2014 ; L. n° 2016-1547, 18 nov. 2016).* – **Lorsque le projet de plan prévoit une modification du capital ou des statuts, l'assemblée générale extraordinaire ou l'assemblée des associés ainsi que, lorsque leur approbation est nécessaire, les assemblées spéciales mentionnées aux articles L. 225-99 et L. 228-35-6 ou les assemblées générales des masses visées à l'article L. 228-103 sont convoquées dans des conditions définies par décret en Conseil d'État. Le tribunal peut décider que l'assemblée compétente statuera sur les modifications statutaires, sur première convocation, à la majorité des voix dont disposent les associés ou actionnaires présents ou représentés dès lors que ceux-ci possèdent au moins la moitié des parts ou actions ayant le droit de vote. Sur deuxième convocation, il est fait application des dispositions de droit commun relatives au quorum et à la majorité.**

Si, du fait des pertes constatées dans les documents comptables, les capitaux propres sont inférieurs à la moitié du capital social, l'assemblée est d'abord appelée à reconstituer ces capitaux à concurrence du montant proposé par l'administrateur et qui ne peut être inférieur à la moitié du capital social. Elle peut également être appelée à décider la réduction et l'augmentation du capital en faveur d'une ou plusieurs personnes qui s'engagent à exécuter le plan.

Les engagements pris par les actionnaires ou associés ou par de nouveaux souscripteurs sont subordonnés dans leur exécution à l'acceptation du plan par le tribunal.

En cas d'augmentation du capital social prévu par le projet de plan, les associés ou actionnaires peuvent bénéficier de la compensation à concurrence du montant de leurs créances admises et dans la limite de la réduction dont elles sont l'objet dans le projet de plan.

1) **Reconstitution des capitaux propres.** Sur le caractère obligatoire de cette reconstitution, V. les positions divergentes de ▪ TGI Béthune, 26 sept. 1986 : *Rev. proc. coll.* 1987, n° 2, p. 51, obs. Soinne. ▪ T. com. Lille, 5 févr. 1988 : *JurisData* n° 1988-600045 ; *LPA* 23 mars 1988. ▪ T. com. Nanterre, 8 déc. 1987 : *JurisData* n° 1987-600425 ; *JCP* E 1988, II, 15170, note Viandier. ▪ Bordeaux, 25 nov. 1993 : *JurisData* n° 1993-600631 ; *Bull. Joly* 1994, 1346, note Le Cannu. – Rappr. ▪ Cass. crim., 27 avr. 1987 : *Rev. proc. coll.* 1988, n° 3, p. 314, obs. Soinne.

2) **Nécessité d'un vote.** Le tribunal ne peut imposer l'adoption de modifications statutaires ; elles sont subordonnées au vote favorable des associés (▪ Cass. com., 15 janv. 1991, n° 89-15.822 : *JurisData* n° 1991-000140 ; *JCP* E 1991, I, 44, n° 7, obs. Cabrillac ; *Rev. sociétés* 1991, 383, note Guyon ; *Bull. Joly* 1991, 425, note Le Cannu ; *RJ com.* 1991, 385, note Merle).

3) **Obligations remboursables en actions.** L'assemblée générale des titulaires d'ORA doit être appelée à statuer sur une réduction de capital à zéro prévue par un plan de sauvegarde (▪ Cass. com., 10 juill. 2012, n° 11-22.898 : *JurisData* n° 2012-015924 ; *JCP* E 2012, 1757, n° 6, obs. Ph. Pétel, 1571, note J.-M. Moulin ; *BJS* 2012, p. 810, note F.-X. Lucas).

Art. L. 626-4 *(Abr., Ord. n° 2008-1345, 18 déc. 2008).*

Art. L. 626-5 *(L. n° 2005-845, 26 juill. 2005 ; mod., Ord. n° 2008-1345, 18 déc. 2008 ; L. n° 2010-1249, 22 oct. 2010).* – **Les propositions pour le règlement des dettes peuvent porter sur des délais, remises et conversions en titres donnant ou pouvant donner accès au capital. Elles sont, au fur et à mesure de leur élaboration et sous surveillance du juge-commissaire, communiquées par l'administrateur au mandataire judiciaire, aux contrôleurs ainsi qu'au comité** *(Mots rempl. à compter du 1er octobre 2021, Ord. n° 2021-1193, 15 sept. 2021)* **« social et économique ».**

Lorsque la proposition porte sur des délais et remises, le mandataire judiciaire recueille, individuellement ou collectivement, ***l'accord de chaque créancier qui*** **a déclaré sa créance conformément à l'article L. 622-24. En cas de consultation par écrit, le défaut de réponse, dans le délai de trente jours à compter de la réception de la lettre du mandataire judiciaire, vaut acceptation. Ces dispositions sont applicables aux institutions visées à l'article L. 143-11-4 du Code du travail pour les sommes mentionnées au quatrième alinéa de l'article L. 622-24, même si leurs créances ne sont pas encore déclarées. Elles le sont également aux créanciers mentionnés au premier alinéa de l'article L. 626-6 lorsque la proposition qui leur est soumise porte exclusivement sur des délais de paiement.**

Lorsque la proposition porte sur une conversion en titres donnant ou pouvant donner accès au capital, le mandataire judiciaire recueille, individuellement et par écrit, l'accord de chaque créancier qui a déclaré sa créance conformément à l'article L. 622-24. Le défaut de réponse, dans le délai de trente jours à compter de la réception de la lettre du mandataire judiciaire, vaut refus.

Le mandataire judiciaire n'est pas tenu de consulter les créanciers pour lesquels le projet de plan ne modifie pas les modalités de paiement ou prévoit un paiement intégral en numéraire dès l'arrêté du plan ou dès l'admission de leurs créances.

1) Dispense de consultation. La consultation des créanciers est inutile lorsque le plan de continuation est écarté d'emblée parce qu'irréalisable (▪ Cass. com., 25 mars 1997, n° 94-13.003 : *JurisData* n° 1997-001391 ; *RJDA* 7/1997, n° 959 ; *JCP* E 1997, I, 681, n° 4, obs. Ph. Pétel).

2) Délai de réponse des créanciers. Une lettre de consultation à laquelle n'est pas joint l'un des documents exigés par l'article R. 626-7, II ne fait pas courir le délai (▪ Cass. com., 14 nov. 2019, n° 18-20.408 : *JurisData* n° 2019-020065 ; *Act. proc. coll.* 2020-1, comm. 17, obs. Jazottes ; *JCP* E 2020, 1047, note Zinty ; *JCP* E 2020, 1204, n° 6, obs. Tehrani).

Application des articles 668 et 669 du Code de procédure civile pour la computation du délai (▪ Cass. com., 28 oct. 2008, n° 07-17.472 : *JurisData* n° 2008-045584 ; *D.* 2008, p. 2866).

3) Remises de dettes. Les remises accordées par le créancier en application de l'article L. 621-60, alinéa 2, [L. 626-5] participent de la nature judiciaire des dispositions du plan et ne profitent pas à la caution qui doit payer au créancier l'intégralité de la créance (▪ Cass. com., 17 nov. 1992, n° 89-14.997 : *JurisData* n° 1992-002539 ; *D.* 1993, 41, note Vidal ; *JCP* E 1993, I, 236, n° 7, obs. Cabrillac ; *RTD com.* 1993, 379, obs. Martin-Serf. ▪ Cass. com., 28 mai 1991 : *JCP* E 1991, I, 100, n° 2, obs. Pétel ; *RD bancaire et bourse* 1992, 82, obs. Campana et Calendini ; *RTD com.* 1992, 690, obs. Martin-Serf ; *Rev. proc. coll.* 1992, 76, obs. Delebecque. ▪ Cass. com., 17 mai 1994, n° 92-22.064 : *JurisData* n° 1994-001011 ; *RJDA* 11/94, n° 1213). V. cependant art. L. 626-11, al. 2, p. 1230.

L'acceptation par le banquier de la proposition de remise de dette participe de la nature judiciaire des dispositions du plan et ne saurait engager la responsabilité de ce dernier pour avoir privé la caution de son recours subrogatoire, sauf fraude aux droits de celle-ci (▪ Cass. com., 22 oct. 1996 : *JCP* E 1997, I, 623, n° 3, obs. M. Cabrillac ; *RD bancaire et bourse* 1996, 242, n° 3, obs. Campana et Calendini).

4) Propositions alternatives. Pour l'interprétation de propositions ambiguës, V. ▪ Cass. com., 15 déc. 2015, n° 14-20.588 : *Rev. proc. coll.* 2016, comm. 82, obs. Fraimout. Dès lors que les créanciers ont été informés de l'option retenue en cas de défaut de réponse, le tribunal ne peut refuser d'appliquer cette option (▪ CA Nîmes, 15 sept. 2016 : *JurisData* n° 2016-019636 ; *Rev. proc. coll.* 2016, comm. 182, obs. Lebel).

5) Conséquences fiscales. Sur la déductibilité des abandons de créance, V. *JCP* E 2013, 1190.

Ordonnance n° 2020-596 du 20 mai 2020

portant adaptation des règles relatives aux difficultés des entreprises et des exploitations agricoles aux conséquences de l'épidémie de Covid-19
(Ord. n° 2020-596, 20 mai 2020)

Art. 4. – À la demande de l'administrateur judiciaire, s'il en a été désigné un, ou du mandataire judiciaire, le juge-commissaire peut réduire à quinze jours le délai prévu par la deuxième phrase du deuxième alinéa de l'article L. 626-5.

Pour l'application des deuxième et troisième alinéas de l'article L. 626-5 ainsi que de l'article L. 626-32 du Code de commerce, les propositions pour le règlement des dettes ainsi que les éventuelles réponses à ces propositions peuvent être communiquées par tout moyen permettant au mandataire judiciaire d'établir avec certitude la date de leur réception.

Lorsque les engagements pour le règlement du passif mentionnés à l'article L. 626-10 du Code de commerce peuvent être établis sur la base d'une attestation de l'expert-comptable ou du commissaire aux comptes, ils portent sur les créances déclarées admises ou non contestées, ainsi que sur les créances identifiables, notamment celles dont le délai de déclaration n'est pas expiré.

Bibliographie : Berthelot et Ferrari, *Les mesures favorables aux plans de sauvegarde et de redressement issues des ordonnances Covid-19 : Gaz. Pal.* 13 juill. 2020, p. 756.

Art. L. 626-6 *(L. n° 2005-845, 26 juill. 2005 ; mod., L. n° 2009-179, 17 févr. 2009).* – **Les *administrations financières*, les organismes de sécurité sociale, les institutions gérant le régime d'assurance chômage prévu par les articles L. 351-3 et suivants du Code du travail** (1) **et les institutions régies par le**

(1) Dispositions applicables aux procédures de conciliation ouvertes à compter du 1er mars 2011 ainsi qu'en Nouvelle-Calédonie et dans les îles Wallis-et-Futuna, L. n° 2010-1249, 22 oct. 2010, art. 57, II et 85, II.

livre IX du Code de la sécurité sociale peuvent accepter de remettre tout ou partie de ses dettes au débiteur dans des conditions similaires à celles que lui octroierait, dans des conditions normales de marché, un opérateur économique privé placé dans la même situation.

Dans ce cadre, les administrations financières peuvent remettre l'ensemble des impôts directs perçus au profit de l'État et des collectivités territoriales ainsi que des produits divers du budget de l'État dus par le débiteur. S'agissant des impôts indirects perçus au profit de l'État et des collectivités territoriales, seuls les intérêts de retard, majorations, pénalités ou amendes peuvent faire l'objet d'une remise.

Les conditions de la remise de la dette sont fixées par décret.

Les créanciers visés au premier alinéa peuvent également décider des cessions de rang de privilège ou d'hypothèque ou de l'abandon de ces sûretés.

Voir : art. D. 626-9 à D. 626-15, p. 1975.

Voir aussi : Code de la sécurité sociale, art. R. 243-20-2.

Bibliographie : G. Notté, *Conditions des remises de dettes par les créanciers publics aux entreprises en difficulté : JCP* E 2009, act. 196. • Gourdain, *Remise des créances publiques : le frein de l'article R. 626-13 du Code de commerce : D.* 2007, doctr. 2546. • Milsan, *Les remises de dettes publiques : une nouvelle opportunité offerte aux créanciers publics pour contribuer au redressement des entreprises en difficulté : JCP* E 2007, 1901. • P. Serlooten, *Remises des dettes par les créanciers publics : une libéralisation efficace ? : Rev. proc. coll.* 2009, étude 10.

1) Spécificité des créanciers publics et sociaux. Sur la portée du défaut de réponse de l'URSSAF, V. ▪ Cass. com., 23 mars 2013 : *Gaz. Pal.* 12-13 juill. 2013, p. 17, obs. Lebel.

2) Contentieux. S'agissant d'une créance fiscale, la contestation ayant trait à l'élaboration des propositions pour le règlement des dettes ressortit à la compétence de la juridiction judiciaire, sous réserve d'une éventuelle question préjudicielle relevant du juge administratif dont dépendrait la solution du litige (▪ T. confl., 8 juill. 2013, n° 3912 : *JurisData* n° 2013-014607 ; *Rev. proc. coll.* 2013, comm. 168, obs. R. Vabres).

Décret n° 2007-154 du 5 février 2007

désignant les autorités compétentes au sein des administrations financières pour statuer sur les demandes de remise présentées en application de l'article L. 626-6 du Code de commerce

Art. 1er *(Mod., D. n° 2014-551, 27 mai 2014)*. – En ce qui concerne les administrations financières, le pouvoir de statuer sur les demandes de remise présentées dans le cadre de la procédure définie par le décret [n° 2007-153] du 5 février 2007 susvisé, pris en application de l'article L. 626-6 du Code de commerce, appartient :

1° S'agissant des impôts et des pénalités fiscales, d'une part, et des frais de poursuites, intérêts moratoires et majorations afférents, d'autre part, au directeur départemental ou, le cas échéant, régional des finances publiques ou au directeur chargé d'un service à compétence nationale ou d'une direction spécialisée pour les créances établies à l'initiative de ces services ;

2° *(Abr., D. n° 2014-551, 27 mai 2014)* ;

3° S'agissant des créances recouvrées par les services de la direction générale des douanes et droits indirects, au directeur régional des douanes et droits indirects ;

4° S'agissant des produits divers du budget de l'État, majorations, frais de poursuites et intérêts y afférents, au directeur départemental ou, le cas échéant, régional des finances publiques ou au comptable de la direction générale des finances publiques qui a pris en charge les ordres de recettes ;

5° *S'agissant des frais de poursuites afférents aux produits et redevances du domaine de l'État* au directeur départemental ou, le cas échéant, régional des finances publiques ou au comptable spécialisé du Domaine.

Les responsables mentionnés aux alinéas précédents peuvent déléguer leur signature aux agents placés sous leur autorité.

Art. L. 626-7 *(L. n° 2005-845, 26 juill. 2005 ; mod., Ord. n° 2008-1345, 18 déc. 2008)*. – **Le mandataire judiciaire dresse un état des réponses faites par les créanciers. Cet état est adressé au débiteur et à l'administrateur ainsi qu'aux contrôleurs.**

Art. L. 626-8 *(Anc. art. L. 621-61, renum. et mod., L. n° 2005-845, 26 juill. 2005 ; Ord. n° 2008-1345, 18 déc. 2008)*. – **Le comité** *(Mots rempl. à compter du 1er octobre 2021, Ord. n° 2021-1193, 15 sept. 2021)*

« social et économique » et le mandataire judiciaire sont informés et consultés sur les mesures que le débiteur envisage de proposer dans le projet de plan au vu des informations et offres reçues.

Ils le sont également, ainsi que le ou les contrôleurs, sur le bilan économique et social et sur le projet de plan, qui leur sont communiqués par l'administrateur et complétés, le cas échéant, de ses observations.

Les documents mentionnés au deuxième alinéa sont simultanément adressés à l'autorité administrative compétente en matière de droit du travail. Le procès-verbal de la réunion à l'ordre du jour de laquelle a été inscrite la consultation *(Mots rempl. à compter du 1er octobre 2021, Ord. n° 2021-1193, 15 sept. 2021)* « du comité social et économique » est transmis au tribunal ainsi qu'à l'autorité administrative mentionnée ci-dessus.

Le ministère public en reçoit communication.

Qualité pour invoquer l'irrégularité. Le débiteur n'a pas qualité pour se prévaloir du fait que le représentant des salariés n'a pas été convoqué à l'audience et que le rapport des administrateurs n'a pas été communiqué à l'autorité administrative prévue à l'article L. 621-61 [L. 626-8] (■ Cass. com., 15 déc. 1992, n° 91-12.467 : *JurisData* n° 1992-002761 ; *Bull.* IV, n° 418 ; *RJDA* 5/93, n° 445 ; *D.* 1994, somm. 2, obs. Derrida).

Section II. – Du jugement arrêtant le plan et de l'exécution du plan

Art. L. 626-9 *(L. n° 2005-845, 26 juill. 2005 ; mod., Ord. n° 2008-1345, 18 déc. 2008).* – Après avoir entendu ou dûment appelé le débiteur, l'administrateur, le mandataire judiciaire, les contrôleurs ainsi que les représentants du comité d'entreprise ou, à défaut, des délégués du personnel, le tribunal statue au vu des documents prévus à l'article L. 626-8, après avoir recueilli l'avis du ministère public. Lorsque la procédure est ouverte au bénéfice d'un débiteur qui emploie un nombre de salariés ou qui justifie d'un chiffre d'affaires hors taxes supérieurs à des seuils fixés par décret en Conseil d'État, les débats doivent avoir lieu en présence du ministère public.

Art. L. 626-10 *(Anc. art. L. 621-63, renum. et mod., L. n° 2005-845, 26 juill. 2005 ; Ord. n° 2008-1345, 18 déc. 2008 ; L. n° 2016-1547, 18 nov. 2016).* – Le plan désigne les personnes tenues de l'exécuter et mentionne l'ensemble des engagements qui ont été souscrits par elles et qui sont nécessaires, à la sauvegarde de l'entreprise. *(Phrase créée à compter du 1er octobre 2021, Ord. n° 2021-1193, 15 sept. 2021)* « Il mentionne de manière distincte les apports de trésorerie des personnes qui se sont engagées à les effectuer pour l'exécution du plan de sauvegarde arrêté par le tribunal ». Ces engagements portent sur l'avenir de l'activité, les modalités du maintien et du financement de l'entreprise, le règlement du passif soumis à déclaration ainsi que, s'il y a lieu, les garanties fournies pour en assurer l'exécution.

(Al. créé à compter du 1er octobre 2021, Ord. n° 2021-1193, 15 sept. 2021) Lorsque les engagements pour le règlement du passif peuvent être établis sur la base d'une attestation de l'expert-comptable ou du commissaire aux comptes, ils portent sur les créances déclarées admises ou non contestées, ainsi que sur les créances identifiables, notamment celles dont le délai de déclaration n'est pas expiré.

Le plan expose et justifie le niveau et les perspectives d'emploi ainsi que les conditions sociales envisagées pour la poursuite d'activité.

Les personnes qui exécuteront le plan, même à titre d'associés, ne peuvent pas se voir imposer des charges autres que les engagements qu'elles ont souscrits au cours de sa préparation, sous réserve des dispositions prévues à l'article L. 626-3.

(Al. créé à compter du 1er octobre 2021, Ord. n° 2021-1193, 15 sept. 2021) Les créances résultant des apports de trésorerie mentionnés au premier alinéa bénéficient du privilège prévu au 2° du III de l'article L. 622-17. Cette disposition ne s'applique pas aux apports consentis par les actionnaires et associés du débiteur dans le cadre d'une augmentation de capital. Elle ne peut bénéficier, directement ou indirectement, *aux créanciers au titre de leurs concours antérieurs* à l'ouverture de la procédure.

Art. L. 626-11 *(Anc. art. L. 621-65, renum. et mod., L. n° 2005-845, 26 juill. 2005 ; Ord. n° 2008-1345, 18 déc. 2008).* – Le jugement qui arrête le plan en rend les dispositions opposables à tous.

À l'exception des personnes morales, les coobligés et les personnes ayant consenti une sûreté personnelle ou ayant affecté ou cédé un bien en garantie peuvent s'en prévaloir.

1) Chose jugée. Si, selon l'article L. 621-65 [L. 626-11], le jugement qui arrête le plan en rend les dispositions applicables à tous, son autorité n'est attachée, par l'effet des articles L. 621-62 et L. 621-63, qu'à l'organisation de la continuation de l'entreprise, à sa cession ou à sa continuation assortie d'une cession partielle et à son exécution par les personnes qu'il désigne, cette autorité ne saurait s'étendre à la question du paiement des créances privilégiées dues aux salariés à la date du jugement d'ouverture (■ Cass. soc., 19 févr. 2002, n° 99-14.882 : *JurisData* n° 2002-013020 ; *JCP* E 2002, act. 54 ; *D.* 2002, p. 1141 ; *RJDA* 6/2002, n° 665 ; *JCP* E 2002, 1079, n° 5, obs. Morvan ; *ibid.*, 1380, n° 4, obs. M. Cabrillac).

2) Garants personnes physiques. Le créancier peut obtenir un jugement de condamnation afin de valider une mesure conservatoire, mais ce titre exécutoire ne peut être mis en œuvre tant que le plan est respecté (■ Cass. com., 2 juin 2015, n° 14-10.673 : *JurisData* n° 2015-013166 ; *Gaz. Pal.* 18-20 oct. 2015, p. 34, obs. Le Corre-Broly ; *JCP* E 2016, 1000, n° 8, obs. Pétel). Comp.■ Cass. com., 27 mai 2014, n° 13-10.018 : *JurisData* n° 2014-011593 ; *Act. proc. coll.* 2014, comm. 188, obs. Cagnoli ; *JCP* E 2014, 1447, n° 2, obs. Pétel ; *BJE* 2014, p. 294, obs. Reille.

Un créancier est fondé, afin d'éviter la caducité de sa mesure conservatoire, à obtenir un jugement de condamnation des cautions avant l'exigibilité de sa créance à leur égard (■ Cass. com., 1er mars 2016 : *JCP* E 2016, 1465, n° 12, obs. Pétel ; *Act. proc. coll.* 2016, comm. 91, obs. Cagnoli ; *BJE* 2016, p. 162, 113j6, obs. Borga).

3) Héritiers du débiteur. Les héritiers du débiteur ne peuvent être condamnés à payer la créance née d'un contrat de prêt antérieur au jugement d'ouverture, contrairement aux dispositions du plan de continuation (■ Cass. com., 4 janv. 2000 : *JCP* E 2000, p. 700, n° 5, obs. Ph. Pétel ; *RTD com.* 2001, 218, obs. Saint-Alary-Houin).

4) Associés de société civile. Les associés d'une société civile sont débiteurs subsidiaires du passif social envers les tiers et peuvent, par l'application de l'article L. 621-65 (L. 626-11) se prévaloir des plans de continuation (■ Cass. com., 23 janv. 2001, n° 98-10.668 *JurisData* n° 2001-007883 ; *JCP* E 2001, p. 751, n° 2, obs. Ph. Pétel ; *D.* 2001, p. 781, obs. Lienhard ; somm. 3426, obs. Honorat ; *JCP* E 2001, p. 850, note Rémery ; *RD bancaire et fin.* 2001, 92, n° 69, obs. F.-X. Lucas) ; ils ne peuvent être poursuivis par un créancier en paiement des dettes sociales (même déc.).

5) Engagements souscrits dans le plan. Toute personne qui a intérêt au respect de l'engagement unilatéralement pris peut faire valoir la faute du cessionnaire qui se délie abusivement d'une obligation destinée par la nature de son contenu à se prolonger dans le temps (■ Cass. com., 28 mars 2000, n° 98-12.074 : *JurisData* n° 2000-001249 ; *D.* 2000, *Cah. dr. aff.*, act. jurispr., p. 210, obs. Lienhard ; *Act. proc. coll.* 2000, comm. 108, obs. Vallansan ; *JCP* E 2000, p. 1562, n° 4, obs. P. P. ; *RJDA* 7-8/2000, n° 781 et p. 594, concl. Piniot ; *RD bancaire et fin.* 2000, 91, n° 72, obs. Lucas ; *RTD com.* 2000, 716, obs. Vallens ; *RTD com.* 2001, 222, obs. Saint-Alary-Houin, qui admet qu'une commune puisse agir contre un cessionnaire).

6) Substitution de caution. Un engagement de substitution de caution souscrit par les dirigeants de la société cessionnaire sans autorisation de conseil d'administration est valable et opposable à tous dès lors qu'il est constaté par un plan arrêté par un jugement passé en force irrévocable de chose jugée (■ Paris, 10 mars 2000, n° 1998/17587 : *JurisData* n° 2000-121309 ; *RD bancaire et fin.* 2000, 357, n° 229, obs. Lucas).

Art. L. 626-12

Art. L. 626-12 *(L. n° 2005-845, 26 juill. 2005 ; mod., L. n° 2019-486, 22 mai 2019).* **– Sans préjudice de l'application des dispositions de l'article L. 626-18, la durée du plan est fixée par le tribunal. Elle ne peut excéder dix ans. Lorsque le débiteur est une personne exerçant une activité agricole définie à l'article L. 311-1 du Code rural et de la pêche maritime, elle ne peut excéder quinze ans.**

1) Terme du plan. *Lorsque le plan de continuation est arrivé à son terme sans avoir fait l'objet d'une décision de résolution, le créancier recouvre son droit de poursuite individuelle contre le débiteur – sol. antérieure à 2014, V. art. L. 626-27, p. 1240* (■ Cass. com., 8 avr. 2015 : *JCP* E 2015, 1422, n° 3, obs. Pétel ; *Rev. proc. coll.* 2015, comm. 106, obs. Macorig-Venier ; *Act. proc. coll.* 2015, comm. 131, obs. Jazottes).

2) Agriculteur. Le bénéfice d'un plan d'une durée de quinze ans est réservé aux agriculteurs personnes physiques (■ Cass. com., 29 nov. 2017, n° 16-21.032 : *JurisData* n° 2017-024171 ; *Act. proc. coll.* 2018-2, comm. 18, obs. Lebel ; *JCP* E 2018, 1159, n° 8, obs. Pétel ; *BJE* 2018, p. 25, avis Le Mesle).

Art. L. 626-13

Art. L. 626-13 *(Anc. art. L. 621-71, renum. et mod., L. n° 2005-845, 26 juill. 2005 ; Ord. n° 2010-1512, 9 déc. 2010).* **– L'arrêt du plan par le tribunal entraîne la levée de plein droit de toute interdiction d'émettre des chèques conformément à l'article L. 131-73 du Code monétaire et financier, mise en œuvre à l'occasion**

du rejet d'un chèque émis avant le jugement d'ouverture de la procédure. Lorsque le débiteur est un entrepreneur individuel à responsabilité limitée, cette interdiction est levée sur les comptes afférents au patrimoine visé par la procédure.

Art. L. 626-14 *(Anc. art. L. 621-72, renum. et mod., L. n° 2005-845, 26 juill. 2005 ; Ord. n° 2008-1345, 18 déc. 2008).* – Dans le jugement arrêtant le plan ou le modifiant, le tribunal peut décider que les biens qu'il estime indispensables à la continuation de l'entreprise ne pourront être aliénés, pour une durée qu'il fixe, sans son autorisation. La durée de l'inaliénabilité ne peut excéder celle du plan.

Lorsque le tribunal est saisi d'une demande d'autorisation d'aliéner un bien rendu inaliénable en application du premier alinéa, il statue, à peine de nullité, après avoir recueilli l'avis du ministère public.

La publicité de l'inaliénabilité temporaire est assurée dans des conditions fixées par décret en Conseil d'État.

Tout acte passé en violation des dispositions du premier alinéa est annulé à la demande de tout intéressé ou du ministère public, présentée dans le délai de trois ans à compter de la conclusion de l'acte. Lorsque l'acte est soumis à publicité, le délai court à compter de celle-ci.

Biens indivis. L'inaliénabilité affectant des biens indivis est sans effet à l'égard des créanciers dont le droit est né antérieurement à l'indivision (■ Cass. com., 7 févr. 2012, n° 11-12.787 : *JurisData* n° 2012-001772 ; *Rev. proc. coll.* 2012, comm. 78, obs. J.-J. Fraimout, comm. 110, obs. M.-P. Dumont-Lefrand).

La mesure d'inaliénabilité est inopposable aux indivisaires *in bonis* (■ Cass. com., 10 févr. 2015, n° 13-24.659 : *JurisData* n° 2015-002274 ; *JCP* E 2015, 1204, n° 5, obs. Pétel ; *BJE* 2015/3, p. 142, obs. Benilsi).

Art. L. 626-15 *(Abr., L. n° 2016-1547, 18 nov. 2016).*

Art. L. 626-16 à L. 626-17 *(Abr., L. n° 2016-1547, 18 nov. 2016).*

Art. L. 626-18 *(Rempl., L. n° 2010-1249, 22 oct. 2010 ; mod., Ord. n° 2014-326, 12 mars 2014 ; L. n° 2016-1547, 18 nov. 2016).* – Le tribunal donne acte des délais et remises acceptés par les créanciers dans les conditions prévues au deuxième alinéa de l'article L. 626-5 et à l'article L. 626-6. Ces délais et remises peuvent, le cas échéant, être réduits par le tribunal.

Le tribunal homologue les accords de conversion en titres acceptés par les créanciers dans les conditions prévues au troisième alinéa de l'article L. 626-5, sauf s'ils portent atteinte aux intérêts des autres créanciers. Il s'assure également, s'il y a lieu, de l'approbation des assemblées mentionnées à l'article L. 626-3.

Pour les créanciers autres que ceux visés aux premier et deuxième alinéas du présent article, lorsque les délais de paiement stipulés par les parties avant l'ouverture de la procédure sont supérieurs à la durée du plan, le tribunal ordonne le maintien de ces délais.

Dans les autres cas, le tribunal impose des délais uniformes de paiement, sous réserve du cinquième alinéa du présent article. Le premier paiement ne peut intervenir au-delà d'un délai d'un an. Le montant de chacune des annuités prévues par le plan, à compter de la troisième, ne peut être inférieur à 5 % de chacune des créances admises, *(Mots aj. à compter du 1er octobre 2021, Ord. n° 2021-1193, 15 sept. 2021)* « et, à compter de la sixième année, à 10 %, » sauf dans le cas d'une exploitation agricole.

Lorsque le principal d'une créance reste à échoir en totalité au jour du premier paiement prévu par le plan, son remboursement commence à la date de l'annuité prévue par le plan qui suit l'échéance stipulée par les parties avant l'ouverture de la procédure. À cette date, le principal est payé à concurrence du montant qui aurait été perçu par le créancier s'il avait été soumis depuis le début du plan aux délais uniformes de paiement imposés par le tribunal aux autres créanciers. Le montant versé au titre des annuités suivantes est déterminé conformément aux délais uniformes de paiement imposés aux autres créanciers. Si aucun créancier n'a été soumis à des délais uniformes de paiement, le montant versé au titre des annuités suivantes correspond à des fractions annuelles égales du montant du principal restant dû.

Les délais de paiement imposés en application des quatrième et cinquième alinéas ne peuvent excéder la durée du plan.

Le crédit preneur peut, à l'échéance, lever l'option d'achat avant l'expiration des délais prévus au présent article. Il doit alors payer l'intégralité des sommes dues dans la limite de la réduction dont elles font l'objet dans le plan sous forme de remises.

Bibliographie : Chaput, *L'influence du droit des entreprises en difficulté sur le crédit-bail : RD bancaire et bourse* 1997, p. 46. • Le Corre, *Les délais de remboursement d'un plan supérieurs à dix ans : Gaz. Pal.* 3-4 août 2012, p. 5. • Pérochon et Pétel, *Les délais du plan de sauvegarde ou de redressement*, in *Mélanges en l'honneur de P. Le Cannu*, p. 610. • Ghalimi, *Le traitement différencié des créanciers dans les plans de sauvegarde et de redressement : LPA* 19 déc. 2014, p. 4.

1) Remise de dette. Le tribunal ne peut imposer aux créanciers une réduction de leurs créances (■ Versailles, 5 janv. 1988 : *JurisData* n° 1988-040287 ; *JCP* 1988, II, 21002, note Martin-Serf). Un défaut de réponse ne saurait être assimilé à une acceptation tacite (■ Reims, 9 sept. 1998, n° 97/02163 : *JurisData* n° 1998-047514 ; *JCP* E 1999, pan. 987).

Sur les conséquences, à l'égard de la caution, de l'inaction du créancier auquel est imposé une remise de dette illégale, V. ■ Cass. com., 16 avr. 1991 : *JCP* E 1991, I, 100, n° 3, obs. Cabrillac ; *RD bancaire et bourse* 1992, 82, obs. Campana et Calendini.

2) Intérêts. En cas de prêt d'une durée d'au moins un an, le créancier auquel sont imposés des délais de remboursement plus longs que ceux contractuellement prévus, a droit au paiement des intérêts de retard conventionnels jusqu'à la dernière échéance du plan (■ Cass. com., 14 oct. 1997 : *RD bancaire et bourse* 1998, 21, n° 3, obs. Campana et Calendini ; *JCP* E 1998, p. 29, n° 2, obs. M. Cabrillac. ■ Cass. com., 3 déc. 2003, n° 02-14.966 : *JurisData* n° 2003-021448 ; *RJDA* 5/2004, n° 598. – Comp. ■ Cass. com., 2 févr. 1993 : *RJDA* 6/93, n° 560 ; *JCP* E 1993, I, 275, n° 3, obs. Cabrillac ; *D.* 1995, somm. 7, obs. Derrida. ■ Cass. com., 25 avr. 2001, n° 97-21.118 : *JurisData* n° 2001-009466 ; *JCP* E 2001, pan. 1020).

3) Délais uniformes. Pour un exemple de paiement différencié des créanciers (■ Cass. com., 21 janv. 2004, n° 01-10.618 : *JurisData* n° 2004-022020 ; *D.* 2004, p. 498, obs. Avena-Robardet, comm. 1149, note Jamin ; *RJDA* 6/2004, n° 744 ; *RJDA* 7/2004, p. 731, chron. Tchotourian).

4) Reprise d'échéancier contractuel. La créance qui continue à être payée selon l'échéancier contractuel fait partie intégrante du plan et se trouve soumise aux règles d'exécution des plans, auxquelles l'article L. 137-2 du Code de la consommation sur la prescription biennale est étranger (■ Cass. com., 14 juin 2017, n° 15-22.945 : *Gaz. Pal.* 10 oct. 2017, p. 67, obs. Giorgini).

5) Incidence sur la compensation. Les délais imposés dans le cadre d'un plan de continuation n'empêchent pas le débiteur d'une entreprise en redressement judiciaire d'opposer à cette dernière, pour résister à une demande en paiement, le principe de la compensation entre sa dette et cette créance connexe déclarée au passif de la procédure (■ Cass. com., 24 oct. 1995, n° 93-13.229 : *JurisData* n° 1995-002660 ; *Bull.* IV, n° 252 ; *JCP* E 1996, I, 554, n° 4, obs. M. Cabrillac).

Art. L. 626-19 *(Anc. art. L. 621-77, renum. et mod., L. n° 2005-845, 26 juill. 2005 ; Ord. n° 2008-1345, 18 déc. 2008).* **– Le plan peut prévoir un choix pour les créanciers comportant un paiement dans des délais uniformes plus brefs mais assorti d'une réduction proportionnelle du montant de la créance.**

La réduction de créance n'est définitivement acquise qu'après versement, au terme fixé, de la dernière échéance prévue par le plan pour son paiement.

1) Extinction de la créance. Nécessité d'un paiement au terme fixé (■ Cass. com., 22 sept. 2015, n° 14-16.920 : *JurisData* n° 2015-021013 ; *JCP* E 2016, 1000, n° 5, obs. Pétel). Sur le droit antérieur à l'ordonnance de 2008, V. ■ Cass. com., 3 oct. 2006, n° 04-30.779 : *JurisData* n° 2006-035336 ; *D.* 2007, pan. 42, obs. Le Corre ; *JCP* E 2007, 1004, n° 4, obs. Pétel, qui décide que la date de prise en compte des remises est celle du versement de la dernière échéance du plan).

2) Résolution du plan. En cas de résolution du plan, il y a anéantissement rétroactif des remises accordées par les créanciers (■ Cass. com., 9 mai 2007 : *D.* 2007, p. 1509, obs. Lienhard ; *RJDA* 10/2007, n° 992 ; *JCP* E 2007, pan. 1838).

3) Propositions alternatives. V. sous art. L. 626-5, p. 1227.

Art. L. 626-20 *(Anc. art. L. 621-78, renum., L. n° 2005-845, 26 juill. 2005 ; mod., Ord. n° 2014-326, 12 mars 2014).* **– I. – Par dérogation aux dispositions des articles L. 626-18 et L. 626-19, ne peuvent faire l'objet de remises ou de délais qui n'auraient pas été acceptés par les créanciers :**

1° Les créances garanties par le privilège établi aux articles L. 143-10, L. 143-11, L. 742-6 et L. 751-15 du Code du travail (1) **;**

(1) Ces articles ont été recodifiés, V. C. trav., art. L. 3253-2, p. 3328, L. 3253-3, p. 3328, L. 3253-4, p. 3329 et L. 7313-8, p. 2954.

2° Les créances résultant d'un contrat de travail garanties par les privilèges prévus au 4° de l'article 2101 et au 2° de l'article 2104 du Code civil (1) lorsque le montant de celles-ci n'a pas été avancé par les institutions mentionnées à l'article L. 143-11-4 du Code du travail (2) ou n'a pas fait l'objet d'une subrogation ;

3° Les créances garanties par le privilège établi au premier alinéa de l'article L. 611-11 ;

4° *(4° créé à compter du 1er octobre 2021, Ord. n° 2021-1193, 15 sept. 2021)* Les créances garanties par le privilège établi au 2° du III de l'article L. 622-17 et à l'article L. 626-10.

II. – Dans la limite de 5 % du passif estimé, les créances les plus faibles prises dans l'ordre croissant de leur montant et sans que chacune puisse excéder un montant fixé par décret, sont remboursées sans remise ni délai. Cette disposition ne s'applique pas lorsque le montant des créances détenues par une même personne excède un dixième du pourcentage ci-dessus fixé ou lorsqu'une subrogation a été consentie ou un paiement effectué pour autrui.

1) Créances salariales : principe. Les sommes dues par l'employeur en exécution du contrat de travail antérieurement au jugement ouvrant la procédure restent soumises, même après l'adoption d'un plan de redressement, qu'il soit par cession ou continuation, au régime de la procédure collective (■ Cass. soc., 27 oct. 1998 : *JCP* E 1998, jurispr. p. 774, note Serret ; *JCP* E 1999, p. 1775, n° 20, obs. Morvan ; *D.* 2001, somm. 114, obs. Derrida).

2) Privilège de pluviôse. Le bénéficiaire du privilège spécial mobilier prévu par l'article L. 143-6 [nouv. L. 3253-22] du Code du travail, auquel ne s'appliquent pas les dérogations prévues par l'article L. 626-20, est soumis, comme les autres créanciers privilégiés, aux modalités d'apurement du passif décidées par le jugement arrêtant le plan de continuation (■ Cass. com., 17 févr. 1998 : *JCP* E 1998, p. 1357, n° 4, obs. M. Cabrillac).

Art. L. 626-21 ***(Anc. art. L. 621-79, renum. et mod., L. n° 2005-845, 26 juill. 2005 ; L. n° 2010-1249, 22 oct. 2010).*** **– L'inscription d'une créance au plan et l'acceptation par le créancier de délais, remises ou conversions en titres donnant ou pouvant donner accès au capital ne préjugent pas l'admission définitive de la créance au passif.**

Lorsque le mandataire judiciaire a proposé l'admission d'une créance et que le juge-commissaire n'a été saisi d'aucune contestation sur tout ou partie de cette créance, les versements y afférents sont effectués à titre provisionnel dès que la décision arrêtant le plan est devenue définitive, à condition que cette décision le prévoie.

Les sommes à répartir correspondant aux créances litigieuses ne sont versées qu'à compter de l'admission définitive de ces créances au passif. Toutefois, la juridiction saisie du litige peut décider que le créancier participera à titre provisionnel, en tout ou partie, aux répartitions faites avant l'admission définitive.

Sauf disposition législative contraire, les paiements prévus par le plan sont portables.

Le tribunal fixe les modalités du paiement des dividendes arrêtés par le plan. Les dividendes sont payés entre les mains du commissaire à l'exécution du plan, qui procède à leur répartition. Lorsque la bonne exécution du plan le requiert au regard de la nature particulière des paiements à effectuer, le tribunal peut, par décision spécialement motivée et après avis du ministère public, autoriser le commissaire à l'exécution du plan, sous sa responsabilité, à régler les créanciers par l'intermédiaire d'un établissement de crédit spécialement organisé pour effectuer des paiements de masse en numéraire ou en valeurs mobilières.

1) Créances du Trésor. Les créances du Trésor étant portables en application de l'article 1680 du CGI, le comptable du Trésor n'a pas à réclamer le paiement au débiteur avant la demande en résolution du plan (■ Cass. com., 2 févr. 1993 : *JCP* E 1993, pan. 427 ; *RJDA* 41/93, n° 349 ; *D.* 1995, somm. 5, obs. Honorat).

2) Créances contestées. Le plan de continuation doit prévoir le règlement de toutes les créances déclarées, même si elles sont contestées (■ Cass. com., 6 janv. 1998 : *JCP* E 1998, p. 653, obs. Ph. Pétel ; *RD bancaire et bourse* 1998, 72, n° 5, obs. Campana et Calendini ; *Quot. jur.* 10 févr. 1998, p. 6, obs. P.M. ; *RJ com.* 1999, somm. 30, obs. Teilliais. ■ Cass. com., 20 mars 2019, n° 17-27.527 : *JCP* E 2019, 1375, n° 9, obs. Pétel ; *JCP* E 2019, 1242, note Zinty ; P.-M. Le Corre, *Contribution jurisprudentielle à l'enterrement des vivants* : *Gaz. Pal.* 16 avr. 2019, p. 47).

L'inscription d'une créance au plan et l'octroi de délais ou remises par le créancier ne préjugent

(1) V. désormais C. civ., art. 2331, 4° et 2375, 2°.
(2) Cet article a été recodifié, V. C. trav., art. L. 3253-14, p. 3336.

pas de l'admission définitive de la créance au passif pour la somme déclarée (■ Cass. com., 14 juin 1994, n° 92-16.420 : *JurisData* n° 1994-001292 ; *D.* 1995, somm. 6, obs. A. Honorat ; *JCP* E 1995, I, 417, n° 12, obs. M. Cabrillac et Ph. Pétel).

L'admission définitive, en cours d'exécution du plan, d'une créance contestée donne droit au paiement immédiat des annuités échues (■ Cass. com., 22 nov. 2011, n° 10-24.129 : *JurisData* n° 2011-025886 ; *JCP* E 2012, 1227, n° 5, obs. Ph. Pétel).

3) Créances nées après le jugement arrêtant le plan. Ces créances ne sont soumises ni au régime des créances antérieures au jugement d'ouverture, ni au régime des créances nées pendant la période d'observation (■ Cass. com., 3 avr. 1990, n° 88-16.653 : *JurisData* n° 1990-701141 ; *RD bancaire et bourse* 1990, 174, obs. Campana et Calendini ; *D.* 1990, 385, note Jeantin ; *JCP* E 1990, II, 15829, obs. Cabrillac ; *RTD com.* 1990, 497, n° 3, obs. Martin-Serf).

Art. L. 626-22 *(Anc. art. L. 621-80, renum. et mod., L. n° 2005-845, 26 juill. 2005 ; Ord. n° 2008-1345, 18 déc. 2008).* **– En cas de vente d'un bien grevé** *(Mots rempl. à compter du 1er octobre 2021, Ord. n° 2021-1193, 15 sept. 2021)* **« d'une sûreté réelle spéciale ou d'une hypothèque légale » la quote-part du prix correspondant aux créances garanties par ces sûretés est versée en compte de dépôt à la Caisse des dépôts et consignation et les créanciers bénéficiaires de ces sûretés ou titulaires d'un privilège général sont payés sur le prix après le paiement des créances garanties par le privilège établi aux articles L. 143-10, L. 143-11, L. 742-6 et L. 751-15 du Code du travail** (1).

Ils reçoivent les dividendes à échoir d'après le plan, réduits en fonction du paiement anticipé, suivant l'ordre de préférence existant entre eux.

Si un bien est grevé *(Mots rempl. à compter du 1er octobre 2021, Ord. n° 2021-1193, 15 sept. 2021)* **« d'une sûreté réelle spéciale ou d'une hypothèque légale », une autre garantie peut lui être substituée en cas de besoin, si elle présente des avantages équivalents. En l'absence d'accord, le tribunal peut ordonner cette substitution.**

1) Domaine. Pour un arrêt refusant d'appliquer ce texte à une vente non prévue par le plan V. ■ Cass. com., 21 févr. 2006, n° 04-10.187 : *JCP* E 2006, p. 670, obs. Cabrillac ; *Gaz. Pal.* 30 avr.-4 mai 2006, p. 32, obs. Voinot.

2) Substitution de garanties. Le juge n'a pas le pouvoir de substituer une caution bancaire à l'immeuble dont la réalisation est envisagée et qui doit sortir du patrimoine gage des créanciers soumis au plan de continuation (■ Paris, 29 juin 1993 : *JurisData* n° 1993-021985 ; *D.* 1995, somm. 5, obs. Honorat).

Art. L. 626-23 *(Anc. art. L. 621-81, renum. et mod., L. n° 2005-845, 26 juill. 2005).* **– En cas de cession partielle d'actifs, le prix est versé au débiteur sous réserve de l'application de l'article L. 626-22.**

Art. L. 626-24 *(Anc. art. L. 621-67, renum. et mod., L. n° 2005-845, 26 juill. 2005 ; Ord. n° 2008-1345, 18 déc. 2008).* **– Le tribunal peut charger l'administrateur d'effectuer les actes, nécessaires à la mise en œuvre du plan, qu'il détermine.**

Le mandataire judiciaire demeure en fonction pendant le temps nécessaire à la vérification et à l'établissement définitif de l'état des créances.

Lorsque la mission de l'administrateur et du mandataire judiciaire est achevée, il est mis fin à la procédure dans des conditions fixées par décret en Conseil d'État.

Pouvoirs du mandataire judiciaire. Le représentant des créanciers n'a plus qualité pour exercer, après le jugement arrêtant le plan de cession, une action en paiement des dettes sociales contre un dirigeant (■ Cass. com., 3 janv. 1995, *aff. Nasa* : *Bull. Joly* 1995, 267 et 432, note Couret ; *Dr. et patrimoine* 1995, n° 996, obs. Bertrel. ■ Cass. com., 25 nov. 1997, n° 95-16.148 : *JurisData* n° 1997-004892 ; *RJDA* 3/98, n° 319. ■ Cass. com., 3 oct. 2000, n° 97-19.036 : *JurisData* n° 2000-006218 ; *RJDA* 1/2001, n° 60. ■ Cass. com., 24 sept. 2003, n° 00-11.010 : *JurisData* n° 2003-020231 ; *RJDA* 2/2004, n° 204 ; JCP E 2003, pan. 1531 ; JCP E 2004, 151, n° 5, obs. Ph. Pétel, 385, note Legros ; *D.* 2003, 2438, obs. Lienhard). Cette fin de non-recevoir n'est pas susceptible d'être régularisée par la nomination d'un mandataire *ad hoc* (■ Cass. com., 28 mars 2000, n° 97-12.243 : *JurisData* n° 2000-001250 ; *JCP* E 2000, pan. 874 ; *JCP* E 2000, p. 1561, n° 3, obs. Ph. Pétel. ■ Cass. com., 3 oct. 2000,

(1) Ces articles ont été recodifiés, V. C. trav., art. L. 3253-2 et L. 3253-3, p. 3328, L. 3253-4, p. 3329, et L. 7313-8, p. 2954.

n° 96-15.514 : *JurisData* n° 2000-006219 ; *Act. proc. coll.* 2000/18, n° 233. ▪ Cass. com., 12 juill. 1994, n° 92-14.349 : *JurisData* n° 1994-001453 ; *Bull.* IV, n° 265 ; *RJDA* 2/95, n° 207 ; *JCP* E 1995, I, 417, n° 17, obs. M. Cabrillac ; *D.* 1995, somm. 1, obs. Derrida. ▪ Cass. com., 15 oct. 2002 : *RD bancaire et fin.* 2003, 103, n° 79, obs. F.-X. Lucas. ▪ Cass. com., 29 oct. 2002, n° 99-17.262 : *JurisData* n° 2002-016261 ; *RD bancaire et fin.* 2003, 104, n° 80, obs. F.-X. Lucas. – *Adde* ▪ Cass. com., 12 juin 2001, n° 97-20.623 : *JurisData* n° 2001-010102 ; *RJDA* 12/2001, n° 1240 ; *D.* 2001, p. 2301, obs. Lienhard ; *JCP* E 2001, pan. 1409 ; *JCP* E 2002, chron. 121, n° 4, obs. Ph. Pétel ; *RTD com.* 2001, 775, obs. Vallens ; *RTD civ.* 2001, 956, obs. Perrot. ▪ Cass. com., 24 sept. 2003, préc. qui précise qu'en application de l'article 126 du Code de procédure civile, l'action ne peut être régularisée que par l'intervention de la personne ayant qualité pour agir avant l'expiration du délai de prescription).

Idem pour l'action en rapport du montant d'un chèque (▪ Cass. com., 23 nov. 2004, n° 03-17.141 : *JurisData* n° 2004-025827 ; *D.* 2005, pan. 296, obs. Le Corre ; *JCP* E 2005, pan. 16).

Idem pour interjeter appel d'un jugement interprétatif (▪ Cass. com., 20 janv. 1998, n° 95-13.565 : *JurisData* n° 1998-000173 ; *Quot. jur.* 19 mars 1998, p. 6, obs. P.M. ; *RJDA* 5/98, n° 614).

Mais il est recevable, après le jugement arrêtant le plan de cession, à interjeter appel du jugement reconnaissant l'existence d'une créance indemnitaire résultant de la résiliation d'un contrat de prêt antérieure au jugement d'ouverture (▪ Cass. com., 11 avr. 1995, n° 93-16.969 : *JurisData* n° 1995-000864 ; *JCP* E 1995, pan. 780).

Art. L. 626-25 *(Anc. art. L. 621-68, mod., L. n° 2003-7, 3 janv. 2003 ; renum. et mod., L. n° 2005-845, 26 juill. 2005 ; Ord. n° 2008-1345, 18 déc. 2008 ; Ord. n° 2009-112, 30 janv. 2009 ; L. n° 2016-1547, 18 nov. 2016).* **– Le tribunal nomme, pour la durée fixée à l'article L. 626-12, l'administrateur ou le mandataire judiciaire en qualité de commissaire chargé de veiller à l'exécution du plan. Le tribunal peut, en cas de nécessité, nommer plusieurs commissaires.**

À la demande du débiteur, le tribunal peut confier à l'administrateur ou au mandataire judiciaire qui n'ont pas été nommés en qualité de commissaire à l'exécution du plan une mission subséquente rémunérée, d'une durée maximale de vingt-quatre mois, dans les conditions prévues par décret en Conseil d'État.

Les actions introduites avant le jugement qui arrête le plan et auxquelles l'administrateur ou le mandataire judiciaire est partie sont poursuivies par le commissaire à l'exécution du plan ou, si celui-ci n'est plus en fonction, par un mandataire de justice désigné spécialement à cet effet par le tribunal.

Le commissaire à l'exécution du plan est également habilité à engager des actions dans l'intérêt collectif des créanciers.

Le commissaire à l'exécution du plan peut se faire communiquer tous les documents et informations utiles à sa mission.

Il rend compte au président du tribunal et au ministère public du défaut d'exécution du plan. Il en informe le comité *(Mots rempl. à compter du 1er octovre 2021, Ord. n° 2021-1193, 15 sept. 2021)* **« social et économique ».**

Toute somme perçue par le commissaire à l'exécution du plan est immédiatement versée en compte de dépôt à la Caisse des dépôts et consignations. En cas de retard, le commissaire à l'exécution du plan doit, pour les sommes qu'il n'a pas versées, un intérêt dont le taux est égal au taux de l'intérêt légal majoré de cinq points.

Le commissaire à l'exécution du plan peut être remplacé par le tribunal, soit d'office, soit à la demande du ministère public. Lorsque le remplacement est demandé par le commissaire à l'exécution du plan, le président du tribunal statue par ordonnance.

I – POUVOIRS DU COMMISSAIRE À L'EXÉCUTION DU PLAN

1) Poursuite des actions introduites avant l'adoption du plan. Après le jugement arrêtant le plan de redressement, seul le commissaire à *l'exécution de ce plan a qualité à l'effet* de poursuivre les actions introduites auparavant (▪ Cass. com., 30 mai 1989, n° 87-19.668 : *JurisData* n° 1989-701687 ; *RTD com.* 1989, 751, n° 1, obs. Grelon ; *RJ com.* 1990, 186, n° 61, obs. Gallet ; *JCP* E 1990, II, 15658, n° 8, obs. Pétel ; *D.* 1991, somm. 9, obs. Derrida). C'est une règle d'ordre public et la fin de non-recevoir tirée du défaut de qualité de l'administrateur doit être relevée d'office (▪ Cass. com., 30 mai 1989, préc.).

Le commissaire à l'exécution du plan poursuit l'action du mandataire judiciaire en vertu de son pouvoir légal de substitution ; les conclusions du premier, intervenues dans le délai légal, suffisent à régulariser l'appel du second (▪ Cass. com., 16 déc. 2014, n° 13-25.066 : *JurisData* n° 2014-031669 ; *Act. proc. coll.* 2015, comm. 50, obs. Rolland ; *JCP* E 2015, 1204, n° 4, obs. Pétel).

2) Actions dans l'intérêt collectif des créanciers. Le commissaire à l'exécution du plan est seul compétent, après le jugement ayant arrêté le plan de cession de l'entreprise, pour exercer une action en paiement de dommages-intérêts contre toute personne, fût-elle titulaire d'une créance ayant son origine antérieurement au jugement d'ouverture, à qui il est reproché d'avoir contribué, par des agissements fautifs, à la diminution de l'actif ou à l'aggravation du passif, dès lors qu'il s'agit de défendre l'intérêt collectif des créanciers (■ Cass. com., 12 juill. 1994, n° 92-14.349 : *JurisData* n° 1994-001453 ; *JCP* E 1995, I, 417, n° 17, obs. M. Cabrillac ; *D.* 1995, somm. 1, obs. Derrida). Solution confirmée par la réforme de 2005.

V. également, pour une demande d'annulation d'actes de la période suspecte (■ Cass. com., 2 oct. 2007, n° 05-20.324 : *JurisData* n° 2007-040636 ; *JCP* E 2008, 1046, note Regnaut-Moutier) et une action en rapport prévue par l'article L. 621-109 [L. 632-3] (■ Cass. com., 23 nov. 2004, n° 03-17.141 : *JurisData* n° 2004-025827 ; *RJDA* 3/2005, n° 303 ; *D.* 2005, pan. 296 ; *JCP* E 2005, pan. 16, obs. Le Corre.

Il a qualité pour transmettre au juge-commissaire une liste complémentaire proposant admission ou rejet d'une créance précédemment omise (■ Cass. com., 25 oct. 1994, n° 92-15.654 : *JurisData* n° 1994-001944 ; *JCP* E 1994, pan. 1399).

Mais il est irrecevable à agir en recouvrement de fonds si les créanciers sont désintéressés (■ Cass. com., 28 mars 2018, n° 16-23.665 : *Rev. proc. coll.* 2018, comm. 96, obs. Vallansan).

3) Inexécution du plan. Le commissaire à l'exécution du plan peut saisir le tribunal aux fins de résolution du plan sans mise en demeure préalable (■ Cass. com., 9 déc. 1997 : *JCP* E 1998, pan. p. 205 ; *RJDA* 4/98, n° 478) ; il est autorisé à saisir lui-même le tribunal pour qu'il statue sur toutes les difficultés d'exécution du plan (■ Cass. com., 23 janv. 1996, n° 94-11.585 : *JCP* E 1996, I, 554, n° 5, obs. M. Cabrillac ; *D.* 1996, somm. 282, obs. Honorat).

4) Mandataire *ad hoc*. Le commissaire à l'exécution du plan est habilité, tandis qu'il est en fonction, à demander la désignation d'un mandataire *ad hoc* pour poursuivre l'action à laquelle il a été partie lorsqu'il aura cessé ses fonctions (■ Cass. com., 9 juin 1998, n° 96-16.465 : *JurisData* n° 1998-002638 ; *JCP* E 1998, p. 2069, n° 17, obs. Cabrillac et Pétel ; *RTD com.* 1998, 931, obs. Saint-Alary-Houin ; *Rev. proc. coll.* 1999, 187, obs. Martin-Serf).

5) Obligation de rendre compte. L'article L. 621-68, alinéa 4, [L. 626-25] impose au commissaire à l'exécution du plan de rendre compte au président du tribunal et au procureur de la République du défaut d'exécution du plan pour qu'ils puissent exercer leurs prérogatives prévues par l'article L. 621-93 (ancien) ; en ne le faisant pas, le commissaire à l'exécution du plan commet une faute disciplinaire, le dépôt des états trimestriels prévus par les articles L. 622-7 (ancien) et 123 du décret ne le dispensant pas de respecter ses obligations (■ Cass. com., 8 juill. 2003, n° 00-21.473 : *JurisData* n° 2003-019873 ; *JCP* E 2004, 151, n° 6, obs. M. Cabrillac).

6) Pluralité de commissaires à l'exécution du plan. Lorsque le tribunal désigne plusieurs commissaires à l'exécution du plan, chacun d'eux se trouve investi de la totalité des pouvoirs dévolus par la loi à cet organe, lequel ne représente pas le débiteur, et a la capacité de les exercer seul, de sorte que la notification du jugement faite à l'un d'eux ne fait pas courir le délai d'appel à l'égard de l'autre (■ Cass. com., 11 déc. 2001, n° 98-22.228 : *JurisData* n° 2001-012385 ; *RJDA* 4/2002, n° 412. ■ Cass. com., 9 mai 2007, n° 05-19.320 : *JurisData* n° 2007-038944 ; *D.* 2007, p. 1426, obs. Lienhard ; *RJDA* 8-9/2007, n° 870 ; *JCP* E 2007, pan. 1837. – Comp. ■ Cass. com., 3 mai 2007 : *D.* 2006, p. 1683, obs. Lienhard).

II – LIMITES À SES POUVOIRS

7) Instances en cours au jugement d'ouverture. Les dispositions de l'article L. 621-68, alinéa 2, [L. 626-25] ne concernent pas les instances qui étaient en cours à la date du jugement d'ouverture du redressement judiciaire (■ Cass. com., 22 juin 1993 : *JCP* E 1993, I, 295, n° 5, obs. Cabrillac ; *D.* 1994, somm. 39, obs. Derrida. ■ Cass. 3e civ., 16 juin 1999, n° 97-15.461 : *JurisData* n° 1999-002477 ; *RTD com.* 2000, 447, obs. Saint-Alary-Houin. ■ Cass. com., 25 sept. 2019, n° 17-25.744 : *JCP* E 2020, 1048, obs. Lebel. ■ Cass. soc., 22 janv. 2020, n° 17-25.744 : *Rev. proc. coll.* 2020-3, comm. 58, obs. Jacotot).

8) Pouvoirs du débiteur. Après l'adoption du plan de continuation, le débiteur redevenu maître de ses biens est recevable à exercer une action en résolution d'un contrat, peu important l'inaction de l'administrateur pendant la période d'observation (■ Cass. com., 16 sept. 2008 : *JCP* E 2009, 1008, n° 5, obs. Pétel ; *Act. proc. coll.* 2008-17, n° 269, obs. Regnaut-Moutier). La mission d'assistance de l'administrateur prenant fin à la date du jugement arrêtant le plan de continuation, le débiteur est apte à former seul un recours en cassation sans l'assistance du commissaire à l'exécution du plan (■ Cass. com., 30 mars 1993, n° 91-10.173 : *D.* 1995, somm. 6, obs. Honorat).

9) Absence de représentation du débiteur. Le commissaire à l'exécution du plan ne représente pas le débiteur. Il n'a pas le pouvoir de le représenter dans une instance en cours (▪ Cass. soc., 27 nov. 2001, n° 00-40.771 : *JurisData* n° 2001-011906 ; *JCP* E 2002, pan. n° 112. Ni pour intenter, une action tendant à l'indemnisation du préjudice résultant d'un abus dans la fixation des prix (▪ Cass. com., 18 janv. 2000 : *JCP* E 2000, pan. 397, p. 701, n° 6, obs. M. Cabrillac ; *RTD com.* 2000, 467, obs. Vallens) ; ou une action tendant au recouvrement d'une créance (▪ Cass. com., 3 oct. 2006, n° 05-16.281 : *JurisData* n° 2006-035337 ; *JCP* E 2007, 1004, n° 5, obs. Cabrillac ▪ Cass. com., 28 mars 2018, n° 16-23.665 : *Rev. proc. coll.* 2018, comm. 96, obs. Vallansan). Ou une action contre un cocontractant du débiteur (▪ Cass. com., 4 juin 2013, n° 12-16.366 : *JurisData* n° 2013-011302 ; *Act. proc. coll.* 2013, comm. 155, obs. Vallansan ; *D.* 2013, 2367, obs. F.-X. Lucas. ▪ Cass. com., 17 oct. 2018, n° 17-10.522 : *BJE* 2019, p. 19, obs. Houin-Bressand).

Ni pour faire appel d'une ordonnance de référé rendue sur l'action du bailleur en résiliation du bail pour défaut de paiement de loyers postérieurs au jugement d'ouverture (▪ Cass. com., 27 mars 2012, n° 10-28.125 : *JurisData* n° 2012-005873 ; *Rev. proc. coll.* 2012, comm. 80, obs. J.-J. Fraimout).

Il ne peut se substituer aux organes légaux pour exiger d'un associé qu'il libère ses apports (▪ Cass. com., 12 oct. 2004, n° 03-14.909 : *JCP* E 2005, chron. 31, n° 4, obs. Cabrillac et Pétel ; *D.* 2004, p. 2790 ; *D.* 2005, pan. 295, obs. Le Corre).

10) Secret bancaire. Le secret bancaire est opposable au commissaire à l'exécution du plan (▪ Cass. com., 10 déc. 2002, n° 00-10.824 : *JurisData* n° 2002-016804 ; *JCP* E 2003, chron. 760, n° 3, obs. M. Cabrillac ; *D.* 2003, p. 134 ; *RD bancaire et fin.* 2003, 31, n° 36, obs. F.-X. Lucas ; *RTD com.* 2003, 147, obs. Legeais).

11) Licenciements. Le commissaire à l'exécution du plan est chargé de veiller à l'exécution de celui-ci tandis que les pouvoirs nécessaires à la mise en œuvre du plan, spécialement en ce qui concerne les licenciements prévus, sont attribués à l'administrateur ; il ne peut donc être condamné *in solidum* à payer des dommages et intérêts à un salarié irrégulièrement licencié en application d'un plan de cession alors que seul peut être condamné l'administrateur ès qualité et le débiteur, ou en cas de procédure simplifiée sans administrateur, le débiteur assisté du commissaire à l'exécution du plan (▪ Cass. soc., 8 avr. 1992, n° 89-43.288 : *JurisData* n° 1992-001004 ; *D.* 1992, inf. rap. 187).

12) Report de la date de cessation des paiements. Le commissaire à l'exécution du plan n'a pas qualité pour agir en report de la date de cessation des paiements lorsque l'action n'a pas été préalablement introduite par l'administrateur ou le représentant des créanciers (▪ Cass. com., 4 oct. 2005, n° 04-10.432 : *JurisData* n° 2005-030078 ; *D.* 2005, p. 2679, obs. Lienhard ; *JCP* E 2006, 1066, n° 10, obs. M. Cabrillac).

13) Réclamation contre l'état des créances. Le commissaire à l'exécution du plan n'est pas une personne intéressée au sens de l'article 103 (antérieur à la codification) (▪ Cass. com., 13 oct. 1998 : *JCP* E 1998, p. 2067, n° 13, obs. M. Cabrillac ; *RTD com.* 1999, 970, obs. Martin-Serf).

III – DURÉE DES FONCTIONS

14) Terme de la mission. Le commissaire à l'exécution du plan ne peut agir au-delà de la durée de sa mission prévue dans le jugement arrêtant le plan (▪ Cass. com., 1er févr. 2000, n° 96-21.469 : *RTD com.* 2001, 215, obs. Saint-Alary-Houin. ▪ Cass. com., 17 déc. 2013, n° 12-23.510 : *JurisData* n° 2013-029884 ; *Act. proc. coll.* 2014, comm. 27, obs. Cagnoli).

En l'absence de fixation de la durée du plan, cette possibilité dure jusqu'à la clôture de la procédure sans qu'elle puisse excéder dix ans ou, si le débiteur est un agriculteur, quinze ans (▪ Cass. com., 10 mars 2004 [2 arrêts] : *D.* 2004, pan. 2017, n° 2, obs. Lucas et Le Corre ; *JCP* E 2004, 1292, n° 4, obs. M. Cabrillac ; *Act. proc. coll.* 2004, n° 98, obs. Regnaut-Moutier. ▪ Cass. crim., 23 mars 2005, n° 04-82.047 : *D.* 2005, p. 1228, obs. Lienhard). Cette mission n'est pas prolongée au-delà de cette limite en raison du défaut de paiement du prix de cession (▪ Cass. com., 20 oct. 2009, n° 08-16.935 : *JurisData* n° 2009-049986 ; *Act. proc. coll.* 2009, comm. 298, obs. F.-X. Lucas ; *JCP* E 2010, 1011, n° 5, obs. M. Cabrillac).

L'absence de mention au registre du commerce et des sociétés du jugement de clôture des opérations de cession et le fait pour le commissaire à l'exécution du plan de n'avoir pas rendu compte sont sans incidence sur la durée de sa mission (▪ Cass. 3e civ., 29 janv. 2003, n° 99-16.496 : *RJDA* 6/2003, n° 621).

15) Mandataire *ad hoc*. Après le jugement arrêtant le plan, le représentant des créanciers n'a plus qualité pour exercer une action en paiement des dettes sociales ou en responsabilité pour soutien abusif, et les instances auxquelles est partie le commissaire à l'exécution du plan dont la mission a pris fin doivent être poursuivies par un mandataire *ad hoc* (▪ Cass. com., 15 oct. 2002 : *RD bancaire* et fin. 2003, 103, n° 79, obs. F.-X. Lucas. ▪ Cass. com., 29 oct. 2002 : *RD bancaire et fin.* 2003, 104, n° 80, obs. F.-X. Lucas). Le ministère public ne peut invoquer l'expiration de la mission du commissaire à l'exécution du plan pour solliciter la désignation d'un mandataire *ad hoc* (▪ Cass.

com., 10 mars 2009 : *Gaz. Pal.* 26-28 juill. 2009, p. 23, obs. D. Voinot).

Mais en présence d'une atteinte à l'ordre public, le ministère public a qualité pour solliciter la désignation d'un mandataire *ad hoc* (■ Cass. com., 11 oct. 2011 : *Rev. proc. coll.* 2012, comm. 1, obs. P. Cagnoli).

16) Succession de deux plans. Le commissaire à l'exécution du plan de cession, nommé après la résolution d'un précédent plan de redressement, dans le cadre duquel il exerçait déjà les mêmes fonctions, n'a pas qualité pour engager une action en nullité des paiements ou des actes faits durant la période suspecte antérieure à l'ouverture de la procédure initiale (■ Cass. com., 13 nov. 2007, n° 05-13.248 : *JurisData* n° 2007-041387 ; *JCP* E 2008, 1155, note Cholet ; *ibid.*, 1432, n° 8, obs. Pétel).

Art. L. 626-26 *(Anc. art. L. 621-69, renum. et mod., L. n° 2005-845, 26 juill. 2005 ; L. n° 2008-776, 4 août 2008 ; Ord. n° 2014-326, 12 mars 2014).* **– Une modification substantielle dans les objectifs ou les moyens du plan ne peut être décidée que par le tribunal, à la demande du débiteur et sur le rapport du commissaire à l'exécution du plan. Lorsque la situation du débiteur permet une modification substantielle du plan au profit des créanciers, la saisine du tribunal peut émaner du commissaire à l'exécution du plan.**

(Al. créé à compter du 1er octobre 2021, Ord. n° 2021-1193, 15 sept. 2021) **Lorsque la demande de modification substantielle du plan porte sur les modalités d'apurement du passif, les créanciers intéressés sont consultés. Le défaut de réponse vaut acceptation des modifications proposées, sauf s'il s'agit de remises de dettes ou de conversions en titres donnant ou pouvant donner accès au capital. Un décret en Conseil d'Etat détermine les modalités de cette consultation.**

L'article L. 626-6 est applicable. *(Phrase créée à compter du 1er octobre 2021, Ord. n° 2021-1193, 15 sept. 2021)* **« Le privilège prévu au 2° du III de l'article L. 622-17 bénéficie aux apports de trésorerie des personnes qui se sont engagées à les effectuer pour l'exécution du plan modifié par le tribunal dans les mêmes conditions que celles prévues au dernier alinéa de l'article L. 626-10 ».**

Le tribunal statue après avoir recueilli l'avis du ministère public et avoir entendu ou dûment appelé le débiteur, le commissaire à l'exécution du plan, les contrôleurs, les représentants du *(Mots rempl. à compter du 1er octobre 2021, Ord. n° 2021-1193, 15 sept. 2021)* **« comité social et économique » et toute personne intéressée.**

Voir : annot. reproduites sous art. L. 642-6, p. 1307.

Relations étrangères au plan. L'article L. 621-69 [L. 626-26] ne s'applique pas aux relations contractuelles entre la bailleresse et les sociétés preneuses qui sont étrangères au plan de continuation (■ Cass. 3e civ., 21 juill. 1999 : *JCP* E 1999, pan. 1655 ; *JCP* E 2000, p. 126, A, n° 6, obs. Pétel, pour un bail rural).

Ordonnance n° 2020-596 du 20 mai 2020

portant adaptation des règles relatives aux difficultés des entreprises et des exploitations agricoles aux conséquences de l'épidémie de covid-19

(Ord. n° 2020-596, 20 mai 2020)

Art. 5. – I. – Sur requête du ministère public ou du commissaire à l'exécution du plan, le tribunal peut prolonger la durée du plan arrêté en application des dispositions de l'article L. 626-12 ou de l'article L. 631-19 du Code de commerce pour une durée maximale de deux ans, s'ajoutant, le cas échéant à la ou aux prolongations prévues au III de l'article 1 et au II de l'article 2 de l'ordonnance du 27 mars 2020 susvisée.

Lorsque le plan fait l'objet d'une prolongation en application de l'alinéa précédent ou de l'ordonnance susvisée, le président du tribunal ou le tribunal, selon les cas, adapte les délais des paiements initialement fixés par le tribunal à la durée du plan qu'il prolonge ou a prolongée, en dérogeant le cas échéant aux dispositions de l'article L. 626-18 *du même code. Ils peuvent faire* application des dispositions des trois premiers alinéas de l'article 1343-5 du Code civil, dans la limite du terme du plan tel que prolongé en application des dispositions de l'alinéa précédent.

II. – La durée maximale du plan arrêté par le tribunal conformément à l'article L. 626-12 ou L. 631-19 du Code de commerce est portée, en cas de modification substantielle, à douze ans ou, lorsque le débiteur est une personne exerçant une activité agricole définie à l'article L. 311-1 du Code rural et de la pêche maritime, dix-sept ans.

III. – Lorsque la demande de modification substantielle du plan prévue par l'article L. 626-26 du même code porte sur les modalités d'apurement du passif, le défaut de réponse des créanciers intéressés à la lettre recommandée prévue par le troisième alinéa de l'article R. 626-45 vaut acceptation des modifications proposées, sauf s'il s'agit de remises de dettes ou de conversions en titres donnant ou pouvant donner accès au capital.

Bibliographie : Berthelot et Ferrari, *Les mesures favorables aux plans de sauvegarde et de redressement issues des ordonnances Covid-19* : *Gaz. Pal.* 13 juill. 2020, p. 76.

Art. L. 626-27 *(L. n° 2005-845, 26 juill. 2005 ; mod., Ord. n° 2008-1345, 18 déc. 2008 ; Cons. const., 7 mars 2014, n° 2013-372 QPC, JO 9 mars ; Ord. n° 2014-326, 12 mars 2014 ; L. n° 2019-486, 22 mai 2019).* **– I. – En cas de défaut de paiement des dividendes par le débiteur, le commissaire à l'exécution du plan procède à leur recouvrement conformément aux dispositions arrêtées. Il y est seul habilité. Lorsque le commissaire à l'exécution du plan a cessé ses fonctions, tout intéressé peut demander au tribunal la désignation d'un mandataire *ad hoc* chargé de procéder à ce recouvrement.**

Le tribunal qui a arrêté le plan peut, après avis du ministère public, en décider la résolution si le débiteur n'exécute pas ses engagements dans les délais fixés par le plan.

Lorsque la cessation des paiements du débiteur est constatée au cours de l'exécution du plan, le tribunal qui a arrêté ce dernier décide, après avis du ministère public, sa résolution et ouvre une procédure de redressement judiciaire ou, si le redressement est manifestement impossible, une procédure de liquidation judiciaire. Avant de statuer, le tribunal examine si la situation du débiteur répond aux conditions posées aux articles L. 645-1 et L. 645-2 et ouvre, le cas échéant, avec son accord, une procédure de rétablissement professionnel.

Le jugement qui prononce la résolution du plan met fin aux opérations et à la procédure lorsque celle-ci est toujours en cours. Sous réserve des dispositions du deuxième alinéa de l'article L. 626-19, il fait recouvrer aux créanciers l'intégralité de leurs créances et sûretés, déduction faite des sommes perçues, et emporte déchéance de tout délai de paiement accordé.

II. – Dans les cas mentionnés aux deuxième et troisième alinéas du I, le tribunal est saisi par un créancier, le commissaire à l'exécution du plan ou le ministère public.

III. – Après résolution du plan et ouverture d'une nouvelle procédure par le même jugement ou par une décision ultérieure constatant que cette résolution a provoqué l'état de cessation des paiements, les créanciers soumis à ce plan ou admis au passif de la première procédure sont dispensés de déclarer leurs créances et sûretés. Les créances inscrites à ce plan sont admises de plein droit, déduction faite des sommes déjà perçues. Bénéficient également de la dispense de déclaration, les créances portées à la connaissance de l'une des personnes mentionnées au IV de l'article L. 622-17 dans les conditions prévues par ce texte.

Bibliographie : Le Corre, *L'apparition de l'état de cessation des paiements et la résolution d'un plan arrêté au profit de diverses sociétés à patrimoines confondus : Bull. Joly Sociétés* 2009, p. 1137. • Remery, *Les résolutions de plans dans le droit des entreprises en difficulté : JCP* G 2009, 406. • Vinckel, *L'exécution forcée du plan de sauvegarde : Rev. proc. coll.* 2009, étude 13. • Le Corre, *La résolution du plan de sauvegarde et du plan de redressement, dix questions-réponses : Gaz. Pal.* 19-21 juill. 2015, p. 32.

1) Poursuites individuelles. Lorsque le plan est arrivé à terme sans avoir fait l'objet d'une résolution, le créancier recouvre son droit de poursuite individuelle (sol. antérieure à 2014) (▪ Cass. com., 8 avr. 2015 : *JCP* E 2015, 1422, n° 3, obs. Pétel ; *Act. proc. coll.* 2015, comm. 131, obs. Jazottes).

2) Avis du ministère public. Nécessité d'une mention dans la décision (▪ Cass. com., 27 sept. 2017, n° 16-19.549 : *JurisData* n° 2017-018914). La mention sur la cote du dossier « vu au parquet général et s'en rapporte » suivie de la signature suffit à constituer cet avis (▪ Cass. com., 28 juin 2017, n° 16-11.691 : *JCP* E 2017, 1517, note Delattre). Sur sa communication, V. ▪ Cass. com., 4 mai 2017, n° 15-24.504 : *Rev. proc. coll.* 2018, comm. 10, obs. Cagnoli.

*3) **Modifications statutaires.** Lorsque les associés ne votent pas les modifications statutaires prévues par le plan en application de l'article L. 621-73 [L. 626-15], le commissaire à l'exécution du plan peut demander la résolution du plan de continuation (▪ Cass. com., 15 janv. 1991 : *JCP* E 1991, pan. 248 ; *ibid.*, I, 44, n° 7, obs. Cabrillac ; *Rev. sociétés* 1991, 383, note Guyon ; *Bull. Joly* 1991, 425, note Le Cannu ; *RJ com.* 1991, 385, note Merle).*

4) Cessation des paiements. Une cour d'appel est fondée à prononcer la résolution d'un plan de continuation et la liquidation judiciaire du débiteur s'il s'avère que celui-ci n'était en mesure, ni au cours de l'exécution du plan, ni au jour où elle statuait, de faire face au passif exigible avec son actif disponible (▪ Cass. com., 18 mars 2008, n° 07-13.472 : *JurisData* n° 2008-043285 ; *JCP* E 2008, 2062, n° 6, obs. Pétel ; *Act. proc. coll.* 2008-7, comm. 115, obs. Vallasan ; *D.* 2008, p. 982, obs. Lienhard). Mais le créancier qui demande la résolution pour cessation des paiements doit justifier d'une créance certaine, liquide et exigible (▪ Cass. com., 26 févr. 2020, n° 18-18.680 : *BJE* mai 2020, p. 19, obs. Vincent).

5) Exécution provisoire. Lorsque le tribunal décide la résolution du plan et prononce, par un même jugement, la liquidation judiciaire, il s'ensuit que l'arrêt de l'exécution provisoire d'un tel jugement, autorisé dans les conditions prévues à l'article R. 661-1 du Code de commerce, en ce qu'il statue sur l'ouverture d'une procédure de liquidation judiciaire, emporte nécessairement arrêt de l'exécution provisoire du jugement en ce qu'il décide la résolution du plan (■ Cass. com., 18 sept. 2007, n° 06-20.289 : *JurisData* n° 2007-040419 ; *D.* 2007, p. 2386, obs. Lienhard ; *JCP* E 2007, 2585, note Lebel ; *JCP* E 2008, 1207, n° 7, obs. Cabrillac).

6) Sort des remises. La résolution du plan a pour effet d'anéantir rétroactivement les délais et remises acceptés lors de son adoption, de sorte que de telles remises ne sont définitivement acquises au débiteur qu'après versement, au terme fixé de la dernière échéance prévue par le plan (■ Cass. com., 9 mai 2007 : *D.* 2007, p. 1509, obs. Lienhard ; *RJDA* 10/2007, n° 992 ; *JCP* E 2007, pan. 1838).

7) Sort des actes accomplis en exécution du plan. La résolution du plan ne met pas fin au cautionnement qui en garantit l'exécution (■ Cass. com., 8 juill. 2008, n° 07-13.274 : *JurisData* n° 2008-044792 ; *JCP* E 2008, 2493, n° 6, obs. Simler ; *JCP* E 2009, 1008, n° 4, obs. crit. Cabrillac ; *RD bancaire et fin.* 2008, comm. 137, obs. Cerles).

8) Créances antérieures à la première procédure. En cas de résolution d'un plan de redressement, l'admission ou le rejet de la créance dans la première procédure collective n'a pas autorité de la chose jugée dans la seconde procédure (■ Cass. ass. plén., 10 avr. 2009, n° 08-10.154 : *JurisData* n° 2009-047761 ; *JCP* E 2009, 1814, n° 9, obs. Pétel ; *JCP* E 2009, 2030, note Lebel ; *Rev. proc. coll.* 2010, comm. 73, obs. Fraimout. ■ Cass. com., 30 janv. 2019, n° 17-31.060 : *Gaz. Pal.* 9 juill. 2019, p. 68, obs. Le Corre ; *Rev. proc. coll.* 2019, comm. 134, obs. Borga).

L'AGS, subrogée dans les droits des salariés suite à l'avance de créances superprivilégiées, ne perd pas le bénéfice de cette subrogation en cas de résolution du plan et d'ouverture d'une nouvelle procédure (■ Cass. com., 3 févr. 2009 : *JCP* E 2009, 1347, n° 3, obs. Ph. Pétel ; *Act. proc. coll.* 2009, comm. 67 ; *Gaz. proc. coll.* 26-28 avr. 2009, p. 39, obs. Ph. Duprat).

9) Dispense de déclaration. La créance déclarée mais non encore admise bénéficie de la dispense de déclaration au passif de la nouvelle procédure ; elle est soumise à la procédure de vérification propre à celle-ci (■ Cass., avis, 17 sept. 2012, n° 12-00.010 : *JCP* E 2012, 1757, n° 14, obs. Ph. Pétel ; *D.* 2012, p. 2355, concl. L. Le Mesle, note P.-M. Le Corre).

La dispense d'avoir à déclarer sa créance dans la seconde procédure n'interdit pas au créancier de déclarer à nouveau sa créance (■ Cass. com., 4 mai 2017, n° 15-15390 : *JurisData* n° 2017-008385 ; *JCP* E 2017, 1460, n° 9, obs. Pétel ; *Gaz. Pal.* 27 juin 2017, p. 58, obs. Le Corre. ■ Cass. com., 30 janv. 2019, n° 17-31.060 : *Gaz. Pal.* 9 juill. 2019, p. 68, obs. Le Corre ; *Rev. proc. coll.* 2019, comm. 134, obs. Borga).

Mais le créancier qui déclare sa créance pour un montant actualisé n'est pas tenu de fournir à nouveau les pièces justifiant du principe et du montant de la créance déjà admise (■ Cass. com., 6 mars 2019, n° 17-27.607 : *Rev. proc. coll.* 2019, comm. 135, obs. Legrand).

10) Créances de la première procédure. Les créances nées lors de la première procédure doivent être déclarées ; il n'y a pas lieu de rechercher si elles relèvent ou non de l'article 40 (■ Cass. com., 28 juin 1994, n° 91-16.090 : *JurisData* n° 1994-001531 ; *JCP* E 1995, 417, n° 5, obs. M. Cabrillac et Ph. Pétel ; *RTD com.* 1995, 486, obs. A. Martin-Serf).

11) Créances nées pendant l'exécution du plan. Sur l'application du régime des créances antérieures, à l'exclusion de l'article 40, V. ■ Cass. com., 3 avr. 1990, n° 88-19.807 : *JurisData* n° 1990-001041 ; *JCP* E 1990, 15829, n° 4, obs. M. Cabrillac. ■ Cass. com., 2 avr. 1996, n° 93-15.123 : *D.* 1997, somm. 77, obs. A. Honorat.

12) Qualité pour agir. Le liquidateur nommé dans la seconde procédure a qualité pour poursuivre une action engagée dans l'intérêt collectif des créanciers par le commissaire à l'exécution du plan (■ Cass. com., 24 mars 2004, n° 01-15.388 : *JurisData* n° 2004-022979 ; *JCP* E 2004, 1292, n° 3, obs. Ph. Pétel ; *D.* 2004, somm. p. 2148, obs. Lucas ; *Gaz. Pal.* 2004, p. 1903, obs. Le Corre).

Il n'a pas qualité pour se pourvoir en cassation contre un arrêt rendu, sur une demande de report de la date de cessation des paiements formée dans le cadre de la précédente procédure collective, dont les opérations ont pris fin et qui a été clôturée (■ Cass. com., 15 mai 2019, n° 18-12.441 : *Gaz. Pal.* 9 juill. 2019, p. 47, obs. Reille ; *Rev. proc. coll.* 2019, comm. 130, obs. Cagnoli. – V. aussi ■ Cass. com., 13 nov. 2007, n° 05-13.248 : *JCP* E 2008, 1155, note Cholet ; *ibid.*, 1432, n° 8, obs. Pétel).

13) Application de la loi dans le temps. Les dispositions de l'article L. 626-27 nouveau régissent la résolution des plans de continuation lorsque celle-ci n'a pas été prononcée avant le 1er janvier 2006 (■ Cass. com., 18 mars 2008 : *JCP* E 2008, 2062, n° 5, obs. Pétel ; *Act. proc. coll.* 2008-7, comm. 114, obs. J. Vallansan ; *D.* 2008, p. 977, obs. Lienhard ; *ibid.*, p. 1234, obs. Orsini).

Sur l'article L. 626-27-I, alinéa 1er, V. ■ Cass. com., 10 juill. 2012, n° 11-20.322 : *JurisData* n° 2012-015774 ; *Gaz. Pal.* 12-13 oct. 2012, p. 27, obs. C. Lebel ; *BJE* 2012, p. 276, note L. Le Mesle.

Art. L. 626-28 *(L. n° 2005-845, 26 juill. 2005).* – **Quand il est établi que les engagements énoncés dans le plan ou décidés par le tribunal ont été tenus, celui-ci, à la requête du commissaire à l'exécution du plan, du débiteur ou de tout intéressé, constate que l'exécution du plan est achevée.**

Nature juridictionnelle. Cette décision n'est pas une mesure d'administration judiciaire (■ Cass. com., 8 sept. 2015, n° 14-11.393 : *Juris-Data* n° 2015-019923 ; *JCP* E 2016, 1000, n° 4, obs. Pétel; *Rev. proc. coll.* 2016, comm. 38, obs. Cagnoli).

Section III. – Des classes de parties affectées

(Titre et section III rempl. à compter du 1er octobre 2021, Ord. n° 2021-1193, 15 sept. 2021)

Art. L. 626-29. – **Les dispositions de la présente section sont applicables aux entreprises qui atteignent des seuils fixés par décret en Conseil d'État.**

Elles s'appliquent également aux sociétés qui détiennent ou contrôlent une autre société, au sens des articles L. 233-1 et L. 233-3, dès lors que l'ensemble des sociétés concernées atteignent des seuils fixés par décret en Conseil d'État.

Les seuils prévus aux deux alinéas précédents sont définis par référence soit au nombre de salariés et au montant net du chiffre d'affaires de ces entreprises ou sociétés soit au montant net de leur chiffre d'affaires.

À la demande du débiteur, le juge-commissaire peut autoriser qu'il en soit également fait application en deçà de ce seuil.

Les dispositions de la présente section ne font pas obstacle à l'application des dispositions du présent chapitre qui ne leur sont pas contraires.

Art. L. 626-30. – **I. – Sont des parties affectées :**

1° Les créanciers dont les droits sont directement affectés par le projet de plan ;

2° Les membres de l'assemblée générale extraordinaire ou de l'assemblée des associés, des assemblées spéciales mentionnées aux articles L. 225-99 et L. 228-35-6 et des assemblées générales des masses visées à l'article L. 228-103, si leur participation au capital du débiteur, les statuts ou leurs droits sont modifiés par le projet de plan. Pour l'application du présent livre, ils sont nommés « détenteurs de capital ».

Seules les parties affectées se prononcent sur le projet de plan.

II. – Les parties affectées portent à la connaissance de l'administrateur, au plus tard dans un délai fixé par décret en Conseil d'État, les accords de subordination conclus avant l'ouverture de la procédure. À défaut, ces accords de subordination sont inopposables à la procédure.

III. – La composition des classes de parties affectées est déterminée au vu des créances et droits nés antérieurement à la date du jugement d'ouverture de la procédure. L'administrateur répartit, sur la base de critères objectifs vérifiables, les parties affectées en classes représentatives d'une communauté d'intérêt économique suffisante en respectant les conditions suivantes :

1° Les créanciers titulaires de sûretés réelles portant sur les biens du débiteur, pour leurs créances garanties, et les autres créanciers sont répartis en classes distinctes ;

2° La répartition en classes respecte les accords de subordination conclus avant l'ouverture de la procédure ;

3° Les détenteurs de capital forment une ou plusieurs classes.

IV. – Les créances résultant du contrat de travail, les droits à pension acquis au titre d'un régime de retraite professionnelle et les créances alimentaires ne sont pas affectées par le plan.

V. – L'administrateur soumet à chaque partie affectée les modalités de répartition en classes et de calcul des voix correspondant aux créances ou aux droits affectés leur permettant d'exprimer un vote. Le montant des créances pris en compte est celui indiqué par le débiteur et certifié par son ou ses commissaires aux comptes ou, lorsqu'il n'en a pas été désigné, établi par son expert-comptable. Pour les parties affectées bénéficiaires d'une fiducie constituée à titre de garantie par le débiteur, sont seuls pris en compte les montants de leurs créances non assorties d'une telle sûreté. Ces modalités sont également notifiées au mandataire judiciaire. En cas de désaccord, chaque partie affectée, le débiteur, le ministère public, le mandataire judiciaire ou l'administrateur peut saisir le juge-commissaire suivant des modalités prévues par décret en Conseil d'État.

Art. L. 626-30-1. – Le droit d'une partie affectée de voter dans une classe constitue un accessoire de la créance née antérieurement au jugement d'ouverture de la procédure et se transmet de plein droit à ses titulaires successifs nonobstant toute clause contraire.

Le titulaire de la créance transférée n'est informé des propositions du débiteur et admis à exprimer un vote qu'à compter du jour où le transfert a été porté à la connaissance de l'administrateur selon des modalités prévues par décret en Conseil d'État.

Le créancier dont la créance est éteinte ou transmise perd la qualité de partie affectée.

Art. L. 626-30-2. – Le débiteur, avec le concours de l'administrateur, présente aux classes de parties affectées des propositions en vue d'élaborer le projet de plan. En deçà des seuils prévus par l'article L. 721-8, les détenteurs de capital du débiteur, s'ils sont affectés par le projet de plan, peuvent apporter une contribution non monétaire à la restructuration, notamment en mettant à profit leur expérience, leur réputation ou leurs contacts professionnels.

Le projet de plan est transmis aux classes pour être soumis à leur vote. Il ne relève ni des dispositions de l'article L. 626-12 ni de celles de l'article L. 626-18, à l'exception de son dernier alinéa. Le projet peut notamment prévoir des délais de paiement, des remises et, lorsque le débiteur est une société par actions dont tous les actionnaires ne supportent les pertes qu'à concurrence de leurs apports, des conversions de créances en titres donnant ou pouvant donner accès au capital. Ne peuvent faire l'objet de remises ou de délais, qui n'auraient pas été acceptés par leurs titulaires, les créances garanties par le privilège établi au premier alinéa de l'article L. 611-11, ni, le cas échéant les créances garanties par le privilège établi au 2° du III de l'article L. 622-17 et à l'article L. 626-10 nées au cours d'une procédure antérieure. L'article L. 626-6 et le II de l'article L. 626-20 sont applicables.

Un décret précise les informations que le projet de plan doit nécessairement comporter.

Les classes de parties affectées sont convoquées dans les conditions définies par décret en Conseil d'Etat. Elles se prononcent sur ce projet, le cas échéant modifié, dans un délai de vingt à trente jours suivant la transmission du projet de plan. A la demande du débiteur ou de l'administrateur, le juge-commissaire peut augmenter ou réduire ce délai, qui ne peut toutefois être inférieur à quinze jours.

La décision est prise par chaque classe à la majorité des deux tiers des voix détenues par les membres ayant exprimé un vote.

Sous réserve des dispositions des deux alinéas précédents, la ou les classes de détenteurs de capital statuent conformément, selon le cas, aux dispositions applicables aux assemblées générales extraordinaires, aux assemblées des associés ainsi qu'aux assemblées spéciales mentionnées aux articles L. 225-99 et L. 228-35-6 ou aux assemblées générales des masses visées à l'article L. 228-103. Les dispositions des premier et deuxième alinéas de l'article L. 626-3 et du deuxième alinéa de l'article L. 626-18 sont inapplicables.

Au sein d'une classe, le vote sur l'adoption du plan peut être remplacé par un accord ayant recueilli, après consultation de ses membres, l'approbation des deux tiers des voix détenues par ceux-ci.

Art. L. 626-31. – Lorsque le projet de plan a été adopté par chacune des classes conformément aux dispositions de l'article L. 626-30-2, le tribunal statue sur celui-ci selon les modalités prévues à la section 2 du présent chapitre et vérifie que les conditions suivantes sont réunies :

1° Le plan a été adopté conformément à l'article L. 626-30 ;

2° Les parties affectées, partageant une communauté d'intérêt suffisante au sein de la même classe, bénéficient d'une égalité de traitement et sont traitées de manière proportionnelle à leur créance ou à leur droit ;

3° La notification du plan a été régulièrement effectuée à toutes les parties affectées ;

4° Lorsque des parties affectées ont voté contre le projet de plan, aucune de ces parties affectées ne se trouve dans une situation moins favorable, du fait du plan, que celle qu'elle connaîtrait s'il était fait application soit de l'ordre de priorité pour la répartition des actifs en liquidation judiciaire ou du prix de cession de l'entreprise en application de l'article L. 642-1, soit d'une meilleure solution alternative si le plan n'était pas validé ;

5° Le cas échéant, tout nouveau financement est nécessaire pour mettre en œuvre le plan et ne porte pas une atteinte excessive aux intérêts des parties affectées.

Le tribunal peut refuser d'arrêter le plan si celui-ci n'offre pas une perspective raisonnable d'éviter la cessation des paiements du débiteur ou de garantir la viabilité de l'entreprise.

Le tribunal s'assure que les intérêts de toutes les parties affectées sont suffisamment protégés. Le jugement qui arrête le plan en rend les dispositions opposables à tous.

Art. L. 626-31-1. – La mission du commissaire à l'exécution du plan ne prend fin qu'au paiement de la dernière échéance prévue par le plan si celle-ci est postérieure à l'échéance stipulée par les parties avant l'ouverture de la procédure.

Par dérogation aux dispositions de l'article L. 626-26, une modification substantielle dans les objectifs ou les moyens du plan arrêté par le tribunal en application de l'article L. 626-31 ou de l'article L. 626-32 ne peut intervenir que selon les modalités prévues par la présente section. Dans ce cas, le commissaire à l'exécution du plan exerce les pouvoirs dévolus à l'administrateur judiciaire. Sauf si les circonstances le justifient, la répartition en classes et le calcul des voix arrêtés dans le cadre du plan s'appliquent pour sa modification substantielle. La dernière phrase du V de l'article L. 626-30 n'est pas applicable.

Art. L. 626-32. – I. – Lorsque le plan n'est pas approuvé conformément aux dispositions de l'article L. 626-30-2, il peut être arrêté par le tribunal sur demande du débiteur ou de l'administrateur judiciaire avec l'accord du débiteur et être imposé aux classes qui ont voté contre le projet de plan, lorsque ce plan remplit les conditions suivantes :

1° Le plan respecte les conditions posées par les deuxième à septième alinéas de l'article L. 626-31 ;

2° Le plan a été approuvé par :

a) Une majorité de classes de parties affectées autorisées à voter, à condition qu'au moins une de ces classes soit une classe de créanciers titulaires de sûretés réelles ou ait un rang supérieur à celui de la classe des créanciers chirographaires ;

b) À défaut, par au moins une des classes de parties affectées autorisée à voter, autre qu'une classe de détenteurs de capital ou toute autre classe dont on peut raisonnablement supposer, après détermination de la valeur du débiteur en tant qu'entreprise en activité, qu'elle n'aurait droit à aucun paiement, si l'ordre de priorité des créanciers pour la répartition des actifs en liquidation judiciaire ou du prix de cession de l'entreprise en application de l'article L. 642-1, était appliqué ;

3° Les créances des créanciers affectés d'une classe qui a voté contre le plan sont intégralement désintéressées par des moyens identiques ou équivalents lorsqu'une classe de rang inférieur a droit à un paiement ou conserve un intéressement dans le cadre du plan ;

4° Aucune classe de parties affectées ne peut, dans le cadre du plan, recevoir ou conserver plus que le montant total de ses créances ou intérêts ;

5° Lorsqu'une ou plusieurs classes de détenteurs de capital ont été constituées et n'ont pas approuvé le plan :

a) L'effectif de l'entreprise atteint un seuil défini par décret en Conseil d'État, qui ne peut être inférieur à 150 salariés, ou son chiffre d'affaires est égal ou supérieur à un seuil défini par décret en Conseil d'État, qui ne peut être inférieur à 20 millions d'euros ; lorsque le débiteur est une société qui détient ou contrôle une autre société, au sens des articles L. 233-1 et L. 233-3, ces seuils sont appréciés au niveau de l'ensemble des sociétés concernées ;

b) On peut raisonnablement supposer, après détermination de la valeur du débiteur en tant qu'entreprise en activité, que les détenteurs de capital de la ou des classes dissidentes n'auraient droit à aucun paiement ou à ne conserver aucun intéressement si l'ordre de priorité des créanciers pour la répartition des actifs en liquidation judiciaire ou du prix de cession de l'entreprise en application de l'article L. 642-1 était appliqué ;

c) Si le projet de plan prévoit une augmentation de capital souscrite par apport en numéraire, les actions émises sont offertes par préférence aux actionnaires, proportionnellement à la partie du capital représentée par leurs actions ;

d) Le plan ne prévoit pas la cession de tout ou partie des droits de la ou des classes de détenteurs capital qui n'ont pas approuvé le projet de plan.

La décision du tribunal vaut approbation des modifications de la participation au capital ou des droits des détenteurs de capital ou des statuts prévues par le plan. Le tribunal peut désigner un mandataire de justice chargé de passer les actes nécessaires à la réalisation de ces modifications.

II. – Sur demande du débiteur ou de l'administrateur judiciaire avec l'accord du débiteur, le tribunal peut décider de déroger au 3° du I, lorsque ces dérogations sont nécessaires afin d'atteindre les objectifs du plan et si le plan ne porte pas une atteinte excessive aux droits ou intérêts de parties affectées. Les créances des fournisseurs de biens ou de services du débiteur, les détenteurs de capital et les créances nées de la responsabilité délictuelle du débiteur, notamment, peuvent bénéficier d'un traitement particulier.

Art. L. 626-33. – I. – Lorsque la contestation par une partie affectée, qui a voté contre le plan, porte sur le non-respect de la condition prévue au 4° de l'article L. 626-31 ou du cinquième ou du dixième alinéa de l'article L. 626-32, la valeur de l'entreprise du débiteur est déterminée suivant des modalités prévues par décret en Conseil d'État.

II. – La décision prise par le tribunal en application de l'article L. 626-31 ou de l'article L. 626-32 et le cas échéant du I du présent article, est susceptible de recours suivant des modalités prévues par décret en Conseil d'État.

Art. L. 626-34. – Un décret en Conseil d'État détermine les conditions d'application de la présente section.

Section III *(Rédaction antérieure)*. – Des comités de créanciers

Bibliographie : Le Corre, *Les irrégularités affectant la composition et le vote des comités de créanciers dans les procédures de sauvegarde et de redressement judiciaire : D.* 2007, chron. 822. • Damman et Podeur, *Les enjeux de la réforme des comités de créanciers : JCP* E 2009, 2094. • Le Corre, *Les comités de créanciers : Rev. proc. coll.* 2011, Colloque 3. • Douaoui-Chamseddine, *Question soulevée par un plan de sauvegarde écartant un accord de subordination : Rev. proc. coll.* 2012, étude 5. • Vermeille et François, *Le feuilleton Technicolor : et si rien n'était vraiment réglé ? : JCP* E 2012, 1582. • Douaoui-Chamseddine, *Le tribunal qui arrête un plan de sauvegarde écartant la subordination peut-il condamner les juniors à verser des dommages-intérêts aux seniors ? : Rev. proc. coll.* 2012-5, p. 17. • Douaoui-Chamseddine, *Le droit de vote des créanciers à l'épreuve de l'abus de majorité : Mélanges Pascale Bloch*, Bruylant, p. 31. • Pelletier et Verroust-Valliot, *Comités de créanciers : la loi de la majorité peut-elle vraiment imposer des conversions forcées de créances aux minoritaires ? : Rev. proc. coll.* 2017, étude 10. • Archibald, *Valorisation de la société et droits de vote au sein des comités de créanciers : BJE* 2018, p. 232.

Rédaction antérieure. Art. L. 626-29 *(L. n° 2005-845, 26 juill. 2005 ; mod., Ord. n° 2008-1345, 18 déc. 2008)*. – Les débiteurs dont les comptes ont été certifiés par un commissaire aux comptes ou établis par un expert-comptable et dont le nombre de salariés ou le chiffre d'affaires sont supérieurs à des seuils fixés par décret en Conseil d'État sont soumis aux dispositions de la présente section. Les autres dispositions du présent chapitre qui ne lui sont pas contraires sont également applicables.

À la demande du débiteur ou de l'administrateur, le juge-commissaire peut autoriser qu'il en soit également fait application en deçà de ce seuil.

Rédaction antérieure. Art. L. 626-30 *(Ord. n° 2008-1345, 18 déc. 2008 ; mod., Ord. n° 2013-544, 27 juin 2013)*. – Les sociétés de financement, les établissements de crédit et ceux assimilés, tels que définis par décret en Conseil d'État ainsi que les principaux fournisseurs de biens ou de services, sont constitués en deux comités de créanciers par l'administrateur judiciaire. La composition des comités est déterminée au vu des créances nées antérieurement au jugement d'ouverture de la procédure.

Les sociétés de financement, les établissements de crédit et ceux assimilés, ainsi que tous les titulaires d'une créance acquise auprès de ceux-ci ou d'un fournisseur de biens ou de services, sont membres de droit du comité des établissements de crédit.

À l'exclusion des collectivités territoriales et de leurs établissements publics, chaque fournisseur de biens ou de services est membre de droit du comité des principaux fournisseurs lorsque sa créance représente plus de 3 % du total des créances des fournisseurs. Les autres fournisseurs, sollicités par l'administrateur, peuvent en être membres.

Pour l'application des dispositions qui précèdent aux créanciers bénéficiaires d'une fiducie constituée à titre de garantie par le débiteur, sont seules prises en compte, lorsqu'elles existent, celles de leurs créances non assorties d'une telle sûreté.

Rédaction antérieure. Art. L. 626-30-1 *(Ord. n° 2008-1345, 18 déc. 2008)*. – L'obligation ou, le cas échéant, la faculté de faire partie d'un comité constitue un accessoire de la créance née antérieurement au jugement d'ouverture de la procédure et se transmet de plein droit à ses titulaires successifs nonobstant toute clause contraire.

L'appartenance au comité des établissements de crédit ou au comité des principaux fournisseurs de biens ou de services est déterminée conformément aux deuxième et troisième alinéas de l'article L. 626-30.

Le titulaire de la créance transférée n'est informé des propositions du débiteur et admis à exprimer un vote qu'à compter du jour où le transfert a été porté à la connaissance de l'administrateur selon des modalités prévues par décret en Conseil d'État.

Le créancier dont la créance est éteinte ou transmise perd la qualité de membre.

Rédaction antérieure. Art. L. 626-30-2 *(Ord. n° 2008-1345, 18 déc. 2008 ; mod., L. n° 2010-1249, 22 oct. 2010 ; Ord. n° 2014-326, 12 mars 2014 ; L. n° 2016-1547, 18 nov. 2016)*. – Le débiteur, avec le concours de l'administrateur, présente aux comités de créanciers des propositions en vue d'élaborer le projet de plan mentionné à l'article L. 626-2. Tout créancier membre d'un comité peut également soumettre un projet de plan qui fera l'objet d'un rapport de l'administrateur.

Les projets de plan proposés aux comités ne sont soumis ni aux dispositions de l'article L. 626-12 ni à celles de l'article L. 626-18, à l'exception de son dernier alinéa. Chaque projet peut notamment prévoir des délais de paiement, des remises et, lorsque le débiteur est une société par actions dont tous les actionnaires ne supportent les pertes qu'à concurrence de leurs apports, des conversions de créances en titres donnant ou pouvant donner accès au capital. Chaque projet peut établir un traitement différencié entre les créanciers si les différences de situation le justifient. Ne peuvent faire l'objet de remises ou de délais qui n'auraient pas été acceptés par les créanciers les créances garanties par le privilège établi au premier alinéa de l'article L. 611-11. Chaque projet prend en compte les accords de subordination entre créanciers conclus avant l'ouverture de la procédure.

Après discussion avec le débiteur et l'administrateur, les comités se prononcent sur chaque projet, le cas échéant modifié, dans un délai de vingt à trente jours suivant la transmission des propositions du débiteur. À la demande du débiteur ou de l'administrateur, le juge-commissaire peut augmenter ou réduire ce délai, qui ne peut toutefois être inférieur à quinze jours. À défaut de proposition du débiteur, l'administrateur fixe la date à laquelle les comités se prononceront.

La décision est prise par chaque comité à la majorité des deux tiers du montant des créances détenues par les membres ayant exprimé un vote, tel qu'il a été indiqué par le débiteur et certifié par son ou ses commissaire aux comptes ou, lorsqu'il n'en a pas été désigné, établi par son expert-comptable. Pour les créanciers bénéficiaires d'une fiducie constituée à titre de garantie par le débiteur, sont seuls pris en compte les montants de leurs créances non assorties d'une telle sûreté. Chaque créancier membre de l'un des comités institués en application de l'article L. 626-30 informe, s'il y a lieu, l'administrateur de l'existence de toute convention soumettant son vote à des conditions ou ayant pour objet le paiement total ou partiel de la créance par un tiers ainsi que de l'existence d'accords de subordination. L'administrateur soumet à ce créancier les modalités de calcul des voix correspondant aux créances lui permettant d'exprimer un vote. En cas de désaccord, le créancier ou l'administrateur peut saisir le président du tribunal statuant en référé.

Ne prennent pas part au vote les créanciers pour lesquels le projet de plan ne prévoit pas de modification des modalités de paiement ou prévoit un paiement intégral en numéraire dès l'arrêté du plan ou dès l'admission de leurs créances.

Rédaction antérieure. Art. L. 626-30-3 ***(Ord. n° 2014-326, 12 mars 2014).*** – Lorsque le projet de plan adopté conformément aux dispositions de l'article L. 626-30-2 et, le cas échéant, de l'article L. 626-32, n'est pas celui proposé par le débiteur en application de l'article L. 626-2, il donne lieu aux communications prévues à l'article L. 626-8.

Rédaction antérieure. Art. L. 626-31 ***(L. n° 2005-845, 26 juill. 2005 ; mod., Ord. n° 2008-1345, 18 déc. 2008 ; L. n° 2010-1249, 22 oct. 2010 ; Ord. n° 2014-326, 12 mars 2014).*** – Lorsque le projet de plan a été adopté par chacun des comités conformément aux dispositions de l'article L. 626-30-2 et, le cas échéant, par l'assemblée des obligataires dans les conditions prévues par l'article L. 626-32, le tribunal statue sur celui-ci ainsi que sur le projet de plan mentionné à l'article L. 626-2, selon les modalités prévues à la section 2 du présent chapitre ; il s'assure que les intérêts de tous les créanciers sont suffisamment protégés et, s'il y a lieu, que l'approbation de l'assemblée ou des assemblées mentionnées à l'article L. 626-3 a été obtenue dans les conditions prévues audit article. Sa décision rend applicables à tous leurs membres les propositions acceptées par les comités.

La mission du commissaire à l'exécution du plan ne prend fin qu'au paiement de la dernière échéance prévue par le plan si celle-ci est postérieure à l'échéance stipulée par les parties avant l'ouverture de la procédure.

Par dérogation aux dispositions de l'article L. 626-26, une modification substantielle dans les objectifs ou les moyens du plan arrêté par le tribunal en application du premier alinéa ne peut intervenir que selon les modalités prévues par la présente section. Dans ce cas, le commissaire à l'exécution du plan exerce les pouvoirs dévolus à l'administrateur judiciaire.

Rédaction antérieure. Art. L. 626-32 ***(Ord. n° 2008-1345, 18 déc. 2008 ; mod., L. n° 2012-387, 22 mars 2012 ; Ord. n° 2014-326, 12 mars 2014).*** – Lorsqu'il existe des obligataires, une assemblée générale constituée de l'ensemble des créanciers titulaires d'obligations émises en France ou à l'étranger est convoquée dans des conditions définies par décret en Conseil d'État, afin de délibérer sur le projet de plan adopté par les comités de créanciers.

La délibération peut notamment porter sur des délais de paiement, un abandon total ou partiel des créances obligataires et, lorsque le débiteur est une société par actions dont tous les actionnaires ne supportent les pertes qu'à concurrence de leurs apports, des conversions de créances en titres donnant ou pouvant donner accès au capital. Le projet de plan peut établir un traitement différencié entre les créanciers obligataires si les différences de situation le justifient. Il prend en compte les accords de subordination entre créanciers conclus avant l'ouverture de la procédure.

La décision est prise à la majorité des deux tiers du montant des créances obligataires détenues par les porteurs ayant exprimé leur vote, nonobstant toute clause contraire et indépendamment de la loi applicable au contrat d'émission. Pour les porteurs bénéficiaires d'une fiducie constituée à titre de garantie par le débiteur, sont seuls pris en compte les montants de leurs créances obligataires non assorties d'une telle sûreté. Ne prennent pas part au vote les créanciers obligataires pour lesquels le projet de plan ne prévoit pas de modification des modalités de paiement ou prévoit un paiement intégral en numéraire dès l'arrêté du plan ou dès l'admission de leurs créances. Les dispositions du quatrième alinéa de l'article L. 626-30-2 sont applicables au vote de l'assemblée générale.

Titres supersubordonnés. L'irrégularité ayant affecté les modalités de vote des porteurs de titres super-subordonnés lors de l'AUO n'ayant eu aucune influence sur le résultat du vote, la nullité n'est pas encourue (▪ Cass. com., 21 févr. 2012, n° 11-11.693 : *JurisData* n° 2012-002584 ; *JCP* E 2012, 1228, note T. Bonneau ; *JCP* E 2012, 1227, n° 3, obs. Ph. Pétel ; *D.* 2012, 606, obs. A. Lienhard). Sur ces modalités de vote, V. ▪ Versailles, 18 nov. 2010, n° 10/01433 : *JurisData* n° 2010-026280 ; *D.* 2010,

p. 2767, obs. A. Lienhard ; *Rev. sociétés* 2011, p. 239, obs. Grelon ; *Rev. proc. coll.* 2011, comm. 41, obs. J.-J. Fraimout.

Bibliographie : Grelon, *La consultation des créanciers obligataires dans le cadre d'une procédure d'insolvabilité : Rev. sociétés* 2008, p. 25. – Borga, *Titres super-subordonnés et plan de sauvegarde : Bull. Joly Sociétés* 2010, p. 604. – Le Corre, *Porteurs de titres super-subordonnés et élaboration des plans de sauvegarde ou de redressement avec comités : D.* 2010, p. 839. – Pétel, *Procédures collectives avec comités de créanciers : qui vote à l'assemblée générale des obligataires ? : JCP* E 2016, 1680 ; *Rev. proc. coll.* 2017, étude 4. – Ankri et Lamay-Cubeddu, *Le vote des créanciers obligataires high yield dans la procédure de sauvegarde de la société CGG : BJE* 2018, p. 309.

Rédaction antérieure. Art. L. 626-33 *(L. n° 2005-845, 26 juill. 2005 ; mod., Ord. n° 2008-1345, 18 déc. 2008).* – Les créanciers qui ne sont pas membres des comités institués en application de l'article L. 626-30, et pour leurs créances assorties de cette sûreté, les créanciers bénéficiaires d'une fiducie constituée à titre de garantie par le débiteur sont consultés selon les dispositions des articles L. 626-5 à L. 626-6.

Les dispositions du plan relatives aux créanciers qui ne sont pas membres des comités institués en application de l'article L. 626-30 sont arrêtées selon les dispositions des articles L. 626-12 et L. 626-18 à L. 626-20.

Rédaction antérieure. Art. L. 626-34 *(Ord. n° 2014-326, 12 mars 2014).* – Lorsque l'un ou l'autre des comités et, le cas échéant, l'assemblée des obligataires ne se sont pas prononcés sur un projet de plan dans un délai de six mois à compter du jugement d'ouverture de la procédure ou si le tribunal n'a pas arrêté le plan en application de l'article L. 626-31, la procédure est reprise pour préparer un plan dans les conditions prévues aux articles L. 626-5 à L. 626-7 afin qu'il soit arrêté selon les dispositions des articles L. 626-12 et L. 626-18 à L. 626-20. Toutefois, à la demande de l'administrateur, le tribunal peut fixer aux comités et, le cas échéant, à l'assemblée des obligataires un nouveau délai qui ne peut excéder la durée de la période d'observation.

Rédaction antérieure. Art. L. 626-34-1 *(Ord. n° 2008-1345, 18 déc. 2008).* – Le tribunal statue dans un même jugement sur les contestations relatives à l'application des articles L. 626-30 à L. 626-32 et sur l'arrêté ou la modification du plan.

Les créanciers ne peuvent former une contestation qu'à l'encontre de la décision du comité ou de l'assemblée dont ils sont membres.

Objet et causes de contestation. Un obligataire ne peut contester que l'adoption du projet de plan par l'AUO et seulement lorsque sont en cause les dispositions relatives à la constitution de cette assemblée, sa convocation, et les conditions de sa délibération. La contestation d'un abus de majorité ne lui est pas ouverte (■ Cass. com., 26 févr. 2020, n° 18-19.737 : *JCP* E 2020, 1204, n° 23, obs. Pétel et Tehrani ; *JCP* E 2020, 1249, obs. Zinty).

Rédaction antérieure. Art. L. 626-35 *(L. n° 2005-845, 26 juill. 2005).* – Un décret en Conseil d'État détermine les conditions d'application de la présente section.

CHAPITRE VII. – DISPOSITIONS PARTICULIÈRES EN L'ABSENCE D'ADMINISTRATEUR JUDICIAIRE

Art. L. 627-1 *(L. n° 2005-845, 26 juill. 2005 ; mod., Ord. n° 2008-1345, 18 déc. 2008).* – **Les dispositions du présent chapitre sont applicables lorsqu'il n'a pas été désigné d'administrateur judiciaire en application du quatrième alinéa de l'article L. 621-4. Les autres dispositions du présent titre sont applicables dans la mesure où elles ne sont pas contraires à celles du présent chapitre.**

Art. L. 627-2 *(L. n° 2005-845, 26 juill. 2005 ; mod., Ord. n° 2008-1345, 18 déc. 2008).* – **Le débiteur exerce, après avis conforme du mandataire judiciaire, la faculté ouverte à l'administrateur de poursuivre des contrats en cours et de demander la résiliation du bail en application des articles L. 622-13 et L. 622-14. En cas de désaccord, le juge-commissaire est saisi par tout intéressé.**

Art. L. 627-3 *(Anc. art. L. 621-139, renum. et mod., L. n° 2005-845, 26 juill. 2005 ; Ord. n° 2008-1345, 18 déc. 2008).* – **Pendant la période d'observation, le débiteur établit un projet de plan avec l'assistance éventuelle d'un expert nommé par le tribunal. Il n'est pas dressé de bilan économique, social et environnemental.**

Le débiteur communique au mandataire judiciaire et au juge-commissaire les propositions de règlement du passif prévues à l'article L. 626-5 et procède aux informations, consultations et communications prévues à l'article L. 626-8.

Pour l'application de l'article L. 626-3, l'assemblée générale extraordinaire ou l'assemblée des associés ainsi que, lorsque leur approbation est nécessaire, les assemblées spéciales mentionnées aux articles L. 225-99 et L. 228-35-6 ou les assemblées générales des masses visées à l'article L. 228-103 sont convoquées dans des conditions fixées par décret en Conseil d'État. Le juge-commissaire fixe le montant de l'augmentation du capital proposée à l'assemblée pour reconstituer les capitaux propres.

Art. L. 627-4 *(L. n° 2005-845, 26 juill. 2005)*. – Après le dépôt au greffe du projet de plan par le débiteur, le tribunal statue au vu du rapport du juge-commissaire.

CHAPITRE VIII. – DE LA SAUVEGARDE ACCÉLÉRÉE

(Chap. VIII rempl. à compter du 1er octobre 2021, Ord. n° 2021-1193, 15 sept. 2021)

Section 1. – De l'ouverture de la procédure

Art. L. 628-1. – Il est institué une procédure de sauvegarde accélérée soumise aux règles du présent titre sous réserve des dispositions du présent chapitre. N'y sont pas applicables les dispositions du III et du IV de l'article L. 622-13 et celles des sections 3 et 4 du chapitre IV.

La procédure de sauvegarde accélérée est ouverte à la demande d'un débiteur engagé dans une procédure de conciliation qui justifie avoir élaboré un projet de plan tendant à assurer la pérennité de l'entreprise. Ce projet doit être susceptible de recueillir, de la part des parties affectées à l'égard desquelles l'ouverture de la procédure produira effet, un soutien suffisamment large pour rendre vraisemblable son adoption dans le délai prévu au premier alinéa de l'article L. 628-8.

Sans préjudice de l'article L. 628-6, lorsque les comptes du débiteur font apparaître que la nature de l'endettement rend vraisemblable l'adoption d'un plan par les seuls créanciers ayant la qualité de sociétés de financement, d'établissements de crédit et assimilés, tel que définis par décret en Conseil d'Etat, ainsi que par tous les titulaires d'une créance acquise auprès de ceux-ci ou d'un fournisseur de biens ou de services et s'il y a lieu des obligataires, le débiteur peut demander l'ouverture d'une procédure de sauvegarde dont les effets sont limités à ces créanciers.

La procédure ne peut être ouverte qu'à l'égard d'un débiteur dont les comptes ont été certifiés par un commissaire aux comptes ou établis par un expert-comptable.

La circonstance que le débiteur soit en cessation des paiements ne fait pas obstacle à l'ouverture de la procédure de sauvegarde accélérée si cette situation ne précède pas depuis plus de quarante-cinq jours la date de la demande d'ouverture de la procédure de conciliation préalable.

Art. L. 628-2. – Le tribunal statue sur l'ouverture de la procédure après un rapport du conciliateur sur le déroulement de la conciliation et les perspectives d'adoption du projet de plan par les parties affectées concernées. Il peut obtenir communication des pièces et actes relatifs à la conciliation et, le cas échéant, au mandat ad hoc nonobstant les dispositions de l'article L. 611-15.

L'ouverture de la procédure est examinée en présence du ministère public.

Art. L. 628-3. – Le tribunal désigne un ou plusieurs administrateurs judiciaires. Lorsque le conciliateur est inscrit sur la liste prévue à l'article L. 811-2 ou sur celle prévue à l'article L. 812-2, le tribunal le désigne soit comme administrateur judiciaire, soit comme mandataire judiciaire, selon la profession qu'il exerce. Par décision spécialement motivée, il peut désigner une autre personne dans les conditions prévues à ces mêmes articles.

sa demande, le tribunal peut dispenser le débiteur de procéder à l'inventaire prévu par l'article L. 622-6.

Art. L. 628-4. – Lorsque le débiteur n'est pas soumis à l'obligation de constituer des classes de parties *affectées prévue à l'article L. 626-29*, l'ouverture de la procédure de sauvegarde accélérée est subordonnée à cette constitution. À cette fin, le tribunal ordonne leur constitution dans le jugement d'ouverture.

Art. L. 628-5. – Le ministère public saisit le tribunal à l'effet de mettre fin à la procédure de sauvegarde accélérée s'il est établi que le débiteur se trouvait en cessation des paiements depuis plus de quarante-cinq jours lorsqu'il a adressé ou remis la requête mentionnée à l'article L. 611-6.

Section 2. – Des effets de la sauvegarde accélérée

Art. L. 628-6. – L'ouverture d'une procédure de sauvegarde accélérée ne produit d'effet qu'à l'égard des parties mentionnées à l'article L. 626-30 directement affectées par le projet de plan mentionné au deuxième alinéa de l'article L. 628-1.

Art. L. 628-7. – Sans préjudice de l'article L. 622-6, le débiteur établit la liste des créances de chaque partie affectée ayant participé à la conciliation qui doivent faire l'objet de la déclaration prévue par le premier alinéa de l'article L. 622-24. Cette liste comporte les indications prévues aux deux premiers alinéas de l'article L. 622-25 et, le cas échéant, les accords de subordination portés à la connaissance du débiteur par les créanciers avant l'ouverture de la procédure. Elle est certifiée par le commissaire aux comptes ou, à défaut, fait l'objet d'une attestation de l'expert-comptable. Elle est déposée au greffe du tribunal par le débiteur.

Le mandataire judiciaire transmet à chaque partie affectée figurant sur la liste l'extrait de la liste déposée concernant sa créance.

Le dépôt de la liste au greffe du tribunal vaut déclaration au nom des parties affectées si celles-ci n'adressent pas la déclaration de leurs créances dans les conditions prévues aux articles L. 622-24 à L. 622-26.

L'actualisation des créances mentionnées sur la liste déposée est faite dans le délai prévu par le premier alinéa de l'article L. 622-24.

Un décret en Conseil d'État précise les modalités d'application du présent article.

Art. L. 628-8. – Le tribunal arrête le plan dans les conditions prévues aux articles L. 626-31 et L. 626-32 dans un délai de deux mois à compter du jugement d'ouverture. À la demande du débiteur et de l'administrateur judiciaire, le tribunal peut proroger ce délai sans que la durée totale de la procédure ne puisse excéder quatre mois.

À défaut d'arrêté de plan dans ce délai, le tribunal met fin à la procédure.

Les dispositions du quatrième alinéa de l'article L. 626-18 ne sont pas applicables.

CHAPITRE VIII *(Rédaction antérieure)*. – DE LA SAUVEGARDE ACCÉLÉRÉE

(Ord. n° 2014-326, 12 mars 2014)

Bibliographie : Ph. Roussel-Galle, *Premières vues sur la sauvegarde financière accélérée : JCP* E 2010, act. 591. • G. Couturier, *Les créanciers et la sauvegarde financière de l'entreprise en difficulté : Bull. Joly Sociétés* 2010, p. 683. • P.-M. Le Corre, *L'avènement d'une procédure semi-collective : Gaz. Pal.* 15-16 oct. 2010, p. 3. • C. Saint-Alary-Houin, *La sauvegarde financière accélérée : Rev. proc. coll.* 2011, Colloque 2.

Section I *(Rédaction antérieure)*. – Dispositions générales

Sous-section 1 *(Rédaction antérieure)*. – De l'ouverture de la procédure

Rédaction antérieure. Art. L. 628-1 *(Ord. n° 2014-326, 12 mars 2014 ; mod., Ord. n° 2014-1088, 26 sept. 2014)*. – Il est institué une procédure de sauvegarde accélérée soumise aux règles du présent titre sous réserve des dispositions du présent chapitre. *N'y sont pas applicables* les dispositions du III et du IV de l'article L. 622-13 et celles des sections 3 et 4 du chapitre IV.

La procédure de sauvegarde accélérée est ouverte à la demande d'un débiteur engagé dans une procédure de conciliation qui justifie avoir élaboré un projet de plan tendant à assurer la pérennité de l'entreprise. Ce projet doit être susceptible de recueillir, de la part des créanciers à l'égard de qui l'ouverture de la procédure produira effet, un soutien suffisamment large pour rendre vraisemblable son adoption dans le délai prévu à l'article L. 628-8 ou, le cas échéant, à l'article L. 628-10.

La procédure ne peut être ouverte qu'à l'égard d'un débiteur :

– dont les comptes ont été certifiés par un commissaire aux comptes ou établis par un expert-comptable et dont le nombre de salariés, le chiffre d'affaires ou le total de bilan sont supérieurs à l'un au moins des seuils fixés par décret ; ou

– qui a établi des comptes consolidés conformément à l'article L. 233-16.

La circonstance que le débiteur soit en cessation des paiements ne fait pas obstacle à l'ouverture de la procédure de sauvegarde accélérée si cette situation ne précède pas depuis plus de quarante-cinq jours la date de la demande d'ouverture de la procédure de conciliation.

Rédaction antérieure. Art. L. 628-2 *(Ord. n° 2014-326, 12 mars 2014).* – Le tribunal statue sur l'ouverture de la procédure après un rapport du conciliateur sur le déroulement de la conciliation et les perspectives d'adoption du projet de plan par les créanciers concernés. Il peut obtenir communication des pièces et actes relatifs à la conciliation et, le cas échéant, au mandat *ad hoc* nonobstant les dispositions de l'article L. 611-15.

L'ouverture de la procédure est examinée en présence du ministère public.

Rédaction antérieure. Art. L. 628-3 *(Ord. n° 2014-326, 12 mars 2014).* – Le tribunal désigne un ou plusieurs administrateurs judiciaires. Lorsque le conciliateur est inscrit sur la liste prévue à l'article L. 811-2 ou sur celle prévue à l'article L. 812-2, le tribunal le désigne soit comme administrateur judiciaire, soit comme mandataire judiciaire, selon la profession qu'il exerce. Par décision spécialement motivée, il peut désigner une autre personne dans les conditions prévues à ces mêmes articles.

À sa demande, le tribunal peut dispenser le débiteur de procéder à l'inventaire prévu par l'article L. 622-6.

Rédaction antérieure. Art. L. 628-4 *(Ord. n° 2014-326, 12 mars 2014).* – Lorsque le débiteur n'est pas soumis à l'obligation de constituer les comités de créanciers prévue à l'article L. 626-29, l'ouverture de la procédure de sauvegarde accélérée est subordonnée à cette constitution. À cette fin, le tribunal ordonne leur constitution dans le jugement d'ouverture.

Rédaction antérieure. Art. L. 628-5 *(Ord. n° 2014-326, 12 mars 2014 ; mod., Ord. n° 2014-1088, 26 sept. 2014).* – Le ministère public saisit le tribunal à l'effet de mettre fin à la procédure de sauvegarde accélérée s'il est établi que la date de la cessation des paiements est antérieure à celle mentionnée à l'article L. 611-4.

Sous-section 2 *(Rédaction antérieure).* – Des effets de la sauvegarde accélérée

Rédaction antérieure. Art. L. 628-6 *(Ord. n° 2014-326, 12 mars 2014).* – L'ouverture d'une procédure de sauvegarde accélérée ne produit d'effet qu'à l'égard des créanciers mentionnés à l'article L. 622-24 et soumis à l'obligation de déclaration prévue par ce texte ainsi qu'à l'égard des cocontractants mentionnés aux articles L. 622-13 et L. 622-14.

Rédaction antérieure. Art. L. 628-7 *(Ord. n° 2014-326, 12 mars 2014).* – Sans préjudice de l'article L. 622-6, le débiteur établit la liste des créances de chaque créancier ayant participé à la conciliation qui doivent faire l'objet de la déclaration prévue par le premier alinéa de l'article L. 622-24. Cette liste comporte les indications prévues aux deux premiers alinéas de l'article L. 622-25. Elle est certifiée par le commissaire aux comptes ou, à défaut, fait l'objet d'une attestation de l'expert-comptable ; elle est déposée au greffe du tribunal par le débiteur.

Le mandataire judiciaire transmet à chaque créancier figurant sur la liste l'extrait de la liste déposée concernant sa créance.

Le dépôt de la liste au greffe du tribunal vaut déclaration au nom des créanciers si ceux-ci n'adressent pas la déclaration de leurs créances dans les conditions prévues aux articles L. 622-24 à L. 622-26.

L'actualisation des créances mentionnées sur la liste déposée est faite dans le délai prévu par le premier alinéa de l'article L. 622-24.

Un décret en Conseil d'État précise les modalités d'application du présent article.

Rédaction antérieure. Art. L. 628-8 *(Ord. n° 2014-326, 12 mars 2014).* – Le tribunal arrête le plan dans les conditions prévues à l'article L. 626-31 dans un délai de trois mois à compter du jugement d'ouverture.

À défaut d'arrêté de plan dans ce délai, le tribunal met fin à la procédure.

Les dispositions du quatrième alinéa de l'article L. 626-18 ne sont pas applicables.

Section II *(Rédaction antérieure).* – Dispositions propres à la sauvegarde financière accélérée

Rédaction antérieure. Art. L. 628-9 *(Ord. n° 2014-326, 12 mars 2014).* – Lorsque les comptes du débiteur font apparaître que la nature de l'endettement rend vraisemblable l'adoption d'un plan par les seuls créanciers ayant la qualité de membres de comité des établissements de crédit et, s'il y a lieu, ceux mentionnés à l'article L. 626-32, le débiteur peut, s'il répond aux conditions de l'article L. 628-1, demander l'ouverture d'une procédure de sauvegarde financière accélérée. Celle-ci n'aura d'effet qu'à l'égard de ces créanciers.

Rédaction antérieure. Art. L. 628-10 *(Ord. n° 2014-326, 12 mars 2014).* – Lorsque le tribunal ouvre la procédure, seuls le comité des établissements de crédit prévu à l'article L. 626-30 et, s'il y a lieu, l'assemblée générale des obligataires prévue à l'article L. 626-32, sont constitués. Le délai de quinze jours fixé au troisième alinéa de l'article L. 626-30-2 est réduit à huit jours.

Le délai prévu à l'article L. 628-8 est réduit à un mois. Toutefois, le tribunal peut le proroger d'un mois au plus.

TITRE III. – DU REDRESSEMENT JUDICIAIRE

CHAPITRE I. – DE L'OUVERTURE ET DU DÉROULEMENT DU REDRESSEMENT JUDICIAIRE

Art. L. 631-1 *(L. n° 2005-845, 26 juill. 2005 ; mod., Ord. n° 2008-1345, 18 déc. 2008).* **– Il est institué une procédure de redressement judiciaire ouverte à tout débiteur mentionné aux articles L. 631-2 ou L. 631-3 qui, dans l'impossibilité de faire face au passif exigible avec son actif disponible, est en cessation des paiements. Le débiteur qui établit que les réserves de crédit ou les moratoires dont il bénéficie de la part de ses créanciers lui permettent de faire face au passif exigible avec son actif disponible n'est pas en cessation des paiements.**

La procédure de redressement judiciaire est destinée à permettre la poursuite de l'activité de l'entreprise, le maintien de l'emploi et l'apurement du passif. Elle donne lieu à un plan arrêté par jugement à l'issue d'une période d'observation et, le cas échéant, à la constitution de *(Mots rempl. à compter du 1er octobre 2021, Ord. n° 2021-1193, 15 sept. 2021)* **« classes de parties affectées », conformément aux dispositions des articles L. 626-29 et L. 626-30.** *(Phrase aj. à compter du 1er octobre 2021, Ord. n° 2021-1193, 15 sept. 2021)* **La demande prévue au quatrième alinéa de l'article L. 626-29 peut être formée par le débiteur ou l'administrateur judiciaire.**

Bibliographie : Calendini, *Cessation des paiements et rupture définitive du crédit de l'entreprise : LPA* 16 nov. 1990, p. 18. • Nussenbaum, *La cessation des paiements des banques : RD bancaire et bourse* 1996, 79. • Teboul, *À propos de la cessation des paiements : RJ com.* 1998, p. 169 ; *La cessation des paiements : LPA* 25 juill. 2002, p. 4. • Bachasson et Chriqui, *Pour une révision de la notion de cessation des paiements : Gaz. Pal.* 13-14 janv. 1999, doctr., p. 2. • Calvo, *La notion de cessation des paiements : LPA*, 7 sept. 1999, p. 4. • Montéran, *L'état de cessation des paiements, clef de voûte des procédures collectives : Rev. proc. coll.* 2001, p. 1. • Courtier, *La notion de cessation des paiements : passif exigible ou exigé ? : RJ com.* 2001, p. 212. • Delattre, *La notion de cessation des paiements de l'article L. 621-1 : passif exigible ou exigé ? : Gaz. Pal.* 2002, doctr. 152. • Martineau-Bourgninaud, *La cessation des paiements, notion fonctionnelle : RTD com.* 2002, 245. • Campana et Teboul, *La cessation des paiements : pour quoi faire ? À propos de l'avant-projet de loi de sauvegarde des entreprises : JCP* E 2003, act. 296. • Teboul, *La cessation des paiements : une définition sans avenir ? : Gaz. Pal.* 14-15 nov. 2007, p. 2. • J.-L. Vallens, *La preuve de la cessation des paiements : Rev. proc. coll.* 2009, étude 25. • M. Buchberger, *Avances de trésorerie, avances en compte courant et cessation des paiements : BJE* oct. 2011, p. 286. • F. Arbellot, *La notion de « réserves de crédit » en droit des entreprises en difficulté : JCP* E 2012, 1102. • De Bissy, *La cessation des paiements : une notion comptable ?*, in *Mélanges Saint-Alary-Houin : LGDJ*, p. 119.

Voir : *JCl. Commercial*, Fasc. 2155, *Redressement et liquidation judiciaires. Causes d'ouverture. Cessation des paiements*, par A. Jacquemont.

I – NOTION DE CESSATION DES PAIEMENTS

1) Gêne passagère. La cessation des paiements ne se confond pas avec une gêne passagère de trésorerie (▪ Cass. req., 17 oct. 1939 : *Sem. jur.* 1939, II, 1348. ▪ Cass. com., 10 févr. 1964 : *Bull. civ.* III, n° 61 ; *RTD com.* 1964, 827, obs. Houin. ▪ Cass. com., 23 janv. 1968 : *Bull. civ.* IV, n° 37. ▪ Cass. com., 23 déc. 1969 : *JCP* G 1970, IV, 40 ; *Bull. civ.* IV, n° 393), ou avec le non-paiement de sommes dues (▪ Cass. com., 15 avr. 1986, n° 84-13.018 : *JurisData* n° 1986-000668 ; *JCP* E 1987, I, 16003, n° 1, obs. Cabrillac et Vivant).

2) Insolvabilité. La cessation des paiements ne se confond pas avec l'insolvabilité (▪ Cass. com., 3 mai 1950 : *JCP* G 1950, IV, 101 ; *RTD com.* 1950, 645, obs. Houin ; *Bull. civ.* II, n° 157. ▪ Cass. com., 28 mars 1962 : *RTD com.* 1962, 737, obs. Houin ; *Rev. syndics et adm. jud.* 1962, 364 ; *Bull. civ.* III, n° 203. ▪ Cass. com., 8 juin 1974, n° 73-12.516 : *JurisData* n° 1974-097179 ; *Bull. civ.* IV, n° 179. ▪ Cass. com., 18 déc. 1979, n° 78-12.418 : *Bull. civ.* IV, n° 342. ▪ Cass. com., 6 janv. 1998, n° 95-14.982 : *RJDA* 3/1998, n° 321) ; les immobilisations ne peuvent être incluses dans l'actif disponible (▪ Cass. com., 10 mai 1971, n° 70-10.662 : *JurisData* n° 1971-097127 ; *JCP* G 1971, IV, 156. ▪ Cass. com., 20 nov. 1973, n° 72-12.817 : *JurisData* n° 1973-097335 ; *Bull. civ.* IV, n° 335 ; *JCP* G 1973, IV, 430. ▪ Aix-en-Provence, 22 mai 1969 : *JCP* G 1970, II, 16174, note Sortais).

3) Situation irrémédiablement compromise. Sur la distinction entre la cessation des paiements et la situation irrémédiablement compromise (▪ Cass. com., 31 mars 2004, n° 02-16.437 : *JurisData* n° 2004-023103 ; *D.* 2004, p. 1231, obs. Avena-Robardet ; *RJDA* 12/2004, n° 1347 ; *JCP* E 2004, pan. 793. – Comp. ▪ Cass. com., 19 oct. 1999, n° 96-16.377 : *JCP* E 1999, pan. 1894 ; *D. affaires* 1999, 75, obs. J. F. ; *RJDA* 1/2000, n° 78 ; *LPA* 19 juill. 2000, p. 26, note Courtier ; *Act. proc. coll.* 1999, n° 247, p. 1, obs. Legeais ; *RD bancaire et fin.* 2000, 13, n° 6, obs. Credot et Gérard ; *RTD com.* 2000, 155, obs. Cabrillac).

4) Passif exigible : absence de poursuites. Le passif exigible n'est pas le passif exigé (■ Cass. com., 17 juin 1997, n° 95-13.056 : *JurisData* n° 1997-002877 ; *Rev. proc. coll.* 1998, 38, obs. Calendini ; *JCP* E 1998, p. 28, n° 1, obs. Ph. Pétel ; *Rev. proc. coll.* 2000, 48, n° 6, obs. Delneuville. ■ Cass. com., 12 nov. 1997, n° 94-15.829 : *JurisData* n° 1997-004459 ; *RJDA* 1/1998, n° 68). Le débiteur doit prouver qu'il a obtenu un moratoire de son créancier (mêmes déc. – *Adde*, ■ Cass. com., 27 févr. 2007, n° 06-10.170 : *JurisData* n° 2007-037791 ; *D.* 2007, p. 872, obs. Lienhard ; *JCP* E 2007, 1833, note Roussel Galle ; *ibid.*, 2119, n° 1, obs. Pétel ; *LPA* 14 juin 2007, 44, obs. Tricot. – Comp. cependant ■ Cass. com., 28 avr. 1998 : *JCP* E 1998, p. 1926, note Likillimba ; *RTD com.* 1999, 187, obs. Laude ; *D. affaires* 1998, act. jurispr., p. 1487, obs. A.L. ; *Defrénois* 1998, 948, note Le Cannu ; *Rev. proc. coll.* 2000, 49, n° 7, obs. Deleneuville).

5) Passif exigible : moratoire. Le moratoire obtenu pour les dettes sociales doit être soustrait du passif exigible (■ Cass. com., 18 mars 2008, n° 06-18.644 : *JurisData* n° 2008-043276 ; *D.* 2008, p. 982, obs. Lienhard ; *JCP* E 2008, pan. 1646). V. pour une décision refusant de fixer la date de cessation des paiements pendant le règlement amiable en tenant compte des reports d'exigibilité des créances constatés par cet accord (■ Cass. com., 14 mai 2002, n° 98-22.446 : *JurisData* n° 2002-014350 ; *D.* 2003, comm. 615, note Martineau-Bourgninaud ; *D.* 2002, p. 1837, obs. Lienhard ; *JCP* E 2002, 1380, n° 2, obs. Pétel ; *JCP* E 2003, 108, note Vinckel ; *RD bancaire et fin.* 2002, 261, obs. Lucas ; *RTD com.* 2002, 532, obs. Macorig-Venier). *Idem* pour un accord de conciliation signé mais non homologué constituant une manifestation non équivoque de l'intention des créanciers de suspendre l'exigibilité de leur créance (■ Cass. com., 12 juill. 2016, n° 14-27.983 : *JurisData* n° 2016-013679 ; *Act. proc. coll.* 2016-15, comm. 206, obs. Fin-Langer ; *Gaz. Pal.* 18 oct. 2016, p. 46, obs. Reille ; *JCP* E 2016, 1661, n° 1, obs. Pétel).

6) Passif rendu exigible. Les juges du fond doivent faire la distinction entre passif exigible à la date du jugement de liquidation et passif rendu exigible par l'effet du jugement et rechercher quel est l'actif disponible (■ Cass. com., 26 mai 1999 : *JCP* E 1999, pan. 1271 ; *LPA* 5 août 1999, p. 5, obs. P. M. ; *LPA* 4 janv. 2000, p. 20, note Courtier ; *Rev. proc. coll.* 2000, 46, n° 2, obs. Deleneuville. ■ Cass. com., 8 juill. 2003 : *JCP* E 2004, 151, n° 1, obs. Ph. Pétel ; *LPA* 17 févr. 2004, p. 3, note Zattara ; *D.* 2003, p. 2174. ■ Cass. com., 10 janv. 2012, n° 10-26.682 : *JurisData* n° 2012-000205 ; *Rev. proc. coll.* 2012, comm. 22, obs. B. Saintourens).

7) Nature et montant du passif exigible. Une dette de nature civile contractée par le débiteur avant l'exercice de son activité commerciale suffit pour caractériser l'état de cessation des paiements (■ Cass. com., 22 juin 1993, n° 91-13.543 : *D.* 1993, somm. 366, obs. Honorat. ■ Cass. com., 3 févr. 1998, n° 96-10.158 : *JurisData* n° 1998-000390 ; *JCP* E 1998, pan. p. 491 ; *RJDA* 6/1998, n° 746). Il en est de même d'une créance commerciale unique (■ Cass. com., 8 mars 1994, n° 91-20.729 : *RJDA* 7/1994, n° 847).

8) Dettes contestées. Des créances litigieuses ne peuvent être prises en compte pour déterminer le passif exigible (■ Cass. com., 22 févr. 1994 n° 92-11.634 : *JCP* E 1994, I, 394, n° 1, obs. Pétel ; *JCP* E 1995, II, 699, note Lévy. ■ Cass. com., 9 févr. 2010, n° 09-10.880 : *Rev. proc. coll.* 2010, comm. 153, obs. Saintourens). – Comp. ■ Cass. com., 16 janv. 2019, n° 17-18.450 : *Gaz. Pal.* 16 avr. 2019, p. 63, obs. Reille.

Mais une créance fiscale n'est pas litigieuse si le débiteur n'a pas saisi le juge de l'impôt à la suite du rejet de sa réclamation (■ Cass. com., 11 avr. 2018, n° 16-23.019 : *JurisData* n° 2018-005809 ; *JCP* E 2018, 1429, n° 2, obs. Tehrani ; *Act. proc. coll.* 2018, comm. 120, obs. Fin-Langer).

9) Actif disponible. Les objets mobiliers et l'actif circulant ne constituent pas un actif disponible (■ Cass. com., 22 janv. 2002, n° 99-13.802 : *JurisData* n° 2002-012875 ; *RJDA* 5/2002, n° 516). *Idem* pour des immeubles, même susceptibles d'être vendus rapidement (■ Cass. com., 27 févr. 2007 : *D.* 2007, p. 872, obs. Lienhard ; *JCP* E 2007, 1833, note Roussel Galle ; *ibid.*, 2119, n° 1, obs. Pétel ; *LPA* 14 juin 2007, 44, obs. Tricot). *Idem* pour le capital social non libéré : ■ Cass. com., 23 avr. 2013, n° 12-18.453 : *JurisData* n° 2013-007920 ; *Gaz. Pal.* 12-13 juill. 2013, p. 11, obs. Reille ; *BJE* 2013, 225, obs. Borga.

La provision d'un chèque de banque constitue un actif disponible (■ Cass. com., 18 déc. 2007, n° 06-16.350 : *JurisData* n° 2007-042003 ; *D.* 2008, p. 83, obs. Lienhard ; *JCP* E 2008, 1358, note Grimonfrez et 1432, n° 1, obs. Cabrillac).

Des fonds séquestrés peuvent être disponibles (■ Cass. com., 5 déc. 2018, n° 17-20.065 : *JCP* E 2019, 1119, obs. Lebel ; *JCP* E 2019, 1206, n° 1, obs. Tehrani).

10) Compte courant d'associé. Les avances en compte courant d'associés ne sont pas à prendre en compte au titre du passif exigible lorsqu'elles sont bloquées ou lorsque leur remboursement n'a pas été demandé (■ Cass. com., 10 janv. 2012, n° 11-10.018 : *JurisData* n° 2012-000221 ; *BJS* 2012,

p. 295, note F.-X. Lucas). Rappr. ▪ Cass. com., 24 mars 2004, n° 02-14.738 : *D.* 2004, p. 1022, obs. Lienhard, somm. 2143, obs. Lucas ; *JCP* E 2004, 1292, n° 1, obs. Pétel ; *Act. proc. coll.* 2004, n° 110, obs. Vallansan. ▪ Cass. com., 12 mai 2009, n° 08-13.741 : *Gaz. Pal.* 26-28 juill. 2009, p. 12, obs. Lebel ; *Rev. proc. coll.* 2009, comm. 104, obs. Saintourens).

Toutefois, des avances en compte courant peuvent constituer une trésorerie artificielle masquant la cessation des paiements (▪ Cass. com., 17 mai 2011, n° 10-30.425 : *JurisData* n° 2011-009000 ; *BJE* oct. 2011, p. 273, note Sortais ; *Rev. proc. coll.* 2012, comm. 20, obs. Saintourens ; *Gaz. Pal. proc. coll.* oct. 2011, p. 20, obs. Reille. ▪ Cass. com., 1er juill. 2020, nos 19-12.067 et 19-12.068 : *JCP* E 2021, 1000, obs. Hauguel).

11) Réserve de crédit. Il y a cessation des paiements lorsque le débiteur ne dispose d'aucun actif disponible, que tout son passif est exigible, et qu'il n'est pas allégué qu'il disposait d'une réserve de crédit pour lui permettre de faire face à son passif exigible (▪ Cass. com., 17 juin 1997 : *JCP* E 1998, p. 28, n° 1, obs. Ph. Pétel ; *Rev. proc. coll.* 1998, 38, obs. Calendini ; *Rev. proc. coll.* 2000, 48, n° 6, obs. Deleneuville. – *Adde*, ▪ Cass. com., 15 févr. 2000, n° 97-19.692 : *RJDA* 4/2000, n° 440). N'est pas en état de cessation des paiements une entreprise qui assure sa trésorerie de fin de mois à l'aide de crédits, s'il n'est pas établi qu'elle était dans l'impossibilité de faire face à son passif exigible avec son actif disponible (▪ Cass. com., 26 oct. 1999 : *JCP* E 1999, pan. 1944 ; *LPA* 17 févr. 2000, p. 6, obs. P.M.).

La somme qu'un associé propose d'apporter sous condition d'infirmation du jugement d'ouverture et détenue par un séquestre peut constituer une réserve de crédit (▪ Cass. com., 29 nov. 2016, n° 15-19.474 : *Gaz. Pal.* 28 mars 2017, p. 57, obs. Reille ; *BJS* 2017, 341, obs. Mélin).

Cependant ni l'existence d'une garantie à première demande, ni l'accord du créancier pour différer l'exigibilité de la dette en cas d'une éventuelle mise en demeure ne peuvent influer sur l'appréciation de l'état de cessation des paiements du débiteur au moment où la juridiction statue sur la demande (▪ Cass. com., 26 juin 1990, n° 89-10.373 : *JurisData* n° 1990-001872 ; *RD bancaire et bourse* 1990, 245, obs. Campana et Calendini ; *JCP* E 1991, I, 44, n° 1, obs. Pétel ; *Rev. proc. coll.* 1991, 93, n° 3, obs. Calendini ; *RTD com.* 1991, 452, obs. Merle ; *D.* 1991, 574, note Morvan, 1992, somm. 2, obs. Derrida).

12) Groupes de sociétés. L'état de cessation des paiements est caractérisé objectivement, pour chaque société d'un groupe, par l'impossibilité pour elle de faire face à son passif exigible avec son actif disponible (▪ Cass. com., 3 juill. 2012 : *JCP* E 2012, 1757, n° 1, obs. Pétel, 1509, note Cerati-Gauthier ; *JCP* G 2012, 1073, note Fabre ; *D.* 2012, p. 2212, note Damman et François ; *BJS* 2012, p. 631, note Pelletier). Ainsi, la situation d'une filiale doit être appréciée sans prendre en considération les capacités financières de la société mère (▪ Cass. com., 15 nov. 2017, n° 16-19.690 : *BJS* 2018, p. 115, obs. Mouial-Bassilana ; *Rev. proc. coll.* 2018, comm. 55, obs. Saintourens).

Sur les dettes intra-groupe dans l'appréciation de la cessation des paiements, V. ▪ Cass. com., 24 mars 2009 : *Bull. Joly Sociétés* 2009, p. 691, note Lucas ; *Gaz. Pal.* 26-28 juill. 2009, p. 13, obs. Lebel ; *Rev. proc. coll.* 2009, comm. 107, obs. Saintourens. ▪ Cass. com., 16 nov. 2010, n° 09-71.380 : *D.* 2011, 2072, obs. Lucas. ▪ Cass. com., 17 mai 2011, n° 10-30.425 : *JurisData* n° 2011-009000 ; *BJS* 2011, 706, note Tabourot-Hyest. ▪ Cass. com., 3 juill. 2012, préc.

II – PREUVE DE LA CESSATION DES PAIEMENTS

13) Principe. Pour obtenir l'ouverture d'une procédure, il ne suffit pas que le créancier n'ait pas reçu le paiement de sommes dues ; encore faut-il que soit démontré que le débiteur ne peut faire face à son passif exigible avec son actif disponible (▪ Cass. com., 15 avr. 1986 : *JCP* E 1987, I, 16003, n° 1, obs. Cabrillac et Vivant. – Pour une créance de l'URSSAF, ▪ Nancy, 25 mai 1987 : *JurisData* n° 1987-041420 ; *JCP* E 1988, II, 15114, n° 2, obs. Cabrillac et Vivant. ▪ Cass. com., 28 nov. 1989, n° 87-18.350 : *RD bancaire et bourse* 1990, 140, obs. Campana et Calendini. ▪ Cass. com., 25 févr. 1997, n° 95-18.607 : *JurisData* n° 1997-000913 ; *D.* 1997 inf. rap. 127. – Comp. ▪ Cass. com., 2 juill. 1985, n° 84-12.360 : *JurisData* n° 1985-701838 ; *JCP* G 1985, IV, 319 et CI, 14886).

14) Confusion de patrimoines. En cas de confusion de patrimoine, il n'y a pas lieu de constater la cessation des paiements de la personne à laquelle la procédure est étendue (▪ Cass. com., 18 nov. 1986 : *D.* 1987, somm. 73, obs. Honorat et les réf. citées. ▪ Cass. com., 16 juin 1987, n° 85-15.876 : *JurisData* n° 1987-001145 ; *D.* 1988, somm. 38, obs. Honorat. – V. déc. citées sous art. L. 621-2, p. 1119).

15) Indices retenus. Il y a cessation des paiements lorsque le prix de vente du fonds de commerce, seul actif du débiteur, n'est pas suffisant à payer les seules créances fiscales (▪ Nancy, 20 mai 1987 : *JurisData* n° 1987-041411 ; *JCP* E 1988, II, 15114, n° 1, obs. Cabrillac et Vivant). *Idem* en cas de non-paiements des cotisations à un organisme de protection sociale pour la période postérieure à l'adoption du plan de continuation accompagné du non-respect des échéances de remboursement convenues avec ce créancier, plus l'existence d'un passif exigible très supérieur à l'actif allégué (■ Cass. com., 27 oct. 1998 : *JCP* E 1998, pan. 2000).

16) Indices non retenus. Une situation dégradée, une baisse de la marge commerciale, de la valeur ajoutée et de l'excédent brut d'exploitation et l'existence d'un passif social et fiscal important ne permettent pas d'établir la cessation des paiements du débiteur (■ Cass. com., 9 juill. 2002, n° 99-13.475 : *JurisData* n° 2002-015392 ; *RD bancaire et fin.* 2002, 321, n° 233, obs. F.-X. Lucas). *Idem* pour des bilans montrant un résultat gravement déficitaire, une constante dégradation des capitaux propres et une endettement à court terme représentant 136 % du total de l'actif (■ Cass. com., 17 oct. 2000, n° 98-13.106 : *JurisData* n° 2000-006467 ; *RJDA* 1/2001, n° 62). *Idem* pour un manque de capitaux propres et la dégradation constante de la trésorerie (■ Cass. com., 20 mai 1997, n° 93-21.347 : *JurisData* n° 1997-002185 ; *RJDA* 10/1997, n° 1257). La comparaison des éléments du bilan d'une entreprise n'est pas de nature à établir l'existence de la cessation des paiements (■ Cass. com., 2 févr. 1999, n° 95-15.990 : *JurisData* n° 1999-000612 ; *RJDA* 4/1999, n° 438 ; *Rev. proc. coll.* 1999, 235, n° 1, obs. Bach. ■ Cass. com., 19 mars 2002, n° 99-10.227 : *Act. proc. coll.* 2002, n° 120).

L'état de cessation des paiements d'une personne morale ne se déduit pas de la seule constatation de l'existence d'une perte d'exploitation et du non-paiement des salaires (■ Cass. com., 9 janv. 1996, n° 93-16.463 : *JurisData* n° 1996-000010 ; *RJDA* 6/1996, n° 838), ni de l'existence d'un excédent du passif sur l'actif, ni de l'inscription de sûretés par l'URSSAF (■ Cass. com., 6 janv. 1998 : *RJDA* 3/1998, n° 321).

Il ne se déduit pas d'une ordonnance d'injonction de payer rendue au profit d'un créancier poursuivant (■ Cass. com., 29 mai 2001, n° 98-16.201 : *JurisData* n° 2001-010010 ; *RJDA* 11/2001, n° 1126).

17) Aveu du débiteur. Le jugement qui ouvre une procédure collective doit vérifier que le débiteur est effectivement en état de cessation des paiements, quand même il ne contesterait pas ce point ou le reconnaîtrait explicitement par le dépôt de bilan (■ Cass. com., 26 mai 1987, n° 85-12.546 : *JurisData* n° 1987-001695 ; *Rev. proc. coll.* 1987, n° 4, p. 30, obs. Didier. – Comp., ■ Cass. com., 16 juin 2004, n° 01-13.690 : *RJDA* 12/2004, n° 1348).

L'aveu du débiteur, même implicite, peut constituer un indice de la cessation de ses paiements (le fait pour le débiteur de fermer ses magasins et d'arrêter son exploitation, ■ Cass. com., 8 févr. 1967 : *Rev. syndics et adm. jud.* 1967, 210 et 285 ; *Bull.* III, n° 62. ■ Cass. com., 6 juin 1967 : *RTD com.* 1968, 128, obs. Houin ; *Bull.* III, n° 229. ■ Cass. com., 30 oct. 1967 : *RTD com.* 1968, 128, obs. Houin ; *Bull.* III, n° 345 ; de solliciter de ses créanciers des délais de paiement, ■ Cass. com., 11 mars 1963 : *RTD com.* 1963, 889, obs. Houin ; *Bull.* III, n° 150. ■ Paris, 4 janv. 1961 : *Gaz. Pal.* 1961, 1, 235 ; *RTD com.* 1961, 437, obs. Houin. – V. cpdt ■ Bordeaux, 17 avr. 1934 : *Rec. Bordeaux* 1934, 383).

18) Procédure d'appel. La juridiction du second degré doit rechercher si le débiteur se trouve en état de cessation des paiements au jour où elle statue (■ Cass. com., 23 oct. 1984, n° 83-15.695 : *JurisData* n° 1984-701827 ; *Gaz. Pal.* 1985, 1, pan. jurispr. 73, obs. Dupichot. ■ Cass. com., 9 juin 1987, n° 85-17.198 : *Rev. proc. coll.* 1987, n° 4, p. 29, obs. Didier. ■ Cass. com., 6 oct. 1992, n° 90-18.992 : *JurisData* n° 1992-002173 ; *Bull.* IV, n° 290).

19) Motivation. Les tribunaux doivent motiver leurs décisions de façon suffisamment précise pour permettre le contrôle de la Cour de cassation (■ Cass. com., 28 févr. 1977, n° 75-12.469 : *JurisData* n° 1977-097062 ; *Bull.* IV, n° 62. ■ Cass. com., 14 févr. 1978, n° 76-13.718 : *JurisData* n° 1978-097066 ; *Bull.* IV, n° 66. ■ Cass. com., 18 déc. 1979, n° 78-12.418 : *Bull.* IV, n° 342. ■ Cass. com., 16 janv. 1980, n° 78-10.979 : *JurisData* n° 1980-099028 ; *Bull.* IV, n° 28. ■ Cass. com., 22 juill. 1980 : *D.* 1980, 190, obs. Vasseur).

Voir : sur la date de cessation des paiements, jurispr. citée sous C. com., art. L. 631-8.

III – RESPONSABILITÉS

20) Créancier. Pour la responsabilité des créanciers qui, sans avoir la certitude de l'état de cessation des paiements caractérisé, assignent le débiteur en redressement judiciaire pour exercer sur lui un moyen de pression (■ Cass. com., 5 déc. 1989, n° 88-10.340 : *JurisData* n° 1989-703928 ; *Bull.* IV, n° 305 ; *RD bancaire et bourse* 1990, 140, obs. Campana et Calendini ; *RTD com.* 1990, 108, note Haëhl. ■ Cass. com., 16 mars 1993, n° 90-21.646 : *Dr. sociétés* 1993, n° 115, obs. Chaput. ■ Cass. com., 1er oct. 1997, n° 95-13.262 : *JurisData* n° 1997-003761 ; *Bull.* IV, n° 223 ; *RJDA* 12/97, n° 1537 ; *JCP* E 1998, p. 469, note Lucas ; *RD bancaire et bourse* 1998, 20, n° 1, obs. Campana et Calendini ; *LPA* 9 nov. 1998, p. 14, obs. Teilliais). Pour une demande d'ouverture de la procédure jugée abusive car fondée sur des créances à l'évidence litigieuses (■ Paris, 18 févr. 1997, n° 94-21.555 : *Rev. proc. coll.* 1999, p. 21, n° 3, obs. Cadiou).

21) Débiteur. Pour la responsabilité d'un débiteur qui a déposé son bilan sans avoir cessé ses paiements (■ Grenoble, 23 oct. 2002, n° 02/00534 : *JurisData* n° 2002-203140 ; *RD bancaire et fin.* 2003, 168, n° 115, obs. F.-X. Lucas).

Art. L. 631-2 *(L. n° 2005-845, 26 juill. 2005 ; mod., Ord. n° 2008-1345, 18 déc. 2008 ; Ord. n° 2010-1512, 9 déc. 2010 ; L. n° 2019-486, 22 mai 2019).* – La procédure de redressement judiciaire est applicable à toute personne exerçant une activité commerciale, artisanale ou une activité agricole définie à l'article L. 311-1 du Code rural et de la pêche maritime et à toute autre personne physique exerçant une activité professionnelle indépendante y compris une profession libérale soumise à un statut législatif ou réglementaire ou dont le titre est protégé, ainsi qu'à toute personne morale de droit privé.

À moins qu'il ne s'agisse de patrimoines distincts d'un entrepreneur individuel à responsabilité limitée, il ne peut être ouvert de nouvelle procédure de redressement judiciaire à l'égard d'un débiteur soumis à une telle procédure, à une procédure de sauvegarde ou à une procédure de liquidation judiciaire, tant qu'il n'a pas été mis fin aux opérations du plan qui en résulte ou que la procédure de liquidation n'a pas été clôturée.

Voir : annot. sous art. L. 620-2, p. 1115.

Art. L. 631-3 *(L. n° 2005-845, 26 juill. 2005 ; mod., Ord. n° 2008-1345, 18 déc. 2008 ; Ord. n° 2009-112, 30 janv. 2009 ; Ord. n° 2014-326, 12 mars 2014).* – La procédure de redressement judiciaire est également applicable aux personnes mentionnées au premier alinéa de l'article L. 631-2 après la cessation de leur activité professionnelle si tout ou partie de leur passif provient de cette dernière.

Lorsqu'une personne exerçant une activité commerciale ou artisanale, un agriculteur ou toute autre personne physique exerçant une activité professionnelle indépendante, y compris une profession libérale soumise à un statut législatif ou réglementaire ou dont le titre est protégé, est décédé en cessation des paiements, le tribunal peut être saisi, dans le délai d'un an à compter de la date du décès, sur l'assignation d'un créancier, quelle que soit la nature de sa créance, ou sur requête du ministère public. Le tribunal peut être saisi sans condition de délai par tout héritier du débiteur.

Bibliographie : Robinne, *Redressement et liquidation judiciaires d'un commerçant décédé : LPA* 1er juill. 1999, p. 10.

1) Date du décès. La demande d'ouverture d'une procédure collective formée à l'égard d'un débiteur décédé en cours de procédure demeure valable dès lors que ce débiteur est décédé en état de cessation des paiements (▪ Cass. com., 13 nov. 2001, n° 98-22.457 : *JurisData* n° 2001-011797 ; *RJDA* 3/2002, n° 273).

2) Date de la cessation d'activité. La condition de cessation de l'activité professionnelle n'a pas besoin d'être postérieure au 1er janvier 2006, date d'application de la nouvelle loi (▪ Cass. avis, 17 sept. 2007, n° 00-70.010 : *JurisData* n° 2007-040533 ; *D.* 2007, p. 2475, obs. Lienhard ; *JCP* E 2008, 1207, n° 3, obs. Pétel).

3) Date de la cessation des paiements. L'ouverture d'une procédure à l'égard d'un commerçant radié n'est plus soumise, depuis l'entrée en vigueur de la loi du 26 juillet 2005, à la condition que soit établi un état de cessation des paiements antérieur à la radiation (▪ Cass. com., 4 juill. 2018, n° 17-16.056 : *Gaz. Pal.* 9 oct. 2018, p. 64, obs. Reille ; *JCP* E 2019, 1000, n° 1, obs. Tehrani).

Art. L. 631-3-1 *(Ord. n° 2014-326, 12 mars 2014).* – Lorsqu'il est porté à la connaissance du président du tribunal des éléments faisant apparaître que le débiteur est en état de cessation des paiements, le président en informe le ministère public par une note exposant les faits de nature à motiver la saisine du tribunal. Le président ne peut siéger, à peine de nullité du jugement, dans la formation de jugement ni participer aux délibérés si le ministère public demande l'ouverture d'une procédure de redressement judiciaire ou de liquidation judiciaire à l'égard de ce débiteur.

Art. L. 631-4 *(L. n° 2005-845, 26 juill. 2005 ; mod., Ord. n° 2014-326, 12 mars 2014).* – L'ouverture d'une procédure de redressement judiciaire doit être demandée par le débiteur au plus tard dans les quarante-cinq jours qui suivent la cessation des paiements s'il n'a pas, dans ce délai, demandé l'ouverture d'une procédure de conciliation.

Indifférence des mobiles. Lorsque l'état de cessation des paiements est avéré, le juge ne peut rejeter la demande en raison des mobiles du débiteur qui est légalement tenu de déclarer cet état (▪ Cass. com., 3 juill. 2012 : *JCP* E 2012, 1757, n° 1, obs. Ph. Pétel, 1509, note A. Cerati-Gauthier ; *JCP* G 2012, 1073, note A. Fabre ; *Act. proc. coll.* 2012, comm. 206, obs. L. Fin-Langer ; *D.* 2012, p. 2212, note R. Damman et S. François ; *BJS* 2012, p. 631, note N. Pelletier ; *BJE* 2012, p. 279, concl. R. Bonhomme, note C. Neau-Leduc).

Art. L. 631-5 ***(L. n° 2005-845, 26 juill. 2005 ; mod., Ord. n° 2008-1345, 18 déc. 2008 ; Cons. const. n° 2012-286 QPC, 7 déc. 2012 : JO 8 déc. 2012*** (1) ***; Ord. n° 2019-964, 18 sept. 2019).*** **– Lorsqu'il n'y a pas de procédure de conciliation en cours, le tribunal peut également être saisi sur requête du ministère public aux fins d'ouverture de la procédure de redressement judiciaire.**

Sous cette même réserve, la procédure peut aussi être ouverte sur l'assignation d'un créancier, quelle que soit la nature de sa créance. Toutefois, lorsque le débiteur a cessé son activité professionnelle, cette assignation doit intervenir dans le délai d'un an à compter de :

1° La radiation du registre du commerce et des sociétés. S'il s'agit d'une personne morale, le délai court à compter de la radiation consécutive à la publication de la clôture des opérations de liquidation ;

2° La cessation de l'activité, s'il s'agit d'une personne exerçant une activité artisanale, d'un agriculteur ou d'une personne physique exerçant une activité professionnelle indépendante, y compris une profession libérale soumise à un statut législatif ou réglementaire ou dont le titre est protégé ;

3° La publication de l'achèvement de la liquidation, s'il s'agit d'une personne morale non soumise à l'immatriculation.

En outre, la procédure ne peut être ouverte à l'égard d'un débiteur exerçant une activité agricole qui n'est pas constitué sous la forme d'une société commerciale que si le président du tribunal judiciaire a été saisi, préalablement à l'assignation, d'une demande tendant à la désignation d'un conciliateur présentée en application de l'article L. 351-2 du Code rural et de la pêche maritime.

1) **Saisine d'office.** La saisine d'office en vue de l'ouverture d'un redressement judiciaire est contraire à la Constitution (■ Cons. const., 7 déc. 2012, déc. n° 2012-286 QPC : *JCP* E 2013, 1048, note N. Fricero, 1216, n° 1, obs. Ph. Pétel. – B. Saintourens, *La déclaration d'inconstitutionnalité de l'ouverture du redressement judiciaire par saisine d'office du tribunal : Rev. proc. coll.* 2013, étude 2. – J.-L. Vallens, *La saisine d'office ne garantit pas l'impartialité du tribunal : D.* 2013, p. 338).

2) **Assignation d'un créancier.** La demande d'ouverture d'une procédure collective est une faculté pour le créancier qui peut choisir d'autres voies de droit (■ Cass. 1re civ., 18 janv. 2005 : *RJDA* 5/2005, n° 588).

Le non-paiement de dettes civiles contractées avant le début d'activité du débiteur peut justifier la demande d'ouverture d'une procédure collective (■ Cass. com., 22 juin 1993, n° 90-17.418 : *Bull.* IV, n° 264 ; *D.* 1993, somm. 366, obs. Honorat, conf. ■ Amiens, 22 mars 1990 : *JurisData* n° 1990-041461 ; *Rev. proc. coll.* 1991, 197, obs. Calendini).

Un syndic de copropriété ne peut former cette demande au nom du syndicat sans autorisation préalable de l'assemblée générale des copropriétaires (■ Cass. com., 7 mars 2006, n° 04-16.633 : *JurisData* n° 2006-032681 ; *Bull.* IV, n° 58 ; *D.* 2006, inf. rap. 884, obs. Rouquet et pan. 2769, obs. Capoulade ; *D.* 2006, pan. 2250, obs. Lucas et Le Corre).

L'assignation d'un créancier interrompt la prescription mais, cette interruption est non avenue si la demande est rejetée ou déclarée irrecevable (■ Cass. com., 26 mai 2010, n° 09-10.852 : *JurisData* n° 2010-007229 ; *JCP* E 2010, 1742, n° 2, obs. M. Cabrillac ; *D.* 2010, act. jurispr. 1414, obs. A. Lienhard).

V. pour une assignation jugée abusive ■ T. com. Lille métropole, 5 mars 2018 : *BJE* 2018, p. 190, obs. Voinot.

3) **Cessation d'activité.** Pour un artisan ou un agriculteur la cessation d'activité est une notion de fait, peu importe sa situation administrative (■ Cass. com., 1er juill. 1997, n° 95-15.116 : *JurisData* n° 1997-003146 ; *RJDA* 12/97, n° 1538. ■ Dijon, 12 oct. 1999, n° 99/00576 : *JurisData* n° 1999-104808 ; *JCP* E 2000, pan. 490).

4) **Achèvement de la liquidation.** En cas de dissolution d'une société par réunion de toutes les parts en une seule main, la disparition de la personne morale a lieu à l'issue du délai d'opposition ; l'article L. 621-15 [L. 631-5] ne s'applique pas car il ne vise que la radiation consécutive à la publication de la clôture des opérations de liquidation de la société (■ Cass. com., 4 janv. 2000, n° 97-15.866 : *JurisData* n° 2000-000109 ; *RJDA* 5/2000, n° 550).

5) **Extension de procédure.** Le délai d'un an ne s'applique pas à la demande du syndic visant à l'extension de la procédure à une autre personne, dès lors que cette demande est fondée sur la confusion des patrimoines, alors même que la personne visée se serait fait radier du registre du commerce depuis plus d'un an (■ Cass. com., 25 juin 1979 : *Bull.* IV, n° 212 ; *RTD com.* 1981, 604, obs. Merle. ■ Cass. com.,

(1) La modification du présent article prend effet à compter du 8 décembre 2012, elle est applicable à tous les jugements d'ouverture d'une procédure de redressement judiciaire rendus postérieurement à cette date.

12 févr. 1985, n° 83-17.384 : 1981, 604, obs. Merle. ▪ Cass. com., 12 févr. 1985, n° 83-17.384 : *JurisData* n° 1985-700468 ; *Bull.* IV, n° 54 ; *D.* 1985, inf. rap. 491, obs. Honorat).

6) Conversion de procédure. Lorsque le jugement ouvrant le redressement judiciaire a acquis force de chose jugée, l'ouverture de la procédure collective ne peut pas être soumise à contestation et l'article L. 621-15 [L. 631-5] n'est pas applicable au jugement convertissant le redressement judiciaire en liquidation judiciaire (▪ Cass. com., 9 janv. 2001, n° 97-18.325 : *JurisData* n° 2001-007708 ; *RJDA* 4/2001, n° 464 ; *JCP* E 2001, pan. 349 ; *D.* 2001, p. 548 [1re esp.], obs. Lienhard ; *RJ com.* 2001, 318, obs. Courtier).

7) Agriculteur. L'obligation de solliciter l'ouverture d'un règlement amiable avant toute assignation en liquidation judiciaire d'un agriculteur ne s'impose pas lors du prononcé d'une liquidation judiciaire concomitant à la résolution d'un plan après constat de la cessation des paiements (▪ Cass. com., 20 oct. 2009, n° 08-18.321 : *JurisData* n° 2009-049985 ; *JCP* E 2010, 1011, n° 1, obs. Ph. Pétel ; *Act. proc. coll.* 2009-18, comm. 279, obs. P. Cagnoli ; *Gaz. Pal.* 8-9 janv. 2010, p. 15, obs. F. Reille).

Art. L. 631-6 *(L. n° 2005-845, 26 juill. 2005).* **– *(Mots rempl. à compter du 1er octobre 2021, Ord. n° 2021-1193, 15 sept. 2021)* « Les membres du comité social et économique » peuvent communiquer au président du tribunal ou au ministère public tout fait révélant la cessation des paiements du débiteur.**

Art. L. 631-7 *(L. n° 2005-845, 26 juill. 2005 ; mod., Ord. n° 2014-1088, 26 sept. 2014 ; L. n° 2019-486, 22 mai 2019).* **– Les articles L. 621-1, L. 621-2 et L. 621-3 sont applicables à la procédure de redressement judiciaire.**

***(Al. créé à compter du 1er octobre 2021, Ord. n° 2021-1193, 15 sept. 2021)* La durée maximale de la période d'observation mentionnée au premier alinéa de l'article L. 621-3 peut être exceptionnellement prolongée à la demande du procureur de la République par décision spécialement motivée du tribunal pour une durée maximale de six mois.**

Lorsque la situation du débiteur qui a déclaré être en état de cessation des paiements apparaît manifestement insusceptible de redressement, le tribunal invite celui-ci, en l'absence de demande subsidiaire aux fins d'ouverture d'une procédure de liquidation judiciaire, à présenter ses observations sur l'existence des conditions de l'article L. 640-1. Il statue ensuite, dans la même décision, sur la demande de redressement judiciaire et, le cas échéant, sur l'ouverture d'une procédure de liquidation judiciaire.

Avant de statuer, le tribunal examine si la situation du débiteur répond aux conditions posées aux articles L. 645-1 et L. 645-2 et ouvre, le cas échéant, avec son accord, une procédure de rétablissement professionnel.

Art. L. 631-8 *(L. n° 2005-845, 26 juill. 2005 ; mod., Ord. n° 2008-1345, 18 déc. 2008 ; Ord. n° 2014-326, 12 mars 2014).* **– Le tribunal fixe la date de cessation des paiements après avoir sollicité les observations du débiteur. À défaut de détermination de cette date, la cessation des paiements est réputée être intervenue à la date du jugement d'ouverture de la procédure.**

Elle peut être reportée une ou plusieurs fois, sans pouvoir être antérieure de plus de dix-huit mois à la date du jugement d'ouverture de la procédure. Sauf cas de fraude, elle ne peut être reportée à une date antérieure à la décision définitive ayant homologué un accord amiable en application du II de l'article L. 611-8. L'ouverture d'une procédure mentionnée à l'article L. 628-1 ne fait pas obstacle à l'application de ces dispositions.

Le tribunal est saisi par l'administrateur, le mandataire judiciaire ou le ministère public. Il se prononce après avoir entendu ou dûment appelé le débiteur.

La demande de modification de date doit être présentée au tribunal dans le délai d'un an à compter du jugement d'ouverture de la procédure.

Lorsqu'il a été fait application de l'article L. 621-12, le jugement d'ouverture mentionné aux premier et deuxième alinéas est celui de la procédure de sauvegarde et le point de départ du délai mentionné au quatrième alinéa est le jour du jugement ayant converti la procédure de sauvegarde.

Bibliographie : Vinckel, *Le nouveau régime de la période suspecte : une réforme en trompe l'œil* : *JCP* E 2006, 1118.

1) Action en report. La date mentionnée dans l'assignation peut être modifiée par voie de demande additionnelle jusqu'à ce que la juridiction saisie se prononce (▪ Cass. com., 28 janv. 2014, n° 13-11.509 : *JurisData* n° 2014-000994 ; *JCP* E 2014, 1119, obs. Lebel, 1173, n° 3, obs. Pétel ; *Act. proc. coll.* 2014, comm. 70, obs. Martineau-Bourgninaud).

Le juge peut fixer la date de cessation des paiements à une date antérieure à celle visée par le demandeur (■ Cass. com., 3 avr. 2019, n° 17-28.359 : *Gaz. Pal.* 9 juill. 2019, p. 46, obs. Reille). La recevabilité de l'action n'est pas subordonnée à la vérification préalable des créances (■ Cass. com., 3 oct. 2018, n° 17-14.579 : *BJE* 2019, p. 14, obs. Martineau-Bourgninaud).

2) Unicité de la date de cessation des paiements. L'omission de déclaration de la cessation des paiements dans le délai légal, susceptible de constituer une faute de gestion, s'apprécie au regard de la seule date de cessation des paiements fixée dans le jugement d'ouverture ou dans un jugement de report (■ Cass. com., 4 nov. 2014, n° 13-20.652 : *JCP* E 2014, 1637, n° 12, obs. Pétel ; 1604, rapp. Schmidt, obs. Roussel-Galle). V. également en ce sens art. L. 653-8, p. 1355.

Le litige sur cette date est par nature indivisible (■ Cass. com., 8 mars 2017, n° 15-20.289 : *Gaz. Pal.* 27 juin 2017, p. 43, obs. Reille).

3) Preuve. Pour fixer la date de cessation des paiements, il est loisible aux juges du fond de puiser tous renseignements dans le rapport d'expertise, bien qu'il ne valût pas comme rapport d'expertise judiciaire au sens des articles 263 et suivants du Code de procédure civile, dès lors que ce document avait été régulièrement versé aux débats et soumis à la discussion contradictoire des parties (■ Cass. com., 15 févr. 2000, n° 97-16.770 : *JurisData* n° 2000-000489 ; *Gaz. Pal.* 14-16 mai 2000, pan. 28 ; *RJ com.* 2000, 285, obs. Teboul, 443, obs. Laude).

La production de la balance âgée peut être exigée dans le cadre d'une enquête (■ T. com. Valenciennes, 1er juill. 2013 : *Rev. proc. coll.* 2013, comm. 151, obs. C. Delattre).

4) Autorité de chose jugée. La force de chose jugée attachée à un précédent arrêt ayant refusé d'ouvrir une procédure collective parce que le débiteur n'était pas en état de cessation des paiements, s'oppose à ce que lors de l'ouverture ultérieure d'une procédure de redressement judiciaire à l'égard de ce même débiteur, *la date légale de cessation des paiements pût être fixée à une date antérieure à celle du premier arrêt* (■ Cass. com., 20 juin 1995 : *Bull. civ.* IV, n° 182. – Comp. ■ Cass. com., 19 nov. 1996, n° 93-11.190 : *JurisData* n° 1996-004388 ; *JCP* E 1997, 651, n° 19, obs. Pétel).

5) Limites. L'autorité de la chose jugée n'a lieu qu'à l'égard des parties qui ont été présentes ou représentées au litige et qui, dans la nouvelle instance, procèdent en la même qualité et que s'il y a entre des deux litiges identité de cause et d'objet ; le juge qui doit apprécier, à l'occasion d'une action en résolution de la cession de parts sociales, la portée d'une clause contractuelle de garantie, n'est donc pas tenu par la date de cessation des paiements fixée par le tribunal qui ouvre ultérieurement la procédure collective de la société dont les parts ont été cédées (■ Cass. com., 19 juin 2001, n° 98-18.333 : *JurisData* n° 2001-010236 ; *D.* 2001, p. 2599, obs. Lienhard ; *D.* 2002, somm. 1480, obs. Honorat ; *JCP* E 2001, pan. 1455. – Comp. ■ Cass. crim., 18 nov. 1991, n° 90-83.775 : *JurisData* n° 1991-003757 ; *RJDA* 3/1992, n° 294).

V. également, à propos d'une décision homologant un règlement amiable ■ Cass. com., 14 mai 2002 : *D.* 2003, comm. 615, note Martineau-Bourgninaud ; *D.* 2002, p. 1837, obs. Lienhard ; *JCP* E 2002, 1380, n° 2, obs. Ph. Pétel ; *JCP* E 2003, 108, note Vinckel ; *RD bancaire et fin.* 2002, 261, obs. F.-X. Lucas ; *RTD com.* 2002, 532, obs. Macorig-Venier. *Idem* pour la décision qui ouvre une conciliation ■ Cass. com., 22 mai 2013, n° 12-18.509 : *JurisData* n° 2013-009956 ; *JCP* G 2013, 638, note Roussel Galle ; *Gaz. Pal.* 12-13 juill. 2013, p. 12, obs. Reille ; *Rev. proc. coll.* 2013, comm. 109, obs. Cagnoli. – Comp. désormais C. com., art L. 631-8, al. 2.

6) Droit international. N'est pas contraire à l'ordre public, au sens du droit international, la décision d'une juridiction étrangère qui fait remonter la cessation des paiements au-delà de dix-huit mois (■ Cass. 1re civ., 15 juill. 1975, n° 74-12.322 : *JurisData* n° 1975-000236 ; *Bull. civ.* I, n° 236. ■ Cass. com., 5 févr. 2002 : *JCP* E 2002, pan. 472 ; *D.* 2002, p. 957, obs. Lienhard ; *Act. proc. coll.* 2002, n° 93, obs. Dom ; *RJDA* 6/2002, n° 676 ; *JCP* E 2003, jurispr. 854, note Raimon).

Art. L. 631-9 ***(Ord. n° 2008-1345, 18 déc. 2008 ; mod., L. n° 2009-526, 12 mai 2009 ; Ord. n° 2014-326, 12 mars 2014 ; L. n° 2015-990, 6 août 2015 ; L. n° 2019-486, 22 mai 2019).*** **– L'article L. 621-4, à l'exception de la première phrase du sixième alinéa, ainsi que les articles L. 621-4-1 à L. 621-11 sont applicables à la procédure de redressement judiciaire. Le tribunal peut se saisir d'office ou à la demande du créancier poursuivant aux fins mentionnées au troisième alinéa de l'article L. 621-4. Il peut se saisir d'office *aux fins mentionnées au quatrième alinéa* du même article L. 621-4.**

Le tribunal sollicite les observations du créancier poursuivant sur la désignation du mandataire judiciaire et celles du débiteur sur la désignation de l'administrateur judiciaire.

Aux fins de réaliser l'inventaire prévu à l'article L. 622-6 et la prisée des actifs du débiteur, le tribunal désigne, en considération de leurs attributions respectives telles qu'elles résultent des dispositions qui leur sont applicables, un commissaire-priseur judiciaire, un huissier de justice, un notaire ou un courtier en marchandises assermenté.

Art. L. 631-9-1 *(Ord. n° 2014-326, 12 mars 2014 ; mod., L. n° 2016-1547, 18 nov. 2016).* – **Si les capitaux propres n'ont pas été reconstitués dans les conditions prévues par l'article L. 626-3, l'administrateur a qualité pour demander la désignation d'un mandataire en justice chargé de convoquer l'assemblée compétente et de voter la reconstitution du capital, à concurrence du montant proposé par l'administrateur, à la place du ou des associés ou actionnaires opposants lorsque le projet de plan prévoit une modification du capital en faveur d'une ou plusieurs personnes qui s'engagent à exécuter le plan.**

Bibliographie : Pétel, *La reprise interne* in *Droit des sociétés et procédures collectives*, L'Harmattan, 2018, p. 129. • Lucas et Poracchia, *L'expropriation de l'associé qui ne finance pas la restructuration de la société en redressement judiciaire* in *Études à la mémoire de Philippe Neau-Leduc*, LGDJ, 2018, p. 629.

Art. L. 631-10 *(Anc. art. L. 621-19, renum. et mod., L. n° 2005-845, 26 juill. 2005 ; Ord. n° 2008-1345, 18 déc. 2008).* – **À compter du jugement d'ouverture, les parts sociales, titres de capital ou valeurs mobilières donnant accès au capital de la personne morale qui a fait l'objet du jugement d'ouverture et qui sont détenus, directement ou indirectement par les dirigeants de droit ou de fait, rémunérés ou non, ne peuvent être cédés, à peine de nullité, que dans les conditions fixées par le tribunal.**

Les titres de capital ou valeurs mobilières donnant accès au capital sont virés à un compte spécial bloqué, ouvert par l'administrateur au nom du titulaire et tenu par la société ou l'intermédiaire financier selon le cas. Aucun mouvement ne peut être effectué sur ce compte sans l'autorisation du juge-commissaire.

L'administrateur fait, le cas échéant, mentionner sur les registres de la personne morale l'incessibilité des parts détenues directement ou indirectement par les dirigeants.

Bibliographie : de Bermond de Vaulx, *Le sort des droits sociaux détenus par le dirigeant d'une société en redressement ou en liquidation judiciaires : Rev. sociétés* 1990, 221.

1) Cession acquise. Lorsque les pourparlers tendant à la vente de parts sociales et ayant abouti à un accord des parties s'étaient déroulés plusieurs mois avant le jugement prononçant la liquidation judiciaire de la société, l'article L. 621-19 [L. 631-10] est inapplicable (▪ Cass. com., 10 mars 1992, n° 90-14.456 : *JurisData* n° 1992-000455 ; *JCP* E 1992, I, 168, n° 22, obs. Cabrillac et Pétel).

2) Cession non acquise. En présence d'une promesse unilatérale d'achat antérieure au jugement d'ouverture et d'une levée de l'option en période d'observation, la cession non autorisée par le tribunal est nulle (▪ Cass. com., 20 oct. 2009, n° 08-18.942 : *JurisData* n° 2009-050039 ; *Bull. Joly Sociétés* 2010, p. 282, note Ph. Pétel ; *Gaz. Pal.* 8-9 janv. 2010, p. 22, obs. C. Lebel).

3) Durée de l'incessibilité. Sauf décision contraire du tribunal, l'interdiction, pour les dirigeants, de céder librement leurs parts cesse avec le jugement qui arrête le plan de continuation (▪ Cass. com., 17 nov. 2015, n° 14-12.372 : *BJS* 2016, p. 48, obs. Laroche ; *JCP* E 2015, 1624, obs. Cerati-Gauthier).

Art. L. 631-10-1 *(L. n° 2012-346, 12 mars 2012).* – **À la demande de l'administrateur ou du mandataire judiciaire, le président du tribunal saisi peut ordonner toute mesure conservatoire utile à l'égard des biens du dirigeant de droit ou de fait à l'encontre duquel l'administrateur ou le mandataire judiciaire a introduit une action en responsabilité fondée sur une faute ayant contribué à la cessation des paiements du débiteur.**

Art. L. 631-10-2 *(L. n° 2012-346, 12 mars 2012).* – *(Mots rempl. à compter du 1er octobre 2021, Ord. n° 2021-1193, 15 sept. 2021)* « **La ou les personnes désignées par le comité social et économique** » **sont informés par l'administrateur ou, à défaut, le mandataire judiciaire des modalités de mise en œuvre des mesures conservatoires prises en application de l'article L. 621-2.**

Bibliographie : Ph. Roussel-Galle, *La loi du 12 mars 2012 : halte au pillage des entreprises en difficulté : JCP* E 2012, act. 192. • G. Teboul, *La nouvelle loi sur les mesures conservatoires en matière de procédures collectives : une loi de circonstances ou une sanction préventive ? : LPA* 2 mars 2012, p. 5. • F. Pérochon, *De la mesure dite conservatoire à l'exécution sommaire anticipée ? : BJE* 2012, p. 73, n° 72. • P. Morvan, *La loi Petroplus, les procédures collectives et... les salariés : JCP* E 2013, 1047.

Art. L. 631-11 *(Anc. art. L. 621-21, renum. et mod., L. n° 2005-845, 26 juill. 2005 ; Ord. n° 2010-1512, 9 déc. 2010 ; L. n° 2019-486, 22 mai 2019).* – **La rémunération afférente aux fonctions exercées par le débiteur, s'il est une personne physique, ou les dirigeants de la personne morale est maintenue en l'état, au jour de l'ouverture de la procédure, sauf décision contraire du juge-commissaire saisi sur demande de l'administrateur judiciaire, du mandataire judiciaire ou du ministère public.**

En l'absence de rémunération, les personnes mentionnées à l'alinéa précédent peuvent obtenir sur l'actif, pour eux et leur famille, des subsides fixés par le juge-commissaire. Lorsque le débiteur est un entrepreneur individuel à responsabilité limitée, le juge-commissaire tient compte des revenus éventuellement perçus au titre des patrimoines non visés par la procédure.

Bibliographie : Galokho, *La liberté de gestion et l'encadrement de la fixation de la rémunération des dirigeants d'entreprises en difficulté : Rev. proc. coll.* 2018, étude 11.

1) **Liquidation judiciaire.** L'allocation de subsides au débiteur est applicable à la liquidation judiciaire (■ Paris, 4 juill. 2000 : *D.* 2000, AJ, 398 ; *Rev. proc. coll.* 2002, 260, obs. Lebel. ■ TGI Béthune, 27 févr. 2004 : *JurisData* n° 2004-252929 ; *D.* 2004, AJ, 700).

2) **Dirigeant de fait.** Le juge-commissaire n'a pas compétence pour fixer la rémunération d'un dirigeant de fait (■ TGI Douai, 28 avr. 1989 : *Rev. proc. coll.* 1990, 381, obs. Dureuil).

Art. L. 631-12 *(L. n° 2005-845, 26 juill. 2005)*. – Outre les pouvoirs qui leur sont conférés par le présent titre, la mission du ou des administrateurs est fixée par le tribunal.

Ce dernier les charge ensemble ou séparément d'assister le débiteur pour tous les actes relatifs à la gestion ou certains d'entre eux, ou d'assurer seuls, entièrement ou en partie, l'administration de l'entreprise. Lorsque le ou les administrateurs sont chargés d'assurer seuls et entièrement l'administration de l'entreprise et que chacun des seuils mentionnés au quatrième alinéa de l'article L. 621-4 est atteint, le tribunal désigne un ou plusieurs experts aux fins de les assister dans leur mission de gestion. Dans les autres cas, il a la faculté de les désigner. Le président du tribunal arrête la rémunération de ces experts, mise à la charge de la procédure.

Dans sa mission, l'administrateur est tenu au respect des obligations légales et conventionnelles incombant au débiteur.

À tout moment, le tribunal peut modifier la mission de l'administrateur sur la demande de celui-ci, du mandataire judiciaire, du ministère public ou d'office.

L'administrateur fait fonctionner, sous sa signature, les comptes bancaires ou postaux dont le débiteur est titulaire quand ce dernier a fait l'objet des interdictions prévues aux articles L. 131-72 ou L. 163-6 du Code monétaire et financier.

Art. L. 631-13 *(L. n° 2005-845, 26 juill. 2005 ; mod., L. n° 2014-384, 29 mars 2014)*. – Dès l'ouverture de la procédure, les tiers sont admis à soumettre à l'administrateur des offres tendant au maintien de l'activité de l'entreprise, par une cession totale ou partielle de celle-ci selon les dispositions de la section I du chapitre II du titre IV.

L'administrateur informe *(Mots rempl. à compter du 1er octobre 2021, Ord. n° 2021-1193, 15 sept. 2021)* « la ou les personnes désignées par le comité social et économique » ou le représentant des salariés de la possibilité qu'ont les salariés de soumettre une ou plusieurs offres.

Art. L. 631-14 *(Ord. n° 2008-1345, 18 déc. 2008 ; mod., L. n° 2009-526, 12 mai 2009 ; Ord. n° 2014-326, 12 mars 2014)*. – Les articles L. 622-3 à L. 622-9, à l'exception de l'article L. 622-6-1, et L. 622-13 à L. 622-33 sont applicables à la procédure de redressement judiciaire, sous réserve des dispositions qui suivent.

Il est réalisé une prisée des actifs du débiteur concomitamment à l'inventaire prévu à l'article L. 622-6.

Lorsque l'administrateur a une mission de représentation, il exerce les prérogatives conférées au débiteur par le II de l'article L. 622-7 et par le troisième alinéa de l'article L. 622-8. En cas de mission d'assistance, il les exerce concurremment avec le débiteur.

Lorsqu'est exercée la faculté prévue par le II de l'article L. 622-13 et que la prestation porte sur le paiement d'une somme d'argent, celui-ci doit se faire au comptant, sauf pour l'administrateur à obtenir l'acceptation de délais de paiement par le cocontractant du débiteur. Au vu des documents prévisionnels dont il dispose, l'administrateur s'assure, au moment où il demande l'exécution, qu'il disposera des fonds nécessaires à cet effet.

Lorsque la procédure de redressement judiciaire a été ouverte en application du troisième alinéa de l'article L. 626-27 et que le débiteur a transféré des biens ou droits dans un patrimoine fiduciaire avant l'ouverture de la procédure de sauvegarde ayant donné lieu au plan résolu, la convention en exécution de laquelle celui-ci conserve l'usage ou la jouissance de ces biens ou droits n'est pas soumise aux dispositions de l'article L. 622-13 et les dispositions de l'article L. 622-23-1 ne sont pas applicables.

Pour l'application de l'article L. 622-23, l'administrateur doit également être mis en cause lorsqu'il a une mission de représentation.
(Al. suppr. à compter du 1er octobre 2021, Ord. 2021-1193, 15 sept. 2021).

Pouvoirs concurrents. L'autorisation de transiger prévue à l'article L. 622-7 doit être demandée au juge-commissaire par l'administrateur et le débiteur assisté (■ Cass. com., 23 sept. 2014, n° 13-21.686).

Art. L. 631-15 *(L. n° 2005-845, 26 juill. 2005 ; mod., Ord. n° 2008-1345, 18 déc. 2008).* **– I. – Au plus tard au terme d'un délai de deux mois à compter du jugement d'ouverture, le tribunal ordonne la poursuite de la période d'observation s'il lui apparaît que le débiteur dispose à cette fin de capacités de financement suffisantes. Toutefois, lorsque le débiteur exerce une activité agricole, ce délai peut être modifié en fonction de l'année culturale en cours et des usages spécifiques aux productions de cette exploitation.**

Le tribunal se prononce au vu d'un rapport, établi par l'administrateur ou, lorsqu'il n'en a pas été désigné, par le débiteur.

II. – À tout moment de la période d'observation, le tribunal, à la demande du débiteur, de l'administrateur, du mandataire judiciaire, d'un contrôleur, du ministère public ou d'office, peut ordonner la cessation partielle de l'activité ou prononce la liquidation judiciaire si le redressement est manifestement impossible.

Il statue après avoir entendu ou dûment appelé le débiteur, l'administrateur, le mandataire judiciaire, les contrôleurs et *(Mots rempl. à compter du 1er octobre 2021)* « la ou les personnes désignées par le comité social et économique », et avoir recueilli l'avis du ministère public.

Lorsque le tribunal prononce la liquidation, il met fin à la période d'observation et, sous réserve des dispositions de l'article L. 641-10, à la mission de l'administrateur.

1) **Responsabilité.** Pour la responsabilité d'un mandataire qui n'a pas saisi le tribunal pour voir cesser l'activité de la société ou pour voir prononcer sa liquidation judiciaire (■ Cass. com., 13 nov. 2007, n° 06-18.516 : *JurisData* n° 2007-041417 ; *RJDA* 2/2008, n° 173).

2) **Saisine du tribunal.** Le rapport de l'administrateur concluant à la conversion ne saisit pas le tribunal ; si celui-ci se saisit d'office, il doit respecter le formalisme de l'article R. 631-3 (■ Cass. com., 24 mai 2018, n° 16-27.296 :*JurisData* n° 2018-008584 ; *JCP* E 2018, 1429, n° 4, obs. Pétel). *Idem* pour une demande à l'audience (■ Cass. com., 20 juin 2018, n° 17-13.204).

Sur la conformité à la Constitution de la saisine d'office prévue par ce texte, V. ■ Cons. const., 6 juin 2014, n° 2014-399 QPC : *JurisData* n° 2014-012345 ; *BJE* 2014, p. 312, obs. Favario.

Sur l'absence d'effet dévolutif de l'appel-nullité en cas d'irrégularité de convocation du débiteur, V. ■ Cass. com., 26 juin 2019, n° 17-27.498 : *JCP* E 2019, 1551, n° 2, obs. Tehrani ; *Rev. proc. coll.* 2019, comm. 128, obs. Cagnoli ; *Procédures* 2019, comm. 263, obs. Rolland.

3) **Conversion en liquidation.** Quelles que soient les conditions dans lesquelles est intervenue l'ouverture de la procédure de redressement judiciaire, la conversion de celle-ci en une procédure de liquidation n'impose pas la constatation de l'état de la cessation des paiements (■ Cass. com., 28 févr. 2018, n° 16-19.422 : *JCP* E 2018, 1429, n° 1, obs. Tehrani).

Art. L. 631-16 *(L. n° 2005-845, 26 juill. 2005).* **– S'il apparaît, au cours de la période d'observation, que le débiteur dispose des sommes suffisantes pour désintéresser les créanciers et acquitter les frais et les dettes afférents à la procédure, le tribunal peut mettre fin à celle-ci.**

Il statue à la demande du débiteur, dans les conditions prévues au deuxième alinéa du II de l'article L. 631-15.

Bibliographie : S. Gorrias et P. Urbain, *Clôture de la période d'observation pour extinction du passif ou adoption d'un plan de redressement court : une alternative non dénuée de conséquences sur le sort de certaines créances : Rev. proc. coll.* 2013, étude 29.

Pouvoir souverain du juge du fond. Le juge peut refuser de clôturer la procédure au motif que la pérennité de l'entreprise n'est pas assurée (■ Cass. com., 16 déc. 2008 : *JCP* E 2009, 1347, n° 2, obs. M. Cabrillac ; *D.* 2009, p. 94, obs. A. Lienhard ; *Act. proc. coll.* 2009, comm. 32, obs. C. Regnaut-Moutier).

Art. L. 631-17 *(L. n° 2005-845, 26 juill. 2005 ; mod., L. n° 2013-504, 14 juin 2013).* **– Lorsque des licenciements pour motif économique présentent un caractère urgent, inévitable et indispensable pendant la période d'observation, l'administrateur peut être autorisé par le juge-commissaire à procéder à ces licenciements.**

Préalablement à la saisine du juge-commissaire, l'administrateur met en œuvre le plan de licenciement dans les conditions prévues à l'article L. 1233-58 du Code du travail. Il joint, à l'appui de la demande qu'il adresse au juge-commissaire, l'avis recueilli et les justifications de ses diligences en vue de faciliter l'indemnisation et le reclassement des salariés, ainsi que la décision de l'autorité administrative prévue à l'article L. 1233-57-4 du Code du travail.

Voir : sur les licenciements, biblio. sous art. L. 631-19, p. 1264.

1) **Autorité de chose jugée.** Lorsque l'ordonnance du juge-commissaire autorisant un licenciement en période d'observation est devenue définitive, le caractère économique du motif de licenciement ne peut plus être contesté devant le Conseil de prud'hommes (▪ Cass. soc., 9 juill. 1996, n° 93-41.877 : *JurisData* n° 1996-003242 ; *Bull. civ.* V, n° 268 ; *JCP* E 1997, I, 623, n° 1, obs. Pétel ; *JCP* E 1997, II, 915, note Serret ; *D.* 1997, 60, note Bailly. ▪ Cass. soc., 3 mars 1998, préc.). Sauf fraude (▪ Cass. soc., 4 juill. 2018, n° 16-27.922 : *JurisData* n° 2018-011762 ; *JCP* E 2018, 1542, note Fin-Langer).

2) **Compétence du conseil de prud'hommes.** Le conseil de prud'hommes demeure compétent pour statuer, dans le cadre de l'ordonnance du juge-commissaire, sur les demandes formées par les salariés contre leurs employeurs au regard de leur situation individuelle (▪ Cass. soc., 3 oct. 1989, n° 88-42.835 : *JurisData* n° 1989-003143 ; *Bull.* V, n° 559 ; *Rev. proc. coll.* 1990, 289, obs. Kerckhove. ▪ Cass. soc., 5 mai 1993, n° 92-40.835 : *JurisData* n° 1993-000890 ; *JCP* E 1993, I, 298, n° 14, obs. Pétel. ▪ Cass. soc., 3 mars 1998, n° 95-45.201 : *JurisData* n° 1998-000917 ; *JCP* E 1998, p. 1363, note Serret ; *JCP* E 1999, p. 79, n° 13, obs. Morvan ; *D.* 1998, 418, note Bailly. ▪ Cass. soc., 12 janv. 1999, n° 97-45.209 : *Bull.* V, n° 11 ; *Rev. proc. coll.* 1999, 172, n° 27, obs. Taquet ; *JCP* E 1999, p. 812, n° 8, obs. Ph. Pétel).

3) **Applications.** L'autorité de l'ordonnance du juge-commissaire n'est attachée, outre l'indication du nombre des salariés dont le licenciement est autorisé ainsi que des activités professionnelles concernées, qu'à l'existence d'une suppression ou transformation d'emploi ou d'une modification du contrat de travail consécutive à des difficultés économiques, à une mutation technologique ou à une réorganisation nécessaire à la sauvegarde de la compétitivité de l'entreprise ; mais cette autorité ne saurait s'étendre à la question de la situation individuelle des salariés au regard de l'obligation de reclassement qui pèse sur l'employeur ou de la contestation de la régularité de la procédure, et qui relève de la compétence du juge prud'homal (▪ Cass. soc., 3 mars 1998 et 12 janv. 1999, préc. – *Adde*, ▪ *Cass. soc., 12 janv. 1999,* préc. ▪ Cass. soc., 10 mai 1999, n° 96-44.647 : *JurisData* n° 1999-001882 ; *D.* 2000, *Cah. dr. aff.*, somm. 8, obs. Derrida ; *Rev. proc. coll.* 1999, 170, n° 23, obs. Taquet. ▪ Cass. soc., 8 juin 1999, n° 96-44.811 : *JurisData* n° 1999-002314 ; *D.* 2000, *Cah. dr. aff.*, somm. 6, obs. Derrida ; *RTD com.* 1999, 965, obs. Saint-Alary-Houin ; *Rev. proc. coll.* 1999, 228, n° 14, obs. Taquet).

L'autorisation du juge-commissaire, qui ne peut être nominative, ne dispense pas le juge prud'homal de rechercher si le licenciement du salarié protégé, indépendamment de la nullité qui l'affecte, est justifié (▪ Cass. soc., 5 mai 1993, n° 92-40.835 : *JurisData* n° 1993-000890 ; *D.* 1993, inf. rap. 138), ou si le caractère réel et sérieux du licenciement existe (▪ Cass. soc., 21 févr. 1996, n° 93-41.310 : *JCP* E 1996, II, 862, note Serret ; *D.* 1997, 60, note Bailly. ▪ Cass. soc., 3 mars 1998 : *JCP* E 1998, p. 1363, note Serret ; *JCP* E 1999, p. 79, n° 13, obs. Morvan ; *D.* 1998, 418, note Bailly).

4) **Absence d'autorisation du juge-commissaire.** Est un licenciement sans cause réelle et sérieuse un licenciement prononcé antérieurement à la demande d'autorisation de licenciement adressée au juge-commissaire (▪ Cass. soc., 3 mai 2001, n° 99-41.813 : *JurisData* n° 2001-009847 ; *JCP* E 2001, pan. 1071). L'annulation du jugement d'ouverture entraîne l'annulation de la décision du juge-commissaire, ce qui prive le licenciement de cause réelle et sérieuse (▪ Cass. soc., 24 juin 2008, n° 07-11.411 : *JurisData* n° 2008-044539 ; *Gaz. proc. coll.* 21-22 janv. 2009, p. 49, obs. Duprat).

5) **Entretien préalable.** L'entretien préalable à un éventuel licenciement peut avoir lieu avant l'obtention de l'autorisation du juge-commissaire dès lors que la lettre de licenciement n'est adressée qu'après l'obtention de ladite autorisation (▪ Cass. soc., 18 juin 1997, n° 96-40.279 : *JurisData* n° 1997-002859 ; *JCP* E 1997, pan. 921).

6) **Lettre de licenciement.** La lettre portant licenciement ne doit pas se borner à se référer à la procédure de redressement judiciaire, ou même au jugement arrêtant le plan, mais doit viser expressément la décision qui a autorisé le licenciement lui-même pour motifs économiques, l'ordonnance du juge-commissaire, sinon le licenciement est sans cause réelle et sérieuse (▪ Cass. soc., 18 nov. 1999 : *D.* 1999, inf. rap. 18. ▪ Cass. soc., 5 oct. 1999, n° 96-40.746 : *JurisData* n° 1999-003360 ; *D.* 2000, *Cah. dr. aff.*, somm. 6, obs. Derrida. ▪ Cass. ass. plén., 24 janv. 2003, n° 00-41.741 : *JurisData* n° 2003-017568 ; *Act. proc. coll.* 2003, comm. 47, obs. Taquet ; *JCP* E 2003, chron. 760, n° 12, obs. Ph. Pétel).

La notification du licenciement par le débiteur et non par l'administrateur ne le prive pas de cause réelle et sérieuse mais le rend irrégulier en la forme (■ Cass. soc., 11 juin 2008 : *Gaz. proc. coll.* 21-22 janv. 2009, p. 48, obs. Duprat).

Art. L. 631-18 *(Ord. n° 2008-1345, 18 déc. 2008).* **– Les dispositions des chapitres III, IV et V du titre II du présent livre sont applicables à la procédure de redressement judiciaire, sous réserve des dispositions qui suivent.**

Pour l'application du quatrième alinéa de l'article L. 623-3, la consultation porte sur les mesures que l'administrateur envisage de proposer et le débiteur est également consulté.

Le recours prévu au premier alinéa de l'article L. 624-3 est également ouvert à l'administrateur, lorsque celui-ci a pour mission d'assurer l'administration de l'entreprise.

Pour l'application de l'article L. 625-1, le mandataire judiciaire cité devant le conseil de prud'hommes ou, à défaut, le demandeur appelle devant la juridiction prud'homale les institutions mentionnées à l'article L. 3253-14 du Code du travail. L'administrateur est seul mis en cause lorsqu'il a pour mission d'assurer l'administration de l'entreprise.

Pour l'application de l'article L. 625-3, les institutions mentionnées à l'article L. 3253-14 du Code du travail sont mises en cause par le mandataire judiciaire ou, à défaut, par les salariés requérants, dans les dix jours du jugement d'ouverture de la procédure de redressement judiciaire ou du jugement convertissant une procédure de sauvegarde en procédure de redressement. Les instances en cours devant la juridiction prud'homale à la date du jugement d'ouverture sont poursuivies en présence du mandataire judiciaire et de l'administrateur ou ceux-ci dûment appelés.

Pour l'application de l'article L. 625-4, outre le mandataire judiciaire, l'administrateur est seul mis en cause lorsqu'il a pour mission d'assurer l'administration de l'entreprise.

L'administrateur est seul tenu des obligations prévues à l'article L. 625-8 lorsqu'il a pour mission d'assurer l'administration de l'entreprise.

Art. L. 631-19 *(Rempl. à compter du 1er octobre 2021, Ord. n° 2021-1193, 15 sept. 2021).* **– I. – Les dispositions du chapitre VI du titre II, à l'exception des troisième et quatrième alinéas de l'article L. 626-1, sont applicables au plan de redressement, sous réserve des dispositions qui suivent.**

Il incombe à l'administrateur, avec le concours du débiteur, d'élaborer le projet de plan et, le cas échéant, de présenter aux classes de parties affectées les propositions prévues au premier alinéa de l'article L. 626-30-2. Pour l'application de l'article L. 626-2-1, la consultation est faite par l'administrateur, lorsqu'il en a été désigné un. Les classes se prononcent sur chacune des propositions faites. Pour l'application du premier alinéa de l'article L. 626-8, l'information et la consultation portent sur les mesures qui sont soumises au vote des classes de parties affectées.

Toute partie affectée peut soumettre un projet de plan qui fera l'objet d'un rapport de l'administrateur et sera soumis, ainsi que celui proposé par le débiteur, au vote des classes conformément aux conditions de délai et aux modalités fixées par décret en Conseil d'État.

Lorsque le projet de plan adopté conformément aux dispositions de l'article L. 626-30-2 et, le cas échéant, de l'article L. 626-32, n'est pas celui proposé par le débiteur, il donne lieu aux communications prévues à l'article L. 626-8.

Lorsque le plan n'est pas approuvé conformément aux dispositions de l'article L. 626-30-2, il peut être arrêté par le tribunal sur demande du débiteur, de l'administrateur judiciaire avec l'accord du débiteur ou d'une partie affectée. Il peut être imposé aux classes qui ont voté contre le projet de plan dans les conditions prévues au I, à l'exclusion de son premier alinéa, et au II l'article L. 626-32.

Les dispositions des articles L. 631-19-1 et L. 631-19-2 sont inapplicables au plan ainsi adopté ou arrêté.

En l'absence d'adoption du projet de plan conformément aux dispositions de l'article L. 626-31 ou de l'article L. 626-32 et du présent article, les dispositions de la section III du chapitre VI du titre II ne sont plus applicables et un nouveau projet de plan est élaboré dans les conditions prévues au présent titre.

II. – En cas de modification du capital social ou de cession des droits sociaux prévue dans le projet de plan ou dans le plan, les clauses d'agrément sont réputées non écrites.

III. – Le plan est arrêté par le tribunal après que l'administrateur a mis en œuvre la procédure prévue au I de l'article L. 1233-58 du Code du travail. Le comité social et économique rend son avis au plus tard le jour ouvré avant l'audience du tribunal qui statue sur le plan. L'absence de remise du rapport de l'expert mentionné aux

articles L. 1233-34, L. 1233-35, L. 2325-35 ou L. 4614-12-1 du Code du travail ne peut avoir pour effet de reporter ce délai.

Le plan précise notamment les licenciements qui doivent intervenir dans le délai d'un mois après le jugement, sur simple notification de l'administrateur, sous réserve des droits de préavis prévus par la loi, les conventions ou accords collectifs du travail.

Lorsqu'un plan de sauvegarde de l'emploi doit être élaboré, l'administrateur met en œuvre la procédure prévue au II de l'article L. 1233-58 du Code du travail dans le délai d'un mois après le jugement. Le délai de huit jours mentionné au II du même article court à compter de la date de la réception de la demande qui est postérieure au jugement arrêtant le plan.

Lorsque le licenciement concerne un salarié bénéficiant d'une protection particulière en matière de licenciement, l'intention de rompre doit être manifestée dans le délai d'un mois prévu à l'alinéa précédent.

Rédaction antérieure. Art. L. 631-19 (*Ord. n° 2014-326, 12 mars 2014 ; mod., L. n° 2014-856, 31 juill. 2014*). – I. – Les dispositions du chapitre VI du titre II, à l'exception des troisième et quatrième alinéas de l'article L. 626-1, sont applicables au plan de redressement, sous réserve des dispositions qui suivent.

Il incombe à l'administrateur, avec le concours du débiteur, d'élaborer le projet de plan et, le cas échéant, de présenter aux comités de créanciers les propositions prévues au premier alinéa de l'article L. 626-30-2. Pour l'application de l'article L. 626-2-1, la consultation est faite par l'administrateur, lorsqu'il en a été désigné un. Les comités se prononcent sur chacune des propositions faites. Pour l'application du premier alinéa de l'article L. 626-8, l'information et la consultation portent sur les mesures qui sont soumises au vote des comités de créanciers.

Lorsqu'une ou plusieurs personnes autres que les associés ou actionnaires s'engagent à exécuter le plan de redressement, sous la condition d'une participation au capital de la société à l'égard de laquelle la procédure a été ouverte, le projet de plan voté par les comités prévus à l'article L. 626-30 et, s'il y a lieu, par l'assemblée prévue par l'article L. 626-32, est soumis aux assemblées mentionnées à l'article L. 626-3.

Les assemblées sont appelées à délibérer sur chacun des projets de plan arrêtés.

II. – En cas de modification du capital social ou de cession des droits sociaux prévue dans le projet de plan ou dans le plan, les clauses d'agrément sont réputées non écrites.

III. – Le plan est arrêté par le tribunal après que la procédure prévue au I de l'article L. 1233-58 du Code du travail a été mise en œuvre par l'administrateur. L'avis du comité d'entreprise et, le cas échéant, celui du comité d'hygiène et de sécurité des conditions de travail et de l'instance de coordination sont rendus au plus tard le jour ouvré avant l'audience du tribunal qui statue sur le plan. L'absence de remise du rapport de l'expert mentionné aux articles L. 1233-34, L. 1233-35, L. 2325-35 ou L. 4614-12-1 du Code du travail ne peut avoir pour effet de reporter ce délai.

Le plan précise notamment les licenciements qui doivent intervenir dans le délai d'un mois après le jugement, sur simple notification de l'administrateur, sous réserve des droits de préavis prévus par la loi, les conventions ou accords collectifs du travail.

Lorsqu'un plan de sauvegarde de l'emploi doit être élaboré, l'administrateur met en œuvre la procédure prévue au II de l'article L. 1233-58 dans le délai d'un mois après le jugement. Le délai de huit jours mentionné au II du même article court à compter de la date de la réception de la demande qui est postérieure au jugement arrêtant le plan.

Lorsque le licenciement concerne un salarié bénéficiant d'une protection particulière en matière de licenciement, l'intention de rompre doit être manifestée dans le délai d'un mois prévu à l'alinéa précédent.

Bibliographie : Legras de Grandcourt, *Les modifications apportées par la loi du 2 août 1989 au droit des licenciements pour motifs économiques en cas de procédure collective : Rev. proc. coll.* 1990, 211. • Morand, *Plans sociaux et procédures collectives : JCP* E 1997, I, 691. • Becquet, *La décision du juge de la procédure collective concernant la rupture des contrats de travail : Rev. proc. coll.* 2001, 237. • Morand, *Quelques particularités des licenciements économiques dans l'entreprise en redressement ou liquidation judiciaire : CDE* 2002/2, p. 21. • Vallens, *Les licenciements économiques et les procédures collectives : CDE* 2003/6, p. 14. • Pétel, *Groupes de sociétés et plan de sauvegarde de l'emploi : JCP* E 2007, 1423. • Pétel-Teyssié, *La compétence « prud'homale » du tribunal de commerce*, in *Le Code de commerce, Livre du bicentenaire*, 2007, p. 581. • de Fremont, *Les licenciements et les procédures collectives : un compromis acceptable ? Gaz. proc. coll.* 1/2009, p. 11. • Morelli, *Propos commercialistes sur la « confusion d'intérêts, d'activité et de direction » : JCP* E 2009, 2173. • C. Neau-Leduc, *Brèves remarques d'actualité sur les procédures collectives, les salariés et les groupes de sociétés : Rev. proc. coll.* 2011, Colloque 5. • Varii auctores, *Droit social et procédures collectives : Rev. proc. coll.* 2012, dossier 1. • Boyer, *La maternité et la liquidation judiciaire : Rev. proc. coll.* 2012, étude 14. • G. Loiseau, *Coemploi et groupes de sociétés : JCP* S 2011, 1528. • Reynes, *Groupes de sociétés : la théorie du coemploi : Cah. dr. entr.* 2012-3, p. 39. • Gailhbaud, *De la théorie du coemployeur à la notion de coemploi : Gaz. Pal.* 3-4 août 2012, p. 11. • Jacotot, *Le licenciement des salariés d'une composante d'un groupe en liquidation judiciaire : entre droit du travail et droit civil ! : Rev. proc. coll.* 2012, étude 17. • Jacotot, *Les apports de la loi de sécurisation de l'emploi applicables aux entreprises en difficultés : Rev. proc. coll.* 2013, étude 24. • Gailhbaud, *Les dispositions concernant les salariés de l'ordonnance du 12 mars 2014 : D.* 2014, p. 755. • Jacotot et Gailhbaud, *Apports de la réforme du livre VI du Code de commerce en matière de droit du travail : Gaz. Pal.* 5-7 oct. 2014, p. 11. • Dumont, *La nébuleuse du coemploi : JCP* E 2015, 1222. • Fin-Langer et Jacotot, *La loi « travail » et le droit des procédures collectives : Rev. proc. coll.* 2016, étude 17. • Fin-Langer et Jacotot, *Les ordonnances du 22 septembre*

2017 et la rupture des contrats de travail dans une entreprise en difficulté : Rev. proc. coll. 2017, étude 21. • Gailhbaud ; *Sociétés-mères, droit du travail, une contre-histoire du co-emploi* in *Droit des sociétés et procédures collectives*, L'Harmattan, 2018, p. 177.

1) Dérogations au droit commun. Une disposition relative aux licenciements propre aux entreprises en redressement ou liquidation judiciaire n'est pas une différence de traitement contraire à la Constitution (▪ Cons. const., 28 mars 2013, n° 2013-299 QPC : *JurisData* n° 2013-006206 ; *D.* 2013, 925, 1148, obs. Jacotot).

2) Consultation des représentants du personnel. Lorsque l'administrateur n'a tenu qu'une seule réunion des délégués du personnel après avoir déposé son rapport portant projet de plan de continuation, la veille de l'audience du tribunal à l'expiration de la période d'observation, la procédure de consultation prévue par la loi n'a pas été valablement conduite (▪ Cass. soc., 12 sept. 2007, n° 06-13.667 : *JurisData* n° 2007-040342 ; *D.* 2007, p. 2308, obs. Lienhard ; *JCP* E 2007, actu. 438 et pan. 2245).

3) Délai d'un mois. La méconnaissance par l'administrateur judiciaire du délai prévu par l'article L. 621-64, alinéa 2, [L. 631-19] pour notifier aux salariés concernés la rupture de leur contrat de travail, constitue une irrégularité de forme du licenciement de nature à causer un préjudice aux intéressés qui peuvent en demander réparation (▪ Cass. soc., 10 juill. 2002, n° 00-42.340 : *JurisData* n° 2002-015178 ; *JCP* 2003, chron. 194, n° 2, obs. Ph. Pétel : *Act. proc. coll.* 2002, n° 182, obs. Regnaut-Moutier ; *D.* 2002, AJ, 2678, obs. Lienhard). Mais elle n'a pas pour conséquence de priver d'effet l'autorisation de licenciement contenue dans le jugement (▪ Cass. soc., 21 sept. 2005, n° 04-40.529 : *JurisData* n° 2005-029792 ; *JCP* E 2005, pan. 1548 ; *D.* 2005, p. 2446, obs. Lienhard ; *D.* 2006, pan. 81, obs. Le Corre).

4) Ordre des licenciements. La juridiction prud'homale est seule compétente pour vérifier le respect, par l'employeur, des critères qui doivent être définis pour fixer l'ordre des licenciements (▪ Cass. soc., 8 avr. 1992, n° 89-43.288 : *JurisData* n° 1992-001004 ; *JCP* E 1992, pan. 787).

À défaut de convention ou d'accord collectif l'employeur doit définir, après consultation des représentants du personnel, pour chaque licenciement collectif, les critères retenus pour fixer l'ordre des licenciements (même arrêt).

5) Priorité de réembauchage. La priorité de réembauchage s'exerce à l'égard de l'entreprise et subsiste après le licenciement ou la rupture du contrat, en cas de modification de la situation juridique de l'employeur ; en cas de cession de l'entreprise cette obligation pèse sur le cessionnaire (▪ Paris, 23 mars 1999, n° 31696/97 : *JurisData* n° 1999-022865 ; *D.* 2000, *Cah. dr. aff.*, somm. 4, obs. Derrida).

6) Reclassement. Le licenciement d'un salarié ne peut intervenir que si le reclassement de l'intéressé n'est pas possible (▪ Cass. soc., 10 mai 1999 : *D.* 2000, *Cah. dr. aff.*, somm. 8, obs. Derrida ; *Rev. proc. coll.* 1999, 170, n° 23, obs. Taquet).

7) Licenciements non prévus dans le plan. Lorsque le débiteur qui bénéficie d'un plan de continuation procède à des licenciements non prévus au plan, de tels licenciements sont dépourvus de cause réelle et sérieuse (▪ Cass. soc., 12 déc. 2001, n° 99-45.166 : *JurisData* n° 2001-012545 ; *JCP* E 2002, 807, n° 13, obs. Ph. Pétel ; *Act. proc. coll.* 2002, comm. n° 19. – *Adde*, ▪ Cass. soc., 3 févr. 1998, n° 94-42.138 : *Act. proc. coll.* 1998, comm. n° 17, obs. Taquet).

8) Charge du reclassement. La charge de l'obligation de reclassement est limitée à l'employeur à l'exclusion des autres sociétés du groupe au sein duquel le reclassement doit être recherché (▪ Cass. soc., 13 janv. 2010, n° 08-15.776 : *JurisData* n° 2010-051077 ; *JCP* E 2010, 1296, n° 13, obs. Ph. Pétel ; *Act. proc. coll.* 2010, comm. 63, obs. L. Fin-Langer ; *JCP* E 2010, 1332, note P. et F. Melin ; *Dr. sociétés* 2010, comm. 84, obs. M.-L. Coquelet ; *Procédures* 2010, comm. 76, obs. A. Bugada).

9) Qualification de coemployeur. Hors l'existence d'un lien de subordination, une société faisant partie d'un groupe ne peut être qualifiée de coemployeur à l'égard du personnel employé par une autre que s'il existe, au-delà de la nécessaire coordination des actions économiques entre les sociétés appartenant à un même groupe et de l'état de domination économique que cette appartenance peut engendrer, une immixtion permanente de cette société dans la gestion économique et sociale de la société employeur, conduisant à la perte totale d'autonomie d'action de cette dernière (▪ Cass. soc., 25 nov. 2020, n° 18-13.769 : *Rev. proc. coll.* 2021, comm. 14, obs. Jacotot).

V. auparavant, exigeant une confusion d'intérêts, d'activités et de direction (▪ Cass. soc., 2 juill. 2014, n° 13-15.309 : *JCP* E 2014, 1637, n° 9, obs. Pétel ; *JCP* E 2014, act. 571, obs. Dedessus-Le-Moustier ; *BJS* 2014, p. 394, obs. Pelletier).

À défaut de gestion commune du personnel, la société-mère n'est pas coemployeur des salariés de sa filiale (▪ Cass. soc., 16 mai 2013, n° 11-25.711 : *BJS* 2013, p. 581, obs. Pelletier) ; V. également, rejetant cette qualification ▪ Cass. soc., 25 sept. 2013 (2 arrêts) : *BJS* 2013, 824, obs. Morvan).

La société qualifiée de coemployeur ayant son siège dans un autre État-membre peut être attraite devant une juridiction française si le salarié accomplit habituellement son travail en France (▪ Cass. soc., 30 nov. 2011, n° 10-22.964 : *Act. proc. coll.* 2012, comm. 19, obs. Mélin ; *BJS* 2012, p. 168, obs. Loiseau).

10) Responsabilité de droit commun. Pour une condamnation de l'actionnaire unique à indemniser les salariés sur le fondement de l'article 1382 du Code civil, V. ▪ Cass. soc., 8 juill. 2014, n° 13-15.470 : *JurisData* n° 2014-016030 ; *Act. proc. coll.* 2014, comm. 258, obs. Fin-Langer ; *BJS* 2014, p. 398, obs. Mouial-Bassilana.

Bibliographie : Loiseau, *Le coemploi est mort, vive la responsabilité délictuelle : JCP* S 2014, 1311. – F.-X. Lucas, *Coemploi et responsabilité de l'actionnaire : BJS* 2014, p. 418.

Art. L. 631-19-1 *(Ord. n° 2008-1345, 18 déc. 2008).* **– Lorsque le redressement de l'entreprise le requiert, le tribunal, sur la demande du ministère public, peut subordonner l'adoption du plan au remplacement d'un ou plusieurs dirigeants de l'entreprise.**

À cette fin et dans les mêmes conditions, le tribunal peut prononcer l'incessibilité des parts sociales, titres de capital ou valeurs mobilières donnant accès au capital, détenus par un ou plusieurs dirigeants de droit ou de fait et décider que le droit de vote y attaché sera exercé, pour une durée qu'il fixe, par un mandataire de justice désigné à cet effet. De même, il peut ordonner la cession de ces parts sociales, titres de capital ou valeurs mobilières donnant accès au capital détenu par ces mêmes personnes, le prix de cession étant fixé à dire d'expert.

Le tribunal statue après avoir entendu ou dûment appelé les dirigeants et *(Mots rempl. à compter du 1er octobre 2021, Ord. n° 2021-1193, 15 sept. 2021)* **« la ou les personnes désignées par le comité social et économique ».**

Les dispositions du présent article ne sont pas applicables lorsque le débiteur exerce une activité professionnelle libérale soumise à un statut législatif ou réglementaire.

Bibliographie : De Bermond de Vaulx, *Le sort des droits sociaux détenus par le dirigeant d'une société en redressement ou en liquidation judiciaires : Rev. sociétés* 1990, 221.

1) Forme de la demande. La demande émanant du ministère public doit être faite dans les conditions énoncées à l'article R. 631-34-1, ce qui exclut une requête orale à l'audience, ▪ Cass. com., 22 mai 2013, n° 12-15.305 : *JurisData* n° 2013-009959 ; *BJE* 2013, 244, obs. Favario ; *Gaz. Pal.* 12-13 juill. 2013, p. 18, obs. Lebel.

2) Qualité de dirigeant. A excédé ses pouvoirs la cour d'appel qui a décidé de l'éviction et de l'expropriation des parts d'un associé qui n'était ni dirigeant de droit ni dirigeant de fait au jour de l'ouverture de la procédure (▪ Cass. com., 27 avr. 1993, n° 91-10.867 : *JurisData* n° 1993-000791 ; *D.* 1995, somm. 3, obs. Honorat. ▪ Cass. com., 12 juill. 2005, n° 03-14.045 : *JurisData* n° 2005-029479 ; *RJDA* 2/2006, n° 169 ; *D.* 2005, p. 2071, obs. Lienhard ; *JCP* E 2006, 1066, n° 17, obs. Ph. Pételˌ pour des membres du conseil de surveillance d'une société par action).

Cette qualité doit s'apprécier à la date du jugement qui ordonne la cession (▪ Cass. com., 19 févr. 2008 : *JCP* E 2008, 2062, n° 14, obs. Ph. Pétel ; *Act. proc. coll.* 2008 comm. 98, obs. Pagnucco). – V. Cerati-Gauthier : *JCP* E 2008, 1716). Lorsque le *dirigeant a démissionné avant cette date le tribunal* ne peut prononcer l'incessibilité de ses parts, peu importe que la démission n'ait pas été publiée (▪ Cass. com., 19 févr. 2008, préc.).

3) Chronologie. La loi n'exige pas qu'à la date de l'adoption du plan, le dirigeant ait été définitivement évincé après le paiement de la valeur de ses droits sociaux (▪ Cass. com., 26 janv. 2016, n° 14-14.742 : *Act. proc. coll.* 2016, comm. 59, obs. Schultz ; *JCP* E 2016, 1150, note Cerati-Gauthier).

Le dirigeant perd sa qualité d'associé dès la date du jugement arrêtant le plan (▪ Paris, 16 juin 2000, n° 1998/02893 : *JurisData* n° 2000-124858 ; *RD bancaire et fin.* 2001, 22, n° 22, obs. Lucas).

4) Fixation du prix. La disposition du jugement arrêtant le plan qui ordonne, en application de l'article L. 621-59, alinéa 2, [L. 626-4] la cession des actions appartenant aux dirigeants d'une société en redressement judiciaire pour un prix « à parfaire, éventuellement, par l'expert, compte tenu des délais inhérents à la procédure », exclut l'application de l'article 1592 du Code civil (▪ Cass. com., 1er oct. 2002, n° 99-12.663 : *RJDA* 2/2003, n° 162).

5) Paiement du prix. En cas de cession ordonnée en application de l'article L. 621-59 [L. 626-4], la somme due doit être réglée sans délai et avec intérêts à compter du jour du transfert (▪ Cass. com., 1er juill. 1997, n° 95-16.927 : *JurisData* n° 1997-003136 ; *RJDA* 12/1997, n° 1546).

6) Voies de recours. Les voies de recours contre le jugement sont soumises au droit commun en l'absence de dispositions particulières ; le dirigeant est recevable en son appel (▪ Cass. com., 26 juin 2001, n° 98-19.665 : *JurisData* n° 2001-010348 ; *D.* 2001, p. 2299, obs. Lienhard ; *D.* 2002, somm. 1482, obs. Honorat ; *JCP* E 2002, 121, n° 5, obs. Ph. Pételj, dès lors qu'il est limité aux dispositions du jugement fixant les modalités de paiement du prix dans les rapports entre cédant et cessionnaires (■ Cass. com., 1er juill. 1997 : *RJDA* 12/1997, n° 1546 ; *JCP* E 1998, p. 29, n° 2, obs. Ph. Pétel).

7) Absence d'atteinte aux droits fondamentaux. V. en ce sens : (■ Cass. com., 12 juill. 2005, n° 03-14.045 : *D.* 2005, p. 2071, obs. Lienhard ; *JCP* E 2006, 1066, n° 17, obs. Pétel. ■ Cons. const., 7 oct. 2015, n° 2015-486 QPC : *JurisData* n° 2015-022142 ; *JCP* E 2015, 1562, obs. Cerati-Gauthier ; *BJE* 2015, p. 362, 112u5, obs. Favario).

Art. L. 631-19-2 *(L. n° 2015-990, 6 août 2015 ; mod., L. n° 2016-1691, 9 déc. 2016 ; Ord. n° 2019-738, 17 juill. 2019).* **– Lorsque la cessation d'activité d'une entreprise d'au moins cent cinquante salariés ou constituant, au sens de l'article L. 2331-1 du Code du travail, une entreprise dominante d'une ou de plusieurs entreprises dont l'effectif total est d'au moins cent cinquante salariés est de nature à causer un trouble grave à l'économie nationale ou régionale et au bassin d'emploi et si la modification du capital apparaît comme la seule solution sérieuse permettant d'éviter ce trouble et de permettre la poursuite de l'activité, après examen des possibilités de cession totale ou partielle de l'entreprise, le tribunal peut, à la demande de l'administrateur judiciaire ou du ministère public et à l'issue d'un délai de trois mois après jugement d'ouverture, en cas de refus par les assemblées mentionnées au I de l'article L. 631-19 d'adopter la modification du capital prévue par le projet de plan de redressement en faveur d'une ou de plusieurs personnes qui se sont engagées à exécuter celui-ci :**

1° Désigner un mandataire chargé de convoquer l'assemblée compétente et de voter l'augmentation de capital en lieu et place des associés ou actionnaires ayant refusé la modification de capital, à hauteur du montant prévu par le plan.

L'augmentation de capital doit être réalisée dans le délai maximal de trente jours à compter de la délibération. Elle peut être libérée par les personnes qui se sont engagées à exécuter le plan de redressement, par compensation à raison du montant des créances sur la société qui ont été admises et dans la limite de la réduction dont elles sont l'objet dans le plan.

Si l'augmentation de capital est souscrite par apports en numéraire, les actions émises sont offertes par préférence aux actionnaires, proportionnellement à la partie du capital représentée par leurs actions ;

2° Ou ordonner, au profit des personnes qui se sont engagées à exécuter le projet de plan, la cession de tout ou partie de la participation détenue dans le capital par les associés ou actionnaires ayant refusé la modification de capital et qui détiennent, directement ou indirectement, une fraction du capital leur conférant une majorité des droits de vote ou une minorité de blocage dans les assemblées générales de cette société ou qui disposent seuls de la majorité des droits de vote dans cette société en application d'un accord conclu avec d'autres associés ou actionnaires, non contraire à l'intérêt de la société. Toute clause d'agrément est réputée non écrite.

Les associés ou actionnaires autres que ceux mentionnés au 2° disposent du droit de se retirer de la société et de demander simultanément le rachat de leurs droits sociaux par les cessionnaires.

Lorsque le tribunal est saisi de la demande de cession, en l'absence d'accord entre les intéressés sur la valeur des droits des associés ou actionnaires cédants et de ceux qui ont fait valoir leur volonté de se retirer de la société, cette valeur est déterminée à la date la plus proche de la cession par un expert désigné, à la demande de la partie la plus diligente, de l'administrateur ou du ministère public, par le président du tribunal statuant selon la procédure accélérée au fond. Le jugement désignant l'expert n'est pas susceptible de recours. L'expert est *tenu de respecter le principe du contradictoire.*

Lorsque le tribunal statue sur la demande prévue aux 1° ou 2°, les débats ont lieu en présence du ministère public. Le tribunal entend les associés ou actionnaires concernés, les associés ou actionnaires dirigeants, les créanciers ou tiers qui se sont engagés à exécuter le plan et *(Mots rempl. à compter du 1er octobre 2021, Ord. n° 2021-1193, 15 sept. 2021)* **« la ou les personnes désignées par le comité social et économique. À défaut de comité social et économique », le tribunal entend le représentant des salariés élu mentionné à l'article L. 621-4.**

Le tribunal ne peut statuer sur la demande tendant à la cession qu'après avoir consulté l'Autorité des marchés financiers si les titres concernés sont cotés sur un marché réglementé ou sur un système multilatéral de négociation soumis aux dispositions du II de l'article L. 433-3 du Code monétaire et financier. Il est fait application, pour les actionnaires, des articles L. 433-1 et suivants du même code.

Le tribunal statue par un seul et même jugement sur la cession et sur la valeur des droits sociaux cédés. Il désigne, dans ce jugement, un mandataire de justice chargé de passer les actes nécessaires à la réalisation de la cession ordonnée et d'en verser le prix aux associés ou actionnaires cédants.

Le tribunal subordonne l'adoption du plan à l'engagement du souscripteur ou du cessionnaire des parts sociales, titres de capital ou valeurs mobilières donnant accès au capital de conserver ses droits pendant une durée qui ne peut excéder celle du plan.

Le tribunal peut subordonner l'adoption du plan à la présentation, par les associés ou actionnaires souscripteurs ou cessionnaires, d'une garantie par un organisme de crédit, d'un montant égal à leurs engagements, figurant dans le plan de redressement. Il peut également subordonner cette conversion de créances en parts sociales, titres de capital ou valeurs mobilières donnant accès au capital de l'entreprise.

Le plan est arrêté sous la condition du paiement comptant du prix par les associés ou actionnaires souscripteurs ou cessionnaires. À défaut, le tribunal prononce, à la demande d'un associé cédant, du débiteur, du commissaire à l'exécution du plan, du mandataire de justice ou du ministère public, la résolution de la souscription ou de la cession des parts sociales, titres de capital ou valeurs mobilières donnant accès au capital.

Le commissaire à l'exécution du plan vérifie que les associés ou actionnaires souscripteurs ou cessionnaires respectent leurs obligations. Il a qualité pour agir à l'encontre des souscripteurs ou cessionnaires pour obtenir l'exécution de leurs engagements financiers. Il informe le comité *(Mots rempl. à compter du 1er octobre 2021, Ord. n° 2021-1193, 15 sept. 2021)* « social et économique » de l'exécution du plan de redressement, ainsi que du respect de leurs engagements par les associés souscripteurs ou cessionnaires.

Le tribunal peut modifier le plan en application de l'article L. 626-26 *(Mots suppr. à compter du 1er octobre 2021, Ord. n° 2021-1193, 15 sept. 2021)* « ... ».

En cas de défaillance d'un associé ou actionnaire souscripteur ou cessionnaire, le tribunal, saisi par le commissaire à l'exécution du plan ou par le ministère public, par le comité *(Mots rempl. à compter du 1er octobre 2021, Ord. n° 2021-1193, 15 sept. 2021)* « social et économique ou, dans les entreprises de moins de cinquante salariés, des membres de sa délégation du personnel », peut prononcer la résolution du plan de redressement, sans préjudice de la réparation du préjudice subi. Il statue en présence du ministère public. Le prix payé par le souscripteur ou le cessionnaire reste acquis.

Le présent article n'est pas applicable lorsque le débiteur exerce une activité professionnelle libérale soumise à un statut législatif ou réglementaire.

Bibliographie : Pétel, *La reprise interne* in *Droit des sociétés et procédures collectives*, L'Harmattan, 2018, p. 129. • Lucas et Poracchia, *L'expropriation de l'associé qui ne finance pas la restructuration de la société en redressement judiciaire* in *Études à la mémoire de Philippe Neau-Leduc*, LGDJ, 2018, p. 629.

Art. L. 631-20 *(Rempl. à compter du 1er octobre 2021, Ord. n° 2021-1193, 15 sept. 2021).* – Par dérogation aux dispositions du troisième alinéa de l'article L. 626-27, lorsque la cessation des paiements du débiteur est constatée au cours de l'exécution du plan, le tribunal qui a arrêté ce dernier décide, après avis du ministère public, sa résolution et ouvre une procédure de liquidation judiciaire. Avant de statuer, le tribunal examine si la situation du débiteur répond aux conditions posées aux articles L. 645-1 et L. 645-2 et ouvre, le cas échéant, avec son accord, une procédure de rétablissement professionnel.

Rédaction antérieure. Art. L. 631-20 *(L. n° 2005-845, 26 juill. 2005 ; mod., Ord. n° 2008-1345, 18 déc. 2008).* – Par dérogation aux dispositions de l'article L. 626-11, les coobligés et les personnes ayant consenti une sûreté personnelle ou ayant affecté ou cédé un bien en garantie ne peuvent se prévaloir des dispositions du plan.

Poursuites contre les cautions. Un créancier est fondé, afin d'éviter la caducité de sa mesure conservatoire, à obtenir un jugement de condamnation des cautions avant l'exigibilité de sa créance à leur égard (▪ Cass. com., 1er mars 2016 : *JCP* E 2016, 1465, n° 12, obs. Pétel ; *Act. proc. coll.* 2016, comm. 91, obs. Cagnoli ; *BJE* 2016, p. 162, 113j6, obs. Borga).

Art. L. 631-20-1 *(Abr. à compter du 1er octobre 2021, Ord. n° 2021-1193, 15 sept. 2021).*

Rédaction antérieure. Art. L. 631-20-1 *(Ord. n° 2008-1345, 18 déc. 2008 ; mod., L. n° 2019-486, 22 mai 2019).* – Par dérogation aux dispositions du troisième alinéa de l'article L. 626-27, lorsque la cessation des paiements du débiteur est constatée au cours de l'exécution du plan, le tribunal qui a arrêté ce dernier décide, après avis du ministère public, sa résolution et ouvre une procédure de liquidation judiciaire. Avant de statuer, le tribunal examine si la situation du débiteur répond aux conditions posées aux articles L. 645-1 et L. 645-2 et ouvre, le cas échéant, avec son accord, une procédure de rétablissement professionnel.

Art. L. 631-21 *(L. n° 2005-845, 26 juill. 2005)*. – **Les dispositions du chapitre VII du titre II sont applicables au plan de redressement.**

Pendant la période d'observation, l'activité est poursuivie par le débiteur qui exerce les prérogatives dévolues à l'administrateur par l'article L. 631-17 et procède aux notifications prévues au second alinéa du II de l'article L. 631-19.

Le mandataire judiciaire exerce les fonctions dévolues à l'administrateur par les deuxième et troisième alinéas de l'article L. 631-10.

Art. L. 631-21-1 *(Ord. n° 2008-1345, 18 déc. 2008)*. – **Lorsque le tribunal estime que la cession totale ou partielle de l'entreprise est envisageable, il désigne un administrateur, s'il n'en a pas déjà été nommé un, aux fins de procéder à tous les actes nécessaires à la préparation de cette cession et, le cas échéant, à sa réalisation.**

Art. L. 631-22 *(Ord. n° 2008-1345, 18 déc. 2008 ; mod., Ord. n° 2014-326, 12 mars 2014 ; Ord. n° 2014-1088, 26 sept. 2014)*. – **À la demande de l'administrateur, le tribunal peut ordonner la cession totale ou partielle de l'entreprise si le ou les plans proposés apparaissent manifestement insusceptibles de permettre le redressement de l'entreprise ou en l'absence de tels plans. Les dispositions de la section I du chapitre II du titre IV, à l'exception du I de l'article L. 642-2, et l'article L. 642-22 sont applicables à cette cession. Le mandataire judiciaire exerce les missions dévolues au liquidateur.**

L'administrateur reste en fonction pour passer tous les actes nécessaires à la réalisation de la cession.

Lorsque la cession totale ou partielle a été ordonnée en application du premier alinéa, la procédure est poursuivie dans les limites prévues par l'article *(Réf. rempl. à compter du 1er octobre 2021, Ord. n° 2021-1193, 15 sept. 2021)* **« L. 631-7 ». Si l'arrêté d'un plan de redressement ne peut être obtenu, le tribunal prononce la liquidation judiciaire et met fin à la période d'observation ainsi qu'à la mission de l'administrateur, sous réserve des dispositions de l'article L. 641-10. Les biens non compris dans le plan de cession sont alors cédés dans les conditions de la section II du chapitre II du titre IV.**

1) **Hiérarchie des plans.** Sur la nécessité de rejeter le plan de redressement avant d'examiner les offres de reprise, V. ■ Cass. com., 4 nov. 2014, n° 13-21.703 : *JurisData* n° 2014-026460 ; *Gaz. Pal.* 18-20 janv. 2015, p. 23, obs. Lebel. *Adde* : Lebel, *La consécration législative de la primauté du plan sur la cession de l'entreprise* : *JCP* E 2016, 1582. Almaseanu, *Les « vrais-faux » plans de redressement doivent-ils bénéficier de la primauté de l'article L. 631-22 ?* : *JCP* E 2019, 1414.

2) **Compétence des organes.** Le tribunal ayant ordonné que les licenciements soient notifiés par l'administrateur, il appartient à celui-ci d'y procéder ; le jugement ultérieur de liquidation judiciaire n'a pas pour effet, à défaut d'une disposition expresse, de lui retirer ce pouvoir (■ Cass. soc., 12 janv. 2016, n° 13-24.058 : *JurisData* n° 2016-000231 ; *JCP* E 2016, 1198, n° 5, obs. Pétel ; *Act. proc. coll.* 2016, comm. 35, obs. Fin-Langer).

La mission des administrateurs de réaliser les actes nécessaires à la cession ne leur permet pas de discuter du périmètre de celle-ci (■ Cass. com., 5 févr. 2020, n° 18-19.576 : *JurisData* n° 2020-001345 ; *JCP* E 2020, 1204, n° 7, obs. Tehrani ; *Rev. proc. coll.* 2020, comm. 110, obs. Dumont ; *BJE* 2020, n° 117v0, p. 42, obs. Favario).

3) **Conditions.** Il n'est pas interdit d'ordonner la cession avant la fin de la période d'observation (■ Cass. com., 3 mai 2016, n° 14-24.865).

CHAPITRE II. – DE LA NULLITÉ DE CERTAINS ACTES

Art. L. 632-1. – **I. – Sont nuls, lorsqu'ils sont intervenus depuis la date de cessation des paiements, les actes suivants :**

1° Tous les actes à titre gratuit translatifs de propriété mobilière ou immobilière ;

2° Tout contrat commutatif dans lequel les obligations du débiteur excèdent notablement celles de l'autre partie ;

3° Tout paiement, quel qu'en ait été le mode, ou toute réalisation de sûreté pour dettes non échues [au jour du paiement ou de la réalisation de la sûreté] ;

4° Tout paiement pour dettes échues, fait autrement qu'en espèces, effets de commerce, virements, bordereaux de cession visés par *(Réf. rempl. à compter du 1er octobre 2021, Ord. n° 2021-1193, 15 sept. 2021)* « l'article L. 313-23 du Code monétaire et financier » ou tout autre mode de paiement communément admis dans les relations d'affaires ;

5° Tout dépôt et toute consignation de sommes en application de l'article *(Réf. rempl. à compter du 1er octobre 2021, Ord. n° 2021-1193, 15 sept. 2021)* « 2350 » du Code civil, à défaut d'une décision de justice ayant acquis force de chose jugée ;

6° *(6° mod. à compter du 1er octobre 2021, Ord. n° 2021-1193, 15 sept. 2021)* Toute sûreté réelle conventionnelle ou droit de rétention conventionnel constitués sur les biens ou droits du débiteur pour dettes antérieurement contractées, à moins qu'ils ne remplacent une sûreté antérieure d'une nature et d'une assiette au moins équivalente et à l'exception de la cession de créance prévue à l'article L. 313-23 du Code monétaire et financier, intervenue en exécution d'un contrat-cadre conclu antérieurement à la date de cessation des paiements ;

7° *(7° créé à compter du 1er octobre 2021)* Toute hypothèque légale attachée aux jugements de condamnation constituée sur les biens du débiteur pour dettes antérieurement contractées ;

8° *(Ancien 7° renum. en 8°, Ord. n° 2021-1193, 15 sept. 2021)* Toute mesure conservatoire, à moins que l'inscription ou l'acte de saisie ne soit antérieur à la date de cessation de paiement ;

9° *(Ancien 8° renum. en 9°, Ord. n° 2021-1193, 15 sept. 2021)* Toute autorisation et levée d'options définies aux articles L. 225-177 et suivants du présent code ;

10° *(Ancien 9° renum. en 10°, Ord. n° 2021-1193, 15 sept. 2021)* Tout transfert de biens ou de droits dans un patrimoine fiduciaire, à moins que ce transfert ne soit intervenu à titre de garantie d'une dette concomitamment contractée ;

11° *(Ancien 10° renum. en 11°, Ord. n° 2021-1193, 15 sept. 2021)* Tout avenant à un contrat de fiducie affectant des droits ou biens déjà transférés dans un patrimoine fiduciaire à la garantie de dettes contractées antérieurement à cet avenant ;

12° *(Ancien 11° renum. en 12°, Ord. n° 2021-1193, 15 sept. 2021)* Lorsque le débiteur est un entrepreneur individuel à responsabilité limitée, toute affectation ou modification dans l'affectation d'un bien, sous réserve du versement des revenus mentionnés à l'article L. 526-18, dont il est résulté un appauvrissement du patrimoine visé par la procédure au bénéfice d'un autre patrimoine de cet entrepreneur ;

13° *(Ancien 12° renum. en 13° et mod. à compter du 1er octobre 2021, Ord. n° 2021-1193, 15 sept. 2021)* La déclaration d'insaisissabilité faite par le débiteur en application de l'article L. 526-1 et toute renonciation à cette insaisissabilité en faveur d'un créancier pour une dette antérieurement contractée.

II. – Le tribunal peut, en outre, annuler les actes à titre gratuit visés au 1° du I et la déclaration visée au *(Réf. rempl. à compter du 1er octobre 2021, Ord. n° 2021-1193, 15 sept. 2021)* « 13° » faits dans les six mois précédant la date de cessation des paiements.

Rédaction antérieure. Art. L. 632-1 *(Anc. art. L. 621-107, mod., L. n° 2003-7, 3 janv. 2003 ; renum. à compter du 1er janvier 2006, L. n° 2005-845, 26 juill. 2005 ; Ord. n° 2006-346, 23 mars 2006 ; L. n° 2007-211, 19 févr. 2007 ; Ord. n° 2008-1345, 18 déc. 2008 ; Ord. n° 2010-1512, 9 déc. 2010 ; Ord. n° 2014-326, 12 mars 2014 ; Ord. n° 2020-1142, 16 sept. 2020).* – I. – Sont nuls, lorsqu'ils sont intervenus depuis la date de cessation des paiements, les actes suivants :

1° Tous les actes à titre gratuit translatifs de propriété mobilière ou immobilière ;

2° Tout contrat commutatif dans lequel les obligations du débiteur excèdent notablement celles de l'autre partie ;

3° Tout paiement, quel qu'en ait été le mode, pour dettes non échues au jour du paiement ;

4° Tout paiement pour dettes échues, fait autrement qu'en espèces, effets de commerce, virements, bordereaux de cession visés par la loi n° 81-1 du 2 janvier 1981 facilitant le crédit aux entreprises ou tout autre mode de paiement communément admis dans les relations d'affaires ;

5° Tout dépôt et toute consignation de sommes effectués en application de l'article 2075-1 du Code civil, à défaut d'une *décision de justice ayant acquis force* de chose jugée ;

6° Toute hypothèque conventionnelle, toute hypothèque judiciaire ainsi que l'hypothèque légale des époux et tout droit de nantissement ou de gage constitués sur les biens du débiteur pour dettes antérieurement contractées ;

7° Toute mesure conservatoire, à moins que l'inscription ou l'acte de saisie ne soit antérieur à la date de cessation de paiement.

8° Toute autorisation et levée d'options définies aux articles L. 225-177 et suivants et L. 22-10-56 et suivants du présent code.

9° Tout transfert de biens ou de droits dans un patrimoine fiduciaire, à moins que ce transfert ne soit intervenu à titre de garantie d'une dette concomitamment contractée ;

10° Tout avenant à un contrat de fiducie affectant des droits ou biens déjà transférés dans un patrimoine fiduciaire à la garantie de dettes contractées antérieurement à cet avenant ;

11° Lorsque le débiteur est un entrepreneur individuel à responsabilité limitée, toute affectation ou modification dans l'affectation d'un bien, sous réserve du versement des revenus mentionnés à l'article L. 526-18, dont il est résulté un appauvrissement du patrimoine visé par la procédure au bénéfice d'un autre patrimoine de cet entrepreneur ;

12° La déclaration d'insaisissabilité faite par le débiteur en application de l'article L. 526-1.

II. – Le tribunal peut, en outre, annuler les actes à titre gratuit visés au 1° du I et la déclaration visée au 12° faits dans les six mois précédant la date de cessation des paiements.

Bibliographie : Vasseur, *Le principe de l'égalité entre les créanciers chirographaires dans la faillite*, thèse Paris 1946. • Heenen, *Les nullités de la période suspecte dans les pays de la CEE* in *Liber amicorum Baron Frédéricq* 1965, t. II, p. 1143. • M.-Th. Rives-Lange, *Le sort des sûretés constituées en période suspecte pour garantir le solde d'un compte courant en cours de fonctionnement : Mélanges Cabrillac* 1969, 428. • Parleani, *Les inopposabilités de la période suspecte*, thèse dactyl. Paris 1972. • Reymond de Gentile (Campana), *Le principe de l'égalité entre les créanciers chirographaires et la loi du 13 juillet 1967*, Sirey 1973, Bibl. dr. com., t. 25. • Grua, *Les effets de l'aléa et la distinction des contrats aléatoires et des contrats commutatifs : RTD civ.* 1983, 263. • Le Calvez, *Le référé civil en matière pénale ou les opposabilités de la période suspecte : Gaz. Pal.* 1985, 1, doctr. 259. • Honorat, *Conditions d'inopposabilité d'un partage consécutif à un changement de régime matrimonial intervenu pendant la période suspecte : Rép. not.* 1989, 908. • Montredon, *La compensation de dettes connexes après le jugement déclaratif peut-elle survivre à la loi du 25 janvier 1985 ? : JCP* E 1990, II, 15792. • Neuville, *La transaction suspecte (observations sur la notion de transaction au regard des nullités de la période suspecte : D.* 2000, chron. 571. • Reboul, *Actualité des nullités de la période suspecte : RJ com.* 2001, 173. • Feugere, *Le sort d'une remise de dette consentie au cours de la période suspecte du créancier : JCP* E 2002, p. 1040. • Borga, *L'autonomie conceptuelle de l'antichrèse, source d'effets imprévus : D.* 2006, 2090. • Mouial-Bassilana, *L'articulation de la période suspecte et des différentes procédures après la loi de sauvegarde du 26 juillet 2005 : D.* 2006, chron. 1959. • Andreu, *Peut-on désormais prononcer la nullité de la compensation intervenue en période suspecte ?*, in *Mélanges Saint-Alary-Houin* : *LGDJ*, p. 1.

• *Sommaire*

I – GÉNÉRALITÉS

Voir : jurispr. citée sous C. com., art. L. 632-4.

1) Début de la période suspecte. La période suspecte débute la première heure du jour fixé pour la date de cessation des paiements (■ Cass. com., 28 sept. 2004, n° 03-10.332 : *JurisData* n° 2004-024987 ; *D.* 2004, p. 2716 ; *D.* 2005, pan. 296, obs. Le Corre).

2) Conversion d'une sauvegarde. En cas de conversion d'une sauvegarde, la période suspecte ne peut comprendre la période d'observation de la sauvegarde (■ Cass. com., 18 mai 2016 : *JCP* E 2016, 1465, n° 7, obs. Pétel ; *Act. proc. coll.* 2016, comm. 142, obs. Monsèrié-Bon).

3) Date des actes. Seuls les actes accomplis pendant la période suspecte sont atteints par les nullités édictées aux articles L. 621-107 [L. 632-1] et L. 621-108 [L. 632-2] (■ Cass. com., 19 janv. 1999, n° 96-18.772 : *RJDA* 1999, n° 316 ; *Rev. proc. coll.* 2002, 273, obs. Blanc. ■ Cass. com., 19 janv. 1999, n° 96-18.772 : *Act. proc. coll.* 1999-5, n°s 65 et 71 ; *Dr. sociétés* 1999, comm. n° 52 ; *Rev. proc. coll.* 2002, 273, obs. Blanc).

4) Action paulienne. V. jurispr. citée sous C. com., art. L. 622-20.

5) Sous-acquéreur. Sur les conséquences des nullités de la période suspecte à l'égard d'un sous-acquéreur, ou d'un ayant cause particulier : ni l'erreur commune, ni l'apparence ne peuvent faire obstacle aux conséquences, vis-à-vis des tiers sous-acquéreurs, même de bonne foi, de la nullité édictée par les articles L. 621-107 et L. 621-108 [L. 632-1 et L. 632-2] (■ Cass. com., 3 févr. 1998 : *JCP* E 1998, pan. p. 491, p. 655, n° 3, obs. M. Cabrillac ; *D.* 1999, somm. 70, obs. Honorat, 185, note Bénabent ; *RJDA* 6/98, n° 773 ; *RTD com.* 1999, 201, obs. Martin-Serf. ■ Cass. com., 30 juin 2004, n° 02-13.465 : *JurisData* n° 2004-024382 ; *RJDA* 1/2005, n° 65 ; *JCP* E 2004, pan. 1317 ; *D.* 2004, p. 2301 ; *D.* 2005, pan. 296, obs. Le Corre. – *Adde*, ▪ Cass. com., 13 avr. 1976, n° 74-12.560 : *D.* 1976, 642, note Derrida. ▪ Cass. com., 17 déc. 1985, n° 84-16.904 : *JurisData* n° 1985-799123 ; *D.* 1986, 101, note Derrida).

6) Annulation d'un paiement. La créance dont le paiement est annulé en application de l'article L. 621-107, I, 3°, [L. 632-1] a son origine antérieurement au jugement d'ouverture et doit être déclarée à la procédure collective (▪ Cass. com., 30 oct. 2000, n° 97-21.077 : *JurisData* n° 2000-006682 ; *JCP* E 2001, p. 219, n° 9, obs. Ph. Pétel ; *D.* 2000, act. jurispr., p. 427, obs. Lienhard ; *D.* 2001, somm. 618, obs. Honorat ; *RD bancaire et fin.* 2001, 20, n° 20, obs. Lucas ; *RTD com.* 2001, 236, obs. Martin-Serf).

7) Annulation d'une vente. Contrairement au régime ordinaire de l'annulation, l'obligation de rembourser le prix d'une vente annulée parce qu'intervenue en période suspecte a son origine antérieurement au jugement d'ouverture (▪ Cass. com., 20 janv. 2009 : *JCP* E 2009, 1347, n° 6, obs. M. Cabrillac ; *D.* 2009, p. 425, obs. A. Lienhard).

8) Liquidation de communauté. L'état liquidatif résultant de la convention de divorce homologuée par le juge peut être frappé par les nullités de la période suspecte (▪ Cass. 1re civ., 25 janv. 2000, n° 97-21.119 : *JurisData* n° 2000-000255 ; *JCP* E 2000, pan. 440 ; *D.* 2000, *Cah. dr. aff.* act. jurispr., p. 103, obs. Lienhard, somm. 333, obs. Revel ; *RD bancaire et fin.* 2000, 90, n° 71, obs. Lucas ; *RTD com.* 2000, 460, obs. Martin-Serf ; *RTD civ.* 2000, 553, obs. Hauser ; *LPA* 5 juin 2001, p. 14, note Mercier ; *Rev. proc. coll.* 2002, 276, obs. Blanc), même si cet acte contient des dispositions relatives aux créances alimentaires ou aux prestations compensatoires (▪ Cass. com., 7 nov. 2006, n° 04-18.650 : *JurisData* n° 2006-035793 ; *D.* 2006, p. 2911, obs. Lienhard ; *JCP* E 2007, 1450, n° 7, obs. Cabrillac). Toutefois, l'abandon de la quote-part d'un bien immobilier, au titre de l'accomplissement d'un devoir de secours, ne constitue pas le paiement d'une dette non échue au jour du paiement (▪ Cass. com., 7 nov. 2006, préc.).

V. antérieurement ▪ Cass. ch. mixte, 6 déc. 1985, n° 82-14.122 : *JCP* 1986, II, 20646, concl. Cochard, note Bénabent et Lindon ; *D.* 1986, 185, note Derrida V. Vauvillé, *Divorce et liquidation judiciaire : astuces et pièges : RJPF 2001-1/11.*

9) Procédure. Le défendeur à l'action en nullité qui n'a pas formé tierce opposition dans les formes et délais de l'article 158 du décret du 27 décembre 1985 (C. com., art. R. 661-2) contre la décision fixant la date de cessation des paiements, ne peut plus la contester (▪ Cass. com., 13 févr. 2007, n° 05-13.526 : *JurisData* n° 2007-037368 ; *RJDA* 6/2007, n° 637 ; *JCP* E 2007, 1450, n° 6, obs. Cabrillac).

10) Compétence. L'action en nullité d'une transaction conclue avec un salarié en période suspecte relève du tribunal de la procédure et non du conseil des prud'hommes (▪ Cass. soc., 12 juin 2019 : *Rev. proc. coll.* 2019, comm. 127, obs. Cagnoli).

11) Droit international. L'application de l'article 878 du Code de commerce espagnol selon lequel tous les actes de disposition et d'administration postérieurs à le date à laquelle rétroagissent les effets de la faillite sont atteints de nullité, à l'égard de toute personne même de bonne foi, n'est pas contraire à la conception française de l'ordre public international, ce qui justifie la nullité retenue par la cour d'appel quant à la convention passée pendant cette période entre le débiteur en faillite et un créancier français (▪ Cass. com., 5 févr. 2002 : *JCP* E 2002, pan. 471 ; *RJDA* 6/2002, n° 676 ; *JCP* E 2003, jurispr. 854, note Raimon).

Voir : Règl. (CE), n° 1346/2000, 29 mai 2000, annexe 6, *Des difficultés des entreprises.*

II – LES ACTES À TITRE GRATUIT

12) Donations. Les nullités (dans le droit antérieur, inopposabilités) de la période suspecte s'appliquent aux donations, qu'il s'agisse de dons manuels ou de donations déguisées sous forme de vente (▪ Cass. req., 5 avr. 1875 : *S.* 1876, 1, 155 ; *D.* 1876, 1, 37) ou sous forme de prêt (▪ Cass. 1re civ., 5 mars 2004, n° 2002/21436 : *JurisData* n° 2004-248814 ; *RJDA* 8-9/2004, n° 1020) ; V. également ▪ Cass. com., 26 nov. 1985 : *D.* 1986, inf. rap. 102, obs. Honorat. ▪ Cass. com., 17 déc. 1985, n° 84-16.904 : *JurisData* n° 1985-799123 ; *Bull.* IV, n° 299. ▪ Cass. com., 1er févr. 2000, n° 97-16.484 : *RJDA* 5/2000, n° 570.

13) Constitution de droit. Elles s'appliquent également aux constitutions de droits réels à titre gratuit (▪ Cass. com., 3 mai 1955 : *Bull.* III, n° 150 ; *RTD com.* 1955, 891, obs. Houin. ▪ Cass. com., 20 mai 1968 : *RTD com.* 1969, 199, obs. Houin pour une hypothèque. ▪ Cass. com., 4 nov. 1969 : *Rev. syndics* 1970, 110, obs. Plaisant ; *RTD com.* 1971, 485, obs. Houin pour un nantissement. ▪ T. com. Seine, 17 juin 1870 : *Journ. trib. com.* 1871, 191 pour une servitude et un usufruit) ou à la concession du droit d'exploiter un brevet d'invention (▪ Cass. com., 14 févr. 1973, n° 71-13.866 : *JurisData* n° 1973-097075 ; *D.* 1973, inf. rap. 85 pour une concession à titre gratuit du droit d'exploiter des brevets d'invention).

14) Cautionnement. L'article L. 621-107, alinéa 1, 1°, [L. 632-1] s'applique au cautionnement consenti sans contrepartie (■ Cass. com., 12 juin 1963 : *Bull.* III, n° 298 ; *RTD com.* 1964, 159. ■ Cass. com., 21 déc. 1966 : *Bull.* III, n° 497 ; *RTD com.* 1967, 581). Mais non à un cautionnement intéressé (■ Cass. com., 19 nov. 2013 : *D.* 2013, 2766, obs. Lienhard ; *BJS* 2014, p. 44, note Mouial-Bassilana).

15) Remise de dette. La remise de dette peut être annulée (■ T. com. Nice, 5 mai 1961 : *RTD com.* 1961, 458. ■ Cass. com., 12 mars 1963 : *D.* 1963, 500) comme toute renonciation à un droit sans contrepartie (■ T. com. Seine, 6 févr. 1965 : *RTD com.* 1966, 1027, obs. Houin. ■ 3 févr. 1966 : *Rev. syndics* 1966, 34, note Plaisant). V. cependant *contra* pour une remise de dette en contrepartie de laquelle le créancier a fait l'économie d'une procédure judiciaire dont l'issue était aléatoire (■ Cass. com., 2 oct. 2001, n° 98-19.694 : *JurisData* n° 2001-011149 ; *D.* 2001, p. 3119, obs. Lienhard ; *JCP* E 2001, pan. 1747 ; *RTD com.* 2002, 164, obs. Martin-Serf ; *Rev. huissiers* 2001, 23, obs. Picod ; *Rev. proc. coll.* 2002, 275, obs. Blanc).

16) Actes accomplis dans les 6 mois précédant la cessation des paiements. Pour annuler l'acte, il suffit d'établir que le débiteur a eu l'intention de soustraire les biens litigieux aux poursuites de créanciers (■ Cass. com., 26 oct. 1999, n° 97-13.839 : *JurisData* n° 1999-003863 ; *Rev. proc. coll.* 2002, 280, obs. Blanc. – V. aussi, ■ Cass. com., 25 juin 1991, n° 89-21.286 : *JurisData* n° 1991-001771 ; *D.* 1991, somm. 330, obs. Honorat). Les juges du fond n'ont pas l'obligation de prononcer la nullité des actes à titre gratuit intervenus dans les six mois précédant la date de cessation des paiements (■ Cass. com., 7 nov. 1989, n° 88-14.441 : *JurisData* n° 1989-703498 ; *Bull. civ.* IV, n° 271 ; *JCP* E 1990, II, 15832, n° 1, obs. M. Cabrillac).

17) Donation de bien commun. La nullité d'un acte à titre gratuit portant sur un bien commun atteint l'acte en son entier (■ Cass. com., 7 avr. 2009 : *JCP* E 2009, 1814, n° 7, obs. M. Cabrillac ; *Gaz. Pal.* 26-28 juill. 2009, p. 32, obs. Ph. Roussel-Galle).

18) Partage. Un partage inégal comporte une contrepartie, ce qui exclut d'y voir un acte à titre gratuit (■ Cass. com., 16 déc. 2014, n° 13-25.765 : *JCP* E 2015, 1051, obs. Brignon ; *BJE* 2015/2, p. 112, obs. Benilsi).

III – LES CONTRATS DÉSÉQUILIBRÉS

19) Applications. Le déséquilibre des prestations a été admis pour une transaction dès lors que conclue au cours de la période suspecte elle présentait un déséquilibre notable au préjudice du débiteur (■ Paris, 10 juill. 1984 : *JurisData* n° 1984-023848 ; *DS* 1984, inf. rap. 399. ■ Paris, 12 nov. 1992 : *JurisData* n° 1992-024234 ; *Rev. proc. coll.* 1994, 250, obs. Lemistre) ; pour une vente d'immeuble (■ Cass. com., 17 déc. 1974, n° 73-14.240 : *JurisData* n° 1974-097328 ; *Bull.* IV, n° 328) ; pour une vente d'animaux (■ Cass. com., 16 févr. 1981 : *JurisData* n° 1981-700511 ; *Bull.* IV, n° 82) ; pour un apport en société (■ Cass. com., 1er déc. 1975, n° 74-12.736 : *JurisData* n° 1975-097283 ; *Bull.* IV, n° 284) ; pour un acte constitutif de sûreté (■ Cass. com., 13 mai 1981, n° 79-15.574 : *JurisData* n° 1981-701767 ; *Bull.* IV, n° 228) ; pour un partage (■ Cass. com., 25 juin 1979, n° 78-10.991 : *Bull.* IV, n° 213 ; *D.* 1979, inf. rap. 533, obs. Honorat) ; pour un contrat de location (■ T. com. Marseille, 16 avr. 1987 : *Rev. proc. coll.* 1987, n° 3, p. 43, obs. Guyon) ; pour des contrats de vente et de licence de marque (■ Cass. com., 24 nov. 1998, n° 94-19.890 : *JurisData* n° 1998-004696 ; *RJDA* 1/99, n° 78 ; *Rev. proc. coll.* 2002, 275, obs. Blanc) ; pour un contrat de vente de licence IV (■ Orléans, 28 avr. 2005 [1re esp.] : *RJDA* 10/2005, n° 1132), pour la vente d'un fonds de commerce (■ Cass. com., 18 janv. 2000, n° 97-14.347 : *Rev. proc. coll.* 2002, 275, obs. Blanc).

20) Contrat de travail. Un contrat de travail peut être annulé à ce titre (■ Cass. soc., 20 mai 1992, n° 90-44.061 : *JurisData* n° 1992-001385 ; *Bull. civ.* V, n° 323. ■ Cass. soc., 14 mars 2000, n° 97-45.899 : *Rev. proc. coll.* 2002, 276, obs. Blanc. ■ Cass. com., 27 nov. 2001 : *Rev. proc. coll.* 2002, 287, obs. Canet (■ Cass. soc., 29 oct. 2002, n° 00-45.612 : *JurisData* n° 2002-016116 ; *JCP* E 2003, jurispr. 1399, note Fin-Langer.

Si le travailleur doit être indemnisé pour les prestations qu'il a fournies, il ne peut prétendre au paiement de salaires ; saisi d'une demande au titre de créances salariales, le juge n'est pas tenu de rechercher si cette action pouvait être fondée au titre de l'indemnisation de la prestation fournie (■ Cass. soc., 21 nov. 2018, n° 17-26.810 : *Act. proc. coll.* 2019, comm. 8, Fin-Langer).

21) Contrat aléatoire. Ne sera pas considéré comme contrat aléatoire, exclu du champ d'application de l'article 621-107, alinéa 1, 2° [L. 632-1] le contrat dans lequel l'évaluation des prestations des parties, bien que difficile, n'est pas impossible (■ Cass. com., 16 févr. 1981 : *Bull.* IV, n° 82 pour des chevaux de course. ■ Paris, 19 mars 1981 : *DS* 1981, 193, note Huet ; *Jurispr. com.* 1980, 65, note Honorat et Guetta).

22) Appréciation. Le déséquilibre du contrat doit s'apprécier au moment de la conclusion du contrat (■ Cass. com., 1er déc. 1975, n° 74-12.736 : *Bull.* IV, n° 284. ■ Nîmes, 31 oct. 1984 : *JurisData* n° 1984-764611 ; *JCP* CI 1985, 14880, n° 4, obs. Cabrillac et Vivant). Il doit s'apprécier uniquement par rapport au contrat en cause et non en fonction d'autres engagements extérieurs du débiteur (▪ Cass. com., 10 déc. 2002, n° 01-11.279 : *JurisData* n° 2002-017127 ; *RJDA* 5/2003, n° 521, et, dans la même affaire, ▪ Cass. com., 4 avr. 2006, n° 05-14.037 : *JurisData* n° 2006-033106 ; *RJDA* 10/2006, n° 1056). Mais une cession de parts sociales pour un euro ne comporte pas nécessairement un excès manifeste (▪ Cass. 3e civ., 13 oct. 2016, n° 15-11.128 : *JCP* E 2017, 1186, obs. Le Gac-Pech).

IV – LES PAIEMENTS

A – Les paiements anticipés

23) Absence de terme. Lorsque aucun délai n'a été prévu pour le paiement d'une créance, celle-ci est toujours exigible et le paiement effectué ne saurait être considéré comme anticipé au sens du droit des procédures collectives (▪ T. com. Bourges, 4 févr. 1910 : *Journ. faillites* 1910, 275).

24) Mode de paiement. La nullité s'appliquera, quel que soit le mode de paiement utilisé par le débiteur, qu'il s'agisse d'espèces (▪ Cass. req., 26 juin 1888 : *Journ. faillites* 1888, 394), d'effets de commerce (▪ Cass. civ., 16 juin 1909 : *DP* 1909, 1, 385. ▪ Cass. com., 14 déc. 1970, n° 69-13.179 : *JurisData* n° 1970-098341 ; *DS* 1972, 1, note Bouloc), de paiement effectué par le moyen d'une compensation conventionnelle (▪ Cass. req., 29 oct. 1929 : *Gaz. Pal.* 1929, 2, 822 ; *S.* 1930, 1, 15), de paiement par bordereau de cession de créances professionnelles (▪ Cass. com., 22 janv. 2002 [2 arrêts] : *Rev. proc. coll.* 2002, 276, obs. Blanc. – *Adde*, ▪ Orléans, 14 déc. 2006, n° 06/00654 : *JurisData* n° 2006-325097 ; *RJDA* 3/2007, n° 275, pour une cession de créance). Pour l'opération consistant, pour une banque, à imputer le montant d'un prêt nouvellement consenti sur tout ou partie des dettes du débiteur vis-à-vis d'elle (▪ Cass. com., 25 juin 2002, n° S00/38810 : *JurisData* n° 2002-192835 ; *RJDA* 12/2002, n° 1300).

25) Effet de commerce. La jurisprudence a tendance à considérer comme un paiement de dette non échue la constitution, en période suspecte, de la provision d'un effet de commerce postérieurement à la création du titre (▪ Cass. civ., 17 déc. 1850 : *DP* 1851, 1, 29. ▪ Cass. civ., 20 août 1888 : *DP* 1888, 1, 213. ▪ Cass. civ., 31 déc. 1894 : *DP* 1895, 1, 409, note Thaller. ▪ Aix-en-Provence, 19 déc. 1974 : *DS* 1975, 352, note Derrida ; *RTD com.* 1975, 329, obs. Cabrillac et Rives-Lange. – *Comp.* ▪ Cass. com., 5 oct. 1993, n° 91-10.172 : *RJDA* 2/94, n° 206).

26) Caution. La restitution amiable par le créancier au débiteur de sommes reçues en vertu d'un paiement que la loi déclare nul de droit est opposable à la caution (▪ Cass. com., 22 oct. 1996, n° 94-14.570 : *JurisData* n° 1996-004078 ; *RJDA* 2/97, n° 251 ; *RD bancaire et bourse* 1997, 243, obs. Contamine-Raynaud).

27) Compte courant d'associé. En l'absence de clause particulière dans les statuts ou dans une convention passée entre l'associé prêteur et la société, le solde débiteur d'un compte courant d'associé constitue une dette échue, dont le titulaire du compte est, à tout moment, en droit de demander le remboursement (▪ Paris, 17 sept. 1999, n° 1998/03177 : *JurisData* n° 1999-104000 ; *D.* 1999, *Cah. dr. aff.*, jurispr. 31, obs. A.L.).

28) Convention cadre antérieure. Est nulle la cession de créance consentie en période suspecte, fût-elle consentie en exécution d'une convention cadre signée avant la cessation des paiements, dès lors qu'elle a pour objet d'éteindre une dette non échue (▪ Cass. com., 19 mai 2015, n° 14-11.215).

B – Les paiements anormaux

29) Nécessité d'un paiement. Un protocole d'accord concernant une reconnaissance de dette qui se borne à fixer un échéancier de règlement de la dette n'est pas un paiement (▪ Cass. com., 10 déc. 2002, n° 99-16.518 : *JurisData* n° 2002-017090 ; *RJDA* 5/2003, n° 522). N'est pas un paiement une substitution de dettes (▪ Besançon, 26 avr. 2000, n° 98/01040 : *JurisData* n° 2000-111995 ; *RJ com.* 2001, 116, obs. Haening).

30) Usages professionnels. Est normal un paiement conforme à un usage professionnel (▪ Cass. com., 3 oct. 1978, n° 76-15.450 : *JurisData* n° 1978-761380 ; *Bull.* IV, n° 210 ; *DS* 1979, inf. rap. 235, obs. Derrida. – Mais V. ▪ Cass. com., 17 déc. 1979, n° 78-11.997 : *JurisData* n° 1979-700337 ; *DS* 1980, inf. rap. 406, obs. Derrida pour une opération considérée comme un mode anormal de paiement).

31) Dation en paiement. Est considéré comme anormal le paiement qui modifie l'objet de l'obligation du débiteur. Il en est ainsi de la dation en paiement (▪ Cass. req., 27 nov. 1900 : *DP* 1902, 1, 473, note Thaller ; *S.* 1901, 1, 113, note Lyon-Caen. ▪ Cass. com., 31 mai 1954 : *JCP* 1955, II, 8787, note Derrida, cassant ▪ Riom, 22 nov. 1950 : *JCP* 1951, II, 6633, note Toujas ; *RTD com.* 1952, 173, obs. Houin pour la remise par le débiteur de titres de même nature et de même valeur en remplacement de titres nominatifs qui lui avaient été remis en dépôt. ▪ Cass. ass. plén., 22 avr. 1974 : *JurisData* n° 1974-095001 ; *JCP* 1974, II, 17876, note Bénabent ; *D.* 1974, 613, note Derrida pour la remise d'un appartement dans un immeuble autre que celui qui avait été initialement prévu en règlement d'un paiement au comptant. ▪ Cass. com., 1er févr. 2000, n° 96-15.408 : *RJDA* 5/2000, n° 571 ; *Rev. proc.*

coll. 2002, 277, obs. Blanc, pour la livraison d'un matériel autre que celui qui avait été prévu contractuellement. – Comp. ▪ Cass. com., 30 juin 1970, n° 69-10.518 : *JurisData* n° 1970-097226 ; *Bull.* IV, n° 226. – *Adde*, ▪ Cass. com., 27 févr. 1967 : *Bull.* III, n° 94 pour la restitution de marchandises achetées. ▪ Cass. com., 21 févr. 1977, n° 75-13.721 : *JurisData* n° 1977-097057 ; *Bull.* IV, n° 57 ; *JCP* G 1977, IV, 103 pour la remise d'un véhicule d'occasion à la place d'un véhicule neuf. ▪ Cass. com., 11 juill. 2000, n° 97-12.374 : *JurisData* n° 2000-002901 ; *JCP* 2000, E. pan. 1593, p. 1708, obs. Delebecque ; *JCP* E 2001, p. 222, n° 15, obs. M.C. ; *RJDA* 11/2000, n° 1049, p. 751, concl. Piniot ; *D.* 2001, comm. 465, note S. Piedelièvre ; *RD bancaire et fin.* 2001, 17, n° 15, obs. Legeais ; *Rev. proc. coll.* 2002, 277, obs. Blanc, pour la remise de véhicules alors que le droit de rétention ne portait que sur les documents administratifs des véhicules. – Comp. ▪ Cass. com., 19 déc. 1989, n° 88-12.858 : *JurisData* n° 1989-704007 ; *JCP* E 1990, I, 19558 ; *JCP* E 1990, II, 15832, n° 13, obs. Pétel ; *Bull.* IV, n° 322 ; *RTD com.* 1990, 456, n° 14, obs. Bouloc. ▪ Cass. com., 27 févr. 1968 : *Bull.* IV, n° 87 pour la remise de matériel ou de marchandises. ▪ Cass. com., 16 mars 1981, n° 79-13.537 : *JurisData* n° 1981-700875 ; *Bull.* IV, n° 137 ; *DS* 1983, inf. rap. 10, obs. Derrida. ▪ Cass. com., 28 juin 1982, n° 81-11.563 : *JurisData* n° 1982-701470 ; *D.* 1983, inf. rap. 10, obs. Derrida. ▪ Cass. com., 28 avr. 1987, n° 84-17.396 : *Rev. proc. coll.* 1987, n° 4, p. 83, obs. Guyon. – Comp. ▪ Cass. com., 2 févr. 1999, n° 96-14.467 : *JurisData* n° 1999-000426 ; *RJDA* 3/99, n° 317 ; *LPA* 1er avr. 1999, p. 11, obs. P.M. ; *RTD com.* 1999, 757, obs. Martin-Serf ; *Rev. proc. coll.* 2002, 277, obs. Blanc. – *Adde* ▪ Cass. com., 18 févr. 2003, n° 99-19.249 : *JurisData* n° 2003-017886 ; *RJDA* 7/2003, n° 746 ; *JCP* E 2004, chron. 69, n° 21, obs. Delebecque. ▪ Cass. com., 13 mars 2007, n° 06-15.619 : *JurisData* n° 2007-037981 ; *RJDA* 10/2007, n° 994, pour la vente de deux parkings).

Constitue un mode anormal de paiement l'opération par laquelle une société mère sous couvert d'un contrat de dépôt vente avec sa filiale, a versé à son principal fournisseur une somme équivalente au prix des marchandises qui lui avaient été livrées, ce qui déguise une dation en paiement (▪ Cass. com., 12 nov. 1985, n° 84-16.336 : *JurisData* n° 1985-702944 ; *Bull.* IV, n° 268 ; *JCP* E 1986, I, 15774, n° 11, obs. Cabrillac et Vivant ; *Rev. proc. coll.* 1986, n° 2, 39, obs. Guyon ; *D.* 1986, inf. rap. 360, note Honorat. ▪ Cass. com., 13 févr. 2007 : *RJDA* 6/2007, n° 637 ; *D.* 2007, p. 583, obs. Lienhard ; *JCP* E 2007, 1450, n° 6, obs. Cabrillac ; *ibid.*, pan. 1454, pour une vente avec accord de compensation qui était une dation en paiement déguisée).

Constitue une dation en paiement le paiement en espèces alors que le contrat prévoyait une livraison de marchandises ou de titres (▪ Riom, 22 nov. 1950 : *JCP* 1951, II, 6633, note Toujas. ▪ Cass. com., 31 mai 1954 : *JCP* 1955, II, 8797, note Derrida).

32) Restitutions. Les restitutions effectuées en période suspecte en application d'une résolution amiable intervenue pendant cette même période ont été déclarées inopposables à la masse (▪ Cass. civ., 7 oct. 1941 : *JCP* 1945, II, 2785, note Boitard ; *Gaz. Pal.* 1941, 2, 535 ; *S.* 1944, I, 61. ▪ Cass. com., 24 mai 1948 : *JCP* 1948, II, 4568, note Becqué ; *D.* 1949, 13, note Percerou ; *RTD com.* 1948, 688, obs. Hémard et 700, obs. Houin. ▪ Paris, 7 janv. 1992 : *D.* 1992, inf. rap. 111, qui analyse ces restitutions en dation en paiement. ▪ Cass. com., 16 févr. 1993, n° 91-11.106 : *JurisData* n° 1993-000297 ; *Bull.* IV, n° 65 ; *D.* 1994, somm. 80, obs. Honorat. – Comp. ▪ Cass. com., 12 juill. 1994, n° 92-10.761 : *RJDA* 2/95, n° 208. – V. Loussouarn, *Des résolutions amiables ou judiciaires de ventes mobilières pendant la période suspecte : RTD com.* 1949, 274).

Mais la restitution de marchandises vendues avec réserve de propriété n'est pas un mode anormal de paiement (▪ Cass. com., 16 déc. 2008, n° 07-17.207 : *JurisData* n° 2008-046329 ; *Rev. proc. coll.* 2009, comm. 167, obs. M.-H. Monsèrié-Bon).

33) Cession de créance. La cession de créance, hormis le cas où il s'agit de la cession de créances professionnelles à un établissement de crédit, ne constitue pas un mode de paiement communément admis dans les relations d'affaires et est nulle lorsqu'elle est consentie en période suspecte (▪ Cass. com., 14 déc. 1993, n° 92-10.858 : *JurisData* n° 1993-002711 ; *Bull.* IV, n° 472 ; *D.* 1994, somm. 178, obs. Honorat ; *JCP* E 1994, II, 546, note Guyon, pour une créance cédée à l'URSSAF en paiement de cotisations. ▪ Paris, 21 déc. 2000 : *D.* 2002, p. 724. – Comp. ▪ Besançon, 12 juin 1991 : *JCP* E 1991, pan. 886 ; *RD bancaire et bourse* 1991, 229, obs. Credot et Gérard ; *RTD com.* 1991, 623, obs. Cabrillac et Teyssié). Mais ce mode de paiement pourrait être valable s'il était communément admis dans les relations d'affaires d'un secteur professionnel, V. *infra*, *C. Les paiements normaux*.

34) Délégation. La délégation consentie par le débiteur au cours de la période suspecte est inopposable à la masse (▪ Cass. com., 5 janv. 1965 : *JCP* 1965, II, 14177, note Nectoux ; *RTD com.* 1965, 655 ; *Bull.* III, n° 7. ▪ Cass. com., 23 mars 1965 : *Gaz. Pal.* 1965, 1, 63 ; *RTD com.* 1965, 655. ▪ Cass. com., 15 janv. 1975 : *JurisData* n° 1975-097015 ; *Bull.* IV, n° 15. ▪ Cass. com., 12 janv. 1976, n° 74-12.494 : *JurisData* n° 1976-097013 ; *Bull.* IV, n° 13. ▪ Cass. com., 5 mars 1979, n° 77-13.162 : *JurisData* n° 1979-097087 ; *Bull.* IV, n° 87. ▪ Cass. com., 3 juin 1986, n° 85-14.150 : *JurisData* n° 1986-001122 ; *Bull.* IV, n° 113 ; *JCP* G 1986, IV, 238), sauf si elle a été conclu avant la date de cessation des paiements, même si son exécution est postérieure. (▪ Cass. com., 4 oct.

2005, n° 04-10.432 : *JurisData* n° 2005-030078 ; *D.* 2005, p. 2591, obs. Lienhard ; *D.* 2006, pan. 2862, obs. Crocq ; *JCP* E 2006, 1066, n° 11, obs. M. Cabrillac ; *ibid.*, 1347, note Albrieux ; *RTD com.* 2006, 481, obs. Martin-Serf ; *RTD civ.* 2006, 319, obs. Mestre et Fages ; *RD bancaire et financier* nov.-déc. 2005, 19, obs. Cerles ; *Act. proc. coll.* 2005, n° 243, obs. Lécuyer ; *Banque et droit* nov.-déc. 2005, 78, obs. Rontchevsky ; *D.* 2007, pan. 757, obs. D.-R. Martin).

Pour déclarer inopposable à la masse la délégation imparfaite les juges n'ont pas besoin de constater l'existence de rapports contractuels antérieurs liant le délégué au délégataire (▪ Cass. com., 11 déc. 1984 : *JurisData* n° 1984-701757 ; *D.* 1985, inf. rap. 198, obs. Honorat).

35) Compensation conventionnelle. La compensation conventionnelle est nulle lorsqu'elle intervient en période suspecte (▪ Cass. req., 18 juin 1900 : *DP* 1900, 1, 53. ▪ Cass. req., 7 oct. 1975, n° 74-10.032 : *JurisData* n° 1975-097223 ; *Bull.* IV, n° 223. ▪ Cass. req., 21 févr. 1977, n° 75-13.721 : *JurisData* n° 1977-097057 ; *Bull.* IV, n° 57. ▪ Cass. req., 21 mai 1979, n° 77-15.921 : *JurisData* n° 1979-740165 ; *Bull.* IV, n° 165. ▪ Montpellier, 30 mai 1950 : *RTD com.* 1950, 651 ; *D.* 1950, 581, note H. Mazeaud. ▪ Limoges, 11 mars 1991 : *JurisData* n° 1991-040748 ; *D.* 1992, somm. 183, obs. Honorat), sauf lorsque la convention de compensation avait été convenue et avait commencé à fonctionner soit bien avant la période suspecte (▪ Cass. com., 9 déc. 1997, n° 95-12.651 : *JurisData* n° 1997-004935 ; *JCP* E 1998, p. 657, n° 14, obs. M. Cabrillac ; *D.* 1998, somm. 325, obs. Honorat. ▪ Cass. com., 18 sept. 2007, n° 06-17.952 : *JurisData* n° 2007-040459 ; *RJDA* 12/2007, n° 1276) soit le jour même de la date fixée pour la cessation des paiements (▪ Paris, 28 mars 1989 : *JurisData* n° 1989-021081 ; *Gaz. Pal.* 1990, 1, somm. 187 ; *D.* 1991, somm. 31, obs. M. Vasseur).

Le remboursement d'un prêt par une compensation provoquée avec une partie du prix de la vente d'un bien du débiteur ne constitue pas un mode normal de paiement (▪ Cass. com., 19 déc. 2000, n° 98-11.093 : *JurisData* n° 2000-007464 ; *RJDA* 3/2001, n° 345 ; *JCP* E 2001, pan. 303 ; *D.* 2001, p. 306, obs. Lienhard, somm. 3426, obs. Honorat ; *RTD com.* 2002, 165, obs. Martin-Serf ; *Rev. proc. coll.* 2002, 277, obs. Blanc. ▪ Cass. com., 13 févr. 2007, n° 05-18.633 : *JurisData* n° 2007-037433 ; *D.* 2007, p. 583, obs. Lienhard ; *RJDA* 6/2007, n° 637 ; *JCP* E 2007, 1450, n° 6, obs. Cabrillac ; *ibid.*, pan. 1454). Mais la vente demeure valable, seul le remboursement du prêt est annulé (même déc.).

L'opération de compensation ainsi réalisée peut dissimuler une dation en paiement (▪ Cass. com., 14 févr. 1973 : *JurisData* n° 1973-097078 ; *Bull.* IV, n° 78. ▪ Cass. com., 16 mars 1981, n° 79-13.537 : *JurisData* n° 1981-700875 ; *Bull.* IV, n° 137. – V. Pédamon et Carmet, *La compensation dans les procédures collectives de règlement du passif* : *D.* 1976, chron. 123).

36) Auteur du paiement. L'article L. 621-107, 3° et 4°, [L. 632-1] ne concerne que les paiements faits par le débiteur (▪ Cass. com., 17 juin 1980 : *JurisData* n° 1980-094392 ; *Bull.* IV, n° 259). Les paiements faits, de ses propres deniers et sans fraude par un tiers, agissant au nom et en l'acquit du débiteur, ne peuvent être annulés sur le fondement de l'article L. 621-107-4° [L. 632-1] (▪ Cass. com., 11 oct. 1994, n° 92-21.077 : *RJDA* 2/95, n° 209).

37) Restructuration de dette. Le prêt de restructuration d'une dette ne peut être assimilé au paiement anormal de cette dernière (▪ Cass. com., 15 déc. 2009 : *JCP* E 2010, 1296, n° 6, obs. M. Cabrillac).

C – Les paiements normaux

38) Compensation légale ou judiciaire. La compensation légale a toujours été considérée comme normale (▪ Cass. req., 26 juill. 1881 : *DP* 1882, 1, 296 ; *S.* 1882, 1, 73. ▪ Cass. civ., 24 avr. 1923 : *DP* 1926, 1, 11. ▪ Cass. civ., 20 juin 1962 : *Bull. civ.* III, n° 326. ▪ Douai, 25 sept. 1981 : *DS* 1982, inf. rap. 245, obs. Derrida. ▪ Cass. com., 7 juill. 1992, sol. impl. : *Bull. civ.* IV, n° 266 ; *RJDA* 8/1992, n° 867. ▪ Paris, 29 oct. 1993 : *JurisData* n° 1993-024118 ; *JCP* E 1994, II, 588, note Le Nabasque. ▪ Cass. com., 17 juin 1994 : *Bull. civ.* IV, n° 178 ; *JCP* E 1994, I, 397, n° 21, obs. M. Cabrillac).

Idem pour la compensation judiciaire (▪ Cass. civ., 24 avr. 1923 : *DP* 1926, 1, 16. ▪ Cass. soc., 21 mai 1942 : *Gaz. Pal.* 1942, 2, 63).

39) Mode de paiement communément admis. Le caractère communément admis du paiement s'apprécie au regard des relations d'affaires du secteur professionnel dans lequel il est intervenu (▪ Cass. com., 8 févr. 1994, n° 91-18.258 et 22 févr. 1994 : *RJDA* 6/94, n° 716. ▪ Cass. com., 26 oct. 1999, n° 97-15.053 : *RJDA* 1/2000, n° 63) ; il ne résulte pas forcément d'un usage (▪ Cass. com., 23 janv. 2001, n° 98-10.975 : *RJDA* 4/2001, n° 480 ; *JCP* E 2001, pan. 495 ; *D.* 2001, p. 701, obs. Lienhard, jurispr. 2509, note Bimes-Arbus ; *JCP* E 2001, p. 752, n° 3, obs. M.C. ; *RD bancaire et fin.* 2001, 89, n° 63, obs. Cerles ; *ibid.* 166, n° 121, obs. F.-X. Lucas ; *RJ com.* 2001, 311, obs. Courtier), et peut constituer une pratique limitée à un secteur géographique restreint (▪ Cass. com., 24 sept. 2003, n° 01-10.764 : *RJDA* 2/2004, n° 195).

40) Délégation. La délégation de créances n'est pas nulle si elle est conforme aux usages de la profession et communément admise dans les relations d'affaires du secteur professionnel dans lequel le mode de paiement en cause a été utilisé (▪ Cass. com., 30 nov. 1993, n° 91-13.881 : *JurisData* n° 1993-002425 ; *Bull.* IV, n° 439 ;

D. 1994, somm. 178, obs. Honorat ; *RJDA* 5/94, n° 588. ▪ Cass. com., 8 févr. 1994 et 22 févr. 1994 : *RJDA* 6/94, n° 716. ▪ Cass. com., 14 juin 1994, n° 92-17.285 : *D.* 1994, inf. rap. 221. ▪ Cass. com., 26 oct. 1999, n° 97-15.053 : *RJDA* 1/2000, n° 63. ▪ Cass. com., 23 janv. 2001 : *RJDA* 4/2001, n° 480 ; *JCP* E 2001, pan. 495 ; *D.* 2001, p. 701, obs. Lienhard, jurispr. 2509, note Bimes-Arbus ; *JCP* E 2001, p. 752, n° 3, obs. M.C. ; *RD bancaire et fin.* 2001, 89, n° 63, obs. Cerles ; *ibid.* 166, n° 121, obs. F.-X. Lucas ; *RJ com.* 2001, 311, obs. Courtier, qui affirme qu'un mode de paiement communément admis dans les relations d'affaires ne résulte pas forcément d'un usage. ▪ Cass. com., 28 mai 2002, n° 99-17.545 : *RJDA* 11/2002, n° 1172).

41) Cession de créance. La cession de créances peut être valable si ce mode de paiement est communément admis dans les relations d'affaires d'un secteur professionnel (▪ Cass. com., 30 mars 1993, n° 91-15.931 : *JurisData* n° 1993-000624 ; *JCP* E 1993, II, 453, note Guyon ; *JCP* E 1993, I, n° 277, 10, obs. Pétel ; *D.* 1993, somm. 320, obs. Honorat ; *RJDA* 10/93, n° 841. ▪ Rouen, 11 oct. 1994 : *JurisData* n° 1994-050444 ; *RJDA* 1995, n° 357. ▪ Cass. soc., 21 nov. 2000, n° 98-45.837 : *JurisData* n° 2000-006952 ; *RJDA* 7/2001, n° 790).

42) Subrogation réelle. Le versement de l'indemnité d'assurance au vendeur muni d'une clause de réserve de propriété, subrogée aux marchandises détruites, n'est pas soumis aux nullités de la période suspecte (▪ Cass. com., 6 juill. 1993, n° 91-12.723 : *JurisData* n° 1993-001540 ; *Bull.* IV, n° 282 ; *JCP* 1993, II, 22153 ; *JCP* E 1994, II, 549, note Larroumet ; *D.* 1994, somm. 81, obs. Honorat. – Comp. ▪ Cass. com., 22 avr. 1997 : *RD bancaire et bourse* 1997, 133, n° 9, obs. Campana et Calendini ; *JCP* E 1997, I, 681, n° 12, obs. M. Cabrillac).

V – LES SÛRETÉS POUR DETTES ANTÉRIEURES

43) Date. Pour une sûreté conventionnelle c'est la date de constitution de la sûreté qui doit être prise en considération et non celle de l'inscription (▪ Amiens, 24 juin 1952 : *JCP* 1953, II, 7770, note Cohen ; *RTD com.* 1953, 970, obs. Houin et ▪ Cass. com., 22 nov. 1994, n° 93-12.899 : *JurisData* n° 1994-003053 ; *RJDA* 4/95, n° 503, pour un nantissement sur fonds de commerce constitué avant la période suspecte et inscrit après. ▪ Cass. com., 24 oct. 1974 : *Bull.* IV, n° 263. ▪ Aix-en-Provence, 8 janv. 1974 : *DS* 1974, somm. 50. ▪ Paris, 8 avr. 1999, n° 1998/16564 : *JurisData* n° 1999-022826 ; *D.* 1999, somm. 302, obs. S. Piedelièvre. ▪ Cass. com., 18 févr. 2003, n° 99-19.249 : *JurisData* n° 2003-017886 ; *RJDA* 7/2003, n° 746, pour une hypothèque maritime).

Pour l'hypothèque légale des jugements de condamnation, la date à prendre en considération est celle du jugement de condamnation et non celle de l'inscription (▪ Cass. com., 30 nov. 1965 : *DS* 1966, 600, note Pirovano. ▪ Cass. com., 3 juill. 1978 : *JurisData* n° 1978-799184 ; *DS* 1979, 601, note Corrignan-Carcin. ▪ Paris, 13 déc. 1951 : *JCP* 1952, II, 7001, note Toujas ; *RTD com.* 1952, 635, obs. Houin. ▪ Cass. com., 6 nov. 1972 : *JurisData* n° 1972-097275 ; *Bull. civ.* IV, n° 275 ; *Banque* 1973, 501, note Martin. ▪ Cass. com., 25 oct. 1994, n° 91-14.539 : *JurisData* n° 1994-001945 ; *JCP* E 1995, I, 457, n° 9, obs. M. Cabrillac).

44) Effet de l'admission. Lorsqu'un créancier a été admis à titre privilégié par une décision devenue irrévocable, son nantissement ne peut plus être annulé en raison de l'autorité de la chose jugée attachée à la décision d'admission (▪ Cass. com., 12 nov. 1991 : *Bull.* IV, n° 342 ; *JCP* E 1992, 136, n° 13, obs. Cabrillac et Pétel ; *D.* 1992, somm. 183, obs. Honorat ; *RTD com.* 1992, 668, obs. Bouloc, 691, obs. Martin-Serf. ▪ Cass. com., 19 déc. 2018, n° 17-19.309 : *Act. proc. coll.* 2019-2, comm. 20, Cagnoli. Sur le droit antérieur, V. ▪ Cass. com., 25 févr. 1980, n° 78-13.548 : *JurisData* n° 1980-098095 ; *Bull.* IV, n° 95 ; *D.* 1980, inf. rap. 511, obs. Honorat ; *JCP* CI 1981, I, 9416, n° 9, obs. Cabrillac et Argenson).

45) Cession Dailly. La cession de créances par bordereau Dailly n'est pas une constitution d'un droit de nantissement sur un bien du débiteur et ne saurait entrer dans le champ d'application de l'article L. 621-107, 6° [L. 632-1] (▪ Cass. com., 28 mai 1996, n° 94-10.361 : *JurisData* n° 1996-002087 ; *Bull.* IV, n° 151 ; *JCP* E 1996, pan. 746, obs. Bouteiller ; *JCP* E 1997, I, 635, n° 18, obs. Gavalda et Stoufflet ; *RD bancaire et bourse* 1996, 207, obs. Campana et Calendini ; *RTD com.* 1996, 508, obs. Cabrillac ; 1997, 517, obs. Martin-Serf ; *RTD civ.* 1996, 671, obs. Crocq ; *D.* 1996, somm. 390, obs. S. Piedelièvre).

46) Promesse d'hypothèque. Même si une promesse d'hypothèque a été consentie à la date où la dette a été contractée, l'hypothèque constituée ultérieurement a été déclarée inopposable à la masse (nulle) comme constituée pendant la période suspecte pour une dette antérieure (▪ Cass. com., 3 mai 1988, n° 86-10.655 : JurisData n° 1988-701208 ; *D.* 1989, 58, note Gavalda. ▪ Cass. com., 12 nov. 1997, n° 95-14.900 : *JurisData* n° 1997-004460 ; *Bull.* IV, n° 287 ; *RJDA* 1/98, n° 76 ; *D.* 1998, somm. 106, obs. S. Piedelièvre, 325, obs. Honorat ; *RTD com.* 1999, 196, obs. Martin-Serf ; *RTD civ.* 1998, 705, obs. Crocq ; *RJ com.* 1999, 234, obs. Teilliais. – V. Mathieu, *Une vraie fausse garantie, la promesse d'affectation hypothécaire : RD bancaire et bourse* 1992, 48).

47) Substitution de sûretés. Une hypothèque est valablement inscrite pendant la période suspecte lorsqu'un acte de translation d'hypothèque a été conclu pendant cette période, dès lors que cette sûreté n'était ni supérieure, ni dans sa nature, ni dans son étendue, aux sûretés auxquelles elle avait été substituée ▪ Cass. com., 20 janv. 1998, n° 95-16.402 : *JurisData* n° 1998-000164 ; *RD bancaire et bourse* 1998, 73, n° 6, obs. Campana et Calendini ; *JCP* E 1998, p. 655, n° 3, obs. M. Cabrillac, p. 1639, obs. Simler et Delebecque ; *D.* 1998, somm. 380, obs. S. Piedelièvre ; *RTD com.* 1999, 194, obs. Martin-Serf ; *RTD civ.* 1998, 707, obs. Crocq).

48) Compte courant. La sûreté constituée en période suspecte pour garantir le solde du compte courant, est opposable à la masse dès lors qu'une avance nouvelle a été accordée postérieurement à sa constitution par le banquier (▪ Cass. com., 11 févr. 1970, n° 68-13.896 et 16 févr. 1970 : *JurisData* n° 1970-097060 ; *DS* 1971, 450, note M.-Th. Rives-Lange ; *JCP* 1971, II, 16704, note Gavalda ; *RTD com.* 1971, 154 et 407, obs. Cabrillac et Rives-Lange. ▪ Cass. com., 22 juin 1970, n° 69-11.569 : *JurisData* n° 1970-097213 ; *Bull.* IV, n° 213. ▪ Cass. com., 26 oct. 1971 : *JurisData* n° 1971-097256 ; *Bull.* IV, n° 257. – Sur la notion d'avances nouvelles, ▪ Reims, 25 sept. 1979 : *JurisData* n° 1979-761954 ; *DS* 1980, inf. rap. 380, obs. Vasseur. ▪ Cass. com., 15 janv. 1980, n° 78-11.098 : *JurisData* n° 1980-098020 ; *DS* 1980, inf. rap. 510, obs. Vasseur ; *Gaz. Pal.* 1980, 1, pan. jurispr., p. 10, obs. Piedelièvre. ▪ Cass. com., 10 janv. 1983 : *JurisData* n° 1983-700715 ; *Bull.* IV, n° 7 ; *Banque* 1984, 108. – *Adde*, ▪ Nancy, 18 sept. 1981 : *JurisData* n° 1981-698164 ; *JCP* G 1983, II, 19937, note Vivant pour une interprétation de la convention des parties. – Comp. ▪ Cass. com., 2 oct. 2007, n° 06-16.326 : *RJDA* 1/2008, n° 74). Une dette concomitante ou postérieure à la constitution de la sûreté doit avoir pris naissance avant la clôture du compte (▪ Cass. com., 2 mai 1990 : *Rev. proc. coll.* 1991, 475, obs. Guyon).

49) Hypothèque sur un bien commun. L'effet de la nullité de l'hypothèque prise sur un bien commun est totale même à l'égard de l'époux *in bonis* (▪ Cass. com., 2 avr. 1996, n° 93-20.562 : *JurisData* n° 1996-001329 ; *JCP* E 1996, I, 584, n° 7, obs. Ph. Pétel ; *JCP* 1996, I, 3962, n° 13, obs. Simler ; *D.* 1996, somm. 340, obs. Honorat ; *RTD com.* 1997, 333, obs. Martin-Serf).

50) Publicité foncière. La non-publication au bureau des hypothèques de la demande en justice d'un liquidateur tendant à l'annulation, en application de l'article L. 621-107, 6°, [L. 632-1] d'une hypothèque conventionnelle constituée après la date de cessation des paiements, rend celle-ci irrecevable en application de l'article 30, 5° du décret n° 55-22 du 4 janvier 1955 (▪ Paris, 25 sept. 1998, n° 97.14387 : *JurisData* n° 1998-022420 ; *RJDA* 12/98, n° 1390 ; *D.* 1999, somm. 305, obs. S. Piedelièvre ; *RTD com.* 2000, 182, obs. Martin-Serf. ▪ Cass. com., 12 avr. 2005, n° 03-18.606 : *D.* 2005, p. 1151, obs. Lienhard ; *JCP* E 2005, 1274, n° 11, obs. M. C. ; *Act. proc. coll.* 2005-10, p. 122, obs. Le Bars ; *Lamy Droit civil* juin 2005, n° 694, obs. Blouet-Ressot).

51) Consignation. Il est fait exception à la nullité de la consignation effectuée en période suspecte si elle a été ordonnée judiciairement par une décision ayant acquis force de chose jugée antérieurement à l'ouverture de la procédure collective (▪ Cass. com., 11 févr. 2014, n° 12-16.938 : *JurisData* n° 2014-002126 ; *JCP* E 2014, 1173, n° 4, obs. Pétel ; *Act. proc. coll.* 2014, comm. 60, obs. Vallansan).

52) Paiement préférentiel subséquent. Est nul le paiement reçu par préférence en vertu d'une hypothèque elle-même nulle pour avoir été consentie en période suspecte (▪ Cass. com., 10 juill. 2019, n° 18-17.820 : *JCP* E 2019, 1458, n° 14, obs. Delebecque ; *JCP* E 2019, 1551, n° 10, obs. Tehrani).

VI – LES MESURES CONSERVATOIRES

53) Sûretés judiciaires conservatoires. Les inscriptions de sûretés judiciaires conservatoires sont valables si l'inscription provisoire est prise avant la date de cessation des paiements (▪ Cass. com., 17 nov. 1992 : *D.* 1993, 96, note Derrida ; *JCP* E 1993, I, 238, n° 20, obs. Cabrillac. ▪ Cass. com., 1er juill. 1997, n° 95-11.375 : *JurisData* n° 1997-003144 ; *Bull.* IV, n° 212 ; *RJDA* 12/97, n° 1547 ; *RTD com.* 1998, 404, obs. Bouloc ; *RTD com.* 1999, 197, obs. Martin-Serf ; *JCP* E 1998, p. 31, n° 9, obs. M. Cabrillac ; *RTD civ.* 1998, 429, obs. Crocq).

54) ATD. L'avis à tiers détenteur emportant attribution immédiate de la créance est une mesure d'exécution forcée et non une simple mesure conservatoire entrant dans le champ de l'article L. 621-107, 7° [L. 632-1] (▪ Cass. com., 16 juin 1998, n° 96-17.050 : *JurisData* n° 1998-002768 ; *JCP* E 1998, n° 3 A, p. 2065, obs. M. C. ; *RJDA* 11/98, n° 1267 ; *RTD com.* 1999, 199, obs. Martin-Serf ; *D. affaires* 1998, n° 126, p. 1272, obs. A. L. ; *Rev. proc. coll.* 1999, 106, nos 17, 15, obs. Canet).

Voir : art. L. 632-2, al. 2, ci-dessous.

55) Saisie conservatoire. L'article L. 621-107, 7°, [L. 632-1] ne s'applique pas à une saisie-conservatoire pratiquée en période suspecte et convertie en saisie-attribution avant le jugement d'ouverture de la procédure (▪ Cass. com., 10 déc. 2002, n° 99-16.603 : *JurisData* n° 2002-016807 ; *RJDA* 5/2003, n° 523 ; *D.* 2003, p. 68, obs. Lienhard ; *JCP* E 2003, chron. 760, n° 9, obs. M. Cabrillac ; *RTD civ.* 2003, 147, obs. Perrot ;

Procédures 2003, n° 41, obs. Laporte ; *Act. proc. coll.* 2003, n° 20, obs. Regnaut-Moutier ; *RD bancaire et fin.* 2003, 34, n° 40, obs. Delleci. ▪ Cass. com., 29 avr. 2003, n° 00-11.912 : *JurisData* n° 2003-018823 ; *JCP* E 2003, pan. 967 ; *RJDA* 10/2003, n° 986 ; *D.* 2003, p. 1364, obs. Lienhard).

Art. L. 632-2 ***(Anc. art. L. 621-108, renum. et mod., L. n° 2005-845, 26 juill. 2005 ; Ord. n° 2008-1345, 18 déc. 2008 ; L. n° 2017-1775, 28 déc. 2017).*** **– Les paiements pour dettes échues effectués à compter de la date de cessation des paiements et les actes à titre onéreux accomplis à compter de cette même date peuvent être annulés si ceux qui ont traité avec le débiteur ont eu connaissance de la cessation des paiements.**

Toute saisie administrative, toute saisie attribution ou toute opposition peut également être annulée lorsqu'elle a été délivrée ou pratiquée par un créancier à compter de la date de cessation des paiements et en connaissance de celle-ci.

Bibliographie : Rubellin, *Les nullités facultatives, in Études offertes au doyen Simler*, 2006, p. 678.

I – ACTES VISÉS

1) Actes à titre onéreux. Tout acte à titre onéreux peut être annulé dès lors qu'il est accompli pendant la période suspecte : paiement (▪ Cass. 3e civ., 28 mars 1966 : *Bull.* III, n° 174. ▪ Cass. com., 20 mars 1968 : *Bull.* IV, n° 118), y compris par bordereau Dailly (▪ Grenoble, 3 nov. 1987 : *JurisData* n° 1987-047200 ; *D.* 1989, somm. 194, obs. Vasseur ; *RTD com.* 1989, 508, obs. Cabrillac et Teyssié), remise en compte courant (▪ Cass. com., 5 janv. 1965 : *Bull.* IV, n° 7. ▪ Cass. com., 24 oct. 1995, n° 94-10.399 : *JurisData* n° 1995-002667 ; *Bull.* IV, n° 250 ; *D.* 1996, 86, note Derrida. ▪ 24 oct. 1996 : *RJ com.* 1996, 204, note D.R. Martin) même si la créance du solde de ce compte a été admise à la procédure (▪ Cass. com., 18 févr. 2003, n° 99-21.313 : *JurisData* n° 2003-017872 ; *RJDA* 10/2003, n° 983. ▪ Paris, 20 déc. 2007, n° 07/02896 : *JurisData* n° 2007-351145 ; *RJDA* 5/2008, n° 557), compensation légale (▪ Cass. com., 30 oct. 2000, n° 97-21.987 : *RJDA* 2/2001, n° 200), compensation conventionnelle (▪ Cass. com., 26 oct. 1999, n° 96-12.571 : *JurisData* n° 1999-003664 ; *RJDA* 1/2000, n° 46), apport en société (▪ Cass. com., 13 avr. 1976, n° 74-12.560 : *DS* 1976, 642, note Derrida), achat ou vente (▪ Cass. com., 28 oct. 1964 : *Bull.* III, n° 456 ; *RTD com.* 1965, 659, obs. Houin), bail (▪ Cass. com., 26 févr. 1956 : *Bull.* III, n° 92. ▪ Cass. com., 19 févr. 1962 : *Bull.* III, n° 106 ; *RTD com.* 1962, 760, obs. Houin), constitution de sûreté (▪ Cass. com., 12 mars 1962 : *RTD com.* 1962, 759, obs. Houin. ▪ Cass. com., 27 févr. 1961 : *Bull.* III, n° 107. ▪ Cass. com., 11 mai 1964 : *Bull.* III, n° 243. ▪ Cass. com., 4 janv. 1967 : *Bull.* III, n° 9 ; même si une promesse de cautionnement hypothécaire avait été consentie avant la date de cessation des paiements ▪ Cass. com., 2 mai 2001, n° 98-10.413 : *JurisData* n° 2001-009487 ; *RJDA* 10/2001, n° 1003 ; *Rev. proc. coll.* 2002, 273, obs. Blanc), reconnaissance de dette (▪ Cass. com., 1er oct. 2002, n° 01-02.134 : *JCP* E 2003, chron. 231, n° 8, obs. M.C. ; *D.* 2002, p. 2869, obs. Lienhard ; *RD bancaire et fin.* 2003, 105, n° 82, obs. F.-X. Lucas et 1er oct. 2002, n° 01-02.134 : *RJDA* 2/2003, n° 165, qui a décidé que la saisie-attribution pratiquée en exécution de cette reconnaissance de dette était privée de fondement), partage de communauté après divorce (▪ Cass. 1re civ., 3 juin 2003, n° 01-17.971 : *JurisData* n° 2003-019267 ; *D.* 2003, p. 1763 ; *D.* 2007, act. jurispr., p. 2611, obs. Lienhard ; *JCP* E 2008, 1207, n° 9, obs. Cabrillac).

2) Paiement. Il doit y avoir paiement véritable. Un protocole d'accord concernant une reconnaissance de dette qui se borne à fixer un échéancier de règlement de la dette n'est pas un paiement de dette échue ou un acte à titre onéreux (▪ Cass. com., 10 déc. 2002 : *RJDA* 5/2003, n° 522). L'annulation ou le rejet de prélèvements effectués sur le compte courant du débiteur comme le rejet d'un chèque émis par le débiteur ne constituent pas des paiements pour dettes échues ou des actes à titre onéreux au sens de l'article L. 621-108 [L. 632-2] (▪ Cass. com., 2 oct. 2007, n° 05-20.324 : *JurisData* n° 2007-040636 ; *D.* 2007, p. 2611, obs. Lienhard ; *JCP* E 2008, 1207, n° 9, obs. Cabrillac).

3) Cession de créance. Il a été jugé que l'article L. 621-108 [L. 632-2] est inapplicable à des opérations de crédit résultant de cessions de créances faites au cours du fonctionnement du compte courant, lesquelles ne pouvant s'analyser comme des paiements, de telles cessions n'étant effectivement consenties qu'en vue de garantir le paiement du solde débiteur (▪ Cass. com., 28 mai 1996 : *Bull.* IV, n° 151 ; *JCP* E 1996, pan. 746, obs. Bouteiller ; *JCP* E 1997, I, 635, n° 18, obs. Gavalda et Stoufflet ; *RD bancaire et bourse* 1996, 207, obs. Campana et Calendini ; *RTD com.* 1996, 508, obs. Cabrillac ; *RTD civ.* 1996, 671, obs. Crocq ; *D.* 1996, somm. 390, obs. S. Piedelièvre, conf. ▪ Paris, 15 juin 1993 : *JurisData* n° 1993-022273 ; *D.* 1993, inf. rap. 252).

Cependant, la cession par bordereau Dailly peut être annulée en application de l'article L. 621-108 [L. 632-2] (▪ Paris, 26 mai 1994 : *JurisData* n° 1994-022784 ; *D.* 1994, inf. rap. 207. ▪ T. confl. Paris, 13 nov. 2001 : *RD bancaire et fin.* 2002, 259, obs. Cerles), sauf quand la cession, même intervenue en période suspecte, l'est en exécution d'une convention-cadre conclue avant la date de cessation des paiements (■ Cass. com., 20 févr. 1996, n° 94-10.156 : *JurisData* n° 1996-000562 ; *Banque* 1996, 97, obs. Guillot ; *JCP* E 1997, I, 635, n° 16, obs. Gavalda et Stoufflet ; *D.* 1996, somm. 283, obs. Honorat. ■ Cass. com., 20 janv. 1998, n° 95-16.718 : *JurisData* n° 1998-000300 ; *RD bancaire et bourse* 1998, 73, n° 7, obs. Campana et Calendini ; *Banque* 1998, 89, obs. Guillot ; *RTD com.* 1998, 396, obs. Cabrillac ; *RJDA* 5/98, n° 626. ■ Cass. com., 28 sept. 2004, n° 02-10.943 : *JurisData* n° 2004-025028 ; *RJDA* 2/2005, n° 220).

4) Actes faits par le débiteur. L'acte à titre onéreux doit avoir été passé par le débiteur (■ Cass. com., 17 juin 1997, n° 95-15.336 : *RJDA* 11/97, n° 1412. ■ Cass. com., 18 janv. 2005, n° 03-12.306 : *JCP* E 2005, 915, n° 21, obs. Delebecque, pour une vente par autorité de justice). La cession d'un fonds de commerce indivis effectuée par trois coïndivisaires dont l'un seulement est en redressement judiciaire ne peut être annulée (■ Aix-en-Provence, 22 janv. 1999, n° 93/22716 : *JurisData* n° 1999-042768 ; *JCP* E 1999, pan. 2043).

Les paiements faits, de ses propres deniers et sans fraude, par un tiers agissant au nom et en l'acquit du débiteur, ne peuvent pas être annulés sur le fondement de l'article L. 621-108 [L. 632-2] (■ Cass. com., 11 oct. 1994, n° 92-21.077 : *RJDA* 2/95, n° 209. ■ Cass. com., 21 nov. 1995, n° 92-19.531 : *JurisData* n° 1995-003287 ; *RJDA* 4/96, n° 554. ■ 20 mai 1997, n° 95-11.115 : *RJDA* 10/97, n° 1274. ■ Orléans, 10 mars 2005, n° 04/02806 : *JurisData* n° 2005-286949 ; *RJDA* 8-9/2005, n° 1020, conf. par ■ Cass. com., 26 sept. 2006, n° 05-15.289 : *JurisData* n° 2006-035173 ; *RJDA* 12/2006, n° 1247, pour un paiement effectué par un tiers en exécution d'une garantie à première demande. ■ Cass. com., 30 oct. 2007, n° 06-14.846 : *JurisData* n° 2007-041190 ; *RJDA* 2/2008, n° 177).

II – CONNAISSANCE DE LA CESSATION DES PAIEMENTS

5) Contenu de l'exigence. La connaissance d'une situation actuelle difficile ou embarrassée ou du risque futur d'un état de cessation des paiements serait insuffisante (■ Cass. civ., 17 déc. 1902 : *DP* 1903, 1, 24. ■ Cass. com., 25 févr. 1963 : *Bull.* III, n° 120. ■ Cass. com., 27 juill. 1963 : *Bull.* III, n° 334).

La connaissance doit être personnelle au cocontractant; une cessation des paiements de notoriété publique serait insuffisante (■ Cass. civ., 20 nov. 1911 : *DP* 1912, 1, 120).

En principe, il suffit que le mandataire ou le préposé du cocontractant soit informé. ■ Cass. com., 6 juin 1962 : *Bull. civ.* III, n° 305. ■ Cass. com., 9 oct. 1974 : *JurisData* n° 1974-097243 ; *Bull. civ.* IV, n° 241). V. cependant en sens contraire pour un huissier, compte tenu de son obligation au secret : ■ Cass. com., 2 déc. 2014 : *Act. proc. coll.* 2015, comm. 10, obs. Vallansan ; *JPE* 2015, 1204, n° 7, obs. Pétel.

6) Moment de la connaissance. Le contractant doit avoir connu l'état de cessation des paiements du débiteur au moment où l'acte a été conclu (■ Cass. com., 14 janv. 1952 : *Bull.* III, n° 19 ; *RTD com.* 1953, 205, obs. Houin. ■ Poitiers, 9 juin 1971 : *JCP* G 1972, IV, 121. ■ Aix-en-Provence, 19 juill. 1974 : *DS* 1975, 272, note Derrida).

7) Charge de la preuve. La preuve de la connaissance de l'état de cessation des paiements incombe à celui qui l'invoque (au syndic dans le droit antérieur, ■ Cass. com., 24 nov. 1947 : *D.* 1948, 32. ■ Paris, 1er déc. 1977, 3e ch. B : *JurisData* n° 1977-00791).

8) Moyens de preuve. La preuve peut être faite par tous moyens (■ Cass. com., 24 nov. 1947, préc. ■ Cass. com., 23 nov. 1948 : *Bull.* III, n° 251 ; *RTD com.* 1949, 537. ■ Rennes, 22 févr. 1977 : *DS* 1978, inf. rap. 227, obs. Derrida). Une saisie-arrêt par l'URSSAF, des mises en demeure, ne sont pas des éléments propres à établir la connaissance de l'état de cessation des paiements (■ Cass. com., 31 mars 1998, n° 96-15.042 : *RJDA* 8-9/1998, n° 1015).

La qualité de dirigeant ne suffit pas à établir la connaissance de la cessation des paiements (■ Cass. com., 19 nov. 2013, n° 12-25.925 : *JurisData* n° 2013-026145 ; *D.* 2013, 2767, obs. A. Lienhard ; *BJE* 2014/2, p. 102, obs. Benilsi) ; ni celle d'associé (■ Paris, 17 sept. 1999, n° 1997/18619 : *JurisData* n° 1999-107692 ; *RJDA* 12/1999, n° 1362, pour un associé minoritaire).

Mais la preuve pourra résulter de liens de parenté existant entre le débiteur et le tiers (■ Montpellier, 30 mai 1950 : *D.* 1950, 580, note L. Mazeaud. ■ Paris, 13 déc. 1951 : *JCP* 1952, II, 7001, note Toujas) ; de la participation du tiers à un pacte d'atermoiement (■ Poitiers, 9 juin 1971 : *JCP* G 1972, IV, 122) ; de la participation à une assemblée générale de la société au cours de laquelle avaient été évoquées les difficultés traversées par la société (■ Pau, 15 mai 1981 : *JurisData* n° 1981-40566) ; de l'acceptation de traites de complaisance (■ Nancy, 14 mars 1952 : *JCP* 1952, II, 7233, note Toujas ; *RTD com.* 1952, n° 877) ; de poursuites pour obtenir paiement (■ Cass. com., 2 févr. 1965 : *Bull.* III, n° 87). Pour la connaissance par le banquier (■ Cass. com., 21 juill. 1959 : *Bull.* III, n° 328. ■ Cass. com., 14 févr. 1966 : *Bull.* III, n° 95. ■ Rennes, 22 févr. 1977 : *DS* 1978, inf. rap. 227, obs. Vasseur. ■ Nancy, 18 sept. 1981 : *JurisData* n° 1981-698164 ; *JCP* 1983, II, 19937, note Vivant).

9) Pouvoir du juge. Les juges du fond apprécient souverainement si la preuve de la connaissance de la cessation des paiements est établie (■ Cass. com., 29 mai 2001, n° 97-18.841 : *RJDA* 10/2001, n° 1002 ; *RD bancaire et fin.* 2001, n° 237, obs. F.-X. Lucas. ■ Cass. com., 1er oct. 2002, n° 00-21.037 : *RJDA* 2/2003, n° 165).

III – AUTRES CONDITIONS

10) Pouvoir du juge. Le juge dispose d'un pouvoir souverain d'appréciation pour prononcer ou non la nullité de l'acte (l'inopposabilité à la masse, ■ Cass. com., 12 mai 1959 : *D.* 1959, 418. ■ Cass. com., 8 mai 1971 : *JCP* G 1971, IV, 165. ■ Cass. com., 12 janv. 2010, n° 09-11.119 : *JurisData* n° 2010-051065 ; *D.* 2010, act. jurispr. 204, obs. Lienhard ; *Act. proc. coll.* 2010, comm. 61, obs. P. Cagnoli ; *JCP* E 2010, 1296, n° 7, obs. M. Cabrillac. ■ Cass. com., 17 mai 2017, n° 15-29.363 : *JurisData* n° 2017-009421 ; *Rev. proc. coll.* 2018, comm. 38, obs. Blanc).

11) Préjudice. Les juges du fond, pour prononcer la nullité prévue à l'article L. 621-108 [L. 632-2], ne sont pas tenus de constater l'existence d'un préjudice subi par le débiteur ou par ses créanciers (■ Cass. com., 16 févr. 1993, n° 91-11.235 : *JurisData* n° 1993-000295 ; *JCP* E 1993, I, 276, n° 9, obs. Cabrillac et Pétel. ■ Cass. com., 24 oct. 1995 : *Bull. civ.* IV, n° 250 ; *D.* 1996, 86, note Derrida. ■ Cass. com., 21 nov. 1995, n° 93-21.303 : *JurisData* n° 1995-003283 ; *RD bancaire et bourse* 1996, 34, obs. Campana et Calendini. ■ Cass. com., 9 janv. 1996 : *JCP* E 1996, pan. 304 ; *RJDA* 4/1996, n° 555. ■ Cass. com., 29 mai 2001 : *RJDA* 10/2001, n° 1002 ; *RD bancaire et fin.* 2001, n° 237, obs. F.-X. Lucas).

IV – EFFETS

12) Patrimoine du débiteur. L'action en nullité qui a pour objet de reconstituer l'actif du débiteur n'a d'effet qu'envers ce dernier (■ Cass. com., 9 janv. 1996 : *JCP* E 1996, pan. 304 ; *RJDA* 4/96, n° 555). Mais, en cas de donation consentie par deux époux à leurs enfants, le liquidateur peut intenter l'action paulienne à l'égard de l'époux *in bonis* lorsque les conditions en sont remplies (■ Cass. com., 19 mars 2002, n° 99-12.812 : *RJDA* 8-9/2002, n° 934).

13) Compensation. Toute compensation est exclue entre la dette de restitution consécutive au prononcé de la nullité des remises en compte courant effectuées après la date de cessation des paiements et une créance admise au passif de la procédure collective (■ Cass. com., 28 mars 1995, n° 93-13.937 : *JurisData* n° 1995-000700 ; *RJDA* 10/95, n° 1149. ■ Cass. com., 24 oct. 1995 : *Bull.* IV, n° 250 ; *D.* 1996, 86, note Derrida. ■ Cass. com., 6 mai 1997, n° 94-16.133 : *JurisData* n° 1997-002071 ; *RJDA* 8-9/97, n° 1101. ■ Cass. com., 4 oct. 2005, n° 04-12.173 : *RJDA* 5/2006, n° 558. ■ Cass. com., 19 févr. 2008 : *RJDA* 5/2008, n° 558), peu important la connexité des créances alléguée (■ Cass. com., 31 mars 1998, n° 96-12.252 : *RJDA* 8-9/98, n° 1016).

Il ne peut y avoir compensation lorsqu'une des créances est née avec connaissance de l'état de cessation des paiements (■ Cass. com., 28 mai 1996, n° 94-10.688 : *JurisData* n° 1996-002081 ; *JCP* E 1996, pan. 877).

14) Sur les conséquences à l'égard des sous-acquéreurs. V. jurispr. citée sous C. com., art. L. 632-1.

Art. L. 632-3 *(Anc. art. L. 621-109, renum. et mod., L. n° 2005-845, 26 juill. 2005).* – **Les dispositions des articles L. 632-1 et L. 632-2 ne portent pas atteinte à la validité du paiement d'une lettre de change, d'un billet à ordre ou d'un chèque.**

Toutefois, l'administrateur ou le mandataire judiciaire peut exercer une action en rapport contre le tireur de la lettre de change ou, dans le cas de tirage pour compte, contre le donneur d'ordre, ainsi que contre le bénéficiaire d'un chèque et le premier endosseur d'un billet à ordre, s'il est établi qu'ils avaient connaissance de la cessation des paiements.

Bibliographie : *Nguyen Xuan Chanh, Paiement en effets de commerce et paiement des effets de commerce en période suspecte – Mise au point après la réforme de la faillite : DS* 1970, chron. 105. • Pariset, *Le droit cambiaire et les règles de la période suspecte : JCP* CI 1972, II, 10676 ; V. *supra*, bibliographie citée sous l'article 107.

1) Applications. Le paiement des billets à ordre émis par le débiteur soumis à une procédure collective ne peut être attaqué par la voie de l'action ou de l'exception en nullité de la période suspecte (■ Cass. com., 25 nov. 1997, n° 95-18.692 : *JurisData* n° 1997-004703 ; *JCP* E 1998, pan. p. 102 ; *RJDA* 4/98, n° 480). *Idem* pour des lettres de change, même si elles n'ont pas circulé (■ Cass. com., 28 janv. 2004, n° 01-00.741 : *JurisData* n° 2004-022123 ; *JCP* E 2004, pan. 448 ; *D.* 2004, p. 501, obs. Avena-Robardet ; *JCP* E 2004, jurispr. 878, note S. Piedelièvre).

Pour un exemple d'action en rapport contre le bénéficiaire d'un chèque (■ Paris, 2 mai 1985 : *JurisData* n° 1985-023325 ; *RTD com.* 1986, 271, obs. Cabrillac et Teyssié).

2) Chèque de banque. Le paiement par chèque de banque intervenu depuis la date de cessation des paiements est soumis à l'action en rapport dès lors que le débiteur a fourni la contrepartie à l'établissement de crédit émetteur du chèque (▪ Cass. com., 3 juill. 2012 : *JCP* E 2012, 1757, n° 11, obs. Ph. Pétel ; *Act. proc. coll.* 2012, comm. 202, obs. S. Piedelièvre ; *BJE* 2012, p. 300, obs. R. Bonhomme).

Art. L. 632-4 *(Anc. art. L. 621-110, renum. et mod., L. n° 2005-845, 26 juill. 2005 ; Ord. n° 2008-1345, 18 déc. 2008).* **– L'action en nullité est exercée par l'administrateur, le mandataire judiciaire, le commissaire à l'exécution du plan, ou le ministère public. Elle a pour effet de reconstituer l'actif du débiteur.**

1) **Incidence de la vérification des créances.** L'autorité de la chose jugée attachée à la décision d'admission d'une créance par le juge-commissaire étant générale et pouvant être invoquée même en cas de report de la date de cessation des paiements, l'action en nullité de la période suspecte ne peut plus être exercée (▪ Cass. com., 12 nov. 1991 : *JCP* E 1992, I, 136, n° 13, obs. M. Cabrillac et Ph. Pétel ; *RTD com.* 1992, 668, obs. Bouloc ; *RTD com.* 1992, 691, obs. Martin-Serf ; *D.* 1992, somm. 183, obs. Honorat).

V. cependant, pour une hypothèse où la décision d'admission n'avait pas tranché, dans son dispositif, la question de la validité d'un paiement partiel au moyen de cession de créances professionnelles effectué en période suspecte (▪ Cass. com., 7 déc. 1999 : *JCP* E 2000, p. 751, n° 8, obs. M. Cabrillac ; *D.* 2000, *Cah. dr. aff.*, jurispr. 32, obs. A.L. ; *LPA* 3 juill. 2000, p. 24, note Courtier ; *RTD com.* 2000, 1016, obs. Martin-Serf. ▪ Cass. com., 18 févr. 2003, n° 00-12.974 : *JurisData* n° 2003-018499 ; *Act. proc. coll.* 2003, n° 142, obs. Boulay ; *RD bancaire et fin.* 2003, 169, n° 117, obs. F.-X. Lucas).

La décision de rejet d'une créance ne rend pas irrecevable, comme contraire à la chose jugée, l'action en nullité de la cession de créances professionnelles consentie par le débiteur en période suspecte (▪ Cass. com., 8 juin 1999, n° 96-22.071 : *JurisData* n° 1999-002322 ; *JCP* E 1999, pan. 1370 ; *D.* 1999, *Cah. dr. aff.*, somm. 352, obs. Honorat ; *LPA* 8 juill. 1999, n° 96-22.071, p. 9, obs. P.M. ; *RTD com.* 2000, 183, obs. Martin-Serf ; *Rev. proc. coll.* 2002, 272, obs. Blanc).

2) **Qualité pour agir.** Le liquidateur a qualité pour agir (▪ Cass. com., 1er avr. 2014, n° 13-14.086 : *JurisData* n° 2014-006540 ; *D.* 2014, 869, obs. A. Lienhard).

Le créancier qui n'est pas habilité à exercer les actions spécifiques des articles L. 621-107 et L. 621-108 [L. 632-1 et L. 632-2] ne justifie pas d'un motif légitime pour demander l'institution d'une mesure d'instruction *in futurum* destinée à établir l'irrégularité alléguée d'actes préjudiciables aux créanciers accomplis par le débiteur au *cours de la période* suspecte (▪ Cass. com., 26 avr. 2000, n° 97-20.656 : *JurisData* n° 2000-001578 ; *Bull. civ.* IV, n° 83 ; *D. affaires* 2000, act. jurispr., p. 267, obs. Lienhard ; *D.* 2001, somm. 621, obs. Honorat ; *RTD com.* 2000, 728, obs. Vallens ; *RTD com.* 2001, 235, obs. Martin-Serf ; *Bull. Joly* 2000, 793, note Menjucq ; *Rev. proc. coll.* 2002, 272, obs. Blanc).

Un créancier n'a pas qualité pour invoquer personnellement la nullité du paiement, fût-ce par voie d'exception (▪ Cass. com., 6 mai 1997, n° 94-16.133 : *JurisData* n° 1997-002071 ; *RJDA* 8-9/1997, n° 1121 ; *D.* 1997, somm. 313, obs. Honorat ; *RTD com.* 1999, 201, obs. Martin-Serf ; *Dr. et patrimoine* nov. 1997, 79, obs. B. Saint-Alary).

L'action en nullité ne peut être exercée par le débiteur et son épouse (▪ Cass. com., 12 juin 2001 : *D.* 2001, jurispr. 2034, obs. Lienhard ; *JCP* E 2001, pan. 1408 ; *Rev. proc. coll.* 2002, 272, obs. Blanc. ▪ Cass. com., 17 oct. 2018, n° 17-16.528). Le débiteur n'est pas fondé à se prévaloir de la nullité, non plus que la caution (▪ Cass. com., 25 févr. 2004, n° 01-17.599 : *JurisData* n° 2004-022687 ; *RJDA* 8-9/2004, n° 1021). Il ne peut donc former un pourvoi (▪ Cass. com., 2 déc. 2014, n° 13-24.308), ni interjeter appel (▪ Cass. com., 8 mars 2017, n° 15-18.495 : *JurisData* n° 2017-003957 ; *JCP* E 2017, 205).

C'est une nullité relative, qui ne peut notamment être invoquée par le propre débiteur de la personne débitrice (▪ Cass. com., 1er avr. 1997, n° 94-12.990 : *RJDA* 8-9/1997, n° 1120). Mais une fois la nullité prononcée les tiers peuvent l'invoquer si tel est leur intérêt (▪ Cass. com., 3 juin 1997, n° 96-13.098 : *JurisData* n° 1997-003048 ; *RTD com.* 1999, 202, obs. Martin-Serf).

L'action en nullité des paiements faits par le débiteur depuis la date de cessation des paiements ne peut pas être exercée par un cocontractant du débiteur (▪ Cass. com., 12 juin 2001, n° 98-18.284 : *JurisData* n° 2001-010257 ; *RJDA* 12/2001, n° 1236 ; *Rev. proc. coll.* 2002, 272, obs. Blanc).

3) **Intérêt pour agir.** Sur le défaut d'intérêt à agir en nullité d'une vente, conclue par la société en période suspecte, du représentant des créanciers dès lors que la liquidation judiciaire de la société avait été clôturée pour extinction du passif et qu'il a été mis fin au redressement judiciaire du dirigeant après adoption du plan d'apurement de son passif, l'intégralité des sommes destinées à couvrir ce passif ayant été consignée entre les mains du représentant des créanciers avant la date de l'assignation en nullité (▪ Cass. com., 29 oct. 1991, n° 90-11.354 : *JurisData* n° 1991-002720 ; *Bull.* IV, n° 320 ; *D.* 1992, 424, note Sortais).

4) Délai pour agir. L'action peut être exercée par ses titulaires, notamment le liquidateur judiciaire, aussi longtemps que ces derniers restent en fonction (■ Cass. com., 21 sept. 2010, n° 08-21.030 : *JurisData* n° 2010-016551 ; *JCP* E 2010,1946, obs. S. Reifegerste ; *D.* 2010, act. 2221, obs. Lienhard ; *JCP* E 2011, 1030, n° 8, obs. M. Cabrillac).

5) Arbitrage. Une clause compromissoire stipulée à l'acte litigieux est manifestement inapplicable au litige (■ Cass. com., 17 nov. 2015 : *Rev. proc. coll.* 2016, comm. 47, obs. Reille).

TITRE IV. – DE LA LIQUIDATION JUDICIAIRE ET DU RÉTABLISSEMENT PROFESSIONNEL

(Intitulé mod., Ord. n° 2014-326, 12 mars 2014)

CHAPITRE PRÉLIMINAIRE. – DES CONDITIONS D'OUVERTURE DE LA LIQUIDATION JUDICIAIRE

Art. L. 640-1 *(L. n° 2005-845, 26 juill. 2005)*. **– Il est institué une procédure de liquidation judiciaire ouverte à tout débiteur mentionné à l'article L. 640-2 en cessation des paiements et dont le redressement est manifestement impossible.**

La procédure de liquidation judiciaire est destinée à mettre fin à l'activité de l'entreprise ou à réaliser le patrimoine du débiteur par une cession globale ou séparée de ses droits et de ses biens.

Société unipersonnelle. La dissolution de la société dont les parts sociales sont réunies en une seule main, par l'effet de sa liquidation judiciaire, n'entraîne pas la transmission universelle de son patrimoine à l'associé unique (■ Cass. com., 12 juill. 2005 [2 arrêts] : *D.* 2002, obs. Lienhard ; *Dr. sociétés* 2005, comm. 108, obs. Monnet ; *JCP* E 2005, 1586, note Legros ; *ibid.*, 1834, n° 1, obs. Caussain, Deboissy et Wicker ; *JCP* E 2006, 1066, n° 6, obs. Pétel).

Art. L. 640-2 *(L. n° 2005-845, 26 juill. 2005 ; mod., Ord. n° 2008-1345, 18 déc. 2008 ; Ord. n° 2010-1512, 9 déc. 2010 ; L. n° 2019-486, 22 mai 2019)*. **– La procédure de liquidation judiciaire est applicable à toute personne exerçant une activité commerciale, artisanale ou une activité agricole définie à l'article L. 311-1 du Code rural et de la pêche maritime et à toute autre personne physique exerçant une activité professionnelle indépendante y compris une profession libérale soumise à un statut législatif ou réglementaire ou dont le titre est protégé, ainsi qu'à toute personne morale de droit privé.**

À moins qu'il ne s'agisse de patrimoines distincts d'un entrepreneur individuel à responsabilité limitée, il ne peut être ouvert de nouvelle procédure de liquidation judiciaire à l'égard d'un débiteur soumis à une telle procédure tant que celle-ci n'a pas été clôturée ou à une procédure de sauvegarde ou de redressement judiciaire, tant qu'il n'a pas été mis fin aux opérations du plan qui en résulte.

Voir : annot. reproduites sous art. L. 620-2, p. 1115.

Art. L. 640-3 *(L. n° 2005-845, 26 juill. 2005 ; mod., Ord. n° 2008-1345, 18 déc. 2008 ; Ord. n° 2009-112, 30 janv. 2009 ; Ord. n° 2014-326, 12 mars 2014)*. **– La procédure de liquidation judiciaire est également ouverte aux** ***personnes mentionnées au premier*** **alinéa de l'article L. 640-2 après la cessation de leur activité professionnelle, si tout ou partie de leur passif provient de cette dernière.**

Lorsqu'une personne exerçant une activité commerciale ou artisanale, un agriculteur ou toute autre personne physique exerçant une activité professionnelle indépendante, y compris une profession libérale soumise à un statut législatif ou réglementaire ou dont le titre est protégé, est décédé en cessation des paiements, le tribunal peut être saisi, dans le délai d'un an à compter de la date du décès, sur l'assignation d'un créancier, quelle que soit la nature de sa créance, ou sur requête du ministère public. Il peut être saisi sans condition de délai par tout héritier du débiteur.

Voir : annot. reproduites ss art. L. 631-3, p. 1255.

Art. L. 640-3-1 *(Ord. n° 2014-326, 12 mars 2014)*. **– Lorsqu'il est porté à la connaissance du président du tribunal, des éléments faisant apparaître que les conditions de l'article L. 640-1 sont remplies, il en informe**

le ministère public par une note exposant les faits de nature à motiver la saisine du tribunal. Le président ne peut siéger, à peine de nullité du jugement, dans la formation de jugement ni participer aux délibérés si le ministère Public demande l'ouverture d'une procédure de liquidation judiciaire à l'égard du débiteur concerné.

Art. L. 640-4 *(L. n° 2005-845, 26 juill. 2005 ; mod., Ord. n° 2014-326, 12 mars 2014).* – L'ouverture de cette procédure doit être demandée par le débiteur au plus tard dans les quarante-cinq jours qui suivent la cessation des paiements, s'il n'a pas dans ce délai demandé l'ouverture d'une procédure de conciliation.

Mobile. Lorsque les conditons en sont remplies, le juge saisi d'une demande de liquidation judiciaire ne peut la rejeter en raison des mobiles du débiteur, légalement tenu de déclarer la cessation des paiements (■ Cass. com., 15 nov. 2017, n° 16-19.690 : *BJS* 2018, p. 115, obs. Mouial-Bassilana).

Art. L. 640-5 *(L. n° 2005-845, 26 juill. 2005 ; mod., Ord. n° 2008-1345, 18 déc. 2008 ; Cons. const., déc. n° 2013-368 QPC, 7 mars 2014, JO 9 mars ; Ord. n° 2014-326, 12 mars 2014 ; Ord. n° 2019-964, 18 sept. 2019).* – Lorsqu'il n'y a pas de procédure de conciliation en cours, le tribunal peut également être saisi sur requête du ministère public aux fins d'ouverture de la procédure de liquidation judiciaire.

Sous cette même réserve, la procédure peut aussi être ouverte sur l'assignation d'un créancier, quelle que soit la nature de sa créance. Toutefois, lorsque le débiteur a cessé son activité professionnelle, cette assignation doit intervenir dans le délai d'un an à compter de :

1° La radiation du registre du commerce et des sociétés. S'il s'agit d'une personne morale, le délai court à compter de la radiation consécutive à la publication de la clôture des opérations de liquidation ;

2° La cessation de l'activité, s'il s'agit d'une personne exerçant une activité artisanale, d'un agriculteur ou d'une personne physique exerçant une activité professionnelle indépendante, y compris une profession libérale soumise à un statut législatif ou réglementaire ou dont le titre est protégé ;

3° La publication de l'achèvement de la liquidation, s'il s'agit d'une personne morale non soumise à l'immatriculation.

Lorsque sont applicables les dispositions relatives à la procédure prévue à l'article L. 351-1 du Code rural et de la pêche maritime, le président du tribunal judiciaire doit être saisi, préalablement à l'assignation, d'une demande tendant à la désignation d'un conciliateur présentée en application de l'article L. 351-2 de ce code sauf si la procédure de rétablissement professionnel prévue au chapitre V du présent titre est en cours.

Voir : annot. reproduites sous art. L. 631-5, p. 1256.

Art. L. 640-6 *(L. n° 2005-845, 26 juill. 2005). – (Mots rempl. à compter du 1er octobre 2021, Ord. n° 2021-1193, 15 sept. 2021)* « Les membres du comité social et économique » peuvent communiquer au président du tribunal ou au ministère public tout fait révélant la cessation des paiements du débiteur.

CHAPITRE I. – DU JUGEMENT DE LIQUIDATION JUDICIAIRE

Art. L. 641-1 *(L. n° 2005-845, 26 juill. 2005 ; mod., Ord. n° 2008-1345, 18 déc. 2008 ; Ord. n° 2014-326, 12 mars 2014 ; Ord. n° 2014-1088, 26 sept. 2014 ; L. n° 2015-990, 6 août 2015 ; Ord. n° 2016-727, 2 juin 2016 ; L. n° 2016-1547, 18 nov. 2016 ; L. n° 2019-486, 22 mai 2019).* – I. – Les dispositions des articles L. 621-1 et L. 621-2 ainsi que celles de l'article L. 622-6 relatives aux obligations incombant au débiteur sont applicables à la procédure de liquidation judiciaire.

Lorsque la situation du débiteur qui a déclaré être en état de cessation des paiements n'apparaît pas manifestement insusceptible de redressement, le tribunal invite celui-ci, en l'absence de demande subsidiaire aux fins d'ouverture d'une procédure de redressement judiciaire, à présenter ses observations sur l'existence des conditions de l'article L. 631-1. Il statue ensuite, dans la même décision, sur la demande de liquidation judiciaire et, le cas échéant, sur l'ouverture d'une procédure de redressement judiciaire.

Avant de statuer, le tribunal examine si la situation du débiteur répond aux conditions posées aux articles L. 645-1 et L. 645-2 et ouvre, le cas échéant, avec son accord, une procédure de rétablissement professionnel.

II. – Dans le jugement qui ouvre la liquidation judiciaire, le tribunal désigne le juge-commissaire. Il peut, en cas de nécessité, en désigner plusieurs. Le président du tribunal, s'il a connu du débiteur en application du titre Ier du présent livre, ne peut être désigné juge-commissaire.

Dans le même jugement, sans préjudice de la possibilité de nommer un ou plusieurs experts en vue d'une mission qu'il détermine, le tribunal désigne, en qualité de liquidateur, un mandataire judiciaire inscrit ou une personne choisie sur le fondement du premier alinéa du II de l'article L. 812-2 ou, pour les procédures mentionnées au III de ce même article, un huissier de justice ou un commissaire-priseur judiciaire. Il peut, à la demande du ministère public, du débiteur ou du créancier poursuivant ou d'office, en désigner plusieurs.

Le ministère public peut proposer un liquidateur à la désignation du tribunal. Le rejet de cette proposition doit être spécialement motivé. Lorsque la procédure est ouverte à l'égard d'un débiteur qui bénéficie ou a bénéficié d'un mandat *ad hoc* ou d'une procédure de conciliation dans les dix-huit mois qui précèdent, le ministère public peut en outre s'opposer à ce que le mandataire *ad hoc* ou le conciliateur soit désigné en qualité de liquidateur.

Lorsque la procédure est ouverte à l'égard d'un débiteur dont le nombre de salariés est au moins égal à un seuil fixé par décret en Conseil d'État, le tribunal sollicite les observations des institutions mentionnées à l'article L. 3253-14 du Code de travail sur la désignation du liquidateur.

Un représentant des salariés est désigné dans les conditions prévues au deuxième alinéa de l'article L. 621-4 et à l'article L. 621-6. Il exerce la mission prévue à l'article L. 625-2. En l'absence de comité *(Mots rempl. à compter du 1er octobre 2021, Ord. n° 2021-1193, 15 sept. 2021)* « social et économique », le représentant des salariés exerce les fonctions dévolues à *(Mots rempl. à compter du 1er octobre 2021, Ord. n° 2021-1193, 15 sept. 2021)* « cette institution » par les dispositions du présent titre.

Les contrôleurs sont désignés et exercent leurs attributions dans les conditions prévues au titre II.

Sans préjudice de l'application de l'article L. 641-2, le tribunal désigne, aux fins de réaliser, s'il y a lieu, l'inventaire prévu par l'article L. 622-6 et la prisée de l'actif du débiteur, un commissaire-priseur judiciaire, un huissier de justice, un notaire ou un courtier en marchandises assermenté, en considération des attributions respectives qui leur sont conférées par les dispositions qui leur sont applicables.

Les mandataires de justice et les personnes désignées à l'alinéa précédent font connaître sans délai tout élément qui pourrait justifier leur remplacement.

III. – Lorsque la liquidation judiciaire est prononcée au cours de la période d'observation d'une procédure de sauvegarde ou de redressement judiciaire, le tribunal nomme le mandataire judiciaire en qualité de liquidateur. Toutefois, le tribunal peut, par décision motivée, à la demande de l'administrateur, d'un créancier, du débiteur, des institutions mentionnées à l'article L. 3253-14 du Code du travail ou du ministère public, désigner en qualité de liquidateur une autre personne dans les conditions prévues à l'article L. 812-2.

Lorsque le débiteur exerce une profession libérale soumise à un statut législatif ou réglementaire ou dont le titre est protégé, la demande peut aussi être faite au tribunal par l'ordre professionnel ou l'autorité compétente dont, le cas échéant, il relève.

IV. – La date de cessation des paiements est fixée dans les conditions prévues à l'article L. 631-8.

Ordre professionnel. Les articles L. 641-1 et L. 621-1 relatifs à l'audition de l'ordre professionnel ne s'appliquent pas en cas de conversion du redressement en liquidation (▪ Cass. com., 6 juill. 2010, n° 09-67.345 : *JurisData* n° 2010-011296 ; *Gaz. Pal.* 15-16 oct. 2010, n° 09-67.345, p. 24, obs. F. Reille ; *JCP* E 2011, 1030, n° 2, obs. Pétel).

Art. L. 641-1-1 *(Ord. n° 2008-1345, 18 déc. 2008 ; mod., Ord. n° 2014-326, 12 mars 2014).* – Le tribunal peut, soit d'office, soit sur proposition du juge-commissaire ou à la demande du ministère public, procéder au remplacement du liquidateur, de l'expert ou de l'administrateur s'il en a été désigné en application de l'article L. 641-10 ou encore adjoindre un ou plusieurs liquidateurs ou administrateurs à ceux déjà nommés.

Le liquidateur, l'administrateur ou un créancier nommé contrôleur peut demander au juge-commissaire de saisir à cette fin le tribunal.

Lorsque le débiteur exerce une profession libérale soumise à un statut législatif ou réglementaire ou dont le titre est protégé, l'ordre professionnel ou l'autorité compétente dont, le cas échéant, il relève peut saisir le ministère public à cette même fin.

Le débiteur peut demander au juge-commissaire de saisir le tribunal aux fins de remplacer l'expert. Dans les mêmes conditions, tout créancier peut demander le remplacement du liquidateur.

Par dérogation aux alinéas qui précèdent, lorsque le liquidateur ou l'administrateur demande son remplacement, le président du tribunal, saisi à cette fin par le juge-commissaire, est compétent pour y procéder. Il statue par ordonnance.

Le juge-commissaire statue par ordonnance, dans les meilleurs délais, sur les demandes de saisine du tribunal aux fins de remplacement qui lui sont adressées en application du présent article.

Le comité *(Mots rempl. à compter du 1er octobre 2021, Ord. n° 2021-1193, 15 sept. 2021)* « social et économique » ou, à défaut, les salariés de l'entreprise peuvent seuls procéder au remplacement du représentant des salariés.

Art. 641-1-2 *(L. n° 2015-990, 6 août 2015)*. – Lorsque sont réunies les conditions prévues à l'article L. 621-4-1, le tribunal désigne en qualité de liquidateur au moins deux mandataires judiciaires, dont un commun au débiteur et aux sociétés mentionnées aux 2° et 3° du même article.

Art. L. 641-2 *(Ord. n° 2008-1345, 18 déc. 2008 ; mod., Ord. n° 2014-326, 12 mars 2014 ; L. n° 2016-1547, 18 nov. 2016)*. – Il est fait application de la procédure simplifiée prévue au chapitre IV du présent titre si l'actif du débiteur ne comprend pas de bien immobilier et si le nombre de ses salariés au cours des six mois précédant l'ouverture de la procédure ainsi que son chiffre d'affaires hors taxes sont égaux ou inférieurs à des seuils fixés par décret. *(Phrase créée à compter du 1er octobre 2021, Ord. n° 2021-1193, 15 oct. 2021)* « Lorsque le débiteur est une personne physique, seule la première condition est requise ».

Si le tribunal dispose des éléments lui permettant de vérifier que les conditions mentionnées au premier alinéa sont réunies, il statue sur cette application dans le jugement de liquidation judiciaire et peut confier au liquidateur la mission de réaliser, s'il y a lieu, l'inventaire dans cette procédure. Dans le cas contraire, le président du tribunal statue au vu d'un rapport sur la situation du débiteur établi par le liquidateur dans le mois de sa désignation.

Ordonnance n° 2020-596 du 20 mai 2020

portant adaptation des règles relatives aux difficultés des entreprises et des exploitations agricoles aux conséquences de l'épidémie de Covid-19

(Ord. n° 2020-596, 20 mai 2020)

Art. 6. – La procédure de liquidation judiciaire simplifiée prévue au chapitre IV du titre IV du livre VI du Code de commerce est ouverte à l'égard de toute personne physique dont le patrimoine ne comprend pas de biens immobiliers. Toutefois, si le nombre de salariés du débiteur au cours des six mois précédant l'ouverture de la procédure est supérieur à cinq, le tribunal peut décider, par un jugement spécialement motivé, de ne pas faire application des dérogations prévues pour cette procédure.

Bibliographie : Ferrari, *Liquidation judiciaire simplifiée et rétablissement professionnel après l'ordonnance n° 2020-596 du 20 mai 2020* : *Gaz. Pal.* 13 juill. 2020, p. 84.

Art. L. 641-2-1 *(Abr., L. n° 2019-486, 22 mai 2019)*.

Art. L. 641-3 *(L. n° 2005-845, 26 juill. 2005 ; mod., Ord. n° 2008-1345, 18 déc. 2008 ; Ord. n° 2014-326, 12 mars 2014 ; Ord. n° 2014-1088, 26 sept. 2014 ; L. n° 2015-1786, 29 déc. 2015 ; L. n° 2019-486, 22 mai 2019)*. – Le jugement qui ouvre la liquidation judiciaire a les mêmes effets que ceux qui sont prévus en cas de sauvegarde par les premier et troisième alinéas du I et par le III de l'article L. 622-7, par les articles L. 622-21 et L. 622-22, par la première phrase de l'article L. 622-28 et par l'article L. 622-30.

Le juge-commissaire peut autoriser le liquidateur ou l'administrateur lorsqu'il en a été désigné à payer des créances antérieures au jugement, pour retirer le gage ou la chose légitimement retenue ou encore pour lever l'option d'achat d'un contrat de crédit-bail.

Lorsque les dirigeants de la personne morale débitrice ne respectent pas leurs obligations en matière d'arrêté et d'approbation des comptes annuels, le liquidateur peut saisir le président du tribunal aux fins de désignation d'un mandataire *ad hoc*.

Les créanciers *déclarent leurs créances au liquidateur* selon les modalités prévues aux articles L. 622-24 à L. 622-27 et L. 622-31 à L. 622-33. Si la détermination de l'assiette et du calcul de l'impôt est en cours, l'établissement définitif des créances du Trésor public admises à titre provisionnel doit être effectué par l'émission du titre exécutoire dans le délai prévu à l'article L. 624-1. Toutefois, si une procédure de contrôle ou de rectification de l'impôt a été engagée, l'établissement définitif des créances qui en font l'objet doit être réalisé avant le dépôt au greffe du compte rendu de fin de mission par le liquidateur. Le délai de cet établissement

définitif est suspendu par la saisine de l'une des commissions ou du comité mentionnés à l'article L. 59 du Livre des procédures fiscales jusqu'à la date de réception par le contribuable ou son représentant de l'avis de cette commission ou celle d'un désistement.

Art. L. 641-4 *(L. n° 2005-845, 26 juill. 2005 ; mod., Ord. n° 2008-1345, 18 déc. 2008 ; Ord. n° 2010-1512, 9 déc. 2010 ; L. n° 2013-504, 14 juin 2013 ; Ord. n° 2014-326, 12 mars 2014).* **– Le liquidateur procède aux opérations de liquidation en même temps qu'à la vérification des créances. Il peut introduire ou poursuivre les actions qui relèvent de la compétence du mandataire judiciaire.**

Il n'est pas procédé à la vérification des créances chirographaires s'il apparaît que le produit de la réalisation de l'actif sera entièrement absorbé par les frais de justice et les créances privilégiées, à moins que, s'agissant d'une personne morale ou d'un entrepreneur individuel à responsabilité limitée, il n'y ait lieu de mettre à la charge des dirigeants sociaux de droit ou de fait ou de cet entrepreneur tout ou partie du passif conformément à l'article L. 651-2.

Lorsqu'il apparaît nécessaire de reprendre la vérification des créances, le juge-commissaire fixe pour y procéder un délai supplémentaire qui ne peut excéder six mois. La fixation de ce délai supplémentaire a les mêmes conséquences que celle du délai prévu à l'article L. 624-1.

Le liquidateur exerce les missions dévolues à l'administrateur et au mandataire judiciaire par les articles L. 622-6, L. 622-20, L. 622-22, L. 622-23, L. 625-3, L. 625-4 et L. 625-8.

Les licenciements auxquels procède le liquidateur en application de la décision ouvrant ou prononçant la liquidation, le cas échéant au terme du maintien provisoire de l'activité autorisé par le tribunal, sont soumis aux dispositions de l'article L. 1233-58 du Code du travail. L'avis du comité *(Mots rempl. à compter du 1er octobre 2021, Ord. n° 2021-1193, 15 sept. 2021)* **« social et économique est rendu » au plus tard dans les douze jours de la décision prononçant la liquidation, ou, si le maintien provisoire de l'activité a été autorisé par le tribunal, dans les douze jours suivant le terme de cette autorisation. L'absence de remise du rapport de l'expert mentionné aux articles L. 1233-34, L. 1233-35, L. 2325-35 ou L. 4614-12-1 du Code du travail ne peut avoir pour effet de reporter ce délai.**

1) Dispense de vérification des créances. Cette décision ne dispense pas les créanciers de déclarer leur créance (■ Cass. com., 23 nov. 1999, n° 97-16.870 : *RTD com.* 2000, 719, obs. Martin-Serf).

Elle ne constitue pas un obstacle à l'action en responsabilité pour insuffisance d'actif (■ Cass. com., 5 nov. 2013, n° 12-22.510 : *JurisData* n° 2013-025011 ; *Act. proc. coll.* 2013, comm. 287).

C'est une mesure d'administration judiciaire susceptible d'être modifiée à tout moment (■ Cass. com., 17 sept. 2013 : *Act. proc. coll.* 2013, comm. 242, obs. Cagnoli ; *BJE* 2013, p. 371, obs. crit. Théron ; *JCP* E 2014, 1020, n° 1, obs. Pétel).

2) Licenciements : motivation. La lettre de licenciement pour motif économique émanant du liquidateur est suffisamment motivée dès lors qu'elle vise le jugement de liquidation en application duquel il est procédé au licenciement (■ Cass. soc., 2 mars 2004 [2 arrêts] : *JCP* E 2004, 1292, n° 15, obs. Ph. Pétel ; *ibid.*, 1639, n° 16, obs. P. Morvan).

Mais le fait que la cessation d'activité de l'entreprise résulte de sa liquidation judiciaire ne prive pas le salarié de la possibilité d'invoquer l'existence d'une faute de l'employeur à l'origine de la cessation d'activité de nature à priver le licenciement de cause réelle et sérieuse (■ Cass. soc., 8 juill. 2020, n° 18-26.140 : *JCP* E 2020, 1405, note Jacotot ; *Gaz. Pal.* 13 oct. 2020, p. 78, obs. Gailhbaud).

3) Licenciements : annulation du jugement de liquidation. L'annulation du jugement de liquidation judiciaire rend les licenciements sans cause réelle et sérieuse, sauf ouverture d'une nouvelle procédure par la cour d'appel qui prononce cette annulation (■ Cass. soc., 16 déc. 2008, n° 07-43.285 : *Act. proc. coll.* 2009, comm. 56).

Art. L. 641-5 *(Anc. art. L. 622-5, renum. et mod., L. n° 2005-845, 26 juill. 2005).* **– Lorsque la liquidation judiciaire est prononcée au cours de la période d'observation d'une procédure de sauvegarde ou de redressement judiciaire, le liquidateur procède aux opérations de liquidation en même temps qu'il achève éventuellement la vérification des créances et qu'il établit l'ordre des créanciers. Il poursuit les actions introduites avant le jugement de liquidation, soit par l'administrateur, soit par le mandataire judiciaire, et peut introduire les actions qui relèvent de la compétence du mandataire judiciaire.**

Déclaration. Le prononcé de la liquidation judiciaire au cours de la période d'observation, qui n'ouvre pas une nouvelle procédure, n'emporte pas, par lui-même, soumission des créanciers à l'obligation de déclarer (■ Cass. com., 10 juill. 2012, n° 11-20.367 : *BJE* 2012, p. 286, obs. L. Le Mesle).

Art. L. 641-6 *(Ord. n° 2008-1345, 18 déc. 2008).* – Aucun conjoint ou partenaire lié par un pacte civil de solidarité, aucun parent ou allié jusqu'au quatrième degré inclusivement, du débiteur personne physique ou des dirigeants, s'il s'agit d'une personne morale, ne peut être désigné à l'une des fonctions prévues à l'article L. 641-1 ou L. 641-10, sauf dans les cas où cette disposition empêche la désignation d'un représentant des salariés.

Art. L. 641-7 *(L. n° 2005-845, 26 juill. 2005 ; mod., Ord. n° 2008-1345, 18 déc. 2008).* – Le liquidateur tient informés, au moins tous les trois mois, le juge-commissaire, le débiteur et le ministère public du déroulement des opérations. Le juge-commissaire et le ministère public peuvent à toute époque requérir communication de tous actes ou documents relatifs à la procédure.

Art. L. 641-8 *(Anc. art. L. 622-8, renum., L. n° 2005-845, 26 juill. 2005 ; mod., Ord. n° 2008-1345, 18 déc. 2008).* – Toute somme reçue par le liquidateur dans l'exercice de ses fonctions est immédiatement versée en compte de dépôt à la Caisse des dépôts et consignations. En cas de retard, le liquidateur doit, pour les sommes qu'il n'a pas versées, un intérêt dont le taux est égal au taux de l'intérêt légal majoré de cinq points.

Toute somme versée par l'association mentionnée à l'article L. 3253-14 du Code du travail en application des articles L. 3253-8 à L. 3253-13 du même code donne lieu à déclaration à l'administration fiscale par le liquidateur.

Art. L. 641-9 *(Anc. art. L. 622-9, renum. et mod., L. n° 2005-845, 26 juill. 2005 ; Ord. n° 2010-1512, 9 déc. 2010 ; Ord. n° 2014-326, 12 mars 2014).* – I. – Le jugement qui ouvre ou prononce la liquidation judiciaire emporte de plein droit, à partir de sa date, dessaisissement pour le débiteur de l'administration et de la disposition de ses biens même de ceux qu'il a acquis à quelque titre que ce soit tant que la liquidation judiciaire n'est pas clôturée. Les droits et actions du débiteur concernant son patrimoine sont exercés pendant toute la durée de la liquidation judiciaire par le liquidateur.

Toutefois, le débiteur peut se constituer partie civile dans le but d'établir la culpabilité de l'auteur d'un crime ou d'un délit dont il serait victime.

Le débiteur accomplit également les actes et exerce les droits et actions qui ne sont pas compris dans la mission du liquidateur ou de l'administrateur lorsqu'il en a été désigné.

II. – Lorsque le débiteur est une personne morale, un mandataire peut être désigné, en cas de nécessité, au lieu et place des dirigeants sociaux par ordonnance du président du tribunal sur requête de tout intéressé, du liquidateur ou du ministère public.

III. – Lorsque le débiteur est une personne physique, il ne peut exercer, au cours de la liquidation judiciaire, aucune des activités mentionnées au premier alinéa de l'article L. 640-2. Toutefois, le débiteur entrepreneur individuel à responsabilité limitée peut poursuivre l'exercice d'une ou de plusieurs de ces activités, si celles-ci engagent un patrimoine autre que celui visé par la procédure.

IV. – Le liquidateur ne peut, sauf accord du débiteur, réaliser les biens ou droits acquis au titre d'une succession ouverte après l'ouverture ou le prononcé de la liquidation judiciaire, ni provoquer le partage de l'indivision pouvant en résulter.

Bibliographie : Saint-Alary-Houin, *Le dessaisissement du débiteur en liquidation judiciaire : Rev. proc. coll.* 2003, p. 173. • Monsèrié-Bon, *Le dessaisissement et l'avènement des droits propres : Rev. Lamy dr. aff.* mars 2005, p. 53. • Deleneuville, *La constitution de partie civile de la victime en liquidation judiciaire : D.* 2006, chron. 1233. • Souweine, *Action civile et procédures collectives après la loi du 26 juillet 2005 : D.* 2006, chron. 501. • Le Normand, *Le dessaisissement du débiteur en liquidation judiciaire à l'épreuve des évolutions récentes : JCP* E 2012, 1337. • Théron, *Les contours du dessaisissement du débiteur en liquidation judiciaire : Rev. proc. coll.* 2013, dossier 3.

• *Sommaire*

I – RÈGLES GÉNÉRALES

1) Absence d'incapacité. Le débiteur dessaisi n'est frappé d'aucune incapacité d'accomplir des actes juridiques (■ Cass. com., 15 juill. 1953 : *Bull.* III, n° 262. ■ Cass. com., 22 mars 1960 : *Bull.* III, n° 112. ■ Cass. com., 18 oct. 1967 : *Bull.* III, n° 332 ; *DS* 1968, 23, note M.P.). Le dessaisissement, qui ne porte que sur les droits patrimoniaux, et auquel échappent les droits propres, n'emporte pas changement de capacité au sens de l'article 370 du Code de procédure civile (■ Cass. com., 26 févr. 2020, n° 18-18.283 : *Act. proc. coll.* 2020-7, comm. 87, obs. Ferrari ; *BJE* mai 2020, p. 27, obs. Théron ; *Rev. proc. coll.* 2021, comm. 12, obs. Reille).

Le dessaisissement n'emportait donc pas (avant modification de l'art. 531, CPC par D. n° 2017-891, 6 mai 2017) interruption du délai d'appel (■ Cass. com., 18 mai 2016, n° 14-25.997 : *JurisData* n° 2016-009445 ; *JCP* E 2016, 1465, n° 3, obs. Pétel ; *Act. proc. coll.* 2016, comm. 149, obs. Le Bars).

L'interdiction d'exercer à titre individuel la profession d'avocat ne justifie pas une QPC (■ Cass. com., 31 mai 2012, n° 12-40.022 : *JurisData* n° 2012-011515 ; *Gaz. Pal.* 3-4 août 2012, p. 26, obs. D. Voinot).

2) Secret professionnel. Le liquidateur étant investi d'un mandat légal de représentation du débiteur dessaisi un notaire n'est pas fondé à lui opposer le secret professionnel (■ Cass. com., 23 oct. 2019, n° 18-15.280 : *JCP* E 2019, 1551, obs. Pétel ; *BJE* janv. 2020, n° 117n4, p. 3, obs. S. Cabrillac ; *Gaz. Pal.* 14 janv. 2020, p. 72, obs. Ferrari).

3) Actes irréguliers. Les actes passés par le débiteur seul ne sont pas nuls en eux-mêmes et restent valables entre le débiteur et son cocontractant mais sont inopposables à la procédure (*jurisprudence antérieure*, ■ Cass. req., 18 avr. 1932 : *DH* 1932, 266. ■ Cass. com., 22 janv. 1962 : *Bull.* III, n° 42. ■ Cass. com., 19 mars 1969 : *JurisData* n° 1969-097107 ; *Bull.* IV, n° 107. *Jurisprudence postérieure à la loi de 1985* ■ Cass. com., 23 mai 1995 : *JCP* E 1995, I, 513, n° 7, obs. M. Cabrillac ; *D.* 1995, 413, note FD. ■ Cass. com., 26 avr. 2000, n° 96-19.616 : *JurisData* n° 2000-001781 ; *JCP* E 2000, p. 1562, n° 5, obs. Pétel ; *D. 2000, act. jurispr.*, p. 263, obs. Lienhard. ■ Cass. com., 9 janv. 2001 : *JCP* E 2001, p. 750, n° 2, obs. M. Cabrillac ; *D.* 2001, p. 630, obs. Lienhard ; *LPA* 28 févr. 2001, p. 16, note Paquette-Dessaigne. ■ Cass. com., 19 mai 2004 [2e esp.] : *D.* 2004, p. 1812, obs. Lienhard ; *JCP* E 2004, 1292, n° 5, obs. M. Cabrillac.

Ainsi, l'avenant à un contrat de travail conclu irrégulièrement peut être invoqué par le salarié à l'encontre du cessionnaire (■ Cass. soc., 5 nov. 2014, n° 13-19.662 : *Act. proc. coll.* 2015, comm. 4, obs. Pedemons).

4) Actes de procédure irréguliers. Les intimés sont recevables à invoquer le défaut de qualité du débiteur à interjeter appel (■ Cass. com., 13 nov. 2013, n° 12-25.675 : *JurisData* n° 2013-025519 ; *JCP* E 2014, 1020, n° 5, obs. Ph. Pétel. – *Contra* auparavant : ■ Cass. com., 13 avr. 2010, n° 09-11.851 : *JurisData* n° 2010-003994 ; *Rev. proc. coll.* 2010, comm. 182, obs. G. Berthelot. ■ Cass. com., 14 déc. 2010 : *Act. proc. coll.* 2011, n° 41, obs. P. Cagnoli).

5) Droit de propriété. Le dessaisissement n'entraîne pas la perte du droit de propriété (■ Cass. com., 8 avr. 2008 : *D.* 2008, p. 1204).

Le liquidateur n'a donc pas qualité pour poursuivre l'expulsion du débiteur avant la réalisation définitive de la cession de cet immeuble (■ Cass. com., 25 oct. 2011 : *JCP* E 2012, 1000, n° 5, obs. Ph. Pétel ; *Gaz. Pal.* 20-21 janv. 2012, p. 29, obs. J. Théron ; *D.* 2012, 479, note C. Albiges).

6) Ordre public. Le jugement de liquidation judiciaire emporte de plein droit dessaisissement du débiteur ; cette règle est impérative et d'ordre public (droit antérieur, ■ Cass. com., 10 juill. 1951 : *Bull. civ.* II, n° 226 ; *JCP* G 1952, II, 6916, note Cohen. ■ Cass. 1re civ., 7 juill. 1982, n° 81-12.878 : *Bull. civ.* I, n° 253. – *Loi de 1985*, ■ Bordeaux, 12 juill. 1989 : *JurisData* n° 1989-045020 ; *Rev. proc. coll.* 1990, 416, n° 3, obs. Dureuil. ■ Cass. com., 28 juin 1994 : *Bull. civ.* IV, n° 239).

7) Tiers de bonne foi. Les effets du dessaisissement se produisent même à l'égard des tiers de bonne foi (■ Cass. com., 15 juill. 1982, n° 81-14.092 : *JurisData* n° 1982-701907 ; *Bull. civ.* IV, n° 269 ; *DS* 1983, inf. rap. 9, obs. Derrida. ■ Cass. com., 2 avr. 1996 : *JCP* E 1996, I, 584, n° 5, obs. M. Cabrillac ; *D.* 1996, somm. 339, obs. Honorat. ■ Cass. com., 19 mai 2004 [2e esp.] : *D.* 2004, p. 1812, obs. Lienhard ; *JCP* E 2004, 1292, n° 5, obs. M. Cabrillac.

Une vente d'immeuble ayant été déclarée inopposable au liquidateur, l'acquéreur peut être condamné à une indemnité d'occupation (■ Cass. com., 12 juill. 2012 : *Act. proc. coll.* 2012, comm. 225, obs. P. Cagnoli).

8) Contrôle judiciaire. Le dessaisissement ne fait pas obstacle à l'application des articles 137 et 138, 11° du Code de procédure pénale, relatifs au placement sous contrôle judiciaire (■ Cass. crim., 29 juin 1994, n° 94-81.946 : *JurisData* n° 1994-002828 ; *Bull. crim.* 1994, n° 259 ; *D.* 1995, somm. 27, obs. Honorat).

9) Prise d'effet. Le dessaisissement prenant effet le jour du jugement à zéro heure, le mandat du banquier a pris fin dès le début de ce jour ; le banquier qui a exécuté l'ordre de virement ce même jour et débité le compte du donneur d'ordre, n'était plus mandaté pour ce faire (Mons, 18 mars 1992 : *RD com. belge* 1993, 984, obs. Buyle et Thunis ; *D.* 1994, somm. 332, obs. Vasseur). Les retraits effectués sur un compte chèque postal le jour du prononcé de la liquidation judiciaire doivent être remboursés par La Poste, même si l'article 108 du Code des postes et des télécommunications énonce qu'en cas de changement dans la condition du titulaire du compte, avis doit en être donné au centre de chèques postaux, les dispositions d'ordre public de l'article L. 622-9 [L. 641-9] l'emportant sur celles de l'article L. 108 du Code des postes et des télécommunications (▪ Cass. com., 18 janv. 2000 : *JCP* E 2000, pan. 297 ; *RTD com.* 2000, 422, obs. Cabrillac).

10) Rétractation du jugement d'ouverture. Le jugement rétractant la décision de liquidation judiciaire du débiteur n'a pas fait disparaître rétroactivement les effets du dessaisissement du débiteur lorsqu'il était en état de liquidation judiciaire (▪ Cass. com., 2 avr. 1996 : *JCP* E 1996, I, 584, n° 6, obs. M. Cabrillac ; *RJDA* 7/96, n° 975, pour le refus de payer des chèques émis après l'ouverture de la procédure).

11) Prescription. La prescription de l'action en nullité d'une convention pour dol court à l'égard du liquidateur judiciaire, qui exerce les droits et actions du débiteur concernant son patrimoine, à la suite de son dessaisissement, à compter de la même date qu'à l'égard du débiteur, partie à la convention (▪ Cass. com., 7 déc. 2004, n° 01-15.437 : *JurisData* n° 2004-026228 ; *RJDA* 4/2005, n° 354).

12) Fin du dessaisissement. La clôture de la liquidation judiciaire pour insuffisance d'actif met fin au dessaisissement du débiteur et lui permet d'engager une action en paiement d'une créance née antérieurement à l'ouverture de la procédure et non recouvrée par le liquidateur (▪ Cass. com., 17 oct. 2000, n° 98-10.955 : *JurisData* n° 2000-006285 ; *RJDA* 1/2001, n° 56 ; *JCP* E 2000, pan. 1887 ; *JCP* E 2001, p. 176, n° 8, obs. Ph. Pétel ; *D.* 2000, act. jurispr., p. 411, obs. Lienhard ; *D.* 2001, somm. 619, obs. Honorat ; *RTD com.* 2001, 243, obs. Vallens).

13) Droit international. En l'absence d'exequatur de la décision de faillite prononcée à l'étranger, cette décision ne peut produire en France aucun effet de dessaisissement du débiteur, ni de suspension des poursuites (▪ Cass. 1re civ., 21 mars 1998 : *Bull. civ.* I, n° 122 ; *JCP* G 1998, II, 10155, note Kerckhove ; *RTD com.* 1998, 831, obs. *Dubarry et Loquin). L'*exequatur ne peut être donné qu'à une décision, ce qui exige que l'autorité dont elle émane ait disposé d'un véritable pouvoir d'appréciation quant à son contenu et ne se soit pas bornée à recevoir un acte de droit privé (▪ Paris, 2 avr. 1998 : *JurisData* n° 1998-122384 ; *RTD com.* 1998, 831, obs. Dubarry et Loquin). Sur le règlement (CE) n° 1346/2000, 29 mai 2000, annexe 6, *Des difficultés des entreprises*.

II – BIENS SOUMIS AU DESSAISISSEMENT

14) Parts sociales. Le dessaisissement touche les parts sociales détenues par le débiteur dans le capital d'une société (▪ Cass. com., 27 nov. 2001 : *JCP* E 2002, 763, n° 5, obs. Ph. Pétel ; *D.* 2002, p. 92, obs. Lienhard) ; toutefois, il n'est pas dessaisi de ses fonctions de représentant légal de cette société *in bonis* (même déc.).

Le liquidateur ne peut exercer les actions liées à la qualité d'associé ou de gérant du débiteur et concernant le patrimoine de la personne morale, non plus que son droit de participer aux décisions collectives (▪ Cass. com., 18 oct. 2011, n° 10-19.647 : *JurisData* n° 2011-022336 ; *JCP* E 2012, 1000, n° 4, obs. Ph. Pétel ; *Act. proc. coll.* 2011, comm. 277, obs. J. Vallansan ; *BJS* 2011, p. 994, note F.-X. Lucas ; *BJE* 2012, p. 82, obs. M.-L. Coquelet ; *Gaz. Pal.* 20-21 janv. 2012, p. 27, obs. D. Voinot). – Rappr., à propos de l'art. 1166 C. civ. : ▪ Cass. com., 4 déc. 2012, n° 11-24.174 : *JurisData* n° 2012-028355 ; *D.* 2013, 751, note J. Moury.

Idem pour l'action en contestation de l'état liquidatif d'une société civile professionnelle (▪ Cass. 1re civ., 6 sept. 2017, n° 16-10.711 : *BJS* 2017, p. 700, note Borga).

Mais l'action en paiement du solde d'un compte courant d'associé doit être exercée par le liquidateur (▪ Cass. com., 23 sept. 2014 : *JCP* E 2014, 1637, n° 5, obs. Pétel, 1605, obs. C. Lebel).

15) Comptes bancaires. L'ouverture d'une liquidation judiciaire entraîne clôture des comptes bancaires (▪ Cass. com., 20 janv. 1998, n° 95-17.044 : *JurisData* n° 1998-000293 ; *JCP* E 1999, p. 761, n° 4, obs. Gavalda et Stoufflet ; *RTD com.* 1998, 393, obs. Cabrillac. ▪ Cass. com., 14 mai 2002, n° 98-21.521 : *JurisData* n° 2002-014351 ; *RJDA* 10/2002, n° 1069).

La clôture du compte courant emporte interdiction de tout règlement, de sorte que les opérations de débit effectuées postérieurement au jugement de liquidation judiciaire sont inopposables à la procédure collective (▪ Cass. com., 19 mai 2004 [2e esp.] : *D.* 2004, p. 1812, obs. Lienhard ; *JCP* E 2004, 1292, n° 5, obs. M. Cabrillac).

16) Salaires. Le liquidateur est fondé à demander à l'employeur le versement entre ses mains des salaires du débiteur qui, à l'exclusion de leur fraction insaisissable, sont appréhendés par l'effet réel de la procédure collective (▪ Cass. com., 13 avr. 2010, n° 08-19.074 : *JurisData* n° 2010-003927 ; *JCP* E 2010, 1534, note C. Lebel ; *ibid.* 1742, n° 7, obs. Ph. Pétel ; *Act. proc. coll.* 2010, comm. 137, obs. L. Fin-Langer ; *Gaz. Pal.* 2-3 juill. 2010, p. 27, obs. D. Voinot).

Mais il ne peut, sur le seul fondement du jugement de liquidation judiciaire, qui ne constitue pas un titre exécutoire, faire procéder à la saisie des rémunérations (■ Cass. 2e civ., 7 janv. 2016, n° 14-24.508 : *JurisData* n° 2015-029506 ; *JCP* E 2016, 1198, n° 6, obs. Pétel ; *Act. proc. coll.* 2016, comm. 38, obs. Fin-Langer).

17) Biens acquis par donation ou succession. Le dessaisissement concerne les biens présents et futurs comme les biens qui pourraient lui échoir par donation ou legs ; en ce cas c'est au syndic à prendre parti sur la succession (■ Cass. com., 22 mars 1960 : *Bull. civ.* III, n° 112 ; *D.* 1960, somm. 114). Mais l'option conférée au donataire par l'acte de donation en cas de réduction de la libéralité, entre la propriété et l'usufruit des biens composant la quotité disponible ou l'usufruit seulement est exclusivement attachée à la personne du donataire (■ Cass. com., 18 mai 1976, n° 74-13.982 : *Bull. civ.* IV, n° 168 ; *D.* 1978, 566, note I. Fadlallah).

18) Biens acquis irrégulièrement. Les biens futurs peuvent être ceux que le débiteur a acquis au cours de la procédure en infraction avec la règle du dessaisissement (■ Cass. com., 19 mai 2004 [1re esp.] : *D.* 2004, p. 1812, obs. Lienhard ; *JCP* E 2004, 1292, n° 6, obs. Ph. Pétel). En ce cas, la vente par le liquidateur en vue de permettre le paiement des créanciers n'implique ni la ratification par le liquidateur de l'acquisition faite par le débiteur, ni celle du prêt assorti d'une sûreté ayant permis cette acquisition (même déc.).

19) Biens communs. Le dessaisissement s'étend également aux biens communs en application de l'article 1413 du Code civil (■ Cass. ass. plén., 23 déc. 1994, n° 90-15.305 : *JurisData* n° 1994-002486 ; *JCP* E 1995, II, 660, note Pétel ; *JCP* G 1995, I, 3869, n° 8, obs. Simler ; *D.* 1995, rapp. Chartier, note Derrida ; *RJDA* 1995, p. 101, concl. Roehrich ; *RJ com.* 1995, 55, obs. Storck ; *Defrénois* 1995, 445, obs. Champenois ; *Dr. et patrimoine* 1995, 65, obs. Bénabent).

De ce fait, seul le liquidateur administre les biens communs pendant toute la durée de la procédure (■ Cass. com., 4 oct. 2005, n° 04-12.610 : *JurisData* n° 2005-030081 ; *D.* 2005, p. 2592, obs. Lienhard ; *D.* 2006, pan. 86, obs. Le Corre ; *ibid.*, pan. 1382, obs. Danis-Fatôme ; *JCP* E 2006, 1066, n° 7, obs. Ph. Pétel ; *ibid.*, 1243, note Beignier).

Le syndic (mandataire liquidateur) pourra, dans le cadre de la liquidation, aliéner ces biens sans que puisse lui être opposé l'article 1424 du Code civil (■ Cass. 1re civ., 21 nov. 1978 : *JurisData* n° 1978-700352 ; *JCP* G 1979, II, 19204, note Patarin ; *DS* 1978, 365, note Jeantin ; *DS* 1979, inf. rap. 184, obs. Honorat et 253, obs. Derrida).

Mais, le conjoint du débiteur n'étant pas dessaisi, la sommation prévue à l'article 689 du Code de procédure civile doit lui être délivrée avant la vente du bien commun (■ Cass. com., 11 avr. 1995, n° 91-21.534 : *JurisData* n° 1995-000862 ; *Bull. civ.* IV, n° 123).

20) Droits indivis. Le dessaisissement s'étend à l'exercice des droits du débiteur dans l'indivision dont il est membre (■ Cass. com., 21 janv. 2003, n° 00-13.952 : *JurisData* n° 2003-017413 ; *RJDA* 6/2003, n° 625). Sur la demande en partage, V. note sous art. L. 642-18, p. 1317.

21) Biens insaisissables. Si sont exclues du dessaisissement la fraction insaisissable des salaires ou les prestations assimilées, cette exception est édictée dans le seul intérêt du débiteur et ne peut être invoquée par un tiers, comme La Poste (■ Cass. com., 11 juill. 1995 : *Bull. civ.* IV, n° 209 ; *D.* 1996, somm. 83, obs. Honorat).

22) Indemnité à caractère personnel. En cas d'indemnité due au débiteur au titre de la réparation de son préjudice corporel, les magistrats doivent rechercher si la somme en cause avait en tout ou en partie un caractère alimentaire (■ Cass. com., 5 févr. 2002 : *JCP* E 2002, pan. 473 ; *D.* 2002, p. 887 ; *Act. proc. coll.* 2002, n° 88, obs. J.V. ; *RJDA* 6/2002, n° 668 ; *Rev. proc. coll.* 2002, 257, obs. Lebel).

III – ACTES SOUMIS AU DESSAISISSEMENT

A – Poursuites contre le débiteur

23) Commandement de payer. Le débiteur dessaisi ne peut être destinataire d'un commandement de payer (■ Cass. com., 1er oct. 2002, n° 99-14.775 : *JurisData* n° 2002-015809 ; *RD bancaire et fin.* 2003, 103, n° 78, obs. F.-X. Lucas).

24) Notification de redressement fiscal. Les notifications de redressements fiscaux, qui sont susceptibles d'avoir une incidence sur le patrimoine du débiteur, doivent être adressées au liquidateur (■ CE, 14 mars 2008, n° 290591 : *JurisData* n° 2008-081289 ; *JCP* E 2008, 1729, note D.E.).

25) Saisie-attribution entre les mains d'un tiers. La saisie-attribution doit être dénoncée dans un délai de huit jours, à peine de caducité, au débiteur à la tête de ses biens, ou, dès la liquidation judiciaire, à son liquidateur (■ Cass. com., 4 mars 2003, n° 00-13.020 : *JurisData* n° 2003-018032 ; *JCP* E 2003, 708, note Delattre ; 1396 n° 17, obs. Ph. Pétel ; *D.* 2003, p. 907, obs. Lienhard, somm. 1623, obs. F.-X. Lucas ; *RD bancaire et fin.* 2003, 170, n° 118, obs. Delleci ; *RJDA* 8-9/2003, n° 879. ■ Cass. com., 19 févr. 2002, n° 98-22.727 : *JurisData* n° 2002-013008 ; *RD bancaire et fin.* 2002, 135, n° 105, obs. F.-X. Lucas ; *RD bancaire et fin.* 2002, 138, n° 109, obs. Delleci ; *D.* 2002, p. 1070, obs.

Avena-Robardet ; *Dr. et proc.* 2002, 237, obs. Hoonaker. ▪ Cass. 2e civ., 8 déc. 2011, n° 10-24.420 : *JurisData* n° 2011-027690 ; *Act. proc. coll.* 2012, comm. 37, obs. P. Cagnoli).

Si la dénonciation a été faite au débiteur en temps utile, la caducité n'est pas encourue (▪ Cass. com., 2 oct. 2012 : *Act. proc. coll.* 2012, comm. 255, obs. P. Cagnoli ; *BJE* 2012, p. 377, obs. C. Hugon ; *JCP* E 2013, 1001, obs. C. Lebel).

Lorsque le jugement de liquidation judiciaire, qui emporte dessaisissement, est prononcé au cours du délai ouvert pour contester la saisie-attribution, il interrompt le délai et un nouveau délai commence à courir à compter de la dénonciation faite au liquidateur (▪ Cass. com., 19 janv. 1999 : *JCP* E 1999, p. 815, n° 14, obs. Ph. Pétel ; *LPA* 9 mars 1999, p. 8, note P.-M. ; *RJ com.* 2000, 29, note Courtier ; *D.* 1999, 245, note Derrida). Le liquidateur a seul qualité pour élever une contestation relative à cette voie d'exécution (▪ Cass. com., 19 janv. 1999, préc.).

26) Saisie-attribution entre les mains du liquidateur. Le liquidateur a la double qualité de tiers saisi et de représentant du débiteur ; il est habilité à recevoir l'acte par lequel lui est, à la fois, signifiée la saisie en sa qualité de tiers saisi et lui est dénoncée en sa qualité de représentant du débiteur, ▪ Cass. 2e civ., 5 avr. 2001, n° 98-14.107 : *JurisData* n° 2001-009017 ; *D.* 2001, p. 1467, obs. Lienhard ; *JCP* E 2001, p. 1474, n° 17, obs. M. Cabrillac ; *RD bancaire et fin.* 2001, 235, n° 160, obs. Dellici. ▪ Paris 13 janv. 1998, n° 96/02031 : *JurisData* n° 1998-020144 ; *D.* 1998, 194, note Derrida ; *RTD com.* 1999, 505, obs. Martin-Serf, qui valide l'avis à tiers détenteur notifié entre les mains du mandataire liquidateur. – *Adde* ▪ Cass. com., 1er avr. 2003, n° 99-18.063 : *JurisData* n° 2003-018504 ; *JCP* E 2003 1396, n° 18, obs. Ph. Pétel ; *Act. proc. coll.* 2003-9, n° 108, obs. Vallansan ; *D.* 2003, p. 1093, obs. Lienhard, somm. 1624, obs. F.-X. Lucas. ▪ Cass. com., 13 mai 2003, n° 98-22.741 : *JurisData* n° 2003-019075 ; *D.* 2003, p. 1763 ; *RJDA* 11/2003, n° 1093 ; *JCP* E 2003, pan. 1053. En conséquence, il peut, à la demande du créancier fondée sur l'article 60 du décret du 31 juillet 1992, être condamné personnellement à payer à celui-ci les sommes dues par le débiteur, dès lors qu'il n'a pas rempli les obligations prévues aux articles 44 de la loi du 9 juillet 1991 et 59 (▪ Cass. com., 1er avr. 2003, préc. – V. aussi, ▪ Cass. 2e civ., 23 nov. 2000, n° 98-21.081 : *JurisData* n° 2000-007050 ; *RJDA* 2/2001, n° 225).

27) Réalisations d'actifs. Lorsque l'ordonnance du juge-commissaire fixant la mise à prix et précisant les conditions essentielles de la vente est passée en force de chose jugée à l'égard du débiteur, le liquidateur est dispensé de lui délivrer la sommation prévue à l'article 689 du Code de procédure civile (▪ Cass. ch. mixte, 5 déc. 1997, n° 94-17.189 : *JurisData* n° 1997-004919 ; *JCP* E 1998, p. 328, note Croze ; *RJDA* 4/98, n° 483). Mais le conjoint du débiteur n'étant pas dessaisi, la sommation prévue à l'article 689 du Code de procédure civile doit lui être délivrée avant la vente du bien commun (▪ Cass. com., 11 avr. 1995 : *Bull. civ.* IV, n° 123).

28) Poursuites pénales. Il appartient aux juges du fond de rechercher si l'appel d'un jugement statuant sur des intérêts patrimoniaux est exclu de la mission du liquidateur (▪ Cass. crim., 4 déc. 2012, n° 11-87.304 : *JurisData* n° 2012-030525 ; *Gaz. Pal.* 1-4 mai 2013, p. 45, obs. Robaczewski).

B – **Actions en justice**

29) Instance en cours. L'instance étant interrompue par l'effet du dessaisissement, elle doit être reprise par le liquidateur ou à son encontre, celui-ci étant seul habilité à poursuivre les instances introduites avant le jugement de liquidation, soit par l'administrateur, soit par le représentant des créanciers (▪ Cass. 2e civ., 6 mars 1991, n° 89-15.540 : *JurisData* n° 1991-001264 ; *Bull.* II, n° 78 ; *D.* 1992, somm. 88, obs. Derrida) ; à défaut, les jugements, même passés en force de chose jugée, obtenus après l'interruption de l'instance, sont réputés non avenus, à moins qu'ils ne soient expressément ou tacitement confirmés par la partie au profit de laquelle l'interruption est prévue (même arrêt).

30) Action en paiement du capital non libéré. Le liquidateur peut agir en paiement du montant non libéré du capital social (▪ Cass. com., 9 mai 1995, n° 92-14.195 : *JurisData* n° 1995-001096 ; *JCP* E 1995, 513, § 9, obs. Ph. Pétel ; *Rev. sociétés* 1995, 753, note M. Jeantin ; *Bull. Joly* 1995, p. 775, obs. J.-M. Calendini. ▪ Cass. com., 26 mai 1999 : *JCP* E 1999, pan. 1271 ; *LPA* 7 janv. 2000, p. 17, note Courtier ; *LPA* 30 juin 1999, p. 8, obs. P.M. ; *RD bancaire et bourse* 1999, 99, obs. Germain et Frison-Roche ; *D.* 2000, *Cah. dr. aff.*, somm. 97, obs. Honorat).

31) Action en contribution de l'associé aux pertes. Seul le liquidateur peut agir contre les associés en fixation de leur contribution aux pertes sociales (▪ Cass. com., 3 mai 2018, n° 15-20.348 : *JurisData* n° 2018-007569 ; *JCP* E 2018, 1429, n° 5, obs. Tehrani ; *Rev. sociétés* 2018, p. 414, obs. Roussel Galle ; *BJS* 2018, p. 433, obs. Laroche).

Voir aussi : notes ss art. L. 622-20, p. 1161.

32) Action oblique. L'action oblique ne peut être exercée par un créancier après le jugement de liquidation judiciaire car cette action nécessite que ce soit le débiteur lui-même qui néglige d'exercer ses droits et actions ; seul le liquidateur pourrait l'exercer (■ Cass. com., 3 avr. 2001, n° 98-14.191 : *JurisData* n° 2001-009039 ; *JCP* E 2001, p. 1473, n° 16, obs. Ph. Pétel ; *RD bancaire et fin.* 2001, 164, n° 118, obs. F.-X. Lucas).

33) Action du débiteur contre le liquidateur. L'action en responsabilité civile contre le liquidateur judiciaire est de nature patrimoniale et ne peut être exercée par le débiteur en liquidation judiciaire avant la clôture des opérations de liquidation (■ Cass. com., 6 févr. 2001 : *JCP* E 2001, pan. 589 ; *D.* 2001, p. 859, obs. Lienhard) ; si le débiteur peut faire appel à titre conservatoire du jugement statuant sur ce litige, il n'a pas qualité pour suivre l'instance sans l'intervention d'un administrateur *ad hoc* (même déc.). Il en est de même d'une action en responsabilité contre l'État (■ Cass. com., 12 juill. 2004, n° 03-12.634 : *JurisData* n° 2004-024694 ; *RJDA* 2/2005, n° 178 ; *JCP* E 2004, pan. 1417 ; *D.* 2004, p. 2157). Le président du tribunal de grande instance, ou le président du tribunal de la procédure collective, est compétent pour nommer le mandataire *ad hoc* (■ Cass. com., 21 mars 2006, n° 04-17.995 : *JurisData* n° 2006-032816 ; *D.* 2006, p. 1043, obs. Lienhard ; *JCP* E 2006, pan. 1771).

34) Principe du contradictoire. Le dessaisissement du débiteur ne dispense pas du respect du contradictoire à son égard (■ Cass. crim., 1er mars 2000, n° 99-84.113 : *RTD com.* 2000, 730, obs. Vallens).

35) Droits propres. Le débiteur peut demander lui-même au tribunal la clôture de la liquidation judiciaire (■ Cass. com., 5 mars 2002, n° 98-22.646 : *JurisData* n° 2002-013341 ; *JCP* E 2002, pan. 661, chron. 1380, n° 6, obs. M.C. ; *D.* 2002, p. 1422 ; *RJDA* 6/2002, n° 671 ; *RD bancaire et fin.* 2002, 135, n° 104, obs. F.-X. Lucas ; *RTD com.* 2002, 378, obs. Vallens). *Idem* pour l'action tendant au remplacement du liquidateur (■ Cass. com., 8 févr. 1994, n° 91-20.970 : *JurisData* n° 1994-000438 ; *RJDA* 10/1994, n° 1075, à propos d'un syndic).

Il peut défendre seul à une action exercée contre lui par le liquidateur (■ Cass. com., 8 juill. 2003, n° 00-12.744 : *JurisData* n° 2003-019936 ; *Act. proc. coll.* 2003, n° 185, obs. Regnaut-Moutier ; *D.* 2004, somm. p. 56, obs. Lucas).

Mais aucun droit propre ne fait échec au dessaisissement du débiteur pour l'exercice des actions tendant au recouvrement de ses créances (■ Cass. com., 18 sept. 2012 : *JCP* E 2012, 1757, n° 5, obs. Pétel ; *Act. proc. coll.* 2012, comm. 244, obs. Vallansan ; *Gaz. Pal.* 18-19 janv. 2013, p. 29, obs. Voinot). Le débiteur n'est donc pas recevable à contester l'autorisation de transiger sur une telle créance (■ Cass. com., 9 oct. 2019, n° 18-12.162 : *JCP* E 2019, 1551, n° 4, obs. Pétel). *Idem* pour l'exercice d'une action visant à contester l'attribution d'un prix d'adjudication (■ Cass. com., 13 nov. 2013 : *JCP* E 2014, 1020, n° 5, obs. Pétel).

36) Matière familiale. Le débiteur a qualité pour intenter seul une action en divorce ou y défendre, action qui inclut la fixation de la prestation compensatoire, sans préjudice de l'exercice par le liquidateur d'une tierce opposition (■ Cass. com., 16 janv. 2019, n° 17-16.334 : *Act. proc. coll.* 2019, comm. 35, obs. Petit ; *JCP* E 2019, 1206, n° 7, obs. Pétel ; *Rev. proc. coll.* 2019, comm. 55, obs. Lisanti ; *BJE* mai 2019, p. 25, obs. Rubellin ; *Gaz. Pal.* 9 juill. 2019, p. 59, obs. Ferrari). V. pour un changement de régime matrimonial ■ Cass. com., 20 déc. 1982, n° 81-14.273 : *JurisData* n° 1982-702829 ; *Defrénois* 1983, 33173, obs. Aubert.

Pour une action en liquidation et partage de succession, V. ■ Cass. com., 21 nov. 2018, n° 17-12.761 : *JCP* E 2019, 1206, n° 5, obs. Pétel ; *Rev. proc. coll.* 2019, comm. 55, obs. Lisanti ; *Gaz. Pal.* 16 avr. 2019, p. 71, obs. Antonini-Cochin.

L'action concernant la détermination de la nature du régime matrimonial des époux ne concerne en rien leurs rapports familiaux et conjugaux et a un caractère purement patrimonial (■ Cass. com., 12 oct. 2004, n° 02-14.078 : *JurisData* n° 2004-025237 ; *D.* 2005, pan. 295, obs. Le Corre).

Le jugement de séparation de biens prononcé au cours d'une procédure collective doit être signifié personnellement au débiteur (■ Cass. com., 23 mai 2000, n° 97-21.493 : *JurisData* n° 2000-002126 ; *JCP* 2001, I, 309, obs. Tisserand ; *Rev. proc. coll.* 2002, 259, obs. Lebel).

Mais la demande de reconnaissance d'une créance de salaire différé n'entre pas dans la catégorie des droits propres du débiteur (■ Cass. com., 11 juin 2014, n° 12-28.769 : *JurisData* n° 2014-012792 ; *D.* 2014, p. 1860, note Barbieri et Roussel ; *BJE* 2014, p. 299, obs. Le Mesle).

37) Actions prud'homales. Est exclusivement attachée à la personne l'instance introduite par le salarié devant la juridiction prud'homale à l'encontre de son employeur à l'occasion de son contrat de travail (■ Cass. soc., 21 janv. 2001 : *RJDA* 6/2001, n° 715 ; *D.* 2001, jurispr. 2404, note Lacamp-Leplaë) ; cette action ne peut être exercée ni par ses créanciers ni par ses représentants légaux (même déc.). De même, est purement personnelle la demande du salarié tendant à la constatation de la nullité de la clause de non-concurrence insérée dans son contrat de travail (■ Cass. soc., 31 janv. 2001, n° 98-44.877 : *JurisData* n° 2001-007974 ; *Bull. civ.* I, n° 150 ; *Rev. proc. coll.* 2002, 257, obs. Lebel), ou tendant à la reconnaissance de l'existence d'un contrat de travail (■ Cass. soc., 13 juill. 2004, n° 02-43.444 : *JurisData* n° 2004-024708 ; *RJDA* 2/2005, n° 177 ; *D.* 2004, p. 2157).

38) Concurrence. Le liquidateur d'une entreprise en liquidation judiciaire n'a pas qualité pour saisir le Conseil de la concurrence aux lieu et place du débiteur (■ Cons. conc., 6 avr. 1999, n° 99-D-25) : *LPA* 3 avr. 2000, p. 13, obs. Malaurie-Vignal).

39) Expulsion. Le débiteur peut interjeter appel d'une ordonnance d'expulsion (■ Cass. com., 12 mai 2009, n° 08-12.053 : *JurisData* n° 2009-048266 ; *Gaz. Pal.* 26-28 juill. 2009, p. 24, obs. D. Voinot). Une personne en liquidation judiciaire peut demander seule en justice des délais pour libérer le logement familial dont elle est expulsée, cette demande supposant l'appréciation d'éléments personnels et moraux (■ Rouen, 3 avr. 2001 : *RJDA* 1/2002, n° 74).

40) Bail rural. L'action en reconnaissance d'un bail rural échappe au dessaisissement du débiteur en liquidation judiciaire (■ Cass. 3e civ., 7 avr. 2004, n° 02-19.520 : *JurisData* n° 2004-023254 ; *D.* 2004, p. 1236, obs. Lienhard ; *JCP* E 2004, pan. 851).

41) Préjudice moral ou corporel. *Idem* pour l'action en réparation du préjudice moral causé par les manquements d'un huissier de justice à ses obligations (■ Cass. 1re civ., 11 juill. 1988, n° 86-14.029 : *JurisData* n° 1988-001405 ; *Bull. civ.* I, n° 237). *Idem* pour l'action en réparation des préjudices résultant d'un déficit fonctionnel temporaire, des souffrances endurées, d'un déficit fonctionnel permanent et d'un préjudice d'agrément (■ Cass. com., 17 avr. 2019, n° 17-18.688 : *JCP* E 2019, 1375, n° 11, obs. Pétel ; *Act. proc. coll.* 2019-11, comm. 155, obs. Vallansan ; *Gaz. Pal.* 9 juill. 2019, p. 61, obs. Ferrari).

42) Insanité d'esprit. *Idem* pour l'action en nullité d'un contrat fondée sur l'insanité d'esprit (■ Cass. com., 16 déc. 2014, n° 13-21.479 : *JurisData* n° 2014-031673 ; *JCP* E 2015, 1068, note Lebel).

43) Levée d'une clause d'inaliénabilité. L'action visée à l'article 900-1 du Code civil qui dispose que le donataire peut être judiciairement autorisé à disposer d'un bien grevé d'une clause d'inaliénabilité, est une action exclusivement attachée à la personne du donataire dans la mesure où elle est subordonnée à des considérations personnelles d'ordre moral et familial inhérentes à la donation, de sorte qu'elle ne peut pas être exercée par le représentant de ses créanciers ou par le liquidateur (■ Cass. 1re civ., 3 juin 1998, n° 96-12.372 : *JurisData* n° 1998-002435 ; *JCP* 1998, II, 10167, note *Casey ; ibid., I, 177, n° 4, obs. Loiseau* ; *JCP* 1999, I, 132, n° 6, obs. Le Guidec ; *Dr. famille* 1998, n° 90, obs. Beigner ; *Defrénois* 1999, 93, obs. X. Savatier ; *RTD civ.* 1999, 677, obs. Mestre ; *ibid.*, 963, obs. Patarin. ■ Cass. 1re civ., 29 mai 2001, n° 99-15.776 : *JurisData* n° 2001-009836 ; *Bull. civ.* I, n° 150 ; *Rev. proc. coll.* 2002, 257, obs. Lebel ; *JCP* E 2001, p. 1454, n° 4, obs. M. Cabrillac ; *RTD civ.* 2001, 644, obs. Patarin et 882, obs. Mestre et Fages. ■ Cass. 1re civ., 3 avr. 2002, n° 98-21.097 : *JurisData* n° 2002-013880 ; *RJDA* 10/2002, n° 996. ■ Cass. com., 9 nov. 2004, n° 02-18.617 : *JurisData* n° 2004-025566 ; *RJDA* 3/2005, n° 304 ; *JCP* E 2005, 639, n° 3, obs. Cabrillac ; *D.* 2004, p. 3068, obs. Lienhard ; *D.* 2005, pan. 295, obs. Le Corre. ■ Cass. 1re civ., 4 juill. 2006 [2e esp.] : *RJDA* 12/2006, n° 1249 ; *JCP* E 2007, 1004, n° 7, obs. Cabrillac ; *Act. proc. coll.* 2006, comm. 183, obs. Vallansan).

44) Constitution de partie civile. Le débiteur ne peut se constituer partie civile que dans le but de déclencher ou de soutenir l'action publique, le liquidateur disposant seul de la faculté d'exercer l'action civile afin d'assurer la défense des intérêts patrimoniaux de ce dernier (■ Cass. crim., 24 juin 2020, n° 18-85.540 : *JurisData* n° 2020-008684 ; *JCP* E 2020,1535, n° 11, obs. Tehrani ; *D.*, 2020, p. 1930, avis Salomon et p. 1934, note Ferrari ; *Dr. pén.* sept. 2020, comm. 157, note Robert).

– V. sous l'empire des textes antérieurs : ■ Cass. crim., 29 mars 1994, n° 92-84.678 : *Bull. Joly* 1994, 847, note Jeantin.

Sur l'action du liquidateur, V. ■ Cass. crim., 12 oct. 1995, n° 95-80.730 : *JurisData* n° 1995-003332 ; *JCP* E 1997, I, 625, n° 9, obs. Lucas de Leyssac ; *Rev. sociétés* 1996, 319, note Bouloc.

C – Voies de recours

45) Signification par le débiteur. La signification d'un jugement faite par le débiteur dessaisi seul est nulle et ne peut avoir pour effet de faire courir le délai d'appel à l'encontre du destinataire de l'acte (■ Cass. com., 28 juin 1994 : *Bull. civ.* IV, n° 239), sans qu'une ratification ultérieure de cette signification par le liquidateur puisse avoir l'effet inverse (même arrêt).

46) Régularisation. Le débiteur peut faire appel à la condition que le syndic reprenne ses conclusions (■ Cass. req., 25 mai 1936 : *Gaz. Pal.* 1936, 2, 313. ■ Cass. com., 13 janv. 1964 : *Bull.* III, n° 19 ; *JCP* G 1964, II, 13575, note J.A. ■ Paris, 12 juill. 1988 : *JurisData* n° 1988-024695 ; *D.* 1989, somm. 10, obs. Derrida. ■ Cass. com., 23 juin 1981 : *JurisData* n° 1981-702062 ; *Bull.* IV, n° 289 ; *Gaz. Pal.* 1981, 2, 661, en matière d'arbitrage. ■ CE, 29 juin 1960 : *D.* 1960, 724, note Blancher en matière fiscale).

Mais l'intervention du liquidateur, par des conclusions postérieures à l'expiration du délai d'appel, ne peut régulariser la procédure (■ Cass. com., 12 juin 2001, n° 98-19.873 : *JurisData* n° 2001-010104 ; *D.* 2001, p. 2301, obs. Lienhard ; *JCP* E 2002, 121, n° 4, obs. Pétel ; *RTD com.* 2001, 775, obs. Vallens ; *RTD civ.* 2001, 956, obs. Perrot.

■ Cass. com., 13 nov. 2013 : *JCP* E 2014, 1020, n° 5, obs. Pétel).

De même, le pourvoi, qui n'a fait l'objet d'aucune régularisation par l'intervention de l'administrateur avant l'expiration du délai prescrit pour exercer le recours en cassation est irrecevable (■ Cass. com., 10 mars 2015, n° 13-27.227 : *Rev. proc. coll.* 2015, comm. 97, obs. Lebel).

Lorsqu'il est mis fin au dessaisissement du débiteur par un jugement postérieur à la date d'expiration du délai de pourvoi, le pourvoi intenté n'est pas recevable (■ Cass. 2e civ., 15 janv. 2004, n° 01-17.646 : *JurisData* n° 2004-021784 ; *JCP* E 2004, pan. 363).

47) Droits propres : contestations de créances. Le débiteur a le droit propre de former un recours contre la décision statuant sur une créance dans le cadre d'une instance en cours poursuivie après le jugement d'ouverture (■ Cass. com., 8 sept. 2015, n° 14-14.192 : *JurisData* n° 2015-019885 ; *Act. proc. coll.* 2015, comm. 256, obs. Cagnoli ; *Gaz. Pal.* 19 janv. 2016, p. 68, obs. Voinot. ■ Cass. com., 24 janv. 2018, n° 16-21.701 : *JurisData* n° 2018-000715 ; *JCP* E 2018, 1159, n° 14, obs. Tehrani ; *LEDEN* mars 2018, p. 3, obs. Staes).

Idem pour les recours dans le cadre de la vérification des créances (■ Cass. com., 15 mai 1984, n° 83-12.361 : *JurisData* n° 1984-701027 ; *D.* 1984, 373, note Derrida).

Conséquence : le désistement du liquidateur est impropre à dessaisir les juges d'appel, faute de désistement du débiteur ayant fait appel dans l'exercice de son droit propre (■ Cass. com., 1er oct. 2002, n° 99-21.143 : *JurisData* n° 2002-015709 ; *JCP* E 2002, pan. 1668. ■ Cass. com., 5 juill. 2005, n° 04-12.865 : *JurisData* n° 2005-029410 ; *RJDA* 2005, n° 1264).

Mais, en raison de l'indivisibilité de l'objet du pourvoi, qui concerne le passif et n'est donc pas étranger à la mission du liquidateur, la mise en cause de celui-ci est nécessaire (■ Cass. com., 16 janv. 2019, n° 16-26.989 : *Procédures* 2019, comm. 187, obs. Rolland ; *JCP* E 2019, 1206, n° 6, obs. Tehrani).

48) Droits propres : autres litiges. Le débiteur peut exercer seul les voies de recours contre les décisions fixant l'étendue de son dessaisissement (■ Cass. com., 26 mai 1983, n° 82-11.691 : *JurisData* n° 1983-701211 ; *DS* 1984, inf. rap. 9, obs. Derrida. ■ Cass. com., 11 juill. 1983, n° 81-16.337 : *JurisData* n° 1983-701809 ; *DS* 1984, inf. rap. 9, obs. Derrida).

Il peut interjeter appel du jugement qui ouvre une procédure collective contre lui, qui clôture ou modifie cette procédure, qui en détermine l'organisation ou qui fixe la durée de la période suspecte (■ Cass. com., 5 nov. 1985, n° 84-14.671 : *JurisData* n° 1985-702933 ; *Bull. civ.* IV, n° 262). Il peut exercer seul un recours contre une ordonnance du juge-commissaire (■ Cass. com., 8 juill. 2003, n° 01-02.050 : *JCP* E 2004, 151, n° 7, obs. Cabrillac), pourvu qu'il le fasse contre le liquidateur judiciaire ou en sa présence (■ Cass. com., 15 févr. 2000 : *JCP* E 2000, pan. 588).

Mais, pour la contestation d'une autorisation de transaction, comp. ■ Cass. com., 24 janv. 2018, n° 16-50.033 : *JurisData* n° 2018-000713 ; *JCP* E 2018, 1159, n° 6, obs. Tehrani ; *BJE* 2018, p. 196, obs. Theron ; *Rev. proc. coll.* 2018, comm. 73, obs. Reille. – Et ■ Cass. com., 9 oct. 2019, n° 18-12.162 : *JCP* E 2019, 1551, n° 4, obs. Pétel.

49) Action personnelle. Le débiteur peut seul interjeter appel d'une ordonnance de référé ordonnant son expulsion immédiate de locaux d'habitation dont il avait été propriétaire et qui avaient été adjugés à un tiers, sa demande ne concernant pas l'administration et la disposition de ses biens (■ Cass. com., 23 oct. 1985, n° 83-16.194 : *JurisData* n° 1985-702920 ; *D.* 1986, inf. rap. 55. – Comp. ■ Paris, 22 févr. 1995 : *JurisData* n° 1985-020529 ; *RJDA* 7/1995, n° 899).

Le recours formé contre une décision du Conseil de la concurrence n'est pas une action patrimoniale au sens de l'article L. 622-9 [L. 641-9] (■ Paris, 12 sept. 1991 : *JurisData* n° 1991-643675 ; *Gaz. Pal.* 1992, 26 janv., p. 6, concl. Jobard). Le recours contre une décision de sanction pécuniaire prononcée contre un débiteur en liquidation judiciaire est un droit personnel (■ Cass. com., 11 juill. 2006, n° 05-13.047 : *JurisData* n° 2006-034593 ; *D.* 2006, p. 2032, obs. Lienhard, rejetant le pourvoi contre ■ Paris, 8 juin 2004, n° 2003/20822 : *JurisData* n° 2004-246856 ; *RD bancaire et fin.* 2004, n° 274, obs. Pietrancosta ; *Dr. sociétés* 2005, n° 15, obs. Bonneau ; *Act. proc. coll.* 2004, n° 202, obs. Regnaut-Moutier ; *Banque et droit* nov.-déc. 2004, 36, obs. de Vauplane et Daigre).

D – Actes de gestion

50) Compte bancaire. Le débiteur ne peut plus effectuer de retrait auprès d'un compte de chèques postaux (■ Cass. com., 2 avr. 1996 : *JCP* E 1996, pan. 658. ■ Cass. com., 18 janv. 2000, n° 97-20.587 : *JurisData* n° 2000-000284 ; *RJDA* 5/2000, n° 576), ni faire fonctionner un compte courant (■ Cass. com., 19 mai 2004 : *JCP* E 2004, 1292, n° 5, obs. M. Cabrillac ; *D.* 2004, 1813, obs. A. Lienhard). La sanction est l'inopposabilité de toutes les écritures au débit (même déc.).

51) Délivrance de documents aux salariés. C'est au mandataire liquidateur et non au débiteur de délivrer des bulletins de paye, certificats de travail et attestations Assédic (■ Cass. soc., 24 janv. 1989, n° 87-42.944 : *JurisData* n° 1989-700360 ; *Bull.* V, n° 53 ; *JCP* E 1989, II, 15599, n° 21, obs. Pétel).

52) Prêt. Le contrat de prêt emportant novation d'une dette contractée avant le jugement d'ouverture de la procédure collective du débiteur est inopposable à celle-ci dès lors que, lorsqu'il a signé le nouveau contrat, le débiteur était dessaisi par l'effet de sa liquidation judiciaire (▪ Cass. com., 1er févr. 2000, n° 96-19.456 : *RJDA* 5/2000, n° 577).

53) Actes de disposition. Le débiteur seul ne peut accomplir un acte de disposition. Exemple : cession intervenue en application d'une convention de divorce (▪ Cass. com., 26 avr. 2000, n° 97-10.335 : *JurisData* n° 2000-001579 ; *RJDA* 7-8/2000, n° 783 ; *JCP* E 2000, p. 1562, n° 5, obs. Ph. Pétel ; *D.* 2000, act. jurispr., p. 263, obs. Lienhard) ; apport d'un droit au bail rural (▪ Cass. com., 9 janv. 2001 : *JCP* E 2001, p. 750, n° 2, obs. M. Cabrillac ; *D.* 2001, p. 630, obs. Lienhard ; *LPA* 28 févr. 2001, p. 16, note Paquette-Dessaigne).

Sur la responsabilité du notaire en cas de vente d'un immeuble par un débiteur en liquidation judiciaire, V. ▪ Cass. 1re civ., 8 janv. 2009, n° 07-18.780 : *JurisData* n° 2009-046447 ; *JCP* E 2009, 1347, n° 5, obs. Ph. Pétel.

54) Ratification par le liquidateur. La ratification par le liquidateur de l'achat d'un immeuble par le débiteur agissant seul ne requiert pas l'autorisation du juge-commissaire (▪ Cass. com., 17 févr. 2009 : *JCP* E 2009, 1347, n° 4, obs. M. Cabrillac).

Les juges du fond doivent définir les éléments qui font que la ratification par le liquidateur de l'acte d'acquisition d'un terrain emporte ratification du prêt et de l'hypothèque contractés par le débiteur pour construire une habitation sur le terrain (▪ Cass. com., 20 févr. 2001, n° 97-18.062 : *JurisData* n° 2001-008427 ; *RJDA* 8-9/2001, n° 883). La réalisation d'un actif acquis irrégulièrement par le débiteur ne vaut pas ratification de l'achat et du prêt destiné à le financer (▪ Cass. com., 19 mai 2004 : *JCP* E 2004, 1292, n° 6, obs. Ph. Pétel).

55) Actes conservatoires. Les actes conservatoires échappent au dessaisissement (▪ Cass. com., 24 févr. 1938 : *Rev. loyers* 1938, 206 pour éviter une forclusion. ▪ Cass. 3e civ., 29 mai 1969 : *Bull.* III, n° 429 ; *RTD com.* 1971, 479, obs. Houin pour faire sommation à un débiteur de payer sa dette. ▪ CE, 22 avr. 1966 : *JCP* G 1966, II, 14805, concl. Galmot, note Drago, pour un recours pour excès de pouvoir. ▪ Paris, 12 juill. 1988 : *D.* 1989, somm. 10, obs. Derrida, pour l'appel d'un jugement défavorable à la masse afin de l'empêcher d'acquérir l'autorité de la chose jugée, sous réserve qu'ultérieurement le mandataire-liquidateur s'associe à cet appel. ▪ Cass. com., 7 févr. 1995, n° 93-10.126 : *Bull. Joly* 1995, p. 420, obs. Le Cannu, qui admet qu'un dirigeant puisse publier seul sa nomination).

56) Nouvelle activité. Le dessaisissement du débiteur ne l'empêche pas d'exercer une activité professionnelle nouvelle (solution antérieure à L. 26 juill. 2005 ▪ Cass. com., 5 juill. 2005, n° 04-13.266 : *RJDA* 3/2006, n° 309 ; *JCP* E 2005, pan. 1386 ; *D.* 2005, p. 2146, obs. Lienhard ; *JCP* E 2006, 1066, n° 5, obs. Ph. Pétel).

57) Option successorale. La faculté d'accepter ou de renoncer à une succession est un droit attaché à la personne (▪ Cass. com., 3 mai 2006, n° 04-10.115 : *JurisData* n° 2006-033404 ; *D.* 2006, p. 1368, obs. Lienhard ; *ibid.*, pan. 2253, obs. Lucas et Le Corre ; *JCP* E 2006, pan. 1950, 2331, n° 6, obs. M. C. et 2438, note Garçon ; *RJDA* 10/2006, n° 1057).

L'option conférée au donataire par l'acte de donation en cas de réduction de la libéralité, entre la propriété et l'usufruit des biens composant la quotité disponible ou l'usufruit seulement est exclusivement attachée à la personne du donataire (▪ Cass. com., 18 mai 1976, n° 74-13.982 : *JurisData* n° 1976-798168 ; *Bull.* IV, n° 168 ; *D.* 1978, 566, note I. Fadlallah).

58) Partage. La signature d'un partage relève du seul pouvoir du liquidateur (▪ Cass. com., 13 janv. 2015, n° 13-12.590 : *JCP* E 2015, 1148, obs. Lebel ; *BJE* 2015/2, p. 95, obs. Benilsi).

59) Assurance-vie. Le droit de rachat d'une police d'assurance sur la vie est un droit exclusivement attaché à la personne du souscripteur (▪ Cass. com., 25 oct. 1994, n° 90-14.316 : *JurisData* n° 1994-001946 ; *RJDA* 1995, n° 362). Le paiement fait par la compagnie est donc libératoire (▪ Cass. com., 11 déc. 2012, n° 11-27.437 : *JurisData* n° 2012-029227 ; *JCP* E 2013, 1216, n° 4, obs. Pétel ; *Act. proc. coll.* 2013, comm. 30, obs. Borga ; *Gaz. Pal.* 1-4 mai 2013, p. 22, obs. Voinot ; *Rev. proc. coll.* 2013, comm. 95, obs. Dumont-Lefrand).

Mais la valeur de rachat fait partie de l'actif de la liquidation judiciaire (même déc.).

60) Préemption d'un fonds rural. Le droit de préemption portant sur un fonds faisant l'objet d'un bail rural ne peut être mis en œuvre que par l'exploitant preneur en place, même s'il est en liquidation judiciaire (▪ Cass. 3e civ., 7 avr. 2004 : *D.* 2004, p. 1236, obs. Lienhard ; *JCP* E 2004, pan. 852. – V., sous la loi de 1967, ▪ Cass. 3e civ., 30 nov. 1976, n° 75-12.872 : *Bull.* III, n° 433).

61) Déclarations fiscales. L'obligation de déclarer ses revenus demeure une obligation personnelle, mais la déclaration de revenus catégoriels se rattachant à l'activité objet de la liquidation judiciaire doit être remplie par le liquidateur et c'est lui que l'administration fiscale doit mettre en demeure (▪ CE, 28 juill. 2017, n° 398632 : *JCP* E 2017, 1688, n° 5, obs. Tehrani ; *Rev. proc. coll.* 2017, comm. 118, obs. Vabres ; *Gaz. Pal.* oct. 2017, n° 34, p. 70, obs. Voinot).

Art. L. 641-10 *(Anc. art. L. 622-10, renum. et mod., L. n° 2005-845, 26 juill. 2005 ; Ord. n° 2008-1345, 18 déc. 2008 ; Ord. n° 2014-326, 12 mars 2014).* **– Si la cession totale ou partielle de l'entreprise est envisageable ou si l'intérêt public ou celui des créanciers l'exige, le maintien de l'activité peut être autorisé par le tribunal pour une durée maximale fixée par décret en Conseil d'État. Elle peut être prolongée à la demande du ministère public pour une durée fixée par la même voie. Lorsqu'il s'agit d'une exploitation agricole, ce délai est fixé par le tribunal en fonction de l'année culturale en cours et des usages spécifiques aux productions concernées.**

Le liquidateur administre l'entreprise.

Dans les conditions prévues à l'article L. 631-17, il peut procéder aux licenciements.

Le cas échéant, il prépare un plan de cession, passe les actes nécessaires à sa réalisation, en reçoit et en distribue le prix.

Toutefois, lorsque le nombre des salariés ou le chiffre d'affaires est supérieur ou égal à des seuils fixés par décret en Conseil d'État ou, en cas de nécessité, le tribunal désigne un administrateur judiciaire pour administrer l'entreprise. Dans ce cas, l'administrateur exerce les prérogatives conférées au liquidateur par les articles L. 641-11-1 et L. 641-12. Il prépare le plan de cession, passe les actes nécessaires à sa réalisation et, dans les conditions prévues à l'article L. 631-17, peut procéder aux licenciements. Le ministère public peut proposer le nom d'un administrateur judiciaire à la désignation du tribunal qui ne peut le rejeter que par décision spécialement motivée.

Lorsque l'administrateur ne dispose pas des sommes nécessaires à la poursuite de l'activité, il peut, sur autorisation du juge-commissaire, se les faire remettre par le liquidateur.

Le liquidateur ou l'administrateur, lorsqu'il en a été désigné, exerce les fonctions conférées, selon le cas, à l'administrateur ou au mandataire judiciaire par les articles L. 622-4 et L. 624-6.

L'arrêté d'un plan de cession totale ou l'expiration du délai fixé en application du premier alinéa met fin au maintien de l'activité. Le tribunal peut également décider d'y mettre fin à tout moment si celui-ci n'est plus justifié.

Voir : sur les licenciements, voir biblio. sous art. L. 631-19, p. 1264.

1) **Conversion de procédure.** Lorsque le tribunal prononce la liquidation judiciaire, il met fin à la période d'observation ainsi qu'à la mission de l'administrateur, qui ne peut valablement procéder à un licenciement, sous réserve des dispositions de l'article L. 641-10 (■ Cass. soc., 15 nov. 2011 : *Rev. proc. coll.* 2012, comm. 27, obs. C. Lebel ; *BJE* 2012, p. 103, obs. D. Jacotot).

2) **Remise des fonds au liquidateur.** Application aux sommes versées par le débiteur au titre des dividendes prévus par le plan de continuation résolu et dont le dépôt a été judiciairement ordonné (■ Cass. com., 14 oct. 2014 : *JCP* E 2014, 1637, n° 4 ; *Act. proc. coll.* 2014, comm. 321, obs. Vallansan).

Art. L. 641-11 *(L. n° 2005-845, 26 juill. 2005 ; mod., Ord. n° 2008-1345, 18 déc. 2008 ; L. n° 2019-486, 22 mai 2019).* **– Le juge-commissaire exerce les compétences qui lui sont dévolues par les articles L. 621-9 et L. 623-2 et par le quatrième alinéa de l'article L. 622-16. Il fixe la rémunération afférente aux fonctions exercées par le débiteur s'il est une personne physique ou les dirigeants de la personne morale et exerce les compétences qui lui sont dévolues par le second alinéa de l'article L. 631-11. Lorsqu'il est empêché ou a cessé ses fonctions, il est remplacé dans les conditions prévues au troisième alinéa de l'article L. 621-9.**

Les renseignements détenus par le ministère public lui sont communiqués selon les règles prévues au deuxième alinéa de l'article L. 621-8.

Le *liquidateur et l'administrateur, lorsqu'il* en a été désigné, reçoivent du juge-commissaire tous les renseignements utiles à l'accomplissement de leur mission.

Art. L. 641-11-1 *(Ord. n° 2008-1345, 18 déc. 2008).* **– I. – Nonobstant toute disposition légale ou toute clause contractuelle, aucune indivisibilité, résiliation ou résolution d'un contrat en cours ne peut résulter du seul fait de l'ouverture ou du prononcé d'une liquidation judiciaire.**

Le cocontractant doit remplir ses obligations malgré le défaut d'exécution par le débiteur d'engagements antérieurs au jugement d'ouverture. Le défaut d'exécution de ces engagements n'ouvre droit au profit des créanciers qu'à déclaration au passif.

II. – Le liquidateur a seul la faculté d'exiger l'exécution des contrats en cours en fournissant la prestation promise au cocontractant du débiteur.

Lorsque la prestation porte sur le paiement d'une somme d'argent, celui-ci doit se faire au comptant, sauf pour le liquidateur à obtenir l'acceptation, par le cocontractant du débiteur, de délais de paiement. Au vu des documents prévisionnels dont il dispose, le liquidateur s'assure, au moment où il demande l'exécution, qu'il disposera des fonds nécessaires à cet effet. S'il s'agit d'un contrat à exécution ou paiement échelonnés dans le temps, le liquidateur y met fin s'il lui apparaît qu'il ne disposera pas des fonds nécessaires pour remplir les obligations du terme suivant.

III. – Le contrat en cours est résilié de plein droit :

1° Après une mise en demeure de prendre parti sur la poursuite du contrat adressée par le cocontractant au liquidateur et restée plus d'un mois sans réponse. Avant l'expiration de ce délai, le juge-commissaire peut impartir au liquidateur un délai plus court ou lui accorder une prolongation, qui ne peut excéder deux mois, pour se prononcer ;

2° À défaut de paiement dans les conditions définies au II et d'accord du cocontractant pour poursuivre les relations contractuelles ;

3° Lorsque la prestation du débiteur porte sur le paiement d'une somme d'argent, au jour où le cocontractant est informé de la décision du liquidateur de ne pas poursuivre le contrat.

IV. – À la demande du liquidateur, lorsque la prestation du débiteur ne porte pas sur le paiement d'une somme d'argent, la résiliation est prononcée par le juge-commissaire si elle est nécessaire aux opérations de liquidation et ne porte pas une atteinte excessive aux intérêts du cocontractant.

V. – Si le liquidateur n'use pas de la faculté de poursuivre le contrat ou y met fin dans les conditions du II ou encore si la résiliation du contrat est prononcée en application du IV, l'inexécution peut donner lieu à des dommages et intérêts au profit du cocontractant, dont le montant doit être déclaré au passif. Le cocontractant peut néanmoins différer la restitution des sommes versées en excédent par le débiteur en exécution du contrat jusqu'à ce qu'il ait été statué sur les dommages et intérêts.

VI. – Les dispositions du présent article ne concernent pas les contrats de travail. Elles sont également inapplicables au contrat de fiducie et à la convention en exécution de laquelle le débiteur constituant conserve l'usage ou la jouissance de biens ou droits transférés dans un patrimoine fiduciaire.

Voir : jurispr. citée sous C. com., art. L. 622-13.

Résiliation par le liquidateur. La résiliation de plein droit prévue par l'article L. 641-11-1-III-3° suppose une manifestation expresse de volonté de la part du liquidateur (■ Cass. com., 17 févr. 2015, n° 14-10.279 : *JurisData* n° 2015-003341 ; *JCP* E 2015, 1204, n° 11, obs. Pétel).

Art. L. 641-12 *(Ord. n° 2008-1345, 18 déc. 2008 ; mod., Ord. n° 2010-1512, 9 déc. 2010).* **– Sans préjudice de l'application du I et du II de l'article L. 641-11-1, la résiliation du bail des immeubles utilisés pour l'activité de l'entreprise intervient dans les conditions suivantes :**

1° Au jour où le bailleur est informé de la décision du liquidateur de ne pas continuer le bail ;

2° Lorsque le bailleur demande la résiliation judiciaire ou fait constater la résiliation de plein droit du bail pour des causes antérieures au jugement de liquidation judiciaire ou, lorsque ce dernier a été prononcé après une procédure de sauvegarde ou de redressement judiciaire, au jugement d'ouverture de la procédure qui l'a précédée. Il doit, s'il ne l'a déjà fait, introduire sa demande dans les trois mois de la publication du jugement de liquidation judiciaire ;

3° Le bailleur peut également demander la résiliation judiciaire ou faire constater la résiliation de plein droit du bail pour défaut de paiement des loyers et charges afférents à une occupation postérieure au jugement de liquidation judiciaire, dans les conditions prévues aux troisième à cinquième alinéas de l'article L. 622-14.

Le liquidateur peut céder le bail dans les conditions prévues au contrat conclu avec le bailleur avec tous les droits et obligations qui s'y rattachent. En ce cas, toute clause imposant au cédant des dispositions solidaires avec le cessionnaire est réputée non écrite.

Le privilège du bailleur est déterminé conformément aux trois premiers alinéas de l'article L. 622-16.

Voir : *jurispr. citée ss art. L. 622-14, p. 1149.*

1) Délai de carence. Le point de départ du délai de trois mois prévu à l'article L. 641-12-3° est la date du jugement d'ouverture de sauvegarde ou de redressement judiciaire en cas de conversion de la procédure en liquidation judiciaire (■ Cass. com., 19 févr. 2013 : *JCP* E 2013, 1216, n° 9, obs. Ph. Pétel ; *D.* 2013, 566, obs. A. Lienhard).

2) Délai d'action. Le délai de trois mois prévu au 2° ne s'applique pas à l'action fondée sur le défaut de paiement des loyers en période d'observation (■ Cass. com., 15 nov. 2017, n° 16-13.219 : *Act. proc. coll.* 2017-20, comm. 301, obs. Vallansan ; *JCP* E 2018, 1159, n° 16, obs. Pétel ; - 1035, obs. Cerati-Gauthier).

3) Cession du bail. La cession d'un droit au bail en cas de liquidation judiciaire doit être autorisée par le juge-commissaire (■ Cass. com., 9 mai 2007 : *JCP* E 2007, 2119, n° 5, obs. Ph. Pétel ; *D.* 2007, p. 1508, obs. Lienhard).

La cession se fait aux conditions prévues par le contrat à la date du jugement d'ouverture ; le bailleur peut donc se prévaloir de la stipulation relative à la destination des lieux (■ Cass. com., 11 mai 1999, n° 97-10.015 : *JurisData* n° 1999-002028 ; *LPA* 28 mars 2000, p. 20, note Galet) ; ou de celle imposant au cessionnaire de garantir les sommes dues par le cédant (■ Cass. com., 27 sept. 2011, n° 10-23.539 : *JurisData* n° 2011-020545 ; *JCP* E 2011, 1795, obs. Ph.-H. Brault ; *JCP* E 2012, 1000, n° 6, obs. Ph. Pétel ; *Gaz. Pal.* 20-21 janv. 2012, p. 19, obs. F. Kenderian). Pour un plan de cession, V. ■ CA Versailles, 12 mars 2015 : *D.* 2015, p. 1615, obs. Dumont-Lefrand ; *LEDEN* juin 2015, p. 1, obs. Lucas ; *Gaz. Pal.* 1-5 mai 2015, p. 23, obs. Kenderian. *Adde* Kenderian, *Projet de loi PACTE et bail commercial : mise à l'écart de la clause de solidarité du cessionnaire en plan de cession : JCP* E 2019, act. 96.

4) Solidarité du cédant. La clause imposant au cédant des dispositions solidaires avec le cessionnaire retrouve son plein effet au profit du bailleur en cas de nouvelle cession du bail selon les modalités de droit commun (■ Cass. com., 15 nov. 2017, n° 16-19.131 *JurisData* n° 2017-022851 ; *JCP* E 2018, 1159, n° 18, obs. Pétel ; *JCP* E 2018, 1035, obs. Cerati-Gauthier ; *Gaz. Pal.* 16 janv. 2018, p. 64, obs. Kenderian).

5) Faute du liquidateur. En continuant l'occupation des locaux d'exploitation d'une entreprise en liquidation judiciaire malgré l'acquisition d'uneclause résolutoire par le bailleur, le liquidateur commet une faute lorsqu'il n'a pas été saisi d'une offre concrète de reprise du fonds de commerce pouvant justifier la continuation du bail (■ Cass. com., 3 avr. 2001, n° 98-12.368 : *RJDA* 8-9/ 2001, n° 884).

Art. L. 641-12-1 *(Ord. n° 2008-1345, 18 déc. 2008).* **– Si le débiteur est constituant et seul bénéficiaire d'un contrat de fiducie, l'ouverture ou le prononcé d'une liquidation judiciaire à son égard entraîne la résiliation de plein droit de ce contrat et le retour dans son patrimoine des droits, biens ou sûretés présents dans le patrimoine fiduciaire.**

Art. L. 641-13 *(L. n° 2005-845, 26 juill. 2005 ; mod., Ord. n° 2008-1345, 18 déc. 2008 ; Ord. n° 2014-326, 12 mars 2014 ; L. n° 2016-1547, 18 nov. 2016).* **– I. – Sont payées à leur échéance les créances nées régulièrement après le jugement qui ouvre ou prononce la liquidation judiciaire :**

– si elles sont nées pour les besoins du déroulement de la procédure ou du maintien provisoire de l'activité autorisé en application de l'article L. 641-10 ;

– si elles sont nées en contrepartie d'une prestation fournie au débiteur pendant le maintien de l'activité ou en exécution d'un contrat en cours régulièrement décidée après le jugement d'ouverture de la procédure de sauvegarde ou de redressement judiciaire, s'il y a lieu, et après le jugement d'ouverture de la procédure de liquidation judiciaire ;

– ou si elles sont nées des besoins de la vie courante du débiteur, personne physique.

En cas de prononcé de la liquidation judiciaire, sont également payées à leur échéance, les créances nées régulièrement après le jugement d'ouverture de la procédure de sauvegarde ou de redressement judiciaire mentionnées au I de l'article L. 622-17.

II. – *(Il rempl. à compter du 1er octobre 2021, Ord. n° 2021-1193, 15 sept. 2021)* **Lorsqu'elles ne sont pas payées à l'échéance, ces** *créances sont payées par* **privilège conformément à l'ordre prévu par l'article L. 643-8.**

III. – *(III abr. à compter du 1er octobre 2021, Ord. n° 2021-1193, 15 sept. 2021).*

Rédaction antérieure. III. – Leur paiement se fait dans l'ordre suivant :

1° Les créances de salaires dont le montant n'a pas été avancé en application des articles L. 143-11-1 à L. 143-11-3 du Code du travail (1) ;

2° Les prêts consentis ainsi que les créances résultant de la poursuite d'exécution des contrats en cours conformément aux dispositions de l'article L. 622-13 du présent code et dont le cocontractant accepte de recevoir un paiement différé ; ces prêts et délais de paiement sont autorisés par le juge-commissaire dans la limite nécessaire à la poursuite de l'activité et font l'objet

(1) Ces articles ont été recodifiés, V. C. trav., art. L. 3253-6 et s., p. 3329.

d'une publicité. En cas de résiliation d'un contrat régulièrement poursuivi, les indemnités et pénalités sont exclues du bénéfice du présent article ;

3° Les sommes dont le montant a été avancé en application du 3° de l'article L. 143-11-1 du Code du travail (1) ;

4° Les autres créances, selon leur rang.

III. *(Ancien IV devenu III à compter du 1er octobre 2021, Ord. n° 2021-1193, 15 sept. 2021) – (Mots aj. à compter du 1er octobre 2021, Ord. n° 2021-1193, 15 sept. 2021)* **« À l'exception des frais et dépens de la procédure, » les créances impayées perdent le privilège que leur confère le II du présent article si elles n'ont pas été portées à la connaissance du mandataire judiciaire, de l'administrateur lorsqu'il en est désigné ou du liquidateur, au plus tard dans le délai de six mois à compter de la publication du jugement ouvrant ou prononçant la liquidation ou, à défaut, dans le délai d'un an à compter de celle du jugement arrêtant le plan de cession. Lorsque cette information porte sur une créance déclarée pour le compte du créancier en application de l'article L. 622-24, elle rend caduque cette déclaration si le juge n'a pas statué sur l'admission de la créance.**

Voir : les annotations sous art. L. 622-17, p. 1151.

Privilège des salaires. Les créances remboursées à l'AGS dans les conditions prévues pour le règlement des créances antérieures sont réputées être des créances antérieures qui, lorsqu'elles bénéficient du privilège des salaires, priment les créances hypothécaires (■ Cass. com., 11 juin 2014 n° 13-17.997 : *JCP* E 2014, 1447, n° 9, obs. Pétel ; *BJE* 2014, p. 303, obs. Le Corre ; *Act. proc. coll.* 2014, comm. 238, obs. Cagnoli et Fin-Langer).

Art. L. 641-14 *(L. n° 2005-845, 26 juill. 2005 ; mod., Ord. n° 2008-1345, 18 déc. 2008 ; Ord. n° 2014-326, 12 mars 2014).* **– Les dispositions** *(Mots aj. à compter du 1er octobre 2021, Ord. n° 2021-1193, 15 sept. 2021)* **« des 2° et 3° du III de l'article L. 622-17, celles » des chapitres IV, à l'exception de celles de l'article L. 624-17, et V du titre II du présent livre relatives à la détermination du patrimoine du débiteur et au règlement des créances résultant du contrat de travail ainsi que les dispositions du chapitre II du titre III du présent livre relatives aux nullités de certains actes s'appliquent à la procédure de liquidation judiciaire.**

Toutefois, pour l'application de l'article L. 625-1, le liquidateur cité devant le conseil de prud'hommes ou, à défaut, le demandeur appelle devant la juridiction prud'homale les institutions visées à l'article L. 143-11-4 du Code du travail (2)**.**

Pour l'application de l'article L. 625-3 du présent code, les institutions mentionnées à l'article L. 143-11-4 du Code du travail (2) **sont mises en cause par le liquidateur ou, à défaut, par les salariés requérants, dans les dix jours du jugement d'ouverture de la procédure de liquidation judiciaire ou du jugement la prononçant.**

Art. L. 641-14-1 *(Ord. n° 2014-326, 12 mars 2014).* **– Le liquidateur, avec l'accord de l'administrateur, s'il en a été désigné, peut acquiescer à la demande en revendication ou en restitution d'un bien mentionné à la section 3 du chapitre IV du titre II du présent livre. À défaut d'accord entre eux ou en cas de contestation, la demande est portée devant le juge-commissaire qui statue au vu des observations du demandeur, du débiteur, du liquidateur et, le cas échéant, de l'administrateur.**

Art. L. 641-15 *(L. n° 2005-845, 26 juill. 2005 ; mod., Ord. n° 2008-1345, 18 déc. 2008 ; Ord. n° 2010-1512, 9 déc. 2010).* **– Pendant la procédure de liquidation judiciaire, le juge-commissaire peut ordonner que le liquidateur ou l'administrateur, lorsqu'il en a été désigné, soit le destinataire du courrier adressé au débiteur.**

Le débiteur, préalablement informé, peut assister à l'ouverture du courrier. Toutefois, une convocation devant une juridiction, une notification de décisions ou tout autre courrier ayant un caractère personnel doit être immédiatement remis ou restitué au débiteur. Lorsque le débiteur est un entrepreneur individuel à responsabilité limitée, il y a également lieu à remise ou restitution immédiate du courrier intéressant un patrimoine autre que celui visé par la procédure.

Le juge-commissaire peut autoriser l'accès du liquidateur et de l'administrateur, lorsqu'il en a été désigné, au courrier électronique reçu par le débiteur dans des conditions déterminées par décret en Conseil d'État.

(1) Cet article a été recodifié, V. C. trav., art. L. 3253-8, 4°, p. 3330.
(2) Cet article a été recodifié, V. C. trav., art. L. 3253-14, p. 3336.

Lorsque le débiteur exerce une activité pour laquelle il est soumis au secret professionnel, les dispositions du présent article ne sont pas applicables.

Si le liquidateur, en application de l'article L. 622-15 [L. 641-15], utilise des ordres de réexpédition, cette prestation est assurée par La Poste à titre onéreux (■ Cass. com., 28 sept. 2004, n° 02-18.014 : *JurisData* n° 2004-024982 ; *RJDA* 2/2005, n° 176 ; *JCP* E 2004, pan. 1575 ; *JCP* E 2005, chron. 31, n° 3, obs. Pétel ; *D.* 2004, p. 2714, obs. Lienhard).

CHAPITRE II. – DE LA RÉALISATION DE L'ACTIF

Section I. – De la cession de l'entreprise

Bibliographie : Deharveng, *Le plan de cession dans la nouvelle architecture des procédures collectives : D.* 2006, chron. 1047. • Coquelet, *Le plan de cession a-t-il changé ? : Rev. proc. coll.* 2006, p. 188. • Henry, *Le plan de cession et la loi de sauvegarde des entreprises : Gaz. proc. coll.* 7-8 sept. 2005, p. 39. • Froehlich, *L'ambivalence du plan de cession totale dans la loi de sauvegarde des entreprises : D.* 2005, chron. p. 2878. • Thevenot, *Du film noir et blanc à la 3D couleur ou comment améliorer les processus de cession d'entreprises en redressement judiciaire : Rev. proc. coll.* 2014, étude 26. • Vincent, *L'adoption d'un plan de cession sans poursuite d'activité : BJE* 2014, p. 331. • Buisine, *Jurisprudence de la CJUE en matière de transfert d'entreprise : l'avenir incertain du prepack-cession et du plan de cession : Rev. proc. coll.* 2019, étude 23. • Ferry, *Clause d'inaliénabilité et plan de cession : BJE* sept. 2020, n° 118b1, p. 61. • Le Nabasque, *Les plans de cession confrontés aux clauses d'agrément, de préemption ou d'inaliénabilité*, in *Mélanges Couret*, 2020, p. 831. • Bettoni, *Regards civilistes sur la procédure de dépôt et d'examen des offres de reprise*, in *Mélanges Saint-Alary-Houin* : *LGDJ*, 2020, p. 61.

Art. L. 642-1 ***(L. n° 2005-845, 26 juill. 2005 ; mod., L. n° 2006-11, 5 janv. 2006 ; Ord. n° 2008-1345, 18 déc. 2008 ; L. n° 2014-1170, 13 oct. 2014).*** **– La cession de l'entreprise a pour but d'assurer le maintien d'activités susceptibles d'exploitation autonome, de tout ou partie des emplois qui y sont attachés et d'apurer le passif.**

Elle peut être totale ou partielle. Dans ce dernier cas, elle porte sur un ensemble d'éléments d'exploitation qui forment une ou plusieurs branches complètes et autonomes d'activités.

Lorsqu'un ensemble est essentiellement constitué du droit à un bail rural, le tribunal peut, sous réserve des droits à indemnité du preneur sortant et nonobstant les autres dispositions du statut du fermage, soit autoriser le bailleur, son conjoint ou l'un de ses descendants à reprendre le fonds pour l'exploiter, soit attribuer le bail rural à un autre preneur proposé par le bailleur ou, à défaut, à tout repreneur dont l'offre a été recueillie dans les conditions fixées aux articles L. 642-2, L. 642-4 et L. 642-5. Les dispositions relatives au contrôle des structures des exploitations agricoles ne sont pas applicables. Toutefois, lorsque plusieurs offres ont été recueillies, le tribunal tient compte des priorités du schéma directeur régional des exploitations agricoles mentionné à l'article L. 312-1 du Code rural et de la pêche maritime.

Lorsque le débiteur est un officier public ou ministériel, le liquidateur peut exercer le droit du débiteur de présenter son successeur au garde des Sceaux, ministre de la Justice.

I – OBJET DU PLAN DE CESSION

1) Cession partielle. Constitue une cession partielle d'entreprise celle qui porte sur un ensemble d'éléments d'*exploitation formant* une ou plusieurs branches complètes et autonomes d'activités (■ Cass. com., 11 juin 1996, n° 94-15.295 : *JurisData* n° 1996-002336 ; *D.* 1997, somm. 2, obs. Derrida ; *RJDA* 11/96, n° 1398. – V. pour la cession d'une branche d'activité représentée par un réseau de franchise, ■ Paris, 15 déc. 1992, préc. – Rapp. à propos d'un fonds de commerce englobant plusieurs activités différentes mais juxtaposées, ■ Cass. com., 14 avr. 1992, n° 89-20.908 : *JurisData* n° 1992-001014 ; *Bull.* IV, n° 161 ; *RTD com.* 1993, 82, obs. Derruppé ; *D.* 1994, somm. 53, obs. Rozès ; alors que normalement, le fonds de commerce constituant une universalité, n'est pas susceptible de cession partielle, ■ Cass. com., 26 oct. 1993, n° 91-15.877 : *JurisData* n° 1993-002186 ; *D.* 1994, somm. 54, obs. Rozès).

Les cessions de la totalité des éléments d'exploitation des sociétés d'un même groupe, formant plusieurs branches d'activité autonomes, constituent des cessions partielles n'interdisant pas l'inclusion des éléments cédés dans un plan ultérieur de continuation (■ Cass. com., 17 févr. 1998 : *JCP* E 1998, pan. p. 588 ; *Bull. Joly* 1998, p. 658, note Ph. Pétel).

2) Cession totale. Bien que ne portant pas sur l'ensemble des actifs de l'entreprise, la cession est considérée comme totale lorsque les biens non compris dans la cession sont indifférents à la poursuite de l'activité (■ Cass. com., 11 juin 1996 : *D.* 1997, somm. 2, obs. Derrida ; *RJDA* 11/96, n° 1398. ■ Cass. com., 26 nov. 2002, n° 99-13.820 : *JurisData* n° 2002-034894 ; *RJDA* 4/2003, n° 412).

3) **Biens affectés à l'entreprise.** Ne peuvent être compris dans le plan de cession d'une entreprise que les biens affectés à l'activité de celle-ci ; ce n'est pas le cas des biens personnels du débiteur (■ Cass. com., 3 mars 1992, n° 90-12.602 : *JurisData* n° 1992-000451 ; *JCP* E 1992, pan. 608 ; *D.* 1992, inf. rap. 104).

4) **Biens appartenant au débiteur.** Ne peut être arrêté le plan de cession d'une entreprise lorsque les éléments qui la composent ne sont plus dans le patrimoine du débiteur en redressement judiciaire (■ Cass. com., 2 févr. 1993, n° 91-14.270 : *JurisData* n° 1993-000202 ; *RJDA* 11/93, n° 959 ; *D.* 1996, somm. 5, obs. Derrida).

5) **Pacte de préférence.** Le pacte de préférence constitue une créance de nature personnelle et la cession du contrat de bail ordonnée par le jugement arrêtant le plan de cession du preneur mis en redressement judiciaire n'emporte pas transmission au profit du cessionnaire du pacte de préférence inclus dans ce bail (■ Cass. com., 13 févr. 2007 [2 arrêts] : *D.* 2007, p. 648, obs. Lienhard ; *JCP* E 2007, 1322, obs. Le Bars ; *ibid.*, 1450, n° 2, obs. Pétel ; *ibid.*, 1523, n° 21, obs. Monéger ; *RJDA* 8-9/2007, n° 826).

6) **Actifs isolés.** Un droit au bail, s'il est un élément essentiel du fonds de commerce, ne saurait être assimilé à l'entreprise elle-même, ni constituer à lui seul un ensemble d'éléments d'exploitation formant une branche complète et autonome d'activité (■ Metz, 13 févr. 1990 : *D.* 1991, somm. 13, obs. Derrida).

La vente portant exclusivement sur des immeubles, des meubles meublants et des véhicules automobiles n'est pas une cession d'entreprise (■ Paris, 14 déc. 1993 : *JurisData* n° 1993-024222 ; *D.* 1996, somm. 5, obs. Derrida).

Une société cessionnaire ne peut reprendre et poursuivre elle-même l'activité de la société cédée lorsqu'elle n'exerce pas cette activité à laquelle elle est étrangère (■ Paris, 23 juill. 1992 : *JurisData* n° 1992-021916 ; *JCP* E 1993, I, 236, n° 8, obs. Pétel ; *D.* 1992, 491. – V. Derrida : *D.* 1992, chron. 301). Lorsqu'il apparaît que la finalité de la cession est la réalisation d'une opération immobilière à laquelle est liée, accessoirement, la reprise d'une société en difficulté, il s'agit d'un dévoiement de procédure (même arrêt).

7) **Réseau de franchise.** La cession d'une branche d'activité représentée par un réseau de franchise entre dans les prévisions de l'article L. 621-83 [L. 642-1] mais ne peut être imposée aux franchisés qui sont libres de ne pas poursuivre leur collaboration avec le nouveau franchiseur (■ Paris, 15 déc. 1992 : *JurisData* n° 1992-024300 ; *JCP* E 1993, pan. 357 ; *RJ com.* 1993, 151, note Martin-Serf).

8) **Banque sans agrément.** Une banque à qui l'agrément a été retiré et qui a été déclarée en redressement judiciaire n'est plus qu'un organisme de recouvrement de créances qui peut faire l'objet d'un plan de cession (■ T. com. Paris, 22 janv. 1991 : *D.* 1992, somm. 355, obs. Vasseur. – V. Derrida, *À propos de la « faillite » d'une banque : nouveau dévoiement* : *D.* 1996, chron. 7).

9) **Affaires en cours.** En application des dispositions du plan comptable, le compte client est différent du compte des effets en portefeuille ; lorsqu'une entreprise s'engage à reprendre, pour un prix forfaitaire d'un franc, les « affaires en cours » dont la liste était annexée à l'offre, le jugement n'a pas ordonné la cession des effets de commerce en possession de l'entreprise au jour de la reprise (■ Cass. com., 3 juin 1997, n° 94-12.983 : *JurisData* n° 1997-002487 ; *RJDA* 11/97, n° 1411).

10) **Biens situés à l'étranger.** Doit être cassée la décision qui ordonne un plan de cession partielle des actifs du débiteur ne comprenant pas les immeubles à l'étranger, sans être accompagné de la liquidation des biens résiduels incluant ces immeubles (■ Cass. 1re civ., 19 nov. 2002, préc.). V. Dammann et Ollivry, *Réflexions sur l'aménagement du principe d'universalité de la faillite* : *JCP* E 2006, 2628.

11) **Créance de *carry back*.** La créance de report en arrière des déficits étant inaliénable et incessible ne peut faire partie de l'actif cédé (■ Cass. com., 15 déc. 2009 : *JCP* E 2010, 1296, n° 5, obs. Ph. Pétel ; *D.* 2010, p. 87, obs. A. Lienhard ; *Act. proc. coll.* 2010, comm. 47, obs. T. Lamulle).

12) **Assurance capitalisation.** Le bénéfice d'un contrat d'assurance destiné à garantir le paiement des indemnités de fin de carrière des salariés se transmet de plein droit au repreneur (■ Cass. com., 18 janv. 2011, n° 10-12.005 : *JurisData* n° 2011-000391 ; *Act. proc. coll.* 2011, comm. 75, obs. L. Fin-Langer ; *JCP* E 2011, 1263, n° 4, obs. Pétel ; *Rev. proc. coll.* 2011, comm. 51, obs. J.-J. Fraimout).

II – PRINCIPES GÉNÉRAUX APPLICABLES AU PLAN DE CESSION

13) **Maintien d'activité.** V. un arrêt imposant le recours au plan de cession en dépit de l'arrêt d'activité (■ CA Poitiers, 17 mai 2011 : *BJE* oct. 2011, p. 244, obs. C. Vincent).

14) Existence d'un aléa. Le caractère forfaitaire du plan de cession implique l'existence d'un aléa exclusif de l'application des garanties prévues dans le droit commun de la vente et obéit à des règles propres édictées, en vue du maintien au moins partiel de l'activité, par une loi d'ordre public (▪ Cass. com., 22 oct. 1996 : *JCP* E 1997, I, 651, n° 4, obs. M. Cabrillac ; *D.* 1997, somm. 3, obs. Derrida. ▪ Cass. com., 23 nov. 1999, n° 97-12.209 : *JurisData* n° 1999-004071 ; *RJDA* 2/2000, n° 196, qui décide que le plan arrêtant la cession d'un fonds de commerce ne peut pas être remis en cause par la réduction éventuelle de l'assiette du bail commercial.

En conséquence, il est légitime que le prix comporte une décote (V. pour un litige relatif aux droits d'enregistrement ▪ Cass. com., 16 juin 1998, n° 95-15.689 : *JurisData* n° 1998-002772 ; *JCP* E 1998, p. 2064, n° 5, obs. Ph. Pétel ; *D.* 1999, somm. 1, obs. Derrida ; *RJDA* 8-9/98, n° 1012 et p. 684, concl. Piniot ; *LPA* 5 mars 1999, p. 4, note Derrida).

15) Vice du consentement. Voir une décision qui a annulé un plan de cession pour erreur sur la substance (▪ Bordeaux, 27 févr. 1990 : *JurisData* n° 1990-043170 ; *JCP* E 1991, I, 44, n° 8, obs. Pétel ; *D.* 1944, somm. 5, obs. Derrida. – *Adde*, ▪ Paris, 4 févr. 1992 : *JurisData* n° 1992-020337 ; *D.* 1994, somm. 5, obs. Derrida).

16) Désintéressement des créanciers. Peu importe que le plan de cession ne permette pas le règlement intégral des créanciers (▪ Cass. com., 26 juin 1990, n° 89-12.496 : *JurisData* n° 1990-001873 ; *Bull.* IV, n° 191). V cpdt l'intéressante décision du ▪ TGI Metz : *D.* 1991, somm. 18, obs. Derrida.

V. pour les caractéristiques d'un plan de cession d'un établissement de crédit en redressement judiciaire (▪ T. com. Paris, 22 janv. 1991 : *JCP* E 1991, II, 207, note Peltier).

17) Reprise de dettes. Le repreneur n'étant pas l'ayant cause à titre universel de la société débitrice, il ne peut se voir imposer d'autres charges que les engagements souscrits par lui lors de la préparation du plan, et notamment le passif de la société cédante (▪ Cass. com., 30 mars 1993, n° 91-12.274 : *JurisData* n° *1993-000629* ; *D. 1993*, *384*, note Le Cannu ; *JCP* E 1993, I, 275, n° 5, obs. Pétel), sauf volonté contraire de sa part (même déc.).

Le cessionnaire peut donc prendre l'engagement, par une clause spéciale de l'acte de cession, de payer une dette antérieure du cédant (▪ Cass. com., 9 nov. 1993, n° 90-14.271 : *JurisData* n° 1993-002372 ; *JCP* E 1994, I, 348, n° 4, obs. Pétel, pour une obligation de garantie. ▪ Cass. com., 17 mai 1994 : *JCP* E 1994, I, 394, n° 5, obs. M. Cabrillac pour le paiement d'un bien vendu sous réserve de propriété).

Lorsque le cessionnaire s'engage à payer une créance antérieure, c'est un engagement distinct de celui du débiteur principal qui n'est pas subordonné, dans le silence de l'acte de cession, à la déclaration par le créancier de sa créance au passif du débiteur (▪ Cass. com., 3 janv. 1995 : *JCP* E 1995, I, 455, n° 4, obs. Cabrillac et Pétel).

Pour un engagement de reprendre les droits acquis des salariés, V. ▪ Cass. soc., 30 juin 2016, n° 14-26.172 : *JurisData* n° 2016-012668 ; *Act. proc. coll.* 2016-15, comm. 209, obs. Fin-Langer ; *Gaz. Pal.* 18 oct. 2016, p. 65, obs. Gailhbaud.

18) Clause d'agrément. Le plan de cession est tenu, pour la vente des parts d'une société, de respecter la clause légale ou statutaire imposant l'agrément préalable (▪ Cass. com., 31 janv. 1995, n° 91-20.735 : *JurisData* n° 1995-000295 ; *JCP* E 1995, II, 678, note Guyon ; *JCP* E 1995, I, 455, n° 6, obs. Pétel ; *ibid.*, 475, n° 7, obs. Viandier et Caussain ; *D.* 1995, 426, note Parleani ; *Bull. Joly* 1995, 343, note Couret. – Comp. ▪ Cass. com., 23 janv. 1996 : *JCP* E 1996, I, 554, n° 10, obs. Ph. Pétel ; *D.* 1996, 310, note Derrida).

Voir : sur les droits de préemption, C. com., art. L. 642-5, al. 4.

19) Date d'effet. Le transfert de propriété a lieu au jour de la signature des actes de cession (▪ Cass. com., 26 janv. 1993, n° 90-20.811 : *Rev. proc. coll.* 1993, p. 85, obs. Soinne ; *JCP* E 1993, I, 275, n° 4, obs. Cabrillac et Pétel ; *D.* 1993, 205, note Derrida). Lorsque le plan emporte cession de contrats, le transfert des droits et obligations résultant de ceux-ci ne prend effet qu'à la date de la conclusion des actes de cession ou de la prise de possession par le cessionnaire (▪ Cass. com., 6 janv. 1998 : *JCP* E 1998, p. 654, n° 6, obs. M. Cabrillac) ; en cas de cession de contrats à exécution successive, le cessionnaire est tenu des créances correspondant à la période de jouissance postérieure à la date ainsi fixée, peu important l'exigibilité de ces créances, antérieure à cette date (même déc.).

III – BAIL RURAL

Bibliographie : I. Pétel-Teyssié, *La cession du bail rural du « failli »*, in *Mél. J. Foyer*, 2008, p. 771.

20) Principe. Les dispositions d'ordre public de l'article L. 411-35 du Code rural et de la pêche maritime, qui interdisent la cession du bail rural à un tiers étranger à la famille du preneur, ne peuvent faire obstacle à un plan de cession (▪ Cass. com., 1er oct. 1997, n° 94-15.084 : *JurisData* n° 1997-003760 ; *JCP* E 1997, II, 1016, concl. Rémery ; *JCP* E 1998, p. 29, n° 7, obs. Pétel ; *RJ com.* 1999, 232, obs. Teilliais).

21) Conditions de la cession de bail rural. Le tribunal ne peut attribuer un bail rural à un repreneur choisi par lui qu'à défaut pour le bailleur de demander l'attribution du bail au preneur qu'il propose (■ Cass. com., 30 nov. 1993, n° 91-20.358 : *JurisData* n° 1993-002432 ; *Bull.* IV, n° 443 ; *JCP* 1994, II, 22248, note Ourliac ; *D.* 1996, somm. 3, obs. Derrida).

Le bail rural qui ne constitue pas l'essentiel d'un ensemble agricole demeure incessible (■ Cass. com., 28 avr. 1998, n° 95-20.682 : *JurisData* n° 1998-001896 ; *JCP* G 1998, II, 10128, note Ourliac ; *RJDA* 8-9/98, n° 1013 ; *RTD com.* 1998, 678, obs. Saint-Alary-Houin) ; dès lors l'appel-nullité contre le jugement autorisant la cession est possible (même déc.).

22) Pluralité de baux. Le fait qu'il existe plusieurs baux ne fait pas obstacle à l'application de l'article L. 621-84 [L. 642-1], dès lors que l'ensemble des droits au bail constituent l'essentiel de l'exploitation objet de la cession (■ Cass. com., 9 juin 1998, n° 96-11.717 : *JurisData* n° 1998-002649 ; *RJDA* 11/98, n° 1265).

23) Bail forcé. Aucune disposition de la loi du 25 janvier ne donne pouvoir au juge d'imposer au propriétaire de concéder un bail rural sur ses terres (■ Cass. com., 14 mars 2000, n° 97-15.924 : *JurisData* n° 2000-000992 ; *JCP* E 2000, pan. 779 ; *RJDA* 6/2000, n° 699 ; *RTD com.* 2001, 220, obs. Saint-Alary-Houin).

Art. L. 642-2 *(L. n° 2005-845, 26 juill. 2005 ; mod., Ord. n° 2014-326, 12 mars 2014 ; L. n° 2016-1087, 8 août 2016 ; L. n° 2016-1547, 18 nov. 2016).* – **I. – Lorsque le tribunal estime que la cession totale ou partielle de l'entreprise est envisageable, il autorise la poursuite de l'activité et il fixe le délai dans lequel les offres de reprise doivent parvenir au liquidateur et à l'administrateur lorsqu'il en a été désigné.**

Toutefois, si les offres reçues en application de l'article L. 631-13 ou formulées dans le cadre des démarches effectuées par le mandataire *ad hoc* ou le conciliateur désigné en application des articles L. 611-3 ou L. 611-6 remplissent les conditions prévues au II du présent article et sont satisfaisantes, le tribunal peut décider de ne pas faire application de l'alinéa précédent. Lorsque la mission du mandataire *ad hoc* ou du conciliateur avait pour objet l'organisation d'une cession partielle ou totale de l'entreprise, ceux-ci rendent compte au tribunal des démarches effectuées en vue de recevoir des offres de reprise, nonobstant l'article L. 611-15. L'avis du ministère public est recueilli lorsque l'offre a été reçue par le mandataire *ad hoc* ou le conciliateur.

II. – Toute offre doit être écrite et comporter l'indication :

1° De la désignation précise des biens, des droits et des contrats inclus dans l'offre ;

2° Des prévisions d'activité et de financement ;

3° Du prix offert, des modalités de règlement, de la qualité des apporteurs de capitaux et, le cas échéant, de leurs garants. Si l'offre propose un recours à l'emprunt, elle doit en préciser les conditions, en particulier de durée ;

4° De la date de réalisation de la cession ;

5° Du niveau et des perspectives d'emploi justifiés par l'activité considérée ;

6° Des garanties souscrites en vue d'assurer l'exécution de l'offre ;

7° Des prévisions de cession d'actifs au cours des deux années suivant la cession ;

8° De la durée de chacun des engagements pris par l'auteur de l'offre ;

9° Des modalités de financement des garanties financières envisagées lorsqu'elles sont requises au titre des articles L. 516-1 et L. 516-2 du Code de l'environnement.

III. – Lorsque le débiteur exerce une profession libérale soumise à un statut législatif ou réglementaire ou dont le titre est protégé, l'offre doit en outre comporter l'indication de la qualification professionnelle du cessionnaire.

IV. – Le liquidateur ou l'administrateur lorsqu'il en a été désigné informe le débiteur, le représentant des salariés et les contrôleurs du contenu des offres reçues. Il les dépose au greffe où tout intéressé peut en prendre connaissance.

Elles sont notifiées, le cas échéant, à l'ordre professionnel ou à l'autorité compétente dont le débiteur relève.

V. – L'offre ne peut être ni modifiée, sauf dans un sens plus favorable aux objectifs mentionnés au premier alinéa de l'article L. 642-1, ni retirée. Elle lie son auteur jusqu'à la décision du tribunal arrêtant le plan.

***En cas d'appel de la décision arrêtant le plan, seul le* cessionnaire reste lié par son offre.**

Voir : jurispr. citée sous C. com., art. L. 642-1.

1) Cessation d'activité. L'adoption d'un plan de cession postérieurement à l'expiration de l'autorisation provisoire de poursuite d'activité ne constitue pas un excès de pouvoir (■ Cass. com., 19 déc. 2018, n° 17-22.004 : *JCP* E 2019, 1206, n° 9, obs. Pétel ; *Act. proc. coll.* 2019, comm. 21, obs. Cagnoli).

2) Prix hors taxe. Procédant à l'interprétation de l'offre de cession retenue par le tribunal, qui ne portait pas la mention hors taxes ou toutes taxes, l'arrêt retient que, selon un usage constant entre commerçants, les prix s'entendent hors taxes, sauf convention contraire (■ Cass. com., 9 janv. 2001, n° 97-22.212 : *JurisData* n° 2001-007705 ; *JCP* E 2001, pan. 349 ; *D.* 2001, p. 550, obs. Lienhard).

3) Clause de garantie d'emploi. La clause par laquelle le cessionnaire s'engage pour la durée du plan de cession à ne procéder à aucun licenciement sans l'autorisation préalable du tribunal de commerce ne peut concerner que les licenciements prononcés pour motif économique et ne prive pas l'employeur de son pouvoir disciplinaire exercé sous le contrôle du juge prud'homal (■ Cass. soc., 16 mai 2007, n° 06-40.496 : *JurisData* n° 2007-038965 ; *D.* 2007, p. 1601. ■ Cass. soc., 17 mai 2011, n° 09-43.003 : *JurisData* n° 2011-008895 ; *JCP* E 2011, 1709, note X. Vincent et L. Beljean ; *BJS* 2011, p. 826, note N. Morelli).

4) Responsabilité du candidat repreneur. En se portant acquéreur de toutes les parts d'une société soumise à la procédure de redressement judiciaire, puis en refusant d'acquérir ces parts et de mettre en œuvre le plan de continuation arrêté par le tribunal, le candidat à la reprise commet une faute et doit réparer le préjudice résultant de la violation des engagements souscrits (■ Cass. com., 28 juin 1994, n° 92-13.477 : *JurisData* n° 1994-001528 ; *JCP* E 1995, I, 417, n° 4, obs. M. Cabrillac ; *RJDA* 1/95, n° 69).

De même lorsque la période d'observation est poursuivie en raison des engagements du candidat à la reprise et que ce dernier ne les respecte pas, les créanciers postérieurs au jugement d'ouverture subissent un préjudice qui doit être réparé (■ Cass. com., 28 juin 1994, préc.).

Le cessionnaire qui refuse de réaliser la cession aux conditions de son offre engage sa responsabilité (■ Cass. com., 14 oct. 1997, n° 95-13.143 : *JurisData* n° 1997-004029 ; *RJDA* 2/98, n° 194 ; *D.* 1998, somm. 9, obs. Derrida).

Sur la possible responsabilité du cessionnaire en raison d'une entente illicite constituée antérieurement à la cession (■ Paris, 22 févr. 1991 : *D.* 1991, inf. rap. 96).

5) Responsabilité du mandataire de justice. Pour la responsabilité d'un administrateur qui a manqué à son obligation d'informer, dès l'offre de reprise, le candidat à la reprise, de l'existence d'un bail commercial (■ Cass. com., 8 janv. 2008 : *JCP* E 2008, 1511, note Rolland).

Art. L. 642-3 ***(L. n° 2005-845, 26 juill. 2005 ; mod., Ord. n° 2008-1345, 18 déc. 2008 ; Ord. n° 2010-1512, 9 déc. 2010).*** **– Ni le débiteur, au titre de l'un quelconque de ses patrimoines, ni les dirigeants de droit ou de fait de la personne morale en liquidation judiciaire, ni les parents ou alliés jusqu'au deuxième degré inclusivement de ces dirigeants ou du débiteur personne physique, ni les personnes ayant ou ayant eu la qualité de contrôleur au cours de la procédure ne sont admis, directement ou par personne interposée, à présenter une offre. De même, il est fait interdiction à ces personnes d'acquérir, dans les cinq années suivant la cession, tout ou partie des biens compris dans cette cession, directement ou indirectement, ainsi que d'acquérir des parts ou titres de capital de toute société ayant dans son patrimoine, directement ou indirectement, tout ou partie de ces biens, ainsi que des valeurs mobilières donnant accès, dans le même délai, au capital de cette société.**

Toutefois, lorsqu'il s'agit d'une exploitation agricole, le tribunal peut déroger à ces interdictions et autoriser la cession à l'une des personnes visées au premier alinéa, à l'exception des contrôleurs et du débiteur au titre de l'un quelconque de ses patrimoines. Dans les autres cas et sous réserve des mêmes exceptions, le tribunal, sur requête du ministère public, peut autoriser la cession à l'une des personnes visées au premier alinéa par un jugement spécialement motivé, après avoir demandé l'avis des contrôleurs.

Tout acte passé en violation du présent article est annulé à la demande de tout intéressé ou du ministère public, ***présentée dans un délai de trois ans à compter*** **de la conclusion de l'acte. Lorsque l'acte est soumis à publicité, le délai court à compter de celle-ci.**

Bibliographie : Caramalli, *La qualité de tiers repreneur à une offre en plan de cession : la candidature des actionnaires : D.* 2005, 2210.

1) Société à constituer. Un plan de cession peut être ordonné au profit d'une société anonyme à constituer (■ Cass. com., 25 nov. 1997 : *JCP* E 1998, pan. p. 103).

2) Interposition de personne. La reprise par le débiteur agissant par personne interposée est une fraude (■ Douai, 31 mars 1988 : *JurisData* n° 1988-600640 ; *Gaz. Pal.* 1988, 2, 584, note Soinne ; *D.* 1990, somm. 3, obs. Derrida). V. pour l'interposition d'une société ■ Cass. com., 8 mars 2017, n° 15-22.987 : *JurisData* n° 2017-003960 ; *JCP* E 2017, pan 1185 ; *Rev. proc. coll.* 2017, comm. 65, obs. Berthelot.

Mais des liens de parenté ou d'intérêts peuvent exister sans que cela constitue un motif d'exclusion de l'offre (▪ T. com. Créteil, 26 mai 1987 : *Rev. proc. coll.* 1988, 317, obs. Soinne), notamment dans le cadre de deux personnes morales distinctes (▪ T. com. Metz, 23 sept. 1992 : *RJDA* 10/93, n° 838 ; *D.* 1996, somm. 3, obs. Derrida).

3) Dirigeant. Sur l'impossibilité de céder l'entreprise aux dirigeants de la personne morale en redressement judiciaire, ou à une société constituée par eux (▪ Cass. com., 26 mai 1998, n° 95-13.529 : *JurisData* n° 1998-002306 ; *RJDA* 8-9/1998, n° 1011 ; *RJ com.* 1999, 170, note Courtier. ▪ Aix-en-Provence, 14 déc. 2006, n° 05/14490 : *JCP* E 2007, 1497, note Cerati-Gauthier. – *Contra* ▪ T. com. Paris, 21 sept. 1989 : *JCP* E 1990, II, 15829, n° 7, obs. Pétel ; *D.* 1991, somm. 4, obs. Derrida. ▪ Douai, 18 oct. 1990 : *Rev. proc. coll.* 1991, 285, obs. Soinne). V. également J.-F. Martin : *Gaz. Pal.* 1989, 2, doctr. 711.

Idem pour un dirigeant de fait : ▪ Cass. com., 8 janv. 2020, n° 18-20.270.

Mais l'interdiction ne s'applique pas à l'ancien dirigeant, sauf fraude (▪ Cass. com., 23 sept. 2014 : *JCP* E 2014, 1637, n° 2, obs. Pétel ; *Act. proc. coll.* 2014, comm. 290, obs. Fin-Langer ; *BJS* 2014, p. 446, obs. Cerati-Gauthier).

4) Administrateur provisoire. L'administrateur provisoire d'un office ministériel, nommé par l'autorité judiciaire, n'échappe pas aux dispositions de l'article L. 621-57 [L. 642-3] (▪ Cass. com., 13 nov. 2002, n° 99-10.631 : *JurisData* n° 2002-016329 ; *JCP* E 2003, 760, n° 6, obs. Pétel ; *D.* 2003, p. 65, comm. 269, note Derrida ; *Rev. sociétés* 2003, 366, obs. Bouloc ; *Dr. et patrimoine* 2003, n° 113, p. 96, obs. Monsèrié-Bon ; *Rev. proc. coll.* 2004, 272, obs. Dumont. ▪ Cass. com., 4 oct. 2005, n° 04-15.060 : *JurisData* n° 2005-030091 ; *JCP* E 2005, pan. 1649 ; *D.* 2005, p. 2679, obs. Lienhard ; *D.* 2006, pan. 81, obs. Le Corre).

5) Actionnaire. Un repreneur qui a des participations dans le capital de la société en redressement ne peut, pour cette seule raison, être considéré comme une personne interposée au sens de l'article L. 621-57, alinéa 4 [L. 642-3] (▪ Paris, 4 juin 1996 : *JurisData* n° 1996-600441 ; *RJ com.* 1996, 314, note Heit).

Un groupe de société, ayant récemment repris à l'amiable une société *in bonis* peut présenter une offre de reprise par voie de cession sur une filiale de celle-ci en redressement judiciaire (▪ Montpellier, 10 avr. 2002 : *JCP* E 2002, 1380, n° 5, obs. Pétel).

L'offre de reprise émanant d'une société du groupe ne peut être admise lorsque le dirigeant de droit de la société candidate à la reprise était dirigeant de fait de la société en redressement judiciaire (▪ Poitiers, 5 juill. 2001, n° 01/01017 : *JurisData* n° 2001-176846 ; *RJDA* 4/2004, n° 445).

Art. L. 642-4 *(L. n° 2005-845, 26 juill. 2005).* **– Le liquidateur ou l'administrateur lorsqu'il en a été désigné donne au tribunal tous éléments permettant de vérifier le caractère sérieux de l'offre ainsi que la qualité de tiers de son auteur au sens des dispositions de l'article L. 642-3.**

Il donne également au tribunal tous éléments permettant d'apprécier les conditions d'apurement du passif, notamment au regard du prix offert, des actifs résiduels à recouvrer ou à réaliser, des dettes de la période de poursuite d'activité et, le cas échéant, des autres dettes restant à la charge du débiteur.

Art. L. 642-4-1 *(L. n° 2014-856, 31 juill. 2014).* **– Lorsque le débiteur exerce une activité, bénéficiant d'une autorisation administrative, d'un agrément, d'un conventionnement ou d'une habilitation, mentionnée au 1° ou 2° du II de l'article 1er de la loi n° 2014-856 du 31 juillet 2014 relative à l'économie sociale et solidaire, l'auteur de l'offre consulte l'autorité administrative ou l'autorité de contrôle et de tarification. Le liquidateur ou l'administrateur, lorsqu'il en a été désigné un, s'assure qu'il a été procédé à cette consultation. L'auteur de l'offre ou, s'il y a lieu, le liquidateur ou l'administrateur fait connaître au tribunal les diligences effectuées ainsi que l'avis de l'autorité administrative ou de l'autorité de contrôle et de tarification. L'autorité administrative ou l'autorité de contrôle et de tarification rend son avis dans le délai d'un mois, en tenant compte du *b* du 3° du I du même article 1er. L'absence d'avis dans ce délai ne peut faire obstacle au jugement du tribunal.**

Art. L. 642-5 *(L. n° 2005-845, 26 juill. 2005 ; mod., Ord. n° 2008-1345, 18 déc. 2008 ; Ord. n° 2010-1512, 9 déc. 2010 ; Ord. n° 2014-326, 12 mars 2014).* **– Après avoir recueilli l'avis du ministère public et entendu ou dûment appelé le débiteur, le liquidateur, l'administrateur lorsqu'il en a été désigné,** *(Mots rempl. à compter du 1er octobre 2021, Ord. n° 2021-1193, 15 sept. 2021)* **« la ou les personnes désignées par le comité social et économique » et les contrôleurs, le tribunal retient l'offre qui permet dans les meilleures conditions d'assurer le plus durablement l'emploi attaché à l'ensemble cédé, le paiement des créanciers et qui présente les meilleures garanties d'exécution. Il arrête un ou plusieurs plans de cession.**

Les débats doivent avoir lieu en présence du ministère public lorsque la procédure est ouverte au bénéfice d'un débiteur dont le nombre de salariés ou le chiffre d'affaires hors taxes est supérieur à un seuil fixé par décret en Conseil d'État.

Le jugement qui arrête le plan en rend les dispositions applicables à tous.

Les droits de préemption institués par le Code rural et de la pêche maritime ou le Code de l'urbanisme ne peuvent s'exercer sur un bien compris dans ce plan.

Lorsque le plan prévoit des licenciements pour motif économique, il ne peut être arrêté par le tribunal qu'après que la procédure prévue au I de l'article L. 1233-58 du Code du travail a été mise en œuvre. L'avis du comité *(Mots rempl. à compter du 1er octobre 2021, Ord. n° 2021-1193, 15 sept. 2021)* « social et économique est rendu » au plus tard le jour ouvré avant l'audience du tribunal qui statue sur le plan. L'absence de remise du rapport de l'expert mentionné aux articles L. 1233-34, L. 1233-35, L. 2325-35 ou L. 4614-12-1 du Code du travail ne peut avoir pour effet de reporter ce délai. Le plan précise notamment les licenciements qui doivent intervenir dans le délai d'un mois après le jugement sur simple notification du liquidateur ou de l'administrateur lorsqu'il en a été désigné, sous réserve des droits de préavis prévus par la loi, les conventions ou les accords collectifs du travail. Lorsqu'un plan de sauvegarde de l'emploi doit être élaboré, le liquidateur ou l'administrateur met en œuvre la procédure prévue au II de l'article L. 1233-58 du même code dans le délai d'un mois après le jugement. Le délai de quatre jours mentionné au II du même article court à compter de la date de la réception de la demande, qui est postérieure au jugement arrêtant le plan.

Lorsque le licenciement concerne un salarié bénéficiant d'une protection particulière en matière de licenciement, ce délai d'un mois après le jugement est celui dans lequel l'intention de rompre le contrat de travail doit être manifestée.

1) Liste des salariés. Si le plan de cession doit préciser le nombre des licenciements, aucune disposition légale ou réglementaire ne prévoit qu'il doive dresser la liste nominative des salariés licenciés ou repris par le cessionnaire, laquelle serait en toute hypothèse dépourvue d'effet ; l'article L. 122-12, alinéa 2 [nouv. art. L. 1224-1] du Code du travail, s'applique à une cession totale ou partielle d'entreprise intervenue dans le cadre de l'article 61 de la loi [anc. L. 621-62] ; il n'y est dérogé que dans les limites fixées par l'article 63 [art. L. 642-5] (▪ Cass. soc., 26 juin 1991, n° 89-43.671 : *JurisData* n° 1991-002761 ; *JCP* E 1992, II, 274, note Serret. ▪ Paris, 3 déc. 1996 : *D.* 1997, inf. rap. 29. – *Adde*, ▪ Cass. crim., 17 mars 1992, n° 91-81.360 : *JurisData* n° 1992-001816 ; *D.* 1992, inf. rap. 241, pour un délégué du personnel, l'inspection du travail ayant refusé d'accorder l'autorisation de licencier).

2) Transfert des salariés. C'est à tort qu'un plan de cession prévoit le licenciement de tous les salariés et la reprise ultérieure de trente-deux salariés (▪ Cass. soc., 30 juin 1992, n° 90-44.057 : *JurisData* n° 1992-001815 ; *Bull. civ.* V, n° 427). Les dispositions protectrices de l'article L. 122-12 étant d'ordre public, s'appliquent si le contrat de travail se poursuit avec le repreneur (▪ Paris, 3 déc. 1996, préc. – Comp. ▪ Cass. soc., 24 oct. 2006, n° 04-46.022 : *D.* 2006, p. 2789, obs. Lienhard).

Un salarié licencié pour motif économique en application d'un plan de cession bénéficie de l'article L. 122-12 [nouv. art. L. 1224-1, L. 1234-7 et L. 1234-12] du Code du travail lorsqu'il est réembauché au même poste par l'entreprise cessionnaire (▪ Cass. soc., 31 mars 1998, n° 95-44.889 : *JurisData* n° 1998-001496 ; *JCP* E 1999, p. 80, n° 14, obs. Rault).

Le salarié évincé ne peut être privé de son droit à l'ancienneté et, partant, ne saurait se voir imposer une période d'essai alors que la relation de travail existe depuis déjà un certain temps (▪ Paris, 3 déc. 1996, préc.).

3) Exception. Mais ayant constaté que des salariés qui avaient été licenciés en application du plan de cession d'une société s'étaient vu proposer par la société repreneuse, hors de toute fraude, un contrat à durée déterminée, une cour d'appel a pu, dès lors, en présence d'un nouveau contrat de travail décider que les licenciements avaient pris effet, que les dispositions de l'article L. 122-12, alinéa 2 [nouv. art. L. 1224-1] du Code du travail, étaient inapplicables, et que les indemnités de rupture devaient être versées par l'Assédic (▪ Cass. soc., 30 juin 1992 : *Bull. civ.* V, n° 430).

4) Conséquences du transfert. Sauf en cas de collusion frauduleuse, les modifications apportées par le cessionnaire aux contrats de travail des salariés passés à son service ne peuvent constituer un manquement du cédant à ses obligations (▪ Cass. soc., 13 mai 2009, n° 08-40.447 : *JurisData* n° 2009-048171 ; *Rev. proc. coll.* 2009, étude 19, par L. Fin-Langer).

Art. L. 642-6 *(L. n° 2005-845, 26 juill. 2005).* – **Une modification substantielle dans les objectifs et les moyens du plan ne peut être décidée que par le tribunal, à la demande du cessionnaire.**

Le tribunal statue après avoir entendu ou dûment appelé le liquidateur, l'administrateur judiciaire lorsqu'il en a été désigné, les contrôleurs, *(Mots rempl. à compter du 1er octobre 2021, Ord. n° 2021-1193, 15 sept. 2021)*

« la ou les personnes désignées par le comité social et économique » et toute personne intéressée et après avoir recueilli l'avis du ministère public.

Toutefois, le montant du prix de cession tel qu'il a été fixé dans le jugement arrêtant le plan ne peut être modifié.

1) Modification substantielle. Un jugement qui organise une cession portant sur des éléments non compris dans le plan initial et permet au cessionnaire d'acquérir l'ensemble de l'actif industriel tout en augmentant le nombre d'emplois maintenus comporte une modification substantielle dans les objectifs et les moyens du plan de cession (▪ Cass. com., 8 juin 1993 : *Bull. civ.* IV, n° 235 ; *D.* 1994, somm. 43, obs. Derrida). *Idem* pour la demande du dirigeant d'une association tendant à s'acquitter par anticipation de l'intégralité du passif restant dû au moyen d'un dividende unique et exceptionnel financé par le prix de cession de la totalité de ses actifs à une société commerciale à créer (▪ Aix-en-Provence, 14 déc. 2006 : *JCP* E 2007, 1497, note Cerat-Gauthier).

2) Modification non substantielle. La modification de la date de paiement du prix dans un plan de cession ne constitue pas une modification substantielle de ce plan (▪ Cass. com., 28 févr. 1995, n° 93-10.581 : *D.* 1995, inf. rap. 89).

3) Prorogation de la durée du plan. La prorogation d'un plan de cession faisant l'objet d'une procédure de résolution peut être décidée par le tribunal dès lors qu'elle n'excède pas dix ans, si cette prorogation permet d'atteindre les objectifs du plan, peu important qu'aucune modification substantielle dans les objectifs et les moyens du plan ne soit parallèlement décidée (▪ Paris, 19 juin 2001 : *JurisData* n° 2001-155804 ; *RJDA* 01/2002, n° 70 ; *D.* 2001, p. 2892).

Art. L. 642-7 *(L. n° 2005-845, 26 juill. 2005 ; mod., Ord. n° 2008-1345, 18 déc. 2008 ; Ord. n° 2014-326, 12 mars 2014 ; L. n° 2014-626, 18 juin 2014 ; L. n° 2019-486, 22 mai 2019).* **– Le tribunal détermine les contrats de crédit-bail, de location ou de fourniture de biens ou services nécessaires au maintien de l'activité au vu des observations des cocontractants du débiteur transmises au liquidateur ou à l'administrateur lorsqu'il en a été désigné.**

Le jugement qui arrête le plan emporte cession de ces contrats, même lorsque la cession est précédée de la location-gérance prévue à l'article L. 642-13.

Ces contrats doivent être exécutés aux conditions en vigueur au jour de l'ouverture de la procédure, nonobstant toute clause contraire. Par dérogation, toute clause imposant au cessionnaire d'un bail des dispositions solidaires avec le cédant est réputée non écrite.

Le tribunal peut, si un contrat de bail soumis au chapitre V du titre IV du livre Ier portant sur un ou plusieurs immeubles ou locaux utilisés pour l'activité de l'entreprise figure dans le plan de cession, autoriser dans le jugement arrêtant le plan le repreneur à adjoindre à l'activité prévue au contrat des activités connexes ou complémentaires. Le tribunal statue après avoir entendu ou dûment appelé le bailleur.

En cas de cession d'un contrat de crédit-bail, le crédit-preneur ne peut lever l'option d'achat qu'en cas de paiement des sommes restant dues dans la limite de la valeur du bien fixée d'un commun accord entre les parties ou, à défaut, par le tribunal à la date de la cession.

La convention en exécution de laquelle le débiteur constituant conserve l'usage ou la jouissance de biens ou droits transférés à titre de garantie dans un patrimoine fiduciaire ne peut être cédée au cessionnaire, sauf accord des bénéficiaires du contrat de fiducie.

Le cocontractant dont le contrat n'a pas fait l'objet de la cession prévue par le deuxième alinéa peut demander au juge-commissaire qu'il en prononce la résiliation si la poursuite de son exécution n'en est pas demandée par le liquidateur.

Bibliographie : Bey, *Cession des contrats de crédit-bail : RJDA* 1992, 651. • Varii auctores, *Le sort des contrats en cours dans le redressement judiciaire : RJ com.* 1992, n° spéc. • Chaput, *L'influence du droit des entreprises en difficulté sur le crédit-bail : RD bancaire et bourse* 1997, p. 46. • Coudert, *La caution est-elle encore engagée après le prise en charge d'un contrat de prêt par un cessionnaire ? : LPA* 14 juin 1999, p. 8. • Berger, *Le sort de la caution en cas de cession de contrat dans le cadre d'une procédure collective : D.* 2003, doctr. 1682. • Le Corre, *Le sort du contrat non cédé dans le plan de cession : JCP E 2006, 2671.* • Thuillier, *Cession judiciaire des contrats et loi de* sauvegarde des entreprises : moins de pouvoirs pour le *juge : D.* 2006, 130. • Kenderian, *La nouvelle cession-despécialisation du bail commercial en cas de procédure collective : Rev. proc. coll.* 2014, étude 25. • De Saint Pol, *Procédure collective du franchiseur et cession forcée du réseau : que fait la jurisprudence ? : JCP* E 2014, 1561. • Jamet, *La déspécialisation partielle de l'article L. 642-7, alinéa 4 du Code de commerce : incertitudes et limites : Rev. proc. coll.* 2015, étude 8. • Benilsi, *Vers une neutralisation des clauses de solidarité inversée dans les plans de cession : BJE* 2018, p. 418.

I – DOMAINE DE LA CESSION DE CONTRAT

1) **Crédit-bail.** Lorsque la fragilité du fonds de commerce cédé impose l'absence de toute solution de continuité dans la fourniture des services à la clientèle et exclut l'abandon des locaux habituels d'exploitation, le contrat de crédit-bail en vertu duquel l'immeuble est occupé doit être transmis au cessionnaire conformément aux dispositions de l'article L. 621-88 [L. 642-7] (▪ Paris, 11 juill. 1986 : *JurisData* n° 1986-023746 ; *Gaz. Pal.* 1988, 1, 87, note E.-M. Bey : *JCP* E 1987, I, 16159, n° 14, obs. Cabrillac et Vivant ; *D.* 1987, 55, note Fabiani).

2) **Bail commercial.** Le bail commercial entre dans l'énumération de l'article L. 621-88 [L. 642-7] (▪ Cass. com., 6 déc. 1994, n° 91-17.927 : *JCP* E 1995, I, 455, n° 5, obs. Pétel ; *JCP* E 1996, I, 523, n° 14, obs. Izorche ; *RTD civ.* 1995, 624, n° 7, obs. Mestre ; *Defrénois* 1995, 964, n° 4, obs. Sénéchal ; *D.* 1997, somm. 4, obs. Derrida. ▪ Cass. com., 17 déc. 1996, n° 94-18.981 : *JurisData* n° 1996-005012 ; *RJDA* 4/1997, n° 574 ; *D.* 1997, 387, note Monserié. ▪ Cass. com., 9 mai 2007, n° 05-20.057 : *JurisData* n° 2007-039093 ; *RJDA* 10/2007, n° 993).

3) **Contrats *intuitu personae*.** Le contrat de concession automobile, même conclu *intuitu personae*, est visé par l'article L. 621-88 [L. 642-7] (▪ Douai, 8 mars 1990 : *JurisData* n° 1990-051815 ; *D.* 1990, inf. rap. 87 ; *JCP* E 1990, II, 15829, n° 9, obs. Cabrillac. ▪ Versailles, 23 mars 2000, n° 4018/97 : *JurisData* n° 2000-130230 ; *RJ com.* 2000, 273, note Martin-Serf) ; de même les contrats de licence d'exploitation de brevets (▪ Colmar, 13 juin 1990 : *JurisData* n° 1990-050788 ; *D.* 1991, 97, note Fabiani) ; de même aussi un contrat par lequel une vedette du sport s'engage à fournir son nom, sa marque et ses prestations personnelles (▪ Poitiers, 20 avr. 1988 : *JCP* E 1989, II, 15591, n° 12, obs. Cabrillac ; *Gaz. Pal.* 1989, 1, somm. 111).

Mais le contrat de franchise comportant une multitude d'échanges de services n'est pas visé par l'article L. 621-88 [L. 642-7] (▪ Paris, 15 déc. 1992 : *JurisData* n° 1992-024300 ; *JCP* E 1993, I, 275, n° 6, obs. Pétel ; *JCP* G 1994, II, 22205, note Jamin ; *LPA* 20 déc. 1993, p. 16, note Calendini ; *RJ com.* 1993, 151, note Martin-Serf, conf. par ▪ Cass. com., 14 mars 1995, n° 93-11.514 : *JurisData* n° 1995-004414 ; *Bull.* IV, n° 79 ; *D.* 1997, somm. 7, obs. Derrida. – Comp. ▪ Orléans, 14 sept. 2000 : *JurisData* n° 2000-138592 ; *D.* 2001, comm. 1017, note Marot. ▪ Versailles, 23 juin 1988 : *JCP* E 1989, II, 15591, n° 12, obs. Cabrillac ; *Gaz. Pal.* 1989, 1, somm. 112. ▪ Limoges, 28 janv. 2019 : *JCP* E 2019, 1207, obs. Bories).

4) **Pacte de préférence.** Le pacte de préférence constitue une créance de nature personnelle et la cession du contrat de bail ordonnée par le jugement arrêtant le plan de cession du preneur mis en redressement judiciaire n'emporte pas transmission au profit du cessionnaire du pacte de préférence inclus dans ce bail (▪ Cass. com., 13 févr. 2007 [2 arrêts] : *D.* 2007, p. 648, obs. Lienhard ; *JCP* E 2007, 1322, obs. Le Bars ; *ibid.*, 1450, n° 2, obs. Pétel ; *ibid.*, 1523, n° 21, obs. Monéger ; *RJDA* 8-9/2007, n° 826).

5) **Contrat non continué.** Un contrat non continué à la suite de l'option de l'administrateur, prévue à l'article L. 621-28 [L. 622-13] peut faire l'objet d'une cession lorsque le cocontractant n'a intenté aucune action en résiliation judiciaire (*jurisprudence antérieure à la réforme de 1994* ▪ Cass. com., 21 janv. 1992, n° 90-11.509 : *JurisData* n° 1992-000042 ; *RD bancaire et bourse* 1992, p. 127, obs. Campana et Calendini ; *JCP* E 1992, I, 136, n° 8, obs. Pétel).

6) **Contrats de travail.** Les contrats de travail ne sont pas compris au nombre des contrats pouvant faire l'objet d'une cession judiciaire conformément à l'article L. 621-88 [L. 642-7], les contrats de travail en cours subsistant en application de l'article L. 122-12 [nouv. art. L. 1224-1, L. 1234-7 et L. 1234-12], C. trav. (▪ Cass. soc., 26 juin 1991 : *JCP* E 1992, II, 274, note Serret. – *Adde*, ▪ Paris, 3 déc. 1996 : *D.* 1997, inf. rap. 29).

Voir : jurispr. citée sous C. com., art. L. 642-5.

7) **GIE.** Le contrat de GIE n'entre pas dans la catégorie des contrats de fourniture de biens ou services visés à l'article L. 621-88 [L. 642-7] (▪ Lyon, 13 mars 1992 : *JurisData* n° 1992-600575 ; *Bull. Joly* 1992, 1306, note Le Cannu ; *JCP* E 1993, I, 236, n° 11, obs. Pétel).

8) **Prêt.** Le contrat de prêt des fonds intégralement remis à l'emprunteur avant l'ouverture de sa procédure collective n'est pas en cours au sens de l'article L. 622-13 et ne peut être cédé au titre de l'article L. 621-88 [L. 642-7] (▪ Cass. com., 13 avr. 1999, n° 97-11.383 : *JurisData* n° 1999-001638 ; *LPA* 25 mai 1999, p. 10, note P.M. ; *JCP* E 1999, p. 1533, n° 11, obs. M. Cabrillac ; *D. affaires* 1999, p. 801, obs. A.L. ; *D.* 2000, *Cah. dr. aff.*, 257, note Lipinski). Le prêt consenti par un professionnel du crédit n'est pas un contrat en cours et ne peut donc être cédé au titre des contrats visés à l'article L. 642-7 (▪ Cass. com., 9 févr. 2016, n° 14-23.219 : *JCP* E 2016, 1280, obs. Stefania).

L'engagement pris par le cessionnaire de payer les mensualités à échoir ne vaut pas, sauf accord exprès du prêteur, novation par substitution de débiteur, de sorte que la caution de l'emprunteur demeure tenue (▪ Cass. com., 9 févr. 2016, préc.).

9) **Cautionnement.** Le cautionnement est conclu entre le créancier et la caution de sorte qu'il ne peut être cédé parmi les contrats de la

société débitrice principale, par application de l'article L. 621-88 [L. 642-7] (■ Cass. com., 10 juill. 2001, n° 98-14.462 : *JurisData* n° 2001-010591 ; *D.* 2001, p. 2595, obs. Lienhard ; *JCP* E 2002, 121, n° 6, obs. M. Cabrillac ; *Act. proc. coll.* 2001, n° 15, p. 201, obs. Vallansan).

10) Contrats d'assurance-dommage. L'article 121-10 du Code des assurances, ne distingue pas selon le mode d'aliénation de la chose assurée et la transmission du contrat d'assurance accessoirement à la cession d'un actif s'effectuant de plein droit, les dispositions de l'article L. 621-88 [L. 642-7] ne s'appliquent pas (■ Cass. 2e civ., 13 juill. 2005, n° 03-12.533 : *JurisData* n° 2005-029452 ; *JCP* E 2006, 1066, n° 4, obs. P. Pétel ; *Act. proc. coll.* 2005, comm. 218, obs. Monsèrié-Bon).

11) Défaut d'indication dans le jugement. Doit être censuré pour violation de l'article L. 621-88, alinéas 1 et 2 [L. 642-7], l'arrêt qui retient qu'en l'absence de toute restriction contenue dans le jugement arrêtant le plan de cession, des contrats d'agent commercial avaient été compris dans la cession du fonds de commerce auquel ils étaient attachés et transférés au cessionnaire, alors que le jugement arrêtant le plan de cession n'avait pas décidé que ces contrats étaient nécessaires au maintien de l'activité de l'entreprise (■ Cass. com., 16 oct. 1990 : *Bull. civ.* IV, n° 241 ; *JCP* E 1991, I, 73, n° 8, obs. M. Cabrillac). Mais à défaut d'une mention explicite dans le jugement arrêtant le plan, un contrat peut figurer parmi les contrats cédés tant en raison de l'objectif économique assigné au plan de cession que du contenu de l'offre que le jugement arrêtant le plan a entérinée (■ Cass. com., 15 mai 2001, n° 98-16.716 : *RJDA* 10/2001, n° 1001).

12) Contrats non cédés. Les contrats non repris dans le plan de cession totale ne se trouvent pas résiliés par l'effet du jugement arrêtant ce plan (■ Cass. com., 6 oct. 2009, n° 07-15.325 : *JurisData* n° 2009-049795 ; *Act. proc. coll.* 2009-18, comm. 278, obs. P. Cagnoli ; *D.* 2009, p. 2484, obs. A. Lienhard ; *Rev. proc. coll.* 2009, comm. 161, obs. Ph. Roussel-Galle ; *JCP* E 2010, 1011, n° 6, obs. Ph. Pétel).

13) Contrats non voulus. Le tribunal ne peut imposer au repreneur la cession d'un contrat dont l'exécution aggraverait les engagements qu'il a souscrits (■ Cass. com., 15 déc. 2009, n° 08-21.235 : *JurisData* n° 2009-050789 ; *D.* 2010, 11, obs. A. Lienhard ; *Rev. proc. coll.* 2010, comm. 60, obs. Ph. Rousel-Galle et F. Pérochon).

II – RÉGIME DE LA CESSION

14) Clause d'agrément. Une clause contractuelle stipulant que la cession du bail est subordonnée à l'accord écrit du bailleur se trouve privée d'effets (■ Cass. com., 6 déc. 1994 : *JCP* E 1995, I, 455, n° 5, obs. Pétel. ; *JCP* E 1996, I, 523, n° 14, obs. Izorche ; *RTD civ.* 1995, 624, n° 7, obs. Mestre ; *Defrénois* 1995, 964, n° 4, obs. Sénéchal ; *D.* 1997, somm. 4, obs. Derrida).

15) Formes. La cession judiciaire forcée du bail commercial en exécution d'un plan de cession n'est pas soumise aux exigences de forme prévues par ce contrat (■ Cass. com., 1er mars 2016, n° 14-14.716 : *JurisData* n° 2016-003733 ; *JCP* E 2016, 1465, n° 5, obs. Pétel ; *Gaz. Pal.* 28 juin 2016, p. 62, obs. Kendérian).

16) Obligations du repreneur. Le transfert des droits et obligations résultant des contrats cédés ne prend effet qu'à la date de la conclusion des actes de cession ou de la prise de possession par le cessionnaire en vertu des dispositions du jugement ou de l'autorisation de l'administrateur quand elle intervient avant ces actes (■ Cass. com., 6 janv. 1998 : *JCP* E 1998, p. 654, n° 6, obs. Cabrillac.). Si le contrat est à exécution successive, le cessionnaire est tenu des créances correspondant à la période de jouissance postérieure à cette date, peu important l'exigibilité de ces créances (même déc.).

17) Droit d'entrée. Le cessionnaire du contrat de bail n'est pas tenu de payer les sommes dues au bailleur à titre de « droit d'entrée » qui ont un caractère indemnitaire et représentent des créances antérieures au jugement d'ouverture (■ Cass. com., 14 avr. 1992, n° 89-18.486 : *JurisData* n° 1992-000937 ; *Bull.* IV, n° 158 ; *JCP* E 1993, II, 391, note Lévy ; *JCP* E 1993, I, 236, n° 12, obs. Pétel ; *RTD com.* 1993, 183, obs. Martin-Serf ; *D.* 1994, somm. 47, obs. Rozès).

18) Faculté de résiliation unilatérale. Lorsque le contrat a été conclu à durée indéterminée chacun des cocontractants dispose à tout moment, sauf abus, de la faculté de subordonner la poursuite de la convention à une modification des obligations qu'elle comporte (■ Cass. com., 21 janv. 1992, n° 90-16.342 : *JurisData* n° 1992-000114 ; *Bull.* IV, n° 26 ; *JCP* E 1992, I, 166, n° 6, obs. Cabrillac).

19) Manquements antérieurs. Le cessionnaire n'a pas à répondre d'éventuels manquements imputables au débiteur (■ Cass. com., 1er oct. 1997, n° 94-22.145 : *JurisData* n° 1997-003757 ; *JCP* E 1998, p. 29, n° 5, obs. M. Cabrillac, pour une obligation de faire).

20) Dépôt de garantie. Le repreneur auquel est transmis un bail doit reconstituer le dépôt de garantie lorsque celui-ci a été restitué au bailleur après l'ouverture du redressement judiciaire du locataire initial (■ Cass. com., 16 sept. 2008 : *JCP* E 2009, 1008, n° 6, obs. Cabrillac ; *Gaz. proc.*

coll. 2008-4, p. 49, obs. Voinot ; *D.* 2008, p. 2345, obs. Lienhard ; *Act. proc. coll.* 2008-17, n° 270, obs. Le Corre-Broly).

21) Sort de la caution. Si la caution n'a pas à garantir les créances nouvelles nées du chef du repreneur, elle demeure tenue au titre des créances nées du chef du débiteur antérieurement à la cession (■ Cass. com., 12 oct. 1993, n° 89-21.807 : *JCP* E 1994, I, 348, n° 2, obs. Cabrillac et Pétel ; *JCP* E 1994, I, 365, n° 8, obs. Simler et Delebecque ; *RD bancaire et bourse* 1994, 135, obs. Campana et Calendini ; *D.* 1994, 353, note Playoust. ■ Cass. com., 3 mai 1994, n° 92-14.395 : *JurisData* n° 1994-001001 ; *RD bancaire et bourse* 1995, 86, obs. Campana et Calendini. ■ Cass. com., 21 nov. 1995, n° 93-20.387 : *JurisData* n° 1995-003136 ; *Bull.* IV, n° 267 ; *JCP* E 1996, I, 554, n° 7, obs. M. Cabrillac ; *JCP* E 1996, II, 826, note Jamin et Billiau ; *RD bancaire et bourse* 1996, 36, obs. Campana et Calendini ; *D.* 1996, somm. 336, obs. Aynès ; *D.* 1997, somm. 5, obs. Derrida, à moins que, par un nouvel engagement, elle ait donné sa garantie au cessionnaire (■ Cass. com., 21 nov. 1995, préc.).

22) Substitution de cessionnaire. Si l'offre de cession assortie d'une faculté de substitution ne décharge pas son auteur de l'obligation d'exécuter le plan, cette garantie ne s'étend pas à l'exécution des engagements résultant des contrats cédés par le plan (■ Cass. com., 7 janv. 2003 : *JCP* E 2003, 760, n° 7, obs. Ph. Pétel. ■ Cass. com., 27 sept. 2011, n° 10-24.836 : *JurisData* n° 2011-020544 ; *Gaz. Pal.* 20-21 janv. 2012, p. 25, obs. D. Voinot. ■ Cass. com., 12 juill. 2016, n° 15-16.389).

23) Crédit-bail : publicité. Le crédit-bail mobilier non publié et inclus dans un plan de cession est opposable aux créanciers du repreneur par l'effet de la publication du jugement adoptant le plan de cession (■ Cass. com., 28 oct. 2008 : *JCP* E 2009, 1008, n° 7, obs. Cabrillac ; *Act. proc. coll.* 2008-20, comm. 309, obs. Pérochon ; *Gaz. proc. coll.* 1/2009, p. 53, obs. Pérochon).

24) Crédit-bail : plafonnement. Le plafonnement prévu à l'alinéa 4 de l'article L. 621-88 [L. 642-7] ne s'applique qu'aux sommes demeurées impayées du chef du précédent crédit-preneur en procédure collective, le cessionnaire n'étant pas dispensé du paiement de l'intégralité des sommes qui lui incombent personnellement au titre du contrat continué (■ Cass. com., 23 nov. 2004, n° 03-13.035 : *JurisData* n° 2004-025828 ; *RJDA* 3/2005, n° 301 ; *D.* 2005, p. 78, obs. Lienhard, pan. 294, obs. Le Corre, jurispr. 510, note Le Corre-Broly ; *ibid.*, pan. 2088, n° 2, obs. Crocq ; *JCP* E 2005, pan. 15 ; *ibid.*, 639, n° 6, obs. Pétel ; *Act. proc. coll.* 2005, 1, n° 12, obs. Vallansan).

25) Bail. V. jurispr. citée ss art. L. 641-12, p. 1298.

Art. L. 642-8 *(L. n° 2005-845, 26 juill. 2005).* **– En exécution du plan arrêté par le tribunal, le liquidateur ou l'administrateur lorsqu'il en a été désigné passe tous les actes nécessaires à la réalisation de la cession. Dans l'attente de l'accomplissement de ces actes et sur justification de la consignation du prix de cession ou d'une garantie équivalente, le tribunal peut confier au cessionnaire, à sa demande et sous sa responsabilité, la gestion de l'entreprise cédée.**

Lorsque la cession comprend un fonds de commerce, aucune surenchère n'est admise.

Bibliographie : Bureau, *La période intermédiaire entre l'adoption et la réalisation d'un plan de cession : JCP* E 1999, p. 1182.

1) Date du transfert. En principe, le transfert des biens et droits compris dans le plan n'intervient que par la passation des actes nécessaires à la réalisation de ce transfert (■ Cass. com., 26 janv. 1993, n° 91-40.308 : *D.* 1993, 205, note Derrida ; *JCP* E 1993, I, 275, n° 4, obs. Cabrillac et Pétel ; *Defrénois* 1994, p. 564, obs. Sénéchal ; *Rev. proc. coll.* 1993, 85, obs. Soinne) ; il en est ainsi des contrats de travail qui ne sont pas transmis au cessionnaire avant ces actes (même arrêt).

Toutefois, lorsque le plan de cession prévoit la poursuite immédiate de l'ensemble des contrats de travail en cours et comporte que le projet de reprise est d'effet immédiat, le cessionnaire se trouve autorisé dès le prononcé de la décision, à poursuivre l'activité sous sa propre responsabilité avec l'obligation corrélative d'assumer, notamment, le paiement des cotisations sociales liées aux contrats de travail maintenus et la créance de l'URSSAF n'est plus, pour ces sommes, une créance prioritaire de l'article L. 621-32 (■ Cass. com., 31 mars 1998, n° 95-21.740 : *JurisData* n° 1998-001494 ; *JCP* E 1998, p. 1357, n° 5, obs. M. Cabrillac ; *RTD com.* 1998, 943, obs. Martin-Serf).

2) Clause d'agrément. L'administrateur chargé de passer tous les actes nécessaires à la réalisation de la cession est tenu, pour la vente des actions d'une société, de respecter la clause des statuts de la société imposant l'agrément préalable du conseil d'administration (■ Cass. com., 31 janv. 1995 : *JCP* E 1995, II, 678, note Guyon ; *JCP* E 1995, I, 475, n° 7, obs. Viandier et Caussain ; *D.* 1995, 426, note Parleani ; *Bull. Joly* 1995, 343, note Couret. – Comp. ■ Cass. com., 23 janv. 1996 : *JCP* E 1996, I, 554, n° 10, obs. Ph. Pétel ; *D.* 1996, 310, note Derrida).

3) Portée des actes. Les modalités des actes nécessaires à la réalisation d'un plan de cession ne peuvent avoir pour effet de modifier le contenu et les objectifs du plan homologué (▪ Cass. com., 9 janv. 1996 : *JCP* E 1996, I, 554, n° 8, obs. M. Cabrillac ; *D.* 1998, somm. 11, obs. Derrida ; *LPA* 17 avr. 1998, p. 13, note Derrida) ; ainsi la clause résolutoire insérée dans l'acte de cession et destinée à s'appliquer en cas de refus d'agrément par l'administration des douanes, est dépourvue de tout effet juridique en ce qu'elle contredit les termes du plan de cession homologué (même arrêt).

4) Autonomie des actes. La résolution du plan de cession n'a pas pour effet d'entraîner de plein droit la résolution d'une convention de vente conclue pour son exécution par l'administrateur, acte distinct du jugement arrêtant le plan (▪ Cass. com., 22 juin 1993, n° 91-13.307 : *JurisData* n° 1993-001506 ; *Bull.* IV, n° 263 ; *JCP* E 1993, I, 295, n° 7, obs. M. Cabrillac et Ph. Pétel). V. désormais art. L. 642-11, p. 1312.

Art. L. 642-9 ***(L. n° 2005-845, 26 juill. 2005).*** **– Tant que le prix de cession n'est pas intégralement payé, le cessionnaire ne peut, à l'exception des stocks, aliéner ou donner en location-gérance les biens corporels ou incorporels qu'il a acquis.**

Toutefois, leur aliénation totale ou partielle, leur affectation à titre de sûreté, leur location ou leur location-gérance peut être autorisée par le tribunal après rapport du liquidateur qui doit préalablement consulter le comité ***(Mots rempl. à compter du 1er octobre 2021, Ord. n° 2021-1193, 15 sept. 2021)*** **« social et économique ». Le tribunal doit tenir compte des garanties offertes par le cessionnaire.**

Toute substitution de cessionnaire doit être autorisée par le tribunal dans le jugement arrêtant le plan de cession, sans préjudice de la mise en œuvre des dispositions de l'article L. 642-6. L'auteur de l'offre retenue par le tribunal reste garant solidairement de l'exécution des engagements qu'il a souscrits.

Tout acte passé en violation des alinéas qui précèdent est annulé à la demande de tout intéressé ou du ministère public, présentée dans le délai de trois ans à compter de la conclusion de l'acte. Lorsque l'acte est soumis à publicité, le délai court à compter de celle-ci.

1) Résiliation du bail. La résiliation du bail n'entre pas dans les prévisions de l'article L. 621-91, alinéa 1er [L. 642-9] (▪ Cass. com., 8 juin 1999 : *JCP* E 1999, pan. 1416 ; *JCP* E 2000, p. 125, C, n° 4, obs. M. Cabrillac ; *LPA* 5 août 1999, p. 8, obs. P.M. ; *RJDA* 8-9/99, n° 970 ; *RTD com.* 1999, 962, obs. Saint-Alary-Houin). En conséquence le cessionnaire peut donner congé au bailleur des locaux sans y être autorisé par le tribunal ayant arrêté le plan (même déc.).

2) Garantie en cas de substitution. Cette garantie ne s'étend pas à l'exécution des engagements résultant des contrats cédés dans le cadre du plan (▪ Cass. com., 7 janv. 2003 : *JCP* E 2003, 760, n° 7, obs. Ph. Pétel. ▪ Cass. com., 27 sept. 2011 : *Gaz. Pal.* 20-21 janv. 2012, p. 25, obs. D. Voinot. ▪ Cass. com., 12 juill. 2016, n° 15-16.389) ; ni au paiement, au prêteur, des échéances du crédit dues à compter du transfert de la propriété du bien financé inclus dans ce plan (▪ Cass. com., 16 sept. 2014 : *JCP* E 2014, 1637, n° 3, obs. Pétel ; *Act. proc. coll.* 2014, comm. 273, obs. Vallansan ; *BJS* 2014, p. 452, obs. Pailler).

Sauf engagement personnel du repreneur initial (▪ Cass. com., 30 janv. 2019, n° 17-15.036).

Art. L. 642-10 ***(L. n° 2005-845, 26 juill. 2005 ; mod., Ord. n° 2008-1345, 18 déc. 2008).*** **– Le tribunal peut prévoir dans le jugement arrêtant le plan de cession que tout ou partie des biens cédés ne pourront être aliénés, pour une durée qu'il fixe, sans son autorisation.**

La publicité de l'inaliénabilité temporaire est assurée dans des conditions fixées par un décret en Conseil d'État.

Lorsque le tribunal est saisi d'une demande d'autorisation d'aliéner un bien rendu inaliénable en application du premier alinéa, il statue, à peine de nullité, après avoir recueilli l'avis du ministère public.

Tout acte passé en violation des dispositions du premier alinéa est annulé à la demande de tout intéressé ou du ministère public, présentée dans le délai de trois ans à compter de la conclusion de l'acte. Lorsque l'acte est soumis à publicité, le délai court à compter de celle-ci.

Art. L. 642-11 ***(L. n° 2005-845, 26 juill. 2005).*** **– Le cessionnaire rend compte au liquidateur de l'application des dispositions prévues par le plan de cession.**

Si le cessionnaire n'exécute pas ses engagements, le tribunal peut, à la demande du ministère public d'une part, du liquidateur, d'un créancier, de tout intéressé ou d'office, après avoir recueilli l'avis du ministère public, d'autre part, prononcer la résolution du plan sans préjudice de dommages et intérêts.

Le tribunal peut prononcer la résolution ou la résiliation des actes passés en exécution du plan résolu. Le prix payé par le cessionnaire reste acquis.

Bibliographie : Seube, *Réflexions sur les effets de la résolution des plans de redressement : JCP* E 1999, p. 564.

1) **Maintien des licenciements.** Le jugement qui prononce la résolution du plan de cession prévoyant le maintien des actes passés par les administrateurs et l'absence d'effet rétroactif de la résolution sur les licenciements notifiés par ces derniers, la validité de ces licenciements ne peut être contestée (■ Cass. soc., 9 juill. 2008, n° 06-40.945 : *JurisData* n° 2008-044799 ; *Gaz. proc. coll.* 1/2009, p. 47, obs. Saintourens).

La résolution ne remet pas en cause la validité d'un licenciement pour faute prononcé par le repreneur (■ Cass. com., 4 juill. 2018, n° 17-14.587 : *JurisData* n° 2018-011776 ; *JCP* E 2018, 1526, note Fin-Langer ; *Gaz. Pal.* 9 oct. 2018, p. 81, obs. Gailhbaud ; *JCP* E 2019, 1000, n° 6, obs. Pétel).

2) **Retour des salariés.** La résolution du plan de cession emporte retour de l'entité transférée et des contrats de travail y afférents, et les licenciements postérieurs sont à la charge du débiteur en redressement judiciaire à qui le fonds a fait retour (■ Cass. soc., 8 juin 1999, n° 97-12.731 : *JurisData* n° 1999-002312 ; *JCP* E 2000, p. 127, n° 8, obs. Pétel ; *D.* 2000, *Cah. dr. aff.*, somm. 4, obs. Derrida ; *RTD com.* 1999, 966, obs. Saint-Alary-Houin).

3) **Dettes salariales du repreneur.** Les créances de salaires impayées nées entre l'adoption du plan et sa résolution restent à la charge du cessionnaire en application de l'article L. 122-12-1 [nouv. art. L. 1224-2] du Code du travail (■ Cass. com., 8 juin 1999, préc. ■ Cass. com., 4 juill. 2018, préc.).

Art. L. 642-12 *(L. n° 2005-845, 26 juill. 2005 ; mod., Ord. n° 2008-1345, 18 déc. 2008 ; Ord. n° 2014-326, 12 mars 2014).* **– Lorsque la cession porte sur des biens grevés d'un privilège spécial, d'un gage, d'un nantissement ou d'une hypothèque, le tribunal affecte à chacun de ces biens, pour la répartition du prix et l'exercice du droit de préférence, la quote-part du prix, déterminée au vu de l'inventaire et de la prisée des actifs et correspondant au rapport entre la valeur de ce bien et la valeur totale des actifs cédés.**

Le paiement du prix de cession fait obstacle à l'exercice à l'encontre du cessionnaire des droits des créanciers inscrits sur ces biens.

Jusqu'au paiement complet du prix qui emporte purge des inscriptions grevant les biens compris dans la cession, les créanciers bénéficiant d'un droit de suite ne peuvent l'exercer qu'en cas d'aliénation du bien cédé par le cessionnaire.

(Al. rempl. à compter du 1er octobre 2021, Ord. n° 2021-1193, 15 sept. 2021) **Toutefois, la charge des sûretés réelles spéciales, garantissant le remboursement d'un crédit consenti à l'entreprise pour lui permettre le financement d'un bien sur lequel portent ces sûretés est transmise au cessionnaire. Celui-ci est alors tenu d'acquitter entre les mains du créancier, qui a régulièrement déclaré sa créance dans les délais prévus à l'article L. 622-24, les échéances convenues avec lui et qui restent dues à compter du transfert de la propriété ou, en cas de location-gérance, de la jouissance du bien sur lequel porte la garantie. Le débiteur est libéré de ces échéances. Il peut être dérogé aux dispositions du présent alinéa par accord entre le cessionnaire et les créanciers titulaires des sûretés.**

Rédaction antérieure. Toutefois, la charge des sûretés immobilières et mobilières spéciales garantissant le remboursement d'un crédit consenti à l'entreprise pour lui permettre le financement d'un bien sur lequel portent ces sûretés est transmise au cessionnaire. Celui-ci est alors tenu d'acquitter entre les mains du créancier les échéances convenues avec lui et qui restent dues à compter du transfert de la propriété ou, en cas de location-gérance, de la jouissance du bien sur lequel porte la garantie. Il peut être dérogé aux dispositions du présent alinéa par accord entre le cessionnaire et les créanciers titulaires des sûretés.

Les dispositions du présent article n'affectent pas le droit de rétention acquis par un créancier sur des biens compris dans la cession.

Bibliographie : Credot, *La cession de l'entreprise et le droit de rétention : LPA* 1987, n° 68, p. 12. • D. Martin, *De la survie du gage à la cession de l'entreprise : RJ com.* 1987, 81. • *De la rétention d'actif en cas de cession de l'entreprise : Gaz. Pal.* 1988, 1, doctr. 67. • Sénéchal, *L'inclusion du matériel nanti dans un plan de cession de la loi du 25 janvier 1985 : Mélanges Derruppé*, GLN Joly et Litec 1991, p. 367. • Stéphan et Perrot, *Plan de cession et matériel nanti : Banque et droit* 1991, 28. • Varii auctores, *Le sort des contrats en cours dans le redressement judiciaire : RJ com.* 1992, n° spéc. • Soltner, *Sûretés spéciales et cession d'entreprise : RJ com.* 1999, 381. • Vigreux, *Les difficultés d'application de l'article 93 : Rev. proc. coll.* 1999, 141. • Le Corre, *Le créancier titulaire d'une sûreté spéciale victime de l'absence d'affectation d'une quote-part du prix de cession : Gaz. Pal.* 7-8 janv. 2011, p. 13. • Buisine, *L'opposabilité du droit de rétention « fictif » dans le cadre du plan de cession : Rev. proc. coll.* 2011, étude 31. • Le Corre, *Cautionnement et transfert de la charge de la sûreté en plan de cession : questions-réponses : Gaz. Pal.* 12-13 juill. 2013, p. 33.

I – AFFECTATION D'UNE QUOTE-PART

1) Pour les droits des créanciers en cas de cession, V. jurisprudence citée sous art. L. 642-1, p. 1301.

2) Respect des sûretés. L'article L. 621-96, alinéa 1, [L. 642-12] ne déroge pas à l'ordre des privilèges et sûretés et n'autorise pas qu'une partie du prix de cession soit réservée aux créanciers chirographaires (■ Cass. com., 24 oct. 1995, n° 92-17.066 : *JurisData* n° 1995-002662 ; *RJDA* 1/96, n° 128. – Comp. ■ Cass. com., 17 janv. 1995, n° 91-21.671 : *JurisData* n° 1995-000044 ; *D.* 1996, somm. 206, obs. S. Piedelièvre).

3) Montant de la quote-part. Aucune disposition de la loi n'interdit aux repreneurs de soumettre au tribunal la répartition qu'ils souhaiteraient voir adopter et il n'est pas interdit au juge de l'adopter, mais le tribunal peut, si la répartition proposée ne recueille pas son agrément, écarter le plan soumis à une telle condition (■ Cass. com., 14 janv. 1997, n° 94-14.454 : *JurisData* n° 1997-000239 ; *D.* 1999, somm. 3, obs. Derrida). Un tribunal a pu valablement répartir le prix de cession des immeubles hypothéqués en tenant compte de la valeur de ces immeubles fixée à dire d'expert et non de la ventilation proposée par le repreneur (■ Versailles, 25 nov. 1993 : *JurisData* n° 1993-047828 ; *RJDA* 3/1994, n° 337).

4) Droit de rétention. La cession de l'entreprise ne peut porter atteinte au droit de rétention du gage avec dépossession ; le créancier rétenteur ne peut être contraint de se dessaisir du bien qu'il retient légitimement que par le paiement du montant de la créance qu'il a déclarée et non par celui d'une quote-part du prix de cession qui serait affectée à ce bien pour l'exercice du droit de préférence (solution antérieure à 2008 ■ Cass. com., 20 mai 1997, n° 95-12.925 : *JurisData* n° 1997-002184 ; *RTD civ.* 1997, 708, obs. Crocq ; *JCP* E 1997, I, 681, n° 5, obs. M. Cabrillac ; *D.* 1997, somm. 312, obs. Honorat ; *D.* 1998, somm. 102, obs. S. Piedelièvre ; *RJ com.* 1997, 308, rapp. Rémery, note Saint-Alary-Houin ; *LPA* 28 juill. 1997, p. 24, obs. Crédot ; *LPA* 19 avr. 1999, p. 10, note Derrida ; *RTD com.* 1998, 193, obs. Bouloc, 205, obs. Martin-Serf ; *D.* 1999, somm. 5, obs. Derrida). V. désormais art. L. 642-12, *in fine*.

5) Subrogation en cas de sinistre. En cas de survenance d'un sinistre affectant le véhicule gagé, la banque gagiste a un droit direct sur l'indemnité d'assurance (■ Cass. com., 12 mai 1998, n° 95-17.757 : *JurisData* n° 1998-002049 ; *JCP* E 1998, p. 1359, n° 8, obs. M. Cabrillac ; *D.* 1999, somm. 6, obs. Derrida ; *RJDA* 10/98, n° 1159 ; *LPA* 29 mars 1999, p. 13, note Derrida ; *RTD com.* 1999, 748, obs. Martin-Serf) ; le gagiste disposant seul du pouvoir de décider de l'affectation de l'indemnité d'assurance ne pouvait se voir imposer de recevoir le prix de cession du véhicule réparé aux lieu et place de l'indemnité (même déc.).

6) Renouvellement des inscriptions. L'affectation spéciale aux droits des créanciers inscrits d'une quote-part du prix de cession résultant de la loi elle-même, le dépôt à la Caisse des dépôts et consignations équivaut à une consignation, ce qui dispense les créanciers, à partir de cette date, de procéder au renouvellement des inscriptions (■ Cass. com., 1er févr. 2000, n° 96-18.383 : *JurisData* n° 2000-000388 ; *Bull.* IV, n° 25 ; *JCP* E 2000, pan. 489 ; p. 702, note Rémery ; *RJDA* 3/2000, n° 316 ; *D.* 2000, somm. 331, obs. Honorat, somm. 396, obs. S. Piedelièvre).

7) Intérêts. Dans le cas où la décision arrêtant le plan de cession avait fixé, pour la répartition du prix, la quote-part affectée à chacun des biens grevés de sûretés et où le commissaire à l'exécution du plan avait consigné le prix versé par l'acquéreur à la Caisse des dépôts et consignations pendant deux ans avant de verser à un créancier hypothécaire la part du prix de cession lui revenant, ce dernier a droit aux intérêts produits par le prix de cession et servis par la Caisse des dépôts et consignations, à proportion de la part lui revenant dans le prix (■ Cass. com., 3 déc. 2003, n° 01-01.400 : *JurisData* n° 2003-021360 ; *RJDA* 4/2004, n° 448 ; *JCP* E 2004, 783, n° 4, obs. M. Cabrillac).

II – PURGE DES INSCRIPTIONS

8) Caution. La caution ne peut invoquer l'article 2037 du Code civil (désormais art. 2314) contre le créancier nanti qui a perdu son droit de suite à la suite par application de l'article L. 621-96, al. 4 [L. 642-12, al. 3] (■ Cass. com., 26 mai 1999, n° 96-14.675 : *JurisData* n° 1999-002116 ; *Bull.* IV, n° 112 ; *JCP* E 1999, pan. 1270 ; *RTD com.* 1999, 962, obs. Saint-Alary-Houin ; *RTD com.* 2000, 166, obs. Bouloc. – Comp. ■ Cass. com., 15 févr. 2000, n° 96-19.175 : *JurisData* n° 2000-000487 ; *D.* 2000, *Cah. dr. aff.*, act. jurispr., p. 149, obs. Faddoul et 12 oct. 1999 : *Rev. proc. coll.* 2000, 58, n° 8, obs. Kerckhove). La convocation par le greffier du tribunal des titulaires d'une sûreté est prévue uniquement lorsque le tribunal est appelé à se prononcer sur le transfert d'un nantissement dans les conditions de l'article L. 621-96 [L. 642-12], et les cautions ne peuvent invoquer l'article 2037 du Code civil (désormais art. 2314) contre le créancier non partie à la procédure d'affectation d'une quote-part du prix affecté aux biens grevés (même déc.).

III – TRANSFERT DE CERTAINES SÛRETÉS

9) Conditions. L'acte par lequel le crédit est accordé doit préciser sa destination et prévoir la sûreté qui en garantira le remboursement (■ Cass. com., 23 nov. 2004, n° 02-12.982 : *JurisData* n° 2004-025830 ; *RJDA* 3/2005, n° 302 ; *D.* 2005, p. 142, obs. Lienhard, pan. 294, obs. Le Corre, pan. 2017, A, obs. Lucas et Le Corre ; *JCP* E 2005, jurispr. 407, note Le Corre ; 639, n° 7, obs. Cabrillac).

Le financement évoqué par l'article L. 621-96 (L. 642-12) doit s'entendre tant de l'acquisition d'un fonds de commerce que de son amélioration par des travaux (■ Cass. com., 17 mai 2011, n° 10-17.736 : *Gaz. Pal.* 7-8 oct. 2011, p. 35, obs. P.-M. Le Corre).

Jugé qu'en déclarant sa créance à titre échu, le créancier s'est privé du bénéfice du transfert de la sûreté (■ Cass. com., 3 juill. 2012, n° 11-21.831 : *Gaz. Pal.* 12-13 oct. 2012, p. 13, obs. Le Corre-Broly ; *BJE* 2012, 371, obs. Brena).

10) Effets. Le transfert n'emporte pas novation par substitution de débiteur de sorte que ce dernier restant débiteur des mensualités mises à la charge du cessionnaire, le créancier hypothécaire, qui a conservé le bénéfice de sa sûreté garantissant cette créance et le droit de suite en résultant, peut exercer ce droit contre le cessionnaire défaillant en se prévalant du titre exécutoire que constitue l'acte de prêt notarié (■ Cass. com., 20 mars 2019, n° 17-29.009 : *JCP* E 2019, 1375, n° 10, obs. Tehrani ; *JCP* E 2019, 1312, obs. Legeais ; *RD bancaire et fin.* 2019, comm. 104, obs. Houin-Bressand ; *BJE* juill.-août 2019, p. 29, obs. Dols-Magneville ; *Gaz. Pal.* 25 juin 2019, p. 29, obs. Dumont).

11) Obligations du cessionnaire. Le cessionnaire ne doit s'acquitter que du montant des échéances qui n'étaient pas encore exigibles à la date du transfert de propriété (■ Cass. com., 29 nov. 2016, n° 15-11.016 : *JurisData* n° 2016-025365 ; *JCP* E 2017, 1164, n° 3, obs. Pétel ; *Act. proc. coll.* 2017-1, comm. 11, obs. Fin-Langer).

Ces sommes, mises à la charge du cessionnaire, s'ajoutent au prix de cession (■ Cass. com., 23 nov. 1993, n° 91-16.846 : *JurisData* n° 1993-002305 ; *JCP* E 1994, I, 348, n° 3, obs. Cabrillac ; *JCP* E 1994, I, 365, n° 21, obs. Simler et Delebecque).

12) Déclaration. Les échéances de remboursement d'un prêt accordé à un débiteur, avant sa mise en redressement judiciaire, postérieures à la cession des matériels nantis sont des créances soumises à l'obligation de déclarer, même si le prêt est cédé à un cessionnaire à qui incombe le paiement des échéances postérieures à la cession, en application de l'article L. 621-96, alinéa 2 [L. 642-12] (■ Cass. com., 20 juin 1995, n° 93-13.802 : *JurisData* n° 1995-001577 ; *Bull.* IV, n° 188 ; *JCP* E 1995, I, 513, n° 6, obs. Pétel ; *D.* 1999, somm. 4, obs. Derrida).

13) Caution. Si le cessionnaire est tenu de payer les échéances postérieures à la cession, la caution de l'emprunteur demeure tenue, dans les mêmes conditions que celui-ci, de rembourser, sous déduction des sommes versées par le cessionnaire, l'intégralité de l'emprunt, y compris les échéances exigibles après l'ouverture de la procédure collective (■ Cass. com., 8 janv. 2020, n° 18-21.925 : *BJE* mai 2020, p. 22, obs. Lafaurie). V. déjà ■ Cass. com., 13 avr. 1999, n° 97-11.383 : *JurisData* n° 1999-001638 ; *JCP* E 1999, p. 1533, n° 11, obs. M. Cabrillac ; *Defrénois* 1999, 870, note Sénéchal ; *D. affaires* 1999, 801, obs. A.L. ; *RTD com.* 1999, 964, obs. Saint-Alary-Houin ; *RTD com.* 2000, 177, obs. Martin-Serf ; *D.* 2000, *Cah. dr. aff.*, 257, note Lipinski.

14) Recours de la caution. La caution ne peut agir avant paiement, sur le fondement de l'article 2032, (2309) du Code civil, qu'à l'encontre du débiteur cautionné et non du cessionnaire (■ Cass. com., 27 févr. 2007, n° 03-12.363 : *JurisData* n° 2007-037789 ; *D.* 2007, p. 1021, obs. Lienhard ; *JCP* E 2007, 2119, n° 4, obs. Cabrillac).

15) Bénéfice de subrogation. En déclarant sa créance à titre échu, le créancier s'est privé du transfert de la sûreté et la caution peut invoquer l'article 2037 (2314) du Code civil (■ Cass. com., 3 juill. 2012, n° 11-21.831 : *Gaz. Pal.* 12-13 oct. 2012, p. 13, obs. Le Corre-Broly ; *BJE* 2012, 371, obs. Brena). Comp., décidant que la perte du nantissement résultant du jugement arrêtant le plan n'est pas imputable exclusivement au créancier : ■ Cass. com., 13 mai 2003 [1re esp.] : *D.* 2003, 1629, obs. Avena-Robardet ; *JCP* E 2003, 1396, n° 3, obs. M. Cabrillac. V. également : ■ Cass. com., 19 nov. 2013, n° 12-26.539 : *JurisData* n° 2013-026288 ; *Gaz. Pal.* 12-14 janv. 2014, p. 40, obs. Le Corre-Broly.

16) Publicité. Le créancier nanti sur matériel doit effectuer une inscription modificative postérieurement à la cession (■ Cass. com., 3 févr. 1998, n° 95-17.401 : *Quot. jur.* 7 avr. 1998, p. 6, obs. P.M. ; *JCP* E 1998, p. 1358, n° 7, obs. M. Cabrillac ; *D.* 1999, somm. p. 7, obs. Derrida) ; faute de quoi la caution est libérée en application de l'article 2037 du Code civil (désormais art. 2314) (même déc.). Solution différente pour le nantissement de fonds de commerce en raison du droit de suite dont bénéficie le créancier (■ Cass. com., 7 juill. 2009, n° 07-21.803 : *D.* 2009, act. jurispr. p. 1891, obs. Lienhard ; *Gaz. proc. coll.* 2009, n° 4, p. 38, obs. P.-M. Le Corre ; *Act. proc. coll.* 2009-15, n° 231, obs. O. Salvat ; *JCP* E 2010, 1011, n° 4, obs. M. Cabrillac ; *Rev. proc. coll.* 2010, comm. 66, obs. F. Pérochon).

Voir : déc. citées sous art. L. 642-7, p. 1308.

Art. L. 642-13 *(L. n° 2005-845, 26 juill. 2005).* – Par le jugement qui arrête le plan de cession, le tribunal peut autoriser la conclusion d'un contrat de location-gérance, même en présence de toute clause contraire notamment dans le bail de l'immeuble, au profit de la personne qui a présenté l'offre d'acquisition permettant dans les meilleures conditions d'assurer le plus durablement l'emploi et le paiement des créanciers.

Le tribunal statue après avoir entendu ou dûment appelé le liquidateur, l'administrateur judiciaire lorsqu'il en a été désigné, les contrôleurs, *(Mots rempl. à compter du 1er octobre 2021, Ord. n° 2021-1193, 15 sept. 2021)* « la ou les personnes désignées par le comité social et économique » et toute personne intéressée et après avoir recueilli l'avis du ministère public.

Art. L. 642-14 *(L. n° 2019-744, 19 juill. 2019).* – L'article L. 144-7 n'est pas applicable.

Art. L. 642-15 *(L. n° 2005-845, 26 juill. 2005).* – En cas de location-gérance, l'entreprise doit être effectivement cédée dans les deux ans du jugement qui arrête le plan.

Art. L. 642-16 *(L. n° 2005-845, 26 juill. 2005).* – Le liquidateur peut se faire communiquer par le locataire-gérant tous les documents et informations utiles à sa mission. Il rend compte au tribunal de toute atteinte aux éléments pris en location-gérance ainsi que de l'inexécution des obligations incombant au locataire-gérant.

Le tribunal, d'office ou à la demande du liquidateur ou du ministère public, peut ordonner la résiliation du contrat de location-gérance et la résolution du plan.

Le débiteur ne figure pas parmi les personnes pouvant saisir le tribunal d'une demande en résiliation du contrat de location-gérance que comporte le plan de cession (■ Paris, 2 mars 1990 : *Juris-Data* n° 1990-020526 ; *D.* 1991, somm. 16, obs. Derrida).

Art. L. 642-17 *(L. n° 2005-845, 26 juill. 2005).* – Si le locataire-gérant n'exécute pas son obligation d'acquérir dans les conditions et délais fixés par le plan, le tribunal, d'office ou à la demande du liquidateur ou du ministère public, ordonne la résiliation du contrat de location-gérance et la résolution du plan sans préjudice de tous dommages et intérêts.

Toutefois, lorsque le locataire-gérant justifie qu'il ne peut acquérir aux conditions initialement prévues pour une cause qui ne lui est pas imputable, il peut demander au tribunal de modifier ces conditions, sauf en ce qui concerne le montant du prix et le délai prévu à l'article L. 642-15. Le tribunal statue avant l'expiration du contrat de location et après avoir recueilli l'avis du ministère public et entendu ou dûment appelé le liquidateur, l'administrateur lorsqu'il en est désigné, les contrôleurs, *(Mots rempl. à compter du 1er octobre 2021, Ord. n° 2021-1193, 15 sept. 2021)* « la ou les personnes désignées par le comité social et économique » et toute personne intéressée.

Bibliographie : Vallens, *La résolution du plan de redressement : JCP* E 1987, II, 14979.

1) Ne peuvent être considérées comme causes non imputables au locataire-gérant les difficultés de gestion, financières ou commerciales qu'il pourrait rencontrer, lesquelles existent dans toute entreprise, difficultés qui peuvent consister en la non-poursuite de contrats en cours, le départ des salariés ou des difficultés de règlement de la part de fournisseurs (■ T. com. Paris, 31 oct. 1988 : *Gaz. Pal.* 1989, 1, 355, 17 nov. 1988, *LPA* 30 nov. 1988, p. 18. – V. également ■ T. com. Marseille, 4 déc. 1989 : *D.* 1991, somm. 17, obs. Derrida).

2) Pour l'octroi de délais de paiement dans le règlement du prix de cession, afin d'assurer la poursuite de l'activité (■ T. com. Paris, 31 oct. 1988 : *Gaz. Pal.* 1989, 1, 355. ■ T. com. Paris, 7 nov. 1988 : *Rev. proc. coll.* 1989, 173, obs. Soinne).

Section II. – De la cession des actifs du débiteur

Bibliographie : Gallet, *La vente des immeubles d'une entreprise en liquidation judiciaire à la requête d'un créancier privilégié : Gaz. Pal.* 1990, 2, doctr. 595. • Gardera, *La vente des immeubles d'une entreprise en liquidation judiciaire à la requête d'un créancier privilégié : Gaz. Pal.* 1992, 1, doctr. 239. • Jaffrain, *Modalités de vente d'un fonds de commerce dans le cadre d'une liquidation judiciaire : JCP* E 1993, I, 205. • Garçon, *La formation de la vente de gré à gré dans la procédure de liquidation des entreprises : JCP* E 1997, p. 1287. • Gatsi, *La sauvegarde des intérêts des coïndivisaires du débiteur : JCP* E 1999, p. 1762 ; *Les créanciers du coïndivisaire : JCP* E 1999, p. 2011. • Aubert, *La réalisation de gré à gré : LPA* 12 janv. 2000, p. 21. • Sénéchal, *Les ventes d'immeubles aux enchères publiques : LPA* 12 janv. 2000, p. 30. • Rakotovahiny,

La cession « amiable » d'actifs dans la liquidation judiciaire : propos sur une certaine institutionnalisation de la vente : LPA 31 janv. 2000, p. 4 ; *Le « clair obscur » de la vente de gré à gré d'un fonds de commerce dans le cadre d'une liquidation judiciaire : D.* 2000, *Cah. dr. aff.*, 51. • Delattre, *Réalisation des actifs d'une entreprise en liquidation judiciaire : ordonnance du juge-commissaire et rétractation : RJDA* 4/2003, p. 323. • Vauvillé, *La remise du prix de vente en cas de procédure collective : Defrénois* 2010, 39048. • Mastrullo, *Les rapports de la saisie immobilière et du droit des procédures collectives : Rev. proc. coll.* 2010, étude 7. • Jamet, *La problématique de la cession des œuvres audiovisuelles dans le cadre des procédures collectives : Rev. proc. coll.* 2014, étude 30. • Varii auctores, *Les cessions isolées d'actifs : Rev. proc. coll.* 2015, dossiers 18 et s. • Reille, *Le juge-commissaire et les réalisations d'actifs : petit tour d'horizon, Rev. proc. coll.* 2019, dossier 43.

Art. L. 642-18 ***(Anc. art. L. 622-16, renum. et mod., L. n° 2005-845, 26 juill. 2005 ; Ord. n° 2006-461, 21 avr. 2006 ; Ord. n° 2008-1345, 18 déc. 2008 ; Ord. n° 2014-326, 12 mars 2014).*** **– Les ventes d'immeubles ont lieu conformément aux articles 2204 à 2212 du Code civil** (1), **à l'exception des articles 2206 et 2211** (2), **sous réserve que ces dispositions ne soient pas contraires à celles du présent code. Le juge-commissaire fixe la mise à prix et les conditions essentielles de la vente.**

Lorsqu'une procédure de saisie immobilière engagée avant l'ouverture de la procédure de sauvegarde, de redressement ou de liquidation judiciaires a été suspendue par l'effet de cette dernière, le liquidateur peut être subrogé dans les droits du créancier saisissant pour les actes que celui-ci a effectués, lesquels sont réputés accomplis pour le compte du liquidateur qui procède à la vente des immeubles. La saisie immobilière peut alors reprendre son cours au stade où le jugement d'ouverture l'avait suspendue.

Le juge-commissaire peut, si la consistance des biens, leur emplacement ou les offres reçues sont de nature à permettre une cession amiable dans de meilleures conditions, ordonner la vente par adjudication amiable sur la mise à prix qu'il fixe ou autoriser la vente de gré à gré aux prix et conditions qu'il détermine. En cas d'adjudication amiable, les articles 2205, 2207 à 2209 et 2212 du Code civil sont applicables, sous la réserve prévue au premier alinéa, et il peut toujours être fait surenchère.

Pour les adjudications réalisées en application des alinéas qui précèdent, le paiement du prix au liquidateur et des frais de la vente emportent purge des hypothèques et de tout privilège du chef du débiteur. L'adjudicataire ne peut, avant d'avoir procédé à ces paiements, accomplir un acte de disposition sur le bien à l'exception de la constitution d'une hypothèque accessoire à un contrat de prêt destiné à l'acquisition de ce bien.

Le liquidateur répartit le produit des ventes et règle l'ordre entre les créanciers, sous réserve des contestations qui sont portées devant le juge de l'exécution.

En cas de liquidation judiciaire d'un débiteur, personne physique, le tribunal peut, en considération de sa situation personnelle et familiale, lui accorder des délais de grâce dont il détermine la durée pour quitter sa maison d'habitation principale.

Les modalités d'application du présent article sont fixées par décret en Conseil d'État.

I – PRINCIPES

1) Modes de réalisation. Le patrimoine du débiteur ne peut être cédé ou transmis que selon les règles d'ordre public applicables au redressement ou à la liquidation judiciaire (■ Cass. com., 12 juill. 2005 [2 arrêts] : *D.* 2002, obs. Lienhard ; *Dr. sociétés* 2005, comm. 108, obs. Monnet ; *JCP* E 2005, 1586, note Legros ; *ibid.*, 1834, n° 1, obs. Caussain, Deboissy et Wicker).

Le juge-commissaire excède ses pouvoirs en choisissant un autre mode de réalisation des immeubles que ceux prévus par la loi (■ Orléans, 8 nov. 2001, n° 00/00519 : *JurisData* n° 2001-186721 ; *JCP* E 2002, 763, n° 6, obs. Ph. Pétel ; *RTD com.* 2002, 166, obs. Vallens, pour des enchères privées, sur offres sous plis cachetés).

Sur le choix entre adjudication amiable et cession de gré à gré, V. ■ Paris, 27 févr. 1990, *aff. Normed : Gaz. Pal.* 1991, 1, p. 314 ; *RTD com.* 1990, p. 484, n° 2, obs. 812, Haëhl. – *Adde*, ■ Paris, 22 févr. 1991 : *JurisData* n° 1991-020545 ; *D.* 1992, somm. p. 89, obs. Derrida.

La vente de gré à gré suppose qu'une ou plusieurs offres d'achat aient été préalablement présentées (■ Cass. com., 15 mai 2019, n° 17-23.753 : *JCP* E 2019, 1375, n° 13, obs. Tehrani ; *Act. proc. coll.* 2019, comm. 157, obs. Fin-Langer).

2) Attribution judiciaire. À défaut de disposition autorisant la présentation d'une telle demande en cas de procédure collective, comme il en existe pour l'attribution judiciaire du gage, la demande d'attribution judiciaire de l'immeuble hypothéqué est irrecevable (■ Cass. com., 28 juin

(1) Ces articles ont été recodifiés : V. CPC exéc., art. L. 322-5 à L. 322-13.
(2) Ces articles ont été recodifiés : V. CPC exéc., art. L. 322-6 et L. 322-9.

2017, n° 16-10591 : *JurisData* n° 2017-012576 ; *JCP* E 2017, 1460, n° 19, obs. Pétel ; *Rev. proc. coll.* 2017, comm. 102, obs. Macorig-Venier).

3) Résolution d'une vente antérieure. L'action en résolution d'une vente ne constitue pas un acte de disposition au sens des articles L. 620-1 et suivants (anciens), et le liquidateur sans être autorisé par le juge-commissaire, peut intenter une action en résolution aux torts de l'acquéreur pour une vente devenue parfaite avant l'ouverture de la procédure (■ Cass. com., 3 févr. 1998, n° 95-19.203 : *JurisData* n° 1998-000394 ; *RJDA* 6/1998, n° 775). De même pour l'action en rescision pour lésion (■ Cass. 3e civ., 8 nov. 2006, n° 05-17.773 : *JurisData* n° 2006-035783 ; *RJDA* 3/2007, n° 276 ; *D.* 2006, p. 2912, obs. Lienhard).

4) Indivision antérieure à la procédure. Le liquidateur, représentant les intérêts des créanciers personnels de l'indivisaire en liquidation judiciaire, est fondé à solliciter la licitation de l'immeuble indivis en vertu de l'article 815-17, alinéa 3, du Code civil, sans avoir à demander l'autorisation du juge-commissaire (■ Cass. com., 3 oct. 2006, n° 05-16.463 : *JurisData* n° 2006-035330 ; *D.* 2006, p. 2602, obs. Lienhard ; *RJDA* 6/2007, n° 668). En l'absence d'une décision définitive d'admission des créances au passif de la liquidation judiciaire d'un indivisaire, son coïndivisaire n'est pas en mesure de connaître le montant de la dette qu'il doit payer pour arrêter le cours de l'action en application de l'article 815-17 du Code civil, et, en conséquence, le partage ne peut être ordonné (■ Cass. 1re civ., 20 déc. 1993, n° 92-11.189 : *JurisData* n° 1993-002635 ; *JCP* E 1994, I, 394, n° 7, obs. Ph. Pétel ; *D.* 1994, 359, note Derrida et Honorat).

Mais l'action en partage exercée par le liquidateur sur le fondement de l'article 815 du Code civil n'est pas subordonnée à la justification d'une créance (■ Cass. 1re civ., 29 juin 2011, n° 10-25.098 : *JurisData* n° 2011-012942 ; *JCP* E 2012, 1000, n° 3, obs. Ph. Pétel ; *Act. proc. coll.* 2011, comm. 225, obs. S. Delrieu ; *Gaz. Pal.* 7-8 oct. 2011, p. 37, obs. L. Antonini-Cochin ; *Rev. proc. coll.* 2012, comm. 2, obs. P. Cagnoli).

La licitation de l'immeuble indivis, ne peut être ordonnée qu'après examen des demandes tendant au maintien dans l'indivision et à l'attribution préférentielle de l'immeuble (■ Cass. com., 20 sept. 2017, n° 16-14.295 : *JurisData* 2017-018233 ; *JCP* E 2017, 1688, n° 3, obs. Tehrani ; *BJE* 2018/1, p. 28, obs. Benilsi ; *Rev. proc. coll.* 2018, comm. 74, obs. Reille).

Le liquidateur ne peut assigner en licitation-partage si l'immeuble indivis est frappé d'une déclaration d'insaisissabilité (■ Cass. com., 14 mars 2018, n° 16-27.302 : *JurisData* n° 2018-003673 ; *JCP* E 2018, 1429, n° 14, obs. Pétel ; *RD bancaire et fin.* 2018, comm. 69, obs. Piedelièvre ; *BJE* 2018, p. 201, obs. Legrand).

Le créancier de l'indivision peut poursuivre la saisie et la vente de l'immeuble indivis sans que le liquidateur soit autorisé à agir pour percevoir le prix de vente et procéder à sa répartition (■ Cass. com., 18 févr. 2003 : *JCP* E 2003, pan. 567 ; *D.* 2003, somm. 1621, obs. Le Corre). Il n'est pas tenu de saisir le juge-commissaire (■ Cass. 1re civ., 24 mai 2018 n° 17-11.424 : *JurisData* n° 2018-008630 ; *JCP* E 2018, 1429, n° 16, obs. Pétel).

L'autorité de chose jugée de l'ordonnance autorisant la réalisation de droits indivis n'est pas opposable au créancier d'un autre indivisaire sollicitant le partage par voie oblique (■ Cass. com., 20 mars 2013, n° 11-26.241 : *JurisData* n° 2013-004923 ; *JCP* E 2013, 1288, note Pailler ; *Rev. proc. coll.* 2013, comm. 115, obs. Reille).

5) Indivision née en cours de procédure. La liquidation judiciaire étant antérieure au décès du débiteur, le liquidateur qui aurait pu agir sur l'immeuble litigieux avant la création de l'indivision successorale était donc recevable, en application des dispositions de l'article 815-17, alinéa 1er du Code civil, à poursuivre la vente forcée de cet immeuble (■ Cass. com., 18 févr. 2003 : *JCP* E 2003, pan. 568 ; *D.* 2003, p. 766, obs. Lienhard, somm. 1621, obs. Le Corre ; *RJDA* 7/2003, n° 749. – V. aussi, pour un bien devenu indivis suite au divorce du débiteur ■ Cass. 1re civ., 21 mai 1997 : *JCP* E 1997, I, 681, n° 14, obs. Pétel. ■ Cass. com., 27 sept. 2016, n° 15-10.428 : *JurisData* n° 2016-019553 ; *JCP* E 2016, 1661, n° 3, obs. Pétel). *Contra*, pour un bien frappé d'une déclaration d'insaisissabilité : ■ Cass. com., 10 juill. 2019, n° 18-16.867 : *JCP* E 2019, 1551, n° 18, obs. Pétel).

6) Bien commun. Lorsqu'une liquidation judiciaire est ouverte à l'encontre d'une femme, puis une autre liquidation à l'encontre de son mari, il résulte « de l'effet réel de la procédure ouverte la première » que la vente de gré à gré d'un immeuble commun ne peut être autorisée que par le juge-commissaire de cette procédure (■ Cass. com., 16 mars 2010, n° 08-13.147 : *JurisData* n° 2010-002035 ; *Act. proc. coll.* 2010-8, n° 122, obs. J. Vallansan ; *JCP* E 2010, 1742, n° 6, obs. M. Cabrillac ; *D.* 2010, act. jurispr. 825, obs. A. Lienhard).

Les droits de chaque époux ne peuvent être individualisés (■ Cass. com., 22 mai 2012, n° 11-17.391 : *JurisData* n° 2012-011159 ; *Gaz. Pal.* 3-4 août 2012, p. 25, obs. D. Voinot ; *Act. proc. coll.* 2012, comm. 172, obs. F. Vauvillé ; *Gaz. Pal.* 7 et 8 nov. 2012, p. 14, obs. Benilsi).

7) Droits immobiliers. Les droits du preneur à bail à construction doivent être cédés selon les modalités propres à la réalisation des immeubles (■ Cass. com., 16 oct. 2012, n° 11-22.541 : *JurisData* n° 2012-023478 ; *Gaz. Pal.* 18-19 janv. 2013, p. 30, obs. J. Théron).

8) Insaisissabilité de la résidence principale. L'article L. 526-1 n'est pas applicable aux procédures collectives ouvertes avant l'entrée en vigueur de la loi du 6 août 2015 (■ Cass. com., 29 mai 2019, n° 18-16.097). V. les annotations ss art. L. 526-1, p. 1082.

9) Déclaration d'insaisissabilité. Le débiteur peut opposer la déclaration d'insaisissabilité effectuée en application de l'article L. 526-1 du Code de commerce avant d'être mis en liquidation judiciaire, en dépit de la règle du dessaisissement prévue par l'article L. 641-9. Le juge-commissaire commet donc un excès de pouvoir en autorisant le liquidateur à vendre l'immeuble aux enchères publiques (■ Cass. com., 28 juin 2011, n° 10-15.482 : *JurisData* n° 2011-012491 ; *JCP* E, 2011, 1551, note Pérochon ; *ibid.*, 1596, n° 4, obs. Pétel ; *RJ com.* 2011, 510, note Sortais ; *Rev. proc. coll.* 2012, 111, obs. Lisanti. ■ Cass. com., 24 mars 2015, n° 14-10.175 : *JurisData* n° 2015-006383 ; *JCP* E 2015, 1245, note Cerati-Gauthier ; *Rev. proc. coll.* 2015, comm. 79, obs. Dumont-Lefrand).

Mais le juge ne commet pas d'excès de pouvoir s'il autorise la vente parce que la déclaration n'a pas été régulièrement publiée (■ Cass. com., 2 juin 2015, n° 14-10.383 : *Gaz. Pal.* 18-20 oct. 2015, p. 28, obs. Voinot).

Sur le cas d'un immeuble indivis V. n° 6, p. 1318.

V. aussi : Legrand et Vallansan : *Rev. proc. coll.* 2011, étude 30 ; Le Corre, *Déclaration notariée d'insaisissabilité et liquidation judiciaire : questions-réponses* : *Gaz. Pal.* 1-4 mai 2013, p. 48.

Un créancier à qui la déclaration d'insaisissabilité est inopposable peut faire procéder à la vente sur saisie ; il n'a pas à être autorisé par le juge-commissaire pour faire procéder à la saisie qui n'est pas, en ce cas, une opération de liquidation judiciaire (■ Cass. com., 5 avr. 2016, n° 14-24.640 : *JurisData* n° 2016-006837 ; *Act. proc. coll.* 2016, comm. 120, obs. Leprovaux ; *JCP* E 2016, 1465, n° 6, obs. Pétel ; *Gaz. Pal.* 28 juin 2016, p. 54, obs. Le Corre).

V. les annotations ss art. L. 526-1, p. 1082.

10) Sinistre. En application de l'article L. 121-13 du Code des assurances, les indemnités dues par suite d'assurance contre l'incendie sont attribuées, sans qu'il y ait besoin de délégation expresse, aux créanciers privilégiés ou hypothécaires suivant leur rang, sans que la procédure de liquidation judiciaire ait effet sur l'attribution de cette indemnité (■ Cass. 1re civ., 28 oct. 1997, n° 95-20.318 : *JurisData* n° 1997-004226 ; *D.* 1998, somm. 142, obs. Bonnard).

11) Créancier *propter rem*. Le liquidateur ne saurait écarter un créancier du propriétaire initial qui exerçait son droit de suite et de préférence, au motif qu'il n'avait pas déclaré sa créance à la procédure ouverte contre l'adjudicataire défaillant, alors qu'il n'était pas créancier de ce dernier (■ Cass. com., 11 juin 2002, n° 00-20.981 : *JurisData* n° 2002-014773 ; *JCP* E 2002, 1337, note Rémery ; *JCP* E 2003, 194, n° 6, obs. M. Cabrillac ; *D.* 2002, p. 2470 ; *LPA* 29 janv. 2003, 15, note Sénéchal ; *Defrénois* 2003, 417, obs. Théry. – *Adde* ■ Cass. com., 10 mars 2004, n° 02-16.474 : *JurisData* n° 2004-022867 ; *JCP* E 2004, pan. 713 ; *D.* 2004, p. 1021, comm. 2146, obs. Le Corre, somm. 2710, obs. Aynès. – V. aussi pour un nantissement de fonds de commerce ■ Cass. com., 17 déc. 2002, n° 99-20.928 : *JurisData* n° 2002-017041 ; *JCP* E 2003, 1292, note Kéita ; *RTD com.* 2003, 365, obs. Martin-Serf).

12) Compétence. Les contestations en matière de règlement d'ordre entre les créanciers relèvent, par application de l'article L. 622-16, alinéa 4, [L. 642-18] de la compétence exclusive du tribunal de grande instance (■ Cass. com., 19 oct. 1993, n° 91-11.385 : *JurisData* n° 1993-002166 ; *Bull. civ.* IV, n° 342).

La vente ordonnée par le juge-commissaire ne constitue pas une mesure d'exécution forcée dont les contestations relèvent de la compétence du juge de l'exécution (■ Cass. com., 11 févr. 2014, n° 12-26.208 : *JurisData* n° 2014-002120 ; *Act. proc. coll.* 2014, comm. 131, obs. Hoonakker). Celui-ci ne peut remettre en cause la décision du juge-commissaire ; sa compétence est limitée aux contestations postérieures (■ Cass. 2e civ., 6 juin 2013, n° 12-18.481 : *JurisData* n° 2013-011445 ; *BJE* 2013, p. 362, note Hugon).

13) Recours. V. notes sous art. R. 642-37-1, p. 2007 et art. R. 642-37-3, p. 2008.

II – VENTE SUIVANT LES FORMES DE LA SAISIE

Voir : Sur le cahier des conditions de vente des actifs immobiliers dépendant d'une liquidation judiciaire, communiqué CNB, 13 avr. 2010 : *JCP* E 2010, act. 242.

14) Assimilation de l'ordonnance au commandement. La sanction de la péremption prévue pour le commandement de saisie immobilière s'applique à l'ordonnance du juge-commissaire (■ Cass. com., avis, 18 avr. 2018, n° 18-70.005 : *JCP* E 2018, 1429, n° 6, obs. Pétel).

15) Sanction des irrégularités. La nullité absolue résultant de la violation des formes prescrites par la loi peut être invoquée par tout intéressé, sans qu'il soit tenu de justifier d'un grief

(■ Cass. ass. plén., 11 mai 1990, n° 89-12.144 : *JurisData* n° 1990-000934 ; *D.* 1990, 533, concl. H. Dontenwille, note J. Prévault).

16) Saisie en cours. Le jugement d'ouverture interrompt la saisie immobilière en cours qui doit être reprise conformément aux articles L. 622-16 du Code de commerce [L. 642-18] et 125 à 131 du décret (D. n° 85-1388) (■ Cass. com., 4 janv. 2000, n° 96-20.805 : *JurisData* n° 2000-000106 ; *RJDA* 3/2000, n° 308). La subrogation du liquidateur dans les droits du créancier poursuivant a lieu, même si le créancier n'a été ni inactif ni négligent (■ Cass. 2e civ., 29 janv. 2004, n° 02-14.944 : *JurisData* n° 2004-021988 ; *JCP* E 2004, pan. 447 ; *D.* 2004, p. 421).

Quel que soit le stade de la saisie en cours, le juge-commissaire fixe la mise à prix et les modalités de publicité et de visite du bien (■ Cass. com., 11 avr. 2018, n° 16-23.607 : *JurisData* n° 2018-005659 ; *JCP* E 2018, 1429, n° 7, obs. Pétel ; *Procédures* 2018, comm. 188, obs. Laporte).

La déclaration de surenchère fait obstacle à la reprise de la saisie (■ Cass. com., 4 mars 2014, n° 13-10.534 : *JurisData* n° 2014-003821 ; *Gaz. Pal.* 29 juin-1er juill. 2014, p. 28, obs. Rohart-Messager).

III – VENTES AMIABLE

17) Rétractation. L'ordonnance qui autorise la cession de gré à gré conformément aux conditions et modalités d'une offre déterminée rend impossible la rétractation de l'auteur de l'offre (■ Cass. com., 14 nov. 2019, n° 18-15.871 : *JurisData* n° 2019-020051 ; *JCP* E 2020, 1204, n° 9, obs. Tehrani ; *JCP* N, 2019, act. 905, obs. Boulanger ; *BJE* janv. 2020, p. 38, obs. Favre Rochex).

18) Transfert de la propriété. Si le juge-commissaire a autorisé la vente amiable, le liquidateur passe les actes nécessaires à la réalisation de la vente ; le transfert de la propriété des biens s'opère à la date de passation des actes précités (■ Cass. com., 16 oct. 2001, n° 98-12.216 : *JurisData* n° 2001-011305 ; *D.* 2001, p. 3349, obs. Lienhard ; *D.* 2002, somm. 1479, obs. Honorat ; *JCP* E 2002, 121, n° 8, obs. M. Cabrillac. ■ Cass. com., 13 mars 2012, n° 10-24.192 : *JurisData* n° 2012-004288 ; *D.* 2012, 806, obs. A. Lienhard).

19) Perfection de la vente. La vente est parfaite dès l'ordonnance, sous la condition suspensive que la décision acquière force de chose jugée (■ Cass. com., 4 oct. 2005, n° 04-15.062 : *JurisData* n° 2005-030082 ; *JCP* E 2005, 1833, note Rakotovahiny ; *D.* 2005, p. 2593, obs. Lienhard ; *JCP* E 2006, 1066, n° 8, obs. Cabrillac et Pétel. – V. Théron, *Le moment de perfection des transferts « autorisés » en période de liquidation* : *D.* 2006, 570).

Encore faut-il que l'acceptation de l'offre soit conforme aux conditions fixées par l'offrant (■ Cass. 3e civ., 28 juin 2006, n° 05-12.412 : *JurisData* n° 2006-034332).

20) Condition suspensive. L'acquéreur peut invoquer la condition suspensive dont il a assorti son offre, peu important que l'ordonnance autorisant la vente ne la mentionne pas expressément (■ Cass. com., 27 sept. 2016, n° 14-22.372 : *JurisData* n° 2016-019550 ; *JCP* E 2016, 1583, note Brignon ; *ibid.* 1661, n° 4, obs. Pétel).

21) Identification de l'acquéreur. L'autorisation du juge-commissaire de vendre un immeuble de gré à gré aux conditions d'une offre déterminée ne vaut qu'au profit de l'auteur de celle-ci (■ Cass. com., 3 mai 2006, n° 04-20.397 : *JurisData* n° 2006-033321 ; *D.* 2006, p. 1453, obs. Lienhard ; *JCP* E 2006, 2331, n° 7, obs. M. Cabrillac ; *Act. proc. coll.* 2006, comm. 104).

22) Prix. Lorsque la cession est autorisée à un prix qui n'est pas réel le juge-commissaire statue hors les limites de ses attributions (■ Cass. com., 28 sept. 2004 : *JCP* E 2005, chron. 31, n° 7, obs. Cabrillac ; *D.* 2005, jurispr. 302, note Rakotovahiny).

La vente des immeubles du débiteur, fût-elle de gré à gré, est une vente qui, d'après l'article L. 622-16, alinéas 1 et 3 [L. 642-18], ne peut être faite que d'autorité de justice et n'est pas susceptible de rescision pour lésion (■ Cass. com., 16 juin 2004, n° 01-17.185 : *JurisData* n° 2004-024158 ; *JCP* E 2004, 1772, note Rakotovahiny ; *JCP* E 2005, 31, n° 6, obs. Cabrillac ; *D.* 2004, p. 2045. ■ Cass. 3e civ., 6 oct. 2010, n° 09-66.683 : *JurisData* n° 2010-017693 ; *JCP* E 2011, 1030, n° 7, obs. M. Cabrillac ; *D.* 2010, act. 2429, obs. Lienhard).

23) Information de l'acquéreur. Le liquidateur n'est pas tenu d'une obligation d'information et de conseil à l'égard de l'acquéreur (■ Cass. 3e civ., 21 déc. 2017, n° 16-20.675 : *JurisData* n° 2017-026657 ; *JCP* E 2018, 1159, n° 10, obs. Tehrani ; *D.*, 2018, p. 5, obs. Lienhard ; *BJE* 2018, p. 198, obs. Theron ; *adde* Rolland : *Rev. proc. coll.* 2018, étude 12).

24) Droit de préemption. La vente de gré à gré autorise l'exploitant rural à exercer son droit de préemption prévu par l'article L. 412-1 du Code rural et de la pêche maritime (■ Cass. 3e civ., 5 févr. 2003, n° 01-17.145 : *JurisData* n° 2003-017498 ; *D.* 2003, p. 696). *Idem* pour la SAFER (■ Cass. com., 15 oct. 2002 [1re esp.] : *JCP* E 2003, 194, n° 5, obs. Pétel ; *D.* 2002, p. 3012, obs. Lienhard).

L'exercice du droit de préemption par la SAFER ne peut avoir pour effet de modifier les conditions de la vente de gré à gré autorisée par le juge-commissaire (■ Cass. 3e civ., 19 sept. 2012, n° 10-21.858 : *JurisData* n° 2012-020887 ; *JCP* E 2012, 1757, n° 10, obs. Ph. Pétel ; *BJE* 2012, p. 364, note C. Saint-Alary-Houin ; *RD rur.* 2012, comm. 74, obs. S. Crevel).

25) Purge des hypothèques et surenchère. Le mécanisme de purge des hypothèques, dont la procédure de surenchère du dixième prévue par l'article 2185 du Code civil (aujourd'hui art. 2480), s'applique en cas de cession de gré à gré d'un immeuble appartenant à un débiteur en liquidation judiciaire (▪ Cass. 3e civ., 17 janv. 2007, n° 05-17.695 : *JurisData* n° 2007-036927 ; *D.* 2007, p. 379 ; *JCP* E 2007, 1450, n° 4, obs. Cabrillac).

Art. L. 642-19 *(Anc. art. L. 622-18, renum. et mod., L. n° 2005-845, 26 juill. 2005 ; Ord. n° 2008-1345, 18 déc. 2008 ; L. n° 2016-1547, 18 nov. 2016).* **– Le juge-commissaire soit ordonne la vente aux enchères publiques, soit autorise, aux prix et conditions qu'il détermine, la vente de gré à gré des autres biens du débiteur lorsqu'elle est de nature à garantir les intérêts de celui-ci. Lorsque la vente a lieu aux enchères publiques, il y est procédé dans les conditions prévues, selon le cas, au second alinéa de l'article L. 322-2 ou aux articles L. 322-4 ou L. 322-7.**

Le juge-commissaire peut demander que le projet de vente amiable lui soit soumis afin de vérifier si les conditions qu'il a fixées ont été respectées.

1) Rétractation de l'offre. Pour la responsabilité encourue par l'auteur d'une offre d'achat d'un droit au bail qui l'a rétractée, sans motif légitime, postérieurement à l'ordonnance du juge-commissaire visant à autoriser la vente de gré à gré d'un bien mobilier (▪ Cass. com., 14 juin 1994, n° 92-14.721 : *JurisData* n° 1994-001300 ; *JCP* E 1995, I, 417, n° 6, obs. M. Cabrillac ; *RD bancaire et bourse* 1995, 86, obs. Campana et Calendini).

La rétractation de l'offre de reprise est possible lorsque l'élément substantiel de la vente n'existe pas (▪ Cass. com., 16 mai 2006, n° 04-19.785 : *JurisData* n° 2006-033616 ; *RJDA* 10/2006, n° 1060, pour des choses hors commerce comme des produits périmés. ▪ Cass. com., 16 oct. 2007, n° 06-10.916 : *JurisData* n° 2007-040940 ; *RJDA* 1/2008, n° 69, pour la cession d'un fonds de commerce sans la marque).

2) Nécessité d'une autorisation du juge-commissaire. L'article L. 622-18 [L. 642-19] est d'ordre public et la nullité absolue résultant de la violation des formes prescrites peut être invoquée par tout intéressé, sans qu'il soit tenu de justifier d'un grief (▪ Cass. com., 27 oct. 1998 : *JCP* E 1998, n° 6, p. 2065, obs. Pétel) ; l'autorisation donnée postérieurement par le juge-commissaire ne peut faire obstacle à l'action de l'acquéreur (même déc.). – *Idem* pour la cession d'un droit au bail (▪ Cass. com., 9 mai 2007, n° 06-10.064 : *JurisData* n° 2007-038818 ; *D.* 2007, p. 1508, obs. Lienhard ; *JCP* E 2007, 2119, n° 5, obs. Pétel).

3) Compétence. V. note sous art. L. 642-18, p. 1317.

4) Recours. V. notes sous art. R. 642-37-1, p. 2007 et art. R. 642-37-3, p. 2008.

5) Date d'effet de la cession. La cession ordonnée par le juge-commissaire n'est réalisée que par les actes que doit passer le liquidateur après l'ordonnance, d'où il résulte que l'exigibilité du prix est subordonnée à l'établissement des actes nécessaires à la réalisation de la cession (▪ Cass. com., 5 déc. 1995, n° 93-21.339 : *JurisData* n° 1995-003547 ; *JCP* E 1996, pan. 110). Responsabilité du notaire pour n'avoir pas dressé ces actes à temps (même déc.). Le transfert de propriété n'intervient que lorsque l'acte de cession est conclu (▪ Cass. com., 29 oct. 2002, n° 98-19.188 : *JurisData* n° 2002-016258 ; *RJDA* 3/2003, n° 288).

6) Perfection de la cession. La vente est parfaite dès l'ordonnance du juge-commissaire, sous la condition suspensive que la décision acquière force de chose jugée (▪ Cass. com., 11 mars 1997, n° 94-19.207 : *JurisData* n° 1997-001073 ; *JCP* E 1997, I, 681, n° 8, obs. Pétel ; *LPA* 28 sept. 1998, p. 11, obs. Courtier. ▪ Cass. com., 3 oct. 2000, n° 98-45.426 : *JurisData* n° 2000-006191 ; *JCP* E 2001, p. 175, n° 6, obs. M. Cabrillac ; *D.* 2000, act. jurispr., p. 397, obs. Lienhard ; *RTD com.* 2001, 224, obs. Saint-Alary-Houin. ▪ Cass. 3e civ., 26 avr. 2006, n° 05-12.116 : *JurisData* n° 2006-033240 ; *RJDA* 11/2006, n° 1155) ; le cessionnaire peut néanmoins refuser de signer l'acte de vente, en invoquant un motif légitime, tiré de la non-réalisation des conditions dont il avait pu assortir son offre (▪ Cass. com., 17 oct. 2018, n° 16-25.521 ▪ Cass. 3e civ., 28 juin 2006, n° 05-12.412 : *JurisData* n° 2006-034332).

La vente étant parfaite, la prise de possession effective du fonds de commerce oblige son bénéficiaire à exécuter les obligations nées des contrats transférés comme accessoires du fonds (▪ Cass. com., 15 mai 2019, n° 15-17.435 : *JCP* E 2019, 1375, n° 12, obs. Pétel ; *Act. proc. coll.* 2019-12, comm. 162, obs. P. M. Le Corre).

7) Prix réel. Le prix doit être réel. Pour la reconnaissance de cette réalité, V. ▪ Cass. com., 8 juill. 2014, n° 13-19.395 : *JurisData* n° 2014-018699 ; *Act. proc. coll.* 2014, comm. 254, obs. Cagnoli ; *BJE* 2014, p. 296, obs. Théron (en sens contraire ▪ Cass. com., 28 sept. 2004 : *JCP* E 2005, 31, n° 7, obs. Cabrillac ; *D.* 2005, jurispr. 302, note Rakotovahiny).

8) Dol. La cession de gré à gré est une vente faite d'autorité de justice qui ne peut être annulée pour dol ; le cessionnaire qui se prétend victime d'un dol commis par le liquidateur peut rechercher la responsabilité personnelle de ce dernier (▪ Cass. com., 4 mai 2017, n° 15-27899 : *JurisData* n° 2017-008386 ; *JCP* E 2017, 1460, n° 6, obs. Tehrani).

9) Restrictions au droit de disposer. Le liquidateur, autorisé par le juge-commissaire à céder des biens du débiteur, doit respecter le pacte de préférence stipulé au profit d'un tiers (▪ Cass. com., 13 févr. 2007 [2 arrêts] : *D.* 2007, p. 648, obs. Lienhard ; *JCP* E 2007, 1322, obs. Le Bars ; *ibid.*, 1450, n° 3, obs. Pétel ; *ibid.*, 1523, n° 21, obs. Monéger ; *ibid.* 2548, note Garçon).

Le liquidateur autorisé par le juge-commissaire à céder les parts d'une SCI, est tenu de respecter la clause des statuts de la SCI relative au droit de préemption des associés (▪ Cass. com., 23 janv. 1996 : *JCP* E 1996, I, 554, n° 10, obs. Pétel ; *D.* 1996, 310, note Derrida. – Comp., en cas de plan de cession, jurispr. citée sous C. com., art. L. 642-1).

Sur la mise en œuvre du droit de préemption conventionnel du bailleur sur un fonds de commerce, V. ▪ Cass. com., 7 sept. 2010, n° 09-66.284 : *JurisData* n° 2010-015339 ; *D.* 2010, act. p. 2060, obs. Lienhard ; *JCP* E 2010, 1910, note Brignon ; *JCP* E 2011, 1030, n° 5, obs. Cabrillac.

L'indisponibilité des actifs saisis par un créancier de la procédure fait obstacle à leur cession par le liquidateur (▪ Cass. com., 2 juin 2015, n° 14-12.230).

10) Cession de contrat. Le juge-commissaire qui ordonne la cession forcée d'un contrat accessoirement à une vente de gré à gré commet un excès de pouvoir (▪ Cass. com., 26 juin 2001, n° 98-15.883 : *JurisData* n° 2001-010517 ; *RD bancaire et fin.* 2002, n° 20, obs. Lucas ; *JCP* E 2002, n° 1082, note Perdriau. *Adde* ▪ Cass. com., 19 déc. 1995, n° 92-20.116 : *JurisData* n° 1995-003707 ; *JCP* E 1996, pan. 274 – 4 févr. 2003 : *RJDA* 7/2003, n° 747).

Sur la cession de bail, V. notes sous art. L. 641-12, p. 1298.

11) Propriété réservée. Tant que le délai de revendication n'est pas expiré, le liquidateur ne peut procéder à des réalisations d'actifs portant sur des biens, objets d'une clause de réserve de propriété dont il connaît l'existence, sans l'accord du vendeur (▪ Cass. com., 5 déc. 1995 : *JCP* E 1996, pan. 111).

12) Purge et surenchère. En cas de vente de gré à gré le créancier inscrit peut faire une proposition de surenchère (▪ Cass. com., 10 janv. 2006 : *JCP* E 2006, 1569, n° 4, obs. M. Cabrillac ; *D.* 2006, p. 368, obs. Lienhard ; *ibid.*, pan. 2252, obs. Lucas et Le Corre ; *Act. proc. coll.* 2006, n° 30, obs. Vallansan).

13) TVA. En cas de vente d'un stock de marchandises dans le cadre d'une vente d'unité de production, le montant de la TVA doit être versée au Trésor public et non aux créanciers de l'article L. 621-32 [L. 622-17] (▪ Cass. com., 2 juin 2004, n° 01-11.757 : *JurisData* n° 2004-023926 ; *JCP* E 2004, 1292, n° 7, obs. M. Cabrillac).

14) Transfert des contrats de travail. En application de l'article L. 122-12 [nouv. art. L. 1224-1, L. 1234-7 et L. 1234-12] du Code du travail, les licenciements prononcés par le mandataire-liquidateur après la décision de cession du fonds de commerce et avant sa réalisation, sont sans effet (▪ Cass. soc., 20 janv. 1998, n° 95-40.812 : *JurisData* n° 1998-000188 ; *JCP* E 1998, p. 564, rapp. Waquet. ▪ Cass. soc., 14 déc. 1999, n° 97-43.011 : *JurisData* n° 1999-004474 ; *JCP* E 2000, pan. 209, pour un salarié licencié par l'administrateur judiciaire et repris par le cessionnaire. – Comp. ▪ Cass. soc., 31 mars 1998, n° 95-44.889 : *JurisData* n° 1998-001496 ; *D.* 1998, inf. rap. 122. ▪ Cass. soc., 21 oct. 1998, n° 96-40.139 : *JCP* E 1999, p. 1728, n° 13, obs. Darmaisin ; *D.* 2000, *Cah. dr. aff.*, somm. 3, obs. Derrida).

V. également, à propos de l'ancienne cession d'unité de production ▪ Cass. ch. mixte, 7 juill. 2006 (*D.* 2006, act. jurispr. 1954, obs. Lienhard ; *JCP* E 2007, 1004, n° 8, obs. Pétel).

15) Substitution de cessionnaire. L'octroi au cessionnaire d'une faculté de substitution ne le décharge pas de l'obligation de payer le prix de cession (▪ Cass. com., 14 nov. 2019, n° 18-18.833 : *LEDEN* janv. 2019, n° 113a6, obs. Rubellin ; *JCP* E 2020, 1204, n° 8, obs. Pétel).

Loi n° 2020-734 du 17 juin 2020

relative à diverses dispositions liées à la crise sanitaire, à d'autres mesures urgentes ainsi qu'au retrait du Royaume-Uni de l'Union européenne

Art. 40. – I. – Jusqu'au 31 décembre 2020, en cas de vente d'un fonds de commerce réalisée en application de *l'article L. 642-19* du Code de commerce, l'article L. 1224-1 du Code du travail n'est pas applicable aux contrats de travail rompus en application de la décision ouvrant ou prononçant la liquidation.

II. – Le présent article est applicable aux procédures en cours à la date de publication de la présente loi.

Bibliographie : Jacotot, *Nouvelle exception au principe du transfert des contrats de travail au cessionnaire* : *Rev. proc. coll.* 2020, comm. 128.

Art. L. 642-19-1 *(Ord. n° 2008-1345, 18 déc. 2008).* **– Les conditions et formes du recours contre les décisions du juge-commissaire prises en application des articles L. 642-18 et L. 642-19 sont fixées par décret en Conseil d'État.**

Art. L. 642-20 *(Ord. n° 2014-326, 12 mars 2014).* **– Les cessions d'actifs réalisées en application des articles L. 642-18 et L. 642-19 sont soumises aux interdictions prévues au premier alinéa de l'article L. 642-3. Toutefois, le juge-commissaire peut, sur requête du ministère public, y déroger et autoriser la cession à l'une des personnes visées à ce texte à l'exception des contrôleurs et du débiteur au titre de l'un quelconque de ses patrimoines.**

Le juge-commissaire peut être saisi, dans des conditions fixées par décret en Conseil d'État, aux fins d'accorder la même dérogation pour les cessions d'actifs mobiliers de faible valeur nécessaires aux besoins de la vie courante et de biens faisant partie d'une exploitation agricole ainsi que pour la vente aux enchères publiques ou par adjudication amiable des autres actifs mobiliers.

Le juge-commissaire statue par ordonnance spécialement motivée après avoir recueilli l'avis du ministère public lorsque celui-ci n'est pas l'auteur de la requête.

Domaine des interdictions. L'interdiction de la cession des actifs aux parents, jusqu'au deuxième degré, des dirigeants de la personne morale débitrice est applicable à la vente aux enchères publiques (▪ Cass. com., 3 févr. 2021, n° 19-20.616 : *JCP* E 2021, 1191, n° 8, obs. Pétel).

Art. L. 642-20-1 *(Ord. n° 2008-1345, 18 déc. 2008).* **– À défaut de retrait du gage ou de la chose légitimement retenue dans les conditions prévues par le deuxième alinéa de l'article L. 641-3, le liquidateur doit, dans les six mois du jugement de liquidation judiciaire, demander au juge-commissaire l'autorisation de procéder à la réalisation. Le liquidateur notifie l'autorisation au créancier quinze jours avant la réalisation.**

Le créancier gagiste, même s'il n'est pas encore admis, peut demander au juge-commissaire, avant la réalisation, l'attribution judiciaire. Si la créance est rejetée en tout ou en partie, il restitue au liquidateur le bien ou sa valeur, sous réserve du montant admis de sa créance.

En cas de vente par le liquidateur, le droit de rétention est de plein droit reporté sur le prix. L'inscription éventuellement prise pour la conservation du gage est radiée à la diligence du liquidateur.

Bibliographie : Neveu, *L'attribution judiciaire du gage : une arme absolue ? : Banque* 1985, 1030. • Calendini, *L'attribution du gage dans la loi du 25 janvier 1985 : LPA* 20 juin 1986 ; *Le conflit entre le droit d'attribution du gage et le privilège de l'article 40 de la loi du 25 janvier 1985 : LPA* 25 oct. 1989. • Amlon, *L'attribution judiciaire du gage en cas de procédures collectives (À propos des arrêts de la Cour de cassation du 6 mars 1990) : JCP* E 1990, II, 15815.

1) Situation d'exclusivité. Le créancier nanti sur matériel et outillage bénéficiant de l'attribution judiciaire du gage en application de l'article L. 622-21 [L. 642-20-1] prime les créanciers de l'article L. 621-32 [L. 622-17] (▪ Cass. com., 6 mars 1990, n° 88-16.036 : *JurisData* n° 1990-700537 ; *Bull. civ.* IV, n° 67 ; *RD bancaire et bourse* 1990, 172, obs. Campana et Calendini ; *RTD com.* 1990, 265, n° 4, obs. Martin-Serf). L'existence de créances superprivilégiées de salaires ne peut faire échec au report du droit de rétention sur le prix (▪ Cass. com., 15 oct. 1991 : *JurisData* n° 1991-023679 ; *Bull. civ.* IV, n° 288 ; *JCP* E 1992, I, 138, obs. Cabrillac ; *RTD com.* 1992, 464, obs. Martin-Serf, pour un droit de rétention fictif sur un véhicule).

2) Gage et droit de rétention. Tout créancier nanti peut demander l'attribution judiciaire du gage même non assorti du droit de rétention, et le superprivilège des salariés ne peut faire obstacle à cette attribution (▪ Cass. com., 6 janv. 1998 : *JCP* E 1998, p. 658, n° 16, obs. M. Cabrillac ; *D.* 1998, somm. 375, obs. S. Piedelièvre ; *RTD com.* 1998, 664, obs. Bouloc ; *LPA* 8 févr. 1999, p. 15, obs. Teilliais, pour un gage sur créance. ▪ Cass. com., 4 mars 2003, n° 00-11.021 : *JurisData* n° 2003-018220 ; *D.* 2003, somm. 1627, obs. Le Corre ; *JCP* E 2003, 1396, n° 11, obs. M. Cabrillac, pour un droit de rétention fictif conféré par un warrant agricole). Inversement, le droit de rétention qui n'est pas une sûreté ne permet pas l'attribution en pleine propriété de la chose retenue (▪ Cass. com., 9 juin 1998, n° 95-21.620 : *JurisData* n° 1998-002648 ; *JCP* E 1998, n° 19, p. 2070, obs. M. Cabrillac ; *JCP* E 1999, n° 2 B, p. 618, obs. Delebecque ; *D.* 1999, somm. 300, obs. S. Piedelièvre ; *D. affaires* 1998, 1323, obs. A.L. ; *RTD com.* 1999, 751, obs. Martin-Serf).

3) Conditions de l'attribution judiciaire. Le créancier gagiste ne peut plus demander l'attribution du matériel nanti lorsqu'il a été restitué au vendeur muni d'une clause de réserve de propriété (▪ Cass. com., 5 avr. 1994, n° 90-11.559 : *JurisData* n° 1994-000743 ; *Bull. civ.* IV, n° 146 ; *JCP* E 1995, I, 417, n° 13, obs. M. Cabrillac ; *RJDA* 10/1994, n° 1076). Il en est de même lorsque l'ordonnance du juge-commissaire autorisant la vente de gré à gré est passée en force de chose jugée (■ Cass. com., 16 avr. 1996, n° 93-20.886 : *JurisData* n° 1996-001638 ; *JCP* E 1996, I, 584, n° 16, obs. M. Cabrillac ; *RTD com.* 1997, 1316, obs. Bouloc. – *Adde*, ■ Cass. com., 19 janv. 1999 : *JCP* E 1999, p. 1587, n° 14, obs. Delebecque).

4) Évaluation conventionnelle. Lorsque l'attribution du gage a été ordonnée selon une estimation de sa valeur admise par les parties, celle-ci n'a pas à être déterminée par des experts (■ Cass. com., 15 nov. 2005, n° 04/01065 : *JurisData* n° 2005-291599 ; *RTD com.* 2006, 655, obs. Bouloc ; *JCP* G 2006, I, 131, n° 14, obs. Delebecque ; *ibid.*, I, 139, n° 13, obs. Cabrillac ; *RD bancaire et fin.* janv.-févr. 2006, 20, obs. Legeais ; *D.* 2006, pan. 2860, obs. Crocq).

5) Attribution judiciaire et revendication. Lorsque le créancier gagiste demande l'attribution judiciaire du gage, il n'agit pas en revendication ; le tiers détenteur, contre lequel l'action en restitution du bien est intentée, ne peut lui faire grief de n'avoir pas agi dans le délai de l'article L. 621-115 (■ Cass. com., 28 janv. 1997 : *JCP* E 1997, pan. 282 ; *RJDA* 5/1997, n° 710).

6) Incidence de la déclaration. Le droit de rétention n'est pas une sûreté et n'est pas assimilable au gage. Lorsque le rétenteur a déclaré sa créance à titre chirographaire, le liquidateur judiciaire ne peut retirer la chose retenue qu'en payant, avec l'autorisation du juge-commissaire, cette créance (■ Cass. com., 20 mai 1997 : *Bull. civ.* IV, n° 141 ; *RJDA* 10/1997, n° 1263 ; *RD bancaire et bourse* 1997, 173, n° 2, obs. Campana et Calendini ; *JCP* E 1997, I, 681, n° 10, obs. M. Cabrillac ; *JCP* E 1998, p. 221, n° 2 C, obs. Delebecque ; *D.* 1998, somm. 102, obs. S. Piedelièvre, 115, obs. Libchaber, et 479, note Kenderian ; *RTD civ.* 1997, 707, obs. Crocq ; *RTD civ.* 1998, 202, obs. Martin-Serf ; *Defrénois* 1997, p. 1427, obs. Aynès ; *LPA* 1er juin 1998, p. 8, note Remy-Corlay ; *RJ com.* 1998, somm. 338, obs. Teillais. ■ Cass. com., 22 mars 2005, n° 02-12.881 : *JurisData* n° 2005-027777 ; *RJDA* 7/2005, n° 894 ; *JCP* E 2005, 915, n° 17, obs. Delebecque).

7) Rétention de documents administratifs. Le droit de rétention du prêteur sur les documents administratifs relatifs à des véhicules ne s'étend pas aux véhicules eux-mêmes (■ Cass. com., 11 juill. 2000, n° 97-12.374 : *JurisData* n° 2000-002901 ; *JCP* E 2000, pan. 1593, p. 1708, obs. Delebecque ; *JCP* E 2001, p. 222, n° 15, obs. M. Cabrillac ; *D.* 2001, comm. 465, note S. Piedelièvre ; *RD bancaire et fin.* 2001, 17, n° 15, obs. Legeais) et il n'en résulte pas un droit pour le prêteur de se faire attribuer le produit de la vente de ces véhicules (■ Cass. com., 23 avr. 2013, n° 12-13.690 : *JurisData* n° 2013-007919 ; *BJE* 2013, 229, obs. Macorig-Venier).

8) Immeuble. Application de l'article L. 642-20-1 au droit de rétention sur un immeuble V. ■ Cass. com., 30 janv. 2019, n° 17-22.223 : *JCP* E 2019, 1206, n° 20, obs. Pétel ; *JCP* E 2019, 1219, obs. Lebel ; *Act. proc. coll.* 2019, comm. 47, obs. Cagnoli ; *Contra* : ■ Cass. 3e civ., 23 oct. 2002, n° 98-18.109 : *JurisData* n° 2002-015986 ; *JCP* E 2003, 194, n° 7, obs. M. Cabrillac ; *ibid.*, 1509, note Kéita, *ibid.*, 852, n° 13, obs. Delebecque ; *RD bancaire et fin.* 2003, 25, n° 24, obs. Legeais.

À défaut de disposition autorisant la présentation d'une telle demande en cas de procédure collective, comme il en existe pour l'attribution judiciaire du gage, la demande d'attribution judiciaire de l'immeuble hypothéqué est irrecevable (■ Cass. com., 28 juin 2017, n° 16-10.591 : *JurisData* n° 2017-012576 : *JCP* E 2017, 1460, n° 19, obs. Pétel).

9) Responsabilité. Un syndic a été jugé responsable envers le créancier gagiste du retard mis par le commissaire-priseur désigné pour procéder à la vente (■ Cass. com., 11 mai 1993 : *JCP* E 1993, I, 295, n° 9, obs. Cabrillac).

10) Caution. Si l'attribution judiciaire du gage ne constitue qu'une faculté pour le créancier, ce dernier, lorsqu'il est par ailleurs garanti par un cautionnement, commet une faute au sens de l'article 2037 du Code civil (désormais art. 2314) si, en s'abstenant de demander cette attribution, il prive la caution d'un droit qui pouvait lui profiter (■ Cass. com., 13 mai 2003 [2e esp.] : *Bull. civ.* IV, n° 73 ; *Act. proc. coll.* 2003/13, n° 173, obs. Legeais ; *RD bancaire et fin.* 2003, n° 192, obs. Lucas ; *D.* 2003, 1629, obs. Avena-Robardet ; *JCP* E 2003, 1396, n° 15, obs. M. Cabrillac ; *LPA* 19 févr. 2004, p. 4, note Mouial-Bassilana ; *D.* 2004, somm. 52, obs. Le Corre. ■ Cass. com., 3 déc. 2003, n° 01-14.761 : *JurisData* n° 2003-021433 ; *RJDA* 5/2004, n° 626. ■ Cass. ch. mixte, 10 juin 2005, n° 02-21.296 : *JurisData* n° 2005-028901 ; *D.* 2005, p. 1773, obs. Delpech ; *ibid.*, jurispr. 2020, note S. Piedelièvre ; *ibid.*, pan. 2086, A, obs. Crocq ; *JCP* E 2005, 1088, note Legeais ; *ibid.*, 1860, n° 6, obs. Simler).

Sur la date d'appréciation de la valeur des droits perdus lorsque le créancier a été empêché de mettre en œuvre sa sûreté, V. ■ Cass. com., 17 févr. 2009 : *JCP* E 2009, 1347, n° 10, obs. M. Cabrillac ; Gaz. proc. coll. 26-28 avr. 2009, p. 43, obs. P.-M. Le Corre.

11) Procédure. Le créancier gagiste dont l'action tendant à l'attribution judiciaire du gage a été arrêtée par la mise en redressement judiciaire de son débiteur et qui, en vertu de l'article L. 622-21

[L. 642-25], recouvre la faculté de demander l'attribution judiciaire du gage après le jugement de liquidation judiciaire, doit former une demande nouvelle devant le juge-commissaire (■ Cass. com., 14 oct. 1997 : *Bull. civ.* IV, n° 265 ; *RTD com.* 1998, 404, obs. Bouloc ; *RTD com.* 1999, 747, obs. Martin-Serf ; *RJDA* 1/1998, n° 78 ; *RD bancaire et bourse* 1998, 25, n° 7, obs. Campana et Calendini ; *D.* 1998, somm. 105, obs. S. Piedelièvre ; *JCP* E 1998, p. 1640, obs. Simler et Delebecque).

Art. L. 642-21 ***(Abr., Ord. n° 2008-1345, 18 déc. 2008).***

Section III. – Dispositions communes

Art. L. 642-22 ***(L. n° 2005-845, 26 juill. 2005).*** **– Toute cession d'entreprise et toute réalisation d'actif doivent être précédées d'une publicité dont les modalités sont déterminées par un décret en Conseil d'État en fonction de la taille de l'entreprise et de la nature des actifs à vendre.**

Art. L. 642-23 ***(Anc. art. L. 622-19, renum. et mod., L. n° 2005-845, 26 juill. 2005).*** **– Avant toute vente ou toute destruction des archives du débiteur, le liquidateur en informe l'autorité administrative compétente pour la conservation des archives. Cette autorité dispose d'un droit de préemption.**

La destination des archives du débiteur soumis au secret professionnel est déterminée par le liquidateur en accord avec l'ordre professionnel ou l'autorité compétente dont il relève.

Art. L. 642-24 ***(Anc. art. L. 622-20, renum., L. n° 2005-845, 26 juill. 2005).*** **– Le liquidateur peut, avec l'autorisation du juge-commissaire et le débiteur entendu ou dûment appelé, compromettre et transiger sur toutes les contestations qui intéressent collectivement les créanciers même sur celles qui sont relatives à des droits et actions immobiliers.**

Si l'objet du compromis ou de la transaction est d'une valeur indéterminée ou excède la compétence en dernier ressort du tribunal, le compromis ou la transaction est soumis à l'homologation du tribunal.

1) Absence d'homologation. Le juge-commissaire n'a pas statué dans la limite de ses attributions en autorisant une transaction dont le montant excédait la compétence en dernier ressort du tribunal (■ Cass. com., 2 mars 1999, n° 95-18.137 : *JurisData* n° 1999-001028 ; *LPA* 24 avr. 2000, p. 9, note Gallet ; *Rev. proc. coll.* 1999, 176, obs. Canet.

2) Absence d'autorisation. Le liquidateur ne peut transiger sur les contestations qui intéressent collectivement les créanciers qu'avec l'autorisation du juge-commissaire ; la transaction conclue en violation de cette règle d'ordre public est nulle de nullité absolue (■ Cass. com., 29 avr. 2002, n° 99-15.449 : *JurisData* n° 2002-014239 ; *RJDA* 10/2002, n° 1065). L'irrégularité ne peut donc être couverte par une autorisation ultérieure (■ CA Douai, 28 mars 2013, n° 12/02478 : *JurisData* n° 2013-005939 ; *BJE* 2013, p. 277, obs. Favario).

Les parties ne peuvent pas transiger avant d'avoir obtenu l'autorisation du juge-commissaire (■ Cass. com., 20 janv. 2021, n° 19-20.076 : *JurisData* n° 2021-001060 ; *LEDEN* mars 2021, p. 2, obs. Andreu ; *Rev. Sociétés* 2021, p. 203, obs. Henry ; *JCP* E 2021, 1191, n° 5, obs. Tehrani).

3) Limites au droit de transiger. L'article L. 622-20 [L. 642-24] ne confère pas au liquidateur, même autorisé par le juge-commissaire, le pouvoir de renoncer à l'extinction d'une créance par application de l'article L. 621-46 (ancien) (■ Cass. com., 23 nov. 1999 : *JCP* E 2000, pan. 63, p. 752, n° 11, obs. Pétel ; *D.* 2000, *Cah. dr. aff.*, jurispr. 13, obs. A.L. ; *RTD com.* 2000, 188, obs. Vallens, 719, obs. Martin-Serf ; *LPA* 11 juill. 2000, p. 27, note Courtier ; *Rev. proc. coll.* 2002, 283, obs. Canet).

Les condamnations au paiement des dettes sociales prononcées en application de l'article L. 624-3 [L. 651-2] ne peuvent faire l'objet d'une transaction (■ Cass. com., 5 nov. 2003, n° 00-11.876 : *JurisData* n° 2003-020807 ; *D.* 2003, p. 2831 ; *JCP* E 2004, chron. 783, n° 5, obs. Ph. Pétel ; *ibid.* jurispr. 1058, note Dumont-Lefrand. ■ Cass. com., 24 mars 2009, n° 07-20.383 : *JurisData* n° 2009-047590 ; *JCP* E 2009, 1787, note C. Delattre ; *Rev. proc. coll.* 2010, comm. 116, obs. A. Martin-Serf).

En revanche, il est possible de transiger avec les organes de la procédure pour obtenir leur renonciation à des poursuites sur ce fondement (■ Cass. com., 8 mars 2017, n° 15-16.005 : *JCP* E 2017, 1460, § 20, obs. Tehrani ; *D.* 2017, 1941, obs. Lucas ; *Gaz. Pal.* 26 sept. 2017, p. 64, obs. Dondero ; *BJE* mai-juin 2017, 228, obs. Favario ; *Rev. proc. coll.* 2017, comm. 152, obs. Martin-Serf.

La transaction ne peut avoir pour objet de faire échec aux sanctions professionnelles, qui ont pour finalité l'intérêt général (■ Cass. com., 9 déc. 2020, n° 19-17.258 : *Act. proc. coll.* 2021-3, comm. 29, obs. Delattre ; *JCP* E 2021, 1191, n° 21, obs. Pétel).

4) Voies de recours. V. *Rev. proc. coll.* 1999, 177, n° 4, obs. Canet. Le débiteur dispose d'un droit propre à former un recours contre l'ordonnance autorisant le liquidateur à signer une transaction qui a pour objet la cession d'un actif (▪ Cass. com., 24 janv. 2018, n° 16-50.033 : *JurisData* n° 2018-000713 ; *JCP* E 2018, 1159, n° 6, obs. Tehrani ; *Act. proc. coll.* 2018, comm. 55, obs. Vallansan ; *BJE* 2018, p. 196, obs. Theron). *Contra*, lorsque la transaction porte sur une créance de l'entreprise, dont le recouvrement relève du monopole du liquidateur (▪ Cass. com., 9 oct. 2019, n° 18-12.162 : *JCP* E 2019, 1551, n° 4, obs. Pétel).

L'appel des associés de la personne morale en liquidation judiciaire à l'encontre du jugement homologuant la transaction est irrecevable (▪ Cass. com., 16 oct. 2001, n° 98-18.860 : *JurisData* n° 2001-011443 ; *Act. proc. coll.* 2001-20, n° 266 ; *Rev. proc. coll.* 2002, 287, obs. Canet).

Art. L. 642-25 *(Abr., Ord. n° 2008-1345, 18 déc. 2008).*

CHAPITRE III. – DE L'APUREMENT DU PASSIF

Section I. – Du règlement de certaines créances

(Titre mod. à compter du 1er octobre 2021, Ord. n° 2021-1193, 15 sept. 2021)

Art. L. 643-1 *(Anc. art. L. 622-22, renum. et mod., L. n° 2005-845, 26 juill. 2005 ; Ord. n° 2008-1345, 18 déc. 2008).* **– Le jugement qui ouvre ou prononce la liquidation judiciaire rend exigibles les créances non échues. Toutefois, lorsque le tribunal autorise la poursuite de l'activité au motif que la cession totale ou partielle de l'entreprise est envisageable, les créances non échues sont exigibles à la date du jugement statuant sur la cession ou, à défaut, à la date à laquelle le maintien de l'activité prend fin.**

Lorsque ces créances sont exprimées dans une monnaie autre que celle du lieu où a été prononcée la liquidation judiciaire, elles sont converties en la monnaie de ce lieu, selon le cours du change à la date du jugement.

1) Généralité du principe. L'exigibilité s'applique à toutes les dettes à terme, quelle que soit l'origine légale ou conventionnelle du terme, son caractère, ses effets (▪ Cass. com., 29 juin 1976 : *JCP* G 1976, IV, 281). Il en est de même pour les créances de participation aux résultats bénéficiaires appartenant aux salariés en application des articles L. 142-1 [abrogé] du Code du travail (▪ Cass. soc., 24 juin 1981 [2 arrêts] : *Bull.* V, n° 589 et 590 ; *JCP* CI 1982, II, 13723, note Soinne ; *DS* 1982, inf. rap. 1, obs. Derrida ; *Gaz. Pal.* 1981, 2, 780).

2) Créances conditionnelles. Les créances conditionnelles ne deviennent pas exigibles, ce qui exclut la contrepassation d'effets non échus (▪ Cass. civ., 19 et 31 mars 1930 : *DP* 1930, 1, 119, note Chéron ; *Gaz. Pal.* 1930, 1, 642. ▪ Cass. civ., 14 oct. 1940 : *Gaz. Pal.* 1940, 2, 261. ▪ Cass. civ., 7 juill. 1942 : *DC* 1943, 70, 3e esp., note Chéron ; *Gaz. Pal.* 1942, 2, 150. – Comp. ▪ T. com. Seine, 29 mars 1966 : *Banque* 1966, 358, obs. Marin ; *RJ com.* 1966, 224, obs. Deleau ; *RTD com.* 1966, 978, obs. Becqué et Cabrillac). – Pour les créances éventuelles, V. ▪ Paris, 22 oct. 1979 : *JurisData* n° 1979-603097 ; *Gaz. Pal.* 1980, 1, somm. 180. ▪ *Aix-en-Provence, 22 mai 1981 : JurisData* n° 1981-041781 ; *DS* 1981, inf. rap. 490, obs. Honorat. ▪ Paris, 10 nov. 1981 : *RJ com.* 1982, 306, 2e arrêt, note Nguyen Xuan Chanh.

3) Cautions et coobligés. La déchéance du terme ne vaut qu'à l'égard du débiteur et non de ses coobligés ou cautions, fussent-ils solidaires (▪ Cass. com., 5 oct. 1983, n° 82-10.351 : *JurisData* n° 1983-701872 ; *JCP* G 1983, IV, 340 ; *Gaz. Pal.* 1984, 1, pan. jurispr. 19. ▪ Cass. com., 8 mars 1994, n° 92-11.854 : *JurisData* n° 1994-000443 ; *Bull.* IV, n° 96 ; *RD bancaire et bourse* 1994, 186, obs. Campana et Calendini ; *JCP* E 1994, I, 394, n° 6, obs. M.C ; *D.* 1994, 557, note Bazin. ▪ Cass. com., 26 oct. 1999 : *JCP* E 1999, pan. 1941), sauf clause contraire ▪ Cass. com., 17 déc. 1996, n° 94-19.489 : *JurisData* n° 1996-005015 ; *RJDA* 4/97, n° 552. ▪ Cass. 1re civ., 13 oct. 1999, n° 97-17.434 : *JurisData* n° 1999-003552 ; *Rev. proc. coll.* 2000, 55, n° 2, obs. Kerckhove).

Le cautionnement réel est une sûreté réelle et le créancier est fondé, en cas de déchéance du terme encourue par le débiteur principal, à se prévaloir de l'exigibilité de sa créance pour mettre en œuvre cette sûreté (▪ Cass. 1re civ., 4 mai 1999, n° 97-15.378 : *JurisData* n° 1999-001918 ; *Bull.* I, n° 144 ; *D.* 2000, *Cah. dr. aff.*, 302, note Bonnet. – Comp. ▪ Cass. 1re civ., 29 févr. 2000, n° 97-20.090 : *JurisData* n° 2000-000769 ; *Bull.* I, n° 69 ; *JCP* E 2000, p. 1653, n° 1, obs. Simler).

4) Délai de grâce. Du fait de l'exigibilité le débiteur ne peut se voir accorder un délai de grâce et il perd celui précédemment obtenu (▪ Grenoble, 12 févr. 1962 : *D.* 1963, somm. 70 ; *Rev. syndics* 1963, 57 et 242. – Rappr. ▪ Paris, 5 déc. 1968 : *Banque* 1969, 505, obs. Marin).

5) Compensation. L'exigibilité résultant de la liquidation judiciaire n'est pas assimilable à celle que produit l'échéance normale du terme et ne permet pas la compensation (■ Cass. civ., 27 juin 1876 : *DP* 1877, 1, 121. ■ Cass. civ., 21 déc. 1966 : *JurisData* n° 1966-098498 ; *RTD com.* 1967, 580, obs. Houin. ■ Cass. com., 2 déc. 1986, n° 85-13.936 : *JurisData* n° 1986-702802 ; *JCP* G 1987, IV, 51 ; *Rev. proc. coll.* 1987, n° 3, p. 28, obs. Campana), sauf compensation pour dettes connexes (■ Cass. 1re civ., 18 janv. 1967 : *DS* 1967, 358, note Mazeaud ; *Bull.* I, n° 27 ; *JCP* 1967, II, 15005, note J.A. ; *Gaz. Pal.* 1967, 1, 140. ■ Cass. com., 23 sept. 1981 [2 arrêts] : *DS* 1982, inf. rap. 103, obs. Honorat. ■ Cass. com., 9 déc. 1986 : *JurisData* n° 1986-700669 ; *Rev. proc. coll.* 1987, n° 3, p. 29, obs. Campana et les réf. citées).

6) **Indemnité.** L'article L. 622-22 [L. 643-1] ne dispose pas que la clause déterminant l'indemnité en cas d'exigibilité anticipée d'un prêt, serait réputée non écrite après le jugement de liquidation judiciaire (■ Cass. com., 9 mai 1995 : *JCP* E 1995, pan. 809).

7) **Monnaie étrangère.** En cas d'ouverture d'un redressement judiciaire préalable, le taux de change pour la conversion en euros doit être celui en vigueur à la date de ce jugement (■ Cass. com., 5 juin 2007 : *RJDA* 11/2007, n° 1133 ; *D.* 2007, p. 1788, obs. Lienhard ; *JCP* E 2007, 2119, n° 14, obs. Cabrillac).

Art. L. 643-2 *(Anc. art. L. 622-23, renum. et mod., L. n° 2005-845, 26 juill. 2005 ; Ord. n° 2008-1345, 18 déc. 2008).* **– Les créanciers titulaires d'un privilège spécial, d'un gage, d'un nantissement ou d'une hypothèque et le Trésor public pour ses créances privilégiées peuvent, dès lors qu'ils ont déclaré leurs créances même s'ils ne sont pas encore admis, exercer leur droit de poursuite individuelle si le liquidateur n'a pas entrepris la liquidation des biens grevés dans le délai de trois mois à compter du jugement qui ouvre ou prononce la liquidation judiciaire.**

Lorsque le tribunal a fixé un délai en application de l'article L. 642-2, ces créanciers peuvent exercer leur droit de poursuite individuelle à l'expiration de ce délai, si aucune offre incluant ce bien n'a été présentée.

En cas de vente d'immeubles, les dispositions des premier, troisième et cinquième alinéas de l'article L. 642-18 sont applicables. Lorsqu'une procédure de saisie immobilière a été engagée avant le jugement d'ouverture, le créancier titulaire d'une hypothèque est dispensé, lors de la reprise des poursuites individuelles, des actes et formalités effectués avant ce jugement.

Bibliographie : M. Sénéchal, *La réalisation des droits du créancier hypothécaire dans les procédures de liquidation judiciaire : D.* 2004, p. 2845.

1) **Action résolutoire.** L'article 161 [L. 643-2] autorise seulement la poursuite ou l'engagement de voies d'exécution et non l'action résolutoire (■ Cass. com., 19 déc. 1995, n° 92-19.525 : *JurisData* n° 1995-003705 ; *D.* 1996, 145, note Campana, somm. 390, obs. S. Piedelièvre ; *JCP* E 1996, I, 554, n° 13, obs. Pétel ; *JCP* E 1996, I, 571, n° 9, obs. Simler et Delebecque).

2) **Incidence de la vérification des créances.** Une saisie à l'encontre de tiers détenteurs peut être effectuée par le créancier hypothécaire même si sa créance n'a pas encore été admise (■ Cass. com., 17 déc. 2003 : *RJDA* 5/2004, n° 592 ; *JCP* E 2004, 783, n° 15, obs. Ph. Pétel). En ce cas les tiers détenteurs ne peuvent opposer au créancier qui exerce son droit de suite que l'extinction de la créance résultant du défaut de déclaration au passif du débiteur et non le fait qu'elle n'ait pas encore été admise par le juge-commissaire (même déc. – *Adde*, ■ Cass. com., 28 avr. 2004, n° A 01-12.079 : *JurisData* n° 2004-023502 ; *JCP* E 2004, 1602, note Kéita).

3) **Procédure.** Les créanciers hypothécaires d'un débiteur en liquidation judiciaire, qui exercent leur droit de poursuite individuelle dans le cas prévu par l'article L. 622-23, alinéa 1, [L. 643-2] sont soumis aux dispositions de l'article L. 622-16, 1er et 4e alinéas [L. 642-18] et à celles des articles 125 à 131 du décret du 27 décembre 1985 ; le cahier des charges de la vente ayant été déposé sans l'intervention du juge-commissaire, c'est à bon droit qu'un tribunal d'instance a prononcé la radiation du commandement qui avait été délivré à fin de saisie (■ Cass. com., 19 mars 1991, n° 89-17.285 : *JurisData* n° 1991-000963 ; *JCP* E 1991, pan. 551 ; *Bull.* IV, n° 103 ; *D.* 1991, 360, note Honorat).

4) **Condition.** Si l'article L. 622-23 [L. 643-2] n'exige pas que le liquidateur ait réalisé les ventes, il est nécessaire qu'un commencement d'exécution soit intervenu dans le délai de trois mois (■ Cass. com., 28 mai 1991, n° 89-20.532 : *JurisData* n° 1991-001406 ; *Bull.* IV, n° 186 ; *D.* 1991, somm. 333, obs. Honorat).

5) **Prescription.** L'absence de mise en œuvre de la faculté ouverte au créancier privilégié par l'article L. 622-23 [L. 643-2] est sans influence sur la prescription (■ Cass. com., 12 déc. 1995, n° 94-12.793 : *JurisData* n° 1995-003700 ; *JCP* E 1996, I, 554, n° 22, obs. Ph. Pétel).

Art. L. 643-3 *(Anc. art. L. 622-24, renum. et mod., L. n° 2005-845, 26 juill. 2005 ; Ord. n° 2013-544, 27 juin 2013)*. – Le juge-commissaire peut, d'office ou à la demande du liquidateur ou d'un créancier, ordonner le paiement à titre provisionnel d'une quote-part d'une créance définitivement admise.

Ce paiement provisionnel peut être subordonné à la présentation par son bénéficiaire d'une garantie émanant d'un établissement de crédit ou d'une société de financement.

Dans le cas où la demande de provision porte sur une créance privilégiée des administrations financières, des organismes de sécurité sociale, des institutions gérant le régime d'assurance chômage prévu par les articles *(Réf. rempl. à compter du 1er octobre 2021, Ord. n° 2021-1193, 15 sept. 2021)* « L. 5422-1 » et suivants du Code du travail (1) et des institutions régies par le livre IX du Code de la sécurité sociale, la garantie prévue au deuxième alinéa n'est pas due.

> **Rédaction antérieure.** Dans le cas où la demande de provision porte sur une créance privilégiée des administrations financières, des organismes de sécurité sociale, des institutions gérant le régime d'assurance chômage prévu par les articles L. 351-3 et suivants du Code du travail (1) et des institutions régies par le livre IX du Code de la sécurité sociale, la garantie prévue au deuxième alinéa n'est pas due.

Art. L. 643-4 *(Anc. art. L. 622-25, renum., L. n° 2005-845, 26 juill. 2005)*. – Si une ou plusieurs distributions de sommes précèdent la répartition du prix des immeubles, les créanciers privilégiés et hypothécaires admis concourent aux répartitions dans la proportion de leurs créances totales.

Après la vente des immeubles et le règlement définitif de l'ordre entre les créanciers hypothécaires et privilégiés, ceux d'entre eux qui viennent en rang utile sur le prix des immeubles pour la totalité de leur créance ne perçoivent le montant de leur collocation hypothécaire que sous la déduction des sommes par eux reçues.

Les sommes ainsi déduites profitent aux créanciers chirographaires.

Art. L. 643-5 *(Anc. art. L. 622-26, renum., L. n° 2005-845, 26 juill. 2005)*. – Les droits des créanciers hypothécaires qui sont colloqués partiellement sur la distribution du prix des immeubles sont réglés d'après le montant qui leur reste dû après la collocation immobilière. L'excédent des dividendes qu'ils ont touchés dans des distributions antérieures par rapport au dividende calculé après collocation est retenu sur le montant de leur collocation hypothécaire et est inclus dans les sommes à répartir aux créanciers chirographaires.

Art. L. 643-6 *(Anc. art. L. 622-27, renum., L. n° 2005-845, 26 juill. 2005)*. – Les créanciers privilégiés ou hypothécaires, non remplis sur le prix des immeubles, concourent avec les créanciers chirographaires pour ce qui leur reste dû.

Art. L. 643-7 *(Anc. art. L. 622-28, renum. et mod., L. n° 2005-845, 26 juill. 2005 ; Ord. n° 2008-1345, 18 déc. 2008)*. – Sous réserve du deuxième alinéa de l'article L. 642-20-1, les dispositions des articles L. 643-4 à L. 643-6 s'appliquent aux créanciers bénéficiaires d'une sûreté mobilière spéciale.

Section II. – Du rang des créances

(Section II créée à compter du 1er octobre 2021, Ord. n° 2021-1193, 15 sept. 2021)

Art. L. 643-7-1 *(Ord. n° 2014-326, 12 mars 2014)*. – Le créancier qui a reçu un paiement en violation de la règle de l'égalité des créanciers chirographaires ou par suite d'une erreur sur l'ordre des privilèges doit restituer les sommes ainsi versées.

Jurisprudence antérieure. Un créancier admis à titre chirographaire ne peut conserver les sommes à lui payées en violation de la règle de l'égalité des créanciers chirographaires, le paiement eût-il été fait en connaissance de cette violation (■ Cass. com., 17 nov. 1992, n° 90-19.013 : *JurisData* n° 1992-002529 ; *RJ com.* 1993, p. 123, note Honorat ; *D.* 1993, somm. p. 191, obs. Honorat, p. 341, note Sortais ; *JCP* E 1993, I, 238, n° 19, obs. Cabrillac. ■ Cass. com., 11 févr. 2004, n° 01-42.937 : *JCP* E 2004, 879, note Millet ; *JCP* E 2004, 1292, n° 19, obs. M. Cabrillac.).

Solution différente, pour les créanciers privilégiés, ■ Cass. com., 30 oct. 2000 : *JCP* E 2001, p. 176, n° 7, obs. Cabrillac, p. 1090, n° 20, obs. Delebecque ; *Act. proc. coll.* 2000, n° 242, obs. Vallansan ; *D.* 2000, act. jurispr., p. 430, obs. Pisoni ; *D.* 2001, somm. 620, obs. Honorat, somm. 1527, note Pierre, somm. 1612, obs. Brémont ; *Defrénois* 2001, p. 36 4, obs. Sénéchal.

(1) Cet article a été recodifié, V. art. L. 5422-1 et s.

Art. L. 643-8 *(Rempl. à compter du 1er octobre 2021, Ord. n° 2021-1193, 15 oct. 2021).* **– I. – Sans préjudice du droit de propriété ou de rétention opposable à la procédure collective et des dispositions des articles L. 622-17 et L. 641-13, le montant de l'actif distribuable est réparti dans l'ordre suivant :**

1° Les subsides prévus à l'article L. 631-11 restés impayés ;

2° Les créances garanties par le privilège établi aux articles L. 3253-2, L. 3253-4 et L. 7313-8 du Code du travail ;

3° Les frais de justice nés régulièrement après le jugement d'ouverture pour les besoins du déroulement de la procédure restés impayés à l'échéance ;

4° Les créances garanties par le privilège prévu par l'article L. 624-21 ;

5° Les créances garanties par le privilège de conciliation établi par l'article L. 611-11 ;

6° Les créances garanties par des sûretés immobilières classées entre elles dans l'ordre prévu au Code civil ;

7° Les créances de salaires restées impayées à l'échéance dont le montant n'a pas été avancé en application des articles L. 3253-6, L. 3253-8 à L. 3253-12 du Code du travail, dans les conditions prévues à l'article L. 641-13 ;

8° Les créances garanties par le privilège établi au 2° du III de l'article L. 622-17 restées impayées à l'échéance et par le privilège établi à l'article L. 626-10 ;

9° Les créances résultant de l'exécution des contrats mentionnées au 3° du III de l'article L. 622-17 restées impayées à l'échéance ;

10° Les sommes dont le montant a été avancé en application du 5° de l'article L. 3253-8 du Code du travail, dans les conditions prévues à l'article L. 641-13 ;

11° Les autres créances non soumises à l'interdiction énoncée au premier alinéa de l'article L. 622-7, restées impayées, selon leur rang ;

12° Les créances garanties par les privilèges établis aux articles 1920 et 1926 du Code général des impôts puis, dans cet ordre, les créances garanties par les privilèges établis à l'article 1924 du Code général des impôts et les créances garanties par le privilège prévu au 1 de l'article 1929 du Code général des impôts ;

13° Les créances garanties par un nantissement, par le privilège du bailleur prévu à l'article 2332 du Code civil dans la limite de six mois de loyers et celles garanties par le privilège prévu aux article L. 141-5 et suivants ;

14° Les créances garanties par le privilège prévu à l'article 1927 du Code général des impôts puis par l'article 379 du Code des douanes ;

15° Les créances chirographaires, en proportion de leur montant.

Le tout sans préjudice des autres droits de préférence.

II. – La part correspondant aux créances sur l'admission desquelles il n'aurait pas été statué définitivement et, notamment, les rémunérations des dirigeants sociaux tant qu'il n'aura pas été statué sur leur cas, ainsi que celle correspondant aux frais de justice prévisibles, est mise en réserve.

Rédaction antérieure. Art. L. 643-8 *(Anc. art. L. 622-29, renum. et mod., L. n° 2005-845, 26 juill. 2005 ; Ord. n° 2008-1345, 18 déc. 2008).* – Le montant de l'actif, distraction faite des frais et dépens de la liquidation judiciaire, des subsides accordés au débiteur personne physique ou aux dirigeants ou à leur famille et des sommes payées aux créanciers privilégiés, est réparti entre tous les créanciers au marc le franc de leurs créances admises.

La part correspondant aux créances sur l'admission desquelles il n'aurait pas été statué définitivement et, notamment, les rémunérations des dirigeants sociaux tant qu'il n'aura pas été statué sur leur cas, est mise en réserve.

Portée de la règle. Les dispositions de l'article *L. 643-8 n'autorisent pas le prélèvement* prioritaire de l'ensemble des frais de justice sur le prix de vente d'un immeuble hypothéqué en méconnaissance du classement des créances organisé par l'article L. 641-13, II et III (▪ Cass. com., 11 juin 2014, n° 13-17.997 : BJE 2014, p. 303, obs. Le Corre ; *Act. proc. coll.* 2014, comm. 238, obs. Cagnoli et Fin-Langer ; *JCP* E 2014, 1447, n° 9, obs. Pétel).

Section III. – De la clôture des opérations de liquidation judiciaire

(Ancienne section II devenue la section III à compter du 1er octobre 2021, Ord. n° 2021-1193, 15 septembre 2021)

Bibliographie : Renucci, *Durée de la liquidation judiciaire et CEDH : Gaz. Pal.* 20-21 janv. 2012, p. 6. • Saintourens et Duprat, *CEDH : condamnation de la France pour durée excessive d'une liquidation judiciaire et incidence sur le dessaisissement : Rev. proc. coll.* 2012, étude 3.

Art. L. 643-9 *(L. n° 2005-845, 26 juill. 2005 ; mod., Ord. n° 2014-326, 12 mars 2014).* – **Dans le jugement qui ouvre ou prononce la liquidation judiciaire, le tribunal fixe le délai au terme duquel la clôture de la procédure devra être examinée. Si la clôture ne peut être prononcée au terme de ce délai, le tribunal peut proroger le terme par une décision motivée.**

Lorsqu'il n'existe plus de passif exigible ou que le liquidateur dispose de sommes suffisantes pour désintéresser les créanciers, ou lorsque la poursuite des opérations de liquidation judiciaire est rendue impossible en raison de l'insuffisance de l'actif ou encore lorsque l'intérêt de cette poursuite est disproportionné par rapport aux difficultés de réalisation des actifs résiduels, la clôture de la liquidation judiciaire est prononcée par le tribunal, le débiteur entendu ou dûment appelé.

Le tribunal peut également prononcer la clôture de la procédure en désignant un mandataire ayant pour mission de poursuivre les instances en cours et de répartir, le cas échéant, les sommes perçues à l'issue de celles-ci lorsque cette clôture n'apparaît pas pouvoir être prononcée pour extinction du passif.

Le tribunal est saisi à tout moment par le liquidateur, le débiteur ou le ministère public. Il peut se saisir d'office. À l'expiration d'un délai de deux ans à compter du jugement de liquidation judiciaire, tout créancier peut également saisir le tribunal aux fins de clôture de la procédure.

En cas de plan de cession, le tribunal ne prononce la clôture de la procédure qu'après avoir constaté le respect de ses obligations par le cessionnaire.

NB : Les modifications apportées à ce texte par l'ordonnance n° 2014-326 du 12 mars 2014 sont applicables aux procédures en cours au jour de l'entrée en vigueur de la loi, le 1er juillet 2014 (Ord. n° 2014-326, art. 116).

1) **Prorogation du délai de clôture.** Le jugement prorogeant le délai d'examen de la clôture de la procédure est une mesure d'administration judiciaire non susceptible de recours (▪ Cass. com., 9 juill. 2013 : *Gaz. Pal.* 29 sept. 2013, p. 26, obs. Voinot. ▪ Cass. com., 22 mars 2016, n° 14-21.919 : *JurisData* n° 2016-005343 ; *Gaz. Pal.* 2016, p. 66, obs. Voinot ; *Rev. proc. coll.* 2016, comm. 90, obs. Berthelot ; *Rev. proc. coll.* 2017, comm. 12, obs. Cagnoli).

2) **Clôture pour extinction du passif.** Il n'y a pas lieu à procéder à la vente des actifs en l'absence de passif exigible ou lorsque les sommes dont dispose le commissaire à l'exécution du plan sont suffisantes pour désintéresser les créanciers (▪ Cass. com., 22 avr. 1997, n° 95-15.121 : *D.* 1998, somm. 10, obs. Derrida. ▪ Cass. com., 8 juill. 2003, n° 00-13.412 : *RJDA* 1/2004, n° 69 ; *JCP* E 2003, pan. 1411 ; *JCP* E 2004, chron. 151, n° 3, obs. M. Cabrillac ; *Act. proc. coll.* 2003, comm. 16, obs. J. Vallansan ; *D.* 2003, 2008, obs. A. Lienhard ; *D.* 2004, somm. 57, obs. P.-M. Le Corre).

3) **Clôture pour insuffisance d'actif.** Avant l'ordonnance du 12 mars 2014, il était jugé que la clôture de la liquidation judiciaire ne pouvait être prononcée tant que demeuraient saisissables des éléments d'actifs (▪ Cass. com., 5 mars 2002 : *JCP* E 2002, pan. 661 ; *RJDA* 6/2002, n° 671, pour des salaires. ▪ Cass. com., 22 janv. 2008, n° 06-19.387 : *JurisData* n° 2008-042479 ; *D.* 2008, *p. 348, obs. Lienhard* ; *JCP E 2008*, 1432, n° 7, obs. Cabrillac, pour un actif immobilier détenu en nue-propriété).

Pour une application de la règle nouvelle, V. ▪ CA Paris, 17 nov. 2020 : *Rev. proc. coll.* 2021, étude 4, par Almaseanu.

4) **Clôture anticipée.** Le mandataire chargé de poursuivre une instance en cours et de répartir les sommes encaissées après clôture a, seul, le pouvoir de prendre position sur les modalités de règlement de la créance objet de sa mission ▪ Cass. com., 24 mai 2018, n° 17-11.513 : *JurisData* n° 2018-008579 ; *JCP* E 2018, 1429, n° 10, obs. Pétel ; *Act. proc. coll.* 2018, comm. 171, obs. Cagnoli).

5) **Durée excessive.** La violation du droit du débiteur à être jugé dans un délai raisonnable n'est pas sanctionnée par la clôture de la procédure mais lui ouvre l'action en réparation prévue à l'article L. 141-1 du Code de l'organisation judiciaire, qu'il peut exercer au titre de ses droits propres (▪ Cass. com., 16 déc. 2014 : *Act. proc. coll.* 2015, comm. 1, obs. Pérochon ; *JCP* E 2015, 1010, note Lebel ; *JCP* E 2015, 1204, n° 3, obs. Pétel. ▪ Cass. com., 14 nov. 2019, n° 17-16.058 *BJE* janv. 2020, n° 117m7, p. 26, obs. Can Koray).

6) **Effets sur une société.** Solution ant. à l'ordonnance 12 mars 2014 : le jugement de clôture pour extinction du passif est sans influence sur la dissolution, consécutive au prononcé de la liquidation judiciaire, de la personne morale dont la personnalité ne subsiste plus que pour les besoins de sa liquidation (▪ Cass. com., 26 oct. 1999 : *JCP* E 2000, p. 128, n° 10, obs. Cabrillac et Pétel ; *D.* 1999, *Cah. dr. aff.*, jurispr. 77, obs. A.L. ; *LPA* 17 févr. 2000, p. 11, obs. P.M. ; LPA 14 mars 2000, p. 11, note Courtier ; *RJ com.* 2000, 130, note Convert ; *RTD com.* 2000, 124, obs. Champaud et Danet.

L'action en recouvrement d'une créance de la société liquidée ne peut être exercée par un mandataire *ad hoc* chargé d'exercer ses droits propres (■ Cass. com., 13 janv. 2015, n° 12-25.983 : *JurisData* n° 2015-000259 ; *BJS* 2015, p. 145, 113d7, obs. Parachkevova ; *Act. proc. coll.* 2015, comm. 60, obs. Vallansan).

7) Effet sur une association. En cas de clôture pour extinction du passif, une association, qui n'est pas dissoute, redevient maîtresse de ses biens (■ Cass. com., 19 oct. 2010, n° 09-14.971 : *JurisData* n° 2010-019038 ; *Rev. proc. coll.* 2011, comm. 113, obs. C. Lebel).

8) Effets sur le passif impayé. Le jugement de clôture pour extinction du passif n'éteint pas la créance admise et restée impayée (■ Cass. com., 4 oct. 2005, n° 03-17.619 : *JurisData* n° 2005-030087 ; *JCP* E 2006, 1066, n° 9, obs. M. Cabrillac ; *D.* 2005, p. 2806, obs. A. Lienhard). En l'absence de décision sur la déclaration de créance au passif, le créancier est recevable à saisir, après clôture de la procédure pour extinction du passif exigible, le juge du droit commun afin qu'il soit statué sur la créance (■ Cass. com., 15 avr. 2008 : *JCP* E 2008, 2062, n° 17, obs. Pétel ; *Act. proc. coll.* 2008-8, n° 128, obs. Regnaut-Moutier).

Le créancier, dont la créance était inopposable à la procédure de liquidation judiciaire de son débiteur pour être née d'un acte accompli au mépris de la règle du dessaisissement, recouvre son droit de poursuite individuelle après clôture de la procédure pour extinction du passif (■ Cass. com., 17 mai 2017, n° 15-25.139 : *Gaz. Pal.* 10 oct. 2017, p. 68, obs. Voinot).

Si le jugement de clôture pour extinction du passif n'a pas autorité de chose jugée quant à l'extinction des créances, il appartient au créancier prétendant n'avoir pas été désintéressé de rapporter la preuve de ce fait (■ Cass. com., 16 nov. 2011 : *JCP* E 2011, 1105, note J.-J. Barbieri ; *ibid.* 1263, n° 6, obs. Pétel ; *Act. proc. coll.* 2010, comm. 289, obs. L. Fin-Langer).

Bibliographie : P.-M. Le Corre, *La créance non déclarée et la clôture de la liquidation judiciaire pour extinction du passif exigible* : *JCP* E 2011, 1318.

9) Effets à l'égard des organes de la procédure. La clôture des opérations de liquidation pour insuffisance d'actif prive le mandataire judiciaire du droit de représenter la société (■ Cass. com., 17 oct. 2002 : *D.* 2002, p. 3143. – *Adde* ■ Cass. com., 5 nov. 2003, n° 00-10.239 : *JurisData* n° 2003-020810 ; *D.* 2003, p. 2965 ; *JCP* E 2004, 1153, note Legros, dans un cas où un dirigeant condamné à supporter une partie du passif a fait appel de la décision en intimant le mandataire liquidateur de la société, alors que la liquidation avait été clôturée, la Cour de cassation ne déclare pas l'appel irrecevable mais considère qu'il devait être régularisé par la nomination d'un mandataire *ad hoc*) ; un commandement de saisie immobilière ne peut être délivré au mandataire judiciaire à une date postérieure au jugement ayant prononcé la clôture de la liquidation judiciaire pour insuffisance d'actif (même déc.).

Art. L. 643-10 *(Anc. art. L. 622-31, renum., L. n° 2005-845, 26 juill. 2005)*. **– Le liquidateur procède à la reddition des comptes. Il est responsable des documents qui lui ont été remis au cours de la procédure pendant cinq ans à compter de cette reddition.**

Art. L. 643-11 *(L. n° 2005-845, 26 juill. 2005 ; mod., Ord. n° 2008-1345, 18 déc. 2008 ; Ord. n° 2010-1512, 9 déc. 2010 ; Ord. n° 2014-326, 12 mars 2014 ; L. n° 2015-1702, 21 déc. 2015 ; Ord. n° 2017-1519, 2 nov. 2017)*. **– I. – Le jugement de clôture de liquidation judiciaire pour insuffisance d'actif ne fait pas recouvrer aux créanciers l'exercice individuel de leurs actions contre le débiteur. Il est fait exception à cette règle :**

1° Pour les actions portant sur des biens acquis au titre d'une succession ouverte pendant la procédure de liquidation judiciaire ;

2° ***Lorsque la créance trouve son origine*** **dans une infraction pour laquelle la culpabilité du débiteur a été établie ou lorsqu'elle porte sur des droits attachés à la personne du créancier ;**

3° Lorsque la créance a pour origine des manœuvres frauduleuses commises au préjudice des organismes de protection sociale mentionnés à l'article L. 114-12 du Code de la sécurité sociale. L'origine frauduleuse de la créance est établie soit par une décision de justice, soit par une sanction prononcée par un organisme de sécurité sociale dans les conditions prévues aux articles L. 114-17 et L. 114-17-1 du même code.

II. – Les coobligés et les personnes ayant consenti une sûreté personnelle ou ayant affecté ou cédé un bien en garantie peuvent poursuivre le débiteur s'ils ont payé à la place de celui-ci.

III. – Les créanciers recouvrent leur droit de poursuite individuelle dans les cas suivants :

1° La faillite personnelle du débiteur a été prononcée ;

2° Le débiteur a été reconnu coupable de banqueroute ;

3° Le débiteur, au titre de l'un quelconque de ses patrimoines, ou une personne morale dont il a été le dirigeant a été soumis à une procédure de liquidation judiciaire antérieure clôturée pour insuffisance d'actif moins de cinq ans avant l'ouverture de celle à laquelle il est soumis ainsi que le débiteur qui, au cours des cinq années précédant cette date, a bénéficié des dispositions de l'article L. 645-11 ;

4° La procédure a été ouverte en tant que procédure territoriale au sens du paragraphe 2 de l'article 3 du règlement (CE) n° 1346/2000 du Conseil, du 29 mai 2000, relatif aux procédures d'insolvabilité ou au sens du paragraphe 2 de l'article 3 du règlement (UE) n° 2015/848 du Parlement européen et du Conseil du 20 mai 2015 relatif aux procédures d'insolvabilité.

IV. – En outre, en cas de fraude à l'égard d'un ou de plusieurs créanciers, le tribunal autorise la reprise des actions individuelles de tout créancier à l'encontre du débiteur. Le tribunal statue lors de la clôture de la procédure après avoir entendu ou dûment appelé le débiteur, le liquidateur et les contrôleurs. Il peut statuer postérieurement à celle-ci, à la demande de tout intéressé, dans les mêmes conditions.

V. – Les créanciers qui recouvrent leur droit de poursuite individuelle et dont les créances ont été admises ne peuvent exercer ce droit sans avoir obtenu un titre exécutoire ou, lorsqu'ils disposent déjà d'un tel titre, sans avoir fait constater qu'ils remplissent les conditions prévues au présent article. Le président du tribunal, saisi à cette fin, statue par ordonnance.

Les créanciers qui recouvrent l'exercice individuel de leurs actions et dont les créances n'ont pas été vérifiées peuvent le mettre en œuvre dans les conditions du droit commun.

VI. – Lorsque la clôture de liquidation judiciaire pour insuffisance d'actif est prononcée à l'issue d'une procédure ouverte à raison de l'activité d'un débiteur entrepreneur individuel à responsabilité limitée à laquelle un patrimoine est affecté, le tribunal, en cas de fraude à l'égard d'un ou de plusieurs créanciers, autorise les actions individuelles de tout créancier sur les biens compris dans le patrimoine non affecté de cet entrepreneur. Il statue dans les conditions prévues au IV. Les créanciers exercent les droits qui leur sont conférés par les présentes dispositions dans les conditions prévues au V.

VII. – Lorsque la clôture de liquidation judiciaire pour insuffisance d'actif est prononcée à l'issue d'une procédure ouverte à raison de l'activité d'un débiteur, personne physique, à laquelle un patrimoine n'avait pas été affecté, le tribunal peut imposer des délais uniformes de paiement des créances mentionnées au I de l'article L. 641-13 à l'exception de celles des administrations financières, des organismes de sécurité sociale, des institutions gérant le régime d'assurance chômage prévu par les articles L. 5422-1 et suivants du Code du travail et des institutions régies par le livre IX du Code de la sécurité sociale. Ces délais ne peuvent excéder deux ans.

Bibliographie : Dureuil et Mestre, *La purge des dettes de l'article 169 de la loi du 25 janvier 1985 : Rev. proc. coll.* 1989, 389.

I – PRINCIPE DE NON REPRISE DES POURSUITES

1) Cautions et coobligés. L'article L. 622-32 [L. 643-11] n'entraînant pas extinction de créance mais paralysie des poursuites à l'égard du débiteur, la caution ne peut en bénéficier (■ Cass. com., 8 juin 1993 : *JCP* E 1993, I, 275, n° 8, obs. Pétel ; *JCP* E 1993, I, 300, n° 6, obs. Simler et Delebecque ; *JCP* E 1994, II, 525, note Lecène-Marénaud. ■ Cass. 3e civ., 23 mars 2005, n° 03-20.457 : *JurisData* n° 2005-027712 ; *RJDA* 07/2005, n° 862, pour un codébiteur solidaire).

2) Responsabilité fiscale. L'interdiction des poursuites individuelles à l'égard de la société en liquidation judiciaire résultant de l'article L. 622-32 [L. 643-11] ne fait pas obstacle à l'exercice par l'administration fiscale, à l'encontre du dirigeant, de l'action instituée à l'article L. 267 du Livre des procédures fiscales (■ Cass. com., 30 mai 2000, n° 98-10.926 : *JurisData* n° 2000-002275 ; *D.* 2000, act. jurispr., p. 302, obs. Lienhard ; *RD bancaire et fin.* 2000, 236, n° 163, obs. Lucas ; *Bull. Joly* 2000, p. 903, note Serlooten ; *JCP* E 2001, p. 752, n° 4, obs. Pétel).

3) Créanciers de la procédure. Les créanciers dont la créance est née régulièrement après l'ouverture de la procédure peuvent poursuivre le recouvrement de leurs créances après la clôture de la liquidation judiciaire pour insuffisance d'actif (■ Cass. com., 30 oct. 2000, n° 97-17.800 : *JurisData* n° 2000-006776 ; *RJDA* 2/2001, n° 203).

4) Action en revendication. Les dispositions de l'article L. 622-32 [L. 643-11] ne font pas obstacle à l'exécution, postérieurement au jugement de clôture de liquidation judiciaire pour insuffisance d'actif, d'une décision du juge-commissaire autorisant, à la suite d'une requête en revendication, la restitution d'un bien (■ Cass. com., 4 janv. 2005, n° 02-12.240 : *RJDA* 5/2005, n° 601).

5) Action paulienne. L'action fondée sur l'article 1167 du Code civil, n'est pas soumise aux dispositions de l'article L. 622-32 [L. 643-11], ni à celle de l'article L. 621-40 [622-21] (■ Cass. com., 2 nov.

2005, n° 04-16.232 : *JurisData* n° 2005-030542 ; *D.* 2005, p. 2872, obs. Lienhard ; *D.* 2006, pan. 83, obs. Le Corre ; *JCP* E 2006, 1569, n° 11, obs. Pétel).

6) Compensation. Les dispositions d'ordre public de l'article L. 622-32 du Code de commerce font obstacle à l'application de l'article L. 725-1, alinéa 1 du Code rural et de la pêche maritime prévoyant la compensation de la pension de retraite due au débiteur liquidé avec ses cotisations impayées (■ Cass. com., 8 juill. 2008 : *JCP* E 2009, 1008, n° 11, obs. Pétel ; *D.* 2008, p. 2072, obs. Lienhard).

7) Sort d'une inscription. La clôture n'entraîne pas extinction des créances impayées et ne peut donc fonder la radiation d'une inscription sur un bien non réalisé (■ Cass. com., 19 nov. 2013, n° 12-24.101 : *JurisData* n° 2013-026282 ; *Act. proc. coll.* 2014, comm. 30, obs. Cagnoli).

II – EXCEPTIONS

8) Droits attachés à la personne. La créance de remboursement d'un prêt ne résulte pas de droits attachés à la personne au sens de l'article L. 622-32 [L. 643-11] (■ Cass. com., 29 mai 2001, n° 98-18.918 : *JurisData* n° 2001-009795 ; *JCP* E 2001, pan. 1306).

Le droit d'un créancier de saisir un immeuble objet d'une déclaration d'insaisissabilité qui lui est inopposable n'entre pas dans la catégorie des droits attachés à la personne (■ Cass. com., 13 déc. 2017, n° 15-28.357 : *JurisData* n° 2017-025645 ; *JCP* E 2018, 1159, n° 21, obs. Pétel ; *Rev. proc. coll.* 2018, comm. 78, obs. Reille).

9) Notion de fraude. Une simple faute de gestion est insuffisante pour caractériser la fraude et permettre l'exercice individuel des actions des créanciers contre le débiteur (■ Amiens, 16 déc. 1988 : *JurisData* n° 1988-051467 ; *JCP* E 1990, II, 15658, n° 11, obs. Pétel).

Le fait pour un débiteur de dissimuler l'existence des sommes dont il était redevable envers un créancier est constitutif d'une fraude qui permet à ce dernier de recouvrer son droit de poursuite individuelle (■ Cass. com., 16 nov. 1993, n° 91-18.576 : *JurisData* n° 1993-002308 ; *JCP* E 1994, I, 348, n° 7, obs. M. Cabrillac et Pétel ; *RD bancaire et bourse* 1994, 134, obs. Campana et Calendini ; *D.* 1994, 157, note Amalvy et Derrida. ■ Cass. com., 26 oct. 1999 : *JCP* E 1999, pan. 1992 ; *JCP* E 2000, p. 128, n° 9, obs. Pétel, p. 1660, note Le Corre ; *D.* 1999, *Cah. dr. aff.*, jurispr. 94, obs. A.L. ■ Cass. com., 5 déc. 2006, n° 05-17.598 : *JurisData* n° 2006-036498 ; *RJDA* 7/2007, n° 752, pour l'omission de faire figurer le créancier sur la liste certifiée des créanciers. – Comp. ■ Cass. com., 2 mai 2001, n° 98-16.146 : *JurisData* n° 2001-009318 ; *D.* 2001, p. 1725, obs. Lienhard ; *JCP* E 2001, p. 1470, n° 10, obs. Pétel). Mais encore faut-il que le créancier prouve que le débiteur avait intentionnellement dissimulé sa dette (■ Cass. com., 13 nov. 2007, n° 06-14.372 : *JurisData* n° 2007-041388 ; *D.* 2007, p. 3011 ; *JCP* E 2007, pan. 2587).

(V. aussi ■ Montpellier, 5 mars 1997 : *JurisData* n° 1997-034150 ; *Rev. proc. coll.* 1999, 120, obs. Macorig-Venier, pour une fraude consistant en la non-publication de la vente du fonds de commerce).

10) Moment de la fraude. La loi ne distingue pas selon que la fraude a été commise avant ou après l'ouverture de la procédure collective (■ Cass. com., 15 févr. 2005, n° 03-14.547 : *JurisData* n° 2005-026984 ; *D.* 2005, p. 711, obs. Lienhard ; *ibid.*, pan. 2018, n° 3, obs. Lucas et Le Corre ; *Act. proc. coll.* 2005, n° 71, obs. Blanc).

11) Conditions de la reprise pour fraude. Le créancier qui, invoquant une fraude, souhaite reprendre ses actions individuelles doit y être autorisé par le tribunal de la procédure collective si celui-ci n'a pas donné cette autorisation lors de la clôture (■ Cass. com., 5 févr. 2020, n° 18-22.569 : *Act. proc. coll.* 2020-5, comm. 71, obs. F. Petit ; *JCP* E 2020, 1204, n° 10, obs. Pétel ; *Rev. proc. coll.* 2020, comm. 38, obs. Reille).

12) Conséquences de la fraude. Même un créancier n'ayant pas déclaré sa créance est autorisé, en cas de fraude, à reprendre ses actions individuelles (■ Cass. com., 26 juin 2019, n° 17-31.236 : *Act. proc. coll.* 2019, comm. 235, obs. Thullier ; *JCP* E 2019, 1538, obs. Stefania ; *JCP* E 2019, 1551, n° 9, obs. Pétel ; *Rev. proc. coll.* 2020, comm. 38, obs. Reille).

13) Récidive. Les créanciers ne recouvrent pas leur droit de poursuite individuelle à l'égard du dirigeant d'une personne morale dont la liquidation a été clôturée pour insuffisance d'actif lorsque ce dirigeant n'avait pas lui-même antérieurement fait l'objet d'une procédure de liquidation judiciaire avec clôture pour insuffisance d'actif ou été le dirigeant d'une personne morale dont la liquidation avait connu la même issue (■ Cass. com., 9 juin 1998 : *JCP* E 1998, n° 16, p. 2068, obs. M. Cabrillac).

14) Recours de la caution. La caution qui a payé peut poursuivre le débiteur principal soit en exerçant un recours subrogatoire si le créancier a déclaré la créance garantie, soit en exerçant un recours personnel si elle a, elle-même, déclaré sa créance (■ Cass. com., 12 mai 2009 : *JCP* E 2009, 1814, n° 6, obs. M. Cabrillac ; *ibid.* 1777, note Simler ; *D.* 2009, 1472, obs. Lienhard ; *ibid.* 2459, note Brocard ; *Gaz. Pal.* 26-28 juill. 2009, p. 44, obs. Le Corre ; *Dr. et proc.* 2009, 258, obs. N. Picod ; *Rev. proc. coll.* 2009, comm. 112, obs. Macorig-Venier ; *adde* Leblond : *Rev. proc. coll.* 2009, étude 26).

La loi ne distingue pas selon que ce paiement est antérieur ou postérieur à l'ouverture de la procédure collective (■ Cass. com., 28 juin 2016, n° 14-21.810 : *JurisData* n° 2016-012665 ; *Act. proc. coll.* 2016-14, comm. 194, obs. Petit ; *Gaz. Pal.* 18 oct. 2016, p. 66, obs. Le Corre-Broly ; *JCP* E 2016, 1661, n° 5, obs. Pétel).

15) Ordonnance du président : recours. L'ordonnance rendue en application de l'article 169, dernier alinéa (L. 643-11-V) est susceptible d'appel dans les conditions de forme et de délai de droit commun (▪ Cass. com., 16 juin 2004, n° 01-12.480 : *JurisData* n° 2004-024159 ; *D.* 2004, act. jurispr. 1902, obs. Lienhard).

16) Créance fiscale. Le comptable poursuivant doit faire reconnaître par le président du tribunal qu'il remplit les conditions légales pour reprendre l'exercice de son droit de poursuite individuelle (▪ Cass. com., 24 mars 2004, n° 00-18.532. ▪ CE, 14 oct. 2015, n° 375592 : *JurisData* n° 2015-023294 ; *JCP* E 2016, 1083, note Vabres).

17) Action contre un dirigeant. Le créancier ne peut obtenir, en application de l'article 169, alinéa 3 (art. L. 643-11-V) un titre exécutoire contre le dirigeant condamné à combler le passif car il appartient au seul liquidateur de la personne morale de recouvrer le montant de la condamnation mise à la charge du dirigeant et de répartir ensuite les fonds obtenus entre les créanciers de celle-ci (▪ Cass. com., 28 mars 2000, n° 97-19.153 : *JurisData* n° 2000-001253 ; *JCP* E 2000, p. 1567, n° 14, obs. Pétel ; *D.* 2000, act. jurispr., p. 225, obs. Pisoni ; *D.* 2001, somm. 618, obs. Honorat ; *RTD com.* 2000, 731, obs. Vallens).

18) Créance éteinte. La renaissance du droit de poursuite individuelle d'un créancier pour le recouvrement d'une créance ayant son origine antérieurement au jugement d'ouverture est subordonnée à la non-extinction de cette créance sur laquelle la poursuite est fondée (droit antérieur à 2005 ▪ Cass. com., 26 oct. 1999 [2e esp.] : *RJDA* 1/2000, n° 71).

Art. L. 643-12 *(Anc. art. L. 622-33, renum. et mod., L. n° 2005-845, 26 juill. 2005 ; Ord. n° 2008-1345, 18 déc. 2008 ; Ord. n° 2010-1512, 9 déc. 2010 ; Ord. n° 2014-326, 12 mars 2014).* **– La clôture de la liquidation judiciaire ou de la procédure prévue à l'article L. 645-1 suspend les effets de la mesure d'interdiction d'émettre des chèques, dont le débiteur fait l'objet au titre de l'article 65-3 du décret du 30 octobre 1935 unifiant le droit en matière de chèques et relatif aux cartes de paiement (1), mise en œuvre à l'occasion du rejet d'un chèque émis avant le jugement d'ouverture de la procédure. Toutefois, lorsque le débiteur est un entrepreneur individuel à responsabilité limitée, cette suspension est limitée aux comptes afférents au patrimoine visé par la procédure.**

Si les créanciers recouvrent leur droit de poursuite individuelle, la mesure d'interdiction reprend effet, à compter de la délivrance du titre exécutoire mentionné au V de l'article L. 643-11.

Art. L. 643-13 *(L. n° 2005-845, 26 juill. 2005 ; mod., Ord. n° 2014-326, 12 mars 2014 ; Ord. n° 2014-1088, 26 sept. 2014).* **– Si la clôture de la liquidation judiciaire est prononcée pour insuffisance d'actif et qu'il apparaît que des actifs n'ont pas été réalisés ou que des actions dans l'intérêt des créanciers n'ont pas été engagées pendant le cours de la procédure, celle-ci peut être reprise.**

Le tribunal est saisi par le liquidateur précédemment désigné, par le ministère public ou par tout créancier intéressé. S'il est saisi par un créancier, ce dernier doit justifier avoir consigné au greffe du tribunal les fonds nécessaires aux frais des opérations. Le montant des frais consignés lui est remboursé par priorité sur les sommes recouvrées à la suite de la reprise de la procédure.

La reprise de la procédure produit ses effets rétroactivement pour tous les actifs du débiteur que le liquidateur aurait dû réaliser avant la clôture de la procédure de liquidation judiciaire.

Si les actifs du débiteur consistent en une somme d'argent, la procédure prévue au chapitre IV du présent titre est de droit applicable.

NB : Les modifications apportées à ce texte par l'ordonnance n° 2014-326 du 12 mars 2014 sont applicables aux procédures en cours au jour de l'entrée en vigueur de la loi, le 1er juillet 2014 (Ord. n° 2014-326, art. 116).

Bibliographie : Le Corre, *La reprise de la procédure de liquidation judiciaire : Gaz. Pal.* 27 juin 2017, p. 75.

1) Consignation. La consignation des fonds nécessaires aux frais des opérations est une condition nécessaire à la réouverture de la procédure (▪ Paris, 6 avr. 1993 : *JurisData* n° 1993-021355 ; *D.* 1993, somm. 321, obs. Honorat).

2) Pouvoirs du juge. La cour d'appel qui refuse la réouverture de la procédure n'a fait qu'user des pouvoirs qu'elle tient de l'article L. 622-34 [643-13] (▪ Cass. com., 2 nov. 2005, n° 04-16.738 : *JurisData* n° 2005-030544 ; *JCP* E 2005,

(1) Voir C. monét. fin., art. L. 131-73, *infra*, Annexe 2, p. 3129.

pan. 1792 ; *D.* 2005, p. 2873, obs. Lienhard ; *Act. proc. coll.* 2005-19, n° 237, obs. Vallansan ; V. également ▪ Cass. com., 12 nov. 2008, n° 07-19.389 : *Act. proc. coll.* 2008-20, n° 319, obs. Regnaut-Moutier).

3) Conditions. La réouverture peut être décidée aux fins de poursuivre une action déjà engagée (▪ Cass. crim., 27 janv. 2010, n° 09-87.361 : *JurisData* n° 2010-001100 ; *Rev. proc. coll.* 2010, comm. 180, obs. Berthelot).

Ou en vue de poursuivre l'exécution forcée d'une décision obtenue pendant la liquidation judiciaire au bénéfice des créanciers (▪ Cass. com., 21 oct. 2020, n° 19-14.894 : *JCP* E 2020, 1535, n° 6, obs. Tehrani ; *Rev. proc. coll.* 2021, comm. 13, obs. Reille).

4) Avertissement aux créanciers inscrits. La reprise d'une liquidation judiciaire clôturée, qui n'entraîne pas l'ouverture d'une nouvelle procédure, n'interdit pas au liquidateur d'adresser à un créancier titulaire d'une sûreté publiée l'avertissement prévu par les textes, lorsque cet avertissement n'a pas été envoyé avant la clôture ; celui-ci est irrégulier s'il fait état de l'ouverture d'une procédure (▪ Cass. com., 22 mars 2016, n° 14-18.873 : *Act. proc. coll.* 2016, comm. 89, obs. Cagnoli).

5) Effets. La reprise produit ses effets rétroactivement pour tous les actifs qui, à la date de la clôture, faisaient partie du patrimoine du débiteur et qui n'ont pas été réalisés (▪ Cass. com., 10 mai 2012, n° 11-13.284 : *BJE* 2012, p. 214, obs. Sortais). Le recouvrement de la créance née d'un contrat conclu avant la reprise échappe à l'interdiction des poursuites individuelles (▪ Cass. com., 24 mars 2015, n° 13-28.155).

La reprise de la procédure n'emporte donc pas à nouveau le dessaisissement général du débiteur, qui reste libre de contracter (▪ Cass. com., 22 mars 2017, n° 15-21.146 ; *JurisData* n° 2017-005033 ; *JCP* E 2017, 1460, n° 7, obs. Pétel ; – 1327, obs. Cerati-Gauthier).

CHAPITRE IV. – DE LA LIQUIDATION JUDICIAIRE SIMPLIFIÉE

Art. L. 644-1 *(L. n° 2005-845, 26 juill. 2005).* **– La procédure de liquidation judiciaire simplifiée est soumise aux règles de la liquidation judiciaire, sous réserve des dispositions du présent chapitre.**

Art. L. 644-1-1 *(Ord. n° 2014-326, 12 mars 2014).* **– Lorsque le liquidateur réalise l'inventaire en application de l'article L. 641-2 et si la valeur des biens le justifie, le juge-commissaire désigne, aux fins de réaliser la prisée de l'actif, l'une des personnes mentionnées au dernier alinéa du II de l'article L. 641-1.**

Art. L. 644-2 *(L. n° 2005-845, 26 juill. 2005 ; mod., Ord. n° 2008-1345, 18 déc. 2008 ; Ord. n° 2014-326, 12 mars 2014 ; L. n° 2019-486, 22 mai 2019).* **– Par dérogation aux dispositions de l'article L. 642-19, lorsque la procédure simplifiée est décidée en application de l'article L. 641-2 le liquidateur procède à la vente des biens mobiliers de gré à gré ou aux enchères publiques dans les quatre mois suivant la décision ordonnant la procédure simplifiée.**

À l'issue de cette période, il est procédé à la vente aux enchères publiques des biens subsistants.

Art. L. 644-3 *(L. n° 2005-845, 26 juill. 2005).* **– Par dérogation aux dispositions de l'article L. 641-4, il est procédé à la vérification des seules créances susceptibles de venir en rang utile dans les répartitions et des créances résultant d'un contrat de travail.**

Art. L. 644-4 *(Ord. n° 2008-1345, 18 déc. 2008 ; mod., Ord. n° 2014-326, 12 mars 2014).* **– À l'issue de la procédure de vérification et d'admission des créances telle que prévue à l'article L. 644-3 et de la réalisation des biens, le liquidateur fait figurer ses propositions de répartition sur l'état des créances.** *(Phrase créée à compter du 1er octobre 2021, Ord. n° 2021-1193, 15 sept. 2021)* **« Il évalue le montant des frais de justice mentionnés au 3° du I de l'article L. 643-8 prévisibles ». Cet état ainsi complété est déposé au greffe et fait l'objet d'une mesure de publicité. Toutefois, s'il apparaît que les sommes à répartir ne permettent que le paiement des créanciers mentionnés** *(Mots rempl. à compter du 1er octobre 2021, Ord. n° 2021-1193, 15 sept. 2021)* **« aux 1° à 6° du I de l'article L. 643-8 », l'état complété ne fait l'objet que d'un dépôt au greffe.**

Tout intéressé peut en prendre connaissance et, à l'exclusion du liquidateur, former réclamation devant le juge-commissaire dans des conditions fixées par décret en Conseil d'État. Les réclamations du débiteur ne peuvent

concerner que les propositions de répartition. Celles des créanciers ne peuvent pas être formées contre les décisions du juge-commissaire portées sur l'état des créances auxquelles ils ont été partie.

Le juge-commissaire statue sur les contestations par une décision qui peut faire l'objet d'un recours dans un délai fixé par décret en Conseil d'État.

Le liquidateur procède à la répartition conformément à ses propositions ou à la décision rendue.

Art. L. 644-5 *(L. n° 2005-845, 26 juill. 2005 ; mod., Ord. n° 2008-1345, 18 déc. 2008 ; Ord. n° 2014-326, 12 mars 2014 ; L. 2019-486, 22 mai 2019).* – Le tribunal prononce la clôture de la liquidation judiciaire au plus tard dans le délai de six mois à compter de la décision ayant ordonné ou décidé l'application de la procédure simplifiée, le débiteur entendu ou dûment appelé. Ce délai est porté à un an lorsque le nombre des salariés du débiteur ainsi que son chiffre d'affaires hors taxes sont supérieurs à des seuils fixés par décret.

Le tribunal peut, par un jugement spécialement motivé, proroger la procédure pour une durée qui ne peut excéder trois mois.

Art. L. 644-6 *(L. n° 2005-845, 26 juill. 2005).* – À tout moment, le tribunal peut décider, par un jugement spécialement motivé, de ne plus faire application des dérogations prévues au présent chapitre.

CHAPITRE V. – DU RÉTABLISSEMENT PROFESSIONNEL

(Ord. n° 2014-326, 12 mars 2014)

Bibliographie : Berger-Tarare, *De la concurrence entre la liquidation judiciaire et le rétablissement professionnel : Rev. proc. coll.* 2014, étude 12. • Stefania, *La procédure de rétablissement sans liquidation judiciaire : JCP* E 2014, 1345. • Degenhardt, *La détermination de l'actif du débiteur sollicitant un rétablissement professionnel : faut-il prendre en compte les biens acquis sous réserve de propriété et le patrimoine affecté de l'EIRL ? : BJE* 2014, p. 335. • Delattre, *Le rétablissement professionnel : premiers retours jurisprudentiels : BJE* 2015, p. 182, 112f4. • P.-M. *Le Corre, Le rétablissement professionnel : dix questions-réponses : Gaz. Pal.* 28 juin 2016, p. 73.

Art. L. 645-1 *(Ord. n° 2014-326, 12 mars 2014 ; mod., L. n° 2016-1547, 18 nov. 2016 ; L. n° 2019-486, 22 mai 2019).* – Il est institué une procédure de rétablissement professionnel sans liquidation ouverte à tout débiteur, personne physique, mentionné au premier alinéa de l'article L. 640-2, en cessation des paiements et dont le redressement est manifestement impossible, n'a pas cessé son activité depuis plus d'un an, n'a employé aucun salarié au cours des six derniers mois et dont l'actif déclaré a une valeur inférieure à un montant fixé par décret en Conseil d'État. *(Phrase aj. à compter du 1er octobre 2021, Ord. n° 2021-1193, 15 sept. 2021)* « Les biens que la loi déclare insaisissables de droit ne sont pas pris en compte pour déterminer la valeur de l'actif. »

La procédure ne peut être ouverte à l'égard d'un débiteur qui a affecté à l'activité professionnelle en difficulté un patrimoine séparé de son patrimoine personnel en application de l'article L. 526-6.

Elle ne peut être davantage ouverte en cas d'instance prud'homale en cours impliquant le débiteur.

Ordonnance n° 2020-596 du 20 mai 2020

portant adaptation des règles relatives aux difficultés des entreprises et des exploitations agricoles aux conséquences de l'épidémie de Covid-19

(Ord. n° 2020-596, 20 mai 2020)

Art. 6. – La valeur de l'actif mentionnée au premier alinéa de l'article L. 645-1 du Code de commerce est fixée à 15 000 euros.

Bibliographie : Ferrari, *Liquidation judiciaire simplifiée et rétablissement professionnel après l'ordonnance n° 2020-596 du 20 mai 2020 : Gaz. Pal.* 13 juill. 2020, p. 84.

Art. L. 645-2 *(Ord. n° 2014-326, 12 mars 2014).* – La procédure de rétablissement ne peut être ouverte à l'égard d'un débiteur qui a fait l'objet, depuis moins de cinq ans, au titre de l'un quelconque de ses patrimoines, d'une procédure de liquidation judiciaire clôturée pour insuffisance d'actif ou d'une décision de clôture d'une procédure de rétablissement professionnel.

Art. L. 645-3 *(Ord. n° 2014-326, 12 mars 2014 ; mod., L. n° 2019-486, 22 mai 2019).* – Le tribunal n'ouvre la procédure de rétablissement professionnel qu'après s'être assuré que les conditions légales en sont remplies.

L'avis du ministère public est requis préalablement à l'ouverture de la procédure.

Art. L. 645-4 *(Ord. n° 2014-326, 12 mars 2014 ; mod., Ord. n° 2016-727, 2 juin 2016).* – Le tribunal qui ouvre une procédure de rétablissement professionnel désigne un juge commis chargé de recueillir tous renseignements sur la situation patrimoniale du débiteur, notamment le montant de son passif et la valeur de ses actifs.

Il nomme, pour assister le juge commis, un mandataire judiciaire ou une personne choisie sur le fondement du premier alinéa du II de l'article L. 812-2 ou sur le fondement du III de ce même article.

Le mandataire judiciaire ou la personne choisie sur le fondement du premier alinéa du II de l'article L. 812-2 ou sur le fondement du III de ce même article fait connaître sans délai tout élément qui pourrait justifier son remplacement. Le tribunal peut soit d'office, soit sur proposition du juge commis ou à la demande du ministère public, procéder à son remplacement.

La procédure est ouverte pour une période de quatre mois.

Art. L. 645-5 *(Ord. n° 2014-326, 12 mars 2014).* – Le juge commis dispose des pouvoirs prévus à l'article L. 623-2. Il communique sans délai au mandataire qui l'assiste tous renseignements et documents utiles à l'accomplissement de sa mission.

Art. L. 645-6 *(Ord. n° 2014-326, 12 mars 2014).* – Si le débiteur est mis en demeure ou poursuivi par un créancier au cours de la procédure, le juge commis peut, à la demande du débiteur, reporter le paiement des sommes dues dans la limite de quatre mois et ordonner, pour cette même durée, la suspension des procédures d'exécution qui auraient été engagées par le créancier.

Toute stipulation contraire est réputée non écrite.

Art. L. 645-7 *(Ord. n° 2014-326, 12 mars 2014 ; mod., Ord. n° 2016-727, 2 juin 2016).* – Le mandataire judiciaire ou la personne choisie sur le fondement du premier alinéa du II de l'article L. 812-2 ou sur le fondement du III de ce même article peut faire tous les actes nécessaires à la conservation des droits du débiteur. Ils en rendent compte sans délai au juge commis.

Art. L. 645-8 *(Ord. n° 2014-326, 12 mars 2014 ; mod., Ord. n° 2016-727, 2 juin 2016).* – Le mandataire judiciaire ou la personne choisie sur le fondement du premier alinéa du II de l'article L. 812-2 ou sur le fondement du III de ce même article informe sans délai les créanciers connus de l'ouverture de la procédure et les invite à lui communiquer, dans un délai de deux mois à compter de la réception de cet avis, le montant de leur créance avec indication des sommes à échoir et de la date des échéances ainsi que toute information utile relative aux droits patrimoniaux dont ils indiquent être titulaires à l'égard du débiteur.

Art. L. 645-9 *(Ord. n° 2014-326, 12 mars 2014 ; mod., L. n° 2019-486, 22 mai 2019).* – À tout moment de la procédure de rétablissement professionnel, le tribunal peut, sur rapport du juge commis, ouvrir la procédure de liquidation judiciaire sur laquelle il a été sursis à statuer, s'il est établi que le débiteur n'est pas de bonne foi ou si l'instruction a fait apparaître l'existence d'éléments susceptibles de donner lieu aux sanctions prévues par le titre V du présent livre ou à l'application des dispositions des articles L. 632-1 à L. 632-3.

La procédure de liquidation judiciaire est également ouverte s'il apparaît que les conditions d'ouverture de la procédure de rétablissement professionnel n'étaient pas réunies à la date à laquelle le tribunal a statué sur son ouverture ou ne le sont plus depuis.

Le tribunal peut également être saisi en ouverture de la procédure de liquidation judiciaire sur requête du ministère public ou par assignation d'un créancier ou, dans le cas prévu au deuxième alinéa, par le débiteur.

Art. L. 645-10 *(Ord. n° 2014-326, 12 mars 2014 ; mod., Ord. n° 2016-727, 2 juin 2016).* – Après avoir recueilli l'avis du ministère public et sur le rapport du mandataire judiciaire ou de la personne choisie sur le fondement du premier alinéa du II de l'article L. 812-2 ou sur le fondement du III de ce même article, le juge commis renvoie l'affaire devant le tribunal aux fins d'application des dispositions de l'article L. 645-9 ou aux fins de voir prononcer la clôture de la procédure de rétablissement professionnel, sans qu'il y ait lieu à liquidation. Le jugement de clôture peut faire l'objet d'un recours dans les conditions fixées par décret en Conseil d'État.

Art. L. 645-11 *(Ord. n° 2014-326, 12 mars 2014 ; mod., Ord. n° 2014-1088, 26 sept. 2014 ; L. n° 2015-1702, 21 déc. 2015 ; L. n° 2016-1547, 18 nov. 2016)*. – La clôture de la procédure de rétablissement professionnel entraîne effacement des dettes à l'égard des créanciers dont la créance est née antérieurement au jugement d'ouverture de la procédure, a été portée à la connaissance du juge commis par le débiteur et a fait l'objet de l'information prévue à l'article L. 645-8. Ne peuvent être effacées les dettes correspondant aux créances des salariés, aux créances alimentaires et aux créances mentionnées aux 1° à 3° du I et au II de l'article L. 643-11. Les dettes effacées sont mentionnées dans le jugement de clôture.

Art. L. 645-12 *(Ord. n° 2014-326, 12 mars 2014)*. – Lorsqu'après le prononcé de la clôture de la procédure de rétablissement professionnel en application de l'article L. 645-10, il apparaît que le débiteur a obtenu le bénéfice de cette procédure par une description incomplète de son actif ou de son passif, le tribunal, s'il est saisi aux fins d'ouverture d'une procédure de liquidation judiciaire, peut fixer, dans son jugement, la date de cessation des paiements à la date d'ouverture de la procédure de rétablissement professionnel sans qu'elle puisse être antérieure de plus de dix-huit mois à la date de ce jugement. La décision du tribunal fait recouvrer leurs droits aux créanciers dont les créances avaient fait l'objet de l'effacement prévu par l'article L. 645-11 ; ils sont dispensés de déclarer ces créances à la procédure de liquidation judiciaire.

TITRE V. – DES RESPONSABILITÉS ET DES SANCTIONS

(L. n° 2005-845, 26 juill. 2005)

Art. L. 650-1 *(L. n° 2005-845, 26 juill. 2005 ; mod., Ord. n° 2008-1345, 18 déc. 2008)*. – Lorsqu'une procédure de sauvegarde, de redressement judiciaire ou de liquidation judiciaire est ouverte, les créanciers ne peuvent être tenus pour responsables des préjudices subis du fait des concours consentis, sauf les cas de fraude, d'immixtion caractérisée dans la gestion du débiteur ou si les garanties prises en contrepartie de ces concours sont disproportionnées à ceux-ci.

Pour le cas où la responsabilité d'un créancier est reconnue, les garanties prises en contrepartie de ses concours peuvent être annulées ou réduites par le juge.

Bibliographie : Routier, *De l'irresponsabilité du prêteur dans le projet de loi de sauvegarde des entreprises : D.* 2005, chron. 1478. • Hoang, *De la suppression du dispositif prétorien de la responsabilité pour soutien abusif : D.* 2006, chron. 1458. • D. Legeais, *Les concours consentis à une entreprise en difficultés : JCP* E 2005, 1510. • Moury, *La responsabilité du fournisseur de « concours » dans le marc de l'article L. 650-1 du Code de commerce : D.* 2006, chron. 1743. • Robine, *L'article L. 650-1 du Code de commerce : un « cadeau » empoisonné ? : D.* 2006, chron. 69. • Routier, *L'article L. 650-1 du Code de commerce : un article « détonnant » pour le débiteur et « détonant » pour le contribuable : D.* 2006, chron. 2916. • Hoang, *L'octroi abusif de crédit : D.* 2012, 2034. • Lasserre-Capdeville, *L'article L. 650-1 du Code de commerce aujourd'hui : bilan de deux années de jurisprudence (2016-2017) : BJE* 2018, p. 71. • Gouëzel, *Le domaine d'application de l'article L. 650-1 du Code de commerce relatif au soutien abusif : Gaz. Pal.* 11 juin 2019, p. 48.

1) Droit transitoire. L'article L. 650-1 n'est applicable qu'aux procédures ouvertes après le 1er janvier 2006, mais il s'applique aux faits antérieurs à cette date (▪ Cass. com., 19 juin 2012, n° 11-18.940 : *JurisData* n° 2012-015195 ; *JCP* E 2012, 1508, § 10, obs. Pétel ; *D.* 2012, 1670, obs. Lienhard).

2) Domaine du principe. La règle s'applique en cas de concours consentis au débiteur pour financer la création ou l'acquisition de son entreprise et pas seulement aux concours consentis à une entreprise en difficulté (▪ Cass. com., 3 nov. 2015 : *Gaz. Pal.* 19 janv. 2016, p. 74, obs. Routier ; *JCP* E 2016, 1198, n° 12, obs. Pétel).

Elle s'applique à un créancier qui ne le serait plus au jour de l'ouverture de la procédure collective (▪ Cass. com., 19 sept. 2018, n° 17-12.596 : *JurisData* n° 2018-016028 ; *JCP* E 2018, 1649, obs. Le Noach ; *JCP* E 2019, 1000, n° 20, obs. Tehrani ; *Gaz. Pal.* 15 janv. 2019, p. 77, obs. Lasserre Capdeville ; *BJE* 2019, p. 34, obs. Favario).

Les délais de paiement accordés par un cocontractant au débiteur constituent des concours au sens de l'article L. 650-1 (▪ Cass. com., 16 oct. 2012 : *JCP* E 2012, 1757, n° 18, obs. Pétel, 1735, note Legeais ; *BJE* 2012, p. 379, obs. Le Mesle).

Le prêteur peut opposer l'article L. 650-1 au coemprunteur *in bonis* (▪ Cass. com., 17 sept. 2013, n° 12-22.329 : *JurisData* n° 2013-019730 ; *BJE* 2013, p. 364, avis Bonhomme).

L'article L. 650-1 est sans application à l'action en responsabilité engagée contre une banque par une caution non avertie qui lui reproche un manquement au devoir de mise en garde (▪ Cass. com., 12 juill. 2017, n° 16-10.793 : *JurisData* n° 2017-013954 ; *JCP* E 2017, 1688, n° 12, obs. Tehrani ; *Rev. sociétés* 2017, p. 527, obs. Roussel-Galle ; *Rev. dr. bancaire et fin.* sept.-oct. 2017, étude 20, obs. Robine ; *RTD com.* 2017, p. 669, obs. Legeais ; *D.* 2017, p. 2020 note Lasserre-Capdeville ; *LEDEN* oct. 2017, p. 5, obs. Favario). *Idem* pour l'action fondée sur le défaut de mise en garde du débiteur (▪ Cass. com., 20 juin 2018, n° 16-27.693 : *BJE* sept. 2018, p. 359, obs. Favario ; *Rev. proc. coll.* 2018, comm. 213, obs. Martin-Serf).

La règle ne concerne que l'octroi estimé fautif d'un concours et non sa rupture (▪ Cass. com., 23 sept. 2020, n° 18-23.221 : *JurisData* n° 2020-014741 ; *JCP* E 2020, 1535, n° 12, obs. Tehrani ; *LEDB* nov. 2020, p. 7, obs. Mathey et Mignot ; *BJE* nov. 2020, n° 118f4, p. 39, obs. Robine).

3) Portée des exceptions. Les créanciers ne peuvent être tenus pour responsables des préjudices subis du fait des concours consentis, sauf les cas de fraude, d'immixtion ou de disproportion des garanties prises que si les concours consentis sont en eux-mêmes fautifs (▪ Cass. com., 27 mars 2012, n° 10-20.077 : *JurisData* n° 2012-005757 ; *D.* 2012, 870, obs. Lienhard ; *JCP* E 2012, 1274, note Legeais ; *BJS* 2012, p. 493, note Pétel ; *JCP* E 2012, 1373, n° 14, obs. Stoufflet ; *JCP* G 2012, 635, note S. Piedelièvre ; *Gaz. Pal.* 3-4 août 2012, p. 16, obs. Routier ; *BJE* 2012, p. 176, obs. Favario).

4) Fraude. La fraude s'entend comme un acte réalisé en utilisant des moyens déloyaux destinés à surprendre un consentement, à obtenir un avantage matériel ou moral indu, ou réalisé avec l'intention d'échapper à l'application d'une loi impérative ou prohibitive (▪ Cass. com., 13 déc. 2017, n° 16-21.498 : *BJE* 2018, p. 116, obs. Thullier ; *Rev. proc. coll.* 2018, comm. 127, obs. Martin-Serf. ▪ Cass. com., 8 janv. 2020, n° 18-21.452). Le fait de préserver ses propres intérêts ne suffit pas à caractériser la fraude en l'absence de manœuvres, de tromperie ou de contravention à la loi ou aux règlements ; or l'octroi d'un crédit en contrepartie d'une sûreté est un procédé licite (▪ Cass. com., 8 mars 2017, n° 15-20.288 : *Rev. proc. coll.* 2017, comm. 157, obs. Martin-Serf).

Fraude retenue V. ▪ CA Chambéry, 7 juin 2018 : *Gaz. Pal.* 15 janv. 2019, p. 78, obs. Lasserre Capdeville.

Fraude rejetée V. ▪ Cass. com., 27 mars 2012, préc. ▪ Cass. com., 16 oct. 2012 : *JCP* E 2012, 1757, n° 18, obs. Pétel ; 1735, note Legeais ; *D.* 2012, p. 2513, obs. Lienhard. ▪ Cass. com., 8 mars 2017, n° 15-20.288 : *Gaz. Pal.* 27 juin 2017, p. 64, obs. Lasserre-Capdeville. ▪ CA Orléans, 29 avr. 2010, n° 09/02517, ▪ CA Orléans, 13 janv. 2011 et ▪ CA Versailles, 12 mai 2011 : *Rev. proc. coll.* 2011, comm. 205, obs. Martin-Serf

5) Immixtion. Pour un rejet de l'immixtion V. ▪ Cass. com., 22 mars 2017, n° 15-13.290 : *Gaz. Pal.* 27 juin 2017, p. 66, obs. Lasserre-Capdeville. ▪ Cass. com., 21 nov. 2018, n° 17-21.025 : *Gaz. Pal.* 16 avr. 2019, p. 77, obs. Lasserre Capdeville.

Pour des cas d'immixtion V. ▪ Cass. com., 10 janv. 2018, n° 16-10.824 : *Rev. soc.* 2018, p. 199, obs. Roussel-Gall ; *LEDEN* févr. 2018, p. 1, obs. Lucas ; *BJE* 2018, p. 210, obs. Favario. ▪ Cass. com., 10 janv. 2018, n° 16-10.824 : *RTD. com.* 2018, p. 174, obs. Legeais ; *BJE* mai 2018, p. 210, obs. Favario ; *Rev. proc. coll.* 2018, comm. 128, obs. Martin-Serf.

6) Disproportion des garanties. Pour un rejet de la disproportion des garanties, V. ▪ CA Poitiers, 11 janv. 2011, *ibid.* ▪ Cass. com., 18 mai 2017, n° 15-12.338 : *Rev. proc. coll.* 2017, comm. 158, obs. Martin-Serf.

SOUTIEN ABUSIF (DROIT ANTÉRIEUR À 2006)

Bibliographie : V. Leclercq, *L'obligation de conseil du banquier dispensateur de crédit : RJDA* 4/1995, chron. p. 322. – Urbain-Parleani, *L'octroi abusif de crédit : RD bancaire et fin.* 2002, 365.

7) Situation irrémédiablement compromise. La banque engage sa responsabilité pour soutien abusif si la situation était irrémédiablement compromise avant l'octroi d'un concours et qu'elle le savait ou pouvait le savoir (▪ Cass. com., 11 mai 1999, n° 96-16.088 : *JurisData* n° 1999-001987 ; *JCP* E 1999, pan. 1218, obs. Bouteiller, p. 1730, note Legeais. ▪ Cass. com., 22 mai 2001, n° 98-23.001 : *JurisData* n° 2001-009857 ; *RJDA* 10/2001, n° 1017 ; *RD bancaire et fin.* 2001, n° 179, obs. Credot et Gérard ; *JCP* E 2003, chron. 396, n° 12, obs. Stoufflet. ▪ Cass. com., 1er juill. 2003, n° 98-22.286 : *JurisData* n° 2003-022688 ; *RTD com.* 2003, 793, obs. Cabrillac et Legeais. ▪ Cass. com., 24 sept. 2003, n° 00-19.067 : *JurisData* n° 2003-020222 ; *RTD com.* 2004, 142, obs. Cabrillac et Legeais. ▪ Cass. com., 28 juin 2005, n° 04-11.944 : *RJDA* 2/2006, n° 175. ▪ Cass. com., 2 oct. 2007, n° 06-14.682 : *JurisData* n° 2007-040696 ; *RJDA* 1/2008, n° 74. ▪ Cass. com., 8 janv. 2008 : *RJDA*

5/2008, n° 564. ▪ Cass. com., 9 déc. 2008 : *Gaz. proc. coll.* 26-28 avr. 2009, p. 36, obs. R. Routier).

Exemples d'actions rejetées ▪ Cass. com., 10 oct. 2000, n° 96-20.121 : *JurisData* n° 2000-006428 ; *RJDA* 1/2001, n° 69, pour l'absence de preuve de la création d'une apparence trompeuse de solvabilité. ▪ Cass. com., 20 nov. 2001, n° 99-18.998 : *JCP* E 2002, pan. 2, pour le caractère non disproportionné de l'octroi de crédit eu égard aux perspectives de rentabilité de l'opération. ▪ Paris, 25 oct. 2002, n° 2000/17306 : *JurisData* n° 2002-194936 ; *RJDA* 4/2003, n° 419. ▪ Cass. com., 3 déc. 2002, n° 00-15.410 : *RJDA* 4/2003, n° 420. ▪ Versailles, 22 avr. 2003 : *JurisData* n° 2003-235749 ; *RJDA* 10/2003, n° 993, même en cas de redressement judiciaire ultérieur. ▪ Cass. com., 22 mars 2005, n° 02-20.678 : *JurisData* n° 2005-027720 ; *RJDA* 7/2005, n° 873. ▪ Cass. com., 12 juill. 2005, n° 02-18.346 : *JurisData* n° 2005-029577 ; *RJDA* 1/2006, n° 60 ; *D.* 2005, p. 2276, [1re esp.] obs. Delpech, pour un crédit de trésorerie accordé pour permettre le démarrage de l'entreprise. – Comp. ▪ Cass. com., 7 janv. 2004, n° 01-02.896 : *JurisData* n° 2004-021752 ; *JCP* E 2004, chron. 736, n° 20, obs. Stoufflet). Le banquier n'est pas tenu de procéder à des investigations complémentaires lorsque la comptabilité lui a été fournie et qu'il n'a aucun motif de douter de la bonne santé financière de sa cliente (▪ Cass. com., 24 sept. 2002, n° 00-10.076 : *JCP* E 2002, pan. 1560 ; *D.* 2002, p. 2866, obs. Avena-Robardet).

Les juges doivent caractériser la situation irrémédiablement compromise dans laquelle aurait pu se trouver l'entreprise lors de l'octroi des crédits, qui aurait été, en conséquence de ces facilités, prolongée artificiellement, et qui aurait ainsi entraîné une aggravation du passif (▪ Cass. com., 10 oct. 2000, n° 96-20.121 : *JurisData* n° 2000-006428 ; *RD bancaire et fin.* 2001, 12, n° 7, obs. Credot et Gérard).

8) Crédit ruineux. *Idem* lorsque le crédit accordé était, compte tenu des frais financiers qu'il devait entraîner et de la situation de la trésorerie de l'entreprise, insupportable pour elle et devait inéluctablement entraîner sa ruine (▪ Cass. com., 22 mai 2001, préc. – *Adde*, ▪ Cass. com., 7 janv. 2004, n° 01-02.499 : *JurisData* n° 2004-021756 ; *D.* 2004, p. 345).

9) Agissements frauduleux du débiteur. Responsabilité en cas d'escompte imprudent de traites par la banque après connaissance d'agissements frauduleux du débiteur (▪ Cass. com., *16 juin 2001 : JCP E 2001, pan. 1501).*

10) Personne interposée. Le soutien abusif peut intervenir par personne interposée (▪ Cass. com., 25 mars 2003, n° 01-01.690 : *JurisData* n° 2003-018502 ; *Bull. civ.* IV, n° 50 ; *RD bancaire et fin.* 2003, 177, obs. Credot et Gérard ; *Rev. sociétés* 2003, 859, obs. Daigre ; *Bull. Joly* 2003, 765, obs. Dom ; *RJDA* 10/2003, n° 982 ; *JCP* E 2004, jurispr. 927, note Croze).

Rappr., pour le financement d'un LBO : ▪ Cass. com., 8 janv. 2013, n° 11-27.120 : *JurisData* n° 2013-000033 ; *BJS* 2013, p. 267, note F.-X. Lucas.

11) Préjudice. L'établissement de crédit qui a fautivement retardé l'ouverture de la procédure collective de son client n'est tenu de réparer que l'aggravation de l'insuffisance d'actif qu'il a ainsi contribué à créer (▪ Cass. com., 22 mars 2005, n° 03-12.922 : *JurisData* n° 2005-027721 ; *D.* 2005, p. 1020, obs. Lienhard ; *RJDA* 7/2005, n° 873) Le préjudice réparable est le montant des créances postérieures à l'octroi du concours, déclarées au passif, déduction faite de l'actif (▪ Cass. com., 9 déc. 2008 : *Gaz. proc. coll.* 26-28 avr. 2009, p. 36, obs. R. Routier).

12) Pluralité d'auteurs. La banque responsable du préjudice collectif subi par les créanciers est tenue de le réparer en totalité, sauf son recours contre le créancier à qui elle impute une part de responsabilité (▪ Cass. com., 5 mars 1996 : *JCP* E 1996, II, 878, note Chazal ; *RJDA* 12/1996, n° 1541. ▪ Cass. com., 27 févr. 2007, n° 06-13.649 : *JurisData* n° 2007-037790 ; *D.* 2007, p. 941 ; *RJDA* 7/2007, n° 753).

13) Action des dirigeants. La faute d'imprudence de la banque pour crédit excessif ne peut être invoquée ni par la société ni par ses dirigeants et associés, dès lors que la situation réelle était connue d'eux et que l'aggravation de cette situation résultait des défaillances de leur gestion et de l'absence de mesures de redressement, sans que la banque ait porté préjudice à la société (▪ Cass. com., 27 janv. 1998, n° 95-22.077 : *RJDA* 5/1998, n° 638).

14) Caution. La caution n'est pas fondée, à défaut de circonstances exceptionnelles, à mettre en œuvre la responsabilité du banquier pour soutien abusif (▪ Cass. com., 12 nov. 1997, n° 95-13.681 : *JurisData* n° 1997-004461 ; *JCP* E 1998, p. 182, note Legeais. ▪ Cass. com., 22 avr. 1997, n° 95-11.532 : *JurisData* n° 1997-001695 ; *LPA* 4 mars 1998, p. 25, note Boccara et ▪ Cass. 1re civ., 24 juin 1997, n° 95-14.840 : *RTD com.* 1999, 193, obs. Martin-Serf. – Comp. ▪ Cass. com., 23 juin 1998, n° 94-16.352 : *JurisData* n° 1998-003538 ; *RD bancaire et bourse* 1998, 193, chron. Legeais). Toutefois, elle peut être déchargée de son obligation si le lien de causalité entre la faute de la banque et le préjudice de la caution tenue de garantir la créance ayant aggravé le passif est établi (▪ Cass. com., 16 juin 2001 : *JCP* E 2001, pan. 1501).

15) Créancier non banquier. Peuvent aussi engager leur responsabilité pour soutien abusif : un concessionnaire qui par un crédit-fournisseur excessif a contribué à la poursuite de l'activité déficitaire (■ Cass. com., 9 mai 1995, n° 93-10.345 : *D.* 1997, somm. 54, obs. Ferrier), un bailleur (■ Cass. com., 22 févr. 1994 : *Bull. civ.* IV, n° 72 ; *JCP* E 1995, I, 443, n° 8, obs. Lévy), un franchiseur ayant fait procéder à une étude de marché ayant conclu à la réalisation du projet (■ Cass. com., 30 janv. 1996, n° 94-13.799 : *JurisData* n° 1996-005650 ; *JCP* E 1996, II, 825, note Jamin – *Adde* ■ Cass. com., 27 mars 2001, n° 99-11.752 : *RJDA* 8-9/2001, n° 879, qui exclut cette responsabilité de la part d'un franchiseur), une société mère (■ Cass. com., 25 mars 2003, n° 01-01.690 : *JurisData* n° 2003-018502 ; *RJDA* 10/2003, n° 982), La Poste (■ Versailles, 11 sept. 2003 : *RJDA* 1/2004, n° 64), une caisse de mutualité sociale agricole qui a accordé des échéanciers et a accepté des paiements partiels tout en connaissant la situation financière du débiteur (■ Cass. com., 10 déc. 2003, n° 01-03.746 : *JurisData* n° 2003-021543 ; *JCP* E 2004, jurispr. 252, note Legeais, chron. 783, n° 18, obs. M. Cabrillac ; *D.* 2004, p. 136, obs. Delpech. – Comp., ■ Cass. 2e civ., 21 juin 2005, n° 04-12.439 : *JurisData* n° 2005-029052 ; *RJDA* 1/2006, n° 51).

CHAPITRE I. – DE LA RESPONSABILITÉ POUR INSUFFISANCE D'ACTIF

Art. L. 651-1 *(Anc. art. L. 624-2, renum. et mod., L. n° 2005-845, 26 juill. 2005 ; Ord. n° 2008-1345, 18 déc. 2008 ; Ord. n° 2010-1512, 9 déc. 2010).* **– Les dispositions du présent chapitre sont applicables aux dirigeants d'une personne morale de droit privé soumise à une procédure collective, ainsi qu'aux personnes physiques représentants permanents de ces dirigeants personnes morales et aux entrepreneurs individuels à responsabilité limitée.**

Art. L. 651-2 *(Anc. art. L. 624-3 dénum. et mod., L. n° 2005-845, 26 juill. 2005 ; rempl., Ord. n° 2008-1345, 18 déc. 2008 ; mod., Ord. n° 2010-1512, 9 déc. 2010 ; L. n° 2016-1691, 9 déc. 2016 ; L. n° 2021-874, 1er juill. 2021).* **– Lorsque la liquidation judiciaire d'une personne morale fait apparaître une insuffisance d'actif, le tribunal peut, en cas de faute de gestion ayant contribué à cette insuffisance d'actif, décider que le montant de cette insuffisance d'actif sera supporté, en tout ou en partie, par tous les dirigeants de droit ou de fait, ou par certains d'entre eux, ayant contribué à la faute de gestion. En cas de pluralité de dirigeants, le tribunal peut, par décision motivée, les déclarer solidairement responsables. Toutefois, en cas de simple négligence du dirigeant de droit ou de fait dans la gestion de la personne morale sa responsabilité au titre de l'insuffisance d'actif ne peut être engagée. Lorsque la liquidation judiciaire concerne une association régie par la loi du 1er juillet 1901 relative au contrat d'association ou, le cas échéant, par le Code civil applicable dans les départements du Bas-Rhin, du Haut-Rhin et de la Moselle et non assujettie à l'impôt sur les sociétés dans les conditions prévues au 1 *bis* de l'article 206 du Code général des impôts, le tribunal apprécie l'existence d'une faute de gestion au regard de la qualité de bénévole du dirigeant** (1).

Lorsque la liquidation judiciaire a été ouverte ou prononcée à raison de l'activité d'un entrepreneur individuel à responsabilité limitée à laquelle un patrimoine est affecté, le tribunal peut, dans les mêmes conditions, condamner cet entrepreneur à payer tout ou partie de l'insuffisance d'actif. La somme mise à sa charge s'impute sur son patrimoine non affecté.

L'action se prescrit par trois ans à compter du jugement qui prononce la liquidation judiciaire.

Les sommes versées par les dirigeants ou l'entrepreneur individuel à responsabilité limitée entrent dans le patrimoine du débiteur. Elles sont réparties au marc le franc entre tous les créanciers. Les dirigeants ou l'entrepreneur individuel à responsabilité limitée ne peuvent pas participer aux répartitions à concurrence des sommes au versement desquelles ils ont été condamnés.

Bibliographie : Brunet et Germain, *L'action en comblement de passif social : LPA* 23 juill. 1986, p. 51. • Chaput, *Les dirigeants fautifs dans la réforme du droit des entreprises en difficulté : JCP* E 1986, II, 14705. • Tomasin, *Les sanctions civiles et professionnelles applicables aux dirigeants sociaux* in *Le nouveau droit des entreprises en difficulté*, Annales de l'université de Toulouse, 1986, p. 265. • Daigre, *De l'inapplicabilité de la responsabilité civile de droit commun aux dirigeants d'une société en redressement ou liquidation judiciaires : Rev. sociétés* 1988, 199. • Martin, *Les membres du conseil de surveillance sont-*

(1) Aux termes de l'article 65 de l'ordonnance n° 2021-1193 du 15 septembre 2021, à la dernière phrase du premier alinéa de l'article L. 651-2, le mot : « société » est remplacé par les mots : « personne morale ». Ce remplacement ne semble pas tenir compte des modifications issues de l'article 1er de la loi n° 2021-874 du 1er juillet 2021. En effet, celui-ci a déjà procédé au remplacement prescrit et a ajouté une phrase au présent alinéa – NDLR.

ils des dirigeants sociaux au sens de la loi du 25 janvier 1985 ? : Gaz. Pal. 1991, 1, doctr. 24. • Campana, *La responsabilité civile du dirigeant en cas de redressement judiciaire : LPA*, 20 avr. 1994. • Obadia et Sexer, *La responsabilité des dirigeants sociaux et l'article 180 : Bull. Joly* 1994, 617. • Piniot, *Non cumul des actions du droit commun et du droit des procédures collectives : RJDA* 7/95, 639. • Bourrié-Quenillet, *La faute de gestion du dirigeant de société en cas d'insuffisance d'actif ; Pratique judiciaire : JCP* E 1998, p. 455. • Calvo, *L'action en comblement de passif et la notion de faute de gestion : LPA* 27 mai 1998, p. 13. • Colin, *Transaction et action en comblement du passif : LPA* 16 juill. 1999, p. 4. • Feugère, *Le dirigeant d'une personne morale cité devant le tribunal de commerce pour comblement du passif : RJ com.* 1999, 333. • Gimalac, *Le contrat d'intégration révélé par les actions en comblement et en extension du passif : RTD com.* 1999, 601. • Derrida, *Procès de l'article 180 de la loi du 25 janvier 1985 : D.* 2001, chron. 1377. • *Les dirigeants sociaux : CDE* 3/2001. • Saint-Alary-Houin, *La responsabilité patrimoniale des dirigeants de sociétés en difficulté : Rev. proc. coll.* 2001, 145. • Teboul, *Procédures collectives et sanctions pécuniaires : peut-on transiger sur une action en comblement de passif : Gaz. Pal.* 5/7 sept. 2004, p. 9. • Delattre, *La transaction en matière de comblement de passif : RJDA* 11/2005, p. 1039 ; *La détermination de la notion de dirigeant de fait : JCP* E 2007, 1872. • Governatori, *Le droit administratif à l'épreuve du droit des procédures collectives : Gaz. Pal.* 30-31 oct. 2009, p. 9. • Diesbecq, *Conditions procédurales de l'action en responsabilité pour insuffisance d'actif : Rev. proc. coll.* 2012, pratique prof., 1. • Perez et Mazeron, *Dangers de la qualification de dirigeant de fait pour les acteurs du private equity : JCP* E 2012, 1653. • Delattre, *Quelques précisions sur la notion de transaction en matière de responsabilité pour insuffisance d'actif : Rev. proc. coll.* 2012, étude 35. • Lambrey de Souza, *Un cadre légal pour la transaction lors d'une instance en responsabilité pour insuffisance d'actif ? : JCP* E 2017, 1594. • Douaoui-Chamseddine, *Le gel de l'état de cessation des paiements : un bouclier efficace ? : JCP* E 2020, 434.

• *Sommaire*

I – DOMAINE DE LA RESPONSABILITÉ POUR INSUFFISANCE D'ACTIF

A – Personnes morales

1) Groupement dénué de personnalité morale. Les fondateurs de groupements en formation n'ayant pas encore acquis la personnalité morale ne tombent pas sous le coup des dispositions légales (droit antérieur, ▪ Aix-en-Provence, 21 avr. 1971 : *DS* 1972, 164, note Berdah. ▪ Cass. com., 10 mai 1984, n° 82-16.497 : *JurisData* n° 1984-701060 ; *JCP* G 1984, II, 13610 ; *JCP* E 1985, I, 14004, n° 17, obs. Cabrillac et Vivant ; *Gaz. Pal.* 1985, 1, pan. jurispr. 26, obs. Dupichot) ; V. également pour le dirigeant de fait d'une entreprise dépourvue de la personnalité morale (▪ Cass. com., 7 oct. 1980, n° 78-16.052 : *JurisData* n° 1980-797073 ; *JCP* G 1983, II, 20027, note N. Montout).

2) Association. La règle s'applique aux dirigeants d'une association sportive (▪ TGI Thionville, 20 oct. 1982 : *JurisData* n° 1982-000952 ; *D.* 1983, 476, note Alaphilippe et Karaquillo ; *RTD com.* 1983, 251, n° 2, obs. Alfandari et Jeantin. ▪ TGI Grenoble, 30 sept. 1993 : *D.* 1996, somm. 26, obs. Karaquillo. ▪ Cass. com., 6 janv. 1998, n° 95-20.588 : *JurisData* n° 1998-000004 ; *RJDA* 5/1998, n° 631) ; aux membres du conseil d'administration d'une association de la loi de 1901 (▪ T. confl., 2 juill. 1984, n° 2349 : *JurisData* n° 1984-041648 ; *JCP* G 1984, II, 20306 et 20321 *bis*, concl. Labetoulle, note Alfandari ; *D.* 1984, 545, note Derrida), même s'il s'agit d'une commune (▪ Cass. com., 16 févr. 1993, n° 90-18.389 : *JurisData* n° 1993-000365 ; *JCP* E 1993, pan. 498 ; *RJDA* 6/1993, n° 570. ▪ Cass. com., 25 mai 1993, n° 90-21.837 : *Bull. Joly Sociétés* 1993, 1041, note Jeantin. ▪ Cass. 1re civ., 11 févr. 2003, n° 00-12.857 : *JurisData* n° 2003-017569 ; *RJDA* 5/2003, n° 527 ; *D.* 2003, p. 623, obs. Lienhard), ou d'un département (▪ CE, 5 déc. 2005, n° 267132 : *JurisData* n° 2005-069373 ; *JCP* E 2006, pan. 1120) ; aux dirigeants d'une association d'intérêt public (▪ Cass. com., 27 juin 2006, n° 04-16.296 : *JurisData* n° 2006-034383 ; *RJDA* 1/2007, n° 49).

3) Autres personnes morales. La règle s'applique aux dirigeants d'une société coopérative ouvrière de production (▪ T. com. Condé-sur-Noireau, 19 févr. 1985 : JurisData n° 1986-764817 ; *RTD com.* 1985, 529, obs. Alfandari et Jeantin).

B – Dirigeants de droit

4) Notion. Sont dirigeants de droit les personnes régulièrement désignées en tant qu'organes légaux de la personne morale ; par exemple, le directeur général adjoint (■ Cass. com., 3 mars 1981, n° 79-15.504 : *JurisData* n° 1981-701346 ; *JCP* G 1982, II, 19754, note G.N. ; *JCP* CI 1982, II, 13572, et I, 10827, n° 21, obs. Cabrillac et Vivant ; *RTD com.* 1982, 466, obs. Merle ; *Rev. sociétés* 1982, 564, note Hémard) ou un administrateur de SA (■ Cass. com., 25 mars 1997, n° 94-16.535 : *JurisData* n° 1997-001543 ; *Bull. Joly Sociétés* 1997, p. 799, obs. G.B. ; *Rev. proc. coll.* 1999, p. 182, obs. A. Martin-Serf. ■ Cass. com., 31 mai 2011, n° 09-13.975 : *JurisData* n° 2011-010298 ; *JCP* E 2011, 1655, note A. Couret et B. Dondero ; *BJS* 2011, p. 817, note B. Saintourens ; *Act. proc. coll.* 2011, comm. 207, obs. J.-C. Pagnucco ; *Rev. proc. coll.* 2011, comm. 199, obs. A. Martin-Serf).

5) **Organes non dirigeants.** Ne sont pas dirigeants de droit les commissaires aux comptes (■ Cass. com., 9 mai 1978 : *Bull. CNCC* 1978, 193, note du Pontavice), les membres du conseil de surveillance d'une SA (■ Cass. com., 9 mai 1978 : *D.* 1978, p. 419, obs. Vasseur ; rappr. ■ Cass. com., 12 juill. 2005 : *D.* 2005, p. 2071, obs. Lienhard ; *JCP* E 2006, 1066, n° 17, obs. Ph. Pétel).

6) **Dirigeants bénévoles.** La responsabilité du dirigeant s'apprécie de la même manière, qu'il soit rémunéré ou non (■ Cass. com., 9 déc. 2020, n° 18-24.730 : *JCP* E 2020, 1070, § 5, obs. Deboissy et Wicker ; *Act. proc. coll.* 2021-4, comm. 53, obs. M. Thiberge ; *JCP* E 2021, 1191, n° 19, obs. Pétel ; 1154, obs. Barbiéri).

7) **Dirigeants apparents.** (V. ■ Cass. com., 24 avr. 1981, n° 79-15.595 : *Bull.* IV, n° 183 ; *JCP* G 1982, II, 19760 ; *JCP* CI 1982, II, 13795, note Viandier ; *JCP* CI 1982, I, 10827, n° 22, obs. Cabrillac et Vivant ; *DS* 1981, inf. rap. 491, obs. Honorat ; *RTD com.* 1982, 465, obs. Merle ; *RJ com.* 1982, 302, note Cherchouly-Sicard ; *Rev. sociétés* 1981, 367, note A.H. et 637, obs. Honorat ; *Banque* 1982, 827, obs. Martin).

8) **Désignation non publiée.** Le défaut de publicité de la désignation d'un dirigeant ne peut pas avoir pour effet de soustraire celui-ci aux responsabilités attachées aux fonctions qu'il a acceptées et exercées (■ Cass. com., 26 janv. 1988, n° 85-17.684 : *JurisData* n° 1988-000113 ; *Bull. civ.* IV, n° 52. ■ *Cass. com., 8 juill. 2003*, n° 00-18.250 : *RJDA* 1/2004, n° 76).

9) **Nouveaux dirigeants.** La responsabilité des dirigeants s'applique dès lors qu'ils sont en fonctions au jour du prononcé du redressement judiciaire, même quand la situation compromise de la société existait avant leur entrée en fonctions (■ Cass. com., 23 mai 1973 : *JurisData* n° 1973-097185 ; *Rev. sociétés* 1974, 544, note J.G. ■ Cass. com., 18 juin 1973, n° 72-12.160 : *Rev. sociétés* 1973, 682, note Sortais. ■ Cass. com., 18 mars 1980, n° 78-13.483 : *JurisData* n° 1980-097132 ; *DS* 1981, inf. rap. 6, obs. Derrida. ■ Aix-en-Provence, 31 mars 1978 : *JurisData* n° 1978-761535 ; *DS* 1979, inf. rap. 8, obs. Derrida. – *Contra*, ■ Rennes, 8 janv. 1974 : *Gaz. Pal.* 1976, 1, 358, note Delaisi ; *DS* 1977, inf. rap. 445, obs. Bousquet. ■ Paris, 6 avr. 1978 : *DS* 1979, inf. rap. 8, obs. Derrida).

10) **Anciens dirigeants.** Les dirigeants peuvent être condamnés même s'ils ont cessé leurs fonctions avant l'ouverture de la procédure, et même avant la date retenue pour la cessation des paiements, si la situation de la société qui a abouti à la cessation des paiements, à l'insuffisance d'actif et en redressement judiciaire existait alors qu'ils étaient en fonctions (■ Cass. com., 4 févr. 1969 : *Rev. sociétés* 1970, 280, note Honorat ; *RTD com.* 1971, 460, obs. Houin. ■ Cass. com., 8 janv. 1975, n° 74-40.010 : *JurisData* n° 1975-096002 ; *DS* 1975, 461, note A.H. ■ Cass. com., 1er juill. 1975, n° 73-12.970 : *JurisData* n° 1975-097187 ; *Rev. sociétés* 1976, 499, note Sortais. ■ Cass. com., 22 janv. 2013, n° 11-27.420 : *JurisData* n° 2013-000768 ; *Rev. proc. coll.* 2013, comm. 174, obs. Martin-Serf ; *Gaz. Pal.* 1er-4 mai 2013, p. 43, note Montéran).

11) **Cessation de fonction non publiée.** La règle ne s'applique pas au dirigeant social qui a effectivement cessé ses fonctions mais dont la démission n'a pas été régulièrement publiée au registre du commerce et des sociétés, l'article L. 123-9 du Code de commerce ne concernant que les actes par lesquels une personne ayant qualité peut engager la responsabilité d'une société, et non ceux qui mettent en jeu la responsabilité personnelle des dirigeants (■ Cass. com., 23 mars 1982, n° 80-16.361 : *JurisData* n° 1982-700780 ; *Bull.* IV, n° 116 ; *JCP* CI 1983, I, 11307, obs. Cabrillac et Vivant ; *DS* 1983, inf. rap. 178, obs. Honorat ; *RTD com.* 1983, 61, obs. Derrupé ; *Rev. sociétés* 1982, 834, note Merle ; *Gaz. Pal.* 1982, 2, pan. jurispr. 318, note Dupichot. – *Adde*, ■ Cass. com., 4 nov. 1982 : *JurisData* n° 1982-799389 ; *Rev. sociétés* 1983, 579, note P. Didier. ■ Cass. com., 4 oct. 1983, n° 82-11.626 : *Rev. sociétés* 1984, 152, note Honorat. – En application de la loi de 1985, ■ Cass. com., 14 oct. 1997, n° 95-15.384 : *JurisData* n° 1997-004024 ; *RJDA* 1/98, n° 86 ; *Bull. Joly* 1997, 1083, note Calendini ; *LPA* 11 mai 1998, p. 13, obs. Gibirila).

C – Dirigeants de fait

12) **Notion.** Le dirigeant de fait est celui qui exerce une activité de direction ou de gestion en toute liberté et indépendance (■ Cass. com., 9 mai 1978 : *JurisData* n° 1978-799136 ; *D.* 1979, 419, note Vasseur. ■ 28 janv. 1997 : *JCP* E 1997, pan. 315. ■ Cass. com., 1er juill. 1997, n° 95-15.116 : *JurisData* n° 1997-003146 ; *RTD com.* 1998, 162, obs. Champaud et Danet. – *Adde*, ■ Versailles, 16 oct. 1997 et ■ Cass. com., 14 oct. 1997, n° 94-14.146 : *RTD com.* 1998, 164, obs. Champaud et Danet. ■ Cass., com., 6 janv. 1998, n° 95-13.909 : *JurisData* n° 1998-000092 ; *Bull. Joly* 1998,

370, note Routier. ▪ Cass. com., 20 janv. 1998 : *RTD com.* 1998, 357, obs. Champaud et Danet. ▪ Cass. com., 3 févr. 1998, n° 96-14.593 : *RTD com.* 1998, 614, obs. Champaud et Danet. ▪ Cass. com., 6 févr. 2001 : *JCP* E 2001, pan. 589 ; *D.* 2001, p. 861 ; *LPA* 21 nov. 2001, p. 15, obs. Gibirila ; *D.* 2002, somm. 81, obs. Sortais. ▪ Cass. com., 13 févr. 2007, n° 05-17.987 : *JurisData* n° 2007-037545 ; *D.* 2007, p. 731, obs. Lienhard ; *JCP* E 2007, pan. 1463).

13) Applications. Exemples de dirigeant de fait : une société mère qui exerce une influence prédominante sur sa filiale et sur les responsables de celle-ci (▪ Aix-en-Provence, 26 mai 1981 : *JurisData* n° 1981-601252 ; *DS* 1983, inf. rap. 60, obs. Derrida ; *RJ com.* 1981, 344. ▪ Paris, 23 mai 1997 : *JurisData* n° 1997-021434 ; *RJDA* 10/97, n° 1277. ▪ Cass. com., 15 janv. 1999 : *RJDA* 4/99, n° 488. ▪ Cass. com., 6 juin 2000, n° 96-21.134 : *JurisData* n° 2000-002567 ; *RJDA* 9-10/2000, n° 868) ; la holding (▪ Paris, 7 févr. 1997 : *JurisData* n° 1997-020331 ; *Bull. Joly* 1997, 480, note Daigre) ; la société fondatrice (même déc.) ; le coassocié qui traite directement avec les fournisseurs, passe les marchés et a la signature de la société (▪ Colmar, 1re ch., 1er juin 1983 : *JurisData* n° 1983-041376. ▪ Cass. crim., 19 déc. 1994, n° 94-81.823 : *Bull. Joly* 1995, 340. ▪ Cass. com., 12 juin 2001, n° 98-15.362 : *RJDA* 10/1, n° 971) ; l'ancien dirigeant qui avait procuration sur le compte bancaire et était considéré par le personnel comme le dirigeant de l'entreprise (▪ Cass. crim., 6 oct. 1980, n° 79-93.802 : *JurisData* n° 1980-005076 ; *BRDA* 1981, n° 1, p. 11. ▪ Cass. com., 1er juill. 1997, préc.) ; le dirigeant salarié qui engage la politique commerciale et financière de la société (▪ Cass. com., 19 févr. 2002 : *RJDA* 7/2002, n° 791) ; le directeur commercial (▪ Cass. com., 13 nov. 2002 et ▪ Paris, 29 oct. 2002, n° 2002/08323 : *JurisData* n° 2002-196530 ; *RJDA* 4/2003, n° 386 ; ▪ Cass. com., 24 avr. 2007, n° 04-10.050 : *RJDA* 8-9/2007, n° 841) ; le directeur financier (▪ Besançon, 17 sept. 2002, n° 01/01295 : *JurisData* n° 2002-188106 ; *JCP* E 2003, pan. 340) ; un directeur de travaux (▪ Cass. com., 24 sept. 2003, n° 00-19.711 : *RJDA* 1/2004, n° 79 [1re esp.]) ; le frère du dirigeant (▪ Cass. com., 17 sept. 2002, n° 99-15.857 : *JurisData* n° 2002-017989 ; *RJDA* 12/2002, n° 1307) ; celui qui, sous couvert d'un contrat de partenariat interne, se charge d'organiser la gestion financière de la société (▪ Cass. com., 6 oct. 1992, n° 90-19.823 : *JurisData* n° 1992-002163 ; *Bull. Joly* 1992, 1288, note Daigre) ; le franchiseur qui s'immisce dans la gestion du franchisé au-delà de ses obligations contractuelles (▪ Cass. com., 9 nov. 1993, n° 91-18.351 : *JurisData* n° 1993-002442 ; *D.* 1995, somm. 79, obs. Ferrier. – Comp. ▪ Toulouse, 4 mai 2005, n° 03/02479 : *JurisData* n° 2005-284104 ; *RJDA* 6/2006, n° 650) ; une personne morale qui se réserve le domaine de l'embauche et des licenciements, l'organisation administrative et financière, la définition de la politique des prix ainsi que la négociation des contrats et la gestion commerciale (▪ Cass. com., 19 déc. 1995 : *JCP* E 1996, pan. 245 ; *RJDA* 3/96, n° 431) ; le fondateur et ancien salarié (▪ Paris, 12 avr. 2002, n° 2001/16515 : *JurisData* n° 2002-179878 ; *RJDA* 10/2002, n° 1030), l'avocat qui ne s'est pas limité à ses rôles d'associé majoritaire, de rédacteur d'actes et de conseils mais a eu un rôle décisionnel de premier plan (▪ Cass. com., 15 févr. 2011, n° 10-11.781 : *Bull. Joly Sociétés* 2011, p. 583, note B. Saintourens).

V. également pour une banque considérée comme dirigeant de fait de l'entreprise bénéficiaire d'une aide financière (▪ Cass. com., 24 janv. 1983 : *JurisData* n° 1983-799950 ; *JCP* E 1985, I, 14235, n° 15, obs. Cabrillac et Vivant ; *RJ com.* 1984, 215, note Gallet rejetant le pourvoi contre ▪ Bordeaux, 18 nov. 1981 : *JurisData* n° 1981-699599 ; *JCP* CI 1983, I, 11307, n° 21, obs. Cabrillac et Vivant ; *DS* 1982, inf. rap. 195, obs. Vasseur, et 490, obs. Derrida ; *RTD com.* 1982, 461, obs. Merle ; *D.* 1983, 106, obs. Cabrillac et Teyssié ; *Banque* 1982, 690, obs. Martin ; *RJ com.* 1982, 236, note Cherchouly-Sicard ; *Rev. syndics* 1982, 23, obs. Plaisant).

14) Limites. Le constructeur d'automobiles peut ne pas être considéré comme dirigeant de fait du concessionnaire lorsque les agissements qui lui sont reprochés s'inscrivent exactement dans le cadre des relations prévues entre le concédant et le concessionnaire (▪ Toulouse, 30 juin 1997 : *JurisData* n° 1997-042974 ; *RJDA* 11/97, n° 1420, conf. par ▪ Cass. com., 26 oct. 1999, n° 97-19.026 : *JurisData* n° 1999-003859 ; *RJDA* 11/99, n° 1213, concl. Rémery, p. 945) ; le seul fait de détenir la signature sociale pour une durée de quelques mois ne suffit pas, faute d'autres éléments, à caractériser la qualité de dirigeant de fait (▪ Paris, 16 déc. 1997 : *JurisData* n° 1997-023743 ; *Bull. Joly* 1998, 369).

V. aussi pour un salarié n'ayant pas été considéré comme gérant de fait (▪ Paris, 1er févr. 2002, n° 1999/24938 : *JurisData* n° 2002-174916 ; *RJDA* 6/2002, n° 673) ; pour une banque (▪ Cass. com., 9 mai 1978 : *DS* 1978, 419, note Vasseur. ▪ Paris, 15 déc. 1995 : *JurisData* n° 1995-024798 ; *RJDA* 3/1996, n° 432. ▪ Cass. com., 3 juill. 2007, n° 06-10.803 : *JurisData* n° 2007-040008 ; *RJDA* 10/2007, n° 969). Un maire ne peut être considéré comme dirigeant de fait lorsqu'il n'intervient pas dans la gestion d'une association sportive au-delà de ce qu'exigeait le seul contrôle de l'utilisation des concours financiers de la commune (▪ Bordeaux, 11 mai 1998 : D. 1999, somm. 92, obs. Karaquillo).

15) Dirigeant de fait par personne interposée. V. ▪ Cass. com., 27 juin 2006, n° 04-15.831 : *JurisData* n° 2006-034269 ; *JCP* E 2006, 2408, note Reinhard ; *D.* 2006, p. 1892, obs. Lienhard ; *ibid.*,

p. 2534, note Paszkudzki ; *JCP* E 2007, 1004, n° 16, obs. Pétel ; *RTD com.* 2006, 892, obs. Legeais ; *Rev. sociétés* 2006, 900, obs. Poracchia ; *D.* 2007, pan. 1696, obs. Ballot-Léna). – V. Delebecque, « *L'administrateur de fait par personne interposée » : une notion à définir* : *JCP* E 2005, comm. 234.

16) Appréciation. La notion de dirigeant de fait est laissée à l'appréciation souveraine des juges du fond (▪ Cass. com., 2 févr. 1982, n° 80-14.773 : *JurisData* n° 1982-700851 ; *Bull.* IV, n° 40. ▪ Cass. com., 23 juin 1982, n° 81-12.171 : *JurisData* n° 1982-702012 ; *Bull.* IV, n° 248). Mais ils doivent relever les motifs propres à démontrer que le demandeur a dirigé, en fait, la société (▪ Cass. com., 16 mars 1999, n° 95-20.814 : *JurisData* n° 1999-001092 ; *JCP* E 1999, pan. 843 ; *LPA* 8 avr. 1999, p. 7, note P.M. ; *RJDA* 5/99, n° 557. ▪ Cass. com., 27 mars 2007, n° 05-17.311 : *JurisData* n° 2007-038252 ; *RJDA* 6/2007, n° 616 ; *JCP* E 2007, 2274, note Delattre. – *Adde*, ▪ Cass. com., 13 févr. 2007, n° 05-17.987 [2 arrêts] et 27 févr. 2007 : *JurisData* n° 2007-037545 ; *RJDA* 6/2007, n° 615 ; *JCP* E 2007, pan. 1463). La qualité de dirigeant de fait doit être établie par des faits précis (▪ Douai, 3 nov. 2005, n° 04DA00263 : *JCP* E 2006, 1406, note Delattre).

D – Cas particuliers

17) Dirigeants bénévoles. Le dirigeant, même bénévole, peut être condamné à payer tout ou partie du passif social ▪ Cass. com., 19 déc. 1977, n° 76-12.294 : *JurisData* n° 1977-098305 ; *Bull.* IV, n° 305).

18) Personne morale administrateur. La faute de gestion peut être caractérisée indifféremment à l'égard de la personne morale administrateur ou de son représentant permanent (▪ Cass. com., 8 janv. 2020, n° 18-15.027 : *JCP* E 2020, 1216, obs. Gibirila ; *BJE* mars 2020, p. 48, obs. Favario ; *Gaz. Pal.* 23 juin 2020, p. 75, obs. Laroche ; *Rev. proc. coll.* 2020-3, comm. 75, obs. Martin-Serf. ▪ Cass. com., 3 janv. 1995, n° 91-18.044 : *BJS* 1995, p. 266, note Couret ; *Rev. huissiers* 1996, p. 210, note Courtier).

19) Dirigeants personnes publiques. Les dispositions de l'article L. 624-3 [L. 651-2] ne sont pas applicables à l'État et aux autres personnes morales de droit public agissant en exécution d'une mission de service public administratif ; dès lors, la mise en jeu de la responsabilité d'un département en raison des fautes commises par lui dans la gestion d'une association investie d'une mission d'intérêt général à caractère administratif ne saurait être recherchée dans le cadre d'une action en comblement d'insuffisance d'actif engagée devant le juge judiciaire, mais ressortit au contraire à la compétence de la juridiction administrative (▪ T. confl., 15 nov. 1999, n° 03153 : *JCP* E 2000, 755, n° 16, obs. Ph. Pétel ; *D.* 2000, *Cah. dr. aff.*, act. jurispr. p. 11, obs. A.L. ; *LPA* 17 avr. 2000, p. 11, note Courtier).

En revanche, il appartient aux juridictions de l'ordre judiciaire de connaître de l'action en paiement des dettes sociales dirigée contre un établissement public à caractère industriel et commercial qui n'a pas soutenu avoir accompli une mission de service public administratif (▪ Cass. com., 6 févr. 2001, n° 98-15.129 : *JurisData* n° 2001-008025 ; *LPA* 21 nov. 2001, p. 15, obs. Gibirila ; *D.* 2002, somm. 81, obs. Sortais ; *Bull. Joly Sociétés* 2001, 593, note Barbièri. – *Adde*, ▪ T. confl., 20 nov. 2006, n° C 3570 : *RJDA* 2/2007, n° 183, p. 119, concl. Chauvaux ; *JCP* E 2007, pan. 1324).

V. également, pour une commune dirigeant d'une société d'économie mixte (▪ Cass. com., 8 janv. 2002 : *JCP* E 2002, pan. 297 ; *D.* 2002, p. 570, obs. Lienhard. ▪ Cass. com., 7 mars 2006, n° 04-17.402 : *JurisData* n° 2006-032629 ; *RJDA* 5/2006, n° 566) ou d'une association (▪ Cass. 1re civ., 11 févr. 2003, n° 00-12.857 : *JurisData* n° 2003-017569 ; *D.* 2003, p. 623, obs. Lienhard. ▪ Cass. com., 13 mai 2003, n° 01-17.505 : *JurisData* n° 2003-019298 ; *D.* 2003, somm. 2537, obs. Karaquillo. ▪ Cass. com., 25 mai 1993 : *Bull. Joly Sociétés* 1993, 1041, note Jeantin. ▪ Cass. com., 15 juin 2011, n° 09-14.578 : *JurisData* n° 2011-011812 ; *BJS* 2011, 910, obs. P. Rubellin ; *Rev. proc. coll.* 2011, comm. 209, obs. C. Lebel) ; *Idem* pour un département (▪ CE, 5 déc. 2005 : *JCP* E 2006, pan. 1120).

Pour l'État considéré comme dirigeant de fait (▪ T. com. Rouen, 10 mars 1981, aff. *Chapelle-d'Arblay* : *JCP* CI 1983, I, 11307, n° 25, obs. Cabrillac et Vivant ; *DS* 1981, inf. rap. 337, obs. Vasseur ; *D.* 1982, 391, note Amselek ; *RTD com.* 1982, 468, obs. Merle ; *RJ com.* 1982, 153, note Mestre ; *Rev. sociétés* 1982, 579, note J.G. ; *Banque* 1982, 1137, obs. Martin ; *RF compt.* 1982, 40, obs. Viandier).

20) Dirigeant étranger. L'action en comblement de passif, qui trouve son fondement dans l'existence de fautes de gestion imputables au dirigeant, est indissociable de la procédure collective de la personne morale dès lors que la part du passif social mis à la charge du dirigeant trouve son origine dans les agissements incriminés et elle relève de la compétence du tribunal qui a ouvert la procédure collective, même à l'égard du dirigeant de nationalité étrangère et dont le domicile est à l'étranger (▪ Cass. com., 5 mai 2004, n° 01-02.041 : *JurisData* n° 2004-023640 ; *D.* 2004, p. 1596, comm. 1796, note Vallens, comm. 2145, obs. Henry ; *JCP* E 2004, jurispr. 1249, note Reifegerste. – *Adde*, ▪ Cass. com., 14 mars 2000, n° 97-21.006 : *D.* 2004, p. 241 ; *RTD com.* 2000, 468, obs. Vallens ; *Bull. Joly Sociétés* 2000, 600, note Menjucq ; *Dr. sociétés* 2000, n° 89, obs. Chaput).

II – RÉGIME DE LA RESPONSABILITÉ POUR INSUFFISANCE D'ACTIF

A – Généralités

21) Responsabilité de droit commun. Les dispositions spéciales régissant la responsabilité pour insuffisance d'actif ne se cumulent pas avec celles de l'article 52 de la loi du 24 juillet 1966 (C. com., art. L. 223-22). Il s'ensuit qu'un créancier est irrecevable à exercer contre le gérant l'action en réparation du préjudice résultant du non-paiement de sa créance (■ Cass. com., 28 févr. 1995, n° 92-17.329 : *JurisData* n° 1995-000519 ; *JCP* E 1995, 487, n° 15, obs. M. Cabrillac et Ph. Pétel ; *D.* 1995, 390, note F. Derrida ; *RTD com.* 1995, 663, obs. J.-Ph. Haehl).

Il en va autrement lorsque le préjudice allégué n'est pas l'insuffisance d'actif (■ Cass. com., 28 mars 2000 : *JCP* E 2000, p. 1566, n° 12, obs. Ph. Pétel ; *Rev. proc. coll.* 2000, 135, obs. A. Martin-Serf ; *RD bancaire et fin.* 2000, n° 73, obs. F.-X. Lucas ; *Bull. Joly Sociétés* 2000, p. 606, note J.-J. Daigre) ou si l'action a été engagée avant le jugement d'ouverture (■ Cass. com., 10 févr. 2009, n° 07-20.445 : *JurisData* n° 2009-047001 ; *JCP* E 2009, 1602, note B. Dondero ; *Bull. Joly Sociétés* 2009, p. 499, note S. Messaï-Bahri). Mais il est alors nécessaire d'établir une faute séparable des fonctions et un préjudice personnel (■ Cass. com., 7 mars 2006, n° 04-16.536 : *JurisData* n° 2006-032682 ; *JCP* E 2006, 2035, n° 2, obs. Caussain, Deboissy et Wicker ; *ibid.* 2331, n° 14, obs. M. Cabrillac ; *ibid.* 2834, note Jambort ; *Act. proc. coll.* 2006, comm. 102, obs. J. Vallasan ; *D.* 2006, act. jurispr. p. 857, obs. A. Lienhard ; *Rev. sociétés* 2006, n° 3, 644, obs. Barbièri ; *RTD com.* 2006, 431, obs. Le Cannu).

De même, la recevabilité de l'action exercée par un associé est subordonnée à l'allégation d'un préjudice personnel (■ Cass. com., 9 mars 2010, n° 08-21.547 : *JurisData* n° 2010-001500 ; *JCP* E 2010, 1483, note S. Schiller ; *Rev. proc. coll.* 2011, comm. 16, obs. A. Martin-Serf).

En outre, il est possible d'agir contre les dirigeants sociaux en application du droit commun, pour des faits postérieurs au jugement d'ouverture (■ Cass. com., 14 mars 2000, n° 97-17.753 : *JurisData* n° 2000-000990 ; *D.* 2000, *Cah. dr. aff.*, act. jurispr. p. 187, obs. Lienhard ; *JCP* E 2000, p. 1527, note Poracchia ; *LPA* 21 nov. 2000, p. 13, obs. Gibirila ; *RD bancaire et fin.* 2000, 91, n° 73, obs. Lucas).

Les dispositions spéciales n'excluent pas non *plus l'action civile en réparation* du préjudice résultant des délits de banqueroute, escroquerie, présentation de comptes annuels infidèles (■ Cass. crim., 13 juin 2001, 1re esp. : *RJDA* 3/2002, n° 287. ■ Cass. com., 10 oct. 2001, 2e esp. : *RJDA* 4/2002, n° 417), ou d'abus de biens sociaux (■ Cass. crim., 21 nov. 2001, 2e esp. : *RJDA* 3/2002, n° 287. ■ Cass. com., 27 nov. 2001, 1re esp. : *RJDA* 4/2002, n° 417 ; *Dr. sociétés* 2002, n° 88, obs. Legros. ■ Cass. com., 4 janv. 2005, n° 03-10.195 : *RJDA* 5/2005, n° 606). Ni une action en reddition de compte fondée sur l'article 1993 du Code civil (■ Cass. com., 15 nov. 2016, n° 15-16.070 : *BJS* 2017, 193, note Sotiropoulou ; *Rev. proc. coll.* 2017, comm. 89, obs. Martin-Serf).

22) Responsabilité fiscale. Les dispositions spéciales régissant la responsabilité pour insuffisance d'actif ne font pas obstacle à l'application de l'article L. 267 du Livre des procédures fiscales à l'encontre du dirigeant qui a rendu impossible le recouvrement d'impositions et pénalités par des manœuvres frauduleuses ou l'inobservation grave et répétée des obligations fiscales de la société (■ Cass. com., 9 déc. 1997 : *JCP* E 1998, p. 659, n° 19, obs. Ph. Pétel ; *Dr. et patrimoine* févr. 1998, p. 35, note Poullain ; *Rev. sociétés* 1998, 316, note crit. Daigre ; *Rev. proc. coll.* 1999, p. 47, n° 11, obs. Martin-Serf). Inversement, la solidarité prononcée en application de l'article 1745 du CGI ne fait pas obstacle à une condamnation à supporter l'insuffisance d'actif (■ Cass. com., 5 sept. 2018, n° 17-13.626 : *JurisData* n° 2018-015021 ; *BJS* 2018, p. 639, obs. Mouial-Bassilana ; *JCP* E 2019, 1000, n° 19, obs. Tehrani).

23) Prescription. L'action se prescrit par trois ans à compter du jugement de liquidation, sans considération de la date de commission des fautes de gestion (■ Cass. com., 8 avr. 2015 : *JCP* E 2015, 1422, n° 10, obs. Pétel).

Le dépôt de la requête du ministère public suffit à interrompre la prescription (■ Cass. com., 13 sept. 2016 : *JCP* E 2016, 1536, note Delattre).

Il résulte de la combinaison de l'article 98 de la loi du 24 juillet 1966 (C. com., art. L. 225-35) et 99 de la loi du 13 juillet 1967 (aujourd'hui C. com., art. L. 651-2) l'existence d'une solidarité légale entre la personne morale et son représentant permanent pour la responsabilité prévue à l'article 99 (aujourd'hui C. com., art. L. 651-2) (■ Paris, 24 janv. 1985 : *JurisData* n° 1985-020060 ; *Rev. sociétés* 1985, 665, note Le Cannu et sur pourvoi, ■ Cass. com., 2 déc. 1986, n° 85-11.307 : *JurisData* n° 1986-702803 ; *JCP* E 1987, I, 16159, n° 23, obs. Cabrillac et Vivant). Il s'ensuit que l'action engagée dans le délai légal contre la société a interrompu la prescription à l'égard du représentant lui-même (mêmes décisions).

Mais cette solidarité légale n'existe pas entre les dirigeants de droit et les dirigeants de fait, le juge ayant seulement la faculté de prononcer des condamnations avec ou sans solidarité (■ Cass. com., 26 oct. 1999, n° 97-10.464 : *JurisData* n° 1999-003876 ; *RJDA* 1/2000, n° 73. ■ Cass. com., 7 nov. 2006, n° 05-16.693 : *JurisData* n° 2006-

035797 ; *RJDA* 2/2007, n° 184 ; *JCP* E 2006, pan. 2839 ; *D.* 2006, p. 2910, obs. Lienhard). L'action dirigée contre l'un n'interrompt pas la prescription à l'égard de l'autre (▪ Cass. com., 7 nov. 2006, préc.).

24) Transmission aux héritiers. L'action en comblement du passif a un caractère patrimonial et la charge qui en résulte est transmissible par succession (▪ Cass. com., 6 févr. 1979, n° 77-13.965 : *JurisData* n° 1979-797051 ; *DS* 1979, inf. rap. 368, obs. Derrida ; *D.* 1980, 459, note Burst ; *Rev. sociétés* 1980, 126, note Sortais. ▪ Cass. com., 24 avr. 1981 : *JurisData* n° 1981-799605 ; *JCP* G 1981, IV, 240 ; *RTD com.* 1982, 472, obs. Merle. ▪ Cass. com., 19 mai 1982, n° 80-16.475 : *JurisData* n° 1982-701396 ; *Bull.* IV, n° 191 ; *JCP* CI 1983, I, 11677, n° 29, obs. Cabrillac et Vivant. ▪ Versailles, 27 févr. 1997 : *JurisData* n° 1997-040187 ; *RJDA* 1/98, n° 85. ▪ Amiens, 23 janv. 2003 : *RJDA* 2/2004, n° 208 ; *JCP* E 2003, pan. 1380).

25) Transaction. Les condamnations au paiement des dettes sociales prononcées en application de l'article L. 624-3 [L. 651-2] ne peuvent faire l'objet d'une transaction (▪ Cass. com., 5 nov. 2003 : *D.* 2003, p. 2831 ; *JCP* E 2004, chron. 783, n° 5, obs. Ph. Pétel ; *ibid.* jurispr. 1058, note Dumont-Lefrand. ▪ Cass. com., 24 mars 2009 : *JCP* E 2009, 1787, note C. Delattre ; *Rev. proc. coll.* 2010, comm. 116, obs. A. Martin-Serf).

L'insuffisance d'actif peut être mise à la charge d'un dirigeant, avant l'intervention d'une telle décision, par une transaction ; en revanche, aucune obligation à ce titre ne saurait résulter des mentions du jugement de conversion en liquidation judiciaire du redressement de la société (▪ Cass. com., 8 mars 2017, n° 15-16.005 : *JurisData* n° 2017-003958 ; *JCP* E 2017, 1460, n° 20, obs. Therani ; – 1242, obs. Cerati-Gauthier ; *JCP* G 2017, 416, obs. Saintourens ; *LEDEN* mai 2017, note Lucas ; *BJS* 2017, p. 336, obs. Monsèrié-Bon ; *Rev. proc. coll.* 2017, comm. 152, obs. Martin-Serf).

B – Conditions de l'action

26) Simple négligence. La loi du 9 décembre 2016, qui écarte, en cas de *simple négligence, la* responsabilité du dirigeant, est applicable immédiatement aux procédures collectives en cours et aux instances en responsabilité en cours (▪ Cass. com., 5 sept. 2018, n° 17-15.031 : *JurisData* n° 2018-015022 ; *BJE* 2018, p. 450, obs. Favario ; *BJS* 2018, p. 641, obs. Lucas ; *JCP* E 2019, 1000, n° 18, obs. Tehrani).

La simple négligence ne se réduit pas à l'hypothèse dans laquelle le dirigeant a pu ignorer les circonstances ou la situation ayant entouré sa commission (▪ Cass. com., 3 févr. 2021, n° 19-20.004 : *JurisData* n° 2021-001371 ; *JCP* E 2021, 1191, n° 20, obs. Tehrani).

Pour un cas de simple négligence, V. ▪ Cass. com., 17 juin 2020, n° 18-18.321 : *BJE* nov. 2020, n° 118e1, p. 43, obs. Favario.

27) Fautes retenues. Déclaration de cessation des paiements tardive, qui n'est pas une simple négligence (▪ Cass. com., 5 févr. 2020, n° 18-15.062 : *JCP* E 2020, 1310, obs. Rakotovahiny ; *Rev. proc. coll.* 2020, comm. 113, obs. Lisanti. ▪ Cass. com., 28 mai 1991, n° 89-16.699 : *Bull.* IV, n° 187 ; *D.* 1992, somm. 184, obs. Honorat. ▪ Cass. com., 8 oct. 1996, n° 94-18.384 : *JCP* E 1997, II, 917, note Daigre). Même sur le conseil d'un tiers (▪ Cass. com., 30 nov. 1993, n° 91-19.914 : *Bull. Joly* 1994, 410, note Pétel).

Non-respect des obligations légales de tenue d'assemblées générales et d'établissement des comptes (▪ Cass. com., 31 janv. 1995, n° 92-21.548 : *JurisData* n° 1995-000294 ; *JCP* E 1995, pan. 361 ; *JCP* G 1995, I, 3865, n° 9, obs. Viandier et Caussain ; *Bull. Joly* 1995, 341, note Couret ; *RTD com.* 1996, 543, obs. Haëhl ; *Rev. proc. coll.* 1999, 182, obs. Martin-Serf).

Maintien du domicile familial en un lieu éloigné de celui de la société (▪ Cass. com., 7 juill. 1992, n° 90-19.323 : *Bull. Joly* 1992, 1192, note Campana).

Erreur d'appréciation dans la reprise d'une entreprise en difficulté (aff. La Cinq ▪ T. com. Paris, 23 nov. 1992 : *JurisData* n° 1992-600079 ; *Bull. Joly* 1993, 255, note Campana).

Défaut de paiement des loyers pendant 2 ans (▪ Cass. com., 26 févr. 2020, n° 18-19.704).

Passivité que ne saurait justifier le peu d'intérêt qu'avait l'administrateur dans l'affaire, et manque de contrôle (▪ Cass. com., 31 janv. 1995, préc. – *Adde*, ▪ Versailles, 21 oct. 1993 : *JurisData* n° 1993-600048 ; *Bull. Joly* 1994, 99, note P.L.C. ▪ Cass. com., 25 mars 1997, n° 93-14.215 : *Bull. Joly* 1997, 799, note G.B. ▪ Agen, 19 janv. 1998 : *JurisData* n° 1998-110227 ; *JCP* E 1998, p. 1693, note Daigre. ▪ Cass. com., 10 mars 2004, n° 02-17.820 : *JurisData* n° 2004-022870 ; *RJDA* 7/2004, n° 870. ▪ Cass. com., 12 avr. 2005 : *RJDA* 8-9/2005, n° 1024. – Comp. ▪ Cass. com., 14 mai 2002, n° 00-14.891 : *JurisData* n° 2002-017990 ; *RJDA* 8-9/2002, n° 920 et ▪ Versailles, 5 mai 2003 : *RJDA* 12/2003, n° 1216, qui admettent que les administrateurs puissent échapper à leur responsabilité lorsqu'ils ont été mis dans l'impossibilité d'exercer leurs fonctions).

Gestion laxiste et manque de contrôle (▪ Cass. com., 3 janv. 1995, aff. Nasa : *Bull. Joly* 1995, 432, note Couret. ▪ Cass. com., 30 oct. 2000, n° 98-12.431 : *JurisData* n° 2000-006774 ; *RJDA* 2/2001, n° 210. ▪ Cass. com., 8 janv. 2002 : *JCP* E 2002, pan. 297 ; *D.* 2002, p. 570, obs. Lienhard ; *RJDA* 5/2002, n° 536).

Détournements de fonds et dépenses inconsidérées malgré l'endettement de la société (■ Cass. com., 11 juill. 1995, n° 93-15.864 : *JurisData* n° 1995-004471 ; *JCP* E 1996, II, 783, note Gibirila), salaires injustifiés (■ Cass. com., 24 sept. 2003 : *RJDA* 3/2004, n° 352).

Distribution excessive de dividendes (■ Cass. com., 25 oct. 2011, n° 10-23.671 : *JurisData* n° 2011-023497 ; *Rev. proc. coll.* 2013, comm. 82, obs. Martin-Serf). Même imposée par une opération de LBO (■ Cass. com., 9 sept. 2020, n° 18-12.444 : *JCP* E 2020, 1014, n° 3, obs. Grossi ; *Dr. sociétés* 2020, comm. 142, obs. Mortier).

Investissements inadaptés ou excessifs, compte tenu de leurs conditions prévisibles de financement (■ Cass. com., 19 mars 1996, n° 94-12.004 : *JurisData* n° 1996-000989 ; *JCP* E 1996, I, 584, n° 17, obs. Ph. Pétel. – *Adde*, ■ Paris, 5 déc. 1997 : *Bull. Joly* 1998, 253, note Daigre).

Poursuite de la gestion déficitaire en période suspecte (■ Cass. com., 11 juin 1996, n° 94-16.067 : *JurisData* n° 1996-002341 ; *JCP* E 1996, pan. 935. – *Adde*, ■ Cass. com., 30 mars 1999, n° 95-17.905 : *JurisData* n° 1999-001500 ; *RJDA* 6/99, n° 704. ■ Cass. com., 16 oct. 2001, n° 98-12.568 : *JurisData* n° 2001-011308 ; *RJDA* 3/2002, n° 288 ; *D.* 2001, p. 3273, obs. Lienhard ; *JCP* E 2001, pan. 1843 ; *Dr. sociétés* 2002, n° 89, obs. Legros. ■ Cass. com., 19 févr. 2002, n° 99-14.906 : *RJDA* 7/2002, n° 791. ■ Cass. com., 27 févr. 2007, n° 05-20.038 : *JurisData* n° 2007-037857 ; *RJDA* 8-9/2007, n° 877).

Défaut de désignation d'un commissaire aux comptes (■ Paris, 18 nov. 1997 : *JurisData* n° 1997-023273 ; *JCP* E 1997, pan. 1389 ; *Bull. Joly* 1998, 250, note J.-F. Barbièri).

Au sein d'un groupe de sociétés, soumission d'une société à des charges financières importantes au bénéfice d'autres sociétés du groupe (■ Cass. com., 30 mars 1999 : *RJDA* 6/99, n° 704. ■ Cass. com., 7 déc. 1999, n° 97-12.173 : *RJDA* 4/2000, n° 458), utilisation des biens ou du crédit de la société pour favoriser une autre entreprise dans laquelle les dirigeants étaient intéressés (■ Cass. com., 8 oct. 2003, n° 01-00.236 : *RJDA* 3/2004, n° 353).

Tenue incomplète de la comptabilité qui ne permet pas aux dirigeants d'apprécier la réalité économique de l'entreprise (■ Paris, 25 oct. 2002, n° 2002/01113 : *JurisData* n° 2002-195627 ; *RJDA* 2/2003, n° 172. Mais V. en sens contraire ■ Paris, 29 mars 2002, n° 2001/09596 : *JurisData* n° 2002-186375 ; *RJDA* 2/2003, n° 172).

28) Fautes non retenues. Ne caractérise pas *une faute de gestion la* cour d'appel qui se borne à retenir à l'encontre d'un dirigeant sa seule tolérance à la poursuite de l'exploitation d'un produit fabriqué par la société sans les autorisations administratives requises pour sa fabrication (■ Cass. com., 15 déc. 1992, n° 90-15.557 : *JurisData* n° 1992-002894 ; *Bull.* IV, n° 407) ; de même la surévaluation des stocks et la poursuite d'une activité déficitaire (■ Cass. com., 16 avr. 1996, n° 94-13.526 : *JurisData* n° 1996-005720 ; *RJDA* 7/96, n° 977) ; de même en cas d'investissements lourds supposant une longue période d'activité déficitaire avant de pouvoir se révéler rentables (■ Paris, 16 nov. 1993, n° 91-16.465 : *Bull. Joly* 1994, 101, note Daigre. – *Adde*, ■ Cass. com., 29 oct. 2002, n° 98-17.318 : *JurisData* n° 2002-016263 ; *RJDA* 2/2003, n° 173).

Aucune faute de gestion n'est caractérisée à l'égard des dirigeants qui ont poursuivi une exploitation déficitaire dès lors que les difficultés de la société ont pour origine la conjoncture économique (■ Cass. com., 31 mars 1998, n° 96-10.724 : *RJDA* 6/98, n° 777. – Comp. ■ Paris, 31 mars 1998, n° 36971/95 : *JurisData* n° 1998-021383 ; même réf.). De même en cas de grève répétée des salariés et de retard de l'inspecteur du travail à autoriser le licenciement permettant la restructuration (■ T. com. Pontoise, 26 janv. 1979 : *JurisData* n° 1979-761796 ; *DS* 1979, 457, note Derrida).

Les administrateurs qui ne se sont pas immiscés dans l'établissement des comptes ne peuvent être condamnés à combler le passif pour une comptabilité incomplète dont la responsabilité incombait au président du conseil d'administration (■ Paris, 29 mars 2002 : *RJDA* 2/2003, n° 172 ; *JCP* E 2002, pan. 1629).

L'insuffisance des apports est imputable aux associés et ne constitue pas une faute de gestion (■ Cass. com., 10 mars 2015, n° 12-15.505 : *JurisData* n° 2015-005248 ; *Act. proc. coll.* 2015, comm. 107, obs. Vallansan ; *JCP* E 2015, 1261, note Dondero ; *BJS* 2015, 244, 113m1, note Parachkevova. ■ Cass. com., 17 juin 2020, n° 19-10.341 : *JCP* E 2020, 1362, note Tisseyre ; *BJE* nov. 2020, n° 118e6, p. 46, obs. Favario). Comp. ■ Cass. com., 23 nov. 1999, n° 98-13.344 : *RJDA* 2000, n° 457. ■ Cass. com., 16 oct. 2001, n° 98-22.168 : *JCP* E 2001, pan. 1843 ; *Dr. sociétés* 2002, n° 89, obs. Legros). *Idem* pour l'absence de recapitalisation malgré une obligation légale (■ Cass. com., 13 oct. 2015 : *Rev. proc. coll.* 2016, comm. 93, obs. Martin-Serf).

Mais il y a faute si le dirigeant ne tente pas d'obtenir une recapitalisation qu'il sait nécessaire (■ Cass. com., 12 juill. 2016, n° 14-23.310).

29) Incidence des mesures préventives. L'absence de recours à une mesure de prévention peut être une faute (■ CA Douai, 4 déc. 2013 : *Rev. proc. coll.* 2014, comm. 148, obs. Delattre). Inversement, la multiplicité de ces mesures peut aussi être fautive (■ CA Versailles, 13 nov. 2018 : *JCP* E 2019, 1162, obs. Delattre).

30) Intervention des pouvoirs publics. Les dirigeants ne peuvent se soustraire à l'application de l'article L. 624-3 [L. 651-2] du Code de commerce en invoquant l'intervention des pouvoirs publics (■ Cass. com., 6 févr. 2001 : *JCP* E 2001, pan. 589 ; *D.* 2001, p. 861 ; *LPA* 21 nov. 2001, p. 15, obs. Giribila ; *D.* 2002, somm. 81, obs. Sortais).

Mais le passif d'une entreprise ne saurait être reproché aux dirigeants lorsque les pouvoirs publics se sont acharnés à sauvegarder les unités de production et qu'une exploitation déficitaire s'est maintenue longtemps (■ T. com. Paris, 22 avr. 1979 : *RJ com.* 1979, 315. ■ T. com. Paris, 19 nov. 1985 : *JurisData* n° 1986-764811 ; *JCP* E 1986, I, 15331, n° 15, obs. Cabrillac et Vivant ; *Gaz. Pal.* 1986, I, 46, obs. Marchi. ■ T. com. Paris, 8 déc. 1986 : *JurisData* n° 1986-600789 ; *JCP* E 1987, I, 16619, n° 19, obs. Cabrillac et Vivant ; *Gaz. Pal.* 1987, 1, 257, obs. Marchi) ou lorsque, sous la pression des pouvoirs publics, la totalité de l'actif a été cédé pour la somme symbolique de deux francs (■ Aix-en-Provence, 15 mars 1985 : *JurisData* n° 1985-699801 ; *RJ com.* 1985, 174, note Mestre).

31) Incidence des suites de la procédure. La décision de poursuite de l'activité prise en application de l'article 142 et le jugement arrêtant le plan de cession sont sans influence sur l'appréciation de la faute de gestion pour la période antérieure au prononcé du redressement judiciaire (■ Cass. com., 8 juin 1993 : *JCP* E 1993, I, 298, n° 19, obs. Cabrillac et Pételׁ).

32) Intérêt personnel. L'application de l'article L. 624-3 [L. 651-2] ne nécessite pas que soit démontré un intérêt personnel du dirigeant qui commet une faute de gestion en poursuivant une activité déficitaire (■ Paris, 13 oct. 1995 : *JurisData* n° 1995-023987 ; *D.* 1995, inf. rap. 244).

33) Pluralité de fautes. Lorsque plusieurs fautes de gestion ont contribué à l'insuffisance d'actif, chacune d'elles doit être légalement justifiée (■ Cass. com., 15 déc. 2009 : *JCP* E 2010, 1296, n° 14, obs. Ph. Pétel ; *D.* 2010, 10, obs. A. Lienhard ; *JCP* G 2010, 1164, obs. Ph. Delmotte et Ph. Roussel-Galle ; *Act. proc. coll.* 2010, comm. 31, obs. J. Vallansan).

34) Date des faits. La faute de gestion n'est pas subordonnée à la constatation d'un état de cessation des paiements de la société antérieur ou concomitant à cette faute (■ Cass. com., 27 avr. 1993, n° 91-14.204 : *JCP* E 1993, I, 277, n° 20, obs. Pétel).

Mais lorsque la faute de gestion consiste en l'omission de déclarer la cessation des paiements, celle-ci doit exister au plus tard à la date de la démission du dirigeant démissionnaire (■ Cass. com., 17 mars 1998, n° 95-22.160 : *RJDA* 7/1998, n° 901).

Les fautes de gestion commises pendant la période d'observation du redressement judiciaire, comme pendant l'exécution du plan, peuvent être prises en considération pour fonder l'action dès lors qu'elles sont antérieures au jugement de liquidation judiciaire (■ Cass. com., 22 janv. 2020, n° 18-17.030 : *JurisData* n° 2020-000655 ; *JCP* E 2020, 1204, n° 24, obs. Tehrani ; *JCP* E 2020, 1210, obs. Cerati-Gauthier ; *Rev. Sociétés* mars 2020, p. 195, obs. Roussel Galle). Rappr., à propos de l'ancienne obligation aux dettes sociales : ■ Cass. com., 1er févr. 2011, n° 10-11.490 : *JurisData* n° 2011-001147 ; *BJS* 2011, p. 311, obs. Ph. Pétel ; *Rev. proc. coll.* 2012, comm. 100, obs. A. Martin-Serf.

35) Date de cessation des paiements. L'omission de déclaration de la cessation des paiements dans le délai légal, susceptible de constituer une faute de gestion, s'apprécie au regard de la seule date de cessation des paiements fixée dans le jugement d'ouverture ou dans un jugement de report (■ Cass. com., 4 nov. 2014 : *JCP* E 2014, 1637, n° 12, obs. Pétel ; 1604, rapp. Schmidt, obs. Roussel-Galle).

36) Lien de causalité. La faute consistant en l'omission de déclaration de la cessation des paiements dans le délai légal n'existe pas avant l'expiration de ce délai de 45 jours ; elle ne peut donc avoir contribué à la naissance d'un passif constitué auparavant (■ Cass. com., 17 juin 2020, n° 18-11.737 : *JCP* E 2020, 1353, n° 21, obs. Pétel ; *BJE* sept. 2020, n° 118c9, p. 39, obs. Favario).

– V. également, pour une absence de lien de causalité : ■ Paris, 27 févr. 2001, n° 2000/12105 : *JurisData* n° 2001-142042 ; *RJDA* 8-9/2001, n° 888.

37) Insuffisance d'actif : preuve. Il n'est pas nécessaire que le passif soit précisément chiffré (■ Paris, 11 déc. 1978 : *JurisData* n° 1978-635190 ; *RJ com.* 1979, 272, note de Fonbressin) ; il suffit que l'insuffisance d'actif soit certaine (■ Cass. com., 17 juill. 1956 : *RTD com.* 1956, 693, obs. Rault, 729, obs. Houin. ■ Cass. com., 23 sept. 1981, n° 80-11.502 : *Bull.* IV, n° 334 ; *JCP* CI 1983, I, 11307, n° 24, obs. Cabrillac et Vivant ; *Rev. sociétés* 1982, 346, note Honorat), même avant l'arrêté définitif de l'état des créances (■ Cass. com., 8 juill. 1986, n° 84-16.193 : *JurisData* n° 1986-001346 ; *Bull.* IV, p. 125).

Mais la preuve de l'insuffisance d'actif ne peut résulter des seuls éléments chiffrés du bilan déposé par les dirigeants, la notion d'insuffisance d'actif ne pouvant être ramenée à celle de cessation des paiements (■ Cass. com., 4 déc. 1972, n° 71-12.855 : *JurisData* n° 1972-098317 ; *Rev. sociétés* 1974, 126, note Hémard. ■ 18 juill. 1974, n° 73-10.967 : *JurisData* n° 1974-097236 ; *Rev. sociétés* 1975, 492, note D. Schmidt). Il n'y a pas lieu à condamnation si l'insuffisance d'actif n'est pas certaine puisque le montant du passif admis et vérifié est inconnu de même que l'actif existant au jour de l'ouverture de la procédure (■ Cass. com., 3 déc. 2003, n° 01-02.046 : *RJDA* 4/2004, n° 458).

La condamnation du dirigeant à payer une partie du passif social alors que celui-ci n'est pas définitivement fixé, n'est pas contraire aux dispositions de l'article 6, § 1 de la Convention européenne de sauvegarde des droits de l'homme (■ Cass. com., 15 nov. 2005, n° 04-16.989 : *RJDA* 3/2006, n° 313).

38) Insuffisance d'actif : éléments constitutifs. Les dettes nées après le jugement d'ouverture n'entrent pas dans le passif pris en compte pour la détermination de l'insuffisance d'actif (■ Cass. com., 28 avr. 1998 : *JCP* E 1998, p. 1926, note Likillimba ; *RJDA* 8-9/98, n° 1000 ; *RTD com.* 1999, 187, obs. Laude ; *D. affaires* 1998, p. 1487, obs. A.L. ; *Defrénois* 1998, 948, note Le Cannu ; *Rev. proc. coll.* 2000, 49, n° 7, obs. Deleneuville) ; il en est ainsi des frais de réalisation de l'actif exposés en cours de procédure (■ Cass. com., 2 juin 1987, n° 85-15.713 : *JurisData* n° 1987-001144 ; *D.* 1988, somm. 39, obs. Honorat. ■ Cass. com., 16 févr. 1993, n° 90-21.331 : *JurisData* n° 1993-000298 ; *Rev. sociétés* 1993, 655, note Honorat : *JCP* E 1994, I, 351, n° 17, obs. Pétel).

Sur le cas des indemnités de licenciement, V. ■ Cass. com., 18 mars 2008, n° 02-21.616 : *JurisData* n° 2008-043272 ; *JCP* E 2008, 2022, note C. Delattre ; *Dr. sociétés* 2008, comm. 151, obs. J.-P. Legros ; *D.* 2009, jurispr. p. 349, note crit. J.-M. Deleneuville ; *Rev. proc. coll.* 2009, comm. 171, obs. A. Martin-Serf).

39) Date d'appréciation. L'existence et le montant de l'insuffisance d'actif doivent être appréciés au moment où statue la juridiction saisie de l'action tendant à la faire supporter par un dirigeant social (■ Cass. com., 27 févr. 1978, n° 76-13.867 : *JurisData* n° 1978-097078 ; *D.* 1978, inf. rap. 334 ; *Bull.* IV, p. 63. ■ Cass. com., 16 mars 1999 : *JCP* E 1999, pan. 843 ; *RJDA* 5/99, n° 585 ; *JCP* E 2007, 1117, note Delattre).

C – Effets de l'action

40) Pouvoirs du tribunal. Les juges du fond peuvent décider qu'une faute de gestion ne justifie pas à elle seule la condamnation du dirigeant (■ Cass. com., 19 févr. 2002, n° 99-15.359 : *JurisData* n° 2002-013943 ; *RJDA* 8-9/2002, n° 919). ou d'exclure la responsabilité d'un dirigeant dont l'action a eu pour effet de réduire l'insuffisance d'actif de la société (■ Cass. com., 25 juin 2002, n° 99-18.643 : *JurisData* n° 2002-017992 ; *RJDA* 12/2002, n° 1306).

Ils apprécient souverainement le montant de la condamnation, sans que la Cour de cassation contrôle le caractère proportionné de ce montant (■ Cass. com., 9 mai 2018, n° 16-26.684 : *JurisData* n° 2018-007543 ; *JCP* E 2018, 1412, obs. Cerati-Gauthier).

41) Plafond de la condamnation. La condamnation des dirigeants ne saurait dépasser le montant de l'insuffisance d'actif (■ Cass. com., 18 oct. 1982 : *JurisData* n° 1982-702285 ; *JCP* CI 1983, I, 11874, obs. Cabrillac et Vivant ; *Gaz. Pal.* 1983, 1, 210, note Dupichot. ■ Cass. com., 30 nov. 2007 : *RJDA* 3/2008, n° 313).

42) Pluralité de causes. Le dirigeant peut être déclaré responsable même si sa faute n'est que l'une des causes de l'insuffisance d'actif et il peut être condamné à supporter la totalité des dettes sociales, même si sa faute n'est à l'origine que d'une partie d'entre elles (■ Cass. com., 30 nov. 1993, n° 91-20.554 : *Bull.* IV, n° 440 ; *Bull. Joly* 1994, 410, obs. Pétel. ■ Cass. com., 17 févr. 1998, n° 95-18.510 : *JurisData* n° 1998-000657 ; *Bull. Joly* 1998, 644, note Daigre. ■ Cass. com., 21 juin 2005, n° 04-12.087 : *JurisData* n° 2005-029071 ; *RJDA* 11/2005, n° 1266 ; *JCP* E 2005, pan. 1283 ; *D.* 2005, 1850, obs. Lienhard).

43) Pluralité d'auteurs. Le tribunal n'est pas tenu de se prononcer sur la part de responsabilité incombant à chacun des coauteurs du dommage dans leurs rapports réciproques (■ Cass. com., 3 janv. 1995, *aff. Nasa : Bull. Joly* 1995, 269, note Couret ; *Dr. et patrimoine* 1995, n° 996, obs. Bertrel).

Le tribunal peut rejeter la solidarité en raison du caractère inégal des fautes commises par les différents dirigeants (■ Cass. com., 10 janv. 1970 : *DS* 1970, 480, note Poulain. ■ Cass. com., 15 oct. 1973 : *JCP* G 1973, IV, 388. ■ Cass. com., 15 nov. 1976 : *DS* 1977, inf. rap. 113. ■ Paris, 28 févr. 1977 : *DS* 1977, inf. rap. 798). Pour un exemple de condamnation solidaire (■ Cass. com., 24 janv. 1983 : *JurisData* n° 1983-799950 ; *DS* 1983, inf. rap. 436, obs. Derrida rejetant le pourvoi contre ■ Bordeaux, 18 nov. 1981 : *JurisData* n° 1981-699599 ; *D.* 1982, inf. rap. 195, obs. Vasseur et 490, obs. Derrida).

Mais viole l'article L. 624-3 [L. 651-2] la cour d'appel qui condamne un dirigeant à supporter la totalité de l'insuffisance d'actif de la personne morale et un autre à en payer une partie, sans préciser que l'obligation de contribuer du premier en sera diminuée d'autant (■ Cass. com., 17 nov. 1992, n° 90-20.299 : *JurisData* n° 1992-002522 ; *Bull. civ.* IV, n° 359), ou sans prononcer une condamnation solidaire (■ Cass. com., 3 févr. 1998, n° 95-17.201 : *Bull. Joly Sociétés* 1998, 642, note Daigre).

44) Confusion de patrimoines. Les dettes de la personne morale, que l'article L. 624-3 [L. 651-2] permet de mettre à la charge du dirigeant, ne peuvent comprendre celles d'autres personnes morales auxquelles la procédure collective a été étendue sur le fondement d'une confusion de patrimoines mais dont celui-ci n'a pas été le dirigeant (■ Cass. com., 23 mai 2000, n° 97-21.080 : *JurisData* n° 2000-002128 ; *JCP* E 2000, pan. 1165, p. 1567, n° 13, obs. Pétel ; *D.* 2000, act. jurispr., p. 299, obs. Lienhard ; *LPA* 21 nov. 2000, p. 18, obs. Gibirila ; *D.* 2002, somm. 78, obs. Derrida. ■ Cass. com., 30 oct. 2007, n° 06-14.672 : *JurisData* n° 2007-041179).

En revanche, celui qui était dirigeant de plusieurs sociétés doit réparer l'insuffisance d'actif de l'ensemble des sociétés concernées (■ Cass. com., 8 mars 2017, n° 15-22.337 : *JurisData* n° 2017-003959 ; *Rev. proc. coll.* 2017, comm. 150, obs. Martin-Serf ; *Gaz. Pal.* 27 juin 2017, p. 41, obs. Reille).

45) **Répartition.** Les sommes étant réparties, en cas de liquidation, entre tous les créanciers au marc le franc, il n'y a pas lieu d'accorder un rang prioritaire aux créanciers superprivilégiés (■ Cass. com., 20 mai 1997, n° 95-12.162 : *JurisData* n° 1997-002193 ; *JCP* E 1997, I, 681, n° 19, obs. Ph. Pétel ; *JCP* E 1998, p. 34, n° 16, obs. M. Cabrillac ; *RJ com.* 1998, 26, note Calendini).

46) **Compensation.** Les sommes versées par le dirigeant devant être réparties au marc le franc, cette affectation fait obstacle à une compensation avec une créance du dirigeant (■ Cass. com., 8 mars 2017, n° 15-24.891 : *JurisData* n° 2017-003982 ; *Rev. proc. coll.* 2018, comm. 123, obs. Martin-Serf).

Art. L. 651-3 ***(L. n° 2005-845, 26 juill. 2005 ; mod., Ord. n° 2008-1345, 18 déc. 2008 ; Ord. n° 2010-1512, 9 déc. 2010 ; Ord. n° 2014-326, 12 mars 2014).*** **– Dans les cas prévus à l'article L. 651-2, le tribunal est saisi par le liquidateur ou le ministère public.**

Dans l'intérêt collectif des créanciers, le tribunal peut également être saisi par la majorité des créanciers nommés contrôleurs lorsque le liquidateur n'a pas engagé l'action prévue au même article, après une mise en demeure restée sans suite dans un délai et des conditions fixés par décret en Conseil d'État.

Les dépens et frais irrépétibles auxquels a été condamné le dirigeant ou l'entrepreneur individuel à responsabilité limitée sont payés par priorité sur les sommes versées pour combler le passif.

Bibliographie : Almaseanu, *Sanctions : précisions procédurales : Rev. proc. coll.* 2020, étude 5.

1) **Application de la loi dans le temps.** Le commissaire à l'exécution du plan est recevable à intenter une action en insuffisance d'actif dans une procédure en cours au 1er janvier 2006 (■ Paris, 25 oct. 2006 : *JCP* E 2007, 1357, note Roussel Galle, conf. par ■ Cass. com., 5 févr. 2008 : *D.* 2008, p. 543, obs. Lienhard ; chron. 1231, obs. Bélaval ; *JCP* E 2008, pan. 1278) et est recevable à ordonner une mesure d'instruction *in futurum* (■ Cass. com., 5 févr. 2008, préc.).

2) **Contrôleurs.** La gravité des conséquences de l'action justifie qu'elle ne puisse être engagée par un contrôleur unique ou, lorsqu'il y en a plusieurs, par une minorité d'entre eux (■ Cass. com., 30 janv. 2018, n° 17-20.763). L'action des contrôleurs doit être précédée d'une mise en demeure au liquidateur délivrée conjointement par au moins deux d'entre eux, puis être engagée par la majorité des contrôleurs (■ Cass. com., 24 mai 2018, n° 17-10.005 : *JurisData* n° 2018-008601 ; *JCP* E 2018, 1429, n° 17, obs. Pétel ; *Act. proc. coll.* 2018, comm. 177, obs. P. Cagnoli).

Responsabilité du contrôleur ayant agi seul de manière fautive (■ CA Angers, 15 janv. 2013, n° 10/01250 : *JurisData* n° 2013-009108 ; *JCP* E 2013, 1417, obs. Delattre).

3) **Entreprise d'investissement.** Qualité pour agir du liquidateur judiciaire, à l'exclusion du liquidateur nommé par l'ACPR (■ Cass. com., 17 avr. 2019, n° 18-11.743 : *JCP* E 2019, 1375, n° 24, obs. Tehrani ; *Act. proc. coll.* 2019, comm. 145, obs. Voinot).

Art. L. 651-4 ***(Anc. art. L. 624-7, L. n° 2005-845, 26 juill. 2005 ; mod., Ord. n° 2009-866, 15 juill. 2009 ; Ord. n° 2010-1512, 9 déc. 2010 ; L. n° 2012-346, 12 mars 2012 ; L. n° 2013-100, 28 janv. 2013 ; Ord. n° 2013-544, 27 juin 2013).*** **– Pour l'application des dispositions de l'article L. 651-2, d'office ou à la demande de l'une des personnes mentionnées à l'article L. 651-3, le président du tribunal peut charger le juge-commissaire ou, à défaut, un membre de la juridiction qu'il désigne d'obtenir, nonobstant toute disposition législative contraire, communication de tout document ou information sur la situation patrimoniale des dirigeants et des représentants permanents des dirigeants personnes morales mentionnées à l'article L. 651-1 ou encore sur les revenus et le patrimoine non affecté de l'entrepreneur individuel à responsabilité limitée de la part des administrations et organismes publics, des organismes de prévoyance et de sécurité sociale, des établissements de paiement, des sociétés de financement, des établissements de monnaie électronique et des établissements de crédit.**

Le président du tribunal peut, dans les mêmes conditions, ordonner toute mesure conservatoire utile à l'égard des biens des dirigeants ou de leurs représentants visés à l'alinéa qui précède ou encore des biens de l'entrepreneur individuel à responsabilité limitée compris dans son patrimoine non affecté. Il peut maintenir la mesure conservatoire ordonnée à l'égard des biens du dirigeant de droit ou de fait en application de l'article L. 631-10-1.

Les dispositions du présent article sont également applicables aux personnes membres ou associées de la personne morale en procédure de sauvegarde, de redressement ou de liquidation judiciaire, lorsqu'elles sont responsables indéfiniment et solidairement de ses dettes.

Bibliographie : C. Delattre, *Portée de la saisie conservatoire des biens des dirigeants en application de l'art. L. 651-4, al. 2 C. com. : Rev. proc. coll.* 2013, étude 10.

1) Domaine. Les dispositions de l'article L. 651-4 ne sont pas applicables après la décision de condamnation du dirigeant (▪ CA Versailles, 15 avr. 2010, n° 09/06389 : *JurisData* n° 2010-005789 ; *JCP* E 2010, 1743, note J.-P. Legros ; *Act. proc. coll.* 2010, comm. 170, obs. C. Delattre).

2) Caractère dérogatoire. Les mesures conservatoires prévues à l'article L. 651-4, alinéa 2, dérogent à l'article 67 de la loi du 9 juillet 1991 (▪ Cass. com., 31 mai 2011, n° 10-18.472 : *JurisData* n° 2011-010301 ; *JCP* E 2011, 1737, obs. J.-P. Legros ; *Act. proc. coll.* 2011, comm. 194, obs. C. Delattre ; *BJE* oct. 2011, p. 271, obs. T. Favario).

Livre des procédures fiscales

Art. L. 145 C *(L. n° 2005-845, 26 juill. 2005 ; D n° 2010-422, 27 avr. 2010)*. – Conformément aux dispositions de l'article L. 651-4 du Code de commerce, pour l'application des dispositions de l'article L. 651-2 du même code, d'office ou à la demande de l'une des personnes mentionnées à l'article L. 651-3 du même code, le président du tribunal peut charger le juge-commissaire ou, à défaut, un membre de la juridiction qu'il désigne, d'obtenir de l'administration communication de tout document ou information sur la situation patrimoniale des dirigeants ainsi que des personnes physiques représentants permanents des dirigeants personnes morales mentionnées à l'article L. 651-1 du même code.

Les dispositions du premier alinéa sont applicables aux personnes membres ou associées de la personne morale en procédure de sauvegarde, de redressement ou de liquidation judiciaire lorsqu'elles sont responsables indéfiniment et solidairement de ses dettes.

Code de l'environnement

Art. L. 512-17 *(L. n° 2010-788, 12 juill. 2010 ; mod., Ord. n° 2017-80, 26 janv. 2017)*. – Lorsque l'exploitant est une société filiale au sens de l'article L. 233-1 du Code de commerce et qu'une procédure de liquidation judiciaire a été ouverte ou prononcée à son encontre, le liquidateur, le ministère public ou le représentant de l'État dans le département peut saisir le tribunal ayant ouvert ou prononcé la liquidation judiciaire pour faire établir l'existence d'une faute caractérisée commise par la société mère qui a contribué à une insuffisance d'actif de la filiale et pour lui demander, lorsqu'une telle faute est établie, de mettre à la charge de la société mère tout ou partie du financement des mesures de remise en état du ou des sites en fin d'activité.

Lorsque la société condamnée dans les conditions prévues au premier alinéa n'est pas en mesure de financer les mesures de remise en état en fin d'activité incombant à sa filiale, l'action mentionnée au premier alinéa peut être engagée à l'encontre de la société dont elle est la filiale au sens du même article L. 233-1 si l'existence d'une faute caractérisée commise par la société mère ayant contribué à une insuffisance d'actif de la filiale est établie. Ces dispositions s'appliquent également à la société dont la société condamnée en application du présent alinéa est la filiale au sens du même article L. 233-1 dès lors que cette dernière société n'est pas en mesure de financer les mesures de remise en état du ou des sites en fin d'activité incombant à sa filiale.

Lorsque le 1° du II de l'article L. 171-8 du présent code a été mis en œuvre, les sommes consignées, au titre des mesures de remise en état en fin d'activité, sont déduites des sommes mises à la charge de la société mère en application des alinéas précédents.

Bibliographie : V. T. Montéran, *Liquidation judiciaire et sites pollués : une action en recherche de maternité : D.* 2010, 2859.

CHAPITRE II. – DE L'OBLIGATION AUX DETTES SOCIALES

Art. L. 652-1 à L. 652-5 *(Abr., Ord. n° 2008-1345, 18 déc. 2008).*

CHAPITRE III. – DE LA FAILLITE PERSONNELLE ET DES AUTRES MESURES D'INTERDICTION

Bibliographie : Favario, *Du quantum d'une sanction professionnelle : BJE* janv. 2020, n° 117h6, p. 62.

Art. L. 653-1 *(Anc. art. L. 625-1, renum. et mod., L. n° 2005-845, 26 juill. 2005 ; Ord. n° 2008-1345, 18 déc. 2008 ; L. n° 2016-1547, 18 nov. 2016).* **– I. – Lorsqu'une procédure de redressement judiciaire ou de liquidation judiciaire est ouverte, les dispositions du présent chapitre sont applicables :**

1° Aux personnes physiques exerçant une activité commerciale ou artisanale, aux agriculteurs et à toute autre personne physique exerçant une activité professionnelle indépendante y compris une profession libérale soumise à un statut législatif ou réglementaire ou dont le titre est protégé ;

2° Aux personnes physiques, dirigeants de droit ou de fait de personnes morales ;

3° Aux personnes physiques, représentants permanents de personnes morales, dirigeants des personnes morales définies au 2°.

Ces mêmes dispositions ne sont pas applicables aux personnes physiques ou dirigeants de personne morale, exerçant une activité professionnelle indépendante et, à ce titre, soumises à des règles disciplinaires.

II. – Les actions prévues par le présent chapitre se prescrivent par trois ans à compter du jugement qui prononce l'ouverture de la procédure mentionnée au I. Toutefois, la prescription de l'action prévue à l'article L. 653-6 ne court qu'à compter de la date à laquelle la décision rendue en application de l'article L. 651-2 a acquis force de chose jugée.

1) **Activité professionnelle indépendante.** L'exclusion prévue à l'article L. 653-1-I ne concerne pas les pharmaciens eu égard à leur qualité de commerçants (■ CA Paris, 23 sept. 2008, n° 07/21713 : *D.* 2008, p. 2665, obs. A. Lienhard).

2) **Dirigeant social.** L'interdiction de gérer ne peut s'appliquer aux membres du conseil de surveillance d'une SA (■ Cass. com., 8 janv. 2020, n° 18-23.991 : *Rev. proc. coll.* 2020-3, comm. 77, obs. Martin-Serf ; *Gaz. Pal.* 23 juin 2020, p. 77, obs. Barrillon).

3) **Prescription.** En cas de conversion de procédure, le point de départ de la prescription est le jugement d'ouverture du redressement judiciaire (■ Cass. com., 4 nov. 2014, n° 13-24.028 : *JurisData* n° 2014-026455 ; *Act. proc. coll.* 2014, comm. 338, obs. Fin-Langer ; *Rev. proc. coll.* 2015, comm. 70, obs. Martin-Serf ; *Gaz. Pal.* 18-20 janv. 2015, p. 36, obs. Montéran). Le dépôt de la requête du ministère public suffit à interrompre la prescription (■ Cass. com., 13 sept. 2016 : *JCP* E 2016, 1536, note Delattre).

4) **Transaction.** Une transaction ne peut avoir pour objet de faire échec aux actions tendant au prononcé d'une sanction professionnelle (■ Cass. com., 9 déc. 2020, n° 19-17.258 : *Act. proc. coll.* 2021-3, comm. 29, obs. Delattre ; *JCP* E 2021, 1191, n° 21, obs. Pétel).

Art. L. 653-2 *(Anc. art. L. 625-2, renum. et mod., L. n° 2005-845, 26 juill. 2005).* **– La faillite personnelle emporte interdiction de diriger, gérer, administrer ou contrôler, directement ou indirectement, toute entreprise** ***commerciale ou artisanale,*** **toute exploitation agricole ou toute entreprise ayant toute autre activité indépendante et toute personne morale.**

Art. L. 653-3 *(Anc. art. L. 625-3, renum. et mod., L. n° 2005-845, 26 juill. 2005 ; Ord. n° 2010-1512, 9 déc. 2010 ; L. n° 2019-486, 22 mai 2019).* **– I. – Le tribunal peut prononcer la faillite personnelle de toute personne mentionnée au 1° du I de l'article L. 653-1, sous réserve des exceptions prévues au dernier alinéa du I du même article, contre laquelle a été relevé l'un des faits ci-après :**

1° Avoir poursuivi abusivement une exploitation déficitaire qui ne pouvait conduire qu'à la cessation des paiements ;

2° *(2° abr., L. n° 2005-845, 26 juill. 2005)* **;**

3° Avoir détourné ou dissimulé tout ou partie de son actif ou frauduleusement augmenté son passif.

II. – Peuvent en outre, sous la même réserve, être retenus à l'encontre d'un entrepreneur individuel à responsabilité limitée les faits ci-après :

1° *(1° abr., L. n° 2019-486, 22 mai 2019)* ;

2° Sous le couvert de l'activité visée par la procédure masquant ses agissements, avoir fait des actes de commerce dans un intérêt autre que celui de cette activité ;

3° Avoir fait des biens ou du crédit de l'entreprise visée par la procédure un usage contraire à l'intérêt de celle-ci à des fins personnelles ou pour favoriser une personne morale ou entreprise dans laquelle il était intéressé directement ou indirectement.

Art. L. 653-4 *(Ord. n° 2008-1345, 18 déc. 2008)*. – Le tribunal peut prononcer la faillite personnelle de tout dirigeant, de droit ou de fait, d'une personne morale, contre lequel a été relevé l'un des faits ci-après :

1° Avoir disposé des biens de la personne morale comme des siens propres ;

2° Sous le couvert de la personne morale masquant ses agissements, avoir fait des actes de commerce dans un intérêt personnel ;

3° Avoir fait des biens ou du crédit de la personne morale un usage contraire à l'intérêt de celle-ci à des fins personnelles ou pour favoriser une autre personne morale ou entreprise dans laquelle il était intéressé directement ou indirectement ;

4° Avoir poursuivi abusivement, dans un intérêt personnel, une exploitation déficitaire qui ne pouvait conduire qu'à la cessation des paiements de la personne morale ;

5° Avoir détourné ou dissimulé tout ou partie de l'actif ou frauduleusement augmenté le passif de la personne morale.

Augmentation frauduleuse du passif. Soustraction volontaire à l'impôt en France, dont était résulté un redressement fiscal ayant entraîné une augmentation des charges de la société (■ Cass. com., 29 avr. 2014, n° 13-12.563 : *JurisData* n° 2014-008583 ; *JCP* E 2014, 1447, n° 11, obs. Pétel ; *Act. proc. coll.* 2014, comm. 179, obs. Mascala).

Art. L. 653-5 *(L. n° 2005-845, 26 juill. 2005 ; mod., Ord. n° 2014-326, 12 mars 2014)*. – Le tribunal peut prononcer la faillite personnelle de toute personne mentionnée à l'article L. 653-1 contre laquelle a été relevé l'un des faits ci-après :

1° Avoir exercé une activité commerciale, artisanale ou agricole ou une fonction de direction ou d'administration d'une personne morale contrairement à une interdiction prévue par la loi ;

2° Avoir, dans l'intention d'éviter ou de retarder l'ouverture de la procédure de redressement judiciaire ou de liquidation judiciaire, fait des achats en vue d'une revente au-dessous du cours ou employé des moyens ruineux pour se procurer des fonds ;

3° Avoir souscrit, pour le compte d'autrui, sans contrepartie, des engagements jugés trop importants au moment de leur conclusion, eu égard à la situation de l'entreprise ou de la personne morale ;

4° Avoir payé ou fait payer, après cessation des paiements et en connaissance de cause de celle-ci, un créancier au préjudice des autres créanciers ;

5° Avoir, en s'abstenant volontairement de coopérer avec les organes de la procédure, fait obstacle à son bon déroulement ;

6° Avoir fait disparaître des documents comptables, ne pas avoir tenu de comptabilité lorsque les textes applicables en font obligation, ou avoir tenu une comptabilité fictive, manifestement incomplète ou irrégulière au regard des dispositions applicables ;

7° Avoir déclaré sciemment, au nom d'un créancier, une créance supposée.

1) **Comptabilité.** Le défaut de remise de comptabilité n'est pas un fait de nature à justifier le *prononcé de la faillite personnelle d'un dirigeant* social (■ Cass. com., 27 févr. 2007, n° 05-21.795 : *JurisData* n° 2007-037788 ; *RJDA* 7/2007, n° 763 ; *JCP* E 2007, 2401, note Delattre. ■ Paris, 6 déc. 2007 : *JurisData* n° 2007-355489 ; *JCP* E 2008, 1681, note Delattre).

2) **Liste des créanciers.** Le défaut de remise de la liste des créanciers et des dettes de la société n'est pas un fait de nature à justifier le prononcé *de la faillite personnelle d'un dirigeant social* (■ Cass. com., 27 févr. 2007 : *RJDA* 7/2007, n° 763 ; *JCP* E 2007, 2401, note Delattre).

3) **Pluralité de faits.** La faillite personnelle peut être prononcée dès lors qu'un seul des faits prévus par la loi est établi ; toutefois, si la sanction infligée

relève de l'appréciation souveraine des juges du fond, il importe, lorsque plusieurs faits sont retenus, que chacun d'eux soit légalement justifié (■ Cass. com., 1er déc. 2009 : *JCP* E 2010, 1296, n° 15, obs. Pétel ; *D.* 2010, 7, obs. Lienhard ; *JCP* G 2010, act. 55, obs. Roussel-Galle ; *JCP* E 2010, 1115, obs. Lebel ; *Act. proc. coll.* 2010, comm. 31, obs. Vallansan).

4) Défaut de coopération. Pour des applications, V. ■ Cass. com., 11 avr. 2018, n° 16-24.312 : V. Delattre, *Rev. proc. coll.* 2018, étude 7. ■ Cass. com., 8 mars 2017, n° 15-22.149 : *Rev. proc. coll.* 2017, comm. 155, obs. Martin-Serf.

5) Date des faits. En cas de résolution du plan, le juge peut retenir des faits postérieurs à la décision arrêtant ce plan et antérieurs à celle ouvrant, après résolution, la liquidation judiciaire (■ Cass. com., 4 nov. 2014, n° 13-24.270 : *JurisData* n° 2014-026529 ; *Rev. proc. coll.* 2015, comm. 70, obs. Martin-Serf).

Des faits commis le jour du jugement d'ouverture sont postérieurs à celui-ci et ne peuvent donc être sanctionnés par la faillite personnelle (■ Cass. com., 23 oct. 2019, n° 18-12.181 : *Rev. proc. coll.* 2020, comm. 78, obs. Martin-Serf).

Art. L. 653-6 *(Anc. art. L. 625-6, renum., L. n° 2005-845, 26 juill. 2005 ; mod., Ord. n° 2010-1512, 9 déc. 2010).* **– Le tribunal peut prononcer la faillite personnelle du dirigeant de la personne morale ou de l'entrepreneur individuel à responsabilité limitée qui n'ont pas acquitté les dettes mises à leur charge en application de l'article L. 651-2.**

Domaine. Les dispositions de l'article L. 625-6 [L. 653-6] ne sont applicables que dans le cas où le dirigeant, condamné en application de l'article L. 624-3 [L. 651-2] à supporter tout ou partie des dettes de la personne morale, s'est abstenu d'en régler le montant (■ Cass. com., 6 janv. 1998, n° 95-11.544 : *JurisData* n° 1998-000003 ; *JCP* E 1998, pan. p. 301, p. 659, n° 6 B, obs. Ph. Pétel ; *Bull. Joly* 1998, 367, note Calendini ; *RJDA* 5/98, n° 636 ; *LPA* 6 août 1999, p. 27, note Teilliais), et non à la suite d'une procédure d'extension (même déc.).

Art. L. 653-7 *(L. n° 2005-845, 26 juill. 2005 ; mod., Ord. n° 2008-1345, 18 déc. 2008 ; Ord. n° 2014-326, 12 mars 2014).* **– Dans les cas prévus aux articles L. 653-3 à L. 653-6 et L. 653-8, le tribunal est saisi par le mandataire judiciaire, le liquidateur ou le ministère public.**

Dans l'intérêt collectif des créanciers, le tribunal peut également être saisi à toute époque de la procédure par la majorité des créanciers nommés contrôleurs lorsque le mandataire de justice ayant qualité pour agir n'a pas engagé les actions prévues aux mêmes articles, après une mise en demeure restée sans suite dans un délai et des conditions fixés par décret en Conseil d'État.

Bibliographie : Almaseanu, *Sanctions : précisions procédurales : Rev. proc. coll.* 2020, étude 5.

Art. L. 653-8 *(Anc. art. L. 625-8, renum. et mod., L. n° 2005-845, 26 juill. 2005 ; mod., Ord. n° 2008-1345, 18 déc. 2008 ; Ord. n° 2014-326, 12 mars 2014 ; L. n° 2015-990, 6 août 2015).* **– Dans les cas prévus aux articles L. 653-3 à L. 653-6, le tribunal peut prononcer, à la place de la faillite personnelle, l'interdiction de diriger, gérer, administrer ou contrôler, directement ou indirectement, soit toute entreprise commerciale ou artisanale, toute exploitation agricole et toute personne morale, soit une ou plusieurs de celles-ci.**

L'interdiction mentionnée au premier alinéa peut également être prononcée à l'encontre de toute personne mentionnée à l'article L. 653-1 qui, de mauvaise foi, n'aura pas remis au mandataire judiciaire, à l'administrateur ou au liquidateur les renseignements qu'il est tenu de lui communiquer en application de l'article L. 622-6 dans le mois suivant le jugement d'ouverture ou qui aura, sciemment, manqué à l'obligation d'information prévue par le ***second alinéa*** **de l'article L. 622-22.**

Elle peut également être prononcée à l'encontre de toute personne mentionnée à l'article L. 653-1 qui a omis sciemment de demander l'ouverture d'une procédure de redressement ou de liquidation judiciaire dans le délai de quarante-cinq jours à compter de la cessation des paiements, sans avoir, par ailleurs, demandé l'ouverture d'une procédure de conciliation.

Bibliographie : Delattre, *« Beau temps » pour le dirigeant incompétent ! : Rev. proc. coll.* 2015, étude 19.

1) Conditions. Le tribunal doit motiver sa décision, tant sur le principe que sur le quantum de la sanction, au regard de la gravité des fautes et de la situation personnelle de l'intéressé (■ Cass. com., 17 avr. 2019, n° 18-11.743 : *JCP* E 2019, 1375, n° 24, obs. Tehrani ; *Act. proc. coll.* 2019, comm. 145, obs. Voinot. ■ Cass. com., 9 oct. 2019, n° 18-10.797). La loi du 6 août 2015 a modifié, dans un sens moins sévère, les conditions de la sanction de sorte qu'elle doit être appliquée à une procédure en cours (■ Cass. com., 24 mai 2018, n° 17-18.918 : *JurisData* n° 2018-008581 ; *JCP* E 2018, 1429, n° 18, obs. Tehrani ; *Gaz. Pal.* 15 janv. 2019, p. 85, obs. Robaczewski). Comp. ■ Cass. com., 14 juin 2017, n° 15-27.851 : *JCP* E 2017, 1689, obs. Stefania ; *Rev. proc. coll.* 2017, comm. 153, obs. Martin-Serf).

2) Effets. Le dirigeant interdit de gérer ne peut bénéficier des aides publiques quel que soit le nombre de parts sociales détenues par lui (■ CE, 18 mars 1998, n° 170534 : *JurisData* n° 1998-050224 ; *Rev. proc. coll.* 1999, 133, obs. Bach).

Art. L. 653-9 ***(Anc. art. L. 625-9, renum. et mod., L. n° 2005-845, 26 juill. 2005).*** **– Le droit de vote des dirigeants frappés de la faillite personnelle ou de l'interdiction prévue à l'article L. 653-8 est exercé dans les assemblées des personnes morales soumises à une procédure de redressement judiciaire ou de liquidation judiciaire par un mandataire désigné par le tribunal à cet effet, à la requête de l'administrateur, du liquidateur ou du commissaire à l'exécution du plan.**

Le tribunal peut enjoindre à ces dirigeants ou à certains d'entre eux, de céder leurs actions ou parts sociales dans la personne morale ou ordonner leur cession forcée par les soins d'un mandataire de justice, au besoin après expertise. Le produit de la vente est affecté au paiement de la part des dettes sociales dans le cas où ces dettes ont été mises à la charge des dirigeants.

Domaine. Un tribunal ne peut étendre cette mesure aux parts sociales que les dirigeants peuvent détenir dans d'autres personnes morales (■ Versailles, 25 févr. 1993 : *JurisData* n° 1993-040227 ; *Bull. Joly* 1993, 603, note P.L.C.).

Art. L. 653-10 ***(L. n° 2005-845, 26 juill. 2005).*** **– Le tribunal qui prononce la faillite personnelle peut prononcer l'incapacité d'exercer une fonction publique élective. L'incapacité est prononcée pour une durée égale à celle de la faillite personnelle, dans la limite de cinq ans. Lorsque la décision est devenue définitive, le ministère public notifie à l'intéressé l'incapacité, qui produit effet à compter de la date de cette notification.**

Art. L. 653-11 ***(L. n° 2005-845, 26 juill. 2005 ; mod., Ord. n° 2008-1345, 18 déc. 2008).*** **– Lorsque le tribunal prononce la faillite personnelle ou l'interdiction prévue à l'article L. 653-8, il fixe la durée de la mesure, qui ne peut être supérieure à quinze ans. Il peut ordonner l'exécution provisoire de sa décision. Les déchéances, les interdictions et l'incapacité d'exercer une fonction publique élective cessent de plein droit au terme fixé, sans qu'il y ait lieu au prononcé d'un jugement.**

Le jugement de clôture pour extinction du passif, y compris après exécution d'une condamnation prononcée à son encontre en application de l'article L. 651-2, rétablit le débiteur personne physique ou les dirigeants de la personne morale dans tous leurs droits. Il les dispense ou relève de toutes les déchéances, interdictions et incapacité d'exercer une fonction publique élective.

L'intéressé peut demander au tribunal de le relever, en tout ou partie, des déchéances et interdictions et de l'incapacité d'exercer une fonction publique élective s'il a apporté une contribution suffisante au paiement du passif.

Lorsqu'il a fait l'objet de l'interdiction prévue à l'article L. 653-8, il peut en être relevé s'il présente toutes garanties démontrant sa capacité à diriger ou contrôler l'une ou plusieurs des entreprises ou personnes visées par le même article.

Lorsqu'il y a relèvement total des déchéances et interdictions et de l'incapacité, la décision du tribunal emporte réhabilitation.

Bibliographie : Delattre, *Durée des interdictions prononcées par les juridictions répressives : JCP* E 2007, 1451. • Matsopoulou, *Réflexions sur la faillite personnelle et l'interdiction de gérer : D.* 2007, chron. 104. • Delattre, *La procédure de réhabilitation des articles L. 653-11 et R. 653-4 du Code de commerce : Rev. proc. coll.* 2011, étude 19.

1) Application au juge pénal. L'article L. 653-11, alinéa 1er, a une portée générale et s'applique à la *juridiction répressive qui sanctionne l'auteur* d'une banqueroute et aux procédures en cours au 1er janvier 2006 (■ Cass. crim., 8 nov. 2006 [3 arrêts] : *D.* 2007, p. 10, obs. Lienhard ; *ibid.*, pan. 1630, obs. Mascala ; *Dr. sociétés* 2007, 32, obs. Salomon ; *JCP* E 2007, 1450, n° 16, obs. Pétel ; *Dr. pén.* 2007, comm. 9, obs. Robert ; *Act. proc. coll.* 2007, comm. 31, obs. Cerf-Hollender). V. *infra* le nouvel article L. 654-6.

2) Relèvement. Pour un arrêt jugeant que l'exécution d'une condamnation au titre de l'insuffisance d'actif ne saurait être regardée comme une contribution suffisante, V. ■ CA Douai, 19 avr. 2012, n° 11/03251 : *JCP* E 2012, 1634, note C. Delattre.

CHAPITRE IV. – DE LA BANQUEROUTE ET DES AUTRES INFRACTIONS

Section I. – De la banqueroute

Bibliographie : Robert, *Commentaire des dispositions pénales de la loi n° 2005-845 du 26 juillet 2005 : CDE* 2006/1, p. 34.

Art. L. 654-1 *(Anc. art. L. 626-1, renum. et mod., L. n° 2005-845, 26 juill. 2005 ; Ord. n° 2008-1345, 18 déc. 2008).* **– Les dispositions de la présente section sont applicables :**

1° À toute personne exerçant une activité commerciale ou artisanale, à tout agriculteur et à toute personne physique exerçant une activité professionnelle indépendante, y compris une profession libérale soumise à un statut législatif ou réglementaire ou dont le titre est protégé ;

2° À toute personne qui a, directement ou indirectement, en droit ou en fait, dirigé ou liquidé une personne morale de droit privé ;

3° Aux personnes physiques représentants permanents de personnes morales dirigeants des personnes morales définies au 2° ci-dessus.

Entreprise individuelle. Le gérant de fait d'une entreprise individuelle peut se rendre coupable de banqueroute (▪ Cass. crim., 19 nov. 2008, n° 08-81.194 : *JurisData* n° 2008-046269 ; *Gaz. proc. coll.* 26-28 avr. 2009, p. 50, obs. C. Robaczewski ; *Act. proc. coll.* 2009, comm. 87, obs. A. Cerf-Hollender).

Art. L. 654-2 *(Anc. art. L. 626-2, renum. et mod., L. n° 2005-845, 26 juill. 2005 ; Ord. n° 2008-1345, 18 déc. 2008).* **– En cas d'ouverture d'une procédure de redressement judiciaire ou de liquidation judiciaire, sont coupables de banqueroute les personnes mentionnées à l'article L. 654-1 contre lesquelles a été relevé l'un des faits ci-après :**

1° Avoir, dans l'intention d'éviter ou de retarder l'ouverture de la procédure de redressement judiciaire ou de liquidation judiciaire, soit fait des achats en vue d'une revente au-dessous du cours, soit employé des moyens ruineux pour se procurer des fonds ;

2° Avoir détourné ou dissimulé tout ou partie de l'actif du débiteur ;

3° Avoir frauduleusement augmenté le passif du débiteur ;

4° Avoir tenu une comptabilité fictive ou fait disparaître des documents comptables de l'entreprise ou de la personne morale ou s'être abstenu de tenir toute comptabilité lorsque les textes applicables en font obligation ;

5° Avoir tenu une comptabilité manifestement incomplète ou irrégulière au regard des dispositions légales.

Bibliographie : Eichel, *Point de vue sur la comptabilité fictive : Gaz. Pal.* 1987, 2, doctr. 481. • Laborde, *Le nouveau droit pénal des procédures collectives ou la réforme sans bruit : Rev. proc. coll.* 1987, n° 1, p. 16. • Thorin, *De la théorie comptable à la comptabilité fictive et à l'absence de toute comptabilité : Gaz. Pal.* 1989, 1, doctr. 193. • De Massiac, *Le délit de banqueroute cinq ans après la loi du 25 janvier 1985 : RJDA* 1992, 658. • Dekeuwer, *Cessation des paiements, détournements d'actif et pouvoirs du juge... : JCP* E 1995, I, 420.

I – GÉNÉRALITÉS

1) Délit intentionnel. L'intention coupable de *la personne* poursuivie doit être caractérisée par les juges du fond (▪ Cass. crim., 5 déc. 2001, n° 01-80.698 : *Dr. sociétés 2002*, n° 90, obs. Legros).

2) Nécessité d'un jugement d'ouverture. L'ouverture d'une procédure de redressement ou de liquidation judiciaire n'étant qu'une condition préalable à l'exercice de l'action publique, une condamnation pour banqueroute peut être prononcée en l'état d'une décision d'ouverture frappée de pourvoi (▪ Cass. crim., 24 mars 2010, n° 09-84.599 : *JurisData* n° 2010-004303 ; *JCP* E 2010, 1742, n° 13, obs. Ph. Pétel ; *D.* 2010, 1204, obs. A. Lienhard ; *Act. proc. coll.* 2010, comm. 166, obs. A. Cerf-Hollender ; *Gaz. Pal.* 2-3 juill. 2010, p. 44, obs. C. Robaczewski ; *D.* 2011, 1865, obs. C. Mascala).

3) Nécessité de la cessation des paiements. Le délit suppose l'existence d'une dissipation volontaire d'un élément de patrimoine d'un débiteur en état de cessation des paiements (▪ Cass. crim., 5 juin 1989, n° 87-91.278 : *JurisData* n° 1989-702476 ; *Bull. crim.* 1989, n° 233. ▪ Cass. civ., 10 mai 1993 : *JCP* E 1993, I, 298, n° 21, obs. Ph. Pétel).

Mais *contra*, qui semble admettre que les agissements du dirigeant qui avaient provoqué la cessation des paiements puissent être antérieurs

(■ Cass. crim., 5 oct. 1992, n° 91-86.770 : *JurisData* n° 1992-002730 ; *Bull. Joly Sociétés* 1993, 252, note Bouloc ; *JCP* E 1993, 277, n° 21, obs. Pétel. – Comp. ■ Paris, 4 juill. 1986 : *JurisData* n° 1986-025937 et les obs. Cabrillac et Vivant : *JCP* E 1988, I, 15118, n° 26). – De même, le délit de banqueroute est constitué, que les faits constatés soient antérieurs ou postérieurs à la date de la cessation des paiements, dès lors que procédant d'une même intention et tendant au même but, ils ont pour objet ou pour effet soit d'éviter ou de retarder la constatation de cet état, soit d'affecter la consistance de l'actif disponible dans des conditions de nature à placer l'intéressé dans l'impossibilité de faire face au passif exigible (■ Cass. crim., 21 sept. 1994, n° 93-85.544 : *JurisData* n° 1994-003032 ; *JCP* E 1995, II, 690, note Dekeuwer).

4) Rapports avec l'abus de biens sociaux. Après la date de cessation des paiements la qualification d'abus de biens sociaux ne peut plus être retenue, seules les poursuites sur le fondement de la banqueroute peuvent être engagées (■ Cass. crim., 7 avr. 1998, n° 97-83.801 : *JurisData* n° 1998-002267 ; *Dr. pén.* 1998, n° 99, obs. Robert ; *RTD com.* 1998, 947, obs. Mascala ; *JCP* E 2000, p. 1132, n° 4, obs. Y.M. ■ Cass. crim., 18 juin 1998 [1er arrêt] : *Dr. pén. déc.* 1998, 11, obs. J.-H. Robert. ■ Cass. crim., 27 oct. 1999, n° 98-85.651 : *JurisData* n° 1999-004749 ; *Dr. pén.* avr. 1999, 16 ; *JCP* E 2000, p. 1132, n° 4, obs. Y.M. ■ Cass. crim., 30 juin 2004, n° 03-87.427 : *JurisData* n° 2004-024823 ; *JCP* E 2004, jurispr. 1817, note Robert). Inversement, le détournement d'actif par un gérant ne peut être qualifié d'infraction de banqueroute dès lors que les détournements litigieux ont eu lieu antérieurement à la date de cessation des paiements (■ Cass. crim., 18 juin 1998, n° 97-83.996 : *JurisData* n° 1998-003434 ; *Rev. sociétés* 1999, 817, note Bouloc. ■ Paris, 14 juin 1999, n° 98/06010 : *JurisData* n° 1999-024168 ; *JCP* E 1999, pan. 2065, obs. Y.M.).

5) Intérêt de groupe. L'intérêt de groupe n'est pas un fait justificatif (■ Cass. crim., 23 mai 2013, n° 12-82.199 : *JurisData* n° 2013-010055 ; *Gaz. Pal.* 29 sept. 2013, p. 37, obs. Robaczewski ; *JCP* E 2014, 1028, n° 16, obs. Salomon).

6) Date de cessation des paiements. Pour déclarer constitué le délit de banqueroute, le juge répressif a le pouvoir de retenir, en tenant compte des éléments soumis à son appréciation, une date de cessation des paiements autre que celle déjà fixée par la juridiction consulaire (■ Cass. crim., 18 nov. 1991, n° 91-81.646 : *JurisData* n° 1991-003580 ; *JCP* E 1992, I, 195, n° 17, obs. M. Cabrillac ; *JCP* G 1993, II, 22102, note M.-C. Sordino. ■ Cass. crim., 21 juin 1993, n° 92-84.526 : *JurisData* n° 1993-704840 ; *JCP* E 1993, I, 298, n° 20, obs. M. Cabrillac ; *RJ com.* 1994, 16, note Bernardini et Honorat).

7) Constitution de partie civile. V. jurisprudence sous art. L. 654-17, annot. nos 1 et s., p. 1363.

II – ACHAT EN VUE D'UNE REVENTE AU-DESSOUS DU COURS ; EMPLOI DE MOYENS RUINEUX POUR SE PROCURER DES FONDS

8) Applications. Achat en vue de revendre au-dessous du cours (■ Paris, 15 déc. 1986 : *JurisData* n° 1986-028745 ; *JCP* E 1988, II, 15118, n° 25, obs. Cabrillac et Vivant).

Conclusion de prêts participatifs à des taux excessifs alors que la société présentait un bilan négatif (■ TGI Pontoise, 18 nov. 1986 : *JurisData* n° 1986-044699 ; *JCP* E 1988, II, 15118, n° 25, obs. Cabrillac et Vivant).

Cession d'un élément d'actif pour une somme bien inférieure à sa valeur vénale, au bénéfice d'une autre société dans laquelle le dirigeant a des intérêts (■ Cass. crim., 7 déc. 1992, n° 92-82.131 : *RJDA* 1/93, n° 67).

Taux d'endettement excessif générant des frais trop importants au regard des possibilités de l'entreprise (■ Douai, 2 nov. 1997 : *JurisData* n° 1997-400227 ; *D.* 1978, note Letartre, conf. par ■ Cass. crim., 20 nov. 1978 : *JurisData* n° 1978-700319 ; *D.* 1979, 525, note Culioli et Derrida. ■ Cass. crim., 12 mars 1998, n° 96-85.739 : *JurisData* n° 1998-001908 ; *Bull. crim.* 1998, n° 100 ; *RTD com.* 1998, 960, obs. Bouloc. ■ Cass. crim., 2 juin 1999, n° 98-82.722 : *Bull. crim.* 1999, n° 118 ; *JCP* E 1999, pan. 1706 ; *RJDA* 11/1999, n° 1223 ; *RTD com.* 2000, 200, obs. Bouloc).

Recours excessif à des crédits de trésorerie (■ Cass. crim., 22 sept. 2010, n° 09-88.082 : *D.* 2011, 1866, obs. C. Mascala).

Escompte de fausses factures et de traites de complaisance dont le coût ne peut qu'aggraver la situation financière de l'entreprise (■ Cass. crim., 8 déc. 1993, n° 91-84.376 : *D.* 1994, inf. rap. 50).

9) Complicité. Le banquier peut être coupable de complicité de banqueroute par fourniture de moyens ruineux (■ Cass. crim., 3 avr. 1991, n° 89-85.699 : *JCP* E 1992, I, 154, n° 11, obs. Gavalda et Stoufflet). Mais l'élément intentionnel du délit de complicité de banqueroute par fourniture de moyens ruineux ne peut se confondre avec la négligence ou l'imprudence qui caractérise le soutien abusif (■ Paris, 14 févr. 2000 : *D.* 2002, somm. 205, obs. Sortais).

10) Délit non constitué. Le seul fait de souscrire un emprunt bancaire au profit d'une société en état de cessation des paiements depuis trois ans ne suffit pas, en l'absence de précisions sur les conditions du prêt, à caractériser le délit de banqueroute par emploi de moyens ruineux (■ Cass. crim., 26 sept. 1996, n° 95-84.955 : *RJDA* 1/97, n° 135 ; *Bull. Joly* 1997, 112, obs. J.-F. Barbièri).

Idem pour l'utilisation de fonds à un autre usage que celui auquel ils étaient destinés (■ Cass. crim., 16 juin 1999, n° 98-85.242 : *JurisData* n° 1999-003262 ; *Rev. proc. coll.* 2000, 34, n° 1, obs. Devèze).

Ne commet pas le délit de banqueroute le dirigeant contraint de vendre sans marge bénéficiaire des fruits abîmés (■ Paris, 30 mai 1986 : *JurisData* n° 1986-024209 ; *JCP* E 1988, II, 15118, n° 25, obs. Cabrillac et Vivant).

III – DÉTOURNEMENT D'ACTIF

11) Droit transitoire : faits antérieurs à la loi de 1985. Les faits de détournement d'actif poursuivis, bien que commis sous l'empire de dispositions abrogées de la loi du 13 juillet 1967, entrent dans les prévisions de la loi du 25 janvier 1985 et justifient la condamnation prononcée, au regard de l'une et l'autre de ces lois (■ Cass. crim., 10 mars 1986, n° 85-94.045 : *JurisData* n° 1986-700527 ; *Bull. crim.*, n° 97 ; *JCP* E 1988, I, 15774, n° 21, obs. Cabrillac et Vivant ; *D.* 1986, 182, note Derrida, inf. rap. 407, obs. Roujou de Boubée ; *Rev. proc. coll.* 1986, n° 3, p. 58, obs. Chaput ; *Gaz. Pal.* 1986, 2, 536, obs. Marchi. ■ Cass. crim., 6 avr. 1987, n° 85-95.244 : *Rev. proc. coll.* 1987, n° 3, p. 3, obs. Chaput, n° 4, p. 99, obs. Devèze. ■ Cass. crim., 12 oct. 1987, n° 86-96.089 : *JurisData* n° 1987-701996 ; *JCP* E 1987, I, 16911 ; *D.* 1988, 23, note Derrida. – *Contra*, ■ Versailles, 4 mars 1987 : *JurisData* n° 1987-600765 ; *JCP* E 1987, I, 16619, n° 20, obs. Cabrillac et Vivant ; *D.* 1987, 346, note Derrida. ■ Rennes, 1er déc. 1987 : *D.* 1988, somm. 42).

12) Droit transitoire : poursuites engagées avant la loi de 1985. Si les textes nouveaux supposent l'ouverture d'une procédure de redressement judiciaire, il ne s'agit là que d'une condition préalable à l'exercice de l'action publique, constitutive d'une règle de procédure qui ne saurait avoir d'effet sur les poursuites régulièrement engagées avant son entrée en vigueur (■ Cass. crim., 10 mars 1986, 6 avr. 1987 cités *supra*. – *Adde*, ■ Paris, 4 juin 1986 : *JurisData* n° 1986-024067 ; *JCP* E 1987, I, 16159, n° 29, obs. Cabrillac et Vivant. ■ Cass. crim., 27 mai 1987 : *Rev. proc. coll.* 1987, n° 4, p. 99, obs. Devèze. ■ Cass. crim., 12 oct. 1987 : *JCP* E 1987, I, 16911 ; *D.* 1988, 23, note Derrida. ■ Cass. crim., 14 févr. 1994, n° 93-81.023 : *JurisData* n° 1994-000546 ; *RJDA* 4/94, n° 463. – Comp. ■ T. corr. Laon, 23 mai 1986 : *JurisData* n° 1986-601376 ; *JCP* E 1987, I, 16159, n° 24, obs. Cabrillac et Vivant. – *Contra*, ■ Versailles, 4 mars 1987 et ■ Rennes, 1er déc. 1987 cités, *supra*).

13) Applications. Dépenses personnelles assumées par la société (■ Paris, 11 juin 1986 : *JurisData* n° 1986-023787).

Utilisation des véhicules de la société à des fins personnelles (■ Paris, 15 janv. 1987 : *JurisData* n° 1987-020409).

Vente du fonds de commerce de la société et utilisation des fonds pour rembourser des comptes d'associés (■ Cass. crim., 11 mai 1995, n° 94-83.515 : *JCP* E 1995, pan. 966).

Actes de disposition volontaires accomplis sur le patrimoine social, après cessation des paiements, au profit du dirigeant et en fraude des droits des créanciers (■ Cass. crim., 23 oct. 1997, n° 96-84.717 : *JurisData* n° 1997-004706 ; *JCP* E 1999, p. 2065, obs. Y.M.).

Rémunérations excessives et injustifiées (■ Cass. crim., 18 mars 2020, n° 18-86.492 : *Rev. proc. coll.* 2020, comm. 114, obs. Le Gueut. ■ Cass. crim., 18 juin 1998 [2 arrêts] : *JCP* E 1999, p. 174, note Robert).

Omission de remettre au liquidateur puis au repreneur les codes sources permettant d'adapter les logiciels appartenant à l'entreprise (■ Cass. crim., 26 nov. 1998, n° 97-86.438 : *JurisData* n° 1998-005109 ; *Bull. crim.*, n° 319 ; *RTD com.* 1999, 777, obs. Bouloc).

Détournement de clientèle ■ Cass. com., 17 janv. 2018, n° 16-87.135 : *JCP* E 2018, 1360, n° 6, obs. Salomon ; *BJE* 2018, p. 214, obs. Lasserre-Capdeville.

14) Intérêt de groupe. Si l'intérêt du groupe peut constituer, en cas de poursuite pour abus de biens sociaux, un fait justificatif, il en est autrement en cas de poursuites pour banqueroute par détournement d'actifs d'entreprises en redressement ou liquidation judiciaire (■ Cass. crim., 27 avr. 2000, n° 99-85.192 : *JurisData* n° 2000-002472 ; *Bull. crim.*, n° 169 ; *RJDA* 11/2000, n° 1025 ; *JCP* E 2001, pan. 13, p. 947, B, obs. Muller ; *LPA* 9 avr. 2001, p. 13, note Sordino ; *RTD com.* 2000, 1030, obs. Bouloc ; *D.* 2000, act. jurispr., p. 327, obs. Lienhard : *D.* 2002, somm. 206, obs. Sortais ; *Rev. sc. crim.* 2000, 842, obs. Rénucci).

15) Délit non constitué. Le fait par le dirigeant d'une société de céder à un ou plusieurs créanciers de la personne morale tout ou partie des biens de cette dernière, dans la mesure où, égale ou supérieure à la valeur de ces biens, la créance du bénéficiaire est liquide, certaine et exigible, ne constitue pas le délit de banqueroute par détournement d'actif (■ Cass. crim., 16 janv. 1989, n° 88-82.576 : *JurisData* n° 1989-700635 ; *JCP* E 1989, I, 18340 ; *D.* 1990, somm. 363, obs. Roujou de Boubée. ■ Cass. civ., 21 juin 1993, n° 92-84.526 : *JurisData* n° 1993-704840 ; *JCP* E 1993, I, 298, n° 20, obs. Cabrillac).

Idem pour l'utilisation de fonds à un autre usage que celui auquel ils étaient destinés (■ Cass. crim.,

16 juin 1999 : *Rev. proc. coll.* 2000, 34, n° 1, obs. Devèze).

Idem pour le détournement de clientèle du fonds de commerce pris en location-gérance, celui-ci n'étant pas la propriété de la société en cessation de paiements (■ Cass. crim., 22 août 1995, n° 94-83.750 : *JurisData* n° 1995-002414 ; *D.* 1995, inf. rap. 243).

Idem pour une abstention (■ Cass. crim., 12 janv. 2005, n° 04-81.545 : *JurisData* n° 2005-026840 ; *JCP* E 2005, 1491, note Robert).

IV – TENUE DE LA COMPTABILITÉ

16) Droit transitoire. La loi de 1985 s'applique en cas d'absence de comptabilité même antérieure au 1er janvier 1986 (■ Paris, 20 janv. 1988, 7 et 14 déc. 1987 : *JurisData* n° 1988-600369 ; *Gaz. Pal.* 1988, 1, 360, 363 et 362. ■ Cass. crim., 6 déc. 1993 : *RJDA* 2/94, n° 226).

Si la tenue d'une comptabilité fictive est spécialement incriminée depuis la loi de 1985, les faits de cette nature commis par un mandataire social, entraient antérieurement dans les prévisions de l'article 131 de la loi du 13 juillet 1967 qui réprimait la tenue irrégulière de la comptabilité d'une société ; ainsi les faits poursuivis au titre de la banqueroute sont punissables au regard de l'une et de l'autre de ces deux lois (■ Cass. crim., 26 mars 1990, n° 89-80.448 : *JurisData* n° 1990-701529 ; *JCP* E 1990, I, 20064).

17) Élément intentionnel. Il suppose la seule conscience de son auteur de se soustraire à ses obligations comptables légales (■ Cass. crim., 25 nov. 2020, n° 19-85.205 : *JurisData* n° 2020-019169 ; *Dr. sociétés* févr. 2021, comm. 29, note Salomon ; *BJE* janv. 2021, p. 46, obs. Lasserre Capdeville ; *Dr. pén.* janv.-févr. 2021, comm. 10, obs. Robert ; *JCP* E 2021, 1191, n° 22, obs. Tehrani).

18) Applications. Est coupable de banqueroute celui qui n'a pas tenu de comptabilité ou qui a tenu une comptabilité sans signification réelle (■ Paris, 7 avr. 1987 : *JurisData* n° 1987-021344 ; *JCP* E 1988, II, 15118, n° 27, obs. Cabrillac et Vivant. ■ Cass. crim., 31 oct. 2007, n° 06-89.045 : *JurisData* n° 2007-041605 ; *RJDA* 3/2008, n° 314).

Idem pour le dirigeant ayant donné personnellement des directives pour l'établissement de traites fictives (■ Cass. crim., 5 nov. 1998, n° 97-83.170 : *JurisData* n° 1998-004591 ; *JCP* E 1999, pan. 351).

Idem pour la disparition ou dissimulation de documents comptables (■ Cass. crim., 19 janv. 2000, n° 99-82.749 : *JurisData* n° 2000-000999 ; *RJDA* 6/2000, n° 708 ; *Bull. crim.*, n° 15 ; *RTD com.* 2000, 744, obs. Bouloc).

Idem pour l'omission de présenter les comptes aux organes de la procédure (■ Cass. crim., 3 déc. 2014, n° 13-82.526 : *JCP* E 2015, 1030, n° 6, obs. Salomon).

19) Dirigeant de fait. Les dirigeants de fait peuvent être condamnés pour banqueroute faute d'avoir tenu une comptabilité (■ Cass. crim., 26 sept. 2001, n° 00-87.740 : *JurisData* n° 2001-011728 ; *Dr. sociétés* 2002, n° 91, obs. Legros).

Art. L. 654-3 *(Anc. art. L. 626-3, renum. et mod., L. n° 2005-845, 26 juill. 2005 ; Ord. n° 2008-1345, 18 déc. 2008).* **– La banqueroute est punie de cinq ans d'emprisonnement et de 75 000 € d'amende.**

Art. L. 654-4 *(Anc. art. L. 626-4, renum., L. n° 2005-845, 26 juill. 2005 ; mod., Ord. n° 2017-1107, 22 juin 2017).* **– Lorsque l'auteur ou le complice de banqueroute est un dirigeant d'un prestataire de services d'investissement, les peines sont portées à sept ans d'emprisonnement et 100 000 € d'amende.**

Art. L. 654-5 *(Anc. art. L. 626-5, renum. et mod., L. n° 2005-845, 26 juill. 2005 ; L. n° 2008-776, 4 août 2008).* **– Les personnes physiques coupables des infractions prévues par les articles L. 654-3 et L. 654-4 encourent également les peines complémentaires suivantes :**

1° L'interdiction des droits civiques, civils et de famille, suivant les modalités de l'article 131-26 du Code pénal ;

2° L'interdiction, suivant les modalités prévues par l'article 131-27 du Code pénal, soit d'exercer une fonction publique ou d'exercer l'activité professionnelle ou sociale dans l'exercice ou à l'occasion de l'exercice de laquelle l'infraction a été commise, soit d'exercer une profession commerciale ou industrielle, de diriger, d'administrer, de gérer ou de contrôler à un titre quelconque, directement ou indirectement, pour son propre compte ou pour le compte d'autrui, une entreprise commerciale ou industrielle ou une société commerciale. Ces interdictions d'exercice peuvent être prononcées cumulativement ;

3° L'exclusion des marchés publics pour une durée de cinq ans au plus ;

4° L'interdiction, pour une durée de cinq ans au plus, d'émettre des chèques autres que ceux qui permettent le retrait de fonds par le tireur auprès du tiré ou ceux qui sont certifiés ;

5° L'affichage ou la diffusion de la décision prononcée dans les conditions prévues par l'article 131-35 du Code pénal.

Art. L. 654-6 *(Abr., Cons. const., 29 sept. 2016, n° 2016-573 QPC : JO 1er oct. 2016).*

Rédaction antérieure. Art. L. 654-6. – La juridiction répressive qui reconnaît l'une des personnes mentionnées à l'article L. 654-1 coupable de banqueroute peut, en outre, dans les conditions prévues au premier alinéa de l'article L. 653-11, prononcer soit la faillite personnelle de celle-ci, soit l'interdiction prévue à l'article L. 653-8, à moins qu'une juridiction civile ou commerciale ait déjà prononcé une telle mesure par une décision définitive prise à l'occasion des mêmes faits.

Constitutionnalité. L'article L. 654-6 est contraire à la Constitution (■ Cons. const., 29 sept. 2016, n° 2016-573 : *JurisData* n° 2016-020680 ; *JCP* E 2016, 1632, note Cerf-Hollender ; *Rev. proc. coll.* 2017, comm. 91, obs. Martin-Serf).

Code de procédure pénale

Art. 702-1 *(L. n° 92-1336, 16 déc. 1992 ; mod., L. n° 94-475, 10 juin 1994 ; L. n° 2003-1119, 26 nov. 2003 ; L. n° 2009-1436, 24 nov. 2009).* – Toute personne frappée d'une interdiction, déchéance ou incapacité ou d'une mesure de publication quelconque résultant de plein droit d'une condamnation pénale ou prononcée dans le jugement de condamnation à titre de peine complémentaire peut demander à la juridiction qui a prononcé la condamnation ou, en cas de pluralité de condamnations, à la dernière juridiction qui a statué, de la relever, en tout ou partie, y compris en ce qui concerne la durée, de cette interdiction, déchéance ou incapacité. Si la condamnation a été prononcée par une cour d'assises, la juridiction compétente pour statuer sur la demande est la chambre de l'instruction dans le ressort de laquelle la cour d'assises a son siège.

Lorsque la demande est relative à une déchéance, interdiction ou incapacité prononcée en application de l'article L. 626-6 du Code de commerce, la juridiction ne peut accorder le relèvement que si l'intéressé a apporté une contribution suffisante au paiement du passif du débiteur. La juridiction peut accorder, dans les mêmes conditions, le relèvement des interdictions, déchéances et incapacités résultant des condamnations pour banqueroute prononcées en application des articles 126 à 149 de la loi n° 67-563 du 13 juillet 1967 sur le règlement judiciaire, la liquidation des biens, la faillite personnelle et les banqueroutes.

Sauf lorsqu'il s'agit d'une mesure résultant de plein droit d'une condamnation pénale, la demande ne peut être portée devant la juridiction compétente qu'à l'issue d'un délai de six mois après la décision initiale de condamnation. En cas de refus opposé à cette première demande, une autre demande ne peut être présentée que six mois après cette décision de refus. Il en est de même, éventuellement, des demandes ultérieures. En cas d'interdiction du territoire prononcée à titre de peine complémentaire à une peine d'emprisonnement, la première demande peut toutefois être portée devant la juridiction compétente avant l'expiration du délai de six mois en cas de remise en liberté. La demande doit être déposée au cours de l'exécution de la peine.

Les dispositions du deuxième alinéa (1°) de l'article 131-6 du Code pénal permettant de limiter la suspension du permis de conduire à la conduite en dehors de l'activité professionnelle sont applicables lorsque la demande de relèvement d'interdiction ou d'incapacité est relative à la peine de suspension du permis de conduire.

Pour l'application du présent article, le tribunal correctionnel est composé d'un seul magistrat exerçant les pouvoirs du président. Il en est de même de la chambre des appels correctionnels ou de la chambre de l'instruction, qui est composée de son seul président, siégeant à juge unique. Ce magistrat peut toutefois, si la complexité du dossier le justifie, décider d'office ou à la demande du condamné ou du ministère public de renvoyer le jugement du dossier devant la formation collégiale de la juridiction. Le magistrat ayant ordonné ce renvoi fait alors partie de la composition de cette juridiction. La décision de renvoi constitue une mesure d'administration judiciaire qui n'est pas susceptible de recours.

Art. L. 654-7 *(Ord. n° 2008-1345, 18 déc. 2008).* – Les personnes morales déclarées responsables pénalement des infractions prévues par les articles L. 654-3 et L. 654-4 encourent les peines suivantes :

1° L'amende, suivant les modalités prévues par l'article 131-38 du Code pénal ;

2° Les peines mentionnées à l'article 131-39 du Code pénal.

L'interdiction mentionnée au 2° de l'article 131-39 du Code pénal porte sur l'activité dans l'exercice ou à l'occasion de l'exercice de laquelle l'infraction a été commise.

Section II. – Des autres infractions

Art. L. 654-8 *(Anc. art. L. 626-8, renum. et mod., L. n° 2005-845, 26 juill. 2005 ; mod., Ord. n° 2008-1345, 18 déc. 2008 ; Ord. n° 2009-112, 30 janv. 2009).* – Est passible d'un emprisonnement de deux ans et d'une amende de 30 000 € le fait :

1° Pour toute personne mentionnée à l'article L. 654-1, de passer un acte ou d'effectuer un paiement en violation des dispositions de l'article L. 622-7 ;

2° Pour toute personne mentionnée à l'article L. 654-1, d'effectuer un paiement en violation des modalités de règlement du passif prévues au plan de sauvegarde ou au plan de redressement ou de faire un acte de disposition sans l'autorisation prévue par l'article L. 626-14 ;

3° Pour toute personne, pendant la période d'observation ou celle d'exécution du plan de sauvegarde ou du plan de redressement, en connaissance de la situation du débiteur, de passer avec celui-ci l'un des actes mentionnés aux 1° et 2° ou d'en recevoir un paiement irrégulier ;

4° Pour toute personne, de procéder à la cession d'un bien rendu inaliénable en application de l'article L. 642-10.

Art. L. 654-9 *(Anc. art. L. 626-9, renum. et mod., L. n° 2005-845, 26 juill. 2005 ; Ord. n° 2010-1512, 9 déc. 2010).* – Est puni des peines prévues par les articles L. 654-3 à L. 654-5 le fait :

1° Dans l'intérêt des personnes mentionnées à l'article L. 654-1, de soustraire, receler ou dissimuler tout ou partie des biens, meubles ou immeubles de celles-ci, ces biens étant, si la personne est un entrepreneur individuel à responsabilité limitée, ceux du patrimoine visé par la procédure, le tout sans préjudice de l'application de l'article 121-7 du Code pénal ;

2° Pour toute personne, de déclarer frauduleusement dans la procédure de sauvegarde, de redressement judiciaire ou de liquidation judiciaire, soit en son nom, soit par interposition de personne, des créances supposées ;

3° Pour toute personne exerçant une activité commerciale, artisanale, agricole ou toute autre activité indépendante, sous le nom d'autrui ou sous un nom supposé, de se rendre coupable d'un des faits prévus à l'article L. 654-14.

Art. L. 654-10 *(Anc. art. L. 626-10, renum. et mod., L. n° 2005-845, 26 juill. 2005 ; mod., Ord. n° 2008-1345, 18 déc. 2008).* – Le fait, pour le conjoint, les descendants ou les ascendants ou les collatéraux ou les alliés des personnes mentionnées à l'article L. 654-1, de détourner, divertir ou receler des effets dépendant de l'actif du débiteur soumis à une procédure de redressement judiciaire ou de liquidation judiciaire, est puni des peines prévues par l'article 314-1 du Code pénal.

Art. L. 654-11 *(Anc. art. L. 626-11, renum. et mod., L. n° 2005-845, 26 juill. 2005).* – Dans les cas prévus par les articles précédents, la juridiction saisie statue, lors même qu'il y aurait relaxe :

1° D'office, sur la réintégration dans le patrimoine du débiteur de tous les biens, droits ou actions qui ont été frauduleusement soustraits ;

2° Sur les dommages et intérêts qui seraient demandés.

Art. L. 654-12 *(Anc. art. L. 626-12, renum. et mod., L. n° 2005-845, 26 juill. 2005 ; Ord. n° 2016-727, 2 juin 2016).* – I. – Est puni des peines prévues par l'article 314-2 du Code pénal le fait, pour tout administrateur, mandataire judiciaire, liquidateur ou commissaire à l'exécution du plan, y compris toute personne désignée en application des dispositions du premier alinéa du II de l'article L. 812-2 ou du III de ce même article :

1° De porter volontairement atteinte aux intérêts des créanciers ou du débiteur soit en utilisant à son profit des sommes perçues dans l'accomplissement de sa mission, soit en se faisant attribuer des avantages qu'il savait n'être pas dus ;

2° De faire, dans son intérêt, des pouvoirs dont il disposait, un usage qu'il savait contraire aux intérêts des créanciers ou du débiteur.

II. – Est puni des mêmes peines le fait, pour tout administrateur, mandataire judiciaire, liquidateur, commissaire à l'exécution du plan ou toute autre personne, à l'exception des représentants des salariés, de se rendre acquéreur pour son compte, directement ou indirectement, de biens du débiteur ou de les utiliser à son profit, ayant participé à un titre quelconque à la procédure. La juridiction saisie prononce la nullité de l'acquisition et statue sur les dommages et intérêts qui seraient demandés.

1) **Biens du débiteur.** Constituent des biens du débiteur les actions ou parts sociales de la société débitrice, qui ouvrent droit à une quote-part de l'actif en cas de liquidation (■ Cass. crim., 19 juin 1997, n° 96-83.274 : *JurisData* n° 1997-004705 ; *JCP* E 1997, pan. 1061).

2) **Personnes visées.** Application à un juge du tribunal de commerce (■ Cass. crim., 30 juin 1999, n° 97-85.764 : *Bull. crim.* 1999, n° 175 ; *RTD com.* 2000, 201, obs. Bouloc).

Un expert-comptable de la société en liquidation judiciaire n'est ni un organe de la procédure, ni une personne mandatée pour y intervenir et ne relève pas de l'article L. 626-12, II [L. 654-12] (■ Cass. crim., 15 déc. 2004, n° 04-81.207 : *JurisData* n° 2004-026612 ; *D.* 2005, p. 567, obs. Lienhard ; *JCP* E 2005, pan. 255 ; *RJDA* 07/2005, n° 867).

3) **Conditions de l'incrimination.** Le prévenu doit avoir agi dans son intérêt personnel et avec intention frauduleuse (■ Cass. crim., 5 mai 1999, n° 98-84.915 : *Rev. proc. coll.* 2000, 74, n° 4, obs. Soinne).

Art. L. 654-13 *(Anc. art. L. 626-13, renum. et mod., L. n° 2005-845, 26 juill. 2005).* **– Le fait, pour le créancier, après le jugement ouvrant la procédure de sauvegarde, de redressement judiciaire ou de liquidation judiciaire, de passer une convention comportant un avantage particulier à la charge du débiteur est puni des peines prévues par l'article 314-1 du Code pénal.**

La juridiction saisie prononce la nullité de cette convention.

Art. L. 654-14 *(Anc. art. L. 626-14, renum. et mod., L. n° 2005-845, 26 juill. 2005 ; Ord. n° 2010-1512, 9 déc. 2010).* **– Est puni des peines prévues aux articles L. 654-3 à L. 654-5 le fait, pour les personnes mentionnées aux 2° et 3° de l'article L. 654-1, de mauvaise foi, en vue de soustraire tout ou partie de leur patrimoine aux poursuites de la personne morale qui a fait l'objet d'un jugement d'ouverture de sauvegarde, de redressement judiciaire ou de liquidation judiciaire ou à celles des associés ou des créanciers de la personne morale, de détourner ou de dissimuler, ou de tenter de détourner ou de dissimuler, tout ou partie de leurs biens, ou de se faire frauduleusement reconnaître débitrice de sommes qu'elles ne devaient pas.**

Est puni des mêmes peines le fait, pour l'entrepreneur individuel à responsabilité limitée qui a fait l'objet d'un jugement d'ouverture d'une procédure de sauvegarde, de redressement judiciaire ou de liquidation judiciaire à raison d'une activité à laquelle un patrimoine est affecté, de mauvaise foi, en vue de se soustraire au paiement d'une condamnation susceptible d'être prononcée ou déjà prononcée en application du deuxième alinéa de l'article L. 651-2, de détourner ou de dissimuler, ou de tenter de détourner ou de dissimuler, tout ou partie des biens de son patrimoine non affecté, ou de se faire frauduleusement reconnaître sur ce dernier débiteur de sommes qu'il ne devait pas.

Art. L. 654-15 *(Anc. art. L. 627-4, renum. et mod., L. n° 2005-845, 26 juill. 2005).* **– Le fait, pour toute personne, d'exercer une activité professionnelle ou des fonctions en violation des interdictions, déchéances ou incapacité prévues par les articles L. 653-2 et L. 653-8, est puni d'un emprisonnement de deux ans et d'une amende de 375 000 €.**

Section III. – Des règles de procédure

Art. L. 654-16 *(Anc. art. L. 626-15, renum. et mod., L. n° 2005-845, 26 juill. 2005).* **– Pour l'application des dispositions des sections I et II du présent chapitre, la prescription de l'action publique ne court que du jour du jugement ouvrant la procédure de sauvegarde, de redressement judiciaire ou de liquidation judiciaire lorsque les faits incriminés sont apparus avant cette date.**

Art. L. 654-17 *(Anc. art. L. 626-16, renum. et mod., L. n° 2005-845, 26 juill. 2005).* **– La juridiction répressive est saisie soit sur la poursuite du ministère public, soit sur constitution de partie civile de l'administrateur, du mandataire judiciaire, du représentant des salariés, du commissaire à l'exécution du plan, du liquidateur ou de la majorité des créanciers nommés contrôleurs agissant dans l'intérêt collectif des créanciers lorsque le mandataire de justice ayant qualité pour agir n'a pas agi, après une mise en demeure restée sans suite dans un délai et des conditions fixés par décret en Conseil d'État.**

1) **Créanciers.** Un créancier n'entre pas dans la liste des personnes que l'article L. 626-16 [L. 654-17] autorise seules, par dérogation à l'article 2 du Code de procédure pénale, à mettre en mouvement l'action publique (■ Cass. crim., 20 févr. 1997, n° 96-81.201 : *JurisData* n° 1997-001664 ; *Bull. crim.* 1997, n° 72. Application à l'agent judiciaire du Trésor (■ Cass. crim., 28 févr. 2006

[3e esp.] : *RJDA* 6/2006, n° 655 ; *D.* 2006, jurispr. 2145, note Jacopin).

Néanmoins, les créanciers peuvent se constituer parties civiles par voie d'intervention en raison d'un préjudice particulier distinct du montant de leur créance et résultant directement de l'infraction (▪ Cass. crim., 11 oct. 1993, n° 92-81.260 : *JurisData* n° 1993-704957 ; *D.* 1994, inf. rap. 18 ; *Rev. soc.* 1994, p. 303, obs. Bouloc. ▪ Cass. crim., 17 juin 2014, n° 13-83.288 : *JurisData* n° 2014-013290 ; *JCP* E 2014, 1410, n° 22, obs. Salomon ; *BJE* 2014, p. 320, note Sordino. ▪ Cass. crim., 3 juin 2015, n° 13-88.608 : *Gaz. Pal.* 18-20 oct. 2015, p. 37, obs. Robaczewski), même s'il s'agit d'un préjudice seulement moral (▪ Cass. crim., 30 mai 1994, n° 93-83.933 : *Bull. Joly* 1994, 1205, note Daigre ; *JCP* E 1995, I, 457, n° 19, obs. Ph. Pétel). *Idem* pour la perte d'une chance (▪ Cass. crim., 4 déc. 1997, n° 96-85.729 : *JurisData* n° 1997-005471 ; *LPA* 27 juill. 1998, p. 24, note Sordino).

2) Débiteur. Le débiteur n'a pas qualité pour mettre en mouvement l'action publique du chef de malversation (▪ Cass. crim., 10 mars 2010, n° 09-82.063 : *JurisData* n° 2010-005952 ; *D.* 2010, p. 2758, note B. Bouloc).

3) Ministère public. Les poursuites engagées par le procureur de la République ne sont pas affectées par l'irrecevabilité de la constitution de partie civile intervenue antérieurement (▪ Cass. crim., 11 avr. 2002, n° 02-80.778 : *JurisData* n° 2002-014470 ; *Bull. crim.*, n° 87 ; *JCP* E 2002, pan. 1100 ; *D.* 2002, p. 2258 ; *RTD com.* 2002, 737, obs. Bouloc. – *Adde*, ▪ Cass. crim., 17 nov. 2004, n° 03-82.657 : *JurisData* n° 2004-026132 ; *D.* 2005, p. 566, obs. Lienhard ; *JCP* E 2005, pan. 53).

Art. L. 654-18 *(Anc. art. L. 626-17, renum., L. n° 2005-845, 26 juill. 2005).* **– Le ministère public peut requérir de l'administrateur ou du liquidateur la remise de tous les actes et documents détenus par ces derniers.**

Art. L. 654-19 *(Anc. art. L. 626-18, renum. et mod., L. n° 2005-845, 26 juill. 2005).* **– Les frais de la poursuite intentée par l'administrateur, le mandataire judiciaire, le représentant des salariés, le commissaire à l'exécution du plan ou le liquidateur sont supportés par le Trésor public, en cas de relaxe.**

En cas de condamnation, le Trésor public ne peut exercer son recours contre le débiteur qu'après la clôture des opérations de liquidation judiciaire.

Art. L. 654-20 *(Anc. art. L. 626-19, renum., L. n° 2005-845, 26 juill. 2005).* **– Les jugements et arrêts de condamnation rendus en application du présent chapitre sont publiés aux frais du condamné.**

TITRE VI. – DES DISPOSITIONS GÉNÉRALES DE PROCÉDURE

CHAPITRE I. – DES VOIES DE RECOURS

1) Situations non réglementées. Une décision non visée par les dispositions spéciales des articles L. 623-1 [L. 661-1] et suivants peut faire l'objet des voies de recours de droit commun (▪ Cass. com., 5 mai 2004, n° 01-16.758 : *JurisData* n° 2004-023642 ; *D.* 2004, p. 1734 ; *RJDA* 10/2004, n° 1148 ; *JCP* E 2004, pan. 954 : jugement prononçant la clôture des opérations du redressement judiciaire et mettant fin aux fonctions du commissaire à l'exécution du plan. ▪ Cass. com., 14 oct. 2008, n° 07-16.705 : *JCP* E 2009, 1008, n° 15, obs. M. Cabrillac. ▪ Cass. com., 7 févr. 2012 : *Rev. proc. coll.* 2012, comm. 62, obs. P. Cagnoli : jugement statuant sur recours contre une ordonnance du juge-commissaire. ▪ Cass. com., 5 oct. 2010, n° 09-16.602 : *JurisData* n° 2010-017724 ; *Rev. proc. coll.* 2011, comm. 25, obs. P. Cagnoli ; *Procédures* 2011, comm. 23, obs. B. Rolland : jugement de report de la date de cessation des paiements).

De même, aucune disposition n'interdit l'exercice d'un recours en révision contre le jugement qui arrête un plan de cession (▪ Cass. com., 11 oct. 1994, n° 92-18.500 : *JurisData* n° 1994-001855 ; *JCP* E 1995, I, 455, n° 7, obs. M. Cabrillac et Ph. Pétel ; *D.* 1994, 297, rapp. Rémery. ▪ Cass. com., 2 avr. 1996 : *JCP* E 1996, I, 584, n° 1, obs. M. Cabrillac – Rappr., ▪ Cass. ass. plén., 1er avr. 1994, n° 91-20.250 : *JurisData* n° 1994-000941 ; *D.* 1994, 293, concl. Jéol).

2) Voies de recours-nullité : principe. Il est dérogé aux règles interdisant ou différant un recours en cas d'excès de pouvoir (▪ Cass. ch. mixte, 28 janv. 2005, n° 02-19.153 : *JurisData* n° 2005-026724 ; *D.* 2005, inf. rap. 386, obs. Avena-Robardet, et 2006, pan. 545, obs. Julien et Fricero ; *JCP* G 2005, I, 125 n° 14, obs. Amrani-Mekki ; *Procédures* 2005, comm. 87, obs. Perrot ; *Rev. huissiers*

2005, 224, obs. Douchy-Oudot. ▪ Cass. 2e civ., 17 nov. 2005, n° 03-20.815 : *JurisData* n° 2005-030729 ; *D.* 2005, p. 3085, obs. Lienhard ; *Act. proc. coll.* 2006, n° 22, obs. Cagnoli ; *JCP* G 2005, I, 133 n° 13, obs. Amrani-Mekki).

3) Excès de pouvoir retenus. V. par exemple ▪ Cass. com., 3 mars 1992, n° 90-12.602 : *D.* 1992, 345, note Bolard, pour un jugement englobant des biens non affectés à l'activité dans un plan de cession. ▪ Cass. com., 12 mai 1992, n° 90-14.124 : *JurisData* n° 1992-001083 ; *D.* 1992, 345, note Bolard, pour la décision d'un juge qui sous couvert de rectification d'erreur matérielle de son jugement, le modifie par retranchement d'une partie de son dispositif. ▪ Cass. com., 28 févr. 1995, n° 92-15.259 : *JurisData* n° 1995-000521 ; *D.* 1995, 562, note Bolard, pour l'imposition de charges indéterminées non acceptées lors de la préparation d'un plan. ▪ Cass. com., 5 oct. 2010, n° 09-16.602 : *JurisData* n° 2010-017724 ; *Rev. proc. coll.* 2010, comm. 246, obs. Berthelot ; *ibid.* 2011, comm. 28, obs. Cagnoli, pour une décision déclarant irrecevable le recours formé par le débiteur en raison de son dessaisissement alors qu'il exerce un droit propre. ▪ Cass. com., 11 févr. 2014, n° 12-29.312 pour un arrêt déclarant tardif un recours en l'absence de notification régulière ayant fait courir le délai de recours. ▪ Cass. com., 18 mars 2014, n° 12-28.986 : *JurisData* n° 2014-005235 ; *D.* 2014, 773, pour une décision imposant une remise de dette dans un plan.

Constitue un excès de pouvoir le fait pour un tribunal, qui se prononce en matière de réalisation d'actif, de statuer sans que le débiteur ait été entendu ou dûment appelé (▪ Cass. com., 16 juin 2009, n° 08-13.565 : *JurisData* n° 2009-048660 ; *JCP* E 2010, 1011, n° 3, obs. Ph. Pétel ; *Gaz. Pal.* 26-28 juill. 2009, p. 19, obs. N. Fricero ; *Gaz. Pal.* 1-3 nov. 2009, p. 19, obs. D. Voinot ; *D.* 2009, act. jurispr. 1756, obs. A. Lienhard). – *Idem* pour la méconnaissance des droits d'un créancier gagiste lors d'une cession (▪ Cass. com., 22 mai 2012 : *Gaz. Pal.* 3-4 août 2012, p. 28, obs. J. Théron).

La cour d'appel, en déclarant l'appel de la société débitrice contre un plan de cession irrecevable, a commis un excès de pouvoir négatif que cette société pouvait dénoncer par la voie du recours en cassation (▪ Cass. com., 12 juill. 2017, n° 16-12.544 : *Act. proc. coll.* 2017-16, comm. 239, obs. N. Fricero ; *BJE* 2016, p. 435, obs. C. Vincent).

4) Excès de pouvoir non retenus. N'est pas entaché d'excès de pouvoir le jugement qui, arrêtant le plan de cession, a décidé que les fonds consignés par le commissaire à l'exécution de ce dernier sur les recettes de la période d'observation et les liquidités disponibles en banque faisaient partie des biens cédés (▪ Cass. com., 25 janv. 1994 : *Bull. civ.* IV, n° 32 ; *D.* 1994, 325, rapp. Pasturel, 379, note Derrida). *Idem* pour une prétendue méconnaissance des dispositions d'ordre public sur les superprivilèges (▪ Cass. com., 25 janv. 1994 : *Bull. civ.* IV, n° 32 ; *D.* 1994, 325, rapp. Pasturel, 379, note Derrida) ; *idem* pour la violation du principe d'égalité entre les créanciers chirographaires (▪ Cass. com., 26 avr. 1994, n° 92-18.966 : *JurisData* n° 1994-001017 ; *RJDA* 6/1994, n° 713 ; concl. Raynaud : *RJDA* 6/1994, p. 498) ; *idem* pour le défaut de convocation du bailleur dans le délai réglementaire à l'occasion d'un plan de cession (▪ Cass. com., 25 oct. 2011, n° 10-23.033 : *Gaz. Pal.* 20-21 janv. 2012, p. 22, obs. F. Kenderian).

5) Voies de recours-nullité : régime. En matière de redressement ou de liquidation judiciaire, les voies de recours restent soumises aux conditions de forme et de délais qui leur sont propres sans qu'il y ait lieu de distinguer selon qu'elles tendent à la réformation ou à l'annulation de la décision attaquée (▪ Cass. com., 15 janv. 1991, n° 89-18.185 : *JurisData* n° 1991-000141 ; *JCP* E 1991, II, 165, note O. Barret ; *D.* 1992, somm. 91, obs. F. Derrida. – *Adde*, ▪ Cass. com., 26 avr. 1994, n° 91-20.694 : *JurisData* n° 1994-003049 ; *D.* 1994, 542, note F. Derrida. ▪ 14 mars 1995, n° 92-21.007 : *D.* 1995, 518, note F. Derrida. ▪ 6 janv. 1998, n° 95-15.775 : *JurisData* n° 1998-000097 ; *Rev. proc. coll.* 1999, p. 30, n° 23, obs. Cadiou).

Sur l'effet dévolutif de l'appel-nullité, V. ▪ Cass. com., 28 mai 1996, n° 94-14.232 : *JurisData* n° 1996-002080 ; *D.* 1997, 538, note G. Bolard ; *RTD com.* 1998, 692, obs. J.-L. Vallens.

Sur l'absence d'autonomie de cette voie de recours, V. également ▪ Cass. 2e civ., 8 déc. 2011 : *Act. proc. coll. 2012, comm. 33, obs. K. Salhi.*

Bibliographie : Honorat et Mas, *Les perspectives de l'appel en nullité : LPA* 1987, n° 78. • Soinne, *Le recours en nullité dans le cadre des procédures collectives : Gaz. Pal.* 1987, 2, doctr. 695. • Bolard, *L'appel en nullité : D.* 1988, chron. p. 177. • Cadiet, *Sur l'appel-nullité dans les procédures collectives : Rev. proc. coll.* 1988, 17. • Derrida, *La notion de partie dans les décisions relatives au redressement et à la liquidation judiciaire des entreprises : LPA* 2 déc. 1988 ; *D.* 1989, chron. 77, 85, 93. • Cadiet, *L'évolution de l'appel dans les procédures de redressement et de liquidation judiciaires des entreprises : Rev. proc. coll.* 1989, 371. • Bolard, *Heurs et malheurs des voies de recours dans les faillites : Rev. proc. coll.* 1991, 1. • Gerbay, *Les effets de l'appel voie d'annulation : D.* 1993, chron. 143. • Maupas, *L'appel-nullité et les procédures collectives : Rev. proc. coll.* 2002, 229. • Rémery, *L'appel dans la loi de sauvegarde des entreprises : JCP* E 2008, 1154. • Rolland, *Mauvais temps sur le principe du contradictoire... (à propos de l'admission des recours-nullité par la Cour de cassation) : JCP* E 2006,

2534 ; *Une embellie pour le principe du contradictoire : Rev. proc. coll.* 2010, étude 8. • Vallansan et Cagnoli, *Clarification des voies de recours pour les procédures ouvertes à compter du 15 février 2009 : Rev. proc. coll.* 2010, étude 26. • De Lajarte-Moukoko, *L'appel-nullité en droit des procédures collectives : le point sur les conditions d'ouverture : BJE* 2014, p. 53.

Art. L. 661-1 *(Anc. art. L. 623-1, renum. et mod., L. n° 2005-845, 26 juill. 2005 ; Ord. n° 2008-1345, 18 déc. 2008 ; Ord. n° 2010-1512, 9 déc. 2010 ; L. n° 2015-990, 6 août 2015).* – I. – Sont susceptibles d'appel ou de pourvoi en cassation :

1° Les décisions statuant sur l'ouverture des procédures de sauvegarde ou de redressement judiciaire de la part du débiteur, du créancier poursuivant et du ministère public ;

2° Les décisions statuant sur l'ouverture de la liquidation judiciaire de la part du débiteur, du créancier poursuivant, du comité *(Mots rempl. à compter du 1er octobre 2021, Ord. n° 2021-1193, 15 sept. 2021)* « social et économique ou, dans les entreprises de moins de cinquante salariés, des membres de sa délégation du personnel » et du ministère public ;

3° Les décisions statuant sur l'extension d'une procédure de sauvegarde, de redressement judiciaire ou de liquidation judiciaire ou sur la réunion de patrimoines de la part du débiteur soumis à la procédure, du débiteur visé par l'extension, du mandataire judiciaire ou du liquidateur, de l'administrateur et du ministère public ;

4° Les décisions statuant sur la conversion de la procédure de sauvegarde en redressement judiciaire de la part du débiteur, de l'administrateur, du mandataire judiciaire et du ministère public ;

5° Les décisions statuant sur le prononcé de la liquidation judiciaire au cours d'une période d'observation de la part du débiteur, de l'administrateur, du mandataire judiciaire, du comité *(Mots rempl. à compter du 1er octobre 2021, Ord. n° 2021-1193, 15 sept. 2021)* « social et économique ou, dans les entreprises de moins de cinquante salariés, des membres de sa délégation du personnel » et du ministère public ;

6° *(6° rempl. à compter du 1er octobre 2021, Ord. n° 2021-1193, 15 sept. 2021)* Les décisions statuant sur l'arrêté du plan de sauvegarde ou du plan de redressement de la part du débiteur, de l'administrateur, du mandataire judiciaire, du comité social et économique ou, dans les entreprises de moins de cinquante salariés, des membres de sa délégation du personnel et du ministère public, ainsi que les décisions prises sur le fondement de l'article L. 626-33 ;

6° *bis* Les décisions statuant sur la désignation d'un mandataire prévue au 1° de l'article L. 631-19-2 et sur la cession de tout ou partie de la participation détenue dans le capital prévue au 2° du même article, de la part du débiteur, de l'administrateur, du mandataire judiciaire, du comité *(Mots rempl. à compter du 1er octobre 2021, Ord. n° 2021-1193, 15 sept. 2021)* « social et économique ou, dans les entreprises de moins de cinquante salariés, des membres de sa délégation du personnel » ou, à défaut, du représentant des salariés mentionné à l'article L. 621-4, des associés ou actionnaires parties à la cession ou qui ont refusé la modification du capital prévue par le projet de plan et des cessionnaires ainsi que du ministère public ;

7° *(7° rempl. à compter du 1er octobre 2021, Ord. n° 2021-1193, 15 sept. 2021)* Les décisions statuant sur l'arrêté du plan de sauvegarde ou du plan de redressement de la part du débiteur, de l'administrateur, du mandataire judiciaire, du comité social et économique ou, dans les entreprises de moins de cinquante salariés, des membres de sa délégation du personnel et du ministère public, ainsi que les décisions prises sur le fondement de l'article L. 626-33 ; Les décisions statuant sur la modification du plan de sauvegarde ou du plan de redressement de la part du débiteur, du commissaire à l'exécution du plan, du comité social et économique ou, dans les entreprises de moins de cinquante salariés, des membres de sa délégation du personnel et du ministère public, ainsi que les décisions prises sur le fondement de l'article L. 626-33 ;

8° Les décisions statuant sur la résolution du plan de sauvegarde ou du plan de redressement de la part du débiteur, du commissaire à l'exécution du plan, du comité *(Mots rempl. à compter du 1er octobre 2021, Ord. n° 2021-1193, 15 sept. 2021)* « social et économique ou, dans les entreprises de moins de cinquante salariés, des membres de sa délégation du personnel », du créancier poursuivant et du ministère public.

II. – L'appel du ministère public est suspensif, à l'exception de celui portant sur les décisions statuant sur l'ouverture de la procédure de sauvegarde ou de redressement judiciaire.

III. – En l'absence de comité *(Mots rempl. à compter du 1er octobre 2021, Ord. n° 2021-1193, 15 sept. 2021)* « social et économique », le représentant des salariés exerce les voies de recours ouvertes à ces institutions par le présent article.

I – DÉCISIONS STATUANT SUR L'OUVERTURE DE LA PROCÉDURE

1) Dirigeants. Les dirigeants sociaux, à qui sont imputés la dissimulation d'actifs ou la fraude pouvant justifier la reprise de la procédure de liquidation judiciaire de la société débitrice, n'ont pas qualité pour interjeter, en leur nom propre, appel du jugement ayant ordonné la réouverture de la procédure (▪ Cass. com., 11 févr. 1997, n° 94-19.449 : *JurisData* n° 1997-000695 ; *RJDA* 6/1997, n° 844), ou ayant prononcé la liquidation judiciaire (▪ Paris, 7 mars 2003, n° 2002/16871 : *JurisData* n° 2003-209638 ; *D.* 2003, p. 1038, obs. Lienhard).

2) Liquidateur. Le liquidateur n'est pas recevable à se pourvoir en cassation contre un arrêt refusant l'ouverture d'une procédure collective (▪ Cass. com., 18 mars 2014, n° 12-26.390 : *JurisData* n° 2014-005243 ; *Rev. proc. coll.* 2014, comm. 95, obs. Cagnoli).

3) Objet de l'appel. Aucune disposition n'interdit que l'appel, interjeté par le débiteur, soit limité à la disposition concernant la date provisoire de la cessation des paiements (▪ Paris, 8 mars 1991 : *Gaz. Pal.* 1991, 2, somm. 426).

4) Conversion en liquidation. La conversion en liquidation ne rend pas sans objet l'appel du débiteur contre le jugement qui a ouvert à son égard une procédure de redressement judiciaire (▪ Cass. com., 3 déc. 1996, n° 94-18.789 : *JurisData* n° 1996-004632 ; *RJDA* 3/97, n° 409).

5) Effet dévolutif de l'appel. Lorsque le jugement d'ouverture est frappé d'appel, la cour d'appel doit se placer au jour où elle statue pour apprécier l'état de cessation des paiements (▪ Cass. com., 14 nov. 2000, n° 98-14.672 : *JurisData* n° 2000-006966 ; *Rev. proc. coll.* 2002, 56, obs. Deleneuville ; *Act. proc. coll.* 2001-1, n° 1 ; *Procédures* 2001, n° 63, obs. Laporte. ▪ Cass. com., 26 mai 1999, n° 96-22.635 : *JurisData* n° 1999-002119 ; *Bull.* IV, n° 110 ; *JCP* E 1999, pan. 1271 ; *LPA* 5 août 1999, p. 5, obs. P.M. ; *LPA* 4 janv. 2000, p. 20, note Courtier ; *Rev. proc. coll.* 2000, 46, n° 2, obs. Deleneuville. ▪ Cass. com., 8 juill. 2003, n° 00-13.627 : *JurisData n° 2003-019875* ; *JCP* E 2004, chron. 151, n° 1, obs. Pétel ; *LPA* 17 févr. 2004, p. 3, note Zattara).

Comp., pour la sauvegarde, jurispr. citée sous l'art. L. 620-1.

Sur la possibilité pour la cour d'appel qui annule ou infirme le jugement d'ouverture d'ouvrir elle-même une procédure, V. art. R. 631-6, p. 1989 et jurisprudence citée.

6) Conséquences de l'arrêt portant réformation ou annulation. L'annulation du jugement d'ouverture ne s'étend pas aux déclarations de créances régulièrement effectuées dès lors que la cour d'appel ouvre elle-même le redressement judiciaire du débiteur (▪ Cass. com., 25 mai 1993, n° 91-13.704 : *JurisData* n° 1993-001102 ; *JCP* E 1993, I, 265, n° 1, obs. Pétel ; *Bull. Joly Sociétés* 1993, p. 761, obs. Chaput. – Rappr. ▪ Cass. com., 10 mai 2005, n° 04-10.523 : *JurisData* n° 2005-028344 ; *JCP* E 2005, 1274, n° 3, obs. Pétel ; *D.* 2005, act. jurispr. p. 1414, obs. A. Lienhard). Mais le créancier peut valablement réitérer sa déclaration (▪ Cass. com., 24 juin 2014, n° 13-21.074 : *Gaz. Pal.* 5-7 oct. 2014, p. 39, obs. Le Corre).

Lorsque la Cour de cassation casse un arrêt de cour d'appel qui a prononcé le redressement judiciaire du débiteur, les jugements ayant désigné le mandataire judiciaire en qualité de représentant des créanciers puis de liquidateur judiciaire se sont trouvés annulés par voie de conséquence ; il en résulte que le débiteur est revenu à la tête de ses biens (▪ Cass. com., 29 avr. 2002, n° 99-10.629 : *JurisData* n° 2002-014145 ; *JCP* E 2002, pan. 935). Le liquidateur n'avait pas à être partie à l'instance et doit reverser les sommes qui lui avaient été versées ès qualité pendant l'exécution de sa mission (même déc.).

Mais les effets du désaisissement ne disparaissent pas rétroactivement (▪ Cass. com., 2 avr. 1996 : *JCP* E 1996, I, 584, n° 6, obs. M. Cabrillac).

II – DÉCISIONS STATUANT EN COURS DE PROCÉDURE

7) Débiteur dessaisi. En vertu du droit propre qu'il tient de l'article L. 623-1, [L. 661-1] le débiteur peut, même lorsqu'un administrateur a été désigné avec mission d'assurer seul et entièrement l'administration de l'entreprise, former un recours en cassation contre les décisions arrêtant ou rejetant le plan de continuation (▪ Cass. com., 22 mai 1990, n° 89-20.043 : *JurisData* n° 1990-701416 ; *D.* 1990, 415, note Derrida ; *JCP* E 1991, I, 44, n° 6, obs. Cabrillac).

8) Créancier. Est irrecevable le pourvoi en cassation formé par un créancier contre un arrêt statuant en matière de plan de continuation d'une entreprise en redressement judiciaire (▪ Cass. com., 20 déc. 1988, n° 87-11.129 : *JurisData* n° 1988-702870 ; *Bull.* IV, n° 348 ; *D.* 1989, 481, note Derrida. ▪ Cass. com., 14 mars 1989, n° 87-16.955 : *JurisData* n° 1989-000703 ; *JCP* E 1989, II, 15591, n° 6, obs. Cabrillac ; *D.* 1989, inf. rap. 106).

Le créancier qui excipe d'un droit propre sur les biens du débiteur et d'un préjudice personnel distinct, non d'une atteinte portée à l'intérêt collectif des créanciers dont le représentant des créanciers a seul la charge, n'était ni partie, ni représenté par celui-ci en première instance, ce qui rend irrecevable son appel-nullité (▪ Cass. com., 9 déc. 1997 : *JCP* E 1998, p. 653, n° 4, obs. Ph. Pétel).

9) Candidat évincé. Le candidat repreneur est irrecevable dans son appel contre le jugement qui rejette le plan de cession de l'entreprise et prononce la liquidation judiciaire (▪ Paris, 29 avr. 1988 : *JurisData* n° 1988-021888 ; *D.* 1988, inf. rap. 160. – *Contra*, ▪ Aix-en-Provence, 2 oct. 1986 : *D.* 1987, somm. 9, obs. Derrida).

Est irrecevable le pourvoi formé par une société ayant présenté un plan de continuation par voie de reprise interne, qui n'est pas le débiteur (▪ Cass. com., 25 oct. 1994, n° 93-10.095 : *JurisData* n° 1994-001950 ; *Bull. civ.* IV, n° 315 ; *JCP* E 1995, I, 455, n° 2, obs. Ph. Pétel. ; *D.* 1995, somm. 4, obs. A. Honorat). En revanche, les sociétés débitrices ont qualité pour faire appel dans l'intérêt d'un tiers qui présente le plan de continuation (▪ Cass. com., 6 juill. 1999, n° 96-16.524 : *JurisData* n° 1999-003017 ; *JCP* E 2000, p. 126, n° 5, obs. Ph. Pétel ; *LPA* 3 janv. 2000, p. 9, obs. P.M. ; *RTD com.* 1999, 987, obs. Vallens).

Est recevable le pourvoi formé par des repreneurs évincés contre l'arrêt d'appel rejetant la cession de l'entreprise et homologuant un plan de continuation, dès lors que ceux-ci demandent la cassation de l'arrêt uniquement en ce qu'il a déclaré recevable l'appel formé par le débiteur contre le jugement ayant arrêté le plan de cession (▪ Cass. com., 6 mars 1990, n° 88-11.500 : *JurisData* n° 1990-700522 ; *D.* 1990, 218, note F. Derrida ; *JCP* G 1990, II, 21513, note G. Bolard. ▪ 14 mai 1991, n° 89-17.072 : *JurisData* n° 1991-001342 ; *D.* 1992, somm. 93, obs. F. Derrida).

10) Associé. Les associés d'une société débitrice ne sont pas au nombre des personnes admises à interjeter appel d'un jugement rendu sur tierce opposition à un jugement ayant prononcé la liquidation judiciaire (▪ Cass. com., 14 déc. 1993, n° 90-19.382 : *JurisData* n° 1993-002622 ; *D.* 1994, inf. rap. 18). De même ils n'ont pas qualité pour faire appel du jugement arrêtant un plan de continuation ; toutefois, lorsque le tribunal, se fondant sur l'article L. 621-59 [L. 626-4], subordonne l'adoption du plan à la cession d'actions ou de parts sociales, l'appel formé contre sa décision est recevable, dès lors qu'il est limité aux modalités de la cession dans les rapports entre les parties (▪ Cass. com., 1er juill. 1997, n° 95-16.927 : *JurisData* n° 1997-003136 ; *RJDA* 12/97, n° 1546 ; *JCP* E 1998, p. 29, n° 2, obs. Ph. Pétel. ▪ Cass. com., 26 juin 2001, n° 98-16.479 : *JCP* E 2002, 121, n° 5, obs. Ph. Pétel).

Un appel-nullité est possible de la part d'un associé d'une société bénéficiant d'un plan de continuation et qui prétend que ce plan lui impose des charges autres que les engagements qu'il a souscrits au cours de sa préparation (▪ Cass. com., 28 févr. 1995 : *JCP* E 1995, I, 487, n° 4, obs. Ph. Pétel).

11) Décision mixte. L'appel formé par l'administrateur contre un jugement ayant arrêté le plan de cession est recevable alors qu'il résulte du jugement qu'il avait déposé des conclusions tendant, fût-ce à titre subsidiaire, au prononcé de la liquidation judiciaire de sorte que le jugement avait statué sur la liquidation judiciaire (▪ Cass. com., 15 juill. 1992, n° 91-14.260 : *JurisData* n° 1992-001701 ; *Bull. civ.* IV, n° 271 ; *RJDA* 2/1993, n° 167 ; *D.* 1994, somm. 44, obs. Derrida).

L'appel formé par le débiteur et l'administrateur judiciaire contre le jugement rejetant le plan de continuation et arrêtant un plan de cession est recevable en application de l'article L. 623-1 [L. 661-1] (▪ Cass. com., 6 mars 1990 : *D.* 1990, 218, note Derrida ; *JCP* 1990, II, 21513, note Bolard).

Est recevable le recours en cassation formé par le représentant des créanciers à l'encontre d'un arrêt qui, pour arrêter le plan de cession, a infirmé le jugement qui avait prononcé la liquidation judiciaire (▪ Cass. com., 26 juin 1990, n° 89-12.496 : *JurisData* n° 1990-001873 ; *Bull. civ.* IV, n° 191).

La décision d'ouverture d'une procédure collective emportant résolution d'un précédent plan est susceptible d'appel de la part du commissaire à l'exécution du plan, dont la tierce opposition est donc irrecevable (▪ Cass. com., 29 nov. 2017, n° 16-18.138).

12) Renvoi devant le tribunal. V. art. L. 661-9, p. 1372, et jurisprudence citée.

Art. L. 661-2 *(Anc. art. L. 623-2, renum. et mod., L. n° 2005-845, 26 juill. 2005 ; Ord. n° 2008-1345, 18 déc. 2008).* – **Les décisions mentionnées aux 1° à 5° du I de l'article L. 661-1, à l'exception du 4°, sont susceptibles de tierce opposition. Le jugement statuant sur la tierce opposition est susceptible d'appel et de pourvoi en cassation de la part du tiers opposant.**

1) Associé. Le droit effectif au juge (Conv. *EDH, art. 6, § 1 et CPC, art. 583)* implique que l'associé d'une SCI, qui répond indéfiniment des dettes sociales à proportion de sa part dans le capital social, soit recevable à former tierce opposition à l'encontre du jugement ouvrant la liquidation judiciaire de la SCI (▪ Cass. com., 19 déc. 2006, n° 05-14.816 : *JurisData* n° 2006-036648 ; D. 2007, p. 157, obs. Lienhard ; JCP E 2007, 1186, note Cholet ; *ibid.*, 1450, n° 1, obs. Cabrillac ; *ibid.* 1877, n° 9, obs. Caussain, Deboissy et Wicker ; *Bull. Joly* 2007, § 122, p. 467, obs. Cagnoli et Vallansan ; *Dr. sociétés* 2007, comm. 24, obs. Lucas).

2) Créancier. La tierce opposition contre un jugement d'extension est irrecevable de la part d'un créancier chirographaire, qui ne se prévaut d'aucun droit propre sur les biens des sociétés en liquidation (▪ Cass. com., 12 nov. 2008 : *JurisData* n° 2008-045818 ; *Act. proc. coll.* 2008-20, n° 324 ; *Gaz. proc. coll.* 1/2009, p. 27, obs. Reille).

La tierce opposition du créancier contre un jugement d'ouverture de sauvegarde est recevable si elle est fondée sur un moyen propre (▪ Cass. com., 8 mars 2011 : *JCP* E 2011, 1263, § 1, obs. Pétel ; *D.* 2011, 919, note Le Corre ; 2069, obs. Lucas ; *Act. proc. coll.* 2011, comm. 106, obs. Saintourens).

Mais les créanciers domiciliés dans un État membre autre que celui de la juridiction ayant ouvert une procédure principale d'insolvabilité ne peuvent être privés de la possibilité effective de contester la compétence de cette juridiction (▪ Cass. com., 30 juin 2009, n° 08-11.903 : *JurisData* n° 2009-049180 ; *Gaz. Pal.* 26-28 juill. 2009, p. 7, obs. Fricero ; *Act. proc. coll.* 2009, comm. 224, obs. Dom ; *JCP* E 2009, 1974, note Rolland ; *JCP* E 2010, 1011, n° 2, obs. Pétel ; *D.* 2009, 1886, obs. Lienhard ; *Bull. Joly Sociétés* 2009, 877, note Jault-Seseke et Robine ; *adde*, concl. Bonhomme : *Rev. proc. coll.* 2009, étude 16).

Idem pour le jugement adoptant un plan de sauvegarde (▪ Cass. com., 15 nov. 2017, n° 16-14.630 : *Act. proc. coll.* 2017, comm. 314, obs. Vallansan). Ne constitue pas un moyen propre la contestation de la viabilité du plan (▪ Cass. com., 26 janv. 2016, n° 14-11.298 : *JCP* E 2016, 1198, n° 3, obs. Pétel ; *Rev. proc. coll.* 2016, comm. 83, obs. Fraimout). Ni le moyen tiré de la méconnaissance du principe selon lequel le plan doit prévoir le règlement de toutes les créances déclarées (▪ Cass. com., 7 oct. 2020, n° 18-23.749 : *Rev. proc. coll.* 2020, comm. 145, obs. Cagnoli).

3) Assureur-crédit. La tierce opposition formée par un assureur-crédit à l'encontre du jugement prononçant la mise sous sauvegarde d'un de ses assurés est recevable (▪ Lyon, 31 mai 2006, n° 06/02245 : *RJDA* 4/2007, n° 380 ; *JCP* E 2006, act. 379, obs. Roussel-Galle. ▪ Versailles, 15 juin 2006, n° 06/01994 : *JurisData* n° 2006-303989 ; *JCP* E 2006, act. 379, obs. Roussel-Galle).

4) Effets de la rétractation. La rétractation du jugement d'ouverture prive rétroactivement ce dernier de tous ses effets : pour une application à l'arrêt du cours des intérêts, V. ▪ Cass. com., 17 oct. 2018, n° 17-17.635 : *JurisData* n° 2018-018041 ; *JCP* E 2019, 1040, obs. Lebel.

Art. L. 661-3 ***(L. n° 2005-845, 26 juill. 2005 ; mod., Ord. n° 2008-1345, 18 déc. 2008).*** **– Les décisions arrêtant ou modifiant le plan de sauvegarde ou de redressement ou rejetant la résolution de ce plan sont susceptibles de tierce opposition.**

Le jugement statuant sur la tierce opposition est susceptible d'appel et de pourvoi en cassation de la part du tiers opposant.

Il ne peut être exercé de tierce opposition contre les décisions rejetant l'arrêté ou la modification du plan de sauvegarde ou de redressement ou prononçant la résolution de ce plan.

Créancier. La tierce opposition du créancier n'est recevable que si elle est fondée sur un moyen propre (▪ Cass. com., 26 janv. 2016, n° 14-11.298 : *JurisData* n° 2016-001070 ; *JCP* E 2016, 1198, n° 2, obs. Pétel ; *Rev. proc. coll.* 2016, comm. 83, obs. Fraimout).

Art. L. 661-4 ***(Anc. art. L. 623-4, renum. et mod., L. n° 2005-845, 26 juill. 2005 ; Ord. n° 2008-1345, 18 déc. 2008).*** **– Les jugements ou ordonnances relatifs à la nomination ou au remplacement du juge-commissaire ne sont pas susceptibles de recours.**

Art. L. 661-5 ***(Abr., Ord. n° 2008-1345, 18 déc. 2008).***

Art. L. 661-6 ***(Ord. n° 2008-1345, 18 déc. 2008 ; mod., L. n° 2016-1547, 18 nov. 2016).*** **– I. – Ne sont** ***susceptibles que d'un appel de la part du ministère public :***

1° Les jugements ou ordonnances relatifs à la nomination ou au remplacement de l'administrateur, du mandataire judiciaire, du commissaire à l'exécution du plan, du liquidateur, des contrôleurs, du ou des experts ;

2° Les jugements statuant sur la durée de la période d'observation, sur la poursuite ou la cessation de l'activité.

II. – Ne sont susceptibles que d'un appel de la part du débiteur ou du ministère public, les jugements relatifs à la modification de la mission de l'administrateur.

III. – Ne sont susceptibles que d'un appel de la part soit du débiteur, soit du ministère public, soit du cessionnaire ou du cocontractant mentionné à l'article L. 642-7 les jugements qui arrêtent ou rejettent le plan de cession de l'entreprise. Le cessionnaire ne peut interjeter appel du jugement arrêtant le plan de cession que si ce dernier lui impose des charges autres que les engagements qu'il a souscrits au cours de la préparation du plan.

Le cocontractant mentionné à l'article L. 642-7 ne peut interjeter appel que de la partie du jugement qui emporte cession du contrat.

IV. – Ne sont susceptibles que d'un appel de la part du ministère public ou du cessionnaire, dans les limites mentionnées à l'alinéa précédent, les jugements modifiant le plan de cession.

V. – Ne sont susceptibles que d'un appel de la part du débiteur, de l'administrateur, du liquidateur, du cessionnaire et du ministère public les jugements statuant sur la résolution du plan de cession.

VI. – L'appel du ministère public est suspensif, sauf s'il porte sur une décision statuant sur l'ouverture de la procédure de sauvegarde ou de redressement judiciaire et n'est pas limité à la nomination de l'administrateur, du mandataire judiciaire ou des experts.

I – DÉCISION ARRÊTANT UN PLAN DE CESSION

1) **Constitutionnalité.** Rejet d'une QPC sur le régime d'appel du jugement arrêtant un plan de cession (▪ Cass. com., 2 juill. 2013, n° 13-40.020).

2) **Appel-nullité.** Sur la recevabilité de l'appel-nullité contre un plan de cession, V. ▪ Cass. com., 3 mars 1992 : *D.* 1992, 345, note Bolard ; *JCP* E 1992, pan. 608 ; *adde* jurispr. citée *supra* sous chapitre 1.

3) **Débiteur.** Si le débiteur a qualité à interjeter appel du jugement arrêtant le plan de cession, il doit en outre justifier d'un intérêt personnel à exercer cette voie de recours (▪ Cass. com., 23 oct. 2019, n° 18-21.125 : *JCP* E 2019, 1551, n° 7, obs. Pétel).

4) **Représentants du personnel.** Le comité d'entreprise peut former un appel-nullité à l'encontre du jugement statuant sur le plan de cession (▪ Cass. com., 17 févr. 2015 : *JCP* E 2015, 1204, n° 6, obs. Pétel ; *Rev. proc. coll.* 2015, comm. 84, obs. Cagnoli).

5) **Représentant des créanciers.** Sur l'appel-nullité du représentant des créanciers, V. ▪ Cass. com., 26 avr. 1994 : *D.* 1994, 542, note F. Derrida ; *RJDA* 1994, p. 498, concl. Raynaud.

6) **Candidat évincé.** Le candidat repreneur évincé n'a pas de prétentions à faire valoir au sens des articles 4 et 31 du CPC ; il n'a pas la qualité de partie même s'il a été entendu par le tribunal et ne peut donc former un appel ou un pourvoi-nullité (▪ Cass. com., 22 mars 1988, n° 87-15.901 : *JurisData* n° 1988-000979 ; *D.* 1988, p. 375, note F. Derrida et P. Julien ; *JCP* E 1988, II, 15335, n° 9, obs. M. Cabrillac et M. Vivant. ▪ Cass. com., 8 nov. 1988 : *JCP* E 1989, II, 15468, n° 7, obs. Cabrillac. ▪ Cass. com., 11 mai 1999, n° 98-11.392 : *D.* 2000, *Cah. dr. aff.*, somm. 96, obs. Honorat).

Cependant, le candidat évincé est recevable en son intervention accessoire (▪ Paris, 6 févr. 1987 : *JCP* E 1987, I, 16619, n° 8, obs. Cabrillac et Vivant ; *Gaz. Pal.* 1987, 1, 197. ▪ 5 déc. 1997 : *JurisData* n° 1997-220437 ; *RJ com.* 1998, 325, note Monsèrié).

7) **Créancier.** Un créancier ne peut interjeter appel d'un jugement statuant en matière de plan de cession de l'entreprise (▪ Cass. com., 3 mars 1992, n° 89-15.336 : *JurisData* n° 1992-000460 ; *Gaz. Pal.* 1992, pan. jurispr. 252). La même solution s'applique pour le jugement emportant modification substantielle du plan de cession en application de l'article L. 621-69 [L. 626-26] (▪ Cass. com., 8 juin 1993, n° 89-17.147 : *JurisData* n° 1993-001244 ; *Bull.* IV, n° 235 ; *D.* 1994, somm. 43, obs. Derrida).

Un créancier ne peut exercer un recours en cassation contre une décision qui a arrêté le plan de redressement de l'entreprise en organisant sa continuation assortie d'une cession partielle (▪ Cass. com., 12 juin 1990 : *Bull. civ.* IV, n° 173). Le créancier dont la sûreté n'est pas transférée n'est pas un contractant mentionné à l'article L. 642-7 et n'a pas la qualité de partie (▪ Cass. com., 15 déc. 2009, n° 08-21.553 : *JurisData* n° 2009-050790 ; *Rev. proc. coll.* 2010, comm. 65, obs. F. Pérochon ; *D.* 2010, 1827, obs. P.-M. Le Corre ; *Rev. proc. coll.* 2010, comm. 96, obs. P. Cagnoli).

8) **Contrôleur.** L'audition éventuelle des contrôleurs ne leur confère pas la qualité de parties ; l'appel d'un contrôleur est donc irrecevable (▪ Cass. com., 9 déc. 1997, n° 95-16.206 : *JurisData* n° 1997-004929 ; *D.* 1998, inf. rap. 22 ; *D. affaires* 1998, 77, obs. A.L. ; *RTD com.* 1998, 952, obs. J.-L. Vallens).

9) **Contractant cédé.** Le cocontractant dont le contrat a été maintenu a qualité pour interjeter appel à la condition qu'il justifie d'un intérêt pour agir ; cet intérêt ne peut résulter que de modifications apportées aux conditions du contrat en vigueur au jour de l'ouverture de la procédure ou du délai de paiement imposé par le tribunal pour la poursuite de l'activité sans qu'il ait été entendu (▪ Paris, 10 juill. 1987 : *JurisData* n° 1987-025613 ; *Gaz. Pal.* 1987, 2, 688 ; *D.* 1987, inf. rap. 198 et 211).

Le cocontractant ne peut relever appel que de la partie du jugement qui emporte cession du contrat ; ce qui ne lui permet pas de critiquer l'ensemble du jugement (▪ Limoges, 13 août 1986 : *JurisData* n° 1986-600004 ; *JCP* E 1986, II, 14794 ; *JCP* G 1986, II, 20693, note Cabrillac ; *Gaz. Pal.* 1986, 2, 722, note Martin ; *D.* 1987, 44, note Derrida. ▪ Rouen, 14 avr. 1992 : *RJDA* 1992, n° 763).

10) Contractant non cédé. Le cocontractant dont le contrat n'a pas été transféré n'était pas partie à l'instance et ne peut former un appel-nullité (■ Cass. com., 22 nov. 1994, n° 93-19.484 : *JurisData* n° 1994-002125 ; *Bull. civ.* IV, n° 346 ; *D.* 1997, somm. 7, obs. Derrida).

11) Cessionnaire. L'appel du cessionnaire est recevable contre le jugement arrêtant le plan de cession qui lui imposerait des charges autres que les engagements souscrits dans son offre (■ Aix-en-Provence, 9 déc. 1988 : *JurisData* n° 1988-049348 ; *D.* 1990, somm. 3, obs. Derrida. ■ Montpellier, 19 juin 1990 : *D.* 1992, somm. 93, obs. Derrida. ■ Cass. com., 12 févr. 1991, n° 89-18.647 : *JurisData* n° 1991-000502 ; *Bull.* IV, n° 68 ; *JCP* E 1991, I, 100, n° 4, obs. Pétel).

12) Associé. L'associé est irrecevable à interjeter appel contre le jugement adoptant le plan de cession de sa société (■ Cass. com., 18 mars 2003, n° 00-12.005 : *JurisData* n° 2003-018569 ; *Dr. sociétés* 2004, n° 60, note J.-P. Legros).

13) Caution. La caution n'a pas qualité pour interjeter appel du jugement qui arrête le plan de cession du débiteur principal ; son intervention est irrecevable (■ Cass. com., 12 janv. 2016, n° 13-24.058 : *JCP* E 2016, 1232, obs. Lebel).

II – AUTRES DÉCISIONS

14) Désignation des contrôleurs. L'article L. 661-6-I n'interdit pas au créancier ayant demandé à être désigné contrôleur de former un recours devant le tribunal contre l'ordonnance du juge-commissaire qui le déboute (■ Cass. com., 21 févr. 2012, n° 11-40.100 : *JurisData* n° 2012-002822 ; *Rev. proc. coll.* 2012, comm. 61, obs. P. Cagnoli ; *D.* 2012, p. 553, obs. A. Lienhard).

Seul le jugement du tribunal statuant sur ce recours est concerné par ce texte (■ Cass. com., 16 mars 2010, n° 09-13.578 : *JurisData* n° 2010-002029 ; *Gaz. Pal.* 2-3 juill. 2010, p. 22, obs. N. Fricero ; *Rev. proc. coll.* 2011, comm. 26, obs. P. Cagnoli).

15) Décision mixte. Sur l'appel contre un jugement arrêtant un plan de cession qui rejette un plan de continuation ou statue sur la liquidation judiciaire, V. jurispr. citée sous art. L. 661-1, p. 1366.

16) Modification du plan. Le cessionnaire peut faire appel du jugement refusant de modifier le plan de cession (■ Cass. com., 3 mai 2006, n° 04-15.760 : *JurisData* n° 2006-033405 ; *D.* 2006, p. 1369, obs. A. Lienhard ; *JCP* E 2006, pan. 1952 et 2331, n° 5, obs. Ph. Pétel).

17) Prorogation du plan. Le jugement prorogeant la durée du plan de cession est une décision modifiant le plan et n'est susceptible que d'un appel du ministère public (législ. ant. à 2005), de même que le jugement rendu sur tierce opposition contre ce premier jugement (■ Cass. com., 19 juin 2007, n° 06-12.101 : *JurisData* n° 2007-039653 ; *D.* 2007, p. 1965, obs. Lienhard ; *JCP* E 2007, pan. 2126 ; *D.* 2008, pan. 575, obs. Lucas).

Ne commet pas d'excès de pouvoir la juridiction qui proroge, avant qu'elles n'aient pris fin, la durée du plan de cession et la mission du commissaire à l'exécution du plan, déjà prorogées par des décisions devenues irrévocables (■ Cass. com., 19 juin 2007 : *D.* 2007, p. 1965, obs. A. Lienhard ; *D.* 2008, pan. 575, obs. F.-X. Lucas. ■ Cass. com., 13 nov. 2007 [1re esp.] : *D.* 2007, p. 3010, obs. A. Lienhard ; *D.* 2008, pan. 575, obs. F.-X. Lucas ; *JCP* E 2008, 1046, note C. Regnaut-Moutier ; *ibid.* 1432, n° 5, obs. M. Cabrillac).

18) Caducité du plan. Le pourvoi contre la décision constatant la caducité du plan de cession est recevable (■ Cass. com., 6 févr. 1996, n° 93-11.081 : *JurisData* n° 1996-000385 ; *Bull.* IV, n° 37 ; *D.* 1998, somm. 4, obs. Derrida ; *JCP* E 1996, 584, n° 2, obs. Ph. Pétel).

19) Jugement interprétatif. Les jugements interprétatifs ont, quant aux voies de recours, le même caractère et sont soumis aux mêmes règles que les jugements interprétés (■ Cass. com., 12 févr. 1991 : *Bull.* IV, n° 68 ; *JCP* E 1991, I, 100, n° 4, obs. Pétel).

Art. L. 661-7 *(Anc. art. L. 623-7, renum. et mod., L. n° 2005-845, 26 juill. 2005 ; Ord. n° 2008-1345, 18 déc. 2008). – (Al. rempl. à compter du 1er octobre 2021, Ord. n° 2021-1193, 15 sept. 2021)* **Il ne peut être exercé de tierce opposition ou de recours en cassation contre :**

1° Les décisions rendues en application du V de l'article L. 626-30 ;

2° Les jugements mentionnés à l'article L. 661-6 et les arrêts rendus en application des I et II du même article.

Le pourvoi en cassation n'est ouvert qu'au ministère public à l'encontre des arrêts rendus en application du III, IV et V de l'article L. 661-6.

1) Contentieux de l'exécution provisoire. L'ordonnance par laquelle le premier président de la cour d'appel arrête l'exécution d'un jugement arrêtant ou rejetant un plan de cession est insusceptible de pourvoi (■ Cass. com., 14 mai 1996, n° 94-19.409 : *JurisData* n° 1996-001810 ; *Bull.* IV, n° 136 ; *D.* 1998, somm. 1, obs. Derrida).

2) Plan de cession. Il ne peut être exercé de pourvoi en cassation contre les arrêts qui statuent sur l'appel interjeté par le cocontractant mentionné à l'article L. 621-88 [L. 642-7], de la partie du jugement arrêtant le plan de cession qui emporte cession du contrat (▪ Cass. com., 14 mars 1995 : *Bull.* IV, n° 79 ; *D.* 1997, somm. 7, obs. Derrida). Est irrecevable le pourvoi formé par l'administrateur de la procédure et le représentant des créanciers contre l'arrêt qui, sur appel des cocontractants, infirme la partie du jugement comportant cession de contrats de franchise (même déc.).

3) **Pourvoi nullité.** Sur la recevabilité du pourvoi-nullité contre un arrêt statuant sur un plan de cession, V. ▪ Cass. com., 9 juin 1992, n° 90-14.905 : *D.* 1992, inf. rap. 228. ▪ Cass. com., 11 oct. 1994 : *JCP* E 1995, I, 455, n° 7, obs. M. Cabrillac et Ph. Pétel ; *D.* 1995, 297, rapp. Rémery. ▪ Cass. com., 26 avr. 1994 : *D.* 1994, 542, note F. Derrida ; *adde* jurispr. citée *supra* sous chapitre 1 et sous art. L. 661-6, p. 1369.

Art. L. 661-8 ***(Anc. art. L. 623-8, renum. et mod., L. n° 2005-845, 26 juill. 2005).*** **– Lorsque le ministère public doit avoir communication des procédures de sauvegarde, de redressement judiciaire ou de liquidation judiciaire et des causes relatives à la responsabilité des dirigeants sociaux, le pourvoi en cassation pour défaut de communication n'est ouvert qu'à lui seul.**

Bibliographie : Perdriau, *La communication au ministère public des affaires de faillite : JCP* 1986, I, 3228 ; rect. 3233.

Pour une application de ce texte, V. ▪ Cass. com., 22 févr. 1994, n° 92-12.327 : *Bull.* IV, n° 75. ▪ Cass. com., 9 déc. 1997 : *JCP* E 1998, pan. p. 205. Le moyen soulevé par le débiteur qui reproche à l'arrêt de lui avoir étendu la procédure de liquidation d'une société en violation des dispositions de l'article 425, 2° du CPC, est irrecevable (▪ Cass. com., 19 févr. 2002 : *JCP* E 2002, pan. 568).

Art. L. 661-9 ***(Anc. art. L. 623-9, renum. et mod., L. n° 2005-845, 26 juill. 2005).*** **– En cas d'infirmation du jugement imposant de renvoyer l'affaire devant le tribunal, la cour d'appel peut ouvrir une nouvelle période d'observation. Cette période est d'une durée maximale de trois mois.**

En cas d'appel du jugement statuant sur la liquidation judiciaire au cours de la période d'observation ou arrêtant ou rejetant le plan de sauvegarde ou le plan de redressement judiciaire et lorsque l'exécution provisoire est arrêtée, la période d'observation est prolongée jusqu'à l'arrêt de la cour d'appel.

1) **Renvoi nécessaire.** Pour une application de l'article L. 623-9, alinéa 1er [L. 661-9]. V. ▪ Cass. com., 6 juin 2000 : *JCP* E 2001, p. 173, n° 2, obs. Ph. Pétel. ▪ CA Grenoble, 8 oct. 2008, n° 0700610 : *JurisData* n° 2008-008268 ; *Rev. proc. coll.* 2009, comm. 156, obs. C. Lebel.

2) **Renvoi exclu.** L'effet dévolutif de l'appel oblige la cour à statuer sur une offre d'acquisition durant l'instance d'appel (▪ Cass. com., 21 janv. 1992, n° 90-13.127 : *JurisData* n° 1992-000117 ; *Bull.* IV, n° 28 ; *JCP* E 1992, I, 166, n° 8, obs. Ph. Pétel ; *D.* 1994, somm. 3, obs. Derrida. – *Adde*, Saint-Denis de la Réunion, 14 juin 1991 : *RJ com.* 1992, 32, note Putman. ▪ Versailles, 23 avr. 1992, n° 91-41.102 : *RJ com.* 1992, 307, note Vallens. ▪ Cass. com., 6 oct. 1992, n° 90-19.438 : *Bull.* civ. IV, n° 286 ; *D.* 1994, somm. 3, obs. Derrida. – Comp. ▪ Cass. com., 3 juin 1997, n° 95-12.802 : *JurisData* n° 1997-002485 ; *D.* 1997, 538, note Bolard).

3) **Domaine de l'alinéa 2.** Un jugement d'extension est un jugement statuant sur la liquidation judiciaire, peu important l'absence de période d'observation (▪ Cass. com., 11 mai 1999, n° 97-14.132 : *JurisData* n° 1999-001985 ; *LPA* 1er juin 1999, p. 9, note P.M. ; *JCP* E 1999, p. 1530, n° 3, obs. Ph. Pétel ; *D.* 2000, *Cah. dr. aff.*, somm. 98, obs. A. Honorat. – Rappr. ▪ Cass. com., 23 juin 1998, n° 95-18.766 : *D.* 1999, somm. 71, obs. A. Honorat).

Art. L. 661-10 ***(Anc. art. L. 623-10, renum., L. n° 2005-845, 26 juill. 2005).*** **– Pour l'application du présent titre, les membres du comité** ***(Mots rempl. à compter du 1er octobre 2021, Ord. n° 2021-1193, 15 sept. 2021)*** **« social et économique » désignent parmi eux la personne habilitée à exercer en leur nom les voies de recours.**

Art. L. 661-11 ***(L. n° 2005-845, 26 juill. 2005 ; mod., Ord. n° 2008-1345, 18 déc. 2008 ; Ord. n° 2014-326, 12 mars 2014).*** **– Les décisions rendues en application de l'article L. 645-4 ainsi que des chapitres I, II et III du titre V sont susceptibles d'appel de la part du ministère public.**

L'appel du ministère public est suspensif.

Art. L. 661-12 ***(Ord. n° 2008-1345, 18 déc. 2008).*** **– Les recours du ministère public prévus par le présent chapitre lui sont ouverts même s'il n'a pas agi comme partie principale.**

CHAPITRE II. – AUTRES DISPOSITIONS

Art. L. 662-1 *(Anc. art. L. 627-1, renum., L. n° 2005-845, 26 juill. 2005).* – **Aucune opposition ou procédure d'exécution de quelque nature qu'elle soit sur les sommes versées à la Caisse des dépôts et consignations n'est recevable.**

1) **Applications.** Toute saisie-attribution ou avis à tiers détenteur sur les sommes versées à la Caisse des dépôts et consignations est irrecevable (▪ Cass. com., 22 avr. 1997, n° 94-21.787 : *JurisData* n° 1997-001868 ; *RJDA* 10/97, n° 1261 ; *RD bancaire et bourse* 1997, n° 61, obs. Campana et Calendini ; *JCP* E 1997, I, 681, n° 3, obs. Cabrillac ; *D.* 1997, 371, note Derrida ; *Rev. proc. coll.* 1977, 312, obs. Canet ; *RTD com.* 1998, 212, obs. Martin-Serf. ▪ Cass. com., 5 mai 1998, n° 96-15.780 : *JurisData* n° 1998-001938 ; *RJDA* 7/98, n° 886 ; *D. affaires* 1998, n° 119, p. 961, obs. A.L. ; *Rev. proc. coll.* 1999, 101, obs. Canet ; 159, n° 12, obs. Saint-Alary-Houin. ▪ Cass. com., 8 déc. 1998, n° 96-15.150 : *JurisData* n° 1998-004739 ; *RJDA* 3/99, n° 309 ; *RTD com.* 1999, 209, obs. Vallens, 505, obs. Martin-Serf. ▪ Aix-en-Provence, 15 sept. 1999, n° 97/456 : *JurisData* n° 1999-045036 ; *LPA* 8 sept. 2000, p. 13, note Cioffi. ▪ Cass. com., 22 mai 2007, n° 06-10.632 : *JurisData* n° 2007-039300 ; *D.* 2007, p. 1665, obs. Lienhard ; *JCP* E 2007, pan. 1904). V. *infra*, art. R. 643-3, al. 3, p. 2009.

2) **Limite.** Toutefois, l'avis à tiers détenteur notifié au commissaire à l'exécution du plan entre le jugement arrêtant le plan de cession et la signature de l'acte notarié produit effet sur les fonds représentant le prix de cession déposés à la banque, peu important leur transfert ultérieur à la Caisse des dépôts et consignations (▪ Cass. com., 8 déc. 1998, n° 96-15.460 : *JurisData* n° 1998-004881 ; *RJDA* 3/99, n° 308).

3) **Conséquence.** Les sommes déposées à la Caisse des dépôts et consignations étant affectées au règlement des créanciers selon leur rang, le mandataire qui refuse d'effectuer un paiement avec ces fonds n'est pas fautif s'il existait des créances prioritaires (▪ Cass. com., 22 mai 2007 : *D.* 2007, act. jurispr. p. 1665, obs. A. Lienhard ; *Rev. proc. coll.* 2007-3, p. 128, obs. C. Lebel).

Art. L. 662-2 *(L. n° 2005-845, 26 juill. 2005 ; mod., Ord. n° 2008-1345, 18 déc. 2008 ; Ord. n° 2014-326, 12 mars 2014 ; L. n° 2015-990, 6 août 2015).* – **Lorsque les intérêts en présence le justifient, la cour d'appel peut décider de renvoyer l'affaire devant une autre juridiction, compétente dans le ressort de la cour, ou devant une juridiction mentionnée à l'article L. 721-8 pour connaître du mandat *ad hoc*, de la procédure de conciliation ou des procédures de sauvegarde, de redressement judiciaire ou de liquidation judiciaire, dans des conditions fixées par décret. La Cour de cassation, saisie dans les mêmes conditions, peut renvoyer l'affaire devant une juridiction du ressort d'une autre cour d'appel ou une juridiction mentionnée à l'article L. 721-8. La décision de renvoi par laquelle une juridiction a été désignée pour connaître d'un mandat *ad hoc* ou d'une procédure de conciliation auquel le débiteur a recouru emporte prorogation de compétence au profit de la même juridiction pour connaître d'une procédure de sauvegarde, de redressement judiciaire ou de liquidation judiciaire qui pourrait directement s'en suivre.**

Art. L. 662-3 *(L. n° 2005-845, 26 juill. 2005 ; mod., Ord. n° 2008-1345, 18 déc. 2008 ; Ord. n° 2014-326, 12 mars 2014 ; Ord. n° 2019-964, 18 sept. 2019).* – **Les débats devant le tribunal de commerce et le tribunal judiciaire ont lieu en chambre du conseil. Néanmoins, la publicité des débats est de droit après l'ouverture de la procédure si le débiteur, le mandataire judiciaire, l'administrateur, le liquidateur, *le représentant des salariés ou le ministère* public en font la demande. Le président du tribunal peut décider qu'ils auront lieu ou se poursuivront en chambre du conseil s'il survient des désordres de nature à troubler la sérénité de la justice.**

Par dérogation aux dispositions du premier alinéa, les débats relatifs aux mesures prises en application des chapitres I et III du titre V ont lieu en audience publique. Le président du tribunal peut décider qu'ils ont lieu en chambre du conseil si l'une des personnes mises en cause le demande avant leur ouverture.

Le tribunal peut entendre toute personne dont l'audition lui paraît utile, et notamment, il peut entendre le représentant de l'État à sa demande.

Art. L. 662-4 *(Anc. art. L. 627-5, renum. et mod., L. n° 2005-845, 26 juill. 2005).* – **Tout licenciement envisagé par l'administrateur, l'employeur ou le liquidateur, selon le cas, du représentant des salariés**

mentionné aux articles L. 621-4 et L. 641-1 est obligatoirement soumis au comité d'entreprise, qui donne un avis sur le projet de licenciement.

Le licenciement ne peut intervenir que sur autorisation de l'inspecteur du travail dont dépend l'établissement. Lorsqu'il n'existe pas de comité *(Mots rempl. à compter du 1er octobre 2021, Ord. n° 2021-1193, 15 sept. 2021)* « social et économique » dans l'établissement, l'inspecteur du travail est saisi directement.

Toutefois, en cas de faute grave, l'administrateur, l'employeur ou le liquidateur, selon le cas, a la faculté de prononcer la mise à pied immédiate de l'intéressé en attendant la décision définitive. En cas de refus de licenciement, la mise à pied est annulée et ses effets supprimés de plein droit.

La protection instituée en faveur du représentant des salariés pour l'exercice de sa mission fixée à l'article L. 625-2 cesse lorsque toutes les sommes versées au mandataire judiciaire par les institutions mentionnées à l'article L. 143-11-4 du Code du travail (1), en application du dixième alinéa de l'article L. 143-11-7 dudit code (2), ont été reversées par ce dernier aux salariés.

Lorsque le représentant des salariés exerce les fonctions du comité *(Mots rempl. à compter du 1er octobre 2021, Ord. n° 2021-1193, 15 sept. 2021)* « social et économique », la protection cesse au terme de la dernière audition ou consultation prévue par la procédure de redressement judiciaire.

Art. L. 662-5 *(Anc. art. L. 627-6, renum., L. n° 2005-845, 26 juill. 2005)*. – Les fonds détenus par les syndics au titre des procédures de règlement judiciaire ou de liquidation des biens régies par la loi n° 67-563 du 13 juillet 1967 sur le règlement judiciaire, la liquidation des biens, la faillite personnelle et les banqueroutes sont immédiatement versés en compte de dépôt à la Caisse des dépôts et consignations. En cas de retard, le syndic doit, pour les sommes qu'il n'a pas versées, un intérêt dont le taux est égal au taux de l'intérêt légal majoré de cinq points.

Art. L. 662-6 *(L. n° 2005-845, 26 juill. 2005 ; mod., Ord. n° 2008-1345, 18 déc. 2008 ; Ord. n° 2019-964, 18 sept. 2019)*. – Le greffe du tribunal de commerce et celui du tribunal judiciaire établissent au terme de chaque semestre la liste des administrateurs judiciaires et des mandataires judiciaires désignés par la juridiction et des autres personnes auxquelles un mandat afférent aux procédures régies par le présent livre a été confié par ladite juridiction, pendant cette période. Ils y font figurer, pour chacun des intéressés, l'ensemble des dossiers qui lui ont été attribués et les informations relatives aux débiteurs concernés prévues par décret en Conseil d'État.

Ces informations sont portées à la connaissance du garde des Sceaux, ministre de la Justice, du ministère public du ressort concerné et des autorités chargées du contrôle et de l'inspection des administrateurs et des mandataires judiciaires, selon des modalités déterminées par un décret en Conseil d'État.

Art. L. 662-7 *(L. n° 2016-1547, 18 nov. 2016)*. – À peine de nullité du jugement, ne peut siéger dans les formations de jugement ni participer au délibéré de la procédure :

1° Le président du tribunal, s'il a connu du débiteur en application des dispositions du titre Ier du présent livre ;

2° Le juge commis chargé de recueillir tous renseignements sur la situation financière, économique et sociale de l'entreprise, pour les procédures dans lesquelles il a été désigné ;

3° Le juge-commissaire ou, s'il en a été désigné un, son suppléant, pour les procédures dans lesquelles il a été désigné ;

4° Le juge commis chargé de recueillir tous renseignements sur la situation patrimoniale du débiteur, pour les procédures de rétablissement professionnel dans lesquelles il a été désigné.

Art. L. 662-8 *(L. n° 2015-990, 6 août 2015)*. – Le tribunal est compétent pour connaître de toute procédure concernant une société qui détient ou contrôle, au sens des articles L. 233-1 et L. 233-3, une société pour laquelle une procédure est en cours devant lui. Il est également compétent pour connaître de toute procédure concernant une société qui est détenue ou contrôlée, au sens des articles L. 233-1 et L. 233-3, par une société pour laquelle une procédure est en cours devant lui.

(1) Cet article a été recodifié, V. C. trav., art. L. 3253-14, p. 3336.
(2) Cet article a été recodifié, V. C. trav., art. L. 3253-15, p. 3337, L. 3253-19 à L. 3253-21, p. 3339.

Il peut désigner un administrateur judiciaire et un mandataire judiciaire communs à l'ensemble des procédures.
Par dérogation à la première phrase du premier alinéa, toute procédure en cours concernant une société détenue ou contrôlée, au sens des articles L. 233-1 et L. 233-3, par une société pour laquelle une procédure est ouverte devant un tribunal de commerce spécialisé est renvoyée devant ce dernier.

Bibliographie : Dammann et Pigot, *Loi Macron : l'introduction du forum shopping à la française : BJE* 2016, p. 158, 113g9. • Brunet et Sonier, *Groupes de sociétés en difficulté : une plus grande souplesse : Rev. proc. coll.* 2016, fiche pratique 1. • Vallansan, *La compétence des tribunaux de commerce spécialisés dans le cadre des groupes de sociétés : Rev. proc. coll.* 2016, étude 22. • R. Galle et Bourbouloux, *Traitement des groupes en droit interne* in *Droit des sociétés et procédures collectives*, L'Harmattan, 2018, p. 137.

CHAPITRE III. – DES FRAIS DE PROCÉDURE

Art. L. 663-1 *(Anc. art. L. 627-3, renum. et mod., L. n° 2005-845, 26 juill. 2005 ; Ord. n° 2008-1345, 18 déc. 2008 ; L. n° 2011-94, 25 janv. 2011 ; L. n° 2011-850, 20 juill. 2011 ; Ord. n° 2014-326, 12 mars 2014 ; Ord. n° 2014-1088, 26 sept. 2014).* **– I. – Lorsque les fonds disponibles du débiteur n'y peuvent suffire immédiatement, le Trésor public, sur ordonnance motivée du juge-commissaire, fait l'avance des droits, taxes, redevances ou émoluments perçus par les greffes des juridictions, des rémunérations des avocats dansla mesure où elles sont réglementées, des frais de signification et de publicité et de la rémunération des techniciens désignés par la juridiction après accord du ministère public, afférents :**

1° Aux décisions qui interviennent au cours de la procédure de sauvegarde, de redressement judiciaire ou de liquidation judiciaire rendues dans l'intérêt collectif des créanciers ou du débiteur ;

2° À l'exercice des actions tendant à conserver ou à reconstituer le patrimoine du débiteur ou exercées dans l'intérêt collectif des créanciers ;

3° Et à l'exercice des actions mentionnées aux articles L. 653-3 à L. 653-6.

L'accord du ministère public n'est pas nécessaire pour l'avance de la rémunération des officiers publics ou des courtiers de marchandises assermentés désignés par le tribunal ou par le juge-commissaire en application des articles L. 621-4, L. 621-12, L. 622-6-1, L. 622-10, L. 631-9, L. 641-1 ou L. 644-1-1 pour réaliser l'inventaire prévu à l'article L. 622-6 et, le cas échéant, la prisée des actifs du débiteur.

II. – Le Trésor public, sur ordonnance motivée du président du tribunal, fait également l'avance des mêmes frais afférents à l'exercice de l'action en résolution et en modification du plan.

III. – Ces dispositions sont applicables aux procédures d'appel ou de cassation de toutes les décisions mentionnées ci-dessus.

IV. – Pour le remboursement de ses avances, le Trésor public est garanti par le privilège des frais de justice.

V. – Sur ordonnance du président du tribunal, lorsque la procédure de rétablissement professionnel prévue par le chapitre V du titre IV fait l'objet d'un jugement de clôture entraînant effacement des dettes, le Trésor public fait l'avance des droits, taxes, redevances ou émoluments perçus par les greffes des juridictions ainsi que des frais de signification et de publicité.

1) Avance refusée. Le Trésor public ne peut couvrir les sommes réclamées par un avocat en vue d'assurer la défense d'un liquidateur judiciaire devant le bureau de jugement d'un conseil de prud'hommes, juridiction où la représentation par avocat n'est pas *obligatoire* (▪ Cass. com., 6 mai 1997, n° 95-10.185 : *JurisData* n° 1997-002061 ; *RJDA* 6/97, n° 836 ; *D.* 1997, 437, rapp. Rémery).

De même, les honoraires d'un cabinet comptable désigné, dans le cadre des articles L. 814-6 du Code de commerce et 31 du 3ᵉ décret du 27 décembre 1985, pour assister le liquidateur judiciaire, afin de mener des investigations sur les responsabilités encourues par les dirigeants et de procéder à la révision du compte client, ne peuvent donner lieu à une avance par le Trésor public (▪ Cass. com., 28 sept. 2004, n° 03-14.851 : *RJDA* 2/2005, n° 163 ; *JCP* E 2004, pan. 1577 ; *JCP* E 2005, chron. 31, n° 2, obs. Pétel ; *D.* 2004, p. 2654).

2) Conditions de l'avance. Le Trésor public ne peut être contraint à faire l'avance de la rémunération des techniciens désignés par la juridiction que si cette désignation a été faite après accord du ministère public (▪ Orléans, 19 oct. 2006, n° 06/01883 : *JurisData* n° 2006-322864 ; *RJDA* 2/2007, n° 174).

Art. L. 663-1-1 *(L. n° 2012-346, 12 mars 2012 ; mod., Ord. n° 2014-326, 12 mars 2014).* **– Lorsque les mesures conservatoires ordonnées en application des articles L. 621-2, L. 631-10-1 et L. 651-4 portent sur**

des biens dont la conservation ou la détention génère des frais ou qui sont susceptibles de dépérissement, le juge-commissaire peut autoriser, aux prix et conditions qu'il détermine, l'administrateur, s'il a été nommé, le mandataire judiciaire ou le liquidateur à les céder. Les sommes provenant de cette cession sont immédiatement versées en compte de dépôt à la Caisse des dépôts et consignations.

Voir : sur la loi n° 2012-346 du 12 mars 2012, V. note sous art. L. 631-10-1, p. 1259.

Art. L. 663-2 *(L. n° 2005-845, 26 juill. 2005 ; mod., Ord. n° 2014-326, 12 mars 2014 ; L. n° 2015-990, 6 août 2015 ; L. n° 2016-1547, 18 nov. 2016).* – Les modalités de rémunération des administrateurs judiciaires, des mandataires judiciaires, des commissaires à l'exécution du plan et des liquidateurs sont fixées conformément au titre IV *bis* du livre IV. Cette rémunération est exclusive de toute autre rémunération ou remboursement de frais au titre de la même procédure ou au titre d'une mission subséquente qui n'en serait que le prolongement à l'exception d'un mandat de justice confié au titre du troisième alinéa de l'article L. 643-9.

Le mandataire de justice informe le président du coût des prestations qui ont été confiées par lui à des tiers lorsque ceux-ci n'ont pas été rétribués sur la rémunération qu'il a perçue.

Art. L. 663-3 *(L. n° 2005-845, 26 juill. 2005 ; L. n° 2015-990, 6 août 2015).* – Lorsque le produit de la réalisation des actifs de l'entreprise ne permet pas au liquidateur ou au mandataire judiciaire d'obtenir, au titre de la rémunération qui lui est due en application des dispositions de l'article L. 444-2, une somme au moins égale à un seuil fixé par décret en Conseil d'État, le dossier est déclaré impécunieux par décision du tribunal, sur proposition du juge-commissaire et au vu des justificatifs présentés par le liquidateur ou le mandataire judiciaire.

La même décision fixe la somme correspondant à la différence entre la rémunération effectivement perçue par le liquidateur ou le mandataire judiciaire et le seuil visé au premier alinéa.

La somme versée au mandataire judiciaire ou au liquidateur est prélevée sur une quote-part des intérêts servis par la Caisse des dépôts et consignations sur les fonds déposés en application des articles L. 622-18, L. 626-25 et L. 641-8. Cette quote-part est spécialement affectée à un fonds géré par la Caisse des dépôts et consignations sous le contrôle d'un comité d'administration. Les conditions d'application du présent alinéa sont fixées par un décret en Conseil d'État.

Art. L. 663-3-1 *(Ord. n° 2014-326, 12 mars 2014).* – La rémunération du mandataire nommé pour assister le juge commis en application de l'article L. 645-4 est prélevée sur les sommes affectées au fonds mentionné à l'article L. 663-3. Les conditions d'application du présent article sont fixées par décret en Conseil d'État.

Art. L. 663-4 *(Anc. art. L. 627-2, renum., L. n° 2005-845, 26 juill. 2005).* – Le juge-commissaire a droit, sur l'actif du débiteur, au remboursement de ses frais de déplacement.

TITRE VII. – DISPOSITIONS APPLICABLES AUX DÉPARTEMENTS DE LA MOSELLE, DU BAS-RHIN ET DU HAUT-RHIN

Art. L. 670-1 *(Anc. art. L. 628-1, mod., L. n° 2003-710, 1er août 2003 ; renum. et mod., L. n° 2005-845, 26 juill. 2005 ; mod., Ord. n° 2008-1345, 18 déc. 2008 ; L. n° 2011-525, 17 mai 2011).* – Les dispositions du présent titre sont applicables aux personnes physiques, domiciliées dans les départements de la Moselle, du Bas-Rhin et du Haut-Rhin, et à leur succession, qui ne sont ni des agriculteurs, ni des personnes exerçant une activité commerciale, artisanale ou toute autre activité professionnelle indépendante, y compris une profession libérale soumise à un statut législatif ou réglementaire, lorsqu'elles sont de bonne foi et en état d'insolvabilité notoire. Les dispositions des titres II à VI du présent livre s'appliquent dans la mesure où elles ne sont pas contraires à celles du présent titre.

Avant qu'il ne soit statué sur l'ouverture de la procédure, le tribunal commet, s'il l'estime utile, une personne compétente choisie dans la liste des organismes agréés, pour recueillir tous renseignements sur la situation économique et sociale du débiteur.

Les déchéances et interdictions qui résultent de la faillite personnelle ne sont pas applicables à ces personnes.

Sur la notion d'insolvabilité notoire. V. ■ Colmar [2 arrêts], 14 mai 1996 : *JCP* E 1997, pan. 596 et 597. Cette insolvabilité se caractérise par des faits et circonstances extérieures notamment des mesures d'exécution demeurées infructueuses qui accréditent un arrêt matériel des poursuites, ainsi qu'une situation durablement compromise, sans autre issue comme l'obtention de garanties, d'un crédit ou de délais de paiement (■ Colmar, 17 févr. 1998, n° 1A9602788 : *JurisData* n° 1998-055227 ; *JCP* E 2000, pan. 157).

Art. L. 670-1-1 *(L. n° 2011-1862, 13 déc. 2011 ; mod., L. n° 2019-486, 22 mai 2019).* – Le présent titre est également applicable aux personnes physiques domiciliées dans les départements de la Moselle, du Bas-Rhin et du Haut-Rhin ayant constitué un patrimoine affecté conformément à l'article L. 526-7 et dont l'activité agricole, commerciale, artisanale ou indépendante est exclusivement exercée avec affectation de patrimoine.

Sauf dispositions contraires, les références faites à la personne, au débiteur, au contrat et au cocontractant s'entendent, respectivement :

- de la personne en tant que titulaire d'un patrimoine non affecté ;
- du débiteur en tant que titulaire d'un patrimoine non affecté ;
- du contrat passé par le débiteur ainsi défini ;
- du cocontractant ayant conclu avec lui un tel contrat.

Les dispositions qui intéressent les biens, droits ou obligations des personnes mentionnées au premier alinéa doivent, sauf dispositions contraires, être comprises comme visant les éléments du seul patrimoine non affecté. Les dispositions qui intéressent les droits ou obligations des créanciers de ces personnes s'appliquent, sauf dispositions contraires, dans les limites du seul patrimoine non affecté.

Art. L. 670-2 *(Anc. art. L. 628-2, renum. et mod., L. n° 2005-845, 26 juill. 2005).* – Le juge-commissaire peut ordonner la dispense de l'inventaire des biens des personnes visées à l'article L. 670-1.

Art. L. 670-3 *(Anc. art. L. 628-3, renum. et mod., L. n° 2005-845, 26 juill. 2005).* – Il n'est pas procédé, en cas de liquidation judiciaire, à la vérification des créances s'il apparaît que le produit de la réalisation de l'actif sera entièrement absorbé par les frais de justice, sauf décision contraire du juge-commissaire.

Art. L. 670-4 *(Anc. art. L. 628-4, renum., L. n° 2005-845, 26 juill. 2005 ; mod., L. n° 2011-525, 17 mai 2011).* – Lors de la clôture des opérations de liquidation judiciaire, le tribunal peut, à titre exceptionnel, imposer au débiteur une contribution destinée à l'apurement du passif dans les proportions qu'il détermine. Le tribunal désigne dans ce jugement un commissaire chargé de veiller à l'exécution de la contribution.

Pour fixer les proportions de la contribution, le tribunal prend en compte les facultés contributives du débiteur déterminées au regard de ses ressources et charges incompressibles. Le tribunal réduit le montant de la contribution en cas de diminution des ressources ou d'augmentation des charges du contributeur.

Son paiement doit être effectué dans un délai de deux ans.

Art. L. 670-5 *(Anc. art. L. 628-5, renum. et mod., L. n° 2005-845, 26 juill. 2005).* – Outre les cas prévus à l'article L. 643-11, les créanciers recouvrent également leur droit de poursuite individuelle à l'encontre du débiteur lorsque le tribunal constate, d'office ou à la demande du commissaire, l'inexécution de la contribution visée à l'article L. 670-4.

Art. L. 670-6 *(L. n° 2019-486, 22 mai 2019).* – Le jugement prononçant la liquidation judiciaire est mentionné pour une durée de cinq ans dans le fichier prévu à l'article L. 751-1 du Code de la consommation.

Art. L. 670-7 *(Anc. art. L. 628-7, renum., L. n° 2005-845, 26 juill. 2005).* – L'assiette et la liquidation de la taxe sur les frais de justice en matière de redressement ou de liquidation judiciaire sont provisoirement réglées conformément aux dispositions des lois locales.

Art. L. 670-8 *(Anc. art. L. 628-8, renum., L. n° 2005-845, 26 juill. 2005).* – Les dispositions de l'article 1er de la loi n° 75-1256 du 27 décembre 1975 relative à certaines ventes de biens immeubles dans les départements du Haut-Rhin, du Bas-Rhin et de la Moselle cessent d'être applicables aux ventes forcées d'immeubles compris dans le patrimoine d'un débiteur ayant fait l'objet d'une procédure de redressement judiciaire ouverte postérieurement au 1er janvier 1986.

TITRE VIII. – DISPOSITIONS PARTICULIÈRES À L'ENTREPRENEUR INDIVIDUEL À RESPONSABILITÉ LIMITÉE

(Ord. n° 2010-1512, 9 déc. 2010)

Bibliographie : Pétel, *L'adaptation des procédures collectives à l'EIRL : JCP* E 2011, 1071. • Dondero, *EIRL – Duo in carne una : JCP* G 2010, 1261. • Le Corre, V. Legrand et Guesmi, *L'EIRL en difficulté : D.* 2010, 90. • Pérochon, *Les patrimoines de l'EIRL : Rev. proc. coll.* 2011, dossier p. 13 ; Varii auctores, *EIRL et droit des entreprises en difficulté : l'épreuve de vérité : Rev. proc. coll.* 2011, dossier p. 15 et s. • *Varii auctores*, ss dir. Pérochon, *Approches critiques de l'EIRL : Bull. Joly Entreprises en difficulté* mars-avr. 2011, p. 52 et s. • Douaoui-Chamseddine, *Le traitement de la dette d'impôt sur le revenu de l'EIRL dans les procédures d'exécution civiles et commerciales : Rev. proc. coll.* 2011, étude 21. • V. Legrand, *EIRL et déclaration d'insaisissabilité : quel bilan ? : Rev. proc. coll.* 2013, étude 31.

Art. L. 680-1 *(Ord. n° 2010-1512, 9 déc. 2010).* – Lorsque les dispositions des titres Ier à VI du présent livre sont appliquées à raison des activités professionnelles exercées par un entrepreneur individuel à responsabilité limitée, elles le sont patrimoine par patrimoine.

Art. L. 680-2 *(Ord. n° 2010-1512, 9 déc. 2010).* – Les dispositions des titres Ier à VI du présent livre qui intéressent la situation économique ou les biens, droits ou obligations du débiteur entrepreneur individuel à responsabilité limitée doivent, sauf dispositions contraires, être comprises comme visant les éléments du seul patrimoine affecté à l'activité en difficulté ou, si l'activité est exercée sans affectation de patrimoine, du seul patrimoine non affecté.

Art. L. 680-3 *(Ord. n° 2010-1512, 9 déc. 2010).* – Les dispositions des titres Ier à VI du présent livre qui intéressent les droits ou obligations des créanciers du débiteur entrepreneur individuel à responsabilité limitée s'appliquent, sauf dispositions contraires, dans les limites du seul patrimoine affecté à l'activité en difficulté ou, si l'activité est exercée sans affectation de patrimoine, du seul patrimoine non affecté.

Art. L. 680-4 *(Ord. n° 2010-1512, 9 déc. 2010).* – Sauf dispositions contraires, les références faites par les titres Ier à VI du présent livre au débiteur, à l'entreprise, au contrat, au cocontractant s'entendent, respectivement :

– du débiteur en tant qu'il exerce l'activité en difficulté et est titulaire du patrimoine qui se rattache à celle-ci, à l'exclusion de tout autre ;

– de l'entreprise exploitée dans le cadre de l'activité en difficulté ;

– si un patrimoine est affecté à l'activité en difficulté, du contrat passé à l'occasion de l'exercice de cette activité ou, si l'activité est exercée sans affectation de patrimoine, du contrat passé en dehors du ou des activités auxquelles un patrimoine est affecté ;

– du cocontractant ayant conclu le contrat mentionné au précédent alinéa.

Art. L. 680-5 *(Ord. n° 2010-1512, 9 déc. 2010).* – Lorsque les dispositions des titres Ier à VI du présent livre sont appliquées à raison d'une activité professionnelle exercée sans affectation de patrimoine, les éléments d'actif et de passif qui, le cas échéant, proviennent d'un patrimoine dont l'affectation a cessé de produire ses effets en application de l'article L. 526-15 sont considérés comme étant hors du patrimoine non affecté. Cette exclusion prend fin dès lors que les créances ayant composé l'ancien patrimoine sont éteintes.

Le présent article n'est pas applicable si l'exercice de l'activité à laquelle le patrimoine était affecté s'est poursuivi après la cessation de l'affectation.

Art. L. 680-6 *(Ord. n° 2010-1512, 9 déc. 2010).* – Le jugement d'ouverture d'une procédure de sauvegarde, de redressement judiciaire ou de liquidation judiciaire emporte, de plein droit, jusqu'à la clôture

de la procédure ou, le cas échéant, jusqu'à la fin des opérations du plan, interdiction pour tout débiteur d'affecter à une activité professionnelle un bien compris dans le patrimoine visé par la procédure ou, sous réserve du versement des revenus mentionnés à l'article L. 526-18, de modifier l'affectation d'un tel bien, lorsqu'il en résulterait une diminution de l'actif de ce patrimoine.

Tout acte passé en violation des dispositions du présent article est annulé à la demande de tout intéressé ou du ministère public dans le délai de trois ans à compter de sa date.

Art. L. 680-7 *(Ord. n° 2010-1512, 9 déc. 2010)*. **– Sans préjudice de la compétence attribuée au juge-commissaire par l'article L. 624-19, le tribunal saisi d'une procédure de sauvegarde, de redressement judiciaire ou de liquidation judiciaire ouverte à l'égard d'un entrepreneur individuel à responsabilité limitée connaît des contestations relatives à l'affectation des éléments du patrimoine de cet entrepreneur qui s'élèvent à l'occasion de cette procédure.**

Code de la consommation

Art. L. 711-7 *(Ord. n° 2016-301, 14 mars 2016)*. **–** Les dispositions du présent livre sont applicables au débiteur qui a procédé à une déclaration de constitution de patrimoine affecté conformément à l'article L. 526-7 du Code de commerce, sous les réserves énoncées par le présent article.

Elles s'appliquent à raison d'une situation de surendettement résultant uniquement de dettes non professionnelles. En ce cas, celles de ces dispositions qui intéressent les biens, droits et obligations du débiteur doivent être comprises, sauf dispositions contraires, comme visant les seuls éléments du patrimoine non affecté. Celles qui intéressent les droits et obligations des créanciers du débiteur s'appliquent dans les limites du seul patrimoine non affecté.

Art. L. 711-8 *(Mod., L. n° 2016-1547, 18 nov. 2016)*. **–** Lorsqu'une procédure de surendettement est engagée devant une commission à la demande d'un entrepreneur individuel à responsabilité limitée, celui-ci indique, lors du dépôt du dossier, si une procédure instituée par les titres II à IV du livre VI du Code de commerce est ouverte à son bénéfice et auprès de quelle juridiction.

Lorsqu'une procédure instituée par les titres II à IV du livre VI du Code de commerce est ouverte au bénéfice du débiteur après le dépôt du dossier et avant, selon les cas, l'approbation du plan conventionnel de redressement prévu à l'article L. 732-1, jusqu'à la décision imposant les mesures prévues aux articles L. 733-1, L. 733-4, L. 733-7 et L. 741-1, jusqu'au jugement prononçant un redressement personnel sans liquidation judiciaire ou jusqu'au jugement d'ouverture d'une procédure de rétablissement personnel avec liquidation judiciaire, le débiteur en informe la commission de surendettement et indique auprès de quelle juridiction cette procédure a été ouverte.

TITRE IX. – DISPOSITIONS PARTICULIÈRES AUX PROCÉDURES D'INSOLVABILITÉ RELEVANT DU RÈGLEMENT (UE) N° 2015/848 DU 20 MAI 2015 RELATIF AUX PROCÉDURES D'INSOLVABILITÉ

(Ord. n° 2017-1519, 2 nov. 2017)

Bibliographie : R. Galle et Tabeling, *Adaptation du droit français des entreprises en difficulté au règlement insolvabilité du 20 mai 2015 : JCP* E 2017, act. 832. • Mastrullo et Menjucq, *Commentaire de l'ordonnance n° 2017-1519 du 2 novembre 2017 portant adaptation du droit français au règlement (UE) n° 2015/848 sur les procédures d'insolvabilité : Rev. proc. coll.* 2017, étude 19. • Giorgini, *Le droit français des entreprises en difficulté s'adapte au règlement insolvabilité du 20 mai 2015 : Gaz. Pal.* 16 janv. 2018, p. 53. • *L'adaptation du droit français des entreprises en difficulté au droit européen : Rev. proc. coll.* 2018, table ronde 2. • Boché-Robinet, *Le nouvel article L. 692-1 : précisions sur les modalités d'ouverture d'une procédure d'insolvabilité secondaire en France : Rev. proc. coll.* 2018, étude 4.

Art. L. 690-1 *(Ord. n° 2017-1519, 2 nov. 2017)*. **– Le tribunal saisi d'une demande d'ouverture d'une procédure d'insolvabilité à l'égard d'un débiteur peut ouvrir, selon le cas, une procédure d'insolvabilité principale ou une procédure d'insolvabilité territoriale ou secondaire.**

CHAPITRE I. – DES PROCÉDURES D'INSOLVABILITÉ PRINCIPALES

(Ord. n° 2017-1519, 2 nov. 2017)

Art. L. 691-1 *(Ord. n° 2017-1519, 2 nov. 2017)*. – Sans préjudice des voies de recours qui leur sont ouvertes par ailleurs, le ministère public, par la voie de l'appel, et tout créancier, par la voie de l'appel ou de la tierce opposition, selon le cas, peuvent contester la décision d'ouverture de la procédure d'insolvabilité principale pour un motif de compétence internationale.

Art. L. 691-2 *(Ord. n° 2017-1519, 2 nov. 2017)*. – Le juge-commissaire autorise le mandataire de justice désigné dans la procédure d'insolvabilité principale ouverte par un tribunal situé sur le territoire national à prendre, en application de l'article 36 du règlement (UE) n° 2015/848 précité, un engagement envers les créanciers locaux d'un établissement du débiteur situé sur le territoire d'un autre État membre.

Art. L. 691-3 *(Ord. n° 2017-1519, 2 nov. 2017)*. – Le tribunal statue sur les contestations élevées ou les demandes présentées, conformément aux paragraphes 7 ou 8 de l'article 36 du règlement (UE) n° 2015/848 précité, par les créanciers locaux d'un établissement du débiteur situé sur le territoire d'un autre État membre pour obtenir le respect de l'engagement pris par le mandataire de justice ou sa conformité à la loi applicable ou pour obtenir à ces fins toute mesure adéquate.

Le jugement peut faire l'objet d'un appel de la part du mandataire de justice, du débiteur non dessaisi, du créancier local demandeur ou du ministère public.

Art. L. 691-4 *(Ord. n° 2017-1519, 2 nov. 2017)*. – Un décret en Conseil d'État précise les conditions d'application du présent chapitre.

CHAPITRE II. – DES PROCÉDURES D'INSOLVABILITÉ SECONDAIRES

(Ord. n° 2017-1519, 2 nov. 2017)

Section I. – De l'ouverture et du déroulement d'une procédure d'insolvabilité secondaire

(Ord. n° 2017-1519, 2 nov. 2017)

Art. L. 692-1 *(Ord. n° 2017-1519, 2 nov. 2017)*. – Outre les personnes mentionnées respectivement à l'article L. 631-4 et aux premier et deuxième alinéas de l'article L. 631-5 ou à l'article L. 640-4 et aux premier et deuxième alinéas de l'article L. 640-5, le praticien de l'insolvabilité de la procédure d'insolvabilité principale ouverte sur le territoire d'un autre État membre peut demander l'ouverture d'une procédure d'insolvabilité secondaire de redressement judiciaire ou de liquidation judiciaire à l'égard du débiteur qui possède un établissement situé sur le territoire français. L'ouverture d'une procédure d'insolvabilité secondaire de sauvegarde peut être demandée par le débiteur.

Le tribunal qui prononce l'ouverture de la procédure d'insolvabilité secondaire fixe la date de cessation des paiements selon les conditions prévues à l'article L. 631-8 et au IV de l'article L. 641-1.

Art. L. 692-2 *(Ord. n° 2017-1519, 2 nov. 2017)*. – I. – Le tribunal saisi d'une demande d'ouverture d'une procédure d'insolvabilité secondaire rejette la demande lorsque le praticien de l'insolvabilité de la procédure d'insolvabilité principale ou le débiteur non dessaisi, entendu ou dûment convoqué, justifie avoir pris un engagement conformément aux dispositions des articles L. 692-7 et L. 692-8.

II. – Le tribunal qui suspend l'ouverture d'une procédure d'insolvabilité secondaire dans les conditions du paragraphe 3 de l'article 38 du règlement (UE) n° 2015/848 précité, peut ordonner, d'office ou à la demande du praticien de l'insolvabilité de la procédure principale ou du débiteur non dessaisi, de tout créancier local ou du ministère public, toute mesure provisoire ou conservatoire afin de protéger les intérêts des créanciers locaux.

Art. L. 692-3 *(Ord. n° 2017-1519, 2 nov. 2017)*. – Le jugement d'ouverture d'une procédure d'insolvabilité secondaire est susceptible d'appel ou de tierce-opposition de la part du praticien de l'insolvabilité de la procédure d'insolvabilité principale si celui-ci estime que le tribunal n'a pas respecté les dispositions de l'article 38 du règlement (UE) n° 2015/848 précité.

Art. L. 692-4 *(Ord. n° 2017-1519, 2 nov. 2017).* – Aux fins d'application de l'article 46 du règlement (UE) n° 2015/848 précité, le tribunal ou le juge-commissaire qui, après avoir recueilli l'avis du ministère public, accueille la demande de suspension, en tout ou en partie, de la procédure de réalisation des actifs du débiteur situés sur le territoire national, peut ordonner toute mesure provisoire ou conservatoire de nature à garantir les intérêts des créanciers locaux. Il en est de même si, saisi dans les mêmes conditions, il prolonge ou renouvelle la suspension prononcée.

Les décisions statuant sur les demandes de suspension, de prolongation, de renouvellement et de levée de la suspension de la procédure de réalisation des actifs sont susceptibles d'appel par les mandataires de justice, le ministère public, le débiteur non dessaisi et le praticien de l'insolvabilité désigné dans la procédure d'insolvabilité principale.

La réalisation des actifs ne peut intervenir pendant le délai dont dispose le praticien de l'insolvabilité de la procédure d'insolvabilité principale pour saisir le tribunal de sa demande de suspension ou tant que cette demande n'a pas été définitivement rejetée ou que la suspension n'est pas définitivement levée.

Art. L. 692-5 *(Ord. n° 2017-1519, 2 nov. 2017).* – I. – Le praticien de l'insolvabilité de la procédure d'insolvabilité principale peut proposer dans la procédure d'insolvabilité secondaire un projet de plan de sauvegarde ou de redressement élaboré selon les dispositions de l'article L. 626-2.

II. – *(Il rempl. à compter du 1er octobre 2021, Ord. n° 2021-1193, 15 sept. 2021)* Le contenu et les modalités de présentation du projet de plan proposé par le praticien de l'insolvabilité de la procédure d'insolvabilité principale sont ceux relatifs au projet de plan présenté conformément aux dispositions de l'article L. 626-30-2 si le débiteur entre dans le champ d'application de l'article L. 626-29 et, le cas échéant, dans les conditions prévues à l'article L. 631-19 en présence d'un projet de plan de redressement.

III. – Si tel n'est pas le cas, le praticien de l'insolvabilité de la procédure d'insolvabilité principale communique au mandataire judiciaire et au juge-commissaire les propositions de règlement du passif prévues à l'article L. 626-5 et procède aux informations, consultations et communications prévues à l'article L. 626-8.

Les dispositions des articles L. 626-2-1, L. 626-6 et L. 626-7 sont applicables. L'état mentionné à l'article L. 626-7 est également adressé au praticien de l'insolvabilité de la procédure d'insolvabilité principale.

Le tribunal statue, au vu du rapport du juge-commissaire, sur le projet de plan proposé par le praticien de l'insolvabilité de la procédure d'insolvabilité principale, dans les conditions prévues par l'article L. 626-9, ce praticien entendu ou dûment convoqué.

Art. L. 692-6 *(Ord. n° 2017-1519, 2 nov. 2017).* – Le juge-commissaire constate par ordonnance l'accord des créanciers mentionné au paragraphe 2 de l'article 47 du règlement (UE) n° 2015/848 précité.

Section II. – De l'absence d'ouverture d'une procédure d'insolvabilité secondaire sur le territoire national

(Ord. n° 2017-1519, 2 nov. 2017)

Sous-section 1. – De l'engagement pris par le praticien de l'insolvabilité de la procédure d'insolvabilité principale

(Ord. n° 2017-1519, 2 nov. 2017)

Art. L. 692-7 *(Ord. n° 2017-1519, 2 nov. 2017).* – Le praticien de l'insolvabilité de la procédure d'insolvabilité principale qui se propose de prendre un engagement en application de l'article 36 du règlement (UE) n° 2015/848 précité recueille l'accord de tous les créanciers locaux concernés par cet engagement, y compris les institutions de garantie mentionnées à l'article L. 3253-14 du Code du travail. À cette occasion, il informe chaque créancier concerné des caractéristiques de sa créance.

Le praticien de l'insolvabilité communique l'engagement au comité d'entreprise de l'établissement ou, à défaut, aux délégués du personnel.

Le défaut de réponse des salariés et des créanciers publics dans le délai de soixante jours à compter de la réception de la proposition d'engagement vaut refus de l'engagement. Le défaut de réponse des autres créanciers locaux dont les droits sont affectés, dans ce même délai, vaut approbation de l'engagement.

Art. L. 692-8 *(Ord. n° 2017-1519, 2 nov. 2017 ; mod., Ord. n° 2019-964, 18 sept. 2019)*. – I. – Le praticien de l'insolvabilité de la procédure d'insolvabilité principale saisit par requête le président du tribunal de commerce spécialement désigné ou du tribunal judiciaire compétent dans le ressort duquel est situé l'établissement aux fins de vérifier les conditions d'approbation de l'engagement.

L'engagement ne peut être exécuté qu'au visa de l'ordonnance rendue par le président.

II. – L'ouverture d'une procédure d'insolvabilité secondaire ne peut plus être demandée à l'expiration du délai de trente jours à compter de la notification de l'ordonnance.

Art. L. 692-9 *(Ord. n° 2017-1519, 2 nov. 2017)*. – Le jugement qui statue sur les demandes des créanciers locaux tendant, sur le fondement du paragraphe 9 de l'article 36 du règlement (UE) n° 2015/848 précité, à ce que soient prises des mesures provisoires ou conservatoires en vue d'assurer le respect des termes de l'engagement par le praticien de l'insolvabilité de la procédure d'insolvabilité principale peut faire l'objet d'un appel de la part de ce praticien, du débiteur non dessaisi, du créancier local demandeur et du ministère public. Le cas échéant, le praticien de l'insolvabilité de la procédure d'insolvabilité principale peut former tierce opposition.

Sous-section 2. – Des licenciements en l'absence d'ouverture d'une procédure secondaire

(Ord. n° 2017-1519, 2 nov. 2017)

Art. L. 692-10 *(Ord. n° 2017-1519, 2 nov. 2017 ; mod., Ord. n° 2019-964, 18 sept. 2019)*. – I. – La compétence du tribunal mentionné au paragraphe 2 de l'article 13 du règlement (UE) n° 2015/848 précité est déterminée en application du 2° de l'article L. 721-8 si le débiteur exerce une activité commerciale ou artisanale. Le tribunal judiciaire sur le ressort duquel est situé l'établissement est compétent dans les autres cas.

II. – Si le débiteur est en état de cessation des paiements et si la procédure d'insolvabilité principale le concernant est une procédure analogue au redressement judiciaire, les règles applicables à l'approbation des licenciements sont celles prévues à l'article L. 631-17. Si le débiteur est en état de cessation des paiements et si la procédure d'insolvabilité principale le concernant est une procédure analogue à la liquidation judiciaire avec maintien de l'activité, l'article L. 641-10 est applicable.

Le tribunal ou, le cas échéant, le juge désigné par celui-ci exerce les missions confiées par les articles précités au juge-commissaire.

Le jugement de la juridiction compétente en application du I du présent article, qui statue sur la résiliation des contrats de travail découlant de la procédure d'insolvabilité principale est susceptible d'appel de la part du débiteur non dessaisi, du praticien de l'insolvabilité de la procédure d'insolvabilité principale, de l'une des institutions représentatives du personnel ou, à défaut, du représentant des salariés ainsi que du ministère public. Le II de l'article L. 661-1 est applicable.

Art. L. 692-11 *(Ord. n° 2017-1519, 2 nov. 2017)*. – Un décret en Conseil d'État précise les conditions d'application du présent chapitre.

CHAPITRE III. – DE L'INFORMATION DES CRÉANCIERS ÉTRANGERS ET DE LA DÉCLARATION DES CRÉANCES

(Ord. n° 2017-1519, 2 nov. 2017)

Art. L. 693-1 *(Ord. n° 2017-1519, 2 nov. 2017)*. – Tout créancier étranger ou son préposé ou mandataire de son choix ainsi que, le cas échéant, les praticiens de l'insolvabilité désignés pour représenter les intérêts des créanciers dans le cadre des procédures d'insolvabilité ouvertes dans les autres États membres déclarent leurs créances dans les conditions légales portées à leur connaissance par le mandataire judiciaire désigné par la juridiction nationale. Les dispositions de l'article L. 622-26 leur sont applicables.

En cas de contestation de tout ou partie de la créance, les dispositions de l'article L. 622-27 sont applicables. Le délai de trente jours prévu par cet article ne s'applique pas à la production de la traduction de la déclaration de créances et des pièces justificatives demandées.

CHAPITRE IV. – DES PROCÉDURES D'INSOLVABILITÉ CONCERNANT DES MEMBRES D'UN GROUPE DE SOCIÉTÉS ÉTABLIES DANS PLUSIEURS ÉTATS MEMBRES

(Ord. n° 2017-1519, 2 nov. 2017)

Section I. – De la suspension de la réalisation des actifs dans une procédure d'insolvabilité ouverte à l'encontre d'un membre d'un groupe de sociétés

(Ord. n° 2017-1519, 2 nov. 2017)

Art. L. 694-1 *(Ord. n° 2017-1519, 2 nov. 2017).* – Aux fins de la mise en œuvre de la suspension d'une procédure de réalisation des actifs mentionnée au *b* du paragraphe 1 et au paragraphe 2 de l'article 60 du règlement (UE) n° 2015/848 précité, les dispositions de l'article L. 692-4 sont applicables.

Le praticien de l'insolvabilité désigné dans une procédure d'insolvabilité ouverte par la juridiction d'un autre État membre peut à cette fin former appel ou tierce-opposition à l'encontre de la décision rendue par le tribunal ou le juge-commissaire.

Section II. – De la procédure de coordination collective

(Ord. n° 2017-1519, 2 nov. 2017)

Art. L. 694-2 *(Ord. n° 2017-1519, 2 nov. 2017).* – En application du paragraphe 1 de l'article 71 du règlement (UE) n° 2015/848 peuvent exercer les missions de coordinateur les personnes inscrites sur la liste des administrateurs judiciaires ou des mandataires judiciaires en application des articles L. 811-2 et L. 812-2 ou un praticien de l'insolvabilité d'un autre État membre.

Les dispositions des trois derniers alinéas des articles L. 811-2 et L. 812-2 sont applicables aux praticiens de l'insolvabilité des autres États membres.

Art. L. 694-3 *(Ord. n° 2017-1519, 2 nov. 2017).* – Le tribunal qui a prononcé l'ouverture de la procédure de coordination collective statue sur la demande du coordinateur présentée conformément au paragraphe 6 de l'article 72 du règlement et sur la déclaration finale établie en application de l'article 77 de ce règlement. L'article L. 663-1 n'est pas applicable.

Le jugement rendu sur la déclaration finale peut faire l'objet d'un appel de la part de tout praticien de l'insolvabilité ayant participé à la procédure de coordination collective et élevé une objection ainsi que de la part du débiteur non dessaisi et du ministère public.

Art. L. 694-4 *(Ord. n° 2017-1519, 2 nov. 2017).* – Les jugements du tribunal statuant sur les demandes de suspension et de levée de la suspension de la procédure d'insolvabilité présentées par le coordinateur en application du *e* du 2 de l'article 72 sont susceptibles d'appel de la part du débiteur, de l'administrateur, du mandataire judiciaire, du coordinateur et du ministère public.

Art. L. 694-5 *(Ord. n° 2017-1519, 2 nov. 2017).* – Le jugement qui révoque le coordinateur en application de l'article 75 du règlement (UE) n° 2015/848 précité n'est pas susceptible d'appel.

Art. L. 694-6 *(Ord. n° 2017-1519, 2 nov. 2017).* – Le juge-commissaire autorise le mandataire de justice à accepter ou refuser l'inclusion dans une procédure de coordination de la procédure d'insolvabilité dans laquelle il est désigné, ainsi qu'à demander à participer volontairement à la procédure de coordination. La décision n'est pas susceptible de recours.

L'autorisation du juge-commissaire est également nécessaire pour signer l'accord mutuel prévu au paragraphe 2 de l'article 66 du règlement (UE) n° 2015/848 précité.

Art. L. 694-7 *(Ord. n° 2017-1519, 2 nov. 2017).* – Le juge-commissaire autorise, s'il y a lieu, la communication de documents confidentiels entre le mandataire de justice et le coordinateur dans les conditions prévues à l'article L. 695-2.

Art. L. 694-8 *(Ord. n° 2017-1519, 2 nov. 2017)*. – Le juge-commissaire apprécie les motifs dont, en application du paragraphe 2 de l'article 70 du règlement (UE) n° 2015/848 précité, lui fait part le mandataire de justice qui ne suit pas les recommandations du coordinateur ou le programme de coordination collective.

Art. L. 694-9 *(Ord. n° 2017-1519, 2 nov. 2017)*. – Le juge-commissaire statue par une ordonnance non susceptible de recours sur les désaccords relatifs à la procédure de coordination collective entre l'administrateur judiciaire et le mandataire judiciaire désignés dans la procédure d'insolvabilité ouverte sur le territoire national.

Art. L. 694-10 *(Ord. n° 2017-1519, 2 nov. 2017)*. – Un décret en Conseil d'État précise les conditions d'application du présent chapitre.

CHAPITRE V. – DE LA COOPÉRATION ET DE LA COMMUNICATION DES PRATICIENS DE L'INSOLVABILITÉ ET DES JURIDICTIONS

(Ord. n° 2017-1519, 2 nov. 2017)

Art. L. 695-1 *(Ord. n° 2017-1519, 2 nov. 2017)*. – Les dispositions du présent chapitre sont applicables à la coopération et à la communication entre praticiens de l'insolvabilité, entre juridictions et entre praticiens de l'insolvabilité, et entre juridictions, dans le cadre de procédures d'insolvabilité ouvertes à l'égard d'un même débiteur ou à l'égard de débiteurs membres d'un même groupe de sociétés.

Art. L. 695-2 *(Ord. n° 2017-1519, 2 nov. 2017)*. – I. – Le mandataire de justice informe le juge-commissaire des demandes de coopération et de communication adressées par le praticien de l'insolvabilité désigné dans une procédure ouverte par la juridiction d'un autre État membre, en application des articles 41 et 56 du règlement (UE) n° 2015/848 précité.

Il sollicite l'autorisation du juge-commissaire aux fins d'être autorisé à communiquer des informations confidentielles à tout praticien de l'insolvabilité désigné dans une procédure ouverte dans un autre État membre à l'encontre du même débiteur ou à l'égard d'un débiteur membre du même groupe de sociétés et informe sans délai le débiteur, tout autre mandataire de justice, les contrôleurs mentionnés à l'article L. 621-10 et le ministère public de la demande de communication.

II. – Le mandataire de justice désigné dans la procédure d'insolvabilité soumet à l'approbation du juge-commissaire tout accord ou protocole conclu en application des articles 41 et 56 du règlement (UE) n° 2015/848 précité avec tout praticien de l'insolvabilité d'un autre État membre désigné dans une procédure d'insolvabilité ouverte à l'égard du même débiteur ou à l'égard d'un débiteur membre du même groupe de sociétés.

Art. L. 695-3 *(Ord. n° 2017-1519, 2 nov. 2017)*. – Le tribunal qui a ouvert une procédure d'insolvabilité peut désigner un juge, habiliter le juge-commissaire ou désigner un mandataire de justice pour mettre en œuvre la coopération et la communication entre juridictions et entre juridictions et praticiens de l'insolvabilité.

Art. L. 695-4 *(Ord. n° 2017-1519, 2 nov. 2017)*. – Le juge ou le mandataire de justice désigné en application de l'article L. 695-3 communique avec les juridictions et les organes désignés dans le cadre d'une procédure d'insolvabilité ouverte à l'égard du débiteur par la juridiction d'un autre État membre par écrit ou par tout moyen de communication électronique qui préserve la sécurité, la confidentialité et la conservation des échanges. L'écrit ou l'enregistrement sont versés au dossier. Le débiteur, le créancier *qui a demandé l'ouverture de la procédure*, le ministère public, les juridictions qui ont ouvert une procédure à l'encontre du même débiteur et les praticiens de l'insolvabilité désignés par ces juridictions en sont avisés.

Art. L. 695-5 *(Ord. n° 2017-1519, 2 nov. 2017)*. – Un décret en Conseil d'État précise les conditions d'application du présent chapitre.

CHAPITRE VI. – DES DISPOSITIONS APPLICABLES AUX DÉPARTEMENTS ET RÉGIONS D'OUTRE-MER

(Ord. n° 2017-1519, 2 nov. 2017)

Art. L. 696-1 *(Ord. n° 2017-1519, 2 nov. 2017)*. – Pour l'application en Guadeloupe, en Guyane, en Martinique et à la Réunion du titre IX du livre VI, les mots : « tribunal de commerce spécialement désigné » sont remplacés par les mots : « tribunal de commerce territorialement compétent ».

LIVRE SEPTIÈME

DES JURIDICTIONS COMMERCIALES ET DE L'ORGANISATION DU COMMERCE

(Ord. n° 2006-673, 8 juin 2006)

TITRE PREMIER. – DU RÉSEAU DES CHAMBRES DE COMMERCE ET D'INDUSTRIE

(Ord. n° 2006-673, 8 juin 2006 ; mod., L n° 2010-853, 23 juill. 2010)

Art. L. 710-1 *(Mod., L. n° 2010-853, 23 juill. 2010 ; Ord. n° 2014-1555, 22 déc. 2014)*. – Les établissements *(Mots suppr., L. n° 2019-486, 22 mai 2019)* « ... » du réseau des chambres de commerce et d'industrie ont chacun, en leur qualité de corps intermédiaire de l'État, une fonction de représentation des intérêts de l'industrie, du commerce et des services auprès des pouvoirs publics ou des autorités étrangères. Assurant l'interface entre les différents acteurs concernés, ils exercent leur activité sans préjudice des missions de représentation conférées aux organisations professionnelles ou interprofessionnelles par les dispositions législatives ou réglementaires en vigueur et des missions menées par les collectivités territoriales dans le cadre de leur libre administration.

Le réseau et, en son sein, chaque établissement *(Mots suppr., L. n° 2019-486, 22 mai 2019)* « ... » contribuent au développement économique, à l'attractivité et à l'aménagement des territoires ainsi qu'au soutien des entreprises et de leurs associations en remplissant, dans des conditions fixées par décret, toute mission de service public et toute mission d'intérêt général *(Mots rempl., L. n° 2019-486, 22 mai 2019)* « directement utiles à l'accomplissement de ses missions ». *(Phrase créée, L. n° 2019-486, 22 mai 2019)* « Dans le cadre de ses missions, il veille à l'égalité entre les femmes et les hommes et encourage l'entrepreneuriat féminin. »

À cet effet, chaque établissement *(Mots suppr., L. n° 2019-486, 22 mai 2019)* « ... » du réseau peut assurer, *(Mots aj., L. n° 2019-486, 22 mai 2019)* « par tous moyens, y compris par des prestations de services numériques, et » dans le respect, le cas échéant, des schémas sectoriels qui lui sont applicables :

1° Les missions d'intérêt général qui lui sont confiées par les lois et les règlements ;

2° Les missions d'appui, d'accompagnement, de mise en relation et de conseil auprès des créateurs et repreneurs d'entreprises et des entreprises, dans le respect des dispositions législatives et réglementaires en vigueur en matière de droit de la concurrence ;

3° Une mission d'appui et de conseil pour le développement international des entreprises et l'exportation de leur production, en partenariat avec l'agence mentionnée à l'article 50 de la loi n° 2003-721 du 1er août 2003 ;

4° Une mission en faveur de la formation professionnelle initiale ou continue grâce, notamment, aux établissements publics et privés d'enseignement qu'il ou elle crée, gère ou finance ;

5° Une mission de création et de gestion d'équipements, en particulier portuaires et aéroportuaires ;

6° Les missions de nature *(Mot rempl., L. n° 2019-486, 22 mai 2019)* « concurrentielle » qui lui ont été confiées par une personne publique ou qui s'avèrent *(Mots rempl., L. n° 2019-486, 22 mai 2019)* « directement utiles » pour l'accomplissement de ses autres missions ;

7° Toute mission d'expertise, de consultation ou toute étude demandée par les pouvoirs publics sur une question relevant de l'industrie, du commerce, des services, du développement économique, de la formation professionnelle ou de l'aménagement du territoire, sans préjudice des travaux dont il ou elle pourrait prendre l'initiative.

Le réseau des chambres de commerce et d'industrie se compose de *(Mots rempl., D. n° 2015-536, 15 mai 2015)* « CCI France », des chambres de commerce et d'industrie de région, des chambres de commerce et d'industrie territoriales, *(Mots aj., L. n° 2019-486, 22 mai 2019)* « des chambres de commerce et d'industrie locales, » des chambres de commerce et d'industrie départementales d'Île-de-France, ainsi que des groupements interconsulaires que peuvent former plusieurs chambres de région ou territoriales entre elles.

(Mots rempl., D. n° 2015-536, 15 mai 2015) « CCI France », les chambres de commerce et d'industrie de région, les chambres de commerce et d'industrie territoriales et les groupements interconsulaires sont des établissements publics placés sous la tutelle de l'État et administrés par des dirigeants d'entreprise élus. *(Phrase mod., L. n° 2019-486, 22 mai 2019)* Les chambres de commerce et d'industrie locales, rattachées à une chambre de commerce et d'industrie de région, et les chambres de commerce et d'industrie départementales d'Île-de-France, rattachées à la chambre de commerce et d'industrie de région Paris-Île-de-France, sont dépourvues de la personnalité morale.

(Al. créé, L. n° 2019-486, 22 mai 2019) Par dérogation à la loi n° 52-1311 du 10 décembre 1952 relative à l'établissement obligatoire d'un statut du personnel administratif des chambres d'agriculture, des chambres de commerce et des chambres de métiers, CCI France, les chambres de commerce et d'industrie de région et, par délégation, les chambres de commerce et d'industrie territoriales recrutent des personnels de droit privé pour l'exercice de leurs missions. Ces personnels sont régis par une convention collective conclue entre le président de CCI France, dans le respect des orientations fixées par son comité directeur, et les organisations syndicales représentatives au niveau national en application de l'article L. 712-11 du Code de commerce. Cette convention est agréée par le ministre chargé de la tutelle des chambres de commerce et d'industrie.

(Al. suppr., L. n° 2019-486, 22 mai 2019).

Les ressources des établissements publics du réseau sont *(Mots suppr., L. n° 2019-486, 22 mai 2019)* « ... » assurées par :

1° *(1° mod., L. n° 2019-486, 22 mai 2019)* Les produits des impositions de toute nature qui leur sont affectés par la loi et toute autre ressource légale entrant dans leur spécialité ;

2° La vente ou la rémunération de leurs activités ou des services qu'ils gèrent ;

3° Les dividendes et autres produits des participations qu'ils détiennent dans leurs filiales ;

4° Les subventions, dons et legs qui leur sont consentis.

Chacun des établissements du réseau des chambres de commerce et d'industrie tient une comptabilité analytique mise à la disposition des autorités de tutelle et de contrôle afin de justifier que les ressources publiques ont été employées dans le respect des règles de concurrence nationales et *(Mots rempl., L. n° 2019-486, 22 mai 2019)* « européennes ».

Dans des conditions définies par décret, les établissements publics du réseau peuvent transiger et compromettre. Ils sont soumis, pour leurs dettes, à la loi n° 68-1250 du 31 décembre 1968 relative à la prescription des créances sur l'État, les départements, les communes et les établissements publics.

Ils peuvent, avec l'accord de l'autorité de tutelle, participer à la création et au capital de sociétés civiles et de sociétés par actions dont l'objet social entre dans le champ de leurs missions. Ils peuvent participer dans les mêmes conditions à la création de groupements d'intérêt public ou privé ainsi qu'à toute personne morale de droit public.

CHAPITRE I. – DE L'ORGANISATION ET DES MISSIONS DU RÉSEAU DES CHAMBRES DE COMMERCE ET D'INDUSTRIE

Section I. – Les chambres de commerce et d'industrie territoriales et départementales d'Île-de-France

(L. n° 2005-882, 2 août 2005 ; rempl., Ord. n° 2006-673, 8 juin 2006 ; L. n° 2010-853, 23 juill. 2010)

Art. L. 711-1 *(Rempl., L. n° 2005-882, 2 août 2005 ; rempl. à l'identique, Ord. n° 2006-673, 8 juin 2006 ; L. n° 2010-853, 23 juill. 2010 ; mod., L. n° 2016-298, 14 mars 2016).* – Les chambres de commerce et d'industrie territoriales sont créées par décret sur la base du schéma directeur mentionné au 2° de l'article L. 711-8. L'acte de création fixe la circonscription de la chambre et son siège ainsi que la chambre de commerce et d'industrie de région à laquelle elle est rattachée. Toute modification est opérée dans les mêmes formes.

La chambre de commerce et d'industrie territoriale se situant dans le périmètre d'une métropole, telle que définie par le Code général des collectivités territoriales, peut prendre la dénomination de chambre de commerce et d'industrie métropolitaine. Elle se substitue alors à la chambre de commerce et d'industrie territoriale préexistante. Dans le respect des orientations données par la chambre de commerce et d'industrie de région compétente et dans le cadre des schémas sectoriels régionaux, la chambre de commerce et d'industrie métropolitaine dispose par priorité des compétences prévues pour les chambres de commerce et d'industrie territoriales à l'article L. 710-1 pour animer la vie économique, industrielle et commerciale du bassin de vie correspondant à sa circonscription, sans préjudice des compétences dévolues aux collectivités territoriales. *(Mots aj., L. n° 2019-486, 22 mai 2019)* « Elle peut agir en tant qu'agence de développement économique de la métropole. »

Sous réserve des dispositions du deuxième alinéa, la chambre de commerce et d'industrie métropolitaine est régie par les dispositions relatives aux chambres de commerce et d'industrie territoriales.

Les chambres de commerce et d'industrie territoriales et départementales d'Île-de-France peuvent procéder à des expérimentations qui doivent être cohérentes avec la stratégie régionale visée au 1° de l'article L. 711-8. Les modalités de cette expérimentation sont définies par décret en Conseil d'État.

Les chambres de commerce et d'industrie territoriales sont rattachées aux chambres de commerce et d'industrie de région.

À l'initiative de la chambre de commerce et d'industrie de région autre que la région d'Île-de-France ou à leur propre initiative, des chambres de commerce et d'industrie territoriales peuvent être réunies en une seule chambre territoriale dans le cadre des schémas directeurs mentionnés au 2° du même article L. 711-8. Elles disparaissent au sein de la nouvelle chambre territoriale ou peuvent devenir des délégations de la chambre territoriale nouvellement formée et ne disposent plus, dans ce cas, du statut d'établissement public.

Si les chambres de commerce et d'industrie territoriales se situent dans le même département ou dans des départements inclus dans une seule et même région, la nouvelle chambre qui résulte de leur union est alors rattachée à la chambre de commerce et d'industrie de région territorialement compétente. Si elles se situent dans des départements limitrophes relevant de plusieurs régions, la nouvelle chambre qui résulte de leur union est rattachée à la chambre de commerce et d'industrie de région dont elles conviennent entre elles ou, à défaut d'un accord, à la région où se situe la chambre territoriale dont le poids économique, mesuré par l'étude économique dont les conditions sont fixées par décret en Conseil d'État, est le plus important.

Art. L. 711-1-1 *(L. n° 2014-1545, 20 déc. 2014 ; mod., L. n° 2016-298, 14 mars 2016)*. – À l'initiative de la chambre de commerce et d'industrie de région autre que la région d'Île-de-France ou à leur propre initiative, des chambres de commerce et d'industrie territoriales peuvent s'unir à leur chambre de commerce et d'industrie de région de rattachement dans le cadre des schémas directeurs mentionnés au 2° de l'article L. 711-8 ; elles disparaissent au sein de la chambre de commerce et d'industrie de région et ne disposent plus du statut d'établissement public.

Sauf disposition législative ou réglementaire contraire, la chambre de commerce et d'industrie de région exerce, sur l'ensemble de la circonscription de la ou des chambres de commerce et d'industrie territoriales ainsi dissoutes en son sein, les fonctions normalement dévolues aux chambres territoriales.

Art. L. 711-2 *(Rempl., L. n° 2005-882, 2 août 2005 ; rempl. à l'identique, Ord. n° 2006-673, 8 juin 2006 ; L. n° 2010-853, 23 juill. 2010)*. – Les chambres de commerce et d'industrie territoriales et départementales d'Île-de-France représentent auprès des pouvoirs publics et des acteurs locaux les intérêts de l'industrie, du commerce et des services de leur circonscription.

Dans les conditions prévues par le Code de l'urbanisme, elles sont associées à l'élaboration des schémas de cohérence territoriale et des plans locaux d'urbanisme.

Pour la réalisation d'aménagements commerciaux, les chambres de commerce et d'industrie territoriales peuvent se voir déléguer le droit de préemption par les communes ou les établissements de coopération intercommunale compétents.

Art. L. 711-3 *(Rempl., L. n° 2005-882, 2 août 2005 ; rempl. à l'identique, Ord. n° 2006-673, 8 juin 2006 ; L. n° 2010-853, 23 juill. 2010).* – Dans le cadre des orientations données par la chambre de commerce et d'industrie de région compétente, les chambres de commerce et d'industrie territoriales et départementales d'Île-de-France exercent toute mission de service auprès des entreprises industrielles, commerciales et de services de leur circonscription.

À ce titre :

1° *(1° abr. à compter d'une date fixée par décret en Conseil d'État, et au plus tard le 1er janvier 2023, L. n° 2019-486, 22 mai 2019)* Elles créent et gèrent des centres de formalités des entreprises et y assurent, pour ce qui les concerne, les missions prévues par l'article 2 de la loi n° 94-126 du 11 février 1994 relative à l'initiative et à l'entreprise individuelle ;

2° Elles peuvent assurer, en conformité, s'il y a lieu, avec le schéma sectoriel applicable, la maîtrise d'ouvrage de tout projet d'infrastructure ou d'équipement ou gérer tout service concourant à l'exercice de leurs missions ;

3° Elles peuvent, par contrat, être chargées par l'État, les collectivités territoriales ou leurs établissements publics, en conformité, s'il y a lieu, avec le schéma sectoriel applicable, de la gestion de toute infrastructure, tout équipement ou service, notamment de transport, qui concourt à l'exercice de leurs missions ;

3° *bis (3° bis créé, L. 2019-486, 22 mai 2019)* Dans les conditions déterminées par décret en Conseil d'État et en cas de délégation permanente des chambres de commerce et d'industrie de région, elles procèdent, dans le cadre du 5° du même article L. 711-8, au recrutement des personnels nécessaires au bon fonctionnement de leurs missions opérationnelles et gèrent leur situation personnelle ;

4° *(4° rempl., L. n° 2019-486, 22 mai 2019)* Les chambres de commerce et d'industrie territoriales recrutent et gèrent les personnels de droit privé et, le cas échéant, gèrent les personnels de droit public nécessaires au bon accomplissement des services publics industriels et commerciaux, notamment en matière d'infrastructures portuaires et aéroportuaires, qui leur ont été confiés avant la publication de la loi n° 2019-486 du relative à la croissance et la transformation des entreprises.

Elles disposent, dans des conditions fixées par décret en Conseil d'État, des moyens budgétaires et en personnels nécessaires au bon accomplissement de leurs missions de proximité et de la faculté de gérer ceux-ci de façon autonome.

Les activités mentionnées aux 1° à 4° du présent article donnent lieu à une comptabilité analytique.

Rédaction future. Les activités mentionnées aux *(Réf. rempl. à compter d'une date fixée par décret en Conseil d'État, et au plus tard le 1er janvier 2023, L. n° 2019-486, 22 mai 2019)* « 2° » à 4° du présent article donnent lieu à une comptabilité analytique.

Sous réserve de l'application de la loi n° 78-17 du 6 janvier 1978 relative à l'information, aux fichiers et aux libertés, les chambres de commerce et d'industrie territoriales et départementales d'Île-de-France créent et tiennent à jour des bases de données économiques des entreprises de leur circonscription nécessaires à leurs missions.

Les informations recueillies par les chambres de commerce et d'industrie territoriales et départementales d'Île-de-France à l'occasion de l'exercice de leur mission de centre de formalités des entreprises ne peuvent être conservées et communiquées que pour les besoins de cette mission ainsi que pour identifier et contacter les entreprises de leur circonscription. Les chambres de commerce et d'industrie territoriales et départementales d'Île-de-France peuvent communiquer à tout intéressé, à titre gratuit ou onéreux, des listes catégorielles de ces entreprises. Toutefois, cette faculté ne les autorise pas à communiquer à titre gratuit ou onéreux des relevés individuels d'informations recueillies en leur qualité de centre de formalités des entreprises.

Rédaction future. *(Al. mod. à compter d'une date fixée par décret en Conseil d'État, et au plus tard le 1er janvier 2023, L. n° 2019-486, 22 mai 2019)* Dans des conditions fixées par décret en Conseil d'État, les chambres de commerce et d'industrie territoriales et départementales d'Île-de-France reçoivent de l'organisme unique mentionné au deuxième alinéa de l'article L. 123-33 du présent code les informations nécessaires à l'exercice de leurs missions, permettant notamment d'identifier les entreprises de leur circonscription et d'entrer en contact avec celles-ci. Les chambres de commerce et d'industrie territoriales et départementales d'Île-de-France peuvent communiquer à tout intéressé, à titre gratuit ou onéreux, des listes d'entreprises d'un même type ou d'un même secteur d'activité. Toutefois, elles ne peuvent communiquer des relevés individuels d'informations portant sur ces entreprises et fournies par l'organisme unique mentionné au même deuxième alinéa.

Art. L. 711-4 *(Rempl., L. n° 2005-882, 2 août 2005 ; rempl. à l'identique, Ord. n° 2006-673, 8 juin 2006 ; mod., L. n° 2010-853, 23 juill. 2010 ; L. n° 2014-1545, 20 déc. 2014).* – Les chambres de commerce et d'industrie territoriales et les chambres de commerce et d'industrie départementales d'Île-de-France peuvent, seules ou en collaboration avec d'autres partenaires, dans le cadre des schémas sectoriels mentionnés au 3° de l'article L. 711-8, créer et gérer des établissements de formation professionnelle initiale et continue dans les conditions prévues par les articles L. 443-1 et L. 753-1 du Code de l'éducation pour la formation initiale et, pour la formation continue, dans le respect des dispositions du titre V du livre III de la sixième partie du Code du travail qui leur sont applicables.

Dans l'exercice des compétences mentionnées au premier alinéa du présent article, les chambres de commerce et d'industrie territoriales peuvent créer et gérer des écoles dénommées établissements d'enseignement supérieur consulaire, dans les conditions prévues à la section 5 du présent chapitre.

Art. L. 711-5 *(Rempl., L. n° 2005-882, 2 août 2005 ; rempl. à l'identique, Ord. n° 2006-673, 8 juin 2006 ; implicitement abr., L. n° 2010-853, 23 juill. 2010).*

Section II. – Les chambres régionales de commerce et d'industrie

(L. n° 2005-882, 2 août 2005 ; rempl., Ord. n° 2006-673, 8 juin 2006 ; L. n° 2010-853, 23 juill. 2010)

Art. L. 711-6 *(Rempl., L. n° 2005-882, 2 août 2005 ; rempl. à l'identique, Ord. n° 2006-673, 8 juin 2006 ; L. n° 2010-853, 23 juill. 2010).* – Dans chaque région, il est créé par décret une chambre de commerce et d'industrie de région. La circonscription de la chambre de commerce et d'industrie de région est la région ou, en Corse, le ressort de la collectivité territoriale. Son siège est fixé par décret, après avis des chambres territoriales et départementales d'Île-de-France rattachées.

Dans les régions où il n'existe qu'une seule chambre de commerce et d'industrie territoriale, le même établissement public exerce les missions attribuées aux chambres de commerce et d'industrie de région et aux chambres de commerce et d'industrie territoriales. Il est dénommé chambre de commerce et d'industrie de région.

Toutefois, il peut être créé par décret une chambre de commerce et d'industrie de région englobant deux ou plusieurs régions. Son siège est fixé par le décret de création après avis conforme des chambres de commerce et d'industrie territoriales qui lui sont rattachées.

Art. L. 711-7 *(Rempl., L. n° 2005-882, 2 août 2005 ; rempl. à l'identique, Ord. n° 2006-673, 8 juin 2006 ; L. n° 2010-853, 23 juill. 2010).* – Les chambres de commerce et d'industrie de région exercent au sein de leur circonscription l'ensemble des missions du réseau des chambres de commerce et d'industrie prévu à l'article L. 710-1.

À ce titre :

1° Elles sont consultées par le conseil régional sur tout dispositif d'assistance aux entreprises dont la région envisage la création ;

2° Elles sont associées à l'élaboration du schéma régional d'aménagement et de développement du territoire ;

3° Elles sont associées, dans les conditions prévues par le Code de l'urbanisme, à l'élaboration des schémas de cohérence territoriale lorsque ces schémas excèdent la circonscription d'une chambre territoriale ou départementale d'Île-de-France ;

4° Elles peuvent assurer la maîtrise d'ouvrage de tout projet d'infrastructure ou d'équipement, notamment de transport, et gérer tout service concourant à l'exercice de leurs missions ; elles peuvent également être chargées de réaliser de tels projets par contrat avec l'État, la région, les autres collectivités territoriales de la circonscription régionale ou leurs établissements publics. *(Phrase suppr., L. n° 2019-486, 22 mai 2019).*

Les activités mentionnées au 4° donnent lieu à une comptabilité analytique.

(Al. créé, L. n° 2019-486, 22 mai 2019) Pour les missions relevant du développement économique des régions telles que définies au chapitre Ier *bis* du titre V du livre II de la quatrième partie du Code général des collectivités territoriales, les chambres de commerce et d'industrie de région peuvent agir en tant qu'agences de développement économique desdites régions.

Art. L. 711-8 *(Rempl., L. n° 2005-882, 2 août 2005 ; rempl. à l'identique, Ord. n° 2006-673, 8 juin 2006 ; L. n° 2010-853, 23 juill. 2010 ; L. n° 2015-991, 7 août 2015 ; L. n° 2016-298, 14 mars 2016).* – Les chambres de commerce et d'industrie de région encadrent et soutiennent les activités des chambres territoriales et départementales d'Île-de-France qui leur sont rattachées. Elles définissent une stratégie *(Mot aj., L. n° 2019-486, 22 mai 2019)* « régionale » pour l'activité du réseau dans leur circonscription, compatible avec le schéma régional de développement économique, d'innovation et d'internationalisation prévu à l'article L. 4251-13 du Code général des collectivités territoriales. *(Phrase aj., L. n° 2019-486, 22 mai 2019)*

« La compatibilité de cette stratégie avec ce schéma est garantie par la signature des conventions prévues à l'article L. 4251-18 du même code. » Dans des conditions définies par décret, les chambres de commerce et d'industrie de région exercent leur activité en valorisant les compétences existant dans les chambres de commerce et d'industrie territoriales ou dans les chambres de commerce et d'industrie départementales d'Île-de-France de leur circonscription.

À ce titre, elles :

1° Élaborent et votent, à la majorité des deux tiers des membres présents ou représentés, la stratégie régionale et le schéma régional d'organisation des missions opposable aux chambres de commerce et d'industrie de leur circonscription ainsi que, chaque année, à la majorité des membres présents ou représentés, le budget nécessaire à la mise en œuvre de cette stratégie et de ce schéma ;

2° Établissent, dans des conditions fixées par décret en Conseil d'État, un schéma directeur opposable qui définit le nombre et la circonscription des chambres territoriales locales et départementales d'Île-de-France dans leur circonscription en tenant compte de l'organisation des collectivités territoriales en matière de développement et d'aménagement économique de la viabilité économique et de l'utilité pour leurs ressortissants des chambres territoriales, ainsi que du maintien des services de proximité d'appui aux entreprises dans les départements et les bassins économiques ;

3° Adoptent, dans des domaines d'activités ou d'équipements définis par décret, des schémas sectoriels destinés à encadrer les projets des chambres de commerce et d'industrie territoriales ;

4° *(4° rempl., L. n° 2019-486, 22 mai 2019)* Répartissent entre les chambres de commerce et d'industrie qui leur sont rattachées le produit des impositions qu'elles reçoivent, après déduction de leur propre quote-part. Cette répartition est faite en conformité avec la convention d'objectifs et de moyens mentionnée à l'article L. 712-2 du présent code, les schémas sectoriels, le schéma régional d'organisation des missions et doit permettre à chaque chambre de commerce et d'industrie d'assurer ses missions de proximité ;

5° *(Phrase rempl., L. n° 2019-486, 22 mai 2019)* « Dans des conditions déterminées par décret en Conseil d'État, recrutent les personnels de droit privé et les affectent auprès des chambres de commerce et d'industrie territoriales ; mettent à disposition des chambres de commerce et d'industrie territoriales les agents publics, dont ceux soumis au statut prévu par la loi n° 52-1311 du 10 décembre 1952 relative à l'établissement obligatoire d'un statut du personnel administratif des chambres d'agriculture, des chambres de commerce et des chambres de métiers, après avis de leur président ; gèrent leur situation conventionnelle et contractuelle ou statutaire. » Les dépenses de rémunération des personnels ainsi mis à disposition constituent des dépenses obligatoires des chambres de commerce et d'industrie territoriales et sont des recettes des chambres de commerce et d'industrie de région concernées ;

6° Assurent, au bénéfice des chambres de commerce et d'industrie territoriales qui leur sont rattachées, des fonctions d'appui et de soutien ainsi que toute autre mission pouvant faire l'objet d'une mutualisation et figurant dans le schéma régional d'organisation des missions, dans des conditions et des domaines précisés par décret en Conseil d'État ;

7° Abondent, dans des conditions et limites définies par décret, le budget, au-delà du budget voté, d'une chambre de commerce et d'industrie territoriale et départementale d'Île-de-France qui leur est rattachée pour subvenir à des dépenses exceptionnelles ou faire face à des circonstances particulières ;

8° Peuvent passer, pour leur propre compte ou, dans leur circonscription, pour celui de tout ou partie des chambres du réseau, des marchés ou des accords-cadres. Elles peuvent assurer la fonction de centrale d'achat au sens du Code des marchés publics pour le compte des chambres territoriales ou départementales de leur circonscription ;

9° *(9° créé, L. n° 2019-486, 22 mai 2019)* Établissent, après chaque renouvellement général, avec les chambres de métiers et de l'artisanat de niveau régional, un plan des actions ayant vocation à être mutualisées dans l'intérêt des entreprises de leur ressort.

Art. L. 711-9 *(Rempl., L. n° 2005-882, 2 août 2005 ; rempl. à l'identique, Ord. n° 2006-673, 8 juin 2006 ; mod., L. n° 2010-853, 23 juill. 2010 ; L. n° 2014-288, 5 mars 2014 ; L. n° 2014-1545, 20 déc. 2014).* – Les chambres de commerce et d'industrie de région élaborent, en cohérence avec le contrat de plan régional de développement des formations et de l'orientation professionnelles, un schéma régional en matière de formation professionnelle qui a vocation à être décliné au sein des chambres de commerce et d'industrie territoriales et départementales d'Île-de-France afin de tenir compte des spécificités locales.

Dans l'exercice des compétences mentionnées au premier alinéa, les chambres de commerce et d'industrie de région peuvent créer et gérer des écoles dénommées établissements d'enseignement supérieur consulaire, dans les conditions prévues à la section 5 du présent chapitre.

Elles peuvent, seules ou en collaboration avec d'autres partenaires, créer et gérer des établissements de formation initiale et continue dans les conditions prévues par les articles L. 443-1 et L. 753-1 du Code de l'éducation pour la formation initiale et, pour la formation continue, dans le respect des dispositions du titre V du livre III de la sixième partie du Code du travail qui leur sont applicables, dans le respect du droit à la concurrence et sous réserve de la tenue d'une comptabilité analytique.

Art. L. 711-10 *(Mod., L. n° 2003-7, 3 janv. 2003 ; rempl., L. n° 2005-882, 2 août 2005 ; rempl. à l'identique, Ord. n° 2006-673, 8 juin 2006 ; L. n° 2010-853, 23 juill. 2010 ; L. n° 2016-298, 14 mars 2016).* – I. – Par dérogation au premier alinéa de l'article L. 711-7, une chambre de commerce et d'industrie de région peut, par convention, confier à une chambre de commerce et d'industrie territoriale ou départementale d'Île-de-France qui lui est rattachée :

1° La maîtrise d'ouvrage de tout projet d'infrastructure ou d'équipement et la gestion de tout service prévu au 4° de l'article L. 711-7 ;

2° L'administration de tout établissement de formation initiale ou de tout établissement de formation professionnelle continue.

Une chambre de commerce et d'industrie de région peut en outre, par convention, confier à une chambre de commerce et d'industrie territoriale ou départementale d'Île-de-France qui lui est rattachée tout ou partie des fonctions mentionnées au 6° de l'article L. 711-8, à l'exception de la gestion des agents de droit public sous statut.

II. – Par convention et, s'il y a lieu, en conformité avec le schéma sectoriel applicable, une chambre de commerce et d'industrie territoriale ou départementale d'Île-de-France peut transférer à la chambre de commerce et d'industrie de région à laquelle elle est rattachée ou à une autre chambre de commerce et d'industrie territoriale ou départementale d'Île-de-France rattachée à la même chambre de commerce et d'industrie de région un service, une activité ou un équipement antérieurement géré par elle.

III. – Les conventions mentionnées aux I et II prévoient les transferts de biens, de ressources et de droits de propriété intellectuelle nécessaires à l'exercice de la mission ou de l'équipement confié ou transféré, ainsi que les compensations financières correspondantes.

Les transferts mentionnés au premier alinéa du présent III sont exonérés de droits et taxes.

Section III. – L'assemblée des chambres françaises de commerce et d'industrie

(L. n° 2005-882, 2 août 2005 ; rempl., Ord. n° 2006-673, 8 juin 2006 ; L. n° 2010-853, 23 juill. 2010)

Art. L. 711-11 *(L. n° 2005-882, 2 août 2005 ; rempl. à l'identique, Ord. n° 2006-673, 8 juin 2006 ; rempl., L. n° 2010-853, 23 juill. 2010).* – Il est créé une chambre de commerce et d'industrie dénommée « chambre de commerce et d'industrie de région Paris-Île-de-France » dont la circonscription correspond à l'ensemble de la région d'Île-de-France.

Les chambres de commerce et d'industrie ainsi que les délégations existant dans la région d'Île-de-France sont rattachées à la chambre de commerce et d'industrie de région Paris-Île-de-France en tant que chambres de commerce et d'industrie départementales d'Île-de-France ne disposant pas du statut juridique d'établissement public.

Toutefois, par dérogation aux dispositions prévues au deuxième alinéa, les chambres de commerce et d'industrie de la Seine-et-Marne et de l'Essonne peuvent décider de conserver le statut juridique d'établissement public dans des conditions définies par décret. Elles deviennent alors des chambres de commerce et d'industrie territoriales et exercent la totalité des compétences prévues par les articles L. 711-1 à L. 711-4.

Art. L. 711-12 *(L. n° 2005-882, 2 août 2005 ; rempl. à l'identique, Ord. n° 2006-673, 8 juin 2006 ; rempl., L. n° 2010-853, 23 juill. 2010).* – Les membres de la chambre de commerce et d'industrie de région Paris-Île-de-France et les membres des chambres de commerce et d'industrie départementales d'Île-de-France sont respectivement élus dans les mêmes conditions que les membres des chambres de commerce et d'industrie de région et les membres des chambres de commerce et d'industrie territoriales.

Art. L. 711-13 *(L. n° 2010-853, 23 juill. 2010).* – Les présidents des chambres de commerce et d'industrie départementales d'Île-de-France sont membres de *(Mots rempl., D. n° 2015-536, 15 mai 2015)* « CCI France ». Ils sont de droit membres du bureau *(Mots suppr., L. n° 2016-298, 14 mars 2016)* « ... » la chambre de commerce et d'industrie de région Paris - Île-de-France.

Art. L. 711-14 *(L. n° 2010-853, 23 juill. 2010).* – La chambre de commerce et d'industrie de région Paris-Île-de-France exerce la totalité des compétences dévolues à toute chambre de commerce et d'industrie de région.

Les chambres de commerce et d'industrie départementales d'Île-de-France exercent les missions de proximité dévolues à toute chambre de commerce et d'industrie territoriale, conformément aux articles L. 711-1 à L. 711-4, dans le respect des orientations définies par l'assemblée générale de la chambre de commerce et d'industrie de région Paris-Île-de-France.

Section IV. – CCI France

(L. n° 2010-853, 23 juill. 2010 ; intitulé rempl., D. n° 2015-536, 15 mai 2015)

Art. L. 711-15 *(L. n° 2010-853, 23 juill. 2010).* – *(Mots rempl., D. n° 2015-536, 15 mai 2015)* « CCI France » est l'établissement public, placé à la tête du réseau défini à l'article L. 710-1, *(Mots aj., L. n° 2019-486, 22 mai 2019)* « seul établissement du réseau » habilité à représenter auprès de l'État et de l'Union européenne ainsi qu'au plan international les intérêts nationaux de l'industrie, du commerce et des services.

Son organe délibérant est constitué des présidents en exercice des chambres de commerce et d'industrie départementales d'Île-de-France, des chambres de commerce et d'industrie territoriales, des chambres des collectivités d'outre-mer régies par l'article 74 de la Constitution et de la Nouvelle-Calédonie, et des chambres de commerce et d'industrie de région.

Le financement *(Mots rempl., L. n° 2019-486, 22 mai 2019)* « des » dépenses relatives aux projets de portée nationale intéressant l'ensemble du réseau des chambres de commerce et d'industrie adoptés par délibération de *(Mots rempl., D. n° 2015-536, 15 mai 2015)* « CCI France » constituent pour les établissements du réseau des dépenses obligatoires.

Les modalités de répartition de ces dépenses sont déterminées par voie réglementaire.

Art. L. 711-16 *(L. n° 2010-853, 23 juill. 2010 ; mod., Ord. n° 2014-1555, 22 déc. 2014).* – *(Al. mod., D. n° 2015-536, 15 mai 2015 ; L. n° 2015-1785, 29 déc. 2015)* CCI France assure l'animation de l'ensemble du réseau des chambres de commerce et d'industrie.

À ce titre :

1° Elle élabore la stratégie nationale du réseau des chambres de commerce et d'industrie ;

2° Elle adopte les normes d'intervention pour les établissements membres du réseau et s'assure du respect de ces normes ;

3° *(Phrase aj., L. n° 2019-486, 22 mai 2019)* « Elle développe une offre nationale de services mise en œuvre, éventuellement avec des adaptations locales, par chaque chambre de commerce et d'industrie de région. » Elle gère les projets de portée nationale intéressant le réseau et elle peut en confier la maîtrise d'ouvrage à un autre établissement du réseau ;

4° Elle propose aux chambres territoriales, départementales d'Île-de-France et de région des fonctions de soutien dans les domaines technique, juridique et financier, ainsi que dans celui de la communication institutionnelle ;

5° Elle peut passer, pour son propre compte ou pour celui de tout ou partie des chambres du réseau, des marchés ou des accords-cadres. Elle peut assurer la fonction de centrale d'achat au sens du Code des marchés publics pour le compte de tout ou partie des chambres de région, des chambres territoriales et départementales d'Île-de-France ;

6° *(6° rempl., L. n° 2019-486, 22 mai 2019)* Elle définit et suit la mise en oeuvre de la politique générale du réseau en matière de gestion des personnels des chambres et met en place une gestion prévisionnelle des emplois et des compétences au niveau national. Elle anime et préside l'institution représentative nationale du réseau. Dans les matières définies à l'article L. 2221-1 du Code du travail, CCI France négocie et signe les conventions et accords collectifs applicables aux personnels des chambres de commerce et d'industrie. CCI France peut négocier dans les matières relevant des conventions et accords d'entreprises et par dérogation, dans celles mentionnées aux articles L. 1242-2, L. 1251-6, L. 2253-1, L. 4625-2, L. 5121-4 et L. 6321-10 du même code. Ces conventions et accords collectifs fixent les thèmes dans lesquels une négociation peut être engagée au niveau régional. Ils sont soumis à un agrément dans des conditions fixées par décret en Conseil d'État s'ils ont un impact sur les rémunérations. Elle peut mettre en place un système d'intéressement aux résultats ainsi qu'un dispositif d'épargne volontaire et de retraite supplémentaire à cotisations définies et réparties entre l'employeur et l'agent.

Elle détermine les conditions de recrutement et de rémunération des directeurs généraux sous contrat de droit privé, la procédure et les conditions de cessation de leurs fonctions ainsi que les modalités de leur indemnisation en cas de rupture de la relation de travail. Pour les directeurs généraux qui ont la qualité d'agent public, ces mêmes règles sont fixées par décret pris après avis de CCI France.

Chaque directeur général de chambre de commerce et d'industrie territoriale ou de chambre de commerce et d'industrie de région est nommé après avis du président de CCI France, dans des conditions fixées par décret en Conseil d'État. Ce dernier rend également un avis préalable sur toute décision de rupture de la relation de travail d'un directeur général à l'initiative de l'employeur ;

7° *(7° rempl., L. n° 2019-486, 22 mai 2019)* Elle peut diligenter ou mener des audits, à son initiative ou à la demande d'un établissement public du réseau, relatifs au fonctionnement ou à la situation financière de chambres du réseau, dont les conclusions sont transmises aux chambres concernées et à l'autorité de tutelle. Certaines des recommandations formulées, soumises à une procédure contradictoire, peuvent s'imposer aux chambres auditées, dans des conditions fixées par décret en Conseil d'État ;

8° Elle coordonne les actions du réseau avec celles des chambres de commerce et d'industrie françaises à l'étranger. À ce titre, s'appuyant notamment sur les données économiques recueillies par les différentes chambres du réseau, elle identifie les entreprises qui présentent les meilleures perspectives en termes d'exportation et, en conséquence, les aide de manière spécifique à développer leurs activités à l'international en partenariat avec l'agence mentionnée à l'article 50 de la loi n° 2003-721 du 1er août 2003 ;

9° Elle peut constituer, à la demande des chambres du réseau, une instance de conciliation pour les différends opposant plusieurs chambres entre elles avant un recours en justice. Cette fonction de conciliation est exercée à titre gracieux ;

10° *(10° rempl., L. n° 2019-486, 22 mai 2019)* Elle répartit entre les chambres de commerce et d'industrie de région le produit de la taxe prévue à l'article 1600 du Code général des impôts, après avoir déduit la quote-part nécessaire au financement de son fonctionnement, de ses missions et des projets de portée nationale. Le montant minimal de cette quote-part est fixé par arrêté du ministre de tutelle. Après détermination et déduction de cette quote-part, la répartition entre les chambres de commerce et d'industrie de région tient compte des objectifs fixés dans le cadre des conventions d'objectifs et de moyens mentionnées à l'article L. 712-2 du présent code et des résultats de leur performance, des décisions prises par l'assemblée générale de CCI France et de leur réalisation, des besoins des chambres pour assurer leurs missions, de leur poids économique tel que défini à l'article L. 713-13 et en assurant la péréquation nécessaire entre les chambres de commerce et d'industrie, notamment pour tenir compte des particularités locales. Cette répartition est adoptée chaque année par l'assemblée générale de CCI France à la majorité simple des membres présents ou représentés ;

11° *(11° créé, L. n° 2019-486, 22 mai 2019)* Elle établit un inventaire et une définition de la stratégie immobilière du réseau des chambres de commerce et d'industrie. Cet inventaire fait l'objet d'un suivi régulier.

(Al. créé, L. n° 2019-486, 22 mai 2019) Un décret en Conseil d'État précise les conditions d'application du présent article.

Section V. – Les écoles des chambres de commerce et d'industrie territoriales et des chambres de commerce et d'industrie de région

Art. L. 711-17 *(L. n° 2014-1545, 20 déc. 2014)*. – Les établissements d'enseignement supérieur consulaire sont des personnes morales de droit privé régies par les dispositions législatives applicables aux sociétés anonymes, dans la mesure où elles ne sont pas contraires aux dispositions spécifiques qui les régissent.

(Al. abr., Ord. n° 2015-1127, 10 sept. 2015).

Les chambres de commerce et d'industrie territoriales et les chambres de commerce et d'industrie de région détiennent, directement ou indirectement, seules ou conjointement, le cas échéant avec un ou plusieurs groupements interconsulaires, la majorité du capital et des droits de vote à l'assemblée générale de ces établissements. Aucun autre actionnaire ou groupe d'actionnaires, agissant seul ou de concert, ne peut détenir, directement ou indirectement, plus de 33 % des droits de vote à l'assemblée générale de ces établissements.

Les régions intéressées, seules ou, dans le cadre d'une convention, avec d'autres collectivités territoriales et leurs groupements, peuvent prendre une participation au capital des établissements d'enseignement supérieur consulaire.

Le cas échéant, et par dérogation à l'article L. 225-20, la responsabilité civile des représentants des collectivités territoriales au conseil d'administration d'un établissement d'enseignement supérieur consulaire incombe à la collectivité territoriale ou au groupement dont ils sont mandataires.

Les élus locaux agissant en tant que mandataires des collectivités territoriales ou de leurs groupements au sein du conseil d'administration ou du conseil de surveillance des établissements d'enseignement supérieur consulaire et exerçant les fonctions de membre du conseil d'administration ou du conseil de surveillance ne sont pas considérés comme des entrepreneurs de services municipaux, départementaux ou régionaux au sens des articles L. 207, L. 231 et L. 343 du Code électoral et non plus considérés comme étant intéressés à l'affaire au sens de l'article L. 2131-11 du Code général des collectivités territoriales, lorsque la collectivité ou le groupement délibère sur ses relations avec l'établissement d'enseignement supérieur consulaire. Les élus locaux ne peuvent participer aux commissions d'appels d'offres lorsque l'établissement d'enseignement supérieur consulaire dont ils sont membres est candidat à l'attribution d'un marché public.

Sous réserve de l'article L. 443-1 du Code de l'éducation, les établissements d'enseignement supérieur consulaire sont habilités à exercer en France et à l'étranger, sous réserve de l'accord des gouvernements intéressés, eux-mêmes et par l'intermédiaire de filiales ou participations, toutes activités qui se rattachent, directement ou indirectement, à leurs missions et à leurs activités, définies par la convention mentionnée à l'article L. 711-19 du présent code, ainsi que toute autre activité prévue par leurs statuts.

Lorsqu'un établissement d'enseignement supérieur consulaire a réalisé un bénéfice distribuable, au sens du premier alinéa de l'article L. 232-11, il est affecté à la constitution de réserves.

Les statuts des établissements d'enseignement supérieur consulaire sont approuvés par arrêté des ministres chargés de l'enseignement supérieur, du commerce et de l'industrie.

Art. L. 711-18 *(L. n° 2014-1545, 20 déc. 2014).* – Le conseil d'administration ou de surveillance d'un établissement d'enseignement supérieur consulaire est composé de douze à vingt-quatre membres, dont au moins un représentant des étudiants, au moins trois membres élus, dont deux par les personnels enseignants et un par les autres catégories de personnel, y compris, le cas échéant, les personnels mis à la disposition de l'établissement en application du V de l'article 43 de la loi n° 2014-1545 du 20 décembre 2014 relative à la simplification de la vie des entreprises et, le cas échéant, le doyen du corps professoral ou toute personne exerçant des fonctions analogues. L'élection est régie par les six derniers alinéas de l'article L. 225-28. Un décret en Conseil d'État précise les conditions requises pour être électeur et éligible.

La représentation du comité d'entreprise auprès de ces conseils est assurée par un membre titulaire du comité désigné par ce dernier.

Les membres élus de ces organes ne peuvent recevoir aucune rémunération au titre de leurs fonctions. Le remboursement des frais est autorisé, sur justification.

Art. L. 711-19 *(L. n° 2014-1545, 20 déc. 2014).* – Les chambres de commerce et d'industrie territoriales et les chambres de commerce et d'industrie de région définissent par convention leurs relations avec les *établissements d'enseignement supérieur consulaire* qu'elles ont constitués, ensemble ou séparément. Les articles L. 225-40 et L. 225-88 ne sont pas applicables à la convention. Un décret en Conseil d'État précise les stipulations que doit comporter la convention.

Les chambres de commerce et d'industrie territoriales et les chambres de commerce et d'industrie de région conservent la disposition à titre gratuit des signes distinctifs utilisés par les établissements d'enseignement supérieur consulaire ou qui leur sont cédés.

Art. L. 711-20 *(L. n° 2014-1545, 20 déc. 2014)*. – Les représentants du personnel aux comités d'entreprise des établissements d'enseignement supérieur consulaire sont élus sur des listes établies par les organisations syndicales pour chaque collège. Les comités comprennent les trois collèges suivants :

1° Le collège des ouvriers et employés ;

2° Le collège des ingénieurs, chefs de service, techniciens, agents de maîtrise et assimilés ;

3° Le collège des enseignants.

L'article L. 2324-11 et le deuxième alinéa de l'article L. 2324-12 du Code du travail ne sont pas applicables à ces comités.

Par dérogation aux articles L. 2327-4 et L. 2327-5 du même code, en cas de constitution de comités d'établissement et d'un comité central d'entreprise conformément à l'article L. 2327-1 dudit code, chaque comité d'établissement au sein duquel il existe un collège du personnel enseignant est représenté au sein du comité central d'entreprise par au moins un délégué titulaire et un délégué suppléant issus de ce collège.

Art. L. 711-21 *(L. n° 2014-1545, 20 déc. 2014)*. – Les agents de droit public mis à la disposition d'un établissement d'enseignement supérieur consulaire choisissent s'ils exercent leur droit de vote et de candidature aux élections des représentants du personnel aux commissions paritaires régionales auprès des chambres de commerce et d'industrie régionales ou aux élections de délégués du personnel et du comité d'entreprise au sein de l'établissement d'enseignement supérieur consulaire. Dans ce dernier cas, ils sont électeurs et éligibles aux élections de délégués du personnel et du comité d'entreprise dans les mêmes conditions que les salariés de l'établissement d'enseignement supérieur consulaire. Pour la condition relative à l'ancienneté, est prise en compte l'ancienneté cumulée au sein de la chambre de commerce et d'industrie et au sein de l'établissement d'enseignement supérieur consulaire.

Section VI. – Les chambres de commerce et d'industrie locales des chambres de commerce et d'industrie de région

Art. L. 711-22 *(L. n° 2014-1545, 20 déc. 2014 ; mod., L. n° 2016-298, 14 mars 2016)*. – À l'initiative de la chambre de commerce et d'industrie de région ou à sa propre initiative, une chambre de commerce et d'industrie territoriale existant dans une région autre que la région Île-de-France ou une région d'outre-mer peut, dans le cadre du schéma directeur mentionné à l'article L. 711-8, être rattachée à sa chambre de commerce et d'industrie de région en tant que chambre de commerce et d'industrie locale ne disposant pas du statut juridique d'établissement public.

Art. L 711-23 *(L. n° 2014-1545, 20 déc. 2014)*. – Les membres de la chambre de commerce et d'industrie de région et les membres des chambres de commerce et d'industrie locales sont élus dans les mêmes conditions que, respectivement, les membres des chambres de commerce et d'industrie de région et les membres des chambres de commerce et d'industrie territoriales.

Art. L. 711-24 *(L. n° 2014-1545, 20 déc. 2014)*. – Les présidents des chambres de commerce et d'industrie locales sont membres de l'assemblée des chambres françaises de commerce et d'industrie. Ils sont de droit membres du bureau de la chambre de commerce et d'industrie de région de rattachement.

Art. L. 711-25 *(L. n° 2014-1545, 20 déc. 2014)*. – Les chambres de commerce et d'industrie locales *exercent les missions* de proximité dévolues à toute chambre de commerce et d'industrie territoriale, conformément aux articles L. 711-1 à L. 711-4, dans le respect des orientations définies par l'assemblée générale de la chambre de commerce et d'industrie de région et en conformité avec les schémas sectoriels mentionnés à l'article L. 711-8.

CHAPITRE II. – DE L'ADMINISTRATION DES ÉTABLISSEMENTS DU RÉSEAU DES CHAMBRES DE COMMERCE ET D'INDUSTRIE

(Intitulé rempl., L. n° 2005-882, 2 août 2005 ; chap. rempl., Ord. n° 2006-673, 8 juin 2006)

Art. L. 712-1 *(L. n° 2005-882, 2 août 2005 ; rempl. à l'identique, Ord. n° 2006-673, 8 juin 2006 ; mod., L. n° 2010-853, 23 juill. 2010)*. – Dans chaque établissement public du réseau, l'assemblée générale des membres élus détermine les orientations et le programme d'action de l'établissement. À cette fin, elle délibère sur toutes les affaires relatives à l'objet de celui-ci, notamment le budget, les comptes et le règlement intérieur. Elle peut déléguer aux autres instances de l'établissement des compétences relatives à son administration et à son fonctionnement courant.

Le président est le représentant légal de l'établissement. Il en est l'ordonnateur et est responsable de sa gestion. Il en préside l'assemblée générale et les autres instances délibérantes. Un décret en Conseil d'État détermine les conditions dans lesquelles lui sont appliquées les dispositions de l'article 7 de la loi n° 84-834 du 13 septembre 1984 relative à la limite d'âge dans la fonction publique et le secteur public. Les fonctions de trésorier sont exercées par un membre de l'assemblée générale.

L'assemblée de la chambre de commerce et d'industrie territoriale élit son président parmi ceux de ses membres qui ont été élus à la chambre de commerce et d'industrie de région. Si le président en exercice est élu président de la chambre de commerce et d'industrie de région, il quitte la présidence de la chambre territoriale.

Le président de chaque chambre de commerce et d'industrie territoriale est de droit vice-président de la chambre de région à laquelle elle est rattachée.

Le président élu de *(Mots rempl., D. n° 2015-536, 15 mai 2015)* « CCI France » quitte la présidence d'une chambre territoriale, d'une chambre départementale d'Île-de-France ou d'une chambre de région.

Le décompte des votes à *(Mots rempl., D. n° 2015-536, 15 mai 2015)* « CCI France » s'effectue dans des conditions fixées par décret en Conseil d'État.

Art. L. 712-2 *(Anc. art. L. 712-1, dénum., L. n° 2005-882, 2 août 2005 ; rempl. à l'identique, Ord. n° 2006-673, 8 juin 2006 ; mod., L. n° 2010-853, 23 juill. 2010 ; rempl., L. n° 2019-486, 22 mai 2019).* – Un contrat d'objectifs et de performance associant l'État, représenté par le ministre de tutelle, et CCI France fixe notamment les missions prioritaires du réseau des chambres de commerce et d'industrie financées par la taxe pour frais de chambres. Ce contrat d'objectifs et de performance contient des indicateurs d'activité, de performance et de résultats quantifiés adaptés aux priorités retenues.

Des conventions d'objectifs et de moyens conclues entre l'État, les chambres de commerce et d'industrie de région et CCI France sont établies en conformité avec ce contrat national. Leur bilan annuel est consolidé par CCI France.

Ce contrat et ces conventions servent de base à la répartition de la taxe pour frais de chambres telle que prévue aux articles L. 711-8 et L. 711-16. Le non-respect des mesures prévues dans le contrat d'objectifs et de performance qui sont déclinées dans les conventions d'objectifs et de moyens peut justifier une modulation du montant de la taxe pour frais de chambres.

Un décret en Conseil d'État précise les conditions dans lesquelles sont conclues ce contrat et ces conventions.

Art. L. 712-3 *(Abr., L. n° 2010-853, 23 juill. 2010).*

Art. L. 712-4 *(Abr., L. n° 2016-298, 14 mars 2016).*

Art. L. 712-5 *(Abr., L. n° 2010-853, 23 juill. 2010).*

Art. L. 712-6 *(Anc. art. L. 712-3, dénum. et mod., L. n° 2005-882, 2 août 2005 ; rempl., Ord. n° 2006-673, 8 juin 2006 ; mod., L. n° 2010-853, 23 juill. 2010).* – Les établissements *(Mots rempl., L. n° 2019-486, 22 mai 2019)* « publics du réseau » sont tenus de nommer au moins un commissaire aux comptes *(Mots aj., L. n° 2019-486, 22 mai 2019)* « , lorsque les conditions définies au deuxième alinéa du I de l'article L. 823-1 sont réunies, » et un suppléant choisis sur la liste mentionnée à l'article L. 822-1, qui exercent leurs fonctions dans les conditions prévues par les dispositions des livres II et VIII sous réserve des règles qui leur sont propres. Les commissaires aux comptes, désignés dans le respect des dispositions du Code des marchés publics, sont nommés par l'assemblée générale sur proposition du président. Les conditions dans lesquelles chaque établissement du réseau publie et transmet à l'autorité de tutelle un bilan, un compte de résultat et une annexe sont déterminées par voie réglementaire.

Les peines prévues par l'article L. 242-8 sont applicables aux dirigeants qui n'auront pas, chaque année, établi un bilan, un compte de résultat et une annexe.

(Al. créé, L. n° 2019-486, 22 mai 2019) (1) Les chambres de commerce et d'industrie de région auxquelles sont rattachées des chambres de commerce et d'industrie territoriales établissent et publient chaque année des comptes combinés dans le respect des dispositions législatives et réglementaires en vigueur. Ces comptes sont transmis à CCI France.

Art. L. 712-7 *(L. n° 2005-882, 2 août 2005 ; rempl. à l'identique, Ord. n° 2006-673, 8 juin 2006 ; mod., L. n° 2010-853, 23 juill. 2010)*. – L'autorité compétente veille au fonctionnement régulier des établissements du réseau. Elle assiste de droit à leurs instances délibérantes. Certaines délibérations *(Mots suppr., L. n° 2019-486, 22 mai 2019)* « ... » sont soumises à son approbation dans des conditions fixées par voie réglementaire.

(Al. créé, L. n° 2019-486, 22 mai 2019) L'autorité compétente peut autoriser un établissement public du réseau à se retirer d'un syndicat mixte si le maintien de sa participation dans ce syndicat compromet la situation financière de cet établissement.

Art. L. 712-8 *(L. n° 2005-882, 2 août 2005 ; rempl. à l'identique, Ord. n° 2006-673, 8 juin 2006 ; mod., L. n° 2010-853, 23 juill. 2010)*. – Lorsque le budget prévisionnel d'un établissement ou le budget exécuté au cours de l'exercice écoulé fait apparaître un déficit non couvert par les excédents disponibles, que des dépenses obligatoires n'ont pas été inscrites au budget ou n'ont pas été mandatées, ou que des dysfonctionnements graves, mettant en péril l'équilibre financier de l'établissement, sont constatés, l'autorité compétente, après application d'une procédure contradictoire, arrête le budget et peut confier au directeur départemental des finances publiques les fonctions de trésorier.

Art. L. 712-9 *(L. n° 2005-882, 2 août 2005 ; rempl. à l'identique, Ord. n° 2006-673, 8 juin 2006)*. – Tout membre élu d'un établissement public du réseau peut être suspendu ou déclaré démissionnaire d'office par l'autorité compétente, après procédure contradictoire, en cas de faute grave dans l'exercice de ses fonctions.

Lorsque les circonstances compromettent le fonctionnement d'un établissement, l'autorité compétente peut prononcer la suspension de *(Mots rempl., L. n° 2019-486, 22 mai 2019)* « son bureau ou de son assemblée générale » et nommer une commission provisoire.

Au besoin, il est recouru à la dissolution *(Mots rempl., L. n° 2019-486, 22 mai 2019)* « du bureau ou de l'assemblée générale » de l'établissement par décision de l'autorité compétente.

(Al. créé, L. n° 2019-486, 22 mai 2019) Une chambre de commerce et d'industrie territoriale dont l'assemblée générale a été dissoute peut être transformée, par décret, en chambre de commerce et d'industrie locale sans que cette transformation ait été préalablement prévue dans le schéma directeur de la chambre de commerce et d'industrie de région après consultation du président de la chambre de commerce et d'industrie de région à laquelle la chambre est rattachée et du président de CCI France.

Art. L. 712-10 *(L. n° 2005-882, 2 août 2005 ; rempl. à l'identique, Ord. n° 2006-673, 8 juin 2006)*. – Tout établissement du réseau est tenu d'accorder sa protection au président, au trésorier, à l'élu les suppléant ou ayant reçu une délégation de leur part ou à un ancien élu ayant quitté ces fonctions, lorsque la personne en cause fait l'objet de poursuites pénales à l'occasion de faits n'ayant pas le caractère de faute détachable de l'exercice de ses fonctions.

Cette protection est également due du fait des violences, menaces ou outrages dont les mêmes personnes peuvent être victimes à l'occasion ou du fait de leurs fonctions et comporte l'obligation de réparer, le cas échéant, le préjudice qui en résulte.

L'établissement est subrogé aux droits de la victime pour obtenir des auteurs de ces infractions la restitution des sommes versées à l'élu ou ancien élu intéressé.

Art. L. 712-11 *(L. n° 2010-853, 23 juill. 2010 ; rempl., L. n° 2019-486, 22 mai 2019)*. – Le livre Ier de la deuxième partie du Code du travail est applicable à l'ensemble des personnels de droit public et de droit privé des chambres de commerce et d'industrie, à l'exception du chapitre IV du titre IV du même livre Ier et des dispositions non applicables au personnel de droit public.

(1) Le dernier alinéa de l'article L. 712-6 du Code de commerce s'applique à compter des comptes 2020 des établissements du réseau des chambres de commerce et d'industrie, L. n° 2019-486, 22 mai 2019, art. 48, II.

Les dispositions relatives aux relations collectives de travail prévues par la deuxième partie du Code du travail ainsi que celles relatives à la santé et la sécurité au travail prévues par la quatrième partie du même code s'appliquent à l'ensemble des personnels de droit public et de droit privé employés par les chambres de commerce et d'industrie. Les adaptations et les exceptions rendues nécessaires, pour les agents de droit public, du fait des règles d'ordre public et des principes généraux qui leur sont applicables sont prévues par un décret en Conseil d'État.

Art. L. 712-11-1 *(Créé, L. n° 2019-486, 22 mai 2019)*. – Sans préjudice des dispositions législatives particulières, lorsqu'une personne de droit privé ou de droit public reprend tout ou partie de l'activité d'une chambre de commerce et d'industrie, quelle que soit la qualification juridique de la transformation de ladite activité, elle propose aux agents de droit public employés par cette chambre pour l'exercice de cette activité un contrat de droit privé ou un engagement de droit public.

Le contrat de travail ou l'engagement proposé reprend les éléments essentiels du contrat ou de l'engagement dont l'agent de droit public est titulaire, en particulier ceux qui concernent la rémunération. Les services accomplis au sein de la chambre de commerce et d'industrie sont assimilés à des services accomplis au sein de la personne privée ou publique d'accueil.

En cas de refus de l'agent public d'accepter le contrat ou l'engagement, la chambre de commerce et d'industrie employeur applique, selon des modalités prévues par décret, les dispositions relatives à la rupture de la relation de travail prévues par le statut du personnel administratif des chambres de commerce et d'industrie mentionné à l'article 1er de la loi n° 52-1311 du 10 décembre 1952 relative à l'établissement obligatoire d'un statut du personnel administratif des chambres d'agriculture, des chambres de commerce et des chambres de métiers.

Art. L. 712-12 *(Anc. art. L. 712-10, dénum., L. n° 2010-853, 23 juill. 2010)*. – Un décret en Conseil d'État précise les conditions d'application du présent chapitre, en particulier les règles de fonctionnement administratif et financier des établissements du réseau ainsi que les modalités de la tutelle exercée par l'État.

Le contrat de travail ou l'engagement proposé reprend les éléments essentiels du contrat ou de l'engagement dont l'agent de droit public est titulaire, en particulier ceux qui concernent la rémunération. Les services accomplis au sein de la chambre de commerce et d'industrie sont assimilés à des services accomplis au sein de la personne privée ou publique d'accueil.

En cas de refus de l'agent public d'accepter le contrat ou l'engagement, la chambre de commerce et d'industrie employeur applique, selon des modalités prévues par décret, les dispositions relatives à la rupture de la relation de travail prévues par le statut du personnel administratif des chambres de commerce et d'industrie mentionné à l'article 1er de la loi n° 52-1311 du 10 décembre 1952 relative à l'établissement obligatoire d'un statut du personnel administratif des chambres d'agriculture, des chambres de commerce et des chambres de métiers.

CHAPITRE III. – DE L'ÉLECTION DES MEMBRES DES CHAMBRES DE COMMERCE ET D'INDUSTRIE TERRITORIALES, DES CHAMBRES DE COMMERCE ET D'INDUSTRIE DE RÉGION ET DES DÉLÉGUÉS CONSULAIRES

(Rempl., Ord. n° 2006-673, 8 juin 2006 ; intitulé rempl., L. n° 2010-853, 23 juill. 2010 ; intitulé mod. à compter de la fin du mandat des délégués consulaires élus au cours de l'année 2016 et rédigé comme suit « De l'élection des membres des chambres de commerce et d'industrie territoriales et des chambres de commerce et d'industrie de région », L. n° 2019-486, 22 mai 2019)

Section I. – De l'élection des membres des chambres de commerce et d'industrie territoriales et de région

(Ord. n° 2004-328, 15 avr. 2004 ; rempl., Ord. n° 2006-673, 8 juin 2006 ; intitulé rempl., L. n° 2010-853, 23 juill. 2010 ; intitulé remplacé à compter de la fin du mandat des délégués consulaires élus au cours de l'année 2016 et rédigé comme suit : « De l'élection des membres des chambres de commerce et d'industrie territoriales et des chambres de commerce et d'industrie de région », L. n° 2019-486, 22 mai 2019)

Art. L. 713-1 *(Mod., L. n° 2010-853, 23 juill. 2010)*. – I. – Les membres des chambres de commerce et d'industrie territoriales et de région sont élus pour cinq ans.

Un membre d'une chambre de commerce et d'industrie ou d'une « chambre régionale de commerce et d'industrie » (1) ne peut exercer plus de trois mandats de président de cette chambre, quelle que soit la durée effective de ces mandats.

Rédaction future. *(Al. rempl. à compter du renouvellement général suivant la publication de la loi, L. n° 2019-486, 22 mai 2019)* Nul ne peut exercer la fonction de président d'un établissement public du réseau des chambres de commerce et d'industrie plus de quinze ans, quel que soit le nombre des mandats accomplis. Toutefois, un élu qui atteint sa quinzième année de mandat de président au cours d'une mandature continue d'exercer celui-ci jusqu'à son terme.

Pour l'élection des membres de chambres de commerce et d'industrie territoriales et des membres de chambres de commerce et d'industrie de région, la circonscription de vote est la circonscription de la chambre de commerce et d'industrie territoriale. Chaque électeur, au titre des deux élections précitées, vote dans sa catégorie et éventuellement, sous-catégorie professionnelles déterminées en application de l'article L. 713-11.

II. – Sont électeurs aux élections des membres des chambres de commerce et d'industrie territoriales et de région :

1° À titre personnel :

***a)* Les commerçants immatriculés au registre du commerce et des sociétés dans la circonscription de la « chambre de commerce et d'industrie territoriale » (1), sous réserve, pour les associés en nom collectif et les associés commandités, des dispositions du III de l'article L. 713-2 ;**

***b)* Les chefs d'entreprise inscrits au répertoire des métiers et immatriculés au registre du commerce et des sociétés dans la circonscription ;**

Rédaction future. *b)* Les chefs d'entreprise inscrits *(Mots rempl. à compter du 1er janvier 2023, Ord. n° 2021-1189, 15 sept. 2021)* « à la fois au registre national des entreprises en tant qu'entreprise du secteur des métiers et de l'artisanat et » immatriculés au registre du commerce et des sociétés dans la circonscription ;

***c)* Les conjoints des personnes énumérées au *a* ou au *b* ci-dessus ayant déclaré au registre du commerce et des sociétés qu'ils collaborent à l'activité de leur époux sans autre activité professionnelle ;**

***d)* Les capitaines de la marine marchande exerçant le commandement d'un navire immatriculé en France dont le port d'attache est situé dans la circonscription ; les pilotes maritimes exerçant leurs fonctions dans un port situé dans la circonscription, les pilotes de l'aéronautique civile domiciliés dans la circonscription et exerçant le commandement d'un aéronef immatriculé en France ;**

2° Par l'intermédiaire d'un représentant :

***a)* Les sociétés commerciales au sens du deuxième alinéa de l'article L. 210-1 du présent code et les établissements publics à caractère industriel et commercial dont le siège est situé dans la circonscription ;**

***b)* Au titre d'un établissement faisant l'objet dans la circonscription d'une inscription complémentaire ou d'une immatriculation secondaire, à moins qu'il en soit dispensé par les lois et règlements en vigueur, les personnes physiques mentionnées aux *a* et *b* du 1° et les personnes morales mentionnées au *a* du présent 2°, quelle que soit la circonscription où ces personnes exercent leur propre droit de vote ;**

***c)* Les sociétés à caractère commercial dont le siège est situé hors du territoire national et qui disposent dans la circonscription d'un établissement immatriculé au registre du commerce et des sociétés.**

Le membre d'une chambre de commerce et d'industrie de région dont le siège devient vacant pour quelque cause que ce soit, sauf l'annulation de son élection, est remplacé jusqu'au renouvellement de la chambre de commerce et d'industrie de région par la personne élue en même temps que lui à cet effet.

Art. L. 713-2 ***(Mod., Ord. n° 2003-1067, 12 nov. 2003 ; rempl. à l'identique, Ord. n° 2006-673, 8 juin 2006 ; rempl., L. n° 2010-853, 23 juill. 2010).*** **– I. – Au titre de leur siège social et de l'ensemble de leurs établissements situés dans la circonscription de la « chambre de commerce et d'industrie territoriale » (1), les personnes physiques ou morales mentionnées aux 1° et 2° du II de l'article L. 713-1 disposent d'un représentant supplémentaire lorsqu'elles emploient dans la circonscription de la chambre de commerce et d'industrie territoriale de dix à quarante-neuf salariés, et d'un deuxième lorsqu'elles emploient dans la même circonscription de cinquante à quatre-vingt-dix-neuf salariés.**

(1) À une date fixée par décret et au plus tard le 1er janvier 2011 : V. L. n° 2010-853, 23 juill. 2010, art. 8 et 40, I.

S'y ajoutent :

1° Un représentant supplémentaire à partir du centième salarié par tranche de cent salariés lorsqu'elles emploient dans la circonscription de cent à neuf cent quatre-vingt-dix-neuf salariés ;

2° À partir du millième salarié, un représentant supplémentaire par tranche de deux cent cinquante salariés lorsqu'elles emploient dans la circonscription plus de mille salariés.

II. – Toutefois, les personnes physiques énumérées aux *a* et *b* du 1° du II de l'article L. 713-1 dont le conjoint bénéficie des dispositions du *c* du 1° du II du même article ne désignent aucun représentant supplémentaire si elles emploient moins de cinquante salariés dans la circonscription de la « chambre de commerce et d'industrie ».

III. – Les sociétés en nom collectif et les sociétés en commandite désignent par délibération expresse conformément aux dispositions statutaires un représentant unique au titre des associés et de la société, sans préjudice de la possibilité de désigner des représentants supplémentaires en application du I ci-dessus.

Art. L. 713-3 *(Rempl., Ord. n° 2003-1067, 12 nov. 2003 ; mod., Ord. n° 2004-328, 15 avr. 2004 ; L. n° 2004-1343, 9 déc. 2004 ; L. n° 2005-845, 26 juill. 2005 ; rempl., Ord. n° 2006-673, 8 juin 2006 ; mod., L. n° 2008-776, 4 août 2008 ; L. n° 2010-853, 23 juill. 2010).* – I. – Les représentants mentionnés aux articles L. 713-1 et L. 713-2 doivent exercer dans l'entreprise soit des fonctions de président-directeur général, de président ou de membre du conseil d'administration de directeur général, de président ou de membre du directoire, de président du conseil de surveillance, de gérant, de président ou de membre du conseil d'administration ou de directeur d'un établissement public à caractère industriel et commercial, soit, à défaut et pour les représenter à titre de mandataire, des fonctions impliquant des responsabilités de direction commerciale, technique ou administrative de l'entreprise ou de l'établissement.

II. – Les électeurs à titre personnel mentionnés au 1° du II de l'article L. 713-1 et les représentants des personnes physiques ou morales mentionnées au 2° du II du même article doivent, pour prendre part au vote :

1° Remplir les conditions fixées à l'article L. 2 du Code électoral, à l'exception de la nationalité ;

2° Ne pas avoir fait l'objet de l'interdiction visée à l'article L. 6 du Code électoral ;

3° N'avoir pas été frappés depuis moins de quinze ans à compter du jour où la décision les ayant prononcées est devenue définitive, de faillite personnelle ou d'une des mesures d'interdiction ou de déchéance telles que prévues au livre VI du présent code, à la loi n° 85-98 du 25 janvier 1985 relative au redressement et à la liquidation judiciaires des entreprises ou à la loi n° 67-563 du 13 juillet 1967 sur le règlement judiciaire, la liquidation des biens, la faillite personnelle et les banqueroutes ;

4° Ne pas être frappé d'une peine d'interdiction, suivant les modalités prévues par l'article 131-27 du Code pénal, d'exercer une profession commerciale ou industrielle, de diriger, d'administrer, de gérer ou de contrôler à un titre quelconque, directement ou indirectement, pour son propre compte ou pour le compte d'autrui, une entreprise commerciale ou industrielle ou une société commerciale ;

5° Ne pas avoir été condamnés à des peines, déchéances ou sanctions prononcées en vertu de législations étrangères équivalentes à celles visées aux 2°, 3° et 4°.

Art. L. 713-4 *(Anc. art. L. 713-10, dénum., Ord. n° 2004-328, 15 avr. 2004 ; mod., L. n° 2004-1343, 9 déc. 2004 ; rempl., Ord. n° 2006-673, 8 juin 2006, mod., L. n° 2010-853, 23 juill. 2010).* – I. – Sont éligibles aux fonctions de membre d'une chambre de commerce et d'industrie territoriale et d'une chambre de commerce et d'industrie de région, sous réserve d'être âgés de dix-huit ans accomplis et de satisfaire aux conditions fixées au II de l'article L. 713-3 :

1° Les électeurs à titre personnel mentionnés au 1° du II de l'article L. 713-1 inscrits sur la liste électorale de la circonscription correspondante et justifiant, pour les électeurs visés aux *a*, *b* et *c* du même 1°, qu'ils sont immatriculés depuis deux ans au moins au registre du commerce et des sociétés ;

2° Les électeurs inscrits en qualité de représentant, mentionnés au 2° du II de l'article L. 713-1 et à l'article L. 713-2, inscrits sur la liste électorale de la circonscription et justifiant que l'entreprise qu'ils représentent exerce *son activité depuis deux ans au moins.*

II. – Tout membre d'une chambre de commerce et d'industrie territoriale et d'une chambre de commerce et d'industrie de région qui cesse de remplir les conditions d'éligibilité fixées au I ci-dessus présente sa démission au préfet. À défaut, le préfet le déclare démissionnaire d'office.

Toutefois, une cessation d'activité inférieure à six mois n'entraîne pas la démission, sauf dans les cas mentionnés aux 2°, 3°, 4° et 5° du II de l'article L. 713-3.

Art. L. 713-5. – I. – En cas de dissolution d'une « chambre de commerce et d'industrie territoriale » (1), il est procédé à son renouvellement dans un délai de six mois.

Toutefois, si cette dissolution est prononcée moins d'un an avant un renouvellement général, il n'est pas procédé au renouvellement.

II. – Lorsque le nombre de membres d'une « chambre de commerce et d'industrie territoriale » (1) se trouve réduit à moins de la moitié du nombre initial, le préfet constate la situation par arrêté et organise de nouvelles élections pour la totalité des sièges dans un délai de six mois.

Toutefois, si cette situation est constatée moins d'un an avant un renouvellement général, il n'est pas procédé au renouvellement.

III. – Les membres élus en application du présent article demeurent en fonction pour la durée restant à courir du mandat du titulaire initial.

Section II. – De l'élection des délégués consulaires

(Section abr. à compter de la fin du mandat des délégués consulaires élus au cours de l'année 2016, L. n° 2019-486, 22 mai 2019)

Art. L. 713-6 *(Mod., L. n° 2016-1547, 18 nov. 2016 ; abr. à compter de la fin du mandat des délégués consulaires élus au cours de l'année 2016, L. n° 2019-486, 22 mai 2019).* – Les délégués consulaires sont élus pour cinq ans dans le ressort de chaque tribunal de commerce.

Art. L. 713-7 *(Mod., L. n° 2016-1547, 18 nov. 2016 ; abr. à compter de la fin du mandat des délégués consulaires élus au cours de l'année 2016, L. n° 2019-486, 22 mai 2019).* – Sont électeurs aux élections des délégués consulaires :

1° À titre personnel :

a) Les commerçants immatriculés au registre du commerce et des sociétés et situés dans le ressort du tribunal de commerce, sous réserve, pour les associés en nom collectif et les associés commandités, des dispositions du III de l'article L. 713-2 ;

b) Les chefs d'entreprise inscrits au répertoire des métiers situés dans ce ressort ;

c) Les conjoints des personnes énumérées au *a* ou au *b* ci-dessus ayant déclaré au registre du commerce et des sociétés ou au répertoire des métiers qu'ils collaborent à l'activité de leur époux sans autre activité professionnelle ;

d) Les capitaines au long cours ou capitaines de la marine marchande exerçant le commandement d'un navire immatriculé en France dont le port d'attache est situé dans ce ressort, les pilotes maritimes exerçant leurs fonctions dans un port situé dans ce ressort, les pilotes de l'aéronautique civile domiciliés dans ce ressort et exerçant le commandement d'un aéronef immatriculé en France ;

e) Les membres en exercice des tribunaux de commerce, ainsi que les anciens membres de ces tribunaux ;

2° Par l'intermédiaire d'un représentant :

a) Les sociétés à caractère commercial au sens de l'article L. 210-1 et les établissements publics à caractère industriel et commercial dont le siège social est situé dans ce ressort ;

b) Au titre d'un établissement faisant l'objet dans ce ressort d'une inscription complémentaire ou d'une immatriculation secondaire, à moins qu'il en soit dispensé par les lois et règlements en vigueur, les personnes physiques mentionnées aux *a* et *b* du 1° et les personnes morales mentionnées au *a* du présent 2°, quel que soit le ressort dans lequel ces personnes exercent leur propre droit de vote ;

c) Les sociétés à caractère commercial dont le siège est situé hors du territoire national et qui disposent dans ce ressort d'un établissement immatriculé au registre du commerce et des sociétés ;

3° Les cadres qui, employés dans ce ressort par les électeurs mentionnés aux 1° ou 2°, exercent des fonctions impliquant des responsabilités de direction commerciale, technique ou administrative de l'entreprise ou de l'établissement.

Art. L. 713-8 *(Abr. à compter de la fin du mandat des délégués consulaires élus au cours de l'année 2016, L. n° 2019-486, 22 mai 2019).* – Les représentants mentionnés au 2° de l'article L. 713-7 doivent exercer

(1) À une date fixée par décret et au plus tard le 1er janvier 2011 : V. L. n° 2010-853, 23 juill. 2010, art. 8 et 40, I.

dans l'entreprise soit des fonctions de président-directeur général, de président ou de membre du conseil d'administration, de directeur général, de président ou de membre du directoire, de président du conseil de surveillance, de gérant, de président ou de membre du conseil d'administration ou de directeur d'un établissement public à caractère industriel et commercial, soit, à défaut et pour les représenter à titre de mandataire, des fonctions impliquant des responsabilités de direction commerciale, technique ou administrative de l'entreprise ou de l'établissement.

Art. L. 713-9 *(Abr. à compter de la fin du mandat des délégués consulaires élus au cours de l'année 2016, L. n° 2019-486, 22 mai 2019).* – Les électeurs à titre personnel et les cadres mentionnés aux 1° et 3° de l'article L. 713-7 ainsi que les représentants des personnes physiques ou morales mentionnées au 2° du même article sont ressortissants d'un État membre de la Communauté européenne ou d'un État partie à l'accord sur l'Espace économique européen.

Ils doivent en outre :

1° Remplir les conditions fixées à l'article L. 2 du Code électoral sous réserve des dispositions du premier alinéa ci-dessus ;

2° N'avoir pas été l'auteur de faits ayant donné lieu à une condamnation pénale pour agissements contraires à l'honneur, à la probité ou aux bonnes mœurs ;

3° N'avoir pas été frappés depuis moins de quinze ans à compter du jour où la décision les ayant prononcées est devenue définitive, de faillite personnelle ou d'une des mesures d'interdiction ou de déchéance telles que prévues au livre VI du présent code, à la loi n° 85-98 du 25 janvier 1985 relative au redressement et à la liquidation judiciaires des entreprises ou à la loi n° 67-563 du 13 juillet 1967 sur le règlement judiciaire, la liquidation des biens, la faillite personnelle et les banqueroutes ;

4° Ne pas être frappés d'une mesure d'incapacité d'exercer une activité commerciale en application du chapitre VIII du titre II du livre I ;

5° Ne pas avoir été condamnés à des peines, déchéances ou sanctions prononcées en vertu de législations en vigueur dans les États membres de la Communauté européenne ou dans les États parties à l'accord sur l'Espace économique européen équivalentes à celles visées aux 2°, 3° et 4°.

Art. L. 713-10 *(Abr. à compter de la fin du mandat des délégués consulaires élus au cours de l'année 2016, L. n° 2019-486, 22 mai 2019).* – Sont éligibles aux fonctions de délégué consulaire les personnes appartenant au collège des électeurs tel qu'il est défini à l'article L. 713-7.

Section III. – Dispositions communes

(Intitulé suppr. à compter de la fin du mandat des délégués consulaires élus au cours de l'année 2016, L. n° 2019-486, 22 mai 2019)

Art. L. 713-11 *(Anc. art. L. 713-5, dénum., Ord. n° 2004-328, 15 avr. 2004 ; rempl. à l'identique, Ord. n° 2006-673, 8 juin 2006 ; mod., L. n° 2010-853, 23 juill. 2010 ; L. n° 2016-1547, 18 nov. 2016).* – Les électeurs des délégués consulaires sont répartis dans le ressort de chaque tribunal de commerce en quatre catégories professionnelles correspondant, respectivement, aux activités commerciales, artisanales, industrielles ou de services.

Les électeurs des membres des chambres de commerce et d'industrie territoriales et de région sont répartis dans chaque circonscription administrative en trois catégories professionnelles correspondant, respectivement, aux activités commerciales, industrielles ou de services.

Au sein de ces catégories, les électeurs peuvent éventuellement être répartis en sous-catégories professionnelles définies en fonction de la taille des entreprises.

Lorsqu'il est fait application du troisième alinéa, la chambre de commerce et d'industrie régionale et les chambres de commerce et d'industrie territoriales qui lui sont rattachées définissent des sous-catégories communes sous l'autorité de la chambre de commerce et d'industrie régionale.

Rédaction future. Art. L. 713-11 *(Anc. art. L. 713-5, dénum., Ord. n° 2004-328, 15 avr. 2004 ; rempl. à l'identique, Ord. n° 2006-673, 8 juin 2006 ; mod., L. n° 2010-853, 23 juill. 2010 ; L. n° 2016-1547, 18 nov. 2016 ; mod. à compter de la fin du mandat des délégués consulaires élus au cours de l'année 2016, L. n° 2019-486, 22 mai 2019).* – Les électeurs des membres des chambres de commerce et d'industrie territoriales et de région sont répartis dans chaque circonscription administrative en trois catégories professionnelles correspondant, respectivement, aux activités commerciales, industrielles ou de services.

Au sein de ces catégories, les électeurs peuvent éventuellement être répartis en sous-catégories professionnelles définies en fonction de la taille des entreprises.

Lorsqu'il est fait application du deuxième alinéa, la chambre de commerce et d'industrie régionale et les chambres de commerce et d'industrie territoriales qui lui sont rattachées définissent des sous-catégories communes sous l'autorité de la chambre de commerce et d'industrie régionale.

Art. L. 713-12 *(Anc. art. L. 713-6, dénum., Ord. n° 2004-328, 15 avr. 2004 ; rempl. à l'identique, Ord. n° 2006-673, 8 juin 2006 ; mod., L. n° 2008-776, 4 août 2008 ; L. n° 2010-853, 23 juill. 2010 ; L. n° 2014-626, 18 juin 2014 ; L. n° 2016-298, 14 mars 2016 ; L. n° 2016-1547, 18 nov. 2016).* **– I. –** *(I. abr. à compter de la fin du mandat des délégués consulaires élus au cours de l'année 2016, L. n° 2019-486, 22 mai 2019)* **Le nombre des sièges des délégués consulaires, qui ne peut être inférieur à soixante ni supérieur à six cents, est déterminé compte tenu de l'importance du corps électoral consulaire du ressort de chaque tribunal de commerce ainsi que du nombre des membres élus des chambres de commerce et d'industrie et des chambres de métiers et de l'artisanat sur la circonscription desquelles le tribunal se situe.**

II. – Le nombre de sièges d'une chambre de commerce et d'industrie territoriale est de vingt-quatre à cent, dans des conditions fixées par décret en Conseil d'État.

III. – Le nombre de sièges d'une chambre de commerce et d'industrie de région est fixé entre trente et cent vingt, dans des conditions fixées par décret en Conseil d'État.

Chaque chambre de commerce et d'industrie territoriale, locale ou départementale d'Île-de-France est représentée au sein de la chambre de commerce et d'industrie de région à laquelle elle est rattachée à due proportion de son poids économique. Lorsque le nombre de chambres de commerce et d'industrie territoriales, locales ou départementales d'Île-de-France rattachées à une même chambre de commerce et d'industrie de région est égal à deux, il peut être dérogé à cette règle dans des conditions fixées par décret. Les élus d'une chambre de commerce et d'industrie territoriale assise sur deux régions, destinés à la représenter à l'échelon régional, peuvent être présents dans chacune des deux assemblées régionales au prorata des représentations des différentes composantes géographiques de cette chambre de commerce et d'industrie territoriale.

Art. L. 713-13. – La répartition des sièges entre catégories et sous-catégories professionnelles est faite en tenant compte des bases d'imposition des ressortissants, du nombre de ceux-ci et du nombre de salariés qu'ils emploient.

Aucune des catégories professionnelles ne peut disposer d'une représentation supérieure à la moitié du nombre des sièges.

Art. L. 713-14 *(Anc. art. L. 713-8, dénum., Ord. n° 2004-328, 15 avr. 2004 ; rempl. à l'identique, Ord. n° 2006-673, 8 juin 2006 ; mod., L. n° 2010-853, 23 juill. 2010).* **– Les listes électorales sont dressées dans des conditions prévues par décret en Conseil d'État par une commission présidée par le juge commis à la surveillance du registre du commerce et des sociétés et sont soumises aux prescriptions** *(Mots rempl. à compter du 1er janvier 2019, L. n° 2016-1048, 1er août 2016)* **« de l'article L. 20 du Code électoral ».**

Art. L. 713-15 *(Anc. art. L. 713-11, dénum. et mod., Ord. n° 2004-328, 15 avr. 2004 ; rempl. à l'identique, Ord. n° 2006-673, 8 juin 2006 ; partiellement abr. et recodifié à compter de la date d'entrée en vigueur du décret relatif à la partie réglementaire du présent code, Ord. n° 2006-673, 8 juin 2006 et D. n° 2007-431, 25 mars 2007. – V. C. com., art. R. 713-64).* **– Pour l'élection des membres des chambres de commerce et d'industrie** *(Mots aj., L. n° 2010-853, 23 juill. 2010)* **« territoriales et de région », chaque électeur dispose d'autant de voix qu'il a de qualités à être électeur par application de l'article L. 713-1.**

Pour l'élection des délégués consulaires, chaque électeur ne dispose que d'une seule voix.

Le droit de vote aux élections des membres des chambres de commerce et d'industrie *(Mots aj., L. n° 2010-853, 23 juill. 2010)* **« territoriales et de région » et aux élections des délégués consulaires est exercé par correspondance ou par voie électronique.**

Rédaction future. Art. L. 713-15 *(Mod. à compter de la fin du mandat des délégués consulaires élus au cours de l'année 2016, L. n° 2019-486, 22 mai 2019).* – Pour l'élection des membres des chambres de commerce et d'industrie territoriales et de région, chaque électeur dispose d'autant de voix qu'il a de qualités à être électeur par application de l'article L. 713-1.

Le droit de vote aux élections des membres des chambres de commerce et d'industrie territoriales et de région est exercé par voie électronique et aux élections des délégués consulaires est exercé par correspondance ou par voie électronique. En dehors du renouvellement général, le droit de vote est exercé par correspondance ou par voie électronique.

Art. L. 713-16 *(Anc. art. L. 713-12, dénum. et mod., Ord. n° 2004-328, 15 avr. 2004 ; mod., L. n° 2004-1343, 9 déc. 2004 ; rempl. à l'identique, Ord. n° 2006-673, 8 juin 2006 ; mod., L. n° 2010-853, 23 juill. 2010 ; L. n° 2014-873, 4 août 2014).* – *(Mots suppr. à compter de la fin du mandat des délégués consulaires élus au cours de l'année 2016, L. n° 2019-486, 22 mai 2019)* « Les délégués consulaires et » les membres des chambres de commerce et d'industrie de région et territoriales sont élus au scrutin majoritaire plurinominal à un tour. Si plusieurs candidats obtiennent le même nombre de suffrages, le plus âgé est proclamé élu.

Les membres des chambres de commerce et d'industrie de région, départementales d'Île-de-France et territoriales sont élus le même jour, dans des conditions fixées par décret en Conseil d'État.

Le candidat à l'élection des membres d'une chambre de commerce et d'industrie de région et son suppléant sont de sexe différent.

Les membres élus à la chambre de commerce et d'industrie de région et leurs suppléants sont également membres de la chambre territoriale de la circonscription où ils ont été désignés. La perte ou la renonciation de la qualité de membre de l'un de ces deux établissements entraîne simultanément la privation de la qualité de membre de l'autre établissement.

Art. L. 713-17 *(Anc. art. L. 713-13, dénum. et mod., Ord. n° 2004-328, 15 avr. 2004 ; rempl. à l'identique, Ord. n° 2006-673, 8 juin 2006 ; mod., L. n° 2010-853, 23 juill. 2010 ; L. n° 2014-626, 18 juin 2014 ; L. n° 2016-1547, 18 nov. 2016).* – Les opérations pour l'élection des délégués consulaires et pour l'élection des membres des chambres de commerce et d'industrie territoriales et de région sont organisées à la même date, par l'autorité administrative et, sous son contrôle, par les chambres de commerce et d'industrie territoriales et de région et par les chambres de métiers et de l'artisanat régionales et de région. Elles sont soumises aux prescriptions des articles L. 49, L. 50, L. 58 à L. 67 du Code électoral. La méconnaissance de ces dispositions est passible des peines prévues aux articles L. 86 à L. 117-1 du même code.

Une commission présidée par le préfet ou son représentant est chargée de veiller à la régularité du scrutin et de proclamer les résultats.

Les recours contre les élections des délégués consulaires et des membres des chambres de commerce et d'industrie territoriales et de région sont portés devant le tribunal administratif comme en matière d'élections municipales.

Le membre d'une chambre de commerce et d'industrie départementale d'Île-de-France, d'une chambre de commerce et d'industrie territoriale ou d'une chambre de commerce et d'industrie de région dont l'élection est contestée reste en fonctions jusqu'à ce qu'il ait été définitivement statué sur la réclamation.

Rédaction future. Art. L. 713-17 *(Mod. à compter de la fin du mandat des délégués consulaires élus au cours de l'année 2016, L. n° 2019-486, 22 mai 2019).* – Les opérations pour l'élection des membres des chambres de commerce et d'industrie territoriales et de région sont organisées, par l'autorité administrative et, sous son contrôle, par les chambres de commerce et d'industrie territoriales et de région. Elles sont soumises aux prescriptions des articles L. 49, L. 50, L. 58 à L. 67 du Code électoral. La méconnaissance de ces dispositions est passible des peines prévues aux articles L. 86 à L. 117-1 du même code.

Une commission présidée par le préfet ou son représentant est chargée de veiller à la régularité du scrutin et de proclamer les résultats.

Les recours contre les élections des membres des chambres de commerce et d'industrie territoriales et de région sont portés devant le tribunal administratif comme en matière d'élections municipales.

Le membre d'une chambre de commerce et d'industrie départementale d'Île-de-France, d'une chambre de commerce et d'industrie territoriale ou d'une chambre de commerce et d'industrie de région dont l'élection est contestée reste en fonctions jusqu'à ce qu'il ait été définitivement statué sur la réclamation.

Art. L. 713-18 *(Anc. art. L. 713-15, dénum., Ord. n° 2004-328, 15 avr. 2004 ; rempl. à l'identique, Ord. n° 2006-673, 8 juin 2006 ; mod., L. n° 2010-853, 23 juill. 2010).* – Un décret en Conseil d'État détermine les modalités d'application des articles L. 713-1 à L. 713-14. Ce décret fixe notamment les conditions dans lesquelles sont répartis les sièges *(Mots suppr. à compter de la fin du mandat des délégués consulaires élus*

au cours de l'année 2016, L. n° 2019-486, 22 mai 2019) « de délégués consulaires et » de membres d'une chambre de commerce et d'industrie territoriale ou d'une chambre de commerce et d'industrie de région entre les catégories et sous-catégories professionnelles.

TITRE II. – DU TRIBUNAL DE COMMERCE

CHAPITRE I. – DE L'INSTITUTION ET DE LA COMPÉTENCE

Art. L. 721-1. – Les tribunaux de commerce sont des juridictions du premier degré, composées de juges élus et d'un greffier. Leur compétence est déterminée par le présent code et les codes et lois particuliers.

Les tribunaux de commerce sont soumis aux dispositions, communes à toutes les juridictions, du livre I du Code de l'organisation judiciaire.

Art. L. 721-2 *(Mod., Ord. n° 2019-964, 18 sept. 2019).* – Dans les circonscriptions où il n'est pas établi de tribunal de commerce, le tribunal judiciaire connaît des matières attribuées aux tribunaux de commerce.

NB : Conformément à l'article 36 de l'ordonnance n° 2019-964 du 18 septembre 2019, ces dispositions entrent en vigueur au 1er janvier 2020.

Compétence du TGI. Le tribunal (■ TGI Annecy, ch. com.) saisi d'une procédure dont la loi lui confère le pouvoir d'en connaître ne peut se déclarer incompétent au seul motif qu'elle relève d'une autre de ses formations (ch. civ.) (■ Chambéry, 8 nov. 1994 : *JurisData* n° 1994-048604 ; *D.* 1995, 292, notes Croze et Reinhard).

Art. L. 721-3 *(Mod., Ord. n° 2013-544, 27 juin 2013).* – Les tribunaux de commerce connaissent :

1° Des contestations relatives aux engagements entre commerçants, *(Mots aj. à compter d'une date fixée par décret et au plus tard le 1er janvier 2022, L. n° 2016-1547, 18 nov. 2016)* « entre artisans, » entre établissements de crédit, entre sociétés de financement ou entre eux ;

2° De celles relatives aux sociétés commerciales ;

3° De celles relatives aux actes de commerce entre toutes personnes.

Toutefois, les parties peuvent, au moment où elles contractent, convenir de soumettre à l'arbitrage les contestations ci-dessus énumérées.

***(Phr. aj. à compter du 1er janvier 2022, Ord. n° 2021-1192, 15 sept. 2021)* Par exception, lorsque le cautionnement d'une dette commerciale n'a pas été souscrit dans le cadre de l'activité professionnelle de la caution, la clause compromissoire ne peut être opposée à celle-ci.**

Avertissement : Nous reproduisons la jurisprudence prise en application de l'ancien article 631 du Code de commerce et L. 411-4 du Code de l'organisation judiciaire, dont l'article L. 721-3 reprend les dispositions.

Bibliographie : Pour une justice commerciale rénovée et réhabilitée, Commission Justice du Club des juristes, Rapport J.-C. Magendie, J.-M. Darrois, M. Dobkine, B. Dondero, J.-L. Mullenbach, *JCP* G 2013, doctr. 853, p. 1461.

• Sommaire

I – LES RÈGLES LÉGALES DE LA COMPÉTENCE COMMERCIALE

A – L'abrogation de l'article 631 du Code de commerce et le rétablissement de son contenu

1) Portée de l'abrogation. S'il est exact que l'article 4 de l'ordonnance n° 2000-912 du 18 septembre 2000, relative à la partie législative du Code de commerce a abrogé celui-ci, et par conséquent les dispositions prévues à l'article 631 dudit code, dès lors que le litige revêt un caractère purement commercial, il relève de la compétence du tribunal de commerce (▪ Paris, 31 janv. 2001 : *JurisData* n° 2001-141613 ; *JCP* 2001, I, 311, n° 5, obs. Cadiet ; *D*. 2001, p. 783, obs. Lienhard). Cette abrogation était sans existence sur l'existence des tribunaux de commerce (▪ Paris, 28 févr. 2001, n° 2000/20528 : *JurisData* n° 2001-143195 ; *Bull. inf. C. cass.* n° 968).

2) Rétablissement de la règle posée à l'article 631. L'intervention du législateur qui s'est borné à rétablir, dans des termes équivalents, des dispositions réglementant la compétence des tribunaux de commerce qui, à la suite d'une maladresse législative, avaient été abrogées sans que d'autres ne soient venues les remplacer, a répondu ainsi à un impérieux motif d'intérêt général (▪ Cass. com., 14 déc. 2004, n° 01-10.780 : *JurisData* n° 2004-026192 ; *Bull. civ.* IV, n° 227 ; *JCP* E 2005, n° 5, 162 ; *Dr. sociétés* 2005, n° 31, obs. Hovasse). Sur l'application rétroactive du texte (▪ Paris, 17 oct. 2001, n° 2000/21085 : *JurisData* n° 2001-160549 ; *D*. 2001, p. 3438, obs. Lienhard) et la validation des décisions rendues par des tribunaux de grande instance régulièrement saisis pendant la période comprise entre l'abrogation de l'ancien article 631 et son rétablissement dans l'article L. 411-4 du Code de l'organisation judiciaire, devenu article L. 721-3 du Code de commerce (▪ Paris, 6 mars 2002, n° 01-87.103 : *JurisData* n° 2002-013195 ; *D*. 2002, p. 1349, obs. Lienhard ; *Procédures* 2002, n° 104, obs. Croze).

B – Le principe

3) Incompétence des tribunaux de commerce. Les tribunaux de commerce, juridictions d'exception, sont incompétents pour statuer hors de leurs attributions ; cette incompétence est d'ordre public (▪ Paris, 18 mai 1961 : *D*. 1962, 78. ▪ Cass. com., 21 oct. 1963 : *JCP* 1964, II, 13519).

4) Incompétence des tribunaux civils. L'incompétence des tribunaux civils de droit commun en matière commerciale n'est pas une incompétence absolue qui doit être prononcée d'office (▪ Cass. civ., 6 mai 1931 : *DH* 1931, 362).

5) Conflit de compétences. Toutefois l'incompétence du juge d'instance pour connaître des matières commerciales est d'ordre public (▪ Cass. civ., 5 févr. 1896 : *DP* 1896, 1, 578. – Pour un litige relatif à une lettre de change, ▪ Cass. civ., 12 mai 1909 : *DP* 1909, 448). Depuis longtemps la jurisprudence décide que la compétence du tribunal de commerce l'emporte sur celle du tribunal d'instance (▪ Cass. civ., 28 déc. 1909 : *DP* 1911, 1, 320).

6) Compétences combinées. Sur la compétence effectivement reconnue au tribunal d'instance pour certains litiges, qui n'exclut pas la compétence générale reconnue au tribunal de commerce par l'article 631 [L. 721-3] (▪ Cass. com., 11 juin 1974, n° 73-11.303 : *JurisData* n° 1974-097191 ; *JCP* 1974, II, 17823, note A.S.). De même, sur la compétence exclusive du tribunal de grande instance en matière de bail commercial (▪ Paris, 11 févr. 2004, n° 2003/19192 : *JurisData* n° 2004-238479 ; *AJDI* 2004, 379 où la cour juge que la compétence donnée au tribunal de grande instance par l'article 29 du décret (art. R. 145-23), dans le cas où le litige a pour fondement ou met en cause une disposition du décret, n'exclut pas la compétence du tribunal de commerce, pour les autres contestations pouvant opposer les parties à un bail commercial (désignation d'un géomètre expert) ; V. égal. ▪ Cass. 2e civ., 2 juill. 2020, n° 19-15.055 où la Cour juge, au visa des articles L. 721-3, 1er, du Code de commerce et R. 211-4 du Code de l'organisation judiciaire que le litige qui porte sur la validité et l'exécution de l'engagement contenu dans le bail commercial au regard du statut des baux commerciaux relève de la compétence exclusive du tribunal de grande instance.

V. Ch. Denizot, *Nouvelles règles de compétence en matière de baux commerciaux : AJDI* 2008, 641). Lorsque le bail en litige échappe au statut des baux commerciaux, le tribunal de commerce, dans le ressort duquel le défendeur, commerçant, a son siège, est compétent pour connaître l'affaire (▪ Aix-en-Provence, 23 mars 2004, n° 03/10096 : JurisData n° 2004-242171 ; *Loyers et copr.* 2004, n° 207, obs. Brault).

7) Connexité. Quand une action comprend des chefs distincts mais unis par des liens d'une connexité si étroite qu'on risquerait, en les jugeant séparément, de leur donner des solutions inconciliables, la juridiction ordinaire doit prévaloir sur la juridiction exceptionnelle (▪ Cass. civ., 21 janv. 1903 : *DP* 1903, 177. ▪ Cass. civ., 21 oct. 1931 : *DP* 1933, 100. ▪ Cass. civ., 20 janv. 1943 : Gaz. Pal. 1943, 1, 211. ▪ TGI Le Mans, 18 mai 1982 : *Gaz. Pal.* 1983, 2, somm. 413).

Et dans le concours de deux juridictions, l'une ordinaire, l'autre exceptionnelle, au sujet d'une action comprenant un fait unique et indivisible, la juridiction ordinaire doit prévaloir sur la juridiction exceptionnelle et connaître de l'action à l'égard des deux défenseurs obligés, l'un commercialement, l'autre civilement (▪ Cass. civ., 5 févr. 1907 : *DP* 1907, 1, 429).

8) **Sursis à statuer.** Quand le défendeur évoque des moyens sur lesquels la juridiction civile a seule compétence, le tribunal de commerce doit surseoir à statuer jusqu'à ce que celle-ci se soit prononcée sur la question préjudicielle (▪ Cass. civ., 24 oct. 1904 : *DP* 1907, 1, 382. ▪ Cass. civ., 6 févr. 1924 : *DP* 1924, 1, 161).

9) **Demande incidente.** Une action incidente ne peut être portée devant la juridiction saisie de la demande principale que si le débat soulevé par la demande incidente n'échappe pas à la compétence *rationae materiae* de ladite juridiction ; le tribunal saisi d'une telle demande doit s'en dessaisir au profit de la juridiction civile compétente pour en juger et devant qui la demande incidente sera portée à titre principal (▪ Cass. civ., 30 juin 1938 : *DH* 1938, 467, pour une action incidente de garantie en matière cambiaire. ▪ Paris, 5 mai 1982 : *JurisData* n° 1982-022047 ; *Gaz. Pal.* 1982, 1, somm. 66, pour une demande reconventionnelle en radiation d'inscription d'hypothèque).

10) **Demandes multiples et indivisibilité.** À moins qu'il n'y ait indivisibilité entre les deux demandes, une demande qui relève de la juridiction civile sans se rattacher par les liens de l'indivisibilité à la demande principale, ni constituer une réponse directe à cette demande, ne peut être portée à titre d'action reconventionnelle devant la juridiction commerciale compétemment saisie de la demande principale (▪ Cass. civ., 3 févr. 1897 : *DP* 1897, 1, 168. ▪ Cass. req., 19 déc. 1922 : *DP* 1923, 189).

En raison de l'indivisibilité du litige, le tribunal de grande instance est compétent lorsqu'une créance présente des aspects à la fois civils et commerciaux (▪ Paris, 2 mai 1983 : *JurisData* n° 1983-028868 ; *D.* 1984, 347).

C – Domaine

1° Contestations relatives aux engagements entre commerçants, entre établissements de crédit ou entre eux

11) **Personnes visées.** V. note sous art L. 110-1, p. 3. – V. également note sous art L. 121-1, p. 18, sur la distinction artisans-commerçants.

Voir note sous art L. 110-2, p. 13, pour les personnes qui accomplissent des actes de commerce maritimes, sauf pour la navigation de plaisance qui n'est pas de la compétence commerciale (▪ Cass. com., 2 déc. 1965 : *JCP* 1966, II, 14684, note de Juglart ; *DS* 1960, 501, note Rodière ; *RTD com.* 1966, 572, obs. Jauffret, 912, obs. Du Pontavice ; *DMF* 1966, 139, note Lureau).

12) **Présomption de commercialité.** Tout acte accompli par un commerçant ou toute obligation assumée par lui est présumé se rattacher à l'exercice de son commerce (▪ Paris, 11 janv. 1995 : *JurisData* n° 1995-020393 ; *D.* 1995, inf. rap. 62, pour une acquisition immobilière).

13) **Futurs et anciens commerçants.** La compétence commerciale s'étend aux futurs commerçants :

– pour une promesse d'achat de fonds de commerce (▪ Cass. com., 19 juin 1972 : *JurisData* n° 1972-097196 ; *JCP* 1973, II, 17356, note Calais-Auloy ; *RTD com.* 1973, 61, obs. Jauffret) ; et pour une promesse synallagmatique de vente d'un fonds de commerce (▪ Cass. com., 8 janv. 1991, n° 88-17.227 : *JurisData* n° 1991-000032 ; *Bull.* IV, n° 23 ; *RTD com.* 1991, 565, obs. Derruppé) ;

– Pour un achat de fonds de commerce (▪ Cass. civ., 19 nov. 1924 : *DP* 1926, 1, 138) ou une création de fonds de commerce : ayant rappelé le fait constant que M. O… n'avait pas la qualité de commerçant, la cour d'appel a constaté que la finalité des actes passés par celui-ci était de mettre à disposition du public, dans un but lucratif, une salle de remise en forme, ce dont elle a déduit qu'il avait agi dans le cadre de la préparation de l'exercice d'une activité commerciale, accomplissant ainsi des actes de nature commerciale. Aussi, la cour d'appel a-t-elle, à bon droit, retenu la compétence du tribunal de commerce, peu important que le fonds en cours de création fût appelé à être exploité personnellement par M. O… ou par une société dans laquelle il détenait directement ou indirectement des intérêts (▪ Cass. com., 14 oct. 2020, n° 19-12.548).

– pour une personne qui n'était pas encore commerçante mais qui s'est comportée comme telle (Théorie de l'apparence) (▪ Rouen, 16 janv. 1959 : *D.* 1960, 177, note Calais-Auloy) ;

– pour un contrat de concession de franchise signé par une personne en vue et pour les besoins d'une future exploitation commerciale (▪ Paris, 6 nov. 1991, n° 90/001185 : *JurisData* n° 1991-024221 ; *D.* 1992, inf. rap. 24).

La nature commerciale de l'acte s'apprécie à la date à laquelle il a été passé, peu important que son auteur ait perdu depuis lors la qualité de commerçant (▪ Cass. com., 12 mars 2013, n° 12-11.765).

14) Cautions. La compétence des tribunaux de commerce s'étend à la caution qui, n'ayant pas la qualité de commerçant, a néanmoins un intérêt patrimonial personnel à la dette contractée par le débiteur commerçant et par elle cautionnée (■ Paris, 3 mars 1995, n° 93/18328 : *JurisData* n° 1995-020343 ; *D.* 1995, inf. rap. 142. ■ Cass. com., 22 avr. 1997, n° 95-10.820 : *RJDA* 8-9/1997, n° 1077. ■ Versailles, 23 oct. 1997 : *RJDA* 2/1998, n° 214. ■ Paris, 19 sept. 1997 et ■ Nancy, 27 nov. 1997 : *JurisData* n° 1997-048704 ; *JCP* E 1998, p. 1594, obs. Simler et Delebecque. ■ Paris, 11 févr. 1998 : *JurisData* n° 1998-020440 ; *JCP* E 1998, p. 1594, obs. Simler et Delebecque. ■ Cass. com., 26 mai 1999, n° 96-14.041 : *JurisData* n° 1999-002360 ; *RJDA* 8-9/1999, n° 1002. ■ Cass. com., 21 févr. 2006, n° 05-10.363 : *JurisData* n° 2006-032325 ; *RJDA* 6/2006, n° 701. – Mais V. ■ Aix-en-Provence, 23 janv. 1998 : *JurisData* n° 1998-040181 ; *JCP* E 1998, p. 1594, obs. Simler et Delebecque. ■ Paris, 1er déc. 1999, n° 1999/13447 : *JurisData* n° 1999-105117 ; *JCP* E 2000, pan. p. 61, dans le cas d'une épouse du dirigeant n'ayant qu'une action dans la société cautionnée). V. un arrêt qui a exigé que le garant participe de manière effective et concrète à la conduite de l'activité sociale (■ Aix-en-Provence, 26 nov. 1998 : *JurisData* n° 1998-116878 ; *LPA* 24 mai 2000, p. 15, note Viscensini). La seule qualité d'associé ne suffit pas à établir l'existence d'un tel intérêt (■ Cass. com., 10 févr. 1971, n° 70-10.240 : *Bull civ.* IV, n° 41. ■ 11 janv. 1994, n° 91-21.413 : *RJDA* 6/1994, n° 695). Sur cette question, V. Dumont-Lefrand, *La nature civile ou commerciale du cautionnement : Dr. et patrimoine* juill.-août 2008, *in* dossier sur le cautionnement, Regards croisés Université-Notariat, p. 72 et s.

15) Caisse de crédit mutuel. Une caisse de crédit mutuel, ayant légalement la possibilité de garder son statut civil, relève de la juridiction commerciale pour une action en responsabilité afférente à son activité de dispensatrice de crédit (■ Cass. com., 10 mars 1998, n° 95-13.636 : *Quot. jur.* 19 mai 1998, p. 8). Litiges visés.

16) Chèques postaux. En revanche, même si le service des chèques postaux effectue des opérations de banque, ce service public, géré directement par l'Administration, agit dans l'intérêt général et ne peut être considéré comme faisant des actes de commerce ; le tribunal de grande instance est seul compétent pour connaître d'un litige opposant une banque au ministère des Postes et *Télécommunications* (■ Cass. com., 20 sept. 1981 : *Bull. civ.* IV, n° 367).

Même quand l'État accomplit des actes réputés par l'article L. 110-1 du Code de commerce comme étant des actes de commerce, il ne les accomplit pas en vue d'en tirer profit, mais dans l'intérêt général qui s'attache au maintien et au développement de l'activité économique ; dès lors, il ne peut être assigné devant le tribunal de commerce (■ Paris, 10 juill. 1986 : *JurisData* n° 1986-600934 ; *RJ com.* 1987, 17, note Gallet ; *Gaz. Pal.* 1986, 2, 641).

17) Les sociétés d'assurance mutuelles. De même, ayant un objet non commercial, les sociétés d'assurance mutuelles échappent à la compétence des tribunaux de commerce même si elles accomplissent des actes réputés actes de commerce (■ Cass. 1re civ., 22 oct. 1996, n° 93-17.255 : *JurisData* n° 1996-003965 ; *RTD com.* 1997, 85, obs. Derruppé).

18) Compétence commerciale pour les litiges extracontractuels entre commerçants. – pour un quasi-délit (■ Cass. req., 11 juill. 1900 : *D.* 1900, 1, 508) ;

– pour une action en dommages-intérêts à la suite d'un quasi-délit (■ Paris, 11 févr. 1976 : *JurisData* n° 1976-255094 ; *JCP* 1976, II, 18464, obs. Assouline ; *RTD com.* 1977, 678, obs. Jauffret) ;

– pour une action en concurrence déloyale (■ Cass. req., 3 janv. 1872 : *D.* 72, 303. ■ Cass. com., 7 avr. 1967, n° 64-14.121 : *D.* 1968, 61, note Calais-Auloy. ■ Cass. 2e civ., 5 juill. 2000, n° 98-14.255 : *JurisData* n° 2000-002836 ; *JCP* E 2000, pan. 1498, pour un litige concernant deux sociétés et tendant à la réparation du préjudice subi du fait d'une campagne de dénigrement) ; le litige qui oppose deux sociétés commerciales dont la responsabilité de l'une est recherchée pour complicité de la violation d'une clause de non-concurrence, relève de la juridiction commerciale et non de la juridiction prud'homale (■ Cass. com., 27 mars 2001, n° 99-11.320 : *JurisData* n° 2001-008914 ; *D.* 2001, jurispr. p. 1617, obs. Chevrier ; ibid. 2002, somm. 1258, obs. Serra). Lorsque le demandeur est un non-commerçant, il dispose du choix de saisir le tribunal civil ou le tribunal de commerce : aussi il est retenu qu'un demandeur, qui n'avait pas la qualité de commerçant, disposait d'une option de compétence lui permettant de saisir valablement le juge civil d'une action en concurrence déloyale dirigée contre une société commerciale et deux de ses salariés (■ Cass. com., 18 nov. 2020, n° 19-19.463).

– Compétence admise pour une action en concurrence déloyale dont le défendeur était un artisan qui bien qu'inscrit au registre des métiers entrait dans la définition du commerçant (■ Cass. com., 7 déc. 1960 : *RTD com.* 1961, 827).

19) Location d'immeubles. Si la location d'immeubles est par nature civile, elle a le caractère d'un acte de commerce quand elle est intervenue entre deux commerçants dans l'intérêt de leur négoce ; la juridiction commerciale est donc compétente (■ Paris, 14 nov. 1949 : *D.* 1950, 372. ■ Cass.

2e civ., 25 janv. 1989, n° 87-19.210 : *JurisData* n° 1989-700204 ; *JCP* E 1989, I, 18343. ▪ Lyon, 15 mai 1992 : *JurisData* n° 1992-044156 ; *D.* 1993, 3, note Reinhard).

20) Actions en paiement des loyers. Il en est de même des actions en paiement des loyers quand le litige ne pose aucune question relevant du statut des baux commerciaux (▪ Cass. civ., 18 mars 1974, n° 73-10.144 : *JurisData* n° 1974-098130 ; *Bull.* III, n° 130 ; *Gaz. Pal.* 1974, 1, somm. 134).

21) Contrat de travail. L'action dirigée contre une société, fondée sur la complicité de celle-ci dans la violation par un ancien salarié d'une clause de non-concurrence, relevant de la compétence du tribunal de commerce, suppose que soit tranchée la question préalable de la violation de la clause de non-concurrence par l'intéressé, laquelle relève de la compétence exclusive de la juridiction prud'homale (▪ Cass. com., 6 mai 2003, n° 01-15.268 : *JurisData* n° 2003-018918 ; *JCP* E 2003, n° 27, 1120 ; *RJDA* 2003, n° 1145). Lorsque des gérants exercent leur activité non pas dans les conditions d'un contrat de travail de droit commun, mais dans les conditions fixées par l'article L. 7321-1 du Code du travail, la compétence prud'homale est écartée, et le tribunal de commerce retrouve sa compétence, lorsque le litige porte sur les modalités d'exploitation commerciale de la succursale (▪ Cass. soc., 11 juill. 1974 : *Bull. civ.* V, n° 429. ▪ Cass. soc., 8 mars 2006, n° 05-40.632 : *Bull. civ.* V, n° 96. – *Contra* ▪ Cass. soc., 22 mars 2006, n° 04-43.933 : *Bull. civ.* V, n° 122, qui retient la compétence prud'homale).

2° *Contestations relatives aux sociétés commerciales*

• Sur la notion de société

22) Les sociétés commerciales. Toutes les sociétés commerciales relèvent de la compétence des tribunaux de commerce même lorsque leur objet est civil (▪ Paris, 1er févr. 1936 : *DP* 1936, 2, 73, note Picard) ; pour les litiges relatifs à leur activité (▪ Cass. com., 4 nov. 1957 : *RTD com.* 1958, 81. ▪ Cass. com., 28 avr. 1960 : *RTD com.* 1961, 383. ▪ Cass. com., 27 mars 2001, n° 99-11.320 : *JurisData* n° 2001-008914 ; *RJDA* 8-9/2001, n° 925. – Comp. ▪ Cass. com., 10 mars 1998, n° 95-21.580 : *JurisData* n° 1998-001064 ; *RJDA* 8-9/1998, n° 992 ; *Bull. Joly* 1998, 665, note Daigre). Le tribunal de commerce est toutefois incompétent pour connaître de la procédure de redressement judiciaire d'une société d'avocats qui avait pris la forme d'une société d'exercice libéral à forme anonyme (▪ Paris, 6 juill. 1994 : *JurisData* n° 1994-005978 ; *JCP* E 1994, II, 598, note Daigre, annulant ▪ T. com. Paris, 22 mars 1994 : *JurisData* n° 1994-041153 ; *D.* 1994, 288, note Derrida. – *Adde,* ▪ Paris, 20 déc. 1994 : *JurisData* n° 1994-024626 ; *JCP* E 1995, II, 724, note Daigre. – Daigre, *Des difficultés d'application des procédures collectives aux sociétés d'exercice libéral : JCP* E 1994, I, 370). La circonstance que la société se soit présentée sous son nom commercial ne la prive pas de la capacité d'ester en justice qui est attachée à la personne quelle que soit sa désignation, et en constitue qu'une irrégularité de forme (▪ Cass. 2e civ., 11 déc. 2008, n° 07-18.511 : *JurisData* n° 2008-046196 ; *Procédures* mars 2009, 87, obs. Croze. ▪ Cass. 2e civ., 24 mai 2007, n° 06-12.454 : *JurisData* n° 2007-038925 ; *JCP* G 2007, IV, 2293. ▪ Cass. com., 11 févr. 2003, n° 00-15.149 : *JurisData* n° 2003-017601 ; *Bull. civ.* IV, n° 17). En l'absence de toute autre disposition prévoyant la compétence du tribunal d'instance en cette matière, c'est à bon droit que la cour d'appel a retenu que le litige, portant sur une contestation relative aux sociétés commerciales, relevait de la compétence du tribunal de commerce, en application de l'article L. 721-3, 2°, du Code de commerce (▪ Cass. com., 18 mars 2020, n° 17-24.039). Le litige, opposant deux associés d'une société commerciale et portant sur la validité d'un acte de cession de parts sociales composant le capital de cette dernière société, relève de la compétence du tribunal de commerce, chargé en tant que tel de connaître des contestations relatives aux sociétés commerciales (▪ Cass. com., 6 janv. 2021, n° 19-10.238).

23) Les GIE. Les GIE sont justiciables des tribunaux consulaires si leur activité est commerciale, peu important qu'ils soient ou non immatriculés au RCS ou que leurs membres soient ou non commerçants (▪ Paris, 28 juin 1995 : *JCP* E 1995, pan. 1103. ▪ 13 nov. 1996 : *JurisData* n° 1996-023052 ; *JCP* E 1997, pan. 87) ; c'est le cas lorsqu'il assure l'organisation et le développement de la promotion d'un centre commercial (mêmes déc.). Ce n'est pas le cas en cas de licence de brevet concédé par un GIE : si la licence de brevet est un contrat de louage dont l'objet est une invention, la conclusion de ce type de contrat par un GIE titulaire d'un brevet qu'il a lui-même déposé ne constitue pas une entreprise de location de meubles au sens de l'article L. 110-1 4° du Code de commerce. En conséquence, la cour d'appel a retenu à bon droit que l'objet du GIE ne présentait pas de caractère commercial et que le tribunal de commerce n'était pas compétent (▪ Cass. com., 29 janv. 2020, n° 18-26.357).

24) Les entreprises privées contrôlées par l'État. De même pour les entreprises privées soumises à un certain contrôle de l'État (▪ Cass. 1re civ., 19 juin 1965 : *RTD com.* 1965, 830, obs. Boitard) ; et pour la compétence commerciale admise pour une régie départementale de transports (Tramways) (▪ Rennes, 12 nov. 1952 : *Gaz. Pal.* 1953, 1, 21).

La juridiction commerciale est seule compétente pour connaître d'une action en dommages-intérêts intentée par un établissement public à caractère industriel ou commercial (■ TGI Paris, 25 janv. 1991 : *RTD com.* 1991, 377, obs. Derruppé).

25) Une association. Une association qui se livre à des opérations commerciales habituelles en s'adressant à la clientèle non pas comme une association mais comme une agence de voyages est soumise à la compétence commerciale (■ Cass. com., 8 juill. 1969 : *JurisData* n° 1969-097265 ; *JCP* 1970, II, 16155 *bis*).

Une association qui offre de manière permanente aux particuliers un site Internet visant à favoriser les échanges d'immeubles effectue des opérations d'intermédiaire pour l'achat ou la vente d'immeuble, ce qui justifie la compétence du tribunal de commerce, peu importe si cette activité n'est pas spéculative (■ Cass. com., 14 févr. 2006, n° 05-13.453 : *JurisData* n° 2006-032194 ; *RJDA* 7/2006, n° 848).

- **Sur la notion de contestations entre associés pour raison d'une société de commerce**

26) Contestations entre associés. Ces contestations relèvent de la compétence des tribunaux de commerce même si la société a un objet civil (■ Cass. com., 4 nov. 1957 : *D.* 1958, 38) ; ou encore s'il s'agit d'une société de fait (■ Cass. com., 8 juill. 1970 : *JurisData* n° 1970-097236 ; *D.* 1971, 324). Mais la compétence commerciale se limite aux litiges ayant leur cause dans le pacte social ; V. pour un litige relatif à une convention étrangère aux statuts (■ Paris, 11 mai 1957 : *RTD com.* 1958, 81) ; pour un contrat distinct du pacte social tel un prêt d'une minorité d'actions de société anonyme (■ TGI Grenoble, 23 févr. 1983 : *Gaz. Pal.* 1983, 2, somm. 413). Sur la compétence commerciale pour un litige opposant deux associés d'une société commerciale sur le nombre d'actions devant être attribuées à l'un d'eux (■ Cass. com., 14 févr. 2006, n° 03-19.823 : *JurisData* n° 2006-037882 ; *Rev. sociétés* 2006, 787, note Saintourens ; *JCP* E 2007, n° 12, p. 7, note Legros).

27) Litiges entre un associé et une société. Les tribunaux connaissent également des litiges entre un associé et une société ; connaissant des contestations entre associés pour raison d'une société de commerce il importe peu que le litige se rapporte à un acte de commerce ou à un acte civil dès lors qu'il met en cause une société commerciale, et ce, que l'action soit intentée par la *société contre un associé* ou par un associé contre la société (■ Paris, 26 juin 1961 : *D.* 1962, 39, note Hémard ; *RTD com.* 1962, 655, obs. Boitard, pour un associé qui réclamait sa part de profits occultes distribués par la société). De même, pour une action en responsabilité engagée par un associé contre un dirigeant, même s'il n'est pas commerçant, dès lors que la faute invoquée se rattache par un lien direct à la gestion de la société (■ Paris, 19 mars 1997 : *JurisData* n° 1997-020526 ; *RJDA* 10/97, n° 1220. ■ Versailles, 7 juin 2007, n° 05/09460 : *JurisData* n° 2007-342912 ; *RJDA* 11/2007, n° 1115 où il a été jugé que la demande indemnitaire émanant d'un tiers, relative aux conséquences d'une opération de restructuration du capital social d'une société commerciale, engagée contre la société elle-même, son président et divers autres intervenants, entre dans le champ de la compétence des juridictions commerciales).

28) Cession de titres. De même, en cas de cession de titres, le litige opposant le cédant des actions d'une société anonyme aux dirigeants de celle-ci à raison de la clause de non-concurrence contenue dans l'acte de cession, est un litige né à l'occasion d'une cession de titres d'une société commerciale et relève de la compétence des tribunaux de commerce (■ Cass. com., 10 juill. 2007, n° 06-16.548 : *RJDA* 12/2007, n° 1245 ; *D.* 2007, p. 2041, obs. Lienhard ; chron. 2768, obs. Bélaval, Orsini, Salomon ; *D.* 2008, jurispr. 518, note Thevenet-Montfrond ; *JCP* E 2007, 2383, note Legros). – Ou encore, la cession de parts sociales peut être de la compétence du tribunal de commerce lorsqu'elle s'intègre dans une opération affectant la société elle-même ; notamment quand les parts sont cédées à l'occasion de la liquidation de la société (■ Cass. com., 8 juill. 1963 : *Bull. civ.* III, n° 362), ou quand le litige naît à l'occasion de la cession des titres d'une société commerciale (■ Cass. com., 12 févr. 2008, n° 06-21.565 : *JurisData* n° 2008-042773 ; *Bull. civ.* IV, n° 39 ; *JCP* E 2008, pan. 1438 ; *D.* 2008, p. 612, obs. Lienhard ; *RTD com.* 2008, 358, obs. Le Cannu et Dondero ; *Rev. sociétés* 2008, 370, note Saintourens ; *JCP* 2008, II, 10129, note Lebel qui a jugé que le litige relatif à une cession de créance, qui oppose les parties à l'acte de cession des actions et porte sur une stipulation insérée dans ledit acte, est né à l'occasion de la cession des titres d'une société commerciale et ressortit à ce titre à la compétence du tribunal de commerce). Mais le tribunal de commerce n'est pas compétent en principe pour connaître un litige relatif à une cession de parts sociales entre le cédant et le cessionnaire (■ Cass. com., 5 déc. 1966 : *JurisData* n° 1966-700467 ; *D.* 1967, 409. ■ 11 oct. 1971, n° 70-11.040 : *JurisData* n° 1971-097232 ; *Bull. civ.* IV, n° 231) ; V. cependant deux décisions qui assimilent la cession de parts sociales à la souscription (■ Amiens, 18 févr. 1959 : *D.* 1959, 320. ■ 7 juill. 1960 : *RTD com.* 1961, 53). ■ Cass. com., 9 oct. 2019, n° 16-26.075 qui juge qu'à supposer que la cession de parts financée par le prêt dont la nature commerciale est alléguée constitue un acte de **com-**

merce, la convention invoquée comme reconnaissance de dette ne concerne pas directement l'acquisition de parts sociales ni la gestion de la société dont les parts ont été cédées mais uniquement le remboursement du financement de cette acquisition. Aussi le tribunal de commerce n'est pas compétent.

29) Litiges relatifs à la nullité des sociétés. La juridiction commerciale est compétente pour les litiges relatifs à la nullité des sociétés (pour une action en nullité d'une société anonyme, ▪ Cass. civ., 10 nov. 1897 : *S.* 1897, 1, 505. – Pour une demande de dissolution d'une société de fait, ▪ Cass. civ., 13 juill. 1967 : *Gaz. Pal.* 1967, 2, somm., p. 13).

30) Litiges relatifs à la souscription d'actions. La juridiction commerciale est compétente pour les litiges relatifs à la souscription d'actions (▪ Cass. civ., 15 juill. 1863 : *S.* 1863, 1, 485. ▪ Paris, 31 janv. 1908 : *DP* 1909, 2, 257).

31) Cession de droits sociaux entraînant le contrôle de la société. De même pour la cession de droits sociaux lorsqu'elle entraîne le contrôle de la société par le cessionnaire (▪ Cass. com., 28 nov. 1978, n° 77-11.698 : *JurisData* n° 1978-097282 ; *Bull.* IV, n° 284 ; *D.* 1980, 316, note Bousquet. ▪ Cass. com., 19 nov. 1985, n° 84-13.768 : *JurisData* n° 1985-003115 ; *JCP* N 1986, Prat. 488. ▪ Versailles, 12 juin 1984 : *JurisData* n° 1984-043030 ; *D.* 1987, inf. rap. 29, obs. Bousquet. ▪ Cass. com., 28 avr. 1987, n° 85-17.093 : *JurisData* n° 1987-000877 ; *Bull.* IV, n° 103 ; *RTD com.* 1988, 420, obs. Derruppé ; *Rev. sociétés* 1987, 391, note Bousquet. ▪ Cass. com., 11 juill. 1988, n° 86-19.138 : *JurisData* n° 1988-001995 ; *RTD com.* 1989, 643, obs. Derruppé. ▪ T. com. Paris, 2 avr. 1990 : *JurisData* n° 1990-604853 ; *D.* 1990, 438, note Viandier. ▪ Cass. com., 5 mars 1991, n° 89-19.940 : *JurisData* n° 1991-000764 ; *RTD com.* 1991, 376, obs. Derruppé. ▪ Cass. com., 24 nov. 1992, n° 91-10.699 : *JurisData* n° 1992-002558 ; *Bull.* IV, n° 367 ; *RD bancaire et bourse* 1993, 91, obs. Germain et Frison-Roche. ▪ Paris, 4 oct. 1991 : *JurisData* n° 1991-600611 ; *RTD com.* 1992, 391, n° 8, obs. Champaud et Danet ; *Bull. Joly* 1991, 1135, obs. Le Cannu. ▪ Cass. com., 24 nov. 1992, n° 91-10.699 : *JurisData* n° 1992-002558 ; *Bull. Joly* 1993, 224, obs. Le Cannu. ▪ Cass. 1re civ., 6 déc. 1994, n° 92-21.213 : *JurisData* n° 1994-002878 ; *JCP* E 1995, I, 475, n° 6, obs. Viandier et Caussain. ▪ Cass. 1re civ., 26 mars 1996, n° 93-17.574 : *JurisData* n° 1996-001176 ; *JCP* E 1996, I, 589, n° 6, obs. Viandier et Caussain ; II, 855, note Bonneau. ▪ Paris, 22 sept. 1999, n° 1999/00777 : *JurisData* n° 1999-104068 ; *D.* 1999 ; *Cah. dr. aff.*, jurispr. 40, obs. A. L. ; *RJDA* 12/99, n° 1339. – V. Paillusseau, *De la nature juridique du contrôle et de la cession de contrôle* : *JCP* G 1992, I, 3578). – Pour un litige relatif à un accord portant sur la cession d'une partie de l'actif social (▪ Cass. com., 14 mars 1972 : *Bull.* IV, n° 89). V. égal. ▪ Cass. com., 15 janv. 2008 : *D.* 2008, p. 413, obs. Chevrier, pour les honoraires d'un conseiller financier pour une cession envisagée du contrôle d'une société où la cour juge que « la mission confiée à un conseil financier préparatoire à la cession envisagée du contrôle d'une société, dont il n'était pas contesté qu'elle revêtait un caractère commercial, une cour d'appel a retenu que cette mission était exclusivement affectée à la réalisation de la convention principale constituant sa cause », c'est donc à bon droit que l'action en paiement des dettes d'honoraires est de la compétence du tribunal de commerce. ▪ Cass. 1re civ., 22 oct. 2014, n° 13-11.568 : *D.* 2014, 2180 ; *Dalloz Act.* 7 nov. 2014, obs. X. Delpech. – V. également B. Dondero, *L'arbitrabilité de la cession d'une société commerciale* : *D.* 2015, 56 où la cour juge : « Mais attendu que l'article L. 721-3, 3° du Code de commerce prévoit des dispositions particulières qui figurent au nombre de celles visées par l'article 2061 du Code civil ; qu'après avoir qualifié de commercial l'acte en cause en ce qu'il avait pour objet principal la promesse de cession de la totalité des parts sociales composant la société L. et que cette promesse avait pour effet de transférer le contrôle de cette société aux cessionnaires ou à toute personne s'y substituant, ce dont il résultait que les contestations relatives à l'acte entraient dans les prévisions de l'article L. 721-3, 3°, c'est à bon droit que la cour d'appel, en présence d'une clause compromissoire qui n'était pas manifestement nulle, a retenu que la juridiction étatique n'était pas compétente pour connaître du litige ».

32) Promesse de cession d'actions. La contestation née de l'exécution d'une promesse de cession d'actions, faisant suite à un pacte d'actionnaires, est de la compétence du juge commercial puisqu'elle est de nature à faire perdre ou acquérir la qualité d'associé (▪ Versailles, 13 mai 2004 : *JurisData* n° 2004-263081 ; *JCP* E 2005, jurispr. 33, note Legros ; *RJDA* 12/2004, n° 1336) ; de même pour un litige portant sur le nombre d'actions devant être attribuées à l'un des associés (▪ Cass. com., 14 févr. 2006, n° 03-19.823 : *RJDA* 7/2006, n° 793 ; *JCP* E 2007, 1390, note Legros).

33) Vente de fonds. La compétence commerciale doit être retenue également quand la cession porte sur la totalité des parts et constitue en cela une vente de fonds de commerce (▪ Cass. 1re civ., 17 nov. 1987, n° 86-12.040 : *JurisData* n° 1987-002085 ; *Rev. soc.* 1988, 65, note Le Cannu ; *RTD com.* 1988, 423, obs. Derruppé ; 454, obs. Reinhard. ▪ Montpellier, 24 oct. 1991 : *JurisData* n° 1991-034248 ; *RTD com.* 1992, 353, obs. Derruppé. ▪ Paris, 31 janv. 1997 : *JurisData* n° 1997-020160 ; *JCP* E 1997,

II, 947, note Viandier ; *RD bancaire et bourse* 1997, 70, n° 3, obs. Germain et Frison-Roche ; *Bull. Joly* 1997, 430, note Le Cannu, pour la cession de la totalité des actions d'une société dont l'unique actif est un fonds de commerce. – Comp. ▪ Cass. com., 21 janv. 1997, n° 95-11.649 : *RD bancaire et bourse* 1997, p. 69, obs. Germain et Frison-Roche. – Comp. ▪ Cass. com., 24 juin 1997, n° 94-21.425 : *JurisData* n° 1997-003005 ; *RJ com.* 1999, 122, note Cheymol et Dondero).

Mais la Cour de cassation a censuré une cour d'appel qui avait décidé que la vente des parts sociales (95 %) d'une société s'analysait en une vente de fonds de commerce (▪ Cass. com., 13 févr. 1990, n° 88-10.661 : *JurisData* n° 1990-000263 ; *JCP* E 1990, 11, 15855, note Lazarski ; E, II, 15784, n° 8, obs. Viandier et Caussain ; *RD bancaire et bourse* 1990, 166, n° 3, obs. Jeantin et Viandier ; *RTD com.* 1990, 185, obs. Derruppé, 582, n° 1, obs. Champaud, 590, n° 1, obs. Reinhard ; *Rev. sociétés* 1990, 251, note Le Cannu ; *D.* 1990, 470, note d'Hoir-Laupretre. – Adde, ▪ Cass. com., 6 juin 1990, n° 88-15.784 : *JurisData* n° 1990-701724 ; *Bull.* IV, n° 161 ; *JCP* E 1991, I, 22, n° 8, obs. Viandier et Caussain ; *RTD com.* 1991, 27, obs. Derruppé. ▪ Cass. com., 22 janv. 1991, n° 89-12.398 : *JurisData* n° 1991-000218 ; *Bull.* IV, n° 33 ; *RTD com.* 1991, 182, n° 2, obs. Derruppé ; 405, obs. Reinhard. ▪ Cass. com., 12 juill. 1993, n° 91-18.608 : *Dr. et patrimoine* 1994, n° 12, p. 419).

Voir : sous art. L. 141-1, p. 141.

Bibliographie : Jeantin, *La cession massive des titres d'une société et la transmission du fonds de commerce dont la société est propriétaire, au regard du droit privé* : *JCP* N 1988, I, 608.

34) Dirigeants de société. Le fait qu'un gérant de SARL ne soit pas personnellement commerçant ne peut pas le soustraire à la juridiction commerciale dès lors que les faits allégués contre lui se rattachent par un lien direct à la gestion de la société dont il est le mandataire légal (▪ Cass. com., 7 avr. 1967, n° 64-14.121 : *D.* 1968, 61). En rejetant la compétence commerciale sans rechercher si les faits allégués ne se rattachaient pas par un lien direct à la gestion de sociétés commerciales, peu important que les défendeurs n'aient pas eu la qualité de commerçant non plus que celle de dirigeant de droit des sociétés, une cour d'appel n'a pas donné de base légale à sa décision au regard de l'article L. 721-3 du Code de commerce (▪ Cass. com., 27 oct. 2009, n° 08-20.384 : *JurisData* n° 2009-050066 ; *D.* 2009, act. jurispr. 2679, obs. X. Delpech ; *RTD com. 2009, 766, obs. P. Le* Cannu et B. Dondero ; *JCP* 2009, 590, note C. Lebel ; *JCP* E 2010, 1017, note J.-P. Legros ; *LPA* 29 déc. 2009, note B. Brignon).

Voir pour un promoteur-constructeur qui s'était identifié à la société commerciale dont il était le gérant (▪ Paris, 29 janv. 1968 : *RTD com.* 1968, 663). Certaines décisions ont cependant reconnu que les tribunaux de commerce étaient incompétents pour les actions en responsabilité des dirigeants, des gérants de SARL (▪ Paris, 12 mars 1931 : *Journ. soc.* 1932, 34), ou des PDG de sociétés anonymes (▪ Rouen, 8 févr. 1963 : *RTD com.* 1963, 857).

V. également pour une action intentée par un commissaire aux comptes contre la société en paiement d'honoraires, action qualifiée de civile (▪ Cass. com., 29 janv. 1965 : *RTD com.* 1965, 831).

3° *Contestations entre toutes personnes relatives aux actes de commerce*

35) Actes de commerce par la forme. Compétence commerciale pour les litiges relatifs à **la lettre de change**, même quand c'est un particulier qui l'a signée (▪ Cass. civ., 12 mai 1909 : *S.* 1910, 24. ▪ Orléans, 17 déc. 1964 : *RTD com.* 1965, 369). De même, un tribunal de commerce est compétent pour ouvrir une procédure collective dès lors qu'une association a fait des actes de commerce en signant des lettres de change (▪ Paris, 13 juin 1990 : *JurisData* n° 1990-022128 ; *D.* 1990, inf. rap. 192).

36) Acte de commerce par nature. Une association qui se livre à des opérations commerciales habituelles en s'adressant à la clientèle non pas comme une association mais comme une agence de voyages est soumise à la compétence commerciale (▪ Cass. com., 8 juill. 1969 : *JCP* 1970, II, 16155 *bis*).

Une association qui offre de manière permanente aux particuliers un site Internet visant à favoriser les échanges d'immeubles effectue des opérations d'intermédiaire pour l'achat ou la vente d'immeuble, ce qui justifie la compétence du tribunal de commerce, peu importe si cette activité n'est pas spéculative (▪ Cass. com., 14 févr. 2006 : *RJDA* 7/2006, n° 848). Mais encore faut-il que ces opérations commerciales ne constituent pas seulement l'accessoire nécessaire à la poursuite de l'activité des intéressés (▪ Reims, 19 févr. 1980 : *JurisData* n° 1980-699006 ; *JCP* 1981, II, 19496).

37) Actes mixtes. Lorsqu'un débat judiciaire s'élève entre deux parties dont l'une seulement est commerçante ou au sujet d'un acte qui n'est commercial que pour l'une d'elles, la partie qui n'est pas commerçante ou qui n'a pas fait acte de commerce peut **à son choix** actionner l'autre soit devant la juridiction civile soit devant le tribunal de commerce (▪ Cass. civ., 8 mai 1907 : *D.* 1911, 222. ▪ Cass. civ., 6 juill. 1960 : *D.* 1960, somm. 114). La partie qui n'est pas commerçante et qui n'a pas fait acte de commerce a le droit d'être jugée par la juridiction civile compétente à son égard (▪ Cass. civ., 6 mai 1930 : *DH* 1930, 363. ▪ 22 juin 1943 : *D.* 1944, 83. ▪ Poitiers, 8 janv. 1981 : *JurisData* n° 1981-600163 ; *Gaz. Pal.* 1981, 1, 387 pour une société coopérative céréalière qui avait été attraite devant la juridiction commerciale par un transporteur commerçant). Mais la partie non commerçante peut toujours renoncer à se prévaloir de l'incompétence du tribunal de commerce (▪ Cass. 2e civ., 17 mai 1982, n° 80-16.063 : *JurisData* n° 1982-701260 ; *Bull. civ.* II, n° 76). Et la juridiction saisie ne peut pas relever d'office son incompétence lorsque la partie commerçante a saisi le tribunal de commerce et que l'autre partie n'a pas décliné cette compétence (▪ Orléans, 27 déc. 2001 : *RJDA* 2002, n° 1342). Le litige relatif au paiement du solde débiteur d'un compte courant d'un artisan concerne un acte mixte. Dans ce cas, la demanderesse n'avait pas d'autre choix que d'engager son action devant la juridiction civile et le défendeur qui n'a pas pris l'initiative de l'action, et dont le juge naturel est le juge civil, ne disposait pas d'un droit d'option (▪ Bordeaux, 19 juin 2006, n° 06/00644 : *JurisData* n° 2006-317694 ; *JCP* 2007, IV, 1394).

38) Date d'appréciation de la nature de l'acte. Pour déterminer la compétence du tribunal de commerce, il convient de se placer à la date de la conclusion des actes litigieux pour apprécier leur nature juridique. S'ils ont été passés alors que le cocontractant avait la qualité de commerçant, le tribunal de commerce est compétent, peu importe qu'il soit radié du RCS au jour où il a délivré l'assignation (▪ Cass. com., 12 mars 2013, n° 12-11.765 : *JurisData* n° 2013-004296 ; *JCP* E 2013, p. 610, note Ch. Lebel).

II – LA VOLONTÉ DES PARTIES : LES CLAUSES ATTRIBUTIVES DE COMPÉTENCE ET LES CLAUSES COMPROMISSOIRES

A – Clauses attributives de compétence

1° *Conditions de validité*

39) Sur la forme de la clause. Pour être reconnues comme valables par le juge, les clauses attributives de compétence doivent être nettes et précises et d'une clarté parfaite de rédaction (▪ Paris, 11 oct. 1965 : *D.* 1966, somm. 62) ; pour une clause sans indication précise (▪ Paris, 22 mars 1934 : *S.* *1934, 2, 336). Est inefficace la clause marginale,* imprimée verticalement en caractères très peu apparents sur le papier commercial (▪ Bourges, 4 févr. 1963 : *D.* 1963, 239) ou lorsqu'elle se trouve incluse dans un article des conditions générales de vente insérées au verso des factures et qu'elle n'est énoncée qu'en petits caractères, sans que l'attention du lecteur soit spécialement attirée sur elle par l'énoncé d'un titre, un encadrement ou tout autre procédé typographique (▪ Paris, 27 mai 1987 : *JurisData* n° 1987-023492 ; *D.* 1987, inf. rap. 154) ; ou lorsque le contrat fait référence à un contrat-type dans lequel figure la clause attributive de compétence et qui n'est ni facilement accessible ni connue lors de la conclusion du contrat par la partie à laquelle on l'oppose (▪ Rouen, 17 févr. 1967 : *D.* 1967, somm. 94. ▪ Paris, 27 mai 1987, préc.) ; ou lorsque la clause se réfère à un contrat différent de celui effectivement conclu (▪ Cass. com., 3 mars 1964 : *RTD com.* 1964, 762). Pour un exemple de clause jugée très apparente (▪ Cass. 1re civ., 30 oct. 2006, n° 04-17.167 : *JurisData* n° 2006-035641 ; *Bull. civ.* I, n° 441 ; *RJDA* 2007, n° 213).

40) Sur l'acceptation de la clause. Une clause attributive de compétence figurant dans des factures postérieures à un contrat d'exclusivité qui, lui, ne précisait rien, doit être considérée comme insuffisante à modifier les règles de compétence, l'acceptation de cette clause en cours d'exécution du contrat n'étant pas établie (▪ Cass. com., 16 oct. 1967 : *D.* 1968, 193) ; de même pour des clauses figurant dans des factures tardives (▪ Cass. civ., 23 oct. 1963 : *Bull. civ.* II, n° 656) ou figurant sur une facture refusée (▪ Rouen, 1er avr. 1971 : *D.* 1971, somm. 126). De même, si la facture n'a jamais été acceptée parce que les marchandises avaient été livrées au destinataire sans demande préalable de sa part (▪ Riom, 24 juin 1966 : *D.* 1966, 668). Sont également inefficaces les clauses attributives de compétence contradictoires et conduisant à l'application des règles normales de compétence (▪ Cass. req., 24 juin 1912 : *D.* 1913, 363. ▪ Cass. req., 5 févr. 1934 : *Gaz. Pal.* 1934, 1, 638. ▪ Besançon, 23 oct. 1963 : *Gaz. Pal.* 1964, 2, 396). Sur l'efficacité de la clause attributive de juridiction dans un contexte international et de pluralité de défendeurs (▪ Cass. 1re civ., 20 juin 2006, n° 05-16.706 : *JurisData* n° 2006-034125 ; *Bull. civ.* I, n° 314 ; *JCP* E 2006, n° 31-34, p. 1376).

41) Pouvoir d'appréciation des juges du fond. Les juges du fond ont un pouvoir souverain d'appréciation en cas d'acceptation tacite, pour estimer que les faits qui leur sont soumis la font ou non apparaître (▪ Cass. com., 29 oct. 1964 : *Gaz. Pal.* 1965, 1, 45).

Vu que les clauses attributives de compétence se contredisaient entre elles dans la mesure où, s'agissant d'un litige entre sociétés commerciales, le « tribunal compétent du siège social du maître de l'ouvrage » ne peut se confondre avec le « tribunal de grande instance du siège social du maître de l'ouvrage », c'est à bon droit que la cour d'appel a jugé que cette contradiction devait conduire à déclarer ces clauses inapplicables au litige et à revenir aux règles de droit commun des articles L. 721-3 du Code de commerce, selon lesquelles les tribunaux de commerce connaissent des contestations relatives aux engagements entre sociétés commerciales, et 42 du Code de procédure civile, qui, lorsqu'il y a plusieurs défendeurs, permettent au demandeur de saisir, à son choix, la juridiction du lieu où demeure l'un d'eux (■ Cass. com., 14 oct. 2020, n° 18-23.549).

42) Contrôle de la Cour de cassation. Appréciation soumise au contrôle de la Cour de cassation en cas de dénaturation des termes ou du sens des clauses litigieuses (■ Cass. req., 23 oct. 1934 : *Gaz. Pal.* 1934, 2, 836).

43) Compétence du tribunal de commerce. La compétence d'un tribunal de commerce ne saurait être contestée par le défendeur au procès si celui-ci n'a élevé aucune protestation relativement à la clause litigieuse avant l'assignation en paiement à lui délivrée (■ Cass. req., 19 juin 1923 : S. 1927, 365. ■ Cass. 1er civ., juin 1964 : *Bull.* III, n° 282. – *Contra*, ■ Bordeaux, 27 juin 1979 : *JurisData* n° 1979-070026 ; *DS* 1980, inf. rap. 173, l'acceptation d'une clause dérogeant aux règles de compétence territoriale ne peut se déduire du simple silence de la partie qui a reçu les pièces où figurait cette clause même de manière très apparente).

44) Nullité de la clause. Traditionnellement, la jurisprudence considère que la clause attributive de compétence est nulle si le contrat est nul (Pour une nullité du contrat pour cause de dol, (■ Cass. req., 18 oct. 1933 : S. 1933, 1, 375. – Pour une action en nullité d'un contrat d'association entre deux sociétés, ■ Cass. civ., 18 juin 1958 : *Bull.* I, n° 319). Sur la nullité de la clause compromissoire insérée dans un acte mixte (■ Cass. com., 2 déc. 1964 : *JurisData* n° 1964-099805 ; *D.* 1965, 412. ■ Paris, 13 févr. 1991 : *JurisData* n° 1991-021067 ; *D.* 1991, inf. rap. 77) ; et sur son caractère de nullité absolue (■ Paris, 17 déc. 1957 : *JCP* 1958, II, 10778. ■ Cass. com., 2 déc. 1964 : *JCP* 1965, II, 14041, note Level. ■ Cass. civ., 5 mars 1982 : *Bull. civ.* II, n° 69 ; *Rev. arb.* 1983, 75, note Rubellin-Devichi, cassant ■ Paris, 13 janv. 1981 : *Rev. arb.* 1983, 66, note Rubellin-Devichi). – Voir pour la nullité de la clause compromissoire dans un acte mixte qui n'avait pas le caractère international (■ Cass. civ., 7 oct. 1980 : *JurisData* n° 1980-705083 ; *JCP* 1980, II, 19480). Mais voir un arrêt qui a jugé que le fait pour une partie de participer sans réserve à l'arbitrage vaut renonciation de sa part au droit d'invoquer la nullité de la clause d'arbitrage en soutenant qu'elle est insérée dans un acte mixte (■ Cass. 2e civ., 21 nov. 2002, n° 01-10.047 : *JurisData* n° 2002-016560 ; *RJDA* 3/2003, n° 342).

2° *Domaine d'application des clauses*

45) Opposabilité de la clause. Une clause attributive de compétence de juridiction n'est opposable qu'à la partie qui en a eu connaissance et l'a acceptée au moment de la formulation du contrat (■ Cass. com., 28 févr. 1983, n° 78-10.813 : *JurisData* n° 1983-700438 ; *Bull. civ.* IV, n° 89). Elle ne peut être opposée à ceux qui n'y sont pas liés ; pour une telle clause prévue dans les statuts de société et qui n'engage que les actionnaires et non les créanciers qui sont restés étrangers (■ Cass. req., 25 févr. 1895 : *DP* 1895, 1, 341). La clause attributive de compétence territoriale n'est pas applicable à l'accepteur d'une lettre de change non commerçant (■ Cass. com., 11 mai 1993, n° 91-14.734 : *JurisData* n° 1993-000837 ; *D.* 1993, inf. rap. 149). De même, une clause attributive de compétence au tribunal de commerce est inopposable à un défendeur non commerçant (■ Cass. com., 10 juin 1997, n° 94-12.316 : *JurisData* n° 1997-002667 ; *RJDA* 11/1997, n° 1435 ; *Quot. jur.* 7 août 1997, p. 8, obs. P.M. ; *RD bancaire et bourse* 1997, 214, n° 1, obs. Credot et Gérard). Mais *contra*, ■ Cass. civ., 8 mai 1907 : *DP* 1911, 1, 222. ■ 3 oct. 1958 : *Gaz. Pal.* 1958, 2, 281. ■ Cass. com., 20 juill. 1965 : *D.* 1965, 581. ■ Cass. civ., 11 juin 1968 : *D.* 1969, 7. ■ Cass. com., 24 mars 1969 : *JCP* 1969, II, 15929. ■ Paris, 20 janv. 1980 : *RTD com.* 1980, 805, obs. Normand. ■ Cass. civ., 17 mai 1982 : *Bull. civ.* II, n° 76 ; *Gaz. Pal.* 1982, 2, pan. 282, note Dupichot. Toujours dans la même veine, en cas de pluralité de défendeurs quand le tribunal saisi est compétent à l'égard d'un des défendeurs en vertu d'une clause attributive de juridiction, cette clause est inopposable aux autres défendeurs qui n'y ont pas souscrit (■ Cass. com., 12 mai 1958 : *D.* 1958, 712). Mais lorsque le litige est indivisible, toutes les parties en cause peuvent être assignées devant le tribunal du domicile de l'un des défendeurs (■ Cass. com., 28 avr. 1952 : *Bull. civ.* III, n° 168. ■ Cass. com., 3 juin 1964 : *Bull. civ.* III, n° 291).

46) Tiers. Les tiers ne peuvent en principe invoquer la clause attributive de compétence (■ Cass. req., 6 juill. 1921 : *RTD com.* 1922, 212).

47) Compétence en matière de validité d'une clause attributive de juridiction. Le litige qui met en cause la validité d'une clause attributive de juridiction contenue dans les statuts d'une société doit être soumis au juge de droit commun, seul compétent pour en connaître (■ Cass. com., 18 juin 1958 : *Bull.* III, n° 254).

3° *Clauses attributives de compétence d'attribution*

48) Vente d'immeuble. En dehors des exceptions prévues par la loi, les parties ne peuvent, par convention, déroger aux règles de compétence prévues par l'article L. 721-3 du Code de commerce ; sur l'incompétence du tribunal de commerce pour une vente d'immeuble faite entre deux personnes non commerçantes (■ Cass. com., 21 oct. 1963 : *JCP* 1964, II, 13519).

49) Compétence d'attribution n'est pas compétence territoriale. L'article 48 du Code de procédure civile vise seulement les clauses dérogeant à la compétence territoriale et non celles qui ont trait à la compétence d'attribution (▪ Aix-en-Provence, 26 juin 1979 : *Bull. Aix* 1979, III, n° 252. ▪ 7 déc. 1983 : *D.* 1984, inf. rap. 191).

4° *Clauses attributives de compétence territoriale*

Bibliographie : Cachard, *La force obligatoire vis-à-vis du destinataire des clauses relatives à la compétence internationale stipulées dans les connaissements. Plaidoyer pour un renouveau des considérations maritimistes : Mél. Gaudement-Tallon* : *D.* 2008, p. 189. – Golhen, *L'assujettissement d'un tiers à une clause attributive de juridiction : Procédures* 2008, études 5 et 6. – Moury, *Transmission des clauses de compétence dans les chaînes de contrats translatifs : D.* 2002, chron. 2744.

• **Conditions de validité**

50) Personnes ayant toutes la qualité de commerçant. Les clauses attributives de compétence ne sont valables qu'entre commerçants et non lorsque l'on est seulement en présence d'un acte de commerce (▪ Cass. civ., 4 juin 1980 : *JurisData* n° 1980-700111 ; *Bull.* III, n° 111. ▪ Cass. com., 2 oct. 1985, n° 84-10.156 : *JurisData* n° 1985-002248 ; *Bull.* IV, n° 227. ▪ Paris, 10 juin 1987 : *JurisData* n° 1987-023487 ; *D.* 1987, inf. rap. 164. ▪ 28 oct. 1992 : *JurisData* n° 1992-022788 ; *JCP* E 1992, pan. 1412. ▪ Cass. com., 24 oct. 1995, n° 93-19.303 : *JurisData* n° 1995-002668 ; *Bull.* IV, n° 258, pour un agent commercial qui n'avait pas la qualité de commerçant). En matière d'acte mixte, les clauses attributives de compétence territoriale sont donc nulles car elles ne sont valables qu'entre commerçants en application de l'article 48 du Code de procédure civile (▪ Cass. com., 6 févr. 1981 : *Bull. civ.* IV, n° 75. ▪ Cass. com., 28 juin 1983, n° 82-12.724 : *JurisData* n° 1983-701570 ; *Bull. civ.* IV, n° 190. ▪ Paris, 11 juin 1997 : *JurisData* n° 1997-022096 ; *RJDA* 11/1997, n° 1438).

Pour la caution donnée par un non-commerçant (▪ Cass. com., 10 févr. 1981 : *JurisData* n° 1981-700396 ; *Gaz. Pal.* 1981, 2, 476 ; *Bull.* IV, n° 75. ▪ *Cass. com.*, 28 juin 1983 : *Gaz. Pal.* 1984, 1, pan. 5 ; *Bull.* IV, n° 190. ▪ Paris, 10 juin 1987 : *D.* 1987, inf. rap. 164), même s'il s'agit d'un acte de commerce (▪ Cass. com., 16 mars 1993, n° 90-19.205 : *JurisData* n° 1993-000841 ; *JCP* E 1993, I, 300, n° 2, obs. Simler et Delebecque).

Pour un aval donné par un non-commerçant (▪ Paris, 17 juin 1981 : *JurisData* n° 1981-023455 ; *Gaz. Pal.* 1982, 1, somm. 82).

51) Acceptation. L'article 48 du Code de procédure civile n'exige pas que la clause attributive de juridiction ait été l'objet d'une acceptation distincte de celle du contrat (▪ Cass. com., 20 juill. 1981, n° 80-10.268 : *JurisData* n° 1981-002347 ; *Bull. civ.* IV, n° 324. ▪ Cass. com., 7 déc. 1983, n° 81-14.489 : *JurisData* n° 1983-702670 ; *D.* 1984, inf. rap. 191).

52) Apparence. D'autre part, la clause doit être spécifiée de façon très apparente (▪ Cass. civ., 20 févr. 1980, n° 78-14.437 : *JurisData* n° 1980-799037 ; *Bull.* II, n° 37 ; *Gaz. Pal.* 1980, 2, 494, obs. Dupichot. ▪ Cass. com., 30 nov. 1981, n° 80-12.353 : *Bull.* IV, n° 415. ▪ Poitiers, 16 déc. 1981 : *JurisData* n° 1981-042516 ; *JCP* 1982, IV, 362. ▪ Cass. com., 16 nov. 1983, n° 79-17.031 : *JCP* G 1984, IV, 27. ▪ Paris, 22 juin 1983 : *JurisData* n° 1983-026391 ; *Gaz. Pal.* 1984, 1, somm. 27).

• **Portée**

53) Renonciation. Le bénéficiaire d'une clause attributive de compétence peut y renoncer et revenir au droit commun en assignant le défendant devant le tribunal du lieu de son domicile (▪ Paris, 4 juill. 1963 : *D.* 1964, 151. ▪ Cass. 2e civ., 1er avr. 1981, n° 79-16.969 : *JCP* G 1981, IV, 217). Toutefois, le fait que la partie demanderesse se soit initialement prévalue d'une clause attribuant compétence à une juridiction déterminée n'implique pas de sa part renonciation à exercer en faveur de cette juridiction le droit d'option reconnu au demandeur, en matière contractuelle, par les dispositions de l'article 46 du Code de procédure civile, dans l'éventualité où la clause attributive de juridiction serait jugée non conforme aux exigences de l'article 48 du même code (▪ Cass. com., 2 mars 1993, n° 91-11.393 : *JurisData* n° 1993-000431 ; *Bull. civ.* IV, n° 81).

54) Élection de domicile. Mais si l'élection du domicile a été faite dans l'intérêt du défendeur ou dans l'intérêt des deux parties, le créancier ne peut ici décider d'assigner au domicile réel, seul le tribunal du domicile élu est compétent (▪ Cass. civ., 14 juin 1875 : *DP* 1875, 1, 289).

55) Référé. La clause attributive de compétence territoriale est inopposable à la partie qui saisit le juge des référés (▪ Cass. 2e civ., 17 juin 1998 : *JurisData* n° 1998-002732 ; *Bull. civ.* II, n° 200. ▪ Cass. 1re civ., 5 mars 2008, n° 06-20.338 : *JurisData* n° 2008-042989 ; *D.* 2008, p. 857).

56) Compétence internationale. Le principe est celui de la validité des clauses prorogeant la compétence internationale (▪ Cass. 1re civ., 12 juill. 2001, n° 98-21.591 : *JurisData* n° 2001-010609 ; *Bull. civ.* I, n° 224. – V. égal. en matière communautaire ▪ Cass. 1re civ., 9 janv. 2007 : *Bull. civ.* I, n° 5 ; *JCP* E 2007, n° 8, p. 25 ; *RTD com.* 2007, 626, obs. Delebecque).

B – Les clauses compromissoires

1° Conditions de validité

57) Acte de commerce. La cession de droits sociaux s'accompagnant de la cession de contrôle d'une société étant un acte de commerce, tout litige y afférent peut faire l'objet d'une clause compromissoire sans qu'il soit besoin de vérifier, pour sa validité, si l'une des parties n'était pas en retraite (■ Cass. com., 22 oct. 2014, n° 13-11.568, publié : *Rev. Lamy dr. civ.* 1/2015, p. 17, Le Galloux). *Adde, supra*, C. com., art. L. 110-1, note 20).

58) Application de la loi du 15 mai 2001. Une clause compromissoire, stipulée dans des contrats conclus à raison d'une activité professionnelle, nulle sous l'empire du texte antérieur, peut être invoquée à l'occasion d'un litige portant sur l'exécution de ces contrats, peu important, à cet égard, qu'ils aient ou non pris fin avant l'entrée en vigueur de la loi nouvelle (■ Cass. 1re civ., 22 nov. 2005, n° 04-12.655 : *JurisData* n° 2005-030814 ; *Bull. civ.* I, n° 423 ; *JCP* E 2006, n° 5, p. 239, obs. Croze ; *JCP* 2006, II, 10015, note Cornut ; *RJDA* 2006, n° 207. ■ Cass. 1re civ., 7 juin 2006, n° 04-20.350 : *JurisData* n° 2006-033998 ; *Bull. civ.* I, n° 282 ; *RTD civ.* 2006, 762, obs. Mestre et Fages). Encore faut-il que les deux parties à la convention aient contracté à raison d'une activité professionnelle pour que la clause compromissoire soit valable. Ce n'est pas le cas d'un couple de retraité cédant leur fonds de commerce et louant un local commercial (■ Cass. 1re civ., 29 févr. 2012, n° 11-12.782 : *Bull. civ.* I, n° 40 ; *D.* 2012, 689, obs. X. Delpech, 1312, note A.-C. Rouaud).

59) Actes mixtes. La clause compromissoire n'étant valable que pour les litiges entre commerçants, entre associés pour raison d'une société commerciale, ou relatifs aux actes de commerce entre toutes personnes, est nulle la clause insérée dans un contrat mixte (■ Cass. com., 2 déc. 1964 : *JCP* 1965, II, 14041, note P.L. ■ Cass. com., 2 juill. 2002, n° 99-21.440 : *JurisData* n° 2002-015373 ; *JCP* 2003, I, 105, n° 3, obs. Beguin. ■ Cass. 2e civ., 21 nov. 2002, n° 01-10.047 : *JurisData* n° 2002-016560 ; *Bull. civ.* II, n° 264. ■ Cass. 1re civ., 22 oct. 2014, n° 13-11.568, préc. n° 31). L'engagement d'une société à l'arbitrage ne s'apprécie pas par référence à une quelconque loi nationale mais par la mise en œuvre d'une règle matérielle déduite du principe de validité de la convention d'arbitrage fondée sur la volonté commune des parties, de l'exigence de bonne foi et de la croyance légitime dans les pouvoirs du signataire de la clause pour conclure un acte de gestion courante qui lie la société (■ Cass. 1re civ., 8 juill. 2009, n° 08-16.025 : *JCP* E 2010, pan. 1868).

60) Pluralité de contrats. En présence de deux contrats qui n'ont pas le même objet, dont l'un contient une clause compromissoire (contrat d'approvisionnement) et l'autre une clause attributive de compétence (contrat de gage), l'arbitre ne peut étendre sa compétence au contrat autre que celui qui contenait la clause d'arbitrage (■ Cass. 1re civ., 4 juill. 2006, n° 05-17.460 : *JurisData* n° 2006-034418 ; *Bull. civ.* I, n° 337 ; *JCP* E 2006, n° 50, p. 2147, obs. Seraglini).

61) Exigence d'un écrit. Si l'article 1443 du Code de procédure civile exige que la clause compromissoire figure dans un document écrit, il ne régit ni la forme, ni l'existence des stipulations, qui, se référant à ce document, font la convention des parties (■ Cass. 2e civ., 21 janv. 1999, n° 95-18.761 : *JurisData* n° 1999-000335 ; *Bull. civ.* II, n° 16). – Sur la validité de clauses compromissoires insérées dans les statuts d'une société (■ Montpellier, 12 nov. 2002 : *JCP* E 2003, n° 15, p. 660, obs. Mousseron), dans le règlement d'une société coopérative de commerçants détaillants (■ Cass. 1re civ., 20 sept. 2006, n° 05-10.781 : *JurisData* n° 2006-034982 ; *Bull. civ.* I, n° 403). – Sur une clause compromissoire devenue manifestement inapplicable, suite à une nouvelle expression de volonté des parties ■ Cass. 1re civ., 11 juill. 2006, n° 05-18.681 : *JurisData* n° 2006-034551 ; *Bull. civ.* I, n° 366 ; *JCP* E 2006, n° 50, p. 2147, obs. Seraglini.

2° Effets

62) Principe. L'arbitre doit statuer sur sa propre compétence. Seule la nullité manifeste de la convention d'arbitrage, constatée par le juge, peut faire obstacle à l'application du principe compétence-compétence, selon lequel il appartient à l'arbitre, en premier lieu, de statuer sur sa propre compétence, et donc, de se prononcer sur l'existence et la validité de la convention d'arbitrage (■ Cass. 1re civ., 1er déc. 1999, n° 97-21.488 : *JurisData* n° 1999-004186 ; *Bull. civ.* I, n° 325. ■ Cass. 1re civ., 22 nov. 2005, n° 03-10.087 : *JurisData* n° 2005-030841 ; *JCP* 2006, II, 10046, note Humann. ■ Cass. 1re civ., 20 févr. 2007, n° 06-14.107 : *Bull. civ.* I, n° 62 jugeant que la contradiction entre une clause d'arbitrage et une clause attributive de compétence ne remet pas en cause le principe selon lequel l'arbitre doit statuer sur sa propre compétence. ■ Cass. 1re civ., 4 juill. 2006 : *Bull. civ.* I, n° 337).

63) Atténuation. Les parties peuvent toujours renoncer à l'exécution d'une convention d'arbitrage (■ Cass. 1re civ., 7 juin 2006 : *Bull. civ.* I, n° 283 ; *JCP* E 2006, n° 50, p. 2143, obs. Ortscheidt). Mais, en vertu de la règle de l'estoppel, une société est irrecevable à soulever l'absence de convention d'arbitrage après avoir excipé devant le juge étatique de l'existence d'une convention dans le contrat d'importation et de distribution exclusive (■ Paris, 30 sept. 2007 : *JCP* 2007, IV, 3012. – V. aussi ■ Cass. 1re civ., 6 juill. 2005, n° 01-15.912 : *JurisData* n° 2005-029326 ; *Bull. civ.* I, n° 302. ■ Paris, 28 févr. 2008, n° 06/09504 : JCP E 2008, n° 19, p. 25, note Caron).

64) Opposabilité de la clause compromissoire. La clause compromissoire est attachée au contrat et donc opposable aux parties, même non signataires (■ Cass. 1re civ., 11 juill. 2006 : *Bull. civ.* I, n° 367). La clause d'arbitrage contenue dans le contrat liant le stipulant au promettant peut être invoquée par et contre le tiers bénéficiaire d'une stipulation pour autrui, et donc contre la société bénéficiaire de la garantie de passif (■ Cass. 1re civ., 11 juill. 2006 : *Bull. civ.* I, n° 368 ; *JCP* E 2006, n° 49, p. 2092, note Legros. – V. aussi ■ Cass. 1re civ., 20 sept. 2006 : *Bull. civ.* I, n° 403. ■ Cass. com., 14 janv. 2004, n° 02-15.541 : *JurisData* n° 2004-021794 ; *Bull. civ.* IV, n° 110).

Art. L. 721-3-1 *(Créé à compter du 1er janv. 2013, L. n° 2011-1862, 13 déc. 2011).* **– Les tribunaux de commerce connaissent, dans les limites de leur compétence d'attribution, des demandes formées en application du règlement (CE) n° 861/2007 du Parlement européen et du Conseil du 11 juillet 2007 instituant une procédure européenne de règlement des petits litiges.**

Art. L. 721-4 *(Mod., Ord. n° 2019-964, 18 sept. 2019).* **– Le tribunal de commerce connaît des billets à ordre portant en même temps des signatures de commerçants et de non-commerçants.**

Toutefois, il est tenu de renvoyer au tribunal judiciaire s'il en est requis par le défendeur lorsque les billets à ordre ne portent que des signatures de non-commerçants et n'ont pas pour occasion des opérations de commerce, trafic, change, banque ou courtage.

NB : Conformément à l'article 36 de l'ordonnance n° 2019-964 du 18 septembre 2019, ces dispositions entrent en vigueur au 1er janvier 2020.

Art. L. 721-5. – Par dérogation au 2° de l'article L. 721-3 et sous réserve des compétences des juridictions disciplinaires et nonobstant toute disposition contraire, les tribunaux civils sont seuls compétents pour connaître des actions en justice dans lesquelles l'une des parties est une société constituée conformément à la loi n° 90-1258 du 31 décembre 1990 relative à l'exercice sous forme de sociétés des professions libérales soumises à un statut législatif ou réglementaire ou dont le titre est protégé, ainsi que des contestations survenant entre associés d'une telle société.

Néanmoins, les associés peuvent convenir, dans les statuts, de soumettre à des arbitres les contestations qui surviendraient entre eux pour raison de leur société.

1) Société d'avocats. N'étant pas constituée conformément à la loi n° 90-1258 du 31 décembre 1990 et ne justifiant pas s'être mise en conformité avec les dispositions de ce texte, une société d'avocats ne peut se prévaloir des dispositions de l'art. 631-1 [L. 721-5], peu important que son objet soit civil (■ Paris, 8 oct. 1996 : *JurisData* n° 1996-022933 ; *JCP* E 1996, pan. 1269. – *Contra* ■ Cass. 2e civ., 6 mai 1997, n° 95-11.857 : *JurisData* n° 1997-002038 ; *Bull. civ.* I, n° 128 ; *D.* 1998, somm. 186, obs. Hallouin ; *RJDA* 11/1997, n° 1437 ; *JCP* E 1997, II, 983, note Bonneau qui juge que viole l'article 631-1 *la cour d'appel qui,* pour retenir la compétence du tribunal de commerce pour une action intentée contre une société d'avocats, énonce que, celle-ci étant une société anonyme, quelle que soit la nature des actes auxquels le litige se rapporte, « la forme imprime sa commercialité à son activité », celle-ci serait-elle civile par nature).

2) Société d'experts-comptables. Ayant relevé qu'une société d'experts-comptables avait été constituée en 1987 sous la forme d'une société commerciale, ce dont il résulte que cette société n'était pas constituée sous la forme d'une société d'exercice libéral régie par les dispositions de la loi du 31 décembre 1990 et n'avait pas modifié ses statuts pour le devenir, une cour d'appel retient exactement que le litige dans lequel la société est partie relève de la compétence du tribunal de commerce (■ Cass. com., 16 déc. 2004 : *Bull. civ.* IV, n° 196 ; *JCP* E 2004, n° 50, p. 1953 ; *Rev. sociétés* 2005, 389, note Sortais).

Art. L. 721-6. – Ne sont pas de la compétence des tribunaux de commerce les actions intentées contre un propriétaire, cultivateur ou vigneron, pour vente de denrées provenant de son cru, ni les actions intentées contre un commerçant, pour paiement de denrées et marchandises achetées pour son usage particulier.

Néanmoins, les billets souscrits par un commerçant sont censés faits pour son commerce.

Contrat de vente de vins. Le contrat concédant l'exclusivité et la vente des vins concernant exclusivement des opérations d'écoulement de la production d'un vigneron est un contrat civil relevant de la compétence du ■ TGI, peu important que, pour les besoins de ces opérations, le vigneron ait passé des contrats de distribution, émis des factures et fait de la publicité, indirectement retenus comme « actes à caractère commercial » par le tribunal (■ Paris, 12 sept. 1991 : *JurisData* n° 1991-023189 ; *D.* 1992, somm. 352, obs. Serra).

Art. L. 721-7 *(L. n° 2010-1609, 22 déc. 2010 ; mod., Ord. n° 2011-1895, 19 déc. 2011)*. – **Le président du tribunal de commerce peut connaître concurremment avec le juge de l'exécution, lorsqu'elles tendent à la conservation d'une créance relevant de la compétence de la juridiction commerciale et qu'elles sont demandées avant tout procès, des mesures conservatoires portant sur :**

1° Les meubles et immeubles dans les cas et conditions prévus par le Code des procédures civiles d'exécution ;

2° Les navires dans les cas et conditions prévus par les articles L. 5114-20 et L. 5114-29 du Code des transports ;

3° Les aéronefs, dans les cas et conditions prévus par le Code de l'aviation civile ;

4° Les bateaux de navigation intérieure d'un tonnage égal ou supérieur à vingt tonnes, dans les cas et conditions prévus par le Code du domaine public fluvial et de la navigation intérieure.

Art. L. 721-8 *(L. n° 2015-990, 6 août 2015 ; mod., Ord. n° 2017-1519, 2 nov. 2017)*. – **Des tribunaux de commerce spécialement désignés connaissent, lorsque le débiteur exerce une activité commerciale ou artisanale :**

1° Des procédures de sauvegarde, de redressement judiciaire et de liquidation judiciaire mentionnées au livre VI, lorsque le débiteur est :

***a)* Une entreprise dont le nombre de salariés est égal ou supérieur à 250 et dont le montant net du chiffre d'affaires est d'au moins 20 millions d'euros ;**

***b)* Une entreprise dont le montant net du chiffre d'affaires est d'au moins 40 millions d'euros ;**

***c)* Une société qui détient ou contrôle une autre société, au sens des articles L. 233-1 et L. 233-3, dès lors que le nombre de salariés de l'ensemble des sociétés concernées est égal ou supérieur à 250 et que le montant net du chiffre d'affaires de l'ensemble de ces sociétés est d'au moins 20 millions d'euros ;**

***d)* Une société qui détient ou contrôle une autre société, au sens des articles L. 233-1 et L. 233-3, dès lors que le montant net du chiffre d'affaires de l'ensemble de ces sociétés est d'au moins 40 millions d'euros ;**

2° Des procédures d'insolvabilité principales ouvertes à l'égard d'un débiteur qui possède un établissement sur le territoire d'un autre État membre, des procédures d'insolvabilité secondaires ou des procédures d'insolvabilité territoriales au sens de l'article 3 du règlement (UE) n° 2015/848 du 20 mai 2015 relatif aux procédures d'insolvabilité, ainsi que des instances introduites en application de la section 2 du chapitre II du titre IX du livre VI ;

3° Des procédures pour l'ouverture desquelles la compétence internationale du tribunal résulte de la présence dans son ressort du centre principal des intérêts du débiteur ;

4° De la procédure de conciliation prévue au titre Ier du livre VI, sur saisine directe par le débiteur, à la demande du procureur de la République ou par décision du président du tribunal de commerce, lorsque le débiteur est une entreprise ou un ensemble de sociétés remplissant les conditions prévues aux a à d du 1°.

Le tribunal de commerce spécialisé compétent pour l'application des c et d du même 1° et du 4° du présent article est celui dans le ressort duquel se situe la société qui détient ou contrôle une autre société au sens des articles L. 233-1 et L. 233-3.

Pour l'application du 2° du présent article, le tribunal de commerce spécialisé compétent pour l'ouverture de la procédure d'insolvabilité principale est celui dans le ressort duquel est situé le centre des intérêts principaux du débiteur. Le tribunal de commerce spécialisé compétent pour l'ouverture d'une procédure secondaire ou d'une procédure territoriale est celui dans le ressort duquel est situé un établissement du débiteur au sens du point 10 de l'article 2 du règlement (UE) n° 2015/848 précité.

Un décret, pris après avis du Conseil national des tribunaux de commerce, fixe la liste des tribunaux de commerce spécialisés. Ce décret détermine le ressort de ces juridictions, en tenant compte des bassins *d'emplois et des bassins d'activité économique.*

Le président du tribunal de commerce dans le ressort duquel l'entreprise a des intérêts ou un juge délégué par lui siège de droit au sein du tribunal de commerce spécialisé compétent.

NB : Ces dispositions sont applicables aux procédures ouvertes à compter du 1er mars 2016.

V. annexes 7-1-1 et 7-1-2 sous art. D. 721-19, p. 2107.

CHAPITRE II. – DE L'ORGANISATION ET DU FONCTIONNEMENT

Bibliographie : Croze, *La communication électronique procédurale devant les tribunaux de commerce : JCP* E 2013, 1659. • Bléry, *La dispense de présentation devant le tribunal de commerce, De l'oral à l'écrit électronique... : JCP* 2013. 1390. • Entretiens avec C. Blery, *RPVA devant le tribunal de commerce de Versailles : regards croisés de la théorie et de la pratique : JCP* 2014, 224.

Section I. – De l'organisation et du fonctionnement du tribunal de commerce

Art. L. 722-1. – **Sauf dispositions qui prévoient un juge unique, les jugements des tribunaux de commerce sont rendus par des juges statuant en formation collégiale.**

Art. L. 722-2. – **Lorsque le tribunal de commerce statue en matière de sauvegarde, de redressement ou de liquidation judiciaires, de règlement judiciaire ou de liquidation de biens, la formation de jugement comprend, sous réserve de l'application des dispositions de l'article L. 722-15, une majorité de juges ayant exercé des fonctions judiciaires pendant plus de deux ans.**

Collégialité. Sur la nullité d'un jugement pour violation de la règle de l'imparité (■ Cass. 2e civ., 6 févr. 1991, n° 89-10.123 : *JurisData* n° 1991-700209 ; *JCP* 1991, IV, 126).

Art. L. 722-3. – **La formation de jugement est présidée par le président du tribunal de commerce ou par un juge de ce tribunal ayant exercé des fonctions judiciaires pendant au moins trois ans, sous réserve de l'application des dispositions de l'article L. 722-15.**

Art. L. 722-4 *(Mod., Ord. n° 2019-964, 18 sept. 2019)*. – **Lorsqu'un tribunal de commerce ne peut se constituer ou statuer, la cour d'appel, saisie sur requête du procureur général, désigne, s'il n'a pas été fait application des dispositions des articles L. 722-13 et L. 722-15, le tribunal judiciaire situé dans le ressort de la cour d'appel appelé à connaître des affaires inscrites au rôle du tribunal de commerce et de celles dont il aurait été saisi ultérieurement. Si le renvoi résulte de l'impossibilité de respecter les prescriptions de l'article L. 722-2, le tribunal judiciaire n'est saisi que des affaires de sauvegarde, redressement et de liquidation judiciaires.**

Le greffier du tribunal de commerce n'est pas dessaisi de ses attributions et continue d'exercer ses fonctions auprès du tribunal de renvoi.

NB : Conformément à l'article 36 de l'ordonnance n° 2019-964 du 18 septembre 2019, ces dispositions entrent en vigueur au 1er janvier 2020.

Art. L. 722-5. – **Lorsque l'empêchement qui avait motivé le renvoi a cessé, la cour d'appel, saisie sur requête du procureur général, fixe la date à partir de laquelle le tribunal de commerce connaît à nouveau des affaires de sa compétence. À cette date, les affaires sont transmises, en l'état, au tribunal de commerce. Le tribunal de renvoi reste toutefois saisi des affaires de conciliation et, lorsqu'il est statué au fond, des affaires autres que celles de sauvegarde, de redressement, de liquidation judiciaires, de règlement judiciaire et de liquidation de biens.**

Section II. – Du statut des juges des tribunaux de commerce

(Intitulé rempl., L. n° 2016-1547, 18 nov. 2016)

Sous-section 1. – Du mandat

(Division créée, L. n° 2016-1547, 18 nov. 2016)

Art. L. 722-6 *(Mod., L. n° 2016-1547, 18 nov. 2016)*. – **Sous réserve des dispositions relatives aux élections complémentaires prévues au second alinéa de l'article L. 723-11, les juges des tribunaux de commerce sont élus pour deux ans lors de leur première élection. Ils peuvent, à l'issue d'un premier mandat, être réélus par période de quatre ans, dans le même tribunal ou dans tout autre tribunal de commerce.**

Lorsque le mandat des juges des tribunaux de commerce vient à expiration avant le commencement de la période fixée pour l'installation de leurs successeurs, ils restent en fonctions jusqu'à cette installation, sans que cette prorogation puisse dépasser une période de trois mois.

Art. L. 722-6-1 *(L. n° 2016-1547, 18 nov. 2016 ; abr., L. n° 2019-486, 22 mai 2019).* – Le mandat de juge de tribunal de commerce est incompatible avec l'exercice d'un mandat de conseiller prud'homme, d'un mandat de président d'un établissement public du réseau des chambres de commerce et d'industrie ou du réseau des chambres de métiers et de l'artisanat ou d'un autre mandat de juge de tribunal de commerce.

Les juges des tribunaux de commerce ne peuvent ni exercer les professions d'avocat, de notaire, d'huissier de justice, de commissaire-priseur judiciaire, de greffier de tribunal de commerce, d'administrateur judiciaire et de mandataire judiciaire, ni travailler au service d'un membre de ces professions pendant la durée de leur mandat.

NB : Conformément au VIII de l'article 40 de la loi n° 2019-486 du 22 mai 2019, ces dispositions entrent en vigueur à compter de la fin du mandat des délégués consulaires élus au cours de l'année 2016.

Art. L. 722-6-2 *(L. n° 2016-1547, 18 nov. 2016).* – Le mandat de juge de tribunal de commerce est incompatible avec l'exercice d'un mandat de représentant au Parlement européen.

Il est également incompatible avec l'exercice d'un mandat de conseiller régional, de conseiller départemental, de conseiller municipal, de conseiller d'arrondissement, de conseiller de Paris, de conseiller métropolitain de Lyon, de conseiller à l'Assemblée de Corse, de conseiller à l'assemblée de Guyane ou de conseiller à l'assemblée de Martinique, dans le ressort de la juridiction dans laquelle l'intéressé exerce ses fonctions.

NB : Conformément au X de l'article 114 de la loi n° 2016-1547 du 18 novembre 2016, ces dispositions entrent en vigueur à compter de l'échéance du premier des mandats incompatibles mentionnés aux premier et second alinéas de l'article L. 722-6-2.

Art. L. 722-6-3 *(L. n° 2016-1547, 18 nov. 2016).* – Tout candidat élu au mandat de juge de tribunal de commerce qui se trouve dans un des cas d'incompatibilités mentionnés aux articles L. 722-6-1 et L. 722-6-2 ne peut entrer en fonction tant qu'il n'a pas mis fin à cette situation, dans un délai d'un mois, en mettant fin à l'exercice de la profession incompatible ou en démissionnant du mandat de son choix. À défaut d'option dans le délai imparti, le mandat de juge de tribunal de commerce prend fin de plein droit. Si la cause d'incompatibilité survient après son entrée en fonction, il est réputé démissionnaire.

Art. L. 722-7 *(Mod., L. n° 2016-1547, 18 nov. 2016 ; Ord. n° 2019-964, 18 sept. 2019).* – Avant d'entrer en fonctions, les juges des tribunaux de commerce prêtent serment.

Le serment est le suivant : Je jure de bien et fidèlement remplir mes fonctions, de garder le secret des délibérations et de me conduire en tout comme un juge digne et loyal.

Il est reçu par la cour d'appel, lorsque le tribunal de commerce est établi au siège de la cour d'appel et, dans les autres cas, par le tribunal judiciaire dans le ressort duquel le tribunal de commerce a son siège.

Art. L. 722-8. – La cessation des fonctions de juge d'un tribunal de commerce résulte :

1° De l'expiration du mandat électoral, sous réserve des dispositions du deuxième alinéa de l'article L. 722-6 et du troisième alinéa de l'article L. 722-11 ;

2° De la suppression du tribunal ;

3° De la démission ;

4° De la déchéance.

Art. L. 722-9. – Lorsqu'une procédure de sauvegarde, de redressement ou de liquidation judiciaires est ouverte à l'égard d'un juge d'un tribunal de commerce, l'intéressé cesse ses fonctions à compter de la date du jugement d'ouverture. Il est réputé démissionnaire.

Les mêmes dispositions s'appliquent à un juge du tribunal de commerce qui a une des qualités mentionnées au premier alinéa de l'article L. 713-3, lorsque la société ou l'établissement public auquel il appartient fait l'objet d'une procédure de sauvegarde, de redressement ou de liquidation judiciaires.

Art. L. 722-10 *(Mod., Ord. n° 2019-964, 18 sept. 2019).* – Lorsqu'un tribunal judiciaire a été désigné *dans les conditions prévues à l'article L. 722-4,* le mandat des juges du tribunal de commerce dessaisi n'est pas interrompu pendant la période de dessaisissement.

Art. L. 722-11. – Le président du tribunal de commerce est choisi parmi les juges du tribunal qui ont exercé des fonctions dans un tribunal de commerce pendant six ans au moins, sous réserve des dispositions de l'article L. 722-13.

Le président est élu pour quatre ans au scrutin secret par les juges du tribunal de commerce réunis en assemblée générale sous la présidence du président sortant ou, à défaut, du doyen d'âge. L'élection a lieu à la majorité absolue aux deux premiers tours de scrutin et à la majorité relative au troisième tour. En cas d'égalité de voix au troisième tour, le candidat ayant la plus grande ancienneté dans les fonctions judiciaires est proclamé élu ; en cas d'égalité d'ancienneté, le plus âgé est proclamé élu.

Le président reste en fonctions jusqu'à l'installation de son successeur sans que cette prorogation puisse dépasser une période de trois mois.

1) Crime, délit. Le président du tribunal de commerce est une autorité constituée, au sens de l'article 226-10 du Code pénal, qui, lorsqu'elle acquiert, dans l'exercice de ses fonctions, la connaissance d'un crime ou d'un délit, est tenu d'en donner avis sans délai au procureur de la République (■ Cass. crim., 26 juin 2007, n° 06-84.-135 : *JurisData* n° 2007-040214 ; *Bull. crim.* 2007, n° 173 ; *RJDA* 2007, n° 1100).

2) Condition d'éligibilité. La condition d'ancienneté dans les fonctions au tribunal de commerce est une condition d'éligibilité du président et non une condition d'aptitude devant s'apprécier au jour de l'entrée en fonction du nouveau président (■ Cass. 2e civ., 21 févr. 2002, n° 01-60.910 : *Bull. civ.* II, n° 27).

Art. L. 722-12. – Lorsque, pour quelque cause que ce soit, le président du tribunal de commerce cesse ses fonctions en cours de mandat, le nouveau président est élu dans un délai de trois mois pour la période restant à courir du mandat de son prédécesseur.

En cas d'empêchement, le président est suppléé dans ses fonctions par le juge qu'il a désigné. À défaut de désignation ou en cas d'empêchement du juge désigné, le président est remplacé par le juge ayant la plus grande ancienneté dans les fonctions judiciaires.

Art. L. 722-13. – Lorsque aucun des candidats ne remplit la condition d'ancienneté requise pour être président du tribunal de commerce, le premier président de la cour d'appel, saisi par requête du procureur général, peut décider, par ordonnance, que l'ancienneté requise n'est pas exigée.

Art. L. 722-14. – Sous réserve de l'application des dispositions de l'article L. 722-15, nul ne peut être désigné pour exercer les fonctions de juge-commissaire dans les conditions prévues par le livre VI s'il n'a exercé pendant deux ans au moins des fonctions judiciaires dans un tribunal de commerce.

Le président du tribunal de commerce dresse, au début de chaque année judiciaire, par ordonnance prise après avis de l'assemblée générale du tribunal, la liste des juges pouvant exercer les fonctions de juge-commissaire.

Art. L. 722-15. – Lorsque aucun des juges du tribunal de commerce ne remplit les conditions d'ancienneté requises soit pour statuer en matière de sauvegarde, de redressement ou de liquidation judiciaires, de règlement judiciaire ou de liquidation de biens, conformément aux dispositions de l'article L. 722-2, soit pour présider une formation de jugement dans les conditions prévues par l'article L. 722-3, soit pour remplir les fonctions de juge-commissaire dans les conditions prévues par l'article L. 722-14, le premier président de la cour d'appel, saisi par requête du procureur général, peut décider, par ordonnance, que l'ancienneté requise n'est pas exigée.

Art. L. 722-16. – Le mandat des juges élus des tribunaux de commerce est gratuit.

Sous-section 2. – De l'obligation de formation

(Sous-section créée, L. n° 2016-1547, 18 nov. 2016)

Art. L. 722-17 *(Créé à compter du 1er novembre 2018, L. n° 2016-1547, 18 nov. 2016)*. **– Les juges des tribunaux de commerce sont tenus de suivre une formation initiale et une formation continue organisées dans des conditions fixées par décret.**

Tout juge d'un tribunal de commerce qui n'a pas satisfait à l'obligation de formation initiale dans un délai fixé par décret est réputé démissionnaire.

Sous-section 3. – De la déontologie

(Sous-section créée, L. n° 2016-1547, 18 nov. 2016)

Art. L. 722-18 *(L. n° 2016-1547, 18 nov. 2016)*. – Les juges des tribunaux de commerce exercent leurs fonctions en toute indépendance, dignité, impartialité, intégrité et probité et se comportent de façon à prévenir tout doute légitime à cet égard.

Toute manifestation d'hostilité au principe ou à la forme du gouvernement de la République est interdite aux juges des tribunaux de commerce, de même que toute démonstration de nature politique incompatible avec la réserve que leur imposent leurs fonctions.

Est également interdite toute action concertée de nature à arrêter ou à entraver le fonctionnement des juridictions.

Art. L. 722-19 *(L. n° 2016-1547, 18 nov. 2016)*. – Indépendamment des règles fixées par le Code pénal et les lois spéciales, les juges des tribunaux de commerce sont protégés contre les menaces et attaques, de quelque nature que ce soit, dont ils peuvent faire l'objet dans l'exercice ou à l'occasion de leurs fonctions. L'État doit réparer le préjudice direct qui en résulte.

Un décret en Conseil d'État précise les conditions et limites de la prise en charge par l'État, au titre de cette protection, des frais exposés par le juge dans le cadre d'instances civiles ou pénales.

Art. L. 722-20 *(L. n° 2016-1547, 18 nov. 2016)*. – Les juges des tribunaux de commerce veillent à prévenir ou à faire cesser immédiatement les situations de conflit d'intérêts.

Constitue un conflit d'intérêts toute situation d'interférence entre un intérêt public et des intérêts publics ou privés qui est de nature à influencer ou à paraître influencer l'exercice indépendant, impartial et objectif d'une fonction.

Art. L. 722-21 *(L. n° 2016-1547, 18 nov. 2016)*. – I. – Dans un délai de deux mois à compter de leur prise de fonctions, les juges des tribunaux de commerce remettent une déclaration exhaustive, exacte et sincère de leurs intérêts :

1° Au président du tribunal, pour les juges des tribunaux de commerce ;

2° Au premier président de la cour d'appel, pour les présidents des tribunaux de commerce du ressort de cette cour.

La déclaration d'intérêts mentionne les liens et les intérêts détenus de nature à influencer ou à paraître influencer l'exercice indépendant, impartial et objectif des fonctions que le déclarant a ou qu'il a eus pendant les cinq années précédant sa prise de fonctions.

La remise de la déclaration d'intérêts donne lieu à un entretien déontologique du juge avec l'autorité à laquelle la déclaration a été remise, ayant pour objet de prévenir tout éventuel conflit d'intérêts. L'entretien peut être renouvelé à tout moment à la demande du juge ou de l'autorité. À l'issue de l'entretien, la déclaration peut être modifiée par le déclarant.

Toute modification substantielle des liens et des intérêts détenus fait l'objet, dans un délai de deux mois, d'une déclaration complémentaire dans les mêmes formes et peut donner lieu à un entretien déontologique.

La déclaration d'intérêts ne peut pas être communiquée aux tiers.

Lorsqu'une procédure disciplinaire est engagée, la commission nationale de discipline et le ministre de la Justice peuvent obtenir communication de la déclaration d'intérêts.

Un décret en Conseil d'État précise les conditions d'application du présent article, notamment le modèle, le contenu et les conditions de remise, de mise à jour et de conservation de la déclaration d'intérêts.

II. – Le fait, pour une personne tenue de remettre une déclaration d'intérêts en application du premier alinéa du I, de ne pas adresser sa déclaration ou d'omettre de déclarer une partie substantielle de ses intérêts est puni de trois ans d'emprisonnement et de 45 000 € d'amende.

Peuvent être prononcées, à titre complémentaire, l'interdiction des droits civiques, selon les modalités prévues aux articles 131-26 et 131-26-1 du Code pénal, ainsi que l'interdiction d'exercer une fonction publique, selon les modalités prévues à l'article 131-27 du même code.

Le fait de publier ou de divulguer, de quelque manière que ce soit, tout ou partie des déclarations ou des informations mentionnées au présent article est puni des peines mentionnées à l'article 226-1 du Code pénal.

NB : Conformément au XI de l'article 114 de la loi n° 2016-1547 du 18 novembre 2016, dans un délai de dix-huit mois à compter de la publication du décret en Conseil d'État mentionné à l'article L. 722-21 du Code de commerce, les juges des tribunaux de commerce établissent une déclaration d'intérêts et participent à un entretien déontologique dans les conditions prévues au même article L. 722-21.

CHAPITRE III. – DE L'ÉLECTION DES JUGES DES TRIBUNAUX DE COMMERCE

Section I. – De l'électorat

Art. L. 723-1 *(Mod., L. n° 2016-1547, 18 nov. 2016 ; mod., L. n° 2019-486, 22 mai 2019).* **– Les juges d'un tribunal de commerce sont élus dans le ressort de la juridiction par un collège composé :**

1° Des délégués consulaires élus dans le ressort de la juridiction ;

Rédaction future. 1° *(1° rempl. à compter de la fin du mandat des délégués consulaires élus au cours de l'année 2016, L. n° 2019-486, 22 mai 2019)* Des membres élus des chambres de commerce et d'industrie et des chambres de métiers et de l'artisanat dans le ressort de la juridiction, dans des conditions fixées par décret en Conseil d'État ;

2° Des juges du tribunal de commerce ainsi que des anciens membres du tribunal.

NB : Conformément au VIII de l'article 40 de la loi n° 2019-486 du 22 mai 2019, ces dispositions entrent en vigueur à compter de la fin du mandat des délégués consulaires élus au cours de l'année 2016.

Art. L. 723-2 *(Mod., L. n° 2008-776, 4 août 2008).* **– Les personnes mentionnées à l'article L. 723-1 ne peuvent faire partie du collège électoral qu'à la condition :**

1° De ne pas avoir été déchues de leurs fonctions *(Mots aj. à compter de la fin du mandat des délégués consulaires élus au cours de l'année 2016, L. n° 2019-486, 22 mai 2019)* **« ou de leur mandat » ;**

2° De ne pas avoir été condamnées pénalement pour des agissements contraires à l'honneur, à la probité ou aux bonnes mœurs ;

3° De n'avoir pas été frappées depuis moins de quinze ans à compter du jour où la décision les ayant prononcées est devenue définitive, de faillite personnelle ou d'une des mesures d'interdiction ou de déchéance telles que prévues au livre VI du présent code, à la loi n° 85-98 du 25 janvier 1985 relative au redressement et à la liquidation judiciaires des entreprises ou à la loi n° 67-563 du 13 juillet 1967 sur le règlement judiciaire, la liquidation des biens, la faillite personnelle et les banqueroutes ;

4° Ne pas être frappé d'une peine d'interdiction, suivant les modalités prévues par l'article 131-27 du Code pénal, d'exercer une profession commerciale ou industrielle, de diriger, d'administrer, de gérer ou de contrôler à un titre quelconque, directement ou indirectement, pour son propre compte ou pour le compte d'autrui, une entreprise commerciale ou industrielle ou une société commerciale. *(Al. abr. à compter de la fin du mandat des délégués consulaires élus au cours de l'année 2016, L. n° 2019-486, 22 mai 2019)* **Les délégués consulaires sont désignés dans les conditions prévues aux articles L. 713-6 à L. 713-18.**

NB : Conformément au VIII de l'article 40 de la loi n° 2019-486 du 22 mai 2019, ces dispositions entrent en vigueur à compter de la fin du mandat des délégués consulaires élus au cours de l'année 2016.

Art. L. 723-3 *(Mod., L. n° 2019-222, 23 mars 2019).* **– La liste électorale pour les élections aux tribunaux de commerce est établie par une commission présidée par le juge commis à la surveillance du registre du commerce et des sociétés. En cas de création d'un tribunal de commerce, le premier président de la cour d'appel désigne comme président de la commission un magistrat honoraire de l'ordre judiciaire.**

Les dispositions de l'article L. 20 du Code électoral sont applicables en cas de contestation portant sur la liste électorale.

NB : Conformément au A du XXIV de l'article 109 de la loi n° 2019-222 du 23 mars 2019, ces dispositions entrent en vigueur à compter du prochain renouvellement de chaque commission.

Section II. – De l'éligibilité

Art. L. 723-4 *(Mod., L. n° 2016-1547, 18 nov. 2016 ; L. n° 2019-486, 22 mai 2019).* **– Sont éligibles aux fonctions de juge d'un tribunal de commerce les personnes âgées de trente ans au moins :**

1° Inscrites sur les listes électorales des chambres de commerce et d'industrie et des chambres de métiers et de l'artisanat dressées dans le ressort du tribunal de commerce ou dans le ressort des tribunaux de commerce limitrophes ;

2° Qui remplissent la condition de nationalité prévue à l'article L. 2 du Code électoral ;

3° À l'égard desquelles une procédure de redressement judiciaire ou de liquidation judiciaire n'est pas en cours au jour du scrutin ;

4° Qui, s'agissant des personnes mentionnées aux 1° ou 2° du II de l'article L. 713-1 du présent code, n'appartiennent pas à une société ou à un établissement public à l'égard duquel une procédure de redressement judiciaire ou de liquidation judiciaire est en cours au jour du scrutin ;

4° *bis* Qui n'ont fait pas fait l'objet des sanctions prévues au titre V du livre VI ;

5° Et qui justifient soit d'une immatriculation pendant cinq années au moins au registre du commerce et des sociétés ou au répertoire des métiers, soit de l'exercice, pendant une durée totale cumulée de cinq ans, de l'une des qualités énumérées au I de l'article L. 713-3 ou de l'une des professions énumérées au *d* du 1° du II de l'article L. 713-1.

> **Rédaction future.** 5° Et qui justifient soit d'une immatriculation pendant cinq années au moins au registre du commerce et des sociétés ou au *(Mots rempl. à compter du 1er janvier 2023, Ord. n° 2021-1189, 15 sept. 2021)* « registre national des entreprises en tant qu'entreprise du secteur des métiers et de l'artisanat », soit de l'exercice, pendant une durée totale cumulée de cinq ans, de l'une des qualités énumérées au I de l'article L. 713-3 ou de l'une des professions énumérées au *d* du 1° du II de l'article L. 713-1.

Sont également éligibles les juges d'un tribunal de commerce ayant prêté serment, à jour de leurs obligations déontologiques et de formation, qui souhaitent être candidats dans un autre tribunal de commerce non limitrophe du tribunal dans lequel ils ont été élus, dans des conditions fixées par décret.

Art. L. 723-5 *(Abr., L. n° 2016-1547, 18 nov. 2016).*

Art. L. 723-6 *(Abr., L. n° 2016-1547, 18 nov. 2016).*

Art. L. 723-7 *(Ord. n° 2006-673, 8 juin 2006 ; mod. à compter du 31 décembre 2017, L. n° 2016-1547, 18 nov. 2016 ; L. n° 2019-486, 22 mai 2019).* – Les juges des tribunaux de commerce élus pour cinq mandats successifs dans un même tribunal de commerce ne sont plus éligibles dans ce tribunal.

Les juges des tribunaux de commerce ne peuvent siéger au-delà de l'année civile au cours de laquelle ils ont atteint l'âge de soixante-quinze ans.

Art. L. 723-8 *(Abr., L. n° 2016-1547, 18 nov. 2016).*

Section III. – Du scrutin et des opérations électorales

Art. L. 723-9 *(Mod., L. n° 2019-486, 22 mai 2019).* – Chaque électeur ne dispose que d'une voix dans le ressort d'un même tribunal de commerce. Le droit de vote peut être exercé par correspondance ou par voie électronique.

(Al. créé à compter de la fin du mandat des délégués consulaires élus au cours de l'année 2016, L. n° 2019-486, 22 mai 2019) Nonobstant le premier alinéa, une ou plusieurs voix supplémentaires peuvent être attribuées aux électeurs mentionnés au 1° de l'article L. 723-1 selon qu'ils sont élus dans une chambre de commerce et d'industrie ou dans une chambre de métiers et de l'artisanat en tenant compte du nombre d'électeurs inscrits sur la liste électorale de chaque chambre dans le ressort du tribunal de commerce, dans des conditions fixées par décret en Conseil d'État.

NB : Conformément au VIII de l'article 40 de la loi n° 2019-486 du 22 mai 2019, ces dispositions entrent en vigueur à compter de la fin du mandat des délégués consulaires élus au cours de l'année 2016.

Art. L. 723-10. – Les élections des juges des tribunaux de commerce ont lieu au scrutin plurinominal majoritaire à deux tours.

Sont déclarés élus au premier tour les candidats ayant obtenu un nombre de voix au moins égal à la majorité des suffrages exprimés et au quart des électeurs inscrits. Si aucun candidat n'est élu ou s'il reste des sièges à pourvoir, l'élection est acquise au second tour à la majorité relative des suffrages exprimés. Si plusieurs candidats obtiennent le même nombre de voix au second tour, le plus âgé est proclamé élu.

Art. L. 723-11. – Des élections ont lieu tous les ans dans chaque tribunal de commerce où il y a des sièges à pourvoir pour quelque cause que ce soit.

Si, en cours d'année, le nombre des vacances dépasse le tiers des effectifs d'un tribunal, le préfet peut décider qu'il sera procédé à des élections complémentaires. Dans ce cas, le mandat des juges élus expire à la fin de l'année judiciaire.

Art. L. 723-12. – Les dispositions des articles L. 49, L. 50, L. 58 à L. 67 et L. 86 à L. 117 du Code électoral s'appliquent aux opérations électorales organisées en vue de la désignation des juges des tribunaux de commerce.

Art. L. 723-13 *(Mod., L. n° 2016-1547, 18 nov. 2016).* – Une commission présidée par un magistrat de l'ordre judiciaire désigné par le premier président de la cour d'appel est chargée de veiller à la régularité du scrutin et de proclamer les résultats. Elle communique ces résultats au garde des Sceaux, ministre de la Justice.

Art. L. 723-14. – Un décret en Conseil d'État détermine les modalités d'application du présent chapitre.

CHAPITRE IV. – DE LA DISCIPLINE DES JUGES DES TRIBUNAUX DE COMMERCE

Art. L. 724-1 *(Mod., L. n° 2016-1547, 18 nov. 2016).* – Tout manquement par un juge de tribunal de commerce aux devoirs de son état, à l'honneur, à la probité ou à la dignité constitue une faute disciplinaire.

Art. L. 724-1-1 *(L. n° 2016-1547, 18 nov. 2016).* – En dehors de toute action disciplinaire, les premiers présidents de cour d'appel ont le pouvoir de donner un avertissement aux juges des tribunaux de commerce situés dans le ressort de leur cour, après avoir recueilli l'avis du président du tribunal de commerce dans lequel exerce le juge concerné.

Art. L. 724-2. – Le pouvoir disciplinaire est exercé par une commission nationale de discipline qui est présidée par un président de chambre à la Cour de cassation, désigné par le premier président de la Cour de cassation, et qui comprend :

1° Un membre du Conseil d'État désigné par le vice-président du Conseil d'État ;

2° Deux magistrats du siège des cours d'appel désignés par le premier président de la Cour de cassation sur une liste établie par les premiers présidents des cours d'appel, chacun d'eux arrêtant le nom d'un magistrat du siège de sa cour d'appel après avis de l'assemblée générale des magistrats du siège de la cour d'appel ;

3° Quatre juges des tribunaux de commerce élus par l'ensemble des présidents des tribunaux de commerce.

Des suppléants en nombre égal sont désignés dans les mêmes conditions. Les membres de la commission nationale de discipline sont désignés pour quatre ans.

Art. L. 724-3 *(Rempl., L. n° 2016-1547, 18 nov. 2016).* – Après audition de l'intéressé par le premier président de la cour d'appel dans le ressort de laquelle le tribunal de commerce a son siège, la commission nationale de discipline peut être saisie par le ministre de la Justice ou par le premier président.

Art. L. 724-3-1 *(L. n° 2016-1547, 18 nov. 2016).* – Les sanctions disciplinaires applicables aux juges des tribunaux de commerce sont :

1° Le blâme ;

2° L'interdiction d'être désigné dans des fonctions de juge unique pendant une durée maximale de cinq ans ;

3° La déchéance assortie de l'inéligibilité pour une durée maximale de dix ans ;

4° La déchéance assortie de l'inéligibilité définitive.

Art. L. 724-3-2 *(L. n° 2016-1547, 18 nov. 2016).* – La cessation des fonctions pour quelque cause que ce soit ne fait pas obstacle à l'engagement de poursuites et au prononcé de sanctions disciplinaires.

Dans ce cas, les sanctions disciplinaires applicables sont :

1° Le retrait de l'honorariat ;

2° L'inéligibilité pour une durée maximale de dix ans ;

3° L'inéligibilité définitive.

Art. L. 724-3-3 *(L. n° 2016-1547, 18 nov. 2016).* – Tout justiciable qui estime qu'à l'occasion d'une procédure judiciaire le concernant le comportement adopté par un juge d'un tribunal de commerce dans l'exercice de ses fonctions est susceptible de recevoir une qualification disciplinaire peut saisir la commission nationale de discipline des juges des tribunaux de commerce. Cette saisine ne constitue pas une cause de récusation du magistrat.

La plainte est examinée par une commission d'admission des requêtes composée de deux membres de la commission nationale de discipline, l'un magistrat et l'autre juge d'un tribunal de commerce, désignés chaque année par le président de la commission nationale de discipline, dans les conditions déterminées au présent article.

À peine d'irrecevabilité, la plainte :

1° Ne peut être dirigée contre un juge d'un tribunal de commerce qui demeure saisi de la procédure ;

2° Ne peut être présentée après l'expiration d'un délai d'un an à compter d'une décision irrévocable mettant fin à la procédure ;

3° Contient l'indication détaillée des faits et griefs allégués ;

4° Est signée par le justiciable et indique son identité, son adresse ainsi que les éléments permettant d'identifier la procédure en cause.

Lorsque la commission d'admission des requêtes de la commission nationale de discipline déclare la plainte recevable, elle en informe le juge mis en cause.

La commission d'admission des requêtes sollicite du premier président de la cour d'appel et du président du tribunal de commerce dont dépend le juge mis en cause leurs observations et tous éléments d'information utiles. Le premier président de la cour d'appel invite le juge de tribunal de commerce concerné à lui adresser ses observations. Dans le délai de deux mois à compter de la demande qui lui en est faite par la commission d'admission des requêtes, le premier président de la cour d'appel adresse l'ensemble de ces informations et observations à ladite commission ainsi qu'au garde des Sceaux, ministre de la Justice.

La commission d'admission des requêtes peut entendre le juge mis en cause et, le cas échéant, le justiciable qui a introduit la plainte.

Lorsqu'elle estime que les faits sont susceptibles de recevoir une qualification disciplinaire, elle renvoie l'examen de la plainte à la commission nationale de discipline.

En cas de rejet de la plainte par la commission d'admission des requêtes, le premier président de la cour d'appel et le garde des Sceaux, ministre de la Justice, conservent la faculté de saisir la commission nationale de discipline des faits dénoncés.

Le juge visé par la plainte, le justiciable, le premier président de la cour d'appel, le président du tribunal de commerce dont dépend le juge mis en cause et le garde des Sceaux, ministre de la Justice, sont avisés du rejet de la plainte ou de l'engagement de la procédure disciplinaire.

La décision de rejet n'est susceptible d'aucun recours.

Les membres de la commission d'admission des requêtes ne peuvent siéger à la commission nationale de discipline lorsque celle-ci est saisie d'une affaire qui lui a été renvoyée par la commission d'admission des requêtes ou lorsqu'elle est saisie, par les autorités mentionnées à l'article L. 724-3, de faits identiques à ceux invoqués par un justiciable dont la commission d'admission des requêtes a rejeté la plainte.

En cas de partage égal des voix au sein de la commission d'admission des requêtes, l'examen de la plainte est renvoyé à la commission nationale de discipline.

Art. L. 724-4 *(Mod., L. n° 2016-1547, 18 nov. 2016).* – Sur proposition du ministre de la Justice ou du premier président de la cour d'appel dans le ressort de laquelle le tribunal de commerce a son siège, le président de la commission nationale de discipline peut suspendre un juge de tribunal de commerce, préalablement entendu par le premier président, pour une durée qui ne peut excéder six mois, lorsqu'il existe contre l'intéressé des faits de nature à entraîner une sanction disciplinaire. La suspension peut être renouvelée une fois par la commission nationale pour une durée qui ne peut excéder six mois. Si le juge du tribunal de commerce fait l'objet de poursuites pénales, la suspension peut être ordonnée par le président de la commission nationale jusqu'à l'intervention de la décision pénale définitive.

Art. L. 724-5. – La commission nationale de discipline ne peut délibérer que si quatre de ses membres au moins, y compris le président, sont présents. En cas de partage égal des voix, celle du président est prépondérante.

Art. L. 724-6. – Les décisions de la commission nationale de discipline et celles de son président sont motivées. *Elles ne sont susceptibles de recours* que devant la Cour de cassation.

Art. L. 724-7. – Indépendamment des décisions qui pourraient intervenir en application des articles L. 724-3 et L. 724-4, lorsqu'il apparaît, postérieurement à son élection, qu'un juge du tribunal de commerce a encouru, avant ou après son installation, une des condamnations, déchéances ou incapacités mentionnées à l'article L. 723-2, il est déchu de plein droit de ses fonctions.

TITRE III. – DES JURIDICTIONS COMMERCIALES PARTICULIÈRES

CHAPITRE I. – DES DISPOSITIONS APPLICABLES AUX DÉPARTEMENTS DU BAS-RHIN, DU HAUT-RHIN ET DE LA MOSELLE

Art. L. 731-1 *(Mod., Ord. n° 2019-964, 18 sept. 2019).* **– Des chambres commerciales du tribunal judiciaire sont instituées dans les départements du Bas-Rhin, du Haut-Rhin et de la Moselle.**

NB : Conformément à l'article 36 de l'ordonnance n° 2019-964 du 18 septembre 2019, ces dispositions entrent en vigueur au 1er janvier 2020.

Art. L. 731-2 *(Mod., Ord. n° 2019-964, 18 sept. 2019).* **– La compétence de la chambre commerciale est celle des tribunaux de commerce** *(Mots suppr. à compter du 1er janvier 2020, Ord. n° 2019-964, 18 sept. 2019)* **« ... ».**

NB : Conformément à l'article 36 de l'ordonnance n° 2019-964 du 18 septembre 2019, ces dispositions entrent en vigueur au 1er janvier 2020.

Art. L. 731-3 *(Mod., Ord. n° 2019-964, 18 sept. 2019).* **– La chambre commerciale est composée d'un membre du tribunal judiciaire, président, de deux assesseurs élus et d'un greffier. Les assesseurs sont élus dans les conditions fixées aux articles L. 723-1 à L. 723-14.**

NB : Conformément à l'article 36 de l'ordonnance n° 2019-964 du 18 septembre 2019, ces dispositions entrent en vigueur au 1er janvier 2020.

Art. L. 731-4 *(Mod., L. n° 2016-1547, 18 nov. 2016).* **– Les autres dispositions du titre II du livre VII relatives aux tribunaux de commerce sont applicables à la chambre commerciale, à l'exception des articles L. 721-1, L. 721-2, L. 722-3, et L. 722-11 à L. 722-13.**

Toutefois, par dérogation aux dispositions de l'article L. 722-14, les fonctions de juges-commissaires peuvent aussi être exercées par un juge du siège dans les conditions prévues au second alinéa de l'article L. 215-1 du Code de l'organisation judiciaire.

CHAPITRE II. – DES DISPOSITIONS APPLICABLES AUX DÉPARTEMENTS ET RÉGIONS D'OUTRE-MER

Art. L. 732-1. – Des tribunaux mixtes de commerce sont institués dans les départements et régions d'outre-mer.

Art. L. 732-2. – La compétence des tribunaux mixtes de commerce est déterminée par le présent code et les lois particulières.

Art. L. 732-3 *(Mod., L. n° 2011-331, 28 mars 2011 ; Ord. n° 2019-964, 18 sept. 2019).* **– Les tribunaux mixtes de commerce sont des juridictions du premier degré composées du président du tribunal judiciaire, président, de juges élus, sous réserve des dispositions de l'article L. 732-7, et d'un greffier. Les juges sont élus dans les conditions fixées aux articles L. 723-1 à L. 723-13.**

Le greffe des tribunaux mixtes de commerce, dont la liste est fixée par décret en Conseil d'État, est assuré par un greffier de tribunal de commerce.

NB : Conformément à l'article 36 de l'ordonnance n° 2019-964 du 18 septembre 2019, ces dispositions entrent en vigueur au 1er janvier 2020.

Art. L. 732-4 *(Mod., Ord. n° 2019-964, 18 sept. 2019).* **– Dans les circonscriptions où il n'est pas établi de tribunal mixte de commerce, le tribunal judiciaire connaît des matières attribuées aux tribunaux mixtes de commerce.**

NB : Conformément à l'article 36 de l'ordonnance n° 2019-964 du 18 septembre 2019, ces dispositions entrent en vigueur au 1er janvier 2020.

Art. L. 732-5. – Les jugements des tribunaux mixtes de commerce sont rendus, sauf dispositions qui prévoient un juge unique, par une formation collégiale comprenant, outre le président, trois juges élus ou désignés dans les conditions prévues par l'article L. 732-7. En cas de partage égal des voix, celle du président est prépondérante.

Art. L. 732-6 *(Mod., L. n° 2016-1547, 18 nov. 2016).* – Les dispositions du titre II du livre VII relatives aux tribunaux de commerce sont applicables au tribunal mixte de commerce, à l'exception des articles L. 721-1, L. 722-1, L. 722-3, et L. 722-11 à L. 722-13.

Art. L. 732-7. – À la liste des candidats déclarés élus, la commission prévue par l'article L. 723-13 annexe une liste complémentaire comprenant les nom, qualité et domicile des candidats non élus en mentionnant le nombre de voix qu'ils ont obtenues. Le premier président de la cour d'appel, après avis du président du tribunal mixte de commerce, établit à partir de cette liste complémentaire une liste de quinze personnes au plus qui, ayant leur résidence dans la ville, sont en mesure de compléter le tribunal mixte. Si le nombre des juges se révèle insuffisant en cours d'année à l'occasion d'une audience, le président du tribunal mixte procède au tirage au sort en séance publique entre tous les noms de la liste arrêtée par le premier président. Les personnes dont le nom a été tiré au sort prêtent serment devant le président du tribunal mixte.

Art. L. 732-8 *(L. n° 2015-990, 6 août 2015).* – L'article L. 721-8 n'est pas applicable dans les régions et départements d'outre-mer.

TITRE IV. – DU GREFFE DU TRIBUNAL DE COMMERCE

CHAPITRE I. – DE L'INSTITUTION ET DES MISSIONS

Art. L. 741-1. – Les greffiers des tribunaux de commerce sont des officiers publics et ministériels.

(Al. créé à compter du 1er août 2016, L. n° 2015-990, 6 août 2015) Ils cessent leurs fonctions lorsqu'ils atteignent l'âge de soixante-dix ans. Sur autorisation du ministre de la Justice, ils peuvent continuer d'exercer leurs fonctions jusqu'au jour où leur successeur prête serment, pour une durée qui ne peut excéder douze mois.

V. ■ Cons. const., déc. 26 mars 2015, n° 2015-459 QPC : *JO* 29 mars 2015, p. 5774.

Art. L. 741-2 *(Mod., L. n° 2006-1666, 21 déc. 2006 ; L. n° 2011-331, 28 mars 2011 ; L. n° 2012-387, 22 mars 2012).* – La profession de greffier des tribunaux de commerce est représentée auprès des pouvoirs publics par un Conseil national des greffiers des tribunaux de commerce, doté de la personnalité morale et chargé d'assurer la défense de ses intérêts collectifs.

Le conseil national peut, devant toutes les juridictions, exercer tous les droits réservés à la partie civile relativement aux faits portant un préjudice direct ou indirect à l'intérêt collectif de la profession.

Les modes d'élection et de fonctionnement du Conseil national sont fixés par décret en Conseil d'État.

Le conseil national fixe son budget.

Il peut assurer le financement de services d'intérêt collectif dans les domaines fixés par décret.

À cette fin, le conseil national appelle une cotisation versée annuellement par chaque titulaire d'un office de greffier de tribunal de commerce. Le montant de cette cotisation résulte d'un barème progressif fixé par décret après avis du conseil national, en fonction de l'activité de l'office et, le cas échéant, du nombre d'associés.

Le produit de cette cotisation ne peut excéder une quotité déterminée par le conseil national, dans la limite de 2 % du total des produits hors taxes comptabilisés par l'ensemble des offices au titre de l'année précédente.

À défaut de paiement de cette cotisation dans un délai d'un mois à compter d'une mise en demeure, le conseil national délivre, à l'encontre du redevable, un acte assimilé à une décision au sens du 6° de l'article 3 de la loi n° 91-650 du 9 juillet 1991 portant réforme des procédures civiles d'exécution.

Le conseil national peut établir, en ce qui concerne les usages de la profession à l'échelon national, un règlement qui est soumis à l'approbation du garde des Sceaux, ministre de la Justice.

Le Conseil national des greffiers des tribunaux de commerce est également chargé d'assurer la tenue du fichier prévu à l'article L. 128-1.

CHAPITRE II. – DES CONDITIONS D'ACCÈS À LA PROFESSION ET AUX AUTRES PROFESSIONS JUDICIAIRES ET JURIDIQUES

Art. L. 742-1 *(Mod., Ord. n° 2016-57, 29 janv. 2016)*. – Les conditions d'accès à la profession des greffiers des tribunaux de commerce sont fixées par décret en Conseil d'État.

Elles comprennent notamment un concours, un stage et un entretien de validation de stage, sous réserve des dispenses prévues par ce décret.

Art. L. 742-2. – Les règles permettant aux greffiers des tribunaux de commerce d'accéder aux autres professions juridiques et judiciaires sont fixées par décret en Conseil d'État.

CHAPITRE III. – DES CONDITIONS D'EXERCICE

Section I. – De l'inspection et de la discipline

Sous-section 1. – De l'inspection

Art. L. 743-1. – Les greffiers des tribunaux de commerce sont soumis, dans leur activité professionnelle, à des inspections sous l'autorité du garde des Sceaux, ministre de la Justice, dans des conditions prévues par décret en Conseil d'État. Au cours de ces inspections, ils sont tenus de fournir tous renseignements et documents utiles sans pouvoir opposer le secret professionnel.

Sous-section 2. – De la discipline

Art. L. 743-2. – Tout manquement d'un greffier de tribunal de commerce à l'honneur, à la probité, à la dignité et aux devoirs de sa charge constitue une faute disciplinaire.

L'acceptation de la démission d'un greffier ne fait pas obstacle au prononcé d'une sanction disciplinaire, si les faits qui lui ont été reprochés ont été commis pendant l'exercice de ses fonctions.

Art. L. 743-3. – Les sanctions disciplinaires sont :

1° Le rappel à l'ordre ;

2° L'avertissement ;

3° Le blâme ;

4° L'interdiction temporaire ;

5° La destitution ou le retrait de l'honorariat.

Les sanctions mentionnées aux 1° à 4° peuvent être assorties de la sanction complémentaire de l'inéligibilité temporaire au Conseil national des greffiers des tribunaux de commerce. La durée maximale de cette sanction complémentaire est de cinq ans pour les sanctions mentionnées aux 1° à 3° et de dix ans à compter de la cessation de la mesure d'interdiction pour la sanction mentionnée au 4°.

Art. L. 743-4 *(Mod., Ord. n° 2019-964, 18 sept. 2019)*. – L'action disciplinaire à l'encontre du greffier d'un tribunal de commerce est exercée soit devant la formation disciplinaire du Conseil national des greffiers des tribunaux de commerce, soit devant le tribunal judiciaire dans le ressort duquel le tribunal de commerce a son siège ou, si le greffier est titulaire de plusieurs greffes, devant le tribunal judiciaire désigné par le premier président de la cour d'appel, dans les conditions prévues par le présent chapitre.

L'action disciplinaire se prescrit par dix ans.

Art. L. 743-5. – La formation disciplinaire du Conseil national des greffiers des tribunaux de commerce comprend cinq membres désignés par le conseil national en son sein ; cinq suppléants sont désignés dans les mêmes conditions. Elle élit son président.

Le président du conseil national ne peut pas être membre de la formation disciplinaire.

La formation disciplinaire du conseil national ne peut prononcer que l'une des sanctions mentionnées aux 1° à 3° de l'article L. 743-3.

Art. L. 743-6 *(Mod., Ord. n° 2019-964, 18 sept. 2019).* – L'action disciplinaire est exercée par le procureur de la République. Elle peut également être exercée par le président du Conseil national des greffiers des tribunaux de commerce. Dans ce cas, notification en est faite au procureur de la République, qui peut citer le greffier devant le tribunal judiciaire statuant disciplinairement. Notification de la citation est faite au président de la formation disciplinaire du conseil national.

La formation disciplinaire du conseil national est dessaisie à compter de la notification effectuée par le procureur de la République.

Art. L. 743-7 *(Mod., Ord. n° 2019-964, 18 sept. 2019).* – Le greffier du tribunal de commerce qui fait l'objet d'une poursuite pénale ou disciplinaire peut être suspendu provisoirement de l'exercice de ses fonctions par le tribunal judiciaire, saisi à la requête du procureur de la République.

En cas d'urgence, la suspension provisoire peut être prononcée par le tribunal judiciaire avant même l'exercice de poursuites pénales ou disciplinaires.

Le tribunal judiciaire peut mettre fin à la suspension provisoire à la requête du procureur de la République ou du greffier.

La suspension cesse de plein droit dès que les actions pénale ou disciplinaire sont éteintes. Elle cesse également de plein droit, dans le cas prévu au deuxième alinéa, si, à l'expiration d'un délai d'un mois à compter de son prononcé, aucune poursuite pénale ou disciplinaire n'a été engagée.

Art. L. 743-8 *(Mod., Ord. n° 2019-964, 18 sept. 2019).* – Les décisions de la formation disciplinaire du Conseil national des greffiers des tribunaux de commerce peuvent être déférées à la cour d'appel de Paris par le procureur de la République compétent pour exercer l'action disciplinaire, par le président du conseil national lorsque les poursuites ont été engagées à son initiative, ou par le greffier.

Les décisions du tribunal judiciaire statuant en matière disciplinaire peuvent être déférées à la cour d'appel territorialement compétente par le procureur de la République, par le président du Conseil national des greffiers des tribunaux de commerce lorsque les poursuites ont été engagées à son initiative, ou par le greffier.

Art. L. 743-9 *(Mod., Ord. n° 2019-964, 18 sept. 2019).* – Le greffier suspendu, interdit ou destitué s'abstient de tout acte professionnel. Les actes accomplis au mépris de cette prohibition peuvent être déclarés nuls, à la requête de tout intéressé ou du procureur de la République, par le tribunal judiciaire. La décision est exécutoire à l'égard de toute personne.

Toute infraction aux dispositions du premier alinéa est punie des peines prévues à l'article 433-17 du Code pénal.

Art. L. 743-10 *(Mod., Ord. n° 2019-964, 18 sept. 2019).* – Le tribunal judiciaire qui prononce la suspension, l'interdiction ou la destitution nomme un ou plusieurs administrateurs provisoires.

Art. L. 743-11. – Un décret en Conseil d'État fixe les conditions d'application du présent chapitre.

Section II. – Des modes d'exercice

Art. L. 743-12 *(Ord. n° 2006-673, 8 juin 2006 ; mod., L. n° 2010-1609, 23 déc. 2010).* – Les greffiers *des tribunaux de commerce peuvent exercer leur profession à titre individuel, en qualité de salarié d'une* personne physique ou morale titulaire d'un greffe de tribunal de commerce, sous forme de sociétés civiles professionnelles ou sous forme de sociétés d'exercice libéral telles que prévues par la loi n° 90-1258 du 31 décembre 1990 relative à l'exercice sous forme de sociétés des professions libérales soumises à un statut législatif ou réglementaire ou dont le titre est protégé. Ils peuvent aussi être membres d'un groupement d'intérêt économique ou d'un groupement européen d'intérêt économique ou associés d'une société en participation régie par le titre II de la loi n° 90-1258 du 31 décembre 1990 relative à l'exercice sous forme de sociétés des professions libérales soumises à un statut législatif ou réglementaire ou dont le titre est protégé.

Art. L. 743-12-1 *(L. n° 2010-1609, 22 déc. 2010 ; mod., L. n° 2015-990, 6 août 2015).* – Une personne physique titulaire d'un greffe de tribunal de commerce ne peut pas employer plus de deux greffiers de tribunal de commerce salariés. Une personne morale titulaire d'un greffe de tribunal de commerce ne peut pas employer un nombre de greffiers de tribunal de commerce salariés supérieur au double de celui des greffiers de tribunal de commerce associés qui y exercent la profession.

En aucun cas le contrat de travail du greffier du tribunal de commerce salarié ne peut porter atteinte aux règles déontologiques de la profession de greffier de tribunal de commerce. Nonobstant toute clause du contrat de travail, le greffier de tribunal de commerce salarié peut refuser à son employeur d'accomplir une mission lorsque celle-ci lui paraît contraire à sa conscience ou susceptible de porter atteinte à son indépendance.

Un décret en Conseil d'État fixe les modalités d'application du présent article, et notamment les règles applicables au règlement des litiges nés à l'occasion de l'exécution d'un contrat de travail après médiation du président du Conseil national des greffiers des tribunaux de commerce, celles relatives au licenciement du greffier de tribunal de commerce salarié et les conditions dans lesquelles il peut être mis fin aux fonctions d'officier public du greffier de tribunal de commerce salarié.

Section III. – De la tarification des greffiers des tribunaux de commerce

Art. L. 743-13 *(L. n° 2014-626, 18 juin 2014 ; mod., L. n° 2015-990, 6 août 2015).* – Les émoluments des greffiers des tribunaux de commerce sont fixés en application du titre IV *bis* du livre IV du présent code.

Aucun émolument n'est dû par les personnes physiques *(Mots rempl., Ord. n° 2018-470, 12 juin 2018)* « mentionnées à l'article L. 613-7 du Code de la sécurité sociale exerçant une activité commerciale » pour les formalités d'immatriculation au registre du commerce et des sociétés, d'inscription modificative ou de radiation de ce registre.

Section IV. – De la comptabilité

(L. n° 2008-649, 3 juill. 2008)

Art. L. 743-14 *(L. n° 2008-649, 3 juill. 2008).* – Les sommes détenues par les greffiers des tribunaux de commerce pour le compte de tiers et relevant de catégories fixées par décret en Conseil d'État sont déposées sur un compte spécialement affecté ouvert à cet effet auprès de la Caisse des dépôts et consignations. Le même décret détermine les conditions du dépôt des fonds.

Section V. – De la formation professionnelle continue

(L. n° 2010-1609, 22 déc. 2010)

Art. L. 743-15 *(L. n° 2010-1609, 22 déc. 2010).* – La formation professionnelle continue est obligatoire pour les greffiers des tribunaux de commerce en exercice.

Un décret en Conseil d'État détermine la nature et la durée des activités susceptibles d'être validées au titre de l'obligation de formation professionnelle continue. Le Conseil national des greffiers des tribunaux de commerce détermine les modalités selon lesquelles elle s'accomplit.

CHAPITRE IV. – DES DISPOSITIONS APPLICABLES AUX DÉPARTEMENTS ET RÉGIONS D'OUTRE-MER

Art. L. 744-1 *(L. n° 2011-331, 28 mars 2011 ; mod., Ord. n° 2019-964, 18 sept. 2019).* – Par dérogation à l'article L. 743-4, l'action disciplinaire à l'encontre du greffier de tribunal de commerce assurant le greffe d'un tribunal mixte de commerce est exercée soit devant la formation disciplinaire du Conseil national des greffiers des tribunaux de commerce, soit devant le tribunal judiciaire de Paris.

Art. L. 744-2 *(L. n° 2011-331, 28 mars 2011)*. – **Pour l'application de l'article L. 743-7 aux greffiers des tribunaux de commerce assurant le greffe d'un tribunal mixte de commerce, les mots : « tribunal de commerce » sont remplacés par les mots : « tribunal mixte de commerce ».**

TITRE V. – DE L'AMÉNAGEMENT COMMERCIAL

Bibliographie : ***Bibliographie générale.*** A. Bischoff, *Équipement commercial : la zone de chalandise selon le Conseil d'État : JCP* N 2005, 1357. • F. Bouyssou, *L'équipement commercial entre liberté du commerce et planification urbaine : RJ com.* 2004, p. 198 ; *Sur les propositions de réforme du droit de l'équipement commercial : RJ com.* 2007, p. 251. • J. Calais-Auloy, *La loi Royer et les consommateurs : D.* 1974, chron, p. 94. • N. Charbit, *Urbanisme et concurrence : à propos de l'application des règles de concurrence à l'urbanisme commercial : Dr. adm.* 2004, étude 18. • S. Destours, *Droit de la concurrence et droit de l'équipement commercial : histoire d'une rencontre, Lamy Droit économique* 2004, Bull. A. n° 174, p. 1 ; *Rééquiper le droit de l'équipement commercial : Rev. Lamy conc.* 2007, n° 768. • R. Garron, *Confrontations entre la loi française d'orientation du commerce et les dispositions du traité de Rome, in Études offertes à A. Jauffret*, 1974, p. 319. • L. Idot, *Et si la « loi Raffarin » était contraire au droit communautaire ?, in Mél. en l'honneur de Ch. Gavalda*, Dalloz, 2001, p. 161 ; *La loi française sur l'urbanisme commercial condamnée ? : Europe* 2007, alerte 64. • Ph. Jestaz, *Chronique de législation française et communautaire : RTD civ.* 1974, p. 482. • J.-F. Joye, *Intégrer l'urbanisme commercial dans l'urbanisme général : AJDA* 2007, p. 1063. • J. Mailhé, *Réglementation française des implantations de commerce de détail : soldes avant liquidation ? : LPA* 4 mars 2005, p. 3 ; *L'équipement commercial dans la tourmente de la rupture ? : Rev. Lamy conc.* 2008, n° 997. • J. Mailhé et B. Laurin, *Impossible réforme de la législation des implantations commerciales ? : Contrats, conc. consom.* 2008, alerte 38. • G. de Monédiaire, *De l'urbanisme commercial aux équipements commerciaux : audaces et crispations du droit autour des « principes », in Mél. en l'honneur de H. Jacquot*, PU Orléans, 2006, p. 399. • M.-A. Renaux et J.-A. Fresnau, *Le Conseil de la concurrence préconise une réforme radicale de la législation de l'équipement commercial : Constr.-urb.* 2007, alerte 58. • R. Vandermeeren, *Urbanisme commercial : l'apport de la jurisprudence récente du Conseil d'État : RJDA* 2004, p. 111.

Sur la loi n° 2008-776 du 4 août 2008 de modernisation de l'économie. Ph. Billet, *Le nouveau régime des équipements commerciaux dans la loi de modernisation de l'économie : JCP* A 2008, act. 837. • F. Bouyssou, *La réforme de l'urbanisme commercial : une loi (presque) pour rien : AJDA* 2008, p. 1941 ; *Le point actuel sur la réforme de l'urbanisme commercial : RD imm.* 2009, p. 34. • Ch. Denizeau, *La loi de modernisation de l'économie et l'urbanisme commercial : Dr. adm.* 2008, comm. 141. • D. Dutrieux, *Urbanisme, construction et loi de modernisation de l'économie : JCP* N 2008, 1321 ; *Urbanisme commercial : une entrée en vigueur à rebondissements : JCP* N 2008, act. 766. • A. Graboy-Grobesco, *La loi de modernisation de l'économie et la nouvelle réforme du droit de l'urbanisme commercial : RD imm.* 2008, p. 470 ; *Aménagement commercial : les suites réglementaires de la « réforme LME » : RD imm.* 2009, p. 144. • J.-F. Joye, *La mutation des implantations commerciales : LPA* 22 oct. 2008, p. 4. • G. Marson, *Le nouveau visage de la législation d'équipement commercial : une réforme au milieu du gué : Contrats, conc. consom.* 2008, dossier 6. • H. Périnet-Marquet, *La réforme de l'équipement commercial : trois voyelles (UEA) et un guépard : Constr.-urb.* 2008, repère 6. • M.-A. Renaux, *La réforme de l'équipement commercial. Grands axes et premières mesures entrées en vigueur : Constr.-urb.* 2008, étude 11.

Art. L. 750-1 *(Mod., L. n° 2008-776, 4 août 2008)*. – **Les implantations, extensions, transferts d'activités existantes et changements de secteur d'activité d'entreprises commerciales et artisanales doivent répondre aux exigences d'aménagement du territoire, de la protection de l'environnement et de la qualité de l'urbanisme. Ils doivent en particulier contribuer au maintien des activités dans les zones rurales et de montagne ainsi qu'au rééquilibrage des agglomérations par le développement des activités en centre-ville et dans les zones de dynamisation urbaine.**

Dans le cadre d'une concurrence loyale, ils doivent également contribuer à la modernisation des équipements commerciaux, à leur adaptation à l'évolution des modes de consommation et des techniques de commercialisation, au confort d'achat du consommateur et à l'amélioration des conditions de travail des salariés.

Art. L. 750-1-1 *(L. n° 2008-776, 4 août 2008 ; mod., D. n° 2013-420, 23 mai 2013 ; rempl., L. n° 2014-626, 18 juin 2014)* (1). – **Dans le respect des orientations définies à l'article L. 750-1, le Gouvernement veille au**

(1) Les demandes d'aides au titre du fonds d'intervention pour les services, l'artisanat et le commerce enregistrées antérieurement au 20 juin 2014 demeurent régies par le I de l'article L. 750-1-1 du présent code, dans sa rédaction en vigueur avant cette date, L. n° 2014-626, 18 juin 2014, art. 61, II.

développement équilibré des différentes formes de commerce en contribuant à la dynamisation du commerce de proximité au moyen des aides prévues à l'article 4 de la loi n° 89-1008 du 31 décembre 1989 relative au développement des entreprises commerciales et artisanales et à l'amélioration de leur environnement économique, juridique et social.

Les opérations éligibles aux aides du fonds d'intervention pour les services, l'artisanat et le commerce sont destinées à favoriser la création, le maintien, la modernisation, l'adaptation, en particulier pour les travaux de mise aux normes des établissements recevant du public et la sûreté des entreprises, ou la transmission des entreprises de proximité, pour conforter le commerce sédentaire et non sédentaire, notamment en milieu rural, dans les zones de montagne, dans les halles et marchés ainsi que dans les quartiers prioritaires de la politique de la ville.

Les opérations, les bénéficiaires et les dépenses éligibles sont définis par décret. Ce décret fixe également les modalités de sélection des opérations et la nature, le taux et le montant des aides attribuées.

CHAPITRE I. – DES COMMISSIONS D'AMÉNAGEMENT COMMERCIAL

Section I. – Des commissions départementales d'aménagement commercial

Art. L. 751-1 *(Mod., L. n° 2008-776, 4 août 2008 ; L. n° 2014-626, 18 juin 2014).* – Une commission départementale d'aménagement commercial statue sur les demandes d'autorisation qui lui sont présentées en vertu des dispositions des articles L. 752-1, L. 752-3 et L. 752-15.

Art. L. 751-2 *(Ord. n° 2006-673, 8 juin 2006 ; mod., L. n° 2008-776, 4 août 2008 et D. n° 2008-1212, 24 nov. 2008 ; Ord. n° 2009-1358, 5 nov. 2009 ; mod. à compter d'une date fixée par décret en Conseil d'État et au plus tard le 18 décembre 2014, L. n° 2014-626, 18 juin 2014 ; Ord. n° 2015-1174, 23 sept. 2015 ; L. n° 2018-1021, 23 nov. 2018).* – I. – La commission départementale d'aménagement commercial est présidée par le préfet. Elle auditionne pour tout projet nouveau la personne chargée d'animer le commerce de centre-ville au nom de la commune ou de l'établissement public de coopération intercommunale à fiscalité propre, l'agence du commerce et les associations de commerçants de la commune d'implantation et des communes limitrophes lorsqu'elles existent. Elle informe les maires des communes limitrophes à la commune d'implantation, dès leur enregistrement, des demandes d'autorisation d'exploitation commerciale.

II. – Dans les départements autres que Paris, elle est composée :

1° Des sept élus suivants :

a) Le maire de la commune d'implantation ou son représentant ;

b) Le président de l'établissement public de coopération intercommunale à fiscalité propre dont est membre la commune d'implantation ou son représentant ;

c) Le président du syndicat mixte ou de l'établissement public de coopération intercommunale mentionné à l'article L. 143-16 du Code de l'urbanisme chargé du schéma de cohérence territoriale dans le périmètre duquel est située la commune d'implantation ou son représentant ou, à défaut, le maire de la commune la plus peuplée de l'arrondissement ou, à défaut, un membre du conseil départemental ;

d) Le président du conseil départemental ou son représentant ;

e) Le président du conseil régional ou son représentant ;

f) Un membre représentant les maires au niveau départemental ;

g) Un membre représentant les intercommunalités au niveau départemental.

Lorsque l'un des élus détient plusieurs mandats mentionnés aux a à g du présent 1°, il ne siège qu'au titre de l'un de ses mandats. Le cas échéant, le ou les organes délibérants dont il est issu désignent son remplaçant pour chacun des mandats au titre desquels il ne peut siéger ;

2° De quatre personnalités qualifiées, deux en matière de consommation et de protection des consommateurs et deux en matière de développement durable et d'aménagement du territoire.

3° De trois personnalités qualifiées représentant le tissu économique : une désignée par la chambre de commerce et d'industrie, une désignée par la chambre de métiers et de l'artisanat et une désignée par la chambre d'agriculture.

Lorsque la zone de chalandise du projet dépasse les limites du département, le représentant de l'État dans le département complète la composition de la commission en désignant au moins un élu et une personnalité qualifiée de chaque autre département concerné.

La commission entend toute personne susceptible d'éclairer sa décision ou son avis. Sans prendre part au vote, les personnalités désignées par la chambre de commerce et d'industrie et la chambre de métiers et de l'artisanat présentent la situation du tissu économique dans la zone de chalandise pertinente et l'impact du projet sur ce tissu économique. La personnalité désignée par la chambre d'agriculture présente l'avis de cette dernière lorsque le projet d'implantation commerciale consomme des terres agricoles.

III. – À Paris, elle est composée :

1° Des cinq élus suivants :

a) Le maire de Paris ou son représentant ;

b) Le maire de l'arrondissement du lieu d'implantation ou son représentant ;

c) Un conseiller d'arrondissement désigné par le conseil de Paris ;

d) Un adjoint au maire de Paris ;

e) Un conseiller régional désigné par le conseil régional ;

2° De trois personnalités qualifiées en matière de consommation, de développement durable et d'aménagement du territoire.

3° De deux personnalités qualifiées représentant le tissu économique : une désignée par la chambre de commerce et d'industrie et une désignée par la chambre de métiers et de l'artisanat.

Pour éclairer sa décision ou son avis, la commission entend toute personne dont l'avis présente un intérêt. Sans prendre part au vote, les personnalités qualifiées désignées par la chambre de commerce et d'industrie et la chambre de métiers et de l'artisanat présentent la situation du tissu économique dans la zone de chalandise pertinente et l'impact du projet sur ce tissu économique.

IV. – En Corse, elle est composée :

1° Des sept élus suivants :

a) Le maire de la commune d'implantation ou son représentant ;

b) Le président de l'établissement public de coopération intercommunale à fiscalité propre dont est membre la commune d'implantation ou son représentant ;

c) Le président du syndicat mixte ou de l'établissement public de coopération intercommunale mentionné à l'article L. 143-16 du Code de l'urbanisme chargé du schéma de cohérence territoriale dans le périmètre duquel est située la commune d'implantation ou son représentant ou, à défaut, le maire de la commune la plus peuplée de l'arrondissement ou, à défaut, un conseiller à l'Assemblée de Corse élu en son sein ;

d) Le président du conseil exécutif de Corse ou son représentant ;

e) Un conseiller à l'Assemblée de Corse élu en son sein ;

f) Un membre représentant les maires au niveau départemental ;

g) Un membre représentant les intercommunalités au niveau départemental ;

Lorsque l'un des élus détient plusieurs mandats mentionnés aux a à g du présent 1°, il ne siège qu'au titre de l'un de ses mandats. Le cas échéant, le ou les organes délibérants dont il est issu désignent son remplaçant pour chacun des mandats au titre desquels il ne peut siéger ;

2° De quatre personnalités qualifiées, deux en matière de consommation et de protection des consommateurs et deux en matière de développement durable et d'aménagement du territoire.

3° De trois personnalités qualifiées représentant le tissu économique : une désignée par la chambre de commerce et d'industrie, une désignée par la chambre de métiers et de l'artisanat et une désignée par la chambre d'agriculture.

Lorsque la zone de chalandise du projet dépasse les limites du département, le représentant de l'État dans le département complète la composition de la commission en désignant au moins un élu et une personnalité qualifiée de l'autre département.

La commission entend toute personne susceptible d'éclairer sa décision ou son avis. Sans prendre part au vote, les personnalités désignées par la chambre de commerce et d'industrie et la chambre de métiers et de l'artisanat présentent la situation du tissu économique dans la zone de chalandise pertinente et l'impact du projet sur ce tissu économique. La personnalité désignée par la chambre d'agriculture présente l'avis de cette dernière lorsque le projet d'implantation commerciale consomme des terres agricoles.

V. – La chambre de commerce et d'industrie, la chambre de métiers et de l'artisanat et la chambre d'agriculture peuvent réaliser, à la demande du représentant de l'État dans le département, des études spécifiques d'organisation du tissu économique, commercial et artisanal ou de consommation des terres agricoles préalablement à l'analyse du dossier de demande d'autorisation d'exploitation commerciale. Dans ce cas, le représentant de l'État adresse sa demande au plus tard un mois avant l'examen du dossier par la commission départementale d'aménagement commercial.

Art. L. 751-3 *(Mod., L. n° 2008-776, 4 août 2008)*. – Tout membre de la commission départementale d'aménagement commercial informe le préfet des intérêts qu'il détient et de la fonction qu'il exerce dans une activité économique.

Aucun membre de la commission départementale ne peut délibérer dans une affaire où il a un intérêt personnel ou s'il représente ou a représenté une ou des parties.

Art. L. 751-4. – Les conditions de désignation des membres de la commission et les modalités de son fonctionnement sont fixées par décret en Conseil d'État.

Section II. – De la Commission nationale d'aménagement commercial

Art. L. 751-5 *(Ord. n° 2006-673, 8 juin 2006 ; mod., L. n° 2014-626, 18 juin 2014 et D. n° 2015-165, 12 févr. 2015 et CE, 14 nov. 2018, n° 408952, Sté Val de Sarthe : JurisData n° 2018-020196)*. – La commission nationale d'aménagement commercial comprend douze membres nommés, pour une durée de six ans non renouvelable, par décret pris sur le rapport du ministre chargé du commerce. Après l'expiration de la durée de six ans, les membres restent en fonction jusqu'à la première réunion de la commission dans sa nouvelle composition. La commission est renouvelée partiellement tous les trois ans, dans des conditions fixées par décret en Conseil d'État.

Art. L. 751-6 *(Ord. n° 2006-673, 8 juin 2006 ; mod., L. n° 2008-776, 4 août 2008 et D. n° 2008-1212, 24 nov. 2008 ; Ord. n° 2009-1358, 5 nov. 2009 ; L. n° 2011-525, 17 mai 2011 ; mod., L. n° 2014-626, 18 juin 2014 et D. n° 2015-165, 12 févr. 2015 et CE, 14 nov. 2018, n° 408952, Sté Val de Sarthe : JurisData n° 2018-020196)*. – La commission nationale d'aménagement commercial se compose de :

1° Un membre du Conseil d'État désigné par le vice-président du Conseil d'État ;

2° Un membre de la Cour des comptes désigné par le premier président de la Cour des comptes ;

3° Un membre de l'inspection générale des finances désigné par le chef de ce service ;

4° Un membre du corps des inspecteurs généraux de l'administration du développement durable désigné par le vice-président du Conseil général de l'environnement et du développement durable ;

5° Quatre personnalités désignées pour leur compétence en matière de distribution, de consommation, d'urbanisme, de développement durable, d'aménagement du territoire ou d'emploi à raison d'une par le président de l'Assemblée nationale, une par le président du Sénat, une par le ministre chargé du commerce et une par le ministre chargé de l'urbanisme.

6° Quatre représentants des élus locaux : un représentant les communes, un représentant les établissements publics de coopération intercommunale à fiscalité propre, un représentant les départements, un représentant les régions.

La commission élit en son sein un président et deux vice-présidents.

II *(II abr., L. n° 2014-626, 18 juin 2014)*.

Art. L. 751-7 *(Ord. n° 2006-673, 8 juin 2006 ; mod. à compter du 25 novembre 2008, L. n° 2008-776, 4 août 2008 et D. n° 2008-1212, 24 nov. 2008 ; rempl., L. n° 2014-626, 18 juin 2014 ; mod., L. n° 2017-55, 20 janv. 2017)*. – I. – Les membres de la Commission nationale d'aménagement commercial se conforment aux obligations de dépôt des déclarations prévues au 6° du I de l'article 11 de la loi n° 2013-907 du 11 octobre 2013 relative à la transparence de la vie publique. Leurs déclarations d'intérêts sont tenues à la disposition de l'ensemble des autres membres de la Commission nationale d'aménagement commercial par le président.

II. – Aucun membre de la Commission nationale d'aménagement commercial ne peut participer à des débats ou à une délibération dans une affaire dans laquelle lui-même ou une personne morale, au sein de laquelle il a au cours des trois années précédant la délibération exercé des fonctions ou détenu un mandat, a eu un intérêt ou représenté une partie intéressée au cours de la même période.

Le mandat de membre de la Commission nationale d'aménagement commercial est incompatible avec toute fonction exercée dans le cadre d'une activité économique ou financière en relation avec le secteur du commerce.

III. – Les membres de la Commission nationale d'aménagement commercial, ainsi que toutes les personnes physiques ou morales qui, à quelque titre que ce soit, participent, même occasionnellement, à l'activité de celle-ci, sont tenus au secret professionnel pour les faits, les actes et les renseignements dont ils peuvent avoir connaissance en raison de leurs fonctions.

IV. – La Commission nationale d'aménagement commercial peut suspendre le mandat d'un de ses membres ou y mettre fin si elle constate, à la majorité des trois quarts des autres membres, qu'il se trouve dans une situation d'incompatibilité, qu'il est empêché d'exercer ses fonctions ou qu'il a manqué à ses obligations.

V. – La Commission nationale d'aménagement commercial n'est pas soumise au pouvoir hiérarchique des ministres.

Art. L. 751-8. – Les conditions de désignation des membres de la commission nationale et de son président, ainsi que les modalités de son fonctionnement, sont fixées par décret en Conseil d'État.

Section III. – Des observatoires départementaux d'équipement commercial

(Section rempl. à compter d'une date fixée par décret en Conseil d'État et au plus tard le 18 décembre 2014, L. n° 2014-626, 18 juin 2014)

Art. L. 751-9 *(Mod., L. n° 2020-1525, 7 déc. 2020).* – I. – La Commission nationale d'aménagement commercial rend public, chaque année, un rapport intégrant les données relatives à l'activité des commissions départementales et nationale. Ce rapport comprend également des informations relatives à la connaissance des territoires en matière commerciale.

II. – *(Abrogé).*

CHAPITRE II. – DE L'AUTORISATION COMMERCIALE

Section I. – Des projets soumis à autorisation

Art. L. 752-1 *(Mod., L. n° 2008-776, 4 août 2008 ; L. n° 2009-526, 12 mai 2009 ; Ord. n° 2012-11, 5 janv. 2012 ; L. n° 2014-366, 24 mars 2014 ; L. n° 2018-1021, 23 nov. 2018).* – Sont soumis à une autorisation d'exploitation commerciale les projets ayant pour objet :

1° La création d'un magasin de commerce de détail d'une surface de vente supérieure à 1 000 mètres carrés, résultant soit d'une construction nouvelle, soit de la transformation d'un immeuble existant ;

2° L'extension de la surface de vente d'un magasin de commerce de détail ayant déjà atteint le seuil des 1 000 mètres carrés ou devant le dépasser par la réalisation du projet. Est considérée comme une extension l'utilisation supplémentaire de tout espace couvert ou non, fixe ou mobile, et qui n'entrerait pas dans le cadre de l'article L. 310-2 ;

3° Tout changement de secteur d'activité d'un commerce d'une surface de vente supérieure à 2 000 mètres carrés. Ce seuil est ramené à 1 000 mètres carrés lorsque l'activité nouvelle du magasin est à prédominance alimentaire ;

4° La création d'un ensemble commercial tel que défini à l'article L. 752-3 et dont la surface de vente totale est supérieure à 1 000 mètres carrés ;

5° L'extension de la surface de vente d'un ensemble commercial ayant déjà atteint le seuil des 1 000 mètres carrés ou devant le dépasser par la réalisation du projet ;

6° *La réouverture au public, sur le même emplacement,* d'un magasin de commerce de détail d'une surface de vente supérieure à 2 500 mètres carrés dont les locaux ont cessé d'être exploités pendant trois ans, ce délai ne courant, en cas de procédure de redressement judiciaire de l'exploitant, que du jour où le propriétaire a recouvré la pleine et entière disposition des locaux ;

Pour les pépiniéristes et horticulteurs, la surface de vente mentionnée au 1° est celle qu'ils consacrent à la vente au détail de produits ne provenant pas de leur exploitation, dans des conditions fixées par décret.

7° La création ou l'extension d'un point permanent de retrait par la clientèle d'achats au détail commandés par voie télématique, organisé pour l'accès en automobile.

Par dérogation au 7°, n'est pas soumise à autorisation d'exploitation commerciale la création d'un point permanent de retrait par la clientèle d'achats au détail commandés par voie télématique, organisé pour l'accès en automobile, intégré à un magasin de détail ouvert au public à la date de publication de la loi n° 2014-366 du 24 mars 2014 pour l'accès au logement et un urbanisme rénové, et n'emportant pas la création d'une surface de plancher de plus de 20 mètres carrés.

Le propriétaire du site d'implantation bénéficiant de l'autorisation d'exploitation commerciale est responsable de l'organisation de son démantèlement et de la remise en état de ses terrains d'assiette s'il est mis fin à l'exploitation et qu'aucune réouverture au public n'intervient sur le même emplacement pendant un délai de trois ans, ce délai ne courant, en cas de procédure de redressement judiciaire de l'exploitant, que du jour où le propriétaire a recouvré la pleine et entière disposition des locaux.

À l'expiration du délai de trois ans mentionné au onzième alinéa du présent article, le représentant de l'État dans le département de la commune d'implantation s'assure des dispositions prévues par le ou les propriétaires du site pour mettre en œuvre, dans les délais prescrits, les opérations de démantèlement et de remise en état des terrains ou de transformation en vue d'une autre activité. En cas de carence ou d'insuffisance de ces dispositions, le représentant de l'État dans le département met en demeure le ou les propriétaires de les lui présenter dans un délai déterminé et en informe l'autorité compétente pour délivrer le permis de construire. Si, à l'expiration de ce délai, le ou les propriétaires n'a ou n'ont pas obtempéré à l'injonction préfectorale, le représentant de l'État dans le département peut obliger à consigner entre les mains d'un comptable public une somme répondant du montant des travaux à réaliser, laquelle est restituée au propriétaire au fur et à mesure de l'exécution des mesures prescrites. Après une mise en demeure restée sans effet du représentant de l'État dans le département, celui-ci peut faire procéder d'office, aux frais du ou des propriétaires, au démantèlement et à la remise en état du site.

Un décret en Conseil d'État détermine les modalités d'application du présent article.

NB : Loi n° 2014-366 du 24 mars 2014, article 129, VII : Par dérogation aux dispositions du 7° de l'article L. 752-1 du Code de commerce, ne sont pas soumis à une autorisation d'exploitation commerciale les projets mentionnés à ce 7° pour lesquels, selon les cas, un permis a été accordé expressément ou tacitement ou une décision de non-opposition à une déclaration préalable est intervenue avant l'entrée en vigueur de la présente loi.

NB : Ordonnance n° 2012-11 du 5 janvier 2012 : Les présentes dispositions entrent en vigueur à une date déterminée par décret en Conseil d'État et au plus tard le 1er janvier 2013. Toutefois, les dispositions en vigueur antérieurement à l'entrée en vigueur de l'ordonnance demeurent applicables :

– aux procédures d'élaboration et de révision des schémas de cohérence territoriale et des plans locaux d'urbanisme prescrites à cette même date ;

– aux procédures de modification des schémas de cohérence territoriale et des plans locaux d'urbanisme lorsque le projet de modification a été notifié aux personnes publiques associées à la date d'entrée en vigueur de l'ordonnance.

Art. L. 752-1-1 *(L. n° 2018-1021, 23 nov. 2018)*. **– Par dérogation à l'article L. 752-1, les projets mentionnés aux 1° à 6° du même article L. 752-1** *(Mots aj., L. n° 2021-1104, 22 août 2021)* **« qui ne sont pas considérés comme engendrant une artificialisation des sols au sens du V de l'article L. 752-6 et » dont l'implantation est prévue dans un secteur d'intervention d'une opération de revitalisation de territoire définie au I de l'article L. 303-2 du Code de la construction et de l'habitation, comprenant un centre-ville identifié par la convention de ladite opération, ne sont pas soumis à autorisation d'exploitation commerciale.**

Cette convention peut toutefois soumettre à autorisation d'exploitation commerciale les projets mentionnés aux 1° à 6° de l'article L. 752-1 du présent code dont la surface de vente dépasse un seuil qu'elle fixe et qui ne peut être inférieur à 5 000 mètres carrés ou, pour les magasins à prédominance alimentaire, à 2 500 mètres carrés.

Les conditions de publicité des projets mentionnés au premier alinéa du présent article sont fixées par décret en Conseil d'État.

Art. L. 752-1-2 *(L. n° 2018-1021, 23 nov. 2018)*. **– Le représentant de l'État dans le département peut suspendre par arrêté, après avis ou à la demande de l'établissement public de coopération intercommunale à fiscalité propre et des communes signataires d'une convention d'opération de revitalisation de territoire mentionnée à l'article L. 303-2 du Code de la construction et de l'habitation, l'enregistrement et l'examen en commission départementale d'aménagement commercial des demandes d'autorisation d'exploitation**

commerciale relatives aux projets mentionnés aux 1° à 5° et au 7° de l'article L. 752-1 du présent code dont l'implantation est prévue sur le territoire d'une ou plusieurs communes signataires de cette convention mais hors des secteurs d'intervention de l'opération. La décision du représentant de l'État dans le département est prise compte tenu des caractéristiques des projets et de l'analyse des données existantes sur la zone de chalandise, au regard notamment du niveau et de l'évolution des taux de logements vacants, de vacance commerciale et de chômage dans les centres-villes et les territoires concernés.

Le représentant de l'État dans le département peut également suspendre par arrêté, après avis ou à la demande du ou des établissements publics de coopération intercommunale et des communes concernés, l'enregistrement et l'examen en commission départementale d'aménagement commercial des demandes d'autorisation relatives aux projets mentionnés aux 1° à 5° et au 7° du même article L. 752-1 qui sont situés dans des communes qui n'ont pas signé la convention mais sont membres de l'établissement public de coopération intercommunale à fiscalité propre signataire de la convention ou d'un établissement public de coopération intercommunale limitrophe de celui-ci, lorsque ces projets, compte tenu de leurs caractéristiques et de l'analyse des données existantes sur leurs zones de chalandise, sont de nature à compromettre gravement les objectifs de l'opération, au regard notamment du niveau et de l'évolution des taux de logements vacants, de vacance commerciale et de chômage dans les centres-villes et les territoires concernés par ladite opération. Lorsque les demandes d'autorisation concernent des implantations sur le territoire d'un établissement public de coopération intercommunale à fiscalité propre limitrophe situé dans un autre département, la mesure de suspension est prise par arrêté conjoint des représentants de l'État dans chacun des deux départements.

La suspension de l'enregistrement et de l'examen des demandes prévue aux deux premiers alinéas du présent article est d'une durée maximale de trois ans. Le représentant de l'État dans le département peut, le cas échéant, après avis de l'établissement public de coopération intercommunale et des communes signataires de la convention mentionnée à l'article L. 303-2 du Code de la construction et de l'habitation, la proroger d'un an.

Un décret en Conseil d'État fixe les conditions et modalités d'application du présent article.

Art. L. 752-2 *(Mod., L. n° 2008-776, 4 août 2008 ; Ord. n° 2016-79, 29 janv. 2016 ; L. n° 2018-1021, 23 nov. 2018)*. – I. – Les regroupements de surfaces de vente de magasins voisins, sans création de surfaces supplémentaires, n'excédant pas 2 500 mètres carrés, ou 1 000 mètres carrés lorsque l'activité nouvelle est à prédominance alimentaire, ne sont pas soumis à une autorisation d'exploitation commerciale.

II. – Les pharmacies et les commerces de véhicules automobiles ou de motocycles ne sont pas soumis à l'autorisation d'exploitation commerciale prévue à l'article L. 752-1.

III. – Les halles et marchés d'approvisionnement au détail, couverts ou non, établis sur les dépendances du domaine public et dont la création est décidée par le conseil municipal, les magasins accessibles aux seuls voyageurs munis de billets et situés dans l'enceinte des aéroports ainsi que les parties du domaine public affecté aux gares ferroviaires et routières situées en centre-ville d'une surface maximum de 2 500 mètres carrés, ne sont pas soumis à une autorisation d'exploitation commerciale.

IV. – Les opérations immobilières combinant un projet d'implantation commerciale et des logements situées dans un centre-ville compris dans l'un des secteurs d'intervention d'une opération mentionnée à l'article L. 303-2 du Code de la construction et de l'habitation ne sont pas soumises à une autorisation d'exploitation commerciale dès lors que la surface de vente du commerce est inférieure au quart de la surface de plancher à destination d'habitation.

Art. L. 752-3 *(Mod., L. n° 2014-366, 24 mars 2014)*. – I. – Sont regardés comme faisant partie d'un même ensemble commercial, qu'ils soient ou non situés dans des bâtiments distincts et qu'une même personne en soit ou non le propriétaire ou l'exploitant, les magasins qui sont réunis sur un même site et qui :

1° Soit ont été conçus dans le cadre d'une même opération d'aménagement foncier, que celle-ci soit réalisée en une ou en plusieurs tranches ;

2° Soit bénéficient d'aménagements conçus pour permettre à une même clientèle l'accès des divers établissements ;

3° Soit font l'objet d'une gestion commune de certains éléments de leur exploitation, notamment par la création de services collectifs ou l'utilisation habituelle de pratiques et de publicités commerciales communes ;

4° Soit sont réunis par une structure juridique commune, contrôlée directement ou indirectement par au moins un associé, exerçant sur elle une influence au sens de l'article L. 233-16 ou ayant un dirigeant de droit ou de fait commun.

II. – Toutefois, les dispositions du présent article ne sont pas applicables aux zones d'aménagement concerté créées dans un centre urbain, en vertu de l'article L. 311-1 du Code de l'urbanisme.

III. – Au sens du présent code, constituent des points permanents de retrait par la clientèle d'achats au détail commandés par voie télématique, organisés pour l'accès en automobile, les installations, aménagements ou équipements conçus pour le retrait par la clientèle de marchandises commandées par voie télématique ainsi que les pistes de ravitaillement attenantes.

Art. L. 752-3-1 *(Abr., L. n° 2014-626, 18 juin 2014).*

> **Rédaction antérieure. Art.** L. 752-3-1 *(L. n° 2008-776, 4 août 2008 et D. n° 2008-1212, 24 nov. 2008).* – Les projets d'aménagement cinématographique ne sont soumis à l'examen de la commission qu'à la condition d'être accompagnés de l'indication de la personne qui sera titulaire de l'autorisation d'exercice délivrée en application de l'article 14 du Code de l'industrie cinématographique.

Art. L. 752-4 *(Mod., L. n° 2008-776, 4 août 2008 ; L. n° 2009-526, 12 mai 2009 ; Ord. n° 2012-11, 5 janv. 2012 ; L. n° 2014-366, 24 mars 2014 ; L. n° 2018-1021, 23 nov. 2018).* – I. – *(Al. mod., L. n° 2021-1104, 22 août 2021)* Dans les communes de moins de 20 000 habitants et, pour les projets qui engendrent une artificialisation des sols au sens du V de l'article L. 752-6, dans toutes les communes, le maire ou le président de l'établissement public de coopération intercommunale compétent en matière d'urbanisme peut, lorsqu'il est saisi d'une demande de permis de construire un équipement commercial dont la surface est comprise entre 300 et 1 000 mètres carrés, proposer au conseil municipal ou à l'organe délibérant de cet établissement de saisir la commission départementale d'aménagement commercial afin qu'elle statue sur la conformité du projet aux critères énoncés au même article L. 752-6.

Dans ces communes, lorsque le maire ou le président de l'établissement public compétent en matière d'urbanisme est saisi d'une demande de permis de construire un équipement commercial visé à l'alinéa précédent, il notifie cette demande dans les huit jours au président de l'établissement public prévu à l'article L. 143-16 du Code de l'urbanisme sur le territoire duquel est projetée l'implantation. Celui-ci peut proposer à l'organe délibérant de saisir la commission départementale d'aménagement commercial afin qu'elle statue sur la conformité du projet aux critères énoncés à l'article L. 752-6.

La délibération du conseil municipal ou de l'organe délibérant de l'établissement public de coopération intercommunale est motivée. Elle est transmise au pétitionnaire sous un délai de trois jours et affichée pendant un mois à la porte de la mairie de la commune d'implantation.

En cas d'avis défavorable de la commission départementale d'aménagement commercial ou, le cas échéant, de la Commission nationale d'aménagement commercial, le permis de construire ne peut être délivré.

La commission départementale d'aménagement commercial se prononce dans un délai d'un mois.

En cas d'avis négatif, le promoteur peut saisir la Commission nationale d'aménagement commercial qui se prononce dans un délai d'un mois. Le silence de la commission nationale vaut confirmation de l'avis de la commission départementale.

II. – Le I du présent article n'est pas applicable aux demandes de permis de construire un équipement commercial situé dans un secteur d'intervention d'une opération de revitalisation de territoire définie au I de l'article L. 303-2 du Code de la construction et de l'habitation, comprenant un centre-ville identifié par la convention de ladite opération.

NB : Ordonnance n° 2012-11 du 5 janvier 2012, article 19 : Les présentes dispositions entrent en vigueur à une date déterminée par décret en Conseil d'État et au plus tard le 1er janvier 2013. Toutefois, les dispositions en vigueur antérieurement à l'entrée en vigueur de l'ordonnance demeurent applicables :

- aux procédures d'élaboration et de révision des schémas de cohérence territoriale et des plans locaux d'urbanisme prescrites à cette même date ;
- aux procédures de modification des schémas de cohérence territoriale et des plans locaux d'urbanisme lorsque le projet de modification a été notifié aux personnes publiques associées à la date d'entrée en vigueur de l'ordonnance.

Art. L. 752-5 *(Ord. n° 2006-673, 8 juin 2006 ; rempl., L. n° 2008-776, 4 août 2008 ; mod., Ord. n° 2008-1161, 13 nov. 2008 ; L. n° 2014-366, 24 mars 2014 ; mod., L. n° 2014-626, 18 juin 2014 ; Ord. n° 2015-1174, 23 sept. 2015).* – En cas d'exploitation abusive d'une position dominante ou d'un état de dépendance économique de la part d'une entreprise ou d'un groupe d'entreprises exploitant un ou plusieurs magasins de commerce de détail, ou points permanents de retrait par la clientèle d'achats au détail commandés par voie télématique, organisés pour l'accès en automobile, le maire, le président de l'établissement public de coopération intercommunale à fiscalité propre ou le président du syndicat mixte ou de l'établissement public de coopération intercommunale mentionné à l'article L. 143-16 du Code de l'urbanisme peut saisir l'Autorité de la concurrence afin que celle-ci procède aux injonctions et aux sanctions pécuniaires prévues à l'article L. 464-2 du présent code.

Art. L. 752-5-1 *(Ord. n° 2016-301, 14 mars 2016 ; mod., L. n° 2018-1021, 23 nov. 2018).* – Les infractions aux dispositions de l'article L. 752-1, L. 752-23 et des textes pris pour leur application sont recherchées et constatées par les agents mentionnés au II de l'article L. 450-1, dans les conditions prévues aux articles L. 450-1, L. 450-2, L. 450-3, L. 450-7 et L. 450-8. Les articles L. 521-1, L. 521-2 et L. 524-1 à L. 524-3 du Code de la consommation peuvent être mis en œuvre à la suite des constatations effectuées.

Section II. – De la décision de la commission départementale

Art. L. 752-6 *(Ord. n° 2006-673, 8 juin 2006 ; rempl., L. n° 2008-776, 4 août 2008 et D. n° 2008-1212, 24 nov. 2008 ; rempl. à compter d'une date fixée par décret en Conseil d'État et au plus tard le 18 décembre 2014, L. n° 2014-626, 18 juin 2014 ; L. n° 2015-990, 6 août 2015 ; Ord. n° 2015-1174, 23 sept. 2015 ; mod., L. n° 2018-1021, 23 nov. 2018).* – I. – L'autorisation d'exploitation commerciale mentionnée à l'article L. 752-1 est compatible avec le document d'orientation et d'objectifs des schémas de cohérence territoriale ou, le cas échéant, avec les orientations d'aménagement et de programmation des plans locaux d'urbanisme intercommunaux comportant les dispositions prévues au deuxième alinéa de l'article L. 151-6 du Code de l'urbanisme.

La commission départementale d'aménagement commercial prend en considération :

1° En matière d'aménagement du territoire :

a) La localisation du projet et son intégration urbaine ;

b) La consommation économe de l'espace, notamment en termes de stationnement ;

c) L'effet sur l'animation de la vie urbaine, rurale et dans les zones de montagne et du littoral ;

d) L'effet du projet sur les flux de transports et son accessibilité par les transports collectifs et les modes de déplacement les plus économes en émission de dioxyde de carbone ;

e) La contribution du projet à la préservation ou à la revitalisation du tissu commercial du centre-ville de la commune d'implantation, des communes limitrophes et de l'établissement public de coopération intercommunale à fiscalité propre dont la commune d'implantation est membre ;

f) Les coûts indirects supportés par la collectivité en matière notamment d'infrastructures et de transports ;

2° En matière de développement durable :

a) La qualité environnementale du projet, notamment du point de vue de la performance énergétique et des émissions de gaz à effet de serre par anticipation du bilan prévu aux 1° et 2° du I de l'article L. 229-25 du Code de l'environnement, du recours le plus large qui soit aux énergies renouvelables et à l'emploi de matériaux ou procédés éco-responsables, de la gestion des eaux pluviales, de l'imperméabilisation des sols et de la préservation de l'environnement ;

b) L'insertion paysagère et architecturale du projet, notamment par l'utilisation de matériaux caractéristiques des filières de production locales ;

c) Les nuisances de toute nature que le projet est susceptible de générer au détriment de son environnement proche.

Les *a* et *b* du présent 2° s'appliquent également aux bâtiments existants s'agissant des projets mentionnés au 2° de l'article L. 752-1 ;

3° En matière de *protection des consommateurs :*

a) L'accessibilité, en termes, notamment, de proximité de l'offre par rapport aux lieux de vie ;

b) La contribution du projet à la revitalisation du tissu commercial, notamment par la modernisation des équipements commerciaux existants et la préservation des centres urbains ;

c) La variété de l'offre proposée par le projet, notamment par le développement de concepts novateurs et la valorisation de filières de production locales ;

d) Les risques naturels, miniers et autres auxquels peut être exposé le site d'implantation du projet, ainsi que les mesures propres à assurer la sécurité des consommateurs.

II. – À titre accessoire, la commission peut prendre en considération la contribution du projet en matière sociale.

III. – La commission se prononce au vu d'une analyse d'impact du projet, produite par le demandeur à l'appui de sa demande d'autorisation. Réalisée par un organisme indépendant habilité par le représentant de l'État dans le département, cette analyse évalue les effets du projet sur l'animation et le développement économique du centre-ville de la commune d'implantation, des communes limitrophes et de l'établissement public de coopération intercommunale à fiscalité propre dont la commune d'implantation est membre, ainsi que sur l'emploi, en s'appuyant notamment sur l'évolution démographique, le taux de vacance commerciale et l'offre de mètres carrés commerciaux déjà existants dans la zone de chalandise pertinente, en tenant compte des échanges pendulaires journaliers et, le cas échéant, saisonniers, entre les territoires.

IV. – Le demandeur d'une autorisation d'exploitation commerciale doit démontrer, dans l'analyse d'impact mentionnée au III, qu'aucune friche existante en centre-ville ne permet l'accueil du projet envisagé. En l'absence d'une telle friche, il doit démontrer qu'aucune friche existante en périphérie ne permet l'accueil du projet envisagé.

V *(V créé, L. n° 2021-1104, 22 août 2021)*. – L'autorisation d'exploitation commerciale ne peut être délivrée pour une implantation ou une extension qui engendrerait une artificialisation des sols, au sens du neuvième alinéa de l'article L. 101-2-1 du Code de l'urbanisme.

Toutefois, une autorisation d'exploitation commerciale peut être délivrée si le pétitionnaire démontre, à l'appui de l'analyse d'impact mentionnée au III du présent article, que son projet s'insère en continuité avec les espaces urbanisés dans un secteur au type d'urbanisation adéquat, qu'il répond aux besoins du territoire et qu'il obéit à l'un des critères suivants :

1° L'insertion de ce projet, tel que défini à l'article L. 752-1, dans le secteur d'intervention d'une opération de revitalisation de territoire ou dans un quartier prioritaire de la politique de la ville ;

2° L'insertion du projet dans une opération d'aménagement au sein d'un espace déjà urbanisé, afin de favoriser notamment la mixité fonctionnelle du secteur concerné ;

3° La compensation par la transformation d'un sol artificialisé en sol non artificialisé, au sens de l'avant-dernier alinéa de l'article L. 101-2-1 du Code de l'urbanisme ;

4° L'insertion au sein d'un secteur d'implantation périphérique ou d'une centralité urbaine identifiés dans le document d'orientation et d'objectifs du schéma de cohérence territoriale entré en vigueur avant la publication de la loi n° 2021-1104 du 22 août 2021 portant lutte contre le dérèglement climatique et renforcement de la résilience face à ses effets ou au sein d'une zone d'activité commerciale délimitée dans le règlement du plan local d'urbanisme intercommunal entré en vigueur avant la publication de la même loi.

Les deuxième à sixième alinéas du présent V sont applicables uniquement aux projets ayant pour objet :

a) La création d'un magasin de commerce de détail ou d'un ensemble commercial d'une surface de vente inférieure à 10 000 mètres carrés ;

b) L'extension de la surface de vente d'un magasin de commerce de détail ou d'un ensemble commercial dès lors que la surface de vente totale dudit magasin ou ensemble commercial reste inférieure à 10 000 mètres carrés ;

c) L'extension de la surface de vente d'un magasin de commerce de détail ou d'un ensemble commercial ayant déjà atteint le seuil des 10 000 mètres carrés ou devant le dépasser par la réalisation du projet, dans la limite d'une seule extension par magasin ou ensemble commercial et sous réserve que l'extension de la surface de vente soit inférieure à 1 000 mètres carrés.

Pour tout projet d'une surface de vente supérieure à 3 000 mètres carrés et inférieure à 10 000 mètres carrés, la dérogation n'est accordée qu'après avis conforme du représentant de l'État.

Un décret en Conseil d'État précise les modalités d'application du présent V ainsi que les projets considérés comme engendrant une artificialisation des sols au sens du premier alinéa du présent V.

NB : Conformément à l'article 166, II de la loi n° 2018-1021 du 23 novembre 2018, ces dispositions sont applicables aux demandes d'autorisation d'exploitation commerciale déposées à compter du 1er janvier 2019.

Art. L. 752-6-1 *(L. n° 2012-1270, 20 nov. 2012 ; L. n° 2017-256, 28 févr. 2017)*. – Dans les collectivités relevant de l'article 73 de la Constitution et les collectivités d'outre-mer de Saint-Barthélemy, de Saint-Martin et de Saint-Pierre-et-Miquelon, et en conformité avec l'article 349 du traité sur le fonctionnement de l'Union européenne, la commission tient compte de la puissance économique déjà détenue dans la zone par l'entreprise qui sollicite une autorisation d'exploitation commerciale. Si sa part de marché, calculée en surface de vente, est susceptible de dépasser 50 % de la zone de chalandise après l'opération, la commission peut demander l'avis de l'Autorité de la concurrence.

Lorsqu'une commission départementale saisit l'Autorité de la concurrence, sa décision est suspendue à la remise de l'avis de l'autorité, qui, après réception de l'intégralité des pièces du dossier, dispose d'un délai maximal de vingt-cinq jours ouvrés pour répondre. En l'absence d'avis rendu dans ce délai, la commission peut valablement statuer.

Art. L. 752-7 *(Abr., L. n° 2014-626, 18 juin 2014).*

Rédaction antérieure. Art. L. 752-7 *(Mod., L. n° 2008-776, 4 août 2008).* – Lorsqu'elle statue sur l'autorisation prévue par l'article 30-2 du Code de l'industrie cinématographique, la commission se prononce au vu des critères énoncés à l'article 30-3 du même code.

Art. L. 752-8 à L. 752-11 *(Abr., L. n° 2008-776, 4 août 2008).*

Art. L. 752-12. – L'instruction des demandes d'autorisation est faite par les services déconcentrés de l'État.

Art. L. 752-13 *(Abr., L. n° 2008-776, 4 août 2008).*

Art. L. 752-14 *(Mod., L. n° 2008-776, 4 août 2008 et D. n° 2008-1212, 24 nov. 2008 ; mod., L. n° 2014-626, 18 juin 2014).* – I. – La commission départementale d'aménagement commercial autorise les projets par un vote à la majorité absolue des membres présents. Le procès-verbal indique le sens du vote émis par chacun de ces membres.

Le préfet, qui préside la commission départementale, ne prend pas part au vote.

II. – La commission départementale d'aménagement commercial se prononce dans un délai de deux mois à compter de sa saisine.

Passé ce délai, la décision est réputée favorable.

Les membres de la commission ont connaissance des demandes déposées au moins dix jours avant d'avoir à statuer.

Cette décision est notifiée dans les dix jours au maire et au pétitionnaire.

Art. L. 752-15 *(Mod., L. n° 2008-776, 4 août 2008 et D. n° 2008-1212, 24 nov. 2008 ; mod., L. n° 2014-366, 24 mars 2014 ; mod., L. n° 2014-626, 18 juin 2014 ; mod., L. n° 2018-1021, 23 nov. 2018).* – L'autorisation d'exploitation commerciale est délivrée préalablement à la réalisation du projet si le permis de construire n'est pas exigé.

L'autorisation est accordée par mètre carré de surface de vente.

Une nouvelle demande est nécessaire lorsque le projet, en cours d'instruction ou lors de sa réalisation, subit, du fait du pétitionnaire, des modifications substantielles au regard des critères énoncés à l'article L. 752-6. Lorsqu'elle devient définitive, l'autorisation de modifier substantiellement le projet se substitue à la précédente autorisation d'exploitation commerciale accordée pour le projet.

Art. L. 752-16 *(L. n° 2014-366, 24 mars 2014).* – Pour les points permanents de retrait par la clientèle d'achats au détail mentionnés à l'article L. 752-3, l'autorisation est accordée par piste de ravitaillement et par mètre carré d'emprise au sol des surfaces, bâties ou non, affectées au retrait des marchandises.

Section III. – Du recours contre la décision de la commission départementale

Art. L. 752-17 *(Mod., L. n° 2008-776, 4 août 2008 et D. n° 2008-1212, 24 nov. 2008 ; rempl., L. n° 2014-626, 18 juin 2014).* – I. – Conformément à l'article L. 425-4 du Code de l'urbanisme, le demandeur, le représentant de l'État dans le département, tout membre de la commission départementale d'aménagement commercial, tout professionnel dont l'activité, exercée dans les limites de la zone de chalandise définie pour chaque projet, est susceptible d'être affectée par le projet ou toute association les représentant peuvent, dans le délai d'un mois, introduire un recours devant la Commission nationale d'aménagement commercial contre l'avis de la commission départementale d'aménagement commercial.

La Commission nationale d'aménagement commercial émet un avis sur la conformité du projet aux critères énoncés à l'article L. 752-6 du présent code, qui se substitue à celui de la commission départementale. En l'absence d'avis exprès de la commission nationale dans le délai de quatre mois à compter de sa saisine, l'avis de la commission départementale d'aménagement commercial est réputé confirmé.

À peine d'irrecevabilité, la saisine de la commission nationale par les personnes mentionnées au premier alinéa du présent est un préalable obligatoire au recours contentieux dirigé contre la décision de l'autorité administrative compétente pour délivrer le permis de construire. Le maire de la commune d'implantation du projet et le représentant de l'État dans le département ne sont pas tenus d'exercer ce recours préalable.

II. – Lorsque la réalisation du projet ne nécessite pas de permis de construire, les personnes mentionnées au premier alinéa du I peuvent, dans un délai d'un mois, introduire un recours contre la décision de la commission départementale d'aménagement commercial.

La Commission nationale d'aménagement commercial rend une décision qui se substitue à celle de la commission départementale. En l'absence de décision expresse de la commission nationale dans le délai de quatre mois à compter de sa saisine, la décision de la commission départementale d'aménagement commercial est réputée confirmée.

À peine d'irrecevabilité, la saisine de la commission nationale est un préalable obligatoire au recours contentieux.

III. – La commission départementale d'aménagement commercial informe la Commission nationale d'aménagement commercial de tout projet mentionné à l'article L. 752-1 dont la surface de vente atteint au moins 20 000 mètres carrés, dès son dépôt.

IV. – La commission départementale d'aménagement commercial doit, dès le dépôt du dossier de demande, informer la Commission nationale d'aménagement commercial de tout projet mentionné à l'article L. 752-1 dont la surface de vente est supérieure à 20 000 mètres carrés ou ayant déjà atteint le seuil de 20 000 mètres carrés ou devant le dépasser par la réalisation du projet.

V. – La Commission nationale d'aménagement commercial peut se saisir de tout projet mentionné à l'article L. 752-1 dont la surface de vente atteint au moins 20 000 mètres carrés dans le délai d'un mois suivant l'avis émis par la commission départementale d'aménagement commercial conformément au I du présent article ou suivant la décision rendue conformément au II.

Elle émet un avis ou rend une décision sur la conformité du projet aux critères énoncés à l'article L. 752-6. Cet avis ou cette décision se substitue à celui de la commission départementale. En l'absence d'avis ou de décision exprès de la commission nationale dans le délai de quatre mois à compter de sa saisine, l'avis de la commission départementale d'aménagement commercial est réputé confirmé.

Art. L. 752-18 *(Abr., L. n° 2014-626, 18 juin 2014).*

> **Rédaction antérieure.** Art. L. 752-18 *(Mod., L. n° 2008-776, 4 août 2008).* – Avant l'expiration du délai de recours ou, en cas de recours, avant la décision de la commission nationale, le permis de construire ne peut être accordé ni la réalisation entreprise et aucune nouvelle demande ne peut être déposée pour le même terrain d'assiette auprès de la commission départementale d'aménagement commercial.

Art. L. 752-19 *(Mod., L. n° 2008-776, 4 août 2008 et D. n° 2008-1212, 24 nov. 2008 ; L. n° 2014-626, 18 juin 2014 ; mod., L. n° 2018-1021, 23 nov. 2018).* – Le maire de la commune d'implantation membre de la commission départementale dont la décision ou l'avis fait l'objet du recours est entendu à sa demande par la commission nationale.

À sa demande, la commission départementale d'aménagement commercial dont la décision ou l'avis fait l'objet du recours désigne, en son sein, un membre qui expose la position de la commission préalablement à la décision de la Commission nationale d'aménagement commercial.

Un commissaire du Gouvernement nommé par le ministre chargé du commerce assiste aux séances de la commission.

Art. L. 752-20 *(Mod., L. n° 2008-776, 4 août 2008 ; L. n° 2014-626, 18 juin 2014).* – Le président de la commission nationale a voix prépondérante en cas de partage égal des voix.

Les décisions de la commission nationale indiquent le nombre de votes favorables et défavorables ainsi que les éventuelles abstentions. Elles doivent être motivées conformément à la loi n° 79-587 du 11 juillet 1979 relative à la motivation des actes administratifs et à l'amélioration des relations entre l'administration et le public.

Art. L. 752-21 *(Ord. n° 2006-673, 8 juin 2006 ; rempl., L. n° 2014-626, 18 juin 2014 ; mod., L. n° 2018-1021, 23 nov. 2018).* – Un pétitionnaire dont le projet a été rejeté pour un motif de fond par la Commission nationale d'aménagement commercial ne peut déposer une nouvelle demande d'autorisation sur un même terrain, à moins d'avoir pris en compte les motivations de la décision ou de l'avis de la commission nationale.

Lorsque la nouvelle demande ne constitue pas une modification substantielle au sens de l'article L. 752-15 du présent code, elle peut être déposée directement auprès de la Commission nationale d'aménagement commercial.

Art. L. 752-22 *(Mod., L. n° 2008-776, 4 août 2008 ; L. n° 2014-626, 18 juin 2014).* – Les commissions autorisent ou refusent les projets dans leur totalité.

Art. L. 752-23 *(Mod., L. n° 2008-776, 4 août 2008 ; L. n° 2009-323, 25 mars 2009 ; L. n° 2009-526, 12 mai 2009 ; L. n° 2014-366, 24 mars 2014 ; L. n° 2014-626, 18 juin 2014 ; mod., L. n° 2018-1021, 23 nov. 2018).* – Un mois avant la date d'ouverture au public du projet, le bénéficiaire communique au représentant de l'État dans le département, au maire et au président de l'établissement public de coopération intercommunale à fiscalité propre dont la commune d'implantation est membre un certificat établi à ses frais par un organisme habilité par le représentant de l'État dans le département attestant du respect de l'autorisation d'exploitation commerciale qui lui a été délivrée ou des articles L. 752-1-1 et L. 752-2.

En l'absence de délivrance du certificat dans le délai prescrit, l'exploitation des surfaces concernées est réputée illicite.

II. – Les agents mentionnés à l'article L. 752-5-1 et les agents habilités par la commune ou par l'établissement public de coopération intercommunale à fiscalité propre s'il est compétent, constatant l'exploitation illicite d'une surface de vente ou, s'agissant de points permanents de retrait par la clientèle d'achats au détail, l'exploitation d'une surface d'emprise au sol ou d'un nombre de pistes de ravitaillement non autorisé, établissent un rapport qu'ils transmettent au représentant de l'État dans le département d'implantation du projet.

Le représentant de l'État dans le département met en demeure l'exploitant concerné soit de fermer au public les surfaces de vente exploitées illégalement en cas de création, soit de ramener sa surface commerciale à l'autorisation d'exploitation commerciale accordée par la commission d'aménagement commercial compétente, dans un délai de trois mois à compter de la transmission au pétitionnaire du constat d'infraction. Sans préjudice de l'application de sanctions pénales, il prend, à défaut, un arrêté ordonnant, dans un délai de quinze jours, la fermeture au public des surfaces de vente exploitées illicitement, jusqu'à régularisation effective. Ces mesures sont assorties d'une astreinte journalière dont le montant ne peut excéder 150 € par mètre carré exploité illicitement.

En ce qui concerne les points permanents de retrait par la clientèle d'achats au détail, la surface mentionnée au deuxième alinéa du présent II est égale à la somme des surfaces énoncées à l'article L. 752-16.

Est puni d'une amende de 15 000 € le fait de ne pas exécuter les mesures prises par le représentant de l'État dans le département et prévues au deuxième alinéa du présent II.

La base de données mentionnée à l'article L. 751-9 recense les certificats délivrés conformément au I du présent article, les rapports constatant les exploitations illicites mentionnés au II, les mises en demeure délivrées, les consignations ordonnées, les travaux de remise en état réalisés d'office, les arrêtés de fermeture pris et les *amendes infligées par les représentants* de l'État dans les départements en application du II du présent article ou de l'article L. 752-1.

III. – Les modalités d'application du présent article sont déterminées par décret en Conseil d'État.

Art. L. 752-24 *(L. n° 2008-776, 4 août 2008).* – Un décret en Conseil d'État fixe les modalités d'application du présent chapitre.

Art. L. 752-25 *(L. n° 2008-776, 4 août 2008).* **– Tous les contrats d'un montant supérieur à un seuil défini par décret, passés par des personnes publiques ou privées à l'occasion de la réalisation d'un projet relevant du présent titre et dans une période de deux ans après l'achèvement dudit projet, sont communiqués, selon des modalités fixées par décret, par chaque partie contractante au préfet et à la chambre régionale des comptes. Cette obligation s'étend également aux contrats antérieurs à l'autorisation ou, à défaut, au permis de construire et portant sur la maîtrise ou l'aménagement des terrains sur lesquels est réalisée l'implantation d'établissements ayant bénéficié de l'autorisation.**

Elle concerne les contrats de tout type, y compris ceux prévoyant des cessions à titre gratuit, des prestations en nature et des contreparties immatérielles.

Cette communication intervient dans les deux mois suivant la conclusion des contrats ou, s'il s'agit de contrats antérieurs à l'autorisation ou, à défaut, au permis de construire, dans un délai de deux mois à compter de l'autorisation.

Toute infraction au présent article est punie d'une amende de 75 000 euros.

Section IV. – Du contrôle de l'Autorité de la concurrence en cas de position dominante

(Division créée, L. n° 2012-1270, 20 nov. 2012)

Art. L. 752-26 *(Abr., Ord. n° 2021-649, 26 mai 2021).*

Rédaction antérieure. Art. L. 752-26 *(Mod., L. n° 2012-1270, 20 nov. 2012).* – En cas d'exploitation abusive d'une position dominante ou d'un état de dépendance économique de la part d'une entreprise ou d'un groupe d'entreprises exploitant un ou plusieurs magasins de commerce de détail, l'Autorité de la concurrence peut procéder aux injonctions et aux sanctions pécuniaires prévues à l'article L. 464-2.

Si les injonctions prononcées et les sanctions pécuniaires appliquées n'ont pas permis de mettre fin à l'abus de position dominante ou à l'état de dépendance économique, l'Autorité de la concurrence peut, par une décision motivée prise après réception des observations de l'entreprise ou du groupe d'entreprises en cause, lui enjoindre de modifier, de compléter ou de résilier, dans un délai déterminé, tous accords et tous actes par lesquels s'est constituée la puissance économique qui a permis ces abus. Elle peut, dans les mêmes conditions, lui enjoindre de procéder à la cession d'actifs, si cette cession constitue le seul moyen permettant de garantir une concurrence effective dans la zone de chalandise considérée.

Art. L. 752-27 *(L. n° 2012-1270, 20 nov. 2012 ; mod., L. n° 2015-990, 6 août 2015 ; L. n° 2020-1508, 3 déc. 2020).* **– I. – Dans les collectivités relevant de l'article 73 de la Constitution et dans les collectivités d'outre-mer de Saint-Barthélemy, de Saint-Martin, de Wallis-et-Futuna et de Saint-Pierre-et-Miquelon, en cas d'existence d'une position dominante, détenue par une entreprise ou un groupe d'entreprises exerçant une activité de commerce de gros ou de détail, l'Autorité de la concurrence peut, eu égard aux contraintes particulières de ces territoires découlant notamment de leurs caractéristiques géographiques et économiques, adresser un rapport motivé à l'entreprise ou au groupe d'entreprises en cause si elle constate que cette position dominante soulève des préoccupations de concurrence du fait de prix ou de marges élevés pratiqués par l'entreprise ou le groupe d'entreprises en comparaison des moyennes habituellement constatées dans le secteur concerné.**

L'entreprise ou le groupe d'entreprises peut, dans un délai de deux mois, lui proposer des engagements, dans les conditions prévues à l'article L. 464-2.

II. – Si l'entreprise ou le groupe d'entreprises conteste le constat établi dans les conditions prévues au I ou ne propose pas d'*engagements ou si les engagements* **proposés ne lui paraissent pas de nature à mettre un terme à ses préoccupations de concurrence, un rapport est notifié par l'Autorité de la concurrence à l'entreprise ou au groupe d'entreprises, qui peut présenter ses observations dans un délai de deux mois.**

L'Autorité de la concurrence peut, par une décision motivée, prise après réception des observations de l'entreprise ou du groupe d'entreprises en cause et à l'issue d'une séance devant le collège, lui enjoindre de modifier, de compléter ou de résilier, dans un délai déterminé qui ne peut excéder six mois, tous accords et tous actes par lesquels s'est constituée la puissance économique qui permet les prix ou les marges élevés constatés. Elle peut, dans les mêmes conditions, lui enjoindre de procéder, dans un délai qui ne peut être inférieur à six mois, à la cession d'actifs, y compris de terrains, bâtis ou non, si cette cession constitue le seul moyen permettant de garantir une concurrence effective. L'Autorité de la concurrence peut sanctionner l'inexécution de ces injonctions dans les conditions prévues à l'article L. 464-2.

Dans le cadre des procédures définies aux I et II du présent article, l'Autorité de la concurrence peut demander communication de toute information dans les conditions prévues aux articles L. 450-3, L. 450-7 et L. 450-8 et entendre tout tiers intéressé.

TITRE VI. – DES MARCHÉS D'INTÉRÊT NATIONAL ET DES MANIFESTATIONS COMMERCIALES

CHAPITRE I. – DES MARCHÉS D'INTÉRÊT NATIONAL

Art. L. 761-1 *(Ord. n° 2006-673, 8 juin 2006 ; mod., L. n° 2010-853, 23 juill. 2010).* – Les marchés d'intérêt national sont des services publics de gestion de marchés offrant à des grossistes et à des producteurs des services de gestion collective adaptés aux caractéristiques de certains produits agricoles et alimentaires.

Ils répondent à des objectifs d'aménagement du territoire, d'amélioration de la qualité environnementale et de sécurité alimentaire.

L'accès à ces marchés est réservé aux producteurs et aux commerçants.

Le classement de marchés de produits agricoles et alimentaires comme marchés d'intérêt national ou la création de tels marchés est prononcé sur proposition des conseils régionaux par décret.

Ces marchés peuvent être implantés sur le domaine public ou le domaine privé d'une ou plusieurs personnes morales de droit public ou sur des immeubles appartenant à des personnes privées.

Le déclassement d'un marché d'intérêt national peut être prononcé par arrêté du ministre chargé du commerce et du ministre chargé de l'agriculture sur proposition du conseil régional si l'activité du marché ne permet plus de répondre aux missions définies au premier alinéa ou à l'organisation générale déterminée dans les conditions fixées à l'article L. 761-10.

Art. L. 761-2. – La liste des marchés d'intérêt national dont l'État entend organiser l'aménagement et la gestion est fixée par décret.

Pour les autres marchés d'intérêt national, les communes sur le territoire desquelles ils sont implantés, ou les groupements de communes intéressés, en assurent l'aménagement et la gestion, en régie ou par la désignation d'une personne morale publique ou privée. Dans ce dernier cas, cette personne morale est désignée après mise en concurrence dans les conditions fixées par l'article L. 1411-1 du Code général des collectivités territoriales.

Ces communes, ou leurs groupements, peuvent toutefois confier ce pouvoir de désignation à la région ou, en Corse, à la collectivité territoriale de Corse.

Art. L. 761-3. – Le tarif des redevances perçues auprès des titulaires d'autorisation d'occupation ou des autres formes de contribution des usagers du marché à son fonctionnement est établi par le gestionnaire et approuvé par le préfet.

Le gestionnaire du marché présente un compte de résultat prévisionnel permettant de faire face à l'ensemble de ses obligations sociales, financières et sanitaires établies ou prévisibles.

Si l'exploitation financière d'un marché présente ou laisse prévoir un déséquilibre grave, les ministres de tutelle peuvent, après avoir conseillé le gestionnaire et, le cas échéant, les collectivités publiques qui ont garanti les emprunts, relever d'office les redevances existantes, créer des recettes nouvelles, réduire les dépenses et, d'une manière générale, prendre toutes dispositions propres à rétablir l'équilibre.

Art. L. 761-4 *(Ord. n° 2006-673, 8 juin 2006 ; mod., L. n° 2010-853, 23 juill. 2010 ; Ord. n° 2015-1682, 17 déc. 2015).* – Un périmètre de référence peut être institué autour du marché d'intérêt national par décret.

Ce décret détermine l'implantation du marché d'intérêt national.

Le préfet peut supprimer de façon anticipée ou réduire le périmètre de référence ainsi institué.

La modification de l'enceinte d'un marché d'intérêt national est décidée par le gestionnaire du marché. Quand le marché est entouré d'un périmètre de référence, le gestionnaire du marché ne peut pas étendre ou transférer son enceinte à l'extérieur de ce périmètre.

Art. L. 761-5 *(Ord. n° 2006-673, 8 juin 2006 ; rempl., L. n° 2010-853, 23 juill. 2010).* – Dans le périmètre mentionné à l'article L. 761-4, les projets d'implantation ou d'extension de locaux ou d'ensembles de locaux destinés à recevoir, aux fins de vente autre que de détail, des produits dont la liste est définie par arrêté des ministres de tutelle, sur une surface de vente consacrée à ces produits de plus de 1 000 mètres carrés, sont soumis à l'autorisation de l'autorité administrative dans les conditions définies à l'article L. 761-7.

L'autorisation prévue au premier alinéa est de droit lorsque le marché ne dispose pas des surfaces nécessaires pour permettre l'implantation ou l'extension envisagée.

Le régime d'autorisation prévu par le présent article ne s'applique pas aux locaux des producteurs et groupements de producteurs pour les produits qui proviennent d'exploitations sises à l'intérieur du périmètre de référence.

Au plus tard le 31 décembre 2012, un bilan de l'organisation des marchés d'intérêt national, portant en particulier sur la mise en œuvre et l'efficacité des périmètres de référence au regard des objectifs poursuivis, est présenté au Parlement par l'autorité administrative compétente afin de déterminer s'il y a lieu, ou non, de maintenir ce dispositif ou de le faire évoluer à compter du 1er janvier 2013. L'élaboration de ce bilan associe notamment les établissements publics et les organisations interprofessionnelles concernés.

Les conditions d'application du présent article sont fixées par décret en Conseil d'État.

Art. L. 761-6 *(Ord. n° 2006-673, 8 juin 2006 ; rempl., L. n° 2010-853, 23 juill. 2010).* – Lorsque le périmètre de référence d'un marché d'intérêt national englobe un port, le régime d'autorisation prévu au premier alinéa de l'article L. 761-5 ne s'applique pas aux installations incluses dans l'enceinte du port et accueillant des activités portuaires lorsque ces installations sont uniquement destinées à des produits importés dans ce port ou exportés à partir de lui par voie maritime.

Art. L. 761-7 *(Ord. n° 2006-673, 8 juin 2006 ; rempl., L. n° 2010-853, 23 juill. 2010).* – L'autorité administrative compétente statue sur les demandes d'autorisation qui lui sont présentées en vertu de l'article L. 761-5 en prenant en considération les effets du projet en matière d'aménagement du territoire et de développement durable.

Art. L. 761-8 *(Ord. n° 2006-673, 8 juin 2006 ; mod. L. n° 2011-525, 17 mai 2011).* – Les infractions aux dispositions des articles L. 761-5 et L. 761-7 ainsi qu'aux dispositions prises en application de ces articles sont constatées et poursuivies dans les conditions fixées par les articles L. 450-1, L. 450-2 et L. 450-3 et sanctionnées d'une peine d'amende de 15 000 euros. Les articles L. 470-1 et L. 470-4 sont applicables.

Art. L. 761-9. – Le droit d'occupation privative d'emplacement dont dispose un commerçant établi dans l'enceinte d'un marché d'intérêt national est susceptible d'être compris dans le nantissement de son fonds de commerce.

Art. L. 761-10 *(Mod., Ord. n° 2015-1682, 17 déc. 2015).* – Les dispositions législatives et réglementaires relatives à la tenue et à l'exploitation des marchés de produits agricoles et alimentaires ne sont pas applicables aux marchés d'intérêt national.

L'organisation générale des marchés d'intérêt national est déterminée par décret en Conseil d'État.

Art. L. 761-11. – Le préfet exerce les pouvoirs de police dans l'enceinte du marché d'intérêt national. Dans l'étendue du périmètre de référence, il veille à l'application des lois et règlements intéressant le marché et dénonce, à cet effet, au procureur de la République les infractions commises. Lorsque le marché avec son périmètre de référence s'étend sur plusieurs départements, les pouvoirs ci-dessus appartiennent au préfet désigné par le ministre de l'Intérieur.

Voir : art. R. 761-1 à R. 761-26, p. 2216 (Marchés d'intérêt national).

CHAPITRE II. – DES MANIFESTATIONS COMMERCIALES

Art. L. 762-1. – Un parc d'exposition est un ensemble immobilier clos indépendant, doté d'installations et d'équipements appropriés ayant un caractère permanent et non soumis à l'autorisation prévue à l'article L. 752-1, qui accueille, pendant tout ou partie de l'année, des manifestations commerciales ou autres, à caractère temporaire.

Le parc d'exposition est enregistré auprès de l'autorité administrative compétente. Le programme des manifestations commerciales qu'il accueille fait chaque année l'objet d'une déclaration préalable auprès de l'autorité administrative compétente.

Art. L. 762-2 *(Mod., L. n° 2009-526, 12 mai 2009).* **– Un salon professionnel est une manifestation commerciale consacrée à la promotion d'un ensemble d'activités professionnelles réservée à des visiteurs justifiant d'un titre d'accès payant ou gratuit. Il ne propose à la vente sur place que des marchandises destinées à l'usage personnel de l'acquéreur, dont la valeur n'excède pas un plafond fixé par décret.**

Tout salon professionnel fait l'objet d'une déclaration préalable auprès de l'autorité administrative compétente.

Art. L. 762-3. – Les conditions d'application du présent chapitre sont déterminées par un décret en Conseil d'État.

Décret n° 2006-85 du 27 janvier 2006

relatif au régime de déclaration préalable des manifestations commerciales

(JO 29 janv. ; abr. et partiellement codifié, D. n° 2007-431, 25 mars 2007)

Voir : art. R. 762-1 à R. 762-12, p. 2222 et R. 762-14, p. 2225.

Voir aussi : A. 12 juin 2006 relatif au régime de déclaration préalable des manifestations commerciales (*JO* 5 juill.).

TITRE VII. – DE LA RECHERCHE D'UN REPRENEUR

(L. n° 2014-384, 29 mars 2014)

NB : Conformément à l'article 1, III, de la loi n° 2014-384 du 29 mars 2014, le titre VII du livre VII du Code de commerce (art. L. 771-1, L. 772-1 à L. 773-3) est applicable aux procédures de licenciement collectif engagées à compter du 1er avril 2014.

CHAPITRE I. – DE LA SAISINE DU TRIBUNAL DE COMMERCE

Art. L. 771-1 *(Abr., L. n° 2014-856, 31 juill. 2014).*

Rédaction antérieure. Art. L. 771-1 *(L. n° 2014-384, 29 mars 2014).* – Dans un délai de sept jours à compter de la réunion mentionnée à l'article L. 1233-57-20 du Code du travail, le comité d'entreprise peut saisir le tribunal de commerce dans le ressort duquel la société a son siège social, s'il estime que l'entreprise n'a pas respecté les obligations mentionnées aux articles L. 1233-57-14 à L. 1233-57-16, L. 1233-57-19 et L. 1233-57-20 du même code ou qu'elle a refusé de donner suite à une offre qu'il considère comme sérieuse.

Lorsqu'il n'existe pas de comité d'entreprise et qu'un procès-verbal de carence a été transmis à l'inspecteur du travail, le tribunal de commerce peut être saisi par les délégués du personnel.

CHAPITRE II. – DE LA PROCÉDURE DE VÉRIFICATION DU TRIBUNAL DE COMMERCE

Art. L. 772-1 *(Abr., L. n° 2014-856, 31 juill. 2014).*

Rédaction antérieure. Art. L. 772-1 *(L. n° 2014-384, 29 mars 2014).* – Saisi dans les conditions mentionnées à l'article L. 771-1, le tribunal statue en chambre du conseil sur l'ouverture de la procédure.

Le tribunal peut recueillir tous renseignements sur la situation financière, économique et sociale de l'entreprise ainsi que sur les actions engagées par le dirigeant de l'entreprise pour trouver un repreneur. Il peut se faire assister de tout expert de son choix.

Art. L. 772-2 *(Abr., L. n° 2014-856, 31 juill. 2014).*

Rédaction antérieure. Art. L. 772-2 *(L. n° 2014-384, 29 mars 2014).* – Après avoir entendu ou dûment appelé le dirigeant de l'entreprise, les représentants du comité d'entreprise, le ministère public, le représentant de l'administration, s'il en fait la demande, ou toute autre personne dont l'audition lui paraît utile, le tribunal examine :

1° La conformité de la recherche aux obligations prévues aux articles L. 1233-57-14 à L. 1233-57-16, L. 1233-57-19 et L. 1233-57-20 du Code du travail ;

2° *[Dispositions déclarées non conformes à la Constitution par la décision du Conseil constitutionnel n° 2014-692 DC du 27 mars 2014.]* ;

3° *[Dispositions déclarées non conformes à la Constitution par la décision du Conseil constitutionnel n° 2014-692 DC du 27 mars 2014.]*

CHAPITRE III. – DES SANCTIONS EN CAS DE NON-RESPECT DES OBLIGATIONS DE RECHERCHE D'UN REPRENEUR

Art. L. 773-1 *(Abr., L. n° 2014-856, 31 juill. 2014).*

Rédaction antérieure. Art. L. 773-1 *(L. n° 2014-384, 29 mars 2014).* – Le tribunal statue dans un délai de quatorze jours. La décision administrative d'homologation du document élaboré par l'employeur mentionné à l'article L. 1233-24-4 du Code du travail ne peut intervenir avant le jugement.

Art. L. 773-2 *(Abr., L. n° 2014-856, 31 juill. 2014).*

Rédaction antérieure. Art. L. 773-2 *(L. n° 2014-384, 29 mars 2014).* – Lorsque le jugement mentionné à l'article L. 773-1 constate que l'entreprise n'a pas respecté les obligations mentionnées au 1° de l'article L. 772-2, les personnes publiques compétentes peuvent émettre un titre exécutoire, dans un délai d'un an à compter de ce jugement, pour obtenir le remboursement de tout ou partie des aides pécuniaires en matière d'installation, de développement économique ou d'emploi attribuées à l'entreprise au cours des deux années précédant le jugement, au titre de l'établissement concerné par le projet de fermeture.

Art. L. 773-3 *(Abr., L. n° 2014-856, 31 juill. 2014).*

Rédaction antérieure. Art. L. 773-3 *(L. n° 2014-384, 29 mars 2014).* – Un décret en Conseil d'État détermine les modalités d'application du présent titre.

LIVRE HUITIÈME

DE QUELQUES PROFESSIONS RÉGLEMENTÉES

TITRE PREMIER. – DES ADMINISTRATEURS JUDICIAIRES, MANDATAIRES JUDICIAIRES ET EXPERTS EN DIAGNOSTIC D'ENTREPRISE

(Anc. titre unique num., L. n° 2001-420, 15 mai 2001 ; intitulé mod., L. n° 2003-7, 3 janv. 2003 ; L. n° 2005-845, 26 juill. 2005)

Bibliographie : Y. Guyon, *Le nouveau régime de la responsabilité des administrateurs judiciaires : Rev. proc. coll.* 1988, 159. • A. Perdriau, *La responsabilité civile des mandataires de justice dans les procédures collectives : JCP* E 1989, II, 15547. • C. Saint-Alary-Houin, *Des professions à « haut risque », Les professions d'administrateurs et mandataires judiciaires : Mél. A. Honorat*, éd. Frison-Roche, 2000, p. 193. • Y. Chaput, *La nouvelle gouvernance des administrateurs et des mandataires judiciaires au redressement et la liquidation des entreprises : JCP* E 2003, act. 80. • F.-X. Lucas, *Analyse de la loi du 3 janvier 2003 réformant le statut des administrateurs et des mandataires judiciaires : Dr. et patrimoine* juill. 2003, p. 30. • E. Gall-Heng, *La représentation professionnelle des administrateurs judiciaires et mandataires judiciaires : ses missions et ses projets : Gaz. Pal.* 29 avr. 2005, p. 11. • G. Bolard, *Les fonctions des mandataires de justice : Rev. proc. coll.* 2006, p. 205. • A. Géniteau, *La responsabilité de l'administrateur : Rev. proc. coll.* 2010, dossier 11. • M. Sénéchal, *Le mandat de justice « à la française », un modèle à préserver ? : D.* 2013, 651. • Varii auctores, *Les modalités d'exercice de la profession de mandataire judiciaire. Réflexions sur les opportunités juridiques et fiscales : Rev. proc. coll.* 2013, table ronde, 1. • Varii auctores, *Quel avenir pour le mandat de justice face aux dernières évolutions du droit européen ? : Rev. proc. coll.* 2013, dossiers 32 à 43. • D. Fasquelle et E. Inacio, *Bref regard de droit comparé sur le statut des professionnels de l'insolvabilité dans l'Union européenne : Rev. proc. coll.* 2014, étude 21. • F.-X. Lucas, *Structuration des études et formation des professionnels : BJE* 2016, p. 149. • H. Ballone, *Les obligations des AJMJ relatives à la prévention de l'utilisation du système financier aux fins de blanchiment des capitaux et le financement du terrorisme : BJE* 2016, p. 290. • Varii auctores, *L'actualité relative à l'accès et aux modalités d'exercice des professions d'administrateur judiciaire et de mandataire judiciaire : Rev. proc. coll.* 2016, table ronde 3. • Ph. Dupichot, *Les AJMJ à l'heure des réformes : BJE* 2017, p. 368. • Martineau-Bourgninaud, Ellert et Gorrias, *Le renouveau des praticiens de l'insolvabilité : Rev. proc. coll.* 2017/4, p. 35. • Ph. Dupichot, *Les AJMJ à l'heure des réformes : BJE* 2017, p. 368. • L. Sapin et D. Debost, *Responsabilité de l'administrateur judiciaire : précisions jurisprudentielles : Gaz. Pal.* 16 janv. 2018, p. 17. • F. Mattatia, *Administrateurs judiciaires et mandataires judiciaires face au RGPD : Rev. proc. coll.* 2018, étude 9.

CHAPITRE I. – DES ADMINISTRATEURS JUDICIAIRES

Section I. – De la mission, des conditions d'accès et d'exercice et des incompatibilités

Sous-section 1. – Des missions

Art. L. 811-1 *(Anc. L. n° 85-99, 25 janv. 1985 ; mod., L. n° 2003-7, 3 janv. 2003 ; L. n° 2005-845, 26 juill. 2005 ; Ord. n° 2008-1345, 18 déc. 2008 ; L. n° 2015-990, 6 août 2015).* – **Les administrateurs judiciaires sont les mandataires, personnes physiques ou morales, chargés par décision de justice d'administrer les biens d'autrui ou d'exercer des fonctions d'assistance ou de surveillance dans la gestion de ces biens.**

Les tâches que comporte l'exécution de leur mandat incombent personnellement aux administrateurs judiciaires désignés par le tribunal. Ils peuvent toutefois déléguer tout ou partie de ces tâches à un administrateur judiciaire salarié, sous leur responsabilité. Ils peuvent, en outre, lorsque le bon déroulement de la procédure le requiert et sur autorisation motivée du président du tribunal, confier sous leur responsabilité à des tiers une partie de ces tâches.

Lorsque les administrateurs judiciaires confient à des tiers des tâches qui relèvent de la mission que leur a confiée le tribunal, ils les rétribuent sur la rémunération qu'ils perçoivent.

Bibliographie : Bolard, *Administration provisoire et mandat ad hoc, JCP* G 1995, 1, 3882. Buisine, *L'administrateur provisoire de l'indivision : Rev. proc. coll.* 2018, étude 10.

Voir : annotations sous art. L. 812-1, p. 1460.

Sous-section 2. – Des conditions d'accès à la profession

Art. L. 811-2 *(Anc. L. n° 85-99, 25 janv. 1985 ; L. n° 2003-7, 3 janv. 2003 ; Ord. n° 2008-1345, 18 déc. 2008 ; L. n° 2016-1547, 18 nov. 2016).* – Nul ne peut être désigné en justice pour exercer ces fonctions, sous réserve des dispositions particulières à certaines matières, notamment celles relatives aux mineurs et aux majeurs protégés, ou sous réserve des missions occasionnelles qui peuvent être confiées aux membres des professions judiciaires et juridiques en matière civile, s'il n'est inscrit sur la liste établie par une commission nationale instituée à cet effet.

Toutefois, le tribunal peut, après avis du procureur de la République, désigner comme administrateur judiciaire une personne physique justifiant d'une expérience ou d'une qualification particulière au regard de la nature de l'affaire et remplissant les conditions définies aux 1° à 4° de l'article L. 811-5. Il motive spécialement sa décision au regard de cette expérience ou de cette qualification particulière.

Les personnes visées à l'alinéa précédent ne doivent pas, au cours des cinq années précédentes, avoir perçu à quelque titre que ce soit, directement ou indirectement, une rétribution ou un paiement de la part de la personne physique ou morale faisant l'objet d'une mesure d'administration, d'assistance ou de surveillance, d'une personne qui détient le contrôle de cette personne morale ou de l'une des sociétés contrôlées par elle au sens des II et III de l'article L. 233-16, ni s'être trouvées en situation de conseil de la personne physique ou morale concernée ou de subordination par rapport à elle. Elles doivent, en outre, n'avoir aucun intérêt dans le mandat qui leur est donné et n'être pas au nombre des anciens administrateurs ou mandataires judiciaires ayant fait l'objet d'une décision de radiation ou de retrait des listes en application des articles L. 811-6, L. 811-12 et L. 812-4. Elles sont tenues d'exécuter les mandats qui leur sont confiés en se conformant, dans l'accomplissement de leurs diligences professionnelles, aux mêmes obligations que celles qui s'imposent aux administrateurs judiciaires inscrits sur la liste. Elles ne peuvent exercer les fonctions d'administrateur judiciaire à titre habituel.

Les personnes désignées en application du deuxième alinéa doivent, lors de l'acceptation de leur mandat, attester sur l'honneur qu'elles remplissent les conditions fixées aux 1° à 4° de l'article L. 811-5, qu'elles se conforment aux obligations énumérées à l'alinéa précédent et qu'elles ne font pas l'objet d'une interdiction d'exercice en application de l'avant-dernier alinéa de l'article L. 814-10.

Lorsque le tribunal nomme une personne morale, il désigne en son sein une ou plusieurs personnes physiques pour la représenter dans l'accomplissement du mandat qui lui est confié.

Les personnes désignées pour exercer les missions définies au premier alinéa de l'article L. 811-1, sous les réserves énoncées au premier alinéa du présent article, qui ne sont pas inscrites sur la liste qui y est mentionnée sont soumises, en ce qui concerne l'exercice de ces fonctions, à la surveillance du ministère public et aux inspections prévues au premier alinéa de l'article L. 811-11.

Un décret en Conseil d'État précise l'organisation et les modalités des contrôles concernant les personnes mentionnées à l'avant-dernier alinéa du présent article.

***Voir :** annotations sous art. L. 812-2, p. 1461.*

1) Valeur patrimoniale. En l'absence de clientèle, l'étude d'administrateur ne représente pas une valeur patrimoniale devant être inscrite à l'actif de la communauté ▪ Cass. 1re civ., 28 mai 2014, n° 13-14.884 : *JurisData* n° 2014-011286 ; *Gaz. Pal.* 18-20 janv. 2015, p. 18, obs. Bidan ; *BJE* 2014, p. 301, obs. Benilsi.

2) Nomination. Il n'existe aucune formule particulière pour nommer un liquidateur, de sorte que la cour d'appel a pu retenir que la désignation d'une société « prise en la personne de sa gérante » valait, au sens de l'article L. 811-2 du Code de commerce, désignation de cette dernière pour représenter la société dans l'accomplissement du mandat qui lui était confié. ■ Cass. com., 22 mars 2017, n° 15-18.171 : *Gaz. Pal.* 27 juin 2017, p. 49, obs. Berthelot ; *BJE* 2017, p. 222, note Th. Favario.

Art. L. 811-3 *(Anc. L. n° 85-99, 25 janv. 1985 ; mod., L. n° 2003-7, 3 janv. 2003 ; L. n° 2015-990, 6 août 2015 ; L. n° 2016-1547, 18 nov. 2016).* – **La liste nationale est divisée en sections correspondant au ressort de chaque cour d'appel.**

Lorsque l'administrateur judiciaire est salarié, la liste précise cette qualité et le nom de son employeur.

Elle comporte, pour chacune des personnes inscrites, la mention de la nature, civile ou commerciale, de sa spécialité. Un administrateur judiciaire peut faire état de ces deux spécialités.

Art. L. 811-4 *(Abr., Ord. n° 2015-1287, 15 oct. 2015).*

Art. L. 811-5 *(Anc. L. n° 85-99, 25 janv. 1985 ; mod., L. n° 2003-7, 3 janv. 2003 ; L. n° 2015-990, 6 août 2015).* – **Nul ne peut être inscrit sur la liste par la commission s'il ne remplit les conditions suivantes :**

1° Être français ou ressortissant d'un État membre de la Communauté européenne ou d'un État partie à l'accord sur l'Espace économique européen ;

2° N'avoir pas été l'auteur de faits contraires à l'honneur ou à la probité ayant donné lieu à une condamnation pénale ;

3° N'avoir pas été l'auteur de faits de même nature ayant donné lieu à une sanction disciplinaire ou administrative de destitution, de radiation, de révocation, de retrait d'agrément ou de retrait d'autorisation ;

4° N'avoir pas été frappé de faillite personnelle ou d'une des mesures d'interdiction ou de déchéance prévues au chapitre V du titre II du livre VI du présent code, au titre VI de la loi n° 85-98 du 25 janvier 1985 relative au redressement et à la liquidation judiciaires des entreprises ou, dans le régime antérieur à cette loi, au titre II de la loi n° 67-563 du 13 juillet 1967 sur le règlement judiciaire, la liquidation des biens, la faillite personnelle et les banqueroutes ;

5° Être titulaire du diplôme de master en administration et liquidation d'entreprises en difficulté et remplir des conditions d'expérience ou de stage fixées par voie réglementaire, ou avoir subi avec succès l'examen d'accès au stage professionnel, accompli ce stage et subi avec succès l'examen d'aptitude aux fonctions d'administrateur judiciaire.

Ne peuvent être admises à se présenter à l'examen d'accès au stage professionnel que les personnes titulaires des titres ou diplômes déterminés par décret.

Un décret en Conseil d'État fixe les conditions de compétence et d'expérience professionnelle donnant droit à une dispense de l'examen d'accès au stage professionnel, de tout ou partie du stage professionnel et de tout ou partie de l'examen d'aptitude aux fonctions d'administrateur judiciaire. Ce décret précise également les conditions d'expérience ou de stage requises pour l'inscription sur la liste mentionnée au premier alinéa du présent article, en complément de la détention du diplôme mentionné au 5°.

Les personnes morales inscrites ne peuvent exercer les fonctions d'administrateur judiciaire que par l'intermédiaire d'un de leurs membres lui-même inscrit sur la liste.

Sont dispensées de conditions de diplôme, de stage et d'examen professionnel prévues aux sixième et septième alinéas les personnes qui justifient avoir acquis, dans un État membre des Communautés européennes autre que la France ou un autre État partie à l'accord sur l'Espace économique européen, une qualification suffisante pour l'exercice de la profession d'administrateur judiciaire, sous réserve d'avoir subi, dans des conditions fixées par décret en Conseil d'État, un examen de contrôle des connaissances. La liste des candidats admis à se présenter à l'examen est arrêtée par la commission.

Loi n° 2003-7 du 3 janvier 2003

modifiant le livre VIII du Code de commerce
(JO 4 janv.)

Art. 39. – I. – Les dispositions des articles L. 811-5 et L. 812-3 du Code de commerce, en tant qu'elles instituent un examen d'accès au stage professionnel, ne sont applicables qu'aux personnes qui, à la date de promulgation de la présente loi, ne sont pas encore inscrites sur le registre de stage.

II. – […].

Voir aussi : D. n° 85-1389, 2 déc. 1985, art. 36. – A. 19 janvier 1987 (*JO* 17 févr.).

Sous-section 3. – Des conditions d'exercice

Art. L. 811-6 *(Mod., L. n° 2003-7, 3 janv. 2003 ; mod. à compter du 1er janv. 2006, L. n° 2005-845, 26 juill. 2005).* – La commission nationale, de sa propre initiative ou saisie sur requête du garde des Sceaux, ministre de la Justice, du président du Conseil national des administrateurs judiciaires et des mandataires judiciaires, du commissaire du Gouvernement ou du procureur de la République du ressort de la juridiction dans lequel est établi l'administrateur judiciaire, peut, par décision motivée et après avoir mis l'intéressé en demeure de présenter ses observations, retirer de la liste mentionnée à l'article L. 811-2 l'administrateur judiciaire qui, en raison de son état physique ou mental, est empêché d'assurer l'exercice normal de ses fonctions ou l'administrateur judiciaire qui a révélé son inaptitude à assurer l'exercice normal de ses fonctions.

Le retrait de la liste ne fait pas obstacle à l'exercice de poursuites disciplinaires contre l'administrateur judiciaire si les faits qui lui sont reprochés ont été commis pendant l'exercice de ses fonctions.

Art. L. 811-7 *(L. n° 2015-990, 6 août 2015).* – Les administrateurs judiciaires peuvent constituer entre eux, pour l'exercice en commun de leur profession, des entités dotées de la personnalité morale, à l'exception des formes juridiques qui confèrent à leurs associés la qualité de commerçant. Ils peuvent aussi être membres d'un groupement d'intérêt économique ou d'un groupement européen d'intérêt économique ou associés d'une société de participations régie par le titre IV de la loi n° 90-1258 du 31 décembre 1990 relative à l'exercice sous forme de sociétés des professions libérales soumises à un statut législatif ou réglementaire ou dont le titre est protégé et aux sociétés de participations financières de professions libérales.

Lorsque la forme juridique d'exercice est une société, le capital social et les droits de vote peuvent être détenus par toute personne exerçant une profession juridique ou judiciaire ou par toute personne légalement établie dans un État membre de l'Union européenne, dans un autre État partie à l'accord sur l'Espace économique européen ou dans la Confédération suisse qui exerce, dans l'un de ces États, une activité soumise à un statut législatif ou réglementaire ou subordonnée à la possession d'une qualification nationale ou internationale reconnue, et exerçant l'une quelconque desdites professions et, s'il s'agit d'une personne morale, qui satisfait aux exigences de détention du capital et des droits de vote prévues par la loi n° 90-1258 du 31 décembre 1990 précitée.

Toute société doit au moins comprendre, parmi ses associés, un administrateur judiciaire remplissant les conditions requises pour exercer ses fonctions.

Au moins un membre de la profession d'administrateur judiciaire exerçant au sein de la société doit être membre du conseil d'administration ou du conseil de surveillance de la société.

Dans le respect des règles de déontologie applicables à chaque profession, un décret en Conseil d'État détermine les conditions d'application du présent article. Il présente notamment les conditions d'inscription et d'omission de ces sociétés auprès de l'autorité professionnelle compétente.

Art. L. 811-7-1 A *(Ord. n° 2016-394, 31 mars 2016).* – L'administrateur judiciaire peut exercer sa profession dans le cadre d'une société pluri-professionnelle d'exercice, prévue au titre IV *bis* de la loi n° 90-1258 du 31 décembre 1990 relative à l'exercice sous forme de sociétés des professions libérales soumises à un statut législatif ou réglementaire ou dont le titre est protégé et aux sociétés de participations financières de professions libérales, ayant pour objet l'exercice en commun de la profession d'administrateur judiciaire et d'une ou plusieurs autres professions prévues à ce titre.

Les dispositions des troisième et quatrième alinéas de l'article L. 811-7 sont applicables à une telle société.

Les conditions d'application du présent article sont fixées par décret en Conseil d'État, notamment :

1° Les conditions d'inscription de la société sur la liste établie par la commission nationale prévue à l'article L. 811-2, de son interdiction temporaire et de sa destitution ainsi que les règles applicables en cas d'empêchement, de retrait ou de décès d'un associé exerçant la profession ;

2° Les modalités particulières de la surveillance et de l'inspection prévues aux articles L. 811-11 à L. 811-11-3 *et d'application des règles de discipline* prévues aux articles L. 811-12-A à L. 811-15.

Art. L. 811-7-1 *(L. n° 2015-990, 6 août 2015).* – L'administrateur judiciaire peut exercer sa profession en qualité de salarié d'une personne physique ou morale inscrite sur la liste prévue à l'article L. 811-2.

Une personne physique inscrite sur cette liste ne peut pas employer plus de deux administrateurs judiciaires salariés. Une personne morale inscrite sur ladite liste ne peut pas employer un nombre

d'administrateurs judiciaires salariés supérieur au double de celui des administrateurs judiciaires associés qui y exercent la profession.

Le contrat de travail de l'administrateur judiciaire salarié ne peut porter atteinte aux règles déontologiques de la profession d'administrateur judiciaire. Nonobstant toute clause du contrat de travail, l'administrateur judiciaire salarié peut refuser à son employeur de recevoir un acte ou d'accomplir une mission lorsque cet acte ou cette mission lui paraissent contraires à sa conscience ou susceptibles de porter atteinte à son indépendance. Toute clause de non-concurrence est réputée non écrite.

L'administrateur salarié ne peut avoir de mandat à titre personnel.

Le présent livre est applicable à l'administrateur judiciaire salarié, sauf disposition contraire.

Art. L. 811-8 *(Anc. L. n° 85-99, 25 janv. 1985 ; L. n° 2003-7, 3 janv. 2003 ; mod., Ord. n° 2015-1287, 15 oct. 2015).* **– Les dossiers suivis par l'administrateur judiciaire qui quitte ses fonctions, pour quelque motif que ce soit, sont répartis par la juridiction entre les autres administrateurs dans un délai de trois mois à compter de la cessation de fonctions.**

Toutefois, dans l'intérêt d'une bonne administration de la justice, la juridiction peut autoriser l'ancien administrateur judiciaire à poursuivre le traitement d'un ou de plusieurs dossiers en cours, sauf si une radiation est la cause de l'abandon de ses fonctions. Cet administrateur judiciaire demeure soumis aux dispositions des articles L. 811-10 à L. 811-16, L. 814-1-1 et L. 814-5.

Art. L. 811-9 *(Anc. L. n° 85-99, 25 janv. 1985).* **– Les personnes inscrites sur la liste ont vocation à exercer leurs fonctions sur l'ensemble du territoire.**

Sous-section 4. – Des incompatibilités

Art. L. 811-10 *(Anc. L. n° 85-99, 25 janv. 1985 ; L. n° 2003-7, 3 janv. 2003 ; mod., L. 2005-845, 26 juill. 2005 ; Ord. n° 2014-326, 12 mars 2014 ; Ord. n° 2015-1024, 20 août 2015 ; Ord. n° 2016-394, 31 mars 2016 ; L. n° 2016-1547, 18 nov. 2016).* **– La qualité d'administrateur judiciaire inscrit sur la liste est incompatible avec l'exercice de toute autre profession, à l'exception de celle d'avocat.**

Elle est, par ailleurs, incompatible avec :

1° Toutes les activités à caractère commercial, qu'elles soient exercées directement ou par personne interposée ;

2° La qualité d'associé dans une société en nom collectif, d'associé commandité dans une société en commandite simple ou par actions, de gérant d'une société à responsabilité limitée, de président du conseil d'administration, membre du directoire, directeur général ou directeur général délégué d'une société anonyme, de président ou de dirigeant d'une société par actions simplifiée, de membre du conseil de surveillance ou d'administrateur d'une société commerciale, de gérant d'une société civile, à moins que ces sociétés n'aient pour objet l'exercice de la profession d'administrateur judiciaire ou d'une profession prévue au titre IV *bis* de la loi n° 90-1258 du 31 décembre 1990 précitée ou l'acquisition de locaux pour cet exercice. Un administrateur judiciaire peut en outre exercer les fonctions de gérant d'une société civile dont l'objet exclusif est la gestion d'intérêts à caractère familial.

La qualité d'administrateur judiciaire inscrit sur la liste ne fait pas obstacle à l'exercice d'une activité de consultation dans les matières relevant de la qualification de l'intéressé, ni à des activités rémunérées d'enseignement, ni à l'accomplissement des mandats de mandataire *ad hoc*, de conciliateur et de mandataire à l'exécution de l'accord prévus aux articles L. 611-3, L. 611-6 et L. 611-8 du présent code et par l'article L. 351-4 du Code rural, de commissaire à l'exécution du plan, d'administrateur ou de liquidateur amiable, d'expert judiciaire, de séquestre amiable ou judiciaire et d'administrateur en application des articles L. 612-34, L. 612-34-1 ou L. 613-51-1 du Code monétaire et financier. Elle ne fait pas non plus obstacle à l'accomplissement de mandats de mandataire *ad hoc* et d'administrateur provisoire désignés en application de la loi n° 65-557 du 10 juillet 1965 fixant le statut de la copropriété des immeubles bâtis ou de mandataire de justice nommé en application de l'article 131-46 du Code pénal, ni à l'exercice de missions pour le compte de l'Agence de gestion et de recouvrement des avoirs saisis et confisqués. Sans préjudice de l'article L. 663-2 du présent code, les mandats d'administrateur ou de liquidateur amiable, d'expert judiciaire et de séquestre amiable ou judiciaire ne peuvent être acceptés concomitamment ou subséquemment à une mesure de prévention, à une procédure collective ou à une mesure de mandat *ad hoc* ou d'administration provisoire prononcée sur le fondement de la loi n° 65-557 du 10 juillet 1965 précitée dans laquelle

l'administrateur judiciaire a été désigné. Ces activités et ces mandats, à l'exception des mandats de mandataire *ad hoc*, de conciliateur, de mandataire à l'exécution de l'accord, de commissaire à l'exécution du plan et d'administrateur nommé en application des articles L. 612-34, L. 612-34-1 ou L. 613-51-1 du Code monétaire et financier, ainsi que des mandats de mandataire *ad hoc* et d'administrateur provisoire désignés en application de la loi n° 65-557 du 10 juillet 1965 précitée ne peuvent être exercés qu'à titre accessoire.

Les conditions du présent article sont, à l'exception du quatrième alinéa, applicables aux personnes morales inscrites.

Section II. – De la surveillance, de l'inspection et de la discipline

Sous-section 1. – De la surveillance et de l'inspection

Art. L. 811-11 *(Anc. L. n° 85-99, 25 janv. 1985 ; L. n° 2003-7, 3 janv. 2003 ; mod., L. n° 2005-845, 26 juill. 2005 ; L. n° 2011-331, 28 mars 2011).* – Les administrateurs judiciaires sont placés sous la surveillance du ministère public. Ils sont soumis, dans leur activité professionnelle, à des inspections confiées à l'autorité publique et à l'occasion desquelles ils sont tenus de fournir tous renseignements ou documents utiles sans pouvoir opposer le secret professionnel.

L'organisation et les modalités de ces inspections sont déterminées par décret en Conseil d'État.

Dans le cadre du contrôle dont est chargé le conseil national mentionné à l'article L. 814-2, les administrateurs judiciaires sont tenus, sans pouvoir opposer le secret professionnel, de déférer aux demandes des personnes chargées du contrôle tendant à la communication de tous renseignements ou documents utiles.

Le commissaire aux comptes de l'administrateur judiciaire soumis à un contrôle ou à une inspection est tenu, sans pouvoir opposer le secret professionnel, de déférer aux demandes des personnes chargées du contrôle ou de l'inspection tendant à la communication de tout renseignement recueilli ou de tout document établi dans le cadre de l'exécution de sa mission.

La Caisse des dépôts et consignations est tenue, sans pouvoir opposer le secret professionnel, de déférer aux demandes des personnes chargées de l'inspection ainsi qu'à celles du conseil national mentionné à l'article L. 814-2 pour l'exercice du contrôle dont il est chargé, tendant à la communication de tout renseignement ou document utiles à la connaissance des mouvements de fonds intervenus sur les comptes ouverts dans ses livres au nom de chaque administrateur judiciaire et de sommes qui y sont déposées au titre des mandats sur lesquels porte l'inspection ou le contrôle.

Les administrateurs judiciaires établissent, au terme de chaque exercice, une situation financière qu'ils communiquent au Conseil national des administrateurs judiciaires et des mandataires judiciaires, au plus tard dans les six mois de la clôture de l'exercice. Le contenu de cette situation financière, défini par décret, est adapté selon que l'administrateur tient une comptabilité d'encaissement ou d'engagement.

Art. L. 811-11-1 *(Ord. n° 2005-1126, 8 sept. 2005).* – Les administrateurs judiciaires sont tenus de désigner un commissaire aux comptes qui assure le contrôle de leur comptabilité spéciale et exerce, à ce titre, une mission permanente de contrôle de l'ensemble des fonds, effets, titres et autres valeurs appartenant à autrui, dont les administrateurs judiciaires sont seuls détenteurs en vertu d'un mandat reçu dans l'exercice de leurs fonctions.

Ce contrôle porte également sur les comptes bancaires ou postaux ouverts pour les besoins de l'activité au nom des débiteurs faisant l'objet de l'une des procédures prévues au titre II du livre VI et qui fonctionnent sous la seule signature de l'administrateur ou de ses délégués dûment habilités.

Les commissaires aux comptes peuvent en outre, aux fins de contrôle, avoir accès à la comptabilité générale de l'étude, aux procédures confiées à l'administrateur et se faire communiquer par lui ou par les tiers détenteurs des fonds, nonobstant toute disposition contraire, tous renseignements utiles à leur mission de *contrôle.*

Art. L. 811-11-2 *(Ord. n° 2005-1126, 8 sept. 2005).* – Les commissaires aux comptes informent, dans des conditions fixées par décret en Conseil d'État, les autorités auxquelles sont confiées la surveillance, les inspections et le contrôle des administrateurs judiciaires, des résultats de leur mission et signalent les anomalies ou irrégularités dont ils ont connaissance au cours de l'exécution de leur mission.

Art. L. 811-11-3 *(Ord. n° 2008-1345, 18 déc. 2008)*. – Le commissaire aux comptes du débiteur soumis à une procédure de sauvegarde, de redressement judiciaire ou de liquidation judiciaire ne peut opposer le secret professionnel aux demandes du commissaire aux comptes de l'administrateur judiciaire tendant à la communication de tous renseignements ou documents relatifs au fonctionnement, à compter de la désignation de cet administrateur, des comptes bancaires ou postaux ouverts au nom du débiteur.

Sous-section 2. – De la discipline

Art. L. 811-12 A *(L. n° 2003-7, 3 janv. 2003)*. – Toute contravention aux lois et règlements, toute infraction aux règles professionnelles, tout manquement à la probité ou à l'honneur, même se rapportant à des faits commis en dehors de l'exercice professionnel, expose l'administrateur judiciaire qui en est l'auteur à des poursuites disciplinaires.

Art. L. 811-12 *(Mod., L. n° 2003-7, 3 janv. 2003 ; L. n° 2005-845, 26 juill. 2005 ; L. n° 2016-1547, 18 nov. 2016 ; Ord. n° 2016-1635, 1er déc. 2016)*. – I. – L'action disciplinaire est engagée par le garde des Sceaux, ministre de la Justice, le procureur général près la cour d'appel dans le ressort de laquelle ont été commis les faits, le magistrat du parquet général désigné pour les inspections des administrateurs judiciaires pour les faits commis par les administrateurs ayant leur domicile professionnel dans les ressorts des cours d'appel pour lesquelles il est compétent, le commissaire du Gouvernement ou le président du Conseil national des administrateurs judiciaires et des mandataires judiciaires. L'acceptation de la démission d'une personne inscrite sur la liste des administrateurs judiciaires ne fait pas obstacle aux poursuites disciplinaires si les faits qui lui sont reprochés ont été commis pendant l'exercice de ses fonctions.

La commission nationale d'inscription siège comme chambre de discipline. Le commissaire du Gouvernement y exerce les fonctions du ministère public. Elle peut prononcer les peines disciplinaires suivantes :

1° L'avertissement ;

2° Le blâme ;

3° L'interdiction temporaire pour une durée n'excédant pas cinq ans ;

4° La radiation de la liste des administrateurs judiciaires.

II. – L'avertissement et le blâme peuvent être accompagnés, pendant un délai d'un an, de mesures de contrôle soumettant l'administrateur judiciaire à des obligations particulières déterminées par la commission. Ces obligations peuvent également être prescrites par la commission lorsque l'administrateur judiciaire interdit temporairement reprend ses fonctions.

La peine d'interdiction temporaire peut être assortie du sursis. Si, dans un délai de cinq ans à compter du prononcé de la sanction, l'administrateur judiciaire a commis une infraction ou une faute ayant entraîné le prononcé d'une nouvelle sanction disciplinaire, celle-ci entraîne, sauf décision motivée, l'exécution de la première sanction, sans confusion possible avec la seconde.

III. – Lorsqu'elle prononce une peine disciplinaire, la commission peut décider, eu égard à la gravité des faits commis, de mettre à la charge de l'administrateur judiciaire tout ou partie des frais occasionnés par la présence d'un commissaire aux comptes ou d'un expert lors des contrôles ou des inspections ayant permis la constatation de ces faits.

IV. – Lorsqu'elle prononce une peine disciplinaire relative à un manquement aux dispositions des sections III à VI du chapitre Ier du titre VI du livre V du Code monétaire et financier, il est également fait application des dispositions de l'article L. 561-36-3 de ce même code.

Art. L. 811-13 *(Anc. L. n° 85-99, 25 janv. 1985 ; mod., L. n° 2004-130, 11 févr. 2004 ; Ord. n° 2019-964, 18 sept. 2019)*. – Tout administrateur judiciaire qui fait l'objet d'une poursuite pénale ou disciplinaire peut être suspendu provisoirement de l'exercice de ses fonctions par le tribunal judiciaire du lieu où il est établi.

En cas d'urgence, la suspension provisoire peut être prononcée même avant l'exercice des poursuites pénales ou disciplinaires si des inspections ou vérifications ont laissé apparaître des risques pour les sommes perçues par l'administrateur judiciaire, à raison de ses fonctions.

Le tribunal peut, à tout moment, à la requête soit du commissaire du Gouvernement, soit de l'administrateur judiciaire, mettre fin à la suspension provisoire.

La suspension cesse de plein droit dès que les actions pénales ou disciplinaires sont éteintes. Elle cesse également de plein droit, dans le cas prévu au deuxième alinéa, si, à l'expiration d'un délai d'un mois à compter de son prononcé, aucune poursuite pénale ou disciplinaire n'a été engagée.

Art. L. 811-14 *(Mod., L. n° 2011-331, 28 mars 2011)* (1) (2). – L'action disciplinaire se prescrit par dix ans à compter de la commission des faits ou, lorsque les faits se rapportent à l'exercice professionnel, à compter de l'achèvement de la mission à l'occasion de laquelle ils ont été commis.

Si l'administrateur judiciaire est l'auteur de faits ayant donné lieu à une condamnation pénale, l'action se prescrit par deux ans à compter de la date à laquelle cette condamnation est devenue définitive.

Art. L. 811-15 *(Anc. L. n° 85-99, 25 janv. 1985)*. – L'administrateur judiciaire interdit, radié ou suspendu doit s'abstenir de tout acte professionnel.

Les actes accomplis au mépris de cette prohibition peuvent être déclarés nuls, à la requête de tout intéressé ou du ministère public, par le tribunal statuant en chambre du conseil. La décision est exécutoire à l'égard de cette personne.

Toute infraction aux dispositions qui précèdent est punie des peines encourues pour le délit d'usurpation de titre prévu par l'article 433-17 du Code pénal.

Art. L. 811-15-1 *(L. n° 2016-1547, 18 nov. 2016)*. – En cas de suspension provisoire, d'interdiction ou de radiation, un ou plusieurs administrateurs provisoires, désignés et rémunérés dans des conditions fixées par décret en Conseil d'État, peuvent seuls accomplir les actes professionnels, poursuivre l'exécution des mandats en cours ou être nommés pour assurer, pendant la durée de la suspension provisoire, les nouveaux mandats confiés par les juridictions.

Lorsque l'administrateur provisoire constate que l'administrateur judiciaire interdit, radié ou suspendu est en état de cessation des paiements, il doit, après en avoir informé le juge qui l'a désigné et le Conseil national des administrateurs judiciaires et des mandataires judiciaires, saisir le tribunal compétent d'une demande d'ouverture d'une procédure de redressement judiciaire ou de liquidation judiciaire.

Dans un délai de trois mois à compter de l'expiration de sa mission, l'administrateur provisoire demande à la juridiction compétente de désigner un autre administrateur judiciaire pour exécuter les mandats en cours.

Art. L. 811-16 *(Anc. L. n° 85-99, 25 janv. 1985 ; mod., L. n° 2003-7, 3 janv. 2003)*. – Nul ne peut faire état du titre d'administrateur judiciaire, en dehors de la mission qui lui a été confiée, en vertu du deuxième alinéa de l'article L. 811-2 ou du second alinéa de l'article L. 811-8 s'il n'est inscrit sur la liste des administrateurs judiciaires.

Toute infraction à cette disposition est punie des peines encourues pour le délit d'usurpation de titre prévu par l'article 433-17 du Code pénal.

Est puni des mêmes peines celui qui a fait usage d'une dénomination présentant une ressemblance de nature à causer une méprise dans l'esprit du public avec le titre d'administrateur judiciaire.

CHAPITRE II. – DES MANDATAIRES JUDICIAIRES

Section I. – Des missions, des conditions d'accès et d'exercice et des incompatibilités

Sous-section 1. – Des missions

Art. L. 812-1 *(Mod., L. n° 2003-7, 3 janv. 2003 ; L. n° 2004-130, 11 févr. 2004 ; L. n° 2005-845, 26 juill. 2005 ; Ord. n° 2008-1345, 18 déc. 2008 ; L. n° 2015-990, 6 août 2015)*. – Les mandataires judiciaires sont les mandataires, personnes physiques ou morales, chargés par décision de justice de représenter *les créanciers et de procéder* à la liquidation d'une entreprise dans les conditions définies par le titre II du livre VI.

(1) Dispositions applicables dans les îles Wallis-et-Futuna, L. n° 2011-331, 28 mars 2011, art. 36, I.
(2) Dispositions applicables aux actions disciplinaires introduites à compter du 29 mars 2011 et aux manquements pour lesquels la prescription n'est pas encore acquise à cette date, L. n° 2011-331, 28 mars 2011, art. 37.

Les tâches que comporte l'exécution de leur mandat incombent personnellement aux mandataires judiciaires désignés par le tribunal. Ils peuvent toutefois déléguer tout ou partie de ces tâches à un mandataire judiciaire salarié, sous leur responsabilité. Ils peuvent, en outre, lorsque le bon déroulement de la procédure le requiert et sur autorisation motivée du président du tribunal, confier sous leur responsabilité à des tiers une partie de ces tâches.

Lorsque les mandataires judiciaires confient à des tiers des tâches qui relèvent de la mission que leur a confiée le tribunal, ils les rétribuent sur la rémunération qu'ils perçoivent.

1) **Exercice personnel.** La désignation d'un cabinet comptable pour examiner la comptabilité du débiteur en vue d'une éventuelle sanction n'a pas pour objet de confier à un tiers une partie des tâches incombant au liquidateur. ■ Cass. com., 2 juill. 2013, n° 11-28.043 : *JurisData* n° 2013-013834 ; *Bull. Joly Sociétés* 2013, 755, note M. Teller.

Delattre, *Le recours à des tiers : les praticiens de l'insolvabilité peuvent-ils sous-traiter leurs missions ? : Rev. proc. coll.* 2018, dossier 9.

2) **Intervention informelle en justice.** Il entre dans la mission d'un mandataire de justice de rendre compte de l'état de la procédure collective dans laquelle il a été désigné à la juridiction devant statuer sur celle-ci (■ Cass. com., 24 janv. 2018, n° 16-22.637 : *JurisData* n° 2018-000716 ; *JCP* E 2018, 1159, n° 4, obs. Pételle).

Sous-section 2. – Des conditions d'accès à la profession

Art. L. 812-2 *(Mod., L. n° 2003-7, 3 janv. 2003 ; L. n° 2004-130, 11 févr. 2004 ; L. n° 2005-845, 26 juill. 2005 ; Ord. n° 2008-1345, 18 déc. 2008 ; Ord. n° 2016-727, 2 juin 2016 ; L. n° 2016-1547, 18 nov. 2016).* **– I. – Nul ne peut être désigné en justice pour exercer les fonctions de mandataire judiciaire s'il n'est inscrit sur la liste établie à cet effet par une commission nationale.**

II. – Toutefois, le tribunal peut, après avis du procureur de la République, désigner comme mandataire judiciaire une personne physique justifiant d'une expérience ou d'une qualification particulière au regard de la nature de l'affaire et remplissant les conditions définies aux 1° à 4° de l'article L. 812-3. Il motive spécialement sa décision au regard de cette expérience ou de cette qualification particulière.

Les personnes visées à l'alinéa précédent ne doivent pas, au cours des cinq années précédentes, avoir perçu à quelque titre que ce soit, directement ou indirectement, une rétribution ou un paiement de la part de la personne physique ou morale faisant l'objet d'une mesure de redressement judiciaire, de liquidation judiciaire ou de rétablissement professionnel, d'une personne qui détient le contrôle de cette personne morale ou de l'une des sociétés contrôlées par elle au sens des II et III de l'article L. 233-16, ni s'être trouvées en situation de conseil de la personne physique ou morale concernée ou de subordination par rapport à elle. Elles doivent, en outre, n'avoir aucun intérêt dans le mandat qui leur est donné et n'être pas au nombre des anciens administrateurs ou mandataires judiciaires ayant fait l'objet d'une décision de radiation ou de retrait des listes en application des articles L. 811-6, L. 811-12, L. 812-4 et L. 812-9. Elles sont tenues d'exécuter les mandats qui leur sont confiés en se conformant, dans l'accomplissement de leurs diligences professionnelles, aux mêmes obligations que celles qui s'imposent aux mandataires judiciaires inscrits sur la liste. Elles ne peuvent exercer les fonctions de mandataire judiciaire à titre habituel.

Les personnes désignées en application du premier alinéa du présent II doivent, lors de l'acceptation de leur mandat, attester sur l'honneur qu'elles remplissent les conditions fixées aux 1° à 4° de l'article L. 812-3, qu'elles se conforment aux obligations énumérées à l'alinéa précédent et qu'elles ne font pas l'objet d'une interdiction d'exercice en application de l'avant-dernier alinéa de l'article L. 814-10.

III. – Le tribunal peut en outre désigner à titre habituel des huissiers de justice et des commissaires-priseurs judiciaires en qualité de liquidateur dans les procédures de liquidation lorsque ces procédures sont ouvertes à l'encontre de débiteurs n'employant aucun salarié et réalisant un chiffre d'affaires annuel hors taxes inférieur ou égal à 100 000 €, ou d'assistant du juge commis dans le cadre des procédures de rétablissement professionnel.

Ces personnes sont soumises aux dispositions des deux premières phrases du deuxième alinéa et du troisième alinéa du II.

Elles communiquent sans délai une copie de l'attestation mentionnée au troisième alinéa du II au magistrat du parquet général chargé des inspections des mandataires judiciaires et désigné par le garde des Sceaux, ministre de la Justice.

IV. – Lorsque le tribunal nomme une personne morale, il désigne en son sein une ou plusieurs personnes physiques pour la représenter dans l'accomplissement du mandat qui lui est confiée.

V. – Les personnes désignées pour exercer les missions définies au premier alinéa de l'article L. 812-1 sans être inscrites sur la liste mentionnée au I du présent article sont soumises, en ce qui concerne l'exercice de ces fonctions, à la surveillance du ministère public et aux inspections prévues au premier alinéa de l'article L. 811-11.

Un décret en Conseil d'État précise l'organisation et les modalités des contrôles concernant les personnes mentionnées au premier alinéa du présent V.

Voir : annotations sous art. L. 811-2, p. 1454.

1) Un mandataire judiciaire associé exerçant au sein d'une société ne peut exercer sa profession à titre individuel et exerce nécessairement ses fonctions au nom de la société ▪ Cass. com., 27 nov. 2012, n° 11-25.628 : *JurisData* n° 2012-027423 ; *JCP* E 2013, 1216, n° 2, obs. Pétel ; *Act. proc. coll.* 2013, comm. 14, obs. Cagnoli ; *BJS* 2013, p. 216, note Saintourens.

2) Une société de mandataires judiciaires désignée en qualité de liquidateur est représentée, pour l'accomplissement de cette mission, par l'associé nommé par le tribunal ; seul cet associé a qualité pour déclarer une créance pour le compte du liquidé, et non un autre associé ▪ Cass. com., 22 janv. 2013, n° 11-29.028 : *JurisData* n° 2013-000778 ; *JCP* E 2013, 1216, n° 2, obs. Pétel ; *BJS* 2013, p. 216, note Saintourens.

Art. L. 812-2-1 *(L. n° 2003-7, 3 janv. 2003 ; mod., L. n° 2015-990, 6 août 2015)*. **– La liste mentionnée à l'article L. 812-2 est divisée en sections correspondant au ressort de chaque cour d'appel.**

Lorsque le mandataire judiciaire est salarié, elle précise cette qualité et le nom de son employeur.

Art. L. 812-2-2 *(Abr., Ord. n° 2015-1287, 15 oct. 2015).*

Art. L. 812-3 *(Mod., L. n° 2003-7, 3 janv. 2003 ; L. n° 2005-845, 26 juill. 2005 ; L. n° 2015-990, 6 août 2015)*. **– Nul ne peut être inscrit sur la liste par la commission s'il ne remplit les conditions suivantes :**

1° Être français ou ressortissant d'un État membre de la Communauté européenne ou d'un État partie à l'accord sur l'Espace économique européen ;

2° N'avoir pas été l'auteur de faits contraires à l'honneur ou à la probité ayant donné lieu à une condamnation pénale ;

3° N'avoir pas été l'auteur de faits de même nature ayant donné lieu à une sanction disciplinaire ou administrative de destitution, de radiation, de révocation, de retrait d'agrément ou de retrait d'autorisation ;

4° N'avoir pas été frappé de faillite personnelle ou d'une des mesures d'interdiction ou de déchéance prévues au chapitre V du titre II du livre VI du présent code, au titre VI de la loi n° 85-98 du 25 janvier 1985 précitée ou, dans le régime antérieur à cette loi, au titre II de la loi n° 67-563 du 13 juillet 1967 précitée ;

5° Être titulaire du diplôme de master en administration et liquidation d'entreprises en difficulté et remplir des conditions d'expérience ou de stage fixées par voie réglementaire, ou avoir subi avec succès l'examen d'accès au stage professionnel, accompli ce stage et subi avec succès l'examen d'aptitude aux fonctions de mandataire judiciaire.

Ne peuvent être admises à se présenter à l'examen d'accès au stage professionnel que les personnes titulaires des titres ou diplômes déterminés par décret.

Un décret en Conseil d'État fixe les conditions de compétence et d'expérience professionnelle donnant droit à une dispense de l'examen d'accès au stage professionnel, de tout ou partie du stage professionnel et de tout ou partie de l'examen d'aptitude aux fonctions de mandataire judiciaire. Ce décret précise également les conditions d'expérience ou de stage requises pour l'inscription sur la liste mentionnée au premier alinéa du présent article, en complément de la détention du diplôme mentionné au 5°.

Les personnes morales inscrites ne peuvent exercer les fonctions de mandataire judiciaire que par l'intermédiaire d'un de leurs membres lui-même inscrit sur la liste.

Sont dispensées des conditions de diplôme, de stage et d'examen **professionnel prévues aux sixième et septième alinéas les personnes qui justifient avoir acquis, dans un État membre des communautés européennes autre que la France ou un autre État partie à l'accord sur l'Espace économique européen, une qualification suffisante pour l'exercice de la profession de mandataire judiciaire, sous réserve d'avoir subi, dans des conditions fixées par décret en Conseil d'État, un examen de contrôle des connaissances. La liste des candidats admis à se présenter à l'examen est arrêtée par la commission.**

Sous-section 3. – Des conditions d'exercice

Art. L. 812-4 *(Mod., L. n° 2003-7, 3 janv. 2003 ; L. n° 2005-845, 26 juill. 2005).* – La commission nationale, de sa propre initiative ou saisie sur requête du garde des Sceaux, ministre de la Justice, du président du Conseil national des administrateurs judiciaires et des mandataires judiciaires, du commissaire du Gouvernement ou du procureur de la République du ressort de la juridiction dans lequel est établi le mandataire judiciaire, peut, par décision motivée et après avoir mis l'intéressé en demeure de présenter ses observations, retirer de la liste mentionnée à l'article L. 812-2 le mandataire judiciaire qui, en raison de son état physique ou mental, est empêché d'assurer l'exercice normal de ses fonctions ou le mandataire judiciaire qui a révélé son inaptitude à assurer l'exercice normal de ses fonctions.

Le retrait de la liste ne fait pas obstacle à l'exercice de poursuites disciplinaires contre le mandataire judiciaire si les faits qui lui sont reprochés ont été commis pendant l'exercice de ses fonctions.

Art. L. 812-5 *(L. n° 2015-990, 6 août 2015).* – Les mandataires judiciaires peuvent constituer entre eux, pour l'exercice en commun de leur profession, des entités dotées de la personnalité morale, à l'exception des formes juridiques qui confèrent à leurs associés la qualité de commerçant. Ils peuvent aussi être membres d'un groupement d'intérêt économique ou d'un groupement européen d'intérêt économique ou associés d'une société de participations régie par le titre IV de la loi n° 90-1258 du 31 décembre 1990 relative à l'exercice sous forme de sociétés des professions libérales soumises à un statut législatif ou réglementaire ou dont le titre est protégé et aux sociétés de participations financières de professions libérales.

Lorsque la forme juridique d'exercice est une société, le capital social et les droits de vote peuvent être détenus par toute personne exerçant une profession juridique ou judiciaire ou par toute personne légalement établie dans un État membre de l'Union européenne, dans un autre État partie à l'accord sur l'Espace économique européen ou dans la Confédération suisse qui exerce, dans l'un de ces États, une activité soumise à un statut législatif ou réglementaire ou subordonnée à la possession d'une qualification nationale ou internationale reconnue, et exerçant l'une quelconque desdites professions et, s'il s'agit d'une personne morale, qui satisfait aux exigences de détention du capital et des droits de vote prévues par la loi n° 90-1258 du 31 décembre 1990 précitée.

Toute société doit au moins comprendre, parmi ses associés, un mandataire judiciaire remplissant les conditions requises pour exercer ses fonctions.

Au moins un membre de la profession de mandataire judiciaire exerçant au sein de la société doit être membre du conseil d'administration ou du conseil de surveillance de la société.

Dans le respect des règles de déontologie applicables à chaque profession, un décret en Conseil d'État détermine les conditions d'application du présent article. Il présente notamment les conditions d'inscription et d'omission de ces sociétés auprès de l'autorité professionnelle compétente.

Art. L. 812-5-1 A *(Ord. n° 2016-394, 31 mars 2016).* – Le mandataire judiciaire peut exercer sa profession dans le cadre d'une société pluri-professionnelle d'exercice, prévue au titre IV *bis* de la loi n° 90-1258 du 31 décembre 1990 relative à l'exercice sous forme de sociétés des professions libérales soumises à un statut législatif ou réglementaire ou dont le titre est protégé et aux sociétés de participations financières de professions libérales, ayant pour objet l'exercice en commun de la profession de mandataire judiciaire et d'une ou plusieurs autres professions prévues à ce titre.

Les dispositions des troisième et quatrième alinéas de l'article L. 812-5 sont applicables à une telle société.

Les conditions d'application du présent article sont fixées par décret en Conseil d'État, notamment :

1° Les conditions d'inscription de la société sur la liste établie par la commission nationale prévue à l'article L. 812-2, de son interdiction temporaire et de sa destitution ainsi que les règles applicables en cas d'empêchement, de retrait ou de décès d'un associé exerçant la profession ;

2° Les modalités particulières de la surveillance et de l'inspection prévues aux articles L. 812-9 et L. 811-11 à L. 811-11-3 et d'application des règles de discipline prévues aux articles L. 812-9 et L. 811-12-A à L. 811-15.

Art. L. 812-5-1 *(L. n° 2015-990, 6 août 2015).* – Le mandataire judiciaire peut exercer sa profession en qualité de salarié d'une personne physique ou morale inscrite sur la liste prévue à l'article L. 812-2.

Une personne physique inscrite sur cette liste ne peut pas employer plus de deux mandataires judiciaires salariés. Une personne morale inscrite sur ladite liste ne peut pas employer un nombre de mandataires judiciaires salariés supérieur au double de celui des mandataires judiciaires associés qui y exercent la profession.

Le contrat de travail du mandataire judiciaire salarié ne peut porter atteinte aux règles déontologiques de la profession de mandataire judiciaire. Nonobstant toute clause du contrat de travail, le mandataire judiciaire salarié peut refuser à son employeur de recevoir un acte ou d'accomplir une mission lorsque cet acte ou cette mission lui paraissent contraires à sa conscience ou susceptibles de porter atteinte à son indépendance. Toute clause de non-concurrence est réputée non écrite.

Le mandataire judiciaire salarié ne peut avoir de mandat à titre personnel.

Le présent livre est applicable au mandataire judiciaire salarié, sauf disposition contraire.

Art. L. 812-6 *(L. n° 2003-7, 3 janv. 2003 ; mod., L. n° 2005-845, 26 juill. 2005 ; Ord. n° 2015-1287, 15 oct. 2015 ; Ord. n° 2016-727, 2 juin 2016).* – Les dossiers suivis par le mandataire judiciaire ou la personne mentionnée au III de l'article L. 812-2 qui quitte ses fonctions, pour quelque motif que ce soit, sont répartis par la juridiction entre les autres mandataires ou lorsque les conditions sont remplies, entre les personnes mentionnées au III de l'article L. 812-2 dans un délai de trois mois à compter de la cessation de fonctions.

Toutefois, dans l'intérêt d'une bonne administration de la justice, la juridiction peut autoriser l'ancien mandataire ou la personne mentionnée au III de l'article L. 812-2, à poursuivre le traitement d'un ou de plusieurs dossiers en cours, sauf si une radiation est la cause de l'abandon de ses fonctions. Le mandataire judiciaire demeure soumis aux dispositions des articles L. 812-8, L. 812-9, L. 812-10, L. 814-1-1 et L. 814-5. La personne mentionnée au III de l'article L. 812-2 demeure soumise aux dispositions du III de l'article L. 812-2, L. 812-8-1, L. 814-1-1, L. 814-10-1, L. 814-10-2 et L. 814-5.

Art. L. 812-7 *(Anc. L. n° 85-99, 25 janv. 1985 ; L. n° 2003-7, 3 janv. 2003).* – Les personnes inscrites sur la liste ont vocation à exercer leurs fonctions sur l'ensemble du territoire.

Sous-section 4. – Des incompatibilités

Art. L. 812-8 *(L. n° 2003-7, 3 janv. 2003 ; mod., L. n° 2005-845, 26 juill. 2005 ; Ord. n° 2014-326, 12 mars 2014 ; Ord. n° 2015-1024, 20 août 2015 ; Ord. n° 2016-394, 31 mars 2016 ; L. n° 2016-1547, 18 nov. 2016).* – La qualité de mandataire judiciaire inscrit sur la liste est incompatible avec l'exercice de toute autre profession.

Elle est, par ailleurs, incompatible avec :

1° Toutes les activités à caractère commercial, qu'elles soient exercées directement ou par personne interposée ;

2° La qualité d'associé dans une société en nom collectif, d'associé commandité dans une société en commandite simple ou par actions, de gérant d'une société à responsabilité limitée, de président du conseil d'administration, membre du directoire, directeur général ou directeur général délégué d'une société anonyme, de président ou de dirigeant d'une société par actions simplifiée, de membre du conseil de surveillance ou d'administrateur d'une société commerciale, de gérant d'une société civile, à moins que ces sociétés n'aient pour objet l'exercice de la profession de mandataire judiciaire ou d'une profession prévue au titre IV *bis* de la loi n° 90-1258 du 31 décembre 1990 précitée ou l'acquisition de locaux pour cet exercice. Un mandataire peut en outre exercer les fonctions de gérant d'une société civile dont l'objet exclusif est la gestion d'intérêts à caractère familial.

La qualité de mandataire judiciaire inscrit sur la liste ne fait pas obstacle à l'exercice d'une activité de consultation dans les matières relevant de la qualification de l'intéressé, ni à des activités rémunérées d'enseignement, ni à l'accomplissement des mandats de mandataire *ad hoc*, de conciliateur et de mandataire à l'exécution de l'accord prévus aux articles L. 611-3, L. 611-6 et L. 611-8 du présent code et par l'article L. 351-4 du Code rural, de commissaire à l'exécution du plan ou de liquidateur amiable des biens d'une personne physique ou morale, d'expert judiciaire, de séquestre judiciaire et d'administrateur en application des articles L. 612-34, L. 612-34-1 ou L. 613-51-1 du Code monétaire et financier. Elle ne fait pas non plus obstacle à l'accomplissement de mandats de liquidateur nommé en application des articles L. 5122-25 à L. 5122-30 du Code des transports ou à l'exercice de missions pour le compte de l'Agence de gestion et de recouvrement des avoirs saisis et confisqués. Sans préjudice de l'article L. 663-2 du présent code, les mandats de liquidateur amiable, de liquidateur en application du Code des transports, d'expert judiciaire et de séquestre amiable ou judiciaire ne peuvent être acceptés concomitamment ou subséquemment à une mesure de prévention ou à une procédure collective dans laquelle le mandataire judiciaire a été désigné. Ces activités et ces mandats, à l'exception des mandats de mandataire *ad hoc*, de conciliateur, de mandataire à l'exécution de l'accord, de commissaire à l'exécution du plan et d'administrateur nommé en application des articles L. 612-34, L. 612-34-1 ou L. 613-51-1 du Code monétaire et financier, ne peuvent être exercés qu'à titre accessoire. La même personne ne peut exercer successivement les fonctions de conciliateur et de mandataire judiciaire avant l'expiration d'un délai d'un an à moins qu'elle ait été chargée, dans le cadre de la conciliation, de la mission d'organiser une cession partielle ou totale de l'entreprise. Le tribunal peut, en outre, lors de l'ouverture de la procédure de sauvegarde ou de redressement judiciaire et après avoir recueilli l'avis du ministère public, déroger à cette incompatibilité si celle-ci n'apparaît pas faire obstacle à l'exercice, par le mandataire judiciaire, de la mission prévue par le premier alinéa de l'article L. 622-20.

Les conditions du présent article sont, à l'exception du quatrième alinéa, applicables aux personnes morales inscrites.

Art. L. 812-8-1 *(Ord. n° 2016-727, 2 juin 2016).* – Les personnes mentionnées au III de l'article L. 812-2 sont soumises aux règles d'incompatibilité prévues par leur statut.

NB : Cet article entre en vigueur pour les procédures ouvertes à compter du 1er janvier 2017.

Section II. – De la surveillance, de l'inspection et de la discipline

Art. L. 812-9 *(Mod., L. n° 2003-7, 3 janv. 2003 ; L. n° 2005-845, 26 juill. 2005 ; L. n° 2016-1547, 18 nov. 2016).* – Les dispositions relatives à la surveillance, à l'inspection et à la discipline des administrateurs judiciaires prévues par les articles L. 811-11 à L. 811-15-1 sont applicables aux mandataires judiciaires.

La commission nationale d'inscription siège comme chambre de discipline. Le commissaire du Gouvernement y exerce les fonctions du ministère public.

Art. L. 812-10 *(Mod., L. n° 2003-7, 3 janv. 2003 ; L. n° 2005-845, 26 juill. 2005 ; Ord. n° 2016-727, 2 juin 2016).* – Nul ne peut faire état du titre de mandataire judiciaire, en dehors de la mission qui lui a été confiée en vertu du premier alinéa du II de l'article L. 812-2, du III de ce même article et du second alinéa de l'article L. 812-6, s'il n'est inscrit sur la liste des mandataires judiciaires.

Toute infraction à cette disposition est punie des peines encourues pour le délit d'usurpation de titre prévu par l'article 433-17 du Code pénal.

Est puni des mêmes peines celui qui aura fait usage d'une dénomination présentant une ressemblance de nature à causer une méprise dans l'esprit du public avec le titre prévu au premier alinéa.

CHAPITRE III. – DES EXPERTS EN DIAGNOSTIC D'ENTREPRISE

Art. L. 813-1 *(Mod., L. n° 2003-7, 3 janv. 2003 ; L. n° 2004-130, 11 févr. 2004 ; L. n° 2005-845, 26 juill. 2005 ; L. n° 2011-331, 28 mars 2011).* – Les experts en diagnostic d'entreprise sont désignés en justice pour établir un rapport sur la situation économique et financière d'une entreprise en cas de procédure de conciliation ou de procédures de sauvegarde ou de redressement judiciaire, ou concourir à l'élaboration d'un tel rapport en cas de procédures de sauvegarde ou de redressement judiciaire.

Ces experts ne doivent pas, au cours des cinq années précédentes, avoir perçu à quelque titre que ce soit, directement ou indirectement, une rétribution ou un paiement de la part de la personne physique ou morale faisant l'objet d'une mesure d'administration, d'assistance ou de surveillance ou de la part d'une personne qui détient le contrôle de cette personne morale, ni s'être trouvés en situation de subordination par rapport à la personne physique ou morale concernée. Ils doivent, en outre, n'avoir aucun intérêt dans le mandat qui leur est donné.

Les experts ainsi désignés doivent attester sur l'honneur, lors de l'acceptation de leur mandat, qu'ils se conforment aux obligations énumérées à l'alinéa précédent.

Ces experts peuvent être choisis parmi les experts de cette spécialité inscrits sur les listes dressées, pour l'information des juges, en application de l'article 2 de la loi n° 71-498 du 29 juin 1971 relative aux experts judiciaires.

Chaque cour d'appel procède à l'inscription des experts de cette spécialité selon les dispositions de l'article 2 de la loi n° 71-498 du 29 juin 1971 relative aux experts judiciaires.

Mission de l'expert en diagnostic d'entreprise. La mission confiée par le juge-commissaire à un expert en diagnostic d'entreprise ne constitue pas une mesure d'expertise au sens des articles 263 et suivants du CPC, mais une mission d'investigation dans le cadre d'une procédure collective. ▪ Cass. com., 23 juin 1998, n° 96-12.222 : *JurisData* n° 1998-002903. Dès lors que son rapport a été soumis à la libre discussion des parties il ne saurait y avoir nullité (même déc.).

Art. L. 813-2 *(Abr., L. n° 2004-130, 11 févr. 2004).*

CHAPITRE IV. – DISPOSITIONS COMMUNES

Section I. – De la Commission nationale d'inscription et de discipline des administrateurs judiciaires et des mandataires judiciaires et de la représentation de la profession auprès des pouvoirs publics

(Ord. n° 2015-1287, 15 oct. 2015)

Sous-section 1. – De la Commission nationale d'inscription et de discipline

(Ord. n° 2015-1287, 15 oct. 2015)

Art. L. 814-1 *(Ord. n° 2015-1287, 15 oct. 2015 ; mod., Ord. n° 2016-727, 2 juin 2016).* – I. – Il est institué une Commission nationale d'inscription et de discipline des administrateurs judiciaires et des mandataires judiciaires comprenant :

1° Un conseiller à la Cour de cassation, président de la commission, désigné par le premier président de la Cour de cassation ;

2° Un membre du Conseil d'État désigné par le vice-président du Conseil d'État ;

3° Un membre de la Cour des comptes désigné par le premier président de la Cour des comptes ;

4° Un membre de l'inspection générale des finances désigné par le ministre chargé de l'économie ;

5° Deux magistrats du siège de l'ordre judiciaire, désignés par le premier président de la Cour de cassation ;

6° Un membre d'une juridiction commerciale du premier degré désigné par le premier président de la Cour de cassation ;

7° Deux personnalités qualifiées en matière juridique, économique ou sociale et deux professeurs ou maîtres de conférences de droit, de sciences économiques ou de gestion, désignés par le ministre de la Justice.

Un suppléant est désigné pour chaque membre de la commission, à l'exception du président, qui dispose de deux suppléants, et des deux membres mentionnés au 5° pour lesquels un seul suppléant est désigné. Les suppléants sont désignés dans les mêmes conditions que les titulaires.

Lorsqu'elle est saisie en application de l'article L. 811-6 ou de l'article L. 812-4 ou lorsqu'elle siège en chambre de discipline, la commission comprend en outre trois administrateurs judiciaires ou trois mandataires judiciaires inscrits sur la liste, exerçant la même profession que la personne concernée et élus par leurs pairs dans des conditions déterminées par décret en Conseil d'État.

Lorsqu'elle siège comme chambre de discipline à l'encontre d'une personne désignée dans les conditions prévues au III de l'article L. 812-2, elle comprend en outre trois huissiers de justice ou trois commissaires-priseurs judiciaires selon le statut de l'intéressé, désignés par leurs pairs dans des conditions déterminées par décret en Conseil d'État.

Les membres de la commission et les suppléants sont désignés pour un mandat de trois ans renouvelable.

En cas de vacance d'un siège, pour quelque cause que ce soit, il est procédé à la nomination, dans les conditions prévues au présent article, d'un nouveau membre pour la durée du mandat restant à courir.

II. – Deux magistrats du parquet et un suppléant sont désignés pour exercer les fonctions de commissaire du Gouvernement auprès de la commission et assurer notamment l'instruction des demandes d'inscription.

III. – Les décisions sont prises à la majorité des voix. En cas d'égalité des voix, celle du président est prépondérante.

Les frais de fonctionnement de la commission sont à la charge de l'État.

Art. L. 814-1-1 *(Ord. n° 2015-1287, 15 oct. 2015).* – Les recours contre les décisions de la commission, tant en matière d'inscription ou de retrait que de discipline, sont portés devant la cour d'appel de Paris.

Ces recours ont un caractère suspensif.

Sous-section 2. – De la représentation des professions auprès des pouvoirs publics

Art. L. 814-2 *(Rempl., L. n° 2003-7, 3 janv. 2003 ; mod., L. n° 2005-845, 26 juill. 2005 ; L. n° 2011-331, 28 mars 2011 ; Ord. n° 2016-727, 2 juin 2016 ; L. n° 2016-1547, 18 nov. 2016).* – Les professions d'administrateur judiciaire et de mandataire judiciaire sont représentées auprès des pouvoirs publics par un Conseil national des administrateurs judiciaires et des mandataires judiciaires, établissement d'utilité publique doté de la personnalité morale, chargé d'assurer la défense des intérêts collectifs de ces professions. Le conseil national peut, devant toutes les juridictions, exercer tous les droits réservés à la partie civile relativement aux faits portant un préjudice direct ou indirect à l'intérêt collectif des deux professions. Il incombe, en outre, au conseil national de veiller au respect de leurs obligations par les mandataires de justice, d'organiser leur formation professionnelle, de s'assurer qu'ils se conforment à leur obligation d'entretien et de perfectionnement des connaissances et de contrôler leurs études.

Au plus tard le 1er janvier 2014, le conseil national met en place, sous sa responsabilité, un portail électronique offrant des services de communication électronique sécurisée en lien avec les activités des deux professions. Ce portail permet, dans des conditions fixées par décret en Conseil d'État, pris après avis de la Commission nationale de l'informatique et des libertés, l'envoi et la réception d'actes de procédure par les administrateurs judiciaires, les mandataires judiciaires et les personnes désignées en application du deuxième alinéa de l'article L. 811-2, du premier alinéa du II de l'article L. 812-2 ou du III de ce même article.

Le conseil national rend compte de l'accomplissement de ces missions dans un rapport qu'il adresse chaque année au garde des Sceaux, ministre de la Justice.

Les modes d'élection et de fonctionnement du conseil national, qui comprend en nombre égal un collège représentant les administrateurs judiciaires et un collège représentant les mandataires judiciaires, sont fixés par décret en Conseil d'État.

Voir aussi : A. 22 nov. 2007 portant approbation du règlement fixant les modalités applicables aux élections des administrateurs judiciaires et des mandataires judiciaires au Conseil national prévu à l'article L. 814-2 du Code de commerce (*JO* 28 nov.).

Section II. – De la garantie de la représentation des fonds, de la responsabilité civile professionnelle et de la rémunération

Sous-section 1. – De la garantie de la représentation des fonds et de la responsabilité civile professionnelle

Art. L. 814-3 *(Rempl., L. n° 2003-7, 3 janv. 2003 ; mod., L. n° 2005-845, 26 juill. 2005 ; L. n° 2015-990, 6 août 2015 ; Ord. n° 2019-964, 18 sept. 2019).* – Une caisse dotée de la personnalité civile et gérée par les cotisants a pour objet de garantir le remboursement des fonds, effets ou valeurs reçus ou gérés par chaque *administrateur judiciaire* et par chaque mandataire judiciaire inscrits sur les listes, à l'occasion des opérations dont ils sont chargés à raison de leurs fonctions. Deux magistrats du parquet sont désignés pour exercer, l'un en qualité de titulaire, l'autre de suppléant, les fonctions de commissaire du Gouvernement auprès de la caisse.

L'adhésion à cette caisse est obligatoire pour chaque administrateur judiciaire et pour chaque mandataire judiciaire inscrits sur les listes à l'exception des administrateurs judiciaires et des mandataires judiciaires exerçant leur profession en qualité de salarié.

Les ressources de la caisse sont constituées par le produit d'une cotisation spéciale annuelle payée par chaque administrateur judiciaire et par chaque mandataire judiciaire inscrits sur les listes.

Les cotisations payées par les administrateurs judiciaires et par les mandataires judiciaires sont affectées à la garantie des seuls administrateurs judiciaires et mandataires judiciaires inscrits sur les listes.

Au cas où les ressources de la caisse s'avèrent insuffisantes pour exécuter ses obligations, elle procède à un appel de fonds complémentaire auprès des professionnels inscrits sur les listes.

La garantie de la caisse joue sans que puisse être opposé aux créanciers le bénéfice de discussion prévu à l'article 2021 du Code civil et sur la seule justification de l'exigibilité de la créance et de la non-représentation des fonds par l'administrateur judiciaire ou le mandataire judiciaire inscrits sur les listes.

> **Rédaction future.** La garantie de la caisse joue sans que puisse être opposé aux créanciers le bénéfice de discussion prévu à l'article *(Réf. rempl. à compter du 1er janvier 2022, Ord. n° 2021-1192, 15 sept. 2021)* « 2305 » du Code civil et sur la seule justification de l'exigibilité de la créance et de la non-représentation des fonds par l'administrateur judiciaire ou le mandataire judiciaire inscrits sur les listes.

La caisse est tenue de s'assurer contre les risques résultant pour elle de l'application du présent code.

Les recours contre les décisions de la caisse sont portés devant le tribunal judiciaire de Paris.

Voir aussi : A. 29 septembre 2006 portant approbation du règlement fixant les modalités applicables aux élections des administrateurs judiciaires et des mandataires judiciaires au conseil d'administration de la caisse de garantie instituée à l'article L. 814-3 du Code de commerce (*JO* 11 oct.).

Art. L. 814-4 *(Rempl., L. n° 2003-7, 3 janv. 2003 ; mod., L. n° 2005-845, 26 juill. 2005).* **– Il doit être justifié par chaque administrateur judiciaire ainsi que par chaque mandataire judiciaire inscrits sur les listes d'une assurance souscrite par l'intermédiaire de la caisse de garantie. Cette assurance couvre les conséquences pécuniaires de la responsabilité civile encourue par les administrateurs judiciaires et les mandataires judiciaires, du fait de leurs négligences ou de leurs fautes ou de celles de leurs préposés, commises dans l'exercice de leurs mandats.**

Art. L. 814-5 *(Rempl., L. n° 2003-7, 3 janv. 2003 ; mod., L. n° 2005-845, 26 juill. 2005 ; Ord. n° 2016-727, 2 juin 2016).* **– L'administrateur judiciaire non inscrit sur la liste nationale, désigné dans les conditions prévues par le deuxième alinéa de l'article L. 811-2, le mandataire judiciaire non inscrit sur la liste nationale, désigné dans les conditions prévues par le premier alinéa du II de l'article L. 812-2 ou par le III de ce même article, doit justifier, lorsqu'il accepte sa mission, d'une garantie affectée au remboursement des fonds, effets ou valeurs ainsi que d'une assurance souscrite le cas échéant auprès de la caisse de garantie. Cette assurance couvre les conséquences pécuniaires de la responsabilité civile encourue par cet administrateur judiciaire ou ce mandataire judiciaire, du fait de ses négligences ou de ses fautes ou de celles de ses préposés, commises dans l'exercice de son mandat.**

Sous-section 2. – De la rémunération

(Abr., L. n° 2005-845, 26 juill. 2005)

Art. L. 814-6 et L. 814-7 *(Abr., L. n° 2005-845, 26 juill. 2005).*

Section III. – Dispositions diverses

(L. n° 2003-7, 3 janv. 2003)

Art. L. 814-8 *(L. n° 2003-7, 3 janv. 2003 ; mod., L. n° 2005-845, 26 juill. 2005 ; Ord. n° 2016-727, 2 juin 2016).* **– Lorsqu'un administrateur judiciaire ou un mandataire judiciaire inscrit sur les listes et désigné par une juridiction pour accomplir à l'égard d'une entreprise les missions prévues par les dispositions du livre VI est déjà intervenu pour le compte de celle-ci à titre de conseil ou au titre des missions prévues aux avant-derniers alinéas des articles L. 811-10 et L. 812-8, il informe la juridiction de la nature et de l'importance des diligences accomplies au cours des cinq années précédentes. Cette obligation s'applique également aux personnes désignées dans les conditions prévues au III de l'article L. 812-2 lorsque celles-ci sont déjà intervenues au titre d'une mission prévue par leur statut.**

Le non-respect des dispositions de l'alinéa précédent est passible de poursuites disciplinaires.

Art. L. 814-9 *(L. n° 2003-7, 3 janv. 2003 ; mod., L. n° 2005-845, 26 juill. 2005 ; Ord. n° 2016-727, 2 juin 2016 ; L. n° 2016-1547, 18 nov. 2016).* **– Les administrateurs judiciaires et les mandataires judiciaires inscrits sur les listes sont tenus de suivre une formation continue leur permettant d'entretenir et de perfectionner leurs connaissances. Un décret en Conseil d'État détermine la nature et la durée des activités susceptibles d'être validées au titre de l'obligation de formation continue. Cette formation est organisée par le conseil national mentionné à l'article L. 814-2.**

Les personnes mentionnées au III de l'article L. 812-2 sont également tenues de suivre une formation continue leur permettant d'entretenir et de perfectionner leurs connaissances des procédures dans

lesquelles elles peuvent être désignées à titre habituel. Cette formation est organisée selon les modalités prévues par leur statut.

Art. L. 814-10 *(L. n° 2003-7, 3 janv. 2003 ; mod., L. n° 2005-845, 26 juill. 2005 ; Ord. n° 2019-964, 18 sept. 2019)*. – Les administrateurs judiciaires et les mandataires judiciaires non inscrits sur les listes nationales, désignés dans les conditions prévues au deuxième alinéa de l'article L. 811-2, ou au premier alinéa du II de l'article L. 812-2, sont placés sous la surveillance du ministère public et sont soumis, dans leur activité professionnelle, à des inspections de l'autorité publique à l'occasion desquelles ils sont tenus de fournir tous renseignements ou documents utiles sans pouvoir opposer le secret professionnel.

Les commissaires aux comptes des administrateurs ou mandataires judiciaires non inscrits et qui font l'objet d'une inspection sont tenus, sans pouvoir opposer le secret professionnel, de déférer aux demandes des personnes chargées de l'inspection tendant à la communication de tout renseignement recueilli ou de tout document établi dans le cadre de leur mission.

Le procureur de la République peut, dans le cas où ces mandataires de justice se verraient reprocher d'avoir commis un acte constitutif de la contravention, de l'infraction ou du manquement visés à l'article L. 811-12 A, demander au tribunal judiciaire de leur interdire d'exercer les fonctions d'administrateur ou de mandataire judiciaires.

Les mesures d'interdiction prononcées en application de l'alinéa précédent sont communiquées au garde des Sceaux, ministre de la Justice, pour être diffusées auprès des procureurs généraux.

Art. L. 814-10-1 *(Ord. n° 2016-727, 2 juin 2016)*. – I. – Les personnes désignées dans les conditions prévues au III de l'article L. 812-2 sont placées sous la surveillance du ministère public et sont soumises, pour cette activité professionnelle, à des inspections de l'autorité publique à l'occasion desquelles elles sont tenues de fournir tous renseignements ou documents utiles sans pouvoir opposer le secret professionnel.

L'organisation et les modalités de ces inspections sont déterminées par décret en Conseil d'État.

II. – Elles sont soumises au contrôle de cette activité professionnelle. Ce contrôle est confié au conseil national mentionné à l'article L. 814-2. Elles sont tenues, sans pouvoir opposer le secret professionnel, de déférer aux demandes des personnes chargées du contrôle tendant à la communication de tous renseignements ou documents utiles.

L'organisation et les modalités de ce contrôle sont déterminées par décret en Conseil d'État.

III. – Elles sont tenues de désigner un commissaire aux comptes qui assure le contrôle de leur comptabilité spéciale et exerce, à ce titre, une mission permanente de contrôle de l'ensemble des fonds, effets, titres et autres valeurs appartenant à autrui, qu'elles détiennent en vertu d'un mandat reçu dans l'exercice de leurs fonctions.

Les commissaires aux comptes peuvent en outre, aux fins du contrôle prévu au précédent alinéa, avoir accès à la comptabilité générale de l'office, aux procédures confiées à celles-ci et se faire communiquer par elles ou par les tiers détenteurs des fonds, nonobstant toute disposition contraire, tous renseignements utiles à leur mission de contrôle.

Ils informent, dans des conditions fixées par décret en Conseil d'État, les autorités auxquelles sont confiées la surveillance, les inspections et le contrôle des personnes mentionnées au III de l'article L. 812-2, des résultats de leur mission et signalent les anomalies ou irrégularités dont ils ont connaissance au cours de l'exécution de leur mission.

Ils sont en outre tenus de déférer aux demandes des personnes chargées du contrôle ou de l'inspection tendant à la communication de tout renseignement recueilli ou de tout document établi dans le cadre de l'exécution de leur mission, sans pouvoir opposer le secret professionnel.

IV. – La Caisse des dépôts et consignations est tenue, sans pouvoir opposer le secret professionnel, de déférer aux demandes des personnes chargées de l'inspection ainsi qu'à celles du conseil national mentionné à l'article L. 814-2 pour l'exercice du contrôle dont il est en charge, tendant à la communication de tout renseignement ou document utiles à la connaissance des mouvements de fonds intervenus sur les comptes ouverts dans ses livres au nom de chaque personne mentionnée au III de l'article L. 812-2 et de sommes qui y sont déposées au titre des mandats sur lesquels porte l'inspection ou le contrôle.

Art. L. 814-10-2 *(Ord. n° 2016-727, 2 juin 2016 ; mod., Ord. n° 2016-1635, 1er déc. 2016 ; Ord. n° 2019-964, 18 sept. 2019)*. – I. – L'action disciplinaire à l'encontre d'une personne désignée dans les conditions prévues au III de l'article L. 812-2 ne peut porter que sur des faits commis dans le cadre ou à l'occasion de la mission qui lui a été confiée.

Elle est engagée par le garde des Sceaux, ministre de la Justice, le procureur général près la cour d'appel dans le ressort de laquelle ont été commis les faits, le magistrat du parquet général chargé des inspections des personnes mentionnées au III de l'article L. 812-2 dont le domicile professionnel est situé dans le ressort de la cour d'appel pour laquelle il est compétent, l'instance professionnelle représentative ou le président du Conseil national des administrateurs judiciaires et des mandataires judiciaires.

II. – La commission nationale mentionnée à l'article L. 814-1 siège comme chambre de discipline. Le commissaire du Gouvernement y exerce les fonctions du ministère public.

Elle informe sans délai, le garde des Sceaux, ministre de la Justice, ainsi que le président de la chambre de discipline compétente à l'égard de l'intéressé en application de son statut, de toute action disciplinaire dont elle est saisie.

L'action disciplinaire engagée devant elle à l'encontre d'une personne désignée dans les conditions prévues au III de l'article L. 812-2 interdit toute action devant la chambre de discipline dont relève l'intéressé en application de son statut lorsque celle-ci porte sur les mêmes faits.

La Commission nationale d'inscription et de discipline des administrateurs judiciaires et des mandataires judiciaires peut prononcer les peines disciplinaires suivantes :

1° L'avertissement ;

2° Le blâme ;

3° L'interdiction temporaire d'exercer toutes missions confiées en application du III de l'article L. 812-2 pour une durée n'excédant pas cinq ans, cette interdiction temporaire pouvant être assortie du sursis ;

4° L'interdiction définitive d'exercer toutes missions confiées en application du III de l'article L. 812-2.

L'avertissement et le blâme peuvent être accompagnés, pendant un délai d'un an, de mesures de contrôle soumettant la personne mentionnée au III de l'article L. 812-2 à des obligations particulières déterminées par la commission. Ces obligations peuvent également être prescrites par la commission lorsque cette personne interdite temporairement reprend ses fonctions.

La peine de l'interdiction temporaire peut être assortie du sursis. Si, dans le délai de cinq ans à compter du prononcé de la sanction, la personne mentionnée au III de l'article L. 812-2 a commis une infraction ou une faute ayant entraîné le prononcé d'une nouvelle sanction disciplinaire, celle-ci entraîne sauf décision motivée, l'exécution de la première sanction sans confusion possible avec la seconde.

III. – Lorsqu'elle prononce une peine disciplinaire, la commission peut décider, eu égard à la gravité des faits commis, de mettre à la charge de la personne mentionnée au III de l'article L. 812-2 tout ou partie des frais occasionnés par la présence d'un commissaire aux comptes ou d'un expert lors des contrôles ou des inspections ayant permis la constatation de ces faits.

IV. – Toute personne mentionnée au III de l'article L. 812-2 qui fait l'objet d'une poursuite pénale ou disciplinaire peut être suspendue provisoirement de l'exercice de ses fonctions par le tribunal judiciaire du lieu où elle est établie.

En cas d'urgence, la suspension provisoire peut être prononcée même avant l'exercice des poursuites pénales ou disciplinaires si des inspections ou vérifications ont laissé apparaître des risques pour les sommes perçues par cette personne, à raison de ses fonctions.

Le tribunal peut, à tout moment, à la requête soit du commissaire du Gouvernement, soit du magistrat du parquet général désigné pour les inspections ou de l'intéressé, mettre fin à la suspension provisoire.

La suspension cesse de plein droit dès que les actions pénales ou disciplinaires sont éteintes. Elle cesse également de plein droit, dans le cas prévu au deuxième alinéa, si, à l'expiration d'un délai d'un mois à compter de son prononcé, aucune poursuite pénale ou disciplinaire n'a été engagée.

V. – L'action disciplinaire se prescrit par dix ans à compter de la commission des faits ou, lorsque les faits se rapportent à l'exercice professionnel, à compter de l'achèvement de la mission à l'occasion de laquelle ils ont été commis.

Si la personne mentionnée au III de l'article L. 812-2 est l'auteur de faits ayant donné lieu à une condamnation pénale, l'action se prescrit par deux ans à compter de la date à laquelle cette condamnation est devenue définitive.

VI. – La personne mentionnée au III de l'article L. 812-2 interdite ou suspendue doit s'abstenir de tout acte professionnel relevant des missions prévues à cet article.

Les actes accomplis au mépris de cette prohibition peuvent être déclarés nuls, à la requête de tout intéressé ou du ministère public, par le tribunal statuant en chambre du conseil. La décision est exécutoire à l'égard de toute personne.

Toute infraction aux dispositions qui précèdent est punie des peines encourues pour le délit d'usurpation de titre prévu par l'article 433-17 du Code pénal.

VII. – Lorsqu'elle prononce une peine disciplinaire relative à un manquement aux dispositions des sections III à VI du chapitre Ier du titre VI du livre V du Code monétaire et financier, il est également fait application des dispositions de l'article L. 561-36-3 de ce même code.

Art. L. 814-11 *(L. n° 2003-7, 3 janv. 2003 ; mod., L. n° 2005-845, 26 juill. 2005).* – Toute somme détenue par un administrateur judiciaire ou un mandataire judiciaire au titre d'un mandat amiable est versée, dès sa réception, en compte de dépôt à la Caisse des dépôts et consignations, sauf décision expresse du mandant de désigner un autre établissement financier. En cas de retard, l'administrateur judiciaire ou le mandataire judiciaire doit, pour les sommes qu'il n'a pas versées, un intérêt dont le taux est égal au taux de l'intérêt légal majoré de cinq points.

Art. L. 814-12 *(L. n° 2011-331, 28 mars 2011 ; mod., L. n° 2015-990, 6 août 2015).* – Tout administrateur judiciaire ou mandataire judiciaire qui, dans l'exercice de ses fonctions, acquiert la connaissance d'un crime ou d'un délit est tenu d'en donner avis sans délai au procureur de la République et de transmettre à ce magistrat tous les renseignements, procès-verbaux et actes qui y sont relatifs.

Art. L. 814-13 *(L. n° 2011-331, 28 mars 2011 ; mod., Ord. n° 2016-727, 2 juin 2016).* – Un décret détermine la liste des actes de procédure envoyés ou reçus par les administrateurs judiciaires, les mandataires judiciaires et les personnes désignées en application du deuxième alinéa de l'article L. 811-2, du premier alinéa du II de l'article L. 812-2 ou du III de ce même article qui peuvent faire l'objet d'une communication par voie électronique.

Les administrateurs judiciaires et les mandataires judiciaires procèdent par voie électronique lorsque les tiers destinataires ou émetteurs des actes ont expressément demandé ou consenti à ce qu'il soit procédé selon cette voie. À cette fin, ils utilisent le portail mis à leur disposition par le conseil national en application de l'article L. 814-2. Un décret en Conseil d'État, pris après avis de la Commission nationale de l'informatique et des libertés, fixe les conditions d'application du présent alinéa.

Art. L. 814-14 *(L. n° 2015-990, 6 août 2015).* – Un décret en Conseil d'État fixe les modalités d'application des articles L. 811-7-1 et L. 812-5-1, notamment les règles applicables au règlement des litiges nés à l'occasion de l'exécution d'un contrat de travail après médiation du président du Conseil national des administrateurs judiciaires et des mandataires judiciaires, celles relatives au licenciement de l'administrateur judiciaire ou du mandataire judiciaire salarié et, dans ce cas, les conditions dans lesquelles il peut être retiré de la liste mentionnée aux articles L. 811-2 ou L. 812-2.

Art. L. 814-15 *(L. n° 2016-1547, 18 nov. 2016).* – Les fonds, effets, titres et autres valeurs reçus par les administrateurs judiciaires et mandataires judiciaires pour le compte de débiteurs devant être versés à la Caisse des dépôts et consignations en application d'une disposition législative ou réglementaire sont déposés sur un compte distinct par procédure de sauvegarde, de redressement judiciaire ou de liquidation judiciaire lorsque le nombre de salariés ou le chiffre d'affaires du débiteur sont supérieurs à des seuils fixés par décret.

Art. L. 814-16 *(L. n° 2016-1547, 18 nov. 2016).* – Lorsqu'il lui apparaît que le compte distinct mentionné à l'article L. 814-15 n'a fait l'objet d'aucune opération, hors inscription d'intérêts et débit par la Caisse des dépôts et consignations de frais et commissions de toutes natures ou d'éventuels prélèvements sur les intérêts versés au profit du fonds mentionné à l'article L. 663-3 pendant une période de six mois consécutifs, la Caisse des dépôts et consignations en avise le magistrat désigné par le ministre de la Justice et placé auprès du directeur des affaires civiles et du sceau pour coordonner l'activité des magistrats inspecteurs régionaux.

TITRE II. – DES COMMISSAIRES AUX COMPTES

(L. n° 2001-240, 15 mai 2001)

Bibliographie : Y. Guyon et G. Coquereau, *Le commissariat aux comptes, aspects juridiques et techniques*, Librairies techniques, 1971. • A. Viandier, *L'évolution du commissariat aux comptes*, in *Études R. Roblot*, LGDJ, 1984, p. 325. • D. Vidal, *Le commissaire aux comptes dans la société anonyme*, LGDJ, 1985. • A. Sayag, *Le commissariat aux comptes. Renforcement ou dérive ?*, Litec, coll. « CREDA », 1989. • R. Castell et R. Pasqualini, *Le commissariat aux comptes*, Économica, 1995. • J. Monéger et T. Granier, *Le commissaire aux comptes*, Dalloz, 1995. • J.-F. Barbièri, *Commissariat aux comptes*, GLN Joly, 1996. • P. Merle, *Les nouvelles obligations des commissaires aux comptes après la loi NRE du 15 mai 2001 : D.* 2001, chron. p. 3516. • A. Couret et M. Tudel, *Le nouveau contrôle légal des comptes : D.* 2003, p. 2290. • B. Bouloc, *Le renforcement de l'efficacité des contrôles effectués par le commissaire aux comptes : Rev. sociétés* 2003, p. 807. • T. Granier, *Le commissaire aux comptes dans les sociétés qui font appel public à l'épargne*, in *Mél. Y. Guyon*, Dalloz, 2003, p. 457 ; *Le rôle des commissaires aux comptes : Rev. sociétés* 2004, p. 557. • J.-F. Barbièri, *Les réformes du commissariat aux comptes : de la régulation interne à la réglementation professionnelle : LPA* 8 juill. 2004, p. 6 ; *Nouvel aggiornamento du commissariat aux comptes par ordonnance n° 2005-1126 du 8 sept. 2005 : Bull. Joly Sociétés* 2005, p. 1289. • H. Matsopolou, *Le contrôle légal des comptes sociaux : Rev. Sociétés* 2005, p. 45. • H. Alvès, *Le point sur le statut des commissaires aux comptes : Rev. Lamy dr. aff.* 2006, n° 3, p. 7. • D. Lencou, *Le rôle du commissaire aux comptes et du commissaire aux apports dans l'augmentation de capital depuis la réforme du décret du 23 mars 1967 sur les sociétés commerciales : Bull. Joly Sociétés* 2007, n° 12, p. 1305. • Ph. Merle, *Du commissaire de surveillance au contrôleur légal des comptes : Le Code de commerce 1807-2007*, Dalloz, 2007, p. 229. • W. Jeandidier, *La responsabilité pénale des commissaires aux comptes*, CNCC, département éditions, juin 2008. • T. Granier, *Le commissaire aux comptes dans la société par actions simplifiée : Bull. Joly Sociétés* 2008, n° 3, p. 252. • A. Robert, *Dirigeants, experts-comptables et commissaires aux comptes : Mélanges Merle*, Dalloz, 2013, p. 585. • B. Lecourt, *Premiers regards sur l'ordonnance n° 2016-315 du 17 mars 2016 relative au commissariat aux comptes, adaptant le droit français au droit européen : Rev. sociétés* 2016, p. 332. • M. Roussille, *Réforme du contrôle légal des comptes : Dr. sociétés* 2016, comm. 102. • J.-F. Barbièri, *L'audit légal réformé par ordonnance (ord. n° 2016-315, 17 mars 2016) : Bull. Joly* 2016, p. 294 ; *Réforme de l'audit légal : un mouvement perpétuel asynchrone : Bull. Joly* 2017, p. 93 ; *Commissaires aux comptes nouvel aggiornamento du Code de déontologie : Bull. Joly* 2017, p. 422. • J.-F. Barbièri, *La réforme du commissariat aux comptes par la loi PACTE : rabotage du contrôle légal et lots de consolation : Bull. Joly Sociétés* 2019, n° 119w5, p. 84. • J. Brouillet, *Loi PACTE : réforme des seuils d'audit et modernisation de la profession du chiffre : Rev. Lamy dr. aff.* 2018, n° 143, suppl. • J.-L. Navarro, *Loi PACTE : les modifications apportées en droit comptable : JCP E* 2019, 1326. • J.-L. Périn, *Les mandats des commissaires aux comptes selon la loi PACTE : nouveaux seuils et nouvelles missions : Journ. sociétés* avr. 2019, n° 173, p. 25. • M. de Szilbereky, *Le contrôle légal des comptes après l'entrée en vigueur de la loi Pacte : Rev. sociétés* 2019, p. 598. • J.-M. Moulin, *La réforme du commissariat aux comptes par les lois Pacte et Soilihi : Gaz. Pal.* 24 sept. 2019, p. 63. • J.-F. Barbièri, *Le commissariat aux comptes après la loi PACTE : remaniement du Code de déontologie : Bull. Joly sociétés* 2020, p. 33. • J.-F. Barbièri, *Le commissariat aux comptes après la loi PACTE : adaptation des mesures réglementaires : Bull. Joly sociétés* 2020, p. 15.

CHAPITRE PRÉLIMINAIRE. – DISPOSITIONS GÉNÉRALES

(L. n° 2003-706, 1er août 2003)

Art. L. 820-1 *(Ord. n° 2016-315, 17 mars 2016 ; mod., Ord. n° 2017-484, 6 avr. 2017 ; L. n° 2019-486, 22 mai 2019).* **– I. – Nonobstant toute disposition contraire, les dispositions du présent titre sont applicables aux commissaires aux comptes dans l'exercice de leur activité professionnelle, quelle que soit la nature des missions ou des prestations qu'ils fournissent. Elles sont également applicables à ces personnes et entités, sous réserve des règles propres à celles-ci, quel que soit leur statut juridique.**

II. – Pour l'application du présent titre, le terme : « entité » désigne notamment les fonds mentionnés aux articles L. 214-8, L. 214-24-34 et L. 214-169 du Code monétaire et financier.

III. – Pour l'application du présent titre les termes : « entité d'intérêt public » désignent :

1° Les établissements de crédit mentionnés au I de l'article L. 511-1 du Code monétaire et financier ayant leur siège social en France ;

2° Les entreprises d'assurance et de réassurance mentionnées aux articles L. 310-1 et L. 310-1-1 du Code des assurances, à l'exception des sociétés d'assurance mutuelles dispensées d'agrément administratif en application de l'article R. 322-117-1 du Code des assurances ;

3° Les institutions de prévoyance et leurs unions régies par le titre III du livre IX du Code de la sécurité sociale, à l'exception de celles mentionnées au 3° de l'article L. 931-6-1 du Code de la sécurité sociale ;

4° Les mutuelles et unions de mutuelles régies par le livre II du Code de la mutualité, à l'exception de celles mentionnées au 3° de l'article L. 211-11 du Code de la mutualité ;

5° Les personnes et entités dont les titres financiers sont admis aux négociations sur un marché réglementé ;

6° Lorsque le total de leur bilan consolidé ou combiné excède un seuil fixé par décret :

a) Les compagnies financières holdings au sens de l'article L. 517-1 du Code monétaire et financier dont l'une des filiales est un établissement de crédit ;

b) Les compagnies financières holdings mixtes au sens de l'article L. 517-4 du Code monétaire et financier dont l'une des filiales est une entité d'intérêt public au sens du présent article ;

c) Les sociétés de groupe d'assurance au sens de l'article L. 322-1-2 du Code des assurances ;

d) Les sociétés de groupe d'assurance mutuelle au sens de l'article L. 322-1-3 du Code des assurances ;

e) Les unions mutualistes de groupe au sens de l'article L. 111-4-2 du Code de la mutualité ;

f) Les sociétés de groupe assurantiel de protection sociale au sens de l'article L. 931-2-2 du Code de la sécurité sociale.

7° Les fonds de retraite professionnelle supplémentaire mentionnés à l'article L. 381-1 du Code des assurances ;

8° Les mutuelles ou unions de retraite professionnelle supplémentaire mentionnées à l'article L. 214-1 du Code de la mutualité ;

9° Les institutions de retraite professionnelle supplémentaire mentionnées à l'article L. 942-1 du Code de la sécurité sociale.

Art. L. 820-1-1 *(L. n° 2019-486, 22 mai 2019).* – L'exercice de la profession de commissaire aux comptes consiste en l'exercice, par le commissaire aux comptes, de missions de contrôle légal et d'autres missions qui lui sont confiées par la loi ou le règlement.

Un commissaire aux comptes peut, en dehors ou dans le cadre d'une mission légale, fournir des services et des attestations, dans le respect des dispositions du présent code, de la règlementation européenne et des principes définis par le Code de déontologie de la profession.

Art. L. 820-2 *(L. n° 2001-420, 15 mai 2001 ; mod., Ord. n° 2005-1126, 8 sept. 2005).* – Nul ne peut se prévaloir du titre de commissaire aux comptes s'il ne remplit pas les conditions visées aux dispositions du présent titre.

Art. L. 820-3 *(Ord. n° 2016-315, 17 mars 2016 ; mod., L. n° 2016-1691, 9 déc. 2016).* – I. – En vue de sa désignation, le commissaire aux comptes informe par écrit la personne ou l'entité dont il se propose de certifier les comptes de son affiliation à un réseau, national ou international, qui n'a pas pour activité exclusive le contrôle légal des comptes et dont les membres ont un intérêt économique commun. Le cas échéant, il l'informe également du montant global des honoraires perçus par ce réseau au titre des services autres que la certification des comptes ainsi que de la nature de ces services fournis par ce réseau à la personne ou à l'entité dont ledit commissaire aux comptes se propose de certifier les comptes, aux personnes ou entités qui la contrôlent ou qui sont contrôlées par elle, au sens des I et II de l'article L. 233-3. Les informations relatives au montant global des honoraires perçus sont intégrées aux documents mis à la disposition des actionnaires en application de l'article L. 225-108. Actualisées chaque année par le commissaire aux comptes, elles sont mises à la disposition, au siège de la personne dont il certifie les comptes, des associés et actionnaires et, pour les associations, des adhérents et donateurs.

L'information sur le montant des honoraires versés à chacun des commissaires aux comptes est mise, au siège de la personne ou de l'entité contrôlée, à la disposition des associés et actionnaires et, pour les associations, des adhérents et donateurs.

Pour les entités d'intérêt public, le détail des prestations fournies au titre des services autres que la certification des comptes peut être communiqué, à sa demande, au comité spécialisé mentionné à l'article L. 823-19 ou, selon le cas, à l'organe chargé de l'administration ou à l'organe de surveillance.

II. – Avant d'accepter le mandat ou son renouvellement, le commissaire aux comptes vérifie et consigne :

1° Les éléments relatifs au respect des conditions de son indépendance prévues par l'article L. 822-11-3 et par le Code de déontologie mentionné à l'article L. 822-16, et, le cas échéant, les mesures de sauvegarde nécessaires pour atténuer les risques pesant sur son indépendance ;

2° Les éléments établissant qu'il dispose des ressources humaines et matérielles nécessaires à la bonne exécution de la mission de certification des comptes.

III. – Lorsque le commissaire aux comptes certifie les comptes d'une entité d'intérêt public, il se conforme aux dispositions de l'article 6 du règlement (UE) n° 537/2014 du Parlement européen et du Conseil du 16 avril 2014 relatif aux exigences spécifiques applicables au contrôle légal des comptes des entités d'intérêt public et abrogeant la décision 2005/909/CE [du 14 décembre 2005] de la Commission.

Art. L. 820-3-1 *(Ord. n° 2005-1126, 8 sept. 2005 ; mod., Ord. n° 2016-315, 17 mars 2016)*. – Les délibérations de l'organe mentionné au premier alinéa du I de l'article L. 823-1 prises à défaut de désignation régulière de commissaires aux comptes ou sur le rapport de commissaires aux comptes nommés ou demeurés en fonctions contrairement aux dispositions du présent titre ou à d'autres dispositions applicables à la personne ou à l'entité en cause sont nulles.

L'action en nullité est éteinte si ces délibérations sont expressément confirmées par l'organe compétent sur le rapport de commissaires aux comptes régulièrement désignés.

Bibliographie : F. Barrière, *Nouvelles dispositions relatives au commissariat aux comptes et incohérences en matière de nullité : Bull. Joly Sociétés* 2006, p. 989. • J.-P. Legros, *De la nullité des délibérations de sociétés commerciales après l'ordonnance du 8 septembre 2005 : Dr. sociétés* 2006, p. 1.

Art. L. 820-4 *(L. n° 2001-420, 15 mai 2001 ; mod., Ord. n° 2005-1126, 8 sept. 2005 ; L. n° 2011-525, 17 mai 2011)*. – Nonobstant toute disposition contraire :

1° Est puni d'un emprisonnement de deux ans et d'une amende de 30 000 € le fait, pour tout dirigeant de personne ou de l'entité tenue d'avoir un commissaire aux comptes, de ne pas en provoquer la désignation. Est puni des mêmes peines le fait pour tout dirigeant d'une personne ou entité ayant un commissaire aux comptes de ne pas le convoquer à toute assemblée générale ;

2° Est puni d'un emprisonnement de cinq ans et d'une amende de 75 000 € le fait, pour les dirigeants d'une personne morale ou toute personne ou entité au service d'une personne ou entité ayant un commissaire aux comptes, de mettre obstacle aux vérifications ou contrôles des commissaires aux comptes ou des experts nommés en exécution des articles L. 223-37 et L. 225-231, ou de leur refuser la communication sur place de toutes les pièces utiles à l'exercice de leur mission et, notamment, de tous contrats, livres, documents comptables et registres de procès-verbaux.

Art. L. 820-5 *(L. n° 2001-420, 15 mai 2001)*. – Est puni d'un an d'emprisonnement et de 15 000 € d'amende le fait, pour toute personne :

1° De faire usage du titre de commissaire aux comptes ou de titres quelconques tendant à créer une similitude ou une confusion avec celui-ci, sans être régulièrement inscrite sur la liste prévue au I de l'article L. 822-1 et avoir prêté serment dans les conditions prévues à l'article L. 822-10 ;

2° D'exercer illégalement la profession de commissaire aux comptes, en violation des dispositions du I de l'article L. 822-1 et de l'article L. 822-10 ou d'une mesure d'interdiction ou de suspension temporaire ;

Les articles 226-13 et 226-14 du Code pénal relatifs au secret professionnel sont applicables aux commissaires aux comptes.

Voir aussi : les pénalités prévues à l'article 85, D. n° 69-810, 12 août 1969.

Art. L. 820-6 *(L. n° 2001-420, 15 mai 2001)*. – Est puni d'un emprisonnement de six mois et d'une amende de 7 500 € le fait, pour toute personne d'accepter, d'exercer ou de conserver les fonctions de commissaire aux comptes, nonobstant les incompatibilités légales, soit en son nom personnel, soit au titre d'associé dans une société de commissaires aux comptes.

Art. L. 820-7 *(Mod., L. n° 2011-525, 17 mai 2011)*. – Est puni d'un emprisonnement de cinq ans et d'une amende de 75 000 € le fait, pour toute personne exerçant les fonctions de commissaire aux comptes, de donner ou confirmer des informations mensongères sur la situation de la personne morale ou de ne pas révéler au procureur de la République les faits délictueux dont elle a eu connaissance.

Bibliographie : J.-F. Barbièri, *Les risques encourus par le commissaire aux comptes dans sa mission en matière de blanchiment : Bull. Joly Sociétés* 2003, p. 365. • D. Lecompte, *Le délit d'information mensongère par le commissaire aux comptes*, in *La comptabilité dans l'entreprise et la responsabilité pénale : LPA* 12 avr. 2007, n° 74, p. 32. • A.-C. Muller, *Interprétation du délit de non-révélation des faits délictueux et preuve de la connaissance des faits : Bull. CNCC* déc. 1974, n° 16. • A. Viandier, *Sur les limites de l'obligation de révélation des faits délictueux : JCP* CI 1982, II, 13682.

Non-révélation de faits délictueux. Le commissaire aux comptes a l'obligation de révéler au procureur de la République, dès qu'il en a connaissance dans le cadre de sa mission, les irrégularités susceptibles de recevoir une qualification pénale, même si celle-ci ne peut en l'état être définie avec précision. ▪ Cass. crim., 15 sept. 1999, n° 98-81.855 : *Bull. crim.* n° 187 ; *D.* 2001, p. 626, note J.-L. Navarro ; *Rev. sociétés* 2000, p. 353, note B. Bouloc ; *RTD com.* 2000, p. 475, note B. Bouloc ; *Bull. Joly Sociétés* 2000, p. 25, note J.-J. Barbièri ; *Bull. CNCC* 2000, p. 64, n° 117, note Ph. Merle.

CHAPITRE I. – DE L'ORGANISATION ET DU CONTRÔLE DE LA PROFESSION

(L. n° 2003-706, 1er août 2003)

Section I. – De l'organisation de la profession

(Ord. n° 2016-315, 17 mars 2016)

Art. L. 821-1 *(Mod., L. n° 2017-55, 20 janv. 2017 ; L. n° 2019-486, 22 mai 2019)*. **– I. – Le Haut Conseil du commissariat aux comptes est une autorité publique indépendante.**

Le Haut conseil exerce les missions suivantes :

1° Il procède à l'inscription des commissaires aux comptes et des contrôleurs de pays tiers mentionnés au I de l'article L. 822-1-5 et à la tenue des listes prévues à l'article L. 822-1 ;

2° Il adopte, dans les conditions prévues à l'article L. 821-14, les normes relatives à la déontologie des commissaires aux comptes, au contrôle interne de qualité et à l'exercice professionnel ;

3° Il définit les orientations générales et les différents domaines sur lesquels l'obligation de formation continue peut porter et veille au respect des obligations des commissaires aux comptes dans ce domaine ;

4° Il prend les mesures mentionnées aux III et V de l'article L. 823-3-1 et au III de l'article L. 823-18 ;

5° Il définit le cadre et les orientations des contrôles prévus à l'article L. 821-9 ; il en supervise la réalisation et peut émettre des recommandations dans le cadre de leur suivi ;

6° Il diligente des enquêtes portant sur les manquements aux dispositions du présent titre et à celles du règlement (UE) n° 537/2014 du 16 avril 2014 ;

7° Il prononce des sanctions dans les conditions prévues au chapitre IV du présent titre ;

8° Il statue sur les litiges relatifs à la rémunération des commissaires aux comptes, conformément à l'article L. 823-18-1 ;

9° Il coopère avec les autorités d'autres États exerçant des compétences analogues, les autorités de l'Union européenne chargées de la supervision des entités d'intérêt public, les banques centrales, le Système européen de banques centrales, la Banque centrale européenne et le Comité européen du risque systémique ;

10° Il suit l'évolution du marché de la réalisation des missions de contrôle légal des comptes des entités d'intérêt public, dans les conditions définies à l'article 27 du règlement (UE) n° 537/2014 du 16 avril 2014.

Sauf dispositions contraires, les missions confiées au Haut conseil sont exercées par le collège.

II. – Le Haut conseil peut déléguer à la Compagnie nationale des commissaires aux comptes la réalisation des missions suivantes ou de certaines d'entre elles :

1° L'inscription et la tenue de la liste mentionnée au I de l'article L. 822-1 ;

2° Le suivi du respect des obligations de formation continue des commissaires aux comptes ;

3° Les contrôles effectués dans les conditions prévues à la section 2 du présent chapitre.

Les conditions de la délégation sont fixées par une convention homologuée par arrêté du garde des sceaux, ministre de la justice.

V. A. 25 avr. 2017 portant homologation de la convention de délégation par le Haut Conseil du commissariat aux comptes à la Compagnie nationale des commissaires aux comptes de l'inscription des commissaires aux comptes et de la tenue de la liste prévue au I de l'article L. 822-1 du C. com. ; A. 25 avr. 2017 portant homologation de la convention de délégation par le Haut Conseil du commissariat aux comptes à la Compagnie nationale des commissaires aux comptes de la réalisation des contrôles de l'activité professionnelle des commissaires aux comptes n'exerçant pas de missions auprès d'entités d'intérêt public (*JO* 4 mai) ; A. 3 mai 2017 portant homologation de la convention de délégation par le Haut Conseil du commissariat aux comptes à la Compagnie nationale des commissaires aux comptes du suivi du respect des obligations de formation continue des commissaires aux comptes (*JO* 6 mai).

Art. L. 821-2 *(Rempl., Ord. n° 2016-315, 17 mars 2016 ; mod., L. n° 2016-1691, 9 déc. 2016 ; L. n° 2017-55, 20 janv. 2017).* – I. – Le collège du Haut conseil du commissariat aux comptes comprend :

1° Quatre magistrats, dont :

a) Un membre de la Cour de cassation, président du Haut conseil ;

b) Deux magistrats de l'ordre judiciaire dont l'un est président de la formation restreinte prévue au II ;

c) Un magistrat de la Cour des comptes ;

2° Le président de l'Autorité des marchés financiers ou son représentant, le président de l'Autorité de contrôle prudentiel et de résolution ou son représentant, le directeur général du Trésor ou son représentant ;

3° Un professeur des universités spécialisé en matière juridique, économique ou financière ;

4° Quatre personnes qualifiées en matière économique et financière ; la première est choisie pour ses compétences dans les domaines des offres au public et des sociétés dont les titres sont admis aux négociations sur un marché réglementé, la deuxième pour ses compétences dans le domaine de la banque ou de l'assurance, la troisième pour ses compétences dans le domaine des petites et moyennes entreprises, des personnes morales de droit privé ayant une activité économique ou des associations, la quatrième pour ses compétences en matière de comptabilité nationale et internationale ;

5° Deux personnes ayant exercé la profession de commissaire aux comptes.

Les membres mentionnés au 1° comprennent un nombre égal de femmes et d'hommes. Parmi les autres membres, à l'exception des membres de droit mentionnés au 2°, l'écart entre le nombre de femmes et d'hommes ne peut être supérieur à un.

Le bureau est composé du président du Haut conseil et de deux membres titulaires et de leurs suppléants, élus par le collège en son sein. Il est chargé d'exercer les attributions mentionnées au 4° du I de l'article L. 821-1.

Le président du Haut conseil est nommé par décret du Président de la République pour une durée de six ans. Il exerce ses fonctions à plein temps. En cas d'empêchement, il est suppléé par le magistrat de l'ordre judiciaire qui ne préside pas la formation restreinte.

Les membres du Haut conseil, autres que les membres de droit, sont nommés par décret pour six ans renouvelables une fois, à l'exception des membres mentionnés au 5° dont le mandat n'est pas renouvelable. Le mandat n'est pas interrompu par les règles de limite d'âge éventuellement applicables aux intéressés.

Lors de la désignation d'un nouveau membre appelé à remplacer un membre dont le mandat a pris fin avant le terme normal, le nouveau membre est de même sexe que celui qu'il remplace.

II. – En matière de sanctions, et pour connaître du contentieux des honoraires, le Haut conseil du commissariat aux comptes statue en formation restreinte.

La formation restreinte est composée du magistrat de l'ordre judiciaire qui en est le président et de quatre autres membres élus par le collège en son sein, à l'exception des membres du bureau et du directeur général du Trésor ou de son représentant.

En cas d'empêchement du président, il est suppléé par le membre de la formation restreinte le plus âgé.

Les membres de la formation restreinte ne participent pas aux délibérations du collège portant sur des cas individuels.

III. – Une commission composée à parité de membres du collège et de commissaires aux comptes est placée auprès du Haut conseil afin d'élaborer le projet des normes prévues au 2° du I de l'article L. 821-1. Le nombre et les modalités de désignation de ses membres ainsi que les règles relatives à son organisation et à son fonctionnement sont fixés par le règlement intérieur du Haut conseil.

Art. L. 821-3 *(Ord. n° 2016-315, 17 mars 2016).* – I. – Au cours des trois années précédant leur nomination, les membres du Haut conseil ne doivent pas avoir réalisé de mission de certification des comptes, avoir détenu de droits de vote, avoir fait partie de l'organe d'administration ou de surveillance ou avoir été salarié d'une société de commissaire aux comptes.

II. – Les décisions du Haut conseil sont prises à la majorité des voix. En cas de partage égal des voix, la voix du président du Haut conseil est prépondérante. En cas de partage égal des voix au sein de la formation restreinte, la voix de son président est prépondérante.

Art. L. 821-3-1 *(Ord. n° 2016-315, 17 mars 2016).* – Le Haut conseil dispose d'un service chargé de procéder aux enquêtes préalables à l'ouverture des procédures prévues au chapitre IV du présent titre. Ce service est dirigé par un rapporteur général et composé d'enquêteurs habilités par ce dernier.

Les enquêteurs ainsi que toute personne participant à une mission d'enquête sont désignés dans des conditions propres à éviter tout conflit d'intérêt avec les commissaires aux comptes ou les personnes ou entités qui font l'objet de l'enquête.

Art. L. 821-3-2 *(Abr., L. n° 2017-55, 20 janv. 2017).*

Art. L. 821-3-3 *(Ord. n° 2016-315, 17 mars 2016 ; mod., L. n° 2017-55, 20 janv. 2017).* – I. – Sans préjudice des dispositions prévues à l'article L. 821-12-5 du présent code et au I de l'article L. 631-1 du Code monétaire et financier, les personnels du Haut conseil, ainsi que toutes les personnes physiques ou morales qui, à quelque titre que ce soit, participent, même occasionnellement, à l'activité de celui-ci sont tenus au secret professionnel pour les faits, actes et renseignements dont ils ont pu avoir connaissance en raison de leurs fonctions.

Ce secret n'est pas opposable à l'autorité judiciaire.

II. – Le secret professionnel n'est pas opposable au Haut conseil et à ses services dans l'exercice de leurs missions, sauf par les auxiliaires de justice.

Art. L. 821-4 *(L. n° 2003-706, 1er août 2003 ; mod., Ord. n° 2016-315, 17 mars 2016).* – Un commissaire du Gouvernement auprès du Haut conseil du commissariat aux comptes est désigné par le garde des Sceaux, ministre de la Justice. Il siège avec voix consultative. Le commissaire du Gouvernement n'assiste pas aux délibérations du Haut conseil statuant en formation restreinte. Il peut demander une seconde délibération quand le Haut conseil ne statue pas en formation restreinte.

Art. L. 821-5 *(L. n° 2003-706, 1er août 2003 ; rempl., L. fin. n° 2007-1822, 24 déc. 2007 ; mod., Ord. n° 2009-80, 22 janv. 2009 ; L. fin. rect. n° 2009-1674, 30 déc. 2009 ; Ord. n° 2016-315, 17 mars 2016 ; L. n° 2016-1691, 9 déc. 2016).* – I *(L. n° 2017-55, 20 janv. 2017 ; mod., L. n° 2017-1837, 30 déc. 2017)*

I. – Dans la limite du plafond prévu au I de l'article 46 de la loi n° 2011-1977 du 28 décembre 2011 de finances pour 2012, le Haut Conseil du commissariat aux comptes perçoit le produit des cotisations mentionnées à l'article L. 821-6-1 pour assurer le financement des missions définies à l'article L. 821-1.

II. – Les personnes qui sollicitent leur inscription sur la liste mentionnée au II de l'article L. 822-1 sont assujetties à une contribution forfaitaire dont le montant, fixé par décret, n'excède pas 5 000 €. Cette contribution est recouvrée par le Haut Conseil, selon des modalités fixées par décret en Conseil d'État.

III. – Un décret en Conseil d'État fixe le régime comptable du Haut Conseil, ainsi que le régime indemnitaire de ses membres, de son président, de son directeur général et du rapporteur général.

Art. L. 821-5-1 à L. 821-5-3 *(Abr., Ord. n° 2016-315, 17 mars 2016).*

Art. L. 821-6 *(L. n° 2003-706, 1er août 2003 ; mod., L. n° 2019-486, 22 mai 2019).* – Il est institué auprès du garde des sceaux, ministre de la justice, une Compagnie nationale des commissaires aux comptes, établissement d'utilité publique doté de la personnalité morale, chargée de représenter la profession de commissaire aux comptes auprès des pouvoirs publics.

Elle concourt au bon exercice de la profession, à sa surveillance ainsi qu'à la défense de l'honneur et de l'indépendance de ses membres.

Il est institué une compagnie régionale des commissaires aux comptes, dotée de la personnalité morale, par ressort de cour d'appel. Toutefois, le garde des sceaux, ministre de la justice, peut procéder à des regroupements, après avis de la compagnie nationale et après consultation, par cette dernière, des compagnies régionales intéressées.

Les ressources de la compagnie nationale et des compagnies régionales sont constituées notamment par une cotisation annuelle à la charge des commissaires aux comptes.

Art. L. 821-6-1 *(En vigueur à compter du 1er janvier 2011, L. fin. rect. n° 2009-1674, 30 déc. 2009 ; mod., Ord. n° 2013-544, 27 juin 2013 ; L. n° 2017-1837, 30 déc. 2017).* – I. – Les commissaires aux comptes inscrits sur la liste mentionnée au I de l'article L. 822-1 sont assujettis à une cotisation assise sur le montant total des honoraires qu'ils ont facturés au cours de l'année civile précédente aux personnes ou entités dont ils certifient les comptes. Le taux de cette cotisation, déterminé par décret, est compris entre 0,5 % et 0,7 %.

II. – Les commissaires aux comptes inscrits sur la liste mentionnée au I de l'article L. 822-1 sont également assujettis à une cotisation assise sur le montant total des honoraires qu'ils ont facturés au cours de l'année civile précédente aux entités d'intérêt public dont ils certifient les comptes. Le taux de cette cotisation, déterminé par décret, est compris entre 0,2 % et 0,3 %.

III. – Les cotisations mentionnées aux I et II sont exigibles le 31 mars de chaque année. Elles sont acquittées auprès de l'agent comptable du Haut Conseil du commissariat aux comptes.

IV. – Le Haut Conseil peut déléguer, par convention homologuée par arrêté du ministre de la Justice, à la Compagnie nationale des commissaires aux comptes le recouvrement des cotisations prévues au présent article. Dans ce cas, les recettes collectées par la Compagnie nationale pour le compte du Haut Conseil font l'objet d'une comptabilité distincte retraçant l'ensemble des opérations liées à cette convention. Elles sont versées sur un compte spécifique et ne peuvent donner lieu à aucun placement par la Compagnie nationale. La Compagnie nationale met à la disposition du Haut Conseil les informations lui permettant de contrôler l'exactitude des sommes qui lui sont reversées. Le Haut Conseil demeure seul compétent pour engager les actions en recouvrement forcé des cotisations impayées.

Art. L. 821-7 *(Mod., L. n° 2017-1837, 30 déc. 2017)*. – La contribution mentionnée à l'article L. 821-5 et les cotisations mentionnées à l'article L. 821-6-1 sont liquidées, ordonnancées et recouvrées selon les modalités prévues pour les recettes des établissements publics administratifs de l'État. Les contestations relatives à ces contributions et cotisations sont portées devant le tribunal administratif.

Elles sont acquittées dans des conditions fixées par décret en Conseil d'État. Le délai de paiement est de trente jours à compter de la date d'exigibilité des cotisations. Le montant est majoré du taux d'intérêt légal mensualisé par mois de retard à compter du trente et unième jour suivant la date d'exigibilité, tout mois entamé étant compté en entier.

Lorsqu'un redevable ne donne pas les renseignements demandés nécessaires à la détermination de l'assiette des cotisations et de leur mise en recouvrement, le montant des cotisations est majoré de 10 %.

La majoration peut être portée à 40 % lorsque le document contenant les renseignements n'a pas été déposé dans les trente jours suivant la réception d'une mise en demeure, notifiée par pli recommandé, d'avoir à le produire dans ce délai, et à 80 % lorsque ce document n'a pas été déposé dans les trente jours suivant la réception d'une deuxième mise en demeure notifiée dans les mêmes formes que la première.

Les majorations prévues aux troisième et quatrième alinéas du présent article ne peuvent être prononcées avant l'expiration d'un délai de trente jours à compter de la notification du document indiquant au redevable la majoration qu'il est envisagé de lui appliquer, les motifs de celle-ci et la possibilité dont dispose l'intéressé de présenter dans ce délai ses observations.

Les agents désignés à cet effet par le président du Haut Conseil du commissariat aux comptes contrôlent les cotisations. À cette fin, ils peuvent demander aux redevables tous renseignements, justifications ou éclaircissements relatifs aux déclarations souscrites.

Le droit de reprise des cotisations par le Haut Conseil s'exerce jusqu'à la fin de la sixième année qui suit celle au titre de laquelle les cotisations sont dues.

Art. L. 821-8 *(Abr., Ord. n° 2016-315, 17 mars 2016)*.

Section II. – Du contrôle de la profession

(Ord. n° 2016-315, 17 mars 2016)

Art. L. 821-9 *(Ord. n° 2016-315, 17 mars 2016)*. – Lorsqu'ils concernent des commissaires aux comptes exerçant des missions auprès d'entités d'intérêt public, les contrôles de leur activité professionnelle sont effectués par des contrôleurs du Haut conseil du commissariat aux comptes, dans des conditions conformes aux dispositions de l'article 26 du règlement (UE) n° 537/2014 du 16 avril 2014.

Lorsqu'ils concernent des commissaires aux comptes n'exerçant pas de missions auprès d'entités d'intérêt public, les contrôles de leur activité professionnelle peuvent être effectués par des contrôleurs du Haut conseil. Ils peuvent également être délégués par le Haut conseil à la Compagnie nationale des commissaires aux comptes, en application d'une convention homologuée par arrêté du garde des Sceaux, ministre de la Justice. La convention détermine le cadre, les orientations et les modalités des contrôles.

Les contrôles prévus au présent article peuvent être effectués avec le concours de l'Autorité des marchés financiers ou de l'Autorité de contrôle prudentiel et de résolution.

Art. L. 821-10 *(Ord. n° 2016-315, 17 mars 2016)*. – Les contrôleurs et toute personne participant à une mission de contrôle sont désignés de façon à éviter tout conflit d'intérêt avec les commissaires aux comptes qui font l'objet des contrôles.

Art. L. 821-11 *(Abr., Ord. n° 2016-315, 17 mars 2016)*.

Art. L. 821-12 *(Ord. n° 2016-315, 17 mars 2016)*. – Pour la réalisation des contrôles, les agents du Haut conseil sont habilités à :

1° Obtenir du commissaire aux comptes tout document ou toute information, sous quelque forme que ce soit, concernant la mission de certification des comptes ou toute autre prestation fournie par lui aux personnes ou entités dont il certifie les comptes. Ils peuvent en exiger une copie ;

2° Obtenir de toute autre personne des informations liées à la mission de certification des comptes ou à toute autre prestation fournie par le commissaire aux comptes aux personnes ou entités dont il certifie les comptes ;

3° Procéder à des contrôles sur place ;

4° Avoir recours à des experts, afin notamment de procéder à des vérifications.

Les commissaires aux comptes sont tenus de fournir tous les renseignements et documents qui leur sont demandés à l'occasion des contrôles, sans pouvoir opposer le secret professionnel.

Art. L. 821-12-1 *(L. n° 2009-526, 12 mai 2009 ; mod., Ord. n° 2016-315, 17 mars 2016)*. – Lorsqu'elles constatent des faits susceptibles d'être liés au blanchiment de capitaux ou au financement du terrorisme, les personnes réalisant les contrôles prévus à l'article L. 821-9 en informent le service mentionné à l'article L. 561-23 du Code monétaire et financier.

Art. L. 821-12-2 *(Ord. n° 2016-315, 17 mars 2016 ; mod., L. n° 2016-1691, 9 déc. 2016)*. – I. – Aux fins mentionnées au 9° du I de l'article L. 821-1, le Haut conseil communique, à leur demande, les informations ou les documents qu'il détient ou qu'il recueille aux autorités des États membres de l'Union européenne exerçant des compétences analogues aux siennes.

II. – Le Haut conseil peut faire diligenter par les contrôleurs mentionnés à l'article L. 821-9 les opérations de contrôle qu'il détermine, afin de répondre aux demandes d'assistance des autorités mentionnées au I.

Lorsqu'une de ces autorités le demande, le Haut conseil autorise les agents de cette autorité à assister aux opérations de contrôle.

Art. L. 821-12-3 *(Ord. n° 2016-315, 17 mars 2016 ; mod., L. n° 2016-1691, 9 déc. 2016)*. – Aux fins mentionnées au 9° du I de l'article L. 821-1, le Haut conseil peut communiquer des informations ou des documents aux autorités d'États non membres de l'Union européenne exerçant des compétences analogues aux siennes, sous réserve de réciprocité et à la condition que l'autorité concernée soit soumise au secret professionnel avec les mêmes garanties qu'en France.

Il peut, sous les mêmes réserve et condition, faire diligenter par les contrôleurs mentionnés à l'article L. 821-9 les opérations de contrôle qu'il détermine afin de répondre aux demandes d'assistance des autorités mentionnées au premier alinéa.

Le Haut conseil peut, à titre exceptionnel, autoriser les agents des autorités des États non membres de l'Union européenne à assister aux contrôles mentionnés à l'article L. 821-9. Lors de ces contrôles, effectués sous la direction du Haut conseil, les agents de ces autorités ne peuvent solliciter directement du commissaire aux comptes la communication d'informations ou de documents.

Art. L. 821-12-4 *(Ord. n° 2016-315, 17 mars 2016)*. – Aux fins mentionnées aux deux articles précédents, le Haut conseil est dispensé de l'application des dispositions de la loi n° 68-678 du 26 juillet

1968 relative à la communication de documents et renseignements d'ordre économique, commercial, industriel, financier ou technique à des personnes physiques ou morales étrangères.

Art. L. 821-12-5 *(Ord. n° 2016-315, 17 mars 2016)*. – Le Haut conseil peut communiquer des informations confidentielles à l'Autorité des marchés financiers, à l'Autorité de contrôle prudentiel et de résolution, à l'Autorité de la concurrence, à la Banque de France, au Système européen de banques centrales, à la Banque centrale européenne et au Comité européen du risque systémique, lorsque ces informations sont destinées à l'exécution de leurs tâches au titre du règlement (UE) du 16 avril 2014.

Il peut demander à ces mêmes autorités de lui communiquer toute information nécessaire à l'accomplissement de ses missions.

Les informations transmises sont couvertes par le secret professionnel dans les conditions applicables à l'autorité qui les a communiquées et à l'autorité destinataire.

Ces renseignements ne peuvent être utilisés par l'autorité destinataire que pour l'accomplissement de ses missions. Lorsque l'autorité destinataire communique, dans le cadre de ses missions, les renseignements ainsi obtenus à des tiers, elle tient compte de l'intérêt légitime des entreprises à la protection de leurs secrets d'affaires, sans préjudice de l'article L. 463-4 du Code de commerce.

Art. L. 821-13 *(Ord. n° 2016-315, 17 mars 2016)*. – I. – Le commissaire aux comptes exerce sa mission conformément aux normes d'audit internationales adoptées par la Commission européenne dans les conditions définies par l'article 26 de la directive 2006/43/CE du 17 mai 2006 concernant les contrôles légaux des comptes annuels et des comptes consolidés et modifiant les directives 78/660/CEE et 83/349/CEE du Conseil, et abrogeant la directive 84/253/CEE du Conseil, ainsi que, le cas échéant, aux normes françaises venant compléter ces normes adoptées selon les conditions fixées au troisième alinéa du présent article.

En l'absence de norme d'audit internationale adoptée par la Commission, il se conforme aux normes adoptées par le Haut conseil du commissariat aux comptes et homologuées par arrêté du garde des Sceaux, ministre de la Justice.

II. – Lorsqu'une norme d'audit internationale a été adoptée par la Commission européenne dans les conditions définies au premier alinéa du I, le Haut conseil peut, dans les conditions prévues à l'article L. 821-14, imposer des procédures ou des exigences supplémentaires, si elles sont nécessaires pour donner effet aux obligations légales nationales concernant le champ d'application du contrôle légal des comptes ou pour renforcer la crédibilité et la qualité des documents comptables.

Ces procédures et exigences supplémentaires sont communiquées à la Commission européenne au moins trois mois avant leur entrée en vigueur. Si elles sont déjà en vigueur à la date de l'adoption de la norme internationale qu'elles complètent, la Commission européenne en est informée dans les trois mois suivant cette date.

III. – Pour la certification des comptes des petites entreprises, au sens du 2 de l'article 3 de la directive 2013/34/UE du Parlement européen et du Conseil du 26 juin 2013 relative aux états financiers annuels, aux états financiers consolidés et aux rapports y afférents de certaines formes d'entreprises, modifiant la directive 2006/43/CE du Parlement européen et du Conseil [du 17 mai 2006] et abrogeant les directives 78/660/CEE [du 25 juillet 1978] et 83/349/CEE du Conseil [du 13 juin 1983], le commissaire aux comptes applique les normes de manière proportionnée à la taille de la personne ou de l'entité et à la complexité de ses activités dans des conditions fixées par le Haut conseil.

Art. L. 821-14 *(Ord. n° 2016-315, 17 mars 2016 ; mod., L. n° 2019-486, 22 mai 2019)*. – Le Haut conseil, de sa propre initiative ou à la demande du garde des sceaux, ministre de la justice, de l'Autorité des marchés financiers, de l'Autorité de contrôle prudentiel et de résolution ou de la Compagnie nationale des commissaires aux comptes, adopte les normes prévues au 2° de l'article L. 821-1.

Les projets de normes sont élaborés par la commission prévue au III de l'article L. 821-2 dans un délai fixé par décret. À défaut d'élaboration par la commission d'un projet de norme dans ce délai, le garde des sceaux, ministre de la justice, peut demander au Haut conseil de procéder à son élaboration.

Les normes sont adoptées par le Haut conseil, après avis de la Compagnie nationale des commissaires aux comptes rendu dans un délai fixé par décret. Elles sont homologuées par arrêté du garde des sceaux, ministre de la justice.

Art. L. 821-15 *(Ord. n° 2016-315, 17 mars 2016).* – Les conditions d'application du présent chapitre sont fixées par décret en Conseil d'État.

CHAPITRE II. – DU STATUT DES COMMISSAIRES AUX COMPTES

(L. n° 2003-706, 1er août 2003)

Section I. – De l'inscription

(Ord. n° 2016-315, 17 mars 2016)

Art. L. 822-1 *(Ord. n° 2016-315, 17 mars 2016).* – I. – Les fonctions de commissaire aux comptes sont exercées par des personnes physiques ou par des sociétés inscrites sur une liste établie par le Haut conseil du commissariat aux comptes, dans les conditions prévues aux articles L. 822-1-1 à L. 822-1-4.

II. – Une liste établie par le Haut conseil énumère les contrôleurs de pays tiers mentionnés au I de l'article L. 822-1-5.

Art. L. 822-1-1 *(Ord. n° 2005-1126, 8 sept. 2005 ; mod., Ord. n° 2016-315, 17 mars 2016).* – Pour être inscrite sur la liste des commissaires aux comptes, une personne physique doit remplir les conditions suivantes :

1° Être française, ressortissante d'un État membre de l'Union européenne, d'un État partie à l'accord sur l'Espace économique européen ou d'un autre État étranger lorsque celui-ci admet les nationaux français à exercer le contrôle légal des comptes ;

2° N'avoir pas été l'auteur de faits contraires à l'honneur ou à la probité ayant donné lieu à condamnation pénale ;

3° N'avoir pas été l'auteur de faits de même nature ayant donné lieu à une sanction disciplinaire de radiation ;

4° N'avoir pas été frappée de faillite personnelle ou de l'une des mesures d'interdiction ou de déchéance prévues au livre VI ;

5° Avoir accompli un stage professionnel, jugé satisfaisant, d'une durée fixée par voie réglementaire, chez un commissaire aux comptes ou une personne agréée par un État membre de l'Union européenne pour exercer le contrôle légal des comptes ;

6° Avoir subi avec succès les épreuves du certificat d'aptitude aux fonctions de commissaire aux comptes ou être titulaire du diplôme d'expertise comptable.

Art. L. 822-1-2 *(Ord. n° 2005-1126, 8 sept. 2005 ; mod. à compter du 17 juin 2016, Ord. n° 2016-315, 17 mars 2016).* – Par dérogation aux dispositions de l'article L. 822-1-1, les personnes physiques remplissant des conditions de compétence et d'expérience professionnelle peuvent être dispensées de tout ou partie du stage professionnel visé au 5° du même article, sur décision du garde des Sceaux, ministre de la Justice.

Sont dispensées des conditions de diplôme, de stage et d'examen prévues aux 5° et 6° de l'article L. 822-1-1, les personnes physiques qui justifient avoir acquis, dans un État membre de l'Union européenne ou dans un autre État admettant les nationaux français à exercer le contrôle légal des comptes, une qualification suffisante pour l'exercice du contrôle légal des comptes, sous réserve de subir un examen d'aptitude.

Art. L. 822-1-3 *(Ord. n° 2016-315, 17 mars 2016 ; mod., L. n° 2019-744, 19 juill. 2019).* – Pour être inscrite sur la liste des commissaires aux comptes, une société doit remplir les conditions suivantes :

1° La majorité des droits de vote de la société sont détenus par des commissaires aux comptes ou des sociétés de commissaires aux comptes inscrits sur la liste prévue au I de l'article L. 822-1 ou des contrôleurs légaux des comptes régulièrement agréés dans un autre État membre de l'Union européenne. Lorsqu'une société de commissaires aux comptes détient une participation dans le capital d'une autre société de commissaires aux comptes, les actionnaires ou associés non commissaires aux comptes ne peuvent détenir plus de la majorité de l'ensemble des droits de vote des deux sociétés ;

2° Les fonctions de gérant, de président, de président du conseil d'administration ou du directoire, de directeur général unique, de président du conseil de surveillance, de directeur général et de directeur général délégué sont assurées par des commissaires aux comptes inscrits sur la liste prévue au I de l'article L. 822-1 ou régulièrement agréés dans un autre État membre de l'Union européenne pour l'exercice du contrôle légal des comptes ;

3° La majorité au moins des membres des organes de gestion, d'administration, de direction ou de surveillance doivent être des commissaires aux comptes inscrits sur la liste prévue au I de l'article L. 822-1 ou régulièrement agréés dans un autre État membre de l'Union européenne pour l'exercice du contrôle légal des comptes. Les représentants permanents des sociétés de commissaires aux comptes associés ou actionnaires doivent être des commissaires aux comptes inscrits sur la liste prévue au I de l'article L. 822-1 ou régulièrement agréés dans un autre État membre de l'Union européenne pour l'exercice du contrôle légal des comptes.

Bibliographie : R. Mortier et a., *Simplification du droit des sociétés – La loi Mohamed Soilihi article par article (2e partie) : Dr. sociétés* 2019, étude 14.

Art. L. 822-1-4 *(Ord. n° 2016-315, 17 mars 2016).* – Par dérogation aux dispositions de l'article L. 822-1-3, une société de contrôle légal régulièrement agréée dans un État membre de l'Union européenne peut être inscrite sur la liste mentionnée au I de l'article L. 822-1.

Les fonctions de commissaire aux comptes ne peuvent être exercées au nom de cette société que par des personnes physiques inscrites sur la liste mentionnée au I de l'article L. 822-1.

Art. L. 822-1-5 *(Ord. n° 2016-315, 17 mars 2016 ; mod., L. n° 2016-1691, 9 déc. 2016).* – I. – S'inscrivent sur la liste prévue au II de l'article L. 822-1 les contrôleurs de pays tiers agréés dans un État non membre de l'Union européenne ou non partie à l'accord sur l'Espace économique européen qui exercent le contrôle légal des comptes annuels ou des comptes consolidés de personnes ou d'entités n'ayant pas leur siège social dans un État membre de l'Union européenne ou dans un autre État partie à l'accord sur l'Espace économique européen et émettant des valeurs mobilières admises à la négociation sur un marché réglementé en France.

Toutefois, l'inscription n'est pas requise lorsque ces personnes ou entités sont dans l'une des situations suivantes :

1° Elles ont, antérieurement au 31 décembre 2010, émis uniquement des titres de créances admis à la négociation sur un marché réglementé en France dont la valeur nominale unitaire à la date d'émission est au moins égale à 50 000 € ou, pour les titres de créances libellés dans une devise autre que l'euro, au moins équivalente à 50 000 € à la date d'émission ;

2° Elles ont, à compter du 31 décembre 2010, émis uniquement des titres de créances admis à la négociation sur un marché réglementé en France dont la valeur nominale unitaire à la date d'émission est au moins égale à 100 000 € ou, pour les titres de créances libellés dans une devise autre que l'euro, au moins équivalente à 100 000 € à la date d'émission.

II. – Pour être inscrits sur la liste prévue au II de l'article L. 822-1, les contrôleurs de pays tiers, personnes morales, mentionnés au I doivent remplir les conditions suivantes :

1° La majorité des membres de l'organe d'administration ou de direction respecte les conditions mentionnées aux 2° à 6° de l'article L. 822-1-1 ou à des exigences équivalentes ;

2° La personne physique qui exerce les fonctions de contrôleur de légal au nom de la personne morale satisfait aux 2° à 6° de l'article L. 822-1-1 ou à des exigences équivalentes ;

3° Le contrôle légal des comptes doit être réalisé conformément aux normes mentionnées à l'article L. 821-13 ou à des normes équivalentes ;

4° Le contrôle légal des comptes doit être effectué conformément aux dispositions de la section II du présent chapitre ou à des exigences équivalentes ;

5° Les honoraires du contrôle légal des comptes sont conformes aux dispositions du Code de déontologie ou à des exigences équivalentes.

Pour être inscrits sur la liste prévue au II de l'article L. 822-1, les contrôleurs de pays tiers, personnes physiques, mentionnés au I doivent remplir les conditions mentionnées aux 2° à 5° du II.

III. – Le Haut conseil du commissariat aux comptes apprécie le respect des conditions mentionnées au II.

Lorsque la Commission européenne a adopté une décision d'équivalence ou a fixé des critères d'équivalence généraux pour l'appréciation des exigences mentionnées aux 2°, 3° et 4° du II, le Haut conseil s'y conforme.

IV. – Les commissaires aux comptes inscrits sur la liste prévue au II de l'article L. 822-1 ou dispensés d'inscription en application de l'article L. 822-1-6 sont soumis aux contrôles définis à la section 2 du chapitre Ier et au régime de sanctions défini au chapitre IV du présent titre.

Art. L. 822-1-6 *(Ord. n° 2016-315, 17 mars 2016 ; mod., L. n° 2016-1691, 9 déc. 2016).* – Sous réserve de réciprocité, les contrôleurs de pays tiers mentionnés au I de l'article L. 822-1-5 peuvent être dispensés de l'obligation d'inscription sur la liste mentionnée au II de l'article L. 822-1 par décision du Haut conseil du commissariat aux comptes.

Cette dispense est accordée si le contrôleur de pays tiers est agréé par une autorité compétente d'un État dont le système de supervision publique, d'assurance qualité, d'enquête et de sanctions, a fait l'objet d'une décision d'équivalence de la Commission européenne sur le fondement de l'article 46 de la directive 2006/43/CE du 17 mai 2006.

En l'absence de décision de la Commission européenne, le Haut conseil apprécie cette équivalence au regard des exigences prévues aux articles L. 820-1 et suivants. Lorsque la Commission a défini des critères généraux d'appréciation, le Haut conseil les applique.

Art. L. 822-1-7 *(Ord. n° 2016-315, 17 mars 2016).* – L'inscription ou la dispense d'inscription accordée en application des articles L. 822-1-5 et L. 822-1-6 conditionne la validité en France des rapports de certification signés par les contrôleurs mentionnés au I de l'article L. 822-1-5. Elles ne confèrent pas le droit de conduire des missions de certification des comptes auprès de personnes ou d'entités dont le siège est situé sur le territoire français.

Art. L. 822-2 *(Abr., Ord. n° 2016-315, 17 mars 2016).*

Art. L. 822-3 *(L. n° 2003-706, 1er août 2003).* – Tout commissaire aux comptes doit prêter, devant la cour d'appel dont il relève, le serment de remplir les devoirs de sa profession avec honneur, probité et indépendance, respecter et faire respecter les lois.

Art. L. 822-4 *(Ord. n° 2016-315, 17 mars 2016).* – I. – Les commissaires aux comptes inscrits sur la liste mentionnée au I de l'article L. 822-1 sont tenus de suivre une formation professionnelle continue leur permettant d'entretenir et de perfectionner leurs connaissances.

II. – Toute personne inscrite sur la liste mentionnée au I qui n'a pas exercé des fonctions de commissaire aux comptes pendant trois ans et qui n'a pas respecté durant cette période l'obligation mentionnée au I est tenue de suivre une formation particulière avant d'accepter une mission de certification.

Art. L. 822-5 à L. 822-8 *(Abr., Ord. n° 2016-315, 17 mars 2016).*

Section II. – De la déontologie et de l'indépendance des commissaires aux comptes

(L. n° 2003-706, 1er août 2003)

Bibliographie : Y. Guyon, *L'indépendance du commissaire aux comptes : JCP* 1977, I, 2831. • R. Damman, *L'indépendance des commissaires aux comptes, une réflexion sur le décret du 16 novembre 2005 et l'arrêt du Conseil d'État du 24 mars 2006 : D.* 2006, n° 18, p. 226. • N. Morelli, *Commissaires aux comptes : trois avis du H3C sur l'indépendance : LPA* 13 juill. 2007, n° 140, p. 8. • T. Granier, *Le H3C : premier bilan : Rev. sociétés* 2009, p. 747.

Art. L. 822-9 *(Créé par transfert des deuxième à sixième alinéas de l'article L. 225-218 et mod., L. n° 2003-706, 1er août 2003 ; Ord. n° 2008-1278, 8 déc. 2008 ; Ord. n° 2016-315, 17 mars 2016).* – Dans les sociétés de commissaires aux comptes inscrites, les fonctions de commissaire aux comptes sont exercées, au nom de la société, par les commissaires aux comptes personnes physiques associés, actionnaires ou dirigeants de cette société qui signent le rapport destiné à l'organe appelé à statuer sur les comptes. Ces personnes ne peuvent exercer les fonctions de commissaire aux comptes qu'au sein d'une seule société de commissaires aux comptes. Les membres du conseil d'administration ou du conseil de surveillance peuvent être salariés de la société sans limitation de nombre ni condition d'ancienneté au titre de la qualité de salarié.

En cas de décès d'un actionnaire ou associé commissaire aux comptes, ses ayants droit disposent d'un délai de deux ans pour céder leurs actions ou parts à un commissaire aux comptes.

L'admission de tout nouvel actionnaire ou associé est subordonnée à un agrément préalable qui, dans les conditions prévues par les statuts, peut être donné soit par l'assemblée des actionnaires ou des porteurs de parts, soit par le conseil d'administration ou le conseil de surveillance ou les gérants selon le cas.

Par dérogation au premier alinéa, l'exercice de ces fonctions est possible simultanément au sein d'une société de commissaires aux comptes et d'une autre société de commissaires aux comptes dont la première détient plus de la moitié du capital social ou dans le cas où les associés des deux entités sont communs pour au moins la moitié d'entre eux.

Art. L. 822-10 *(Anc. art. L. 225-222 transféré, L. n° 2003-706, 1er août 2003 ; mod., L. n° 2019-486, 22 mai 2019)*. – Les fonctions de commissaire aux comptes sont incompatibles :

1° Avec toute activité ou tout acte de nature à porter atteinte à son indépendance ;

2° Avec tout emploi salarié ; toutefois, un commissaire aux comptes peut dispenser un enseignement se rattachant à l'exercice de sa profession ou occuper un emploi rémunéré chez un commissaire aux comptes ou chez un expert-comptable ;

3° Avec toute activité commerciale, qu'elle soit exercée directement ou par personne interposée, à l'exception, d'une part, des activités commerciales accessoires à la profession d'expert-comptable, exercées dans le respect des règles de déontologie et d'indépendance des commissaires aux comptes et dans les conditions prévues au troisième alinéa de l'article 22 de l'ordonnance n° 45-2138 du 19 septembre 1945 portant institution de l'ordre des experts-comptables et réglementant le titre et la profession d'expert-comptable et, d'autre part, des activités commerciales accessoires exercées par la société pluri-professionnelle d'exercice dans les conditions prévues à l'article 31-5 de la loi n° 90-1258 du 31 décembre 1990 relative à l'exercice sous forme de sociétés des professions libérales soumises à un statut législatif ou réglementaire ou dont le titre est protégé et aux sociétés de participations financières de professions libérales.

Art. L. 822-11 *(Ord. n° 2016-315, 17 mars 2016 ; mod., L. n° 2016-1691, 9 déc. 2016 ; L. n° 2019-486, 22 mai 2019)*. – I. – Il est interdit au commissaire aux comptes d'accepter une mission de certification auprès d'une entité d'intérêt public, lorsqu'au cours de l'exercice précédant celui dont les comptes doivent être certifiés, ce dernier ou tout membre du réseau auquel il appartient a fourni, directement ou indirectement, à l'entité d'intérêt public, ou aux personnes ou entités qui la contrôlent ou qui sont contrôlées par elle dans l'Union européenne, au sens des I et II de l'article L. 233-3, les services mentionnés au e du paragraphe 1 de l'article 5 du règlement (UE) n° 537/2014 du 16 avril 2014.

II. – Il est interdit au commissaire aux comptes et aux membres du réseau auquel il appartient de fournir directement ou indirectement à l'entité d'intérêt public dont il certifie les comptes, et aux personnes ou entités qui la contrôlent ou qui sont contrôlées par elle au sens des I et II de l'article L. 233-3 et dont le siège social est situé dans l'Union européenne, les services mentionnés au paragraphe 1 de l'article 5 du règlement (UE) n° 537/2014 du 16 avril 2014.

Par dérogation au premier alinéa du présent II, lorsqu'un membre du réseau auquel il appartient et qui est établi dans un État membre fournit à une personne ou entité qui contrôle ou qui est contrôlée par l'entité d'intérêt public, au sens des I et II de l'article L. 233-3, et dont le siège social est situé dans l'Union européenne des services mentionnés aux i et iv à vii du *a* et au *f* du 1 du même article 5 dans un État membre qui les autorise, le commissaire aux comptes analyse les risques pesant sur son indépendance et applique les mesures de sauvegarde appropriées.

III. – Il est interdit au commissaire aux comptes d'accepter ou de poursuivre une mission de certification auprès d'une personne ou d'une entité qui n'est pas une entité d'intérêt public lorsqu'il existe un risque d'autorévision ou que son indépendance est compromise et que des mesures de sauvegarde appropriées ne peuvent être mises en œuvre.

Art. L. 822-11-1 *(Ord. n° 2016-315, 17 mars 2016 ; mod., L. n° 2019-486, 22 mai 2019)*. – I. – Le commissaire aux comptes d'une entité d'intérêt public met en œuvre les mesures mentionnées au paragraphe 5 de l'article 5 du règlement (UE) n° 537/2014 du 16 avril 2014, lorsqu'un membre du réseau auquel il appartient fournit un des services mentionnés au II de l'article L. 822-11 à une personne ou une entité qui est contrôlée par l'entité d'intérêt public, au sens des I et II de l'article L. 233-3, dont le siège est situé hors de l'Union européenne.

II. – *(Abrogé).*

Art. L. 822-11-2 *(Ord. n° 2016-315, 17 mars 2016).* – Les services autres que la certification des comptes qui ne sont pas mentionnés au II de l'article L. 822-11 et au I de l'article L. 822-11-1 peuvent être fournis par le commissaire aux comptes ou les membres du réseau auquel il appartient à l'entité d'intérêt public dont il certifie les comptes, ou aux personnes ou entités qui la contrôlent ou qui sont contrôlées par elle au sens des I et II de l'article L. 233-3, à condition d'être approuvés par le comité spécialisé mentionné à l'article L. 823-19. Ce comité se prononce après avoir analysé les risques pesant sur l'indépendance du commissaire aux comptes et les mesures de sauvegarde appliquées par celui-ci.

Art. L. 822-11-3 *(Ord. n° 2016-315, 17 mars 2016).* – I. – Le commissaire aux comptes ne peut prendre, recevoir ou conserver, directement ou indirectement, un intérêt auprès de la personne ou de l'entité dont il est chargé de certifier les comptes, ou auprès d'une personne qui la contrôle ou qui est contrôlée par elle, au sens des I et II de l'article L. 233-3.

Sans préjudice des dispositions contenues dans le présent livre ou dans le livre II, le Code de déontologie prévu à l'article L. 822-16 définit les liens personnels, financiers et professionnels, concomitants ou antérieurs à la mission du commissaire aux comptes, incompatibles avec l'exercice de celle-ci. Il précise en particulier les situations dans lesquelles l'indépendance du commissaire aux comptes est affectée, lorsqu'il appartient à un réseau pluridisciplinaire, national ou international, dont les membres ont un intérêt économique commun, par la fourniture de prestations de services à une personne ou à une entité contrôlée ou qui contrôle, au sens des I et II de l'article L. 233-3, la personne ou l'entité dont les comptes sont certifiés par ledit commissaire aux comptes. Le Code de déontologie précise également les restrictions à apporter à la détention d'intérêts financiers par les personnes mentionnées au II dans les sociétés dont les comptes sont certifiés par lui.

II. – Les associés et les salariés du commissaire aux comptes qui participent à la mission de certification, toute autre personne participant à la mission de certification ainsi que les personnes qui leur sont étroitement liées ou qui sont étroitement liées au commissaire aux comptes au sens de l'article 3, paragraphe 26, du règlement (UE) n° 596/2014 du 16 avril 2014, ne peuvent détenir d'intérêt substantiel et direct dans la personne ou l'entité dont les comptes sont certifiés, ni réaliser de transaction portant sur un instrument financier émis, garanti ou autrement soutenu par cette personne ou entité, sauf s'il s'agit d'intérêts détenus par l'intermédiaire d'organismes de placement collectif diversifiés, y compris de fonds gérés tels que des fonds de pension ou des assurances sur la vie.

Art. L. 822-12 *(L. n° 2003-706, 1er août 2003 ; mod., Ord. n° 2005-1126, 8 sept. 2005 ; Ord. n° 2016-315, 17 mars 2016).* – Les commissaires aux comptes et, au sein des sociétés de commissaires aux comptes, les personnes exerçant les fonctions de commissaire aux comptes mentionnées au premier alinéa de l'article L. 822-9 ne peuvent être nommés dirigeants, administrateurs, membres du conseil de surveillance ou occuper un poste de direction au sein des personnes ou entités qu'ils contrôlent, moins de trois ans après la cessation de leurs fonctions.

Pendant ce même délai, ils ne peuvent exercer les mêmes fonctions dans une personne ou entité contrôlée ou qui contrôle au sens des I et II de l'article L. 233-3 la personne ou entité dont ils ont certifié les comptes.

Cette interdiction s'applique également à toutes personnes autres que celles mentionnées au premier alinéa du présent article, inscrites sur la liste mentionnée au I de l'article L. 822-1 pendant une durée d'un an suivant leur participation à la mission de certification.

Art. L. 822-13 *(L. n° 2003-706, 1er août 2003 ; mod., Ord. n° 2005-1126, 8 sept. 2005).* – Les personnes ayant été dirigeants ou salariés d'une personne ou entité ne peuvent être nommées commissaires aux comptes de cette personne ou entité moins de cinq années après la cessation de leurs fonctions.

Pendant le même délai, elles ne peuvent être nommées commissaires aux comptes des personnes ou entités possédant au moins 10 % du capital de la personne ou de l'entité dans laquelle elles exerçaient leurs fonctions, ou dont celle-ci possédait au moins 10 % du capital lors de la cessation de leurs fonctions.

Les interdictions prévues au présent article pour les personnes ou entités mentionnées au premier alinéa sont applicables aux sociétés de commissaires aux comptes dont lesdites personnes ou entités sont associées, actionnaires ou dirigeantes.

Art. L. 822-14 *(Ord. n° 2016-315, 17 mars 2016 ; mod., L. n° 2021-875, 1er juill. 2021).* – I. – Le commissaire aux comptes, personne physique, et, dans les sociétés de commissaires aux comptes, les personnes mentionnées au premier alinéa de l'article L. 822-9 ne peuvent certifier durant plus de six exercices consécutifs, dans la limite de sept années, les comptes des entités d'intérêt public, des personnes et entités mentionnées à l'article L. 612-1 et des associations mentionnées à l'article L. 612-4 dès lors qu'elles font appel à la générosité du public au sens de l'article 3 de la loi n° 91-772 du 7 août 1991. Ils peuvent à nouveau participer à une mission de contrôle légal des comptes de ces personnes ou entités à l'expiration d'un délai de trois ans à compter de la date de clôture du sixième exercice qu'ils ont certifié.

II. – Les dispositions du I sont applicables à la certification des comptes des filiales importantes d'une entité d'intérêt public lorsque l'entité d'intérêt public et sa filiale ont désigné le même commissaire aux comptes.

Art. L. 822-15 *(L. n° 2003-706, 1er août 2003 ; mod., L. n° 2005-845, 26 juill. 2005 ; Ord. n° 2005-1126, 8 sept. 2005 ; Ord. n° 2008-1278, 8 déc. 2008 ; L. n° 2019-744, 19 juill. 2019 ; Ord. n° 2019-964, 18 sept. 2019).* – Sous réserve des dispositions de l'article L. 823-12 et des dispositions législatives particulières, les commissaires aux comptes, ainsi que leurs collaborateurs et experts, sont astreints au secret professionnel pour les faits, actes et renseignements dont ils ont pu avoir connaissance à raison de leurs fonctions. Toutefois, ils sont déliés du secret professionnel à l'égard du président du tribunal de commerce ou du tribunal judiciaire lorsqu'ils font application des dispositions du chapitre IV du titre III du livre II ou du chapitre II du titre Ier du livre VI.

Lorsqu'une personne morale établit des comptes consolidés, les commissaires aux comptes de la personne morale consolidante et les commissaires aux comptes des personnes consolidées sont, les uns à l'égard des autres, libérés du secret professionnel. Ces dispositions s'appliquent également lorsqu'une personne établit des comptes combinés.

Les commissaires aux comptes des personnes et entités mentionnées au premier alinéa de l'article L. 823-2-2 et les commissaires aux comptes des sociétés qu'elles contrôlent au sens de l'article L. 233-3 sont, les uns à l'égard des autres, libérés du secret professionnel.

Les commissaires aux comptes procédant à une revue indépendante ou contribuant au dispositif de contrôle de qualité interne sont astreints au secret professionnel.

Les commissaires aux comptes sont déliés du secret professionnel à l'égard de la Commission nationale des comptes de campagne et des financements politiques et du juge de l'élection.

Les commissaires aux comptes ne peuvent invoquer le secret professionnel auquel ils sont tenus dans l'intérêt de la société bénéficiaire pour faire obstacle à une action en responsabilité dirigée contre eux : est légalement admissible la mesure d'instruction leur enjoignant de produire les documents permettant de rechercher s'ils ont assuré leurs fonctions au sein de la société avec la diligence et la prudence requises, ▪ Cass. com., 14 nov. 1995, n° 94-13.361 : *JurisData* n° 1995-002958 ; *Bull. civ.* IV, n° 26 ; *Rev. sociétés* 1996, p. 286, note Th. Granier ; *RTD civ.* 1996, p. 166, note J. Mestre ; *LPA* 3 avr. 1996, F. Pasqualini et V. Pasqualini-Salerno.

Art. L. 822-16 *(Ord. n° 2016-315, 17 mars 2016).* – Les règles composant le Code de la déontologie de la profession de commissaire aux comptes sont fixées par décret en Conseil d'État, après avis du Haut conseil du commissariat aux comptes. Les avis de l'Autorité des marchés financiers et de l'Autorité de contrôle prudentiel et de résolution sont également requis pour les dispositions qui s'appliquent aux commissaires aux comptes intervenant auprès des personnes et entités soumises à la supervision de ces autorités.

Section III. – De la responsabilité civile

(Ord. n° 2005-1126, 8 sept. 2005)

Bibliographie : F. Marty, *La responsabilité pour publication de faux bilans semestriels peut-elle être retenue contre les commissaires aux comptes ? : Bull. Joly Sociétés* 1997, p. 195. • J.-F. Barbièri, *Quelques observations sur le fondement, la nature et le domaine de la responsabilité civile des commissaires aux comptes : Bull. Joly Sociétés* 2004, § 123, p. 618. • A. Robert, *Le commissaire aux comptes devant la Commission des sanctions de l'Autorité des marchés financiers : JCP* E 2009, 1510. • J.-F. Barbièri, *Responsabilité des commissaires aux comptes et mode d'exercice professionnel : Mélanges Merle,* Dalloz 2013, p. 13.

Art. L. 822-17 *(Ord. n° 2005-1126, 8 sept. 2005)*. – **Les commissaires aux comptes sont responsables, tant à l'égard de la personne ou de l'entité que des tiers, des conséquences dommageables des fautes et négligences par eux commises dans l'exercice de leurs fonctions.**

Leur responsabilité ne peut toutefois être engagée à raison des informations ou divulgations de faits auxquelles ils procèdent en exécution de leur mission.

Ils ne sont pas civilement responsables des infractions commises par les dirigeants et mandataires sociaux, sauf si, en ayant eu connaissance, ils ne les ont pas signalées dans leur rapport à l'assemblée générale ou à l'organe compétent mentionnés à l'article L. 823-1.

1) **Principe.** Le commissaire aux comptes agissant en qualité d'associé, d'actionnaire ou de dirigeant d'une société titulaire d'un mandat de commissaire aux comptes répond personnellement des actes professionnels qu'il accomplit au nom de cette société, quelle qu'en soit la forme, ▪ Cass. com., 23 mars 2010, n° 09-10.791 : *JurisData* n° 2010-002539 ; *Bull. civ.* IV, n° 60 ; *Rev. sociétés* 2010, p. 174, note J.-J. Daigre ; *Dr. sociétés* 2010, comm. 115, note D. Gallois-Cochet ; *Bull. Joly Sociétés* 2010, p. 480, note Ph. Merle ; *RTD com.* 2010, p. 384, note P. Le Cannu ; *JCP* E 2010, 1822, n° 9, p. 46, note J.-L. Navarro. La responsabilité du commissaire aux comptes, recherchée pour des manquements dans l'accomplissement de sa mission de contrôle légal, ne peut être fondée sur un manquement à une obligation précontractuelle d'information à laquelle ce professionnel n'est pas tenu. ▪ Cass. com., 10 oct. 2018, n° 17-12.525 : *Bull. Joly Sociétés* 2018, p. 697, note J.-F. Barbièri.

2) **Faute. – Exemples.** Commissaire aux comptes ne consacrant qu'une seule journée au contrôle sur place des comptes, tandis qu'une vérification normalement effectuée aurait permis de découvrir la fraude commise par le dirigeant. ▪ Cass. com., 27 oct. 1992, n° 90-21.127 : *JurisData* n° 1992-002282 ; *JCP* E 1993, II, n° 403, p. 49, note M. Jeantin ; *RTD civ.* 1993, p. 128, note J. Mestre ; *Rev. sociétés* 1993, p. 86, note D. Vidal. Sondages ne répondant pas aux normes en matière de contrôle de solde comptable de banque, ▪ Cass. com., 12 juill. 2005, n° 04-10.536 : *JurisData* n° 2005-029576.

3) **Causalité.** Il n'existe pas de lien de causalité entre la certification de comptes sans réserve en l'absence d'observation sur le changement de méthode comptable intervenu pendant l'exercice, et le préjudice résultant pour un ancien associé et ancien dirigeant, de la mise en œuvre d'une garantie de passif convenue lors de la cession de sa participation. ▪ Cass. com., 18 sept. 2019, n° 17-22.764 : *Bull. Joly Sociétés* nov. 2019, n° 120e7, p. 29, note J.-F. Barbièri.

4) **Immunité du commissaire aux comptes.** Si la révélation au procureur de la République de faits délictueux dont il a connaissance ne peut engager la responsabilité du commissaire aux comptes, cette immunité cède lorsque la révélation procède d'une intention malveillante, ▪ Cass. com., 15 mars 2017, n° 14-26.970, *P+B+I* : *Bull. Joly Sociétés* 2015, p. 329, note J.-F. Barbièri ; *Dr. sociétés* 2017, comm. 103, note C. Coupet.

Art. L. 822-18 *(Ord. n° 2005-1126, 8 sept. 2005)*. – **Les actions en responsabilité contre les commissaires aux comptes se prescrivent dans les conditions prévues à l'article L. 225-254.**

1) **Champ d'application.** La prescription triennale s'applique à toute mission légale de contrôle ▪ CA Paris, 30 juin 2006, n° 04/23203 : *D.* 2006, p. 243, obs. A. Lienhard ; *Bull. Joly* 2006, 1364, note J.-F. Barbièri ; *JCP* E 2007, 1239, note Y. Paclot. ▪ Cass. com., 15 mai 2007, n° 05-14.283 : *JurisData* n° 2007-038950 ; *D.* 2007, p. 1435, obs. Lienhard ; *JCP* E 2007, 2078, note Y. Paclot ; *Bull. Joly Sociétés* 2007, p. 1053, note J.-F. Barbièri. ▪ Cass. com., 13 févr. 2007 : *D.* 2007, p. 736, obs. A. Lienhard ; *LPA* 20 avr. 2007, p. 10, note J.-F. Barbièri. Elle ne s'applique pas aux actions fondées sur des fautes contractuelles commises dans l'exécution de missions afférentes au prospectus d'une offre de titres au public ou d'une introduction en bourse, qui se distinguent de celles de commissaire aux comptes. ▪ Cass. com., 24 nov. 2015, n° 14-17.014 : *JurisData* n° 2015-026625 : *Dr. sociétés* 2016, comm. 28, note Roussille.

2) **Point de départ de la prescription. – Dissimulation.** En cas de dissimulation, la prescription ne court qu'à compter de la révélation (faits révélés à l'occasion d'une expertise ordonnée sur le fondement de l'art. 145, CPC) ▪ Cass. com., 18 févr. 1997, n° 94-20.163 : *JurisData* n° 1997-000674 ; *Bull. Joly Sociétés* 1997, p. 441, note F. Pasqualini et V. Pasqualini-Salerno. La dissimulation implique la volonté du commissaire aux comptes de cacher des faits dont il a connaissance par la certification des comptes, ▪ Cass. com., 17 déc. 2002, n° 99-21.553 : *JurisData* n° 2002-017042 ; *Bull. civ.* IV, n° 201 ; *Bull. Joly Sociétés* 2003, p. 267, note J.-F. Barbièri ; *RTD com.* 2003, p. 330, note J.-P. Chazal ; *Rev. sociétés* 2003, p. 297, note B. Le Bars. De simples négligences ne sauraient à elles seule constituer la dissimulation, ▪ Cass. com., 13 févr. 2007, n° 03-13.577 : *JurisData* n° 2007-037365 ; *Bull. civ.* IV, n° 299 ; *Bull. Joly Sociétés* 2007, p. 811, note F.-X. Lucas. ▪ Cass. com., 15 sept.

2009, n° 08-18.876 : *JurisData* n° 2009-049505 ; *Rev. sociétés* 2010, p. 109, Th. Granier ; *Dr. sociétés* 2009, comm. 222, note H. Hovasse. – **Erreur répétée.** Le délai de prescription de l'action en responsabilité court à compter de la certification des comptes litigieux. Lorsque la même erreur a été réitérée d'exercice en exercice, chaque erreur doit être considérée comme une faute nouvelle. ▪ Cass. com., 27 sept. 2017, n° 16-17.725 : *Bull. Joly Sociétés* 2018, p. 46, note J.-F. Barbièri ; *Dr. sociétés* 2017, comm. 5, note C. Coupet ; *Bull. Joly Entr. en diff.* 2018, p. 46, note Th. Favario.

Art. L. 822-19 ***(Ord. n° 2016-315, 17 mars 2016).*** **– Les conditions d'application du présent chapitre sont fixées par décret en Conseil d'État.**

CHAPITRE III. – DE L'EXERCICE DU CONTRÔLE LÉGAL

(Ord. n° 2005-1126, 8 sept. 2005)

Section I. – De la nomination, de la récusation et de la révocation des commissaires aux comptes

(Ord. n° 2005-1126, 8 sept. 2005)

Art. L. 823-1 ***(Ord. n° 2005-1126, 8 sept. 2005 ; mod., Ord. n° 2016-315, 17 mars 2016 ; L. n° 2016-1691, 9 déc. 2016).*** **– I. – En dehors des cas de nomination statutaire, les commissaires aux comptes sont désignés par l'assemblée générale ordinaire dans les personnes morales qui sont dotées de cette instance ou par l'organe exerçant une fonction analogue compétent en vertu des règles qui s'appliquent aux autres personnes ou entités.**

Lorsque le commissaire aux comptes ainsi désigné est une personne physique ou une société unipersonnelle, un ou plusieurs commissaires aux comptes suppléants, appelés à remplacer les titulaires en cas de refus, d'empêchement, de démission ou de décès sont désignés dans les mêmes conditions.

Les fonctions du commissaire aux comptes suppléant appelé à remplacer le titulaire prennent fin à la date d'expiration du mandat confié à ce dernier, sauf si l'empêchement n'a qu'un caractère temporaire. Dans ce dernier cas, lorsque l'empêchement a cessé, le titulaire reprend ses fonctions après l'approbation des comptes par l'assemblée générale ou l'organe compétent.

Lorsque le commissaire aux comptes a vérifié, au cours des deux derniers exercices, les opérations d'apports ou de fusion de la société ou des sociétés que celle-ci contrôle au sens des I et II de l'article L. 233-16, le projet de résolution le désignant en fait état.

Toute clause contractuelle qui limite le choix de l'assemblée générale ou de l'organe mentionné au premier alinéa à certaines catégories ou listes de commissaires aux comptes est réputée non écrite.

II. – Dans les entités d'intérêt public, les commissaires aux comptes sont en outre désignés conformément aux dispositions de l'article 16 du règlement (UE) n° 537/2014 du 16 avril 2014.

Les paragraphes 2 à 5 de l'article 16 du règlement précité ne s'appliquent pas aux désignations statutaires exigées en vue de l'immatriculation des sociétés ni aux désignations réalisées en application des articles L. 823-4 du Code de commerce et L. 214-7-2, L. 214-24-31, L. 214-133, L. 214-162-5 et L. 612-43 du Code monétaire et financier. Dans ces cas, l'entité d'intérêt public informe le Haut conseil du commissariat aux comptes des modalités de cette désignation.

Art. L. 823-2 ***(Ord. n° 2005-1126, 8 sept. 2005).*** **– Les personnes et entités astreintes à publier des comptes consolidés désignent au moins deux commissaires aux comptes.**

Art. L. 823-2-1 ***(Créé, L. n° 2019-486, 22 mai 2019).*** **– Les entités d'intérêt public nomment au moins un commissaire aux comptes.**

Art. L. 823-2-2 ***(L. n° 2019-486, 22 mai 2019).*** **– Les personnes et entités, autres que celles mentionnées aux articles L. 823-2 et L. 823-2-1, qui contrôlent une ou plusieurs sociétés au sens de l'article L. 233-3 désignent au moins un commissaire aux comptes lorsque l'ensemble qu'elles forment avec les sociétés qu'elles contrôlent dépasse les seuils fixés par décret pour deux des trois critères suivants : le total cumulé de leur bilan, le montant cumulé de leur chiffre d'affaires hors taxes ou le nombre moyen cumulé de leurs salariés au cours d'un exercice.**

Le premier alinéa du présent article ne s'applique pas lorsque la personne ou l'entité qui contrôle une ou plusieurs sociétés est elle-même contrôlée par une personne ou une entité qui a désigné un commissaire aux comptes.

Les sociétés contrôlées directement ou indirectement par les personnes et entités mentionnées au premier alinéa du présent article désignent au moins un commissaire aux comptes si elles dépassent les seuils fixés par décret pour deux des trois critères suivants : le total du bilan, le montant du chiffre d'affaires hors taxes et le nombre moyen de salariés employés au cours de l'exercice. Un même commissaire aux comptes peut être désigné en application du même premier alinéa et du présent alinéa.

NB : Conformément à l'article 20 de la loi n° 2019-486 du 22 mai 2019 :

II. – Les présentes dispositions s'appliquent à compter du premier exercice clos postérieurement au 27 mai 2019, lendemain de la publication du décret n° 2019-514 du 24 mai 2019.

Art. L. 823-3 *(Ord. n° 2005-1126, 8 sept. 2005 ; mod., Ord. n° 2008-1278, 8 déc. 2008 ; Ord. n° 2016-315, 17 mars 2016).* **– Le commissaire aux comptes est nommé pour un mandat de six exercices. Ses fonctions expirent après la délibération de l'assemblée générale ou de l'organe compétent qui statue sur les comptes du sixième exercice.**

Le commissaire aux comptes nommé en remplacement d'un autre ne demeure en fonction que jusqu'à l'expiration du mandat de son prédécesseur.

Le commissaire aux comptes dont le mandat est expiré, qui a été révoqué, relevé de ses fonctions, suspendu, interdit temporairement d'exercer, radié, omis ou a donné sa démission permet au commissaire aux comptes lui succédant d'accéder à toutes les informations et à tous les documents pertinents concernant la personne ou l'entité dont les comptes sont certifiés, notamment ceux relatifs à la certification des comptes la plus récente.

Lorsque cette personne ou cette entité est une entité d'intérêt public, les dispositions de l'article 18 du règlement (UE) n° 537/2014 du Parlement européen et du Conseil [du 16 avril 2014] sont en outre applicables.

Art. L. 823-3-1 *(Ord. n° 2016-315, 17 mars 2016 ; mod., L. n° 2016-1691, 9 déc. 2016).* **– I. – Lorsqu'une entité d'intérêt public désigne un commissaire aux comptes unique, celui-ci ne peut procéder à la certification des comptes de l'entité d'intérêt public pendant une période supérieure à dix ans.**

Toutefois, au terme de cette période, il peut être nommé pour un nouveau mandat d'une durée de six exercices, à la condition que soient respectées les conditions définies aux paragraphes 2 à 5 de l'article 16 du règlement (UE) n° 537/2014 du 16 avril 2014.

II. – La durée du mandat prévue au premier alinéa du I peut être prolongée jusqu'à une durée maximale de vingt-quatre ans lorsque, au terme de cette période, l'entité d'intérêt public, de manière volontaire ou en application d'une obligation légale, recourt à plusieurs commissaires aux comptes, dans les conditions prévues au *b* du 4 de l'article 17 du règlement (UE) n° 537/2014 [du 16 avril 2014], dès lors qu'ils présentent un rapport conjoint sur la certification des comptes.

III. – À l'issue des mandats mentionnés aux I et II, le Haut conseil du commissariat aux comptes peut, à titre exceptionnel et si les conditions définies au paragraphe 6 de l'article 17 du règlement (UE) n° 537/2014 [du 16 avril 2014] sont remplies, autoriser l'entité d'intérêt public qui en fait la demande à prolonger le mandat du commissaire aux comptes pour une durée supplémentaire qui ne peut excéder deux années.

IV. – Le commissaire aux comptes ou, le cas échéant, un membre de son réseau au sein de l'Union européenne ne peut accepter de mandat auprès de l'entité d'intérêt public dont il a certifié les comptes avant l'expiration d'une période de quatre ans suivant la fin de son mandat.

V. – Pour l'application du présent article la durée de la mission est calculée conformément aux prescriptions de l'article 17 du règlement (UE) n° 537/2014 [du 16 avril 2014] précité. Le Haut conseil peut être saisi par tout commissaire aux comptes d'une question relative à la détermination de la date de départ du mandat initial.

Art. L. 823-3-2 *(L. n° 2019-486, 22 mai 2019).* **– Par dérogation au premier alinéa de l'article L. 823-3, lorsque le commissaire aux comptes est désigné par une société de manière volontaire ou en application des premier ou dernier alinéas de l'article L. 823-2-2, la société peut décider de limiter la durée de son mandat à trois exercices.**

NB : Conformément au II de l'article 20 de la loi n° 2019-486 du 22 mai 2019, les présentes dispositions s'appliquent à compter du premier exercice clos postérieurement au 27 mai 2019, lendemain de la publication du décret n° 2019-514 du 24 mai 2019.

Art. L. 823-4 *(Ord. n° 2005-1126, 8 sept. 2005).* – Si l'assemblée ou l'organe compétent omet de désigner un commissaire aux comptes, tout membre de l'assemblée ou de l'organe compétent peut demander en justice la désignation d'un commissaire aux comptes, le représentant légal de la personne ou de l'entité dûment appelé. Le mandat ainsi conféré prend fin lorsqu'il a été pourvu par l'assemblée ou l'organe compétent à la nomination du ou des commissaires.

Art. L. 823-5 *(Ord. n° 2005-1126, 8 sept. 2005 ; mod., Ord. n° 2016-315, 17 mars 2016).* – Lorsqu'une société de commissaires aux comptes est absorbée par une autre société de commissaires aux comptes, la société absorbante poursuit le mandat confié à la société absorbée jusqu'à la date d'expiration de ce dernier.

Toutefois, par dérogation aux dispositions des articles L. 823-3 et L. 823-3-1, l'assemblée générale ou l'organe compétent de la personne ou de l'entité contrôlée peut, lors de sa première réunion postérieure à l'absorption, délibérer sur le maintien du mandat, après avoir entendu le commissaire aux comptes.

Art. L. 823-6 *(Ord. n° 2005-1126, 8 sept. 2005 ; mod., Ord. n° 2009-80, 22 janv. 2009 ; Ord. n° 2016-315, 17 mars 2016).* – Un ou plusieurs actionnaires ou associés représentant au moins 5 % du capital social, le comité d'entreprise, le ministère public, l'Autorité des marchés financiers pour les personnes et entités dont les titres financiers sont admis aux négociations sur un marché réglementé peuvent, dans le délai et les conditions fixées par décret en Conseil d'État, demander en justice la récusation pour juste motif d'un ou plusieurs commissaires aux comptes.

Les dispositions de l'alinéa précédent sont applicables, en ce qui concerne les personnes autres que les sociétés commerciales, sur demande du cinquième des membres de l'assemblée générale ou de l'organe compétent.

Une divergence d'appréciation sur un traitement comptable ou sur une procédure de contrôle ne peut constituer un motif fondé de récusation.

S'il est fait droit à la demande, un nouveau commissaire aux comptes est désigné en justice. Il demeure en fonctions jusqu'à l'entrée en fonctions du commissaire aux comptes désigné par l'assemblée ou l'organe compétent.

Art. L. 823-7 *(Ord. n° 2005-1126, 8 sept. 2005 ; mod., Ord. n° 2009-80, 22 janv. 2009).* – En cas de faute ou d'empêchement, les commissaires aux comptes peuvent, dans les conditions fixées par décret en Conseil d'État, être relevés de leurs fonctions avant l'expiration normale de celles-ci, sur décision de justice, à la demande de l'organe collégial chargé de l'administration, de l'organe chargé de la direction, d'un ou plusieurs actionnaires ou associés représentant au moins 5 % du capital social, du comité d'entreprise, du ministère public ou de l'Autorité des marchés financiers pour les personnes dont les titres financiers sont admis aux négociations sur un marché réglementé et entités.

Les dispositions de l'alinéa précédent sont applicables, en ce qui concerne les personnes autres que les sociétés commerciales, sur demande du cinquième des membres de l'assemblée générale ou de l'organe compétent.

Art. L. 823-8 *(Ord. n° 2005-1126, 8 sept. 2005).* – Lorsque, à l'expiration des fonctions d'un commissaire aux comptes, il est proposé à l'assemblée ou à l'organe compétent de ne pas le renouveler, le commissaire aux comptes doit, sous réserve des dispositions de l'article L. 822-14 et s'il le demande, être entendu par l'assemblée ou l'organe compétent.

Art. L. 823-8-1 *(L. n° 2012-387, 22 mars 2012).* – L'assemblée générale ordinaire, dans les sociétés commerciales qui sont dotées de cette instance, ou l'organe exerçant une fonction analogue compétent en vertu des règles qui s'appliquent peut autoriser, sur proposition de l'organe collégial chargé de l'administration ou de l'organe chargé de la direction de la société, les commissaires aux comptes à adresser directement au greffe du tribunal, dans les délais qui s'imposent à la société, les rapports devant faire l'objet d'un dépôt et les documents qui y sont joints, ainsi que la copie des documents afférents à leur acceptation de mission ou à leur démission. Il peut être mis un terme à cette autorisation selon les mêmes formes.

Section II. – De la mission du commissaire aux comptes

(Ord. n° 2005-1126, 8 sept. 2005)

Art. L. 823-9 *(Ord. n° 2005-1126, 8 sept. 2005 ; mod., Ord. n° 2016-315, 17 mars 2016).* – Les commissaires aux comptes certifient, en justifiant de leurs appréciations, que les comptes annuels sont réguliers et sincères et donnent une image fidèle du résultat des opérations de l'exercice écoulé ainsi que de la situation financière et du patrimoine de la personne ou de l'entité à la fin de cet exercice.

Lorsqu'une personne ou une entité établit des comptes consolidés, les commissaires aux comptes certifient, en justifiant de leurs appréciations, que les comptes consolidés sont réguliers et sincères et donnent une image fidèle du patrimoine, de la situation financière ainsi que du résultat de l'ensemble constitué par les personnes et entités comprises dans la consolidation.

Sans préjudice des dispositions de l'article L. 823-14, la certification des comptes consolidés est délivrée notamment après examen des travaux des commissaires aux comptes des personnes et entités comprises dans la consolidation ou, s'il n'en est point, des professionnels chargés du contrôle des comptes desdites personnes et entités.

Le contenu du rapport du commissaire destiné à l'organe appelé à statuer sur les comptes est fixé par décret en Conseil d'État.

Art. L. 823-10 *(Ord. n° 2005-1126, 8 sept. 2005 ; mod., L. n° 2007-1223, 21 août 2007 ; Ord. n° 2017-1180, 19 juill. 2017)*. – Les commissaires aux comptes ont pour mission permanente, à l'exclusion de toute immixtion dans la gestion, de vérifier les valeurs et les documents comptables de la personne ou de l'entité dont ils sont chargés de certifier les comptes et de contrôler la conformité de sa comptabilité aux règles en vigueur.

Ils vérifient également la sincérité et la concordance avec les comptes annuels des informations données dans le rapport de gestion du conseil d'administration, du directoire ou de tout organe de direction, et dans les documents adressés aux actionnaires ou associés sur la situation financière et les comptes annuels. Ils attestent spécialement l'exactitude et la sincérité des informations relatives aux rémunérations et aux avantages de toute nature versés à chaque mandataire social.

Ils vérifient, le cas échéant, la sincérité et la concordance avec les comptes consolidés des informations données dans le rapport sur la gestion du groupe.

Lorsque la personne ou l'entité est soumise aux dispositions de l'article L. 225-102-1, les commissaires aux comptes attestent que les déclarations prévues par cet article figurent, selon le cas, dans le rapport de gestion ou dans le rapport sur la gestion du groupe. Les informations contenues dans ces déclarations ne font pas l'objet des vérifications prévues aux deux alinéas précédents.

NB : Conformément à l'article 15 de l'ordonnance n° 2017-1180 du 19 juillet 2017, ces dispositions sont applicables aux rapports afférents aux exercices ouverts à compter du 1er août 2017.

Art. L. 823-10-1 *(Ord. n° 2016-315, 17 mars 2016)*. – Sans préjudice des obligations d'information résultant du rapport mentionné au dernier alinéa de l'article L. 823-9 et, le cas échéant, du rapport complémentaire prévu au III de l'article L. 823-16, ainsi que des dispositions des articles L. 234-1 à L. 234-4 du présent code et des articles L. 212-14, L. 214-14, L. 621-23 et L. 612-44 du Code monétaire et financier, la mission de certification des comptes du commissaire aux comptes ne consiste pas à garantir la viabilité ou la qualité de la gestion de la personne ou entité contrôlée.

Art. L. 823-11 *(Ord. n° 2005-1126, 8 sept. 2005)*. – Les commissaires aux comptes s'assurent que l'égalité a été respectée entre les actionnaires, associés ou membres de l'organe compétent.

Art. L. 823-12 *(Ord. n° 2005-1126, 8 sept. 2005 ; mod., Ord. n° 2009-104, 30 janv. 2009 ; Ord. n° 2016-315, 17 mars 2016)*. – Les commissaires aux comptes signalent à la plus prochaine assemblée générale ou réunion de l'organe compétent les irrégularités et inexactitudes relevées par eux au cours de l'accomplissement de leur mission et, lorsqu'ils interviennent auprès d'une entité d'intérêt public, l'invitent à enquêter conformément aux dispositions de l'article 7 du règlement (UE) n° 537/2014 du Parlement européen et du Conseil [du 16 avril 2014].

Ils révèlent au procureur de la République les faits délictueux dont ils ont eu connaissance, sans que leur responsabilité puisse être engagée par cette révélation.

Sans préjudice de l'obligation de révélation des faits délictueux mentionnée à l'alinéa précédent, ils mettent en œuvre les obligations relatives à la lutte contre le blanchiment des capitaux et le financement du terrorisme définies au chapitre I du titre VI du livre V du Code monétaire et financier.

Section III. – Des modalités d'exercice de la mission

(Ord. n° 2005-1126, 8 sept. 2005)

Bibliographie : J.-F. Barbièri, *La réforme du commissariat aux comptes par la loi PACTE : rabotage du contrôle légal et lots de consolation : Bull. Joly Sociétés* juin 2019, n° 119w5, p. 84. • J. Brouillet, *Loi PACTE : réforme des seuils d'audit et modernisation de la profession du chiffre* : 2018, n° 143, supplément. • J.-L. Navarro, *Loi PACTE : les modifications apportées en droit comptable : JCP* E 2019, 1326. • J.-L. Périn, *Les mandats des commissaires aux comptes selon la loi PACTE : nouveaux seuils et nouvelles missions : Journ. sociétés* avr. 2019, n° 173, p. 25. • M. de Szilbereky, *Le contrôle légal des comptes après l'entrée en vigueur de la loi Pacte : Rev. sociétés* 2019, p. 598.

Art. L. 823-12-1 *(Mod., L. n° 2019-486, 22 mai 2019 ; Ord. n° 2020-1142, 16 sept. 2020).* – Lorsque la durée de son mandat est limitée à trois exercices, outre le rapport mentionné à l'article L. 823-9, le commissaire aux comptes établit, à destination des dirigeants, un rapport identifiant les risques financiers, comptables et de gestion auxquels est exposée la société. Lorsque le commissaire aux comptes est nommé en application du premier alinéa de l'article L. 823-2-2, le rapport identifiant les risques financiers, comptables et de gestion porte sur l'ensemble que la société mentionnée au même premier alinéa forme avec les sociétés qu'elle contrôle.

Le commissaire aux comptes est dispensé de la réalisation des diligences et rapports mentionnés aux articles L. 223-19, L. 223-27, L. 223-34, L. 223-42, L. 225-40, L. 225-42, L. 225-88, L. 225-90, L. 225-103, L. 225-115, L. 225-135, L. 225-244, L. 226-10-1, L. 227-10, L. 22-10-71, L. 232-3, L. 232-4, L. 233-6, L. 233-13, L. 237-6 et L. 239-2.

Art. L. 823-12-2 *(Créé, L. n° 2019-486, 22 mai 2019).* – Des normes d'exercice professionnel homologuées par arrêté du ministre de la justice déterminent les diligences à accomplir par le commissaire aux comptes et le formalisme qui s'attache à la réalisation de sa mission, lorsque celui-ci exécute sa mission en application du premier alinéa de l'article L. 823-2-2, vis-à-vis notamment des sociétés contrôlées qui n'ont pas désigné un commissaire aux comptes, ainsi qu'en application des deuxième et dernier alinéas de l'article L. 823-3-2.

Art. L. 823-13 *(Ord. n° 2005-1126, 8 sept. 2005).* – À toute époque de l'année, les commissaires aux comptes, ensemble ou séparément, opèrent toutes vérifications et tous contrôles qu'ils jugent opportuns et peuvent se faire communiquer sur place toutes les pièces qu'ils estiment utiles à l'exercice de leur mission et notamment tous contrats, livres, documents comptables et registres des procès-verbaux.

Pour l'accomplissement de leurs contrôles, les commissaires aux comptes peuvent, sous leur responsabilité, se faire assister ou représenter par tels experts ou collaborateurs de leur choix, qu'ils font connaître nommément à la personne ou à l'entité dont ils sont chargés de certifier les comptes. Ces experts ou collaborateurs ont les mêmes droits d'investigation que les commissaires aux comptes.

Art. L. 823-14 *(Ord. n° 2005-1126, 8 sept. 2005 ; mod., Ord. n° 2016-315, 17 mars 2016).* – Les investigations prévues à l'article L. 823-13 peuvent être faites tant auprès de la personne ou de l'entité dont les commissaires aux comptes sont chargés de certifier les comptes que des personnes ou entités qui la contrôlent ou qui sont contrôlées par elle au sens des I et II de l'article L. 233-3. Elles peuvent également être faites, pour l'application du deuxième alinéa de l'article L. 823-9, auprès de l'ensemble des personnes ou entités comprises dans la consolidation.

Les commissaires aux comptes peuvent également recueillir toutes informations utiles à l'exercice de leur mission auprès des tiers qui ont accompli des opérations pour le compte de la personne ou de l'entité. Toutefois, ce droit d'information ne peut s'étendre à la communication des pièces, contrats et documents quelconques détenus par des tiers, à moins qu'ils n'y soient autorisés par une décision de justice.

Le secret professionnel ne peut être opposé aux commissaires aux comptes dans le cadre de leur mission, sauf *par les auxiliaires de justice.*

Art. L. 823-15 *(Ord. n° 2005-1126, 8 sept. 2005 ; mod., Ord. n° 2016-315, 17 mars 2016 ; L. n° 2016-1691, 9 déc. 2016).* – Lorsque la personne ou l'entité est astreinte à désigner deux commissaires aux comptes, ceux-ci se livrent ensemble à un examen contradictoire des conditions et des modalités d'établissement des comptes, selon les prescriptions énoncées par une norme d'exercice professionnel établie conformément au 2° du I de l'article L. 821-1. Une norme d'exercice professionnel détermine les principes de répartition des diligences à mettre en œuvre par chacun des commissaires aux comptes pour l'accomplissement de leur mission.

Art. L. 823-16 *(Ord. n° 2005-1126, 8 sept. 2005 ; mod., Ord. n° 2008-1278, 8 déc. 2008 ; Ord. n° 2016-315, 17 mars 2016 ; L. n° 2016-1691, 9 déc. 2016)*. – I. – Les commissaires aux comptes portent à la connaissance, selon le cas, de l'organe collégial chargé de l'administration ou de l'organe chargé de la direction et de l'organe de surveillance, ainsi que, le cas échéant, du comité spécialisé mentionné à l'article L. 823-19 agissant sous la responsabilité de ces organes :

1° Leur programme général de travail mis en œuvre ainsi que les différents sondages auxquels ils ont procédé ;

2° Les modifications qui leur paraissent devoir être apportées aux comptes devant être arrêtés ou aux autres documents comptables, en faisant toutes observations utiles sur les méthodes d'évaluation utilisées pour leur établissement ;

3° Les irrégularités et les inexactitudes qu'ils auraient découvertes ;

4° Les conclusions auxquelles conduisent les observations et rectifications ci-dessus sur les résultats de la période comparés à ceux de la période précédente.

II. – Lorsqu'ils interviennent auprès de personnes ou d'entités soumises aux dispositions de l'article L. 823-19 ou qui se sont volontairement dotées d'un comité spécialisé au sens dudit article, ils examinent en outre avec le comité spécialisé mentionné à cet article les risques pesant sur leur indépendance et les mesures de sauvegarde prises pour atténuer ces risques. Ils portent à la connaissance de ce comité les faiblesses significatives du contrôle interne, pour ce qui concerne les procédures relatives à l'élaboration et au traitement de l'information comptable et financière, et lui communiquent chaque année :

1° Une déclaration d'indépendance ;

2° Une actualisation des informations mentionnées à l'article L. 820-3 détaillant les prestations fournies par les membres du réseau auquel les commissaires aux comptes sont affiliés ainsi que les services autres que la certification des comptes qu'ils ont eux-mêmes fournis.

III. – Lorsqu'ils interviennent auprès de personnes ou d'entités soumises aux dispositions de l'article L. 823-19, les commissaires aux comptes remettent au comité spécialisé au sens dudit article un rapport complémentaire conforme aux dispositions de l'article 11 du règlement (UE) n° 537/2014 du 16 avril 2014. Ce rapport est remis à l'organe chargé de l'administration ou à l'organe de surveillance lorsque celui-ci remplit les fonctions du comité spécialisé.

NB : Les dispositions du III de l'article L. 823-16 du Code de commerce dans sa rédaction issue de la présente ordonnance entrent en vigueur à compter du premier exercice ouvert postérieurement au 16 juin 2016.

Art. L. 823-16-1 *(L. n° 2011-900, 29 juill. 2011)*. – Les commissaires aux comptes sont déliés du secret professionnel à l'égard du comptable public d'un organisme public lorsqu'ils sont chargés de la certification des comptes dudit organisme.

Les commissaires aux comptes adressent copie de leurs rapports de certification des comptes des organismes publics dotés d'un comptable public à ce dernier.

Art. L. 823-17 *(Ord. n° 2005-1126, 8 sept. 2005)*. – Les commissaires aux comptes sont convoqués à toutes les réunions du conseil d'administration ou du directoire et du conseil de surveillance, ou de l'organe collégial d'administration ou de direction et de l'organe de surveillance qui examinent ou arrêtent des comptes annuels ou intermédiaires, ainsi qu'à toutes les assemblées d'actionnaires ou d'associés ou à toutes les réunions de l'organe compétent mentionné *à l'article* L. 823-1.

Art. L. 823-18 *(Ord. n° 2016-315, 17 mars 2016)*. – I. – Les honoraires du commissaire aux comptes sont supportés par la personne ou l'entité dont il est chargé de certifier les comptes.

Ces honoraires sont fixés selon des modalités déterminées par décret en Conseil d'État.

II. – Lorsque le commissaire aux comptes fournit à une entité d'intérêt public dont il est chargé de certifier les comptes, ou à la personne qui la contrôle ou qui est contrôlée par elle au sens des I et II de l'article L. 233-3, des services autres que la certification des comptes, le total des honoraires facturés pour ces autres services se limite à 70 % de la moyenne des honoraires facturés au cours des trois derniers exercices pour le contrôle légal des comptes et des états financiers consolidés de l'entité d'intérêt public et, le cas échéant, de la personne qui la contrôle ou qui est contrôlée par elle.

Les services autres que la certification des comptes qui sont requis par la législation de l'Union ou par une disposition législative ou réglementaire sont exclus de ce calcul.

Le commissaire aux comptes respecte en outre les dispositions du paragraphe 3 de l'article 4 du règlement (UE) n° 537/2014 du 16 avril 2014.

III. – Le Haut conseil peut, à la demande du commissaire aux comptes, autoriser ce dernier, à titre exceptionnel, à dépasser le plafond prévu au II pendant une période n'excédant pas deux exercices.

NB : Les dispositions du II de l'article L. 823-18 du Code de commerce dans sa rédaction issue de la présente ordonnance entrent en vigueur à compter du quatrième exercice ouvert postérieurement au 16 juin 2016.

Art. L. 823-18-1 *(Ord. n° 2016-315, 17 mars 2016 ; mod., L. n° 2019-486, 22 mai 2019)*. – Les litiges relatifs à la rémunération des commissaires aux comptes sont portés devant le Haut conseil du commissariat aux comptes, sans préjudice de l'application des dispositions du cinquième alinéa du 2° du II de l'article L. 824-1.

Section IV. – Du comité spécialisé

(Ord. n° 2016-315, 17 mars 2016)

Art. 823-19 *(Ord. n° 2016-315, 17 mars 2016)*. – I. – Au sein des entités d'intérêt public au sens de l'article L. 820-1 et des sociétés de financement au sens du II de l'article L. 511-1 du Code monétaire et financier, un comité spécialisé agissant sous la responsabilité, selon le cas, de l'organe chargé de l'administration ou de l'organe de surveillance, assure le suivi des questions relatives à l'élaboration et au contrôle des informations comptables et financières.

II. – La composition de ce comité est fixée, selon le cas, par l'organe chargé de l'administration ou de la surveillance. Elle ne peut comprendre que des membres de l'organe chargé de l'administration ou de la surveillance en fonction dans la société, à l'exclusion de ceux exerçant des fonctions de direction. Un membre au moins du comité doit présenter des compétences particulières en matière financière, comptable ou de contrôle légal des comptes et être indépendant au regard de critères précisés et rendus publics par l'organe chargé de l'administration ou de la surveillance.

Sans préjudice des compétences des organes chargés de l'administration, de la direction et de la surveillance, ce comité est notamment chargé des missions suivantes :

1° Il suit le processus d'élaboration de l'information financière et, le cas échéant, formule des recommandations pour en garantir l'intégrité ;

2° Il suit l'efficacité des systèmes de contrôle interne et de gestion des risques, ainsi que le cas échéant de l'audit interne, en ce qui concerne les procédures relatives à l'élaboration et au traitement de l'information comptable et financière, sans qu'il soit porté atteinte à son indépendance ;

3° Il émet une recommandation sur les commissaires aux comptes proposés à la désignation par l'assemblée générale ou l'organe exerçant une fonction analogue. Cette recommandation adressée à l'organe chargé de l'administration ou l'organe de surveillance est élaborée conformément aux dispositions de l'article 16 du règlement (UE) n° 537/2014 [du 16 avril 2014] précité ; il émet également une recommandation à cet organe lorsque le renouvellement du mandat du ou des commissaires est envisagé dans les conditions définies à l'article L. 823-3-1 ;

4° Il suit la réalisation par le commissaire aux comptes de sa mission ; en ce qui concerne les entités d'intérêt public, il tient compte des constatations et conclusions du Haut conseil du commissariat aux comptes consécutives aux contrôles réalisés en application des articles L. 821-9 et suivants ;

5° Il s'assure du respect par le commissaire aux comptes des conditions d'indépendance définies à la section 2 du chapitre II du présent titre ; en ce qui concerne les entités d'intérêt public, le cas échéant, il prend les mesures nécessaires à l'application du paragraphe 3 de l'article 4 du règlement (UE) n° 537/2014 [du 16 avril 2014] *précité et s'assure du respect des conditions mentionnées* à l'article 6 du même règlement ;

6° Il approuve, pour les entités d'intérêt public, la fourniture des services mentionnés à l'article L. 822-11-2 ;

7° Il rend compte régulièrement à l'organe collégial chargé de l'administration ou à l'organe de surveillance de l'exercice de ses missions. Il rend également compte des résultats de la mission de certification des comptes, de la manière dont cette mission a contribué à l'intégrité de l'information financière et du rôle qu'il a joué dans ce processus. Il l'informe sans délai de toute difficulté rencontrée.

Art. L. 823-20 *(Ord. n° 2016-315, 17 mars 2016 ; L. n° 2016-1691, 9 déc. 2016 ; mod., L. n° 2019-486, 22 mai 2019).* – Ne sont pas tenus de se doter du comité spécialisé mentionné à l'article L. 823-19 :

1° Les établissements de crédit et les sociétés de financement dont les titres ne sont pas admis à la négociation sur un marché réglementé et qui n'ont émis, de manière continue ou répétée, que des titres obligataires, à condition que le montant total nominal de ces titres reste inférieur à 100 millions d'euros et qu'ils n'aient pas publié de prospectus ;

2° Les organismes de titrisation, s'ils expliquent publiquement les raisons pour lesquelles ils ne jugent pas opportun de disposer d'un comité spécialisé ou de confier les missions du comité spécialisé à un organe d'administration ou de surveillance ;

3° Les organismes de placements collectifs mentionnés au chapitre IV du titre Ier du livre II du Code monétaire et financier, à l'exception des organismes mentionnés au 2° ;

4° Les personnes et entités disposant d'un autre organe exerçant les missions de ce comité spécialisé, sous réserve d'identifier cet organe, qui peut être l'organe chargé de l'administration ou l'organe de surveillance, et de rendre publique sa composition ;

5° Les personnes et entités contrôlées par une autre personne ou entité au sens des I et II de l'article L. 233-3, lorsque cette dernière est elle-même soumise aux dispositions de l'article L. 823-19 et comporte un organe exerçant les missions de ce comité spécialisé. Les personnes et entités qui décident de se doter d'un comité spécialisé peuvent demander à l'organe chargé de l'administration ou à l'organe de surveillance de la personne ou entité qui la contrôle, au sens des I et II du même article L. 233-3, que la mission mentionnée au 6° du II de l'article L. 823-19 soit exercée par l'organe exerçant en son sein les missions de ce comité spécialisé. Dans ce cas, ce dernier organe rend compte régulièrement des décisions ainsi adoptées à l'organe chargé de l'administration ou à l'organe de surveillance de la société contrôlée.

Dans les entités d'intérêt public autres que celles mentionnées au 4° et au 5° et les sociétés de financement, qui ne sont pas tenues de désigner un comité spécialisé en application du présent article, les missions de ce comité sont exercées, le cas échéant, par l'organe d'administration ou de surveillance ou par l'organe remplissant des fonctions équivalentes.

Lorsque les missions confiées au comité spécialisé sont exercées par l'organe chargé de l'administration ou par l'organe remplissant des fonctions équivalentes, il ne peut, pour l'exercice de ces missions, être présidé par le président de cet organe si ce dernier exerce les fonctions de direction générale.

Art. L. 823-21 *(Ord. n° 2016-315, 17 mars 2016).* – Le comité spécialisé ou l'organe qui en exerce les fonctions est tenu à une obligation de confidentialité à l'égard des informations relatives :

1° Aux services fournis par les membres du réseau auquel appartient le commissaire aux comptes, mentionnées au I de l'article L. 820-3 ;

2° Aux constatations et conclusions du Haut conseil mentionnées au 4° du II de l'article L. 823-19.

CHAPITRE IV. – DES SANCTIONS

(Ord. n° 2016-315, 17 mars 2016)

Section I. – De la nature des manquements et des sanctions

(Ord. n° 2016-315, 17 mars 2016)

Art. L. 824-1 *(Ord. n° 2016-315, 17 mars 2016 ; mod., Ord. n° 2016-1635, 1er déc. 2016).* – I. – Sont passibles des sanctions prévues à l'article L. 824-2, les commissaires aux comptes à raison des fautes disciplinaires qu'ils commettent.

Constitue une faute disciplinaire :

1° Tout manquement aux conditions légales d'exercice de la profession ;

2° Toute négligence grave et tout fait contraire à la probité ou à l'honneur.

II. – Sont passibles des sanctions prévues à l'article L. 824-3 à raison des manquements suivants :

1° Les associés, salariés du commissaire aux comptes, toute autre personne participant à la mission de certification ou les personnes qui sont étroitement liées au commissaire aux comptes au sens de l'article 3, paragraphe 26, du règlement (UE) n° 596/2014 du 16 avril 2014, du fait des manquements aux dispositions de l'article L. 822-11-3 ainsi qu'aux dispositions du Code de déontologie relatives aux liens personnels, professionnels ou financiers ;

2° Les entités d'intérêt public, leurs gérants, administrateurs ou membres du directoire ou du conseil de surveillance, du fait :

a) De manquements aux dispositions des articles L. 822-11, L. 822-11-1 et L. 822-11-2 et de l'article 5 du règlement (UE) n° 537/2014 du 16 avril 2014, relatives aux services fournis par les commissaires aux comptes ;

b) De manquements aux dispositions de l'article L. 823-1, relatives à la désignation des commissaires aux comptes ;

c) De manquements aux dispositions des articles L. 823-3-1 et de l'article 17 du règlement (UE) n° 537/2014 du 16 avril 2014, relatives à la durée du mandat ;

d) De manquements aux dispositions relatives aux honoraires prévues à l'article L. 823-18 et à l'article 4 du règlement (UE) n° 537/2014 du 16 avril 2014 ;

3° Les personnes ou entités soumises à l'obligation de certification de leurs comptes, leurs gérants, administrateurs ou membres du directoire ou du conseil de surveillance, ainsi que les personnes mentionnées au 1°, lorsqu'elles s'opposent de quelque façon que ce soit à l'exercice des fonctions confiées aux agents du Haut conseil du commissariat aux comptes en matière de contrôles et d'enquêtes par les dispositions du présent chapitre, de la section 2 du chapitre Ier, et de l'article 23 du règlement (UE) n° 537/2014 du 16 avril 2014 ;

4° Tout dirigeant, administrateur, membre du conseil de surveillance ou personne occupant un poste de direction au sein d'une personne ou entité, ainsi que cette personne ou entité, du fait d'un manquement aux dispositions de l'article L. 822-12 ;

5° Les membres des organes de direction des sociétés de commissaires aux comptes et les autres personnes physiques au sein de ces sociétés, du fait de leur implication personnelle dans les manquements aux dispositions des sections III à VI du chapitre Ier du titre VI du livre V du Code monétaire et financier.

Art. L. 824-2 *(Ord. n° 2016-315, 17 mars 2016 ; mod., Ord. n° 2016-1635, 1er déc. 2016).* – I. – Les commissaires aux comptes sont passibles des sanctions suivantes :

1° L'avertissement ;

2° Le blâme ;

3° L'interdiction d'exercer la fonction de commissaire aux comptes pour une durée n'excédant pas cinq ans ;

4° La radiation de la liste ;

5° Le retrait de l'honorariat.

II. – Les commissaires aux comptes peuvent également faire l'objet des sanctions suivantes :

1° La publication d'une déclaration indiquant que le rapport présenté à l'assemblée générale ne remplit pas les exigences imposées par le présent code ou, le cas échéant, par l'article 10 du règlement (UE) n° 537/2014 du 16 avril 2014 ;

2° L'interdiction, pour une durée n'excédant pas trois ans, d'exercer des fonctions d'administration ou de direction au sein d'une société de commissaire aux comptes et au sein d'entités d'intérêt public ;

3° Le paiement, à titre de sanction pécuniaire, d'une somme ne pouvant excéder :

a) Pour une personne physique, la somme de 250 000 € ;

b) Pour une personne morale, la plus élevée des sommes suivantes :

– un million d'euros ;

– lorsque la faute intervient dans le cadre d'une mission de certification, la moyenne annuelle des honoraires facturés au titre de l'exercice durant lequel la faute a été commise et des deux exercices précédant celui-ci, par le commissaire aux comptes, à la personne ou à l'entité dont il est chargé de certifier les comptes ou, à défaut, le montant des honoraires facturés par le commissaire aux comptes à cette personne ou entité au titre de l'exercice *au cours duquel la faute a été commise.*

En cas de faute réitérée dans les cinq années à compter de la date à laquelle la sanction pécuniaire précédemment prononcée est devenue définitive, une sanction pécuniaire plus lourde peut être prononcée, sans toutefois excéder le double des montants mentionnés aux *a* et *b*.

Par dérogation aux *a* et *b*, le montant de la sanction pécuniaire prononcée en cas de violation des dispositions des sections III à VI du chapitre Ier du titre VI du livre V du Code monétaire et financier ne peut excéder le double du montant de l'avantage tiré de l'infraction ou, lorsqu'il n'est pas possible de déterminer celui-ci, la somme de un million d'euros.

Les sommes sont versées au Trésor public.

III. – Les sanctions prévues au 3° du I et au 3° du II peuvent être assorties du sursis total ou partiel. Si, dans le délai de cinq ans à compter du prononcé de la sanction, la personne sanctionnée commet une faute entraînant le prononcé d'une nouvelle sanction, celle-ci entraînera, sauf décision motivée, l'exécution de la première sanction sans confusion possible avec la seconde.

IV. – Les sanctions prévues aux 1°, 2° et 3° du I et aux 2° et 3° du II peuvent être assorties de la sanction complémentaire de l'inéligibilité aux organismes professionnels pendant dix ans au plus.

V. – En cas de manquement aux dispositions des sections III à VI du chapitre Ier du titre VI du livre V du Code monétaire et financier, les commissaires aux comptes peuvent faire l'objet d'une injonction de cesser le comportement constitutif du manquement.

Art. L. 824-3 *(Ord. n° 2016-315, 17 mars 2016 ; mod., Ord. n° 2016-1635, 1er déc. 2016 ; L. n° 2019-486, 22 mai 2019).* – I. – Les personnes mentionnées au II de l'article L. 824-1 sont passibles des sanctions suivantes :

1° L'interdiction pour une durée n'excédant pas trois ans d'exercer des fonctions d'administration ou de direction au sein d'entités d'intérêt public et des fonctions de commissaire aux comptes ;

2° Le paiement, à titre de sanction pécuniaire, d'une somme n'excédant pas les montants suivants :

a) Pour les personnes physiques mentionnées aux 1° et 3° du II de l'article L. 824-1, la somme de 50 000 € ;

b) Pour les personnes physiques mentionnées aux 2° et 4° du II de l'article L. 824-1, la somme de 250 000 € ;

c) Pour les personnes morales mentionnées aux 1°, 3° et 4° du II de l'article L. 824-1, la somme de 500 000 € ;

d) Pour les personnes morales mentionnées au 2° du II de l'article L. 824-1, la plus élevée des sommes suivantes :

– un million d'euros ;

– lorsque le manquement intervient dans le cadre d'une mission de certification, la moyenne annuelle des honoraires facturés au titre de l'exercice durant lequel le manquement a été commis et des deux exercices précédant celui-ci, par le commissaire aux comptes, à la personne morale concernée ou, à défaut, le montant des honoraires facturés par le commissaire aux comptes à la personne morale concernée au titre de l'exercice au cours duquel le manquement a été commis.

e) Pour les personnes mentionnées au 5° du II de l'article L. 824-1 le double du montant de l'avantage tiré de l'infraction ou, lorsqu'il n'est pas possible de déterminer celui-ci, la somme de un million d'euros.

En cas de manquement réitéré dans les cinq années à compter de la date à laquelle la sanction pécuniaire précédemment prononcée est devenue définitive, le montant de la sanction pécuniaire prononcée ne peut excéder le double des montants mentionnés aux *a*, *b*, *c* et *d*.

Les sommes sont versées au Trésor public.

II. – Les sanctions prévues au I peuvent être assorties du sursis total ou partiel. Si, dans le délai de cinq ans à compter du prononcé de la sanction, la personne sanctionnée commet un manquement entraînant le prononcé d'une nouvelle sanction, celle-ci entraînera, sauf décision motivée, l'exécution de la première sanction sans confusion possible avec la seconde.

III. – En cas de manquement aux dispositions des sections 3 à 6 du chapitre Ier du titre VI du livre V du Code monétaire et financier, les personnes mentionnées au 5° du II de l'article L. 824-1 peuvent faire l'objet d'une injonction de cesser le comportement constitutif du manquement.

Section II. – De la procédure

(Ord. n° 2016-315, 17 mars 2016)

Art. L. 824-4 *(Ord. n° 2016-315, 17 mars 2016 ; mod., L. n° 2016-1691, 9 déc. 2016).* – Le rapporteur général est saisi de tout fait susceptible de justifier l'engagement d'une procédure de sanction par :

1° Le premier président de la Cour des comptes ou le président d'une chambre régionale des comptes ;

2° Le procureur général près la cour d'appel compétente ;

3° Le président de l'Autorité des marchés financiers ;

4° Le président de l'Autorité de contrôle prudentiel et de résolution ;

5° Le président du Haut conseil du commissariat aux comptes ;
6° Le président de la Compagnie nationale des commissaires aux comptes ou le président d'une compagnie régionale.

Le rapporteur général peut également se saisir des signalements dont il est destinataire.

Les faits remontant à plus de six ans ne peuvent faire l'objet d'une sanction s'il n'a été fait pendant ce délai aucun acte tendant à leur recherche, à leur constatation ou à leur sanction.

Art. L. 824-5 *(Ord. n° 2016-315, 17 mars 2016 ; mod., L. n° 2019-486, 22 mai 2019)*. – Le rapporteur général procède à une enquête. Il peut désigner des enquêteurs pour l'assister.

Le rapporteur général et les enquêteurs peuvent à cet effet :

1° Obtenir du commissaire aux comptes, sans que celui-ci puisse opposer le secret professionnel, tout document ou information, sous quelque forme que ce soit ; ils peuvent en exiger une copie ;
2° Obtenir de toute personne tout document ou information utile à l'enquête ; ils peuvent en exiger une copie ;
3° Convoquer et entendre toute personne susceptible de leur fournir des informations ;
4° Accéder aux locaux à usage professionnel ;
5° Demander à des commissaires aux comptes inscrits sur une liste établie par le Haut conseil après avis de la compagnie nationale des commissaires aux comptes, de procéder à des vérifications ou d'effectuer des actes d'enquête sous leur contrôle ;
6° Faire appel à des experts.

Toute personne entendue pour les besoins de l'enquête peut se faire assister par un conseil de son choix.

Art. L. 824-6 *(Ord. n° 2016-315, 17 mars 2016)*. – Lorsqu'il constate des faits susceptibles d'être liés au blanchiment de capitaux ou au financement du terrorisme, le rapporteur général en informe le service mentionné à l'article L. 561-23 du Code monétaire et financier.

Art. L. 824-7 *(Ord. n° 2016-315, 17 mars 2016 ; mod., L. n° 2016-1691, 9 déc. 2016)*. – Lorsque des faits d'une particulière gravité apparaissent de nature à justifier des sanctions pénales ou disciplinaires, le rapporteur général peut, lorsque l'urgence et l'intérêt public le justifient, et après que l'intéressé a été mis en mesure de présenter ses observations, saisir le Haut conseil qui délibère hors la présence de la formation restreinte d'une demande de suspension provisoire d'une durée maximale de six mois, d'un commissaire aux comptes, personne physique.

Le rapporteur général ou le Haut conseil peut être saisi d'une demande de suspension provisoire par l'une des autorités mentionnées à l'article L. 824-4.

Le Haut conseil dans sa composition mentionnée au premier alinéa peut à tout moment mettre fin à la suspension provisoire de sa propre initiative ou à la demande de l'intéressé.

(Al. rempl., L. n° 2019-486, 22 mai 2019) Le rapporteur général établit un rapport final qu'il adresse à la formation restreinte avec les observations de la personne intéressée.

Art. L. 824-8 *(Ord. n° 2016-315, 17 mars 2016 ; mod., L. n° 2019-486, 22 mai 2019)*. – À l'issue de l'enquête et après avoir entendu la personne intéressée, le rapporteur général établit un rapport d'enquête qu'il adresse au Haut conseil. Lorsque les faits justifient l'engagement d'une procédure de sanction, le Haut conseil délibérant hors la présence des membres de la formation restreinte arrête les griefs qui sont notifiés par le rapporteur général à la personne intéressée. La notification expose les faits passibles de sanction. Elle est accompagnée des principaux éléments susceptibles de fonder les griefs.

La personne intéressée peut consulter le dossier et présenter ses observations. Elle peut se faire assister par un conseil de son choix à toutes les étapes de la procédure.

Le rapporteur général établit un rapport final qu'il adresse à la formation restreinte avec les observations de la personne intéressée.

Art. L. 824-9 *(Abr., L. n° 2019-486, 22 mai 2019)*.

Art. L. 824-10 *(Ord. n° 2016-315, 17 mars 2016 ; rempl., L. n° 2019-486, 22 mai 2019)*. – Le Haut conseil statuant en formation restreinte connaît de l'action intentée à l'encontre des commissaires aux comptes inscrits sur la liste mentionnée au I de l'article L. 822-1, des contrôleurs des pays tiers mentionnés au I de l'article L. 822-1-5 et des personnes autres que les commissaires aux comptes.

Art. L. 824-11 *(Ord. n° 2016-315, 17 mars 2016).* – La formation *(Mots rempl., L. n° 2019-486, 22 mai 2019)* « restreinte » convoque la personne poursuivie à une audience qui se tient deux mois au moins après la notification des griefs.

Lorsqu'il existe une raison sérieuse de mettre en doute l'impartialité d'un membre de la formation, sa récusation est prononcée à la demande de la personne poursuivie ou du rapporteur général.

L'audience est publique. Toutefois, d'office ou à la demande de la personne intéressée, le président peut interdire au public l'accès de la salle pendant tout ou partie de l'audience dans l'intérêt de l'ordre public ou lorsque la protection des secrets d'affaires ou de tout autre secret protégé par la loi l'exige.

La personne poursuivie peut être assistée ou représentée par le conseil de son choix.

(Al. créé, L. n° 2019-486, 22 mai 2019) Le président de la compagnie régionale des commissaires aux comptes dont relève la personne poursuivie peut demander à être entendu.

Le président peut décider d'entendre toute personne dont l'audition lui paraît utile.

Le rapporteur général ou la personne qu'il désigne pour le représenter assiste à l'audience. *(Phrase suppr., L. n° 2019-486, 22 mai 2019)* « ... ». Il expose ses conclusions oralement.

Il peut proposer une ou plusieurs des sanctions prévues aux articles L. 824-2 et L. 824-3.

La formation *(Mot aj., L. n° 2019-486, 22 mai 2019)* « restreinte » délibère hors la présence des parties et du rapporteur général. Elle peut enjoindre à la personne intéressée de mettre un terme au manquement et de s'abstenir de le réitérer. Elle rend une décision motivée.

Section III. – Des décisions et des voies de recours

(Ord. n° 2016-315, 17 mars 2016)

Art. L. 824-12 *(Ord. n° 2016-315, 17 mars 2016 ; mod., Ord. n° 2016-1635, 1er déc. 2016).* – Les sanctions sont déterminées en tenant compte :

1° De la gravité et de la durée de la faute ou du manquement reprochés ;

2° De la qualité et du degré d'implication de la personne intéressée ;

3° De la situation et de la capacité financière de la personne intéressée, au vu notamment de son patrimoine et, s'agissant d'une personne physique de ses revenus annuels, s'agissant d'une personne morale de son chiffre d'affaires total ;

4° De l'importance soit des gains ou avantages obtenus, soit des pertes ou coûts évités par la personne intéressée, dans la mesure où ils peuvent être déterminés ;

5° Du degré de coopération dont a fait preuve la personne intéressée dans le cadre de l'enquête ;

6° Des manquements commis précédemment par la personne intéressée ;

7° Lorsque la sanction est prononcée en raison de manquement aux dispositions des sections III à VI du chapitre Ier du titre VI du livre V du Code monétaire et financier, elle est en outre déterminée en tenant compte, le cas échéant, de l'importance du préjudice subi par les tiers.

Art. L. 824-13 *(Ord. n° 2016-315, 17 mars 2016 ; mod., Ord. n° 2016-1635, 1er déc. 2016).* – *(Al. rempl., L. n° 2019-486, 22 mai 2019)* La décision du Haut conseil est publiée sur son site internet. Le cas échéant, *elle est également rendue publique* dans les publications, journaux ou supports que le Haut conseil désigne, dans un format de publication proportionné à la faute ou au manquement commis et à la sanction infligée. Les frais sont supportés par les personnes sanctionnées.

La décision est publiée sous forme anonyme dans l'une ou l'autre des circonstances suivantes :

1° Lorsque la publication de la décision est susceptible de causer à la personne sanctionnée un préjudice grave et disproportionné, notamment, dans le cas d'une sanction infligée à une personne physique, lorsque la publication inclut des données personnelles ;

2° Lorsque la publication serait de nature à perturber gravement la stabilité du système financier, de même que le déroulement d'une enquête ou d'un contrôle en cours.

La publicité d'une sanction prononcée en application des dispositions des sections III à VI du chapitre Ier du titre VI du livre V du Code monétaire et financier peut être différée au moment où les raisons de ne pas la publier cessent d'exister. Le Haut conseil peut également décider de ne pas publier cette décision lorsque l'anonymat est insuffisant à garantir que la stabilité des marchés financiers ne soit pas compromise ou, lorsque les mesures concernées sont jugées mineures, pour garantir la proportionnalité de la publication de la décision.

Lorsqu'une décision de sanction fait l'objet d'un recours, le Haut conseil, informé sans délai, *(Mots suppr., L. n° 2019-486, 22 mai 2019)* « ... » publie immédiatement cette information sur son site internet.

Le Haut conseil informe sans délai l'organe mentionné au 2° de l'article 30 du règlement (UE) n° 537/2014 du 16 avril 2014 des interdictions temporaires prononcées en application du 3° du I et du 2° du II de l'article L. 824-2 ainsi que du 1° du I de l'article L. 824-3.

Art. L. 824-14 *(Ord. n° 2016-315, 17 mars 2016)*. – La personne sanctionnée ou le président du Haut conseil après accord du collège peut former un recours de pleine juridiction devant le Conseil d'État.

Section IV. – De la coopération en matière de sanctions

(Ord. n° 2016-315, 17 mars 2016)

Art. L. 824-15 *(Ord. n° 2016-315, 17 mars 2016 ; mod., L. n° 2016-1691, 9 déc. 2016)*. – I. – Le rapporteur général communique, à leur demande, les informations ou les documents qu'il détient ou qu'il recueille aux autorités des États membres de l'Union européenne exerçant des compétences analogues aux siennes.

Le rapporteur général peut diligenter une enquête afin de répondre aux demandes d'assistance des autorités mentionnées au premier alinéa.

Lorsque l'une de ces autorités le demande, le rapporteur général peut autoriser les agents de cette autorité à assister aux actes d'enquête.

II. – Le rapporteur général peut diligenter une enquête afin de répondre aux demandes d'assistance des autorités des États non membres de l'Union européenne exerçant des compétences analogues aux siennes sous réserve de réciprocité et à la condition que l'autorité concernée soit soumise au secret professionnel avec les mêmes garanties qu'en France.

Il peut, sous les mêmes réserve et condition, diligenter des actes d'enquête qu'il détermine afin de répondre aux demandes d'assistance des autorités mentionnées au premier alinéa du présent II.

Le rapporteur peut, à titre exceptionnel, autoriser les agents des autorités des États non membres de l'Union européenne à assister aux enquêtes. Ces agents ne peuvent solliciter directement du commissaire aux comptes la communication d'informations ou de documents.

Art. L. 824-16 *(Ord. n° 2016-315, 17 mars 2016)*. – Les conditions d'application du présent chapitre sont fixées par décret en Conseil d'État.

LIVRE NEUVIÈME

DISPOSITIONS RELATIVES À L'OUTRE-MER

TITRE PREMIER A. – OBSERVATOIRES DES PRIX, DES MARGES ET DES REVENUS DANS LES OUTRE-MER

(L. n° 2012-1270, 20 nov. 2012)

Art. L. 910-1 A *(L. n° 2012-1270, 20 nov. 2012 ; L. n° 2015-1268, 14 oct. 2015)*. – Dans les collectivités relevant de l'article 73 de la Constitution et dans les collectivités d'outre-mer de Saint-Barthélemy, de Saint-Martin, de Saint-Pierre-et-Miquelon et de Wallis-et-Futuna, un observatoire des prix, des marges et des revenus analyse le niveau et la structure des prix, des marges et des revenus et fournit aux pouvoirs publics une information régulière sur leur évolution.

Art. L. 910-1 B *(L. n° 2012-1270, 20 nov. 2012 ; L. n° 2013-1029, 15 nov. 2013)*. – Le président de chaque observatoire est nommé, pour un mandat de cinq ans renouvelable, par arrêté du premier président de la Cour des comptes, parmi les membres du corps des magistrats des juridictions financières ou parmi les magistrats honoraires de ces corps.

Art. L. 910-1 C *(L. n° 2012-1270, 20 nov. 2012 ; L. n° 2015-1268, 14 oct. 2015)*. – I. – Dans les collectivités relevant de l'article 73 de la Constitution et dans les collectivités d'outre-mer de Saint-Barthélemy, de Saint-Martin et de Saint-Pierre-et-Miquelon, chaque observatoire comprend, outre son président, les députés et sénateurs élus dans la collectivité concernée, des représentants des collectivités territoriales concernées, de l'État, des associations de consommateurs, des syndicats d'employeurs et de salariés, du conseil économique et social régional, des chambres consulaires, de l'institut mentionné à la section 2 du chapitre Ier du titre Ier du livre VII du Code monétaire et financier et des personnalités qualifiées à raison de leur compétence ou de leurs connaissances en matière de formation des prix, des marges et des revenus. Les modalités de désignation des membres de chaque observatoire sont fixées par décret.

À Wallis-et-Futuna, l'observatoire comprend, outre son président, les parlementaires élus dans les îles Wallis-et-Futuna, des élus locaux, des représentants de l'État, de la chefferie, des associations de consommateurs, des chambres consulaires, des syndicats d'employeurs et de salariés, de l'établissement visé à l'article L. 712-4 du Code monétaire et financier et des personnalités qualifiées à raison de leur compétence ou de leurs connaissances en matière de formation des prix, des marges et des revenus. Les modalités de désignation des membres de l'observatoire sont fixées par décret.

II. – Les membres de chaque observatoire sont tenus à une obligation de discrétion à l'égard des informations présentant un caractère confidentiel dont ils ont connaissance dans le cadre de l'exercice de leurs missions.

III. – Les membres de chaque observatoire exercent leurs fonctions à titre gratuit.

Voir : la rédaction de cet article issue de l'ordonnance n° 2021-1200 du 15 septembre 2021, en *addendum*, p. 3461.

Art. L. 910-1 D *(L. n° 2012-1270, 20 nov. 2012)*. – Chaque observatoire se réunit au moins une fois par an. Il se réunit également à la demande d'un tiers au moins de ses membres. Il peut constituer en son sein des commissions spécialisées.

Le secrétariat de chaque observatoire est assuré par les services de l'État présents dans la collectivité concernée.

Art. L. 910-1 E *(L. n° 2012-1270, 20 nov. 2012).* – Chaque observatoire peut émettre un avis afin d'éclairer les pouvoirs publics sur la conduite de la politique économique et de cohésion sociale menée dans la collectivité sur le territoire de laquelle il est établi.

Art. L. 910-1 F *(L. n° 2012-1270, 20 nov. 2012).* – Chaque observatoire publie annuellement des données portant sur le niveau et la structure des coûts de passage portuaire.

Art. L. 910-1 G *(L. n° 2012-1270, 20 nov. 2012).* – Chaque observatoire est informé de toute mesure relative à la réglementation des marchés et à l'encadrement des prix qui concerne le département ou la collectivité d'outre-mer pour lequel il est compétent.

Art. L. 910-1 I *(L. n° 2012-1270, 20 nov. 2012).* – Chaque observatoire rend un rapport annuel, qui peut être assorti d'avis et de propositions. Ce rapport est adressé au Parlement et aux ministres chargés des outre-mer, de l'économie, des finances et de l'emploi.

Il peut également, à la demande de son président ou du tiers de ses membres, rendre des rapports sur des sujets particuliers.

Art. L. 910-1 J *(L. n° 2012-1270, 20 nov. 2012).* – Les modalités d'application du présent titre sont déterminées par décret.

TITRE PREMIER. – DISPOSITIONS SPÉCIFIQUES À SAINT-PIERRE-ET-MIQUELON

Art. L. 910-1 *(Mod., Ord. n° 2004-328, 15 avr. 2004 ; L. n° 2004-1343, 9 déc. 2004 ; L. n° 2005-842, 26 juill. 2005 ; Ord. n° 2006-673, 8 juin 2006 ; L. n° 2005-882, 2 août 2005 ; Ord. n° 2008-697, 11 juill. 2008 ; Ord. n° 2011-821, 8 juill. 2011 ; L. n° 2014-626, 18 juin 2014 ; L. n° 2015-990, 6 août 2015 ; L. n° 2016-1547, 18 nov. 2016 ; Ord. n° 2017-1519, 2 nov. 2017 ; Ord. n° 2021-649, 26 mai 2021).* – Ne sont pas applicables à Saint-Pierre-et-Miquelon les articles :

1° L. 125-3, L. 126-1 ;

2° L. 225-245-1, L. 229-1 à L. 229-15, L. 238-6, L. 244-5 et L. 252-1 à L. 252-13 ;

3° L. 470-6 ;

4° L. 522-1 à L. 522-40 *(Mots suppr. à compter du 1er janvier 2022, Ord. n° 2021-1192, 15 sept. 2021)* « et L 524-20 » ;

4° *bis* L. 621-4 (dernière phrase du premier alinéa), L. 641-1 (dernière phrase du premier alinéa du II), L. 662-7 et le titre IX du livre VI ;

5° L. 711-2 (deuxième et dernier alinéas), L. 721-1, L. 721-2, L. 721-8, L. 722-1 à L. 724-7, L. 741-1 à L. 743-11, L. 750-1, L. 751-1 à L. 752-25 et L. 761-1 à L. 761-11 ainsi que les dispositions relatives aux chambres de commerce et d'industrie de région des chapitres Ier, II et III du titre Ier du livre VII.

Art. L. 910-2 *(Ord. n° 2019-964, 18 sept. 2019).* – Pour l'application du présent code à Saint-Pierre-et-Miquelon, les termes énumérés ci-après sont remplacés comme suit :

1° *« Tribunal judiciaire » par « tribunal de première instance » ;*

2° « Tribunal de commerce » ou « justice consulaire » par « tribunal de première instance statuant en matière commerciale » ;

3° « Département » ou « arrondissement » par « collectivité territoriale » ;

4° « Bulletin officiel des annonces civiles et commerciales » par « Recueil des actes administratifs de la collectivité territoriale ».

Art. L. 910-3. – Les références faites, par des dispositions du présent code applicables à Saint-Pierre-et-Miquelon, à d'autres articles du présent code, ne concernent que les articles rendus applicables dans la collectivité avec les adaptations prévues dans les chapitres ci-dessous.

Art. L. 910-4. – En l'absence d'adaptation, les références faites par des dispositions du présent code applicables à Saint-Pierre-et-Miquelon, à des dispositions qui n'y sont pas applicables, sont remplacées par les références aux dispositions ayant le même objet applicables localement.

Art. L. 910-5. – Les articles faisant référence à la Communauté européenne sont applicables dans le respect de la décision d'association prévue à l'article 136 du traité instituant la Communauté européenne. Les références à l'accord sur l'Espace économique européen ne sont pas applicables.

CHAPITRE I. – DISPOSITIONS D'ADAPTATION DU LIVRE PREMIER

Art. L. 911-1 *(Abr., L. n° 2014-1, 2 janv. 2014).*

Art. L. 911-2. – Les dérogations prévues par les articles L. 123-25 à L. 123-27 sont applicables aux personnes physiques soumises à un régime simplifié d'imposition par la réglementation en vigueur à Saint-Pierre-et-Miquelon.

Art. L. 911-2-1 *(Créé à compter du 1er janvier 2023, Ord. n° 2021-1189, 15 sept. 2021).* – Aux articles L. 123-48 et L. 123-49, les mots : « caisse départementale ou pluridépartementale de mutualité sociale agricole » sont remplacés par les mots : « caisse de prévoyance sociale de Saint-Pierre-et-Miquelon ». »

Art. L. 911-3. – À l'article L. 133-7, les mots : « les droits, taxes, frais et amendes de douane liés à une opération de transport » sont supprimés.

Art. L. 911-4. – L'inscription au greffe du tribunal de première instance statuant en matière commerciale dispense de la formalité de l'enregistrement les actes et déclarations qui y sont soumis en application de l'article L. 141-5.

Art. L. 911-5. – Pour l'application des articles L. 141-15, L. 143-7 et L. 145-28, un magistrat du tribunal de première instance peut être délégué par le président.

Art. L. 911-6. – À l'article L. 141-13, les mots : « par les articles 638 et 653 du Code général des impôts » sont remplacés par les mots : « par les dispositions de droit fiscal applicables localement ».

Art. L. 911-7 *(Abr., L. n° 2019-744, 19 juill. 2019).*

Art. L. 911-8 *(Mod., L. n° 2003-7, 3 janv. 2003).* – L'article L. 145-2 est modifié ainsi qu'il suit :

I. – Au 4°, les mots : « à l'État, aux départements, aux communes, aux établissements publics » sont remplacés par les mots : « à l'État, aux collectivités territoriales et aux établissements publics » ;

II. – Au 6°, les mots : « à la caisse de sécurité sociale de la maison des artistes et reconnus auteurs d'œuvres graphiques et plastiques, tels que définis par l'article 71 de l'annexe III du Code général des impôts » sont remplacés par les mots : « à la caisse locale d'assurance sociale et reconnus auteurs d'œuvres graphiques et plastiques au sens du Code des impôts applicable localement ».

Art. L. 911-9 *(Mod., Ord., n° 2005-1527, 8 déc. 2005).* – Pour l'application de l'article L. 145-6, les mots : « l'évacuation des lieux compris dans un secteur ou périmètre prévu aux articles L. 313-4 à L. 313-4-2 du Code de l'urbanisme » sont remplacés par les mots : « l'évacuation des lieux prévue à l'article L. 145-18 ».

Art. L. 911-10 *(Abr., L. n° 2014-626, 18 juin 2014).*

Art. L. 911-11. – Le deuxième alinéa de l'article L. 145-18 est ainsi rédigé :

« Il en est de même pour effectuer des opérations de restauration immobilière comportant des travaux de remise en état, de conservation, de modernisation ou de démolition ayant pour conséquence la transformation des conditions d'habitabilité d'un ensemble d'immeubles nécessitant l'évacuation des lieux. Ces opérations peuvent être décidées et exécutées dans le respect de la réglementation locale, soit par les autorités publiques localement compétentes, soit à l'initiative d'un ou de plusieurs propriétaires, groupés ou non en association syndicale. Dans ce dernier cas, ce ou ces propriétaires y sont spécialement autorisés dans des conditions fixées par le représentant de l'État, qui précisent notamment les engagements exigés des propriétaires quant à la nature et à l'importance des travaux. Les immeubles acquis par un organisme de rénovation ne peuvent, après restauration, être cédés de gré à gré qu'aux conditions d'un cahier des charges type approuvé par le représentant de l'État. »

Art. L. 911-12. – À l'article L. 145-26, après les mots : « à l'État, aux départements, aux communes », sont ajoutés les mots : « à la collectivité territoriale ».

Art. L. 911-13. – Le premier alinéa de l'article L. 145-34 est ainsi rédigé :

« À moins d'une modification notable des éléments déterminant la valeur locative, le taux de variation du loyer applicable lors de la prise d'effet du bail à renouveler, si sa durée n'est pas supérieure à neuf ans, ne peut excéder la variation d'un indice local trimestriel mesurant le coût de la construction intervenue depuis la fixation initiale du loyer du bail expiré. Cet indice est calculé dans des conditions déterminées par arrêté du représentant de l'État. À défaut de clause contractuelle fixant le trimestre de référence de cet indice, il y a lieu de prendre en compte une variation de l'indice local trimestriel mesurant le coût de la construction fixé à cet effet par l'arrêté précité. »

Art. L. 911-14. – L'article L. 145-35 est modifié ainsi qu'il suit :

I. – Au premier alinéa, le mot : « départementale » est supprimé ;

II. – Le dernier alinéa est ainsi rédigé :

« La composition de la commission, le mode de désignation de ses membres et ses règles de fonctionnement sont fixés par arrêté du représentant de l'État. »

CHAPITRE II. – DISPOSITIONS D'ADAPTATION DU LIVRE DEUXIÈME

Art. L. 912-1 *(Mod., Ord. n° 2004-274, 25 mars 2004 ; L. n° 2015-990, 6 août 2015)*. – I. – À l'article L. 223-18, les mots : « sur le territoire français » sont remplacés par les mots : « dans la collectivité ».

II. – Aux articles L. 225-36 et L. 225-65, les mots : « dans le même département ou dans un département limitrophe » sont remplacés par les mots : « dans la collectivité ».

Art. L. 912-1-1 *(L. n° 2005-882, 2 août 2005)*. – Les mots : « la loi n° 2005-882 du 2 août 2005 en faveur des petites et moyennes entreprises » et les mots : « la loi n° 2005-882 du 2 août 2005 précitée » figurant au troisième et au quatrième alinéa de l'article L. 223-30 sont remplacés respectivement par les mots : « l'ordonnance n° 2008-697 du 11 juillet 2008 relative à l'application à Saint-Pierre-et-Miquelon de la loi n° 2005-882 du 2 août 2005 en faveur des petites et moyennes entreprises et réformant la chambre interprofessionnelle de Saint-Pierre-et-Miquelon » et par les mots : « l'ordonnance n° 2008-697 du 11 juillet 2008 précitée ».

Art. L. 912-2. – Le dernier alinéa de l'article L. 225-43 et celui de l'article L. 225-91 sont supprimés.

Art. L. 912-3 *(Mod., L. n° 2014-856, 31 juill. 2014)*. – Au deuxième alinéa de l'article L. 225-102, les mots : « ainsi que par les salariés d'une société coopérative de production au sens de la loi n° 78-763 du 19 juillet 1978 portant statut de sociétés coopératives de production » sont supprimés.

Art. L. 912-4 *(Ord. n° 2004-604, 24 juin 2004)*. – Au 5° de l'article L. 225-115, les mots : « versements *effectués en application des 1 et 4 de l'article 238 bis* du Code général des impôts » sont remplacés par les mots : « déductions fiscales prévues par les dispositions du Code des impôts applicables localement relatives au total des déductions du montant des bénéfices imposables des sociétés qui procèdent à des versements au profit d'œuvres d'organismes d'intérêt général, ou de sociétés agréées ou à des donations d'œuvre d'art à l'État ».

Art. L. 912-5 *(Abr., Ord. n° 2004-604, 24 juin 2004)*.

Art. L. 912-6. – Au VI de l'article L. 225-270, les mots : « les dispositions de l'article 94 A du Code général des impôts » sont remplacés par les mots : « les dispositions du Code des impôts applicable localement relatives aux gains nets en capital réalisés à l'occasion de la cession à titre onéreux de valeurs mobilières et de droits sociaux ».

Art. L. 912-7 *(L. n° 2005-882, 2 août 2005)*. – Au cinquième alinéa (2°) de l'article L. 239-1, les mots : « à l'article 208 D du Code général des impôts » sont remplacés par les mots : « au Code général des impôts applicable localement ».

CHAPITRE III. – DISPOSITIONS D'ADAPTATION DU LIVRE TROISIÈME

Art. L. 913-1 *(Mod., L. n° 2011-850, 20 juill. 2011)*. – L'article L. 322-9 est ainsi rédigé :

« Les courtiers de marchandises assermentés se conforment aux dispositions prescrites par le Code des impôts applicable localement relatives aux ventes publiques et par enchères. »

CHAPITRE IV. – DISPOSITIONS D'ADAPTATION DU LIVRE QUATRIÈME

Art. L. 914-1 *(Mod., L. n° 2005-882, 2 août 2005 ; mod., Ord. n° 2019-359, 24 avr. 2019)*. – Au second alinéa du I de l'article L. 442-5, avant les mots : « taxes sur le chiffre d'affaires », est ajouté le mot : « éventuelles ».

Art. L. 914-2 *(Mod., Ord. n° 2019-359, 24 avr. 2019 ; rempl., Ord. n° 2021-859, 30 juin 2021)*. – Le II de l'article L. 441-11 est ainsi modifié :

1° Le 1° est ainsi rédigé :

« 1° Pour les achats de produits agricoles et alimentaires périssables et de viandes congelées ou surgelées, de poissons surgelés, de plats cuisinés et de conserves fabriqués à partir de produits alimentaires périssables :

a) Trente jours après la date de livraison ;

b) Ou, en cas de facture périodique au sens des dispositions du Code des impôts applicable localement, trente jours après la fin de la décade de livraison, sauf disposition dérogatoire figurant dans les contrats types pluriannuels liant les fournisseurs de raisins ou de moût destinés à l'élaboration de vins passibles des droits de circulation prévus par le même code des impôts et leurs acheteurs directs ;

c) En cas de facture périodique au sens des dispositions du Code des impôts applicable localement pour des achats de produits saisonniers effectués dans le cadre de contrats d'intégration conclus dans le secteur des fruits et légumes mentionnés aux articles L. 326-1 à L. 326-3 du Code rural et de la pêche maritime, trente jours à compter de la fin du mois au cours duquel la livraison est effectuée. » ;

2° Au 3°, les mots : « à l'article 403 du Code général des impôts » sont remplacés par les mots : « par les dispositions du Code des impôts applicable localement ».

CHAPITRE V. – DISPOSITIONS D'ADAPTATION DU LIVRE CINQUIÈME

Art. L. 915-1. – Le deuxième alinéa de l'article L. 511-62 est ainsi rédigé :

« La retraite comprend les sommes indiquées dans les articles L. 511-45 et L. 511-46, outre les droits de courtage et de timbre éventuellement prévus par les dispositions du Code des impôts applicable localement. »

Art. L. 915-2 *(Abr. à compter du 1er janvier 2022, Ord. n° 2021-1192, 15 sept. 2021)*. – Le premier alinéa de l'article L. 524-19 est ainsi rédigé :

« Le montant des droits à percevoir par le greffier du tribunal de première instance statuant en matière commerciale est fixé par décret. »

Art. L. 915-3 *(Abr. à compter du 1er janvier 2022, Ord. n° 2021-1192, 15 sept. 2021)*. – Au premier alinéa de l'article L. 525-2, après les mots « au droit fixe », sont ajoutés les mots : « selon les modalités en vigueur localement ».

Art. L. 915-4 *(Abr. à compter du 1er janvier 2022, Ord. n° 2021-1192, 15 sept. 2021).* – Au II de l'article L. 525-9, les mots : « au privilège visé à l'article L. 243-4 du Code la sécurité sociale » sont remplacés par les mots : « au privilège organisé en faveur de la caisse de prévoyance sociale de la collectivité territoriale ».

Art. L. 915-5 *(Abr. à compter du 1er janvier 2022, Ord. n° 2021-1192, 15 sept. 2021).* – L'article L. 525-18 est modifié ainsi qu'il suit :

I. – Au 1°, la référence au décret n° 53-968 du 30 septembre 1953 est remplacée par la référence au décret n° 55-639 du 20 mai 1955.

II. – Le 2° est ainsi rédigé :

« 2° Les navires de mer. »

Art. L. 915-6 *(Abr. à compter du 1er juillet 2016, Ord. n° 2016-391, 31 mars 2016).*

CHAPITRE VI. – DISPOSITIONS D'ADAPTATION DU LIVRE SIXIÈME

Le livre VI ne nécessite aucune mesure d'adaptation.

Art. L. 916-1 *(L. n° 2005-845, 26 juill. 2005).* – La 4° du III de l'article L. 643-II ne s'applique pas à Saint-Pierre-et-Miquelon.

Art. L. 916-2 *(L. n° 2016-1547, 18 nov. 2016).* – Lorsque le tribunal statue sur un recours formé contre une ordonnance du juge-commissaire ou en application des chapitres Ier et III du titre V du livre VI, le juge-commissaire ne peut, à peine de nullité du jugement, siéger dans la formation de jugement ni participer au délibéré.

CHAPITRE VII. – DISPOSITIONS D'ADAPTATION DU LIVRE SEPTIÈME

Art. L. 917-1 *(Abr., L. n° 2005-882, 2 août 2005, tel que remplacé par Ord. n° 2008-697, 11 juill. 2008 ; rétabli, L. n° 2014-626, 18 juin 2014).* – À Saint-Pierre-et-Miquelon, une chambre d'agriculture, de commerce, d'industrie, de métiers et de l'artisanat, établissement public, est auprès des pouvoirs publics l'organe des intérêts agricoles, commerciaux, industriels et artisanaux de sa circonscription. Elle exerce les attributions dévolues aux chambres départementales d'agriculture, aux chambres de commerce et d'industrie territoriales et aux chambres de métiers et de l'artisanat par la législation en vigueur.

Art. L. 917-1-1 *(L. n° 2014-626, 18 juin 2014).* – I. – Les dispositions relatives aux catégories et sous-catégories professionnelles prévues à la section 3 du chapitre III du titre Ier du livre VII ne sont pas applicables.

II. – Les électeurs de la chambre d'agriculture, de commerce, d'industrie, de métiers et de l'artisanat sont répartis en trois collèges représentant :

1° Les activités du secteur de l'agriculture ;

2° Les activités du secteur de l'artisanat et des métiers ;

3° Les activités du secteur de l'industrie, du commerce et des services.

III. – Le II de l'article L. 713-1 et les articles L. 713-2 à L. 713-4 s'appliquent au collège représentant les activités du secteur de l'industrie, du commerce et des services.

Toutefois, la condition d'âge prévue au premier alinéa du I de l'article L. 713-4 s'applique à tous les éligibles de la chambre d'agriculture, de commerce, d'industrie, de métiers et de l'artisanat.

IV. – Par dérogation au II de l'article L. 713-12, le nombre des sièges de la chambre d'agriculture, de commerce, d'industrie, de métiers et de l'artisanat est fixé à dix-huit.

V. – Pour l'application de l'article L. 713-13 :

1° Au premier alinéa, les mots : « catégories et sous-catégories professionnelles » sont remplacés par les mots : « les collèges mentionnés au II de l'article L. 917-1-1 » ;

2° Au début du second alinéa, les mots : « Aucune des catégories professionnelles » sont remplacés par les mots : « Aucun des collèges mentionnés au même II ».

VI. – Au premier alinéa de l'article L. 713-15, les mots : « des chambres de commerce et d'industrie territoriales et de région » sont remplacés par les mots : « du collège représentant les activités du secteur de l'industrie, du commerce et des services ».

VII. – Les dispositions relatives aux électeurs et aux éligibles du collège représentant les activités de l'agriculture et du collège représentant les activités de l'artisanat et des métiers sont fixées par décret en Conseil d'État.

Art. L. 917-1-2 *(L. n° 2014-626, 18 juin 2014).* – Dans les textes législatifs applicables à Saint-Pierre-et-Miquelon, les références aux chambres départementales d'agriculture, aux chambres de commerce et d'industrie territoriales, y compris lorsqu'elles sont qualifiées d'établissements du réseau des chambres de commerce et d'industrie, aux chambres de métiers et de l'artisanat et aux chambres consulaires s'entendent comme des références à la chambre d'agriculture, de commerce, d'industrie, de métiers et de l'artisanat.

Art. L. 917-2 *(Abr., L. n° 2005-882, 2 août 2005, tel que remplacé par Ord. n° 2008-697, 11 juill. 2008 ; rétabli dans la version suivante, Ord. n° 2011-821, 8 juill. 2011).* – La chambre d'agriculture, de commerce, d'industrie, de métiers et de l'artisanat recrute et gère les personnels de droit privé et les personnels de droit public, dont ceux soumis au statut prévu par la loi n° 52-1311 du 10 décembre 1952 relative à l'établissement obligatoire d'un statut du personnel administratif des chambres d'agriculture, des chambres de commerce et des chambres de métiers.

Art. L. 917-3 *(Abr., L. n° 2005-882, 2 août 2005, tel que remplacé par Ord. n° 2008-697, 11 juill. 2008 ; rétabli dans la version suivante, Ord. n° 2011-821, 8 juill. 2011).* – L'assemblée de la chambre d'agriculture, de commerce, d'industrie, de métiers et de l'artisanat élit son président parmi ses membres.

Art. L. 917-4 *(Rempl., Ord. n° 2011-821, 8 juill. 2011).* – Pour l'application de l'article L. 712-2, les mots : « du réseau au moyen des impositions de toute nature affectées aux chambres de commerce et d'industrie de région » sont remplacés par les mots : « de la chambre d'agriculture, de commerce, d'industrie, de métiers et de l'artisanat comme il est dit dans les dispositions du Code des impôts applicable dans la collectivité ».

Art. L. 917-5 *(L. n° 2005-882, 2 août 2005).* – Pour l'application de l'article L. 712-7, les mots : « , notamment celles mentionnées au 2° de l'article L. 711-8, » sont supprimés.

Art. L. 917-6 *(Abr., Ord. n° 2017-1519, 2 nov. 2017).*

CHAPITRE VIII. – DISPOSITIONS D'ADAPTATION DU LIVRE HUITIÈME

Le livre VIII ne nécessite aucune mesure d'adaptation.

TITRE II. – DISPOSITIONS SPÉCIFIQUES AU DÉPARTEMENT DE MAYOTTE (1)

(Intitulé rempl., Ord. n° 2012-578, 26 avr. 2012)

Art. L. 920-1 *(Ord. n° 2012-578, 26 avr. 2012 ; L. n° 2016-298, 14 mars 2016 ; Ord. n° 2017-303, 9 mars 2017).* – Ne sont pas applicables au Département de Mayotte les dispositions suivantes :

1° Au livre II, l'article L. 225-245-1, le chapitre IX du titre II, le chapitre IV *bis* du titre IV et le chapitre II du titre V ;

2° Au livre IV, l'article L. 490-9 ;

3° Au livre VI, les articles L. 622-19 et L. 625-9 ;

(1) Concernant les changements de dénomination des institutions judiciaires à compter du 1er avril 2011 ou à compter d'une date fixée par décret et au plus tard le 31 décembre 2015 : V. Ord. n° 2011-337, 29 mars 2011, art. 12 et 16.

4° Au livre VII, l'article L. 712-2, les dispositions relatives aux chambres de commerce et d'industrie de région du titre Ier et le titre V, à l'exception de l'article L. 750-1-1.

Art. L. 920-1-1 *(L. n° 2011-850, 20 juill. 2011)*. – Les notaires et les huissiers de justice organisant et réalisant des ventes volontaires de meubles aux enchères publiques à Mayotte sont réputés remplir les conditions de formation définies au deuxième alinéa de l'article L. 321-2.

Art. L. 920-2 *(Mod., Ord. n° 2011-821, 8 juill. 2011)*. – Pour l'application du présent code dans la collectivité, les termes énumérés ci-après sont remplacés comme suit :

1° *(1° abr. à compter du 1er avril 2011, Ord. n° 2011-337, 29 mars 2011)* ;

2° *(2° abr. à compter du 1er avril 2011, Ord. n° 2011-337, 29 mars 2011)* ;

3° *(3° abr. à compter d'une date fixée par décret et au plus tard le 31 décembre 2015, Ord. n° 2011-337, 29 mars 2011)* « Conseil des prud'hommes » par « tribunal du travail » ;

4° *(4° abr. à compter du 1er avril 2011, Ord. n° 2011-337, 29 mars 2011 ; rétabli dans la version suivante, Ord. n° 2011-821, 8 juill. 2011)* « Chambre de commerce et d'industrie territoriale » par « Chambre de commerce et d'industrie de Mayotte » ;

5° *(5° abr. à compter du 1er avril 2011, Ord. n° 2011-337, 29 mars 2011)* ;

6° « Bureau des hypothèques » par « service de la conservation de la propriété immobilière ».

Art. L. 920-3 *(Abr., Ord. n° 2012-578, 26 avr. 2012)*.

Art. L. 920-4. – En l'absence d'adaptation, les références faites, par des dispositions du présent code applicables à Mayotte, à des dispositions qui n'y sont pas applicables sont remplacées par les références aux dispositions ayant le même objet applicables localement.

Art. L. 920-5 *(Abr. à compter du 1er janvier 2018, Ord. n° 2017-1491, 25 oct. 2017)*.

Art. L. 920-6 *(Abr., Ord. n° 2005-43, 20 janv. 2005)*.

Art. L. 920-7 *(Abr., L. n° 2014-626, 18 juin 2014)*.

CHAPITRE I. – DISPOSITIONS D'ADAPTATION DU LIVRE PREMIER

Art. L. 921-1 *(Abr., Ord. n° 2012-578, 26 avr. 2012)*.

Art. L. 921-2. – Les dérogations prévues par les articles L. 123-25 à L. 123-27 sont applicables aux personnes physiques soumises à un régime simplifié d'imposition par la réglementation en vigueur à Mayotte.

Art. L. 921-3 *(Abr., Ord. n° 2012-578, 26 avr. 2012 ; rétabli dans la rédaction suivante, L. n° 2019-486, 22 mai 2019)*. – Pour l'application de l'article L. 123-32, les mots : « les organismes gérant des régimes de protection sociale relevant du Code de la sécurité sociale et du Code rural et de la pêche maritime » sont remplacés par les mots : « les organismes gérant des régimes de protection sociale à Mayotte ».

Art. L. 921-3-1 *(Créé à compter du 1er janvier 2023, Ord. n° 2021-1189, 15 sept. 2021)*. – Pour l'application à Mayotte de l'article L. 123-37, sont identifiés, de manière distincte des actifs agricoles définis à l'article L. 311-2 du Code rural et de la pêche maritime, les chefs d'exploitation agricole soumis au critère du troisième alinéa du même article et exerçant des activités de cultures marines.

Art. L. 921-4. – À l'article L. 133-7, les mots : « les droits, taxes, frais et amendes de douane liés à une opération de transport » sont supprimés.

Art. L. 921-5 *(Abr., Ord. n° 2012-578, 26 avr. 2012)*.

Art. L. 921-6. – À l'article L. 141-13, les mots : « de la déclaration prescrite par les articles 638 et 653 du Code général des impôts » sont remplacés par les mots : « de la déclaration prescrite dans les conditions prescrites par les dispositions du Code des impôts applicable dans la collectivité ».

Art. L. 921-7 *(Abr., Ord. n° 2012-578, 26 avr. 2012).*

Art. L. 921-8 *(Mod., Ord. n° 2012-578, 26 avr. 2012).* – Au 6° de l'article L. 145-2, les mots : « à la caisse de sécurité sociale de la maison des artistes et reconnus auteurs d'œuvres graphiques et plastiques, tels que définis par l'article 71 de l'annexe III du Code général des impôts » sont remplacés par les mots : « à la caisse de sécurité sociale de Mayotte et reconnus auteurs d'œuvres graphiques et plastiques au sens du Code des impôts applicable localement ».

Art. L. 921-9 *(Abr., Ord. n° 2012-578, 26 avr. 2012).*

Art. L. 921-10 *(Abr., L. n° 2014-626, 18 juin 2014).*

Art. L. 921-11. – Le deuxième alinéa de l'article L. 145-18 est ainsi rédigé :

« Il en est de même pour effectuer des opérations de restauration immobilière comportant des travaux de remise en état, de conservation, de modernisation ou de démolition ayant pour conséquence la transformation des conditions d'habitabilité d'un ensemble d'immeubles nécessitant l'évacuation des lieux. Ces opérations peuvent être décidées et exécutées dans le respect de la réglementation locale, soit par les autorités publiques localement compétentes, soit à l'initiative d'un ou de plusieurs propriétaires, groupés ou non en association syndicale. Dans ce dernier cas, ce ou ces propriétaires y sont spécialement autorisés dans des conditions fixées par le représentant de l'État, qui précisent notamment les engagements exigés des propriétaires quant à la nature et à l'importance des travaux. Les immeubles acquis par un organisme de rénovation ne peuvent, après restauration, être cédés de gré à gré qu'aux conditions d'un cahier des charges type approuvé par le représentant de l'État. »

Art. L. 921-12 *(Abr., Ord. n° 2012-578, 26 avr. 2012).*

Art. L. 921-13. – Le premier alinéa de l'article L. 145-34 est ainsi rédigé :

« À moins d'une modification notable des éléments déterminant la valeur locative, le taux de variation du loyer applicable lors de la prise d'effet du bail à renouveler, si sa durée n'est pas supérieure à neuf ans, ne peut excéder la variation d'un indice local trimestriel mesurant le coût de la construction intervenue depuis la fixation initiale du loyer du bail expiré. Cet indice est calculé dans des conditions déterminées par arrêté du représentant de l'État. À défaut de clause contractuelle fixant le trimestre de référence de cet indice, il y a lieu de prendre en compte une variation de l'indice local trimestriel mesurant le coût de la construction fixé à cet effet par l'arrêté précité. »

Art. L. 921-14 *(Rempl., Ord. n° 2012-578, 26 avr. 2012).* – Le dernier alinéa de l'article L. 145-35 est ainsi rédigé :

« La composition de la commission, le mode de désignation de ses membres et ses règles de fonctionnement sont fixés par arrêté du représentant de l'État. »

CHAPITRE II. – DISPOSITIONS D'ADAPTATION DU LIVRE DEUXIÈME

Art. L. 922-1 *(Ord. n° 2004-604, 24 juin 2004).* – Aux articles L. 225-177, L. 225-179 et L. 233-11, les mots : « la date de publication de la loi n° 2001-420 du 15 mai 2001 » sont remplacés par les mots : « la date de publication de l'ordonnance n° 2004-604 du 24 juin 2004 portant réforme du régime des valeurs mobilières émises par les sociétés commerciales et extension à l'outre-mer de dispositions ayant modifié la législation commerciale ».

Art. L. 922-2 et L. 922-3 *(Abr., Ord. n° 2012-578, 26 avr. 2012).*

Art. L. 922-4 *(Ord. n° 2004-604, 24 juin 2004).* – Au 5° de l'article L. 225-115, les mots : « versements effectués en application des 1 et 4 de l'article 238 *bis* du Code général des impôts » sont remplacés par les mots : « déductions fiscales prévues par les dispositions de droit fiscal applicables dans la collectivité et relatives au total des déductions du montant des bénéfices imposables des sociétés qui procèdent à des versements au profit d'œuvres d'organismes d'intérêt général, ou de sociétés agréées ou à des donations d'œuvre d'art à l'État ».

Art. L. 922-5 et L. 922-6 *(Abr., Ord. n° 2012-578, 26 avr. 2012).*

Art. L. 922-7. – Au VI de l'article L. 225-270, les mots : « les dispositions de l'article 94 A du Code général des impôts » sont remplacés par les mots : « les dispositions du Code des impôts applicable dans la collectivité relatives aux gains nets en capital réalisés à l'occasion de la cession à titre onéreux de valeurs mobilières et de droits sociaux ».

Art. L. 922-8. – Le dernier alinéa de l'article L. 228-36 est supprimé.

Art. L. 922-9 et L. 922-10 *(Abr., Ord. n° 2012-578, 26 avr. 2012).*

CHAPITRE III. – DISPOSITIONS D'ADAPTATION DU LIVRE TROISIÈME

Art. L. 923-1 *(Abr., Ord. n° 2012-578, 26 avr. 2012).*

Art. L. 923-2 *(Mod., L. n° 2011-850, 20 juill. 2011).* – L'article L. 322-9 est ainsi rédigé :

« Les courtiers de marchandises assermentés se conforment aux dispositions prescrites par le Code des impôts applicable dans la collectivité relatives aux ventes publiques et par enchères. »

CHAPITRE IV. – DISPOSITIONS D'ADAPTATION DU LIVRE QUATRIÈME

Art. L. 924-1 et L. 924-2 *(Abr., Ord. n° 2012-578, 26 avr. 2012).*

Art. L. 924-3 *(Anc. art. L. 924-1, dénum., Ord. n° 2004-823, 19 août 2004 ; mod., L. n° 2010-874, 27 juill. 2010 ; Ord. n° 2011-337, 29 mars 2011).* – Le dernier alinéa du I de l'article *(Réf. rempl., Ord. n° 2019-359, 24 avr. 2019)* « L. 443-1 » est remplacé par quatre alinéas ainsi rédigés :

« La cessation de la publicité, réalisée dans des conditions non conformes aux dispositions de l'alinéa 1, peut être ordonnée par le juge d'instruction ou par le tribunal saisi des poursuites, soit sur réquisition du ministère public, soit d'office. La mesure ainsi prise est exécutoire nonobstant toutes voies de recours.

Mainlevée peut en être donnée par la juridiction qui l'a ordonnée ou qui est saisie du dossier. La mesure cesse d'avoir effet en cas de décision de non-lieu ou de relaxe.

Les décisions statuant sur les demandes de mainlevée peuvent faire l'objet d'un recours devant la chambre d'appel de Mamoudzou selon qu'elles ont été prononcées par un juge d'instruction ou par le tribunal saisi des poursuites.

La chambre d'appel de Mamoudzou statue dans un délai de dix jours à compter de la réception des pièces. »

Art. L. 924-4 *(Anc. art. L. 924-2 dénum., Ord. n° 2004-823, 19 août 2004 ; mod., Ord. n° 2019-359, 24 avr. 2019).* – Au deuxième alinéa du I de l'article L. 442-5, avant les mots : « taxes sur le chiffre d'affaires », est ajouté le mot : « éventuelles ».

Art. L. 924-5 *(Anc. art. L. 924-3, dénum., Ord. n° 2004-823, 19 août 2004 ; mod., Ord. n° 2011-337, 29 mars 2011).* – Le dernier alinéa *(Réf. rempl., Ord. n° 2019-359, 24 avr. 2019)* « du III de l'article L. 442-5 » est remplacé par quatre alinéas ainsi rédigés :

« La cessation de l'annonce publicitaire peut être ordonnée par le juge d'instruction ou par le tribunal saisi des poursuites, soit sur réquisition du ministère public, soit d'office. La mesure ainsi prise est exécutoire nonobstant toutes voies de recours.

Mainlevée peut en être donnée par la juridiction qui l'a ordonnée ou qui est saisie du dossier. La mesure cesse d'avoir effet en cas de décision de non-lieu ou de relaxe.

Les décisions statuant sur les demandes de mainlevée peuvent faire l'objet d'un recours devant la chambre d'appel de Mamoudzou.

La chambre d'appel de Mamoudzou statue dans un délai de dix jours à compter de la réception des pièces. »

Art. L. 924-6 *(Anc. art. L. 924-4 dénum., Ord. n° 2004-823, 19 août 2004 ; mod., Ord. n° 2012-578, 26 avr. 2012 ; Ord. n° 2019-359, 24 avr. 2019 ; rempl., Ord. n° 2021-859, 30 juin 2021).* – Le II de l'article L. 441-11 est ainsi modifié :

1° Le 1° est ainsi rédigé :

« 1° Pour les achats de produits agricoles et alimentaires périssables et de viandes congelées ou surgelées, de poissons surgelés, de plats cuisinés et de conserves fabriqués à partir de produits alimentaires périssables :

a) Trente jours après la date de livraison ;

b) Ou, en cas de facture périodique au sens des dispositions du Code des impôts applicable dans la collectivité, trente jours après la fin de la décade de livraison pour les achats de produits agricoles et alimentaires périssables et de viandes congelées ou surgelées, de poissons surgelés, de plats cuisinés et de conserves fabriqués à partir de produits alimentaires périssables.

Le délai mentionné à l'alinéa précédent s'applique sauf disposition dérogatoire figurant dans les contrats types pluriannuels liant les fournisseurs de raisins ou de moût destinés à l'élaboration de vins passibles des droits de circulation prévus par le même Code des impôts et leurs acheteurs directs, sous réserve que ces contrats aient été rendus obligatoires conformément à l'article 164 du règlement (UE) n° 1308/2013 du 17 décembre 2013 avant le 1er janvier 2019 et que leur extension soit renouvelée à compter de cette date sans modification significative des conditions de paiement au détriment des fournisseurs de raisins et de moût ;

c) En cas de facture périodique au sens des dispositions du Code des impôts applicable dans la collectivité pour des achats de produits saisonniers effectués dans le cadre de contrats d'intégration conclus dans le secteur des fruits et légumes mentionnés aux articles L. 326-1 à L. 326-3 du Code rural et de la pêche maritime, trente jours à compter de la fin du mois au cours duquel la livraison est effectuée. » ;

2° Au 3°, les mots : « à l'article 403 du Code général des impôts » sont remplacés par les mots : « par les dispositions du Code des impôts applicable dans la collectivité ».

CHAPITRE V. – DISPOSITIONS D'ADAPTATION DU LIVRE CINQUIÈME

Art. L. 925-1. – Le deuxième alinéa de l'article L. 511-62 est ainsi rédigé :

« La retraite comprend les sommes indiquées dans les articles L. 511-45 et L. 511-46, outre les droits de courtage et de timbre éventuellement prévus par les dispositions applicables dans la collectivité. »

Art. L. 925-2 et L. 925-3 *(Abr., Ord. n° 2012-578, 26 avr. 2012).*

Art. L. 925-4 *(Abr. à compter du 1er janvier 2022, Ord. n° 2021-1192, 15 sept. 2021).* – Au premier alinéa de l'article L. 525-2, après les mots : « au droit fixe » sont ajoutés les mots : « selon les modalités en vigueur dans la collectivité ».

Art. L. 925-5 *(Mod., Ord. n° 2012-578, 26 avr. 2012 ; abr. à compter du 1er janvier 2022, Ord. n° 2021-1192, 15 sept. 2021).* – Au II de l'article L. 525-9, les mots : « au privilège visé à l'article L. 243-4 du Code de la sécurité sociale » sont remplacés par les mots : « au privilège organisé en faveur de la caisse de sécurité sociale de Mayotte ».

Art. L. 925-6 *(Rempl., Ord. n° 2012-578, 26 avr. 2012 ; abr. à compter du 1er janvier 2022, Ord. n° 2021-1192, 15 sept. 2021).* – Au 1° de l'article L. 525-18, la référence au décret n° 53-968 du 30 septembre 1953 est remplacée par la référence au décret n° 55-639 du 20 mai 1955.

Art. L. 925-7 *(Ord. n° 2011-322, 24 mars 2011 ; mod., L. n° 2014-626, 18 juin 2014 ; abr. à compter du 1er janvier 2023, Ord. n° 2021-1189, 15 sept. 2021).* – Au 4° de l'article L. 526-7, les mots : « au registre de l'agriculture tenu par de la chambre d'agriculture compétente » sont remplacés par les mots : « au registre de l'agriculture, de la pêche et de l'aquaculture de Mayotte tenu par la chambre de l'agriculture, de la pêche et de l'aquaculture ».

CHAPITRE VI. – DISPOSITIONS D'ADAPTATION DU LIVRE SIXIÈME

Art. L. 926-1 *(Abr. à compter du 1er janvier 2018, Ord. n° 2017-1491, 25 oct. 2017).*

Art. L. 926-2 *(Abr. à compter du 1er janvier 2018, Ord. n° 2017-1491, 25 oct. 2017).*

Art. L. 926-3 *(Abr., Ord. n° 2016-1580, 24 nov. 2016).*

Art. L. 926-4 *(Anc. art. L. 926-5, dénum. et mod., L. n° 2005-845, 26 juill. 2005 ; mod., Ord. n° 2008-1345, 18 déc. 2008 ; Ord. n° 2014-326, 12 mars 2014).* – Pour l'application [des articles] L. 611-7, L. 626-6, L. 643-3 et L. 643-11, les institutions régies par le livre IX du Code de la sécurité sociale sont les institutions locales de retraite complémentaire ou supplémentaire ou de prévoyance, prévues par les dispositions applicables dans la collectivité et relatives aux régimes de sécurité et de protection sociales.

Art. L. 926-5 *(Abr., Ord. n° 2008-1345, 18 déc. 2008).*

Art. L. 926-6 *(Mod., L. n° 2014-1170, 13 oct. 2014).* – À l'article L. 642-1, l'obligation faite au tribunal de tenir compte des priorités du schéma directeur régional des exploitations agricoles mentionné à l'article L. 312-1 du Code rural et de la pêche maritime s'entend des prescriptions suivantes :

Observer l'ordre des priorités établi entre l'installation des jeunes agriculteurs et l'agrandissement des exploitations, en tenant compte de l'intérêt économique et social du maintien de l'autonomie de l'exploitation faisant l'objet de la demande ;

Tenir compte, en cas d'agrandissement ou de réunion d'exploitations, des possibilités d'installation sur une exploitation viable, de la situation des terres concernées par rapport au siège de l'exploitation du ou des demandeurs, de la superficie des biens faisant l'objet de la demande et des superficies déjà mises en valeur par le ou les demandeurs, ainsi que par le preneur en place ;

Prendre en considération la situation personnelle du ou des demandeurs : âge, situation familiale et professionnelle et, le cas échéant, celle du preneur en place, ainsi que le nombre et la nature des emplois salariés en cause ;

Tenir compte de la structure parcellaire des exploitations concernées, soit par rapport au siège de l'exploitation, soit pour éviter que des mutations en jouissance ne remettent en cause des aménagements obtenus à l'aide de fonds publics.

Art. L. 926-7 *(Ord. n° 2017-1519, 2 nov. 2017).* – Pour l'application à Mayotte du titre IX du livre VI, les mots : « tribunal de commerce spécialement désigné » sont remplacés par les mots : « tribunal de commerce territorialement compétent ».

CHAPITRE VII. – DISPOSITIONS D'ADAPTATION DU LIVRE SEPTIÈME

(Ord. n° 2005-43, 20 janv. 2005)

Art. L. 927-1 *(Mod., Ord. n° 2012-578, 26 avr. 2012).* – Pour l'application à Mayotte :

1° De l'article L. 711-2, le deuxième alinéa est ainsi rédigé :

« La chambre de commerce et d'industrie de Mayotte est associée à l'élaboration du plan d'aménagement et de développement durable et des plans locaux d'urbanisme » ;

2° De l'article L. 711-4, les mots : « dans le cadre des schémas sectoriels mentionnés au 3° de l'article L. 711-8 et » les mots : « dans les conditions prévues aux articles L. 443-1 et L. 753-1 du Code de l'éducation » sont supprimés ;

3° De l'article L. 712-7, les mots : « , notamment celles mentionnées au 1° de l'article L. 711-8, » sont supprimés.

Art. L. 927-2 *(Ord. n° 2011-821, 8 juill. 2011).* – La chambre de commerce et d'industrie de Mayotte recrute et gère les personnels de droit privé et les personnels de droit public, dont ceux soumis au statut prévu par la loi n° 52-1311 du 10 décembre 1952 relative à l'établissement obligatoire d'un statut du personnel administratif des chambres d'agriculture, des chambres de commerce et des chambres de métiers.

Art. L. 927-3 *(Ord. n° 2011-821, 8 juill. 2011).* – L'assemblée de la chambre de commerce et d'industrie de Mayotte élit son président parmi ses membres.

Art. L. 927-4 *(L. n° 2015-990, 6 août 2015).* – L'article L. 721-8 n'est pas applicable à Mayotte.

CHAPITRE VIII. – DISPOSITIONS D'ADAPTATION DU LIVRE HUITIÈME

Le livre VIII ne nécessite pas de mesure d'adaptation.

TITRE III. – DISPOSITIONS APPLICABLES EN NOUVELLE-CALÉDONIE

Art. L. 930-1 *(Mod., Ord. n° 2009-896, 24 juill. 2009 ; Ord. n° 2017-303, 9 mars 2017)*. – Sous réserve des adaptations prévues dans les chapitres ci-après, les dispositions suivantes du présent code sont applicables en Nouvelle-Calédonie :

1° Le livre Ier, à l'exception des articles L. 123-1-1, L. 123-29 à L. 123-31, L. 124-1 à L. 126-1, L. 131-1 à L. 131-6, L. 131-9, L. 134-1 à L. 135-3, L. 145-34 à L. 145-36, L. 145-38 et L. 145-39 ;

2° Le livre II, à l'exception des articles L. 225-245-1, L. 229-1 à L. 229-15, L. 238-6, L. 244-5 et L. 252-1 à L. 252-13 ;

3° Le livre III, à l'exception des articles L. 310-4, L. 321-1 à L. 321-38, L. 322-7 et L. 322-10 ;

4° *(4° mod., Ord. n° 2021-649, 26 mai 2021)* Le livre IV, à l'exception des articles L. 410-1 à L. 450-1, L. 450-5 à L. 450-6, L. 461-1 à L. 464-10, L. 490-2 à L. 490-4 et des articles L. 490-9 à L. 490-14 ;

5° Le livre V, à l'exception des articles L. 522-1 à L. 522-40, L. 524-12, L. 524-20 et L. 524-21 ;

6° Le livre VI, à l'exception des articles L. 622-19, L. 625-9 et L. 670-1 à L. 670-8 ;

7° Le titre II du livre VII, à l'exception des articles L. 722-3, L. 722-11 à L. 722-13, de l'alinéa 2 de l'article L. 723-10 et de l'article L. 723-11 ;

8° Le titre II du livre VIII.

Art. L. 930-2 *(Mod., Ord. n° 2011-322, 24 mars 2011 ; Ord. n° 2019-964, 18 sept. 2019)*. – Pour l'application du présent code dans le territoire, les termes énumérés ci-après sont remplacés ainsi qu'il suit :

1° « Tribunal judiciaire » par « tribunal de première instance » ;

2° « Tribunal de commerce » ou « justice consulaire » par « tribunal mixte de commerce » ;

3° « Conseil de prud'hommes » par « tribunal du travail » ;

4° « Bulletin officiel des annonces civiles et commerciales » par « Journal officiel de la Nouvelle-Calédonie » ;

5° « Département » ou « arrondissement » par « Nouvelle-Calédonie » ou par « province » ;

6° « Préfet » ou « sous-préfet » par « représentant de l'État en Nouvelle-Calédonie » ;

7° « Bureau des hypothèques » par « service de la conservation des hypothèques ».

Art. L. 930-3. – Les références faites, par des dispositions du présent code applicables en Nouvelle-Calédonie, à d'autres articles du présent code, ne concernent que les articles rendus applicables en Nouvelle-Calédonie avec les adaptations prévues dans les chapitres ci-dessous.

Art. L. 930-4. – En l'absence d'adaptation, les références faites par des dispositions du présent code applicables en Nouvelle-Calédonie, à des dispositions qui n'y sont pas applicables, sont remplacées par les références aux dispositions ayant le même objet applicables localement.

Art. L. 930-5. – Les références faites par des dispositions du présent code applicables en Nouvelle-Calédonie à des dispositions du Code du travail, n'y sont applicables que s'il existe une disposition applicable *localement ayant le même objet.*

Art. L. 930-6. – Les références à l'immatriculation au répertoire des métiers sont remplacées par les références à l'immatriculation faite conformément à la réglementation applicable en Nouvelle-Calédonie.

Rédaction future. Art. L. 930-6. – Les références à l'immatriculation au *(Mots rempl. à compter du 1er janvier 2023, Ord. n° 2021-1189, 15 sept. 2021)* « registre national des entreprises en tant qu'entreprise du secteur des métiers et de l'artisanat ». sont remplacées par les références à l'immatriculation faite conformément à la réglementation applicable en Nouvelle-Calédonie.

Art. L. 930-7. – Les articles faisant référence à la Communauté européenne sont applicables dans le respect de la décision d'association prévue à l'article 136 du traité instituant la Communauté européenne. Les références à l'accord sur l'Espace économique européen ne sont pas applicables.

CHAPITRE I. – DISPOSITIONS D'ADAPTATION DU LIVRE PREMIER

Art. L. 931-1. – À l'article L. 122-1, les mots : « le préfet du département où l'étranger doit exercer son activité » sont remplacés par les mots : « l'autorité de Nouvelle-Calédonie compétente ».

Art. L. 931-1-1 *(Ord. n° 2009-865, 15 juill. 2009)*. – À l'article L. 123-11-3, les références au Code de la consommation et au Code du travail sont remplacées par des références aux dispositions applicables localement ayant le même objet.

Art. L. 931-1-2 *(Ord. n° 2009-865, 15 juill. 2009)*. – Pour son application en Nouvelle-Calédonie, l'article L. 123-11-6 est rédigé comme suit :

« Art. L. 123-11-6. – Les agents des douanes sont qualifiés pour procéder à la recherche et à la constatation des infractions aux dispositions des articles de la présente sous-section et des règlements pris pour leur application. À cet effet, ils agissent, conformément aux règles de recherche et de constatation des infractions déterminées par le Code des douanes. Les infractions sont constatées par des procès-verbaux faisant foi jusqu'à preuve du contraire et transmis directement au parquet. »

Art. L. 931-2. – Les dérogations prévues par les articles L. 123-25 à L. 123-27 sont applicables aux personnes physiques soumises à un régime simplifié d'imposition par la réglementation en vigueur en Nouvelle-Calédonie.

Art. L. 931-3 *(Mod., L. n° 2012-387, 22 mars 2012)*. – À l'article L. 131-11, la deuxième phrase est supprimée.

Art. L. 931-4. – Pour l'application de l'article L. 133-6 :

1° Les mots : « celles qui naissent des dispositions de l'article 1269 du nouveau Code de procédure civile » sont remplacés par les mots : « les demandes en révision de compte et en liquidation des fruits présentées en vue d'un redressement en cas d'erreur, d'omission ou de présentation inexacte » ;

2° Les dispositions du dernier alinéa sont applicables dans le cas de transport fait pour le compte de la Nouvelle-Calédonie.

Art. L. 931-5. – À l'article L. 133-7, les mots : « les droits, taxes, frais et amendes de douane liés à une opération de transport » sont supprimés.

Art. L. 931-6. – Pour l'application des articles L. 141-15, L. 143-7, L. 144-1 à L. 144-13 et L. 145-28, un magistrat du tribunal de première instance peut être délégué par le président.

Art. L. 931-7. – À l'article L. 141-13, les mots : « par les articles 638 et 653 du Code général des impôts » sont remplacés par les mots : « par les dispositions du Code des impôts applicable en Nouvelle-Calédonie relatives aux déclarations de mutation verbales ».

Art. L. 931-8 *(Abr., L. n° 2019-744, 19 juill. 2019)*.

Art. L. 931-9. – L'article L. 144-11 est ainsi rédigé :

« *Art. L. 144-11.* – Si, conformément à la réglementation locale, le contrat de location-gérance est assorti d'une clause d'échelle mobile, la révision du loyer peut, nonobstant toute convention contraire, être demandée selon les conditions fixées par une délibération de l'autorité locale compétente lorsque, par le jeu de cette clause, ce loyer se trouve augmenté ou diminué de plus du quart par rapport au prix précédemment fixé, contractuellement ou judiciairement. »

Art. L. 931-10. – L'article L. 144-12 est ainsi rédigé :

« Art. L. 144-12. – À défaut d'accord amiable entre les parties sur la révision du loyer, l'instance est introduite et jugée conformément aux dispositions prévues en matière de révision du prix des baux à loyer d'immeubles ou de locaux à usage commercial ou industriel.

Le juge doit, en tenant compte de tous les éléments d'appréciation, adapter le jeu de l'échelle mobile à la valeur locative équitable au jour de la notification. Le nouveau prix est applicable à partir de cette même date, à moins que les parties ne se soient mises d'accord avant ou pendant l'instance sur une date plus ancienne ou plus récente. »

Art. L. 931-11 *(Mod., L. n° 2003-7, 3 janv. 2003 ; Ord. n° 2009-896, 24 juill. 2009).* – Pour l'application de l'article L. 145-2, la Nouvelle-Calédonie est considérée comme une collectivité territoriale et au 6°, les mots : « à la caisse de sécurité sociale de la maison des artistes et reconnus auteurs d'œuvres graphiques et plastiques, tels que définis par l'article 71 de l'annexe III du Code général des impôts » sont remplacés par les mots : « à la caisse locale d'assurance sociale et reconnus auteurs d'œuvres graphiques et plastiques au sens du Code des impôts applicable en Nouvelle-Calédonie ».

Art. L. 931-12 *(Mod., Ord., n° 2005-1527, 8 déc. 2005).* – Pour l'application de l'article L. 145-6, les mots : « l'évacuation des lieux compris dans un secteur ou périmètre prévu aux articles L. 313-4 à L. 313-4-2 du Code de l'urbanisme » sont remplacés par les mots : « l'évacuation des lieux prévue à l'article L. 145-18 ».

Art. L. 931-13. – À l'article L. 145-13, les mots : « sous réserve des dispositions de la loi du 28 mai 1943 relative à l'application aux étrangers des lois en matière de baux à loyer et de baux à ferme » sont supprimés.

Art. L. 931-14. – Le deuxième alinéa de l'article L. 145-18 est ainsi rédigé :

« *Il en est de même pour effectuer des opérations de restauration immobilière comportant des travaux de remise en état, de conservation, de modernisation ou de démolition ayant pour conséquence la transformation des conditions d'habitabilité d'un ensemble d'immeubles nécessitant l'évacuation des lieux. Ces opérations peuvent être décidées et exécutées dans le respect de la réglementation locale, soit par les autorités publiques localement compétentes, soit à l'initiative d'un ou de plusieurs propriétaires, groupés ou non en association syndicale. Dans ce dernier cas, ce ou ces propriétaires y sont spécialement autorisés dans des conditions fixées par les autorités locales compétentes, qui précisent notamment les engagements exigés des propriétaires quant à la nature et à l'importance des travaux. Les immeubles acquis par un organisme de rénovation ne peuvent, après restauration, être cédés de gré à gré qu'aux conditions d'un cahier des charges type approuvé par lesdites autorités.* »

Art. L. 931-15 *(Mod., Ord. n° 2009-896, 24 juill. 2009).* – Pour l'application de l'article L. 145-26, la Nouvelle-Calédonie est considérée comme une collectivité territoriale.

Art. L. 931-16. – L'article L. 145-37 est ainsi rédigé :

« *Art. L. 145-37. – Les loyers des baux d'immeubles ou de locaux régis par le présent chapitre, renouvelés ou non, peuvent être révisés à la demande de l'une ou de l'autre des parties, dans les conditions prévues par les délibérations de l'autorité de Nouvelle-Calédonie compétente.* »

Art. L. 931-17. – L'article L. 145-43 est ainsi rédigé :

« *Art. L. 145-43. – Sont dispensés de l'obligation d'exploiter pendant la durée de leur stage les commerçants et artisans, locataires du local dans lequel est situé leur fonds, qui sont admis à suivre un stage de conversion ou un stage de promotion conformément aux dispositions du Code du travail applicable en Nouvelle-Calédonie.* »

Art. L. 931-18. – Le troisième alinéa de l'article L. 145-47 est supprimé.

Art. L. 931-19. – À l'article L. 145-56, les mots : « et de procédure » sont supprimés.

CHAPITRE II. – DISPOSITIONS D'ADAPTATION DU LIVRE DEUXIÈME

Art. L. 932-1 à L. 932-5 *(Abr., Ord. n° 2004-604, 24 juin 2004).*

Art. L. 932-6 *(Ord. n° 2004-604, 24 juin 2004).* – Aux articles L. 225-177, L. 225-179 et L. 233-11, les mots : « la date de publication de la loi n° 2001-420 du 15 mai 2001 relative aux nouvelles régulations économiques » sont remplacés par les mots : « la date de publication de l'ordonnance n° 2004-604 du 24 juin 2004 portant réforme du régime des valeurs mobilières émises par les sociétés commerciales et extension à l'outre-mer de dispositions ayant modifié la législation commerciale ».

Art. L. 932-7 *(Mod., Ord. n° 2004-274, 25 mars 2004).* – Aux articles L. 223-18, L. 225-36 et L. 225-65, les mots : « dans le même département ou un département limitrophe » sont remplacés par les mots : « en Nouvelle-Calédonie ».

Art. L. 932-8. – Le dernier alinéa de l'article L. 225-43 et celui de l'article L. 225-91 sont supprimés.

Art. L. 932-9 *(Abr., Ord. n° 2004-604, 24 juin 2004).*

Art. L. 932-10. – Le 5° de l'article L. 225-115 est ainsi rédigé :

« 5° Du montant global, certifié par les commissaires aux comptes, des déductions du montant des bénéfices imposables de sociétés qui procèdent à des versements à des œuvres d'organismes d'intérêt général ou de sociétés agréées ou à des donations d'œuvres d'art à l'État ou à la Nouvelle-Calédonie, telles que prévues par les dispositions de droit fiscal applicables en Nouvelle-Calédonie, ainsi que la liste des actions nominatives de parrainage, de mécénat. »

Art. L. 932-11 *(Mod., Ord. n° 2004-604, 24 juin 2004 ; Ord. n° 2005-1126, 8 sept. 2005).* – Aux articles L. 225105, L. 823-6 et L. 225-231, après les mots : « le comité d'entreprise » sont ajoutés les mots : « ou à défaut les délégués du personnel ».

Art. L. 932-12. – Aux articles L. 225-231, L. 232-3, L. 232-4, L. 234-1 et L. 234-2, aux mots : « au comité d'entreprise » sont ajoutés les mots : « ou à défaut aux délégués du personnel ».

Art. L. 932-13 *(Abr., Ord. n° 2004-604, 24 juin 2004).*

Art. L. 932-14. – Au VI de l'article L. 225-270, les mots : « les dispositions de l'article 94 A du Code général des impôts » sont remplacés par les mots : « les dispositions du Code des impôts applicable en Nouvelle-Calédonie relatives aux gains nets en capital réalisés à l'occasion de la cession à titre onéreux de valeurs mobilières et de droits sociaux ».

Art. L. 932-15. – Le dernier alinéa de l'article L. 228-36 est supprimé.

Art. L. 932-16. – À l'article L. 233-24, les mots « ou du VII de l'article 97 » sont supprimés.

Art. L. 932-17. – Le deuxième alinéa de l'article L. 251-7 est supprimé.

CHAPITRE III. – DISPOSITIONS D'ADAPTATION DU LIVRE TROISIÈME

Art. L. 933-1. – Les deuxième et troisième alinéas de l'article L. 310-1 sont supprimés.

Art. L. 933-2 *(Mod., L. n° 2008-776, 4 août 2008).* – Le deuxième alinéa du I et le II de l'article L. 310-2 sont supprimés.

Art. L. 933-3. – Le deuxième alinéa du I de l'article L. 310-3 est supprimé.

Art. L. 933-4. – Les 1°, 2° et 3° de l'article L. 310-5 sont supprimés.

Art. L. 933-5. – À l'article L. 322-1, les mots : « aux articles 53 de la loi n° 91-650 du 9 juillet 1991 relative à la réforme des procédures d'exécution et 945 du Code de procédure civile » sont remplacés par les mots : « aux dispositions de procédure civile applicables en Nouvelle-Calédonie et relatives à la vente de meubles dépendant d'une succession ».

Art. L. 933-6. – L'article L. 322-11 est ainsi rédigé :

« Art. L. 322-11. – Les contestations relatives aux ventes réalisées en application des délibérations en vigueur localement relatives à la vente volontaire, aux enchères, en gros, des marchandises par les courtiers assermentés sont portées devant le tribunal mixte de commerce. »

Art. L. 933-7. – L'article L. 322-15 est ainsi rédigé :

« Art. L. 322-15. – Il appartient toujours au tribunal ou au juge qui autorise ou ordonne la vente en vertu de l'article précédent, de désigner éventuellement, pour y procéder, une autre classe d'officiers publics que les courtiers assermentés. »

Art. L. 933-8. – L'article L. 322-16 est ainsi rédigé :

« Art. L. 322-16. – Les dispositions de l'article L. 322-11 sont applicables aux ventes visées aux articles L. 322-14 et L. 322-15. »

CHAPITRE IV. – DISPOSITIONS D'ADAPTATION DU LIVRE QUATRIÈME

Art. L. 934-1 *(Ord. n° 2009-537, 14 mai 2009)*. – Pour l'application de l'article L. 450-4 :

1° Au premier alinéa, les mots : « la Commission européenne, le ministre chargé de l'économie ou le rapporteur général de l'Autorité de la concurrence sur proposition du rapporteur » sont remplacés par les mots : « l'autorité compétente de la Nouvelle-Calédonie » ;

2° Au deuxième alinéa, les mots : « du livre IV du présent code » sont remplacés par les mots : « applicables en Nouvelle-Calédonie en matière de liberté des prix et de concurrence » ;

3° Au septième alinéa, les mots : « de celle de l'administration de la direction générale de la concurrence, de la consommation et de la répression des fraudes ou de celle de l'Autorité de la concurrence » sont remplacés par les mots : « ou de celle de l'administration compétente de la Nouvelle-Calédonie. » ;

4° Au huitième alinéa, les mots : « et, le cas échéant, les agents et autres personnes mandatés par la Commission européenne » sont supprimés ;

5° Au onzième alinéa, les mots : « de l'Autorité de la concurrence » sont remplacés par les mots : « de l'administration compétente de la Nouvelle-Calédonie » ;

6° Au douzième alinéa, les mots : « et au plus tard à compter de la notification de griefs prévue à l'article L. 463-2 » sont supprimés.

Art. L. 934-2 *(Ord. n° 2009-537, 14 mai 2009 ; rempl., Ord. n° 2021-649, 26 mai 2021)*. – Pour l'application des articles L. 450-8 et L. 450-10, les mots : « mentionnés au II de l'article L. 450-1 » sont remplacés par les mots : « assermentés de la Nouvelle-Calédonie ».

Pour l'application de l'article L. 450-9, les mots : « mentionnés au I de l'article L. 450-1 » sont remplacés par les mots : « assermentés de la Nouvelle-Calédonie ».

Art. L. 934-3 *(Ord. n° 2009-537, 14 mai 2009)*. – Pour son application en Nouvelle-Calédonie, l'article 470-4-1 est ainsi rédigé :

« Art. 470-4-1. – L'acte par lequel le procureur de la République donne son accord à la proposition de transaction émise par l'autorité administrative chargée des prix et de la concurrence est interruptif de la prescription de l'action publique.

L'action publique est éteinte lorsque l'auteur de l'infraction a exécuté dans le délai imparti les obligations résultant pour lui de l'acceptation de la transaction. »

Art. L. 934-4 *(Ord. n° 2009-537, 14 mai 2009 ; mod., Ord. n° 2017-303, 9 mars 2017)*. – Pour l'application de l'article L. 490-8, les mots : « le ministre chargé de l'économie ou son représentant » sont remplacés par les mots : « l'autorité compétente de la Nouvelle-Calédonie ».

Art. L. 934-5 *(Ord. n° 2009-537, 14 mai 2009 ; mod., L. n° 2018-643, 23 juill. 2018 ; Ord. n° 2021-649, 26 mai 2021)*. – Pour l'application des articles L. 450-3, L. 450-3-1, L. 450-3-2, L. 450-4, L. 450-7, L. 450-8, L. 450-9, L. 450-10, L. 470-4-2 et L. 470-4-3 en Nouvelle-Calédonie, les mots : « les agents mentionnés à l'article L. 450-1 » sont remplacés par les mots : « les agents assermentés de la Nouvelle-Calédonie mentionnés à l'article 86 de la loi organique n° 99-209 du 19 mars 1999 relative à la Nouvelle-Calédonie intervenant dans les matières énumérées aux 19° et 20° de l'article 22 de la même loi. »

CHAPITRE V. – DISPOSITIONS D'ADAPTATION DU LIVRE CINQUIÈME

Art. L. 935-1. – À l'article L. 511-55, le mot : « destitution » est supprimé.

Art. L. 935-2. – L'article L. 511-60 est ainsi rédigé :

« Art. L. 511-60. – Un décret en Conseil d'État détermine les modalités d'application des dispositions de la présente sous-section, hormis le montant des rémunérations dues aux notaires ou huissiers ayant dressé les protêts pour les différentes formalités dont ils sont chargés. »

Art. L. 935-3. – À l'article L. 511-61, les mots : « ou des collectivités territoriales » sont remplacés par les mots : « des communes, des provinces ou de la Nouvelle-Calédonie ».

Art. L. 935-4. – Le deuxième alinéa de l'article L. 511-62 est ainsi rédigé :

« *La retraite comprend les sommes indiquées dans les articles L. 511-45 et L. 511-46, outre les droits de courtage et de timbre éventuellement prévus par les dispositions du Code des impôts applicable en Nouvelle-Calédonie.* »

Art. L. 935-5. – Aux articles L. 523-8 et L. 524-6, les mots : « articles 1426 à 1429 du nouveau Code de procédure civile » sont remplacés par les mots : « dispositions de procédure civile applicables localement relatives aux offres de payement et à la consignation ».

Art. L. 935-6. – Le premier alinéa de l'article L. 524-19 est ainsi rédigé :

« *Le montant des droits à percevoir par le greffier du tribunal mixte de commerce est fixé par décret.* »

Art. L. 935-7. – Au premier alinéa de l'article L. 525-2, après les mots : « au droit fixe » sont ajoutés les mots : « selon les modalités en vigueur en Nouvelle-Calédonie ».

Art. L. 935-8. – Au II de l'article L. 525-9, les mots : « au privilège visé à l'article L. 243-4 du Code de la sécurité sociale » sont remplacés par les mots : « au privilège organisé en faveur de la caisse de prévoyance sociale du territoire ».

Art. L. 935-9. – L'article L. 525-18 est modifié ainsi qu'il suit :

« *I. – Au 1°, la référence au décret n° 53-968 du 30 septembre 1953 est remplacée par la référence au décret n° 55-639 du 20 mai 1955.* »

II. – Le 2° est ainsi rédigé :

« *2° Les navires de mer ainsi que les bateaux de navigation fluviale.* »

Art. L. 935-10 *(Ord. n° 2011-322, 24 mars 2011).* – Au 4° de l'article L. 526-7, les mots : « auprès de la chambre d'agriculture compétente » sont remplacés par les mots : « au registre mentionné au 3° ».

CHAPITRE VI. – DISPOSITIONS D'ADAPTATION DU LIVRE SIXIÈME

Art. L. 936-1 *(Mod., L. n° 2005-845, 26 juill. 2005 ; L. n° 2016-1547, 18 nov. 2016).* – Les mesures d'application prévues aux articles L. 621-4, L. 625-1, L. 626-3, L. 626-6 et L. 626-14 sont fixées par l'autorité compétente de Nouvelle-Calédonie.

Art. L. 936-2 *(Rempl., L. n° 2005-845, 26 juill. 2005).* – Au premier alinéa de l'article L. 611-1, l'arrêté du représentant de l'État dans la région est remplacé par une décision du gouvernement de la Nouvelle-Calédonie.

Art. L. 936-3. – Pour l'application de l'article L. 612-1, les commissaires aux comptes et leurs suppléants sont choisis et exercent leurs fonctions selon la réglementation en vigueur localement.

Art. L. 936-4. – Le troisième alinéa de l'article L. 612-1 est supprimé.

Art. L. 936-5 *(Abr., Ord. n° 2008-1345, 18 déc. 2008).*

Art. L. 936-6 *(Anc. art. L. 936-7, dénum. et mod., L. n° 2005-845, 26 juill. 2005).* – À l'article L. 625-2, les mots : « mentionnée à l'article L. 432-7 du Code du travail » sont remplacés par les mots : « à l'égard des informations présentant un caractère confidentiel et données comme telles ».

Art. L. 936-7 *(Anc. art. L. 936-8, dénum. et mod., L. n° 2005-845, 26 juill. 2005).* – Pour l'application de l'article L. 622-24, les organismes visés à l'article L. 351-21 du Code du travail sont les organismes de Nouvelle-Calédonie ayant en charge le service de l'allocation d'assurance chômage et le recouvrement des *contributions.*

Art. L. 936-8 *(Anc. art. L. 936-9 dénum. et mod., L. n° 2005-845, 26 juill. 2005 ; mod., Ord. n° 2008-1345, 18 déc. 2008).* – Pour l'application des articles L. 622-24, L. 622-26, L. 625-4, L. 626-5, L. 626-20, L. 631-18, L. 641-14, L. 625-4, et L. 662-4, les institutions mentionnées à l'article L. 143-11-4 du Code du travail sont les institutions de Nouvelle-Calédonie chargées de la mise en œuvre du régime d'assurance contre

le risque de non-paiement des salaires, en cas de procédure de sauvegarde, de redressement ou de liquidation judiciaires.

Art. L. 936-9 *(Anc. art. L. 936-10, dénum. et mod., L. n° 2005-845, 26 juill. 2005 ; mod. à compter du 15 févr. 2009, Ord. n° 2008-1345, 18 déc. 2008).* **– Pour l'application [des articles] L. 611-7, L. 626-6 et L. 643-3, les institutions régies par le livre IX du Code de la sécurité sociale sont les institutions de retraite complémentaire ou supplémentaire ou de prévoyance, prévues par les dispositions applicables en Nouvelle-Calédonie et relatives aux régimes de sécurité et de protection sociales.**

Art. L. 936-10 *(Abr., Ord. n° 2008-1345, 18 déc. 2008).*

Art. L. 936-11 *(Anc. art. L. 936-12, dénum. et mod., L. n° 2005-845, 26 juill. 2005 ; mod., Ord. n° 2010-462, 6 mai 2010).* **– À l'article L. 642-1, l'obligation faite au tribunal de tenir compte des dispositions contenues aux 1°, 2°, 3° et 4° de l'article L. 331-3 du Code rural et de la pêche maritime s'entend des prescriptions suivantes :**

« Observer l'ordre des priorités établi entre l'installation des jeunes agriculteurs et l'agrandissement des exploitations, en tenant compte de l'intérêt économique et social du maintien de l'autonomie de l'exploitation faisant l'objet de la demande ;

Tenir compte, en cas d'agrandissement ou de réunion d'exploitations, des possibilités d'installation sur une exploitation viable, de la situation des terres concernées par rapport au siège de l'exploitation du ou des demandeurs, de la superficie des biens faisant l'objet de la demande et des superficies déjà mises en valeur par le ou les demandeurs, ainsi que par le preneur en place ;

Prendre en considération la situation personnelle du ou des demandeurs : âge, situation familiale et professionnelle et, le cas échéant, celle du preneur en place, ainsi que le nombre et la nature des emplois salariés en cause ;

Tenir compte de la structure parcellaire des exploitations concernées, soit par rapport au siège de l'exploitation, soit pour éviter que des mutations en jouissance ne remettent en cause des aménagements obtenus à l'aide de fonds publics. »

Art. L. 936-12 *(L. n° 2005-845, 26 juill. 2005).* **– Le 4° du III de l'article L. 643-11 ne s'applique pas.**

Art. L. 936-13 *(Abr., L. n° 2005-845, 26 juill. 2005).*

CHAPITRE VII. – DISPOSITIONS D'ADAPTATION DU LIVRE SEPTIÈME

(Rempl., Ord. n° 2006-673, 8 juin 2006)

Art. L. 937-1 *(Ord. n° 2006-673, 8 juin 2006).* **– Le premier alinéa de l'article L. 721-1 est ainsi rédigé :**

« Le tribunal mixte de commerce est composé du président du tribunal de première instance, président, de juges élus, sous réserve des dispositions de l'article L. 937-13, et d'un greffier.

Ce tribunal exerce les compétences dévolues en métropole au tribunal de commerce. »

Art. L. 937-2 *(Ord. n° 2006-673, 8 juin 2006).* **– L'article L. 722-1 est ainsi rédigé :**

Art. L. 722-1. – Les jugements des tribunaux mixtes de commerce sont rendus, sauf dispositions qui prévoient un juge unique, par une formation comprenant, outre le président, trois juges élus ou désignés dans les conditions prévues à l'article L. 937-13. En cas de partage égal des voix, celle du président est prépondérante.

Art. L. 937-3 *(Ord. n° 2006-673, 8 juin 2006 ; mod., L n° 2016-1547, 18 nov. 2016).* **– Le premier alinéa de l'article L. 722-6 est ainsi rédigé :**

« Les juges des tribunaux mixtes de commerce sont élus pour quatre ans. Ils sont rééligibles. »

Art. L. 937-3-1 *(L. n° 2016-1547, 18 nov. 2016).* **– Pour l'application de l'article L. 722-6-1, les mots : « mandat de conseiller prud'homme » sont remplacés par les mots : « mandat d'assesseur d'un tribunal du travail ».**

Art. L. 937-4 *(Ord. n° 2006-673, 8 juin 2006 ; mod., L. n° 2016-1547, 18 nov. 2016).* **– L'article L. 723-1 est ainsi rédigé :**

« Art. L. 723-1. – I. – Les juges des tribunaux mixtes de commerce sont élus dans le ressort de chacune de ces juridictions par un collège composé :

1° D'électeurs à titre personnel :

a) Les commerçants immatriculés en Nouvelle-Calédonie au registre du commerce et des sociétés, sous réserve, pour les associés en nom collectif et les associés commandités, des dispositions du IV du présent article ;

b) Les chefs d'entreprise immatriculés en Nouvelle-Calédonie conformément à la réglementation applicable à la collectivité et au registre du commerce et des sociétés ;

c) Les conjoints des personnes énumérées au *a* ou au *b* ci-dessus ayant déclaré au registre du commerce et des sociétés qu'ils collaborent à l'activité de leur époux sans autre activité professionnelle ;

d) Les capitaines au long cours ou capitaines de la marine marchande exerçant le commandement d'un navire immatriculé en France dont le port d'attache est situé dans la circonscription, les pilotes maritimes exerçant leurs fonctions dans un port situé dans la circonscription, les pilotes de l'aéronautique civile domiciliés dans la circonscription et exerçant le commandement d'un aéronef immatriculé en France ;

e) Les membres en exercice des tribunaux mixtes de commerce, ainsi que les anciens membres de ces tribunaux ;

2° D'électeurs inscrits en qualité de représentant :

a) Les sociétés à caractère commercial au sens de l'article L. 210-1 et les établissements publics à caractère industriel et commercial dont le siège social est situé dans la circonscription ;

b) Au titre d'un établissement faisant l'objet dans la circonscription d'une inscription complémentaire ou d'une immatriculation secondaire, à moins qu'il en soit dispensé par les lois et règlements en vigueur, les personnes physiques mentionnées aux *a* et *b* du 1° et les personnes morales mentionnées au a du présent 2°, quelle que soit la circonscription où ces personnes exercent leur propre droit de vote ;

c) Les sociétés à caractère commercial dont le siège est situé hors du territoire national et qui disposent dans la circonscription d'un établissement immatriculé au registre du commerce et des sociétés ;

3° Les cadres qui, employés dans la circonscription par les électeurs mentionnés aux 1° ou 2°, exercent des fonctions impliquant des responsabilités de direction commerciale, technique ou administrative de l'entreprise ou de l'établissement.

II. – Au titre de leur siège social et de l'ensemble de leurs établissements situés dans la collectivité, les personnes physiques ou morales mentionnées aux 1° et 2° du I disposent :

1° D'un représentant supplémentaire, lorsqu'elles emploient dans la collectivité de dix à quarante-neuf salariés ;

2° De deux représentants supplémentaires, lorsqu'elles emploient dans la collectivité de cinquante à cent quatre-vingt-dix-neuf salariés ;

3° De trois représentants supplémentaires, lorsqu'elles emploient dans la collectivité de deux cents à quatre cent quatre-vingt-dix-neuf salariés ;

4° De quatre représentants supplémentaires, lorsqu'elles emploient dans la collectivité de cinq cents à mille neuf cent quatre-vingt-dix-neuf salariés ;

5° De cinq représentants supplémentaires, lorsqu'elles emploient dans la collectivité deux mille salariés ou plus.

III. – Toutefois, les personnes physiques énumérées aux *a* et *b* du 1° du I dont le conjoint bénéficie des dispositions du c du 1° du même paragraphe ne désignent aucun représentant supplémentaire si elles emploient moins de cinquante salariés dans la collectivité.

IV. – Les sociétés en nom collectif et les sociétés en commandite désignent par délibération expresse conformément aux dispositions statutaires un représentant unique au titre des associés et de la société, sans préjudice de la possibilité de désigner des représentants supplémentaires en application du II ci-dessus. »

Art. L. 937-5 *(Ord. n° 2006-673, 8 juin 2006 ; mod., L. n° 2008-776, 4 août 2008).* – L'article L. 723-2 est ainsi rédigé :

« Art. L. 723-2. – I. – Les représentants mentionnés à l'article L. 723-1 applicable en Nouvelle-Calédonie doivent exercer dans l'entreprise soit des fonctions de président-directeur général, de président ou de membre du conseil d'administration, de directeur général, de président ou de membre du directoire, de président du conseil de surveillance, de gérant, de président ou de membre du conseil d'administration ou de directeur d'un établissement public à caractère industriel et commercial, soit, à défaut et pour les représenter à titre de

mandataire, des fonctions impliquant des responsabilités de direction commerciale, technique ou administrative de l'entreprise ou de l'établissement.

II. – Les électeurs à titre personnel mentionnés au 1° du I du même article et les représentants des personnes physiques ou morales mentionnées au 2° du I de cet article doivent être ressortissants d'un État membre de la Communauté européenne.

Ils doivent, en outre, pour prendre part au vote :

1° Remplir les conditions fixées à l'article L. 2 du Code électoral, à l'exception de la nationalité ;

2° Ne pas avoir fait l'objet de l'interdiction visée à l'article L. 6 du Code électoral ;

3° N'avoir pas été frappés depuis moins de quinze ans à compter du jour où la décision les ayant prononcées est devenue définitive de faillite personnelle ou d'une des mesures d'interdiction ou de déchéance telles que prévues au livre VI du présent code ou à la loi n° 85-98 du 25 janvier 1985 relative au redressement et à la liquidation judiciaires des entreprises ou à la loi n° 67-563 du 13 juillet 1967 sur le règlement judiciaire, la liquidation des biens, la faillite personnelle et les banqueroutes ;

4° Ne pas être frappé d'une peine d'interdiction, suivant les modalités prévues par l'article 131-27 du Code pénal, d'exercer une profession commerciale ou industrielle, de diriger, d'administrer, de gérer ou de contrôler à un titre quelconque, directement ou indirectement, pour son propre compte ou pour le compte d'autrui, une entreprise commerciale ou industrielle ou une société commerciale ;

5° Ne pas avoir été condamnés à des peines, déchéances ou sanctions prononcées en vertu de législations en vigueur dans les États membres de la Communauté européenne équivalentes à celles visées aux 2°, 3° et 4°. »

Art. L. 937-6 *(Ord. n° 2006-673, 8 juin 2006).* – Pour l'application de l'article L. 723-3, les mots : « le juge commis à la surveillance du registre du commerce et des sociétés. En cas de création d'un tribunal de commerce, le premier président de la cour d'appel désigne comme président de la commission un magistrat de l'ordre judiciaire » sont remplacés par les mots : « un magistrat de l'ordre judiciaire désigné par le premier président de la cour d'appel ».

Art. L. 937-7 *(Ord. n° 2006-673, 8 juin 2006 ; L. n° 2016-1547, 18 nov. 2016).* – L'article L. 723-4 est ainsi rédigé :

« Art. L. 723-4. – Sous réserve des dispositions de l'article L. 937-9, sont éligibles aux fonctions de juge d'un tribunal mixte de commerce les personnes âgées de trente ans au moins inscrites sur la liste électorale dressée en application de l'article L. 937-6 et justifiant soit d'une immatriculation en Nouvelle-Calédonie depuis cinq années au registre du commerce et des sociétés, soit, pendant le même délai, de l'exercice de l'une des qualités énumérées au I de l'article L. 723-2 applicable en Nouvelle-Calédonie. »

Art. L. 937-8 *(Abr., L. n° 2016-1547, 18 nov. 2016).*

Art. L. 937-9 *(Ord. n° 2006-673, 8 juin 2006).* – Le premier alinéa de l'article L. 723-7 est ainsi rédigé :

« Après douze années de fonctions judiciaires ininterrompues dans un même tribunal mixte de commerce, les juges des tribunaux mixtes de commerce ne sont plus éligibles dans ce tribunal pendant un an. »

Art. L. 937-10 *(Abr., L. n° 2016-1547, 18 nov. 2016).*

Art. L. 937-11 *(Ord. n° 2006-673, 8 juin 2006).* – Pour l'application de l'article L. 723-9, les mots : « par correspondance ou par voie électronique » sont remplacés par les mots : « par procuration ou par correspondance dans des conditions fixées par décret en Conseil d'État. Chaque électeur ne peut disposer que d'une procuration ».

Art. L. 937-12 *(Ord. n° 2006-673, 8 juin 2006).* – Pour l'application du premier alinéa de l'article L. 723-10, les mots : « deux tours » sont remplacés par les mots : « un tour », et il est ajouté à la fin de l'alinéa la phrase suivante : « Si plusieurs candidats obtiennent le même nombre de voix, le plus âgé est proclamé élu. »

Art. L. 937-13 *(Ord. n° 2006-673, 8 juin 2006).* – Pour l'application de la section 3 du chapitre III du titre II du livre VII, les dispositions suivantes sont ajoutées :

« I. – À la liste des candidats déclarés élus, la commission prévue par l'article L. 723-13 annexe une liste complémentaire comprenant les nom, qualité et domicile des candidats non élus. Ces candidats sont classés

dans l'ordre décroissant du nombre de voix qu'ils ont obtenues. À égalité de voix, ils sont classés dans l'ordre décroissant de leur âge.

Les candidats figurant sur la liste complémentaire dressée en application du premier alinéa du présent article sont appelés à remplacer les juges dont le siège deviendrait vacant pour quelque cause que ce soit. Ils sont désignés, en suivant l'ordre de la liste complémentaire, par le président du tribunal mixte de commerce. Avant d'entrer en fonctions, ils prêtent serment dans les conditions prévues pour les juges des tribunaux mixtes de commerce.

II. – Si les sièges vacants ne peuvent être pourvus en application du I et si le nombre des vacances dépasse le tiers des effectifs du tribunal, il est procédé à des élections complémentaires.

Il en est de même en cas d'augmentation des effectifs d'un tribunal mixte de commerce.

Toutefois, il n'y a pas lieu de procéder à des élections complémentaires dans les douze mois précédant l'élection générale.

III. – Le mandat des juges désignés ou élus en application des I et II prend fin en même temps que celui des autres juges des tribunaux mixtes de commerce. »

CHAPITRE VIII. – DISPOSITIONS D'ADAPTATION DU LIVRE HUITIÈME

Art. L. 938-1 *(Ord. n° 2004-604, 24 juin 2004).* – Pour l'application en Nouvelle-Calédonie des articles L. 822-2 à L. 822-7, les termes énumérés ci-après sont remplacés ainsi qu'il suit :

1° « commission régionale d'inscription » par « commission territoriale d'inscription » ;

2° « chambre régionale des comptes » par « chambre territoriale des comptes » ;

3° « chambre régionale de discipline » par « chambre territoriale de discipline ».

TITRE IV. – DISPOSITIONS APPLICABLES EN POLYNÉSIE FRANÇAISE

Art. L. 940-1 *(Mod., Ord. n° 2008-1345, 18 déc. 2008 ; L. n° 2016-1547, 18 nov. 2016).* – Sous réserve des adaptations prévues dans les chapitres ci-après, les dispositions suivantes du présent code sont applicables dans le territoire de la Polynésie française :

1° Le livre I, à l'exception des articles L. 124-1 à L. 126-1, L. 145-34 à L. 145-36, L. 145-38 et L. 145-39 ;

2° Le livre II, à l'exception des articles L. 225-219 à L. 225-223, L. 252-1 à L. 252-13 ;

3° Le livre III, à l'exception des articles L. 310-4, L. 321-1 à L. 321-38, L. 322-7 et L. 322-10 ;

4° Le livre V, à l'exception des articles L. 522-1 à L. 522-40, L. 524-12, L. 524-20 et L. 524-21 ;

5° Le livre VI, à l'exception des articles L. 622-19, L. 625-9 et L. 670-1 à L. 670-8 ;

6° Le titre II du livre VII, à l'exception des articles L. 722-3, L. 722-11 à L. 722-13, du deuxième alinéa de l'article L. 723-7, du deuxième alinéa de l'article L. 723-10 et de l'article L. 723-11.

Les dispositions qui précèdent, à l'exception de celles du 6° et de l'article L. 610-1, sont celles en vigueur à la date de la publication de la loi organique n° 2004-192 du 27 février 2004 portant statut d'autonomie de la Polynésie française. Elles ne peuvent être modifiées que dans les conditions prévues à l'article 11 de cette loi organique.

Art. L. 940-2 *(Ord. n° 2019-964, 18 sept. 2019).* – Pour l'application du présent code en Polynésie française, les termes énumérés ci-après sont remplacés comme suit :

1° « Tribunal judiciaire » par « tribunal de première instance » ;

2° « Tribunal de commerce » ou « justice consulaire » par « tribunal mixte de commerce » ;

3° « Conseil de prud'hommes » par « tribunal du travail » ;

4° « Bulletin officiel des annonces civiles et commerciales » par « Journal officiel de la Polynésie française » ;

5° « *Département* » ou « *arrondissement* » par « territoire de la Polynésie française » ;

6° « Préfet » ou « sous-préfet » par « représentant de l'État dans le territoire ».

Art. L. 940-3. – Les références faites, par des dispositions du présent code applicables en Polynésie française, à d'autres articles du présent code ne concernent que les articles rendus applicables en Polynésie française avec les adaptations prévues dans les chapitres ci-dessous.

Art. L. 940-4. – En l'absence d'adaptation, les références faites, par des dispositions du présent code applicables en Polynésie française, à des dispositions qui n'y sont pas applicables sont remplacées par les références aux dispositions ayant le même objet applicables localement.

Art. L. 940-5. – Les références faites, par des dispositions du présent code applicables en Polynésie française, à des dispositions du Code du travail n'y sont applicables que s'il existe une disposition applicable localement ayant le même objet.

Art. L. 940-6 *(Mod., L. n° 2003-7, 3 janv. 2003)*. – Les renvois faits, par des dispositions du présent code applicables en Polynésie française, à des dispositions de nature réglementaire sont remplacés par des renvois à des délibérations de l'autorité compétente de la Polynésie française, sous réserve des dispositions prévues dans les chapitres ci-après.

Art. L. 940-7. – Les références à l'immatriculation au répertoire des métiers sont remplacées par les références à l'immatriculation faite conformément à la réglementation applicable en Polynésie française.

> **Rédaction future. Art. L. 940-7.** – Les références à l'immatriculation au *(Mots rempl. à compter du 1er janvier 2023, Ord. n° 2021-1189, 15 sept. 2021)* « registre national des entreprises en tant qu'entreprise du secteur des métiers et de l'artisanat » sont remplacées par les références à l'immatriculation faite conformément à la réglementation applicable en Polynésie française.

Art. L. 940-8. – Les articles faisant référence à la Communauté européenne sont applicables dans le respect de la décision d'association prévue à l'article 136 du traité instituant la Communauté européenne. Les références à l'accord sur l'Espace économique européen ne sont pas applicables.

CHAPITRE I. – DISPOSITIONS D'ADAPTATION DU LIVRE PREMIER

Art. L. 941-1. – Par dérogation à l'article L. 940-6, le renvoi à des dispositions de nature réglementaire mentionné à l'article L. 143-23 est maintenu en ce qu'il concerne l'Institut national de la propriété industrielle.

Art. L. 941-2. – À l'article L. 122-1, les mots : « le préfet du département où l'étranger doit exercer son activité » sont remplacés par les mots : « le conseil des ministres de la Polynésie française ».

Art. L. 941-2-1 *(Ord. n° 2009-865, 15 juill. 2009)*. – Pour son application en Polynésie française, l'article L. 123-11-5 du Code de commerce est complété par un alinéa ainsi rédigé :

« Les agents des douanes sont qualifiés pour procéder à la recherche et à la constatation des infractions aux dispositions de ce dernier chapitre et des règlements pris pour son application par les personnes ou les organismes exerçant une activité de domiciliation, telle que définie par la réglementation applicable localement. À cet effet, ils agissent, conformément aux règles de recherche et de constatation des infractions déterminées par le Code des douanes. Les infractions sont constatées par des procès-verbaux faisant foi jusqu'à preuve du contraire et transmis directement au parquet. »

Art. L. 941-3. – Les dérogations prévues par les articles L. 123-25 à L. 123-27 sont applicables aux personnes physiques soumises à un régime simplifié d'imposition par la réglementation en vigueur en Polynésie française.

Art. L. 941-4. – *Pour l'application* de l'article L. 133-6 :

I. – Les mots : « celles qui naissent des dispositions de l'article 1269 du nouveau Code de procédure civile » sont remplacés par les mots « les demandes en révision de compte et en liquidation des fruits présentées en vue d'un redressement en cas d'erreur, d'omission ou de présentation inexacte ».

II. – Les dispositions du dernier alinéa sont applicables dans le cas de transport fait pour le compte de la Polynésie française.

Art. L. 941-5. – À l'article L. 133-7, les mots : « les droits, taxes, frais et amendes de douane liés à une opération de transport » sont supprimés.

Art. L. 941-6. – Pour l'application des articles L. 141-15, L. 143-7, L. 144-1 à L. 144-13 et L. 145-28, un magistrat du tribunal de première instance peut être délégué par le président.

Art. L. 941-7. – À l'article L. 141-13, les mots : « par les articles 638 et 653 du Code général des impôts » sont remplacés par les mots : « par les dispositions du Code des impôts applicable en Polynésie française ».

Art. L. 941-8 *(Abr., L. n° 2019-744, 19 juill. 2019).*

Art. L. 941-9. – L'article L. 144-11 est ainsi rédigé :

« *Art. L. 144-11. – Si, conformément à la réglementation territoriale, le contrat de location-gérance est assorti d'une clause d'échelle mobile, la révision du loyer peut, nonobstant toute convention contraire, être demandée selon les conditions fixées par une délibération de l'assemblée de la Polynésie française lorsque, par le jeu de cette clause, ce loyer se trouve augmenté ou diminué de plus du quart par rapport au prix précédemment fixé, contractuellement ou judiciairement.* »

Art. L. 941-10. – L'article L. 144-12 est ainsi rédigé :

« *Art. L. 144-12. – À défaut d'accord amiable entre les parties sur la révision du loyer, l'instance est introduite et jugée conformément aux dispositions prévues en matière de révision du prix des baux à loyer d'immeubles ou de locaux à usage commercial ou industriel.*

Le juge doit, en tenant compte de tous les éléments d'appréciation, adapter le jeu de l'échelle mobile à la valeur locative équitable au jour de la notification. Le nouveau prix est applicable à partir de cette même date, à moins que les parties ne se soient mises d'accord avant ou pendant l'instance sur une date plus ancienne ou plus récente. »

Art. L. 941-11. – L'article L. 145-2 est modifié ainsi qu'il suit :

I. – Au 4°, les mots : « à l'État, aux départements, aux communes, aux établissements publics » sont remplacées par les mots : « à l'État, aux collectivités territoriales et aux établissements publics » ;

II. – Au 6°, les mots : « à la caisse de sécurité sociale de la maison des artistes et reconnus auteurs d'œuvres graphiques et plastiques, tels que définis par l'article 71 de l'annexe III du Code général des impôts » sont remplacées par les mots : « à la caisse locale d'assurance sociale et reconnus auteurs d'œuvres graphiques et plastiques au sens du Code des impôts applicable dans le territoire ».

Art. L. 941-12 *(Mod., Ord. n° 2005-1527, 8 déc. 2005).* – Pour l'application de l'article L. 145-6, les mots : « l'évacuation des lieux compris dans un secteur ou périmètre prévu aux articles L. 313-4 à L. 313-4-2 du Code de l'urbanisme » sont remplacés par les mots : « l'évacuation des lieux prévue à l'article L. 145-18 ».

Art. L. 941-13. – À l'article L. 145-13, les mots : « sous réserve des dispositions de la loi du 28 mai 1943 relative à l'application aux étrangers des lois en matière de baux à loyer et de baux à ferme » sont supprimés.

Art. L. 941-14. – Le deuxième alinéa de l'article L. 145-18 est ainsi rédigé :

« *Il en est de même pour effectuer des opérations de restauration immobilière comportant des travaux de remise en état, de conservation, de modernisation ou de démolition ayant pour conséquence la transformation des conditions d'habitabilité d'un ensemble d'immeubles nécessitant l'évacuation des lieux. Ces opérations peuvent être décidées et exécutées dans le respect de la réglementation locale, soit par les autorités publiques localement compétentes, soit à l'initiative d'un ou de plusieurs propriétaires, groupés ou non en association syndicale. Dans ce dernier cas, ce ou ces propriétaires y sont spécialement autorisés dans des conditions fixées par les autorités territoriales compétentes, qui précisent notamment les engagements exigés des propriétaires quant à la nature et à l'importance des travaux. Les immeubles acquis par un organisme de rénovation ne peuvent, après restauration, être cédés de gré à gré qu'aux conditions d'un cahier des charges type approuvé par lesdites autorités.* »

Art. L. 941-15. – À l'article L. 145-26, les mots : « aux départements » sont remplacés par les mots : « à la *Polynésie française* ».

Art. L. 941-16. – L'article L. 145-37 est ainsi rédigé :

« *Art. L. 145-37. – Les loyers des baux d'immeubles ou de locaux régis par le présent chapitre, renouvelés ou non, peuvent être révisés à la demande de l'une ou de l'autre des parties, dans les conditions prévues par délibération de l'assemblée de la Polynésie française.* »

Art. L. 941-17. – L'article L. 145-43 est ainsi rédigé :

« Art. L. 145-43. – Sont dispensés de l'obligation d'exploiter pendant la durée de leur stage les commerçants et artisans, locataires du local dans lequel est situé leur fonds, qui sont admis à suivre un stage de conversion ou un stage de promotion conformément aux dispositions du Code du travail applicable en Polynésie française. »

Art. L. 941-18. – Le troisième alinéa de l'article L. 145-47 est supprimé.

Art. L. 941-19. – À l'article L. 145-56, les mots : « et de procédure » sont supprimés.

CHAPITRE II. – DISPOSITIONS D'ADAPTATION DU LIVRE DEUXIÈME

Art. L. 942-1. – Par dérogation à l'article L. 940-6, les renvois à des décrets mentionnés aux articles L. 225-35 et L. 225-68 sont maintenus.

Art. L. 942-2. – Pour l'application du livre II, les commissaires aux comptes et leurs suppléants sont choisis et exercent leurs fonctions selon la réglementation en vigueur en Polynésie française.

Art. L. 942-3. – Les 4° et 5° du III de l'article L. 225-21 sont supprimés.

Art. L. 942-4. – Aux articles L. 225-25 et L. 225-72, la référence aux articles 20 et 21 de la loi n° 88-1201 du 23 décembre 1988 relative aux organismes de placement collectif en valeurs mobilières et portant création des fonds communs de créances est supprimée.

Art. L. 942-5. – Aux articles L. 225-36 et L. 225-65, les mots : « dans le même département ou un département limitrophe » sont remplacés par les mots : « en Polynésie française ».

Art. L. 942-6. – Le dernier alinéa de l'article L. 225-43 et celui de l'article L. 225-91 sont supprimés.

Art. L. 942-7. – Le 4° du IV de l'article L. 225-67 et le 4° du III de l'article L. 225-77 sont supprimés.

Art. L. 942-8. – Le 5° de l'article L. 225-115 est ainsi rédigé :

« 5° Du montant global, certifié par les commissaires aux comptes, des déductions du montant des bénéfices imposables de sociétés qui procèdent à des versements à des œuvres d'organismes d'intérêt général ou de sociétés agréées ou à des donations d'œuvres d'art à l'État ou à la Polynésie française, telles que prévues par les dispositions de droit fiscal applicables en Polynésie française, ainsi que la liste des actions nominatives de parrainage, de mécénat. »

Art. L. 942-9 *(Mod., Ord. n° 2005-1126, 8 sept. 2005)*. – À l'article L. 823-6, après les mots : « le comité d'entreprise », sont ajoutés les mots : « ou à défaut les délégués du personnel ».

Art. L. 942-10. – Aux articles L. 225-231, L. 232-3, L. 232-4, L. 234-1 et L. 234-2, aux mots : « au comité d'entreprise », sont ajoutés les mots : « ou à défaut aux délégués du personnel ».

Art. L. 942-11 *(Mod., Ord. n° 2005-1126, 8 sept. 2005)*. – Le deuxième alinéa de l'article L. 823-18 est supprimé.

Art. L. 942-12. – Au VI de l'article L. 225-270, les mots : « les dispositions de l'article 94 A du Code général des impôts » sont remplacés par les mots : « les dispositions du Code des impôts applicable dans le territoire relatives aux gains nets en capital réalisés à l'occasion de la cession à titre onéreux de valeurs mobilières et de droits sociaux ».

Art. L. 942-13. – Le dernier alinéa de l'article L. 228-36 est supprimé.

Art. L. 942-14. – À l'article L. 233-24, les mots : « ou du VII de l'article 97 » sont supprimés.

Art. L. 942-15. – Le deuxième alinéa de l'article L. 251-7 est supprimé.

CHAPITRE III. – DISPOSITIONS D'ADAPTATION DU LIVRE TROISIÈME

Art. L. 943-1. – Les deuxième et troisième alinéas de l'article L. 310-1 sont supprimés.

Art. L. 943-2. – *(Mod., L. n° 2008-776, 4 août 2008)* Le deuxième alinéa du I et le II de l'article L. 310-2 sont supprimés.

Art. L. 943-3. – Le deuxième alinéa du I de l'article L. 310-3 est supprimé.

Art. L. 943-4. – Les 1°, 2° et 3° de l'article L. 310-5 sont supprimés.

Art. L. 943-5. – À l'article L. 322-1, les mots : « aux articles 53 de la loi n° 91-650 du 9 juillet 1991 relative à la réforme des procédures d'exécution et 945 du Code de procédure civile » sont remplacés par les mots : « aux dispositions de procédure civile applicables localement et relatives à la vente de meubles dépendant d'une succession ».

Art. L. 943-6. – L'article L. 322-11 est ainsi rédigé :

« Art. L. 322-11. – Les contestations relatives aux ventes réalisées en application des délibérations en vigueur localement relatives à la vente volontaire, aux enchères, en gros, des marchandises par les courtiers assermentés sont portées devant le tribunal mixte de commerce. »

Art. L. 943-7. – L'article L. 322-15 est ainsi rédigé :

« Art. L. 322-15. – Il appartient toujours au tribunal ou au juge qui autorise ou ordonne la vente en vertu de l'article précédent, de désigner éventuellement, pour y procéder, une autre classe d'officiers publics que les courtiers assermentés. »

Art. L. 943-8. – L'article L. 322-16 est ainsi rédigé :

« *Art. L. 322-16.* – Les dispositions de l'article L. 322-11 sont applicables aux ventes visées aux articles L. 322-14 et L. 322-15. »

CHAPITRE IV. – DISPOSITIONS D'ADAPTATION DU LIVRE QUATRIÈME

Le livre IV n'est pas applicable.

CHAPITRE V. – DISPOSITIONS D'ADAPTATION DU LIVRE CINQUIÈME

Art. L. 945-1. – Par dérogation à l'article L. 940-6, les renvois à des dispositions de nature réglementaire mentionnés aux articles L. 523-14 et L. 524-19 sont maintenus.

Art. L. 945-2. – À l'article L. 511-55, le mot : « destitution » est supprimé.

Art. L. 945-3. – L'article L. 511-60 est ainsi rédigé :

« Art. L. 511-60. – Les modalités d'application des dispositions de la présente sous-section sont fixées par délibération de l'autorité territoriale compétente. »

Art. L. 945-4. – À l'article L. 511-61, les mots : « ou des collectivités territoriales » sont remplacés par les mots : « ou des communes ou de la Polynésie française ».

Art. L. 945-5. – Le deuxième alinéa de l'article L. 511-62 est ainsi rédigé :

« La retraite comprend les sommes indiquées dans les articles L. 511-45 et L. 511-46, outre les droits de courtage et de timbre éventuellement prévus par les dispositions applicables en Polynésie française. »

Art. L. 945-6 *(Mod., L. n° 2007-1787, 20 déc. 2007).* – Aux articles L. 523-8 et L. 524-6, les mots : « articles 1426 à 1429 du nouveau Code de procédure civile » sont remplacés par les mots : « dispositions de procédure civile applicables localement relatives aux offres de payement et à la consignation ».

Art. L. 945-7. – Au premier alinéa de l'article L. 525-2, après les mots : « au droit fixe » sont ajoutés les mots : « selon les modalités en vigueur en Polynésie française ».

Art. L. 945-8. – Au II de l'article L. 525-9, les mots : « au privilège visé à l'article L. 243-4 du Code de la sécurité sociale » sont remplacés par les mots : « au privilège organisé en faveur de la caisse de prévoyance sociale du territoire ».

Art. L. 945-9. – L'article L. 525-18 est modifié ainsi qu'il suit :

I. – Au 1°, la référence au décret n° 53-968 du 30 septembre 1953 est remplacée par la référence au décret n° 55-639 du 20 mai 1955 ;

II. – Le 2° est ainsi rédigé :

« 2° Les navires de mer ainsi que les bateaux de navigation fluviale. »

CHAPITRE VI. – DISPOSITIONS D'ADAPTATION DU LIVRE SIXIÈME

Art. L. 946-1 *(Mod., L. n° 2005-845, 26 juill. 2005)*. – Par dérogation à l'article L. 940-6, le renvoi à des dispositions de nature réglementaire mentionné à l'article L. 621-2 est maintenu.

Art. L. 946-2. – L'article L. 611-1 est modifié ainsi qu'il suit :

I. – Au premier alinéa, l'arrêté du représentant de l'État dans la région est remplacé par une décision du gouvernement de Polynésie française.

II. – Au quatrième alinéa : (mots rempl., rect. : *JO* 18 nov. 2000) les mots : « notamment en application des articles 5, 48 et 66 de la loi n° 82-213 du 2 mars 1982 modifiée relative aux droits et libertés des communes, des départements et des régions » sont supprimés.

Art. L. 946-3. – Pour l'application de l'article L. 612-1, les commissaires aux comptes et leurs suppléants sont choisis et exercent leurs fonctions selon la réglementation en vigueur localement.

Art. L. 946-4. – Le troisième alinéa de l'article L. 612-1 est supprimé.

Art. L. 946-5. – À l'article L. 612-2, après les mots : « au comité d'entreprise » sont ajoutés les mots : « ou, à défaut, aux délégués du personnel ».

Art. L. 946-6 *(Mod., L. n° 2005-845, 26 juill. 2005)*. – À l'article L. 621-2, les mots : « dans chaque département » sont remplacés par les mots : « en Polynésie française ».

Art. L. 946-7 *(Mod., L. n° 2005-845, 26 juill. 2005)*. – À l'article L. 625-2, les mots : « mentionnée à l'article L. 432-7 du Code du travail » sont remplacés par les mots : « à l'égard des informations présentant un caractère confidentiel et données comme telles ».

Art. L. 946-8 *(Mod., L. n° 2005-845, 26 juill. 2005)*. – Pour l'application de l'article L. 622-24, les organismes visés à l'article L. 351-21 du Code du travail sont les organismes territoriaux ayant en charge le service de l'allocation d'assurance chômage et le recouvrement des contributions.

Art. L. 946-9 *(Mod., L. n° 2005-845, 26 juill. 2005)*. – Pour l'application des articles L. 622-24, L. 626-20, L. 625-3, L. 625-4 et L. 662-4, les institutions mentionnées à l'article L. 143-11-4 du Code du travail sont les institutions territoriales chargées de la mise en œuvre du régime d'assurance contre le risque de non-paiement des salaires, en cas de procédure de sauvegarde, de redressement ou de liquidation judiciaires.

Art. L. 946-10. – Pour l'application de l'article L. 621-60 (1), les institutions régies par le livre IX du Code de la sécurité sociale sont les institutions territoriales de retraite complémentaire ou supplémentaire ou de prévoyance, prévues par les dispositions applicables dans la collectivité et relatives aux régimes de sécurité et de protection sociales.

Art. L. 946-11 *(Mod., L. n° 2005-845, 26 juill. 2005)*. – À l'article L. 626-14, la référence à l'article 28 du décret n° 55-22 du 4 janvier 1955 portant réforme de la publicité foncière est remplacée par la référence aux

(1) Les dispositions de l'article L. 621-84, abrogé à compter du 1er janvier 2006 (L. n° 2005-845, 26 juill. 2005), sont reprises par l'article L. 642-1 du Code de commerce.

dispositions applicables dans le territoire et relatives à la publicité des droits sur les immeubles autres que les privilèges et hypothèques.

Art. L. 946-12 *(Mod., Ord. n° 2010-462, 6 mai 2010).* – À l'article L. 621-84 (1), l'obligation faite au tribunal de tenir compte des dispositions contenues aux 1°, 2°, 3° et 4° de l'article L. 331-7 du Code rural et de la pêche maritime s'entend des prescriptions suivantes :

« *Observer l'ordre des priorités établi entre l'installation des jeunes agriculteurs et l'agrandissement des exploitations, en tenant compte de l'intérêt économique et social du maintien de l'autonomie de l'exploitation faisant l'objet de la demande ;*

Tenir compte, en cas d'agrandissement ou de réunion d'exploitations, des possibilités d'installation sur une exploitation viable, de la situation des terres concernées par rapport au siège de l'exploitation du ou des demandeurs, de la superficie des biens faisant l'objet de la demande et des superficies déjà mises en valeur par le ou les demandeurs, ainsi que par le preneur en place ;

Prendre en considération la situation personnelle du ou des demandeurs : âge, situation familiale et professionnelle et, le cas échéant, celle du preneur en place, ainsi que le nombre et la nature des emplois salariés en cause ;

Tenir compte de la structure parcellaire des exploitations concernées, soit par rapport au siège de l'exploitation, soit pour éviter que des mutations en jouissance ne remettent en cause des aménagements obtenus à l'aide de fonds publics. »

Art. L. 946-13 *(L. n° 2003-7, 3 janv. 2003).* – Le premier alinéa de l'article L. 622-2 (1) est complété par une phrase ainsi rédigée :

« *Il peut lui être adjoint dans les mêmes conditions un ou plusieurs liquidateurs.* »

CHAPITRE VII. – DISPOSITIONS D'ADAPTATION DU LIVRE SEPTIÈME

(Rempl., Ord. n° 2006-673, 8 juin 2006)

Art. L. 947-1 *(Ord. n° 2006-673, 8 juin 2006).* – Le premier alinéa de l'article L. 721-1 est ainsi rédigé :

« *Le tribunal mixte de commerce est composé du président du tribunal de première instance, président, de juges élus, sous réserve des dispositions de l'article L. 947-13, et d'un greffier.*

Ce tribunal exerce les compétences dévolues en métropole au tribunal de commerce. »

Art. L. 947-2 *(Ord. n° 2006-673, 8 juin 2006).* – L'article L. 722-1 est ainsi rédigé :

Art. L. 722-1. – Les jugements des tribunaux mixtes de commerce sont rendus, sauf dispositions qui prévoient un juge unique, par une formation comprenant, outre le président, trois juges élus ou désignés dans les conditions prévues à l'article L. 947-13. En cas de partage égal des voix, celle du président est prépondérante.

Art. L. 947-3 *(Ord. n° 2006-673, 8 juin 2006 ; L. n° 2016-1547, 18 nov. 2016).* – Le premier alinéa de l'article L. 722-6 est ainsi rédigé :

« Les juges des tribunaux mixtes de commerce sont élus pour quatre ans. Ils sont rééligibles. »

Art. L. 947-3-1 *(L. n° 2016-1547, 18 nov. 2016).* – Pour l'application de l'article L. 722-6-1, les mots : « mandat de conseiller prud'homme » sont remplacés par les mots : « mandat d'assesseur d'un tribunal du travail ».

Art. L. 947-4 *(Ord. n° 2006-673, 8 juin 2006 ; L. n° 2016-1547, 18 nov. 2016).* – L'article L. 723-1 est ainsi rédigé :

« Art. L. 723-1. – I. – Les juges des tribunaux mixtes de commerce sont élus dans le ressort de chacune de ces juridictions par un collège composé :

1° D'électeurs à titre personnel :

a) Les commerçants immatriculés en Polynésie française au registre du commerce et des sociétés, sous réserve, pour les associés en nom collectif et les associés commandités, des dispositions du IV du présent article ;

(1) Les dispositions de l'article L. 621-84, abrogé à compter du 1er janvier 2006 (L. n° 2005-845, 26 juill. 2005), sont reprises par l'article L. 642-1 du Code de commerce.

b) Les chefs d'entreprise ;

c) Les conjoints des personnes énumérées au *a* ou au *b* ci-dessus ayant déclaré au registre du commerce et des sociétés ou au répertoire des métiers qu'ils collaborent à l'activité de leur époux sans autre activité professionnelle ;

Rédaction future. *c)* Les conjoints des personnes énumérées au *a* ou au *b* ci-dessus ayant déclaré au registre du commerce et des sociétés ou au *(Mots rempl. à compter du 1er janvier 2023, Ord. n° 2021-1189, 15 sept. 2021)* « registre national des entreprises en tant qu'entreprise du secteur des métiers et de l'artisanat » qu'ils collaborent à l'activité de leur époux sans autre activité professionnelle ;

d) Les capitaines au long cours ou capitaines de la marine marchande exerçant le commandement d'un navire immatriculé en France dont le port d'attache est situé dans la circonscription, les pilotes maritimes exerçant leurs fonctions dans un port situé dans la circonscription, les pilotes de l'aéronautique civile domiciliés dans la circonscription et exerçant le commandement d'un aéronef immatriculé en France ;

e) Les membres en exercice des tribunaux mixtes de commerce, ainsi que les anciens membres de ces tribunaux ;

2° D'électeurs inscrits en qualité de représentant :

a) Les sociétés à caractère commercial au sens de l'article L. 210-1 et les établissements publics à caractère industriel et commercial dont le siège social est situé dans la circonscription ;

b) Au titre d'un établissement faisant l'objet dans la circonscription d'une inscription complémentaire ou d'une immatriculation secondaire, à moins qu'il en soit dispensé par les lois et règlements en vigueur, les personnes physiques mentionnées aux *a* et *b* du 1° et les personnes morales mentionnées au a du présent 2°, quelle que soit la circonscription où ces personnes exercent leur propre droit de vote ;

c) Les sociétés à caractère commercial dont le siège est situé hors du territoire national et qui disposent dans la circonscription d'un établissement immatriculé au registre du commerce et des sociétés ;

3° Les cadres qui, employés dans la circonscription par les électeurs mentionnés aux 1° ou 2°, exercent des fonctions impliquant des responsabilités de direction commerciale, technique ou administrative de l'entreprise ou de l'établissement.

II. – Au titre de leur siège social et de l'ensemble de leurs établissements situés dans la collectivité, les personnes physiques ou morales mentionnées aux 1° et 2° du I disposent :

1° D'un représentant supplémentaire, lorsqu'elles emploient dans la collectivité de dix à quarante-neuf salariés ;

2° De deux représentants supplémentaires, lorsqu'elles emploient dans la collectivité de cinquante à cent quatre-vingt-dix-neuf salariés ;

3° De trois représentants supplémentaires, lorsqu'elles emploient dans la collectivité de deux cents à quatre cent quatre-vingt-dix-neuf salariés ;

4° De quatre représentants supplémentaires, lorsqu'elles emploient dans la collectivité de cinq cents à mille neuf cent quatre-vingt-dix-neuf salariés ;

5° De cinq représentants supplémentaires, lorsqu'elles emploient dans la collectivité deux mille salariés ou plus.

III. – Toutefois, les personnes physiques énumérées aux *a* et *b* du 1° du I dont le conjoint bénéficie des dispositions du *c* du 1° du même paragraphe ne désignent aucun représentant supplémentaire si elles emploient moins de cinquante salariés dans la collectivité.

IV. – Les sociétés en nom collectif et les sociétés en commandite désignent par délibération expresse conformément aux dispositions statutaires un représentant unique au titre des associés et de la société, sans préjudice de la possibilité de désigner des représentants supplémentaires en application du II ci-dessus. »

Art. L. 947-5 *(Ord. n° 2006-673, 8 juin 2006).* – L'article L. 723-2 est ainsi rédigé :

Art. L. 723-2. – I. – Les représentants mentionnés à l'article L. 723-1 applicable en Polynésie française doivent exercer dans l'entreprise soit des fonctions de président-directeur général, de président ou de membre du conseil d'administration, de directeur général, de président ou de membre du directoire, de président du conseil de surveillance, de gérant, de président ou de membre du conseil d'administration ou de directeur d'un établissement public à caractère industriel et commercial, soit, à défaut et pour les représenter à titre de mandataire, des fonctions impliquant des responsabilités de direction commerciale, technique ou administrative de l'entreprise ou de l'établissement.

II. – Les électeurs à titre personnel mentionnés au I du même article et les représentants des personnes physiques ou morales mentionnées au 2° du I de cet article doivent être ressortissants d'un État membre de la Communauté européenne.

Ils doivent, en outre, pour prendre part au vote :

1° Remplir les conditions fixées à l'article L. 2 du Code électoral, à l'exception de la nationalité ;

2° Ne pas avoir fait l'objet de l'interdiction visée à l'article L. 6 du Code électoral ;

3° N'avoir pas été frappés de faillite personnelle ou d'une des mesures d'interdiction ou de déchéance telles que prévues au livre VI du présent code dans sa rédaction applicable conformément au dernier alinéa de l'article L. 940-1 ou à la loi n° 85-98 du 25 janvier 1985 relative au redressement et à la liquidation judiciaires des entreprises ou à la loi n° 67-563 du 13 juillet 1967 sur le règlement judiciaire, la liquidation des biens, la faillite personnelle et les banqueroutes ou d'une mesure d'interdiction d'exercer une activité commerciale ;

4° Ne pas avoir été condamnés à des peines, déchéances ou sanctions prononcées en vertu de législations en vigueur dans les États membres de la Communauté européenne équivalentes à celles visées aux 2° et 3°.

Art. L. 947-6 *(Ord. n° 2006-673, 8 juin 2006).* – Pour l'application de l'article L. 723-3, les mots : « le juge commis à la surveillance du registre du commerce et des sociétés. En cas de création d'un tribunal de commerce, le premier président de la cour d'appel désigne comme président de la commission un magistrat de l'ordre judiciaire » sont remplacés par les mots : « un magistrat de l'ordre judiciaire désigné par le premier président de la cour d'appel ».

Art. L. 947-7 *(Ord. n° 2006-673, 8 juin 2006 ; L. n° 2016-1547, 18 nov. 2016).* – L'article L. 723-4 est ainsi rédigé :

« Art. L. 723-4. – Sous réserve des dispositions de l'article L. 947-9, sont éligibles aux fonctions de juge d'un tribunal mixte de commerce les personnes âgées de trente ans au moins inscrites sur la liste électorale dressée en application de l'article L. 947-6 et justifiant soit d'une immatriculation depuis cinq années au moins au registre du commerce et des sociétés ou au registre des métiers, soit, pendant le même délai, de l'exercice de l'une des qualités énumérées au I de l'article L. 723-2 dans sa rédaction applicable en Polynésie française. »

Rédaction future. « Art. L. 723-4. – Sous réserve des dispositions de l'article L. 947-9, sont éligibles aux fonctions de juge d'un tribunal mixte de commerce les personnes âgées de trente ans au moins inscrites sur la liste électorale dressée en application de l'article L. 947-6 et justifiant soit d'une immatriculation depuis cinq années au moins au registre du commerce et des sociétés ou au *(Mots rempl. à compter du 1er janvier 2023, Ord. n° 2021-1189, 15 sept. 2021)* « registre national des entreprises en tant qu'entreprise du secteur des métiers et de l'artisanat », soit, pendant le même délai, de l'exercice de l'une des qualités énumérées au I de l'article L. 723-2 dans sa rédaction applicable en Polynésie française. »

Art. L. 947-8 *(Abr., L. n° 2016-1547, 18 nov. 2016).*

Art. L. 947-9 *(Ord. n° 2006-673, 8 juin 2006).* – Le premier alinéa de l'article L. 723-7 est ainsi rédigé :

« Après douze années de fonctions judiciaires ininterrompues dans un même tribunal mixte de commerce, les juges des tribunaux mixtes de commerce ne sont plus éligibles dans ce tribunal pendant un an. »

Art. L. 947-10 *(Abr., L. n° 2016-1547, 18 nov. 2016).*

Art. L. 947-11 *(Ord. n° 2006-673, 8 juin 2006).* – Pour l'application de l'article L. 723-9, les mots : « par correspondance ou par voie électronique » sont remplacés par les mots : « par procuration ou par correspondance dans des conditions fixées par décret en Conseil d'État. Chaque électeur ne peut disposer que d'une procuration. »

Art. L. 947-12 *(Ord. n° 2006-673, 8 juin 2006).* – Pour l'application du premier alinéa de l'article L. 723-10, les mots : « deux tours » sont remplacés par les mots : « un tour », et il est ajouté à la fin de l'article la phrase suivante : « Si plusieurs candidats obtiennent le même nombre de voix, le plus âgé est proclamé élu ».

Art. L. 947-13 *(Ord. n° 2006-673, 8 juin 2006).* – Pour l'application de la section 3 du chapitre III du titre II du livre VII, les dispositions suivantes sont ajoutées :

« I. – À la liste des candidats déclarés élus, la commission prévue par l'article L. 723-13 annexe une liste complémentaire comprenant les nom, qualité et domicile des candidats non élus. Ces candidats sont classés dans l'ordre décroissant du nombre de voix qu'ils ont obtenues. À égalité de voix, ils sont classés dans l'ordre décroissant de leur âge.

Les candidats figurant sur la liste complémentaire dressée en application du premier alinéa du présent article sont appelés à remplacer les juges dont le siège deviendrait vacant pour quelque cause que ce soit. Ils sont désignés, en suivant l'ordre de la liste complémentaire, par le président du tribunal mixte de commerce. Avant d'entrer en fonctions, ils prêtent serment dans les conditions prévues pour les juges des tribunaux mixtes de commerce.

II. – Si les sièges vacants ne peuvent être pourvus en application du I et si le nombre des vacances dépasse le tiers des effectifs du tribunal, il est procédé à des élections complémentaires. Il en est de même en cas d'augmentation des effectifs d'un tribunal mixte de commerce.

Toutefois, il n'y a pas lieu de procéder à des élections complémentaires dans les douze mois précédant l'élection générale.

III. – Le mandat des juges désignés ou élus en application des I et II prend fin en même temps que celui des autres juges des tribunaux mixtes de commerce. »

CHAPITRE VIII. – DISPOSITIONS D'ADAPTATION DU LIVRE HUITIÈME

Le livre VIII n'est pas applicable.

TITRE V. – DISPOSITIONS APPLICABLES DANS LES ÎLES WALLIS-ET-FUTUNA

Art. L. 950-1 *(Mod., L. n° 2003-710, 1er août 2003 ; L. n° 2004-130, 11 févr. 2004 ; Ord. n° 2004-274, 25 mars 2004 ; L. n° 2005-842, 26 juill. 2005 ; mod. à compter du 1er janvier 2006, L. n° 2005-845, 26 juill. 2005 ; mod., Ord. n° 2006-673, 8 juin 2006 ; Ord. n° 2009-896, 24 juill. 2009 ; Ord. n° 2014-487, 15 mai 2014 ; mod. à compter d'une date fixée par décret et au plus tard le 19 décembre 2014, L. n° 2014-626 ; mod. à compter du 17 juin 2016, Ord. n° 2016-315, 17 mars 2016 ; mod. à compter du 18 juin 2016, Ord. n° 2016-727, 2 juin 2016 puis à compter du 1er janvier 2017, Ord. n° 2016-727, 2 juin 2016 ; mod., L. n° 2016-1547, 18 nov. 2016 ; Ord. n° 2016-1635, 1er déc. 2016 ; L. n° 2016-1691, 9 déc. 2016 ; L. n° 2017-86, 27 janv. 2017 ; mod. à compter du 11 mars 2017, Ord. n° 2017-303, 9 mars 2017 ; Ord. n° 2017-747, 4 mai 2017 ; Ord. n° 2017-970, 10 mai 2017 ; mod. à compter du 3 janvier 2018, Ord. n° 2017-1107, 22 juin 2017 ; Ord. n° 2017-1142, 7 juill. 2017 ; Ord. n° 2017-1162, 12 juill. 2017 ; Ord. n° 2017-1180, 19 juill. 2017 ; mod. à compter de la publication du décret prévu au 2° de l'article 2 de l'ordonnance n° 2017-1674 du 8 décembre 2017 et, au plus tard, le 1er juillet 2018, Ord. n° 2017-1674, 8 déc. 2017 ; D. n° 2018-670, 30 juill. 2018 ; L. n° 2018-727, 10 août 2018 ; L. n° 2018-938, 30 oct. 2018 ; L. n° 2019-222, 23 mars 2019 ; Ord. n° 2019-359, 24 avr. 2019 ; L. n° 2019-486, 22 mai 2019 ; Ord. n° 2019-697, 3 juill. 2019 ; Ord. n° 2019-738, 17 juill. 2019 ; Ord. n° 2019-848, 21 août 2019 ; Ord. n° 2019-1067, 21 oct. 2019, art. 6, I ; mod. à compter la date prévue au I de l'article 15 de l'ordonnance n° 2019-1169 du 13 novembre 2019 et au plus tard le 15 décembre 2019, Ord. n° 2019-1169, 13 nov. 2019 ; mod. à compter des assemblées générales statuant sur le premier exercice clos après le 28 novembre 2019, Ord. n° 2019-1234, 27 nov. 2019 ; mod., L. n° 2020-1508, 3 déc. 2020, art. 18, 2° ; L. n° 2020-1525, 7 déc. 2020 ; L. n° 2020-1672, 24 déc. 2020 ; mod. à compter du 1er janvier 2021, Ord. n° 2020-1142, 16 sept. 2020 ; mod., Ord. n° 2021-649, 26 mai 2021 ; Ord. n° 2021-859, 30 juin 2021 ; L. n° 2021-875, 1er juill. 2021 ; mod. à compter du 1er octobre 2021, Ord. n° 2021-1193, 15 sept. 2021).* – I. – Sous réserve des adaptations prévues dans les chapitres ci-après, les dispositions suivantes du présent code sont applicables dans les îles Wallis-et-Futuna :

1° Le livre Ier, à l'exception des articles L. 123-29 à L. 123-31, L. 124-1 à L. 126-1, L. 135-1 à L. 135-3 ;

L'article L. 123-6 est applicable dans sa rédaction résultant de l'ordonnance n° 2016-1635 du 1er décembre 2016 renforçant le dispositif français de lutte contre le blanchiment et le financement du terrorisme ;

L'article L. 123-16 est applicable dans sa rédaction résultant de la loi n° 2019-486 du 22 mai 2019 relative à la croissance et la transformation des entreprises ;

L'article L. 123-16-2 est applicable dans sa rédaction résultant de la loi n° 2021-875 du 1er juillet 2021 visant à améliorer la trésorerie des associations ;

Les articles L. 141-12, L. 141-18, L. 141-21, L. 143-6 et L. 144-6 sont applicables dans leur rédaction résultant de la loi n° 2019-486 du 22 mai 2019 relative à la croissance et la transformation des entreprises.

Les articles L. 151-1 à L. 152-1 et L. 152-3 à L. 154-1 sont applicables dans leur rédaction résultant de la loi n° 2018-670 du 30 juillet 2018 relative à la protection du secret des affaires ;

L'article L. 152-2 est applicable dans sa rédaction résultant de la loi n° 2019-486 du 22 mai 2019 relative à la croissance et la transformation des entreprises ;

Les articles L. 143-17 et L. 143-23 sont applicables dans leur rédaction résultant de l'ordonnance n° 2019-1169 du 13 novembre 2019 relative aux marques de produits ou de services ;

2° Le livre II, à l'exception des articles L. 225-27-1, L. 225-79-2, L. 225-245-1, L. 227-2, L. 227-2-1, L. 229-1 à L. 229-15, L. 238-6, L. 244-5, L. 252-1 à L. 252-13, L. 22-10-7 et L. 22-10-24 ;

Les articles L. 223-27, L. 227-10 et L. 227-19 sont applicables dans leur rédaction résultant de l'ordonnance n° 2017-747 du 4 mai 2017 ;

Les articles L. 228-40, L. 228-46-1, L. 228-47, L. 228-53, L. 228-54, L. 228-58, L. 228-59, L. 228-61, L. 228-65, L. 228-73, L. 228-77 et L. 228-79 à L. 228-81 sont applicables dans leur rédaction issue de l'ordonnance n° 2017-970 du 10 mai 2017 ;

L'article L. 632-1 est applicable dans sa rédaction résultant de l'ordonnance n° 2020-1142 du 16 septembre 2020 ;

Les articles L. 232-25 et L. 232-26 sont applicables dans leur rédaction résultant de la loi n° 2019-486 du 22 mai 2019 précitée ;

Les articles L. 223-26, L. 225-37, L. 225-102, L. 225-102-2 sont applicables dans leur rédaction résultant de l'ordonnance n° 2017-1162 du 12 juillet 2017.

L'article L. 225-35-14 est applicable dans sa rédaction résultant de l'ordonnance n° 2017-1107 du 22 juin 2017 ;

L'article L. 232-1 est applicable dans sa rédaction résultant de la loi n° 2018-727 du 10 août 2018 pour un État au service d'une société de confiance ;

Les articles L. 210-10 à L. 210-12, L. 221-9, L. 223-35, L. 225-7, L. 225-16, L. 225-26, L. 225-30-2, L. 225-35, L. 225-40, L. 225-40-1, L. 225-42, L. 225-44, L. 225-64, L. 225-73, L. 225-80, L. 225-88, L. 225-88-1, L. 225-90, L. 225-115, L. 225-204, L. 225-244, L. 225-261, L. 225-268, L. 226-6, L. 226-9, L. 227-1, L. 227-9-1, L. 228-1 à L. 228-3-6, L. 228-11, L. 228-12, L. 228-19, L. 228-98, L. 232-1, L. 232-3, L. 232-19, L. 232-25, L. 232-26, L. 235-1, L. 236-6, L. 236-9, L. 236-10 et L. 23-11-1 à L. 23-11-4 sont applicables dans leur rédaction résultant de la loi n° 2019-486 du 22 mai 2019 relative à la croissance et la transformation des entreprises ;

Les articles L. 225-42-1 et L. 225-90-1 sont applicables dans leur rédaction résultant de l'ordonnance n° 2019-697 du 3 juillet 2019.

Les articles L. 223-11, L. 225-11-2, L. 225-12, L. 225-131, L. 225-134, L. 225-145, L. 228-39, L. 228-51, L. 232-23, L. 242-1, L. 242-17 et L. 253-1 sont applicables dans leur rédaction résultant de l'ordonnance [n° 2019-1067] du [21 octobre 2019].

L'article L. 225-32 est applicable dans sa rédaction résultant de l'ordonnance n° 2019-738 du 17 juillet 2019.

Les articles L. 225-22-1, L. 225-37-2, L. 225-37-3, L. 225-45, L. 225-46, L. 225-47, L. 225-53, L. 225-63, L. 225-79-1, L. 225-82-2, L. 225-83, L. 225-84, L. 225-90-1, L. 225-100, L. 225-185, L. 225-197-1, L. 226-4, L. 226-8, L. 226-8-1 et L. 226-8-2 sont applicables dans leur rédaction résultant de l'ordonnance n° 2019-1234 du 27 novembre 2019 relative à la rémunération des mandataires sociaux des sociétés cotées ;

Les articles L. 221-7, L. 225-1, L. 225-18-1, L. 225-23, L. 225-27, L. 225-37-4, L. 225-39, L. 225-45, L. 225-46, L. 225-47, L. 225-53, L. 225-58, L. 225-63, L. 225-68, L. 225-69-1, L. 225-71, L. 225-81, L. 225-83, L. 225-84, L. 225-85, L. 225-87, L. 225-96, L. 225-98, L. 225-99, L. 225-100, L. 225-100-1, L. 225-102-1, L. 225-102-3, L. 225-103-1, L. 225-106, L. 225-122, L. 225-123, L. 225-124, L. 225-125, L. 225-130, L. 225-135, L. 225-136, L. 225-138, L. 225-146, L. 225-147, L. 225-147-1, L. 225-149-3, L. 225-177, L. 225-179, L. 225-185, L. 225-186, L. 225-197-1, L. 225-206, L. 225-208, L. 225-209-2, L. 225-211, L. 225-213, L. 225-214, L. 225-217, L. 225-218, L. 225-228, L. 225-231, L. 225-232, L. 225-252, L. 225-256, L. 226-1, L. 226-4-1, L. 226-8, L. 226-10, L. 226-10-1, L. 228-15 et L. 228-35-9 sont applicables dans leur rédaction résultant de l'ordonnance n° 2020-1142 du 16 septembre 2020 ;

Les articles L. 22-10-1 à L. 22-10-6, L. 22-10-8 à L. 22-10-23, L. 22-10-25 à L. 22-10-78 sont applicables dans leur rédaction résultant de l'ordonnance n° 2020-1142 du 16 septembre 2020 ;

3° Le livre III, à l'exception des articles L. 321-1 à L. 321-38 ;

4° Les dispositions du livre IV mentionnées dans la colonne de gauche du tableau ci-après sont applicables dans les îles Wallis-et-Futuna dans leur rédaction indiquée dans la colonne de droite du même tableau.

DISPOSITIONS APPLICABLES	DANS LEUR RÉDACTION RÉSULTANT DE
TITRE Ier	
Article L. 410-1	l'ordonnance n° 2021-649 du 26 mai 2021
Article L. 410-2	l'ordonnance n° 2008-1161 du 13 novembre 2008
Articles L. 410-3 et L. 410-4	la loi n° 2012-1270 du 20 novembre 2012
Article L. 410-5	l'ordonnance n° 2017-303 du 9 mars 2017
TITRE II	
Article L. 420-1	la loi n° 2001-420 du 15 mai 2001
Article L. 420-2	l'ordonnance n° 2019-698 du 3 juillet 2019
Article L. 420-2-1	la loi n° 2012-1270 du 20 novembre 2012
Articles L. 420-3 et L. 420-4	la loi n° 2016-1920 du 29 décembre 2016
Article L. 420-5	la loi n° 2018-938 du 30 octobre 2018
Article L. 420-6 et L. 420-6-1	l'ordonnance n° 2021-649 du 26 mai 2021
Article L. 420-7	l'ordonnance n° 2011-337 du 29 mars 2011
TITRE III	
Article L. 430-1	la loi n° 2001-420 du 15 mai 2001
Articles L. 430-2 à L. 430-5	la loi n° 2015-990 du 6 août 2015
Article L. 430-6	la loi n° 2008-776 du 4 août 2008
Articles L. 430-7 à L. 430-8	la loi n° 2015-990 du 6 août 2015
Articles L. 430-9 et L. 430-10	la loi n° 2008-776 du 4 août 2008
TITRE IV	
Article L. 440-1	la loi n° 2018-670 du 30 juillet 2018
Articles L. 441-1 et L. 441-2	l'ordonnance n° 2019-359 du 24 avril 2019
Article L. 441-3	la loi n° 2020-1525 du 7 décembre 2020
Article L. 441-4	l'ordonnance n° 2021-859 du 30 juin 2021
Articles L. 441-5 et L. 441-6	l'ordonnance n° 2019-359 du 24 avril 2019
Articles L. 441-8 à L. 441-10	l'ordonnance n° 2019-359 du 24 avril 2019
Articles L. 441-11 et L. 441-12	l'ordonnance n° 2021-859 du 30 juin 2021
Articles L. 441-13 et L. 441-14	l'ordonnance n° 2019-359 du 24 avril 2019
Article L. 441-16	l'ordonnance n° 2021-859 du 30 juin 2021
Article L. 442-1	la loi n° 2020-1525 du 7 décembre 2020

DISPOSITIONS APPLICABLES	DANS LEUR RÉDACTION RÉSULTANT DE
Article L. 442-2	l'ordonnance n° 2019-359 du 24 avril 2019
Article L. 442-3	la loi n° 2020-1508 du 3 décembre 2020
Articles L. 442-4 à L. 442-6	l'ordonnance n° 2019 359 du 24 avril 2019
Articles L. 442-8 à L. 442-11	l'ordonnance n° 2019-359 du 24 avril 2019
Articles L. 443-1 à L. 443-3	l'ordonnance n° 2019-359 du 24 avril 2019
Articles L. 443-5 à L. 443-7	l'ordonnance n° 2021-859 du 30 juin 2021
TITRE IV *bis*	
Article L. 444-1	la loi n° 2015-990 du 6 août 2015
Article L. 444-2	la loi n° 2019-222 du 23 mars 2019
Articles L. 444-3	la loi n° 2015-990 du 6 août 2015
Article L. 444-4	l'ordonnance n° 2016-301 du 14 mars 2016
Article L. 444-5	la loi n° 2015-990 du 6 août 2015
Article L. 444-6	l'ordonnance n° 2017-303 du 9 mars 2017
Article L. 444-7	la loi n° 2019-222 du 23 mars 2019
TITRE V	
Article L. 450-1	l'ordonnance n° 2021-649 du 26 mai 2021
Article L. 450-2	la loi n° 2014-344 du 17 mars 2014
Article L. 450-2-1	la loi n° 2020-1525 du 7 décembre 2020
Article L. 450-3	l'ordonnance n° 2021-649 du 26 mai 2021
Article L. 450-3-1	la loi n° 2014-344 du 17 mars 2014
Article L. 450-3-2	la loi n° 2017-256 du 28 février 2017
Article L. 450-3-3	la loi n° 2019-486 du 22 mai 2019
Article L. 450-4	l'ordonnance n° 2021-649 du 26 mai 2021
Article L. 450-5	la loi n° 2016-1920 du 29 décembre 2016
Article L. 450-6	l'ordonnance n° 2008-1161 du 13 novembre 2008
Article L. 450-7 à L. 450-10	l'ordonnance n° 2021-649 du 26 mai 2021
TITRE VI	
Articles L. 461-1 et L. 461-2	la loi n° 2017-55 du 20 janvier 2017
Article L. 461-3	la loi n° 2015-990 du 6 août 2015
Articles L. 461-4 et L. 461-5	la loi n° 2017-55 du 20 janvier 2017
Article L. 462-1	la loi n° 2015-1268 du 14 octobre 2015

DISPOSITIONS APPLICABLES	DANS LEUR RÉDACTION RÉSULTANT DE
Article L. 462-2	l'ordonnance n° 2000-912 du 18 septembre 2000
Article L. 462-2-1	la loi n° 2015-990 du 6 août 2015
Article L. 462-3	l'ordonnance n° 2017-303 du 9 mars 2017
Article L. 462-4	l'ordonnance n° 2008-1161 du 13 novembre 2008
Article L. 462-4-1	la loi n° 2015-990 du 6 août 2015
Article L. 462-5	la loi n° 2016-1920 du 29 décembre 2016
Articles L. 462-6, L. 462-7 et L. 462-8	l'ordonnance n° 2021-649 du 26 mai 2021
Article L. 463-1	l'ordonnance n° 2021-649 du 26 mai 2021
Articles L. 463-2 à L. 463-5	l'ordonnance n° 2008-1161 du 13 novembre 2008
Article L. 463-6	l'ordonnance n° 2021-649 du 26 mai 2021
Article L. 463-7	l'ordonnance n° 2008-1161 du 13 novembre 2008
Article L. 463-8	la loi n° 2001-420 du 15 mai 2001
Article L. 464-1 et L. 464-2	l'ordonnance n° 2021-649 du 26 mai 2021
Article L. 464-3	l'ordonnance n° 2008-1161 du 13 novembre 2008
Article L. 464-4	l'ordonnance n° 2004-1173 du 4 novembre 2004
Article L. 464-5	l'ordonnance n° 2008-1161 du 13 novembre 2008
Articles L. 464-6 et L. 464-6-1	l'ordonnance n° 2008-1161 du 13 novembre 2008
Article L. 464-6-2	l'ordonnance n° 2004-274 du 25 mars 2004
Article L. 464-7	l'ordonnance n° 2008-1161 du 13 novembre 2008
Article L. 464-8	la loi n° 2012-1270 du 20 novembre 2012
Article L. 464-8-1	la loi n° 2016-1547 du 18 novembre 2016
Article L. 464-8-2	l'ordonnance n° 2021-649 du 26 mai 2021
Article L. 464-9	la loi n° 2016-1920 du 29 décembre 2016
Article L. 464-10	l'ordonnance n° 2021-649 du 26 mai 2021
TITRE VII	
Article L. 470-1	l'ordonnance n° 2017-303 du 9 mars 2017
TITRE VIII	
Articles L. 481-1 à L. 483-1	l'ordonnance n° 2017-303 du 9 mars 2017
Articles L. 483-4 à L. 483-11	l'ordonnance n° 2017-303 du 9 mars 2017

DISPOSITIONS APPLICABLES	DANS LEUR RÉDACTION RÉSULTANT DE
TITRE IX	
Articles L. 490-3 et L. 490-4	l'ordonnance n° 2019-698 du 3 juillet 2019
Articles L. 490-5 à L. 490-8	l'ordonnance n° 2017-303 du 9 mars 2017
Articles L. 490-10 à L. 490-12	l'ordonnance n° 2017-303 du 9 mars 2017
Articles L. 490-13 et L. 490-14	l'ordonnance n° 2021-649 du 26 mai 2021

5° Les dispositions du livre V mentionnées dans la colonne de gauche du tableau ci-après sont applicables dans les îles Wallis-et-Futuna, dans leur rédaction indiquée dans la colonne de droite du même tableau.

DISPOSITIONS APPLICABLES	DANS LEUR RÉDACTION RÉSULTANT DE
Articles L. 511-1 à L. 511-25	l'ordonnance n° 2000-912 du 18 septembre 2000 relative à la partie législative du Code de commerce
Articles L. 511-26 à L. 511-30	l'ordonnance n° 2000-912 du 18 septembre 2000 relative à la partie législative du Code de commerce
Article L. 511-31	la loi n° 2005-845 du 26 juillet 2005 de sauvegarde des entreprises
Articles L. 511-32 à L. 511-37	l'ordonnance n° 2000-912 du 18 septembre 2000 relative à la partie législative du Code de commerce
Articles L. 511-38 à L. 511-81	l'ordonnance n° 2000-912 du 18 septembre 2000 relative à la partie législative du Code de commerce
Articles L. 512-1 à L. 512-8	l'ordonnance n° 2000-912 du 18 septembre 2000 relative à la partie législative du Code de commerce
Article L. 521-1	l'ordonnance n° 2000-912 du 18 septembre 2000 relative à la partie législative du Code de commerce
Article L. 521-3	l'ordonnance n° 2006-346 du 23 mars 2006 relative aux sûretés
Articles L. 523-1 à L. 523-8	l'ordonnance n° 2000-912 du 18 septembre 2000 relative à la partie législative du Code de commerce
Article L. 523-9	l'ordonnance n° 2013-544 du 27 juin 2013 relative aux établissements de crédit et aux sociétés de financement
Articles L. 523-10 à L. 523-15	l'ordonnance n° 2000-912 du 18 septembre 2000 relative à la partie législative du Code de commerce
Articles L. 524-1 à L. 524-6	l'ordonnance n° 2000-912 du 18 septembre 2000 relative à la partie législative du Code de commerce
Article L. 524-7	l'ordonnance n° 2013-544 du 27 juin 2013 relative aux établissements de crédit et aux sociétés de financement
Articles L. 524-8 à L. 524-19	l'ordonnance n° 2000-912 du 18 septembre 2000 relative à la partie législative du Code de commerce

DISPOSITIONS APPLICABLES	DANS LEUR RÉDACTION RÉSULTANT DE
Articles L. 525-1 à L. 525-4	l'ordonnance n° 2000-912 du 18 septembre 2000 relative à la partie législative du Code de commerce
Articles L. 525-5 et L. 525-6	l'ordonnance n° 2000-912 du 18 septembre 2000 relative à la partie législative du Code de commerce et, à compter du 1er octobre 2016, l'ordonnance n° 2016-131 du 10 février 2016 portant réforme du droit des contrats, du régime général et de la preuve des obligations
Articles L. 525-7 à L. 525-20	l'ordonnance n° 2000-912 du 18 septembre 2000 relative à la partie législative du Code de commerce
Articles L. 526-5-1 à L. 526-17	la loi n° 2019-486 du 22 mai 2019 relative à la croissance et la transformation des entreprises
Article L. 526-18	la loi n° 2010-658 du 15 juin 2010 relative à l'entrepreneur individuel à responsabilité limitée
Article L. 526-19	la loi n° 2019-486 du 22 mai 2019 relative à la croissance et la transformation des entreprises
Articles L. 526-20 et L. 526-21	la loi n° 2010-658 du 15 juin 2010 relative à l'entrepreneur individuel à responsabilité limitée
Article L. 527-1	la loi n° 2016-1547 du 18 novembre 2016 de modernisation de la justice du XXIe siècle
Articles L. 527-2 et L. 527-3	l'ordonnance n° 2016-56 du 29 janvier 2016 relative au gage des stocks
Article L. 527-4	la loi n° 2016-1547 du 18 novembre 2016 de modernisation de la justice du XXIe siècle
Articles L. 527-5 à L. 527-9	l'ordonnance n° 2016-56 du 29 janvier 2016 relative au gage des stocks

6° Le livre VI dans les conditions suivantes :

a) **Le titre Ier ;**

Les articles L. 611-5 et L. 611-6 sont applicables dans leur rédaction résultant de la loi n° 2019-486 du 22 mai 2019 relative à la croissance et la transformation des entreprises.

Les articles L. 611-2, L. 611-2-2, L. 611-7, L. 611-10-2, L. 611-10-4 et L. 611-11 sont applicables dans leur rédaction résultant de l'ordonnance n° 2021-1193 du 15 septembre 2021 portant modification du livre VI du Code de commerce.

L'article L. 612-1 est applicable dans sa rédaction résultant de la loi n° 2019-486 du 22 mai 2019 relative à la croissance et la transformation des entreprises ;

b) Au titre II : le chapitre Ier à l'exclusion **de la dernière phrase du premier alinéa de l'article L. 621-4, dans sa rédaction résultant de la loi n° 2016-1547 du 18 novembre 2016 de modernisation de la justice du XXIe siècle ; les chapitres II à VIII, à l'exception des articles L. 622-19 et L. 625-9 ;**

Les articles L. 620-2, L. 621-2, L. 622-24, L. 626-12 et L. 626-27 sont applicables dans leur rédaction résultant de la loi n° 2019-486 du 22 mai 2019 relative à la croissance et la transformation des entreprises ;

Les articles L. 620-1, L. 621-3, L. 622-7, L. 622-8, L. 622-10, L. 622-17, L. 622-21, L. 622-25, L. 622-26, L. 622-33, L. 622-34, L. 624-2, L. 624-3-1, L. 624-21, L. 626-2, L. 626-2-1, L. 626-10, L. 626-18, L. 626-20, L. 626-22, L. 626-26, L. 626-29, L. 626-30, L. 626-30-1, L. 626-30-2, L. 626-31, L. 626-31-1, L. 626-32, L. 626-33, L. 626-34, L. 628-1, L. 628-2, L. 628-3, L. 628-4, L. 628-5, L. 628-6, L. 628-7 et L. 628-8 sont applicables dans leur rédaction résultant de l'ordonnance n° 2021-1193 du 15 septembre 2021 portant modification du livre VI du Code de commerce.

c) Le titre III ;

Les articles L. 631-2, L. 631-9 [et] L. 631-11 sont applicables dans leur rédaction résultant de la loi n° 2019-486 du 22 mai 2019 relative à la croissance et la transformation des entreprises ;

Les articles L. 631-1, L. 631-7, L. 631-14, L. 631-19, L. 631-19-2, L. 631-20, L. 631-22 et L. 632-1 sont applicables dans leur rédaction résultant de l'ordonnance n° 2021-1193 du 15 septembre 2021 portant modification du livre VI du Code de commerce.

d) Au titre IV :

– le chapitre préliminaire, à l'exclusion de l'article L. 640-2 qui est applicable dans sa rédaction résultant de la loi n° 2019-486 du 22 mai 2019 relative à la croissance et la transformation des entreprises ;

– le chapitre Ier, à l'exclusion de l'article L. 641-1, [de l'article] L. 641-3 et de l'article L. 641-11 qui sont applicables dans leur rédaction résultant de la loi n° 2019-486 du 22 mai 2019 relative à la croissance et la transformation des entreprises et des articles L. 641-2, L. 641-13 et L. 641-14 qui sont applicables dans leur rédaction résultant de l'ordonnance n° 2021-1193 du 15 septembre 2021 portant modification du livre VI du Code de commerce ;

– le chapitre II, à l'exclusion de l'article L. 642-7 qui est applicable dans sa rédaction résultant de la loi n° 2019-486 du 22 mai 2019 relative à la croissance et la transformation des entreprises et de l'article L. 642-12 qui est applicable dans sa rédaction résultant de l'ordonnance n° 2021-1193 du 15 septembre 2021 portant modification du livre VI du Code de commerce ;

– le chapitre III à l'exclusion des articles L. 643-3 et L. 643-8 qui sont applicables dans leur rédaction résultant de l'ordonnance n° 2021-1193 du 15 septembre 2021 portant modification du livre VI du Code de commerce ;

– le chapitre IV, à l'exclusion des articles L. 644-2 et L. 644-5 qui sont applicables dans leur rédaction résultant de la loi n° 2019-486 du 22 mai 2019 relative à la croissance et la transformation des entreprises et de l'article L. 644-4 qui est applicable dans sa rédaction résultant de l'ordonnance n° 2021-1193 du 15 septembre 2021 portant modification du livre VI du Code de commerce ;

– le chapitre V dans sa rédaction résultant de l'ordonnance n° 2014-1088 du 26 septembre 2014 complétant l'ordonnance n° 2014-326 du 12 mars 2014 portant réforme de la prévention des difficultés des entreprises et des procédures collectives, à l'exception de l'article L. 645-4 qui est applicable dans sa rédaction résultant de l'ordonnance n° 2016-727 du 2 juin 2016 relative à la désignation en justice, à titre habituel, des huissiers de justice et des commissaires-priseurs judiciaires en qualité de liquidateur ou d'assistant du juge commis dans certaines procédures prévues au titre IV du livre VI du Code de commerce, de l'article L. 645-1 qui est applicable dans sa rédaction résultant de l'ordonnance n° 2021-1193 du 15 septembre 2021 portant modification du livre VI du Code de commerce, des articles L. 645-3 et L. 645-9 qui sont applicables dans leur rédaction issue de la loi n° 2019-486 du 22 mai 2019 relative à la croissance et la transformation des entreprises et de l'article L. 645-11 qui est applicable dans sa rédaction résultant de la loi n° 2016-1547 du 18 novembre 2016 de modernisation de la justice du XXIe siècle ;

e) Le titre V, à l'exception de l'article L. 653-10.

L'article L. 651-2 est applicable dans sa rédaction résultant de l'ordonnance n° 2021-1193 du 15 septembre 2021 portant modification du livre VI du Code de commerce.

L'article L. 653-3 est applicable dans sa rédaction résultant de la loi n° 2019-486 du 22 mai 2019 relative à la croissance et la transformation des entreprises ;

L'article L. 654-4 est applicable dans sa rédaction résultant de l'ordonnance n° 2017-1107 du 22 juin 2017 ;

f) Le titre VI, à l'exception de l'article L. 662-7 ;

Les articles L. 661-1 et L. 661-7 sont applicables dans leur rédaction résultant de l'ordonnance n° 2021-1193 du 15 septembre 2021 portant modification du livre VI du Code de commerce.

f bis) Au titre VII : l'article L. 670-6 est applicable dans sa rédaction résultant de la loi n° 2019-486 du 22 mai 2019 relative à la croissance et la transformation des entreprises ;

g) Le titre VIII ;

7° Le titre Ier du livre VII, à l'exception des articles L. 711-5 et L. 711-9 ; les articles L. 721-3 à L. 721-6 ; l'article L. 752-27.

L'article L. 712-6 est applicable dans sa rédaction résultant de la loi n° 2019-486 du 22 mai 2019 relative à la croissance et la transformation des entreprises.

II. – Les dispositions du livre VIII sont applicables dans les îles Wallis-et-Futuna dans les conditions suivantes :

1° Les dispositions du titre Ier du livre VIII mentionnées dans la colonne de gauche du tableau ci-après sont applicables dans les îles Wallis-et-Futuna aux administrateurs judiciaires, dans leur rédaction indiquée dans la colonne de droite du même tableau.

DISPOSITIONS APPLICABLES	DANS LEUR RÉDACTION RÉSULTANT DE
Titre Ier	
L. 811-1	l'ordonnance n° 2008-1345 du 18 décembre 2008 portant réforme du droit des entreprises en difficulté
L. 811-2	la loi n° 2016-1547 du 18 novembre 2016 de modernisation de la justice du XXIe siècle
L. 811-3	la loi n° 2016-1547 du 18 novembre 2016 de modernisation de la justice du XXIe siècle
L. 811-5	la loi n° 2015-990 du 6 août 2015 pour la croissance, l'activité et l'égalité des chances économiques
L. 811-6	la loi n° 2005-845 du 26 juillet 2005 de sauvegarde des entreprises
L. 811-7	la loi n° 2003-7 du 3 janvier 2003 modifiant le livre VIII du Code de commerce
L. 811-8	l'ordonnance n° 2015-1287 du 15 octobre 2015 portant fusion de la Commission nationale d'inscription et de discipline des administrateurs judiciaires et de la Commission nationale d'inscription et de discipline des mandataires judiciaires
L. 811-9	la loi n° 2003-7 du 3 janvier 2003 modifiant le livre VIII du Code de commerce
L. 811-10	la loi n° 2016-1547 du 18 novembre 2016 de modernisation de la justice du XXIe siècle
L. 811-11	la loi n° 2005-845 du 26 juillet 2005 de sauvegarde des entreprises
L. 811-11-1	l'ordonnance n° 2005-1126 du 8 septembre 2005 relative au commissariat aux comptes
L. 811-11-2	l'ordonnance n° 2005-1126 du 8 septembre 2005 relative au commissariat aux comptes
L. 811-11-3	l'ordonnance n° 2008-1345 du 18 décembre 2008 portant réforme du droit des entreprises en difficulté
L. 811-12A	la loi n° 2003-7 du 3 janvier 2003 modifiant le livre VIII du Code de commerce
L. 811-12	L'ordonnance n° 2016-1635 du 1er décembre 2016
L. 811-13	la loi n° 2003-7 du 3 janvier 2003 modifiant le livre VIII du Code de commerce
L. 811-14	la loi n° 2011-331 du 28 mars 2011 de modernisation des professions judiciaires ou juridiques et certaines professions réglementées

DISPOSITIONS APPLICABLES	DANS LEUR RÉDACTION RÉSULTANT DE
L. 811-15	la loi n° 2003-7 du 3 janvier 2003 modifiant le livre VIII du Code de commerce
L. 811-15-1	la loi n° 2016-1547 du 18 novembre 2016 de modernisation de la justice du XXIe siècle
L. 811-16	la loi n° 2003-7 du 3 janvier 2003 modifiant le livre VIII du Code de commerce
L. 814-1	l'ordonnance n° 2015-1287 du 15 octobre 2015 portant fusion de la Commission nationale d'inscription et de discipline des administrateurs judiciaires et de la Commission nationale d'inscription et de discipline des mandataires judiciaires
L. 814-1-1	l'ordonnance n° 2015-1287 du 15 octobre 2015 portant fusion de la Commission nationale d'inscription et de discipline des administrateurs judiciaires et de la Commission nationale d'inscription et de discipline des mandataires judiciaires
L. 814-2	la loi n° 2011-331 du 28 mars 2011 de modernisation des professions judiciaires ou juridiques et certaines professions réglementées
L. 814-3	l'ordonnance n° 2006-346 du 23 mars 2006 relative aux sûretés
L. 814-4	la loi n° 2005-845 du 26 juillet 2005 de sauvegarde des entreprises
L. 814-5	la loi n° 2005-845 du 26 juillet 2005 de sauvegarde des entreprises
L. 814-8	la loi n° 2005-845 du 26 juillet 2005 de sauvegarde des entreprises
L. 814-9	la loi n° 2016-1547 du 18 novembre 2016 de modernisation de la justice du XXIe siècle
L. 814-10	la loi n° 2005-845 du 26 juillet 2005 de sauvegarde des entreprises
L. 814-11	la loi n° 2005-845 du 26 juillet 2005 de sauvegarde des entreprises
L. 814-12	la loi n° 2011-331 du 28 mars 2011 de modernisation des professions judiciaires ou juridiques et certaines professions réglementées
L. 814-13	la loi n° 2011-331 du 28 mars 2011 de modernisation des professions judiciaires ou juridiques et certaines professions réglementées
L. 814-14	la loi n° 2015-990 du 6 août 2015 pour la croissance, l'activité et l'égalité des chances économiques

DISPOSITIONS APPLICABLES	DANS LEUR RÉDACTION RÉSULTANT DE
L. 814-15	la loi n° 2016-1547 du 18 novembre 2016 de modernisation de la justice du XXIe siècle
L. 814-16	la loi n° 2016-1547 du 18 novembre 2016 de modernisation de la justice du XXIe siècle

2° Les dispositions du titre II du livre VIII mentionnées dans la colonne de gauche du tableau ci-après sont applicables dans les îles Wallis-et-Futuna, dans leur rédaction indiquée dans la colonne de droite du même tableau.

DISPOSITIONS APPLICABLES	DANS LEUR RÉDACTION RÉSULTANT DE
Titre II	
Chapitre préliminaire	
L. 820-1 et L. 820-1-1	La loi n° 2019-486 du 22 mai 2019 relative à la croissance et la transformation des entreprises
L. 820-2	L'ordonnance n° 2016-315 du 17 mars 2016 relative au commissariat aux comptes
L. 820-3	La loi n° 2016-1691 du 9 décembre 2016 relative à la transparence, à la lutte contre la corruption et à la modernisation de la vie économique
L. 820-3-1 à L. 820-7	L'ordonnance n° 2016-315 du 17 mars 2016 relative au commissariat aux comptes
Chapitre Ier	
L. 821-1	La loi n° 2019-486 du 22 mai 2019 relative à la croissance et la transformation des entreprises
L. 821-2	La loi n° 2016-1691 du 9 décembre 2016 relative à la transparence, à la lutte contre la corruption et à la modernisation de la vie économique
L. 821-3 à L. 821-4	L'ordonnance n° 2016-315 du 17 mars 2016 relative au commissariat aux comptes
L. 821-6	La loi n° 2019-486 du 22 mai 2019 relative à la croissance et la transformation des entreprises
L. 821-9 à L. 821-12-1	L'ordonnance n° 2016-315 du 17 mars 2016 relative au commissariat aux comptes
L. 821-12-2 et L. 821-12-3	La loi n° 2016-1691 du 9 décembre 2016 relative à la transparence, à la lutte contre la corruption et à la modernisation de la vie économique
L. 821-12-4 à L. 821-13	L'ordonnance n° 2016-315 du 17 mars 2016 relative au commissariat aux comptes
L. 821-14	La loi n° 2019-486 du 22 mai 2019 relative à la croissance et la transformation des entreprises
L. 821-15	L'ordonnance n° 2016-315 du 17 mars 2016 relative au commissariat aux comptes

DISPOSITIONS APPLICABLES	DANS LEUR RÉDACTION RÉSULTANT DE
Chapitre II	
L. 822-1 à L. 822-1-4	L'ordonnance n° 2016-315 du 17 mars 2016 relative au commissariat aux comptes
L. 822-1-5 et L. 822-1-6	La loi n° 2016-1691 du 9 décembre 2016 relative à la transparence, à la lutte contre la corruption et à la modernisation de la vie économique
L. 822-1-7 à L. 822-9	L'ordonnance n° 2016-315 du 17 mars 2016 relative au commissariat aux comptes
L. 822-10 et L. 822-11	La loi n° 2019-486 du 22 mai 2019 relative à la croissance et la transformation des entreprises
L. 822-11-1	La loi n° 2019-486 du 22 mai 2019 relative à la croissance et la transformation des entreprises
L. 822-11-2 à L. 822-13	L'ordonnance n° 2016-315 du 17 mars 2016 relative au commissariat aux comptes
L. 822-14	La loi n° 2021-875 du 1er juillet 2021 visant à améliorer la trésorerie des associations
L. 822-15	La loi n° 2019-486 du 22 mai 2019 relative à la croissance et la transformation des entreprises
L. 822-16 à L.822-19	L'ordonnance n° 2016-315 du 17 mars 2016 relative au commissariat aux comptes
Chapitre III	
L. 823-1	la loi n° 2016-1691 du 9 décembre 2016
L. 823-2	L'ordonnance n° 2016-315 du 17 mars 2016
L. 823-2-1 et L. 823-2-2	La loi n° 2019-486 du 22 mai 2019 relative à la croissance et la transformation des entreprises
L. 823-3	L'ordonnance n° 2016-315 du 17 mars 2016 relative au commissariat aux comptes
L. 823-3-1	la loi n° 2016-1691 du 9 décembre 2016
L. 823-3-2	La loi n° 2019-486 du 22 mai 2019 relative à la croissance et la transformation des entreprises
L. 823-4 à L. 823-9	l'ordonnance n° 2016-315 du 17 mars 2016
L. 823-10	l'ordonnance n° 2017-1180 du 19 juillet 2017
L. 823-11	L'ordonnance n° 2016-315 du 17 mars 2016
L. 823-12	L'ordonnance n° 2020-1142 du 16 septembre 2020
L. 823-12-1 et L. 823-12-2	La loi n° 2019-486 du 22 mai 2019 relative à la croissance et la transformation des entreprises
L. 823-13 et L. 823-14	L'ordonnance n° 2016-315 du 17 mars 2016
L. 823-15 et L. 823-16	la loi n° 2016-1691 du 9 décembre 2016

DISPOSITIONS APPLICABLES	DANS LEUR RÉDACTION RÉSULTANT DE
L. 823-16-1 à L. 823-18	L'ordonnance n° 2016-315 du 17 mars 2016
L. 823-18-1	La loi n° 2019-486 du 22 mai 2019 relative à la croissance et la transformation des entreprises
L. 823-19	L'ordonnance n° 2016-315 du 17 mars 2016
L. 823-20	La loi n° 2019-486 du 22 mai 2019 relative à la croissance et la transformation des entreprises
L. 823-21	l'ordonnance n° 2016-315 du 17 mars 2016
Chapitre IV	
L. 824-1 et L. 824-2	L'ordonnance n° 2016-1635 du 1er décembre 2016
L. 824-3	La loi n° 2019-486 du 22 mai 2019 relative à la croissance et la transformation des entreprises
L. 824-4	La loi n° 2016-1691 du 9 décembre 2016 relative à la transparence, à la lutte contre la corruption et à la modernisation de la vie économique
L. 824-5	La loi n° 2019-486 du 22 mai 2019 relative à la croissance et la transformation des entreprises
L. 824-6	L'ordonnance n° 2016-315 du 17 mars 2016 relative au commissariat aux comptes
L. 824-7	La loi n° 2016-1691 du 9 décembre 2016 relative à la transparence, à la lutte contre la corruption et à la modernisation de la vie économique
L. 824-8	La loi n° 2019-486 du 22 mai 2019 relative à la croissance et la transformation des entreprises
L. 824-10 et L. 824-11	La loi n° 2019-486 du 22 mai 2019 relative à la croissance et la transformation des entreprises
L. 824-12	L'ordonnance n° 2016-1635 du 1er décembre 2016
L. 824-13	La loi n° 2019-486 du 22 mai 2019 relative à la croissance et la transformation des entreprises
L. 824-14	La loi n° 2017-86 du 27 janvier 2017 relative à l'égalité et à la citoyenneté
L. 824-15	La loi n° 2017-86 du 27 janvier 2017 relative à l'égalité et à la citoyenneté
L. 824-16	La loi n° 2017-86 du 27 janvier 2017 relative à l'égalité et à la citoyenneté

Rédaction future. Art. L. 950-1 *(Mod., L. n° 2003-710, 1er août 2003 ; L. n° 2004-130, 11 févr. 2004 ; Ord. n° 2004-274, 25 mars 2004 ; L. n° 2005-842, 26 juill. 2005 ; mod. à compter du 1er janvier 2006, L. n° 2005-845, 26 juill. 2005 ; mod., Ord. n° 2006-673, 8 juin 2006 ; Ord. n° 2009-896, 24 juill. 2009 ; Ord. n° 2014-487, 15 mai 2014 ; mod. à compter d'une date fixée par décret et au plus tard le 19 décembre 2014, L. n° 2014-626, 18 juin 2014 ; mod. à compter du 17 juin 2016, Ord. n° 2016-315, 17 mars 2016 ; mod. à compter du 18 juin 2016, Ord. n° 2016-727, 2 juin 2016 puis à compter du 1er janvier 2017, Ord. n° 2016-727, 2 juin 2016 ; mod., L. n° 2016-1547, 18 nov. 2016 ; Ord. n° 2016-1635, 1er déc. 2016 ; L. n° 2016-1691, 9 déc. 2016 ; L. n° 2017-86, 27 janv. 2017 ; mod. à compter du*

11 mars 2017, Ord. n° 2017-303, 9 mars 2017 ; Ord. n° 2017-747, 4 mai 2017 ; Ord. n° 2017-970, 10 mai 2017 ; mod. à compter du 3 janvier 2018, Ord. n° 2017-1107, 22 juin 2017 ; Ord. n° 2017-1142, 7 juill. 2017 ; Ord. n° 2017-1162, 12 juill. 2017 ; Ord. n° 2017-1180, 19 juill. 2017 ; mod. à compter de la publication du décret prévu au 2° de l'article 2 de l'ordonnance n° 2017-1674 du 8 décembre 2017 et, au plus tard, le 1er juillet 2018, Ord. n° 2017-1674, 8 déc. 2017 ; D. n° 2018-670, 30 juill. 2018 ; L. n° 2018-727, 10 août 2018 ; L. n° 2018-938, 30 oct. 2018 ; L. n° 2019-222, 23 mars 2019 ; Ord. n° 2019-359, 24 avr. 2019 ; L. n° 2019-486, 22 mai 2019 ; Ord. n° 2019-697, 3 juill. 2019 ; Ord. n° 2019-738, 17 juill. 2019 ; Ord. n° 2019-848, 21 août 2019 ; Ord. n° 2019-1067, 21 oct. 2019 ; mod. à compter la date prévue au I de l'article 15 de l'ordonnance n° 2019-1169 du 13 novembre 2019 et au plus tard le 15 décembre 2019, Ord. n° 2019-1169, 13 nov. 2019 ; mod. à compter des assemblées générales statuant sur le premier exercice clos après le 28 novembre 2019, Ord. n° 2019-1234, 27 nov. 2019 ; mod., L. n° 2020-1508, 3 déc. 2020 ; L. n° 2020-1525, 7 déc. 2020 ; L. n° 2020-1672, 24 déc. 2020 ; mod. à compter du 1er janvier 2021, Ord. n° 2020-1142, 16 sept. 2020 ; mod., Ord. n° 2021-649, 26 mai 2021 ; Ord. n° 2021-859, 30 juin 2021 ; L. n° 2021-875, 1er juill. 2021 ; mod. à compter du 1er octobre 2021, Ord. n° 2021-1193, 15 sept. 2021 ; mod. à compter du 1er janvier 2022, Ord. n° 2021-1192, 15 sept. 2021). – I. – Sous réserve des adaptations prévues dans les chapitres ci-après, les dispositions suivantes du présent code sont applicables dans les îles Wallis-et-Futuna :

1° Le livre Ier, à l'exception des articles L. 123-29 à L. 123-31, L. 124-1 à L. 126-1, L. 135-1 à L. 135-3 ;

L'article L. 123-6 est applicable dans sa rédaction résultant de l'ordonnance n° 2016-1635 du 1er décembre 2016 renforçant le dispositif français de lutte contre le blanchiment et le financement du terrorisme ;

L'article L. 123-16 est applicable dans sa rédaction résultant de la loi n° 2019-486 du 22 mai 2019 relative à la croissance et la transformation des entreprises ;

L'article L. 123-16-2 est applicable dans sa rédaction résultant de la loi n° 2021-875 du 1er juillet 2021 visant à améliorer la trésorerie des associations ;

Les articles L. 141-12, L. 141-21 et L. 144-6 sont applicables dans leur rédaction résultant de la loi n° 2019-486 du 22 mai 2019 relative à la croissance et la transformation des entreprises.

Les articles L. 141-5, L. 141-6, L. 141-8, L. 141-9, L. 141-10, L. 141-18, L. 141-22, L. 142-1, L. 142-2, L. 142-3, L. 142-4, L. 142-5, L. 143-1, L. 143-2, L. 143-3, L. 143-5, L. 143-6, L. 143-10, L. 143-12, L. 143-13, L. 143-14, L. 143-15-1, L. 143-16, L. 143-17, L. 143-18, L. 143-19, L. 143-20 sont applicables dans leur rédaction résultant de l'ordonnance n° 2021-1192 du 15 septembre 2021.

Les articles L. 151-1 à L. 152-1 et L. 152-3 à L. 154-1 sont applicables dans leur rédaction résultant de la loi n° 2018-670 du 30 juillet 2018 relative à la protection du secret des affaires ;

L'article L. 152-2 est applicable dans sa rédaction résultant de la loi n° 2019-486 du 22 mai 2019 relative à la croissance et la transformation des entreprises ;

Les articles L. 143-17 et L. 143-23 sont applicables dans leur rédaction résultant de l'ordonnance n° 2019-1169 du 13 novembre 2019 relative aux marques de produits ou de services ;

2° Le livre II, à l'exception des articles L. 225-27-1, L. 225-79-2, L. 225-245-1, L. 227-2, L. 227-2-1, L. 229-1 à L. 229-15, L. 238-6, L. 244-5, L. 252-1 à L. 252-13, L. 22-10-7 et L. 22-10-24 ;

Les articles L. 223-27, L. 227-10 et L. 227-19 sont applicables dans leur rédaction résultant de l'ordonnance n° 2017-747 du 4 mai 2017 ;

Les articles L. 228-40, L. 228-46-1, L. 228-47, L. 228-53, L. 228-54, L. 228-58, L. 228-59, L. 228-61, L. 228-65, L. 228-73, L. 228-77 et L. 228-79 à L. 228-81 sont applicables dans leur rédaction issue de l'ordonnance n° 2017-970 du 10 mai 2017 ;

L'article L. 632-1 est applicable dans sa rédaction résultant de l'ordonnance n° 2020-1142 du 16 septembre 2020 ;

Les articles L. 232-25 et L. 232-26 sont applicables dans leur rédaction résultant de la loi n° 2019-486 du 22 mai 2019 précitée ;

Les articles L. 223-26, L. 225-37, L. 225-102, L. 225-102-2 sont applicables dans leur rédaction résultant de l'ordonnance n° 2017-1162 du 12 juillet 2017.

L'article L. 225-35-14 est applicable dans sa rédaction résultant de l'ordonnance n° 2017-1107 du 22 juin 2017 ;

L'article L. 232-1 est applicable dans sa rédaction résultant de la loi n° 2018-727 du 10 août 2018 pour un État au service d'une société de confiance ;

Les articles L. 210-10 à L. 210-12, L. 221-9, L. 223-35, L. 225-7, L. 225-16, L. 225-26, L. 225-30-2, L. 225-35, L. 225-40, L. 225-40-1, L. 225-42, L. 225-44, L. 225-64, L. 225-73, L. 225-80, L. 225-88, L. 225-88-1, L. 225-90, L. 225-115, L. 225-204, L. 225-244, L. 225-261, L. 225-268, L. 226-6, L. 226-9, L. 227-1, L. 227-9-1, L. 228-1 à L. 228-3-6, L. 228-11, L. 228-12, L. 228-19, L. 228-98, L. 232-1, L. 232-3, L. 232-19, L. 232-25, L. 232-26, L. 235-1, L. 236-6, L. 236-9, L. 236-10 et L. 23-11-1 à L. 23-11-4 sont applicables dans leur rédaction résultant de la loi n° 2019-486 du 22 mai 2019 relative à la croissance et la transformation des entreprises ;

Les articles L. 225-42-1 et L. 225-90-1 sont applicables dans leur rédaction résultant de l'ordonnance n° 2019-697 du 3 juillet 2019.

Les articles L. 223-11, L. 225-11-2, L. 225-12, L. 225-131, L. 225-134, L. 225-145, L. 228-39, L. 228-51, L. 232-23, L. 242-1, L. 242-17 et L. 253-1 sont applicables dans leur rédaction résultant de l'ordonnance [n° 2019-1067] du [21 octobre 2019].

L'article L. 225-32 est applicable dans sa rédaction résultant de l'ordonnance n° 2019-738 du 17 juillet 2019.

Les articles L. 225-22-1, L. 225-37-2, L. 225-37-3, L. 225-45, L. 225-46, L. 225-47, L. 225-53, L. 225-63, L. 225-79-1, L. 225-82-2, L. 225-83, L. 225-84, L. 225-90-1, L. 225-100, L. 225-185, L. 225-197-1, L. 226-4, L. 226-8, L. 226-8-1 et L. 226-8-2 sont applicables dans leur rédaction résultant de l'ordonnance n° 2019-1234 du 27 novembre 2019 relative à la rémunération des mandataires sociaux des sociétés cotées ;

Les articles L. 221-7, L. 225-1, L. 225-18-1, L. 225-23, L. 225-27, L. 225-37-4, L. 225-39, L. 225-45, L. 225-46, L. 225-47, L. 225-53, L. 225-58, L. 225-63, L. 225-68, L. 225-69-1, L. 225-71, L. 225-81, L. 225-83, L. 225-84, L. 225-85, L. 225-87, L. 225-96, L. 225-98, L. 225-99, L. 225-100, L. 225-100-1, L. 225-102-1, L. 225-102-3, L. 225-103-1, L. 225-106, L. 225-122, L. 225-123, L. 225-124, L. 225-125, L. 225-130, L. 225-135, L. 225-136, L. 225-138, L. 225-146, L. 225-147, L. 225-147-1, L. 225-149-3, L. 225-177, L. 225-179, L. 225-185, L. 225-186, L. 225-197-1, L. 225-206, L. 225-208, L. 225-209-2, L. 225-211, L. 225-213, L. 225-214, L. 225-217, L. 225-218, L. 225-228, L. 225-231, L. 225-232, L. 225-252, L. 225-256, L. 226-1, L. 226-4-1, L. 226-8, L. 226-10, L. 226-10-1, L. 228-15 et L. 228-35-9 sont applicables dans leur rédaction résultant de l'ordonnance n° 2020-1142 du 16 septembre 2020 ;

Les articles L. 22-10-1 à L. 22-10-6, L. 22-10-8 à L. 22-10-23, L. 22-10-25 à L. 22-10-78 sont applicables dans leur rédaction résultant de l'ordonnance n°2020-1142 du 16 septembre 2020 ;

3° Le livre III, à l'exception des articles L. 321-1 à L. 321-38 ;

4° Les dispositions du livre IV mentionnées dans la colonne de gauche du tableau ci-après sont applicables dans les îles Wallis-et-Futuna dans leur rédaction indiquée dans la colonne de droite du même tableau.

DISPOSITIONS APPLICABLES	DANS LEUR RÉDACTION RÉSULTANT DE
TITRE Ier	
Article L. 410-1	l'ordonnance n° 2021-649 du 26 mai 2021
Article L. 410-2	l'ordonnance n° 2008-1161 du 13 novembre 2008
Articles L. 410-3 et L. 410-4	la loi n° 2012-1270 du 20 novembre 2012
Article L. 410-5	l'ordonnance n° 2017-303 du 9 mars 2017
TITRE II	
Article L. 420-1	la loi n° 2001-420 du 15 mai 2001
Article L. 420-2	l'ordonnance n° 2019-698 du 3 juillet 2019
Article L. 420-2-1	la loi n° 2012-1270 du 20 novembre 2012
Articles L. 420-3 et L. 420-4	la loi n° 2016-1920 du 29 décembre 2016
Article L. 420-5	la loi n° 2018-938 du 30 octobre 2018
Article L. 420-6 et L. 420-6-1	l'ordonnance n° 2021-649 du 26 mai 2021
Article L. 420-7	l'ordonnance n° 2011-337 du 29 mars 2011
TITRE III	
Article L. 430-1	la loi n° 2001-420 du 15 mai 2001
Articles L. 430-2 à L. 430-5	la loi n° 2015-990 du 6 août 2015
Article L. 430-6	la loi n° 2008-776 du 4 août 2008
Articles L. 430-7 à L. 430-8	la loi n° 2015-990 du 6 août 2015
Articles L. 430-9 et L. 430-10	la loi n° 2008-776 du 4 août 2008
TITRE IV	
Article L. 440-1	la loi n° 2018-670 du 30 juillet 2018
Articles L. 441-1 et L. 441-2	l'ordonnance n° 2019-359 du 24 avril 2019
Article L. 441-3	la loi n° 2020-1525 du 7 décembre 2020
Article L. 441-4	l'ordonnance n° 2021-859 du 30 juin 2021
Articles L. 441-5 et L. 441-6	l'ordonnance n° 2019-359 du 24 avril 2019

DISPOSITIONS APPLICABLES	DANS LEUR RÉDACTION RÉSULTANT DE
Articles L. 441-8 à L. 441-10	l'ordonnance n° 2019-359 du 24 avril 2019
Articles L. 441-11 et L. 441-12	l'ordonnance n° 2021-859 du 30 juin 2021
Articles L. 441-13 et L. 441-14	l'ordonnance n° 2019-359 du 24 avril 2019
Article L. 441-16	l'ordonnance n° 2021-859 du 30 juin 2021
Article L. 442-1	la loi n° 2020-1525 du 7 décembre 2020
Article L. 442-2	l'ordonnance n° 2019-359 du 24 avril 2019
Article L. 442-3	la loi n° 2020-1508 du 3 décembre 2020
Articles L. 442-4 à L. 442-6	l'ordonnance n° 2019 359 du 24 avril 2019
Articles L. 442-8 à L. 442-11	l'ordonnance n° 2019-359 du 24 avril 2019
Articles L. 443-1 à L. 443-3	l'ordonnance n° 2019-359 du 24 avril 2019
Articles L. 443-5 à L. 443-7	l'ordonnance n° 2021-859 du 30 juin 2021
TITRE IV *bis*	
Article L. 444-1	la loi n° 2015-990 du 6 août 2015
Article L. 444-2	la loi n° 2019-222 du 23 mars 2019
Articles L. 444-3	la loi n° 2015-990 du 6 août 2015
Article L. 444-4	l'ordonnance n° 2016-301 du 14 mars 2016
Article L. 444-5	la loi n° 2015-990 du 6 août 2015
Article L. 444-6	l'ordonnance n° 2017-303 du 9 mars 2017
Article L. 444-7	la loi n° 2019-222 du 23 mars 2019
TITRE V	
Article L. 450-1	l'ordonnance n° 2021-649 du 26 mai 2021
Article L. 450-2	la loi n° 2014-344 du 17 mars 2014
Article L. 450-2-1	la loi n° 2020-1525 du 7 décembre 2020
Article L. 450-3	l'ordonnance n° 2021-649 du 26 mai 2021
Article L. 450-3-1	la loi n° 2014-344 du 17 mars 2014
Article L. 450-3-2	la loi n° 2017-256 du 28 février 2017
Article L. 450-3-3	la loi n° 2019-486 du 22 mai 2019
Article L. 450-4	l'ordonnance n° 2021-649 du 26 mai 2021
Article L. 450-5	la loi n° 2016-1920 du 29 décembre 2016
Article L. 450-6	l'ordonnance n° 2008-1161 du 13 novembre 2008
Article L. 450-7 à L. 450-10	l'ordonnance n° 2021-649 du 26 mai 2021

DISPOSITIONS APPLICABLES	DANS LEUR RÉDACTION RÉSULTANT DE
TITRE VI	
Articles L. 461-1 et L. 461-2	la loi n° 2017-55 du 20 janvier 2017
Article L. 461-3	la loi n° 2015-990 du 6 août 2015
Articles L. 461-4 et L. 461-5	la loi n° 2017-55 du 20 janvier 2017
Article L. 462-1	la loi n° 2015-1268 du 14 octobre 2015
Article L. 462-2	l'ordonnance n° 2000-912 du 18 septembre 2000
Article L. 462-2-1	la loi n° 2015-990 du 6 août 2015
Article L. 462-3	l'ordonnance n° 2017-303 du 9 mars 2017
Article L. 462-4	l'ordonnance n° 2008-1161 du 13 novembre 2008
Article L. 462-4-1	la loi n° 2015-990 du 6 août 2015
Article L. 462-5	la loi n° 2016-1920 du 29 décembre 2016
Articles L. 462-6, L. 462-7 et L. 462-8	l'ordonnance n° 2021-649 du 26 mai 2021
Article L. 463-1	l'ordonnance n° 2021-649 du 26 mai 2021
Articles L. 463-2 à L. 463-5	l'ordonnance n° 2008-1161 du 13 novembre 2008
Article L. 463-6	l'ordonnance n° 2021-649 du 26 mai 2021
Article L. 463-7	l'ordonnance n° 2008-1161 du 13 novembre 2008
Article L. 463-8	la loi n° 2001-420 du 15 mai 2001
Article L. 464-1 et L. 464-2	l'ordonnance n° 2021-649 du 26 mai 2021
Article L. 464-3	l'ordonnance n° 2008-1161 du 13 novembre 2008
Article L. 464-4	l'ordonnance n° 2004-1173 du 4 novembre 2004
Article L. 464-5	l'ordonnance n° 2008-1161 du 13 novembre 2008
Articles L. 464-6 et L. 464-6-1	l'ordonnance n° 2008-1161 du 13 novembre 2008
Article L. 464-6-2	l'ordonnance n° 2004-274 du 25 mars 2004
Article L. 464-7	l'ordonnance n° 2008-1161 du 13 novembre 2008
Article L. 464-8	la loi n° 2012-1270 du 20 novembre 2012
Article L. 464-8-1	la loi n° 2016-1547 du 18 novembre 2016
Article L. 464-8-2	l'ordonnance n° 2021-649 du 26 mai 2021
Article L. 464-9	la loi n° 2016-1920 du 29 décembre 2016
Article L. 464-10	l'ordonnance n° 2021-649 du 26 mai 2021

DISPOSITIONS APPLICABLES	DANS LEUR RÉDACTION RÉSULTANT DE
TITRE VII	
Article L. 470-1	l'ordonnance n° 2017-303 du 9 mars 2017
TITRE VIII	
Articles L. 481-1 à L. 483-1	l'ordonnance n° 2017-303 du 9 mars 2017
Articles L. 483-4 à L. 483-11	l'ordonnance n° 2017-303 du 9 mars 2017
TITRE IX	
Articles L. 490-3 et L. 490-4	l'ordonnance n° 2019-698 du 3 juillet 2019
Articles L. 490-5 à L. 490-8	l'ordonnance n° 2017-303 du 9 mars 2017
Articles L. 490-10 à L. 490-12	l'ordonnance n° 2017-303 du 9 mars 2017
Articles L. 490-13 et L. 490-14	l'ordonnance n° 2021-649 du 26 mai 2021

5° Les dispositions du livre V mentionnées dans la colonne de gauche du tableau ci-après sont applicables dans les îles Wallis-et-Futuna, dans leur rédaction indiquée dans la colonne de droite du même tableau.

DISPOSITIONS APPLICABLES	DANS LEUR RÉDACTION RÉSULTANT DE
Articles L. 511-1 à L. 511-25	l'ordonnance n° 2000-912 du 18 septembre 2000 relative à la partie législative du Code de commerce
Articles L. 511-26 à L. 511-30	l'ordonnance n° 2000-912 du 18 septembre 2000 relative à la partie législative du Code de commerce
Article L. 511-31	la loi n° 2005-845 du 26 juillet 2005 de sauvegarde des entreprises
Articles L. 511-32 à L. 511-37	l'ordonnance n° 2000-912 du 18 septembre 2000 relative à la partie législative du Code de commerce
Articles L. 511-38 à L. 511-81	l'ordonnance n° 2000-912 du 18 septembre 2000 relative à la partie législative du Code de commerce
Articles L. 512-1 à L. 512-8	l'ordonnance n° 2000-912 du 18 septembre 2000 relative à la partie législative du Code de commerce
Articles L. 526-5-1 à L. 526-17	la loi n° 2019-486 du 22 mai 2019 relative à la croissance et la transformation des entreprises
Article L. 526-18	la loi n° 2010-658 du 15 juin 2010 relative à l'entrepreneur individuel à responsabilité limitée
Article L. 526-19	la loi n° 2019-486 du 22 mai 2019 relative à la croissance et la transformation des entreprises
Articles L. 526-20 et L. 526-21	la loi n° 2010-658 du 15 juin 2010 relative à l'entrepreneur individuel à responsabilité limitée

6° Le livre VI dans les conditions suivantes :

a) Le titre Ier ;

Les articles L. 611-5 et L. 611-6 sont applicables dans leur rédaction résultant de la loi n° 2019-486 du 22 mai 2019 relative à la croissance et la transformation des entreprises.

Les articles L. 611-2, L. 611-2-2, L. 611-7, L. 611-10-2, L. 611-10-4 et L. 611-11 sont applicables dans leur rédaction résultant de l'ordonnance n° 2021-1193 du 15 septembre 2021 portant modification du livre VI du Code de commerce

L'article L. 612-1 est applicable dans sa rédaction résultant de la loi n° 2019-486 du 22 mai 2019 relative à la croissance et la transformation des entreprises ;

b) Au titre II : le chapitre Ier à l'exclusion de la dernière phrase du premier alinéa de l'article L. 621-4, dans sa rédaction résultant de la loi n° 2016-1547 du 18 novembre 2016 de modernisation de la justice du XXIe siècle ; les chapitres II à VIII, à l'exception des articles L. 622-19 et L. 625-9 ;

Les articles L. 620-2, L. 621-2, L. 622-24, L. 626-12 et L. 626-27 sont applicables dans leur rédaction résultant de la loi n° 2019-486 du 22 mai 2019 relative à la croissance et la transformation des entreprises ;

Les articles L. 620-1, L. 621-3, L. 622-7, L. 622-8, L. 622-10, L. 622-17, L. 622-21, L. 622-25, L. 622-26, L. 622-33, L. 622-34, L. 624-2, L. 624-3-1, L. 624-21, L. 626-2, L. 626-2-1, L. 626-10, L. 626-18, L. 626-20, L. 626-22, L. 626-26, L. 626-29, L. 626-30, L. 626-30-1, L. 626-30-2, L. 626-31, L. 626-31-1, L. 626-32, L. 626-33, L. 626-34, L. 628-1, L. 628-2, L. 628-3, L. 628-4, L. 628-5, L. 628-6, L. 628-7 et L. 628-8 sont applicables dans leur rédaction résultant de l'ordonnance n° 2021-1193 du 15 septembre 2021 portant modification du livre VI du Code de commerce.

c) Le titre III ;

Les articles L. 631-2, L. 631-9 [et] L. 631-11 sont applicables dans leur rédaction résultant de la loi n° 2019-486 du 22 mai 2019 relative à la croissance et la transformation des entreprises ;

Les articles L. 631-1, L. 631-7, L. 631-14, L. 631-19, L. 631-19-2, L. 631-20, L. 631-22 et L. 632-1 sont applicables dans leur rédaction résultant de l'ordonnance n° 2021-1193 du 15 septembre 2021 portant modification du livre VI du Code de commerce.

d) Au titre IV :

– le chapitre préliminaire, à l'exclusion de l'article L. 640-2 qui est applicable dans sa rédaction résultant de la loi n° 2019-486 du 22 mai 2019 relative à la croissance et la transformation des entreprises ;

– le chapitre ler, à l'exclusion de l'article L. 641-1, [de l'article] L. 641-3 et de l'article L. 641-11 qui sont applicables dans leur rédaction résultant de la loi n° 2019-486 du 22 mai 2019 relative à la croissance et la transformation des entreprises et des articles L. 641-2, L. 641-13 et L. 641-14 qui sont applicables dans leur rédaction résultant de l'ordonnance n° 2021-1193 du 15 septembre 2021 portant modification du livre VI du Code de commerce ;

– le chapitre II, à l'exclusion de l'article L. 642-7 qui est applicable dans sa rédaction résultant de la loi n° 2019-486 du 22 mai 2019 relative à la croissance et la transformation des entreprises et de l'article L. 642-12 qui est applicable dans sa rédaction résultant de l'ordonnance n° 2021-1193 du 15 septembre 2021 portant modification du livre VI du Code de commerce ;

– le chapitre III à l'exclusion des articles L. 643-3 et L. 643-8 qui sont applicables dans leur rédaction résultant de l'ordonnance n° 2021-1193 du 15 septembre 2021 portant modification du livre VI du Code de commerce ;

– le chapitre IV, à l'exclusion des articles L. 644-2 et L. 644-5 qui sont applicables dans leur rédaction résultant de la loi n° 2019-486 du 22 mai 2019 relative à la croissance et la transformation des entreprises et de l'article L. 644-4 qui est applicable dans sa rédaction résultant de l'ordonnance n° 2021-1193 du 15 septembre 2021 portant modification du livre VI du Code de commerce ;

– le chapitre V dans sa rédaction résultant de l'ordonnance n° 2014-1088 du 26 septembre 2014 complétant l'ordonnance n° 2014-326 du 12 mars 2014 portant réforme de la prévention des difficultés des entreprises et des procédures collectives, à l'exception de l'article L. 645-4 qui est applicable dans sa rédaction résultant de l'ordonnance n° 2016-727 du 2 juin 2016 relative à la désignation en justice, à titre habituel, des huissiers de justice et des commissaires-priseurs judiciaires en qualité de liquidateur ou d'assistant du juge commis dans certaines procédures prévues au titre IV du livre VI du Code de commerce, de l'article L. 645-1 qui est applicable dans sa rédaction résultant de l'ordonnance n° 2021-1193 du 15 septembre 2021 portant modification du livre VI du Code de commerce, des articles L. 645-3 et L. 645-9 qui sont applicables dans leur rédaction issue de la loi n° 2019-486 du 22 mai 2019 relative à la croissance et la transformation des entreprises et de l'article L. 645-11 qui est applicable dans sa rédaction résultant de la loi n° 2016-1547 du 18 novembre 2016 de modernisation de la justice du XXIe siècle ;

e) Le titre V, à l'exception de l'article L. 653-10.

L'article L. 651-2 est applicable dans sa rédaction résultant de l'ordonnance n° 2021-1193 du 15 septembre 2021 portant modification du livre VI du Code de commerce.

L'article L. 653-3 est applicable dans sa rédaction résultant de la loi n° 2019-486 du 22 mai 2019 relative à la croissance et la transformation des entreprises ;

L'article L. 654-4 est applicable dans sa rédaction résultant de l'ordonnance n° 2017-1107 du 22 juin 2017 ;

f) Le titre VI, à l'exception de l'article L. 662-7 ;

Les articles L. 661-1 et L. 661-7 sont applicables dans leur rédaction résultant de l'ordonnance n° 2021-1193 du 15 septembre 2021 portant modification du livre VI du Code de commerce.

f bis) Au titre VII : l'article L. 670-6 est applicable dans sa rédaction résultant de la loi n° 2019-486 du 22 mai 2019 relative à la croissance et la transformation des entreprises ;

g) Le titre VIII ;

7° Le titre Ier du livre VII, à l'exception des articles L. 711-5 et L. 711-9 ; les articles L. 721-3 à L. 721-6 ; l'article L. 752-27.

L'article L. 712-6 est applicable dans sa rédaction résultant de la loi n° 2019-486 du 22 mai 2019 relative à la croissance et la transformation des entreprises.

II. – Les dispositions du livre VIII sont applicables dans les îles Wallis-et-Futuna dans les conditions suivantes :

1° Les dispositions du titre Ier du livre VIII mentionnées dans la colonne de gauche du tableau ci-après sont applicables dans les îles Wallis-et-Futuna aux administrateurs judiciaires, dans leur rédaction indiquée dans la colonne de droite du même tableau.

DISPOSITIONS APPLICABLES	DANS LEUR RÉDACTION RÉSULTANT DE
Titre Ier	
L. 811-1	l'ordonnance n° 2008-1345 du 18 décembre 2008 portant réforme du droit des entreprises en difficulté
L. 811-2	la loi n° 2016-1547 du 18 novembre 2016 de modernisation de la justice du XXIe siècle
L. 811-3	la loi n° 2016-1547 du 18 novembre 2016 de modernisation de la justice du XXIe siècle
L. 811-5	la loi n° 2015-990 du 6 août 2015 pour la croissance, l'activité et l'égalité des chances économiques
L. 811-6	la loi n° 2005-845 du 26 juillet 2005 de sauvegarde des entreprises
L. 811-7	la loi n° 2003-7 du 3 janvier 2003 modifiant le livre VIII du Code de commerce
L. 811-8	l'ordonnance n° 2015-1287 du 15 octobre 2015 portant fusion de la Commission nationale d'inscription et de discipline des administrateurs judiciaires et de la Commission nationale d'inscription et de discipline des mandataires judiciaires
L. 811-9	la loi n° 2003-7 du 3 janvier 2003 modifiant le livre VIII du Code de commerce
L. 811-10	la loi n° 2016-1547 du 18 novembre 2016 de modernisation de la justice du XXIe siècle
L. 811-11	la loi n° 2005-845 du 26 juillet 2005 de sauvegarde des entreprises
L. 811-11-1	l'ordonnance n° 2005-1126 du 8 septembre 2005 relative au commissariat aux comptes
L. 811-11-2	l'ordonnance n° 2005-1126 du 8 septembre 2005 relative au commissariat aux comptes
L. 811-11-3	l'ordonnance n° 2008-1345 du 18 décembre 2008 portant réforme du droit des entreprises en difficulté
L. 811-12A	la loi n° 2003-7 du 3 janvier 2003 modifiant le livre VIII du Code de commerce
L. 811-12	L'ordonnance n° 2016-1635 du 1er décembre 2016
L. 811-13	la loi n° 2003-7 du 3 janvier 2003 modifiant le livre VIII du Code de commerce
L. 811-14	la loi n° 2011-331 du 28 mars 2011 de modernisation des professions judiciaires ou juridiques et certaines professions réglementées

DISPOSITIONS APPLICABLES	DANS LEUR RÉDACTION RÉSULTANT DE
L. 811-15	la loi n° 2003-7 du 3 janvier 2003 modifiant le livre VIII du Code de commerce
L. 811-15-1	la loi n° 2016-1547 du 18 novembre 2016 de modernisation de la justice du XXIe siècle
L. 811-16	la loi n° 2003-7 du 3 janvier 2003 modifiant le livre VIII du Code de commerce
L. 814-1	l'ordonnance n° 2015-1287 du 15 octobre 2015 portant fusion de la Commission nationale d'inscription et de discipline des administrateurs judiciaires et de la Commission nationale d'inscription et de discipline des mandataires judiciaires
L. 814-1-1	l'ordonnance n° 2015-1287 du 15 octobre 2015 portant fusion de la Commission nationale d'inscription et de discipline des administrateurs judiciaires et de la Commission nationale d'inscription et de discipline des mandataires judiciaires
L. 814-2	la loi n° 2011-331 du 28 mars 2011 de modernisation des professions judiciaires ou juridiques et certaines professions réglementées
L. 814-3	l'ordonnance n° 2006-346 du 23 mars 2006 relative aux sûretés
L. 814-4	la loi n° 2005-845 du 26 juillet 2005 de sauvegarde des entreprises
L. 814-5	la loi n° 2005-845 du 26 juillet 2005 de sauvegarde des entreprises
L. 814-8	la loi n° 2005-845 du 26 juillet 2005 de sauvegarde des entreprises
L. 814-9	la loi n° 2016-1547 du 18 novembre 2016 de modernisation de la justice du XXIe siècle
L. 814-10	la loi n° 2005-845 du 26 juillet 2005 de sauvegarde des entreprises
L. 814-11	la loi n° 2005-845 du 26 juillet 2005 de sauvegarde des entreprises
L. 814-12	la loi n° 2011-331 du 28 mars 2011 de modernisation des professions judiciaires ou juridiques et certaines professions réglementées
L. 814-13	la loi n° 2011-331 du 28 mars 2011 de modernisation des professions judiciaires ou juridiques et certaines professions réglementées
L. 814-14	la loi n° 2015-990 du 6 août 2015 pour la croissance, l'activité et l'égalité des chances économiques

DISPOSITIONS APPLICABLES	DANS LEUR RÉDACTION RÉSULTANT DE
L. 814-15	la loi n° 2016-1547 du 18 novembre 2016 de modernisation de la justice du XXIe siècle
L. 814-16	la loi n° 2016-1547 du 18 novembre 2016 de modernisation de la justice du XXIe siècle

2° Les dispositions du titre II du livre VIII mentionnées dans la colonne de gauche du tableau ci-après sont applicables dans les îles Wallis-et-Futuna, dans leur rédaction indiquée dans la colonne de droite du même tableau.

DISPOSITIONS APPLICABLES	DANS LEUR RÉDACTION RÉSULTANT DE
Titre II	
Chapitre préliminaire	
L. 820-1 et L. 820-1-1	La loi n° 2019-486 du 22 mai 2019 relative à la croissance et la transformation des entreprises
L. 820-2	L'ordonnance n° 2016-315 du 17 mars 2016 relative au commissariat aux comptes
L. 820-3	La loi n° 2016-1691 du 9 décembre 2016 relative à la transparence, à la lutte contre la corruption et à la modernisation de la vie économique
L. 820-3-1 à L. 820-7	L'ordonnance n° 2016-315 du 17 mars 2016 relative au commissariat aux comptes
Chapitre Ier	
L. 821-1	La loi n° 2019-486 du 22 mai 2019 relative à la croissance et la transformation des entreprises
L. 821-2	La loi n° 2016-1691 du 9 décembre 2016 relative à la transparence, à la lutte contre la corruption et à la modernisation de la vie économique
L. 821-3 à L. 821-4	L'ordonnance n° 2016-315 du 17 mars 2016 relative au commissariat aux comptes
L. 821-6	La loi n° 2019-486 du 22 mai 2019 relative à la croissance et la transformation des entreprises
L. 821-9 à L. 821-12-1	L'ordonnance n° 2016-315 du 17 mars 2016 relative au commissariat aux comptes
L. 821-12-2 et L. 821-12-3	La loi n° 2016-1691 du 9 décembre 2016 relative à la transparence, à la lutte contre la corruption et à la modernisation de la vie économique
L. 821-12-4 à L. 821-13	L'ordonnance n° 2016-315 du 17 mars 2016 relative au commissariat aux comptes
L. 821-14	La loi n° 2019-486 du 22 mai 2019 relative à la croissance et la transformation des entreprises
L. 821-15	L'ordonnance n° 2016-315 du 17 mars 2016 relative au commissariat aux comptes

DISPOSITIONS APPLICABLES	DANS LEUR RÉDACTION RÉSULTANT DE
Chapitre II	
L. 822-1 à L. 822-1-4	L'ordonnance n° 2016-315 du 17 mars 2016 relative au commissariat aux comptes
L. 822-1-5 et L. 822-1-6	La loi n° 2016-1691 du 9 décembre 2016 relative à la transparence, à la lutte contre la corruption et à la modernisation de la vie économique
L. 822-1-7 à L. 822-9	L'ordonnance n° 2016-315 du 17 mars 2016 relative au commissariat aux comptes
L. 822-10 et L. 822-11	La loi n° 2019-486 du 22 mai 2019 relative à la croissance et la transformation des entreprises
L. 822-11-1	La loi n° 2019-486 du 22 mai 2019 relative à la croissance et la transformation des entreprises
L. 822-11-2 à L. 822-13	L'ordonnance n° 2016-315 du 17 mars 2016 relative au commissariat aux comptes
L. 822-14	La loi n° 2021-875 du 1er juillet 2021 visant à améliorer la trésorerie des associations
L. 822-15	La loi n° 2019-486 du 22 mai 2019 relative à la croissance et la transformation des entreprises
L. 822-16 à L.822-19	L'ordonnance n° 2016-315 du 17 mars 2016 relative au commissariat aux comptes
Chapitre III	
L. 823-1	la loi n° 2016-1691 du 9 décembre 2016
L. 823-2	L'ordonnance n° 2016-315 du 17 mars 2016
L. 823-2-1 et L. 823-2-2	La loi n° 2019-486 du 22 mai 2019 relative à la croissance et la transformation des entreprises
L. 823-3	L'ordonnance n° 2016-315 du 17 mars 2016 relative au commissariat aux comptes
L. 823-3-1	la loi n° 2016-1691 du 9 décembre 2016
L. 823-3-2	La loi n° 2019-486 du 22 mai 2019 relative à la croissance et la transformation des entreprises
L. 823-4 à L. 823-9	l'ordonnance n° 2016-315 du 17 mars 2016
L. 823-10	l'ordonnance n° 2017-1180 du 19 juillet 2017
L. 823-11	L'ordonnance n° 2016-315 du 17 mars 2016
L. 823-12	L'ordonnance n° 2020-1142 du 16 septembre 2020
L. 823-12-1 et L. 823-12-2	La loi n° 2019-486 du 22 mai 2019 relative à la croissance et la transformation des entreprises
L. 823-13 et L. 823-14	L'ordonnance n° 2016-315 du 17 mars 2016
L. 823-15 et L. 823-16	la loi n° 2016-1691 du 9 décembre 2016

DISPOSITIONS APPLICABLES	DANS LEUR RÉDACTION RÉSULTANT DE
L. 823-16-1 à L. 823-18	L'ordonnance n° 2016-315 du 17 mars 2016
L. 823-18-1	La loi n° 2019-486 du 22 mai 2019 relative à la croissance et la transformation des entreprises
L. 823-19	L'ordonnance n° 2016-315 du 17 mars 2016
L. 823-20	La loi n° 2019-486 du 22 mai 2019 relative à la croissance et la transformation des entreprises
L. 823-21	l'ordonnance n° 2016-315 du 17 mars 2016
Chapitre IV	
L. 824-1 et L. 824-2	L'ordonnance n° 2016-1635 du 1er décembre 2016
L. 824-3	La loi n° 2019-486 du 22 mai 2019 relative à la croissance et la transformation des entreprises
L. 824-4	La loi n° 2016-1691 du 9 décembre 2016 relative à la transparence, à la lutte contre la corruption et à la modernisation de la vie économique
L. 824-5	La loi n° 2019-486 du 22 mai 2019 relative à la croissance et la transformation des entreprises
L. 824-6	L'ordonnance n° 2016-315 du 17 mars 2016 relative au commissariat aux comptes
L. 824-7	La loi n° 2016-1691 du 9 décembre 2016 relative à la transparence, à la lutte contre la corruption et à la modernisation de la vie économique
L. 824-8	La loi n° 2019-486 du 22 mai 2019 relative à la croissance et la transformation des entreprises
L. 824-10 et L. 824-11	La loi n° 2019-486 du 22 mai 2019 relative à la croissance et la transformation des entreprises
L. 824-12	L'ordonnance n° 2016-1635 du 1er décembre 2016
L. 824-13	La loi n° 2019-486 du 22 mai 2019 relative à la croissance et la transformation des entreprises
L. 824-14	La loi n° 2017-86 du 27 janvier 2017 relative à l'égalité et à la citoyenneté
L. 824-15	La loi n° 2017-86 du 27 janvier 2017 relative à l'égalité et à la citoyenneté
L. 824-16	La loi n° 2017-86 du 27 janvier 2017 relative à l'égalité et à la citoyenneté

Art. L. 950-1-1 *(Mod., L. n° 2019-744, 19 juill. 2019)*. – I. – Les articles L. 141-6, L. 141-12 à L. 141-20, L. 141-22, L. 142-4, L. 143-7 et L. 143-11 sont applicables dans leur rédaction résultant de la loi n° 2015-990 du 6 août 2015 pour la croissance, l'activité et l'égalité des chances économiques.

Les articles L. 141-21 et L. 144-7 sont applicables dans leur rédaction résultant de la loi n° 2016-1691 du 9 décembre 2016 relative à la transparence, à la lutte contre la corruption et à la modernisation de la vie économique.

Rédaction future. I. – Les articles *(Mots rempl. à compter du 1er janvier 2022, Ord. n° 2021-1192, 15 sept. 2021)* « L. 141-13 à L. 141-17, L. 141-19, L. 141-20, L. 143-7 et L. 143-11 » sont applicables dans leur rédaction résultant de la loi n° 2015-990 du 6 août 2015 pour la croissance, l'activité et l'égalité des chances économiques.
(Mots rempl. à compter du 1er janvier 2022, Ord. n° 2021-1192, 15 sept. 2021) « L'article L. 144-7 est applicable dans sa » rédaction résultant de la loi n° 2016-1691 du 9 décembre 2016 relative à la transparence, à la lutte contre la corruption et à la modernisation de la vie économique.

II. – Les articles L. 223-9, L. 223-33, L. 224-3, L. 225-11, L. 225-124 et L. 227-1 sont applicables dans leur rédaction résultant de la loi n° 2016-1691 du 9 décembre 2016 précitée.

III. – *(Abrogé).*

IV. – *(Abrogé).*

V. – L'article L. 651-2 est applicable dans sa rédaction résultant de la loi n° 2016-1691 du 9 décembre 2016 précitée.

Art. L. 950-2 *(Mod., Ord. n° 2014-295, 6 mars 2014 ; Ord. n° 2019-964, 18 sept. 2019).* – Pour l'application du présent code dans les îles Wallis-et-Futuna, les termes énumérés ci-après sont remplacés comme suit :

1° « Tribunal judiciaire » par « tribunal de première instance » ;

2° « Tribunal de commerce » ou « justice consulaire » par « tribunal de première instance statuant en matière commerciale » ;

3° « Conseil de prud'hommes » par « tribunal du travail » ;

4° « Bulletin officiel des annonces civiles et commerciales » par « Journal officiel du territoire » ;

5° « Département » ou « arrondissement » par « territoire » ;

6° « Préfet » ou « sous-préfet » par « représentant de l'État dans le territoire » ;

7° « maire » ou « maire de la commune » par « chef de circonscription » ;

8° « Bureau des hypothèques » par « greffe du tribunal de première instance ».

Art. L. 950-3. – Les références faites, par des dispositions du présent code applicables dans les îles Wallis-et-Futuna, à d'autres articles du présent code, ne concernent que les articles rendus applicables dans les îles Wallis-et-Futuna avec les adaptations prévues dans les chapitres ci-dessous.

Art. L. 950-4. – En l'absence d'adaptation, les références faites par des dispositions du présent code applicables dans les îles Wallis-et-Futuna, à des dispositions qui n'y sont pas applicables, sont remplacées par les références aux dispositions ayant le même objet applicables localement.

Art. L. 950-5. – Les références faites par des dispositions du présent code applicables dans les îles Wallis-et-Futuna, à des dispositions du Code du travail n'y sont applicables que s'il existe une disposition applicable localement ayant le même objet.

Art. L. 950-6. – Les références à l'immatriculation au répertoire des métiers sont remplacées par les références à l'immatriculation faite conformément à la réglementation applicable dans les îles Wallis-et-Futuna.

Rédaction future. Art. L. 950-6. – Les références à l'immatriculation au *(Mots rempl. à compter du 1er janvier 2023, Ord. n° 2021-1189, 15 sept. 2021)* « registre national des entreprises en tant qu'entreprise du secteur des métiers et de l'artisanat » sont remplacées par les références à l'immatriculation faite conformément à la réglementation applicable dans les îles Wallis-et-Futuna.

Art. L. 950-7 *(Mod., Ord. n° 2014-487, 15 mai 2014).* – Les articles faisant référence à l'Union européenne sont applicables dans le respect de la décision d'association prévue à l'article 203 du traité sur le fonctionnement de l'Union européenne. Les références à l'accord sur l'Espace économique européen ne sont pas applicables.

CHAPITRE I. – DISPOSITIONS D'ADAPTATION DU LIVRE PREMIER

Art. L. 951-1 *(Abr., L. n° 2014-1, 2 janv. 2014).*

Art. L. 951-1-1 *(Ord. n° 2009-865, 15 juill. 2009).* – À l'article L. 123-11-3, les références au Code de la consommation et au Code du travail sont remplacées par des références aux dispositions applicables localement ayant le même objet.

Art. L. 951-1-2 *(Ord. n° 2009-865, 15 juill. 2009).* – Pour son application dans les îles Wallis-et-Futuna, l'article L. 123-11-6 est rédigé comme suit :

« Art. L. 123-11-6. – Les agents des douanes sont qualifiés pour procéder à la recherche et à la constatation des infractions aux dispositions des articles de la présente sous-section et des règlements pris pour leur application. À cet effet, ils agissent, conformément aux règles de recherche et de constatation des infractions déterminées par le Code des douanes. Les infractions sont constatées par des procès-verbaux faisant foi jusqu'à preuve du contraire et transmis directement au parquet. »

Art. L. 951-2. – Les dérogations prévues par les articles L. 123-25 à L. 123-27 sont applicables aux personnes physiques soumises à un régime simplifié d'imposition par la réglementation en vigueur localement.

Art. L. 951-3 *(Mod., L. n° 2007-1787, 20 déc. 2007).* – À l'article L. 133-6, les mots : « celles qui naissent des dispositions de l'article 1269 du nouveau Code de procédure civile » sont remplacés par les mots : « les demandes en révision de compte et en liquidation des fruits présentées en vue d'un redressement en cas d'erreur, d'omission ou de présentation inexacte ».

Art. L. 951-4. – Pour l'application des articles L. 141-15, L. 143-7, L. 144-1 à L. 144-13 et L. 145-28, un magistrat du tribunal de première instance peut être délégué par le président.

Art. L. 951-5. – À l'article L. 141-13, les mots : « par les articles 638 et 653 du Code général des impôts » sont remplacés par les mots : « par les dispositions du Code des impôts applicable dans le territoire ».

Art. L. 951-6 *(Abr., L. n° 2019-744, 19 juill. 2019).*

Art. L. 951-7 *(Mod., L. n° 2003-7, 3 janv. 2003 ; Ord. n° 2009-896, 24 juill 2009).* – L'article L. 145-2 est modifié ainsi qu'il suit :

I. – *(Abr.)* ;

II. – Au 6°, les mots : « à la caisse de sécurité sociale de la maison des artistes et reconnus auteurs d'œuvres graphiques et plastiques, tels que définis par l'article 71 de l'annexe III du Code général des impôts » sont remplacés par les mots : « à la caisse locale d'assurance sociale et reconnus auteurs d'œuvres graphiques et plastiques au sens du Code des impôts applicable dans le territoire ».

Art. L. 951-8 *(Mod., Ord. n° 2005-1527, 8 déc. 2005).* – Pour l'application de l'article L. 145-6, les mots : « l'évacuation des lieux compris dans un secteur ou périmètre prévu aux articles L. 313-4 à L. 313-4-2 du Code de l'urbanisme » sont remplacés par les mots « l'évacuation des lieux prévue à l'article L. 145-18 ».

Art. L. 951-9 *(Abr., L. n° 2014-626, 18 juin 2014).*

Art. L. 951-10. – Le deuxième alinéa de l'article L. 145-18 est ainsi rédigé :

« Il en est de même pour effectuer des opérations de restauration immobilière comportant des travaux de remise en état, de conservation, de modernisation ou de démolition ayant pour conséquence la transformation des conditions d'habitabilité d'un ensemble d'immeubles nécessitant l'évacuation des lieux. Ces opérations peuvent être décidées et exécutées dans le respect de la réglementation locale, soit par les autorités publiques localement compétentes, soit à l'initiative d'un ou de plusieurs propriétaires, groupés ou non en association syndicale. Dans ce dernier cas, ce ou ces propriétaires y sont spécialement autorisés dans des conditions fixées par le représentant de l'État, qui précisent notamment les engagements exigés des propriétaires quant à la nature et à l'importance des travaux. Les immeubles acquis par un organisme de rénovation ne peuvent, après restauration, être cédés de gré à gré qu'aux conditions d'un cahier des charges type approuvé par le représentant de l'État. »

Art. L. 951-11 *(Abr., Ord. n° 2009-896, 24 juill. 2009).*

Art. L. 951-12 *(Mod., Ord. n° 2004-604, 24 juin 2004).* – Le premier alinéa de l'article L. 145-34 est ainsi rédigé :

« À moins d'une modification notable des éléments mentionnés aux 1° à 4° de l'article L. 145-33, le taux de variation du loyer applicable lors de la prise d'effet du bail à renouveler, si sa durée n'est pas supérieure à neuf ans, ne peut excéder la variation d'un indice local trimestriel mesurant le coût de la construction intervenue

depuis la fixation initiale du loyer du bail expiré. Cet indice est calculé dans des conditions déterminées par arrêté du représentant de l'État. À défaut de clause contractuelle fixant le trimestre de référence de cet indice, il y a lieu de prendre en compte une variation de l'indice local trimestriel mesurant le coût de la construction fixé à cet effet par l'arrêté précité. »

Art. L. 951-13. – L'article L. 145-35 est modifié ainsi qu'il suit :

I. – Au premier alinéa, le mot : « départementale » est supprimé ;

II. – Le dernier alinéa est ainsi rédigé :

« La composition de la commission, le mode de désignation de ses membres et ses règles de fonctionnement sont fixés par arrêté du représentant de l'État. »

Art. L. 951-14. – L'article L. 145-43 est ainsi rédigé :

« Art. L. 145-43. – Sont dispensés de l'obligation d'exploiter pendant la durée de leur stage les commerçants et artisans, locataires du local dans lequel est situé leur fonds, qui sont admis à suivre un stage de conversion ou un stage de promotion conformément aux dispositions du Code du travail applicable dans le territoire. »

CHAPITRE II. – DISPOSITIONS D'ADAPTATION DU LIVRE DEUXIÈME

Art. L. 952-1 *(Ord. n° 2004-604, 24 juin 2004).* – Aux articles L. 225-177, L. 225-179 et L. 233-11, les mots : « la date de publication de la loi n° 2001-420 du 15 mai 2001 relative aux nouvelles régulations économiques » sont remplacés par les mots : « la date de publication de l'ordonnance n° 2004-604 du 24 juin 2004 portant réforme du régime des valeurs mobilières émises par les sociétés commerciales et extension à l'outre-mer de dispositions ayant modifié la législation commerciale ».

Art. L. 952-2 *(Mod., Ord. n° 2004-274, 25 mars 2004 ; L. n° 2015-990, 6 août 2015).* – I. – À l'article L. 223-1, les mots : « sur le territoire français » sont remplacés par les mots : « dans le territoire ».

II. – Aux articles L. 225-36 et L. 225-65, les mots : « dans le même département ou dans un département limitrophe » sont remplacés par les mots : « dans le territoire ».

Art. L. 952-3 *(Abr., L. n° 2009-323, 25 mars 2009).*

Art. L. 952-4 *(Ord. n° 2004-604, 24 juin 2004).* – Au 5° de l'article L. 225-115, les mots : « versements effectués en application des 1 et 4 de l'article 238 *bis* du Code général des impôts » sont remplacés par les mots : « déductions fiscales prévues par les dispositions de droit fiscal applicables dans le territoire et relatives au total des déductions du montant des bénéfices imposables des sociétés qui procèdent à des versements au profit d'œuvres d'organismes d'intérêt général, ou de sociétés agréées ou à des donations d'œuvre d'art à l'État ».

Art. L. 952-5 *(Mod., Ord. n° 2004-604, 24 juin 2004 ; Ord. n° 2005-1126, 8 sept. 2005).* – Aux articles L. 225-105, L. 823-6 et L. 225-231, les mots : « le comité d'entreprise » sont remplacés par les mots : « les délégués du personnel ».

Art. L. 952-6. – Aux articles L. 225-231, L. 232-3, L. 232-4, L. 234-1 et L. 234-2, les mots : « au comité d'entreprise » sont remplacés par les mots : « aux délégués du personnel ».

Art. L. 952-7. – Au VI de l'article L. 225-270, les mots : « les dispositions de l'article 94 A du Code général des impôts » sont remplacés par les mots : « les dispositions du Code des impôts applicable dans le territoire relatives aux gains nets en capital réalisés à l'occasion de la cession à titre onéreux de valeurs mobilières et de droits sociaux ».

Art. L. 952-8. – Le dernier alinéa de l'article L. 228-36 est supprimé.

Art. L. 952-9. – À l'article L. 233-24, les mots : « ou du VII de l'article 97 » sont supprimés.

Art. L. 952-10. – Le deuxième alinéa de l'article L. 251-7 est supprimé.

CHAPITRE III. – DISPOSITIONS D'ADAPTATION DU LIVRE TROISIÈME

Art. L. 953-1 *(Ord. n° 2004-274, 25 mars 2004)*. – Le III de l'article L. 310-2 et le 6° de l'article L. 310-5 sont supprimés.

Art. L. 953-2 *(Anc. art. L. 953-1, dénum., Ord. n° 2004-274, 25 mars 2004)*. – À l'article L. 322-1, les mots : « aux articles 53 de la loi n° 91-650 du 9 juillet 1991 relative à la réforme des procédures d'exécution et 945 du Code de procédure civile » sont remplacés par les mots : « aux dispositions de procédure civile applicables dans le territoire relatives à la vente de meubles dépendant d'une succession ».

Art. L. 953-3 *(Mod., L. n° 2011-850, 20 juill. 2011)*. – L'article L. 322-9 est ainsi rédigé :

« Les courtiers de marchandises assermentés se conforment aux dispositions prescrites par le Code des impôts applicable dans le territoire relatives aux ventes publiques et par enchères. »

CHAPITRE IV. – DISPOSITIONS D'ADAPTATION DU LIVRE QUATRIÈME

Art. L. 954-1 *(Ord. n° 2004-823, 19 août 2004 ; rempl., Ord. n° 2014-487, 15 mai 2014)*. – À l'article L. 420-7, les mots : « ainsi que dans les articles 81 et 82 du traité instituant la Communauté européenne » sont supprimés.

Art. L. 954-1-1 *(Ord. n° 2014-487, 15 mai 2014)*. – L'article L. 430-2 est ainsi modifié :

1° Aux premiers alinéas des I à III, le mot : « trois » est remplacé par le mot : « deux » ;

2° Les derniers alinéas des I à III sont supprimés ;

3° Le IV est abrogé.

Art. L. 954-2 *(Ord. n° 2004-823, 19 août 2004 ; L. n° 2015-990, 6 août 2015)*. – À l'article L. 430-3, la dernière phrase du premier alinéa est supprimée. Au troisième alinéa du même article, les mots : « , ou le renvoi total ou partiel d'une opération relevant de la compétence de l'Union européenne, » sont supprimés.

Art. L. 954-2-1 *(Ord. n° 2014-487, 15 mai 2014 ; mod., Ord. n° 2019-359, 24 avr. 2019)*. – Au dernier alinéa du III de l'article L. 440-1, les mots : « du présent code et aux articles L. 511-3, L. 511-21 et L. 511-22 du Code de la consommation » sont supprimés.

Art. L. 954-3 *(Anc. art. L. 954-1 dénum., Ord. n° 2004-823, 19 août 2004 ; mod., L. n° 2010-874, 27 juill. 2010)*. – *(Al. rempl., Ord. n° 2014-487, 15 mai 2014)* L'article *(Réf. rempl., Ord. n° 2019-359, 24 avr. 2019)* « L. 443-1 » est ainsi modifié :

1° Le dernier alinéa du I est remplacé par les dispositions suivantes :

« La cessation de la publicité, réalisée dans des conditions non conformes au premier alinéa, peut être ordonnée par le juge d'instruction ou par le tribunal saisi des poursuites, soit sur réquisition du ministère public, soit d'office. La mesure ainsi prise est exécutoire nonobstant toutes voies de recours.

« Mainlevée peut en être donnée par la juridiction qui l'a ordonnée ou qui est saisie du dossier. La mesure cesse d'avoir effet en cas de décision de non-lieu ou de relaxe.

« Les décisions statuant sur les demandes de mainlevée peuvent faire l'objet d'un recours devant la chambre de l'instruction ou devant la cour d'appel selon qu'elles ont été prononcées par un juge d'instruction ou par le tribunal saisi des poursuites.

« La chambre de l'instruction ou la cour d'appel statue dans un délai de dix jours à compter de la réception des pièces. » ;

2° Le III est abrogé ;

3° Le IV est remplacé par les dispositions suivantes :

« IV. – Le II n'est pas applicable aux fruits et légumes frais appartenant à des variétés non produites dans les îles Wallis-et-Futuna. »

Art. L. 954-3-1 *(Ord. n° 2014-487, 15 mai 2014 ; mod., Ord. n° 2019-359, 24 avr. 2019)*. – Les troisième et dernier alinéas du I de l'article L. 443-2 sont supprimés.

Art. L. 954-3-2 *(Ord. n° 2014-487, 15 mai 2014 ; mod., Ord. n° 2019-359, 24 avr. 2019).* – Les deuxième et troisième alinéas du II de l'article L. 443-2 sont supprimés.

Art. L. 954-3-3 *(Ord. n° 2014-487, 15 mai 2014 ; mod., Ord. n° 2019-359, 24 avr. 2019).* – L'article L. 441-9 est ainsi modifié :

1° Au deuxième alinéa, les mots : « Au sens du 3 du I de l'article 289 du Code général des impôts, » sont supprimés ;

2° Au quatrième alinéa, les mots : « Sous réserve du c du II de l'article 242 *nonies* A de l'annexe II au Code général des impôts, dans sa version en vigueur au 26 avril 2013, » sont supprimés.

Art. L. 954-3-4 *(Ord. n° 2014-487, 15 mai 2014 ; mod., Ord. n° 2019-359, 24 avr. 2019).* – L'article L. 441-2 est abrogé.

Art. L. 954-3-5 *(Ord. n° 2014-487, 15 mai 2014 ; mod., L. n° 2018-938, 30 oct. 2018).* – Au premier alinéa de l'article L. 441-8, les mots : « figurant sur une liste fixée, » sont remplacés par les mots : « agricoles périssables ou issus de cycles courts de production, d'animaux vifs, de carcasses, des produits de l'aquaculture et des produits alimentaires de consommation courante issus de la première transformation de ces produits, dont la liste est fixée ».

Art. L. 954-4 *(Anc. art. L. 954-2 dénum., Ord. n° 2004-823, 19 août 2004 ; rempl., Ord. n° 2014-487, 15 mai 2014 ; mod., Ord. n° 2019-359, 24 avr. 2019).* – Le I de l'article L. 442-5 est ainsi modifié :

1° La dernière phrase du premier alinéa est remplacée par les dispositions suivantes :

« La cessation de l'annonce publicitaire peut être ordonnée par le juge d'instruction ou par le tribunal saisi des poursuites, soit sur réquisition du ministère public, soit d'office. La mesure ainsi prise est exécutoire nonobstant toutes voies de recours.

« Mainlevée peut en être donnée par la juridiction qui l'a ordonnée ou qui est saisie du dossier. La mesure cesse d'avoir effet en cas de décision de non-lieu ou de relaxe.

« Les décisions statuant sur les demandes de mainlevée peuvent faire l'objet d'un recours devant la chambre de l'instruction ou devant la cour d'appel selon qu'elles ont été prononcées par un juge d'instruction ou par le tribunal saisi des poursuites.

« La chambre de l'instruction ou la cour d'appel statue dans un délai de dix jours à compter de la réception des pièces. » ;

2° Au deuxième alinéa, après les mots : « majoré des », est inséré le mot : « éventuelles ».

Art. L. 954-5 *(Anc. art. L. 954-3 dénum., Ord. n° 2004-823, 19 août 2004 ; mod., Ord. n° 2014-487, 15 mai 2014 ; Ord. n° 2019-359, 24 avr. 2019).* – Le dernier alinéa du III de l'article L. 442-5 est remplacé par quatre alinéas ainsi rédigés :

« La cessation de l'annonce publicitaire peut être ordonnée par le juge d'instruction ou par le tribunal saisi des poursuites, soit sur réquisition du ministère public, soit d'office. La mesure ainsi prise est exécutoire nonobstant toutes voies de recours.

Mainlevée peut en être donnée par la juridiction qui l'a ordonnée ou qui est saisie du dossier. La mesure cesse d'avoir effet en cas de décision de non-lieu ou de relaxe.

Les décisions statuant sur les demandes de mainlevée peuvent faire l'objet d'un recours devant la chambre de l'instruction ou devant la cour d'appel selon qu'elles ont été prononcées par un juge d'instruction ou par le tribunal saisi des poursuites.

La chambre de l'instruction ou la cour d'appel statue dans un délai de dix jours à compter de la réception des pièces. »

Art. L. 954-5-1 *(Abr., Ord. n° 2019-359, 24 avr. 2019).*

Art. L. 954-6 *(Anc. art. L. 954-4, dénum., Ord. n° 2004-823, 19 août 2004 ; mod., Ord. n° 2019-359, 24 avr. 2019).* – À l'article L. 442-10, les mots : « ou coopérative d'entreprise ou d'administration » sont supprimés.

Art. L. 954-7 *(Anc. art. L. 954-5 dénum., Ord. n° 2004-823, 19 août 2004 ; mod., Ord. n° 2014-487, 15 mai 2014 ; rempl., Ord. n° 2019-359, 24 avr. 2019 ; Ord. n° 2021-859, 30 juin 2021).* – Le II de l'article L. 441-11 est ainsi modifié :

1° Le 1° est ainsi rédigé :

« 1° Pour les achats de produits agricoles et alimentaires périssables et de viandes congelées ou surgelées, de poissons surgelés, de plats cuisinés et de conserves fabriqués à partir de produits alimentaires périssables :

a) Trente jours après la date de livraison ;

b) Ou, en cas de facture périodique au sens des dispositions du Code des impôts applicable dans les îles Wallis-et-Futuna, trente jours après la fin de la décade de livraisons, sauf disposition dérogatoire figurant dans les contrats types pluriannuels liant les fournisseurs de raisins ou de moût destinés à l'élaboration de vins passibles des droits de circulation prévus par le même code des impôts et leurs acheteurs directs ; »

2° Au 3°, les mots : « à l'article 403 du Code général des impôts » sont remplacés par les mots : « par les dispositions du Code des impôts applicable dans les îles Wallis-et-Futuna ».

Art. L. 954-8 *(Mod., L. n° 2014-1545, 20 déc. 2014).* – L'article L. 450-1 est ainsi modifié :

1° Les deux derniers alinéas du I sont supprimés ;

2° Au II, après le mot : « économie », sont insérés les mots : « ainsi que les agents du service des affaires économiques et du développement de Wallis-et-Futuna ».

Art. L. 954-9 *(Ord. n° 2014-487, 15 mai 2014).* – L'article L. 450-4 est ainsi modifié :

1° À la première phrase du premier alinéa, les mots : « la Commission européenne, » sont supprimés ;

2° À la première phrase du huitième alinéa, les mots : « et, le cas échéant, les agents et autres personnes mandatés par la Commission européenne » sont supprimés.

Art. L. 954-10 *(Ord. n° 2014-487, 15 mai 2014).* – La dernière phrase du dernier alinéa de l'article L. 462-1 est ainsi modifiée :

1° Les mots : « des collectivités territoriales » sont remplacés par les mots : « des îles Wallis-et-Futuna » ;

2° Les mots : « des chambres d'agriculture, des chambres de métiers ou des chambres de commerce et d'industrie territoriales » sont remplacés par les mots : « de la chambre du commerce, de l'industrie, des métiers et de l'agriculture des îles Wallis-et-Futuna ».

Art. L. 954-11 *(Ord. n° 2014-487, 15 mai 2014).* – Au premier alinéa de l'article L. 462-3, les mots : « ainsi qu'aux articles 101 et 102 du traité sur le fonctionnement de l'Union européenne » sont supprimés.

Art. L. 954-12 *(Abr., Ord. n° 2021-649, 26 mai 2021).*

Art. L. 954-13 *(Ord. n° 2014-487, 15 mai 2014).* – Au quatrième alinéa de l'article L. 462-7 :

1° À la première phrase, les mots : « , une autorité nationale de concurrence d'un autre État membre de l'Union européenne ou la Commission européenne » sont supprimés ;

2° À la dernière phrase, les mots : « ces autorités » sont remplacés par les mots : « l'Autorité ».

Art. L. 954-14 *(Ord. n° 2014-487, 15 mai 2014 ; L. n° 2015-990, 6 août 2015).* – À l'article L. 462-8, les quatrième et cinquième alinéas sont supprimés et, au dernier alinéa, les mots : « ou des dessaisissements effectués par la Commission européenne » sont supprimés.

Art. L. 954-15 *(Ord. n° 2014-487, 15 mai 2014 ; L. n° 2020-1508, 3 déc. 2020).* – Au premier alinéa de l'article L. 464-9, les mots : « , ne concernent pas des faits relevant des articles 101 et 102 du traité sur le fonctionnement de l'Union européenne » sont supprimés.

CHAPITRE V. – DISPOSITIONS D'ADAPTATION DU LIVRE CINQUIÈME

Art. L. 955-1. – À l'article L. 511-61, les mots : « ou des collectivités territoriales » sont remplacés par les mots : « ou des îles Wallis-et-Futuna ».

Art. L. 955-2. – Le deuxième alinéa de l'article L. 511-62 est ainsi rédigé :

« La retraite comprend les sommes indiquées dans les articles L. 511-45 et L. 511-46, *outre les droits de courtage et de timbre éventuellement prévus par les dispositions du Code des impôts applicable dans les îles Wallis-et-Futuna ».*

Art. L. 955-3 *(Abr. à compter du 1er janvier 2022, Ord. n° 2021-1192, 15 sept. 2021).* – Aux articles L. 523-8 et L. 524-6, les mots : « articles 1426 à 1429 du nouveau Code de procédure civile » sont remplacés par les mots : « dispositions de procédure civile applicables localement relatives aux offres de payement et à la consignation ».

Art. L. 955-4 *(Abr. à compter du 1er janvier 2022, Ord. n° 2021-1192, 15 sept. 2021).* – Le premier alinéa de l'article L. 524-19 est ainsi rédigé :

« *Le montant des droits à percevoir par le greffier du tribunal de première instance statuant en matière commerciale est fixé par décret.* »

Art. L. 955-5 *(Abr. à compter du 1er janvier 2022, Ord. n° 2021-1192, 15 sept. 2021).* – Au premier alinéa de l'article L. 525-2, après les mots : « au droit fixe » sont ajoutés les mots : « selon les modalités en vigueur dans les îles Wallis-et-Futuna ».

Art. L. 955-6 *(Abr. à compter du 1er janvier 2022, Ord. n° 2021-1192, 15 sept. 2021).* – Au II de l'article L. 525-9, les mots : « au privilège visé à l'article L. 243-4 du Code de la sécurité sociale » sont remplacés par les mots : « au privilège organisé en faveur de la caisse de prévoyance sociale du territoire ».

Art. L. 955-7 *(Abr. à compter du 1er janvier 2022, Ord. n° 2021-1192, 15 sept. 2021).* – L'article L. 525-18 est modifié ainsi qu'il suit :

I. – Au 1°, la référence au décret n° 53-968 du 30 septembre 1953 est remplacée par la référence au décret n° 55-639 du 20 mai 1955 ;

II. – Le 2° est ainsi rédigé :

« 2° Les navires de mer ainsi que les bateaux de navigation fluviale. »

Art. L. 955-8 *(Ord. n° 2011-322, 24 mars 2011 ; mod., L. n° 2014-626, 18 juin 2014 ; abr. à compter du 1er janvier 2023, Ord. n° 2021-1189, 15 sept. 2021).* – Au 4° de l'article L. 526-7, les mots : « au registre de l'agriculture tenu par la chambre d'agriculture compétente » sont remplacés par les mots : « au registre mentionné au 3° ».

CHAPITRE VI. – DISPOSITIONS D'ADAPTATION DU LIVRE SIXIÈME

Art. L. 956-1 *(Mod., L. n° 2005-845, 26 juill. 2005 ; L. n° 2015-990, 6 août 2015 ; L. n° 2016-1547, 18 nov. 2016).* – Les mesures d'application prévues aux articles L. 621-4, L. 621-4-1, L. 625-1, L. 626-3, L. 626-5 à L. 626-7 et L. 626-14 sont fixées par l'assemblée territoriale.

Art. L. 956-2 *(Anc. art. L. 956-3, dénum. et mod., L. n° 2005-845, 26 juill. 2005).* – À l'article L. 625-2, les mots : « mentionnée à l'article L. 432-7 du Code du travail » sont remplacés par les mots : « à l'égard des informations présentant un caractère confidentiel et données comme telles ».

Art. L. 956-3 *(Anc. art. L. 956-4, dénum. et mod., L. n° 2005-845, 26 juill. 2005).* – Pour l'application de l'article L. 622-24, les organismes visés à l'article L. 351-21 du Code du travail sont les organismes locaux ayant en charge le service de l'allocation d'assurance chômage et le recouvrement des contributions.

Art. L. 956-4 *(Anc. art. L. 956-5, dénum. et mod., L. n° 2005-845, 26 juill. 2005 ; mod., Ord. n° 2008-1345, 18 déc. 2008 ; Ord. n° 2014-326, 12 mars 2014).* – Pour l'application des articles L. 621-10, L. 622-19, L. 622-24, L. 622-26, L. 625-4, L. 626-5, L. 626-20, L. 631-18, L. 641-1, L. 641-8, L. 641-14, L. 661-5 et L. 662-4, les institutions mentionnées à l'article L. 3253-14 du Code du travail sont les institutions locales chargées de la mise en œuvre du régime d'assurance contre le risque de non-paiement des salaires, en cas de procédure de sauvegarde, de redressement ou de liquidation judiciaires.

Art. L. 956-5 *(Anc. art. L. 956-6, dénum. et mod., L. n° 2005-845, 26 juill. 2005 ; mod., Ord. n° 2008-1345, 18 déc. 2008 ; Ord. n° 2014-326, 12 mars 2014).* – Pour l'application [des articles] L. 611-7, L. 626-6, L. 643-3 et L. 643-11, les institutions régies par le livre IX du Code de la sécurité sociale sont les institutions locales de retraite complémentaire ou supplémentaire ou de prévoyance, prévues par les dispositions applicables dans les îles Wallis-et-Futuna et relatives aux régimes de sécurité et de protection sociales.

Art. L. 956-6 *(Abr., Ord. n° 2008-1345, 18 déc. 2008).*

Art. L. 956-7 *(Anc. art. L. 956-8, dénum. et mod., L. n° 2005-845, 26 juill. 2005).* – À l'article L. 642-2, l'obligation faite au tribunal de tenir compte des dispositions contenues aux 1°, 2°, 3° et 4° de l'article L. 331-3 du Code rural et de la pêche maritime s'entend des prescriptions suivantes :

« Observer l'ordre des priorités établi entre l'installation des jeunes agriculteurs et l'agrandissement des exploitations, en tenant compte de l'intérêt économique et social du maintien de l'autonomie de l'exploitation faisant l'objet de la demande ;

Tenir compte, en cas d'agrandissement ou de réunion d'exploitations, des possibilités d'installation sur une exploitation viable, de la situation des terres concernées par rapport au siège de l'exploitation du ou des demandeurs, de la superficie des biens faisant l'objet de la demande et des superficies déjà mises en valeur par le ou les demandeurs, ainsi que par le preneur en place ;

Prendre en considération la situation personnelle du ou des demandeurs : âge, situation familiale et professionnelle et, le cas échéant, celle du preneur en place, ainsi que le nombre et la nature des emplois salariés en cause ;

Tenir compte de la structure parcellaire des exploitations concernées, soit par rapport au siège de l'exploitation, soit pour éviter que des mutations en jouissance ne remettent en cause des aménagements obtenus à l'aide de fonds publics. »

Art. L. 956-8 *(Abr., Ord. n° 2008-1345, 18 déc. 2008).*

Art. L. 956-9 *(L. n° 2005-845, 26 juill. 2005).* – Le 4° du III de l'article L. 643-11 ne s'applique pas.

Art. L. 956-10 *(Ord. n° 2016-727, 2 juin 2016).* – Le troisième alinéa de l'article L. 645-4 est ainsi rédigé :

Le mandataire judiciaire fait connaître sans délai tout élément qui pourrait justifier son remplacement. Le tribunal peut soit d'office, soit sur proposition du juge commis ou à la demande du ministère public, procéder à son remplacement.

Art. L. 956-11 *(L. n° 2016-1547, 18 nov. 2016).* – Lorsque le tribunal statue sur un recours formé contre une ordonnance du juge-commissaire ou en application des chapitres Ier et III du titre V du livre VI, le juge-commissaire ne peut, à peine de nullité du jugement, siéger dans la formation de jugement ni participer au délibéré.

CHAPITRE VII. – DISPOSITIONS D'ADAPTATION DU LIVRE SEPTIÈME

Art. L. 957-1. – Aux articles L. 711-2 et L. 711-4, le mot : « Gouvernement » est remplacé par les mots : « représentant de l'État dans le territoire ».

Art. L. 957-2. – Au troisième alinéa de l'article L. 711-6, les mots : « ou la commune » sont remplacés par les mots : « ou le territoire ».

Art. L. 957-3. – À l'article L. 712-1, les mots : « au moyen d'une taxe additionnelle à la taxe professionnelle » sont remplacés par les mots : « comme il est dit dans les dispositions du Code des impôts applicable dans les îles Wallis-et-Futuna ».

CHAPITRE VIII. – DISPOSITIONS D'ADAPTATION DU LIVRE HUITIÈME

Art. L. 958-1 *(Abr. à compter du 18 juin 2016, Ord. n° 2016-727, 2 juin 2016).*

Art. L. 958-2 *(Ord. n° 2004-604, 24 juin 2004 ; mod., Ord. n° 2016-315, 17 mars 2016).* – Pour l'application dans les îles Wallis-et-Futuna des articles L. 824-1 à L. 824-16, les termes énumérés ci-après sont remplacés ainsi qu'il suit :

1° *(Abrogé)* ;

2° « chambre régionale des comptes » par « chambre territoriale des comptes de Nouvelle-Calédonie » ;

3° « commission régionale de discipline » par « commission territoriale de discipline ».

TITRE VI. – DISPOSITIONS DIVERSES APPLICABLES À SAINT-BARTHÉLEMY ET À SAINT-MARTIN

(Ord. n° 2011-322, 24 mars 2011)

Art. L. 960-1 *(Ord. n° 2011-322, 24 mars 2011 ; mod. à compter du 1er juillet 2014, Ord. n° 2014-295, 6 mars 2014 ; mod., L. n° 2014-626, 18 juin 2014). – (Al. créé à compter du 1er janvier 2023, Ord. n° 2021-1189, 15 sept. 2021)* Pour l'application des articles L. 123-48 et L. 123-49 à Saint-Barthélemy, les mots : « caisse départementale ou pluridépartementale de mutualité sociale agricole » sont remplacés par les mots : « caisse de prévoyance sociale de Saint-Barthélemy mentionnée à l'article L. 752-1 du Code de la sécurité sociale ».

(Al. créé à compter du 1er janvier 2023, Ord. n° 2021-1189, 15 sept. 2021) Pour l'application des articles L. 123-48 à L. 123-49 à Saint-Martin, les mots : « caisse départementale ou pluridépartementale de mutualité sociale agricole » sont remplacés par les mots : « caisse générale de sécurité sociale mentionnée à l'article L. 752-1 du Code de la sécurité sociale » ;

Pour l'application de l'article L. 310-1 à Saint-Barthélemy et à Saint-Martin, les mots : « maire de la commune » sont remplacés par les mots : « président du conseil territorial ».

(Al. suppr. à compter du 1er janvier 2023, Ord. n° 2021-1189, 15 sept. 2021) Pour l'application à Saint-Barthélemy et à Saint-Martin du 4° de l'article L. 526-7, les mots : « au registre de l'agriculture tenu par la chambre d'agriculture compétente » sont remplacés par les mots : « au registre mentionné au 3° ».

Art. L. 960-2 *(L. n° 2013-1029, 15 nov. 2013).* – À Saint-Barthélemy et à Saint-Martin, l'État peut, par convention avec la chambre économique multiprofessionnelle de Saint-Barthélemy ou la chambre consulaire interprofessionnelle de Saint-Martin, confier à celle-ci l'exercice de missions, autres que consultatives, dévolues aux chambres de commerce et d'industrie, aux chambres de métiers et de l'artisanat et aux chambres d'agriculture.

Art. L. 960-3 *(Mod., Ord. n° 2017-1519, 2 nov. 2017).* – Le titre IX du livre VI et l'article L. 721-8 ne sont pas applicables à Saint-Barthélemy.

Art. L. 960-4 *(Ord. n° 2017-1519, 2 nov. 2017).* – Pour l'application à Saint-Martin du titre IX du livre VI, les mots : « tribunal de commerce spécialement désigné » sont remplacés par les mots : « tribunal de commerce territorialement compétent ».

L'article L. 721-8 n'est pas applicable à Saint-Martin.

PARTIE RÉGLEMENTAIRE

LIVRE PREMIER

DU COMMERCE EN GÉNÉRAL

TITRE PREMIER. – DE L'ACTE DE COMMERCE

Le présent titre ne comprend pas de dispositions réglementaires.

TITRE II. – DES COMMERÇANTS

CHAPITRE I. – DE LA DÉFINITION ET DU STATUT

(Anc. D. n° 2006-966, 1er août 2006)

Section 1. – De la qualité de commerçant

(Section créée, D. n° 2019-1048, 11 oct. 2019)

Section 2. – Du conjoint du chef d'entreprise ou du partenaire lié au chef d'entreprise par un pacte civil de solidarité travaillant dans l'entreprise familiale

(Section créée, D. n° 2019-1048, 11 oct. 2019)

Art. R. 121-1. – **Est considéré comme conjoint collaborateur le conjoint du chef d'une entreprise commerciale, artisanale ou libérale qui exerce une activité professionnelle régulière dans l'entreprise sans percevoir de rémunération et sans avoir la qualité d'associé au sens de l'article 1832 du Code civil.**

Art. R. 121-2. – **En vue de l'application de l'article L. 121-4, les conjoints qui exercent à l'extérieur de l'entreprise une activité salariée d'une durée au moins égale à la moitié de la durée légale du travail, ou une** ***activité non salariée, sont présumés ne pas exercer dans l'entreprise une activité professionnelle de manière*** **régulière.**

Art. R. 121-3 *(Abr., D. n° 2019-1048, 11 oct. 2019).*

Art. R. 121-4 *(Abr., D. n° 2019-1048, 11 oct. 2019).*

Art. R. 121-5 *(Rempl., D. n° 2019-1048, 11 oct. 2019).* – **Le centre de formalités des entreprises** *(Mots aj. à compter du 1er avril 2021, D. n° 2021-300, 18 mars 2021)* **« ou le service informatique mentionné à l'article R. 123-30-14 » reçoit, dans les conditions prévues par le présent livre :**

1° Dans le dossier unique de déclaration de création de l'entreprise, le cas échéant, *(Mot suppr. à compter d'une date fixée par arrêté et au plus tard le 1er septembre 2021, D. n° 2021-300, 18 mars 2021)* **« ... » de**

l'activité professionnelle régulière dans l'entreprise du conjoint du chef d'entreprise et la déclaration du statut choisi par ce conjoint, en application du I de l'article L. 121-4 *(Mots aj. à compter d'une date fixée par arrêté et au plus tard le 1er septembre 2021, D. n° 2021-300, 18 mars 2021)* « , accompagnée d'une attestation sur l'honneur signée du conjoint confirmant le choix de ce statut » ;

2° Le cas échéant et dans les deux mois suivant la modification de la situation de l'entreprise :

a) La déclaration modificative portant mention que le conjoint du chef d'entreprise exerce une activité professionnelle régulière dans l'entreprise *(Mots rempl. à compter d'une date fixée par arrêté et au plus tard le 1er septembre 2021, D. n° 2021-300, 18 mars 2021)* « et » du statut choisi par ce conjoint en application du I de l'article L. 121-4 *(Mots aj. à compter d'une date fixée par arrêté et au plus tard le 1er septembre 2021, D. n° 2021-300, 18 mars 2021)* « , accompagnée d'une attestation sur l'honneur signée du conjoint confirmant le choix de ce statut » ;

b) La déclaration modificative portant mention que le conjoint du chef d'entreprise qui exerce une activité professionnelle régulière dans l'entreprise change de statut pour l'exercice de cette activité *(Mots aj. à compter d'une date fixée par arrêté et au plus tard le 1er septembre 2021, D. n° 2021-300, 18 mars 2021)* « , accompagnée d'une attestation sur l'honneur signée du conjoint confirmant le choix de ce nouveau statut » ;

c) La déclaration modificative portant mention que le conjoint du chef d'entreprise cesse de remplir les conditions prévues au I de l'article L. 121-4.

Le centre de formalités des entreprises notifie au conjoint la réception des déclarations mentionnées aux 1° et 2° par lettre recommandée avec demande d'avis de réception.

(Al. rempl. à compter d'une date fixée par arrêté et au plus tard le 1er septembre 2021, D. n° 2021-300, 18 mars 2021) Le format de l'attestation sur l'honneur mentionnée au présent article et les mentions qu'elle contient sont déterminés par arrêté des ministres chargés de l'économie, de la justice et des affaires sociales.

Rédaction future. Art. R. 121-5 *(Rempl., D. n° 2019-1048, 11 oct. 2019 ; mod. à compter du 1er avril 2021, D. n° 2021-300, 18 mars 2021). – (Mots rempl. à compter du 1er janvier 2023, D. n° 2021-300, 18 mars 2021)* « L'organisme unique mentionné à l'article R. 123-1 » reçoit, dans les conditions prévues par le présent livre :

1° Dans le dossier unique de déclaration de création de l'entreprise, le cas échéant, *(Mot suppr. à compter d'une date fixée par arrêté et au plus tard le 1er septembre 2021, D. n° 2021-300, 18 mars 2021)* « ... » de l'activité professionnelle régulière dans l'entreprise du conjoint du chef d'entreprise et la déclaration du statut choisi par ce conjoint, en application du I de l'article L. 121-4 *(Mots aj. à compter d'une date fixée par arrêté et au plus tard le 1er septembre 2021, D. n° 2021-300, 18 mars 2021)* « , accompagnée d'une attestation sur l'honneur signée du conjoint confirmant le choix de ce statut » ;

2° Le cas échéant et dans les deux mois suivant la modification de la situation de l'entreprise :

a) La déclaration modificative portant mention que le conjoint du chef d'entreprise exerce une activité professionnelle régulière dans l'entreprise *(Mots remplacés à compter d'une date fixée par arrêté et au plus tard le 1er septembre 2021, D. n° 2021-300, 18 mars 2021)* « et » du statut choisi par ce conjoint en application du I de l'article L. 121-4 *(Mots aj. à compter d'une date fixée par arrêté et au plus tard le 1er septembre 2021, D. n° 2021-300, 18 mars 2021)* « , accompagnée d'une attestation sur l'honneur signée du conjoint confirmant le choix de ce statut » ;

b) La déclaration modificative portant mention que le conjoint du chef d'entreprise qui exerce une activité professionnelle régulière dans l'entreprise change de statut pour l'exercice de cette activité *(Mots aj. à compter d'une date fixée par arrêté et au plus tard le 1er septembre 2021, D. n° 2021-300, 18 mars 2021)* « , accompagnée d'une attestation sur l'honneur signée du conjoint confirmant le choix de ce nouveau statut » ;

c) La déclaration modificative portant mention que le conjoint du chef d'entreprise cesse de remplir les conditions prévues au I de l'article L. 121-4.

(Al. rempl. à compter d'une date fixée par arrêté et au plus tard le 1er septembre 2021, D. n° 2021-300, 18 mars 2021) Le format de l'attestation sur l'honneur mentionnée au présent article et les mentions qu'elle contient sont déterminés par arrêté des ministres chargés de l'économie, de la justice et des affaires sociales.

Art. R. 121-6 *(D. n° 2008-1488, 30 déc. 2008 ; mod., D. n° 2019-1048, 11 oct. 2019).* – Les dispositions du présent chapitre sont également applicables au partenaire du chef d'entreprise lié à ce dernier par un pacte civil de solidarité. Les dispositions du présent chapitre sont également applicables au partenaire du chef d'entreprise lié à ce dernier par un pacte civil de solidarité.

CHAPITRE II. – DES COMMERÇANTS ÉTRANGERS

(D. n° 2007-1141, 26 juill. 2007)

Art. D. 122-1 *(D. n° 2007-1141, 26 juill. 2007 ; abr. à compter du 1er novembre 2021, D. n° 2021-632, 21 mai 2021).* – I. – L'étranger résidant hors de France tenu en application de l'article L. 122-1 à une obligation de déclaration pour l'exercice sur le territoire français d'une profession commerciale, industrielle ou artisanale dans des conditions rendant nécessaire son inscription ou sa mention au registre du commerce et des sociétés ou au répertoire des métiers adresse, préalablement à celles-ci, une déclaration au préfet du département dans lequel il envisage d'exercer pour la première fois son activité.

Lorsque plusieurs établissements sont ou doivent être implantés simultanément dans différents départements, la déclaration préalable doit être effectuée auprès du préfet du département d'installation de l'établissement principal.

II. – Lorsque cette activité est exercée en France par une personne morale, la déclaration préalable est effectuée par l'une des personnes suivantes :

1° L'associé tenu indéfiniment ou indéfiniment et solidairement des dettes sociales ;

2° L'associé ou le tiers ayant le pouvoir de diriger, gérer ou le pouvoir général d'engager à titre habituel la personne morale ;

3° Le représentant légal des associations régies par la loi du 1er juillet 1901 qui émettent des obligations et exercent une activité économique depuis au moins deux ans ;

4° Le représentant légal des associations de change manuel ;

5° L'administrateur ou le représentant permanent d'un groupement d'intérêt économique à objet commercial ;

6° La personne physique ayant le pouvoir d'engager une personne morale de droit étranger au titre :

– d'un établissement, d'une succursale ou d'une représentation commerciale implantée en France ;

– d'une agence commerciale d'un État, collectivité ou établissement public étranger établi en France et effectuant des actes de commerce.

Lorsque l'activité est exercée par une personne physique, la personne ayant le pouvoir d'engager, à titre habituel, un commerçant ou un artisan personne physique doit satisfaire à l'obligation de déclaration préalable.

Art. D. 122-2 *(D. n° 2007-1141, 26 juill. 2007 ; abr. à compter du 1er novembre 2021, D. n° 2021-632, 21 mai 2021).* – La déclaration préalable est déposée auprès de l'autorité compétente par l'étranger visé à l'article D. 122-1 ou par son mandataire ou est effectuée par voie de lettre recommandée avec demande d'avis de réception.

Cette déclaration est accompagnée :

1° Des indications relatives à l'état civil du déclarant ;

2° De la copie de l'extrait du casier judiciaire ou de toute autre pièce similaire du pays dont il est ressortissant ;

3° D'une copie des statuts de la société.

Le préfet remet sans délai un récépissé de déclaration sur présentation d'un dossier complet par l'étranger ou son mandataire. Lorsque la déclaration préalable est effectuée par voie postale, le préfet adresse le récépissé par la même voie dans un délai de quinze jours à compter de la date de réception d'un dossier complet.

Art. D. 122-3 *(D. n° 2007-1141, 26 juill. 2007 ; abr. à compter du 1er novembre 2021, D. n° 2021-632, 21 mai 2021).* – Le récépissé mentionne l'identité du déclarant et le statut sous couvert duquel il exerce son activité ainsi que la dénomination, l'adresse et l'activité de l'établissement.

Art. D. 122-4 *(D. n° 2007-1141, 26 juill. 2007 ; abr. à compter du 1er novembre 2021, D. n° 2021-632, 21 mai 2021).* – L'extension à une nouvelle activité commerciale industrielle ou artisanale ou le changement d'activité est déclaré par l'étranger ou son mandataire au préfet compétent qui lui remet un nouveau récépissé dans les conditions de l'article D. 122-2.

Il est fourni à l'appui de ces déclarations un extrait du registre du commerce et des sociétés ou un extrait du répertoire des métiers.

CHAPITRE III. – DES OBLIGATIONS GÉNÉRALES DES COMMERÇANTS

Section préliminaire. – Des centres de formalités des entreprises

(Intitulé rempl. à compter du 1er janvier 2023 et rédigé comme suit : « L'organisme unique mentionné à l'article R. 123-1 », D. n° 2021-300, 18 mars 2021)

Bibliographie : Allou, *À propos des centres de formalités des entreprises : Gaz. Pal.* 1983, 1, doctr. 108. • APS, *Le registre du commerce et des sociétés et les centres de formalités des entreprises : Gaz. Pal.* 1984, 2, doctr. 482. • De La Haye, *Les centres de formalités des entreprises : Gaz. Pal.* 1984, 1, doctr. 158. • Allou, *Les centres de formalités des entreprises ; le* *domaine d'activité qui échappe au CFE : Gaz. Pal.* 1985, 2, doctr. 133. • Eymard et Doucede, *À propos du centre des formalités : Gaz. Pal.* 1987, 2, doctr. 780. • Saintourens, *La réforme des centres de formalité des entreprises : RTD com.* 2010, 271.

Ouvrages. *JCl. commercial, Centres de formalités des entreprises*, Fasc. 126, par J. Vallansan.

Sous-section 1. – Dispositions générales et applicables aux entreprises établies en France

(Sous-section créée à compter du 1er janvier 2017, D. n° 2016-1030, 26 juill. 2016)

Art. R. 123-1 *(Rempl., D. n° 2010-210, 1er mars 2010 ; mod., D. n° 2016-1030, 26 juill. 2016 ; D. n° 2020-118, 12 févr. 2020).* **– I. – Les centres de formalités des entreprises permettent aux entreprises de souscrire en un même lieu l'ensemble des formalités et procédures nécessaires à l'accès et à l'exercice de leur activité.**

Ils reçoivent à cet effet le dossier unique prévu à l'article 2 de la loi n° 94-126 du 11 février 1994 relative à l'initiative et à l'entreprise individuelle. Ce dossier comporte :

1° Les déclarations relatives à la création, aux modifications de la situation ou à la cessation d'activité, y compris les informations relatives au bénéficiaire effectif en application de l'article L. 561-46 du Code monétaire et financier, que les entreprises sont tenues de remettre aux administrations, personnes ou organismes mentionnés à l'annexe 1-1 à l'article R. 123-30 ;

2° Les demandes d'autorisation que les entreprises sont tenues de remettre aux autorités compétentes pour la délivrance de ces autorisations sauf si le déclarant souhaite déposer ces demandes directement auprès des autorités compétentes.

Les centres de formalités des entreprises reçoivent également les notifications effectuées par les greffes des tribunaux de commerce ou des tribunaux judiciaires statuant en matière commerciale, en application de l'article R. 123-83.

II. – Les centres de formalités des entreprises transmettent les renseignements ou pièces à chacun des organismes destinataires et, le cas échéant et selon leur compétence, à chacune des autorités habilitées à délivrer les autorisations.

Sous réserve des dispositions du dernier alinéa de l'article L. 711-3, il leur est interdit de communiquer à des tiers les renseignements contenus dans les déclarations.

Les organismes et les autorités compétents pour statuer sur les déclarations et les demandes d'autorisation dont ils sont saisis par les centres de formalités des entreprises informent ces derniers de leurs décisions.

NB : Conformément à l'article 9 du décret n° 2019-966 du 18 septembre 2019, les présentes dispositions entrent en vigueur le 1er janvier 2020.

Art. R. 123-2 *(Rempl., D. n° 2010-210, 1er mars 2010).* **– Les centres de formalités des entreprises mettent à disposition des personnes intéressées une documentation précisant les obligations du centre ainsi que les éléments que doit contenir le dossier de déclaration et, le cas échéant, le dossier de demandes d'autorisation.**

Art. R. 123-3 *(Mod., D. n° 2008-1488, 30 déc. 2008 ; D. n° 2010-210, 1er mars 2010 ; D. n° 2010-1463, 1er déc. 2010 ; D. n° 2010-1706, 29 déc. 2010 ; D. n° 2015-731, 24 juin 2015 ; D. n° 2018-1240, 26 déc. 2018 ; D. n° 2019-966, 18 sept. 2019 ; D. n° 2019-987, 25 sept. 2019).* **– 1° Sous réserve des dispositions du 2°, les chambres de commerce et d'industrie territoriales créent et gèrent les centres de formalités des entreprises compétents pour :**

a) Les commerçants ;

b) Les sociétés commerciales.

2° Les chambres de métiers et de l'artisanat de région créent et gèrent les centres compétents pour les personnes physiques et morales assujetties à l'immatriculation au répertoire des métiers.

3° *(Abrogé).*

4° Les greffes des tribunaux de commerce ou des tribunaux judiciaires statuant commercialement créent et *gèrent les centres compétents pour :*

a) Les sociétés civiles et autres que commerciales ;

b) Les sociétés d'exercice libéral ;

c) Les personnes morales assujetties à l'immatriculation au registre du commerce et des sociétés autres que celles mentionnées aux 1° et 2° ;

d) Les établissements publics industriels et commerciaux ;

e) Les agents commerciaux ;

f) Les groupements d'intérêt économique et les groupements européens d'intérêt économique.

5° Les unions de recouvrement des cotisations de sécurité sociale et d'allocations familiales (URSSAF) ou les caisses générales de sécurité sociale créent et gèrent les centres compétents pour :

a) Les personnes exerçant, à titre de profession habituelle, une activité indépendante réglementée ou non autre que commerciale, artisanale ou agricole ;

b) Les employeurs dont les entreprises ne sont pas immatriculées au registre du commerce et des sociétés ou au répertoire des métiers, et qui ne relèvent pas des centres mentionnés au 6°.

6° Les chambres d'agriculture créent et gèrent les centres compétents pour les personnes physiques et morales exerçant à titre principal des activités agricoles.

7° Les services des impôts créent et gèrent les centres compétents pour les assujettis et les redevables ayant des obligations fiscales dès lors que ceux-ci exercent leur activité à titre de profession habituelle, qu'ils ne relèvent pas des dispositions des 1° à 6° et qu'ils n'ont pas d'autres obligations déclaratives que statistiques et fiscales.

La compétence des centres de formalités des entreprises des services des impôts pour les activités exercées par les assujettis ou les redevables susmentionnés peut être transférée aux organismes mentionnés aux 1° à 6° par convention conclue entre le directeur général des finances publiques et le représentant de la personne morale placée à la tête du réseau des organismes destinataires de ce transfert. Cette convention est approuvée par arrêté conjoint du ministre chargé du budget et du ministre assurant la tutelle des organismes destinataires de ce transfert.

Les personnes souhaitant exercer ou exerçant une activité de restauration à titre principal relèvent des centres de formalités des entreprises gérés par les chambres de commerce et d'industrie territoriales mentionnés au 1°.

Art. R. 123-4 *(Mod., D. n° 2010-210, 1er mars 2010).* – Chaque centre de formalités des entreprises est compétent à l'égard des entreprises dont le siège social, l'établissement principal, un établissement secondaire ou l'adresse est situé dans le ressort territorial de l'administration, personne ou organisme qui le crée.

Art. R. 123-5 *(Mod., D. n° 2010-210, 1er mars 2010).* – Le dépôt des déclarations prévues à l'annexe 1-2 au présent livre est obligatoirement effectué dans les centres de formalités des entreprises au terme d'un délai d'un an à compter de la création du centre.

Toutefois, lorsque la déclaration comporte une demande d'immatriculation au registre du commerce et des sociétés, d'inscription modificative ou de radiation, le déclarant a la faculté de déposer le dossier de déclaration directement auprès du greffe du tribunal compétent pour y procéder, soit sur support papier, soit par voie électronique. Il peut, lorsqu'il utilise le support papier, joindre également à sa déclaration le dossier des demandes d'autorisation. Le greffe, qui conserve la demande d'inscription, transmet sans délai le dossier au centre de formalités des entreprises compétent.

Lorsque la déclaration est effectuée par voie électronique, il est fait application des dispositions particulières prévues aux articles R. 123-20 à R. 123-27.

Annexe 1-2

Annexe aux articles R. 123-5 et R. 123-30

(Mod., D. n° 2019-987, 25 sept. 2019 ; mod. à compter du 1er avril 2021, D. n° 2021-300, 18 mars 2021)

Principales formalités des entreprises déposées aux centres de formalités des entreprises.

Chaque centre est compétent pour recevoir les déclarations ci-dessous énumérées et les actes et pièces dont la remise est exigée par l'un des organismes destinataires.

I. – Personnes physiques exerçant une activité non salariée et entreprises individuelles

1. Création :

Immatriculation principale au registre du commerce et des sociétés.

Immatriculation au répertoire des métiers.

Immatriculation au registre des agents commerciaux.

Inscription au répertoire national des entreprises et des établissements.

Déclaration d'existence au service des impôts.

Affiliation aux URSSAF, aux caisses générales de sécurité sociale ou aux caisses de mutualité sociale agricole.

Déclaration à l'inspection du travail.

2. Transfert hors du ressort géographique de l'un des organismes ou administrations destinataires de la déclaration initiale.

3. Modifications :

Changement de nom lié ou non avec le mariage de la personne immatriculée ou du chef d'entreprise.

Changement de nom commercial.

Changement de l'enseigne.

Changement de l'adresse de correspondance.

Changement, extension ou cessation partielle de l'activité.

Cessation temporaire d'activité et reprise d'activité après cette cessation. Mise en location-gérance soit du fonds de commerce de l'établissement principal, soit de l'établissement artisanal.

Reprise du fonds ou de l'établissement par le loueur après une location-gérance.

Renouvellement du contrat de location-gérance.

Changement du mode d'exploitation du fonds de commerce de l'établissement principal.

Mention du conjoint collaborateur.

Transfert de l'établissement principal ou de l'entreprise à l'intérieur du ressort géographique de l'un des organismes ou administrations destinataires de la déclaration initiale.

4. Cessation définitive de l'activité, décès, radiation.

II. – Personnes morales

1. Création :

Immatriculation principale au registre du commerce et des sociétés comprenant les informations relatives au bénéficiaire effectif.

Immatriculation au répertoire des métiers.

Inscription au répertoire national des entreprises et des établissements.

Déclaration d'existence au service des impôts.

Affiliation aux URSSAF, aux caisses générales de sécurité sociale ou aux caisses de mutualité sociale agricole.

Déclaration à l'inspection du travail.

2. Transfert du siège social hors du ressort géographique de l'un des organismes ou administrations destinataires de la déclaration initiale.

3. Modifications :

Changement de raison sociale ou de dénomination sociale.

Changement de l'enseigne.

Changement de l'adresse de correspondance.

Changement relatif à la forme juridique, au capital et à la durée de la personne morale.

Changement des dirigeants, gérants, associés ou bénéficiaires effectifs.

Changement, extension ou cessation partielle de l'activité de la personne morale.

Cessation temporaire d'activité et reprise d'activité après cette cessation. Mise en location-gérance ou reprise après location-gérance du fonds de commerce.

Renouvellement du contrat de location-gérance.

Changement du mode d'exploitation du fonds de commerce de la société.

Transfert du siège social à l'intérieur du ressort de l'un des organismes ou administrations destinataires de la déclaration initiale.

4. Cessation définitive d'activité, fin de la personne morale, radiation.

III. – Établissements

1. Ouverture :

Mention au répertoire des métiers.

Immatriculation secondaire ou inscription complémentaire au registre du commerce et des sociétés.

Déclaration d'ouverture : au service des impôts, aux URSSAF ou aux caisses générales de sécurité sociale et à l'inspection du travail.

2. Modifications :

Changement de l'enseigne.

Changement de l'adresse de correspondance.

Changement, extension ou cessation partielle de l'activité.

Cessation temporaire d'activité ou reprise d'activité après cessation.

Mise en location-gérance du fonds de commerce ou de l'établissement artisanal ou reprise après location-gérance.

Renouvellement du contrat de location-gérance.

Changement du mode d'exploitation de l'activité.

Transfert.

3. Cessation définitive d'activité, radiation.

Ne relèvent pas de la compétence des centres :

Les déclarations fiscales concernant l'assiette ou le renouvellement des droits ou taxes.

Les déclarations relatives aux modifications de l'effectif des salariés pour fixer notamment le montant des contributions sociales.

Les déclarations relatives à des mesures de publicité autres que celles figurant au registre du commerce et des sociétés et au registre des agents commerciaux.

Les formalités prévues dans le cadre de la déclaration unique d'embauche.

Les déclarations concernant une personne morale de droit public non soumise à immatriculation au registre du commerce et des sociétés.

Voir aussi : circulaire du 16 mars 1998, relative à la procédure des centres de formalités des entreprises et à l'immatriculation au registre du commerce des sociétés d'exercice libéral (*BO Min. just.* 1998, n° 69, p. 92 ; *JCP* E 1998, p. 1418).

Art. R. 123-5-1 *(D. n° 2015-731, 24 juin 2015 ; D. n° 2019-718, 5 juill. 2019)*. **– Les déclarations de création d'entreprise des personnes mentionnées à l'article L. 613-7 du Code de la sécurité sociale sont effectuées par voie électronique dans les conditions prévues à l'article L. 613-5 du même code.**

Art. R. 123-6 *(Mod., D. n° 2010-210, 1er mars 2010)*. **– Les déclarations, et le cas échéant les demandes d'autorisation, sont présentées au centre compétent en application des articles R. 123-3 et R. 123-4. Si plusieurs centres se trouvent compétents, les déclarations sont présentées à l'un d'eux au choix du déclarant, le centre choisi étant tenu d'accepter le dossier.**

Art. R. 123-7 *(Mod., D. n° 2008-1488, 30 déc. 2008 ; D. n° 2010-210, 1er mars 2010)*. **– Le dossier unique comprend :**

Pour le dossier de déclarations mentionné au 1° du I de l'article R. 123-1 :

1° Les déclarations signées du déclarant ou de son mandataire, accompagnées, le cas échéant, du pouvoir du mandataire ;

2° Les pièces justificatives prescrites, selon les dispositions législatives ou réglementaires en vigueur ;

3° Les actes qui sont remis aux organismes destinataires, dans la forme dans laquelle ce dépôt doit être effectué ;

4° Le titre de paiement des frais, droits ou redevances prescrits par les dispositions législatives ou réglementaires en vigueur.

Les formulaires de déclaration et la liste des pièces justificatives font l'objet d'une homologation par l'autorité désignée à l'article 3 du décret n° 98-1083 du 2 décembre 1998 relatif aux simplifications administratives.

Pour le dossier de demandes d'autorisation mentionné au 2° du I de l'article R. 123-1 :

1° Les demandes d'autorisation ou déclarations préalables ;

2° Les pièces justificatives prescrites, selon les dispositions législatives ou réglementaires en vigueur ;

3° Le titre de paiement des frais, droits ou redevances prescrits par les dispositions législatives ou réglementaires en vigueur.

Art. R. 123-8 *(Mod., D. n° 2010-210, 1er mars 2010 ; D. n° 2016-1030, 26 juill. 2016 ; D. n° 2019-1048, 11 oct. 2019 ; mod. à compter du 1er avril 2021, D. n° 2021-300, 18 mars 2021).* – Le centre de formalités des entreprises est réputé saisi du dossier visé à l'article R. 123-1 lorsque les déclarations et, le cas échéant, les demandes d'autorisation, qui lui sont remises directement ou adressées par voie postale ou électronique, répondent aux conditions suivantes :

I. – Les déclarations visées au 1° du I de l'article R. 123-1 sont établies sur les formulaires homologués prévus à l'article R. 123-7, signées du déclarant ou de son mandataire. Elles comportent les énonciations indispensables pour identifier :

1° Pour les créations d'entreprises :

a) Les nom, nom d'usage et prénoms du déclarant pour les personnes physiques, la dénomination ou la raison sociale pour les personnes morales ;

b) La forme juridique de l'entreprise ;

c) Le siège de l'entreprise, le domicile du déclarant ou l'adresse de l'établissement ;

c bis) Les coordonnées téléphoniques et, s'il en dispose, l'adresse électronique du déclarant ;

d) L'objet de la formalité ;

e) La ou les activités exercées par l'entreprise au sein de chacun de ses établissements, en précisant l'activité principale de l'entreprise et de chacun de ses établissements ;

f) L'existence de salariés dans l'entreprise ou dans l'établissement et, le cas échéant, leur nombre ;

g) La date d'effet de l'événement objet de la formalité ;

h) Les date et lieu de naissance des déclarants personnes physiques ;

i) S'il en dispose, le numéro de sécurité sociale du déclarant personne physique ;

j) L'existence d'activités exercées simultanément à l'activité faisant l'objet de la déclaration et, le cas échéant, la désignation de ces activités ainsi que l'indication du registre ou répertoire d'entreprise au sein duquel elles sont enregistrées et le régime social auquel elles sont rattachées ;

k) La nature de la gérance, lorsque l'entreprise est une société à responsabilité limitée ;

l) L'exercice ou non d'une activité professionnelle régulière du conjoint du chef d'entreprise dans l'entreprise et le statut choisi par ce dernier à ce titre, ainsi que, en cas d'activité régulière, les nom, nom d'usage, prénoms et domicile de ce conjoint ;

2° Pour les modifications de la situation de l'entreprise ainsi que pour sa cessation d'activité :

a) Les nom, nom d'usage, prénoms, pseudonyme et numéro de sécurité sociale du déclarant pour les personnes physiques, la dénomination ou la raison sociale pour les personnes morales ;

a bis) Les coordonnées téléphoniques et, s'il en dispose, l'adresse électronique du déclarant ;

b) Le numéro unique d'identification de l'entreprise et, le cas échéant, le nom de la ville où se trouve le greffe où elle est immatriculée, ou la chambre de métiers et de l'artisanat où elle est inscrite au répertoire des métiers ;

c) L'objet de la formalité, ainsi que la date d'effet de l'événement la justifiant ;

d) En cas de déclaration modificative portant mention que le conjoint du chef d'entreprise exerce une activité professionnelle régulière dans l'entreprise, le statut choisi par le conjoint à ce titre ainsi que ses nom, nom d'usage, prénoms et domicile.

Le centre ne peut refuser les déclarations respectant les conditions ci-dessus énumérées, ni en apprécier le bien-fondé.

II. – Les demandes d'autorisation visées au 2° du I de l'article R. 123-1 mentionnent l'identité du demandeur et l'objet de la demande.

Le centre ne peut refuser les déclarations et demandes d'autorisation respectant les conditions ci-dessus *énumérées ni en apprécier le bien-fondé.*

Art. R. 123-9 *(Rempl., D. n° 2010-210, 1er mars 2010).* – Le centre de formalités des entreprises compétent, saisi du dossier complet conformément aux dispositions de l'article R. 123-7, transmet le jour même aux organismes destinataires, et le cas échéant aux autorités habilitées à délivrer les autorisations, les informations et pièces les concernant.

Art. R. 123-10 *(Rempl., D. n° 2010-210, 1er mars 2010).* – Le centre de formalités des entreprises saisi remet ou transmet, lors du dépôt, un récépissé au déclarant ou à son mandataire. Si le dépôt est effectué par voie postale, le récépissé est envoyé le jour même ou le premier jour ouvrable suivant.

1° Dans le cas d'une déclaration mentionnée au 1° du I de l'article R. 123-1 :

a) Lorsque le dossier est complet conformément aux dispositions de l'article R. 123-7, le récépissé indique les organismes auxquels il a été transmis le jour même. Ce récépissé prend le nom de récépissé de dossier de création d'entreprise en application de l'article R. 123-16 ;

b) Lorsque le dossier est incomplet, sous réserve des dispositions du *c* du 2°, ou lorsque la ou les autorisations mentionnées au 2° du I de l'article R. 123-1 doivent être obtenues préalablement à la déclaration mentionnée au 1° du I de l'article R. 123-1, le récépissé indique les compléments qui doivent être apportés par le déclarant dans un délai de quinze jours ouvrables à compter de la réception du récépissé ou de la délivrance de la ou des autorisations. Dans ce cas, le récépissé ne vaut pas récépissé de dossier de création d'entreprise.

2° Dans le cas d'une demande d'autorisation mentionnée au 2° du I de l'article R. 123-1 :

a) Lorsque le dossier contient toutes les pièces nécessaires à la délivrance de la ou des autorisations requises, conformément à l'article R. 123-7, le récépissé se substitue à l'accusé de réception des demandes présentées aux autorités. Il indique le ou les délais prévus par les textes législatifs ou réglementaires en vigueur pour la délivrance de la ou des autorisations requises pour exercer l'activité qui fait l'objet de la demande ainsi que les délais et voies de recours pour contester la ou les décisions d'octroi des autorisations.

b) Lorsque le dossier est incomplet, sous réserve des dispositions du *c* ci-dessous, le récépissé indique les compléments qui doivent être apportés par le déclarant dans un délai de quinze jours ouvrables à compter de la réception du récépissé.

c) Lorsqu'un document attestant de l'accomplissement de la formalité de création prévue au 1° du I de l'article R. 123-1 est nécessaire préalablement à la délivrance de la ou des autorisations requises ou à la délivrance de pièces elles-mêmes nécessaires à la délivrance de la ou des autorisations requises, le dossier de demande d'autorisation fait l'objet d'un récépissé provisoire attestant la réception des pièces remises par le déclarant et la date de la remise.

Un second récépissé est adressé au déclarant lorsque le centre de formalités des entreprises reçoit directement de l'autorité compétente le document attestant de l'accomplissement de la formalité prévue au 1° du I de l'article R. 123-1. Ce récépissé vaut accusé de réception des demandes présentées aux autorités administratives dans les conditions prévues au *a*.

Si le demandeur doit accomplir des démarches personnelles pour compléter son dossier de demande d'autorisation, le centre de formalités des entreprises l'informe qu'il dispose d'un délai de quinze jours ouvrables, le cas échéant renouvelable une fois, à compter de la remise du document attestant de l'accomplissement de la formalité prévue au 1° du I de l'article R. 123-1 pour déposer les pièces résultant de ses démarches. Au vu de ces pièces, il lui est délivré un récépissé qui vaut accusé de réception des demandes présentées aux autorités administratives dans les conditions prévues au *a*.

3° Lorsque le centre s'estime incompétent, le récépissé indique le centre auquel le dossier est transmis le jour même.

Art. R. 123-11 *(Rempl., D. n° 2010-210, 1er mars 2010).* – I. – Si les éléments demandés ont été transmis par le déclarant avant l'expiration des délais mentionnés à l'article R. 123-10, le centre transmet le jour même :

1° Aux organismes destinataires la déclaration ainsi que, le cas échéant, les pièces annexées qui leur sont destinées ;

2° Aux organismes habilités à délivrer les autorisations, qui en accusent réception, les demandes d'autorisation ainsi que, le cas échéant, les pièces annexées qui leur sont destinées.

II. – Si, à l'expiration des délais mentionnés à l'article R. 123-10, les éléments demandés n'ont pas été transmis, le centre de formalités des entreprises procède de la manière suivante :

1° Pour les déclarations visées au 1° du I de l'article R. 123-1, il avise le déclarant des organismes destinataires auxquels le dossier est transmis en l'état ;

2° Pour les demandes d'autorisation visées au 2° du I de l'article R. 123-1, il renvoie le dossier au déclarant et informe ce dernier qu'il lui appartient de saisir directement les autorités habilitées à délivrer ces autorisations.

Art. R. 123-12 *(Mod., D. n° 2010-210, 1er mars 2010)*. – À défaut de transmission par le centre de formalités des entreprises à l'expiration des délais prévus aux articles R. 123-10 et R. 123-11, le déclarant peut obtenir la restitution immédiate de son dossier afin d'en saisir directement les organismes destinataires ou, le cas échéant, les autorités habilitées à délivrer les autorisations.

Art. R. 123-13 *(Mod., D. n° 2010-210, 1er mars 2010)*. – Le centre de formalités des entreprises transmet le jour même aux organismes destinataires compétents les notifications et les informations mentionnées à l'article R. 123-1.

Art. R. 123-14 *(Mod., D. n° 2010-210, 1er mars 2010)*. – Le centre de formalités des entreprises peut transmettre par voie électronique aux organismes destinataires et aux autorités habilitées à délivrer les autorisations, les informations et pièces les concernant.

Art. R. 123-15. – La commission de coordination instituée par l'article R. 123-28 veille au respect de la confidentialité et de la sécurité des échanges, ainsi qu'à la compatibilité des systèmes de communication par voie électronique.

Art. R. 123-16 *(Mod., D. n° 2010-210, 1er mars 2010)*. – I. – Dans les cas prévus à l'article L. 123-9-1 et à l'article 19-1 de la loi n° 96-603 du 5 juillet 1996 relative au développement et à la promotion du commerce et de l'artisanat, le récépissé prévu au *a* du 1° de l'article R. 123-10 prend, lorsque le dossier est réputé complet par le centre compétent, le nom de récépissé de dépôt de dossier de création d'entreprise. Délivré gratuitement et sans délai, ce récépissé est valable jusqu'à la notification au déclarant de son immatriculation et, au plus tard, jusqu'à l'expiration d'une durée d'un mois à compter de sa délivrance. Il indique :

1° Le nom et l'adresse du centre ;

2° La date de saisine du centre ;

3° La date de délivrance du récépissé et la date d'expiration de sa validité ;

4° La mention : « en attente d'immatriculation » ;

5° Les mentions prévues aux *a*, *b* et *c* du 1° du I de l'article R. 123-8 ;

6° Les organismes auxquels le dossier est transmis le jour même ;

7° Le numéro unique d'identification de l'entreprise.

Le centre de formalités des entreprises indique sur le récépissé de dépôt de dossier de création d'entreprise le numéro unique d'identification que l'INSEE lui communique ainsi qu'au greffier du tribunal compétent, lorsque la déclaration comporte une demande d'immatriculation au registre du commerce et des sociétés.

Lorsque la déclaration comporte une demande d'immatriculation au registre du commerce et des sociétés, une copie du récépissé de dépôt de dossier de création d'entreprise est transmise au greffier compétent avec le dossier du déclarant.

Dans le cas prévu au deuxième alinéa de l'article R. 123-5, le greffier adresse copie du récépissé de création d'entreprise au centre de formalités des entreprises.

II. – Lorsqu'il est délivré en application de l'article L. 311-2-1 du Code rural et de la pêche maritime, le récépissé de dépôt de dossier de création d'entreprise, délivré gratuitement et sans délai, indique :

1° Le nom et l'adresse du centre ;

2° La date de saisine du centre ;

3° La date de délivrance du récépissé ;

4° Les mentions prévues aux *a*, *b* et *c* du 1° du I de l'article R. 123-8 ;

5° Les organismes auxquels le dossier est transmis le jour même ;

6° La mention : « en attente d'immatriculation », lorsque la demande concerne une société.

Art. R. 123-17. – La déclaration présentée ou transmise au centre de formalités des entreprises compétent vaut déclaration auprès de l'organisme destinataire, dès lors qu'elle est régulière et complète à l'égard de ce dernier. Elle interrompt les délais à l'égard de cet organisme.

Art. R. 123-18 *(Mod., D. n° 2010-210, 1er mars 2010)*. – Les organismes destinataires des déclarations et des demandes d'autorisation sont seuls compétents pour en contrôler la régularité ou en apprécier la validité. Leur transmission à ces organismes dessaisit le centre en ce qui concerne les formalités à accomplir.

Art. R. 123-19 *(Mod., D. n° 2010-210, 1er mars 2010 ; D. n° 2016-1030, 26 juill. 2016).* – Le centre ne peut conserver au-delà des délais nécessaires à la transmission prévue à l'article R. 123-18 le support de la déclaration, les renseignements qu'elle contient, les pièces relatives à celle-ci ainsi que, le cas échéant, les pièces relatives aux procédures d'autorisations requises. Toutefois, les renseignements destinés à être portés sur un registre de publicité légale peuvent être conservés par le centre pendant un délai de trois ans. Les données nécessaires aux autres usages définis à l'article L. 711-3 sont conservées par les chambres de commerce et d'industrie territoriales et départementales d'Île-de-France pendant la durée d'existence de l'entreprise et tant que son siège social reste fixé dans leur circonscription.

Art. R. 123-20. – Les dispositions des articles R. 123-1 à R. 123-19 sont applicables à la déclaration d'entreprise par voie électronique, sous réserve des dispositions des articles R. 123-21 à R. 123-27.

Art. R. 123-21 *(Mod., D. n° 2010-210, 1er mars 2010 ; D. n° 2015-731, 24 juin 2015 ; D. n° 2020-946, 30 juill. 2020).* – Un service informatique accessible par l'internet, sécurisé et gratuit, permet au déclarant, selon son choix, de :

1° Transmettre un dossier unique tel que défini à l'article R. 123-23 dès lors qu'il respecte les dispositions de l'article R. 123-24 ;

2° Préparer un tel dossier de manière interactive et le transmettre ;

3° Avoir accès aux informations suivantes :

a) La liste de toutes les professions réglementées en France, avec les coordonnées des autorités compétentes pour chacune d'entre elles et des centres d'assistance ;

b) La liste des professions réglementées pour lesquelles une carte professionnelle européenne, mentionnée à l'article 1er de l'ordonnance n° 2016-1809 du 22 décembre 2016 relative à la reconnaissance des qualifications professionnelles de professions réglementées, est mise en œuvre, avec l'indication des modalités de délivrance et d'utilisation de la carte, des autorités compétentes pour sa délivrance et des frais en découlant mis à la charge des professionnels ;

c) La liste des professions réglementées pour lesquelles les autorités compétentes françaises procèdent à une vérification des qualifications professionnelles du prestataire avant la première prestation de services ;

d) La liste des formations réglementées en France ;

e) Les exigences et procédures requises en France pour l'exercice de professions réglementées, notamment les documents à présenter aux autorités compétentes et les frais à acquitter ;

f) Les voies de recours contre les décisions des autorités compétentes françaises en matière de reconnaissance des qualifications professionnelles.

Ce service informatique permet également au déclarant d'être informé de la transmission de son dossier aux organismes et autorités compétents ainsi que des décisions prises par eux.

La gestion de ce service informatique constitue une mission de service public assurée par l'État ou l'un de ses établissements publics.

Les centres de formalités des entreprises, les services que les organismes gestionnaires de centres de formalités des entreprises mettent en commun à cette fin, et les greffes, en application de l'article R. 123-5, peuvent, en outre, fournir au déclarant des services informatiques de même nature.

Art. R. 123-22 *(Mod., D. n° 2010-210, 1er mars 2010).* – I. – Lorsque la déclaration appelle inscription au registre du commerce et des sociétés en application de l'article L. 123-1, le service informatique mentionné à l'article R. 123-21 permet, conjointement :

1° Au déclarant de procéder à l'acquittement des frais légaux induits par cette inscription au registre du commerce et des sociétés auprès du greffe ;

2° Au greffe compétent de recevoir, par voie électronique, la partie du dossier unique qui lui est nécessaire pour procéder à cette inscription. Il en accuse réception, par voie électronique, au déclarant ;

3° Au centre de formalités des entreprises de recevoir, par voie électronique, le dossier unique.

II. – Lorsque le déclarant dépose des demandes d'autorisation en application de l'article R. 123-1, le service informatique mentionné à l'article R. 123-21 permet, conjointement :

1° Au déclarant de procéder à l'acquittement éventuel des frais légaux induits par ces demandes ;

2° À chaque autorité habilitée à délivrer une autorisation de recevoir, par voie électronique, la partie du dossier unique qui lui est nécessaire pour procéder à cette délivrance. Elle en accuse réception, par voie électronique, au demandeur ;

3° Au centre de formalités des entreprises de recevoir, par voie électronique, le dossier unique.

Art. R. 123-23 *(Rempl., D. n° 2010-210, 1er mars 2010).* – Lorsqu'il est établi et transmis par voie électronique aux centres de formalités des entreprises, le dossier mentionné à l'article 2 de la loi n° 94-126 du 11 février 1994 relative à l'initiative et à l'entreprise individuelle comprend les documents suivants :

1° Le formulaire électronique contenant l'ensemble des données déclarées ;

2° Le cas échéant, les demandes d'autorisation mentionnées au 2° du I de l'article R. 123-1 nécessaires à l'exercice de l'activité ;

3° Les pièces numériques ou numérisées exigées, sauf s'il s'agit de pièces devant être fournies en original et établies sur support papier ;

4° Lorsque la déclaration de création ou de modification de situation et, le cas échéant, les demandes d'autorisation donnent lieu à la perception de frais légaux, le justificatif de règlement de ces frais, selon des moyens communiqués au déclarant.

Un arrêté ministériel fixe les caractéristiques électroniques des documents énumérés au présent article.

Arrêté du 23 avril 2007

pris pour l'application des articles R. 123-23 et R. 123-26 du Code de commerce relatifs aux centres de formalités des entreprises

(Abr. et codifié, A. 14 janv. 2009. – V. C. com., art. A. 123-2 à A. 123-6).

Rédaction antérieure. Art. 1er. – Il ne peut être demandé au déclarant une information ou une pièce qui n'ait pas été prescrite par les dispositions législatives et réglementaires.

Rédaction antérieure. Art. 2. – I. – Les documents visés à l'article R. 123-23 du Code de commerce doivent être conformes aux caractéristiques techniques suivantes :

1° Formulaire électronique contenant l'ensemble des données nécessaires à la formalité :

Le formulaire de déclaration électronique est établi en message formé écrit en langage XML (extensible markup language) dont les spécifications sont consultables sur internet sur le site public http://www.pme.gouv.fr.

2° Les pièces numérisées exigibles :

Ces pièces sont numérisées dans les formats de fichiers électroniques images suivants :

JPEG (joint photography expert group ISO 10918) ;

PDF/A (portable document format ISO 19005-1) ;

PDF (portable document format, version propriétaire Adobe).

La compression et la résolution graphique des images doivent permettre une qualité de restitution des caractères garantissant la lisibilité des pièces numérisées.

3° Les pièces numériques exigibles :

Les documents numériques sont établis dans les formats suivants :

Open document format (bureautique, format ouvert ISO 26300) ;

Rich text format (texte enrichi, format propriétaire Microsoft dans leur version 97/2000/XP) ;

TXT (texte unicode) ;

DOC et XLS (bureautique, formats propriétaires Microsoft dans leur version 97/2000/XP) ;

PDF/A (portable document format ISO 19005-1) ;

PDF (portable document format, version propriétaire Adobe).

II. – Les fichiers des documents électroniques mentionnés au I du présent article peuvent être rassemblés et compressés dans une archive au format ZIP conformément aux spécifications courantes au 1er avril 2007.

Rédaction antérieure. Art. 3. – Une déclaration électronique effectuée par une entreprise est acceptée par les organismes mentionnés à l'article R. 123-21 du Code de commerce lorsque les conditions suivantes sont remplies :

I. – En ce qui concerne la création :

1° Les fichiers qui la composent sont conformes aux prescriptions de l'article 2 ;

2° Les documents qui la composent ont fait l'objet d'une numérisation. La copie du justificatif d'identité est numérisée après avoir été préalablement revêtue d'une mention manuscrite d'attestation sur l'honneur de conformité à l'original, d'une date et de la signature manuscrite de la personne qui effectue la déclaration ;

3° En cochant la case informatique prévue à cet effet, le déclarant déclare sur l'honneur l'exactitude des éléments déclarés conformément à la formule suivante : « Je déclare sur l'honneur l'exactitude des informations de la formalité et signe la présente déclaration n°..., faite à..., le... ».

II. – En ce qui concerne les autres formalités :
La liste des certificats et procédés de signature électronique qui peuvent alors être utilisés pour la signature électronique des documents à l'occasion d'une modification de situation, de la cessation de l'activité ou de la radiation d'une entreprise est consultable à l'adresse suivante : http://www.entreprises.minefi.gouv.fr/certificats.

III. – Lorsque la déclaration comporte une demande d'inscription au registre du commerce et des sociétés ou au répertoire des métiers, l'acquittement des frais d'inscription correspondants est effectué au moyen d'une carte bancaire dont la personne qui effectue la déclaration est titulaire.

Rédaction antérieure. Art. 4. – Chaque centre de formalité des entreprises indique les coordonnées électroniques auxquelles l'ensemble des fichiers constituant le dossier de déclaration doit être transmis lorsque le déclarant fait usage d'une transmission par voie d'échange de données informatiques. La transmission est effectuée au centre compétent par l'intermédiaire soit d'une messagerie électronique Atlas 400, soit par une messagerie électronique utilisant le réseau internet à condition que le dossier unique de déclaration soit compressé et signé dans les conditions fixées à l'article 3 du présent arrêté.

Rédaction antérieure. Art. 5. – L'accusé de réception prévu à l'article R. 123-25 du Code de commerce, délivré par les centres de formalités des entreprises, leurs services communs ou les greffiers dans les conditions prévues à l'article R. 123-22 du même code comporte les mentions suivantes :

1° Le nom, l'adresse postale et électronique et le numéro de téléphone du centre de formalités destinataire ;

2° Les formules suivantes :

« Le dossier de déclaration d'entreprise que vous avez adressé au centre de formalité des entreprises/au greffe de... a été reçu le... à... » ;

« Le présent accusé de réception vous est adressé automatiquement. Si votre dossier est complet, vous recevrez prochainement un récépissé de dépôt de dossier de création d'entreprise par voie postale ou électronique. Si votre dossier est incomplet, il vous sera demandé de le compléter dans un délai qui vous sera alors précisé. ».

Art. R. 123-24 *(Mod., D. n° 2010-1706, 29 déc. 2010 ; mod. à compter du 1er avril 2021, D. n° 2021-300, 18 mars 2021).* – **Lorsqu'une signature est requise, le recours à une signature électronique sécurisée est exigé dans les conditions prévues à l'article 1316-4 du Code civil et au décret n° 2001-272 du 30 mars 2001 pris pour l'application de l'article 1367 du Code civil et relatif à la signature électronique. Toutefois, pour la transmission par voie électronique des dossiers de création d'entreprise ou des déclarations prévues à l'article L. 526-7, est autorisé, y compris pour les demandes d'immatriculation au registre du commerce et des sociétés, le recours à une signature électronique présentant les caractéristiques prévues par la première phrase du second alinéa de l'article 1367 du Code civil.**

NB : L'ordonnance n° 2016-131 du 10 février 2016, en son article 4, a substitué, en ce qui concerne la définition de la signature électronique, l'article 1367 du Code civil à l'article 1316-4 du même code.

Conformément au II de l'article 2 du décret n° 2017-1416 du 28 septembre 2017 relatif à la signature électronique, les références au décret n° 2001-272 du 30 mars 2001, contenues dans des dispositions de nature réglementaire, sont remplacées par les références à ce même décret n° 2017-1416 du 28 septembre 2017.

Art. R. 123-25 *(Mod., D. n° 2010-210, 1er mars 2010).* – **Dès réception d'un dossier conforme aux dispositions des articles R. 123-23 et R. 123-24, le centre de formalités des entreprises compétent en accuse réception par voie électronique au déclarant ou à son mandataire.**

Lorsqu'il doit déposer des actes authentiques ou actes sous seing privé en original, le déclarant joint à ces pièces une édition de l'accusé de réception électronique prévu à l'alinéa premier.

Le centre de formalités des entreprises est responsable de la transmission aux organismes et administrations destinataires des éléments du dossier de déclaration d'entreprise qu'il a reçus par voie électronique.

Art. R. 123-26 *(Mod., D. n° 2017-1416, 28 sept. 2017).* – **Lorsque le dossier mentionné à l'article R. 123-21 est réputé complet, la transmission au déclarant ou à son mandataire des récépissés prévus aux articles R. 123-10 et R. 123-16 s'effectue par voie électronique, sauf si le déclarant ou son mandataire en demande la transmission par voie postale.**

En cas de transmission électronique, le récépissé prévu à l'article R. 123-16 comporte la signature électronique sécurisée de celui qui l'émet dans les conditions prévues par le décret n° 2017-1416 du 28 septembre 2017.

Un arrêté ministériel fixe les modalités de délivrance de l'accusé de réception électronique prévu au présent article.

NB : Conformément au II de l'article 2 du décret n° 2017-1416 du 28 septembre 2017 relatif à la signature électronique, les références au décret n° 2001-272 du 30 mars 2001, contenues dans des dispositions de nature réglementaire, sont remplacées par les références à ce même décret n° 2017-1416 du 28 septembre 2017.

Voir : A. 23 avril 2007 pris pour l'application des articles R. 123-23 et R. 123-26 du Code de commerce relatifs aux centres de formalités des entreprises (*JO* 15 mai 2007), ci-dessus sous art. R. 123-23.

Art. R. 123-27 *(Mod., D. n° 2010-210, 1er mars 2010).* **– Si le déclarant utilise un service de conservation provisoire des données proposé par le service de déclaration dans des conditions conformes à la loi n° 78-17 du 6 janvier 1978 relative à l'informatique, aux fichiers et aux libertés** *(Mots aj. à compter du 1er avril 2021, D. n° 2021-300, 18 mars 2021)* **« et au règlement (UE) 2016/679 du Parlement européen et du Conseil du 27 avril 2016 relatif à la protection des personnes physiques à l'égard du traitement des données à caractère personnel et à la libre circulation de ces données, et abrogeant la directive 95/46/CE », il est procédé, à l'issue de la période de conservation provisoire d'une durée maximale de douze mois, à l'effacement de toutes les données et de tous les fichiers concernant le déclarant sur les supports informatiques où ils figurent. Le déclarant en est avisé préalablement par voie électronique ou, à défaut, par lettre simple.**

Art. R. 123-28 *(Mod., D. n° 2007-1851, 26 déc. 2007).* **– La coordination des centres de formalités des entreprises est assurée par une commission qui veille à l'harmonisation de l'application des dispositions de la présente section.**

Cette commission donne son avis sur toutes questions relatives au fonctionnement des centres, dont elle est saisie par ceux-ci ou par les organismes destinataires des formalités. Elle peut se saisir d'office.

Elle fait rapport aux ministres compétents des difficultés ou anomalies dont elle a connaissance. Elle propose les modifications de textes et les réformes de procédure qui en découlent.

La commission comprend un représentant de chacun des ministres assurant la tutelle des centres de formalités des entreprises et des organismes destinataires. La direction chargée de la réforme de l'État participe en tant que de besoin aux réunions de la commission de coordination des centres de formalités des entreprises.

Un arrêté du Premier ministre fixe les conditions de fonctionnement de la commission, ainsi que les modalités de publication de ses avis.

Voir aussi : A. 1er oct. 2007 relatif à la commission de coordination des centres de formalités des entreprises (*JO* 3 oct.).

Art. R. 123-29. – En cas de difficulté grave de fonctionnement d'un centre, le Premier ministre prend, par arrêté, toutes mesures de nature à assurer la continuité du service.

Art. R. 123-30 *(Mod., D. n° 2010-210, 1er mars 2010).* **– Les annexes 1-1 et 1-2 au présent livre précisent les déclarations visées au 1° du I de l'article R. 123-1 devant être déposées aux centres de formalités des entreprises et les administrations, personnes ou organismes destinataires de ces formalités selon leur compétence.**

Ces annexes peuvent être complétées par arrêté des ministres chargés de la justice, *(Mots suppr. à compter du 1er avril 2021, D. n° 2021-300, 18 mars 2021)* **« ... » des affaires sociales, du travail, de l'économie, de l'industrie, de l'agriculture, du commerce et de l'artisanat, de la réforme administrative et du budget.**

ANNEXE 1-1

Annexe à l'article R. 123-30

(Annexe mod., D. n° 2010-1706, 29 déc. 2010 ; D. n° 2019-987, 25 sept. 2019 ; mod. à compter du 1er janvier 2020, D. n° 2019-913, 30 août 2019 ; mod. à compter du 1er avril 2021, D. n° 2021-300, 18 mars 2021)

Les principaux organismes destinataires des formalités des entreprises selon leur compétence sont :

1. Greffe du tribunal de commerce ou du tribunal judiciaire statuant commercialement, lequel transmet à l'Institut national de la propriété industrielle (INPI).

2. Service des impôts des entreprises (SIE) et direction des impôts des non-résidents (DINR) de la direction générale des finances publiques (DGFiP).

3. Unions de recouvrement des cotisations de sécurité sociale et d'allocations familiales (URSSAF) ou caisses générales de sécurité sociale.

4. Organismes du régime général chargés de la gestion de l'assurance vieillesse ainsi que de la tarification et de la prévention des accidents du travail et des maladies professionnelles.

5. Organismes d'assurance maladie et d'assurance vieillesse des professions artisanales, industrielles, commerciales et libérales.
6. Caisses départementales ou pluridépartementales de mutualité sociale agricole.
7. Inspection du travail.
8. Chambres des métiers et de l'artisanat.
9. Institut national de la statistique et des études économiques (INSEE).
10. Assemblée permanente des chambres d'agriculture.
11. Établissements départementaux de l'élevage.
12. Direction générale des douanes et des droits indirects.
13. Directions départementales des territoires et de la mer.

Voir : Annexe 1-2, sous art. R. 123-5, p. 1571.
Circulaire du 30 mai 1997 relative au fonctionnement des centres de formalités des entreprises (*JO* 1er juin).

Sous-section 1 *(Rédaction future)*. – Dispositions générales et applicables aux entreprises établies en France

(Division créée à compter du 1er janvier 2017, D. n° 2016-1030, 26 juill. 2016, art. 2 et 8 ; sous-section rempl. à compter du 1er janvier 2023, D. n° 2021-300, 18 mars 2021)

Rédaction future. Art. R. 123-1 ***(Rempl., D. n° 2010-210, 1er mars 2010 ; mod., D. n° 2020-118, 12 févr. 2020 ; D. n° 2016-1030, 26 juill. 2016 ; rempl. à compter du 1er janvier 2023, D. n° 2021-300, 18 mars 2021).*** – I. – L'organisme unique mentionné à l'article L. 123-33 permet aux entreprises de réaliser l'ensemble des formalités et procédures nécessaires à l'accès et à l'exercice de leur activité.

Il reçoit à cet effet le dossier unique prévu à l'article L. 123-33. Ce dossier comporte :

1° Les déclarations relatives à leur création, aux modifications de leur situation ou à la cessation de leur activité, y compris les informations relatives au bénéficiaire effectif en application de l'article L. 561-46 du Code monétaire et financier, que les entreprises sont tenues de remettre aux administrations, personnes ou organismes destinataires mentionnés à l'article L. 123-32 et dont la liste est établie par l'arrêté prévu à l'article R. 123-16 ;

2° Les demandes d'autorisation nécessaires à leur activité que les entreprises sont tenues de remettre aux autorités compétentes pour la délivrance de ces autorisations sauf si le déclarant souhaite déposer ces demandes directement auprès des autorités compétentes.

Les inscriptions, d'office ou à la demande de tiers légalement ou judiciairement habilités, de mentions relatives à la création, aux modifications de la situation ou à la cessation d'activité, y compris celles intervenant au cours des procédures de sauvegarde ou de redressement ou de liquidation judiciaires, sont réalisées par les organismes destinataires après transmission, par leurs soins, du dossier à l'organisme unique, à l'exception des greffiers de tribunaux de commerce qui procèdent à l'inscription concomitamment à la transmission du dossier.

Lorsqu'une disposition particulière le prévoit, les demandes d'inscription sont présentées par les tiers légalement ou judiciairement habilités auprès de l'organisme unique.

II. – L'organisme unique transmet les renseignements ou pièces du dossier à chacun des organismes destinataires et, le cas échéant et selon leur compétence, à chacune des autorités habilitées à délivrer les autorisations.

Sous réserve des dispositions du dernier alinéa de l'article L. 711-3, il est interdit à l'organisme unique et aux organismes destinataires de communiquer à des tiers les renseignements contenus dans les déclarations.

Rédaction future. Art. R. 123-2 ***(Rempl., D. n° 2010-210, 1er mars 2010 ; rempl. à compter du 1er janvier 2023, D. n° 2021-300, 18 mars 2021).*** – I. – L'organisme unique met en œuvre un service informatique, dénommé guichet unique électronique des formalités d'entreprises, accessible par l'internet, sécurisé et gratuit, qui permet au déclarant, selon son choix :

1° D'établir un dossier unique dans les conditions définies à l'article R. 123-3 ;

2° De transmettre le dossier unique aux organismes destinataires et aux autorités compétentes dès lors qu'il comporte l'ensemble des informations prévues à l'article R. 123-4 ;

3° De transmettre, en cas de demande additionnelle formée par un organisme destinataire ou une autorité compétente, les éléments complémentaires nécessaires à l'instruction du dossier ;

4° D'acquitter, le cas échéant, les frais afférents à ces formalités ;

5° De bénéficier d'une information sur le suivi et le délai prévisible de traitement de son dossier par les organismes destinataires et autorités compétentes, depuis la réception de celui-ci jusqu'aux décisions rendues ou prestations réalisées.

II. – Le service informatique permet au déclarant d'avoir accès, selon son choix, aux informations suivantes :

1° En ce qui concerne la reconnaissance des qualifications professionnelles :

a) La liste de toutes les professions réglementées en France, avec les coordonnées des autorités compétentes pour chacune d'entre elles et des centres d'assistance ;

b) La liste des professions réglementées pour lesquelles une carte professionnelle européenne, mentionnée à l'article 1er de l'ordonnance n° 2016-1809 du 22 décembre 2016 relative à la reconnaissance des qualifications professionnelles de professions réglementées, est mise en œuvre, avec l'indication des modalités de délivrance et d'utilisation de la carte, des autorités compétentes pour sa délivrance et des frais en découlant mis à la charge des professionnels ;

c) La liste des professions réglementées pour lesquelles les autorités compétentes françaises procèdent à une vérification des qualifications professionnelles du prestataire avant la première prestation de services ;

d) La liste des formations réglementées en France ;

e) Les exigences et procédures requises en France pour l'exercice de professions réglementées, notamment les documents à présenter aux autorités compétentes et les frais à acquitter ;

f) Les informations et l'orientation vers les centres d'assistance relevant de la directive 2005/36/CE du Parlement européen et du Conseil du 7 septembre 2005 relative à la reconnaissance des qualifications professionnelles, y compris les centres d'assistance des autres États membres de l'Union européenne ou de l'Espace économique européen ; ces informations sont également ouvertes aux ressortissants d'États tiers à l'Union européenne conformément à l'article 57 *ter* de la même directive ;

g) Les voies de recours contre les décisions des autorités compétentes en matière de reconnaissance des qualifications professionnelles ;

2° En ce qui concerne l'accès aux activités de service et leur exercice :

a) Les exigences applicables aux prestataires ayant leur établissement sur le territoire national, en particulier celles concernant les procédures et formalités à suivre pour accéder aux activités de services et les exercer ;

b) Les coordonnées des autorités compétentes permettant d'entrer en contact directement avec elles ;

c) Les conditions d'accès aux registres et bases de données publics relatifs aux prestataires et aux services ;

d) Les voies de recours disponibles en cas de litige entre les autorités compétentes et le prestataire ou le destinataire de services, ou entre un prestataire et un destinataire de services, ou entre prestataires ;

e) Les coordonnées des associations ou organisations, autres que les autorités compétentes, auprès desquelles les prestataires ou les destinataires sont susceptibles d'obtenir une assistance pratique ;

f) Une aide et une assistance fournies de manière claire délivrées par le biais d'informations d'ordre général sur la façon dont les exigences sont interprétées ou appliquées, facilement accessibles à distance et par voie électronique et mises à jour, y compris, le cas échéant, dans d'autres langues communautaires ;

g) Une liste mentionnant les organismes destinataires proposant des informations relatives aux détails et aux enjeux de la vie d'une entreprise, ainsi que les modalités d'accès à ces informations.

3° En ce qui concerne les formalités de constitution des sociétés :

a) Les règles relatives à la constitution des sociétés, notamment les obligations relatives à l'utilisation des modèles et aux autres actes constitutifs, à l'identification de personnes, aux langues utilisées et aux frais applicables ;

b) Les règles relatives à l'immatriculation de succursales, ainsi que les obligations relatives aux documents d'immatriculation, à l'identification de personnes et aux langues utilisées ;

c) Une description succincte des règles relatives à la nomination aux organes d'administration, de direction ou de surveillance d'une société, ainsi que des règles relatives à la révocation des administrateurs et aux autorités ou organes compétents pour conserver les informations sur les administrateurs révoqués ;

d) Une description succincte des compétences et des responsabilités des organes d'administration, de direction et de surveillance d'une société, y compris l'autorité ayant le pouvoir d'engager la société à l'égard des tiers.

Rédaction future. Art. R. 123-3 ***(Mod., D. n° 2018-1240, 26 déc. 2018 ; D. n° 2019-987, 25 sept. 2019 ; rempl. à compter du 1er janvier 2023, D. n° 2021-300, 18 mars 2021).*** – Le dossier mentionné à l'article L. 123-33 et transmis à l'organisme unique comprend les éléments suivants :

1° L'ensemble des informations renseignées par le déclarant ;

2° Le cas échéant, les demandes d'autorisation mentionnées au 2° du I de l'article R. 123-1 nécessaires à l'exercice de l'activité ;

3° Les pièces numériques ou numérisées exigées, sauf s'il s'agit de pièces devant être fournies en original et établies sur support papier ;

4° Lorsque la déclaration de création ou de modification de situation et, le cas échéant, les demandes d'autorisation donnent lieu à la perception de frais, le justificatif de règlement de ces frais, selon des moyens communiqués au déclarant.

Un arrêté du ministre chargé de l'économie fixe les caractéristiques électroniques des informations et pièces énumérées au présent article.

Rédaction future. Art. R. 123-4 ***(Mod., D. n° 2010-210, 1er mars 2010 ; rempl. à compter du 1er janvier 2023, D. n° 2021-300, 18 mars 2021).*** – I. – Les déclarations mentionnées au 1° du I de l'article R. 123-1 comportent les informations indispensables à l'exercice de leurs prérogatives par les organismes destinataires ou à l'immatriculation au sein des registres ou des répertoires d'entreprises. Parmi celles-ci figurent les informations suivantes :

1° Pour les créations d'entreprises :

a) Les nom, nom d'usage, prénoms et nationalité du déclarant pour les personnes physiques, la dénomination ou la raison sociale pour les personnes morales ;

b) La forme juridique de l'entreprise ;

c) Le siège de l'entreprise, le domicile du déclarant ou l'adresse de l'établissement ;

d) Les coordonnées téléphoniques et, s'il en dispose, l'adresse électronique du déclarant ;

e) L'objet de la formalité ;

f) La ou les activités exercées par l'entreprise au sein de chacun de ses établissements, en précisant l'activité principale de l'entreprise et de chacun de ses établissements ;

g) L'existence de salariés dans l'entreprise ou dans l'établissement et, le cas échéant, leur nombre ;

h) La date d'effet de l'événement objet de la formalité ;

i) Les date et lieu de naissance des déclarants personnes physiques ;

j) S'il en dispose, le numéro de sécurité sociale du déclarant personne physique ;

k) L'existence d'activités exercées simultanément à l'activité faisant l'objet de la déclaration et, le cas échéant, la désignation de ces activités ainsi que l'indication du registre ou répertoire d'entreprises au sein duquel elles sont enregistrées et le régime social auquel elles sont rattachées ;

l) La nature de la gérance, lorsque l'entreprise est une société à responsabilité limitée ;

m) L'exercice ou non d'une activité professionnelle régulière du conjoint du chef d'entreprise dans l'entreprise et le statut choisi par ce dernier à ce titre, ainsi que, en cas d'activité régulière, les nom, nom d'usage, prénoms, nationalité et domicile de ce conjoint ;

2° Pour les modifications de la situation de l'entreprise ainsi que pour sa cessation d'activité :

a) Les nom, nom d'usage, prénoms, pseudonyme et numéro de sécurité sociale du déclarant pour les personnes physiques, la dénomination ou la raison sociale pour les personnes morales ;

b) Les coordonnées téléphoniques et, s'il en dispose, l'adresse électronique du déclarant ;

c) Le numéro unique d'identification de l'entreprise et, le cas échéant, le nom de la ville où se trouve le greffe où elle est immatriculée, ou la chambre de métiers et de l'artisanat de région où elle est inscrite au répertoire des métiers ;

d) L'objet de la formalité ainsi que la date d'effet de l'événement la justifiant ;

e) En cas de déclaration modificative portant mention que le conjoint du chef d'entreprise exerce une activité professionnelle régulière dans l'entreprise, le statut choisi par le conjoint à ce titre ainsi que ses nom, nom d'usage, prénoms, nationalité et domicile.

L'organisme unique ne transmet pas les déclarations qui ne respectent pas les conditions ci-dessus énumérées. Il ne peut en apprécier le bien-fondé. Il informe sans délai le déclarant de tout refus de transmission, en indiquant les motifs, dans les conditions prévues à l'article R. 123-6.

L'organisme unique interroge le répertoire national d'identification des personnes physiques afin d'avoir confirmation, pour les personnes physiques inscrites, du caractère identique des éléments déclarés à ceux figurant dans ce répertoire.

II. – Les demandes d'autorisation mentionnées au 2° du I de l'article R. 123-1 comportent l'identité du demandeur et l'objet de la demande.

L'organisme unique ne transmet pas les demandes d'autorisation qui ne respectent pas les conditions ci-dessus énumérées. Il ne peut en apprécier le bien-fondé. Il informe sans délai le déclarant de tout refus de transmission, en indiquant les motifs, dans les conditions prévues à l'article R. 123-6.

L'organisme unique interroge le répertoire national d'identification des personnes physiques, afin d'avoir confirmation, pour les personnes physiques inscrites, du caractère identique des éléments déclarés à ceux figurant dans ce répertoire.

Rédaction future. Art. R. 123-5 ***(Mod., D. n° 2010-210, 1er mars 2010 ; rempl. à compter du 1er janvier 2023, D. n° 2021-300, 18 mars 2021).*** – Lorsqu'une signature est requise, le recours à une signature électronique avancée reposant sur un certificat qualifié est exigé dans les conditions prévues par le règlement (UE) n° 910/2014 du 23 juillet 2014 sur l'identification électronique et les services de confiance pour les transactions électroniques au sein du marché intérieur. Le certificat de signature électronique qualifié répond aux exigences de l'annexe 1 de ce règlement et est délivré par un prestataire de service de confiance qualifié ou par une autorité de certification française ou étrangère. Toutefois, pour la transmission des dossiers de création d'entreprise, des déclarations prévues à l'article L. 526-7 ou des demandes d'autorisation, est autorisé, y compris pour les demandes d'immatriculation au registre du commerce et des sociétés, le recours à une signature électronique simple répondant aux exigences du même règlement.

Un arrêté du ministre chargé de l'économie détermine les formats de signature et les procédures de vérification applicables.

Rédaction future. Art. R. 123-5-1 ***(D. n° 2015-731, 24 juin 2015 ; mod., D. n° 2019-718, 5 juill. 2019 ; implicitement abr. à compter du 1er janvier 2023, D. n° 2021-300, 18 mars 2021).***

Rédaction future. Art. R. 123-6 ***(Mod., D. n° 2010-210, 1er mars 2010 ; rempl. à compter du 1er janvier 2023, D. n° 2021-300, 18 mars 2021).*** – Les articles R. 112-11-1 à R. 112-11-4 du Code des relations entre le public et l'administration sont, sauf dispositions contraires prévues par le présent article, applicables aux modalités de saisine de l'organisme unique et aux échanges entre le déclarant et cet organisme unique.

Par dérogation aux trois derniers alinéas de l'article R. 112-11-1 du même code, l'accusé de réception électronique délivré par l'organisme unique mentionne les organismes destinataires et autorités compétentes auxquels le dossier unique a été adressé par son intermédiaire.

L'organisme unique transmet au déclarant l'accusé de réception électronique du dossier unique qui lui est adressé par chacun de ces organismes ou autorités.

En cas de demande additionnelle formée par un organisme destinataire ou une autorité compétente, l'organisme unique indique au déclarant les informations et pièces complémentaires nécessaires à l'instruction du dossier, que celui-ci doit transmettre par son intermédiaire, ainsi que, en cas de dépassement du délai prévisible de traitement, les motifs invoqués par l'organisme ou l'autorité mentionnés ci-dessus.

Lorsqu'il doit transmettre des actes authentiques ou actes sous seing privé en original, le déclarant joint au dossier défini à l'article R. 123-3 du présent code une copie numérisée des pièces concernées, et dépose les originaux, accompagnés d'une édition de l'accusé de réception électronique, aux organismes ou aux autorités concernés.

L'organisme unique informe le déclarant des décisions prises par les organismes ou autorités, telles qu'elles lui sont communiquées.

Rédaction future. Art. R. 123-7 ***(Mod., D. n° 2008-1488, 30 déc. 2008 ; D. n° 2010-210, 1er mars 2010 ; rempl. à compter du 1er janvier 2023, D. n° 2021-300, 18 mars 2021).*** – Les articles R. 112-11-1 à R. 112-11-4 du Code des relations entre le public et l'administration sont, sauf dispositions contraires prévues par le présent article, applicables aux échanges entre l'organisme unique, d'une part, et les organismes destinataires des déclarations et les autorités compétentes pour statuer sur les demandes d'autorisation, d'autre part.

L'organisme unique transmet à l'Institut national de la statistique et des études économiques les informations et pièces nécessaires pour l'inscription au répertoire des entreprises et de leurs établissements. Dès qu'il est informé de cette inscription, il transmet aux organismes destinataires des déclarations, et le cas échéant aux autorités habilitées à délivrer les autorisations, les informations et pièces du dossier unique qui les concernent.

L'accusé de réception délivré à l'organisme unique par chacun des organismes et autorités mentionnés ci-dessus indique que le dossier est complet et mentionne le délai prévisible de traitement de ce dernier.

Ces organismes et autorités informent l'organisme unique de leurs décisions d'acceptation, de rejet, ou de demande de transmission additionnelle d'informations ou de pièces, ainsi que des éventuels dépassements des délais prévisibles de traitement.

Dans le cas d'une demande de transmission additionnelle d'informations ou de pièces, ils informent l'organisme unique de la liste des éléments complémentaires que le déclarant doit faire parvenir par son intermédiaire.

Dans le cas d'une décision de rejet, ils informent l'organisme unique de ses motifs ainsi que des délais et voies de recours.

Lorsque la déclaration ou la demande d'autorisation s'accompagnent de paiement de frais, les organismes et autorités mentionnés ci-dessus notifient au service que leurs prestations ont été accomplies et que le versement des frais peut être réalisé.

Les transmissions mentionnées aux alinéas précédents sont assurées :

1° Sans frais, sans délai et par voie électronique ;

2° S'agissant des informations transmises, conformément au titre II du livre III du Code des relations entre le public et l'administration et à l'ordonnance n° 2005-1516 du 8 décembre 2005 relative aux échanges électroniques entre les usagers et les autorités administratives et entre les autorités administratives ;

3° Selon un format et, s'agissant des seules pièces, une indexation qui sont fixés par arrêté des ministres chargés de l'économie, de la justice, des affaires sociales et de l'agriculture.

Rédaction future. Art. R. 123-8 *(Mod., D. n° 2021-300, 18 mars 2021 ; rempl. à compter du 1er janvier 2023, D. n° 2021-300, 18 mars 2021).* – Lorsque la déclaration ou la demande d'autorisation mentionnée aux 1° et 2° du I de l'article R. 123-1 implique le paiement de frais au profit de l'organisme destinataire ou de l'autorité compétente le déclarant s'en acquitte auprès de l'organisme unique, selon des modalités fixées par un arrêté du ministre chargé de l'économie.

L'organisme unique perçoit, pour le compte des organismes destinataires et autorités compétentes, les redevances, taxes et émoluments institués en leur faveur ou qu'ils sont chargés de collecter et de distribuer à d'autres organismes. Il reverse aux organismes destinataires et autorités compétentes les fonds perçus à compter de la réception de la notification mentionnée au septième alinéa de l'article R. 123-7. Le virement des fonds est réalisé dans les délais fixés par un arrêté du ministre chargé de l'économie.

Rédaction future. Art. R. 123-9 *(Rempl., D. n° 2010-210, 1er mars 2010 ; rempl. à compter du 1er janvier 2023, D. n° 2021-300, 18 mars 2021).* – Si le déclarant utilise un service de conservation provisoire des données proposé par l'organisme unique dans des conditions conformes à la loi n° 78-17 du 6 janvier 1978 relative à l'informatique, aux fichiers et aux libertés et au règlement (UE) 2016/679 du Parlement européen et du Conseil du 27 avril 2016 relatif à la protection des personnes physiques à l'égard du traitement des données à caractère personnel et à la libre circulation de ces données, il est procédé, à l'issue de la période de conservation provisoire d'une durée maximale de douze mois, à l'effacement de toutes les données et de tous les fichiers concernant le déclarant sur les supports informatiques où ils figurent. Le déclarant en est avisé préalablement par voie électronique.

Rédaction future. Art. R. 123-10 *(Rempl., D. n° 2010-210, 1er mars 2010 ; rempl. à compter du 1er janvier 2023, D. n° 2021-300, 18 mars 2021).* – Dans le cas d'une demande d'autorisation mentionnée au 2° du I de l'article R. 123-1 :

1° Lorsque le dossier contient toutes les pièces nécessaires à la délivrance de la ou des autorisations requises, conformément à l'article R. 123-3, l'accusé de réception électronique mentionné à l'article R. 123-7 indique le ou les délais prévus par les textes législatifs ou réglementaires en vigueur pour la délivrance de la ou des autorisations requises pour exercer l'activité qui fait l'objet de la demande ainsi que les délais et voies de recours applicables aux décisions prises sur les demandes d'autorisation ;

2° Lorsque le dossier est incomplet, sous réserve des dispositions du c ci-dessous, l'accusé de réception électronique mentionné à l'article R. 123-7 indique les compléments qui doivent être communiqués auprès de l'organisme unique mentionné à l'article R. 123-1 par le déclarant dans un délai de quinze jours ouvrables à compter de la réception de l'accusé de réception ;

3° Lorsqu'un document attestant de l'accomplissement de la formalité de création prévue au 1° du I de l'article R. 123-1 est nécessaire à la délivrance de la ou des autorisations requises ou à la délivrance de pièces elles-mêmes nécessaires à la délivrance de la ou des autorisations requises, le dossier de demande d'autorisation fait l'objet d'un accusé de réception électronique, mentionné à l'article R. 123-7 et transmis par l'organisme unique, attestant la réception des pièces remises par le déclarant, la date de la remise et indiquant la nature des pièces complémentaires attendues.

L'organisme unique adresse, dans les conditions du a, un second accusé de réception électronique au déclarant lorsqu'il reçoit *directement de l'autorité compétente le document* attestant de l'accomplissement de la formalité prévue au 1° du I de l'article R. 123-1.

Si le demandeur doit accomplir des démarches personnelles pour compléter son dossier de demande d'autorisation, l'organisme unique l'informe qu'il dispose d'un délai de quinze jours ouvrables, le cas échéant renouvelable une fois, à compter de la réception de l'accusé de réception attestant de l'accomplissement de la formalité prévue au 1° du I de l'article R. 123-1 pour remettre à l'organisme unique les pièces résultant de ses démarches. Lorsque ces pièces ont été remises, le déclarant reçoit un accusé de réception de la transmission des demandes aux autorités administratives dans les conditions prévues au 1°.

Rédaction future. Art. R. 123-11 *(Rempl., D. n° 2010-210, 1er mars 2010 ; mod., D. n° 2014-1063, 18 sept. 2014 ; rempl. à compter du 1er janvier 2023, D. n° 2021-300, 18 mars 2021).* – La déclaration transmise à l'organisme unique interrompt les délais à l'égard de cet organisme.

Les organismes et autorités destinataires des déclarations et des demandes d'autorisation sont seuls compétents pour en contrôler la régularité ou en apprécier la validité.

Rédaction future. Art. R. 123-12 *(Mod., D. n° 2010-210, 1er mars 2010 ; rempl. à compter du 1er janvier 2023, D. n° 2021-300, 18 mars 2021).* – L'organisme unique informe le déclarant de toute difficulté technique concernant l'envoi de son dossier par ses soins aux organismes destinataires ou, le cas échéant, aux autorités habilitées à délivrer les autorisations.

Lorsque le délai d'interruption de service dépasse une durée fixée par arrêté du ministre chargé de l'économie, l'organisme unique autorise le déclarant à adresser son dossier directement aux organismes destinataires ou, le cas échéant, aux autorités habilitées à délivrer les autorisations, selon des modalités fixées par leurs soins.

Rédaction future. Art. R. 123-13 *(Mod., D. n° 2010-210, 1er mars 2010 ; rempl. à compter du 1er janvier 2023, D. n° 2021-300, 18 mars 2021).* – L'organisme unique ne peut conserver au-delà des délais nécessaires à la transmission prévue à l'article R. 123-7 le support de la déclaration, les renseignements qu'elle contient, les pièces relatives à celle-ci ainsi que, le cas échéant, les pièces relatives aux procédures d'autorisations requises. Toutefois, les renseignements destinés à être portés sur un registre de publicité légale peuvent être conservés par l'organisme unique pendant un délai de trois ans.

Rédaction future. Art. R. 123-14 *(Mod., D. n° 2010-210, 1er mars 2010 ; rempl. à compter du 1er janvier 2023, D. n° 2021-300, 18 mars 2021).* – I. – Le déclarant bénéficie d'une assistance gratuite pour la réalisation des formalités et procédures mentionnées à l'article R. 123-1.

Cette assistance est assurée par l'organisme unique, les chambres consulaires et les organismes destinataires.

L'organisme unique met à disposition du déclarant une information technique sur le fonctionnement du guichet unique électronique des formalités d'entreprises et une information générale sur l'accomplissement des formalités, accessibles depuis le site du guichet unique électronique et par tout autre moyen qu'il juge utile.

Les chambres consulaires assistent les déclarants relevant de leur compétence dans l'accomplissement des formalités, en leur apportant une aide à la compréhension des informations et pièces sollicitées afin d'établir le dossier unique. Elles prennent toutes dispositions utiles afin d'assurer aux déclarants relevant de leur ressort l'accès à un outil informatique leur permettant d'accomplir les formalités sur le site du guichet unique électronique.

Les organismes destinataires apportent, le cas échéant et selon des modalités de délivrance qui leur sont propres, des éléments d'information relatifs aux formalités qui relèvent de leurs compétences.

II. – En complément de cette assistance, les chambres consulaires peuvent proposer au déclarant un accompagnement sous la forme d'une information personnalisée, sous réserve des dispositions prévues aux articles 54 à 66-3 de la loi n° 71-1130 du 31 décembre 1971 portant réforme de certaines professions judiciaires et juridiques, ainsi que des outils de compréhension des enjeux et des conséquences de la création ou de la reprise d'entreprise, et du déroulement de la vie de l'entreprise.

Chaque chambre consulaire mettant en œuvre cet accompagnement informe en amont le déclarant du caractère éventuellement payant de cette prestation pour la réalisation des formalités mentionnées à l'article R. 123-1 et de son absence de caractère obligatoire.

Rédaction future. Art. R. 123-15 *(Rempl. à compter du 1er janvier 2023, D. n° 2021-300, 18 mars 2021).* – En cas de difficulté grave de fonctionnement de l'organisme unique, le Premier ministre prend, par arrêté, toutes mesures de nature à assurer la continuité du service.

Rédaction future. Art. R. 123-16 *(Mod., D. n° 2010-210, 1er mars 2010 ; rempl. à compter du 1er janvier 2023, D. n° 2021-300, 18 mars 2021).* – Un arrêté des ministres chargés de la justice, de l'économie, des affaires sociales, de l'agriculture et du travail précise la liste des déclarations mentionnées au 1° du I de l'article R. 123-1 devant être déposées auprès de l'organisme unique et des administrations, personnes ou organismes destinataires de ces formalités selon leur compétence. Ce même arrêté précise les modalités de coordination des ministères assurant la tutelle de l'organisme unique et des organismes destinataires, afin d'assurer le bon fonctionnement du traitement des déclarations des entreprises, des demandes d'autorisations d'accès à leurs activités ou d'exercice de ces activités, ainsi que des reconnaissances des qualifications professionnelles.

Rédaction future. Art. R. 123-17 à R. 123-30 *(Implicitement abr. à compter du 1er janvier 2023, D. n° 2021-300, 18 mars 2021).*

Sous-section 2. – Dispositions particulières applicables aux prestataires de services transfrontaliers

(D. n° 2016-1030, 26 juill. 2016)

Art. R. 123-30-1. – **Les personnes légalement établies dans un autre État membre de l'Union européenne ou partie à l'accord sur l'Espace économique européen qui souhaitent exercer sur le territoire national de façon temporaire ou occasionnelle une activité entrant dans le champ d'application de la directive 2006/123/CE du Parlement européen et du Conseil du 12 décembre 2006 relative aux services dans le marché intérieur et qui choisissent d'accomplir auprès d'un centre de formalités des entreprises les procédures et les formalités**

nécessaires à l'accès et à l'exercice de leur activité dans le cadre du dossier unique prévu à l'article 2 de la loi n° 94-126 du 11 février 1994 relative à l'initiative et à l'entreprise individuelle sont ci-après dénommées « prestataires de services transfrontaliers ».

Rédaction future. Art. R. 123-30-1 *(Créé à compter du 1er janvier 2017, D. n° 2016-1030, 26 juill. 2016).* – Les personnes légalement établies dans un autre État membre de l'Union européenne ou partie à l'accord sur l'Espace économique européen qui souhaitent exercer sur le territoire national de façon temporaire ou occasionnelle une activité entrant dans le champ d'application de la directive 2006/123/ CE du Parlement européen et du Conseil du 12 décembre 2006 relative aux services dans le marché intérieur et qui choisissent d'accomplir auprès *(Mots rempl. à compter du 1er janvier 2023, D. n° 2021-300, 18 mars 2021)* « de l'organisme unique mentionné à l'article R. 123-1 » les procédures et les formalités nécessaires à l'accès et à l'exercice de leur activité dans le cadre du dossier unique prévu à l'article *(Mots rempl. à compter du 1er janvier 2023, D. n° 2021-300, 18 mars 2021)* « L. 123-33 » sont ci-après dénommées « prestataires de services transfrontaliers ».

Art. R. 123-30-2. – Les prestataires de services transfrontaliers adressent aux centres de formalités des entreprises, selon leur situation :

1° Les déclarations d'inscription destinées aux services des impôts et aux organismes de sécurité sociale ;

2° Les demandes d'autorisation ou les déclarations préalables à l'exercice de l'activité que ces prestataires sont tenus de remettre aux autorités compétentes pour la délivrance de ces autorisations ou pour la réception de ces déclarations, sauf s'ils souhaitent déposer ces demandes ou ces déclarations directement auprès des autorités compétentes.

Les centres de formalités des entreprises transmettent les renseignements ou pièces à chacun des organismes destinataires et, le cas échéant et selon leur compétence, à chacune des autorités habilitées à délivrer les autorisations ou à recevoir les déclarations préalables à l'exercice de l'activité.

Sous réserve des dispositions du dernier alinéa de l'article L. 711-3, il est interdit aux centres de formalités des entreprises de communiquer à des tiers les renseignements contenus dans les demandes d'autorisation ou les déclarations.

Les organismes et les autorités compétents pour statuer sur les déclarations ou les demandes d'autorisation ou pour recevoir les déclarations préalables à l'exercice de l'activité dont ils sont saisis par les centres de formalités des entreprises informent ces derniers de leurs décisions.

Les dispositions de l'article R. 123-2 sont applicables à la libre prestation de services.

Rédaction future. Art. R. 123-30-2 *(D. n° 2016-1030, 26 juill. 2016 ; mod. à compter du 1er janvier 2023, D. n° 2021-300, 18 mars 2021).* – Les prestataires de services transfrontaliers adressent à l'organisme unique mentionné à l'article R. 123-1, selon leur situation :

1° Les déclarations d'inscription destinées aux services des impôts et aux organismes de sécurité sociale ;

2° Les demandes d'autorisation ou les déclarations préalables à l'exercice de l'activité que ces prestataires sont tenus de remettre aux autorités compétentes pour la délivrance de ces autorisations ou pour la réception de ces déclarations, sauf s'ils souhaitent déposer ces demandes ou ces déclarations directement auprès des autorités compétentes.

L'organisme unique transmet, dans les conditions prévues à l'article R. 123-7, les renseignements ou pièces à chacun des organismes destinataires et, le cas échéant et selon leur compétence, à chacune des autorités habilitées à délivrer les autorisations ou à recevoir les déclarations préalables à l'exercice de l'activité.

Sous réserve des dispositions du dernier alinéa de l'article L. 711-3, leur est interdit de communiquer à des tiers les renseignements contenus dans les demandes d'autorisation ou les déclarations.

Les organismes et les autorités compétents pour statuer sur les déclarations ou les demandes d'autorisation ou pour recevoir les déclarations préalables à l'exercice de l'activité dont ils sont saisis par l'organisme unique informent ce dernier de leurs décisions, dans les conditions déterminées à l'article R. 123-7.

Les dispositions du 5° et 6° de l'article R. 123-2 sont applicables à la libre prestation de services.

Art. R. 123-30-3 *(Mod., D. n° 2020-100, 7 févr. 2020 ; abr. compter du 1er janvier 2023, D. n° 2021-300, 18 mars 2021).* **– Les prestataires de service transfrontaliers accomplissent leurs démarches, selon les modalités prévues à l'article R. 123-3, auprès du centre de formalités des entreprises matériellement compétent.**

Relèvent des centres de formalités des entreprises gérés par **les chambres de métiers et de l'artisanat de région les prestataires de services transfrontaliers qui emploient moins de onze salariés et qui exercent à titre principal ou secondaire une activité professionnelle indépendante de production, de transformation, de réparation ou de prestation de service figurant sur la liste prévue au I de l'article 19 de la loi n° 96-603 du 5 juillet 1996 relative au développement et à la promotion du commerce et de l'artisanat. Le nombre de salariés employés est déterminé conformément aux dispositions du I de l'article L. 130-1 du Code de la sécurité sociale.**

Par dérogation au *b* du 5° de l'article R. 123-3, relèvent des centres de formalités des entreprises mentionnés à ce 5° les employeurs légalement établis dans un autre État membre de l'Union européenne ou partie à l'accord sur l'Espace économique européen qui exercent sur le territoire national de façon temporaire ou occasionnelle une activité entrant dans le champ d'application de la directive 2006/123/CE du Parlement européen et du Conseil du 12 décembre 2006 relative aux services dans le marché intérieur et qui ne relèvent pas des centres de formalités des entreprises mentionnés aux 1°, 2°, 4° et 6° de l'article R. 123-3.

Art. R. 123-30-4 *(Abr. à compter du 1er janvier 2023, D. n° 2021-300, 18 mars 2021).* **– Le centre de formalités des entreprises territorialement compétent est celui dans le ressort duquel les prestataires de services transfrontaliers réalisent leur prestation de services impliquant une déclaration d'inscription ou une demande d'autorisation ou déclaration préalable à l'exercice de l'activité.**

Art. R. 123-30-5 *(Abr. à compter du 1er janvier 2023, D. n° 2021-300, 18 mars 2021).* **– Les déclarations d'inscription et les demandes d'autorisation ou déclarations préalables à l'exercice de l'activité sont présentées au centre compétent en application des articles R. 123-30-3 et R. 123-30-4. Si plusieurs centres se trouvent compétents, les déclarations et les demandes d'autorisation ou déclarations préalables sont présentées à l'un d'eux au choix du déclarant, le centre choisi étant tenu d'accepter le dossier.**

Art. R. 123-30-6. – Pour le traitement des déclarations d'inscription et des demandes d'autorisation ou déclarations préalables à l'exercice de l'activité, sont applicables les dispositions de l'article R. 123-7 à l'exception du I, de l'article R. 123-8 à l'exception du I, de l'article R. 123-9, de l'article R. 123-10 à l'exception du 1°, des articles R. 123-11 à R. 123-15 et des articles R. 123-17 à R. 123-19.

Rédaction future. Art. R. 123-30-6 *(D. n° 2016-1030, 26 juill. 2016 ; rempl. à compter du 1er janvier 2023, D. n° 2021-300, 18 mars 2021).* – Pour le traitement des déclarations d'inscription et des demandes d'autorisation ou déclarations préalables à l'exercice de l'activité, sont applicables les dispositions de l'article R. 123-1 à l'exception du 1° du I, de l'article R. 123-4 à l'exception du I, de l'article R. 123-7, de l'article R. 123-10 et des articles R. 123-10 à R. 123-14.

Art. R. 123-30-7. – Les dispositions des articles R. 123-30-1 à R. 123-30-6 sont applicables au traitement des déclarations d'inscription et des demandes d'autorisation ou déclarations préalables à l'exercice de l'activité transmises par voie électronique, sous réserve des dispositions de l'article R. 123-21, du II de l'article R. 123-22 et des articles R. 123-23 à R. 123-27.

Rédaction future. Art. R. 123-30-7 *(D. n° 2016-1030, 26 juill. 2016 ; mod. à compter du 1er janvier 2023, D. n° 2021-300, 18 mars 2021).* – Les dispositions des articles R. 123-30-1 à R. 123-30-6 sont applicables au traitement des déclarations d'inscription et des demandes d'autorisation ou déclarations préalables à l'exercice de l'activité transmises par voie électronique, sous réserve des dispositions de l'article R. 123-1, du II de l'article R. 123-4 et des articles R. 123-5 à R. 123-8.

Sous-section 3. – Dispositions particulières relatives à la reconnaissance par voie électronique des qualifications professionnelles de professions réglementées

(Sous-section créée, D. n° 2017-696, 2 mai 2017)

Art. R. 123-30-8 *(D. n° 2017-696, 2 mai 2017).* **– Les ressortissants mentionnés à l'article 9 de l'ordonnance n° 2016-1809 du 22 décembre 2016 relative à la reconnaissance des qualifications professionnelles de professions réglementées n'entrant pas dans le champ d'application des articles R. 123-1 *à R. 123-30-7 peuvent effectuer* une demande de reconnaissance de leurs qualifications professionnelles selon la procédure prévue par les dispositions des articles R. 123-30-9 à R. 123-30-13.**

Art. R. 123-30-9 *(D. n° 2017-696, 2 mai 2017 ; mod., D. n° 2020-946, 30 juill. 2020).* **– Un service informatique accessible par l'internet, sécurisé et gratuit, permet aux ressortissants mentionnés à l'article R. 123-30-8 :**

1° D'avoir accès aux informations mentionnées au 3° de l'article R. 123-21 ;

Rédaction future. 1° *(1° mod. à compter du 1er janvier 2023, D. n° 2021-300, 18 mars 2021)* D'avoir accès aux informations mentionnées au 6° de l'article R. 123-2 ;

2° De préparer un dossier de demande de reconnaissance de qualification professionnelle à l'intention de l'autorité compétente pour statuer sur cette demande ;

3° D'acquitter, le cas échéant, les frais légaux afférents à cette demande ;

4° D'être informés de la transmission de leur dossier à l'autorité compétente ainsi que de la décision prise par celle-ci.

La gestion de ce service informatique constitue une mission de service public assurée par l'État ou l'un de ses établissements publics.

Art. R. 123-30-10 *(D. n° 2017-696, 2 mai 2017).* – Le dossier mentionné au 2° de l'article R. 123-30-9 comprend :

1° Le formulaire électronique contenant l'ensemble des données déclarées ;

2° Les pièces justificatives requises selon les dispositions législatives ou réglementaires en vigueur qui ont fait l'objet d'une numérisation ;

3° Lorsque la demande de reconnaissance de qualification professionnelle donne lieu à la perception de frais, le justificatif de leur règlement.

Lorsqu'une signature est requise, le recours à une signature électronique présentant les garanties énoncées à la première phrase du second alinéa de l'article 1367 du Code civil est autorisé.

Un arrêté du ministre chargé de l'économie fixe les caractéristiques électroniques des documents énumérés au présent article.

> **Rédaction future.** Art. R. 123-30-10 *(D. n° 2017-696, 2 mai 2017 ; mod. à compter du 1er janvier 2023, D. n° 2021-300, 18 mars 2021).* – Le dossier mentionné au 2° de l'article R. 123-30-9 comprend :
>
> 1° L'ensemble des informations déclarées ;
>
> 2° Les pièces justificatives requises selon les dispositions législatives ou réglementaires en vigueur qui ont fait l'objet d'une numérisation ;
>
> 3° Lorsque la demande de reconnaissance de qualification professionnelle donne lieu à la perception de frais, le justificatif de leur règlement.
>
> Lorsqu'une signature est requise, le recours à une signature électronique simple répondant aux exigences du règlement UE n° 910/2014 du Parlement européen et du Conseil du 23 juillet 2014 sur l'identification électronique et les services de confiance pour les transactions électroniques au sein du marché intérieur est autorisé.
>
> Un arrêté du ministre chargé de l'économie fixe les caractéristiques électroniques des documents énumérés au présent article.

Art. R. 123-30-11 *(D. n° 2017-696, 2 mai 2017).* – L'autorité administrative chargée de mettre en œuvre le service informatique mentionné à l'article R. 123-30-9 transmet au demandeur, lors du dépôt du dossier par ce dernier, un accusé d'enregistrement électronique établi conformément aux dispositions du premier alinéa de l'article R. 112-11-2 du Code des relations entre le public et l'administration. Elle transmet le même jour ce dossier à l'autorité compétente pour statuer sur la demande de reconnaissance de qualification professionnelle. Cette dernière est seule compétente pour vérifier la complétude du dossier ainsi que la régularité ou la validité des éléments le composant.

Lorsque l'autorité compétente a pris sa décision, elle en informe sans délai l'autorité administrative chargée de mettre en œuvre le service informatique.

Art. R. 123-30-12 *(D. n° 2017-696, 2 mai 2017).* – Si le demandeur conserve, à titre provisoire, des données sur des supports informatiques d'attente mis à sa disposition par le service informatique mentionné à l'article R. 123-30-9, l'autorité administrative chargée de mettre en œuvre ce service procède, à l'issue de la période de conservation d'une durée maximale de douze mois, à l'effacement de toutes les données et de tous les fichiers ainsi stockés. Le demandeur en est avisé préalablement par voie électronique.

Art. R. 123-30-13 *(D. n° 2017-696, 2 mai 2017).* – L'autorité administrative chargée de mettre en œuvre le service informatique ne peut conserver au-delà d'un délai de deux mois, à compter de la transmission du dossier à l'autorité compétente prévue à l'article R. 123-30-11, les renseignements et pièces contenus dans ce dossier.

Sous-section 4. – Dispositions particulières relatives à la mise en œuvre d'un dispositif transitoire préfigurant l'organisme unique mentionné à l'article 1er de la loi n° 2019-486 du 22 mai 2019 relative à la croissance et la transformation des entreprises

(Sous-section créée à compter du 1er avril 2021, D. n° 2021-300, 18 mars 2021 ; abr. à compter du 1er janvier 2023, D. n° 2021-300, 18 mars 2021)

Art. R. 123-30-14 *(Créé à compter du 1er avril 2021, D. n° 2021-300, 18 mars 2021 ; abr. à compter du 1er janvier 2023, D. n° 2021-300, 18 mars 2021).* – Un service informatique, dénommé guichet électronique des formalités des entreprises, accessible par l'internet, sécurisé et gratuit, permet au déclarant, selon son choix :

1° D'établir un dossier unique dans le respect des conditions définies aux articles R. 123-23 et R. 123-24 ;

2° De transmettre un tel dossier aux administrations, personnes ou organismes mentionnés à l'annexe 1-1 à l'article R. 123-30 et aux autorités compétentes pour la délivrance des autorisations d'accès à une activité réglementée ou d'exercice d'une telle activité, dès lors qu'il comporte l'ensemble des éléments prévus à l'article R. 123-8 ;

3° D'acquitter, le cas échéant, les frais afférents à ces formalités.

Art. R. 123-30-15 *(Créé à compter du 1er avril 2021, D. n° 2021-300, 18 mars 2021 ; abr. à compter du 1er janvier 2023, D. n° 2021-300, 18 mars 2021).* – Le service informatique mentionné à l'article R. 123-30-14 est compétent à l'égard de l'ensemble des entreprises ayant un siège social, un établissement principal, un établissement secondaire ou une adresse en France, ainsi que pour les entreprises étrangères souhaitant y exercer une activité mentionnée à l'article R. 123-3.

Par dérogation à l'article R. 123-5, le dépôt des déclarations prévues à l'annexe 1-2 aux articles R. 123-5 et R. 123-30 peut être réalisé auprès de ce service.

Art. R. 123-30-16 *(Créé à compter du 1er avril 2021, D. n° 2021-300, 18 mars 2021 ; abr. à compter du 1er janvier 2023, D. n° 2021-300, 18 mars 2021).* – Les dispositions des articles R. 123-18, R. 123-19, R. 123-24 et R. 123-27 sont applicables aux déclarations et demandes d'autorisation transmises par la voie du service informatique mentionné à l'article R. 123-30-14.

Ce service peut interroger le répertoire national d'identification des personnes physiques, afin d'avoir confirmation que les éléments déclarés sont identiques à ceux figurant dans ce répertoire.

Art. R. 123-30-17 *(Créé à compter du 1er avril 2021, D. n° 2021-300, 18 mars 2021 ; abr. à compter du 1er janvier 2023, D. n° 2021-300, 18 mars 2021).* – Les articles R. 112-11-1 à R. 112-11-4 du Code des relations entre le public et l'administration sont, sauf dispositions contraires prévues par le présent article, applicables aux modalités de saisine du service informatique mentionné à l'article R. 123-30-14 et aux échanges entre le déclarant et ce service.

Par dérogation aux trois derniers alinéas de l'article R. 112-11-1 du même code, l'accusé de réception électronique délivré par le service informatique mentionne les organismes destinataires et autorités compétentes auxquels le dossier unique a été adressé par son intermédiaire.

Le service informatique transmet au déclarant l'accusé de réception électronique du dossier unique qui lui est adressé par chacun de ces organismes ou autorités.

En cas de demande additionnelle formée par un organisme destinataire ou une autorité compétente, le service indique au déclarant les informations et pièces complémentaires nécessaires à l'instruction du dossier, que celui-ci doit transmettre par son intermédiaire, ainsi que, en cas de dépassement du délai prévisible de traitement, les motifs invoqués par cet organisme ou cette autorité.

Lorsqu'il doit transmettre des actes authentiques ou des actes sous seing privé en original, le déclarant joint au dossier défini à l'article R. 123-3 une copie numérisée des pièces concernées, et dépose les originaux, accompagnés d'une édition de l'accusé de réception électronique, aux organismes ou aux autorités concernés.

Le service informatique informe le déclarant des décisions prises par les organismes ou autorités mentionnés ci-dessus, telles qu'elles lui sont communiquées.

Art. R. 123-30-18 *(Créé à compter du 1er avril 2021, D. n° 2021-300, 18 mars 2021 ; abr. à compter du 1er janvier 2023, D. n° 2021-300, 18 mars 2021).* – Les articles R. 112-11-1 à R. 112-11-4 du Code des relations entre le public et l'administration sont, sauf dispositions contraires prévues par le présent article, applicables aux échanges entre le service informatique mentionné à l'article R. 123-30-14, d'une part, et les organismes destinataires des déclarations et les autorités compétentes pour statuer sur les demandes d'autorisation, d'autre part.

Le service transmet à l'Institut national de la statistique et des études économiques les informations et pièces nécessaires pour l'inscription au répertoire des entreprises et de leurs établissements. Dès qu'il est informé de cette inscription, il transmet aux organismes destinataires des déclarations, et, le cas échéant, aux autorités habilitées à délivrer les autorisations les informations et pièces du dossier unique qui les concernent.

L'accusé de réception délivré au service par chacun de ces organismes et autorités indique que le dossier est complet et mentionne le délai prévisible de traitement de ce dernier.

Les organismes et autorités mentionnés ci-dessus informent le service de leurs décisions d'acceptation, de rejet, ou de demande de transmission additionnelle d'informations ou de pièces, ainsi que des éventuels dépassements des délais prévisibles de traitement.

Dans le cas d'une demande de transmission additionnelle, ils communiquent au service, par la transmission d'une information ou d'une pièce, la liste des éléments complémentaires que le déclarant doit faire parvenir par son intermédiaire.

Dans le cas d'une décision de rejet, ils communiquent au service, par la transmission d'une information ou d'une pièce, les motifs de cette décision ainsi que les délais et voies de recours.

Lorsque la déclaration ou la demande d'autorisation s'accompagnent de paiement de frais, les organismes et autorités mentionnés ci-dessus notifient au service que leurs prestations ont été accomplies et que le versement des frais peut être réalisé.

Les transmissions mentionnées aux alinéas précédents sont assurées :

1° Sans frais, sans délai et par voie électronique ;

2° S'agissant des informations transmises, conformément au titre II du livre III du Code des relations entre le public et l'administration et à l'ordonnance n° 2005-1516 du 8 décembre 2005 relative aux échanges électroniques entre les usagers et les autorités administratives et entre les autorités administratives ;

3° Selon un format et, s'agissant des seules pièces, une indexation qui sont fixés par arrêté des ministres chargés de l'économie, de la justice, des affaires sociales et de l'agriculture.

Art. R. 123-30-19 *(Créé à compter du 1er avril 2021, D. n° 2021-300, 18 mars 2021 ; abr. à compter du 1er janvier 2023, D. n° 2021-300, 18 mars 2021).* – L'accusé de réception délivré au déclarant par le service informatique mentionné à l'article R. 123-30-14, lequel comprend notification, par ce même service, du numéro unique d'identification de l'entreprise, vaut récépissé de dépôt de dossier de création d'entreprise lorsqu'il comporte les informations suivantes :

1° Le nom et l'adresse de l'organisme destinataire de la déclaration ;

2° La date de délivrance de l'accusé et la date d'expiration de sa validité ;

3° La mention : « en attente d'immatriculation » en fonction de l'organisme destinataire ;

4° Les mentions prévues aux *a*, *b* et *c* du 1° du I de l'article R. 123-8 ;

5° Le numéro unique d'identification de l'entreprise ;

6° La date de saisine.

Art. R. 123-30-20 *(Créé à compter du 1er avril 2021, D. n° 2021-300, 18 mars 2021 ; abr. à compter du 1er janvier 2023, D. n° 2021-300, 18 mars 2021).* – Lorsque la déclaration ou la demande d'autorisation implique le paiement de frais au profit de l'organisme destinataire ou de l'autorité compétente, le déclarant s'en acquitte auprès du service informatique mentionné à l'article R. 123-30-14, selon des modalités fixées par arrêté du ministre chargé de l'économie.

Ce service perçoit, pour le compte de ces organismes et autorités, les redevances, taxes et émoluments institués en leur faveur ou qu'ils sont chargés de collecter et de distribuer à d'autres organismes. Il reverse aux organismes destinataires et autorités compétentes les fonds perçus à compter de la réception de la notification mentionnée au septième alinéa de l'article R. 123-30-18. Le virement des fonds est réalisé dans des délais fixés par arrêté du ministre chargé de l'économie.

Section I. – Du registre du commerce et des sociétés

(Anc. D. n° 84-406, 30 mai 1984 ; mod., D. n° 2007-750, 9 mai 2007)

Sous-section 1. – Des personnes tenues à l'immatriculation

§ 1. – De l'obligation d'immatriculation

Art. R. 123-31. – L'immatriculation au registre du commerce et des sociétés a un caractère personnel. Nul ne peut être immatriculé plusieurs fois à un même registre.

Sous-paragraphe 1. – De l'obligation d'immatriculation des personnes physiques

Art. R. 123-32 *(Mod., D. n° 2017-1522, 2 nov. 2017).* **– Dans le mois qui précède la date déclarée du début de l'activité commerciale et, au plus tard, dans le délai de quinze jours à compter de la date du début de cette activité, toute personne physique ayant la qualité de commerçant demande son immatriculation** *(Mots aj. à compter du 1er janvier 2023, D. n° 2021-300, 18 mars 2021)* **« , par l'intermédiaire de l'organisme unique mentionné à l'article R. 123-1, » au greffe du tribunal dans le ressort duquel est situé :**

1° Soit son principal établissement ;

2° Soit, dans les cas prévus aux deuxième et troisième alinéas de l'article L. 123-10, son local d'habitation ;

3° Soit, à défaut d'établissement ou de local d'habitation déclaré dans les cas prévus à l'article L. 123-10, l'organisme auprès duquel elle a fait élection de domicile dans les conditions prévues à l'article L. 264-1 du Code de l'action sociale et des familles.

Art. R. 123-32-1 *(Abr., D. n° 2015-731, 24 juin 2015).*

Art. R. 123-33. – La demande d'immatriculation est faite par le notaire dans le cas prévu à l'article R. 123-89.

Art. R. 123-34. – Il n'y a pas lieu à immatriculation distincte de celle de la société en ce qui concerne les associés en nom.

Sous-paragraphe 2. – De l'obligation d'immatriculation des personnes morales

Art. R. 123-35 *(Mod., D. n° 2017-1522, 2 nov. 2017).* **– Toute personne morale tenue à immatriculation dont le siège est situé dans un département demande cette immatriculation** *(Mots aj. à compter du 1er janvier 2023, D. n° 2021-300, 18 mars 2021)* **« , par l'intermédiaire de l'organisme unique mentionné à l'article R. 123-1, » au greffe du tribunal dans le ressort duquel est situé son siège.**

Lorsque le siège est situé hors d'un département ou lorsqu'il est situé à l'étranger, l'immatriculation est demandée *(Mots aj. à compter du 1er janvier 2023, D. n° 2021-300, 18 mars 2021)* **« , par l'intermédiaire de l'organisme unique, » au greffe du tribunal dans le ressort duquel est ouvert le premier établissement ou dans le ressort duquel est située la commune mentionnée à la première phrase du quatrième alinéa de l'article R. 123-208-2.**

CCRCS, avis n° 2016-004 : L'immatriculation au registre du commerce et des sociétés (RCS) a un caractère personnel. Nul ne peut être immatriculé plusieurs fois à un même registre. Ces principes sont applicables aux sociétés ayant leur siège à l'étranger, tenues à immatriculation en cas d'ouverture d'un « premier établissement » dans un département français, et qui y ouvrent des établissements supplémentaires.

Ces établissements, qu'il s'agisse du premier *comme des établissements supplémentaires*, n'imposent de formalités déclaratives au RCS que s'ils répondent à la définition de l'établissement secondaire au sens dudit registre. Peu importe qu'ils constituent par ailleurs une « agence » ou « succursale », concepts sans incidence en matière de RCS.

S'agissant des formalités évoquées, deux hypothèses doivent être distinguées :

– l'établissement est situé dans le ressort du tribunal où la société étrangère a été immatriculée à l'occasion de l'ouverture de son « premier établissement » : sa déclaration doit donner lieu à une demande d'inscription complémentaire ; il en va de même pour tout autre nouvel établissement susceptible d'être ouvert dans le même ressort ;

– l'établissement est situé dans le ressort d'un autre tribunal : sa déclaration doit s'effectuer par voie de demande d'immatriculation secondaire renvoyant largement à la première immatriculation (qui devient principale) pour les renseignements relatifs à la société ; tout autre nouvel établissement dans le même ressort doit donner lieu à une demande d'inscription complémentaire.

Art. R. 123-36. – L'immatriculation des sociétés et des groupements d'intérêt économique est demandée sitôt accomplies les formalités de constitution, publicité comprise.

L'immatriculation des autres personnes morales est demandée dans les quinze jours de l'ouverture du siège ou de l'établissement.

§ 2. – **Des déclarations incombant aux personnes tenues à l'immatriculation**

Sous-paragraphe 1. – Des déclarations incombant aux personnes physiques

Sous-sous-paragraphe 1.0 – Des déclarations aux fins d'immatriculation

Art. R. 123-37 *(Mod., D. n° 2007-750, 9 mai 2007 ; D. n° 2008-1488, 30 déc. 2008 ; D. n° 2010-1706, 29 déc. 2010 ; D. n° 2016-296, 11 mars 2016 ; D. n° 2019-987, 25 sept. 2019).* – **Dans sa demande d'immatriculation, la personne physique déclare :**

1° Ses nom, nom d'usage, pseudonyme, prénoms et domicile personnel ;

2° Ses date et lieu de naissance ;

3° Sa nationalité ;

4° Le cas échéant, qu'elle a effectué une déclaration d'insaisissabilité de ses droits sur tout bien foncier non affecté à son usage professionnel ou qu'elle a renoncé à l'insaisissabilité de ses droits sur sa résidence principale, en application des articles L. 526-1 et suivants, en précisant le lieu de publication de cette déclaration ;

5° Le cas échéant, qu'elle affecte à son activité professionnelle, en application de l'article L. 526-6, un patrimoine séparé de son patrimoine personnel, en indiquant les informations prévues aux 2°, 3°, 4° et 5° de l'article R. 526-3 ;

6° Le cas échéant, qu'elle est immatriculée ou en cours d'immatriculation au répertoire des métiers à raison de l'activité professionnelle au titre de laquelle elle effectue une déclaration d'affectation pour inscription au registre du commerce et des sociétés, en indiquant le lieu de l'immatriculation au répertoire des métiers et, si elle est déjà immatriculée, le numéro d'immatriculation ;

7° Le cas échéant, qu'elle est bénéficiaire d'un contrat d'appui au projet d'entreprise pour la création ou la reprise d'une activité économique conclu dans les conditions prévues au chapitre VII du titre II du présent livre, en précisant la dénomination sociale de la personne morale responsable de l'appui, l'adresse de son siège social ainsi que, si elle est immatriculée dans un registre public, le lieu d'immatriculation et le numéro unique d'identification ;

8° Les nom, nom d'usage, prénoms, date et lieu de naissance, domicile, lorsqu'il est différent du sien, et nationalité de son conjoint, ou de la personne qui lui est liée par un pacte civil de solidarité, qui collabore effectivement à son activité commerciale dans les conditions définies par l'article R. 121-1 ;

9° Le cas échéant, qu'elle est autorisée à être commerçant en application de l'article L. 121-2 ;

10° Les références des immatriculations secondaires éventuellement souscrites et, le cas échéant, des établissements principaux ou secondaires situés et immatriculés dans un autre État membre de la Communauté européenne ou partie à l'accord sur l'Espace économique européen. En outre, la personne peut déclarer les mentions relatives à l'adresse et à l'activité principale de ces établissements sur présentation des justificatifs définis par l'arrêté prévu à l'article R. 123-166.

NB : Conformément à l'article 64 du décret n° 2019-987 du 25 septembre 2019, ces dispositions entrent en vigueur le 1er octobre 2019.

Les greffiers des tribunaux de commerce procèdent, dans un délai de dix-huit mois à compter de la publication du présent décret, à la suppression de l'ensemble des mentions relatives à la situation matrimoniale, au conjoint et au régime matrimonial sur le registre du commerce et des sociétés, en application, notamment, des articles R. 123-37, R. 123-46, R. 123-54 et R. 123-60 du Code de commerce dans leur rédaction issue du présent décret (D. n° 2007-750, 9 mai 2007, art. 42, II).

Art. R. 123-38 *(Mod., D. n° 2012-928, 31 juill. 2012 ; D. n° 2020-106, 10 févr. 2020).* – **La personne physique déclare, en outre, en ce qui concerne son activité et son établissement :**

1° La ou les activités exercées correspondant à la nomenclature d'activités définie par décret, éventuellement précisée par le déclarant ;

2° L'adresse de l'établissement ;

3° À défaut d'établissement, l'adresse de l'entreprise fixée au local d'habitation déclaré au titre de l'article L. 123-10 et, pour les ressortissants de la Communauté européenne ou d'un État partie à l'accord sur l'Espace économique européen non domiciliés en France qui exercent une activité ambulante, la commune où s'exerce le principal de l'activité ;

4° La date de commencement d'activité ;

5° S'il en est utilisé, le nom commercial et l'enseigne ;

6° Qu'il s'agit soit de la création d'un fonds de commerce, soit de l'acquisition d'un fonds existant, soit d'une modification du régime juridique sous lequel il était exploité, ou, à défaut, l'origine de l'activité. Sont indiqués : en cas de reprise, les nom, nom d'usage, pseudonyme et prénoms du précédent exploitant et son numéro unique d'identification ; en cas d'achat, de licitation ou de partage d'un fonds de commerce, le titre et la date du support d'annonces légales dans lequel a été publiée l'insertion prescrite par l'article L. 141-12 ;

7° En cas de propriété indivise des éléments d'exploitation, les nom, nom d'usage, pseudonyme, prénoms et domicile des personnes physiques ou dénomination sociale et adresse des personnes morales indivisaires ;

8° En cas de location-gérance, les nom, nom d'usage, pseudonyme, prénoms et domicile ou dénomination sociale et adresse du siège du loueur de fonds ; les dates du début et du terme de la location-gérance avec, le cas échéant, l'indication que le contrat est renouvelable par tacite reconduction ;

9° Les nom, nom d'usage, pseudonyme, prénoms, date et lieu de naissance, domicile et nationalité des personnes ayant le pouvoir d'engager à titre habituel par leur signature sa responsabilité ;

10° En cas de gérance-mandat : les nom, nom d'usage, prénoms et domicile ou la dénomination sociale et l'adresse du siège social du gérant-mandataire de l'établissement ainsi que les mentions prévues aux 1° et 2° de l'article R. 123-237 ; les nom, nom d'usage, prénoms, domicile ou la dénomination sociale et l'adresse du siège social du mandant ainsi que les mentions prévues aux 1° et 2° de l'article R. 123-237 ; les dates du début et du terme du contrat de gérance-mandat avec, le cas échéant, l'indication que le contrat est renouvelable par tacite reconduction.Elle peut déclarer en outre le nom de domaine de son site internet.

Sur la possibilité d'inscrire le nom de domaine, V. Avis CCRCS 2012-033 des 26 sept. et 25 oct. 2012.

Art. R. 123-39. – S'il a été arrêté un plan de cession, le cessionnaire déclare que la gestion de l'entreprise cédée lui a été confiée dans l'attente de l'accomplissement des actes nécessaires à la réalisation de la cession. La déclaration comporte la désignation du cédant.

CCRCS, avis n° 2015-018 : Les dispositions de l'article R. 123-39 du Code de commerce prescrivant la déclaration par le cessionnaire que la gestion de l'entreprise cédée lui a été confiée dans l'attente de l'accomplissement des actes nécessaires à la réalisation de la cession s'appliquent lorsque le tribunal confie au cessionnaire, à sa demande et sous sa responsabilité, la gestion de l'entreprise cédée, dans le cadre de l'article L. 642-8 du Code de commerce.

Cette faculté ne s'applique pas à la vente de gré à gré d'un fonds de commerce, autorisée par le juge-commissaire dans le cadre des opérations de liquidation judiciaire, régie par l'article L. 642-19 du Code de commerce.

Sous-sous-paragraphe 2. – Des déclarations aux fins d'immatriculation secondaire hors du ressort de l'établissement principal

Art. R. 123-40. – Est un établissement secondaire au sens de la présente section tout établissement permanent, distinct du siège social ou de l'établissement principal et dirigé par la personne tenue à l'immatriculation, un préposé ou une personne ayant le pouvoir de lier des rapports juridiques avec les tiers.

Le caractère éphémère d'un établissement n'exclut pas sa qualification d'établissement secondaire (■ Cass. crim., 28 mars 2017, n° 16-81.944, publié : *RTD com.* 2017, 731 obs. Bouloc et 821, obs. Saintourens).

Art. R. 123-41. – Tout commerçant immatriculé qui ouvre un établissement secondaire dans le ressort d'un tribunal où il n'est pas immatriculé demande au greffe de ce tribunal, *(Mots aj. à compter du 1er janvier 2023, D. n° 2021-300, 18 mars 2021)* « par l'intermédiaire de l'organisme unique mentionné à l'article R. 123-1 » et dans le délai d'un mois avant ou après cette ouverture, une immatriculation secondaire.

Art. R. 123-42 *(Mod., D. n° 2010-1706, 29 déc. 2010 ; D. n° 2019-987, 25 sept. 2019)*. – Sont déclarés dans la demande d'immatriculation secondaire les renseignements prévus à l'article R. 123-38.

Cette demande rappelle en outre les nom, nom d'usage, pseudonyme et prénoms du commerçant, ainsi que les renseignements prévus aux 1° et 2° de l'article R. 123-237.

La demande rappelle, le cas échéant, que l'intéressé a affecté à son activité professionnelle, en application de l'article L. 526-6, un patrimoine séparé de son patrimoine personnel, en précisant la dénomination utilisée

pour l'exercice de l'activité à laquelle le patrimoine est affecté et le lieu où il a effectué la déclaration d'affectation du patrimoine.

NB : Conformément au I de l'article 64 du décret n° 2019-987 du 25 septembre 2019, ces dispositions entrent en vigueur le 1er octobre 2019.

Sous-sous-paragraphe 3. – Des déclarations d'inscription modificative ou complémentaire

Art. R. 123-43. – **Tout commerçant immatriculé qui ouvre un établissement secondaire dans le ressort d'un tribunal où il est déjà immatriculé demande au greffe de ce tribunal,** *(Mots aj. à compter du 1er janvier 2023, D. n° 2021-300, 18 mars 2021)* **« par l'intermédiaire de l'organisme unique mentionné à l'article R. 123-1 et » dans le délai d'un mois avant ou après cette ouverture, une inscription complémentaire.**

Art. R. 123-44. – **Sont déclarés dans la demande d'inscription complémentaire les renseignements prévus à l'article R. 123-38.**

Art. R. 123-45 *(Mod., D. n° 2010-1706, 29 déc. 2010).* – **Toute modification rendant nécessaire une rectification ou une adjonction aux énonciations prévues aux articles R. 123-37, R. 123-38, R. 123-42 et R. 123-44 fait, dans le délai d'un mois, l'objet d'une demande d'inscription modificative.**

Sous réserve des dispositions de l'article R. 123-89, cette demande est présentée par le commerçant ou, en cas de décès, par les personnes mentionnées au 7° de l'article R. 123-46.

La demande relative à un patrimoine affecté à une activité professionnelle est présentée par la personne immatriculée au registre ou par les personnes mentionnées aux articles L. 526-15, L. 526-16, premier alinéa, et L. 526-17. Le dépôt de la déclaration de reprise mentionnée au second alinéa de l'article L. 526-16 est effectué par la personne reprenant le patrimoine affecté. La demande relative à la cession du patrimoine affecté à une personne morale ou à son apport en société est présentée par le cédant ou l'apporteur.

Rédaction future. Art. R. 123-45 *(Mod., D. n° 2007-750, 9 mai 2007 ; D. n° 2010-1706, 29 déc. 2010 ; mod. à compter du 1er janvier 2023, D. n° 2021-300, 18 mars 2021).* – Toute modification rendant nécessaire une rectification ou une adjonction aux énonciations prévues aux articles R. 123-37, R. 123-38, R. 123-42 et R. 123-44 fait, dans le délai d'un mois, l'objet d'une demande d'inscription modificative.

Sous réserve des dispositions de l'article R. 123-89, cette demande est présentée auprès de l'organisme unique mentionné à l'article R. 123-1 par le commerçant ou, en cas de décès, par les personnes mentionnées au 7° de l'article R. 123-46, selon le même procédé.

La demande relative à un patrimoine affecté à une activité professionnelle est présentée auprès de l'organisme unique par la personne immatriculée au registre ou par les personnes mentionnées aux articles L. 526-15, L. 526-16, premier alinéa, et L. 526-17, selon le même procédé. Le dépôt de la déclaration de reprise mentionnée au second alinéa de l'article L. 526-16 est effectué par la personne reprenant le patrimoine affecté auprès de l'organisme unique. La demande relative à la cession du patrimoine affecté à une personne morale ou à son apport en société est présentée par le cédant ou l'apporteur auprès de l'organisme unique.

Art. R. 123-46 *(Anc. D. n° 84-406, 30 mai 1984 ; mod., D. n° 2007-750, 9 mai 2007 ; D. n° 2008-1488, 30 déc. 2008 ; D. n° 2010-1706, 29 déc. 2010 ; D. n° 2016-296, 11 mars 2016).* – **Sont soumises à l'obligation prévue à l'article R. 123-45 :**

1° Les décisions définitives plaçant un majeur sous tutelle ou sous curatelle au sens de l'article 440 du Code civil et celles qui en donnent mainlevée ou qui les rapportent ; lorsqu'il est fait application de cet article, l'obligation de déclaration incombe au tuteur ou au curateur *(Mots aj. à compter du 1er janvier 2023, D. n° 2021-300, 18 mars 2021)* **« et est réalisée auprès de l'organisme unique mentionné à l'article R. 123-1 » ;**

2° La déclaration d'insaisissabilité des droits de la personne physique immatriculée sur tout bien foncier non affecté à son usage professionnel prévue à l'article L. 526-1, la renonciation à la déclaration d'insaisissabilité ou à l'insaisissabilité de ses droits sur la résidence principale ou la révocation de la renonciation à l'insaisissabilité de ses droits sur la résidence principale prévues à l'article L. 526-3 ;

3° Les événements et décisions mentionnés par les articles L. 526-7, L. 526-8 (2°), L. 526-15, L. 526-16 et L. 526-17 ;

4° La désignation et la cessation de fonctions de la personne ayant le pouvoir d'engager à titre habituel par sa signature la personne immatriculée ;

5° La cessation partielle de l'activité exercée ;

6° La cessation totale d'activité, qu'elle soit temporaire ou définitive, avec possibilité de déclarer le maintien de l'immatriculation pour une période qui, lorsque la cessation est définitive, ne peut dépasser un an ;

7° Le décès de la personne immatriculée avec possibilité de déclarer le maintien provisoire, pendant un délai maximum d'un an, de l'immatriculation, et, si l'exploitation se poursuit, les conditions d'exploitation, nom, nom d'usage, pseudonyme, prénoms, domicile personnel et qualité des héritiers et ayants cause à titre universel, date et lieu de naissance, nationalité et qualité des personnes assurant l'exploitation ; dans ce dernier cas, la déclaration est faite par la ou les personnes poursuivant l'exploitation *(Mots aj. à compter du 1er janvier 2023, D. n° 2021-300, 18 mars 2021)* « et est réalisée auprès de l'organisme unique mentionné à l'article R. 123-1 » ;

8° Le renouvellement, limité à une période supplémentaire d'un an, du maintien provisoire de l'immatriculation dans les cas prévus aux 6° et 7°.

Les greffiers des tribunaux de commerce procèdent, dans un délai de dix-huit mois à compter de la publication du présent décret, à la suppression de l'ensemble des mentions relatives à la situation matrimoniale, au conjoint et au régime matrimonial sur le registre du commerce et des sociétés, en application, notamment, des articles R. 123-37, R. 123-46, R. 123-54 et R. 123-60 du Code de commerce dans leur rédaction issue du présent décret. (D. n° 2007-750, 9 mai 2007, art. 42, II).

Art. R. 123-47. – Les dispositions de l'article R. 123-45 ne sont pas applicables :

1° À la mise à jour des références faites, dans l'immatriculation principale, aux immatriculations secondaires : la mention rectificative est dans ce cas effectuée d'office par le greffier de l'immatriculation principale sur notification du greffier de l'immatriculation secondaire ayant procédé à cette dernière ou à sa radiation ;

2° À la mise à jour des renseignements relatifs à la situation personnelle de l'assujetti figurant dans l'immatriculation secondaire : la mention rectificative ou complémentaire est dans ce cas effectuée par le greffier de l'immatriculation secondaire sur notification du greffier ayant procédé à l'inscription modificative correspondante.

Art. R. 123-48. – En cas de transfert, dans le ressort d'un autre tribunal, de l'établissement principal ou secondaire, ou de changement, au profit d'une adresse située dans le ressort d'un autre tribunal, de l'adresse de l'entreprise fixée au local d'habitation, déclaré au titre de l'article L. 123-10, les personnes physiques immatriculées demandent, *(Mots aj. à compter du 1er janvier 2023, D. n° 2021-300, 18 mars 2021)* « par l'intermédiaire de l'organisme unique mentionné à l'article R. 123-1 et » dans le délai d'un mois à compter du transfert ou du changement d'adresse :

1° Une nouvelle immatriculation dans le ressort de ce tribunal si elles n'y étaient pas déjà immatriculées à titre principal ou secondaire ;

2° Dans le cas contraire, la transformation de leur immatriculation, avec indication en tant que de besoin des renseignements prévus aux articles R. 123-37 et R. 123-38 [;]

3° *(3° créé, D. n° 2012-122, 30 janv. 2012 ; abr., D. n° 2015-913, 24 juill. 2015).*

Art. R. 123-49 *(Mod., D. n° 2007-750, 9 mai 2007).* – Dans les quinze jours de la nouvelle immatriculation ou de la transformation, celle-ci est notifiée, par le greffier du tribunal dans le ressort duquel est situé le nouvel établissement ou la nouvelle adresse de l'entreprise fixée au local d'habitation, *(Mots aj. à compter du 1er janvier 2023, D. n° 2021-300, 18 mars 2021)* « à la personne immatriculée par l'intermédiaire de l'organisme unique mentionné à l'article R. 123-1 et » au greffier de l'ancien établissement ou de l'ancienne adresse. Ce dernier procède d'office, dans le dossier en sa possession, soit à la radiation, soit à la mention correspondante. Il notifie l'accomplissement de la formalité à la personne immatriculée *(Mots aj. à compter du 1er janvier 2023, D. n° 2021-300, 18 mars 2021)* « par l'intermédiaire de l'organisme unique » et au greffier du nouvel établissement ou de la nouvelle adresse.

En cas de transfert d'un établissement secondaire, le greffier du nouvel établissement ou de la nouvelle adresse procède à la notification prévue au 1° de l'article R. 123-47.

Art. R. 123-49-1 *(D. n° 2019-987, 25 sept. 2019).* – Lorsque l'entrepreneur individuel à responsabilité limitée transfère dans le ressort d'un autre tribunal l'établissement où est exercée l'activité professionnelle au titre de laquelle il a effectué une déclaration d'affectation de patrimoine ou, à défaut d'établissement, le local d'habitation où l'entreprise est fixée, il indique, conjointement à sa demande de nouvelle immatriculation, le lieu et le registre de son immatriculation antérieure.

Le greffier nouvellement compétent demande, dans le délai d'un jour franc ouvrable à compter de la nouvelle immatriculation, au greffier du tribunal dans le ressort duquel était précédemment exercée l'activité de procéder, dans le délai d'un jour franc ouvrable à compter de la réception de sa demande, au transfert prévu au sixième alinéa de l'article L. 526-7 des déclarations, mentions et documents mentionnés à cet article. Le greffier antérieurement compétent informe, par tous moyens, l'entrepreneur individuel de ce transfert. Le cas échéant, il est fait application des dispositions du *(Mot rempl. à compter du 1er avril 2021, D. n° 2021-300, 18 mars 2021)* « dernier » alinéa de l'article R. 123-83.

NB : Conformément au I de l'article 64 du décret n° 2019-987 du 25 septembre 2019, ces dispositions entrent en vigueur le 1er octobre 2019.

Rédaction future. Art. R. 123-49-1 *(D. n° 2019-987, 25 sept. 2019)*. – Lorsque l'entrepreneur individuel à responsabilité limitée transfère dans le ressort d'un autre tribunal l'établissement où est exercée l'activité professionnelle au titre de laquelle il a effectué une déclaration d'affectation de patrimoine ou, à défaut d'établissement, le local d'habitation où l'entreprise est fixée, il indique, conjointement à sa demande de nouvelle immatriculation, le lieu et le registre de son immatriculation antérieure.

Le greffier nouvellement compétent demande, dans le délai d'un jour franc ouvrable à compter de la nouvelle immatriculation, au greffier du tribunal dans le ressort duquel était précédemment exercée l'activité de procéder, dans le délai d'un jour franc ouvrable à compter de la réception de sa demande, au transfert prévu au sixième alinéa de l'article L. 526-7 des déclarations, mentions et documents mentionnés à cet article. Le greffier antérieurement compétent informe, par *(Mots rempl. à compter du 1er janvier 2023, D. n° 2021-300, 18 mars 2021)* « l'intermédiaire de l'organisme unique mentionné à l'article R. 123-1, » l'entrepreneur individuel de ce transfert. Le cas échéant, il est fait application des dispositions du *(Mot rempl. à compter du 1er avril 2021, D. n° 2021-300, 18 mars 2021)* « dernier » alinéa de l'article R. 123-83.

Art. R. 123-50. – **Lorsque la cessation totale de l'activité commerciale dans le ressort d'un tribunal résulte du transfert de celle-ci dans le ressort d'un autre tribunal, la radiation est effectuée d'office sur notification du greffier ayant procédé à la nouvelle immatriculation.**

Sous-sous-paragraphe 4. – De la déclaration aux fins de radiation

Art. R. 123-51. – **Tout commerçant immatriculé demande *(Mots aj. à compter du 1er janvier 2023, D. n° 2021-300, 18 mars 2021)* « par l'intermédiaire de l'organisme unique mentionné à l'article R. 123-1 et », dans le délai d'un mois avant la cessation totale de son activité commerciale dans le ressort d'un tribunal ou dans le délai d'un mois à compter de celle-ci, sa radiation en indiquant la date de cessation, sauf lorsqu'il est fait usage de la possibilité prévue au 5° de l'article R. 123-46.**

Art. R. 123-52 *(Mod., D. n° 2007-750, 9 mai 2007 ; D. n° 2010-1706, 29 déc. 2010)*. – **En cas de décès du commerçant, la demande de radiation est présentée *(Mots aj. à compter du 1er janvier 2023, D. n° 2021-300, 18 mars 2021)* « auprès de l'organisme unique mentionné à l'article R. 123-1 » par les héritiers ou ayants cause à titre universel de celui-ci, sauf lorsqu'il est fait usage de la possibilité prévue au 7° de l'article R. 123-46.**

Sous-paragraphe 2. – Des déclarations incombant aux personnes morales

Sous-sous-paragraphe 1. – Des déclarations aux fins d'immatriculation

Art. R. 123-53 *(Mod., D. n° 2012-928, 31 juill. 2012 ; D. n° 2015-1219, 1er oct. 2015 ; D. n° 2020-1, 2 janv. 2020)*. – **Dans sa demande d'immatriculation, la société déclare, en ce qui concerne la personne morale :**

1° Sa raison sociale ou sa dénomination suivie, le cas échéant, de son sigle ;

2° Sa forme juridique en précisant, s'il y a lieu, le fait que la société est constituée d'un associé unique et, le cas échéant, l'indication du statut légal particulier auquel la société est soumise ;

3° Le montant de son capital social ; si le capital est variable, le montant au-dessous duquel il ne peut être réduit ;

4° L'adresse de son siège social ;

5° Le cas échéant, que la personne morale, dont le représentant légal a installé le siège social à son domicile, use de la faculté ouverte par les dispositions du deuxième alinéa de l'article L. 123-11-1 ;

6° Ses activités principales ;

7° Sa durée fixée par les statuts ;

8° S'il s'agit d'une société soumise à publicité de ses comptes et bilans annuels, la date de clôture de l'exercice social ;

9° Les références des immatriculations secondaires éventuellement souscrites et, le cas échéant, des établissements principaux ou secondaires situés et immatriculés dans un autre État membre de la Communauté européenne ou partie à l'accord sur l'Espace économique européen. En outre, la personne morale peut déclarer les mentions relatives à l'adresse et à l'activité principale de ces établissements sur présentation des justificatifs définis par l'arrêté prévu à l'article R. 123-166 ;

10° Le cas échéant, qu'elle est bénéficiaire d'un contrat d'appui au projet d'entreprise pour la création ou la reprise d'une activité économique conclu dans les conditions prévues au chapitre VII du titre II du présent livre, en précisant la dénomination sociale de la personne morale responsable de l'appui, l'adresse de son siège social, ainsi que, si elle est immatriculée dans un registre public, le lieu d'immatriculation et le numéro unique d'identification ;

11° Le cas échéant, s'il s'agit d'une société commerciale, sa qualité d'entreprise de l'économie sociale et solidaire ;

12° Le cas échéant, sa qualité de société à mission.

Elle peut déclarer en outre le nom de domaine de son ou de ses sites internet.

Sur la possibilité d'inscrire le nom de domaine, V. Avis CCRCS 2012-033 des 26 sept. et 25 oct. 2012.

1) **Sécurité des dirigeants.** Une société peut être autorisée à faire figurer au registre du commerce et des sociétés l'adresse de son siège social au lieu du domicile personnel de son président-directeur général lorsque la sécurité de ce dernier est menacée (▪ Paris, 23 janv. 1998, n° 97/17620 : *JurisData* n° 1998-020820 ; *RJDA* 7/1998, n° 861. ▪ 21 mars 2000, n° 1999/24686 : *JurisData* n° 2000-119778 ; *Bull. Joly* 2000, 732, note Bahans ; *JCP* E 2001, p. 800, obs. Garraud).

2) **Société étrangère.** Si l'article 15, alinéa 2, (R. 123-53) exige la mention au registre du commerce et des sociétés de la forme juridique d'une société dont la siège social est situé à l'étranger et soumise à la législation d'un État membre de l'Union européenne, c'est à la condition que la société revête l'une des formes juridiques dont la liste figure en annexe au décret ; une société de droit allemand constituée sous la forme juridique d'OHG n'est pas soumise à cette obligation, l'annexe consacrée à l'Allemagne ne visant pas cette forme juridique (▪ Paris, 9 févr. 2001, n° 2000/19608 : *JurisData* n° 2001-141063 ; *JCP* E 2001, pan. 929).

Art. R. 123-54 *(Mod., D. n° 2020-106, 10 févr. 2020).* – La société déclare en outre :

1° Les nom, nom d'usage, pseudonyme, prénoms et domicile personnel des associés tenus indéfiniment ou tenus indéfiniment et solidairement des dettes sociales, leurs date et lieu de naissance, ainsi que leur nationalité ;

2° Selon la forme juridique, les nom, nom d'usage, pseudonyme, prénoms, date et lieu de naissance, domicile personnel et nationalité des :

_a)_ Gérants, présidents, directeurs généraux, directeurs généraux délégués, membres du directoire, président du directoire ou, le cas échéant, directeur général unique, associés et tiers ayant le pouvoir de diriger, gérer ou engager à titre habituel la société avec l'indication, pour chacun d'eux lorsqu'il s'agit d'une société commerciale, qu'ils engagent seuls ou conjointement la société vis-à-vis des tiers ;

_b)_ Administrateurs président du conseil d'administration, président du conseil de surveillance, membres du conseil de surveillance et commissaire aux comptes ;

En ce qui concerne le commissaire aux comptes, l'adresse professionnelle peut être déclarée en lieu et place du domicile ;

3° *Lorsque les personnes mentionnées aux* **1° et 2° ci-dessus sont des personnes morales, la dénomination sociale, la forme juridique, l'adresse du siège ainsi que :**

_a)_ Pour les personnes morales de droit français immatriculées au registre, les renseignements mentionnés aux 1° et 2° de l'article R. 123-237 ;

_b)_ Pour les sociétés relevant de la législation d'un autre État membre de la Communauté européenne ou partie à l'accord sur l'Espace économique européen, le numéro et le lieu d'immatriculation dans un registre public ;

_c)_ Pour les personnes morales non immatriculées ou relevant de la législation d'un État non membre de la Communauté européenne ou partie à l'accord sur l'Espace économique européen, les nom, nom d'usage, pseudonyme, prénoms et domicile des personnes ayant le pouvoir de les diriger, gérer ou engager à titre habituel ;

_d)_ Lorsque la désignation d'un représentant permanent est prévue par un texte, les renseignements le concernant mentionnés au 2°.

NB : Les greffiers des tribunaux de commerce procèdent, dans un délai de dix-huit mois à compter de la publication du présent décret, à la suppression de l'ensemble des mentions relatives à la situation matrimoniale, au conjoint et au régime matrimonial sur le registre du commerce et des sociétés, en application, notamment, des articles R. 123-37, R. 123-46, R. 123-54 et R. 123-60 du Code de commerce dans leur rédaction issue du présent décret (D. n° 2007-750, 9 mai 2007, art. 42, II).

Selon le garde des Sceaux, un nouvel arrêté doit prochainement être publié, qui exigera de l'associé tenu indéfiniment, comme de celui tenu indéfiniment et solidairement des dettes sociales, la production d'une copie de la carte nationale d'identité à titre de justificatif d'identité (Rép. min. Justice n° 22964 à M. A. Marc : *JOAN* Q, 4 nov. 2008, p. 9580).

1) Représentant d'une SAS. Les pouvoirs du président de la SAS ne peuvent être confiés à des directeurs généraux ou des directeurs généraux délégués qu'à la double condition que cette délégation soit prévue par les statuts et déclarée au RCS avec mention sur l'extrait F *bis* (▪ CA Versailles, 24 sept. 2009, n° 08/02615 : *RJDA* 5/2010, n° 535 ; *Bull. Joly* 2010, p. 37, note Couret. ▪ CA Versailles, 25 juin 2008, n° 08/01978 : *RTD fin.* 2008, p. 121, obs. Poracchia. *Adde* ▪ CA Paris, ch. soc., 10 déc. 2009, n° 09/04775 : *JurisData* n° 2009-016988 ; *RJDA* 5/2010, n° 535 ; *Bull. Joly* 2010, p. 338, note crit. Germain et Périn qui semble retenir la même exigence concernant la subdélégation consentie par le directeur général de la SAS au directeur du personnel, mais la formulation de l'arrêt est ambiguë V. Schramm, *Journ. sociétés* 3/2010, p. 25, note 9).

2) Indivision. Ayant la qualité d'associé, sauf stipulation contraire des statuts en cas de dévolution successorale, l'indivisaire de parts sociales de société civile, le cas échéant après obtention d'un agrément, doit être mentionné au registre du commerce et des sociétés, sans que sa qualité d'indivisaire n'ait à être précisée (CCRCS, avis n° 2012-023, 30 mai 2012).

3) Organe de gestion. Dans une SAS, les membres d'un organe statutaire, quel que soit son intitulé, auxquels les statuts confèrent individuellement ou collectivement le pouvoir de diriger, gérer, ou engager à titre habituel la société doivent être déclarés au RCS. Ainsi, les membres d'un tel organe, dès lors qu'il est qualifié de « conseil de surveillance » doivent également être déclarés au RCS, quelles que soient la nature et l'étendue de leurs pouvoir (CCRCS, avis n° 2012-031, 25 oct. 2012).

4) Représentant permanent au sein d'une SAS. Si aucun texte n'impose la mention, dans l'extrait K*bis* du RCS d'une SAS, du représentant permanent de la personne qui la préside, aucun texte ne prohibe une telle mention qui ne peut qu'être protectrice des intérêts des tiers, de la société elle-même et de la personne morale assurant sa présidence (▪ *CA Paris, 1er juill. 2014, n° 14/04237*. – *Contra* Avis CCRCS 2015-04, 5 févr. 2015, qui estime que le représentant permanent d'une personne morale présidente de SAS ne peut pas être inscrit comme tel au registre).

5) Action publique. Pour l'exercice de l'action publique, une personne morale étrangère est valablement représentée, au sens de l'article 706-43 du Code de procédure pénale, par la personne physique qu'elle a, dans sa demande d'immatriculation au RCS, déclaré être son dirigeant en France, en application de l'article R. 123-54 du Code de commerce (▪ Cass. crim., 24 sept. 2014, n° 14-82.684 : *JurisData* n° 2014-021788 ; *Bull. crim.*, n° 199).

6) Changement de dirigeant d'une société étrangère. En cas de remplacement d'une personne ayant le pouvoir d'engager une société commerciale étrangère en France, seules les pièces justificatives suivantes doivent être produites :

– soit une copie de la carte nationale d'identité ou du passeport en cours de validité pour les Français, les ressortissants d'un État membre de l'Union européenne ou de l'Espace économique européen ou d'un État avec lequel ont été conclus des accords particuliers, soit une copie du titre ou du récépissé du titre de séjour ou une copie de la carte de résident pour les étrangers non visés ci-dessus ;

– dans tous les cas, une attestation sur l'honneur, sur papier libre, relative à l'absence de condamnation ou de sanction civile ou administrative de nature à interdire l'exercice d'une activité commerciale, faisant apparaître la filiation ;

– le cas échéant, la copie de l'autorisation provisoire ou définitive du diplôme ou titre conformément à l'article R. 123-95 (CCRCS, avis n° 2015-012).

7) Adresse du siège. Justifie une réclamation de renseignements complémentaires de sa part, voire un refus d'inscription, la constatation de la désignation, en fait d'adresse du siège social, d'une zone industrielle ou artisanale sans précision de la commune et du département. De même, justifierait réclamation ou refus, la constatation par le greffier, au regard des éléments en sa possession, du caractère incomplet de l'adresse déclarée (CCRCS, avis n° 2016-010).

Art. R. 123-55 *(D. n° 2008-1488, 30 déc. 2008).* **– Le conjoint du gérant associé unique ou du gérant associé majoritaire d'une société à responsabilité limitée ou d'une société d'exercice libéral à responsabilité limitée, ou la personne qui lui est liée par un pacte civil de solidarité, fait l'objet d'une mention au registre du commerce et des sociétés dans les conditions définies par le présent livre.**

Art. R. 123-56. – **Sont en outre déclarés dans la demande d'immatriculation :**

1° Pour les sociétés résultant d'une fusion ou d'une scission, les raison sociale ou dénomination, forme juridique et siège social de toutes les sociétés y ayant participé, ainsi que, en ce qui concerne chacune d'entre elles, les renseignements prévus aux 1° et 2° de l'article R. 123-237 ;

2° Pour les sociétés européennes issues d'une fusion, les dénomination sociale, forme juridique et siège social de toutes les sociétés y ayant participé, ainsi que, en ce qui concerne chacune d'entre elles, les renseignements prévus aux 1° et 2° de l'article R. 123-237, ou, en ce qui concerne celles ayant leur siège dans un autre État membre de la Communauté européenne ou partie à l'accord sur l'Espace économique européen, les lieu et numéro de leur immatriculation sur un registre public.

Art. R. 123-57. – **Lorsqu'une société commerciale dont le siège est situé à l'étranger est soumise à la législation d'un autre État membre de la Communauté européenne ou partie à l'accord sur l'Espace économique européen et revêt une des formes juridiques dont la liste figure en annexe 1-3 au présent livre, sont seuls déclarés les renseignements prévus aux 1°, 2°, 8° et 9° de l'article R. 123-53 et à l'article R. 123-54, ainsi que le lieu et le numéro d'immatriculation de cette société sur un registre public.**

Voir : Annexe 1-3, sous art. R. 123-58, ci-dessous.

Art. R. 123-58. – **Lorsqu'une société commerciale dont le siège est à l'étranger n'est pas soumise à la législation d'un État membre de la Communauté européenne ou partie à l'accord sur l'Espace économique européen, mais revêt une forme juridique comparable à celles énoncées à l'annexe 1-3 au présent livre, sont déclarés, outre les renseignements prévus aux articles R. 123-53 à R. 123-56, la législation qui lui est applicable, ainsi que le lieu et le numéro de son immatriculation sur un registre public si la loi étrangère à laquelle cette société est soumise le prévoit.**

Annexe 1-3
Annexe aux articles R. 123-57 et 123-58
(Ann. rempl., D. n° 2007-750, 9 mai 2007)

Les formes juridiques de sociétés commerciales désignées à l'article R. 123-57 sont les suivantes :

1. Pour l'Allemagne :
die Aktiengesellschaft, die Kommanditgesellschaft auf Aktien, die Gesellschaft mit beschränkter Haftung.

2. Pour l'Autriche :
die Aktiengesellschaft ; die Gesellschaft mit beschraenkter Haftung.

3. Pour la Belgique :
de naamloze vennootschap ; de commanditaire vennootschap op aandelen ; de personenvennootschap met beperkte aansprakelijkheid.

4. Pour la Bulgarie :
akwionfqno eqtgfrsco ;
eqtgfrsco r odqanixfna ossocoqnors ;
komaneisno eqtgfrsco r akwii ;

5. Pour Chypre :
Δημο« στες εταιρει »ες περιοριομε« ης ευθυ »ης με μετοχε« ς η » με εγγυ« ηοη ;
ιδιωτικε »ς εταιρει« ες περιοριομε »ης ευθυ« ης με μετοχε »ς η« με εγγυ »ηοη ;

6. Pour le Danemark :
aktieselskab ; kommanditaktieselskab ; anpartsselskab.

7. Pour l'Espagne :
la sociedad anonima ; la sociedad en comandita por acciones ; la sociedad de responsabilidad limitada.

8. Pour l'Estonie :
aktsiaselts ; osaühing.

9. Pour la Finlande :
yksityinen osakeyhtiö/privat aktiebolag ; yulkinen osakeyhtiö/publikt aktiebolag.

10. Pour la France :
la société anonyme ; la société en commandite par actions ; la société à responsabilité limitée ; la société par actions simplifiée.

11. Pour la Grèce :
αωυμη εταιρια, εταιρια περιωρισμε« ης ευθύης, ετερθρ-ρυθμη κατα » μετοσε« ς εταιρια
12. Pour la Hongrie :
részvénytársaság ; korlátolt felelosségu társaság.
13. Pour l'Irlande :
the public company limited by shares ; the public company limited by guarantee and having a share capital ; the private company limited by shares or by guarantee.
14. Pour l'Italie :
società per azioni ; società in accomandita per azioni ; società a responsabilità limitata.
15. Pour la Lettonie :
Akciju sabiedriba ; sabiedriba ar ierobezotu atbildibu ; komanditsabiedriba.
16. Pour la Lituanie :
akcine bendrove ; uzdaroji akcine bendrove.
17. Pour le Luxembourg :
la société anonyme ; la société en commandite par actions ; la société à responsabilité limitée.
18. Pour Malte :
kumpanija pubblika ; public limited liability company ; kumpanija privata ; private limited liability company.
19. Pour les Pays-Bas :
de naamloze vennootschap ; de besloten vennootschap met beperkte aansprakelijkheid.
20. Pour la Pologne :
spólka z ograniczona odpowiedzialnoscia ; spólka komandytowoakcyjna ; spólka akcyjna.
21. Pour le Portugal :
sociedade anonima ; sociedade en commandita por acçoes ; sociedade por quotas.
22. Pour la Roumanie :
sociÉtate pe acţuni ; sociÉtate eu răspundere limitată ; sociateate în comandită pe acţiuni.
23. Pour le Royaume-Uni :
the public company limited by shares ; the public company limited by guarantee and having a share capital ; the private company limited by shares or by guarantee.
24. Pour la Slovaquie :
akciová spolecnost » ; spolecnost s rucením obmedzenm' ».
25. Pour la Slovénie :
delniska druzba ; druzba z omejeno odgovornostjo.
26. Pour la Suède :
aktiebolag ; komaditna delniska druzba.
27. Pour la République tchèque :
spolecnost s rucením omezenm ; akciová spolecnost.

Art. R. 123-59. – Sont déclarés dans la demande d'immatriculation d'une société, en ce qui concerne son activité et son établissement, ou son siège si elle n'a pas d'établissement :

1° S'il s'agit d'une société commerciale, les renseignements prévus à l'article R. 123-38 ;

2° S'il s'agit d'une société commerciale dont le siège est à l'étranger au sens de l'article R. 123-57, les renseignements prévus à l'article R. 123-38, à l'exception de ceux prévus aux 4°, 6° et 8° ;

3° S'il s'agit d'une société non commerciale ou d'une société civile, les renseignements prévus à l'article R. 123-38, à l'exception de ceux prévus au 8°.

Art. R. 123-60 *(Mod., D. n° 2007-750, 9 mai 2007 ; D. n° 2020-106, 10 févr. 2020)*. **– Dans sa demande d'immatriculation, le groupement d'intérêt économique déclare :**

1° En ce qui concerne la personne :

***a)* La dénomination du groupement, suivie, le cas échéant, de son sigle ;**

***b)* L'adresse du siège ;**

***c)* Ses activités principales et si leur nature est civile ou commerciale ;**

***d)* Sa durée ;**

***e)* Pour chaque personne physique membre du groupement, les renseignements prévus aux 1°, 2° et 3° de l'article R. 123-37 et, le cas échéant, les numéros d'identification de ces personnes avec l'indication du nom du greffe ou de la chambre de métiers et de l'artisanat de région où elles sont immatriculées, ainsi que l'indication des personnes exonérées des dettes nées antérieurement à leur entrée dans le groupement ;**

f) Pour chaque personne morale membre du groupement, les renseignements prévus aux 1°, 2° et 4° de l'article R. 123-53 et, le cas échéant, les numéros d'identification de ces personnes avec l'indication du nom du greffe ou de la chambre de métiers et de l'artisanat de région où elles sont immatriculées, ainsi que l'indication des personnes exonérées des dettes nées antérieurement à leur entrée dans le groupement ;

g) Pour les administrateurs et les personnes chargées du contrôle de la gestion et du contrôle des comptes, lorsqu'il s'agit de personnes physiques, leurs nom, nom d'usage, pseudonyme, prénoms, date et lieu de naissance, domicile personnel et nationalité et lorsqu'il s'agit de personnes morales, la dénomination sociale, la forme juridique, l'adresse du siège ainsi que :

– pour les personnes morales de droit français immatriculées au registre, les renseignements mentionnés aux 1° et 2° de l'article R. 123-237 ;

– pour les sociétés relevant de la législation d'un autre État membre de l'Union européenne ou partie à l'accord sur l'Espace économique européen, le numéro et le lieu d'immatriculation dans un registre public ;

– pour les personnes morales non immatriculées ou relevant de la législation d'un État non membre de l'Union européenne ou partie à l'accord sur l'Espace économique européen, les nom, nom d'usage, pseudonyme, prénoms et domicile des personnes ayant le pouvoir de les diriger, gérer ou engager à titre habituel ;

– pour le représentant permanent d'une personne morale administrateur ou contrôleur des comptes, les renseignements prévus aux 1°, 2° et 3° de l'article R. 123-37 ;

h) Les références des immatriculations secondaires éventuellement souscrites et, le cas échéant, des établissements principaux ou secondaires situés et immatriculés dans un autre État membre de la Communauté européenne ou partie à l'accord sur l'Espace économique européen. En outre, la personne morale peut déclarer les mentions relatives à l'adresse et à l'activité principale de ces établissements sur présentation des justificatifs définis par l'arrêté prévu à l'article R. 123-166 ;

2° En ce qui concerne l'activité et l'établissement, les renseignements prévus à l'article R. 123-38, exception faite de son 8°, s'il s'agit d'un groupement à objet non commercial.

NB : Les greffiers des tribunaux de commerce procèdent, dans un délai de dix-huit mois à compter de la publication du présent décret, à la suppression de l'ensemble des mentions relatives à la situation matrimoniale, au conjoint et au régime matrimonial sur le registre du commerce et des sociétés, en application, notamment, des articles R. 123-37, R. 123-46, R. 123-54 et R. 123-60 du Code de commerce dans leur rédaction issue du présent décret. (D. n° 2007-750, 9 mai 2007, art. 42, II).

Art. R. 123-61. – Dans leur demande d'immatriculation, les établissements publics français à caractère industriel et commercial déclarent :

1° En ce qui concerne la personne :

a) Les renseignements prévus aux 1°, 4° et 6° de l'article R. 123-53 et au 2° de l'article R. 123-54 ;

b) La forme de l'entreprise et la collectivité par laquelle ou pour le compte de laquelle elle est exploitée ;

c) Le cas échéant, la date de publication au *Journal officiel* de l'acte qui a autorisé sa création, des actes qui ont modifié son organisation et des règlements ou des statuts qui déterminent les conditions de son fonctionnement ;

2° En ce qui concerne l'activité et l'établissement, les renseignements prévus à l'article R. 123-38.

Art. R. 123-62. – Les autres personnes morales dont l'immatriculation est prévue par les dispositions du 5° de l'article L. 123-1 déclarent les renseignements prévus aux articles R. 123-54 à R. 123-59. Les renseignements exigés peuvent faire l'objet d'adaptations par arrêté du garde des Sceaux, ministre de la Justice, du ministre chargé de la propriété industrielle et du ministre chargé du contrôle de la personne morale.

Sous-sous-paragraphe 2. - Des déclarations aux fins d'immatriculation secondaire hors du ressort de l'établissement principal

Art. R. 123-63. – Toute personne morale immatriculée qui ouvre un établissement secondaire demande son immatriculation secondaire dans les conditions prévues à l'article R. 123-41.

Toutefois, cette obligation n'est pas applicable aux personnes morales mentionnées aux 4° et 5° de l'article L. 123-1 qui sont désignées par arrêté du garde des Sceaux, ministre de la Justice, du ministre chargé de la propriété industrielle et du ministre chargé du contrôle de la personne morale.

Art. R. 123-64. – Sont déclarés dans la demande d'immatriculation secondaire des personnes morales les renseignements relatifs à l'établissement prévus à l'article R. 123-38, exception faite de ceux prévus au 8° pour les personnes morales à objet non commercial.

Art. R. 123-65. – La demande d'immatriculation secondaire rappelle les renseignements mentionnés aux 1° et 2° de l'article R. 123-237, ainsi que :

1° Pour les sociétés, les renseignements prévus aux 1°, 2° et 4° de l'article R. 123-53 ;

2° Pour les groupements d'intérêt économique, les renseignements prévus aux *b* et *c* du 1° de l'article R. 123-60 ;

3° Pour les autres personnes morales, les renseignements prévus aux 1° et 4° de l'article R. 123-53 et au *b* du 1° de l'article R. 123-61.

Sous-sous-paragraphe 3. – Des déclarations aux fins d'inscriptions modificatives et complémentaires

Art. R. 123-66. – Toute personne morale immatriculée demande *(Mots aj. à compter du 1er janvier 2023, D. n° 2021-300, 18 mars 2021)* « , par l'intermédiaire de l'organisme unique mentionné à l'article R. 123-1, » une inscription modificative dans le mois de tout fait ou acte rendant nécessaire la rectification ou le complément des énonciations prévues aux articles R. 123-53 et suivants.

Art. R. 123-67. – Toute personne morale immatriculée qui ouvre un établissement secondaire demande son inscription complémentaire dans les conditions prévues à l'article R. 123-41.

Toutefois, cette obligation n'est pas applicable aux personnes morales mentionnées aux 4° et 5° de l'article L. 123-1 qui sont désignées par arrêté du garde des Sceaux, ministre de la Justice, du ministre chargé de la propriété industrielle et du ministre chargé du contrôle de la personne morale.

Art. R. 123-68. – Sont déclarés dans la demande d'inscription complémentaire des personnes morales les renseignements relatifs à l'établissement prévus à l'article R. 123-38, exception faite de ceux prévus au 8° pour les personnes morales à objet non commercial, et à l'article R. 123-39.

Art. R. 123-69 *(Mod., D. n° 2007-750, 9 mai 2007)*. – L'obligation prévue à l'article R. 123-66 inclut :

1° La cessation totale ou partielle d'activité dans le ressort du tribunal de l'immatriculation principale, même en l'absence de dissolution ;

2° La cessation totale ou partielle d'activité d'un établissement dans le ressort du tribunal d'une immatriculation secondaire ;

3° En cas de fusion ou de scission de société, l'indication de la cause de dissolution ou d'augmentation de capital, ainsi que celle de la raison sociale ou dénomination, de la forme juridique et du siège des personnes morales ayant participé à l'opération ;

4° Les décisions définitives plaçant l'une des personnes mentionnées aux 1° et 2° de l'article R. 123-54 sous tutelle ou sous curatelle au sens de l'article 440 du Code civil, et celles qui en donnent mainlevée ou qui les rapportent ; lorsqu'il est fait application de cet article, l'obligation de déclaration incombe au tuteur ou au curateur *(Mots aj. à compter du 1er janvier 2023, D. n° 2021-300, 18 mars 2021)* « et est réalisée auprès de l'organisme unique mentionné à l'article R. 123-1 ».

Art. R. 123-70 *(Mod., D. n° 2020-106, 10 févr. 2020)*. – L'obligation prévue à l'article R. 123-66 inclut également la dissolution ou la décision prononçant la nullité de la personne morale pour quelque cause que ce soit avec indication des nom, nom d'usage, pseudonyme, prénoms et domicile des liquidateurs, de l'étendue des pouvoirs de ceux-ci s'il s'agit d'une des sociétés mentionnées aux articles R. 123-53 à R. 123-58, et de la référence du support d'annonces légales dans lequel leur nomination a été publiée ainsi que de l'adresse de la liquidation.

Art. R. 123-71. – Les dispositions de l'article R. 123-66 ne sont pas applicables :

1° À la mise à jour des références faites, dans l'immatriculation principale, aux immatriculations secondaires : la mention rectificative est dans ce cas effectuée d'office par le greffier de l'immatriculation principale sur notification du greffier de l'immatriculation secondaire ayant procédé à cette dernière ou à sa radiation ;

2° À la mise à jour des renseignements relatifs à la situation personnelle de l'assujetti figurant dans l'immatriculation secondaire : la mention rectificative ou complémentaire est, dans ce cas, effectuée par le greffier de l'immatriculation secondaire sur notification du greffier ayant procédé à l'inscription modificative correspondante.

Art. R. 123-72. – En cas de transfert de leur siège, de leur établissement principal ou d'un établissement secondaire dans le ressort d'un autre tribunal, les personnes morales immatriculées demandent *(Mots aj. à compter du 1er janvier 2023, D. n° 2021-300, 18 mars 2021)* « , par l'intermédiaire de l'organisme unique mentionné à l'article R. 123-1 et », dans le délai d'un mois à compter du transfert :

1° Une nouvelle immatriculation dans le ressort de ce tribunal si elles n'y étaient pas déjà immatriculées à titre principal ou secondaire ;

2° Dans le cas contraire, la transformation de leur immatriculation, avec indication en tant que de besoin des renseignements prévus selon le cas aux articles R. 123-53 à R. 123-61.

Art. R. 123-73 *(Mod., D. n° 2007-750, 9 mai 2007).* – Le greffier du nouveau siège ou du nouvel établissement notifie la nouvelle immatriculation ou la transformation prévue à l'article R. 123-72, dans les quinze jours de celle-ci, *(Mots aj. à compter du 1er janvier 2023, D. n° 2021-300, 18 mars 2021)* « à l'organisme unique mentionné à l'article R. 123-1 et » au greffier de l'ancien siège ou de l'ancien établissement.

Ce dernier procède d'office, dans le dossier en sa possession, soit à la radiation, soit à la mention correspondante selon le cas.

Il notifie l'accomplissement de la formalité à la personne concernée *(Mots aj. à compter du 1er janvier 2023, D. n° 2021-300, 18 mars 2021)* « par l'intermédiaire de l'organisme unique » et au greffier du nouveau siège ou du nouvel établissement.

En cas de transfert d'un établissement secondaire, le greffier du nouvel établissement procède à la notification prévue au 1° de l'article R. 123-71.

Art. R. 123-74. – En cas de transfert en France du siège d'une société européenne immatriculée dans un autre État membre de la Communauté européenne ou partie à l'accord sur l'Espace économique européen, les dispositions de l'article R. 123-72 s'appliquent.

Le greffier dans le ressort duquel le siège a été transféré notifie la nouvelle immatriculation, dans les quinze jours de celle-ci, à l'autorité chargée de l'immatriculation dans l'État où elle avait son siège.

Art. R. 123-74-1 *(D. n° 2009-11, 5 janv. 2009).* – Le greffier du tribunal dans le ressort duquel est immatriculée la société issue de la fusion transfrontalière notifie sans délai la prise d'effet de la fusion au greffier ou à l'autorité compétente du siège de chaque société ayant participé à l'opération *(Mots aj. à compter du 1er janvier 2023, D. n° 2021-300, 18 mars 2021)* « ainsi qu'à la société immatriculée par l'intermédiaire de l'organisme unique mentionné à l'article R. 123-1 ».

Le greffier de chaque tribunal dans le ressort duquel est immatriculée une société ayant participé à la fusion et dont le siège était situé en France procède *(Mots aj. à compter du 1er janvier 2023, D. n° 2021-300, 18 mars 2021)* « d'office » à la radiation de son immatriculation dès réception de la notification de la prise d'effet de la fusion transfrontalière dans l'État membre considéré.

Sous-sous-paragraphe 4. – Des déclarations aux fins de radiation

Art. R. 123-75 *(Mod., D. n° 2015-417, 14 avr. 2015).* – La radiation de l'immatriculation principale des personnes morales qui font l'objet d'une dissolution est requise par le liquidateur dans le délai d'un mois à *compter de la publication* de la clôture de la liquidation (Mots aj. à compter du 1er janvier 2023, *D. n° 2021-300, 18 mars 2021)* « , auprès de l'organisme unique mentionné à l'article R. 123-1 ».

La radiation de l'immatriculation principale des autres personnes morales est demandée dans le mois de la cessation d'activité dans le ressort du tribunal.

La radiation de l'immatriculation secondaire de toute personne morale est demandée dans le mois de la cessation d'activité dans le ressort du tribunal.

En cas d'application des dispositions du troisième alinéa de l'article 1844-5 du Code civil, la radiation de l'immatriculation est requise par l'associé unique dans le délai d'un mois à compter de la réalisation du transfert du patrimoine. À l'issue du délai d'opposition mentionné au troisième alinéa de l'article 1844-5 du Code civil, le greffier délivre sur demande un certificat de non-opposition constatant que le tribunal n'a pas été saisi dans ce délai d'une opposition enrôlée.

Sous-sous paragraphe 5. De la langue des déclarations
(D. n° 2007-1851, 26 déc. 2007)

Art. R. 123-75-1 *(D. n° 2007-1851, 26 déc. 2007).* – Lorsque la société a son siège dans l'un des États membres de la Communauté européenne ou parties à l'accord sur l'Espace économique européen, les indications relatives :

1° À la nomination, la cessation des fonctions ainsi que l'identité des personnes qui ont le pouvoir d'engager la société à l'égard des tiers et de la représenter en justice ou qui participent à l'administration, à la surveillance ou au contrôle de la société ;
2° Au montant du capital souscrit ;
3° À tout transfert du siège social ;
4° À la dissolution de la société ;
5° À la décision judiciaire prononçant la nullité de la société ;
6° À la nomination et l'identité des liquidateurs ainsi qu'à leurs pouvoirs respectifs ;
7° À la clôture de la liquidation et la radiation du registre,

peuvent, à sa demande, être déclarées au registre dans toute langue officielle de la Communauté. Dans tous les cas, l'une de ces langues doit être le français. Lorsque les déclarations sont également faites dans une autre langue, leur traduction en langue française doit être certifiée conforme par les déclarants. Seule la publicité obligatoire en langue française fait foi. Les tiers peuvent toutefois se prévaloir de la traduction volontairement publiée, à moins que la société ne prouve qu'ils ont eu connaissance de la version publiée obligatoirement en français.

Sous-paragraphe 3. – Des déclarations incombant aux représentations ou agences commerciales des États, collectivités ou établissements publics étrangers

Art. R. 123-76. – Les déclarations incombant aux États, collectivités ou établissements publics étrangers qui établissent une représentation ou une agence commerciale dans un département français sont soumises aux dispositions des articles R. 123-61 et R. 123-63 à R. 123-75.

Sous-paragraphe 4. – Dispositions communes

Art. R. 123-77 *(Mod., D. n° 2010-1706, 29 déc. 2010 ; D. n° 2016-1278, 29 sept. 2016 ; D. n° 2017-1416, 28 sept. 2017 ; D. n° 2018-284, 18 avr. 2018 ; D. n° 2019-987, 25 sept. 2019 ; D. n° 2020-118, 12 févr. 2020).* – Une demande d'inscription ou un dépôt d'acte ou de pièce au registre du commerce et des sociétés peut être effectué par la voie électronique dès lors qu'il peut être transmis et reçu par cette voie, à l'exception toutefois du dépôt des actes et pièces dont l'original doit être fourni et qui ont été établis sur support papier. Il peut néanmoins être suppléé, lors de la première immatriculation, à la production de l'original d'actes ou pièces sous seing privé par la remise d'une copie.

Pour toutes les transmissions par voie électronique mentionnées au premier alinéa, il est fait usage d'une signature électronique sécurisée dans les conditions prévues à l'article 1367 du Code civil et par le décret n° 2017-1416 du 28 septembre 2017 relatif à la signature électronique. Toutefois, pour les demandes d'immatriculation, le dépôt de l'état descriptif prévu au I de l'article L. 526-8, cette signature électronique peut résulter de l'usage d'un procédé répondant aux conditions définies à la première phrase du deuxième alinéa de l'article 1367 du Code civil.

Le greffier accuse réception, selon les modalités fixées par l'arrêté prévu à l'article R. 123-166, de toute transmission qui lui est faite dès que celle-ci lui parvient.

NB : Conformément au I de l'article 64 du décret n° 2019-987 du 25 septembre 2019, ces dispositions entrent en vigueur le 1er octobre 2019.

NB : Conformément au II de l'article 2 du décret n° 2017-1416 du 28 septembre 2017 relatif à la signature électronique, les références au décret n° 2001-272 du 30 mars 2001, contenues dans des dispositions de nature réglementaire, sont remplacées par les références *à ce même décret n° 2017-1416 du 28 septembre 2017.*

NB : Conformément au décret n° 2016-1278 du 29 septembre 2016, article 1er, l'article 1316-4 du Code civil est devenu l'article 1367 dudit code.

Rédaction future. Art. R. 123-77 *(Mod., D. n° 2010-1706, 29 déc. 2010 ; D. n° 2016-1278, 29 sept. 2016 ; D. n° 2017-1416, 28 sept. 2017 ; D. n° 2018-284, 18 avr. 2018 ; D. n° 2019-987, 25 sept. 2019 ; D. n° 2020-118,*

12 févr. 2020 ; rempl. à compter du 1er janvier 2023, D. n° 2021-300, 18 mars 2021). – Toute demande d'inscription ou tout dépôt d'acte ou de pièce au registre du commerce et des sociétés est effectué par la voie électronique, à l'exception toutefois du dépôt des actes et pièces dont l'original doit être fourni et qui ont été établis sur support papier. Il peut néanmoins être suppléé, lors de la première immatriculation, à la production de l'original d'actes ou pièces sous seing privé par le dépôt d'une copie.

Les dispositions de l'alinéa précédent ne sont pas applicables au dépôt des documents comptables prévu à l'article R. 123-111.

Pour toutes les transmissions par voie électronique mentionnées au premier alinéa, il est fait usage d'une signature électronique dans les conditions prévues par l'article R. 123-5.

Le greffier accuse réception selon les modalités fixées par les articles R. 123-6 et R. 123-7, de toute transmission qui lui est faite.

Art. R. 123-78 *(Abr., D. n° 2007-750, 9 mai 2007).*

Sous-section 2. – De la tenue du registre et des effets attachés à l'immatriculation

Bibliographie : Jauffret, *L'influence en droit français des règles du registre du commerce sur les principes du droit civil en matière d'état, de capacité, de régime matrimonial* in *Mélanges Secretan*, 1964, p. 127. • Fargeaud, *Le fichier (ou casier) commercial* : *RTD com.* 1965, 1. • Delga, *Observations sur la situation actuelle au regard du droit commercial, du commerçant personne physique inscrit au registre du commerce et des sociétés ayant cessé son activité et non radié* : *Gaz. Pal.* 1985, doctr. 23. • Derrupé, *L'immatriculation au registre du commerce des associations émettant des obligations* : *RTD com.* 1986, 2329. • Jomain et Ancel, *La diffusion des informations sur les entreprises* : *Gaz. Pal.* 1988, 1, doctr. 169. • Lamarche, *Immatriculation des associations au registre du commerce et des sociétés et bail commercial* : *JCP* E 1992, I, 142. • Derrupé, *Pour un commentaire des décrets n° 84-406 et n° 84-407 du 30 mai 1984* : *RTD com.* 1984, 652. • Le Cannu : *LPA* 1984, n° 104. • Roty : *JCP* E 1984, 13621. • Bouloc : *Gaz. Pal.* 1985, 2, doctr. 419. • Delbecque : *Journ. not.* 1985, p. 3.

Ouvrages. *JCl. Commercial, Registre du commerce*, Fasc. 100, 101, 102 ; Fasc. 105, par Jauffret.

Voir également : Annexe 1, *Du commerce en général* (III. – *Registre du commerce et des sociétés*), p. 2883.

§ 1. – Dispositions générales

Art. R. 123-79 *(Mod., D. n° 2019-966, 18 sept. 2019).* – **Les attributions relatives à la surveillance du registre du commerce et des sociétés et aux contestations afférentes, prévues à l'article L. 123-6, sont exercées, pour les personnes morales n'ayant pas la qualité de commerçant au sens des 2° et 5° du I de l'article L. 123-1, par le président du tribunal judiciaire ou un juge commis à cet effet.**

NB : Conformément à l'article 9 du décret n° 2019-966 du 18 septembre 2019, les présentes dispositions entrent en vigueur le 1er janvier 2020.

Art. R. 123-80 *(Mod., D. n° 2012-928, 31 juill. 2012 ; D. n° 2016-296, 11 mars 2016).* – **Un registre national tenu par l'Institut national de la propriété industrielle centralise les documents valant originaux des registres du commerce et des sociétés tenus dans chaque greffe.**

NB : Conformément aux dispositions de l'article 21 du décret n° 2016-296 du 11 mars 2016, les présentes dispositions entrent en vigueur à la date prévue au IV de l'article 60 de la loi du 6 août 2015 susvisée. L'arrêté du 26 février 2016, fixant les tarifs réglementés des greffiers des tribunaux de commerce, entre en vigueur le 1er mars 2016.

Art. D. 123-80-1 *(Créé à compter de la date prévue à l'article 7 du décret n° 2015-1905 du 30 décembre 2015 et au plus tard le 31 août 2016, D. n° 2015-1905, 30 déc. 2015 ; mod., D. n° 2019-1207, 20 nov. 2019 ; D. n° 2020-119, 12 févr. 2020).* – **I. – La transmission prévue au deuxième alinéa de l'article L. 123-6 du Code de commerce est réalisée selon un procédé garantissant l'authenticité des documents, dans un délai de cinq jours ouvrables suivant l'inscription dans le registre chronologique prévue à l'article R. 123-98 ou l'établissement du procès-verbal prévu à l'article R. 123-102. Chaque document transmis est indexé et le format des documents est conforme à une norme. Ces modalités d'indexation et cette norme sont fixées par arrêté conjoint du garde des sceaux, ministre de la justice, et du ministre chargé de la propriété industrielle.**

II. – La transmission prévue au troisième alinéa de l'article L. 123-6 du Code de commerce est réalisée dès le retraitement des informations contenues dans les inscriptions, actes et pièces mentionnés au deuxième alinéa de l'article L. 123-6. Cette transmission est réalisée préalablement à toute diffusion ou mise à disposition de ces informations à des tiers, sans préjudice de la communication prévue aux articles R. 123-150 à R. 123-154-1. Les

informations sont transmises quotidiennement sous la forme de fichiers de rediffusion et de métadonnées. Les fichiers de rediffusion sont transmis au format texte ou au format image, selon des dispositions et conformément à des normes définies par arrêté conjoint du garde des sceaux, ministre de la justice, et du ministre chargé de la propriété industrielle.

III. – Les transmissions mentionnées aux I et II du présent article consistent en la mise à disposition des documents et informations sur un serveur désigné par l'Institut national de la propriété industrielle.

IV. – Lorsque le dépôt des documents comptables est accompagné, en application de l'article R. 123-111-1, soit d'une déclaration de confidentialité des comptes annuels, soit d'une déclaration de publication simplifiée des comptes annuels, le greffier signale, dans les transmissions mentionnées aux I et II du présent article, l'existence de ce dépôt et le caractère confidentiel des comptes ou leur présentation simplifiée, selon des modalités définies par arrêté conjoint du garde des sceaux, ministre de la justice, et du ministre chargé de la propriété industrielle.

IV *bis*. – Le greffier signale, dans les transmissions prévues aux I et II, le caractère confidentiel des informations relatives au bénéficiaire effectif autres que celles mentionnées au deuxième alinéa de l'article L. 561-46 du Code monétaire et financier, selon des modalités définies par arrêté conjoint du garde des sceaux, ministre de la justice et du ministre chargé de la propriété industrielle.

V. – Préalablement à leur transmission prévue au II du présent article, les informations sont contrôlées et, le cas échéant, complétées, notamment avec le numéro SIREN, et corrigées.

VI. – Lorsque les greffiers se sont associés au sein d'un groupement conformément à l'article L. 743-12, ou lorsque ceux-ci ont confié à un tiers l'exécution de leurs obligations de diffusion des données des registres de publicité légale dont ils ont la charge, ce groupement ou ce tiers est chargé de l'application des dispositions du présent article.

NB : Par décision n° 397403 du 12 juillet 2017 (ECLI :FR :CECHR :2017 :397403.20170712), article 1, le Conseil d'État a annulé le décret du 30 décembre 2015 en tant que, par le VI de l'article D. 123-80-1 du Code de commerce issu de son article 1er, il a institué des obligations à la charge de personnes autres que les greffiers de tribunal de commerce.

Art. D. 123-80-2 *(Créé à compter de la date prévue à l'article 7 du décret n° 2015-1905 du 30 décembre 2015 et au plus tard le 31 août 2016, D. n° 2015-1905, 30 déc. 2015).* **– Aux fins de vérifier et d'assurer la complétude et la cohérence du registre national du commerce et des sociétés, une extraction des documents mentionnés au deuxième alinéa de l'article L. 123-6 et des résultats des retraitements des informations mentionnés au troisième alinéa du même article est transmise par le greffier sur demande de l'Institut national de la propriété industrielle, deux fois par an et dans un délai maximal de six semaines. Cette transmission est réalisée selon les modalités prévues à l'article D. 123-80-1.**

Art. R. 123-81 *(Abr. à compter du 1er janvier 2020, D. n° 2019-1379, 18 déc. 2019).*

Rédaction antérieure. Art. R. 123-81. – Un comité de coordination (1) veille à l'harmonisation de l'application des dispositions législatives et réglementaires applicables en matière de registre du commerce et des sociétés.

Il délivre des avis sur les questions dont il est saisi dans les conditions fixées par l'arrêté prévu à l'article R. 123-166. Il peut en outre, à la demande de l'un de ses membres, délibérer sur toute autre question relative au fonctionnement du registre et à l'application des dispositions législatives et réglementaires ayant des incidences sur ce fonctionnement. Le cas échéant, il peut faire appel à tout sachant sur une question particulière. Il fait rapport au ministre compétent des difficultés ou anomalies dont il a connaissance.

Ce comité est présidé par un magistrat de l'ordre judiciaire ; il comprend, outre le directeur des affaires civiles et du sceau et le directeur de l'Institut national de la propriété industrielle ou leurs représentants, deux personnes chargées de la tenue du registre conformément aux articles L. 123-6, R. 123-79 et R. 123-80, dont au moins un greffier de tribunal de commerce, dans des conditions fixées par l'arrêté prévu à l'article R. 123-166. Le comité fixe son règlement intérieur.

Voir aussi : A. 1er oct. 2007 relatif à la commission de coordination des centres de formalités des entreprises (*JO* 3 oct.).

Art. R. 123-82. – Le registre du commerce et des sociétés comprend :

1° Un fichier alphabétique des personnes immatriculées ;

(1) Dispositions abrogées à compter du 9 juin 2009, D. n° 2006-672, 8 juin 2006, art. 17 et 18 mais prorogées pour une durée de cinq ans à compter du 8 juin 2009, D. n° 2009-613, 4 juin 2009, art. 4 et D. n° 2009-625, 6 juin 2009, art. 1er et ann. ; prorogées à nouveau pour une durée d'un an à compter de la publication du décret n° 2014-591 du 6 juin 2014 (art. 1er) et ann. I puis pour une durée de cinq ans à compter du 8 juin 2015, D. n° 2015-618, 4 juin 2015, art 1er et ann. I. – NDLR.

2° Le dossier individuel constitué par la demande d'immatriculation, complétée, le cas échéant, par les inscriptions subséquentes ;

3° Un dossier annexe où figurent les actes et pièces qui doivent être déposés au registre du commerce et des sociétés, en vertu du présent code et de toutes autres dispositions législatives ou réglementaires.

Art. R. 123-83 *(Mod., D. n° 2010-1706, 29 déc. 2010 ; mod. à compter du 1er avril 2021, D. n° 2021-300, 18 mars 2021)*. – Hormis les mentions d'office intervenant au cours des procédures de sauvegarde ou de redressement ou liquidation judiciaires, le greffier qui procède à toute inscription, sur déclaration ou d'office, concernant le début ou la cessation d'activité, les modifications de la situation ou la radiation d'une personne physique ou morale en avise sans délai le centre de formalités des entreprises compétent.

Il avise le même centre de tout refus d'immatriculation ou d'enregistrement de déclarations modificatives.

Lorsqu'il est saisi d'une déclaration transmise par le biais du service informatique mentionné à l'article R. 123-30-14, le greffier échange avec ce dernier dans les conditions prévues par l'article R. 123-30-18.

Dans le cas prévu au 6° de l'article R. 123-37, le greffier qui procède à l'inscription au registre du commerce et des sociétés d'une déclaration d'affectation effectuée en application de l'article L. 526-7 en avise sans délai le président de la chambre de métiers et de l'artisanat compétente aux fins de mention au répertoire des métiers, dans des formes prévues par arrêté conjoint du garde des sceaux, ministre de la justice, et du ministre chargé de l'économie. Lorsque le greffier procède à cette inscription sur saisine du service mentionné ci-dessus, l'avis au président de la chambre de métiers et de l'artisanat est transmis par l'intermédiaire de ce même service.

§ 2. – Des inscriptions sur déclaration

Sous-paragraphe 1. – De la présentation des déclarations

Art. R. 123-84 *(Mod., D. n° 2012-928, 31 juill. 2012)*. – Sous réserve de la procédure prévue aux articles R. 123-1 et suivants, les demandes sont présentées au greffe du tribunal compétent sur des formulaires définis par l'arrêté prévu à l'article R. 123-166.

Elles sont accompagnées des actes et pièces mentionnés aux articles R. 123-102 à R. 123-110 ainsi que des pièces répondant aux prescriptions de l'article L. 123-2.

La liste des pièces justificatives est fixée par l'arrêté mentionné au premier alinéa.

Toutefois, dispense d'une pièce peut être accordée par le juge, soit définitivement, soit provisoirement. Dans ce dernier cas, il est procédé à la radiation d'office si la pièce n'est pas produite dans le délai imparti.

> **Rédaction future. Art. R. 123-84** *(Mod., D. n° 2012-928, 31 juill. 2012 ; mod. à compter du 1er janvier 2023, D. n° 2021-300, 18 mars 2021)*. – Les demandes sont établies dans les formes définies par l'article R. 123-3 et transmises par l'organisme unique défini à l'article R. 123-1 au greffe du tribunal compétent.
> Elles sont accompagnées des actes et pièces mentionnés aux articles R. 123-102 à R. 123-110 ainsi que des pièces répondant aux prescriptions de l'article L. 123-2.
> La liste des pièces justificatives est fixée par l'arrêté prévu à l'article R. 123-166.
> Toutefois, dispense d'une pièce peut être accordée par le juge, soit définitivement, soit provisoirement. Dans ce dernier cas, il est procédé à la radiation d'office si la pièce n'est pas produite dans le délai imparti.

Art. R. 123-85. – Sous réserve des dispositions des articles R. 123-87 à R. 123-91, les demandes *d'inscription sont revêtues de la signature de la personne tenue* à l'immatriculation ou de son mandataire qui justifie de son identité et, en ce qui concerne le mandataire, d'une procuration signée de la personne tenue à l'immatriculation. La procuration peut être fournie en copie lorsqu'il est recouru à une transmission par voie électronique dans les conditions de l'article R. 123-77.

Cette procuration n'est pas nécessaire lorsqu'il résulte des actes ou pièces déposés à l'appui de la demande que le mandataire dispose du pouvoir d'effectuer la déclaration.

CCRCS, avis n° 2016-004 : La procuration dont doit, le cas échéant, justifier le mandataire, signataire d'une demande d'inscription au registre du commerce et des sociétés, doit être produite en original, sauf exception prévue à l'article R. 123-85 du Code de commerce aux termes duquel : « La procuration peut être fournie en copie lorsqu'il est recouru à une transmission par voie électronique ». Il doit être toutefois admis que les formalités peuvent être effectuées sous la signature d'un préposé disposant, comme de pratique courante dans les grandes entreprises et ne pouvant entièrement se confondre avec le recours à un mandataire, d'une délégation de pouvoir du représentant légal, incluant expressément ou implicitement les formalités en cause. Le délégataire, lorsqu'il ne compte pas au nombre des personnes mentionnées dans l'immatriculation de la société comme disposant du pouvoir de l'engager à titre habituel, éventuellement au titre d'un de ses établissements, doit justifier de sa délégation pour laquelle peut être fournie une photocopie de l'acte correspondant.

Art. R. 123-86. – **Toute demande d'inscription complémentaire, d'inscription modificative et de radiation rappelle :**

1° Pour les personnes physiques, leurs nom, nom d'usage, pseudonyme, prénoms et date et lieu de naissance, ainsi que les renseignements prévus aux 1° et 2° de l'article R. 123-237 ;

2° Pour les personnes morales, leur raison sociale ou dénomination, leur forme juridique et l'adresse de leur siège ainsi que les renseignements prévus aux 1° et 2° de l'article R. 123-237.

Art. R. 123-87. – **Les demandes d'inscription modificative et de radiation peuvent être signées par toute personne justifiant y avoir intérêt.**

Le greffier en informe la personne immatriculée *(Mots aj. à compter du 1er janvier 2023, D. n° 2021-300, 18 mars 2021)* **« par l'intermédiaire de l'organisme unique mentionné à l'article R. 123-1 ».**

Art. R. 123-88 *(Mod., D. n° 2019-1048, 11 oct. 2019).* – **La demande d'inscription comme conjoint collaborateur est faite par la personne tenue à l'immatriculation dans les termes prévus au 8° de l'article R. 123-37.**

Art. R. 123-89 *(Mod., D. n° 2019-966, 18 sept. 2019).* – **Le notaire qui rédige un acte comportant, pour les parties intéressées, une incidence quelconque en matière de registre est tenu de procéder aux formalités correspondantes** *(Mots aj. à compter du 1er janvier 2023, D. n° 2021-300, 18 mars 2021)* **« par la transmission d'un dossier à l'organisme unique, selon la procédure prévue à l'article R. 123-1, » à peine d'une amende civile de 15 à 750 € prononcée par le tribunal judiciaire, sans préjudice de l'application de sanctions disciplinaires et de l'engagement de sa responsabilité, garantie dans les conditions prévues au chapitre III du décret n° 55-604 du 20 mai 1955 relatif aux officiers publics ou ministériels et à certains auxiliaires de justice.**

NB : Conformément à l'article 9 du décret n° 2019-966 du 18 septembre 2019, les présentes dispositions entrent en vigueur le 1er janvier 2020.

Art. R. 123-90. – **Les demandes formées sur le fondement des articles 1426 ou 1429 du Code civil sont présentées au greffe par le conjoint demandeur dans le délai de trois jours. Le tribunal saisi de l'une de ces demandes ne peut statuer que s'il est justifié que cette mention a été portée au registre.**

Art. R. 123-91 *(Mod., D. n° 2018-452, 5 juin 2018).* – **Les demandes d'inscription de la décision rendue par une juridiction d'un État membre de la Communauté européenne soumis à l'application du règlement n° 1346/2000 du 29 mai 2000 du Conseil relatif aux procédures d'insolvabilité ou à l'application du règlement (UE) n° 2015/848 du Parlement européen et du Conseil du 20 mai 2015 relatif aux procédures d'insolvabilité, ouvrant une procédure d'insolvabilité en application de l'article 3, paragraphe 1, de l'un ou l'autre de ces règlements, à l'égard d'une personne physique ou morale, immatriculée au registre du commerce et des sociétés et dont le centre des intérêts principaux ou le domicile est situé dans cet État, sont présentées par la personne qui est désignée comme syndic, ou comme praticien de l'insolvabilité, au sens de ces règlements, et qui justifie de ses pouvoirs.**

Sous-paragraphe 2. – Du contrôle et de l'enregistrement des demandes

Art. R. 123-92. – **Le dépôt de toute demande d'inscription, qu'elle concerne l'immatriculation, la modification ou la radiation, est mentionné par le greffier dans un registre d'arrivée indiquant la date d'arrivée ou de dépôt au greffe, la nature de la demande, les nom, nom d'usage, pseudonyme, prénoms et raison sociale ou dénomination du demandeur.**

Mention de la suite donnée y est faite ultérieurement par le greffier.

Art. R. 123-93 *(Abr. à compter du 1er janvier 2023, D. n° 2021-300, 18 mars 2021).* – Lorsque le dossier de demande d'immatriculation est complet, le greffier, saisi en application du deuxième alinéa de l'article R. 123-5, délivre gratuitement le récépissé de dépôt de dossier de création d'entreprise institué par l'article L. 123-9-1, dans les conditions prévues aux articles R. 123-10 et R. 123-11.

Art. R. 123-94. – Le greffier, sous sa responsabilité, s'assure de la régularité de la demande.

Art. R. 123-95. – Il vérifie que les énonciations sont conformes aux dispositions législatives et réglementaires, correspondent aux pièces justificatives et actes déposés en annexe et sont compatibles, dans le cas d'une demande de modification ou de radiation, avec l'état du dossier.

Il vérifie en outre que la constitution ou les modifications statutaires des sociétés commerciales sont conformes aux dispositions législatives et réglementaires qui les régissent.

(Al. crée à compter du 1er janvier 2016, D. n° 2015-194, 19 févr. 2015) Le greffier vérifie également que la personne physique tenue à l'immatriculation au registre ou, s'il s'agit d'une personne morale, son représentant légal n'est pas inscrit au fichier national mentionné à l'article L. 128-1.

La vérification par le greffier de l'existence des déclaration, autorisation, titre ou diplôme requis par la réglementation applicable pour l'exercice de l'activité n'est effectuée que si les conditions d'exercice doivent être remplies personnellement par la personne tenue à l'immatriculation ou par l'une des personnes mentionnées au registre en application de la présente section.

CCRCS, avis 2015-017 : Pour une société en nom collectif ou une société en commandite simple, il appartient au greffier de vérifier que les avis comportent bien toutes les mentions exigées par les textes. En cas de modification statutaire frappant de caducité une des mentions précédemment publiées, il devra vérifier que l'indication des modifications intervenues reproduit l'ancienne mention à côté de la nouvelle.

Pour les autres formes de société, le greffier doit seulement s'assurer de la réalité de l'insertion et non de son contenu. Il ne lui appartient pas de vérifier que l'indication des modifications intervenues reproduit l'ancienne mention à côté de la nouvelle.

Art. R. 123-96 *(Mod., D. n° 2019-987, 25 sept. 2019).* – Lorsque la réglementation particulière à l'activité exercée prévoit que la déclaration ou la demande d'autorisation est effectuée après l'immatriculation au registre, la pièce justificative est fournie par la personne concernée au greffe dans les quinze jours de sa délivrance par l'autorité compétente, sauf dispositions particulières prévoyant l'information directe du greffe par cette autorité. Faute pour la personne concernée *(Mots aj. à compter du 1er janvier 2023, D. n° 2021-300, 18 mars 2021)* « , par l'intermédiaire de l'organisme unique mentionné à l'article R. 123-1, » de respecter ce délai, le greffier procède comme il est dit au deuxième alinéa de l'article R. 123-100.

Art. R. 123-97 *(Mod., D. n° 2010-1042, 1er sept. 2010 ; D. n° 2015-913, 24 juill. 2015).* – Le greffier procède à l'inscription dans le délai d'un jour franc ouvrable après réception de la demande.

Toutefois, lorsque le dossier est incomplet, il réclame dans ce délai les renseignements ou pièces manquants qui sont fournis dans un délai de quinze jours à compter de cette réclamation. À la réception de ces renseignements ou pièces, le greffier procède à l'immatriculation dans le délai mentionné au premier alinéa.

À défaut de régularisation de la demande dans les conditions indiquées ci-dessus ou lorsque le greffier estime que la demande n'est pas conforme aux dispositions applicables, le greffier prend une décision de refus d'inscription qu'il doit, dans le délai mentionné au premier alinéa, soit remettre au demandeur contre récépissé, soit adresser à celui-ci par lettre recommandée avec demande d'avis de réception. La décision de refus est motivée. Dans le même délai, le greffier informe, par voie électronique, l'Institut national de la statistique et des études économiques de ce refus d'inscription.

Lorsque la complexité du dossier exige un examen particulier de celui-ci, le greffier avise le déclarant, dans le délai prévu au premier alinéa et par lettre motivée, que l'inscription sera faite ou que la décision de refus d'inscription sera remise ou notifiée au demandeur dans le délai de cinq jours francs ouvrables après réception de la demande.

Les notifications adressées par le greffier mentionnent la possibilité pour le demandeur de former les recours prévus, selon les cas, par les articles R. 123-139 à R. 123-142 et R. 123-143 à R. 123-149 et en précisent les modalités.

Faute par le greffier de respecter les délais qui lui sont impartis par le présent article, le demandeur peut saisir le juge commis à la surveillance du registre.

Rédaction future. Art. R. 123-97 *(Mod., D. n° 2010-1042, 1er sept. 2010 ; D. n° 2015-913, 24 juill. 2015 ; mod. à compter du 1er janvier 2023, D. n° 2021-300, 18 mars 2021).* – Le greffier procède à l'inscription dans le délai d'un jour franc ouvrable après réception de la demande. Il en informe le demandeur par l'intermédiaire de l'organisme unique mentionné à l'article R. 123-1 et dans les conditions prévues par l'article R. 123-7.

Toutefois, lorsque le dossier est incomplet, il réclame dans ce délai, par l'intermédiaire de l'organisme unique et dans les mêmes conditions, les renseignements ou pièces manquants qui sont fournis dans un délai de quinze jours à compter de cette réclamation. À la réception de ces renseignements ou pièces, le greffier procède à l'immatriculation dans le délai mentionné au premier alinéa.

À défaut de régularisation de la demande dans les conditions indiquées ci-dessus ou lorsque le greffier estime que la demande n'est pas conforme aux dispositions applicables, le greffier prend une décision de refus d'inscription qu'il doit, dans le délai mentionné au premier alinéa, soit remettre au demandeur contre récépissé, soit adresser à celui-ci par lettre recommandée avec demande d'avis de réception. Le greffier informe également le demandeur par l'intermédiaire de l'organisme unique dans les conditions prévues par l'article R. 123-7. La décision de refus est motivée. Dans le même délai, le greffier informe, par l'intermédiaire de l'organisme unique, l'Institut national de la statistique et des études économiques de ce refus d'inscription.

Lorsque la complexité du dossier exige un examen particulier de celui-ci, le greffier avise le déclarant par l'intermédiaire de l'organisme unique et, dans le délai prévu au premier alinéa et par lettre motivée, que l'inscription sera faite ou que la décision de refus d'inscription sera remise ou notifiée au demandeur dans le délai de cinq jours francs ouvrables après réception de la demande.

Les notifications adressées par le greffier mentionnent la possibilité pour le demandeur de former les recours prévus, selon les cas, par les articles R. 123-139 à R. 123-142 et R. 123-143 à R. 123-149 et en précisent les modalités.

Faute par le greffier de respecter les délais qui lui sont impartis par le présent article, le demandeur peut saisir le juge commis à la surveillance du registre.

Art. R. 123-98 *(Mod., D. n° 2012-928, 31 juill. 2012).* – **Le greffier mentionne l'inscription dans un registre chronologique indiquant dans l'ordre ses date et numéro d'ordre, nom, prénom, et raison sociale ou dénomination de l'assujetti et la nature de la formalité** *(Mots suppr. à compter du 1er janvier 2023, D. n° 2021-300, 18 mars 2021)* **« ; il appose son visa sur chaque demande et en délivre une copie au demandeur ».**

Art. R. 123-99 *(Mod. à compter du 1er avril 2021, D. n° 2021-300, 18 mars 2021 ; abr. à compter du 1er janvier 2023, D. n° 2021-300, 18 mars 2021).* – **Le numéro d'identité de l'entreprise attribué par l'Institut national de la statistique et des études économiques en application de l'article R. 123-221 est notifié au requérant par le greffe, dans les conditions fixées par l'arrêté prévu à l'article R. 123-166.**

Par dérogation à l'alinéa précédent, lorsque le déclarant a transmis sa déclaration par l'intermédiaire du service informatique mentionné à l'article R. 123-30-14, le numéro d'identité de l'entreprise lui est notifié par ce même service par voie électronique.

Art. R. 123-100. – **Le greffier peut, à tout moment, vérifier la permanence de la conformité des inscriptions effectuées aux dispositions mentionnées aux articles R. 123-95 et R. 123-96.**

En cas de non-conformité, invitation est faite à la personne immatriculée d'avoir à régulariser son dossier. Faute par celle-ci de déférer à cette invitation dans le délai d'un mois à compter de la date de cette dernière, le greffier saisit le juge commis à la surveillance du registre.

Art. R. 123-101. – **Toute inscription effectuée par le greffier et entachée d'erreur matérielle peut être rapportée par lui sur ordonnance du juge commis à la surveillance du registre.**

Art. R. 123-101-1 *(D. n° 2009-1150, 25 sept. 2009).* – **Le greffier certifie l'identité des informations enregistrées sur support électronique pour la tenue du registre avec celles reçues conformément aux articles R. 123-92 à R. 123-98.**

Un arrêté du garde des Sceaux, ministre de la Justice, précise les modalités de cette certification.

§ 3. – Des dépôts en annexe au registre

Sous-paragraphe 1. – Des dépôts incombant aux personnes morales dont le siège est sur le territoire français

Art. R. 123-102 *(Mod., D. n° 2012-928, 31 juill. 2012).* – **Tout dépôt d'acte ou pièce en annexe au registre du commerce et des sociétés pour le compte d'une personne morale dont le siège social est situé sur le territoire français est fait au greffe du tribunal dans le ressort duquel est situé le siège social. Lorsque l'acte ou la pièce déposé est une copie, celle-ci est certifiée conforme par le représentant légal ou par toute personne habilitée par les textes régissant la forme de société en cause à effectuer cette certification.**

Le dépôt est constaté par un procès-verbal établi par le greffier et donne lieu à la délivrance par celui-ci d'un récépissé indiquant la raison sociale ou la dénomination, l'adresse du siège, pour les sociétés, leur forme, le nombre et la nature des actes et pièces déposés ainsi que la date du dépôt. Si le dépôt est effectué par une personne déjà immatriculée, le procès-verbal mentionne les renseignements prévus aux 1° et 2° de l'article R. 123-237.

(Al. créé à compter du 1er janvier 2023, D. n° 2021-300, 18 mars 2021) Lorsqu'il est réalisé par voie électronique, le dépôt mentionné au premier alinéa est réalisé par l'intermédiaire de l'organisme unique mentionné à l'article R. 123-1 et dans les conditions prévues par l'article R. 123-7.

Sous-sous-paragraphe 1. – Du dépôt des actes constitutifs

Art. R. 123-103 *(Mod., D. n° 2009-557, 19 mai 2009 ; D. n° 2012-928, 31 juill. 2012 ; D. n° 2014-1063, 18 sept. 2014 ; D. n° 2019-1097, 28 oct. 2019 ; D. n° 2020-1742, 29 déc. 2020).* – Les actes constitutifs des personnes morales dont le siège social est situé sur le territoire français sont déposés au plus tard en même temps que la demande d'immatriculation. Ces actes sont :

1° Pour les sociétés ou groupements d'intérêt économique :

a) Une expédition des statuts ou du contrat de groupement, s'ils sont établis par acte authentique, ou un original, s'ils sont établis par acte sous seing privé ; celui-ci indique le cas échéant le nom et la résidence du notaire au rang des minutes duquel il a été déposé ;

b) Une copie des actes de nomination des organes de gestion, d'administration, de direction, de surveillance et de contrôle ;

2° En outre pour les sociétés :

a) Le cas échéant, un exemplaire du rapport du commissaire aux apports sur l'évaluation des apports en nature ou de la décision et des documents mentionnés aux articles R. 22-10-10 et R. 225-14-1 ;

b) S'il s'agit d'une société par actions, un exemplaire du certificat du dépositaire des fonds auquel est jointe la liste des souscripteurs mentionnant le nombre d'actions souscrites et les sommes versées par chacun d'eux ;

c) S'il s'agit d'une société constituée par offre au public, à l'exception des offres mentionnées au 1° ou au 2° de l'article L. 411-2 du Code monétaire et financier ou à l'article L. 411-2-1 du même code, une copie du procès-verbal des délibérations de l'assemblée générale constitutive.

Pour les personnes morales mentionnées au 5° de l'article L. 123-1 qui, en vertu des textes qui les régissent, sont tenues au dépôt de certains actes, une adaptation des règles fixées au présent article est faite par arrêté du garde des sceaux, ministre de la justice, du ministre chargé de la propriété industrielle et du ministre chargé du contrôle de la personne morale.

Les actes constitutifs des personnes morales dont le siège social est situé sur le territoire français sont déposés au plus tard en même temps que la demande d'immatriculation. Ces actes sont :

1° Pour les sociétés ou groupements d'intérêt économique :

a) Une expédition des statuts ou du contrat de groupement, s'ils sont établis par acte authentique, ou un original, s'ils sont établis par acte sous seing privé ; celui-ci indique le cas échéant le nom et la résidence du notaire au rang des minutes duquel il a été déposé ;

b) Une copie des actes de nomination des organes de gestion, d'administration, de direction, de surveillance et de contrôle ;

2° En outre pour les sociétés :

a) Le cas échéant, un exemplaire du rapport du commissaire aux apports sur l'évaluation des apports en nature ou de la décision et des documents mentionnés aux articles R. 22-10-10 et R. 225-14-1 ;

b) S'il s'agit d'une société par actions, un exemplaire du certificat du dépositaire des fonds auquel est jointe la liste des souscripteurs mentionnant le nombre d'actions souscrites et les sommes versées par chacun d'eux ;

c) S'il s'agit d'une société constituée par offre au public, à l'exception des offres mentionnées au 1° ou au 2° de l'article L. 411-2 du Code monétaire et financier ou à l'article L. 411-2-1 du même code, une copie du procès-verbal des délibérations de l'assemblée générale constitutive.

Pour les personnes morales mentionnées au 5° de l'article L. 123-1 qui, en vertu des textes qui les régissent, sont tenues au dépôt de certains actes, une adaptation des règles fixées au présent article est faite par arrêté du

garde des sceaux, ministre de la justice, du ministre chargé de la propriété industrielle et du ministre chargé du contrôle de la personne morale.

CCRCS, avis n° 2016-007 : Il n'est pas dérogé, en matière de société par actions simplifiées (SAS), au dépôt obligatoire en annexe au RCS de la liste des souscripteurs mentionnant le nombre d'actions souscrites en numéraire et les sommes versées. En cas de SAS à associé unique (SASU), seul ce dernier est naturellement appelé à figurer dans cette pièce, avec mention du nombre des actions ainsi que des sommes précitées.

Art. R. 123-104 *(Mod., D. n° 2012-928, 31 juill. 2012).* – **Les actes constitutifs des personnes morales non immatriculées ou relevant de la législation d'un État non membre de la Communauté européenne ou non partie à l'accord sur l'Espace économique européen concernées par le dernier alinéa de l'article R. 123-54 sont déposés au plus tard en même temps que la demande d'immatriculation ou, le cas échéant, d'inscription modificative.**

Est déposée pour satisfaire à la formalité prévue au premier alinéa une copie des statuts en vigueur au jour du dépôt, traduite le cas échéant en langue française et certifiée conforme par le représentant légal de la société ou par la personne ayant le pouvoir d'engager la société en France.

Sous-sous-paragraphe 2. – Du dépôt des actes modificatifs

Art. R. 123-105 *(Mod., D. n° 2012-928, 31 juill. 2012).* – **Les actes, délibérations ou décisions modifiant les pièces déposées lors de la constitution sont déposées dans le délai d'un mois à compter de leur date après, le cas échéant, publication de l'avis prévu à l'article R. 210-9 ou à l'article 24 du décret n° 78-704 du 3 juillet 1978 relatif à l'application de la loi n° 78-9 du 4 janvier 1978 modifiant le titre IX du livre III du Code civil.**

Y est joint un exemplaire mis à jour des statuts ou du contrat de groupement établi sur papier libre et certifié conforme par le représentant légal ou par toute personne habilitée par les textes régissant la forme de la société en cause à effectuer cette certification.

Le rapport du commissaire à la transformation, ou selon le cas du commissaire aux comptes, relatif à la transformation d'une société en société par actions est déposé huit jours au moins avant la date de l'assemblée appelée à statuer sur la transformation ou, en cas de consultation écrite, huit jours avant la date limite prévue pour la réponse des associés.

Art. R. 123-106. – **Le dépôt prévu au premier alinéa de l'article R. 123-105 inclut pour les sociétés à responsabilité limitée :**

1° En cas d'augmentation ou de réduction du capital social, la copie du procès-verbal de la délibération des associés ;

2° En cas d'augmentation du capital par apports en nature, le rapport des commissaires aux apports ; ce rapport est déposé au moins huit jours avant la date de l'assemblée des associés appelée à décider l'augmentation.

Art. R. 123-107 *(Mod., D. n° 2009-557, 19 mai 2009 ; D. n° 2014-1063, 18 sept. 2014 ; D. n° 2019-1097, 28 oct. 2019).* – **Le dépôt prévu au premier alinéa de l'article R. 123-105 inclut pour les sociétés par actions et les sociétés civiles constituées par offre au public :**

1° La copie du procès-verbal de l'assemblée générale des actionnaires ou des associés ayant décidé ou autorisé soit une augmentation, soit une réduction du capital ;

2° La copie de la décision du conseil d'administration, du directoire ou des gérants, selon le cas, de réaliser une augmentation ou une réduction du capital autorisée par l'assemblée générale des actionnaires ou des associés ;

3° En cas d'augmentation du capital par apports en nature, le rapport du commissaire aux apports ou la ***décision et les documents mentionnés*** **à l'article R. 225-136-1 ; ces pièces sont déposées au moins huit jours avant la date de l'assemblée des actionnaires ou des associés appelés à décider l'augmentation ;**

4° Une attestation précisant qu'aucune circonstance nouvelle n'est venue modifier l'évaluation figurant dans les documents mentionnés à l'article R. 225-136-1.

Les dispositions du présent article ne sont pas applicables aux offres au public mentionnées au 1° ou au 2° de l'article L. 411-2 du Code monétaire et financier ou à l'article L. 411-2-1 du même code.

Art. R. 123-108 *(Mod., D. n° 2015-545, 18 mai 2015).* – Le dépôt prévu au premier alinéa de l'article R. 123-105 inclut également pour les seules sociétés par actions :

1° La copie du procès-verbal de l'assemblée générale des actionnaires ayant autorisé l'émission d'obligations avec bon de souscription d'actions, d'obligations convertibles en actions, d'obligations échangeables contre des actions ou de certificats d'investissement ;

2° La copie du procès-verbal de l'assemblée générale des actionnaires instituant un droit de vote double ;

3° La copie du procès-verbal de l'assemblée générale des actionnaires décidant le rachat des parts de fondateurs ou bénéficiaires ou leur conversion en actions et de l'assemblée générale des porteurs de ces parts ayant, le cas échéant, consenti à ce rachat ou à cette conversion ;

4° La copie du procès-verbal de l'assemblée générale des actionnaires, ayant prévu le principe et organisé les modalités du rachat d'actions de préférence conformément aux dispositions du III de l'article L. 228-12.

Art. R. 123-109. – Pour les sociétés anonymes à conseil d'administration, l'extrait du procès-verbal contenant la décision du conseil d'administration relative au choix de l'une des deux modalités d'exercice de la direction générale prévues à l'article L. 225-51-1 fait l'objet d'un dépôt conformément aux dispositions de l'article R. 123-105.

Art. R. 123-110 *(Mod., D. n° 2012-928, 31 juill. 2012).* – En cas de transfert du siège hors du ressort du tribunal au greffe duquel la personne morale a été immatriculée, un exemplaire des statuts ou du contrat de groupement est déposé au greffe du tribunal du nouveau siège dans les conditions et délais prévus aux deux premiers alinéas de l'article R. 123-105.

Mention est faite, dans une pièce annexée aux statuts ou au contrat, des sièges antérieurs et des greffes où sont classés, en annexe au registre, les actes mentionnés aux articles R. 123-102 à R. 123-105 avec l'indication de la date du dernier transfert du siège.

Notification du dépôt est faite dans les quinze jours par le greffier du nouveau siège au greffier de l'ancien siège, qui porte une mention correspondante au dossier.

Sous-sous-paragraphe 3. – Du dépôt des documents comptables, de la déclaration de confidentialité et de la déclaration de publication simplifiée des comptes annuels

(Intitulé mod., D. n° 2014-1189, 15 oct. 2014 ; intitulé rempl., D. n° 2019-1207, 20 nov. 2019)

Art. R. 123-111 *(Mod., D. n° 2012-928, 31 juill. 2012 ; D. n° 2014-1189, 15 oct. 2014).* – Les sociétés commerciales sont tenues de déposer, dans le délai d'un mois à compter de leur approbation par l'assemblée ordinaire, les documents comptables prévus aux articles L. 232-21 à L. 232-23.

Le dépôt des documents comptables que les personnes morales sont tenues de publier en annexe au registre peut être effectué par voie électronique dans les conditions prévues à l'article R. 123-77. Dans ce cas, le délai prévu au premier alinéa est porté à deux mois.

Art. R. 123-111-1 *(D. n° 2014-1189, 15 oct. 2014 ; mod., D. n° 2016-296, 11 mars 2016 ; D. n° 2019-1207, 20 nov. 2019).* – Lorsque les sociétés commerciales constituant les micro-entreprises mentionnées au premier alinéa de l'article L. 232-25 choisissent de ne pas communiquer aux tiers leurs comptes annuels en vertu de ce texte, les documents comptables déposés en application de l'article R. 123-111 sont accompagnés d'une déclaration de confidentialité des comptes annuels établie conformément à un modèle défini par arrêté du garde des sceaux, ministre de la justice.

L'obligation prévue à l'alinéa précédent est applicable aux sociétés commerciales mentionnées au deuxième alinéa de l'article L. 232-25 qui choisissent de ne pas communiquer aux tiers leurs comptes de résultat en application des dispositions de ce texte.

Lorsque les sociétés commerciales constituant les moyennes entreprises mentionnées au troisième alinéa de l'article L. 232-25 choisissent de ne communiquer aux tiers qu'une présentation simplifiée de leur bilan et de leur annexe, les documents comptables déposés en application de l'article R. 123-111 sont accompagnés du bilan et de l'annexe établis selon une présentation simplifiée et d'une déclaration de publication simplifiée du bilan et de l'annexe établie conformément à un modèle défini par arrêté du garde des sceaux, ministre de la justice.

Le greffier constate le dépôt des documents comptables accompagnés de la déclaration de confidentialité ou du bilan et de l'annexe établis selon une présentation simplifiée et de la déclaration de publication simplifiée des comptes annuels.

NB : Conformément aux dispositions de l'article 21 du décret n° 2016-296 du 11 mars 2016, les présentes dispositions s'appliquent aux comptes afférents aux exercices clos à compter du 31 décembre 2015 et déposés à compter du 7 août 2016.

Sous-paragraphe 2. – Des dépôts incombant aux sociétés dont le siège est à l'étranger

Sous-sous-paragraphe 1. – Des sociétés ouvrant un premier établissement en France

Art. R. 123-112 *(Mod., D. n° 2012-928, 31 juill. 2012).* **– Toute société commerciale dont le siège est situé à l'étranger et qui ouvre en France un premier établissement est tenue de déposer au greffe du tribunal de commerce dans le ressort duquel est situé cet établissement, au plus tard en même temps que la demande d'immatriculation, une copie de ses statuts en vigueur au jour du dépôt ; elle dépose en outre, chaque année, les documents comptables qu'elle a établis, fait contrôler et publier dans l'État où elle a son siège.**

Le dépôt des documents comptables est effectué dans le délai prévu par la législation dont relève le siège de la société.

Tous actes ultérieurs modifiant les statuts sont déposés dans les conditions prévues à l'alinéa précédent.

Les pièces déposées sont le cas échéant traduites en langue française et les copies sont certifiées conformes par le représentant légal de la société ou par la personne ayant le pouvoir d'engager la société en France.

(Al. créé à compter du 1er janvier 2023, D. n° 2021-300, 18 mars 2021) **Lorsqu'il est réalisé par voie électronique, le dépôt mentionné au premier alinéa est réalisé par l'intermédiaire de l'organisme unique mentionné à l'article R. 123-1 et dans les conditions prévues par l'article R. 123-7.**

Effet de l'immatriculation. L'immatriculation prise en application de l'article 55 (R. 123-112) ne confère pas la personnalité morale (■ Cass. soc., 2 juill. 2002, n° 99-46.140 : *JurisData* n° 2002-015110 ; *JCP* E 2002, pan. 1362).

Art. R. 123-113. – Les actes constitutifs des personnes morales non immatriculées ou relevant de la législation d'un État non membre de *(Mots rempl. à compter du 1er avril 2021, D. n° 2021-300, 18 mars 2021)* **« l'Union » européenne ou non partie à l'accord sur l'Espace économique européen concernées par le dernier alinéa de l'article R. 123-54 sont déposés au plus tard en même temps que la demande d'immatriculation ou, le cas échéant, de l'inscription modificative.**

(Al. rempl. à compter du 1er septembre 2012, D. n° 2012-928, 31 juill. 2012) **Est déposée pour satisfaire à la formalité prévue au premier alinéa une copie des statuts en vigueur au jour du dépôt, traduite le cas échéant en langue française et certifiée conforme par le représentant légal de la société ou par la personne ayant le pouvoir d'engager la société en France.**

(Al. créé à compter du 1er janvier 2023, D. n° 2021-300, 18 mars 2021) **Lorsqu'il est réalisé par voie électronique, le dépôt mentionné au premier alinéa est réalisé par l'intermédiaire de l'organisme unique mentionné à l'article R. 123-1 et dans les conditions prévues par l'article R. 123-7.**

Art. R. 123-114. – En cas de transfert du premier établissement dans le ressort d'un autre tribunal, les statuts mis à jour sont déposés dans les conditions prévues aux articles R. 123-112 et R. 123-113.

Sous-sous-paragraphe 2. – Des sociétés faisant appel public à l'épargne en France

Art. R. 123-115 à R. 123-117 *(Abr., D. n° 2009-557, 19 mai 2009).*

Sous-sous-paragraphe 3. – Des sociétés européennes

Art. R. 123-118 *(Mod., D. n° 2012-928, 31 juill. 2012).* **– Outre les obligations prévues par le présent titre, les sociétés européennes doivent déposer, au plus tard dans les quinze jours de leur demande d'immatriculation, les actes et pièces suivants :**

1° En cas de constitution par fusion, un exemplaire du certificat délivré par le notaire chargé du contrôle de légalité en application du deuxième alinéa de l'article L. 229-3 ;

2° En cas de société européenne holding, la copie du projet de constitution et du rapport des commissaires à la constitution mentionnés aux deuxième et troisième alinéas de l'article L. 229-5.

(Al. créé à compter du 1er janvier 2023, D. n° 2021-300, 18 mars 2021) Lorsqu'il est réalisé par voie électronique, le dépôt mentionné au premier alinéa est réalisé par l'intermédiaire de l'organisme unique mentionné à l'article R. 123-1 et dans les conditions prévues par l'article R. 123-7.

Art. R. 123-119. – En cas de transfert en France du siège d'une société européenne immatriculée dans un autre État membre de la Communauté européenne ou partie à l'accord sur l'Espace économique européen, les dispositions de l'article R. 123-110 s'appliquent à l'exception du troisième alinéa.

En outre, est déposé au greffe du nouveau siège social, dans les conditions et délais prévus au premier alinéa de l'article R. 123-105, le certificat délivré par le notaire chargé du contrôle de légalité en application du septième alinéa de l'article L. 229-2.

Le greffier du nouveau siège social notifie le dépôt dans les quinze jours à l'autorité chargée du registre public des sociétés dans l'État où la société était immatriculée.

Art. R. 123-120. – En cas de transfert dans un autre État membre de la Communauté européenne ou partie à l'accord sur l'Espace économique européen du siège d'une société européenne immatriculée en France, l'article R. 123-110 n'est pas applicable.

Sous-sous-paragraphe 4. – De la langue des dépôts

(D. n° 2007-1851, 26 déc. 2007)

Art. R. 123-120-1. – Lorsque la société a son siège dans l'un des États membres de la Communauté européenne ou parties à l'accord sur l'Espace économique européen, les actes et pièces peuvent, à sa demande, être déposés dans toute langue officielle de la Communauté. Dans tous les cas, l'une de ces langues doit être le français. Lorsque les actes et pièces sont également déposés dans une autre langue, leur traduction en langue française doit être certifiée conforme par les déclarants. Seul le dépôt obligatoire en langue française fait foi. Les tiers peuvent toutefois se prévaloir de la traduction volontairement déposée, à moins que la société ne prouve qu'ils ont eu connaissance de la version obligatoirement déposée en français.

CCRCS, avis n° 2015-021 : Le dépôt des statuts en annexe au RCS, qui s'impose à toute société tenue à immatriculation audit registre, s'entend du dépôt :

– pour les sociétés ayant leur siège social en France, d'une expédition s'ils sont établis par acte authentique ou d'un original s'ils sont établis par acte sous seing privé, libellés en langue française. Une copie peut tout au plus suppléer, en cas de dépôt électronique, à la production d'un original lors de la première immatriculation ;

– pour les sociétés ayant leur siège à l'étranger, d'une copie de leurs statuts en vigueur au jour de la formalité, assortie, s'ils sont en langue étrangère, d'une traduction certifiée conforme en langue française.

Toutefois, les sociétés ayant leur siège dans un État de l'Union européenne ou de l'Espace économique européen, y inclus la France, peuvent sur demande procéder en outre au dépôt d'une version de ces mêmes statuts dans toute langue officielle de l'Union européenne.

Sous-paragraphe 3. – Dispositions communes

Art. R. 123-121. – Une copie du contrat d'appui au projet d'entreprise pour la création ou la reprise d'une *activité économique conclu* dans les conditions prévues au chapitre VII du titre II du présent livre est déposée dans les formes prévues à l'article R. 123-102.

Sous-paragraphe 4. – Dispositions propres aux personnes physiques
(D. n° 2007-750, 9 mai 2007)

Sous-sous-paragraphe 1. – De l'information du conjoint commun en biens

(D. n° 2010-1706, 29 déc. 2010)

Art. R. 123-121-1. – Sous sa responsabilité, la personne physique dépose dans les formes prévues à l'article R. 123-102, lors de sa demande d'immatriculation, une attestation de délivrance de l'information

donnée à son conjoint commun en biens sur les conséquences des dettes contractées dans l'exercice de sa profession sur les biens communs, établie conformément à un modèle défini par arrêté du garde des Sceaux, ministre de la Justice.

Voir aussi : A. 4 juill. 2007 relatif à un modèle d'attestation de la délivrance de l'information donnée à son conjoint sur les conséquences des dettes contractées dans l'exercice d'une profession commerciale sur les biens communs aux époux (*JO* 21 juill.).

Art. R. 123-121-2 *(D. n° 2010-1706, 29 déc. 2010 ; D. n° 2019-987, 25 sept. 2019).* **– Lorsqu'il affecte des biens, droits, obligations ou sûretés à son activité professionnelle, l'entrepreneur individuel à responsabilité limitée dépose s'il y a lieu, conformément à l'article R. 123-102, l'état descriptif prévu au I de l'article L. 526-8 ainsi que, le cas échéant, les documents prévus au dernier alinéa de l'article R. 526-3.**

NB : Conformément au I de l'article 64 du décret n° 2019-987 du 25 septembre 2019, ces dispositions entrent en vigueur le 1er octobre 2019.

Art. R. 123-121-3 *(D. n° 2010-1706, 29 déc. 2010 ; mod., D. n° 2019-987, 25 sept. 2019).* **– Les documents attestant de l'accomplissement des formalités prévues aux articles L. 526-9 et L. 526-11 en cas d'affectation de biens nouveaux ou de retrait de biens affectés postérieurement à la constitution du patrimoine affecté sont déposés** *(Mots aj. à compter du 1er janvier 2023, D. n° 2021-300, 18 mars 2021)* **« dans les formes prévues à l'article R. 123-102 et » dans le mois suivant l'affectation ou le retrait. Le greffier adresse au service des impôts dont relève l'entrepreneur une copie de ces documents dans les quinze jours suivant leur dépôt.**

NB : Conformément au I de l'article 64 du décret n° 2019-987 du 25 septembre 2019, ces dispositions entrent en vigueur le 1er octobre 2019.

Art. R. 123-121-4 *(D. n° 2010-1706, 29 déc. 2010 ; mod., D. n° 2019-987, 25 sept. 2019).* **– Lorsque l'entrepreneur individuel à responsabilité limitée a effectué la déclaration d'affectation mentionnée à l'article L. 526-7 pour inscription au registre du commerce et des sociétés, il est également tenu d'y déposer, dans le délai de six mois suivant la clôture de l'exercice, les documents comptables mentionnés à l'article L. 526-14.**

Le dépôt des documents comptables peut être effectué par voie électronique dans les conditions prévues à l'article 4 de la loi n° 94-126 du 11 février 1994.

NB : Conformément au I de l'article 64 du décret n° 2019-987 du 25 septembre 2019, ces dispositions entrent en vigueur le 1er octobre 2019.

Rédaction future. Art. R. 123-121-4 *(D. n° 2010-1706, 29 déc. 2010 ; mod. à compter du 1er octobre 2019, D. n° 2019-987, 25 sept. 2019).* – Lorsque l'entrepreneur individuel à responsabilité limitée a effectué la déclaration d'affectation mentionnée à l'article L. 526-7 pour inscription au registre du commerce et des sociétés, il est également tenu d'y déposer, dans le délai de six mois suivant la clôture de l'exercice, les documents comptables mentionnés à l'article L. 526-14.

(Al. rempl. à compter du 1er janvier 2023, D. n° 2021-300, 18 mars 2021) Le dépôt des documents comptables peut être effectué par voie électronique dans les conditions prévues à l'article R. 123-77. Il est réalisé par l'intermédiaire de l'organisme unique mentionné à l'article R. 123-1 et dans les conditions prévues par l'article R. 123-7.

Art. R. 123-121-5 *(D. n° 2015-913, 24 juill. 2015 ; abr. à compter du 1er octobre 2019, D. n° 2019-987, 25 sept. 2019).*

Rédaction antérieure. Art. R. 123-121-5 *(D. n° 2015-913, 24 juill. 2015).* – Lorsque l'entrepreneur individuel à responsabilité limitée transfère dans le ressort d'un autre tribunal l'établissement où est exercée l'activité professionnelle au titre de laquelle il a déposé une déclaration d'affectation de patrimoine ou, à défaut d'établissement, le local d'habitation où l'entreprise est fixée, il déclare, conjointement à sa demande de nouvelle immatriculation, le lieu et le registre de dépôt de la déclaration d'affectation et des autres documents prévus au sixième alinéa de l'article L. 526-7 aux fins du transfert prévu à cet article.

Le greffier nouvellement compétent demande, dans le délai d'un jour franc ouvrable à compter de la nouvelle immatriculation, au greffier du tribunal dans le ressort duquel était exercée l'activité de procéder au transfert dans le délai d'un jour franc ouvrable à compter de la réception de sa demande. Le greffier antérieurement compétent informe, par tous moyens, l'entrepreneur individuel de ce transfert. Le cas échéant, il est fait application des dispositions du troisième alinéa de l'article R. 123-83.

§ 4. – **Des inscriptions d'office**

Sous-paragraphe 1. – Des inscriptions modificatives

Art. R. 123-122 *(Mod., D. n° 2007-750, 9 mai 2007 ; D. n° 2014-736, 30 juin 2014 ; D. n° 2018-452, 5 juin 2018).* – I. – Sont mentionnées d'office au registre :

1° Les décisions, intervenues dans les procédures de sauvegarde ou de redressement ou liquidation judiciaires des entreprises ouvertes à compter du 1er janvier 2006 :

a) Ouvrant la procédure de sauvegarde ou de redressement judiciaire avec l'indication du nom des mandataires de justice désignés et, le cas échéant, des pouvoirs conférés à l'administrateur ;

b) Convertissant la procédure de sauvegarde en procédure de redressement judiciaire avec l'indication des pouvoirs conférés à l'administrateur ;

c) Prolongeant la période d'observation ;

d) Désignant un administrateur ou modifiant les pouvoirs de l'administrateur ;

e) Ordonnant la cessation partielle de l'activité en application des articles L. 622-10 ou L. 631-15 ;

f) Arrêtant le plan de sauvegarde ou de redressement, avec l'indication du nom du commissaire à l'exécution du plan ;

g) Modifiant le plan de sauvegarde ou de redressement ;

h) Prononçant la résolution du plan de sauvegarde ou de redressement ;

i) Mettant fin à la procédure de sauvegarde ou de redressement judiciaire ou clôturant l'une de ces procédures ;

j) Modifiant la date de cessation des paiements ;

k) Ouvrant ou prononçant la liquidation judiciaire, avec l'indication du nom du liquidateur ;

l) Autorisant une poursuite d'activité en liquidation judiciaire, avec, le cas échéant, le nom de l'administrateur désigné ;

m) Appliquant à la procédure les règles de la liquidation judiciaire simplifiée ;

n) Mettant fin à l'application des règles de la liquidation judiciaire simplifiée ;

o) Arrêtant le plan de cession de l'entreprise au cours d'une procédure de redressement ou de liquidation judiciaire ;

p) Modifiant le plan de cession ;

q) Prononçant la résolution du plan de cession ;

r) Prononçant la clôture de la procédure pour extinction du passif ou insuffisance d'actif avec, le cas échéant, l'indication de l'autorisation de la reprise des actions individuelles de tout créancier à l'encontre du débiteur ;

s) Autorisant la reprise des actions individuelles de tout créancier à l'encontre du débiteur postérieurement au jugement prononçant la clôture de la procédure de liquidation judiciaire ;

t) Prononçant la faillite personnelle ou l'interdiction prévue à l'article L. 653-8 avec l'indication de la durée pour laquelle ces mesures ont été prononcées ;

u) Remplaçant les mandataires de justice ;

v) Décidant la reprise de la procédure de liquidation judiciaire ;

2° Les décisions intervenues dans les procédures de coordination collective en application de la section 2 du *chapitre V du règlement (UE)* n° 2015/848 du 20 mai 2015 relatif aux procédures d'insolvabilité ;

3° La décision prononçant la clôture de la procédure de rétablissement professionnel et l'effacement des dettes.

II. – S'agissant des décisions d'ouverture de procédures de sauvegarde ou de redressement ou liquidation judiciaires ouvertes à compter du 26 juin 2018, sans préjudice du 1° du I, sont également mentionnés d'office au registre :

1° La nature principale, secondaire ou territoriale de la procédure d'insolvabilité au sens des paragraphes 1, 2 ou 4 de l'article 3 du règlement (UE) n° 2015/848 du 20 mai 2015 relatif aux procédures d'insolvabilité ;

2° La juridiction compétente pour connaître du recours à l'encontre de la décision d'ouverture de la procédure d'insolvabilité pour un motif de compétence internationale et le délai pour former ce recours ;

3° Le délai de déclaration des créances avec les références électroniques du portail prévu par les articles L. 814-2 et L. 814-13.

Art. R. 123-123. – Lorsque la juridiction qui a prononcé une des décisions mentionnées à l'article R. 123-122 n'est pas celle dans le ressort de laquelle est tenu le registre où figure l'immatriculation principale, le greffier de la juridiction qui a statué notifie la décision par lettre recommandée dans le délai de trois jours à compter de cette décision au greffier chargé de la tenue du registre. Celui-ci procède à la mention d'office.

Art. R. 123-124 *(Mod., D. n° 2015-417, 14 avr. 2015)*. – Sont mentionnés d'office au registre :

1° Les mesures d'incapacité ou d'interdiction d'exercer une activité commerciale ou professionnelle, de gérer, d'administrer ou de diriger une personne morale résultant d'une décision juridictionnelle passée en force de chose jugée ou d'une décision administrative définitive ;

2° Les décisions judiciaires prononçant la dissolution ou la nullité de la personne morale ;

3° Le décès d'une personne immatriculée ;

4° La dissolution d'une société par la survenance du terme statutaire, sauf en cas de prorogation effectuée conformément aux dispositions de l'article 1844-6 du Code civil.

Le greffier est informé par le ministère public ou, le cas échéant, l'autorité administrative des décisions mentionnées aux 1° et 2° ci-dessus. En ce qui concerne le décès d'une personne immatriculée, il en reçoit la preuve par tous moyens.

Art. R. 123-125 *(Mod., D. n° 2019-1080, 23 oct. 2019)*. – Sauf en cas d'application du dernier alinéa de l'article R. 123-128, lorsque le greffier est informé qu'une personne immatriculée aurait cessé son activité à l'adresse déclarée, il lui rappelle par lettre recommandée avec demande d'avis de réception, transmise à cette même adresse, ses obligations déclaratives. Si la lettre est retournée avec une mention précisant que la personne ne se trouve plus à l'adresse indiquée, le greffier porte la mention de la cessation d'activité sur le registre.

Lorsque le greffier est informé, en application du 1° de l'article R. 123-168, que la personne domiciliée n'a pas pris connaissance de son courrier depuis trois mois, il envoie au domicile de celle-ci ou de son responsable légal et, le cas échéant, à l'adresse du siège ou de l'établissement une lettre indiquant que, sans nouvelle de sa part, il sera porté mention de sa cessation d'activité sur le registre.

Art. R. 123-126. – Lorsque le greffier est informé par une autorité administrative ou judiciaire du changement de l'une des adresses déclarées par la personne immatriculée, il mentionne d'office ces modifications et en avise la personne à la nouvelle adresse.

Le greffier procède de même s'il est informé d'un changement, résultant d'une décision de l'autorité administrative compétente, dans le libellé de l'une des adresses déclarées ; toutefois, il n'est pas, dans ce cas, tenu d'en aviser la personne immatriculée.

Art. R. 123-126-1 *(D. n° 2010-1706, 29 déc. 2010 ; mod., D. n° 2019-987, 25 sept. 2019)*. – Lorsque le greffier est informé par le président de la chambre de métiers et de l'artisanat qu'une personne physique également immatriculée au registre du commerce et des sociétés a effectué en application de l'article L. 526-7 une déclaration d'affectation du patrimoine pour inscription au répertoire des métiers, il procède d'office à la mention de cette déclaration.

NB : Conformément au I de l'article 64 du décret n° 2019-987 du 25 septembre 2019, ces dispositions entrent en vigueur le 1er octobre 2019.

Sous-paragraphe 2. – Des radiations

Art. R. 123-127. – En cas de transfert dans un autre État membre de la Communauté européenne ou partie à l'accord sur l'Espace économique européen du siège d'une société européenne immatriculée en France, le greffier de l'ancien siège social procède d'office à la radiation, dès la notification de la nouvelle immatriculation par l'autorité chargée de la nouvelle immatriculation dans l'État où le siège a été transféré.

Cette radiation est notifiée à l'autorité chargée de la nouvelle immatriculation dans l'État où le siège a été transféré.

Art. R. 123-128 *(Mod., D. n° 2019-1080, 23 oct. 2019)*. – Est radié d'office tout commerçant :

1° Frappé d'une interdiction d'exercer une activité commerciale en vertu d'une décision judiciaire passée en force de chose jugée ou d'une décision administrative exécutoire ;

2° Décédé depuis plus d'un an, sauf déclaration faite dans les conditions prévues aux 6° et 7° de l'article R. 123-46. Dans ce dernier cas, la radiation est faite dans le délai d'un an à compter de la mention de la déclaration ou de son renouvellement ; notification en est faite à l'exploitant avec invitation d'avoir à requérir son immatriculation.

En application des deux premiers alinéas de l'article L. 613-4 du Code de la sécurité sociale, est également radié d'office, dès que le greffier est informé de la radiation prononcée par un organisme de sécurité sociale, tout commerçant qui n'est plus affilié à cet organisme en sa qualité de travailleur indépendant.

Art. R. 123-129. – Est radié d'office tout commerçant ou personne morale :

1° À compter de la clôture d'une procédure, soit de faillite, soit de liquidation des biens pour insuffisance d'actif ou dissolution de l'union, soit de liquidation judiciaire pour insuffisance d'actif ;

2° Au terme du délai d'un an après la mention au registre de la cessation totale de son activité, sauf en ce qui concerne les personnes morales pouvant faire l'objet d'une dissolution.

Art. R. 123-130 *(Mod., D. n° 2012-928, 31 juill. 2012).* – Lorsque le greffier qui a procédé à l'immatriculation principale d'une personne morale pouvant faire l'objet d'une dissolution constate, au terme d'un délai de deux ans après la mention au registre de la cessation totale d'activité de cette personne, l'absence de toute inscription modificative relative à une reprise d'activité, il peut procéder, après en avoir informé la personne morale par lettre recommandée avec demande d'avis de réception adressée à son siège social, à la radiation d'office de l'intéressée.

Toute radiation d'office effectuée en vertu du présent article est portée à la connaissance du ministère public.

Art. R. 123-131. – Est radiée d'office toute personne morale, après mention au registre de sa dissolution, au terme du délai fixé par les statuts pour la durée de la liquidation ou, à défaut, au terme d'un délai de trois ans après la date de cette mention.

Toutefois, le liquidateur peut demander la prorogation de l'immatriculation par voie d'inscription modificative pour les besoins de la liquidation ; cette prorogation est valable un an sauf renouvellement d'année en année.

Art. R. 123-132. – Le greffier qui procède à la radiation d'une immatriculation requiert sans délai :

1° S'il s'agit d'une immatriculation principale, la radiation des immatriculations secondaires correspondantes, sauf en cas de transfert du principal établissement pour les commerçants, du siège ou du premier établissement dans un département pour les personnes morales ;

2° S'il s'agit d'une immatriculation secondaire, la modification des mentions correspondantes portées à l'immatriculation principale.

Art. R. 123-133. – Les mentions prévues par le 1° de l'article R. 123-124 sont radiées d'office :

1° Lorsque intervient une décision de réhabilitation, de relevé d'incapacité ou d'amnistie faisant disparaître l'incapacité ou l'interdiction ;

2° Lorsque arrive le terme de l'interdiction fixé par la juridiction en application de l'article L. 653-11 ;

3° Lorsque le dirigeant qui fait l'objet d'une incapacité ou d'une interdiction n'exerce plus ses fonctions.

Art. R. 123-134. – Les radiations prévues aux articles R. 123-132 et R. 123-133 sont également effectuées *d'office aux lieux* des immatriculations secondaires sur notification par le greffier de l'immatriculation principale ; cette notification est faite dans le délai de quinze jours à compter de la date de la radiation à titre principal.

Art. R. 123-135 *(Mod., D. n° 2011-1836, 7 déc. 2011 ; D. n° 2016-1851, 23 déc. 2016 ; D. n° 2020-106, 10 févr. 2020).* – Sont radiées d'office les mentions relatives aux décisions mentionnées à l'article R. 123-122 lorsque :

1° Il a été mis fin à une procédure de sauvegarde en application de l'article L. 622-12 ;

2° Il a été mis fin à une procédure de redressement en application de l'article L. 631-16 ;

3° Il a été constaté l'achèvement de l'exécution du plan de sauvegarde ou de redressement en application de l'article L. 626-28 ;

4° Le plan de sauvegarde est toujours en cours à l'expiration d'un délai de deux ans à compter de son arrêté ;

5° Le plan de redressement est toujours en cours à l'expiration d'un délai de deux ans à compter de son arrêté ;
6° Il a été mis fin à une procédure de liquidation judiciaire pour extinction du passif en application de l'article L. 643-9.
Les radiations prévues aux 4° et 5° font obstacle à toute nouvelle mention intéressant l'exécution du plan de sauvegarde ou de redressement, sauf si celle-ci est relative à une mesure d'inaliénabilité décidée par le tribunal ou à une décision prononçant la résolution du plan.

Art. 123-135-1 *(Abr., D. n° 2011-1836, 7 déc. 2011).*

Art. R. 123-136. – Lorsque le greffier a porté au registre une mention de cessation d'activité en application de l'article R. 123-125, il radie d'office la personne qui n'a pas régularisé sa situation, à l'expiration d'un délai de trois mois à compter de l'inscription de cette mention.

Art. R. 123-137. – Est rapportée par le greffier toute inscription d'office effectuée au vu de renseignements qui se révèlent erronés.

Art. R. 123-138 *(Mod., D. n° 2012-928, 31 juill. 2012).* – Lorsqu'une personne a été radiée d'office en application de la présente section, elle peut, dès lors qu'elle démontre qu'elle a régularisé sa situation, demander au greffier de rapporter cette radiation.
Dans le délai de quinze jours à compter de la demande, il procède au rapport ou remet une décision motivée de refus au demandeur contre récépissé ou la lui adresse par lettre recommandée avec demande d'avis de réception.
Le demandeur peut saisir le juge commis à la surveillance du registre du refus ou de l'absence de réponse du greffier dans les quinze jours suivant la notification prévue à l'alinéa précédent.

§ 5. – Du contentieux

Art. R. 123-139. – Sous réserve des dispositions des articles R. 123-143 à R. 123-149, toute contestation entre la personne tenue à l'immatriculation et le greffier est portée devant le juge commis à la surveillance du registre, qui statue par ordonnance.

Art. R. 123-140 *(Mod., D. n° 2014-543, 26 mai 2014).* – Les ordonnances rendues par le juge commis à la surveillance du registre sont notifiées à l'assujetti par lettre recommandée avec demande d'avis de réception.
La notification indique la forme et le délai du recours ainsi que les modalités suivant lesquelles il doit être exercé.
Le greffier informe en outre par lettre simple la personne tenue à l'immatriculation, à son adresse de correspondance, de la décision rendue et du délai de recours.

Art. R. 123-141 *(Mod., D. n° 2012-634, 3 mai 2012).* – L'appel des ordonnances est formé, instruit et jugé comme en matière gracieuse selon les dispositions des articles 950 à 953 du Nouveau Code de procédure civile. Toutefois, la partie est dispensée du ministère d'avocat.
Le greffier de la cour d'appel adresse une copie de l'arrêt au greffier chargé de la tenue du registre.

Ministère public. L'appel d'une ordonnance rendue en matière de contentieux relatif aux inscriptions au registre du commerce et des sociétés, par le juge chargé de surveiller ce registre, étant soumis aux règles de la procédure gracieuse, la présence du ministère public à l'audience est obligatoire s'il y a des débats (■ Cass. 2e civ., 16 juill. 1992, n° 91-12.032 : *JurisData* n° 1992-001801 ; *Bull. civ.* II, n° 211).

Art. R. 123-142. – Il est déféré à l'ordonnance du juge commis à la surveillance du registre du commerce *et des sociétés ou à l'arrêt de la cour* d'appel dans le délai de quinze jours à compter de la date à laquelle la décision est devenue définitive.
Lorsque la personne tenue à l'immatriculation ne défère pas à une décision lui enjoignant de procéder à une formalité, le greffier en avise le procureur de la République et lui adresse une expédition de la décision.
La juridiction ayant rendu une décision de radiation peut enjoindre au greffier d'y procéder d'office à l'expiration du délai d'un mois à compter de l'envoi de la lettre recommandée notifiant l'ordonnance ou l'arrêt.

Art. R. 123-143. – La décision de refus d'immatriculation ou d'enregistrement de modifications statutaires prise par le greffier en application du deuxième alinéa de l'article R. 123-95 peut être contestée dans le délai de quinze jours à compter de sa notification.

La demande est adressée par lettre recommandée avec demande d'avis de réception au président de la juridiction à laquelle est attaché le greffier qui a refusé l'immatriculation ou l'enregistrement des modifications statutaires. Elle est formée, selon le cas, par les fondateurs et les premiers membres des organes de gestion, d'administration, de direction et de surveillance ou l'un d'entre eux, ou par la société ou son représentant.

Elle est motivée et accompagnée de toutes pièces utiles.

Art. R. 123-144. – Le président de la juridiction ou le magistrat délégué à cet effet statue en urgence par ordonnance, au vu de la décision et de tous autres documents utiles.

Toutefois, il a la faculté de renvoyer la demande à une audience du tribunal dont il fixe la date.

Lorsqu'il est fait usage de la faculté mentionnée à l'alinéa précédent, le tribunal statue en urgence après avoir recueilli les observations du demandeur à la contestation ou les lui avoir demandées.

Art. R. 123-145. – La décision juridictionnelle est revêtue sur l'expédition de la formule exécutoire.

Elle est notifiée au requérant par lettre recommandée avec demande d'avis de réception.

Art. R. 123-146. – La notification d'une décision juridictionnelle de refus d'immatriculation ou d'enregistrement de modifications statutaires indique la forme et le délai du recours ainsi que les modalités suivant lesquelles il doit être exercé.

Art. R. 123-147. – La décision juridictionnelle autorisant l'immatriculation ou l'enregistrement est immédiatement portée à la connaissance du greffe compétent pour y procéder.

Art. R. 123-148 *(Mod., D. n° 2012-634, 3 mai 2012).* – La décision de refus d'immatriculation ou d'enregistrement rendue en première instance est susceptible d'appel par la société, dans les quinze jours de sa notification.

L'appel est formé, instruit et jugé comme en matière gracieuse selon les dispositions des articles 950 à 953 du Nouveau Code de procédure civile. Toutefois, la société appelante est dispensée du ministère d'avocat.

Art. R. 123-149. – Le greffier de la cour d'appel adresse une copie de l'arrêt au greffier chargé de la tenue du registre.

§ 6. – De la publicité du registre

Sous-paragraphe 1. – De la communication et de l'inscription des actes

Art. R. 123-150. – Les greffiers et l'Institut national de la propriété industrielle sont astreints et seuls habilités à délivrer à toute personne qui en fait la demande des certificats, copies ou extraits des inscriptions portées au registre et actes déposés en annexe, sauf en ce qui concerne les inscriptions radiées et les documents comptables, qui sont communiqués dans des conditions fixées par l'arrêté prévu à l'article R. 123-166.

Art. R. 123-151. – Les demandes présentées aux greffiers ou à l'Institut national de la propriété industrielle peuvent porter :

1° Sur des dossiers individuels ou un ensemble de dossiers ; elles correspondent dans le second cas aux critères de recherche définis par l'arrêté prévu à l'article R. 123-166 ;

2° Sur des inscriptions et des actes déposés, ou sur l'état futur des dossiers ; elles donnent lieu dans le second cas à délivrance de renseignements selon une périodicité définie par l'arrêté précité.

Art. R. 123-152 *(Mod., D. n° 2009-1150, 25 sept. 2009).* – Les greffiers satisfont aux demandes prévues à l'article R. 123-150 par la délivrance soit de la copie intégrale des inscriptions portées au registre concernant une même personne ou d'un ou plusieurs actes déposés, soit d'un extrait indiquant l'état de l'immatriculation à la date à laquelle cet extrait est délivré, soit d'un certificat attestant qu'une personne n'est pas immatriculée. La copie, l'extrait ou le certificat est établi aux frais du demandeur et fait foi jusqu'à preuve contraire.

Les extraits ou certificats portant la date de leur délivrance et revêtus du nom, de la signature et du sceau du greffier qui les a délivrés ainsi que de la mention du lieu dans lequel ce dernier exerce ses attributions font foi jusqu'à inscription de faux. Toute surcharge, interligne ou addition contenu dans le corps de ces documents est nul.

Art. R. 123-152-1 *(D. n° 2009-1150, 25 sept. 2009)*. – Les copies, extraits ou certificats peuvent être délivrés par les greffiers par voie électronique dans les conditions prévues à l'article R. 741-5.

Art. R. 123-152-2 *(D. n° 2009-1150, 25 sept. 2009 ; mod., D. n° 2017-1416, 28 sept. 2017)*. – Les extraits ou certificats mentionnés au dernier alinéa de l'article R. 123-152 sont délivrés par les greffiers sur support électronique dans les conditions suivantes :

1° Ils sont établis au moyen d'un système de traitement, de conservation et de transmission de l'information garantissant l'intégrité de leur contenu et agréé par le Conseil national des greffiers des tribunaux de commerce ;

2° Les systèmes de communication d'informations mis en œuvre par les greffiers doivent être interopérables entre eux ainsi qu'avec les organismes auxquels ils doivent transmettre ces données ;

3° Les extraits ou certificats sont revêtus de la signature électronique sécurisée du greffier qui les a dressés, telle que définie par le décret n° 2017-1416 du 28 septembre 2017 relatif à la signature électronique ;

4° Ils doivent être conservés dans des conditions de nature à en préserver l'intégrité et la lisibilité ;

5° Les greffiers conservent également l'ensemble des informations relatives aux extraits et certificats délivrés, telles que les données permettant de les identifier, de déterminer leurs propriétés et d'en assurer la traçabilité ;

6° Ils tiennent en outre, jour par jour, un répertoire sur support électronique de tous les extraits et certificats qu'ils établissent ;

7° Ce répertoire mentionne la date, la nature, le nom des destinataires des extraits et certificats, le support sur lequel ils ont été établis et toutes autres informations prescrites par les lois et règlements ;

8° L'image du sceau du greffier doit figurer sur les extraits ou certificats délivrés.

Un arrêté du garde des Sceaux, ministre de la Justice, précise, en tant que de besoin, les modalités d'application du présent article.

NB : Conformément au II de l'article 2 du décret n° 2017-1416 du 28 septembre 2017 relatif à la signature électronique, les références au décret n° 2001-272 du 30 mars 2001, contenues dans des dispositions de nature réglementaire, sont remplacées par les références à ce même décret n° 2017-1416 du 28 septembre 2017.

Art. R. 123-153. – L'Institut national de la propriété industrielle satisfait moyennant le paiement de redevances aux demandes mentionnées à l'article R. 123-150 par certificat, copie ou communication des renseignements figurant au registre national.

Des copies telles que figurant au registre peuvent être diffusées à titre de renseignement par voie électronique.

L'Institut national de la propriété industrielle peut délivrer des certificats attestant qu'au jour de la demande une personne ne figure pas dans les immatriculations portées au registre national.

Art. R. 123-154. – Pour les procédures ouvertes à compter du 1er janvier 2006, ne peuvent être communiqués :

1° Les jugements rendus en matière de sauvegarde en cas de clôture de la procédure en application de l'article L. 622-12 et en cas d'exécution du plan constaté en application de l'article L. 626-28 ;

2° Les jugements rendus en matière de redressement judiciaire en cas de clôture de la procédure en application de l'article L. 631-16 et en cas d'exécution du plan constaté en application des articles L. 631-21 et L. 626-28 ;

3° Les jugements rendus en matière de liquidation judiciaire en cas de clôture pour extinction du passif ;

4° Les jugements ayant décidé que les dettes de la personne morale seront supportées en tout ou partie par les dirigeants de celle-ci ou certains d'entre eux en application des articles L. 651-2 ou L. 652-1, en cas de paiement par ceux-ci du passif mis à leur charge ;

5° Les jugements prononçant la faillite personnelle ou l'interdiction prévue à l'article L. 653-8 en cas de clôture pour extinction du passif, relèvement total des déchéances ou amnistie.

Art. R. 123-154-1 *(D. n° 2014-1189, 15 oct. 2014 ; mod., D. n° 2016-296, 11 mars 2016 ; D. n° 2019-1207, 20 nov. 2019).* – Les comptes annuels qui sont accompagnés d'une déclaration de confidentialité des comptes annuels en application de l'article R. 123-111-1 ne peuvent être délivrés qu'aux sociétés les ayant déposés et aux autorités, personnes morales et institutions visées au troisième alinéa de l'article L. 232-25.

Les comptes annuels qui sont accompagnés d'une déclaration de publication simplifiée en application de l'article R. 123-111-1 ne peuvent être délivrés dans leur intégralité qu'aux sociétés les ayant déposés et aux autorités, personnes morales et institutions visées au troisième alinéa de l'article L. 232-25.

Lorsqu'ils ne délivrent pas les comptes annuels en application du premier alinéa ou qu'ils les délivrent selon une présentation simplifiée en application du deuxième alinéa, les greffiers et l'Institut national de la propriété industrielle délivrent, dans les conditions prévues aux articles R. 123-152 à R. 123-153, un certificat attestant que les comptes annuels ont été déposés mais qu'ils ne sont pas communicables aux tiers ou qu'ils sont communicables selon une présentation simplifiée, en application de l'article L. 232-25.

NB : Conformément aux dispositions de l'article 21 du décret n° 2016-296 du 11 mars 2016, les présentes dispositions s'appliquent aux comptes afférents aux exercices clos à compter du 31 décembre 2015 et déposés à compter du 7 août 2016.

Sous-paragraphe 2. – De la publication au Bulletin officiel des annonces civiles et commerciales

Art. R. 123-155 *(Mod., D. n° 2008-1488, 30 déc. 2008).* – Toute immatriculation donne lieu à l'insertion d'un avis au *Bulletin officiel des annonces civiles et commerciales.*

Toutefois, l'insertion d'un avis n'est pas requise en cas d'immatriculation d'une société à responsabilité limitée dont l'associé unique, personne physique, assume personnellement la gérance ou d'une société par actions simplifiées dont l'associé unique, personne physique, assume personnellement la présidence.

Art. R. 123-156. – L'avis au *Bulletin officiel des annonces civiles et commerciales* contient pour les personnes physiques :

1° Les références de l'immatriculation ;

2° Les nom, nom d'usage, pseudonyme et prénoms de la personne immatriculée ;

3° La ou les activités effectivement exercées, le lieu d'exercice, la date du commencement d'exploitation ;

4° Le nom commercial.

Art. R. 123-157 *(Mod., D. n° 2020-106, 10 févr. 2020).* – L'avis au Bulletin officiel des annonces civiles et commerciales contient pour les sociétés et les groupements d'intérêt économique :

1° Les références de l'immatriculation ;

2° La raison sociale ou la dénomination suivie, le cas échéant, du sigle ;

3° Le montant du capital et, pour les sociétés à capital variable, le montant au-dessous duquel le capital ne peut être réduit ;

4° L'adresse du siège ;

5° La ou les activités exercées et, le cas échéant, la date du commencement d'activité ;

6° S'il s'agit d'une société, la forme juridique, les nom, nom d'usage, pseudonyme et prénoms des associés tenus indéfiniment et solidairement des dettes sociales, et des associés ou des tiers ayant dans la société la qualité de gérant, président, administrateur, président du conseil d'administration, directeur général, membre du directoire, membre du conseil de surveillance ou commissaire aux comptes ; les nom, nom d'usage, pseudonyme et prénoms des autres personnes ayant le pouvoir d'engager à titre habituel la société envers les tiers ;

7° S'il s'agit d'un groupement d'intérêt économique, les noms, nom d'usage, pseudonyme et prénoms des administrateurs, des personnes chargées du contrôle de la gestion et de celles chargées du contrôle des comptes, ainsi que, le cas échéant, des membres exonérés des dettes nées antérieurement à leur entrée dans le groupement ;

8° Lorsque les personnes désignées au 6° et 7° sont des personnes morales, leur dénomination ou raison sociale.

Art. R. 123-158. – Pour les autres personnes morales, un arrêté du garde des Sceaux, ministre de la Justice, du ministre chargé de la propriété industrielle et du ministre chargé du contrôle de la personne morale adapte les indications prévues à l'article R. 123-157.

Art. R. 123-159 *(Mod., D. n° 2008-1488, 30 déc. 2008)*. – Si l'une des mentions prévues aux articles R. 123-156 à R. 123-158 est modifiée, un avis modificatif est inséré au *Bulletin officiel des annonces civiles et commerciales*.

L'avis contient :

1° Pour les personnes physiques :

a) Les références de l'immatriculation ;

b) Les nom, nom d'usage, pseudonyme et prénoms de la personne immatriculée ;

c) L'indication des modifications intervenues.

2° Pour les personnes morales :

a) Les références de l'immatriculation ;

b) La raison sociale ou la dénomination suivie, le cas échéant, de son sigle ;

c) S'il s'agit d'une société, la forme juridique ;

d) En cas de fusion ou de scission de société, l'indication de l'opération qui est à l'origine de ces modifications ainsi que celle des raison sociale, dénomination, forme juridique et siège des personnes morales ayant participé à cette opération ;

e) L'indication des modifications intervenues.

Le présent article est applicable à la dissolution et la nullité d'une personne morale. Il n'est pas applicable aux sociétés mentionnées au second alinéa de l'article R. 123-155.

Art. R. 123-160. – Toute radiation donne lieu à l'insertion d'un avis au *Bulletin officiel des annonces civiles et commerciales*.

L'avis contient :

1° Pour les personnes physiques :

a) Les références de l'immatriculation ;

b) Les nom, nom d'usage, pseudonyme et prénoms de la personne immatriculée ;

c) Le lieu de l'exploitation ;

d) Le nom commercial ;

e) La date de la cessation de l'activité.

2° Pour les personnes morales :

a) Les références de l'immatriculation ;

b) La raison sociale ou la dénomination suivie, le cas échéant, de son sigle ;

c) S'il s'agit d'une société la forme juridique ;

d) L'adresse du siège.

Art. R. 123-161. – Les avis prévus aux articles R. 123-155 et suivants sont établis et adressés par le greffier au *Bulletin officiel des annonces civiles et commerciales* dans les huit jours de l'inscription correspondante ou, s'il s'agit d'une immatriculation principale, dès la notification du numéro d'identification par l'Institut national de la statistique et des études économiques.

Ces avis sont établis selon un modèle défini par arrêté du garde des Sceaux, ministre de la Justice.

Art. R. 123-162 *(Mod., D. n° 2014-1189, 15 oct. 2014 ; D. n° 2019-1207, 20 nov. 2019)*. – Le dépôt des documents comptables prévus au premier alinéa de l'article R. 123-111, accompagnés, le cas échéant, d'une déclaration de confidentialité ou d'une déclaration de publication simplifiée des comptes annuels en application de l'article R. 123-111-1 donne lieu à l'insertion d'un avis au Bulletin officiel des annonces civiles et commerciales conformément aux dispositions des articles R. 232-19 à R. 232-22.

§ 7. – Dispositions diverses

Art. R. 123-163. – Les taxes, émoluments et dépens afférents aux formalités effectuées en application de la présente section sont à la charge des requérants.

En sus de leurs émoluments réglementés par les articles R. 743-140 et suivants, les greffiers perçoivent, pour le compte de l'Institut national de la propriété industrielle, les taxes instituées en faveur de cet établissement. Ils envoient à l'institut les fonds perçus par eux à ce titre dans les délais fixés par l'arrêté prévu à l'article R. 123-166.

Art. R. 123-164. – Lorsque les décisions et les notifications prévues dans les procédures définies aux articles L. 123-3 et R. 123-139 à R. 123-142 donnent lieu à des frais, ceux-ci sont avancés par le greffier.

Le montant en est remboursé par la personne tenue à l'immatriculation lors des opérations de régularisation de sa situation.

Si la personne tenue à l'immatriculation est insolvable, s'il est impossible de la joindre ou s'il n'a pas été déféré à l'injonction du juge commis à la surveillance du registre, le montant des frais avancés par le greffier est remboursé à ce dernier par le Trésor public sur ordonnance du juge commis à la surveillance du registre rendue à la requête du greffier.

Art. R. 123-165. – Les frais remboursés au greffier par le Trésor public en vertu du troisième alinéa de l'article R. 123-164 et ceux afférents aux procédures diligentées d'office par le procureur de la République ou le juge commis à la surveillance du registre sont assimilés à ceux qui résultent des poursuites d'office en matière civile au sens du 4° de l'article R. 93 du Code de procédure pénale.

Art. R. 123-166. – Un arrêté conjoint du garde des Sceaux, ministre de la Justice, et du ministre chargé de la propriété industrielle détermine les modalités d'application de la présente section. Il précise notamment :

1° Les pièces à fournir à l'appui des demandes aux fins d'immatriculation, d'immatriculation secondaire, d'inscription modificative et de radiation ou de dépôt d'actes de sociétés ;

2° Les pièces justificatives habilitant à séjourner sur le territoire français les personnes qui doivent en justifier et, le cas échéant, les autorisant à exercer l'activité considérée.

Art. R. 123-166-1 *(D. n° 2009-1695, 30 déc. 2009, en vigueur à compter du 1er avr. 2010).* – L'agrément prévu à l'article L. 123-11-3 est délivré par le préfet du département où est situé le siège de l'entreprise de domiciliation. À Paris, cet agrément est délivré par le préfet de police.

Art. R. 123-166-2 *(D. n° 2009-1695, 30 déc. 2009, en vigueur à compter du 1er avr. 2010).* – Le dossier de la demande d'agrément comprend :

1° S'agissant d'une entreprise individuelle, une déclaration indiquant sa dénomination, son activité, son adresse, l'adresse de ses établissements secondaires ainsi que l'état civil, le domicile, la profession et la qualité de son exploitant, accompagnée de la copie d'une pièce d'identité en cours de validité de ce dernier ;

2° S'agissant d'une personne morale, une déclaration indiquant sa raison sociale ou sa dénomination, sa forme juridique, son activité, son siège social, l'adresse de ses établissements secondaires ainsi que l'état civil, le domicile, la profession et la qualité de ses légaux ou statutaires, de ses dirigeants ainsi que des actionnaires ou associés détenant au moins 25 % des voix, des parts ou des droits de vote, accompagnée de la copie d'une pièce d'identité en cours de validité de ces personnes ;

3° Tous justificatifs de ce qu'il est satisfait par l'entreprise de domiciliation et, le cas échéant, par ses établissements secondaires, aux conditions prévues aux 1° et 2° du II de l'article L. 123-11-3 ;

4° Une attestation sur l'honneur de ce qu'il est satisfait aux conditions prévues aux 3°, 4° et 5° du II de l'article L. 123-11-3.

Art. R. 123-166-3 *(D. n° 2009-1695, 30 déc. 2009).* – Le préfet saisi d'une demande d'agrément dispose de deux mois pour l'instruire, à compter de sa réception.

Le défaut de réponse du préfet dans le délai mentionné à l'alinéa précédent vaut rejet de la demande.

Lorsque le domiciliataire satisfait aux conditions prévues aux articles L. 123-11-3, L. 123-11-4 et R. 123-166-2, l'agrément est accordé pour une durée de six ans.

Art. R. 123-166-4 *(D. n° 2009-1695, 30 déc. 2009).* – Tout changement substantiel dans les indications prévues à l'article R. 123-166-2 doit être déclaré dans un délai de deux mois au préfet qui a délivré l'agrément.

Lorsque l'entreprise de domiciliation crée un ou plusieurs établissements secondaires, elle justifie dans les deux mois auprès du préfet qui l'a agréée de ce que les conditions posées aux 1° et 2° de l'article L. 123-11-3 sont réalisées pour chacun des établissements exploités.

Le préfet délivre, le cas échéant, un nouvel agrément.

Art. R. 123-166-5 *(D. n° 2009-1695, 30 déc. 2009).* – L'agrément peut être suspendu pour une durée de six mois au plus ou retiré par le préfet lorsque l'entreprise de domiciliation ne remplit plus les conditions prévues au II de l'article L. 123-11-3 ou n'a pas effectué la déclaration prévue à l'article R. 123-166-4.

Lorsque l'entreprise de domiciliation fait l'objet d'une procédure devant la Commission nationale des sanctions instituée à l'article L. 561-38 du Code monétaire et financier, son agrément peut être suspendu par le préfet, à titre conservatoire, pour une durée de six mois au plus, renouvelable par décision spécialement motivée. La décision de suspension ne peut être prise qu'après que le domiciliataire a été mis en mesure de présenter ses observations. Elle cesse de plein droit de produire des effets dès que la commission a rendu sa décision.

La décision de suspension ou de retrait peut être prise pour un seul établissement.

Sous-section 3. – De la domiciliation des personnes physiques et morales immatriculées

(Intitulé mod., D. n° 2008-1488, 30 déc. 2008)

Art. R. 123-167 *(D. n° 2008-1488, 30 déc. 2008).* – Toute personne physique ou morale qui installe le siège de son entreprise dans des locaux qu'elle occupera en commun avec une ou plusieurs entreprises présente à l'appui de sa demande d'immatriculation le contrat de domiciliation conclu à cet effet avec le propriétaire ou le titulaire du bail de ces locaux.

Les dispositions du précédent alinéa sont également applicables à toute personne morale dont le siège est situé à l'étranger et qui installe son agence, sa succursale ou sa représentation en France dans des locaux qu'elle occupera en commun avec une ou plusieurs entreprises.

Art. R. 123-168 *(Mod., D. n° 2008-1488, 30 déc. 2008 ; D. n° 2012-928, 31 juill. 2012).* – Le contrat de domiciliation est rédigé par écrit. Il est conclu pour une durée d'au moins trois mois renouvelable par tacite reconduction, sauf préavis de résiliation. Les parties s'engagent à respecter les conditions suivantes :

1° Le domiciliataire doit, durant l'occupation des locaux, être immatriculé au registre du commerce et des sociétés ; toutefois, cette condition n'est pas requise si le domiciliataire est une personne morale française de droit public ou une association regroupant des personnes morales françaises de droit public. Le domiciliataire met à la disposition de la personne domiciliée des locaux dotés d'une pièce propre à assurer la confidentialité nécessaire et à permettre une réunion régulière des organes chargés de la direction, de l'administration ou de la surveillance de l'entreprise ainsi que la tenue, la conservation et la consultation des livres, registres et documents prescrits par les lois et règlements.

Le domiciliataire détient, pour chaque personne domiciliée, un dossier contenant les pièces justificatives relatives, s'agissant des personnes physiques, à leur domicile personnel et à leurs coordonnées téléphoniques et, s'agissant des personnes morales, au domicile et aux coordonnées téléphoniques de leur représentant légal. Ce dossier contient également les justificatifs relatifs à chacun des lieux d'activité des entreprises domiciliées et au lieu de conservation des documents comptables lorsqu'ils ne sont pas conservés chez le domiciliataire.

Il informe le greffier du tribunal, à l'expiration du contrat ou en cas de résiliation anticipée de celui-ci, de la cessation de la domiciliation de l'entreprise dans ses locaux. Lorsque la personne domiciliée dans ses locaux n'a pas pris connaissance de son courrier depuis trois mois, il en informe également le greffier du tribunal de commerce ou la chambre des métiers et de l'artisanat.

Il communique aux huissiers de justice munis d'un titre exécutoire les renseignements propres à permettre de joindre la personne domiciliée.

Il fournit, chaque trimestre, au centre des impôts et aux organismes de recouvrement des cotisations et contributions de sécurité sociale compétents une liste des personnes qui se sont domiciliées dans ses locaux au cours de cette période ou qui ont mis fin à leur domiciliation ainsi que chaque année, avant le 15 janvier, une liste des personnes domiciliées au 1er janvier ;

2° La personne domiciliée prend l'engagement d'utiliser effectivement et exclusivement les locaux, soit comme siège de l'entreprise, soit, si le siège est situé à l'étranger, comme agence, succursale ou représentation. Elle se déclare tenue d'informer le domiciliataire de toute modification concernant son activité. Elle prend en outre l'engagement de déclarer, s'agissant d'une personne physique, tout changement de son domicile personnel ou, s'agissant d'une personne morale, tout changement relatif à sa forme juridique et à son objet, ainsi qu'au nom et *au domicile personnel des personnes ayant le* pouvoir de l'engager à titre habituel. La personne domiciliée donne mandat au domiciliataire qui l'accepte de recevoir en son nom toute notification.

Le contrat de domiciliation mentionne les références de l'agrément prévu par l'article L. 123-11-3.

NB : Les personnes domiciliataires se mettent en conformité avec les obligations énoncées à l'article R. 123-168 du Code de commerce, dans sa rédaction issue du présent décret, dans un délai de six mois à compter de la publication de celui-ci (D. n° 2007-750, 9 mai 2007, art. 42, III).

Art. R. 123-169. – Le contrat de domiciliation prévu aux articles R. 123-167 et R. 123-168 est mentionné au registre du commerce et des sociétés, avec l'indication du nom ou de la dénomination sociale et des références de l'immatriculation principale sur un registre public de l'entreprise domiciliataire.

Art. R. 123-169-1. – Est puni de l'amende prévue pour les contraventions de la 5e classe le fait de ne pas respecter les obligations mentionnées au 1° de l'article R. 123-168.

Est puni de la même peine le fait pour une entreprise exerçant l'activité de domiciliataire de ne pas s'être assurée que la personne domiciliée respecte les obligations mentionnées au 2° de l'article R. 123-168.

Les personnes, physiques ou morales, coupables des contraventions prévues au présent article encourent la peine complémentaire de confiscation de la chose qui a servi ou était destinée à commettre l'infraction ou de la chose qui en est le produit, dans les conditions prévues aux articles 131-21 et 131-48 du Code pénal.

Art. R. 123-170. – Les sociétés et leurs filiales qui installent leur siège dans le même local dont l'une a la jouissance ne sont pas tenues de conclure entre elles un contrat de domiciliation.

Art. R. 123-171. – Lorsque la personne morale immatriculée a installé son siège au domicile de son représentant légal en usant de la faculté ouverte par les dispositions des deuxième et quatrième alinéas de l'article L. 123-11-1, le greffier lui adresse trois mois avant l'expiration du délai de cinq ans prévu par cet article une lettre l'invitant à lui communiquer l'adresse de son nouveau siège.

Faute pour l'assujetti d'avoir régularisé sa situation au regard des deuxième et quatrième alinéas de l'article L. 123-11-1 dans le délai imparti, le greffier procède à la radiation.

Sous-section 4. – De la publication d'avis relatifs à la société européenne

(D. n° 2007-750, 9 mai 2007)

Art. R. 123-171-1. – L'avis prévu à l'article 14 du règlement (CE) n° 2157/2001 du Conseil relatif au statut de la société européenne (SE) du 8 octobre 2001, en cas d'immatriculation et de radiation d'une société européenne, est établi et adressé, par le greffier qui procède à celles-ci, à l'autorité chargée du *Journal officiel des Communautés européennes*, au plus tard dans le délai mentionné à l'article R. 123-161.

Cet avis qui comporte les mentions prévues à la deuxième phrase du 1° de l'article 14 de ce règlement est établi selon un modèle défini par arrêté du garde des Sceaux, ministre de la Justice.

Le cas échéant, le greffier indique que la radiation résulte d'un transfert dans un autre État membre du siège d'une société européenne immatriculée en France.

Voir aussi : A. 20 juin 1989, mod. par A. 9 avril 1990, relatif à l'immatriculation des groupements européens d'intérêt économique au registre du commerce et des sociétés.

A. 9 février 1988, ci-dessous. – D. n° 84-407, 30 mai 1984, relatif aux modalités d'inscription de certaines sociétés au registre du commerce et des sociétés (*JO* 31 mai). – V. D. n° 86-73, 13 janvier 1986, et A. 27 janvier 1986 relatifs à l'immatriculation des associations émettrices d'obligations au registre du commerce et des sociétés, *infra*, annexes, chapitre I, V° *Associations*.

Radiation d'office. La radiation d'office d'une société au registre du commerce et des sociétés, prononcée en application de l'article 42-2, (R. 123-171) n'a pas pour effet de faire perdre à cette société sa personnalité morale (■ Cass. com., 20 févr. 2001, n° 98-16.842 : *JurisData* n° 2001-008283 ; *JCP* E 2001, pan. 687).

Section II. – De la comptabilité des commerçants

(Anc. D. n° 83-1020, 29 nov. 1983)

Sous-section 1. – Des obligations comptables applicables à tous les commerçants

§ 1. – Des livres, documents et pièces comptables obligatoires

Art. R. 123-172. – Un document décrivant les procédures et l'organisation comptables est établi par le commerçant dès lors que le document est nécessaire à la compréhension du système de traitement et à la réalisation des contrôles.

Ce document est conservé aussi longtemps qu'est exigée la présentation des documents comptables auxquels il se rapporte.

Art. R. 123-173 *(Mod., D. n° 2014-1063, 18 sept. 2014 ; D. n 2015-903, 23 juill. 2015)*. – Tout commerçant tient obligatoirement un livre-journal et un grand-livre.

Le livre-journal et le grand-livre peuvent, à la demande du commerçant, être cotés et paraphés, dans la forme ordinaire et sans frais, par le greffier du tribunal dans le ressort duquel le commerçant est immatriculé. Chaque livre reçoit un numéro d'identification répertorié par le greffier sur un registre spécial.

Des documents sous forme électronique peuvent tenir lieu de livre-journal et de grand-livre ; dans ce cas, ils sont identifiés et datés dès leur établissement par des moyens offrant toute garantie en matière de preuve.

Art. R. 123-174. – Les mouvements affectant le patrimoine de l'entreprise sont enregistrés opération par opération et jour par jour pour le livre-journal.

Tout enregistrement comptable précise l'origine, le contenu et l'imputation de chaque donnée ainsi que les références de la pièce justificative qui l'appuie.

Les opérations de même nature, réalisées en un même lieu et au cours d'une même journée, peuvent être récapitulées sur une pièce justificative unique.

Les pièces justificatives sont classées dans un ordre défini au document mentionné à l'article R. 123-172.

Art. R. 123-175. – Les écritures du livre-journal sont portées sur le grand livre et ventilées selon le plan comptable.

Art. R. 123-176. – Le livre-journal et le grand livre sont détaillés en autant de journaux auxiliaires et de livres auxiliaires que les besoins du commerce l'exigent.

Les écritures portées sur les journaux et les livres auxiliaires sont centralisées une fois par mois au moins sur le livre-journal et le grand livre.

Art. R. 123-177 *(Mod., D. n° 2015-903, 23 juill. 2015)*. – L'inventaire est le contrôle annuel de l'existence et de la valeur de tous les éléments d'actif et de passif à la date de clôture.

Les données d'inventaire sont conservées dans les conditions prévues à l'article L. 123-22 et organisées de manière à justifier le contenu et le mode d'évaluation de chacun des postes du bilan.

§ 2. – Des méthodes d'évaluation des éléments chiffrés

Art. R. 123-178. – Pour l'application de l'article L. 123-18 :

1° Le coût d'acquisition est égal au prix d'achat majoré des frais accessoires nécessaires à la mise en état d'utilisation du bien ;

2° Le coût de production est égal au coût d'acquisition des matières consommées augmenté des charges directes et d'une fraction des charges indirectes de production : les intérêts des capitaux empruntés pour financer la fabrication d'une immobilisation peuvent être inclus dans le coût de production lorsqu'ils concernent la période de fabrication. En ce qui concerne les éléments de l'actif circulant tel qu'il est défini au 2° de l'article R. 123-182, cette faculté est limitée à ceux dont le cycle de production dépasse nécessairement la durée de l'exercice. La justification et le montant de ces inclusions figurent à l'annexe ;

3° La valeur vénale d'un bien acquis à titre gratuit correspond au prix qui aurait été acquitté dans des conditions normales de marché ;

4° La valeur actuelle est une valeur d'estimation qui s'apprécie en fonction du marché et de l'utilité du bien pour l'entreprise ;

5° La valeur d'inventaire est égale à la valeur actuelle ; toutefois, lorsque la valeur d'inventaire d'une immobilisation non financière n'est pas jugée notablement inférieure à sa valeur comptable nette, celle-ci est retenue comme valeur d'inventaire.

§ 3. – Des amortissements et provisions

Art. R. 123-179 *(Mod., Ord. n° 2009-79, 22 janv. 2009 ; D. n° 2015-903, 23 juill. 2015)*. – Les éléments de l'actif immobilisé dont la durée d'utilisation est limitée sont amortis sur cette durée selon un plan d'amortissement. Un règlement de l'Autorité des normes comptables peut toutefois prévoir des modalités d'amortissement différentes pour ceux des commerçants qui ne dépassent pas, à la clôture de l'exercice, deux des trois critères fixés par le 2° de l'article D. 123-200.

Toute modification significative des conditions d'utilisation du bien justifie la révision du plan en cours d'exécution.

Que leur durée d'utilisation soit limitée ou non, les éléments de l'actif immobilisé font l'objet d'une dépréciation lorsque leur valeur d'inventaire est inférieure à la valeur comptable et si l'on prévoit que la perte de valeur sera durable. Les amortissements et les dépréciations sont inscrits distinctement à l'actif en diminution de la valeur des éléments correspondants.

Les risques et charges, nettement précisés quant à leur objet, que des événements survenus ou en cours rendent probables, entraînent la constitution de provisions.

Les dépréciations et provisions sont rapportées au résultat quand les raisons qui les ont motivées ont cessé d'exister. Par exception, les dépréciations afférentes au fonds commercial ne sont jamais rapportées au résultat.

§ 4. – De la constitution des comptes

Art. R. 123-180 *(Mod., Ord. n° 2009-79, 22 janv. 2009 ; D. n° 2015-903, 23 juill. 2015).* – Le classement des éléments du bilan et du compte de résultat ainsi que la liste des informations contenues dans l'annexe peuvent être adaptés par secteurs d'activité par un règlement de l'Autorité des normes comptables.

Les comptes annuels peuvent être présentés en négligeant les centimes.

Sous-paragraphe 1. – Du bilan

Art. R. 123-181 *(Mod., D. n° 2015-903,23 juill. 2015).* – Les éléments du patrimoine de l'entreprise sont classés à l'actif et au passif du bilan suivant leur destination et leur provenance. Les éléments destinés à servir de façon durable à l'activité de l'entreprise constituent l'actif immobilisé.

Art. R. 123-182 *(Mod., D. n° 2015-903, 23 juill. 2015).* – L'actif du bilan dont le modèle est établi par un règlement de l'Autorité des normes comptables fait apparaître successivement les rubriques suivantes :

1° Au titre de l'actif immobilisé : les immobilisations incorporelles, les immobilisations corporelles et les immobilisations financières ;

2° Au titre de l'actif circulant : les stocks et en-cours, les avances et acomptes versés sur commandes, les créances, les valeurs mobilières de placement et les disponibilités ;

2° *bis* Les primes de remboursement des obligations ;

3° Les comptes de régularisation ;

4° Les écarts de conversion.

La contrepartie du capital souscrit non appelé figure distinctement comme premier poste de l'actif.

Art. R. 123-183 *(Abr., D. n° 2015-903, 23 juill. 2015).*

Art. R. 123-184 *(Mod., D. n° 2015-903, 23 juill. 2015).* – Constituent des participations les droits dans le capital d'autres personnes morales, matérialisés ou non par des titres, qui, en créant un lien durable avec celles-ci, sont destinés à contribuer à l'activité de la société détentrice. Sont présumés être des participations les titres représentant une fraction du capital supérieure à 10 %.

Art. R. 123-185. – Le montant des primes de remboursement d'emprunts est porté à l'actif du bilan au poste à intitulé correspondant. Il est amorti systématiquement sur la durée de l'emprunt selon des modalités indiquées à l'annexe. Les primes afférentes à la fraction d'emprunts remboursée ne peuvent en aucun cas y être maintenues.

Art. R. 123-186 *(Mod., D. n° 2015-903, 23 juill. 2015).* – Les dépenses engagées à l'occasion d'opérations qui conditionnent l'existence ou le développement de l'entreprise mais dont le montant ne peut être rapporté à des productions de biens et de services déterminées peuvent figurer à l'actif du bilan au poste « frais d'établissement ».

Les frais de développement peuvent être inscrits à l'actif du bilan, au poste correspondant, à la condition de se rapporter à des projets nettement individualisés, ayant des sérieuses chances de rentabilité commerciale.

Les éléments acquis du fonds de commerce qui ne peuvent figurer à d'autres postes du bilan sont inscrits au poste « fonds commercial ».

Art. R. 123-187 *(Mod., D. n° 2015-903, 23 juill. 2015).* – Un règlement de l'Autorité des normes comptables fixe les conditions de détermination de la durée d'utilisation, limitée ou non, des actifs incorporels. Les frais d'établissement sont amortis selon un plan et dans un délai maximal de cinq ans. Les frais de développement sont amortis sur la durée d'utilisation estimée des projets et cette durée est justifiée dans l'annexe. Si leur durée d'utilisation ne peut pas être déterminée de manière fiable, les frais de développement sont amortis sur une durée maximale de 5 ans.

Tant que les postes « frais d'établissement » et « frais de développement » ne sont pas apurés, il ne peut être procédé à aucune distribution de dividendes sauf si le montant des réserves libres est au moins égal à celui des frais non amortis.

Dans des cas exceptionnels, lorsque la durée d'utilisation des éléments du fonds de commerce inscrits au poste « fonds commercial » ne peut être déterminée de façon fiable, ces éléments sont amortis sur une période de 10 ans.

Art. R. 123-188 *(Mod., D. n° 2015-903, 23 juill. 2015).* – Les frais d'exploration minière assimilés à des frais de développement peuvent être inscrits à l'actif du bilan sous ce poste. Le point de départ du plan d'amortissement correspondant peut être différé jusqu'au terme des recherches sous réserve de l'application éventuelle des dispositions de l'article R. 123-179. Dans ce cas, par dérogation aux dispositions du deuxième alinéa de l'article R. 123-187, une société filiale au sens de l'article L. 233-1 peut procéder à une distribution anticipée de dividendes si la société mère gage cette distribution par la constitution des réserves nécessaires.

Art. R. 123-189 *(Abr., D. n° 2015-903, 23 juill. 2015).*

Art. R. 123-190 *(Mod., D. n° 2014-1315, 3 nov. 2014 ; D. n° 2015-903, 23 juill. 2015).* – Le passif du bilan fait apparaître successivement les rubriques suivantes : les capitaux propres, les autres fonds propres, les provisions, les dettes, les comptes de régularisation et les écarts de conversion.

Les postes du passif distinguent parmi les capitaux propres : le capital, les primes d'émission et primes assimilées, les écarts de réévaluation, le résultat de l'exercice, les subventions d'investissement et les provisions réglementées, ainsi que les réserves en isolant la réserve légale, les réserves statutaires ou contractuelles et les réserves réglementées.

Art. R. 123-191. – Les capitaux propres correspondent à la somme algébrique des apports, des écarts de réévaluation, des bénéfices autres que ceux pour lesquels une décision de distribution est intervenue, des pertes, des subventions d'investissement et des provisions réglementées.

Sous-paragraphe 2. – Du compte de résultat

Art. R. 123-192. – Les produits et les charges de l'exercice sont classés au compte de résultat de manière à faire apparaître par différence les éléments du résultat courant et le résultat exceptionnel dont la réalisation n'est pas liée à l'exploitation courante de l'entreprise.

Art. R. 123-193 *(Mod., D. n° 2015-903, 23 juill. 2015).* – Le compte de résultat dont le modèle est établi par un règlement de l'Autorité des normes comptables fait apparaître successivement, outre les variations de stocks :

1° Au titre des charges : les charges d'exploitation, les charges financières, les charges exceptionnelles ainsi que la participation des salariés aux fruits de l'expansion et l'impôt sur le bénéfice ;

2° Au titre des produits : les produits d'exploitation, les produits financiers et les produits exceptionnels ;

3° Le résultat de l'exercice.

Art. R. 123-194. – Le compte de résultat de l'exercice présenté sous forme de liste conformément aux dispositions du deuxième alinéa de l'article L. 123-13 permet également de dégager successivement le résultat d'exploitation, le résultat financier, le résultat courant avant impôt et le résultat exceptionnel.

Sous-paragraphe 3. – De l'annexe

Art. R. 123-195 *(Mod., D. n° 2015-903, 23 juill. 2015).* – Outre les informations obligatoires prévues aux articles L. 123-13 à L. 123-21, L. 232-1 à L. 232-23, R. 123-179 à R. 123-189 du présent code et à l'article R. 313-14 du Code monétaire et financier et les informations prévues par règlement de l'Autorité des normes comptables, l'annexe comporte toutes les informations d'importance significative sur la situation patrimoniale et financière et sur le résultat de l'entreprise.

Art. R. 123-196 *(Abr., D. n° 2015-903, 23 juill. 2015).*

Art. R. 123-197 *(Abr., D. n° 2015-903, 23 juill. 2015).*

Art. R. 123-197-1 *(D. n° 2009-267, 9 mars 2009 ; D. n° 2015-903, 23 juill. 2015).* – Les sociétés anonymes qui adoptent une présentation simplifiée en application de l'article L. 123-16 mentionnent dans l'annexe la liste des transactions effectuées entre, d'une part, la société et ses principaux actionnaires et, d'autre part, la société et les membres de ses organes d'administration et de surveillance, si ces transactions présentent une importance significative et n'ont pas été conclues aux conditions normales du marché. Les modalités d'élaboration de cette liste sont précisées par un règlement de l'Autorité des normes comptables.

Art. R. 123-198 *(Abr., D. n° 2015-903, 23 juill. 2015 et rect. JO 19 déc. 2015).*

Art. R. 123-199. – Les éléments chiffrés de l'annexe sont, sauf exception dûment justifiée, déterminés selon les mêmes principes et les mêmes méthodes que pour l'établissement du bilan et du compte de résultat.

Ils concernent l'ensemble des activités de l'entreprise quel que soit le lieu de leur exercice. Ils sont vérifiables par rapprochement avec des documents justificatifs.

Les éléments chiffrés qui figurent déjà au bilan ou au compte de résultat peuvent être omis dans l'annexe.

Art. R. 123-199-1 *(D. n° 2009-267, 9 mars 2009).* – Les mots : « partie liée » et « transactions entre parties liées » ont le même sens que celui défini par les normes comptables internationales adoptées par le règlement (CE) n° 2238/2004 de la Commission du 29 décembre 2004, notamment la partie de son annexe IAS 24 intitulée « objet des informations relatives aux parties liées », ainsi que par tout règlement communautaire qui viendrait le modifier.

§ 5. – De la présentation comptable simplifiée

Art. D. 123-200 *(Anc. art. R. 123-200 dénum. et rempl., D. n° 2014-136, 17 févr. 2014 ; mod., D. n° 2019-539, 29 mai 2019 ; D. n° 2020-101, 7 févr. 2020).* – Pour l'application des articles L. 123-16 et L. 123-16-1 :

1° En ce qui concerne les micro-entreprises, le total du bilan est fixé à 350 000 euros, le montant net du chiffre d'affaires à 700 000 euros et le nombre moyen de salariés employés au cours de l'exercice à 10 ;

2° En ce qui concerne les petites entreprises, le total du bilan est fixé à 6 000 000 euros, le montant net du chiffre d'affaires à 12 000 000 euros et le nombre moyen de salariés employés au cours de l'exercice à 50.

En ce qui concerne les moyennes entreprises, le total du bilan est fixé à 20 000 000 euros, le montant net du chiffre d'affaires à 40 000 000 euros et le nombre moyen de salariés employés au cours de l'exercice à 250.

Le total du bilan est égal à la somme des montants nets des éléments d'actif.

Le montant net du chiffre d'affaires est égal au montant des ventes de produits et services liés à l'activité courante, diminué des réductions sur ventes, de la taxe sur la valeur ajoutée et des taxes assimilées.

Sauf disposition contraire, le nombre moyen de salariés est apprécié selon les modalités prévues au I de l'article L. 130-1 du Code de la sécurité sociale. Par dérogation, il est apprécié sur le dernier exercice comptable lorsque celui-ci ne correspond pas à l'année civile précédente.

NB : Conformément à l'article 15 du décret n° 2020-101, ces dispositions s'appliquent à compter du premier exercice ouvert à compter de son entrée en vigueur.

Art. R. 123-201 *(Abr., D. n° 2015-903, 23 juill. 2015).*

Art. R. 123-202 *(Abr., D. n° 2015-903, 23 juill. 2015).*

Sous-section 2. – Des obligations comptables applicables à certains commerçants, personnes physiques

Art. R. 123-203. – Par dérogation à l'article R. 123-174, les personnes mentionnées aux articles L. 123-25 et L. 123-28 peuvent procéder à l'enregistrement comptable des encaissements et des paiements en retenant la date de l'opération figurant sur le relevé qui leur est adressé par un établissement de crédit.

Art. R. 123-204 *(Mod., D. n° 2015-903, 23 juill. 2015)*. – Par dérogation à l'article R. 123-176, les personnes mentionnées aux articles L. 123-25 à L. 123-27 et au deuxième alinéa de l'article L. 123-16-1 peuvent centraliser ces écritures tous les trois mois.

Art. R. 123-205 *(Abr., D. n° 2009-234, 25 févr. 2009)*.

Art. D. 123-205-1 *(D. n° 2008-1405, 19 déc. 2008 ; mod., D. n° 2019-1118, 31 oct. 2019)*. – Le livre mentionné à l'article L. 123-28 distingue les règlements en espèce des autres règlements et indique les références des pièces justificatives.

Le registre mentionné à ce même article présente chronologiquement le détail des achats, en distinguant les règlements en espèces et en indiquant les références des pièces justificatives.

Des documents sous forme électronique peuvent tenir lieu du livre et du registre mentionnés à l'article L. 123-28 ; dans ce cas, ils sont identifiés et datés dès leur établissement par des moyens offrant toute garantie de preuve.

Art. R. 123-206 *(Abr., D. n° 2009-234, 25 févr. 2009)*.

Art. R. 123-207. – Les personnes mentionnées aux articles L. 123-25 à L. 123-28 sont dispensées de produire les justificatifs des frais généraux accessoires lorsqu'une telle dispense est accordée en matière fiscale. Elles peuvent, en outre, enregistrer forfaitairement, selon un barème publié chaque année par l'administration fiscale, les frais relatifs aux carburants consommés lors des déplacements professionnels.

Art. R. 123-208. – Par dérogation aux dispositions des 1° à 5° de l'article R. 123-178, les personnes physiques placées sur option ou de plein droit sous le régime réel simplifié d'imposition prévu à l'article 302 *septies* A *bis* du Code général des impôts peuvent déterminer :

1° La valeur d'inventaire des biens en stocks en pratiquant sur le prix de vente de ces biens à la date du bilan un abattement correspondant à la marge pratiquée par l'entreprise sur chaque catégorie de biens ;

2° La valeur d'inventaire des travaux en cours en retenant le montant des acomptes réclamés avant facturation.

Art. D. 123-208-01 *(D. n° 2016-120, 5 févr. 2016)*. – I. – Les opérations modifiant la structure du bilan mentionnées à l'article L. 123-28-1 sont :

1° L'entrée ou la sortie significative de trésorerie ;

2° La dotation ou la reprise d'une provision pour risques et charges.

II. – Les opérations modifiant la structure du bilan mentionnées à l'article L. 123-28-2 incluent les opérations mentionnées au I ainsi que les opérations suivantes :

1° L'augmentation et la réduction du capital ;

2° La distribution de dividendes.

III. – La dérogation prévue aux articles L. 123-28-1 et L. 123-28-2 est applicable aux deux premiers exercices clos après la date d'inscription de cessation totale et temporaire d'activité. La condition d'absence de salarié prévue à ces mêmes articles s'apprécie à la date de clôture du dernier exercice précédant la date d'inscription de la cessation totale et temporaire d'activité. L'embauche d'un salarié après cette date de clôture met fin à la dérogation. Le commerçant est tenu d'établir le bilan et le compte de résultat à la clôture de l'exercice au cours duquel la dérogation a pris fin.

Sous-section 3. – Des activités commerciales et artisanales ambulantes

(D. n° 2009-194, 18 févr. 2009, en vigueur à la date de publication de l'arrêté prévu à l'article R. 123-208-2, soit au 10 mars 2010)

Art. R. 123-208-1 *(D. n° 2009-194, 18 févr. 2009, en vigueur à compter du 10 mars 2010)*. – I. – Les *professions ci-après énoncées demeurent* soumises à la réglementation qui leur est applicable :

1° Agents commerciaux mentionnés aux articles L. 134-1 et suivants ;

2° Personnes exerçant l'activité de vendeur-colporteur de presse mentionnée à l'article 22 de la loi n° 91-1 du 3 janvier 1991 tendant au développement de l'emploi par la formation dans les entreprises, l'aide à l'insertion sociale et professionnelle et l'aménagement du temps de travail, pour l'application du troisième plan pour l'emploi ;

3° Personnes qui exercent la profession d'exploitant de taxis prévue par la loi n° 95-66 du 20 janvier 1995 relative à l'accès à l'activité de conducteur ou au transport de marchandises ou de personnes prévues par la loi n° 82-1153 du 30 décembre 1982 d'orientation des transports intérieurs ;

4° Personnes effectuant des opérations de démarchage réglementées par des textes particuliers, notamment par les articles L. 7311-1 et suivants du Code du travail relatifs aux voyageurs, représentants et placiers, par les articles L. 341-1 et suivants du Code monétaire et financier relatifs au démarchage bancaire ou financier et par les articles L. 135-1 et suivants du Code de commerce relatifs aux vendeurs à domicile indépendants ;

II. – Les dispositions de l'article L. 123-29 ne sont pas applicables aux autres professionnels effectuant à titre accessoire dans une ou plusieurs communes limitrophes des tournées de vente de leurs produits ou de prestations de services à partir d'établissements fixes.

Art. R. 123-208-2 *(D. n° 2009-194, 18 févr. 2009 ; mod., D. n° 2015-731, 24 juin 2015 ; D. n° 2017-1522, 2 nov. 2017).* – Toute personne assujettie à immatriculation au registre du commerce et des sociétés effectue la déclaration prévue à l'article L. 123-29 auprès de la chambre de commerce et d'industrie territoriale compétente.

Toute personne assujettie à immatriculation au répertoire des métiers effectue cette déclaration auprès de la chambre de métiers et de l'artisanat de région compétente alors même qu'elle serait immatriculée au registre du commerce et des sociétés.

Toute personne exerçant une activité commerciale ou artisanale et qui n'est pas assujettie à immatriculation à un registre de publicité légale effectue cette déclaration auprès de la chambre de commerce et d'industrie territoriale ou de la chambre de métiers et de l'artisanat de région compétente au titre de son activité principale.

Les personnes mentionnées aux trois premiers alinéas adressent leur déclaration au centre de formalités des entreprises de la chambre de commerce et d'industrie territoriale ou de la chambre de métiers et de l'artisanat dont dépend soit la commune où est situé l'organisme auprès duquel elles ont fait élection de domicile dans les conditions prévues à l'article L. 264-1 du Code de l'action sociale et des familles, soit la commune où se trouve situé leur domicile ou leur résidence dans le cas d'une personne physique, ou leur siège social dans le cas d'une personne morale. Lorsque le domicile, la résidence ou le siège social sont situés dans l'un des États membres de *(Mots rempl. à compter du 1er avril 2021, D. n° 2021-300, 18 mars 2021)* « l'Union » européenne autre que la France, la déclaration est adressée au centre de formalités des entreprises dont dépend la commune où la personne entend exercer, à titre principal, son activité ou sa profession ambulante. La déclaration peut être effectuée concomitamment au dépôt de la déclaration de création de l'entreprise *(Mots aj. à compter du 1er avril 2021, D. n° 2021-300, 18 mars 2021)* « , auprès du centre de formalités des entreprises compétent ou du service informatique mentionné à l'article R. 123-30-14 ».

La liste des pièces à produire à l'appui de la déclaration est fixée par arrêté du ministre chargé du commerce.

> **Rédaction future.** Art. R. 123-208-2 *(D. n° 2009-194, 18 févr. 2009 ; mod., D. n° 2015-731, 24 juin 2015 ; D. n° 2017-1522, 2 nov. 2017 ; mod. à compter du 1er avril 2021, D. n° 2021-300, 18 mars 2021).* – Toute personne assujettie à immatriculation au registre du commerce et des sociétés effectue la déclaration prévue à l'article L. 123-29 auprès de la chambre de commerce et d'industrie territoriale compétente.
>
> Toute personne assujettie à immatriculation au répertoire des métiers effectue cette déclaration auprès de la chambre de métiers et de l'artisanat compétente alors même qu'elle serait immatriculée au registre du commerce et des sociétés.
>
> Toute personne exerçant une activité commerciale ou artisanale et qui n'est pas assujettie à immatriculation à un registre de publicité légale effectue cette déclaration auprès de la chambre de commerce et d'industrie territoriale ou de la chambre de métiers et de l'artisanat compétente au titre de son activité principale.
>
> *(Al. mod. à compter du 1er janvier 2023, D. n° 2021-300, 18 mars 2021)* Les personnes mentionnées aux trois premiers alinéas adressent leur déclaration à la chambre de commerce et d'industrie ou à la chambre de métiers et de l'artisanat dont dépend soit la commune où est situé l'organisme auprès duquel elles ont fait élection de domicile dans les conditions prévues à l'article L. 264-1 du Code de l'action sociale et des familles, soit la commune où se trouve situé leur domicile ou leur résidence dans le cas d'une personne physique, ou leur siège social dans le cas d'une personne morale. Lorsque le domicile, la résidence ou le siège social sont situés dans l'un des États membres de l'Union européenne autre que la France, la déclaration est adressée à la chambre de commerce et d'industrie ou à la chambre de métiers et de l'artisanat de région dont dépend la commune où la personne entend exercer, à titre principal, son activité ou sa profession ambulante. La déclaration peut être effectuée concomitamment au dépôt de la déclaration de création de l'entreprise réalisé auprès de l'organisme unique mentionné à l'article R. 123-1.
>
> La liste des pièces à produire à l'appui de la déclaration est fixée par arrêté du ministre chargé du commerce.

Art. R. 123-208-3 *(D. n° 2009-194, 18 févr. 2009 ; mod., D. n° 2009-1700, 30 déc. 2009 ; D. n° 2010-1463, 1er déc. 2010 ; D. n° 2015-731, 24 juin 2015).* – La déclaration prévue à l'article

L. 123-29 est adressée par lettre recommandée avec demande d'avis de réception ou remise contre récépissé.

Si le dossier est incomplet, le centre de formalités des entreprises notifie à l'intéressé la liste des pièces manquantes dans un délai de quinze jours à compter de sa réception.

À compter de la réception du dossier complet de déclaration, une carte dénommée « carte permettant l'exercice d'une activité commerciale ou artisanale ambulante » est délivrée contre paiement d'une redevance par la chambre de commerce et d'industrie territoriale ou la chambre de métiers et de l'artisanat de région à l'intéressé dans un délai maximum d'un mois, hors le cas où la déclaration est concomitante au dépôt d'une demande de création d'entreprise. Dans ce dernier cas, le délai d'un mois court à compter de l'inscription au registre de publicité légale.

Durant la période d'un mois mentionnée au troisième alinéa et jusqu'à la réception de sa carte par le déclarant, celui-ci peut présenter aux contrôles mentionnés à l'article R. 123-208-5 un certificat provisoire délivré, à sa demande, par la chambre de commerce et d'industrie territoriale ou par la chambre de métiers et de l'artisanat de région.

Le montant de la redevance mentionnée au troisième alinéa ne peut excéder le coût moyen de réalisation et de transmission de la carte.

Les mentions portées sur cette carte et le montant de la redevance sont fixées par arrêté du ministre chargé du commerce.

Rédaction future. Art. R. 123-208-3 *(D. n° 2009-194, 18 févr. 2009 ; mod., D. n° 2009-1700, 30 déc. 2009 ; D. n° 2010-1463, 1er déc. 2010 ; D. n° 2015-731, 24 juin 2015).* – La déclaration prévue à l'article L. 123-29 est adressée par lettre recommandée avec demande d'avis de réception ou remise contre récépissé.

Si le dossier est incomplet, *(Mots rempl. à compter du 1er janvier 2023, D. n° 2021-300, 18 mars 2021)* « la chambre de commerce et d'industrie ou la chambre de métiers et de l'artisanat de région » notifie à l'intéressé la liste des pièces manquantes dans un délai de quinze jours à compter de sa réception.

À compter de la réception du dossier complet de déclaration, une carte dénommée « carte permettant l'exercice d'une activité commerciale ou artisanale ambulante » est délivrée contre paiement d'une redevance par la chambre de commerce et d'industrie territoriale ou la chambre de métiers et de l'artisanat à l'intéressé dans un délai maximum d'un mois, hors le cas où la déclaration est concomitante au dépôt d'une demande de création d'entreprise. Dans ce dernier cas, le délai d'un mois court à compter de l'inscription au registre de publicité légale.

Durant la période d'un mois mentionnée au troisième alinéa et jusqu'à la réception de sa carte par le déclarant, celui-ci peut présenter aux contrôles mentionnés à l'article R. 123-208-5 un certificat provisoire délivré, à sa demande, par la chambre de commerce et d'industrie territoriale ou par la chambre de métiers et de l'artisanat.

Le montant de la redevance mentionnée au troisième alinéa ne peut excéder le coût moyen de réalisation et de transmission de la carte.

Les mentions portées sur cette carte et le montant de la redevance sont fixés par arrêté du ministre chargé du commerce.

Art. R. 123-208-4 *(D. n° 2009-194, 18 févr. 2009 ; mod., D. n° 2015-731, 24 juin 2015).* – La déclaration prévue à l'article L. 123-29 est renouvelée tous les quatre ans, selon la même procédure que celle prévue à l'article R. 123-208-2. Cependant, en cas de renouvellement de la carte, le délai de délivrance de la nouvelle carte est de quinze jours à compter de la réception du dossier complet de déclaration.

Le titulaire de la carte fait connaître au centre de formalités des entreprises toute déclaration modificative affectant son activité ou son mode d'exercice ou toute radiation d'un registre de publicité légale, aux fins de mise à jour ou de retrait de ladite carte.

Rédaction future. Le titulaire de la carte fait connaître *(Mots rempl. à compter du 1er janvier 2023, D. n° 2021-300, 18 mars 2021)* « à la chambre de commerce et d'industrie ou à la chambre de métiers et de l'artisanat de région » toute déclaration modificative affectant son activité ou son mode d'exercice ou toute radiation d'un registre de publicité légale, aux fins de mise à jour ou de retrait de ladite carte.

Pour obtenir sa radiation du registre du commerce et des sociétés ou du répertoire des métiers, l'intéressé produit ladite carte. Mention de cette radiation, ainsi que de sa date, sont portées sur la carte qui est restituée à l'autorité l'ayant délivrée. En cas de cessation d'une activité non assujettie à immatriculation à un registre de publicité légale, la mention de cette cessation, ainsi que de sa date, sont portées sur la carte qui est restituée à *l'autorité l'ayant délivrée.*

Art. R. 123-208-5 *(D. n° 2009-194, 18 févr. 2009).* – I. – Toute personne souhaitant exercer une activité commerciale ou artisanale ambulante présente à toute réquisition des agents mentionnés à l'article L. 123-30 la carte permettant l'exercice d'une activité commerciale ou artisanale ambulante en cours de validité ainsi qu'un document justifiant de son identité.

II. – Tout préposé, salarié ou personne mentionnés aux articles L. 121-4 ou L. 121-8, exerçant une activité commerciale ou artisanale ambulante pour le compte d'une personne souhaitant exercer ladite activité, présente, à toute réquisition des agents susmentionnés, une copie de la carte de la personne pour le compte de laquelle il exerce cette activité, un document établissant un lien avec le titulaire de ladite carte, ainsi qu'un document justifiant de son identité.

III. – Préalablement à l'occupation temporaire d'un emplacement situé sur un marché ou sous une halle créé en application de l'article L. 2224-18 du Code général des collectivités territoriales, les personnes exerçant une activité commerciale ou artisanale ainsi que leurs préposés présentent, à toute réquisition, les documents visés au I ou au II aux agents mentionnés à l'article L. 123-30, ainsi qu'aux agents du gestionnaire délégué du marché, responsables du placement, missionnés à cet effet par le maire de la commune.

Toute copie de la carte est établie et certifiée par son titulaire, sous sa responsabilité.

Art. R. 123-208-6 *(D. n° 2009-194, 18 févr. 2009 ; mod., D. n° 2019-966, 18 sept. 2019).* – Les agents mentionnés au 2° de l'article L. 123-30 sont habilités, sur proposition du maire, par arrêté du préfet du département dans lequel se trouve la commune concernée ou, à Paris, par arrêté du préfet de police.

Ne peuvent être habilités que des fonctionnaires titulaires justifiant d'une expérience professionnelle d'au moins deux ans dans la gestion des marchés ou d'une expérience professionnelle d'au moins trois ans dans des fonctions requérant le niveau de formation et de compétence exigibles pour cette mission de police judiciaire et dont le préfet a vérifié l'honorabilité dans les conditions prévues à l'article 776 du Code de procédure pénale.

L'habilitation porte sur le territoire de la commune qui a présenté la demande pour ses agents. Elle cesse en cas de changement de fonction du bénéficiaire.

Avant d'entrer en fonction, les fonctionnaires ainsi habilités prêtent devant le tribunal judiciaire de leur commune d'exercice le serment suivant : « Je jure de bien et fidèlement remplir mes fonctions et de ne rien révéler ou utiliser de ce qui sera porté à ma connaissance à l'occasion de leur exercice ».

Mention de la prestation de serment est portée sur l'acte d'habilitation par le greffier du tribunal judiciaire.

NB : Conformément à l'article 9 du décret n° 2019-966 du 18 septembre 2019, les présentes dispositions entrent en vigueur le 1er janvier 2020.

Art. R. 123-208-7 *(D. n° 2009-194, 18 févr. 2009, en vigueur à compter du 10 mars 2010).* – En cas de perte ou de vol de la carte, son titulaire sollicite du centre de formalités des entreprises, sur présentation d'une attestation sur l'honneur de perte ou du récépissé de déclaration de vol, la délivrance d'un duplicata.

> **Rédaction future.** Art. R. 123-208-7 *(D. n° 2009-194, 18 févr. 2009).* – En cas de perte ou de vol de la carte, son titulaire sollicite *(Mots rempl. à compter du 1er janvier 2023, D. n° 2021-300, 18 mars 2021)* « de la chambre de commerce et d'industrie ou de la chambre de métiers et de l'artisanat de région », sur présentation d'une attestation sur l'honneur de perte ou du récépissé de déclaration de vol, la délivrance d'un duplicata.

Art. R. 123-208-8 *(D. n° 2009-194, 18 févr. 2009, en vigueur à compter du 10 mars 2010).* – L'exercice d'une activité commerciale ou artisanale ambulante sans la déclaration préalable prévue à l'article L. 123-29 du Code de commerce est puni de l'amende prévue pour les contraventions de 4e classe.

Le défaut de présentation des documents prévus aux I, II et III de l'article R. 123-208-5, ainsi que le défaut de mise à jour de la carte permettant l'exercice d'une activité commerciale ou artisanale ambulante sont punis de l'amende prévue pour les contraventions de 3e classe.

Section III. – Dispositions diverses

Sous-section 1. – Du *Bulletin officiel des annonces civiles et commerciales*

(Anc. D. n° 67-238, 23 mars 1967)

Art. R. 123-209 *(Mod., D. n° 2016-296, 11 mars 2016).* – Il est institué un bulletin annexe au *Journal officiel* de la République française sous le titre de Bulletin officiel des annonces civiles et commerciales.

Le *Bulletin officiel des annonces civiles et commerciales* est publié sous forme électronique, dans des conditions de nature à garantir son authenticité et son accessibilité permanente et gratuite.

Sont insérés dans ce bulletin les avis prévus par le présent code et par tous autres textes législatifs ou réglementaires.

Voir aussi : D. n° 2004-1431, 23 décembre 2004, fixant le tarif des insertions au *Bulletin officiel des annonces civiles et commerciales* (*JO* 30 déc.) et D. n° 2004-1432, 23 décembre 2004, fixant le tarif des insertions au *Bulletin des annonces légales et obligatoires* (*JO* 30 déc.).

A. 29 janvier 1985 fixant les dispositions relatives à la constitution d'une banque de données télématique des informations contenues dans le *Bulletin officiel des annonces civiles et commerciales* et à sa commercialisation (*JO* 31 janv.).

Art. R. 123-210. – L'avis concernant l'immatriculation au registre du commerce et des sociétés contient les indications prévues aux articles R. 123-156 à R. 123-158.

Art. R. 123-211 *(Mod., D. n° 2008-1488, 30 déc. 2008 ; D. n° 2016-296, 11 mars 2016 ; D. n° 2020-106, 10 févr. 2020).* **– L'avis concernant une déclaration afférente à la vente, à la cession, à l'apport en société, à l'attribution par partage ou par licitation d'un fonds de commerce contient :**

1° Les indications exigées à l'article L. 141-13 ;

2° Le cas échéant, en ce qui concerne l'ancien propriétaire, les références de son immatriculation au registre du commerce et des sociétés et s'il s'agit d'une personne morale, sa dénomination ou raison sociale ;

3° En ce qui concerne le nouveau propriétaire, les indications exigées aux articles R. 123-156 et suivants ;

4° Le titre du support habilité à recevoir les annonces légales dans lequel la première insertion a été effectuée ainsi que la date de cette insertion.

Art. R. 123-212 *(Mod., D. n° 2016-296, 11 mars 2016 ; D. n °2020-106, 10 févr. 2020).* **– La publication de l'avis prévu à l'article R. 123-211 est requise du greffier par le nouveau propriétaire du fonds de commerce dans les trois jours de la première insertion dans un support habilité à recevoir les annonces légales prévue à l'article L. 141-12.**

Lorsque cette publication est requise en même temps que celle de l'avis relatif à l'immatriculation du nouveau propriétaire du fonds de commerce au registre du commerce et des sociétés ou à des inscriptions modificatives de cette immatriculation consécutives à la vente ou à la cession du fonds de commerce, un avis unique est publié. Cet avis comprend l'ensemble des indications que contiennent les avis qu'il remplace.

Lorsque l'immatriculation au registre est faite postérieurement à la demande de publication de l'avis afférent à la vente ou cession du fonds de commerce, le greffier fait publier l'avis conformément aux articles R. 123-155 et suivants en mentionnant le premier avis.

CCRCS, avis 2015-016 : La loi n° 2015-990 du 6 août 2015, qui a supprimé la publication dans un journal d'annonces légales des ventes ou cession, attribution par partage ou licitation voire apport en société d'un fonds de commerce, pour ne conserver qu'une publication au BODACC, est restée sans incidence sur l'articulation de cette publicité avec celle de l'avis auquel doit par ailleurs donner lieu l'immatriculation ou autre inscription subséquente au RCS à laquelle le nouveau propriétaire est tenu le plus souvent. Les dispositions réglementaires organisant la coordination des deux publicités demeurent d'application. Il en résulte que le nouveau propriétaire du fonds peut requérir du greffier la publication de l'avis au BODACC afférent au transfert de propriété avant l'accomplissement des formalités lui incombant au RCS, ou concomitamment à celles-ci. Selon l'option choisie par le nouveau propriétaire, il sera publié : soit un avis unique regroupant le contenu des deux avis en principe prévus ; soit chacun de ces deux avis, le second – nécessairement celui afférent à l'immatriculation ou autre inscription au RCS – faisant mention du précédent.

Art. R. 123-213. – L'avis relatif à la nouvelle immatriculation du donataire, du légataire, de l'héritier unique du titulaire d'un fonds de commerce comporte les indications exigées aux articles R. 123-155 et suivants et, en outre, le nom de l'ancien exploitant et son numéro d'immatriculation au registre du commerce et des sociétés.

Art. R. 123-214. – L'avis relatif à la nouvelle immatriculation, faisant suite à la mise d'un fonds de ***commerce ou d'un établissement*** **artisanal en location-gérance comporte les mêmes indications concernant respectivement l'ancien et le nouvel exploitant.**

Art. R. 123-215. – Dans le cas où l'immatriculation serait requise pour toute autre cause que la création de l'établissement ou le changement de l'exploitant, mention en est faite dans l'avis qui indique la raison de la nouvelle immatriculation ainsi que le numéro antérieur.

Art. R. 123-216. – L'avis relatif à une déclaration de radiation comporte les indications exigées à l'article R. 123-160.

Art. R. 123-217. – Les inscriptions modificatives ainsi que la dissolution et la décision prononçant la nullité de la personne morale sont publiées dans les conditions prévues à l'article R. 123-159.

Art. R. 123-218. – Les insertions sont faites aux frais du nouvel exploitant du fonds de commerce ou de l'entreprise artisanale, à la diligence et sous la responsabilité du greffier qui reçoit les déclarations.

Art. R. 123-219 *(Mod., D. n° 2019-966, 18 sept. 2019).* – Un service gratuit du Bulletin officiel des annonces civiles et commerciales est fait par l'administration des Journaux officiels aux greffes des tribunaux de commerce et des tribunaux judiciaires statuant en matière commerciale.

NB : Conformément à l'article 9 du décret n° 2019-966 du 18 septembre 2019, les présentes dispositions entrent en vigueur le 1er janvier 2020.

Sous-section 2. – Du système national d'identification et du répertoire des entreprises et de leurs établissements

(Anc. D. n° 73-314, 14 mars 1973)

Art. R. 123-220 *(Mod., D. n° 2008-1488, 30 déc. 2008 ; D. n° 2010-1042, 1er sept. 2010 ; D. n° 2015-731, 24 juin 2015).* – L'Institut national de la statistique et des études économiques est chargé de tenir un répertoire national des personnes physiques exerçant de manière indépendante une profession non salariée, des personnes morales de droit public ou de droit privé, des institutions et services de l'État et des collectivités territoriales, ainsi que de leurs établissements, lorsqu'ils relèvent du registre du commerce et des sociétés, du répertoire des métiers ou qu'ils emploient du personnel salarié, sont soumis à des obligations fiscales ou bénéficient de transferts financiers publics.

Les personnes morales en formation sont inscrites au répertoire national mentionné au premier alinéa.

Les modalités de leur inscription au répertoire et d'attribution d'un numéro d'identité unique sont définies par arrêté des ministres intéressés.

Voir aussi : A. 2 mai 1983 (*JONC* 4 mai) fixant la liste des administrations pour organismes habilités à la demande l'inscription au répertoire des entreprises et de leurs établissements (Mod., A. 15 oct. 1985 : *JO* 17 oct.).

A. 6 novembre 1974 (*JO* 14 nov.) et 17 décembre 1974 (*JO* 29 déc.) pour la liste des personnes physiques ou morales susceptibles d'être inscrites sur le répertoire. – A. 28 mars 1994 relatif aux conditions de tarification s'appliquant à l'accès au service public d'information sur les entreprises, organismes publics et leurs établissements (*JO* 17 avr.). – D. n° 84-966, 22 octobre 1984, instituant le répertoire des entreprises contrôlées majoritairement par l'État. – D. n° 81-257, 18 mars 1981 (*JO* 21 mars), créant des centres de formalités des entreprises, mod., D. n° 84-405, 30 mai 1984, *supra*. – Pour la mise en place des centres de formalités des entreprises, V. D. n° 96-650, 19 juillet 1996 (*JO* 23 juill.). – V. aussi CGI, ann. II, art. 371 AA à AH ; COJ, art. R. 821-5.

Art. R. 123-221. – Le numéro d'identité attribué à chaque personne inscrite est un numéro d'ordre composé de neuf chiffres.

Le numéro d'identité attribué à chaque établissement est composé des neuf chiffres du numéro de la personne inscrite qui y exerce son activité, suivis d'un numéro complémentaire de deux à cinq chiffres propre à cet établissement.

Art. R. 123-222 *(Mod., D. n° 2015-1219, 1er oct. 2015 ; D. n° 2020-1, 2 janv. 2020).* – Sont portés au répertoire les renseignements d'identification suivants :

1° Les nom, nom d'usage, prénoms, adresse légale, date et lieu de naissance des personnes physiques ainsi que leur éventuelle cessation d'activité ; les raison ou dénomination sociale, sigle le cas échéant, forme juridique, qualité de société à mission, qualité d'entreprise de l'économie sociale et solidaire, numéro au répertoire national des associations le cas échéant et siège social des personnes morales de droit privé ; les dénomination, sigle le cas échéant, forme juridique, et adresse du lieu principal d'activité des personnes morales de droit public et des institutions et services mentionnés à l'article R. 123-220 ;

2° Pour chaque établissement, sa dénomination usuelle, son adresse, et si nécessaire la date et l'origine de sa création ;

3° Dans tous les cas le numéro d'identité.

Art. R. 123-223 *(D. n° 2008-551, 11 juin 2008 ; mod., D. n° 2015-1469, 13 nov. 2015).* – Sont également portés au répertoire les renseignements suivants :

1° Les numéros de la nomenclature d'activités française en vigueur caractérisant les activités exercées, approuvée par décret ;

2° Les codes complémentaires précisant les formes particulières d'activités. Ces codes et leurs liens avec la nomenclature d'activités française en vigueur sont fixés par un arrêté du ministre chargé de l'économie ;

3° Le code complémentaire de la nomenclature française du secteur des métiers et de l'artisanat en vigueur, lorsque l'activité exercée en relève. Par dérogation à l'article R. 123-220, ce code est attribué par les chambres des métiers et de l'artisanat ;

4° Les catégories correspondant à l'importance de l'effectif salarié civil total et par établissement ;

5° La mention de la compétence territoriale des personnes morales de droit public et des institutions et services de l'État, ainsi que la mention de leurs rapports administratifs avec d'autres personnes ou services inscrits au répertoire.

Art. R. 123-224 *(D. n° 2008-1488, 30 déc. 2008 ; mod., D. n° 2015-731, 24 juin 2015).* – L'attribution des numéros d'identité, par l'Institut national de la statistique et des études économiques, aux personnes inscrites et à leurs établissements est effectuée :

1° Soit à l'occasion de la demande d'immatriculation au registre du commerce et des sociétés ou de la déclaration au répertoire des métiers ;

2° *(Abrogé)* ;

3° Soit à la demande des administrations ou organismes dont la liste est fixée par arrêté du Premier ministre.

Art. R. 123-225. – La modification des renseignements d'identification mentionnés au répertoire concernant les personnes inscrites ou leurs établissements est effectuée soit à l'occasion de demandes d'inscription modificatives au registre du commerce et des sociétés ou au répertoire des métiers, soit à la demande des administrations ou organismes mentionnés à l'article R. 123-224, soit à la demande des personnes inscrites.

Art. R. 123-226. – Lorsque les renseignements d'identification énumérés à l'article R. 123-222 sont fournis, en vertu des articles R. 123-224 et R. 123-225, soit par les administrations ou organismes mentionnés à l'article R. 123-224, soit par les personnes inscrites elles-mêmes, l'Institut national de la statistique et des études économiques vérifie la concordance de ces renseignements avec ceux qui ressortent des demandes d'immatriculation ou d'inscription modificative au registre du commerce et des sociétés ou au répertoire des métiers ; en cas de non-concordance, seuls ces derniers renseignements sont pris en considération au répertoire institué par la présente section.

Lorsque la modification des renseignements d'identification énumérés à l'article R. 123-222 est demandée, en application de l'article R. 123-225, par la personne inscrite elle-même, et que celle-ci n'est pas assujettie à l'immatriculation au registre du commerce et des sociétés ou au répertoire des métiers, l'Institut national de la statistique et des études économiques procède à la modification en accord avec l'administration ou organisme ayant sollicité l'inscription de la personne concernée.

Art. R. 123-227 *(Mod., D. n° 2010-1042, 1er sept. 2010 ; D. n° 2015-417, 14 avr. 2015 ; D. n° 2019-718, 5 juill. 2019 ; D. n° 2019-1080, 23 oct. 2019).* – Sous réserve des articles R. 123-228 à R. 123-230, une personne inscrite est radiée du répertoire en cas de dissolution s'il s'agit d'une personne morale, et en cas de décès, de décision définitive de radiation, en application des dispositions de l'article L. 613-4 du Code la sécurité sociale, du régime de sécurité sociale auquel il était affilié ou lors de la cessation de toute activité mentionnée à l'article R. 123-220 s'il s'agit d'une personne physique.

Une personne morale en formation est radiée et son numéro d'identification est supprimé lorsqu'elle fait l'objet d'une décision de refus d'inscription au registre du commerce et des sociétés.

En cas de refus d'immatriculation ou d'inscription au répertoire des métiers d'une personne physique pour l'exercice d'une activité, la mention de cette activité est supprimée du répertoire des entreprises et de leurs établissements.

Un établissement est radié lors de la cessation définitive de l'activité de la personne inscrite dans cet établissement.

Lors de la radiation d'une personne inscrite, ses établissements sont également radiés.

Art. R. 123-228 *(Mod., D. n° 2015-417, 14 avr. 2015 ; D. n° 2019-1080, 23 oct. 2019).* – Sauf en cas d'application des deux premiers alinéas de l'article L. 613-4 du Code de la sécurité sociale, la radiation des commerçants, personnes physiques ou morales, soumis à l'immatriculation au registre du commerce et des sociétés, des agents commerciaux, personnes physiques ou morales, soumis à l'immatriculation au registre spécial mentionné à l'article R. 134-6 et des entrepreneurs individuels à responsabilité limitée immatriculés au registre spécial mentionné à l'article R. 526-15, ne peut intervenir que lorsque la radiation de ces registres a été faite.

Art. R. 123-228-1 *(D. n° 2015-417, 14 avr. 2015).* – La radiation des agriculteurs soumis à l'immatriculation au registre de l'agriculture ne peut intervenir que lorsque la radiation du registre de l'agriculture a été faite.

Art. R. 123-229 *(Mod., D. n° 2019-1080, 23 oct. 2019).* – Sauf en cas d'application des deux premiers alinéas de l'article L. 613-4 du Code de la sécurité sociale, lorsqu'une entreprise au sens des textes qui régissent le répertoire des métiers est soumise à l'immatriculation à ce répertoire, la radiation du chef de l'entreprise ne peut intervenir que postérieurement, selon les cas, à la radiation de l'entreprise du répertoire des métiers ou à la radiation de la mention concernant le chef d'entreprise.

Art. R. 123-230 *(Mod., D. n° 2015-417, 14 avr. 2015 ; D. n° 2019-1080, 23 oct. 2019).* – En cas de pluralité d'immatriculations au registre du commerce et des sociétés, au registre spécial des agents commerciaux, au registre de l'agriculture, au registre spécial des entrepreneurs individuels à responsabilité limitée ou au répertoire des métiers, la radiation ne peut intervenir que postérieurement à la radiation de tous les registres ou du répertoire en cause.

Par dérogation au premier alinéa, lorsqu'il est fait application des deux premiers alinéas de l'article L. 613-4 du Code de la sécurité sociale, la radiation du répertoire n'est pas subordonnée à la radiation préalable du registre du commerce et des sociétés, du registre spécial des agents commerciaux, du registre spécial des entrepreneurs individuels à responsabilité limitée ou du répertoire des métiers.

Art. R. 123-231. – Aucun effet juridique ne s'attache à l'identification ou à la non-identification d'une personne inscrite au répertoire. Celle-ci demeure soumise à toute obligation législative, réglementaire ou contractuelle afférente à l'exercice de son activité.

Art. R. 123-232. – *(Mots suppr. à compter du 1er janvier 2023, D. n° 2021-300, 18 mars 2021)* « Sous réserve des dispositions des articles L. 123-1 à L. 123-11-1 et R. 123-31 à R. 123-153, en ce qui concerne le registre du commerce et des sociétés, et de celles du décret n° 98-247 du 2 avril 1998 relatif à la qualification artisanale et au répertoire des métiers, » les numéros d'identité au répertoire sont communiqués aux personnes inscrites et à leurs établissements par l'Institut national de la statistique et des études économiques. *(Mots aj. à compter du 1er janvier 2023, D. n° 2021-300, 18 mars 2021)* « Par exception, lorsque les numéros d'identité au répertoire sont sollicités par une entreprise à l'occasion de la procédure de création, de modification de sa situation ou de cessation de ses activités prévue à l'article L. 123-33, leur communication aux personnes inscrites est réalisée par l'intermédiaire de l'organisme unique mentionné au même article ».

Les renseignements contenus dans le répertoire et énumérés aux articles R. 123-222 et R. 123-223 sont communiqués, *sur leur demande, aux greffiers* des tribunaux de commerce, des tribunaux judiciaires statuant commercialement et des tribunaux judiciaires du ressort *(Mots rempl. à compter du 1er avril 2021, D. n° 2021-300, 18 mars 2021)* « des cours d'appel de Colmar et Metz » chargés de la tenue du registre du commerce et des sociétés, à l'Institut national de la propriété industrielle chargé de la tenue du registre national du commerce et des sociétés, aux chambres de métiers, ainsi qu'aux administrations ou organismes prévus à l'article R. 123-224. Les mêmes renseignements sont communiqués aux personnes inscrites, en tant que ces renseignements les concernent.

Les dispositions des deux alinéas précédents sont applicables aux institutions et services définis à l'article R. 123-220 ainsi qu'à leurs établissements.

L'Institut national de la statistique et des études économiques peut communiquer aux personnes ou organismes qui en font la demande les renseignements prévus à l'alinéa précédent, à l'exception de ceux concernant la date

et le lieu de naissance des personnes physiques. Un arrêté du Premier ministre précise en tant que de besoin les conditions et limites d'application de la présente disposition.

NB : Conformément à l'article 9 du décret n° 2019-966 du 18 septembre 2019, les présentes dispositions entrent en vigueur le 1er janvier 2020.

Art. R. 123-233. – Indépendamment des administrations ou organismes mentionnés à l'article R. 123-224, les administrations publiques sont tenues d'utiliser exclusivement le numéro d'identité au répertoire lors de toute correspondance, si l'objet de cette correspondance nécessite de désigner par des numéros d'immatriculation les personnes inscrites et leurs établissements tels qu'ils sont définis à l'article R. 123-220.

Art. R. 123-234. – Conformément à l'article R. 123-220 toute personne physique ou morale, toute institution ou service mentionne dans sa correspondance avec les administrations ou organismes énumérés à l'article R. 123-224, le numéro d'identité dès sa notification et, lorsque la correspondance concerne plus particulièrement un ou plusieurs de ses établissements, le ou les numéros de ces derniers.

Sous-section 3. – Du numéro unique d'identification des entreprises

(Anc. D. n° 97-497, 16 mai 1997)

Art. D. 123-235. – Le numéro unique d'identification qui seul peut être exigé d'une entreprise dans ses relations avec les administrations, personnes ou organismes énumérés à l'article 1er de la loi n° 94-126 du 11 février 1994 relative à l'initiative et à l'entreprise individuelle est le numéro d'identité qui lui est attribué lors de son inscription au répertoire des entreprises et de leurs établissements en application de la sous-section 2.

Art. D. 123-236. – Les dispositions de l'article D. 123-235 ne font pas obstacle à ce qu'une entreprise puisse être tenue de porter, en complément du numéro unique d'identification et à titre d'identifiant spécifique :

1° Pour les activités soumises à immatriculation au registre du commerce et des sociétés, les mentions prévues par les articles R. 123-237 et suivants ;

2° Pour les relations avec une administration, personne ou organisme concernant plus particulièrement un des établissements de l'entreprise, le numéro complémentaire attribué à cet établissement dans les conditions prévues à l'article R. 123-221 ;

3° Pour les activités soumises à l'article 256 A du Code général des impôts l'indication du numéro de TVA intracommunautaire, selon les modalités arrêtées par le ministre chargé du budget et par le ministre chargé de la simplification des formalités incombant aux entreprises ;

4° Pour les activités soumises à une inscription à un autre registre ou répertoire que celui du commerce et des sociétés ou à une autorisation ou déclaration préalable, une mention afférente à l'accomplissement de la formalité dans les conditions prévues par un acte réglementaire conjoint du ministre concerné et du ministre chargé de la simplification des formalités incombant aux entreprises, imposant l'accomplissement et la mention de formalités nouvelles ;

5° Une mention afférente à l'accomplissement d'une formalité administrative, lorsque cette obligation résulte d'un arrêté conjoint du ministre concerné et du ministre chargé de la simplification des formalités incombant aux entreprises.

Sous-section 4. – Des mentions sur les papiers d'affaires

Art. R. 123-237 *(Anc. D. n° 84-406, 30 mai 1984 ; rempl., D. n° 2007-750, 9 mai 2007 ; mod., D. n° 2007-1851, 26 déc. 2007 ; D. n° 2010-1706, 29 déc. 2010)*. **– Toute personne immatriculée indique sur ses factures, notes de commande, tarifs et documents publicitaires ainsi que sur toutes correspondances et tous récépissés concernant son activité et signés par elle ou en son nom :**

1° Le numéro unique d'identification de l'entreprise délivré conformément à l'article D. 123-235 ;

2° La mention RCS suivie du nom de la ville où se trouve le greffe où elle est immatriculée ;

3° Le lieu de son siège social ;

4° Le cas échéant, qu'elle est en état de liquidation ;

5° Si elle est une société commerciale dont le siège est à l'étranger, outre les renseignements mentionnés aux 3° et 4°, sa dénomination, sa forme juridique et le numéro d'immatriculation dans l'État où elle a son siège, s'il en existe un ;

6° Le cas échéant, la qualité de locataire-gérant ou de gérant-mandataire ;

7° Si elle est bénéficiaire d'un contrat d'appui au projet d'entreprise pour la création ou la reprise d'une activité économique au sens du chapitre VII du titre II du livre I du Code de commerce, la dénomination sociale de la personne morale responsable de l'appui, le lieu de son siège social, ainsi que son numéro unique d'identification ;

8° Si elle a constitué un patrimoine affecté en application de l'article L. 526-6, l'objet de l'activité professionnelle à laquelle le patrimoine est affecté et la dénomination utilisée pour l'exercice de l'activité professionnelle incorporant son nom ou nom d'usage précédé ou suivi immédiatement des mots : « entrepreneur individuel à responsabilité limitée » ou des initiales : « EIRL ».

Toute personne immatriculée indique en outre sur son site internet la mention RCS suivie du nom de la ville où se trouve le greffe où elle est immatriculée, ainsi que des renseignements mentionnés aux 1°, 3°, 5° et 8°.

Toute contravention aux dispositions des alinéas précédents est punie de l'amende prévue pour les contraventions de la 4e classe.

Art. R. 123-237-1 *(Abr. à compter du 19 décembre 2015, D. n° 2015-731, 24 juin 2015).*

Art. R. 123-238 *(Anc. D. n° 67-236, 23 mars 1967).* – Les actes et documents émanant de la société et destinés aux tiers, notamment les lettres, factures, annonces et publications diverses, indiquent la dénomination sociale, précédée ou suivie immédiatement et lisiblement :

1° Pour les sociétés en nom collectif, des mots « société en nom collectif » ou des initiales « SNC » ;

2° Pour les sociétés en commandite simple, des mots « société en commandite simple » ou des initiales « SCS » ;

3° Pour les sociétés à responsabilité limitée, des mots « société à responsabilité limitée » ou des initiales « SARL » et de l'énonciation du montant du capital social ;

4° Pour les sociétés par action :

a) Selon le cas, des mots :

– « société anonyme » ou des initiales « SA ». En outre, si la société anonyme est dotée d'un directoire et d'un conseil de surveillance, la forme sociale est indiquée par les mots : « société anonyme à directoire et conseil de surveillance » ;

– « société par actions simplifiées » ou des initiales « SAS » ;

– « société en commandite par action » ou des initiales « SCA » ;

– « société européenne » ou des initiales « SE » ;

b) De l'énonciation du montant du capital social qui peut être arrondi à la valeur entière inférieure. Dans le cas d'augmentation de capital résultant de l'exercice, pouvant avoir lieu à tout moment, des droits attachés à des valeurs mobilières donnant accès au capital, de levées d'option de souscription d'actions possibles à tout moment ou du paiement de dividende en actions, et sauf si l'augmentation du capital dépasse 10 % de son montant antérieur, la société n'est tenue de mentionner le nouveau montant du capital dans les actes et documents énumérés à l'alinéa premier qu'à l'expiration d'un délai de trois ans à compter de la constatation de l'augmentation.

CHAPITRE IV. – DES SOCIÉTÉS COOPÉRATIVES DE COMMERÇANTS DÉTAILLANTS

Art. R. 124-1 *(D. n° 2015-800, 1er juill. 2015).* – Les sociétés coopératives de commerçants détaillants sont tenues de se soumettre à la révision coopérative lorsqu'elles dépassent, à chaque clôture de deux exercices consécutifs, les seuils fixés ci-dessous pour un des deux critères suivants :

1° Cent pour le nombre moyen d'associés ; les associés pris en compte pour chaque exercice sont ceux existants à la date de la convocation en vue de l'assemblée générale ordinaire ;

2° 3 000 000 euros pour le montant hors taxes du chiffre d'affaires.

CHAPITRE V. – DES MAGASINS COLLECTIFS DE COMMERÇANTS INDÉPENDANTS

Le présent chapitre ne comprend pas de dispositions réglementaires.

CHAPITRE VI. – DES SOCIÉTÉS DE CAUTION MUTUELLE

Le présent chapitre ne comprend pas de dispositions réglementaires.

CHAPITRE VII. – DU CONTRAT D'APPUI AU PROJET D'ENTREPRISE POUR LA CRÉATION OU LA REPRISE D'UNE ACTIVITÉ ÉCONOMIQUE

Art. R. 127-1 *(Anc. D. n° 2005-505, 19 mai 2005).* – Le contrat d'appui au projet d'entreprise pour la création ou la reprise d'une activité économique défini à l'article L. 127-1 :

1° Fixe le programme de préparation à la création ou à la reprise et à la gestion d'une activité économique ainsi que les engagements respectifs des parties contractantes, en distinguant d'une part les stipulations prévues jusqu'au début d'une activité économique au sens de l'article L. 127-4 et, d'autre part, les stipulations applicables après le début de cette activité ;

2° Précise la nature, le montant et les conditions d'utilisation des moyens mis à la disposition du bénéficiaire par la personne morale responsable de l'appui ainsi que leur évolution éventuelle au cours de l'exécution du contrat ;

3° Prévoit, le cas échéant, les modalités de calcul ou le montant forfaitaire de la rétribution de la personne morale responsable de l'appui ainsi que leur évolution éventuelle au cours de l'exécution du contrat ;

4° Détermine la nature, le montant maximal et les conditions des engagements pris par le bénéficiaire à l'égard des tiers au cours de l'exécution du contrat ainsi que la partie qui en assume la charge financière à titre définitif ;

5° Détermine, après le début d'une activité économique, les modalités et la périodicité selon lesquelles la personne responsable de l'appui est informée des données comptables du bénéficiaire ;

6° Précise les modalités de rupture anticipée ;

7° Peut prévoir, avant le début d'une activité économique, une rémunération du bénéficiaire du contrat ainsi que, le cas échéant, ses modalités de calcul et de versement ainsi que son montant ;

8° Prévoit, après le début d'une activité économique, les conditions dans lesquelles le bénéficiaire du contrat s'acquitte auprès de la personne morale responsable de l'appui du règlement des sommes correspondant au montant des cotisations et contributions sociales versées par celle-ci pour son compte en application du deuxième alinéa de l'article L. 783-1 du Code du travail.

Art. R. 127-2 *(Anc. D. n° 2005-505, 19 mai 2005).* – Le contrat d'appui est renouvelé par écrit.

Art. R. 127-3 *(Anc. D. n° 2005-505, 19 mai 2005).* – Avant toute immatriculation ou inscription au registre du commerce et des sociétés, au répertoire des métiers, au registre spécial des agents commerciaux ou à tout autre registre de publicité légale, ou lorsque l'activité économique ne requiert pas d'immatriculation, le bénéficiaire du contrat indique sur les factures, notes de commande, documents publicitaires ainsi que sur toutes correspondances et tous récépissés concernant son activité et signés par lui en son nom et plus généralement sur ses papiers d'affaires qu'il bénéficie d'un contrat d'appui pour la création ou la reprise d'une activité économique. Il mentionne également sur ces documents la dénomination sociale, le lieu du siège social et le numéro d'identification de la personne morale responsable de l'appui, ainsi que le terme du *contrat.*

Lorsque la nature de l'activité requiert une immatriculation, les obligations du bénéficiaire et les modalités de publicité du contrat d'appui au projet d'entreprise pour la création ou la reprise d'une activité économique sont fixées pour les commerçants par les dispositions du présent code en matière de registre du commerce et des sociétés, pour les artisans par le décret n° 98-247 du 2 avril 1998 modifié relatif à la qualification artisanale et au répertoire des métiers et pour les agents commerciaux par les dispositions du présent code.

CHAPITRE VIII. – DU FICHIER NATIONAL DES INTERDITS DE GÉRER

(Chapitre créé à compter du 1er janvier 2016, D. n° 2015-194, 19 févr. 2015)

Art. R. 128-1 *(Créé à compter du 1er janvier 2016, D. n° 2015-194, 19 févr. 2015).* – Le Conseil national des greffiers des tribunaux de commerce peut confier la mise en œuvre du fichier national des interdits de gérer au groupement mentionné au a de l'article R. 741-5 agissant pour son compte et sous son autorité.

Art. R. 128-2 *(Créé à compter du 1er janvier 2016, D. n° 2015-194, 19 févr. 2015).* – Les mesures mentionnées au troisième alinéa de l'article L. 128-1 sont inscrites sur le fichier national des interdits de gérer par le greffier du tribunal de commerce chargé de la tenue du registre du commerce et des sociétés auquel est immatriculée la personne physique qui en est l'objet ou la personne morale dont elle était le dirigeant de droit ou de fait, dès que la décision de ce tribunal n'est plus susceptible d'aucun recours suspensif d'exécution.

Ce greffier procède également à l'inscription de ces mesures dès qu'il en est informé, soit par celui du tribunal de commerce ayant prononcé la décision, soit par le ministère public lorsqu'elle a été prononcée par une juridiction civile ou pénale, dans le délai de trois jours à compter de la date à laquelle cette décision n'est plus susceptible d'aucun recours suspensif d'exécution.

À défaut d'immatriculation de la personne physique ou de la personne morale dont elle était le dirigeant de droit ou de fait, les mesures mentionnées au troisième alinéa de l'article L. 128-1 sont inscrites dans le fichier des interdits de gérer par le greffier du tribunal de commerce *(Mots rempl. à compter du 1er janvier 2016, D. n° 2015-417, 14 avr. 2015)* « , informé selon les modalités prévues au précédent alinéa, dans le ressort duquel ces mesures ont été prononcées », dès que la décision n'est plus susceptible d'aucun recours suspensif d'exécution.

Art. R. 128-3 *(Créé à compter du 1er janvier 2016, D. n° 2015-194, 19 févr. 2015).* – Par exception à l'article précédent, dans le cas où la personne physique qui en est l'objet ou la personne morale dont elle était dirigeant de droit ou de fait était immatriculée à un registre du commerce et des sociétés tenu auprès des juridictions mentionnées aux articles L. 731-1 et L. 732-1 ou, si elle n'était pas immatriculée, lorsqu'elles sont prononcées par l'une de ces juridictions, les mesures mentionnées au troisième alinéa de l'article L. 128-1 sont inscrites dans le fichier national des interdits de gérer par le président du Conseil national des greffiers des tribunaux de commerce ou la personne placée sous son autorité et désignée par lui à cet effet.

L'inscription est effectuée dès réception de la décision transmise par le ministère public dans le délai de trois jours à compter de la date à laquelle elle n'est plus susceptible d'aucun recours suspensif d'exécution.

Art. R. 128-4 *(Créé à compter du 1er janvier 2016, D. n° 2015-194, 19 févr. 2015).* – I. – Un numéro d'ordre est attribué à chaque inscription.

II. – Toute inscription au fichier national des interdits de gérer comprend la mention :

1° Des nom de famille, nom d'usage, prénoms, date et lieu de naissance, nationalité et domicile de la personne dont la faillite personnelle a été prononcée ou faisant l'objet de la mesure d'interdiction ; le domicile est celui mentionné dans la décision ayant prononcé la mesure ;

2° De la mesure prononcée ;

3° De la juridiction ayant prononcé la mesure ;

4° De la date du prononcé de la mesure et sa durée ;

5° Le cas échéant, la dénomination ou raison sociale, l'adresse du siège social et le numéro d'identité prévu à l'article R. 123-221 de la personne morale dont la personne qui fait l'objet de l'inscription était dirigeant de droit ou de fait.

Art. R. 128-5 *(Créé à compter du 1er janvier 2016, D. n° 2015-194, 19 févr. 2015).* – Lorsque l'une des mesures mentionnées au troisième alinéa de l'article L. 128-1 fait l'objet d'une radiation du registre du commerce et des sociétés, le greffier chargé de la tenue de ce registre, le cas échéant informé par celui du tribunal de commerce qui en a prononcé le relèvement ou par le ministère public si le relèvement est prononcé par une juridiction civile ou pénale, dès que la décision n'est plus susceptible d'un recours suspensif d'exécution, procède sans délai à la radiation de l'inscription correspondante du fichier national des interdits de gérer.

Le président du Conseil national des greffiers des tribunaux de commerce ou la personne placée sous son autorité et désignée par lui à cet effet procède à la radiation de l'inscription dans le cas où le registre est tenu auprès d'une juridiction mentionnée aux articles L. 731-1 et L. 732-1, dès réception de la décision qui en prononce le relèvement, transmise par le ministère public aussitôt qu'elle n'est plus susceptible d'un recours suspensif d'exécution.

Selon le cas, le greffier chargé de la tenue du registre du commerce et des sociétés ou le président du Conseil national des greffiers des tribunaux de commerce ou la personne placée sous son autorité et désignée par lui à cet effet procède d'office à la radiation de la mesure inscrite dans le fichier dès qu'elle arrive à son terme ou qu'il est informé par le ministère public de l'amnistie dont bénéficie la personne concernée.

La radiation de l'inscription interdit la communication des mentions prévues à l'article R. 128-4 aux destinataires énumérés à l'article L. 128-2. Ces mentions sont effacées du fichier national des interdits à l'issue d'un délai de vingt et un mois qui court à compter de la radiation.

Art. R. 128-6 *(Créé à compter du 1er janvier 2016, D. n° 2015-194, 19 févr. 2015).* – Peuvent être destinataires des informations et des données à caractère personnel enregistrées dans le fichier national des interdits de gérer :

1° En application du 3° de l'article L. 128-2 :

a) Les officiers de police judiciaire de la police nationale, individuellement désignés et spécialement habilités, soit par les chefs des services déconcentrés de la police nationale, soit par les chefs des services de la préfecture de police ou, le cas échéant, le préfet de police, soit par les chefs des services centraux de la police nationale ou, le cas échéant, le directeur général de la police nationale ;

b) Les officiers fiscaux judiciaires individuellement désignés et spécialement habilités par le responsable de la brigade nationale de répression de la délinquance fiscale ;

c) Les officiers de police judiciaire de la gendarmerie nationale, individuellement désignés et spécialement habilités, soit par les commandants des groupements de gendarmerie, soit par les commandants de région, soit par le commandant de la gendarmerie outre-mer, soit par les commandants des formations spécialisées de la gendarmerie nationale, soit par le sous-directeur de la police judiciaire, soit par le directeur général de la gendarmerie nationale ;

d) Les agents de la direction générale des douanes et droits indirects individuellement désignés et spécialement habilités par le directeur régional ou le directeur du service à compétence nationale ou, le cas échéant, par le directeur général des douanes et droits indirects ;

e) Les agents du service national de la douane judiciaire, individuellement désignés et spécialement habilités par le magistrat délégué aux missions judiciaires de la douane ou, le cas échéant, par le directeur général des douanes ;

f) Les agents de la direction générale des finances publiques, individuellement désignés et spécialement habilités par le directeur chargé, selon le cas, d'une direction régionale ou départementale des finances publiques, d'une direction spécialisée des finances publiques, d'un service à compétence nationale ou, le cas échéant, par le directeur général des finances publiques ;

g) Les agents du service mentionné à l'article L. 561-23 du Code monétaire et financier, individuellement désignés et spécialement habilités par le directeur ou le directeur adjoint de ce service ;

h) Les agents des organismes nationaux et locaux de sécurité sociale mentionnés au 3° de l'article L. 114-16-3 du Code de la sécurité sociale, individuellement désignés et spécialement habilités par le directeur ou responsable de l'organisme dont ils relèvent ;

i) Les agents de Pôle emploi, individuellement désignés et spécialement habilités par le directeur général ;

j) *(j) créé, D. n° 2021-712, 3 juin 2021)* Les fonctionnaires et agents mentionnés à l'article L. 222-9 du Code de l'énergie.

2° En application du 4° du même article : les personnels des chambres de métiers et de l'artisanat *départementales et de région, de la chambre de* métiers et de l'artisanat de Mayotte et des chambres de métiers d'Alsace et de Moselle, individuellement désignés et spécialement habilités par le président de la chambre de métiers et de l'artisanat dont ils relèvent.

Art. R. 128-7 *(Créé à compter du 1er janvier 2016, D. n° 2015-194, 19 févr. 2015).* – La demande de communication des informations et des données à caractère personnel enregistrées dans le fichier national des interdits de gérer par les destinataires mentionnés aux 1° à 4° de l'article L. 128-2 et leur communication à ceux-ci sont effectuées par la voie électronique et font l'objet d'une authentification électronique sécurisée, conformément aux prescriptions de l'ordonnance n° 2005-1516 du 8 décembre 2005 modifiée relative aux échanges électroniques entre les usagers et les autorités administratives et entre les autorités administratives.

La demande de communication est adressée au Conseil national des greffiers des tribunaux de commerce. Elle indique les nom de famille, nom d'usage, prénoms, date de naissance et, le cas échéant, le lieu de naissance de la personne concernée.

Selon le cas, le requérant est informé de l'absence d'inscription ou reçoit communication des informations et données mentionnées au II de l'article R. 128-4, dont la personne concernée fait l'objet.

Art. R. 128-8 *(Créé à compter du 1er janvier 2016, D. n° 2015-194, 19 févr. 2015).* – Le Conseil national des greffiers des tribunaux de commerce conclut des conventions avec :

1° Le ministre de la justice en ce qui concerne, d'une part, la communication des informations et données à caractère personnel enregistrées dans le fichier aux magistrats et personnels visés aux 1° et 2° de l'article L. 128-2 et, d'autre part, l'accès en consultation de ce fichier par les greffiers des tribunaux civils statuant en matière commerciale ;

2° Les administrations et organismes mentionnés aux 3° et 4° de l'article L. 128-2 en ce qui concerne la communication de ces mêmes informations et données à leurs agents énumérés à l'article R. 128-6.

Les greffiers des tribunaux de commerce regroupés en groupements informatiques adhèrent à un cahier des charges établi par leur Conseil national pour l'accès au fichier national des interdits de gérer.

Les conventions et le cahier des charges précisent, notamment, les exigences de sécurité applicables au système d'accès au fichier national des interdits de gérer et les caractéristiques techniques des systèmes d'informations que les administrations et organismes mettent en œuvre pour assurer la communication sécurisée des données et informations, l'authentification des destinataires et la traçabilité des accès à ce fichier, conformément à l'article L. 128-3.

Art. R. 128-9 *(Créé à compter du 1er janvier 2016, D. n° 2015-194, 19 févr. 2015).* – Les consultations, modifications et interrogations du fichier national des interdits de gérer réalisées par les personnes mentionnées à l'article L. 128-2 sont enregistrées et conservées pendant une durée de trente mois à compter de leur enregistrement.

Art. R. 128-10 *(Créé à compter du 1er janvier 2016, D. n° 2015-194, 19 févr. 2015).* – Les droits d'accès et de rectification prévus par les articles 39 et 40 de la loi n° 78-17 du 6 janvier 1978 modifiée relative à l'informatique, aux fichiers et aux libertés s'exercent auprès du Conseil national des greffiers des tribunaux de commerce.

CHAPITRE IX. – DU TUTORAT EN ENTREPRISE

Le présent chapitre ne comprend pas de dispositions réglementaires.

TITRE III. – DES COURTIERS, DES COMMISSIONNAIRES, DES TRANSPORTEURS ET DES AGENTS COMMERCIAUX

CHAPITRE I. – DES COURTIERS

Le présent chapitre ne comprend pas de dispositions réglementaires.

Section I. – De l'inscription des courtiers de marchandises assermentés sur la liste de la cour d'appel

(D. n° 2012-120, 30 janv. 2012)

Art. R. 131-1 *(D. n° 2012-120, 30 janv. 2012).* – La demande d'inscription sur la liste des courtiers de marchandises assermentés est présentée au procureur général près la cour d'appel dans le ressort de laquelle le requérant a sa résidence ou, s'il s'agit d'une personne morale, son siège social, une succursale ou un établissement en rapport avec sa spécialité.

La demande est assortie de toutes précisions utiles, notamment la ou les spécialités professionnelles pour lesquelles l'inscription est sollicitée, ainsi que des pièces suivantes :

Pour les personnes physiques :

1° Un document justifiant de l'identité et de la nationalité du demandeur ;

2° Une attestation de l'absence de sanction disciplinaire ou administrative de destitution, radiation, révocation, de retrait d'agrément ou d'autorisation, dans la profession que le demandeur exerçait antérieurement. Cette attestation est établie selon le modèle fixé par arrêté du garde des sceaux, ministre de la justice ;

3° Un document justifiant de l'inscription au registre du commerce et des sociétés à titre personnel ;

4° (1) Les documents justifiant de l'habilitation à diriger des ventes de meubles aux enchères publiques et de l'expérience professionnelle requise dans la ou les spécialités professionnelles pour lesquelles l'inscription est demandée ;

5° Les documents justifiant du passage avec succès depuis moins de trois ans de l'examen d'aptitude dans la ou les spécialités professionnelles pour lesquelles l'inscription est demandée ;

6° Les documents justifiant de la résidence dans le ressort de la cour d'appel sur la liste de laquelle l'inscription est demandée ;

7° Un document justifiant de l'ouverture dans un établissement de crédit d'un compte destiné exclusivement à recevoir les fonds détenus pour le compte d'autrui ;

8° Un document justifiant de la souscription d'une assurance de couverture de responsabilité professionnelle ;

9° Un document justifiant d'une assurance ou d'un cautionnement garantissant la représentation des fonds détenus pour le compte d'autrui.

Pour les personnes morales :

1° Une copie des statuts de la société et de l'acte nommant son représentant légal ;

2° Une attestation pour les dirigeants de l'absence de sanction disciplinaire ou administrative, de destitution, radiation, révocation, de retrait d'agrément ou d'autorisation, dans la profession qu'ils exerçaient antérieurement, pour des faits contraires à l'honneur, à la probité ou aux bonnes mœurs. Cette attestation est établie selon le modèle fixé par arrêté du garde des sceaux, ministre de la justice ;

3° Tous documents justifiant de l'exercice par la personne morale d'une activité de courtage en marchandises depuis au moins deux ans dans la ou les spécialités professionnelles pour lesquelles l'inscription est demandée ;

4° La justification prévue au 3° de l'article L. 131-14 ;

5° (1) Les documents justifiant qu'elle compte parmi ses dirigeants, associés ou salariés au moins une personne remplissant les conditions prévues aux articles 1°, 2°, 4° et 5° de l'article L. 131-13 ;

6° Les documents justifiant qu'elle a son siège social, une succursale ou un établissement en rapport avec sa ou ses spécialités dans le ressort de la cour d'appel ;

7° Un document justifiant de l'ouverture dans un établissement de crédit d'un compte destiné exclusivement à recevoir les fonds détenus pour le compte d'autrui ;

8° Un document justifiant de la souscription d'une assurance de couverture de responsabilité professionnelle ;

9° Un document justifiant d'une assurance ou d'un cautionnement garantissant la représentation des fonds détenus pour le compte d'autrui.

NB : Décret n° 2012-120 du 30 janvier 2012, article 22 : Les dispositions du 4° du I et du 5° du II du présent article R. 131-1 concernant l'habilitation à diriger des ventes volontaires de meubles aux enchères publiques, entrent en vigueur le 1er janvier 2015.

Art. R. 131-2 *(D. n° 2012-120, 30 janv. 2012)*. – Le procureur général instruit la demande d'inscription. Il vérifie que le candidat remplit les conditions requises et recueille tous renseignements sur les mérites de celle-ci.

Il transmet la demande pour avis au Conseil national des courtiers de marchandises assermentés par lettre recommandée avec demande d'avis de réception.

Si, quarante-cinq jours après sa saisine, le Conseil n'a pas adressé au procureur général son avis, celui-ci est tenu pour favorable.

(1) Dispositions applicables à compter du 1er janvier 2015 concernant l'habilitation à diriger des ventes volontaires de meubles aux enchères publiques, D. n° 2012-120, 30 janv. 2012, art. 22.

Art. R. 131-3 *(D. n° 2012-120, 30 janv. 2012)*. – La cour d'appel statue sur la demande d'inscription en assemblée générale des magistrats du siège.

Art. R. 131-4 *(D. n° 2012-120, 30 janv. 2012)*. – Dans les quinze jours suivant l'inscription du candidat sur la liste des courtiers de marchandises assermentés, celui-ci est tenu de prêter serment, devant cette cour, en ces termes : « Je jure de loyalement remplir mes fonctions avec honneur et probité et d'observer en tout les devoirs qu'elles m'imposent. »

Pour une personne morale, le serment est prêté par son représentant, désigné à cet effet.

Art. R. 131-5 *(D. n° 2012-120, 30 janv. 2012)*. – La procédure prévue par les articles R. 131-1 à R. 131-4 est applicable en cas de modification ou d'adjonction d'une spécialité professionnelle ainsi qu'en cas de demande d'inscription sur la liste d'une autre cour d'appel.

Toute modification substantielle des données fournies lors de la demande d'inscription est portée à la connaissance du procureur général.

Art. R. 131-6 *(D. n° 2012-120, 30 janv. 2012)*. – L'honorariat peut être conféré au courtier assermenté qui s'est retiré par démission après vingt ans d'exercice de la profession.

La décision est prise dans les formes et selon les modalités prévues par les articles R. 131-2 et R. 131-3.

Section II. – De l'assurance et du cautionnement des courtiers de marchandises assermentés

(D. n° 2012-120, 30 janv. 2012)

Art. R. 131-7 *(D. n° 2012-120, 30 janv. 2012 ; mod., D. n° 2014-1315, 3 nov. 2014)*. – Le cautionnement prévu au 3° de l'article L. 131-15 ne peut être consenti que par l'un des établissements de crédit ou l'une des sociétés de financement habilités à cet effet ou l'une des institutions ou l'un des établissements mentionnés à l'article L. 518-1 du Code monétaire et financier, une société d'assurances ou une société de caution mutuelle, habilités à donner caution.

Le cautionnement résulte d'une convention écrite qui, outre les conditions générales, précise notamment le montant de la garantie accordée, les conditions de rémunération, les modalités de contrôle comptable ainsi que les contre-garanties éventuellement exigées par la caution.

Art. R. 131-8 *(D. n° 2012-120, 30 janv. 2012)*. – La caution ou l'assureur, selon le cas, délivre au courtier de marchandises assermenté une attestation de cautionnement ou d'assurance précisant la dénomination de l'établissement de crédit auprès duquel est ouvert le compte prévu au 1° de l'article L. 131-15 ainsi que le numéro de ce compte, le montant et la durée de la garantie accordée et les restrictions éventuelles apportées à celle-ci.

Art. R. 131-9 *(D. n° 2012-120, 30 janv. 2012)*. – Le cautionnement ou l'assurance, selon le cas, s'applique sur les seules justifications que la créance est certaine, liquide et exigible et que le courtier de marchandises assermenté garanti est défaillant.

La caution ou l'assureur ne peut opposer au créancier le bénéfice de discussion.

Pour le garant, la défaillance du courtier de marchandises assermenté garanti résulte d'une sommation de payer ou *de restituer, suivie* de refus ou demeurée infructueuse pendant un délai d'un mois à compter de sa signification.

Art. R. 131-10 *(D. n° 2012-120, 30 janv. 2012)*. – Le montant de la garantie accordée à un courtier de marchandises assermenté ne peut être inférieur à la plus élevée des deux sommes suivantes :

1° Le chiffre moyen mensuel des ventes, taxes comprises et net d'honoraires, réalisé par le courtier de marchandises assermenté au cours de l'exercice précédent ;

2° La moitié du montant maximal des fonds détenus par le courtier de marchandises assermenté pour le compte des tiers, à un moment quelconque, au cours des douze mois précédents.

Lorsque le courtier de marchandises assermenté exerce son activité depuis moins d'une année, le montant de la garantie ne peut être inférieur au montant prévisionnel moyen des ventes mensuelles, taxes comprises et net d'honoraires, pour l'exercice en cours. Ce montant prévisionnel fait l'objet d'une déclaration par le courtier à l'assureur ou à la société de cautionnement.

Art. R. 131-11 *(D. n° 2012-120, 30 janv. 2012).* – Tout courtier de marchandises assermenté adapte chaque année le montant de la garantie qu'il a souscrite. Il révise également ce montant lorsque des circonstances particulières sont susceptibles de modifier l'étendue du risque.

Art. R. 131-12 *(D. n° 2012-120, 30 janv. 2012).* – L'assurance de la personne morale garantit la responsabilité civile d'un dirigeant, d'un associé ou d'un salarié d'un courtier de marchandises assermenté, personne morale, remplissant les conditions prévues aux articles 1°, 2°, 4° et 5° de l'article L. 131-13.

Art. R. 131-13 *(D. n° 2012-120, 30 janv. 2012).* – Les contrats d'assurance ne doivent pas prévoir de franchise à la charge de l'assuré supérieure à 10 % des indemnités dues, dans la limite de 8 000 € par créancier. La franchise n'est pas opposable aux créanciers du courtier de marchandises assermenté.

Section III. – De l'examen d'aptitude aux fonctions de courtier de marchandises assermenté

(D. n° 2012-120, 30 janv. 2012)

Art. D. 131-14 *(D. n° 2012-120, 30 janv. 2012).* – L'examen d'aptitude aux fonctions de courtier de marchandises assermenté comprend :

1° Une épreuve écrite et pratique d'une durée de trois heures, au cours de laquelle le candidat rédige un certificat, procès-verbal, rapport ou tout autre document écrit relevant de l'exercice des fonctions de courtier de marchandises assermenté ;

2° Une épreuve orale théorique d'une durée d'une heure concernant les connaissances nécessaires aux devoirs et à la fonction de courtier de marchandises assermenté ;

3° Une épreuve orale technologique d'une durée de deux heures portant sur la détermination, sur échantillons, des qualités spécifiques de marchandises pour lesquelles la spécialisation est demandée, l'appréciation des cours de celles-ci et les conditions de leur commercialisation.

Art. R. 131-15 *(D. n° 2012-120, 30 janv. 2012).* – L'examen d'aptitude a lieu au moins une fois par an. Il est subi devant un jury national qui choisit les sujets des épreuves.

Le jury est présidé par un magistrat judiciaire hors hiérarchie ou du premier grade. Il est composé de deux magistrats consulaires et de deux courtiers de marchandises assermentés.

Art. R. 131-16 *(D. n° 2012-120, 30 janv. 2012).* – Le président et les membres du jury sont désignés par arrêté du ministre chargé du commerce, sur proposition du garde des sceaux, ministre de la justice, en ce qui concerne le président, sur proposition de la commission nationale de discipline des magistrats consulaires, en ce qui concerne les juges consulaires, et sur proposition du Conseil national des courtiers de marchandises assermentés, en ce qui concerne les courtiers de marchandises assermentés.

Le président et les membres du jury ne peuvent siéger plus de trois années consécutives.

Le jury est assisté d'un ou plusieurs techniciens de la catégorie de marchandises pour laquelle le courtier demande à être assermenté. Ces techniciens, désignés comme courtiers membres du jury, ont voix consultative.

Art. R. 131-17 *(D. n° 2012-120, 30 janv. 2012).* – L'organisation matérielle de l'examen d'aptitude est confiée au Conseil national des courtiers de marchandises assermentés, qui reçoit les candidatures. Un arrêté conjoint du garde des sceaux, ministre de la justice, et du ministre chargé du commerce fixe, en tant que de besoin, les modalités d'application du présent article. Il pourra notamment prescrire que, dans des branches d'activité déterminées, le maintien de l'inscription sur la liste sera subordonné au renouvellement, à intervalles périodiques, de l'épreuve technologique subie avec succès par le courtier de marchandises assermenté.

Un arrêté conjoint du garde des sceaux, ministre de la justice, du ministre chargé de l'économie et du ministre chargé du commerce fixera les frais incombant aux candidats et les rémunérations des membres du jury et des techniciens correspondant à ces examens.

Section IV. – De la discipline des courtiers de marchandises assermentés

(D. n° 2012-120, 30 janv. 2012)

Art. R. 131-18 *(D. n° 2012-120, 30 janv. 2012 ; mod., D. n° 2019-966, 18 sept. 2019).* – Dès qu'il apparaît qu'un courtier de marchandises assermenté aurait commis l'un des manquements prévus à l'article L. 131-32, le procureur de la République, soit d'initiative, soit sur plainte de toute personne intéressée, fait procéder à toute enquête utile.

Le cas échéant, il engage les poursuites à l'encontre du courtier de marchandises assermenté devant le tribunal judiciaire statuant en formation disciplinaire. Il assure et surveille l'exécution des sanctions disciplinaires.

NB : Conformément à l'article 9 du décret n° 2019-966 du 18 septembre 2019, les présentes dispositions entrent en vigueur le 1er janvier 2020.

Art. R. 131-19 *(D. n° 2012-120, 30 janv. 2012 ; mod., D. n° 2019-966, 18 sept. 2019).* – Le courtier de marchandises assermenté poursuivi est appelé à comparaître par le procureur de la République près le tribunal judiciaire.

La convocation est adressée par lettre recommandée avec demande d'avis de réception quinze jours au moins avant la date fixée pour la comparution. Elle énonce les faits reprochés au courtier de marchandises assermenté.

Le courtier de marchandises assermenté convoqué ou son avocat peut prendre connaissance de son dossier auprès du secrétariat du procureur de la République. Il peut se faire assister par un autre courtier de marchandises assermenté.

Le tribunal peut se faire communiquer tous renseignements ou documents utiles. Il peut procéder à toutes auditions et, le cas échéant, déléguer l'un de ses membres à cette fin.

Les débats sont publics. Toutefois, le tribunal peut décider qu'ils auront lieu ou se poursuivront en chambre du conseil à la demande de l'intéressé ou s'il doit résulter de leur publicité une atteinte à l'intimité de la vie privée ou s'il survient des désordres de nature à troubler leur bon déroulement ; mention en est faite dans la décision.

NB : Conformément à l'article 9 du décret n° 2019-966 du 18 septembre 2019, les présentes dispositions entrent en vigueur le 1er janvier 2020.

Art. R. 131-20 *(D. n° 2012-120, 30 janv. 2012).* – Le tribunal statue, par décision motivée, après avoir entendu le ministère public, le courtier de marchandises assermenté poursuivi et, le cas échéant, son avocat.

Art. R. 131-21 *(D. n° 2012-120, 30 janv. 2012).* – La décision est notifiée au courtier de marchandises assermenté poursuivi, par lettre recommandée avec demande d'avis de réception, et au ministère public. La notification indique le délai et les modalités du recours ouvert à l'encontre de la décision.

Ce recours est porté devant la cour d'appel.

Il est formé dans le délai d'un mois par déclaration au greffe ou par lettre recommandée avec demande d'avis de réception adressée au greffe.

Le délai court, à l'égard du procureur de la République, du jour du prononcé de la décision et, à l'égard du courtier de marchandises assermenté, du jour de la notification de la décision.

Art. R. 131-22 *(D. n° 2012-120, 30 janv. 2012 ; mod., D. n° 2019-966, 18 sept. 2019).* – Lorsque l'urgence le justifie, le président du tribunal judiciaire peut, à la demande du procureur de la République, suspendre provisoirement un courtier de marchandises assermenté lorsque ce dernier fait l'objet de poursuites pénales ou disciplinaires, après avoir mis l'intéressé en mesure de fournir ses explications.

Le président du tribunal judiciaire peut, à la demande du procureur de la République, ou à la requête de l'intéressé, mettre fin à cette suspension.

La suspension provisoire cesse de plein droit dès que l'action pénale est éteinte ou la procédure disciplinaire achevée.

La mesure de suspension provisoire est notifiée au courtier de marchandises assermenté poursuivi par lettre recommandée avec demande d'avis de réception. La notification indique le délai et les modalités du recours ouvert à l'encontre de la décision.

Ce recours est porté devant la cour d'appel dans un délai de quinze jours par déclaration au greffe ou par lettre recommandée avec demande d'avis de réception. Le délai court, à l'égard du procureur de la République, du jour du prononcé de la décision et, à l'égard du courtier de marchandises assermenté, du jour de la notification de la décision.

Le recours est formé, instruit et jugé selon les règles applicables à la procédure sans représentation obligatoire.

NB : Conformément à l'article 9 du décret n° 2019-966 du 18 septembre 2019, les présentes dispositions entrent en vigueur le 1er janvier 2020.

Art. R. 131-23 *(D. n° 2012-120, 30 janv. 2012).* – À la diligence du procureur général près la cour d'appel sur la liste de laquelle le courtier de marchandises assermenté est inscrit, la sanction disciplinaire et la décision de suspension provisoire sont portées à la connaissance des magistrats judiciaires et des magistrats consulaires du ressort de cette cour.

La fin de la suspension provisoire est portée à la connaissance des magistrats judiciaires et magistrats consulaires dans les mêmes conditions.

Section V. – Du Conseil national des courtiers de marchandises assermentés

(D. n° 2012-120, 30 janv. 2012)

Art. R. 131-24 *(D. n° 2012-120, 30 janv. 2012).* – Le Conseil national des courtiers de marchandises assermentés est composé de membres élus par les courtiers de marchandises assermentés.

Dans chaque cour d'appel, les courtiers de marchandises assermentés élisent un membre du Conseil national des courtiers de marchandises assermentés lorsque le nombre de courtiers de marchandises assermentés exerçant dans le ressort de cette cour est compris entre neuf et quinze. Ils en élisent deux lorsque le nombre de courtiers de marchandises assermentés est compris entre seize et vingt-cinq. Au-delà de vingt-cinq, les courtiers de marchandises assermentés élisent trois membres du Conseil national des courtiers de marchandises assermentés.

Si, dans le ressort de la cour d'appel, le nombre de courtiers de marchandises assermentés est inférieur à neuf, les membres du Conseil national des courtiers de marchandises assermentés sont élus par un collège composé des courtiers de marchandises assermentés du ressort et de ceux exerçant dans une ou plusieurs cours d'appel voisines. Ce regroupement est déterminé par arrêté du garde des sceaux, ministre de la justice. Le nombre d'élus au Conseil national des courtiers de marchandises assermentés est alors déterminé dans les mêmes conditions qu'à l'alinéa précédent.

Les membres du Conseil national des courtiers de marchandises assermentés sont élus pour trois ans et leur mandat est renouvelable une fois ; ils ne sont rééligibles que trois ans après l'expiration de leur deuxième mandat.

Art. R. 131-25 *(D. n° 2012-120, 30 janv. 2012).* – Chaque personne physique exerçant la profession de courtier de marchandises assermenté en activité est électeur et éligible dès sa prestation de serment. Elle cesse de l'être en cas de radiation ou de démission.

Art. R. 131-26 *(D. n° 2012-120, 30 janv. 2012).* – L'organisation des élections est confiée au bureau du Conseil national des courtiers de marchandises assermentés qui, avant le 15 octobre précédant la date du renouvellement du Conseil, fixe la date d'ouverture du scrutin dans la première quinzaine du mois de décembre et en assure la publicité. Dès cette fixation, le président avise les électeurs de la date et des modalités des opérations électorales ainsi que de la date et du lieu des opérations de dépouillement.

Art. R. 131-27 *(D. n° 2012-120, 30 janv. 2012).* – Les déclarations de candidature sont remises contre récépissé, ou adressées par lettre recommandée avec demande d'avis de réception, au plus tard un mois avant la date d'ouverture du scrutin, au président du Conseil national des courtiers de marchandises assermentés.

Quinze jours au plus tard avant la date d'ouverture du scrutin, le président du Conseil national des courtiers de marchandises assermentés adresse à chaque électeur et pour chaque candidat un bulletin de vote comprenant le nom et le prénom du candidat ainsi qu'un formulaire de vote par procuration.

Art. R. 131-28 *(D. n° 2012-120, 30 janv. 2012).* – L'élection des membres du Conseil national des courtiers de marchandises assermentés a lieu au scrutin uninominal majoritaire à un tour, à bulletin secret, au cours d'une assemblée générale.

Les résultats sont proclamés au terme du scrutin et le procès-verbal des opérations est établi par le président du Conseil national des courtiers de marchandises assermentés.

Art. R. 131-29 *(D. n° 2012-120, 30 janv. 2012).* – Les candidats ayant obtenu pour chaque siège le plus grand nombre de suffrages sont proclamés élus.

En cas d'égalité entre plusieurs candidats ayant obtenu le plus grand nombre de suffrages, le plus âgé est proclamé élu.

Art. R. 131-30 *(D. n° 2012-120, 30 janv. 2012).* – Tout courtier de marchandises assermenté peut déférer l'élection des membres du Conseil national des courtiers de marchandises assermentés à la cour d'appel de Paris dans un délai de dix jours à compter de la proclamation des résultats. Le recours est déposé contre récépissé ou adressé par lettre recommandée avec demande d'avis de réception, au greffier en chef de la cour d'appel ; il est instruit et jugé selon les règles applicables à la procédure sans représentation obligatoire.

Art. R. 131-31 *(D. n° 2012-120, 30 janv. 2012).* – Les membres du Conseil national des courtiers de marchandises assermentés élisent en leur sein, au scrutin uninominal majoritaire à un tour et pour une période de trois ans, un président, un vice-président et cinq membres, qui constituent le bureau. En cas d'égalité des voix, le plus âgé des candidats est proclamé élu.

Art. R. 131-32 *(D. n° 2012-120, 30 janv. 2012).* – Si un membre du Conseil national des courtiers de marchandises assermentés cesse ses fonctions avant l'expiration de son mandat, il est pourvu à son remplacement dans le délai de trois mois ; les fonctions du nouveau membre prennent fin lorsque auraient cessé celles du membre qu'il a remplacé.

Le mandat du président, du vice-président et des membres du bureau prend fin lorsque l'intéressé cesse de remplir les conditions pour être membre du Conseil national.

Art. R. 131-33 *(D. n° 2012-120, 30 janv. 2012).* – Les fonctions de membre du Conseil national des courtiers de marchandises assermentés sont gratuites. Elles ne peuvent donner lieu qu'au remboursement de frais de voyage et de séjour dans les conditions fixées chaque année par le Conseil national.

Le président, le vice-président et les membres du bureau peuvent percevoir, pour frais de représentation, une indemnité dont le montant est fixé par le Conseil national.

Art. R. 131-34 *(D. n° 2012-120, 30 janv. 2012).* – Le Conseil national des courtiers de marchandises assermentés ne peut délibérer et voter que si deux tiers au moins de ses membres sont présents. En cas de partage égal des voix, celle du président est prépondérante.

Art. R. 131-35 *(D. n° 2012-120, 30 janv. 2012).* – Le Conseil national des courtiers de marchandises assermentés établit son règlement intérieur régissant son mode de fonctionnement et celui du bureau ; il fixe les pouvoirs du président, du vice-président et du bureau.

Ce règlement ne devient exécutoire qu'après avoir été approuvé par arrêté du garde des sceaux, ministre de la justice.

Art. R. 131-36 *(D. n° 2012-120, 30 janv. 2012).* – Le Conseil national des courtiers de marchandises *assermentés établit son budget*. Il fixe le montant de la cotisation que doit lui verser annuellement chaque courtier de marchandises assermenté.

Art. R. 131-37 *(D. n° 2012-120, 30 janv. 2012).* – Le Conseil national des courtiers de marchandises assermentés désigne chaque année avant le 31 décembre un commissaire aux comptes et un commissaire aux comptes suppléant dans les conditions prévues par les articles L. 823-3 et suivants.

Art. R. 131-38 *(D. n° 2012-120, 30 janv. 2012).* – Lorsqu'il existe un différend entre courtiers de marchandises assermentés, chacun peut faire citer l'autre partie devant le bureau du Conseil national des courtiers de marchandises assermentés sur simple lettre, dont l'original est déposé au secrétariat et une copie, visée par le président du Conseil national, envoyée par le secrétaire au courtier de marchandises assermenté appelé.

Le délai pour comparaître est d'au moins huit jours.

Art. R. 131-39 *(D. n° 2012-120, 30 janv. 2012).* – En cas de conflit d'intérêts avec une partie, le courtier de marchandises assermenté s'abstient de prendre part à la délibération.

Art. R. 131-40 *(D. n° 2012-120, 30 janv. 2012).* – Le bureau du Conseil national des courtiers de marchandises assermentés connaît des plaintes et réclamations des tiers, après avoir entendu ou dûment appelé, dans la forme ci-dessus prescrite, les courtiers de marchandises assermentés intéressés ainsi que les plaignants. Ceux-ci peuvent être entendus et, dans tous les cas, peuvent se faire assister par un courtier de marchandises assermenté ou un avocat.

Les délibérations du bureau sont motivées et signées par le président et le secrétaire, à la séance même où elles sont prises. Chaque délibération contient les noms des membres présents.

Les délibérations du bureau sont notifiées, quand il y a lieu, dans la même forme que les citations, et il en est fait mention par le secrétaire, en marge desdites délibérations. Elles sont, le cas échéant, communiquées au procureur de la République territorialement compétent.

CHAPITRE II. – DES COMMISSIONNAIRES

Art. R. 132-1. – Les règles relatives à l'activité de commissionnaire de transport sont fixées par le décret n° 90-200 du 5 mars 1990 relatif à l'exercice de la profession de commissionnaire de transport.

CHAPITRE III. – DES TRANSPORTEURS

Art. R. 133-1. – Les règles relatives à l'activité des entreprises de transport public routier de marchandises ou de locations de véhicules industriels avec conducteur destinés au transport de marchandises sont fixées par le décret n° 99-752 du 30 août 1999 relatif aux transports routiers de marchandises.

Art. R. 133-2 *(Mod., D. n° 2016-1550, 17 nov. 2016).* – Les règles relatives aux opérations de transport impliquant plusieurs opérations successives de chargement et de déchargement sont fixées par les articles R. 3221-1 et R. 3221-2 du Code des transports.

CHAPITRE IV. – DES AGENTS COMMERCIAUX

Art. R. 134-1 *(Anc. D. n° 58-1345, 23 déc. 1958).* – L'agent commercial communique à son mandant toute information nécessaire à l'exécution de son contrat.

Art. R. 134-2 *(Anc. D. n° 58-1345, 23 déc. 1958).* – Le mandant met à la disposition de l'agent commercial toute documentation utile sur les produits ou services qui font l'objet du contrat d'agence. Il communique à l'agent commercial les informations nécessaires à l'exécution du contrat. Il l'avise dans un délai raisonnable, notamment s'il prévoit que le volume des opérations sera sensiblement inférieur à celui auquel l'agent commercial aurait pu normalement s'attendre.

Il informe également l'agent commercial, dans un délai raisonnable, de son acceptation, de son refus ou de l'inexécution d'une opération que celui-ci lui a apportée.

Art. R. 134-3 *(Anc. D. n° 58-1345, 23 déc. 1958).* – Le mandant remet à l'agent commercial un relevé des commissions dues, au plus tard le dernier jour du mois suivant le trimestre au cours duquel elles sont acquises. Ce relevé mentionne tous les éléments sur la base desquels le montant des commissions a été calculé.

L'agent commercial a le droit d'exiger de son mandant qu'il lui fournisse toutes les informations, en particulier un extrait des documents comptables nécessaires pour vérifier le montant des commissions qui lui sont dues.

1) *L'agent commercial* est en droit d'obtenir du mandant les documents comptables nécessaires pour établir le montant des commissions qui lui resteraient dues (■ Cass. com., 31 janv. 2012, n° 11-11.716 : *RJ com.* 2/2012, p. 31, obs. Leloup).

2) Le mandant ne peut refuser de communiquer l'information sollicitée au titre de l'article R. 134-2 en opposant à l'agent le fait que sa demande, pour pouvoir être utilement honorée, devait être précisée et justifiée (■ CA Lyon, 31 janv. 2019, n° 16/07531 : *Lettre distr.* mars 2019, Brena).

Art. R. 134-4 *(Anc. D. n° 58-1345, 23 déc. 1958).* – Conformément à l'article L. 134-16, est réputée non écrite toute clause ou convention contraire aux dispositions des articles R. 134-1 et R. 134-2 ou dérogeant, au détriment de l'agent commercial, aux dispositions de l'article R. 134-3.

Art. R. 134-5 *(Anc. D. n° 58-1345, 23 déc. 1958 ; mod., D. n° 2007-750, 9 mai 2007 ; D. n° 2010-1706, 29 déc. 2010 ; D. n° 2015-913, 24 juill. 2015 ; mod., D. n° 2019-987, 25 sept. 2019).* – Lors de sa demande d'immatriculation, la personne physique mariée sous un régime de communauté légale ou conventionnelle fournit un justificatif, conformément au modèle défini par arrêté du garde des sceaux, ministre de la justice, établissant que son conjoint a été informé des conséquences sur les biens communs des dettes contractées dans l'exercice de sa profession.

L'agent commercial déclare, le cas échéant, qu'il a effectué une déclaration d'insaisissabilité prévue à l'article L. 526-1, en précisant le lieu de publication de cette déclaration.

Il déclare également, le cas échéant, qu'il affecte à son activité professionnelle, en application de l'article L. 526-6, un patrimoine séparé de son patrimoine personnel, en indiquant les informations prévues à l'article R. 526-3.

Il déclare, en outre, les nom, nom d'usage, prénoms, date et lieu de naissance, domicile, lorsqu'il est différent du sien, de son conjoint qui collabore effectivement à son activité professionnelle dans les conditions définies à l'article R. 121-1.

NB : Conformément au I de l'article 64 du décret n° 2019-987 du 25 septembre 2019, ces dispositions entrent en vigueur le 1er octobre 2019.

Art. R. 134-6 *(Anc. D. n° 58-1345, 23 déc. 1958 ; mod., D. n° 2010-1310, 2 nov. 2010* (1) *; D. n° 2010-1706, 29 déc. 2010 ; D. n° 2019-966, 18 sept. 2019).* – Les agents commerciaux se font immatriculer, avant de commencer l'exercice de leurs activités, sur un registre spécial tenu au greffe du tribunal de commerce dans le ressort duquel ils sont domiciliés. Ils produisent à cet effet une déclaration dont récépissé leur est délivré.

Par dérogation aux dispositions de l'alinéa précédent, dans les départements du Bas-Rhin, du Haut-Rhin et de la Moselle le registre spécial d'immatriculation des agents commerciaux est tenu pour l'étendue du ressort de chaque tribunal judiciaire au greffe des tribunaux judiciaires de Colmar, Metz, Mulhouse, Sarreguemines, Saverne, Strasbourg et Thionville.

(Al. créé à compter du 1er avril 2021, D. n° 2021-300, 18 mars 2021) Lorsqu'il est saisi d'une déclaration transmise par le biais du service informatique mentionné à l'article R. 123-30-14, le greffier échange avec ce dernier dans les conditions prévues par l'article R. 123-30-18.

Tout fait de nature à modifier l'une des mentions figurant à la déclaration d'immatriculation fait l'objet d'une déclaration.

Les dispositions du 3° de l'article R. 123-46 sont applicables aux inscriptions modificatives effectuées sur le registre spécial mentionné au premier alinéa.

La demande d'inscription modificative relative à un patrimoine affecté à une activité professionnelle est présentée par l'agent commercial ou par les personnes mentionnées aux articles L. 526-15, L. 526-16, premier alinéa, et L. 526-17. Le dépôt de la déclaration de reprise mentionnée au second alinéa de l'article L. 526-16 est effectué par la personne reprenant le patrimoine affecté. La demande relative à la cession du patrimoine affecté à une personne morale ou à son apport en société est présentée par le cédant ou l'apporteur.

Les documents attestant de l'accomplissement des formalités prévues aux articles L. 526-9 et L. 526-11 en cas d'affectation de biens nouveaux ou de retrait de biens affectés postérieurement à la constitution du patrimoine affecté sont déposés dans le mois suivant l'affectation ou le retrait. Le greffier adresse au service des impôts dont relève l'agent commercial une copie de ces documents dans les quinze jours suivant leur dépôt.

L'obligation de déclaration prévue au premier alinéa n'est pas applicable aux agents commerciaux qui, étant domiciliés à l'étranger et ne disposant en France d'aucun établissement, n'exercent que de façon temporaire et occasionnelle leur activité sur le territoire national.

NB : Conformément à l'article 9 du décret n° 2019-966 du 18 septembre 2019, les présentes dispositions entrent en vigueur le 1er janvier 2020.

---

(1) Dispositions applications dans les îles Wallis-et-Futuna, D. n° 2010-1310, 2 nov. 2010, art. 3.

Rédaction future. Art. R. 134-6 *(Anc. D. n° 58-1345, 23 déc. 1958 ; mod., D. n° 2010-1310, 2 nov. 2010* (1) *; D. n° 2010-1706, 29 déc. 2010 ; D. n° 2019-966, 18 sept. 2019 ; mod. à compter du 1er avril 2021, D. n° 2021-300, 18 mars 2021 ; mod. à compter du 1er janvier 2023, D. n° 2021-300, 18 mars 2021).* – Les agents commerciaux se font immatriculer, avant de commencer l'exercice de leurs activités, sur un registre spécial tenu au greffe du tribunal de commerce dans le ressort duquel ils sont domiciliés. Ils transmettent à cet effet une déclaration à l'organisme unique mentionné à l'article R. 123-1. Le greffier informe les agents commerciaux des suites réservées à cette demande par l'intermédiaire de l'organisme unique, dans les conditions prévues par les articles R. 123-6 et R. 123-7.

Par dérogation aux dispositions de l'alinéa précédent, dans les départements du Bas-Rhin, du Haut-Rhin et de la Moselle le registre spécial d'immatriculation des agents commerciaux est tenu pour l'étendue du ressort de chaque tribunal judiciaire au greffe des tribunaux judiciaires de Colmar, Metz, Mulhouse, Sarreguemines, Saverne, Strasbourg et Thionville.

Tout fait de nature à modifier l'une des mentions figurant à la déclaration d'immatriculation fait l'objet d'une déclaration auprès de l'organisme unique.

Les dispositions du 3° de l'article R. 123-46 sont applicables aux inscriptions modificatives effectuées sur le registre spécial mentionné au premier alinéa.

6La demande d'inscription modificative relative à un patrimoine affecté à une activité professionnelle est présentée par l'agent commercial ou par les personnes mentionnées aux articles L. 526-15, L. 526-16, premier alinéa, et L. 526-17, par l'intermédiaire de l'organisme unique. Le dépôt de la déclaration de reprise mentionnée au second alinéa de l'article L. 526-16 est effectué par la personne reprenant le patrimoine affecté, par l'intermédiaire de l'organisme unique. La demande relative à la cession du patrimoine affecté à une personne morale ou à son apport en société est présentée par le cédant ou l'apporteur, par l'intermédiaire de l'organisme unique.

Les documents attestant de l'accomplissement des formalités prévues aux articles L. 526-9 et L. 526-11 en cas d'affectation de biens nouveaux ou de retrait de biens affectés postérieurement à la constitution du patrimoine affecté sont déposés dans le mois suivant l'affectation ou le retrait. Le greffier adresse au service des impôts dont relève l'agent commercial une copie de ces documents dans les quinze jours suivant leur dépôt.

L'obligation de déclaration prévue au premier alinéa n'est pas applicable aux agents commerciaux qui, étant domiciliés à l'étranger et ne disposant en France d'aucun établissement, n'exercent que de façon temporaire et occasionnelle leur activité sur le territoire national.

Art. R. 134-7 *(Anc. D. n° 58-1345, 23 déc. 1958 ; abr., D. n° 2010-1310, 2 nov. 2010* (1)*; rétabli dans la version suivante, D. n° 2010-1706, 29 déc. 2010).* – **L'agent commercial qui a constitué un patrimoine affecté en application de l'article L. 526-6 dépose au registre spécial, dans le délai de six mois suivant la clôture de l'exercice, les documents comptables mentionnés à l'article L. 526-14.**

Art. R. 134-8 *(Anc. D. n° 58-1345, 23 déc. 1958).* – **Tout agent commercial qui cesse d'exercer son activité demande,** *(Mots aj. à compter du 1er janvier 2023, D. n° 2021-300, 18 mars 2021)* **par l'intermédiaire de l'organisme unique mentionné à l'article R. 123-1 et dans un délai de deux mois, la radiation de son immatriculation en indiquant la date de cette cessation. La même obligation incombe à l'agent commercial qui ne remplit plus les conditions fixées par le présent chapitre.**

(Al. créé à compter du 1er avril 2021, D. n° 2021-300, 18 mars 2021 ; abr. à compter du 1er janvier 2023, D. n° 2021-300, 18 mars 2021) **Lorsqu'il est saisi d'une déclaration transmise par le biais du service informatique mentionné à l'article R. 123-30-14, le greffier échange avec ce dernier dans les conditions prévues par l'article R. 123-30-18.**

Art. R. 134-9 *(Anc. D. n° 58-1345, 23 déc. 1958).* – **À défaut de demande de radiation dans le délai prescrit, le juge commis à la surveillance du registre du commerce et des sociétés du ressort rend soit d'office, soit à la requête du procureur de la République ou de toute personne justifiant y avoir intérêt une ordonnance enjoignant à l'intéressé de faire procéder à sa radiation.**

L'ordonnance du juge est notifiée à l'intéressé dans les conditions prévues à l'article R. 123-140. Les voies de recours sont exercées conformément aux dispositions des articles R. 123-141 et R. 123-142.

L'ordonnance est exécutée dans le délai de quinze jours à compter du jour où elle est devenue définitive. À défaut, le greffier procède d'office à cette radiation à l'expiration de ce délai *(Mots aj. à compter du 1er janvier 2023, D. n° 2021-300, 18 mars 2021)* **« et transmet concomitamment un dossier auprès du guichet unique électronique mis en œuvre par l'organisme unique mentionné à l'article R. 123-1, conformément aux dispositions du même article ».**

(1) Dispositions applications dans les îles Wallis-et-Futuna, D. n° 2010-1310, 2 nov. 2010, art. 3.

Art. R. 134-9-1 *(D. n° 2019-1080, 23 oct. 2019).* – La radiation d'un agent commercial de son affiliation à l'organisme de sécurité sociale en application des deux premiers alinéas de l'article L. 613-4 du Code de la sécurité sociale emporte sa radiation du registre spécial auquel il est immatriculé.

Le greffier procède d'office à la radiation du registre spécial mentionné au premier alinéa dès qu'il est informé *(Mots aj. à compter du 1er janvier 2023, D. n° 2021-300, 18 mars 2021)* « par l'organisme unique mentionné à l'article R. 123-1 » de la radiation de l'agent commercial prononcée par l'organisme de sécurité sociale. *(Mots aj. à compter du 1er janvier 2023, D. n° 2021-300, 18 mars 2021)* « Il informe l'organisme unique des diligences accomplies ».

Art. R. 134-10 *(Anc. D. n° 58-1345, 23 déc. 1958).* – En cas de décès d'un agent commercial, l'obligation de demander la radiation incombe à ses héritiers ou ayants cause à titre universel *(Mots aj. à compter du 1er janvier 2023, D. n° 2021-300, 18 mars 2021)* « , par l'intermédiaire de l'organisme unique mentionné à l'article R. 123-1 ».

Lorsque le greffier a reçu la preuve du décès d'une personne immatriculée, et faute par les héritiers ou ayants cause à titre universel de se conformer aux dispositions de l'alinéa précédent, il procède d'office à la radiation de cette personne un an après la date du décès *(Mots aj. à compter du 1er janvier 2023, D. n° 2021-300, 18 mars 2021)* « et transmet concomitamment un dossier auprès du guichet unique électronique mis en œuvre par l'organisme unique, conformément aux dispositions de l'article R. 123-1 ».

Art. R. 134-11 *(Anc. D. n° 58-1345, 23 déc. 1958).* – La radiation d'un agent commercial inscrit est ordonnée d'office par toute juridiction de l'ordre judiciaire lorsque cette juridiction rend une décision entraînant pour l'intéressé l'incapacité ou l'interdiction d'exercer sa profession.

Cette radiation est faite par le greffier ou notifiée par lui au greffier compétent. *(Mots aj. à compter du 1er janvier 2023, D. n° 2021-300, 18 mars 2021)* « Le greffier qui procède à la radiation transmet concomitamment un dossier auprès du guichet unique électronique mis en œuvre par l'organisme unique mentionné à l'article R. 123-1, conformément aux dispositions du même article ».

Art. R. 134-12 *(Anc. D. n° 58-1345, 23 déc. 1958 ; mod., D. n° 2010-1706, 29 déc. 2010).* – Le lieu et le numéro de l'immatriculation au registre spécial figurent sur les documents et correspondances à usage professionnel de l'intéressé.

Si l'agent commercial a constitué un patrimoine affecté en application de l'article L. 526-6, y figurent également l'objet de l'activité professionnelle à laquelle le patrimoine est affecté et la dénomination incorporant le nom ou nom d'usage précédé ou suivi immédiatement des mots : « entrepreneur individuel à responsabilité limitée » ou des initiales : « EIRL ».

Art. R. 134-13 *(Anc. D. n° 58-1345, 23 déc. 1958 ; mod., D. n° 2010-1706, 29 déc. 2010 ; D. n° 2017-1416, 28 sept. 2017).* – Les déclarations relatives à l'immatriculation des agents commerciaux, à la modification de leur situation ou à la cessation de leur activité peuvent être effectuées par voie électronique dès lors qu'elles peuvent être transmises et reçues par cette voie.

Pour toutes les transmissions par voie électronique mentionnées au premier alinéa, il est fait usage d'une signature électronique sécurisée dans les conditions prévues à l'article 1316-4 du Code civil et par le décret n° 2017-1416 du 28 septembre 2017. Toutefois, pour les déclarations relatives à l'immatriculation des agents commerciaux ou mentionnées à l'article L. 526-7, cette signature électronique peut résulter de l'usage d'un procédé répondant aux conditions définies à la première phrase du second alinéa de l'article 1316-4 du Code civil.

Le greffier accuse réception, selon les modalités fixées par l'arrêté prévu à l'article R. 134-17, de toute transmission qui lui est faite dès que celle-ci lui parvient.

NB : L'ordonnance n° 2016-131 du 10 février 2016, en son article 4, a substitué, en ce qui concerne la définition de la signature électronique, l'article 1367 du Code civil à l'article 1316-4 du même code.

Conformément au II de l'article 2 du décret n° 2017-1416 du 28 septembre 2017 relatif à la signature électronique, les références au décret n° 2001-272 du 30 mars 2001, contenues dans des dispositions de nature réglementaire, sont remplacées par les références à ce même décret n° 2017-1416 du 28 septembre 2017.

Rédaction future. Art. R. 134-13 *(Mod., D. n° 2010-1706, 29 déc. 2010 ; rempl. à compter du 1er janvier 2023, D. n° 2021-300, 18 mars 2021).* – Les déclarations relatives à l'immatriculation des agents commerciaux, à la modification de leur situation ou à la cessation de leur activité sont effectuées par voie électronique.

Pour toutes les transmissions par voie électronique mentionnées au premier alinéa, il est fait usage d'une signature électronique dans les conditions prévues à l'article R. 123-5.

Le greffier accuse réception, selon les modalités prévues par les articles R. 123-6 et R. 123-7, de toute transmission qui lui est faite.

Art. R. 134-13-1 *(D. n° 2015-913, 24 juill. 2015 ; mod., D. n° 2019-987, 25 sept. 2019).* **– Lorsqu'un agent commercial a affecté à son activité professionnelle un patrimoine séparé de son patrimoine personnel en application des dispositions de l'article L. 526-6, et qu'il transfère son domicile au sens de l'article R. 134-6 dans le ressort d'un autre tribunal, il demande une nouvelle immatriculation** *(Mots aj. à compter du 1er janvier 2023, D. n° 2021-300, 18 mars 2021)* **« par l'intermédiaire de l'organisme unique mentionné à l'article R. 123-1 » et indique, conjointement à cette demande, le lieu et le registre de l'immatriculation antérieure.**

Le greffier nouvellement compétent demande, dans le délai d'un jour franc ouvrable à compter de la nouvelle immatriculation, au greffier du tribunal dans le ressort duquel était exercée l'activité de procéder au transfert dans le délai d'un jour franc ouvrable à compter de la réception de sa demande. Le greffier antérieurement compétent procède d'office à la radiation de l'immatriculation de l'agent commercial de son registre *(Mots suppr. à compter du 1er janvier 2023, D. n° 2021-300, 18 mars 2021)* **« et informe, par tous moyens, ce dernier des diligences accomplies ».** *(Mots aj. à compter du 1er janvier 2023, D. n° 2021-300, 18 mars 2021)* **« Chaque greffe informe l'agent commercial, par l'intermédiaire de l'organisme unique, des diligences accomplies ».**

(Al. créé à compter du 1er avril 2021, D. n° 2021-300, 18 mars 2021 ; abr. à compter du 1er janvier 2023, D. n° 2021-300, 18 mars 2021) **Lorsque le transfert est sollicité par le biais du service informatique mentionné à l'article R. 123-30-14, le greffier antérieurement compétent et le greffier nouvellement compétent échangent avec l'agent commercial par l'intermédiaire de ce service, dans les conditions prévues par l'article R. 123-30-18.**

NB : Conformément au I de l'article 64 du décret n° 2019-987 du 25 septembre 2019, ces dispositions entrent en vigueur le 1er octobre 2019.

Art. R. 134-14 *(Anc. D. n° 58-1345, 23 déc. 1958).* **– Est puni de l'amende prévue par le 5° de l'article 131-13 du Code pénal pour les contraventions de la cinquième classe le fait d'émettre des déclarations inexactes ou incomplètes en vue de l'immatriculation au registre spécial prévu à l'article R. 134-6 ou en vue de la modification ou du renouvellement de l'immatriculation.**

Art. R. 134-15 *(Anc. D. n° 58-1345, 23 déc. 1958).* **– Est puni de l'amende prévue par le 5° de l'article 131-13 du Code pénal pour les contraventions de la cinquième classe le fait, par toute personne exerçant les activités définies à l'article L. 134-1 :**

1° De ne pas faire la déclaration prévue à l'article R. 134-6 dans les conditions prévues par cet article ou les textes pris pour son application en vue de l'immatriculation au registre spécial ;

2° De ne pas signaler les changements survenus dans les mentions figurant sur cette déclaration ;

3° *(Abr., D. n° 2010-1310, 2 nov. 2010)* (1) ;

4° De ne pas demander la radiation de son immatriculation au registre spécial en dépit de la cessation d'exercice des activités définies à l'article L. 134-1.

Art. R. 134-16 *(Anc. D. n° 58-1345, 23 déc. 1958).* **– Est puni de l'amende prévue par le 3° de l'article 131-13 du Code pénal pour les contraventions de la troisième classe le fait de ne pas faire figurer sur tous les documents et correspondances à usage professionnel le lieu et le numéro d'immatriculation au registre spécial en dépit de l'inscription à ce registre.**

Art. R. 134-17 *(Anc. D. n° 58-1345, 23 déc. 1958).* **– Un arrêté du garde des Sceaux, ministre de la Justice, et du ministre de l'Économie et des Finances fixe la forme de la déclaration d'immatriculation.**

(1) Dispositions applications dans les îles Wallis-et-Futuna, D. n° 2010-1310, 2 nov. 2010, art. 3.

TITRE IV. – DU FONDS DE COMMERCE

CHAPITRE I. – DE LA VENTE DU FONDS DE COMMERCE

Art. R. 141-1 *(Anc. L. 17 mars 1909 ; mod., D. n° 2020-106, 10 févr. 2020).* – La publication au Bulletin officiel des annonces civiles et commerciales prévue à l'article L. 141-12 contient les indications mentionnées à l'article R. 123-211.

La publication dans un support habilité à recevoir les annonces légales prévue à l'article L. 141-12 est effectuée sous forme d'extrait ou d'avis et contient les indications suivantes :

1° Sauf lorsqu'il s'agit d'un acte authentique, les date, volume et numéro de la perception auprès de laquelle l'acte contenant mutation est enregistré ou, en cas de simple déclaration prescrite par les articles 638 et 653 du Code général des impôts, la date et le numéro du récépissé de cette déclaration et dans les deux cas, l'indication du bureau où ont eu lieu ces opérations ;

2° La date de l'acte ;

3° En ce qui concerne l'ancien et le nouveau propriétaire, leurs nom, prénoms et domicile s'il s'agit de personnes physiques, leurs dénomination ou raison sociale et adresse du siège social s'il s'agit de personnes morales ;

4° La nature et le siège du fonds ;

5° Le prix stipulé, y compris les charges ou l'évaluation ayant servi de base à la perception des droits d'enregistrement ;

6° L'indication du délai fixé par l'article L. 141-14 pour les oppositions ;

7° Une élection de domicile dans le ressort du tribunal.

Art. R. 141-1-1 *(D. n° 2020-106, 10 févr. 2020).* – Dans le cas prévu par l'article L. 141-18, le délai de publication est de quinze jours en métropole et de deux mois dans les départements et collectivités d'outre-mer.

La publication contient élection de domicile dans le ressort du tribunal de la situation de l'établissement principal et dans le ressort où se trouve la succursale, si celle-ci forme l'objet unique de la cession.

Art. R. 141-2 *(Mod., D. n° 2016-296, 11 mars 2016).* – Lorsque l'opposition prévue à l'article L. 141-14 est formée par lettre recommandée avec demande d'avis de réception, la date de l'opposition est celle de l'expédition de la lettre par le créancier.

Art. D. 141-3 *(Mod., D. n° 2015-1811, 28 déc. 2015).* – Le délai de deux mois mentionné au premier alinéa de l'article L. 141-23 s'apprécie au regard de la date de cession, entendue comme étant la date de conclusion du contrat.

Art. D. 141-4 *(Mod., D. n° 2015-1811, 28 déc. 2015).* – L'information des salariés mentionnée aux articles L. 141-25 et L. 141-30 peut être effectuée selon les modalités suivantes :

1° Au cours d'une réunion d'information des salariés à l'issue de laquelle ces derniers signent le registre de présence à cette réunion ;

2° Par un affichage, la date de réception de l'information est celle apposée par le salarié sur un registre accompagnée de sa signature attestant qu'il a pris connaissance de cet affichage ;

3° Par courrier électronique, à la condition que la date de réception puisse être certifiée ;

4° Par remise en main propre, contre émargement ou récépissé, d'un document écrit mentionnant les informations requises ;

5° Par lettre recommandée avec demande d'avis de réception ;

6° Par acte extrajudiciaire ;

7° Par tout autre moyen de nature à rendre certaine la date de réception.

Art. D. 141-5 *(D. n° 2014-1254, 28 oct. 2014).* – Le salarié informe dans les meilleurs délais et par tout moyen l'exploitant lorsqu'il se fait assister conformément aux articles L. 141-24 et L. 141-29. La personne qui assiste le salarié est tenue à une obligation de confidentialité en ce qui concerne les informations qu'elle reçoit.

CHAPITRE II. – DU NANTISSEMENT DU FONDS DE COMMERCE

Le présent chapitre ne comprend pas de dispositions réglementaires.

CHAPITRE III. – DISPOSITIONS COMMUNES À LA VENTE ET AU NANTISSEMENT DU FONDS DE COMMERCE

Section I. – De la réalisation du gage et de la purge des créances inscrites

Art. R. 143-1 *(Mod., D. n° 2016-296, 11 mars 2016)*. – Lorsque la vente du fonds n'a pas eu lieu aux enchères publiques conformément aux articles L. 143-3 à L. 143-8, L. 143-10 et L. 143-13 à L. 143-15, l'acquéreur qui veut se garantir des poursuites des créanciers inscrits est tenu, à peine de déchéance, avant la poursuite ou dans les quinze jours de la sommation de payer, de leur notifier, au domicile élu par eux dans leurs inscriptions :

1° Les nom, prénoms et domicile du vendeur ; la désignation précise du fonds ; le prix, non compris le matériel et les marchandises, ou l'évaluation du fonds en cas de transmission à titre gratuit, par voie d'échange ou de reprise, sans fixation de prix, par convention matrimoniale ; les charges, les frais et coûts justifiés exposés par l'acquéreur ;

2° Un tableau sur trois colonnes contenant :

a) La première, la date des ventes ou nantissements antérieurs et des inscriptions prises ;

b) La deuxième, les noms et domiciles des créanciers inscrits ;

c) La troisième, le montant des créances inscrites, avec déclaration que l'acquéreur est prêt à acquitter sans délai les dettes inscrites jusqu'à concurrence de son prix, sans distinction des dettes exigibles ou non exigibles.

Art. R. 143-2 *(Anc. L. 17 mars 1909, dernière phrase)*. – La notification contient élection de domicile dans le ressort du tribunal de commerce de la situation du fonds.

Art. R. 143-3 *(Anc. L. 17 mars 1909)*. – Si le titre du nouveau propriétaire comprend divers éléments d'un fonds, les uns grevés d'inscriptions, les autres non grevés, situés ou non dans le même ressort, aliénés pour un seul et même prix ou pour des prix distincts, le prix de chaque élément est déclaré dans la notification, par ventilation du prix total exprimé dans le titre.

Art. R. 143-4 *(Anc. L. 17 mars 1909)*. – L'officier public commis pour procéder à la vente d'un fonds de commerce peut se faire délivrer par le greffier copie des actes de vente sous seing privé déposés au greffe. Il peut également se faire délivrer expédition des actes authentiques de vente.

Art. R. 143-5 *(Anc. D. 28 août 1909)*. – Les frais et indemnités dus à l'administrateur provisoire nommé par application de l'article L. 143-4 sont taxés par le président du tribunal de commerce.

Section II. – Des formalités d'inscription et de radiation

Sous-section 1. – De l'inscription

Art. R. 143-6 *(Anc. L. 17 mars 1909)*. – Le vendeur ou le créancier gagiste, pour inscrire leur privilège, présentent, soit eux-mêmes, soit par un tiers, au greffier du tribunal de commerce, l'un des originaux de l'acte de vente ou du titre constitutif du nantissement s'il est sous seing privé ou une expédition de l'acte s'il est authentique. L'acte de vente ou de nantissement sous seing privé reste déposé au greffe.

Art. R. 143-7 *(Anc. D. 28 août 1909)*. – Le dépôt des actes sous seing privé de vente ou de nantissement de fonds de commerce, prescrit par l'article R. 143-6, est constaté sur un registre spécial tenu par le greffier.

Ce registre est divisé en deux colonnes :

1° La première contient le numéro d'ordre du registre ;

2° Dans la seconde est inscrit le procès-verbal de dépôt contenant la date de ce dernier ; la mention, la date, le coût de l'enregistrement de l'acte ; son numéro d'entrée ; sa nature ; l'indication du nom du créancier et du débiteur ou du vendeur et de l'acheteur, la nature et l'adresse du fonds de commerce.

Ce procès-verbal est signé par le greffier.

Le registre de dépôt, complété par un répertoire alphabétique des noms des débiteurs ou vendeurs, est signé, coté, paraphé et arrêté comme il est dit à l'article R. 143-9.

Art. R. 143-8 *(Anc. L. 17 mars 1909).* – Il est joint à l'acte de vente ou de nantissement deux bordereaux sur papier non timbré dont la forme est déterminée par arrêté du garde des Sceaux, ministre de la Justice. Ils contiennent :

1° Les nom, prénoms, domicile et profession du vendeur et de l'acquéreur, ou du créancier et du débiteur, ainsi que du propriétaire du fonds si c'est un tiers ;

2° La date et la nature du titre ;

3° Les prix de la vente, établis distinctement pour le matériel, les marchandises et les éléments incorporels du fonds, ainsi que les charges évaluées ou le montant de la créance exprimée dans le titre, les conditions relatives aux intérêts et à l'exigibilité ;

4° La désignation du fonds de commerce et de ses succursales avec l'indication précise des éléments qui les constituent et sont compris dans la vente ou le nantissement, la nature de leurs opérations et leur siège, sous réserve de tous autres renseignements propres à les faire connaître ; si la vente ou le nantissement s'étend à d'autres éléments du fonds de commerce que l'enseigne, le nom commercial, le droit au bail et la clientèle, ces éléments sont nommément désignés ;

5° Élection de domicile par le vendeur ou le créancier gagiste dans le ressort du tribunal de commerce de la situation du fonds.

1) Identification des parties. Le fait, pour le créancier, d'identifier sur le bordereau d'inscription une SNC, non pas par sa dénomination sociale exacte, mais par la mention SNC suivie du nom des associés, entraîne l'inopposabilité du nantissement aux tiers, même s'il n'existait aucun doute sur l'identification du fonds grevé dont tous les éléments d'identification étaient exacts, une telle irrégularité interdisant aux tiers toute recherche utile au greffe du tribunal (■ Orléans, 23 mars 2006, n° 05/00836 : *RJDA* 2006, n° 675). De même, l'erreur sur l'identification du débiteur dans l'inscription du nantissement entraîne l'inopposabilité aux tiers de ce privilège (■ Cass. com., 19 mai 1998, n° 96-13.958 : *JurisData* n° 1998-002056 ; *Bull. civ.* IV, n° 159 ; *JCP* 1999, I, 316, obs. Delebecque).

2) Élection de domicile. Cette élection est destinée à faciliter diverses notifications obligatoires, telles que celles relatives à l'exercice, par le vendeur, de l'action résolutoire du contrat de vente, à la résiliation du bail commercial par le propriétaire de l'immeuble ou à la vente en justice du fonds de commerce. Elle protège tant le créancier gagiste que ceux qui sont tenus d'effectuer ces notifications (V. Rép. min. n° 39329 : *JOAN* Q 8 févr. 2011, p. 1317).

Art. R. 143-9 *(Anc. D. 28 août 1909).* – Les pièces mentionnées aux articles R. 143-6 et R. 143-8 et toutes autres pièces produites aux greffes des tribunaux de commerce reçoivent un numéro d'entrée au moment de leur production.

Ces pièces sont enregistrées sur un registre à souches et il en est délivré un récépissé extrait de ce registre mentionnant :

1° *Le numéro* d'entrée apposé sur les pièces conformément à l'alinéa premier ;

2° La date du dépôt des pièces ;

3° Le nombre et la nature des pièces avec l'indication du motif du dépôt ;

4° Les noms des parties ;

5° La nature et le lieu d'établissement du fonds de commerce.

Le récépissé est daté et signé par le greffier auquel il est rendu contre remise de la pièce portant, conformément à l'article R. 143-14, la certification que l'inscription du privilège a été effectuée.

Le registre est signé par première et dernière feuille, coté et paraphé en tous ses feuillets par le président du tribunal. Il est arrêté chaque jour.

Art. R. 143-10 *(Anc. D. 28 août 1909).* – Les déclarations de créance faites aux greffiers en exécution des articles L. 141-21 et L. 141-22 sont inscrites sur un registre à souche tenu par le greffier.

Ce registre est divisé en quatre colonnes destinées à recevoir :

1° Le numéro d'ordre de la déclaration ;

2° Le procès-verbal de la déclaration indiquant la date à laquelle elle a été faite, le nom du déclarant, le nom et l'adresse du débiteur avec l'indication de la nature et du lieu d'établissement du fonds dont il est propriétaire, le montant de la créance, l'indication de l'apport du fonds dans une société dont la nature et le siège sont déterminés, la date et le numéro du dépôt au greffe de l'acte de constitution de ladite société. Ce procès-verbal est signé par le greffier ;

3° La reproduction du numéro d'ordre ;

4° Le certificat de la déclaration de créance qui reproduit succinctement les indications portées à la colonne de la déclaration. Ce certificat, composé des mentions des troisième et quatrième colonnes, est détaché et remis au déclarant. Il est daté et signé par le greffier.

Le registre de déclaration de créance, complété par un répertoire alphabétique des noms des débiteurs, est signé, coté et paraphé comme il est dit à l'article R. 143-12.

Il est arrêté chaque jour.

Art. R. 143-11 *(Anc. D. 28 août 1909)*. – Lorsque les ventes ou cessions de fonds de commerce comprennent des marques de fabrique et de commerce et des dessins ou modèles industriels et lorsque les nantissements de ces fonds comprennent des brevets d'invention ou licences, des marques ou des dessins et modèles, le certificat d'inscription délivré par le greffier du tribunal de commerce, conformément à l'article L. 143-17, mentionne :

1° La nature, la date et le numéro de l'inscription effectuée au greffe ;

2° La forme et la date de l'acte de vente ou de l'acte constitutif du nantissement ;

3° L'identité et l'adresse du créancier gagiste et du débiteur ;

4° La désignation du fonds de commerce ainsi que la nature et les références des titres de propriété industrielle concernés.

Art. R. 143-12 *(Anc. D. 28 août 1909)*. – Les greffiers des tribunaux de commerce sont tenus, pour l'exécution des articles L. 141-5 à L. 141-11, L. 142-3 et L. 143-17 et conformément aux articles R. 143-6, R. 143-8 et R. 143-14, d'enliasser et de relier à leurs frais les bordereaux d'inscription du privilège de vendeur et les bordereaux d'inscription du privilège résultant du contrat de nantissement d'un fonds de commerce.

Ils tiennent un fichier alphabétique des noms des débiteurs avec l'indication des numéros des inscriptions les concernant.

Le papier sur lequel sont établis les bordereaux est fourni par les greffiers aux frais des requérants. Toutefois, les officiers publics ou ministériels peuvent se le procurer eux-mêmes.

Art. R. 143-13 *(Anc. D. 28 août 1909)*. – Chaque année au mois de décembre, le président du tribunal vérifie la tenue des registres prévus par les articles R. 143-9 et suivants. Il s'assure que les prescriptions de la présente section ont été respectées et en donne l'attestation au pied de la dernière inscription.

Art. R. 143-14 *(Anc. L. 17 mars 1909)*. – Le greffier remet au requérant l'expédition du titre et l'un des bordereaux prévus à l'article R. 143-8, après l'avoir revêtu, dès sa réception, de la mention d'inscription qui comprend la date de celle-ci et le numéro sous lequel elle a été effectuée.

L'autre bordereau, portant les mêmes mentions, est conservé au greffe.

Art. R. 143-15 *(Anc. L. 17 mars 1909)*. – Le greffier mentionne en marge des inscriptions les antériorités, les subrogations et radiations totales ou partielles dont il lui est justifié. Les antériorités et les subrogations peuvent résulter d'actes sous seing privé enregistrés.

Art. R. 143-16 *(Anc. L. 17 mars 1909)*. – Les greffiers des tribunaux de commerce sont tenus de délivrer à tous ceux qui le requièrent soit l'état des inscriptions existantes, avec les mentions d'antériorité, de radiations partielles et de subrogations partielles ou totales, soit un certificat qu'il n'en existe aucune ou simplement que le fonds est grevé.

Un état des inscriptions ou mentions effectuées à l'Institut national de la propriété industrielle est de même être délivré à toute réquisition.

Art. R. 143-17 *(Anc. L. 17 mars 1909).* – Il est interdit aux greffiers de refuser ou de retarder les inscriptions ou la délivrance des états ou certificats requis.

Ils sont responsables de l'omission sur leurs registres des inscriptions requises en leur greffe et du défaut de mention dans leurs états ou certificats d'une ou plusieurs inscriptions existantes, à moins, dans ce dernier cas, que l'erreur ne provienne de désignations insuffisantes qui ne pourraient leur être imputées.

Sous-section 2. – De la radiation

Art. R. 143-18 *(Anc. L. 17 mars 1909).* – Lorsque la radiation, non consentie par le créancier, est demandée par voie d'action principale, cette action est portée devant le tribunal de commerce du lieu de l'inscription.

Si l'action a pour objet la radiation d'inscriptions prises dans des ressorts différents sur un fonds et ses succursales, elle est portée pour le tout devant le tribunal de commerce dans le ressort duquel se trouve l'établissement principal.

Art. R. 143-19 *(Anc. L. 17 mars 1909).* – La radiation est opérée au moyen d'une mention faite par le greffier en marge de l'inscription.

Il en est délivré certificat aux parties qui le demandent.

Art. R. 143-20 *(Anc. D. 28 août 1909).* – Le certificat de radiation, délivré par le greffier, en exécution de l'article L. 143-20, contient les mêmes indications que celles qui sont prévues pour le certificat d'inscription mentionné à l'article R. 143-11.

Sous-section 3. – Dispositions particulières

Art. R. 143-21 *(Anc. D. 28 août 1909).* – L'inscription et la radiation du privilège ou du nantissement à l'Institut national de la propriété industrielle s'effectuent par report du certificat du greffier selon la nature des titres concernés :

1° Au registre national des brevets ou au registre national des marques, dans les conditions prévues par les textes qui leur sont applicables ;

2° Dans un registre spécial aux dépôts de dessins et modèles, à la demande de l'une des parties à l'acte.

Les dispositions des alinéas précédents sont applicables à l'inscription des antériorités et subrogations. Toutefois, le certificat du greffier est, dans ce cas, remplacé par les justifications prévues à l'article R. 143-15.

Art. R. 143-22 *(Anc. D. 28 août 1909).* – Le nantissement de fonds qui comprennent des droits d'exploitation de logiciels ainsi que les ventes ou cessions de fonds de commerce comprenant des droits d'exploitation de logiciels nantis sont inscrits à l'Institut national de la propriété industrielle sur la production du certificat d'inscription délivré par le greffier du tribunal de commerce.

Les formalités prévues aux articles R. 143-11, R. 143-20 et R. 143-21 sont applicables aux actes inscrits au registre national spécial des logiciels tenu par l'Institut national de la propriété industrielle.

Section III. – Des intermédiaires et de la répartition du prix

Art. R. 143-23 *(Anc. D. n° 96-740, 14 août 1996).* – Pour l'application de l'article L. 143-21, il est procédé conformément aux articles 1281-2 et suivants du Code de procédure civile.

CHAPITRE IV. – DE LA LOCATION-GÉRANCE

Section I. – Des mesures de publicité

Art. R. 144-1 *(Anc. D. n° 86-465, 14 mars 1986 ; mod., D. n° 2020-106, 10 févr. 2020).* – Les contrats de gérance définis à l'article L. 144-1 sont publiés dans la quinzaine de leur date sous forme d'extraits ou d'avis dans un support habilité à recevoir les annonces légales. La fin de la location-gérance donne lieu aux mêmes mesures de publicité.

Section II. – Dispositions spécifiques pour les entreprises de transports publics et de location de véhicules industriels

(Anc. D. n° 56-612, 20 juin 1956)

Art. D. 144-2. – **Les conditions particulières d'application aux entreprises de transports publics et de location de véhicules industriels des articles L. 144-1 et suivants relatifs à la location-gérance des fonds de commerce et des établissements artisanaux sont déterminées par la présente section.**

Art. D. 144-3. – **Lorsque l'entrée en vigueur du contrat de location-gérance est subordonnée à une décision administrative en vertu des textes législatifs et réglementaires relatifs à la coordination des transports, le délai de quinzaine, fixé par l'article R. 144-1, court de la date de notification par le préfet de cette décision.**

Cette notification est faite par lettre recommandée avec demande d'avis de réception ; elle fait également courir les délais impartis au locataire et au loueur par le présent code pour les inscriptions au registre du commerce.

Art. D. 144-4. – **Le propriétaire d'un fonds de commerce de transport ou de location de véhicules industriels, qui met en location-gérance une partie de son fonds, est tenu de mentionner, lors de l'inscription qu'il effectue au registre du commerce et des sociétés, la mise en location-gérance partielle, sans être astreint à préciser les éléments loués.**

Cette mention demeure valable, en cas de modification des éléments loués. Elle fait l'objet d'une inscription modificative si l'intéressé reprend l'exploitation de son fonds ou au contraire en loue la totalité. Elle fait l'objet d'une radiation si l'intéressé cède son fonds.

Art. D. 144-5. – **Ne sont pas considérées comme location de fonds de commerce, au sens de l'article L. 144-1, les opérations ayant pour objet d'adapter les droits du locataire à la charge utile de son parc de véhicules lorsque le total des capacités de transport ainsi obtenues par le locataire n'excède pas cinq tonnes pour les transports publics de marchandises ou soixante places de voyageurs pour les services occasionnels de voyageurs et lorsque les locations, pour un même loueur, ne totalisent au maximum que dix tonnes ou soixante places de voyageurs et restent inférieures à la moitié du montant global des droits de ce loueur.**

Ne sont pas davantage considérées comme location de fonds de commerce, les locations réciproques ayant pour objet de faciliter le fonctionnement des entreprises et consenties, pour chacune des parties, dans la limite de dix tonnes pour les transports publics de marchandises ou les locations de véhicules industriels ou de soixante places de voyageurs pour les services occasionnels de voyageurs.

Échappent de même à l'application des articles L. 144-1 à L. 144-13 les accords conclus à titre provisoire par des exploitants de services réguliers de voyageurs pour l'aménagement, avec l'accord de l'administration, de leurs services respectifs.

CHAPITRE V. – DU BAIL COMMERCIAL

Bibliographie : Blatter, *Codification quasi-définitive du décret de 1953 : AJDI* 2007, 446. • Arrighi de Casanova et Théry-Schultz, *Élaboration de la partie réglementaire du Code de commerce : D.* 2007, 1221 ; *Le décret n° 2014-1317 du 3 novembre 2014 pris pour l'application de l'article L. 145-40-2 du Code de commerce et autres variétés : AJDI* 2014. 751. • Monéger, *Chronique Baux commerciaux : JCP* E 2007, 1523, n° 13 et s. • Brault, *Bail commercial : publication de la partie réglementaire du Code de commerce : Gaz. Pal.* 22 mai 2007, n° 142, p. 3.

Section I. – Du renouvellement

Art. R. 145-1. – ***Le bailleur qui n'a pas fait*** **connaître le montant du loyer qu'il propose dans les conditions de l'article L. 145-11 peut demander une modification du prix du bail ultérieurement, par acte d'huissier de justice, par lettre recommandée avec demande d'avis de réception ou dans le mémoire prévu à l'article R. 145-23.**

Art. R. 145-1-1 ***(Abr., D. n° 2016-296, 11 mars 2016).***

Section II. – Du loyer

Sous-section 1. – De la détermination de la valeur locative

Art. R. 145-2. – Les éléments mentionnés aux 1° à 5° de l'article L. 145-33 s'apprécient dans les conditions fixées par la présente sous-section.

Art. R. 145-3 *(Anc. D. n° 53-960, 30 sept. 1953).* – Les caractéristiques propres au local s'apprécient en considération :

1° De sa situation dans l'immeuble où il se trouve, de sa surface et de son volume, de la commodité de son accès pour le public ;

2° De l'importance des surfaces respectivement affectées à la réception du public, à l'exploitation ou à chacune des activités diverses qui sont exercées dans les lieux ;

3° De ses dimensions, de la conformation de chaque partie et de son adaptation à la forme d'activité qui y est exercée ;

4° De l'état d'entretien, de vétusté ou de salubrité et de la conformité aux normes exigées par la législation du travail ;

5° De la nature et de l'état des équipements et des moyens d'exploitation mis à la disposition du locataire.

Art. R. 145-4 *(Anc. D. n° 53-960, 30 sept. 1953).* – Les caractéristiques propres au local peuvent être affectées par des éléments extrinsèques constitués par des locaux accessoires, des locaux annexes ou des dépendances, donnés en location par le même bailleur et susceptibles d'une utilisation conjointe avec les locaux principaux.

Lorsque les lieux loués comportent une partie affectée à l'habitation, la valeur locative de celle-ci est déterminée par comparaison avec les prix pratiqués pour des locaux d'habitation analogues faisant l'objet d'une location nouvelle, majorés ou minorés, pour tenir compte des avantages ou des inconvénients présentés par leur intégration dans un tout commercial.

Art. R. 145-5 *(Anc. D. n° 53-960, 30 sept. 1953 ; mod., D. n° 2014-1317, 3 nov. 2014).* – La destination des lieux est celle autorisée par le bail et ses avenants ou par le tribunal dans les cas prévus aux articles L. 145-47 à L. 145-55 et L. 642-7.

NB : Les dispositions de cet article sont applicables aux contrats en cours à la date de publication du décret n° 2014-1317 du 3 novembre 2014.

Art. R. 145-6 *(Anc. D. n° 53-960, 30 sept. 1953).* – Les facteurs locaux de commercialité dépendent principalement de l'intérêt que présente, pour le commerce considéré, l'importance de la ville, du quartier ou de la rue où il est situé, du lieu de son implantation, de la répartition des diverses activités dans le voisinage, des moyens de transport, de l'attrait particulier ou des sujétions que peut présenter l'emplacement pour l'activité considérée et des modifications que ces éléments subissent d'une manière durable ou provisoire.

Art. R. 145-7 *(Anc. D. n° 53-960, 30 sept. 1953).* – Les prix couramment pratiqués dans le voisinage, par unité de surfaces, concernent des locaux équivalents eu égard à l'ensemble des éléments mentionnés aux articles R. 145-3 à R. 145-6.

À défaut d'équivalence, ils peuvent, à titre indicatif, être utilisés pour la détermination des prix de base, sauf à être corrigés en considération des différences constatées entre le local loué et les locaux de référence.

Les références proposées de part et d'autre portent sur plusieurs locaux et comportent, pour chaque local, son adresse et sa description succincte. Elles sont corrigées à raison des différences qui peuvent exister entre les dates de fixation des prix et les modalités de cette fixation.

Art. R. 145-8 *(Anc. D. n° 53-960, 30 sept. 1953).* – Du point de vue des obligations respectives des parties, les restrictions à la jouissance des lieux et les obligations incombant normalement au bailleur dont celui-ci se serait déchargé sur le locataire sans contrepartie constituent un facteur de diminution de la valeur locative. Il en est de même des obligations imposées au locataire au-delà de celles qui découlent de la loi ou des usages. Les améliorations apportées aux lieux loués au cours du bail à renouveler ne sont prises en considération que si, directement ou indirectement, notamment par l'acceptation d'un loyer réduit, le bailleur en a assumé la charge.

Les obligations découlant de la loi et génératrices de charges pour l'une ou l'autre partie depuis la dernière fixation du prix peuvent être invoquées par celui qui est tenu de les assumer.

Il est aussi tenu compte des modalités selon lesquelles le prix antérieurement applicable a été originairement fixé.

Art. R. 145-9 *(Anc. D. n° 53-960, 30 sept. 1953)*. – Le prix du bail des terrains est fixé en considération de ceux des éléments qui leur sont particuliers, eu égard à la nature et aux modalités de l'exploitation effectivement autorisée.

Pour la détermination du loyer du bail renouvelé portant sur un terrain, V. ▪ CA Caen, 23 mai 2013, n° 12/00539 : *JurisData* n° 2013-015560 ; *Loyers et copr.* 2013, n° 313.

Art. R. 145-10 *(Anc. D. n° 53-960, 30 sept. 1953)*. – Le prix du bail des locaux construits en vue d'une seule utilisation peut, par dérogation aux articles L. 145-33 et R. 145-3 et suivants, être déterminé selon les usages observés dans la branche d'activité considérée.

1) Locaux monovalents : la portée d'une clause d'accession « lors de la sortie effective des lieux loués ». Le bailleur ne peut se prévaloir, pour voir retenir la qualification de locaux monovalents, des travaux d'aménagements réalisés par le preneur que s'ils sont devenus sa propriété (▪ Cass. 3e civ., 21 mars 2014, n° 13-12.592).

2) Améliorations et loyer de renouvellement. La soumission du bail à l'article R. 145-10 du Code de commerce, relatif à la fixation du loyerde locaux construits en vue d'une seule utilisation, exclut l'application de l'article R. 145-8, qui précise que les améliorations apportées aux lieux loués au cours du bail à renouveler ne sont prises en considération que si le bailleur en a assumé la charge (▪ Cass. 3e civ., 5 oct. 2017, n° 16-18.059 : *Loyers et copr.* 2017, comm. 236, obs. Ph.-H. Brault. – V. égal. ▪ Cass. 3e civ., 3 mai 2007, n° 06-11.210 : *Bull. civ.* III, n° 68 ; *Loyers et copr.* 2007, comm. 127).

Art. R. 145-11 *(Anc. D. n° 53-960, 30 sept. 1953)*. – Le prix du bail des locaux à usage exclusif de bureaux est fixé par référence aux prix pratiqués pour des locaux équivalents, sauf à être corrigés en considération des différences constatées entre le local loué et les locaux de référence.

Les dispositions des deuxième et troisième alinéas de l'article R. 145-7 sont en ce cas applicables.

▪ CA Paris, 3e ch., 7 nov. 2018, n° 17/04756 : l'absence de toute restriction sur la destination contractuelle dans le bail équivaut à une destination tous commerces.

Sous-section 2. – De la commission départementale de conciliation en matière de baux d'immeubles ou locaux à usage commercial, industriel ou artisanal

Art. D. 145-12 *(Anc. D. n° 88-694, 9 mai 1988)*. – La commission départementale de conciliation prévue par l'article L. 145-35 est composée de bailleurs et de locataires, d'une part, et de personnes qualifiées, d'autre part. Elle comporte une ou plusieurs sections composées chacune de deux bailleurs, deux locataires et une personne qualifiée. Le préfet fixe le nombre des sections et nomme les membres titulaires et suppléants de chaque section, pour une durée de trois ans renouvelable après consultation des organismes représentatifs des bailleurs et des locataires.

Art. D. 145-13 *(Anc. D. n° 88-694, 9 mai 1988)*. – Les membres de la commission nommés au titre des personnes qualifiées ne peuvent être ni bailleurs ni locataires d'immeubles ou de locaux à usage commercial, industriel ou artisanal.

Art. D. 145-14 *(Anc. D. n° 88-694, 9 mai 1988)*. – Les personnes ne remplissant plus les conditions nécessaires pour être membres de la commission cessent d'appartenir à celle-ci. Le préfet peut, en outre, déclarer démissionnaires d'office les membres de la commission qui, sans motif légitime, n'ont pas assisté à trois séances consécutives de la commission.

Art. D. 145-15 *(Anc. D. n° 88-694, 9 mai 1988)*. – La présidence de chaque section est assurée par le membre désigné au titre des personnes qualifiées.

Le doyen d'âge des présidents de section assure en outre les fonctions de président de la commission départementale.

Art. D. 145-16 *(Anc. D. n° 88-694, 9 mai 1988)*. – La commission établit son règlement intérieur qui fixe notamment les conditions d'instruction et d'examen des affaires.

Chaque section se réunit à l'initiative de son président et, le cas échéant, sur convocation du préfet.

Art. D. 145-17 *(Anc. D. n° 88-694, 9 mai 1988)*. – La commission est saisie par lettre recommandée avec demande d'avis de réception adressée à son secrétariat, qui convoque les parties à la séance au cours de laquelle l'affaire est examinée par lettre recommandée avec demande d'avis de réception adressée au minimum quinze jours avant la date retenue.

La commission émet son avis même si les parties, dûment convoquées, ne sont ni présentes ni représentées.

Art. D. 145-18 *(Anc. D. n° 88-694, 9 mai 1988 ; mod., D. n° 2014-1317, 3 nov. 2014)*. – En cas de conciliation, il est dressé un acte signé des parties. À défaut de conciliation, la commission émet un avis faisant apparaître les points essentiels du désaccord des parties et la proposition motivée de la commission.

Cet avis est signé par le président et le secrétaire. Il est aussitôt notifié à chacune des parties par lettre recommandée avec demande d'avis de réception.

NB : Les dispositions de cet article sont applicables aux contrats en cours à la date de publication du décret n° 2014-1317 du 3 novembre 2014.

Art. D. 145-19 *(Anc. D. n° 88-694, 9 mai 1988)*. – Les membres de la commission sont rémunérés sous forme de vacations dans des conditions fixées par arrêté pris par le ministre chargé du budget et le ministre chargé du commerce, de l'artisanat et des services.

Les indemnités de déplacement des membres de la commission sont réglées dans les conditions prévues par le décret n° 90-437 du 28 mai 1990 fixant les conditions et les modalités de règlement des frais occasionnés par les déplacements des personnels civils sur le territoire métropolitain de la France lorsqu'ils sont à la charge des budgets de l'État, des établissements publics nationaux à caractère administratif et de certains organismes subventionnés.

Voir aussi : circulaire du 3 août 1988, relative aux commissions départementales de conciliation en matière de baux d'immeubles ou de locaux à usage commercial, industriel ou artisanal (*JO* 25 sept.).

Bibliographie : Boulez, *Les commissions départementales de conciliation : AJPI* 1988, 827.

Sous-section 3. – De la révision des loyers

Art. R. 145-20 *(Anc. D. n° 53-960, 30 sept. 1953 ; mod., D. n° 2014-1317, 3 nov. 2014)*. – La demande de révision des loyers prévue à l'article L. 145-37 est formée par acte extrajudiciaire ou par lettre recommandée avec demande d'avis de réception. Elle précise, à peine de nullité, le montant du loyer demandé ou offert.

À défaut d'accord, la demande est jugée dans les conditions prévues aux articles L. 145-56 à L. 145-60.

Le nouveau prix est dû à dater du jour de la demande.

NB : Les dispositions de cet article sont applicables aux contrats en cours à la date de publication du décret n° 2014-1317 du *3 novembre 2014*.

Sur la recevabilité de la demande en fixation du prix du bail révisé. Le mémoire doit, à peine d'irrecevabilité, être précédé d'une demande en révision (■ Cass. 3e civ., 26 janv. 2017, n° 16-10.304 : *Loyers et copr.* 2017, n° 66, obs. Ph.-H. Brault).

Art. R. 145-21 *(Anc. D. n° 53-960, 30 sept. 1953)*. – Le prix fixé judiciairement ne peut, en aucun cas, excéder les limites de l'offre et de la demande faite, selon le cas, en application de l'article L. 145-37 et conformément à l'article R. 145-20 ou en application de l'article L. 145-11, sauf si depuis lors les parties ont varié dans leurs prétentions.

En ce dernier cas, le prix ne peut prendre effet, dans la mesure où il excéderait les limites fixées par les prétentions originaires des parties, qu'à dater de la notification des nouvelles prétentions.

Art. R. 145-22 *(Anc. D. n° 53-960, 30 sept. 1953).* **– Le juge adapte le jeu de l'échelle mobile à la valeur locative au jour de la demande.**

Si l'un des éléments retenus pour le calcul de la clause d'échelle mobile vient à disparaître, la révision ne peut être demandée et poursuivie que dans les conditions prévues à l'article L. 145-38.

Section III. – De la procédure

Art. R. 145-23 *(Anc. D. n° 53-960, 30 sept. 1953 ; mod., D. n° 2019-966, 18 sept. 2019).* **– Les contestations relatives à la fixation du prix du bail révisé ou renouvelé sont portées, quel que soit le montant du loyer, devant le président du tribunal judiciaire ou le juge qui le remplace. Il est statué sur mémoire.**

Les autres contestations sont portées devant le tribunal judiciaire qui peut, accessoirement, se prononcer sur les demandes mentionnées à l'alinéa précédent.

La juridiction territorialement compétente est celle du lieu de la situation de l'immeuble.

NB : Conformément à l'article 9 du décret n° 2019-966 du 18 septembre 2019, les présentes dispositions entrent en vigueur le 1er janvier 2020.

Voir : ■ Cass. 3e civ., 10 mars 2015, n ° 14-10.341 : *Loyers et copr.* 2015, n° 94, obs. P.-H. Brault.

Bibliographie : Denizot et De Galembert, *Nouvelles règles de compétence en matière de baux commerciaux : AJDI* 2008, 641. • *Clarification des règles de compétence en matière de baux commerciaux : AJDI* 2010, 121.

1) La procédure applicable devant le TGI saisi à titre accessoire d'une demande en fixation du prix du bail renouvelé étant la procédure en matière contentieuse applicable devant cette juridiction et non la procédure spéciale sur mémoire en vigueur devant le seul juge des loyers commerciaux, la cour d'appel a retenu à bon droit qu'il ne peut être fait grief au bailleur de n'avoir pas déposé de mémoire après expertise et, constatant que les parties avaient conclu après le dépôt du rapport de l'expert judiciaire, en a justement déduit que la procédure était régulière (■ Cass. 3e civ., 23 mai 2013, n° 12-14.009).

2) Compétence du Président du TGI. Le TGI est compétent pour statuer sur la fixation d'une indemnité d'occupation due en application des dispositions de l'article L. 145-28 du Code de commerce (■ Cass. 3e civ., 14 sept. 2017, n° 16-18.444 : *Gaz. Pal.* 21 nov. 2017, chron. Baux commerciaux, note Ch.-E. Brault) après exercice de son droit de repentir par le bailleur. Ce dernier peut également saisir le TGI pour lui demander de fixer à titre accessoire le loyer du bail renouvelé (■ Cass. 3e civ., 9 juin 2016, n° 15-12.766 : *Administrer* juill. 2016, p. 30, obs. Lipman W. Boccara D.).

3) Compétence exclusive du tribunal de grande instance. ■ Cass. 3e civ., 24 oct. 2019, n° 18-20.838 où la Cour retient la compétence exclusive du tribunal de grande instance dans un litige mettant en cause une clause d'adhésion obligatoire à l'association des commerçants contenue dans un bail commercial dont le preneur avait demandé l'annulation en arguant qu'elle portait atteinte à son droit à la propriété commerciale et constituait une restriction à la libre cession du fonds. Jugeant que le litige portait sur le statut des baux commerciaux, la Cour estime le tribunal de grande instance exclusivement compétent.

Art. R. 145-24 *(Anc. D. n° 53-960, 30 sept. 1953).* **– Les mémoires indiquent l'adresse de l'immeuble donné à bail ainsi que :**

1° Pour les personnes physiques, leurs nom, prénoms, profession, domicile, nationalité, date et lieu de naissance ;

2° Pour les personnes morales, leurs dénomination et siège social, ainsi que le titre et les nom et prénoms de leur représentant légal.

Art. R. 145-25 *(Anc. D. n° 53-960, 30 sept. 1953).* **– Les mémoires contiennent :**

Une copie de la demande en fixation de prix faite, selon le cas, en application de l'article L. 145-11 ou en application de l'article R. 145-20 ;

L'indication des autres prétentions ;

Les explications de droit et de fait de nature à justifier les prétentions de leur auteur ou à réfuter celles de l'autre partie.

Les mémoires en réplique ou ceux rédigés après l'exécution d'une mesure d'instruction peuvent ne comporter que les explications de droit ou de fait.

Art. R. 145-26 *(Anc. D. n° 53-960, 30 sept. 1953 ; mod., D. n° 2019-1333, 11 déc. 2019).* **– Les mémoires sont signés par les avocats des parties. Les copies des pièces que les parties estiment devoir y**

annexer sont certifiées conformes à l'original par le signataire du mémoire. Les mémoires sont notifiés par chacune des parties à l'autre, par lettre recommandée avec demande d'avis de réception. La notification est valablement faite par le locataire au gérant de l'immeuble.

NB : Conformément au II de l'article 55 du décret n° 2019-1333, les présentes dispositions sont applicables aux instances introduites à compter du 1er janvier 2020.

Notification du mémoire. ▪ Cass. 3e civ., 16 oct. 2013 : *Loyers et copr.*, comm. 340, obs. E. Chavance : la notification d'un mémoire peut toujours être faite par voie de signification alors même que la loi l'aurait prévu sous une autre forme et l'appellation d'un acte de « conclusions récapitulatives après dépôt du rapport d'expertise » n'entache la procédure d'aucune irrégularité dans la mesure où aucun texte n'impose l'emploi du nom « mémoire » à peine de nullité. ▪ Cass. 3e civ., 3 juill. 2013, n° 12-13.780 : *Loyers et copr.* 2013, comm. 277, obs. E. Chavance : le défaut de notification du mémoire à chacun des bailleurs entraîne l'irrecevabilité de l'action.

Doctr. : V. J.-P. Blatter, *La nouvelle procédure devant le juge des loyers commerciaux après le décret du 11 décembre 2019* : *AJDI* 2020, p. 18.

Art. R. 145-27 *(Anc. D. n° 53-960, 30 sept. 1953 ; mod., D. n° 2019-1333, 11 déc. 2019).* **– Le juge ne peut, à peine d'irrecevabilité, être saisi avant l'expiration d'un délai d'un mois suivant la réception par son destinataire du premier mémoire établi.**

La partie la plus diligente remet au greffe son mémoire aux fins de fixation de la date de l'audience. Elle y annexe les pièces sur lesquelles elle fonde sa demande et un plan des locaux. Elle y joint également le mémoire et les pièces reçus de l'autre partie.

Les mémoires et les pièces peuvent être remis en original ou en copie.

NB : Conformément au II de l'article 55 du décret n° 2019-1333, les présentes dispositions sont applicables aux instances introduites à compter du 1er janvier 2020.

Recevabilité de la demande. Le preneur est recevable en sa demande de fixation de loyer révisé lorsqu'un délai supérieur à 1 mois s'est écoulé entre la notification du mémoire préalable et la saisine du juge des loyers commerciaux par remise au greffe de l'assignation (▪ CA Paris 5-3, 13 sept. 2017, n° 15/19371 : *Gaz. Pal.* 21 nov. 2017, chron. Baux commerciaux, obs. Ch.-E. Brault).

Art. R. 145-28 *(Anc. D. n° 53-960, 30 sept. 1953 ; mod., D. n° 2019-1333, 11 déc. 2019).* **– Il est procédé pour le surplus comme il est dit, en matière de procédure à jour fixe, aux articles 840 à 844 du Code de procédure civile. L'assignation n'a toutefois pas à reproduire ou à contenir les éléments déjà portés à la connaissance du défendeur.**

NB : Conformément au I de l'article 55 du décret n° 2019-1333, les présentes dispositions entrent en vigueur le 1er janvier 2020 et sont applicable aux instances en cours.

Art. R. 145-29 *(Anc. D. n° 53-960, 30 sept. 1953 ; mod., D. n° 2019-1333, 11 déc. 2019).* **– Les parties sont tenues de constituer avocat. Elles ne peuvent, ainsi que leur conseil, développer oralement, à l'audience, que les moyens et conclusions de leurs mémoires.**

NB : Conformément au II de l'article 55 du décret n° 2019-1333, les présentes dispositions sont applicables aux instances introduites à compter du 1er janvier 2020.

Bibliographie : De La Vaissière, *Le rapport de la commission « Guinchard » du 30 juin 2008 et le droit immobilier* : *AJDI* 2008, 658.

Art. R. 145-30 *(Anc. D. n° 53-960, 30 sept. 1953).* **– Lorsque le juge s'estime insuffisamment éclairé sur des points qui peuvent être élucidés par une visite des lieux ou s'il lui apparaît que les prétentions des parties divergent sur de tels points, il se rend sur les lieux aux jour et heure décidés par lui le cas échéant en présence d'un consultant.**

Toutefois, s'il estime que des constatations purement matérielles sont suffisantes, il peut commettre toute personne de son choix pour y procéder.

Si les divergences portent sur des points de fait qui ne peuvent être tranchés sans recourir à une expertise, le juge désigne un expert dont la mission porte sur les éléments de fait permettant l'appréciation des critères définis, selon le cas, aux articles R. 145-3 à R. 145-7, L. 145-34, R. 145-9, R. 145-10 ou R. 145-11, et sur les questions complémentaires qui lui sont soumises par le juge.

Toutefois, si le juge estime devoir limiter la mission de l'expert à la recherche de l'incidence de certains éléments seulement, il indique ceux sur lesquels elle porte.

Art. R. 145-31 *(Anc. D. n° 53-960, 30 sept. 1953 ; mod., D. n° 2019-1333, 11 déc. 2019).* **– Dès le dépôt du constat ou du rapport, le greffe avise les parties par lettre recommandée avec demande d'avis de réception de la date à laquelle l'affaire sera reprise et de celle à laquelle les mémoires faits après l'exécution de la mesure d'instruction devront être échangés.**

Le juge, en présence des parties ou celles-ci dûment convoquées, peut entendre l'expert ou l'auteur du constat pour lui demander les éclaircissements qu'il estime nécessaires.

En cas de conciliation intervenue au cours d'une mesure d'instruction, le technicien commis constate que sa mission est devenue sans objet et en fait rapport au juge. Mention en est faite au dossier de l'affaire et celle-ci est retirée du rôle. Les parties peuvent demander au juge de donner force exécutoire à l'acte exprimant leur accord.

NB : Conformément au II de l'article 55 du décret n° 2019-1333, les présentes dispositions sont applicables aux instances introduites à compter du 1er janvier 2020.

Art. R. 145-32 *(Anc. D. n° 53-960, 30 sept. 1953).* **– La rémunération définitive de l'expert est fixée en considération de sa mission. En aucun cas la rémunération de l'expert ne peut être fixée proportionnellement au montant du loyer demandé ou proposé.**

Art. R. 145-33 *(Anc. D. n° 53-960, 30 sept. 1953).* **– En cas d'appel, les dispositions des articles R. 145-31 et R. 145-32 sont applicables.**

Section IV. – Annexe environnementale

(D. n° 2011-2058, 30 déc. 2011)

Art. D. 145-34 *(Mod., D. n° 2012-517, 19 avr. 2012).* **– Le contenu de l'annexe environnementale mentionnée à l'article L. 125-9 du Code de l'environnement est défini aux articles R. 137-1 à R. 137-3 du Code de la construction et de l'habitation.**

NB : Décret n° 2011-2058 du 30 décembre 2011, art 4 : les présentes dispositions s'appliquent :
- à compter du 1er janvier 2012, aux baux conclus ou renouvelés à partir de cette date ;
- à compter du 14 juillet 2013, aux baux en cours.

Code de l'environnement

Art. L. 125-9. – 1. Les baux conclus ou renouvelés portant sur des locaux de plus de 2 000 mètres carrés à usage de bureaux ou de commerces comportent une annexe environnementale.

Un décret définit le contenu de cette annexe.

2. Le preneur et le bailleur se communiquent mutuellement toutes informations utiles relatives aux consommations énergétiques des locaux loués. Le preneur permet au bailleur l'accès aux locaux loués pour la réalisation de travaux d'amélioration de la performance énergétique.

3. Cette annexe environnementale peut prévoir les obligations qui s'imposent aux preneurs pour limiter la consommation énergétique des locaux concernés.

4. Ces dispositions prennent effet le 1er janvier 2012 à l'égard des baux conclus ou renouvelés à partir de cette date. Elles prennent effet trois ans après l'entrée en vigueur de la loi n° 2010-788 du 12 juillet 2010 portant engagement national pour l'environnement pour les baux en cours.

Code de la construction et de l'habitation

(Rédaction antérieure au décret n° 2021-872 du 30 juin 2021 recodifiant la partie réglementaire du livre Ier du Code de la construction et de l'habitation et fixant les conditions de mise en oeuvre des solutions d'effet équivalent)

***Rédaction antérieure.* Art. R. 137-1** *(D. n° 2012-517, 19 avr. 2012 ; transféré par D. n° 2019-873, 21 août 2019).* – L'annexe environnementale mentionnée au 1 de l'article L. 125-9 du Code de l'environnement comporte les éléments suivants, fournis par le bailleur :

1° La liste, le descriptif complet ainsi que les caractéristiques énergétiques des équipements existants dans le bâtiment et relatifs au traitement des déchets, au chauffage, au refroidissement, à la ventilation et à l'éclairage ainsi qu'à tout autre système lié aux spécificités du bâtiment ;

2° Les consommations annuelles énergétiques réelles des équipements et systèmes dont il a l'exploitation ;
3° Les consommations annuelles d'eau des locaux loués et des équipements et systèmes dont il a l'exploitation ;
4° La quantité annuelle de déchets générée par le bâtiment si le bailleur en assure le traitement et, le cas échéant, la quantité qu'il a fait collecter en vue d'une valorisation ou d'un traitement spécifique.

Rédaction antérieure. Art. R. 137-2 *(D. n° 2012-517, 19 avr. 2012 ; transféré par D. n° 2019-873, 21 août 2019)*. – L'annexe environnementale mentionnée au 1 de l'article L. 125-9 du Code de l'environnement comporte les éléments suivants, fournis par le preneur :
1° La liste, le descriptif complet ainsi que les caractéristiques énergétiques des équipements qu'il a mis en place dans les locaux loués et relatifs au traitement des déchets, au chauffage, au refroidissement, à la ventilation, à l'éclairage ainsi qu'à tout autre système lié à son activité spécifique ;
2° Les consommations annuelles énergétiques réelles des équipements et des systèmes situés dans les locaux loués ou dont il a l'exploitation ;
3° Les consommations annuelles d'eau des locaux loués et des équipements et systèmes dont il a l'exploitation ;
4° La quantité annuelle de déchets générée à partir des locaux loués, si le preneur en assure le traitement, et, le cas échéant, la quantité qu'il a fait collecter en vue d'une valorisation ou d'un traitement spécifique.

Rédaction antérieure. Art. R. 137-3 *(D. n° 2012-517, 19 avr. 2012 ; transféré par D. n° 2019-873, 21 août 2019)*. – Le preneur et le bailleur établissent, selon la périodicité qu'ils fixent, un bilan de l'évolution de la performance énergétique et environnementale du bâtiment et des locaux loués. Sur la base de ce bilan, les deux parties s'engagent sur un programme d'actions visant à améliorer la performance énergétique et environnementale du bâtiment et des locaux loués.

Section V. – Des charges locatives, impôts, taxes, redevances et travaux

(Section créée, D. n° 2014-1317, 3 nov. 2014)

Art. R. 145-35 *(D. n° 2014-1317, 3 nov. 2014)*. – **Ne peuvent être imputés au locataire :**

1° Les dépenses relatives aux grosses réparations mentionnées à l'article 606 du Code civil ainsi que, le cas échéant, les honoraires liés à la réalisation de ces travaux ;

2° Les dépenses relatives aux travaux ayant pour objet de remédier à la vétusté ou de mettre en conformité avec la réglementation le bien loué ou l'immeuble dans lequel il se trouve, dès lors qu'ils relèvent des grosses réparations mentionnées à l'alinéa précédent ;

3° Les impôts, notamment la contribution économique territoriale, taxes et redevances dont le redevable légal est le bailleur ou le propriétaire du local ou de l'immeuble ; toutefois, peuvent être imputés au locataire la taxe foncière et les taxes additionnelles à la taxe foncière ainsi que les impôts, taxes et redevances liés à l'usage du local ou de l'immeuble ou à un service dont le locataire bénéficie directement ou indirectement ;

4° Les honoraires du bailleur liés à la gestion des loyers du local ou de l'immeuble faisant l'objet du bail ;

5° Dans un ensemble immobilier, les charges, impôts, taxes, redevances et le coût des travaux relatifs à des locaux vacants ou imputables à d'autres locataires.

La répartition entre les locataires des charges, des impôts, taxes et redevances et du coût des travaux relatifs à l'ensemble immobilier peut être conventionnellement pondérée. Ces pondérations sont portées à la connaissance des locataires.

Ne sont pas comprises dans les dépenses mentionnées aux 1° et 2° celles se rapportant à des travaux d'embellissement dont le montant excède le coût du remplacement à l'identique.

NB : Ces dispositions sont applicables aux contrats conclus ou renouvelés à compter de la publication du décret n° 2014-1317 du *3 novembre 2014*.

Bibliographie : E. Marcet, *Les clauses charges et travaux des baux commerciaux depuis la loi Pinel du 18 juin 2014 : Loyers et copr.* mars 2020 ; *Pièges et difficultés du bail commercial : le nouvel équilibre contractuel : Actes du Colloque de Nancy*, 6 déc. 2019, p. 22 s.

1) Taxes récupérables par le bailleur. La taxe d'ordures ménagères ne peut être mise à la charge du preneur qu'en vertu d'une stipulation expresse du bail (■ Cass. 3e civ., 13 sept. 2018, n° 17-22.498 : *Loyers et copr.* 2018, n° 257).

2) Charges récupérables. ■ CA Bordeaux, 4e ch. civ., 18 nov. 2019, n° 17/01263 (le prix du bail doit être certain, et résulter des clauses du contrat, ou rendu déterminable grâce à des éléments objectifs du contrat : il en est de même des charges incombant au bailleur qui sont transférées au locataire, qui sont alors un supplément de loyer). ■ CA Paris, pôle 5, ch. 34, 6 nov. 2019, n° 17/19197 (il est inopérant pour le bailleur de se prévaloir du règlement pendant plusieurs années par le preneur de taxes ou impôts dont le paiement ne vaut pas reconnaissance qu'ils incombent à celui-ci, tenu selon le bail d'acquitter exactement les impôts, contributions et taxes à sa charge personnelle). ▪ CA Paris, pôle 5, ch. 34, 20 nov. 2019, n° 18/01647 (il est constant que l'absence de régularisation des charges dans les conditions prévues dans un bail commercial rend sans cause les appels trimestriels de provisions à valoir sur le paiement des charges, dont le locataire peut dès lors obtenir le remboursement).

Art. R. 145-36 *(D. n° 2014-1317, 3 nov. 2014)*. **– L'état récapitulatif annuel mentionné au premier alinéa de l'article L. 145-40-2, qui inclut la liquidation et la régularisation des comptes de charges, est communiqué au locataire au plus tard le 30 septembre de l'année suivant celle au titre de laquelle il est établi ou, pour les immeubles en copropriété, dans le délai de trois mois à compter de la reddition des charges de copropriété sur l'exercice annuel. Le bailleur communique au locataire, à sa demande, tout document justifiant le montant des charges, impôts, taxes et redevances imputés à celui-ci.**

NB : Ces dispositions sont applicables aux contrats conclus ou renouvelés à compter de la publication du décret n° 2014-1317 du 3 novembre 2014.

Sur la régularisation des charges. ▪ Cass. 3e civ., 5 nov. 2014, n° 13-24.451 : *D.* 2014, 2294 ; *RTD com.* 2014, 779, obs. J. Monéger ; *Dalloz actualité* 19 nov. 2014, obs. Y. Rouquet. ▪ Cass. 3e civ., 5 nov. 2015, n° 14-11.024 : *AJDI* 2016, p. 272, obs. R. Hallard.

Art. R. 145-37 *(D. n° 2014-1317, 3 nov. 2014)*. **– Les informations mentionnées aux 1° et 2° de l'article L. 145-40-2 sont communiquées au locataire dans le délai de deux mois à compter de chaque échéance triennale. À la demande du locataire, le bailleur lui communique tout document justifiant le montant de ces travaux.**

NB : Ces dispositions sont applicables aux contrats conclus ou renouvelés à compter de la publication du décret n° 2014-1317 du 3 novembre 2014.

Section VI. – Dispositions relatives au recours à la lettre recommandée avec demande d'avis de réception

(Section créée, D. n° 2016-296, 11 mars 2016)

Art. R. 145-38 *(D. n° 2016-296, 11 mars 2016)*. **– Lorsqu'en application des articles L. 145-4, L. 145-10, L. 145-12, L. 145-18, L. 145-19, L. 145-47, L. 145-49 et L. 145-55, une partie a recours à la lettre recommandée avec demande d'avis de réception, la date de notification à l'égard de celui qui y procède est celle de l'expédition de la lettre et, à l'égard de celui à qui elle est faite, la date de première présentation de la lettre. Lorsque la lettre n'a pas pu être présentée à son destinataire, la démarche doit être renouvelée par acte extrajudiciaire.**

V. J. Monéger, *Baux commerciaux : le formalisme de la délivrance des actes, demandes et congés, de la lettre recommandée à la recommandation de l'acte extrajudiciaire : Loyers et copr.* 2016, n° 4, Focus n° 29.

CHAPITRE VI. – DES GÉRANTS-MANDATAIRES

(Anc. D. n° 2006-259, 3 mars 2006)

Art. D. 146-1. – Les informations prévues à l'article L. 146-2 sont communiquées par écrit dans un document dit « document précontractuel », devant comporter :

1° L'identité du mandant s'il s'agit d'une personne physique ou des dirigeants s'il s'agit d'une personne morale, son adresse ou son siège social et son numéro unique d'identification ;

2° L'adresse du siège de l'entreprise dont le fonds est mis en gérance-mandat, la nature de ses activités, l'indication de sa forme juridique, le cas échéant le montant du capital social ;

3° Le cas échéant, le chiffre d'affaires annuel réalisé au cours des deux derniers exercices du fonds mis en gérance-mandat, ainsi que le bilan annuel pour ces mêmes périodes ;

4° La date de création de l'entreprise dont le fonds est mis en gérance-mandat, ainsi qu'un rappel des principales étapes de son évolution depuis sa création ;

5° Les affiliations éventuelles du mandant à un réseau d'exploitants ainsi que la nature des contrats régissant les affiliations à ce réseau ;

6° Les conditions générales de gestion du fonds ;

7° Les taux, mode de calcul et tous autres éléments entrant en compte pour la détermination de la commission versée au gérant-mandataire ;

8° L'indication de la durée, des conditions de renouvellement, de cession et de résiliation du contrat proposé.

Art. D. 146-2. – Ces informations doivent être communiquées au gérant-mandataire dix jours au moins avant la signature du contrat de gérance-mandat.

TITRE V. – DE LA PROTECTION DU SECRET DES AFFAIRES

(Titre créé, D. n° 2018-1126, 11 déc. 2018)

CHAPITRE Ier. – DE L'OBJET ET DES CONDITIONS DE LA PROTECTION

Le présent chapitre ne comprend pas de dispositions règlementaires.

CHAPITRE II. – DES ACTIONS EN PRÉVENTION, EN CESSATION OU EN RÉPARATION D'UNE ATTEINTE AU SECRET DES AFFAIRES

Art. R. 152-1 *(D. n° 2018-1126, 11 déc. 2018 ; mod., D. n° 2019-1333, 11 déc. 2019)*. **– I. – Lorsqu'elle est saisie aux fins de prévenir une atteinte imminente ou faire cesser une atteinte illicite à un secret des affaires, la juridiction peut prescrire, sur requête ou en référé, toute mesure provisoire et conservatoire proportionnée, y compris sous astreinte. Elle peut notamment :**

1° Interdire la réalisation ou la poursuite des actes d'utilisation ou de divulgation d'un secret des affaires ;

2° Interdire les actes de production, d'offre, de mise sur le marché ou d'utilisation des produits soupçonnés de résulter d'une atteinte significative à un secret des affaires, ou d'importation, d'exportation ou de stockage de tels produits à ces fins ;

3° Ordonner la saisie ou la remise entre les mains d'un tiers de tels produits, y compris de produits importés, de façon à empêcher leur entrée ou leur circulation sur le marché.

II. – Aux lieu et place des mesures provisoires et conservatoires mentionnées aux 1° à 3° du I, la juridiction peut autoriser la poursuite de l'utilisation illicite alléguée d'un secret des affaires en la subordonnant à la constitution par le défendeur d'une garantie destinée à assurer l'indemnisation du détenteur du secret.

La juridiction ne peut pas autoriser la divulgation d'un secret des affaires en la subordonnant à la constitution de la garantie mentionnée au premier alinéa.

III. – La juridiction peut subordonner l'exécution des mesures provisoires et conservatoires qu'elle ordonne à la constitution par le demandeur d'une garantie destinée, dans le cas où l'action aux fins de protection du secret des *affaires est ultérieurement* **jugée non fondée ou s'il est mis fin à ces mesures, à assurer l'indemnisation du préjudice éventuellement subi par le défendeur ou par un tiers touché par ces mesures.**

IV. – La garantie mentionnée aux II et III est constituée dans les conditions prévues aux articles 514-5, 517 et 518 à 522 du Code de procédure civile.

V. – Les mesures prises en application du présent article deviennent caduques si le demandeur ne saisit pas le juge du fond dans un délai courant à compter de la date de l'ordonnance de vingt jours ouvrables ou de trente et un jours civils si ce dernier délai est plus long.

NB : Conformément au I de l'article 55 du décret n° 2019-1333, les présentes dispositions entrent en vigueur le 1er janvier 2020 et sont applicables aux instances en cours.

Conformément à l'article 22 du décret n° 2019-1419 du 20 décembre 2019, les dispositions qui résultent du décret précité s'appliquent aux instances introduites à compter du 1er janvier 2020.

CHAPITRE III. – DES MESURES GÉNÉRALES DE PROTECTION DU SECRET DES AFFAIRES DEVANT LES JURIDICTIONS CIVILES OU COMMERCIALES

Section 1. – L'administration judiciaire de la preuve

Sous-section 1. – Le placement sous séquestre provisoire

Art. R. 153-1 *(D. n° 2018-1126, 11 déc. 2018).* – Lorsqu'il est saisi sur requête sur le fondement de l'article 145 du Code de procédure civile ou au cours d'une mesure d'instruction ordonnée sur ce fondement, le juge peut ordonner d'office le placement sous séquestre provisoire des pièces demandées afin d'assurer la protection du secret des affaires.

Si le juge n'est pas saisi d'une demande de modification ou de rétractation de son ordonnance en application de l'article 497 du Code de procédure civile dans un délai d'un mois à compter de la signification de la décision, la mesure de séquestre provisoire mentionnée à l'alinéa précédent est levée et les pièces sont transmises au requérant.

Le juge saisi en référé d'une demande de modification ou de rétractation de l'ordonnance est compétent pour statuer sur la levée totale ou partielle de la mesure de séquestre dans les conditions prévues par les articles R. 153-3 à R. 153-10.

Sous-section 2. – La procédure applicable aux demandes de communication ou de production de pièces

Art. R. 153-2 *(D. n° 2018-1126, 11 déc. 2018).* – Lorsqu'en application du 1° de l'article L. 153-1, le juge restreint l'accès à la pièce aux seules personnes habilitées à assister ou représenter les parties, il peut également décider que ces personnes ne peuvent pas en faire de copie ou de reproduction, sauf accord du détenteur de la pièce.

Art. R. 153-3 *(D. n° 2018-1126, 11 déc. 2018).* – À peine d'irrecevabilité, la partie ou le tiers à la procédure qui invoque la protection du secret des affaires pour une pièce dont la communication ou la production est demandée remet au juge, dans le délai fixé par celui-ci :

1° La version confidentielle intégrale de cette pièce ;

2° Une version non confidentielle ou un résumé ;

3° Un mémoire précisant, pour chaque information ou partie de la pièce en cause, les motifs qui lui confèrent le caractère d'un secret des affaires.

Le juge peut entendre séparément le détenteur de la pièce, assisté ou représenté par toute personne habilitée, et la partie qui demande la communication ou la production de cette pièce.

Art. R. 153-4 *(D. n° 2018-1126, 11 déc. 2018).* – Le juge statue, sans audience, sur la communication ou la production de la pièce et ses modalités.

Art. R. 153-5 *(D. n° 2018-1126, 11 déc. 2018).* – Le juge refuse la communication ou la production de la pièce lorsque celle-ci n'est pas nécessaire à la solution du litige.

Art. R. 153-6 *(D. n° 2018-1126, 11 déc. 2018).* – Le juge ordonne la communication ou la production de la pièce dans sa version intégrale lorsque celle-ci est nécessaire à la solution du litige, alors même qu'elle est susceptible de porter atteinte à un secret des affaires.

Dans ce dernier cas, le juge désigne la ou les personnes pouvant avoir accès à la pièce dans sa version intégrale. Lorsqu'une des parties est une personne morale, il désigne, après avoir recueilli son avis, la ou les personnes physiques pouvant, outre les personnes habilitées à assister ou représenter les parties, avoir accès *à la pièce.*

Art. R. 153-7 *(D. n° 2018-1126, 11 déc. 2018).* – Lorsque seuls certains éléments de la pièce sont de nature à porter atteinte à un secret des affaires sans être nécessaires à la solution du litige, le juge ordonne la communication ou la production de la pièce dans une version non confidentielle ou sous forme d'un résumé, selon les modalités qu'il fixe.

Art. R. 153-8 *(D. n° 2018-1126, 11 déc. 2018).* – Lorsqu'elle intervient avant tout procès au fond, la décision statuant sur la demande de communication ou de production de la pièce est susceptible de recours dans les conditions prévues par l'article 490 ou l'article 496 du Code de procédure civile.

Le délai d'appel et l'appel exercé dans ce délai sont suspensifs lorsque la décision fait droit à la demande de communication ou de production. L'exécution provisoire ne peut être ordonnée.

Art. R. 153-9 *(D. n° 2018-1126, 11 déc. 2018).* – I. – Lorsqu'elle est rendue dans le cadre d'une instance au fond, la décision rejetant la demande de communication ou de production de la pièce n'est susceptible de recours qu'avec la décision sur le fond.

II. – La décision faisant droit à la demande de communication ou de production de la pièce peut être frappée d'appel indépendamment de la décision au fond dans un délai de quinze jours à compter de la signification de l'ordonnance du juge de la mise en état ou de la date de l'ordonnance du juge chargé d'instruire l'affaire. L'appel est formé, instruit et jugé selon les règles applicables à la procédure avec représentation obligatoire. Il est fait application de l'article 905 du Code de procédure civile.

Le juge de la mise en état et le juge chargé d'instruire l'affaire ne peuvent ordonner l'exécution provisoire de leur décision.

III. – Lorsqu'elle est rendue par le conseiller de la mise en état, la décision faisant droit à la demande de communication ou de production de la pièce peut être déférée par requête à la cour dans les quinze jours de sa date.

Le délai pour former une requête en déféré et le déféré exercé dans ce délai sont suspensifs. L'exécution provisoire de la décision ne peut être ordonnée.

Section 2. – Le jugement

Art. R. 153-10 *(D. n° 2018-1126, 11 déc. 2018).* – À la demande d'une partie, un extrait de la décision ne comportant que son dispositif, revêtu de la formule exécutoire, peut lui être remis pour les besoins de son exécution forcée.

Une version non confidentielle de la décision, dans laquelle sont occultées les informations couvertes par le secret des affaires, peut être remise aux tiers et mise à la disposition du public sous forme électronique.

LIVRE DEUXIÈME

DES SOCIÉTÉS COMMERCIALES ET DES GROUPEMENTS D'INTÉRÊT ÉCONOMIQUE

TITRE PREMIER. – DISPOSITIONS PRÉLIMINAIRES

Section I. – De la constitution de la société et de la modification de ses statuts

Sous-section 1. – De la constitution de la société

Art. R. 210-1 *(Anc. D. n° 67-236, 23 mars 1967).* – Les sociétés commerciales sont immatriculées au registre du commerce et des sociétés dans les conditions définies par le livre I.

La demande d'immatriculation est présentée après accomplissement des formalités de constitution de la société.

Art. R. 210-2 *(Anc. D. n° 67-236, 23 mars 1967).* – La durée de la société court à dater de l'immatriculation de celle-ci au registre du commerce et des sociétés.

Elle peut être prorogée une ou plusieurs fois, sans que chaque prorogation puisse excéder quatre-vingt-dix-neuf ans.

Art. R. 210-3 *(Anc. D. n° 67-236, 23 mars 1967 ; mod., D. n° 2020-106, 10 févr. 2020).* – Lorsque les autres formalités de constitution de la société ont été accomplies, un avis est inséré dans un support habilité à recevoir les annonces légales dans le département du siège social.

Cet avis est signé par le notaire qui a reçu l'acte de société ou au rang des minutes duquel il a été déposé ; dans les autres cas, il est signé par l'un des fondateurs ou des premiers associés ayant reçu un pouvoir spécial à cet effet.

Art. R. 210-4 *(Anc. D. n° 67-236, 23 mars 1967).* – L'avis mentionné à l'article R. 210-3 contient les indications suivantes :

1° La dénomination sociale suivie, le cas échéant, de son sigle ;
2° La forme de la société ;
3° Le montant du capital social ;
4° L'adresse du siège social ;
5° L'objet social, indiqué sommairement ;
6° La durée pour laquelle la société a été constituée ;
7° Les nom, prénom usuel et domicile des associés tenus indéfiniment des dettes sociales ;
8° Les nom, prénom usuel et domicile des associés ou des tiers ayant, dans la société, la qualité de gérant, administrateur, président du conseil d'administration, directeur général, membre du directoire, membre du conseil de surveillance ou commissaire aux comptes ;
9° Les nom, prénom usuel et domicile des personnes ayant le pouvoir général d'engager la société envers les tiers ;

10° L'indication du greffe du tribunal où la société sera immatriculée au registre du commerce et des sociétés.

S'il s'agit d'une société par actions, l'avis contient en outre les indications suivantes :

1° Les conditions d'admission aux assemblées d'actionnaires et d'exercice du droit de vote, notamment les conditions d'attribution du droit de vote double ;

2° Le cas échéant, l'existence de clauses relatives à l'agrément des cessionnaires d'actions et la désignation de l'organe social habilité à statuer sur les demandes d'agrément.

Si la société est à capital variable, l'avis en fait mention et indique le montant au-dessous duquel le capital ne peut être réduit.

Art. R. 210-5 *(Anc. D. n° 67-236, 23 mars 1967)*. – Lors de la constitution d'une société à responsabilité limitée, l'état des actes accomplis pour le compte de la société en formation, avec l'indication, pour chacun d'eux, de l'engagement qui en résulterait pour la société, est présenté aux associés avant la signature des statuts.

Cet état est annexé aux statuts, dont la signature emporte reprise des engagements par la société, lorsque celle-ci a été immatriculée au registre du commerce et des sociétés.

En outre, les associés peuvent, dans les statuts ou par acte séparé, donner mandat à l'un ou plusieurs d'entre eux ou au gérant non associé qui a été désigné, de prendre des engagements pour le compte de la société. Sous réserve qu'ils soient déterminés et que les modalités en soient précisées par le mandat, l'immatriculation de la société au registre du commerce et des sociétés emporte reprise de ces engagements par la société.

Art. R. 210-6 *(Anc. D. n° 67-236, 23 mars 1967 ; mod., D. n° 2009-557, 19 mai 2009 ; D. n° 2019-1097, 28 oct. 2019)*. – Lors de la constitution d'une société par actions sans offre au public, ou par la voie d'une offre au public mentionnée au 1° ou au 2° de l'article L. 411-2 du Code monétaire et financier ou à l'article L. 411-2-1 du même code, l'état des actes accomplis pour le compte de la société en formation, avec l'indication, pour chacun d'eux, de l'engagement qui en résulterait pour la société, est tenu à la disposition des actionnaires dans les conditions prévues à l'article R. 225-14.

Cet état est annexé aux statuts, dont la signature emporte reprise des engagements par la société, lorsque celle-ci a été immatriculée au registre du commerce.

En outre, les actionnaires peuvent, dans les statuts, ou par acte séparé, donner mandat à l'un ou plusieurs d'entre eux de prendre des engagements pour le compte de la société. Sous réserve qu'ils soient déterminés et que leurs modalités soient précisées par le mandat, l'immatriculation de la société au registre du commerce et des sociétés emporte reprise de ces engagements par la société.

Art. R. 210-7 *(Anc. D. n° 67-236, 23 mars 1967 ; mod., D. n° 2009-557, 19 mai 2009 ; D. n° 2019-1097, 28 oct. 2019)*. – Lors de la constitution d'une société par actions avec offre au public, les actes accomplis pour le compte de la société en formation conformément au deuxième alinéa de l'article L. 210-6 sont soumis à l'assemblée générale constitutive, après qu'ont été désignés les premiers membres du conseil d'administration ou du conseil de surveillance et les premiers commissaires aux comptes. Ces dispositions ne sont pas applicables lors de la constitution d'une société par actions avec offre au public mentionnée au 1° ou au 2° de l'article L. 411-2 du Code monétaire et financier ou à l'article L. 411-2-1 du même code.

Le rapport des fondateurs énumère chacun de ces actes et indique l'engagement qui en résulterait pour la société.

Si l'assemblée autorise la société à les reprendre à son compte, cette décision ne prend effet, dans les conditions prévues au deuxième alinéa de l'article L. 210-6, qu'après immatriculation de la société au registre du commerce et des sociétés.

L'assemblée peut également donner mandat à une ou plusieurs des personnes désignées en qualité de premiers membres du conseil d'administration ou du conseil de surveillance de prendre des engagements pour le compte de la société. Sous réserve qu'ils soient déterminés et que leurs modalités soient précisées par le mandat, *l'immatriculation de la société au registre* du commerce et des sociétés emporte reprise de ces engagements par la société.

Art. R. 210-8 *(Anc. D. n° 67-236, 23 mars 1967)*. – Après immatriculation au registre du commerce et des sociétés, la constitution de la société fait l'objet d'une publicité au *Bulletin officiel des annonces civiles et commerciales*, conformément à l'article R. 123-155.

Sous-section 2. – De la modification des statuts

Art. R. 210-9 *(Anc. D. n° 67-236, 23 mars 1967 ; mod., D. n° 2007-750, 9 mai 2007).* – Si l'une des mentions de l'avis prévu à l'article R. 210-3 est frappée de caducité par suite de la modification des statuts ou d'un autre acte, délibération ou décision, la modification intervenue est publiée dans les conditions prévues à l'article R. 210-3 :

L'avis est signé par le notaire qui a reçu l'acte ou au rang des minutes duquel il a été déposé ; dans les autres cas, il est signé par les représentants légaux de la société.

Il contient les indications suivantes :

1° La raison sociale ou la dénomination sociale suivie, le cas échéant, de son sigle ;

2° La forme de la société ;

3° Le montant du capital social ;

4° L'adresse du siège social ;

5° Les mentions prévues aux 1° et 2° de l'article R. 123-237 et le numéro unique d'identification de la société à l'Institut national de la statistique et des études économiques ;

6° L'indication des modifications intervenues, reproduisant l'ancienne mention à côté de la nouvelle.

Art. R. 210-10 *(Anc. D. n° 67-236, 23 mars 1967).* – Le nom des premiers gérants, administrateurs, membres du conseil de surveillance et commissaires aux comptes mentionnés dans les statuts peut être omis dans les statuts mis à jour et déposés en annexe au registre du commerce et des sociétés, sans qu'il y ait lieu, sauf dispositions statutaires contraires, de les remplacer par le nom des personnes qui leur ont succédé dans ces fonctions.

Les mentions prévues aux 4° et 8° de l'article R. 224-2 peuvent être également omises des statuts mis à jour, sous la condition que la société soit immatriculée au registre du commerce et des sociétés depuis plus de cinq ans.

Art. R. 210-11 *(Anc. D. n° 67-236, 23 mars 1967 ; mod., D. n° 2020-106, 10 févr. 2020).* – En cas de transfert du siège social hors du ressort du tribunal au greffe duquel la société a été immatriculée, l'avis, publié dans un support habilité à recevoir des annonces légales du département du nouveau siège, indique que le siège social a été transféré et reproduit les mentions prévues aux 1°, 2°, 4° et 9° de l'article R. 210-4 et comporte en outre :

1° Les mentions prévues aux 1° et 2° de l'article R. 123-237, en ce qui concerne l'ancien siège social ;

2° L'indication du registre du commerce et des sociétés où la société sera immatriculée en raison de son nouveau siège social.

Sous-section 3. – De l'action en régularisation

Art. R. 210-12 *(Anc. D. n° 67-236, 23 mars 1967).* – L'action en régularisation de la constitution de la société ou de la modification des statuts, prévue à l'article L. 210-7, est portée devant le tribunal de commerce.

Le tribunal territorialement compétent est celui dans le ressort duquel est situé le siège de la société.

Art. R. 210-13 *(Anc. D. n° 67-236, 23 mars 1967).* – Si une ou plusieurs énonciations exigées par la loi ou les règlements ne figurent pas dans les statuts, le tribunal ordonne que ceux-ci soient complétés dans les mêmes conditions que celles requises lors de la constitution de la société.

Si une formalité prescrite par la loi ou les règlements pour la constitution de la société ou la modification des statuts a été omise ou irrégulièrement accomplie, le tribunal ordonne qu'elle soit accomplie ou refaite. Il peut en outre ordonner que toutes les formalités qui ont suivi celle omise ou entachée d'un vice, ou certaines d'entre elles seulement, soient également refaites.

Section II. – De la dissolution de la société

Art. R. 210-14 *(Anc. D. n° 67-236, 23 mars 1967).* – L'associé ou l'actionnaire d'une société entre les mains duquel sont réunies toutes les parts ou actions peut dissoudre cette société à tout moment, par déclaration au greffe du tribunal de commerce, en vue de la mention de la dissolution au registre du commerce et des sociétés.

Le déclarant est liquidateur de la société, à moins qu'il ne désigne une autre personne pour exercer cette fonction.

Art. R. 210-15 *(Anc. D. n° 67-236, 23 mars 1967).* – La dissolution judiciaire de la société, pour quelque cause que ce soit, est de la compétence du tribunal de commerce.

Section III. – Des formalités de publicité

Art. R. 210-16 *(Anc. D. n° 67-236, 23 mars 1967 ; mod., D. n° 2020-106, 10 févr. 2020).* – La publicité au moyen d'avis ou annonces est faite, selon le cas, par insertions au Bulletin officiel des annonces civiles et commerciales ou dans un support habilité à recevoir les annonces légales dans le département du siège social ou au Bulletin des annonces légales obligatoires.

Art. R. 210-17 *(Anc. D. n° 67-236, 23 mars 1967).* – La publicité par dépôt d'actes ou de pièces est faite au greffe du tribunal de commerce, en annexe au registre du commerce et des sociétés, dans les conditions prévues par la section I du chapitre III du titre II du livre I.

Art. R. 210-18 *(Anc. D. n° 67-236, 23 mars 1967).* – Les formalités de publicité sont effectuées à la diligence et sous la responsabilité des représentants légaux des sociétés.

Lorsqu'une formalité de publicité ne portant ni sur la constitution de la société ni sur la modification de ses statuts a été omise ou irrégulièrement accomplie et si la société n'a pas régularisé la situation dans le délai d'un mois à compter de la mise en demeure qui lui a été adressée, tout intéressé peut demander au président du tribunal de commerce, statuant en référé, de désigner un mandataire chargé d'accomplir la formalité.

Art. R. 210-19 *(Anc. D. n° 67-236, 23 mars 1967).* – Dans tous les cas où, en vertu du présent livre, il est statué par ordonnance du président du tribunal, soit sur requête, soit en référé, une copie de cette ordonnance est déposée par le greffier au dossier de la société, en annexe au registre du commerce et des sociétés.

Art. R. 210-20 *(D. n° 2010-684, 23 juin 2010 ; abr., D. n° 2020-1742, 29 déc. 2020).*

Art. R. 210-21 *(D. n° 2020-1, 2 janv. 2020).* – I. – L'organisme tiers indépendant mentionné au 4° de l'article L. 210-10 est désigné parmi les organismes accrédités à cet effet par le Comité français d'accréditation défini par le décret n° 2008-1401 du 19 décembre 2008 relatif à l'accréditation et à l'évaluation de conformité pris en application de l'article 137 de la loi n° 2008-776 du 4 août 2008 de modernisation de l'économie ou par tout autre organisme d'accréditation signataire de l'accord de reconnaissance multilatéral établi par la coordination européenne des organismes d'accréditation.

Il est soumis aux incompatibilités prévues à l'article L. 822-11-3.

II. – Sauf clause contraire des statuts de la société, cet organisme est désigné par l'organe en charge de la gestion, pour une durée initiale qui ne peut excéder six exercices. Cette désignation est renouvelable, dans la limite d'une durée totale de douze exercices.

Il procède, au moins tous les deux ans, à la vérification de l'exécution des objectifs mentionnés au 2° de l'article L. 210-10. La première vérification a lieu dans les dix-huit mois suivant la publication de la déclaration de la qualité de société à mission au registre du commerce et des sociétés.

Lorsque la société répond aux conditions mentionnées à l'article L. 210-12, la première vérification a lieu dans les vingt-quatre mois suivant cette publication.

Lorsque la société emploie, sur une base annuelle, moins de cinquante salariés permanents au titre du dernier exercice comptable ayant fait l'objet de la dernière vérification, elle peut demander à l'organisme tiers indépendant de ne procéder à la prochaine vérification qu'au bout de trois ans.

III. – Pour délivrer l'avis mentionné au 4° de l'article L. 210-10, l'organisme tiers indépendant a accès à l'ensemble des documents détenus par la société, utiles à la formation de son avis, notamment au rapport annuel mentionné au 3° de l'article L. 210-10.

Il procède à toute vérification sur place qu'il estime utile au sein de la société et, avec leur accord, au sein des entités concernées par un ou plusieurs objectifs sociaux et environnementaux constitutifs de la mission de la société.

L'organisme tiers indépendant rend un avis motivé qui retrace les diligences qu'il a mises en œuvre et indique si la société respecte ou non les objectifs qu'elle s'est fixés. Le cas échéant, il mentionne les raisons pour lesquelles, selon lui, les objectifs n'ont pas été atteints ou pour lesquelles il lui a été impossible de parvenir à une conclusion.

(Al. créé, D. n° 2021-669, 27 mai 2021) Un arrêté du ministre chargé de l'économie et du garde des sceaux, ministre de la justice, précise les modalités selon lesquelles l'organisme tiers indépendant conduit sa mission.

IV. – L'avis motivé le plus récent de l'organisme tiers indépendant est joint au rapport mentionné au 3° de l'article L. 210-10. Cet avis est publié sur le site internet de la société et demeure accessible publiquement au moins pendant cinq ans.

Section 4. – Du décompte des effectifs

(D. n° 2020-101, 7 févr. 2020)

Art. D. 210-21. – Pour l'application des dispositions du présent livre, l'effectif salarié est déterminé selon les dispositions du dernier alinéa de l'article D. 123-200.

Les catégories de personnes incluses dans l'effectif de salariés permanents mentionné au présent livre, sont les salariés à temps plein, titulaires d'un contrat à durée indéterminée.

NB : Conformément à l'article 15 du décret n° 2020-101, ces dispositions s'appliquent à compter du premier exercice ouvert à compter de son entrée en vigueur.

TITRE II. – DISPOSITIONS PARTICULIÈRES AUX DIVERSES SOCIÉTÉS COMMERCIALES

CHAPITRE I. – DES SOCIÉTÉS EN NOM COLLECTIF

Art. R. 221-1 *(Anc. D. n° 67-236, 23 mars 1967)*. – Si les statuts sont établis par acte sous seing privé, il est dressé autant d'originaux qu'il est nécessaire pour le dépôt d'un exemplaire au siège social, l'exécution des diverses formalités requises et la remise d'un exemplaire à chaque associé.

Art. R. 221-2 *(Anc. D. n° 67-236, 23 mars 1967)*. – Toute délibération des associés est constatée par un procès-verbal qui indique la date et le lieu de réunion, les noms et prénoms des associés présents, les documents et rapports soumis à discussion, un résumé des débats, le texte des résolutions mises aux voix et le résultat des votes. Le procès-verbal est signé par chacun des associés présents.

Lorsque tous les associés sont gérants, seules les délibérations dont l'objet excède les pouvoirs reconnus aux gérants sont soumises aux dispositions de l'alinéa précédent.

En cas de consultation écrite, il en est fait mention dans le procès-verbal, auquel est annexée la réponse de chaque associé et qui est signé par les gérants.

Art. R. 221-3 *(Anc. D. n° 67-236, 23 mars 1967)*. – Les procès-verbaux prévus à l'article R. 221-2 sont établis sur un registre spécial tenu au siège social et coté et paraphé soit par un juge du tribunal de commerce, soit par un juge du tribunal judiciaire, soit par le maire de la commune du siège social ou un adjoint au maire, *dans la forme ordinaire et sans frais*.

Toutefois, les procès-verbaux peuvent être établis sur des feuilles mobiles numérotées sans discontinuité, paraphées dans les conditions prévues à l'alinéa précédent et revêtues du sceau de l'autorité qui les a paraphées. Dès qu'une feuille a été remplie, même partiellement, elle est jointe à celles précédemment utilisées. Toute addition, suppression, substitution ou interversion de feuilles est interdite.

(Al. créé, D. n° 2019-1118, 31 oct. 2019) Le registre spécial peut être tenu et les procès-verbaux établis sous forme électronique ; dans ce cas, les procès-verbaux sont signés au moyen d'une signature électronique qui respecte au moins les exigences relatives à une signature électronique avancée prévues par l'article 26 du règlement (UE) n° 910/2014 du Parlement européen et du Conseil du 23 juillet 2014 sur l'identification électronique et les services de confiance pour les transactions électroniques au sein du marché intérieur. Les procès-verbaux sont datés de façon électronique par un moyen d'horodatage offrant toute garantie de preuve.

Art. R. 221-4 *(Anc. D. n° 67-236, 23 mars 1967 ; mod., D. n° 2019-1118, 31 oct. 2019).* – Les copies ou extraits des procès-verbaux des délibérations des associés sont certifiés conformes par un seul gérant. Au cours de la liquidation de la société, leur certification est effectuée par un seul liquidateur.

La certification peut se faire au moyen d'une signature électronique qui respecte au moins les exigences relatives à une signature électronique avancée prévues par l'article 26 du règlement (UE) n° 910/2014 du Parlement européen et du Conseil du 23 juillet 2014 sur l'identification électronique et les services de confiance pour les transactions électroniques au sein du marché intérieur.

Art. D. 221-5 *(Mod., D. n° 2020-101, 7 févr. 2020).* – Pour l'application du deuxième alinéa de l'article L. 221-9 relatif à la désignation d'un commissaire aux comptes, le total du bilan est fixé à 4 000 000 euros, le montant hors taxe du chiffre d'affaires à 8 000 000 euros et le nombre moyen de salariés à cinquante. Le total du bilan et le montant hors taxe du chiffre d'affaires sont déterminés conformément aux cinquième et sixième alinéas de l'article D. 123-200.

La société n'est plus tenue de désigner un commissaire aux comptes dès lors qu'elle n'a pas dépassé les chiffres fixés pour deux de ces trois critères pendant les deux exercices précédant l'expiration du mandat du commissaire aux comptes.

Dans le cas prévu au troisième alinéa de l'article L. 221-9, le commissaire aux comptes est désigné par jugement du président du tribunal de commerce statuant selon la procédure accélérée au fond.

NB : Conformément à l'article 24 du décret n° 2019-1419 du 20 décembre 2019, les dispositions qui résultent du décret précité s'appliquent aux demandes introduites à compter du 1er janvier 2020.

Conformément à l'article 15 du décret n° 2020-101, ces dispositions s'appliquent à compter du premier exercice ouvert à compter de son entrée en vigueur.

Art. R. 221-6 *(Anc. D. n° 67-236, 23 mars 1967).* – Les comptes annuels, le rapport de gestion ainsi que, le cas échéant, les comptes consolidés et le rapport sur la gestion du groupe sont tenus, au siège social, à la disposition des commissaires aux comptes un mois au moins avant la convocation de l'assemblée prévue à l'article L. 221-7.

Art. R. 221-7 *(Anc. D. n° 67-236, 23 mars 1967).* – Les comptes annuels, le rapport de gestion, le texte des résolutions proposées ainsi que, le cas échéant, les comptes consolidés, le rapport sur la gestion du groupe et les rapports des commissaires aux comptes sur les comptes annuels et sur les comptes consolidés sont adressés aux associés quinze jours au moins avant la réunion de l'assemblée prévue à l'article L. 221-7.

Pendant le délai de quinze jours qui précède l'assemblée, l'inventaire est tenu, au siège social, à la disposition des associés, qui peuvent en prendre copie.

Les dispositions du présent article ne sont pas applicables lorsque tous les associés sont gérants.

Art. R. 221-7-1 *(D. n° 2015-1380, 29 oct. 2015).* – Le rapport mentionné à l'article L. 221-7-1 est mis à disposition du public sur le site Internet de la société dans un délai de huit mois à compter de la clôture de l'exercice et pendant une durée de cinq années.

Art. R. 221-8 *(Anc. D. n° 67-236, 23 mars 1967).* – En application des dispositions de l'article L. 221-8, l'associé non gérant a le droit de prendre par lui-même, au siège social, connaissance des livres de commerce et de comptabilité, des contrats, factures, correspondances, procès-verbaux et plus généralement de tout document établi par la société ou reçu par elle.

Le droit de prendre connaissance emporte celui de prendre copie.

Dans l'exercice de ces droits, l'associé peut se faire assister d'un expert choisi sur une des listes établies par les cours et tribunaux.

Art. R. 221-9 *(Anc. D. n° 67-236, 23 mars 1967 ; mod., D. n° 2015-545, 18 mai 2015).* – En l'absence de publication des statuts modifiés au registre du commerce et des sociétés prescrite par l'alinéa 2 de l'article L. 221-14, *le cédant ou le cessionnaire* peut, après mise en demeure du gérant d'effectuer cette publication, restée vaine au terme d'un délai de huit jours, et en justifiant de la saisine du président du tribunal en application de l'article L. 123-5-1 ou de l'article L. 210-7, déposer contre récépissé l'acte de cession de parts sociales au registre du commerce et des sociétés. À titre conservatoire et jusqu'à la décision du tribunal, ce dépôt rend la cession opposable aux tiers, sous réserve de l'accomplissement des formalités prévues à l'alinéa premier de l'article L. 221-14.

Art. R. 221-10 *(Anc. D. n° 67-236, 23 mars 1967).* **– Le créancier ne peut poursuivre un associé, à défaut de paiement ou de constitution de garanties par la société, que huit jours au moins après mise en demeure de celle-ci.**

Ce délai peut être prolongé par ordonnance du président du tribunal de commerce statuant en référé.

CHAPITRE II. – DES SOCIÉTÉS EN COMMANDITE SIMPLE

Art. R. 222-1 *(Anc. D. n° 67-236, 23 mars 1967).* **– Les dispositions du chapitre I sont applicables aux sociétés en commandite simple.**

Art. R. 222-2 *(Anc. D. n° 67-236, 23 mars 1967).* **– Les avis et conseils, les actes de contrôle et de surveillance de l'associé commanditaire ne constituent pas des actes de gestion externe au sens de l'article L. 222-6.**

Art. R. 222-3 *(Anc. D. n° 67-236, 23 mars 1967).* **– L'associé commanditaire exerce le droit ouvert par l'article L. 222-7 dans les conditions prévues à l'article R. 221-8.**

CHAPITRE III. – DES SOCIÉTÉS À RESPONSABILITÉ LIMITÉE

Art. R. 223-1 *(Anc. D. n° 67-236, 23 mars 1967).* **– Si les statuts sont établis par acte sous seing privé, il est dressé autant d'originaux qu'il est nécessaire pour le dépôt d'un exemplaire au siège social et l'exécution des diverses formalités requises.**

En outre, un exemplaire des statuts établi sur papier libre est remis à chaque associé.

Art. D. 223-2 *(Rempl., D. n° 2008-1419, 19 déc. 2008).* **– Un modèle de statuts types de la société à responsabilité limitée dont l'associé unique, personne physique, assume personnellement la gérance figure en annexe 2-1 au présent livre.**

Le centre de formalités des entreprises ou, dans le cas prévu au deuxième alinéa de l'article R. 123-5, le greffe du tribunal de commerce remet gratuitement ce modèle de statuts types au fondateur de la société.

Rédaction future. *(Al. rempl. à compter du 1er janvier 2023, D. n° 2021-300, 18 mars 2021)* L'organisme unique mentionné à l'article R. 123-1 met, gratuitement et par voie électronique, ce modèle de statuts types à disposition du fondateur de la société.

Il l'informe de ce que ces statuts types s'appliquent à moins qu'il n'ait été joint des statuts différents lors de la demande d'immatriculation de la société.

Annexe 2-1

Modèle de statuts types de sociétés à responsabilité limitée dont l'associé unique assume personnellement la gérance

(Rempl., D. n° 2008-1419, 19 déc. 2008)

Société : .... (dénomination sociale)

Société à responsabilité limitée : ....

Au capital de : .... (à compléter)

Siège social : .... (à compléter)

Le soussigné : ....

M./Mme ... (nom de naissance et, le cas échéant, nom d'usage, prénom, domicile, date et lieu de naissance) a établi ainsi qu'il suit les statuts d'une société à responsabilité limitée dont le gérant est l'associé unique

Statuts

Art. 1er. – *Forme.* – La société est à responsabilité limitée.

Art. 2. – *Objet. – La société a pour objet... : (indiquer ici toutes les activités qui seront exercées par la société)*

Et, plus généralement, toutes opérations, de quelque nature qu'elles soient, juridiques, économiques et financières, civiles et commerciales, se rattachant à l'objet sus-indiqué ou à tous autres objets similaires ou connexes, de nature à favoriser, directement ou indirectement, le but poursuivi par la société, son extension ou son développement.

Art. 3. – *Dénomination. – Sa dénomination sociale est : .... (nom de la société).*

Son sigle est : .... *(facultatif).*

Dans tous les actes et documents émanant de la société, cette dénomination doit être précédée ou suivie immédiatement des mots : « société à responsabilité limitée » ou des initiales : « SARL » et de l'énonciation du capital social.

Art. 4. – *Siège social*. – *Le siège social est fixé à :............................... (indiquer ici l'adresse du siège social).*

Il peut être transféré par décision de l'associé unique.

Art. 5. – *Durée*. – La société a une durée de ... années *(indiquer ici la durée, sans qu'elle puisse excéder quatre-vingt-dix-neuf ans)* sauf dissolution anticipée ou prorogation.

Art. 6. – *Apports*. – Apports en numéraire :........................... : *(indiquer ici le montant des espèces en euros).*

M./Mme .... apporte et verse à la société une somme totale de ....

La somme totale versée, soit......., a été déposée le....... au crédit d'un compte ouvert au nom de la société en formation, à *(indiquer ici les coordonnées de l'établissement financier).*

Apports de biens communs (le cas échéant) :..

(Il s'agit des biens appartenant à la communauté des époux.)

Cette somme provient de la communauté de biens existant entre l'apporteur et son conjoint : ... *(nom, prénoms)*, qui a été préalablement averti de cet apport par lettre recommandée avec demande d'avis de réception reçue le....., comportant toutes précisions utiles quant aux finalités et modalités de l'opération d'apport.

Par lettre en date du... , M./Mme ..., conjoint de l'apporteur, a renoncé expressément à la faculté d'être personnellement associé, pour la moitié des parts souscrites.

L'original de cette lettre est demeuré annexé aux présents statuts.

Apports par une personne ayant contracté un PACS *(le cas échéant)* :

M./Mme ...... réalise le présent apport pour son compte personnel et est en conséquence seul propriétaire des parts sociales qui lui sont attribuées en rémunération de son apport.

Art. 7. – *Capital social et parts sociales*. – Le capital est fixé à la somme de ... *(indiquer le montant en euros.)*

Le capital est divisé en... (*indiquer ici le nombre de parts sociales pour le montant du capital et, de manière facultative, le montant de ces parts)* (parts égales d'un montant de... chacune), intégralement libérées (ou : libérées chacune à concurrence du cinquième, du quart, de la moitié, etc.). La libération du surplus, à laquelle il s'oblige, interviendra en une ou plusieurs fois sur décision du gérant.

Art. 8. – *Gérance*. – La société est gérée par son associé unique, M./Mme...

Art. 9. – *Décisions de l'associé*. – L'associé unique exerce les pouvoirs et prérogatives de l'assemblée générale dans la société pluripersonnelle. Ses décisions sont répertoriées sur un registre coté et paraphé. Il ne peut en aucun cas déléguer ses pouvoirs.

Art. 10. – *Exercice social*. – Chaque exercice social a une durée de douze mois qui commence le ... et finit le ... (par exception, le premier exercice sera clos le ....).

Art. 11. – *Comptes sociaux*. – L'inventaire et les comptes annuels sont établis par l'associé unique gérant. Leur dépôt au registre du commerce et des sociétés dans le délai de six mois à compter de la clôture de l'exercice vaut approbation des comptes.

Le rapport de gestion est établi chaque année par l'associé unique gérant et tenu à la disposition de toute personne qui en fait la demande.

Art. 12. – *Actes accomplis pour le compte de la société en formation*. – L'état des actes accomplis pour le compte de la société en formation a été annexé aux statuts. La signature de ceux-ci emportera reprise de ces engagements par la société, lorsque celle-ci aura été immatriculée au registre du commerce et des sociétés.

Art. 13. – *Frais/formalités de publicité*. – Les frais afférents à la constitution des présents statuts et de leurs suites seront pris en charge par la société.

Tous pouvoirs sont donnés au porteur d'une copie des présentes à l'effet d'accomplir toutes les formalités légales de publicité.

Fait à ...., le ....

En ... exemplaires.

Signature de l'associé

Art. R. 223-3 *(Anc. D. n° 67-236, 23 mars 1967)*. – **Dans les huit jours de leur réception, les fonds provenant de la libération des parts sociales sont déposés pour le compte de la société en formation et par les personnes qui les ont reçus à la Caisse des dépôts et consignations, chez un notaire ou dans un établissement de crédit.**

Mention de la libération des parts et du dépôt des fonds est portée dans les statuts.

Art. R. 223-4 *(Anc. D. n° 67-236, 23 mars 1967)*. – **Le retrait des fonds est accompli par le mandataire de la société sur présentation du certificat du greffier attestant l'immatriculation de la société au registre du commerce et des sociétés.**

Art. R. 223-5 *(Anc. D. n° 67-236, 23 mars 1967).* **– Pour l'application du deuxième alinéa de l'article L. 223-8 :**

1° L'autorisation de retirer les fonds individuellement est donnée par le président du tribunal de commerce du lieu du siège social, statuant sur requête ;

2° Le mandataire justifie, en vue du retrait collectif des fonds, de l'autorisation écrite de tous les apporteurs.

Art. R. 223-6 *(Anc. D. n° 67-236, 23 mars 1967 ; mod., D. n° 2014-1063, 18 sept. 2014).* **– Le commissaire aux apports est choisi parmi les commissaires aux comptes inscrits sur la liste prévue à l'article L. 822-1 ou parmi les experts inscrits sur l'une des listes établies par les cours et tribunaux.**

Il est désigné, le cas échéant, par ordonnance du président du tribunal de commerce statuant sur requête.

Art. D. 223-6-1 *(D. n° 2010-1669, 29 déc. 2010).* **– Pour l'application du deuxième alinéa de l'article L. 223-9, le montant de la valeur qu'aucun apport en nature ne doit excéder est fixé à 30 000 euros.**

Art. R. 223-7 *(Abr., D. n° 2019-1097, 28 oct. 2019).*

Rédaction antérieure. Art. R. 223-7 *(Anc. D. n° 67-236, 23 mars 1967).* – Le document d'information mentionné à l'article L. 223-11 est établi préalablement à toute souscription. Il est remis ou envoyé à toute personne dont la souscription est sollicitée.

Il comprend toutes les mentions utiles à l'information des souscripteurs et au moins les renseignements suivants :

1° La dénomination sociale, précédée ou suivie immédiatement, conformément au deuxième alinéa de l'article L. 223-1, des mots « société à responsabilité limitée » ou des initiales « SARL » et suivie, le cas échéant, de son sigle, l'adresse du siège social, le montant du capital social ainsi que les mentions prévues aux 1° et 2° de l'article R. 123-237 ;

2° L'objet social, indiqué sommairement ;

3° La date d'expiration normale de la société ;

4° La description de son activité et de ses perspectives d'évolution ;

5° Le nom du ou des gérants ;

6° Le nom des commissaires aux comptes et de leurs suppléants ainsi que la date de leur nomination ;

7° Le montant des capitaux propres, le montant total et la ventilation par échéance des engagements autres que ceux résultant de l'émission et, le cas échéant, les sûretés constituées pour garantir le remboursement des titres précédemment émis ;

8° Les faits significatifs, notamment les affaires contentieuses, pouvant avoir une incidence sur l'activité ou la situation financière de la société.

Art. R. 223-8 *(Abr., D. n° 2019-1097, 28 oct. 2019).*

Rédaction antérieure. Art. R. 223-8 *(Anc. D. n° 67-236, 23 mars 1967).* – Sont annexés au document d'information mentionné à l'article R. 223-7 :

1° Une copie du dernier bilan approuvé par l'assemblée générale des associés, certifiée par le gérant ;

2° Si ce bilan a été arrêté à une date antérieure de plus de dix mois à celle du début de l'émission, un état de la situation active et passive de la société datant de dix mois au plus et établi sous la responsabilité du gérant ;

3° Des renseignements sur la marche des affaires sociales depuis le début de l'exercice en cours ainsi que sur le précédent exercice si l'assemblée appelée à statuer sur celui-ci n'a pas encore été réunie.

Art. R. 223-9 *(Abr., D. n° 2019-1097, 28 oct. 2019).*

Rédaction antérieure. Art. R. 223-9 *(Anc. D. n° 67-236, 23 mars 1967).* – La notice mentionnée à l'article L. 223-11 est établie préalablement à toute souscription. Elle est remise ou envoyée à toute personne dont la souscription est sollicitée.

Elle comprend les renseignements suivants :

1° Le but de l'émission ;

2° Le montant de l'émission ;

3° Le nombre d'obligations émises et leur valeur nominale, le produit brut et l'estimation du produit net de l'émission ;

4° Les conditions de l'émission, le taux, le mode de calcul et les modalités de paiement des intérêts, l'époque et les conditions de remboursement ;

5° Le cas échéant, les sûretés constituées pour garantir le remboursement des titres ainsi que les renseignements permettant d'identifier les garants et d'apprécier leur solvabilité ;

6° Les modalités de cession ainsi que, le cas échéant, de rachat des titres ;

7° L'existence et l'organisation de la masse des titulaires de titres ;

8° Le montant non amorti, au moment de l'émission, des obligations antérieurement émises ;

9° Le montant, au moment de l'émission, des emprunts obligataires garantis par la société et, le cas échéant, la fraction garantie de ces emprunts.

Art. R. 223-10 *(Anc. D. n° 67-236, 23 mars 1967 ; mod., D. n° 2017-1165, 12 juill. 2017).* – L'article R. 228-60, sauf en tant qu'il détermine les conditions d'application de l'article L. 228-51, et les articles R. 228-61 à R. 228-64 sont applicables aux représentants de la masse des obligataires.

Les articles R. 228-65 à R. 228-69 et R. 228-72 à R. 228-80 sont applicables aux assemblées d'obligataires.

L'article R. 228-83 est applicable aux sûretés constituées pour garantir le remboursement des obligations.

Les articles R. 228-84 à R. 228-86 sont applicables en cas de procédure de sauvegarde ou de redressement ou liquidation judiciaire.

Art. R. 223-11 *(Anc. D. n° 67-236, 23 mars 1967 ; mod., D. n° 2019-1419, 20 déc. 2019).* – La notification du projet de cession ou de nantissement de parts sociales, prévue au deuxième alinéa de l'article L. 223-14 et à l'article L. 223-15, est faite par acte extrajudiciaire ou par lettre recommandée avec demande d'avis de réception.

La désignation de l'expert prévue à l'article 1843-4 du Code civil est faite par le président du tribunal de commerce statuant selon la procédure accélérée au fond. Il statue par ordonnance sur requête pour prolonger le délai prévu au troisième alinéa de l'article L. 223-14 et par ordonnance de référé dans le cas prévu au quatrième alinéa du même article. Ces décisions ne sont pas susceptibles de recours.

NB : Conformément à l'article 24 du décret n° 2019-1419 du 20 décembre 2019, les dispositions qui résultent du décret précité s'appliquent aux demandes introduites à compter du 1er janvier 2020.

Art. R. 223-12 *(Anc. D. n° 67-236, 23 mars 1967).* – Dans le délai de huit jours à compter de la notification qui lui a été faite en application de l'article R. 223-11, le gérant convoque l'assemblée des associés pour qu'elle délibère sur le projet de cession des parts sociales ou, si les statuts le permettent, consulte les associés par écrit sur ce projet.

La décision de la société est notifiée au cédant par lettre recommandée avec demande d'avis de réception.

Art. R. 223-13 *(Anc. D. n° 67-236, 23 mars 1967 ; mod., D. n° 2015-545, 18 mai 2015).* – Le cédant ou le cessionnaire de parts sociales peut procéder au dépôt de l'acte de cession dans les conditions prévues à l'article R. 221-9.

Art. R. 223-14 *(Anc. D. n° 67-236, 23 mars 1967).* – Tout associé a le droit, à toute époque, d'obtenir, au siège social, la délivrance d'une copie certifiée conforme des statuts en vigueur au jour de la demande.

La société annexe à ce document la liste des gérants et, le cas échéant, des commissaires aux comptes en exercice et ne peut, pour cette délivrance, exiger le paiement d'une somme supérieure à 0,30 €.

Art. R. 223-15 *(Anc. D. n° 67-236, 23 mars 1967).* – Tout associé a le droit, à toute époque, de prendre par lui-même connaissance des documents suivants au siège social : bilans, comptes de résultats, annexes, inventaires, rapports soumis aux assemblées et procès-verbaux de ces assemblées concernant les trois derniers exercices. Sauf en ce qui concerne l'inventaire, le droit de prendre connaissance emporte celui de prendre copie.

À cette fin, il peut se faire assister d'un expert inscrit sur une des listes établies par les cours et tribunaux.

Art. R. 223-16 *(Anc. D. n° 67-236, 23 mars 1967).* – Le gérant avise le commissaire aux comptes, s'il en existe un, des conventions mentionnées à l'article L. 223-19, dans le délai d'un mois à compter de la conclusion de ces conventions.

Lorsque l'exécution de conventions conclues au cours d'exercices antérieurs a été poursuivie au cours du dernier exercice, le commissaire aux comptes est informé de cette situation dans le délai d'un mois à compter de la clôture de l'exercice.

Art. R. 223-17 *(Anc. D. n° 67-236, 23 mars 1967).* – Le rapport prévu au premier alinéa de l'article L. 223-19 contient :

1° L'énumération des conventions soumises à l'approbation de l'assemblée des associés ;

2° Le nom des gérants ou associés intéressés ;

3° La nature et l'objet de ces conventions ;

4° Les modalités essentielles de ces conventions, notamment l'indication des prix ou tarifs pratiqués, des ristournes et commissions consenties, des délais de paiement accordés, des intérêts stipulés, des sûretés conférées et, le cas échéant, de toutes autres indications permettant aux associés d'apprécier l'intérêt qui s'attachait à la conclusion des conventions analysées ;

5° L'importance des fournitures livrées ou des prestations de service fournies ainsi que le montant des sommes versées ou reçues au cours de l'exercice en exécution des conventions mentionnées au deuxième alinéa de l'article R. 223-16.

Art. R. 223-18 *(Anc. D. n° 67-236, 23 mars 1967).* – Les comptes annuels, le rapport de gestion, le texte des résolutions proposées, ainsi que, le cas échéant, les comptes consolidés, le rapport sur la gestion du groupe et les rapports du commissaire aux comptes sur les comptes annuels et les comptes consolidés sont adressés aux associés quinze jours au moins avant la date de l'assemblée prévue par l'article L. 223-26.

Pendant le délai de quinze jours qui précède l'assemblée, l'inventaire est tenu, au siège social, à la disposition des associés, qui ne peuvent en prendre copie.

Art. R. 223-18-1 *(D. n° 2015-545, 18 mai 2015).* – Le délai de six mois prévu pour la réunion de l'assemblée des associés par l'article L. 223-26 peut être prolongé, à la demande du gérant, par ordonnance du président du tribunal de commerce, statuant sur requête.

Art. R. 223-18-2 *(D. n° 2015-1380, 29 oct. 2015 ; rect. JO 3 janv. 2016).* – Les rapports mentionnés à l'article L. 223-26-1 sont mis à disposition du public sur le site internet de la société dans un délai de huit mois à compter de la clôture de l'exercice et pendant une durée de cinq années.

Art. R. 223-19 *(Anc. D. n° 67-236, 23 mars 1967).* – En cas de convocation d'une assemblée autre que celle prévue au premier alinéa de l'article L. 223-26, le texte des résolutions proposées, le rapport des gérants ainsi que, le cas échéant, celui des commissaires aux comptes sont adressés aux associés quinze jours au moins avant la date de l'assemblée.

En outre, pendant le délai de quinze jours qui précède l'assemblée les mêmes documents sont tenus, au siège social, à la disposition des associés, qui peuvent en prendre connaissance ou copie.

Art. R. 223-20 *(Anc. D. n° 67-236, 23 mars 1967 ; mod., D. n° 2015-545, 18 mai 2015 ; D. n° 2018-146, 28 févr. 2018).* – Les associés sont convoqués, quinze jours au moins avant la réunion de l'assemblée, par lettre recommandée. Celle-ci indique l'ordre du jour. Toutefois, lorsque l'assemblée est convoquée, en raison du décès du gérant unique, par le commissaire aux comptes ou un associé, conformément aux dispositions du huitième alinéa de l'article L. 223-27, le délai est réduit à huit jours.

La société qui entend recourir à la communication électronique en lieu et place d'un envoi postal pour satisfaire aux formalités prévues aux articles R. 223-18 à R. 223-20, R. 223-20-2 et R. 223-20-3 en soumet la proposition aux associés soit par voie postale, soit par voie électronique. Chaque associé peut donner son accord écrit par lettre recommandée ou par voie électronique, au plus tard vingt jours avant la date de la prochaine assemblée des associés. En cas d'accord, la convocation et les documents et renseignements mentionnés aux dits articles sont transmis à l'adresse indiquée par l'associé.

En l'absence d'accord de l'associé, la société a recours à un envoi postal pour satisfaire aux formalités prévues aux articles R. 223-18 à R. 223-20, R. 223-20-2 et R. 223-20-3. Les associés qui ont consenti à l'utilisation de la voie électronique peuvent, par cette voie ou par lettre recommandée, demander le retour à un envoi postal vingt jours au moins avant la date de l'assemblée suivante.

Sous réserve des questions diverses, qui ne doivent présenter qu'une minime importance, les questions inscrites à l'ordre du jour sont libellées de telle sorte que leur contenu et leur portée apparaissent clairement, sans qu'il y ait lieu de se reporter à d'autres documents.

Le mandataire chargé de convoquer l'assemblée dans le cas prévu par le septième alinéa de l'article L. 223-27 est désigné par ordonnance du président du tribunal de commerce statuant en référé.

NB : Conformément aux dispositions de l'article 12 du décret n° 2018-146 du 28 février 2018, ces dispositions sont applicables aux assemblées convoquées à compter du 1er avril 2018.

Art. R. 223-20-1 *(D. n° 2009-234, 25 févr. 2009).* – Afin de garantir, en vue de l'application du troisième alinéa de l'article L. 223-27, l'identification et la participation effective à l'assemblée des associés y participant par des moyens de visioconférence ou de télécommunication, ces moyens transmettent au moins la voix des participants et satisfont à des caractéristiques techniques permettant la retransmission continue et simultanée des délibérations.

Les sociétés dont les statuts permettent aux associés de voter aux assemblées par des moyens électroniques de télécommunication aménagent un site exclusivement consacré à cette fin. Les associés ne peuvent accéder à ce site qu'après s'être identifiés au moyen d'un code fourni préalablement à la tenue de l'assemblée.

Les associés ne peuvent participer aux débats par conférence téléphonique et exercer leurs droits de vote qu'après s'être identifiés au moyen d'un code fourni préalablement à la tenue de l'assemblée.

Art. R. 223-20-2 *(D. n° 2018-146, 28 févr. 2018).* – Lorsqu'un associé veut user de la faculté de requérir l'inscription de points ou de projets de résolution à l'ordre du jour d'une assemblée, en application du cinquième alinéa de l'article L. 223-27, il peut demander par lettre simple ou recommandée ou par courrier électronique à la société de l'aviser selon l'une de ces modalités, de la date prévue pour la réunion de l'assemblée.

La société est tenue d'envoyer cet avis par lettre simple ou recommandée, si l'associé lui a adressé le montant des frais d'envoi de cette lettre, ou par un courrier électronique à l'adresse qu'il a indiquée.

NB : Conformément aux dispositions de l'article 12 du décret n° 2018-146 du 28 février 2018, ces dispositions sont applicables aux assemblées convoquées à compter du 1er avril 2018.

Art. R. 223-20-3 (différé) *(D. n° 2018-146, 28 févr. 2018).* – La demande d'inscription à l'ordre du jour de l'assemblée de points ou de projets de résolution par un ou plusieurs associés détenant au jour de l'envoi de cette demande au moins un vingtième des parts sociales est adressée à la société par lettre recommandée avec demande d'avis de réception ou courrier électronique avec accusé de réception, vingt-cinq jours au moins avant la date de l'assemblée.

La demande d'inscription d'un point à l'ordre du jour est motivée.

La demande d'inscription de projets de résolution est accompagnée du texte de ces projets, lesquels peuvent être assortis d'un bref exposé des motifs.

Dès lors qu'il a été satisfait aux obligations prévues aux alinéas précédents, les points et les projets de résolution sont inscrits à l'ordre du jour et sont soumis, pour ce qui concerne les projets, au vote de l'assemblée.

NB : Conformément aux dispositions de l'article 12 du décret n° 2018-146 du 28 février 2018, ces dispositions sont applicables aux assemblées convoquées à compter du 1er avril 2018.

Art. R. 223-21 *(Anc. D. n° 67-236, 23 mars 1967).* – Le mandat de représentation d'un associé est donné pour une seule assemblée. Il peut cependant être donné pour deux assemblées tenues le même jour ou dans un délai de sept jours.

Le mandat donné pour une assemblée vaut pour les assemblées successives convoquées avec le même ordre du jour.

Art. R. 223-22 *(Anc. D. n° 67-236, 23 mars 1967).* – En cas de consultation écrite, le texte des résolutions proposées ainsi que les documents nécessaires à l'information des associés sont adressés à chacun de ceux-ci par lettre recommandée.

Les associés disposent d'un délai minimal de quinze jours, à compter de la date de réception des projets de résolution, pour émettre leur vote par écrit.

Art. R. 223-23 *(Anc. D. n° 67-236, 23 mars 1967).* – L'assemblée des associés est présidée par le gérant ou par l'un des gérants. Si aucun des gérants n'est associé ou en cas de décès de l'associé-gérant unique, elle est présidée par l'associé présent et acceptant qui possède ou représente le plus grand nombre de parts sociales.

Si deux associés qui possèdent ou représentent le même nombre de parts sont acceptants, la présidence de l'assemblée est assurée par le plus âgé.

Art. R. 223-24 *(Mod., D. n° 2009-234, 25 févr. 2009).* – Toute délibération de l'assemblée des associés est constatée par un procès-verbal qui indique la date et le lieu de réunion, les nom, prénoms et qualité du président, les nom et prénoms des associés présents, réputés présents au sens du troisième alinéa de l'article L. 223-27 ou représentés avec l'indication du nombre de parts sociales détenues par chacun, les documents et rapports soumis à l'assemblée, un résumé des débats, le texte des résolutions mises au voix et le résultat des votes. Ce procès-verbal fait état de la survenance éventuelle d'un incident technique relatif à la visioconférence ou à la télécommunication électronique lorsqu'il a perturbé le déroulement de l'assemblée.

En cas de consultation écrite, il en est fait mention dans le procès-verbal, auquel est annexée la réponse de chaque associé.

Les procès-verbaux sont établis et signés par les gérants et, le cas échéant, par le président de séance. Les dispositions des articles R. 221-3 et R. 221-4 leur sont applicables.

Art. R. 223-25 *(Anc. D. n° 67-236, 23 mars 1967).* – Dans les sociétés qui comportent une seule personne et dont l'associé unique n'est pas le seul gérant, et en ce qui concerne les décisions d'approbation des comptes prises par l'associé unique en lieu et place de l'assemblée, le rapport de gestion, les comptes et, le cas échéant, le rapport des commissaires aux comptes sont adressés par le gérant à l'associé unique un mois au moins avant l'expiration du délai prévu au deuxième alinéa de l'article L. 223-31. Pendant ce délai, l'inventaire est tenu au siège social à la disposition de l'associé unique.

Art. R. 223-26 *(Anc. D. n° 67-236, 23 mars 1967, mod., D. n° 2019-1118, 31 oct. 2019).* – Chaque décision prise par l'associé unique en lieu et place de l'assemblée est consignée par lui sur le registre prévu au troisième alinéa de l'article L. 223-31. Le registre est tenu au siège social. Il est coté et paraphé, soit par un juge du tribunal de commerce, soit par un juge du tribunal judiciaire, soit par le maire de la commune du siège social ou un adjoint du maire, dans la forme ordinaire et sans frais. La certification des copies ou extraits du registre est faite conformément aux dispositions de l'article R. 221-4.

Les conventions mentionnées à l'article L. 223-19 sont portées au registre dans les mêmes conditions.

Le registre mentionné au premier alinéa peut être tenu et les décisions et conventions consignées sous forme électronique ; dans ce cas, les décisions sont signées au moyen d'une signature électronique qui respecte au moins les exigences relatives à une signature électronique avancée prévues par l'article 26 du règlement (UE) n° 910/2014 du Parlement européen et du Conseil du 23 juillet 2014 sur l'identification électronique et les services de confiance pour les transactions électroniques au sein du marché intérieur. Les décisions et les mentions des conventions sont datées de façon électronique par un moyen d'horodatage offrant toute garantie de preuve.

Art. R. 223-27 *(D. n° 2019-514, 24 mai 2019).* – Les dispositions de l'article D. 221-5 sont applicables à la désignation ou à la nomination d'un commissaire aux comptes dans les sociétés à responsabilité limitée.

Art. R. 223-28 *(Anc. D. n° 67-236, 23 mars 1967).* – Les comptes annuels, le rapport de gestion et, le cas échéant, les comptes consolidés et le rapport sur la gestion du groupe sont tenus, au siège social, à la disposition des commissaires aux comptes un mois au moins avant, selon le cas :

1° La convocation de l'assemblée prévue à l'article L. 223-26 ;

2° La date limite prévue pour leur envoi à l'associé unique par l'article R. 223-25 ;

3° Le dépôt au registre du commerce et des sociétés, par l'associé unique seul gérant de la société, des documents mentionnés au deuxième alinéa de l'article L. 223-31.

Art. R. 223-29 *(Anc. D. n° 67-236, 23 mars 1967).* – Le gérant répond par écrit dans le délai d'un mois aux questions qui lui sont posées en application de l'article L. 223-36. Dans le même délai, il transmet copie de la question et de sa réponse au commissaire aux comptes.

Art. R. 223-30 *(Anc. D. n° 67-236, 23 mars 1967 ; mod., D. n° 2019-1419, 20 déc. 2019).* – L'expert chargé de présenter un rapport sur une ou plusieurs opérations de gestion dans les conditions prévues au premier alinéa de l'article L. 223-37 est désigné par le président du tribunal de commerce statuant en référé, après que le greffier a convoqué le gérant à l'audience par lettre recommandée avec demande d'avis de réception.

La demande d'expertise du procureur de la République est présentée par requête. Le greffier informe le procureur de la République de la date de l'audience.

Le rapport d'expertise est déposé au greffe. Le greffier en assure la communication.

NB : Conformément à l'article 24 du décret n° 2019-1419 du 20 décembre 2019, les dispositions qui résultent du décret précité s'appliquent aux demandes introduites à compter du 1er janvier 2020.

Art. R. 223-31 *(Anc. D. n° 67-236, 23 mars 1967)*. – S'ils représentent au moins le dixième du capital social, des associés peuvent, dans un intérêt commun, charger à leurs frais un ou plusieurs d'entre eux de les représenter pour soutenir, tant en demande qu'en défense, l'action sociale contre les gérants.

Le retrait en cours d'instance d'un ou plusieurs des associés mentionnés à l'alinéa précédent, soit qu'ils aient perdu la qualité d'associé, soit qu'ils se soient volontairement désistés, est sans effet sur la poursuite de l'instance.

Art. R. 223-32 *(Anc. D. n° 67-236, 23 mars 1967)*. – Lorsque l'action sociale est intentée par un ou plusieurs associés, agissant soit individuellement, soit dans les conditions prévues à l'article R. 223-31, le tribunal ne peut statuer que si la société a été régulièrement mise en cause par l'intermédiaire de ses représentants légaux.

Le tribunal peut désigner un mandataire *ad hoc* pour représenter la société dans l'instance, lorsqu'il existe un conflit d'intérêt entre celle-ci et ses représentants légaux.

Art. R. 223-33 *(Anc. D. n° 67-236, 23 mars 1967)*. – Le projet de réduction du capital est communiqué aux commissaires aux comptes, s'il en existe, quarante-cinq jours au moins avant la date de réunion de l'assemblée des associés appelée à statuer sur ce projet.

Art. R. 223-34 *(Anc. D. n° 67-236, 23 mars 1967)*. – Lorsque la réduction du capital a été décidée dans les conditions prévues au quatrième alinéa de l'article L. 223-34, l'achat des parts sociales est réalisé dans le délai de trois mois à compter de l'expiration du délai d'opposition prévu à l'article R. 223-35. Cet achat emporte l'annulation des parts.

Art. R. 223-35 *(Anc. D. n° 67-236, 23 mars 1967)*. – Le délai d'opposition des créanciers à la réduction du capital est d'un mois à compter de la date du dépôt, au greffe du tribunal de commerce, du procès-verbal de la délibération qui a décidé la réduction.

L'opposition est signifiée à la société par acte extrajudiciaire et portée devant le tribunal de commerce.

Art. R. 223-36 *(Anc. D. n° 67-236, 23 mars 1967 ; mod., D. n° 2020-106, 10 févr. 2020)*. – Dans le cas où, du fait de pertes constatées dans les documents comptables, les capitaux propres de la société deviennent inférieurs à la moitié du capital social, la décision des associés prévue à l'article L. 223-42 est publiée dans un support habilité à recevoir les annonces légales dans le département du siège social, déposée au greffe du tribunal de commerce du lieu de ce siège et inscrite au registre du commerce et des sociétés.

CHAPITRE IV. – DISPOSITIONS GÉNÉRALES APPLICABLES AUX SOCIÉTÉS PAR ACTIONS

Art. R. 224-1 *(Anc. D. n° 67-236, 23 mars 1967)*. – Si les statuts sont établis par acte sous seing privé, il est dressé autant d'originaux qu'il est nécessaire pour le dépôt d'un exemplaire au siège social et l'exécution des diverses formalités requises.

Art. R. 224-2 *(Anc. D. n° 67-236, 23 mars 1967)*. – Outre les mentions énumérées à l'article L. 210-2, et sans préjudice de toutes autres dispositions utiles, les statuts de la société contiennent les indications suivantes :

1° Pour chaque catégorie d'actions émises, le nombre d'actions et la nature des droits particuliers attachés à celles-ci et, selon le cas, la part de capital social qu'elle représente ou la valeur nominale des actions qui la composent ;

2° La forme, soit exclusivement nominative, soit nominative ou au porteur, des actions ;

*3° En cas de restriction à la libre négo*ciation ou cession des actions, les conditions particulières auxquelles est soumis l'agrément des cessionnaires ;

4° L'identité des apporteurs en nature, l'évaluation de l'apport effectué par chacun de ceux-ci et le nombre d'actions remises en contrepartie de l'apport ;

5° L'identité des bénéficiaires d'avantages particuliers et la nature de ceux-ci ;

6° Les stipulations relatives à la composition, au fonctionnement et aux pouvoirs des organes de la société ;

7° Les dispositions relatives à la répartition du résultat, à la constitution de réserves et à la répartition du boni de liquidation ;

8° L'identité de toutes personnes physiques ou morales qui ont signé ou au nom de qui ont été signés les statuts ou le projet de statuts.

Art. R. 224-3 *(Anc. D. n° 67-236, 23 mars 1967 ; mod., D. n° 2020-1742, 29 déc. 2020).* – Pour la mise en œuvre des dispositions de l'article L. 224-3, les commissaires à la transformation sont désignés et accomplissent leur mission dans les conditions prévues à l'article R. 22-10-7. Le rapport des commissaires à la transformation atteste que le montant des capitaux propres est au moins égal au capital social. Il est tenu au siège social à la disposition des associés huit jours au moins avant la date de l'assemblée appelée à statuer sur la transformation. En cas de consultation écrite, le texte du rapport est adressé à chacun des associés et joint au texte des résolutions proposées.

CHAPITRE V. – DES SOCIÉTÉS ANONYMES

Section I. – De la constitution des sociétés anonymes

Sous-section 1. – De la constitution avec offre au public autre que celles mentionnées au 1° ou au 2° de l'article L. 411-2 du Code monétaire et financier ou à l'article L. 411-2-1 du même code

(Intitulé rempl., D. n° 2009-557, 19 mai 2009 ; intitulé mod., D. n° 2019-1097, 28 oct. 2019 ; sous-section mod.,D. n° 2020-106, 10 févr. 2020, art. 12 ; sous-section abr., D. n° 2020-1742, 29 déc. 2020).

Art. R. 225-1 *(Mod., D. n° 2009-557, 19 mai 2009 ; abr., D. n° 2019-1097, 28 oct. 2019).*

Art. R. 225-2 *(Anc. D. n° 67-236, 23 mars 1967 ; abr., D. n° 2020-1742, 29 déc. 2020).*

Art. R. 225-3 *(Anc. D. n° 67-236, 23 mars 1967 ; abr., D. n° 2020-1742, 29 déc. 2020).*

Art. R. 225-4 *(Anc. D. n° 67-236, 23 mars 1967 ; abr., D. n° 2020-1742, 29 déc. 2020).*

Art. R. 225-5 *(Abr., D. n° 2020-1742, 29 déc. 2020).*

Art. R. 225-6 *(Anc. D. n° 67-236, 23 mars 1967 ; mod., D. n° 2009-295, 16 mars 2009 ; abr., D. n° 2020-1742, 29 déc. 2020).*

Art. R. 225-7 *(Anc. D. n° 67-236, 23 mars 1967 ; mod., D. n° 2014-1063, 18 sept. 2014 ; abr., D. n° 2020-1742, 29 déc. 2020).*

Art. R. 225-8 *(Anc. D. n° 67-236, 23 mars 1967 ; abr., D. n° 2020-1742, 29 déc. 2020).*

Art. R. 225-9 *(Anc. D. n° 67-236, 23 mars 1967 ; abr., D. n° 2020-1742, 29 déc. 2020).*

Art. R. 225-9-1 *(D. n° 2014-1063, 18 sept. 2014 ; abr., D. n° 2020-1742, 29 déc. 2020).*

Art. R. 225-10 *(Anc. D. n° 67-236, 23 mars 1967 ; mod., D. n° 2020-106, 10 févr. 2020 ; abr., D. n° 2020-1742, 29 déc. 2020).*

Art. R. 225-11 *(Anc. D. n° 67-236, 23 mars 1967 ; abr., D. n° 2020-1742, 29 déc. 2020).*

Art. R. 225-12 *(Anc. D. n° 67-236, 23 mars 1967 ; mod., D. n° 2017-630, 25 avr. 2017 ; abr., D. n° 2020-1742, 29 déc. 2020).*

Sous-section 2. – De la constitution sans offre au public ou avec offre au public mentionnée au 1° ou au 2° de l'article L. 411-2 du Code monétaire et financier ou à l'article L. 411-2-1 du même code

(Intitulé rempl., D. n° 2009-557, 19 mai 2009 ; intitulé mod., D. n° 2019-1097, 28 oct. 2019)

Art. R. 225-13 *(Mod., D. n° 2009-557, 19 mai 2009 ; D. n° 2019-1097, 28 oct. 2019).* – Lorsque la société est constituée sans offre au public, ou par la voie d'une offre au public mentionnée au 1° ou 2° de l'article L. 411-2 du Code monétaire et financier ou à l'article L. 411-2-1 du même code, sont seules applicables à la constitution de la société les dispositions des articles *(Réf. rempl. à compter du 1er janvier 2021, D. n° 2020-1742, 29 déc. 2020)* « R. 22-10-6 à R. 22-10-8 et R. 22-10-12 ».

Art. R. 225-14 *(Anc. D. n° 67-236, 23 mars 1967).* – Le rapport des commissaires aux apports est tenu, à l'adresse prévue du siège social, à la disposition des futurs actionnaires, qui peuvent en prendre copie, trois jours au moins avant la date de la signature des statuts.

Art. R. 225-14-1 *(D. n° 2014-1063, 18 sept. 2014).* – Pour l'application du I de l'article L. 225-8-1, la décision des fondateurs de ne pas recourir à la désignation d'un commissaire aux apports ainsi que tout document relatif à la description et à l'évaluation des apports, dont une attestation précisant qu'aucune circonstance nouvelle n'est venue modifier cette évaluation, sont tenus, à l'adresse prévue du siège social, à la disposition des futurs actionnaires, qui peuvent en prendre copie, trois jours au moins avant la date de la signature des statuts.

Section II. – De la direction et de l'administration des sociétés anonymes

Sous-section 1. – Du conseil d'administration et de la direction générale

§ 1. – Dispositions générales

(Division créée, D. n° 2015-606, 3 juin 2015)

Art. R. 225-15 *(Anc. D. n° 67-236, 23 mars 1967).* – Les fonctions d'un administrateur prennent fin à l'issue de la réunion de l'assemblée générale ordinaire des actionnaires ayant statué sur les comptes de l'exercice écoulé et tenue dans l'année au cours de laquelle expire le mandat de cet administrateur.

Art. R. 225-16 *(Anc. D. n° 67-236, 23 mars 1967).* – Le mandat du représentant permanent désigné par une personne morale nommée administrateur lui est donné pour la durée du mandat de cette dernière.

Si la personne morale révoque le mandat de son représentant permanent, elle notifie sans délai à la société, par lettre recommandée, cette révocation ainsi que l'identité de son nouveau représentant permanent. Il en est de même en cas de décès ou de démission du représentant permanent.

Art. R. 225-17 *(Anc. D. n° 67-236, 23 mars 1967).* – La désignation du représentant permanent ainsi que la cessation de son mandat sont soumises aux mêmes formalités de publicité que s'il était administrateur en son nom propre.

Art. R. 225-18 *(Anc. D. n° 67-236, 23 mars 1967).* – Le mandataire prévu à l'article L. 225-24 est désigné par le président du tribunal de commerce, statuant sur requête.

Art. R. 225-19 *(Anc. D. n° 67-236, 23 mars 1967).* – Sauf clause contraire des statuts, un administrateur peut donner, par écrit, mandat à un autre administrateur de le représenter à une séance du conseil d'administration.

Chaque administrateur ne peut disposer, au cours d'une même séance, que d'une seule des procurations reçues par application de l'alinéa précédent.

Les dispositions des alinéas précédents sont applicables au représentant permanent d'une personne morale administrateur.

Art. R. 225-20 *(Anc. D. n° 67-236, 23 mars 1967 ; mod., D. n° 2019-1118, 31 oct. 2019).* – Il est tenu un registre de présence qui est signé par les administrateurs participant à la séance du conseil d'administration et qui mentionne le nom des administrateurs réputés présents au sens du troisième alinéa de l'article L. 225-37.

Le registre de présence peut être tenu sous forme électronique ; dans ce cas, le registre est signé au moyen d'une signature électronique qui respecte au moins les exigences relatives à une signature électronique avancée prévues par l'article 26 du règlement (UE) n° 910/2014 du Parlement européen et du Conseil du 23 juillet 2014 sur l'identification électronique et les services de confiance pour les transactions électroniques au sein du marché intérieur. Le registre est daté de façon électronique par un moyen d'horodatage offrant toute garantie de preuve.

Art. R. 225-21 *(Anc. D. n° 67-236, 23 mars 1967).* – Afin de garantir, conformément aux dispositions du troisième alinéa de l'article L. 225-37, l'identification et la participation effective à la réunion du conseil des administrateurs y participant par des moyens de visioconférence ou de télécommunication, ces moyens transmettent au moins la voix des participants et satisfont à des caractéristiques techniques permettant la retransmission continue et simultanée des délibérations.

Art. R. 225-22 *(Anc. D. n° 67-236, 23 mars 1967).* – Les délibérations du conseil d'administration sont constatées par des procès-verbaux établis sur un registre spécial tenu au siège social et coté et paraphé soit par un juge du tribunal de commerce, soit par un juge du tribunal judiciaire, soit par le maire de la commune du siège social ou un adjoint au maire, dans la forme ordinaire et sans frais.

Toutefois, les procès-verbaux peuvent être établis sur des feuilles mobiles numérotées sans discontinuité, paraphées dans les conditions prévues à l'alinéa précédent et revêtues du sceau de l'autorité qui les a paraphées. Dès qu'une feuille a été remplie, même partiellement, elle est jointe à celles précédemment utilisées. Toute addition, suppression, substitution ou interversion de feuilles est interdite.

(Al. créé, D. n° 2019-1118, 31 oct. 2019) Le registre spécial peut être tenu et les procès-verbaux établis sous forme électronique ; dans ce cas, les procès-verbaux sont signés au moyen d'une signature électronique qui respecte au moins les exigences relatives à une signature électronique avancée prévues par l'article 26 du règlement (UE) n° 910/2014 du Parlement européen et du Conseil du 23 juillet 2014 sur l'identification électronique et les services de confiance pour les transactions électroniques au sein du marché intérieur. Les procès-verbaux sont datés de façon électronique par un moyen d'horodatage offrant toute garantie de preuve.

Art. R. 225-23 *(Anc. D. n° 67-236, 23 mars 1967).* – Le procès-verbal de la séance indique le nom des administrateurs présents, réputés présents au sens de l'article L. 225-37, excusés ou absents. Il fait état de la présence ou de l'absence des personnes convoquées à la réunion du conseil d'administration en vertu d'une disposition légale et de la présence de toute autre personne ayant assisté à tout ou partie de la réunion. Il fait également état de la survenance éventuelle d'un incident technique relatif à un moyen de visioconférence ou de télécommunication lorsqu'il a perturbé le déroulement de la séance.

Le procès-verbal est revêtu de la signature du président de séance et d'au moins un administrateur. En cas d'empêchement du président de séance, il est signé par deux administrateurs au moins.

Art. R. 225-24 *(Anc. D. n° 67-236, 23 mars 1967 ; mod., D. n° 2019-1118, 31 oct. 2019).* – Les copies ou extraits de procès-verbaux des délibérations sont certifiés par le président du conseil d'administration, le directeur général, les directeurs généraux délégués, l'administrateur délégué temporairement dans les fonctions de président ou un fondé de pouvoir habilité à cet effet. Au cours de la liquidation de la société, ces copies ou extraits sont certifiés par un seul liquidateur.

La certification peut se faire au moyen d'une signature électronique qui respecte au moins les exigences *relatives à une signature électronique* avancée prévues par l'article 26 du règlement (UE) n° 910/2014 du Parlement européen et du Conseil du 23 juillet 2014 sur l'identification électronique et les services de confiance pour les transactions électroniques au sein du marché intérieur.

Art. R. 225-25 *(Anc. D. n° 67-236, 23 mars 1967).* – Il est suffisamment justifié du nombre des administrateurs en exercice ainsi que de leur présence ou de leur représentation à une séance du conseil d'administration par la production d'une copie ou d'un extrait du procès-verbal.

Art. R. 225-26 *(Anc. D. n° 67-236, 23 mars 1967).* – Les personnes désignées pour être administrateurs sont habilitées, dès leur nomination, à choisir l'une des modalités d'exercice de la direction générale prévues à l'article L. 225-51-1 et à désigner le président du conseil d'administration, le directeur général et, le cas échéant, les directeurs généraux délégués.

Art. R. 225-27 *(Anc. D. n° 67-236, 23 mars 1967 ; mod., D. n° 2020-106, 10 févr. 2020).* – L'extrait du procès-verbal contenant la décision du conseil d'administration relative au choix de l'une des deux modalités d'exercice de la direction générale prévues à l'article L. 225-51-1 fait l'objet d'un avis inséré dans un support habilité à recevoir les annonces légales dans le département du siège social.

Art. R. 225-28 *(Anc. D. n° 67-236, 23 mars 1967).* – Le conseil d'administration peut, dans la limite d'un montant total qu'il fixe, autoriser le directeur général à donner des cautions, avals ou garanties au nom de la société. Cette autorisation peut également fixer, par engagement, un montant au-delà duquel la caution, l'aval ou la garantie de la société ne peut être donné. Lorsqu'un engagement dépasse l'un ou l'autre des montants ainsi fixés, l'autorisation du conseil d'administration est requise dans chaque cas.

La durée des autorisations prévues à l'alinéa précédent ne peut être supérieure à un an, quelle que soit la durée des engagements cautionnés, avalisés ou garantis.

Par dérogation aux dispositions du premier alinéa, le directeur général peut être autorisé à donner, à l'égard des administrations fiscales et douanières, des cautions, avals ou garanties au nom de la société, sans limite de montant.

Le directeur général peut déléguer le pouvoir qu'il a reçu en application des alinéas précédents.

Si les cautions, avals ou garanties ont été données pour un montant total supérieur à la limite fixée pour la période en cours, le dépassement ne peut être opposé aux tiers qui n'en ont pas eu connaissance, à moins que le montant de l'engagement invoqué n'excède, à lui seul, l'une des limites fixées par la décision du conseil d'administration prise en application du premier alinéa.

Art. R. 225-29 *(Anc. D. n° 67-236, 23 mars 1967).* – Le conseil d'administration peut conférer à un ou plusieurs de ses membres ou à des tiers, actionnaires ou non, tous mandats spéciaux pour un ou plusieurs objets déterminés.

Il peut décider la création de comités chargés d'étudier les questions que lui-même ou son président soumet, pour avis, à leur examen. Il fixe la composition et les attributions des comités qui exercent leur activité sous sa responsabilité.

Art. R. 225-29-1 *(D. n° 2017-340, 16 mars 2017 ; mod., D. n° 2019-1235, 27 nov. 2019 ; abr., D. n° 2020-1742, 29 déc. 2020).*

Art. R. 225-29-2 *(D. n° 2019-1235, 27 nov. 2019 ; abr., D. n° 2020-1742, 29 déc. 2020).*

Art. D. 225-29-3 *D. n° 2019-1235, 27 nov. 2019 ; abr., D. n° 2020-1742, 29 déc. 2020).*

Art. R. 225-30 *(Anc. D. n° 67-236, 23 mars 1967 ; mod., D. n° 2015-545, 18 mai 2015 ; D. n° 2017-630, 25 avr. 2017 ; D. n° 2019-1235, 27 nov. 2019).* – Le président du conseil d'administration avise les commissaires aux comptes des conventions et engagements autorisés et conclus en application de l'article L. 225-38, dans le délai d'un mois à compter de la conclusion de ces conventions et engagements. Il leur communique également, pour chaque convention et engagement autorisés et conclus, les motifs justifiant de leur intérêt pour la société, retenus par le conseil d'administration en application du dernier alinéa de l'article L. 225-38.

Lorsque l'exécution de conventions et engagements conclus et autorisés au cours d'exercices antérieurs a été poursuivie au cours du dernier exercice, les commissaires aux comptes sont informés de cette situation dans le délai d'un mois à compter de la clôture de l'exercice.

NB : Conformément à l'article 9 du décret n° 2019-1235 du 27 novembre 2019, ces dispositions s'appliquent à compter des assemblées générales statuant sur le premier exercice clos après la publication de l'ordonnance n° 2019-1234 du 27 novembre 2019 susvisée.

Art. R. 225-30-1 *(D. n° 2019-1235, 27 nov. 2019 ; abr., D. n° 2020-1742, 29 déc. 2020).*

Art. R. 225-31 *(Anc. D. n° 67-236, 23 mars 1967 ; mod., D. n° 2015-545, 18 mai 2015 ; D. n° 2019-1235, 27 nov. 2019).* – Le rapport des commissaires aux comptes prévu au troisième alinéa de l'article L. 225-40 contient :

1° L'énumération des conventions et engagements soumis à l'approbation de l'assemblée générale ;

2° Le nom des administrateurs intéressés ;

3° Le nom du directeur général ou des directeurs généraux délégués intéressés ;

4° La désignation du ou des actionnaires intéressés disposant d'une fraction des droits de vote supérieure à 10 % et, s'il s'agit d'une société actionnaire, de la société la contrôlant au sens de l'article L. 233-3 ;

5° La nature et l'objet de ces conventions et engagements ;

6° Les modalités essentielles de ces conventions et engagements, notamment l'indication des prix ou tarifs pratiqués, des ristournes et commissions consenties, des délais de paiement accordés, des intérêts stipulés, des sûretés conférées, les motifs justifiant de l'intérêt de ces conventions et engagements pour la société, retenus par le conseil d'administration en application du dernier alinéa de l'article L. 225-38 et, le cas échéant, toutes autres indications permettant aux actionnaires d'apprécier l'intérêt qui s'attachait à la conclusion des conventions et engagements analysés ;

7° L'énumération des conventions et engagements conclus et autorisés au cours d'exercices antérieurs dont l'exécution a été poursuivie au cours du dernier exercice et qui ont été examinés par le conseil d'administration en application de l'article L. 225-40-1, ainsi que, le cas échéant, toutes indications permettant aux actionnaires d'apprécier l'intérêt qui s'attache au maintien des conventions et engagements énumérés pour la société, l'importance des fournitures livrées ou des prestations de service fournies et le montant des sommes versées ou reçues au cours de l'exercice, en exécution de ces conventions et engagements.

NB : Conformément à l'article 9 du décret n° 2019-1235 du 27 novembre 2019, ces dispositions s'appliquent à compter des assemblées générales statuant sur le premier exercice clos après la publication de l'ordonnance n° 2019-1234 du 27 novembre 2019 susvisée.

Art. R. 225-32 *(Abr., D. n° 2014-1063, 18 sept. 2014).*

Art. R. 225-33 *(Anc. D. n° 67-236, 23 mars 1967 ; mod., D. n° 2017-340, 16 mars 2017 ; D. n° 2020-1742, 29 déc. 2020).* – Le conseil d'administration répartit librement entre ses membres, le cas échéant dans les conditions prévues par l'article L. 22-10-8, les sommes globales allouées aux administrateurs sous forme de jetons de présence ; il peut notamment allouer aux administrateurs, membres des comités prévus par le deuxième alinéa de l'article R. 225-29, une part supérieure à celle des autres administrateurs.

Le conseil d'administration peut autoriser le remboursement des frais de voyage et de déplacement et des dépenses engagées par les administrateurs dans l'intérêt de la société.

Art. R. 225-34 *(Anc. D. n° 67-236, 23 mars 1967 ; mod., D. n° 2017-340, 16 mars 2017 ; D. n° 2020-1742, 29 déc. 2020).* – Le conseil d'administration détermine la rémunération de la personne déléguée temporairement dans les fonctions du président pendant la durée de la délégation, dans les conditions prévues par l'article L. 22-10-8, et, le cas échéant, des membres non administrateurs des comités prévus par le deuxième alinéa de l'article R. 225-29.

....

§ 2. – Administrateurs élus ou désignés par les salariés
(§ créé, D. n° 2015-606, 3 juin 2015)

Art. R. 225-34-1 *(Abr., D. n° 2019-1235, 27 nov. 2019).*

Art. R. 225-34-2 *(D. n° 2015-606, 3 juin 2015 ; mod., D. n° 2019-1308, 6 déc. 2019).* – Pour exercer leur mandat au sein du conseil d'administration et de ses comités, les administrateurs élus par l'assemblée générale des actionnaires en application de l'article L. 225-23 et les administrateurs élus par les salariés ou désignés en application de l'article L. 225-27-1 disposent d'un temps de préparation qui ne peut être inférieur à quinze heures ni supérieur à la moitié de la durée légale de travail mensuel par réunion du conseil d'administration ou du comité considéré. Le conseil d'administration le détermine en tenant compte de l'importance de la société, de ses effectifs et de son rôle économique et, le cas échéant, de l'objet de la réunion.

Le temps consacré à l'exercice de leur mandat par les administrateurs mentionnés au premier alinéa est considéré comme temps de travail effectif et rémunéré comme tel à l'échéance normale.

NB : Conformément à l'article 3 du décret n° 2019-1308 du 6 décembre 2019, ces dispositions s'appliquent aux séances du conseil d'administration ou du conseil de surveillance pour lesquelles la convocation est adressée à compter de l'entrée en vigueur dudit décret.

Art. R. 225-34-3 *(D. n° 2015-606, 3 juin 2015 ; mod., D. n° 2019-1308, 6 déc. 2019).* – La formation prévue à l'article L. 225-30-2 et à l'article L. 225-23 assure aux administrateurs élus par l'assemblée générale des actionnaires en application de l'article L. 225-23 et aux administrateurs élus par les salariés ou désignés en application de l'article L. 225-27-1 l'acquisition et le perfectionnement des connaissances et techniques nécessaires à l'exercice de leur mandat.

Elle porte principalement sur le rôle et le fonctionnement du conseil d'administration, les droits et obligations des administrateurs et leur responsabilité ainsi que sur l'organisation et les activités de la société.

Le conseil d'administration détermine, pour la durée du mandat, le contenu du programme de formation après avis des administrateurs concernés.

Art. R. 225-34-4 *(D. n° 2015-606, 3 juin 2015 ; mod., D. n° 2019-1308, 6 déc. 2019).* – Le temps consacré à la formation des administrateurs élus par l'assemblée générale des actionnaires en application de l'article L. 225-23 et des administrateurs élus par les salariés ou désignés en application de l'article L. 225-27-1 est déterminé par le conseil d'administration, sans pouvoir être inférieur à quarante heures par an, au cours du mandat. Ce temps est pris sur le temps de travail effectif et rémunéré comme tel à l'échéance normale.

Un accord d'entreprise ou, selon le cas, de groupe peut comporter des dispositions plus favorables.

Art. R. 225-34-5 *(D. n° 2015-606, 3 juin 2015).* – Le conseil d'administration, après avis des administrateurs concernés, détermine le ou les organismes ou centres de formation chargés de dispenser la formation.

Art. R. 225-34-6 *(D. n° 2015-606, 3 juin 2015).* – Le coût de la formation, y compris les frais de déplacement au titre de celle-ci, sont à la charge de la société et ne sont pas pris en compte dans le calcul des sommes consacrées à la formation continue prévues au livre III de la sixième partie du Code du travail.

Sous-section 2. – Du directoire et du conseil de surveillance

Art. R. 225-35 *(Anc. D. n° 67-236, 23 mars 1967).* – Le nombre des membres du directoire est fixé par les statuts ou, à défaut, par le conseil de surveillance.

Art. R. 225-36 *(Anc. D. n° 67-236, 23 mars 1967).* – Si un siège de membre du directoire est vacant, le conseil de surveillance le pourvoit dans le délai de deux mois.

À défaut, tout intéressé peut demander au président du tribunal de commerce, statuant en référé, de procéder à cette nomination, à titre provisoire. La personne ainsi nommée peut, à tout moment, être remplacée par le conseil de surveillance.

Art. R. 225-37 *(Anc. D. n° 67-236, 23 mars 1967).* – Si un membre du conseil de surveillance est nommé au directoire, son mandat au conseil prend fin dès son entrée en fonction.

Art. R. 225-38 *(Anc. D. n° 67-236, 23 mars 1967).* – Les personnes désignées pour être membres du conseil de surveillance sont habilitées, dès leur nomination, à désigner les membres du directoire ou le directeur général unique.

Art. R. 225-39 *(Anc. D. n° 67-236, 23 mars 1967).* – Sauf clause contraire des statuts, les membres du directoire peuvent, avec l'autorisation du conseil de surveillance, répartir entre eux les tâches de la direction. *Toutefois, cette répartition ne peut en aucun cas avoir pour effet de retirer au directoire son caractère d'organe assurant collégialement la direction de la société.*

Art. R. 225-40 *(Anc. D. n° 67-236, 23 mars 1967).* – Lorsqu'une opération exige l'autorisation du conseil de surveillance et que celui-ci la refuse, le directoire peut soumettre le différend à l'assemblée générale des actionnaires qui décide de la suite à donner au projet.

Art. R. 225-41 *(Anc. D. n° 67-236, 23 mars 1967)*. – Les fonctions d'un membre du conseil de surveillance prennent fin à l'issue de la réunion de l'assemblée générale ordinaire des actionnaires ayant statué sur les comptes de l'exercice écoulé et tenue dans l'année au cours de laquelle expire le mandat de ce membre.

Art. R. 225-42 *(Anc. D. n° 67-236, 23 mars 1967)*. – Le mandat de représentant permanent désigné par une personne morale nommée au conseil de surveillance lui est donné pour la durée du mandat de cette dernière.

Si la personne morale révoque le mandat de son représentant permanent, elle notifie sans délai à la société, par lettre recommandée, cette révocation ainsi que l'identité de son nouveau représentant permanent. Il en est de même en cas de décès ou de démission du représentant permanent.

Art. R. 225-43 *(Anc. D. n° 67-236, 23 mars 1967)*. – La désignation du représentant permanent ainsi que la cessation de son mandat sont soumises aux mêmes formalités de publicité que s'il était membre du conseil de surveillance en son nom propre.

Art. R. 225-44 *(Anc. D. n° 67-236, 23 mars 1967)*. – Le mandataire prévu à l'article L. 225-78 est désigné par le président du tribunal de commerce, statuant sur requête.

Art. R. 225-45 *(Anc. D. n° 67-236, 23 mars 1967)*. – Les statuts de la société déterminent les règles relatives à la convocation et aux délibérations du conseil de surveillance.

Toutefois, le président du conseil de surveillance convoque le conseil à une date qui ne peut être postérieure à quinze jours lorsqu'un membre au moins du directoire ou le tiers au moins des membres du conseil de surveillance lui présentent une demande motivée en ce sens.

Si la demande est restée sans suite, ses auteurs peuvent procéder eux-mêmes à la convocation, en indiquant l'ordre du jour de la séance.

Art. R. 225-46 *(Anc. D. n° 67-236, 23 mars 1967)*. – Sauf clause contraire des statuts, un membre du conseil de surveillance peut donner, par écrit, mandat à un autre membre de le représenter à une séance du conseil.

Chaque membre du conseil de surveillance ne peut disposer, au cours d'une même séance, que d'une seule des procurations reçues par application de l'alinéa précédent.

Les dispositions des alinéas précédents sont applicables au représentant permanent d'une personne morale membre du conseil de surveillance.

Art. R. 225-47 *(Anc. D. n° 67-236, 23 mars 1967 ; mod., D. n° 2019-1118, 31 oct. 2019)*. – Il est tenu un registre de présence qui est signé par les membres du conseil de surveillance participant à la séance du conseil et qui mentionne le nom des membres du conseil de surveillance réputés présents au sens du troisième alinéa de l'article L. 225-82.

Le registre de présence peut être tenu sous forme électronique ; dans ce cas, le registre est signé au moyen d'une signature électronique qui respecte au moins les exigences relatives à une signature électronique avancée prévues par l'article 26 du règlement (UE) n° 910/2014 du Parlement européen et du Conseil du 23 juillet 2014 sur l'identification électronique et les services de confiance pour les transactions électroniques au sein du marché intérieur. Le registre est daté de façon électronique par un moyen d'horodatage offrant toute garantie de preuve.

Art. R. 225-48 *(Anc. D. n° 67-236, 23 mars 1967)*. – Les dispositions de l'article R. 225-21 s'appliquent aux moyens de visioconférence ou de télécommunication mentionnés au troisième alinéa de l'article L. 225-82.

Art. R. 225-49 *(Anc. D. n° 67-236, 23 mars 1967)*. – Les délibérations du conseil de surveillance sont constatées par des procès-verbaux établis sur un registre spécial tenu au siège social et coté et paraphé soit par un juge du tribunal de commerce, soit par un juge du tribunal d'instance, soit par le maire de la commune du siège social ou un adjoint au maire, dans la forme ordinaire et sans frais.

Toutefois, les procès-verbaux peuvent être établis sur des feuilles mobiles numérotées sans discontinuité, paraphées dans les conditions prévues à l'alinéa précédent et revêtues du sceau de l'autorité qui les a paraphées. Dès qu'une feuille a été remplie, même partiellement, elle est jointe à celles précédemment utilisées. Toute addition, suppression, substitution ou interversion de feuilles est interdite.

(Al. créé, D. n° 2019-1118, 31 oct. 2019) Le registre spécial peut être tenu et les procès-verbaux établis sous forme électronique ; dans ce cas, les procès-verbaux sont signés au moyen d'une signature électronique qui respecte au moins les exigences relatives à une signature électronique avancée prévues par l'article 26 du règlement (UE) n° 910/2014 du Parlement européen et du Conseil du 23 juillet 2014 sur l'identification électronique et les services de confiance pour les transactions électroniques au sein du marché intérieur. Les procès-verbaux sont datés de façon électronique par un moyen d'horodatage offrant toute garantie de preuve.

Art. R. 225-50 *(Anc. D. n° 67-236, 23 mars 1967).* – Le procès-verbal de la séance indique le nom des membres du conseil de surveillance présents, réputés présents au sens du troisième alinéa de l'article L. 225-82, excusés ou absents. Il fait état de la présence ou de l'absence des personnes convoquées à la réunion du conseil en vertu d'une disposition légale et de la présence de toute autre personne ayant assisté à tout ou partie de la réunion. Il fait également état de la survenance éventuelle d'un incident technique relatif à un moyen de visioconférence ou de télécommunication lorsqu'il a perturbé le déroulement de la séance.

Le procès-verbal est revêtu de la signature du président de séance et d'au moins un membre du conseil de surveillance. En cas d'empêchement du président de séance, il est signé par deux membres du conseil au moins.

Art. R. 225-51 *(Anc. D. n° 67-236, 23 mars 1967 ; mod., D. n° 2019-1118, 31 oct. 2019).* – Il est tenu un registre de présence qui est signé par les membres du conseil de surveillance participant à la séance du conseil et qui mentionne le nom des membres du conseil de surveillance réputés présents au sens du troisième alinéa de l'article L. 225-82.

Le registre de présence peut être tenu sous forme électronique ; dans ce cas, le registre est signé au moyen d'une signature électronique qui respecte au moins les exigences relatives à une signature électronique avancée prévues par l'article 26 du règlement (UE) n° 910/2014 du Parlement européen et du Conseil du 23 juillet 2014 sur l'identification électronique et les services de confiance pour les transactions électroniques au sein du marché intérieur. Le registre est daté de façon électronique par un moyen d'horodatage offrant toute garantie de preuve.

Art. R. 225-52 *(Anc. D. n° 67-236, 23 mars 1967).* – Il est suffisamment justifié du nombre des membres du conseil de surveillance en exercice, ainsi que de leur présence ou de leur représentation à une séance du conseil, par la production d'une copie ou d'un extrait du procès-verbal.

Art. R. 225-53 *(Anc. D. n° 67-236, 23 mars 1967).* – Le conseil de surveillance peut, dans la limite d'un montant total qu'il fixe, autoriser le directoire à donner des cautions, avals ou garanties au nom de la société. Cette autorisation peut également fixer, par engagement, un montant au-delà duquel la caution, l'aval ou la garantie de la société ne peut être donné. Lorsqu'un engagement dépasse l'un ou l'autre des montants ainsi fixés, l'autorisation du conseil de surveillance est requise dans chaque cas.

La durée des autorisations prévues à l'alinéa précédent ne peut être supérieure à un an, quelle que soit la durée des engagements cautionnés, avalisés ou garantis.

Par dérogation aux dispositions du premier alinéa, le directoire peut être autorisé à donner, à l'égard des administrations fiscales et douanières, des cautions, avals ou garanties au nom de la société, sans limite de montant.

Le directoire peut déléguer le pouvoir qu'il a reçu en application des alinéas précédents.

Si des cautions, avals ou garanties ont été donnés pour un montant total ou supérieur à la limite fixée pour la période en cours, le dépassement ne peut être opposé aux tiers qui n'en ont pas eu connaissance, à moins que le montant de l'engagement invoqué n'excède, à lui seul, l'une des limites fixées par la décision du conseil de surveillance prise en application du premier alinéa.

Art. R. 225-54 *(Abr., D. n° 2017-630, 25 avr. 2017).*

Art. R. 225-55 *(Anc. D. n° 67-236, 23 mars 1967).* – Le délai mentionné au cinquième alinéa de l'article L. 225-68 est de trois mois à compter de la clôture de l'exercice.

Art. R. 225-56 *(Anc. D. n° 67-236, 23 mars 1967).* – Le conseil de surveillance peut conférer à un ou plusieurs de ses membres tous mandats spéciaux pour un ou plusieurs objets déterminés.

Il peut décider la création en son sein de commissions dont il fixe la composition et les attributions et qui exercent leur activité sous sa responsabilité, sans que ces attributions puissent avoir pour objet de déléguer à une commission les pouvoirs qui sont attribués au conseil de surveillance lui-même par la loi ou les statuts ni pour effet de réduire ou de limiter les pouvoirs du directoire.

Art. R. 225-56-1 *(D. n° 2017-340, 16 mars 2017 ; mod., D. n° 2019-1235, 27 nov. 2019 ; abr., D. n° 2020-1742, 29 déc. 2020).*

Art. R. 225-57 *(Anc. D. n° 67-236, 23 mars 1967 ; mod., D. n° 2015-545, 18 mai 2015 ; D. n° 2017-630, 25 avr. 2017 ; D. n° 2019-1235, 27 nov. 2019).* – Le président du conseil de surveillance avise les commissaires aux comptes des conventions et engagements autorisés et conclus en application de l'article L. 225-86, dans le délai d'un mois à compter de la conclusion de ces conventions et engagements. Il leur communique également, pour chaque convention et engagement autorisés et conclus, les motifs justifiant de l'intérêt de celui-ci pour la société, retenus par le conseil de surveillance en application du dernier alinéa de l'article L. 225-86.

Lorsque l'exécution des conventions et engagements conclus et autorisés au cours d'exercices antérieurs a été poursuivie au cours du dernier exercice, les commissaires aux comptes sont informés de cette situation dans le délai d'un mois à compter de la clôture de l'exercice.

NB : Conformément à l'article 9 du décret n° 2019-1235 du 27 novembre 2019, ces dispositions s'appliquent à compter des assemblées générales statuant sur le premier exercice clos après la publication de l'ordonnance n° 2019-1234 du 27 novembre 2019 susvisée.

Art. R. 225-57-1 *(D. n° 2019-1235, 27 nov. 2019 ; abr., D. n° 2020-1742, 29 déc. 2020).*

Art. R. 225-58 *(Anc. D. n° 67-236, 23 mars 1967 ; mod., D. n° 2015-545, 18 mai 2015 ; D. n° 2019-1235, 27 nov. 2019).* – Le rapport des commissaires aux comptes, prévu au troisième alinéa de l'article L. 225-88, contient :

1° L'énumération des conventions et engagements soumis à l'approbation de l'assemblée générale ;

2° Le nom des membres du conseil de surveillance ou du directoire intéressés ;

3° La désignation du ou des actionnaires intéressés disposant d'une fraction des droits de vote supérieure à 10 % et, s'il s'agit d'une société actionnaire, de la société la contrôlant au sens de l'article L. 233-3 ;

4° La nature et l'objet de ces conventions et engagements ;

5° Les modalités essentielles de ces conventions et engagements, notamment l'indication des prix ou tarifs pratiqués, des ristournes et commissions consenties, des délais de paiement accordés, des intérêts stipulés, des sûretés conférées, les motifs justifiant de l'intérêt de ces conventions et engagements pour la société, retenus par le conseil de surveillance en application du dernier alinéa de l'article L. 225-86 et, le cas échéant, toutes autres indications permettant aux actionnaires d'apprécier l'intérêt qui s'attachait à la conclusion des conventions et engagements analysés ;

6° L'énumération des conventions et engagements conclus et autorisés au cours d'exercices antérieurs dont l'exécution a été poursuivie au cours du dernier exercice et qui ont été examinés par le conseil de surveillance en application de l'article L. 225-88-1, ainsi que, le cas échéant, toutes indications permettant aux actionnaires d'apprécier l'intérêt qui s'attache au maintien des conventions et engagements énumérés pour la société, l'importance des fournitures livrées ou des prestations de service fournies et le montant des sommes versées ou reçues au cours de l'exercice, en exécution de ces conventions et engagements.

NB : *Conformément à l'article 9 du décret n° 2019-1235* du 27 novembre 2019, ces dispositions s'appliquent à compter des assemblées générales statuant sur le premier exercice clos après la publication de l'ordonnance du 2019-1234 du 27 novembre 2019 susvisée.

Art. R. 225-59 *(Abr., D. n° 2014-1063, 18 sept. 2014).*

Art. R. 225-60 *(Anc. D. n° 67-236, 23 mars 1967 ; mod., D. n° 2007-1851, 26 déc. 2007 ; D. n° 2017-340, 16 mars 2017 ; D. n° 2020-1742, 29 déc. 2020).* – Le conseil de surveillance répartit librement entre ses membres, le cas échéant dans les conditions prévues par l'article L. 22-10-26, les sommes globales allouées à ceux-ci sous forme de jetons de présence ; il peut notamment allouer aux membres du conseil qui font partie des commissions prévues par le deuxième alinéa de l'article R. 225-56 une part supérieure à celle des autres.

Le conseil de surveillance peut autoriser le remboursement des frais de voyage et de déplacement et des dépenses engagées par ses membres dans l'intérêt de la société.

Art. R. 225-60-1 *(D. n° 2008-448, 7 mai 2008 ; abr. à compter des assemblées générales statuant sur le premier exercice clos après le 28 novembre 2019, D. n° 2019-1235, 27 nov. 2019).*

Rédaction antérieure. Art. R. 225-60-1 *(D. n° 2008-448, 7 mai 2008).* – L'autorisation mentionnée au troisième alinéa de l'article L. 225-90-1 est publiée sur le site internet de la société concernée dans un délai maximum de cinq jours suivant la réunion du conseil de surveillance au cours de laquelle elle a été délivrée. Elle y est consultable pendant toute la durée des fonctions du bénéficiaire.

La décision mentionnée au cinquième alinéa de l'article L. 225-90-1 se prononçant sur le respect des conditions prévues au deuxième alinéa de ce même article et sur le versement est publiée sur le site internet de la société concernée dans un délai maximum de cinq jours suivant la réunion du conseil de surveillance au cours de laquelle elle a été prise. Elle y est consultable au moins jusqu'à la prochaine assemblée générale ordinaire.

Art. R. 225-60-2 *(D. n° 2015-606, 3 juin 2015 ; mod., D. n° 2019-1308, 6 déc. 2019).* – Les dispositions des articles R. 225-34-2 à R. 225-34-6 sont applicables aux membres représentant les salariés et aux membres représentant les salariés actionnaires au conseil de surveillance. Pour l'application de ces dispositions le conseil de surveillance exerce les attributions dévolues au conseil d'administration.

Section III. – Des assemblées d'actionnaires

Art. R. 225-61 *(Anc. D. n° 67-236, 23 mars 1967).* – Les sociétés dont les statuts permettent aux actionnaires de voter aux assemblées par des moyens électroniques de télécommunication aménagent un site exclusivement consacré à ces fins.

Art. R. 225-61-1 *(D. n° 2018-146, 28 févr. 2018).* – Les statuts prévoyant que les assemblées générales se tiennent exclusivement par visioconférence ou par des moyens de télécommunication, en application des dispositions du premier alinéa de l'article L. 225-103-1, précisent si le droit d'opposition mentionné au deuxième alinéa du même article s'exerce avant ou après les formalités de convocation.

Art. R. 225-61-2 *(D. n° 2018-146, 28 févr. 2018).* – Lorsque le droit d'opposition s'exerce avant les formalités de convocation, la société avise les actionnaires de la date prévue pour la réunion de l'assemblée trente-cinq jours au moins avant celle-ci, par lettre recommandée avec demande d'avis réception ou par courrier électronique avec avis de réception à l'adresse électronique indiquée par eux.

Cet avis précise la nature de l'assemblée et comporte les points ainsi que le texte des projets de résolution que la société entend inscrire à l'ordre du jour de cette assemblée.

L'avis rappelle également le droit d'opposition au recours exclusif à des moyens dématérialisés pour la tenue de l'assemblée générale, ainsi que les conditions d'exercice de ce droit.

L'opposition à la tenue d'une assemblée générale exclusivement par visioconférence ou par des moyens de télécommunication est adressée à la société par lettre recommandée avec demande d'avis de réception ou par courrier électronique avec avis de réception vingt-cinq jours au moins avant la date de la tenue de l'assemblée.

Les auteurs de l'opposition accompagnent cette dernière d'une attestation d'inscription en compte de nature à justifier qu'ils représentent au moins 5 % du capital social.

Art. R. 225-61-3 *(D. n° 2018-146, 28 févr. 2018).* – Lorsque le droit d'opposition s'exerce après les formalités de convocation, l'avis de convocation mentionné à l'article R. 225-66 rappelle le droit d'opposition au recours exclusif à des moyens dématérialisés pour la tenue de l'assemblée générale, ainsi que les conditions d'exercice de ce droit. Il indique également le lieu où l'assemblée se réunira s'il est fait opposition à sa tenue exclusivement par des moyens dématérialisés.

Le droit d'opposition s'exerce dans un délai de sept jours à compter de la publication de l'avis de convocation prévue à l'article R. 225-67 ou de l'envoi de cet avis dans les formes prévues à l'article R. 225-61-2.

En cas d'exercice de ce droit, la société avise les actionnaires par lettre simple ou par courrier électronique, au plus tard quarante-huit heures avant la tenue de l'assemblée, que celle-ci ne se tiendra pas exclusivement par des moyens dématérialisés.

Art. R. 225-62 *(Anc. D. n° 67-236, 23 mars 1967).* – Sous réserve des dispositions des articles R. 225-66 à R. 225-70, les statuts de la société fixent les règles de convocation des assemblées d'actionnaires.

Art. R. 225-63 *(Rempl. à compter du 1er mars 2012, D. n° 2011-1473, 9 nov. 2011 ; mod., D. n° 2018-146, 28 févr. 2018).* – Les sociétés qui entendent recourir à la communication électronique en lieu et place d'un envoi postal pour satisfaire aux formalités prévues aux articles R. 225-61-1, R. 225-61-2, R. 225-61-3, R. 225-67, R. 225-68, R. 225-72, R. 225-74, R. 225-88 et R. 236-3 soumettent une proposition en ce sens aux actionnaires inscrits au nominatif, soit par voie postale, soit par voie électronique. Les actionnaires intéressés peuvent donner leur accord par voie postale ou électronique.

En l'absence d'accord de l'actionnaire, au plus tard trente-cinq jours avant la date de la prochaine assemblée générale, la société a recours à un envoi postal pour satisfaire aux formalités prévues aux articles R. 225-61-1, R. 225-61-2, R. 225-61-3, R. 225-67, R. 225-68, R. 225-72, R. 225-74, R. 225-88 et R. 236-3.

Les actionnaires qui ont consenti à l'utilisation de la voie électronique peuvent demander le retour à un envoi postal trente cinq jours au moins avant la date de l'insertion de l'avis de convocation mentionné à l'article R. 225-67, soit par voie postale, soit par voie électronique.

Art. R. 225-64 *(Anc. D. n° 67-236, 23 mars 1967).* – Le délai de six mois prévu pour la réunion de l'assemblée générale ordinaire par l'article L. 225-100 peut être prolongé, à la demande du conseil d'administration ou du directoire, selon le cas, par ordonnance du président du tribunal de commerce, statuant sur requête.

Art. R. 225-65 *(Anc. D. n° 67-236, 23 mars 1967).* – Les actionnaires peuvent à leurs frais charger l'un d'entre eux de demander au président du tribunal de commerce statuant en référé la désignation du mandataire mentionné à l'article L. 225-103.

L'ordonnance fixe l'ordre du jour de l'assemblée.

Art. R. 225-66 *(Anc. D. n° 67-236, 23 mars 1967 ; mod., D. n° 2018-146, 28 févr. 2018).* – L'avis de convocation comporte la dénomination sociale, éventuellement suivie de son sigle, la forme de la société, le montant du capital social, l'adresse du siège social, les mentions prévues aux 1° et 2° de l'article R. 123-237, les jour, heure et lieu de l'assemblée, ainsi que sa nature, extraordinaire, ordinaire ou spéciale, et son ordre du jour.

Sous réserve des questions diverses qui ne doivent présenter qu'une minime importance, les questions inscrites à l'ordre du jour sont libellées de telle sorte que leur contenu et leur portée apparaissent clairement, sans qu'il y ait lieu de se reporter à d'autres documents. L'avis de convocation indique les conditions dans lesquelles les actionnaires peuvent voter par correspondance et les lieux et les conditions dans lesquelles ils peuvent obtenir les formulaires nécessaires et les documents qui y sont annexés et, le cas échéant, l'adresse électronique où peuvent être adressées les questions écrites.

Dans l'hypothèse où l'assemblée générale serait tenue selon les modalités fixées à l'article L. 225-103-1, l'avis de convocation précise en outre que les actionnaires participent à cette assemblée exclusivement par visioconférence ou moyens de télécommunication.

Art. R. 225-67 *(Anc. D. n° 67-236, 23 mars 1967 ; mod., D. n° 2009-557, 19 mai 2009 ; D. n° 2020-106, 10 févr. 2020 ; D. n° 2020-1742, 29 déc. 2020).* – L'avis de convocation est inséré dans un support habilité à recevoir les annonces légales dans le département du siège social et, en outre, si toutes les actions de la société ne revêtent pas la forme nominative, au Bulletin des annonces légales obligatoires.

Si toutes les actions de la société sont nominatives, les insertions prévues à l'alinéa précédent peuvent être remplacées par une convocation faite, aux frais de la société, par lettre simple ou recommandée adressée à chaque actionnaire. Cette convocation peut également être transmise par un moyen électronique de télécommunication mis en œuvre dans les conditions mentionnées à l'article R. 225-63, à l'adresse indiquée par l'actionnaire.

Voir : art. R. 22-10-20, p. 1752.

Art. R. 225-68 *(Anc. D. n° 67-236, 23 mars 1967).* – Les actionnaires titulaires de titres nominatifs depuis un mois au moins à la date de l'insertion de l'avis de convocation prévue au premier alinéa de l'article R. 225-67 sont convoqués à toute assemblée par lettre ordinaire. Sous la condition d'adresser à la société le montant des frais de recommandation, ils peuvent demander à être convoqués par lettre recommandée. Cette convocation peut également être transmise par un moyen électronique de télécommunication mis en œuvre dans les conditions mentionnées à l'article R. 225-63, à l'adresse indiquée par l'actionnaire.

Tous les copropriétaires d'actions indivises sont convoqués dans les mêmes formes lorsque leurs droits sont constatés, dans le délai prévu à l'alinéa précédent, par une inscription nominative.

Lorsque les actions sont grevées d'un usufruit ou font l'objet d'un contrat de bail, le titulaire du droit de vote est convoqué dans les mêmes formes et sous les mêmes conditions.

Art. R. 225-69 *(Anc. D. n° 67-236, 23 mars 1967)*. – Le délai entre la date soit de l'insertion ou de la dernière des insertions contenant un avis de convocation, soit de l'envoi des lettres, soit de la transmission de la convocation par télécommunication électronique, et la date de l'assemblée est au moins de quinze jours sur première convocation et de *(D. n° 2010-684, 23 juin 2010)* « dix » jours sur convocation suivante. Lorsque l'assemblée est convoquée en application des dispositions de l'article L. 233-32, ce délai est au moins de six jours sur première convocation et de quatre jours sur convocation suivante. En cas d'ajournement de l'assemblée par décision de justice, le juge peut fixer un délai différent.

Art. R. 225-70 *(Anc. D. n° 67-236, 23 mars 1967 ; mod., D. n° 2020-1742, 29 déc. 2020)*. – Lorsqu'une assemblée n'a pu délibérer régulièrement, faute du quorum requis, la deuxième assemblée est convoquée dans les formes prévues aux articles R. 225-67 et R. 22-10-20 et l'avis de convocation rappelle la date de la première. Il en est de même pour la convocation d'une assemblée générale extraordinaire ou d'une assemblée spéciale prorogée dans les conditions prévues au deuxième alinéa de l'article L. 225-96 et au troisième alinéa de l'article L. 225-99.

Art. R. 225-71 *(Anc. D. n° 67-236, 23 mars 1967 ; mod., D. n° 2009-295, 16 mars 2009 ; D. n° 2010-1619, 23 déc. 2010 ; D. n° 2014-1466, 8 déc. 2014)*. – La demande d'inscription de points ou de projets de résolution à l'ordre du jour de l'assemblée, par des actionnaires représentant au moins 5 % du capital social, est adressée au siège social par lettre recommandée avec demande d'avis de réception ou par télécommunication électronique.

Toutefois, lorsque le capital de la société est supérieur à 750 000 €, le montant du capital à représenter en application de l'alinéa précédent est, selon l'importance de ce capital, réduit ainsi qu'il suit :

a) 4 % pour les 750 000 premiers euros ;

b) 2,50 % pour la tranche de capital comprise entre 750 000 et 7 500 000 € ;

c) 1 % pour la tranche de capital comprise entre 7 500 000 et 15 000 000 € ;

d) 0,50 % pour le surplus du capital. La demande d'inscription d'un point à l'ordre du jour est motivée.

La demande d'inscription de projets de résolution est accompagnée du texte des projets de résolution, qui peuvent être assortis d'un bref exposé des motifs.

Lorsque le projet de résolution porte sur la présentation d'un candidat au conseil d'administration ou de surveillance, il est accompagné des renseignements prévus au 5° de l'article R. 225-83.

Les auteurs de la demande justifient, à la date de leur demande, de la possession ou de la représentation de la fraction du capital exigée par l'inscription des titres correspondants soit dans les comptes de titres nominatifs tenus par la société, soit dans les comptes de titres au porteur tenus par un intermédiaire mentionné à l'article L. 211-3 du Code monétaire et financier. Ils transmettent avec leur demande une attestation d'inscription en compte.

L'examen du point ou de la résolution est subordonné à la transmission, par les auteurs de la demande, d'une nouvelle attestation justifiant de l'inscription des titres dans les mêmes comptes au deuxième jour ouvré précédant l'assemblée à zéro heure, heure de Paris.

Art. R. 225-72 *(Mod., D. n° 2009-557, 19 mai 2009 ; D. n° 2010-1619, 23 déc. 2010 ; D. n° 2020-1742, 29 déc. 2020)*. – Tout actionnaire d'une société dont toutes les actions revêtent la forme nominative qui veut user de la faculté de requérir l'inscription de points ou de projets de résolution à l'ordre du jour d'une assemblée peut demander à la société de l'aviser, par lettre recommandée ou par un moyen électronique de télécommunication mis en œuvre dans les conditions mentionnées à l'article R. 225-63, à l'adresse indiquée par lui, de la date prévue pour la réunion des assemblées ou de certaines d'entre elles. La société est tenue d'envoyer cet avis, si l'actionnaire lui a adressé le montant des frais d'envoi, ou de le lui adresser par un moyen électronique de télécommunication mis en œuvre dans les conditions mentionnées à l'article R. 225-63, à l'adresse indiquée par lui.

Les demandes d'inscription de points ou de projets de résolution à l'ordre du jour sont envoyées vingt-cinq jours au moins avant la date de l'assemblée réunie sur première convocation.

R. 225-73 *(Anc. D. n° 67-236, 23 mars 1967 ; mod., D. n° 2007-750, 9 mai 2007 ; D. n° 2009-557, 19 mai 2009 ; D. n° 2010-684, 23 juin 2010 ; D. n° 2010-1619, 23 déc. 2010 ; D. n° 2014-1466, 8 déc. 2014 ; D. n° 2020-1742, 29 déc. 2020).* – I. – Lorsque les actions de la société ne revêtent pas toutes la forme nominative, la convocation mentionnée à l'article R. 225-66 est précédée d'un avis publié au Bulletin des annonces légales obligatoires, trente-cinq jours au moins avant la tenue de l'assemblée générale. Ce délai est ramené à quinze jours lorsque l'assemblée générale est convoquée en application des dispositions de l'article L. 233-32.

L'avis mentionné à l'alinéa précédent comporte, outre les mentions requises au premier alinéa de l'article R. 225-66, les informations suivantes :

1° Une description claire et précise des procédures que les actionnaires doivent suivre pour participer et voter à l'assemblée, en particulier des modalités de vote par procuration, par correspondance ou par voie électronique ;

2° Une description claire et précise des modalités d'exercice des facultés définies au deuxième alinéa de l'article L. 225-105 et au troisième alinéa de l'article L. 225-108, en particulier l'adresse postale et, le cas échéant, l'adresse électronique où peuvent être adressés les points ou projets de résolutions et les questions écrites, le délai imparti pour leur transmission, la liste des pièces justificatives devant être adressées conformément aux dispositions de la présente section ;

3° Sauf dans les cas où la société adresse à tous ses actionnaires un formulaire de vote par procuration ou par correspondance ou le document unique prévu par le troisième alinéa de l'article R. 225-76, les lieux et les conditions, notamment de délais, dans lesquels ceux-ci peuvent être obtenus et retournés ;

4° L'adresse du site internet prévu à l'article R. 22-10-1 sur lequel sont diffusées les informations mentionnées à l'article R. 22-10-23 et, le cas échéant, celle du site internet prévu à l'article R. 225-61 ;

5° La date d'inscription en compte définie à l'article R. 22-10-28, en précisant que seuls pourront participer à l'assemblée les actionnaires remplissant à cette date les conditions prévues par cet article ;

6° Le texte des projets de résolution qui seront présentés à l'assemblée par le conseil d'administration ou le directoire, selon le cas ;

7° Le lieu et la date de mise à disposition du texte intégral :

a) Des documents destinés à être présentés à l'assemblée, conformément notamment aux articles L. 225-115 et R. 225-83 ;

b) Des projets de résolution présentés, le cas échéant, par les actionnaires, ainsi que de la liste des points ajoutés, le cas échéant, à l'ordre du jour à leur demande ;

Lorsque la société a émis des actions à dividende prioritaire sans droit de vote ou des valeurs mobilières donnant accès au capital, les avis publiés mentionnent également l'obligation de soumettre les résolutions à l'avis, à l'accord ou à l'approbation, selon le cas, de l'assemblée spéciale des titulaires d'actions à dividende prioritaire sans droit de vote ou des assemblées des masses prévues à l'article L. 228-103.

II. – Les demandes d'inscription de points ou de projets de résolution à l'ordre du jour doivent parvenir à la société au plus tard le vingt-cinquième jour qui précède la date de l'assemblée, sans pouvoir être adressées plus de vingt jours après la date de l'avis mentionné au I.

Lorsque l'assemblée est convoquée en application des dispositions de l'article L. 233-32, ces demandes doivent parvenir à la société au plus tard le dixième jour avant l'assemblée.

L'avis mentionne le délai imparti pour l'envoi des demandes.

Art. R. 225-73-1 *(D. n° 2010-684, 23 juin 2010 ; mod., D. n° 2010-1619, 23 déc. 2010 ; abr., D. n° 2020-1742, 29 déc. 2020).*

Art. R. 225-74 *(Anc. D. n° 67-236, 23 mars 1967 ; rempl., D. n° 2010-1619, 23 déc. 2010).* – Le président du conseil d'administration ou le directoire accuse réception des demandes d'inscription à l'ordre du jour de points ou de projets de résolution, par lettre recommandée, dans le délai de cinq jours à compter de cette réception. Cet accusé de réception peut également être transmis par un moyen électronique de télécommunication mis en œuvre dans les conditions mentionnées à l'article R. 225-63, à l'adresse indiquée par l'actionnaire.

Les points et les projets de résolution sont inscrits à l'ordre du jour.

Les projets de résolution sont soumis au vote de l'assemblée.

Art. R. 225-75 *(Anc. D. n° 67-236, 23 mars 1967)*. – À compter de la convocation de l'assemblée, tout actionnaire peut demander par écrit à la société de lui adresser, le cas échéant par voie électronique, dans les conditions définies à l'article R. 225-61, un formulaire de vote à distance. Cette demande doit être déposée ou parvenue au siège social au plus tard six jours avant la date de la réunion.

Art. R. 225-76 *(Anc. D. n° 67-236, 23 mars 1967 ; mod., D. n° 2019-1486, 27 déc. 2019)*. – Le formulaire de vote par correspondance permet un vote sur chacune des résolutions, dans l'ordre de leur présentation à l'assemblée ; il offre à l'actionnaire la possibilité d'exprimer sur chaque résolution un vote favorable ou défavorable à son adoption ou sa volonté de s'abstenir de voter.

Il informe l'actionnaire de manière très apparente que toute abstention exprimée dans le formulaire ou résultant de l'absence d'indication de vote ne sera pas considérée comme un vote exprimé.

Le formulaire peut, le cas échéant, figurer sur le même document que la formule de procuration ; dans ce cas l'article R. 225-78 est applicable.

Le formulaire comporte le rappel des dispositions du deuxième alinéa de l'article R. 225-77 et l'indication de la date avant laquelle, conformément aux statuts, il est reçu par la société pour qu'il en soit tenu compte ; lorsqu'il a été convenu entre la société et les intermédiaires habilités par elle que ces derniers n'accepteraient plus de transmettre à la société des formulaires de vote reçus par eux après une date antérieure à celle fixée par la société, il est fait mention de cette date.

Sont annexés au formulaire :

1° Le texte des résolutions proposées accompagné d'un exposé des motifs et de l'indication de leur auteur ;

2° Une demande d'envoi des documents et renseignements mentionnés à l'article R. 225-83 et informant l'actionnaire qu'il peut demander à bénéficier des dispositions du troisième alinéa de l'article R. 225-88 ;

3° S'il s'agit de l'assemblée générale ordinaire prévue à l'article L. 225-100, l'exposé et les documents prévus à l'article R. 225-81.

Art. R. 225-77 *(Mod., D. n° 2009-295, 16 mars 2009 ; D. n° 2020-1742, 29 déc. 2020)*. – La date après laquelle il ne sera plus tenu compte des formulaires de vote reçus par la société ne peut être antérieure de plus de trois jours à la date de la réunion de l'assemblée, sauf délai plus court prévu par les statuts. Toutefois, les formulaires électroniques de vote à distance peuvent être reçus par la société jusqu'à la veille de la réunion de l'assemblée générale, au plus tard à 15 heures, heure de Paris.

Les formulaires de vote par correspondance reçus par la société comportent :

1° Les nom, prénom usuel et domicile de l'actionnaire ;

2° L'indication de la forme, nominative ou au porteur, sous laquelle sont détenus les titres et du nombre de ces derniers, ainsi qu'une mention constatant l'inscription des titres soit dans les comptes de titres nominatifs tenus par la société, soit dans les comptes de titres au porteur tenus par un intermédiaire mentionné à l'article L. 211-3 du Code monétaire et financier. L'attestation de participation prévue à l'article R. 22-10-28 est annexée au formulaire ;

3° La signature, le cas échéant électronique, de l'actionnaire ou de son représentant légal ou judiciaire. Lorsque la société décide, conformément aux statuts, de permettre la participation des actionnaires aux assemblées générales par des moyens de communication électronique, cette signature électronique peut résulter d'un procédé fiable d'identification de l'actionnaire, garantissant son lien avec le formulaire de vote à distance auquel elle s'attache.

Le formulaire de vote par correspondance adressé à la société par une assemblée vaut pour les assemblées successives convoquées avec le même ordre du jour.

Art. R. 225-78 *(Anc. D. n° 67-236, 23 mars 1967 ; mod., D. n° 2019-1486, 27 déc. 2019)*. – Si la société utilise le document unique prévu au troisième alinéa de l'article R. 225-76, ce document comporte, outre les mentions prévues aux articles R. 225-76 et R. 225-77 et aux 5° et 6° de l'article R. 225-81, les indications suivantes :

1° Qu'il peut être utilisé pour chaque résolution soit pour un vote par correspondance, soit pour un vote par procuration ;

2° Qu'il peut être donné procuration pour voter au nom du signataire à un mandataire désigné dans les conditions de l'article L. 225-106 dont les dispositions sont reproduites sur ce document ;

3° Que, si des résolutions nouvelles étaient présentées à l'assemblée, le signataire a la faculté d'exprimer dans ce document soit sa volonté de s'abstenir, soit un vote défavorable à leur adoption, soit de donner mandat au président de l'assemblée générale ou à un mandataire désigné dans les conditions de l'article L. 225-106.

Art. R. 225-79 *(Anc. D. n° 67-236, 23 mars 1967 ; mod., D. n° 2010-684, 23 juin 2010 ; D. n° 2020-1742, 29 déc. 2020).* – La procuration donnée par un actionnaire pour se faire représenter à une assemblée est signée par celui-ci, le cas échéant par un procédé de signature électronique, et indique ses nom, prénom usuel et domicile. Elle peut désigner nommément un mandataire, qui n'a pas la faculté de se substituer une autre personne.

Pour l'application du premier alinéa, lorsque la société décide, conformément aux statuts, de permettre la participation des actionnaires aux assemblées générales par des moyens de communication électronique, la signature de l'actionnaire ou de son représentant légal ou judiciaire peut résulter d'un procédé fiable d'identification de l'actionnaire, garantissant son lien avec le formulaire de vote à distance auquel elle s'attache.

Le mandat est donné pour une seule assemblée. Il peut cependant être donné pour deux assemblées, l'une ordinaire, l'autre extraordinaire, tenues le même jour ou dans un délai de quinze jours.

Le mandat donné pour une assemblée vaut pour les assemblées successives convoquées avec le même ordre du jour.

Les sociétés dont les actions sont admises aux négociations sur un marché réglementé permettent la notification de la désignation et de la révocation du mandataire par voie électronique.

Art. R. 225-80 *(Anc. D. n° 67-236, 23 mars 1967 ; mod., D. n° 2020-1742, 29 déc. 2020).* – Les instructions données par la voie électronique dans les conditions définies à l'article R. 225-61 comportant procuration ou pouvoir peuvent valablement parvenir à la société jusqu'à 15 heures, heure de Paris, la veille de la réunion de l'assemblée générale. Dès la réception par la société de ces instructions, celles-ci sont irrévocables, hors le cas des cessions de titres qui font l'objet de la notification prévue au IV de l'article R. 22-10-28.

Art. R. 225-81 *(Anc. D. n° 67-236, 23 mars 1967 ; mod., D. n° 2010-1619, 23 déc. 2010 ; D. n° 2011-1473, 9 nov. 2011 ; D. n° 2014-1063, 18 sept. 2014 ; D. n° 2020-1742, 29 déc. 2020).* – Sont joints à toute formule de procuration adressée aux actionnaires par la société ou par le mandataire qu'elle a désigné à cet effet, le cas échéant par voie électronique dans les conditions définies à l'article R. 225-61 :

1° L'ordre du jour de l'assemblée ;

2° Le texte des projets de résolution présentés par le conseil d'administration ou le directoire, selon le cas, ainsi que le texte des projets de résolution présentés par des actionnaires et les points ajoutés le cas échéant à l'ordre du jour à leur demande dans les conditions prévues aux articles R. 225-71 à R. 225-74, R. 22-10-21, R. 22-10-22 et R. 22-10-23 ;

3° Un exposé sommaire de la situation de la société pendant l'exercice écoulé ;

4° Une formule de demande d'envoi des documents et renseignements mentionnés à l'article R. 225-83, informant l'actionnaire qu'il peut demander à bénéficier des dispositions du troisième alinéa de l'article R. 225-88 ;

5° Un formulaire de vote par correspondance comportant le rappel des dispositions de l'article L. 225-107 ;

6° Le rappel de manière très apparente des dispositions des articles L. 225-106 et L. 22-10-39 à *L. 22-10-42* ;

7° L'indication que l'actionnaire, à défaut d'assister personnellement à l'assemblée, peut choisir entre l'une des trois formules suivantes :

a) Donner une procuration dans les conditions de l'article L. 225-106 ;

b) Voter par correspondance ;

c) Adresser une procuration à la société sans indication de mandat ;

8° L'indication qu'en aucun cas l'actionnaire ne peut retourner à la société à la fois la formule de procuration et le formulaire de vote par correspondance.

En cas de retour de la formule de procuration et du formulaire de vote par correspondance en violation des dispositions du 8° du présent article, la formule de procuration est prise en considération, sous réserve des votes exprimés dans le formulaire de vote par correspondance.

Annexe 2-2

Tableau 1
Annexe aux articles R. 225-81, R. 225-83 et R. 225-102
Résultats financiers de la société au cours des cinq derniers exercices

NATURE DES INDICATIONS	20..	20..	20..	20..	20..
I. – Situation financière en fin d'exercice :					
a) Capital social.					
b) Nombre d'actions émises.					
c) Nombre d'obligations convertibles en actions.					
II. – Résultat global des opérations effectives :					
a) Chiffre d'affaires hors taxes.					
b) Bénéfices avant impôt, amortissements et provisions.					
c) Impôts sur les bénéfices.					
d) Bénéfices après impôts, amortissements et provisions.					
e) Montant des bénéfices distribués (1).					
III. – Résultat des opérations réduit à une seule action (2) :					
a) Bénéfice après impôt, mais avant amortissements et provisions.					
b) Bénéfice après impôt, amortissements et provisions.					
c) Dividende versé à chaque action (1).					
IV. – Personnel :					
a) Nombre de salariés.					
b) Montant de la masse salariale.					
c) Montant des sommes versées au titre des avantages sociaux (sécurité sociale, œuvres, etc.).					

(1) Pour l'exercice dont les comptes seront soumis à l'assemblée générale des actionnaires, indiquer le montant des bénéfices dont la distribution est proposée par le conseil d'administration, le directoire ou les gérants.
(2) Si le nombre des actions a varié au cours de la période de référence, il y a lieu d'adapter les résultats indiqués et de rappeler les opérations ayant modifié le montant du capital.

Tableau 2

Annexe aux articles R. 233-2 et R. 232-10

Renseignements concernant les filiales et participations

SOCIÉTÉS OU GROUPES DE SOCIÉTÉS	CAPITAL	RÉSERVES	QUOTE-PART de capital détenue (en pourcentage)	VALEUR d'inventaire des titres détenus	PRÊTS ET avances consentis par la société et non remboursés	MONTANT des cautions et avals fournis par la société	CHIFFRE d'affaires du dernier exercice	BÉNÉFICE net ou perte du dernier exercice	DIVIDENDES encaissés par la société au cours de l'exercice	OBSERVATIONS (1)
I. – Renseignements à fournir lorsque la société n'a pas annexé à son bilan un bilan et des comptes consolidés établis conformément à l'article R. 233-3										
A. – *Renseignements détaillés concernant les participations dont la valeur d'inventaire excède 1 % du capital de la société astreinte à la publication*										
1. Filiales (50 % au moins du capital détenu par la société) :										
Société *a* (dénomination, siège social)										
Société *b*..										
2. Participations (10 à 50 % du capital détenu par la société) :										
Société *x*										
Société *y*										
B. – *Renseignements globaux concernant les autres filiales ou participations*										
1. Filiales non reprises au paragraphe A :										
a) Filiales françaises (ensemble)										
b) Filiales étrangères (ensemble)										

SOCIÉTÉS OU GROUPES DE SOCIÉTÉS	CAPITAL	RÉSERVES	QUOTE-PART de capital détenue (en pourcentage)	VALEUR d'inventaire des titres détenus	PRÊTS ET avances consentis par la société et non remboursés	MONTANT des cautions et avals fournis par la société	CHIFFRE d'affaires du dernier exercice	BÉNÉFICE net ou perte du dernier exercice	DIVIDENDES encaissés par la société au cours de l'exercice	OBSERVATIONS (1)
2. Participations non reprises au paragraphe A : *a)* Dans les sociétés françaises (ensemble).......... *b)* Dans les sociétés étrangères (ensemble)..........										
II. – Renseignements à fournir lorsque la société a annexé à son bilan un bilan et des comptes consolidés établis conformément à l'article R. 233-3 1. Filiales : *a)* Filiales françaises (ensemble) *b)* Filiales étrangères (ensemble) 2. Participations : *a)* Dans les sociétés françaises (ensemble).......... *b)* Dans les sociétés étrangères (ensemble)..........										

(1) Indiquer notamment dans cette colonne au cadre I, paragraphe A, les dates d'ouverture et de clôture des exercices des sociétés dans lesquelles sont détenues des participations lorsque ces dates ne coïncident pas avec celles de l'ouverture et de la clôture de l'exercice de la société

Art. R. 225-82 *(Anc. D. n° 67-236, 23 mars 1967 ; mod., D. n° 2020-1742, 29 déc. 2020).* – Les formulaires de procuration et de vote à distance transmis par voie électronique dans les conditions définies à l'article R. 225-61 respectent les règles fixées aux articles R. 225-76 à R. 225-81, R. 22-10-24 et R. 225-95 pour les formulaires de procuration et de vote par correspondance.

Art. R. 225-82-1 *(D. n° 2010-1619, 23 déc. 2010 ; abr., D. n° 2020-1742, 29 déc. 2020).*

Art. R. 225-82-2 *(D. n° 2010-1619, 23 déc. 2010 ; abr., D. n° 2020-1742, 29 déc. 2020).*

Art. R. 225-82-3 *(D. n° 2010-1619, 23 déc. 2010 ; abr., D. n° 2020-1742, 29 déc. 2020).*

Art. R. 225-83 *(Anc. D. n° 67-236, 23 mars 1967 ; mod., D. n° 2008-258, 13 mars 2008 ; D. n° 2010-1619, 23 déc. 2010 ; D. n° 2014-1063, 18 sept. 2014).* – La société adresse aux actionnaires ou met à leur disposition, dans les conditions prévues aux articles R. 225-88 et R. 225-89, les renseignements suivants contenus dans un ou plusieurs documents :

1° Les nom et prénom usuel, soit des administrateurs et directeurs généraux, soit des membres du conseil de surveillance et du directoire, ainsi que, le cas échéant, l'indication des autres sociétés dans lesquelles ces personnes exercent des fonctions de gestion, de direction, d'administration ou de surveillance ;

2° Le texte des projets de résolution présentés par le conseil d'administration ou le directoire, selon le cas ;

3° Le cas échéant, le texte et l'exposé des motifs des projets de résolution présentés par des actionnaires ainsi que la liste des points ajoutés à l'ordre du jour à leur demande ;

4° Le rapport du conseil d'administration ou du directoire, selon le cas, qui sera présenté à l'assemblée ainsi que, le cas échéant, les observations du conseil de surveillance ;

5° Lorsque l'ordre du jour comporte la nomination d'administrateurs ou de membres du conseil de surveillance :

a) Les nom, prénom usuel et âge des candidats, leurs références professionnelles et leurs activités professionnelles au cours des cinq dernières années, notamment les fonctions qu'ils exercent ou ont exercées dans d'autres sociétés ;

b) Les emplois ou fonctions occupés dans la société par les candidats et le nombre d'actions de la société dont ils sont titulaires ou porteurs ;

6° S'il s'agit de l'assemblée générale ordinaire prévue à l'article L. 225-100 :

a) Les comptes annuels, les comptes consolidés, le rapport sur la gestion du groupe, un tableau des affectations de résultat précisant notamment l'origine des sommes dont la distribution est proposée ;

b) Les rapports des commissaires aux comptes prévus au troisième alinéa des articles L. 225-40 et L. 225-88 et aux articles L. 232-3, L. 234-1 et R. 823-7 ;

c) Les observations du conseil de surveillance, s'il y a lieu ;

7° S'il s'agit d'une assemblée générale ordinaire prévue à l'article L. 225-101, le rapport des commissaires mentionnés audit article ;

8° S'il s'agit d'une assemblée générale extraordinaire ou d'une assemblée spéciale prévue à l'article L. 225-99, le rapport des commissaires aux comptes, qui sera, le cas échéant, présenté à l'assemblée.

Voir : Annexe 2-2, sous art. R. 225-81, p. 1703.

Art. R. 225-84 *(Anc. D. n° 67-236, 23 mars 1967 ; mod., D. n° 2009-295, 16 mars 2009).* – Les questions écrites mentionnées au troisième alinéa de l'article L. 225-108 sont envoyées, au siège social par lettre recommandée avec demande d'avis de réception adressée au président du conseil d'administration ou *du directoire ou par voie de télécommunication* électronique à l'adresse indiquée dans la convocation, au plus tard le quatrième jour ouvré précédant la date de l'assemblée générale.

Elles sont accompagnées d'une attestation d'inscription soit dans les comptes de titres nominatifs tenus par la société, soit dans les comptes de titres au porteur tenus par un intermédiaire mentionné à l'article L. 211-3 du Code monétaire et financier.

Art. R. 225-85 *(Anc. D. n° 67-236, 23 mars 1967 ; mod., D. n° 2009-295, 16 mars 2009 ; D. n° 2014-1466, 8 déc. 2014 ; abr., D. n° 2020-1742, 29 déc. 2020).*

Art. R. 225-86 *(Anc. D. n° 67-236, 23 mars 1967 ; mod., D. n° 2014-1466, 8 déc. 2014 ; D. n° 2018-1226, 24 déc. 2018 ; D. n° 2020-1742, 29 déc. 2020).* – Il est justifié du droit de participer aux assemblées générales par l'inscription des titres au nom de l'actionnaire, au jour de l'assemblée générale, dans les comptes de titres nominatifs tenus par la société ou dans un dispositif d'enregistrement électronique partagé. La société peut cependant, par une disposition spéciale de ses statuts, décider qu'il sera justifié du droit de participer aux assemblées par l'inscription des titres dans les mêmes comptes ou dans un dispositif d'enregistrement électronique partagé au deuxième jour ouvré précédant l'assemblée à zéro heure, heure de Paris.

L'actionnaire qui a déjà exprimé son vote à distance ou envoyé un pouvoir peut à tout moment céder tout ou partie de ses actions. En cas de transfert de propriété intervenant avant le jour de la séance ou la date fixée par les statuts en application de la dernière phrase du premier alinéa, et sauf dispositions statutaires particulières, la société invalide ou modifie en conséquence, avant l'ouverture de la séance de l'assemblée, le vote exprimé à distance ou le pouvoir de cet actionnaire.

Voir : art. R. 22-10-28, p. 1753.

Art. R. 225-87 *(Anc. D. n° 67-236, 23 mars 1967)*. – Le mandataire chargé de représenter les copropriétaires d'actions indivises dans les conditions prévues au deuxième alinéa de l'article L. 225-110 est désigné par ordonnance du président du tribunal de commerce, statuant en référé.

Art. R. 225-88 *(Anc. D. n° 67-236, 23 mars 1967 ; mod., D. n° 2009-295, 16 mars 2009)*. – À compter de la convocation de l'assemblée et jusqu'au cinquième jour inclusivement avant la réunion, tout actionnaire titulaire de titres nominatifs peut demander à la société de lui envoyer, à l'adresse indiquée, les documents et renseignements mentionnés aux articles R. 225-81 et R. 225-83. La société est tenue de procéder à cet envoi avant la réunion et à ses frais. Cet envoi peut être effectué par un moyen électronique de télécommunication mis en œuvre dans les conditions mentionnées à l'article R. 225-63, à l'adresse indiquée par l'actionnaire.

Le même droit est ouvert à tout actionnaire propriétaire de titres au porteur, qui justifie de cette qualité par la transmission d'une attestation d'inscription dans les comptes de titres au porteur tenus par un intermédiaire mentionné à l'article L. 211-3 du Code monétaire et financier.

Les actionnaires mentionnés au premier alinéa peuvent, par une demande unique, obtenir de la société l'envoi des documents et renseignements précités à l'occasion de chacune des assemblées d'actionnaires ultérieures.

Art. R. 225-89 *(Anc. D. n° 67-236, 23 mars 1967 ; mod., D. n° 2007-1851, 26 déc. 2007 ; D. n° 2011-1473, 9 nov. 2011)*. – À compter de la convocation de l'assemblée générale ordinaire annuelle et au moins pendant le délai de quinze jours qui précède la date de la réunion, tout actionnaire a le droit de prendre connaissance, au siège social ou au lieu de la direction administrative, des documents et renseignements énumérés aux articles L. 225-115 et R. 225-83. Toutefois, il n'a le droit de prendre connaissance, aux mêmes lieux, du rapport des commissaires aux comptes, que pendant le même délai de quinze jours.

Il a également le droit, à compter de la convocation de l'assemblée générale extraordinaire ou de l'assemblée spéciale et au moins pendant le délai de quinze jours qui précède la date de la réunion, de prendre connaissance, aux mêmes lieux, du texte des résolutions présentées, du rapport du conseil d'administration ou du directoire, ainsi que, le cas échéant, du rapport des commissaires aux comptes.

Il peut aussi, à compter de la convocation de l'assemblée générale prévue à l'article L. 225-101, prendre connaissance dans les conditions prévues à l'alinéa précédent du texte des résolutions proposées, du rapport du conseil d'administration ou du directoire et du rapport des commissaires prévu à l'article L. 225-101.

Le droit de prendre connaissance emporte celui de prendre copie.

Art. R. 225-90 *(Anc. D. n° 67-236, 23 mars 1967)*. – En application des dispositions de l'article L. 225-116, l'actionnaire a le droit, pendant le délai de quinze jours qui précède la réunion de l'assemblée générale de prendre connaissance ou copie, aux lieux prévus à l'article R. 225-89, de la liste des actionnaires.

À cette fin, la liste des actionnaires est arrêtée par la société le seizième jour qui précède la réunion de l'assemblée. Elle contient les nom, prénom usuel et domicile de chaque titulaire d'actions nominatives. Le nombre d'actions dont chaque actionnaire est titulaire au porteur est en outre mentionné.

Art. R. 225-91 *(Anc. D. n° 67-236, 23 mars 1967)*. – L'actionnaire exerce les droits reconnus par les articles R. 225-89 et R. 225-90 par lui-même ou par le mandataire qu'il a désigné pour le représenter à l'assemblée.

Art. R. 225-92 *(Anc. D. n° 67-236, 23 mars 1967 ; mod., D. n° 2011-1473, 9 nov. 2011).* – En application des dispositions de l'article L. 225-117, l'actionnaire a le droit de prendre connaissance par lui-même ou par mandataire, au siège social ou au lieu de la direction administrative, des documents mentionnés par cet article.

(Al. rempl. à compter du 1er mars 2012) Le droit de prendre connaissance emporte celui de prendre copie.

Art. R. 225-93 *(Anc. D. n° 67-236, 23 mars 1967).* – En application des dispositions du deuxième alinéa de l'article L. 225-51-1, l'actionnaire peut, par lui-même ou par mandataire, prendre connaissance, au siège social ou au lieu de la direction administrative, de l'extrait du procès-verbal contenant la décision du conseil d'administration relative au choix de l'une des deux modalités d'exercice de la direction générale.

Art. R. 225-94 *(Anc. D. n° 67-236, 23 mars 1967).* – Tout actionnaire exerçant le droit d'obtenir communication de documents et renseignements auprès de la société peut se faire assister d'un expert inscrit sur une des listes établies par les cours et tribunaux.

Art. R. 225-95 *(Anc. D. n° 67-236, 23 mars 1967 ; mod., D. n° 2011-1473, 9 nov. 2011 ; D. n° 2018-146, 28 févr. 2018).* – La feuille de présence aux assemblées d'actionnaires contient les mentions suivantes :

1° Les nom, prénom usuel et domicile de chaque actionnaire présent ou réputé présent à raison de sa participation à l'assemblée selon les modalités prévues au II de l'article L. 225-107 ou à l'article L. 225-103-1, le nombre d'actions dont il est titulaire, ainsi que le nombre de voix attaché à ces actions ;

2° Les nom, prénom usuel et domicile de chaque actionnaire représenté, le nombre d'actions dont il est titulaire, ainsi que le nombre de voix attaché à ces actions ;

3° Les nom, prénom usuel et domicile de chaque mandataire, le nombre d'actions de ses mandants, ainsi que le nombre de voix attaché à ces actions ;

4° Les nom, prénom usuel et domicile de chaque actionnaire ayant adressé à la société un formulaire de vote par correspondance, ainsi que le nombre d'actions dont il est titulaire et le nombre de voix attaché à ces actions.

Le bureau de l'assemblée peut annexer à la feuille de présence, le cas échéant, sous format électronique ou numérisé la procuration ou le formulaire de vote par correspondance portant les nom, prénom usuel et domicile de chaque actionnaire mandant ou votant par correspondance, le nombre d'actions dont il est titulaire et le nombre de voix attaché à ces actions. Dans ce cas, le bureau de l'assemblée indique le nombre des pouvoirs et des formulaires de vote par correspondance annexés à cette feuille ainsi que le nombre des actions et des droits de vote correspondant aux procurations et aux formulaires. La feuille de présence, les pouvoirs et les formulaires de vote à distance sont consultables sous format papier, ou, le cas échéant, numérisé ou électronique.

La feuille de présence, dûment émargée par les actionnaires présents et les mandataires, est certifiée exacte par le bureau de l'assemblée.

Toutefois, lorsque l'assemblée se tient exclusivement par visioconférence ou par des moyens de télécommunication dans les conditions prévues à l'article L. 225-103-1, l'émargement par les actionnaires n'est pas requis.

Art. R. 225-96 *(Anc. D. n° 67-236, 23 mars 1967).* – L'assemblée générale ne peut délibérer qu'après la fin de l'assemblée spéciale des titulaires d'actions à dividende prioritaire sans droit de vote prévue aux articles R. 228-40 à R. 228-48 lorsque celle-ci peut adopter un avis sur une résolution soumise à l'assemblée *générale.*

Art. R. 225-97 *(Anc. D. n° 67-236, 23 mars 1967 ; mod., D. n° 2018-146, 28 févr. 2018).* – Afin de garantir, en vue de l'application de l'article L. 225-103-1 et du II de l'article L. 225-107, l'identification et la participation effective à l'assemblée des actionnaires y participant par des moyens de visioconférence ou de télécommunication, ces moyens transmettent au moins la voix des participants et satisfont à des caractéristiques techniques permettant la retransmission continue et simultanée des délibérations.

Art. R. 225-98 *(Anc. D. n° 67-236, 23 mars 1967 ; mod., D. n° 2009-234, 25 févr. 2009).* – Les actionnaires exerçant leurs droits de vote en séance par voie électronique dans les conditions de l'article R. 225-61 ne peuvent accéder au site consacré à cet effet qu'après s'être identifiés au moyen d'un code fourni préalablement à la séance.

Art. R. 225-99 *(Anc. D. n° 67-236, 23 mars 1967 ; mod., D. n° 2018-146, 28 févr. 2018).* – Le procès-verbal des délibérations mentionné à l'article R. 225-106 fait état de la survenance éventuelle d'un incident technique relatif à la visioconférence ou à la télécommunication lorsqu'il a perturbé le déroulement de l'assemblée.

Art. R. 225-100 *(Anc. D. n° 67-236, 23 mars 1967).* – Les assemblées d'actionnaires sont présidées par le président du conseil d'administration ou du conseil de surveillance, selon le cas, ou, en son absence, par la personne prévue par les statuts. À défaut, l'assemblée élit elle-même son président.

En cas de convocation par les commissaires aux comptes, par un mandataire de justice ou par les liquidateurs, l'assemblée est présidée par celui ou par l'un de ceux qui l'ont convoquée.

Art. R. 225-101 *(Anc. D. n° 67-236, 23 mars 1967).* – Sont scrutateurs de l'assemblée, les deux membres de l'assemblée disposant du plus grand nombre de voix et acceptant cette fonction.

Le bureau de l'assemblée en désigne le secrétaire qui, sauf disposition contraire des statuts, peut être choisi en dehors des actionnaires.

Art. R. 225-102 *(Anc. D. n° 67-236, 23 mars 1967 ; mod., D. n° 2017-1174, 18 juill. 2017).* – Au rapport de gestion mentionné au deuxième alinéa de l'article L. 225-100 est obligatoirement joint un tableau, dont un modèle figure en annexe 2-2 au présent livre, faisant apparaître les résultats de la société au cours de chacun des cinq derniers exercices ou de chacun des exercices clos depuis la constitution de la société ou l'absorption par celle-ci d'une autre société, s'ils sont inférieurs à cinq.

Voir : Annexe 2-2, sous art. R. 225-81, p. 1703.

Art. R. 225-103 *(Anc. D. n° 67-236, 23 mars 1967 ; mod., D. n° 2020-1742, 29 déc. 2020).* – Les commissaires mentionnés à l'article L. 225-101 sont désignés et accomplissent leur mission dans les conditions prévues à l'article R. 22-10-7. Le rapport décrit les biens à acquérir, indique les critères retenus pour la fixation du prix et apprécie la pertinence de ces critères.

Art. R. 225-104 *(Anc. D. n° 67-236, 23 mars 1967, rempl., D. n° 2012-557, 24 avr. 2012 ; mod., D. n° 2017-1174, 18 juill. 2017 ; D. n° 2017-1265, 9 août 2017 ; D. n° 2020-100, 7 févr. 2020 ; D. n° 2020-1742, 29 déc. 2020).* – Les seuils prévus à l'article L. 225-102-1, évalués à la date de clôture de l'exercice, sont fixés à 100 millions d'euros pour le total du bilan, à 100 millions d'euros pour le montant net du chiffre d'affaires et à 500 pour le nombre moyen de salariés permanents employés au cours de l'exercice.

Le total du bilan et le montant net du chiffre d'affaires sont déterminés conformément aux cinquième et sixième alinéas de l'article D. 123-200. Le nombre moyen de salariés permanents est déterminé conformément aux dispositions de l'article D. 210-21.

Art. D. 225-104-1 *(Abr. à compter des assemblées générales statuant sur le premier exercice clos après le 28 novembre 2019, D. n° 2019-1235, 27 nov. 2019).*

Art. D. 225-104-2 *(D. n° 2020-101, 7 févr. 2020).* – Le seuil d'effectif salarié prévu au 4° de l'article L. 225-115 est apprécié à la date de la clôture du dernier exercice.

NB : Conformément à l'article 15 du décret n° 2020-101, ces dispositions s'appliquent à compter du premier exercice ouvert à compter de son entrée en vigueur.

Art. R. 225-105 *(Anc. D. n° 67-236, 23 mars 1967, rempl., D. n° 2012-557, 24 avr. 2012 ; mod., D. n° 2017-1174, 18 juill. 2017 ; D. n° 2017-1265, 9 août 2017 ; D. n° 2020-1742, 29 déc. 2020).* – I. – La déclaration de performance extra-financière mentionnée au I de l'article L. 225-102-1 et la déclaration consolidée de performance extra-financière mentionnée au II du même article présentent le modèle d'affaires de la société ou, le cas échéant, de l'ensemble de sociétés pour lesquelles la société établit des comptes *consolidés.*

Elles présentent en outre, pour chaque catégorie d'information mentionnée ou au deuxième alinéa de l'article L. 22-10-36 :

1° Une description des principaux risques liés à l'activité de la société ou de l'ensemble de sociétés y compris, lorsque cela s'avère pertinent et proportionné, les risques créés par ses relations d'affaires, ses produits ou ses services ;

2° Une description des politiques appliquées par la société ou l'ensemble de sociétés incluant, le cas échéant, les procédures de diligence raisonnable mises en œuvre pour prévenir, identifier et atténuer la survenance des risques mentionnés au 1° ;

3° Les résultats de ces politiques, incluant des indicateurs clés de performance.

Lorsque la société n'applique pas de politique en ce qui concerne un ou plusieurs de ces risques, la déclaration comprend une explication claire et motivée des raisons le justifiant.

II. – La déclaration contient, lorsqu'elles sont pertinentes au regard des principaux risques ou des politiques mentionnées au I du présent article :

A. – Pour toutes les sociétés mentionnées au I de l'article L. 225-102-1 ou au premier alinéa de l'article L. 22-10-36, les informations suivantes :

1° Informations sociales :

a) Emploi :

– l'effectif total et la répartition des salariés par sexe, par âge et par zone géographique ;

– les embauches et les licenciements ;

– les rémunérations et leur évolution ;

b) Organisation du travail :

– l'organisation du temps de travail ;

– l'absentéisme ;

c) Santé et sécurité :

– les conditions de santé et de sécurité au travail ;

– les accidents du travail, notamment leur fréquence et leur gravité, ainsi que les maladies professionnelles ;

d) Relations sociales :

– l'organisation du dialogue social, notamment les procédures d'information et de consultation du personnel et de négociation avec celui-ci ;

– le bilan des accords collectifs, notamment en matière de santé et de sécurité au travail ;

e) Formation :

– les politiques mises en œuvre en matière de formation, notamment en matière de protection de l'environnement ;

– le nombre total d'heures de formation ;

f) Égalité de traitement :

– les mesures prises en faveur de l'égalité entre les femmes et les hommes ;

– les mesures prises en faveur de l'emploi et de l'insertion des personnes handicapées ;

– la politique de lutte contre les discriminations ;

2° Informations environnementales :

a) Politique générale en matière environnementale :

– l'organisation de la société pour prendre en compte les questions environnementales et, le cas échéant, les démarches d'évaluation ou de certification en matière d'environnement ;

– les moyens consacrés à la prévention des risques environnementaux et des pollutions ;

– le montant des provisions et garanties pour risques en matière d'environnement, sous réserve que cette information ne soit pas de nature à causer un préjudice sérieux à la société dans un litige en cours ;

b) Pollution :

– les mesures de prévention, de réduction ou de réparation de rejets dans l'air, l'eau et le sol affectant gravement l'environnement ;

– la prise en compte de toute forme de pollution spécifique à une activité, notamment les nuisances sonores et lumineuses ;

c) Économie circulaire :

i) Prévention et gestion des déchets :

– les mesures de prévention, de recyclage, de réutilisation, d'autres formes de valorisation et d'élimination des déchets ;

– les actions de lutte contre le gaspillage alimentaire ;

ii) Utilisation durable des ressources :

– la consommation d'eau et l'approvisionnement en eau en fonction des contraintes locales ;

– la consommation de matières premières et les mesures prises pour améliorer l'efficacité dans leur utilisation ;

– la consommation d'énergie, les mesures prises pour améliorer l'efficacité énergétique et le recours aux énergies renouvelables ;
– l'utilisation des sols ;
d) Changement climatique :
– les postes significatifs d'émissions de gaz à effet de serre générés du fait de l'activité de la société, notamment par l'usage des biens et services qu'elle produit ;
– les mesures prises pour l'adaptation aux conséquences du changement climatique ;
– les objectifs de réduction fixés volontairement à moyen et long terme pour réduire les émissions de gaz à effet de serre et les moyens mis en œuvre à cet effet ;
e) Protection de la biodiversité : les mesures prises pour préserver ou restaurer la biodiversité ;
3° Informations sociétales :
a) Engagements sociétaux en faveur du développement durable :
– l'impact de l'activité de la société en matière d'emploi et de développement local ;
– l'impact de l'activité de la société sur les populations riveraines ou locales ;
– les relations entretenues avec les parties prenantes de la société et les modalités du dialogue avec celles-ci ;
– les actions de partenariat ou de mécénat ;
b) Sous-traitance et fournisseurs :
– la prise en compte dans la politique d'achat des enjeux sociaux et environnementaux ;
– la prise en compte dans les relations avec les fournisseurs et les sous-traitants de leur responsabilité sociale et environnementale ;
c) Loyauté des pratiques : les mesures prises en faveur de la santé et de la sécurité des consommateurs ;
B. – Pour les sociétés mentionnées au premier alinéa de l'article L. 22-10-36, les informations complémentaires suivantes :
1° Informations relatives à la lutte contre la corruption : les actions engagées pour prévenir la corruption ;
2° Informations relatives aux actions en faveur des droits de l'homme :
a) Promotion et respect des stipulations des conventions fondamentales de l'Organisation internationale du travail relatives :
– au respect de la liberté d'association et du droit de négociation collective ;
– à l'élimination des discriminations en matière d'emploi et de profession ;
– à l'élimination du travail forcé ou obligatoire ;
– à l'abolition effective du travail des enfants ;
b) Autres actions engagées en faveur des droits de l'homme.

Art. R. 225-105-1 *(D. n° 2012-557, 24 avr. 2012 ; mod., D. n° 2016-1138, 19 août 2016 ; D. n° 2017-1174, 18 juill. 2017 ; D. n° 2017-1265, 9 août 2017).* – I. – Les déclarations mentionnées aux I et II de l'article L. 225-102-1 présentent les données observées au cours de l'exercice clos et, le cas échéant, au cours de l'exercice précédent, de façon à permettre une comparaison entre ces données. Elles comprennent, le cas échéant, des renvois aux montants indiqués dans les documents mentionnés à l'article R. 232-1 du présent code.

II. – Lorsqu'une société se conforme volontairement à un référentiel national ou international pour s'acquitter de ses obligations au titre du présent article, elle le mentionne en indiquant les préconisations de ce référentiel qui ont été retenues et les modalités de consultation de ce dernier.

III. – Sans préjudice des obligations de publicité applicables au rapport prévu à l'article L. 225-100, ces déclarations sont mises à la libre disposition du public et rendues aisément accessibles sur le site internet de la société dans un délai de huit mois à compter de la clôture de l'exercice et pendant une durée de cinq années.

NB : Conformément à l'article 7 du décret n° 2017-1265 du 9 août 2017, les dispositions du présent article sont applicables aux rapports afférents aux exercices ouverts à compter du 1er septembre 2017.

Art. R. 225-105-2 *(D. n° 2012-557, 24 avr. 2012 ; mod., D. n° 2016-1026, 26 juill. 2016 ; D. n° 2017-1174, 18 juill. 2017 ; D. n° 2017-1265, 9 août 2017).* – I. – L'organisme tiers indépendant mentionné au V de l'article L. 225-102-1 est désigné, selon le cas, par le directeur général ou le président du directoire, pour une durée qui ne peut excéder six exercices, parmi les organismes accrédités à cet effet par le Comité français d'accréditation (COFRAC) ou par tout autre organisme d'accréditation signataire de l'accord de reconnaissance multilatéral établi par la coordination européenne des organismes d'accréditation.

L'organisme tiers indépendant est soumis aux incompatibilités prévues à l'article L. 822-11-3.

II. – Lorsque les informations sont publiées par les sociétés dont les seuils dépassent 100 millions d'euros pour le total du bilan ou 100 millions d'euros pour le montant net du chiffre d'affaires et 500 pour le nombre moyen de salariés permanents employés au cours de l'exercice, le rapport de l'organisme tiers indépendant comprend :

a) Un avis motivé sur la conformité de la déclaration aux dispositions prévues au I et au II de l'article R. 225-105, ainsi que sur la sincérité des informations fournies en application du 3° du I et du II de l'article R. 225-105 ;

b) Les diligences qu'il a mises en œuvre pour conduire sa mission de vérification.

III. – Un arrêté conjoint du garde des Sceaux, ministre de la Justice, et des ministres chargés de l'écologie, de l'économie et du travail précise les modalités dans lesquelles l'organisme tiers indépendant conduit sa mission.

IV. – Lorsqu'une société se conforme volontairement au règlement (CE) n° 1221/2009 du Parlement européen et du Conseil du 25 novembre 2009 concernant la participation volontaire des organisations à un système communautaire de management environnemental et d'audit (EMAS), la déclaration signée par le vérificateur environnemental conformément aux dispositions des 8 et 9 de l'article 25 de ce règlement, annexée au rapport de gestion, vaut avis de l'organisme tiers indépendant sur les informations environnementales.

Les informations qui ne sont pas vérifiées par le vérificateur environnemental mentionné à l'alinéa précédent demeurent soumises à la vérification de l'organisme tiers indépendant selon les modalités définies aux I, II, III et IV.

NB : Conformément à l'article 7 du décret n° 2017-1265 du 9 août 2017, les dispositions du présent article sont applicables aux rapports afférents aux exercices ouverts à compter du 1er septembre 2017.

Art. R. 225-105-3 *(D. n° 2015-1380, 29 oct. 2015).* – I. – Les seuils prévus au premier alinéa du I de l'article L. 225-102-3 sont fixés à 20 millions d'euros pour le total de bilan, à 40 millions d'euros pour le chiffre d'affaires net et à 250 pour le nombre moyen de salariés employés au cours de l'exercice.

II. – Les sociétés mentionnées au I de l'article L. 225-102-3 mettent gratuitement le rapport sur les paiements à disposition du public sur leur site internet dans un délai de huit mois à compter de la clôture de l'exercice et pendant une durée de cinq années.

Art. R. 225-106 *(Anc. D. n° 67-236, 23 mars 1967 ; mod., D. n° 2018-146, 28 févr. 2018 ; D. n° 2019-1118, 31 oct. 2019).* – Le procès-verbal des délibérations de l'assemblée indique la date et le lieu de réunion, le mode de convocation, l'ordre du jour, la composition du bureau, le nombre d'actions participant au vote et le quorum atteint, les documents et rapports soumis à l'assemblée, un résumé des débats, le texte des résolutions mises aux voix et le résultat des votes. Il est signé par les membres du bureau. En cas d'application de l'article L. 225-103-1, il peut être signé au moyen d'une signature électronique qui respecte au moins les exigences relatives à une signature électronique avancée prévues par l'article 26 du règlement (UE) n° 910/2014 du Parlement européen et du Conseil du 23 juillet 2014 sur l'identification électronique et les services de confiance pour les transactions électroniques au sein du marché intérieur.

Le procès-verbal mentionne, le cas échéant, que l'assemblée s'est tenue par recours exclusif à la visioconférence ou à des moyens de télécommunication dans les conditions prévues par l'article L. 225-103-1.

Les procès-verbaux sont établis sur un registre spécial tenu au siège social, dans les conditions prévues aux articles R. 225-22 et R. 225-49.

Art. R. 225-106-1 *(D. n° 2010-684, 23 juin 2010 ; mod., D. n° 2019-1486, 27 déc. 2019 ; abr., D. n° 2020-1742, 29 déc. 2020).*

Art. R. 225-107 *(Anc. D. n° 67-236, 23 mars 1967).* – Si, à défaut du quorum requis, une assemblée ne peut délibérer régulièrement, il en est dressé procès-verbal par le bureau de cette assemblée.

Art. R. 225-108 *(Anc. D. n° 67-236, 23 mars 1967).* – Les copies ou extraits de procès-verbaux des assemblées d'actionnaires sont certifiés, soit par le président du conseil d'administration ou par un administrateur exerçant les fonctions de directeur général, soit, le cas échéant, par le président ou le vice-président du conseil de surveillance ou par un membre du directoire. Ils peuvent également être certifiés par le secrétaire de l'assemblée.

En cas de liquidation de la société, ils sont certifiés par un seul liquidateur.

Art. R. 225-109 *(Anc. D. n° 67-236, 23 mars 1967)*. – Toute personne a le droit, à toute époque, d'obtenir, au siège social, la délivrance d'une copie certifiée conforme des statuts en vigueur au jour de la demande.

La société annexe à ce document la liste, comportant leur nom et prénom usuel, des administrateurs ou des membres du conseil de surveillance et du directoire, selon le cas, ainsi que des commissaires aux comptes en exercice.

Elle ne peut, pour cette délivrance, exiger le paiement d'une somme supérieure à 0,30 €.

Art. R. 225-110 *(Anc. D. n° 67-236, 23 mars 1967)*. – Les personnes mentionnées à l'article L. 225-109 sont tenues, dans le délai d'un mois à compter de la date à laquelle elles acquièrent la qualité au titre de laquelle elles sont soumises à l'obligation prévue à cet article, de faire mettre sous la forme nominative ou de déposer dans les conditions fixées par l'article R. 225-112 les actions visées à l'article L. 225-109 dont elles sont propriétaires ou qui appartiennent à leurs enfants mineurs non émancipés.

Art. R. 225-111 *(Anc. D. n° 67-236, 23 mars 1967)*. – Les personnes mentionnées à l'article L. 225-109 sont tenues, lorsqu'elles acquièrent des actions visées à cet article, de faire mettre ces actions sous la forme nominative, ou de les déposer dans les conditions fixées par l'article R. 225-112 dans le délai de vingt jours à compter de l'entrée en possession des titres.

Art. R. 225-112 *(Anc. D. n° 67-236, 23 mars 1967 ; mod., D. n° 2009-295, 16 mars 2009)*. – Le dépôt prévu à l'article L. 225-109 est fait auprès d'un intermédiaire mentionné à l'article L. 211-3 du Code monétaire et financier.

Section IV. – Des modifications du capital social et de l'actionnariat des salariés

Sous-section 1. – De l'augmentation du capital

Art. R. 225-113 *(Anc. D. n° 67-236, 23 mars 1967)*. – Le conseil d'administration ou le directoire donne, dans le rapport prévu à l'article L. 225-129, toutes indications utiles sur les motifs de l'augmentation du capital proposée ainsi que sur la marche des affaires sociales depuis le début de l'exercice en cours et, si l'assemblée générale ordinaire appelée à statuer sur les comptes n'a pas encore été tenue, pendant l'exercice précédent. Le cas échéant, le conseil d'administration ou le directoire indique le montant maximal de l'augmentation de capital.

Art. R. 225-114 *(Anc. D. n° 67-236, 23 mars 1967 ; mod., D. n° 2020-1742, 29 déc. 2020)*. – Le rapport du conseil d'administration ou du directoire prévu à l'article L. 225-135 indique le montant maximal et les motifs de l'augmentation de capital proposée, ainsi que les motifs de la proposition de suppression du droit préférentiel de souscription.

Il indique en outre :

1° Dans les cas prévus aux articles L. 225-136 et L. 22-10-52 et au II de l'article L. 225-138, les modalités de placement des nouveaux titres de capital ou des nouvelles valeurs mobilières donnant accès au capital et, avec leur justification, le prix d'émission ou les modalités de sa détermination ;

2° Dans le cas prévu au I de l'article L. 225-138, le nom des attributaires des nouveaux titres de capital ou des nouvelles valeurs mobilières donnant accès au capital, ou les caractéristiques des catégories de personnes concernées, et le nombre de titres attribués à chaque personne ou catégorie de personnes ou les modalités d'attribution des titres.

Le commissaire aux comptes donne son avis dans les cas prévus au 1° selon les modalités prévues au deuxième alinéa de l'article R. 225-115 et, le cas échéant, au second alinéa de l'article R. 22-10-31.

Art. R. 225-115 *(Anc. D. n° 67-236, 23 mars 1967 ; mod., D. n° 2020-1742, 29 déc. 2020)*. – Lorsque l'assemblée fixe elle-même toutes les modalités de l'augmentation de capital avec suppression du droit préférentiel de souscription, le rapport mentionné à l'article R. 225-114 indique également l'incidence de l'émission proposée sur la situation des titulaires de titres de capital et de valeurs mobilières donnant accès au capital, en particulier en ce qui concerne leur quote-part des capitaux propres à la clôture du dernier exercice. Si la clôture est antérieure de plus de six mois à l'opération envisagée, cette incidence est appréciée au vu d'une situation financière intermédiaire établie selon les mêmes méthodes et suivant la même présentation que le dernier bilan annuel. Ces informations sont également données en tenant compte de l'ensemble des titres émis susceptibles de donner accès au capital.

Le commissaire aux comptes donne son avis sur la proposition de suppression du droit préférentiel, sur le choix des éléments de calcul du prix d'émission et sur son montant, ainsi que sur l'incidence de l'émission sur la situation des titulaires de titres de capital et de valeurs mobilières donnant accès au capital appréciée par rapport aux capitaux propres. Il vérifie et certifie la sincérité des informations tirées des comptes de la société sur lesquelles il donne cet avis.

Art. R. 225-116 *(Anc. D. n° 67-236, 23 mars 1967 ; mod., D. n° 2020-1742, 29 déc. 2020).* – Lorsque l'assemblée générale a délégué ses pouvoirs ou sa compétence dans les conditions prévues aux articles L. 225-129-1, L. 225-129-2, L. 225-136 et L. 22-10-52 ou aux I et II de l'article L. 225-138, le conseil d'administration, ou le directoire, établit, au moment où il est fait usage de l'autorisation, un rapport complémentaire décrivant les conditions définitives de l'opération établies conformément à l'autorisation donnée par l'assemblée. Le rapport comporte, en outre, les informations prévues à l'article aux articles R. 225-115 et R. 22-10-31.

Le commissaire aux comptes vérifie notamment la conformité des modalités de l'opération au regard de l'autorisation donnée par l'assemblée et des indications fournies à celle-ci. Il donne également son avis sur le choix des éléments de calcul du prix d'émission et sur son montant définitif, ainsi que sur l'incidence de l'émission sur la situation des titulaires de titres de capital ou de valeurs mobilières donnant accès au capital telle que définie au deuxième alinéa de l'article R. 225-115.

Ces rapports complémentaires sont immédiatement mis à la disposition des actionnaires au siège social, au plus tard dans les quinze jours suivant la réunion du conseil d'administration ou du directoire, et portés à leur connaissance à la plus prochaine assemblée générale.

Art. R. 225-117 *(Anc. D. n° 67-236, 23 mars 1967 ; mod., D. n° 2015-545, 18 mai 2015 ; D. n° 2020-1742, 29 déc. 2020).* – Qu'il soit demandé ou non aux actionnaires et aux porteurs de certificats d'investissement de renoncer à leur droit préférentiel de souscription, le contenu des rapports du conseil d'administration ou du directoire et des commissaires aux comptes à l'assemblée générale appelée à autoriser une émission de valeurs mobilières mentionnées aux articles L. 228-91 et L. 228-93 est régi par les articles R. 225-113 et R. 225-114 ainsi que, selon les cas, par les articles R. 225-115, R. 22-10-31 ou R. 225-116.

Sont en outre indiquées les caractéristiques des valeurs mobilières donnant droit à l'attribution de titres de créances ou donnant accès au capital, les modalités d'attribution des titres de créances ou de capital auxquels ces valeurs mobilières donnent droit, ainsi que les dates auxquelles peuvent être exercés les droits d'attribution.

Lorsque l'augmentation de capital a lieu avec maintien du droit préférentiel de souscription, le commissaire aux comptes donne son avis sur l'émission proposée et sur le choix des éléments de calcul du prix d'émission et son montant.

Art. R. 225-117-1 *(Créé à compter du 1er octobre 2016, D. n° 2015-545, 18 mai 2015).* – Pour l'application du troisième alinéa de l'article L. 225-132, lorsque le droit préférentiel de souscription est détaché d'actions négociables, il est lui-même négociable à partir du deuxième jour ouvré avant l'ouverture de la période de souscription ou, si ce jour n'est pas un jour de négociation, le jour de négociation qui le précède, et jusqu'au deuxième jour ouvré avant la fin de la période de souscription ou, si ce jour n'est pas un jour de *négociation, jusqu'au jour de* négociation qui le précède.

Art. R. 225-118 *(Anc. D. n° 67-236, 23 mars 1967).* – Pour l'application de l'article L. 225-135-1, l'assemblée peut prévoir que le nombre de titres pourra être augmenté dans les trente jours de la clôture de la souscription dans la limite de 15 % de l'émission initiale et au même prix que celui retenu pour l'émission initiale.

Art. R. 225-119 *(Abr. à compter du 1er janvier 2021, D. n° 2020-1742, 29 déc. 2020).*

Rédaction antérieure. Art. R. 225-119 *(Anc. D. n° 67-236, 23 mars 1967 ; mod., D. n° 2019-1097, 28 oct. 2019).* – Pour l'application du premier alinéa du 1° de l'article L. 225-136, le prix est au moins égal à la moyenne pondérée des cours des trois dernières séances de bourse précédant le début de l'offre au public au sens du règlement (UE) n° 2017/1129 du 14 juin 2017, éventuellement diminuée d'une décote maximale de 10 %.

Art. R. 225-120 *(Mod. à compter du 1er octobre 2016, D. n° 2015-545, 18 mai 2015 ; D. n° 2019-1097, 28 oct. 2019 ; D. n° 2020-1742, 29 déc. 2020).* – Lorsqu'une émission d'actions nouvelles ou de valeurs mobilières donnant accès au capital est susceptible d'entraîner une augmentation de capital, les actionnaires sont informés de cette émission et de ses modalités par un avis contenant notamment les indications suivantes :

1° La dénomination sociale, suivie le cas échéant de son sigle ;

2° La forme de la société ;

3° Le montant du capital social ;

4° L'adresse du siège social ;

5° Les mentions prévues aux 1° et 2° de l'article R. 123-237 ;

6° Le montant de l'augmentation du capital et, le cas échéant, le montant supplémentaire de l'augmentation de capital sur le fondement de l'article L. 225-135-1 ;

7° Les dates d'ouverture et de clôture de la souscription ;

8° L'existence, au profit des actionnaires, du droit préférentiel de souscription des nouvelles actions ou valeurs mobilières donnant accès au capital, les conditions d'exercice de ce droit, ainsi que ses modalités de négociation lorsqu'il est détaché d'actions négociables ;

9° La valeur nominale des actions ou valeurs mobilières donnant accès au capital à souscrire en numéraire, que cette valeur figure ou non dans les statuts, et, le cas échéant, le montant de la prime d'émission ;

10° La somme immédiatement exigible par action ou valeur mobilière donnant accès au capital souscrite ;

11° Le nom ou la dénomination sociale, l'adresse de la résidence ou du siège social du dépositaire ;

12° Le cas échéant, la description sommaire, l'évaluation et le mode de rémunération des apports en nature compris dans l'augmentation de capital avec l'indication du caractère provisoire de cette évaluation et de ce mode de rémunération ;

13° L'indication que si les actions non souscrites représentent plus de 3 % de l'augmentation de capital, la souscription sera soit ouverte au public, soit limitée au montant des souscriptions reçues.

En cas d'émission de valeurs mobilières donnant accès au capital susceptible d'entraîner une augmentation de capital, l'avis mentionne également les principales caractéristiques des valeurs mobilières, notamment les modalités d'attribution des titres de capital auxquels elles donnent droit, ainsi que les dates auxquelles les droits d'attribution peuvent être exercés.

Les indications prévues au présent article sont portées à la connaissance des actionnaires par lettre recommandée avec demande d'avis de réception quatorze jours au moins avant la date prévue de clôture de la souscription.

Si toutes les actions de la société ne revêtent pas la forme nominative, l'avis contenant ces indications est inséré, dans le même délai, dans une notice publiée au Bulletin des annonces légales obligatoires.

Toutefois, si cette société procède à l'émission mentionnée au premier alinéa par une offre au public, elle rend publiques ces indications au moins quatorze jours avant la clôture de la souscription selon les modalités prévues par le règlement (UE) n° 2017/1129 du 14 juin 2017 et est dispensée des formalités prévues aux alinéas précédents. Cette disposition n'est pas applicable si la société procède à l'émission mentionnée au premier alinéa par une offre au public mentionnée au 1° ou au 2° de l'article L. 411-2 du Code monétaire et financier ou à l'article L. 411-2-1 du même code.

Art. R. 225-121 *(Anc. D. n° 67-236, 23 mars 1967).* – Lorsque l'assemblée générale a supprimé le droit préférentiel de souscription des actionnaires, les dispositions de l'article R. 225-120 ne sont pas applicables.

Art. R. 225-122 *(Anc. D. n° 67-236, 23 mars 1967 ; mod., D. n° 2009-295, 16 mars 2009 ; D. n° 2020-1742, 29 déc. 2020).* – L'actionnaire qui renonce à titre individuel à son droit préférentiel de souscription en avise la société par lettre recommandée.

La renonciation sans indication de bénéficiaire est accompagnée pour les actions au porteur des coupons correspondants ou d'une attestation du dépositaire des titres ou de l'intermédiaire prévu par l'article R. 211-4 du Code monétaire et financier constatant la renonciation de l'actionnaire.

La renonciation faite au profit de bénéficiaires dénommés est accompagnée de l'acceptation de ces derniers.

Pour l'application des dispositions des articles L. 225-133 et L. 225-134, il est tenu compte pour le calcul du nombre d'actions non souscrites de celles qui correspondent aux droits préférentiels auxquels les actionnaires ont renoncé à titre individuel sans indication du nom des bénéficiaires. Toutefois, lorsque cette renonciation a été notifiée à la société au plus tard à la date de la décision de réalisation de l'augmentation de capital, les actions correspondantes sont mises à la disposition des autres actionnaires pour l'exercice de leur droit préférentiel de souscription.

Art. R. 225-123 *(Anc. D. n° 67-236, 23 mars 1967).* – Le nu-propriétaire d'actions est réputé, à l'égard de l'usufruitier, avoir négligé d'exercer le droit préférentiel de souscription aux actions nouvelles émises par la société lorsqu'il n'a ni souscrit d'actions nouvelles ni vendu les droits de souscription, huit jours avant l'expiration du délai de souscription accordé aux actionnaires.

Il est réputé, à l'égard de l'usufruitier, avoir négligé d'exercer le droit à l'attribution d'actions gratuites lorsqu'il n'a pas demandé cette attribution ni vendu les droits, trois mois après le début des opérations d'attribution.

Art. R. 225-124 *(Anc. D. n° 67-236, 23 mars 1967).* – La notice prévue au dernier alinéa de l'article R. 225-120 contient les indications suivantes :

1° L'objet social, indiqué sommairement ;

2° La date d'expiration normale de la société ;

3° Les catégories d'actions émises et leurs caractéristiques ;

4° Les avantages particuliers stipulés par les statuts au profit de toute personne ;

5° Les conditions d'admission aux assemblées d'actionnaires et d'exercice du droit de vote ainsi que, le cas échéant, les dispositions relatives à l'attribution du droit de vote double ;

6° Le cas échéant, les clauses statutaires restreignant la libre cession des actions ;

7° Les dispositions relatives à la répartition des bénéfices, à la constitution des réserves et à la répartition du boni de liquidation ;

8° Le cas échéant, le montant des obligations convertibles en actions antérieurement émises, les délais d'exercice de l'option accordée aux porteurs ou l'indication que la conversion peut avoir lieu à tout moment et les bases de la conversion ;

9° Le montant non amorti des autres obligations antérieurement émises et les garanties dont elles sont assorties ;

10° Le montant, lors de l'émission, des emprunts obligataires garantis par la société ainsi que, le cas échéant, la fraction garantie de ces emprunts.

La notice est revêtue de la signature sociale.

Art. R. 225-125 *(Anc. D. n° 67-236, 23 mars 1967).* – Une copie du dernier bilan, certifiée conforme par le représentant légal de la société, est publiée en annexe à la notice prévue à l'article R. 225-124.

Si le dernier bilan a déjà été publié au *Bulletin des annonces légales obligatoires*, la copie de ce bilan peut être remplacée par l'indication de la référence de la publication antérieure.

Si aucun bilan n'a encore été établi, la notice en fait mention.

Art. R. 225-126 *(Abr., D. n° 2019-1097, 28 oct. 2019).*

> **Rédaction antérieure.** Art. R. 225-126 *(Anc. D. n° 67-236, 23 mars 1967 ; D. n° 2008-258, 13 mars 2008).* – Les documents informant le public de l'émission d'actions reproduisent les énonciations de la notice prévue à l'article R. 225-124 et contiennent la mention de l'insertion de cette notice au *Bulletin des annonces légales obligatoires* avec référence au numéro dans lequel elle a été publiée.
>
> Les annonces dans les journaux reproduisent les mêmes énonciations ou au moins un extrait de ces énonciations avec référence à la notice et indication du numéro du *Bulletin des annonces légales obligatoires* dans lequel elle a été publiée.

Art. R. 225-127 *(Anc. D. n° 67-236, 23 mars 1967).* – Les formalités prévues par les articles R. 225-120, R. 225-124 et R. 225-125 en cas d'augmentation du capital par émission d'actions nouvelles à souscrire en numéraire sont accomplies par le mandataire du conseil d'administration ou du directoire, selon le cas.

Art. R. 225-128 *(Anc. D. n° 67-236, 23 mars 1967).* – Le bulletin de souscription est daté et signé par le souscripteur ou son mandataire qui écrit en toutes lettres le nombre de titres souscrits. Une copie de ce bulletin établie sur papier libre lui est remise.

Le bulletin de souscription comporte :

1° La dénomination sociale, suivie le cas échéant de son sigle ;

2° La forme de la société ;
3° Le montant du capital social ;
4° L'adresse du siège social ;
5° Les mentions prévues aux 1° et 2° de l'article R. 123-237 ;
6° Le montant et les modalités de l'augmentation du capital ;
7° Le cas échéant, le montant à souscrire en actions de numéraire et le montant libéré par les apports en nature ;
8° Le nom ou la désignation sociale et l'adresse de la personne qui reçoit les fonds ;
9° Les nom, prénom usuel et domicile du souscripteur et le nombre des titres souscrits par lui ;
10° La mention de la remise au souscripteur d'une copie du bulletin de souscription.

Art. R. 225-129 *(Anc. D. n° 67-236, 23 mars 1967 ; mod., D. n° 2020-1742, 29 déc. 2020).* – Les fonds provenant des souscriptions en numéraire sont déposés dans les conditions prévues à l'article R. 22-10-6.

Art. R. 225-130 *(Anc. D. n° 67-236, 23 mars 1967 ; mod., D. n° 2015-545, 18 mai 2015 ; D. n° 2020-1742, 29 déc. 2020).* – La vente prévue à l'article L. 225-130 des titres de capital qui n'ont pu être attribués individuellement et correspondant aux droits formant rompus ainsi que la répartition des sommes provenant de cette vente aux titulaires des droits interviennent dans un délai de trente jours à compter de la plus tardive des dates d'inscription, au compte des titulaires des droits, du nombre entier de titres de capital attribués.

Art. R. 225-131 *(Anc. D. n° 67-236, 23 mars 1967).* – La durée minimale du délai de priorité de souscription prévu à l'article L. 225-135 est de trois jours de bourse.

Art. R. 225-132 *(Anc. D. n° 67-236, 23 mars 1967 ; mod., D. n° 2015-545, 18 mai 2015).* – Le président du directoire ou le directeur général peut procéder aux opérations prévues au dernier alinéa de l'article L. 225-149 et au dernier alinéa du I de l'article L. 228-12 au plus tard dans le mois qui suit la clôture de l'exercice.

Art. R. 225-133 *(Anc. D. n° 67-236, 23 mars 1967 ; mod., D. n° 2009-557, 19 mai 2009 ; D. n° 2020-1742, 29 déc. 2020).* – La durée maximale de suspension de la possibilité d'obtenir des titres de capital par l'exercice de droits attachés aux valeurs mobilières donnant accès au capital, prévue pour l'application de l'article L. 225-149-1, est de trois mois.

Les indications contenues dans l'avis par lequel le conseil d'administration, ou le directoire, suspend la possibilité d'obtenir des titres de capital sont portées à la connaissance des titulaires de valeurs mobilières donnant accès au capital par lettre recommandée avec demande d'avis de réception, sept jours au moins avant la date d'entrée en vigueur de la suspension. Si toutes les valeurs mobilières de la société donnant accès au capital ne revêtent pas la forme nominative, l'avis contenant ces indications est inséré, dans le même délai, dans une notice publiée au Bulletin des annonces légales obligatoires.

Cet avis mentionne :
1° La dénomination sociale et, le cas échéant, le sigle de la société ;
2° La forme de la société ;
3° Le montant du capital social ;
4° L'adresse du siège social ;
5° Les mentions prévues aux 1° et 2° de l'article R. 123-237 ;
6° Les dates d'entrée en vigueur et de cessation de la suspension.

Art. R. 225-134 *(Anc. D. n° 67-236, 23 mars 1967).* – En cas de libération d'actions par compensation de créances sur la société, ces créances font l'objet d'un arrêté de compte établi par le conseil d'administration ou le directoire et certifié exact par le commissaire aux comptes.

Art. R. 225-135 *(Anc. D. n° 67-236, 23 mars 1967).* – L'augmentation de capital par émission d'actions à souscrire en numéraire est réalisée, selon le cas, à la date du certificat du dépositaire ou à la date de la signature du contrat de garantie conclu dans les conditions prévues à l'article L. 225-145.

Art. R. 225-136 *(Anc. D. n° 67-236, 23 mars 1967 ; mod., D. n° 2020-1742, 29 déc. 2020).* – En cas d'apports en nature ou de stipulation d'avantages particuliers, les commissaires aux apports sont désignés et accomplissent leur mission dans les conditions prévues à l'article R. 22-10-7. Les dispositions de l'article R. 22-10-8 sont applicables en cas d'apports en nature.

En cas d'émission d'actions de préférence au profit d'actionnaires désignés, les commissaires aux apports mentionnés à l'article L. 228-15 sont désignés et accomplissent leur mission dans les conditions prévues aux deuxième et troisième alinéas de l'article R. 22-10-7.

En cas de stipulation d'avantages particuliers ou d'émission d'actions de préférence donnant lieu à l'application de l'article L. 228-15, le rapport décrit et apprécie chacun des avantages particuliers ou des droits particuliers attachés aux actions de préférence. S'il y a lieu, il indique, pour ces droits particuliers, quel mode d'évaluation a été retenu et pourquoi il a été retenu, et justifie que la valeur des droits particuliers correspond au moins à la valeur nominale des actions de préférence à émettre augmentée éventuellement de la prime d'émission.

Le rapport des commissaires aux apports est tenu, au siège social, à la disposition des actionnaires, huit jours au moins avant la date de l'assemblée générale extraordinaire ou avant la date de la réunion du conseil d'administration ou du directoire, en cas de délégation conformément à l'article L. 22-10-53. Dans ce cas, le rapport est porté à la connaissance des actionnaires à la prochaine assemblée générale.

En cas d'émission d'actions de préférence donnant lieu à l'application de l'article L. 228-15, ce délai peut être réduit si tous les actionnaires y consentent, par écrit, préalablement à la désignation du commissaire aux apports.

Art. R. 225-136-1 *(D. n° 2014-1063, 18 sept. 2014 ; mod., D. n° 2020-1742, 29 déc. 2020).* – Pour l'application du I de l'article L. 225-147-1, la décision du conseil d'administration ou du directoire de ne pas recourir à la désignation d'un commissaire aux apports ainsi que tout document relatif à la description et à l'évaluation des apports, dont une attestation précisant qu'aucune circonstance nouvelle n'est venue modifier cette évaluation, sont tenus, à l'adresse du siège social et au greffe du tribunal de commerce dans le ressort duquel est situé ce siège, à la disposition des actionnaires, huit jours au moins avant la date de l'assemblée générale extraordinaire ou de la réunion du conseil d'administration ou du directoire en cas de délégation conformément à l'article L. 22-10-53. Dans ce cas, ces documents sont portés à la connaissance des actionnaires à la prochaine assemblée générale.

Sous-section 2. – De la souscription et de l'achat d'actions par les salariés

Art. R. 225-137 *(Anc. D. n° 67-236, 23 mars 1967).* – Pour l'application, conformément à l'article L. 225-181, des dispositions du 3° de l'article L. 228-99 en vue de la protection des intérêts des bénéficiaires d'options de souscription ou d'achat d'actions, l'article R. 228-91 est applicable, sous réserve des dispositions de la présente sous-section.

Art. R. 225-138 *(Anc. D. n° 67-236, 23 mars 1967 ; mod., D. n° 2007-750, 9 mai 2007 ; abr., D. n° 2020-1742, 29 déc. 2020).*

Art. R. 225-139 *(Anc. D. n° 67-236, 23 mars 1967).* – Sans préjudice des dispositions du premier alinéa de l'article R. 228-91, lorsqu'une société procède à une augmentation de capital par incorporation de réserves, bénéfices ou primes d'émission et distribution d'actions gratuites, le prix de souscription ou d'achat des actions sous option, tel qu'il était fixé avant cette opération, est ajusté en faisant le produit de ce prix par le rapport entre le nombre des actions anciennes et le nombre total des actions anciennes et nouvelles ; pour l'établissement de ce rapport, il est tenu compte, le cas échéant, de l'existence de plusieurs catégories d'actions anciennes et nouvelles.

Art. R. 225-140 *(Anc. D. n° 67-236, 23 mars 1967 ; mod., D. n° 2020-1742, 29 déc. 2020).* – Dans tous les cas mentionnés aux articles R. 22-10-37, R. 225-139 et R. 228-91, il est procédé à un ajustement du nombre des actions sous option, de telle sorte que le total des prix de souscription ou d'achat reste constant. Toutefois le nombre ajusté est arrondi à l'unité supérieure.

Art. R. 225-141 *(Anc. D. n° 67-236, 23 mars 1967).* – L'ajustement du prix de souscription ne peut jamais avoir pour effet de ramener ce prix au-dessous du montant du nominal de l'action.

Art. R. 225-142 *(Anc. D. n° 67-236, 23 mars 1967).* – Dans le cas d'une réduction du capital motivée par des pertes, le prix de souscription ou d'achat des actions sous option, fixé avant cette opération, est ajusté en faisant le produit de ce prix par le rapport entre le nombre des actions anciennes et le nombre des actions subsistant après réduction ; pour l'établissement de ce rapport il est tenu compte, le cas échéant, de l'existence de plusieurs catégories d'actions anciennes ou nouvelles.

Il est procédé à un ajustement du nombre des actions offertes de telle sorte que le total des prix de souscription ou d'achat reste constant. Toutefois, le nombre ajusté est arrondi à l'unité supérieure.

Dans le cas d'une réduction du capital sans modification du nombre d'actions, il n'y a pas lieu à ajustement.

Art. R. 225-143 *(Anc. D. n° 67-236, 23 mars 1967 ; mod., D. n° 2020-1742, 29 déc. 2020).* – Sans préjudice de l'incidence des ajustements prévus aux articles R. 225-137 à R. 225-142 et R. 22-10-37, le montant total des options ouvertes et non encore levées ne peut donner droit à souscrire un nombre d'actions excédant le tiers du capital social.

Art. R. 225-144 *(Anc. D. n° 67-236, 23 mars 1967).* – Le conseil d'administration ou le directoire, selon le cas, indique dans le rapport prévu à l'article L. 225-177 les motifs de l'ouverture des options de souscription ou d'achat d'actions ainsi que les modalités proposées pour la fixation du prix de souscription ou d'achat. Les noms des bénéficiaires éventuels des options et le nombre des titres sur lesquels portent ces options peuvent ne pas être précisés.

Les commissaires aux comptes, dans le rapport prévu au même article, donnent leur avis sur les modalités proposées pour la fixation du prix de souscription ou d'achat.

Art. R. 225-145 *(Anc. D. n° 67-236, 23 mars 1967 ; mod., D. n° 2020-1742, 29 déc. 2020).* – Les augmentations du capital rendues nécessaires par les levées d'options de souscription d'actions sont réalisées sans publication de l'avis prévu à l'article R. 225-120 et de la notice prévue à l'article R. 225-124 et sans que les mentions prévues aux 6° et 7° de l'article R. 225-128 figurent sur les bulletins de souscription. Les articles R. 225-129 à R. 225-135, R. 22-10-35 et R. 22-10-36 ne sont pas applicables.

Les modifications statutaires apportées en application de l'article L. 225-178 sont publiées dans le délai d'un mois dans les conditions prévues à l'article R. 210-9. Dans le même délai, la modification statutaire est déclarée au greffe du tribunal de commerce et publiée conformément à l'article R. 123-99.

Sous-section 3. – De l'amortissement du capital

Art. R. 225-146 *(Anc. D. n° 67-236, 23 mars 1967).* – Les sommes prélevées sur les profits sociaux en application du deuxième alinéa de l'article L. 225-200 sont inscrites à un compte de réserve.

Il en est de même des sommes versées par les actionnaires en application de l'article L. 225-201.

Lorsque les actions sont inégalement amorties, il est ouvert un compte de réserve pour chacune des catégories d'actions également amorties.

Art. R. 225-147 *(Anc. D. n° 67-236, 23 mars 1967).* – Lorsque le montant d'un compte de réserve prévu au premier alinéa de l'article R. 225-146 est égal au montant amorti des actions ou de la catégorie d'actions correspondante, la conversion des actions amorties en actions de capital est réalisée et les statuts de la société sont modifiés conformément aux dispositions de l'article L. 225-203.

Art. R. 225-148 *(Anc. D. n° 67-236, 23 mars 1967).* – Lorsque la conversion des actions amorties en actions de capital a été réalisée dans les conditions prévues à l'article L. 225-201, il est procédé, au plus tard lors de la clôture de chaque exercice, à la modification des statuts correspondant aux conversions d'actions réalisées au cours de cet exercice.

Art. R. 225-149 *(Anc. D. n° 67-236, 23 mars 1967).* – Les actions intégralement ou partiellement amorties dont la conversion en actions de capital a été décidée ont droit, pour chaque exercice, et jusqu'à réalisation de cette conversion, au premier dividende ou à l'intérêt en tenant lieu calculé sur le montant, à la clôture de l'exercice précédent, du compte de réserve prévu au premier alinéa de l'article R. 225-146.

En outre, les actions partiellement amorties continuent à bénéficier du premier dividende ou de l'intérêt en tenant lieu calculé sur le montant non amorti de ces actions.

Sous-section 4. – De la réduction du capital

Art. R. 225-150 *(Anc. D. n° 67-236, 23 mars 1967 ; mod., D. n° 2020-1742, 29 déc. 2020).* – Quinze jours au moins avant la réunion de l'assemblée générale appelée à statuer sur l'opération envisagée en application des articles L. 225-204 ou L. 22-10-62, la société adresse aux actionnaires ou met à leur disposition dans les conditions prévues aux articles R. 225-88 et R. 225-89 le rapport des commissaires aux comptes sur cette opération.

Art. R. 225-151 *(Anc. D. n° 67-236, 23 mars 1967 ; mod., D. n° 2020-1742, 29 déc. 2020).* – Pour la détermination du plafond prévu à l'article L. 22-10-62, l'assemblée générale fixe le nombre maximal de titres qui pourront être acquis ainsi que le montant maximal de l'opération.

Art. R. 225-152 *(Anc. D. n° 67-236, 23 mars 1967).* – Pour l'application du premier alinéa de l'article L. 225-205, le délai d'opposition des créanciers à la réduction du capital est de vingt jours à compter de la date du dépôt au greffe du procès-verbal de délibération de l'assemblée générale qui a décidé ou autorisé la réduction.

L'opposition est portée devant le tribunal de commerce.

Art. R. 225-153 *(Anc. D. n° 67-236, 23 mars 1967 ; mod., D. n° 2009-557, 19 mai 2009 ; D. n° 2020-106, 10 févr. 2020 ; D. n° 2020-1742, 29 déc. 2020).* – Lorsque la société a décidé de procéder à l'achat de ses propres actions en vue de les annuler et de réduire son capital à due concurrence, elle fait cette offre d'achat à tous les actionnaires.

À cette fin, un avis d'achat est inséré dans un support habilité à recevoir les annonces légales dans le département du siège social et, en outre, si toutes ses actions ne revêtent pas la forme nominative, au Bulletin des annonces légales obligatoires.

Toutefois, si toutes les actions de la société sont nominatives, les insertions prévues à l'alinéa précédent peuvent être remplacées par un avis adressé, par lettre recommandée et aux frais de la société, à chaque actionnaire.

Voir : art. L. 22-10-38, p. 506.

Art. R. 225-154 *(Anc. D. n° 67-236, 23 mars 1967).* – L'avis prévu à l'article R. 225-153 indique la dénomination sociale et la forme de la société, l'adresse du siège social, le montant du capital social, le nombre d'actions dont l'achat est envisagé, le prix offert par action, le mode de paiement, le délai pendant lequel l'offre sera maintenue et le lieu où elle peut être acceptée.

Le délai prévu à l'alinéa précédent ne peut être inférieur à vingt jours.

Art. R. 225-155 *(Anc. D. n° 67-236, 23 mars 1967).* – Si les actions présentées à l'achat excèdent le nombre d'actions à acheter, il est procédé, pour chaque actionnaire vendeur, à une réduction proportionnelle au nombre d'actions dont il justifie être propriétaire ou titulaire.

Si les actions présentées à l'achat n'atteignent pas le nombre d'actions à acheter, le capital social est réduit à due concurrence des actions achetées. Toutefois, le conseil d'administration ou le directoire, selon le cas, peut décider de renouveler l'opération, dans les conditions prévues aux articles R. 225-153 et R. 225-154, jusqu'à complet achat du nombre d'actions initialement fixé sous réserve d'y procéder dans le délai indiqué par la *délibération de l'assemblée générale* ayant autorisé la réduction du capital.

Art. R. 225-156 *(Anc. D. n° 67-236, 23 mars 1967).* – Les dispositions des articles R. 225-153 à R. 225-155 ne sont pas applicables lorsque l'assemblée générale, pour faciliter une augmentation du capital, une émission de valeurs mobilières donnant accès au capital, une fusion ou une scission, a autorisé le conseil d'administration ou le directoire, selon le cas, à acheter un petit nombre d'actions en vue de les annuler.

L'achat réalisé dans les conditions prévues à l'alinéa précédent ne peut porter, au cours d'un même exercice, que sur un nombre d'actions représentant au plus 0,25 % du montant du capital social.

Les commissaires aux comptes donnent, dans leur rapport sur l'opération projetée, leur avis sur l'opportunité et les modalités de l'achat d'actions envisagé.

Art. R. 225-157 *(Anc. D. n° 67-236, 23 mars 1967 ; abr., D. n° 2020-1742, 29 déc. 2020).*

Art. R. 225-158 *(Anc. D. n° 67-236, 23 mars 1967 ; mod., D. n° 2009-295, 16 mars 2009).* – Les actions achetées, en vue d'une réduction du capital social, par la société qui les a émises sont annulées, s'il s'agit de titres au nominatif, par apposition d'une mention sur le registre des actions nominatives de la société.

Lorsque les actions sont inscrites en compte conformément aux dispositions des articles R. 211-1 et suivants du Code monétaire et financier, l'annulation des actions est constatée par un virement à un compte d'ordre ouvert au nom de la société, soit chez elle, soit chez un intermédiaire mentionné à l'article L. 211-3 du même code.

Lorsque la réduction de capital est effectuée selon les modalités prévues à l'article L. 225-207, les actions achetées par la société qui les a émises sont annulées un mois au plus tard après l'expiration du délai fixé à l'article R. 225-154 ou après l'achat réalisé dans les conditions prévues à l'article R. 225-156.

Sous-section 5. – De la souscription, de l'achat ou de la prise en gage par les sociétés de leurs propres actions

Art. R. 225-159 *(Anc. D. n° 67-236, 23 mars 1967 ; mod., D. n° 2014-543, 26 mai 2014).* – Le registre des achats tenu en application de l'article L. 225-211 pour relater les opérations effectuées en application de l'article L. 225-208 indique dans l'ordre des négociations réalisées :

1° La date de chaque opération ;

2° Le cours d'achat *(Mots aj., D. n° 2014-543, 26 mai 2014)* « ou, à défaut, le prix unitaire d'achat ». ;

3° Le nombre des actions achetées à chaque cours ;

4° Le coût total de l'achat, incluant le montant des frais.

Il indique également le nombre des actions détenues à la fin de chaque exercice et leur coût global ainsi que le nombre des actions attribuées aux salariés et la date de chaque attribution.

Art. R. 225-160 *(Anc. D. n° 67-236, 23 mars 1967 ; mod., D. n° 2007-750, 9 mai 2007 ; D. n° 2014-543, 26 mai 2014 ; D. n° 2020-1742, 29 déc. 2020).* – Le registre des achats et des ventes tenu en application de l'article L. 225-211 pour relater les opérations effectuées en application des articles L. 22-10-62 et L. 225-209-2 indique séparément les opérations d'achat et les opérations de vente.

Pour chacune de ces opérations, le registre indique, dans l'ordre des négociations réalisées :

1° La date de l'opération ;

2° Le cours d'achat ou de vente ou, à défaut, le prix unitaire d'achat ;

3° Le nombre des actions achetées ou vendues à chaque cours ;

4° Le coût total de l'achat, incluant le montant des frais, ou le produit net de la vente ;

5° Le nombre total des actions achetées et leur coût global ;

6° Le nom du prestataire de services d'investissements ayant exécuté l'ordre d'achat ou de vente ou le nom de l'établissement de crédit ou de l'établissement financier ayant transmis l'ordre ;

7° Le cas échéant, le nom de la personne ayant agi en son nom mais pour le compte de la société.

Le nombre et le coût total de l'achat des actions vendues sont déduits, au moins chaque semestre, du nombre des actions achetées et de leur coût global.

Art. R. 225-160-1 *(D. n° 2014-543, 26 mai 2014 ; mod., D. n° 2016-1026, 26 juill. 2016).* – L'expert mentionné à l'article L. 225-209-2 est désigné à l'unanimité des actionnaires ou, à défaut, par le président du tribunal de commerce statuant sur requête à la demande des dirigeants sociaux.

Il est choisi parmi les commissaires aux comptes inscrits sur la liste prévue au I de l'article L. 822-1 ou parmi les experts inscrits sur les listes établies par les cours et tribunaux.

Il ne doit pas présenter avec la société des liens portant atteinte à son indépendance au sens de l'article L. 822-11-3.

Art. R. 225-160-2 *(D. n° 2014-543, 26 mai 2014).* – Le rapport de l'expert mentionne les actions faisant l'objet de l'offre de rachat en application du huitième alinéa de l'article L. 225-209-2.

Il indique les modalités d'évaluation adoptées pour déterminer la valeur minimale et la valeur maximale du prix de rachat de ces actions et les motifs pour lesquels elles ont été retenues.

Art. R. 225-160-3 *(D. n° 2014-543, 26 mai 2014).* – Le rapport de l'expert est déposé au siège social quinze jours au moins avant la date de l'assemblée générale appelée à se prononcer sur le rachat.

Il est tenu à la disposition des actionnaires et des commissaires aux comptes qui peuvent en prendre connaissance ou obtenir la délivrance d'une copie intégrale ou partielle.

Art. R. 225-160-4 *(D. n° 2015-545, 18 mai 2015)*. – I. – Le registre des achats et des ventes prévu à l'article L. 225-211 pour relater les opérations effectuées en application du II de l'article L. 228-12 et du I de l'article L. 228-12-1 est tenu dans les conditions et suivant les modalités fixées aux articles R. 225-159 et R. 225-160.

II. – Le registre des achats et des ventes prévu à l'article L. 225-211 pour relater les opérations effectuées en application du III de l'article L. 228-12 et du II de l'article L. 228-12-1 indique séparément les opérations d'achat et les opérations de vente.

Pour chacune de ces opérations, le registre indique, dans l'ordre des négociations réalisées :

1° La date de l'opération ;

2° Le cours d'achat ou de vente ou, à défaut, le prix unitaire d'achat ;

3° Le nombre des actions achetées ou vendues à chaque cours ou, à défaut, à chaque prix ;

4° Le coût total de l'achat, incluant le montant des frais, ou le produit net de la vente ;

5° Le nombre total des actions achetées et leur coût global ;

6° Le cas échéant, le nom du prestataire de services d'investissements ayant exécuté l'ordre d'achat ou de vente ou le nom de l'établissement de crédit ou de l'établissement financier ayant transmis l'ordre ;

7° Le cas échéant, le nom de la personne ayant agi en son nom mais pour le compte de la société ;

8° Le montant du bénéfice distribuable au sens de l'article L. 232-11 ou du produit de la nouvelle émission de titres de capital effectuée en vue de ce rachat ;

9° La valeur de la réserve visée au troisième alinéa de l'article L. 225-210 ;

10° Le cas échéant, le montant de la prime mentionnée au 3° du III de l'article L. 228-12 ainsi que le montant des sommes distribuables ou de la réserve sur lesquelles cette prime est prélevée.

Le nombre et le coût total de l'achat des actions vendues sont déduits, au moins chaque semestre, du nombre des actions achetées et de leur coût global.

Section V. – Du contrôle des sociétés anonymes

Sous-section 1. – Des modalités du contrôle

(Division créée, D. n° 2019-514, 24 mai 2019)

Art. R. 225-161 *(Anc. D. n° 67-236, 23 mars 1967)*. – Les commissaires aux comptes établissent et déposent au siège social le rapport spécial prévu au troisième alinéa des articles L. 225-40 et L. 225-88 quinze jours au moins avant la réunion de l'assemblée générale ordinaire.

Art. R. 225-162 *(Anc. D. n° 67-236, 23 mars 1967)*. – Le commissaire aux comptes ne peut convoquer l'assemblée des actionnaires qu'après avoir vainement requis sa convocation du conseil d'administration ou du directoire, selon le cas, par lettre recommandée avec demande d'avis de réception.

Lorsqu'il procède à cette convocation, il fixe l'ordre du jour et peut, pour des motifs déterminants, choisir un lieu de réunion autre que celui éventuellement prévu par les statuts, mais situé dans le même département. Il expose les motifs de la convocation dans un rapport lu à l'assemblée.

En cas de pluralité de commissaire aux comptes, ils agissent d'accord entre eux. S'ils sont en désaccord sur l'opportunité de convoquer l'assemblée, l'un d'eux peut demander au président du tribunal de commerce statuant en référé l'autorisation de procéder à cette convocation, les autres commissaires et le président du conseil d'administration ou du directoire dûment appelés. L'ordonnance du président, qui fixe l'ordre du jour, n'est susceptible d'aucune voie de recours.

Dans tous les cas, les frais entraînés par la réunion de l'assemblée sont à la charge de la société.

Art. R. 225-163 *(Anc. D. n° 67-236, 23 mars 1967 ; mod., D. n° 2019-1419, 20 déc. 2019)*. – L'expert chargé de présenter un rapport sur une ou plusieurs opérations de gestion, dans les conditions prévues à l'article L. 225-231, est désigné par le président du tribunal de commerce, statuant en référé, après que le greffier a convoqué le président du conseil d'administration ou du directoire à l'audience par lettre recommandée avec demande d'avis de réception.

Lorsque la demande d'expertise émane du procureur de la République, elle est présentée par requête.

Le rapport d'expertise est déposé au greffe. Le greffier en assure la communication.

Art. R. 225-164 *(Anc. D. n° 67-236, 23 mars 1967)*. – Le président du conseil d'administration ou le directoire répond par écrit dans le délai d'un mois aux questions qui lui sont posées en application de l'article L. 225-232. Dans le même délai, il adresse copie de la question et de sa réponse au commissaire aux comptes.

Section 2. – Du contrôle obligatoire

(Sous-section créée, D. n° 2019-514, 24 mai 2019)

Art. D. 225-164-1 *(D. n° 2019-514, 24 mai 2019 ; mod., D. n° 2019-1419, 20 déc. 2019 ; D. n° 2020-101, 7 févr. 2020)*. – Les seuils mentionnés au deuxième alinéa de l'article L. 225-218 relatif à la désignation d'un commissaire aux comptes sont ceux définis à l'article D. 221-5. Le total du bilan et le montant hors taxe du chiffre d'affaires sont déterminés conformément aux cinquième et sixième alinéas de l'article D. 123-200.

La société n'est plus tenue de désigner un commissaire aux comptes dès lors qu'elle n'a pas dépassé les chiffres fixés pour deux de ces trois critères pendant les deux exercices précédant l'expiration du mandat du commissaire aux comptes.

Dans le cas prévu au troisième alinéa de l'article L. 225-218, le commissaire aux comptes est désigné par jugement du président du tribunal de commerce statuant selon la procédure accélérée au fond.

NB : Conformément à l'article 15 du décret n° 2020-101, ces dispositions s'appliquent à compter du premier exercice ouvert à compter de son entrée en vigueur.

Section VI. – De la transformation des sociétés anonymes

Art. R. 225-165 *(Anc. D. n° 67-236, 23 mars 1967)*. – La transformation de la société fait l'objet de la publicité prévue en cas de modification des statuts.

Section VII. – De la dissolution des sociétés anonymes

Art. R. 225-166 *(Anc. D. n° 67-236, 23 mars 1967 ; mod., D. n° 2020-106, 10 févr. 2020)*. – Dans le cas où, du fait de pertes constatées dans les documents comptables, les capitaux propres de la société deviennent inférieurs à la moitié du capital social, la décision de l'assemblée générale prévue au premier alinéa de l'article L. 225-248 est déposée au greffe du tribunal de commerce du lieu du siège social et inscrite au registre du commerce et des sociétés.

En outre, elle est publiée dans un support habilité à recevoir des annonces légales conformément aux dispositions de l'article R. 210-11.

Section VIII. – De la responsabilité civile

Art. R. 225-167 *(Anc. D. n° 67-236, 23 mars 1967)*. – Les actionnaires qui, sur le fondement des dispositions des articles L. 225-251 et L. 225-256, entendent demander aux administrateurs, au directeur général ou aux membres du directoire la réparation du préjudice qu'ils ont subi personnellement en raison de mêmes faits peuvent donner à un ou plusieurs d'entre eux le mandat d'agir en leur nom devant les juridictions civiles, sous les conditions suivantes :

1° Le mandat est écrit et mentionne expressément qu'il donne au ou aux mandataires le pouvoir d'accomplir au nom du mandant tous les actes de procédure ; il précise, s'il y a lieu, qu'il emporte le pouvoir d'exercer les voies de *recours* ;

2° La demande en justice indique les nom, prénoms et adresse de chacun des mandants ainsi que le nombre des actions qu'ils détiennent. Elle précise le montant de la réparation réclamée par chacun d'eux.

Art. R. 225-168 *(Anc. D. n° 67-236, 23 mars 1967)*. – Les actes de procédure et de notification sont réputés valablement accomplis à l'égard du ou des seuls mandataires.

Art. R. 225-169 *(Anc. D. n° 67-236, 23 mars 1967).* – S'ils représentent au moins le vingtième du capital social, des actionnaires peuvent, dans un intérêt commun, charger à leurs frais, un ou plusieurs d'entre eux de les représenter, pour soutenir, tant en demande qu'en défense, l'action sociale soit contre les administrateurs, soit contre le directeur général, soit contre les membres du directoire.

Toutefois, lorsque le capital de la société est supérieur à 750 000 €, le montant du capital à représenter en application de l'alinéa précédent est, selon l'importance de ce capital, réduit ainsi qu'il suit :

a) 4 % pour les 750 000 premiers euros ;

b) 2,50 % pour la tranche de capital comprise entre 750 000 et 7 500 000 € ;

c) 1 % pour la tranche de capital comprise entre 7 500 000 et 15 000 000 € ;

d) 0,50 % pour le surplus du capital.

Le retrait en cours d'instance d'un ou plusieurs des actionnaires mentionnés à l'alinéa précédent, soit qu'ils aient perdu la qualité d'actionnaire, soit qu'ils se soient volontairement désistés, est sans effet sur la poursuite de l'instance.

Art. R. 225-170 *(Anc. D. n° 67-236, 23 mars 1967).* – Lorsque l'action sociale est intentée par un ou plusieurs actionnaires, agissant soit individuellement, soit dans les conditions prévues à l'article R. 225-169, le tribunal ne peut statuer que si la société a été régulièrement mise en cause par l'intermédiaire de ses représentants légaux.

Le tribunal peut désigner un mandataire ad hoc pour représenter la société dans l'instance, lorsqu'il existe un conflit d'intérêt entre celle-ci et ses représentants légaux.

Section IX. – Des sociétés anonymes à participation ouvrière

Art. R. 225-171 *(Anc. D. n° 94-815, 14 sept. 1994 ; mod., D. n° 2016-1026, 26 juill. 2016).* – Le président du tribunal de commerce du ressort du siège social de la société, statuant sur requête du président du conseil d'administration ou du directoire de la société anonyme à participation ouvrière, désigne l'expert indépendant chargé de présenter à l'assemblée générale des actionnaires le rapport sur le montant de l'indemnisation proposée aux participants et anciens participants mentionnés au deuxième alinéa de l'article L. 225-269.

Cet expert est choisi parmi les commissaires aux comptes inscrits sur la liste prévue au I de l'article L. 822-1. Il est soumis aux incompatibilités prévues aux articles L. 822-10 à L. 822-14 et au Code de déontologie de la profession.

Art. R. 225-172 *(Anc. D. n° 94-815, 14 sept. 1994).* – La requête du président du conseil d'administration ou du directoire de la société anonyme à participation ouvrière intervient trois mois au moins avant la date de l'assemblée générale extraordinaire appelée à statuer sur l'indemnisation.

Le rapport de l'expert est déposé au siège social trente-cinq jours au moins avant la date de réunion de l'assemblée générale extraordinaire appelée à statuer sur l'indemnisation et est tenu à la disposition des actionnaires et des mandataires sociaux de la société coopérative de main-d'œuvre.

CHAPITRE VI. – DES SOCIÉTÉS EN COMMANDITE PAR ACTIONS

Art. R. 226-1 *(Anc. D. n° 67-236, 23 mars 1967 ; mod., D. n° 2015-606, 3 juin 2015 ; D. n° 2019-1235, 27 nov. 2019 ; D. n° 2020-1742, 29 déc. 2020).* – Dans la mesure où elles sont compatibles avec les dispositions particulières prévues par les articles L. 226-1 à L. 226-14 et L. 22-10-74 à L. 22-10-78, les règles édictées par le présent livre et concernant les sociétés en commandite simple et les sociétés anonymes, à l'exception des articles R. 225-15 à R. 225-34, R. 225-35 à R. 225-60 et R. 22-10-14 à R. 22-10-19, sont applicables aux sociétés en commandite par actions.

NB : Conformément à l'article 9 du décret n° 2019-1235 du 27 novembre 2019, ces dispositions s'appliquent à compter des assemblées générales statuant sur le premier exercice clos après la publication de l'ordonnance n° 2019-1234 du 27 novembre 2019 susvisée.

Art. R. 226-1-1 *(D. n° 2019-1235, 27 nov. 2019 ; abr., D. n° 2020-1742, 29 déc. 2020).*

Art. R. 226-2 *(Anc. D. n° 67-236, 23 mars 1967 ; mod., D. n° 2019-1235, 27 nov. 2019 ; D. n° 2020-1742, 29 déc. 2020).* – Les dispositions des articles R. 225-30, R. 225-31 et R. 22-10-17 sont applicables aux conventions mentionnées à l'article L. 226-10. L'avis prévu au premier alinéa de l'article R. 225-30 est donné par le président du conseil de surveillance.

Art. R. 226-3 *(Anc. D. n° 67-236, 23 mars 1967).* – Les dispositions des articles R. 225-110 à R. 225-112 sont applicables aux gérants et membres du conseil de surveillance.

CHAPITRE VII. – DES SOCIÉTÉS PAR ACTIONS SIMPLIFIÉES

Art. R. 227-1-1 *(D. n° 2019-1118, 31 oct. 2019).* – Lorsque les statuts prévoient la tenue du registre des décisions mentionné à l'article L. 227-9 et l'établissement des procès-verbaux sous forme électronique sans en préciser les modalités, les procès-verbaux sont signés au moyen d'une signature électronique qui respecte au moins les exigences relatives à une signature électronique avancée prévues par l'article 26 du règlement (UE) n° 910/2014 du Parlement européen et du Conseil du 23 juillet 2014 sur l'identification électronique et les services de confiance pour les transactions électroniques au sein du marché intérieur. Les procès-verbaux sont datés de façon électronique par un moyen d'horodatage offrant toute garantie de preuve.

Art. D. 227-1 *(Mod., D. n° 2019-1419, 20 déc. 2019 ; D. n° 2020-101, 7 févr. 2020).* – Les seuils mentionnés à l'article L. 227-9-1 relatif à la désignation d'un commissaire aux comptes sont ceux définis à l'article D. 221-5.

Le total du bilan et le montant hors taxe du chiffre d'affaires sont déterminés conformément aux cinquième et sixième alinéas de l'article D. 123-200.

La société n'est plus tenue de désigner un commissaire aux comptes dès lors qu'elle n'a pas dépassé les chiffres fixés pour deux de ces trois critères pendant les deux exercices précédant l'expiration du mandat du commissaire aux comptes.

Dans le cas prévu au troisième alinéa de l'article L. 227-9-1, le commissaire aux comptes est désigné par jugement du président du tribunal de commerce statuant selon la procédure accélérée au fond.

NB : Conformément à l'article 15 du décret n° 2020-101, ces dispositions s'appliquent à compter du premier exercice ouvert à compter de son entrée en vigueur.

Art. R. 227-2 *(D. n° 2014-1053, 16 sept. 2014 ; mod., D. n° 2019-1097, 28 oct. 2019).* – Les articles R. 225-66 à R. 225-70 et l'article R. 225-83 sont applicables aux sociétés par actions simplifiées qui procèdent à une offre mentionnée au 2° de l'article L. 411-2 du Code monétaire et financier.

Art. D. 227-3 *(D. n° 2017-630, 25 avr. 2017).* – Pour l'application du cinquième alinéa de l'article L. 227-1, le montant de la valeur qu'aucun apport en nature ne doit excéder est fixé à 30 000 €.

CHAPITRE VIII. – DES VALEURS MOBILIÈRES ÉMISES PAR LES SOCIÉTÉS PAR ACTIONS

Section I. – Dispositions communes

Art. R. 228-1 *(Anc. D. n° 67-236, 23 mars 1967 ; mod., D. n° 2009-295, 16 mars 2009).* – L'intermédiaire mentionné aux septième et huitième alinéas de l'article L. 228-1 déclare sa qualité d'intermédiaire inscrit pour le compte de tiers, dès l'ouverture du compte, auprès de la société émettrice, auprès d'un *intermédiaire mentionné à l'article L. 211-3* du Code monétaire et financier ou auprès d'un dépositaire central.

Art. R. 228-2 *(Anc. D. n° 67-236, 23 mars 1967 ; D. n° 2009-295, 16 mars 2009).* – Lorsque les titres revêtent la forme de titres nominatifs administrés, l'intermédiaire mentionné à l'article L. 211-3 du Code monétaire et financier transmet immédiatement cette déclaration à la société émettrice.

Art. R. 228-3 *(Anc. D. n° 67-236, 23 mars 1967 ; mod., D. n° 2019-1235, 27 nov. 2019).* – I. – Les informations mentionnées aux I et II de l'article L. 228-2 et à l'article L. 228-3 sont, pour chaque propriétaire de titre, les suivantes :

1° Selon le cas, le nom ou la dénomination sociale ;

2° La nationalité ;

3° Selon le cas, l'année de naissance ou l'année de constitution ;

4° L'adresse postale et, le cas échéant, électronique ;

5° Le nombre de titres détenus ;

6° Le cas échéant, les restrictions dont les titres peuvent être frappés.

En outre, dans le cadre fixé par les articles L. 228-2 ou L. 228-3, la société émettrice ou son mandataire peut demander, pour chaque propriétaire de titres, la communication des informations supplémentaires suivantes, qui ne sont communiquées par la personne interrogée que si celle-ci dispose de l'information demandée ;

7° Lorsque le propriétaire est une personne morale, le numéro d'immatriculation, ou, à défaut d'un tel numéro, l'identifiant d'entité juridique (LEI) visé dans le règlement d'exécution (UE) n° 1247/2012 de la Commission, ou, lorsque le propriétaire est une personne physique, l'identifiant national au sens de l'article 6 du règlement délégué (UE) 2017/590 de la Commission ;

8° La date depuis laquelle les titres sont détenus ;

9° Le code indiquant l'activité principale exercée faisant référence à la nomenclature d'activités française (NAF) ou son équivalent européen au sens du règlement (CE) n° 1893/2006 du 20 décembre 2006 établissant la nomenclature statistique des activités économiques NACE Rév. 2 ;

10° Le caractère professionnel ou non au sens de l'article L. 533-16 du Code monétaire et financier, des propriétaires de titres ;

11° Lorsque le titre est une part ou une action d'un OPC, la dénomination et le numéro d'immatriculation du distributeur ayant effectué leur cession auprès du propriétaire.

NB : Conformément à l'article 9 du décret n° 2019-1235 du 27 novembre 2019, les personnes soumises à l'obligation de publication des frais associés à chaque type de service sur leur site internet publient cette information au plus tard 3 mois après la publication du présent décret.

Art. R. 228-4 *(Anc. D. n° 67-236, 23 mars 1967 ; mod., D. n° 2019-1235, 27 nov. 2019).* – I. – Les délais de transmission des demandes d'informations et de communication des réponses aux demandes relatives à des titres au porteur, mentionnées à l'article L. 228-2, sont les suivants :

1° Le délai accordé au dépositaire central, mentionné au deuxième alinéa du I de l'article L. 228-2, pour transmettre la demande de la société émettrice ou de son mandataire aux teneurs de comptes qui lui sont affiliés, mentionnés au II de l'article L. 228-2, est d'un jour ouvrable à compter de la réception de la demande ;

2° Le délai accordé aux teneurs de comptes pour transmettre les informations, selon le cas, à la société émettrice ou son mandataire ou au dépositaire central, est de dix jours ouvrables à compter de la réception de la demande ;

3° Le délai accordé au dépositaire central pour transmettre la réponse à la société émettrice est de cinq jours ouvrables à compter de la réception des informations ;

4° Le cas échéant, le délai accordé aux teneurs de compte pour transmettre la demande aux intermédiaires inscrits pour le compte d'un ou plusieurs tiers propriétaires, mentionnés aux septième et huitième alinéa de l'article L. 228-1, est d'un jour ouvrable à compter de la réception de la demande ;

5° Dans le cas prévu au 4°, le délai accordé aux intermédiaires inscrits pour transmettre les informations aux teneurs de comptes est de dix jours ouvrables à compter de la réception de la demande ; le délai accordé aux teneurs de compte pour transmettre la réponse, selon le cas, à la société émettrice ou son mandataire ou au dépositaire central, est d'un jour ouvrable à compter de sa réception.

II. – Le délai accordé aux intermédiaires inscrits pour le compte d'un ou plusieurs tiers propriétaires, mentionnés aux septième et huitième alinéa de l'article L. 228-1, pour répondre aux demandes relatives à des titres de forme nominative, est de dix jours ouvrables à compter de la réception de la demande.

III. – Le délai accordé aux personnes interrogées sur le fondement du I de l'article L. 228-3-1 pour répondre aux demandes de la société émettrice est de dix jours ouvrables à compter de la réception de la demande.

NB : Conformément à l'article 9 du décret n° 2019-1235 du 27 novembre 2019, les personnes soumises à l'obligation de publication des frais associés à chaque type de service sur leur site internet, publient cette information au plus tard 3 mois après la publication du présent décret.

Art. R. 228-5 *(Anc. D. n° 67-236, 23 mars 1967 ; mod., D. n° 2019-1235, 27 nov. 2019).* – Les personnes qui fournissent un ou plusieurs des services d'identification des propriétaires de titres mentionnés aux articles L. 228-2 à L. 228-3-1 publient sur leur site internet les frais associés à chaque type de service.

NB : Conformément à l'article 9 du décret n° 2019-1235 du 27 novembre 2019, les personnes soumises à l'obligation de publication des frais associés à chaque type de service sur leur site internet publient cette information au plus tard 3 mois après la publication du présent décret.

Art. R. 228-6 *(Anc. D. n° 67-236, 23 mars 1967 ; mod., D. n° 2015-545, 18 mai 2015).* – L'intermédiaire inscrit bénéficiaire d'un mandat mentionné à l'article L. 228-3-2 peut transmettre ou émettre sous sa signature les votes des propriétaires d'actions ou d'obligations. Les mandats et procurations sont conservés durant un délai de trois ans à compter de l'assemblée générale au cours de laquelle ont été exercés les droits de vote.

Art. R. 228-7 *(Anc. D. n° 67-236, 23 mars 1967 ; mod., D. n° 2015-545, 18 mai 2015 ; mod., D. n° 2018-1226, 24 déc. 2018).* – La société tient à jour la liste des personnes titulaires de titres financiers nominatifs, avec l'indication du domicile déclaré par chacune d'elles.

Art. R. 228-8 *(Anc. D. n° 67-236, 23 mars 1967 ; mod., D. n° 2018-1226, 24 déc. 2018).* – Les registres de titres nominatifs émis par une société sont établis par cette société ou par une personne qu'elle habilite à cet effet.

Ces registres peuvent être tenus de manière chronologique sur support papier ou sur tout autre support durable, notamment au moyen d'un dispositif d'enregistrement électronique partagé.

En outre, il peut être tenu des fichiers contenant, par ordre alphabétique, les noms et adresses des titulaires de titres, ainsi que l'indication du nombre, de la catégorie et, le cas échéant, des numéros des titres de chaque titulaire. Les mentions de ces fichiers ne peuvent faire preuve contre celles contenues dans les registres.

Art. R. 228-9 *(Anc. D. n° 67-236, 23 mars 1967).* – Les registres mentionnés à l'article R. 228-8 contiennent les indications relatives aux opérations de transfert et de conversion des titres, et notamment :

1° La date de l'opération ;

2° Les nom, prénoms et domicile de l'ancien et du nouveau titulaire des titres, en cas de transfert ;

3° Les nom, prénoms et domicile du titulaire des titres, en cas de conversion de titres au porteur en titres nominatifs ;

4° La valeur nominale et le nombre de titres transférés ou convertis. Toutefois, lorsque ces titres sont des actions, le capital social et le nombre de titres représenté par l'ensemble des actions de la même catégorie peuvent être indiqués en lieu et place de leur valeur nominale ;

5° Le cas échéant, si la société a émis des actions de différentes catégories et s'il n'est tenu qu'un seul registre des actions nominatives, la catégorie et les caractéristiques des actions transférées ou converties ;

6° Un numéro d'ordre affecté à l'opération.

En cas de transfert, le nom de l'ancien titulaire des titres peut être remplacé par un numéro d'ordre permettant de retrouver ce nom dans les registres.

Art. R. 228-10 *(Anc. D. n° 67-236, 23 mars 1967 ; mod., D. n° 2018-1226, 24 déc. 2018).* – Pour l'application de la dernière phrase du neuvième alinéa de l'article L. 228-1, l'inscription au compte de l'acheteur ou dans un dispositif d'enregistrement électronique partagé est faite à la date fixée par l'accord des parties et notifiée à la société émettrice.

Art. R. 228-11 *(Anc. D. n° 67-236, 23 mars 1967 ; mod., D. n° 2015-545, 18 mai 2015).* – La mise en vente par la société des titres qui n'ont pu être attribués individuellement, prévue à l'article L. 228-6, est précédée de la publication d'un avis dans deux journaux à diffusion nationale ; cet avis met en demeure les titulaires des droits de faire valoir leurs droits dans un délai d'un an et les informe que la société procédera à la vente à l'expiration de ce délai.

Ce même avis les informe que la société tiendra le produit net de la vente des titres à leur disposition pendant dix ans sur un compte bloqué dans un établissement de crédit.

La vente peut être faite aux enchères publiques par un prestataire de services d'investissement ou par un notaire, conformément aux dispositions de l'article L. 211-21 du Code monétaire et financier.

Art. R. 228-12 *(Anc. D. n° 67-236, 23 mars 1967 ; mod., D. n° 2009-295, 16 mars 2009 ; D. n° 2015-545, 18 mai 2015 ; D. n° 2017-1253, 9 août 2017).* – La vente prévue à l'article L. 228-6-1 des titres de capital qui n'ont pu être attribués individuellement et correspondant aux droits formant rompus ainsi que la répartition des sommes provenant de cette vente aux titulaires des droits interviennent dans un délai de trente jours à compter de la plus tardive des dates d'inscription, au compte des titulaires des droits, du nombre entier de titres de capital attribués.

Lorsque les titres sont admis à la négociation sur un marché réglementé, cette vente est réalisée par l'émetteur des titres ou par les intermédiaires mentionnés aux 2° à 7° de l'article L. 542-1 du Code monétaire et financier sur le marché réglementé à la négociation duquel les titres sont admis.

Lorsque les titres sont uniquement admis à la négociation sur un système multilatéral de négociation, cette vente est réalisée par l'émetteur des titres ou par les intermédiaires mentionnés aux 2° à 7° de l'article L. 542-1 du Code monétaire et financier sur le système multilatéral à la négociation duquel les titres sont admis.

Lorsque les titres ne sont pas admis à la négociation sur un marché réglementé ni sur un système multilatéral de négociation, la vente de ces titres est réalisée par la société émettrice ou peut être faite aux enchères publiques par un prestataire de services d'investissement autre qu'une société de gestion de portefeuille ou par un notaire, conformément aux dispositions de l'article L. 211-21 du Code monétaire et financier.

Les sommes provenant de la vente sont réparties proportionnellement aux droits formant rompus de chaque titulaire de droits.

Art. R. 228-13 *(Abr., D. n° 2015-545, 18 mai 2015).*

Art. R. 228-14 *(Anc. D. n° 67-236, 23 mars 1967 ; mod., D. n° 2015-545, 18 mai 2015).* – Pour l'application de l'article L. 228-6-3, la vente a lieu à l'expiration d'un délai d'un an après la publicité effectuée dans les conditions et suivant les modalités prévues à l'article R. 228-11 si, pendant cette période, les personnes au nom desquelles l'inscription a été faite ou leurs ayants droit n'ont pu être atteintes par l'avis mentionné à l'article R. 228-11 adressé par lettre recommandée avec demande d'avis de réception.

Lorsque la vente porte sur des titres de capital admis aux négociations sur un marché réglementé, sur un système multilatéral de négociation ou aux opérations d'un dépositaire central, elle est réalisée, au terme d'un délai d'un an, suivant les modalités fixées, selon le cas, au deuxième, au troisième ou au quatrième alinéa de l'article R. 228-12.

Section II. – Des actions

Sous-section 1. – De l'émission, du rachat et de la conversion des actions de préférence

Art. R. 228-15 *(Anc. D. n° 67-236, 23 mars 1967).* – En cas de conversion d'actions de préférence en actions aboutissant à une réduction de capital non motivée par des pertes, les dispositions de l'article R. 225-152 s'appliquent.

Une décision de justice rejette l'opposition ou ordonne soit le remboursement des créances, soit la constitution de garanties si la société en offre et si elles sont jugées suffisantes.

Si le juge de première instance accueille l'opposition, la procédure de conversion est immédiatement interrompue jusqu'à la constitution de garanties suffisantes ou jusqu'au remboursement des créances. S'il la rejette, les opérations de conversion peuvent commencer.

Art. R. 228-16 *(Anc. D. n° 67-236, 23 mars 1967).* – L'assemblée spéciale, statuant dans les conditions prévues à l'article L. 225-99 sur les questions qui lui sont soumises pour approbation et composée des titulaires d'actions de préférence intéressés, est convoquée dans les mêmes formes et se tient au plus tard le même jour que l'assemblée générale.

Art. R. 228-17 *(Anc. D. n° 67-236, 23 mars 1967 ; mod., D. n° 2020-1742, 29 déc. 2020).* – En cas d'émission d'actions de préférence dans les conditions prévues à l'article L. 228-12, le rapport du conseil d'administration ou du directoire indique les caractéristiques des actions de préférence et précise l'incidence de l'opération sur la situation des titulaires de titres de capital et de valeurs mobilières donnant accès au capital. Il est conforme aux règles posées par les articles R. 225-113 et R. 225-114, ainsi que, selon les cas, par les articles R. 225-115 ou R. 225-116 et R. 22-10-31.

Le commissaire aux comptes donne son avis sur l'augmentation de capital envisagée, les caractéristiques des actions de préférence et l'incidence de l'opération sur la situation des titulaires de titres de capital et de valeurs mobilières donnant accès au capital telle que définie au premier alinéa de l'article R. 225-115. Le cas échéant, ce rapport est conforme aux règles posées par l'article R. 225-114, ainsi que, selon les cas, par les articles R. 225-115 ou R. 225-116 et R. 22-10-31.

Art. R. 228-18 *(Anc. D. n° 67-236, 23 mars 1967).* – Le rapport du conseil d'administration ou du directoire à l'assemblée générale extraordinaire appelée à se prononcer sur la conversion prévue aux articles L. 228-12, L. 228-14 et au second alinéa de l'article L. 228-15 indique les conditions de celle-ci, les modalités de calcul du rapport de conversion et les modalités de sa réalisation. Il précise l'incidence de l'opération sur la situation des titulaires de titres de capital et de valeurs mobilières donnant accès au capital telle que définie au premier alinéa de l'article R. 225-115. Le cas échéant, il indique les caractéristiques des actions de préférence issues de la conversion.

Le commissaire aux comptes donne son avis sur la conversion ainsi que sur l'incidence de l'opération sur la situation des titulaires de titres de capital et de valeurs mobilières donnant accès au capital telle que définie au premier alinéa de l'article R. 225-115 et indique si les modalités de calcul du rapport de conversion sont exactes et sincères.

Art. R. 228-19 *(Anc. D. n° 67-236, 23 mars 1967 ; mod., D. n° 2007–750, 9 mai 2007 ; D. n° 2015-545, 18 mai 2015).* – Pour l'application du II de l'article L. 228-12, le rapport du conseil d'administration ou du directoire précise les conditions du rachat, ainsi que les justifications et les modalités de calcul du prix proposé.

Il précise l'incidence de l'opération sur la situation des titulaires de titres de capital et de valeurs mobilières donnant accès au capital telle que définie au premier alinéa de l'article R. 225-115.

Le commissaire aux comptes donne son avis sur l'offre de rachat ainsi que sur l'incidence de l'opération sur la situation des titulaires de titres de capital et de valeurs mobilières donnant accès au capital telle que définie au premier alinéa de l'article R. 225-115 et indique si les modalités de calcul du prix de rachat sont exactes et sincères.

Art. R. 228-20 *(Anc. D. n° 67-236, 23 mars 1967 ; mod., D. n° 2015-545, 18 mai 2015).* – Lorsque l'assemblée générale extraordinaire se prononce sur l'inscription dans les statuts des modalités de conversion des actions de préférence, le rapport du conseil d'administration ou du directoire indique les modalités de conversion, ainsi que les modalités de mise à disposition des actionnaires des rapports du conseil d'administration ou du directoire et du commissaire aux comptes prévus à l'article R. 228-18. Ces indications sont portées dans les statuts.

Le commissaire aux comptes donne son avis sur ces modalités de conversion.

Art. R. 228-21 *(Anc. D. n° 67-236, 23 mars 1967).* – Les rapports mentionnés aux articles R. 228-17 à R. 228-20 sont transmis aux assemblées spéciales des titulaires d'actions de préférence intéressés lorsqu'elles doivent approuver ces modifications. Ils sont tenus à la disposition de ces derniers au siège de la société à compter de la date de la convocation de l'assemblée spéciale dans les conditions prévues à l'article R. 225-88 et au deuxième alinéa de l'article R. 225-89.

Art. R. 228-22 *(Anc. D. n° 67-236, 23 mars 1967).* – Le rapport spécial du commissaire aux comptes de la société établi en application de l'article L. 228-19 comprend son avis sur le respect par la société des droits particuliers attachés aux actions de préférence et indique, le cas échéant, la date à partir de laquelle ces droits ont été méconnus.

Les frais relatifs à l'établissement du rapport sont à la charge de la société.

Le rapport est tenu à la disposition des actionnaires, au siège social, quinze jours au moins avant la date de l'assemblée spéciale au cours de laquelle il est présenté.

Art. R. 228-22-1 *(D. n° 2015-545, 18 mai 2015).* – Pour l'application du III de l'article L. 228-12, le conseil d'administration ou le directoire, ou sur délégation l'une des personnes mentionnées à l'article L. 225-129-4, dresse *un avis de rachat tenu à la disposition des actionnaires*, quinze jours au moins avant la réalisation de l'opération, à l'adresse du siège social et au greffe du tribunal de commerce dans le ressort duquel est situé ce siège.

Cet avis indique les modalités essentielles du rachat définies en conformité avec les stipulations statutaires, et notamment :

1° La ou les catégories d'actions de préférence concernées ;

2° Le nombre maximum d'actions de préférence susceptibles d'être rachetées ;

3° Le prix ou ses modalités de détermination ;

4° Le montant maximum des sommes distribuables au sens de l'article L. 232-11 susceptibles d'être affectées à ce rachat, ou, le cas échéant, le montant maximum du produit d'une nouvelle émission de titres de capital effectuée en vue de ce rachat ;

5° La valeur maximum de la réserve mentionnée au 2° du III de l'article L. 228-12 et constituée en vue de ce rachat ;

6° Le cas échéant, le montant maximum de la prime mentionnée au 3° du III de l'article L. 228-12, ainsi que le montant des sommes distribuables ou de la réserve sur lesquelles cette prime est prélevée.

Sous-section 2. – Des clauses d'agrément de la cession de titres de capital ou de valeurs mobilières donnant accès au capital

Art. R. 228-23 *(Anc. D. n° 67-236, 23 mars 1967).* – La demande d'agrément du cessionnaire prévue au premier alinéa de l'article L. 228-24 est notifiée à la société par acte extrajudiciaire ou par lettre recommandée avec demande d'avis de réception.

La désignation de l'expert prévue à l'article 1843-4 du Code civil est faite par le président du tribunal de commerce ; celui-ci accorde par ordonnance de référé, l'actionnaire cédant et le cessionnaire dûment appelés, la prolongation de délai prévue au troisième alinéa de l'article L. 228-24. Ces ordonnances ne sont pas susceptibles de recours.

Sous-section 3. – De la défaillance de l'actionnaire

Art. R. 228-24 *(Anc. D. n° 67-236, 23 mars 1967 ; mod., D. n° 2009-295, 16 mars 2009 ; D. n° 2017-1253, 9 août 2017 ; D. n° 2020-106, 10 févr. 2020).* – Pour l'application de l'article L. 228-27, l'actionnaire défaillant est mis en demeure par lettre recommandée avec demande d'avis de réception.

La vente des actions non admises aux négociations sur un marché réglementé est effectuée aux enchères publiques par un prestataire de services d'investissement autre qu'une société de gestion de portefeuille ou par un notaire dans les conditions prévues à l'article L. 211-21 du Code monétaire et financier. À cet effet, la société publie dans un support habilité à recevoir les annonces légales dans le département du siège social, trente jours au moins après la mise en demeure prévue à l'alinéa précédent, le nombre d'actions mises en vente. Elle avise le débiteur et, le cas échéant, ses codébiteurs de la mise en vente, par lettre recommandée contenant l'indication de la date et du numéro du support dans lequel la publication a été effectuée. Il ne peut être procédé à la mise en vente des actions moins de quinze jours après l'envoi de la lettre recommandée.

NB : Conformément aux dispositions de l'article 20 du décret n° 2017-1253 du 9 août 2017 ces dispositions entrent en vigueur le 3 janvier 2018.

Art. R. 228-25 *(Anc. D. n° 67-236, 23 mars 1967).* – L'inscription de l'actionnaire défaillant est rayée de plein droit dans le registre des actions nominatives de la société. Si les titres délivrés revêtent la forme nominative, l'acquéreur est inscrit et de nouveaux certificats indiquant la libération des versements appelés et portant la mention « duplicatum » sont délivrés.

Lorsque les actions étaient inscrites en compte chez l'émetteur conformément aux dispositions des articles R. 211-1 et R. 211-4 du Code monétaire et financier, l'inscription en compte de l'actionnaire défaillant est annulée de plein droit. L'acquéreur est inscrit et de nouvelles attestations indiquant la libération des versements appelés et portant la mention « duplicatum » sont délivrées.

Le produit net de la vente revient à la société à due concurrence et s'impute sur ce qui est dû en principal et intérêts par l'actionnaire défaillant et ensuite sur le remboursement des frais exposés par la société pour parvenir à la vente. L'actionnaire défaillant reste débiteur ou profite de la différence.

Art. R. 228-26 *(Anc. D. n° 67-236, 23 mars 1967).* – Le délai mentionné au premier alinéa de l'article L. 228-29 est de trente jours à compter de la mise en demeure prévue par le premier alinéa de l'article L. 228-27.

Sous-section 4. – Du regroupement d'actions non admises aux négociations sur un marché réglementé

Art. R. 228-27. – Le montant prévu à l'article L. 228-29-1 est de 3,81 €.

Le montant prévu au deuxième alinéa de l'article L. 228-29-2 est de 15,25 €.

Art. R. 228-28 *(Anc. D. n° 65-268, 5 avr. 1965).* – Les décisions d'assemblées générales d'actionnaires, relatives au regroupement d'actions, prévues aux articles L. 228-29-1 et L. 228-29-2, sont prises, dans les conditions prévues pour la modification des statuts, sur la proposition d'un gérant ou du conseil d'administration ; cette proposition porte notamment sur le prix de négociation des rompus et les engagements relatifs à cette négociation prévus à l'article L. 228-29-2.

Le conseil de surveillance ou les commissaires aux comptes donnent, dans un rapport spécial à l'assemblée, leur avis sur les propositions du gérant ou du conseil d'administration ; ils indiquent si le prix proposé leur paraît réel et sérieux et si les engagements pris pour l'application de l'article L. 228-29-2 leur paraissent de nature à assurer en toute hypothèse la contrepartie prévue à cet article. L'assemblée générale fixe les bases du regroupement et arrête le prix prévu à l'article L. 228-29-2.

Art. R. 228-29 *(Anc. D. n° 65-268, 5 avr. 1965).* – Les engagements prévus à l'article L. 228-29-2 sont portés à la connaissance de l'assemblée générale par le gérant ou le conseil d'administration et reproduits dans le rapport du conseil de surveillance ou des commissaires aux comptes.

Art. R. 228-30 *(Anc. D. n° 65-268, 5 avr. 1965).* – Le délai prévu à l'alinéa premier de l'article L. 228-29-3 est de deux ans à compter de la date initiale des opérations de regroupement.

Les actionnaires qui ont pris l'engagement prévu par l'article L. 228-29-2 disposent, pour procéder au regroupement de leurs actions, d'un délai supplémentaire d'un mois à compter de l'expiration du délai prévu au premier alinéa.

Les dispositions du premier alinéa de l'article L. 228-29-3 ne sont pas applicables pendant ce délai supplémentaire aux actions qui leur appartiennent.

Art. R. 228-31 *(Anc. D. n° 65-268, 5 avr. 1965).* – Les décisions des assemblées générales d'actionnaires mentionnées à l'article R. 228-28 sont publiées au *Bulletin des annonces légales obligatoires*.

Cette publication indique la date à laquelle débuteront les opérations de regroupement ; cette date est postérieure de quinze jours au moins à celle de la publication.

Cette publication indique en outre :

1° La dénomination sociale et la forme de la société ;

2° Son siège social ;

3° Le montant de son capital social ;

4° Le nombre des actions soumises au regroupement et la valeur nominale de chacune d'elles ;

5° Le nombre des actions à provenir du regroupement et la valeur nominale de chacune d'elles ;

6° Les bases d'échange des actions soumises au regroupement contre les actions à provenir du regroupement ;

7° Le prix de négociation des actions anciennes formant rompus, arrêté par l'assemblée générale dans les conditions prévues à l'article R. 228-28 ;

8° Les noms et adresses du ou des actionnaires qui auront pris l'engagement prévu à l'article L. 228-29-2 ;

9° La date de l'assemblée générale ayant décidé le regroupement ;

10° La date à laquelle expire le délai prévu au premier alinéa de l'article R. 228-30 ;

11° Le ou les lieux où les actions anciennes devront être présentées aux fins de regroupement et où devront être déposées les demandes d'acquisition ou de cessions d'actions anciennes formant rompus.

Art. R. 228-32 *(Anc. D. n° 65-268, 5 avr. 1965).* – Les actions en nullité prévues par le deuxième alinéa de l'article L. 228-29-6 se prescrivent par cinq ans à compter de l'expiration du délai prévu au premier alinéa de l'article R. 228-30.

Section III. – Dispositions applicables aux catégories de titres en voie d'extinction

Sous-section 1. – Des certificats d'investissement

Art. R. 228-33 *(Anc. D. n° 67-236, 23 mars 1967 ; mod., D. n° 2010-684, 23 juin 2010).* – L'assemblée spéciale des titulaires de certificats d'investissement est convoquée en même temps et dans les mêmes formes que l'assemblée générale des actionnaires qui décide de l'augmentation de capital ou de l'émission de valeurs mobilières donnant accès au capital.

Les dispositions des articles R. 225-62, R. 225-63, R. 225-66 à R. 225-70, du I de l'article R. 225-73 et de l'article R. 225-87 sont applicables à la convocation des titulaires de certificats d'investissement en assemblée spéciale.

Art. R. 228-34 *(Anc. D. n° 67-236, 23 mars 1967).* – L'assemblée spéciale des titulaires de certificats d'investissement appelée à statuer sur la proposition de suppression du droit préférentiel de souscription est réunie avant l'assemblée générale des actionnaires et, le cas échéant, avant l'assemblée spéciale des porteurs d'actions à dividende prioritaire sans droit de vote prévue à l'article R. 225-96 et avant les assemblées spéciales des porteurs d'actions de préférence.

Les dispositions des articles R. 225-95, R. 225-100, R. 225-101, R. 225-106 à R. 225-108, à l'exception de celles relatives à la visioconférence et au vote électronique, sont applicables aux assemblées spéciales des titulaires de certificats d'investissement.

Art. R. 228-35 *(Anc. D. n° 67-236, 23 mars 1967 ; mod., D. n° 2020-1742, 29 déc. 2020).* – Le droit de participer à l'assemblée spéciale des titulaires de certificats d'investissement peut être subordonné aux mêmes conditions que celles qui peuvent être imposées par la société à ses actionnaires conformément à l'article R. 22-10-28, à l'exception des dispositions de cet article relatives au vote électronique.

Art. R. 228-36 *(Anc. D. n° 67-236, 23 mars 1967).* – La représentation à l'assemblée spéciale d'un titulaire de certificats d'investissement est régie par les articles R. 225-79 et R. 225-81, à l'exception des dispositions de ces articles relatives au vote électronique. À toute formule de procuration adressée à un titulaire de certificats d'investissement par la société ou le mandataire qu'elle a désigné à cet effet sont joints l'ordre du jour de l'assemblée spéciale, le texte des résolutions qui y sont présentées et une formule de demande d'envoi des documents et renseignements prévus à l'article R. 225-83.

Art. R. 228-37 *(Anc. D. n° 67-236, 23 mars 1967).* – Les titulaires de certificats d'investissement exercent leur droit de communication des documents sociaux dans les conditions prévues aux articles L. 225-115 à L. 225-118 et conformément aux dispositions des articles R. 225-88 à R. 225-94.

Art. R. 228-38 *(Anc. D. n° 67-236, 23 mars 1967).* – Toute renonciation à une offre d'attribution d'action de préférence sans droit de vote et assortie des mêmes droits que les certificats d'investissement est effectuée dans le délai imparti à cet effet par la société et indiqué dans l'offre. À défaut de désignation des bénéficiaires, la renonciation est réputée faite au profit de l'ensemble des porteurs concernés par l'offre et les actions de préférence correspondantes sont attribuées aux porteurs qui n'ont pas renoncé à cette attribution complémentaire. Les rompus sont répartis selon les règles fixées par l'assemblée générale.

Art. R. 228-39 *(Anc. D. n° 67-236, 23 mars 1967).* – La déclaration prévue au sixième alinéa de l'article L. 228-30 est faite par lettre simple ou recommandée.

Sous-section 2. – Les actions à dividende prioritaire sans droit de vote

Art. R. 228-40 *(Anc. D. n° 67-236, 23 mars 1967).* – L'assemblée spéciale des titulaires d'actions à dividende prioritaire sans droit de vote, lorsqu'elle est réunie pour donner son avis sur toute décision des assemblées générales ordinaire ou extraordinaire, est convoquée en même temps que chacune de ces assemblées.

Art. R. 228-41 *(Anc. D. n° 67-236, 23 mars 1967).* – L'assemblée spéciale est convoquée dans les mêmes formes que l'assemblée générale et se tient le même jour. Le conseil ou le directoire lui présente un rapport sur les résolutions soumises à l'assemblée générale.

Art. R. 228-42 *(Anc. D. n° 67-236, 23 mars 1967).* – L'assemblée spéciale statuant dans les conditions prévues à l'article L. 225-99 sur les questions qui lui sont soumises pour approbation ou accord et composée, le cas échéant, des seuls titulaires d'actions prioritaires sans droit de vote concernés est réunie au plus tard dans le mois de la date de l'assemblée générale.

Art. R. 228-43 *(Anc. D. n° 67-236, 23 mars 1967).* – Le rapport du conseil d'administration ou du directoire à l'assemblée spéciale appelée à se prononcer sur la conversion prévue à l'article L. 228-35-3 indique les conditions de celle-ci, les modalités de calcul du rapport de conversion et les modalités de sa réalisation.

Le commissaire aux comptes donne son avis sur l'offre de conversion et indique si les modalités de calcul du rapport de conversion sont exactes et sincères.

Art. R. 228-44 *(Anc. D. n° 67-236, 23 mars 1967)*. – Pour l'application du troisième alinéa de l'article L. 228-35-10, la société fournit aux actionnaires vendeurs, à l'appui de son offre de rachat, les justifications et les modalités de calcul du prix proposé.

Art. R. 228-45 *(Anc. D. n° 67-236, 23 mars 1967)*. – Les convocations aux assemblées d'actionnaires à dividende prioritaire sans droit de vote sont faites dans les conditions prévues aux articles R. 225-62, R. 225-63, R. 225-65 à R. 225-69 et, le cas échéant, R. 225-70.

L'ordre du jour figurant sur l'avis de convocation comprend l'indication qu'il pourra être procédé à la désignation du ou des mandataires prévus au quatrième alinéa de l'article L. 228-35-6.

Art. R. 228-46 *(Anc. D. n° 67-236, 23 mars 1967 ; mod., D. n° 2020-1742, 29 déc. 2020)*. – La représentation des actionnaires aux assemblées spéciales est régie par les articles R. 225-79 à R. 225-82 et R. 22-10-24.

Cependant, le mandat prévu à l'article R. 225-79 peut être donné pour toutes les assemblées spéciales dont l'ordre du jour se rattache à celui de l'assemblée générale qui a nécessité leur convocation.

Art. R. 228-47 *(Anc. D. n° 67-236, 23 mars 1967)*. – Les articles R. 225-83 à R. 225-94 sont applicables aux titulaires d'actions à dividende prioritaire sans droit de vote.

Art. R. 228-48 *(Anc. D. n° 67-236, 23 mars 1967)*. – Les assemblées des titulaires d'actions à dividende prioritaire sans droit de vote sont soumises en tant que de besoin aux dispositions des articles R. 225-95 à R. 225-101 et R. 225-106 à R. 225-108.

Section IV. – Des titres participatifs

Art. R. 228-49 *(Anc. D. n° 67-236, 23 mars 1967)*. – L'assiette de la partie variable de la rémunération des titres participatifs ne peut être supérieure à 40 % du montant nominal du titre.

Les éléments retenus pour le calcul de la partie variable de la rémunération sont tirés des comptes annuels approuvés ou, s'il y a lieu, des comptes consolidés.

Art. R. 228-50 *(Anc. D. n° 67-236, 23 mars 1967)*. – L'assemblée générale des porteurs de titres participatifs se réunit au moins une fois par an, le jour où se réunit l'assemblée générale des actionnaires ou, dans les entreprises publiques qui n'en sont pas pourvues, du conseil d'administration qui statue sur les comptes de l'exercice écoulé, ou dans les quinze jours qui précèdent.

Art. R. 228-51 *(D. n° 2008-258, 13 mars 2008 ; mod., D. n° 2019-1097, 28 oct. 2019)*. – La société qui émet des titres participatifs rend publiques, avant l'ouverture de leur souscription par le public, les conditions de l'émission, selon les modalités prévues par le règlement (UE) n° 2017/1129 du 14 juin 2017.

Art. R. 228-52 *(Anc. D. n° 67-236, 23 mars 1967)*. – Les titres participatifs remis aux souscripteurs contiennent les indications suivantes :

1° La dénomination sociale, suivie, le cas échéant, de son sigle ;

2° La forme de la société émettrice ;

3° Le montant du capital social ;

4° L'adresse du siège social ;

5° La date d'immatriculation de la société au registre du commerce et des sociétés et les mentions prévues aux 1° et 2° de l'article R. 123-237 ;

6° La date d'expiration normale de la société ;

7° Le montant, lors de l'émission, des titres garantis par la société ;

8° Le montant de l'émission ;

9° La valeur nominale du titre ;

10° Le taux et l'époque du paiement de l'intérêt et des autres produits ;

11° L'époque et les conditions de remboursement ainsi que les conditions de rachat du titre ;

12° Les garanties attachées aux titres, sauf lorsque les titres d'emprunt bénéficient de la garantie de l'État, de départements, de communes ou d'établissements publics, ou lorsqu'ils sont émis par le crédit foncier de France ou la société anonyme Natexis ou toute société qu'elle contrôle au sens de l'article L. 233-3 ;

13° Le montant non amorti, lors de l'émission, des titres d'emprunt antérieurement émis ;

14° S'il s'agit de titres convertibles en actions, le ou les délais d'exercice de l'option accordée aux porteurs pour convertir leurs titres ainsi que les bases de cette conversion ;

15° S'il s'agit de titres échangeables, les modalités et conditions fixées pour l'échange, avec l'indication des personnes qui se sont obligées à assurer cet échange ;

16° Le tableau d'amortissement de l'emprunt.

Art. R. 228-53 *(Anc. D. n° 67-236, 23 mars 1967).* – Les articles R. 228-60 à R. 228-78 et R. 228-80 à R. 228-86 sont applicables en cas d'émission de titres participatifs. À cet effet, les règles prévues par ces articles et concernant la société débitrice de l'emprunt obligataire, l'émission des obligations et les obligataires sont applicables respectivement à la société émettrice des titres participatifs, à l'émission de tels titres et à leurs porteurs.

Art. R. 228-54 *(Anc. D. n° 67-236, 23 mars 1967).* – Le droit des porteurs de titres participatifs d'obtenir la communication des documents sociaux s'exerce conformément aux articles R. 225-92 à R. 225-94.

Art. R. 228-55 *(Anc. D. n° 67-236, 23 mars 1967).* – Une société peut racheter sur un marché réglementé les titres participatifs qu'elle a émis selon les modalités prévues aux articles R. 225-159 et R. 225-160. Ces titres sont cédés dans un délai d'un an. À l'expiration de ce délai, ils sont annulés.

Art. D. 228-56 *(Anc. D. n° 86-1253, 4 déc. 1986).* – Lorsque la masse des porteurs prévue par l'article L. 228-37 est constituée de porteurs de titres émis par un établissement public de l'État à caractère industriel et commercial soumis aux règles de la comptabilité publique, le rapport sur les comptes de l'exercice et sur les éléments servant à la détermination de la rémunération des titres participatifs est établi par l'agent comptable de l'établissement.

Section V. – Des obligations

Art. R. 228-57 *(Abr., D. n° 2017-1165, 12 juill. 2017).*

Art. R. 228-58 et R. 228-59 *(Abr., D. n° 2008-258, 13 mars 2008).*

Art. R. 228-60 *(Anc. D. n° 67-236, 23 mars 1967 ; mod., D. n° 2017-1165, 12 juill. 2017 ; D. n° 2019-966, 18 sept. 2019).* – Dans les cas prévus par l'article L. 228-50 et par l'article L. 228-51, les représentants de la masse sont désignés par le président du tribunal judiciaire statuant en référé.

Les fonctions des représentants de la masse désignés en application de l'alinéa précédent prennent fin lors de la première réunion de l'assemblée générale ordinaire des obligataires. Celle-ci peut nommer les mêmes représentants.

Art. R. 228-61 *(Anc. D. n° 67-236, 23 mars 1967 ; mod., D. n° 2009-557, 19 mai 2009 ; D. n° 2017-1165, 12 juill. 2017 ; D. n° 2018-229, 30 mars 2018 ; D. n° 2020-106, 10 févr. 2020).* – Toute décision de l'assemblée générale des obligataires relative à la désignation ou au remplacement des représentants de la masse est notifiée par ces derniers à la société débitrice et portée à la connaissance des obligataires, à la diligence de la société débitrice, dans le délai d'un mois à compter de la délibération de l'assemblée et selon les modalités prévues au contrat d'émission. Lorsque le contrat d'émission ne prévoit pas de telles modalités, la décision est publiée dans un support habilité à recevoir des annonces légales du département du siège social de la société débitrice ainsi qu'au Bulletin des annonces légales obligatoires, si les obligations de cette société sont admises aux négociations sur un marché réglementé ou si toutes ses obligations ne revêtent pas la forme nominative.

L'ordonnance du président du tribunal judiciaire nommant un représentant de la masse est publiée dans les mêmes conditions et délais.

Lorsque le mandat de représentant de la masse est confié à une association ou à une société, les nom, prénoms et domicile des personnes habilitées à agir au nom de l'association ou de la société sont indiqués dans la notification et la publication prévues aux alinéas précédents.

Art. R. 228-62 *(Anc. D. n° 67-236, 23 mars 1967).* – Le représentant de la masse notifie sa démission à la société débitrice par lettre recommandée avec demande d'avis de réception.

Art. R. 228-63 *(Anc. D. n° 67-236, 23 mars 1967 ; mod., D. n° 2019-966, 18 sept. 2019).* – Lorsqu'elle n'a été déterminée ni par le contrat d'émission ni par l'assemblée générale des obligataires, la rémunération des représentants de la masse est fixée par le président du tribunal judiciaire, statuant sur requête, à la demande de la société ou du représentant de la masse intéressé.

Le montant de la rémunération allouée par l'assemblée générale des obligataires peut être réduit, à la demande de la société, par le président du tribunal judiciaire statuant en référé.

Art. R. 228-64 *(Anc. D. n° 67-236, 23 mars 1967).* – Tout intéressé a le droit d'obtenir, au siège de la société débitrice, les noms et adresses des représentants de la masse.

Art. R. 228-65 *(Anc. D. n° 67-236, 23 mars 1967 ; mod., D. n° 2019-966, 18 sept. 2019).* – La demande tendant à la convocation de l'assemblée générale des obligataires, dans les conditions prévues au deuxième alinéa de l'article L. 228-58, est effectuée par acte extrajudiciaire ou par lettre recommandée avec demande d'avis de réception. Elle indique l'ordre du jour à soumettre à l'assemblée.

Le délai mentionné au troisième alinéa de l'article L. 228-58 est de deux mois à compter de la demande de convocation. Le mandataire prévu au même alinéa est désigné par le président du tribunal judiciaire statuant en référé, qui fixe l'ordre du jour de l'assemblée.

Art. R. 228-66 *(Anc. D. n° 67-236, 23 mars 1967).* – Outre les mentions prévues à l'article R. 225-66, l'avis de convocation de l'assemblée générale des obligataires contient les indications suivantes :

1° L'indication de l'emprunt souscrit par les obligataires dont la masse est convoquée en assemblée ;

2° Le nom et le domicile de la personne qui a pris l'initiative de la convocation et la qualité en laquelle elle agit ;

3° Le cas échéant, la date de la décision de justice désignant le mandataire chargé de convoquer l'assemblée.

Art. R. 228-67 *(Anc. D. n° 67-236, 23 mars 1967 ; mod., D. n° 2009-557, 19 mai 2009 ; D. n° 2017-1165, 12 juill. 2017 ; D. n° 2020-106, 10 févr. 2020).* – Les conditions dans lesquelles l'avis de convocation de l'assemblée générale des obligataires est porté à la connaissance des obligataires peuvent être fixées dans le contrat d'émission. Dans ce cas, l'organe chargé de convoquer les obligataires doit être en mesure de justifier à tout moment que l'avis a été délivré conformément aux stipulations du contrat d'émission. Cette communication est effectuée dans un délai suffisant avant la tenue de l'assemblée générale pour permettre aux obligataires d'analyser les points inscrits à l'ordre du jour.

À défaut de stipulation du contrat d'émission fixant les modalités de convocation des obligataires à l'assemblée générale des obligataires, celle-ci est réalisée par l'insertion d'un avis de convocation dans un support habilité à recevoir les annonces légales dans le département du siège social de la société débitrice ainsi que, si les obligations de celle-ci sont admises aux négociations sur un marché réglementé ou si toutes ses obligations ne revêtent pas la forme nominative, au Bulletin des annonces légales obligatoires.

Si toutes les obligations émises par la société sont nominatives, les insertions prévues à l'alinéa précédent peuvent être remplacées par une convocation faite aux frais de la société, par lettre simple ou recommandée adressée à chaque obligataire. Cette convocation peut également être transmise par un moyen électronique de télécommunication mis en œuvre dans les conditions mentionnées à l'article R. 225-63 à l'adresse indiquée par l'obligataire. Dans le cas d'obligations indivises, les convocations sont adressées à tous les co-indivisaires. Lorsque les obligations sont grevées d'un usufruit, la convocation est adressée au nu-propriétaire.

Art. R. 228-68 *(Anc. D. n° 67-236, 23 mars 1967).* – Les dispositions de la section 3 du chapitre V du titre II du présent livre relatives à la visioconférence, aux moyens de télécommunication, au vote électronique et au vote par correspondance sont applicables à la présente section.

Art. R. 228-69 *(Anc. D. n° 67-236, 23 mars 1967).* – Les dispositions des articles R. 225-69 et R. 225-70 sont applicables aux convocations des assemblées générales d'obligataires.

Art. R. 228-70 *(Anc. D. n° 67-236, 23 mars 1967).* – Les dispositions des articles R. 225-72 à R. 225-74 ne sont pas applicables aux assemblées d'obligataires.

Art. R. 228-71 *(Anc. D. n° 67-236, 23 mars 1967 ; mod., D. n° 2009-295, 16 mars 2009 ; D. n° 2014-1466, 8 déc. 2014).* – Il est justifié du droit de participer aux assemblées d'obligataires par l'inscription des obligations, au jour de l'assemblée générale, soit dans les comptes de titres nominatifs tenus par la société, soit dans les comptes de titres au porteur tenus par un intermédiaire mentionné à l'article L. 211-3 du Code monétaire et financier. Toutefois, il peut être prévu, par une disposition spéciale du contrat d'émission, qu'il sera justifié du droit de participer aux assemblées d'obligataires par l'inscription des obligations dans les mêmes comptes au deuxième jour ouvré précédant l'assemblée à zéro heure, heure de Paris.

L'obligataire qui a déjà exprimé son vote à distance ou envoyé un pouvoir peut à tout moment céder tout ou partie de ses obligations. En cas de transfert de propriété intervenant avant le jour de la séance ou la date fixée par le contrat d'émission en application de la dernière phrase du premier alinéa, et sauf dispositions particulières du contrat d'émission, la société invalide ou modifie en conséquence, avant l'ouverture de la séance de l'assemblée, le vote exprimé à distance ou le pouvoir de cet obligataire. Le cas échéant, l'intermédiaire teneur de compte notifie le transfert de propriété à la société ou à son mandataire et lui transmet les informations nécessaires à cette fin.

Art. R. 228-72. – Sauf clause contraire du contrat d'émission, l'assemblée générale des obligataires est réunie au siège de la société débitrice ou en tout autre lieu du même département.

(Al. rempl., D. n° 2012-1242, 8 nov. 2012) Toutefois, l'assemblée générale des seuls obligataires détenteurs de titres dont la valeur nominale unitaire est au moins égale à 100 000 euros ou, pour les titres libellés dans une devise autre que l'euro, dont la valeur nominale unitaire est, à la date d'émission, au moins égale à 100 000 euros, peut être réunie dans tout État membre de l'Union européenne ou partie à l'accord sur l'Espace économique européen, à la condition que tous les moyens et toutes les informations nécessaires pour permettre à ces obligataires d'exercer leurs droits soient disponibles dans cet État.

Art. R. 228-73 *(Anc. D. n° 67-236, 23 mars 1967).* – Les dispositions des articles R. 225-95, R. 225-101, R. 225-106 et R. 225-107 sont applicables aux assemblées d'obligataires.

Art. R. 228-74 *(Anc. D. n° 67-236, 23 mars 1967).* – L'assemblée générale des obligataires fixe le lieu où sont déposés, avec la feuille de présence, les pouvoirs des obligataires représentés et les procès-verbaux.

Les copies ou extraits de procès-verbaux sont certifiés par un représentant de la masse ou par le secrétaire de l'assemblée.

Art. R. 228-75 *(Anc. D. n° 67-236, 23 mars 1967).* – Les dispositions de l'article R. 225-79 sont applicables aux procurations données par les obligataires pour être représentés aux assemblées.

Art. R. 228-76 *(Anc. D. n° 67-236, 23 mars 1967).* – En application des dispositions du premier alinéa de l'article L. 228-69, l'obligataire a le droit, pendant le délai de quinze jours qui précède la réunion de l'assemblée générale de la masse à laquelle il appartient, de prendre par lui-même ou par mandataire, au siège de la société débitrice, au lieu de la direction administrative ou, le cas échéant, en tout autre lieu fixé par la convocation, connaissance ou copie du texte des résolutions qui sont proposées et des rapports qui sont présentés à l'assemblée générale.

Le droit pour tout obligataire de prendre connaissance ou copie des procès-verbaux et feuilles de présence des assemblées générales de la masse à laquelle il appartient s'exerce au lieu de dépôt choisi par l'assemblée. L'obligataire exerce ce droit par lui-même ou par mandataire.

Art. R. 228-77 *(Anc. D. n° 67-236, 23 mars 1967).* – Tout intéressé a le droit, à toute époque, d'obtenir de la société débitrice, l'indication du nombre des obligations émises et de celui des titres non encore remboursés.

Art. R. 228-78 *(Anc. D. n° 67-236, 23 mars 1967 ; mod., D. n° 2019-966, 18 sept. 2019).* – Dans le cas prévu par la deuxième phrase du premier alinéa de l'article L. 228-71, il est statué par ordonnance sur requête, non susceptible de recours, du président du tribunal judiciaire.

Art. R. 228-79 *(Anc. D. n° 67-236, 23 mars 1967 ; mod., D. n° 2009-557, 19 mai 2009 ; D. n° 2017-1165, 12 juill. 2017 ; D. n° 2018-229, 30 mars 2018 ; D. n° 2020-106, 10 févr. 2020)*. – Dans le cas prévu à l'article L. 228-72, la décision du conseil d'administration, du directoire ou du représentant légal de la société de passer outre au refus d'approbation par l'assemblée générale des obligataires est portée à la connaissance des obligataires selon les modalités prévues au contrat d'émission. Lorsque le contrat d'émission ne prévoit pas de telles modalités, la décision est publiée dans le support habilité à recevoir des annonces légales dans lequel a été, le cas échéant, inséré l'avis de convocation de l'assemblée ainsi qu'au Bulletin des annonces légales obligatoires, si les obligations de la société sont admises aux négociations sur un marché réglementé ou si toutes ses obligations ne revêtent pas la forme nominative. Cette dernière insertion mentionne le titre et le lieu de publication du support habilité à recevoir des annonces légales dans lequel a été effectuée la première insertion, ainsi que la date de celle-ci.

Le remboursement est demandé par l'obligataire dans le délai de trois mois à compter de l'insertion ou de la dernière des insertions prévues à l'alinéa précédent.

La société rembourse les obligations dans le délai de trente jours à compter de la demande de chaque obligataire.

Art. R. 228-80 *(Anc. D. n° 67-236, 23 mars 1967)*. – Dans les cas prévus à l'article L. 228-73, la décision du conseil d'administration, du directoire ou des gérants de passer outre est publiée dans les conditions prévues au premier alinéa de l'article R. 228-79.

Art. R. 228-81 *(Abr., D. n° 2017-1165, 12 juill. 2017)*.

Art. R. 228-82 *(Abr., D. n° 2017-1165, 12 juill. 2017)*.

Art. R. 228-83 *(Anc. D. n° 67-236, 23 mars 1967 ; mod., D. n° 2017-1165, 12 juill. 2017)*. – La mainlevée des inscriptions émane des représentants de la masse intéressée.

Hors les cas prévus au contrat d'émission, les représentants de la masse peuvent donner mainlevée des inscriptions, même sans constatation du remboursement de l'emprunt, s'ils ont été habilités à cet effet par une décision de l'assemblée générale des obligataires.

Hors le cas prévu à l'alinéa précédent, la mainlevée totale ou partielle des inscriptions ne peut être donnée par les représentants de la masse, qu'au cas de remboursement ou de versement entre leurs mains de l'intégralité du prix d'aliénation des biens à dégrever.

Les représentants de la masse ne sont pas tenus de donner mainlevée partielle des garanties en cas d'amortissement normal par tirage au sort ou rachat des obligations.

Art. R. 228-84 *(Anc. D. n° 67-236, 23 mars 1967)*. – En cas de sauvegarde, de redressement ou de liquidation judiciaire de la société débitrice, les avis et convocations destinés aux obligataires sont adressés aux représentants de la masse, selon le cas, par le représentant légal de la société ou l'administrateur ou le mandataire judiciaire.

Art. R. 228-85 *(Anc. D. n° 67-236, 23 mars 1967)*. – Le mandataire chargé d'assurer la représentation de la masse dans le cas prévu à l'article L. 228-85 est désigné par le président du tribunal de commerce statuant sur requête.

Il produit la créance de la masse, dans le délai de quinze jours à compter de sa désignation.

Art. R. 228-86 *(Anc. D. n° 67-236, 23 mars 1967)*. – En cas de liquidation judiciaire, les attestations d'inscription en compte des obligations au porteur ou, le cas échéant, les documents matérialisant ces obligations sont déposés entre les mains du liquidateur dans le délai imparti par le juge-commissaire.

Section VI. – *Des valeurs mobilières donnant accès au capital ou donnant droit à l'attribution de titres de créances*

Art. R. 228-87 *(Anc. D. n° 67-236, 23 mars 1967)*. – Pour l'application du 1° de l'article L. 228-99, lorsqu'il existe des valeurs mobilières donnant accès au capital, la société qui émet de nouveaux titres de capital avec droit préférentiel de souscription réservé à ses actionnaires, si les droits attachés aux valeurs mobilières donnant accès au capital ne peuvent s'exercer qu'à certaines dates, ouvre une période exceptionnelle pour permettre aux titulaires des droits attachés à des valeurs mobilières donnant accès au capital qui exerceraient ces droits de souscrire des titres nouveaux.

Elle prend, si l'exercice des droits attachés aux valeurs mobilières donnant accès au capital peut être exercé à tout moment, les dispositions nécessaires pour permettre aux titulaires qui exerceraient ces droits de souscrire des titres nouveaux.

Art. R. 228-88 *(Anc. D. n° 67-236, 23 mars 1967).* – Pour l'application du 2° de l'article L. 228-99, lorsqu'il existe des valeurs mobilières donnant accès au capital, la société qui procède à l'attribution d'actions gratuites vire à un compte de réserve indisponible la somme nécessaire pour attribuer les actions gratuites aux titulaires des droits attachés aux valeurs mobilières donnant accès au capital qui exerceraient leur droit ultérieurement en nombre égal à celui qu'ils auraient reçu s'ils avaient été actionnaires au moment de l'attribution principale.

Art. R. 228-89 *(Anc. D. n° 67-236, 23 mars 1967).* – Pour l'application du 2° de l'article L. 228-99, lorsqu'il existe des valeurs mobilières donnant accès au capital, la société qui procède à la distribution de réserves, en espèces ou en nature, ou de primes d'émission, vire à un compte de réserve indisponible la somme et, le cas échéant, conserve les biens en nature nécessaires pour remettre aux titulaires des droits attachés aux valeurs mobilières donnant accès au capital qui exerceraient leur droit ultérieurement la somme ou les biens qu'ils auraient reçus s'ils avaient été actionnaires au moment de la distribution.

Art. R. 228-90 *(Anc. D. n° 67-236, 23 mars 1967).* – Lorsqu'il existe des valeurs mobilières donnant accès au capital, la société qui procède à l'achat de ses actions admises aux négociations sur un marché réglementé procède, lorsque le prix d'acquisition est supérieur au cours de bourse, à un ajustement du nombre d'actions que ces titres permettent d'obtenir.

Cet ajustement garantit, au centième d'action près, que la valeur des actions qui sont obtenues en cas d'exercice des droits attachés aux valeurs mobilières donnant accès au capital après la réalisation de l'opération est identique à la valeur de celles qui auraient été obtenues en cas d'exercice des droits avant cette opération.

À cet effet, les nouvelles bases d'exercice des droits sont calculées en tenant compte du rapport entre, d'une part, le produit du pourcentage du capital racheté par la différence entre le prix de rachat et une moyenne pondérée des cours des trois dernières séances de bourse au moins qui précèdent le rachat ou la faculté de rachat et, d'autre part, cette moyenne. Les éventuels ajustements successifs sont effectués à partir de la parité qui précède immédiatement, arrondie comme il est dit à l'alinéa précédent.

Le conseil d'administration ou le directoire rend compte des éléments de calcul et des résultats de l'ajustement dans le rapport annuel suivant.

Art. R. 228-91 *(Anc. D. n° 67-236, 23 mars 1967).* – Pour l'application du 3° de l'article L. 228-99, l'ajustement égalise, au centième d'action près, la valeur des titres qui sont obtenus en cas d'exercice des droits attachés aux valeurs mobilières donnant accès au capital après la réalisation de l'opération et la valeur des titres qui auraient été obtenus en cas d'exercice de ces droits avant la réalisation de l'opération.

À cet effet, les nouvelles bases d'exercice des droits attachés aux valeurs mobilières donnant accès au capital sont calculées en tenant compte :

1° En cas d'opération comportant un droit préférentiel de souscription et selon les stipulations du contrat *d'émission :*

a) Soit du rapport entre, d'une part, la valeur du droit préférentiel de souscription et, d'autre part, la valeur de l'action après détachement de ce droit telles qu'elles ressortent de la moyenne des premiers cours cotés pendant toutes les séances de bourse incluses dans la période de souscription ;

b) Soit du nombre de titres émis auxquels donne droit une action ancienne, du prix d'émission de ces titres et de la valeur des actions avant détachement du droit de souscription. Cette valeur est égale à la moyenne pondérée des cours des trois dernières séances de bourse au moins qui précèdent le jour du début de l'émission ;

2° En cas d'attribution d'actions gratuites, du nombre d'actions auquel donne droit une action ancienne ;

3° En cas de distribution de réserves, en espèces ou en nature, ou de primes d'émission, du rapport entre le montant par action de la distribution et la valeur de l'action avant la distribution. Cette valeur est égale à la moyenne pondérée des cours des trois dernières séances de bourse au moins qui précèdent le jour de la distribution ;

4° En cas de modification de la répartition des bénéfices, du rapport entre la réduction par action du droit aux bénéfices et la valeur de l'action avant cette modification. Cette valeur est égale à la moyenne pondérée des cours des trois dernières séances de bourse au moins qui précèdent le jour de la modification ;

5° En cas d'amortissement du capital, du rapport entre le montant par action de l'amortissement et la valeur de l'action avant l'amortissement. Cette valeur est égale à la moyenne pondérée des cours des trois dernières séances de bourse au moins qui précèdent le jour de l'amortissement.

Lorsque les actions de la société ne sont pas admises aux négociations sur un marché réglementé, le contrat d'émission prévoit les modalités d'ajustement, et notamment les modalités de détermination de la valeur de l'action à prendre en compte pour l'application des alinéas ci-dessus.

Le conseil d'administration ou le directoire rend compte des éléments de calcul et des résultats de l'ajustement dans le rapport annuel suivant.

Art. R. 228-92 *(Anc. D. n° 67-236, 23 mars 1967 ; mod., D. n° 2009-557, 19 mai 2009).* – Si une société procède à une opération nécessitant l'application de l'article L. 228-99, elle en informe les titulaires des droits attachés aux valeurs mobilières donnant accès au capital intéressées par un avis.

Cet avis mentionne :

1° La dénomination sociale et, le cas échéant, le sigle de la société ;

2° La forme de la société ;

3° Le montant du capital social ;

4° L'adresse du siège social ;

5° Les mentions prévues aux 1° et 2° de l'article R. 123-237 ;

6° La nature de l'opération et, le cas échéant, de la catégorie des titres à émettre, le prix de souscription, la quotité du droit de souscription et les conditions de son exercice, les dates d'ouverture et de clôture de la souscription ;

7° Les dispositions prises par la société en application des articles R. 228-87 à R. 228-91.

Les indications prévues au présent article sont portées à la connaissance des titulaires des droits attachés à ces valeurs mobilières donnant accès au capital, par lettre recommandée avec demande d'avis de réception, quatorze jours au moins avant la date prévue de clôture de la souscription, en cas d'émission de titres, ou dans les quinze jours suivant la décision relative à l'opération envisagée, dans les autres cas.

Si les valeurs mobilières de la société donnant accès au capital sont admises aux négociations sur un marché réglementé ou si toutes ses valeurs mobilières donnant accès au capital ne revêtent pas la forme nominative, l'avis contenant ces indications est inséré, dans le même délai, dans une notice publiée au *Bulletin des annonces légales obligatoires*.

Art. R. 228-93 *(Anc. D. n° 67-236, 23 mars 1967).* – Les augmentations de capital rendues nécessaires par l'exercice de droits attachés à des valeurs mobilières donnant accès au capital ne donnent pas lieu à la publicité prévue à l'article R. 225-120. Les bulletins de souscription sont établis selon les modalités de l'article R. 225-128, à l'exception des mentions prévues aux 6° et 7°. Les articles R. 225-129 à R. 225-135 ne sont pas applicables aux augmentations de capital réalisées par exercice de droits attachés à des valeurs mobilières donnant accès au capital.

La publication prévue à l'article R. 210-9 intervient dans le délai d'un mois.

Art. R. 228-94 *(Anc. D. n° 67-236, 23 mars 1967).* – Lorsque, conformément à l'article L. 225-149, l'exercice des droits attachés aux valeurs mobilières donnant accès au capital fait apparaître un rompu, celui-ci est versé en espèces. Ce versement est égal au produit de la fraction d'action formant rompu par la valeur de l'action.

Dans les sociétés dont les actions sont admises aux négociations sur un marché réglementé, cette valeur est celle du cours coté lors de la séance de bourse du jour qui précède celui du dépôt de la demande d'exercice des droits.

Dans les autres sociétés, cette valeur est fixée conformément aux stipulations du contrat d'émission, soit sur la *base des cours figurant au relevé quotidien* des valeurs non admises aux négociations sur un marché réglementé, soit sur la base des capitaux propres de la société.

Le contrat d'émission peut prévoir que le titulaire des droits attachés aux valeurs mobilières donnant accès au capital a le droit de demander la délivrance du nombre entier d'actions à condition de verser à la société la valeur de la fraction d'action supplémentaire demandée, fixée conformément aux règles posées dans les deux alinéas précédents.

Art. R. 228-95 *(Anc. D. n° 67-236, 23 mars 1967).* – Le droit de communication prévu à l'article L. 228-105 s'exerce dans les mêmes conditions que celles prévues par les articles R. 225-92 à R. 225-94.

Art. R. 228-96 *(Anc. D. n° 67-236, 23 mars 1967).* – Les cours de bourse à retenir pour l'application du présent titre sont les derniers cours cotés.

CHAPITRE IX. – DE LA SOCIÉTÉ EUROPÉENNE

Section I. – Dispositions générales

Art. R. 229-1 *(Anc. D. n° 67-236, 23 mars 1967).* – Les sociétés européennes immatriculées en France sont régies par les dispositions du présent chapitre et par celles applicables aux sociétés anonymes qui ne leur sont pas contraires.

Art. R. 229-2 *(Mod., D. n° 2009-11, 5 janv. 2009).* – Le notaire qui procède aux contrôles prévus au dernier alinéa de l'article L. 229-2 et au deuxième alinéa de l'article L. 229-3 ne peut avoir ni instrumenté, ni rédigé d'actes sous seing privé, ni donné des consultations juridiques à l'occasion de l'opération pour laquelle le contrôle est effectué. Il ne peut davantage exercer dans une société ou dans un office qui aurait instrumenté, rédigé des actes sous seing privé ou donné des consultations juridiques à l'occasion de cette opération.

Section II. – Du transfert du siège social

Sous-section 1. – De la publicité et de la protection des droits des tiers

Art. R. 229-3 *(Anc. D. n° 67-236, 23 mars 1967 ; mod., D. n° 2009-557, 19 mai 2009 ; D. n° 2020-106, 10 févr. 2020).* – Le projet de transfert dans un autre État membre de la Communauté européenne du siège social d'une société européenne immatriculée en France, prévu au premier alinéa de l'article L. 229-2, fait l'objet d'un avis inséré dans un support habilité à recevoir des annonces légales dans le département du siège social ainsi qu'au Bulletin des annonces légales obligatoires lorsque les actions de la société sont admises aux négociations sur un marché réglementé ou lorsque ses actions ne revêtent pas toutes la forme nominative.

Cet avis comporte, outre les mentions prévues pour la modification des statuts, les indications suivantes :

1° La dénomination sociale suivie, le cas échéant, de son sigle, l'adresse du siège social, le montant du capital social ainsi que les mentions prévues aux 1° et 2° de l'article R. 123-237 ;

2° L'État dans lequel le transfert est envisagé ainsi que l'adresse prévisible du siège social ;

3° Le calendrier prévisible du transfert ;

4° Les modalités d'exercice des droits relatifs au rachat d'actions et à l'opposition des créanciers ;

5° La date du projet ainsi que la date et le lieu de son dépôt au greffe du tribunal dans le ressort duquel la société est immatriculée.

Il est procédé à ce dépôt et à la publicité prévue par le présent article au moins deux mois avant la date de la première assemblée générale appelée à statuer sur le transfert.

Art. R. 229-4 *(Anc. D. n° 67-236, 23 mars 1967).* – Les dispositions de l'article R. 210-11 ne sont pas applicables au transfert du siège d'une société européenne immatriculée en France dans un autre État membre de la Communauté européenne.

Art. R. 229-5 *(Anc. D. n° 67-236, 23 mars 1967 ; mod., D. n° 2009-557, 19 mai 2009 ; D. n° 2020-106, 10 févr. 2020).* – La décision de l'assemblée générale extraordinaire prise en application du deuxième alinéa de l'article L. 229-2 fait l'objet d'un avis inséré dans un support habilité à recevoir des annonces légales dans le département du siège social ainsi qu'au Bulletin des annonces légales obligatoires lorsque les actions de la société sont admises aux négociations sur un marché réglementé ou lorsque ses actions ne revêtent pas toutes la forme nominative.

Cet avis comporte la date de l'assemblée générale extraordinaire et l'adresse du siège social.

Art. R. 229-6 *(Anc. D. n° 67-236, 23 mars 1967).* – L'opposition des actionnaires et leur demande de rachat, prévues au troisième alinéa de l'article L. 229-2, sont formées dans un délai d'un mois à compter de la dernière en date des publications prescrites par l'article R. 229-5.

Elles sont portées à la connaissance de la société par lettre recommandée avec demande d'avis de réception.

Art. R. 229-7 *(Anc. D. n° 67-236, 23 mars 1967).* – La société adresse à chacun des actionnaires mentionnés à l'article précédent, dans un délai de quinze jours suivant la réception de sa demande, une offre de rachat par lettre recommandée avec demande d'avis de réception.

Le prix proposé par la société aux actionnaires détenant des actions d'une même catégorie doit être identique.

Cette offre comporte le prix offert par action et le mode de paiement proposé ainsi que le délai pendant lequel l'offre est maintenue et le lieu où elle peut être acceptée.

Le délai mentionné à l'alinéa précédent ne peut être inférieur à vingt jours.

Lorsque les titres de la société européenne sont admis aux négociations sur un marché réglementé, leur évaluation est faite conformément au II de l'article L. 433-4 du Code monétaire et financier.

Art. R. 229-8 *(Anc. D. n° 67-236, 23 mars 1967).* – Toute contestation sur le prix offert est portée devant le tribunal dans le ressort duquel est situé le siège de la société, dans le délai mentionné au troisième alinéa de l'article R. 229-7.

Tous les actionnaires intéressés par le rachat des actions sont mis en cause par la société dans les conditions prévues à l'article 331 du Code de procédure civile ; ils procèdent alors conformément à l'article 333 de ce code.

Le prix est fixé selon les modalités prévues aux articles 1843-4 du Code civil et 17 du décret n° 78-704 du 3 juillet 1978 relatif à l'application de la loi n° 78-9 du 4 janvier 1978 modifiant le titre IX du livre III du Code civil.

Art. R. 229-9 *(Anc. D. n° 67-236, 23 mars 1967 ; mod., D. n° 2009-557, 19 mai 2009 ; D. n° 2020-106, 10 févr. 2020).* – L'offre d'acquisition des certificats d'investissement, prévue au quatrième alinéa de l'article L. 229-2, fait l'objet d'un avis inséré dans un support habilité à recevoir des annonces légales dans le département du siège social ainsi qu'au Bulletin des annonces légales obligatoires lorsque les actions de la société sont admises aux négociations sur un marché réglementé ou lorsque ses actions ne revêtent pas toutes la forme nominative.

Cet avis comporte :

1° La dénomination sociale et la forme de la société, l'adresse du siège social et le montant du capital social ;

2° Le nombre de certificats d'investissement dont l'acquisition est envisagée ;

3° Le prix offert par certificat d'investissement et accepté par l'assemblée spéciale des porteurs de certificats d'investissement ;

4° Le délai pendant lequel l'offre d'acquisition est maintenue ainsi que le lieu où elle peut être acceptée. Ce délai ne peut être inférieur à vingt jours.

La publicité prévue au premier alinéa est remplacée pour les porteurs de certificats d'investissement nominatifs par l'envoi à chacun d'eux d'une lettre recommandée avec demande d'avis de réception, aux frais de la société. Cette lettre comporte les mêmes mentions que celles de l'avis.

Le délai dans lequel les porteurs de certificats d'investissement peuvent céder leurs titres est de trente jours à compter de la dernière en date des formalités de publicité.

Art. R. 229-10 *(Anc. D. n° 67-236, 23 mars 1967 ; mod., D. n° 2009-557, 19 mai 2009 ; D. n° 2020-106, 10 févr. 2020).* – L'offre de remboursement des obligataires, prévue au cinquième alinéa de l'article L. 229-2, fait l'objet d'un avis donnant lieu à deux insertions successives, espacées d'au moins dix jours, dans deux supports d'annonces légales du département du siège social ainsi qu'au Bulletin des annonces légales obligatoires lorsque les obligations de la société sont admises aux négociations sur un marché réglementé ou lorsque ses obligations ne revêtent pas toutes la forme nominative.

La publicité prévue à l'alinéa précédent est remplacée, pour les titulaires d'obligations nominatives, par l'envoi à chacun d'eux d'une lettre recommandée avec demande d'avis de réception, aux frais de la société.

Le délai dans lequel les obligataires peuvent demander le remboursement de leurs titres est de trois mois à compter, selon le cas, de la dernière en date des formalités de publicité ou de la réception de la dernière lettre recommandée.

Ce délai est indiqué dans l'avis et dans la lettre mentionnés aux premier et deuxième alinéas.

Art. R. 229-11 *(Anc. D. n° 67-236, 23 mars 1967)*. – L'opposition d'un créancier non obligataire, prévue au sixième alinéa de l'article L. 229-2, est formée dans un délai de trente jours à compter de la dernière en date des publications de l'insertion mentionnée à l'article R. 229-3.

Sous-section 2. – Du contrôle de légalité du transfert de siège social

Art. R. 229-12 *(Anc. D. n° 67-236, 23 mars 1967)*. – Aux fins de délivrance du certificat mentionné au septième alinéa de l'article L. 229-2, la société européenne produit au notaire chargé d'effectuer le contrôle de légalité un dossier contenant au moins les éléments suivants :

1° Les statuts de la société ;

2° Le projet de transfert du siège social ;

3° Une copie des avis relatifs aux publicités prévues par la présente section ;

4° Une copie du procès-verbal des assemblées mentionnées au quatrième alinéa de l'article L. 229-2 ;

5° Des indications relatives aux conséquences du transfert sur l'implication des travailleurs au sens des articles L. 439-25 à L. 439-50 du Code du travail.

Section III. – De la constitution de la société européenne

Sous-section 1. – De la constitution par fusion

Art. D. 229-13 *(Anc. art. R. 229-13, rempl., D. n° 2009-1559, 14 déc. 2009)*. – Le greffier dispose d'un délai de huit jours à compter du dépôt de la déclaration de conformité pour délivrer l'attestation de conformité des actes et formalités préalables à la fusion prévue à l'article L. 229-3.

Art. D. 229-13-1 *(D. n° 2009-1559, 14 déc. 2009)*. – Aux fins d'immatriculation de la société européenne constituée par voie de fusion, chaque société qui participe à l'opération remet au notaire ou au greffier du tribunal dans le ressort duquel la société issue de la fusion sera immatriculée, qui a été chargé du contrôle de la légalité, outre le certificat mentionné au troisième alinéa de l'article L. 229-3 datant de moins de six mois, un dossier contenant au moins les documents suivants :

1° Les statuts de la société européenne ;

2° Le projet commun de fusion ;

3° Une copie des avis relatifs aux publicités prévues par le présent livre ;

4° Une copie du procès-verbal des assemblées mentionnées aux articles L. 236-9 et L. 236-13 ;

5° Un document attestant que les sociétés qui fusionnent ont approuvé le projet de fusion dans les mêmes termes et qu'ont été fixées les modalités relatives à l'implication des travailleurs conformément aux articles L. 2351-1 à L. 2354-4 du Code du travail.

Art. D. 229-13-2 *(D. n° 2009-1559, 14 déc. 2009)*. – Le contrôle de légalité mentionné à l'article L. 229-3 est accompli dans un délai de quinze jours à compter de la réception de l'ensemble des documents mentionnés à l'article D. 229-13-1.

Art. R. 229-14 *(Anc. D. n° 67-236, 23 mars 1967 ; mod., D. n° 2009-557, 19 mai 2009 ; D. n° 2020-106, 10 févr. 2020)*. – La dissolution de la société européenne pour l'un des motifs mentionnés au sixième alinéa de l'article L. 229-3 peut être demandée en justice par tout intéressé.

La publicité de la décision judiciaire qui prononce la dissolution de la société européenne est faite par insertion au Bulletin officiel des annonces civiles et commerciales et dans un support habilité à recevoir des annonces légales dans le département du siège social ainsi qu'au Bulletin des annonces légales obligatoires lorsque les actions de la société sont admises aux négociations sur un marché réglementé ou lorsque ses actions ne revêtent pas toutes la forme nominative.

Sous-section 2. – De la constitution d'une société européenne holding

Art. R. 229-15 *(Anc. D. n° 67-236, 23 mars 1967 ; mod., D. n° 2009-557, 19 mai 2009 ; D. n° 2020-106, 10 févr. 2020)*. – Le projet de constitution d'une société européenne holding fait l'objet, par chaque société immatriculée en France qui participe à l'opération, d'un avis inséré dans un support habilité à recevoir des annonces légales dans le département du siège social ainsi qu'au Bulletin des annonces légales obligatoires lorsque les actions de l'une au moins de ces sociétés sont admises aux négociations sur un marché réglementé ou lorsque les actions de l'une au moins de ces sociétés ne revêtent pas toutes la forme nominative.

Cet avis comporte les indications suivantes :

1° La dénomination de la société promotrice suivie, le cas échéant, de son sigle, l'adresse de son siège social, le montant de son capital social, les mentions prévues aux 1° et 2° de l'article R. 123-237 et, le cas échéant, son numéro d'immatriculation dans l'État où elle a son siège ;

2° La dénomination sociale suivie, le cas échéant, de son sigle, l'adresse du siège social et le montant du capital envisagés de la société européenne holding ;

3° La mention du pourcentage minimal des actions ou parts de chacune des sociétés promouvant l'opération que les actionnaires ou porteurs devront apporter pour que la société soit constituée ;

4° Le rapport d'échange de parts sociales ou d'actions et, le cas échéant, le montant de la soulte due ;

5° La date du projet ainsi que la date et le lieu de son dépôt au greffe du tribunal dans le ressort duquel chaque société promotrice est immatriculée.

Il est procédé à ce dépôt et à la publicité prévue au premier alinéa un mois au moins avant la date de la première assemblée appelée à statuer sur l'opération.

Art. R. 229-16 *(Anc. D. n° 67-236, 23 mars 1967 ; mod., D. n° 2020-1742, 29 déc. 2020)*. – Les commissaires à la constitution de la société européenne holding sont désignés et accomplissent leur mission dans les conditions prévues par l'article R. 22-10-7.

Art. R. 229-17 *(Anc. D. n° 67-236, 23 mars 1967)*. – Outre les mentions du paragraphe 5 de l'article 32 du règlement (CE) n° 2157/2001 du Conseil du 8 octobre 2001 relatif au statut de la société européenne, les commissaires à la constitution précisent, dans le rapport mentionné au troisième alinéa de l'article L. 229-5, la date à laquelle ont été arrêtés les comptes qui ont servi à l'évaluation des parts ou actions concourant à la formation de la société européenne holding.

Art. R. 229-18 *(Anc. D. n° 67-236, 23 mars 1967 ; mod., D. n° 2009-557, 19 mai 2009 ; D. n° 2020-106, 10 févr. 2020)*. – La décision de l'assemblée générale de chaque société immatriculée en France qui participe à la constitution de la société européenne holding fait l'objet d'un avis inséré, par chacune d'entre elles, dans un support habilité à recevoir des annonces légales dans le département de leur siège respectif ainsi qu'au Bulletin des annonces légales obligatoires lorsque les actions de la société sont admises aux négociations sur un marché réglementé ou lorsque ses actions ne revêtent pas toutes la forme nominative.

Cet avis comporte les indications suivantes :

1° La date de l'assemblée générale extraordinaire ;

2° L'adresse du siège social ;

3° Les modalités suivant lesquelles les actionnaires et porteurs de parts communiquent aux sociétés promotrices leur intention d'apporter leurs actions ou parts en vue de la constitution de la société européenne et le délai de trois mois qui leur est conféré à compter de la publication de l'avis pour y procéder.

Art. R. 229-19 *(Anc. D. n° 67-236, 23 mars 1967 ; mod., D. n° 2020-106, 10 févr. 2020)*. – Lorsque les conditions de constitution de la société européenne holding sont réunies, chaque société immatriculée en France qui participe à l'opération fait insérer un avis le constatant dans un support habilité à recevoir des *annonces légales au niveau national ainsi qu'au* Bulletin officiel des annonces civiles et commerciales.

Cet avis comporte, pour la société promotrice, les indications suivantes :

1° La date du projet et de sa publication ;

2° La date de l'assemblée générale ayant approuvé le projet de constitution ;

3° La date à laquelle les actionnaires ou associés ont apporté le pourcentage de parts ou d'actions en vue de la constitution de la société européenne.

Sous-section 3. – De la constitution par transformation d'une société anonyme

Art. R. 229-20 *(Anc. D. n° 67-236, 23 mars 1967 ; mod., D. n° 2009-557, 19 mai 2009 ; D. n° 2020-106, 10 févr. 2020).* – Le projet de transformation de la société anonyme, prévu au deuxième alinéa de l'article L. 225-245-1, fait l'objet d'un avis inséré dans un support habilité à recevoir des annonces légales dans le département du siège social ainsi qu'au Bulletin des annonces légales obligatoires lorsque les actions de la société sont admises aux négociations sur un marché réglementé ou lorsque ses actions ne revêtent pas toutes la forme nominative.

Cet avis comporte les indications suivantes :

1° La dénomination sociale suivie, le cas échéant, de son sigle, l'adresse du siège social, le montant du capital social et les mentions prévues aux 1° et 2° de l'article R. 123-237 ;

2° La mention que la société anonyme envisage de se transformer en société européenne ;

3° La date du projet ainsi que la date et le lieu de son dépôt au greffe du tribunal dans le ressort duquel la société est immatriculée.

Il est procédé à ce dépôt et à la publicité prévue au premier alinéa un mois au moins avant la date de la première assemblée appelée à statuer sur l'opération.

Art. R. 229-21 *(Anc. D. n° 67-236, 23 mars 1967 ; mod., D. n° 2020-1742, 29 déc. 2020).* – Les commissaires à la transformation sont désignés et accomplissent leur mission dans les conditions prévues par l'article R. 22-10-7.

Art. R. 229-22 *(Anc. D. n° 67-236, 23 mars 1967).* – La transformation d'une société anonyme en société européenne immatriculée en France est publiée dans les conditions prévues par l'article R. 225-165.

Section IV. – De l'administration de la société européenne

Art. R. 229-23 *(Anc. D. n° 67-236, 23 mars 1967).* – Le membre du conseil de surveillance, qui assure, en application du deuxième alinéa de l'article L. 229-7, les fonctions de membre du directoire en cas de vacance au sein de celui-ci, est nommé pour le temps restant à courir jusqu'au renouvellement du directoire, sans que ce délai puisse excéder six mois.

Section V. – De la transformation de la société européenne en société anonyme

Art. R. 229-24 *(Anc. D. n° 67-236, 23 mars 1967 ; mod., D. n° 2009-557, 19 mai 2009 ; D. n° 2020-106, 10 févr. 2020).* – Le projet de transformation de la société européenne, prévu au deuxième alinéa de l'article L. 229-10, fait l'objet d'un avis inséré dans un support habilité à recevoir des annonces légales dans le département du siège social ainsi qu'au Bulletin des annonces légales obligatoires lorsque les actions de la société sont admises aux négociations sur un marché réglementé ou lorsque ses actions ne revêtent pas toutes la forme nominative.

Cet avis comporte les indications suivantes :

1° La dénomination sociale suivie, le cas échéant, de son sigle, l'adresse du siège social, le montant du capital social et les mentions prévues aux 1° et 2° de l'article R. 123-237 ;

2° *La mention que la société* européenne envisage de se transformer en société anonyme ;

3° La date du projet ainsi que la date et le lieu de son dépôt au greffe du tribunal dans le ressort duquel la société est immatriculée.

Il est procédé à ce dépôt et à la publicité prévue au premier alinéa un mois au moins avant la date de la première assemblée appelée à statuer sur l'opération.

Art. R. 229-25 *(Anc. D. n° 67-236, 23 mars 1967 ; mod., D. n° 2020-1742, 29 déc. 2020).* – Les commissaires à la transformation sont désignés et accomplissent leur mission dans les conditions prévues par l'article R. 22-10-7.

Art. R. 229-26 *(Anc. D. n° 67-236, 23 mars 1967).* – La transformation d'une société européenne immatriculée en France en société anonyme est publiée dans les conditions prévues à l'article R. 225-165.

CHAPITRE X. – DES SOCIÉTÉS DONT LES TITRES SONT ADMIS AUX NÉGOCIATIONS SUR UN MARCHÉ RÉGLEMENTÉ OU SUR UN SYSTÈME MULTILATÉRAL DE NÉGOCIATION (ART. R. 22-10-1 À R. 22-10-40)

Section 1. – Des formalités de publicité

Art. R. 22-10-1 *(Créé, D. n° 2020-1742, 29 déc. 2020)*. – Les sociétés dont les actions sont admises aux négociations sur un marché réglementé sont tenues de disposer d'un site internet afin de satisfaire à leurs obligations d'information de leurs actionnaires.

Section 2. – Dispositions propres aux sociétés anonymes

Sous-section 1. – De la constitution

Art. R. 22-10-2 *(Créé, D. n° 2020-1742, 29 déc. 2020)*. – L'exemplaire du projet de statuts déposé au greffe du tribunal de commerce du lieu du siège social est établi sur papier libre et revêtu de la signature des fondateurs. Il est communiqué à tout requérant qui peut en prendre connaissance ou obtenir, à ses frais, la délivrance d'une copie.

Art. R. 22-10-3 *(Créé, D. n° 2020-1742, 29 déc. 2020)*. – La notice prévue par l'alinéa deuxième de l'article L. 225-2 est publiée au Bulletin des annonces légales obligatoires, avant le début des opérations de souscription et préalablement à toute mesure de publicité.

Elle contient les indications suivantes :

1° La dénomination sociale de la société à constituer, suivie le cas échéant de son sigle ;

2° La forme de la société ;

3° Le montant du capital social à souscrire ;

4° L'adresse prévue du siège social ;

5° L'objet social, indiqué sommairement ;

6° La durée prévue de la société ;

7° La date et le lieu du dépôt du projet de statuts ;

8° Le nombre des actions à souscrire contre numéraire et la somme immédiatement exigible comprenant, le cas échéant, la prime d'émission ;

9° La valeur nominale des actions à émettre, que cette valeur figure ou non dans les statuts, distinction étant faite entre chaque catégorie, ainsi que les droits particuliers attachés aux actions de préférence ;

10° La description sommaire des apports en nature, leur évaluation globale et leur mode de rémunération, avec indication du caractère provisoire de cette évaluation et de ce mode de rémunération ;

11° Les avantages particuliers stipulés dans le projet de statuts au profit de toute personne ;

12° Les conditions d'admission aux assemblées d'actionnaires et d'exercice du droit de vote, avec, le cas échéant, indication des dispositions relatives à l'attribution du droit de vote double ;

13° Les clauses relatives à l'agrément des cessionnaires d'actions ;

14° Les dispositions relatives à la répartition du résultat, à la constitution de réserves et à la répartition du boni de liquidation ;

15° Le nom et la résidence du notaire ou la dénomination sociale et le siège de l'établissement de crédit qui recevra les fonds provenant de la souscription ; le cas échéant, l'indication que les fonds seront déposés à la Caisse des dépôts et consignations ;

16° Le délai ouvert pour la souscription, avec l'indication de la possibilité de clôture anticipée, en cas de souscription intégrale avant l'expiration de ce délai ;

17° Les modalités de convocation de l'assemblée générale constitutive et le lieu de réunion.

La notice est signée par les fondateurs, qui indiquent soit leur nom, prénom usuel, domicile et nationalité, soit leur dénomination, leur forme, leur siège social et le montant de leur capital social.

Art. R. 22-10-4 *(Créé, D. n° 2020-1742, 29 déc. 2020)*. – Les prospectus et documents informant le public de l'émission d'actions reproduisent les énonciations de la notice prévue à l'article R. 22-10-3 et contiennent la mention de l'insertion de cette notice au Bulletin des annonces légales obligatoires avec référence au numéro dans lequel elle a été publiée. Ils exposent en outre sommairement les projets des fondateurs quant à l'emploi des fonds provenant de la libération des actions souscrites.

Les annonces dans les journaux reproduisent les mêmes énonciations ou au moins un extrait de ces énonciations, avec référence à la notice et indication du numéro du Bulletin des annonces légales obligatoires dans lequel elle a été publiée.

Art. R. 22-10-5 *(Créé, D. n° 2020-1742, 29 déc. 2020)*. – Le bulletin de souscription est daté et signé par le souscripteur ou son mandataire qui écrit en toutes lettres le nombre de titres souscrits. Une copie sur papier libre lui est remise.

Le bulletin de souscription énonce :

1° La dénomination sociale de la société à constituer, suivie le cas échéant de son sigle ;

2° La forme de la société ;

3° Le montant du capital social à souscrire ;

4° L'adresse prévue du siège social ;

5° L'objet social, indiqué sommairement ;

6° La date et le lieu du dépôt du projet de statuts ;

7° Le cas échéant, la portion de capital à souscrire en numéraire et celle représentée par les apports en nature ;

8° Les modalités d'émission des actions souscrites en numéraire ;

9° Le nom ou la dénomination sociale et l'adresse de la personne qui reçoit les fonds ;

10° Les nom, prénom usuel et domicile du souscripteur et le nombre des titres souscrits par lui ;

11° La mention de la remise au souscripteur d'une copie du bulletin de souscription ;

12° La date de la publication au Bulletin des annonces légales obligatoires de la notice prévue à l'article R. 22-10-3.

Art. R. 22-10-6 *(Créé, D. n° 2020-1742, 29 déc. 2020)*. – Les fonds provenant des souscriptions en numéraire et la liste comportant les nom, prénom usuel et domicile des souscripteurs, avec l'indication des sommes versées par chacun d'eux, sont déposés, pour le compte de la société en formation et par les personnes qui ont reçu les fonds, soit à la Caisse des dépôts et consignations, soit chez un notaire, soit auprès d'un établissement de crédit ou d'un intermédiaire mentionné aux 2° à 7° de l'article L. 542-1 du Code monétaire et financier, selon les indications portées à la notice.

Ce dépôt est fait dans le délai de huit jours à compter de la réception des fonds, à moins que ceux-ci ne soient reçus par des établissements de crédit ou des intermédiaires mentionnés à l'alinéa précédent.

Le dépositaire des fonds est tenu, jusqu'au retrait de ceux-ci, de communiquer la liste prévue au premier alinéa à tout souscripteur qui justifie de sa souscription. Le requérant peut en prendre connaissance et obtenir, à ses frais, la délivrance d'une copie.

Art. R. 22-10-7 *(Créé, D. n° 2020-1742, 29 déc. 2020)*. – Les commissaires aux apports sont choisis parmi les commissaires aux comptes inscrits sur la liste prévue au I de l'article L. 822-1 ou parmi les experts inscrits sur une des listes établies par les cours et tribunaux.

Ils sont désignés, le cas échéant, par le président du tribunal de commerce, statuant sur requête.

Ils peuvent se faire assister, dans l'accomplissement de leur mission, par un ou plusieurs experts de leur choix. Les honoraires de ces experts sont à la charge de la société.

Art. R. 22-10-8 *(Créé, D. n° 2020-1742, 29 déc. 2020)*. – Le rapport des commissaires aux apports décrit chacun des apports, indique quel mode d'évaluation a été adopté et pourquoi il a été retenu et affirme que la valeur des apports correspond au moins à la valeur nominale des actions à émettre, augmentée éventuellement de la prime d'émission.

Art. R. 22-10-9 *(Créé, D. n° 2020-1742, 29 déc. 2020)*. – Le rapport des commissaires aux apports est déposé huit jours au moins avant la date de l'assemblée générale constitutive à l'adresse prévue du siège social indiqué dans le bulletin de souscription et au greffe du tribunal de commerce dans le ressort duquel est situé ce siège.

Il est tenu à la disposition des souscripteurs qui peuvent en prendre connaissance ou obtenir la délivrance d'une copie intégrale ou partielle.

Art. R. 22-10-10 *(Créé, D. n° 2020-1742, 29 déc. 2020)*. – Pour l'application du I de l'article L. 225-8-1, la décision des fondateurs de ne pas recourir à la désignation d'un commissaire aux apports ainsi que tout document relatif à la description et à l'évaluation des apports, dont une attestation précisant qu'aucune circonstance nouvelle n'est venue modifier cette évaluation, sont déposés huit jours au moins avant la date de l'assemblée générale constitutive à l'adresse du siège social indiquée dans le bulletin de souscription et au greffe du tribunal de commerce dans le ressort duquel est situé ce siège.

Ces documents sont tenus à la disposition des souscripteurs qui peuvent en prendre connaissance ou obtenir la délivrance d'une copie intégrale ou partielle.

Art. R. 22-10-11 *(Créé, D. n° 2020-1742, 29 déc. 2020)*. – L'assemblée générale constitutive est convoquée au lieu indiqué par la notice prévue à l'article R. 22-10-3.

L'avis de convocation indique la dénomination sociale et la forme de la société, l'adresse prévue du siège social, le montant du capital social, les jour, heure, lieu et ordre du jour de l'assemblée.

Il est inséré au Bulletin des annonces légales obligatoires et dans un journal habilité à recevoir les annonces légales dans le département du siège social, huit jours au moins avant la date de l'assemblée.

Art. R. 22-10-12 *(Créé, D. n° 2020-1742, 29 déc. 2020)*. – Le retrait des fonds provenant des souscriptions en numéraire est effectué par le mandataire de la société, sur présentation du certificat du greffier attestant l'immatriculation de la société au registre du commerce et des sociétés.

Art. R. 22-10-13 *(Créé, D. n° 2020-1742, 29 déc. 2020)*. – La société est réputée n'avoir pas été constituée dans le délai fixé par le deuxième alinéa de l'article L. 225-11, lorsque les formalités prévues au deuxième alinéa de l'article L. 225-7 n'ont pas été accomplies avant l'expiration dudit délai.

Dans ce cas, le mandataire chargé de retirer les fonds pour les restituer aux souscripteurs, en application de la première phrase du deuxième alinéa de l'article L. 225-11, est nommé par le président du tribunal de commerce du lieu du siège social, statuant en référé.

Lorsqu'un mandataire a été désigné par les souscripteurs en application de la seconde phrase du deuxième alinéa de l'article L. 225-11, il justifie, en vue du retrait des fonds, de l'autorisation écrite donnée par l'ensemble des souscripteurs.

Sous-section 2. – De la direction et de l'administration

§ 1. – Du conseil d'administration et de la direction générale

Art. R. 22-10-14 *(Créé, D. n° 2020-1742, 29 déc. 2020)*. – I. – La politique de rémunération mentionnée au I de l'article L. 22-10-8 présente les informations suivantes, relatives à l'ensemble des mandataires sociaux :

1° La manière dont elle respecte l'intérêt social et contribue à la stratégie commerciale ainsi qu'à la pérennité de la société ;

2° Le processus de décision suivi pour sa détermination, sa révision et sa mise en œuvre, y compris les mesures permettant d'éviter ou de gérer les conflits d'intérêts et, le cas échéant, le rôle du comité de rémunération ou d'autres comités concernés ;

3° Dans le processus de décision suivi pour sa détermination et sa révision, la manière dont les conditions de rémunération et d'emploi des salariés de la société sont prises en compte ;

4° Les méthodes d'évaluation à appliquer aux mandataires sociaux pour déterminer dans quelle mesure il a été satisfait aux critères de performance prévus pour la rémunération variable et la rémunération en actions ;

5° Les critères de répartition de la somme fixe annuelle allouée par l'assemblée générale aux administrateurs ;

6° Lorsque la politique de rémunération est modifiée, la description et l'explication de toutes les modifications substantielles, la manière dont sont pris en compte les votes les plus récents des actionnaires sur la politique de rémunération et sur les informations mentionnées au I de l'article L. 22-10-9 ainsi que, le cas échéant, les avis exprimés lors de la dernière assemblée générale ;

7° Les modalités d'application des dispositions de la politique de rémunération aux mandataires sociaux nouvellement nommés ou dont le mandat est renouvelé, dans l'attente, le cas échéant, de l'approbation par l'assemblée générale des modifications importantes de la politique de rémunération, mentionnée au II de l'article L. 22-10-8 ;

8° Lorsque le conseil d'administration prévoit des dérogations à l'application de la politique de rémunération conformément au deuxième alinéa du III de l'article L. 22-10-8, les conditions procédurales en vertu desquelles ces dérogations peuvent être appliquées et les éléments de la politique auxquels il peut être dérogé.

II. – La politique de rémunération précise, pour chaque mandataire social, les éléments suivants :

1° Les éléments fixes, variables et exceptionnels composant la rémunération totale et les avantages de toute nature qui peuvent lui être accordés en raison du mandat concerné, ainsi que leur importance respective ;

2° Lorsque la société attribue une rémunération en actions, les périodes d'acquisition et, le cas échéant, de conservation des actions applicables après l'acquisition et la manière dont la rémunération en actions contribue aux objectifs de la politique de rémunération ;

3° Les périodes de report éventuelles et, le cas échéant, la possibilité pour la société de demander la restitution d'une rémunération variable ;

4° Lorsque la société attribue des éléments de rémunérations variables, les critères clairs, détaillés et variés, de nature financière et non financière, y compris, le cas échéant, relatifs à la responsabilité sociale et environnementale de l'entreprise, qui conditionnent leur attribution et la manière dont ces critères contribuent aux objectifs de la politique de rémunération ;

5° La durée du ou des mandats et, le cas échéant, des contrats de travail ou de prestations de services passés avec la société, les périodes de préavis et les conditions de révocation ou de résiliation qui leurs sont applicables ;

6° Les caractéristiques principales et les conditions de résiliation des engagements pris par la société elle-même ou par toute société contrôlée ou qui la contrôle, au sens des II et III de l'article L. 233-16, et correspondant à des éléments de rémunération, des indemnités ou des avantages dus ou susceptibles d'être dus à raison de la cessation ou d'un changement de fonctions, ou postérieurement à celles-ci, ou des droits conditionnels octroyés au titre d'engagements de retraite à prestations définies répondant aux caractéristiques des régimes mentionnés aux articles L. 137-11 et L. 137-11-2 du Code de la sécurité sociale ;

7° Lorsque la société attribue des engagements et droits conditionnels, les critères clairs, détaillés et variés, de nature financière et, le cas échéant, non financière, y compris relatifs à la responsabilité sociale et environnementale de l'entreprise, qui conditionnent leur attribution et la manière dont ces critères contribuent aux objectifs de la politique de rémunération. Ces critères ne s'appliquent pas aux engagements correspondant à des indemnités en contrepartie d'une clause interdisant au bénéficiaire, après la cessation de ses fonctions dans la société, l'exercice d'une activité professionnelle concurrente portant atteinte aux intérêts de la société, ou aux engagements répondant aux caractéristiques des régimes collectifs et obligatoires de retraite et de prévoyance mentionnés à l'article L. 242-1 du Code de la sécurité sociale.

III. – Lorsque la politique de rémunération prévoit des indemnités représentant la contrepartie d'une clause interdisant au bénéficiaire, après la cessation de ses fonctions dans la société, l'exercice d'une activité professionnelle concurrente portant atteinte aux intérêts de la société, leur versement est exclu dès lors que l'intéressé fait valoir ses droits à la retraite.

IV. – La politique de rémunération soumise à l'assemblée générale des actionnaires, accompagnée de la date et du résultat du dernier vote de l'assemblée générale sur la résolution mentionnée au II de l'article L. 22-10-8, est rendue publique sur le site internet de la société le jour ouvré suivant celui du vote et reste gratuitement à la disposition du public au moins pendant la période où elle s'applique.

Art. R. 22-10-15 *(Créé, D. n° 2020-1742, 29 déc. 2020)*. – I. – Les informations mentionnées aux I et II de l'article L. 22-10-9 sont mises gratuitement à la disposition du public sur le site internet de la société pour une durée de dix ans. Sans préjudice du troisième alinéa du II du présent article, ce délai peut être prolongé.

II. – Le traitement des données à caractère personnel des mandataires sociaux contenues dans ce rapport vise à renforcer la transparence de la société par rapport aux rémunérations des mandataires sociaux, le droit de regard des actionnaires sur cette rémunération et la responsabilité des mandataires sociaux.

Les informations présentées dans le rapport mentionné au I n'incluent pas de catégories particulières de données à caractère personnel des mandataires sociaux personnes physiques au sens de l'article 9, paragraphe 1, du règlement (UE) 2016/679 du Parlement européen et du Conseil du 27 avril 2016, ni de données à caractère personnel qui se rapportent à la situation familiale des mandataires sociaux personnes physiques.

Les autres données à caractère personnel contenues dans ce rapport ne sont plus mises à disposition du public après dix ans à compter de leur publication.

Art. D. 22-10-16 *(Créé, D. n° 2020-1742, 29 déc. 2020)*. – I. – L'information donnée par la société sur les engagements de retraite, autres que les régimes de retraite de base et les régimes de retraites complémentaires obligatoires, ou autres avantages viagers pris par la société au bénéfice de ses mandataires sociaux en application du 4° de l'article L. 22-10-9 précise pour chaque mandataire social les éléments constitutifs essentiels de ceux-ci, en particulier :

1° Pour ce qui concerne les engagements de retraites et assimilés, et tout autre avantage versé au titre de la cessation de fonctions en tout ou partie sous forme de rente, lorsque ces engagements sont à la charge de la société :

a) L'intitulé de l'engagement considéré ;

b) La référence aux dispositions légales permettant d'identifier la catégorie de régime correspondant ;

c) Les conditions d'entrée dans le régime et les autres conditions pour pouvoir en bénéficier ;

d) Les modalités de détermination de la rémunération de référence fixée par le régime concerné et servant à calculer les droits des bénéficiaires ;

e) Le rythme d'acquisition des droits ;

f) L'existence éventuelle d'un plafond, son montant ou les modalités de détermination de celui-ci ;

g) Les modalités de financement des droits ;

h) Le montant estimatif de la rente à la date de clôture de l'exercice ;

i) Les charges fiscales et sociales associées à l'engagement considéré mises à la charge de la société ;

2° Pour ce qui concerne les autres avantages viagers :

a) L'intitulé de l'avantage viager considéré ;

b) Le montant estimatif de l'avantage viager, évalué sur une base annuelle à la date de clôture ;

c) Les modalités de financement de l'avantage viager ;

d) Les charges fiscales et sociales associées à cet avantage mises à la charge de la société.

II. – Le montant estimatif de la rente à la date de clôture mentionné au h du 1° du I du présent article est établi selon les modalités suivantes :

1° La rente est estimée sur une base annuelle ;

2° Elle prend en compte l'ancienneté acquise par le mandataire dans ses fonctions à la date de clôture de l'exercice ;

3° Le cas échéant, elle est assise sur la base des rémunérations telles qu'elles ont été constatées au cours du ou des derniers exercices ;

4° Elle est calculée, indépendamment des conditions de réalisation de l'engagement, comme si le mandataire social pouvait en bénéficier à compter du lendemain de la clôture de l'exercice ;

5° L'estimation de la rente distingue, le cas échéant, la part de celle-ci accordée dans le cadre d'un régime mentionné à l'article L. 137-11 du Code de la sécurité sociale de celle versée dans le cadre d'un autre régime mis en place par la société.

Art. R. 22-10-17 *(Créé, D. n° 2020-1742, 29 déc. 2020)*. – La publication mentionnée à l'article L. 22-10-13 contient les informations suivantes : le nom ou la dénomination sociale de la personne directement ou indirectement intéressée, la nature de sa relation avec la société, la date et les conditions financières de la convention.

Elle contient également toute autre information nécessaire pour évaluer l'intérêt de la convention pour la société et les actionnaires, y compris minoritaires, qui n'y sont pas directement ou indirectement intéressés. Ces informations comportent notamment l'objet de la convention et l'indication du rapport entre son prix pour la société et le dernier bénéfice annuel de celle-ci.

§ 2. – *Du directoire et du conseil de surveillance*

Art. R. 22-10-18 *(Créé, D. n° 2020-1742, 29 déc. 2020)*. – I. – La politique de rémunération mentionnée au I de l'article L. 22-10-26 comprend les informations suivantes, relatives à l'ensemble des mandataires sociaux :

1° La manière dont elle respecte l'intérêt social et contribue à la stratégie commerciale ainsi qu'à la pérennité de la société ;

2° Le processus de décision suivi pour sa détermination, sa révision et sa mise en œuvre, y compris les mesures permettant d'éviter ou de gérer les conflits d'intérêts et, le cas échéant, le rôle du comité de rémunération ou d'autres comités concernés ;

3° Dans le processus de décision suivi pour sa détermination et sa révision, la manière dont les conditions de rémunération et d'emploi des salariés de la société sont prises en compte ;

4° Les méthodes d'évaluation à appliquer aux mandataires sociaux pour déterminer dans quelle mesure il a été satisfait aux critères de performance prévus pour la rémunération variable et la rémunération en actions ;

5° Les critères de répartition de la somme fixe annuelle allouée par l'assemblée générale aux membres du conseil de surveillance ;

6° Lorsque la politique de rémunération est modifiée, la description et l'explication de toutes les modifications substantielles, et la manière dont sont pris en compte les votes les plus récents des actionnaires sur la politique de rémunération et sur les informations mentionnées au I de l'article L. 22-10-9 et, le cas échéant, les avis exprimés lors de la dernière assemblée générale ;

7° Les modalités d'application des dispositions de la politique de rémunération aux mandataires sociaux nouvellement nommés ou dont le mandat est renouvelé, dans l'attente, le cas échéant, de l'approbation par l'assemblée générale des modifications importantes de la politique de rémunération, mentionnée au II de l'article L. 22-10-26 ;

8° Lorsque le conseil de surveillance prévoit des dérogations à l'application de la politique de rémunération conformément au deuxième alinéa du III de l'article L. 22-10-26, les conditions procédurales en vertu desquelles ces dérogations peuvent être appliquées et les éléments de la politique auxquels il peut être dérogé.

II. – La politique de rémunération précise, pour chaque mandataire social, les éléments suivants :

1° Les éléments fixes, variables et exceptionnels composant la rémunération totale et les avantages de toute nature qui peuvent être accordés à chaque mandataire social en raison de son mandat, ainsi que leur importance respective ;

2° Lorsque la société attribue une rémunération en actions, les périodes d'acquisition et, le cas échéant, de conservation des actions applicables après l'acquisition et la manière dont la rémunération en actions contribue aux objectifs de la politique de rémunération ;

3° Les périodes de report éventuelles et, le cas échéant, la possibilité pour la société de demander la restitution d'une rémunération variable ;

4° Lorsque la société attribue des éléments de rémunérations variables, les critères clairs, détaillés et variés, de nature financière et non financière, y compris, le cas échéant, relatifs à la responsabilité sociale et environnementale de l'entreprise, qui conditionnent leur attribution et la manière dont ces critères contribuent aux objectifs de la politique de rémunération ;

5° La durée du ou des mandats et des contrats de travail ou de prestations de services passés avec la société, les périodes de préavis et les conditions de révocation ou de résiliation qui leurs sont applicables ;

6° Les caractéristiques principales et les conditions de résiliation des engagements pris par la société elle-même ou par toute société contrôlée ou qui la contrôle, au sens des II et III de l'article L. 233-16, et correspondant à des éléments de rémunération, des indemnités ou des avantages dus ou susceptibles d'être dus à raison de la cessation ou d'un changement de fonctions, ou postérieurement à celles-ci, ou des droits conditionnels octroyés au titre d'engagements de retraite à prestations définies répondant aux caractéristiques des régimes mentionnés aux articles L. 137-11 et L. 137-11-2 du Code de la sécurité sociale ;

7° Lorsque la société octroie attribue des engagements et droits conditionnels, les critères clairs, détaillés et *variés, de nature financière et, le cas échéant, non* financière, y compris relatifs à la responsabilité sociale et environnementale de l'entreprise, qui conditionnent leur attribution et la manière dont ces critères contribuent aux objectifs de la politique de rémunération. Ces critères ne s'appliquent pas aux engagements correspondant à des indemnités en contrepartie d'une clause interdisant au bénéficiaire, après la cessation de ses fonctions dans la société, l'exercice d'une activité professionnelle concurrente portant atteinte aux intérêts de la société, ou aux engagements répondant aux caractéristiques des régimes collectifs et obligatoires de retraite et de prévoyance visés à l'article L. 242-1 du Code de la sécurité sociale.

III. – Lorsque la politique de rémunération prévoit des indemnités représentant la contrepartie d'une clause interdisant au bénéficiaire, après la cessation de ses fonctions dans la société, l'exercice d'une activité professionnelle concurrente portant atteinte aux intérêts de la société, leur versement est exclu dès lors que l'intéressé fait valoir ses droits à la retraite.

IV. – La politique de rémunération soumise à l'assemblée générale des actionnaires, accompagnée de la date et du résultat du dernier vote de l'assemblée générale sur la résolution mentionnée au II de l'article L. 22-10-26, est rendue publique sur le site internet de la société le jour ouvré suivant celui du vote et reste gratuitement à la disposition du public au moins pendant la période où elle s'applique.

Art. R. 22-10-19 *(Créé, D. n° 2020-1742, 29 déc. 2020)*. – La publication mentionnée à l'article L. 22-10-30 contient les informations suivantes : le nom ou la dénomination sociale de la personne directement ou indirectement intéressée, la nature de sa relation avec la société, la date et les conditions financières de la convention.

Elle contient également toute autre information nécessaire pour évaluer l'intérêt de la convention pour la société et les actionnaires, y compris minoritaires, qui n'y sont pas directement ou indirectement intéressés. Ces informations comportent notamment l'objet de la convention et l'indication du rapport entre son prix pour la société et le dernier bénéfice annuel de celle-ci.

Sous-section 3. – Des assemblées d'actionnaires

Art. R. 22-10-20 *(Créé, D. n° 2020-1742, 29 déc. 2020)*. – L'insertion complémentaire de l'avis de convocation mentionné à l'article R. 225-67 au Bulletin des annonces légales obligatoires est applicable aux sociétés dont les actions sont admises aux négociations sur un marché réglementé.

Art. R. 22-10-21 *(Créé, D. n° 2020-1742, 29 déc. 2020)*. – Les dispositions de l'article R. 225-72 ne s'appliquent pas lorsque les actions de la société sont admises aux négociations sur un marché réglementé.

Art. R. 22-10-22 *(Créé, D. n° 2020-1742, 29 déc. 2020)*. – Les dispositions de l'article R. 225-73 sont applicables lorsque les actions de la société sont admises aux négociations sur un marché réglementé.

Art. R. 22-10-23 *(Créé, D. n° 2020-1742, 29 déc. 2020)*. – Pendant une période ininterrompue commençant au plus tard le vingt et unième jour précédant l'assemblée, les sociétés dont les actions sont admises aux négociations sur un marché réglementé publient sur le site internet prévu à l'article R. 22-10-1 les informations et documents suivants :

1° L'avis mentionné à l'article R. 22-10-22 ;

2° Le nombre total de droits de vote existant et le nombre d'actions composant le capital de la société à la date de la publication de cet avis en précisant, le cas échéant, le nombre d'actions et de droits de vote existant à cette date pour chaque catégorie d'actions ;

3° Les documents destinés à être présentés à l'assemblée, au regard notamment des dispositions des articles L. 225-115 et R. 225-83 ;

4° Le texte des projets de résolution qui seront présentés à l'assemblée par le conseil d'administration ou le directoire, selon le cas ;

5° Les formulaires de vote par correspondance et de vote par procuration ou le document unique prévu par le troisième alinéa de l'article R. 225-76, sauf dans les cas où la société adresse ces formulaires à tous ses actionnaires.

Lorsque, pour des raisons techniques, ces formulaires ne peuvent être rendus accessibles sur son site internet, la société indique sur celui-ci les lieux et conditions dans lesquels ils peuvent être obtenus. Elle les envoie à ses frais à tout actionnaire qui en fait la demande.

La société publie sans délai sur son site internet le texte des projets de résolution présentés par les actionnaires et la liste des points ajoutés à l'ordre du jour à leur demande.

Pour chaque point inscrit à l'ordre du jour, la société peut également publier un commentaire du conseil d'administration ou du directoire, selon le cas.

Lorsque l'assemblée est convoquée en application des dispositions de l'article L. 233-32, le délai fixé au premier alinéa du présent article est ramené au plus tard au quinzième jour précédant l'assemblée.

Art. R. 22-10-24 *(Créé, D. n° 2020-1742, 29 déc. 2020)*. – Les sociétés dont les actions sont admises aux négociations sur un marché réglementé permettent la notification de la désignation et de la révocation du mandataire mentionné à l'article R. 225-79 par voie électronique.

Art. R. 22-10-25 *(Créé, D. n° 2020-1742, 29 déc. 2020).* – Pour l'application de l'article L. 22-10-40, l'information incombant au mandataire est délivrée par celui-ci à l'actionnaire par lettre recommandée avec demande d'avis de réception ou, si le mandataire a préalablement recueilli l'accord de l'actionnaire, par un moyen de communication électronique.

Art. R. 22-10-26 *(Créé, D. n° 2020-1742, 29 déc. 2020).* – La notification mentionnée au neuvième alinéa de l'article L. 22-10-40 est effectuée par le mandataire à la société par lettre recommandée avec demande d'avis de réception ou par un moyen de communication électronique.

Art. R. 22-10-27 *(Créé, D. n° 2020-1742, 29 déc. 2020).* – I. – Toute personne qui procède à une sollicitation active de mandats au sens de l'article L. 22-10-41 publie sur son site internet un document intitulé « politique de vote », régulièrement mis à jour. Ce document peut en outre être consulté à l'adresse du domicile ou du siège social qu'il mentionne.

II. – Il contient :

1° Pour une personne physique, ses nom, prénom, date et lieu de naissance, domicile ;

2° Pour une personne morale, sa forme juridique, sa raison ou dénomination sociale, le montant de son capital social, l'adresse de son siège social, son objet, ainsi que les organes chargés d'instruire et d'analyser les résolutions soumises et ceux chargés de décider des votes qui seront émis.

III. – Ce document décrit les principes auxquels le mandataire entend se référer à l'occasion de l'exercice des droits de vote correspondant à des procurations reçues sans instructions de vote.

Il présente la politique de vote de l'intéressé par rubrique correspondant aux différents types de résolutions soumises aux assemblées.

Les rubriques portent au moins sur :

1° Les décisions entraînant une modification des statuts ;

2° L'approbation des comptes et du résultat ;

3° La nomination et la révocation des organes sociaux ;

4° Les conventions mentionnées aux articles L. 225-38, L. 225-40 à L. 225-42, L. 2210-13 et aux articles L. 225-86, L. 225-88 à L. 225-90 et L. 22-10-30 ;

5° Les programmes d'émission et de rachat des titres de capital ;

6° La désignation des commissaires aux comptes.

Ce document décrit en outre les procédures destinées à déceler, prévenir et régler les conflits d'intérêts susceptibles d'affecter le libre exercice par l'intéressé des droits de vote.

IV. – La publicité des intentions de vote mentionnée au quatrième alinéa de l'article L. 22-10-41 est assurée sur le site internet de la personne qui procède à la sollicitation active de mandats.

Art. R. 22-10-28 *(Créé, D. n° 2020-1742, 29 déc. 2020).* – I. – Par dérogation aux dispositions de l'article R. 225-86, dans les sociétés dont les titres sont admis aux négociations sur un marché réglementé ou aux opérations d'un dépositaire central, il est justifié du droit de participer aux assemblées générales par l'inscription en compte des titres au nom de l'actionnaire ou de l'intermédiaire inscrit pour son compte en application du septième alinéa de l'article L. 228-1, au deuxième jour ouvré précédant l'assemblée à zéro heure, heure de Paris, soit dans les comptes de titres nominatifs tenus par la société, soit dans les comptes de titres au porteur tenus par un intermédiaire mentionné à l'article L. 211-3 du Code monétaire *et financier.*

II. – L'inscription des titres dans les comptes de titres au porteur tenus par un intermédiaire mentionné à l'article L. 211-3 du Code monétaire et financier est constatée par une attestation de participation délivrée par ce dernier, le cas échéant par voie électronique dans les conditions prévues à l'article R. 225-61, en annexe au formulaire de vote à distance ou de procuration ou à la demande de carte d'admission établis au nom de l'actionnaire ou pour le compte de l'actionnaire représenté par l'intermédiaire inscrit. Une attestation est également délivrée à l'actionnaire souhaitant participer physiquement à l'assemblée et qui n'a pas reçu sa carte d'admission le deuxième jour ouvré précédant l'assemblée à zéro heure, heure de Paris.

III. – Lorsque l'actionnaire a déjà exprimé son vote à distance, envoyé un pouvoir ou demandé sa carte d'admission ou une attestation de participation dans les conditions prévues à la dernière phrase du II, il ne peut plus choisir un autre mode de participation à l'assemblée, sauf disposition contraire des statuts.

IV. – L'actionnaire qui a déjà exprimé son vote à distance, envoyé un pouvoir ou demandé sa carte d'admission ou une attestation de participation dans les conditions prévues à la dernière phrase du II peut à tout moment céder tout ou partie de ses actions.

Cependant, si le transfert de propriété intervient avant le deuxième jour ouvré précédant l'assemblée à zéro heure, heure de Paris, la société invalide ou modifie en conséquence, selon le cas, le vote exprimé à distance, le pouvoir, la carte d'admission ou l'attestation de participation. À cette fin, l'intermédiaire mentionné à l'article L. 211-3 du Code monétaire et financier notifie le transfert de propriété à la société ou à son mandataire et lui transmet les informations nécessaires.

Aucun transfert de propriété réalisé après le deuxième jour ouvré précédant l'assemblée à zéro heure, heure de Paris, quel que soit le moyen utilisé, n'est notifié par l'intermédiaire mentionné à l'article L. 211-3 du Code monétaire et financier ou prise en considération par la société, nonobstant toute convention contraire.

Art. R. 22-10-29 *(Créé, D. n° 2020-1742, 29 déc. 2020)*. – Les seuils prévus au premier alinéa de l'article L. 22-10-36, évalués à la date de clôture de l'exercice, sont fixés à 20 millions d'euros pour le total du bilan, à 40 millions d'euros pour le montant net du chiffre d'affaires et à 500 pour le nombre moyen de salariés permanents employés au cours de l'exercice.

Pour l'application du 2° de l'article L. 22-10-10, les sociétés concernées sont celles qui dépassent deux des trois seuils suivants : un total de bilan de 20 millions d'euros, un chiffre d'affaires net de 40 millions d'euros, un nombre moyen de salariés permanents de 250.

Le total du bilan et le montant net du chiffre d'affaires sont déterminés conformément aux cinquième et sixième alinéas de l'article D. 123-200. Le nombre moyen de salariés permanents est déterminé conformément aux dispositions de l'article D. 210-21.

Art. R. 22-10-30 *(Créé, D. n° 2020-1742, 29 déc. 2020)*. – Les sociétés dont les actions sont admises aux négociations sur un marché réglementé publient sur le site internet prévu à l'article R. 22-10-1, dans les quinze jours suivant la réunion de l'assemblée, un résultat des votes comprenant au moins les indications suivantes :

1° Le nombre d'actionnaires présents ou représentés à l'assemblée ;

2° Le nombre de voix des actionnaires présents ou représentés à l'assemblée ;

3° Pour chaque résolution, le nombre total de voix exprimées en détaillant le nombre d'actions et la proportion du capital social qu'elles représentent, le nombre et le pourcentage de voix favorables à la résolution ainsi que le nombre et le pourcentage de voix défavorables à la résolution, y compris les abstentions.

Sous-section 4. – Des modifications du capital social et de l'actionnariat des salariés

§ 1. – De l'augmentation de capital

Art. R. 22-10-31 *(Créé, D. n° 2020-1742, 29 déc. 2020)*. – Dans les sociétés dont les titres sont admis aux négociations sur un marché réglementé, le rapport du conseil d'administration ou du directoire mentionné à l'article R. 225-114 indique, outre les informations prévues à l'article R. 225-115, l'incidence théorique sur la valeur boursière actuelle de l'action telle qu'elle résulte de la moyenne des vingt séances de bourse précédentes.

Le commissaire aux comptes donne son avis, outre sur les éléments mentionnés au second alinéa de l'article R. 225-115, sur la valeur boursière de l'action. Il vérifie et certifie la sincérité des informations tirées des comptes de la société sur lesquelles il donne cet avis.

Art. R. 22-10-32 *(Créé, D. n° 2020-1742, 29 déc. 2020)*. – our l'application du premier alinéa de l'article L. 22-10-52, le prix est au moins égal à la moyenne pondérée des cours des trois dernières séances de bourse précédant *le début de l'offre au public au sens du règlement (UE) n° 2017 / 1129 du 14 juin 2017*, éventuellement diminuée d'une décote maximale de 10 %.

Art. R. 22-10-33 *(Créé, D. n° 2020-1742, 29 déc. 2020)*. – La publication complémentaire dans une notice publiée au Bulletin des annonces légales obligatoires de l'avis informant les actionnaires d'une émission d'actions nouvelle ou de valeurs mobilières donnant accès au capital susceptible d'entraîner une augmentation de capital, mentionnée à l'avant-dernier alinéa de l'article R. 225-120, est également applicable si toutes les actions de la société sont admises aux négociations sur un marché réglementé.

Le dernier alinéa de l'article R. 225-120 est également applicable si toutes les actions de la société sont admises aux négociations sur un marché réglementé.

Art. R. 22-10-34 *(Créé, D. n° 2020-1742, 29 déc. 2020).* – Dans les sociétés dont les actions sont admises aux négociations sur un marché réglementé, la renonciation au droit préférentiel de souscription prévue à l'article R. 225-122 ne peut être faite au profit de bénéficiaires dénommés.

Art. R. 22-10-35 *(Créé, D. n° 2020-1742, 29 déc. 2020).* – Par dérogation aux dispositions de l'article R. 225-130, lorsque la vente porte sur des titres de capital admis aux négociations sur un marché réglementé ou aux opérations d'un dépositaire central mentionnés à l'article L. 22-10-50, elle est réalisée suivant les modalités prévues, selon le cas, au deuxième, au troisième ou au quatrième alinéa de l'article R. 228-12.

Art. R. 22-10-36 *(Créé, D. n° 2020-1742, 29 déc. 2020).* – L'insertion complémentaire dans une notice publiée au Bulletin des annonces légales obligatoires de l'avis par lequel le conseil d'administration, ou le directoire, suspend la possibilité d'obtenir des titres de capital, prévue par le deuxième alinéa de l'article R. 225-133, est également applicable si les valeurs mobilières de la société donnant accès au capital sont admises aux négociations sur un marché réglementé.

§ 2. – De la souscription et de l'achat d'actions par les salariés

Art. R. 22-10-37 *(Créé, D. n° 2020-1742, 29 déc. 2020).* – Lorsqu'il existe des options de souscription ou d'achat d'actions, la société qui procède à l'achat de ses actions admises aux négociations sur un marché réglementé procède, lorsque le prix d'acquisition est supérieur au cours de bourse, à un ajustement du nombre d'actions que ces titres permettent d'obtenir.

Cet ajustement garantit, au centième d'action près, que la valeur des actions qui sont obtenues en cas de levée d'option après la réalisation de l'opération est identique à la valeur de celles qui auraient été obtenues en cas de levée d'option avant cette opération.

À cet effet, les nouveaux droits de souscription ou d'achat d'actions sont calculés en tenant compte du rapport entre, d'une part, le produit du pourcentage du capital racheté par la différence entre le prix de rachat et une moyenne pondérée des cours des trois dernières séances de bourse au moins qui précèdent le rachat ou la faculté de rachat et, d'autre part, cette moyenne. Les éventuels ajustements successifs sont effectués à partir de la parité qui précède immédiatement, arrondie comme il est dit à l'alinéa précédent.

Le conseil d'administration ou le directoire rend compte des éléments de calcul et des résultats de l'ajustement dans le rapport annuel suivant.

§ 3. – De la réduction du capital

Art. R. 22-10-38 *(Créé, D. n° 2020-1742, 29 déc. 2020).* – L'insertion complémentaire de l'avis d'achat au Bulletin des annonces légales obligatoires, prévue par l'article R. 225-153, est applicable lorsque les actions de la société sont admises aux négociations sur un marché réglementé.

Art. R. 22-10-39 *(Créé, D. n° 2020-1742, 29 déc. 2020).* – Les dispositions des articles R. 225-153 à R. 225-155 et R. 22-10-38 ne sont pas applicables aux opérations réalisées en application de l'article L. 22-10-62.

Section 3. – Dispositions propres aux sociétés en commandite par actions

Art. R. 22-10-40 *(Créé, D. n° 2020-1742, 29 déc. 2020, art. 9 et 16).* – I. – La politique de rémunération mentionnée au I de l'article L. 22-10-76 comprend les informations suivantes, relatives au gérant ou aux gérants dans leur ensemble :

1° La manière dont elle respecte l'intérêt social et contribue à la stratégie commerciale ainsi qu'à la pérennité de la société ;

2° Le processus de décision suivi pour sa détermination, sa révision et sa mise en œuvre, y compris les mesures permettant d'éviter ou de gérer les conflits d'intérêts et, le cas échéant, le rôle du comité de rémunération ou d'autres comités concernés ;

3° Dans le processus de décision suivi pour sa détermination et sa révision, la manière dont les conditions de rémunération et d'emploi des salariés de la société sont prises en compte ;

4° Les méthodes d'évaluation appliquées pour déterminer dans quelle mesure il a été satisfait aux critères de performance prévus pour la rémunération variable et les rémunérations en action ;

5° Lorsque la politique de rémunération est modifiée, la description et l'explication de toutes les modifications substantielles et la manière dont sont pris en compte les votes les plus récents des actionnaires et des commandités sur la politique de rémunération et sur les informations mentionnées au I de l'article L. 22-10-9, le cas échéant adaptées aux sociétés en commandite par actions en application de l'article L. 22-10-78 ainsi que, le cas échéant, les avis exprimés lors de la dernière assemblée générale ;

6° Les modalités d'application des dispositions de la politique de rémunération aux gérants nouvellement nommés ou dont le mandat est renouvelé, dans l'attente, le cas échéant, de l'approbation des modifications importantes de la politique de rémunération, mentionnée au II de l'article L. 22-10-76 ;

7° Lorsque les commandités prévoient des dérogations à l'application de la politique de rémunération conformément au deuxième alinéa du IV de l'article L. 22-10-76, les conditions procédurales en vertu desquelles ces dérogations peuvent être appliquées et les éléments de la politique auxquels il peut être dérogé.

II. – La politique de rémunération précise, pour le gérant ou pour chaque gérant, les éléments suivants :

1° Les éléments fixes, variables et exceptionnels composant la rémunération totale et les avantages de toute nature qui peuvent leur être versés ou attribués en raison de son mandat, ainsi que leur importance respective ;

2° Lorsque la société attribue une rémunération en actions, les périodes d'acquisition et, le cas échéant, de conservation des actions applicables après l'acquisition et la manière dont la rémunération en actions contribue aux objectifs de la politique de rémunération ;

3° Les périodes de report éventuelles et, le cas échéant, la possibilité pour la société de demander la restitution d'une rémunération variable ;

4° La durée du ou des mandats et des contrats de travail ou de prestations de services passés avec la société, les périodes de préavis et les conditions de révocation ou de résiliation qui leurs sont applicables ;

5° Les caractéristiques principales et les conditions de résiliation des engagements pris par la société elle-même ou par toute société contrôlée ou qui la contrôle, au sens des II et III de l'article L. 233-16, et correspondant à des éléments de rémunération, des indemnités ou des avantages dus ou susceptibles d'être dus à raison de la cessation ou d'un changement de fonctions, ou postérieurement à celles-ci, ou des droits conditionnels octroyés au titre d'engagements de retraite à prestations définies répondant aux caractéristiques des régimes mentionnés aux articles L. 137-11 et L. 137-11-2 du Code de la sécurité sociale ;

6° Lorsque la société attribue des éléments de rémunérations variables, les critères clairs, détaillés et variés, de nature financière et non financière, y compris, le cas échéant, relatifs à la responsabilité sociale et environnementale de l'entreprise, qui conditionnent leur attribution et la manière dont ces critères contribuent aux objectifs de la politique de rémunération ;

7° Lorsque la société attribue des engagements et droits conditionnels, les critères clairs, détaillés et variés, de nature financière et, le cas échéant, non financière, y compris relatifs à la responsabilité sociale et environnementale de l'entreprise, qui conditionnent leur attribution et la manière dont ces critères contribuent aux objectifs de la politique de rémunération. Ces critères ne s'appliquent pas aux engagements correspondant à des indemnités en contrepartie d'une clause interdisant au bénéficiaire, après la cessation de ses fonctions dans la société, l'exercice d'une activité professionnelle concurrente portant atteinte aux intérêts de la société, ou aux *engagements* répondant aux caractéristiques des régimes collectifs et obligatoires de retraite et de prévoyance visés à l'article L. 242-1 du Code de la sécurité sociale.

III. – Lorsque la politique de rémunération prévoit des indemnités représentant la contrepartie d'une clause interdisant au bénéficiaire, après la cessation de ses fonctions dans la société, l'exercice d'une activité professionnelle concurrente portant atteinte aux intérêts de la société, son versement est exclu dès lors que l'intéressé fait valoir ses droits à la retraite.

IV. – La politique de rémunération mentionnée au I de l'article L. 22-10-76 comprend, en tant qu'éléments applicables aux membres du conseil de surveillance, les informations suivantes :

1° Les critères de répartition de la somme fixe annuelle allouée par l'assemblée générale aux membres du conseil de surveillance ;

2° Les informations mentionnées aux I et, s'il y a lieu, II du présent article, le cas échéant adaptées aux membres du conseil de surveillance.

V. – La politique de rémunération, accompagnée de la date et du résultat du dernier vote de l'assemblée générale sur la résolution mentionnée au II de l'article L. 22-10-76, est rendue publique sur le site internet de la société le jour ouvré suivant celui du vote et restent gratuitement à la disposition du public au moins pendant la période où elle s'applique.

TITRE III. – DISPOSITIONS COMMUNES AUX DIVERSES SOCIÉTÉS COMMERCIALES

CHAPITRE I. – DU CAPITAL VARIABLE

Le présent chapitre ne comprend pas de dispositions réglementaires.

CHAPITRE II. – DES COMPTES SOCIAUX

Section I. – Des documents comptables

Art. R. 232-1 *(Anc. D. n° 67-236, 23 mars 1967)*. **– Les comptes annuels, le rapport de gestion ainsi que, le cas échéant, les comptes consolidés et le rapport sur la gestion du groupe sont tenus, au siège social, à la disposition des commissaires aux comptes un mois au moins avant la convocation de l'assemblée des associés ou des actionnaires appelés à statuer sur les comptes annuels de la société.**

Les documents mentionnés à l'alinéa précédent sont délivrés, en copie, aux commissaires aux comptes qui en font la demande.

Art. R. 232-1-1 *(Abr., D. n° 2015-903, 23 juill. 2015).*

Art. R. 232-2 *(Anc. D. n° 67-236, 23 mars 1967 ; mod., D. n° 2020-100, 7 févr. 2020)*. **– Les sociétés commerciales qui, à la clôture d'un exercice social, comptent trois cents salariés ou plus ou dont le montant net du chiffre d'affaires, à la même époque, est égal ou supérieur à 18 000 000 euros, sont tenues d'établir les documents mentionnés à l'article L. 232-2.**

Elles cessent d'être assujetties à cette obligation lorsqu'elles ne remplissent aucune de ces conditions pendant deux exercices successifs.

Les salariés pris en compte sont les salariés permanents liés à la société et aux sociétés dont cette dernière ***détient directement ou indirectement*** **plus de la moitié du capital. L'effectif est déterminé conformément aux dispositions de l'article D. 210-21.**

Le montant net du chiffre d'affaires est égal au montant des ventes de produits et services liés à l'activité courante diminué des réductions sur ventes, de la taxe sur la valeur ajoutée et des taxes assimilées.

NB : Conformément à l'article 15 du décret n° 2020-100 du 7 février 2020, les dispositions s'appliquent à compter du premier exercice ouvert à compter de son entrée en vigueur.

Art. R. 232-3 *(Anc. D. n° 67-236, 23 mars 1967)*. **– Le conseil d'administration, le directoire ou les gérants des sociétés mentionnées à l'article R. 232-2, selon le cas, établissent :**

1° Semestriellement, dans les quatre mois qui suivent la clôture de chacun des semestres de l'exercice, la situation de l'actif réalisable et disponible, valeurs d'exploitation exclues, et du passif exigible ;

2° Annuellement :

a) Le tableau de financement en même temps que les comptes annuels dans les quatre mois qui suivent la clôture de l'exercice écoulé ;

b) Le plan de financement prévisionnel ;

c) Le compte de résultat prévisionnel.

Le plan de financement et le compte de résultat prévisionnels sont établis au plus tard à l'expiration du quatrième mois qui suit l'ouverture de l'exercice en cours ; le compte de résultat prévisionnel est, en outre, révisé dans les quatre mois qui suivent l'ouverture du second semestre de l'exercice.

Art. R. 232-4 *(Anc. D. n° 67-236, 23 mars 1967).* – Les rapports prévus aux articles L. 232-3 et L. 232-4 sont joints aux documents mentionnés à l'article R. 232-3.

Ces rapports complètent et commentent l'information donnée par ces documents. Ils décrivent les conventions comptables, les méthodes utilisées et les hypothèses retenues et en justifient la pertinence et la cohérence.

Art. R. 232-5 *(Anc. D. n° 67-236, 23 mars 1967).* – Les règles de présentation et les méthodes utilisées pour l'élaboration des documents mentionnés à l'article R. 232-3 ne peuvent être modifiées d'une période à l'autre sans qu'il en soit justifié dans les rapports mentionnés à l'article R. 232-4. Ces derniers décrivent l'incidence de ces modifications.

Les postes du tableau de financement, du plan de financement prévisionnel et du compte de résultat prévisionnel comportent l'indication du chiffre relatif au poste correspondant de l'exercice précédent.

Les postes de la situation de l'actif réalisable et disponible, valeurs d'exploitation exclues, et du passif exigible comportent l'indication des chiffres relatifs aux postes correspondants des deux semestres précédents.

Les documents mentionnés à l'article R. 232-3 font apparaître, chacun en ce qui le concerne, la situation de trésorerie de la société, ses résultats prévisionnels ainsi que ses moyens et prévisions de financement. S'il y a lieu, des informations complémentaires sont fournies en vue de permettre le rapprochement des données qu'ils contiennent de celles des comptes annuels.

Le compte de résultat prévisionnel peut comporter une ou plusieurs variantes lorsque des circonstances particulières le justifient.

Art. R. 232-6 *(Anc. D. n° 67-236, 23 mars 1967).* – Dans les huit jours de leur établissement, les documents et rapports mentionnés aux articles R. 232-3 et R. 232-4 sont communiqués au commissaire aux comptes, au comité d'entreprise et au conseil de surveillance.

Art. R. 232-7 *(Anc. D. n° 67-236, 23 mars 1967).* – Lorsqu'en application des articles L. 232-3 et L. 232-4, le commissaire aux comptes formule des observations, il les consigne dans un rapport écrit adressé au conseil d'administration, au directoire ou aux gérants ainsi qu'au comité d'entreprise dans le mois qui suit l'expiration des délais prévus à l'article R. 232-3.

Lorsqu'en application de l'article L. 232-4, le commissaire aux comptes demande que son rapport soit communiqué aux associés, les gérants procèdent à cette communication dans le délai de huit jours à compter de la réception du rapport.

Art. R. 232-8 *(Anc. D. n° 67-236, 23 mars 1967).* – Une société consolidante au sens du premier alinéa de l'article L. 232-5 effectue, lorsqu'elle exerce l'option prévue à cet article, les retraitements conformes aux règles de la consolidation sur les éléments des comptes des sociétés qu'elle contrôle directement ou indirectement.

Ces retraitements peuvent être effectués, pour l'application du troisième alinéa de l'article L. 232-5, sous la responsabilité de la société consolidante par les sociétés contrôlées.

Pour l'application de cette méthode, la société inscrit distinctement, à l'actif du bilan, la somme des quote-parts des capitaux propres avant répartition du résultat, qu'elles soient positives ou négatives, et du montant net de l'écart non affecté de première consolidation.

La différence entre cette somme et le prix d'acquisition des titres est portée dans les capitaux propres à un poste d'écart d'équivalence.

Lors de la première application de cette méthode d'évaluation, les provisions portées en déduction des valeurs des titres sont transférées au poste d'écart d'équivalence.

Si l'écart d'équivalence devient négatif, une dépréciation globale du portefeuille est dotée par le débit du compte de résultat.

Section II. – Dispositions particulières aux sociétés dont les actions sont admises à la négociation sur un marché réglementé et à certaines de leurs filiales

Art. R. 232-9 et R. 232-10 *(Abr., D. n° 2008-258, 13 mars 2008).*

Art. R. 232-11 *(Anc. D. n° 67-236, 23 mars 1967 ; D. n° 2008-258, 13 mars 2008).* – Les sociétés dont les actions sont admises, en tout ou partie, aux négociations sur un marché réglementé publient au *Bulletin des annonces légales obligatoires* dans les quarante-cinq jours qui suivent l'approbation des comptes par l'assemblée générale ordinaire des actionnaires les documents suivants :

1° Les comptes annuels approuvés, revêtus de l'attestation des commissaires aux comptes ;

2° La décision d'affectation des résultats ;

3° Les comptes consolidés revêtus de l'attestation des commissaires aux comptes. Les informations prévues aux 5°, 6°, 7° et 8° de l'article R. 233-14 peuvent être omises si elles figurent dans les comptes consolidés déposés au greffe du tribunal à la clôture de l'exercice.

Lorsque la publicité des comptes consolidés, effectuée soit en application des dispositions du I de l'article L. 451-1-2 du Code monétaire et financier, soit en application du présent article, n'inclut pas les 5°, 6°, 7° et 8° de l'article R. 233-14, il est fait mention du dépôt au greffe du tribunal des comptes consolidés comprenant ces informations.

Les sociétés intéressées sont dispensées de la publication des documents mentionnés à l'alinéa précédent si les projets correspondants ont été approuvés sans modification par l'assemblée générale ordinaire des actionnaires, et si elles font insérer dans le même délai au *Bulletin des annonces légales obligatoires* un avis mentionnant la référence de la publication effectuée en application des dispositions du I de l'article L. 451-1-2 du Code monétaire et financier et contenant l'attestation des commissaires aux comptes.

Art. R. 232-12 *(Abr., D. n° 2008-258, 13 mars 2008).*

Art. R. 232-13 *(D. n° 2008-258, 13 mars 2008).* – Dans les quatre mois qui suivent la fin du premier semestre de leur exercice, les sociétés dont les actions sont admises, en tout ou partie, aux négociations sur un marché réglementé, annexent et déposent auprès de l'Autorité des marchés financiers le rapport semestriel prévu au troisième alinéa de l'article L. 232-7. Ce rapport contient les mêmes informations que celles prévues au III de l'article L. 451-1-2 du Code monétaire et financier.

Art. R. 232-14 à R. 232-16 *(Abr., D. n° 2008-258, 13 mars 2008).*

Section III. – Des bénéfices

Art. R. 232-17 *(Anc. D. n° 67-236, 23 mars 1967).* – Dans le cas prévu au deuxième alinéa de l'article L. 232-12, le conseil d'administration, le directoire ou les gérants, selon le cas, ont qualité pour décider de répartir un acompte à valoir sur le dividende et pour fixer le montant et la date de la répartition.

Art. R. 232-18 *(Anc. D. n° 67-236, 23 mars 1967).* – Le délai de neuf mois à compter de la clôture de l'exercice, prévu à l'article L. 232-13, peut être prolongé par ordonnance du président du tribunal de commerce statuant sur requête, à la demande des gérants, du conseil d'administration ou du directoire, selon le cas.

Section IV. – De la publicité des comptes

Art. R. 232-19 *(Anc. D. n° 67-236, 23 mars 1967).* – Dès le dépôt prévu à l'article L. 232-21, le greffier du tribunal de commerce fait insérer au *Bulletin officiel des annonces civiles et commerciales* un avis ainsi rédigé :

« La SNC ... ayant son siège à ..., dont le numéro unique d'identification est ..., a déposé au greffe du tribunal de commerce de ..., où elle est immatriculée au registre du commerce et des sociétés, les comptes annuels (les comptes consolidés) et les rapports de l'exercice clos le ... en application des dispositions de l'article L. 232-21. »

Art. R. 232-19-1 *(D. n° 2014-1063, 18 sept. 2014).* – Pour l'application des dispositions du dernier alinéa du I de l'article L. 232-21, une copie du rapport de gestion est délivrée à toute personne, à ses frais, au siège de la société sur simple demande. Les frais de délivrance ne peuvent excéder le coût de la reproduction. L'intéressé est avisé, lors de sa demande, du montant total des frais à acquitter dont le paiement préalable peut être exigé.

Art. R. 232-20 *(Anc. D. n° 67-236, 23 mars 1967).* – Dès le dépôt prévu à l'article L. 232-22, le greffier du tribunal de commerce fait insérer au *Bulletin officiel des annonces civiles et commerciales* un avis ainsi rédigé :

« La SARL... ayant son siège à..., dont le numéro unique d'identification est ..., a déposé au greffe du tribunal de commerce de..., où elle est immatriculée au registre du commerce et des sociétés, les comptes annuels (les comptes consolidés) et les rapports de l'exercice clos le... en application des dispositions de l'article L. 232-22. »

Art. R. 232-20-1 *(D. n° 2014-1063, 18 sept. 2014).* – Pour l'application des dispositions du dernier alinéa du I de l'article L. 232-22, une copie du rapport de gestion est délivrée à toute personne, à ses frais, au siège de la société sur simple demande. Les frais de délivrance ne peuvent excéder le coût de la reproduction. L'intéressé est avisé, lors de sa demande, du montant total des frais à acquitter dont le paiement préalable peut être exigé.

Art. R. 232-21 *(Anc. D. n° 67-236, 23 mars 1967 ; mod., D. n° 2014-1189, 15 oct. 2014).* – Dès le dépôt prévu à l'article L. 232-23, le greffier du tribunal de commerce, fait insérer au *Bulletin officiel des annonces civiles et commerciales* un avis ainsi rédigé :

« La SA (ou la SCA ou la SAS ou la SE)..., ayant son siège social à..., dont le numéro unique d'identification est..., a déposé au greffe du tribunal de commerce de..., où elle est immatriculée au registre du commerce et des sociétés, les comptes annuels (les comptes consolidés) et les rapports de l'exercice clos le... en application des dispositions des articles L. 232-23. »

Art. R. 232-21-1 *(D. n° 2014-1063, 18 sept. 2014).* – Pour l'application des dispositions du dernier alinéa du I de l'article L. 232-23, une copie du rapport de gestion est délivrée à toute personne, à ses frais, au siège de la société sur simple demande. Les frais de délivrance ne peuvent excéder le coût de la reproduction. L'intéressé est avisé, lors de sa demande, du montant total des frais à acquitter dont le paiement préalable peut être exigé.

Art. R. 232-22 *(D. n° 2014-1189, 15 oct. 2014 ; mod., D. n° 2016-296, 11 mars 2016 ; D. n° 2019-1207, 20 nov. 2019).* – Lorsque le dépôt des documents comptables est accompagné d'une déclaration de confidentialité des comptes annuels en application de l'article R. 123-111-1, le greffier du tribunal de commerce complète la demande d'insertion de l'avis au Bulletin officiel des annonces civiles et commerciales faite en application des articles R. 232-19 à R. 232-22, comme suit :

« Les comptes annuels sont accompagnés d'une déclaration de confidentialité en application du premier ou deuxième alinéa de l'article L. 232-25. »

Lorsque le dépôt des documents comptables est accompagné d'une déclaration de publication simplifiée des comptes annuels en application de l'article R. 123-111-1, le greffier du tribunal de commerce complète la demande d'insertion de l'avis au Bulletin officiel des annonces civiles et commerciales faite en application des articles R. 232-19 à R. 232-22 comme suit : « Les comptes annuels sont accompagnés d'une présentation simplifiée du bilan et de l'annexe ainsi que d'une déclaration de publication simplifiée en application du troisième alinéa de l'article L. 232-25 ».

CHAPITRE III. – DES FILIALES, DES PARTICIPATIONS ET DES SOCIÉTÉS CONTRÔLÉES

Section I. – Des notifications et des informations

Art. R. 233-1 *(Anc. D. n° 67-236, 23 mars 1967 ; rempl., D. n° 2009-557, 19 mai 2009).* – Pour l'application du I de l'article L. 233-7, l'information est adressée à la société au plus tard avant la clôture des *négociations du quatrième jour de bourse suivant* le jour du franchissement du seuil de participation.

Art. R. 233-1-1 *(D. n° 2009-557, 19 mai 2009).* – Pour l'application du VII de l'article L. 233-7, l'information est adressée à la société et doit parvenir à l'Autorité des marchés financiers au plus tard avant la clôture des négociations du cinquième jour de bourse suivant le jour du franchissement du seuil de participation donnant lieu à l'application de cet article.

Art. R. 233-2 *(Anc. D. n° 67-236, 23 mars 1967 ; mod., D. n° 2020-106, 10 févr. 2020).* – L'information des actionnaires prévue au I de l'article L. 233-8 prend la forme d'un avis publié dans un support habilité à recevoir les annonces légales dans le département où la société a son siège avant l'expiration d'un délai de quinze jours à compter de la date de l'assemblée générale ordinaire annuelle ou de la date à laquelle la société a eu connaissance, entre deux assemblées générales, d'une variation du nombre total des droits de vote au moins égale au pourcentage fixé par l'arrêté ministériel mentionné au I du même article.

Section II. – Des comptes consolidés

Art. R. 233-3 *(Anc. D. n° 67-236, 23 mars 1967).* – L'établissement des comptes consolidés prévu par le présent livre s'effectue par intégration globale, par intégration proportionnelle ou par mise en équivalence.

Dans l'intégration globale, le bilan consolidé reprend les éléments du patrimoine de la société consolidante, à l'exception des titres des sociétés consolidées à la valeur comptable desquels est substitué l'ensemble des éléments actifs et passifs constitutifs des capitaux propres de ces sociétés déterminés d'après les règles de consolidation.

Dans l'intégration proportionnelle est substituée à la valeur comptable de ces titres la fraction représentative des intérêts de la société ou des sociétés détentrices dans les éléments actifs et passifs constitutifs des capitaux propres de ces sociétés déterminés d'après les règles de consolidation.

Dans la mise en équivalence est substituée à la valeur comptable de ces titres la part des capitaux propres de ces sociétés déterminés d'après les règles de consolidation.

Art. R. 233-4 *(Anc. D. n° 67-236, 23 mars 1967).* – Le compte de résultat consolidé reprend :

1° Les éléments constitutifs :

a) Du résultat de la société consolidante ;

b) Du résultat des sociétés consolidées par intégration globale ;

c) De la fraction du résultat des sociétés consolidées par intégration proportionnelle représentative des intérêts de la société ou des sociétés détentrices ;

2° La fraction du résultat des sociétés consolidées par mise en équivalence, représentative soit des intérêts directs ou indirects de la société consolidante, soit des intérêts de la société ou des sociétés détentrices.

Art. R. 233-5 *(Anc. D. n° 67-236, 23 mars 1967 ; rempl., D. n° 2015-903, 23 juill. 2015).* – L'écart de première consolidation d'une société est réparti dans les postes appropriés du bilan consolidé ; la partie non affectée de cet écart est inscrite au poste « écart d'acquisition » à l'actif ou au passif du bilan consolidé.

L'écart d'acquisition comptabilisé à l'actif est rapporté au résultat sur sa durée d'utilisation. Dans des cas exceptionnels, lorsque sa durée d'utilisation ne peut être déterminée de façon fiable, il est amorti sur une période de dix ans.

Que sa durée d'utilisation soit limitée ou non, l'écart d'acquisition comptabilisé à l'actif fait l'objet d'une dépréciation lorsque sa valeur d'inventaire est inférieure à sa valeur comptable si l'on prévoit que la perte de valeur sera durable. Ces dépréciations ne sont jamais reprises.

Un règlement de l'Autorité des normes comptables fixe les critères permettant de déterminer la durée d'utilisation, limitée ou non, de l'écart d'acquisition comptabilisé à l'actif et les conditions selon lesquelles l'écart d'acquisition comptabilisé au passif est rapporté au résultat.

Art. R. 233-6 *(Anc. D. n° 67-236, 23 mars 1967).* – Les titres représentatifs du capital de la société consolidante détenus par les sociétés consolidées sont classés selon la destination qui leur est donnée dans ces sociétés.

Les titres immobilisés sont portés distinctement en diminution des capitaux propres consolidés.

Les titres de placement sont maintenus dans l'actif consolidé.

Art. R. 233-7 *(Anc. D. n° 67-236, 23 mars 1967).* – Le chiffre d'affaires consolidé est égal au montant des ventes de produits et services liés aux activités courantes de l'ensemble constitué par les sociétés consolidées par intégration. Il comprend, après élimination des opérations internes :

1° Le montant net, après retraitements éventuels, du chiffre d'affaires réalisé par les sociétés consolidées par intégration globale ;

2° La quote-part de la société ou des sociétés détentrices dans le montant net, après retraitements éventuels, du chiffre d'affaires réalisé par les sociétés consolidées par intégration proportionnelle.

Art. R. 233-8 *(Anc. D. n° 67-236, 23 mars 1967).* – La consolidation impose :

1° Le classement des éléments d'actif et de passif ainsi que des éléments de charge et de produit des entreprises consolidées par intégration selon le plan de classement retenu pour la consolidation ;

2° L'évaluation au moyen des retraitements nécessaires des éléments d'actif et de passif ainsi que des éléments de charge et de produit des entreprises consolidées selon les méthodes d'évaluation retenues pour la consolidation ;

3° L'élimination de l'incidence sur les comptes des écritures passées pour la seule application des législations fiscales et notamment pour ce qui concerne les subventions d'investissement, les provisions réglementées et l'amortissement des immobilisations ;

4° L'élimination des résultats internes à l'ensemble consolidé, y compris les dividendes ;

5° La constatation de charges lorsque les impositions afférentes à certaines distributions prévues entre des entreprises consolidées par intégration ne sont pas récupérables ainsi que la prise en compte de réductions d'impôt lorsque des distributions prévues en font bénéficier des entreprises consolidées par intégration ;

6° L'élimination des comptes réciproques des entreprises consolidées par intégration.

Toutefois, par dérogation au 6° ci-dessus et sous réserve d'en justifier dans l'annexe, un actif immobilisé peut-être maintenu à la nouvelle valeur résultant d'une opération entre les sociétés consolidées par intégration lorsque cette opération a été conclue conformément aux conditions normales du marché et que l'élimination du supplément de valeur d'actif entraînerait des frais disproportionnés ; dans ce cas, l'écart qui en résulte est inscrit directement dans les réserves.

La société consolidante peut omettre d'effectuer certaines des opérations décrites au présent article, lorsqu'elles sont d'incidence négligeable sur le patrimoine, la situation financière et le résultat de l'ensemble constitué par les entreprises comprises dans la consolidation.

Art. R. 233-9 *(Anc. D. n° 67-236, 23 mars 1967).* – L'écart constaté d'un exercice à l'autre et qui résulte de la conversion en euros des comptes d'entreprises libellés dans une autre monnaie est inscrit distinctement soit dans les capitaux propres consolidés, soit au compte de résultat consolidé, selon la méthode de conversion retenue.

Art. R. 233-10 *(Anc. D. n° 67-236, 23 mars 1967 ; mod., D. n° 2015-903, 23 juill. 2015).* – L'établissement des comptes consolidés peut s'effectuer en utilisant, outre les méthodes d'évaluation prévues aux articles L. 123-18 à L. 123-21, les méthodes d'évaluation fixées par un règlement de l'Autorité des normes comptables.

Les biens détenus par des organismes qui sont soumis à des règles d'évaluation fixées par des lois particulières peuvent être maintenus dans les comptes consolidés à la valeur qui résulte de l'application de ces règles.

Art. R. 233-11 *(Anc. D. n° 67-236, 23 mars 1967 ; mod., D. n° 2015-903, 23 juill. 2015).* – Le bilan consolidé établi selon un modèle fixé par un règlement de l'Autorité des normes comptables est présenté soit sous forme de tableau, soit sous forme de liste. Il fait au moins apparaître de façon distincte :

1° Au titre de l'actif immobilisé, les immobilisations incorporelles, les immobilisations corporelles, les immobilisations financières ;

1° *bis* Au titre de l'actif circulant : les stocks, les créances, les valeurs mobilières de placement et les disponibilités ;

2° Les capitaux propres, les provisions et les dettes ;

3° La part des actionnaires ou associés minoritaires.

Art. R. 233-12 *(Anc. D. n° 67-236, 23 mars 1967 ; mod., D. n° 2015-903, 23 juill. 2015).* – Le compte de résultat consolidé « établi selon un modèle fixé par un règlement de l'Autorité des normes comptables » fait au moins apparaître le montant net du chiffre d'affaires consolidé, le résultat après impôts de l'ensemble des entreprises consolidées par intégration, la quote-part des résultats des entreprises consolidées par mise en équivalence. La part des actionnaires ou associés minoritaires et la part de l'entreprise consolidante apparaissent distinctement.

Les produits et les charges sont classés selon leur nature ou leur destination. Ils sont présentés soit sous forme de tableau, soit sous forme de liste.

Art. R. 233-13 *(Anc. D. n° 67-236, 23 mars 1967)*. – Sont enregistrées au bilan et au compte de résultat consolidés les impositions différées résultant :

1° Du décalage temporaire entre la constatation comptable d'un produit ou d'une charge et son inclusion dans le résultat fiscal d'un exercice ultérieur ;

2° Des aménagements et éliminations imposés à l'article R. 233-8, des retraitements prévus au c de cet article et notamment de ceux induits par l'utilisation des règles d'évaluation de l'article R. 233-10 ;

3° De déficits fiscaux reportables des entreprises comprises dans la consolidation dans la mesure où leur imputation sur des bénéfices fiscaux futurs est probable.

Art. R. 233-14 *(Anc. D. n° 67-236, 23 mars 1967, à l'exception de l'al. 7, en ce qui concerne référence à l'art. L. 233-18 ; mod., D. n° 2008-1487, 30 déc. 2008 ; D. n° 2009-267, 9 mars 2009 ; D. n° 2015-903, 23 juill. 2015)*. – Outre les informations prévues par les articles L. 233-19, L. 233-23, L. 233-25 et par l'article R. 233-8, l'annexe comporte toutes les informations d'importance significative permettant aux lecteurs d'avoir une juste appréciation du patrimoine, de la situation financière et du résultat de l'ensemble constitué par les entreprises comprises dans la consolidation.

Art. R. 233-15 *(Anc. D. n° 67-236, 23 mars 1967 ; mod., D. n° 2007-1851, 26 déc. 2007 ; D. n° 2008-876, 29 août 2008 ; D. n° 2015-903, 23 juill. 2015)*. – Sous réserve d'en justifier dans l'annexe prévue à l'article L. 123-12, les sociétés mentionnées au 1° de l'article L. 233-17 sont exemptées de l'obligation d'établir des comptes consolidés et un rapport sur la gestion du groupe lorsque sont réunies les conditions suivantes :

1° Les comptes consolidés de l'ensemble plus grand d'entreprises, dans lequel ces sociétés sont incluses, sont établis en conformité avec les articles L. 233-16 à L. 233-28 ou, pour les entreprises relevant de la législation nationale d'un autre État, avec les dispositions prises par cet État pour l'application de la directive n° 2013/34/UE du 26 juin 2013 ou, lorsque cet État n'est pas tenu de se conformer à cette directive, avec des principes et des règles offrant un niveau d'exigence équivalant aux dispositions des articles L. 233-16 à L. 233-28 ou à celles de ladite directive ;

2° Ils sont, selon la législation applicable à la société qui les établit, certifiés par les professionnels indépendants chargés du contrôle des comptes et publiés ;

3° Ils sont mis à la disposition des actionnaires ou des associés de la société exemptée dans les conditions et dans les délais prévus aux articles R. 225-88 et R. 225-89 ; s'ils sont établis dans une langue autre que le français, ils sont accompagnés de leur traduction en langue française.

Lorsque les comptes consolidés sont établis par une entreprise qui a son siège en dehors d'un État membre de la Communauté européenne ou partie à l'accord sur l'Espace économique européen, ceux-ci sont complétés de toutes les informations d'importance significative concernant la situation patrimoniale et financière ainsi que le résultat de l'ensemble constitué par la société exemptée, ses filiales et ses participations ; ces informations portent notamment sur le montant de l'actif immobilisé, le montant net du chiffre d'affaires, le résultat de l'exercice, le montant des capitaux propres et le nombre des membres du personnel employés en moyenne au cours de l'exercice ; ces informations sont données soit dans l'annexe des comptes consolidés mentionnés au 1°, soit dans l'annexe des comptes annuels de la société exemptée. Dans ce dernier cas, elles sont établies selon les principes et les méthodes prévues par les articles L. 233-16 à L. 233-25.

Art. R. 233-16 *(Anc. D. n° 67-236, 23 mars 1967 ; mod., D. n° 2015-903, 23 juill. 2015 ; D. n° 2020-100, 7 févr. 2020)*. – Pour l'application du 2° de l'article L. 233-17, les seuils que ne doit pas dépasser, dans les conditions fixées à cet article, l'ensemble constitué par une société et les entreprises qu'elle contrôle sont fixées ainsi qu'il suit :

1° Total du bilan : 24 000 000 euros ;

2° Montant net du chiffre d'affaires : 48 000 000 euros ;

3° Nombre moyen de salariés : 250.

Ces chiffres sont calculés globalement pour l'ensemble des entreprises concernées selon la méthode définie aux cinquième, sixième et septième alinéas de l'article D. 123-200.

NB : Conformément à l'article 15 du décret n° 2020-100 du 7 février 2020, les dispositions s'appliquent à compter du premier exercice ouvert à compter de son entrée en vigueur.

Section III. – Des participations réciproques

Art. R. 233-17 *(Anc. D. n° 67-236, 23 mars 1967).* – Le délai prévu au dernier alinéa de l'article L. 233-29 est d'un an à compter de l'information faite en application du I de l'article L. 233-7.

Art. R. 233-18 *(Anc. D. n° 67-236, 23 mars 1967).* – Les délais prévus aux deuxième et quatrième alinéas de l'article L. 233-30 sont d'un an à compter de la date à laquelle les actions que la société est tenue d'aliéner sont entrées dans son patrimoine.

Art. R. 233-19 *(Anc. D. n° 67-236, 23 mars 1967).* – L'avis adressé à une société, en application de l'article R. 233-17, est porté à la connaissance des actionnaires par le rapport du conseil d'administration, du directoire ou des gérants, selon le cas, et par celui des commissaires aux comptes, lors de l'assemblée générale ordinaire suivante.

Toute aliénation d'actions, effectuée par une société en application des articles L. 233-29 et L. 233-30, est portée à la connaissance des associés ou des actionnaires, par les rapports mentionnés à l'alinéa précédent, lors de l'assemblée suivante.

CHAPITRE IV. – DE LA PROCÉDURE D'ALERTE

Art. R. 234-1 *(Anc. D. n° 67-236, 23 mars 1967).* – Dans les sociétés anonymes, l'information prévue au premier alinéa de l'article L. 234-1 porte sur tout fait que le commissaire aux comptes relève lors de l'examen des documents qui lui sont communiqués ou sur tout fait dont il a connaissance à l'occasion de l'exercice de sa mission. Cette information est faite sans délai, par lettre recommandée avec demande d'avis de réception.

Le président du conseil d'administration ou le directoire répond par lettre recommandée avec demande d'avis de réception dans les quinze jours qui suivent la réception de l'information mentionnée ci-dessus.

Art. R. 234-2 *(Anc. D. n° 67-236, 23 mars 1967).* – L'invitation du commissaire aux comptes à faire délibérer le conseil d'administration ou le conseil de surveillance prévue au deuxième alinéa de l'article L. 234-1 est formulée par lettre recommandée avec demande d'avis de réception dans les huit jours qui suivent la réponse du président du conseil d'administration ou du directoire, ou la constatation de l'absence de réponse dans les délais prévus au deuxième alinéa de l'article R. 234-1. Une copie de cette invitation est adressée sans délai par le commissaire aux comptes au président du tribunal par lettre recommandée avec demande d'avis de réception.

Le président du conseil d'administration ou le directoire convoque, dans les huit jours qui suivent la réception de la lettre du commissaire aux comptes, le conseil d'administration ou le conseil de surveillance, en vue de le faire délibérer sur les faits relevés. Le commissaire aux comptes est convoqué à cette séance dans les mêmes conditions. La délibération intervient dans les quinze jours qui suivent la réception de cette lettre.

Un extrait du procès-verbal des délibérations du conseil d'administration ou du conseil de surveillance est adressé au président du tribunal, au commissaire aux comptes, au comité d'entreprise ou, à défaut, aux délégués du personnel, par lettre recommandée avec demande d'avis de réception, dans les huit jours qui suivent la réunion du conseil.

Art. R. 234-3 *(Anc. D. n° 67-236, 23 mars 1967).* – À défaut de réponse par le président du conseil d'administration ou du directoire ou lorsque la continuité de l'exploitation demeure compromise en dépit des décisions arrêtées, le commissaire aux comptes les invite à faire délibérer une assemblée générale sur les faits relevés. Cette invitation est faite par lettre recommandée avec demande d'avis de réception dans le délai de quinze jours à compter de la réception de la délibération du conseil ou de l'expiration du délai imparti pour celle-ci. Elle est accompagnée du rapport spécial du commissaire aux comptes, qui est communiqué au comité d'entreprise ou, à défaut, aux délégués du personnel, par le président du conseil d'administration ou du directoire, dans les huit jours qui suivent sa réception.

Le conseil d'administration ou le directoire procède à la convocation de l'assemblée générale dans les huit jours suivant l'invitation faite par le commissaire aux comptes, dans les conditions prévues par les articles R. 225-62 et suivants. L'assemblée générale doit, en tout état de cause, être réunie au plus tard dans le mois suivant la date de notification faite par le commissaire aux comptes.

En cas de carence du conseil d'administration ou du directoire, le commissaire aux comptes convoque l'assemblée générale dans un délai de huit jours à compter de l'expiration du délai imparti au conseil d'administration ou au directoire et en fixe l'ordre du jour. Il peut, en cas de nécessité, choisir un lieu de réunion autre que celui éventuellement prévu par les statuts, mais situé dans le même département. Dans tous les cas, les frais entraînés par la réunion de l'assemblée sont à la charge de la société.

Art. R. 234-4 *(Anc. D. n° 67-236, 23 mars 1967).* – Lorsque, en application du dernier alinéa de l'article L. 234-1, le commissaire aux comptes informe de ses démarches le président du tribunal, cette information est faite sans délai par lettre recommandée avec demande d'avis de réception. Elle comporte la copie de tous les documents utiles à l'information du président du tribunal ainsi que l'exposé des raisons qui l'ont conduit à constater l'insuffisance des décisions prises.

Art. R. 234-5 *(Anc. D. n° 67-236, 23 mars 1967).* – Dans les sociétés autres que les sociétés anonymes, la demande d'explications prévue à l'article L. 234-2 porte sur tout fait que le commissaire aux comptes relève lors de l'examen des documents qui lui sont communiqués ou sur tout fait dont il a connaissance à l'occasion de l'exercice de sa mission. Cette demande est adressée sans délai par lettre recommandée avec demande d'avis de réception.

Le dirigeant répond par lettre recommandée avec demande d'avis de réception dans les quinze jours qui suivent la réception de la demande d'explication et adresse copie de la demande et de sa réponse, dans les mêmes formes et les mêmes délais, au comité d'entreprise ou, à défaut, aux délégués du personnel et au conseil de surveillance, s'il en existe. Dans sa réponse, il donne une analyse de la situation et précise, le cas échéant, les mesures envisagées. Le commissaire aux comptes informe sans délai le président du tribunal de l'existence de cette procédure par lettre recommandée avec demande d'avis de réception.

Art. R. 234-6 *(Anc. D. n° 67-236, 23 mars 1967).* – L'invitation à faire délibérer l'assemblée sur les faits relevés prévue au deuxième alinéa de l'article L. 234-2 est adressée par le commissaire aux comptes au dirigeant, par lettre recommandée avec demande d'avis de réception, dans les quinze jours qui suivent la réception de la réponse du dirigeant ou la date d'expiration du délai imparti pour celle-ci. Elle est accompagnée du rapport spécial du commissaire aux comptes. Une copie de cette invitation est adressée sans délai au président du tribunal, par lettre recommandée avec demande d'avis de réception.

Dans les huit jours de leur réception, le dirigeant communique l'invitation et le rapport du commissaire aux comptes au comité d'entreprise ou, à défaut, aux délégués du personnel et procède à la convocation de l'assemblée générale. Celle-ci doit, en tout état de cause, être réunie au plus tard dans le mois suivant la date de l'invitation faite par le commissaire aux comptes.

En cas de carence du dirigeant, le commissaire aux comptes convoque l'assemblée générale dans un délai de huit jours à compter de l'expiration du délai imparti au dirigeant. Il fixe l'ordre du jour de l'assemblée et peut, en cas de nécessité, choisir un lieu de réunion autre que celui éventuellement prévu par les statuts, mais situé dans le même département. Dans tous les cas, les frais entraînés par la réunion de l'assemblée sont à la charge de la société.

Art. R. 234-7 *(Anc. D. n° 67-236, 23 mars 1967).* – Lorsque, dans les conditions prévues au dernier alinéa de l'article L. 234-2, le commissaire aux comptes informe de ses démarches le président du tribunal, cette information est faite sans délai par lettre recommandée avec demande d'avis de réception. Elle comporte la copie de tous les documents utiles à l'information du président du tribunal ainsi que l'exposé des raisons qui l'ont conduit à constater l'insuffisance des décisions prises.

CHAPITRE V. – DES NULLITÉS

Art. R. 235-1 *(Anc. D. n° 67-236, 23 mars 1967).* – Les mises en demeure prévues par le premier alinéa de l'article L. 235-6 et par l'article L. 235-7 sont faites par acte extrajudiciaire ou par lettre recommandée avec demande d'avis de réception.

Art. R. 235-2 *(Anc. D. n° 67-236, 23 mars 1967).* – Le délai prévu à l'article L. 235-7 est de trente jours à compter de la mise en demeure.

Le mandataire chargé d'accomplir la formalité de publicité dans les conditions prévues à l'article L. 235-7 est désigné par le président du tribunal de commerce, statuant en référé.

Art. R. 235-3 *(Anc. D. n° 67-236, 23 mars 1967).* – La tierce opposition contre les décisions prononçant la nullité d'une société n'est recevable que pendant un délai de six mois à compter de la publication de la décision judiciaire au *Bulletin officiel des annonces civiles et commerciales.*

CHAPITRE VI. – DE LA FUSION ET DE LA SCISSION

(D. n° 2007-750, 9 mai 2007)

Section I. – Dispositions générales

(D. n° 2009-11, 5 janv. 2009)

Art. R. 236-1 *(Anc. D. n° 67-236, 23 mars 1967 ; mod., D. n° 2011-1473, 9 nov. 2011).* – Le projet de fusion ou de scission est arrêté par le conseil d'administration, le directoire, le ou les gérants de chacune des sociétés participant à l'opération de fusion ou de scission projetée.

Il contient les indications suivantes :

1° La forme, la dénomination et le siège social de toutes les sociétés participantes ;

2° Les motifs, buts et conditions de la fusion ou de la scission ;

3° La désignation et l'évaluation de l'actif et du passif dont la transmission aux sociétés absorbantes ou nouvelles est prévue ;

4° Les modalités de remise des parts ou actions et la date à partir de laquelle ces parts ou actions donnent droit aux bénéfices, ainsi que toute modalité particulière relative à ce droit, et la date à partir de laquelle les opérations de la société absorbée ou scindée seront, du point de vue comptable, considérées comme accomplies par la ou les sociétés bénéficiaires des apports ;

5° Les dates auxquelles ont été arrêtés les comptes des sociétés intéressées utilisés pour établir les conditions de l'opération ;

6° Le rapport d'échange des droits sociaux et, le cas échéant, le montant de la soulte ;

7° Le montant prévu de la prime de fusion ou de scission ;

8° Les droits accordés aux associés ayant des droits spéciaux et aux porteurs de titres autres que des actions ainsi que, le cas échéant, tous avantages particuliers.

Pour les opérations mentionnées à l'article L. 236-11, le projet de fusion ne mentionne ni les modalités de remise des parts ou actions, ni la date à partir de laquelle ces parts ou actions donnent droit aux bénéfices, ni aucune modalité particulière relative à ce droit, ni aucune des indications prévues 6° et 7° du présent article.

Art. R. 236-2 *(Anc. D. n° 67-236, 23 mars 1967 ; mod., D. n° 2009-557, 19 mai 2009 ; D. n° 2011-1473, 9 nov. 2011).* – Le projet de fusion ou de scission fait l'objet d'un avis inséré, par chacune des sociétés participant à l'opération, au Bulletin officiel des annonces civiles et commerciales. Au cas où les actions de l'une au moins de ces sociétés sont admises aux négociations sur un marché réglementé ou si toutes les actions de l'une d'entre elles au moins ne revêtent pas la forme nominative, un avis est en outre inséré au Bulletin des annonces légales obligatoires.

Cet avis contient les indications suivantes :

1° La raison sociale ou la dénomination sociale suivie, le cas échéant, de son sigle, la forme, l'adresse du siège, le montant du capital et les mentions prévues aux 1° et 2° de l'article R. 123-237 pour chacune des sociétés participant à l'opération ;

2° La raison sociale ou la dénomination sociale suivie, le cas échéant, de son sigle, la forme, l'adresse du siège et le montant du capital des sociétés nouvelles qui résultent de l'opération ou le montant de l'augmentation du capital des sociétés existantes ;

3° L'évaluation de l'actif et du passif dont la transmission aux sociétés absorbantes ou nouvelles est prévue ;

4° Le rapport d'échange des droits sociaux ;

5° Le montant prévu de la prime de fusion ou de scission ;

6° La date du projet ainsi que les date et lieu des dépôts prescrits par le premier alinéa de l'article L. 236-6.

Le dépôt au greffe prévu à l'article L. 236-6 et la publicité prévue au présent article ont lieu trente jours au moins avant la date de la première assemblée générale appelée à statuer sur l'opération ou, le cas échéant, pour les opérations mentionnées à l'article L. 236-11, trente jours au moins avant que l'opération ne prenne effet.

Art. R. 236-2-1 *(D. n° 2011-1473, 9 nov. 2011).* – L'insertion prévue à l'article R. 236-2 n'est pas requise lorsque, pendant une période ininterrompue commençant au plus tard trente jours avant la date fixée pour l'assemblée générale appelée à se prononcer sur le projet de fusion ou de scission, la société publie sur son site internet le projet de fusion ou de scission, dans des conditions de nature à garantir la sécurité et l'authenticité des documents.

Cet avis contient les mêmes mentions que pour celui prévu à l'article R. 236-2 et peut être consulté sans frais.

Lorsque le site internet n'est plus accessible pendant une période ininterrompue d'au moins vingt-quatre heures, le projet de fusion ou de scission fait l'objet d'un avis publié, sans délai, selon les modalités de l'article R. 236-2. Dans ce cas, le délai mentionné au neuvième alinéa de l'article L. 236-2 est suspendu jusqu'à cette publication.

Art. R. 236-3 *(Anc. D. n° 67-236, 23 mars 1967 ; mod., D. n° 2011-1473, 9 nov. 2011).* – Toute société par actions participant à une opération de fusion ou de scission met à la disposition de ses actionnaires, au siège social, trente jours au moins avant la date de l'assemblée générale appelée à se prononcer sur le projet, les documents suivants :

1° Le projet de fusion ou de scission ;

2° Le cas échéant, les rapports mentionnés aux articles L. 236-9 et L. 236-10 lorsque l'opération est réalisée entre sociétés anonymes ;

3° Les comptes annuels approuvés par les assemblées générales ainsi que les rapports de gestion des trois derniers exercices des sociétés participant à l'opération ;

4° Un état comptable établi selon les mêmes méthodes et suivant la même présentation que le dernier bilan annuel, arrêté à une date qui, si les derniers comptes annuels se rapportent à un exercice dont la fin est antérieure de plus de six mois à la date du projet de fusion ou de scission, doit être antérieure de moins de trois mois à la date de ce projet ou, le cas échéant, le rapport financier semestriel prévu à l'article L. 451-1-2 du Code monétaire et financier, lorsque celui-ci est publié.

Pour l'application du 3°, si l'opération est décidée avant que les comptes annuels du dernier exercice clos aient été approuvés, ou moins trente jours après leur approbation, sont mis à la disposition des actionnaires les comptes arrêtés et certifiés relatifs à cet exercice et les comptes annuels approuvés des deux exercices précédents ainsi que les rapports de gestion. Dans le cas où le conseil d'administration ne les a pas encore arrêtés, l'état comptable mentionné au 4° et les comptes annuels approuvés des deux exercices précédents ainsi que les rapports de gestion sont mis à la disposition des actionnaires.

Tout actionnaire peut obtenir sur simple demande et sans frais copie totale ou partielle des documents susmentionnés.

En outre, toute société à responsabilité limitée à laquelle l'article L. 236-10 est applicable met à la disposition de ses associés, dans les conditions prévues ci-dessus, le rapport prévu à cet article. En cas de consultation par écrit, ce rapport est adressé aux associés avec le projet de résolution qui leur est soumis.

Art. R. 236-3-1 *(D. n° 2011-1473, 9 nov. 2011).* – La mise à disposition au siège social des documents prévue à l'article R. 236-3 n'est pas requise lorsque, pendant une période ininterrompue commençant au plus tard trente jours avant la date fixée pour l'assemblée générale appelée à se prononcer sur le projet de fusion ou de scission et ne s'achevant pas avant la fin de cette assemblée, la société les publie sur son site internet, dans des conditions de nature à garantir la sécurité et l'authenticité des documents.

Lorsque le site internet n'est plus accessible pendant une durée ininterrompue d'au moins vingt-quatre heures, les dispositions de l'article R. 236-3 sont applicables. Dans ce cas, le délai mentionné au premier alinéa de l'article L. 236-3 est suspendu jusqu'à cette mise à disposition.

Aucune copie des documents mentionnés à l'article R. 236-3 ne peut être obtenue lorsque le site internet des sociétés participant à l'opération de fusion ou de scission permet sans frais aux actionnaires de les télécharger et de les imprimer.

Art. R. 236-4 *(Anc. D. n° 67-236, 23 mars 1967).* – La déclaration prévue à l'article L. 236-6 est déposée avec la demande d'inscription modificative au registre du commerce et des sociétés du siège de l'une des sociétés bénéficiaires.

Elle est signée par au moins un membre du directoire, administrateur ou gérant de chacune des sociétés participantes ayant reçu mandat à cet effet.

Une copie est déposée au greffe du siège social de chaque société participante qui fait l'objet d'une inscription modificative.

Art. R. 236-5 *(Anc. D. n° 67-236, 23 mars 1967 ; mod., D. n° 2019-1486, 27 déc. 2019).* – Le rapport du conseil d'administration ou du directoire prévu au I de l'article L. 236-9 explique et justifie le projet de manière détaillée, du point de vue juridique et économique, notamment en ce qui concerne le rapport d'échange des actions et les méthodes d'évaluation utilisées, qui doivent être concordantes pour les sociétés concernées ainsi que, le cas échéant, les difficultés particulières d'évaluation.

En cas de scission, pour les sociétés bénéficiaires du transfert de patrimoine, il mentionne également l'établissement du rapport prévu à l'article L. 225-147 et indique qu'il sera déposé au greffe du tribunal de commerce du siège de ces sociétés.

La publicité de l'offre d'acquisition des certificats d'investissement est faite conformément aux dispositions de l'article R. 225-153.

Le porteur de certificats d'investissement conserve cette qualité dans la société absorbante s'il n'a pas cédé ses titres dans les trente jours de la dernière mesure de publicité.

Art. R. 236-5-1 *(D. n° 2011-1473, 9 nov. 2011 ; mod., D. n° 2019-1486, 27 déc. 2019).* – Sauf si les actionnaires de chacune des sociétés participant à l'opération de fusion en décident autrement dans les conditions prévues au II de l'article L. 236-10, l'information des actionnaires prévue au cinquième alinéa du I de l'article L. 236-9 leur est communiquée selon les formes prévues à l'article R. 236-2 ou, le cas échéant, à l'article R. 236-2-1, à compter du jour où les conseils d'administration ou les directoires des sociétés participant à l'opération en ont eu connaissance.

Cette information est en outre transmise, sans délai, aux conseils d'administration ou aux directoires des autres sociétés participant à l'opération, par tous moyens contre accusé de réception. Ceux-ci en informent leurs actionnaires selon les formes prévues à l'alinéa premier.

Cette modification fait également l'objet d'une information lors des assemblées générales de chacune des sociétés participant à l'opération.

Art. R. 236-5-2 *(D. n° 2019-1486, 27 déc. 2019).* – Le délai mentionné au quatrième alinéa du II de l'article L. 236-9 est de vingt jours à compter de la dernière insertion intervenue en application de l'article R. 236-2 ou, le cas échéant, de la dernière publication prévue par l'article R. 236-2-1.

Ce délai s'applique selon les mêmes modalités aux demandes mentionnées respectivement au deuxième alinéa de l'article L. 236-11, au deuxième alinéa de l'article L. 236-11-1 et au troisième alinéa de l'article L. 236-22.

Art. R. 236-6 *(Anc. D. n° 67-236, 23 mars 1967 ; D. n° 2020-1742, 29 déc. 2020).* – Les commissaires à la fusion ou à la scission sont désignés et accomplissent leur mission dans les conditions prévues à l'article R. 22-10-7. S'il n'est établi qu'un seul rapport pour l'ensemble de l'opération, la désignation a lieu sur requête conjointe de toutes les sociétés participantes.

NB : Conformément à l'article 16 du décret n° 2020-1742 du 29 décembre 2020, ces dispositions entrent en vigueur le 1er janvier 2021.

Art. R. 236-7 *(Anc. D. n° 67-236, 23 mars 1967).* – Les commissaires aux apports vérifient notamment que le montant de l'actif net apporté par les sociétés absorbées est au moins égal au montant de l'augmentation du capital de la société absorbante ou au montant du capital de la société nouvelle issue *de la fusion.*

La même vérification est faite en ce qui concerne le capital des sociétés bénéficiaires de la scission.

Art. R. 236-8 *(Anc. D. n° 67-236, 23 mars 1967 ; mod., D. n° 2007-750, 9 mai 2007 ; D. n° 2011-1473, 9 nov. 2011).* – L'opposition d'un créancier à la fusion ou à la scission, dans les conditions prévues par les articles L. 236-14 et L. 236-21, est formée dans le délai de trente jours à compter de la dernière insertion ou de la mise à disposition du public du projet de fusion ou de scission sur le site internet de chacune des sociétés prescrites par l'article R. 236-2 ou, le cas échéant, par l'article R. 236-2-1.

L'opposition des représentants de la masse des obligataires à la fusion, prévue à l'article L. 236-15, est formée dans le même délai.

Dans tous les cas, l'opposition est portée devant le tribunal de commerce.

Art. R. 236-9 *(Anc. D. n° 67-236, 23 mars 1967).* – Dans le cas prévu au troisième alinéa de l'article L. 228-73, l'opposition des représentants de la masse des obligataires à la fusion ou à la scission est formée dans le délai de trente jours à compter de la publication prévue à l'article R. 228-80.

L'opposition est portée devant le tribunal de commerce.

Art. R. 236-10 *(Anc. D. n° 67-236, 23 mars 1967).* – Les bailleurs de locaux loués aux sociétés absorbées ou scindées peuvent également former opposition à la fusion ou à la scission, dans les conditions prévues au premier alinéa de l'article R. 236-8.

Art. R. 236-11 *(Anc. D. n° 67-236, 23 mars 1967 ; mod., D. n° 2017-1165, 12 juill. 2017 ; D. n° 2018-229, 30 mars 2018 ; D. n° 2020-106, 10 févr. 2020).* – L'offre de remboursement des titres sur simple demande des obligataires prévue au premier alinéa des articles L. 236-13 et L. 236-18 est portée à la connaissance des obligataires selon les modalités prévues au contrat d'émission. Lorsque le contrat d'émission ne prévoit pas ces modalités, l'offre est publiée au Bulletin des annonces légales obligatoires et, à deux reprises, dans deux supports habilités à recevoir des annonces légales du département du siège social de la société débitrice. Le délai entre les deux insertions est de dix jours au moins.

Les titulaires d'obligations nominatives sont informés de l'offre de remboursement selon les modalités prévues au contrat d'émission ou, à défaut, par lettre simple ou recommandée. Si toutes les obligations sont nominatives, la publicité prévue à l'alinéa précédent est facultative.

Art. R. 236-12 *(Anc. D. n° 67-236, 23 mars 1967).* – Le délai prévu au troisième alinéa de l'article L. 236-13 est de trois mois à compter de la dernière formalité de publicité ou de l'envoi de la lettre simple ou recommandée prévue à l'article R. 236-11.

Section II. – Dispositions particulières aux fusions transfrontalières

(D. n° 2009-11, 5 janv. 2009)

Art. R. 236-13 *(D. n° 2009-11, 5 janv. 2009).* – Les opérations de fusions transfrontalières sont régies par les dispositions de la présente section, ainsi que par celles non contraires de la section I du présent chapitre.

Art. R. 236-14 *(D. n° 2009-11, 5 janv. 2009).* – Un projet commun de fusion est arrêté par l'organe de gestion, d'administration ou de direction de chacune des sociétés participant à l'opération de fusion transfrontalière.

Il contient les indications suivantes :

1° La forme, la dénomination et le siège social des sociétés participantes, ainsi que ceux de la société issue de la fusion transfrontalière ;

2° Le rapport d'échange des titres, parts ou actions représentatifs du capital social et le cas échéant, le montant de la soulte ;

3° *Les modalités de remise des titres, parts ou* actions de la société issue de la fusion transfrontalière, la date à partir de laquelle ces titres, parts ou actions donnent droit aux bénéfices ainsi que toute modalité particulière relative à ce droit ;

4° La date à partir de laquelle les opérations des sociétés qui fusionnent seront, du point de vue comptable, considérées comme accomplies pour le compte de la société issue de la fusion transfrontalière ;

5° Les droits accordés par la société issue de la fusion transfrontalière aux associés ayant des droits spéciaux et aux porteurs de titres autres que des actions ou des parts représentatifs du capital social ou les mesures proposées à leur égard ;

6° Tous avantages particuliers attribués aux experts qui examinent le projet de fusion transfrontalière ainsi qu'aux membres des organes d'administration, de direction, de surveillance ou de contrôle des sociétés qui fusionnent ;

7° Des informations concernant l'évaluation du patrimoine actif et passif transféré à la société issue de la fusion transfrontalière ;

8° Les dates des comptes des sociétés qui fusionnent utilisés pour définir les conditions de la fusion transfrontalière ;

9° Les statuts de la société issue de la fusion transfrontalière ;

10° Le cas échéant, des informations sur les procédures selon lesquelles sont fixées les modalités relatives à l'implication des travailleurs dans la définition de leurs droits de participation dans la société issue de la fusion transfrontalière ;

11° Les effets probables de la fusion transfrontalière sur l'emploi.

Art. R. 236-15 *(D. n° 2009-11, 5 janv. 2009 ; mod., D. n° 2020-106, 10 févr. 2020).* – Les sociétés participant à l'opération de fusion qui sont immatriculées en France publient, dans un support habilité à recevoir des annonces légales du département de leur siège social ainsi qu'au Bulletin officiel des annonces civiles et commerciales, un avis relatif au projet de fusion transfrontalière.

L'avis contient les indications suivantes :

1° La raison sociale ou la dénomination sociale de chaque société participante suivie, le cas échéant, de son sigle, sa forme, l'adresse de son siège où peut être consulté le projet de fusion, du montant de son capital ainsi que, pour les sociétés participantes immatriculées en France, des mentions prévues aux 1° et 2° de l'article R. 123-237 ;

2° Le registre auprès duquel chaque société participante a procédé à la publicité requise par l'article L. 236-6 ou les dispositions équivalentes de sa loi nationale, ainsi que le numéro d'inscription de la société dans ce registre ;

3° La raison sociale ou la dénomination sociale de la société nouvelle qui résulte de l'opération de fusion transfrontalière suivie, le cas échéant, de son sigle, de sa forme, de l'adresse de son siège, du montant de son capital ou du montant de l'augmentation du capital des sociétés existantes ;

4° L'évaluation de l'actif et du passif de chaque société participante dont la transmission à la société nouvelle ou absorbante est prévue ;

5° Le rapport d'échange des droits sociaux dans chaque société participante ;

6° Le montant prévu de la prime de fusion pour chaque société participante ;

7° La date du projet commun de fusion transfrontalière ainsi que, pour les sociétés participantes immatriculées en France, la date et le lieu du dépôt au registre du commerce et des sociétés prévu au deuxième alinéa de l'article L. 236-6 ;

8° L'indication, pour chaque société participante, des modalités d'exercice des droits des créanciers et, le cas échéant, des associés minoritaires ainsi que l'adresse à laquelle peut être obtenue sans frais une information exhaustive sur ces modalités.

Le dépôt au greffe du projet commun de fusion transfrontalière prévu à l'article L. 236-6 et la publicité prévue au présent article sont réalisés au moins un mois avant la date de l'assemblée générale appelée à statuer sur l'opération.

Art. R. 236-16 *(D. n° 2009-11, 5 janv. 2009).* – Le rapport de l'organe de direction ou d'administration établi en application du premier alinéa de l'article L. 236-27 par chaque société participante explique et justifie le projet de fusion transfrontalière de manière détaillée, en ses aspects juridiques et économiques, notamment en ce qui concerne le rapport d'échange des actions et les méthodes d'évaluation utilisées, qui doivent être concordantes pour les sociétés concernées, ainsi que les conséquences du projet de fusion pour les associés, les salariés et les créanciers.

La mise à la disposition des associés ainsi que des délégués du personnel ou des salariés du rapport mentionné au premier alinéa est opéré un mois au moins avant la date de l'assemblée générale appelée à se prononcer sur le projet de fusion transfrontalière.

Lorsqu'il est transmis un mois au moins avant l'assemblée générale mentionnée à l'alinéa précédent, l'avis du comité d'entreprise ou, à défaut, des délégués du personnel est annexé au rapport.

Art. R. 236-17 *(D. n° 2009-11, 5 janv. 2009).* – Le greffier dispose d'un délai de huit jours à compter du dépôt de la déclaration de conformité pour délivrer l'attestation de conformité des actes et formalités préalables à la fusion prévue à l'article L. 236-29.

Art. R. 236-18 *(D. n° 2009-11, 5 janv. 2009).* – Le notaire qui procède au contrôle prévu à l'article L. 236-30 ne doit avoir ni instrumenté, ni rédigé d'actes sous seing privé, ni donné des consultations juridiques à l'occasion de l'opération pour laquelle le contrôle est effectué. Il ne doit pas exercer dans une société ou dans un office qui aurait instrumenté, rédigé des actes sous seing privé ou donné des consultations juridiques à l'occasion de cette opération.

Art. R. 236-19 *(D. n° 2009-11, 5 janv. 2009).* – Chaque société participant à la fusion transfrontalière remet au notaire ou au greffier chargé du contrôle de légalité un dossier contenant, outre l'attestation de conformité délivrée par le greffier et datant de moins de six mois, les documents suivants :

– le projet commun de fusion transfrontalière ;
– les statuts de la société issue de la fusion transfrontalière ;
– une copie des avis relatifs aux publicités prévues par la présente section ;
– une copie du procès-verbal des assemblées mentionnées aux articles L. 236-9 et L. 236-13 ;
– un document attestant que les sociétés qui fusionnent ont approuvé le projet de fusion dans les mêmes termes et que les modalités relatives à la participation des salariés ont été fixées conformément au titre VII du livre III de la deuxième partie du Code du travail.

Art. R. 236-20 *(D. n° 2009-11, 5 janv. 2009).* – Le contrôle de légalité mentionné à l'article L. 236-30 est accompli dans un délai de quinze jours à compter de la réception de l'ensemble des documents mentionnés à l'article R. 236-19.

CHAPITRE VII. – DE LA LIQUIDATION

Section I. – Dispositions générales

Art. R. 237-1 *(Anc. D. n° 67-236, 23 mars 1967).* – La mention « société en liquidation » ainsi que le nom du ou des liquidateurs doivent figurer sur tous les actes et documents émanant de la société et destinés aux tiers, notamment sur toutes lettres, factures, annonces et publications diverses.

Art. R. 237-2 *(Anc. D. n° 67-236, 23 mars 1967 ; mod., D. n° 2009-557, 19 mai 2009 ; D. n° 2020-106, 10 févr. 2020).* – L'acte de nomination des liquidateurs, quelle que soit sa forme, est publié, dans le délai d'un mois, dans un support habilité à recevoir les annonces légales dans le département du siège social et, si les actions de la société sont admises aux négociations sur un marché réglementé ou si toutes ses actions ne revêtent pas la forme nominative, au Bulletin des annonces légales obligatoires.

Il contient les indications suivantes :

1° La dénomination sociale suivie, le cas échéant, de son sigle ;
2° La forme de la société, suivie de la mention « en liquidation » ;
3° Le montant du capital social ;
4° L'adresse du siège social ;
5° Les mentions prévues aux 1° et 2° de l'article R. 123-237 ;
6° La cause de la liquidation ;
7° Les nom, prénom usuel et domicile des liquidateurs ;
8° *Le cas échéant, les limitations apportées à leurs* pouvoirs.

Sont en outre indiqués dans la même insertion :

1° Le lieu où la correspondance est adressée et celui où les actes et documents concernant la liquidation sont notifiés ;

2° Le tribunal de commerce au greffe duquel est effectué, en annexe au registre du commerce et des sociétés, le dépôt des actes et pièces relatifs à la liquidation.

À la diligence du liquidateur, les mêmes indications sont portées, par simple lettre, à la connaissance des porteurs d'actions et d'obligations nominatives.

Art. R. 237-3 *(Anc. D. n° 67-236, 23 mars 1967).* – Au cours de la liquidation de la société, le liquidateur accomplit, sous sa responsabilité, les formalités de publicité incombant aux représentants légaux de la société.

Notamment, toute décision entraînant modification des mentions publiées en application de l'article R. 237-2 est publiée dans les conditions prévues par cet article.

Art. R. 237-4 *(Anc. D. n° 67-236, 23 mars 1967 ; mod., D. n° 2019-966, 18 sept. 2019).* – Dans le cas prévu par le deuxième alinéa de l'article L. 237-5, il est statué, en référé, par le président du tribunal judiciaire du lieu de la situation de l'immeuble.

NB : Conformément à l'article 9 du décret n° 2019-966 du 18 septembre 2019, les présentes dispositions entrent en vigueur le 1er janvier 2020.

Art. R. 237-5 *(Anc. D. n° 67-236, 23 mars 1967).* – Le mandataire prévu par le deuxième alinéa de l'article L. 237-9 est désigné par le président du tribunal de commerce, statuant en référé.

Art. R. 237-6 *(Anc. D. n° 67-236, 23 mars 1967).* – Dans le cas prévu à l'article L. 237-10, le liquidateur dépose ses comptes au greffe du tribunal de commerce où tout intéressé peut en prendre connaissance et obtenir à ses frais délivrance d'une copie.

Le tribunal de commerce statue sur ces comptes et, le cas échéant, sur la clôture de la liquidation aux lieu et place de l'assemblée des associés ou des actionnaires.

Art. R. 237-7 *(Anc. D. n° 67-236, 23 mars 1967).* – Les comptes définitifs établis par le liquidateur sont déposés au greffe du tribunal de commerce en annexe au registre du commerce et des sociétés. Il y est joint la décision de l'assemblée des associés statuant sur ces comptes, sur le quitus de la gestion et la décharge de son mandat, ou, à défaut, la décision de justice prévue à l'article R. 237-6.

Art. R. 237-8 *(Anc. D. n° 67-236, 23 mars 1967 ; mod., D. n° 2009-557, 19 mai 2009 ; D. n° 2020-106, 10 févr. 2020).* – L'avis de clôture de la liquidation, signé par le liquidateur, est publié, à la diligence de celui-ci, dans le support habilité à recevoir des annonces légales ayant reçu la publicité prescrite par le premier alinéa de l'article R. 237-2 et, si les actions de la société sont admises aux négociations sur un marché réglementé ou si toutes ses actions ne revêtent pas la forme nominative, au Bulletin des annonces légales obligatoires.

Il contient les indications suivantes :

1° La dénomination sociale suivie, le cas échéant, de son sigle ;

2° La forme de la société, suivie de la mention « en liquidation » ;

3° Le montant du capital social ;

4° L'adresse du siège social ;

5° Les mentions prévues aux 1° et 2° de l'article R. 123-237 ;

6° Les nom, prénom usuel et domicile des liquidateurs ;

7° La date et le lieu de réunion de l'assemblée de clôture, si les comptes des liquidateurs ont été approuvés par elle, ou, à défaut, la date de la décision de justice prévue par l'article R. 237-6, ainsi que l'indication du tribunal qui l'a prononcée ;

8° L'indication du greffe du tribunal où sont déposés les comptes des liquidateurs.

Art. R. 237-9 *(Anc. D. n° 67-236, 23 mars 1967).* – La société est radiée du registre du commerce et des sociétés sur justification de l'accomplissement des formalités prévues par les articles R. 237-7 et R. 237-8.

Section II. – Dispositions applicables sur décision judiciaire

Art. R. 237-10 *(Anc. D. n° 67-236, 23 mars 1967).* – La liquidation de la société dans les conditions prévues aux articles L. 237-15 à L. 237-31 est ordonnée par le président du tribunal de commerce, statuant en référé, à la demande des personnes mentionnées au deuxième alinéa de l'article L. 237-14.

Art. R. 237-11 *(Anc. D. n° 67-236, 23 mars 1967).* – Les contrôleurs de la liquidation sont désignés par le président du tribunal de commerce, statuant sur requête, à la demande du liquidateur, ou en référé, à la demande de tout intéressé, le liquidateur dûment appelé.

Les contrôleurs peuvent être choisis parmi les commissaires aux comptes inscrits sur la liste prévue à l'article L. 822-1.

Dans tous les cas, l'acte de nomination des contrôleurs est publié dans les mêmes conditions et délais, prévus à l'article R. 237-2, que celui des liquidateurs.

Art. R. 237-12 *(Anc. D. n° 67-236, 23 mars 1967).* – Dans le cas prévu à l'article L. 237-19, le liquidateur est désigné par ordonnance du président du tribunal de commerce, statuant sur requête.

Tout intéressé peut former opposition à l'ordonnance dans le délai de quinze jours à dater de sa publication dans les conditions prévues à l'article R. 237-2. Cette opposition est portée devant le tribunal de commerce qui peut désigner un autre liquidateur.

Art. R. 237-13 *(Anc. D. n° 67-236, 23 mars 1967).* – Sauf disposition contraire de l'acte de nomination, si plusieurs liquidateurs ont été nommés, ils peuvent exercer leurs fonctions séparément. Toutefois, ils établissent et présentent un rapport commun.

Art. R. 237-14 *(Anc. D. n° 67-236, 23 mars 1967).* – La rémunération des liquidateurs est fixée par la décision qui les nomme. À défaut, elle l'est postérieurement, par le président du tribunal de commerce, statuant sur requête, à la demande du liquidateur intéressé.

Art. R. 237-15 *(Anc. D. n° 67-236, 23 mars 1967).* – Le président du tribunal de commerce, statuant sur requête, est compétent pour prendre les décisions prévues au deuxième alinéa de l'article L. 237-21, à l'article L. 237-23, au troisième alinéa de l'article L. 237-24, au deuxième alinéa de l'article L. 237-25, ainsi qu'au II de l'article L. 237-27.

Le président du tribunal de commerce, statuant en référé, est compétent pour prendre les décisions prévues par l'article L. 237-28 et par le deuxième alinéa de l'article L. 237-31.

Art. R. 237-16 *(Anc. D. n° 67-236, 23 mars 1967 ; mod., D. n° 2009-557, 19 mai 2009 ; D. n° 2020-106, 10 févr. 2020).* – Toute décision de répartition de fonds est publiée dans le support habilité à recevoir des annonces légales dans lequel a été effectuée la publicité prévue à l'article R. 237-2 et, si les actions de la société sont admises aux négociations sur un marché réglementé ou si toutes ses actions ne revêtent pas la forme nominative, au Bulletin des annonces légales obligatoires.

La décision est notifiée individuellement aux titulaires de titres nominatifs.

Art. R. 237-17 *(Anc. D. n° 67-236, 23 mars 1967).* – Les sommes affectées aux répartitions entre les associés et les créanciers sont déposées, dans le délai de quinze jours à compter de la décision de répartition, à un compte ouvert dans un établissement de crédit au nom de la société en liquidation. Elles peuvent être retirées sur la signature d'un seul liquidateur et sous sa responsabilité.

Art. R. 237-18 *(Anc. D. n° 67-236, 23 mars 1967).* – Si les sommes attribuées à des créanciers ou à des associés n'ont pu leur être versées, elles sont déposées, à l'expiration du délai d'un an à compter de la clôture de la liquidation, à la Caisse des dépôts et consignations.

CHAPITRE VIII. – DES INJONCTIONS DE FAIRE

Le présent chapitre ne comprend pas de dispositions réglementaires.

CHAPITRE IX. – DE LA LOCATION D'ACTIONS ET DE PARTS SOCIALES

Art. R. 239-1 *(Anc. D. n° 67-236, 23 mars 1967).* – En application de l'article L. 239-2, le contrat de bail d'actions ou de parts sociales comporte, à peine de nullité, les mentions suivantes :

1° La nature, le nombre et l'identification des actions ou des parts sociales louées ;

2° La durée du contrat et du préavis de résiliation ;

3° Le montant, la périodicité et, le cas échéant, les modalités de révision du loyer ;

4° Si les actions ou parts sociales louées sont cessibles par le bailleur en cours de contrat, les modalités de cette cession ;

5° Les conditions de répartition du boni de liquidation, dans le respect des règles légales applicables à l'usufruit.

En l'absence de mentions relatives à la révision du loyer et à la cession des titres en cours de bail, le loyer est réputé fixe et les titres incessibles pendant la durée du contrat.

CHAPITRE X. – DE L'INFORMATION DES SALARIÉS EN CAS DE VENTE DE LEUR SOCIÉTÉ

(D. n° 2014-1254, 28 oct. 2014 ; intitulé mod., D. n° 2015-1811, 28 déc. 2015)

Art. D. 23-10-1 *(D. n° 2014-1254, 28 oct. 2014 ; mod. à compter du 1er janvier 2016, D. n° 2015-1811, 28 déc. 2015 ; annulé dans sa seule rédaction issue du décret n° 2014-1254 du 28 octobre 2014, CE, 8 juill. 2016, n° 386792, SARL Holding Désile* (1)*).* **– Le délai de deux mois mentionné au premier alinéa de l'article L. 23-10-1 s'apprécie au regard de la date de cession, entendue comme étant la date de conclusion du contrat.**

Art. D. 23-10-2 *(D. n° 2014-1254, 28 oct. 2014 ; mod., D. n° 2015-1811, 28 déc. 2015).* **– L'information des salariés mentionnée aux articles L. 23-10-3 et L. 23-10-9 peut être effectuée selon les modalités suivantes :**

1° Au cours d'une réunion d'information des salariés à l'issue de laquelle ces derniers signent le registre de présence à cette réunion ;

2° Par un affichage. La date de réception de l'information est celle apposée par le salarié sur un registre accompagnée de sa signature attestant qu'il a pris connaissance de cet affichage ;

3° Par courrier électronique, à la condition que la date de réception puisse être certifiée ;

4° Par remise en main propre, contre émargement ou récépissé, d'un document écrit mentionnant les informations requises ;

5° Par lettre recommandée avec demande d'avis de réception ;

6° Par acte extrajudiciaire ;

7° Par tout autre moyen de nature à rendre certaine la date de réception.

Art. D. 23-10-3 *(D. n° 2014-1254, 28 oct. 2014).* **– Le salarié informe dans les meilleurs délais et par tout moyen le chef d'entreprise lorsqu'il se fait assister conformément aux articles L. 23-10-2 et L. 23-10-8. La personne qui assiste le salarié est tenue à une obligation de confidentialité en ce qui concerne les informations qu'elle reçoit.**

TITRE IV. – DISPOSITIONS PÉNALES

CHAPITRE I. – DES INFRACTIONS CONCERNANT LES SOCIÉTÉS À RESPONSABILITÉ LIMITÉE

Le présent chapitre ne comprend pas de dispositions réglementaires.

CHAPITRE II. – DES INFRACTIONS CONCERNANT LES SOCIÉTÉS ANONYMES

Le présent chapitre ne comprend pas de dispositions réglementaires.

(1) Dans cette décision, le Conseil d'État a précisé « que la date de la cession, par rapport à laquelle le délai de deux mois est déterminé, doit nécessairement s'entendre comme la date de conclusion de la vente, et non comme celle du transfert de propriété, dont les parties ont la faculté de convenir qu'il interviendra plus de deux mois plus *tard ; [...] qu'en définissant la date de la cession, au sens de l'article* L. 23-10-1 du Code de commerce, comme "la date à laquelle s'opère le transfert de propriété", le pouvoir réglementaire a méconnu les dispositions de cet article ».

La Haute juridiction a en conséquence annulé « l'article 1er du décret [n° 2014-1254] du 28 octobre 2014 relatif à l'information des salariés en cas de cession de leur entreprise [...] en tant qu'il a inséré l'article D. 23-10-1 dans le Code de commerce » et non la modification issue du décret n° 2015-1811 du 28 décembre 2015, intervenue antérieurement à la décision du Conseil d'État mais qui a eu précisément pour objet de remédier à l'illégalité établie postérieurement par celui-ci. – NDLR.

CHAPITRE III. – DES INFRACTIONS CONCERNANT LES SOCIÉTÉS EN COMMANDITE PAR ACTIONS

Le présent chapitre ne comprend pas de dispositions réglementaires.

CHAPITRE IV. – DES INFRACTIONS CONCERNANT LES SOCIÉTÉS PAR ACTIONS SIMPLIFIÉES

Le présent chapitre ne comprend pas de dispositions réglementaires.

CHAPITRE V. – DES INFRACTIONS RELATIVES AUX VALEURS MOBILIÈRES ÉMISES PAR LES SOCIÉTÉS PAR ACTIONS

Le présent chapitre ne comprend pas de dispositions réglementaires.

CHAPITRE VI. – INFRACTIONS COMMUNES AUX DIVERSES FORMES DE SOCIÉTÉS PAR ACTIONS

Le présent chapitre ne comprend pas de dispositions réglementaires.

CHAPITRE VII. – DES INFRACTIONS COMMUNES AUX DIVERSES FORMES DE SOCIÉTÉS COMMERCIALES

Art. R. 247-1 *(D. n° 2008-258, 13 mars 2008)*. – Est puni de l'amende prévue par le 5° de l'article 131-13 du Code pénal pour les contraventions de la cinquième classe le fait, pour le président, l'administrateur, le directeur général ou le gérant d'une société dont les actions sont admises, en tout ou partie, à la négociation sur un marché réglementé de n'avoir pas procédé aux publications prévues aux articles R. 232-11 et R. 232-13.

En cas de récidive, l'amende applicable est celle prévue par le 5° de l'article 131-13 du Code pénal pour la récidive des contraventions de la cinquième classe.

Art. R. 247-2 *(Anc. D. n° 67-236, 23 mars 1967 ; D. n° 2008-258, 13 mars 2008 ; mod., D. n° 2019-1097, 28 oct. 2019)*. – Est puni de l'amende prévue par le 5° de l'article 131-13 du Code pénal pour les contraventions de la cinquième classe le fait, pour le président, l'administrateur, le directeur général ou le gérant d'une société, d'émettre des valeurs mobilières offertes au public :

1° Sans que soit insérée au *Bulletin des annonces légales obligatoires*, préalablement à toute mesure de publicité, une notice établie conformément à l'article *(Réf. rempl. à compter du 1er janvier 2021, D. n° 2020-1742, 29 déc. 2020)* « R. 22-10-3 » concernant l'émission d'actions lors de la constitution de la société ou, au troisième alinéa de l'article R. 225-120 concernant les augmentations de capital ;

2° Sans que les documents reproduisent les énonciations de la notice prévue au 1° ci-dessus et contiennent la mention de l'insertion de cette notice au Bulletin des annonces légales obligatoires avec référence au numéro dans lequel elle a été publiée ;

3° Sans que les annonces dans les journaux reproduisent les mêmes énonciations, ou tout au moins un extrait de ces énonciations avec référence à cette notice, et indication du numéro du Bulletin des annonces légales obligatoires dans lequel elle a été publiée ;

4° Sans que les prospectus et documents mentionnent la signature de la personne ou du représentant de la société dont l'offre émane et précisent si les valeurs offertes sont admises ou non à la négociation sur un marché réglementé, et dans l'affirmative, sur quel marché.

Le fait de servir d'intermédiaire à l'occasion de la cession de valeurs mobilières sans respecter les prescriptions mentionnées aux 1° à 4° est puni de la même amende.

En cas de récidive, l'amende applicable est celle prévue par le 5° de l'article 131-13 du Code pénal pour la récidive des contraventions de la cinquième classe.

Les dispositions du présent article ne sont pas applicables aux offres au public mentionnées au 1° ou au 2° de l'article L. 411-2 du Code monétaire et financier ou à l'article L. 411-2-1 du même code.

Art. R. 247-3 *(Anc. D. n° 67-236, 23 mars 1967).* – Le fait de ne pas satisfaire aux obligations de dépôt prévues aux articles L. 232-21 à L. 232-23 est puni de l'amende prévue par le 5e de l'article 131-13 du Code pénal pour les contraventions de la cinquième classe. En cas de récidive, la peine applicable est celle prévue par le 5e de l'article 131-13 du Code pénal pour les contraventions de la cinquième classe commises en récidive.

Art. R. 247-4 *(Anc. D. n° 67-236, 23 mars 1967).* – Toute infraction aux dispositions de l'article R. 237-1 est punie de l'amende prévue par le 5° de l'article 131-13 du Code pénal pour les contraventions de la cinquième classe.

CHAPITRE VIII. – DISPOSITIONS CONCERNANT LES DIRECTEURS GÉNÉRAUX DÉLÉGUÉS DES SOCIÉTÉS ANONYMES OU DES SOCIÉTÉS EUROPÉENNES

Le présent chapitre ne comprend pas de dispositions réglementaires.

TITRE V. – DES GROUPEMENTS D'INTÉRÊT ÉCONOMIQUE

CHAPITRE I. – DES GROUPEMENTS D'INTÉRÊT ÉCONOMIQUE DE DROIT FRANÇAIS

Art. R. 251-1 *(Anc. D. n° 85-295, 1er mars 1985 ; mod., D. n° 2019-966, 18 sept. 2019).* – Le procureur de la République est compétent pour saisir le tribunal judiciaire ou le tribunal de commerce, selon le cas, en application de l'article 32-1 du règlement (CEE) n° 2137/85 du Conseil des Communautés européennes du 25 juillet 1985 relatif à l'institution d'un groupement européen d'intérêt économique.

NB : Conformément à l'article 9 du décret n° 2019-966 du 18 septembre 2019, les présentes dispositions entrent en vigueur le 1er janvier 2020.

Art. R. 251-2 *(Anc. D. n° 85-295, 1er mars 1985).* – Les dispositions des articles R. 232-2 à R. 232-7 sont applicables au groupement d'intérêt économique. Toutefois, les documents mentionnés à l'article R. 232-3 ainsi que les rapports mentionnés à l'article R. 232-4 sont établis par les administrateurs auxquels le commissaire aux comptes communique, le cas échéant, ses observations.

Lorsque le commissaire aux comptes demande par lettre recommandée avec demande d'avis de réception que son rapport prévu à l'article R. 232-7 soit communiqué aux membres du groupement, les administrateurs procèdent à cette communication dans les huit jours de la réception de la demande. Le rapport est communiqué au comité d'entreprise dans le même délai.

Art. R. 251-3 *(Anc. D. n° 85-295, 1er mars 1985).* – L'information prévue à l'article L. 251-15 que le commissaire aux comptes adresse aux administrateurs porte sur tout fait qu'il relève lors de l'examen des documents qui lui sont communiqués ou sur tout fait dont il a connaissance à l'occasion de l'exercice de sa mission.

Les administrateurs répondent par lettre recommandée avec demande d'avis de réception dans les quinze jours qui suivent la réception de l'information mentionnée ci-dessus et adressent copie de la demande et de sa réponse, dans les mêmes formes et les mêmes délais, au comité d'entreprise. Dans leur réponse, ils donnent une analyse de la situation et précisent, le cas échéant, les mesures envisagées. Le commissaire aux comptes informe immédiatement le président du tribunal compétent de l'existence de cette procédure par lettre remise en mains propres contre récépissé au président ou à son délégataire, ou par lettre recommandée avec demande d'avis de réception.

La demande du commissaire aux comptes de communication du rapport qu'il a rédigé conformément au deuxième alinéa de l'article L. 251-15 est formulée par lettre recommandée avec demande d'avis de réception dans les quinze jours qui suivent la réception de la réponse des administrateurs. La demande du commissaire aux comptes et son rapport sont communiqués par les administrateurs au comité d'entreprise dans les quinze jours qui suivent la réception de cette demande.

Lorsque, dans les conditions prévues au dernier alinéa de l'article L. 251-15, le commissaire aux comptes informe de ses démarches le président du tribunal compétent, cette information est faite immédiatement par lettre recommandée avec demande d'avis de réception. Cette information comporte la copie de tous les documents utiles à l'information du président du tribunal ainsi que l'exposé des raisons qui l'ont conduit à constater l'insuffisance des décisions prises.

CHAPITRE II. – DU GROUPEMENT EUROPÉEN D'INTÉRÊT ÉCONOMIQUE

Art. R. 252-1 *(Anc. D. n° 90-72, 17 janv. 1990).* – Le procureur de la République est compétent pour saisir le tribunal judiciaire ou le tribunal de commerce, selon le cas, en application de l'article 32-1 du règlement (CEE) n° 2137/85 du Conseil des Communautés européennes du 25 juillet 1985 relatif à l'institution d'un groupement européen d'intérêt économique.

LIVRE TROISIÈME

DE CERTAINES FORMES DE VENTES ET DES CLAUSES D'EXCLUSIVITÉ

TITRE PREMIER. – DES LIQUIDATIONS, DES VENTES AU DÉBALLAGE, DES SOLDES ET DES VENTES EN MAGASINS D'USINE

Section I. – Des liquidations

Art. R. 310-1 *(Abr., D. n° 2014-571, 2 juin 2014).*

NB : Le décret n° 2014-571 du 2 juin 2014 a abrogé l'article R. 310-1 qui donnait compétence aux préfets pour recevoir les déclarations préalables aux liquidations et a modifié les articles R. 310-2 et R. 310-3 pour tenir compte du transfert des compétences aux maires des communes. Il est entré en vigueur le 1er juillet 2014.

Art. R. 310-2 *(Anc. D. n° 96-1097, 16 déc. 1996 ; mod., D. n° 2014-571, 2 juin 2014).* – **Une déclaration préalable de la vente en liquidation est adressée par lettre recommandée avec demande d'avis de réception ou remise au maire de la commune où les opérations de vente sont prévues, deux mois au moins avant la date prévue pour le début de la vente.**

Toutefois, ce délai est réduit à cinq jours lorsque le motif invoqué à l'appui est consécutif à un fait imprévisible de nature à interrompre le fonctionnement de l'établissement.

Un arrêté du ministre chargé du commerce fixe la liste des informations relatives, notamment, à l'identité du vendeur, à la cause et à la durée de la vente et à l'inventaire des marchandises liquidées, ainsi que des pièces qui sont annexées à cette déclaration.

Art. R. 310-3 *(Anc. D. n° 96-1097, 16 déc. 1996 ; mod., D. n° 2010-1463, 1er déc. 2010 ; D. n° 2014-571, 2 juin 2014).* – **Le maire délivre un récépissé de déclaration de la vente en liquidation dans un délai maximum de quinze jours à compter de la réception du dossier complet de ladite déclaration ; si le dossier est incomplet, le maire notifie à l'intéressé la liste des pièces manquantes dans un délai de sept jours à compter de sa réception ; à défaut de production des pièces complémentaires dans un délai de sept jours à compter de la réception de la notification des pièces manquantes, la déclaration mentionnée à l'article R. 310-2 ne peut faire l'objet d'un récépissé de déclaration.**

Dans le cas de survenance du fait imprévisible mentionné au deuxième alinéa de l'article R. 310-2, le maire délivre le récépissé de déclaration dès réception du dossier complet.

Aucune vente en liquidation ne peut intervenir tant que le récépissé de déclaration n'a pas été délivré par le maire.

Le maire informe la chambre de commerce et d'industrie territoriale de la vente en liquidation ainsi déclarée.

Art. R. 310-4 *(Anc. D. n° 96-1097, 16 déc. 1996).* – **Le récépissé de déclaration est affiché sur les lieux de la vente en liquidation par le déclarant, pendant toute sa durée ; l'arrêté mentionné à l'article R. 310-2 fixe les conditions et les modalités de cet affichage.**

Art. R. 310-5 *(Anc. D. n° 96-1097, 16 déc. 1996)*. – La durée maximale de la vente en liquidation fixée à deux mois par l'article L. 310-1 est réduite à quinze jours en cas de suspension saisonnière de l'activité du déclarant.

Art. R. 310-6 *(Anc. D. n° 96-1097, 16 déc. 1996 ; mod., D. n° 2014-571, 2 juin 2014)*. – Le report de la date de la vente en liquidation indiquée dans la déclaration mentionnée à l'article R. 310-2 fait l'objet d'une information préalable du maire par lettre recommandée avec demande d'avis de réception, comportant justification de ce changement.

Tout report de cette date supérieur à deux mois donne lieu à une nouvelle déclaration dans les conditions prévues à l'article R. 310-2.

Dès qu'il en a connaissance, le déclarant est tenu d'informer le maire par lettre recommandée avec demande d'avis de réception de toute modification de l'événement motivant la liquidation mentionné au deuxième alinéa de l'article L. 310-1.

Art. R. 310-7 *(Anc. D. n° 96-1097, 16 déc. 1996)*. – La publicité relative à une vente en liquidation ne peut porter que sur les produits inscrits à l'inventaire fourni en annexe à la déclaration préalable mentionnée à l'article R. 310-2.

L'arrêté mentionné à l'article R. 310-2 précise également les informations qui doivent figurer dans cette publicité et les modalités de son organisation.

Section II. – Des ventes au déballage

Art. R. 310-8 *(Rempl., D. n° 2009-16, 7 janv. 2009 ; mod., Ord. n° 2010-462, 6 mai 2010)*. – I. – Une déclaration préalable de vente au déballage est adressée par l'organisateur par lettre recommandée avec demande d'avis de réception ou remise contre récépissé au maire de la commune dans laquelle l'opération de vente est prévue, dans les délais suivants :

1° Dans les mêmes délais que la demande d'autorisation d'occupation temporaire du domaine public et concomitamment à celle-ci lorsque la vente est prévue sur le domaine public et que le maire est l'autorité compétente pour délivrer l'autorisation ;

2° Dans les autres cas, dans les quinze jours au moins avant la date prévue pour le début de cette vente.

Dans les huit jours au moins avant le début de la vente, le maire informe le déclarant que, du fait du dépassement de la durée de la vente autorisée par le deuxième alinéa du I de l'article L. 310-2, il s'expose à la sanction prévue au 3° de l'article R. 310-19.

II. – Ces délais ne sont pas applicables aux ventes au déballage de fruits et légumes frais effectuées en période de crise conjoncturelle constatée en application de l'article L. 611-4 du Code rural et de la pêche maritime, ou en prévision de celle-ci, dans le but de favoriser, par un déstockage rapide, la régularisation des cours du marché ; ces ventes peuvent être réalisées sans délai, par décision conjointe du ministre chargé du commerce et du ministre chargé de l'agriculture et ce après consultation par le ministre chargé de l'agriculture de l'organisation interprofessionnelle compétente.

III. – Un arrêté du ministre chargé du commerce fixe la liste des informations contenues dans cette déclaration.

Voir : A. 9 janv. 2009 : *JO* 17 janv., relatif à la déclaration préalable des ventes au déballage et A. 21 juill. 2009 : *JO* 22 juill., relatif à la mise en œuvre d'un dispositif de vente au déballage pour certains fruits et légumes en situation de crise conjoncturelle.

Art. R. 310-9 *(Rempl., D. n° 2009-16, 7 janv. 2009)*. – Les ventes au déballage autorisées aux particuliers en application du troisième alinéa du I de l'article L. 310-2 sont contrôlées au moyen du registre mentionné au deuxième alinéa de l'article 321-7 du Code pénal.

Art. R. 310-10 à R. 310-14 *(Abr., D. n° 2009-16, 7 janv. 2009)*.

Section III. – Des soldes

Art. R. 310-15 *(Abr., D. n° 2015-516, 7 mai 2015)*.

Rédaction antérieure. Art. R. 310-15 *(Rempl., D. n° 2008-1342, 18 déc. 2008)*. – La déclaration préalable mentionnée au troisième alinéa de l'article L. 310-3 est faite par établissement.

Elle est adressée par le commerçant au préfet du département, par lettre recommandée avec demande d'avis de réception, un mois au moins avant la date prévue pour le début de la vente ; ce délai commence à courir à compter de la date de son envoi.

La transmission de cette déclaration peut être effectuée par voie électronique. Dans ce cas, la déclaration donne lieu à la délivrance d'un avis de réception électronique. Le préfet veille à ce que cette transmission soit assurée de manière sécurisée, conformément à l'article 1316-1 du Code civil.

Un arrêté du ministre chargé du commerce fixe la liste des informations contenues dans la déclaration et les modalités de la déclaration par voie électronique.

Voir : A. 8 janv. 2009 : *JO* 11 janv. 2009, relatif à la déclaration préalable des périodes complémentaires de soldes et A. 31 mai 2012 : *JO* 5 juill., p. 11053, relatif à la création d'un service de la déclaration des périodes complémentaires de soldes : *Contrats, conc. consom.* 2012/8-9, veille 43.

Art. R. 310-15-1 *(Abr., D. n° 2015-516, 7 mai 2015).*

Rédaction antérieure. Art. R. 310-15-1 *(D. n° 2008-1342, 18 déc. 2008).* – Le commerçant tient à la disposition des services chargés du contrôle des ventes en périodes de soldes l'avis de réception de sa déclaration.

Art. D. 310-15-2 *(Abr. à compter du 1er janvier 2020, D. n° 2019-530, 27 mai 2019).*

Rédaction antérieure. Art. D. 310-15-2 *(D. n° 2008-1342, 18 déc. 2008 ; mod., D. n° 2010-1203, 11 oct. 2010).* – En application du 1° de l'article L. 310-3 du Code de commerce :

– les soldes d'hiver débutent le deuxième mercredi du mois de janvier à 8 heures du matin ; cette date est avancée au premier mercredi du mois de janvier lorsque le deuxième mercredi intervient après le 12 du mois ;

– les soldes d'été débutent le dernier mercredi du mois de juin à 8 heures du matin ; cette date est avancée à l'avant-dernier mercredi du mois de juin lorsque le dernier mercredi intervient après le 28 du mois.

Art. D. 310-15-3 *(Abr. à compter du 1er janvier 2020, D. n° 2019-530, 27 mai 2019).*

Annexe

(Annexe abr. à compter du 1er janvier 2020, D. n° 2019-530, 27 mai 2019).

Rédaction antérieure. Art. D. 310-15-3 *(D. n° 2008-1342, 18 déc. 2008).* – Par dérogation aux dispositions de l'article D. 310-15-2 et en application du 1° de l'article L. 310-3, les soldes sont fixés à des dates différentes dans certaines zones. Ces zones, ainsi que les dates qui y sont applicables, sont fixées en annexe.

Annexe

Liste des zones mentionnées à l'article D. 310-15-3

(Rempl., D. n° 2012-1311, 27 nov. 2012)

LISTE DES ZONES MENTIONNÉES À L'ARTICLE D. 310-15-3

DÉPARTEMENT	APPLICATION TERRITORIALE	DATES DE DÉBUT DES PÉRIODES DE SOLDES
Alpes-Maritimes (06)	Tout le département	Soldes d'été : premier mercredi du mois de juillet
Corse-du-Sud (2 A)	*Tout le département*	Soldes d'été : deuxième mercredi du mois de juillet
Haute-Corse (2 B)	Tout le département	Soldes d'été : deuxième mercredi du mois de juillet
Meurthe-et-Moselle (54)	Tout le département	Soldes d'hiver : premier jour ouvré du mois de janvier
Meuse (55)	Tout le département	Soldes d'hiver : premier jour ouvré du mois de janvier
Moselle (57)	Tout le département	Soldes d'hiver : premier jour ouvré du mois de janvier
Pyrénées-Orientales (66)	Tout le département	Soldes d'été : premier mercredi du mois de juillet
Vosges (88)	Tout le département	Soldes d'hiver : premier jour ouvré du mois de janvier

DÉPARTEMENT	APPLICATION TERRITORIALE	DATES DE DÉBUT DES PÉRIODES DE SOLDES
Guadeloupe (971)		Soldes d'hiver : premier samedi de janvier Soldes d'été : dernier samedi de septembre
Martinique (972)	Tout le département	Soldes d'été : premier jeudi d'octobre
Guyane (973)	Tout le département	Soldes d'hiver : premier mercredi du mois de janvier Soldes d'été : premier jeudi du mois d'octobre
La Réunion (974)	Tout le département	Soldes d'hiver : premier samedi du mois de septembre Soldes d'été : premier samedi du mois de février.

COLLECTIVITÉ d'outre-mer (COM)	APPLICATION TERRITORIALE	DATES DE DÉBUT DES PÉRIODES DE SOLDES
Saint-Pierre-et-Miquelon (975)	Toute la collectivité	Soldes d'été : premier mercredi après le 14 juillet Soldes d'hiver : premier mercredi après le 15 janvier
Saint-Barthélemy (977)	Toute la collectivité	Soldes d'hiver : premier samedi de mai Soldes d'été : deuxième samedi d'octobre
Saint-Martin (978)	Toute la collectivité	Soldes d'hiver : premier samedi de mai Soldes d'été : deuxième samedi d'octobre

Art. R. 310-16 *(Anc. D. n° 96-1097, 16 déc. 1996)*. **– Toute personne se livrant à des ventes en soldes tient à la disposition des agents habilités à opérer des contrôles les documents justifiant que les marchandises vendues en soldes avaient été proposées à la vente, et lorsque le vendeur n'est ni le producteur ni son mandataire que leur prix d'achat avait été payé, depuis au moins un mois à la date de début de la période de soldes considérée.**

Art. R. 310-17 *(Anc. D. n° 96-1097, 16 déc. 1996)*. **– Toute publicité relative à une opération de soldes mentionne la date de début de l'opération et la nature des marchandises sur lesquelles porte l'opération, si celle-ci ne concerne pas la totalité des produits de l'établissement.**

Section IV. – Des ventes en magasins ou dépôts d'usine

Art. R. 310-18 *(Anc. D. n° 96-1097, 16 déc. 1996)*. **– Tout producteur, vendant directement au public une partie de sa production sous l'une des dénominations mentionnées à l'article L. 310-4, tient à la disposition des agents habilités à opérer des contrôles toute pièce justifiant de l'origine et de la date de fabrication des produits faisant l'objet de ces ventes directes au public.**

Section V. – Des sanctions

Art. R. 310-19 *(Anc. D. n° 96-1097, 16 déc. 1996 ; D. n° 2009-16, 7 janv. 2009)*. **– Est puni de l'amende prévue par le 5° de l'article 131-13 du Code pénal pour les contraventions de la cinquième** *classe :*

1° Le fait de ne pas afficher le récépissé de déclaration de la vente en liquidation dans les conditions prévues à l'article R. 310-4 ;

2° Le fait de ne pas mentionner dans toute publicité relative à une opération de liquidation les indications exigées à l'article R. 310-7 ;

3° Le fait de réaliser une vente au déballage en méconnaissance de la durée de la vente autorisée par le deuxième alinéa du I de l'article L. 310-2 et dont le déclarant a été informé par le maire en application de l'article R. 310-8 ;

4° Le fait de ne pas mentionner dans toute publicité relative à une opération de soldes les indications exigées à l'article R. 310-17.

TITRE II. – DES VENTES AUX ENCHÈRES PUBLIQUES

CHAPITRE I. – DES VENTES VOLONTAIRES DE MEUBLES AUX ENCHÈRES PUBLIQUES

Bibliographie : L. Mauger-Vielpeau, *La libéralisation des ventes volontaires de meubles aux enchères publiques : JCP* G 2012, veille 159.

Section I. – Dispositions générales

Sous-section 1. – Les opérateurs de ventes volontaires de meubles aux enchères publiques

(Intitulé rempl., D. n° 2012-120, 30 janv. 2012)

§ 1. – De la déclaration

(§ rempl., D. n° 2012-120, 30 janv. 2012)

Art. R. 321-1 *(Rempl., D. n° 2012-120, 30 janv. 2012)*. – Les opérateurs, personnes morales ou physiques, organisant et réalisant des ventes volontaires de meubles aux enchères publiques, y compris par voie électronique, déclarent leurs activités auprès du Conseil des ventes volontaires de meubles aux enchères publiques par lettre recommandée avec demande d'avis de réception ou par tout moyen dématérialisé, sous réserve que puisse être dûment identifiée la personne qui effectue la déclaration.

La déclaration est accompagnée des pièces justificatives suivantes :

Pour les personnes physiques :

1° Un document justifiant de l'identité et de la nationalité du déclarant ;

2° Une attestation de ne pas avoir été l'auteur de faits mentionnés au 2° du I de l'article L. 321-4. Cette attestation est établie selon le modèle fixé par arrêté du garde des sceaux, ministre de la justice ;

3° Les documents justifiant que les personnes chargées de diriger des ventes ont la qualification requise ou sont titulaires d'un titre, d'un diplôme ou d'une habilitation reconnus équivalents en la matière ;

4° Une copie du bail ou du titre de propriété du local où s'exerce l'activité ainsi que le dernier bilan établi ou à défaut le bilan prévisionnel ;

5° Un document justifiant de l'ouverture dans un établissement de crédit d'un compte destiné exclusivement à recevoir les fonds détenus pour le compte d'autrui ;

6° Un document justifiant de la souscription d'une assurance de couverture de responsabilité professionnelle ;

7° Un document justifiant d'une assurance ou d'un cautionnement garantissant la représentation des fonds détenus pour le compte d'autrui ;

Pour les personnes morales :

1° Une copie des statuts de la société et de l'acte nommant son représentant légal ;

2° Les documents justifiant qu'elle dispose d'au moins un établissement en France ;

3° Les documents justifiant qu'elle compte parmi ses dirigeants, associés ou salariés au moins une personne remplissant les conditions prévues aux articles 1° à 3° du I de l'article L. 321-4 ;

4° Une attestation des dirigeants de ne pas avoir été les auteurs de faits mentionnés au 4° du II de l'article L. 321-4. Cette attestation est établie selon le modèle fixé par arrêté du garde des sceaux, ministre de la justice ;

5° Un document justifiant de l'identité des personnes chargées de diriger les ventes et, s'il s'agit de salariés d'une personne morale, la copie de leur contrat de travail ou une attestation de leur employeur précisant la nature de leurs attributions ;

6° Une copie du bail ou du titre de propriété du local où s'exerce l'activité ainsi que le dernier bilan établi ou à défaut le bilan prévisionnel ;

7° Un document justifiant de l'ouverture dans un établissement de crédit d'un compte destiné exclusivement à recevoir les fonds détenus pour le compte d'autrui ;

8° Un document justifiant de la souscription d'une assurance de couverture de responsabilité professionnelle ;

9° Un document justifiant d'une assurance ou d'un cautionnement garantissant la représentation des fonds détenus pour le compte d'autrui.

Art. R. 321-2 *(Rempl., D. n° 2012-120, 30 janv. 2012).* – Les opérateurs de ventes volontaires aux enchères publiques déclarent au Conseil des ventes volontaires de meubles aux enchères publiques, dans un délai de trente jours à compter de la date à laquelle elles se produisent, les modifications de fait ou de droit susceptibles d'affecter leur capacité d'exercer l'activité de ventes volontaires de meubles aux enchères publiques, notamment leur cessation temporaire ou définitive d'activité ainsi que tout changement dans la situation déclarée en application de l'article R. 321-1. Ces déclarations sont accompagnées des justificatifs nécessaires.

Art. R. 321-3 *(Rempl., D. n° 2012-120, 30 janv. 2012).* – Chaque année, à la demande du Conseil des ventes volontaires de meubles aux enchères publiques, dans un délai de trente jours à compter de l'expiration de la précédente garantie, les opérateurs de ventes volontaires de meubles aux enchères publiques transmettent au Conseil des ventes volontaires de meubles aux enchères publiques les justificatifs du renouvellement de l'assurance couvrant leur responsabilité professionnelle et de l'assurance ou du cautionnement garantissant la représentation des fonds détenus pour le compte d'autrui.

La caution ou l'assureur informe le Conseil des ventes volontaires de meubles aux enchères publiques, dans les trente jours, de la suspension de la garantie ou de la résiliation du contrat.

Art. R. 321-4 *(Rempl., D. n° 2012-120, 30 janv. 2012).* – Le greffier chargé de la tenue du registre du commerce et des sociétés avise le Conseil des ventes volontaires de meubles aux enchères publiques de la radiation d'un dirigeant de l'opérateur lorsque celle-ci a été ordonnée après que la mise à jour du casier judiciaire a révélé l'existence d'une interdiction d'exercer le commerce ou de gérer.

Art. R. 321-5 à R. 321-9 *(Abr., D. n° 2012-120, 30 janv. 2012).*

§ 2. – De l'assurance et du cautionnement

Art. R. 321-10 *(Anc. D. n° 2001-650, 19 juill. 2001).* – Le cautionnement prévu au 3° de l'article L. 321-6 ne peut être consenti que par l'un des établissements de crédit *(Mots aj., D. n° 2014-1315, 3 nov. 2014)* « ou l'une des sociétés de financement » habilités à cet effet ou l'une des institutions ou l'un des établissements mentionnés à l'article L. 518-1 du Code monétaire et financier, une société d'assurances ou une société de caution mutuelle, habilités à donner caution.

Art. R. 321-11 *(Anc. D. n° 2001-650, 19 juill. 2001).* – Le cautionnement résulte d'une convention écrite qui, outre les conditions générales, précise le montant de la garantie accordée, les conditions de rémunération, les modalités de contrôle comptable ainsi que les contre-garanties éventuellement exigées par la caution.

Art. R. 321-12 *(Anc. D. n° 2001-650, 19 juill. 2001 ; mod., D. n° 2012-120, 30 janv. 2012).* – La caution ou l'assureur délivre à l'opérateur de ventes volontaires de meubles aux enchères publiques une attestation de cautionnement ou d'assurance précisant la dénomination de l'établissement de crédit auprès duquel est ouvert le compte prévu au 1° de l'article L. 321-6, ainsi que le numéro de ce compte, le montant et la durée de la garantie accordée et les restrictions éventuelles apportées à celle-ci.

Art. R. 321-13 *(Anc. D. n° 2001-650, 19 juill. 2001 ; mod., D. n° 2012-120, 30 janv. 2012).* – La caution ou l'assureur n'est tenu que s'il est justifié d'une créance certaine, liquide et exigible et de la défaillance de l'opérateur garanti.

La caution ne peut opposer au créancier le bénéfice de discussion.

Pour le garant, la défaillance de l'opérateur garanti résulte d'une sommation de payer ou de restituer suivie de refus ou demeurée infructueuse un mois après sa signification.

Art. R. 321-14 *(Anc. D. n° 2001-650, 19 juill. 2001 ; mod., D. n° 2012-120, 30 janv. 2012).* – Le montant de la garantie accordée à un opérateur ne peut être inférieur à la plus élevée des deux sommes suivantes :

1° Le chiffre moyen mensuel des ventes, taxes comprises et net d'honoraires, réalisé par l'opérateur au cours de l'exercice précédent ;

2° La moitié du montant maximal des fonds détenus par l'opérateur pour le compte des tiers, à un moment quelconque, au cours des douze mois précédents.

Art. R. 321-15 *(Anc. D. n° 2001-650, 19 juill. 2001 ; mod., D. n° 2012-120, 30 janv. 2012).* – Lorsqu'un opérateur de ventes volontaires de meubles aux enchères publiques exerce son activité depuis moins d'une année, le montant de la garantie ne peut être inférieur au montant prévisionnel moyen des ventes mensuelles, taxes comprises et net d'honoraires, pour l'exercice en cours. Ce montant prévisionnel fait l'objet d'une déclaration par l'opérateur à l'assureur ou à la société de cautionnement.

Art. R. 321-16 *(Anc. D. n° 2001-650, 19 juill. 2001 ; mod., D. n° 2012-120, 30 janv. 2012).* – Tout opérateur de ventes volontaires de meubles aux enchères publiques adapte chaque année le montant de la garantie qu'il a souscrite. Il révise également ce montant lorsque des circonstances particulières sont susceptibles de modifier l'étendue du risque.

Art. R. 321-17 *(Anc. D. n° 2001-650, 19 juill. 2001 ; mod., D. n° 2012-120, 30 janv. 2012).* – Les contrats d'assurance ne doivent pas prévoir de franchise à la charge de l'assuré supérieure à 10 % des indemnités dues, dans la limite de 8 000 euros par créancier. La franchise n'est pas opposable aux créanciers de l'opérateur.

§ 3. – Des qualifications requises

Art. R. 321-18 *(Anc. D. n° 2001-650, 19 juill. 2001 ; mod., D. n° 2009-143, 9 févr. 2009).* – Sous réserve des dispositions de l'article R. 321-65, nul ne peut diriger des ventes volontaires de meubles aux enchères publiques s'il ne remplit les conditions suivantes :

1° Être Français ou ressortissant d'un État autre que la France membre de *(Rempl., D. n° 2013-884, 1er oct. 2013)* « l'Union » européenne ou partie à l'accord sur l'Espace économique européen ;

2° N'avoir fait l'objet ni d'une condamnation pénale pour des faits contraires à l'honneur ou à la probité ni, dans la profession qu'il exerçait antérieurement, d'une sanction disciplinaire ou administrative de destitution, radiation, révocation, de retrait d'agrément ou d'autorisation pour des faits de même nature ;

3° Sous réserve des dispenses prévues aux articles R. 321-19 et R. 321-21, être soit titulaire d'un diplôme national *(Rempl., D. n° 2013-844, 1er oct. 2013)* « de licence en droit et d'un diplôme national de licence en histoire de l'art, ou en arts appliqués, ou en archéologie ou en arts plastiques », soit titulaire de titres ou diplômes, admis en dispense, dont la liste est fixée par arrêté conjoint du garde des sceaux, ministre de la justice, et du ministre chargé de l'enseignement supérieur ;

4° Avoir subi avec succès l'examen d'accès au stage prévu aux articles R. 321-20 à R. 321-25 ;

5° Avoir accompli le stage mentionné au 4° dans les conditions prévues aux articles R. 321-26 à R. 321-31.

Les personnes mentionnées à l'article 54 de la loi n° 2000-642 du 10 juillet 2000 portant réglementation des ventes volontaires de meubles aux enchères publiques sont dispensées des conditions prévues aux 1°, 3°, 4° et 5°.

NB : Le décret n° 2013-844 du 1er octobre 2013 est entré en vigueur le 1er janvier 2014. Dans son ancienne rédaction, le texte exigeait que le candidat soit titulaire d'un diplôme « en droit et d'un diplôme national d'histoire de l'art, d'arts appliqués, d'archéologie ou d'arts plastiques, l'un de ces diplômes étant au moins une licence et l'autre sanctionnant au moins un niveau de formation correspondant à deux années d'études supérieures ». Les personnes remplissant l'ensemble des conditions prévues à l'article R. 321-18 au jour de la publication du décret (le 3 octobre 2013) ainsi que celles remplissant, au même jour, les conditions prévues aux 1°, 2° et 3° de cet article, qui rempliront la condition prévue au 4° au plus tard le 31 décembre 2013 et celle prévue au 5° au plus tard le 31 décembre 2017 restent régies par les dispositions applicables dans leur rédaction antérieure à l'entrée en vigueur du décret (art. 16-I).

Légalité du décret du 1er octobre 2013. L'article L. 321-4 du Code de commerce prévoit que l'organisation et la réalisation de ventes volontaires de meubles aux enchères publiques sont soumises, quelles que soient les personnes qui exercent cette activité, à une exigence spécifique de qualification. En prévoyant, pour répondre à cette exigence de qualification, que les opérateurs des ventes volontaires des meubles aux enchères publiques doivent détenir un diplôme national de licence en droit et un diplôme national de licence en histoire de l'art, ou en arts appliqués ou en archéologie ou en arts plastiques, le décret n° 2013-884 du 1er octobre 2013 ne porte par lui-même aucune atteinte ni à la liberté d'entreprendre ni au principe d'égalité. Il n'est pas sur ce point entaché d'une erreur manifeste d'appréciation (■ CE, ss-sect. 6 et 1 réunies, 17 avr. 2015, nos 373589 et 373594).

Art. R. 321-18-1 *(D. n° 2013-844, 1er oct. 2013).* – Pour pouvoir, en application de l'article L. 321-2, diriger des ventes volontaires de meubles aux enchères publiques, les notaires *(Mots suppr. à compter du 1er juillet 2022, D. n° 2019-1185, 15 nov. 2019)* « et les huissiers de justice » doivent, au préalable, avoir suivi, à leurs frais, une formation d'une durée de soixante heures portant sur la réglementation, la pratique et la déontologie des ventes aux enchères.

Cette formation est organisée par le Conseil des ventes volontaires de meubles aux enchères publiques après avis du Conseil supérieur du notariat *(Mots suppr. à compter du 1er juillet 2022, D. n° 2019-1185, 15 nov. 2019)* « et de la Chambre nationale des huissiers de justice ».

Les notaires assistants *(Mots suppr. à compter du 1er juillet 2022, D. n° 2019-1185, 15 nov. 2019)* « et les huissiers de justice stagiaires » sont admis à suivre cette formation.

Au terme de la formation, le Conseil des ventes volontaires de meubles aux enchères publiques délivre aux participants un certificat d'accomplissement de formation.

Art. R. 321-19 *(Anc. D. n° 2001-650, 19 juill. 2001 ; mod., D. n° 2009-143, 9 févr. 2009).* – Les clercs justifiant d'une pratique professionnelle d'au moins sept ans dans un ou plusieurs offices ou de commissaire-priseur judiciaire, les personnes ayant exercé pendant la même durée des responsabilités équivalentes *(Rempl., D. n° 2013-844, 1er oct. 2013)* « chez un ou plusieurs opérateurs de ventes volontaires de meubles aux enchères publiques ou courtiers de marchandises assermentés » ainsi que les personnes ayant exercé successivement ces responsabilités dans un office de commissaire-priseur *(D. n° 2013-844, 1er oct. 2013)* « judiciaire ou chez un courtier de marchandise assermenté » et « chez un opérateur » de ventes volontaires de meubles aux enchères publiques pendant une durée totale d'au moins sept ans sont dispensés des conditions prévues aux 3°, 4° et 5° de l'article R. 321-18, par décision du Conseil des ventes volontaires de meubles aux enchères publiques, s'ils subissent avec succès un examen d'aptitude devant le jury prévu aux articles R. 321-23 et suivants.

La durée de pratique professionnelle prévue à l'alinéa précédent doit avoir été acquise au cours des dix dernières années.

Le programme et les modalités de l'examen d'aptitude sont fixés par arrêté du garde des Sceaux, ministre de la Justice.

Nul ne peut se présenter plus de trois fois à l'examen.

Sous-paragraphe 1. – De l'examen d'accès au stage

Art. R. 321-20 *(Mod., D. n° 2013-844, 1er oct. 2013).* – Sont admises à se présenter à l'examen d'accès au stage mentionné au 4° de l'article R. 321-18 les personnes qui remplissent les conditions *(Mots rempl., D. n° 2013-884, 1er oct. 2013)* « prévues aux 1°, 2° et » 3° dudit article.

Art. R. 321-21 *(Anc. D. n° 2001-650, 19 juill. 2001).* – Sont dispensés de la possession du diplôme national en droit prévue au 3° de l'article R. 321-18 :

1° Les membres et anciens membres du Conseil d'État et les membres et anciens membres des tribunaux administratifs et des cours administratives d'appel ;

2° Les magistrats et anciens magistrats de l'ordre judiciaire ;

3° Les magistrats et anciens magistrats de la Cour des comptes, des chambres régionales des comptes et des chambres territoriales des comptes de la Polynésie française et de la Nouvelle-Calédonie ;

4° Les professeurs des universités et maîtres de conférence titulaires d'un doctorat en droit ;

5° Les avocats au Conseil d'État et à la Cour de cassation ;

6° Les avocats inscrits à un barreau français et les anciens conseils juridiques ;

7° Les *(Mot aj. à compter du 1er janvier 2012, D. n° 2011-451, 22 avr. 2011)* « anciens » avoués près les cours d'appel ;

Les avoués près les cours d'appel ;

8° Les huissiers de justice ;

9° Les notaires ;

10° Les administrateurs judiciaires, les mandataires judiciaires au redressement et à la liquidation des entreprises, les anciens syndics et administrateurs judiciaires ;

11° Les greffiers et anciens greffiers des tribunaux de commerce ;

12° Les fonctionnaires et anciens fonctionnaires de catégorie A, ou les personnes assimilées aux fonctionnaires de cette catégorie, ayant exercé en cette qualité des activités juridiques pendant cinq ans au moins, dans une administration, un service public ou une organisation internationale.

Art. R. 321-22 *(Anc. D. n° 2001-650, 19 juill. 2001).* – L'examen d'accès au stage a lieu au moins une fois par an.

Les conditions d'organisation, le programme et les modalités de l'examen, qui comporte des épreuves écrites et orales portant sur des matières artistiques, juridiques, économiques et comptables ainsi que sur *(Rempl., D. n° 2013-844, 1er oct. 2013)* « l'anglais et, en option, sur une autre langue vivante étrangère », sont fixés par arrêté du garde des Sceaux, ministre de la Justice, après avis du Conseil des ventes volontaires de meubles aux enchères publiques *(Rempl., D. n° 2013-844, 1er oct. 2013)*, « de la Chambre nationale des commissaires-priseurs judiciaires et du Conseil national des courtiers de marchandises assermentés ».

Nul ne peut se présenter plus de trois fois à l'examen d'accès au stage.

NB : Conformément à l'article 16 II du décret n° 2013-884 du 1er octobre 2013, les mots : « l'anglais et, en option, sur une autre langue vivante étrangère » s'appliquent aux examens d'accès au stage organisés à compter du 1er janvier 2015.

Art. R. 321-23 *(Anc. D. n° 2001-650, 19 juill. 2001).* – L'examen d'accès au stage est subi devant un jury présidé par un magistrat de l'ordre judiciaire. Ce jury est composé en outre d'un professeur d'histoire de l'art de l'enseignement supérieur en activité, d'un conservateur du patrimoine (spécialité musées), d'un commissaire-priseur judiciaire *(D. n° 2013-844, 1er oct. 2013)*, « d'un courtier de marchandises assermenté » et de deux personnes habilitées à diriger des ventes volontaires de meubles aux enchères publiques.

Art. R. 321-24 *(Anc. D. n° 2001-650, 19 juill. 2001).* – Le président et les membres du jury sont nommés par arrêté du garde des Sceaux, ministre de la Justice. Le professeur d'histoire de l'art est désigné sur proposition du ministre chargé des universités, le conservateur du patrimoine sur proposition du ministre chargé de la culture, le commissaire-priseur judiciaire sur proposition du bureau de la Chambre nationale des commissaires-priseurs judiciaires *(D. n° 2013-844, 1er oct. 2013)*, « le courtier de marchandises assermenté sur proposition du bureau du Conseil national des courtiers de marchandises assermentés » et les deux personnes habilitées sur proposition du Conseil des ventes volontaires de meubles aux enchères publiques.

Des suppléants sont nommés en nombre égal et dans les mêmes conditions. Des examinateurs spécialisés peuvent être désignés par arrêté du garde des Sceaux, ministre de la Justice.

Art. R. 321-25 *(Anc. D. n° 2001-650, 19 juill. 2001 ; mod., D. n° 2013-844, 1er oct. 2013).* – Le président et les membres du jury et ne peuvent siéger plus de trois années consécutives.

En cas de partage égal des voix, celle du président est prépondérante.

Sous-paragraphe 2. – Du stage

Art. R. 321-26 *(Anc. D. n° 2001-650, 19 juill. 2001).* – La durée du stage est de deux ans, dont un an au moins en France.

Le stage comprend un enseignement théorique portant sur un approfondissement des connaissances en matière artistique, *(D. n° 2013-844, 1er oct. 2013)* « technique », économique, comptable et juridique et un enseignement pratique, dispensés sous le contrôle du Conseil des ventes volontaires de meubles aux enchères publiques et selon des modalités qu'il détermine conjointement avec la Chambre nationale des commissaires-priseurs judiciaires *(D. n° 2013-844, 1er oct. 2013)* « et le Conseil national des courtiers de marchandises assermentés ».

NB : Conformément à l'article 16-III du décret n° 2013-884 du 1er octobre 2013, l'introduction du mot « technique » au deuxième alinéa de l'article R. 321-26 par l'article 10, 1° du même décret ne s'applique pas aux personnes accomplissant, au jour de la publication dudit décret, le stage prévu aux articles R. 321-26 à R. 321-31 du Code de commerce.

Art. R. 321-27 *(Anc. D. n° 2001-650, 19 juill. 2001 ; rempl., D. n° 2013-844, 1er oct. 2013).* – Les travaux de pratique professionnelle sont effectués :

1° Pour une durée de seize mois, chez un opérateur de ventes volontaires de meubles aux enchères publiques ;

2° Pour une durée de six mois, chez un commissaire-priseur judiciaire ;

3° Pour une durée de deux mois, chez un courtier de marchandises assermenté.

Au cas où le Conseil des ventes volontaires de meubles aux enchères publiques constate, pour un stagiaire, l'impossibilité matérielle de réaliser le stage mentionné au 3°, la durée de celui mentionné au 2° est portée à huit mois. Le stagiaire rédige alors un mémoire relatif à l'exercice de la profession de courtier de marchandises assermenté.

Le stagiaire peut demander à effectuer une partie du stage mentionné au 1°, dans la limite de trois mois, auprès d'un commissaire-priseur judiciaire, d'un courtier de marchandises assermenté, d'un notaire, d'un huissier de justice, d'un administrateur judiciaire ou d'un mandataire judiciaire ; il en indique le nom au Conseil des ventes volontaires de meubles aux enchères publiques.

NB : Conformément à l'article 16-III du décret n° 2013-884 du 1er octobre 2013, ces dispositions ne s'appliquent pas aux personnes accomplissant, au jour de la publication dudit décret, le stage prévu aux articles R. 321-26 à R. 321-31 du Code de commerce.

Art. R. 321-28 *(Anc. D. n° 2001-650, 19 juill. 2001 ; rempl., D. n° 2013-844, 1er oct. 2013).* – Le Conseil des ventes volontaires de meubles aux enchères publiques procède à l'affectation des stagiaires. Celle-ci est réalisée sur avis de la Chambre nationale des commissaires-priseurs judiciaires, pour les stages dans les offices de commissaire-priseur judiciaire et sur avis du Conseil national des courtiers de marchandises assermentés, pour ceux effectués chez les courtiers de marchandises assermentés.

Art. R. 321-29 *(Anc. D. n° 2001-650, 19 juill. 2001).* – À l'issue de la première année de stage, le conseil *(D. n° 2013-844, 1er oct. 2013)* « des ventes volontaires de meubles aux enchères publiques » s'assure, au vu d'un dossier communiqué par le maître de stage, de l'aptitude du stagiaire à poursuivre la formation professionnelle.

À cet effet, le conseil organise un entretien destiné à évaluer les connaissances pratiques du stagiaire.

Le conseil peut, s'il l'estime nécessaire, autoriser le stagiaire à recommencer les travaux de la première année de formation professionnelle. Cette autorisation ne peut être accordée qu'une seule fois.

Art. R. 321-30 *(Anc. D. n° 2001-650, 19 juill. 2001).* – Au terme du stage, le conseil délivre au stagiaire, qui a démontré son aptitude à l'exercice de la profession, un certificat de bon accomplissement du stage.

Dans le cas contraire, le conseil, selon la gravité des insuffisances constatées, autorise le stagiaire à recommencer les travaux de deuxième année de formation professionnelle, ou refuse de délivrer le certificat. L'autorisation de recommencer les travaux de deuxième année ne peut être accordée qu'une seule fois.

Art. R. 321-31 *(Anc. D. n° 2001-650, 19 juill. 2001).* – L'exclusion du stage peut être prononcée par le conseil pour des motifs disciplinaires après que l'intéressé a été mis en mesure de présenter sa défense.

§ 4. – Des mesures d'information et de publicité

Art. R. 321-32 *(Anc. D. n° 2001-650, 19 juill. 2001).* – Il est procédé à l'information du Conseil des ventes volontaires de meubles aux enchères publiques prévue à l'article L. 321-7 par lettre recommandée avec demande d'avis de réception, huit jours au moins avant la date d'exposition des meubles offerts à la vente ou de réalisation de la vente projetée.

Lorsque la vente a lieu à distance par voie électronique, l'information prévue à l'article L. 321-7 peut être adressée au conseil sur support électronique.

Art. R. 321-33 *(Anc. D. n° 2001-650, 19 juill. 2001 ; mod., D. n° 2012-120, 30 janv. 2012).* – La publicité prévue au premier alinéa de l'article L. 321-11 précise au moins la date et le lieu de la vente projetée, la dénomination de l'opérateur de vente volontaires ainsi que la date de sa déclaration auprès du Conseil des ventes volontaires de meubles aux enchères publiques, le nom de la personne habilitée qui dirige la vente et, le cas échéant, le numéro de la déclaration faite en application de l'article L. 321-24.

Elle doit également mentionner :

1° La qualité de commerçant ou d'artisan du vendeur lorsque les biens neufs mis en vente sont produits par lui ;

2° Le caractère neuf du bien ;

3° Le cas échéant, la qualité de propriétaire du bien mis en vente lorsque celui-ci est l'opérateur de ventes volontaires aux enchères publiques organisateur ou son salarié, dirigeant ou associé ainsi que lorsqu'il est un expert intervenant dans l'organisation de la vente ;

4° L'intervention d'un expert dans l'organisation de la vente ;

5° La mention du délai de prescription prévu à l'article L. 321-17.

Art. R. 321-34 *(Anc. D. n° 2001-650, 19 juill. 2001).* – À la clôture d'une vente aux enchères publiques effectuée à distance par voie électronique, la société organisatrice assure l'information en ligne du public sur la désignation des biens adjugés, leur prix d'adjudication ainsi que sur le jour et l'heure de la clôture de la vente de chacun de ceux-ci.

Art. R. 321-35 *(Mod., D. n° 2012-120, 30 janv. 2012).* – En cas de courtage aux enchères réalisé à distance par voie électronique, le courtier assure l'information en ligne du public conformément aux dispositions de l'article L. 321-33.

Art. R. 321-35-1 *(D. n° 2018-256, 9 avr. 2018).* – I. – L'autorité administrative mentionnée au septième alinéa de l'article L. 321-3 est dans le cadre de leurs attributions respectives, le directeur général de la concurrence, de la consommation et de la répression des fraudes, le chef du service national des enquêtes de la direction générale de la concurrence, de la consommation et de la répression des fraudes, le directeur régional des entreprises, de la concurrence, de la consommation, du travail et de l'emploi, le directeur de la direction départementale chargée de la protection des populations, ou leur représentant nommément désigné.

II. – Pour l'application du présent article dans les collectivités d'outre-mer régies par l'article 73 de la Constitution, les références : « directeur régional des entreprises, de la concurrence, de la consommation, du travail et de l'emploi » et « directeur de la direction départementale chargée de la protection des populations » sont remplacées par la référence : « directeur des entreprises, de la concurrence, de la consommation, du travail et de l'emploi ».

Sous-section 2. – Le Conseil des ventes volontaires de meubles aux enchères publiques

§ 1. – Du fonctionnement

Art. R. 321-36 *(Anc. D. n° 2001-650, 19 juill. 2001).* – Le Conseil des ventes volontaires de meubles aux enchères publiques se réunit sur convocation de son président. La convocation est de droit lorsque le commissaire du Gouvernement ou quatre membres du conseil en font la demande.

L'ordre du jour est fixé par le président. Le commissaire du Gouvernement ou quatre membres du conseil peuvent faire inscrire à l'ordre du jour toute question relevant de la compétence du conseil.

Art. R. 321-37 *(Anc. D. n° 2001-650, 19 juill. 2001).* – Le Conseil des ventes volontaires de meubles aux enchères publiques ne peut valablement délibérer que si au moins six membres sont présents. Lorsque le quorum n'est pas atteint sur un ordre du jour donné, le conseil délibère valablement quel que soit le nombre de ses membres après une nouvelle convocation portant sur le même ordre du jour et précisant qu'aucun quorum n'est exigé.

Les décisions sont prises à la majorité des membres présents. En cas de partage égal des voix, la voix du président est prépondérante.

Art. R. 321-38 *(Anc. D. n° 2001-650, 19 juill. 2001 ; mod., D. n° 2012-120, 30 janv. 2012)*. – Le Conseil des ventes volontaires de meubles aux enchères publiques établit son règlement intérieur, qui fixe notamment ses conditions de fonctionnement et l'organisation de ses services. Ce règlement définit également les conditions dans lesquelles le conseil peut désigner certains de ses membres pour procéder aux auditions et entretiens prévus à l'article R. 321-29. Le règlement intérieur du conseil est communiqué au garde des sceaux, ministre de la justice.

Art. R. 321-39 *(Anc. D. n° 2001-650, 19 juill. 2001 ; mod., D. n° 2012-120, 30 janv. 2012)*. – En cas d'empêchement ou de démission d'un membre du Conseil des ventes volontaires de meubles aux enchères publiques, celui-ci est remplacé dans un délai de trois mois.

Les membres du Conseil des ventes volontaires de meubles aux enchères publiques nommés en remplacement de ceux dont les fonctions ont pris fin avant leur terme normal achèvent le mandat de ceux qu'ils remplacent.

Les fonctions de membre du conseil sont gratuites.

Toutefois, les membres du conseil et le commissaire du Gouvernement ont droit à l'indemnisation des frais et sujétions auxquels les expose l'exercice de leurs fonctions.

Art. R. 321-40 *(Anc. D. n° 2001-650, 19 juill. 2001)*. – Le commissaire du Gouvernement est nommé par arrêté du garde des Sceaux, ministre de la Justice.

Il exerce ses attributions en matière disciplinaire dans les conditions prévues aux articles R. 321-45 à R. 321-49.

Il participe aux séances du conseil avec voix consultative, sous réserve des dispositions particulières prévues en matière disciplinaire au deuxième alinéa de l'article R. 321-48.

Il peut former, à l'encontre des décisions du conseil, le recours prévu à l'article L. 321-23.

Art. R. 321-40-1 *(D. n° 2010-9, 6 janv. 2010)*. – Sur simple demande, le commissaire du Gouvernement se fait communiquer, pour le compte du Conseil des ventes volontaires de meubles aux enchères publiques, les documents dont la conservation est prévue par l'article L. 561-12 du Code monétaire et financier.

Art. R. 321-41 *(Anc. D. n° 2001-650, 19 juill. 2001 ; mod., D. n° 2012-120, 30 janv. 2012)*. – Pour l'application de l'avant-dernier alinéa de l'article L. 321-21, les opérateurs de ventes volontaires de meubles aux enchères publiques déclarent au Conseil des ventes volontaires de meubles aux enchères publiques, chaque année avant le 31 mars, les honoraires bruts perçus l'année précédente à l'occasion des ventes organisées sur le territoire national. Ces déclarations sont assorties des pièces justificatives.

Lorsqu'un opérateur de ventes volontaires aux enchères publiques exerce son activité depuis moins d'une année, la cotisation est calculée en fonction des honoraires bruts qu'il prévoit de réaliser ou de percevoir au cours de la première année d'exercice. Le montant des honoraires bruts prévisionnels est déclaré dans les conditions prévues à l'alinéa précédent.

Art. R. 321-42 *(Anc. D. n° 2001-650, 19 juill. 2001 ; mod., D. n° 2012-120, 30 janv. 2012)*. – Le Conseil des ventes volontaires de meubles aux enchères publiques détermine le taux et les modalités de calcul de la cotisation annuelle des opérateurs de ventes volontaires.

Art. R. 321-43 *(Anc. D. n° 2001-650, 19 juill. 2001 ; mod., D. n° 2012-120, 30 janv. 2012)*. – Le Conseil des ventes volontaires de meubles aux enchères publiques arrête son budget, chaque année, avant le 31 décembre, sur proposition du président.

Le président exécute le budget.

Le Conseil des ventes volontaires de meubles aux enchères publiques désigne un commissaire aux comptes titulaire et un commissaire aux comptes suppléant dans les conditions de l'article L. 823-3 et suivants du Code de commerce.

Le Conseil des ventes volontaires de meubles aux enchères publiques délibère sur le budget annuel et ses modifications en cours d'année ainsi que sur les comptes financiers et l'affectation des résultats. Ces délibérations sont transmises au garde des sceaux, ministre de la justice, dans un délai de quinze jours à compter de leur approbation.

Art. R. 321-43-1 *(D. n° 2012-120, 30 janv. 2012).* – Il est institué un comité d'audit au sein du Conseil des ventes volontaires de meubles aux enchères publiques aux fins de veiller à la bonne exécution du budget.

Le comité d'audit est composé de trois membres du Conseil élus par celui-ci. Sur proposition du président, le Conseil désigne le président du comité d'audit à la majorité de ses membres.

Le commissaire du Gouvernement est avisé des réunions du comité d'audit. À sa demande, il peut y assister.

Le comité d'audit se réunit au moins une fois par an, sur proposition de son président ou du commissaire du Gouvernement.

Il examine les documents de préparation et d'exécution du budget et des comptes financiers. Il émet un avis écrit sur le budget proposé et les comptes financiers lors de leur soumission au Conseil des ventes volontaires de meubles aux enchères publiques.

Il émet des avis relatifs aux projets informatiques, à la prise de bail de locaux et à leur aménagement.

Le comité d'audit émet à l'intention du Conseil des ventes volontaires de meubles aux enchères publiques, un avis annuel sur l'exécution du budget.

Art. R. 321-43-2 *(D. n° 2012-120, 30 janv. 2012).* – Pour l'application de l'article L. 321-18, le Conseil des ventes volontaires de meubles aux enchères publiques adresse annuellement un questionnaire économique aux opérateurs de ventes volontaires.

Art. R. 321-44 *(Anc. D. n° 2001-650, 19 juill. 2001 ; mod., D. n° 2009-143, 9 févr. 2009 ; D. n° 2012-120, 30 janv. 2012).* – Le Conseil des ventes volontaires de meubles aux enchères publiques rend compte de son activité dans un rapport annuel, qui comporte un bilan de l'application de l'article L. 321-3 et des articles R. 321-10 à R. 321-17, un relevé statistique des différentes catégories de déclarations reçues et des décisions prises en matière de reconnaissance des qualifications professionnelles des ressortissants des États membres de l'Union européenne ou parties à l'accord sur l'Espace économique européen *(Mots aj., D. n° 2017-449, 29 mars 2017)* « , ainsi qu'une description des principaux problèmes survenus lors de l'application de la directive 2005/36/ CE du Parlement européen et du Conseil du 7 septembre 2005 modifiée relative à la reconnaissance des qualifications professionnelles ». Ce rapport est adressé au garde des sceaux, ministre de la justice, au ministre chargé de l'économie et des finances et au ministre chargé de la culture. Il est communiqué à la Chambre nationale des commissaires-priseurs judiciaires, au Conseil supérieur du notariat, à la Chambre nationale des huissiers de justice ainsi qu'aux instances départementales de ces professions et au Conseil national des courtiers de marchandises assermentés. Le cas échéant, les observations du commissaire du Gouvernement sont annexées à ce rapport.

§ 2. – De la procédure disciplinaire

Art. R. 321-45 *(Anc. D. n° 2001-650, 19 juill. 2001 ; mod., D. n° 2012-120, 30 janv. 2012).* – Le Conseil des ventes volontaires de meubles aux enchères publiques statuant en matière disciplinaire, dans les cas prévus aux articles L. 321-22 et L. 321-28, est saisi par le commissaire du Gouvernement.

Le commissaire du Gouvernement peut engager simultanément des poursuites à l'encontre de l'opérateur de ventes volontaires aux enchères publiques et de la personne habilitée à diriger les ventes. Il procède à l'instruction préalable du dossier et peut se faire communiquer tous renseignements ou documents et procéder à toutes auditions utiles.

Le Conseil des ventes volontaires de meubles aux enchères publiques statue valablement en matière disciplinaire si au moins quatre membres sont présents.

Art. R. 321-46 *(Anc. D. n° 2001-650, 19 juill. 2001).* – La personne poursuivie est appelée à comparaître devant le conseil par le commissaire du Gouvernement.

La convocation est adressée par lettre recommandée avec demande d'avis de réception, un mois au moins à l'avance. Elle énonce les faits reprochés.

La personne convoquée peut prendre connaissance de son dossier auprès du conseil.

Art. R. 321-47 *(Anc. D. n° 2001-650, 19 juill. 2001).* – Le Conseil des ventes volontaires de meubles aux enchères publiques peut se faire communiquer tout renseignement ou document et procéder à toute audition utile.

Les débats sont publics. Toutefois, le conseil peut décider que les débats ne seront pas publics si la personne poursuivie en fait expressément la demande ou s'il doit résulter de leur publicité une atteinte à un secret protégé par la loi ou à l'intimité de la vie privée ; mention en est faite dans la décision.

La personne poursuivie est entendue et peut se faire assister d'un avocat.

Art. R. 321-48 *(Anc. D. n° 2001-650, 19 juill. 2001).* – Le Conseil des ventes volontaires de meubles aux enchères publiques statue, par décision motivée, après avoir entendu le commissaire du Gouvernement, la personne poursuivie et son avocat.

Le commissaire du Gouvernement n'assiste pas au délibéré.

Art. R. 321-49 *(Anc. D. n° 2001-650, 19 juill. 2001).* – La décision est notifiée à la personne poursuivie, par lettre recommandée avec demande d'avis de réception, et au commissaire du Gouvernement. La notification indique le délai et les modalités du recours ouvert à l'encontre de la décision.

Art. R. 321-49-1 *(D. n° 2012-120, 30 janv. 2012).* – Lorsque le président du Conseil des ventes volontaires de meubles aux enchères publiques suspend provisoirement et à titre conservatoire l'exercice de tout ou partie de l'activité de ventes volontaires d'un opérateur ou d'une personne habilitée à diriger la vente, la décision est notifiée à l'intéressé par lettre recommandée avec demande d'avis de réception.

La notification indique le délai et les modalités du recours ouvert à l'encontre de la décision.

§ 3. – Du recours contre les décisions du conseil ou de son président

Art. R. 321-50 *(Anc. D. n° 2001-650, 19 juill. 2001).* – Le recours contre les décisions du Conseil des ventes volontaires de meubles aux enchères publiques ou de son président est formé par déclaration remise contre récépissé ou adressée par lettre recommandée avec demande d'avis de réception au greffe de la cour d'appel de Paris.

Art. R. 321-51 *(Anc. D. n° 2001-650, 19 juill. 2001).* – Le délai de recours est d'un mois à compter de la notification de la décision. Toutefois, ce délai court à compter de la date de la décision pour les recours formés par le commissaire du Gouvernement.

(Al. abr., D. n° 2013-844, 1er oct. 2013).

Art. R. 321-52 *(Anc. D. n° 2001-650, 19 juill. 2001).* – Le recours n'est pas suspensif d'exécution. Toutefois, le premier président de la cour d'appel de Paris, statuant en référé, peut suspendre l'exécution de la décision ou de certains de ses effets, lorsque celle-ci risque d'entraîner des conséquences manifestement excessives ou qu'il est fait état d'un moyen propre à créer, en l'état de l'instruction, un doute sérieux quant à la légalité de la décision.

Art. R. 321-53 *(Anc. D. n° 2001-650, 19 juill. 2001).* – Le recours est instruit et jugé selon les règles applicables à la procédure sans représentation obligatoire, le ministère public entendu. Il est notifié au Conseil des ventes volontaires de meubles aux enchères publiques et, le cas échéant, à l'auteur de la demande faisant l'objet de la décision contestée.

Le Conseil des ventes volontaires de meubles aux enchères publiques est partie à l'instance.

Les parties ont la faculté de se faire assister ou représenter par un avocat *(Mots suppr., D. n° 2012-634, 3 mai 2012)* « .... ».

Art. R. 321-54 *(Anc. D. n° 2001-650, 19 juill. 2001).* – Les débats devant la cour d'appel sont publics. Toutefois, la cour peut décider que les débats ne seront pas publics si la personne poursuivie en fait expressément la demande ou s'il doit résulter de leur publicité une atteinte à un secret protégé par la loi ou à l'intimité de la vie privée ; mention en est faite dans la décision.

Art. R. 321-55 *(Anc. D. n° 2001-650, 19 juill. 2001).* – La décision de la cour d'appel est notifiée, à la diligence du greffe, par lettre recommandée avec demande d'avis de réception aux parties, au commissaire du Gouvernement et au procureur général.

Section II. – De la libre prestation de services de l'activité de ventes volontaires de meubles aux enchères publiques par les ressortissants des États membres de l'Union européenne et des États parties à l'accord sur l'Espace économique européen

(Intitulé mod., D. n° 2012-120, 30 janv. 2012)

Art. R. 321-56 *(Anc. D. n° 2001-650, 19 juill. 2001 ; mod., D. n° 2012-120, 30 janv. 2012).* – Les ressortissants d'un État autre que la France, membre de l'Union européenne ou partie à l'accord sur l'Espace économique européen, qui exercent à titre permanent ou occasionnel l'activité de ventes volontaires de meubles aux enchères publiques, sont tenus de souscrire les garanties mentionnées aux 2° et 3° de l'article L. 321-6.

Ils sont réputés satisfaire à ces obligations s'ils justifient avoir contracté, selon les règles de l'État où ils les ont souscrites, des assurances et garanties équivalentes quant aux modalités et à l'étendue de la couverture. À défaut d'équivalence complète, ils sont tenus de souscrire une assurance ou une garantie complémentaire.

Art. R. 321-57 *(Anc. D. n° 2001-650, 19 juill. 2001 ; mod., D. n° 2009-143, 9 févr. 2009).* – La déclaration prévue à l'article L. 321-24 est écrite. Elle est adressée, dans le délai prévu au même article, au conseil des ventes volontaires de meubles aux enchères publiques par lettre recommandée avec demande d'avis de réception ou par tout autre moyen.

Art. R. 321-58 *(Anc. D. n° 2001-650, 19 juill. 2001 ; mod., D. n° 2009-143, 9 févr. 2009 ; D. n° 2012-120, 30 janv. 2012).* – La déclaration prévue à l'article L. 321-24 est accompagnée des pièces suivantes :

1° Les documents justifiant l'identité et la nationalité de l'auteur de la déclaration ou, s'il s'agit d'une personne morale relevant de la législation d'un État membre de l'Union européenne ou d'un État partie à l'accord sur l'Espace économique européen, une copie de ses statuts et la justification de son immatriculation dans un registre public ;

2° Les documents justifiant de la légalité de l'exercice, par le déclarant, de l'activité de ventes volontaires de meubles aux enchères publiques dans l'État d'établissement, de la qualité professionnelle du déclarant et, s'il y a lieu, du nom de l'organisme professionnel dont il relève ;

3° La preuve par tout moyen de l'exercice de l'activité de ventes volontaires de meubles aux enchères publiques pendant au moins *(Mots rempl., D. n° 2017-449, 29 mars 2017)* « une année » au cours des dix années précédant la première vente en France lorsque ni cette activité ni la formation y conduisant ne sont réglementées dans l'État d'établissement ;

4° Une attestation délivrée par l'autorité compétente ou, à défaut, une attestation sur l'honneur du déclarant, certifiant qu'il n'encourt aucune interdiction, même temporaire, d'exercer l'activité de ventes volontaires de meubles aux enchères publiques dans son État d'établissement ;

5° Supprimé ;

6° L'indication de la date et du lieu de réalisation de la vente projetée ainsi que l'identité et la qualification de la personne chargée de diriger celle-ci ;

7° La justification d'une assurance couvrant la responsabilité professionnelle encourue à l'occasion de cette vente et d'une assurance ou d'un cautionnement garantissant la représentation des fonds détenus pour le compte d'autrui.

Les pièces en langue étrangère doivent être assorties d'une traduction en langue française, à l'exception de celles justifiant l'identité et la nationalité de l'auteur de la déclaration.

Les pièces mentionnées aux 4° et 7° ne peuvent dater de plus de trois mois lors de leur production.

Art. R. 321-59 *(Rempl., D. n° 2009-143, 9 févr. 2009).* – Le renouvellement de la déclaration prévue à l'article L. 321-24 est accompagné des pièces mentionnées aux 6° et 7° de l'article R. 321-58 et, en cas de changement matériel relatif à la situation établie par les autres pièces mentionnées à cet article, des documents justifiant de ces changements.

Art. R. 321-60 *(Rempl., D. n° 2009-143, 9 févr. 2009).* – Dans un délai de quinze jours à compter de la réception de la déclaration prévue à l'article L. 321-24, le conseil informe le cas échéant le demandeur de tout document manquant.

Art. R. 321-61 *(Rempl., D. n° 2009-143, 9 févr. 2009 ; mod., D. n° 2012-120, 30 janv. 2012).* – Le Conseil des ventes volontaires de meubles aux enchères publiques assure l'échange avec les autorités compétentes des autres États membres de l'Union européenne ou parties à l'accord sur l'Espace économique européen des informations nécessaires au traitement de la plainte d'un destinataire de services fournis dans le cadre d'une vente volontaire de meubles aux enchères publiques assurée dans le cadre d'une prestation de services par un ressortissant de l'un de ces États. Il informe le destinataire de la suite donnée à sa plainte.

Art. R. 321-62 à R. 321-64 *(Abr., D. n° 2009-143, 9 févr. 2009).*

Section III. – De l'établissement en France des personnes habilitées à diriger des ventes volontaires de meubles aux enchères publiques dans un autre État membre de l'Union européenne ou partie à l'accord sur l'Espace économique européen

(Intitulé mod., D. n° 2012-120, 30 janv. 2012)

Art. R. 321-65 *(D. n° 2009-143, 9 févr. 2009 ; mod., D. n° 2012-120, 30 janv. 2012).* – Sont réputés avoir la qualification requise pour diriger les ventes volontaires de meubles aux enchères publiques, sans avoir à remplir les conditions prévues aux 3°, 4° et 5° de l'article R. 321-18, les ressortissants d'un État membre de l'Union européenne ou d'un État partie à l'accord sur l'Espace économique européen, *(Mots rempl., D. n° 2017-449, 29 mars 2017)* « possédant une attestation de compétences ou un titre de formation défini à l'article 11 de la directive 2005/36/ CE du 7 septembre 2005 modifiée susmentionnée », à condition :

1° Soit que *(Mots rempl., D. n° 2017-449, 29 mars 2017)* « cette attestation de compétences ou ce titre de formation permettent » l'exercice de l'activité professionnelle de ventes volontaires de meubles aux enchères publiques dans un État membre ou un État partie à l'accord sur l'Espace économique européen qui réglemente l'accès à la profession ou son exercice ;

2° Soit que *(Mots rempl., D. n° 2017-449, 29 mars 2017)* « ce titre de formation sanctionne » une formation réglementée visant spécifiquement l'exercice de l'activité professionnelle de ventes volontaires de meubles aux enchères publiques et atteste la préparation du titulaire à cet exercice, dans un État membre ou un État partie à l'accord sur l'Espace économique européen qui ne réglemente pas l'accès à cette profession ou son exercice ;

3° Soit que *(Mots rempl., D. n° 2017-449, 29 mars 2017)* « cette attestation de compétences ou ce titre de formation certifient » la préparation de leur titulaire à l'exercice de l'activité professionnelle de ventes volontaires de meubles aux enchères publiques et que le titulaire justifie en outre, dans un État membre ou un État partie à l'accord sur l'Espace économique européen qui ne réglemente pas l'accès à cette profession ou son exercice, d'un exercice à plein temps de la profession pendant *(Mots rempl., D. n° 2017-449, 29 mars 2017)* « une année » au moins au cours des dix années précédentes ou pendant une période équivalente en cas d'exercice à temps partiel, sous réserve que cet exercice soit attesté par l'autorité compétente de cet État.

(Mots rempl., D. n° 2017-449, 29 mars 2017) « L'attestation de compétences ou le titre de formation mentionnés » au présent article doivent avoir été délivrés soit par l'autorité compétente d'un État membre ou d'un État partie à l'accord sur l'Espace économique européen en sanctionnant une formation acquise de façon prépondérante dans un État membre ou un État partie ou dans un État tiers dans des établissements d'enseignement qui dispensent une formation conforme aux dispositions législatives, réglementaires ou administratives de cet État membre ou partie, soit par un État tiers, à condition que soit fournie une attestation, émanant de l'autorité compétente de l'État membre ou de l'État partie qui a reconnu *(Mots rempl., D. n° 2017-449, 29 mars 2017)* « l'attestation de compétences ou le titre de formation, certifiant que leur titulaire » a une expérience professionnelle de trois ans au moins dans cet État.

Art. R. 321-66 *(Anc. D. n° 2001-650, 19 juill. 2001 ; mod., D. n° 2009-143, 9 févr. 2009).* – Les personnes satisfaisant aux conditions prévues aux articles R. 321-56 et R. 321-65 et souhaitant s'établir en France adressent au conseil des ventes volontaires de meubles aux enchères publiques leur demande de reconnaissance de qualification professionnelle par lettre recommandée avec demande d'avis de réception ou par tout autre moyen équivalent. La demande est accompagnée d'un dossier dont la composition est fixée par arrêté du garde des Sceaux, ministre de la Justice.

Le conseil accuse réception du dossier du demandeur dans un délai d'un mois et l'informe, le cas échéant, de tout document manquant. Il se prononce par décision motivée au plus tard dans un délai de trois mois à compter de la présentation du dossier complet de l'intéressé.

La décision du conseil est notifiée par lettre recommandée avec demande d'avis de réception. La notification indique le délai et les modalités du recours ouvert à l'encontre de cette décision.

La décision du conseil peut faire l'objet d'un recours dans les conditions prévues aux articles R. 321-50 à R. 321-55.

Art. R. 321-67 *(Rempl., D. n° 2009-143, 9 févr. 2009)*. – Lorsque la formation reçue par le demandeur porte sur des matières substantiellement différentes de celles qui figurent aux programmes des diplômes mentionnés au 3° de l'article R. 321-18 et de l'examen professionnel mentionné à l'article R. 321-22, *(Mots suppr., D. n° 2017-449, 29 mars 2017)* « ... », l'intéressé subit, à son choix, une épreuve d'aptitude devant le jury prévu à l'article R. 321-23 ou un stage d'adaptation dont la durée ne peut excéder trois ans.

Le programme et les modalités d'organisation de l'épreuve d'aptitude et du stage d'adaptation sont fixés par arrêté du garde des Sceaux, ministre de la Justice.

Le conseil précise celles des matières du programme mentionné à l'alinéa précédent sur lesquelles le demandeur est interrogé ou la durée de son stage, compte tenu de sa formation et de son expérience professionnelle. Il peut dispenser le demandeur de ces mesures s'il estime que les connaissances *(Mots aj., D. n° 2017-449, 29 mars 2017)* « , aptitudes et compétences » que celui-ci a acquises au cours de son expérience professionnelle *(Mots aj., D. n° 2017-449, 29 mars 2017)* « ou de l'apprentissage tout au long de la vie, et ayant fait l'objet, à cette fin, d'une validation en bonne et due forme par un organisme compétent, dans un État membre ou dans un pays tiers, » sont de nature à couvrir, en tout ou partie, la différence substantielle de formation constatée.

Le conseil notifie aux candidats les résultats de l'épreuve d'aptitude ou de l'évaluation du stage.

Section IV. – Des experts agréés par le Conseil des ventes volontaires de meubles aux enchères publiques

(Abr., D. n° 2012-120, 30 janv. 2012)

Art. R. 321-68 à R. 321-73 *(Abr., D. n° 2012-120, 30 janv. 2012)*.

Section V. – Dispositions diverses

Art. R. 321-74. – Le droit de préemption de l'État en cas de vente volontaire de meubles aux enchères publiques est régi par les articles 61 à 65 du décret n° 2001-650 du 19 juillet 2001 pris en application des articles L. 321-1 à L. 321-38 du Code de commerce et relatif aux ventes volontaires de meubles aux enchères publiques.

CHAPITRE II. – DES AUTRES VENTES AUX ENCHÈRES

Art. R. 322-1 *(Anc. D. 12 mars 1859 ; mod., D. n° 2010-1463, 1er déc. 2010)*. – Les salles de ventes publiques de marchandises aux enchères et en gros, prévues par l'article L. 322-12, peuvent être ouvertes par *une personne physique, par une* société commerciale ou industrielle, (Mots rempl., D. n° 2014-1315, 3 nov. *2014)* « par un établissement de crédit ou une société de financement », en vertu d'une autorisation donnée par un arrêté du préfet, après avis de la chambre de commerce et d'industrie territoriale et du tribunal de commerce.

Les salles de ventes peuvent être formées spécialement pour une ou plusieurs espèces de marchandises.

Art. R. 322-2 *(Anc. D. 12 mars 1859)*. – Toute personne qui demande l'autorisation d'ouvrir une salle de ventes publiques justifie de ressources en rapport avec l'importance de l'établissement projeté.

Art. R. 322-3 *(Anc. D. 12 mars 1859)*. – Les propriétaires ou exploitants sont responsables de la garde et de la conservation des marchandises qui leur sont confiées, sauf les avaries et déchets naturels provenant de la nature et du conditionnement des marchandises ou de cas de force majeure.

Art. R. 322-4 *(Anc. D. 12 mars 1859)*. – Les exploitants de salles de ventes peuvent se charger de toute opération ayant pour objet l'acheminement des marchandises dans la salle de vente.

Ils peuvent également se charger de faire assurer les marchandises dont ils sont détenteurs, au moyen, soit de polices collectives, soit de polices spéciales, suivant les ordres des intéressés.

Ils peuvent, en outre, être autorisés à se charger de toutes opérations ayant pour objet de faciliter les relations de l'établissement avec tout intervenant, qu'il soit négociant ou transporteur.

Art. R. 322-5 *(Anc. D. 12 mars 1859)*. – Il est interdit aux exploitants de salles de ventes de se livrer directement ou indirectement, pour leur propre compte ou pour le compte d'autrui, à aucun commerce ou spéculation ayant pour objet les marchandises.

Art. R. 322-6 *(Anc. D. 12 mars 1859)*. – Les exploitants des salles de ventes sont tenus de mettre les salles de ventes, sans préférence ni faveur, à la disposition de toute personne qui veut opérer le magasinage ou la vente de ses marchandises, dans les termes des articles L. 322-8 et suivants.

Art. R. 322-7 *(Anc. D. 12 mars 1859)*. – Les salles de ventes publiques sont soumises aux mesures générales de police concernant les lieux publics affectés au commerce, sans préjudice des droits du service des douanes, lorsqu'ils sont établis dans des locaux placés sous les régimes des entrepôts douaniers prévus par le règlement (CEE) n° 2913/92 du Conseil du 12 octobre 1992 établissant le Code des douanes communautaire, ensemble le règlement (CEE) n° 2454/93 de la Commission du 2 juillet 1993 fixant certaines de ses dispositions d'application, et le régime de l'entrepôt fiscal prévu par le Code général des impôts.

Art. R. 322-8 *(Anc. D. 12 mars 1859 ; mod., D. n° 2010-1463, 1er déc. 2010)*. – Les tarifs établis par les exploitants des salles de ventes, afin de fixer la rétribution due pour le magasinage, la manutention, la location de la salle, la vente et généralement pour les divers services qui peuvent être rendus au public, sont transmis avant l'ouverture des établissements, au préfet et à la chambre de commerce et d'industrie territoriale et au tribunal de commerce consultés sur la demande d'autorisation.

Tous les changements apportés aux tarifs doivent être d'avance annoncés par des affiches et communiqués aux préfets et à la chambre de commerce et d'industrie et au tribunal de commerce consultés sur la demande d'autorisation. Si ces changements ont pour objet de relever les tarifs, ils ne deviennent exécutoires que trois mois après leur annonce et leur communication.

Art. R. 322-9 *(Anc. D. 12 mars 1859)*. – Chaque établissement adopte un règlement intérieur qui est communiqué à l'avance, ainsi que tous les changements qui y seraient apportés, conformément aux dispositions de l'article R. 322-8.

Art. R. 322-10 *(Anc. D. 12 mars 1859)*. – Les dispositions législatives et réglementaires, le tarif et le règlement intérieur sont et demeurent affichés à la principale porte et dans l'endroit le plus apparent de chaque établissement.

Art. R. 322-11 *(Anc. D. 12 mars 1859)*. – En cas de contravention ou d'abus commis par les exploitants des salles de ventes de nature à porter un grave préjudice à l'intérêt du commerce, l'autorisation accordée peut être révoquée par un acte rendu dans la même forme que cette autorisation, et les parties entendues.

Art. R. 322-12 *(Anc. D. 12 mars 1859)*. – Les propriétaires ou exploitants de salles de ventes publiques ne peuvent céder leur établissement sans une autorisation délivrée dans les formes et par la même autorité que pour l'autorisation d'origine.

Art. R. 322-13 *(Anc. D. 6 juin 1863)*. – Les dispositions des articles R. 322-3 et R. 322-6 sont applicables aux ventes prévues par les articles L. 322-14 et L. 322-15.

Art. R. 322-14 *(Anc. D. 6 juin 1863)*. – La décision judiciaire qui a autorisé ou ordonné la vente en vertu des articles L. 322-14 et L. 322-15 est insérée au procès-verbal de la vente.

Art. R. 322-15 *(Anc. D. 6 juin 1863)*. – Le minimum de la valeur des lots est fixé à 15 € pour les ventes de marchandises de toute espèce, ordonnées ou autorisées dans les cas prévus par les articles L. 322-14 et L. 322-15.

Ce minimum peut être abaissé par le tribunal ou le juge qui ordonne ou autorise la vente.

TITRE III. – DES CLAUSES D'EXCLUSIVITÉ

Art. R. 330-1 *(Anc. D. n° 91-337, 4 avr. 1991 ; mod., D. n° 2009-557, 19 mai 2009)*. – Le document prévu au premier alinéa de l'article L. 330-3 contient les informations suivantes :

1° L'adresse du siège de l'entreprise et la nature de ses activités avec l'indication de sa forme juridique et de l'identité du chef d'entreprise s'il s'agit d'une personne physique ou des dirigeants s'il s'agit d'une personne morale ; le cas échéant, le montant du capital ;

2° Les mentions visées aux 1° et 2° de l'article R. 123-237 ou le numéro d'inscription au répertoire des métiers ainsi que la date et le numéro d'enregistrement ou du dépôt de la marque et, dans le cas où la marque qui doit faire l'objet du contrat a été acquise à la suite d'une cession ou d'une licence, la date et le numéro de l'inscription correspondante au registre national des marques avec, pour les contrats de licence, l'indication de la durée pour laquelle la licence a été consentie ;

3° La ou les domiciliations bancaires de l'entreprise. Cette information peut être limitée aux cinq principales domiciliations bancaires ;

4° La date de la création de l'entreprise avec un rappel des principales étapes de son évolution, y compris celle du réseau d'exploitants, s'il y a lieu, ainsi que toutes indications permettant d'apprécier l'expérience professionnelle acquise par l'exploitant ou par les dirigeants.

Les informations mentionnées à l'alinéa précédent peuvent ne porter que sur les cinq dernières années qui précèdent celle de la remise du document. Elles doivent être complétées par une présentation de l'état général et local du marché des produits ou services devant faire l'objet du contrat et des perspectives de développement de ce marché.

Doivent être annexés à cette partie du document les comptes annuels des deux derniers exercices ou, pour les sociétés dont les titres financiers sont admis aux négociations sur un marché réglementé, les rapports établis au titre des deux derniers exercices en application du III de l'article L. 451-1-2 du Code monétaire et financier ;

5° Une présentation du réseau d'exploitants qui comporte :

a) La liste des entreprises qui en font partie avec l'indication pour chacune d'elles du mode d'exploitation convenu ;

b) L'adresse des entreprises établies en France avec lesquelles la personne qui propose le contrat est liée par des contrats de même nature que celui dont la conclusion est envisagée ; la date de conclusion ou de renouvellement de ces contrats est précisée ;

Lorsque le réseau compte plus de cinquante exploitants, les informations mentionnées à l'alinéa précédent ne sont exigées que pour les cinquante entreprises les plus proches du lieu de l'exploitation envisagée ;

c) Le nombre d'entreprises qui, étant liées au réseau par des contrats de même nature que celui dont la conclusion est envisagée, ont cessé de faire partie du réseau au cours de l'année précédant celle de la délivrance du document. Le document précise si le contrat est venu à expiration ou s'il a été résilié ou annulé ;

d) S'il y a lieu, la présence, dans la zone d'activité de l'implantation prévue par le contrat proposé, de tout établissement dans lequel sont offerts, avec l'accord exprès de la personne qui propose le contrat, les produits ou services faisant l'objet de celui-ci ;

6° L'indication de la durée du contrat proposé, des conditions de renouvellement, de résiliation et de cession, ainsi que le champ des exclusivités.

Le document précise, en outre, la nature et le montant des dépenses et investissements spécifiques à l'enseigne ou à la marque que la personne destinataire du projet de contrat engage avant de commencer l'exploitation.

Art. R. 330-2 *(Anc. D. n° 91-337, 4 avr. 1991).* – Est puni des peines d'amende prévues par le 5° de l'article 131-13 du Code pénal pour les contraventions de la cinquième classe le fait de mettre à la disposition d'une personne un nom commercial, une marque ou une enseigne en exigeant d'elle un engagement d'exclusivité ou de quasi-exclusivité pour l'exercice de son activité sans lui avoir communiqué, vingt jours au moins avant la signature du contrat, le document d'information et le projet de contrat mentionnés à l'article L. 330-3.

En cas de récidive, les peines d'amende prévues le 5° de l'article 131-13 du Code pénal pour les contraventions de la cinquième classe commises en récidive sont applicables.

LIVRE QUATRIÈME

DE LA LIBERTÉ DES PRIX ET DE LA CONCURRENCE

Bibliographie : D. Bosco, *Modernisation du droit français de la concurrence : les décrets « LME » sont publiés : Contrats, conc. consom.* 2009, comm. 104.

TITRE PREMIER. – DISPOSITIONS GÉNÉRALES

Art. R. 410-1 *(D. n° 2016-884, 29 juin 2016)*. – **Est puni de la peine d'amende prévue pour les contraventions de la 5e classe le fait de vendre, proposer à la vente ou promouvoir des biens, produits, ou prestations de services à des prix fixés en violation des textes réglementaires pris en application de l'article L. 410-2 ou de ceux ayant le même objet pris en application de l'ordonnance n° 45-1483 du 30 juin 1945 et maintenus en vigueur à titre transitoire par l'article 61 de l'ordonnance n° 86-1243 du 1er décembre 1986 relative à la liberté des prix et de la concurrence.**

En cas de récidive, les peines d'amende prévues pour la récidive des contraventions de la 5e classe sont applicables.

TITRE II. – DES PRATIQUES ANTICONCURRENTIELLES

Art. R. 420-1 *(Mod., Ord. n° 2008-1161, 13 nov. 2008)*. – **Les accords présentés au ministre chargé de l'économie, en application du II de l'article L. 420-4, sont accompagnés des informations suivantes :**

1° L'identification détaillée des entreprises parties à l'accord ;

2° Les objectifs fixés par l'accord ;

3° La délimitation du marché concerné par l'accord ;

4° Les produits, biens ou services concernés ;

5° Les produits, biens ou services substituables ;

6° Les parts de marché détenues par chaque partie à l'accord (en volume et en chiffre d'affaires) ;

7° L'impact sur la concurrence.

Si les entreprises estiment que certains des documents inclus dans ce dossier présentent un caractère confidentiel, elles peuvent porter sur ce document la mention : « secret des affaires ». Dans ce cas, le ministre chargé de l'économie leur demande de lui indiquer les informations dont elles souhaitent qu'il ne soit pas fait mention dans le décret et dans l'avis de l'Autorité de la concurrence.

Art. R. 420-2 *(Mod., Ord. n° 2008-1161, 13 nov. 2008)*. – **Un mois avant leur transmission à l'Autorité de la concurrence, les projets de décret prévus au II de l'article L. 420-4 doivent faire l'objet d'une publication au**

Bulletin officiel de la concurrence, de la consommation et de la répression des fraudes. Les observations éventuelles des personnes intéressées, recueillies dans ce délai, sont communiquées à l'Autorité de la concurrence.

Art. R. 420-3. – Pour l'application de l'article L. 420-7, le siège et le ressort des juridictions commerciales compétentes en métropole et dans les départements d'outre-mer sont fixés conformément aux tableaux de l'annexe 4-2 du présent livre.

Voir : sous art. L. 420-7, annot. n°s 1 et 2, p. 747.

Annexe 4-2

Juridictions compétentes pour connaître, en application de l'article L. 420-7, des procédures applicables aux personnes qui sont commerçants ou artisans

SIÈGE DES TRIBUNAUX de commerce et des tribunaux mixtes de commerce	RESSORT
Marseille.	Le ressort des cours d'appel d'Aix-en-Provence, Bastia, Montpellier et Nîmes.
Bordeaux.	Le ressort des cours d'appel d'Agen, Bordeaux, Limoges, Pau et Toulouse.
Lille.	Le ressort des cours d'appel d'Amiens, Douai, Reims et Rouen.
Fort-de-France.	Le ressort des cours d'appel de Basse-Terre et de Fort-de-France.
Lyon.	Le ressort des cours d'appel de Chambéry, Grenoble, Lyon et Riom.
Nancy.	Le ressort des cours d'appel de Besançon, Colmar, Dijon, Metz et Nancy.
Paris.	Le ressort des cours d'appel de Bourges, Paris, Orléans, Saint-Denis-de-la-Réunion et Versailles.
Rennes.	Le ressort des cours d'appel d'Angers, Caen, Poitiers et Rennes.

Art. R. 420-4. – Pour l'application de l'article L. 420-7, la liste des *(Rempl., D. n° 2019-966, 18 sept. 2019)* « tribunaux judiciaires » compétents en métropole et dans les départements d'outre-mer est fixée conformément aux tableaux de l'annexe 4-1 du présent livre.

Voir : sous art. L. 420-7, annot. n°s 1 et 2, p. 747.

Annexe 4-1

Juridictions compétentes pour connaître, en application de l'article L. 420-7, des procédures applicables aux personnes qui ne sont ni commerçants ni artisans

(Mod., D. n° 2019-966, 18 sept. 2019)

SIÈGE DES TRIBUNAUX judiciaires	RESSORT
Marseille.	Le ressort des cours d'appel d'Aix-en-Provence, Bastia, Montpellier et Nîmes.
Bordeaux.	Le ressort des cours d'appel d'Agen, Bordeaux, Limoges, Pau et Toulouse.
Lille.	Le ressort des cours d'appel d'Amiens, Douai, Reims et Rouen.
Fort-de-France.	Le ressort des cours d'appel de Basse-Terre et de Fort-de-France.

SIÈGE DES TRIBUNAUX judiciaires	RESSORT
Lyon.	Le ressort des cours d'appel de Chambéry, Grenoble, Lyon et Riom.
Nancy.	Le ressort des cours d'appel de Besançon, Colmar, Dijon, Metz et Nancy.
Paris.	Le ressort des cours d'appel de Bourges, Paris, Orléans, Saint-Denis-de-la-Réunion et Versailles.
Rennes.	Le ressort des cours d'appel d'Angers, Caen, Poitiers et Rennes.

Art. R. 420-5. – Pour l'application de la deuxième phrase de l'article L. 420-7, la cour d'appel de Paris est compétente.

Voir : sous art. L. 420-7, annot. n° 3, p. 748.

TITRE III. – DE LA CONCENTRATION ÉCONOMIQUE

Bibliographie : *Sur le décret n° 2002-689 du 30 avril 2002 fixant les conditions d'application du livre IV du Code de commerce relatif à la liberté des prix et de la concurrence.* F. Brunet et I. Gigenson, *Le nouveau régime de contrôle des concentrations : les ambivalences d'une « révolution antitrust » à la française : JCP* E 2002, 1638. • D. Caramalli, *L'entrée en vigueur de la nouvelle réglementation économique relative au contrôle des concentrations en droit français : LPA* 16 mai 2002, p. 4. • E. Chevrier, *Réforme des concentrations : parution du décret d'application : D.* 2002, p. 1644. • L. et J. Vogel, *Quelles sont les incidences du nouveau droit français des concentrations pour les entreprises ? : JCP* E 2002, 1162.

Art. R. 430-1 *(Abr., D. n° 2009-139, 10 févr. 2009).*

Art. R. 430-2 *(Mod., D. n° 2009-139, 10 févr. 2009). – (Al. mod., D. n° 2019-339, 18 avr. 2019)* **Le dossier de notification mentionné à l'article L. 430-3 comprend les éléments énumérés aux annexes 4-3 à 4-5 du présent livre. Il est adressé** *(Mots rempl., D. n° 2021-715, 2 juin 2021)* **« soit par dépôt au siège de l'Autorité de la concurrence en un exemplaire, soit par l'intermédiaire d'une plateforme d'échanges sécurisés de documents électroniques ».**

Lorsque l'Autorité de la concurrence constate que le dossier est incomplet ou que certains de ses éléments ne sont pas conformes aux définitions retenues dans les annexes susmentionnées, notamment en ce qui concerne la délimitation des marchés concernés, elle demande que le dossier soit complété ou rectifié.

La notification complète fait l'objet d'un accusé de réception.

Annexe 4-3

Dossier de notification d'une opération de concentration

1° *Description de l'opération*, comprenant :

a) Une copie des actes soumis à notification et des comptes rendus des organes délibérants relatifs à la concentration accompagnée, si nécessaire, d'une traduction en langue française de ces documents ;

b) Une présentation des aspects juridiques et financiers de l'opération, mentionnant, le cas échéant, le montant de l'acquisition ;

c) Une présentation des objectifs économiques de l'opération, comportant notamment une évaluation des avantages attendus ;

d) La liste des États dans lesquels l'opération a été ou sera notifiée et les dates des différentes notifications ;

e) Le cas échéant, le mandat des conseils ou personnes chargées de la notification ;

f) Un résumé de l'opération ne contenant ni information confidentielle ni secret d'affaires, destiné à être publié sur le site internet *(Mots rempl., D. n° 2019-339, 18 avr. 2019) « de l'Autorité de la concurrence » en application de l'article L. 430-3.*

2° Présentation des entreprises concernées et des groupes auxquels elles appartiennent, comprenant, pour chacune des entreprises ou groupes :

a) Les comptes sociaux et, lorsqu'ils existent, les comptes consolidés et le dernier rapport annuel ;

b) La liste des principaux actionnaires, les pactes d'actionnaire, ainsi que la liste et le montant des participations détenues par l'entreprise ou ses actionnaires dans d'autres entreprises, si cette participation confère directement ou indirectement au moins une minorité de blocage ou la faculté de nommer au moins un membre du conseil d'administration ;

c) Un tableau récapitulatif de données financières pour les trois derniers exercices clos, selon le modèle figurant en annexe 4-4, et, pour la ou les activités sur lesquelles porte l'opération qui ne disposaient pas, avant ladite opération, de la personnalité juridique, un tableau récapitulatif selon le modèle figurant en annexe 4-5 ;

d) La liste des opérations de concentration réalisées au cours des trois dernières années ;

e) La liste et la description de l'activité des entreprises avec lesquelles les entreprises ou groupes concernés et les groupes auxquels elles appartiennent entretiennent des liens contractuels significatifs et durables sur les marchés concernés par l'opération, la nature et la description de ces liens.

3° Marchés concernés.

Un marché concerné se définit comme un marché pertinent, défini en termes de produits et en termes géographiques, sur lequel l'opération notifiée a une incidence directe ou indirecte.

Un marché pertinent de produits comprend tous les produits ou services que le consommateur considère comme interchangeables ou substituables en raison de leurs caractéristiques, de leur prix et de l'usage auquel ils sont destinés. Des produits, sans être substituables au sens de la phrase précédente, peuvent être regardés comme relevant d'un même marché, dès lors qu'ils requièrent la même technologie pour leur fabrication et qu'ils font partie d'une gamme de produits de nature à caractériser ce marché.

Un marché pertinent géographique est un territoire sur lequel sont offerts et demandés des biens et des services, sur lequel les conditions de concurrence sont suffisamment homogènes et qui peut être distingué de zones géographiques voisines, parce que, en particulier, les conditions de concurrence y diffèrent de manière appréciable.

La notification comprend une définition de chaque marché concerné ainsi qu'une description précise des arguments ayant conduit à la délimitation proposée et, pour chaque marché concerné, les informations suivantes :

a) Part de marché des entreprises concernées et des groupes auxquels elles appartiennent ;

b) Part de marché des principaux opérateurs concurrents.

4° Marchés affectés.

Un marché concerné est considéré comme affecté :

– si deux ou plusieurs entreprises ou groupes visés au point 2 du présent formulaire exercent des activités sur ce marché et que leurs parts cumulées atteignent 25 % ou plus ;

– ou si une entreprise au moins visée au point 2 exerce des activités sur ce marché et qu'une autre de ces entreprises ou groupe exerce des activités sur un marché situé en amont ou en aval ou connexe, qu'il y ait ou non des relations de fournisseur à client entre ces entreprises, dès lors que, sur l'un ou l'autre de ces marchés, l'ensemble des entreprises ou groupes visés au point 2 atteignent *(Pourcentage rempl., D. n° 2019-339, 18 avr. 2019) « 30 % » ou plus.*

Un marché peut également être affecté du fait de la disparition d'un concurrent potentiel due à l'opération.

Pour chaque marché affecté, les entreprises notifiantes fournissent les informations suivantes :

a) Une estimation de l'importance du marché en valeur et en volume ;

b) La part de marché des entreprises concernées et des groupes auxquels elles appartiennent ;

c) La part de marché, l'identité, l'adresse, les numéros de télécopieur et de téléphone, et l'adresse électronique des responsables compétents des principaux opérateurs concurrents ;

d) L'identité, l'adresse, les numéros de télécopieur et de téléphone des principaux clients, et l'adresse électronique des responsables compétents des principaux clients, ainsi que la part que représente chacun de ces clients dans le chiffre d'affaires de chacune des entreprises ou groupes visés au point 2 ;

e) L'identité, l'adresse, les numéros de télécopieur et de téléphone, et l'adresse électronique des responsables compétents des principaux fournisseurs ainsi que la part que représente chacun de ces fournisseurs dans le total des achats de chacune des entreprises ou groupes visés au point 2 ;

f) Les accords de coopération (horizontaux et verticaux) conclus par les entreprises ou groupes visés au point 2 sur *les marchés affectés, tels que les accords* de recherche et développement, les accords de licence, de fabrication en commun, de spécialisation, de distribution, d'approvisionnement à long terme et d'échanges d'information ;

g) Les facteurs susceptibles d'avoir une incidence sur l'accès aux marchés concernés (dispositions réglementaires, conditions d'accès aux matières premières, importance des dépenses de recherche et développement et de publicité, existence de normes, de licences, de brevets ou d'autres droits, importance des économies d'échelle, caractère spécifique de la technologie mise en œuvre...) ;

h) Une description des canaux de distribution et des réseaux de service après-vente existant sur le marché ;

i) Les principaux facteurs contribuant à la détermination des prix et l'évolution de ceux-ci sur les cinq dernières années ;

j) Une estimation des capacités de production existant sur le marché et de leur taux moyen d'utilisation, ainsi qu'une évaluation de leur taux d'utilisation par les entreprises ou groupes visés au point 2 ;

k) Une analyse de la structure de la demande (degré de concentration de la demande, typologie des demandeurs, poids des collectivités et entreprises publiques, importance de la marque pour le consommateur, importance de la capacité à fournir une gamme complète de produits ou services...) ;

l) La liste et les coordonnées des principales organisations professionnelles.

5° Déclaration concluant la notification.

La notification se conclut par la déclaration suivante, signée par ou au nom de toutes les entreprises notifiantes, au sens de l'article L. 430-3 du présent code :

« Les soussignés déclarent que les informations fournies dans la présente notification sont, à leur connaissance, sincères, exactes et complètes, que toutes les estimations sont présentées comme telles et constituent les estimations les plus précises des faits en cause, et que tous les avis exprimés sont sincères.

Ils connaissent les dispositions de l'article L. 430-8 du Code de commerce, notamment du III de cet article. »

Annexe 4-4

Tableau récapitulatif des données financières pour les trois derniers exercices à joindre au dossier de notification d'une opération de concentration

(Tableau rempl., D. n° 2019-339, 18 avr. 2019)

Nom de l'entité : .... N° SIREN (dans le cas d'une société française) : ....

Données consolidées : oui non (rayer la mention inutile).

	Exercice N clos le :	Exercice N-1 clos le :	Exercice N-2 clos le :
Chiffre d'affaires total hors taxes Chiffre d'affaires hors taxes réalisé auprès des clients situés dans l'Union européenne Chiffre d'affaires hors taxes réalisé auprès des clients situés en France Résultat net (1)			
(1) Dans le cas de données consolidées, il s'agit du résultat de l'ensemble consolidé.			

Annexe 4-5

Tableau récapitulatif des données financières concernant une activité sans personnalité juridique à joindre au dossier de notification d'une opération de concentration

(Tableau rempl., D. n° 2019-339, 18 avr. 2019)

	Exercice N clos le :	Exercice N-1 clos le :	Exercice N-2 clos le :
Comptes de résultat			
Chiffre d'affaires total hors taxes Chiffre d'affaires hors taxes réalisé auprès des clients situés dans l'Union européenne Chiffre d'affaires hors taxes réalisé auprès des clients situés en France Valeur ajoutée brute Excédent brut d'exploitation			

	Exercice N clos le :		Exercice N-1 clos le :		Exercice N-2 clos le :	
Éléments du bilan	Brut	Net	Brut	Net	Brut	Net
Immobilisations incorporelles utilisées pour l'activité Immobilisations corporelles utilisées pour l'activité						
Créances de l'actif circulant pour l'activité Disponibilités relatives à l'activité Dettes financières relatives à l'activité Autres dettes relatives à l'activité						

Art. R. 430-3 *(Mod., D. n° 2009-139, 10 févr. 2009 ; D. n° 2019-339, 18 avr. 2019).* – Si la Commission européenne décide, en application de l'article 9 du règlement (CE) n° 139/2004 du Conseil du 20 janvier 2004 relatif au contrôle des concentrations entre entreprises, de renvoyer aux autorités françaises tout ou partie d'une concentration de dimension européenne, les entreprises concernées communiquent sans délai à l'Autorité de la concurrence un exemplaire du dossier de notification de l'opération qu'elles ont adressé à la Commission.

Art. R. 430-4 *(Mod., D. n° 2009-139, 10 févr. 2009).* – Le communiqué prévu au troisième alinéa de l'article L. 430-3 contient notamment les éléments suivants :

1° Les noms des entreprises concernées et des groupes auxquels elles appartiennent ;

2° La nature de l'opération ;

3° Les secteurs économiques concernés ;

4° Les éléments renvoyés, dans le cas d'un renvoi partiel d'une opération de dimension *(Mots rempl., D. n° 2019-339, 18 avr. 2019)* « européenne » par la Commission européenne ;

5° Le délai dans lequel les tiers intéressés sont invités à faire connaître leurs observations ;

6° Le résumé non confidentiel de l'opération fourni par les parties.

(Al. mod., D. n° 2019-339, 18 avr. 2019) Ce communiqué est rendu public dans les cinq jours ouvrés suivant la date de réception du dossier de notification ou la date à laquelle l'Autorité de la concurrence est informée de la décision de renvoi de la Commission européenne.

Art. R. 430-5 *(Mod., D. n° 2009-139, 10 févr. 2009).* – Lorsqu'une concentration est réalisée par achat ou échange de titres sur un marché réglementé, sa réalisation effective, au sens de l'article L. 430-4, intervient lorsque sont exercés les droits attachés aux titres. L'absence de décision de l'Autorité de la concurrence ne fait pas obstacle au transfert desdits titres.

Art. R. 430-6 *(Rempl., D. n° 2009-139, 10 févr. 2009).* – Lorsqu'une décision a été prise en application des articles L. 430-5, L. 430-7, L. 430-7-1, L. 430-8 ou L. 430-9, l'Autorité de la concurrence ou, le cas échéant, le ministre chargé de l'économie en rendent public le sens dans les cinq jours ouvrables suivant la décision.

Art. R. 430-7 *(Rempl., D. n° 2009-139, 10 févr. 2009).* – Les décisions mentionnées à l'article L. 430-5 sont notifiées à l'auteur ou aux auteurs de la notification de l'opération de concentration mentionnée à l'article L. 430-3, ainsi qu'au ministre chargé de l'économie.

Lorsqu'elles reçoivent notification des décisions prises en application des articles L. 430-5, L. 430-7, L. 430-7-1, L. 430-8 et L. 430-9, les entreprises concernées disposent d'un délai de quinze jours pour indiquer à l'Autorité de la concurrence ou, le cas échéant, au ministre chargé de l'économie les mentions qu'elles considèrent comme relevant du secret des affaires.

Art. R. 430-8 *(Abr., D. n° 2009-139, 10 févr. 2009).*

Art. D. 430-8 *(D. n° 2009-186, 17 févr. 2009).* – Les décisions de l'Autorité de la concurrence et du ministre chargé de l'économie relatives aux opérations de concentration sont rendues publiques.

L'Autorité de la concurrence assure la publicité de ses décisions par une diffusion sur son site internet. La liste des opérations réputées avoir fait l'objet d'une décision d'autorisation est également diffusée sur ce site internet.

La publicité des décisions motivées du ministre chargé de l'économie est assurée par une publication dans l'édition électronique du *Bulletin officiel de la concurrence*, de la consommation et de la répression des fraudes.

Les décisions de l'Autorité de la concurrence et du ministre sont publiées dans le respect de l'intérêt légitime des parties qui procèdent à la notification et de celui des personnes citées à ce que leurs secrets d'affaires ne soient pas divulgués.

Art. R. 430-9 *(Rempl., D. n° 2009-139, 10 févr. 2009).* – En cas d'annulation totale ou partielle d'une décision prise par l'Autorité de la concurrence ou par le ministre chargé de l'économie sur le fondement des articles L. 430-5, L. 430-7, L. 430-7-1, L. 430-8 ou L. 430-9 et s'il y a lieu à réexamen du dossier, les entreprises concernées qui ont procédé à la notification soumettent une notification actualisée dans un délai de deux mois à compter de la date de notification de la décision du Conseil d'État.

Art. R. 430-10 *(Mod., D. n° 2009-139, 10 févr. 2009).* – Les sanctions pécuniaires prononcées en application de l'article L. 430-8 sont recouvrées comme les créances de l'État étrangères à l'impôt et au domaine.

Les astreintes prononcées par l'Autorité de la concurrence en application du même article sont recouvrées dans les mêmes conditions.

TITRE IV. – DE LA TRANSPARENCE, DES PRATIQUES RESTRICTIVES DE CONCURRENCE ET D'AUTRES PRATIQUES PROHIBÉES

CHAPITRE PRÉLIMINAIRE. – LA COMMISSION D'EXAMEN DES PRATIQUES COMMERCIALES

(Division créée, D. 2021-211, 24 févr. 2021)

Art. D. 440-1. – La commission d'examen des pratiques commerciales instituée par l'article L. 440-1 est placée auprès du ministre chargé de l'économie.

Art. D. 440-2 *(Mod., D. n° 2009-559, 19 mai 2009 ; D. n° 2012-52, 17 janv. 2012).* – La commission *d'examen des pratiques commerciales* est composée d'un député et d'un sénateur ainsi que de vingt-quatre membres titulaires et seize membres suppléants répartis de la manière suivante :

1° *(Mots rempl., D. n° 2020-1617, 17 déc. 2020)* « Un magistrat honoraire de l'ordre administratif, un magistrat honoraire de l'ordre judiciaire et un juge de tribunal de commerce », parmi lesquels est nommé le vice-président de la commission si le président n'est pas *(Mots rempl., D. n° 2020-1617, 17 déc. 2020)* « membre d'une juridiction ». Le vice-président supplée le président dans toutes ses fonctions ;

2° Huit membres représentant des secteurs de la production et de la transformation agricole et halieutique ainsi qu'industrielle et artisanale et des transformateurs, ou leurs suppléants ;

3° Huit membres représentant les grossistes et distributeurs, choisis au sein des organisations professionnelles ou des entreprises, ou leurs suppléants ;

4° Deux personnalités qualifiées en matière de problèmes relatifs aux relations industrie-commerce ;

5° Trois représentants de l'administration : le directeur général de la concurrence, de la consommation et de la répression des fraudes, le directeur général de la compétitivité, de l'industrie et des services, ou leurs représentants, et le directeur général *(Mots rempl., D. n° 2021-211, 24 févr. 2021)* « de la performance économique et environnementale des entreprises », ou son représentant ;

Les membres mentionnés aux 1° à 4° sont nommés pour trois ans par arrêté conjoint du ministre chargé de l'économie et du ministre chargé du commerce.

NB : en vigueur depuis le 1er mars 2012, le décret du 17 janvier 2012 a fait passer de vingt-deux à vingt-quatre et de quatorze à seize les membres titulaires et suppléants de la CEPC. Le mandat des nouveaux membres nommés en application de ce décret expire à l'échéance prévue pour les mandats des autres membres nommés dans les conditions prévues au dernier alinéa de l'article D. 440-2 du Code de commerce (D. n° 2012-52, 17 janv. 2012, art. 2).

Art. D. 440-3. – La nomination *(Mots rempl., D. n° 2020-1617, 17 déc. 2020)* « des membres des juridictions administratives et judiciaires », au sein de la commission d'examen des pratiques commerciales, est respectivement faite sur proposition du vice-président du Conseil d'État et du garde des Sceaux, ministre de la Justice.

Art. D. 440-4. – La commission d'examen des pratiques commerciales lorsqu'elle examine un domaine d'activité particulier peut appeler à siéger avec voix consultative un représentant des fournisseurs et un représentant des distributeurs du domaine d'activité considéré.

Art. D. 440-5. – Les chambres d'examen mises en place au sein de la commission d'examen des pratiques commerciales sont présidées par un magistrat et comprennent un nombre égal de représentants des producteurs et des distributeurs.

Art. D. 440-6. – Le président de la commission d'examen des pratiques commerciales peut désigner un ou plusieurs rapporteurs en raison de leur compétence.

Le secrétariat de la commission est assuré par la direction générale de la concurrence, de la consommation et de la répression des fraudes.

Art. D. 440-7. – La commission d'examen des pratiques commerciales établit un règlement intérieur qui fixe ses modalités de fonctionnement.

Ce règlement est approuvé par le ministre chargé de l'économie.

Art. D. 440-8 *(Mod., D. n° 2015-91, 28 janv. 2015)*. – La commission d'examen des pratiques commerciales peut décider de publier les avis qu'elle adopte.

Art. D. 440-9. – Les séances de la commission d'examen des pratiques commerciales ne sont pas publiques.

Les enquêteurs mentionnés au sixième alinéa de l'article L. 440-1 peuvent assister aux séances de la commission lorsque sont examinées les questions à l'instruction desquelles ils ont, à la demande de la commission, apporté leur concours.

Art. D. 440-10. – La commission d'examen des pratiques commerciales ne peut valablement délibérer qu'en présence de la moitié de ses membres plus un.

Art. D. 440-11 *(Mod., D. n° 2009-559, 19 mai 2009)*. – Le président et le vice-président veillent à assurer l'anonymat de tous documents, rapports d'enquête et informations recueillis avant leur communication à la commission d'examen des pratiques commerciales.

À cette fin, le secrétariat de la commission supprime toute mention nominative ou, le cas échéant, retire les pièces rendant identifiable une personne ou une entreprise.

Art. D. 440-12. – Les avis et recommandations de la commission d'examen des pratiques commerciales et des chambres appelées à se prononcer sont adoptés à la majorité de leurs membres présents ; en cas de partage des voix, le président a voix prépondérante.

Art. D. 440-13 *(Mod., D. n° 2009-559, 19 mai 2009).* – **Les crédits nécessaires à la commission d'examen des pratiques commerciales pour l'accomplissement de sa mission sont inscrits au budget du ministère chargé de l'économie.**

CHAPITRE Ier. – DE LA TRANSPARENCE DANS LA RELATION COMMERCIALE

(Rempl., D. 2021-211, 24 févr. 2021)

Section I. – Les conditions générales de vente

La présente section ne comprend pas de disposition réglementaire.

Section II. – La négociation et la formalisation de la relation commerciale

Art. D. 441-1. – **Les produits de grande consommation mentionnés au I de l'article L. 441-4 et les références auxquelles ils correspondent dans l'annexe II du règlement (CE) n° 1749/1999 de la Commission du 23 juillet 1999 modifiant le règlement (CE) n° 2214/96 relatif aux sous-indices des indices des prix à la consommation harmonisés sont les suivants :**

Liste des produits de grande consommation mentionnée au I de l'article L. 441-4

Référence des produits de l'annexe II du règlement (CE) n° 1749/1999 de la Commission du 23 juillet 1999 modifiant le règlement (CE) n° 2214/96 relatif aux sous-indices des indices des prix à la consommation harmonisés	Produits
Division 01	Produits alimentaires et boissons non alcoolisées
Groupe 02.1	Boissons alcoolisées
Classe 05.5.1/2 (septième tiret)	Piles électriques pour tous usages
Classe 05.6.1 (premier tiret)	Produits de lavage et d'entretien tels que savons, poudres à lessiver, produits lessiviels liquides, poudres à récurer, détergents, eau de Javel, assouplissants, produits pour vitre, déboucheurs, désinfectants et eau distillée, à l'exclusion des cires, cirages, teintures, insecticides et fongicides.
Classe 05.6.1 (deuxième tiret)	Articles pour le nettoyage tels que balais, brosses à récurer, pelles à poussière et balayettes, plumeaux, chiffons, torchons, serpillières, éponges ménagères, tampons à récurer, paille de fer et peaux de chamois.
Classe 05.6.1 (troisième tiret)	Articles en papier tels que filtres, nappes et serviettes de table, papier de cuisine, sacs pour aspirateurs et vaisselle en carton, y compris feuilles d'aluminium et sacs plastique pour poubelles.
Classe 06.1.2/3	Pansements adhésifs ou non.
Classe 09.3.4/5	Aliments pour animaux d'agrément.
Classe 12.1.2/3 (troisième tiret)	Appareils non électriques tels que rasoirs et leurs lames, limes à ongles, brosses à dents, à l'exclusion des tondeuses mécaniques et leurs lames, ciseaux, peignes, blaireaux, brosses à cheveux, brosses à ongles, épingles à cheveux, bigoudis, pèse-personnes, pèse-bébés.

Référence des produits de l'annexe II du règlement (CE) n° 1749/1999 de la Commission du 23 juillet 1999 modifiant le règlement (CE) n° 2214/96 relatif aux sous-indices des indices des prix à la consommation harmonisés	Produits
Classe 12.1.2/3 (quatrième tiret)	Articles d'hygiène corporelle tels que savon de toilette, savon médicinal, huile et lait de toilette, savon, crème et mousse à raser, pâte dentifrice.
Classe 12.1.2/3 (cinquième tiret)	Produits de beauté, parfums et déodorants tels que rouges à lèvres, vernis à ongles, produits pour le maquillage et le démaquillage (y compris poudriers, pinceaux et houppettes), laques et lotions capillaires, produits avant et après rasage, produits solaires, produits dépilatoires, parfums et eaux de toilette, désodorisants corporels, produits pour le bain.
Classe 12.1.2/3 (sixième tiret)	Autres produits tels que papier hygiénique, mouchoirs en papier, serviettes en papier, tampons hygiéniques, coton hydrophile, cotons-tiges, couches jetables pour bébés, éponges de toilette.

Art. D. 441-2. – Le seuil prévu à l'article L. 441-5 est fixé à 500 000 euros.

Art. D. 441-3. – I. – Pour l'application du premier alinéa de l'article L. 441-8, la liste des produits concernés comprend les catégories suivantes :

1° Bovin, veau, porc, ovin-caprin, cheval, volaille et lapin : carcasses et leurs morceaux, viandes et abats, viandes hachées, saucisses fraîches et préparations de viandes ;

2° Produits de la pisciculture ou issus de la première transformation de ces produits ;

3° Lait et produits de la laiterie issus de la première transformation du lait ;

4° Œufs et ovo-produits alimentaires issus de leur première transformation.

II. – Les produits mentionnés aux III, IV, V VI et VII du présent article sont classés par référence à la liste Prodcom des produits industriels, prévue par le règlement (CEE) n° 3924/91 du Conseil.

III. – Les saucisses fraîches et préparations de viandes mentionnées au 1° du I sont les produits suivants :

– 10.13 : Préparations et produits à base de viande :

– 10.13.11 : Viandes et abats de porc découpés, salés, séchés ou fumés (bacon et jambon) ;

– 10.13.12 : Viandes de bœuf salées, séchées ou fumées ;

– 10.13.13 : Autres viandes et abats comestibles salés, séchés ou fumés ;

– 10.13.14 : Saucisses et charcuteries similaires ;

– 10.13.15 : Autres préparations et conserves à base de viandes, abats et sang, à l'exclusion des plats préparés.

IV. – Les produits issus de la première transformation des produits de la pisciculture mentionnés au 2° du I sont les produits suivants, sous réserve qu'ils soient issus de la pisciculture et non de la pêche :

– 10.20 Transformation et conservation de poisson :

– 10.20.11 : Filets de poissons et autres viandes de poisson (y compris hachées), frais ou réfrigérés ;

– 10.20.12 : Foies et œufs de poissons, frais ou réfrigérés ;

– 10.20.21 : Filets de poissons séchés, salés mais non fumés ;

– 10.20.22 : Foies et œufs de poissons séchés, salés ou fumés, farines, poudres et pellets de poissons pour alimentation humaine ;

– 10.20.23 : Poissons séchés, salés ou non ou en saumure ;

– 10.20.25 : Autres préparations et conserves à base de poissons, à l'exclusion des plats préparés.

V. – Les produits de la laiterie issus de la première transformation du lait mentionnés au 3° du I sont les produits suivants :
– 10.51 : Produits laitiers et fromages :
– 10.51.11 : Lait liquide ;
– 10.51.12 : Lait et crème contenant plus de 6 % de matières grasses, non concentrés, ni sucrés ;
– 10.51.30 : Beurre et pâtes à tartiner laitières ;
– 10.51.30.30 : Beurres d'une teneur en poids de matières grasses ≤ 85 % ;
– 10.51.40 : Fromages ;
– 10.51.51 : Lait et crème, concentrés ou contenant des sucres ajoutés ou d'autres édulcorants, sous forme autre que solide ;
– 10.51.52 : Yaourts et autres produits lactés fermentés ou acidifiés.
VI. – Les ovo-produits alimentaires issus de la première transformation des œufs mentionnés au 4° du I sont les produits suivants :
– 10.89.12 : Œufs, en conserve, et jaunes d'œufs, frais et en conserve ; œufs cuits, en coquille ; ovalbumine.
VII. – 10.73 : Fabrication de pâtes alimentaires, à l'exclusion des pâtes fraîches :
– 10.73.11 : Macaronis, nouilles et autres produits similaires à base de farine ;
– 10.73.12 : Couscous.

Art. D. 441-4. **– I. – Le compte rendu écrit de la renégociation menée en application de la clause prévue à l'article L. 441-8 contient notamment :**
1° Une partie 1 justifiant la mise en œuvre de la clause et le chiffrage de la demande de variation du prix en résultant ;
2° Une partie 2 présentant la réponse à cette demande ;
3° Une partie 3 présentant les modalités et le résultat de la renégociation.
II. – La partie 1 est remplie librement par le contractant qui a demandé la mise en œuvre de la clause. Elle contient :
1° La démonstration que les conditions de déclenchement de la renégociation, telles que définies par les parties dans la clause prévue à l'article L. 441-8, sont réunies ;
2° Le chiffrage, circonstancié et argumenté, de la demande de variation du prix précédemment convenu entre les parties, en vigueur au moment du déclenchement de la renégociation ;
3° La date d'envoi de la demande de mise en œuvre de la clause.
III. – La partie 2 est remplie librement par le contractant qui n'est pas à l'origine de la demande de renégociation. Sauf dans le cas où il accepte sans réserve la demande de renégociation, et l'indique expressément, elle contient :
1° Soit la démonstration que les conditions de déclenchement de la renégociation, telles que définies par les parties dans la clause prévue à l'article L. 441-8, ne sont pas réunies ;
2° Soit, le cas échéant, le chiffrage, circonstancié et argumenté, de la variation du prix précédemment convenu entre les parties dans la convention, tel qu'il devrait, selon lui, être fixé, ou les raisons pour lesquelles il refuse toute variation ;
3° La date de réception de la demande de mise en œuvre de la clause.
IV. – La partie 3 est établie conjointement par les deux contractants.
Lorsque la mise en œuvre de la clause aboutit à un accord des parties sur une variation du prix précédemment convenu entre elles, en vigueur au moment du déclenchement de la renégociation, cette partie 3 indique :
1° Le chiffrage de la variation telle que décidée par les parties à l'issue de la renégociation ;
2° La date d'entrée en vigueur du nouveau prix convenu.
Dans le cas contraire, cette partie 3 dresse le constat de désaccord.
V. – Le compte rendu est daté et signé par chacune des parties au contrat à l'issue de la renégociation, que celle-ci aboutisse ou non à un accord des parties sur une variation du prix précédemment convenu entre elles en vigueur au moment du déclenchement de la renégociation.
La signature du compte rendu atteste de l'effectivité de la renégociation et ne vaut pas accord de la partie demandant la renégociation sur la partie 2 ni accord de son cocontractant sur la partie 1.

Section 3. – La facturation et les délais de paiement

Art. D. 441-5. – Le montant de l'indemnité forfaitaire pour frais de recouvrement prévue au II de l'article L. 441-10 est fixé à 40 euros.

Art. D. 441-5-1 à D. 441-5-8 *(Implicitement abr., D. n° 2021-211, 24 févr. 2021).*

Art. D. 441-6. – I. – Pour l'application de l'article L. 441-14, les sociétés présentent dans le rapport de gestion :

1° Pour les fournisseurs, le nombre et le montant total des factures reçues non réglées à la date de clôture de l'exercice dont le terme est échu ; ce montant est ventilé par tranches de retard et rapporté en pourcentage au montant total des achats de l'exercice ;

2° Pour les clients, le nombre et le montant total des factures émises non réglées à la date de clôture de l'exercice dont le terme est échu ; ce montant est ventilé par tranches de retard et rapporté en pourcentage au chiffre d'affaires de l'exercice.

II. – Par dérogation, les sociétés peuvent présenter en lieu et place des informations mentionnées au I le nombre et le montant cumulés des factures reçues et émises ayant connu un retard de paiement au cours de l'exercice et la ventilation de ce montant par tranche de retard. Elles les rapportent aux nombre et montant total des factures, respectivement reçues et émises dans l'année.

III. – Les sociétés précisent si les montants mentionnés aux I et II sont présentés hors taxe ou toute taxe comprise.

IV. – Les retards mentionnés aux I et II sont déterminés à partir des délais de paiement contractuels, ou en l'absence de délais contractuels spécifiques, des délais légaux applicables.

Si les sociétés excluent les factures relatives à des dettes et créances litigieuses ou non comptabilisées, elles l'indiquent en commentaire et mentionnent le nombre et le montant total des factures concernées.

Les tableaux utilisés pour présenter les informations mentionnées au I et au II sont établis selon un modèle fixé par arrêté du ministre chargé de l'économie.

Art. R. 441-7. – Les secteurs économiques définis au III de l'article L. 441-15 sont :

1° Le secteur de l'industrie automobile répertorié sous la division 29 de la section C de la nomenclature des activités françaises ;

2° Le secteur de la construction répertorié sous la section F de la nomenclature des activités françaises.

Art. R. 441-8. – I. – L'autorité administrative mentionnée au I de l'article L. 441-15 dans le ressort territorial de laquelle le demandeur a établi son siège social ou son établissement est :

1° Le directeur régional des entreprises, de la concurrence, de la consommation, du travail et de l'emploi ou son représentant nommément désigné ;

2° Le directeur des entreprises, de la concurrence, de la consommation, du travail et de l'emploi ou son représentant nommément désigné ;

3° En Guyane, le directeur général de la cohésion et des populations ou son représentant nommément désigné.

II. – Lorsque le siège social du demandeur est établi en dehors du territoire national, l'autorité mentionnée au I de l'article L. 441-15 est le directeur général de la concurrence, de la consommation et de la répression des fraudes ou son représentant nommément désigné.

Art. R. 441-9. – La demande comprend toutes les informations et pièces justificatives permettant d'apprécier si le professionnel relève des dispositions de l'article L. 441-15.

Si la demande est incomplète, le service invite son auteur à fournir les éléments complémentaires nécessaires, *dans les mêmes formes que la demande.*

La demande, la liste des éléments complémentaires demandés par l'administration et la notification de la position formelle, ou de la nouvelle position formelle mentionnée à l'article R. 441-10, sont déposées ou adressées par tout moyen permettant d'apporter la preuve de la date de leur réception.

Un arrêté du ministre chargé de l'économie établit la liste des informations nécessaires à l'instruction de la demande, les pièces justificatives qui l'accompagnent et le formulaire de demande.

Art. R. 441-10. – L'autorité administrative mentionnée à l'article R. 441-8 prend formellement position dans un délai de deux mois à compter de la date de réception de la demande ou des éléments complémentaires nécessaires.

Sa décision est notifiée au demandeur.

Dans le cas prévu au 3° du II de l'article L. 441-15, l'autorité compétente mentionnée à l'article R. 441-8 notifie au professionnel sa nouvelle position formelle au moins deux semaines avant sa prise d'effet.

CHAPITRE II. – DES PRATIQUES COMMERCIALES DÉLOYALES ENTRE ENTREPRISES

(Intitulé rempl., D. n° 2021-211, 24 févr. 2021)

Section I. – Des pratiques restrictives de concurrence

Art. R. 442-1. – Lorsque le ministre chargé de l'économie ou le président de l'Autorité de la concurrence exerce l'action prévue par l'article L. 442-4 et les voies de recours y afférentes, il est dispensé de représentation par un avocat.

Art. D. 442-2. – Pour l'application du III de l'article L. 442-4, le siège et le ressort des juridictions commerciales compétentes en métropole et dans les départements d'outre-mer sont fixés conformément au tableau de l'annexe 4-2-1 du présent livre.

La cour d'appel compétente pour connaître des décisions rendues par ces juridictions est celle de Paris.

Annexe 4-2-1

(Annexe à l'article D. 442-2)

(D. n° 2009-1384, 11 nov. 2009 ; mod. à compter du 1er janvier 2012, D. n° 2011-1878, 14 déc. 2011 ; rempl. à compter du 1er janvier 2013, D. n° 2012-1444, 24 déc. 2012 ; mod., D. n° 2019-599, 17 juin 2019)

Juridictions compétentes pour connaître, en application du III de l'article L. 442-4, des procédures applicables aux personnes qui sont commerçants ou artisans

SIÈGE DES TRIBUNAUX DE COMMERCE et des tribunaux mixtes de commerce	RESSORT
Marseille	Le ressort des cours d'appel d'Aix-en-Provence, Bastia, Montpellier et Nîmes.
Bordeaux	Le ressort des cours d'appel d'Agen, Bordeaux, Limoges, Pau et Toulouse.
Tourcoing	Le ressort des cours d'appel d'Amiens, Douai, Reims et Rouen.
Fort-de-France	Le ressort des cours d'appel de Basse-Terre, Cayenne et Fort-de-France.
Lyon	Le ressort des cours d'appel de Chambéry, Grenoble, Lyon et Riom.
Nancy	Le ressort des cours d'appel de Besançon, Colmar, Dijon, Metz et Nancy.
Paris	Le ressort des cours d'appel de Bourges, Paris, Orléans, Saint-Denis de La Réunion et Versailles.
Rennes	Le ressort des cours d'appel d'Angers, Caen, Poitiers et Rennes.

Art. D. 442-3. – Pour l'application du III de l'article L. 442-4, le siège et le ressort des tribunaux judiciaires compétents en métropole et dans les départements d'outre-mer sont fixés conformément au tableau de l'annexe 4-2-2 du présent livre.

La cour d'appel compétente pour connaître des décisions rendues par ces juridictions est celle de Paris.

Annexe 4-2-2

(Annexe à l'article D. 442-3)

Juridictions compétentes pour connaître, en application du III de l'article L. 442-4, des procédures applicables aux personnes qui ne sont ni commerçants ni artisans

(D. n° 2009-1384, 11 nov. 2009 ; mod. à compter du 1er janv. 2012, D. n° 2011-1878, 14 déc. 2011 ; mod., D. n° 2019-599, 17 juin 2019 ; mod., D. n° 2019-966, 18 sept. 2019)

SIÈGE DES TRIBUNAUX judiciaires	RESSORT
Marseille.	Le ressort des cours d'appel d'Aix-en-Provence, Bastia, Montpellier et Nîmes.
Bordeaux.	Le ressort des cours d'appel d'Agen, Bordeaux, Limoges, Pau et Toulouse.
Lille.	Le ressort des cours d'appel d'Amiens, Douai, Reims et Rouen.
Fort-de-France.	Le ressort des cours d'appel de Basse-Terre, de Cayenne et de Fort-de-France.
Lyon.	Le ressort des cours d'appel de Chambéry, Grenoble, Lyon et Riom.
Nancy.	Le ressort des cours d'appel de Besançon, Colmar, Dijon, Metz et Nancy.
Paris.	Le ressort des cours d'appel de Bourges, Paris, Orléans, Saint-Denis de La Réunion et Versailles.
Rennes.	Le ressort des cours d'appel d'Angers, Caen, Poitiers et Rennes.

NB : Le décret de spécialisation des juridictions en matière de pratiques restrictives de concurrence est entré en vigueur le premier jour du mois suivant sa publication, soit le 1er décembre 2009, étant précisé que « *La juridiction primitivement saisie demeure compétente pour statuer sur les procédures introduites antérieurement à la date d'entrée en vigueur du présent décret* » (D. n° 2009-1384, art. 8).

Section 2. – Des autres pratiques prohibées

Art. R. 442-4. – Les infractions aux dispositions des articles L. 442-10 et L. 442-11 sont punies de l'amende prévue pour les contraventions de la cinquième classe.

La récidive est réprimée conformément aux dispositions des articles 132-11 et 132-15 du Code pénal.

CHAPITRE III. – DISPOSITIONS SPÉCIFIQUES AUX PRODUITS AGRICOLES ET AUX DENRÉES ALIMENTAIRES

(Rempl., D. 2021-211, 24 févr. 2021)

Art. R. 443-1. – Les infractions aux dispositions des arrêtés pris en application du troisième alinéa de l'article L. 443-1 sont punies de l'amende prévue pour les contraventions de la cinquième classe.

La récidive est réprimée conformément aux dispositions des articles 132-11 et 132-15 du Code pénal.

Art. D. 443-2. – Les produits agricoles auxquels s'appliquent les dispositions du I de l'article L. 443-2 sont *les suivants :*

Fruits et légumes, à l'exception des pommes de terre de conservation, destinés à être vendus à l'état frais au consommateur ;

Viandes fraîches, congelées ou surgelées de volailles et de lapins ;

Œufs ;

Miels.

Art. D. 443-3 *(Créé à compter du 1er novembre 2021, D. n° 2021-1137, 31 août 2021).* – Le délai minimal d'annulation de commande prévu au premier alinéa de l'article L. 443-5 applicable aux grossistes mentionnés au II de l'article L. 441-4 est fixé à vingt-quatre heures.

Art. D. 443-4 *(Créé à compter du 1er novembre 2021, D. n° 2021-1137, 31 août 2021).* – Sous réserve des dispositions de l'article D. 443-3, le délai minimal d'annulation de commande prévu au premier alinéa de l'article L. 443-5 est fixé à trois jours pour les fruits et légumes frais, sauf s'ils sont destinés à être vendus sous marque de distributeur au sens de l'article R. 412-47 du Code de la consommation, auquel cas ce délai minimum est fixé à six jours.

TITRE IV *BIS*. – DE CERTAINS TARIFS RÉGLEMENTÉS

Section I. – Fixation des tarifs

Art. R. 444-1 *(D. n° 2016-230, 26 févr. 2016).* – La présente section est applicable aux tarifs mentionnés au premier alinéa de l'article L. 444-1.

Sous-section 1. – Dispositions générales

Art. R. 444-2 *(D. n° 2016-230, 26 févr. 2016).* – Pour l'application du présent titre, sont retenues les définitions suivantes :

1° « Tarif » : ensemble des éléments permettant la détermination du montant des émoluments et des remboursements forfaitaires dus aux professionnels mentionnés au premier alinéa de l'article L. 444-1 au titre de leurs prestations soumises à une régulation ;

2° « Émolument » : somme perçue par l'un de ces professionnels en contrepartie des prestations dont les tarifs sont régis par le titre IV *bis* de la partie législative du présent code ;

3° « Émolument fixe » : émolument exprimé en euros, éventuellement intégré dans un barème, progressif ou dégressif, établi par tranches d'assiettes ;

4° « Émolument proportionnel » : émolument résultant soit de l'application d'un taux à une valeur d'assiette, soit de l'application d'un barème de taux, progressifs ou dégressifs, à différentes tranches d'assiettes ;

5° « Honoraire » : somme perçue par l'un de ces professionnels en contrepartie d'une prestation dont le montant n'est pas régi par le titre mentionné au 2° ;

6° « Frais » : dépense engagée par le professionnel pour la réalisation d'une prestation ;

7° « Débours » : somme avancée pour le compte du client ou du débiteur par le professionnel pour la réalisation d'une prestation ;

8° « Période de référence » : période de vingt-quatre mois séparant deux révisions du tarif applicable à une profession ;

9° « Prestation » : travaux ou diligences afférents à un acte, une formalité, ou un service, réalisés par un professionnel, au bénéfice d'un client ou dans le cadre d'une procédure judiciaire, incluant les conseils dispensés en lien avec cet acte, formalité ou service ;

10° « Formalité » : opération de toute nature préalable ou postérieure à un acte, liée à son accomplissement et rendue nécessaire par la loi ou les règlements ;

11° « Professionnel » : *(Rempl. à compter du 1er septembre 2017, D. n° 2017-862, 9 mai 2017)* personne physique titulaire d'un office, d'une étude ou d'un cabinet ou ayant qualité d'associée d'une personne morale titulaire d'un office ou d'une étude et exerçant une des professions mentionnées au premier alinéa de l'article L. 444-1 au sein de cet office ou étude ;

12° « Office », *(Mots rempl. à compter du 1er septembre 2017, D. n° 2017-862, 9 mai 2017)* « étude » ou « cabinet » : entreprise individuelle immatriculée au nom d'un professionnel ou personne morale au sein de laquelle exercent un ou plusieurs professionnels ;

13° « Résultat » : différence entre les produits et les charges de l'exercice fiscal, correspondant respectivement, selon le régime de déclaration de l'office ou l'étude, au :

a) Bénéfice ou déficit du compte de résultat en cas de déclaration de bénéfices non commerciaux selon le régime de la déclaration contrôlée et selon qu'il s'agit d'une personne physique ou d'une personne morale ;

b) Résultat d'exploitation et résultat financier du compte de résultat simplifié en cas de déclaration d'impôt sur les sociétés selon le régime simplifié ;

c) Résultat courant avant impôts en cas de déclaration d'impôt sur les sociétés selon le régime normal ;

14° *(Rempl., D. n° 2020-179, 28 févr. 2020)* « Résultat » de la profession : somme des résultats des professionnels d'une profession, au titre d'un exercice fiscal.

15° *(Al. aj., D. n° 2020-179, 28 févr. 2020)* « Chiffre d'affaires de la profession » : somme cumulée des émoluments et des honoraires perçus par les professionnels d'une profession, au titre d'un exercice fiscal ;

16° *(Al. aj., D. n° 2020-179, 28 févr. 2020)* « Taux de résultat de la profession » : rapport entre le résultat et le chiffre d'affaires de la profession respectivement mentionnés aux 14° et 15° ;

17° *(Al. aj., D. n° 2020-179, 28 févr. 2020)* « Activité régulée » : part de l'activité des professionnels d'une profession rémunérée par des émoluments ;

18° *(Al. aj., D. n° 2020-179, 28 févr. 2020)* « Chiffre d'affaires régulé de la profession » : somme cumulée des émoluments perçus par les professionnels d'une profession au titre d'un exercice fiscal ;

19° *(Al. aj., D. n° 2020-179, 28 févr. 2020)* « Résultat régulé de la profession » : différence entre le chiffre d'affaires régulé de la profession mentionné au 18° et les coûts pertinents évalués dans les conditions prévues à l'article R. 444-6 ;

20° *(Al. aj., D. n° 2020-179, 28 févr. 2020)* « Taux de résultat régulé de la profession » : rapport entre le résultat régulé et le chiffre d'affaires régulé de la profession respectivement mentionnés aux 19° et 18°.

NB : Conformément à l'article 16 du décret n° 2020-179 du 28 février 2020, ces dispositions entrent en vigueur, pour chacune des professions concernées, à la date d'application du prochain arrêté portant fixation de ses tarifs en application de l'article L. 444-3 du Code de commerce.

Art. R. 444-3 *(D. n° 2016-230, 26 févr. 2016)*. – Les articles annexe 4-7, annexe 4-8 et annexe 4-9 au présent titre précisent respectivement :

1° La liste des prestations des commissaires-priseurs judiciaires, greffiers de tribunaux de commerce, huissiers de justice, administrateurs judiciaires, commissaires à l'exécution du plan, mandataires judiciaires, liquidateurs, *(Mots rempl. à compter du 1er septembre 2017, D. n° 2017-862, 9 mai 2017)* « notaires et avocats » dont le tarif est régi par le présent titre ;

2° La liste des frais et débours dont ces professionnels ont droit au remboursement en application du III de l'article R. 444-12 ;

3° Une liste indicative de prestations réalisées dans les conditions prévues au troisième alinéa de l'article L. 444-1, et, le cas échéant, les règles encadrant la perception par les professionnels concernés des honoraires correspondant à ces prestations.

Annexe 4-7

(D. n° 2016-230, 26 févr. 2016 ; mod., D. n° 2016-1278, 29 sept. 2016 ; D. n° 2017-862, 9 mai 2017 ; D. n° 2018-200, 23 mars 2018 ; D. n° 2020-179, 28 févr. 2020)

La liste des prestations dont les tarifs sont régis par le titre IV *bis* (partie réglementaire) du Code de commerce est la suivante :

Tableau 1 annexé à l'article R. 444-3

COMMISSAIRE-PRISEUR JUDICIAIRE			
Numéro	Catégorie	Sous-catégorie	Nature de la prestation
1	Actes	Actes de prisée et d'inventaire	Prisée, en dehors du cas prévu à l'article D. 514-2 du Code monétaire et financier.
2			Inventaire purement descriptif
3			Récolement d'inventaire

COMMISSAIRE-PRISEUR JUDICIAIRE			
Numéro	Catégorie	Sous-catégorie	Nature de la prestation
4	Formalités	Actes de vente judiciaire	Vente judiciaire aux enchères publiques de meubles corporels ou incorporels, en dehors du cas prévu à l'article D. 514-17 du Code monétaire et financier.
5	Formalités	Actes de vente judiciaire	Retrait d'un lot, dans l'intérêt du vendeur, après le commencement des enchères mentionnées au numéro 4 du présent tableau.
6	Formalités	Actes d'assistance	Assistance aux référés et enregistrement de l'ordonnance
7	Formalités	Actes d'assistance	Assistance à l'essai et au poinçonnage des matières précieuses
8	Formalités	Expéditions	Expédition ou extrait du procès-verbal prévu à l'article R. 444-47
9	Formalités	Dépôts	Dépôt à la Caisse des dépôts et consignations
10	Formalités	Réquisitions et levées d'états	Levée d'état au service d'immatriculation des voitures automobiles
11	Formalités	Réquisitions et levées d'états	Levée d'état au greffe du tribunal de commerce
12	Formalités	Réquisitions et levées d'états	Réquisition d'état de situation des contributions
13	Formalités	Vente forcée	Report de la vente en cas de versement d'un acompte, après transmission du dossier par l'huissier de justice, sur demande écrite du débiteur acceptée par le commissaire-priseur judiciaire
14	Formalités	Vente forcée	Ensemble des diligences effectuées depuis la transmission du dossier lorsque la vente n'a pas lieu par suite du paiement de sa dette par le débiteur

Tableau 2 annexé à l'article R. 444-3

GREFFIER DE TRIBUNAL DE COMMERCE			
Numéro	Catégorie	Sous-catégorie	Nature de la prestation
1	Actes judiciaires	Générique	Acte de greffe
2	Actes judiciaires	Générique	Certificat
3	Actes judiciaires	Générique	Envoi et exécution d'une commission rogatoire
5	Actes judiciaires	Générique	Copie
6	Actes judiciaires	Générique	Vérification de dépens

GREFFIER DE TRIBUNAL DE COMMERCE			
Numéro	Catégorie	Sous-catégorie	Nature de la prestation
7			Saisine en matière de contentieux des registres de commerce
8			Diligences liées à l'expertise
9			Convocation ou avis
10			Visa, cote et paraphe des livres
11			Copie d'un jugement
12		Copies certifiées conformes en dehors de toute procédure	Copie d'une ordonnance
13			Seconde copie certifiée conforme revêtue de la formule exécutoire
14			Ordonnance d'injonction de payer
15			Transmission de l'ordonnance d'injonction de payer
16		Actes de procédure d'injonction de payer	Diligences relatives à l'ordonnance d'injonction de payer, y compris l'extrait d'immatriculation (K *bis* ou L *bis*) ou un certificat de non-inscription, la réception et la conservation de la requête
17			Opposition à injonction de payer
18			Enrôlement, tenue des audiences, mise en forme, avis aux parties dans le cadre d'un jugement, quel que soit le nombre de renvois, pour deux parties
19		Actes relatifs au jugement	Actes visés au numéro 18 du présent tableau, par partie supplémentaire au-delà de deux parties
20			Transmission d'un jugement, par partie
21			Procédure devant un juge rapporteur
22		Actes d'instruction avant jugement	Contrat ou calendrier de procédure
23			Ordonnances autres que de référés et d'injonctions de payer
24			Prestation de serment
25			Enrôlement, tenue des audiences, mise en forme, avis aux parties dans le cadre d'une ordonnance de référé, quel que soit le nombre de renvois, pour deux parties
26	Actes judiciaires	Actes relatifs aux référés	Actes visés au numéro 25 du présent tableau, par partie supplémentaire au-delà de deux parties
27			Transmission d'une ordonnance de référé, par partie

GREFFIER DE TRIBUNAL DE COMMERCE			
Numéro	Catégorie	Sous-catégorie	Nature de la prestation
28			Diligences en matière d'enquête en application du troisième alinéa de l'article L. 621-1 et de l'article L. 651-4, hors la délivrance des copies ou extraits et des avis, notifications, convocations et communications
29		Procédures ouvertes après le 1er janvier 2006 en application du livre VI du Code de commerce	Réception de la demande de mandat *ad hoc*, de conciliation, de sauvegarde, de redressement judiciaire et de liquidations judiciaires, conformément aux articles R. 611-18, R. 611-22, R. 621-1, R. 631-1 et R. 640-1, hors la délivrance des copies ou extraits
30			Diligences en cas de saisine d'office ou à la requête du procureur de la République, hors la délivrance des copies ou extraits
31			Convocation devant le juge-commissaire
32			Convocation devant le président du tribunal pour un mandat ad hoc ou une conciliation en application des articles R. 611-19 et R. 611-23, ou devant le tribunal
33			Avis au créancier en matière d'admission de créances sans débat contradictoire
34			Ordonnances du juge-commissaire après débat contradictoire
35		Procédures ouvertes après le 1er janvier 2006 en application du livre VI du Code de commerce	Diligences relatives à la notification des jugements et des requêtes, aux significations et aux convocations par voie d'huissier
36			Mention sur l'état des créances
37			Dépôt et la conservation des documents, actes ou pièces, y inclus procès-verbal et certificat de dépôt ou reçus de déclaration
38			Extrait établi en vue des mesures de publicité
39			Immatriculation principale, immatriculation secondaire, inscription complémentaire, et radiation d'une personne physique
40	Prestations relatives aux registres	Prestations relatives au registre du commerce et des sociétés	Immatriculation principale, immatriculation secondaire, inscription complémentaire, et radiation d'une personne morale : groupements d'intérêt économique, sociétés commerciales, sociétés non commerciales, établissements publics
41			Immatriculation principale par création d'une entreprise, personne physique

GREFFIER DE TRIBUNAL DE COMMERCE			
Numéro	Catégorie	Sous-catégorie	Nature de la prestation
42			Immatriculation principale, par création de sociétés commerciales
43			Inscription modificative pour les personnes visées au numéro 39 du présent tableau
44			Inscription modificative pour les personnes visées au numéro 40 du présent tableau, ainsi que les mentions d'office, sous réserve des cas prévus par l'article R. 743-145
45			Diligences spécifiques en cas de transformation de sociétés
46			Mise à jour des renseignements figurant dans les immatriculations principales aux immatriculations secondaires et dans les immatriculations secondaires aux immatriculations principales des personnes visées au numéro 39 du présent tableau
47			Mise à jour des renseignements figurant dans les immatriculations principales aux immatriculations secondaires et dans les immatriculations secondaires aux immatriculations principales des personnes visées au numéro 40 du présent tableau
48			Notification des mises à jour des immatriculations principales et secondaires des personnes visées au numéro 39 du présent tableau
49			Notification des mises à jour des immatriculations principales et secondaires des personnes visées au numéro 40 du présent tableau
50			Dépôt des comptes annuels
51			Dépôt des comptes annuels assortis d'une déclaration de confidentialité
52			Dépôt d'actes ou de pièces pour la publicité des sociétés, y compris le certificat de dépôt
53			Certificat négatif d'immatriculation, communication d'actes ou de pièces déposées
54			Certificat attestant que les comptes annuels ont été déposés mais ne sont pas rendus publics
55			Extrait du registre du commerce et des sociétés
56			Relevé historique des événements au registre du commerce et des sociétés

GREFFIER DE TRIBUNAL DE COMMERCE			
Numéro	Catégorie	Sous-catégorie	Nature de la prestation
57	Prestations relatives aux registres		Copie des comptes et rapports annuels (quel que soit le nombre de page)
58			Copie certifiée conforme (par page)
59			Copie de statuts, actes ou de pièces déposées (forfait)
60			Copie de la déclaration de confidentialité des comptes annuels
61		Prestations relatives au registre des agents commerciaux	Immatriculation, y compris la radiation
62			Inscription modificative
63			Extrait d'inscription de la déclaration
64		Dépôts effectués au registre du commerce et des sociétés par les entrepreneurs individuels à responsabilité limitée	Dépôt de la déclaration d'affectation du patrimoine, de reprise ou de transfert et les mentions au registre, respectivement prévu aux articles L. 526-7 et L. 526-16 et au II de l'article L. 526-17 du présent code.
65			Dépôt de la déclaration modificative ou complémentaire de la déclaration d'affectation du patrimoine, entraînant mentions au registre
66			Dépôt de la déclaration complémentaire d'affectation du patrimoine prévue aux articles L. 526-9, L. 526-10 et L. 526-11 du présent code ou des actes ou décisions de modification, sans mentions au registre
67			Dépôt des comptes annuels ou du document comptable simplifié mentionné à l'article L. 526-14 du présent code au registre.
68			Notification à un autre registre en cas de double immatriculation ou d'immatriculation secondaire
69			Mise à jour des renseignements figurant dans les immatriculations principales aux immatriculations secondaires ou reçus d'un autre registre ou répertoire aux fins de mentions
70			Avis au bulletin officiel des annonces civiles et commerciales relatif à la cession, y compris la délivrance du certificat, en application de l'article L. 526-17 du présent code.
71			Copie des comptes annuels ou du document comptable simplifié ou de la déclaration d'affectation

GREFFIER DE TRIBUNAL DE COMMERCE			
Numéro	Catégorie	Sous-catégorie	Nature de la prestation
72		Dépôts effectués au registre des agents commerciaux par les entrepreneurs individuels à responsabilité limitée	Dépôt de la déclaration d'affectation du patrimoine, de reprise ou de transfert et les mentions au registre, respectivement prévus aux articles L. 526-7 et L. 526-16 et au II de l'article L. 526-17 du présent code.
73			Dépôt de la déclaration modificative ou complémentaire de la déclaration d'affectation du patrimoine, entraînant mentions au registre
74			Dépôt de la déclaration complémentaire d'affectation du patrimoine prévue aux articles L. 526-9, L. 526-10 et L. 526-11 du présent code ou des actes ou décisions de modification, sans mentions au registre
75		Dépôts effectués au registre des agents commerciaux par les entrepreneurs individuels à responsabilité limitée	Dépôt des comptes annuels ou du document comptable simplifié mentionné à l'article L. 526-14 du présent code au registre.
76			Avis au bulletin officiel des annonces civiles et commerciales relatif à la cession, y compris la délivrance du certificat, en application de l'article L. 526-17 du présent code.
77			Copie des comptes annuels ou du document comptable simplifié ou de la déclaration d'affectation
78		Prestations relatives au registre des entrepreneurs individuels à responsabilité limitée visés au 3° de l'article L. 526-7	Immatriculation y compris après reprise ou transfert respectivement prévus aux articles L. 526-7 et L. 526-16 et au II de l'article L. 526-17 du présent code, comprenant le dépôt de la déclaration d'affectationdu patrimoine et les émoluments de radiation
79			Dépôt de la déclaration modificative ou complémentaire de la déclaration d'affectation du patrimoine, entraînant mentions au registre
80		Prestations relatives au registre des entrepreneurs individuels à responsabilité limitée visés au 3° de l'article L. 526-7	Dépôt de la déclaration complémentaire d'affectation du patrimoine prévue aux articles L. 526-9, L. 526-10 et L. 526-11 du présent code ou des actes ou décisions de modification, sans mentions au registre
81			Dépôt des comptes annuels ou du document comptable simplifié mentionné à l'article L. 526-14 du présent code au registre.
82			Avis au bulletin officiel des annonces civiles et commerciales relatif à la cession, y compris la délivrance du certificat, en application de l'article L. 526-17 du présent code.

GREFFIER DE TRIBUNAL DE COMMERCE			
Numéro	Catégorie	Sous-catégorie	Nature de la prestation
83			Copie des comptes annuels ou du document comptable simplifié ou de la déclaration d'affectation
84			Extrait du registre des entrepreneurs individuels à responsabilité limitée
84-1		Prestations relatives au registre des bénéficiaires effectifs	Dépôt du document relatif au bénéficiaire effectif mentionné au deuxième alinéa de l'article L. 561-46 du Code monétaire et financier, lors de la demande d'immatriculation à un registre de publicité légale ou au plus tard dans les quinze jours à compter de la délivrance du récépissé de dépôt de dossier de création d'entreprise
84-2			Dépôt du document modificatif ou complémentaire au document relatif au bénéficiaire effectif mentionné au deuxième alinéa de l'article L. 561-46 du Code monétaire et financier
85	Privilèges et sûretés	Privilège du Trésor en matière fiscale	Première inscription, la radiation totale ou partielle d'une inscription non périmée
86			Inscription suivante, le renouvellement d'une inscription ou la subrogation
87			Délivrance d'un état d'inscription positif ou négatif, quel que soit le nombre d'inscriptions révélées
88			Mention d'une contestation en marge d'une inscription
89		Privilège de la sécurité sociale et des régimes complémentaires	Inscription, y compris radiation totale d'une inscription non périmée
90			Radiation partielle d'une inscription non périmée
91			Renouvellement d'une inscription, subrogation
92			Mention d'une saisie en marge des différentes inscriptions concernant un même débiteur, la radiation partielle ou totale de ces inscriptions
93			Délivrance d'un état d'inscription positif ou négatif, quel que soit le nombre d'inscriptions révélées
94			Délivrance d'un certificat de subrogation, de mention de saisie, de radiation de cette mention, de radiation d'inscription

GREFFIER DE TRIBUNAL DE COMMERCE			
Numéro	Catégorie	Sous-catégorie	Nature de la prestation
95		Actes de vente et nantissement des fonds de commerce	Inscription, y compris radiation totale d'une inscription non périmée
96			Radiation partielle d'une inscription non périmée
97			Mention d'antériorité ou de subrogation, le renouvellement d'inscription
98			Ensemble des formalités liées au procès-verbal de dépôt, certificat de dépôt et certificat constatant une transcription, une cession d'antériorité ou de radiation
99			Délivrance d'un état d'inscription positif ou négatif, quel que soit le nombre d'inscriptions révélées
100			Rédaction de la déclaration de créance et le certificat constatant cette déclaration
101			Mention de changement de siège de fonds, le certificat d'inscription des ventes, les cessions ou nantissements en ce qu'ils s'appliquent aux brevets d'invention et aux licences, aux marques de fabrique et de commerce, aux dessins et modèles industriels
102			Délivrance des copies de bordereaux d'inscription et des actes de vente sous seing privé déposés au greffe
103			Copie certifiée conforme
104		Actes de nantissement d'un fonds agricole ou d'un fonds artisanal	Les prestations de cette sous-catégorie sont analogues à celles de la sous-catégorie des actes de nantissement de fonds de commerce, mais effectuées dans le cadre d'un nantissement de fonds agricole ou artisanal.
105		Actes de nantissement judiciaire	Les prestations de cette sous-catégorie sont analogues, à celles de la sous-catégorie des actes de nantissement de fonds de commerce, mais effectuées dans le cadre d'un nantissement judiciaire.
106		Actes de gage des stocks	Les prestations de cette sous-catégorie sont analogues à celles de la sous-catégorie des actes de nantissement de fonds de commerce, mais effectuées dans le cadre d'un gage de stocks.
107		Actes de nantissement d'outillage ou de matériel	Les prestations de cette sous-catégorie sont analogues, à celles de la sous-catégorie des actes de nantissement de fonds de commerce, mais effectuées dans le cadre d'un nantissement d'outillage ou de matériel.

GREFFIER DE TRIBUNAL DE COMMERCE			
Numéro	Catégorie	Sous-catégorie	Nature de la prestation
108	Publicités diverses	Actes de gage sur meubles corporels	Les prestations de cette sous-catégorie sont analogues, à celles de la sous-catégorie des actes de nantissement de fonds de commerce, mais effectuées dans le cadre d'un gage sur meubles corporels prévu à l'article 2338 du Code civil.
109		Prestations relatives aux warrants autres qu'agricoles	Établissement du warrant, y compris sa radiation (ensemble le volant, la souche et la transcription du premier endossement)
110			Radiation partielle
111			Renouvellement du warrant et l'inscription d'avis d'escompte
112			Délivrance d'un état de transcription ou d'un état négatif
113			Certificat de radiation
114			Rédaction de lettre recommandée en cas de formalité obligatoire
115		Actes de nantissement de parts sociales ou de meubles incorporels	Les prestations de cette sous-catégorie sont analogues, à celles de la sous-catégorie des actes de nantissement de fonds de commerce, mais effectuées dans le cadre d'un nantissement de parts sociales ou de meubles incorporels.
116		Publicité de crédit-bail en matière mobilière	Inscription principale, y compris la radiation)
117			Modification de l'inscription
118			Report d'inscription par le greffier
119			Délivrance de tout état d'inscription positif ou négatif, quel que soit le nombre d'inscriptions
120			Certificat de radiation
121		Publicité de contrat de location	Les prestations de cette sous-catégorie sont analogues, à celles de la sous-catégorie des publicités de crédit-bail en matière mobilière, mais effectuées dans le cadre d'une publicité de contrat de location.
122		Inscription sur le registre spécial des prêts et délais	Les prestations de cette sous-catégorie sont analogues, à celles de la sous-catégorie des publicités de crédit-bail en matière mobilière, mais effectuées dans le cadre d'une inscription sur le registre spécial des prêts et délais.

GREFFIER DE TRIBUNAL DE COMMERCE			
Numéro	Catégorie	Sous-catégorie	Nature de la prestation
123		Publicité de clause de réserve de propriété	Les prestations de cette sous-catégorie sont analogues à celles de la sous-catégorie des publicités de crédit-bail en matière mobilière, mais effectuées dans le cadre de la publicité d'une clause de réserve de propriété.
124		Publicité de clause d'inaliénabilité	Les prestations de cette sous-catégorie sont analogues à celles de la sous-catégorie des publicités de crédit-bail en matière mobilière, mais effectuées dans le cadre de la publicité d'une clause d'inaliénabilité.
125		Publicité des protêts et des certificats de non-paiement des chèques postaux	Inscription d'un protêt, y compris la radiation
126			Délivrance d'un extrait de registre des protêts positif ou négatif
127		Immatriculation des bateaux de rivière	Inscription et la radiation d'un acte ou jugement translatif, constitutif ou déclaratif de propriété ou de droit réel
128			Mention de radiation totale ou partielle d'une inscription hypothécaire
129			Mention d'antériorité ou de subrogation, et le renouvellement d'inscription
130			Déclarations prévues au troisième alinéa de l'article R. 4124-6 du Code des transports, la mention des changements de domicile élu
131			Acte de déclaration de propriété faite sous serment devant le tribunal de commerce prévu à l'article 101 du Code du domaine public fluvial et de la navigation intérieure
132			Dépôt de procès-verbal de saisie
133			Délivrance de tout état d'inscription positif ou négatif prévu à l'article R. 4121-4 du Code des transports
134			Délivrance de tout certificat
135			Délivrance des copies de tous actes déposés au greffe en application du Code du domaine public fluvial et de la navigation intérieure
136			Formalités consécutives au transfert d'immatriculation au greffier du lieu de l'inscription et au greffier de la nouvelle immatriculation

GREFFIER DE TRIBUNAL DE COMMERCE			
Numéro	Catégorie	Sous-catégorie	Nature de la prestation
137	Prestations relatives à la propriété intellectuelle	Dessins et modèles	Ensemble des formalités de dépôt de dessins et modèles, y compris le récépissé de dépôt
138	Prestations diverses		Séquestre judiciaire
139			Rapport de mer
140			Avis concernant une déclaration afférente à la vente, à la cession, à l'apport en société, à l'attribution par partage ou par licitation d'un fonds de commerce prévus par l'article R. 123-211, y inclus la délivrance du certificat
141			Rédaction des avis d'insertion au Bulletin officiel des annonces civiles et commerciales des certificats de dépôt au greffe de comptes annuels et rapport de l'exercice clos.
142			Assistance, prévue au premier alinéa du II de l'article R. 713-1-1, du juge commis à la surveillance du registre du commerce et des sociétés pour l'élaboration de la liste des personnes physiques et morales immatriculées relevant de la circonscription et remplissant les conditions fixées au II de l'article L. 713-1.
143	Actes des procédures de liquidation hors sauvegarde ou redressement judiciaires		Ensemble des prestations réalisées par le greffier dans le cadre d'une procédure de liquidation judiciaire ouverte hors du cours d'une procédure de sauvegarde ou de redressement judiciaire ou prononcée dans les deux mois de l'ouverture d'une procédure de redressement judiciaire, en dehors : – Des prestations de la catégorie des actes judiciaires prévues au titre V du livre VI ; – Des copies d'actes ou de pièces délivrées aux parties.
144			Transmissions réalisées dans le cadre des procédures mentionnées au numéro 143 du présent tableau
145	Actes des procédures de rétablissement professionnel		Ensemble des prestations réalisées par le greffier dans le cadre d'une procédure de rétablissement professionnel
146			Transmissions réalisées dans le cadre de la procédure mentionnée au numéro 145 du présent tableau

Tableau 3-1 annexé à l'article R. 444-3

ACTES DE L'HUISSIER DE JUSTICE			
Numéro	**Catégorie**	**Sous-catégorie**	**Nature de la prestation**
1	Actes portant convocation à comparaître en justice ou signification de décisions de justice ou de titres exécutoires		Assignations
2			Significations de décision de justice
3			Significations des autres titres exécutoires
4			Significations de requête et d'ordonnance d'injonction de payer.
5	Actes ayant pour but d'informerles parties et les tiers	Procédure de saisie-attribution	Dénonciation de saisie-attribution, prévue à l'article R. 211-3 du Code des procédures civiles d'exécution
6			Signification au tiers saisi de l'acquiescement du débiteur, prévue au second alinéa de l'article R. 211-6 du Code des procédures civiles d'exécution
7			Signification au tiers saisi du certificat de non-contestation, prévue au premier alinéa de l'article R. 211-6 du Code des procédures civiles d'exécution
8		Procédure de saisie-vente	Dénonciation au débiteur de la saisie-vente pratiquée entre les mains d'un tiers détenteur, prévue à l'article R. 221-26 du Code des procédures civiles d'exécution
9			Dénonciation d'opposition au créancier premier saisissant et au débiteur, prévue à l'article R. 221-42 du Code des procédures civiles d'exécution
10			Dénonciation d'opposition et sommation au créancier premier saisissant de notifier toute proposition amiable de vente, prévue à l'article R. 221-46 du Code des procédures civiles d'exécution
11			Sommation au créancier premier saisissant de procéder aux formalités de mise en vente forcée, prévue à l'article R. 221-46 du Code des procédures civiles d'exécution
12			Signification de la date de vente au débiteur, prévue à l'article R. 221-35 du Code des procédures civiles d'exécution
13		Procédure de saisie par déclaration à la préfecture	Dénonciation au débiteur du procès-verbal d'indisponibilité du certificat d'immatriculation, prévue à l'article R. 223-3 du Code des procédures civiles d'exécution
14		Procédure de saisie des droits d'associé et des valeurs mobilières	Dénonciation au débiteur de la saisie des droits d'associé et des valeurs mobilières, prévue à l'article R. 232-6 du Code des procédures civiles d'exécution

ACTES DE L'HUISSIER DE JUSTICE			
Numéro	Catégorie	Sous-catégorie	Nature de la prestation
15			Signification à la société ou à la personne morale émettrice d'un certificat de non contestation avec ordre de vente, prévue à l'article R. 233-1 du Code des procédures civiles d'exécution
16			Signification à la société du cahier des charges, prévue au premier alinéa de l'article R. 233-7 du Code des procédures civiles d'exécution
17			Signification au débiteur, à la société et aux autres créanciers opposants, s'il y a lieu, de la date de vente de parts d'associé et de valeurs mobilières, prévue au troisième alinéa de l'article R. 233-8 du Code des procédures civiles d'exécution
18		Mesures d'expulsion	Signification au débiteur ou au créancier saisissant du procès-verbal d'expulsion, prévue aux articles R. 432-2 et R. 433-7 du Code des procédures civiles d'exécution
19		Mesures conservatoires et sûretés judiciaires réalisées dans le cadre de la saisie conservatoire des créances	Dénonciation au débiteur de la saisie conservatoire des créances, prévue à l'article R. 523-3 du Code des procédures civiles d'exécution
20			Dénonciation au tiers des actes de poursuite de la procédure, prévue à l'article R. 511-8 du Code des procédures civiles d'exécution
21			Signification au tiers saisi de l'acte de conversion en saisie-attribution de la saisie conservatoire des créances avec demande de paiement, prévue à l'article R. 523-7 du Code des procédures civiles d'exécution
22			Signification au débiteur de l'acte de conversion en saisie-attribution de la saisie conservatoire des créances, prévue à l'article R. 523-8 du Code des procédures civiles d'exécution
23			Signification au tiers saisi du certificat de non-contestation et sommation de payer, prévue à l'article R. 523-9 du Code des procédures civiles d'exécution
24		Mesures conservatoires et sûretés judiciaires réalisées dans le cadre de la saisie conservatoire sur les biens meubles corporels	Dénonciation au débiteur du procès-verbal de saisie conservatoire de meubles entre les mains d'un tiers, prévue au deuxième alinéa de l'article R. 522-5 du Code des procédures civiles d'exécution

ACTES DE L'HUISSIER DE JUSTICE			
Numéro	Catégorie	Sous-catégorie	Nature de la prestation
25			Dénonciation au tiers des actes de poursuite de la procédure, prévue à l'article R. 511-8 du Code des procédures civiles d'exécution
26			Signification au débiteur de l'acte de conversion en saisie-vente de la saisie conservatoire de meubles avec commandement de payer, prévue au premier alinéa de l'article R. 522-7 du Code des procédures civiles d'exécution
27			Signification au tiers détenteur de l'acte de conversion en saisie-vente de la saisie conservatoire de meubles, prévue au dernier alinéa de l'article R. 522-7 du Code des procédures civiles d'exécution
28			Dénonciation au créancier premier saisissant de la saisie conservatoire de meubles, prévue aux articles R. 522-11 et R. 522-12 du Code des procédures civiles d'exécution
29			Signification à l'officier vendeur d'un acte de conversion en saisie-vente de la saisie conservatoire de meubles, prévue à l'article R. 251-5 du Code des procédures civiles d'exécution
30		Mesures conservatoires et sûretés judiciaires réalisées dans le cadre de la saisie conservatoire des droits d'associé et des valeurs mobilières	Dénonciation au débiteur de la saisie conservatoire des droits d'associé et des valeurs mobilières, prévue à l'article R. 524-2 du Code des procédures civiles d'exécution
31			Dénonciation au tiers saisi de l'acte de conversion en saisie-vente de la saisie conservatoire des droits d'associé et des valeurs mobilières, prévue à l'article R. 524-5 du Code des procédures civiles d'exécution
32		Mesures conservatoires et sûretés judiciaires réalisées dans le cadre des sûretés	Dénonciation au débiteur du dépôt des bordereaux d'inscription ou de la signification du nantissement, prévue à l'article R. 532-5 du Code des procédures civiles d'exécution
33		Vente et du nantissement de fonds de commerce	Signification pour purge aux créanciers inscrits prévue à l'article 22 de la loi du 17 mars 1909 relative à la vente et au nantissement des fonds de commerce
34		Autres procédures	Dénonciation au créancier inscrit de la saisie-vente d'un ou plusieurs éléments d'un fonds de commerce, prévue à l'article L. 143-10 du présent code

ACTES DE L'HUISSIER DE JUSTICE

Numéro	Catégorie	Sous-catégorie	Nature de la prestation
35			Dénonciation au créancier inscrit de la demande en résiliation de bail de l'immeuble dans lequel s'exploite un fonds de commerce, prévue à l'article L. 143-2 du présent code
36			Dénonciation à la caution du commandement de payer les loyers et sommation de payer, prévue à l'article 24 de la loi n° 89-462 du 6 juill. 1989 tendant à améliorer les rapports locatifs et portant modification de la loi n° 86-1290 du 23 déc. 1986
37			Signification de mémoire
38			Procès-verbal d'offres réelles, prévu à l'article 1426 du Code de procédure civile
39			Dénonciation au débiteur de la saisie-revendication entre les mains d'un tiers, prévue au deuxième alinéa de l'article R. 222-22 du Code des procédures civiles d'exécution
40			Signification d'une proposition de redressement prévue aux articles L. 57 et L. 76 du Livre des procédures fiscales
41		Saisie-vente	Injonction de communiquer et le commandement de payer, prévus à l'article R. 221-3 du Code des procédures civiles d'exécution
42	Mise en demeure de payer et commandement de payer	Saisie-vente	Commandement de payer précédant la saisie-vente, prévu à l'article R. 221-1 du Code des procédures civiles d'exécution.
43		Saisie-vente	Signification du certificat de non-paiement valant commandement de payer, prévue à l'article L. 131-73 du Code monétaire et financier
44		Loyers	Commandement de payer les loyers et les charges, prévu à l'article 24 de la loi n° 89-462 du 6 juill. 1989 tendant à améliorer les rapports locatifs et portant modification de la loi n° 86-1290 du 23 déc. 1986
45		Charges de copropriété	Commandement de payer les charges de copropriété, prévu à l'article 19 de la loi n° 65-557 du 10 juill. 1965 fixant le statut de la copropriété des immeubles bâtis
46		Saisie de biens placés dans un coffre-fort	Commandement de payer et la dénonciation au débiteur de la saisie des biens placés dans un coffre-fort, prévus à l'article R. 224-3 du Code des procédures civiles d'exécution

ACTES DE L'HUISSIER DE JUSTICE			
Numéro	**Catégorie**	**Sous-catégorie**	**Nature de la prestation**
47		Saisie conservatoire des droits d'associés et des valeurs mobilières	Commandement de payer et la dénonciation au débiteur de l'acte de conversion en saisie-vente de la saisie conservatoire des droits d'associé et des valeurs mobilières, prévus à l'article R. 524-4 du Code des procédures civiles d'exécution
48		Lettres de change. Billets à ordre. Chèques.	Protêt, prévu aux articles L. 511-52 et L. 512-3 du présent Code et à l'article L. 131-47 du Code monétaire et financier
49		Saisie-appréhension	Commandement de payer et la dénonciation au débiteur du procès-verbal d'appréhension à la demande du créancier gagiste, prévus à l'article R. 222-6 du Code des procédures civiles d'exécution
50	Actes ayant pour but soit l'indisponibilité de biens ou de créances, soit le nantissement de parts sociales et de valeurs mobilières, soit l'opposabilité de cession ou de nantissement de créance prévus aux articles 1690 du Code civil, de nantissement d'outillage et de matériel d'équipement prévus à l'article L. 525-9 du présent code.	Actes réalisés dans le cadre de la saisie-attribution	Acte de saisie-attribution, prévu à l'article R. 211-1 du Code des procédures civiles d'exécution.
51			Acte mentionné au numéro 50 du présent tableau, en cas de compte clôturé ou de solde négatif
52		Saisie-vente	Acte de saisie-vente ou acte de saisie-vente transformée en réception de deniers, prévu à l'article R. 221-16 du Code des procédures civiles d'exécution
53			Acte de saisie-vente transformée en carence, prévu à l'article R. 221-14 du Code des procédures civiles d'exécution
54			Acte d'opposition-jonction, prévu à l'article R. 221-41 du Code des procédures civiles d'exécution
55		Saisie des récoltes sur pied	Acte de saisie, prévu à l'article R. 221-57 du Code des procédures civiles d'exécution
56		Saisie par déclaration à la préfecture	Acte de déclaration, prévu à l'article R. 223-2 du Code des procédures civiles d'exécution
57		Saisie des droits d'associé et des valeurs mobilières	Acte de saisie, prévu à l'article R. 232-5 du Code des procédures civiles d'exécution

ACTES DE L'HUISSIER DE JUSTICE			
Numéro	Catégorie	Sous-catégorie	Nature de la prestation
58		Mesures conservatoires et de sûretés judiciaires dans le cadre d'une saisie conservatoire sur les biens meubles corporels	Acte de saisie conservataire, prévu à l'article R. 522-1 du Code des procédures civiles d'exécution
59		Mesures conservatoires et de sûretés judiciaires dans le cadre d'une saisie conservatoire des créances	Acte de saisie conservatoire, prévu à l'article R. 523-1 du Code des procédures civiles d'exécution
60		Mesures conservatoires et de sûretés judiciaires dans le cadre d'une saisie conservatoire des droits d'associé et des valeurs mobilières	Acte de saisie conservatoire, prévu à l'article R. 524-1 du Code des procédures civiles d'exécution
61		Mesures conservatoires et de sûretés judiciaires dans le cadre des sûretés	Signification à la société du nantissement des parts sociales, prévue à l'article R. 532-3 du Code des procédures civiles d'exécution
62		Mesures conservatoires et de sûretés judiciaires dans le cadre des sûretés	Signification à la société ou à la personne morale émettrice du nantissement des valeurs mobilières, prévue à l'article R. 532-4 du Code des procédures civiles d'exécution
63		Mesures conservatoires et de sûretés judiciaires dans le cadre des sûretés	Signification aux créanciers de l'acte de nantissement de l'outillage et du matériel d'équipement, prévue à l'article L. 525-9 du présent code
64		Saisie des biens placés dans un coffre-fort	Acte de saisie, prévu à l'article R. 224-1 du Code des procédures civiles d'exécution
65		Saisie-revendication des biens meubles corporels	Acte de saisie-revendication, prévu à l'article R. 222-11 du Code des procédures civiles d'exécution
66		Saisie-appréhension.	Acte d'appréhension, prévu à l'article R. 222-4 du Code des procédures civiles d'exécution
67		Saisie par immobilisation du véhicule	Acte d'immobilisation ou d'enlèvement, prévu à l'article R. 223-8 du Code des procédures civiles d'exécution
68		Saisie des navires et aéronefs	Acte de saisie, prévu aux articles L. 123-2 et R. 123-9 du Code de l'aviation civile, aux articles L. 5114-22 à L. 5114-25, et L. 5114-27 à L. 5114-29 du Code des transports, et aux articles 30,32 à 35,37 à 39,42,43,45 à 47,50, et 52 à 58 décret n° 67-967 du 27 oct. 1967 relatif au statut des navires et autres bâtiments de mer
69		Saisie-contrefaçon	Acte de saisie-contrefaçon, prévu aux articles L. 521-1, L. 615-5, L. 716-7 du Code de la propriété intellectuelle

ACTES DE L'HUISSIER DE JUSTICE			
Numéro	Catégorie	Sous-catégorie	Nature de la prestation
70		Saisie immobilière	Commandement de payer valant saisie, prévu aux articles R. 321-1 et R. 321-5 du Code des procédures civiles d'exécution
71		Saisie immobilière	Commandement de payer au débiteur principal avec mention du commandement valant saisie délivré au tiers détenteur, prévu à l'article R. 321-5 du Code des procédures civiles d'exécution
72		Saisie immobilière	Dénonciation au conjoint lorsque le bien est le siège du logement de la famille et qu'il appartient en propre à l'un des époux, prévu à l'article R. 321-5 du Code des procédures civiles d'exécution
73		Saisie immobilière	Saisie des fruits prévue à l'article R. 321-18 du Code des procédures civiles d'exécution, outre l'indication figurant au 7° de l'article R. 321-3 du même code
74		Oppositions	Opposition au paiement du prix de cession d'un lot de copropriété, prévue à l'article 20 de la loi n° 65-557 du 10 juill. 1965 fixant le statut de la copropriété des immeubles bâtis
75		Oppositions	Opposition au prix de vente du fonds de commerce ou de cession du droit au bail, prévue à l'article 3 de la loi du 17 mars 1909 relative à la vente et au nantissement des fonds de commerce
76		Oppositions	Opposition à partage (entre les mains d'un notaire), prévue à l'article 882 du Code civil
77		Cessions et nantissements de créances	Signification au débiteur de la cession de créances et autres droits incorporels, prévue à l'article 1690 du Code civil
78		Cessions et nantissements de créances	Signification au débiteur de la créance donnée en gage
79	Mise en demeure ou commandement d'exécuter une obligation de faire ou de ne pas faire		Sommation de faire ou de ne pas faire
80			
81		Saisie par immobilisation du véhicule	Dénonciation au débiteur du procès-verbal d'immobilisation du véhicule avec injonction, prévue aux articles R. 223-12 et R. 223-13 du Code des procédures civiles d'exécution

ACTES DE L'HUISSIER DE JUSTICE			
Numéro	Catégorie	Sous-catégorie	Nature de la prestation
82		Saisie-appréhension et d'une saisie-revendication	Commandement à la personne tenue de la remise de délivrer ou de restituer, prévu à l'article R. 222-2 du Code des procédures civiles d'exécution
83			Sommation au tiers de remettre le bien, prévue à l'article R. 222-7 du Code des procédures civiles d'exécution
84		Saisie-appréhension des biens placés dans un coffre-fort	Commandement à la personne tenue de la remise de délivrer ou de restituer, prévu à l'article R. 222-2 du Code des procédures civiles d'exécution
85			Sommation au débiteur d'assister à l'ouverture du coffre-fort, prévue à l'article R. 525-4 du Code des procédures civiles d'exécution
86		Mesures d'expulsion	Commandement de quitter les lieux, prévu à l'article R. 411-1 du Code des procédures civiles d'exécution
87		Saisie des droits d'associé et des valeurs mobilières	Sommation aux créanciers opposants de prendre communication du cahier des charges, prévue au deuxième alinéa de l'article R. 233-7 du Code des procédures civiles d'exécution
88		Saisie immobilière	Assignation du débiteur saisi à comparaître devant le juge de l'exécution à une audience d'orientation, prévue à l'article R. 322-4 du Code des procédures civiles d'exécution
89			Dénonciation aux créanciers inscrits valant assignation à comparaître, prévue à l'article R. 322-6 du Code des procédures civiles d'exécution
90		Vente et d'un nantissement de fonds de commerce	Sommation de prendre communication du cahier des charges, prévue à l'article 17 de la loi du 17 mars 1909 relative à la vente et au nantissement des fonds de commerce
91		Successions	Sommation de prendre parti, prévu à l'article 771 du Code civil
92		Procédure de reprise des locaux abandonnés	Mise en demeure du locataire d'avoir à justifier qu'il occupe le logement prévue à l'article 14-1 de la loi du 6 juill. 1989 tendant à améliorer les rapports locatifs et portant modification de la loi n° 86-1290 du 23 déc. 1986, selon qu'elle est ou non contenue dans un des commandements visés aux articles 7 et 24 dudit article.
93	Mise en vente forcée des biens saisis	Saisie-vente	Certification d'accomplissement des formalités de publicité de vente, prévue aux articles R. 221-34 et R. 221-60 du Code des procédures civiles d'exécution

ACTES DE L'HUISSIER DE JUSTICE			
Numéro	Catégorie	Sous-catégorie	Nature de la prestation
94	Actes divers	Saisie de biens placés dans un coffre-fort.	Acte de vérification et d'enlèvement, prévu aux articles L. 221-3, R. 221-36 et R. 522-8 du Code des procédures civiles d'exécution
95			Acte d'inventaire et d'enlèvement des biens placés dans un coffre-fort, prévu aux articles R. 224-5 et R. 224-7 du Code des procédures civiles d'exécution
96		Saisie immobilière	Procès-verbal d'apposition d'avis, prévu aux articles R. 322-32 et R. 322-33 du Code des procédures civiles d'exécution
97		Expulsion	Procès-verbal d'inventaire, prévu à l'article R. 433-5 du Code des procédures civiles d'exécution
98			Acte de tentative d'exécution, notamment en l'absence de l'occupant du local ou si ce dernier en refuse l'accès
99		Actes constatant la suspension des poursuites ou les difficultés de signification	Acte attestant la découverte de la nouvelle adresse du destinataire hors du ressort de compétence de l'huissier de justice
100			Acte constatant une difficulté d'exécution, notamment en cas d'appel interjeté par le débiteur
101			Acte constatant une suspension d'exécution ou une recherche infructueuse
102		Saisie-attribution	Mainlevée quittance au tiers saisi, prévue à l'article R. 211-7 du Code des procédures civiles d'exécution
103		Saisie-vente	Mainlevée de saisie-vente et la mainlevée d'opposition-jonction, prévue à l'article R. 221-47 du Code des procédures civiles d'exécution
104			Acte de consignation et mainlevée totale ou partielle de saisie-vente, après la vente amiable par le débiteur, prévu à l'article R. 221-32 du Code des procédures civiles d'exécution
105		Offres réelles	Procès-verbal de consignation, prévu à l'article 1428 du Code de procédure civile
106		Expulsion	Procès-verbal d'expulsion ou reprise des lieux, prévu à l'article R. 432-1 du Code des procédures civiles d'exécution
107			Procès-verbal de consignation, prévu à l'article 1428 du Code de procédure civile
108			Procès-verbal de destruction, prévu à l'article R. 433-6 du Code des procédures civiles d'exécution

ACTES DE L'HUISSIER DE JUSTICE			
Numéro	Catégorie	Sous-catégorie	Nature de la prestation
109		Baux et loyers	Congés et les demandes de renouvellement de bail commercial, prévus aux articles L. 145-9 et L. 145-10 du présent code
110		Baux et loyers	Congés et les offres de renouvellement de bail rural, prévus à l'article 1775 du Code civil et à la section 8 du chapitre Ier du Titre Ier du Livre IV du Code rural et de la pêche maritime
111		Procédure de reprise des locaux abandonnés	Constatation de l'abandon du local d'habitation avec inventaire des meubles laissés sur place prévue au troisième aliéna de l'article 14-1 de la loi du 6 juill. 1989 tendant à améliorer les rapports locatifs et portant modification de la loi n° 86-1290 du 23 déc. 1986
112		Constats	Établissement par l'huissier d'un état des lieux à frais partagés entre le bailleur et le locataire, prévu à l'article 3-2 de la loi n° 89-462 du 6 juill. 1989 tendant à améliorer les rapports locatifs et portant modification de la loi n° 86-1290 du 23 déc. 1986
113		Recouvrement des petites créances	Délivrance du titre exécutoire par l'huissier dans le cadre de la procédure prévue à l'article 1244-4 du Code civil
114		Saisie immobilière	Procès-verbal de description des lieux, prévue aux articles R. 322-1 à R. 322-3 du Code des procédures civiles d'exécution
115		Mariage	Opposition à mariage, prévue à l'article 176 du Code civil
116		Actes en provenance et à destination d'un autre État	Signification en provenance d'un autre État, prévue dans le Règlement (CE) n° 1393/2007 du Parlement européen et du Conseil du 13 nov. 2007 relatif à la signification et à la notification dans les États membres des actes judiciaires et extrajudiciaires en matière civile ou commerciale, et abrogeant le règlement (CE) n° 1348/2000 du Conseil et à l'article 688-2 du Code de procédure civile
117		Actes en provenance et à destination d'un autre État	Transmission de la demande de signification ou de notification dans un autre État étranger, prévue dans le Règlement mentionné au numéro 116 du présent tableau, et à l'article 684 du Code de procédure civile
118		Scellés	Procès-verbal d'apposition des scellés sans diligences particulières, prévu à l'article 1308 du Code de procédure civile
119		Scellés	Procès-verbal d'apposition des scellés donnant lieu à des diligences particulières, prévu aux articles 1311 à 1314 du Code de procédure civile

ACTES DE L'HUISSIER DE JUSTICE			
Numéro	Catégorie	Sous-catégorie	Nature de la prestation
120			Procès-verbal de carence, prévu au deuxième alinéa de l'article 1304 du Code de procédure civile
121			Sommation d'assister aux opérations de levée des scellés, prévue à l'article 1317 du Code de procédure civile
122			Acte d'inventaire lors de la levée des scellés, prévu à l'article 1319 du Code de procédure civile
123			Procès-verbal de levée des scellés, prévu à l'article 1320 du Code de procédure civile
124			État descriptif, prévu à l'article 1323 du Code de procédure civile
125			État descriptif avec diligences particulières, prévu aux articles 1312 à 1314 du Code de procédure civile
126			Procès-verbal de déplacement des scellés, prévu à l'article 1324 du Code de procédure civile
127		Vérification des comptes de tutelle	Assistance du greffier en chef dans sa mission de vérification des comptes de gestion établis dans le cadre d'une mesure de protection juridique
128		Recouvrement forcé de créances	Recouvrement ou encaissement, après avoir reçu mandat ou pouvoir à cet effet, des sommes dues en application d'une décision de justice, d'un acte ou d'un titre en forme exécutoire
129	Divers		Recouvrement ou encaissement, après avoir reçu mandat ou pouvoir à cet effet, des sommes dues par un débiteur
130		Carence	Établissement d'un procès-verbal constatant que le destinataire de la signification est sans domicile, ni résidence ni lieu de travail connus, conformément aux dispositions de l'article 659 du Code de procédure civile

Tableau 3-2 annexé à l'article R. 444-3

ACTES SPÉCIAUX AUX HUISSIERS DE JUSTICE DES DÉPARTEMENTS DU BAS-RHIN, DU HAUT RHIN ET DE LA MOSELLE		
Numéro	*Catégorie*	Nature de la prestation
131	Signification à la diligence des parties	Signification 503 cpc-rappel de l'art. 797 cpcl
132		Signification ordonnance rendue sur requête-art. 167 loi 1er juin 1924 (et 950 cpc)

ACTES SPÉCIAUX AUX HUISSIERS DE JUSTICE DES DÉPARTEMENTS DU BAS-RHIN, DU HAUT RHIN ET DE LA MOSELLE		
Numéro	Catégorie	Nature de la prestation
133	Saisie	Signification d'une ordonnance de taxe
134		Signification d'une décision rendue par le Tribunal judiciaire en matière de Droit Local (POURVOI IMMÉDIAT)
135		Mise en demeure de régulariser la vente
136		Requête en inscription hypothèque judiciaire
137		Commandement de payer avant exécution forcée immobilière
138		Requête en vente forcée immobilière
139		Requête en adhésion vente forcée immobilière
140	Divers	Requête en administration forcée immobilière
141		Signification du cahier des charges
142		Requête en Expulsion après adjudication (art. 161, alinéa 1 loi du 1er juin 1924) et signification de l'ordonnance du Juge du Tribunal de l'Exécution Forcée Immobilière
143		Sommation de payer ou de délaisser-art. 142 loi du 1er juin 1924
144		Signification d'un PV de débats-art. 147 loi du 1er juin 1924
145		Convocation-art. 147 loi du 1er juin 1924
146		Convocation art. 225 loi du 1er juin 1924
147		Requête en ouverture de procédure de partage judiciaire
148		Requête en inscription d'hypothèque d'exécution forcée : c'est la requête qu'on utilise avec un acte notarié pour inscrire une hypothèque sur un autre bien immobilier que celui visé dans l'acte authentique
149		Sommation au Tiers Détenteur (art. 142 loi du 1er juin 1924)
150		Requête en transcription (anciennement de feuillet) et d'inscription d'une hypothèque judiciaire

Tableau 3-3 annexé à l'article R. 444-3

FORMALITÉS, REQUÊTES ET DILIGENCES DE L'HUISSIER DE JUSTICE			
Numéro	*Catégorie*	*Sous-catégorie*	Nature de la prestation
151	Recherche des informations		Requête aux fins de recherche des informations, prévue aux articles L. 152-1 et L. 152-2 du Code des procédures civiles d'exécution
152	Assignation		Copie des pièces accompagnant le bordereau annexé à l'assignation, mentionnées au dernier alinéa de l'article 837 du Code des procédures civiles d'exécution

FORMALITÉS, REQUÊTES ET DILIGENCES DE L'HUISSIER DE JUSTICE			
Numéro	Catégorie	Sous-catégorie	Nature de la prestation
153	Saisie des rémunérations		Requête au greffe aux fins de saisie des rémunérations ou en intervention, prévue à l'article R. 3252-13 du Code du travail
154			Notification à l'employeur d'un acte de saisie des rémunérations lorsque le courrier revient non réclamé au tribunal, prévue à l'article 670-1 du Code de procédure civile
155	Saisie-attribution		Requête au secrétariat-greffe du juge de l'exécution aux fins de délivrance d'un certificat de non-contestation, prévue à l'article R. 211-6 du Code des procédures civiles d'exécution
156			Établissement du certificat de non-contestation par l'huissier de justice qui a procédé à la saisie, prévue à l'article R. 211-6 du Code des procédures civiles d'exécution
157			Dénonciation de la saisine du juge de l'exécution à l'huissier de justice en matière de contestation de saisie-attribution, prévue à l'article R. 211-11 du Code des procédures civiles d'exécution
158	Incidents et difficultés d'exécution		Saisine du juge de l'exécution sur la difficulté d'exécution, prévue aux articles R. 151-2, R. 221-53 et R. 442-1 du Code des procédures civiles d'exécution
159			Information aux parties de la difficulté d'exécution et des lieux, jour et heure de l'audience, prévue à l'article R. 151-3 du Code des procédures civiles d'exécution
160			Réquisition du concours de la force publique au préfet, prévue à l'article R. 153-1 du Code des procédures civiles d'exécution
161			Notification au procureur et au créancier du refus du concours de la force publique, prévue à l'article R. 153-1 du Code des procédures civiles d'exécution
162	Saisie-vente		Requête au juge de l'exécution aux fins d'autorisation de saisie-vente, prévue à l'article R. 221-2 du Code mentionné des procédures civiles d'exécution
163			Requête au juge de l'exécution aux fins de désignation d'un séquestre, prévue à l'article R. 221-19 du Code des procédures civiles d'exécution
164			Communication au créancier saisissant et aux créanciers opposants des propositions de vente amiable, prévue à l'article R. 221-31 du Code des procédures civiles d'exécution

FORMALITÉS, REQUÊTES ET DILIGENCES DE L'HUISSIER DE JUSTICE			
Numéro	Catégorie	Sous-catégorie	Nature de la prestation
165			Information des lieux, jour et heure de la vente, prévue à l'article R. 221-35 du Code des procédures civiles d'exécution
166	Saisie-appréhension	En vertu d'un titre exécutoire	Notification à la personne tenue de délivrer ou de restituer le bien de l'acte de la remise volontaire ou de l'appréhension du bien, prévue à l'article R. 222-5 et au second alinéa de l'article R. 222-10 du Code des procédures civiles d'exécution
167	Saisie-appréhension	En vertu d'un titre exécutoire	Notification à la personne tenue de délivrer ou de restituer le bien de la sommation de remettre, prévue à l'article R. 222-7 du Code des procédures civiles d'exécution
168	Saisie-appréhension	En vertu d'un titre exécutoire	Requête au juge de l'exécution aux fins d'une autorisation spéciale d'appréhension dans les locaux servant à l'habitation du tiers, prévue à l'article R. 221-2 du Code des procédures civiles d'exécution
169	Saisie-appréhension	En vertu d'un titre exécutoire	Notification au tiers de l'acte de saisie-appréhension, prévue au premier alinéa de l'article R. 222-10 du Code des procédures civiles d'exécution
170	Saisie-appréhension	Sur injonction du juge	Requête au juge de l'exécution aux fins d'injonction d'avoir à délivrer ou restituer un bien meuble, prévue à l'article R. 222-11 du Code des procédures civiles d'exécution
171	Saisie-revendication		Requête au juge de l'exécution aux fins de saisie-revendication, prévue à l'article R. 222-17 du Code des procédures civiles d'exécution
172	Mesures d'exécution sur les véhicules terrestres à moteur.		Mainlevée au préfet de la saisie par déclaration à la préfecture, prévue à l'article R. 223-4 du Code des procédures civiles d'exécution
173	Mesures d'exécution sur les véhicules terrestres à moteur.		Lettre au débiteur l'informant de l'immobilisation de son véhicule, prévue à l'article R. 223-9 du Code des procédures civiles d'exécution
174	Mesures d'exécution sur les véhicules terrestres à moteur.		Information au créancier gagiste des propositions de vente amiable ou de la mise en vente aux enchères du véhicule, prévue à l'article R. 223-11 du Code des procédures civiles d'exécution
175	Saisie des droits d'associé et des valeurs mobilières.		Requête au secrétariat-greffe du juge de l'exécution d'un certificat de non-contestation, prévue à l'article R. 233-1 du Code des procédures civiles d'exécution

FORMALITÉS, REQUÊTES ET DILIGENCES DE L'HUISSIER DE JUSTICE			
Numéro	Catégorie	Sous-catégorie	Nature de la prestation
176			Rédaction du cahier des charges en matière de saisie des droits d'associé et des valeurs mobilières non admises à la cote officielle ou à celle du second marché, prévue à l'article R. 233-6 du Code des procédures civiles d'exécution
177			Notification à la société d'une copie du cahier des charges, prévue à l'article R. 233-7 du Code des procédures civiles d'exécution
178			Notification au représentant de l'État de l'assignation aux fins de constat de la résiliation, prévue à l'article 24 de la loi n° 89-462 du 6 juillet 1989 tendant à améliorer les rapports locatifs et portant modification de la loi n° 86-1290 du 23 décembre 1986
179			Information au représentant de l'État du commandement d'avoir à quitter les lieux, prévue aux articles L. 412-5 et au R. 412-2 du Code des procédures civiles d'exécution
180	Expulsion		Notification à la personne expulsée de la consignation du produit de la vente, prévue au troisième alinéa de l'article R. 433-5 du Code mentionné des procédures civiles d'exécution
181			Notification à la personne expulsée de la mise sous enveloppe scellée des papiers et documents de nature personnelle, prévue au deuxième alinéa de l'article R. 433-6 du Code des procédures civiles d'exécution
182			Notification du procès-verbal d'expulsion au percepteur, prévue aux articles 1686 et 1687 du Code général des impôts.
183	Mesures conservatoires et de sûretés judiciaires		Requête aux fins de pratiquer une mesure conservatoire, prévue à l'article R. 511-1 du Code des procédures civiles d'exécution
184			Projet de répartition du prix en matière de distribution de deniers, prévue à l'article R. 251-2 du Code des procédures civiles d'exécution
185	Distribution de deniers		Notification du projet de répartition amiable au débiteur et à chacun des créanciers, prévue à l'article R. 251-4 du Code des procédures civiles d'exécution
186			Convocation du débiteur et de tous les créanciers et dressant les points de désaccord, prévue à l'article R. 251-6 du Code des procédures civiles d'exécution

FORMALITÉS, REQUÊTES ET DILIGENCES DE L'HUISSIER DE JUSTICE			
Numéro	Catégorie	Sous-catégorie	Nature de la prestation
187			Acte constatant le désaccord des créanciers et dressant les points de désaccord, prévue à l'article R. 251-8 du Code des procédures civiles d'exécution
188	Injonction de payer ou de faire		Requête aux fins d'injonction de payer ou de faire, prévue aux articles 1407 et 1425-1 du Code de procédure civile
189	Saisie immobilière		Rédaction du bordereau en vue de la publication du commandement, prévue à l'article R. 321-6 du Code des procédures civiles d'exécution
190			Mention en marge au bureau des hypothèques, prévue à l'article R. 322-9 du Code des procédures civiles d'exécution
191	Formalités diverses		Levée d'extraits de la matrice cadastrale
192			Levée d'états des renseignements sommaires et des inscriptions d'hypothèques
193			Levée d'états au greffe du tribunal de commerce
194			Levée d'états auprès des services d'immatriculation des véhicules, prévue à l'article R. 223-1 du Code de procédures civiles d'exécution
195			Réquisitions d'état civil
196			Appels de cause, prévus à l'article 11 du décret n° 56-222 du 29 février 1956 pris pour l'application de l'ordonnance du 2 novembre 1945 relative au statut des huissiers de justice
197			Actes du palais, prévus à l'article 11 du décret mentionné au 196, et aux articles 671 et 982 du Code de procédure civile
198	Constats		Lettres de convocation des parties à l'état des lieux mentionné à l'article 3-2 de la loi n° 89-462 du 6 juillet 1989 tendant à améliorer les rapports locatifs et portant modification de la loi n° 86-1290 du 23 décembre 1986

FORMALITÉS, REQUÊTES ET DILIGENCES DE L'HUISSIER DE JUSTICE			
Numéro	Catégorie	Sous-catégorie	Nature de la prestation
199	Paiement direct des pensions alimentaires		Demande de paiement direct, prévue aux articles L. 213-5 et R. 213-7 du Code des procédures civiles d'exécution
200			Demande de paiement direct faute d'accord entre les parties, prévue aux articles L. 213-5 et R. 213-7 du Code des procédures civiles d'exécution
201			Notification de la modification ou de la mainlevée de la demande, prévue aux articles L. 213-5 et R. 213-7 du Code des procédures civiles d'exécution
202	Inventaire estimatif de l'actif et du passif des successions vacantes		Inventaire en cas de succession vacante, prévu à l'article 809-2 du Code civil
203			Délivrance d'une copie de l'inventaire dressé en cas de succession vacante, prévue à l'article 1345 du Code de procédure civile
204	Délais de paiement		Gestion du dossier en cas de versement d'acompte par un débiteur auquel des délais de paiement ont été accordés
205	Commission de coordination des actions de prévention des expulsions locatives		Signalement des commandements de payer mentionnés au quatrième alinéa du I de l'article 24 de la loi du 6 juillet 1989 tendant à améliorer les rapports locatifs et portant modification de la loi n° 86-1290 du 23 décembre 1986, par simple lettre ou par voie électronique, à la commission de coordination des actions de prévention des expulsions locatives

Tableau 4-1 annexé à l'article R. 444-3

ADMINISTRATEURS JUDICIAIRES	
Numéro	Nature de la prestation
1	Diagnostic de la procédure de sauvegarde ou de redressement judiciaire au titre de laquelle l'administrateur judiciaire a été désigné
2	Élaboration du bilan économique, social et environnemental et assistance apportée au débiteur pour la préparation d'un plan de sauvegarde ou de redressement
3	Réunion des comités de créanciers
4	Mission d'assistance du débiteur au cours d'une procédure de sauvegarde ou de redressement judiciaire
5	Mission de surveillance au cours d'une procédure de sauvegarde

ADMINISTRATEURS JUDICIAIRES	
Numéro	Nature de la prestation
6	Mission d'administration de l'entreprise au cours d'une procédure de redressement ou de liquidation judiciaire
7	Arrêté d'un plan conforme au projet adopté par les comités mentionnés au numéro 3 du présent tableau
8	Arrêté d'un plan en application des dispositions de l'article L. 628-8
9	Arrêté d'un plan de cession au cours d'une procédure de redressement ou de liquidation judiciaire
10	Augmentation des fonds propres prévue par un plan de sauvegarde ou de redressement
11	Contentieux portant sur une demande en revendication ou en restitution ayant donné lieu à une décision du juge-commissaire

Tableau 4-2 annexé à l'article R. 444-3

COMMISSAIRES À L'EXÉCUTION DU PLAN	
Numéro	Nature de la prestation
1	Mission de surveillance de l'exécution du plan, actions engagées ou poursuivies dans l'intérêt collectif des créanciers, exécution des actes permettant la mise en œuvre du plan et rapport annuel prévu à l'article R. 626-43
2	Assistance du débiteur dans la préparation d'un projet ayant pour objet une modification substantielle dans les objectifs ou les moyens du plan
3	Présentation au tribunal d'une demande en résolution du plan
4	Mission de perception et de répartition des dividendes arrêtés par le plan
5	Inscription des créances sur la liste prévue à l'article R. 622-15

Tableau 4-3 annexé à l'article R. 444-3

MANDATAIRES JUDICIAIRES ET LIQUIDATEURS	
Numéro	Nature de la prestation
1	Ensemble des diligences effectuées par le mandataire judicaire dans le cadre des procédures de sauvegarde ou de redressement judiciaire
2	Ensemble des diligences effectuées par le liquidateur dans le cadre de la procédure de liquidation judiciaire
3	*Enregistrement* des créances déclarées et non vérifiées, ainsi que des créances portées sur la liste prévue à l'article R. 622-15
4	Vérification des créances autres que salariales, inscrites sur l'état des créances mentionné à l'article R. 624-8
5	Établissement des relevés des créances salariales
6	Contestation des créances autres que salariales dont l'admission ou le rejet a donné lieu à une décision du juge-commissaire inscrite sur l'état des créances mentionné à l'article R. 624-8
7	Contentieux portant sur une demande en revendication ou en restitution ayant donné lieu à une décision du juge-commissaire

MANDATAIRES JUDICIAIRES ET LIQUIDATEURS	
Numéro	Nature de la prestation
8	Introduction ou la reprise d'une instance devant la juridiction prud'homale en application des articles L. 625-1 et L. 625-3 et à laquelle il a été mis fin soit par une décision judiciaire au terme d'une instance dans laquelle le mandataire judiciaire a été présent ou représenté, soit par la conclusion d'un accord amiable visé par le juge-commissaire auquel le mandataire judiciaire a été partie
9	Mission de répartition des fonds entre les créanciers confiée par le tribunal au mandataire judiciaire en application de l'article L. 631-16
10	Ensemble des obligations résultant de la cessation d'activité d'une ou de plusieurs installations classées au sens du titre Ier du livre V du Code de l'environnement
11	Réalisation de l'inventaire confiée au liquidateur en application des dispositions du deuxième alinéa de l'article L. 641-2
12	Mission d'administration de l'entreprise lorsque le maintien de l'activité a été autorisé en application de l'article L. 641-10
13	Cessions d'actifs mobiliers corporels
14	Encaissement de créance ou recouvrement de créance
15	Réalisation d'actifs immobiliers et mobiliers incorporels
16	Répartitions aux créanciers mentionnés à l'article L. 622-24 et les paiements des créances mentionnées au I de l'article L. 641-13
17	Arrêté d'un plan de cession
18	Action engagée en application des dispositions du premier aliéna de l'article L. 653-7 et aboutissant au prononcé d'une sanction prévue aux articles L. 653-3 à L. 653-6 et L. 653-8

Tableau 5 annexé à l'article R. 444-3

NOTAIRE				
Numéro	Catégorie	Sous-catégorie	Sous-ensemble	Nature de la prestation
1	Actes	Actes relatifs principalement à la famille	Actes concernant la transmission du patrimoine par succession ou donation	Attestation notariée destinée à constater la transmission par décès ou convention matrimoniale d'immeubles ou de droits réels immobiliers
2				Modification, rectification, ou retrait du certificat successoral européen
3				Testaments (partage testamentaire, testament partage, testament authentique ou mystique ou codicille en la même forme)
4				Garde du testament olographe avant le décès
5				Procès-verbal d'ouverture et de description du testament olographe
6				Consentement à exécution de testament ou de donation entre époux
7				Cantonnement de l'émolument par le légataire ou le conjoint survivant

NOTAIRE				
Numéro	Catégorie	Sous-catégorie	Sous-ensemble	Nature de la prestation
8				Déclaration de succession
9				Acte de délivrance de legs avec décharge, quittance ou acceptation
10				Acte de délivrance de legs sans décharge ni quittance ou sur la décharge, la quittance ou acceptation ultérieure
11				Transports de droits successifs faisant cesser l'indivision
12				Transports de droits successifs dans les autres cas que celui prévu au numéro 11 du présent tableau
13				Notoriété après décès, constatant la dévolution successorale
14				Notoriété constatant la prescription acquisitive
15				Notoriété dans les autres cas que ceux prévus aux numéros 13 et 14 du présent tableau
16				Donation entre vifs acceptée sans distinction de ligne
17				Donation entre vifs non acceptée
18				Acceptation de la donation entre vifs
19				Donation entre vifs portant uniquement sur des créances, espèces ou des valeurs mobilières cotées
20				Donation-partage conjonctive
21				Donation-partage par une seule personne
22				Donation entre époux, pendant le mariage
23				Révocation de donation entre époux, de testament, de mandat, ou de substitution
23-1				Attestation de propriété qui est délivrée à la suite du constat de la survenance d'une condition résolutoire entraînant la révocation d'une donation en application de l'article 960 du Code civil
24			Actes concernant la protection des membres de la famille	Option par le conjoint survivant pour l'acquisition ou l'attribution de biens propres du prédécédé prévue à l'article 1390 du Code civil, ou pour le prélèvement de biens communs prévue à l'article 1511 du Code civil
25				Option par les héritiers pour le maintien des formes et modalités de règlement de la prestation compensatoire qui incombait à l'époux débiteur décédé, prévue à l'article 280-1 du Code civil

NOTAIRE				
Numéro	Catégorie	Sous-catégorie	Sous-ensemble	Nature de la prestation
26				Renonciation à l'action en retranchement
27				Renonciation anticipée à l'action en réduction ou en revendication
28				Acceptation ou déclarations d'emploi
29				Déclaration d'emploi par acte séparé
30				Constitution de pension alimentaire et rente indexée en vertu des articles 205 et 373-2-3 du Code civil
31				Constitution de pension alimentaire et rente indexée dans les autres cas que ceux prévus au numéro 30 du présent tableau
32				Constitution de rente perpétuelle, constitution de rente viagère ou rachat de rente viagère portant sur un immeuble
33				Compte de tutelle
34				Récépissé ou arrêté de compte de tutelle, par acte séparé
35				Établissement du mandat posthume ou du mandat de protection future prévu au troisième alinéa de l'article 477 du Code civil
36				Acceptation du mandat posthume ou du mandat de protection future prévu au troisième alinéa de l'article 477 du Code civil
37				Révocation, par le mandant, du mandat posthume ou du mandat de protection future prévu au troisième alinéa de l'article 477 du Code civil
38				Renonciation, par le mandataire, au mandat posthume ou au mandat de protection future prévu au troisième alinéa de l'article 477 du Code civil
39				Examen des comptes du mandataire désigné au titre d'un mandat de protection future, en application de l'article 491 du Code civil
40				Pacte civil de solidarité initial ou modificatif
41				Contrat de mariage, contre-lettre, changement de régime matrimonial
42			Actes relatifs à la pérennité des liens *familiaux*	Élaboration d'un projet de liquidation du régime matrimonial, prévue au 10° de l'article 255 du Code civil
43				Consentement des époux ou concubins dans le cadre d'une procréation médicalement assistée nécessitant l'intervention d'un tiers donneur prévu à l'article 311-20 du Code civil

NOTAIRE				
Numéro	Catégorie	Sous-catégorie	Sous-ensemble	Nature de la prestation
43-1		Actes relatifs principalement aux biens immobiliers et fonciers		Consentement à l'adoption réalisé en application de l'article 348-3 du Code civil
44			Actes relatifs à la propriété et la mutation de propriété	Établissement d'un cahier des charges en vue d'une adjudication pour une vente immobilière
45				Établissement d'un cahier des charges en vue d'une adjudication pour une vente immobilière sans effet
46				Établissement d'un cahier des charges en vue d'une adjudication pour une vente mobilière
47				Certificats de propriété et autres certificats ou attestations constatant le transfert de propriété de biens de nature mobilière
48				Licitation de gré à gré
49				Licitation par adjudication volontaire
50				Licitation par adjudication judiciaire, selon que le cahier des charges est rédigé par le notaire ou par l'avocat
51				Origine de propriété (par acte séparé)
52				Résiliation ou résolution de vente
53				Transfert de propriété ou de jouissance entre collectivités territoriales et/ ou établissements publics
53-1				Transfert de propriété à titre gratuit des biens mobiliers et immobiliers mentionnés à l'article L. 719-14 du Code de l'éducation
54				Vente ou cession de gré à gré de tous biens et droits quelconques mobiliers ou immobiliers, corporels ou incorporels, sauf dispositions contraires au présent tableau.
54-1				Établissement par acte authentique de la promesse de vente d'une durée de plus de dix-huit mois prévue à l'article L. 290-1 du Code de la construction et de l'habitation
55				Première vente en l'état futur d'achèvement ou achevé de locaux d'habitation, appartements ou maisons individuelles d'immeubles HLM n'ayant jamais été habités
56				Première vente à terme ou location-vente d'un local mentionné au numéro 55 du présent tableau lorsque le transfert de propriété s'opère par la constatation de l'achèvement de l'immeuble

NOTAIRE					
Numéro	Catégorie	Sous-catégorie	Sous-ensemble		Nature de la prestation
57					Première vente à terme ou location-vente d'un local mentionné au numéro 55 du présent tableau lorsque le transfert de propriété s'opère par la constatation du paiement intégral du prix
58					Revente en l'état futur d'achèvement, achevé ou à terme de locaux mentionnés au numéro 55 du présent tableau, intervenant dans un délai de 3 ans à compter de la première vente d'un local d'habitation compris dans le même immeuble ou ensemble immobilier et passé dans l'office du notaire qui a reçu le premier acte de vente.
59					Première vente d'un local d'habitation en l'état futur d'achèvement ou achevé, compris dans un immeuble ou dans un ensemble immobilier autre que HLM ayant fait l'objet d'un même permis de construire
60					Première vente à terme d'un local mentionné au numéro 59 du présent tableau
61					Revente en l'état futur d'achèvement, achevé ou à terme des locaux d'habitation mentionnés au numéro 59 du présent tableau, intervenant dans un délai de 3 ans à compter de la première vente d'un local d'habitation compris dans le même immeuble ou ensemble immobilier lorsque l'acte est passé dans l'office du notaire qui a reçu le premier acte de vente
62					Vente ou cession de gré à gré de locaux HLM à usage locatif
63					Vente ou cession par adjudication volontaire de locaux HLM à usage locatif
64					Vente ou cession par adjudication judiciaire de locaux HLM à usage locatif
65					Ventes, cessions à titre gratuit ou apports de terrains à bâtir, équipés ou avec obligation, pour le vendeur, de les équiper, consentis par les départements, communes, établissements publics et sociétés d'équipement, à des organismes d'HLM.
66					Conclusion du contrat initial de location-accession régie par la loi n° 84-595 du 12 juill. 1984 définissant la location-accession à la propriété immobilière
67					Acte de transfert de propriété dans le cadre d'une location-accession mentionnée au numéro 66 du présent tableau

NOTAIRE				
Numéro	Catégorie	Sous-catégorie	Sous-ensemble	Nature de la prestation
68				Ventes, soumises à publicité foncière, des biens et droits suivants : fonds de commerce, éléments de fonds de commerce, unités de production, de branches d'activité d'entreprise, au sens du livre VI du présent code
69				Ventes par adjudication judiciaire de tous biens et droits autres que meubles et objets mobiliers, arbres en détail, et bateaux
69-1				Vente par adjudication volontaire de tous biens et droits autres que meubles et objets mobiliers, arbres en détail et bateaux
70				Bail de gré à gré ou sous bail, d'habitation ou professionnel et d'habitation, à ferme, à nourriture, à métayage
71				Renouvellement ou prorogation du bail
72			Actes relatifs principalement aux baux et à la gestion des biens immobiliers et fonciers Actes relatifs principalement aux contrats et conventions liés aux biens immobiliers et fonciers	Bail à long terme
73				Premier bail
74				Établissement du bail cessible en dehors du cadre familial
75				Cession du bail cessible en dehors du cadre familial
76				Bail à cheptel
77				Bail à vie, à durée illimitée ou emphytéotique
78				Bail à construction ou à réhabilitation
79				Bail par adjudication, y compris le cahier des charges
80				Cession de bail (sauf à construction) et cession de concession immobilière pure et simple
81				Cession de bail (sauf à construction) et cession de concession immobilière avec stipulation de prix
82				Cession de bail à construction
83				Concession immobilière
84				Bail, la cession, l'exploitation ou la vente de mines et carrières

NOTAIRE				
Numéro	Catégorie	Sous-catégorie	Sous-ensemble	Nature de la prestation
85				Résiliation ou résolution de bail pure et simple
86				Résiliation ou résolution de bail avec stipulation de prix
87				Contrat de construction mentionné au chapitre Ier du titre III du livre II du Code de la construction et de l'habitation
88				Contrat de promotion immobilière mentionné à l'article 1831-1 du Code civil
89				Convention d'indivision mentionnée aux articles 815-1 et 1873-1 à 1873-18 du Code civil
90				Déclaration de mobilier pour éviter une confusion
91			Actes relatifs principalement aux contrats et conventions liés aux biens immobiliers et fonciers	Lotissement de biens indivis, selon qu'il y a ou non tirage au sort ou attribution amiable
92				Constitution, convention modificative ou cession de mitoyenneté ou servitudes
93				Abandon de mitoyenneté ou servitudes
94			Actes relatifs principalement au patrimoine et la propriété de l'activité économique	Établissement de l'acte de règlement de copropriété ou du descriptif
95				Mise en conformité aux obligations légales, ou modification, afin de prendre en compte la volonté des copropriétaires ou des parties, du règlement de copropriété ou du descriptif
96				Échange bilatéral
97				Échange multilatéral
98		Actes relatifs principalement à l'activité économique Actes divers Actes divers Formalités relatives au crédit et à l'immobilier	Actes relatifs principalement au patrimoine et la propriété de l'activité économique Actes relatifs principalement aux prêts, dettes et sûretés participant à l'activité économique Actes relatifs principalement aux prêts, dettes et sûretés participant à l'activité économique Actes relatifs principalement aux contrats et conventions liés à l'activité économique	Acte d'abandon de biens ou droits par acte séparé

NOTAIRE				
Numéro	Catégorie	Sous-catégorie	Sous-ensemble	Nature de la prestation
99				Vente à réméré
100				Partage de sociétés de construction
101				Partage volontaire ou judiciaire, avec ou sans liquidation de communauté, de succession, de société (autre que celles mentionnées au numéro 100 du présent tableau) ou d'association
102				Partage de biens indivis, dans les cas autres que ceux prévus au numéro 101 du présent tableau.
103				Liquidation sans partage
104				Ventes par adjudication judiciaire de meubles et objets mobiliers, d'arbres en détail et de bateaux
105				Établissement de l'acte et le dépôt prévus à l'article L. 526-9 dans le cadre d'une affectation d'un bien immobilier dans le patrimoine de l'entrepreneur individuel à responsabilité limitée mentionné à l'article L. 526-6
106				Renonciation à l'affectation prévue à l'article 526-15
107				Acte comportant reprise, cession ou apport du bien affecté, prévu aux articles L. 526-16 et L. 526-17
108				Évaluation d'un bien immobilier dont la valeur doit être déclarée en vertu de l'article L. 526-10.
109				Acte de consentement à l'antériorité
110				Antichrèse par acte séparé
111				Cautionnement
112			Actes relatifs principalement aux prêts, dettes et sûretés participant à l'activité économique Actes relatifs principalement aux contrats et conventions liés à *l'activité* économique Actes relatifs principalement aux contrats et conventions liés à l'activité économique Acte complémentaire ou interprétatif Acte rectificatif	Compensation

NOTAIRE				
Numéro	Catégorie	Sous-catégorie	Sous-ensemble	Nature de la prestation
113				Vente à la société de crédit-bail dans le cadre d'un crédit-bail ou d'une cession-bail
114				Crédit-bail
115				Vente à l'utilisateur dans le cadre d'une opération de crédit-bail
116				Cession de crédit-bail pure et simple
117				Cession de crédit-bail moyennant un prix
118				Dation en paiement
119				Délégation de créance parfaite par acte séparé
120				Délégation de créance parfaite intervenant dans un acte dont elle n'est pas l'objet principal
121				Délégation imparfaite
122				Distribution de deniers par contribution
123				Acte d'affectation hypothécaire
124				Division d'hypothèque, dans le cas de partage de société de construction ou de vente de logements dépendant d'un même ensemble immobilier
125				Convention de rechargement d'une hypothèque
126				Avenant transformant la dernière hypothèque conventionnelle inscrite antérieurement à l'entrée en vigueur de l'ordonnance n° 2006-346 du 23 mars 2006, en hypothèque rechargeable
127				Forfait lorsque les actes mentionnés aux numéros 125 et 126 du présent tableau sont reçus simultanément
128				Prêt hypothécaire destiné à financer une activité professionnelle
129				Translation d'hypothèque portant sur la totalité du gage
130				Translation d'hypothèque partielle
131				Mainlevée de saisie
132				Mainlevée d'inscription hypothécaire, de privilège, de nantissement, de gage et réduction d'hypothèque définitive ou partielle réduisant la créance
133				Mainlevée d'inscription réduisant le gage ou le nantissement
134				Mainlevée d'inscription réduisant la créance et le gage ou le nantissement
135				Prêt viticole ou agricole

NOTAIRE				
Numéro	Catégorie	Sous-catégorie	Sous-ensemble	Nature de la prestation
136				Prêt maritime
137				Prêt, obligation avec ou sans garantie, reconnaissance de dette, et ouverture de crédit
138				Prêts conventionnés, prêts d'épargne logement et prêts complémentaires ou d'anticipation de ceux-ci, et les autres prêts du secteur aidé
139				Déclaration d'insaisissabilité prévue au deuxième alinéa de l'article L. 526-1
140				Renonciation à l'insaisissabilité des droits ou à la déclaration mentionnée au numéro 139, prévue à la première phrase du deuxième alinéa de l'article L. 526-3
141				Révocation de la renonciation mentionnée au numéro 140, prévue à la quatrième phrase du deuxième aliéna de l'article L. 526-3
142				Endossement de copie exécutoire à ordre mentionnée dans la loi n° 76-519 du 15 juin 1976 relative à certaines formes de transmission des créances sans négociation
143				Endossement mentionné au numéro 142 du présent tableau avec négociation
144				Endossement dans les autres cas que ceux visés aux 142 et 143 du présent tableau
145				Réalisation de crédit ou de prêt conditionnel
146				Nantissement et gage
147				Warrant agricole
148				Cession de biens par un débiteur à ses créanciers, prévue aux articles 1265 et suivants du Code civil, avec mutation de propriété
149				Compromis prévu au titre XVI du livre III du Code civil
150				Contrat de franchisage
151				Certificat de légalité pour les fusions de sociétés européennes
152			Actes relatifs principalement aux contrats et conventions liés à l'activité économique Acte complémentaire ou interprétatif Acte rectificatif Autorisations (en général)	Certificat de légalité pour les transferts de siège de sociétés européennes

NOTAIRE				
Numéro	Catégorie	Sous-catégorie	Sous-ensemble	Nature de la prestation
153				Devis et marché vente en dehors du cas prévu à l'article 1831-1 du Code civil
154				Devis et marché bail en dehors du cas prévu à l'article 1831-1 du Code civil
155				Promesse d'attribution faite dans un procès-verbal d'adjudication judiciaire
156				Inventaire
157				Liquidation de reprise (par acte séparé)
158				Ordre amiable, avec ou sans quittance
159				Sociétés (biens faisant l'objet d'une publicité foncière)
160				Association (biens faisant l'objet d'une publicité foncière)
161				Règlement d'indemnité en cas d'expropriation pour cause d'utilité publique, avant expropriation prononcée
162				Règlement d'indemnité en cas d'expropriation pour cause d'utilité publique, après expropriation prononcée sans traité d'adhésion
163				Règlement d'indemnité en cas d'expropriation pour cause d'utilité publique, après expropriation prononcée avec traité d'adhésion
164				Quittance pure et simple ou dans les cas prévus par les articles 1250, paragraphe 2, et 1251 du Code civil
165				Quittance d'ordre judiciaire
166				Subrogation, prévue à l'article 1250, paragraphe 1, du Code civil
167				Transports de droits litigieux
168				Acte complémentaire ou interprétatif
169				Acte rectificatif
170				Autorisations (en général)
170-1				Établissement du contrat de fiducie et de ses actes subséquents, lorsqu'ils requièrent un acte notarié en application du deuxième alinéa de l'article 2012 du Code civil ou du deuxième alinéa de l'article 2019 du même code
170-2				Actes relatifs aux autorisations d'occupation temporaire du domaine public mentionnées aux articles L. 1311-5 et suivants du Code général des collectivités territoriales et qui sont constitutives de droits réels

NOTAIRE				
Numéro	Catégorie	Sous-catégorie	Sous-ensemble	Nature de la prestation
170-3				Attestation de propriété qui est délivrée à la suite d'une dissolution automatique d'une société civile immobilière n'ayant pas été immatriculée et qui entraîne une indivision entre les anciens associés
171		Actes divers Formalités relatives au crédit et à l'immobilier Formalités relatives au crédit et à l'immobilier Formalités relatives aux démarches administratives et fiscales		Compte d'administration légale, d'acceptation de la succession à concurrence de l'actif net, de copropriété, d'exécution testamentaire, de gestion de mandat, de séquestre et autres
172				Décharge (par acte séparé) de cautionnement, d'exécution testamentaire, de mandat, d'objets mobiliers, de pièces, de solidarité et autres
173				Dépôt d'actes sous seing privé autres que les testaments olographes
174				Procès-verbal de dires, de protestations, de difficultés, de bornage
175				Procès-verbal de carence
176				Procuration
177				Prorogation de délai
178				Attestation de créancier
179				Paiement à des entrepreneurs des fonds versés par organismes de crédit
180				Ensemble des demandes de documents cadastraux, notamment l'extrait cadastral, le document d'arpentage, et les formulaires de division de parcelle
181	Formalités	Formalités relatives au crédit et à l'immobilier Formalités relatives aux démarchesadministratives et fiscales *Formalités relatives aux démarchesadministratives et fiscales* Autres formalités diverses		Vérification auprès du casier judiciaire de la situation pénale de l'acquéreur au regard de l'interdiction mentionnée au 5° *bis* de l'article 225-19 du Code pénal, en cas d'infraction prévue à l'article 225-14 du même code
182				Vérification du respect des dispositions de l'article L. 711-2 du Code de la construction et de l'habitation dans le cadre de l'élaboration de l'acte authentique mentionné au premier alinéa de l'article L. 711-5 du même code

NOTAIRE				
Numéro	Catégorie	Sous-catégorie	Sous-ensemble	Nature de la prestation
183				Immatriculation d'office du syndicat de copropriétaires dans les cas prévus au deuxième alinéa de l'article L. 711-5 du Code de la construction et de l'habitation
184				Immatriculation du syndicat de copropriétaires d'un immeuble mis en copropriété dans le cas prévu au I de l'article L. 711-4 du Code de la construction et de l'habitation
185				Copie figurée ou collationnée, pour publicité foncière
186				Demande de subvention dans le cadre d'un échange de biens ruraux
187				Notification nécessaire à la purge d'un droit de préemption
188				Réquisition de publication ou de mention en matière de publicité foncière
189				Inscription d'une hypothèque légale par le notaire sans acte notarié
190				Mention en marge d'une convention de rechargement
191				Bordereau d'inscription en suite immédiate d'un acte
192				Renouvellement d'inscription
193				Réquisition d'un état
194				Forfait pour les actes destinés à être publiés au fichier immobilier, comprenant l'ensemble des formalités suivantes : actes d'état civil, attestations, demandes de cadastre, copies authentiques, copies sur papier libre, copies publicité foncière, extraits d'acte, réquisitions d'état
195				Transmission au Conseil supérieur du notariat des informations relatives aux mutations d'immeubles à titre onéreux nécessaires à l'exercice de la mission de service public prévue à l'article 6-1 de l'ordonnance n° 45-2590 du 2 nov. 1945 relative au statut du notariat
196				Ensemble des demandes concernant l'état civil des personnes physiques et l'immatriculation des personnes morales
197				Attestation en général ou la certification écrite d'une situation de fait ou de droit délivrée par le notaire
198				Demande de renseignements en matière de législation sociale

NOTAIRE				
Numéro	Catégorie	Sous-catégorie	Sous-ensemble	Nature de la prestation
199		Formalités relatives aux démarches administratives et fiscales Autres formalités diverses Autres formalités diverses		Remise au greffe de procès-verbal de difficultés, testament ou autres actes
200				Formalités de publicité d'une déclaration de pacte civil de solidarité reçu par un notaire (pour les deux partenaires)
201				Formalités de publicité d'une modification de pacte civil de solidarité
202				Formalités de publicité d'une dissolution de pacte civil de solidarité
203				Rédaction et envoi d'une requête au juge des tutelles
204				Obtention de tout document nécessaire à la rédaction d'un acte et non tarifé par ailleurs
205				Demande d'autorisation de cumul
206				Établissement de la déclaration et le paiement de l'impôt sur les plus-values
207				Demande de paiement fractionné ou différé des droits quand la garantie proposée est hypothécaire
208				Demande de paiement fractionné ou différé des droits dans les cas autres que celui prévu au numéro 207 du présent tableau
209				Démarches pour l'application de la réglementation applicable en matière de relations financières avec l'étranger
210				Demande dégrèvement ou de restitution de droits ou taxes, lorsqu'il n'y a pas de démarches auprès de l'administration
211				Rédaction d'imprimés administratifs relatifs à la taxe sur la valeur ajoutée
212				Copie exécutoire, authentique, par extrait
213				Copie sur papier libre
214				Archivage numérisé des actes
215		Autres formalités diverses		Extrait d'acte, y compris le bordereau récapitulatif
216				Notification, sauf en matière de préemption
217				Demande de remise de pénalité, pour des faits non-imputables au notaire

NOTAIRE				
Numéro	Catégorie	Sous-catégorie	Sous-ensemble	Nature de la prestation
218				Rédaction d'affiches ou d'insertions dans les journaux en vue de publications diverses
219				Consultation de fichier public
220				Certificat de mesurage en application de l'article 46 de la loi n° 65-557 du 10 juill. 1965 fixant le statut de la copropriété des immeubles bâtis
221				Chacun des documents composant le dossier de diagnostic technique prévu à l'article L. 271-4 du Code de la construction et de l'habitat, mentionnés au I de cet article
222				Dépôt au rang des minutes de la convention prévue à l'article 229-1 du Code civil

Tableau 5-1 annexé à l'article R. 444-3

(D. n° 2018-200, 23 mars 2018)

Actes et formalités réalisés par les notaires et relevant du droit local des départements du Bas-Rhin, du Haut-Rhin et de la Moselle			
Numéro	Catégorie	Sous-catégorie	Nature de la prestation
223	Actes et formalités relatifs au livre foncier	Certificat de non-dommageabilité	Requête en délivrance d'un certificat de non-dommageabilité prévu par la loi d'Alsace-Lorraine du 19 juin 1906 sur le certificat de non-dommageabilité
224		Requêtes au livre foncier	Requête en exécution immédiate d'un acte et réquisition
225			Réponse à ordonnance intermédiaire
226			Requête en exécution différée d'un acte (prénotation)
227			Requête en inscription séparée d'un droit
228			Inscription de propriété par suite de décès ou en exécution d'une convention matrimoniale (article 44 de la loi du 1er juin 1924 mettant en vigueur la législation civile française dans les départements du Bas-Rhin, du Haut-Rhin et de la Moselle
229			Option par le conjoint survivant pour l'acquisition ou l'attribution de biens propres du précédé ou pour le prélèvement de biens communs
230			Autres requêtes
231			Requête en réinscription d'un droit par suite de péremption de l'inscription initiale

Actes et formalités réalisés par les notaires et relevant du droit local des départements du Bas-Rhin, du Haut-Rhin et de la Moselle			
Numéro	Catégorie	Sous-catégorie	Nature de la prestation
232			Requête en radiation de droits autres que privilèges et hypothèques et réquisition
233			Retrait d'une requête
234			Requête en renouvellement d'inscription de privilèges et hypothèques
235			Formalités relatives au privilège du vendeur visé à l'article 43 du décret n° 2009-1193 du 7 oct. 2009, et le cas échéant du droit de résolution.
236			Mainlevée de droits autres que privilèges et hypothèques
237		Inscription d'une pré-notation	Consentement à l'inscription d'une pré-notation prévue par l'article 39 de la loi du 1er juin 1924 mettant en vigueur la législation civile française dans les départements du Bas-Rhin, du Haut-Rhin et de la Moselle
238		Actes et formalités afférents à la prescription acquisitive prévue par l'article 44-1 de la loi du 1er juin 1924	Requête au juge du livre foncier aux fins d'inscription d'un droit portant sur un immeuble acquis par prescription ou par accession
239			Requête en exécution du jugement au livre foncier
240			Acte de notoriété constatant la prescription acquisitive si l'immeuble n'est pas inscrit au livre foncier
241			Attestation à titre de preuve de prescription acquisitive
242			Production des pièces cadastrales
243			Production d'autres preuves
244	Actes et formalités en matière de successions	Actes et formalités afférents à l'affirmation sous foi de serment	Rédaction d'une affirmation sous foi de serment
245			Requête en délivrance
246	Actes et formalités relatifs au partage judiciaire *et aux ventes volontaires* judiciaires	Actes et formalités pris en application de l'article 221 de la loi du 1er juin 1924 mettant en vigueur la législation civile française dans les départements du Bas-Rhin, du Haut-Rhin et de la Moselle (ouverture)	Demande de partage judiciaire
247			Désignation du fondé de pouvoir à l'étranger
248			Dépôt au rang des minutes du notaire du mandat de fondé de pouvoir à l'étranger avec reconnaissance d'écriture et de signature
249			Dépôt au rang des minutes du notaire du mandat de fondé de pouvoir à l'étranger sans reconnaissance d'écriture et de signature

Actes et formalités réalisés par les notaires et relevant du droit local des départements du Bas-Rhin, du Haut-Rhin et de la Moselle			
Numéro	Catégorie	Sous-catégorie	Nature de la prestation
250		Demande relative à une proposition de partage en application de l'article 224 de la loi du 1er juin 1924 mettant en vigueur la législation civile française dans les départements du Bas-Rhin, du Haut-Rhin et de la Moselle	Demande relative à une proposition de partage
251		Actes et formalités pris en application de l'article 225 de la loi du 1er juin 1924 mettant en vigueur la législation civile française dans les départements du Bas-Rhin, du Haut-Rhin et de la Moselle (débats)	Convocations et communication des propositions de partage
252			Procès-verbal des débats avec présence des parties
253			Procès-verbal des débats en l'absence des parties
254			Transmission au greffe du procès-verbal des débats
255		Actes et formalités pris en application de l'article 227 de la loi du 1er juin 1924 mettant en vigueur la législation civile française dans les départements du Bas-Rhin, du Haut-Rhin et de la Moselle (expertise)	Procès-verbal d'assermentation
256			Rédaction du rapport d'expertise rédigé par le notaire sur déclaration de l'expert
257			Avis que l'expertise a été dressée, par intéressé
258			Délivrance, à la demande de l'intéressé, d'une copie du rapport d'expertise en application du dernier alinéa de l'article 227
259		Actes et formalités pris en application de l'article 231 de la loi du 1er juin 1924 mettant en vigueur la législation civile française dans les départements du Bas-Rhin, du Haut-Rhin et de la Moselle (tirage au sort)	Convocation au tirage au sort
260			Procès-verbal de tirage au sort
261		Actes et formalités pris en application de l'article 232 de la loi du 1er juin 1924 mettant *en vigueur la législation* civile française dans les départements du Bas-Rhin, du Haut-Rhin et de la Moselle (difficultés et partage)	Procès-verbal de difficultés
262			Remise au greffe du procès-verbal
263			Renvoi des parties à se pourvoir par voie d'assignation
264			Rédaction de l'acte de partage
265			Transmission de la minute au tribunal
266			Information des non-comparants

Actes et formalités réalisés par les notaires et relevant du droit local des départements du Bas-Rhin, du Haut-Rhin et de la Moselle			
Numéro	Catégorie	Sous-catégorie	Nature de la prestation
267		Fixation du jour de la passation de l'acte de partage prévue à l'article 234 de la loi du 1er juin 1924 mettant envigueur la législation civile française dans les départements du Bas-Rhin, du Haut-Rhin et de la Moselle	Rédaction
268			Notification
269		Retrait de procédure	Retrait de procédure, par copartageant
270		Actes et formalités pris en application de l'article 245 de la loi du 1er juin 1924 mettant en vigueur la législation civile française dans les départements du Bas-Rhin, du Haut-Rhin et de la Moselle (cahier des charges)	Etablissement du cahier des charges sur les conditions de la vente
271			Convocation pour lecture
272			Procès-verbal de lecture
273			Requête en homologation du cahier des charges
274		Publications et affiches prévues par les articles 246 à 248 de la loi du 1er juin 1924 mettant en vigueur la législation civile française dans les départements du Bas-Rhin, du Haut-Rhin et de la Moselle	Publications prévues par les articles 246 et 247 de la loi du 1er juin 1924 mettant en vigueur la législation civile française dans les départements du Bas-Rhin, du Haut-Rhin et de la Moselle
275			Envoi de l'affiche mentionnée à l'article 248 de la loi du 1er juin 1924 mettant en vigueur la législation civile française dans les départements du Bas-Rhin, du Haut-Rhin et de la Moselle
276		Actes et formalités pris en application des articles 250 à 254 de la loi *du 1er juin* 1924 mettant en vigueur la législation civile française dans les départements du Bas-Rhin, du Haut-Rhin et de la Moselle	Procès-verbal d'adjudication prévu par l'article 250 de la loi du 1er juin 1924 mettant en vigueur la législation civile française dans les départements du Bas-Rhin, du Haut-Rhin et de la Moselle
277			Procuration pour enchères prévue par l'article 253 de la loi du 1er juin 1924 mettant en vigueur la législation civile française dans les départements du Bas-Rhin, du Haut-Rhin et de la Moselle
278			Déclaration de command, par copartageant, prévue par l'article 254 de la loi du 1er juin 1924 mettant en vigueur la législation civile française dans les départements du Bas-Rhin, du Haut-Rhin et de la Moselle

Actes et formalités réalisés par les notaires et relevant du droit local des départements du Bas-Rhin, du Haut-Rhin et de la Moselle			
Numéro	Catégorie	Sous-catégorie	Nature de la prestation
279			Ratification d'adjudication inférieure à la mise à prix, par copartageant ratifiant, mentionnée à l'article 254 de la loi du 1er juin 1924 mettant en vigueur la législation civile française dans les départements du Bas-Rhin, du Haut-Rhin et de la Moselle
280			Demande de nouvelles enchères dans les conditions prévues à l'article 254 de la loi du 1er juin 1924 mettant en vigueur la législation civile française dans les départements du Bas-Rhin, du Haut-Rhin et de la Moselle
281		Autres ventes volontaires judiciaires	Autres ventes volontaires judiciaires, mentionnées à l'article 261 de la loi du 1er juin 1924 mettant en vigueur la législation civile française dans les départements du Bas-Rhin, du Haut-Rhin et de la Moselle
282		Actes et formalités relatifs à l'aliénation des biens immobiliers d'une personne protégée	Demande au tribunal des tutelles au titre de l'article 257 de la loi du 1er juin 1924 mettant en vigueur la législation civile française dans les départements du Bas-Rhin, du Haut-Rhin et de la Moselle
283			Actes et formalités pris en application de l'article 258 de la loi du 1er juin 1924 mettant en vigueur la législation civile française dans les départements du Bas-Rhin, du Haut-Rhin et de la Moselle
284			Consentement des intéressés à la vente en application de l'article 259 de la loi du 1er juin 1924 mettant en vigueur la législation civile française dans les départements du Bas-Rhin, du Haut-Rhin et de la Moselle
285			Requête en autorisation de vente par adjudication en application de l'article 260 de la loi du 1er juin 1924 mettant en vigueur la législation civile française dans les départements du Bas-Rhin, du Haut-Rhin et de la Moselle
286			Requête en vente volontaire d'immeuble par acceptation de succession à concurrence de l'actif net ou en vacance de succession en application de l'article 261 de la loi du 1er juin 1924 mettant en vigueur la législation civile française dans les départements du Bas-Rhin, du Haut-Rhin et de la Moselle
287			Requête en autorisation de vente en cas de personne protégée étrangère en application de l'article 262 de la loi du 1er juin 1924 mettant en vigueur la législation civile française dans les départements du Bas-Rhin, du Haut-Rhin et de la Moselle

Actes et formalités réalisés par les notaires et relevant du droit local des départements du Bas-Rhin, du Haut-Rhin et de la Moselle			
Numéro	Catégorie	Sous-catégorie	Nature de la prestation
288	Actes et formalités relatifs à l'exécution forcée immobilière ou aux ventes réalisées dans le cadre d'une procédure collective	Actes et formalités pris en application de l'article 141 de la loi du 1er juin 1924 mettant en vigueur la législation civile française dans les départements du Bas-Rhin, du Haut-Rhin et de la Moselle	Demande introductive
289			Désignation du fondé de pouvoir à l'étranger
290		Actes et formalités pris en application de l'article 145 de la loi du 1er juin 1924 mettant en vigueur la législation civile française dans les départements du Bas-Rhin, du Haut-Rhin et de la Moselle	Requête en désignation du curateur
291			Requête au tribunal des tutelles en nomination d'administrateur des biens de non-présent (article 113 du Code civil)
292		Actes et formalités pris en application des articles 147 et 148 de la loi du 1er juin 1924 mettant en vigueur la législation civile française dans les départements du Bas-Rhin, du Haut-Rhin et de la Moselle	Convocation
293			Procès-verbal des débats
294			Mise à jour au livre foncier
295			Établissement du cahier des charges prévu à l'article 148 de la loi du 1er juin 1924 mettant en vigueur la législation civile française dans les départements du Bas-Rhin, du Haut-Rhin et de la Moselle
296		Désignation d'un fondé de pouvoir	Désignation d'un fondé de pouvoir (Article 21 annexe du Code de procédure civile)
297		Dépôt de procuration entre les mains du notaire (Article 22 annexe du Code de procédure civile)	Dépôt avec reconnaissance d'écriture et de signature
298			Dépôt sans reconnaissance d'écriture et de signature
299		Légalisation de signature	Légalisation de signature (article 22 annexe du Code de procédure civile)
300		Visite des lieux et procès-verbal	Visite des lieux et procès-verbal
301		Publications en application de l'article 150 de la loi du 1er juin 1924 mettant en vigueur la législation civile française dans les départements du Bas-Rhin, du Haut-Rhin et de la Moselle	Affichage, par texte et par destinataire
302			Envoi d'exemplaires, par destinataire

Actes et formalités réalisés par les notaires et relevant du droit local des départements du Bas-Rhin, du Haut-Rhin et de la Moselle			
Numéro	Catégorie	Sous-catégorie	Nature de la prestation
303		Actes et formalités pris en application en application des articles 153 à 157 et 164 de la loi du 1er juin 1924 mettant en vigueur la législation civile française dans les départements du Bas-Rhin, du Haut-Rhin et de la Moselle	Procès-verbal d'adjudication, le cahier des charges étant automatiquement rédigé par le notaire, prévu aux articles 153 et 157 de la loi du 1er juin 1924 mettant en vigueur la législation civile française dans les départements du Bas-Rhin, du Haut-Rhin et de la Moselle
304			Abandon de procédure prévu aux articles 153 et 157 de la loi du 1er juin 1924 mettant en vigueur la législation civile française dans les départements du Bas-Rhin, du Haut-Rhin et de la Moselle
305			Déclaration de command prévu par l'article 155 de la loi du 1er juin 1924 mettant en vigueur la législation civile française dans les départements du Bas-Rhin, du Haut-Rhin et de la Moselle
306			Notification de séquestre judiciaire de l'immeuble prévue par l'article 164 de la loi du 1er juin 1924, par notification
307		Actes et formalités pris en application de l'article 195 de la loi du 1er juin 1924 mettant en vigueur la législation civile française dans les départements du Bas-Rhin, du Haut-Rhin et de la Moselle	Distribution amiable
308			Retrait de procédure
309		Actes et formalités relatifs à l'ouverture de la procédure de distribution en application des articles 196 et 197 de la loi du 1er juin 1924 mettant en vigueur la législation civile française dans les départements du Bas-Rhin, du Haut-Rhin et de la Moselle	Procès-verbal d'ouverture
310			Sommation de produire
311			Procès-verbal de production
312		Actes et formalités relatifs à la collocation prévue par l'article 200 de la loi du 1er juin 1924 *mettant* en vigueur la législation civile française dans les départements du Bas-Rhin, du Haut-Rhin et de la Moselle	État de collocation
313			Clôture de collocation

Actes et formalités réalisés par les notaires et relevant du droit local des départements du Bas-Rhin, du Haut-Rhin et de la Moselle			
Numéro	Catégorie	Sous-catégorie	Nature de la prestation
314	Actes et formalités prévus par l'article 201 de la loi du 1er juin 1924 mettant en vigueur la législation civile française dans les départements du Bas-Rhin, du Haut-Rhin et de la Moselle	Fixation du jour	
315			Sommation de comparaître et avis
316		Mandat de représentation en exécution forcée, administration forcée ou distribution	Mandat de représentation en exécution forcée, administration forcée ou distribution
317		Notification aux créanciers de l'ordonnance de vente sur demande du tribunal ou du liquidateur	Notification aux créanciers de l'ordonnance de vente sur demande du tribunal ou du liquidateur
318		Actes et formalités relatifs à la procédure de purge	Offre de purge
319			Procédure de revente sur surenchère
320			Envoi des offres de purge aux huissiers
321		Actes et formalités relatifs aux associations et fondations	Rédaction des statuts, en cas d'apport de biens soumis à publicité foncière
322			Requête en inscription de l'association (article 28 annexe du Code de procédure civile)
323			Partage ou dévolution après dissolution
324			Pourvoi en matière de livre foncier, de certificat d'héritier, de certificat d'exécuteur testamentaire, de certificat de non-dommageabilité, d'associations, d'exécution forcée, d'administration forcée, de partage judiciaire, et de procédure de taxe
325		Autres actes et formalités	Établissement d'une procuration en matière de partage judiciaire, d'exécution forcée, de soumission à l'exécution forcée dans un acte, et d'administration forcée
326			Légalisation authentique prévue par l'article 56 du décret n° 2009-1193 du 7 oct. 2009 susvisé
327			Légalisation dans le cadre d'une requête séparée au livre foncier

Tableau 6 annexé à l'article R. 444-3
(Tableau créé à compter du 1er septembre 2017, D. n° 2017-862, 9 mai 2017)

La section 4 du chapitre Ier du titre IV *bis* du livre IV de la partie Arrêtés du Code de commerce entre en vigueur le 1er septembre 2017.

Toutefois, et par dérogation aux articles A. 444-187 et A. 444-202 du Code de commerce, en matière de saisie immobilière, de partage, de licitation et de sûretés judiciaires :

1° Les dispositions régissant le tarif de postulation devant les tribunaux judiciaires mentionnées aux 1°, 2°, 3° et 4° de l'article 6 du décret n° 2017-862 du 9 mai 2017 restent applicables aux instances en cours avant le 1er septembre 2017 ;

2° Les dispositions régissant le tarif de postulation devant les cours d'appel mentionnées au 5° de l'article 6 du décret n° 2017-862 du 9 mai 2017 restent applicables aux instances en cours avant l'entrée en vigueur de la loi n° 2011-94 du 25 janvier 2011.

Numéro	Catégorie	Sous-catégorie	Nature de la prestation	
1	**Prestations de postulation réalisées dans le cadre d'une vente de meubles ou d'immeubles par adjudication judiciaire (saisie immobilière ou licitation judiciaire)**	**Actes**	Actes de procédure réalisés dans le cadre d'une saisie immobilière	
2			Actes de procédure réalisés dans le cadre d'une licitation d'immeubles par adjudication judiciaire	
3			Actes de procédure réalisés dans le cadre d'une licitation de meubles par adjudication judiciaire	
4			Actes de procédure réalisés dans le cadre de la distribution du prix d'un immeuble ou d'un meuble vendu par adjudication judiciaire	
5		**Formalités**	Réquisitions et demandes de renseignements sur la personne du débiteur saisi	
6			Réquisitions et demandes de renseignements sur l'immeuble saisi	
7			Rédaction du bordereau de publication et éventuellement du bordereau rectificatif, en application des articles R. 321-6 et R. 321-7 du Code des procédures civiles d'exécution	
8			Publication du commandement de payer au service de la publicité foncière	
9			Publication au service de la publicité foncière de la décision de justice ordonnant la suspension des voies d'exécution, le report de la vente ou la prorogation du commandement de payer, en application de l'article R. 321-22 du Code des procédures civiles d'exécution	

Numéro	Catégorie	Sous-catégorie	Nature de la prestation	
10			Rédaction de la dénonciation au conjoint du commandement de payer en application du premier alinéa de l'article R. 321-1 du Code des procédures civiles d'exécution	
11			S'il existe un tiers détenteur de l'immeuble saisi, rédaction du commandement à fin de saisie à tiers détenteur, en application de l'article R. 321-4 du Code des procédures civiles d'exécution	
12			Mention, en marge de publication du commandement de payer, de l'assignation à comparaître à l'audience d'orientation et des dénonciations, en application de l'article R. 322-9 du Code des procédures civiles d'exécution	
13			Rédaction du cahier des conditions de la vente ou du cahier des charges	
14			Dépôt au greffe du cahier des conditions de la vente ou du cahier des charges, de la copie de l'assignation et du procès-verbal de descriptif de l'immeuble saisi, en application des articles R. 322-10 et R. 322-11 du Code des procédures civiles d'exécution	
15			Dire au cahier des conditions de la vente pour renseignements complémentaires	
16			Rédaction d'une signification de jugement à avocat et à partie	
17			Lettre en recommandé avec accusé de réception au syndic de copropriété concernant l'amiante et l'état de l'immeuble saisi, en application des articles R. 1334-14 à R. 1334-29-7 du Code de la santé publique	
18			Déclaration au greffe pour informations complémentaires	
19			Si l'immeuble saisi est soumis à un droit de préemption urbain, rédaction de la déclaration d'intention d'aliéner et envoi en mairie en cinq exemplaires	

Numéro	Catégorie	Sous-catégorie	Nature de la prestation	
20			Formalités de publicité légale prévues aux articles R. 322-32 à R. 322-70 du Code des procédures civiles d'exécution	
21			Dépôt au greffe de l'avis de publicité pour apposition	
22			Lettre en recommandé avec accusé de réception au locataire ou, si l'immeuble est occupé par le propriétaire, à la mairie, en application de l'article L. 616 du Code de la construction et de l'habitation	
23			Rédaction d'une notification aux fins de purge des droits de préemption et de substitution, en application de l'article 10 de la loi n° 75-1351 du 31 déc. 1975 relative à la protection des occupants de locaux à usage d'habitation	
24			Levée auprès du greffe du certificat constatant le défaut de consignation du prix ou de paiement des frais, en application de l'article R. 322-67 du Code des procédures civiles d'exécution	
25			Rédaction d'une sommation de payer à l'avocat de l'adjudicataire	
26			Déclaration d'adjudicataire au greffe, en application de l'article R. 322-46 du Code des procédures civiles d'exécution	
27			Concernant les lots de copropriété, notification au syndic de l'avis de mutation en application de l'article 5-1 du décret n° 67-223 du 17 mars 1967	
28			Concernant les lots de copropriété, notification au syndic du transfert de propriété en application de l'article 6 du décret n° 67-223 du 17 mars 1967	
29			Concernant les lots de copropriété, notification aux créanciers inscrits de l'opposition à la vente formulée *par le syndic*, en application de l'article 6-1 du décret n° 67-223 du 17 mars 1967	
30			Dépôt d'une déclaration de surenchère au greffe du juge de l'exécution	

Numéro	Catégorie	Sous-catégorie	Nature de la prestation	
31			Rédaction de la dénonciation de la surenchère au créancier poursuivant, au premier adjudicataire et au débiteur saisi au greffe	
32			S'il n'existe qu'un seul créancier, notification au débiteur du montant versé au créancier poursuivant, en application de l'article R. 332-1 du Code des procédures civiles d'exécution	
33			S'il existe plusieurs créanciers	Notification de la demande de la déclaration actualisée des créances, en application de l'article R. 332-2 du Code des procédures civiles d'exécution
34				Notification du projet de distribution du prix aux créanciers, en application des articles R. 332-4 et R. 332-5 du Code des procédures civiles d'exécution
35				Notification du projet de distribution du prix au syndic de copropriété, au débiteur saisi et au Trésor public
36			Réquisition auprès du service de la publicité foncière aux fins de radiation des inscriptions et publications	
37	**Prestations de postulation réalisées dans le cadre d'un partage ou d'une licitation par adjudication volontaire**	**Actes**	Actes de procédure réalisés dans le cadre d'une demande contestée en partage de biens meubles ou immeubles, y compris en cas de licitation par adjudication volontaire	
38			Actes de procédure réalisés dans le cadre d'une demande non contestée en partage de biens immeubles	
39			Actes de procédure réalisés dans le cadre d'une demande contestée en homologation du projet d'état liquidatif des biens à partager	
40		**Formalités**	Publication du jugement au service de la publicité foncière	

Numéro	Catégorie	Sous-catégorie	Nature de la prestation	
41	**Prestations de postulation réalisées en matière de sûretés judiciaires**	**Actes**	Actes de procédure réalisés pour l'inscription d'une sûreté judiciaire avec demande d'obtention d'un titre exécutoire, en application de l'article R. 531-1 du Code des procédures civiles d'exécution	
42			Actes de procédure réalisés pour l'inscription d'une sûreté judiciaire sans demande d'obtention d'un titre exécutoire en application de l'article R. 531-1 du Code des procédures civiles d'exécution ou en application de l'article 2412 du Code civil	
43		**Formalités**	Réquisitions et demandes de renseignements sur la personne du débiteur	
44			Réquisitions et demandes de renseignements sur l'immeuble	
45			Réquisitions et demandes de renseignements sur la société	
46			Formalités de publicité provisoire, en application des articles R. 532-1 à R. 532-9 du Code des procédures civiles d'exécution	
47			Formalités de publicité définitive en application des articles R. 533-1 à R. 533-6 du Code des procédures civiles d'exécution	
48	**Incidents**	**Incidents**	Actes et formalités de procédure réalisés en matière d'incidents (incidents relevant de l'article 771 du Code de procédure civile et contestations et demandes incidentes mentionnées à l'article R. 311-6 du Code des procédures civiles d'exécution)	

Annexe 4-8

(D. n° 2016-230, 26 févr. 2016)

Les frais et débours dont le professionnel peut demander le remboursement sont les suivants :

1° S'agissant des administrateurs judiciaires, commissaires à l'exécution du plan, mandataires judiciaires et liquidateurs :

a) Toute somme due à des tiers et payée par le professionnel au titre de son mandat ;

b) Les droits de toute nature payés au Trésor ;

c) Les frais postaux, de reprographie, de déplacement, et d'hébergement supportés par le mandataire de justice dans l'exercice de sa mission ;

2° S'agissant des commissaires-priseurs judiciaires :

a) Les frais de toute sorte spécifiquement occasionnés par la vente judiciaire, étant entendu que les remboursements de frais non individualisables doivent être répartis entre les vendeurs en tenant compte des montants respectifs des prix d'adjudication, et que le montant total réparti entre les vendeurs ne peut excéder le total des frais effectivement supportés par le commissaire-priseur judiciaire du fait de la vente ;

b) Les droits de toute nature payés au Trésor, respectivement mis à la charge des vendeurs et des acheteurs en application des dispositions du Code général des impôts ;

c) Les frais postaux, de reprographie, de déplacement, et d'hébergement supportés par le commissaire-priseur judiciaire lors de l'accomplissement d'une prestation mentionnée au tableau 1 de l'article annexe 4-7 ;

3° S'agissant des huissiers de justice :

a) Les frais de déplacement, sauf pour les significations d'avocat à avocat ;

b) Les droits fiscaux de toute nature ;

c) Les frais d'affranchissement des lettres qui constituent des formalités obligatoires de procédure ;

d) Les frais de serrurier, de déménagement, de garagiste et de garde-meubles ;

e) Les indemnités versées aux conseillers municipaux, fonctionnaires municipaux, autorités de gendarmerie ou témoins requis en application de l'article L. 142-1 du Code des procédures civiles d'exécution ;

f) Les indemnités versées aux fonctionnaires de la police nationale requis en application de l'article L. 142-1 du Code des procédures civiles d'exécution ;

g) Les indemnités versées aux conseillers municipaux, fonctionnaires municipaux, autorités de gendarmerie, fonctionnaires de la police nationale ou témoins requis en application de l'article 1309 du Code de procédure civile ;

h) Toute somme due à des tiers à l'occasion de l'activité professionnelle de l'huissier de justice, et payée directement par lui ;

i) Les frais engagés pour la recherche des informations auprès du service du fichier des comptes bancaires et auprès des organismes énumérés aux articles L. 152-1 et L. 152-2 du Code des procédures civiles d'exécution ;

4° S'agissant des huissiers de justice des départements du Bas-Rhin, du Haut-Rhin et de la Moselle, pour les actes spéciaux de la procédure localement applicable :

a) Les frais de publication et d'insertion ;

b) La rémunération du serrurier requis pour procéder à l'ouverture des meubles et portes ;

5° S'agissant des greffiers des tribunaux de commerce :

a) Les déplacements effectués en raison de leurs fonctions d'officiers publics à plus de deux kilomètres, tant à l'aller qu'au retour, de la commune où siège le tribunal de commerce ;

b) Les débours de toute sorte liés à la transmission d'un acte, d'une décision ou d'un document, y compris les frais de poste et de téléphone, sauf lorsqu'un forfait de transmission est prévu à l'article annexe 4-7 ;

6° S'agissant des notaires :

a) Tous les frais, notamment les frais de déplacement et les frais exceptionnels exposés à la demande expresse du client à l'occasion de l'élaboration et de la rédaction d'un acte ou de l'accomplissement des formalités mentionnés à l'article annexe 4-7, à l'exception des frais accessoires, tels que frais de papeterie ou de bureau ;

b) Toute somme due à des tiers et payée par le notaire pour le compte de son client à l'occasion d'une prestation listée à l'article annexe 4-7.

7° *(7° créé à compter du 1er septembre 2017, D. n° 2017-862, 9 mai 2017) S'agissant des avocats, pour les prestations de postulation en matière de saisie immobilière, de partage, de licitation et de sûretés judiciaires :*

a) Tous les frais, notamment les frais de déplacement et les frais exceptionnels exposés à la demande expresse du client pour l'accomplissement des prestations mentionnées au tableau 6 de l'article annexe 4-7, à l'exception des frais accessoires, tels que frais de papeterie ou de bureau ;

b) Toute somme due à des tiers et payée par l'avocat pour le compte de son client à l'occasion d'une prestation mentionnée au tableau 6 de l'article annexe 4-7.

II. – Les indemnités prévues au e du 3° du I, s'agissant des conseillers municipaux, fonctionnaires municipaux, autorités de gendarmerie ou témoins, et au *f* du 3° du I, s'agissant des fonctionnaires de la police nationale, sont versées aux intéressés lorsqu'ils sont requis :

1° Pour être présents à l'ouverture des portes et meubles fermant à clef ;

2° Pour prêter main-forte à l'exécution d'une mesure d'expulsion.

Les montants respectivement alloués sont précisés par arrêté conjoint des ministres de la Justice et de l'Économie.

III. – L'huissier de justice porte, sur un registre spécial qu'il tient, le nom et le grade du fonctionnaire de la police nationale mentionné au *f* du 3° du I qui a participé à l'intervention, ainsi que les date et heure de cette dernière.

IV. – Le produit de la recette constituée par les indemnités versées aux fonctionnaires de la police nationale en application du *f* du 3° du I est assimilé à un fonds de concours pour dépense d'intérêt public et rattaché au budget du ministère de l'Intérieur dans la limite et selon des modalités fixées par arrêté conjoint du ministre chargé du budget et du ministre de l'Intérieur.

V. – Le montant et le produit des indemnités prévues au g du 3° du I sont respectivement déterminés conformément aux II et IV.

VI. – Les indemnités prévues aux *b* et *c* du 4° :

1° Sont allouées aux intéressés s'ils le requièrent ;

2° Sont respectivement fixées par un arrêté conjoint des ministres de la Justice et de l'Économie, s'agissant de l'indemnité prévue au *b* du 4°, et par le tarif en matière civile des experts des départements du Bas-Rhin, du Haut-Rhin et de la Moselle, s'agissant de l'indemnité prévue au *c* du 4°.

Annexe 4-9

(D. n° 2016-230, 26 févr. 2016 ; mod., D. n° 2016-1278, 29 sept. 2016)

I. – Sont notamment réalisées par les professions concernées dans les conditions prévues au troisième alinéa de l'article L. 444-1, les prestations dont la liste suit :

1° S'agissant des administrateurs judiciaires et des mandataires judiciaires :

a) L'ensemble des prestations prévues au chapitre Ier du titre Ier du livre VI du présent code, réalisées dans le cadre d'un mandat *ad hoc*, d'une procédure de conciliation, d'un mandat à l'exécution de l'accord ou d'une expertise ;

2° S'agissant des huissiers de justice :

a) Les prestations et formalités compatibles avec le statut d'huissier de justice, et n'ayant pas un acte d'huissier de justice pour support, notamment :

i. Les consultations juridiques et la rédaction d'actes sous seing privé délivrés dans le cadre des prérogatives qui leur sont imparties par l'article 56 de la loi n° 71-1130 du 31 décembre 1971 portant réforme de certaines professions judiciaires et juridiques ;

ii. Les missions d'assistance ou de représentation devant les juridictions où l'huissier de justice est habilité à représenter les parties ;

iii. Le recouvrement amiable des créances pour le compte d'autrui ;

iv. Les sommations de payer non-interpellatives, prévues aux articles 1344 et 1231-6 du Code civil ;

b) Les activités de ventes volontaires de meubles aux enchères publiques ;

c) Les sommations interpellatives, notamment de payer ;

d) Les congés et les offres de renouvellement de bail d'habitation, prévus :

– à l'article 1736 du Code civil ;

– dans la loi n° 48-1360 du 1er septembre 1948 portant modification et codification de la législation relative aux rapports des bailleurs et locataires ou occupants de locaux d'habitation ou à usage professionnel et instituant des allocations de logement ;

– à l'article 15 de la loi n° 89-462 du 6 juillet 1989 tendant à améliorer les rapports locatifs et portant modification de la loi n° 86-1290 du 23 décembre 1986 ;

– à l'article 57 A de la loi n° 86-1290 du 23 décembre 1986 tendant à favoriser l'investissement locatif, l'accession à la propriété de logements sociaux et le développement de l'offre foncière ;

e) Les congés et demandes de renouvellement de bail commercial, prévus à l'article L. 145-4 du présent code ;

f) Établissement d'un constat autre que celui visé au numéro 112 du tableau 3-1 annexé à l'article R. 444-3 ;

g) Rédaction préparatoire à la signification des assignations ou congés ;

3° S'agissant des greffiers des tribunaux de commerce :

a) Les travaux, formalités, diligences ou missions relevant de leurs fonctions qui ne sont pas listés à l'article annexe 4-7 lors de la délivrance, conformément aux dispositions légales et réglementaires, notamment celles de l'article R. 123-151 du présent code, de renseignements et de statistiques sous une autre forme que les certificats, copies ou extraits des inscriptions portées sur les registres tenus dans les greffes et actes déposés en annexe, du registre du commerce et des sociétés ;

4° S'agissant des notaires :

a) Les consultations, sous réserve qu'elles soient détachables des prestations figurant sur la liste prévue au 1° de l'article R. 444-3 ;

b) Les négociations, définies comme les prestations par lesquelles le notaire, agissant en vertu d'un mandat écrit que lui a donné à cette fin l'une des parties, recherche un cocontractant, le découvre et le met en relation avec son mandant, soit directement, soit par l'intermédiaire du représentant de ce cocontractant, reçoit l'acte ou participe à sa réception ;

c) Les transactions définies comme les prestations par lesquelles le notaire chargé de recevoir un acte dont la réalisation est subordonnée à la solution d'un désaccord, rapproche ou participe au rapprochement des parties, obtient ou participe à l'obtention de leur accord et rédige la convention prévue par l'article 2044 du Code civil ;

d) Les contrats d'association ;
e) Les baux régis par le chapitre V du titre IV du livre Ier du présent code ;
f) Les contrats de louage d'ouvrage et d'industrie, salaires ou travaux ;
g) Les contrats de sociétés ;
h) Les ventes de fonds de commerce, d'éléments de fonds de commerce, d'unités de production, de branches d'activité d'entreprise ;
i) Les ventes par adjudication volontaire de meubles et objets mobiliers, d'arbres en détail et de bateaux.

II. – Sauf stipulation contraire, l'honoraire de la négociation mentionnée au *b* du 4° du I est à la charge de celle des parties qui supporte les frais de l'acte.

Les frais de publicité nécessaires à la recherche d'un co-contractant sont à la charge du notaire. Cependant, le mandant peut s'obliger à les lui rembourser sur justification dans la limite d'une somme précisée dans le mandat.

III. – Les honoraires de la négociation et de la transaction, respectivement mentionnées aux *b* et *c* du 4° du I, sont exclusifs l'un de l'autre.

L'honoraire de transaction ne peut être perçu par le notaire qu'à la réception de l'acte et seulement si ce dernier mentionne les points sur lesquels portait le désaccord.

Sous-section 2. – Méthode de fixation des tarifs

Art. R. 444-4 *(D. n° 2016-230, 26 févr. 2016).* **– Les arrêtés prévus à l'article L. 444-3 fixent les tarifs mentionnés à l'article R. 444-1 pour une période de référence.**

Toutefois, au cours de la période de référence, un arrêté conjoint du ministre de la Justice et du ministre chargé de l'économie peut fixer l'émolument applicable à une prestation ne figurant pas dans l'article annexe 4-7, avant son insertion dans la liste prévue au 1° de l'article R. 444-3 et la publication de l'arrêté pris en application du premier alinéa.

Art. R. 444-5 *(D. n° 2016-230, 26 févr. 2016 ; mod., D. n° 2020-179, 28 févr. 2020).* **– Les tarifs régis par le présent titre prennent en compte les coûts pertinents du service rendu et une rémunération raisonnable. Is sont fixés selon les modalités prévues aux articles R. 444-6 et R. 444-7, sur la base des données communiquées par les instances professionnelles nationales en application des articles R. 444-18 à R. 444-21.**

Ils assurent une péréquation pour l'ensemble des prestations servies, en vue de favoriser l'accès aux prestations, l'installation des professionnels sur l'ensemble du territoire et l'orientation de l'activité économique.

Aux fins de la péréquation, des émoluments fixes ou proportionnels peuvent être prévus.

NB : Conformément à l'article 16 du décret n° 2020-179 du 28 février 2020, ces dispositions entrent en vigueur, pour chacune des professions concernées, à la date d'application du prochain arrêté portant fixation de ses tarifs en application de l'article L. 444-3 du Code de commerce.

Art. R. 444-6 *(D. n° 2016-230, 26 févr. 2016 ; mod., D. n° 2020-179, 28 févr. 2020).* **– Les coûts pertinents sont évalués globalement pour chaque profession comme la différence entre le chiffre d'affaires et le résultat de cette profession, affectée du coefficient correspondant à la part des coûts imputables aux seules activités régulées dans les coûts totaux de la profession.**

Ce coefficient est réputé égal à la part du chiffre d'affaires régulé dans le chiffre d'affaires de la profession.

NB : Conformément à l'article 16 du décret n° 2020-179 du 28 février 2020, ces dispositions entrent en vigueur, pour chacune des professions concernées, à la date d'application du prochain arrêté portant fixation de ses tarifs en application de l'article L. 444-3 du Code de commerce.

Art. R. 444-7 *(D. n° 2016-230, 26 févr. 2016 ; mod., D. n° 2020-179, 28 févr. 2020).* **– I. – La rémunération raisonnable est déterminée globalement pour chaque profession en appliquant au chiffre d'affaires régulé l'objectif de taux de résultat moyen de cette profession. Cet objectif est déterminé à partir d'un taux de référence égal à 20 %.**

II. – L'objectif de taux de résultat moyen est égal au taux de référence mentionné au I affecté d'un coefficient correcteur multiplicateur, compris entre 1 et 1,6, afin de prendre en compte :

1° L'écart entre le taux de résultat régulé de la profession, constaté au titre de la dernière année disponible, et le taux de référence de 20 % ;

2° Le résultat moyen régulé des professionnels appartenant aux trois premiers déciles de la profession ;

3° Le cas échéant, les caractéristiques des prestations réalisées par la profession et l'évolution constatée de la qualité du service rendu ;

4° Le cas échéant, l'évolution constatée au cours des trois dernières années disponibles et l'évolution prévisible du chiffre d'affaires et du résultat moyens par professionnel.

III. – Les tarifs réglementés et l'objectif de taux de résultat moyen sont fixés de manière à ce que le chiffre d'affaires régulé de la profession ne puisse varier de plus de 5 % par rapport à la période de référence précédente.

Les dispositions du précédent alinéa ne font pas obstacle à ce que l'émolument perçu en contrepartie d'une prestation donnée évolue, en valeur absolue, de plus de 5 % par rapport à la période de référence précédente.

IV. – L'objectif de taux de résultat moyen de chaque profession est fixé par l'arrêté prévu à l'article L. 444-3.

NB : Conformément à l'article 16 du décret n° 2020-179 du 28 février 2020, ces dispositions entrent en vigueur, pour chacune des professions concernées, à la date d'application du prochain arrêté portant fixation de ses tarifs en application de l'article L. 444-3 du Code de commerce. Trois arrêtés du 28 février 2020, entrés en vigueur le 1er mars, ont fixé comme suit l'objectif de taux de résultat moyen prévu au I de l'article R. 444-7 : 30 % pour les notaires, 31,7 % pour les huissiers de justice, 29 % pour les commissaires-priseurs judiciaires.

Sous-section 3. – Structure et modalités tarifaires

Art. R. 444-8 *(D. n° 2016-230, 26 févr. 2016).* – Les émoluments régis par le présent titre sont fixes, sous réserve des dispositions de l'article R. 444-5.

Art. R. 444-9 *(D. n° 2016-230, 26 févr. 2016).* – La somme des émoluments perçus *(Mots aj. à compter du 1er septembre 2017, D. n° 2017-862, 9 mai 2017)* « par le notaire » au titre des prestations relatives à la mutation d'un bien ou d'un droit immobilier ne peut excéder 10 % de la valeur de ce bien ou droit, sans pouvoir être inférieure à un montant fixé par l'arrêté prévu à l'article L. 444-3, sans pouvoir être inférieure à 90 €.

Art. R. 444-10 *(D. n° 2016-230, 26 févr. 2016).* – I. – Le taux de la remise que peut consentir un professionnel en application *(Mots rempl., D. n° 2020-179, 28 févr. 2020)* « de la première phrase du sixième alinéa » de l'article L. 444-2 ne peut excéder « 20 % » du montant de l'émolument arrêté pour une prestation afférente à un bien ou un droit d'une valeur supérieure à un seuil défini par un arrêté conjoint du ministre de la Justice et du ministre chargé de l'économie.

II. – La limite prévue au I est portée à 40 % du montant de l'émolument arrêté pour les prestations suivantes, afférentes à un bien ou un droit d'une valeur supérieure à un seuil défini par un arrêté conjoint du ministre de la Justice et du ministre chargé de l'économie :

1° Lorsqu'elles portent sur la mutation ou le financement de biens ou droits à usage non résidentiel :

a) Prestations de la sous-catégorie intitulée : « Actes relatifs principalement aux biens immobiliers et fonciers », du tableau 5 de l'article annexe 4-7 ;

b) Prestations figurant aux numéros 113 à 117 du tableau mentionné au *a* ;

c) Opérations d'apport d'immeubles ;

d) Opérations de fusion-absorption entraînant transfert de propriété immobilière ;

e) Opérations de financements assorties de sûretés hypothécaires ;

2° Lorsqu'elles portent sur la mutation ou le financement de biens ou droits à usage résidentiel :

a) Opérations portant sur les biens ou droits immobiliers relevant de la législation sur les logements sociaux ;

b) Opérations portant sur des terrains ou des locaux dans un objectif de développement du parc de logement sociaux ;

3° Lorsqu'elles portent sur la mutation de parts ou actions de sociétés, ou de biens immobiliers corporels ou incorporels affectés à l'exploitation d'une entreprise :

a) Opérations de mutation à titre gratuit bénéficiant des exonérations prévues aux articles 787 B et 787 C du Code général des impôts.

III. – Lorsque la prestation porte sur un bien ou droit à usage mixte, la limite de 40 % prévue au II s'applique à la portion de l'émolument due au titre de cette prestation pour la part de la surface totale destinée, selon les cas

prévus au 1° et au 2° du même II, à un usage non résidentiel ou à un usage résidentiel social. Dans le cas prévu au 3° du II, cette limite s'applique à la portion de l'émolument correspondant aux seuls parts, actions, ou biens exonérés de droit de mutation.

IV. – Les prestations réalisées dans le cadre d'un mandat de justice ne donnent pas lieu à remise.

NB : Conformément à l'article 16 du décret n° 2020-179 du 28 février 2020, ces dispositions entrent en vigueur, pour chacune des professions concernées, à la date d'application du prochain arrêté portant fixation de ses tarifs en application de l'article L. 444-3 du Code de commerce.

Art. R. 444-10-1 *(D. n° 2020-179, 28 févr. 2020)*. **– Les prestations mentionnées à la dernière phrase du sixième alinéa de l'article L. 444-2, pour lesquelles le taux de la remise peut, au-delà du montant d'émolument fixé par l'arrêté mentionné à l'article L. 444-3, être convenu entre le professionnel et son client, sont les suivantes :**

1° Prestations mentionnées au II de l'article R. 444-10 ;

2° Prestations portant sur des opérations de financement et des garanties figurant dans la sous-catégorie « actes relatifs principalement aux prêts, dettes et sûretés participant à l'activité économique » du tableau 5 de l'annexe 4-7 ;

3° Prestations portant sur la transmission à titre gratuit, par décès ou entre vifs, de parts ou actions d'une société ayant une activité industrielle, commerciale, artisanale, agricole ou libérale ;

4° Actes relatifs aux autorisations d'occupation temporaire du domaine public mentionnées aux articles L. 1311-5 et suivants du Code général des collectivités territoriales et qui sont constitutives de droits réels.

NB : Conformément à l'article 16 du décret n° 2020-179 du 28 février 2020, ces dispositions entrent en vigueur, pour chacune des professions concernées, à la date d'application du prochain arrêté portant fixation de ses tarifs en application de l'article L. 444-3 du Code de commerce.

Art. R. 444-11 *(D. n° 2016-230, 26 févr. 2016)*. **– L'arrêté pris en application de l'article L. 444-3 peut prévoir la majoration des émoluments afférents à des prestations qu'il détermine, sans que cette majoration puisse excéder 150 € ou, si le montant de l'émolument dépasse 500 €, 30 % de cet émolument, pour le cas où, à la demande du client, et pour des raisons pouvant tenir notamment à la nécessité de sauvegarder un droit, un bien ou une preuve, le professionnel réalise la prestation prévue dans un délai inférieur à un délai de référence fixé par le même arrêté conjoint.**

Art. R. 444-11-1 *(D. n° 2016-1369, 12 oct. 2016)*. **– L'arrêté pris en application de l'article L. 444-3 peut prévoir une minoration de l'émolument proportionnel applicable aux donations ou legs au profit :**

1° De l'une des personnes publiques mentionnées aux articles L. 1121-1 à L. 1121-6 du Code général de la propriété des personnes publiques lorsque la donation ou le legs est destiné au domaine public mobilier ou immobilier ou est destiné à financer l'acquisition de biens relevant de l'un ou de l'autre ;

2° De l'une des personnes morales, autres que celles mentionnées au 1°, exonérées des droits de mutation à titre gratuit en application des articles 794 et 795 du Code général des impôts.

La minoration prévue au premier alinéa peut consister en la réduction du taux applicable à la tranche d'assiette égale ou supérieure à 60 000 € à un taux spécifique, qui ne peut être inférieur à 0,45 %. En outre, cette minoration peut prévoir que l'émolument proportionnel n'excède pas un plafond, qui ne peut être inférieur à 200 000 €.

Art. R. 444-12 *(D. n° 2016-230, 26 févr. 2016)*. **– Le remboursement des frais mentionnés au 2° de l'article R. 444-3 peut être forfaitaire ou au coût réel de la dépense engagée par le professionnel pour la réalisation d'une prestation. Lorsque ce remboursement est forfaitaire, le montant du forfait est fixé par l'arrêté conjoint mentionné à l'article L. 444-3, sur la base d'une évaluation moyenne ou d'une valeur de référence appropriée, selon la nature des frais.**

Art. R. 444-12-1 *(D. n° 2020-179, 28 févr. 2020)*. **– I. – L'arrêté mentionné à l'article L. 444-3 peut prévoir une majoration des émoluments dans les départements et collectivités d'outre-mer, afin de tenir compte des caractéristiques et contraintes particulières de chaque territoire et des conditions d'exercice qui en résultent pour les professionnels qui y sont installés. Le taux de majoration ainsi fixé vise à rapprocher le taux de résultat moyen des professionnels installés dans ces départements et collectivités de l'objectif de taux de résultat moyen mentionné à l'article R. 444-7.**

II. – L'effet cumulé des variations résultant respectivement du taux de majoration mentionné au I et de l'application de la méthode de fixation des tarifs définie à la sous-section 2 de la présente section ne peut conduire, pour une profession donnée, à ce que le chiffre d'affaires régulé de la profession puisse varier de plus de 5 % par rapport à la période de référence précédente dans le département ou la collectivité concernée.

III. – Les dispositions du II ne font pas obstacle à ce que, dans le département ou la collectivité concernée, l'émolument perçu en contrepartie d'une prestation donnée évolue de plus de 5 % par rapport à la période de référence précédente.

NB : Conformément à l'article 16 du décret n° 2020-179 du 28 février 2020, ces dispositions entrent en vigueur, pour chacune des professions concernées, à la date d'application du prochain arrêté portant fixation de ses tarifs en application de l'article L. 444-3 du Code de commerce.

Sous-section 4. – Droits et obligation des professionnels

Art. R. 444-13 *(D. n° 2016-230, 26 févr. 2016).* – I. – Il est interdit aux professionnels mentionnés au premier alinéa de l'article L. 444-1 de demander ou de percevoir en raison des prestations soumises aux tarifs une somme autre que celles fixées par ces tarifs.

II. – Il leur est également interdit de demander ou de percevoir en raison des prestations mentionnées au troisième alinéa de l'article L. 444-1 une somme en dehors des honoraires stipulés dans la convention d'honoraires prévue par ce texte.

III. – Ces professionnels ont droit au remboursement des sommes dues à des tiers et payées ou avancées par eux pour le compte, selon le cas, du client ou du débiteur.

Art. R. 444-14 *(D. n° 2016-230, 26 févr. 2016).* – La perception par le professionnel d'une somme en méconnaissance de l'article précédent l'oblige à restitution, sans préjudice d'éventuelles sanctions disciplinaires.

Art. R. 444-15 *(D. n° 2016-230, 26 févr. 2016).* – Le droit de rétention appartient aux commissaires-priseurs judiciaires, aux huissiers de justice, *(Mots rempl. à compter du 1er septembre 2017, D. n° 2017-862, 9 mai 2017)* « aux notaires et aux avocats », pour garantir le paiement des tarifs régis par le présent titre, et, le cas échéant, le remboursement des frais et débours.

Art. R. 444-16 *(D. n° 2016-230, 26 févr. 2016).* – Hormis ceux dus au titre d'un mandat de justice, les honoraires perçus en application du troisième alinéa de l'article L. 444-1 sont fixés librement entre le professionnel et le client, dans les conditions et selon les modalités prévues par ce texte et sous le contrôle de l'instance professionnelle désignée pour chaque profession par arrêté du garde des Sceaux, ministre de la Justice. En cas de contestation, ces honoraires sont fixés par le juge chargé de la taxation.

Sous-section 5. – Recueil de données et d'informations

Art. R. 444-17 *(D. n° 2016-230, 26 févr. 2016 ; mod., D. n° 2020-179, 28 févr. 2020).* – Les instances représentatives mentionnées au 2° de l'article L. 444-5 sont la chambre nationale des commissaires de justice, le Conseil national des greffiers de tribunaux de commerce, le Conseil national des administrateurs judiciaires et des mandataires judiciaires, le Conseil supérieur du notariat et le Conseil national des barreaux.

Art. R. 444-18 *(D. n° 2016-230, 26 févr. 2016 ; mod., D. n° 2017-862, 9 mai 2017).* – Les informations statistiques pouvant être recueillies en application du 2° de l'article L. 444-5 sont, pour chaque année civile, notamment une estimation :

1° Du total des sommes investies nécessaires pour l'acquisition d'offices, études ou cabinets, de leur répartition par déciles, et de la valeur moyenne de la somme investie pour l'acquisition d'un office ou d'une étude ;

2° Du total des sommes autres que celles mentionnées au 1° investies lors de l'installation, de leur répartition par déciles, et de la valeur moyenne de la somme investie pour une installation ;

3° Du coût total de couverture des risques liés à la responsabilité professionnelle, et du montant moyen de ce coût ;

4° Du nombre et du taux de défaillance des structures d'exercice ;

5° Des valeurs moyennes du chiffre d'affaires, du bénéfice, des immobilisations matérielles et du besoin en fond de roulement par office, étude ou cabinet, ainsi que d'autres indicateurs comptables précisés en tant que de besoin par arrêté conjoint du ministre de la Justice et du ministre chargé de l'économie, après avis de l'Autorité de la concurrence ;

6° Du nombre total de prestations réalisées et de la somme totale des émoluments perçus au titre de ces prestations, et s'agissant des avocats, de la répartition par décile de ce nombre et de cette somme ;

7° Pour les émoluments proportionnels, du montant moyen de l'émolument perçu pour une prestation, et de la répartition par décile des assiettes de ces émoluments ;

8° Des sommes totales perçues au titre des frais et débours, du montant moyen de ces derniers et de leur répartition par décile ;

9° De la part respective des émoluments et des honoraires au sein du chiffre d'affaires total hors taxes de la profession, et, s'agissant des commissaires-priseurs judiciaires, du temps de travail moyen consacré aux offices publics et ministériels et de celui consacré aux sociétés mentionnées au troisième alinéa de l'article 29 de la loi [n° 2000-642] du 10 juillet 2000 portant règlementation des ventes volontaires de meubles aux enchères publiques ;

10° Du nombre total d'offices ou d'études, du nombre total de professionnels en exercice au sein de ces offices, études ou cabinets au 1er janvier de l'année civile concernée, et du nombre de personnes y exerçant la profession concernée en qualité de salarié à cette même date.

S'agissant des avocats, ne sont recueillies en application du présent article que les informations relatives aux structures d'exercice et professionnels ayant réalisé au cours de l'année civile au moins un des actes de procédure listés au tableau 6 annexé à l'article R. 444-3.

Art. R. 444-19 *(D. n° 2016-230, 26 févr. 2016).* – Les informations statistiques mentionnées à l'article R. 444-18 sont estimées au plan national, ainsi que, pour celles mentionnées aux 1°, 2°, 5° et 10° de cet article, au plan régional et départemental, pour chaque année civile.

Art. R. 444-20 *(D. n° 2016-230, 26 févr. 2016).* – I. – En application du 1° de l'article L. 444-5, les professionnels en exercice au 1er janvier de l'année civile communiquent aux ministres de la Justice et de l'Économie, aux fins de vérifications statistiques, leurs noms, prénoms, date de naissance et fonctions au sein de l'office ou de l'étude, ainsi que la raison sociale, le numéro SIREN, l'adresse et la date de création de cet office ou de cette étude.

II. – Aux fins du recueil des données utiles prévu par l'article L. 444-5, il est tenu, selon des modalités fixées par arrêté conjoint du ministre de la Justice et du ministre chargé de l'économie, une comptabilité analytique qui :

1° Présente distinctement le détail des données relatives aux émoluments et aux honoraires perçus par l'office ou l'étude ;

2° Relate distinctement les charges afférentes à l'activité réglementée et à l'activité libre ;

3° Retrace, le cas échéant, la répartition des charges de l'office ou de l'étude avec une structure juridique qui lui est liée.

III *(III créé à compter du 1er septembre 2017, D. n° 2017-862, 9 mai 2017).* – S'agissant des avocats, le I du présent article ne s'applique qu'aux professionnels mentionnés au douzième alinéa de l'article R. 444-18.

Note : Les dispositions du II de l'article R. 444-20 du Code de commerce sont applicables à compter du 1er janvier 2017 (D. n° 2016-230, 26 févr. 2016).

Art. R. 444-21 *(Annulé, CE, 24 mai 2017, n° 398801, Cons. nat. des greffiers des tribunaux de commerce : JurisData n° 2017-010003 ; rétabli dans la version suivante, D. n° 2018-200, 23 mars 2018).* – Les informations et données prévues aux articles R. 444-18 à R. 444-20 sont *(Mots rempl., D. n° 2020-179, 28 févr. 2020)* « collectées auprès des professionnels mentionnés à l'article L. 444-1 par les instances professionnelles nationales énumérées à l'article R. 444-17 qui les transmettent » annuellement, soit par voie de communication électronique sécurisée, soit par tout autre moyen approprié, aux autorités mentionnées à l'article L. 444-5 par les instances professionnelles nationales énumérées à l'article R. 444-17, selon des modalités prévues par le présent article et, au plus tard, à une date fixée par arrêté conjoint des ministres de la Justice et de l'Économie. La transmission comprend à la fois les informations et données utiles originaires des professionnels et celles résultant de leur agrégation opérée par les services compétents des instances professionnelles nationales.

Les instances professionnelles nationales veillent, par tout moyen, à ce que les informations et données recueillies mentionnées au premier alinéa ne puissent être utilisées ou divulguées en violation de secrets protégés par la loi, notamment du secret des affaires. Chaque instance professionnelle désigne la ou les personnes en charge du respect de la confidentialité de ces informations et données.

Les instances professionnelles nationales élaborent, chacune pour ce qui la concerne, les directives régissant les conditions d'accès, d'usage et de conservation de ces informations et données et la traçabilité de leur consultation, aux fins d'en assurer la sécurité et la confidentialité.

Sans préjudice des obligations qui leur sont propres, les personnes spécialement habilitées par chacune des instances professionnelles nationales pour assurer la collecte, la vérification de cohérence de ces informations et données émanant des professionnels mentionnés à l'article L. 444-1 ainsi que leur agrégation conformément à l'article R. 444-19 et leur transmission aux autorités concernées sont tenues à une obligation de confidentialité à l'égard de ces informations et données. Elles ont seules accès aux informations et données utiles originaires des professionnels recueillies en application de l'article L. 444-5.

Les personnes mentionnées au précédent alinéa n'exercent pas la profession relevant de l'instance pour le compte de laquelle elles effectuent les opérations mentionnées à ce même alinéa.

Rédaction antérieure. Art. R. 444-21 *(Annulé, CE, 24 mai 2017, n° 398801, Conv. nat. des greffiers des tribunaux de commerce : JurisData n° 2017-010003).* – Les informations et données prévues aux articles R. 444-18 à R. 444-20 sont transmises annuellement aux autorités mentionnées à l'article L. 444-5 par les instances professionnelles énumérées à l'article R. 444-17, par l'intermédiaire, le cas échéant, des instances professionnelles régionales ou départementales, selon des modalités et à la date fixées par arrêté conjoint.

Section II. – Redistribution et fonds interprofessionnel de l'accès au droit et à la justice

Sous-section 1. – Redistribution interprofessionnelle

Art. R. 444-22 *(D. n° 2016-230, 26 févr. 2016).* – Pour favoriser la couverture de l'ensemble du territoire national par les professions mentionnées à la première phrase de l'alinéa 1er de l'article L. 444-1 et l'accès au droit du plus grand nombre, le fonds interprofessionnel de l'accès au droit et à la justice (FIADJ) assure la distribution d'aides à l'installation ou au maintien de ces professionnels dans les zones géographiques mentionnées à l'article R. 444-26.

§ 1. – Aides à l'installation

Art. R. 444-23 *(D. n° 2016-230, 26 févr. 2016).* – Sous réserve des dispositions particulières relatives aux notaires, huissiers de justice et commissaires-priseurs judiciaires dans les départements du Bas-Rhin, du Haut-Rhin et de la Moselle, les aides à l'installation peuvent être octroyées pour l'installation dans un office vacant ou créé ainsi que pour la création ou la reprise d'une étude d'administrateur judiciaire ou de mandataire judiciaire inscrit sur la liste mentionnée à l'article L. 811-2 ou à l'article L. 812-2. Sont éligibles à ces aides les professionnels qui n'ont pas perçu :

1° D'aide de ce type pendant les cinq années civiles précédant l'installation ;

2° Une somme totale supérieure à 210 000 € au titre de bénéfices ou de salaires nets imposables au cours des trois derniers exercices comptables clos ou années civiles précédant l'installation ;

3° Un résultat annuel supérieur à 70 000 € au titre de l'exercice comptable ouvert au cours de l'année civile de réalisation des prestations pour lesquelles l'aide est sollicitée.

Art. R. 444-24 *(D. n° 2016-230, 26 févr. 2016).* – Les aides à l'installation ne peuvent être octroyées qu'au titre des prestations soumises aux tarifs et pour une durée maximum de trente-six mois suivant celui de l'installation.

§ 2. – **Aides au maintien**

Art. R. 444-25 *(D. n° 2016-230, 26 févr. 2016)*. – Sont éligibles aux aides au maintien les professionnels répondant aux conditions cumulatives suivantes :

1° Le chiffre d'affaires annuel hors taxes moyen hors aides et hors honoraires réalisé au cours des trois derniers exercices comptables clos est inférieur au premier décile de chiffre d'affaires de la profession concernée, constaté à partir des dernières données disponibles sur une période d'au moins deux ans ;

2° Le bénéfice moyen au cours des trois derniers exercices comptables clos est inférieur à 75 000 € ;

3° Le ratio des charges annuelles rapportées au chiffre d'affaires, calculés sur le dernier exercice clos, n'est pas supérieur à 80 %.

Toutefois, une aide au maintien peut être octroyée à un professionnel ne remplissant pas la condition prévue au 3° sous réserve que, sans compromettre la qualité du service, il mette en œuvre un engagement de réduction de ses coûts selon des modalités précisées par arrêté conjoint du ministre de la Justice et du ministre chargé de l'économie quant au délai et aux postes de dépenses concernés.

L'arrêté conjoint mentionné au précédent alinéa précise notamment les conditions dans lesquelles est vérifiée la mise en œuvre de l'engagement de réduction de coût, préalablement au versement de l'aide.

§ 3. – **Dispositions communes**

Art. R. 444-26 *(D. n° 2016-230, 26 févr. 2016)*. – Un arrêté du ministre de la Justice détermine les zones géographiques où peuvent être octroyées des aides au maintien ou des aides à l'installation.

Les zones mentionnées à l'alinéa précédent sont définies notamment en fonction du nombre de professionnels installés, du nombre de projets d'installation, et des besoins identifiés.

Art. R. 444-27 *(D. n° 2016-230, 26 févr. 2016)*. – Les aides à l'installation et au maintien prennent la forme de subventions d'un montant fixe versé pour chaque prestation répondant aux conditions suivantes :

1° Leur émolument est proportionnel ;

2° Elles portent sur une assiette monétaire inférieure à un seuil fixé, pour chaque profession concernée, par arrêté conjoint du ministre de la Justice et du ministre chargé du budget, qui n'excède pas 80 000 €.

Art. R. 444-28 *(D. n° 2016-230, 26 févr. 2016)*. – Les aides à l'installation et au maintien sont octroyées dans la limite :

1° D'un plafond par prestation défini, pour chaque profession concernée, par l'arrêté prévu au 2° de l'article R. 444-27, et qui n'excède pas 100 € ;

2° D'un plafond global par professionnel de 50 000 € par année civile.

Art. R. 444-29 *(D. n° 2016-230, 26 févr. 2016)*. – Les aides à l'installation et les aides au maintien ne sont pas cumulables pour une même prestation.

Art. R. 444-30 *(D. n° 2016-230, 26 févr. 2016)*. – Pour une même catégorie de prestations, le montant de subvention versé par prestation au titre du même type d'aide, à l'installation ou au maintien, est identique pour tous les bénéficiaires.

Art. R. 444-31 *(D. n° 2016-230, 26 févr. 2016)*. – Le montant de subvention versé par prestation peut varier en fonction du type d'aide, à l'installation ou au maintien.

Art. R. 444-32 *(D. n° 2016-230, 26 févr. 2016)*. – Les aides relatives aux prestations réalisées pendant une année civile font l'objet d'un versement unique au cours de l'année civile suivante, à une date arrêtée par le ministre chargé du budget.

Art. R. 444-33 *(D. n° 2016-230, 26 févr. 2016)*. – Préalablement à l'octroi de toute aide :

1° La société mentionnée à l'article R. 444-36 informe le demandeur que l'aide est soumise aux dispositions du règlement (UE) n° 360/2012 du 25 avril 2012 relatif à l'application des articles 107 et 108 du traité sur le fonctionnement de l'Union européenne aux aides de minimis accordées à des entreprises fournissant des services d'intérêt économique général ;

2° Le demandeur établit, selon un modèle précisé par arrêté conjoint du ministre de la Justice et du ministre chargé du budget, une attestation qu'il transmet à la société susmentionnée, précisant le montant total des aides de minimis qu'il a perçues au cours des trois derniers exercices fiscaux, dont celui en cours.

Art. R. 444-34 *(D. n° 2016-230, 26 févr. 2016).* – Si le cumul du montant de l'aide envisagée et du montant total mentionné au 2° de l'article R. 444-33 excède 500 000 €, l'aide n'est pas octroyée.

Art. R. 444-35 *(D. n° 2016-230, 26 févr. 2016).* – Toute aide à l'installation ou au maintien versée sans que les conditions prévues par le présent chapitre ne soient remplies donne lieu à remboursement au fonds interprofessionnel de l'accès au droit et à la justice. En cas de refus du bénéficiaire de l'aide de procéder à son remboursement, la société mentionnée à l'article R. 444-36 peut exercer toute action en justice, à l'expiration d'un délai de trois mois à compter de l'envoi d'une mise en demeure restée infructueuse par lettre recommandée avec demande d'avis de réception.

Sous-section 2. – Sociétés de gestion du fonds interprofessionnels de l'accès au droit et à la justice

Art. R. 444-36 *(D. n° 2016-230, 26 févr. 2016).* – La personne morale mentionnée au quatrième alinéa de l'article L. 444-2 chargée de la gestion du fonds interprofessionnel de l'accès au droit et à la justice est une société anonyme dont le capital est détenu par l'État. Sa dénomination sociale est : « Société de gestion du fonds interprofessionnel de l'accès au droit et à la justice » (SGFIADJ).

Cette société assure la gestion administrative, comptable et financière du fonds interprofessionnel de l'accès au droit et à la justice. À ce titre, elle est notamment chargée :

1° De fixer le montant des subventions ;

2° D'étudier la recevabilité des demandes d'aides qui lui sont adressées, et de verser les aides à leurs bénéficiaires ;

3° De gérer la trésorerie et d'assurer la surveillance de l'équilibre financier du fonds interprofessionnel de l'accès au droit et à la justice ;

4° De tenir la comptabilité du fonds interprofessionnel de l'accès au droit et à la justice et de rendre compte de sa gestion annuellement aux ministres de la Justice et de l'Économie ;

5° D'exercer toute action en justice en vue de la restitution des aides indûment perçues.

Art. R. 444-37 *(D. n° 2016-230, 26 févr. 2016).* – Le conseil d'administration de la société de gestion du fonds est composé de cinq administrateurs nommés dans les conditions prévues à l'article L. 225-17, selon les modalités suivantes :

1° Un administrateur nommé par le Premier ministre, choisi parmi les magistrats de la cour des comptes, président du conseil d'administration ;

2° Quatre administrateurs nommés respectivement par le ministre de la Justice, le ministre de l'Intérieur, le ministre chargé du budget et le ministre chargé des collectivités territoriales.

Un suppléant est nommé pour chaque administrateur, dans les mêmes conditions que ce dernier. La durée du mandat de chaque administrateur est de quatre ans. Ce mandat n'est pas renouvelable.

Aucun administrateur ne peut détenir d'intérêt, direct ou indirect, dans les domaines d'activité des professions mentionnées à l'article R. 444-22.

En cas d'égalité des voix, celle du président du conseil d'administration est prépondérante.

Art. R. 444-38 *(D. n° 2016-230, 26 févr. 2016).* – Un comité consultatif, dénommé : « Comité consultatif des aides à l'accès au droit et à la justice » (CCAADJ), est créé auprès du conseil d'administration de la société de gestion du fonds.

À la demande du conseil d'administration, le comité donne son avis sur toute question relative à la gestion *administrative, comptable et financière du fonds.*

Art. R. 444-39 *(D. n° 2016-230, 26 févr. 2016).* – Le Comité consultatif des aides à l'accès au droit et à la justice comprend huit membres :

1° Deux professeurs des universités, respectivement agrégé de droit et agrégé de sciences économiques, co-présidents du comité ;

2° Un administrateur judiciaire ;
3° Un commissaire-priseur judiciaire ;
4° Un greffier de tribunal de commerce ;
5° Un huissier de justice ;
6° Un mandataire judiciaire ;
7° Un notaire.

(Al. rempl., D. n° 2020-179, 28 févr. 2020) Les membres du comité sont nommés par arrêté conjoint du ministre de la justice et du ministre chargé du budget, sur proposition du Conseil national des administrateurs judiciaires et des mandataires judiciaires pour les personnes mentionnées au 2° et au 6°, des sections respectives des commissaires-priseurs judiciaires et des huissiers de justice de la Chambre nationale des commissaires de justice pour celles mentionnées au 3° et au 5°, du Conseil national des greffiers de tribunaux de commerce pour celle mentionnée au 4°, du Conseil supérieur du notariat pour celle mentionnée au 7°.

Des suppléants sont nommés dans les mêmes conditions.

La durée de mandat de chaque membre est de quatre ans. Ce mandat n'est pas renouvelable.

Le ministre de la Justice désigne un ou plusieurs rapporteurs auprès du comité.

Art. R. 444-40 *(D. n° 2016-230, 26 févr. 2016).* – Les statuts et le règlement intérieur de la société de gestion du fonds sont approuvés par arrêté conjoint du ministre de la Justice et du ministre chargé du budget. Le règlement intérieur du comité consultatif est approuvé dans les mêmes conditions.

Art. R. 444-41 *(D. n° 2016-230, 26 févr. 2016).* – Un décret précise les conditions dans lesquelles la société de gestion du fonds met en œuvre les dispositions de la présente section, notamment pour la gestion des demandes et de l'octroi des aides.

Section III. – Dispositions particulières applicables aux commissaires-priseurs judiciaires, huissiers de justice, notaires et avocats

(Intitulé rempl., D. n° 2017-862, 9 mai 2017)

Sous-section 1. – Commissaires-priseurs judiciaires

Art. R. 444-42 *(D. n° 2016-230, 26 févr. 2016).* – Les dispositions du présent titre s'appliquent aux commissaires-priseurs judiciaires ainsi qu'aux autres officiers publics ou ministériels vendeurs de meubles, à l'exception de celles du paragraphe 1 de la sous-section 1 de la section 2 en ce qui concerne les notaires et huissiers de justice qui exercent ces fonctions en application du 3° de l'article 1er de la loi du 1er juin 1924 portant introduction des lois commerciales françaises dans les départements du Bas-Rhin, du Haut-Rhin et de la Moselle.

Art. R. 444-43 *(D. n° 2016-230, 26 févr. 2016).* – Lorsque deux ou plusieurs commissaires-priseurs judiciaires interviennent dans une même prisée ou une même vente, il n'est dû aucune rémunération supplémentaire par les parties ; le partage des émoluments, hors remises, se fait suivant les règles fixées par la *(Rempl., D. n° 2020-179, 28 févr. 2020)* « section des commissaires-priseurs judiciaires de la Chambre nationale des commissaires de justice ».

La remise respectivement consentie par chaque intervenant est, le cas échéant, déduite de la part lui revenant en application du premier alinéa.

Art. R. 444-44 *(D. n° 2016-230, 26 févr. 2016).* – Lorsque le commissaire-priseur judiciaire est désigné pour une mission d'expertise par une juridiction, ses honoraires sont fixés conformément aux règles applicables à la rémunération des experts.

Art. R. 444-45 *(D. n° 2016-230, 26 févr. 2016).* – Il est interdit aux commissaires-priseurs judiciaires, sous peine de sanction disciplinaire, de partager leurs émoluments avec un tiers ou d'accepter qu'un tiers leur remette tout ou partie de la rétribution par lui reçue.

Art. R. 444-46 *(D. n° 2016-230, 26 févr. 2016).* – Le transport des meubles entre le domicile du vendeur ou de l'acheteur et la salle des ventes ne peut être assumé ni directement ni indirectement par les commissaires-priseurs judiciaires.

Art. R. 444-47 *(D. n° 2016-230, 26 févr. 2016).* – Le procès-verbal de vente doit mentionner avant le début de la vente tous les objets spécifiés sur les catalogues et autres documents de publicité ou exposés comme devant être mis en vente et retirés de la vente ; le motif de retrait est indiqué.

Tous les objets mis en vente sont mentionnés sur le procès-verbal au fur et à mesure de la mise en vente, avec indication du nom et du domicile déclarés par l'acheteur ; si l'objet est retiré après avoir été mis aux enchères, le retrait est mentionné ainsi que le chiffre de la dernière enchère portée avant le retrait.

L'omission des mentions prescrites par le présent article ou la rédaction du procès-verbal postérieurement à la vente est passible d'une sanction disciplinaire.

Art. R. 444-48 *(D. n° 2016-230, 26 févr. 2016).* – Les commissaires-priseurs judiciaires déclarent à la chambre de discipline chaque trimestre le nombre de ventes réalisées et le montant de chacune d'elles.

Le commissaire-priseur judiciaire qui cumule ses fonctions avec celles d'huissier de justice doit faire la déclaration mentionnée au premier alinéa à la chambre de discipline des commissaires-priseurs judiciaires.

Sous-section 2. – Huissiers de justice

Art. R. 444-49 *(D. n° 2016-230, 26 févr. 2016).* – Lorsque, en application du second alinéa de l'article 16 du décret n° 56-222 du 29 février 1956, un huissier de justice confie la signification d'un acte à un confrère, l'émolument correspondant est versé à l'huissier initialement saisi, puis partagé avec l'huissier significateur. Les règles de partage des émoluments, hors remises, sont les suivantes :

1° L'huissier de justice rédacteur de l'acte perçoit un tiers de l'émolument de la prestation ;

2° L'huissier de justice significateur perçoit deux tiers de l'émolument de la prestation, ainsi que la totalité du remboursement des frais de déplacement.

La remise respectivement consentie par chaque intervenant est, le cas échéant, déduite de la part lui revenant en application du premier alinéa.

Art. R. 444-50 *(D. n° 2016-230, 26 févr. 2016).* – La signification d'actes judiciaires ou extrajudiciaires en provenance de l'étranger donne lieu à la perception par l'huissier de justice d'un droit forfaitaire. La transmission qui lui est faite des actes objet de la signification est accompagnée des paiements correspondants, sauf le cas où le requérant bénéficie de l'assistance judiciaire.

Art. R. 444-51 *(D. n° 2016-230, 26 févr. 2016).* – La signification des actes à l'étranger donne lieu à la perception d'un droit forfaitaire lorsqu'il est établi un acte constatant la date de transmission de la demande de signification ou de notification.

Les prestations complémentaires qui s'avéreraient nécessaires de la part de l'officier ministériel à la préparation des actes transmis pour signification ou notification ne donnent lieu à aucune autre rémunération.

Art. R. 444-52 *(D. n° 2016-230, 26 févr. 2016).* – Préalablement à l'accomplissement de toute prestation devant être immédiatement réalisée, la partie qui requiert l'huissier de justice lui verse une provision suffisante pour couvrir l'émolument correspondant ainsi que les éventuels frais et débours.

Art. R. 444-53 *(D. n° 2016-230, 26 févr. 2016).* – Les dispositions de l'article R. 444-52 ne s'appliquent pas :

1° En cas d'urgence ;

2° En cas d'impossibilité, tenant notamment aux ressources du créancier ;

3° Lorsque le recouvrement ou l'encaissement est effectué sur le fondement d'un titre exécutoire :

a) Mentionné au 6° de l'article L. 111-3 du Code des procédures civiles d'exécution ;

b) *Constatant une créance née de l'exécution* d'un contrat de travail ;

c) Constatant une créance alimentaire ;

4° Lorsque l'huissier de justice instrumente pour le compte d'un comptable public.

Art. R. 444-54 *(D. n° 2016-230, 26 févr. 2016).* – Le droit de rétention prévu à l'article R. 444-15 ne s'applique pas à l'huissier de justice dans les cas prévus au *c* du 3° et au 4° de l'article R. 444-53.

Art. R. 444-55 *(D. n° 2016-230, 26 févr. 2016).* – Les émoluments des prestations mentionnées aux numéros 128 et 129 du tableau 3-1 annexé à l'article R. 444-3, à la charge respectivement du débiteur et du créancier, sont cumulables.

Toutefois, les émoluments de la prestation mentionnée au numéro 129 de ce tableau :

1° Ne sont pas dus dans les cas prévus au 3° de l'article R. 444-53 ;

2° Sont à la charge du contrefacteur lorsque l'huissier de justice recouvre ou encaisse des sommes dues par un contrefacteur condamné dans une procédure de contrefaçon.

Art. R. 444-56 *(D. n° 2016-230, 26 févr. 2016).* – Toute somme remise en paiement entre les mains d'un huissier de justice par un débiteur pour le règlement d'une créance doit être reversée par l'huissier au créancier dans un délai maximum de trois semaines si le paiement est effectué en espèces, de six semaines dans les autres cas. Si le débiteur procède à un paiement de la créance par acomptes successifs, ces délais sont respectivement de six semaines et de trois mois.

Tout manquement à cette règle est passible d'une des sanctions disciplinaires prévues à l'article 3 de l'ordonnance n° 45-1418 du 28 juin 1945 relative à la discipline des notaires et de certains officiers ministériels.

Art. R. 444-57 *(D. n° 2016-230, 26 févr. 2016).* – Les dispositions du présent titre, hormis celles du paragraphe 1 de la sous-section 1 de la section 2, sont applicables aux huissiers de justice dans les départements du Bas-Rhin, du Haut-Rhin et de la Moselle. Le tableau 3-2 de l'article annexe 4-7 s'y applique exclusivement.

Art. R. 444-58 *(Abr., D. n° 2020-179, 28 févr. 2020).*

Sous-section 3. – Notaires

Art. R. 444-59 *(D. n° 2016-230, 26 févr. 2016).* – Lorsqu'un acte contient plusieurs conventions dérivant ou dépendant les unes des autres, seul est perçu l'émolument de la convention principale.

Si les conventions sont indépendantes et donnent lieu à des droits distincts pour l'enregistrement, la taxe de publicité foncière ou la taxe à la valeur ajoutée, les émoluments sont dus pour chacune d'elles même si elles sont comprises dans un seul acte.

Sont considérés comme un seul acte la convention temporaire et la convention définitive prévue à l'article 1091 du Code de procédure civile.

L'émolument est réduit de moitié pour les actes conclus sous condition suspensive : il en est de même pour les actes imparfaits sur lesquels fait défaut la signature de l'une au moins des parties. Dès réalisation des conditions suspensives ou perfection de l'acte, l'émolument est dû en entier, sous déduction de la part perçue sur l'acte conditionnel ou imparfait.

Art. R. 444-60 *(D. n° 2016-230, 26 févr. 2016).* – Sont soumis aux règles applicables en matière d'expertise :

1° La fixation et la perception de la rémunération du notaire commis par justice pour effectuer une mesure d'instruction ou pour remplir une mission ne comportant pas la rédaction d'un acte dont l'émolument est réglementé ;

2° Le versement de la consignation et la perception de la rémunération du notaire désigné en application du 10° de l'article 255 du Code civil.

Art. R. 444-61 *(D. n° 2016-230, 26 févr. 2016).* – Préalablement à la signature des actes dont ils sont chargés, les notaires réclament la consignation d'une provision suffisante pour couvrir l'émolument correspondant ainsi que, le cas échéant, les frais et débours.

Art. R. 444-62 *(D. n° 2016-230, 26 févr. 2016).* – S'il est imparti au notaire commis par justice un délai pour procéder à une prestation ou une série de prestations de son ministère, le montant des émoluments correspondants est réduit de moitié lorsque la mission n'est pas remplie dans le délai fixé, et des trois quarts lorsque le double dudit délai est dépassé.

Art. R. 444-63 *(D. n° 2016-230, 26 févr. 2016)*. – L'intervention de plusieurs notaires dans la rédaction ou la réception d'un acte n'en augmente pas l'émolument, sauf si l'acte est rétribué en fonction du nombre d'heures passées.

Le partage des émoluments, hors remises, est fixé par les règlements établis en application de l'article 4 de l'ordonnance n° 45-2590 du 2 novembre 1945 relative au statut du notariat et des articles 25 et 26 du décret n° 71-942 du 26 novembre 1971.

La remise respectivement consentie par chaque intervenant est, le cas échéant, déduite de la part lui revenant en application du deuxième alinéa.

Art. R. 444-64 *(D. n° 2016-230, 26 févr. 2016)*. – Aucun émolument n'est dû pour l'acte, la copie ou l'extrait déclarés nuls ou inutiles par la faute du notaire.

Art. R. 444-65 *(D. n° 2016-230, 26 févr. 2016)*. – Il est interdit aux notaires, sous peine de sanctions disciplinaires, de partager le prix ou le tarif réglementé de leurs prestations avec un tiers ou d'accepter qu'un tiers leur remette tout ou partie de la rétribution par lui reçue à l'occasion soit de la conclusion d'un acte, soit des pourparlers ou démarches qui ont précédé ou accompagné une convention à laquelle ils interviennent à quelque titre que ce soit.

Art. R. 444-66 *(D. n° 2016-230, 26 févr. 2016)*. – Les notaires ne peuvent percevoir aucun droit de recette pour l'encaissement ou la garde des capitaux et valeurs déposés pour l'exécution directe d'un acte de vente ou d'emprunt passé dans leur étude.

Les notaires doivent, en cas de dépôt obligatoire ou de consignation de fonds, en vertu de l'article 15 du décret n° 45-0117 du 19 décembre 1945 pris pour l'application du statut du notariat, tenir compte à leurs clients des intérêts qui leur sont servis, sans préjudice des obligations résultant pour eux des articles 547 et 548 du Code civil pour les autres fonds appartenant aux clients.

Art. R. 444-67 *(D. n° 2016-230, 26 févr. 2016)*. – Les dispositions du présent titre, hormis celles du paragraphe 1 de la sous-section 1 de la section 2, sont applicables aux notaires dans les départements du Bas-Rhin, du Haut-Rhin et de la Moselle.

Art. R. 444-68 *(Abr., D. n° 2020-179, 28 févr. 2020)*.

Art. R. 444-69 *(D. n° 2016-230, 26 févr. 2016)*. – Les émoluments des prestations notariales régis par le présent titre déterminent les sommes dues aux notaires, lorsqu'ils assistent les agents diplomatiques et consulaires pour l'exercice par ceux-ci de leurs pouvoirs notariaux.

Art. R. 444-70 *(D. n° 2016-230, 26 févr. 2016)*. – Le notaire peut renoncer à la totalité des émoluments afférents à un acte déterminé ou aux différents actes reçus à l'occasion d'une même affaire.

Sous-section 4. – Avocats

(Sous-section créée à compter du 1er septembre 2017, D. n° 2017-862, 9 mai 2017)

Art. R. 444-71 *(Créé à compter du 1er septembre 2017, D. n° 2017-862, 9 mai 2017 ; mod., D. n° 2018-200, 23 mars 2018)*. – Les dispositions de la présente sous-section sont applicables aux tarifs relatifs aux prestations de postulation des avocats dans les matières suivantes :

1° La saisie immobilière régie par les articles L. 311-1 à L. 341-1 et R. 311-1 à R. 334-3 du Code des procédures civiles d'exécution ;

2° Le partage régi par les articles 815 à 892 du Code civil et les articles 1358 à 1376 du Code de procédure civile ;

3° La licitation régie par les articles 1686 à 1688 du Code civil et les articles 1377 et 1378 du Code de *procédure civile* ;

4° Les sûretés judiciaires régies par les articles L. 531-1 à L. 533-1 et R. 531-1 à R. 534-1 du Code des procédures civiles d'exécution et l'hypothèque judiciaire régie par l'article 2412 du Code civil.

Art. R. 444-72 *(Créé à compter du 1er septembre 2017, D. n° 2017-862, 9 mai 2017)*. – L'assiette des émoluments proportionnels perçus par l'avocat pour la réalisation des prestations mentionnées à l'article

R. 444-71 est constituée par l'intérêt du litige. Celui-ci est évalué selon des modalités précisées, en tant que de besoin, par l'arrêté fixant ces émoluments en application de l'article L. 444-3.

Art. R. 444-73 *(Créé à compter du 1er septembre 2017, D. n° 2017-862, 9 mai 2017).* – Les avocats ne peuvent percevoir aucun droit de recette ou de comptabilité pour l'encaissement ou la garde des fonds maniés en conséquence d'une procédure diligentée par leurs soins.

Art. R. 444-74 *(Créé à compter du 1er septembre 2017, D. n° 2017-862, 9 mai 2017).* – Avant tout règlement, les avocats sont tenus de remettre aux parties, même si celles-ci ne le requièrent pas, un document, dénommé « états de frais », présentant le compte détaillé des émoluments, frais et débours dont elles sont redevables.

Les états de frais doivent faire ressortir séparément et distinctement les émoluments, les provisions versées, les frais et les débours, avec mention :

1° Pour les émoluments :

a) Des lignes du tableau 6 annexé à l'article R. 444-3 auxquels ils correspondent ;

b) Des articles du présent code qui en fixent le montant ;

2° Pour les débours, des dispositions de l'article annexe 4-8 les prévoyant.

Il n'est dû aucun émolument pour la rédaction et l'établissement de l'état de frais ni, éventuellement, de ses copies.

Art. R. 444-75 *(Créé à compter du 1er septembre 2017, D. n° 2017-862, 9 mai 2017).* – Lorsqu'en application de l'article R. 444-15, l'avocat exerce son droit de rétention sur les actes qu'il a faits, sur les pièces qui lui ont été remises pour soutenir le procès ou les titres qu'il s'est procurés au cours de la procédure, la communication de ces actes, pièces ou titres à tout officier public ou ministériel mandataire de la partie doit toujours être faite à titre provisoire, lorsqu'un intérêt légitime est reconnu par le bâtonnier de l'ordre des avocats près le *(Mots rempl., D. n° 2019-966, 18 sept. 2019)* « tribunal judiciaire » concerné. Il appartient à l'officier public ou ministériel mandataire de la partie de rétablir ces actes, pièces ou titres aux mains de l'avocat lorsqu'ils ne lui sont plus nécessaires.

Art. R. 444-76 *(Créé à compter du 1er septembre 2017, D. n° 2017-862, 9 mai 2017).* – Il est interdit aux avocats, sous peine de sanctions disciplinaires, de partager leurs émoluments avec un tiers.

Art. R. 444-77 *(Abr., D. n° 2020-179, 28 févr. 2020).*

TITRE V. – DES POUVOIRS D'ENQUÊTE

Art. R. 450-1 *(Mod., D. n° 2014-1109, 30 sept. 2014).* – I. – Les procès-verbaux prévus à l'article L. 450-2 énoncent la nature, la date et le lieu des constatations ou des contrôles effectués. Ils sont signés d'un agent mentionné à l'article L. 450-1.

Dans le cas prévu à l'article L. 450-1 où les agents des services d'instruction de l'Autorité de la concurrence sont assistés d'un agent d'une autorité de concurrence d'un autre État membre de la Communauté européenne, les procès-verbaux en font mention. Ils indiquent l'identité de cet agent et la date de la décision l'autorisant à assister les agents des services d'instruction de l'Autorité.

II. – Lorsque les agents constatent des infractions ou manquements dans les conditions prévues au II de l'article L. 450-3-2, ils mentionnent également dans le procès-verbal les modalités de consultation et d'utilisation du site internet, notamment :

1° Les noms, qualité et résidence administrative de l'agent verbalisateur ;

2° L'identité d'emprunt sous laquelle le contrôle a été conduit ;

3° La date et l'heure du contrôle ;

4° Les modalités de connexion au site et de recueil des informations.

(Anc. texte mod., D. n° 2009-139, 10 févr. 2009) Les procès-verbaux prévus à l'article L. 450-2 énoncent la nature, la date et le lieu des constatations ou des contrôles effectués. Ils sont signés d'un agent mentionné à

l'article L. 450-1 et de la personne concernée par les investigations. En cas de refus de celle-ci, mention en est faite au procès-verbal.

Dans le cas prévu à l'article L. 450-1 où les agents des services d'instruction de l'Autorité de la concurrence sont assistés d'un agent d'une autorité de concurrence d'un autre État membre de la Communauté européenne, les procès-verbaux en font mention. Ils indiquent l'identité de cet agent et la date de la décision l'autorisant à assister les agents des services d'instruction de l'Autorité.

Voir : sous art. L. 450-2, p. 865.

Art. R. 450-2 *(Mod., D. n° 2009-139, 10 févr. 2009)*. – L'ordonnance mentionnée à l'article L. 450-4 indique les voies et délais de recours dont dispose l'occupant des lieux ou son représentant.

Les procès-verbaux prévus à l'article L. 450-4 relatent le déroulement de la visite et consignent les constatations effectuées. Ils sont dressés sur-le-champ. Ils comportent l'inventaire des pièces et documents saisis.

Ces procès-verbaux sont signés par les agents mentionnés à l'article L. 450-1, par l'officier de police judiciaire chargé d'assister aux opérations ainsi que, selon le cas, par l'occupant des lieux ou son représentant ou les deux témoins requis conformément au septième alinéa de l'article L. 450-4.

Une copie du procès-verbal est remise à l'occupant des lieux ou à son représentant. En l'absence de l'occupant des lieux ou de son représentant, la copie du procès-verbal est adressée après la visite au responsable de l'entreprise ou de l'organisme concerné par lettre recommandée avec demande d'avis de réception. Les pièces et documents saisis ne peuvent être opposés aux intéressés qu'après qu'ils ont été mis en mesure d'en prendre connaissance.

Art. D. 450-3 *(D. n° 2009-311, 20 mars 2009)*. – I. – Le ministre chargé de l'économie informe le rapporteur général de l'Autorité de la concurrence des investigations qu'il souhaite entreprendre sur des faits susceptibles de relever des articles L. 420-1, L. 420-2 et L. 420-5. Il lui transmet les documents en sa possession justifiant le déclenchement d'une enquête.

Le rapporteur général peut prendre la direction de ces investigations dans le délai d'un mois à compter de la réception des documents susmentionnés, auquel cas il en informe le ministre. Dans l'hypothèse où le rapporteur général écarte cette possibilité ou n'a pas informé, dans un délai de trente-cinq jours suivant la réception des documents, le ministre des suites données, le ministre chargé de l'économie peut faire réaliser les investigations par ses services.

II. – Le ministre chargé de l'économie informe le rapporteur général de l'Autorité de la concurrence du résultat des investigations auxquelles il aura fait procéder et lui transmet l'ensemble des pièces de la procédure.

Le rapporteur général peut proposer à l'Autorité de la concurrence de se saisir d'office des résultats de l'enquête ; l'Autorité dispose d'un délai de deux mois pour se prononcer à compter de la réception par le rapporteur général des pièces de la procédure. Dans l'hypothèse où le rapporteur général écarte cette possibilité ou si l'Autorité ne donne pas suite à sa proposition dans le délai mentionné ci-dessus, le rapporteur général en informe le ministre. À défaut de notification par le rapporteur général de la décision de l'Autorité dans un délai de soixante-cinq jours suivant la transmission des pièces de la procédure, le ministre chargé de l'économie peut prendre les mesures prévues aux articles L. 462-5 et L. 464-9, ou classer l'affaire.

Art. R. 450-4 *(D. n° 2019-1247, 28 nov. 2019)*. – I. – La demande d'autorisation de communication des données de connexion mentionnée au deuxième alinéa de l'article L. 450-3-3 précise pour chaque enquête :

1° Le nom de la personne suspectée d'avoir pris part aux infractions et manquements mentionnés au I de l'article L. 450-3-3 ou le nom de toute autre personne pour laquelle l'accès aux données de connexion apparait nécessaire à l'enquête ou, le cas échéant, le numéro de téléphone, l'adresse IP ou toute autre donnée de connexion en possession des enquêteurs et pour lesquels des éléments supplémentaires sont nécessaires à l'enquête ;

2° Les données de connexion ou les types de données de connexion demandés pour chaque personne ou dans chaque cas mentionnés au 1° ;

3° Les périodes au titre desquelles les données de connexion sont demandées ;

4° Les éléments de fait et de droit permettant de justifier cette demande.

Si nécessaire, des demandes complémentaires peuvent être présentées au titre d'une enquête pour laquelle une demande a déjà été introduite.

II. – La demande d'autorisation de communication des données de connexion mentionnée au deuxième alinéa de l'article L. 450-3-3 adressée au contrôleur des demandes de données de connexion et l'autorisation préalable délivrée par celui-ci mentionnée au huitième alinéa de l'article L. 450-3-3 sont formulées par écrit et transmises par tout moyen permettant d'en assurer la confidentialité et d'attester de leur réception.

Art. R. 450-5 *(D. n° 2019-1247, 28 nov. 2019).* – Les données transmises par les opérateurs de télécommunication sont recueillies et conservées, jusqu'à leur destruction, selon des modalités propres à garantir leur confidentialité.

Art. R. 450-6 *(D. n° 2019-1247, 28 nov. 2019).* – La destruction des données de connexion collectées au cours d'une même enquête, effectuée dans les conditions prévues aux neuvième et dixième alinéas de l'article L. 450-3-3, donne lieu à un procès-verbal établi par les agents mentionnés à l'article L. 450-1. Les demandes d'autorisation d'accès aux données de connexion adressées au contrôleur des demandes de données de connexion ainsi que les autorisations délivrées par ce dernier sont détruites dans les mêmes conditions.

Art. R. 450-7 *(D. n° 2019-1247, 28 nov. 2019).* – Le contrôleur des demandes de données de connexion ou, le cas échéant, son suppléant, reçoivent une indemnité dont le montant est fixé par arrêté des ministres chargés de l'économie et du budget.

Art. R. 450-8 *(D. n° 2019-1247, 28 nov. 2019).* – L'autorité administrative mentionnée au deuxième alinéa de l'article L. 450-3-3 est :

1° Le directeur général de la concurrence, de la consommation et de la répression des fraudes ou son représentant nommément désigné ;

2° Le chef du service national des enquêtes de la direction générale de la concurrence, de la consommation et de la répression des fraudes ou son représentant nommément désigné ;

3° Le directeur régional des entreprises, de la concurrence, de la consommation, du travail et de l'emploi ou son représentant nommément désigné ;

4° Le directeur des entreprises, de la concurrence, de la consommation, du travail et de l'emploi ou son représentant nommément désigné.

TITRE VI. – DE L'AUTORITÉ DE LA CONCURRENCE

CHAPITRE I. – DE L'ORGANISATION

Art. R. 461-1 *(Mod., D. n° 2009-141, 10 févr. 2009).* – Le président de l'Autorité de la concurrence la représente en justice et dans tous les actes de la vie civile. Dans ce cadre, il signe les actes et pièces au nom de l'Autorité.

Le président de l'Autorité de la concurrence a qualité pour agir en demande et en défense et présenter des observations devant toute juridiction au nom de cette Autorité.

Le président de l'Autorité de la concurrence peut, dans les cas prévus par le livre IV, déléguer certaines de ses attributions à un vice-président.

Le président de l'Autorité de la concurrence est suppléé, en cas d'absence ou d'empêchement, par un vice-président. En cas de vacance du poste de président, le vice-président dont la nomination dans cette fonction est la plus ancienne assure l'intérim.

Observations orales de l'Autorité de la concurrence. Si l'article R. 464-19, dans sa rédaction résultant du décret n° 2009-141 du 10 février 2009, ne fait plus mention de l'Autorité de la concurrence, l'article R. 461-1 du même code précise désormais que le président de celle-ci a qualité pour présenter en son nom des observations devant toute juridiction, sans qu'il soit exclu que celles-ci soient orales (▪ Cass. com., 21 juin 2011, n° 09-67.793 : *JurisData* n° 2011-012353 ; *Bull. civ.* IV, n° 101 ; *RJDA* 2011, n° 961. Conf., sur ce point, de ▪ Paris, 16 juin 2009, n° 06/09879 : *Contrats, conc.*

consom. 2009, comm. 230, obs. G. Decocq ; *Rev. Lamy conc.* 2009, n° 1489, obs. B. Cheynel. Sur renvoi de ▪ Cass. com., 31 janv. 2006, n° 04-20.360 : *JurisData* n° 2006-032001 ; *JCP* E 2006, 1614, n° 39, obs. G. Decocq ; *Contrats, conc. consom.* 2006, comm. 71, obs. M. Malaurie-Vignal). C'est donc à bon droit que la cour d'appel retient que le représentant de l'Autorité, laquelle doit être présente dans les procédures de recours telles qu'elles sont prévues par les articles L. 464-7 et L. 464-8, doit être admis à présenter des observations oralement lors de l'audience (même arrêt).

Art. R. 461-2 *(Mod., D. n° 2009-141, 10 févr. 2009)*. **– À l'exception des dépenses relatives aux services d'instruction dont l'ordonnancement est délégué au rapporteur général, le président de l'Autorité de la concurrence peut déléguer sa signature à tout agent d'encadrement pour engager les dépenses et signer les marchés et les contrats. Il peut également déléguer le soin de représenter l'Autorité devant toute juridiction.**

Des régies de recettes et de dépenses peuvent être créées auprès de l'autorité par arrêté du ministre chargé de l'économie, des finances et de l'industrie dans les conditions prévues par les articles R. 1617-1 et suivants du Code général des collectivités territoriales.

Art. R. 461-3 *(Mod., D. n° 2009-139, 10 févr. 2009)*. **– Le rapporteur général ainsi que le ou les rapporteurs généraux adjoints sont nommés pour quatre ans, parmi les membres du Conseil d'État, les magistrats, les fonctionnaires de catégorie A et les personnes pouvant justifier d'une expérience d'au moins cinq ans dans le domaine du droit de la concurrence et titulaires d'un des diplômes permettant d'accéder à un corps de catégorie A. Ils peuvent être renouvelés une fois dans leurs fonctions.**

Le rapporteur général anime et contrôle l'activité des rapporteurs. Il veille, notamment :

– à ce que les rapporteurs effectuent des actes tendant à la recherche, à la constatation ou à la sanction des faits concernés par l'instruction des affaires dont il leur a confié l'examen ;

– à la qualité des notifications de griefs, des rapports et autres actes d'instruction effectués par les rapporteurs.

Il peut déléguer à un ou des rapporteurs généraux adjoints tout ou partie des attributions qu'il détient conformément au présent titre.

Il peut aussi déléguer sa signature à un rapporteur général adjoint ou à un agent d'encadrement.

En cas de vacance du poste de rapporteur général, un intérim est assuré par le rapporteur général adjoint le plus ancien dans la fonction.

Art. R. 461-4. – Les rapporteurs permanents sont nommés parmi les membres du Conseil d'État, les magistrats, les fonctionnaires de catégorie A, les agents contractuels de l'État de niveau équivalent ou les personnalités ayant une compétence économique ou juridique et titulaires d'un des diplômes permettant d'accéder à un corps de catégorie A.

Art. R. 461-5 *(Mod., D. n° 2009-139, 10 févr. 2009)*. **– Le rapporteur général peut faire appel à des rapporteurs extérieurs choisis parmi les membres du Conseil d'État, les magistrats, les fonctionnaires de catégorie A ou les agents contractuels de l'État de niveau équivalent en activité ou ayant fait valoir leurs droits à la retraite.**

Art. R. 461-6 *(Mod., Ord. n° 2008-1161, 13 nov. 2008)*. **– Le président de l'Autorité de la concurrence fixe le nombre et la composition des sections ; il affecte les membres de l'Autorité de la concurrence à chacune d'entre elles.**

Chaque section est présidée par le président de l'Autorité de la concurrence ou par l'un des vice-présidents ou, lorsque cela est nécessaire pour permettre un nouvel examen d'une affaire dans une formation différente, par le membre le plus ancien de la section. Elle comprend au moins deux autres membres. Les vice-présidents peuvent se suppléer en cas d'absence ou d'empêchement de l'un d'entre eux.

Art. R. 461-7 *(Mod., D. n° 2009-139, 10 févr. 2009)*. **– Une section peut à tout moment décider le renvoi d'une affaire en formation plénière.**

Art. R. 461-8 *(Mod., D. n° 2009-139, 10 févr. 2009)*. **– L'Autorité de la concurrence établit son règlement intérieur, qui fixe notamment les conditions de son fonctionnement administratif. Ce règlement intérieur est publié au *Journal officiel* de la République française.**

L'organisation de l'Autorité de la concurrence est fixée par décision de son président.

Voir : Décision du 30 mars 2009 portant adoption du règlement intérieur de l'Autorité de la concurrence.

Art. R. 461-9 *(D. n° 2009-335, 26 mars 2009)*. **– I. – Le conseiller auditeur exerce ses fonctions pour une durée de cinq ans. Son mandat est renouvelable une fois.**

II. – Le conseiller auditeur peut intervenir à la demande d'une partie. Il peut également appeler l'attention du rapporteur général sur le bon déroulement de la procédure, s'il estime qu'une affaire soulève une question relative au respect des droits des parties.

Les parties mises en cause et saisissantes peuvent présenter des observations au conseiller auditeur sur le déroulement de la procédure d'instruction les concernant dans les affaires donnant lieu à une notification de griefs, pour des faits ou des actes intervenus à compter de la réception de la notification de griefs et jusqu'à la réception de la convocation à la séance de l'Autorité.

Le conseiller auditeur recueille, le cas échéant, les observations complémentaires des parties ainsi que celles du rapporteur général sur le déroulement de la procédure. Il peut proposer des mesures destinées à améliorer l'exercice de leurs droits par les parties.

Il conclut ses interventions en rédigeant un rapport remis au président de l'Autorité au plus tard dix jours ouvrés avant la séance. Une copie est adressée au rapporteur général et aux parties concernées.

Le président de l'Autorité de la concurrence peut inviter le conseiller auditeur à assister à la séance et à y présenter son rapport.

Lorsque le conseiller auditeur décide d'appeler l'attention du rapporteur général sur le bon déroulement de la procédure dans une affaire, conformément au premier alinéa ci-dessus, il verse ses observations au dossier.

III. – Pour l'exercice de ses fonctions, le conseiller auditeur bénéficie du concours des services d'instruction de l'Autorité. Il est habilité à demander la communication des pièces du dossier dont il est saisi auprès du rapporteur général de l'Autorité. La confidentialité des documents et le secret des affaires ne lui sont pas opposables.

IV. – Le conseiller auditeur remet chaque année au président de l'Autorité un rapport sur son activité. Ce rapport est joint au rapport public de l'Autorité.

Bibliographie : – D. Bosco, *Parution du dernier décret « LME » sur le conseiller auditeur « à la française » : Contrats, conc. consom.* 2009, comm. 138. • E. Barbier de la Serre et C. Macé de Gastines, *Le conseiller auditeur de l'Autorité : un homonyme plus qu'un homologue du conseiller auditeur communautaire : Rev. Lamy conc.* 2009, n° 1429. • M. Dany et M. Le Moullec, *Le conseiller auditeur de l'Autorité de la concurrence : la fin et le début d'un suspens : Rev. Lamy dr. aff.* juin 2009, n° 2359. • R. Saint-Esteben, *Le conseiller auditeur : quel rôle au sein de l'Autorité de la concurrence ? : Rev. Lamy conc.* 2009, n° 1504. • D. Voillemot, *Le rôle du conseiller auditeur de l'Autorité de la concurrence : RD conc.* 2010, n° 1, p. 218. • D. Voillemot-Tranié, *Le conseiller auditeur de l'Autorité de la concurrence française : JCP* E 2012, 1005.

Voir aussi : Décision du président de la Commission européenne du 13 octobre 2011 relative à la fonction et au mandat du conseiller-auditeur dans certaines procédures de concurrence (*JOUE* L 275, 20 oct.) : *Contrats, conc. consom.* 2011, comm. 171, obs. D. Bosco ; *JCP* E 2012, act. 278, obs. G. Notté.

Art. R. 461-10 *(Créé, D. n° 2019-169, 6 mars 2019)* (1) (2). **– Pour chaque renouvellement par moitié des membres de l'Autorité, le mandat des membres appartenant à la moitié concernée prend fin cinq ans après la date à laquelle le mandat de leur prédécesseur a pris fin.**

NB : Conformément à l'article 2 du décret n° 2019-169 du 6 mars 2019, ces dispositions s'appliquent sous réserve des dates d'échéance des mandats fixées conformément à l'article 1er pour organiser le premier renouvellement par moitié du collège de l'Autorité de la concurrence.

CHAPITRE II. – DES ATTRIBUTIONS

Art. R. 462-1 *(Mod., Ord. n° 2008-1161, 13 nov. 2008)*. **– Les avis rendus en application des articles L. 410-2 et L. 462-2 sont publiés avec les textes auxquels ils se rapportent.**

Les avis rendus en application de l'article L. 462-1 et destinés à une commission parlementaire ou au Gouvernement peuvent être publiés par leur destinataire ou, avec l'accord de ce dernier, par l'Autorité de la concurrence. L'Autorité de la concurrence peut publier les avis demandés par d'autres personnes.

(1) Dispositions applicables à Wallis-et-Futuna, D. n° 2019-169, 6 mars 2019, art. 3, II.
(2) Dispositions d'application : V. D. n° 2019-169, 6 mars 2019, art. 2, II.

Art. R. 462-2 *(Mod., Ord. n° 2008-1161, 13 nov. 2008 ; D. n° 2016-230, 26 févr. 2016).* – Délégation permanente est donnée au ministre chargé de l'économie pour consulter, au nom du Gouvernement, l'Autorité de la concurrence de sa propre initiative ou à la demande du ministre dont relève le secteur économique concerné, en application des articles L. 410-2, L. 462-1 et L. 462-2.

Pour l'application de l'article L. 462-2-1, délégation permanente est donnée au ministre de la Justice et au ministre chargé de l'économie pour consulter, au nom du Gouvernement, l'Autorité de la concurrence.

Art. R. 462-3 *(Mod., Ord. n° 2008-1161, 13 nov. 2008 ; D. n° 2017-483, 6 avr. 2017).* – La procédure contradictoire prévue à l'article L. 462-3 comporte la notification d'un rapport effectuée par le rapporteur général aux parties en cause devant la juridiction, au commissaire du Gouvernement auprès de l'Autorité de la concurrence et, le cas échéant, aux autres personnes dont les agissements ont été examinés dans le rapport au regard des articles 81 et 82 du traité instituant la Communauté européenne et des articles L. 420-1, L. 420-2, L. 420-2-1, L. 420-2-2 et L. 420-5. Le rapporteur général fixe aux destinataires un délai de réponse, qui ne peut être inférieur à un mois à compter de la notification du rapport, pour consulter le dossier et présenter des observations écrites.

L'avis de l'Autorité de la concurrence rendu à la juridiction qui l'a consultée est communiqué aux personnes mentionnées au premier alinéa.

Art. R. 462-4 *(Rempl., D. n° 2009-139, 10 févr. 2009).* – Les décisions de l'Autorité prévues à l'article L. 464-8 sont annexées au rapport d'activité prévu à l'article L. 461-5.

Art. R. 462-5 *(D. n° 2015-1671, 14 déc. 2015).* – I. – L'Autorité de la concurrence est informée de façon préalable des accords d'achats groupés mentionnés au premier alinéa de l'article L. 462-10 lorsque les deux conditions suivantes sont réunies :

a) Le chiffre d'affaires total mondial hors taxes de l'ensemble des entreprises ou des groupes de personnes physiques ou morales parties à de tels accords est supérieur à 10 milliards d'euros ;

b) Le chiffre d'affaires total hors taxes réalisé à l'achat en France dans le cadre de ces accords par l'ensemble des entreprises ou des groupes de personnes physiques ou morales parties à de tels accords est supérieur à 3 milliards d'euros.

II. – Pour l'appréciation du seuil mentionné au *b* du I, deux ou plusieurs accords au sens de l'article L. 462-10 conclus au cours d'une période de deux années entre les mêmes entreprises ou groupes de personnes physiques ou morales sont considérés comme un seul accord intervenant à la date du premier.

CHAPITRE III. – DE LA PROCÉDURE

Section I. – De la saisine

Art. R. 463-1 *(Mod., Ord. n° 2008-1161, 13 nov. 2008). – (Al. rempl., D. n° 2021-715, 2 juin 2021)* La saisine de l'Autorité de la concurrence est adressée soit par lettre recommandée avec demande d'avis de réception, soit par dépôt au siège de l'Autorité de la concurrence, en quatre exemplaires, soit encore par l'intermédiaire d'une plateforme d'échanges sécurisés de documents électroniques. Elle peut être accompagnée de pièces annexes.

La saisine précise :

– son objet et les dispositions du droit national ou du droit communautaire de la concurrence sur lesquelles la partie saisissante fonde sa demande ;

– les nom, prénoms, dénomination ou forme sociale, profession ou activité, et adresse du domicile ou du siège *social du demandeur,* ainsi que, le cas échéant, ses statuts et le mandat donné à son représentant. L'Autorité de la concurrence est informée sans délai de tout changement d'adresse par lettre recommandée avec demande d'avis de réception.

Si la saisine n'est pas accompagnée de ces éléments, une demande de régularisation est adressée au demandeur ou à son représentant mandaté, qui doivent y répondre et apporter les compléments dans un délai de deux mois.

Le commissaire du Gouvernement est destinataire d'une copie de toutes les saisines autres que celles émanant du ministre chargé de l'économie.

Art. R. 463-2 *(Mod., Ord. n° 2008-1161, 13 nov. 2008).* **– La production de mémoires, pièces justificatives ou observations effectuée devant l'Autorité de la concurrence sous la signature et sous le timbre d'un avocat emporte élection de domicile au cabinet de l'avocat ou au siège de la société d'avocats.**

Section II. – De l'instruction

Art. R. 463-3 *(Mod., Ord. n° 2008-1161, 13 nov. 2008).* **– Le rapporteur général ou un rapporteur général adjoint peut, à son initiative ou à la demande des parties ou du commissaire du Gouvernement, procéder à la jonction de l'instruction de plusieurs affaires. À l'issue de leur instruction, l'Autorité de la concurrence peut se prononcer par une décision commune. Le rapporteur général ou un rapporteur général adjoint peut également procéder à la disjonction de l'instruction d'une saisine en plusieurs affaires.**

Les décisions prises en application de l'article R. 463-3 du Code de commerce ne sont pas susceptibles de recours, s'agissant de décisions d'ordre intérieur les moyens visant à contester la disjonction opérée étaient irrecevables à l'appui d'un recours dirigé contre la décision au fond du Conseil de la concurrence (▪ Paris, 29 juin 2004, pourvoi rejeté par ▪ Cass. com., 17 janv. 2006, n° 04-19.092 ; ▪ Aut. conc., déc. n° 15-D-04, 26 mars 2015 : *RD conc.* 2015, n° 3, p. 70, obs. M. Behar-Touchais ; *adde* en ce sens, ▪ Cass. com., 17 juin 2011, n° 10-17.044).

Art. R. 463-4. – En application de l'article L. 450-6, le rapporteur général confie l'instruction d'une affaire à un ou plusieurs rapporteurs qu'il désigne. Il peut, en cours d'instruction, modifier cette désignation et confier l'affaire à un nouveau rapporteur.

Art. R. 463-5. – Lorsque le rapporteur juge utile, pour l'instruction des saisines mentionnées à l'article L. 462-5 et des demandes de mesures conservatoires prévues à l'article L. 464-1 dont il a la charge, et notamment en cas d'urgence, de demander à la direction générale de la concurrence, de la consommation et de la répression des fraudes communication des éléments dont elle dispose déjà, sa demande est transmise par le rapporteur général, selon les mêmes modalités que celles qui sont prévues au premier alinéa de l'article L. 450-6.

Art. R. 463-6. – Les auditions auxquelles procède le rapporteur donnent lieu à un procès-verbal, signé par les personnes entendues. En cas de refus de signer, il en est fait mention par le rapporteur. Les personnes entendues peuvent être assistées d'un conseil.

Art. R. 463-7 *(Mod., Ord. n° 2008-1161, 13 nov. 2008).* **– Lorsqu'elle estime que l'instruction est incomplète, l'Autorité de la concurrence peut décider de renvoyer l'affaire en tout ou partie à l'instruction. Cette décision n'est pas susceptible de recours.**

1) Pour la motivation d'un refus de renvoi à l'instruction, V. ▪ Aut. conc., déc. n° 09-D-20, 11 juin 2009 : *Rev. Lamy conc.* 2009, n° 1492, obs. B. Cheynel.

Ne viole pas le principe d'impartialité et d'indépendance des fonctions d'instruction et de jugement la décision de renvoi de l'affaire à l'instruction (en application de l'article R. 463-7 du Code de commerce) aux motifs qu'un grief écarté par un rapporteur nécessitait une instruction complémentaire (▪ CA Paris, 19 juin 2014, rejet des moyens de procédure et renvoi pour avis à la Commission européenne : *Contrats, conc. consom.* 2014, comm. 197, obs. G. Decocq ; rendu sur ▪ Aut. conc., déc. n° 12-D-24, 13 déc. 2012 : *Rev. Lamy conc.* 2013/35, n° 2267, obs. V. Selinsky).

Comp. Pour une absence de violation du principe d'impartialité de la demande de renvoi à l'instruction, mesure d'ordre interne ne constituant pas un préjugement de la réalité des manquements à examiner, V. ▪ Cass. com., 6 oct. 2015, n°s 14-20.445 et 14-21.219.

2) Sur les circonstances pouvant justifier un renvoi de l'affaire pour instruction incomplète, V. ▪ Cass. com., 7 juin 2011, n° 10-17.044 : *JurisData* n° 2011-010926 ; *Bull. civ.* IV, n° 90 ; *D.* 2011, p. 1676, obs. E. Chevrier ; *RJDA* 2011, n° 842.

3) Le versement d'une pièce essentielle au dossier n'aurait-il eu pour objet que de permettre le respect du principe de contradiction (le rapport d'enquête n'avait pas été communiqué à l'entreprise poursuivie), entre dans le champ d'un complément nécessaire à l'instruction autorisant le collège de l'autorité à faire usage des prérogatives qu'il tient de l'article R. 463-7 (■ Cass. com., 18 mars 2020, n° 18-11.998 : *Contrats, conc. consom.* 2020, comm. 115, note D. Bosco).

Art. R. 463-8. – Pour l'application de l'article L. 464-1 et des premier et deuxième alinéas de l'article L. 462-8, le rapporteur général peut fixer des délais pour la production de mémoires, pièces justificatives ou observations et pour leur consultation par les intéressés ou par le commissaire du Gouvernement.

Art. R. 463-9. – Le rapporteur général communique aux autorités administratives énumérées à l'annexe 4-6 du présent livre toute saisine relative à des secteurs entrant dans leur champ de compétence. Ces autorités administratives disposent pour faire part de leurs observations éventuelles d'un délai de deux mois, qui peut être réduit par le rapporteur général si l'urgence le nécessite. Ces observations sont jointes au dossier.

L'article R. 463-9 n'a pas pour effet de conférer à l'autorité administrative à laquelle la saisine du Conseil de la concurrence a été communiquée, la qualité de partie à la procédure destinataire de la notification des griefs et du rapport (■ Paris, 29 mars 2005, n° 00PA00136 : *D.* 2005, p. 1223, obs. E. Chevrier).

Annexe 4-6

(Mod., Ord. n° 2010-76, 21 janv. 2010)

Liste des autorités administratives mentionnées à l'article R. 463-9

Autorité des marchés financiers.
Commission nationale de l'informatique et des libertés.
Médiateur du cinéma.
Autorité de contrôle prudentiel.
Conseil supérieur de l'audiovisuel.
Autorité de régulation des communications électroniques et des postes.
Commission de régulation de l'électricité.

Art. R. 463-10. – Le rapporteur général peut à tout moment de la procédure demander aux entreprises mises en cause de communiquer au rapporteur dans le délai de deux mois leur numéro unique d'identification et les chiffres d'affaires nécessaires au calcul du plafond d'une éventuelle sanction, conformément aux dispositions du I de l'article L. 464-2. La lettre de transmission mentionne que ces informations sont communiquées par le rapporteur général au commissaire du Gouvernement.

Section III. – De la notification des griefs et du rapport

Art. R. 463-11 *(Mod., Ord. n° 2008-1161, 13 nov. 2008)*. – *(Al. mod., D. n° 2021-715, 2 juin 2021)* Pour l'application de l'article L. 463-2, la notification des griefs retenus par le rapporteur et la notification du rapport sont faites par le rapporteur général à l'auteur de la saisine, aux ministres intéressés, aux autres parties intéressées et au commissaire du Gouvernement. Ces notifications sont effectuées soit par lettres recommandées avec demande d'avis de réception, soit par l'intermédiaire d'une plateforme d'échanges sécurisés de documents électroniques.

Le rapport soumet à la décision de l'Autorité de la concurrence une analyse des faits et de l'ensemble des griefs notifiés. Le commissaire du Gouvernement dispose d'un délai de deux mois pour faire valoir ses observations écrites sur le rapport. Les avis éventuels des ministres intéressés sont transmis par écrit à l'Autorité de la concurrence dans un délai de deux mois par l'intermédiaire du commissaire du Gouvernement.

Voir : *sous art. L. 463-2, p. 917.*

Art. R. 463-12 *(Mod., D. n° 2009-139, 10 févr. 2009)*. – Lorsque le rapporteur général décide, en application de l'article L. 463-3, que l'affaire sera jugée par l'Autorité de la concurrence sans établissement préalable d'un rapport, les parties et le commissaire du Gouvernement disposent d'un délai de deux mois à compter de la notification de cette décision pour présenter leurs observations.

Section IV. – Du secret des affaires

Bibliographie : B. Cheynel, *Protection du secret des affaires. Nouvelle mouture : Rev. Lamy conc.* 2009, n° 1363.

Art. R. 463-13 *(Rempl., D. n° 2009-142, 10 févr. 2009 ; mod., D. n° 2017-483, 6 avr. 2017). – (Al. mod., D. n° 2021-715, 2 juin 2021)* Pour l'application de l'article L. 463-4, lorsqu'une personne demande la protection du secret des affaires à l'égard d'éléments communiqués par elle à l'Autorité de la concurrence ou saisis auprès d'elle par cette dernière, elle indique soit par lettre recommandée avec demande d'avis de réception, soit par l'intermédiaire d'une plateforme d'échanges sécurisés de documents électroniques, pour chaque information, document ou partie de document en cause, l'objet et les motifs de sa demande. Elle fournit séparément une version non confidentielle et un résumé de chacun de ces éléments. Cette demande doit parvenir à l'Autorité dans un délai d'un mois à compter de la date à laquelle lesdits éléments ont été obtenus par l'Autorité. En cas d'urgence, ce délai peut être réduit par le rapporteur général, notamment afin de permettre l'examen d'une demande de mesures conservatoires par l'Autorité, sans pouvoir être inférieur à quarante-huit heures. Dans ce cas, la demande de protection peut être présentée par tout moyen.

Lorsqu'une personne communique des éléments au ministre chargé de l'économie ou que ce dernier saisit des éléments auprès d'elle dans le cadre d'une enquête relative aux articles L. 420-1, L. 420-2, L. 420-2-1, L. 420-2-2 et L. 420-5, cette personne est invitée à signaler par lettre, dans un délai d'un mois à compter de la date à laquelle lesdits éléments ont été obtenus par le ministre, qu'elle demande la protection du secret des affaires, sans préjudice de son droit à invoquer les dispositions de l'article L. 463-4 devant l'Autorité de la concurrence. Cette lettre est jointe à la saisine éventuelle de l'Autorité de la concurrence.

Lorsque l'instruction de l'affaire par l'Autorité de la concurrence fait apparaître que des informations, documents ou parties de documents pouvant mettre en jeu le secret des affaires n'ont pas pu faire l'objet d'une demande de protection par une personne susceptible de se prévaloir de ce secret, le rapporteur général invite cette personne à présenter, si elle le souhaite, une demande dans les conditions de forme et de délai mentionnées au premier alinéa pour bénéficier de la protection du secret des affaires.

Art. R. 463-14 *(Rempl., D. n° 2009-142, 10 févr. 2009).* – Les informations, documents ou parties de documents pour lesquels une demande de protection au titre du secret des affaires n'a pas été présentée sont réputés ne pas mettre en jeu le secret des affaires. Il en est de même des éléments portant sur les ventes, parts de marché, offres ou données similaires de plus de cinq ans au moment où il est statué sur la demande, sauf si, dans des cas exceptionnels, le rapporteur général en décide autrement.

Dans le cadre de l'instruction par l'Autorité de la concurrence, le rapporteur examine, avant que les éléments concernés du dossier soient rendus accessibles ou communiqués aux parties, les demandes de protection de secrets d'affaires qui ont été formulées. Le rapporteur général notifie au demandeur une décision de traitement confidentiel des informations, documents ou parties de documents en cause. Les actes de procédure sont établis en fonction de cette décision. Le rapporteur général peut aussi rejeter la demande en tout ou en partie si elle n'a pas été présentée conformément aux dispositions du premier alinéa de l'article R. 463-13, si elle l'a été au-delà du délai imparti ou si elle est manifestement infondée. *(Mots aj., D. n° 2017-823, 5 mai 2017)* « En cas de rejet, il notifie sa décision au demandeur ».

Art. R. 463-15 *(Rempl., D. n° 2009-142, 10 févr. 2009). – (Al. mod., D. n° 2021-715, 2 juin 2021)* ***Lorsque le rapporteur considère qu'une ou plusieurs*** pièces dans leur version confidentielle sont nécessaires à l'exercice des droits de la défense d'une ou plusieurs parties ou que celles-ci doivent en prendre connaissance pour les besoins du débat devant l'Autorité, il en informe soit par lettre recommandée avec demande d'avis de réception, soit par l'intermédiaire d'une plateforme d'échanges sécurisés de documents électroniques, la personne qui a fait la demande de protection du secret des affaires contenu dans ces pièces et lui fixe un délai pour présenter ses observations avant que le rapporteur général ne statue. La décision du rapporteur général est notifiée aux intéressés.

Lorsqu'une partie mise en cause n'a pas eu accès à la version confidentielle d'une pièce qu'elle estime nécessaire à l'exercice de ses droits, elle peut en demander au rapporteur la communication ou la consultation en lui présentant une requête motivée dès sa prise de connaissance de la version non confidentielle et du résumé de cette pièce. Il est alors procédé comme à l'alinéa précédent.

Le rapporteur général fixe, le cas échéant, un délai permettant un débat sur les informations, documents ou parties de document nouvellement communiqués.

Art. R. 463-15-1 *(D. n° 2009-142, 10 févr. 2009)*. – Pour l'application de l'article L. 463-4 dans le cadre de l'examen des projets d'opérations de concentration prévu au titre III, les personnes apportant des informations à l'Autorité de la concurrence lui précisent en même temps celles qui constituent des secrets d'affaires. Le rapporteur général veille à ce que ces informations soient réservées à l'Autorité et au commissaire du Gouvernement et à ce que soient constituées, si nécessaire, des versions non confidentielles des documents les contenant.

Les dispositions des articles R. 463-13 à R. 463-15 ne sont pas applicables.

Section V. – De l'expertise

Art. R. 463-16. – Lorsqu'en application de l'article L. 463-8 le rapporteur général décide de faire appel à un ou des experts, sa décision définit l'objet de l'expertise, fixe le délai de sa réalisation et évalue les honoraires prévisibles correspondants.

Lorsque l'expertise est demandée par une partie et acceptée par le rapporteur général, ce dernier lui demande de consigner le montant d'une provision égale aux honoraires prévus de l'expert. Si plusieurs parties doivent procéder à une telle consignation, le rapporteur général indique dans quelle proportion chacune doit consigner.

Le rapporteur général peut décider d'accorder aux experts qui le demandent une avance forfaitaire, qui ne peut excéder 25 % des honoraires prévus.

Le ou les experts informent le rapporteur chargé de l'instruction de l'affaire de l'avancement des opérations d'expertise. Le ou les experts doivent prendre en considération les observations des parties, qui peuvent être adressées par écrit ou être recueillies oralement, et doivent les joindre à leur rapport si elles sont écrites et si la partie concernée le demande. Ils doivent faire mention, dans leur rapport, de la suite qu'ils leur ont donnée.

Le rapport d'expertise est remis au rapporteur chargé de l'instruction de l'affaire. Ce dernier le joint en annexe à sa notification de griefs, à son rapport ou à sa proposition de non-lieu ou, s'il est remis après l'envoi de son propre rapport, l'adresse aux parties et au commissaire du Gouvernement afin qu'ils puissent faire part de leurs observations éventuelles. Ces observations sont faites dans la réponse à la notification de griefs, au rapport du rapporteur ou à la proposition de non-lieu, ou bien en séance.

Même si plusieurs experts ont été désignés, un seul rapport est rédigé, qui fait apparaître les points d'accord et les points de divergence éventuels.

À la remise du rapport d'expertise, le rapporteur général arrête définitivement le montant des honoraires d'expertise et fait procéder à leur paiement.

CHAPITRE IV. – DES DÉCISIONS ET DES VOIES DE RECOURS

Section I. – Des décisions

Art. R. 464-1 *(Mod., Ord. n° 2008-1161, 13 nov. 2008)*. – La demande de mesures conservatoires mentionnée à l'article L. 464-1 ne peut être formée qu'accessoirement à une saisine au fond de l'Autorité de la concurrence. Elle peut être présentée à tout moment de la procédure et doit être motivée.

Voir : sous art. L. 464-1, p. 930.

Art. R. 464-2 *(Mod., Ord. n° 2008-1161, 13 nov. 2008 ; D. n° 2021-715, 2 juin 2021)*. – Lorsque [l'] Autorité de la concurrence envisage de faire application du I de l'article L. 464-2 relatif à l'acceptation d'engagements proposés par les entreprises, le rapporteur fait connaître aux entreprises ou organismes *concernés son* évaluation préliminaire des pratiques en cause. Cette évaluation peut soit être notifiée par *procès-verbal* transmis par courrier ou par l'intermédiaire d'une plateforme d'échanges sécurisés de documents électroniques, soit, lorsque l'Autorité est saisie d'une demande de mesures conservatoires, être présentée oralement en séance. Une copie de l'évaluation est adressée à l'auteur de la saisine et au commissaire du Gouvernement, sauf lorsqu'elle est présentée oralement lors d'une séance en présence des parties.

Le délai imparti aux entreprises ou organismes pour formaliser leurs engagements à l'issue de l'évaluation préliminaire est fixé soit par le rapporteur dans le cas où cette évaluation a été notifiée par procès-verbal transmis par courrier ou par l'intermédiaire d'une plateforme d'échanges sécurisés de documents électroniques, soit par l'Autorité de la concurrence dans le cas où cette évaluation a été présentée oralement en séance. Ce délai ne peut, sauf accord des entreprises ou organismes concernés, être inférieur à un mois. Ce délai ne peut, sauf accord des entreprises ou organismes concernés, être inférieur à un mois.

À réception des engagements proposés par les entreprises ou organismes concernés à l'issue du délai mentionné au deuxième alinéa, le rapporteur général communique leur contenu à l'auteur ou aux auteurs de la saisine ainsi qu'au commissaire du Gouvernement. Il publie également, par tout moyen, un résumé de l'affaire et des engagements pour permettre aux tiers intéressés de présenter leurs observations. Il fixe un délai, qui ne peut être inférieur à un mois à compter de la date de communication ou de publication du contenu des engagements, pour la production des observations des parties, du commissaire du Gouvernement et, le cas échéant, des tiers intéressés. Ces observations sont versées au dossier.

Les parties et le commissaire du Gouvernement sont convoqués à la séance trois semaines au moins avant le jour de la séance, soit par l'envoi d'une lettre du rapporteur général, soit par l'intermédiaire d'une plateforme d'échanges sécurisés de documents électroniques. La convocation est accompagnée de la proposition d'engagements. Les parties et le commissaire du Gouvernement peuvent présenter des observations orales lors de la séance.

Voir : sous art. L. 464-2, annot. n°s 2 et 3, p. 939.

Voir aussi : Communiqué de procédure de l'Autorité de la concurrence du 2 mars 2009 relatif aux engagements en matière de concurrence.

Bibliographie : S. Grandvuillemin, *La procédure d'engagements : état des lieux après le communiqué de procédure du 2 mars 2009 : JCP* E 2009, 1542.

Art. R. 464-3 *(Mod., Ord. n° 2008-1161, 13 nov. 2008)*. **– Pour l'application des dispositions relatives à la liquidation de l'astreinte prévues au II de l'article L. 464-2, l'Autorité de la concurrence se prononce après sa saisine dans les conditions prévues à l'article L. 462-5. Sa décision est précédée de l'établissement d'un rapport évaluant le montant définitif de l'astreinte. Ce rapport est adressé aux parties et au commissaire du Gouvernement, qui disposent d'un délai d'un mois pour présenter leurs observations écrites. Les parties et le commissaire du Gouvernement peuvent également présenter des observations orales lors de la séance.**

Voir : sous art. L. 464-2, annot. n° 17, p. 957.

Art. R. 464-4 *(Mod., Ord. n° 2008-1161, 13 nov. 2008 ; D. n° 2021-715, 2 juin 2021)*. **– Lorsque le rapporteur général propose [à l'] Autorité de la concurrence de faire application des dispositions du III de l'article L. 464-2, les parties et le commissaire du Gouvernement en sont informés soit par l'envoi d'une lettre du rapporteur général, soit par l'intermédiaire d'une plateforme d'échanges sécurisés de documents électroniques, trois semaines au moins avant le jour de la séance.**

Voir : sous art. L. 464-2, annot. n°s 18 à 20, p. 957.

Voir aussi : Communiqué de procédure de l'Autorité de la concurrence du 10 février 2012 relatif à la non-contestation des griefs (*Contrats, conc. consom.* 2012, Focus 21, obs. P. Arhel ; *JCP* E 2012, act. 131, obs. P. Arhel ; *Contrats, conc. consom.* 2012, étude 7, note J.-C. Roda).

Art. R. 464-5 *(Mod., Ord. n° 2008-1161, 13 nov. 2008 ; mod. à compter du 11 juin 2021, D. n° 2021-568, 10 mai 2021)*. **–** *(Al. mod., D. n° 2021-715, 2 juin 2021)* **L'entreprise ou l'organisme qui effectue la démarche mentionnée au IV de l'article L. 464-2 s'adresse soit au directeur général de la concurrence, de la consommation et de la répression des fraudes, soit au rapporteur général [de l'] Autorité de la concurrence. La démarche est effectuée soit par courrier adressé en recommandé avec demande d'avis de réception, soit par l'intermédiaire d'une plateforme d'échanges sécurisés de documents électroniques ou encore oralement. Dans ce dernier cas, le directeur général de la concurrence, de la consommation et de la répression des fraudes ou le rapporteur général [de l'] Autorité de la concurrence constate par écrit la date de la démarche. La déclaration du représentant de l'entreprise ou de l'organisme est recueillie dans les délais les**

plus brefs par procès-verbal de déclaration par un enquêteur de la direction générale de la concurrence, de la consommation et de la répression des fraudes ou un rapporteur [de l'] Autorité de la concurrence.

Le directeur général de la concurrence, de la consommation et de la répression des fraudes, le rapporteur général de l'Autorité de la concurrence ou un rapporteur désigné par lui à cet effet accuse, par écrit, réception de cette demande. Par dérogation à l'article R. 112-5 du Code des relations entre le public et l'administration, cet accusé de réception ne mentionne que la date et l'heure de réception.

La déclaration du demandeur est recueillie par un enquêteur de la direction générale de la concurrence, de la consommation et de la répression des fraudes ou un rapporteur de l'Autorité de la concurrence et fait l'objet d'un procès-verbal de déclaration.

Le directeur général de la concurrence, de la consommation et de la répression des fraudes et le rapporteur général s'informent réciproquement de toute démarche faite auprès d'eux en application du premier alinéa du présent article ainsi que de l'existence d'une éventuelle enquête ou instruction se rapportant aux pratiques en cause et déjà en cours avant cette démarche.

Lorsque le bénéfice des dispositions du IV de l'article L. 464-2 a été demandé, le rapport d'enquête ou la notification de griefs et le rapport du rapporteur peuvent comporter une appréciation du respect par le demandeur des conditions qui s'imposent à lui.

Voir : sous art. L. 464-2, annot. n° 25, p. 960.

Voir aussi : communiqué de procédure de l'Autorité de la concurrence du 2 mars 2009 relatif au programme de clémence français.

Art. R. 464-5-1 *(Créé à compter du 11 juin 2021, D. n° 2021-568, 10 mai 2021)*. – I. – L'exonération totale des sanctions pécuniaires prévue au IV de l'article L. 464-2 est accordée lorsque les conditions suivantes sont remplies :

1° Le demandeur satisfait aux conditions fixées à l'article R. 464-5-4 ;

2° Il révèle sa participation à une pratique prohibée par l'article L. 420-1 ;

3° Il est le premier à fournir des éléments d'information qui :

a) Soit permettent, au moment où la direction générale de la concurrence, de la consommation et de la répression des fraudes ou l'Autorité de la concurrence reçoivent la demande, de procéder à des opérations de visite et de saisie ou à des perquisitions dans le cadre d'une procédure pénale en rapport avec la pratique en cause, à condition qu'elles n'aient pas déjà en leur possession des éléments d'information qu'elles estiment suffisants pour permettre de procéder à de telles opérations de visite et de saisie ou qu'il n'ait pas déjà été procédé à de telles opérations ou perquisitions ;

b) Soit sont suffisants pour permettre à l'Autorité de la concurrence d'établir l'existence de la pratique en cause, à condition que la direction générale de la concurrence, de la consommation et de la répression des fraudes ou l'Autorité de la concurrence n'aient pas déjà en leur possession des éléments d'information que cette dernière estime suffisants pour lui permettre d'établir l'existence de cette pratique et qu'aucun autre demandeur n'ait déjà rempli les conditions pour bénéficier de l'exonération totale de sanctions pécuniaires en application du *a* du présent 3°.

II. – Un demandeur ayant pris des mesures pour contraindre d'autres entreprises ou associations d'entreprises à participer à la pratique en cause ou à continuer à y participer est exclu du bénéfice de l'exonération totale de sanctions pécuniaires.

Art. R. 464-5-2 *(Créé à compter du 11 juin 2021, D. n° 2021-568, 10 mai 2021)*. – I. – L'exonération partielle de sanctions pécuniaires prévue au IV de l'article L. 464-2 est accordée lorsque les conditions suivantes sont remplies :

1° Le demandeur satisfait aux conditions fixées à l'article R. 464-5-4 ;

2° Il révèle sa participation à une pratique prohibée par l'article L. 420-1 ;

3° Il fournit des éléments d'information qui comportent une valeur ajoutée significative afin d'établir l'existence de la pratique en cause, par rapport à ceux qui se trouvent déjà en la possession de la direction générale de la concurrence, de la consommation et de la répression des fraudes ou de l'Autorité de la concurrence au moment de la demande.

II. – Lorsqu'un demandeur est le premier à fournir des éléments d'information décisifs permettant à l'Autorité d'établir des éléments de fait supplémentaires conduisant à une augmentation des sanctions pécuniaires infligées aux participants à la pratique en cause par rapport à celles qui auraient été infligées en l'absence de ces éléments, l'Autorité de la concurrence ne le prend pas en compte pour déterminer le montant de la sanction infligée au demandeur ayant fourni ces éléments d'information.

Art. R. 464-5-3 *(Créé à compter du 11 juin 2021, D. n° 2021-568, 10 mai 2021).* – I. – Le demandeur peut solliciter du directeur général de la concurrence, de la consommation et de la répression des fraudes ou du rapporteur général de l'Autorité de la concurrence l'attribution d'une place dans l'ordre d'arrivée en vue de bénéficier de l'exonération totale ou partielle de sanctions pécuniaires mentionnée au IV de l'article L. 464-2. Les autorités saisies fixent un délai afin de permettre au demandeur de rassembler les éléments d'information requis.

II. – Les éléments d'information fournis par le demandeur durant le délai mentionné au I sont réputés avoir été communiqués à la date de réception de la demande, telle que constatée dans le courrier ou le procès-verbal marquant sa place dans l'ordre d'arrivée.

III. – Le demandeur fournit les éléments d'information dont il dispose en lien avec la pratique en cause, notamment :

1° Son nom et son adresse ;

2° Les circonstances ayant conduit à l'introduction de la demande ;

3° Les noms de toutes les autres entreprises ou associations d'entreprises qui participent ou ont participé à la pratique en cause ;

4° Les produits et les territoires concernés ;

5° La durée et la nature de la pratique en cause ;

6° Des renseignements sur toute autre demande d'exonération totale ou partielle de sanctions pécuniaires présentée par le passé ou susceptible d'être présentée à l'avenir à toute autre autorité de concurrence concernant la pratique en cause.

Art. R. 464-5-4 *(Créé à compter du 11 juin 2021, D. n° 2021-568, 10 mai 2021).* – Afin de se voir accorder une exonération totale ou partielle de sanctions pécuniaires, le demandeur est tenu de remplir l'ensemble des conditions suivantes :

1° Il doit mettre fin à sa participation à la pratique prohibée sans délai et au plus tard immédiatement après avoir déposé sa demande, sauf pour ce qui serait, de l'avis du rapporteur général de l'Autorité de la concurrence, raisonnablement nécessaire à la préservation de l'intégrité de l'enquête ;

2° Il doit apporter à l'Autorité de la concurrence une coopération véritable, totale, permanente et rapide dès le dépôt de sa demande et tout au long de la procédure d'enquête et d'instruction, ce qui implique en particulier de :

a) Lui fournir sans délai tous les éléments d'information de la nature de ceux mentionnés au III de l'article R. 464-5-3 supplémentaires concernant la pratique en cause, qui viendraient en sa possession ou auxquels il pourrait avoir accès, comprenant notamment une description détaillée de cette pratique et de sa nature, de la nature et de l'usage des produits en cause, des territoires sur lesquels cette pratique est susceptible de produire des effets, ainsi qu'une estimation de sa durée de mise en œuvre ;

b) Se tenir à la disposition de l'Autorité de la concurrence pour répondre rapidement à toute demande de sa part visant à contribuer à l'établissement des faits constitutifs de la pratique en cause ;

c) Mettre ses représentants légaux et salariés actuels à la disposition de l'Autorité de la concurrence, et fournir des efforts raisonnables pour en faire de même avec ses anciens représentants légaux et salariés ;

d) S'abstenir de détruire, de falsifier ou de dissimuler des informations ou des éléments de preuves pertinents se rapportant à la pratique en cause ;

e) S'abstenir de divulguer l'existence ou la teneur de sa demande avant que l'Autorité de la concurrence n'ait communiqué ses griefs aux parties, sauf si elle y donne préalablement son accord ;

f) Ne remettre en cause à aucun moment devant l'Autorité de la concurrence, et ce jusqu'au terme de la procédure, les éléments d'information qu'il lui a révélés dans le cadre de la procédure, notamment en ce qui concerne la matérialité des faits qu'il a dénoncés ou l'existence même de la pratique ;

3° Lorsqu'il envisage d'adresser une demande à l'Autorité de la concurrence, le demandeur ne doit pas avoir détruit ou falsifié de preuves de la pratique en cause, ni avoir divulgué son intention de présenter une demande ou la teneur de celle-ci, sauf à d'autres autorités de concurrence.

Art. R. 464-5-5 *(Créé à compter du 11 juin 2021, D. n° 2021-568, 10 mai 2021).* – I. – Un demandeur ayant sollicité une exonération totale ou partielle de sanctions pécuniaires auprès de la Commission européenne, soit pour l'attribution d'une place dans l'ordre d'arrivée en vue de bénéficier d'une telle exonération, soit par le dépôt d'une demande complète, peut, si cette demande se réfère à une pratique prohibée couvrant les territoires de plus de trois États membres, soumettre à l'Autorité de la concurrence une demande sommaire concernant la même pratique.

II. – La demande sommaire mentionnée au I, qui est soumise aux conditions prévues aux trois premiers alinéas de l'article R. 464-5, comporte les éléments mentionnés aux 1° et 3° à 6° du III de l'article R. 464-5-3, ainsi que la mention des État membres où les preuves de la pratique en cause sont susceptibles de se trouver.

Les clarifications que l'Autorité de la concurrence peut demander lorsqu'elle est saisie d'une demande sommaire ne peuvent concerner que les éléments mentionnés à l'alinéa précédent.

III. – Lorsqu'elle est saisie d'une demande sommaire, l'Autorité de la concurrence vérifie si elle a déjà reçu une autre demande, sommaire ou complète, de la part d'un autre demandeur, concernant la même pratique. En l'absence d'une telle autre demande, et si elle estime que la demande sommaire dont elle est saisie comporte les éléments mentionnés au premier alinéa du II du présent article, le rapporteur général ou un rapporteur désigné par lui informe le demandeur de l'acceptation de sa demande.

IV. – Lorsque la Commission européenne a informé l'Autorité de la concurrence de ce qu'elle n'a pas l'intention d'instruire l'affaire en tout ou en partie, le demandeur a la possibilité de soumettre au rapporteur général de l'Autorité de la concurrence une demande complète. À titre exceptionnel, lorsque cela s'avère strictement nécessaire pour la délimitation d'une affaire ou pour son attribution, le rapporteur général ou un rapporteur désigné par lui peut inviter le demandeur à soumettre une demande complète avant que la Commission européenne n'ait informé l'Autorité de la concurrence de ce qu'elle n'a pas l'intention d'instruire l'affaire en tout ou en partie.

V. – Le rapporteur général de l'Autorité de la concurrence peut fixer au demandeur un délai maximal pour le dépôt de sa demande complète ainsi que des éléments d'information correspondants.

Lorsque le demandeur dépose sa demande complète dans le délai imparti, celle-ci est réputée avoir été déposée au moment du dépôt de la demande sommaire, pour autant que cette dernière porte sur les mêmes produits et les mêmes territoires et sur la même durée de la pratique en cause que la demande introduite auprès de la Commission européenne, qui peut avoir été mise à jour.

Art. R. 464-6 *(Mod., Ord. n° 2008-1161, 13 nov. 2008). – (Al. mod., D. n° 2021-715, 2 juin 2021)* Les convocations aux séances de l'Autorité de la concurrence sont adressées trois semaines au moins avant le jour de la séance, soit par lettres recommandées avec demande d'avis de réception, soit par l'intermédiaire d'une plateforme d'échanges sécurisés de documents électroniques. Ce délai peut être réduit par le rapporteur général lorsque [l'] Autorité de la concurrence se réunit pour statuer en application de l'article L. 464-1.

Le rapporteur qui a instruit une affaire peut présenter des observations orales lors de la séance au cours de laquelle elle est examinée.

Les parties qui souhaitent l'audition d'une personne lors de la séance doivent en faire la demande au président de l'Autorité de la concurrence quinze jours au moins avant cette séance.

Art. R. 464-7. – Pour l'application de l'article L. 464-6, l'auteur de la saisine et le commissaire du Gouvernement disposent d'un délai de deux mois pour faire valoir leurs observations écrites. Ils peuvent présenter des observations orales lors de la séance.

Art. R. 464-8 *(Mod., D. n° 2009-139, 10 févr. 2009 ; D. n° 2009-185, 17 févr. 2009 ; D. n° 2017-483, 6 avr. 2017).* – I. – Les décisions de l'Autorité de la concurrence sont notifiées *(Mots aj., D. n° 2021-715, 2 juin 2021)* « soit par lettre recommandée avec demande d'avis de réception, soit par l'intermédiaire d'une plateforme d'échanges sécurisés de documents électroniques » :

1° Pour les décisions mentionnées à l'article L. 464-1, à l'auteur de la demande de mesures conservatoires, aux personnes contre lesquelles la demande est dirigée et au commissaire du Gouvernement ;

2° Pour les décisions mentionnées à l'article L. 462-8, à l'auteur de la saisine et au ministre chargé de l'économie ;

3° Pour les décisions mentionnées à l'article L. 464-6, à l'auteur de la saisine, aux personnes dont les agissements ont été examinés par le rapporteur au regard des articles L. 420-1, L. 420-2, L. 420-2-1, L. 420-2-2 et L. 420-5 ainsi que, le cas échéant, des articles 81 et 82 du traité instituant la Communauté européenne et au ministre chargé de l'économie ;

4° Pour les décisions prises suivant les modalités prévues par les articles L. 463-2, L. 463-3, L. 464-2, L. 464-3 et L. 464-5, aux personnes destinataires de la notification de griefs ou du rapport ainsi qu'aux entreprises ou organismes ayant souscrit des engagements et au ministre chargé de l'économie ;

5° Pour les décisions mentionnées au dernier alinéa de l'article L. 461-3 prises à la suite d'une saisine du ministre chargé de l'économie en application du quatrième alinéa de l'article L. 464-9, aux parties concernées et au ministre chargé de l'économie.

II. – *(Abr., D. n° 2009-312, 20 mars 2009).*

Art. D. 464-8-1 *(D. n° 2009-312, 20 mars 2009).* – Les décisions de l'Autorité de la concurrence mentionnées à l'article L. 470-7-1 sont publiées sur le site internet de l'Autorité. Leur publicité peut être limitée pour tenir compte de l'intérêt légitime des parties et des personnes citées à ce que leurs secrets d'affaires ne soient pas divulgués.

Art. R. 464-9 *(Mod., Ord. n° 2008-1161, 13 nov. 2008).* – Pour l'application de l'article L. 464-3, l'Autorité de la concurrence se prononce après avoir été saisi dans les conditions prévues par l'article L. 462-5. Sa décision est précédée de l'établissement d'un rapport qui est adressé aux parties et au commissaire du Gouvernement, qui disposent d'un délai de deux mois pour présenter leurs observations écrites. En cas d'urgence, ce délai peut être ramené à un mois par le rapporteur général. Les parties et le commissaire du Gouvernement peuvent également présenter des observations orales lors de la séance.

Voir : sous art. L. 464-3, p. 963.

Art. R. 464-9-1 *(D. n° 2009-140, 10 févr. 2009 ; mod., D. n° 2017-483, 6 avr. 2017).* – Le ministre chargé de l'économie communique, par lettre recommandée avec demande d'avis de réception, aux entreprises qu'il soupçonne de pratiques mentionnées aux articles L. 420-1, L. 420-2, L. 420-2-1, L. 420-2-2 et L. 420-5 et qui répondent aux conditions de chiffres d'affaires spécifiées au premier alinéa de l'article L. 464-9 les faits constatés de nature à constituer les infractions qui leur sont imputées. Cette communication est accompagnée d'un rapport administratif d'enquête. Ce rapport met en évidence les faits constatés, leur qualification juridique et leur imputabilité. Les entreprises concernées sont informées des mesures envisagées à leur égard, à savoir une injonction et une somme à verser au Trésor public à titre de transaction, ou l'une de ces deux mesures seulement. Les entreprises destinataires peuvent consulter le dossier sous réserve de la protection du secret des affaires.

Les entreprises destinataires sont invitées à formuler des observations écrites et disposent pour ce faire d'un délai de deux mois à compter de la réception du courrier. Ce délai peut être prorogé à leur demande d'une nouvelle période ne pouvant excéder deux mois. Les entreprises peuvent également présenter dans le délai imparti des observations orales au signataire du courrier. Elles peuvent se faire assister d'un conseil.

Bibliographie : D. Bosco, *Premières vues sur l'ordonnance de modernisation de la régulation de la concurrence : Contrats, conc. consom.* 2008, comm. 273. • B. Cheynel, *Décret de procédure pour les micropratiques anticoncurrentielles : des sous-garanties pour un droit de seconde zone ? : Rev. Lamy conc.* 2009, n° 1373. • D. Ferré, K. Biancone et L.-F Martin, *Le nouveau traitement des micro-pratiques anticoncurrentielles en droit français : Rev. Lamy dr. aff.* févr. 2009, p. 45. • S. Grandvuillemin, *Les micro-pratiques anticoncurrentielles : CP-ACCP* mai 2010, n° 99, p. 37. • N. Homobono et A. Marie, *Le rôle de la DGCCRF dans l'application du droit des pratiques anticoncurrentielles depuis la réforme de 2008 : RD conc.* 2012, n° 1, p. 30.

Art. R. 464-9-2 *(D. n° 2009-140, 10 févr. 2009).* – Après examen des observations reçues, le ministre chargé de l'économie informe, par lettre recommandée avec demande d'avis de réception, chaque entreprise concernée de sa décision. Il peut classer l'affaire ou enjoindre aux entreprises de prendre les mesures de nature à mettre fin aux pratiques anticoncurrentielles constatées et leur indiquer la somme proposée à titre de transaction, ou l'une de ces deux dernières mesures seulement.

Pour chaque entreprise concernée, la décision indique les délais dans lesquels l'entreprise doit exécuter l'injonction et payer la somme proposée à titre de transaction au Trésor public.

L'entreprise destinataire de la décision dispose d'un délai d'un mois à compter de la notification de celle-ci pour l'accepter en la contresignant. À défaut de réponse dans ce délai, l'entreprise est réputée avoir refusé de transiger et d'exécuter l'injonction.

L'Autorité de la concurrence est informée de chaque injonction prononcée et de chaque transaction conclue.

Art. R. 464-9-3 *(D. n° 2009-140, 10 févr. 2009).* – **Dans le cas où l'entreprise a refusé les mesures notifiées ou n'a pas exécuté l'injonction ou encore n'a pas versé la somme prévue par la transaction, le ministre chargé de l'économie saisit l'Autorité de la concurrence. Les observations formulées par les entreprises destinataires de l'injonction ou de la transaction dans le cadre de la procédure ne sont pas transmises à l'Autorité de la concurrence.**

Le refus ou l'acceptation d'une ou de plusieurs entreprises concernées est sans effet sur la situation des autres entreprises ayant fait l'objet de la même procédure.

Art. R. 464-9-4 *(D. n° 2014-1109, 30 sept. 2014).* – **Pour l'exercice des compétences prévues aux articles R. 464-9-1 et R. 464-9-2, peuvent signer au nom du ministre et par délégation :**

1° Les directeurs régionaux des entreprises, de la concurrence, de la consommation, du travail et de l'emploi ;

2° Les directeurs des entreprises, de la concurrence, de la consommation, du travail et de l'emploi ;

3° Les chefs des pôles « concurrence, consommation et répression des fraudes ».

Section II. – Des recours exercés devant la cour d'appel de Paris contre les décisions de l'Autorité de la concurrence

Art. R. 464-10 *(Mod., D. n° 2008-484, 22 mai 2008 ; Ord. n° 2008-1161, 13 nov. 2008).* – **Par dérogation aux dispositions du titre VI du livre II du Nouveau Code de procédure civile, les recours exercés devant la cour d'appel de Paris contre les décisions [de l'] Autorité de la concurrence sont formés, instruits et jugés conformément aux dispositions de la présente section** *(Mots aj., D. n° 2017-823, 5 mai 2017)* (1) **« et de la section IV ».**

Voir : sous art. L. 464-7 et L. 464-8, p. 968.

Art. R. 464-11 *(Mod., Ord. n° 2008-1161, 13 nov. 2008 ; D. n° 2012-840, 29 juin 2012).* – **L'Autorité de la concurrence est partie à l'instance selon les modalités prévues au présent chapitre.**

Bibliographie : D. Bosco, *Mise en conformité du Code commerce avec la jurisprudence VEBIC : Contrats, conc. consom.* 2012, comm. 260. • E. Claudel, *La qualité de partie à l'instance officiellement reconnue à l'Autorité de la concurrence devant la cour d'appel de Paris : RTD com.* 2013, p. 736.

Sous-section 1. – Des recours prévus à l'article L. 464-8

Art. R. 464-12 *(Mod., Ord. n° 2008-1161, 13 nov. 2008 ; D. n° 2017-823, 5 mai 2017* (1)*).* – **Les recours prévus à l'article L. 464-8 sont formés par une déclaration écrite en triple exemplaire déposée contre récépissé au greffe de la cour d'appel de Paris contenant, à peine de nullité :**

1° Si le demandeur est une personne physique, ses nom, prénoms, profession, domicile, nationalité, date et lieu de naissance ainsi que, le cas échéant, le numéro unique d'identification de l'entreprise ; si le demandeur est une personne morale, sa dénomination, sa forme, son siège social et l'organe qui la représente ainsi que le numéro unique d'identification de l'entreprise dans le cas où la déclaration est faite au nom du ministre chargé de l'économie, elle indique la dénomination et l'adresse du service mentionné au deuxième alinéa de l'article R. 464-26 ;

2° L'objet du recours ainsi que, le cas échéant, la partie de la décision sur laquelle porte la demande de réformation.

Le demandeur au recours joint à la déclaration une copie de la décision de l'Autorité de la concurrence.

Moyens invoqués devant la juridiction de renvoi. Les dispositions du Code de procédure civile ne cèdent que devant les dispositions expressément contraires du Code de commerce ou *aménageant des modalités propres aux* recours contre les décisions du Conseil de la concurrence. Aux termes de l'article R. 464-10 du Code de commerce, il n'est expressément dérogé qu'au titre VI du livre II du Code de procédure civile (■ Cass. com., 3 mars 2009 [2 esp.] : *Bull. civ.* IV, n° 29 ; D. 2009, p. 805 ; Contrats, conc. consom. 2009, comm. 140, obs. G. Decocq ; *RJDA* 2009, n° 894 ;

(1) Dispositions applicables aux recours et aux demandes de sursis à exécution introduits à compter du 1er septembre 2017, D. n° 2017-823, 5 mai 2017, art. 20.

cass. de ▪ Paris, 25 mars 2008, n° 2007/05604 et 2 avr. 2008 : *D.* 2008, p. 1273, obs. E. Chevrier ; *Contrats, conc. consom.* 2008, comm. 134 et 167, obs. G. Decocq, qui avaient considéré que l'article R. 464-12, par exception à l'article 632 du Code de procédure civile, s'appliquait non seulement lors du premier recours mais également à la procédure de renvoi).

Art. R. 464-13 *(Rempl., D. n° 2017-823, 5 mai 2017* (1)*).* – Dans les cinq jours qui suivent le dépôt de la déclaration et à peine de caducité de cette dernière relevée d'office, le demandeur en adresse une copie, par lettre recommandée avec demande d'avis de réception, d'une part, aux parties auxquelles la décision de l'Autorité de la concurrence a été notifiée, mentionnées en annexe de la lettre de notification prévue au deuxième alinéa de l'article R. 464-30, et d'autre part, à l'Autorité de la concurrence et au ministre chargé de l'économie. Dans le même délai et sous la même sanction, il justifie auprès du greffe de ces notifications.

Art. R. 464-14 *(Deuxième alinéa de l'article R. 464-15 devenu le présent article et mod., D. n° 2017-823, 5 mai 2017* (1)*).* – [L'] Autorité de la concurrence, dès qu'elle est avisée du recours, transmet au greffe de la cour le dossier de l'affaire qui comporte les procès-verbaux et rapports d'enquête, les griefs, les observations, le rapport, les documents et les mémoires mentionnés à l'article L. 463-2.

Art. R. 464-15 *(Mod., Ord. n° 2008-1161, 13 nov. 2008 ; mod. puis rempl., D. n° 2017-823, 5 mai 2017* (1)*).* – Lorsque la déclaration de recours ne contient pas l'exposé des moyens invoqués, le demandeur dépose au greffe, à peine de caducité relevée d'office, des observations écrites contenant cet exposé dans les deux mois qui suivent la notification de la décision de l'Autorité de la concurrence.

Sous la même sanction et dans le même délai, le demandeur dépose en outre au greffe la liste des pièces et documents justificatifs qu'il entend produire ainsi que les pièces et documents énumérés dans cette liste.

Sous la même sanction et dans le même délai, le demandeur adresse, par lettre recommandée avec demande d'avis de réception, copie de ses observations écrites et de la liste des pièces et documents justificatifs produits aux parties auxquelles la décision de l'Autorité de la concurrence a été notifiée, à l'Autorité de la concurrence ainsi qu'au ministre chargé de l'économie s'il n'est pas demandeur au recours, et justifie auprès du greffe de cette notification.

Sous la même sanction, dans le même délai et dans les mêmes formes, il adresse en outre à l'Autorité de la concurrence et au ministre chargé de l'économie s'il n'est pas demandeur au recours une copie des pièces et documents justificatifs produits, et justifie auprès du greffe de cette notification.

Art. R. 464-15-1 *(Créé à compter du 1er septembre 2017, D. n° 2017-823, 5 mai 2017).* – Lorsque le demandeur au recours n'est pas représenté, il informe sans délai le greffe de la cour, les parties devant la juridiction de recours ainsi que le ministre chargé de l'économie, lorsqu'il n'est pas partie à l'instance, de tout changement de domicile.

Art. R. 464-16 *(Mod., D. n° 2017-823, 5 mai 2017* (1)*).* – Un recours incident peut être formé alors même que son auteur serait forclos pour exercer un recours à titre principal. Dans ce dernier cas, le recours n'est toutefois pas recevable s'il est formé plus d'un mois après la réception de la notification prévue au troisième alinéa de l'article R. 464-15 ou si le recours principal n'est pas lui-même recevable.

Le recours incident est formé selon les modalités prévues à l'article R. 464-12. Il est dénoncé, dans les conditions prévues à l'article R. 464-13, aux parties devant la juridiction de recours et au ministre chargé de l'économie lorsqu'il n'est pas partie à l'instance.

À peine de caducité du recours incident relevée d'office, le demandeur à ce recours dépose au greffe, dans les deux mois de la notification qui lui a été faite en application du troisième alinéa de l'article R. 464-15, les documents énumérés au premier et au deuxième alinéas du même article.

Sous la même sanction et dans le même délai, il adresse, par lettre recommandée avec demande d'avis de réception, copie de ses observations écrites et de la liste des pièces et documents justificatifs qu'il entend produire aux parties devant la juridiction de recours ainsi qu'au ministre chargé de l'économie lorsqu'il n'est pas partie à l'instance, et justifie auprès du greffe de cette notification.

(1) Dispositions applicables aux recours et aux demandes de sursis à exécution introduits à compter du 1er septembre 2017, D. n° 2017-823, 5 mai 2017, art. 20.

Sous la même sanction, dans le même délai et dans les mêmes formes, il adresse en outre à l'Autorité de la concurrence et au ministre chargé de l'économie, lorsqu'il n'est pas partie à l'instance, une copie des pièces et documents justificatifs produits, et justifie auprès du greffe de cette notification.

Recours incident du ministre. Si, selon l'article R. 464-16, un recours incident est dénoncé aux demandeurs au recours à titre principal, il n'existe pas pour autant de lien nécessaire entre les modalités de la notification du recours incident et sa portée (■ Paris, 8 avr. 2009, n° 2008/22106 : *JurisData* n° 2009-003079 ; *Contrats, conc. consom.* 2009, comm. 173, obs. D. Bosco ; *Rev. Lamy conc.* 2009, n° 1396, obs. V. Selinsky et n° 1433, obs. E. Barbier de la Serre ; conf. de ■ Cons. conc., déc. n° 07-D-49, 19 déc. 2007 : *RD conc.* 2008, n° 1, p. 112, obs. E. Claudel ; *Rev. Lamy conc.* 2008, n° 1056, obs. V. Selinsky). En d'autres termes, rien n'interdit spécialement au ministre de l'Économie de réclamer par cette voie l'aggravation des sanctions prononcées contre toutes les entreprises, même celles n'ayant pas formé de recours à titre principal (même arrêt).

Art. R. 464-17 *(Mod., Ord. n° 2008-1161, 13 nov. 2008 ; D. n° 2017-823, 5 mai 2017* (1)*)*. – Lorsque le recours risque d'affecter les droits ou les charges d'autres personnes qui étaient parties en cause devant l'Autorité de la concurrence, ces personnes peuvent intervenir à l'instance devant la cour d'appel.

L'intervention volontaire est formée, à peine d'irrecevabilité relevée d'office, par déclaration écrite et motivée déposée au greffe dans les conditions prévues à l'article R. 464-12 dans le délai d'un mois à compter de la réception de la notification prévue au troisième alinéa de l'article R. 464-15.

Sous la même sanction et dans le même délai, la partie intervenante notifie, par lettre recommandée avec demande d'avis de réception, son intervention aux parties devant la juridiction de recours ainsi qu'au ministre chargé de l'économie lorsqu'il n'est pas partie à l'instance.

À tout moment, le premier président ou son délégué ou la cour peut mettre d'office en cause ces mêmes personnes. Le greffe notifie la décision de mise en cause par lettre recommandée avec demande d'avis de réception.

À peine d'irrecevabilité de l'intervention relevée d'office, la partie intervenante dépose au greffe, dans les deux mois de la notification qui lui a été faite en application du troisième alinéa de l'article R. 464-15, les documents énumérés au premier et au deuxième alinéas du même article.

Sous la même sanction, dans le même délai et dans les mêmes formes, elle adresse, par lettre recommandée avec demande d'avis de réception, copie de ses observations écrites et de la liste des pièces et documents justificatifs qu'elle entend produire aux parties devant la juridiction de recours ainsi qu'au ministre chargé de l'économie lorsqu'il n'est pas partie à l'instance et justifie auprès du greffe de cette notification.

Sous la même sanction et dans le même délai, elle adresse en outre à l'Autorité de la concurrence et au ministre chargé de l'économie lorsqu'il n'est pas partie à l'instance une copie des pièces et documents justificatifs produits, et justifie auprès du greffe de cette notification.

Les demandes de communication ou de production de pièces ou de catégories de pièces formées en vue d'une action en dommages et intérêts par la partie intervenante, qu'elle ait été partie ou non devant l'Autorité de la concurrence, sont régies par les dispositions de l'alinéa 2 de l'article L. 483-1 et par celles des articles L. 483-4 à L. 483-11.

Motivation de l'intervention volontaire. Il résulte de la combinaison des articles R. 464-12 et R. 464-17 que lorsque le recours risque d'affecter les droits ou les charges d'autres personnes qui étaient parties devant l'Autorité de la concurrence, ces personnes peuvent se joindre à l'instance devant la cour d'appel par déclaration écrite et motivée déposée au greffe et que lorsque cette déclaration ne comporte pas les motifs de l'intervention, ceux-ci peuvent être déposés dans *les deux mois qui suivent la notification* de la décision de l'Autorité de la concurrence, sous peine d'irrecevabilité relevée d'office (■ Cass. com., 1er mars 2011, n° 09-72.830 : *JurisData* n° 2011-002674 ; *Bull. civ.* IV, n° 29 ; *Europe* 2011, alerte 26, obs. L. Idot ; *D.* 2011, p. 813, obs. E. Chevrier ; *Contrats, conc. consom.* 2011, comm. 120, obs. D. Bosco ; *RJDA* 2011, n° 579 ; *Rev. Lamy conc.* 2011, n° 1873, obs. E. Barbier de la Serre ; cass., sur ce point, de ■ Paris, 24 nov. 2009, n° 09/02953 : *Contrats, conc. consom.* 2010, comm. 16, obs. G. Decocq et comm. 54, obs. D. Bosco ; *RD conc.* 2010, n° 1, p. 93, obs. L. Nicolas-Vullierme et p. 160, obs. Ch. Momège ; *Rev. Lamy conc.* 2010,

(1) Dispositions applicables aux recours et aux demandes de sursis à exécution introduits à compter du 1er septembre 2017, D. n° 2017-823, 5 mai 2017, art. 20.

n° 1602, obs. E. Barbier de la Serre ; conf. de ▪ Cons. conc., déc. n° 08-D-30, 4 déc. 2008 : *Contrats, conc. consom.* 2009, comm. 56, obs. G. Decocq ; *RD conc.* 2009, n° 1, p. 193, obs. J. Gstalter ; *Rev. Lamy conc.* 2009, n° 1361, note E. Barbier de la Serre. – Sur renvoi, V. ▪ Paris, 28 mars 2013, n° 2011/18245 : *JurisData* n° 2013-006473 ; *Contrats, conc. consom.* 2013, comm. 138, obs. G. Decocq).

Art. R. 464-18 *(Mod., Ord. n° 2008-1161, 13 nov. 2008 ; rempl., D. n° 2017-823, 5 mai 2017* (1)*).* **– Le premier président de la cour d'appel ou son délégué fixe les délais dans lesquels les parties à l'instance se communiquent leurs observations écrites, les adressent au ministre chargé de l'économie lorsqu'il n'est pas partie à l'instance et en déposent copie au greffe de la cour.**

Il fixe les délais dans lesquels le ministre chargé de l'économie, lorsqu'il n'est pas partie à l'instance, peut produire des observations écrites. Il fixe également la date des débats.

Le greffe notifie ces délais aux parties ainsi qu'au ministre chargé de l'économie lorsqu'il n'est pas partie à l'instance et les convoque à l'audience prévue pour les débats par lettre recommandée avec demande d'avis de réception.

Le ministre chargé de l'économie, lorsqu'il n'est pas partie à l'instance, notifie aux parties à l'instance ses observations écrites par lettre recommandée avec demande d'avis de réception.

Observations de l'Autorité de la concurrence. En application de l'article R. 464-18, le premier président de la cour d'appel ou son délégué fixe les délais dans lesquels l'Autorité peut produire des observations écrites ; la cour d'appel a exactement retenu qu'il n'est pas interdit à l'Autorité d'expliciter son argumentation devant elle dès lors qu'il n'apparaît pas que ces observations comportent un élément nouveau de nature à aggraver la culpabilité ou la condamnation des parties en cause (▪ Cass. com., 31 janv. 2012, n° 10-25.772 : *JurisData* n° 2012-001279 ; *Bull. civ.* IV, n° 16 ; *Contrats, conc. consom.* 2012, comm. 103, obs. G. Decocq ; *RJDA* 2012, n° 531. Cass. sur un autre point, de ▪ Paris, 23 sept. 2010, n° 2010/00163 : *Contrats, conc. consom.* 2010, comm. 277, obs. G. Decocq. – Conf. de ▪ Aut. conc. déc. n° 09-D-36, 9 déc. 2009 : *RD conc.* 2010, n° 1, p. 95, obs. L. Nicolas-Vullierme ; *Rev. Lamy conc.* 2010, n° 1575, note P. Arhel).

Art. R. 464-19 *(Rempl., D. n° 2009-141, 10 févr. 2009 ; mod., D. n° 2012-840, 29 juin 2012).* **– Le ministre chargé de l'économie, lorsqu'il n'est pas partie à l'instance, et l'Autorité de la concurrence peuvent présenter des observations orales à l'audience à leur demande ou à la demande du premier président ou de la cour.**

Bibliographie : D. Bosco, *Mise en conformité du Code commerce avec la jurisprudence VEBIC : Contrats, conc. consom.* 2012, comm. 260. • E. Claudel, *La qualité de partie à l'instance officiellement reconnue à l'Autorité de la concurrence devant la cour d'appel de Paris : RTD com.* 2013, p. 736.

Observations orales de l'Autorité de la concurrence. Si l'article R. 464-19, dans sa rédaction résultant du décret n° 2009-141 du 10 février 2009, ne fait plus mention de l'Autorité de la concurrence, l'article R. 461-1 du même code précise désormais que le président de celle-ci a qualité pour présenter en son nom des observations devant toute juridiction, sans qu'il soit exclu que celles-ci soient orales (▪ Cass. com., 21 juin 2011 : *Bull. civ.* IV, n° 101 ; *RJDA* 2011, n° 961. – Conf., sur ce point, de ▪ Paris, 16 juin 2009 : *Contrats, conc. consom.* 2009, comm. 230, obs. G. Decocq ; *Rev. Lamy conc.* 2009, n° 1489, obs. B. Cheynel. – Sur renvoi de ▪ Cass. com., 31 janv. 2006 : *JCP* E 2006, 1614, n° 39, obs. G. Decocq ; *Contrats, conc. consom.* 2006, comm. 71, obs. M. Malaurie-Vignal). C'est donc à bon droit que la cour d'appel retient que le représentant de l'Autorité, laquelle doit être présente dans les procédures de recours telles qu'elles sont prévues par les articles L. 464-7 et L. 464-8, doit être admis à présenter des observations orales lors de l'audience (même arrêt).

Sous-section 2. – Des recours prévus à l'article L. 464-7

Art. R. 464-20 *(Mod., Ord. n° 2008-1161, 13 nov. 2008 ; D. n° 2017-823, 5 mai 2017* (1)*).* **– Les recours prévus à l'article L. 464-7 sont portés devant la cour d'appel par voie d'assignation à une audience préalablement indiquée par le premier président ou son délégué.**

(1) Dispositions applicables aux recours et aux demandes de sursis à exécution introduits à compter du 1er septembre 2017, D. n° 2017-823, 5 mai 2017, art. 20.

À peine de nullité, l'assignation contient, outre les mentions prescrites pour les actes d'huissier de justice, l'objet du recours avec un exposé des moyens.

Sous la même sanction, une copie de la décision attaquée est jointe à l'assignation.

À peine de caducité du recours relevée d'office, l'assignation est délivrée à toutes les parties auxquelles la décision de l'Autorité de la concurrence a été notifiée, mentionnées en annexe de la lettre de notification prévue au deuxième alinéa de l'article R. 464-30, ainsi qu'au ministre chargé de l'économie.

Sous la même sanction, une copie de l'assignation est déposée en triple exemplaire au greffe de la cour d'appel au plus tard dans les cinq jours qui suivent celui de sa signification.

Par ailleurs, une copie de l'assignation est immédiatement notifiée à la diligence de l'huissier de justice [à l'] Autorité de la concurrence par lettre recommandée avec demande d'avis de réception.

Art. R. 464-21 *(Rempl., D. n° 2009-141, 10 févr. 2009 ; mod., D. n° 2012-840, 29 juin 2012).* **– Le ministre chargé de l'économie, lorsqu'il n'est pas partie à l'instance et l'Autorité de la concurrence ont la faculté de présenter des observations écrites ou orales. Ces dernières sont présentées à leur demande ou à la demande du premier président ou de la cour.**

Bibliographie : D. Bosco, *Mise en conformité du Code de commerce avec la jurisprudence VEBIC : Contrats, conc. consom.* 2012, comm. 260. • E. Claudel, *La qualité de partie à l'instance officiellement reconnue à l'Autorité de la concurrence devant la cour d'appel de Paris : RTD com.* 2013, p. 736.

Sous-section 3. – Des demandes de sursis à exécution

Art. R. 464-22 *(Mod., D. n° 2008-484, 22 mai 2008).* **– Les demandes de sursis à exécution prévues** *(Réf. rempl., D. n° 2017-823, 5 mai 2017 (1))* **« aux articles L. 464-7 et L. 464-8 » sont portées par voie d'assignation devant le premier président de la cour d'appel de Paris, selon les modalités du deuxième alinéa de l'article 485 du Nouveau Code de procédure civile.**

Art. R. 464-23. – À peine de nullité, l'assignation contient, outre les mentions prescrites pour les actes d'huissier de justice, l'exposé des moyens invoqués à l'appui de la demande de sursis.

Sous la même sanction, elle précise la date à laquelle a été formé le recours contre la décision dont le sursis à exécution est demandé.

Art. R. 464-24 *(Mod., Ord. n° 2008-1161, 13 nov. 2008 ; D. n° 2017-823, 5 mai 2017 (1)).* **– À peine de caducité de la demande relevée d'office, l'assignation est délivrée à [l'] Autorité de la concurrence et au ministre chargé de l'économie.**

Section III. – Des recours exercés devant le premier président de la cour d'appel de Paris contre certaines décisions du rapporteur général de l'Autorité de la concurrence

(Créé à compter du 1er septembre 2017, D. n° 2017-823, 5 mai 2017 (1))

Art. R. 464-24-1 *(D. n° 2017-823, 5 mai 2017).* **– Par dérogation aux dispositions du titre VI du livre II du Code de procédure civile, les recours prévus à l'article L. 464-8-1 sont formés, instruits et jugés conformément aux dispositions de la présente section et de la section IV.**

Art. R. 464-24-2 *(D. n° 2017-823, 5 mai 2017).* **– Le rapporteur général de l'Autorité de la concurrence est partie à l'instance selon les modalités prévues à la présente section et de la section IV.**

Art. R. 464-24-3 *(D. n° 2017-823, 5 mai 2017).* **– Le recours prévu à l'article L. 464-8-1 est formé dans un délai de dix jours à compter de la notification de la décision du rapporteur général de l'Autorité de la concurrence. Il est porté devant le premier président de la cour d'appel ou son délégué par voie d'assignation à une audience préalablement indiquée par ce dernier.**

(1) Dispositions applicables aux recours et aux demandes de sursis à exécution introduits à compter du 1er septembre 2017, D. n° 2017-823, 5 mai 2017, art. 20.

À peine de nullité, l'assignation contient, outre les mentions prescrites pour les actes d'huissier de justice, l'objet du recours avec un exposé des moyens.

Sous la même sanction, une copie de la décision attaquée est jointe à l'assignation.

À peine de caducité du recours relevée d'office, l'assignation est délivrée au rapporteur général ainsi que, le cas échéant, à la partie mise en cause ayant demandé au rapporteur général l'accès à la version confidentielle d'une pièce qu'elle estime nécessaire à l'exercice de ses droits, dans le délai fixé par l'ordonnance du premier président ou de son délégué.

Sous la même sanction, une copie de l'assignation est déposée en triple exemplaire au greffe de la cour d'appel au plus tard dans les cinq jours qui suivent celui de sa signification.

Le premier président de la cour d'appel de Paris ou son délégué statue dans le mois du recours.

Art. R. 464-24-4 *(D. n° 2017-823, 5 mai 2017)*. – Le délai de recours et le recours exercé dans ce délai à l'encontre de la décision du rapporteur général de l'Autorité de la concurrence refusant la protection du secret des affaires ou levant la protection accordée ne sont pas suspensifs.

Toutefois, le premier président de la cour d'appel de Paris ou son délégué peut ordonner qu'il soit sursis à exécution de la décision si celle-ci est susceptible d'entraîner des conséquences manifestement excessives.

Art. R. 464-24-5 *(D. n° 2017-823, 5 mai 2017)*. – La demande de sursis à exécution est portée par voie d'assignation selon les modalités du second alinéa de l'article 485 du Code de procédure civile.

Art. R. 464-24-6 *(D. n° 2017-823, 5 mai 2017)*. – À peine de nullité, l'assignation contient, outre les mentions prescrites pour les actes d'huissier de justice, l'exposé des moyens invoqués à l'appui de la demande de sursis.

Sous la même sanction, elle précise la date à laquelle a été formé le recours contre la décision dont le sursis à exécution est demandé.

Art. R. 464-24-7 *(D. n° 2017-823, 5 mai 2017)*. – À peine de caducité de la demande relevée d'office, l'assignation est délivrée au rapporteur général de l'Autorité de la concurrence ainsi que, le cas échéant, à la partie mise en cause ayant demandé au rapporteur général l'accès à la version confidentielle d'une pièce qu'elle estime nécessaire à l'exercice de ses droits.

Art. R. 464-24-8 *(D. n° 2017-823, 5 mai 2017)*. – Le pourvoi en cassation prévu à l'article L. 464-8-1 est formé dans un délai de dix jours à compter de la notification de l'ordonnance du premier président ou de son délégué.

Le pourvoi est instruit et jugé selon les règles applicables à la procédure avec représentation obligatoire sous réserve des délais de remise et de notification des mémoires prévus aux articles 978 et 982 du Code de procédure civile qui sont réduits à un mois.

Section IV. – Dispositions communes aux différentes demandes

(Anc. sous-section 4 dénum., D. n° 2017-823, 5 mai 2017)

Art. R. 464-25 *(Mod., D. n° 2012-634, 3 mai 2012)*. – Les notifications entre parties ont lieu par lettre *recommandée avec* demande d'avis de réception ou par notification directe entre les avocats des parties. Les pièces de procédure doivent être déposées au greffe en triple exemplaire.

Art. R. 464-25-1 *(D. n° 2017-823, 5 mai 2017* (1)*)*. – Les parties comparantes qui présentent leurs prétentions par écrit et sont assistées ou représentées par un avocat sont tenues de formuler expressément leurs prétentions et les moyens de fait et de droit sur lesquels chacune de ces prétentions est fondée avec indication pour chaque prétention des pièces invoquées et de leur numérotation.

Un bordereau énumérant les pièces justifiant ces prétentions est annexé à leurs observations écrites.

(1) Dispositions applicables aux recours et aux demandes de sursis à exécution introduits à compter du 1er septembre 2017, D. n° 2017-823, 5 mai 2017, art. 20.

Ces observations écrites comprennent distinctement un exposé des faits et de la procédure, une discussion des prétentions et des moyens ainsi qu'un dispositif récapitulant les prétentions.

Les moyens qui n'auraient pas été formulés dans les écritures précédentes doivent être présentés de manière formellement distincte. La cour d'appel ou son premier président ne statue que sur les prétentions énoncées au dispositif et n'examine les moyens au soutien de ces prétentions que s'ils sont invoqués dans la discussion.

Les parties doivent reprendre, dans leurs dernières écritures, les prétentions et moyens précédemment présentés ou invoqués dans leurs observations écrites antérieures. À défaut, elles sont réputées les avoir abandonnés et la cour d'appel ou son premier président ne statue que sur les dernières écritures déposées.

Art. R. 464-26 *(Mod., D. n° 2008-484, 22 mai 2008 ; Ord. n° 2008-1161, 13 nov. 2008). – (Al. rempl., D. n° 2017-823, 5 mai 2017)* Devant la cour d'appel ou son premier président, les parties se défendent elles-mêmes. Elles ont la faculté de se faire assister ou représenter par un avocat.

Le ministre chargé de l'économie est représenté par le directeur général de la concurrence, de la consommation et de la répression des fraudes ou son délégué.

Art. R. 464-27. – Le ministère public peut prendre communication des affaires dans lesquelles il estime devoir intervenir.

Art. R. 464-28 *(Mod., Ord. n° 2008-1161, 13 nov. 2008 ; D. n° 2009-139, 10 févr. 2009 ; D. n° 2012-840, 29 juin 2012).* – Les décisions de la cour d'appel de Paris ou de son premier président sont notifiées par lettre recommandée avec demande d'avis de réception par le greffe de la cour aux parties à l'instance, *(Mots rempl., D. n° 2017-823, 5 mai 2017)* « et, le cas échéant, au ministre chargé de l'économie lorsqu'il n'est pas partie à l'instance ».

L'Autorité de la concurrence veille à l'exécution de ses décisions et les publie sur son site internet. Cette publication fait courir le délai de recours à l'égard des tiers.

Bibliographie : D. Bosco, *Mise en conformité du Code commerce avec la jurisprudence VEBIC : Contrats, conc. consom.* 2012, comm. 260. • E. Claudel, *La qualité de partie à l'instance officiellement reconnue à l'Autorité de la concurrence devant la cour d'appel de Paris : RTD com.* 2013, p. 736.

Art. R. 464-29 *(Mod., D. n° 2009-139, 10 févr. 2009 ; rempl., D. n° 2015-521, 11 mai 2015).* – Les décisions prises par le rapporteur général de l'Autorité de la concurrence en application de l'article L. 463-4 qui accordent la protection du secret des affaires ou qui refusent la levée de ce secret ne peuvent faire l'objet d'un recours qu'avec la décision de l'Autorité sur le fond.

Bibliographie : D. Bosco, *Y a-t-il un juge pour sauver le droit de la concurrence : Contrats, conc. consom.* 2014, repère 11.

Protection du secret des affaires. La décision implicite du Premier ministre refusant l'abrogation de l'article R. 464-29 du Code de commerce est annulée en tant que cet article vise les décisions par lesquelles le rapporteur général de l'Autorité de la concurrence refuse la protection du secret des affaires ou accorde la levée de ce secret ; il est enjoint au Premier ministre de l'abroger, dans cette mesure, dans un délai de 3 mois à compter de la notification de la présente décision : ▪ CE, 10 oct. 2014, n° 367807 : *Contrats, conc. consom.* 2015, comm. 18, obs. G. Decocq.

Art. R. 464-30 *(Mod., Ord. n° 2008-1161, 13 nov. 2008 ; D. n° 2017-823, 5 mai 2017).* – Les décisions [de l'] Autorité de la concurrence et du rapporteur général sont notifiées par lettre recommandée avec demande d'avis de réception.

À peine de nullité, la lettre de notification indique le délai de recours ainsi que les modalités selon lesquelles celui-ci peut être exercé. Elle comporte en annexe les noms, qualités et adresses des parties auxquelles la décision [de l'] Autorité de la concurrence ou du rapporteur général a été notifiée.

Art. R. 464-31 *(Mod., D. n° 2008-484, 22 mai 2008).* – Les augmentations de délais prévues à l'article 643 du Code de procédure civile ne s'appliquent pas aux recours présentés en vertu des dispositions du présent chapitre.

TITRE VII. – DES INJONCTIONS ET SANCTIONS ADMINISTRATIVES

(Anc. titre VI bis créé, D. n° 2014-1109, 30 sept. 2014 ; dénum., D. n° 2017-305, 9 mars 2017)

Art. R. 470-1 *(Anc. art. R. 465-1 issu du D. n° 2014-1109, 30 sept. 2014 ; tranf. D. n° 2017-305, 9 mars 2017)*. **– L'injonction mentionnée à l'article L. 470-1 peut être contestée par la personne qui en fait l'objet devant le ministre chargé de l'économie. Ce recours est exclusif de tout autre recours hiérarchique.**

Art. R. 470-2 *(Anc. art. R. 465-2 issu du D. n° 2014-1109, 30 sept. 2014 ; tranf. D. n° 2017-305, 9 mars 2017)*. **– I. – L'autorité administrative mentionnée à l'article L. 470-2 est :**

1° Le directeur général de la concurrence, de la consommation et de la répression des fraudes ou son représentant nommément désigné ;

2° Le chef du service national des enquêtes de la direction générale de la concurrence, de la consommation et de la répression des fraudes ou son représentant nommément désigné ;

3° Le directeur régional des entreprises, de la concurrence, de la consommation, du travail et de l'emploi ou son représentant nommément désigné ;

4° Le directeur des entreprises, de la concurrence, de la consommation, du travail et de l'emploi ou son représentant nommément désigné.

(Al. aj., D. n° 2021-211, 24 févr. 2021) **« 5° Le directeur de la direction départementale chargée de la protection des populations ou son représentant nommément désigné ;**

6° En Guyane, le directeur général de la cohésion et des populations ou son représentant nommément désigné. »

II. – La décision mentionnée à l'article L. 470-2 peut être contestée par la personne qui en fait l'objet devant le ministre chargé de l'économie. Ce recours est exclusif de tout autre recours hiérarchique.

III. – La publication prévue au V de l'article L. 470-2 peut être effectuée par voie de presse, par voie électronique, ou par voie d'affichage.

La publication peut porter sur tout ou partie de la décision, ou prendre la forme d'un communiqué informant le public des motifs et du dispositif de cette décision.

La diffusion de la décision est faite au *Journal officiel* de la République française, par une ou plusieurs autres publications de presse, ou par un ou plusieurs services de communication au public par voie électronique. Les publications ou les services de communication au public par voie électronique chargés de cette diffusion sont désignés dans la décision. Ils ne peuvent s'opposer à cette diffusion.

L'affichage s'effectue dans les lieux et pour la durée indiqués par la décision ; il ne peut excéder deux mois. En cas de suppression, dissimulation ou lacération des affiches apposées, il est de nouveau procédé à l'affichage.

Les modalités de la publication sont précisées dans la décision prononçant l'amende.

IV. – Le ministre chargé de l'économie est l'ordonnateur compétent pour émettre les titres de perception afférents aux sanctions prononcées en application de l'article L. 470-2.

TITRE VIII. – DES ACTIONS EN DOMMAGES ET INTÉRÊTS *DU FAIT DES PRATIQUES ANTICONCURRENTIELLES*

(Titre créé, D. n° 2017-305, 9 mars 2017)

CHAPITRE Ier. – DE LA RESPONSABILITÉ

Section Ier. – Des conditions de la responsabilité

La présente section ne comprend pas de dispositions réglementaires.

Section II. – Des effets de la responsabilité

Art. R. 481-1 *(D. n° 2017-305, 9 mars 2017)*. – **Le juge peut, après avoir recueilli les observations des parties, solliciter l'Autorité de la concurrence afin d'obtenir des orientations sur l'évaluation du préjudice dont il est demandé réparation.**

L'Autorité de la concurrence dispose d'un délai de deux mois pour communiquer ses observations au juge. À défaut de réponse dans ce délai, l'instance est poursuivie à l'initiative des parties ou à la diligence du juge.

CHAPITRE II. – DE LA PRESCRIPTION DES ACTIONS

Le présent chapitre ne comprend pas de dispositions réglementaires.

CHAPITRE III. – DE LA COMMUNICATION ET DE LA PRODUCTION DES PIÈCES

Section I. – Dispositions générales

Art. R. 483-1 *(D. n° 2017-305, 9 mars 2017)*. – **La catégorie de pièces mentionnée à l'article L. 483-1 est identifiée, de manière aussi précise et étroite que possible, par référence à des caractéristiques communes et pertinentes de ses éléments constitutifs, tels que la nature, l'objet, le moment de l'établissement ou le contenu des documents dont la communication ou la production est demandée.**

Section II. – De la protection des pièces couvertes par le secret des affaires

(Section abr., D. n° 2018-1126, 11 déc. 2018)

Art. R. 483-2 à R. 483-10 *(Abr., D. n° 2018-1126, 11 déc. 2018)*.

Art. R. 483-10 *(D. n° 2017-305, 9 mars 2017)*. – **La motivation des décisions préserve, le cas échéant, la confidentialité des informations couvertes par le secret des affaires. À cette fin, il peut en être établi une version non confidentielle à destination des personnes non tenues à l'obligation de confidentialité.**

Section III. – De la communication et de la production des pièces figurant dans le dossier d'une autorité de concurrence

Art. R. 483-11 *(D. n° 2017-305, 9 mars 2017)*. – **Lorsque la pratique anticoncurrentielle invoquée à l'appui d'une action fondée sur l'article L. 481-1 fait également l'objet d'une procédure en cours devant une autorité de concurrence, les parties concernées par cette procédure l'informent de toute demande, qu'elles ont formée ou dont elles sont destinataires, ayant pour objet la communication ou la production de pièces figurant dans le dossier de l'autorité.**

Art. R. 483-12 *(D. n° 2017-305, 9 mars 2017)*. – **Une autorité de concurrence peut, de sa propre initiative, donner son avis écrit sur une demande de communication ou de production de toute pièce figurant dans son dossier dont la juridiction est saisie. L'autorité de concurrence transmet cet avis aux parties.**

Art. R. 483-13 *(D. n° 2017-305, 9 mars 2017)*. – **Pour s'assurer qu'une pièce relève de l'interdiction prévue à l'article L. 483-5, le juge peut demander l'avis de l'autorité de concurrence compétente et lui communiquer à cet effet la pièce concernée. Cet avis préserve la confidentialité des informations contenues dans la pièce. Le greffe communique cet avis aux parties et, le cas échéant, au tiers détenteur de ladite pièce.**

Le juge peut statuer sans audience, après avoir informé les parties et, le cas échéant, le tiers détenteur de la pièce litigieuse de la date du prononcé de sa décision.

Section IV. – Des sanctions

Art. R. 483-14 *(D. n° 2017-305, 9 mars 2017)*. – Les parties à l'instance, les tiers et leurs représentants légaux peuvent être condamnés par la juridiction saisie au paiement d'une amende civile d'un montant maximum de 10 000 €, sans préjudice des dommages et intérêts qui seraient réclamés, dans l'un quelconque des cas suivants :

1° Le défaut de respect ou le refus de se conformer à une injonction de communication ou de production de pièces ;

2° La destruction de pièces pertinentes en vue de faire obstacle à l'action prévue au présent titre ;

3° Le non-respect des obligations imposées par une injonction du juge protégeant des informations confidentielles ou le refus de s'y conformer.

Le juge peut également tirer toute conséquence de fait ou de droit au préjudice de la partie ayant été à l'origine de l'un quelconque des comportements mentionnés au présent article.

TITRE IX. – DISPOSITIONS DIVERSES

(Anc. titre VII dénum., D. n° 2017-305, 9 mars 2017)

Art. R. 490-1 *(Mod., D. n° 2012-634, 3 mai 2012 ; Ord. n° 2017-303, 9 mars 2017 ; D. n° 2017-305, 9 mars 2017)*. – Lorsque le ministre chargé de l'économie intervient sur le fondement de l'article L. 490-8, il est dispensé de représentation par un avocat.

Art. R. 490-2 *(D. n° 2010-1010, 30 août 2010 ; mod., D. n° 2012-839, 29 juin 2012 ; D. n° 2014-1109, 30 sept. 2014 ; Ord. n° 2017-303, 9 mars 2017 ; D. n° 2017-305, 9 mars 2017)*. – Sont désignés comme représentants du ministre chargé de l'économie devant les juridictions civiles et pénales de première instance et d'appel, pour l'application de l'article L. 490-8 du Code de commerce :

1° Le directeur général de la concurrence, de la consommation et de la répression des fraudes et, pour ce qui concerne les affaires dont ont été saisies les juridictions du ressort territorial dans lequel ils exercent leurs fonctions, les directeurs régionaux des entreprises, de la concurrence, de la consommation, du travail et de l'emploi, les directeurs des directions départementales chargées de la protection des populations *(Mots rempl., D. n° 2021-211, 24 févr. 2021)* « , les directeurs des entreprises, de la concurrence, de la consommation, du travail et de l'emploi et, en Guyane, le directeur général de la cohésion et des populations » ;

2° Par exception au 1°, lorsque l'action est fondée sur les dispositions *(Mots rempl., D. n° 2021-211, 24 févr. 2021)* « des articles L. 442-1 à L. 442-4 ainsi que L. 442-7 et L. 442-8 » du Code de commerce et quelle que soit la juridiction devant laquelle elle est portée, le directeur général de la concurrence, de la consommation et de la répression des fraudes, les directeurs régionaux des entreprises, de la concurrence, de la consommation, du travail et de l'emploi *(Mots rempl., D. n° 2021-211, 24 févr. 2021)* « et, en Guyane, le directeur général de la cohésion et des populations, » ainsi que les directeurs des entreprises, de la concurrence, de la consommation, du travail et de l'emploi, pour les affaires qu'ils ont instruites ;

3° Pour les affaires instruites par le service national des enquêtes, le chef de ce service.

Art. R. 490-3 *(D. n° 2010-1010, 30 août 2010 ; mod., Ord. n° 2017-303, 9 mars 2017 ; D. n° 2017-305, 9 mars 2017)*. – Devant la Cour de cassation, le ministre chargé de l'économie est, pour l'application de l'article L. 490-8 du Code de commerce, représenté par le directeur général de la concurrence, de la consommation et de la répression des fraudes.

Art. R. 490-4 *(D. n° 2010-1010, 30 août 2010 ; mod., Ord. n° 2017-303, 9 mars 2017 ; D. n° 2017-305, 9 mars 2017)*. – Un arrêté du ministre chargé de l'économie désigne les agents des services chargés de la concurrence et de la consommation appelés à remplacer les représentants mentionnés aux articles R. 490-2 et R. 490-3 en cas d'empêchement de ces derniers.

Art. R. 490-5 *(Mod., Ord. n° 2008-1161, 13 nov. 2008 ; Ord. n° 2017-303, 9 mars 2017 ; D. n° 2017-305, 9 mars 2017)*. – Pour l'application du 2 de l'article 15 du règlement (CE) n° 1/2003 du Conseil du 16 décembre 2002 relatif à la mise en œuvre des règles de concurrence prévues aux articles 81 et 82 du traité instituant la Communauté européenne, les décisions de justice qui statuent sur le fondement des articles 81 et 82 de ce traité sont notifiées par le greffe de la juridiction à la Commission européenne, à l'Autorité de la concurrence et au ministre chargé de l'économie, par lettre recommandée avec accusé de réception. Il est fait mention de cette notification dans le dispositif de la décision.

Art. R. 490-6 *(Mod., Ord. n° 2017-303, 9 mars 2017 ; D. n° 2017-305, 9 mars 2017)*. – Lorsque le juge envisage de solliciter l'avis de la Commission européenne en application des dispositions du 1 de l'article 15 du règlement (CE) n° 1/2003 du Conseil du 16 décembre 2002 relatif à la mise en œuvre des règles de concurrence prévues aux articles 81 et 82 du traité instituant la Communauté européenne, il en avise les parties. À moins qu'elles n'aient déjà conclu sur ce point, il les invite à produire des observations dans un délai qu'il fixe.

Dès réception des observations ou à l'expiration du délai, le juge peut solliciter l'avis de la Commission européenne par une décision non susceptible de recours. Il surseoit à statuer jusqu'à la réception de l'avis ou jusqu'à l'expiration d'un délai qu'il fixe.

La décision sollicitant l'avis, ainsi que les observations éventuelles, est adressée à la Commission européenne par le greffe de la juridiction. Cette décision, ainsi que la date de transmission du dossier, est notifiée aux parties par lettre recommandée avec demande d'avis de réception.

Dès la réception de l'avis par la juridiction, celui-ci est notifié par le greffe aux parties qui peuvent présenter des observations.

Art. R. 490-7 *(Mod., Ord. n° 2017-303, 9 mars 2017 ; D. n° 2017-305, 9 mars 2017)*. – Lorsque le juge envisage de demander à la Commission européenne des informations en application des dispositions du 1 de l'article 15 du règlement (CE) n° 1/2003 du Conseil du 16 décembre 2002 relatif à la mise en œuvre des règles de concurrence prévues aux articles 81 et 82 du traité instituant la Communauté européenne, il en avise les parties.

Il notifie la réponse de la Commission européenne aux parties qui peuvent présenter des observations *(Mots aj., D. n° 2021-211, 24 févr. 2021)* « ou, en Guyane, au "directeur général de la cohésion et des populations" ».

Art. R. 490-8 *(Mod., D. n° 2010-1010, 30 août 2010 ; D. n° 2012-839, 29 juin 2012 ; D. n° 2014-1109, 30 sept. 2014 ; D. n° 2015-521, 11 mai 2015 ; Ord. n° 2017-303, 9 mars 2017 ; D. n° 2017-305, 9 mars 2017)*. – L'autorité administrative mentionnée à l'article L. 490-5 est le chef du service national des enquêtes de la direction générale de la concurrence, de la consommation et de la répression des fraudes, le directeur régional des entreprises, de la concurrence, de la consommation, du travail et de l'emploi, le directeur de la direction départementale chargée de la protection des populations ou leur représentant nommément désigné.

Pour l'application du présent article dans les départements et régions d'outre-mer, les références au « directeur régional des entreprises, de la concurrence, de la consommation, du travail et de l'emploi » et au « directeur de la direction départementale chargée de la protection des populations » sont remplacées par la référence au « directeur des entreprises, de la concurrence, de la consommation, du travail et de l'emploi ».

Art. R. 490-9 *(Mod., Ord. n° 2017-303, 9 mars 2017 ; D. n° 2017-305, 9 mars 2017)*. – L'autorité administrative mentionnée à l'article R. 490-8 transmet la proposition de transaction au procureur de la République dans un délai de trois mois à compter de la clôture du procès-verbal de constatation de l'infraction. Cette proposition précise la somme que l'auteur de l'infraction sera invité à payer au Trésor public, le délai imparti pour son paiement et, s'il y a lieu, les autres obligations résultant pour lui de l'acceptation de la transaction.

Art. R. 490-10 *(Mod., D. n° 2010-1010, 30 août 2010 ; Ord. n° 2017-303, 9 mars 2017 ; D. n° 2017-305, 9 mars 2017)*. – Lorsque le procureur de la République a donné son accord sur la proposition de transaction, l'autorité administrative mentionnée à l'article R. 490-8 notifie cette dernière en double exemplaire à l'auteur de l'infraction. Cette notification comporte une mention précisant que si la personne ne paie pas, dans le délai imparti, la somme indiquée dans la proposition ou qu'elle ne satisfait pas aux autres obligations le cas échéant souscrites par elle, le procureur de la République décidera, sauf élément nouveau, d'engager les poursuites à son égard.

L'auteur de l'infraction dispose d'un mois, à compter de cette notification, pour y répondre. En cas d'acceptation, l'auteur de l'infraction retourne à l'autorité administrative un exemplaire signé de la proposition.

Dans l'hypothèse où, au terme du délai mentionné à l'alinéa ci-dessus, l'auteur de l'infraction a refusé la proposition ou n'y a pas répondu, l'autorité administrative en informe sans délai le procureur de la République. Ce dernier est également informé par l'autorité administrative du cas où l'auteur de l'infraction n'aurait pas acquitté la somme indiquée dans la proposition, au terme du délai imparti, ou n'aurait pas satisfait aux autres obligations le cas échéant souscrites par lui.

LIVRE CINQUIÈME

DES EFFETS DE COMMERCE ET DES GARANTIES

TITRE PREMIER. – DES EFFETS DE COMMERCE

CHAPITRE I. – DE LA LETTRE DE CHANGE

Section I. – Du paiement

Art. R. 511-1 *(Anc. L. 24 juill. 1795).* – L'acte constatant le dépôt prévu à l'article L. 511-30 contient la date de la lettre de change, celle de l'échéance et le nom de celui au bénéfice duquel elle a été originairement faite.

En cas de présentation de la lettre postérieurement au dépôt prévu à l'article L. 511-30, le débiteur remet l'acte de dépôt en échange de la lettre de change.

La somme déposée est remise par la Caisse des dépôts et consignations en contrepartie de l'acte de dépôt à celui qui le présente.

Section II. – Des protêts

Art. R. 511-2 *(Anc. D. n° 50-737, 24 juin 1950).* – Les notaires et les huissiers de justice remettent, conformément à l'article L. 511-55 du Code de commerce et à l'article L. 131-64 du Code monétaire et financier, deux copies des protêts, faute de paiement de lettres de change acceptées ou de billet à ordre, et trois copies des protêts, faute de paiement de chèques, ou envoient par lettre recommandée, sous pli distinct pour chacun d'eux, une copie des protêts, faute de paiement de lettres de change acceptées ou de billet à ordre, et deux copies des protêts, faute de paiement des chèques, au greffier du tribunal de commerce dans le ressort duquel est situé le domicile de l'accepteur de la lettre de change, du souscripteur du billet à ordre ou du tireur du chèque.

Art. R. 511-3 *(Anc. D. n° 50-737, 24 juin 1950).* – Sur les copies des protêts, le nom de famille de l'accepteur de la lettre de change, du souscripteur du billet à ordre ou du tireur du chèque est porté en lettres capitales.

L'huissier ou le notaire porte également sur ces copies, d'après les renseignements qu'il a pu obtenir, s'ils n'y figurent pas déjà, le domicile de la personne mentionnée à l'alinéa précédent et, le cas échéant, son nom d'usage.

Art. R. 511-4 *(Anc. D. n° 50-737, 24 juin 1950).* – Il est ouvert par chaque greffier un registre dans lequel sont inscrits, par ordre de date et sous un numéro d'ordre, les protêts reçus.

Ce registre est divisé en neuf colonnes destinées à recevoir :

Colonne 1 : le numéro d'ordre, lequel est également porté par le greffier sur les copies du protêt ;

Colonne 2 : la date du protêt ;

Colonne 3 : les nom, prénoms, dénomination sociale ou commerciale, le cas échéant enseigne, profession et domicile du souscripteur du billet à ordre, du tireur du chèque ou de l'accepteur de la lettre de change ;

Colonne 4 : les nom, prénoms, dénomination sociale ou commerciale, le cas échéant enseigne, profession et domicile de celui au profit de qui l'effet ou le chèque a été créé, ou du tireur de la lettre de change ;

Colonne 5 : la date de l'échéance, s'il y a lieu ;

Colonne 6 : le montant de l'effet ;

Colonne 7 : la réponse donnée au protêt ;

Colonne 8 : les nom, qualité et adresse de l'officier public ou ministériel ayant établi le protêt ;

Colonne 9 : la date à laquelle il est procédé à la radiation, la nature des pièces en vertu desquelles il y est procédé et la date du retrait de ces pièces.

Si l'une de ces insertions ne figure pas sur la copie du protêt, le greffier indique dans la colonne correspondante que le renseignement n'est pas en sa possession.

Art. R. 511-5 *(Anc. D. n° 50-737, 24 juin 1950)*. – Le registre mentionné à l'article R. 511-4 est, avant son ouverture, daté et signé par première et dernière feuille, coté et paraphé en tous ses feuillets par le président du tribunal de commerce.

Art. R. 511-6 *(Anc. D. n° 50-737, 24 juin 1950)*. – Pour chaque protêt dont il a été reçu copie, le greffier établit en outre une fiche comportant les mentions suivantes : les nom en lettres capitales, prénoms, dénomination sociale ou commerciale, le cas échéant enseigne, profession et domicile de l'accepteur de la lettre de change, du souscripteur du billet à ordre ou du tireur du chèque, la date du protêt, et le numéro d'ordre de l'inscription au registre chronologique mentionné à l'article R. 511-4.

Lorsque la copie du protêt transmise au greffier porte mention du nom d'usage, une fiche est établie au nom de famille et au nom d'usage.

Chaque fiche est classée par le greffier dans un fichier alphabétique qui constitue l'état nominatif des protêts, prévu à l'article L. 511-56.

Art. R. 511-7 *(Anc. L. n° 49-1093, 2 août 1949)*. – Chaque fiche mentionnée à l'article R. 511-6 énonce :

1° La date du protêt ;

2° Les nom, prénoms, profession et domicile de celui au profit de qui l'effet ou le chèque a été créé, ou le tireur de la lettre de change ;

3° Les nom, prénoms, ou dénomination sociale ou commerciale, profession et domicile du souscripteur du billet à ordre ou du tiré, pour le chèque, ou de l'accepteur de la lettre de change ;

4° La date de l'échéance, s'il y a lieu ;

5° Le montant de l'effet ;

6° La réponse donnée au protêt.

Art. R. 511-8 *(Anc. D. n° 50-737, 24 juin 1950)*. – Le greffier remet à l'huissier ou au notaire qui a déposé les copies du protêt une de ces copies, après l'avoir datée et signée. Cette copie vaut récépissé.

Art. R. 511-9 *(Anc. D. n° 50-737, 24 juin 1950)*. – Les extraits du registre mentionné à l'article R. 511-4 sont délivrés sur demande écrite, datée et signée par le requérant, précisant, en lettres capitales pour les noms de famille, les nom, prénoms, dénomination sociale ou commerciale, profession et domicile de celui-ci, ainsi que les nom, prénoms, dénomination sociale ou commerciale, le cas échéant, enseigne, profession et domicile de la personne pouvant faire l'objet de l'inscription. Le nom et l'adresse de celle-ci peuvent toutefois être seuls indiqués par le requérant, s'il atteste qu'il ignore les autres mentions la concernant. Dans ce dernier cas, le greffier ne délivre l'extrait sollicité que si les indications fournies sont suffisantes pour permettre l'identification du débiteur faisant l'objet de la recherche.

Les extraits délivrés comportent les indications mentionnées aux colonnes 1, 2, 3, 4, 5, 6 et 7 du registre mentionné à l'article R. 511-4.

Art. R. 511-10 *(Anc. D. n° 50-737, 24 juin 1950).* – S'il n'existe aucune inscription correspondant à l'identité du débiteur signalé ou si l'inscription portée au nom de ce dernier concerne un protêt dont la date est antérieure de plus d'un an ou de moins d'un mois au jour où le greffier est saisi de la demande ou au jour pour lequel l'extrait a été spécialement demandé, le greffier délivre au requérant une attestation reproduisant les indications fournies par celui-ci et indiquant qu'il n'a pas été trouvé d'inscription au registre des protêts.

Si plusieurs inscriptions sont susceptibles de correspondre à l'identité de la personne pour laquelle la recherche est demandée, le greffier délivre tous les extraits pouvant se rapporter à cette personne.

Art. R. 511-11 *(Anc. D. n° 50-737, 24 juin 1950).* – Sur dépôt des pièces mentionnées à l'article L. 511-58, le greffier procède à la radiation de l'inscription sur la fiche et porte à la colonne 9 du registre chronologique la mention de radiation prévue à l'article R. 511-4.

CHAPITRE II. – DU BILLET À ORDRE

Art. R. 512-1. – Sont applicables au billet à ordre, en tant qu'elles ne sont pas incompatibles avec la nature de ce titre, les dispositions des articles R. 511-1 à R. 511-11.

TITRE II. – DES GARANTIES

CHAPITRE I. – DISPOSITIONS GÉNÉRALES SUR LE GAGE COMMERCIAL

Art. R. 521-1 *(Anc. D. 29 août 1863).* – Les dispositions des articles R. 322-3 et R. 322-6 sont applicables aux ventes prévues par l'article L. 521-3, sous réserve des dispositions de l'article R. 521-2.

Art. R. 521-2 *(Anc. D. 29 août 1863).* – Le minimum de la valeur des lots est fixé à 15 € pour les ventes de marchandises de toute espèce faites dans les cas prévus par l'article L. 521-3.

CHAPITRE II. – DES DÉPÔTS EN MAGASINS GÉNÉRAUX

Section I. – De l'agrément, de la cession et de la cessation d'exploitation

Art. R. 522-1 *(Anc. D. n° 45-1754, 6 août 1945).* – Les demandes d'agrément prévues à l'article L. 522-1 sont déposées à la préfecture par l'exploitant de l'entrepôt intéressé.

Art. R. 522-2. – Les demandes d'agrément sont accompagnées des pièces suivantes :

1° Un extrait du registre du commerce et des sociétés sur lequel il est inscrit ;

Rédaction future. 1° *(1° rempl. à compter du 1er novembre 2021, D. n° 2021-631, 21 mai 2021)* Le numéro unique d'identification ;

2° S'il s'agit d'une société, un exemplaire des statuts et la liste des associés possédant plus de 10 % du capital social ;

3° Un plan des locaux affectés à l'exploitation, avec l'indication de la nature des droits de l'exploitant sur ces locaux ;

4° Un mémoire indiquant l'emplacement de l'établissement, son équipement, ses moyens d'accès ainsi que la nature et le volume du trafic escompté ;

5° Un projet de règlement particulier de l'établissement.

Si le demandeur est une société en formation, les demandes d'agrément sont accompagnées, en substitution des pièces prévues aux 1° et 2°, d'un projet des statuts et de la liste des associés devant souscrire plus de 10 % du capital social.

Art. R. 522-3 *(Anc. D. n° 45-1754, 6 août 1945).* – Le préfet peut exiger toutes pièces propres à établir l'identité, la moralité et la situation financière de l'exploitant.

Art. R. 522-4 *(Abr., D. n° 2011-1772, 5 déc. 2011).*

Art. R. 522-5 *(Abr., D. n° 2011-1772, 5 déc. 2011).*

Art. R. 522-6 *(Mod., D. n° 2011-1772, 5 déc. 2011).* – Les demandes d'agrément déposées par les entreprises mentionnées à l'article L. 522-11 font l'objet, pendant la période de trois mois qui suit le dépôt, d'un affichage à la préfecture ainsi qu'à la mairie et au greffe du tribunal de commerce du lieu de l'entrepôt. Elles font également l'objet, au cours du premier mois, d'une insertion dans un ou plusieurs *(Mod., D. n° 2020-106, 10 févr. 2020)* « supports » habilités à recevoir les annonces légales.

Art. R. 522-7 *(Abr., D. n° 2011-1772, 5 déc. 2011).*

Art. R. 522-8 *(Anc. D. n° 45-1754, 6 août 1945).* – En statuant sur la demande d'agrément, le préfet vérifie la conformité du projet de règlement particulier qui est présenté avec les dispositions des règlements-types.

Art. R. 522-9 *(Anc. D. n° 45-1754, 6 août 1945).* – Lorsque l'agrément d'un entrepôt comme magasin général fait l'objet d'un décret ou d'un arrêté ministériel, un exemplaire de ce décret ou de cet arrêté ministériel est notifié par les soins du préfet à la Fédération nationale des prestataires logistiques et des magasins généraux agréés par l'État et à la chambre de commerce et d'industrie territoriale dans la circonscription de laquelle est situé l'entrepôt intéressé.

Art. R. 522-10 *(Anc. D. n° 45-1754, 6 août 1945).* – Le cautionnement imposé par l'arrêté du préfet est fixé à 3,18 € par mètre carré de plancher du magasin et 1,06 € par mètre carré de chantier, avec un minimum de 212 € et un maximum de 2 120 €, applicable à l'ensemble des établissements exploités dans une même commune.

Art. R. 522-11 *(Mod., D. n° 2011-1772, 5 déc. 2011 ; D. n° 2014-1315, 3 nov. 2014).* – Le cautionnement peut être fourni en totalité ou en partie en argent, en rentes, en valeurs admises à la négociation sur un marché réglementé, ou par une première hypothèque sur des immeubles d'une valeur double de la somme garantie. Il peut également être fourni en totalité par l'un des établissements de crédit ou l'une des sociétés de financement habilités à cet effet ou l'une des institutions ou l'un des établissements mentionnés à l'article L. 518-1 du Code monétaire et financier.

Si le cautionnement est représenté par une hypothèque, la valeur des immeubles est estimée par le directeur départemental ou, le cas échéant, régional des finances publiques sur les bases établies pour la perception des droits de mutation en cas de décès.

Pour la conservation de cette garantie, une inscription est prise, dans l'intérêt des tiers, à la diligence et au nom du directeur départemental ou, le cas échéant, régional des finances publiques.

Art. R. 522-12 *(Anc. D. n° 45-1754, 6 août 1945).* – Les droits de l'exploitant pour le compte duquel l'établissement est vendu ainsi que ceux de ses créanciers se règlent conformément aux dispositions du titre IV du livre I relatives à la vente et au nantissement du fonds de commerce.

Section II. – Des obligations, des responsabilités et des garanties

Art. R. 522-13 *(Anc. D. n° 45-1754, 6 août 1945).* – Le ou les règlements-types prévus à l'article L. 522-13 sont élaborés et modifiés par la Fédération nationale des prestataires logistiques et des magasins généraux agrées par l'État et soumis à l'homologation du ministre chargé de l'industrie.

Ces règlements comportent pour l'exploitant l'obligation de mettre par priorité et sans préférence ni faveur les emplacements de l'entrepôt disponibles à la présentation de la marchandise à la disposition des personnes voulant opérer le magasinage dans les conditions fixées par les articles L. 522-14 à L. 522-19.

Toutefois, ils peuvent prévoir l'affectation des magasins exclusivement à certaines catégories de marchandises, notamment au regard de leur classement dans les tarifs généraux des compagnies d'assurances contre l'incendie. Ils peuvent également laisser la faculté au magasinier de refuser l'entrée ou le maintien en entrepôt de marchandises qui, par leur état ou leur nature, sont susceptibles de nuire à la bonne conservation des autres marchandises.

Art. R. 522-14 *(Anc. D. n° 45-1754, 6 août 1945).* – Si les frais de magasinage et débours afférents aux marchandises prises en magasin général n'ont pas été payés pendant une durée que fixe le règlement-type professionnel selon la nature de la marchandise, la vente aux enchères publiques peut, après sommation au déposant, être ordonnée par le président du tribunal de commerce par ordonnance sur requête, sans préjudice des mesures rendues nécessaires par l'état des marchandises. Le juge attribue le produit de la vente au magasin général à concurrence des frais qui lui sont dus. Le surplus est consigné à l'administration du magasin général à la disposition des tiers porteurs du warrant *(Mots aj., D. n° 2019-1287, 3 déc. 2019)* « ou du titulaire du reçu d'entreposage ».

Art. R. 522-15 *(Anc. D. n° 45-1754, 6 août 1945).* – Les tarifs annexés au règlement particulier de l'établissement comprennent le coût de l'assurance incendie, qui s'ajoute au coût du magasinage.

Les polices souscrites par l'exploitant doivent comporter de la part des compagnies d'assurances la renonciation à tout recours contre les déposants.

Section III. – Du fonctionnement et du contrôle

Art. R. 522-16 *(Anc. D. n° 45-1754, 6 août 1945).* – Les magasins généraux sont soumis aux mesures générales de police concernant les lieux publics affectés au commerce, sans préjudice des droits du service des douanes lorsqu'ils sont établis dans des locaux placés sous les régimes des entrepôts douaniers prévu par le règlement (CEE) n° 2913/92 du Conseil du 12 octobre 1992 établissant le Code des douanes communautaire, et du règlement (CEE) n° 2454/93 de la Commission du 2 juillet 1993 fixant certaines de ses dispositions d'application, et le régime de l'entrepôt fiscal prévu par le Code général des impôts.

Art. R. 522-17 *(Anc. D. n° 45-1754, 6 août 1945).* – Le préfet surveille l'activité des magasins généraux et contrôle la régularité de leur fonctionnement.

Il a libre accès aux établissements placés sous son contrôle et peut procéder ou faire procéder à toutes les vérifications et enquêtes nécessaires à l'accomplissement de sa mission.

Lorsque l'exploitant est une société, le préfet reçoit communication de toutes modifications intervenues dans la présidence ou la gérance, dans le mois qui suit l'entrée en fonction du nouveau président ou gérant.

(Al. créé, D. n° 2019-1287, 3 déc. 2019) Lorsque l'exploitant est lié par un contrat au gestionnaire d'une plateforme mentionnée au premier alinéa de l'article L. 522-37-1, le préfet peut, le cas échéant, signaler à ce gestionnaire les manquements commis par cet exploitant.

Art. R. 522-18 *(Anc. D. n° 45-1754, 6 août 1945).* – Les exploitants de magasins généraux sont tenus d'adresser dans le premier mois de chaque année, à l'inspecteur général de l'industrie et du commerce dans la circonscription duquel sont situés leurs établissements, un compte rendu général de leur activité au cours de l'année écoulée.

À ce compte rendu est joint un état indiquant :

1° Le niveau maximum atteint par les stocks des principales marchandises entreposées, suivant une liste qui est fixée pour la région par l'inspection générale de l'industrie et du commerce sur la proposition de la Fédération nationale des prestataires logistiques et des magasins généraux agréés par l'État ;

2° Le montant des avances transcrites sur les warrants.

Art. R. 522-19 *(Anc. D. n° 45-1754, 6 août 1945).* – L'inspection générale de l'industrie et du commerce a délégation permanente pour exercer la surveillance et le contrôle des magasins généraux agréés incombant au préfet, dans les conditions prévues à l'article R. 522-17.

L'inspection générale de l'industrie et du commerce informe le préfet des infractions constatées. Le préfet en rend compte à l'autorité qui a contresigné le décret ou pris l'arrêté d'agrément en lui proposant, le cas échéant, le retrait de l'agrément dans les cas et formes prévus à l'article L. 522-39.

Section IV. – Des récépissés, des warrants et des reçus d'entreposage

(Intitulé mod., D. n° 2019-1287, 3 déc. 2019)

Sous-section 1. – Des récépissés et des *warrants*

(Division créée, D. n° 2019-1287, 3 déc. 2019)

Art. R. 522-20 *(Anc. D. n° 45-1754, 6 août 1945)*. – Les récépissés et warrants délivrés par l'exploitant comportent au recto la mention de l'assurance de la marchandise contre l'incendie par les polices générales du magasin.

Art. R. 522-21 *(Anc. D. n° 45-1754, 6 août 1945)*. – À toute réquisition du porteur du récépissé et du warrant réunis, la marchandise déposée est fractionnée en autant de fois qu'il lui convient, et le titre d'origine remplacé par autant de récépissés et de warrants qu'il y a de lots.

Art. R. 522-22 *(Anc. D. n° 45-1754, 6 août 1945)*. – L'administration du magasin général liquide sur la demande du porteur du récépissé ou du warrant les dettes et les frais énumérés à l'article L. 522-32 et dont le privilège prime celui de la créance garantie sur le warrant. Le bordereau de liquidation délivré par l'administration du magasin général porte les numéros du récépissé et du warrant auxquels il se réfère.

Art. R. 522-23 *(Anc. D. n° 45-1754, 6 août 1945)*. – Sur la présentation du warrant protesté, l'administration du magasin général donne au courtier désigné pour la vente par le porteur du warrant toutes facilités pour y procéder.

Elle ne délivre la marchandise à l'acheteur que sur présentation du procès-verbal de la vente et moyennant :

1° La justification du paiement des droits et frais privilégiés, ainsi que le montant de la somme revenant au porteur du warrant dans la limite de la somme prêtée ;

2° La consignation de l'excédent, s'il en existe, revenant au porteur du récépissé, dans le cas prévu au dernier paragraphe de l'article L. 522-32.

Art. R. 522-24 *(Anc. D. n° 45-1754, 6 août 1945)*. – Outre les livres ordinaires du commerce et le livre des récépissés et warrants, l'administration du magasin général tient un livret à souches destiné à constater les consignations qui peuvent lui être faites en vertu des articles L. 522-30 et L. 522-32.

Tous ces livres sont cotés et paraphés, par première et dernière feuilles.

Sous-section 2. – Des reçus d'entreposage

(Division créée, D. n° 2019-1287, 3 déc. 2019)

Bibliographie : X. Delpech, *Précisions réglementaires sur les reçus d'entreposage : AJCA* 2020, p. 4. • T. Ravel d'Esclapon, *Premières vues sur les reçus d'entreposage : AJ Contrats d'affaires-Concurrence-Distribution* 2019, p. 269. • A. Reygrobellet, *Les « reçus d'entreposage » : titres de propriété et non titres financiers : RTDF* 2019, p. 39

§ 1. – Du fonctionnement du registre de reçus d'entreposage

Art. R. 522-24-1. – *Le gestionnaire de la plateforme qui tient le registre mentionné à l'article L. 522-37-1* établit les règles de fonctionnement de ce registre et les conditions de délivrance des reçus d'entreposage par les exploitants des magasins généraux. Dans le respect des dispositions des premier, deuxième et troisième alinéas de l'article L. 522-37-2, ces règles précisent notamment :

1° Les personnes qui peuvent être autorisées par le gestionnaire de la plateforme à consulter le registre et les conditions de cette consultation ;

2° Les modalités d'inscription dans le registre par le gestionnaire de la plateforme ou les exploitants des magasins généraux de la délivrance et la radiation d'un reçu d'entreposage ou du transfert de la propriété des marchandises représentées par un ou plusieurs reçus d'entreposage ;

3° Les modalités d'inscription et de radiation par le gestionnaire de la plateforme d'un gage portant sur la marchandise représentée par un reçu d'entreposage, conformément aux dispositions du paragraphe 2 ;

4° Les conditions dans lesquelles le registre peut être tenu sous forme électronique et dont il est fait usage d'une signature électronique sécurisée dans les conditions prévues par le règlement (UE) n° 910/2014 du Parlement européen et du Conseil du 23 juillet 2014 sur l'identification électronique et les services de confiance pour les transactions électroniques au sein du marché intérieur.

Art. R. 522-24-2. – Conformément aux dispositions de l'article L. 522-37-1, les règles de fonctionnement du registre prévues à l'article précédent fixent les informations à transmettre par les magasins généraux au gestionnaire de la plateforme pour permettre à ce dernier d'en assurer le contrôle de l'exactitude.

Ce gestionnaire s'assure, au moyen de contrôles sur pièce ou sur place, que ces magasins généraux sont dotés d'une organisation et de procédures permettant d'apprécier l'identité des titulaires de reçus d'entreposage et que leurs exploitants disposent des compétences de nature à garantir la qualité des informations figurant au registre.

§ 2. – Du gage des marchandises représentées par un reçu d'entreposage

Art. R. 522-24-3. – Le gage est opposable aux tiers à compter de la date de son inscription mentionnée dans le registre. Cette mention comprend également un numéro attribué par le gestionnaire de la plateforme mentionnée au premier alinéa de l'article L. 522-37-1.

Art. R. 522-24-4. – À l'appui de sa demande au gestionnaire de la plateforme d'inscription dans le registre du gage de marchandises représentées par un reçu d'entreposage, le créancier fournit les informations suivantes :

1° La désignation du constituant et du créancier :

a) S'il s'agit d'une personne physique : ses nom, prénoms, date et lieu de naissance, domicile ainsi que, le cas échéant, son numéro unique d'identification complété, s'il y a lieu, par la mention RCS suivie du nom de la ville où se trouve le greffe où elle est immatriculée ;

b) S'il s'agit d'une personne morale : sa forme, sa dénomination sociale, l'adresse de son siège social et son numéro unique d'identification complété, s'il y a lieu, par la mention RCS suivie du nom de la ville où se trouve le greffe où elle est immatriculée ;

2° La date de la constitution du gage ;

3° Le montant de la créance garantie en principal, la date de son exigibilité, le taux d'intérêt ainsi que, le cas échéant, l'existence d'un pacte commissoire ; pour les créances futures, les éléments permettant de les déterminer ;

4° Une description de la marchandise gagée, notamment sa nature, sa qualité, sa quantité et des éléments permettant d'en déterminer la valeur ;

5° Le lieu de conservation de la marchandise.

Le créancier adresse au gestionnaire de la plateforme l'un des originaux de l'acte constitutif du gage.

Le gage est inscrit dès que les informations mentionnées du 1° au 5° sont complètes et à réception de l'original de l'acte constitutif du gage.

Art. R. 522-24-5. – Le gage est conservé pendant cinq ans à compter du jour de son inscription. Son effet cesse si l'inscription n'a pas été renouvelée avant l'expiration de ce délai. Dans ce cas, le gestionnaire de la plateforme procède d'office à la radiation de l'inscription.

Art. R. 522-24-6. – La demande d'inscription modificative ou de radiation d'un gage inscrit est adressée au gestionnaire de la plateforme par le créancier ou le constituant conformément aux règles de fonctionnement du registre. L'original de l'acte modificatif du gage est adressé au gestionnaire de la plateforme.

L'inscription modificative est accompagnée du numéro de l'inscription initiale au registre et de la mention de la date à laquelle elle est effectuée. L'inscription modificative prend effet à compter de cette dernière.

La radiation de l'inscription au registre peut être requise sur justification, transmise au gestionnaire de la plateforme par le créancier ou le constituant, de l'accord des parties ou d'un acte donnant mainlevée de l'inscription, conformément aux règles de fonctionnement du registre. La radiation peut également intervenir en vertu d'une décision passée en force de chose jugée.

Le gestionnaire de la plateforme délivre au créancier ou au constituant qui le requiert un certificat de radiation. L'inscription radiée ou périmée n'est plus inscrite au registre.

Art. R. 522-24-7. – Pour consulter le site d'information accessible en ligne prévu au troisième alinéa de l'article L. 522-37-4, le requérant fournit les éléments suivants :

1° Sur le constituant :

a) S'il s'agit d'une personne physique commerçante : ses nom, prénoms, date et lieu de naissance et le numéro unique d'identification complété, s'il y a lieu, par la mention RCS suivie du nom de la ville où se trouve le greffe où elle est immatriculée ;

b) S'il s'agit d'une personne physique non commerçante ou d'un constituant à titre non professionnel : ses nom, prénoms, date et lieu de naissance et son domicile ;

c) S'il s'agit d'une personne morale : sa forme, sa dénomination sociale, l'adresse de son siège social ainsi que, le cas échéant, le numéro unique d'identification complété, s'il y a lieu, par la mention RCS suivie du nom de la ville où se trouve le greffe où elle est immatriculée ;

2° Sur le bien : sa matière première par référence à la liste prévue au premier alinéa de l'article L. 522-37-1.

Chaque consultation ne peut porter que sur une même personne et une même matière première.

Art. R. 522-24-8. – Le gestionnaire de la plateforme délivre à tout requérant un état des marchandises gagées et des reçus d'entreposage s'y rapportant ou indique l'absence de gage sur les marchandises.

Art. R. 522-24-9. – Le gestionnaire de la plateforme rejette les demandes d'inscription, de modification ou de radiation qui ne répondent pas aux conditions prévues par les articles R. 522-24-4 et R. 522-24-6. Le rejet précise le motif du refus.

La décision de rejet est notifiée au requérant par lettre recommandée avec demande d'avis de réception ou lui est remise contre récépissé. Elle indique le délai et les modalités du recours ouvert à l'encontre de cette décision.

Art. R. 522-24-10. – I. – Le recours contre la décision de refus d'inscription, de modification ou de radiation est porté devant le président du tribunal de commerce dans le ressort duquel est établi le gestionnaire de la plateforme qui a opposé le refus.

Ce recours est formé par lettre recommandée avec demande d'avis de réception adressée au greffe de ce tribunal dans un délai de quinze jours à compter de sa notification.

Il est motivé et accompagné de toutes pièces utiles.

II. – Le président de la juridiction ou le juge délégué à cet effet statue par ordonnance. L'ordonnance est exécutoire de droit à titre provisoire.

Cette ordonnance est notifiée au requérant par lettre recommandée avec demande d'avis de réception. Elle indique le délai et les modalités du recours ouvert à son encontre.

Elle est susceptible d'appel dans un délai de quinze jours.

III. – L'appel de l'ordonnance est formé, instruit et jugé comme en matière gracieuse. Toutefois, la partie est dispensée du ministère d'avocat.

Le greffier de la cour d'appel adresse une copie de l'arrêt au gestionnaire de la plateforme.

Section V. – Des sanctions

Art. R. 522-25 *(Anc. D. n° 45-1754, 6 août 1945)*. – La procédure d'aliénation du magasin général prévue au troisième alinéa de l'article L. 522-39 est engagée dans les trois mois de la décision du retrait *d'agrément à titre définitif prise par le* préfet. Cette aliénation peut être opérée soit par adjudication, soit par voie de cession amiable. Toutefois, il ne peut être procédé à l'amiable lorsque le chiffre d'affaires réalisé dans le magasin général au cours de l'exercice précédent dépasse une somme fixée par le ministre chargé de l'industrie.

Seules peuvent se présenter à l'adjudication ou acquérir l'établissement à l'amiable les personnes qui y sont autorisées par le préfet.

CHAPITRE III. – DU WARRANT HÔTELIER

Art. R. 523-1 *(Anc. L. 8 août 1913).* – Le volant et la souche du registre prévu à l'article L. 523-3 portent chacun les mentions suivantes :

1° Les nom, profession et domicile des parties ;

2° La nature des objets mis en gage, les indications propres à les identifier et à déterminer leur valeur, ainsi que le lieu de leur situation ;

3° L'inexistence d'aucun privilège de vendeur, de nantissement ou de gage sur lesdits objets ;

4° Le nom de la compagnie à laquelle ils sont assurés, ainsi que l'immeuble, pendant toute la durée du prêt, contre l'incendie ;

5° Le montant de la créance garantie et la date de son échéance, ainsi que toutes les clauses et conditions particulières convenues entre les parties ;

6° La date de la notification de l'acte extrajudiciaire adressé au propriétaire, à l'usufruitier ou à leur mandataire légal, et celle de leur réponse ;

7° Le montant du loyer annuel de l'hôtel et la justification que les loyers énumérés à l'article L. 523-2 ont été acquittés.

CHAPITRE IV. – DU WARRANT PÉTROLIER

Art. R. 524-1 *(Anc. L. 21 avr. 1932).* – Le greffier du tribunal de commerce transcrit sur un registre spécial le warrant pétrolier et mentionne sur ce warrant pétrolier le volume et le numéro de la transcription, avec la mention des warrants préexistant sur les mêmes stocks de produits.

CHAPITRE V. – DU NANTISSEMENT DE L'OUTILLAGE ET DU MATÉRIEL D'ÉQUIPEMENT

Art. R. 525-1 *(Anc. D. n° 51-194, 17 févr. 1951).* – L'inscription du privilège prévue à l'article L. 525-1 est, lorsque l'acquéreur n'a pas la qualité de commerçant, soumise aux formalités fixées aux articles R. 525-2 à R. 525-7.

Art. R. 525-2 *(Anc. D. n° 51-194, 17 févr. 1951).* – Pour inscrire son privilège, le créancier nanti présente lui-même ou fait présenter par un tiers au greffier du tribunal de commerce dans le ressort duquel est domicilié l'acquéreur du bien grevé l'un des originaux de l'acte de vente ou de prêt, constitutif du nantissement, s'il est sous seing privé, ou d'une expédition s'il existe en minute. L'acte sous seing privé reste déposé au greffe.

Il est joint par le créancier nanti deux bordereaux sur papier non timbré, dont la forme est déterminée par arrêté du garde des Sceaux, ministre de la Justice.

Art. R. 525-3 *(Anc. D. n° 51-194, 17 févr. 1951).* – Le papier sur lequel sont établis les bordereaux est fourni par les greffiers aux frais des requérants. Toutefois, les officiers publics ou ministériels peuvent se le procurer eux-mêmes. Ces bordereaux contiennent :

1° Les nom, prénoms et domicile du créancier et du débiteur, leur profession s'ils en ont une ;

2° La date et la nature du titre ;

3° Le montant de la créance exprimée dans le titre, les conditions relatives aux intérêts et à l'exigibilité ;

4° Le lieu où le matériel est placé et éventuellement la mention que ledit matériel est susceptible d'être déplacé ;

5° Élection du domicile par le créancier nanti dans le ressort du tribunal au greffe duquel l'inscription est requise.

Art. R. 525-4 *(Anc. D. n° 51-194, 17 févr. 1951).* – Le greffier remet au requérant tant l'expédition du titre que l'un des bordereaux prévus à l'article R. 525-2, après l'avoir revêtu, dès sa réception, de la mention d'inscription, qui comprend la date de celle-ci et le numéro sous lequel elle a été effectuée.

L'autre bordereau, portant les mêmes mentions, est conservé au greffe.

Art. R. 525-5 *(Anc. D. n° 51-194, 17 févr. 1951).* – Les greffiers sont tenus d'enliasser et de relier à leurs frais les bordereaux qu'ils conservent en application de l'article R. 525-4.

Ils tiennent un fichier alphabétique des noms des débiteurs avec l'indication des numéros des inscriptions les concernant.

Art. R. 525-6 *(Anc. D. n° 51-194, 17 févr. 1951).* – Les pièces mentionnées à l'article R. 525-2 reçoivent un numéro d'entrée au moment de leur production.

Ces pièces sont enregistrées sur le registre à souches prévu à l'article R. 143-9 ; il en est délivré un récépissé extrait dudit registre et mentionnant :

1° Le numéro d'entrée apposé sur les pièces ;

2° La date du dépôt des pièces ;

3° Le nombre et la nature de ces pièces avec l'indication du but de ce dépôt ;

4° Le nom des parties ;

5° La nature et la situation du bien grevé et, éventuellement, la mention qu'il est susceptible d'être déplacé.

Le récépissé est daté et signé par le greffier, auquel il est rendu contre remise de la pièce portant, conformément à l'article R. 525-4, la certification que l'inscription du privilège a été effectuée.

Art. R. 525-7 *(Anc. D. n° 51-194, 17 févr. 1951).* – Le dépôt des actes sous seing privé prévu à l'article R. 525-2 est constaté sur le registre mentionné à l'article R. 143-7.

Dans la seconde colonne de ce registre est inscrit le procès-verbal du dépôt contenant la date à laquelle ce dernier a été fait, la mention, la date et le coût de l'enregistrement de l'acte, son numéro d'entrée, sa nature, l'indication du nom du créancier et du débiteur, la nature et la situation du bien grevé et, s'il y a lieu, la mention qu'il est susceptible d'être déplacé.

Ce procès-verbal est signé par le greffier.

Art. R. 525-8 *(Anc. D. n° 51-194, 17 févr. 1951).* – Lorsque l'acquéreur du bien grevé est commerçant, les bordereaux prévus à l'article R. 143-8 doivent indiquer, avec la situation du fonds, le lieu où le matériel grevé est placé et, éventuellement, la mention que le matériel est susceptible d'être déplacé.

Les pièces désignées audit article sont enregistrées sur le registre mentionné à l'article R. 143-9.

Le greffier procède comme il est dit à l'article R. 525-4.

Le dépôt des actes sous seing privé est constaté sur le registre prévu à l'article R. 143-7.

CHAPITRE VI. – DE LA PROTECTION DE L'ENTREPRENEUR INDIVIDUEL ET DU CONJOINT

Section I. – De la déclaration d'insaisissabilité

(Division créée, D. n° 2010-1706, 29 déc. 2010)

Art. R. 526-1 *(Mod., D. n° 2008-1488, 30 déc. 2008 ; D. n° 2016-296, 11 mars 2016).* – Conformément à l'article R. 123-37, sont indiqués dans la demande d'immatriculation au registre du commerce et des sociétés de la personne physique :

1° La déclaration d'insaisissabilité de ses droits sur tout bien foncier non affecté à son usage professionnel, prévue à l'article L. 526-1 ;

2° La renonciation à l'insaisissabilité de ses droits sur la résidence principale prévue à l'article L. 526-3 ;

3° Dans tous les cas, le lieu de la publication de ces déclarations.

Art. R. 526-2 *(Mod., D. n° 2007-750, 9 mai 2007 ; rempl., D. n° 2008-1488, 30 déc. 2008 ; mod., D. n° 2016-296, 11 mars 2016).* – Conformément aux dispositions de l'article R. 123-45 et du 2° de l'article R. 123-46, doivent, dans un délai d'un mois, faire l'objet d'une demande d'inscription modificative au registre du commerce et des sociétés :

1° La renonciation à l'insaisissabilité des droits sur la résidence principale de la personne physique immatriculée ou sa révocation, prévues à l'article L. 526-3 ;

2° La déclaration d'insaisissabilité des droits de la personne physique immatriculée sur tout bien foncier non affecté à son usage professionnel, prévue à l'article L. 526-1, ou sa révocation prévue à l'article L. 526-3.

Section II. – De l'entrepreneur individuel à responsabilité limitée

(D. n° 2010-1706, 29 déc. 2010)

Sous-section 1. – Dispositions communes

Bibliographie : C. Lebel, *Régime juridique de l'EIRL : information des tiers, biens nécessaires et valeurs des biens affectés : JCP* E 2012, act. 114.

Art. R. 526-3 ***(D. n° 2010-1706, 29 déc. 2010 ; mod., D. n° 2012-122, 30 janv. 2012 ; D. n° 2017-630, 25 avr. 2017).*** **– La déclaration d'affectation mentionnée à l'article L. 526-7 contient les informations suivantes :**

1° Les nom, nom d'usage, prénoms, date, lieu de naissance et domicile de l'entrepreneur individuel ;

2° La dénomination utilisée pour l'exercice de l'activité professionnelle à laquelle le patrimoine est affecté, comprenant au moins son nom ou son nom d'usage ; lorsque l'entrepreneur a procédé à plusieurs déclarations d'affectation, les dénominations utilisées pour chaque affectation de patrimoine doivent être distinctes ;

3° L'adresse de l'établissement principal où est exercée l'activité professionnelle à laquelle le patrimoine est affecté ou à défaut d'établissement l'adresse du local d'habitation où l'entreprise est fixée ;

4° L'objet de l'activité professionnelle à laquelle le patrimoine est affecté ;

5° La date de clôture de l'exercice comptable ;

6° ***(Abr., D. n° 2019-987, 25 sept. 2019) ;***

Rédaction antérieure. 6° Un état descriptif des biens, droits, obligations ou sûretés affectés à l'activité professionnelle en nature, qualité, quantité et valeur ;

7° Le numéro unique d'identification de l'entreprise délivré conformément à l'article D. 123-235 si la personne est déjà immatriculée ;

8° ***(Abr., D. n° 2019-987, 25 sept. 2019).***

Rédaction antérieure. 8° les documents attestant de l'accomplissement des formalités mentionnées aux articles L. 526-9 à L. 526-11.

(Al. mod. à compter du 1er octobre 2019, D. n° 2019-987, 25 sept. 2019) **La déclaration mentionnée au premier alinéa est accompagnée des pièces justifiant de l'identité de l'entrepreneur individuel et de l'obtention des autorisations prévues à l'article 388-1-2 du Code civil.**

(Al. créé, D. n° 2019-987, 25 sept. 2019) **Lorsque l'entrepreneur individuel affecte à son activité professionnelle des biens, droits, obligations ou sûretés, il dépose au registre, pour y être annexé, l'état descriptif prévu à l'article L. 526-8 ainsi, le cas échéant, que les documents attestant de l'accomplissement des formalités mentionnées aux articles L. 526-9 et L. 526-11.**

Absence de patrimoine affecté à l'EIRL dans la déclaration de l'entrepreneur : réunion des patrimoines en cas de procédure collective (jurisprudence antérieure à la loi n° 2019-486 du 22 mai 2019, modifiant l'article L. 526-8, II, alinéa 2). En l'absence de toute affectation au patrimoine de l'EIRL, la procédure collective ouverte pour l'activité affectée réunit le patrimoine affecté et le patrimoine personnel (■ Cass. com., 7 févr. 2018 : *JCP* G 2018, 279, note J-D. Pellier ; *D.* 2018, p. 292, obs. A. Lienhard, p. 594, note S. Tisseyre et p. 1829, obs. F-X. Lucas ; *LEDEN* mars 2018, p. 2, obs. F. Mélin ; *Rev. sociétés* 2018, p. 203, note L.-C. Henry et p. 311, note G. Grundeler ; *JCP* E 2018, 1159, n° 1, obs. A. Thérani ; *JCP* E 2018, 1276, note C. Lebel ; *Gaz. Pal.* 2018, n° 321n2, p. 51, note F. Reille ; *LPA 2018*, n° 134g4, note V. Legrand et 135p5, note V. Perruchot-Triboulet ; *Rev. pro. coll.* 2018, p. 10, obs. F. Petit et p. 26, note B. Saintourens ; *RLDC*, 1er mai 2018, p. 54, note H. Lécuyer).

Bibliographie : B. Rolland, *Assignation en réunion de patrimoine d'un EIRL en procédure judiciaire devant le tribunal de commerce : formule : Rev. proc. coll.* 1er janv. 2015, p. 81. – S. Blin, O. Gazeau et C. Sardot, *L'affectation de l'immeuble professionnel de l'entrepreneur individuel à responsabilité limitée : AJDI* 2014, p. 264.

Art. R. 526-3-1 ***(D. n° 2012-122, 30 janv. 2012).*** **– Pour l'application du deuxième alinéa de l'article L. 526-6, les biens, droits, obligations et sûretés nécessaires à l'exercice de l'activité professionnelle s'entendent de ceux qui, par nature, ne peuvent être utilisés que dans le cadre de cette activité.**

Art. R. 526-4 ***(D. n° 2010-1706, 29 déc. 2010 ; mod., D. n° 2019-987, 25 sept. 2019).*** **– Un modèle type facultatif d'état descriptif est approuvé par arrêté conjoint du garde des sceaux, ministre de la justice, et du ministre chargé de l'économie.**

Le centre de formalités des entreprises ou, dans le cas prévu au deuxième alinéa de l'article R. 123-5, le greffe du tribunal de commerce remet gratuitement ce modèle de déclaration type à l'entrepreneur individuel.

Rédaction future. *(Al. rempl. à compter du 1er janvier 2023, D. n° 2021-300, 18 mars 2021)* L'organisme unique mentionné à l'article R. 123-1 met, gratuitement et par voie électronique, ce modèle de déclaration type à disposition de l'entrepreneur individuel.

Art. D. 526-5 *(Abr., D. n° 2019-987, 25 sept. 2019).*

Rédaction antérieure. Art. D. 526-5. – Pour l'application de l'article L. 526-10, le montant de la valeur déclarée est fixé à 30 000 euros.

Art. R. 526-6 *(Abr., D. n° 2019-987, 25 sept. 2019).*

Rédaction antérieure. Art. R. 526-6. – La personne chargée de procéder à l'évaluation mentionnée à l'article L. 526-10 décrit et justifie dans son rapport le mode d'évaluation qu'elle a retenu.

Art. R. 526-7 *(D. n° 2010-1706, 29 déc. 2010).* – Un modèle type facultatif d'accord du conjoint commun en biens ou des coïndivisaires donné en application de l'article L. 526-11 est approuvé par arrêté conjoint du garde des Sceaux, ministre de la Justice, et du ministre chargé de l'économie.

Le centre de formalités des entreprises ou, dans les cas prévus au deuxième alinéa de l'article R. 123-5, le greffe du tribunal de commerce remet gratuitement ce modèle à l'entrepreneur individuel.

Rédaction future. *(Al. rempl. à compter du 1er janvier 2023, D. n° 2021-300, 18 mars 2021)* L'organisme unique mentionné à l'article R. 123-1 met, gratuitement et par voie électronique, ce modèle à disposition de l'entrepreneur individuel.

Art. R. 526-8 à R. 526-10 *(Abr., D. n° 2017-630, 25 avr. 2017).*

Art. R. 526-10-1 *(D. n° 2010-1706, 29 déc. 2010).* – Les personnes ayant effectué une déclaration d'affectation en application de l'article L. 526-7 et bénéficiant des régimes prévus aux articles 50-0,64 et 102 *ter* du Code général des impôts tiennent :

1° Un livre des recettes et, lorsque la nature de leur activité le requiert, un registre des achats, tels que prévus à l'article L. 123-28 ;

2° *(2° mod., D. n° 2019-987, 25 sept. 2019)* « En date du 31 décembre de chaque année, un relevé actualisant, en valeur et en nature, le patrimoine affecté, selon un modèle type approuvé par arrêté conjoint du garde des sceaux, ministre de la justice, et du ministre chargé de l'économie ». Ce relevé fait l'objet d'un dépôt annuel au registre, dans les conditions prévues à l'article L. 526-14, dans le délai de six mois à compter de son établissement.

Art. R. 526-10-2 *(Abr., D. n° 2017-630, 25 avr. 2017).*

Art. R. 526-11 *(D. n° 2010-1706, 29 déc. 2010).* – Chaque compte bancaire ouvert par l'entrepreneur pour les besoins de l'activité professionnelle à laquelle un patrimoine a été affecté doit contenir dans son intitulé la dénomination prévue au 2° de l'article R. 526-3 ainsi que les mots : « entrepreneur individuel à responsabilité limitée » ou les initiales : « EIRL ».

Art. R. 526-12 *(D. n° 2010-1706, 29 déc. 2010, mod., D. n° 2019-987, 25 sept. 2019).* – Dans le mois suivant la renonciation à l'affectation prévue à l'article L. 526-15, l'entrepreneur individuel en fait porter la mention au registre dont il relève en application de l'article L. 526-7. Dans les deux mois suivant la renonciation, il dépose audit registre un état descriptif actualisé des biens, droits, obligations ou sûretés affectés à l'activité professionnelle en nature, qualité, quantité et valeur.

Art. R. 526-13 *(D. n° 2010-1706, 29 déc. 2010 ; mod., D. n° 2019-987, 25 sept. 2019).* – La cession à titre onéreux à une personne physique ou la transmission à titre gratuit entre vifs du patrimoine affecté la *cession de ce patrimoine à une* personne morale ou son apport en société sont publiés dans le mois de leur date à la diligence du cédant, du donateur ou de l'apporteur, sous forme d'avis au *Bulletin officiel des annonces civiles et commerciales*.

Cet avis contient les indications suivantes :

1° S'agissant du cédant, du donateur ou de l'apporteur ainsi que du cessionnaire ou du donataire, personnes physiques : les nom, nom d'usage, prénoms, le cas échéant nom commercial ou professionnel, l'objet de l'activité professionnelle à laquelle le patrimoine est affecté, l'adresse de l'établissement principal où est exercée cette activité ou à défaut d'établissement l'adresse du local d'habitation où l'entreprise est fixée, le registre où est inscrite la déclaration d'affectation mentionnée à l'article L. 526-7 et le numéro unique d'identification de l'entreprise délivré conformément à l'article D. 123-235 ;

2° S'agissant du cessionnaire ou du bénéficiaire de l'apport, personnes morales : la raison sociale ou la dénomination sociale suivie, le cas échéant, du sigle, de la forme, de l'adresse du siège, du montant du capital et du numéro unique d'identification de l'entreprise délivré conformément à l'article D. 123-235, ainsi qu'un état descriptif indiquant la valeur de l'actif, du passif et des sûretés composant le patrimoine affecté, actualisé à la date de la clôture du dernier exercice comptable, établi dans des formes prévues par arrêté conjoint du garde des Sceaux, ministre de la Justice, et du ministre chargé de l'économie ;

3° La date et le lieu du dépôt des déclarations mentionnées au II de l'article L. 526-17.

Art. R. 526-14 *(D. n° 2010-1706, 29 déc. 2010).* – Les créanciers mentionnés au quatrième alinéa du III de l'article L. 526-17 saisissent le tribunal compétent selon les règles de droit commun de leur opposition dans le mois suivant la publication mentionnée à l'article R. 526-13.

Art. R. 526-14-1 *(D. n° 2015-913, 24 juill. 2015 ; mod., D. n° 2019-987, 25 sept. 2019).* – Lorsque l'entrepreneur individuel à responsabilité limitée modifie l'activité professionnelle au titre de laquelle il a effectué une déclaration d'affectation de patrimoine et que cette modification lui impose de s'immatriculer à un autre registre ou répertoire, il demande une nouvelle immatriculation et indique, conjointement à cette demande, le lieu et le registre de son immatriculation antérieure aux fins du transfert prévu au sixième alinéa de l'article L. 526-7. Si la modification de son activité professionnelle le justifie, l'entrepreneur individuel à responsabilité limitée procède, auprès de l'organisme nouvellement compétent, à la modification de l'objet de l'activité professionnelle mentionné dans la déclaration d'affectation du patrimoine et, le cas échéant, à la modification du patrimoine affecté.

L'organisme nouvellement compétent demande, dans le délai d'un jour franc ouvrable à compter de la nouvelle immatriculation, à l'organisme antérieurement compétent de procéder au transfert dans le délai d'un jour franc ouvrable à compter de la réception de sa demande. L'organisme antérieurement compétent procède d'office à la modification ou à la radiation de l'immatriculation de l'entrepreneur individuel de son registre et informe, par tous moyens, ce dernier des diligences accomplies.

(Al. créé à compter du 1er avril 2021, D. n° 2021-300, 18 mars 2021) Lorsque le transfert est sollicité par le biais du service informatique mentionné à l'article R. 123-30-14, l'organisme antérieurement compétent et l'organisme nouvellement compétent échangent avec l'entrepreneur individuel par l'intermédiaire de ce service, dans les conditions prévues par l'article R. 123-30-18.

> **Rédaction future.** Art. R. 526-14-1 *(D. n° 2015-913, 24 juill. 2015 ; mod., D. n° 2019-987, 25 sept. 2019 ; mod. à compter du 1er avril 2021, D. n° 2021-300, 18 mars 2021 ; mod. à compter du 1er janvier 2023, D. n° 2021-300, 18 mars 2021).* – Lorsque l'entrepreneur individuel à responsabilité limitée modifie l'activité professionnelle au titre de laquelle il a effectué une déclaration d'affectation de patrimoine et que cette modification lui impose de s'immatriculer à un autre registre ou répertoire, il demande une nouvelle immatriculation par l'intermédiaire de l'organisme unique mentionné à l'article R. 123-1 et indique, conjointement à cette demande, le lieu et le registre de son immatriculation antérieure aux fins du transfert prévu au sixième alinéa de l'article L. 526-7. Si la modification de son activité professionnelle le justifie, l'entrepreneur individuel à responsabilité limitée procède, par l'intermédiaire de l'organisme unique, à la modification de l'objet de l'activité professionnelle mentionné dans la déclaration d'affectation du patrimoine et, le cas échéant, à la modification du patrimoine affecté, auprès de l'organisme nouvellement compétent.
>
> L'organisme nouvellement compétent demande, dans le délai d'un jour franc ouvrable à compter de la nouvelle immatriculation, à l'organisme antérieurement compétent de procéder au transfert dans le délai d'un jour franc ouvrable à compter de la réception de sa demande. L'organisme antérieurement compétent procède d'office à la modification ou à la radiation de l'immatriculation de l'entrepreneur individuel de son registre et informe, par tous moyens, ce dernier des diligences accomplies.

Sous-section 2. – Du registre spécial des entrepreneurs individuels à responsabilité limitée

Art. R. 526-15 *(D. n° 2010-1706, 29 déc. 2010 ; mod., D. n° 2019-966, 18 sept. 2019).* – Les entrepreneurs individuels à responsabilité limitée qui ne sont pas tenus de s'immatriculer à un registre de publicité légale effectuent *(Mots aj. à compter du 1er janvier 2023, D. n° 2021-300, 18 mars 2021)* « , par l'intermédiaire de l'organisme unique mentionné à l'article R. 123-1, » la déclaration d'affectation mentionnée à l'article L. 526-7 pour inscription au registre spécial tenu au greffe du tribunal de commerce ou du tribunal judiciaire statuant commercialement dans le ressort duquel se trouve l'adresse de leur établissement principal ou à défaut d'établissement l'adresse du local d'habitation où l'entreprise est fixée.

Dans les départements du Bas-Rhin, du Haut-Rhin et de la Moselle, le registre spécial mentionné à l'alinéa précédent est tenu pour l'étendue du ressort de chaque tribunal judiciaire au greffe des tribunaux judiciaires de Colmar, Metz, Mulhouse, Sarreguemines, Saverne, Strasbourg et Thionville.

Art. R. 526-16 *(D. n° 2010-1706, 29 déc. 2010 ; mod., D. n° 2017-630, 25 avr. 2017 ; D. n° 2019-987, 25 sept. 2019)*. – Lors de l'immatriculation de l'entrepreneur individuel à responsabilité limitée au registre spécial mentionné à l'article R. 526-15, le greffier indique au registre les informations prévues aux 1° à 5° et 7° de l'article R. 526-3.

Sont également mentionnés dans ce registre les événements et décisions prévus par les articles L. 526-15, L. 526-16 et L. 526-17.

Une demande d'inscription modificative est présentée dans le délai d'un mois suivant l'événement rendant nécessaire une rectification ou une adjonction aux énonciations prévues aux deux alinéas précédents *(Mots aj. à compter du 1er janvier 2023, D. n° 2021-300, 18 mars 2021)* « , par l'intermédiaire de l'organisme unique mentionné à l'article R. 123-1 ». La demande est présentée par la personne immatriculée au registre ou par les personnes mentionnées aux articles L. 526-15, L. 526-16, premier alinéa, et L. 526-17. Le dépôt de la déclaration de reprise mentionnée au second alinéa de l'article L. 526-16 est effectué par la personne reprenant le patrimoine affecté. La demande relative à la cession du patrimoine affecté à une personne morale ou à son apport en société est présentée par le cédant ou l'apporteur.

Art. R. 526-17 *(D. n° 2010-1706, 29 déc. 2010)*. – Le lieu et le numéro d'immatriculation au registre spécial, définis dans des conditions prévues par arrêté conjoint du garde des Sceaux, ministre de la Justice, et du ministre chargé de l'économie, ainsi que l'objet de l'activité professionnelle à laquelle le patrimoine est affecté et la dénomination incorporant le nom ou nom d'usage précédé ou suivi immédiatement des mots : « entrepreneur individuel à responsabilité limitée » ou des initiales : « EIRL » figurent sur les documents et correspondances à usage professionnel de l'intéressé.

Art. R. 526-18 *(D. n° 2010-1706, 29 déc. 2010 ; mod., D. n° 2019-987, 25 sept. 2019)*. – Le dépôt au registre spécial mentionné à l'article R. 526-15 de l'état descriptif prévu au I de l'article L. 526-8 ainsi que des documents attestant de l'accomplissement des formalités prévues aux articles L. 526-9 et L. 526-11 en cas d'affectation de biens nouveaux ou de retrait postérieurement à la constitution du patrimoine affecté est régi par les dispositions des articles R. 123-121-2 et R. 123-121-3.

Art. R. 526-19 *(D. n° 2010-1706, 29 déc. 2010)*. – L'entrepreneur individuel à responsabilité limitée dépose au registre spécial mentionné à l'article R. 526-15, dans le délai de six mois suivant la clôture de l'exercice, les documents comptables mentionnés à l'article L. 526-14.

Art. R. 526-20 *(D. n° 2010-1706, 29 déc. 2010 ; mod., D. n° 2017-1416, 28 sept. 2017 ; D. n° 2019-987, 25 sept. 2019)*. – Les déclarations et dépôts au registre spécial mentionné à l'article R. 526-15 peuvent être effectués par voie électronique sous réserve qu'ils puissent être transmis et reçus par cette voie.

Pour toutes les transmissions par voie électronique mentionnées à l'alinéa précédent, il est fait usage d'une signature électronique sécurisée dans les conditions prévues à l'article 1367 du Code civil et par le décret n° 2017-1416 du 28 septembre 2017 relatif à la signature électronique. Toutefois, pour les déclarations relatives à l'immatriculation des intéressés et le dépôt de l'état descriptif prévu au I de l'article L. 526-8, cette signature électronique peut résulter de l'usage d'un procédé répondant aux conditions définies à la première phrase du second alinéa de l'article 1367 du Code civil.

Le greffier accuse réception de toute transmission qui lui est faite dès que celle-ci lui parvient.

(Al. créé à compter du 1er avril 2021, D. n° 2021-300, 18 mars 2021) Lorsque la déclaration ou le dépôt est sollicité par le biais du service informatique mentionné à l'article R. 123-30-14, le greffier échange avec l'entrepreneur individuel à responsabilité limitée par l'intermédiaire de ce service, dans les conditions prévues par l'article R. 123-30-18.

Rédaction future. Art. R. 526-20 *(D. n° 2010-1706, 29 déc. 2010 ; mod., D. n° 2017-1416, 28 sept. 2017 ; D. n° 2019-987, 25 sept. 2019 ; mod. à compter du 1er avril 2021, D. n° 2021-300, 18 mars 2021 ; rempl. à compter du 1er janvier 2023, D. n° 2021-300, 18 mars 2021).* – Les déclarations et dépôts au registre spécial mentionné aux articles R. 526-15 et R. 526-16 sont effectués par voie électronique, par l'intermédiaire de l'organisme unique mentionné à l'article R. 123-1 et dans les conditions prévues aux articles R. 123-6 et R. 123-7.

Pour toutes les transmissions par voie électronique mentionnées à l'alinéa précédent, il est fait usage d'une signature électronique dans les conditions prévues par l'article R. 123-5.

Le greffier accuse réception selon les modalités prévues par l'article R. 123-6 et R. 123-7 de toute transmission qui lui est faite.

Art. R. 526-20-1 *(D. n° 2015-913, 24 juill. 2015 ; D. n° 2019-987, 25 sept. 2019).* – Lorsque l'entrepreneur individuel à responsabilité limitée transfère dans le ressort d'un autre tribunal l'établissement où est exercée l'activité professionnelle au titre de laquelle il a effectué une déclaration d'affectation de patrimoine ou, à défaut d'établissement, le local d'habitation où l'entreprise est fixée, il demande une nouvelle immatriculation *(Mots aj. à compter du 1er janvier 2023, D. n° 2021-300, 18 mars 2021)* « par l'intermédiaire de l'organisme unique mentionné à l'article R. 123-1 » et indique, conjointement à cette demande, le lieu et le registre de son immatriculation antérieure.

Le greffier nouvellement compétent demande, dans le délai d'un jour franc ouvrable à compter de la nouvelle immatriculation, au greffier du tribunal dans le ressort duquel était exercée l'activité de procéder au transfert dans le délai d'un jour franc ouvrable à compter de la réception de sa demande. Le greffier antérieurement compétent procède d'office à la modification ou à la radiation de l'immatriculation de l'entrepreneur individuel de son registre *(Mots suppr. à compter du 1er janvier 2023, D. n° 2021-300, 18 mars 2021)* « et informe, par tous moyens, ce dernier des diligences accomplies ». *(Mots aj. à compter du 1er janvier 2023, D. n° 2021-300, 18 mars 2021)* Chaque greffe informe l'entrepreneur individuel à responsabilité limitée, par l'intermédiaire de l'organisme unique susvisé.

(Al. créé à compter du 1er avril 2021, D. n° 2021-300, 18 mars 2021 ; abr. à compter du 1er janvier 2023, D. n° 2021-300, 18 mars 2021) Lorsque le transfert est sollicité par le biais du service informatique mentionné à l'article R. 123-30-14, le greffier antérieurement compétent et le greffier nouvellement compétent échangent avec l'entrepreneur par l'intermédiaire de ce service, dans les conditions prévues par l'article R. 123-30-18.

Art. R. 526-21 *(D. n° 2010-1706, 29 déc. 2010).* – En cas de décès de la personne immatriculée, il incombe à ses héritiers ou ayants cause à titre universel de demander *(Mots aj. à compter du 1er janvier 2023, D. n° 2021-300, 18 mars 2021)* « , par l'intermédiaire de l'organisme unique mentionné à l'article R. 123-1, » sa radiation du registre spécial s'ils n'entendent pas poursuivre l'activité professionnelle à laquelle le patrimoine est affecté dans les conditions prévues à l'article L. 526-16.

Lorsque le greffier a reçu la preuve du décès d'une personne immatriculée, et faute par les héritiers ou ayants cause à titre universel de se conformer aux dispositions de l'alinéa précédent, il procède d'office à la radiation de cette personne un an après la date du décès *(Mots aj. à compter du 1er janvier 2023, D. n° 2021-300, 18 mars 2021)* « et transmet concomitamment un dossier auprès du guichet unique électronique mis en œuvre par l'organisme unique mentionné à l'article R. 123-1, conformément aux dispositions du même article ».

Art. R. 526-22 *(D. n° 2010-1706, 29 déc. 2010).* – Dans le délai d'un mois avant la cessation totale de son activité professionnelle ou dans le délai d'un mois à compter de celle-ci, l'entrepreneur individuel à responsabilité limitée demande *(Mots aj. à compter du 1er janvier 2023, D. n° 2021-300, 18 mars 2021)* « , par l'intermédiaire de l'organisme unique mentionné à l'article R. 123-1, » sa radiation du registre spécial mentionné à l'article R. 526-15 en indiquant la date de cessation.

Art. R. 526-23 *(D. n° 2010-1706, 29 déc. 2010).* – Lorsque la mention de la renonciation de l'entrepreneur individuel à responsabilité limitée à l'affectation, de la cession à titre onéreux ou de la transmission à titre gratuit entre vifs du patrimoine affecté à une personne physique, de la cession de ce patrimoine à une personne morale ou de son apport en société a été portée au registre spécial prévu à l'article R. 526-15, le greffier procède d'office et sans délai à la radiation de la personne immatriculée *(Mots aj. à compter du 1er janvier 2023, D. n° 2021-300, 18 mars 2021)* « et transmet concomitamment un dossier auprès du guichet unique électronique mis en œuvre par l'organisme unique mentionné à l'article R. 123-1, conformément aux dispositions du même article ».

Art. R. 526-24 *(D. n° 2010-1706, 29 déc. 2010 ; mod., D. n° 2015-417, 14 avr. 2015).* – En cas de non-respect des dispositions du troisième alinéa de l'article R. 526-16 et de l'article R. 526-22, le juge commis à la surveillance du registre du commerce et des sociétés du ressort rend soit d'office, soit à la requête du procureur de la République ou de toute personne justifiant y avoir intérêt une ordonnance enjoignant à l'intéressé de faire procéder à la mention et, s'il y a lieu, à sa radiation.

L'ordonnance du juge est notifiée à l'intéressé dans les conditions prévues à l'article R. 123-140. Les voies de recours sont exercées conformément aux dispositions des articles R. 123-141 et R. 123-142.

L'ordonnance est exécutée dans le délai de quinze jours à compter du jour où elle est devenue définitive. À défaut, le greffier procède d'office à la mention et s'il y a lieu à la radiation à l'expiration de ce délai. *(Mots aj. à compter du 1er janvier 2023, D. n° 2021-300, 18 mars 2021)* « Dans les deux cas, il transmet concomitamment un dossier auprès du guichet unique électronique mis en œuvre par l'organisme unique mentionné à l'article R. 123-1, conformément aux dispositions du même article ».

Art. R. 526-25 *(D. n° 2019-1080, 23 oct. 2019).* – La radiation de l'entrepreneur individuel de son affiliation à l'organisme de sécurité sociale en application des deux premiers alinéas de l'article L. 613-4 du Code de la sécurité sociale emporte sa radiation du registre spécial auquel il est immatriculé.

Le greffier procède d'office à la radiation du registre spécial mentionné au premier alinéa dès qu'il est informé *(Mots aj. à compter du 1er janvier 2023, D. n° 2021-300, 18 mars 2021)* « , par l'intermédiaire de l'organisme unique mentionné à l'article R. 123-1, » de la radiation de l'entrepreneur individuel prononcée par l'organisme de sécurité sociale. *(Mots aj. à compter du 1er janvier 2023, D. n° 2021-300, 18 mars 2021)* « Il informe l'organisme unique des diligences accomplies ».

CHAPITRE VII. – DU GAGE DES STOCKS

Section I. – Des formalités d'inscription

Art. R. 527-1 *(Anc. D. n° 2006-1803, 23 déc. 2006).* – Pour inscrire son gage, le créancier remet ou adresse au greffier du tribunal de commerce dans le ressort duquel le constituant a son siège ou son domicile l'un des originaux de l'acte constitutif du gage ou une expédition s'il est établi sous forme authentique.

Art. R. 527-2 *(Anc. D. n° 2006-1803, 23 déc. 2006 ; mod., D. n° 2016-1330, 6 oct. 2016).* – Le bordereau en deux exemplaires est joint à l'acte mentionné à l'article R. 527-1.

Il comporte :

1° La désignation des parties :

a) Pour l'établissement de crédit *(Mots aj., D. n° 2014-1315, 3 nov. 2014)* « ou de la société de financement » créancier : sa forme, sa dénomination sociale, l'adresse de son siège social et son numéro unique d'identification complété par la mention RCS suivie du nom de la ville où se trouve le greffe où il est immatriculé ;

b) Pour le constituant :

– s'il s'agit d'une personne physique : ses nom, prénoms, date et lieu de naissance, domicile et l'indication du lieu d'exercice de son activité ou de son exploitation principale, ainsi que, le cas échéant, son numéro unique d'identification complété, s'il y a lieu, par la mention RCS suivie du nom de la ville où se trouve le greffe où elle est immatriculée ;

– s'il s'agit d'une personne morale : sa forme, sa dénomination sociale, l'adresse de son siège social et son numéro unique d'identification complété, le cas échéant, par la mention RCS suivie du nom de la ville où se trouve le greffe où elle est immatriculée ;

2° La date de l'acte constitutif du gage *(Mots suppr., D. n° 2016-1330, 6 oct. 2016)* « ... » ;

3° *(3° rempl., D. n° 2016-1330, 6 oct. 2016)* Le montant de la créance garantie en principal, la date de son exigibilité ou la mention qu'elle est à durée indéterminée, le taux des intérêts ainsi que, le cas échéant, la mention de l'existence d'un pacte commissoire ; pour les créances futures, la mention des éléments permettant de les déterminer ;

4° Une description des stocks présents ou futurs engagés, en nature, qualité, quantité et valeur, ainsi que, le cas échéant, la mention que la part des stocks engagés diminue à proportion du désintéressement du créancier ;

5° Le lieu de conservation des stocks engagés et, le cas échéant, la désignation du gardien.

Art. R. 527-3 *(Anc. D. n° 2006-1803, 23 déc. 2006).* – Le dépôt de l'acte constitutif du gage est constaté sur un registre spécial tenu par le greffier, qui attribue à l'acte un numéro d'ordre.

Ce registre peut être tenu sous forme électronique. Dans ce cas, il est fait usage d'une signature électronique sécurisée dans les conditions prévues par l'article 1367 du Code civil et le décret du 30 mars 2001 pris pour son application.

Art. R. 527-4 *(Anc. D. n° 2006-1803, 23 déc. 2006).* – L'inscription du gage est mentionnée sur les bordereaux. La mention comprend la date de l'inscription et le numéro sous lequel elle a été faite.

Le greffier remet ou adresse au requérant l'un des bordereaux, au bas duquel il certifie que l'inscription a été faite.

L'autre bordereau, portant les mêmes mentions, est conservé au greffe, aux frais du greffier, avec l'acte constitutif du gage si celui-ci est rédigé sous seing privé.

Art. R. 527-5 *(Anc. D. n° 2006-1803, 23 déc. 2006).* – Le greffier tient un fichier alphabétique des noms des débiteurs avec l'indication des numéros des inscriptions les concernant. Ce fichier peut être tenu sous forme informatique.

Section II. – Des formalités modificatives

Art. R. 527-6 *(Anc. D. n° 2006-1803, 23 déc. 2006).* – La demande d'inscription modificative ou de radiation est portée devant le greffier du tribunal de commerce auprès duquel le gage est inscrit.

Le bordereau d'inscription modificative est établi par le requérant en deux exemplaires et est déposé ou adressé au greffe par ses soins.

Dès leur réception, le greffier complète les exemplaires par la mention de la date à laquelle l'inscription modificative est faite et du numéro sous lequel cette inscription est portée au registre.

L'un de ces bordereaux est remis ou adressé au requérant, l'autre est conservé au greffe, aux frais du greffier, avec l'acte modificatif si celui-ci est rédigé sous seing privé.

Le greffier porte la référence de la modification en marge du bordereau d'inscription initiale.

Art. R. 527-7 *(Anc. D. n° 2006-1803, 23 déc. 2006).* – Les modifications affectant les renseignements mentionnés à l'article R. 527-2 sont publiées en marge de l'inscription existante.

Art. R. 527-8 *(Anc. D. n° 2006-1803, 23 déc. 2006).* – Lorsque la modification intervenue implique la compétence du greffe d'un tribunal autre que celui mentionné à l'article R. 527-1, le débiteur fait reporter l'inscription modifiée sur le registre du greffe de ce tribunal. Cette inscription est subordonnée à la justification que le débiteur a informé le créancier de ce changement par lettre recommandée avec demande d'avis de réception.

L'inscription initiale est reportée sur le registre du greffe du tribunal nouvellement compétent et radiée du registre initial.

Section III. – Des effets de l'inscription

Art. R. 527-9 *(Anc. D. n° 2006-1803, 23 déc. 2006).* – Les inscriptions régulièrement faites en application des articles R. 527-1 à R. 527-8 prennent effet à leur date.

Art. R. 527-10 *(Anc. D. n° 2006-1803, 23 déc. 2006).* – L'inscription conserve le gage pendant cinq ans à compter du jour de sa date. Son effet cesse si l'inscription n'a pas été renouvelée avant l'expiration de ce délai. Dans ce cas, le greffier procède d'office à la radiation de l'inscription.

Section IV. – De la radiation de l'inscription

Art. R. 527-11 *(Anc. D. n° 2006-1803, 23 déc. 2006).* – La radiation de l'inscription peut être requise par le créancier ou le constituant sur justification de l'accord des parties ou d'un acte donnant mainlevée de l'inscription. Elle peut également intervenir en vertu d'une décision passée en force de chose jugée.

La radiation est faite au moyen d'une mention faite par le greffier en marge de l'inscription.

Le greffier délivre à la personne qui le requiert, à ses frais, un certificat de radiation.

L'inscription radiée ou périmée n'est plus portée sur les états d'inscription.

Section V. – Des obligations des greffiers

Art. R. 527-12 *(Anc. D. n° 2006-1803, 23 déc. 2006).* – Le greffier chargé de la tenue du registre délivre à tous ceux qui le requièrent l'état des inscriptions existant sur les stocks engagés ou un état mentionnant qu'il n'en existe aucune.

Les requérants doivent former autant de demandes qu'il y a de débiteurs et de stocks engagés.

L'état est établi sous forme de copies ou extraits, aux frais du requérant.

Art. R. 527-13 *(Anc. D. n° 2006-1803, 23 déc. 2006).* – Le greffier ne peut refuser les inscriptions et la délivrance des états requis. Il ne peut davantage retarder ces formalités.

Toutefois le greffier est tenu de rejeter les demandes d'inscription, de modification ou de radiation qui ne répondent pas aux conditions prévues par les articles R. 527-1, R. 527-2, R. 527-6, R. 527-8 et R. 527-11. Le rejet précise le motif du refus. Il est notifié au requérant par lettre recommandée avec demande d'avis de réception ou remis contre récépissé à ce dernier. Il mentionne la possibilité pour le requérant de former un recours contre le rejet de la demande dans un délai de quinze jours à compter de sa notification.

Section VI. – Des recours

Art. R. 527-14 *(Anc. D. n° 2006-1803, 23 déc. 2006).* – Les recours contre les décisions de refus d'inscription ou d'enregistrement des modifications ou de radiation sont portés devant le président du tribunal dont dépend le greffier qui a opposé le refus. Ils sont formés par lettre recommandée avec demande d'avis de réception adressée au greffe.

Ils sont motivés et accompagnés de toutes pièces utiles.

Le président de la juridiction ou le juge délégué à cet effet statue par ordonnance, au vu de la décision et des éléments produits.

Art. R. 527-15 *(Anc. D. n° 2006-1803, 23 déc. 2006).* – Les ordonnances rendues par le président de la juridiction ou le juge délégué sont notifiées par lettre recommandée avec demande d'avis de réception au requérant.

Elles sont susceptibles d'appel dans un délai de quinze jours.

La notification indique la forme et le délai du recours.

Art. R. 527-16 *(Anc. D. n° 2006-1803, 23 déc. 2006 ; mod., D. n° 2012-634, 3 mai 2012).* – L'appel des ordonnances est formé, instruit et jugé comme en matière gracieuse selon les dispositions des articles 950 à 953 du Nouveau Code de procédure civile. Toutefois, la partie est dispensée du ministère d'avocat.

Le greffier de la cour d'appel adresse une copie de l'arrêt au greffier chargé de la tenue du registre.

Section VII. – Dispositions diverses

Art. R. 527-17 *(Anc. D. n° 2006-1803, 23 déc. 2006 ; mod., D. n° 2016-1330, 6 oct. 2016).* – La mise en demeure prévue au troisième alinéa de l'article L. 527-6 est faite par lettre recommandée avec demande d'avis de réception adressée par le créancier au constituant. Celui-ci dispose d'un délai de quinze jours pour y satisfaire.

LIVRE SIXIÈME

DES DIFFICULTÉS DES ENTREPRISES

(D. n° 2007-431, 25 mars 2007)

Bibliographie : Legros, *Le décret d'application du Livre VI du Code de commerce : Dr. sociétés* 2006, n° 5, p. 10. • Lienhard, *Sauvegarde des entreprises : présentation du décret d'application n° 2005-1677 du 28 décembre 2005 : D.* 2006, chron. 150. • Ph. Roussel-Galle, *Bref aperçu sur le décret du 12 février 2009 pris pour l'application de l'ordonnance du 18 décembre 2008 portant réforme du droit des entreprises en difficulté : JCP* E 2009, 125.

Art. R. 600-1 *(Mod., D. n° 2018-452, 5 juin 2018).* **– Sans préjudice des dispositions du 2° de l'article L. 721-8 et de l'article R. 662-7, le tribunal territorialement compétent pour connaître des procédures prévues par le Livre VI de la partie législative du présent code est celui dans le ressort duquel le débiteur, personne morale, a son siège ou le débiteur, personne physique, a déclaré l'adresse de son entreprise ou de son activité. À défaut de siège en territoire français, le tribunal compétent est celui dans le ressort duquel le débiteur a le centre principal de ses intérêts en France.**

Toutefois, en cas de changement de siège de la personne morale dans les six mois ayant précédé la saisine du tribunal, le tribunal dans le ressort duquel se trouvait le siège initial demeure seul compétent. Ce délai court à compter de l'inscription modificative au registre du commerce et des sociétés du siège initial.

I – COMPÉTENCE INTERNE

1) Compétence exclusive. Sur le caractère exclusif de la règle de compétence territoriale (▪ Cass. 1re civ., 21 juill. 1987, n° 85-18.504 : *Gaz. Pal.* 1987, 2, pan. jurispr. 206. ▪ Paris, 17 déc. 1987 : *JurisData* n° 1987-027976 ; *Gaz. Pal.* 1988, 1, somm. 209).

2) Siège fictif. Sur la compétence du tribunal du siège réel d'activité en cas de transfert fictif du siège en fraude des droits des créanciers (▪ Cass. com., 8 mars 1988, n° 86-19.668 : *JurisData* n° 1988-000410 ; *Gaz. Pal.* 1988, 2, pan. jurispr. 157 ; *D.* 1988, somm. 339, obs. Honorat ; *Rev. proc. coll.* 1989, n° 1, p. 40, obs. Cadiet. ▪ Versailles, 14 avr. 1988 : *JurisData* n° 1988-601265 ; *Gaz. Pal.* 1988, 2, 836. ▪ 15 déc. 1988 : *RTD com.* 1989, 535. ▪ Paris, 13 juin 1989 : *JurisData* n° 1989-022713 ; *Gaz. Pal.* 1990, 1, somm. 187 ; *JCP* E 1990, II, 15658, n° 3, obs. Pétel). Comp. pour la prise en compte du siège social réel d'une SNC (▪ Cass. com., 5 janv. 1999, n° 96-21.553 : *JurisData* n° 1999-000131 ; *RJDA* 4/1999, n° 440). V. pour un tribunal français déclaré compétent dès lors que la seule activité de la société était l'exploitation de locaux situés dans le ressort de ce tribunal (▪ Cass. com., 26 oct. 1999, n° 96-12.946 : *JurisData* n° 1999-003866 ; *RJDA* 4/2000, n° 418).

3) Centre principal des intérêts. Une société, dont le siège social est à l'étranger, qui a souscrit des prêts pour les besoins de son activité, consistant dans la location de biens immeubles situés en France, a des intérêts en France dont le centre principal est situé dans le ressort du tribunal où se situent les immeubles (▪ Cass. com., 1er oct. 2002, n° 99-11.858 : *JurisData* n° 2002-017987 ; *RJDA* 2/2003, n° 152. – *Adde*, ▪ Cass. com., 11 avr. 1995, n° 93-16.969 : *JurisData* n° 1995-000864 ; *RJDA* 10/1995, n° 1146. ▪ Cass. com., 21 mars 2006, n° 05-10.451 : *JurisData* n° 2006-032836 ; *JCP* E 2006, pan. 1769 et 2072, note Legros ; *D.* 2006, p. 914, obs. Lienhard ; *ibid.*, jurispr. 1466, note Henry ; *RJDA* 2/2007, n° 175).

4) Personne physique. Pour une personne physique, le tribunal compétent est celui du lieu de son domicile professionnel qui peut être distinct du lieu de son habitation (▪ Cass. com., 17 févr. 1998, n° 95-19.433 : *JurisData* n° 1998-000655 ; *RJDA* 6/1998, n° 751 ; *Rev. proc. coll.* 1999, p. 23, n° 7, obs. Cadiou ; *Quot. jur.* 26 mai 1998, p. 6, pour un agriculteur. ▪ Versailles, 1er mars 2007, n° 06/07624 : *JurisData* n° 2007-328412 ; *JCP* E 2007, 1873, note Cholet, pour un avocat).

5) La qualité de commerçant d'un débiteur associé en nom collectif étant liée exclusivement à celle d'associé, le tribunal compétent pour connaître de son redressement judiciaire est le même que celui qui est compétent pour le redressement judiciaire de la société (■ Paris, 12 avr. 1995 : *JurisData* n° 1995-021510 ; *JCP* E 1995, pan. 973).

6) **Résolution de plan.** Le tribunal qui a ouvert la procédure et a arrêté le plan est exclusivement compétent pour résoudre celui-ci et prononcer de nouveau le redressement judiciaire (■ Versailles, 26 sept. 1988 : *JCP* E 1989, II, 15591, n° 8, obs. Pétel. ■ Paris, 26 janv. 1989 : *JurisData* n° 1989-020273 ; *D.* 1989, somm. 215, obs. Honorat. ■ Poitiers, 2 avr. 1996 : *JurisData* n° 1996-110014 ; *JCP* E 1996, II, 857, note Daigre. – *Adde*, 19 févr. 1991 : *D.* 1995, somm. p. 8, obs. Derrida. ■ Aix-en-Provence, 15 juin 1996 : *D.* 1996, 202, note F. D.).

7) **Privilège de juridiction.** Les règles de compétence édictées par l'article R. 600-1 du Code de commerce ne dérogent pas à l'application des dispositions de l'article 47 du Code de procédure civile (privilège de juridiction des gens de justice) (■ Cass. com., 28 oct. 2008, n° 07-20.801 : *JurisData* n° 2008-045587 ; *JCP* E 2009, 1008, n° 2, obs. Pétel ; *Act. proc. coll.* 2008-20, n° 320, obs. Rétif ; *D.* 2008, p. 2791, obs. Lienhard).

8) **Transfert récent.** En cas de radiation du registre de commerce de l'ancien siège social, le tribunal initial est seul compétent pour connaître de la procédure puisque moins de six mois s'étaient écoulés entre l'inscription modificative et sa saisine (■ Cass. com., 6 janv. 1998, n° 95-18.259 : *JurisData* n° 1998-000010 ; *JCP* E 1998, pan. 300 ; *Bull. Joly* 1998, 393, note Pétel).

II – COMPÉTENCE INTERNATIONALE

Bibliographie : Dammann et Ollivry, *Réflexions sur l'aménagement du principe d'universalité de la faillite* : *JCP* E 2006, 2628. – V. également *infra* annexe 6, *Des difficultés des entreprises*, Règlement (UE) n° 2015/848 du 20 mai 2015, et bibliographie.

9) **Effet universel de la faillite.** Sous réserve des traités internationaux ou des actes communautaires, et dans la mesure de l'acceptation par les ordres juridiques étrangers, le redressement judiciaire prononcé en France produit ses effets partout où le débiteur a des biens (■ Cass. com., 19 nov. 2002, n° 00-22.334 : *D.* 2003, p. 797, note Khairallah ; *RTD com.* 2003, p. 169, obs. Vallens ; *Act. proc. coll.* 2003, comm. 10, obs. Menjucq).

V. pour la mise en œuvre de ce principe ■ Cass. crim., 17 janv. 2018, n° 16-81.290 et ■ Cass. com., 29 mai 2019, n° 18-14.844 : *Rev. proc. coll.* 2019, comm. 165, obs. Mastrullo.

10) **Société étrangère.** Le tribunal de Paris est normalement compétent pour connaître d'une procédure collective ouverte à l'encontre d'une banque internationale qui exploite des agences de banque à Paris (■ T. com. Paris, 23 juill. 1991 : *JurisData* n° 1991-603673 ; *D.* 1992, 232, note Rémery, conf. par ■ Paris, 8 juill. 1992 : *JurisData* n° 1992-022785 ; *D.* 1992, 476, note Vasseur ; *RJ com.* 1993, 6, note Vallens, conf. par ■ Cass. com., 11 avr. 1995, n° 92-20.032 : *JurisData* n° 1995-000866 ; *JCP* E 1995, I, 487, n° 1, obs. Pétel ; *Bull. Joly* 1995, 696, note Martin-Serf ; *D.* 1995, 640, note Vasseur ; *RJDA* 1/1995, n° 1146). Le principal établissement, au sens de l'alinéa 1er, désigne le principal des établissements secondaires du débiteur situés en France (mêmes déc.).

11) **Procédure ouverte à l'étranger.** L'ouverture à l'étranger d'une procédure collective ne met obstacle au prononcé en France du redressement judiciaire du débiteur que si la décision étrangère doit y être reconnue de plein droit en vertu d'un Traité ou a déjà reçu l'*exequatur* (mêmes déc.), sauf s'il existe une convention internationale (■ Cass. com., 16 mars 1999, n° 95-14.577 : *RJDA* 6/1999, n° 690).

En droit international privé commun, l'action qu'exercent les organes d'une procédure collective en annulation, révocation ou inopposabilité d'actes passés par le débiteur avant le jugement d'ouverture est soumise au droit applicable à cette procédure (■ Cass. com., 2 oct. 2012, n° 10-18.005 : *JurisData* n° 2012-022241 ; *JCP* E 2012, 1757, 12, obs. Ph. Pétel ; *JCP* G 2012, 1246, note F. Mélin ; *D.* 2013, 62, note F. Jault-Seseke et D. Robine).

Art. R. 600-2. – **Les mesures prévues à l'article L. 611-2 relèvent de la compétence du président du tribunal du lieu du siège du débiteur, personne morale, ou, le cas échéant, du lieu où le débiteur, personne physique, a déclaré l'adresse de son entreprise ou de son activité.**

La compétence territoriale du président du tribunal pour désigner un mandataire ad hoc est déterminée par l'article R. 600-1.

Art. R. 600-3 *(Mod., D. n° 2019-966, 18 sept. 2019)*. – **Pour l'application de l'article L. 610-1, le siège et le ressort des juridictions commerciales et des tribunaux judiciaires compétents en métropole sont fixés conformément aux tableaux des annexes 6-1 et 6-2 du présent livre.**

Annexe 6-1

(En vigueur au 1er janv. 2010 ; D. n° 2008-146, 15 févr. 2008 ; mod., D. n° 2009-1629, 23 déc. 2009 ; D. n° 2012-1047, 13 sept. 2012 ; D. n° 2016-1996, 30 déc. 2016 ; D. n° 2019-913, 30 août 2019)

Juridictions compétentes en métropole pour connaître, en application de l'article L. 610-1, des procédures applicables aux commerçants et artisans

DÉPARTEMENT	JURIDICTION	RESSORT
Ain	TC de Bourg-en-Bresse	Le département
Aisne	TC de Saint-Quentin	Ressort du TC
	TC de Soissons	Ressort du TC
Allier	TC de Cusset	Ressort du TC
	TC de Montluçon	Ressort du TC
Alpes-de-Haute-Provence	TC de Manosque	Le département
Alpes (Hautes-)	TC de Gap	Le département
Alpes-Maritimes	TC d'Antibes	Ressort du TC
	TC de Cannes	Ressort du TC
	TC de Grasse	Ressort du TC
	TC de Nice	Ressort du TC
Ardèche	TC d'Aubenas	Le département
Ardennes	TC de Sedan	Le département
Ariège	TC de Foix	Le département
Aube	TC de Troyes	Le département
Aude	TC de Carcassonne	Ressort du TC
	TC de Narbonne	Ressort du TC
Aveyron	TC de Rodez	Le département
Bouches-du-Rhône	TC d'Aix-en-Provence	Ressort du TC
	TC de Marseille	Ressort du TC
	TC de Salon-de-Provence	Ressort du TC
	TC de Tarascon	Ressort du TC
Calvados	TC de Caen	Ressort du TC
	TC de Lisieux	Ressort du TC
Cantal	TC d'Aurillac	Le département
Charente	TC d'Angoulême	Le département
Charente-Maritime	TC de La Rochelle	Ressort du TC
	TC de Saintes	Ressort du TC

DÉPARTEMENT	JURIDICTION	RESSORT
Cher	TC de Bourges	Le département
Corrèze	TC de Brive-la-Gaillarde	Le département
Corse-du-Sud	TC d'Ajaccio	Le département
Corse (Haute)	TC de Bastia	Le département
Côtes-d'Or	TC de Dijon	Le département
Côtes-d'Armor	TC de Saint-Brieuc	Ressort du TC
Creuse	TC de Guéret	Le département
Dordogne	TC de Bergerac	Ressort du TC
	TC de Périgueux	Ressort du TC
Doubs	TC de Besançon	Ressort du TC
Drôme	TC de Romans-sur-Isère	Le département
Essonne	TC d'Évry	Le département, à l'exception de l'emprise de l'aérodrome de Paris-Orly
Eure	TC d'Évreux	Ressort du TC
	TC de Bernay	Ressort du TC
Eure-et-Loir	TC de Chartres	Le département
Finistère	TC de Brest	Ressort du TC
	TC de Quimper	Ressort du TC
Gard	TC de Nîmes	Le département
Garonne (Haute-)	TC de Toulouse	Le département
Gers	TC d'Auch	Le département, à l'exception de l'emprise de l'aérodrome d'Aires-sur-l'Adour
Gironde	TC de Bordeaux	Ressort du TC
	TC de Libourne	Ressort du TC
Hérault	TC de Béziers	Ressort du TC
	TC de Montpellier	Ressort du TC
Ille-et-Vilaine	TC de Rennes	Ressort du TC
	TC de Saint-Malo	Ressort du TC
Indre	*TC de Châteauroux*	Le département
Indre-et-Loire	TC de Tours	Le département
Isère	TC de Grenoble	Ressort du TC
	TC de Vienne	Ressort du TC

DÉPARTEMENT	JURIDICTION	RESSORT
Jura	TC de Lons-le-Saunier	Le département
Landes	TC de Dax	Ressort du TC
	TC de Mont-de-Mars an	Ressort du TC et l'emprise de l'aérodrome d'Aire-sur-l'Adour
Loir-et-Cher	TC de Blois	Le département
Loire	TC de Roanne	Ressort du TC
	TC de Saint-Étienne	Ressort du TC
Loire (Haute-)	TC du Puy-en-Velay	Le département
Loire-Atlantique	TC de Nantes	Ressort du TC
	TC de Saint-Nazaire	Ressort du TC
Loiret	TC d'Orléans	Le département
Lot	TC de Cahors	Le département
Lot-et-Garonne	TC d'Agen	Le département
Lozère	TC de Mende	Le département
Maine-et-Loire	TC d'Angers	Le département
Manche	TC de Cherbourg-Octeville	Ressort du TC
	TC de Coutances	Ressort du TC
Marne	TC de Châlons-en-Champagne	Ressort du TC
	TC de Reims	Ressort du TC
Haute-Marne	TC de Chaumont	Le département
Mayenne	TC de Laval	Le département
Meurthe-et-Moselle	TC de Val de Briey	Ressort du TC
	TC de Nancy	Ressort du TC
Meuse	TC de Bar-le-Duc	Le département
Morbihan	TC de Lorient	Ressort du TC
	TC de Vannes	Ressort du TC
Moselle	Tribunal judiciaire de Metz	Ressort du tribunal judiciaire
	Tribunal judiciaire de Sarreguemines	Ressort du tribunal judiciaire
	Tribunal judiciaire de Thionville	Ressort du tribunal judiciaire
Nièvre	TC de Nevers	Le département
Nord	TC de Douai	Ressort du TC
	TC de Dunkerque	Ressort du TC

DÉPARTEMENT	JURIDICTION	RESSORT
	TC de Lille-Métropole	Ressort du TC
	TC de Valenciennes	Ressort du TC
Oise	TC de Beauvais	Ressort du TC
	TC de Compiègne	Ressort du TC
Orne	TC d'Alençon	Le département
Paris	TC de Paris	Le département
Pas-de-Calais	TC d'Arras	Ressort du TC
	TC de Boulogne-sur-Mer	Ressort du TC
Puy-de-Dôme	TC de Clermont-Ferrand	Le département
Pyrénées-Atlantiques	TC de Bayonne	Ressort du TC
	TC de Pau	Ressort du TC
Pyrénées (Hautes-)	TC de Tarbes	Le département
Pyrénées-Orientales	TC de Perpignan	Le département
Rhin (Bas-)	Tribunal judiciaire de Saverne	Ressort du tribunal judiciaire
	Tribunal judiciaire de Strasbourg	Ressort du tribunal judiciaire
Rhin (Haut-)	Tribunal judiciaire de Colmar	Ressort du tribunal judiciaire
	Tribunal judiciaire de Mulhouse	Ressort du tribunal judiciaire
Rhône	TC de Lyon	Ressort du TC
	TC de Villefranche-sur-Saône	Ressort du TC
Saône (Haute-)	TC de Vesoul	Le département
Saône-et-Loire	TC de Chalon-sur-Saône	Ressort du TC
	TC de Mâcon	Ressort du TC
Sarthe	TC du Mans	Le département
Savoie	TC de Chambéry	Le département
Savoie (Haute-)	TC d'Annecy	Ressort du TC
	TC de Thonon-les-Bains	Ressort du TC
Seine (Hauts-de-)	TC de Nanterre	Le département
Seine-Maritime	TC de Dieppe	Ressort du TC
	TC du Havre	Ressort du TC
	TC de Rouen	Ressort du TC
Seine-et-Marne	TC de Meaux	Ressort du TC
	TC de Melun	Ressort du TC

DÉPARTEMENT	JURIDICTION	RESSORT
Seine-Saint-Denis	TC de Bobigny	Le département et l'emprise des aérodromes de Paris-Le Bourget et de Roissy – Charles-de-Gaulle
Sèvres (Deux-)	TC de Niort	Le département
Somme	TC d'Amiens	Le département
Tarn	TC d'Albi	Ressort du TC
	TC de Castres	Ressort du TC
Tarn-et-Garonne	TC de Montauban	Le département
Territoire de Belfort	TC de Belfort	Ressort du TC
Val-de-Marne	TC de Créteil	Le département et l'emprise de l'aérodrome de Paris-Orly
Val-d'Oise	TC de Pontoise	Le département, à l'exception de l'emprise des aérodromes de Paris-Le Bourget et de Roissy – Charles-de-Gaulle
Var	TC de Draguignan	Ressort du TC
	TC de Fréjus	Ressort du TC
	TC de Toulon	Ressort du TC
Vaucluse	TC d'Avignon	Le département
Vendée	TC de La Roche-sur-Yon	Le département
Vienne	TC de Poitiers	Le département
Vienne (Haute-)	TC de Limoges	Le département
Vosges	TC d'Épinal	Le département
Yonne	TC d'Auxerre	Ressort du TC
	TC de Sens	Ressort du TC
Yvelines	TC de Versailles	Le département

Annexe 6-2

Juridictions compétentes par département en métropole pour connaître, en application de l'article L. 610-1, des procédures applicables aux personnes qui ne sont ni commerçants ni artisans

(Ann. rempl. à compter du 1er janv. 2011, D. n° 2008-146, 15 févr. 2008 et rect. JO 22 mars 2008. – Le Conseil d'État a annulé, à compter du 9 janv. 2010, le décret n° 2008-146 du 15 févr. 2008 « en tant qu'il a pour effet, en procédant à l'extension du ressort de certains tribunaux de commerce ou en créant de nouveaux tribunaux, de supprimer la compétence commerciale de vingt-trois tribunaux de grande instance et de créer un tribunal mixte de commerce à Saint-Pierre de la Réunion », CE, 8 juill. 2009, n° 314236, Cne de Saint-Dié-des-Vosges et a. : JurisData n° 2009-005719 ; mod., D. n° 2016-1996, 30 déc. 2016 ; D. n° 2019-913, 30 août 2019)

DÉPARTEMENT	JURIDICTION	RESSORT
Ain	Tribunal judiciaire de Bourg-en-Bresse	Le département
Aisne	Tribunal judiciaire de Laon	Ressort du tribunal judiciaire
	Tribunal judiciaire de Saint-Quentin	Ressort du tribunal judiciaire
	Tribunal judiciaire de Soissons	Ressort du tribunal judiciaire
Allier	Tribunal judiciaire de Cusset	Ressort du tribunal judiciaire
	Tribunal judiciaire de Montluçon	Ressort du tribunal judiciaire
	Tribunal judiciaire de Moulins	Ressort du tribunal judiciaire
Alpes-de-Haute-Provence	Tribunal judiciaire de Digne-les-Bains	Le département
Alpes (Hautes-)	Tribunal judiciaire de Gap	Le département
Alpes-Maritimes	Tribunal judiciaire de Grasse	Ressort du tribunal judiciaire
	Tribunal judiciaire de Nice	Ressort du tribunal judiciaire
Ardèche	Tribunal judiciaire de Privas	Le département
Ardennes	Tribunal judiciaire de Charleville-Mézières	Le département
Ariège	Tribunal judiciaire de Foix	Le département
Aube	Tribunal judiciaire de Troyes	Le département
Aude	Tribunal judiciaire de Carcassonne	Ressort du tribunal judiciaire
	Tribunal judiciaire de Narbonne	Ressort du tribunal judiciaire
Aveyron	Tribunal judiciaire de Rodez	Le département
Bouches-du-Rhône	Tribunal judiciaire d'Aix-en-Provence	Ressort du tribunal judiciaire
	Tribunal judiciaire de Marseille	Ressort du tribunal judiciaire
	Tribunal judiciaire de Tarascon	Ressort du tribunal judiciaire
Calvados	Tribunal judiciaire de Caen	Ressort du tribunal judiciaire
	Tribunal judiciaire de Lisieux	Ressort du tribunal judiciaire
Cantal	Tribunal judiciaire d'Aurillac	Le département

DÉPARTEMENT	JURIDICTION	RESSORT
Charente	Tribunal judiciaire d'Angoulême	Le département
Charente-Maritime	Tribunal judiciaire de la Rochelle	Ressort du tribunal judiciaire
	Tribunal judiciaire de Saintes	Ressort du tribunal judiciaire
Cher	Tribunal judiciaire de Bourges	Le département
Corrèze	Tribunal judiciaire de Brive-la-Gaillarde	Ressort du tribunal judiciaire
	Tribunal judiciaire de Tulle	Ressort du tribunal judiciaire
Corse-du-Sud	Tribunal judiciaire d'Ajaccio	Le département
Corse (Haute-)	Tribunal judiciaire de Bastia	Le département
Côte-d'Or	Tribunal judiciaire de Dijon	Le département
Côtes-d'Armor	Tribunal judiciaire de Saint-Brieuc	Ressort du tribunal judiciaire
Creuse	Tribunal judiciaire de Guéret	Le département
Dordogne	Tribunal judiciaire de Bergerac	Ressort du tribunal judiciaire
	Tribunal judiciaire de Périgueux	Ressort du tribunal judiciaire
Doubs	Tribunal judiciaire de Besançon	Ressort du tribunal judiciaire
	Tribunal judiciaire de Montbéliard	Ressort du tribunal judiciaire
Drôme	Tribunal judiciaire de Valence	Le département
Essonne	Tribunal judiciaire d'Évry	Le département à l'exception de l'emprise de l'aérodrome de Paris-Orly
Eure	Tribunal judiciaire d'Évreux	Le département
Eure-et-Loir	Tribunal judiciaire de Chartres	Le département
Finistère	Tribunal judiciaire de Brest	Ressort du tribunal judiciaire
	Tribunal judiciaire de Quimper	Ressort du tribunal judiciaire
Gard	Tribunal judiciaire d'Alès	Ressort du tribunal judiciaire
	Tribunal judiciaire de Nîmes	Ressort du tribunal judiciaire
Garonne (Haute-)	Tribunal judiciaire de Toulouse	Ressort du tribunal judiciaire
	Tribunal judiciaire de Saint-Gaudens	Ressort du tribunal judiciaire
Gers	Tribunal judiciaire d'Auch	Le département, à l'exception de l'emprise de l'aérodrome d'Aire-sur-l'Adour
Gironde	Tribunal judiciaire de Bordeaux	Ressort du tribunal judiciaire
	Tribunal judiciaire de Libourne	Ressort du tribunal judiciaire
Hérault	Tribunal judiciaire de Béziers	Ressort du tribunal judiciaire

DÉPARTEMENT	JURIDICTION	RESSORT
	Tribunal judiciaire de Montpellier	Ressort du tribunal judiciaire
Ille-et-Vilaine	Tribunal judiciaire de Rennes	Ressort du tribunal judiciaire
	Tribunal judiciaire de Saint-Malo	Ressort du tribunal judiciaire
Indre	Tribunal judiciaire de Châteauroux	Le département
Indre-et-Loire	Tribunal judiciaire de Tours	Le département
Isère	Tribunal judiciaire de Bourgoin-Jallieu	Ressort du tribunal judiciaire
	Tribunal judiciaire de Grenoble	Ressort du tribunal judiciaire
	Tribunal judiciaire de Vienne	Ressort du tribunal judiciaire
Jura	Tribunal judiciaire de Lons-le-Saunier	Le département
Landes	Tribunal judiciaire de Dax	Ressort du tribunal judiciaire
	Tribunal judiciaire de Mont-de-Marsan	Ressort du tribunal judiciaire, et l'emprise de l'aérodrome de l'Aire-sur-l'Adour
Loir-et-Cher	Tribunal judiciaire de Blois	Le département
Loire	Tribunal judiciaire de Roanne	Ressort du tribunal judiciaire
	Tribunal judiciaire de Saint-Étienne	Ressort du tribunal judiciaire
Loire (Haute-)	Tribunal judiciaire du Puy-en-Velay	Le département
Loire-Atlantique	Tribunal judiciaire de Nantes	Ressort du tribunal judiciaire
	Tribunal judiciaire de Saint-Nazaire	Ressort du tribunal judiciaire
Loiret	Tribunal judiciaire de Montargis	Ressort du tribunal judiciaire
	Tribunal judiciaire d'Orléans	Ressort du tribunal judiciaire
Lot	Tribunal judiciaire de Cahors	Le département
Lot-et-Garonne	Tribunal judiciaire d'Agen	Le département
Lozère	Tribunal judiciaire de Mende	Le département
Maine-et-Loire	Tribunal judiciaire d'Angers	Ressort du tribunal judiciaire
	Tribunal judiciaire de Saumur	Ressort du tribunal judiciaire
Manche	Tribunal judiciaire de Cherbourg-Octeville	Ressort du tribunal judiciaire
	Tribunal judiciaire de Coutances	Ressort du tribunal judiciaire
Marne	Tribunal judiciaire de Châlons-en-Champagne	Ressort du tribunal judiciaire
	Tribunal judiciaire de Reims	Ressort du tribunal judiciaire
Marne (Haute-)	Tribunal judiciaire de Chaumont	Le département

DÉPARTEMENT	JURIDICTION	RESSORT
Mayenne	Tribunal judiciaire de Laval	Le département
Meurthe-et-Moselle	Tribunal judiciaire de Val de Briey	Ressort du tribunal judiciaire
	Tribunal judiciaire de Nancy	Ressort du tribunal judiciaire
Meuse	Tribunal judiciaire de Bar-le-Duc	Ressort du tribunal judiciaire
	Tribunal judiciaire de Verdun	Ressort du tribunal judiciaire
Morbihan	Tribunal judiciaire de Lorient	Ressort du tribunal judiciaire
	Tribunal judiciaire de Vannes	Ressort du tribunal judiciaire
Moselle	Tribunal judiciaire de Metz	Ressort du tribunal judiciaire
	Tribunal judiciaire de Sarreguemines	Ressort du tribunal judiciaire
	Tribunal judiciaire de Thionville	Ressort du tribunal judiciaire
Nièvre	Tribunal judiciaire de Nevers	Le département
Nord	Tribunal judiciaire d'Avesnes-sur-Helpe	Ressort du tribunal judiciaire
	Tribunal judiciaire de Cambrai	Ressort du tribunal judiciaire
	Tribunal judiciaire de Douai	Ressort du tribunal judiciaire
	Tribunal judiciaire de Dunkerque	Ressort du tribunal judiciaire
	Tribunal judiciaire de Lille	Ressort du tribunal judiciaire
	Tribunal judiciaire de Valenciennes	Ressort du tribunal judiciaire
Oise	Tribunal judiciaire de Beauvais	Ressort du tribunal judiciaire
	Tribunal judiciaire de Compiègne	Ressort du tribunal judiciaire
	Tribunal judiciaire de Senlis	Ressort du tribunal judiciaire
Orne	Tribunal judiciaire d'Alençon	Ressort du tribunal judiciaire
	Tribunal judiciaire d'Argentan	Ressort du tribunal judiciaire
Paris	Tribunal judiciaire de Paris	Le département
Pas-de-Calais	Tribunal judiciaire d'Arras	Ressort du tribunal judiciaire
	Tribunal judiciaire de Béthune	Ressort du tribunal judiciaire
	Tribunal judiciaire de Boulogne-sur-Mer	Ressort du tribunal judiciaire
	Tribunal judiciaire de Saint-Omer	Ressort du tribunal judiciaire
Puy-de-Dôme	Tribunal judiciaire de Clermont-Ferrand	Le département
Pyrénées-Atlantiques	Tribunal judiciaire de Bayonne	Ressort du tribunal judiciaire
	Tribunal judiciaire de Pau	Ressort du tribunal judiciaire

DÉPARTEMENT	JURIDICTION	RESSORT
Pyrénées (Hautes-)	Tribunal judiciaire de Tarbes	Le département
Pyrénées-Orientales	Tribunal judiciaire de Perpignan	Le département
Rhin (Bas-)	Tribunal judiciaire de Saverne	Ressort du tribunal judiciaire
	Tribunal judiciaire de Strasbourg	Ressort du tribunal judiciaire
Rhin (Haut-)	Tribunal judiciaire de Colmar	Ressort du tribunal judiciaire
	Tribunal judiciaire de Mulhouse	Ressort du tribunal judiciaire
Rhône	Tribunal judiciaire de Lyon	Ressort du tribunal judiciaire
	Tribunal judiciaire de Villefranche-sur-Saône	Ressort du tribunal judiciaire
Saône (Haute-)	Tribunal judiciaire de Vesoul	Le département
Saône-et-Loire	Tribunal judiciaire de Chalon-sur-Saône	Ressort du tribunal judiciaire
	Tribunal judiciaire de Mâcon	Ressort du tribunal judiciaire
Sarthe	Tribunal judiciaire du Mans	Le département
Savoie	Tribunal judiciaire d'Albertville	Ressort du tribunal judiciaire
	Tribunal judiciaire de Chambéry	Ressort du tribunal judiciaire
Savoie (Haute-)	Tribunal judiciaire d'Annecy	Ressort du tribunal judiciaire
	Tribunal judiciaire de Bonneville	Ressort du tribunal judiciaire
	Tribunal judiciaire de Thonon-les-Bains	Ressort du tribunal judiciaire
Seine (Hauts-de-)	Tribunal judiciaire Nanterre	Le département
Seine-Maritime	Tribunal judiciaire de Dieppe	Ressort du tribunal judiciaire
	Tribunal judiciaire du Havre	Ressort du tribunal judiciaire
	Tribunal judiciaire de Rouen	Ressort du tribunal judiciaire
Seine-et-Marne	Tribunal judiciaire de Fontainebleau	Ressort du tribunal judiciaire
	Tribunal judiciaire de Meaux	Ressort du tribunal judiciaire, à l'exception de l'emprise de l'aérodrome de Roissy – Charles-de-Gaulle
	Tribunal judiciaire de Melun	Ressort du tribunal judiciaire
Seine-Saint-Denis	Tribunal judiciaire de Bobigny	Le département et l'emprise des aérodromes de Paris-Le Bourget et de Roissy – Charles-de-Gaulle
Sèvres (Deux-)	Tribunal judiciaire Niort	Le département
Somme	Tribunal judiciaire d'Amiens	Le département
Tarn	Tribunal judiciaire d'Albi	Ressort du tribunal judiciaire
	Tribunal judiciaire de Castres	Ressort du tribunal judiciaire

DÉPARTEMENT	JURIDICTION	RESSORT
Tarn-et-Garonne	Tribunal judiciaire de Montauban	Le département
Territoire de Belfort	Tribunal judiciaire de Belfort	Le département
Val-de-Marne	Tribunal judiciaire de Créteil	Le département et l'emprise de l'aérodrome de Paris-Orly
Val-d'Oise	Tribunal judiciaire de Pontoise	Le département, à l'exception de l'emprise des aérodromes de Paris-Le Bourget et de Roissy – Charles-de-Gaulle
Var	Tribunal judiciaire de Draguignan	Ressort du tribunal judiciaire
	Tribunal judiciaire de Toulon	Ressort du tribunal judiciaire
Vaucluse	Tribunal judiciaire d'Avignon	Ressort du tribunal judiciaire
	Tribunal judiciaire de Carpentras	Ressort du tribunal judiciaire
Vendée	Tribunal judiciaire de La Roche-sur-Yon	Ressort du tribunal judiciaire
	Tribunal judiciaire des Sables-d'Olonne	Ressort du tribunal judiciaire
Vienne	Tribunal judiciaire de Poitiers	Le département
Vienne (Haute-)	Tribunal judiciaire de Limoges	Le département
Vosges	Tribunal judiciaire d'Épinal	Le département
Yonne	Tribunal judiciaire d'Auxerre	Ressort du tribunal judiciaire
	Tribunal judiciaire de Sens	Ressort du tribunal judiciaire
Yvelines	Tribunal judiciaire de Versailles	Le département

Art. R. 600-4 *(Mod., D. n° 2019-966, 18 sept. 2019)*. **– Pour l'application de l'article L. 610-1, le siège et le ressort des juridictions commerciales et des tribunaux judiciaires compétents dans les départements d'outre-mer sont fixés conformément aux tableaux de l'annexe 6-3 et 6-4 du présent livre.**

Annexe 6-3

(D. n° 2008-146, 15 févr. 2008 ; mod., D. n° 2009-1629, 23 déc. 2009 ; D. n° 2011-338, 29 mars 2011)

Juridictions compétentes dans les départements d'outre-mer pour connaître, en application de l'article L. 610-1, des procédures applicables aux commerçants et artisans

DÉPARTEMENT	JURIDICTION	RESSORT
Guadeloupe	Tribunal mixte de commerce de Pointe-à-Pitre	Le département
Guyane	Tribunal mixte de commerce de Cayenne	Le département
Martinique	Tribunal mixte de commerce de Fort-de-France	Le département
Mayotte	Tribunal mixte de commerce de Mamoudzou	Le département
La Réunion	Tribunal mixte de commerce de Saint-Denis	Ressort du tribunal mixte de commerce
	Tribunal mixte de commerce de Saint-Pierre	Ressort du tribunal mixte de commerce

Annexe 6-4

(Mod., D. n° 2011-338, 29 mars 2011 ; D. n° 2019-913, 30 août 2019 ; D. n° 2019-966, 18 sept. 2019)

Juridictions compétentes dans les départements d'outre-mer pour connaître, en application de l'article L. 610-1, des procédures applicables aux personnes qui ne sont ni commerçants ni artisans

DÉPARTEMENT	JURIDICTION	RESSORT
Guadeloupe.	Tribunal judiciaire de Basse-Terre.	Ressort du tribunal judiciaire.
	Tribunal judiciaire de Pointe-à-Pitre.	Ressort du tribunal judiciaire.
Guyane.	Tribunal judiciaire de Cayenne.	Le département.
Martinique.	Tribunal judiciaire de Fort-de-France.	Le département.
Mayotte.	Tribunal judiciaire de Mamoudzou.	Le département.
Réunion.	Tribunal judiciaire de Saint-Denis.	Ressort du tribunal judiciaire.
	Tribunal judiciaire de Saint-Pierre.	Ressort du tribunal judiciaire.

TITRE PREMIER. – DE LA PRÉVENTION DES DIFFICULTÉS DES ENTREPRISES

CHAPITRE I. – DE LA PRÉVENTION DES DIFFICULTÉS DES ENTREPRISES, DU MANDAT *AD HOC* ET DE LA PROCÉDURE DE CONCILIATION

Section I. – Des groupements de prévention agréés

Art. D. 611-1. – Pour bénéficier de l'agrément prévu à l'article L. 611-1, les groupements de prévention agréés doivent remplir les conditions prévues aux articles D. 611-2 à D. 611-8.

Voir : la rédaction de cet article issue du décret n° 2021-1218 du 23 septembre 2021, en *addendum*, p. 3461.

Art. D. 611-2. – Les groupements de prévention agréés sont constitués sous toute forme juridique qui leur confère une personnalité morale de droit privé.

Art. D. 611-3. – Les demandes d'agrément sont déposées auprès du préfet de la région dans laquelle le groupement a son siège ; il en accuse réception après s'être assuré que le dossier est complet.

Les demandes indiquent :

1° L'objet du groupement qui correspond à la mission définie à l'article L. 611-1 ;

2° Le ressort dans lequel il assure son activité, qui ne dépasse pas le cadre de la région dans laquelle il a son siège ;

3° Les personnes morales appelées à adhérer au groupement ;

4° Les moyens dont dispose le groupement, et les personnes intervenant en son nom avec l'indication de leurs qualifications professionnelles ;

5° Les méthodes d'analyse des informations comptables et financières ainsi que leur fréquence.

Art. D. 611-4. – Toute demande d'agrément est accompagnée des documents suivants :

1° Un exemplaire des statuts et, le cas échéant, du règlement intérieur du groupement ;

2° La justification de l'exécution des formalités prévues par la législation en vigueur pour la création et la régularité du fonctionnement du groupement selon la forme juridique choisie ;

3° La liste des personnes qui dirigent, gèrent ou administrent le groupement avec, pour chacune d'elles, l'indication de leurs nom, prénoms, date et lieu de naissance, nationalité, domicile, profession et nature de l'activité exercée dans le groupement ;

4° Pour chacun des dirigeants, gérants, administrateurs, une attestation selon laquelle il n'a fait l'objet d'aucune incapacité d'exercer le commerce ou une profession, d'aucune interdiction de diriger, gérer, administrer, contrôler une personne morale ou une entreprise individuelle ou artisanale ;

5° Une copie certifiée conforme du contrat d'assurance mentionné à l'article D. 611-5 ;

6° L'engagement prévu à l'article D. 611-5.

Art. D. 611-5. – Les groupements s'engagent :

À ne faire aucune publicité, sauf dans les journaux et bulletins professionnels ;

À faire figurer sur leur correspondance et sur tous les documents établis par leurs soins leur qualité de groupements de prévention agréé et les références de la décision d'agrément ;

À informer le préfet des modifications apportées à leur statut et des changements intervenus en ce qui concerne les personnes qui dirigent, gèrent ou administrent les groupements dans le délai d'un mois à compter de la réalisation de ces modifications et changements ;

À exiger de toute personne collaborant à leurs travaux le respect du secret professionnel ;

À souscrire un contrat auprès d'une société d'assurances ou d'un assureur agréé les garantissant contre les conséquences pécuniaires de la responsabilité civile professionnelle qu'ils peuvent encourir en raison des négligences et fautes commises dans l'exercice de leurs activités ;

Au cas où l'agrément leur serait retiré, à en informer leurs adhérents dès réception de la notification de la décision de retrait.

Voir : l'article R. 622-5-1 issu du décret n° 2021-1218 du 23 septembre 2021, en *addendum*, p. 3461.

Art. D. 611-6. – Le préfet de région dispose d'un délai de trois mois pour accorder ou refuser son agrément.

Le point de départ de ce délai est fixé au jour de la délivrance de l'accusé de réception précisant le caractère complet du dossier de demande déposé par le groupement.

Si le préfet de région n'a pas notifié sa réponse dans le délai qui lui est imparti, le groupement est réputé agréé.

Le retrait de l'agrément, prononcé par le préfet de région, est notifié par lettre au groupement et à toutes les administrations.

Art. D. 611-7. – L'agrément est accordé pour une durée maximale de trois ans renouvelable par arrêté du préfet de la région où est situé le siège du groupement.

La décision tient compte notamment :

De la conformité des objectifs du groupement à ceux définis par l'article L. 611-1 ;

De l'adéquation des moyens mis en œuvre aux objectifs poursuivis ;

Des engagements souscrits en application de l'article D. 611-5, de leur respect en cas de demande de renouvellement ;

Des garanties de bonne moralité offertes par les dirigeants, gérants, administrateurs et toutes personnes intervenant au nom du groupement et de leur expérience dans l'analyse des informations comptables et financières ainsi que dans la gestion des entreprises.

L'agrément peut être retiré, selon une procédure identique à celle de son octroi dès lors que les conditions fixées à l'article D. 611-5 ne sont plus respectées.

Art. D. 611-8 *(Mod., D. n° 2014-1316, 3 nov. 2014)*. – Le groupement adresse au préfet de région un exemplaire des conventions conclues avec les établissements de crédit, les sociétés de financement et les entreprises d'assurance en application du cinquième alinéa de l'article L. 611-1.

Art. D. 611-9. – Le concours que l'État et ses établissements publics peuvent prêter aux groupements est sollicité par ces derniers après accord écrit et formulé au cas par cas des entreprises adhérentes en cause.

Les renseignements nominatifs éventuellement délivrés conservent leur caractère confidentiel. L'inobservation de cette règle entraîne de plein droit le retrait de l'agrément dans les formes prévues pour son octroi.

Section II. – De la détection des difficultés des entreprises par le président du tribunal

(Intitulé mod., D. n° 2014-736, 30 juin 2014)

Art. R. 611-10 *(Mod., D. n° 2014-736, 30 juin 2014)*. – Dans le cas prévu au premier alinéa de l'article L. 611-2 ou lorsqu'il est fait application de l'article L. 611-2-1, le président du tribunal fait convoquer par le greffier le représentant légal de la personne morale débitrice ou le débiteur personne physique par lettre recommandée avec demande d'avis de réception et par lettre simple, reproduisant les termes du I de l'article L. 611-2 et, le cas échéant, ceux de l'article L. 611-2-1, ainsi que des articles R. 611-11 et R. 611-12. Le cas échéant, la lettre précise la dénomination de l'activité professionnelle exercée par l'entrepreneur individuel à responsabilité limitée. La convocation est envoyée un mois au moins à l'avance. Il est joint une note par laquelle le président du tribunal expose les faits qui ont motivé son initiative.

Art. R. 611-10-1 *(D. n° 2014-736, 30 juin 2014)*. – En application du second alinéa de l'article L. 611-2-1, le président du tribunal informe l'ordre ou l'autorité compétente dont relève l'intéressé par une note exposant les difficultés de nature à compromettre la continuité de l'activité du professionnel qui ont été portées à sa connaissance. Cette note est transmise par le greffier au représentant légal de l'un ou l'autre de ces organismes par lettre recommandée avec demande d'avis de réception. Le représentant de l'ordre ou de l'autorité compétente est invité à faire connaître au président du tribunal, dans la même forme, les suites données à cette information dans le délai d'un mois.

Art. R. 611-11 *(Mod., D. n° 2009-160, 12 févr. 2009 ; D. n° 2014-736, 30 juin 2014)*. – L'entretien prévu au premier alinéa de l'article L. 611-2, qui se tient hors la présence du greffier, donne lieu à l'établissement par le président du tribunal d'un procès-verbal qui ne mentionne que la date et le lieu de l'entretien ainsi que l'identité des personnes présentes. Ce procès-verbal est signé par ces dernières et le président du tribunal.

Si la personne convoquée ne se rend pas à la convocation, un procès-verbal de carence est dressé le jour même par le greffier aux fins d'application des dispositions du second alinéa du I de l'article L. 611-2. À ce procès-verbal est joint l'avis de réception de la convocation. Une copie de ce procès-verbal est notifiée sans délai par le greffier à la personne convoquée par lettre recommandée avec demande d'avis de réception reproduisant les termes du second alinéa du I de l'article L. 611-2.

Ce procès-verbal mentionne, s'il y a lieu, la dénomination utilisée par l'entrepreneur individuel à responsabilité limitée pour l'exercice de l'activité professionnelle concernée. Il est déposé au greffe.

Art. R. 611-12. – La demande de renseignements prévue au deuxième alinéa de l'article L. 611-2 est adressée dans le délai d'un mois à compter de la date de l'entretien ou du procès-verbal de carence. Elle est accompagnée de la copie du procès-verbal d'entretien ou de carence établi en application de l'article R. 611-11.

Si la demande a été présentée dans les formes et délai prescrits au premier alinéa, les personnes et organismes interrogés communiquent les renseignements réclamés dans le délai d'un mois. Dans le cas contraire, ils ne sont pas tenus d'y répondre.

Voir : la rédaction de cet article issue du décret n° 2021-1218 du 23 septembre 2021, en *addendum*, p. 3461.

Art. R. 611-13 *(Mod., D. n° 2014-736, 30 juin 2014)*. – Pour l'application du II de l'article L. 611-2, le président du tribunal rend une ordonnance faisant injonction au représentant légal de la personne morale de déposer les comptes annuels ou à l'entrepreneur individuel à responsabilité limitée de déposer les documents mentionnés au premier alinéa de l'article L. 526-14 dans un délai d'un mois à compter de la notification ou de la signification de l'ordonnance, sous peine d'astreinte.

Cette ordonnance fixe le taux de l'astreinte et mentionne, en outre, les lieu, jour et heure de l'audience à laquelle l'affaire sera examinée.

Elle n'est pas susceptible de recours.

Art. R. 611-14 *(D. n° 2014-736, 30 juin 2014)*. – Le greffier notifie l'ordonnance au représentant légal de la personne morale. La lettre de notification reproduit les dispositions du second alinéa du II de l'article L. 611-2 ainsi que l'article R. 611-15 et le premier alinéa de l'article R. 611-16.

Si la lettre est retournée avec une mention précisant qu'elle n'a pas été réclamée par son destinataire, le greffier fait signifier l'ordonnance. La signification reproduit les dispositions mentionnées à l'alinéa premier.

Si la lettre est retournée avec une mention précisant que le destinataire ne se trouve plus à l'adresse indiquée, l'affaire est retirée du rôle par le président du tribunal qui en informe le ministère public. Le greffier porte la mention de la cessation d'activité sur le registre du commerce et des sociétés.

L'ordonnance portant injonction de faire est conservée à titre de minute au greffe.

Les dispositions du présent article sont applicables à l'entrepreneur individuel à responsabilité limitée à l'exception de la seconde phrase du troisième alinéa.

Art. R. 611-15. – Lorsque l'injonction de faire a été exécutée dans les délais impartis, l'affaire est retirée du rôle par le président du tribunal.

Dans le cas contraire, le greffier constate le non-dépôt des comptes par procès-verbal.

Art. R. 611-16 *(Mod., D. n° 2014-736, 30 juin 2014 ; D. n° 2017-1225, 2 août 2017).* – En cas d'inexécution de l'injonction de faire qu'il a délivrée, le président du tribunal statue sur la liquidation de l'astreinte.

Il statue en dernier ressort lorsque le montant de l'astreinte n'excède pas le taux de compétence en dernier ressort du tribunal de commerce.

Le montant de la condamnation prononcée est versé au Trésor public et recouvré comme en matière de créances étrangères à l'impôt.

La décision est communiquée au Trésor public et signifiée à la diligence du greffier au représentant légal de la personne morale ou à l'entrepreneur individuel à responsabilité limitée. L'appel est formé, instruit et jugé selon les règles applicables à la procédure sans représentation obligatoire. Les voies de recours sont ouvertes au ministère public.

Art. R. 611-17. – La demande de renseignements prévue au dernier alinéa de l'article L. 611-2 est adressée à compter de l'expiration du délai prévu au premier alinéa de l'article R. 611-13. Elle est écrite et accompagnée de la copie de l'ordonnance mentionnée à l'article R. 611-13 ainsi que du procès-verbal mentionné à l'article R. 611-15.

Si la demande a été présentée dans les formes et délai prescrits au premier alinéa, les personnes et organismes interrogés communiquent les renseignements réclamés dans le délai d'un mois. Dans le cas contraire, ils ne sont pas tenus d'y répondre.

Section III. – Du mandat *ad hoc*

Art. R. 611-18 *(Mod., D. n° 2009-160, 12 févr. 2009 ; D. n° 2019-966, 18 sept. 2019).* – La demande de désignation d'un mandataire *ad hoc* prévue à l'article L. 611-3 est présentée par écrit. Elle est adressée ou remise au président du tribunal de commerce ou du tribunal judiciaire selon le cas par le représentant légal de la personne morale ou par le débiteur personne physique et déposée au greffe.

Cette demande expose les raisons qui la motivent.

Lorsque le débiteur propose un mandataire *ad hoc* à la désignation du président du tribunal, il précise son identité et son adresse.

Art. R. 611-19 *(Mod., D. n° 2009-160, 12 févr. 2009 ; D. n° 2014-736, 30 juin 2014).* – Dès réception de la demande, le président du tribunal fait convoquer, par le greffier, le représentant légal de la personne morale ou le débiteur personne physique pour recueillir ses observations.

L'ordonnance qui désigne le mandataire *ad hoc* définit l'objet de sa mission en précisant, si le débiteur est un entrepreneur individuel à responsabilité limitée, l'activité concernée et fixe les conditions de sa rémunération conformément aux dispositions de la Section V du présent chapitre.

Art. R. 611-20 *(Mod., D. n° 2009-160, 12 févr. 2009 ; D. n° 2014-736, 30 juin 2014).* – La décision statuant sur la désignation du mandataire *ad hoc* est notifiée au demandeur. En cas de refus de désignation, celui-ci peut interjeter appel. L'appel est formé, instruit et jugé conformément aux dispositions de l'article R. 611-26.

La décision nommant le mandataire *ad hoc* est notifiée à ce dernier par le greffier. La lettre de notification reproduit les dispositions de l'article L. 611-13.

Le mandataire *ad hoc* fait connaître sans délai au président du tribunal son acceptation ou son refus. En cas d'acceptation, il lui adresse l'attestation sur l'honneur prévue à l'article L. 611-13. Dès réception de cette attestation, le greffier communique par lettre recommandée avec demande d'avis de réception la décision de désignation du mandataire *ad hoc* au commissaire aux comptes du débiteur s'il en a été désigné.

Art. R. 611-21. – Lorsque le débiteur en fait la demande, le président du tribunal met fin sans délai à la mission du mandataire *ad hoc*.

Art. R. 611-21-1 *(D. n° 2014-736, 30 juin 2014)*. – Le mandataire *ad hoc* fait connaître sans délai au président du tribunal tout élément qui pourrait justifier qu'il soit mis fin à sa mission.

Section IV. – De la procédure de conciliation

Art. R. 611-22 *(Mod., D. n° 2009-160, 12 févr. 2009 ; D. n° 2014-736, 30 juin 2014)*. – La requête aux fins d'ouverture d'une procédure de conciliation adressée ou remise au président du tribunal en application de l'article L. 611-6 est accompagnée, sous réserve des dispositions particulières applicables au débiteur, des pièces suivantes :

1° Un extrait d'immatriculation aux registres et répertoires mentionnés à l'article R. 621-8 ou, le cas échéant, le numéro unique d'identification ;

Rédaction future. 1° *(1° rempl. à compter du 1er novembre 2021, D. n° 2021-631, 21 mai 2021)* Le numéro unique d'identification ;

2° L'état des créances et des dettes accompagné d'un échéancier ainsi que la liste des principaux créanciers ;

3° L'état actif et passif des sûretés ainsi que celui des engagements hors bilan ;

4° Les comptes annuels, le tableau de financement ainsi que la situation de l'actif réalisable et disponible, valeurs d'exploitation exclues, et du passif exigible des trois derniers exercices, si ces documents ont été établis ;

5° Une attestation sur l'honneur certifiant l'absence de procédure de conciliation dans les trois mois précédant la date de la demande ;

6° Une déclaration indiquant, le cas échéant, la prise en charge par un tiers des frais de la procédure demandée.

Le cas échéant, la requête précise la date de cessation des paiements.

Lorsque le débiteur exerce une profession libérale soumise à un statut législatif ou réglementaire ou dont le titre est protégé, elle précise l'ordre professionnel ou l'autorité dont il relève.

Lorsque le débiteur propose un conciliateur à la désignation du président du tribunal, il précise son identité et son adresse.

Art. R. 611-23. – Dès réception de la demande, le président du tribunal fait convoquer, par le greffier, le représentant légal de la personne morale débitrice ou le débiteur personne physique pour recueillir ses explications.

L'ordonnance qui désigne le conciliateur définit l'objet de sa mission et fixe les conditions de sa rémunération conformément aux dispositions de la Section V du présent chapitre ainsi que la durée de la procédure conformément à l'article L. 611-6.

Art. R. 611-23-1 *(D. n° 2016-1851, 23 déc. 2016)*. – I. – Lorsque les conditions prévues au 4° de l'article L. 721-8 sont réunies, le débiteur adresse ou remet directement au président du tribunal de commerce spécialisé compétent sa requête aux fins d'ouverture d'une procédure de conciliation.

II. – Lorsqu'un président de tribunal de commerce saisi estime que l'examen de la requête aux fins d'ouverture d'une procédure de conciliation relève de la compétence d'un tribunal de commerce spécialisé, il peut décider d'office du renvoi de la requête devant ce tribunal. Il statue par ordonnance motivée après avoir entendu ou dûment appelé le débiteur et recueilli l'avis du ministère public. Le greffier du tribunal de commerce saisi transmet aussitôt le dossier au président du tribunal de commerce spécialisé désigné, avec une copie de l'ordonnance de renvoi.

Ces dispositions s'appliquent également en cours de procédure au renvoi au tribunal de commerce spécialisé décidé d'office par le président du tribunal de commerce saisi.

III. – Le renvoi devant le tribunal de commerce spécialisé compétent peut également être demandé par requête motivée du débiteur ou du ministère public près le tribunal de commerce saisi.

Le greffier du tribunal de commerce saisi notifie la requête aux parties sans délai. Le président du tribunal statue sur la demande de renvoi par ordonnance motivée après avoir entendu ou dûment appelé le débiteur et recueilli l'avis du ministère public. S'il est fait droit à la demande de renvoi, le greffier du tribunal de commerce saisi transmet aussitôt le dossier au président du tribunal de commerce spécialisé désigné, avec une copie de l'ordonnance de renvoi.

IV. – Les décisions prises en application du présent article sont des mesures d'administration judiciaire non susceptibles de recours. Elles s'imposent aux parties et à la juridiction de renvoi désignée.

Art. R. 611-24 *(Mod., D. n° 2009-160, 12 févr. 2009).* – Le président du tribunal peut faire usage des dispositions du cinquième alinéa de l'article L. 611-6 à tout moment de la procédure de conciliation.

Art. R. 611-25. – L'ordonnance statuant sur la demande est notifiée par le greffier au requérant. En cas de désignation d'un conciliateur, la notification reproduit les dispositions des articles R. 611-27 et R. 611-28.

La décision ouvrant la procédure de conciliation est communiquée sans délai par le greffier au ministère public et, le cas échéant, à l'ordre professionnel ou à l'autorité dont relève le débiteur.

Elle est notifiée au conciliateur. La lettre de notification reproduit les dispositions de l'article L. 611-13 et des articles R. 611-27 et R. 611-28.

Le conciliateur fait connaître sans délai au président du tribunal son acceptation ou son refus. En cas d'acceptation, il lui adresse l'attestation sur l'honneur prévue à l'article L. 611-13.

Art. R. 611-26 *(Mod., D. n° 2009-160, 12 févr. 2009 ; D. n° 2012-634, 3 mai 2012 ; D. n° 2019-966, 18 sept. 2019).* – S'il n'est pas fait droit à la demande de désignation d'un conciliateur ou de prorogation de la mission de celui-ci, appel peut être interjeté par le débiteur par une déclaration faite ou adressée par lettre recommandée avec demande d'avis de réception au greffe du tribunal. Toutefois, le débiteur est dispensé du ministère de l'avocat.

Le président du tribunal peut, dans un délai de cinq jours à compter de la déclaration d'appel, modifier ou rétracter sa décision.

En cas de modification ou de rétractation, le greffier notifie la décision au débiteur.

Dans le cas contraire, le greffier du tribunal transmet sans délai au greffe de la cour le dossier de l'affaire avec la déclaration d'appel et une copie de la décision. Il avise le débiteur de cette transmission.

L'appel est instruit et jugé selon les règles applicables en matière gracieuse devant le tribunal judiciaire.

Art. R. 611-26-1 *(D. n° 2009-160, 12 févr. 2009).* – L'appel interjeté par le ministère public à l'encontre de l'ordonnance qui ouvre la procédure de conciliation est instruit et jugé selon la procédure sans représentation obligatoire.

Art. R. 611-26-2 *(D. n° 2014-736, 30 juin 2014).* – La demande mentionnée à la troisième phrase du *premier alinéa de l'article* L. 611-7 est accompagnée des éléments suivants :

1° La demande d'avis adressée aux créanciers participants, qui reproduit les dispositions du premier alinéa de l'article L. 611-7 et du I de l'article L. 642-2 et sur laquelle chaque créancier a mentionné son avis ou, à défaut, un document justificatif de la demande d'avis ;

2° L'accord du conciliateur pour prendre en charge la mission ;

3° L'accord du débiteur sur les conditions de rémunération dues au titre de cette mission.

L'ordonnance par laquelle le président fait droit à la demande et détermine ou modifie la mission du conciliateur fixe, conformément aux dispositions de la section V du présent chapitre, les conditions de rémunération de cette mission complémentaire. Elle est notifiée par le greffier au requérant et au conciliateur. Les dispositions du deuxième alinéa de l'article R. 611-25 ainsi que celles des articles R. 611-47 et R. 611-50 lui sont applicables.

Art. R. 611-27. – En application de l'article L. 611-6, le débiteur peut demander la récusation du conciliateur si ce dernier se trouve dans l'une des situations suivantes :

1° Il a directement ou indirectement un intérêt personnel à la procédure ;

2° Il existe un lien direct ou indirect, quelle qu'en soit la nature, entre le conciliateur et l'un des créanciers ou l'un des dirigeants ou préposés de celui-ci ;

3° Il existe une cause de défiance entre le conciliateur et le débiteur ;

4° Il est dans l'une des situations d'incompatibilité visées à l'article L. 611-13 ;

5° Il a été définitivement radié ou destitué d'une profession réglementée.

Art. R. 611-28. – La demande de récusation est formée dans les quinze jours de la notification de la décision désignant le conciliateur, par acte remis au greffe ou par une déclaration consignée par le greffier dans un procès-verbal.

Elle est motivée et, le cas échéant, accompagnée des pièces propres à la justifier.

Elle suspend la procédure jusqu'à ce qu'une décision définitive statue sur la récusation.

Art. R. 611-29. – Le greffier notifie la demande de récusation au conciliateur, par lettre recommandée avec demande d'avis de réception. La lettre de notification reproduit les deuxième et troisième alinéas du présent article.

Dès réception de la notification de la demande, le conciliateur s'abstient jusqu'à ce qu'il ait été statué sur la récusation.

Dans les huit jours de cette réception, il fait connaître par écrit au président du tribunal soit son acquiescement à la récusation, soit les motifs pour lesquels il s'y oppose.

Art. R. 611-30. – Si le conciliateur acquiesce, il est remplacé sans délai.

Art. R. 611-31. – Si le conciliateur s'oppose à la récusation ou ne répond pas, la demande est examinée par le président du tribunal, le débiteur et le conciliateur entendus ou dûment appelés.

L'ordonnance statuant sur la demande de récusation est notifiée par le greffier au débiteur.

Copie de cette décision est également remise ou adressée au conciliateur.

Art. R. 611-32. – Si la récusation est admise, il est procédé au remplacement du conciliateur sans délai.

Art. R. 611-33. – La décision qui rejette la demande de récusation peut être frappée de recours par le débiteur devant le premier président de la cour d'appel dans un délai de dix jours à compter de la notification.

Le recours est formé par la remise ou l'envoi au greffe de la cour d'appel d'une note en exposant les motifs.

Art. R. 611-34. – Le greffier de la cour d'appel convoque le débiteur et le conciliateur par lettre recommandée avec demande d'avis de réception adressée quinze jours au moins à l'avance. La note mentionnée au second alinéa de l'article R. 611-33 est jointe à la convocation adressée au conciliateur.

Le premier président ou son délégué les entend contradictoirement.

La décision est notifiée par le greffier au débiteur. Le conciliateur en est avisé.

Art. R. 611-34-1 *(D. n° 2014-736, 30 juin 2014)*. – Le conciliateur fait connaître sans délai au président du tribunal tout élément qui pourrait constituer un motif de récusation ainsi que tout autre motif qui pourrait justifier qu'il soit mis fin à sa mission, dont il n'avait pas connaissance au moment de l'acceptation de sa mission.

Art. R. 611-35 *(Mod., D. n° 2009-160, 12 févr. 2009 ; D. n° 2014-736, 30 juin 2014 ; D. n° 2019-1419, 20 déc. 2019)*. – Pour l'application de l'avant-dernier alinéa de l'article L. 611-7 ou du dernier alinéa de l'article L. 611-10-1, le débiteur assigne le créancier poursuivant ou l'ayant mis en demeure devant le président du tribunal qui a ouvert la procédure de conciliation. Celui-ci statue sur les délais selon la procédure accélérée au fond après avoir recueilli les observations du conciliateur ou, le cas échéant, du mandataire à l'exécution de l'accord.

La demande, le cas échéant, est portée à la connaissance de la juridiction saisie de la poursuite, qui sursoit à statuer jusqu'à la décision se prononçant sur les délais.

La décision rendue par le président du tribunal est communiquée à cette juridiction par le greffier. Elle est notifiée par le greffier au débiteur et au créancier et communiquée au conciliateur si celui-ci est encore en fonctions ou, le cas échéant, au mandataire à l'exécution de l'accord.

Le créancier mentionné au cinquième alinéa de l'article L. 611-7 est informé par le greffier, par lettre recommandée avec demande d'avis de réception, de la conclusion de l'accord dès sa constatation ou son homologation ainsi que de toute décision mettant fin à la procédure de conciliation.

La décision prononçant la résolution de l'accord est portée à la connaissance du créancier selon les mêmes modalités.

Voir : la rédaction de cet article issue du décret n° 2021-1218 du 23 septembre 2021, en *addendum*, p. 3461.

Art. R. 611-36. – Le conciliateur peut demander au président du tribunal de mettre fin à sa mission lorsqu'il estime indispensables les propositions faites par lui au débiteur en application du premier alinéa de l'article L. 611-7 et que celui-ci les a rejetées.

Art. R. 611-37. – Lorsque le débiteur en fait la demande, le président du tribunal met fin sans délai à la procédure de conciliation.

Art. R. 611-38 ***(Mod., D. n° 2014-736, 30 juin 2014).*** **– La décision mettant fin à la procédure de conciliation n'est pas susceptible de recours.**

L'ordonnance est communiquée par le greffier au conciliateur et au ministère public.

Art. R. 611-38-1 ***(D. n° 2011-236, 3 mars 2011).*** **– L'ouverture d'une procédure de sauvegarde, de redressement judiciaire ou de liquidation judiciaire met fin de plein droit à la procédure de conciliation.**

Art. R. 611-38-2 ***(D. n° 2014-736, 30 juin 2014).*** **– Le conciliateur adresse copie du rapport prévu par le dernier alinéa de l'article L. 611-7 au débiteur. Le rapport est déposé au greffe. Il est communiqué par le greffier au ministère public.**

Art. R. 611-39. – En application du I de l'article L. 611-8, l'accord des parties est constaté par une ordonnance du président du tribunal qui y fait apposer la formule exécutoire par le greffier. La déclaration certifiée du débiteur lui est annexée.

L'accord et ses annexes sont déposés au greffe. Des copies ne peuvent être délivrées qu'aux parties et aux personnes qui peuvent se prévaloir des dispositions de l'accord. Elles valent titre exécutoire.

Voir : l'article R. 611-39-1 issu du décret n° 2021-1218 du 23 septembre 2021, en *addendum*, p. 3461.

Art. R. 611-40 ***(Mod., D. n° 2009-160, 12 févr. 2009).*** **– Les personnes appelées à l'audience d'homologation en application du premier alinéa de l'article L. 611-9 peuvent prendre connaissance de l'accord au greffe du tribunal.**

Le jugement ne reprend pas les termes de l'accord. Il mentionne les garanties et privilèges constitués pour en assurer l'exécution. Il précise les montants garantis par le privilège institué par l'article L. 611-11.

Art. R. 611-40-1 ***(D. n° 2014-736, 30 juin 2014).*** **– Lorsque le débiteur demande la désignation d'un mandataire à l'exécution de l'accord, le conciliateur est invité à présenter ses observations sur l'intérêt d'une telle mission. Le mandataire ne peut être désigné qu'après avoir exprimé son accord.**

Art. R. 611-41. – Le jugement statuant sur l'homologation de l'accord est notifié par le greffier au débiteur ***et aux créanciers signataires de l'accord.*** **Il est communiqué au conciliateur et au ministère public.**

Art. R. 611-42 ***(Mod., D. n° 2009-160, 12 févr. 2009 ; D. n° 2012-634, 3 mai 2012).*** **– L'appel du jugement rejetant l'homologation est formé, instruit et jugé selon les règles propres à la procédure en matière gracieuse. Toutefois, les parties sont dispensées du ministère de l'avocat.**

Dans les autres cas, l'appel est formé, instruit et jugé selon les règles propres à la procédure sans représentation obligatoire.

Art. R. 611-43 ***(Mod., D. n° 2014-736, 30 juin 2014 ; D. n° 2019-987, 25 sept. 2019 ; D. n° 2020-106, 10 févr. 2020).*** **– Un avis du jugement d'homologation est adressé pour insertion au** ***Bulletin officiel des annonces civiles et commerciales.*** **Cette insertion contient l'indication du nom du débiteur, de son siège ou, lorsqu'il est une personne physique, de l'adresse de son entreprise ou de son activité. Il est également mentionné son numéro**

unique d'identification ainsi que, le cas échéant, le nom de la ville où se trouve le greffe ou la chambre de métiers et de l'artisanat de région où il est immatriculé. Lorsque l'activité en difficulté est celle à laquelle un entrepreneur individuel à responsabilité limitée a affecté un patrimoine, l'insertion précise le registre où a été inscrite la déclaration d'affectation.

Le même avis est publié dans un support d'annonces légales du lieu où le débiteur a son siège ou, lorsqu'il est une personne physique, l'adresse de son entreprise ou de son activité.

Il mentionne que le jugement est déposé au greffe où tout intéressé peut en prendre connaissance.

Ces publicités sont faites d'office par le greffier dans les huit jours de la date du jugement.

Art. R. 611-44. – Sous réserve de l'instance ouverte par la tierce opposition mentionnée à l'article L. 611-10, et en dehors de l'autorité judiciaire, à qui l'accord homologué et le rapport d'expertise peuvent être communiqués en application de l'article L. 621-1, l'accord ne peut être communiqué qu'aux parties et aux personnes qui peuvent s'en prévaloir et le rapport d'expertise qu'au débiteur et au conciliateur.

L'accord homologué est transmis par le greffier au commissaire aux comptes du débiteur.

Voir : la rédaction de cet article issue du décret n° 2021-1218 du 23 septembre 2021, en *addendum*, p. 3461.

Art. R. 611-45 *(Mod., D. n° 2009-160, 12 févr. 2009).* – Pour l'application du deuxième alinéa de l'article L. 611-10-2, le débiteur justifie de la levée de l'interdiction d'émettre des chèques auprès de l'établissement de crédit qui est à l'origine de cette mesure par la remise d'une copie du jugement homologuant l'accord, à laquelle il joint un relevé des incidents de paiement.

L'établissement de crédit qui est à l'origine de l'interdiction informe la Banque de France de la levée de cette interdiction aux fins de régularisation.

Art. R. 611-46 *(D. n° 2009-160, 12 févr. 2009 ; mod., D. n° 2014-736, 30 juin 2014).* – La demande de résolution de l'accord constaté ou homologué présentée en application de l'article L. 611-10-3 est formée par assignation. Toutes les parties à l'accord ainsi que les créanciers auxquels des délais de paiement ont été imposés en application du cinquième alinéa de l'article L. 611-7 ou du dernier alinéa de l'article L. 611-10-1 sont mis en cause par le demandeur, le cas échéant sur injonction du tribunal.

Le jugement rendu est communiqué au ministère public et notifié par le greffier aux créanciers mentionnés à l'alinéa précédent.

La décision prononçant la résolution de l'accord homologué fait l'objet des publicités prévues à l'article R. 611-43.

Voir : la rédaction de cet article issue du décret n° 2021-1218 du 23 septembre 2021, en *addendum*, p. 3461.

Art. R. 611-46-1 *(D. n° 2014-736, 30 juin 2014).* – Lorsque l'ouverture de la procédure de conciliation est demandée par un entrepreneur individuel à responsabilité limitée, les dispositions de la présente section ne s'appliquent qu'au patrimoine qui fait l'objet de cette demande. Toutefois, les situations d'incompatibilité du conciliateur sont appréciées en considération de l'ensemble des patrimoines dont le demandeur est titulaire.

Section V. – De la rémunération du mandataire *ad hoc*, du conciliateur, du mandataire à l'exécution de l'accord et de l'expert

(Intitulé mod., D. n° 2014-736, 30 juin 2014)

Art. R. 611-47 *(Mod., D. n° 2014-736, 30 juin 2014).* – Les conditions de rémunération du mandataire *ad hoc*, du conciliateur [,] du mandataire à l'exécution de l'accord et de l'expert mentionnées à l'article L. 611-14 comprennent les critères sur la base desquels elle sera arrêtée, son montant maximal et, le cas échéant, le montant ou les modalités de versement des provisions.

Montant maximal. En l'absence d'indication d'un montant maximal, la rémunération du mandataire *ad hoc* ou du conciliateur ne peut être déterminée par référence à leurs propositions et à l'accord du débiteur, mais est arrêtée librement par le juge taxateur (■ Cass. com., 3 oct. 2018, n° 17-14.522 : *JCP* E 2019, 1034, obs. Berthelot ; *Gaz. Pal.* 15 janv. 2019, p. 50, obs. Giorgini).

Art. R. 611-47-1 *(D. n° 2014-736, 30 juin 2014).* – Les propositions faites par le mandataire *ad hoc* ou le conciliateur au débiteur sur les conditions de sa rémunération sont jointes à la demande mentionnée à l'article R. 611-18 ou à la requête mentionnée à l'article R. 611-22. Les propositions faites par le conciliateur sont transmises sans délai par le greffier au ministère public.

Le président ne peut désigner un mandataire *ad hoc* ou un conciliateur dont la désignation ne lui a pas été proposée par le débiteur qu'après avoir obtenu l'accord de celui-ci sur les conditions de sa rémunération.

En l'absence d'avis du ministère public, le président ne peut ouvrir la procédure de conciliation avant l'expiration d'un délai de quarante-huit heures à compter de la transmission prévue au premier alinéa.

Art. R. 611-48. – L'accord du débiteur sur les conditions de rémunération du mandataire *ad hoc*, du conciliateur ou de l'expert est consigné par écrit préalablement à leur désignation. Il est annexé à l'ordonnance de désignation.

Art. R. 611-49 *(Mod., D. n° 2014-736, 30 juin 2014)*. – Si le mandataire *ad hoc*, le conciliateur ou l'expert estime au cours de sa mission que le montant maximal de la rémunération fixé par l'ordonnance qui l'a désigné est insuffisant, il en informe le président du tribunal.

Le président du tribunal fixe les nouvelles conditions de la rémunération en accord avec le débiteur et après avoir recueilli l'avis du ministère public en cas de recours à la conciliation. L'accord est consigné par écrit.

À défaut d'accord, il est mis fin à sa mission.

Art. R. 611-50 *(Mod., D. n° 2008-484, 22 mai 2008 ; D. n° 2014-736, 30 juin 2014)*. – Le greffier notifie l'ordonnance arrêtant la rémunération au mandataire *ad hoc*, au conciliateur, au mandataire à l'exécution de l'accord et à l'expert, ainsi qu'au débiteur. La décision prise en cas de recours à la conciliation est communiquée sans délai au ministère public.

Elle peut être frappée d'un recours par le débiteur, le mandataire *ad hoc*, le conciliateur, le mandataire à l'exécution de l'accord ou l'expert ; elle peut l'être également par le ministère public sauf si elle porte sur la rémunération du mandataire *ad hoc*. Dans tous les cas, le recours est porté devant le premier président de la cour d'appel.

Le recours est formé, instruit et jugé dans les délais et conditions prévus par les articles 714 à 718 du Code de procédure civile.

Art. R. 611-51 *(D. n° 2014-736, 30 juin 2014)*. – Les conditions de rémunération de la mission ayant pour objet l'organisation d'une cession partielle ou totale de l'entreprise sont fixées après avis du ministère public. Le président du tribunal arrête cette rémunération à l'issue de cette mission. Sa décision est communiquée par le greffier au ministère public. Les dispositions de l'article R. 611-50 sont applicables.

Lorsque la cession préparée dans le cadre de la conciliation est mise en œuvre après l'ouverture d'une procédure de sauvegarde, de redressement judiciaire ou de liquidation judiciaire par la même personne en exécution du mandat de justice qui lui a été confié par la juridiction qui a ouvert cette procédure collective, la rémunération n'est due qu'au titre de ce dernier mandat.

Art. R. 611-52 *(D. n° 2014-736, 30 juin 2014)*. – La décision qui prévoit le bénéfice de provisions au mandataire à l'exécution de l'accord, en application de l'article R. 611-47, peut préciser qu'elles seront allouées au terme de chacune des années de l'exécution de l'accord. Le montant annuel de la provision est fixé par ordonnance communiquée par le greffier au ministère public.

CHAPITRE II. – DES DISPOSITIONS APPLICABLES AUX PERSONNES MORALES DE DROIT PRIVÉ NON COMMERÇANTES AYANT UNE ACTIVITÉ ÉCONOMIQUE

Art. R. 612-1 *(Mod., D. n° 2012-721, 9 mai 2012)*. – Les personnes morales de droit privé non commerçantes ayant une activité économique, mentionnées à l'article L. 612-1, sont tenues d'établir des comptes annuels et de désigner au moins un commissaire aux comptes et un suppléant lorsqu'elles dépassent, à la fin de l'année civile ou à la clôture de l'exercice, les chiffres ci-dessous fixés pour deux des trois critères suivants :

1° Cinquante pour le nombre de salariés ; les salariés pris en compte sont ceux qui sont liés à la personne morale par un contrat de travail à durée indéterminée ; le nombre de salariés est égal à la moyenne arithmétique des effectifs à la fin de chaque trimestre de l'année civile ou de l'exercice comptable lorsque celui-ci ne coïncide pas avec l'année civile ;

2° 3 100 000 € pour le montant hors taxes du chiffre d'affaires ou des ressources ; le montant hors taxes du chiffre d'affaires est égal au montant des ventes de produits et services liés à l'activité courante ; le montant des ressources est égal au montant des cotisations, subventions et produits de toute nature liés à l'activité courante ;

3° 1 550 000 € pour le total du bilan ; celui-ci est égal à la somme des montants nets des éléments d'actif.

Les personnes morales mentionnées au premier alinéa ne sont plus tenues à l'obligation d'établir des comptes annuels lorsqu'elles ne dépassent pas les chiffres fixés pour deux des trois critères définis ci-dessus pendant deux exercices successifs. Il est mis fin dans les mêmes conditions au mandat du commissaire aux comptes par l'organe délibérant appelé à statuer sur les comptes annuels.

Les dispositions du présent article relatives à l'établissement de comptes annuels ou à la désignation d'un commissaire aux comptes s'appliquent sans préjudice des dispositions réglementaires propres à certaines formes de personnes morales entrant dans l'une des catégories mentionnées à l'article L. 612-1.

Art. R. 612-2 *(Mod., Ord. n° 2009-79, 22 janv. 2009 ; D. n° 2019-966, 18 sept. 2019)*. – Les comptes annuels comprennent un bilan, un compte de résultat et une annexe. Ils sont établis selon les principes et méthodes comptables définis aux articles L. 123-12 et suivants et aux articles R. 123-172 à R. 123-208 pris pour leur application, sous réserve des adaptations que rend nécessaires la forme juridique ou la nature de l'activité de ces personnes morales. Les plans comptables applicables à ces personnes morales sont fixés par règlement de l'Autorité des normes comptables. Si des particularités d'activité, de structure ou d'opérations le justifient, des adaptations peuvent être apportées, dans les mêmes formes, aux dispositions de ces plans comptables.

Les comptes annuels sont soumis, en même temps qu'un rapport de gestion, à l'approbation de l'organe délibérant au plus tard dans les six mois de la clôture de l'exercice et transmis aux commissaires aux comptes quarante-cinq jours au moins avant la réunion à laquelle ils doivent être approuvés. Le délai de six mois peut être prolongé à la demande du représentant légal de la personne morale, par ordonnance du président du tribunal judiciaire, statuant sur requête.

Art. R. 612-3. – Les personnes morales de droit privé non commerçantes ayant une activité économique qui, à la fin de l'année civile ou à la clôture de l'exercice, comptent trois cents salariés ou plus ou dont le montant du chiffre d'affaires hors taxes ou des ressources est supérieur ou égal à 18 000 000 €, sont tenues d'établir les documents mentionnés à l'article L. 612-2. Ces critères sont définis selon les dispositions prévues à l'article R. 612-1.

Elles ne sont plus tenues à cette obligation lorsqu'elles ne dépassent aucun des chiffres fixés pour ces critères pendant deux exercices successifs.

Les dispositions des articles R. 232-3 à R. 232-7 sont applicables, sous réserve des adaptations que rend nécessaires la forme juridique de ces personnes morales.

Art. R. 612-4 *(Mod., D. n° 2007-812, 10 mai 2007 ; D. n° 2019-966, 18 sept. 2019)*. – Lorsque le commissaire aux comptes met en œuvre la procédure d'alerte prévue à l'article L. 612-3, il est fait application soit des dispositions des articles R. 234-1 et suivants si la personne morale a un organe collégial chargé de l'administration distinct de l'organe chargé de la direction, soit des articles R. 234-5 et suivants dans les autres cas.

Pour l'application de ces deux dispositions, le président du tribunal compétent est celui du tribunal judiciaire.

Art. D. 612-5. – Le montant visé au premier alinéa de l'article L. 612-4 est fixé à 153 000 €.

Art. R. 612-6. – Le rapport mentionné au premier alinéa de l'article L. 612-5 contient :

1° L'énumération des conventions soumises à l'approbation de l'organe délibérant ou jointes aux documents communiqués aux adhérents en l'absence d'organe délibérant ;

2° Le nom des administrateurs intéressés ou des personnes intéressées assurant un rôle de mandataire social ;

3° La désignation de la personne ayant passé une convention dans les conditions du deuxième alinéa de l'article L. 612-5 ;

4° La nature et l'objet desdites conventions ;

5° Les modalités essentielles de ces conventions notamment l'indication des prix ou tarifs pratiqués, des ristournes et commissions consenties, des délais de paiement accordés, des intérêts stipulés, des sûretés conférées et, le cas échéant, toutes autres indications permettant à l'organe délibérant ou aux adhérents d'apprécier l'intérêt qui s'attachait à la conclusion des conventions analysées.

Art. R. 612-7. – Lorsque le rapport est établi par le commissaire aux comptes, le représentant légal de la personne morale avise ce dernier des conventions mentionnées à l'article L. 612-5 dans le délai d'un mois à compter de la conclusion desdites conventions.

TITRE II. – DE LA SAUVEGARDE

CHAPITRE I. – DE L'OUVERTURE DE LA PROCÉDURE

Section I. – De la saisine et de la décision du tribunal

Art. R. 621-1 *(Mod., D. n° 2009-160, 12 févr. 2009 ; D. n° 2010-368, 13 avr. 2010 ; D. n° 2011-236, 3 mars 2011 ; D. n° 2014-736, 30 juin 2014 ; D. n° 2015-903, 23 juill. 2015 ; D. n° 2015-1009, 18 août 2015 ; D. n° 2020-100, 7 févr. 2020).* – La demande d'ouverture de la procédure de sauvegarde est déposée par le représentant légal de la personne morale ou par le débiteur personne physique au greffe du tribunal compétent. Elle expose la nature des difficultés qu'il rencontre et les raisons pour lesquelles il n'est pas en mesure de les surmonter. Elle précise s'il s'engage à établir l'inventaire dans les conditions prévues à l'article L. 622-6-1 ainsi que le délai nécessaire à l'établissement de celui-ci ou s'il demande la désignation par le tribunal d'une personne chargée de réaliser l'inventaire en application du sixième alinéa de l'article L. 621-4.

À cette demande sont jointes, outre les comptes annuels du dernier exercice, les pièces ci-après :

1° Un extrait d'immatriculation aux registres et répertoires mentionnés à l'article R. 621-8 et à l'article L. 526-7 ou, le cas échéant, le numéro unique d'identification ;

Rédaction future. 1° *(1° rempl. à compter du 1er novembre 2021, D. n° 2021-631, 21 mai 2021)* Le numéro unique d'identification ;

2° Une situation de trésorerie ;

3° Un compte de résultat prévisionnel ;

4° Le nombre des salariés employés à la date de la demande, déterminé conformément aux dispositions de l'article R. 130-1 du Code de la sécurité sociale, et le montant du chiffre d'affaires, défini conformément aux dispositions du sixième alinéa de l'article D. 123-200, apprécié à la date de clôture du dernier exercice comptable ;

5° L'état chiffré des créances et des dettes avec l'indication selon le cas, du nom ou de la dénomination et du domicile ou siège des créanciers ainsi que, par créancier ou débiteur, le montant total des sommes à payer et à recouvrer au cours d'une période de trente jours à compter de la demande ; lorsque la demande est formée par un entrepreneur individuel à responsabilité limitée pour l'activité à laquelle un patrimoine a été affecté, les dettes portées sur l'état chiffré sont celles qui sont affectées à ce patrimoine et celles qui sont nées à l'occasion de l'exercice de cette activité ;

6° L'état actif et passif des sûretés ainsi que celui des engagements hors bilan ;

7° L'inventaire sommaire des biens du débiteur ; ou, si un patrimoine a été affecté à l'activité en difficulté, des biens affectés à l'exercice de cette activité ;

8° Le nom et l'adresse des représentants du comité d'entreprise ou des délégués du personnel habilités à être entendus par le tribunal s'ils ont déjà été désignés ;

9° Une attestation sur l'honneur certifiant l'absence de mandat *ad hoc* ou de procédure de conciliation dans les dix-huit mois précédant la date de la demande ou, dans le cas contraire, mentionnant la date de la désignation du mandataire *ad hoc* ou de l'ouverture de la procédure de conciliation ainsi que l'autorité qui y a procédé ; lorsque la demande est faite par un entrepreneur à responsabilité limitée, ces informations ne concernent que l'activité en difficulté ;

10° Lorsque le débiteur exerce une profession libérale soumise à un statut législatif ou réglementaire ou dont le titre est protégé, la désignation de l'ordre professionnel ou de l'autorité dont il relève ;

11° Lorsque le débiteur exploite une ou des installations classées au sens du Titre I du Livre V du Code de l'environnement, la copie de la décision d'autorisation ou d'enregistrement ou la déclaration ;

12° Lorsque le débiteur propose un administrateur à la désignation du tribunal, l'indication de l'identité et de l'adresse de la personne concernée.

Ces documents doivent être datés, signés et certifiés sincères et véritables par le débiteur. Ceux qui sont mentionnés aux 1° à 7°, à l'exception du 4°, sont établis à la date de la demande ou dans les sept jours qui précèdent.

Rédaction future. Ces documents doivent être datés, signés et certifiés sincères et véritables par le débiteur. Ceux qui sont mentionnés aux *(Réf. rempl. à compter du 1er novembre 2021, D. n° 2021-631, 21 mai 2021)* « 2° » à 7°, à l'exception du 4°, sont établis à la date de la demande ou dans les sept jours qui précèdent.

Dans le cas où l'un ou l'autre de ces documents ne peut être fourni ou ne peut l'être qu'incomplètement, la demande indique les motifs qui empêchent cette production.

Voir : la rédaction de cet article issue du décret n° 2021-1218 du 23 septembre 2021, en *addendum*, p. 3461.

Art. R. 621-2. – Avant qu'il ne soit statué sur l'ouverture de la procédure, le greffier, à la demande du président du tribunal, avise le représentant légal de la personne morale débitrice ou le débiteur personne physique qu'il doit réunir le comité d'entreprise ou, à défaut, les délégués du personnel, pour que soient désignées les personnes habilitées à être entendues par le tribunal et à exercer les voies de recours conformément à l'article L. 661-10. Une copie de cet avis est adressée par le greffier au secrétaire du comité d'entreprise ou, à défaut, aux délégués du personnel. Le procès-verbal de désignation est déposé au greffe.

Art. R. 621-2-1 ***(D. n° 2014-736, 30 juin 2014 ; mod., D. n° 2020-100, 7 févr. 2020).*** **– Lorsque le nombre de salariés employés par le débiteur, déterminé conformément aux dispositions du 4° de l'article R. 621-1, est au moins égal à 50, les institutions de garantie mentionnées à l'article L. 3253-14 du Code du travail sont invitées par le greffier à faire connaître la personne habilitée à les représenter à l'audience. Les observations prévues au cinquième alinéa de l'article L. 621-4 peuvent également être recueillies par écrit ; elles sont alors communiquées au débiteur et au ministère public par le greffe.**

Art. R. 621-3. – La décision du tribunal de commettre un juge, avant de statuer, en application de l'article L. 621-1, pour recueillir tous les renseignements sur la situation financière, économique et sociale de l'entreprise, est rendue dans les mêmes conditions que celles prévues aux deux premiers alinéas du même article, pour l'ouverture de la procédure.

Le rapport de ce juge, auquel est annexé le rapport de l'expert, lorsqu'il en a été désigné, est déposé au greffe et communiqué par le greffier au débiteur et au ministère public.

Le greffier informe le comité d'entreprise ou, à défaut, les délégués du personnel que leurs représentants peuvent prendre connaissance du rapport au greffe et les avise en même temps de la date de l'audience.

Voir : la rédaction de cet article issue du décret n° 2021-1218 du 23 septembre 2021, en *addendum*, p. 3461.

Art. R. 621-4 ***(Mod., D. n° 2014-736, 30 juin 2014).*** **– Le tribunal statue, le cas échéant, sur le rapport du juge commis. Celui-ci ne peut siéger ni participer au délibéré. Si le jugement ne peut être rendu sur-le-champ, le prononcé en est renvoyé à une prochaine audience dont la date est communiquée, lors de l'audience, au débiteur.**

Le jugement d'ouverture de la procédure prend effet à compter de sa date.

Art. R. 621-5 ***(Mod., D. n° 2014-736, 30 juin 2014).*** **– Lorsqu'il apparaît que le débiteur ne remplit pas les conditions requises pour l'ouverture d'une procédure de sauvegarde, le tribunal rejette la demande.**

Art. R. 621-6. – Le jugement qui ouvre la procédure de sauvegarde est notifié au débiteur par le greffier dans les huit jours de la date du jugement.

Arrêt non signifié. Le pourvoi dirigé contre un arrêt rendu sur l'appel d'un jugement statuant en dehors des cas prévus par les articles 160 et 170, alinéa 1er, du décret du 27 décembre 1985, dans lesquels la notification ou la signification incombe au greffier, n'est recevable qu'à condition que cet arrêt ait été préalablement signifié par la partie la plus diligente ; mais l'application immédiate, à l'occasion d'un revirement de jurisprudence, de cette règle d'irrecevabilité, dans une instance en cours, aboutirait à priver le demandeur au pourvoi d'un procès équitable, en lui interdisant l'accès au juge ; il n'y a donc pas lieu de faire une application immédiate de cette règle d'irrecevabilité au pourvoi en cassation formé par le mandataire *ad hoc* d'une société ayant fait l'objet d'un plan de cession, même si celui-ci n'a pas remis au greffe, dans le délai du dépôt du mémoire ampliatif, un acte de signification de l'arrêt attaqué, alors que cette décision, déclarant irrecevable son action en annulation de paiements faits durant la période suspecte, n'est pas au nombre de celles énumérées aux articles 160 et 170, alinéa 1er, du décret du 27 décembre 1985 [R. 621-6 et R. 621-7] (■ Cass. com., 13 nov. 2007, n° 05-13.248 : *JurisData* n° 2007-041387 ; *JCP* E 2008, 1155, note Cholet et 1432, n° 2, obs. Pétel).

Eu égard aux articles 6, § 1 de la Convention EDH, 611-1 et 675, CPC et 160, 161 et 170 du décret du 27 décembre 1985 [R. 621-6 et R. 621-7], le pourvoi doit être déclaré recevable (même déc.).

Art. R. 621-7 *(Mod., D. n° 2014-551, 27 mai 2014).* **– Le greffier adresse sans délai une copie du jugement ouvrant la procédure :**

1° Aux mandataires de justice désignés ;

2° Au procureur de la République ;

3° Au directeur départemental ou, le cas échéant, régional des finances publiques du département dans lequel le débiteur a son siège et à celui du département où se trouve le principal établissement.

Art. R. 621-7-1 *(D. n° 2014-736, 30 juin 2014).* **– Le greffier informe la personne chargée de réaliser l'inventaire de sa désignation par tout moyen.**

Art. R. 621-8 *(Mod., D. n° 2014-736, 30 juin 2014 ; D. n° 2015-1009, 18 août 2015 ; D. n° 2018-452, 5 juin 2018 ; D. n° 2019-966, 18 sept. 2019 ; D. n° 2020-106, 10 févr. 2020).* **– Le jugement d'ouverture de la procédure de sauvegarde est mentionné avec l'indication des pouvoirs conférés à l'administrateur, lorsqu'il en a été désigné, au registre du commerce et des sociétés s'il s'agit d'un commerçant ou d'une personne morale immatriculée à ce registre. En outre, pour les procédures ouvertes à compter du 26 juin 2018, le jugement est mentionné avec l'indication de la nature principale, secondaire ou territoriale de la procédure d'insolvabilité au sens des paragraphes 1, 2 ou 4 de l'article 3 du règlement (UE) n° 2015/848 du 20 mai 2015 relatif aux procédures d'insolvabilité, de la juridiction compétente pour connaître du recours à l'encontre de la décision d'ouverture de la procédure d'insolvabilité pour un motif de compétence internationale et du délai imparti pour former ce recours, et du délai imparti pour la déclaration des créances avec les références électroniques du portail prévu par les articles L. 814-2 et L. 814-13.**

À la demande du greffier du tribunal qui a ouvert la procédure, les mêmes mentions sont portées sur le répertoire des métiers ou sur le répertoire des entreprises dans les départements du Bas-Rhin, du Haut-Rhin et de la Moselle, s'il s'agit d'une entreprise artisanale.

S'il s'agit d'une personne non immatriculée au registre du commerce et des sociétés ou aux répertoires mentionnés au deuxième alinéa, les mentions sont portées sur un registre ouvert à cet effet au greffe du tribunal judiciaire. Dans ce cas, le greffier indique, selon le cas, le siège ou l'adresse du débiteur, les nom, prénoms et adresse du représentant légal de la personne morale débitrice ou du débiteur personne physique.

Si une déclaration d'affectation a été faite conformément à l'article L. 526-7, mention du jugement d'ouverture est également portée, à la demande du greffier du tribunal qui l'a prononcé, conformément aux 1°, 3° et 4° de cet article, soit sur le registre spécial mentionné à l'article R. 526-15 ou celui mentionné à l'article R. 134-6 du présent code, soit sur le registre prévu par l'article L. 311-2 du Code rural et de la pêche maritime.

Un avis du jugement est adressé pour insertion au *Bulletin officiel des annonces civiles et commerciales*. Cette insertion contient l'indication du nom du débiteur ou, lorsque la procédure est ouverte à raison de l'activité d'un entrepreneur individuel à responsabilité limitée à laquelle un patrimoine est affecté, la dénomination prévue par le dernier alinéa de l'article L. 526-6, selon le cas de son siège ou de son adresse professionnelle, de son numéro unique d'identification ainsi que, s'il y a lieu, du nom de la ville du greffe ou de *la chambre de métiers et de l'artisanat* de région où il est immatriculé ou, si un patrimoine a été affecté à l'activité en difficulté et selon le cas, de la ville où le greffe tient le registre prévu par l'article L. 526-7 ou, celle où est située la chambre d'agriculture mentionnée par ce texte, de l'activité exercée, de la date du jugement qui a ouvert la procédure et, le cas échéant, de celle de la cessation des paiements fixée par le tribunal si elle est différente. Elle précise également le nom et l'adresse du mandataire judiciaire et de l'administrateur s'il en a été désigné avec, dans ce cas, l'indication des pouvoirs qui lui sont conférés. Elle comporte l'avis aux créanciers d'avoir à déclarer leurs créances entre les mains du mandataire judiciaire et le délai imparti pour cette déclaration. Elle indique enfin les références électroniques du portail prévu par les articles L. 814-2 et L. 814-13. En outre, pour les procédures ouvertes à compter du 26 juin 2018, cette insertion précise la nature principale, secondaire ou territoriale de la procédure d'insolvabilité au sens des paragraphes 1, 2 ou 4 de l'article 3 du règlement n° (UE) 2015/848 du 20 mai 2015 relatif aux procédures d'insolvabilité et la

juridiction compétente pour connaître du recours à l'encontre de la décision d'ouverture de la procédure pour un motif de compétence internationale, ainsi que le délai pour former ce recours.

Le même avis est publié dans un support d'annonces légales du lieu où le débiteur a son siège ou son adresse professionnelle et, le cas échéant, ses établissements secondaires.

Le greffier procède d'office à ces publicités dans les quinze jours de la date du jugement.

Art. R. 621-8-1 *(D. n° 2009-160, 12 févr. 2009 ; mod., D. n° 2014-736, 30 juin 2014 ; D. n° 2019-1333, 11 déc. 2019).* – Pour l'application du deuxième alinéa de l'article L. 621-2, le tribunal est saisi par voie d'assignation aux fins d'extension de la procédure ou de réunion des patrimoines de l'entrepreneur individuel à responsabilité limitée ou, le cas échéant, dans les formes et selon la procédure prévues à l'article R. 631-4.

Le jugement est signifié au débiteur soumis à la procédure et au débiteur visé par l'extension, à la diligence du greffier, dans les huit jours de son prononcé. Il est communiqué, dans le même délai, aux personnes citées à l'article R. 621-7.

L'identification du destinataire de l'assignation et de la signification prévues aux deux alinéas précédents ainsi que de la convocation mentionnée à l'article R. 631-4 est complétée, le cas échéant, par la dénomination de l'entrepreneur individuel à responsabilité limitée ainsi que l'objet de l'activité professionnelle à laquelle le patrimoine a été affecté.

Le jugement qui prononce l'extension ou ordonne la réunion fait l'objet des publicités prévues à l'article R. 621-8. Toutefois, en cas d'appel du ministère public en application de l'article L. 661-1 ou en cas d'arrêt de l'exécution provisoire ordonnée en vertu du quatrième alinéa de l'article R. 661-1, ces publicités ne sont effectuées par le greffier du tribunal qu'au vu de l'arrêt de la cour d'appel qui lui est transmis par le greffier de cette cour dans les huit jours de son prononcé.

Art. R. 621-8-2 *(D. n° 2012-1190, 25 oct. 2012).* – Pour l'application du quatrième alinéa de l'article L. 621-2, le juge détermine le montant des sommes pour la garantie desquelles la mesure conservatoire est ordonnée au vu du passif déclaré dans la procédure collective ouverte ou, si le délai mentionné au premier alinéa de l'article R. 622-24 n'est pas expiré, au vu des relevés mentionnés à l'article R. 625-1.

Art. R. 621-9 *(Mod., D. n° 2014-736, 30 juin 2014).* – La période d'observation ouverte par le jugement peut être exceptionnellement prolongée, en application de l'article L. 621-3, pour une durée maximale de six mois.

Le président fixe l'affaire au rôle du tribunal au plus tard dix jours avant l'expiration de chaque période d'observation. Le greffier convoque à cette audience le débiteur, les mandataires de justice, les contrôleurs et en avise le ministère public.

Le tribunal statue sur la prolongation de la période d'observation après avis du ministère public. Il recueille préalablement les observations du débiteur, de l'administrateur, du mandataire judiciaire et des contrôleurs.

La décision prolongeant la période d'observation est communiquée aux personnes mentionnées à l'article R. 621-7 et aux contrôleurs. Elle est mentionnée aux registres ou répertoires prévus aux trois premiers alinéas de l'article R. 621-8.

Voir : la rédaction de cet article issue du décret n° 2021-1218 du 23 septembre 2021, en *addendum*, p. 3461.

Art. R. 621-10. – Dans le jugement d'ouverture ou à tout moment de la procédure, le tribunal peut désigner un juge-commissaire suppléant qui exerce les attributions du juge-commissaire momentanément empêché.

Art. R. 621-11 *(Mod., D. n° 2015-903, 23 juill. 2015 ; D. n° 2015-1009, 18 août 2015 ; D. n° 2020-100, 7 févr. 2020).* – Les seuils fixés en application du quatrième alinéa de l'article L. 621-4 sont pour le chiffre d'affaires hors taxes de 3 000 000 € et pour le nombre de salariés de vingt.

Le montant du chiffre d'affaires est défini conformément aux dispositions du sixième alinéa de l'article D. 123-200. Il est apprécié à la date de clôture du dernier exercice comptable.

Le nombre de salariés à prendre en compte est le nombre des salariés employés par le débiteur à la date de la demande d'ouverture de la procédure, déterminé conformément aux dispositions du 4° de l'article R. 621-1.

Art. R. 621-11-1 *(D. n° 2016-400, 1er avr. 2016 ; mod., D. n° 2020-100, 7 févr. 2020).* – I. – Le nombre d'établissements secondaires mentionné au 1° de l'article L. 621-4-1 est de trois.

Le seuil mentionné au sixième alinéa de ce même article correspond à un chiffre d'affaires net de 20 millions d'euros. Ce montant est défini conformément aux dispositions du cinquième alinéa de l'article D. 123-200 et est apprécié à la date de clôture du dernier exercice comptable.

II. – Le deuxième administrateur judiciaire et le deuxième mandataire judiciaire prévus à l'article L. 621-4-1 doivent être inscrits depuis dix ans au moins sur la liste mentionnée aux articles L. 811-2 et L. 812-2 et être titulaires, associés ou salariés d'une étude employant au moins quinze salariés. Le nombre de salariés à prendre en compte est le nombre de salariés employés par l'étude à la date de la demande d'ouverture de la procédure, défini conformément aux dispositions du septième alinéa de l'article D. 123-200.

Art. R. 621-12. – Lorsque, en application des articles L. 811-2 ou L. 812-2, le tribunal désigne pour exercer les fonctions d'administrateur judiciaire ou de mandataire judiciaire une personne physique qui n'est pas inscrite sur l'une des listes prévues par ces articles, celle-ci lui adresse sans délai l'attestation sur l'honneur prévue au quatrième alinéa de l'article L. 811-2 ou au troisième alinéa du II de l'article L. 812-2, la justification de la garantie et de l'assurance prévues à l'article L. 814-5 ainsi que le nom du commissaire aux comptes assurant, en application de l'article L. 811-11-1, le contrôle de sa comptabilité spéciale.

Art. R. 621-13 *(Mod., D. n° 2016-1851, 23 déc. 2016).* – Lorsque l'administrateur judiciaire ou le mandataire judiciaire désigné n'est pas inscrit sur l'une des listes prévues aux articles L. 811-2 ou L. 812-2, il est joint, par le greffier, à la copie du jugement mentionnée à l'article R. 621-7, un document reproduisant les termes selon le cas de l'article L. 811-2 ou de l'article L. 812-2, de l'article L. 811-11-1, de l'article L. 814-5, du dernier alinéa de l'article L. 621-4, des articles L. 622-18, L. 626-25 et L. 641-8, de l'article R. 621-12 ainsi que des articles R. 814-24 et R. 814-38.

Art. R. 621-14. – Dans les dix jours du prononcé du jugement d'ouverture, le représentant légal de la personne morale débitrice ou le débiteur personne physique, assisté de l'administrateur s'il en a été désigné, réunit le comité d'entreprise, les délégués du personnel ou, à défaut, les salariés. Les salariés élisent alors leur représentant par vote secret au scrutin uninominal à un tour.

Le procès-verbal de désignation du représentant des salariés, ou le procès-verbal de carence établi dans les conditions du deuxième alinéa de l'article L. 621-4, est immédiatement déposé au greffe du tribunal.

Voir : la rédaction de cet article issue du décret n° 2021-1218 du 23 septembre 2021, en *addendum*, p. 3461.

Art. R. 621-15 *(Mod., D. n° 2008-484, 22 mai 2008 ; D. n° 2019-966, 18 sept. 2019 ; D. n° 2019-1333, 11 déc. 2019).* – Le tribunal judiciaire est saisi des contestations relatives à la désignation du représentant des salariés par requête.

Cette requête n'est recevable que si elle est faite dans les deux jours suivant la désignation du représentant des salariés.

Dans les cinq jours de sa saisine, le tribunal judiciaire statue en dernier ressort, sans frais ni forme de procédure et sur simple avertissement qu'il donne deux jours à l'avance à toutes les parties intéressées.

La décision du tribunal judiciaire est notifiée par le greffier dans les deux jours.

Le délai du pourvoi en cassation est de cinq jours. Le pourvoi est formé, instruit et jugé dans les conditions fixées par les articles 999 à 1008 du Code de procédure civile.

Art. R. 621-16. – Le licenciement du représentant des salariés désigné en application de l'article L. 621-4 est régi par les dispositions des articles R. 436-1 à R. 436-8 et de l'article R. 436-10 du Code du travail. (1)

Section II. – Des organes de la procédure et des contrôleurs

Art. R. 621-17 *(Mod., D. n° 2009-160, 12 févr. 2009 ; D. n° 2014-736, 30 juin 2014).* – Pour l'application du quatrième alinéa de l'article L. 621-7, le juge-commissaire est saisi par voie de requête

(1) V. désormais C. trav., art. R. 2421-2 à R. 2421-16 et R. 2422-1.

déposée ou adressée au greffe. Le greffier convoque par lettre recommandée avec demande d'avis de réception le demandeur ainsi que, selon les cas, l'administrateur, le mandataire judiciaire ou l'expert ; il avise le ministère public de la date de l'audience.

Lorsqu'une demande de remplacement de l'administrateur, de l'expert ou du mandataire judiciaire est portée devant le tribunal par le ministère public ou par le juge-commissaire ou lorsque le tribunal se saisit d'office aux mêmes fins, la convocation de la personne dont le remplacement ou la révocation est en cause est faite dans les formes et selon la procédure prévue à l'article R. 631-3 ou R. 631-4, selon le cas. Il en va de même lorsqu'une demande de révocation de l'un des contrôleurs est portée devant le tribunal par le ministère public.

Le tribunal statue après avis du ministère public, si celui-ci n'est pas demandeur.

Les dispositions qui précèdent s'appliquent pour l'adjonction d'un ou de plusieurs administrateurs ou d'un ou de plusieurs mandataires judiciaires.

Lorsque l'administrateur ou le mandataire judiciaire demande son remplacement en application du sixième alinéa de l'article L. 621-7, la demande est formée par lettre simple adressée au juge-commissaire. L'ordonnance rendue par le président du tribunal est communiquée au ministère public par le greffier, qui en avise, par lettre simple, l'administrateur ou le mandataire judiciaire qui est remplacé, l'administrateur ou le mandataire judiciaire désigné pour le remplacer ainsi que le débiteur.

Art. R. 621-18. – Le mandataire de justice qui cesse ses fonctions rend ses comptes à celui qui le remplace, en présence du juge-commissaire, le débiteur entendu ou appelé à la diligence du greffier du tribunal.

Art. R. 621-19. – Le mandataire judiciaire prend toute mesure pour informer et consulter les créanciers.

Les créanciers qui en font la demande par lettre recommandée avec demande d'avis de réception au mandataire judiciaire sont tenus informés par celui-ci des étapes essentielles de la procédure au fur et à mesure du déroulement de celle-ci.

Art. R. 621-20. – Dans le délai de deux mois après le jugement d'ouverture, le mandataire judiciaire et l'administrateur, lorsqu'il en a été désigné, adressent un rapport au juge-commissaire et au ministère public sur le déroulement de la procédure et la situation économique et financière dans laquelle se trouve le débiteur. Ce rapport est déposé au greffe.

Art. R. 621-21 *(Mod., D. n° 2014-736, 30 juin 2014 ; D. n° 2019-1333, 11 déc. 2019).* – Le juge-commissaire statue par ordonnance sur les demandes, contestations et revendications relevant de sa compétence ainsi que sur les réclamations formulées contre les actes de l'administrateur, du mandataire judiciaire et du commissaire à l'exécution du plan. Le juge-commissaire est saisi par requête, sauf s'il en est disposé autrement.

Si le juge-commissaire n'a pas statué dans un délai raisonnable, le tribunal peut être saisi à la demande d'une partie ou du ministère public.

Les ordonnances du juge-commissaire sont déposées sans délai au greffe qui les communique aux mandataires de justice et les notifie aux parties et aux personnes dont les droits et obligations sont affectés. Sur sa demande, elles sont communiquées au ministère public.

Ces ordonnances peuvent faire l'objet d'un recours devant le tribunal dans les dix jours de la communication ou de la notification, par déclaration faite contre récépissé ou adressée par lettre recommandée avec demande d'avis de réception au greffe.

Le ministère public peut également saisir le tribunal par requête motivée, dans les dix jours de la communication qui lui est faite de l'ordonnance.

L'examen du recours est fixé à la première audience utile du tribunal, les intéressés et les mandataires de justice étant avisés.

Bibliographie : Vallansan, *Les recours contre les ordonnances du juge-commissaire : Rev. proc. coll.* 2019, dossier 40.

1) **Recours.** Aucun texte n'interdit ou ne limite l'appel contre les jugements statuant sur le recours formé contre les décisions du juge-commissaire (▪ Cass. com., 12 janv. 2016, n° 14-18.936 : *JurisData* n° 2016-000234 ; *JCP* E 2016, 1101, obs. Brignon ; 1198, n° 1, obs. Pétel▪ Cass. com., 14 oct. 2008, n° 07-17.824 : *JurisData* n° 2008-045438 ; JCP E 2009, 1008, n° 15, obs. Cabrillac ; *Act. proc. coll.* 2008-18, n° 289).

2) **Autorité de chose jugée.** L'ordonnance est revêtue de l'autorité de chose jugée de sorte que le juge-commissaire ne peut pas revenir sur sa déci-

sion (diminution du prix d'un fonds de commerce dont la cession avait été autorisée : ▪ T. com. Valenciennes, 21 août 2012 : *Rev. proc. coll.* 2012, étude 41, obs. J.-L. Vallens).

3) Notification. Il résulte de l'article 651, alinéa 3 du Code de procédure civile qu'est autorisée la notification d'un jugement par voie de signification à l'initiative d'une partie, alors même que la loi la prévoit en la forme ordinaire à la diligence du greffe (▪ Cass. com., 10 mars 2015, n° 13-22.777 : *Rev. proc. coll.* 2015, comm. 83, obs. Cagnoli ; *Gaz. Pal.* 5 mai 2015, p. 40, obs. Le Corre-Broly).

Mais la notification par une partie ne fait courir le délai de recours que si celle-ci y a procédé par voie de signification (▪ Cass. com., 24 janv. 2018, n° 16-20.197 : *JurisData* n° 2018-000714 ; *JCP* E 2018, 1159, n° 5, obs. Tehrani ; *Act. proc. coll.* févr. 2018, comm. 60, obs. Cagnoli ; *LEDEN* mars 2018, p. 4, obs. Staes).

Art. R. 621-22 *(Abr., D. n° 2014-736, 30 juin 2014).*

Art. R. 621-23 *(Mod., D. n° 2014-736, 30 juin 2014).* **– Avant de désigner un technicien en application de l'article L. 621-9, le juge-commissaire recueille les observations du débiteur. Toutefois, lorsqu'il apparaît fondé de ne pas appeler de partie adverse, le juge-commissaire statue non contradictoirement.**

Dès l'achèvement de la mission du technicien, le juge-commissaire arrête sa rémunération en fonction notamment des diligences accomplies, de la qualité du travail fourni et du respect des délais impartis.

Lorsque le juge-commissaire envisage de fixer cette rémunération à un montant inférieur au montant demandé, il doit au préalable inviter le technicien à formuler des observations.

Le juge-commissaire délivre au technicien, sur sa demande, un titre exécutoire.

Art. R. 621-24 *(Mod., D. n° 2014-736, 30 juin 2014).* **– Le créancier demandant à être nommé contrôleur en application du premier alinéa de l'article L. 621-10 doit en faire la déclaration au greffe. Il indique le montant de sa ou de ses créances, ainsi que, le cas échéant, la nature des sûretés dont il est titulaire.**

Les créanciers et institutions mentionnés au deuxième alinéa de l'article L. 621-10, qui demandent à être désignés contrôleurs, en font la déclaration au greffe, transmettent leur demande par lettre recommandée avec demande d'avis de réception ; ils indiquent, selon les mêmes modalités, le nom de la personne qui les représente dans ces fonctions. Le délai prévu par l'alinéa suivant n'est pas applicable.

Aucun contrôleur ne peut être désigné par le juge-commissaire avant l'expiration d'un délai de vingt jours à compter du prononcé du jugement d'ouverture de la procédure.

Le cas échéant, l'ordre professionnel ou l'autorité compétente dont relève le débiteur déclare au greffe ou transmet par lettre recommandée avec demande d'avis de réception le nom de la personne qu'il a désignée pour le représenter dans sa fonction de contrôleur. En l'absence de cette déclaration, son représentant légal exerce cette fonction.

Le créancier qui demande à être désigné contrôleur atteste sur l'honneur qu'il remplit les conditions prévues au troisième alinéa de l'article L. 621-10.

Art. R. 621-25. – Les fonctions du juge-commissaire et des contrôleurs prennent fin au jour où le compte rendu de fin de mission de l'administrateur judiciaire, du mandataire judiciaire et, le cas échéant, du commissaire à l'exécution du plan, a été approuvé.

Art. R. 621-26 *(Mod., D. n° 2015-1009, 18 août 2015).* **– Pour l'application de l'article L. 621-12, le tribunal est saisi par voie de requête ou, le cas échéant, dans les formes et selon la procédure prévue à l'article R. 631-4.**

Il statue après avoir entendu ou dûment appelé le mandataire judiciaire, l'administrateur lorsqu'il en a été désigné, les contrôleurs et les représentants du comité d'entreprise ou, à défaut, les délégués du personnel, et après avoir recueilli l'avis du ministère public.

Le jugement par lequel le tribunal convertit la procédure de sauvegarde en une procédure de redressement judiciaire est signifié à la diligence du greffier dans les huit jours de son prononcé aux personnes qui ont qualité pour interjeter appel, à l'exception du ministère public.

Il est communiqué aux personnes citées à l'article R. 621-7 et fait l'objet des publicités prévues à l'article R. 621-8.

Voir : la rédaction de cet article issue du décret n° 2021-1218 du 23 septembre 2021, en *addendum*, p. 3461.

CHAPITRE II. – DE L'ENTREPRISE AU COURS DE LA PÉRIODE D'OBSERVATION

Art. R. 622-1 *(Mod., D. n° 2014-736, 30 juin 2014)*. – La demande de modification de la mission de l'administrateur est adressée par requête au tribunal qui statue après avoir recueilli les observations du débiteur ainsi que celles de l'administrateur, du mandataire judiciaire et du ministère public lorsqu'ils ne sont pas demandeurs.

Toute décision modifiant la mission de l'administrateur est notifiée au débiteur. Elle est communiquée aux personnes citées à l'article R. 621-7 et mentionnée aux registres ou répertoires prévus aux trois premiers alinéas de l'article R. 621-8.

Section I. – Des mesures conservatoires

Art. R. 622-2. – Dès le jugement d'ouverture, le débiteur est tenu de signaler à l'administrateur ou, à défaut, au mandataire judiciaire, tous ses établissements et d'en faciliter l'accès, de communiquer la liste du personnel ainsi que tous éléments permettant de déterminer les salaires et indemnités à payer.

Art. R. 622-3. – Dans le cas où des comptes annuels n'ont pas été établis ou mis à sa disposition, l'administrateur, lorsqu'il en a été désigné, dresse à l'aide de tout document ou renseignement disponible un état de la situation.

Art. R. 622-4 *(Mod., D. n° 2009-160, 12 févr. 2009 ; D. n° 2014-736, 30 juin 2014)*. – L'inventaire prévu à l'article L. 622-6 est réalisé, le débiteur ou ses ayants droit connus, présents ou appelés.

Le débiteur remet à la personne désignée pour dresser l'inventaire la liste des biens gagés, nantis ou placés sous sujétion douanière ainsi que celle des biens qu'il détient en dépôt, location ou crédit-bail, ou sous réserve de propriété ou, plus généralement, qui sont susceptibles d'être revendiqués par des tiers. Il énumère les biens dont il est susceptible de demander la reprise dans les conditions prévues par l'article L. 624-19. Cette liste est annexée à l'inventaire.

Le cas échéant, lorsqu'il n'est pas immatriculé au registre du commerce et des sociétés ou au répertoire des métiers, il informe le mandataire judiciaire de la déclaration d'insaisissabilité à laquelle il a procédé en application de l'article L. 526-1.

L'inventaire est déposé au greffe du tribunal par celui qui l'a réalisé. Celui-ci en remet une copie au débiteur, à l'administrateur, lorsqu'il en a été désigné, et au mandataire judiciaire.

Le président du tribunal ou son délégué arrête la rémunération de la personne désignée pour dresser l'inventaire, au vu d'un compte détaillé, le cas échéant selon le tarif qui lui est applicable.

En l'absence de tarif réglementé, les dispositions des deuxième et troisième alinéas de l'article R. 621-23 sont applicables.

Art. R. 622-4-1 *(D. n° 2009-160, 12 févr. 2009)*. – Lorsque l'inventaire est établi par le débiteur en application de l'article L. 622-6-1, celui-ci tient informés l'administrateur, lorsqu'il en a été désigné, et le mandataire judiciaire du déroulement des opérations. Ces mandataires de justice ainsi que le juge-commissaire et le ministère public peuvent requérir communication de tous actes ou documents relatifs à l'inventaire.

Le débiteur annexe à l'inventaire la liste mentionnée au deuxième alinéa de l'article R. 622-4 et procède à l'information prévue au troisième alinéa du même article.

L'inventaire est déposé au greffe du tribunal par le débiteur qui en remet une copie à l'administrateur, lorsqu'il en a été désigné, et au mandataire judiciaire.

Pour l'application du deuxième alinéa de l'article L. 622-6-1, la demande est formée par requête déposée ou adressée au greffe. Le greffier convoque le débiteur par lettre recommandée avec demande d'avis de réception et *avise de la date de l'audience l'administrateur*, lorsqu'il en a été désigné, le mandataire judiciaire et le ministère public. En cas de saisine d'office, une note par laquelle le juge-commissaire expose les faits de nature à motiver sa saisine est jointe à la convocation et aux avis.

Art. R. 622-5 *(Mod., D. n° 2014-736, 30 juin 2014 ; D. n° 2015-1009, 18 août 2015)*. – La liste des créanciers établie par le débiteur conformément à l'article L. 622-6 comporte les nom ou dénomination, siège ou domicile de chaque créancier avec l'indication du montant des sommes dues au jour du jugement d'ouverture, des sommes à échoir et de leur date d'échéance, de la nature de la créance, des sûretés et privilèges dont chaque créance est assortie. Elle comporte l'objet des principaux contrats en cours.

Dans les huit jours qui suivent le jugement d'ouverture, le débiteur remet la liste à l'administrateur et au mandataire judiciaire. Celui-ci la dépose au greffe.

Pour l'application du troisième alinéa de l'article L. 622-24, toute déclaration faite par le débiteur, dans le délai fixé par le premier alinéa de l'article R. 622-24, doit comporter les éléments prévus aux deux premiers alinéas de l'article L. 622-25 et, le cas échéant, ceux prévus par le 2° de l'article R. 622-23.

Section II. – De la gestion de l'entreprise

Art. R. 622-6 *(D. n° 2009-160, 12 févr. 2009 ; mod., D. n° 2014-736, 30 juin 2014)*. – Lorsque le juge-commissaire statue sur une demande d'autorisation présentée par le débiteur en application du II de l'article L. 622-7, le greffier convoque le débiteur, l'administrateur, lorsqu'il en a été désigné, le mandataire judiciaire et, s'il y a lieu, les créanciers titulaires de sûretés spéciales sur les biens dont la vente est envisagée.

La demande d'autorisation portant sur un acte susceptible d'avoir une incidence déterminante sur l'issue de la procédure est formée par requête du débiteur et, s'il en a été nommé, de l'administrateur judiciaire sauf s'il n'a qu'une mission de surveillance. Sur la demande du juge-commissaire, le greffe du tribunal adresse copie de la requête au ministère public au plus tard huit jours avant la date de l'audience.

Art. R. 622-7 *(Mod., D. n° 2009-160, 12 févr. 2009)*. – En cas de vente d'un bien visé au premier alinéa de l'article L. 622-8, le prix est remis à l'administrateur ou, à défaut, au mandataire judiciaire en vue de son versement à la Caisse des dépôts et consignations. Les fonds sont indisponibles pendant la période d'observation.

Toutefois, des paiements provisionnels peuvent être effectués dans les conditions définies au deuxième alinéa de l'article L. 622-8. Sur avis du débiteur et de l'administrateur s'il en a été désigné ou, à défaut, du mandataire judiciaire, le juge-commissaire saisi d'une demande d'un des créanciers statue au vu de la déclaration de créance, des documents justificatifs de la déclaration de créance et, le cas échéant, de la garantie prévue au même article. La provision est allouée à hauteur d'un montant non sérieusement contestable en fonction de ces éléments et du rang de collocation de la créance.

Sur ordonnance du juge-commissaire, les fonds indûment versés sont restitués sur première demande du mandataire de justice habilité.

Voir : la rédaction de cet article issue du décret n° 2021-1218 du 23 septembre 2021, en *addendum*, p. 3461.

Art. R. 622-8. – Le juge-commissaire statue sur la requête aux fins de substitution formée conformément au troisième alinéa de l'article L. 622-8 après avoir entendu le débiteur, l'administrateur, le créancier en cause et le mandataire judiciaire, ou ceux-ci convoqués par le greffier.

Les radiations et inscriptions de sûretés sont requises par le demandeur ou le bénéficiaire sur injonction faite par le juge-commissaire dans son ordonnance. Les frais y afférents sont à la charge du débiteur. La radiation ne peut intervenir qu'après constitution de la garantie substituée.

Section III. – De la poursuite de l'activité

Art. R. 622-9. – À la fin de chaque période d'observation fixée par le tribunal et, à tout moment, à la demande du ministère public ou du juge-commissaire, le débiteur informe ces derniers, l'administrateur s'il en a été désigné, le mandataire judiciaire et les contrôleurs des résultats de l'exploitation, de la situation de trésorerie et de sa capacité à faire face aux dettes mentionnées au I de l'article L. 622-17.

Art. R. 622-10 *(D. n° 2009-160, 12 févr. 2009 ; mod., D. n° 2014-736, 30 juin 2014)*. – Pour l'application du premier alinéa de l'article L. 622-10, le tribunal est saisi par voie de requête. Le jugement qui ordonne la cessation partielle de l'activité est communiqué aux personnes citées à l'article R. 621-7 et mentionné aux registres ou répertoires prévus aux trois premiers alinéas de l'article R. 621-8.

Art. R. 622-11 *(Mod., D. n° 2009-160, 12 févr. 2009).* – Pour l'application des deuxième et troisième alinéas de l'article L. 622-10, le tribunal est saisi par voie de requête ou, le cas échéant, dans les formes et selon la procédure prévues à l'article R. 631-3 ou R. 631-4.

Le jugement qui convertit la procédure en redressement judiciaire ou prononce la liquidation judiciaire est notifié au débiteur dans les huit jours de son prononcé. Lorsqu'il n'est pas demandeur, il lui est signifié dans le même délai.

Ce jugement est, en outre, signifié à la diligence du greffier, dans le même délai, aux personnes qui ont qualité pour interjeter appel, à l'exception du ministère public.

Il est communiqué aux personnes citées à l'article R. 621-7 et fait l'objet des publicités prévues à l'article R. 621-8.

Art. R. 622-12. – La décision par laquelle le tribunal met fin à la procédure en application de l'article L. 622-12 est sans délai suivie d'un compte rendu de fin de mission déposé par les mandataires de justice dans les conditions des articles R. 626-39 et R. 626-40. Elle est communiquée aux personnes citées à l'article R. 621-7 et fait l'objet des publicités prévues à l'article R. 621-8. L'article R. 626-41 est applicable.

Art. R. 622-13 *(Mod., D. n° 2009-160, 12 févr. 2009).* – Le greffier avise le cocontractant de la décision du juge-commissaire accordant à l'administrateur la prolongation prévue au 1° du III de l'article L. 622-13.

Le juge-commissaire constate, sur la demande de tout intéressé, la résiliation de plein droit des contrats dans les cas prévus au III de l'article L. 622-13 et à l'article L. 622-14, ainsi que la date de cette résiliation.

La demande de résiliation présentée par l'administrateur en application du IV de l'article L. 622-13 est formée par requête adressée ou déposée au greffe. Le greffier convoque le débiteur et le cocontractant par lettre recommandée avec demande d'avis de réception et avise l'administrateur de la date de l'audience.

Art. R. 622-14 *(Mod., D. n° 2009-160, 12 févr. 2009).* – La décision du juge-commissaire qui autorise les prêts et accorde des délais de paiement conformément au 2° du III de l'article L. 622-17 est transcrite sur le registre tenu à cet effet au greffe du tribunal avec l'indication de l'identité du débiteur, du montant des prêts, de l'identification du prêteur et de l'échéance des prêts ou des délais de paiement.

Art. R. 622-15 *(Mod., D. n° 2009-160, 12 févr. 2009 ; D. n° 2014-736, 30 juin 2014).* – L'administrateur, lorsqu'il en a été désigné, tient le mandataire judiciaire infomé des créances mentionnées au I de l'article L. 622-17 dont il a eu connaissance dans les conditions prévues au IV du même article.

La liste de ces créances est transmise par l'administrateur ou, à défaut, le mandataire judiciaire, dès la cessation de leurs fonctions, au commissaire à l'exécution du plan, ou au liquidateur, selon le cas, qui la complète.

Le commissaire à l'exécution du plan ou le liquidateur dépose cette liste au greffe du tribunal à l'issue du délai d'un an qui suit la fin de la période d'observation, où tout intéressé peut en prendre connaissance. Le greffier fait publier au *Bulletin officiel des annonces civiles et commerciales* une insertion indiquant ce dépôt et le délai pour présenter une contestation.

Tout intéressé peut contester cette liste devant le juge-commissaire dans un délai d'un mois à compter de la publication.

Les créances rejetées de cette liste par le juge-commissaire sont réputées avoir été déclarées dans les conditions de l'article L. 622-24. Dans ce cas, le créancier adresse au mandataire judiciaire les informations prévues à l'article L. 622-25 et à l'article R. 622-23 ; si ces informations ont déjà été transmises par le créancier ou pour son compte à l'occasion d'une déclaration faite conformément à l'article L. 622-24 et sur l'admission de laquelle il n'a pas été statué, le créancier en conserve le bénéfice. Toutefois, le mandataire judiciaire peut opposer au créancier les délais prévus à l'article L. 622-24 lorsque celui-ci a reçu, pour la même créance, un avertissement d'avoir à déclarer sa créance.

Lorsque l'information prévue au premier alinéa a été faite par la voie du portail mentionné aux articles L. 814-2 et L. 814-13, les documents justificatifs peuvent également être transmis par la même voie.

Liste des créances de procédure. L'absence d'inscription d'une créance sur la liste des créances postérieures, qui n'est sanctionnée que par la perte du privilège du paiement prioritaire, est sans effet sur le droit de poursuite du créancier devant la juridiction de droit commun (■ Cass. com., 2 juin 2016, n° 14-21.668 : *JurisData* n° 2016-012695 ; *JCP* E 2016, 1596, note Boissin et Reille ; *ibid.* 1661, n° 9, obs. Pétel ; *Gaz. Pal.* 18 oct. 2016, p. 55, obs. Boustani).

Art. R. 622-16. – Le débiteur, l'administrateur s'il en a été désigné et, le cas échéant, le mandataire judiciaire indiquent au juge-commissaire et au ministère public, lorsqu'ils en font la demande, le solde des comptes bancaires de l'entreprise ainsi que celui des comptes ouverts à la Caisse des dépôts et consignations.

Si la poursuite de l'activité l'exige, le juge-commissaire peut modifier la répartition des sommes entre, d'une part, les comptes de l'entreprise et, d'autre part, les comptes ouverts à la Caisse des dépôts et consignations.

Art. R. 622-17. – La déclaration à l'administration fiscale faite en application de l'article L. 622-19 incombe au débiteur.

Art. R. 622-18. – En application du premier alinéa de l'article L. 622-20, l'action d'un créancier nommé contrôleur, dans l'intérêt collectif des créanciers, n'est recevable qu'après une mise en demeure adressée au mandataire judiciaire par lettre recommandée avec demande d'avis de réception restée infructueuse pendant deux mois à compter de la réception de celle-ci.

Art. R. 622-19 *(Mod., D. n° 2019-966, 18 sept. 2019).* – Conformément au II de l'article L. 622-21, les procédures de distribution du prix de vente d'un immeuble et les procédures de distribution du prix de vente d'un meuble ne faisant pas suite à une procédure d'exécution ayant produit un effet attributif avant le jugement d'ouverture, en cours au jour de ce jugement, sont caduques. Les fonds sont remis au mandataire judiciaire, le cas échéant par le séquestre qui par cette remise est libéré à l'égard des parties.

Si le tribunal arrête un plan, le mandataire judiciaire remet ces fonds au commissaire à l'exécution du plan aux fins de répartition.

Lorsque la procédure de distribution du prix de vente d'un immeuble mentionnée au premier alinéa a été ouverte dans les conditions prévues au premier alinéa de l'article R. 331-3 du Code des procédures civiles d'exécution et que l'acquéreur a accompli les formalités de purge ou a été dispensé d'y procéder, celui-ci peut saisir le tribunal judiciaire aux fins de faire prononcer la radiation des inscriptions.

L'acquéreur joint à sa demande un justificatif du paiement du prix, un état des inscriptions sur formalité, la justification de l'accomplissement des formalités de purge ou de l'obtention de l'accord des créanciers inscrits pour l'en dispenser et la justification du paiement des frais préalables de vente mentionnés à l'article 2209 du Code civil.

Le greffier convoque les créanciers qui n'ont pas donné mainlevée de leurs inscriptions, à domicile élu, par lettre recommandée avec demande d'avis de réception. La convocation comporte l'indication qu'ils disposent d'un délai de trente jours à compter de la réception de la lettre recommandée pour faire opposition au paiement du prix par déclaration au greffe ou par lettre recommandée avec demande d'avis de réception.

Le juge statue sur les oppositions et ordonne la radiation des inscriptions.

1) **Séquestre conventionnel.** La procédure de distribution du prix de cession d'un fonds de commerce ayant fait l'objet, avant le jugement d'ouverture, d'un séquestre conventionnel entre dans le champ d'application de l'article R. 622-19 (■ Cass. com., 8 juin 2010, n° 09-68.594 : *JurisData* n° 2010-008787 ; *JCP* E 2010, 1742, n° 4, obs. Ph. Pétel ; *D.* 2010, p. 1478, obs. A. Lienhard ; *Rev. jur. com.* 2011, 58, obs. J.-P. Sortais).

2) **Effet attributif.** Une procédure de distribution du prix de vente d'un immeuble vendu par adjudication n'ayant pas produit un effet attributif à l'égard des créanciers avant le jugement d'ouverture est caduque ; c'est à l'égard du seul débiteur que la consignation du prix produit les effets d'un paiement si la distribution n'est pas intervenue dans les 6 mois (■ Cass. com., 17 avr. 2019, n° 17-15.960 : *JCP* E 2019, 1375, n° 7, obs. Pétel ; *Act. proc. coll.* 2019-10, comm. 138, obs. P. Cagnoli ; *Gaz. Pal.* 15 oct. 2019, p. 43, obs. Guastella). V. aussi : O. Staes, *Critère de la caducité des procédures de distribution en cours : effet attributif des voies d'exécution ou de la distribution ? : Rev. proc. coll.* 2012, étude 18).

3) **Bien indivis.** La procédure de distribution du prix d'un bien indivis diligentée par un créancier de l'indivision n'est pas caduque en raison de la liquidation judiciaire de l'un des indivisaires (■ Cass. 2e civ., 16 mai 2013, n° 12-16.216 : *JurisData* n° 2013-009423 ; *Act. proc. coll.* 2013, comm. 134).

4) **Sort des fonds.** Les fonds remis au mandataire judiciaire en raison de la caducité de la procédure de distribution en cours n'ont pas vocation à financer une poursuite d'activité (■ Cass. com., 17 nov. 2015, n° 14-19.504 : *JurisData* n° 2015-025758 ; *JCP* E 2016, 1198, n° 3, obs. Pétel ; *Act. proc. coll.* 2016, comm. 1, obs. Staes).

Art. R. 622-20 *(Mod., D. n° 2014-736, 30 juin 2014).* – L'instance interrompue en application de l'article L. 622-22 est reprise à l'initiative du créancier demandeur, dès que celui-ci a produit à la juridiction saisie de l'instance une copie de la déclaration de sa créance ou tout autre élément justifiant de la mention de sa créance sur la liste prévue par l'article L. 624-1 et mis en cause le mandataire judiciaire ainsi que, le cas échéant, l'administrateur lorsqu'il a pour mission d'assister le débiteur ou le commissaire à l'exécution du plan.

Les décisions passées en force de chose jugée rendues après reprise d'instance sont à la demande du mandataire judiciaire portées sur l'état des créances par le greffier du tribunal ayant ouvert la procédure.

Section IV. – De la déclaration de créances

Art. R. 622-21 *(Mod., D. n° 2009-160, 12 févr. 2009 ; D. n° 2014-736, 30 juin 2014 ; D. n° 2015-1009, 18 août 2015)*. – Le mandataire judiciaire, dans le délai de quinze jours à compter du jugement d'ouverture, avertit les créanciers connus d'avoir à lui déclarer leurs créances dans le délai mentionné à l'article R. 622-24.

Les cocontractants mentionnés aux articles L. 622-13 et L. 622-14 bénéficient d'un délai d'un mois à compter de la date de la résiliation de plein droit ou de la notification de la décision prononçant la résiliation pour déclarer au passif la créance résultant de cette résiliation. Il en est de même des créanciers d'indemnités et pénalités mentionnées au 2° du III de l'article L. 622-17 en cas de résiliation d'un contrat régulièrement poursuivi.

L'avertissement du mandataire judiciaire reproduit les dispositions légales et réglementaires relatives aux délais et formalités à observer pour la déclaration des créances, pour la demande en relevé de forclusion et pour les actions en revendication et en restitution. Cet avertissement reproduit également les articles L. 621-10, R. 621-19, R. 621-24 et D. 814-58-3. Le cas échéant, l'avertissement précise que la créance a été portée par le débiteur sur la liste prévue par l'article L. 622-6 conformément aux dispositions du second alinéa de l'article R. 622-5. Les créanciers titulaires d'une sûreté publiée ou liés au débiteur par un contrat publié sont avertis personnellement ou, s'il y a lieu, à domicile élu, par lettre recommandée avec demande d'avis de réception.

Les institutions mentionnées à l'article L. 143-11-4 du Code du travail (1) déclarent les créances figurant sur les relevés prévus à l'article L. 625-1, y compris celles qu'elles refusent de régler pour quelque cause que ce soit. Le délai de déclaration prend fin quinze jours après l'expiration des délais de règlement prévus au troisième alinéa de l'article L. 143-11-7 du Code du travail. (1)

1) **Délai spécial de déclaration.** Pas de forclusion pour le bailleur qui déclare une créance résultant de la résiliation du bail après l'expiration du délai imparti par l'article R. 622-21, alinéa 2, mais dans le délai de deux mois à compter de la publication du jugement d'ouverture au *BODACC* (■ Cass. com., 26 mars 2013, n° 12-13.662 : *JurisData* n° 2013-002760 ; *JCP* E 2013, 1276, obs. A. Cerati-Gauthier ; *ibid.* 1434, n° 2, obs. Ph. Pétel ; *D.* 2013, p. 903, obs. A. Lienhard).

La créance peut être déclarée à titre conservatoire, avant la résiliation, dans le délai de droit commun (■ Cass. com., 5 nov. 2013, n° 12-20.263 : *JurisData* n° 2013-025023 ; *Act. proc. coll.* 2013, comm. 281, obs. P. Cagnoli).

2) **Contenu de l'avis.** Il importe peu que l'avertissement ne vise pas les textes en vigueur s'il suffit à informer le créancier de ses droits et obligations (■ Cass. com., 17 févr. 2015, n° 13-24.403 : *Rev. proc. coll.* 2015, comm. 38, obs. Legrand). Mais l'avertissementne reproduisant pas les dispositions de l'article R. 621-19, insuffisant à informer le créancier de tous ses droits et obligations, n'a pas fait courir le délai de déclaration (■ Cass. com., 22 mars 2017, n° 15-19.317 : *JurisData* n° 2017-005027 ; *JCP* E 2017, 1460, n° 8, obs. Tehrani ; *Gaz. Pal.* 2017, n° 24, p. 56, obs. Le Corre).

Art. R. 622-22 *(Mod., D. n° 2014-736, 30 juin 2014)*. – En application du sixième alinéa de l'article L. 622-24, les créanciers dont les créances, nées régulièrement après le jugement d'ouverture autres que celles mentionnées au I de l'article L. 622-17, résultent d'un contrat à exécution successive déclarent leurs créances, pour la totalité des sommes échues et à échoir, sur la base d'une évaluation, dans un délai de deux mois à compter de la publication du jugement d'ouverture au *Bulletin officiel des annonces civiles et commerciales*.

Lorsque le contrat est conclu postérieurement à ce jugement, les créanciers déclarent leurs créances pour la totalité des sommes échues et à échoir, sur la base d'une évaluation, dans un délai de deux mois à compter de la première échéance impayée, qu'elle ait été ou non régularisée.

(1) V. désormais C. trav., art. L. 3253-19, *infra*, annexe 6, *Des difficultés des entreprises*, p. 3319.

Art. R. 622-23. – Outre les indications prévues à l'article L. 622-25, la déclaration de créance contient :

1° Les éléments de nature à prouver l'existence et le montant de la créance si elle ne résulte pas d'un titre ; à défaut, une évaluation de la créance si son montant n'a pas encore été fixé ;

2° Les modalités de calcul des intérêts dont le cours n'est pas arrêté, cette indication valant déclaration pour le montant ultérieurement arrêté ;

3° L'indication de la juridiction saisie si la créance fait l'objet d'un litige.

À cette déclaration sont joints sous bordereau les documents justificatifs ; ceux-ci peuvent être produits en copie. À tout moment, le mandataire judiciaire peut demander la production de documents qui n'auraient pas été joints.

Voir : la rédaction de cet article issue du décret n° 2021-1218 du 23 septembre 2021, en *addendum*, p. 3461.

Art. R. 622-24 *(Mod., D. n° 2014-736, 30 juin 2014)*. – Le délai de déclaration fixé en application de l'article L. 622-26 est de deux mois à compter de la publication du jugement d'ouverture au *Bulletin officiel des annonces civiles et commerciales*. Le même délai est applicable à l'information prévue par le troisième alinéa de l'article L. 622-24.

Lorsque la procédure est ouverte par une juridiction qui a son siège sur le territoire de la France métropolitaine, le délai de déclaration est augmenté de deux mois pour les créanciers qui ne demeurent pas sur ce territoire.

Lorsque la procédure est ouverte par une juridiction qui a son siège dans un département ou une collectivité d'outre-mer, le délai de déclaration est augmenté de deux mois pour les créanciers qui ne demeurent pas dans ce département ou cette collectivité.

Allongement du délai à raison de la distance. La banque étrangère ayant acquis une créance contre le débiteur après le jugement d'ouverture bénéficie de l'allongement du délai de déclaration bien que le créancier cédant ait été domicilié en France (■ Cass. com., 15 oct. 2013, n° 12-22.008 ; *JurisData* n° 2013-022753 ; *JCP* E 2014, 1020, n° 6, obs. Ph. Pétel ; *BJE* 2014, p. 30, obs. E. Le Corre-Broly).

Le créancier bénéficie de la règle bien qu'il ait un établissement en France dès lors qu'il s'agit d'une boutique de vente sans lien avec le litige (■ Cass. com., 5 nov. 2013, n° 12-20.263 : *JurisData* n° 2013-025023 ; *Gaz. Pal.* 12-14 janv. 2014, p. 10, obs. P.-M. Le Corre).

Art. R. 622-25 *(Mod., D. n° 2014-736, 30 juin 2014)*. – Lorsque le juge-commissaire a relevé le créancier de sa forclusion après le dépôt de la liste des créances prévu à l'article L. 624-1 et que sa décision est devenue définitive, il statue sur la créance dans les conditions de l'article L. 624-2. Une mention est portée par le greffier sur l'état des créances.

Les frais de l'instance en relevé de forclusion sont supportés par le créancier défaillant. Toutefois, le juge peut décider que les frais seront supportés par le débiteur qui n'a pas mentionné la créance sur la liste prévue par l'article L. 622-6 ou n'a pas porté utilement cette créance à la connaissance du mandataire judiciaire dans le délai prévu par l'article R. 622-24.

Art. R. 622-26. – Les instances et les procédures civiles d'exécution suspendues en application du deuxième alinéa de l'article L. 622-28 sont poursuivies à l'initiative des créanciers bénéficiaires de garanties mentionnés au dernier alinéa de cet article sur justification du jugement arrêtant le plan, selon les dispositions applicables à l'opposabilité de ce plan à l'égard des garants.

En application du troisième alinéa de l'article L. 622-28, ces créanciers peuvent pratiquer des mesures conservatoires dans les conditions prévues aux articles R. 511-1 et suivants du Code des procédures civiles d'exécution.

CHAPITRE III. – DE L'ÉLABORATION DU BILAN ÉCONOMIQUE, SOCIAL ET ENVIRONNEMENTAL

Art. R. 623-1 *(D. n° 2009-160, 12 févr. 2009)*. – L'administrateur dépose au greffe et communique aux autorités et personnes mentionnées à l'article L. 626-8, par lettre recommandée avec demande d'avis de réception, le bilan établi conformément à l'article L. 623-1.

Art. R. 623-2. – Le bilan environnemental prévu à l'article L. 623-1 est réalisé à la demande de l'administrateur par le débiteur ou par un technicien désigné par le juge-commissaire, si ce dernier estime nécessaire une telle intervention.

Ce bilan porte sur l'identification et la description du ou des sites où sont exploités la ou les installations classées et de leur environnement, l'existence de pollutions potentielles, les mesures d'urgence de mise en sécurité déjà prises, prévues ou à prendre et les mesures réalisées afin de surveiller l'impact de l'exploitation sur l'environnement.

Il est établi selon les rubriques fixées par un arrêté pris par le garde des Sceaux, ministre de la Justice, et par le ministre chargé des installations classées.

CHAPITRE IV. – DE LA DÉTERMINATION DU PATRIMOINE DU DÉBITEUR

Section I. – De la vérification et de l'admission des créances

Sous-section 1. – De la vérification des créances

Art. R. 624-1 *(Mod., D. n° 2014-736, 30 juin 2014).* – La vérification des créances est faite par le mandataire judiciaire, le débiteur et, le cas échéant, les contrôleurs désignés, présents ou dûment appelés.

Si une créance autre que celle mentionnée à l'article L. 625-1 est discutée, le mandataire judiciaire en avise le créancier ou son mandataire par lettre recommandée avec demande d'avis de réception. Le délai de trente jours prévu à l'article L. 622-27 court à partir de la réception de la lettre. Cette lettre précise l'objet de la discussion, indique le montant de la créance dont l'inscription est proposée et rappelle les dispositions de l'article L. 622-27.

Le délai prévu par le deuxième alinéa de l'article L. 624-1 est de trente jours. Il court à compter de la date à laquelle le débiteur a été mis en mesure, par le mandataire judiciaire, de formuler ses observations. Lorsque le débiteur ne participe pas à la vérification des créances, le délai court à compter de la réception de la lettre recommandée avec demande d'avis de réception qui lui est adressée par le mandataire judiciaire. Cette lettre comporte les propositions d'admission, de rejet ou de renvoi mentionnées au premier alinéa de l'article L. 624-1.

Il appartient au mandataire judiciaire de justifier de la date à laquelle il a sollicité les observations du débiteur.

Dirigeant de fait. Le dirigeant de fait ne peut se prévaloir de l'irrégularité de la vérification des créances intervenue en son absence (▪ Cass. com., 6 oct. 2009, n° 08-15.378 : *JurisData* n° 2009-049844 ; *Bull. Joly Sociétés* 2010, p. 251, note P.-M. Le Corre).

Art. R. 624-2 *(Mod., D. n° 2014-736, 30 juin 2014).* – La liste des créances contenant les indications prévues à l'article L. 622-25 et à l'article R. 622-23 ainsi que les propositions du mandataire judiciaire et les observations du débiteur avec indication de leur date, est déposée au greffe pour être sans délai remise au juge-commissaire. Elle est communiquée à l'administrateur, s'il en a été désigné, et, le cas échéant, au commissaire à l'exécution du plan.

Les créanciers dont la créance n'a pas été portée définitivement sur la liste des créances, dans le délai prévu par l'article L. 624-1, peuvent demander à être relevés de la forclusion prévue par le quatrième alinéa de l'article L. 622-24 selon les modalités prévues par l'article L. 622-26.

Après le dépôt au greffe de cette liste, celle-ci est complétée par le greffier agissant à la demande du mandataire judiciaire ou du créancier intéressé, par l'inscription des créances définitivement fixées à l'issue d'une instance judiciaire ou administrative et de celles admises à la suite d'un relevé de forclusion intervenu après le dépôt de l'état des créances.

Sous-section 2. – De l'admission des créances

Art. R. 624-3 *(Mod., D. n° 2009-160, 12 févr. 2009).* – Les décisions d'admission sans contestation sont matérialisées par l'apposition de la signature du juge-commissaire sur la liste des créances établie par le mandataire judiciaire.

Le greffier avise par lettre simple les créanciers ou leur mandataire de cette admission. Ces avis précisent le montant pour lequel la créance est admise ainsi que les sûretés et privilèges dont elle est assortie et reproduisent les dispositions des articles L. 622-27 et L. 624-3.

Le mandataire judiciaire et l'administrateur, lorsqu'il en a été désigné, sont avisés contre récépissé des décisions rendues.

Voir : la rédaction de cet article issue du décret n° 2021-1218 du 23 septembre 2021, en *addendum*, p. 3461.

Art. R. 624-4 *(Mod., D. n° 2009-160, 12 févr. 2009 ; D. n° 2014-736, 30 juin 2014)*. **– Lorsque la compétence du juge-commissaire est contestée ou que ce juge soulève d'office son incompétence ou encore en présence d'une contestation sérieuse, le greffier convoque par lettre recommandée avec demande d'avis de réception le débiteur, le créancier, le mandataire judiciaire et l'administrateur, lorsqu'il en a été désigné. La convocation du créancier reproduit les dispositions du deuxième alinéa de l'article L. 624-1 et du troisième alinéa de l'article R. 624-3.**

Ces dispositions sont applicables lorsque le juge-commissaire est appelé à statuer sur une contestation de créance. Toutefois, il n'y a pas lieu à convocation du créancier lorsque celui-ci n'a pas contesté la proposition du mandataire judiciaire dans le délai prévu à l'article L. 622-27.

Les décisions statuant sur la compétence, sur l'existence d'une contestation sérieuse ou sur la contestation d'une créance sont notifiées au débiteur et au créancier ou à son mandataire par le greffier, dans les huit jours.

Ces notifications précisent le montant pour lequel la créance est admise ainsi que les sûretés et privilèges dont elle est assortie et reproduisent les dispositions des articles L. 622-27 et L. 624-3.

Le mandataire judiciaire et l'administrateur, lorsqu'il en a été désigné, sont avisés contre récépissé des décisions rendues.

Portée du récépissé. Le délai d'appel dont dispose le mandataire judiciaire court à compter du récépissé de l'avis (■ Cass. com., 10 juill. 2012, n° 11-18.868 : *JurisData* n° 2012-015771 ; *JCP* E 2012, 1757, n° 15, obs. Ph. Pétel ; *Act. proc. coll.* 2012, comm. 229, obs. P. Cagnoli ; *Gaz. Pal.* 12-13 oct. 2012, p. 17, obs. P.-M. Le Corre).

Art. R. 624-5 *(Mod., D. n° 2014-736, 30 juin 2014 ; D. n° 2017-891, 6 mai 2017)*. **– Lorsque le juge-commissaire se déclare incompétent ou constate l'existence d'une contestation sérieuse, il renvoie, par ordonnance spécialement motivée, les parties à mieux se pourvoir et invite, selon le cas, le créancier, le débiteur ou le mandataire judiciaire à saisir la juridiction compétente dans un délai d'un mois à compter de la notification ou de la réception de l'avis délivré à cette fin, à peine de forclusion à moins d'appel dans les cas où cette voie de recours est ouverte.**

Les tiers intéressés ne peuvent former tierce opposition contre la décision rendue par la juridiction compétente que dans le délai d'un mois à compter de sa transcription sur l'état des créances.

1) **Recours.** Ne constitue pas un excès de pouvoir le choix prétendument erroné de la partie devant, après sursis à statuer, saisir le juge compétent pour trancher la contestation (■ Cass. com., 27 sept. 2016, n° 14-21.231 : *JurisData* n° 2016-019555 ; *Act. proc. coll.* 2016-17, comm. 233, obs. Borga ; *JCP* E 2016, 1661, n° 8, obs. Pétel).

L'omission de désigner la partie devant saisir le juge compétent n'est pas une erreur matérielle (■ Cass. com., 11 mars 2020, n° 18-23.586 : *JCP* E 2020, 1353, n° 11, obs. Pétel ; *Act. proc. coll.* 2020, comm. 137, obs. Théron).

2) **Défaut de saisine.** Lorsque le juge-commissaire se déclare incompétent, il est dessaisi relativement à cette contestation, y compris lorsque les parties, invitées à saisir le juge compétent, ne l'ont pas fait dans le délai imparti (■ Cass. com., 28 févr. 2018, n° 16-21.337 : *JCP* E 2018, 1429, n° 11, obs. crit. Pétel ; *BJE* 2018, p. 205, avis Le Mesle).

3) **Indivisibilité de l'instance.** La partie qui saisit le juge compétent doit mettre en cause devant ce juge les deux autres parties (■ Cass. com., 5 sept. 2018, n° 17-15.978 ; *JurisData* n° 2018-015018 ; *Procédures* 2018, comm. 339, Rolland ; *BJE* 2018, p. 447, obs. Theron ; *JCP* E 2019, 1000, n° 11, obs. Pétel).

Art. R. 624-6 *(Mod., D. n° 2014-736, 30 juin 2014)*. **– À la requête du Trésor public, le juge-commissaire, après avoir recueilli l'avis du mandataire judiciaire, prononce l'admission définitive des créances admises à titre provisionnel en application du quatrième alinéa de l'article L. 622-24 et qui ont fait l'objet d'un titre exécutoire ou ne sont plus contestées. Lorsque le juge-commissaire n'est plus en fonctions, le président du tribunal, saisi par requête du représentant du Trésor public, prononce l'admission définitive. Les décisions sont portées sur l'état des créances.**

Les décisions rendues en méconnaissance des dispositions du quatrième alinéa de l'article L. 622-24 sont susceptibles d'appel.

Art. R. 624-7. – Le recours contre les décisions du juge-commissaire statuant sur l'admission des créances est formé devant la cour d'appel.

Sous-section 3. – De l'état des créances

Art. R. 624-8. – Les décisions prononcées par le juge-commissaire sont portées par le greffier sur la liste des créances mentionnée au premier alinéa de l'article R. 624-2. Cette liste ainsi complétée et les relevés des créances résultant du contrat de travail constituent l'état des créances.

Cet état est déposé au greffe du tribunal, où toute personne peut en prendre connaissance.

Le greffier fait publier au *Bulletin officiel des annonces civiles et commerciales* une insertion indiquant ce dépôt et le délai pour présenter une réclamation.

Tout intéressé peut présenter une réclamation devant le juge-commissaire dans le délai d'un mois à compter de la publication.

Voir : la rédaction de cet article issue du décret n° 2021-1218 du 23 septembre 2021, en *addendum*, p. 3461.

1) Forme. La réclamation d'un tiers contre l'état des créances est régulière dès lors qu'elle a été déposée au greffe et non adressée directement au juge-commissaire (▪ Cass. com., 16 oct. 2001, n° 98-19.316 : *JurisData* n° 2001-011307 ; *D.* 2001, p. 3275, obs. Lienhard ; *JCP* E 2001, pan. 1842 ; *RD bancaire et fin.* 2001, n° 236, obs. F.-X. L. Lucas, pour le cas de la caution).

2) Objet. Les réclamations à l'encontre de l'état des créances n'autorisent un débat que sur l'existence, le montant et la nature des créances invoquées (▪ Cass. com., 13 nov. 1984, n° 83-15.336 : *JurisData* n° 1984-702180 ; *D.* 1985, 109, note Derrida. ▪ 30 mai 1985, n° 84-11.526 : *JurisData* n° 1985-702197 ; *Bull. civ.* IV, n° 174. ▪ 29 nov. 1994, n° 92-17.797 : *RJDA* 1995, n° 354). Dans le cadre de la procédure de vérification des créances est irrecevable une demande reconventionnelle sur la réclamation contre une décision du juge-commissaire sur une créance produite (▪ Cass. com., 13 nov. 1984, préc.). Celui qui forme une réclamation contre l'état des créances en application de l'article 103 de la loi du 25 janvier 1985, est recevable à critiquer la régularité de la déclaration (▪ Cass. com., 16 oct. 2001 : *D.* 2001, p. 3275, obs. Lienhard ; *JCP* E 2001, pan. 1842).

3) Appel contre l'ordonnance statuant sur réclamation. Le débiteur a qualité pour faire appel dès lors qu'il a régulièrement soulevé une contestation à l'encontre de la créance lors de l'instruction à laquelle procède le représentant des créanciers (▪ Cass. com., 22 juin 1999, n° 96-20.787 : *JurisData* n° 1999-002639 ; *JCP* E 2000, p. 131, n° 15, obs. Ph. Pétel ; *D.* 1999, *Cah. dr. aff.*, somm. 351, obs. Honorat ; *LPA* 22 juill. 1999, n° 96-20.787, p. 5, obs. P. M. – Comp. ▪ Cass. com., *28 nov. 2000, n° 98-10.690 : JCP E 2001, pan. 156*).

4) Personnes intéressées. La caution solidaire est une personne intéressée au sens de l'article 103 (▪ Cass. com., 3 mai 1994, n° 92-16.158 : *Bull. civ.* IV, n° 161 ; *JCP* E 1994, I, 397, n° 11, obs. M. Cabrillac ; *JCP* E 1994, II, 627, note Wagner. ▪ Cass. com., 24 oct. 1995, n° 93-19.071 : *JurisData* n° 1995-002856 ; *RJDA* 3/1996, n° 420. ▪ Cass. com., 20 mai 1997, n° 95-11.915 : *JurisData* n° 1997-002191 ; *D.* 1997, somm. 313, obs. Honorat ; *RTD com.* 1998, 206, obs. Martin-Serf). Sur l'autorité de la décision d'admission à l'égard de la caution, v. jurispr. citée sous C. com., art. L. 624-2.

Le commissaire à l'exécution du plan n'est pas une personne intéressée au sens de l'article 103 (▪ Cass. com., 13 oct. 1998, n° 95-17.670 : *JurisData* n° 1998-003806 ; *JCP* E 1998, p. 2067, n° 13, obs. M. Cabrillac ; *RTD com.* 1999, 970, obs. A. Martin-Serf).

Si un créancier autre que celui dont la créance est en cause a la faculté, comme toute personne intéressée au sens de l'article 103 de la loi du 25 janvier 1985, de former une réclamation contre les décisions du juge-commissaire portées sur l'état des créances, c'est à la condition d'invoquer un intérêt personnel et distinct de celui des autres créanciers pour discuter de l'existence, du montant ou de la nature de la créance (▪ Cass. com., 13 mai 2003, n° 00-15.404 : *JurisData* n° 2003-019078 ; *D.* 2003, p. 1761, obs. Lienhard ; *JCP* E 2003, 1396, n° 10, obs. Ph. Pétel).

Le dirigeant de fait est une personne intéressée au sens de l'article 103 (▪ Cass. com., 28 sept. 2004, n° 03-10.760 : *D.* 2005, pan. 299, obs. Le Corre). *Idem* pour le tiers constituant d'une sûreté réelle (▪ Cass. com., 7 mars 2006, n° 04-13.569 : *JurisData* n° 2006-032577 ; *D.* 2006, p. 782, obs. Lienhard ; *JCP* E 2006, pan. 1628 ; *RJDA* 7/2006, n° 836).

5) Absence de dépôt de l'état des créances. En cas d'absence de dépôt de l'état des créances prévu à l'article 103 de la loi, le délai de 15 jours prévu pour la demande de report de la date de cessation des paiements n'a pu commencer à courir (▪ Cass. com., 13 avr. 1999, n° 96-12.620 : *JurisData* n° 1999-001748 ; *LPA* 25 mai 1999, p. 9, note P. M. ; *JCP* E 1999, p. 1530, obs. M. Cabrillac et Ph. Pétel ; *D.* 1999, 490, note Derrida ; *LPA* 27 août 1999, p. 10, note Derrida).

Art. R. 624-9. – L'état des créances mentionné à l'article R. 624-8 est complété par :

1° Lorsque la matière est de la compétence d'une autre juridiction, les décisions rendues par la juridiction compétente ;

2° Les décisions mentionnées au premier alinéa de l'article R. 624-11 ;

3° Les décisions rendues par la cour d'appel statuant sur les recours formés contre les décisions du juge-commissaire.

Art. R. 624-10 *(Mod., D. n° 2019-1333, 11 déc. 2019)*. – Les réclamations des tiers mentionnées au dernier alinéa de l'article R. 624-8 sont formées par requête remise ou adressée au greffe. Elles sont mentionnées sur l'état des créances par le greffier.

Le greffier convoque les parties intéressées ou leur mandataire par lettre recommandée avec demande d'avis de réception et avise le mandataire judiciaire et l'administrateur, lorsqu'il en a été désigné.

Le recours contre les décisions du juge-commissaire statuant sur une réclamation est formé devant la cour d'appel.

Art. R. 624-11. – Le créancier dont les droits ont été reconnus par une décision d'une autre juridiction passée en force de chose jugée adresse au greffier du tribunal qui a ouvert la procédure une expédition de cette décision.

Le greffier avise le mandataire judiciaire ainsi que l'administrateur et le commissaire à l'exécution du plan, s'il y a lieu, de toute modification ainsi apportée à l'état des créances.

Section II. – Des droits du conjoint

Art. R. 624-12. – Le conjoint du débiteur doit être entendu ou dûment convoqué avant toute décision autorisant la vente des biens de la communauté.

Lorsque, au cours de la procédure, la dissolution de la communauté existant entre le débiteur et son conjoint devient opposable aux tiers, ce conjoint est entendu ou dûment convoqué avant toute décision autorisant la vente des biens de l'indivision.

Voir : *infra* note sous art. R. 641-30, p. 1999.

Section III. – Des droits du vendeur de meubles, des revendications et des restitutions

Art. R. 624-13. – La demande en revendication d'un bien est adressée dans le délai prévu à l'article L. 624-9 par lettre recommandée avec demande d'avis de réception à l'administrateur s'il en a été désigné ou, à défaut, au débiteur. Le demandeur en adresse une copie au mandataire judiciaire.

À défaut d'acquiescement dans le délai d'un mois à compter de la réception de la demande, le demandeur doit, sous peine de forclusion, saisir le juge-commissaire au plus tard dans un délai d'un mois à compter de l'expiration du délai de réponse.

Avant de statuer, le juge-commissaire recueille les observations des parties intéressées.

La demande en revendication emporte de plein droit demande en restitution.

Bibliographie : Le Corre-Broly et Le Corre, *L'analyse jurisprudentielle de la demande en acquiescement de revendication* : *D.* 2002, p. 948.

1) Légalité. Les juridictions judiciaires ne peuvent apprécier la validité d'un acte réglementaire qu'à la condition que ce règlement porte une atteinte grave à une liberté individuelle ou au droit de propriété, ce qui n'est pas le cas du décret du 21 octobre 1994 dans la mesure où la forclusion instituée n'est que la conséquence de l'inaction du revendiquant (■ Cass. 1re civ., 16 mai 2000, n° 98-15.950 : *JurisData* n° 2000-002078 ; *Bull. civ.* 2000, I, n° 146 ; *JCP* E 2000, p. 1564, n° 9, obs. Pétel ; *D.* 2000, act. jurispr., p. 291, obs. Lienhard).

2) Domaine. Les dispositions de l'article 85-1 [R. 624-13] sont applicables aussi bien à la revendication du bien qu'à celle du prix (■ Cass. com., 2 oct. 2001, n° 98-22.493 : *JurisData* n° 2001-011148 ; *D.* 2001, p. 3043, obs. Lienhard ; *JCP* E 2002, 175, n° 13, obs. Cabrillac et Pétel ; *RTD com.* 2000, p. 159, obs. Martin-Serf. ■ Cass. com., 15 mars 2005, n° 00-12.563 : *JurisData* n° 2005-027719 ; *D.* 2005, p. 1351, obs. Lienhard ; *JCP* E 2005, 727 ; *RJDA* 2005, n° 859, pour l'action en revendication du prix exercée par le vendeur contre l'affactureur. ▪ Cass. com., 12 avr. 2005, n° 03-14.261 : *JurisData* n° 2005-028107 ; *RJDA* 2005, n° 1022. ▪ Cass. com., 24 mai 2005, n° 04-13.464 : *JurisData* n° 2005-028550 ; *D.* 2005, p. 1633, obs. Lienhard ; *RJDA* 2005, n° 1133, pour l'action en revendication du prix exercée contre le sous-acquéreur).

3) Copie au mandataire judiciaire. Aucun texte ne sanctionne la méconnaissance de cette formalité, édictée pour l'information du mandataire, lequel n'a pas à prendre position sur la revendication en présence d'un administrateur (▪ Cass. com., 3 oct. 2018, n° 17-10.557 : *JurisData* n° 2018-017102 ; *Act. proc. coll.* 2018, comm. 261, Cagnoli ; *JCP* E 2019, 1000, n° 12, obs. Pétel ; *Gaz. Pal.* 15 janv. 2019, p. 75, obs. Le Corre-Broly).

4) Délai de saisine. En cas de réponse négative du mandataire de justice, le délai de saisine du juge-commissaire court néanmoins à compter de l'expiration du délai de réponse de ce mandataire (▪ Cass. com., 28 sept. 2004, n° 03-11.876 : *JurisData* n° 2004-024985 ; *RJDA* févr. 2005, n° 174 ; *JCP* E 2005, 31, n° 13, obs. Cabrillac et Pétel ; *D.* 2004, p. 2715 ; *D.* 2005, p. 299, obs. Le Corre).

L'augmentation du délai prévu par l'article 643 du CPC, ne s'applique pas à l'action en revendication portée devant le juge-commissaire (▪ Cass. com., 28 sept. 2004, préc. ▪ Cass. com., 7 févr. 2006, n° 04-19.342 : *JurisData* n° 2006-032081 ; *D.* 2006, p. 577, obs. Lienhard ; *ibid.*, p. 1547, note Marotte).

En cas d'acquiescement par le liquidateur dans le délai de saisine du juge-commissaire, la forclusion attachée à l'absence de saisine de ce dernier ne peut être opposée au revendiquant (▪ Cass. com., 7 févr. 2006, n° 04-11.867 : *JurisData* n° 2006-032082 ; *D.* 2006, p. 577, obs. Lienhard ; *JCP* E 2006, 1569, n° 8, obs. M. Cabrillac ; *Act. proc. coll.* 2006, comm. 51, obs. Vallansan).

5) Acquiescement. La décision de poursuivre le contrat en cours, qui ne vaut pas acquiescement à la revendication, ne dispense pas le revendiquant de saisir le juge-commissaire (▪ Cass. com., 12 janv. 2016 : *JCP* E 2016, 1198, n° 8, obs. Pétel ; *Act. proc. coll.* 2016, comm. 20, obs. Vallansan). La réponse de l'administrateur n'est pas un acquiescement si elle constate un désaccord (▪ Cass. com., 3 mai 2016, n° 14-24.586 : *JurisData* n° 2016-008366 ; *JCP* E 2016, 1465, n° 9, obs. Pétel ; *Act. proc. coll.* 2016, comm. 135, obs. Petit).

Art. R. 624-13-1 ***(D. n° 2014-736, 30 juin 2014).*** **– La demande formée en application de l'article L. 624-19 est adressée à l'administrateur, s'il en a été désigné, dans le délai prévu à l'article L. 624-9 par lettre recommandée avec demande d'avis de réception. L'entrepreneur individuel à responsabilité limitée en adresse copie au mandataire judiciaire. À défaut d'acquiescement par l'administrateur transmis dans le délai d'un mois à compter de la réception de la demande, le demandeur doit, à peine de forclusion, saisir le juge-commissaire dans le délai prévu au deuxième alinéa de l'article R. 624-13.**

En l'absence d'administrateur, l'entrepreneur individuel à responsabilité limitée saisit le juge-commissaire par requête dans le délai de l'article L. 624-9.

Avant de statuer, le juge-commissaire recueille les observations du demandeur, de l'administrateur judiciaire, le cas échéant, et du mandataire judiciaire.

Art. R. 624-14. – Pour l'application de l'article L. 624-10, la demande en restitution est faite par le propriétaire du bien par lettre recommandée avec demande d'avis de réception à l'administrateur, s'il en a été désigné, ou, à défaut, au débiteur. Une copie de cette demande est adressée au mandataire judiciaire.

À défaut d'accord dans le délai d'un mois à compter de la réception de la demande ou en cas de contestation, le juge-commissaire peut être saisi à la diligence du propriétaire afin qu'il soit statué sur les droits de ce dernier. Même en l'absence de demande préalable en restitution, le juge-commissaire peut également être saisi à cette même fin par l'administrateur ou par le débiteur.

Action en restitution. L'action en restitution n'est qu'une simple faculté ouverte au propriétaire dispensé de faire reconnaître son droit de propriété et n'est soumise à aucun délai (▪ Cass. com., 18 sept. 2012, n° 11-21.744 : *JurisData* n° 2012-020852 ; *JCP* E 2012, 1757, n° 17, obs. Ph. Pétel ; *Act. proc. coll.* 2012, comm. 241, obs. J. Vallansan ; *BJS* 2012, p. 815, note J.-J. Barbieri).

Art. R. 624-15. – Pour bénéficier des dispositions de l'article L. 624-10, les contrats qui y sont mentionnés doivent avoir été publiés avant le jugement d'ouverture selon les modalités qui leur sont applicables.

Aux mêmes fins, en l'absence de réglementation particulière, le propriétaire du bien doit avoir fait publier le contrat avant le jugement d'ouverture, selon le cas, au registre mentionné à l'article R. 313-4 du Code monétaire et financier ou au registre prévu au troisième alinéa de l'article R. 621-8 du présent code.

Art. R. 624-16 *(Mod., D. n° 2009-160, 12 févr. 2009)*. – En cas de revendication du prix des biens en application de l'article L. 624-18, les sommes correspondantes payées par le sous-acquéreur postérieurement à l'ouverture de la procédure doivent être versées par le débiteur ou l'administrateur entre les mains du mandataire judiciaire. Celui-ci les remet au créancier revendiquant à concurrence de sa créance.

Section IV. – Dispositions particulières aux sociétés

(D. n° 2014-736, 30 juin 2014)

Art. R. 624-17 *(D. n° 2014-736, 30 juin 2014)*. – Pour l'application du second alinéa de l'article L. 622-20, le mandataire judiciaire met en demeure l'associé ou l'actionnaire défaillant par lettre recommandée avec demande d'avis de réception. Cette lettre reproduit les dispositions de l'article L. 624-20.

Art. R. 624-18 *(D. n° 2014-736, 30 juin 2014)*. – Le délai mentionné à l'article R. 228-26 est applicable à la mise en demeure prévue par le second alinéa de l'article L. 622-20.

CHAPITRE V. – DU RÈGLEMENT DES CRÉANCES RÉSULTANT DU CONTRAT DE TRAVAIL

Art. R. 625-1. – Au vu des documents ou à partir des informations fournies par les salariés, par le débiteur, par l'administrateur ainsi que par le représentant des salariés, le mandataire judiciaire vérifie les créances résultant d'un contrat de travail et en établit des relevés. Cette vérification a lieu même en l'absence de la vérification des créances chirographaires.

Le débiteur tient à la disposition du représentant des salariés les éléments à partir desquels le mandataire judiciaire a établi les relevés et notamment le livre de paye et le registre du personnel. Le représentant des salariés appose sa signature sur les relevés en formulant au besoin des réserves ou observations. En l'absence de signature, le juge-commissaire entend le représentant des salariés.

Les relevés sont, à la diligence du mandataire judiciaire, visés par le juge-commissaire. Ils sont remis par le mandataire judiciaire aux institutions mentionnées à l'article L. 143-11-4 du Code du travail (1) avant l'expiration des délais prévus, pour chaque catégorie de créances, à l'article L. 143-11-7 du même code (1).

Art. R. 625-2. – Les relevés des créances résultant du contrat de travail mentionnent l'identité de chaque salarié, la nature de son contrat de travail, la date de son entrée dans l'entreprise, l'emploi occupé et sa qualification, l'exercice ou non d'un mandat social, la date de rupture du contrat de travail, les sommes déjà versées et celles qui restent à payer. Le montant de ces sommes est calculé déduction faite des prélèvements légaux et conventionnels, y compris lorsque ces sommes correspondent à des créances définitivement établies par décision de justice.

Art. R. 625-3 *(Mod., D. n° 2009-160, 12 févr. 2009 ; D. n° 2020-106, 10 févr. 2020)*. – Le mandataire judiciaire informe par tout moyen chaque salarié de la nature et du montant des créances admises ou rejetées et lui indique la date du dépôt au greffe du relevé des créances. Il rappelle que le délai de forclusion prévu à *l'article L. 625-1 court à compter de la publication prévue au troisième alinéa ci-après*. Les salariés dont les créances sont admises sont informés au moment du paiement.

Le salarié dont la créance a été omise peut être relevé de la forclusion par le conseil de prud'hommes dans le délai prévu au troisième alinéa de l'article L. 622-26. Le relevé de forclusion bénéficie aux institutions mentionnées à l'article L. 143-11-4 du Code du travail (1).

La publicité mentionnée à l'article L. 625-1 est faite à la diligence du mandataire judiciaire par la publication, dans un support habilité à recevoir les annonces légales dans le département du siège de la personne morale ou du lieu où le débiteur personne physique a déclaré l'adresse de son entreprise ou de son activité et, le cas

(1) V. désormais C. trav., art. L. 3253-19, *infra*, annexe 6, *Des difficultés des entreprises*, p. 3319.

échéant, dans le département de chacun de ses établissements secondaires, d'un avis indiquant que l'ensemble des relevés des créances est déposé au greffe du tribunal. Cette publication intervient au plus tard trois mois après l'expiration de la dernière période de garantie prévue par l'article L. 143-11-1 du Code du travail (1).

L'avis signé par le mandataire judiciaire est daté du jour de la publication prévue au troisième alinéa ci-dessus. Cette date fait courir le délai de forclusion prévu à l'article L. 625-1.

Art. R. 625-4. – Le mandataire judiciaire ou le commissaire à l'exécution du plan restitue aux institutions mentionnées à l'article L. 143-11-4 du Code du travail (2) les sommes avancées par elles qui n'ont pas été perçues par les salariés lorsque le délai de validité du titre de paiement est expiré. Ces institutions versent les sommes dues aux salariés qui en font la demande.

Art. R. 625-5. – Le débiteur donne toutes les informations utiles au mandataire judiciaire et à l'administrateur, s'il en a été désigné, sur les instances en cours devant la juridiction prud'homale à la date du jugement d'ouverture.

Art. R. 625-6. – Les institutions mentionnées à l'article L. 143-11-4 du Code du travail (2) font connaître au mandataire judiciaire leur refus de régler une créance figurant sur un relevé, dans les mêmes délais que ceux qui sont prévus à l'article L. 143-11-7 du même code (3), pour le versement des sommes impayées. Ces institutions indiquent la nature et le montant de la créance refusée ainsi que les motifs de leur refus.

Le mandataire judiciaire avertit le salarié du refus par les institutions mentionnées ci-dessus de régler la créance et en avise le représentant des salariés.

Art. R. 625-7. – Les recours prévus à l'article L. 625-6 sont exercés dans le délai d'un mois.

CHAPITRE VI. – DU PLAN DE SAUVEGARDE

Section I. – De l'élaboration du projet de plan

Sous-section 1. – De la convocation des assemblées

Art. R. 626-1. – Pour l'application de l'article L. 626-3, les assemblées sont convoquées conformément aux dispositions du livre II, sous réserve des dispositions de la présente section.

Art. R. 626-2. – Pour les sociétés anonymes et les sociétés en commandite par actions, outre les indications mentionnées aux articles R. 225-66 et R. 225-73, l'avis de convocation doit comporter :

1° La date à laquelle se réunira éventuellement la deuxième assemblée, à défaut pour la première d'avoir atteint le quorum requis ;

2° Le rappel du délai prévu au premier alinéa de l'article R. 626-3.

Le délai entre les deux assemblées est de six jours au moins.

Art. R. 626-3 *(Mod., D. n° 2010-1619, 23 déc. 2010)*. – Par dérogation à l'article R. 225-72, la demande d'inscription d'un point ou d'un projet de résolution par les actionnaires à l'ordre du jour de l'assemblée est envoyée au siège social quinze jours au moins avant la date de l'assemblée réunie sur première convocation.

Sous-section 2. – Du remplacement de dirigeants de l'entreprise

(Abr., D. n° 2009-160, 12 févr. 2009)

(1) V. désormais C. trav., art. L. 3253-8, *infra*, annexe 6, *Des difficultés des entreprises*, p. 3319.
(2) V. désormais C. trav., art. L. 3253-14.
(3) V. désormais C. trav., art. L. 3253-19, *infra*, annexe 6, *Des difficultés des entreprises*, p. 3319.

Sous-section 3. – De la consultation des créanciers

Art. R. 626-7 *(D. n° 2011-236, 3 mars 2011)*. – I. – Pour l'application des deuxième et troisième alinéas de l'article L. 626-5, les propositions pour le règlement des dettes sont communiquées par lettre recommandée avec demande d'avis de réception, par le mandataire judiciaire, à chaque créancier consulté ayant déclaré sa créance.

II. – La lettre adressée aux créanciers auxquels sont proposés des délais et remises précise la forme choisie pour la consultation. En cas de consultation individuelle, elle contient la reproduction des dispositions des deux premières phrases du deuxième alinéa de l'article L. 626-5. En cas de consultation collective, elle comporte la convocation prévue à l'article R. 626-8.

Sont joints à cette lettre :

1° Un état de la situation active et passive avec ventilation du passif privilégié et du passif chirographaire ;

2° L'ensemble des propositions relatives au règlement des dettes et l'indication des garanties offertes ;

3° L'avis du mandataire judiciaire ainsi que des contrôleurs s'il en a été nommé.

III. – La lettre adressée aux créanciers auxquels est proposée une conversion de créances en titres donnant ou pouvant donner accès au capital contient la reproduction des dispositions du troisième alinéa de l'article L. 626-5.

Sont joints à cette lettre, outre les éléments d'information mentionnés aux 1°, 2° et 3° ci-dessus :

1° Un document établi par l'administrateur ou, s'il n'en a pas été nommé, par le débiteur, exposant l'origine, l'importance et la nature des difficultés de l'entreprise ;

2° Un compte de résultat prévisionnel ;

3° La liste des créanciers destinataires d'une proposition de conversion.

Art. R. 626-8 *(Mod., D. n° 2011-236, 3 mars 2011 ; D. n° 2020-106, 10 févr. 2020)*. – Lorsque le mandataire judiciaire décide de recueillir collectivement l'accord des créanciers auxquels sont proposés des délais de paiement et des remises de dette, ceux-ci sont convoqués à une réunion tenue sous sa présidence, aux lieu, jour et heure fixés dans la lettre mentionnée à l'article R. 626-7. Un avis de convocation peut en outre être inséré dans un support d'annonces légales du lieu du siège de la personne morale ou de l'adresse de l'entreprise ou de l'activité du débiteur personne physique.

Les créanciers peuvent se faire représenter par une personne munie d'un pouvoir spécial.

Le mandataire judiciaire fait aux créanciers un rapport sur l'état de la procédure ainsi que sur les conditions de la poursuite de l'activité du débiteur depuis son ouverture.

L'accord de chaque créancier présent ou représenté sur les propositions portant sur des délais et remises est recueilli par écrit.

Sous-section 4. – Du règlement des créances publiques

NB : les dispositions de la présente sous-section, dans sa rédaction issue du décret n° 2009-385 du 6 avril 2009 (*JO* 8 avr. 2009), sont applicables aux demandes en cours d'instruction à la date de publication dudit décret (D. n° 2009-385, 6 avr. 2009, art. 2).

Art. D. 626-9 *(Anc. art. R. 626-9 mod., D. n° 2008-1010, 29 sept. 2008 puis rempl., D. n° 2009-385, 6 avr. 2009 ; D. n° 2014-524, 22 mai 2014)*. – Les remises de dettes consenties, pour l'application de l'article L. 626-6, par les administrations financières, les organismes de sécurité sociale, Pôle emploi pour le compte de l'organisme gestionnaire du régime d'assurance chômage, les institutions régies par le livre IX du Code de la sécurité sociale et les institutions régies par le livre VII du Code rural sont opérées dans les conditions et selon les modalités définies par les articles D. 626-10 à D. 626-15.

Art. D. 626-10 *(D. n° 2009-385, 6 avr. 2009 ; mod., Ord. n° 2010-462, 6 mai 2010 ; D. n° 2014-524, 22 mai 2014)*. – Les dettes susceptibles d'être remises correspondent :

1° Aux pénalités, intérêts de retard, intérêts moratoires, amendes fiscales ou douanières, majorations, frais de poursuite, quel que soit l'impôt ou le produit divers du budget de l'État auquel ces pénalités ou frais s'appliquent ;

2° Aux majorations de retard, frais de poursuite, pénalités et amendes attachés aux cotisations et contributions sociales recouvrées par les organismes de sécurité sociale et par les institutions régies par le Livre IX du Code de la sécurité sociale et par les institutions régies par le Livre VII du Code rural et de la pêche maritime ;

3° Aux majorations de retard, frais de poursuite et pénalités attachés aux contributions et cotisations recouvrées par Pôle emploi pour le compte de l'organisme gestionnaire du régime d'assurance chômage ;

4° Aux cotisations et contributions sociales patronales d'origine légale ou conventionnelle qu'un employeur est tenu de verser au titre de l'emploi de personnel salarié ;

5° Aux droits au principal afférents aux seuls impôts directs perçus au profit de l'État et des collectivités territoriales ;

6° Aux créances de l'État étrangères à l'impôt et au domaine, aux redevances domaniales, aux redevances pour services rendus et aux autres produits divers du budget de l'État.

Les remises de dettes sont consenties par priorité sur les frais de poursuite, les majorations et amendes, puis sur les intérêts de retard et les intérêts moratoires, et enfin sur les droits et les sommes dus au principal. Les dettes dues au principal ne peuvent pas faire l'objet d'une remise totale.

Art. D. 626-11 *(D. n° 2009-385, 6 avr. 2009).* – Peuvent être remises les dettes exigibles à la date de réception de la demande de remise, valant saisine de la commission mentionnée à l'article D. 626-14, et dues aux administrations, organismes et institutions mentionnés à l'article D. 626-9.

Art. D. 626-12 *(D. n° 2009-385, 6 avr. 2009).* – En cas d'ouverture d'une procédure de conciliation, le débiteur ou le conciliateur saisit, y compris par voie dématérialisée, la commission mentionnée à l'article D. 626-14 de la demande de remise de dettes. Cette saisine a lieu, sous peine de forclusion, dans un délai de deux mois à compter de la date d'ouverture de la procédure.

A. – Cette demande est accompagnée :

1° De l'état actif et passif des sûretés ainsi que de celui des engagements hors bilan ;

2° Des comptes annuels et des tableaux de financement des trois derniers exercices, si ces documents ont été établis, ainsi que de la situation de l'actif réalisable et disponible et du passif exigible ;

3° Du montant des dettes privées. Les dettes privées correspondent à l'ensemble des concours consentis par les créanciers autres que ceux mentionnés à l'article D. 626-9.

B. – Elle peut être utilement complétée par tous documents, notamment :

1° Un plan de trésorerie prévisionnel ;

2° Un état prévisionnel des commandes ;

3° Le montant des remises sollicitées ou obtenues auprès des créanciers privés.

Voir : la rédaction de cet article issue du décret n° 2021-1218 du 23 septembre 2021, en *addendum*, p. 3461.

Art. D. 626-13 *(D. n° 2009-385, 6 avr. 2009).* – En cas d'ouverture d'une procédure de sauvegarde ou de redressement judiciaire, l'administrateur judiciaire ou le mandataire judiciaire saisit, y compris par voie dématérialisée, la commission mentionnée à l'article D. 626-14 de la demande de remise de dettes. Cette saisine a lieu, sous peine de forclusion, dans un délai de deux mois à compter de la date d'ouverture de la procédure.

A. – Cette demande est accompagnée :

1° De l'état actif et passif des sûretés ainsi que de celui des engagements hors bilan ;

2° Des comptes annuels et des tableaux de financement des trois derniers exercices, si ces documents ont été établis, ainsi que de la situation de l'actif réalisable et disponible et du passif exigible ;

3° Du montant des dettes privées. Les dettes privées correspondent à l'ensemble des concours consentis par les créanciers autres que ceux mentionnés à l'article D. 626-9.

B. – Elle peut être utilement complétée par tous documents, notamment :

1° Un plan de trésorerie prévisionnel ;

2° Un état prévisionnel des commandes ;

3° Le montant des remises sollicitées ou obtenues auprès des créanciers privés.

La commission peut également être saisie d'une demande de remise de dettes présentée dans le cadre d'une *saisine du tribunal* aux fins d'une modification substantielle du plan.

Voir : la rédaction de cet article issue du décret n° 2021-1218 du 23 septembre 2021, en *addendum*, p. 3461.

Art. D. 626-14 *(D. n° 2009-385, 6 avr. 2009).* – Les demandes de remise de dettes sont examinées au sein d'une commission réunissant les chefs des services financiers et les représentants des organismes et institutions intéressés.

La composition et les conditions de fonctionnement de cette commission sont fixées par le décret n° 2007-686 du 4 mai 2007 instituant dans chaque département une commission des chefs des services financiers et des représentants des organismes de sécurité sociale et de l'assurance chômage pour l'examen de la situation des débiteurs retardataires.

Le président de la commission recueille les décisions des administrations, organismes et institutions représentés et en assure la notification. Lorsqu'elle est favorable, la notification précise les montants d'abandon de créances publiques ainsi que les conditions qui y sont attachées vis-à-vis des créanciers privés. Le président peut déléguer sa signature à l'un des membres de la commission.

Le défaut de réponse dans un délai de deux mois à partir de la date de réception de l'ensemble des éléments mentionnés aux articles D. 626-12 et D. 626-13 vaut décision de rejet.

Art. D. 626-15 *(D. n° 2009-385, 6 avr. 2009)*. – Les remises de dettes ont pour objet de faciliter la restructuration financière de l'entreprise en difficulté, la poursuite de son activité économique et le maintien de l'emploi. La remise de dettes n'est pas justifiée dès lors que l'entreprise n'est plus viable. Elle ne doit pas représenter un avantage économique injustifié pour l'entreprise bénéficiaire. Les efforts des créanciers publics sont coordonnés avec ceux des autres créanciers en vue de faciliter le redressement durable de l'entreprise et permettre le recouvrement de recettes publiques futures.

La recevabilité de la demande de remise est subordonnée à la constatation que le débiteur, ou, s'il est une personne morale, ses organes ou ses représentants, n'a pas fait l'objet depuis au moins dix ans d'une condamnation définitive pour l'une des infractions sanctionnées par les articles L. 8224-1, L. 8224-2, L. 8224-3 et L. 8224-5 du Code du travail.

L'examen de la demande est effectué en tenant compte :

– des efforts consentis par les créanciers autres que ceux mentionnés à l'article D. 626-9 ;

– des efforts financiers consentis par les actionnaires et les dirigeants ;

– de la situation financière du débiteur et des perspectives de son rétablissement pérenne ;

– du comportement habituel du débiteur vis-à-vis des créanciers mentionnés à l'article D. 626-9 ;

– des éventuels autres efforts consentis par ces créanciers portant sur les cessions de rang de privilège ou d'hypothèque ou l'abandon de ces sûretés ou les délais de paiement déjà accordés.

Art. R. 626-16 *(Abr., D. n° 2009-385, 6 avr. 2009)*.

Section II. – Du jugement arrêtant le plan et de l'exécution du plan

Sous-section 1. – De l'arrêté du plan

Art. R. 626-17. – Dès le dépôt au greffe du projet de plan par le débiteur, le greffier convoque, par lettre recommandée avec demande d'avis de réception, le débiteur, les représentants du comité d'entreprise ou, à défaut, des délégués du personnel et les contrôleurs.

Le ministère public ainsi que l'administrateur et le mandataire judiciaire sont avisés de la date de l'audience.

Voir : la rédaction de cet article issue du décret n° 2021-1218 du 23 septembre 2021, en *addendum*, p. 3461.

Art. R. 626-18. – Le tribunal statue avant l'expiration des délais prévus à l'article L. 621-3.

Lorsqu'il n'est pas présenté de projet de plan en temps utile, le tribunal peut être saisi aux fins de clôture de la procédure par le ministère public, par tout créancier ou par les mandataires de justice. Il statue, le débiteur ayant *été entendu ou appelé*.

Le jugement de clôture est notifié au débiteur et fait l'objet des publicités prévues à l'article R. 621-8.

La clôture de la procédure est prononcée dans les conditions de l'article L. 626-9.

Les mandataires de justice déposent sans délai un compte-rendu de fin de mission dans les conditions des articles R. 626-39 et R. 626-40. L'article R. 626-41 est applicable.

Art. R. 626-19. – Les seuils fixés en application de l'article L. 626-9 au-delà desquels les débats relatifs à l'arrêté du plan doivent avoir lieu en présence du ministère public sont ceux fixés à l'article R. 621-11.

Art. R. 626-20 *(Mod., D. n° 2009-160, 12 févr. 2009)*. – Le jugement arrêtant le plan est communiqué par le greffier aux personnes mentionnées au 3° de l'article R. 621-7 et fait l'objet des publicités prévues à l'article R. 621-8.

Si le plan est toujours en cours à l'expiration d'un délai de deux ans à compter de son arrêté, les mentions relatives à la procédure et à l'exécution du plan sont, à l'initiative du débiteur, radiées des registres ou répertoires sur lesquels elles ont été portées. Cette radiation fait obstacle à toute nouvelle mention relative à l'exécution du plan.

Les dispositions de l'alinéa qui précède ne sont pas applicables aux mentions relatives aux mesures d'inaliénabilité décidées par le tribunal et aux décisions prononçant la résolution du plan.

Art. R. 626-21. – Le jugement arrêtant ou rejetant le plan est notifié au débiteur et aux représentants du comité d'entreprise ou, à défaut, des délégués du personnel et porté à la connaissance du ministère public et des mandataires de justice par le greffier, dans les huit jours de la date du jugement. Il est en outre notifié par le greffier à toute personne tenue de l'exécuter, conformément à l'article L. 626-10.

Voir : déc. citée sous art. L. 621-6, p. 1126.

Voir : la rédaction de cet article issue du décret n° 2021-1218 du 23 septembre 2021, en *addendum*, p. 3461.

Art. R. 626-22 *(Mod., D. n° 2009-160, 12 févr. 2009)*. – Lorsque la décision rejetant le plan est devenue définitive et qu'il n'a pas été fait application des dispositions du deuxième ou du troisième alinéa de l'article L. 622-10, le tribunal se saisit d'office aux fins de clôture de la procédure. Il statue dans les conditions de l'article L. 626-9.

Le jugement de clôture est notifié au débiteur et fait l'objet des publicités prévues à l'article R. 621-8.

Les mandataires de justice déposent sans délai un compte-rendu de fin de mission dans les conditions des articles R. 626-39 et R. 626-40. L'article R. 626-41 est applicable.

Sous-section 2. – De l'exécution du plan

Art. R. 626-23. – Le tribunal qui a arrêté le plan demeure compétent pour connaître des conditions de son exécution nonobstant le changement du lieu du siège social de la personne morale ou de l'adresse de l'entreprise ou de l'activité du débiteur personne physique.

Art. R. 626-24. – Pour l'application de l'article L. 626-13, le débiteur justifie de la levée de l'interdiction d'émettre des chèques auprès de l'établissement de crédit qui est à l'origine de cette mesure par la remise d'une copie du jugement arrêtant le plan, à laquelle il joint un relevé des incidents de paiement.

L'établissement de crédit qui est à l'origine de l'interdiction informe la Banque de France de la levée de cette interdiction aux fins de régularisation.

Art. R. 626-25. – La mesure d'inaliénabilité prévue à l'article L. 626-14 est, à la diligence du commissaire à l'exécution du plan, mentionnée aux registres publics sur lesquels les biens déclarés inaliénables et les droits qui les grèvent sont inscrits ou, à défaut, aux registres mentionnés à l'article R. 621-8.

La publicité mentionne la durée de l'inaliénabilité.

Art. R. 626-26. – Lorsqu'en application de l'article L. 626-14, la décision arrêtant ou modifiant le plan prononce l'inaliénabilité temporaire de biens mobiliers d'équipement du débiteur, et est passée en force de chose jugée, le commissaire à l'exécution du plan demande l'inscription de la mesure d'inaliénabilité sur le registre prévu à l'article R. 143-9.

Art. R. 626-27. – Le commissaire à l'exécution du plan présente une copie de la décision rendue au greffier du tribunal de commerce dans le ressort duquel le débiteur, personne morale, a son siège ou le débiteur, personne physique, a déclaré l'adresse de son entreprise ou de son activité. Y sont joints les bordereaux d'inscription qui contiennent :

1° Les nom, prénoms et l'adresse de l'entreprise ou de l'activité du débiteur s'il s'agit d'une personne physique, *la dénomination sociale ou commerciale* et l'adresse du siège du débiteur s'il s'agit d'une personne morale, les mentions prévues aux 1° et 2° de l'article R. 123-237 ou le numéro d'immatriculation au répertoire des métiers ;

2° La date de la décision rendue ;

3° La désignation sommaire des biens d'équipement frappés d'inaliénabilité temporaire, le lieu où ils se trouvent entreposés, l'indication, le cas échéant, qu'ils peuvent être déplacés ;

4° La durée de la mesure d'inaliénabilité.

Art. R. 626-28. – Le greffier porte sur les bordereaux la mention de la date à laquelle l'inscription est effectuée et le numéro sous lequel elle est portée au registre mentionné à l'article R. 626-26.

Les bordereaux sont établis, conservés et l'un d'eux remis au débiteur dans les conditions prévues aux articles R. 525-2, R. 525-3 et R. 525-5.

Le greffier tient un fichier alphabétique des débiteurs avec l'indication des numéros des inscriptions les concernant.

Art. R. 626-29. – Les bordereaux reçoivent un numéro d'entrée au moment où ils sont produits.

Ces pièces sont enregistrées sur le registre mentionné à l'article R. 626-26 ; il est délivré un récépissé extrait dudit registre mentionnant :

1° Le numéro d'entrée apposé sur les pièces comme il est dit au premier alinéa ;

2° La date du dépôt des pièces ;

3° Le nombre et la nature des pièces avec l'indication du but de ce dépôt ;

4° Le nom ou la dénomination du débiteur ;

5° La nature et la situation des biens inaliénables et, éventuellement, la mention qu'ils peuvent être déplacés.

Art. R. 626-30. – Le greffier mentionne, en marge du bordereau d'inscription, la radiation totale ou partielle de la mesure d'inaliénabilité portant sur des biens dont le tribunal a autorisé l'aliénation en application du premier alinéa de l'article L. 626-14.

Lorsque le délai fixé pour la mesure d'inaliénabilité temporaire décidée par le jugement est expiré, le greffier mentionne d'office en marge de l'inscription, la radiation de celle-ci. Il délivre un certificat de radiation au débiteur qui le demande.

Il est tenu de délivrer à tous ceux qui le requièrent l'état des inscriptions existantes avec la mention, le cas échéant, des radiations partielles.

Les frais de radiation sont inclus dans le coût de l'inscription.

Art. R. 626-31. – Le tribunal statue sur l'autorisation prévue à l'article L. 626-14 sur requête du débiteur au vu du rapport du commissaire à l'exécution du plan.

Sa décision est notifiée au débiteur et communiquée au ministère public et au commissaire à l'exécution du plan. Elle est soumise aux recours prévus à l'encontre des décisions modifiant le plan.

Art. R. 626-32. – Pour l'application de l'article L. 626-16, les assemblées compétentes sont convoquées dans les formes et délais prévus aux articles R. 626-1 à R. 626-3.

Art. R. 626-32-1 *(D. n° 2014-736, 30 juin 2014).* – Lorsque le tribunal a modifié, conformément à l'article L. 626-16-1, les conditions de vote, mention doit en être faite lors de la convocation des assemblées compétentes.

Art. R. 626-33 *(Mod., D. n° 2011-236, 3 mars 2011).* – Le délai d'un an prévu au quatrième alinéa de l'article L. 626-18 court à compter du jour du jugement arrêtant le plan.

Art. R. 626-33-1 *(D. n° 2014-736, 30 juin 2014).* – L'acceptation des délais et remises portant sur les créances mentionnées à l'article L. 626-20 ne peut être qu'expresse.

Art. R. 626-34 *(Mod., D. n° 2014-736, 30 juin 2014).* – Le montant maximal de chaque créance remboursable sans remise ni délai en application du II de l'article L. 626-20 est de 500 €.

Art. R. 626-35. – La demande de substitution de garanties prévue à l'article L. 626-22 est faite par le débiteur au créancier en cause. À défaut d'accord de celui-ci, elle peut être demandée au tribunal par requête.

Le tribunal statue, le débiteur, le créancier et le commissaire à l'exécution du plan entendus ou dûment appelés.

Le débiteur procède à ses frais à la radiation et à l'inscription des sûretés. La radiation ne peut intervenir qu'après constitution de la garantie substituée.

Art. R. 626-36. – Après le versement à la Caisse des dépôts et consignations fait en application de l'article L. 626-22, des paiements provisionnels peuvent être effectués dans les conditions définies au deuxième alinéa de l'article L. 622-8. Le commissaire à l'exécution du plan répartit le prix entre les créanciers, effectue le paiement et procède à la radiation des inscriptions.

En cas de vente d'un immeuble, le prix est versé après l'accomplissement par l'acquéreur des formalités de purge des hypothèques prescrites par les articles 2476 et suivants du Code civil et suivant la procédure d'ordre définie aux articles R. 643-3 à R. 643-14.

Les créanciers inscrits du chef d'un précédent propriétaire et titulaires d'un droit de suite sont avertis par le commissaire à l'exécution du plan par lettre recommandée avec demande d'avis de réception qu'ils ont l'obligation de produire leur créance à la procédure d'ordre dans le délai d'un mois à compter de l'avertissement.

La production de la créance mentionne la sûreté inscrite sur le bien. Un décompte des sommes dues en principal, intérêts et accessoires et les documents justificatifs sont joints à la production.

À défaut de production dans le délai mentionné au troisième alinéa, le créancier est déchu des droits de participer à la distribution.

En cas de réduction des dividendes, en application du deuxième alinéa de l'article L. 626-22, l'état de collocation dressé par le commissaire à l'exécution du plan mentionne les modalités de calcul de cette réduction.

Art. R. 626-37. – Le recours prévu à l'article R. 643-11 est ouvert au débiteur. Le greffier adresse à celui-ci une copie de l'état de collocation. Cet avis précise le délai et les modalités du recours.

Art. R. 626-38. – L'administrateur rend compte au juge-commissaire de l'exécution des actes permettant la mise en œuvre du plan conformément à l'article L. 626-24.

Le mandataire judiciaire rend compte de sa mission au juge-commissaire qui met fin à celle-ci, après avoir constaté l'achèvement de la vérification des créances et le versement des sommes dues aux salariés en application de l'article L. 143-11-7 du Code du travail (1).

Art. R. 626-39 *(Mod., D. n° 2014-736, 30 juin 2014).* – Lorsque l'administrateur ou le mandataire judiciaire a accompli sa mission, il dépose au greffe un compte rendu de fin de mission. Tout intéressé peut en prendre connaissance.

Lorsque le mandataire judiciaire a été informé de la mise en œuvre d'une procédure administrative d'établissement de l'impôt, il en informe les comptables publics compétents par lettre recommandée avec demande d'avis de réception quinze jours au moins avant la date de ce dépôt.

Ce compte rendu est communiqué par le greffier au ministère public et notifié par le mandataire de justice au débiteur et aux contrôleurs par lettre recommandée avec demande d'avis de réception. Cette notification précise qu'ils peuvent former des observations devant le juge-commissaire dans un délai de quinze jours.

Le juge-commissaire approuve le compte-rendu de fin de mission, le cas échéant au vu des observations présentées. Il peut demander au mandataire de justice de lui produire tout justificatif. Sa décision est déposée au greffe. Elle n'est pas susceptible de recours.

Art. R. 626-40 *(Mod., D. n° 2009-160, 12 févr. 2009).* – Le compte rendu de fin de mission comporte :

1° La reddition des comptes telle qu'elle ressort de l'édition analytique du mandat dans la comptabilité spéciale de l'administrateur ou du mandataire judiciaire. Le classement analytique distingue, par nature, les opérations de recettes et dépenses ;

2° Le détail des débours et des émoluments perçus tels qu'ils ont été arrêtés, avec la référence au tarif prévu par les textes ;

3° Les rétributions que le mandataire de justice a prélevées sur sa rémunération au profit d'un intervenant extérieur au titre du mandat, en application des articles L. 811-1 et L. 812-1 ;

4° La rémunération des experts désignés par le tribunal et des techniciens désignés par le juge-commissaire, y compris les officiers publics ou ministériels.

Art. R. 626-41. – *Dès le dépôt* au greffe du compte rendu de fin de mission des mandataires de justice, le greffier adresse au débiteur, aux contrôleurs ainsi qu'au ministère public le compte détaillé de ses émoluments, de ses frais et de ses débours établi selon les dispositions des articles R. 743-140 à R. 743-157. Ce compte

(1) V. désormais C. trav., art. L. 3253-19, *infra*, annexe 6, *Des difficultés des entreprises*, p. 3319.

est déposé au greffe et annexé à celui des mandataires de justice. Il est complété si le greffier est appelé à régler postérieurement d'autres frais.

Art. R. 626-42 *(Mod., D. n° 2014-736, 30 juin 2014)*. – Lorsque le compte-rendu de fin de mission de l'administrateur et du mandataire judiciaire a été approuvé, la procédure fait l'objet d'une ordonnance de clôture rendue par le président du tribunal.

Cette décision est une mesure d'administration judiciaire non susceptible de recours.

Elle est communiquée aux personnes citées à l'article R. 621-7 et mentionnée aux registres et répertoires prévus aux trois premiers alinéas de l'article R. 621-8.

Art. R. 626-43. – Sans préjudice des dispositions de l'article R. 626-51, le commissaire à l'exécution du plan fait un rapport annuel sur l'exécution des engagements du débiteur et sur les paiements et répartitions auxquels il a procédé. Ce rapport est déposé au greffe, communiqué au ministère public et tenu à la disposition de tout créancier.

Art. R. 626-44 *(Mod., D. n° 2009-160, 12 févr. 2009)*. – Lorsque le remplacement du commissaire à l'exécution du plan est demandé par le ministère public ou que le tribunal se saisit d'office aux mêmes fins, la convocation de l'intéressé est faite selon le cas dans les formes et selon la procédure prévues à l'article R. 631-3 ou R. 631-4.

La demande de remplacement présentée par le commissaire à l'exécution du plan est formée par lettre simple.

L'ordonnance rendue par le président du tribunal est communiquée au ministère public par le greffier, qui en avise, par lettre simple, le commissaire à l'exécution du plan qui est remplacé, celui désigné pour le remplacer ainsi que le débiteur.

Art. R. 626-45 *(Mod., D. n° 2014-736, 30 juin 2014 ; D. n° 2019-1333, 11 déc. 2019)*. – La demande présentée par le débiteur en application de l'article L. 626-26 ou par le commissaire à l'exécution du plan est faite par requête.

Le greffier convoque, par lettre recommandée avec demande d'avis de réception, le débiteur, les contrôleurs, les représentants du comité d'entreprise ou, à défaut, des délégués du personnel qui sont désignés conformément à l'article R. 621-2. Il avise de la date de l'audience le ministère public ainsi que le commissaire à l'exécution du plan.

Lorsque la modification porte sur les modalités d'apurement du passif, le greffier en informe les créanciers intéressés par lettre recommandée avec demande d'avis de réception. Ceux-ci disposent alors d'un délai de quinze jours pour faire valoir leurs observations par lettre recommandée avec demande d'avis de réception au commissaire à l'exécution du plan.

Le jugement est notifié conformément aux dispositions de l'article R. 626-21.

Voir : la rédaction de cet article issue du décret n° 2021-1218 du 23 septembre 2021, en *addendum*, p. 3461.

Art. R. 626-46. – Une copie du jugement modifiant le plan est adressée par le greffier aux personnes mentionnées au 3° de l'article R. 621-7. Le jugement fait l'objet des publicités prévues à l'article R. 621-8.

Art. R. 626-47. – Le commissaire à l'exécution du plan signale, dans un rapport adressé au président du tribunal et au ministère public, l'inexécution du plan de la part du débiteur ou de toute autre personne.

Le rapport fait état des observations du débiteur et propose éventuellement les solutions qui seraient de nature à permettre l'exécution du plan.

Le commissaire à l'exécution du plan rend compte de sa mission au président du tribunal.

Art. R. 626-47-1 *(D. n° 2014-736, 30 juin 2014)*. – Pour l'exécution de la mission prévue par le premier alinéa du I de l'article L. 626-27, le commissaire à l'exécution du plan saisit le président du tribunal aux fins d'obtention d'un titre exécutoire, s'il n'en dispose pas. Le président statue par ordonnance.

Art. R. 626-48 *(Mod., D. n° 2009-160, 12 févr. 2009 ; D. n° 2014-736, 30 juin 2014)*. – En application du I de l'article L. 626-27, le tribunal est saisi aux fins de résolution du plan par voie de requête ou, le cas échéant, dans les formes et selon la procédure prévue à l'article R. 631-4. Il statue dans les conditions de l'article L. 626-9, le commissaire à l'exécution du plan étant entendu ou dûment appelé et présentant son rapport en lieu et place de celui de l'administrateur.

Lorsque le tribunal décide la résolution du plan en application du troisième alinéa du I de l'article L. 626-27, il ouvre, dans le même jugement, une procédure, selon le cas, de redressement judiciaire ou de liquidation judiciaire du débiteur.

Le jugement est signifié à la diligence du greffier dans les huit jours de son prononcé aux personnes qui ont qualité pour interjeter appel, à l'exception du ministère public.

Il est communiqué aux personnes mentionnées à l'article R. 621-7.

Le jugement qui décide la résolution du plan fait l'objet des publicités prévues à l'article R. 621-8.

Art. R. 626-49 *(Mod., D. n° 2014-736, 30 juin 2014)*. – Pour l'application du III de l'article L. 626-27, le commissaire à l'exécution du plan transmet au greffier la liste des créances admises à ce plan en déduisant, pour chacune d'elles, les sommes déjà perçues. Le greffier porte cette liste sur l'état des créances de la nouvelle procédure.

Dans les mêmes conditions, les créances portées sur la liste mentionnée à l'article R. 622-15 ou à l'article R. 641-39 et qui n'ont pas été rejetées sont portées par le greffier sur l'état des créances de la nouvelle procédure.

Art. R. 626-50. – Lorsqu'il est saisi en application de l'article L. 626-28, le tribunal statue au vu d'un rapport établi par le commissaire à l'exécution du plan.

La décision du tribunal est communiquée au ministère public.

À l'initiative du débiteur, les décisions relatives à la procédure sont radiées des registres sur lesquels elles ont été portées.

Art. R. 626-51. – Dans les deux mois qui suivent l'achèvement de sa mission, le commissaire à l'exécution du plan dépose un compte-rendu de fin de mission dans les conditions des articles R. 626-39 et R. 626-40. L'article R. 626-41 est applicable.

Section III. – Des comités de créanciers

Voir : la nouvelle rédaction de la section 3 (art. R. 626-52 à R. 626-65, issue du décret n° 2021-1218 du 23 septembre 2021, en *addendum*, p. 3461).

Art. R. 626-52. – Les seuils fixés en application de l'article L. 626-29 sont de 150 salariés et de 20 millions d'euros de chiffre d'affaires.

Ils sont définis conformément aux dispositions du deuxième et du troisième alinéa de l'article R. 621-11.

Art. R. 626-53 *(Mod., D. n° 2009-160, 12 févr. 2009)*. – Lorsque le tribunal n'a pas désigné d'administrateur et que le juge-commissaire autorise qu'il soit fait application des dispositions des articles L. 626-29 à L. 626-35, le juge-commissaire désigne un administrateur aux fins d'exercer les missions qui lui sont dévolues par les articles L. 626-30 à L. 626-33.

Art. R. 626-54. – La décision par laquelle le juge-commissaire autorise qu'il soit fait application des dispositions des articles L. 626-29 à L. 626-35 est une mesure d'administration judiciaire non susceptible de recours.

Art. R. 626-55 *(D. n° 2009-160, 12 févr. 2009 ; D. n° 2014-1315, 3 nov. 2014)*. – L'administrateur avise chacun des créanciers mentionné au deuxième alinéa de l'article L. 626-30 qu'il est membre de droit du comité des établissements de crédit.

Les sociétés de financement, les établissements de crédit et ceux assimilés sont ceux mentionnés à l'article L. 511-1 du Code monétaire et financier, les institutions mentionnées à l'article L. 518-1 du même code, les établissements intervenant en libre établissement ou en libre prestation de services sur le territoire des États *parties à l'accord sur l'Espace économique* européen mentionnés au Livre V du même code et toute autre entité auprès de laquelle le débiteur a conclu une opération de crédit.

Art. R. 626-56 *(Mod., D. n° 2009-160, 12 févr. 2009)*. – Pour déterminer la composition du comité des principaux fournisseurs, est pris en compte le montant des créances toutes taxes comprises existant à la date du jugement d'ouverture.

À cette fin, le débiteur remet sans délai à l'administrateur la liste des créances de ses fournisseurs ainsi que le montant de chacune d'entre elles, certifié par son ou ses commissaires aux comptes ou, lorsqu'il n'en a pas été désigné, établi par son expert-comptable.

L'administrateur avise chaque fournisseur dont les créances représentent plus de 3 % du total des créances toutes taxes comprises des fournisseurs qu'il est membre de droit du comité des principaux fournisseurs.

Art. R. 626-57 *(Mod., D. n° 2009-160, 12 févr. 2009 ; D. n° 2014-736, 30 juin 2014)*. – Au plus tard quinze jours avant la présentation au comité des principaux fournisseurs des propositions du débiteur ou des projets soumis par les créanciers, l'administrateur peut demander à tout fournisseur dont les créances ne représentent pas plus de 3 % du total des créances toutes taxes comprises des fournisseurs d'être membre de ce comité.

À défaut d'une acceptation écrite adressée à l'administrateur dans un délai de huit jours à compter de la réception de l'avis, le fournisseur sollicité est réputé avoir refusé.

Art. R. 626-57-1 *(D. n° 2009-160, 12 févr. 2009)*. – Pour l'application du troisième alinéa de l'article L. 626-30-1, le transfert d'une créance née antérieurement au jugement d'ouverture est porté à la connaissance de l'administrateur par lettre recommandée avec demande d'avis de réception.

Art. R. 626-57-2 *(D. n° 2009-160, 12 févr. 2009 ; mod., D. n° 2014-736, 30 juin 2014)*. – Le créancier membre d'un comité qui entend soumettre des propositions transmet celles-ci, par tout moyen, au débiteur et à l'administrateur. Le débiteur, avec le concours de l'administrateur, apprécie s'il y a lieu de les soumettre au comité de créanciers.

Les projets de plan mentionnés à la seconde phrase de l'article L. 626-30-2 sont transmis à l'administrateur par lettre recommandée avec demande d'avis de réception au plus tard quinze jours avant la date du premier vote.

Art. R. 626-58 *(D. n° 2011-236, 3 mars 2011 ; mod., D. n° 2014-736, 30 juin 2014)*. – Lorsqu'il transmet les avis mentionnés aux articles R. 626-55, R. 626-57 et au deuxième alinéa du présent article, l'administrateur invite les créanciers concernés à lui faire connaître sans délai l'existence éventuelle d'une convention ou d'un accord mentionnés au quatrième alinéa de l'article L. 626-30-2.

Huit jours avant la date du vote, l'administrateur arrête le montant, calculé toutes taxes comprises, des créances détenues par les membres du comité appelés à se prononcer. À la même date, il dresse la liste des créances qui, en application du cinquième alinéa de l'article L. 626-30-2, n'ouvrent pas droit à participer au vote. Cette liste est portée à la connaissance des créanciers présents ou représentés le jour du vote. Au plus tard huit jours avant cette date, l'administrateur soumet au créancier concerné les modalités de calcul retenues sur le fondement du quatrième alinéa de l'article L. 626-30-2 ; en cas de désaccord exprimé au plus tard quarante-huit heures avant la date du vote, l'administrateur peut saisir le président du tribunal conformément à ces dispositions. Les modalités de calcul appliquées sont portées à la connaissance des créanciers en complément de la liste des créances.

En présence d'une clause d'indexation du taux d'intérêt, le montant des intérêts restant à échoir au jour du jugement d'ouverture de la procédure est calculé au taux applicable à la date de ce jugement. Les créances en monnaie étrangère sont converties en euros selon le cours du change à la date du même jugement.

Art. R. 626-59 *(Mod., D. n° 2014-736, 30 juin 2014)*. – L'administrateur invite le mandataire judiciaire et les représentants du comité d'entreprise ou, à défaut, des délégués du personnel à présenter leurs observations à chacun des comités avant que ceux-ci ne se prononcent sur le ou les projets de plan.

Art. R. 626-60 *(D. n° 2009-160, 12 févr. 2009 ; mod., D. n° 2014-736, 30 juin 2014 ; D. n° 2020-106, 10 févr. 2020)*. – Pour l'application de l'article L. 626-32, un avis de convocation de l'assemblée générale des obligataires est inséré à l'initiative de l'administrateur dans un support habilité à recevoir les annonces légales dans le département du siège social du débiteur et, en outre, si le débiteur a fait publiquement appel à l'épargne ou si toutes ses obligations ne revêtent pas la forme nominative, au *Bulletin des annonces légales obligatoires*. Cet avis contient les indications prévues à l'article R. 228-66 et l'indication du lieu mentionné à l'article R. 626-61.

Si toutes les obligations émises par le débiteur sont nominatives, les insertions prévues à l'alinéa précédent peuvent être remplacées par une convocation adressée à chaque obligataire par lettre simple ou recommandée.

Dans le cas d'obligations indivises, les convocations sont adressées à tous les coïndivisaires. Lorsque les obligations sont grevées d'un usufruit, la convocation est adressée au nu-propriétaire.

Le délai entre la date soit de l'insertion contenant l'avis de convocation, soit de l'envoi des lettres de convocation et la date du vote par l'assemblée générale des obligataires est au moins de quinze jours.

L'invitation mentionnée au premier alinéa de l'article R. 626-58 est insérée dans l'avis prévu par le premier alinéa du présent article ou à la convocation prévue par le second alinéa.

Art. R. 626-61 *(D. n° 2009-160, 12 févr. 2009 ; mod., D. n° 2011-236, 3 mars 2011 ; D. n° 2014-736, 30 juin 2014).* – Chaque obligataire a le droit, pendant le délai de quinze jours qui précède la réunion de l'assemblée générale, de prendre par lui-même ou par mandataire, en tout lieu fixé par la convocation, connaissance du projet de plan adopté et, s'il est différent, du projet de plan présenté par le débiteur.

Le débiteur, avec le concours de l'administrateur, présente à l'assemblée générale des obligataires le projet de plan adopté par les comités de créanciers. Lorsque le projet adopté n'est pas celui proposé par le débiteur, il est porté à la connaissance de l'assemblée par l'administrateur ; le débiteur qui soutient le plan qu'il a présenté et qui n'a pas été adopté est invité à faire connaître ses observations ; le rapport de l'administrateur porte sur chacun de ces plans.

Art. R. 626-61-1 *(D. n° 2011-236, 3 mars 2011 ; mod., D. n° 2014-736, 30 juin 2014).* – Huit jours avant la date de réunion de l'assemblée générale, l'administrateur arrête le montant des créances qui ouvrent droit à participer au vote. Il est fait application des dispositions des deux dernières phrases du deuxième alinéa et de celles du troisième alinéa de l'article R. 626-58.

Art. R. 626-62 *(D. n° 2009-160, 12 févr. 2009).* – L'administrateur est seul compétent pour décider des modalités de déroulement du vote par les comités et l'assemblée générale des obligataires. S'il décide que le vote a lieu à bulletin secret, sa décision ne peut faire l'objet d'aucune contestation. Sont scrutateurs de l'assemblée ou du comité les deux obligataires ou créanciers titulaires des créances les plus importantes et acceptant cette fonction.

Art. R. 626-63 *(D. n° 2009-160, 12 févr. 2009 ; D. n° 2019-1333, 11 déc. 2019).* – Le délai pour former les contestations relatives à l'application des articles L. 626-30 à L. 626-32 est de dix jours à compter du vote du comité de créanciers ou de l'assemblée générale des obligataires dont est membre l'auteur de la contestation. À peine d'irrecevabilité, les contestations sont formées par requête déposée au greffe contre récépissé. Une copie de la requête est adressée par lettre simple au débiteur et à l'administrateur par le greffier.

Le greffier convoque l'auteur de la contestation, par lettre simple, à l'audience au cours de laquelle il sera débattu de l'arrêté ou de la modification du plan.

L'audience ne peut avoir lieu moins de cinq jours après l'expiration du délai imparti pour former les contestations.

Le jugement est notifié, par le greffier, à l'auteur de la contestation.

Art. R. 626-64 *(D. n° 2014-736, 30 juin 2014).* – Le créancier qui a exprimé son désaccord aux modalités de calcul des voix soumises par l'administrateur conformément au quatrième alinéa de l'article L. 626-30-2 peut interjeter appel de l'ordonnance rendue par le président du tribunal dans le délai de dix jours à compter de sa notification.

CHAPITRE VII. – DISPOSITIONS PARTICULIÈRES EN L'ABSENCE D'ADMINISTRATEUR JUDICIAIRE

Art. R. 627-1 *(Mod., D. n° 2009-160, 12 févr. 2009).* – En l'absence d'administrateur, le cocontractant adresse au débiteur la mise en demeure prévue à l'article L. 622-13, par lettre recommandée avec demande d'avis de réception. Il en informe simultanément le mandataire judiciaire en lui adressant copie de cette mise en demeure par lettre recommandée avec demande d'avis de réception.

Le mandataire judiciaire doit, sans délai, faire part de son avis au débiteur et au cocontractant.

À défaut de réponse du mandataire dans le délai de quinze jours à compter de la réception par le débiteur de la mise en demeure, ce dernier peut saisir le juge-commissaire.

La saisine du juge-commissaire suspend le délai de réponse prévu au 1° du III de l'article L. 622-13. Le greffier avise le cocontractant de cette saisine et de son effet suspensif.

Les dispositions de l'article R. 622-13 sont applicables lorsque le débiteur exerce la faculté ouverte à l'administrateur de demander la résiliation des contrats en cours. Le débiteur joint à sa requête l'avis conforme du mandataire judiciaire s'il l'a obtenu. Le greffier avise le mandataire judiciaire, aux lieu et place de l'administrateur, de la date de l'audience.

CHAPITRE VIII. – DE LA SAUVEGARDE ACCÉLÉRÉE

(D. n° 2014-736, 30 juin 2014)

Section I. – Dispositions générales

Art. R. 628-1 *(D. n° 2014-736, 30 juin 2014)*. – La procédure de sauvegarde accélérée est soumise aux dispositions réglementaires applicables à la procédure de sauvegarde à l'exception des articles R. 621-20, R. 621-26, R. 622-11, R. 622-13, R. 626-17, R. 626-18 et R. 626-22 et de la section 3 du chapitre IV et sous réserve des dispositions du présent chapitre.

Sous-section 1. – De l'ouverture de la procédure

Art. R. 628-2 *(D. n° 2014-736, 30 juin 2014)*. – En complément des pièces et informations mentionnées à l'article R. 621-1, la demande d'ouverture de la procédure expose les éléments démontrant que le projet de plan remplit les conditions prévues par le deuxième alinéa de l'article L. 628-1. La preuve du soutien prévu par ce texte, recueillie auprès des créanciers pour lesquels le projet de plan modifie les modalités de paiement et ne prévoit pas un paiement intégral en numéraire dès l'arrêté du plan ou dès l'admission de leurs créances, est apportée par tout moyen au plus tard au moment où le juge statue.

Lorsque le débiteur n'est pas en cessation des paiements et demande à être dispensé de procéder à l'inventaire, cette demande remplace les éléments prévus par la dernière phrase du premier alinéa de l'article R. 621-1.

Pour l'application du 5° de l'article R. 621-1, la demande précise, également, les dettes ayant fait l'objet d'une négociation dans le cadre de la procédure de conciliation en cours.

Le cas échéant, la demande précise la date de cessation des paiements.

Sont également joints :

1° Une copie de la décision d'ouverture de la procédure de conciliation ;

2° Un tableau de financement et, lorsque le débiteur établit des comptes consolidés, un tableau des flux de trésorerie ;

3° Un budget de trésorerie pour les trois mois à venir ;

4° Un plan de financement prévisionnel ;

5° Le projet de plan mentionné au deuxième alinéa de l'article L. 628-1.

Les documents prévus aux 2° à 4° sont datés, signés et certifiés sincères par le débiteur. Ils sont établis à la date de la demande ou dans les sept jours qui précèdent. Si l'un des documents ne peut être fourni ou ne peut l'être qu'incomplètement, la demande indique les motifs qui empêchent cette production.

Voir : la rédaction de cet article issue du décret n° 2021-1218 du 23 septembre 2021, en *addendum*, p. 3461.

Art. D. 628-3 *(D. n° 2014-736, 30 juin 2014 ; mod., D. n° 2020-101, 7 févr. 2020)*. – Les seuils fixés en application de l'article L. 628-1 sont de vingt salariés, 3 000 000 euros de chiffre d'affaires hors taxe et 1 500 000 euros pour le total du bilan.

Le total du bilan et le montant du chiffre d'affaires sont définis conformément aux cinquième et sixième alinéas de l'article D. 123-200 et sont appréciés à la date de clôture du dernier exercice comptable. Le nombre de salariés à prendre en compte est le nombre de salariés employés par le débiteur à la date de la demande d'ouverture de la procédure, déterminé conformément aux dispositions du 4° de l'article R. 621-1.

Voir : la rédaction de cet article issue du décret n° 2021-1218 du 23 septembre 2021, en *addendum*, p. 3461.

Art. R. 628-4 *(D. n° 2014-736, 30 juin 2014)*. – Le rapport du conciliateur prévu par l'article L. 628-2 est déposé au greffe et communiqué par le greffier au débiteur et au ministère public. Il est complété par tout élément permettant d'apprécier la pertinence du projet du plan, notamment au regard des conditions économiques et financières de la poursuite de l'activité énoncées par ce projet, et l'ampleur du soutien des créanciers exigé par l'article L. 628-1. Il comporte également un avis sur l'exactitude de la liste des créances ayant fait l'objet d'une négociation dans le cadre de la procédure de conciliation telle qu'elle résulte de l'état chiffré joint à la demande d'ouverture.

Le tribunal statue sur l'ouverture de la procédure après avoir entendu le conciliateur.

Voir : la rédaction de cet article issue du décret n° 2021-1218 du 23 septembre 2021, en *addendum*, p. 3461.

Art. R. 628-5 *(D. n° 2014-736, 30 juin 2014)*. – Lorsque le ministère public n'est pas l'auteur de la demande de communication des pièces et actes visés à l'article L. 628-2, le greffier les lui transmet sans délai dès leur réception.

Voir : la rédaction de cet article issue du décret n° 2021-1218 du 23 septembre 2021, en *addendum*, p. 3461.

Art. R. 628-6 *(D. n° 2014-736, 30 juin 2014)*. – Le délai de vingt jours prévu à l'article R. 621-24 avant l'expiration duquel le juge-commissaire ne peut désigner aucun contrôleur est réduit à quinze jours.

Art. R. 628-7 *(D. n° 2014-736, 30 juin 2014)*. – Lorsque le ministère public demande la clôture de la procédure, il présente au tribunal une requête indiquant les faits de nature à motiver cette demande. Le président du tribunal, par les soins du greffier, fait convoquer le débiteur par lettre recommandée avec demande d'avis de réception à comparaître dans le délai qu'il fixe.

À cette convocation est jointe la requête du ministère public.

Sous-section 2. – Des effets de la sauvegarde accélérée

Art. R. 628-8 *(D. n° 2014-736, 30 juin 2014)*. – Dans les dix jours du jugement d'ouverture, le débiteur dépose au greffe deux exemplaires de la liste des créances prévue par l'article L. 628-7. Le greffier en remet un exemplaire au mandataire judiciaire.

La liste comporte les éléments mentionnés aux deux premiers alinéas de l'article L. 622-25 et à la première phrase de l'article R. 622-5 ainsi qu'au 2° de l'article R. 622-23.

Si les informations portées sur cette liste et celles portées sur la liste prévue à l'article L. 622-6 diffèrent, seules les premières sont prises en considération.

Voir : la rédaction de cet article issue du décret n° 2021-1218 du 23 septembre 2021, en *addendum*, p. 3461.

Art. R. 628-9 *(D. n° 2014-736, 30 juin 2014)*. – Dans les huit jours suivant la remise de la liste par le greffier, le mandataire judiciaire communique par lettre recommandée avec demande d'avis de réception, ou, le cas échéant, par la voie du portail mentionné aux articles L. 814-2 et L. 814-13, à chaque créancier concerné les informations relatives aux créances dont il est titulaire telles qu'elles résultent de la liste et porte à sa connaissance les dispositions de l'article L. 628-7 et du présent article.

Cette information vaut avertissement au sens des articles L. 622-24 et R. 622-21.

Art. R. 628-10 *(D. n° 2014-736, 30 juin 2014 ; mod., D. n° 2015-1009, 18 août 2015)*. – Dans le jugement qui ouvre la procédure, le tribunal fixe la date de l'audience à l'issue de laquelle il sera statué sur le projet de plan. Dans les huit jours, le greffier avise le ministère public, l'administrateur et le mandataire judiciaire de la date de cette audience et convoque, par lettre recommandée avec demande d'avis de réception, le débiteur, les représentants du comité d'entreprise ou, à défaut, les délégués du personnel et les contrôleurs déjà connus. Les contrôleurs désignés ultérieurement par le juge-commissaire sont convoqués dans les mêmes conditions sans délai.

Voir : la rédaction de cet article issue du décret n° 2021-1218 du 23 septembre 2021, en *addendum*, p. 3461.

Art. R. 628-11 *(D. n° 2014-736, 30 juin 2014)*. – Le tribunal peut être saisi à tout moment pour statuer sur le projet de plan ou aux fins de clôture de la procédure par requête du débiteur, du ministère public, de l'administrateur ou du mandataire judiciaire ou par assignation d'un créancier. Lorsqu'il est saisi par voie de requête, le président du tribunal fait convoquer le débiteur par le greffier par lettre recommandée avec demande d'avis de réception. Le ministère public, l'administrateur et le mandataire judiciaire sont avisés de la date de l'audience par le greffier.

Voir : la rédaction de cet article issue du décret n° 2021-1218 du 23 septembre 2021, en *addendum*, p. 3461.

Art. R. 628-12 *(D. n° 2014-736, 30 juin 2014).* – Le jugement de clôture est notifié au débiteur, communiqué aux personnes citées à l'article R. 621-7 et fait l'objet des publicités prévues à l'article R. 621-8. L'administrateur et le mandataire judiciaire déposent sans délai un compte rendu de fin de mission dans les conditions des articles R. 626-39 et R. 626-40. L'article R. 626-41 est applicable.

Section II. – Dispositions propres à la sauvegarde financière accélérée

Art. R. 628-13 *(D. n° 2014-736, 30 juin 2014).* – La demande d'ouverture de la procédure de sauvegarde financière accélérée expose, outre les éléments prévus à l'article R. 628-2, ceux relatifs à la nature de l'endettement dans les conditions prévues à l'article L. 628-9.

Pour l'application du 5° de l'article R. 621-1, l'état chiffré des dettes distingue les dettes qui ne seront pas soumises aux effets de la procédure en cas d'ouverture et, parmi les autres, celles ayant fait l'objet d'une négociation dans le cadre de la procédure de conciliation en cours.

Voir : la rédaction de cet article issue du décret n° 2021-1218 du 23 septembre 2021, en *addendum*, p. 3461.

Art. R. 628-14 *(D. n° 2014-736, 30 juin 2014 ; mod., D. n° 2020-106, 10 févr. 2020).* – L'avis du jugement d'ouverture adressé pour insertion au *Bulletin officiel des annonces civiles et commerciales* et dans un support d'annonces légales contient, outre les informations prévues par les cinquième et sixième alinéas de l'article R. 621-8, la reproduction des dispositions de l'article L. 628-9.

Voir : la rédaction de cet article issue du décret n° 2021-1218 du 23 septembre 2021, en *addendum*, p. 3461.

Art. R. 628-15 *(D. n° 2014-736, 30 juin 2014).* – Le délai de vingt jours prévu à l'article R. 621-24 avant l'expiration duquel le juge-commissaire ne peut désigner aucun contrôleur est réduit à huit jours.

Voir : la rédaction de cet article issue du décret n° 2021-1218 du 23 septembre 2021, en *addendum*, p. 3461.

Art. R. 628-16 *(D. n° 2014-736, 30 juin 2014).* – Lorsque le juge-commissaire a réduit le délai prévu au troisième alinéa de l'article L. 626-30-2 en deçà de quinze jours, l'administrateur accomplit les diligences prévues aux articles R. 626-58 et R. 626-61-1 trois jours avant la date du vote du comité. Le délai minimum prévu par l'article R. 626-60 entre la convocation de l'assemblée générale des obligataires et le vote est alors réduit à dix jours et le droit conféré à chaque obligataire par l'article R. 626-61 de prendre connaissance du projet de plan s'exerce dans les dix jours qui précèdent la réunion de cette assemblée.

Voir : la rédaction de cet article issue du décret n° 2021-1218 du 23 septembre 2021, en *addendum*, p. 3461.

Art. R. 628-17 *(D. n° 2014-736, 30 juin 2014).* – Le délai entre la date soit de l'insertion ou de la dernière des insertions contenant un avis de convocation, soit de l'envoi des lettres, soit de la transmission de la convocation par voie de communication électronique, et la date de l'assemblée des actionnaires est au moins de dix jours sur première convocation.

Voir : la rédaction de cet article issue du décret n° 2021-1218 du 23 septembre 2021, en *addendum*, p. 3461.

Art. R. 628-18 *(D. n° 2014-736, 30 juin 2014).* – L'avis prévu par le I de l'article R. 225-73 est publié au *Bulletin des annonces légales obligatoires* au plus tard vingt et un jours avant la tenue de l'assemblée des actionnaires.

La demande d'inscription d'un point ou d'un projet de résolution par les actionnaires à l'ordre du jour de l'assemblée est envoyée au siège social du débiteur quinze jours au moins avant la date de l'assemblée réunie sur première convocation.

Voir : la rédaction de cet article issue du décret n° 2021-1218 du 23 septembre 2021, en *addendum*, p. 3461.

Art. R. 628-19 *(D. n° 2014-736, 30 juin 2014).* – Le délai prévu au deuxième alinéa de l'article R. 225-89 et au premier alinéa de l'article R. 225-90 est réduit à dix jours. La liste des actionnaires mentionnée au second alinéa de l'article R. 225-90 est arrêtée le onzième jour qui précède la réunion de l'assemblée.

Voir : la rédaction de cet article issue du décret n° 2021-1218 du 23 septembre 2021, en *addendum*, p. 3461.

TITRE III. – DU REDRESSEMENT JUDICIAIRE

CHAPITRE I. – DE L'OUVERTURE ET DU DÉROULEMENT DE LA PROCÉDURE

Section I. – De l'ouverture de la procédure

Sous-section 1. – De la saisine et de la décision du tribunal

Art. R. 631-1 *(Mod., D. n° 2009-160, 12 févr. 2009 ; D. n° 2010-368, 13 avr. 2010 ; D. n° 2011-236, 3 mars 2011 ; D. n° 2014-736, 30 juin 2014 ; D. n° 2015-903, 23 juill. 2015 ; D. n° 2015-1009, 18 août 2015 ; D. n° 2020-100, 7 févr. 2020).* – La demande d'ouverture de la procédure de redressement judiciaire est déposée par le représentant légal de la personne morale ou par le débiteur personne physique au greffe du tribunal compétent.

À cette demande sont jointes, outre les comptes annuels du dernier exercice, les pièces ci-après :

1° L'état du passif exigible et de l'actif disponible ainsi qu'une déclaration de cessation des paiements ; lorsque l'activité en difficulté est exercée par un entrepreneur individuel à responsabilité limitée, cet état est complété, le cas échéant, par la liste des autres créances dont le paiement est poursuivi sur le patrimoine en cause ;

2° Un extrait d'immatriculation aux registres et répertoires mentionnés à l'article R. 621-8 ;

Rédaction future. 2° *(2° rempl. à compter du 1er novembre 2021, D. n° 2021-631, 21 mai 2021)* Le numéro unique d'identification ;

3° Une situation de trésorerie datant de moins d'un mois ;

4° Le nombre des salariés employés à la date de la demande, déterminé conformément aux dispositions de l'article R. 130-1 du Code de la sécurité sociale, le nom et l'adresse de chacun d'entre eux et le montant du chiffre d'affaires, défini conformément aux dispositions du sixième alinéa de l'article D. 123-200, apprécié à la date de clôture du dernier exercice comptable ;

5° L'état chiffré des créances et des dettes avec l'indication selon le cas, du nom ou de la dénomination et du domicile ou siège des créanciers et, pour les salariés, le montant global des sommes impayées ;

6° L'état actif et passif des sûretés ainsi que celui des engagements hors bilan ;

7° L'inventaire sommaire des biens du débiteur ou, si un patrimoine a été affecté à l'activité en difficulté, des biens affectés à l'exercice de cette activité ;

8° S'il s'agit d'une personne morale comportant des membres responsables solidairement des dettes sociales, la liste de ceux-ci avec l'indication de leur nom et domicile ;

9° Le nom et l'adresse des représentants du comité d'entreprise ou des délégués du personnel habilités à être entendus par le tribunal s'ils ont déjà été désignés ;

10° Une attestation sur l'honneur certifiant l'absence de mandat *ad hoc* ou de procédure de conciliation relatives au patrimoine en cause dans les dix-huit mois précédant la date de la demande ou, dans le cas contraire, mentionnant la date de la désignation du mandataire *ad hoc* ou de l'ouverture de la procédure de conciliation ainsi que l'autorité qui y a procédé ;

11° Lorsque le débiteur exerce une profession libérale soumise à un statut législatif ou réglementaire ou dont le titre est protégé, la désignation de l'ordre professionnel ou de l'autorité dont il relève ;

12° Lorsque le débiteur exploite une ou des installations classées au sens du Titre I du Livre V du Code de l'environnement, la copie de la décision d'autorisation ou d'enregistrement ou la déclaration.

Ces documents sont datés, signés et certifiés sincères et véritables par le demandeur. Ceux qui sont mentionnés aux l°, *(Réf. suppr. à compter du 1er novembre 2021, D. n° 2021-631, 21 mai 2021)* « 2° », 5°, 6°, 7° et 8° sont établis à la date de la demande ou dans les sept jours qui précèdent.

Dans le cas où l'un ou l'autre de ces documents ne peut être fourni ou ne peut l'être qu'incomplètement, la demande indique les motifs qui empêchent cette production.

Voir : la rédaction de cet article issue du décret n° 2021-1218 du 23 septembre 2021, en *addendum*, p. 3461.

Art. R. 631-2 *(Mod., D. n° 2009-160, 12 févr. 2009 ; D. n° 2014-736, 30 juin 2014 ; D. n° 2019-966, 18 sept. 2019).* – L'assignation d'un créancier précise la nature et le montant de la créance et contient tout élément de preuve de nature à caractériser la cessation des paiements du débiteur. Lorsqu'il s'agit d'une exploitation agricole, le créancier joint à sa demande une attestation, délivrée par le greffier, de la saisine du président du tribunal judiciaire en application de l'article L. 351-2 du Code rural et de la pêche maritime.

La demande d'ouverture d'une procédure de redressement judiciaire est à peine d'irrecevabilité, qui doit être soulevée d'office, exclusive de toute autre demande relative au même patrimoine, à l'exception d'une demande d'ouverture d'une procédure de liquidation judiciaire formée à titre subsidiaire.

Exclusivité de la demande. L'exigence ne s'applique pas à la demande d'extension (■ Cass. com., 9 juill. 2013, n° 11-14.629 : *JurisData* n° 2013-014556 ; *BJE* 2013, p. 353, note J.-P. Sortais).

Art. R. 631-3 *(Mod., D. n° 2014-736, 30 juin 2014)*. **– Lorsque le tribunal exerce son pouvoir d'office et à moins que les parties intéressées n'aient été invitées préalablement à présenter leurs observations, le tribunal fait convoquer le débiteur à la diligence du greffier, par lettre recommandée avec demande d'avis de réception, à comparaître dans le délai qu'il fixe.**

À la convocation est jointe un note dans laquelle sont exposés les faits de nature à motiver l'exercice par le tribunal de son pouvoir d'office.

Le greffier adresse copie de cette note au ministère public.

Absence de note jointe à la convocation. Est nulle la convocation à laquelle n'est pas jointe une note du président exposant les faits de nature à motiver la saisine d'office (■ Cass. com., 9 févr. 2010, n° 09-10.925 : *JurisData* n° 2010-051505 ; *JCP* E 2010, 1324, note B. Rolland).

Art. R. 631-4 *(Mod., D. n° 2014-736, 30 juin 2014 ; D. n° 2015-1009, 18 août 2015)*. **– Lorsque le ministère public demande l'ouverture de la procédure par requête, celle-ci indique les faits de nature à motiver cette demande. Le président du tribunal, par les soins du greffier, fait convoquer le débiteur par lettre recommandée avec demande d'avis de réception à comparaître dans le délai qu'il fixe.**

À cette convocation est jointe la requête du ministère public.

Convocation du dirigeant. L'irrégularité de forme résultant de ce que l'assignation a été délivrée par un huissier de justice commis par le greffier sans que celui-ci y ait été invité par le président du tribunal, ne peut entraîner la nullité de l'acte lorsque la personne qui invoque cette irrégularité n'allègue aucun grief (■ Cass. com., 18 sept. 2007, n° 05-21.194 : *JurisData* n° 2007-040451 ; *RJDA* 1/2008, n° 71).

Art. R. 631-5 *(Mod., D. n° 2014-736, 30 juin 2014 ; D. n° 2019-966, 18 sept. 2019)*. **– Lorsque, dans le cas prévu au deuxième alinéa de l'article L. 631-3, le tribunal est saisi sur la requête du ministère public, l'article R. 631-4 est applicable aux héritiers du débiteur dont l'adresse est connue. S'il existe des héritiers dont l'adresse est inconnue, le président du tribunal judiciaire se saisissant d'office, ou saisi sur la requête du ministère public, de l'administrateur ou du mandataire judiciaire désigne un mandataire chargé de les représenter.**

Art. R. 631-6 *(D. n° 2009-160, 12 févr. 2009)*. **– La cour d'appel qui annule ou infirme un jugement statuant sur l'ouverture de la procédure de redressement judiciaire peut, d'office, ouvrir la procédure de redressement judiciaire ou de liquidation judiciaire.**

1) Saisine irrégulière. Lorsque l'appel tend à l'annulation du jugement pour irrégularité de la saisine de la juridiction de première instance, la cour d'appel qui annule l'acte introductif et le jugement n'a pas le pouvoir de prononcer d'office le redressement ou la liquidation judiciaire (■ Cass. com., 4 janv. 2005, n° 03-11.465 : *JurisData* n° 2005-026363 ; *JCP* E 2005, 529, note P. Cagnoli ; *ibid.*, 639, n° 2, obs. Ph. Pétel ; *Rev. proc. coll.* 2005, 134, n° 20, obs. S. Gorrias ; *D.* 2005, p. 280, obs. A. Lienhard ; *ibid.*, pan. 2012, n° 2, obs. F.-X. Lucas et P.-M. Le Corre. ■ Cass. com., 17 nov. 2009, n° 08-19.537 : *JurisData* n° 2009-050355 ; *Gaz. Pal.* 8-9 janv. 2010, p. 16, obs. F. Reille).

2) Sort des déclarations. La déclaration de créances régulièrement faite reste valable et n'a pas à être réitérée à la suite de l'arrêt ouvrant la procédure de liquidation judiciaire (■ Cass. com., 25 mai 1993, n° 91-13.844 : *JurisData* n° 1993-001104 ; *Bull. Joly* 1993, 761, obs. Chaput ; *JCP* E 1993, I, 295, n° 1, obs. Pétel. ■ Cass. com., 10 mai 2005, n° 04-10.523 : *JurisData* n° 2005-028344 ; *D.* 2005, 1414, obs. Lienhard ; *JCP* E 2005, 1274, n° 3, obs. Ph. Pétel. ■ Cass. com., 22 janv. 2013, n° 11-29.028 : *JurisData* n° 2013-000778 ; *JCP* E 2013, 1216, n° 5, obs. Ph. Pétel ; *Act. proc. coll.* 2013, comm. 44, obs. G. Blanc).

3) Délai de déclaration. L'annulation du jugement d'ouverture ouvre de nouveaux délais de déclaration et de forclusion aux créanciers (■ Cass. com., 1er juill. 1997, n° 94-21.894 : *JurisData* n° 1997-003141 ; *JCP* E 1998, p. 31, n° 11, obs. M. Cabrillac).

4) Sort du plan de cession. Le plan de cession arrêté antérieurement est maintenu (■ Cass. com., 14 déc. 1993, n° 91-18.635. V. également : ■ Cass. com., 28 févr. 1989, n° 87-17.374 : *JurisData* n° 1989-700429 ; *Bull. civ.* IV, n° 71. – Comp. : ■ Cass. com., 29 févr. 2000, n° 97-11.852).

Art. R. 631-7. – Les articles R. 621-2 à R. 621-4, R. 621-7 à R. 621-9 et R. 621-14 à R. 621-16 sont applicables à la procédure de redressement judiciaire sous réserve des dispositions de la présente section.

Voir : l'article R. 631-7-1 issu du décret n° 2021-1218 du 23 septembre 2021, en *addendum*, p. 3461.

Art. R. 631-7-1 *(D. n° 2012-1190, 25 oct. 2012).* – La mesure conservatoire prise en application du quatrième alinéa de l'article L. 621-2, dès sa signification au défendeur mentionné à ce texte, est portée sans délai à la connaissance des personnes désignées conformément à l'article R. 621-2.

Art. R. 631-8. – Le cas échéant, le greffier avertit les créanciers poursuivants qu'ils peuvent prendre connaissance au greffe du rapport mentionné au deuxième alinéa de l'article R. 621-3 et les avise en même temps de la date de l'audience.

Art. R. 631-9. – Pour l'application de l'article R. 621-11, le nombre des salariés à prendre en compte est apprécié à la date de la demande ou, en cas de saisine d'office, à la date de la convocation du débiteur.

Art. R. 631-10. – Pour l'application de l'article R. 621-4, si le jugement ne peut être rendu sur-le-champ, la date de son prononcé est communiquée au débiteur et, le cas échéant, au créancier poursuivant.

Art. R. 631-11 *(Mod., D. n° 2009-160, 12 févr. 2009 ; D. n° 2014-736, 30 juin 2014).* – Lorsqu'il apparaît que le débiteur ne remplit pas les conditions requises pour l'ouverture d'une procédure de redressement judiciaire, le tribunal rejette la demande.

Art. R. 631-12. – Le jugement qui statue sur l'ouverture de la procédure est notifié au débiteur ou au créancier, lorsqu'il est demandeur, par le greffier dans les huit jours de son prononcé. Lorsque le débiteur n'est pas demandeur, le jugement lui est signifié dans le même délai.

Voir : déc. citée sous art. L. 621-6, p. 1126.

Art. R. 631-13. – La décision par laquelle le tribunal modifie la date de cessation des paiements est notifiée au débiteur, communiquée aux personnes mentionnées à l'article R. 621-7 et fait l'objet des publicités prévues à l'article R. 621-8.

Art. R. 631-14 *(Mod., D. n° 2009-160, 12 févr. 2009).* – À leur demande, l'administrateur délivre aux personnes dont les parts représentatives de leurs droits sociaux sont virées au compte spécial prévu à l'article L. 631-10 un certificat leur permettant de participer aux assemblées de la société.

Sauf décision contraire du tribunal, il est mis fin à ce compte spécial, à la demande de la personne intéressée la plus diligente après l'adoption du plan de redressement ou après la clôture des opérations.

En cas d'incessibilité ou de cession de parts sociales, titres de capital ou valeurs mobilières donnant accès au capital prononcée en application de l'article L. 631-19-1, il est mis fin au compte spécial après que la décision ordonnant la cession ou levant la mesure d'incessibilité est passée en force de chose jugée.

Art. R. 631-14-1 *(D. n° 2012-1190, 25 oct. 2012).* – Le montant des sommes pour la garantie desquelles la mesure conservatoire est ordonnée ne peut excéder le montant des dommages et intérêts demandés en réparation du préjudice causé par la faute invoquée.

Art. R. 631-15 *(D. n° 2009-160, 12 févr. 2009).* – Les rémunérations ou subsides prévus à l'article L. 631-11 sont fixés par le juge-commissaire par décision spécialement motivée, l'administrateur, le mandataire judiciaire et le débiteur personne physique ou le dirigeant entendus ou dûment appelés.

Sous-section 2. – Des organes de la procédure et des contrôleurs

Art. R. 631-16. – Les articles R. 621-10 à R. 621-25, à l'exclusion du premier alinéa de l'article R. 621-23 et de l'article R. 621-20, sont applicables à la procédure de redressement judiciaire.

Section II. – Du déroulement de la procédure

Sous-section 1. – De la modification de la mission de l'administrateur

Art. R. 631-17. – L'article R. 622-1 est applicable à la procédure de redressement judiciaire.

Sous-section 2. – Des mesures conservatoires au cours de la période d'observation

Art. R. 631-18 *(Mod., D. n° 2009-160, 12 févr. 2009 ; D. n° 2014-736, 30 juin 2014).* – Les articles R. 622-2 à R. 622-5, à l'exclusion de l'article R. 622-4-1, sont applicables à la procédure de redressement judiciaire.

Le greffier informe la personne chargée de réaliser l'inventaire de sa désignation par tout moyen.

Les règles prévues aux quatrième à sixième alinéas de l'article R. 622-4 sont applicables à la prisée des actifs du débiteur effectuée en cas d'ouverture d'une procédure de redressement judiciaire ou de conversion d'une procédure de sauvegarde en un redressement judiciaire.

Voir : la rédaction de cet article issue du décret n° 2021-1218 du 23 septembre 2021, en *addendum*, p. 3461.

Sous-section 3. – De la gestion de l'entreprise au cours de la période d'observation

Art. R. 631-19 *(Mod., D. n° 2009-160, 12 févr. 2009).* – Les articles R. 622-6 à R. 622-8 sont applicables à la procédure de redressement judiciaire.

L'article R. 622-6 est également applicable lorsque la demande d'autorisation présentée sur le fondement du II de l'article L. 622-7 émane de l'administrateur.

Pour l'application du deuxième alinéa de l'article R. 622-7, le juge-commissaire saisi d'une demande de paiement provisionnel statue sur avis de l'administrateur s'il en a été désigné ou, à défaut, du débiteur et du mandataire judiciaire.

Sous-section 4. – De la poursuite de l'activité de l'entreprise au cours de la période d'observation

Art. R. 631-20. – Les articles R. 622-9 et R. 622-13 à R. 622-20 sont applicables à la procédure de redressement judiciaire, sous réserve des dispositions de la présente sous-section.

Art. R. 631-21. – L'administrateur, lorsqu'il en a été désigné, est tenu des obligations d'information qui incombent au débiteur en application des articles R. 622-9 et R. 622-16.

Art. R. 631-22. – Pour l'application de l'article R. 622-17, l'obligation de déclaration incombe à l'administrateur, lorsqu'il a pour mission d'administrer seul l'entreprise.

Pour l'application de l'article R. 622-20, l'administrateur est mis en cause quelle que soit sa mission.

Art. R. 631-23 *(D. n° 2009-160, 12 févr. 2009 ; mod., D. n° 2014-736, 30 juin 2014).* – Aux fins de prononcé de la cessation partielle de l'activité en application du II de l'article L. 631-15, le tribunal est saisi par voie de requête ou, le cas échéant, dans les formes et selon la procédure prévues aux articles R. 631-3 ou R. 631-4.

Le jugement qui ordonne la cessation partielle de l'activité est communiqué aux personnes citées à l'article R. 621-7 et mentionné aux registres ou répertoires prévus aux trois premiers alinéas de l'article R. 621-8.

Art. R. 631-24. – Aux fins de prononcé de la liquidation judiciaire, le tribunal est saisi par voie de requête ou, le cas échéant, dans les formes et selon la procédure prévues aux articles R. 631-3 ou R. 631-4.

Le jugement qui prononce la liquidation judiciaire est notifié au débiteur dans les huit jours de son prononcé. Lorsque le débiteur n'est pas demandeur, le jugement lui est signifié dans le même délai.

Ce jugement est, en outre, signifié à la diligence du greffier, dans le même délai, aux personnes qui ont qualité pour interjeter appel, à l'exception du ministère public.

Il est communiqué aux personnes citées à l'article R. 621-7 et fait l'objet des publicités prévues à l'article R. 621-8.

Art. R. 631-25. – La décision par laquelle le tribunal met fin à la procédure en application de l'article L. 631-16 est suivie sans délai d'un compte rendu de fin de mission déposé par les mandataires de justice dans les conditions des articles R. 626-39 et R. 626-40. Elle est communiquée aux personnes mentionnées à l'article R. 621-7 et fait l'objet des publicités prévues à l'article R. 621-8. L'article R. 626-41 est applicable.

Sous-section 5. – De la situation des salariés au cours de la période d'observation

Art. R. 631-26. – L'ordonnance rendue par le juge-commissaire en application de l'article L. 631-17 indique le nombre des salariés dont le licenciement est autorisé ainsi que les activités et catégories professionnelles concernées.

L'ordonnance est notifiée au comité d'entreprise ou, à défaut, aux délégués du personnel ou, le cas échéant, au représentant des salariés. Elle est transmise au ministère public, à l'administrateur et au mandataire judiciaire.

Voir : la rédaction de cet article issue du décret n° 2021-1218 du 23 septembre 2021, en *addendum*, p. 3461.

Sous-section 6. – De la déclaration de créances

Art. R. 631-27. – Les articles R. 622-21 à R. 622-26 sont applicables à la procédure de redressement judiciaire.

Sous-section 7. – De l'élaboration du plan économique, social et environnemental

Art. R. 631-28 *(Mod., D. n° 2009-160, 12 févr. 2009).* – Les articles R. 623-1 et R. 623-2 sont applicables à la procédure de redressement judiciaire.

Sous-section 8. – De la vérification et de l'admission des créances

Art. R. 631-29. – Les articles R. 624-1, à l'exclusion du premier alinéa, et R. 624-2 à R. 624-11 sont applicables à la procédure de redressement judiciaire.

La vérification des créances est faite par le mandataire judiciaire en présence du débiteur ou celui-ci appelé, de l'administrateur s'il a pour mission d'assurer l'administration de l'entreprise et, le cas échéant, des contrôleurs désignés, présents ou dûment appelés.

Sous-section 9. – Des droits du conjoint du débiteur

Art. R. 631-30. – Le conjoint du débiteur est entendu ou dûment convoqué avant toute décision ordonnant ou autorisant la vente des biens de la communauté.

Lorsque, au cours de la procédure, la dissolution de la communauté existant entre le débiteur et son conjoint devient opposable aux tiers, ce conjoint est entendu ou dûment convoqué avant toute décision ordonnant ou autorisant la vente des biens de l'indivision.

Sous-section 10. – Des droits du vendeur de meubles, des revendications et des restitutions

Art. R. 631-31 *(Mod., D. n° 2007-1851, 26 déc. 2007).* – Les articles R. 624-13 à R. 624-16 sont applicables à la procédure de redressement judiciaire.

Sous-section 11. – Du règlement des créances résultant d'un contrat de travail

Art. R. 631-32. – Les articles R. 625-1 à R. 625-7 sont applicables à la procédure de redressement judiciaire.

Art. R. 631-33. – Lorsque des instances sont en cours devant la juridiction prud'homale à la date du jugement d'ouverture du redressement judiciaire, les informations relatives à l'objet et aux circonstances du litige ainsi que les éléments justificatifs sont transmis par le mandataire judiciaire aux institutions mentionnées à l'article L. 143-11-4 (1) du Code du travail, mises en cause devant la juridiction prud'homale conformément à l'article L. 631-18 du présent code.

Sous-section 12. – Du projet de plan

Art. R. 631-34 *(Mod., D. n° 2009-160, 12 févr. 2009).* – Les articles R. 626-1 à R. 626-3, relatifs à la convocation des assemblées, sont applicables à la procédure de redressement judiciaire.

Toutefois, pour l'application de l'article L. 626-3, l'administrateur convoque les assemblées si les dirigeants n'y procèdent pas.

Voir : la rédaction de cet article issue du décret n° 2021-1218 du 23 septembre 2021, en *addendum*, p. 3461.

(1) V. désormais C. trav., art. L. 3253-14, p. 3336.

Art. R. 631-34-1 *(D. n° 2009-160, 12 févr. 2009).* – Lorsque le ministère public demande, en application de l'article L. 631-19-1, que l'adoption du plan soit subordonnée au remplacement d'un ou plusieurs dirigeants, il saisit le tribunal par une requête indiquant les faits de nature à motiver cette demande.

Le président du tribunal fait convoquer, à la diligence du greffier, le ou les dirigeants de la personne morale dont le remplacement est demandé, quinze jours au moins avant l'audience, par acte d'huissier de justice. À cette convocation est jointe la requête du ministère public.

Le tribunal statue après avoir entendu ou dûment appelé, le cas échéant, le débiteur, l'administrateur s'il en a été désigné, le mandataire judiciaire ainsi que les représentants du comité d'entreprise ou, à défaut, des délégués du personnel.

Le jugement est signifié à la diligence du greffier à chaque dirigeant en cause et au représentant légal de la personne morale. Les personnes citées à l'article R. 621-7 ainsi que les représentants du comité d'entreprise ou, à défaut, des délégués du personnel sont avisés de ce jugement.

Voir : la rédaction de cet article issue du décret n° 2021-1218 du 23 septembre 2021, en *addendum*, p. 3461.

Art. R. 631-34-2 *(D. n° 2009-160, 12 févr. 2009).* – L'administrateur s'il en a été désigné ou le mandataire judiciaire convoque les organes sociaux compétents aux fins de délibérer sur la demande de remplacement.

Le tribunal statue sur le plan au vu de cette délibération.

Art. R. 631-34-3 *(D. n° 2009-160, 12 févr. 2009).* – Le mandataire prévu au deuxième alinéa de l'article L. 631-19-1 peut être l'administrateur judiciaire.

Art. R. 631-34-4 *(D. n° 2009-160, 12 févr. 2009).* – Les articles R. 626-7 et R. 626-8, relatifs à la consultation des créanciers, et la Sous-section 4 de la Section I du Chapitre VI du Titre II du présent livre, relative au règlement des créances publiques, sont applicables à la procédure de redressement judiciaire.

Art. R. 631-34-5 *(D. n° 2014-736, 30 juin 2014).* – Lorsque les assemblées mentionnées à l'article L. 626-3 ont été appelées, en vain, à reconstituer les capitaux propres devenus inférieurs à la moitié du capital social, le procès-verbal des délibérations précise, le cas échéant, le sens du vote de chaque associé ou actionnaire.

La feuille de présence est annexée à ce procès-verbal.

Art. R. 631-34-6 *(D. n° 2014-736, 30 juin 2014).* – La demande formée par l'administrateur judiciaire conformément à l'article L. 631-9-1 est faite auprès du président du tribunal par assignation de la société. Le président du tribunal statue sur cette demande par ordonnance de référé.

L'ordonnance fixe l'ordre du jour de l'assemblée. Elle est susceptible d'appel.

Art. R. 631-34-7 *(D. n° 2014-736, 30 juin 2014).* – Pour l'application de l'article L. 631-9-1, les assemblées sont convoquées et tenues conformément aux dispositions non contraires du livre II.

Sous-section 13. – Du jugement arrêtant le plan

Art. R. 631-35 *(Mod., D. n° 2009-160, 12 févr. 2009).* – Les articles R. 626-17 à R. 626-51, à l'exclusion de l'article R. 626-18, des deuxième et troisième alinéas de l'article R. 626-20, et de l'article R. 626-22, sont applicables à la procédure de redressement judiciaire.

Le greffier procède aux convocations et avis mentionnés à l'article R. 626-17 dès le dépôt au greffe du projet de plan par l'administrateur.

Pour l'application de l'article R. 626-48, lorsque le tribunal décide la résolution du plan en application du troisième alinéa du I de l'article L. 626-27, il ouvre, dans le même jugement, la liquidation judiciaire du débiteur.

Art. R. 631-36 *(Mod., D. n° 2014-736, 30 juin 2014).* – Lorsqu'en application du III de l'article L. 631-19 l'administrateur ou le débiteur prévoit dans son projet de plan des licenciements pour motif économique, il joint au rapport déposé au greffe ou il produit à l'audience les documents suivants :

1° Le procès-verbal des délibérations du comité d'entreprise ou des délégués du personnel consultés en application de l'article L. 321-9 du Code du travail (1) ;

2° La copie de la lettre informant l'autorité administrative, en application de l'article L. 321-8 du Code du travail, du projet de licenciement (2).

(1) V. désormais C. trav., art. L. 1233-58.
(2) V. désormais C. trav., art. L. 1233-60.

Le jugement arrêtant le plan indique le nombre de salariés dont le licenciement est autorisé ainsi que les activités et catégories professionnelles concernées.

Voir : la rédaction de cet article issue du décret n° 2021-1218 du 23 septembre 2021, en *addendum*, p. 3461.

Sous-section 14. – Des comités de créanciers

Art. R. 631-37 *(Mod., D. n° 2009-160, 12 févr. 2009).* – Les articles R. 626-52 à R. 626-63 sont applicables à la procédure de redressement judiciaire. L'administrateur, avec le concours du débiteur, exerce les prérogatives dévolues à ce dernier par les articles R. 626-57-2 et R. 626-61.

Voir : la rédaction de cet article issue du décret n° 2021-1218 du 23 septembre 2021, en *addendum*, p. 3461.

Sous-section 15. – Dispositions particulières en l'absence d'administrateur judiciaire

Art. R. 631-38. – L'article R. 627-1 est applicable à la procédure de redressement judiciaire. Le mandataire judiciaire exerce les fonctions dévolues à l'administrateur par l'article R. 631-14.

Sous-section 16. – De la cession partielle ou totale de l'entreprise

Art. R. 631-39 *(Mod., D. n° 2009-160, 12 févr. 2009).* – Sans préjudice de l'application des deux premiers alinéas de l'article R. 642-40, l'administrateur communique au greffe les caractéristiques essentielles de l'entreprise ou de la ou des branches d'activité susceptibles d'être cédées en application de l'article L. 631-22. Il fixe le délai dans lequel les offres peuvent lui être soumises en application de l'article L. 631-13. Tout intéressé peut prendre connaissance de ces informations au greffe.

L'administrateur porte le délai fixé pour le dépôt des offres à la connaissance du mandataire judiciaire et des contrôleurs.

Toute offre doit être communiquée à l'administrateur dans le délai qu'il a fixé. Sauf accord entre le débiteur, le représentant des salariés, le mandataire judiciaire et les contrôleurs, le délai entre la réception d'une offre par l'administrateur et l'audience au cours de laquelle le tribunal examine cette offre est de quinze jours au moins.

Art. R. 631-40 *(Mod., D. n° 2009-160, 12 févr. 2009).* – Les articles R. 642-1 à R. 642-21, à l'exclusion du premier alinéa de l'article R. 642-10, sont applicables à la cession mentionnée à l'article L. 631-22.

Le mandataire judiciaire exerce les missions dévolues au liquidateur par les articles R. 642-8, R. 642-18, R. 642-20 et R. 642-21.

Art. R. 631-41 *(Abr., D. n° 2009-160, 12 févr. 2009).*

Art. R. 631-42. – Lorsque la cession totale ou partielle de l'entreprise a été ordonnée par le tribunal en application de l'article L. 631-22, le mandataire judiciaire reçoit le prix de cession nonobstant la passation des actes par l'administrateur.

Lorsque le débiteur bénéficie d'un plan de redressement, le mandataire judiciaire remet le prix au commissaire à l'exécution du plan.

Lorsque le débiteur est soumis à une liquidation judiciaire, le mandataire judiciaire conserve le prix en sa qualité de liquidateur ou le remet au liquidateur désigné par le tribunal.

Sous-section 17. – De la clôture de la procédure

Art. R. 631-43 *(Mod., D. n° 2014-736, 30 juin 2014).* – Lorsque le compte rendu de fin de mission de l'administrateur et du mandataire judiciaire ont été approuvés par le juge-commissaire, la procédure fait l'objet d'une ordonnance de clôture rendue par le président du tribunal.

Cette décision est une mesure d'administration judiciaire non susceptible de recours.

Elle est communiquée aux personnes citées à l'article R. 621-7 et mentionnée aux registres et répertoires prévus aux trois premiers alinéas de l'article R. 621-8.

CHAPITRE II. – DE LA NULLITÉ DE CERTAINS ACTES

Le présent chapitre ne comprend pas de dispositions réglementaires.

TITRE IV. – DE LA LIQUIDATION JUDICIAIRE ET DU RÉTABLISSEMENT PROFESSIONNEL

(Intitulé mod., D. n° 2014-736, 30 juin 2014)

CHAPITRE PRÉLIMINAIRE. – DE L'OUVERTURE ET DU DÉROULEMENT DE LA LIQUIDATION JUDICIAIRE

Art. R. 640-1 *(Mod., D. n° 2009-160, 12 févr. 2009 ; D. n° 2014-736, 30 juin 2014 ; D. n° 2015-1009, 18 août 2015).* – La demande d'ouverture de la procédure de liquidation judiciaire est présentée selon les modalités prévues aux articles R. 631-1, R. 631-2, à l'exception du deuxième alinéa, R. 631-4 et R. 631-5.

La demande d'ouverture d'une procédure de liquidation judiciaire présentée par un créancier est à peine d'irrecevabilité, qui doit être soulevée d'office, exclusive de toute autre demande, à l'exception d'une demande d'ouverture d'une procédure de redressement judiciaire formée à titre subsidiaire.

Les éléments de nature à établir que le redressement est manifestement impossible doivent être joints à la demande du débiteur, à l'assignation d'un créancier, à la demande du ministère public ou au rapport du juge commis par le tribunal.

Exclusivité de la demande. L'exigence ne s'applique pas à la demande d'extension (▪ Cass. com., 9 juill. 2013 : *BJE* 2013, p. 353, note J.-P. Sortais).

Art. R. 640-1-1 *(D. n° 2014-736, 30 juin 2014).* – Lorsque le débiteur, personne physique, demande également le bénéfice d'une procédure de rétablissement professionnel, il précise en complément de l'inventaire, les modalités d'évaluation de ses biens. L'inventaire ainsi complété est établi à la date de la demande.

Il doit, en outre, attester qu'il satisfait aux conditions prévues par les articles L. 645-1 et L. 645-2.

Les conditions prévues aux deux derniers alinéas de l'article R. 631-1 sont applicables.

Art. R. 640-2 *(Mod., D. n° 2009-160, 12 févr. 2009).* – La cour d'appel qui annule un jugement statuant sur l'ouverture de la procédure de liquidation judiciaire ou son prononcé peut, d'office, ouvrir la procédure de liquidation judiciaire ou la prononcer. En cas d'infirmation d'un jugement ouvrant la procédure de liquidation judiciaire, elle peut, d'office, ouvrir la procédure de redressement judiciaire.

Voir : *supra* sous art. R. 631-6, annot. n°s 1 et s., p. 1989.

CHAPITRE I. – DU JUGEMENT DE LIQUIDATION JUDICIAIRE

Section I. – De la saisine et de la décision du tribunal

Art. R. 641-1 *(Mod., D. n° 2009-160, 12 févr. 2009 ; D. n° 2012-1190, 25 oct. 2012 ; D. n° 2014-736, 30 juin 2014).* – Les dispositions des articles R. 621-2 à R. 621-4, R. 621-7, R. 621-7-1, R. 621-8-1, à l'exception du dernier alinéa, R. 621-8-2, R. 621-10 et R. 621-12 à R. 621-16, ainsi que l'article 631-7-1 sont applicables à la procédure de liquidation judiciaire sous réserve des dispositions de la présente *section.*

Art. R. 641-2. – Le cas échéant, le greffier avertit les créanciers poursuivants qu'ils peuvent prendre connaissance au greffe du rapport mentionné au second alinéa de l'article R. 621-3 et les avise en même temps de la date de l'audience.

Art. R. 641-3 *(D. n° 2016-400, 1er avr. 2016).* – I. – Lorsque le tribunal désigne au moins un deuxième mandataire judiciaire en qualité de liquidateur en application des dispositions de l'article L. 641-1-2, le nombre d'établissements secondaires mentionné au 1° de l'article L. 621-4-1 et le seuil mentionné au cinquième alinéa de ce même article sont ceux fixés aux deux premiers alinéas de l'article R. 621-11-1.

II. – Le deuxième mandataire judiciaire doit être inscrit depuis dix ans au moins sur la liste mentionnée à l'article L. 812-2 et être titulaire, associé ou salarié d'une étude employant au moins quinze salariés.

Art. R. 641-4. – Pour l'application de l'article R. 621-4, si le jugement ne peut être rendu sur-le-champ, la date de son prononcé est communiquée au débiteur et, le cas échéant, au créancier poursuivant.

Art. R. 641-5 *(Mod., D. n° 2009-160, 12 févr. 2009 ; D. n° 2014-736, 30 juin 2014).* – Lorsqu'il apparaît que le débiteur ne remplit pas les conditions requises pour l'ouverture d'une procédure de liquidation judiciaire, le tribunal rejette la demande.

Art. R. 641-6. – Le jugement statuant sur l'ouverture de la procédure de liquidation judiciaire est notifié au débiteur ou au créancier par le greffier dans les huit jours de son prononcé. Lorsque le débiteur n'est pas demandeur, le jugement lui est signifié dans le même délai.

Il est communiqué aux personnes mentionnées à l'article R. 621-7.

Art. R. 641-7 *(Mod., D. n° 2009-160, 12 févr. 2009 ; D. n° 2014-736, 30 juin 2014 ; D. n° 2019-1333, 11 déc. 2019).* – Le jugement ouvrant la procédure de liquidation judiciaire, prononçant son extension ou ordonnant la réunion de patrimoines du même entrepreneur individuel à responsabilité limitée fait l'objet des mesures de publicité prévues à l'article R. 621-8.

Toutefois, en cas d'appel du ministère public en application de l'article L. 661-1 ou en cas d'arrêt de l'exécution provisoire ordonnée en vertu du quatrième alinéa de l'article R. 661-1, ces publicités ne sont effectuées par le greffier du tribunal qu'au vu de l'arrêt de la cour d'appel qui lui est transmis par le greffier de la cour d'appel dans les huit jours de son prononcé.

Art. R. 641-8 *(D. n° 2016-1851, 23 déc. 2016).* – I. – Le greffier joint à la copie du jugement mentionnée à l'article R. 621-7 un document reproduisant les termes du II du présent article, ainsi que :

1° Ceux des articles L. 812-2, L. 814-5, L. 814-10, du dernier alinéa du II de l'article L. 641-1, des articles L. 641-8, R. 814-24 et R. 814-38, si le liquidateur est une personne choisie sur le fondement du premier alinéa du II de l'article L. 812-2 ;

2° Ceux des articles L. 812-2, L. 812-8-1, L. 814-5, L. 814-10-1, L. 814-10-2, du dernier alinéa du II de l'article L. 641-1, du premier alinéa de l'article L. 641-8 et des articles R. 814-24 et R. 814-41-1, si le liquidateur est une personne choisie sur le fondement du III de l'article L. 812-2.

II. – Lorsque le liquidateur désigné par le tribunal est une personne mentionnée au premier alinéa du II et au III de l'article L. 812-2, celle-ci adresse sans délai l'attestation sur l'honneur prévue au troisième alinéa du II de cet article, la justification de la garantie et de l'assurance prévues à l'article L. 814-5 ainsi que le nom du commissaire aux comptes assurant le contrôle de sa comptabilité spéciale en application, selon le cas, de l'article L. 811-11-1 ou du III de l'article L. 814-10-1.

III. – Pour l'application du troisième alinéa du III de l'article L. 812-2, la copie de cette attestation est adressée au magistrat du parquet général chargé des inspections de la cour d'appel dans le ressort de laquelle la personne a son domicile professionnel.

Art. D. 641-8-1 *(D. n° 2016-1851, 23 déc. 2016 ; D. n° 2020-101, 7 févr. 2020).* – Le montant du chiffre d'affaires mentionné au III de l'article L. 812-2 est défini conformément aux dispositions du sixième alinéa de l'article D. 123-200. Il est apprécié à la date de clôture du dernier exercice comptable.

L'absence de salarié mentionnée au III de l'article L. 812-2 est appréciée sur une période de six mois précédant le jour de l'ouverture de la procédure.

Art. R. 641-9. – La décision par laquelle le tribunal modifie la date de cessation des paiements est notifiée au débiteur par le greffier, communiquée aux personnes mentionnées à l'article R. 621-7 et fait l'objet des publicités prévues à l'article R. 621-8.

Section II. – *Des conditions d'application* de la liquidation judiciaire simplifiée

Art. D. 641-10 *(Anc. art. R. 641-10 rempl., D. n° 2009-160, 12 févr. 2009 ; mod., D. n° 2015-1009, 18 août 2015 ; D. n° 2019-1208, 21 nov. 2019 ; D. n° 2020-101, 7 févr. 2020).* – Les seuils prévus par l'article L. 641-2, pour l'application obligatoire de la procédure de liquidation judiciaire simplifiée, sont fixés pour le chiffre d'affaires hors taxes à 750 000 € et pour le nombre de salariés à 5.

Les seuils prévus par l'article L. 644-5 sont fixés pour le chiffre d'affaires hors taxes à 300 000 € et pour le nombre de salariés à 1.

Le montant du chiffre d'affaires est défini conformément aux dispositions du sixième alinéa de l'article D. 123-200. Il est apprécié à la date de clôture du dernier exercice comptable.

Le nombre de salariés mentionné au premier ou au deuxième alinéa ne doit pas avoir été dépassé au cours des six mois précédant l'ouverture de la procédure. I est déterminé conformément aux dispositions l'article R. 130-1 du Code de la sécurité sociale.

Section III. – Des organes de la procédure et des contrôleurs

Art. R. 641-11 *(Mod., D. n° 2009-160, 12 févr. 2009 ; D. n° 2014-736, 30 juin 2014)*. – À l'exception de l'article R. 621-20 et de la première phrase du premier alinéa de l'article R. 621-23, les dispositions des articles R. 621-17 à R. 621-24 et R. 622-18 sont applicables aux organes de la procédure et aux contrôleurs.

Le juge-commissaire statue dans les conditions de l'article R. 621-21 sur les réclamations formulées contre les actes du liquidateur.

Les obligations d'information incombant au mandataire judiciaire en application des articles R. 621-18 et R. 621-19 incombent au liquidateur.

Art. R. 641-12 *(Mod., D. n° 2009-160, 12 févr. 2009)*. – Lorsqu'une demande de remplacement du liquidateur est formée devant le tribunal, en application de l'article L. 641-1-1, les dispositions de l'article R. 621-17 sont applicables. Il en est de même pour une demande d'adjonction d'un ou de plusieurs liquidateurs ou lorsque le liquidateur demande son remplacement.

Art. R. 641-13. – Les fonctions du juge-commissaire et des contrôleurs prennent fin au jour où le compte rendu de fin de mission du liquidateur a été approuvé.

Section IV. – Des mesures conservatoires

Art. R. 641-14 *(Mod., D. n° 2009-160, 12 févr. 2009)*. – Les articles R. 622-2 à R. 622-5, à l'exclusion de l'article R. 622-4-1, sont applicables à la procédure de liquidation judiciaire. Le liquidateur exerce les fonctions dévolues au mandataire judiciaire par ces dispositions.

Les règles prévues aux quatrième à sixième alinéas de l'article R. 622-4 sont applicables à la prisée des actifs du débiteur effectuée en cas d'ouverture d'une procédure de liquidation judiciaire ou de prononcé d'une telle procédure au cours d'une procédure de sauvegarde.

Voir : la rédaction de cet article issue du décret n° 2021-1218 du 23 septembre 2021, en *addendum*, p. 3461.

Art. R. 641-15. – Le juge-commissaire peut ordonner l'apposition des scellés sur tout ou partie des biens du débiteur. Dans ce cas, il est procédé selon les règles prévues pour les scellés après décès.

Il est donné avis de l'apposition des scellés au juge-commissaire qui l'a ordonnée.

Lorsque le débiteur exerce une profession libérale soumise à un statut législatif ou réglementaire ou dont le titre est protégé, l'apposition des scellés a lieu en présence d'un représentant de l'ordre professionnel ou de l'autorité dont il relève.

Art. R. 641-16. – Les biens, documents et effets dispensés ou extraits de scellés par décision du juge-commissaire sont inventoriés sans délai avec estimation de leur valeur par la personne chargée de réaliser l'inventaire. Leur état est décrit sommairement dans le procès-verbal d'apposition des scellés.

Art. R. 641-17. – Le liquidateur ou l'administrateur, s'il en a été désigné un, requiert la levée des scellés en vue des opérations d'inventaire.

Section V. – Du maintien de l'activité

Art. R. 641-18. – Le maintien de l'activité peut être autorisé dans les conditions prévues à l'article L. 641-10 pour une période qui ne peut excéder trois mois, sous réserve des dispositions applicables aux exploitations agricoles.

Cette autorisation peut être prolongée une fois, pour la même période, à la demande du ministère public.

Art. R. 641-19. – Les seuils au-delà desquels le tribunal désigne un administrateur pour administrer l'entreprise sont identiques aux seuils fixés par l'article R. 621-11.

Art. R. 641-20. – Le liquidateur ou l'administrateur qui assure l'administration de l'entreprise après l'ouverture ou le prononcé de la liquidation judiciaire tient informés le juge-commissaire et le ministère public des résultats de l'activité à l'issue de la période pendant laquelle elle a été poursuivie.

Art. R. 641-21 *(D. n° 2009-160, 12 févr. 2009).* – Le greffier avise le cocontractant de la décision du juge-commissaire accordant au liquidateur, ou à l'administrateur lorsqu'il en a été désigné, la prolongation prévue au 1° du III de l'article L. 641-11-1.

Le juge-commissaire constate, sur la demande de tout intéressé, la résiliation de plein droit des contrats dans les cas prévus au III de l'article L. 641-11-1 et à l'article L. 641-12 ainsi que la date de cette résiliation.

La demande de résiliation présentée par l'administrateur ou, à défaut, le liquidateur en application du IV de l'article L. 641-11-1 est formée par requête adressée ou déposée au greffe. Le greffier convoque le débiteur et le cocontractant par lettre recommandée avec demande d'avis de réception et avise l'administrateur ou, à défaut, le liquidateur de la date de l'audience.

Les dispositions du présent article sont également applicables lorsque le maintien de l'activité n'a pas été autorisé.

Art. R. 641-22 *(Mod., D. n° 2009-160, 12 févr. 2009).* – La décision du juge-commissaire qui autorise les prêts et accorde les délais de paiement conformément au 2° du III de l'article L. 641-13 est transcrite sur le registre tenu à cet effet au greffe du tribunal avec l'indication de l'identité du débiteur, du montant des prêts, de l'identification du prêteur et de l'échéance des prêts ou des délais de paiement.

Section VI. – Des instances interrompues et des procédures d'ordre en cours

Art. R. 641-23. – Les articles R. 622-19 et R. 622-20 sont applicables à la procédure de liquidation judiciaire.

Art. R. 641-24. – Pour l'application de l'article R. 622-19, les fonds sont remis au liquidateur aux fins de répartition.

En cas de prononcé de la liquidation judiciaire pendant le cours d'une période d'observation, le mandataire judiciaire les remet au liquidateur à cette fin.

Section VII. – De la déclaration des créances

Art. R. 641-25. – Les articles R. 622-21 à R. 622-25 sont applicables à la procédure de liquidation judiciaire. Le liquidateur exerce les fonctions dévolues au mandataire judiciaire par ces dispositions.

Art. R. 641-26. – Les instances et les procédures civiles d'exécution suspendues en application du deuxième alinéa de l'article L. 622-28 sont poursuivies à l'initiative des créanciers bénéficiaires de garanties mentionnés au dernier alinéa de cet article sur justification du jugement prononçant la liquidation judiciaire.

En application du troisième alinéa de l'article L. 622-28, ces créanciers peuvent pratiquer des mesures conservatoires dans les conditions prévues aux articles R. 511-1 et suivants du Code des procédures civiles d'exécution.

Section VIII. – De la vérification et de l'admission des créances

Art. R. 641-27. – Le liquidateur, dans les deux mois de son entrée en fonctions, remet au juge-commissaire un état mentionnant l'évaluation des actifs et du passif privilégié et chirographaire.

Au vu de cet état et après avoir recueilli les observations du liquidateur, le juge-commissaire décide s'il y a lieu ou non, conformément à l'article L. 641-4, d'engager ou de poursuivre la vérification des créances chirographaires.

Art. R. 641-28. – Les articles R. 624-1 à R. 624-11 sont applicables à la procédure de liquidation judiciaire. Le liquidateur exerce les fonctions dévolues au mandataire judiciaire par ces dispositions.

Art. R. 641-29. – Lorsque la liquidation judiciaire est prononcée au cours d'une procédure de sauvegarde ou de redressement judiciaire, le liquidateur complète la liste des créances mentionnées à l'article R. 624-2. Il dépose la liste ainsi complétée au greffe. Tout créancier peut en prendre connaissance.

Section IX. – Des droits du conjoint du débiteur

Art. R. 641-30. – Le conjoint du débiteur doit être entendu ou dûment convoqué avant toute décision ordonnant ou autorisant la vente des biens de la communauté.

Lorsque, au cours de la procédure, la dissolution de la communauté existant entre le débiteur et son conjoint devient opposable aux tiers, ce conjoint est entendu ou dûment convoqué avant toute décision ordonnant ou autorisant la vente des biens de l'indivision.

Conjoint. Dès lors que le conjoint a été convoqué devant le juge-commissaire, son assignation à l'audience d'orientation n'est pas obligatoire (■ Cass. com., 26 janv. 2010, n° 09-10.773 : *JurisData* n° 2010-051355 ; *Gaz. Pal.* 16-17 avr. 2010, p. 41, obs. F. Vauvillé).

Section X. – Des droits du vendeur de meubles, des revendications et des restitutions

Art. R. 641-31 *(D. n° 2014-736, 30 juin 2014)*. **– I. – Les articles R. 624-13 à R. 624-15 sont applicables à la procédure de liquidation judiciaire sous réserve des dispositions suivantes :**

La demande formée sur le fondement des articles L. 624-9, L. 624-10, L. 624-18 ou L. 624-19 est adressée au liquidateur. Le demandeur en adresse une copie à l'administrateur judiciaire, s'il en a été désigné.

Même en l'absence de demande préalable de restitution, le juge-commissaire peut être saisi par le liquidateur.

II. – En cas de revendication du prix des biens en application de l'article L. 624-18, les sommes correspondantes payées par le sous-acquéreur postérieurement à l'ouverture de la procédure sont remises au créancier revendiquant par le liquidateur.

Revendication du prix. Le liquidateur ne doit remettre au revendiquant subrogé que le montant qui lui a été versé après l'ouverture de la procédure par le sous-acquéreur ou un tiers subrogé dans les droits du débiteur contre le sous-acquéreur (■ Cass. com., 24 janv. 2018, n° 16-22.128, *JurisData* n° 2018-000712 ; *Act. proc. coll.* 2018, comm. 62, obs. Andreu).

Art. R. 641-32. – Le bien qui ne fait pas l'objet d'une demande en restitution peut être vendu selon les formes prévues au Titre IV du Livre VI de la partie législative du présent code à l'expiration d'un délai d'un mois après l'envoi d'une mise en demeure au propriétaire. Cette mise en demeure, qui peut être envoyée dès l'ouverture de la procédure, est adressée par le liquidateur au dernier domicile connu du propriétaire par lettre recommandée avec demande d'avis de réception.

Le prix de vente est consigné par le liquidateur à la Caisse des dépôts et consignations et, sous déduction des frais, est tenu à la disposition du créancier, qui en est averti par le liquidateur par lettre recommandée avec demande d'avis de réception. Après clôture de la procédure, le montant ainsi consigné est restitué au créancier ou à ses ayants droit par la Caisse des dépôts et consignations sur ordonnance du président.

Responsabilité. La demande en restitution étant une simple faculté, le liquidateur engage sa responsabilité s'il vend le bien sans adresser au propriétaire la mise en demeure (■ Cass. com., 2 juin 2015, n° 14-13.116 : *JurisData* n° 2015-013262 ; *Gaz. Pal.* 18-20 oct. 2015, p. 31, obs. Le Corre-Broly).

Art. R. 641-32-1 *(D. n° 2014-736, 30 juin 2014)*. **– Le bien mentionné à l'article L. 624-19 qui ne fait pas l'objet d'une reprise dans les conditions prévues par ce texte peut être vendu. Il est fait application des dispositions du premier alinéa de l'article R. 641-32 lorsque ce bien fait l'objet d'un contrat publié.**

Section XI. – Du règlement des créances résultant du contrat de travail

Art. R. 641-33. – Les articles R. 625-1 à R. 625-7 sont applicables à la procédure de liquidation judiciaire. Le liquidateur exerce les fonctions dévolues par ces dispositions au mandataire judiciaire. Il remplit l'obligation mise à la charge du débiteur par le deuxième alinéa de l'article R. 625-1.

Art. R. 641-34. – Lorsque des instances sont en cours devant la juridiction prud'homale à la date du jugement d'ouverture de la liquidation judiciaire, les informations relatives à l'objet et aux circonstances du litige ainsi que les éléments justificatifs sont transmis par le liquidateur aux institutions mentionnées à l'article L. 143-11-4 du Code du travail (1), mises en cause devant la juridiction prud'homale conformément à l'article L. 641-14 du présent code.

Section XII. – Dispositions diverses

Art. R. 641-35 *(D. n° 2014-736, 30 juin 2014).* – Sauf dispositions contraires du présent titre, les dispositions réglementaires relatives aux actions qui relèvent de la compétence du mandataire judiciaire sont applicables lorsqu'elles sont poursuivies ou introduites par le liquidateur conformément à l'article L. 641-4.

Les dispositions des articles R. 624-17 et R. 624-18 sont également applicables lorsque la mise en demeure est faite par le liquidateur.

Art. R. 641-36. – Lorsque le débiteur exerce une profession libérale soumise à un statut législatif ou réglementaire ou dont le titre est protégé, le tribunal désigne, lors de l'ouverture de la procédure, le représentant de l'ordre professionnel ou de l'autorité compétente dont, le cas échéant, il relève, aux fins d'exercer les actes de la profession.

Ce représentant peut déléguer cette mission à l'un des membres de la profession, en activité ou retraité.

Les rémunérations ou subsides prévus à l'article L. 631-11 sont fixés par le juge-commissaire après avis du liquidateur et de l'administrateur, lorsqu'il en a été désigné.

Pour l'application du premier alinéa, le juge-commissaire fixe la rémunération de la personne chargée d'exercer les actes de la profession.

Art. R. 641-37. – Le liquidateur peut faire fonctionner sous sa signature les comptes bancaires du débiteur pendant un délai de six mois à compter du jugement prononçant la liquidation ou, au-delà, pendant la durée du maintien de l'activité autorisée par le tribunal en application de l'article L. 641-10. L'utilisation ultérieure de ces comptes est subordonnée à l'autorisation du juge-commissaire délivrée après avis du ministère public.

En cas de maintien de l'activité, cette disposition bénéficie à l'administrateur, lorsqu'il en a été désigné.

Art. R. 641-38. – Outre les informations trimestrielles mentionnées à l'article L. 641-7, le liquidateur remet à tout moment, à leur demande, et au moins le 31 décembre de chaque année, au juge-commissaire et au procureur de la République un rapport de liquidation indiquant :

1° Le montant du passif admis ou, à défaut, l'état de la vérification des créances ;
2° L'état des opérations de réalisation d'actif ;
3° L'état de répartition aux créanciers ;
4° L'état des sommes détenues à la Caisse des dépôts et consignations ;
5° Les perspectives d'évolution et de clôture de la procédure.

Le débiteur et tout créancier peuvent prendre connaissance de ce rapport au greffe.

Art. R. 641-39 *(Mod., D. n° 2009-160, 12 févr. 2009 ; D. n° 2014-736, 30 juin 2014).* – La liste des créances mentionnées au I de l'article L. 641-13, portées à la connaissance de l'administrateur lorsqu'il en a été désigné ou du liquidateur, en application du IV du même article, est déposée, par le liquidateur, au greffe à l'issue du délai de six mois à compter de la publication du jugement ouvrant ou prononçant la liquidation ou, le cas échéant, à l'issue du délai d'un an à compter de celle du jugement arrêtant le plan de cession de l'entreprise. Tout intéressé peut en prendre connaissance. Le greffier fait publier au *Bulletin officiel des annonces civiles et commerciales* une insertion indiquant ce dépôt.

Tout intéressé peut contester cette liste devant le juge-commissaire dans un délai d'un mois à compter de la publication.

(1) V. désormais C. trav., art. L. 3253-14, p. 3336.

Les créances rejetées par le juge-commissaire sont réputées avoir été déclarées dans les conditions prévues par l'article L. 622-24.

Dans ce cas, le créancier adresse au liquidateur les informations prévues à l'article L. 622-25 et à l'article R. 622-23. Si ces informations ont déjà été transmises par le créancier ou pour son compte à l'occasion d'une déclaration faite conformément à l'article L. 622-24 et sur l'admission de laquelle il n'a pas été statué, le créancier en conserve le bénéfice. Toutefois, le liquidateur peut opposer au créancier les délais prévus à l'article L. 622-24 lorsque celui-ci a reçu, pour la même créance, un avertissement d'avoir à déclarer sa créance.

Lorsque l'information prévue au premier alinéa a été faite par la voie du portail mentionné aux articles L. 814-2 et L. 814-13, les documents justificatifs peuvent être transmis par la même voie.

Art. R. 641-40 *(Mod., D. n° 2009-160, 12 févr. 2009).* – En application de l'article L. 641-15, le liquidateur peut, sur ordonnance du juge-commissaire, demander au représentant légal de la personne morale ou au débiteur personne physique ou à tout autre salarié du débiteur pouvant recevoir des informations utiles de transférer de façon automatique le courrier électronique de leurs messageries professionnelles vers l'adresse électronique qu'il leur désigne.

À cette fin, le liquidateur et le cas échéant, l'administrateur peuvent également requérir l'assistance de tout salarié du débiteur.

L'ordonnance du juge-commissaire désigne les personnes physiques dont le courrier électronique est transféré au liquidateur et le cas échéant, à l'administrateur.

Le liquidateur et l'administrateur détruisent sans délai les messages transférés dépourvus de caractère professionnel.

Dès l'achèvement de sa mission, l'administrateur transfère au liquidateur les messages encore en sa possession. À la clôture de la liquidation, le liquidateur détruit les messages transférés qu'il a pu conserver.

CHAPITRE II. – DE LA RÉALISATION DE L'ACTIF

Section I. – De la cession de l'entreprise

Art. R. 642-1 *(Mod., D. n° 2009-160, 12 févr. 2009 ; D. n° 2014-736, 30 juin 2014).* – L'auteur de l'offre atteste qu'il ne tombe pas sous le coup des incapacités prévues au premier alinéa de l'article L. 642-3 et joint, lorsqu'il est tenu de les établir, ses comptes annuels relatifs aux trois derniers exercices et ses comptes prévisionnels. Sans préjudice du IV de l'article L. 642-2, les offres et documents qui y sont joints ne sont communiqués qu'au juge-commissaire et au procureur de la République.

Les modifications des offres effectuées dans les conditions du V de l'article L. 642-2 sont communiquées par le liquidateur ou l'administrateur s'il en a été désigné, aux personnes mentionnées au IV de l'article L. 642-2.

À peine d'irrecevabilité, aucune modification ne peut être apportée à une offre moins de deux jours ouvrés avant la date fixée pour l'audience d'examen des offres par le tribunal. Lorsque le tribunal décide de ne pas faire application du premier alinéa de l'article L. 642-2, il fixe la date de l'audience d'examen des offres ; d'autres offres de reprise peuvent parvenir au liquidateur ou à l'administrateur, s'il en a été désigné, au plus tard huit jours avant cette date.

En cas de renvoi de l'affaire à une audience ultérieure, le tribunal peut fixer un nouveau délai pour la *présentation de nouvelles* offres ou l'amélioration des offres préalablement déposées.

Art. R. 642-2. – Les seuils prévus par le deuxième alinéa de l'article L. 642-5 au-delà desquels les débats relatifs à l'arrêté du plan de cession doivent avoir lieu en présence du ministère public sont identiques aux seuils fixés par l'article R. 621-11.

Art. R. 642-3. – Les personnes appelées à l'audience au cours de laquelle il est débattu de l'arrêté du plan de cession sont convoquées selon les modalités prévues à l'article R. 626-17.

Lorsque le plan de cession prévoit des licenciements pour motif économique, le liquidateur, ou l'administrateur lorsqu'il en a été désigné, produit à l'audience les documents mentionnés à l'article R. 631-36. Le jugement arrêtant le plan indique le nombre de salariés dont le licenciement est autorisé ainsi que les activités et catégories professionnelles concernées.

Art. R. 642-4. – Le jugement arrêtant le plan de cession de l'entreprise est communiqué par le greffier aux personnes mentionnées à l'article R. 621-7 et fait l'objet des publicités prévues à l'article R. 621-8.

Il est signifié à la diligence du greffier dans les huit jours de la date du jugement aux personnes, autres que le procureur de la République, le cocontractant ou le bailleur, qui ont qualité pour interjeter appel.

Voir : déc. citée sous art. L. 621-6, p. 1126.

Art. R. 642-5 *(Mod., D. n° 2014-736, 30 juin 2014 ; D. n° 2019-1333, 11 déc. 2019).* – La demande présentée en application de l'article L. 642-6 est faite par requête du cessionnaire.

Le jugement modifiant le plan de cession est communiqué par le greffier aux personnes citées à l'article R. 621-7 et mentionné aux registres ou répertoires prévus aux trois premiers alinéas de l'article R. 621-8.

Il est signifié à la diligence du greffier dans les huit jours de la date du jugement aux personnes, autres que le procureur de la République, qui ont qualité pour interjeter appel.

Voir : déc. citée sous art. L. 621-6, p. 1126.

Art. R. 642-6. – Les personnes appelées à l'audience au cours de laquelle il est débattu de la modification du plan de cession sont convoquées selon les modalités prévues à l'article R. 626-17.

Art. R. 642-7. – Lorsque le tribunal est appelé à se prononcer sur la cession des contrats mentionnés à l'article L. 642-7, ou à constater le transfert d'une sûreté mentionnée à son article L. 642-12, le ou les cocontractants ou le ou les titulaires de la sûreté sont convoqués à l'audience, quinze jours au moins avant la date d'audience, par lettre recommandée avec demande d'avis de réception, par le greffier sur les indications de l'administrateur, lorsqu'il en a été désigné, ou du liquidateur.

Art. R. 642-8 *(Mod., D. n° 2009-160, 12 févr. 2009).* – Lorsqu'en application du quatrième alinéa de l'article L. 642-7 il y a désaccord entre les parties sur la valeur du bien objet du contrat de crédit-bail, le tribunal fixe cette valeur, au besoin après expertise, dans le plan de cession ou, à défaut, à la requête de l'une ou l'autre des parties.

Les sommes qui restent dues au sens de l'article L. 642-7 sont, à peine de nullité du paiement, versées par le cessionnaire au liquidateur, qui les remet sans délai au crédit-bailleur. Ces sommes viennent en déduction de la créance admise du crédit-bailleur lorsqu'elles sont relatives à des loyers impayés au jour du jugement d'ouverture.

Art. R. 642-9. – Dès l'accomplissement des actes de cession, le liquidateur ou l'administrateur, lorsqu'il en a été désigné, en fait rapport. Ce rapport est déposé au greffe du tribunal.

Art. R. 642-10. – Le prix de cession de l'entreprise est réparti par le liquidateur conformément aux dispositions de la première section du Chapitre III du présent titre.

Lorsque la cession porte sur un fonds de commerce, le cessionnaire peut, après avoir payé le prix, saisir le juge-commissaire pour faire prononcer la radiation des inscriptions grevant le fonds ; les dispositions de l'article R. 642-38 sont applicables. Toutefois aucune justification de la purge n'est nécessaire.

Art. R. 642-11 *(Mod., D. n° 2009-160, 12 févr. 2009).* – L'administrateur ou, à défaut, le liquidateur rend compte au juge-commissaire de l'exécution des actes permettant la mise en œuvre du plan conformément à l'article L. 642-8.

Lorsqu'il a accompli sa mission, il dépose au greffe un compte rendu de fin de mission dans les conditions des articles R. 626-39 et R. 626-40. L'article R. 626-41 est applicable.

Art. R. 642-12 *(Mod., D. n° 2009-160, 12 févr. 2009).* – La mesure d'inaliénabilité prévue à l'article L. 642-10 est, à la diligence de l'administrateur ou, à défaut, du liquidateur, mentionnée aux registres publics sur lesquels les biens déclarés inaliénables et les droits qui les grèvent sont inscrits ou, à défaut, aux registres mentionnés à l'article R. 621-8.

La publicité mentionne la durée de l'inaliénabilité.

Art. R. 642-13 *(Mod., D. n° 2009-160, 12 févr. 2009).* – Lorsque, en application de l'article L. 642-10, la décision arrêtant ou modifiant le plan prononce l'inaliénabilité temporaire de biens mobiliers d'équipement du cessionnaire et est passée en force de chose jugée, l'administrateur judiciaire, ou, à défaut, le liquidateur, demande l'inscription de la mesure d'inaliénabilité sur le registre prévu à l'article R. 143-9.

Art. R. 642-14 *(Mod., D. n° 2009-160, 12 févr. 2009)*. – L'administrateur judiciaire, ou à défaut le liquidateur, présente une copie de la décision rendue au greffier du tribunal de commerce dans le ressort duquel le cessionnaire, personne morale, a son siège ou le cessionnaire, personne physique, a déclaré l'adresse de son entreprise ou de son activité. Y sont joints les bordereaux d'inscription, qui contiennent :

1° Les nom, prénoms et l'adresse de l'entreprise ou de l'activité du cessionnaire s'il s'agit d'une personne physique, la dénomination sociale ou commerciale et l'adresse du siège du débiteur s'il s'agit d'une personne morale, les mentions prévues aux 1° et 2° de l'article R. 123-237 ou le numéro d'immatriculation au répertoire des métiers ;

2° La date de la décision rendue ;

3° La désignation sommaire des biens d'équipement frappés d'inaliénabilité temporaire, le lieu où ils se trouvent entreposés, l'indication, le cas échéant, qu'ils peuvent être déplacés ;

4° La durée de la mesure d'inaliénabilité.

Art. R. 642-15. – Le greffier porte sur les bordereaux la mention de la date à laquelle l'inscription est effectuée et le numéro sous lequel elle est portée au registre mentionné à l'article R. 642-13.

Les bordereaux sont établis, conservés et l'un d'eux remis au cessionnaire dans les conditions prévues aux articles R. 525-2, R. 525-3 et R. 525-5.

Le greffier tient un fichier alphabétique des cessionnaires avec l'indication des numéros des inscriptions les concernant.

Art. R. 642-16. – Les bordereaux reçoivent un numéro d'entrée au moment où ils sont produits.

Ces pièces sont enregistrées sur le registre mentionné à l'article R. 642-13 ; il est délivré un récépissé extrait dudit registre mentionnant :

1° Le numéro d'entrée apposé sur les pièces comme il est dit au premier alinéa ;

2° La date du dépôt des pièces ;

3° Le nombre et la nature des pièces avec l'indication du but de ce dépôt ;

4° Le nom ou la dénomination du cessionnaire ;

5° La nature et la situation des biens inaliénables et, éventuellement, la mention qu'ils peuvent être déplacés.

Art. R. 642-17. – Lorsque le délai fixé pour la mesure d'inaliénabilité temporaire décidée par le jugement est expiré, le greffier mentionne d'office en marge de l'inscription, la radiation de celle-ci. Il délivre un certificat de radiation au cessionnaire qui le demande.

Il est tenu de délivrer à tous ceux qui le requièrent l'état des inscriptions existantes.

Les frais de radiation sont inclus dans le coût de l'inscription.

Art. R. 642-17-1 *(D. n° 2009-160, 12 févr. 2009)*. – Le tribunal statue sur l'autorisation prévue à l'article L. 642-10 sur requête du cessionnaire.

La décision est notifiée au cessionnaire et communiquée au ministère public par le greffier. Elle est soumise aux recours prévus à l'encontre des décisions modifiant le plan de cession.

Art. *R. 642-18*. – *Le liquidateur* signale, dans un rapport adressé au juge-commissaire et au procureur de la République et déposé au greffe, l'inexécution du plan par le cessionnaire.

Pour l'application du deuxième alinéa de l'article L. 642-11, le cessionnaire est convoqué par le greffier par lettre recommandée avec demande d'avis de réception pour être entendu par le tribunal.

Les autres personnes appelées à l'audience sont convoquées selon les modalités prévues à l'article R. 626-17.

Le tribunal se prononce sur la résolution du plan de cession dans les conditions des deux premiers alinéas de l'article L. 642-5.

Le jugement prononçant la résolution du plan de cession est communiqué par le greffier aux personnes mentionnées à l'article R. 621-7 et fait l'objet des mesures de publicité prévues à l'article R. 621-8.

Il est signifié à la diligence du greffier dans les huit jours de la date de son prononcé aux personnes, autres que le procureur de la République, qui ont qualité pour interjeter appel.

Art. R. 642-19. – Le tribunal vérifie que les conditions requises par l'article L. 642-12 sont remplies et constate dans le jugement arrêtant le plan les sûretés dont la charge est transmise.

Un extrait du jugement est adressé par le greffier aux personnes mentionnées à l'article R. 642-7.

Art. R. 642-20. – Dans le cas prévu au troisième alinéa de l'article L. 642-12, le cessionnaire informe préalablement le liquidateur de tout projet d'aliénation d'un bien cédé. Il est également tenu d'en informer le tribunal si l'aliénation n'était pas envisagée lors du dépôt de son offre dans les conditions du 7° du II de l'article L. 642-2.

Le liquidateur, informé par le cessionnaire dans les conditions du premier alinéa ou d'office, avertit sans délai le juge-commissaire et les créanciers bénéficiant d'un droit de suite s'il y en a.

Art. R. 642-21. – Le liquidateur signale, dans un rapport adressé au juge-commissaire et au procureur de la République et déposé au greffe, toute atteinte aux éléments pris en location-gérance ainsi que le défaut d'exécution par le locataire-gérant de ses obligations. Ce rapport fait état des observations du locataire-gérant et propose éventuellement les solutions qui seraient de nature à permettre l'exécution du plan.

Section II. – De la cession des actifs du débiteur

Sous-section 1. – Des ventes des immeubles

§ 1. – Dispositions communes aux ventes par voie d'adjudication judiciaire et par voie d'adjudication amiable

(D. n° 2009-160, 12 févr. 2009)

Art. R. 642-22 *(Mod., D. n° 2009-160, 12 févr. 2009)*. – Le juge-commissaire qui ordonne, en application de l'article L. 642-18, la vente des immeubles par voie d'adjudication judiciaire ou amiable détermine :

1° La mise à prix de chacun des biens à vendre et les conditions essentielles de la vente ;

2° Les modalités de la publicité compte tenu de la valeur, de la nature et de la situation des biens ;

3° Les modalités de visite des biens.

Lorsque la vente est poursuivie par un créancier, en application de l'article L. 643-2, la mise à prix est déterminée en accord avec le créancier poursuivant.

Le juge-commissaire peut préciser qu'à défaut d'enchères atteignant cette mise à prix la vente pourra se faire sur une mise à prix inférieure qu'il fixe.

Art. R. 642-23 *(Mod., D. n° 2009-160, 12 févr. 2009 ; D. n° 2012-1462, 26 déc. 2012)*. – L'ordonnance est notifiée à la diligence du greffier par lettre recommandée avec demande d'avis de réception au débiteur et aux créanciers inscrits à domicile élu dont les noms sont indiqués dans l'ordonnance. Les contrôleurs en sont avisés par le greffier.

L'ordonnance produit les effets du commandement prévu à l'article R. 321-1 du Code des procédures civiles d'exécution ; elle est publiée au fichier immobilier à la diligence du liquidateur ou du créancier poursuivant, dans les conditions prévues pour ledit commandement.

Le service de la publicité foncière procède à la formalité de publicité de l'ordonnance même si des commandements ont été antérieurement publiés. Ces commandements cessent de produire effet à compter de la publication de l'ordonnance.

Conjoint. L'ordonnance se substitue au commandement de saisie même à l'égard du conjoint du débiteur (■ Cass. com., 26 janv. 2010 : *Gaz. Pal.* 16-17 avr. 2010, p. 41, obs. F. Vauvillé).

Art. R. 642-24 *(Mod., D. n° 2009-160, 12 févr. 2009 ; D. n° 2012-1462, 26 déc. 2012)*. – Lorsque le juge-commissaire, en application du deuxième alinéa de l'article L. 642-18, autorise le liquidateur à reprendre la procédure de saisie immobilière suspendue par le jugement d'ouverture de la procédure de liquidation judiciaire, il fixe la mise à prix, les modalités de la publicité et les modalités de visite du bien. Il statue dans les conditions prévues à l'article R. 642-36-1.

L'ordonnance du juge-commissaire est, à la requête du liquidateur, mentionnée en marge de la copie du commandement publié au fichier immobilier.

Le créancier qui avait engagé la procédure de saisie immobilière remet au liquidateur, contre récépissé, les pièces de la poursuite. Ses frais de procédure lui sont restitués dans l'ordre.

Art. R. 642-25 *(D. n° 2009-160, 12 févr. 2009).* – Le poursuivant ou le notaire commis établit un cahier des conditions de vente.

Par exception à l'article R. 322-10 du Code des procédures civiles d'exécution, le cahier des conditions de vente contient :

1° L'énonciation de l'ordonnance qui a ordonné la vente avec la mention de sa publication ;

2° La désignation de l'immeuble à vendre, l'origine de propriété, les servitudes grevant l'immeuble, les baux consentis sur celui-ci et le procès-verbal de description ;

3° La mention de la mise à prix, des conditions de la vente et des modalités de paiement du prix selon les règles prévues au deuxième alinéa de l'article R. 643-3.

Art. R. 642-26. – Le liquidateur ne peut, en qualité de mandataire, être déclaré adjudicataire des immeubles du débiteur.

§ 2. – Dispositions particulières à la vente par voie d'adjudication judiciaire
(D. n° 2009-160, 12 févr. 2009)

Art. R. 642-27 *(Mod., D. n° 2012-783, 30 mai 2012).* – La vente par voie d'adjudication judiciaire est soumise aux dispositions des titres Ier et II du livre III du Code des procédures civiles d'exécution et dans la mesure où il n'y est pas dérogé par les dispositions du présent livre.

Art. R. 642-28. – L'ordonnance qui ordonne la vente par voie d'adjudication judiciaire rendue à la demande du liquidateur ou d'un créancier poursuivant comporte, outre les indications mentionnées à l'article R. 642-22, les énonciations exigées aux 1°, 5°, 10° de l'article R. 321-3 du Code des procédures civiles d'exécution.

Art. R. 642-29 *(Mod., D. n° 2009-160, 12 févr. 2009 ; D. n° 2019-966, 18 sept. 2019).* – Le juge-commissaire peut autoriser le liquidateur ou le créancier à poursuivre simultanément la vente de plusieurs immeubles, même s'ils sont situés dans des ressorts de tribunaux judiciaires différents.

Il décide si la vente de ces biens sera poursuivie devant le juge de l'exécution du tribunal judiciaire dans le ressort duquel chaque immeuble se trouve ou devant celui dans le ressort duquel est située l'adresse de l'entreprise ou de l'activité déclarée par le débiteur personne physique ou le siège du débiteur personne morale.

Art. R. 642-29-1 *(D. n° 2009-160, 12 févr. 2009 ; mod., D. n° 2012-783, 30 mai 2012 ; D. n° 2019-966, 18 sept. 2019).* – Le cahier des conditions de vente est déposé par le poursuivant au greffe du juge de l'exécution du tribunal judiciaire compétent dans un délai de deux mois à compter de la publication de l'ordonnance du juge-commissaire.

Par exception aux sous-sections 2 et 4 de la section 1 et aux sections 2 et 3 du chapitre II du titre II du livre III du Code des procédures civiles d'exécution, au plus tard le cinquième jour ouvrable suivant le dépôt du cahier des conditions de vente, le poursuivant avise, par acte d'huissier de justice, les créanciers inscrits à domicile élu et si la vente porte sur un bien de la communauté, le conjoint du débiteur, de la date de l'audience d'adjudication. La date est fixée, à sa diligence, dans un délai compris entre deux et quatre mois suivant celle de l'avis.

Outre les mentions prescrites pour les actes d'huissier de justice, l'avis contient, à peine de nullité :

1° L'indication des lieu, jour et heure de l'audience d'adjudication du juge de l'exécution ;

2° *La sommation de prendre connaissance* du cahier des conditions de vente et l'indication du greffe du juge de l'exécution ainsi que du cabinet de l'avocat du poursuivant où celui-ci peut être consulté ;

3° L'indication, en caractères très apparents, qu'à peine d'irrecevabilité, seules les contestations relatives à un acte de procédure postérieur à l'ordonnance du juge-commissaire peuvent être soulevées, dans les quinze jours de l'acte ou, le cas échéant, de sa notification, par conclusions d'avocat déposées au greffe du juge de l'exécution.

Aux fins du 3°, l'avis vaut notification du cahier des conditions de vente.

En cas de contestation fomée en application du 3°, les parties sont convoquées à une audience par le greffe du juge de l'exécution, conformément au troisième alinéa de l'article R. 311-6 du Code des procédures civiles d'exécution.

Lorsque les délais mentionnés au premier et au deuxième alinéas ont été dépassés, le juge de l'exécution déclare l'ordonnance du juge-commissaire non avenue, à moins qu'il ne soit justifié d'un motif légitime.

Art. R. 642-29-2 *(D. n° 2009-160, 12 févr. 2009 ; mod., D. n° 2012-783, 30 mai 2012).* – Seules sont applicables à la cession des actifs du débiteur par voie d'adjudication judiciaire celles des dispositions de la section IV du chapitre II du titre II du livre III du Code des procédures civiles d'exécution qui sont mentionnées ci-après.

À l'audience d'adjudication, il est procédé comme il est dit à la sous-section 3 de la section 4 susmentionnée.

L'article R. 322-58 du Code des procédures civiles d'exécution est applicable au paiement des frais taxés.

Outre les mentions prescrites pour tout jugement, le jugement d'adjudication vise l'ordonnance du juge-commissaire ayant ordonné la vente, les jugements tranchant les contestations et le cahier des conditions de vente. Il désigne le poursuivant. Il mentionne les éléments énumérés aux troisième et quatrième phrases de l'article R. 322-59 du même code.

Le jugement d'adjudication est notifié par le poursuivant au débiteur, aux créanciers inscrits, à l'adjudicataire, ainsi qu'à toute personne ayant élevé une contestation tranchée par la décision.

Les modalités de recours à l'encontre de ce jugement sont fixées par les dispositions du deuxième alinéa de l'article R. 322-60 du même code.

Les dispositions des articles R. 322-61 à R. 322-63 du même code sont applicables au titre de vente.

La vente par adjudication judiciaire produit les effets prévus par l'article R. 322-64 du même code.

La surenchère est régie par les articles R. 322-50 à R. 322-55 du même code.

La réitération des enchères est régie par les articles R. 322-66 à R. 322-72 du même code.

§ 3. – Dispositions particulières à la vente par voie d'adjudication amiable

(D. n° 2009-160, 12 févr. 2009)

Art. R. 642-30. – L'ordonnance qui ordonne la vente par voie d'adjudication amiable comporte, outre les indications mentionnées à l'article R. 642-22, les énonciations exigées au 5° de l'article R. 321-3 du Code des procédures civiles d'exécution. Elle désigne le notaire qui procédera à l'adjudication.

Art. R. 642-31 *(Mod., D. n° 2009-160, 12 févr. 2009 ; D. n° 2019-966, 18 sept. 2019).* – Le notaire informe par lettre recommandée avec demande d'avis de réception les créanciers inscrits portés sur l'état délivré après publication de l'ordonnance d'avoir à prendre communication du cahier des conditions de vente déposé en son étude deux mois au moins avant la date fixée pour l'adjudication et d'y faire inscrire leurs dires et observations un mois au moins avant cette date. Par la même lettre, le notaire convoque les créanciers à la vente.

Si un créancier formule un dire, il saisit le juge de l'exécution du tribunal judiciaire dans les huit jours à peine de déchéance, par assignation du liquidateur à comparaître à la première audience éventuelle utile. Il en informe immédiatement le notaire qui invite les autres personnes sommées à contester le dire. Le jugement est communiqué par le liquidateur au notaire qui modifie s'il y a lieu le cahier des conditions de vente.

Le liquidateur, le débiteur et les créanciers inscrits sont convoqués à la vente par le notaire au moins un mois à l'avance.

Art. R. 642-32. – Avant l'ouverture des enchères le notaire se fait remettre par les enchérisseurs une caution bancaire irrévocable ou un chèque de banque conformément à l'article R. 322-41 du Code des procédures civiles d'exécution. Lorsque l'adjudicataire est défaillant, la somme versée ou la caution apportée est acquise pour être distribuée avec l'actif réalisé.

Le notaire rappelle que les enchères partiront du montant de la mise à prix fixé conformément à l'article R. 642-22.

Les enchères peuvent être faites sans ministère d'avocat. Elles sont pures et simples. Si aucune enchère n'atteint le montant de la *mise à prix*, le notaire constate l'offre la plus élevée et peut adjuger le bien à titre provisoire pour le montant de cette offre. Le juge-commissaire qui a fixé la mise à prix, saisi à la requête du notaire ou de tout intéressé, peut soit déclarer l'adjudication définitive et la vente réalisée, soit ordonner qu'une nouvelle vente aura lieu suivant l'une des formes prescrites par l'article L. 642-18. Si la nouvelle vente est une vente aux enchères, il fixe le délai de la nouvelle vente sans que ce délai puisse être inférieur à quinze jours, la mise à prix ainsi que les modalités de publicité.

Le titre de vente consiste dans l'expédition du cahier des conditions de vente revêtue de la formule exécutoire, à la suite de laquelle est transcrit un procès-verbal d'adjudication dressé par le notaire.

Art. R. 642-33 *(Mod., D. n° 2009-160, 12 févr. 2009 ; D. n° 2019-966, 18 sept. 2019 ; D. n° 2019-1333, 11 déc. 2019).* – Dans les quinze jours qui suivent l'adjudication, toute personne peut faire surenchère du dixième par requête remise ou adressée au greffe du juge de l'exécution du tribunal judiciaire dans le ressort duquel réside le notaire qui a procédé à la vente.

Le surenchérisseur dénonce cette requête par acte d'huissier de justice à la personne ou au domicile de l'adjudicataire dans le délai de l'article R. 322-52 du Code des procédures civiles d'exécution et informe le notaire de cette requête Le tribunal, par le jugement qui valide la surenchère, renvoie la nouvelle adjudication devant le même notaire qui procède selon le cahier des conditions de vente précédemment dressé.

Lorsqu'une seconde adjudication a lieu après surenchère, aucune autre surenchère des mêmes biens ne peut avoir lieu.

Art. R. 642-34 *(Mod., D. n° 2009-160, 12 févr. 2009 ; D. n° 2019-966, 18 sept. 2019).* – S'il y a lieu à réitération des enchères, la procédure est poursuivie devant le juge de l'exécution du tribunal judiciaire dans le ressort duquel réside le notaire qui a procédé à la vente. Une copie authentique du procès-verbal d'adjudication est déposée au greffe du juge de l'exécution du tribunal judiciaire.

Art. R. 642-35 *(Mod., D. n° 2012-783, 30 mai 2012).* – La vente par voie d'adjudication amiable est soumise aux dispositions des articles R. 322-39, R. 322-41, troisième alinéa, R. 322-42, R. 322-44, R. 322-45, R. 322-46, R. 322-48, deuxième et troisième alinéas, R. 322-62, troisième et quatrième alinéas et R. 322-66 à R. 322-72 du Code des procédures civiles d'exécution.

§ 4. – Dispositions particulières à la vente de gré à gré

(D. n° 2009-160, 12 févr. 2009)

Art. R. 642-36. – L'autorisation de vente de gré à gré d'un ou plusieurs immeubles, délivrée en application de l'article L. 642-18, détermine le prix de chaque immeuble et les conditions essentielles de la vente.

L'ordonnance est notifiée conformément au premier alinéa de l'article R. 642-23.

Le liquidateur passe les actes nécessaires à la réalisation de la vente. Il ne peut, en qualité de mandataire, se porter acquéreur des immeubles du débiteur.

§ 5. – Dispositions communes à toutes les ventes

(D. n° 2009-160, 12 févr. 2009)

Art. R. 642-36-1 *(D. n° 2009-160, 12 févr. 2009).* – Le juge-commissaire statue sur la vente après avoir recueilli les observations des contrôleurs et entendu ou dûment appelé le débiteur et son conjoint lorsque celui-ci se trouve dans l'une des situations prévues à l'article R. 641-30, ainsi que le liquidateur.

Art. R. 642-37. – La décision qui, soit dans le jugement prononçant la liquidation judiciaire, soit ultérieurement, accorde les délais mentionnés à l'avant-dernier alinéa de l'article L. 642-18, fixe l'indemnité d'occupation due par le débiteur.

Art. R. 642-37-1 *(D. n° 2009-160, 12 févr. 2009).* – Le recours contre les ordonnances du juge-commissaire rendues en application de l'article L. 642-18 est formé devant la cour d'appel.

1) Auteur du recours. Le recours contre les ordonnances statuant sur les cessions d'actifs est ouvert aux parties et aux personnes dont les droits et obligations sont affectés par ces décisions (■ Cass. com., 18 mai 2016, n° 14-19.622 : *JurisData* n° 2016-009439 ; *JCP* E 2016, 1361, obs. Brignon ; *JCP* E 2016, 1465, n° 2, obs. Pétel ; *Act. proc. coll.* 2016, comm. 155, obs. Cagnoli. ■ Cass. com., 3 avr. 2019, n° 17-28.954 : *Rev. proc. coll.* 2019, comm. 129, obs. Cagnoli ; *JCP* E 2020, 1023, obs. Berthelot).

2) Candidat évincé. L'auteur d'une offre d'acquisition de gré à gré n'est pas recevable à exercer un recours contre la décision du juge-commissaire autorisant la vente à un autre candidat (■ Cass. com., 28 avr. 2009, n° 07-18.715 : *JurisData* n° 2009-047974 ; *JCP* E 2009, 1814, n° 5, obs. Pétel ; *Gaz. Pal.* 26-28 juill. 2009, n° 07-18.715, p. 18, obs. Fricero). *Idem* pour l'appel-nullité, fût-il occupant sans droit, ni titre (■ Cass. com., 14 déc. 2010 : *JurisData* n° 2010-023860 ; *JCP* E 2011, 1263, n° 2, obs. Pétel ; *Rev. proc. coll.* 2011, comm. 27, obs. Cagnoli).

Sous-section 2. – De la vente des autres biens

Art. R. 642-37-2 *(D. n° 2009-160, 12 févr. 2009)*. – **Le juge-commissaire statue sur la vente après avoir recueilli les observations des contrôleurs et entendu ou dûment appelé le débiteur et son conjoint, lorsque celui-ci se trouve dans l'une des situations prévues à l'article R. 641-30, ainsi que le liquidateur.**

Art. R. 642-37-3 *(D. n° 2009-160, 12 févr. 2009)*. – **Les ordonnances rendues en application de l'article L. 642-19 sont, à la diligence du greffier, notifiées au débiteur et communiquées par lettre simple aux contrôleurs.**

Les recours contre ces décisions sont formés devant la cour d'appel.

1) **Auteur du recours.** V. annotation sous art. R. 642-37-1, p. 2007. *Adde* ▪ Cass. com., 24 janv. 2018, n° 16-18.795.

2) **Exclusivité du recours.** Lorsque la cession d'un bail a été ordonnée, sur le fondement de l'article L. 642-19, le bailleur dispose du recours devant la cour d'appel prévu par l'article R. 642-37-3, de sorte que la voie de la tierce opposition lui est fermée (▪ Cass. com., 20 sept. 2017, n° 16-15.829 : *JurisData* n° 2017-018234 ; *JCP* E 2017, 1688, n° 6, obs. Pétel ; *Rev. proc. coll.* 2018, comm. 14, obs. Cagnoli).

Art. R. 642-38 *(Mod., D. n° 2019-1333, 11 déc. 2019)*. – **En cas de cession d'un fonds de commerce, le cessionnaire peut saisir le juge-commissaire pour faire prononcer la radiation des inscriptions. Il joint à sa demande un état des inscriptions, la justification de l'accomplissement des formalités de purge ou de l'accord des créanciers inscrits pour l'en dispenser, et la justification du paiement des frais préalables de vente.**

Le greffier du tribunal avise par lettre recommandée avec demande d'avis de réception les créanciers qui n'ont pas donné mainlevée de leurs inscriptions qu'ils disposent d'un délai de trente jours à compter de l'envoi de la lettre pour contester, par requête ou par lettre recommandée avec demande d'avis de réception, la demande de radiation pour tout motif tiré du non-paiement du prix.

Art. R. 642-39 *(D. n° 2014-736, 30 juin 2014 ; mod., D. n° 2019-966, 18 sept. 2019)*. – **Pour l'application du deuxième alinéa de l'article L. 642-20, le juge-commissaire est saisi par le ministère public, le liquidateur ou le débiteur. Lorsque la vente de gré à gré au profit d'une même personne porte sur un ou plusieurs biens pour un prix, hors taxe, supérieur au taux de compétence en dernier ressort du tribunal judiciaire, le liquidateur établit un rapport sur les diligences effectuées pour la recherche d'un cessionnaire.**

Section III. – Dispositions communes

Art. R. 642-40 *(Mod., D. n° 2014-736, 30 juin 2014 ; D. n° 2015-1009, 18 août 2015)*. – **En application de l'article L. 642-22, la publicité des cessions d'entreprises et des réalisations d'actifs est faite par les mandataires de justice au moyen d'un service informatique accessible par l'Internet.**

Toute cession d'entreprise fait l'objet d'une publicité par voie de presse. Son étendue est définie par le juge-commissaire. Le juge-commissaire détermine s'il y a lieu d'effectuer une publicité par voie de presse pour les actifs de faible valeur.

Le liquidateur, ou l'administrateur lorsqu'il en a été désigné, communique au greffe les caractéristiques essentielles de l'entreprise ou de la ou des branches d'activité susceptibles d'être cédées. Tout intéressé peut prendre connaissance de ces informations au greffe.

Pour l'application du deuxième alinéa de l'article L. 642-2, le tribunal s'assure que, compte tenu de la nature de l'activité en cause, les démarches effectuées par le mandataire *ad hoc* ou le conciliateur désigné en application des articles L. 611-3 ou L. 611-6 ont assuré une publicité suffisante de la préparation de la cession.

Art. R. 642-41. – ***Lorsqu'en application* de l'article L. 642-24, il y a lieu, pour le juge-commissaire, d'autoriser le liquidateur à compromettre ou à transiger, le greffier convoque le débiteur à l'audience quinze jours avant celle-ci en joignant à cette convocation la copie de la requête du liquidateur.**

Si le compromis ou la transaction doit être soumis à l'homologation du tribunal, le débiteur est convoqué dans les mêmes conditions.

CHAPITRE III. – DE L'APUREMENT DU PASSIF

Section I. – Du règlement des créanciers

Art. R. 643-1. – Lorsque la vente est poursuivie par un créancier en application de l'article L. 643-2, la mise à prix est fixée par le juge-commissaire en accord avec le créancier poursuivant.

Art. R. 643-2. – Le juge-commissaire, saisi de la demande d'un créancier sur le fondement de l'article L. 643-3, statue après avis du liquidateur au vu des documents justificatifs de l'admission définitive de la créance dont il est demandé un paiement provisionnel et, le cas échéant, de la garantie prévue au second alinéa de l'article susmentionné.

La provision est allouée à hauteur d'un montant déterminé en fonction de l'existence, du montant et du rang des autres créances, dues ou susceptibles d'être ultérieurement dues.

Sur ordonnance du juge-commissaire, les fonds indûment versés sont restitués sur première demande du liquidateur.

Bibliographie : F. Vauvillé, *La remise du prix de vente en cas de procédure collective* : *Defrénois* 2010, 39048.

Art. R. 643-3 *(Mod., D. n° 2009-160, 12 févr. 2009 ; D. n° 2012-1462, 26 déc. 2012).* – L'adjudicataire fait publier au service de la publicité foncière l'acte ou le jugement d'adjudication dans les deux mois de sa date et en cas d'appel dans les deux mois de l'arrêt confirmatif, sous peine de réitération des enchères à la diligence du liquidateur.

Dans les trois mois de l'adjudication, l'adjudicataire verse au compte de dépôt ouvert par le liquidateur à la Caisse des dépôts et consignations la totalité du prix de l'adjudication y compris les intérêts au taux légal à compter du jour où la vente est devenue définitive jusqu'au jour du paiement. Passé ce délai, le liquidateur lui enjoint par lettre recommandée avec demande d'avis de réception de faire le versement sous peine de réitération des enchères.

En cas de vente de gré à gré, le notaire chargé de la vente remet le prix, dès sa perception, au liquidateur.

Le prix de vente ne peut faire l'objet d'aucun prélèvement par le liquidateur jusqu'à ce que soit justifié par l'acquéreur qu'il a conduit à son terme la procédure de purge ou qu'il a obtenu des créanciers inscrits la dispense d'y procéder.

En cas de surenchère, le prix est restitué sans délai à l'acquéreur par le liquidateur, par l'intermédiaire du notaire.

Art. R. 643-4 *(Mod., D. n° 2012-1462, 26 déc. 2012).* – Dès la publication de la vente, le liquidateur requiert du service de la publicité foncière l'état des inscriptions subsistantes conformément à l'article 2449 du Code civil, en vue de régler l'ordre entre les créanciers et procéder à la distribution du prix.

En cas de vente de gré à gré, le liquidateur soit d'office, soit requis par l'acquéreur ou par tout intéressé procède à l'ouverture de l'ordre, après accomplissement, par l'acquéreur, des formalités de purge prescrites par les articles 2476 et suivants du Code civil et versement du prix à la Caisse des dépôts et consignations.

Art. R. 643-5 *(Mod., D. n° 2014-736, 30 juin 2014).* – Les créanciers inscrits du chef d'un précédent propriétaire et titulaires d'un droit de suite ou du chef de l'entrepreneur individuel à responsabilité limitée sur un bien affecté au patrimoine en cause en garantie d'une créance affectant un autre patrimoine sont avertis par le liquidateur par lettre recommandée avec demande d'avis de réception qu'ils ont l'obligation de produire leur créance à la procédure d'ordre dans le délai de deux mois à compter de l'avertissement. Cet avis reproduit les deuxième et troisième alinéas du présent article.

La production mentionne la sûreté inscrite sur le bien. Un décompte des sommes dues en principal, intérêts et accessoires et les documents justificatifs sont joints à la production.

À défaut de production dans le délai mentionné au premier alinéa, le créancier est déchu du droit de participer à la distribution.

Art. R. 643-6 *(Mod., D. n° 2020-106, 10 févr. 2020).* – Après le versement du prix de vente en cas d'adjudication ou l'accomplissement, par l'acquéreur, des formalités de purge en cas de vente de gré à gré, le liquidateur dresse l'état de collocation au vu des inscriptions, des créances admises et de la liste des créances mentionnées à l'article L. 641-13. Il peut, s'il l'estime utile, convoquer les créanciers inscrits, l'adjudicataire ou l'acquéreur. L'état est déposé par ses soins au greffe du tribunal devant lequel s'est déroulée la procédure. Toute personne peut prendre connaissance de cet état.

Le greffier avertit les créanciers et l'adjudicataire ou l'acquéreur du dépôt de l'état de collocation par une insertion dans un ou plusieurs supports d'annonces légales et par une insertion au *Bulletin officiel des annonces civiles et commerciales* contenant l'indication du journal d'annonces légales dans lequel a été faite la première insertion et la mention du délai de recours prévu à l'article R. 643-11.

Le greffier adresse en outre, sauf dispense du juge-commissaire, à chaque créancier colloqué et à chaque créancier inscrit sur l'immeuble à domicile élu, une copie de l'état de collocation et indique le délai et les modalités du recours prévu à l'article R. 643-11.

L'état de collocation est adressé aux institutions mentionnées à l'article L. 143-11-4 du Code du travail (1) lorsqu'elles en auront fait la demande préalable.

Art. R. 643-7. – S'il ne s'élève aucune contestation, le liquidateur est tenu dans les quinze jours qui suivent l'expiration du délai prévu au premier alinéa de l'article R. 643-11 de procéder à la clôture de l'ordre. Il dépose le procès-verbal de clôture de l'ordre au greffe du tribunal devant lequel s'est déroulée la procédure de liquidation judiciaire.

À compter du dépôt du procès-verbal de clôture de l'ordre, la collocation des créanciers est définitivement arrêtée en capital et intérêts. Toutefois, les intérêts de la somme ainsi liquidée continuent de courir au bénéfice des créanciers au taux servi par la Caisse des dépôts et consignations.

Art. R. 643-8 *(Mod., D. n° 2019-966, 18 sept. 2019)*. – Lorsque le prix de vente a été payé selon les modalités prévues à l'article R. 643-3 et que des créanciers n'ont pas donné mainlevée de leurs inscriptions, le liquidateur fait prononcer la radiation des inscriptions. À cette fin, il saisit le juge de l'exécution du tribunal judiciaire devant lequel s'est déroulée la procédure de liquidation judiciaire ou dans le ressort duquel cette procédure s'est déroulée. Il joint à sa demande l'état des inscriptions, l'état de collocation et la justification du paiement des frais préalables de vente mentionnés à l'article 2209 du Code civil. Il transmet le procès-verbal de clôture de l'ordre lorsque celui-ci est établi.

Après l'accomplissement des formalités de purge et le versement du prix de vente, l'acquéreur peut également saisir le juge de l'exécution du tribunal prévu à l'alinéa précédent pour faire prononcer la radiation des inscriptions. Il joint à sa demande un état des inscriptions, la justification de l'accomplissement des formalités de purge ou de l'obtention de l'accord des créanciers inscrits pour en dispenser, et la justification du paiement des frais préalables de vente mentionnés ci-dessus.

Le greffier de cette juridiction avise les créanciers qui n'ont pas donné mainlevée de leurs inscriptions, à domicile élu, par lettre recommandée avec demande d'avis de réception qu'ils disposent d'un délai de trente jours à compter de l'envoi de la lettre recommandée pour faire opposition au paiement du prix par déclaration au greffe ou par lettre recommandée avec demande d'avis de réception.

Le juge de l'exécution statue sur les oppositions et ordonne la radiation des inscriptions.

Art. R. 643-9 *(Mod., D. n° 2012-1462, 26 déc. 2012)*. – Le liquidateur remet au service de la publicité foncière une expédition du procès-verbal de clôture de l'ordre, de l'ordonnance du juge des ordres prononçant la radiation des inscriptions ou l'acte par lequel les créanciers ont donné mainlevée de leurs inscriptions.

Le service de la publicité foncière procède à la radiation des inscriptions mais reste tenu de procéder à l'inscription définitive prévue aux articles R. 533-1 et suivants du Code des procédures civiles d'exécution.

Art. R. 643-10. – Le liquidateur fixe les frais de radiation et de poursuite de l'ordre qui sont colloqués suivant les règles prévues à l'article L. 641-13. Il liquide en outre les frais de chaque créancier colloqué en rang utile, détermine les sommes qui leur sont dues et en effectue le paiement.

Art. R. 643-11 *(Mod., D. n° 2019-966, 18 sept. 2019 ; D. n° 2019-1333, 11 déc. 2019)*. – Les contestations sont formées dans le délai de trente jours à compter de l'insertion au *Bulletin officiel des*

(1) V. désormais C. trav., art. L. 3253-19, *infra*, annexe 6, *Des difficultés des entreprises*, p. 3319.

annonces civiles et commerciales avisant du dépôt de l'état de collocation. Elles sont faites par requête remise ou adressée au greffe du juge de l'exécution du tribunal judiciaire devant lequel s'est déroulée la procédure de liquidation judiciaire ou dans le ressort duquel la procédure s'est déroulée.

La contestation est, à peine d'irrecevabilité, dénoncée, dans les dix jours de son dépôt au greffe, aux créanciers en cause et au liquidateur par acte d'huissier de justice. Cet acte indique que les créanciers et le liquidateur doivent constituer avocat dans le délai de quinze jours à compter de la dénonciation.

Il est statué sur les contestations selon la procédure applicable devant le juge de l'exécution. Les articles R. 311-4, R. 311-6 premier alinéa et R. 311-7 du Code des procédures civiles d'exécution sont applicables.

1) **Communication au ministère public.** *Les contestations à l'état de collocation*, dressé en matière de distribution par voie d'ordre du prix de vente d'un immeuble, doivent lorsqu'elles sont soumises à la cour d'appel, être jugées sur les conclusions du ministère public, cette communication étant d'ordre public (▪ Cass. com., 30 mars 2005, n° 03-19.029 : *JurisData* n° 2005-027817 ; *D.* 2005, p. 1227, obs. Lienhard ; *JCP* E 2005, 1274, n° 10, obs. M. Cabrillac. – V. ▪ Cass. 2e civ., 12 mars 1997, n° 95-12.308 : *JurisData* n° 1997-001049 ; *Bull. civ.* 1997, II, n° 73).

2) **Délai.** Le délai de 30 jours est *un délai uniforme* dont le point de départ est invariable, sans qu'il y ait lieu de tenir compte des notifications individuelles (▪ Cass. com., 13 févr. 2007, n° 05-17.794 : *JurisData* n° 2007-037364 ; *D.* 2007, p. 731 ; *JCP* E 2007, 1450, n° 5, obs. Cabrillac ; *ibid.* 1499 ; *RJDA* 7/2007, n° 757).

3) **Dénonciation de la contestation.** La contestation de l'état de collocation doit, à peine d'irrecevabilité, être dénoncée aux créanciers de rang postérieur à celui dont la créance est visée (▪ Cass. com., 16 sept. 2008, n° 07-13.135 : *JurisData* n° 2008-045018 ; *JCP* E 2009, 1008, n° 10, obs. Cabrillac ; *Act. proc. coll.* 2008, comm. 273, obs. Salvat ; *D.* 2008, p. 2425).

Art. R. 643-12. – En cas de contestation, le liquidateur peut néanmoins régler l'ordre et délivrer les titres de paiement pour les créances antérieures à celles qui sont contestées. Il peut même régler l'ordre pour les créances postérieures, en réservant une somme suffisante pour les créances contestées.

Art. R. 643-13. – Dans les huit jours qui suivent l'expiration du délai d'appel et en cas d'appel dans les huit jours de la signification de l'arrêt, le liquidateur règle définitivement l'ordre des créances contestées et des créances postérieures conformément aux articles R. 643-7 à R. 643-10.

Art. R. 643-14 ***(Mod., D. n° 2009-160, 12 févr. 2009).*** **– En cas d'adjudication sur réitération des enchères intervenant dans le cours de l'ordre et même après le règlement définitif, le liquidateur modifie l'état de collocation, le montant des sommes dues aux créanciers inscrits au procès-verbal de l'ordre suivant les résultats de l'adjudication et effectue les paiements correspondants.**

Art. R. 643-15. – Pour l'application de la présente section, en cas de retour au liquidateur d'une lettre de notification qui n'a pu être remise à son destinataire, le liquidateur procède par voie de signification.

Section II. – De la clôture des opérations de liquidation judiciaire

Art. R. 643-16. – L'insuffisance d'actif est caractérisée lorsque le produit de la réalisation des actifs du débiteur et des actions et procédures engagées dans l'intérêt de l'entreprise ou des créanciers ne permet plus de désintéresser, même partiellement, les créanciers.

Art. R. 643-17 ***(Mod., D. n° 2014-736, 30 juin 2014).*** **– Le greffier, au plus tard deux mois avant l'expiration du délai fixé par le tribunal, en application du premier alinéa de l'article L. 643-9, pour l'examen de la clôture de la procédure, fait convoquer à cette fin le débiteur par acte d'huissier de justice. Il avise le liquidateur et les contrôleurs de la date de l'audience.**

Lorsqu'il est fait application du quatrième alinéa du même article, il est procédé aux convocations et avis mentionnés à l'alinéa précédent. Toutefois, le débiteur ou le créancier, lorsqu'il est demandeur, est convoqué à la diligence du greffier par lettre recommandée avec demande d'avis de réception.

Art. R. 643-18 ***(Mod., D. n° 2014-736, 30 juin 2014).*** **– Le tribunal statue sur la clôture de la procédure sur le rapport du liquidateur.**

Le cas échéant, le liquidateur est désigné pour exercer la mission prévue au troisième alinéa de l'article L. 643-9 à moins que n'existe un conflit d'intérêts. Par décision motivée, le tribunal peut, à la demande du débiteur ou du ministère public, désigner une autre personne dans les conditions prévues à l'article L. 812-2. Le mandataire désigné est soumis aux mêmes obligations que celles qui auraient été applicables au liquidateur s'il avait poursuivi les instances en cours et réparti les sommes issues de celles-ci.

Le jugement prononçant la clôture de la procédure pour extinction du passif ou pour insuffisance d'actif fait l'objet des publicités prévues à l'article R. 621-8. Le jugement est notifié par le greffier au débiteur.

Lorsque le tribunal autorise, par ce jugement, la reprise des actions individuelles de tout créancier à l'encontre du débiteur, il en est fait mention dans ces publicités. Dans ce cas, le jugement est signifié au débiteur à la diligence du greffier dans les huit jours de son prononcé.

Lorsque cette autorisation est postérieure au jugement prononçant la clôture de la procédure, la décision du tribunal fait l'objet des mêmes publicités et est signifiée au débiteur dans les mêmes conditions.

Voir : déc. citée sous art. L. 621-6, p. 1126.

Art. R. 643-19 *(Mod., D. n° 2014-736, 30 juin 2014)*. – Dans les deux mois qui suivent l'achèvement de sa mission, le liquidateur dépose un compte-rendu de fin de mission dans les conditions prévues par les articles R. 626-39 et R. 626-40. L'article R. 626-41 est applicable.

Lorsque le liquidateur judiciaire a été informé de la mise en œuvre d'une procédure administrative d'établissement de l'impôt, il en informe les comptables publics compétents par lettre recommandée avec demande d'avis de réception quinze jours au moins avant la date de ce dépôt.

Le mandataire désigné en application du troisième alinéa de l'article L. 643-9 dépose un compte rendu de fin de mission dans les mêmes conditions. Le cas échéant, le président du tribunal exerce les fonctions attribuées à cette fin au juge-commissaire.

Art. R. 643-20 *(Mod., D. n° 2009-160, 12 févr. 2009)*. – Le créancier dont la créance a été admise et qui recouvre son droit de poursuite individuelle conformément à l'article L. 643-11 peut obtenir, par ordonnance du président du tribunal rendue sur requête, le titre prévu au V du même article. La caution ou le co-obligé mentionné au II du même article peut, dans les mêmes conditions, obtenir un titre exécutoire sur justification du paiement effectué. La procédure de l'injonction de payer prévue aux articles 1405 et suivants du Code de procédure civile n'est pas applicable.

Lorsque la créance a été admise lors de la procédure, le président du tribunal qui a ouvert celle-ci est compétent. Lorsque la créance n'a pas été vérifiée, la compétence du tribunal est déterminée selon les règles du droit commun.

L'ordonnance vise l'admission définitive du créancier et le jugement de clôture pour insuffisance d'actif. Elle contient l'injonction de payer et est revêtue par le greffier de la formule exécutoire.

Dans le cas prévu aux I, II et III de l'article L. 643-11, l'ordonnance est rendue, le débiteur entendu ou appelé.

Art. R. 643-21 *(Mod., D. n° 2014-736, 30 juin 2014)*. – Si le débiteur fait l'objet d'une mesure d'interdiction d'émettre des chèques prise en application de l'article L. 131-73 du Code monétaire et financier, le liquidateur se fait remettre par la Banque de France un relevé des incidents de paiement de chèques enregistrés au nom de l'intéressé et, si le débiteur est un entrepreneur individuel à responsabilité limitée, des incidents de paiement afférents au patrimoine visé par la procédure et le dépose au greffe. Le greffier conserve ce relevé pendant cinq ans à compter du jugement d'ouverture de la procédure.

Art. R. 643-22. – Pour l'application de l'article L. 643-12, le débiteur justifie de la suspension de l'interdiction d'émettre des chèques auprès de l'établissement de crédit qui est à l'origine de cette mesure par la remise d'une copie du jugement de clôture, à laquelle il joint un relevé des incidents de paiement.

L'établissement de crédit qui est à l'origine de l'interdiction informe la Banque de France de la suspension de cette interdiction aux fins de régularisation.

Art. R. 643-23 *(Mod., D. n° 2009-160, 12 févr. 2009)*. – Si la mesure d'interdiction d'émettre des chèques ayant fait l'objet d'une suspension en application de l'article L. 643-12 reprend ses effets à la suite du recouvrement par les créanciers de leur droit de poursuite individuelle, l'ordonnance revêtue de la formule exécutoire visée au V de l'article L. 643-11 est notifiée par le greffier, aux frais du créancier poursuivant, à la Banque de France, accompagnée du relevé des incidents de paiement de chèques mentionné à l'article R. 643-22.

Art. R. 643-24. – Le tribunal statue sur la reprise de la procédure de liquidation judiciaire prévue à l'article L. 643-13 après avoir entendu ou dûment appelé le débiteur. La décision de reprise de la procédure fait l'objet des avis et publicités prévus aux articles R. 621-7 et R. 621-8. Elle est signifiée au débiteur et, le cas échéant, notifiée au créancier demandeur.

CHAPITRE IV. – DE LA LIQUIDATION JUDICIAIRE SIMPLIFIÉE

Bibliographie : Theetten, *La liquidation judiciaire simplifiée après le décret du 28 déc. 2006 : D.* 2007, chron. 394.

Art. R. 644-1 *(Mod., D. n° 2009-160, 12 févr. 2009 ; D. n° 2014-736, 30 juin 2014).* – Lorsque la décision sur l'application à la procédure des règles de la liquidation judiciaire simplifiée, prévue au Chapitre IV du Titre IV du Livre VI, relève de la compétence du président du tribunal, celui-ci statue d'office au vu du rapport du liquidateur.

Cette décision est une mesure d'administration judiciaire non susceptible de recours. Elle est communiquée au débiteur et au liquidateur et est mentionnée aux registres ou répertoires prévus aux trois premiers alinéas de l'article R. 621-8.

Art. R. 644-2 *(Mod., D. n° 2009-160, 12 févr. 2009 ; D. n° 2014-736, 30 juin 2014 ; D. n° 2020-106, 10 févr. 2020).* – L'état des créances complété par le projet de répartition établi par le liquidateur à l'issue de la procédure de vérification et d'admission des créances et de la réalisation des biens est déposé au greffe où tout intéressé peut en prendre connaissance. Un avis de ce dépôt est publié au *Bulletin officiel des annonces civiles et commerciales* ainsi que dans un support d'annonces légales.

Lorsque l'état des créances ne fait l'objet que d'un dépôt au greffe conformément aux dispositions de la dernière phrase du premier alinéa de l'article L. 644-4, le liquidateur notifie aux créanciers mentionnés au II de l'article L. 641-13 le dépôt au greffe de cet état par lettre recommandée avec demande d'avis de réception. Lorsque ces créanciers ont déclaré leur créance par la voie du portail mentionné aux articles L. 814-2 et L. 814-13, le liquidateur leur notifie le dépôt au greffe de l'état des créances par la même voie.

Le délai dans lequel il peut être formé réclamation devant le juge-commissaire, en application de l'article L. 644-4, est d'un mois à compter de la publication de l'avis de dépôt au greffe de l'état des créances ou de la notification de ce dépôt.

Voir : la rédaction de cet article issue du décret n° 2021-1218 du 23 septembre 2021, en *addendum*, p. 3461.

Art. R. 644-3 *(Mod., D. n° 2009-160, 12 févr. 2009).* – La décision par laquelle le juge-commissaire statue sur les contestations formées contre l'état des créances complété par le projet de répartition fait l'objet des mesures de publicité prévues à l'article R. 644-2. Elle est notifiée par le greffier aux créanciers intéressés. Ceux-ci peuvent former un recours dans les délais et selon les formes prévus à l'article R. 621-21.

Art. R. 644-4 *(Mod., D. n° 2014-736, 30 juin 2014).* – Lorsque le tribunal envisage, en application de l'article L. 644-6, de ne plus faire application des règles de la liquidation judiciaire simplifiée, il fait convoquer le débiteur à l'audience par le greffier par lettre recommandée avec demande d'avis de réception.

Il statue au vu d'un rapport du liquidateur.

La décision est communiquée par le greffier au débiteur et au liquidateur et transmise par celui-ci au ministère public. *Elle n'est pas susceptible de recours.*

Mention de la décision est portée sur les registres et répertoires prévus aux trois premiers alinéas de l'article R. 621-8.

CHAPITRE V. – DU RÉTABLISSEMENT PROFESSIONNEL

(D. n° 2014-736, 30 juin 2014)

Art. R. 645-1 *(D. n° 2014-736, 30 juin 2014).* – La valeur de réalisation de l'actif mentionné au premier alinéa de l'article L. 645-1 est inférieure à 5 000 euros. Cet actif est déclaré conformément à l'article R. 640-1-1.

Voir : la rédaction de cet article issue du décret n° 2021-1218 du 23 septembre 2021, en *addendum*, p. 3461.

Réglement Covid-19
(Ord. n° 2020-596, 20 mai 2020)

Art. 6. – La valeur de l'actif mentionnée au premier alinéa de l'article L. 645-1 du Code de commerce est fixée à 15 000 euros.

Bibliographie : Ferrari, *Liquidation judiciaire simplifiée et rétablissement professionnel après l'ordonnance n° 2020-596 du 20 mai 2020* : *Gaz. Pal.* 13 juill. 2020, p. 84.

Art. R. 645-2 *(D. n° 2014-736, 30 juin 2014)*. – **Lorsque le tribunal ouvre la procédure de rétablissement professionnel à la demande du débiteur, il sursoit à statuer sur la demande d'ouverture de la procédure de liquidation judiciaire faite par ce dernier et, le cas échéant, sur l'assignation du créancier ou sur la requête du ministère public aux mêmes fins.**

Art. R. 645-3 *(D. n° 2014-736, 30 juin 2014)*. – **Lorsqu'il apparaît que le débiteur ne remplit pas les conditions requises pour bénéficier de la procédure de rétablissement professionnel, le tribunal rejette sa demande et statue sur la demande d'ouverture de la procédure de liquidation judiciaire.**

Art. R. 645-4 *(D. n° 2014-736, 30 juin 2014)*. – **Le jugement statuant sur la demande d'ouverture de la procédure de rétablissement professionnel est notifié par le greffier au débiteur par lettre recommandée avec demande d'avis de réception au débiteur dans les huit jours de son prononcé. La lettre de notification reprend les dispositions du premier alinéa de l'article L. 645-9 et des articles L. 645-11 et L. 645-12.**

Le jugement est communiqué aux personnes mentionnées à l'article R. 621-7 et, le cas échéant, à l'ordre professionnel ou à l'autorité dont relève le débiteur.

Art. R. 645-5 *(D. n° 2016-1851, 23 déc. 2016)*. – **I. – Le greffier joint à la copie du jugement mentionnée à l'article R. 645-4 un document reproduisant les termes du II du présent article, ainsi que :**

1° Ceux des articles L. 645-4, L. 812-2, L. 814-5, L. 814-10, R. 814-24 et R. 814-38, si le mandataire judiciaire est une personne choisie sur le fondement du premier alinéa du II de l'article L. 812-2 ;

2° Ceux des articles L. 645-4, L. 812-2, L. 812-8-1, L. 814-5, L. 814-10-1, L. 814-10-2, R. 814-24 et R. 814-41-1, si le mandataire judiciaire est une personne choisie sur le fondement du III de l'article L. 812-2.

II. – Lorsque le mandataire judiciaire désigné par le tribunal est une personne mentionnée au II ou III de l'article L. 812-2, celle-ci adresse sans délai l'attestation sur l'honneur prévue au troisième alinéa du II de cet article, la justification de la garantie et de l'assurance prévues à l'article L. 814-5 ainsi que le nom du commissaire aux comptes assurant le contrôle de sa comptabilité spéciale en application, selon le cas, de l'article L. 811-11-1 ou du III de l'article L. 814-10-1.

III. – Pour l'application du troisième alinéa du III de l'article L. 812-2, la copie de cette attestation est adressée au magistrat du parquet général chargé des inspections de la cour d'appel dans le ressort de laquelle la personne a son domicile professionnel.

Art. R. 645-6 *(D. n° 2014-736, 30 juin 2014)*. – **Le président du tribunal est compétent pour remplacer le juge commis empêché ou ayant cessé ses fonctions. La décision par laquelle il est pourvu au remplacement est une mesure d'administration judiciaire.**

Art. R. 645-7 *(D. n° 2014-736, 30 juin 2014)*. – **Pour l'application du premier alinéa de l'article L. 645-6, la procédure est celle prévue à l'article R. 611-35 et le juge commis exerce les pouvoirs attribués par ce texte au président du tribunal.**

Art. R. 645-8 *(D. n° 2014-736, 30 juin 2014 ; mod., D. n° 2016-1851, 23 déc. 2016)*. – Les actes *nécessaires à la conservation des droits du débiteur* et à la préservation de ses biens font l'objet d'un compte rendu remis au juge commis dont copie est transmise au ministère public par le mandataire judiciaire ou par la personne choisie sur le fondement du premier alinéa du II ou du III de l'article L. 812-2.

Art. R. 645-9 *(D. n° 2014-736, 30 juin 2014 ; mod., D. n° 2016-1851, 23 déc. 2016 ; D. n° 2017-1225, 2 août 2017)*. – **L'état chiffré des créances et des dettes mentionné au 5° de l'article R. 631-1 peut être**

complété par le débiteur dans les quinze jours suivant le jugement d'ouverture de la procédure de rétablissement professionnel. Le débiteur porte sans délai ces modifications à la connaissance du mandataire judiciaire ou de la personne choisie sur le fondement du premier alinéa du II ou du III de l'article L. 812-2.

Art. R. 645-10 *(D. n° 2014-736, 30 juin 2014 ; mod., D. n° 2016-1851, 23 déc. 2016).* – Pour l'application de l'article L. 645-8, le mandataire judiciaire ou la personne choisie sur le fondement du premier alinéa du II ou du III de l'article L. 812-2 informe par lettre simple les créanciers connus de l'ouverture de la procédure de rétablissement professionnel. Cette lettre reproduit les dispositions des articles L. 645-8, L. 645-11 et R. 645-19 et comprend en annexe copie de l'inventaire des biens du débiteur et de la liste des créances déclarées par ce dernier.

Art. R. 645-11 *(D. n° 2014-736, 30 juin 2014 ; mod., D. n° 2016-1851, 23 déc. 2016).* – Le mandataire judiciaire ou la personne choisie sur le fondement du premier alinéa du II ou du III de l'article L. 812-2 informe, par lettre recommandée avec demande d'avis de réception, de l'ouverture de la procédure de rétablissement professionnel, les cautions et les personnes coobligées ou ayant consenti une sûreté personnelle ou ayant affecté un bien en garantie, dont l'existence a été portée à sa connaissance par le débiteur ou par un créancier.

Art. R. 645-12 *(D. n° 2014-736, 30 juin 2014 ; mod., D. n° 2016-1851, 23 déc. 2016).* – À tout moment de l'enquête, le mandataire judiciaire ou la personne choisie sur le fondement du premier alinéa du II ou du III de l'article L. 812-2 qui se heurte à une difficulté, peut demander par lettre simple au juge commis de fixer un délai de réponse aux demandes de renseignements faites en application de l'article L. 645-5.

Art. R. 645-13 *(D. n° 2014-736, 30 juin 2014 ; mod., D. n° 2016-1851, 23 déc. 2016).* – Le rapport du mandataire judiciaire ou de la personne choisie sur le fondement du premier alinéa du II ou du III de l'article L. 812-2 est transmis par celui-ci au juge commis et au ministère public.

Art. R. 645-14 *(D. n° 2014-736, 30 juin 2014).* – Après avoir recueilli l'avis du ministère public, le juge commis dépose son rapport au greffe du tribunal au plus tard trois jours avant l'audience. Toutefois, lorsqu'est demandée l'ouverture de la procédure de liquidation judiciaire en application des dispositions de l'article L. 645-9, le rapport peut être déposé et porté à la connaissance du débiteur le jour de l'audience.

Art. R. 645-15 *(D. n° 2014-736, 30 juin 2014).* – La demande faite par le débiteur en application du deuxième alinéa de l'article L. 645-9 est déposée par celui-ci au greffe.

Le juge commis qui renvoie l'affaire devant le tribunal conformément à l'article L. 645-10 fait convoquer le débiteur à comparaître dans le délai qu'il fixe par les soins du greffier, par lettre recommandée avec demande d'avis de réception. Le greffier informe le débiteur, le cas échéant, qu'il peut prendre connaissance du rapport du juge commis au greffe.

En cas de requête du ministère public, il est fait application de l'article R. 631-4.

Art. R. 645-16 *(D. n° 2014-736, 30 juin 2014).* – Le juge commis ne peut siéger dans la formation collégiale, ni participer à son délibéré, sous peine de nullité du jugement.

Art. R. 645-17 *(D. n° 2014-736, 30 juin 2014).* – Le jugement de clôture comprend l'état chiffré des créances effacées avec l'indication, selon le cas, du nom ou de la dénomination et du domicile ou siège des créanciers.

Il entraîne la caducité de la demande d'ouverture de la procédure de liquidation judiciaire.

Art. R. 645-18 *(D. n° 2014-736, 30 juin 2014).* – Le jugement de clôture est notifié au débiteur et communiqué au ministère public par le greffier. À leur demande, les créanciers dont les dettes sont effacées peuvent obtenir du greffier un extrait certifié conforme du jugement.

Art. R. 645-19 *(D. n° 2014-736, 30 juin 2014 ; D. n° 2019-1333, 11 déc. 2019 ; D. n° 2020-106, 10 févr. 2020).* – Un avis du jugement de clôture est adressé pour insertion au Bulletin officiel des annonces civiles et commerciales. Cette insertion contient l'indication du nom du débiteur, de son adresse professionnelle, de son numéro unique d'identification ainsi que, s'il y a lieu, du nom du greffe ou de la chambre des métiers et de l'artisanat de région où il est immatriculé, de l'activité exercée et de la date du jugement ainsi que du tribunal qui l'a rendu.

Le même avis est publié dans un support d'annonces légales du lieu où le débiteur a son adresse professionnelle.

Le greffier procède d'office à ces publicités dans les quinze jours de la date du jugement.

Toutefois, en cas d'appel du ministère public en application du dernier alinéa de l'article R. 661-1 ou en cas d'arrêt de l'exécution provisoire ordonnée en vertu du quatrième alinéa de l'article R. 661-1, ces publicités ne sont effectuées par le greffier du tribunal qu'au vu de l'arrêt de la cour d'appel qui lui est transmis par le greffier de cette cour dans les huit jours de son prononcé.

Un avis est également adressé pour insertion dans les registres ou répertoires prévus aux trois premiers alinéas de l'article R. 621-8.

Art. R. 645-20 *(D. n° 2014-736, 30 juin 2014 ; mod., D. n° 2016-1851, 23 déc. 2016).* – Les articles R. 643-21 et R. 643-22 sont applicables lorsque le tribunal prononce la clôture de la procédure de rétablissement professionnel sans liquidation. Le mandataire judiciaire ou la personne choisie sur le fondement du premier alinéa du II ou du III de l'article L. 812-2 exerce les fonctions attribuées par l'article R. 643-21 au liquidateur judiciaire.

Art. R. 645-21 *(D. n° 2014-736, 30 juin 2014).* – L'appel du débiteur est fait par une déclaration faite ou adressée par lettre recommandée avec demande d'avis de réception au greffe de la cour d'appel.

L'appel est formé, instruit et jugé suivant la procédure sans représentation obligatoire.

Art. R. 645-22 *(D. n° 2014-736, 30 juin 2014).* – Le jugement par lequel le tribunal ouvre la procédure de liquidation judiciaire en application de l'article L. 645-9 met fin de plein droit à la procédure de rétablissement professionnel sans que les dettes soient effacées.

Art. R. 645-23 *(D. n° 2014-736, 30 juin 2014).* – En cas d'infirmation ou d'annulation du jugement ouvrant la procédure de rétablissement professionnel ou la clôturant, la cour d'appel peut, d'office, statuer sur la demande d'ouverture de la procédure de liquidation judiciaire.

Art. R. 645-24 *(D. n° 2014-736, 30 juin 2014 ; mod., D. n° 2016-1851, 23 déc. 2016).* – Lorsque le mandataire judiciaire ou la personne choisie sur le fondement du premier alinéa du II ou du III de l'article L. 812-2 a accompli sa mission, il dépose au greffe un compte rendu de fin de mission comprenant le détail de ses débours et remet au président du tribunal une copie de ce compte rendu ainsi qu'une copie du rapport mentionné à l'article R. 645-13.

Le président du tribunal, sur les observations du juge commis, fixe par ordonnance le montant de la somme allouée au mandataire judiciaire ou à la personne choisie sur le fondement du premier alinéa du II ou du III de l'article L. 812-2, conformément aux dispositions des trois derniers alinéas de l'article R. 663-41. Cette ordonnance n'est pas susceptible de recours.

Art. R. 645-25 *(D. n° 2014-736, 30 juin 2014 ; mod., D. n° 2016-1851, 23 déc. 2016).* – Dès le dépôt au greffe du compte rendu de fin de mission du mandataire judiciaire ou de la personne choisie sur le fondement du premier alinéa du II ou du III de l'article L. 812-2, le greffier adresse au débiteur, ainsi qu'au ministère public le compte détaillé de ses émoluments, de ses frais et de ses débours établi selon les dispositions des articles R. 743-140 à R. 743-157. Ce compte est déposé au greffe et annexé à celui du mandataire de justice. Il est complété si le greffier est appelé à régler postérieurement d'autres frais.

TITRE V. – DES RESPONSABILITÉS ET DES SANCTIONS

CHAPITRE I. – DE LA RESPONSABILITÉ POUR INSUFFISANCE D'ACTIF

Art. R. 651-1 *(Mod., D. n° 2009-160, 12 févr. 2009 ; D. n° 2014-736, 30 juin 2014).* – Le tribunal compétent pour statuer dans les cas prévus à l'article L. 651-2 est celui qui a ouvert ou prononcé la liquidation judiciaire.

Art. R. 651-2 *(D. n° 2009-160, 12 févr. 2009).* – **Pour l'application de l'article L. 651-2, le tribunal est saisi, selon le cas, par voie d'assignation ou dans les formes et selon la procédure prévues à l'article R. 631-4.**

Bibliographie : V. Gourdain, *Comment assigner désormais en responsabilité pour insuffisance d'actif et/ou en sanction ? : D.* 2008, chron. 1357. • P.-M. Le Corre, *Variations sur la convocation personnelle du dirigeant recherché en comblement de l'insuffisance d'actif : Gaz. proc. coll.* 26-28 avr. 2009, p. 3. • Grignon-Derenne, *Retour sur la procédure applicable au dirigeant poursuivi pour insuffisance d'actif ou en sanction personnelle : Rev. proc. coll.* 2017, étude 16.

Convocation du dirigeant. La convocation du dirigeant poursuivi pour être entendu personnellement est un préalable obligatoire aux débats ; l'omission de cet acte constitue une fin de non-recevoir (solution antérieure à 2008 ▪ Cass. com., 28 oct. 2008, 3 arrêts : *JCP* E 2009, 1141, note J.-P. Legros ; *Gaz. proc. coll.* 1/2009-1, p. 56, obs. Montéran ; *Procédures* 2009, comm. 55, H. Croze ; *Bull. Joly* 2009, p. 272, note B. Rolland).

Mais l'irrégularité de convocation n'est qu'un vice de forme (▪ Cass. com., 19 juin 2012, n° 10-16.890 : *JurisData* n° 2012-013784 ; *BJS* 2012, p. 733, obs. E. Mouial-Bassilana ; *Gaz. Pal.* 12-13 oct. 2012, p. 36, obs. T. Montéran).

Le défaut de convocation du dirigeant pour son audition personnelle ne peut être invoqué pour la première fois devant la Cour de cassation ▪ Cass. com., 10 mars 2009, n° 07-20.632 : *JurisData* n° 2009-047377 ; *Act. proc. coll.* 2009, n° 113.

Art. R. 651-3. – **Les jugements rendus en application de l'article L. 651-2 sont communiqués par le greffier au procureur de la République.**

Art. R. 651-4. – **Pour l'application de l'article L. 651-3, la mise en demeure faite au mandataire de justice d'engager l'action en responsabilité est délivrée par au moins deux créanciers contrôleurs. Leur action n'est recevable que si cette mise en demeure, adressée au mandataire de justice par lettre recommandée avec demande d'avis de réception, est restée infructueuse pendant deux mois à compter de la réception de la mise en demeure.**

Art. R. 651-5 *(Mod., D. n° 2012-1190, 25 oct. 2012 ; D. n° 2014-736, 30 juin 2014).* – **Pour l'application de l'article L. 651-4, le juge désigné par le président du tribunal peut se faire assister de toute personne de son choix dont les constatations sont consignées dans son rapport. Ce rapport est déposé au greffe et communiqué par le greffier au ministère public. Au moins un mois avant la date de l'audience, le greffier communique ce rapport aux dirigeants ou à l'entrepreneur individuel à responsabilité limitée mis en cause par lettre recommandée avec demande d'avis de réception.**

Le tribunal statue sur le rapport du juge désigné après avoir entendu ou dûment appelé les contrôleurs.

Le montant des sommes pour la garantie desquelles la mesure conservatoire est ordonnée conformément au deuxième alinéa de l'article L. 651-4 ne peut excéder le montant de la demande formée à l'encontre du dirigeant.

1) **Délai.** Lorsqu'un dirigeant est cité à comparaître alors que le délai de huit jours minimum (aujourd'hui un mois) n'a pas été respecté, il en résulte la nullité de la citation et du jugement rendu sur cette assignation (▪ Paris, 10 mars 1992, n° 91-003085 : *JurisData* n° 1992-020573 ; *D.* 1992, inf. rap. p. 149. ▪ 5 sept. 2006, n° 05-86.531 : *JurisData* n° 2006-035224 ; *JCP* E 2006, pan. 2560).

2) **Caractère facultatif du rapport.** L'absence de rapport prévue par l'article 164 (R. 651-5) ne révèle *aucune irrégularité mais le simple exercice*, par le tribunal, de la faculté ouverte par l'article L. 624-7 du C. com (L. 651-4 actuel) de ne pas désigner le juge chargé d'effectuer un rapport (▪ Cass. com., 24 sept. 2003, n° 01-00.477 : *JurisData* n° 2003-020226 ; *RJDA* févr. 2004, n° 205 ; *JCP* E 2003, pan. 1532. ▪ Cass. com., 3 déc. 2003, n° 01-03.323 : *JurisData* n° 2003-021428 ; *RJDA* mars 2004, n° 354 ; *JCP* E 2004, 202, n° 18, obs. Pétel ; *D.* 2003, p. 2440, obs. Lienhard).

3) **Régularité du rapport.** Dès lors qu'il n'est pas contesté que le rapport a été soumis à la libre discussion des parties, que son auteur avait organisé une réunion contradictoire et qu'il s'était adjoint un expert-comptable de son choix avec l'autorisation du juge, tout motif de nullité de ces opérations doit être écarté (▪ Cass. com., 23 juin 1998, n° 96-12.222 : *JurisData* n° 1998-002903 ; *Bull. civ.* 1998, IV, n° 206 ; *D.* 1999, somm. p. 71, obs. Honorat ; *D. affaires* 1998, p. 1324, obs. A. L.).

4) **Communication du rapport.** La faculté de consultation au greffe du rapport ne dispense pas le greffe de communiquer à la partie qui le demande ce rapport communiqué au ministère public (▪ Cass. com., 10 janv. 2012, n° 10-24.426 : *JurisData* n° 2012-000181 ; *Act. proc. coll.* 2012, comm. 35, obs. C. Delattre ; *JCP* E 2012, 1227, n° 12, obs. Ph. Pétel).

Art. R. 651-6 *(Mod., D. n° 2014-736, 30 juin 2014).* – **Lorsqu'un dirigeant d'une personne morale ou un entrepreneur individuel à responsabilité limitée est déjà soumis à une procédure de sauvegarde, de**

redressement ou de liquidation judiciaires, le montant du passif mis à sa charge est déterminé après mise en cause du mandataire judiciaire ou du liquidateur désigné dans la procédure à laquelle il est soumis. La décision de condamnation est portée par le greffier sur l'état des créances de la procédure à laquelle l'intéressé est soumis ou transmise au greffier compétent pour y procéder.

Portée de la dérogation. L'action peut être intentée après l'expiration du délai de déclaration des créances dans la procédure du dirigeant (■ CE, 20 mai 2011, n° 325102 : *JurisData* n° 2011-008917 ; *D.* 2011, p. 552 ; *JCP* E 2011, 1498, obs. Lebel ; *Bull. Joly Sociétés* 2011, p. 812, note Parachkevova).

La créance suit l'ordre de répartition d'ordre public entre les créanciers sans priorité de paiement ; l'arrêt de toute procédure d'exécution implique la mainlevée d'une saisie pratiquée par le liquidateur (■ Cass. com., 27 nov. 2019, n° 18-19.861 : *Act. proc. coll.* 2020, comm. 14, obs. Fin-Langer).

CHAPITRE II. – DE L'OBLIGATION AUX DETTES SOCIALES

(Abr., D. n° 2009-160, 12 févr. 2009)

CHAPITRE III. – DE LA FAILLITE PERSONNELLE ET DES AUTRES MESURES D'INTERDICTION

Art. R. 653-1 ***(Mod., D. n° 2009-160, 12 févr. 2009).*** **– Lorsque les mandataires de justice mentionnés à l'article L. 653-7 ont connaissance de faits prévus aux articles L. 653-3 à L. 653-6 et L. 653-8, ils en informent le procureur de la République et le juge-commissaire.**

Pour l'application de l'article L. 653-8, la date retenue pour la cessation des paiements ne peut être différente de celle retenue en application de l'article L. 631-8.

Bibliographie : C. Delattre, *Le liquidateur engage-t-il sa responsabilité en signalant des infractions au ministère public ? : Rev. proc. coll.* 2009, étude 14.

Art. R. 653-2 ***(Mod., D. n° 2009-160, 12 févr. 2009).*** **– Pour l'application de l'article L. 653-7, le tribunal est saisi, selon le cas, par voie d'assignation ou dans les formes et selon la procédure prévues à l'article R. 631-4. La mise en demeure faite au mandataire de justice d'engager l'action en sanction est délivrée par au moins deux créanciers contrôleurs. Leur action n'est recevable que si cette mise en demeure, adressée au mandataire de justice par lettre recommandée avec demande d'avis de réception, est restée infructueuse pendant deux mois à compter de la réception de la mise en demeure.**

Voir : bibliographie sous art. R. 651-2, p. 2017.

Art. R. 653-3. – Indépendamment des mentions portées au casier judiciaire en application du 5e de l'article 768 du Code de procédure pénale, les jugements prononçant la faillite personnelle ou l'interdiction prévue à l'article L. 653-8 font l'objet des publicités prévues à l'article R. 621-8 et sont adressés par le greffier aux personnes mentionnées à l'article R. 621-7.

Ces décisions sont signifiées dans les quinze jours de leur date à la diligence, selon le cas, du greffier du tribunal ou de la cour d'appel aux personnes sanctionnées.

Voir : la rédaction de cet article issue du décret n° 2021-1218 du 23 septembre 2021, en *addendum*, p. 3461.

Art. R. 653-4. – Toute demande en relevé des déchéances, interdictions et incapacités est adressée par requête à la juridiction qui les a prononcées. Sont joints à la requête tous documents justifiant de la contribution au paiement du passif ou, lorsque l'intéressé a fait l'objet de l'interdiction prévue à l'article L. 653-8, des garanties démontrant sa capacité à diriger ou contrôler l'une ou plusieurs des entreprises ou personnes visées par cet article. Ces garanties peuvent consister en une formation professionnelle.

La juridiction statue après avoir entendu le demandeur et recueilli l'avis du ministère public.

CHAPITRE IV. – DE LA BANQUEROUTE ET DES AUTRES INFRACTIONS

Art. R. 654-1. – Pour l'application de l'article L. 654-17, la mise en demeure faite au mandataire de justice de se constituer partie civile est délivrée par au moins deux créanciers contrôleurs. Leur action n'est recevable que si cette mise en demeure, adressée au mandataire de justice par lettre recommandée avec demande d'avis de réception, est restée infructueuse pendant deux mois à compter de la réception de la mise en demeure.

TITRE VI. – DES DISPOSITIONS GÉNÉRALES DE PROCÉDURE

CHAPITRE I. – DES VOIES DE RECOURS

Art. R. 661-1 *(Mod., D. n° 2008-484, 22 mai 2008 ; D. n° 2009-160, 12 févr. 2009 ; D. n° 2009-1661, 28 déc. 2009 ; D. n° 2012-1190, 25 oct. 2012 ; D. n° 2014-736, 30 juin 2014 ; D. n° 2019-1333, 11 déc. 2019).* **– Les jugements et ordonnances rendus en matière de mandat *ad hoc*, de conciliation, de sauvegarde, de redressement judiciaire, de rétablissement professionnel et de liquidation judiciaire sont exécutoires de plein droit à titre provisoire.**

Toutefois, ne sont pas exécutoires de plein droit à titre provisoire les jugements et ordonnances rendus en application des articles L. 622-8, L. 626-22, du premier alinéa de l'article L. 642-20-1, de l'article L. 651-2, des articles L. 663-1 à L. 663-4 ainsi que les décisions prises sur le fondement de l'article L. 663-1-1 et les jugements qui prononcent la faillite personnelle ou l'interdiction prévue à l'article L. 653-8.

Les dispositions des articles 514-1 et 514-2 du Code de procédure civile ne sont pas applicables.

Par dérogation aux dispositions de l'article 514-3 du Code de procédure civile, le premier président de la cour d'appel, statuant en référé, ne peut arrêter l'exécution provisoire des décisions mentionnées aux deux premiers alinéas du présent article que lorsque les moyens à l'appui de l'appel paraissent sérieux. L'exécution provisoire des décisions prises sur le fondement de l'article L. 663-1-1 peut être arrêtée, en outre, lorsque l'exécution risque d'entraîner des conséquences manifestement excessives. Dès le prononcé de la décision du premier président arrêtant l'exécution provisoire, le greffier de la cour d'appel en informe le greffier du tribunal.

En cas d'appel du ministère public d'un jugement mentionné aux articles L. 645-11, L. 661-1, à l'exception du jugement statuant sur l'ouverture de la procédure de sauvegarde ou de redressement judiciaire, L. 661-6 et L. 661-11, l'exécution provisoire est arrêtée de plein droit à compter du jour de cet appel. Le premier président de la cour d'appel peut, sur requête du procureur général, prendre toute mesure conservatoire pour la durée de l'instance d'appel.

Bibliographie : A. Boyer, *Les conséquences sociales de l'arrêt de l'exécution provisoire de plein droit du jugement de liquidation judiciaire : Rev. proc. coll.* 2011, alerte 11. • J. Vallansan, *L'exécution provisoire dans les procédures collectives : LPA* 28 nov. 2008, p. 31.

1) Conséquences de l'exécution provisoire. Il ne peut être reproché au liquidateur d'avoir rempli les obligations découlant de son mandat notamment d'avoir licencié les salariés et réalisé l'actif (■ Cass. com., 30 oct. 2012, n° 07-10.648 : *Act. proc. coll.* 2012, comm. 281, obs. J. Vallansan).

La décision annulant le jugement de liquidation judiciaire ne fait pas disparaître rétroactivement les effets du dessaisissement (■ Cass. com., 2 juill. 2013, n° 12-20.730).

L'infirmation du jugement arrêtant un plan de cession laisse subsister les effets liés à l'exécution provisoire (■ Cass. com., 15 sept. 2015, n° 14-20.531 : *Rev. proc. coll.* 2016, étude 3, obs. Teboul).

2) Arrêt de l'exécution provisoire. Lorsque le tribunal décide la résolution du plan et prononce, par un même jugement, la liquidation judiciaire, il s'ensuit que l'arrêt de l'exécution provisoire d'un tel jugement, autorisé dans les conditions prévues à l'article R. 661-1 du Code de commerce, en ce qu'il statue sur l'ouverture d'une procédure de liquidation judiciaire, emporte nécessairement arrêt de l'exécution provisoire du jugement en ce qu'il décide la résolution du plan (■ Cass. com., 18 sept. 2007, n° 06-20.289 : *JurisData* n° 2007-040419 ; *RJDA* 1/2008, n° 64 ; *D.* 2007, p. 2386, obs. Lienhard).

L'arrêt de l'exécution provisoire d'un jugement de liquidation judiciaire emporte suspension du délai fixé pour l'examen de la clôture (■ Cass. com., 14 juin 2017, n° 15-20.229 : *JurisData* n° 2017-011363 ; *Rev. proc. coll.* 2018, comm. 12, obs. Cagnoli), suspension de l'interdiction d'exercer une activité professionnelle (■ Cass. com., 14 juin 2017, n° 15-24.188 : *JurisData* n° 2017-011536 ; *Rev. proc. coll.* 2018, comm. 12, obs. Cagnoli ; *Gaz. Pal.* 10 oct. 2017, p. 69, obs. Ronet-Yague).

Art. R. 661-2 *(Mod., D. n° 2009-160, 12 févr. 2009 ; D. n° 2014-736, 30 juin 2014 ; D. n° 2020-106, 10 févr. 2020).* **– Sauf dispositions contraires, l'opposition et la tierce opposition sont formées contre les décisions rendues en matière de mandat *ad hoc*, de conciliation, de sauvegarde, de redressement judiciaire, de rétablissement professionnel et de liquidation judiciaire, de responsabilité pour insuffisance d'actif, de faillite personnelle ou d'interdiction prévue à l'article L. 653-8, par déclaration au greffe dans le délai de dix jours à compter du prononcé de la décision.**

Toutefois, pour les décisions soumises aux formalités d'insertion dans un support d'annonces légales et au *Bulletin officiel des annonces civiles et commerciales*, le délai ne court que du jour de la publication au *Bulletin officiel des annonces civiles et commerciales*. Pour les décisions soumises à la formalité d'insertion dans un support d'annonces légales, le délai ne court que du jour de la publication de l'insertion.

Délai de tierce opposition. Un dirigeant ou un ancien dirigeant, comme un créancier, informés par la publication au *BODACC* d'un jugement de report de la date de cessation des paiements, qui est susceptible d'avoir une incidence sur leurs droits, ont, dès la date de publication, un intérêt à former tierce opposition (■ Cass. com., 17 juin 2020, n° 18-25.262 : *JCP* E 2020, 1353, n° 3, obs. Pétel ; *Gaz. Pal.* 13 oct. 2020, p. 58, obs. Reille. V. déjà ■ Cass. com., 14 juin 2017, n° 15-25.698 : *JurisData* n° 2017-011359 ; *JCP* E 2017, 1499, note Stefania).

Art. R. 661-3 *(Mod., D. n° 2009-160, 12 févr. 2009 ; D. n° 2014-736, 30 juin 2014).* – Sauf dispositions contraires, le délai d'appel des parties est de dix jours à compter de la notification qui leur est faite des décisions rendues matière de mandat *ad hoc*, de conciliation, de sauvegarde, de redressement judiciaire, de rétablissement professionnel et de liquidation judiciaire, de responsabilité pour insuffisance d'actif, de faillite personnelle ou d'interdiction prévue à l'article L. 653-8.

Toutefois, le délai dans lequel le débiteur peut interjeter appel du jugement arrêtant ou rejetant le plan de cession de l'entreprise est de dix jours à compter du prononcé du jugement.

Dans les cas prévus au troisième alinéa de l'article L. 642-1 et à l'article L. 642-7, le greffier notifie la décision, dans les quarante-huit heures de son prononcé, au cocontractant, au cessionnaire ou au bailleur. Le délai d'appel est de dix jours à compter de la notification.

Le délai d'appel du procureur de la République et du procureur général est de dix jours. Ces délais sont comptés à partir de la réception par le procureur de la République de l'avis qui lui est donné de la décision dans les formes prévues, selon le cas, aux articles R. 611-25, R. 611-41, R. 621-7 ou R. 645-19.

Art. R. 661-4 *(Mod., D. n° 2009-160, 12 févr. 2009).* – L'appel du procureur de la République et du procureur général est fait par une déclaration d'appel remise ou adressée au greffe de la cour d'appel.

Lorsque cette déclaration est faite par voie postale, la date de l'acte d'appel est celle de l'expédition.

Lorsque l'appel du procureur de la République ou du procureur général est interjeté à l'encontre d'un jugement mentionné aux articles L. 661-6, L. 661-9 ou rendu en application des Chapitres I et III du Titre V du Livre VI de la partie législative du présent code, l'appelant en informe immédiatement, par tout moyen, le greffier du tribunal et les mandataires de justice. Le greffier de la cour d'appel notifie par lettre simple cet appel au débiteur et aux personnes mentionnées au 4° de l'article R. 661-6.

Art. R. 661-5. – La personne exerçant une voie de recours au nom du comité d'entreprise ou des délégués du personnel ou, le cas échéant, le représentant des salariés doit, à peine d'irrecevabilité, justifier de son habilitation.

Voir : la rédaction de cet article issue du décret n° 2021-1218 du 23 septembre 2021, en *addendum*, p. 3461.

Art. R. 661-6 *(Mod., D. n° 2008-484, 22 mai 2008 ; D. n° 2009-160, 12 févr. 2009 ; D. n° 2012-1451, 24 déc. 2012 ; D. n° 2018-452, 5 juin 2018 ; D. n° 2019-1333, 11 déc. 2019).* – L'appel des jugements rendus en application des articles L. 661-1, L. 661-6, des chapitres Ier et III du titre V, de la section II du chapitre II et du chapitre IV du titre IX du Livre VI de la partie législative du présent code, est formé, instruit et jugé suivant les modalités de la procédure avec représentation obligatoire prévue par les articles 901 à 925 du Code de procédure civile, sous réserve des dispositions qui suivent :

1° Les mandataires de justice qui ne sont pas appelants doivent être intimés.

Dans tous les cas, le procureur général est avisé de la date de l'audience ;

2° L'appel des jugements arrêtant ou rejetant le plan de cession est soumis à la procédure à jour fixe ;

3° Dans les cas autres que ceux qui sont mentionnés au 2° ci-dessus et sauf s'il est recouru à la procédure à jour fixe, l'affaire est instruite conformément aux dispositions de l'article 905 du Code de procédure civile. Le président de la chambre peut toutefois décider que l'affaire sera instruite sous le contrôle d'un magistrat de la chambre dans les conditions prévues par les articles 780 à 807 du même code ;

4° Lorsqu'ils ne sont pas parties à l'instance d'appel, les représentants du comité d'entreprise ou des délégués du personnel et, le cas échéant, le représentant des salariés ainsi que, le cas échéant, le cessionnaire, le cocontractant mentionné à l'article L. 642-7, les titulaires des sûretés mentionnées à l'article L. 642-12 ou le

bénéficiaire de la location-gérance sont convoqués pour être entendus par la cour. La convocation est faite par lettre simple du greffier ;

5° Aucune intervention n'est recevable dans les dix jours qui précèdent la date de l'audience ;

6° La cour d'appel statue au fond dans les quatre mois suivant le prononcé des jugements mentionnés à l'article L. 661-6.

Voir : la rédaction de cet article issue du décret n° 2021-1218 du 23 septembre 2021, en *addendum*, p. 3461.

1) Obligation d'intimer les mandataires. Lorsque le débiteur a omis d'intimer le liquidateur, l'appel peut être régularisé par une assignation en intervention forcée de ce mandataire (▪ Cass. com., 11 oct. 2016, n° 14-28.889 : *JurisData* n° 2016-021003 ; *Rev. proc. coll.* 2017, comm. 10, obs. Cagnoli ; *JCP* E 2017, 1033, note Rolland).

Mais il n'y a pas lieu d'intimer le ministère public (▪ Cass. com., 9 sept. 2020, n° 18-26.824 : *Rev. proc. coll.* 2020, comm. 144, obs. Cagnoli).

2) Vérification des créances. Si l'article R. 661-6 est inapplicable en matière de vérification du passif, le lien d'indivisibilité qui existe en cette matière impose au débiteur d'intimer non seulement le créancier, mais aussi le mandataire judiciaire, et de respecter à l'égard de chacun d'eux les règles de la procédure d'appel (▪ Cass. com., 2 nov. 2016, n° 14-25.536 : *JurisData* n° 2016-022728 ; *Rev. proc. coll.* 2017, comm. 5, obs. Vallansan, comm. 11, obs. Cagnoli). Par conséquent, le pourvoi formé contre l'une des parties n'est recevable que si toutes sont appelées à l'instance (▪ Cass. com., 31 janv. 2018, n° 16-20.080).

Mais l'administrateur n'a pas, quand le débiteur est soumis à une procédure de sauvegarde, à être intimé sur l'appel d'un créancier contestant le rejet de la créance qu'il a déclarée (▪ Cass. com., 20 avr. 2017, n° 15-18.182).

Le mandataire judiciaire qui n'a pas été intimé ne peut renoncer à la caducité de la déclaration d'appel qui en résulte (▪ Cass. com., 13 déc. 2017, n° 16-17.975 : *JurisData* n° 2017-02563 ; *JCP* E 2018, 1159, n° 3, obs. Tehrani ; *LEDEN* févr. 2018, p. 2, obs. O. Staes).

3) Procédure à jour fixe. Lorsque dans un même jugement, le tribunal rejette un plan de redressement et arrête un plan de cession, l'appel doit être formé, instruit et jugé selon la procédure à jour fixe (▪ Cass. com., 23 oct. 2019, n° 18-17.926 : *JCP* E 2019, 1551, n° 6, obs. Pétel).

Art. R. 661-7. – **Le greffier de la cour d'appel transmet dans les huit jours du prononcé de l'arrêt une copie de celui-ci au greffier du tribunal pour l'accomplissement des mesures de publicité prévues à l'article R. 621-8 lorsque l'arrêt infirme une décision soumise à la publicité.**

Il notifie l'arrêt aux parties et, par remise contre récépissé, au procureur général. Il informe les personnes mentionnées au 4° de l'article R. 661-6 du prononcé de l'arrêt.

Voir : déc. citée sous art. L. 621-6, p. 1126.

Art. R. 661-8. – **Le pourvoi en cassation du ministère public est fait par une déclaration au greffe de la Cour de cassation selon les règles prévues au premier alinéa de l'article R. 661-4.**

CHAPITRE II. – AUTRES DISPOSITIONS

Art. R. 662-1 *(Mod., D. n° 2008-484, 22 mai 2008 ; D. n° 2014-736, 30 juin 2014)*. – **À moins qu'il n'en soit disposé autrement par le présent livre :**

1° Les règles du Code de procédure civile sont applicables dans les matières régies par le Livre VI de la partie législative du présent code ;

***2° Les notifications des décisions auxquelles* procède le greffier sont faites par lettre recommandée avec demande d'avis de réception, conformément aux dispositions de la Section IV du Chapitre III du Titre XVII du Livre I du Code de procédure civile ;**

3° Les notifications et communications adressées au débiteur personne physique par lettre recommandée avec demande d'avis de réception sont régulièrement faites à l'adresse préalablement indiquée au greffe du tribunal à l'ouverture de la procédure ou en cours de procédure. La date de la notification est celle de la signature de l'avis de réception. Toutefois, lorsque l'avis de réception n'a pas été signé par son destinataire ou une personne munie d'un pouvoir à cet effet, la date de la notification est celle de la présentation de la lettre recommandée. Les lettres de l'administrateur, du mandataire judiciaire ou du liquidateur sont transmises à cette même adresse ;

4° Les notifications et lettres adressées au débiteur, personne morale de droit privé, peuvent l'être au domicile de son représentant légal ou du mandataire *ad hoc* désigné conformément au II de l'article L. 641-9.

Art. R. 662-1-1 *(D. n° 2012-1190, 25 oct. 2012 ; mod., D. n° 2018-452, 5 juin 2018).* **– Les mesures conservatoires prévues aux articles L. 621-2, L. 631-10-1, L. 651-4, L. 692-2, L. 692-4 et L. 692-9 sont soumises aux dispositions de la partie réglementaire du Code des procédures civiles d'exécution sous réserve des dispositions du présent livre.**

Art. R. 662-1-2 *(D. n° 2012-1190, 25 oct. 2012).* **– Les mesures conservatoires mentionnées aux articles L. 621-2, L. 631-10-1 et L. 651-4 sont mises en œuvre à l'initiative de l'administrateur judiciaire, du mandataire judiciaire ou, le cas échéant, du liquidateur.**

Art. R. 662-2 *(Mod., D. n° 2008-484, 22 mai 2008 ; D. n° 2019-966, 18 sept. 2019).* **– Les formes de procéder applicables devant le tribunal judiciaire dans les matières prévues par le Livre VI de la partie législative du présent code sont déterminées par les articles 853 et suivants du Code de procédure civile pour tout ce qui n'est pas réglé par ce livre et par le présent livre.**

Toute partie qui ne se présente pas personnellement ne peut être représentée que par un avocat.

Art. R. 662-3 *(Mod., D. n° 2009-160, 12 févr. 2009 ; D. n° 2019-966, 18 sept. 2019).* **– Sans préjudice des pouvoirs attribués en premier ressort au juge-commissaire, le tribunal saisi d'une procédure de sauvegarde, de redressement judiciaire ou de liquidation judiciaire connaît de tout ce qui concerne la sauvegarde, le redressement et la liquidation judiciaires, l'action en responsabilité pour insuffisance d'actif, la faillite personnelle ou l'interdiction prévue à l'article L. 653-8, à l'exception des actions en responsabilité civile exercées à l'encontre de l'administrateur, du mandataire judiciaire, du commissaire à l'exécution du plan ou du liquidateur qui sont de la compétence du tribunal judiciaire.**

1) Période suspecte. L'action en nullité de la période suspecte relève de la compétence spéciale et d'ordre public du tribunal de la procédure collective édictée à l'article R. 662-3, qui déroge aux règles de compétence de droit commun (■ Cass. com., 18 mai 2017, n° 15-23.973 : *Rev. proc. coll.* 2018, comm. 9, obs. Cagnoli). Mais non l'action paulienne, qui ne subit pas l'influence de la procédure collective (■ Cass. com., 16 juin 2015, n° 14-13.970 : *JurisData* n° 2015-014531 ; *JCP* E 2015, 1422, n° 2, obs. Pétel).

2) Responsabilité pour soutien abusif. L'action en responsabilité dirigée contre une banque pour soutien abusif n'est pas née de la procédure collective et n'est pas soumise à l'influence juridique de cette procédure (■ Cass. com., 15 déc. 2009, n° 08-18.728 : *JurisData* n° 2009-050816 ; *Gaz. Pal.* 16-17 avr. 2010, p. 37, obs. R. Routier. ■ Cass. com., 26 janv. 2010, n° 08-70.389 : *JurisData* n° 2010-051353 ; *Rev. proc. coll.* 2010, comm. 95, obs. P. Cagnoli). Il en est ainsi malgré la règle spéciale figurant à l'article L. 650-1 (■ Cass. com., 12 juill. 2016, n° 14-29.429 : *Gaz. Pal.* 18 oct. 2016, p. 64, obs. Lasserre-Capdeville).

3) Responsabilité des organes de la procédure. Compétence du tribunal de grande instance appliquée à une demande reconventionnelle : ■ Cass. com., 5 déc. 2018, n° 17-20.065 : *JCP E* 2019, 1119, obs. Lebel ; *ibid.* 1206, n° 4, obs. Tehrani ; *Rev. proc. coll.* 2019, comm. 3, obs. Cagnoli.

4) Responsabilité de l'État. La faute imputée à l'administration ayant pour origine l'engagement de l'action en recouvrement forcé d'un impôt au moyen d'une déclaration de créance prématurée, le juge de l'impôt est compétent car la contestation n'est pas née de la procédure collective ni soumise à son influence (■ T. confl., 15 oct. 2012 : *JCP* E 2013, 1027, note J.-M. Communier).

5) Résiliation. Le litige né des suites d'une résiliation ordonnée par le juge-commissaire échappe à la prorogation de compétence (■ Cass. com., 7 févr. 2012, n° 11-10.851 : *JurisData* n° 2012-001717 ; *Act. proc. coll.* 2012-5, n° 80, obs. L. Fin-Langer ; *Rev. proc. coll.* 2012, comm. 59, obs. P. Cagnoli).

Idem pour la résiliation unilatérale par le cocontractant d'un contrat à durée indéterminée régulièrement poursuivi, dès lors que ne sont pas en cause les règles propres à la résiliation des contrats en cours continués (■ Cass. com., 5 sept. 2018, n° 17-10.975 : *JurisData* n° 2018-015016 ; *Procédures* 2018, comm. 342, obs. Rolland ; *JCP* E 2019, 1000, n° 3, obs. Tehrani ; *Gaz. Pal.* 15 janv. 2019, p. 62, obs. Kenderian).

6) Prêt en cours de procédure. L'action tendant au remboursement d'un prêt consenti au débiteur après l'ouverture de sa procédure collective n'est pas née de cette procédure ; la nécessité de faire application des règles du droit des procédures collectives pour déterminer les conséquences à tirer du dessaisissement du débiteur ne suffit pas à la soumettre à l'influence juridique de la procédure collective (■ Cass. com., 3 avr. 2019, n° 18-10.469 : *JCP* E 2019, 1375, n° 2, obs. Tehrani ; *Rev. proc. coll.* 2019, comm. 62, obs. Cagnoli ; *Gaz. Pal.* 11 juin 2019, p. 62, obs. Moreil).

Art. R. 662-3-1 *(D. n° 2014-736, 30 juin 2014)*. – Les dispositions de l'article 47 du Code de procédure civile ne sont pas applicables aux litiges qui relèvent de la compétence du seul juge-commissaire.

Art. R. 662-4 *(Mod., D. n° 2008-484, 22 mai 2008 ; D. n° 2016-1851, 23 déc. 2016)*. – Les exceptions d'incompétence sont réglées par les articles 75 à 99 du Code de procédure civile sous réserve des dispositions des articles R. 611-23-1, R. 662-5 à R. 662-7 et R. 662-18.

Art. R. 662-5. – Le tribunal, lorsqu'il se déclare incompétent, peut ordonner les mesures conservatoires ou provisoires mentionnées au dernier alinéa de l'article R. 662-7.

Art. R. 662-6. – Lorsque sa compétence est contestée, le tribunal, s'il se déclare compétent, statue au fond dans le même jugement.

Art. R. 662-7 *(Mod., D. n° 2014-736, 30 juin 2014 ; D. n° 2019-966, 18 sept. 2019)*. – Lorsque les intérêts en présence justifient le renvoi de l'une des procédures prévues par le Livre VI de la partie législative du présent code devant une autre juridiction en application de l'article L. 662-2, ce renvoi peut être décidé d'office par le président du tribunal saisi, qui transmet sans délai le dossier par ordonnance motivée au premier président de la cour d'appel ou, s'il estime que l'affaire relève d'une juridiction du ressort d'une autre cour d'appel, au premier président de la Cour de cassation.

Ce renvoi peut également être demandé, par requête motivée du débiteur, du créancier poursuivant et ministère public près le tribunal saisi ou près du tribunal qu'il estime devoir être compétent, au premier président de la cour d'appel ou de la Cour de cassation.

Lorsque la demande n'est pas formée conjointement par les procureurs près les tribunaux judiciaires concernés, celui qui n'en est pas l'auteur fait connaître ses observations au greffe de la cour d'appel ou de la Cour de cassation au plus tard dans les quarante-huit heures de la transmission qui lui en est faite sans délai par le ministère public demandeur. Il en transmet copie au procureur demandeur.

Dans les cas prévus au deuxième alinéa, le greffier du tribunal saisi notifie la requête aux parties sans délai et transmet le dossier à la cour d'appel ou à la Cour de cassation. S'il n'a pas été statué sur l'ouverture de la procédure, le tribunal sursoit à statuer dans l'attente de la décision du premier président de la cour d'appel ou du premier président de la Cour de cassation.

Le premier président de la cour d'appel ou le premier président de la Cour de cassation désigne dans les dix jours de la réception du dossier, après avis du ministère public, la juridiction qui sera saisie de l'affaire. Dans les mêmes conditions, le premier président de la cour d'appel peut, s'il estime que les intérêts en présence justifient le renvoi de l'affaire devant une juridiction du ressort d'une autre cour d'appel, ordonner la transmission du dossier au premier président de la Cour de cassation.

Les décisions du président du tribunal et du premier président de la cour d'appel ou de la Cour de cassation sont notifiées aux parties sans délai par le greffier du tribunal ou de la cour.

Les décisions prises en application du présent article sont des mesures d'administration judiciaire non susceptibles de recours. Ces décisions s'imposent aux parties et à la juridiction de renvoi désignée. En cas de renvoi de l'affaire, il en est fait mention aux registres ou répertoires mentionnés à l'article R. 621-8 par le greffier du tribunal qui a ouvert, le cas échéant, cette procédure.

Dans l'attente de la décision du premier président, le tribunal peut désigner un administrateur judiciaire, sous l'autorité d'un juge commis temporairement à cet effet, pour accomplir, notamment, les diligences prévues à l'article L. 622-4. Le tribunal peut également ordonner, à titre de mesures provisoires, l'inventaire des biens et, en cas de procédure de liquidation judiciaire, l'apposition des scellés.

Bibliographie : Nelson et Billot, *Dépaysement procédural : de la théorie à la pratique* : *BJE* 2015, p. 180, 112e6.

Art. R. 662-8. – Le président du tribunal, saisi aux fins de désignation d'un mandataire *ad hoc* en application de l'article L. 611-3, peut faire application, avec l'accord du débiteur, des dispositions du premier alinéa de l'article R. 662-7. Il le peut également pendant le cours de la mission du mandataire *ad hoc*.

Le débiteur peut également demander ce renvoi en saisissant par voie de requête le premier président de la cour d'appel ou le premier président de la Cour de cassation.

Les dispositions des troisième à sixième alinéas de l'article R. 662-7 sont alors applicables.

Art. R. 662-9 *(Mod., D. n° 2009-160, 12 févr. 2009 ; D. n° 2014-736, 30 juin 2014).* – La demande, faite par l'une des personnes poursuivies au président du tribunal en application du deuxième alinéa de l'article L. 662-3 tendant à ce que les débats relatifs aux mesures prises en application des Chapitres I et III du Titre V du Livre VI de la partie législative du présent code aient lieu en chambre du conseil, est consignée par le greffier.

La décision rendue par le président est une mesure d'administration judiciaire non susceptible de recours.

Art. R. 662-10. – Le ministère public est avisé de la date de l'audience par le greffier dans toute affaire qui doit lui être communiquée.

Lorsque les débats doivent avoir lieu en présence du ministère public, le greffier en fait mention dans cet avis.

Art. R. 662-11. – Lorsque le débiteur relève d'un ordre professionnel ou d'une autorité, cet ordre ou cette autorité fait connaître au greffe et aux organes de la procédure la personne habilitée à le représenter. En l'absence d'une telle déclaration, son représentant légal exerce cette fonction.

Art. R. 662-12 *(Mod., D. n° 2009-160, 12 févr. 2009).* – Le tribunal statue sur rapport du juge-commissaire sur tout ce qui concerne la sauvegarde, le redressement et la liquidation judiciaires, l'action en responsabilité pour insuffisance d'actif, la faillite personnelle ou l'interdiction prévue à l'article L. 653-8.

Toutefois, il n'est pas fait de rapport lorsque le tribunal statue sur un recours formé contre une ordonnance de ce juge.

Appel. L'exigence du rapport du juge-commissaire ne s'impose pas à la cour d'appel (▪ Cass. com., 24 oct. 1978, n° 77-11.659 : *D.* 1979, 9, obs. F. Derrida. ▪ Cass. com., 17 juill. 1981, n° 79-14.392).

Bibliographie : Delattre, *Contenu du rapport du juge-commissaire*, *JCP* E 2018, 1650.

Art. R. 662-12-1 *(D. n° 2014-736, 30 juin 2014 ; mod., D. n° 2015-1009, 18 août 2015).* – La note par laquelle le président du tribunal informe le ministère public, conformément aux articles L. 631-3-1 ou L. 640-3-1, est communiquée à ce dernier par le greffier du tribunal. Le cas échéant, elle est jointe à l'assignation que le ministère public délivre pour saisir le tribunal ou à la convocation adressée au débiteur en application de l'article R. 631-4.

Art. R. 662-13. – Les jugements rendus par le tribunal sont prononcés en audience publique, à l'exception de ceux rejetant la demande d'ouverture de l'une des procédures prévues au Livre VI de la partie législative du présent code et de ceux rejetant l'homologation de l'accord amiable à l'issue d'une procédure de conciliation.

Art. R. 662-14. – Si des fonds dus au débiteur ont été consignés à la Caisse des dépôts et consignations par des tiers, la caisse transfère ces fonds avec les droits, charges et inscriptions qui les grèvent sur le compte de dépôt ouvert par le mandataire de justice qui exerce les fonctions d'administrateur, de commissaire à l'exécution du plan ou de liquidateur. Le mandataire de justice est tenu vis-à-vis de l'acquéreur et des créanciers des obligations qui découlent de ces sûretés.

Art. R. 662-15 *(Mod., D. n° 2009-160, 12 févr. 2009).* – La liste des dossiers qui ont été attribués à chacune des personnes auxquelles un mandat afférent aux procédures régies par le Livre VI de la partie législative du présent code a été confié, établie en application de l'article L. 662-6, mentionne, pour chacun des débiteurs concernés, son chiffre d'affaires et le nombre de ses salariés tels qu'ils sont définis par l'article R. 621-11.

Art. R. 662-16. – Les informations prévues par l'article L. 662-6 sont portées, par le greffe, à la connaissance du garde des Sceaux, ministre de la Justice, du procureur de la République près les tribunaux *qui ont désigné les personnes concernées*, du magistrat inspecteur régional, du magistrat coordonnateur mentionné à l'article R. 811-40 ainsi qu'au Conseil national des administrateurs judiciaires et des mandataires judiciaires, dans les deux mois qui suivent le terme de chaque semestre.

Art. R. 662-17 *(D. n° 2012-1190, 25 oct. 2012 ; mod., D. n° 2014-736, 30 juin 2014).* – Le juge-commissaire statue sur la requête par laquelle l'administrateur judiciaire, le mandataire judiciaire ou le liquidateur sollicite l'autorisation prévue à l'article L. 663-1-1 après avoir entendu ou dûment appelé le propriétaire des biens qui font l'objet de la saisie conservatoire et le débiteur.

La demande est examinée en présence du ministère public.

Art. R. 662-18 *(D. n° 2016-1851, 23 déc. 2016).* – I. – Le renvoi devant le tribunal de commerce spécialisé en application du troisième alinéa de l'article L. 662-8 est prononcé d'office par le président du tribunal saisi, par ordonnance motivée, après avoir entendu ou dûment appelé le débiteur et recueilli l'avis du ministère public. Le greffier du tribunal de commerce saisi transmet aussitôt le dossier au président du tribunal de commerce spécialisé désigné, avec une copie de l'ordonnance de renvoi.

II. – Le renvoi devant le tribunal de commerce spécialisé compétent peut également être demandé par requête motivée du débiteur, de l'administrateur judiciaire, du mandataire judiciaire ou du ministère public près le tribunal de commerce saisi.

Le greffier du tribunal de commerce saisi notifie la requête aux parties sans délai. Le président du tribunal statue sur la demande de renvoi par ordonnance motivée après avoir entendu ou dûment appelé le débiteur, le mandataire de justice et recueilli l'avis du ministère public. S'il est fait droit à la demande de renvoi, le greffier du tribunal de commerce saisi transmet aussitôt le dossier au président du tribunal de commerce spécialisé désigné, avec une copie de l'ordonnance de renvoi.

III. – Les décisions prises en application du présent article sont des mesures d'administration judiciaire non susceptibles de recours. Elles s'imposent aux parties et à la juridiction de renvoi désignée.

Art. R. 662-19 à R. 662-21 *(Abr., D. n° 2016-230, 26 févr. 2016).*

CHAPITRE III. – DES FRAIS DE PROCÉDURE

Art. R. 663-1. – Il ne peut être demandé par le greffier aucune provision au débiteur qui demande l'ouverture d'une procédure de redressement ou de liquidation judiciaire.

Art. R. 663-1-1 *(Abr., D. n° 2013-1280, 29 déc. 2013).*

Section I. – De la prise en charge de certains frais de justice par le Trésor public

Art. R. 663-2 *(Mod., D. n° 2009-160, 12 févr. 2009).* – Les ordonnances du juge-commissaire, rendues en application de l'article L. 663-1, sont notifiées par le greffier aux mandataires de justice, au débiteur, au Trésor public ainsi qu'au procureur de la République. Elles peuvent faire l'objet d'un recours dans le mois suivant leur notification, par déclaration au greffe faite contre récépissé ou adressée par lettre recommandée avec demande d'avis de réception. Le recours est porté devant la cour d'appel. L'appel est formé, instruit et jugé suivant la procédure sans représentation obligatoire. Les mandataires de justice, le débiteur, le Trésor public et le ministère public qui ne sont pas appelants sont intimés.

Section II. – De la rémunération de l'administrateur judiciaire, du commissaire à l'exécution du plan, du mandataire judiciaire et du liquidateur

Bibliographie : Deharveng, *Le tarif des mandataires de justice, organes des procédures collectives : JCP* E 2007, 1688.

Sous-section 1. – De la rémunération de l'administrateur judiciaire

Art. R. 663-3 *(Rempl., D. n° 2016-230, 26 févr. 2016 ; mod., D. n° 2018-200, 23 mars 2018 ; D. n° 2020-100, 7 févr. 2020).* – I. – Les émoluments de l'administrateur judiciaire sont, pour l'accomplissement des diligences résultant de l'application des titres II à IV du livre VI de la partie législative du présent code, soumises aux règles prévues par les articles suivants.

II. – Pour l'application de la présente section :

a) Le montant du chiffre d'affaires est défini hors taxes conformément aux dispositions du sixième alinéa de l'article D. 123-200. Il est apprécié à la date de clôture du dernier exercice comptable. Pour l'application des articles R. 663-5 à R. 663-8 et R. 663-28, le chiffre d'affaires est celui réalisé pendant la période d'observation ou de maintien de l'activité. Lorsque le débiteur est une personne morale de droit privé non commerçante, la référence au chiffre d'affaires est, le cas échéant, remplacée par la référence aux ressources hors taxes ou produits hors taxes ;

b) Le total du bilan est défini conformément aux dispositions du cinquième alinéa de l'article D. 123-200 et apprécié à la date de clôture du dernier exercice comptable ;

c) Le nombre des salariés est celui des salariés employés par le débiteur à la date de la demande d'ouverture de la procédure déterminé conformément aux dispositions du 4° de l'article R. 621-1.

Art. R. 663-4 *(D. n° 2016-230, 26 févr. 2016 ; mod., D. n° 2018-200, 23 mars 2018).* – Il est alloué à l'administrateur judiciaire, pour les diligences relatives au diagnostic de la procédure de sauvegarde ou de redressement judiciaire au titre de laquelle il a été désigné, un émolument déterminé par un arrêté pris en application de l'article L. 444-3 en fonction du nombre de salariés employés par le débiteur ou de son chiffre d'affaires.

Toutefois, lorsque le total du bilan mentionné au *b* du II de l'article R. 663-3 est supérieur ou égal à un seuil précisé par l'arrêté mentionné au premier alinéa, l'émolument est déterminé uniquement en fonction de ce total de bilan.

Cet émolument est versé par le débiteur à l'administrateur judiciaire sans délai dès l'ouverture de la procédure.

Art. R. 663-5 *(D. n° 2016-230, 26 févr. 2016).* – Il est alloué à l'administrateur judiciaire, au titre d'une mission d'assistance du débiteur au cours d'une procédure de sauvegarde ou de redressement judiciaire, un émolument déterminé par un arrêté pris en application de l'article L. 444-3 en considération du chiffre d'affaires du débiteur. Au-delà de 20 000 000 €, les dispositions de l'article R. 663-13 sont applicables.

Art. R. 663-6 *(D. n° 2016-230, 26 févr. 2016).* – Il est alloué à l'administrateur judiciaire, au titre d'une mission de surveillance au cours d'une procédure de sauvegarde, l'émolument prévu à l'article R. 663-5 diminué de 25 %.

Art. R. 663-7 *(D. n° 2016-230, 26 févr. 2016).* – Il est alloué à l'administrateur judiciaire, au titre d'une mission d'administration de l'entreprise au cours d'une procédure de redressement ou de liquidation judiciaire, l'émolument prévu à l'article R. 663-5 majoré de 50 %.

Si, en application de l'article L. 631-12, l'administrateur judiciaire est assisté, pour la gestion de l'entreprise, d'un ou de plusieurs experts, la majoration prévue au premier alinéa n'est pas due.

Art. R. 663-8 *(D. n° 2016-230, 26 févr. 2016).* – La rémunération prévue aux articles R. 663-5, R. 663-6 et R. 663-7 est acquise lorsque le tribunal soit a mis fin à la procédure de sauvegarde ou de redressement en application des articles L. 622-12 ou L. 631-16, soit a statué sur le plan de sauvegarde ou de redressement, soit a prononcé la liquidation judiciaire du débiteur au cours d'une procédure de sauvegarde ou de redressement judiciaire. Elle est également acquise, dans une procédure de liquidation judiciaire, lorsque le tribunal a arrêté la cession de l'entreprise ou mis fin au maintien de son activité.

Art. R. 663-9 *(D. n° 2016-230, 26 févr. 2016 ; mod., D. n° 2018-200, 23 mars 2018).* – Il est alloué à l'administrateur judiciaire, pour l'élaboration du bilan économique, social et environnemental et l'assistance apportée au débiteur pour la préparation d'un plan de sauvegarde ou de redressement, un émolument déterminé par un arrêté pris en application de l'article L. 444-3 en fonction du nombre de salariés employés par le débiteur ou de son chiffre d'affaires.

Toutefois, lorsque le total du bilan mentionné au *b* du II de l'article R. 663-3 est supérieur ou égal à un seuil précisé par l'arrêté mentionné au premier alinéa, l'émolument est déterminé uniquement en fonction de ce total de bilan.

Cette rémunération est acquise lorsque le tribunal a statué sur le plan de sauvegarde ou de redressement ou a prononcé la liquidation judiciaire du débiteur au cours d'une procédure de sauvegarde ou de redressement judiciaire. Elle est majorée de 50 % en cas d'arrêté du plan.

Lorsque le plan est arrêté conformément aux dispositions du premier alinéa de l'article L. 628-8, la rémunération prévue à l'alinéa précédent est majorée de 50 %.

En cas de nécessité, le président du tribunal fixe, sur proposition du juge-commissaire, le montant d'une provision à valoir sur ce droit. Cette provision ne peut excéder la moitié de ce droit ni les deux tiers du montant mentionné au premier alinéa de l'article R. 663-13.

Art. R. 663-10 *(D. n° 2016-230, 26 févr. 2016)*. – Il est alloué à l'administrateur judiciaire, lorsque des comités de créanciers sont réunis, un émolument fixé par un arrêté pris en application de l'article L. 444-3 par créancier membre d'un comité, ainsi qu'un autre émolument déterminé par un arrêté pris en application du même article, en fonction du montant des créances prises en compte en application de l'article R. 626-58, lorsque le plan a été arrêté conformément au projet adopté par les comités.

Art. R. 663-11 *(D. n° 2016-230, 26 févr. 2016)*. – Il est alloué à l'administrateur judiciaire, en cas d'arrêté d'un plan de cession au cours d'une procédure de redressement ou de liquidation judiciaire, un émolument déterminé par un arrêté pris en application de l'article L. 444-3, en considération du montant total hors taxe du prix de cession de l'ensemble des actifs compris dans le plan.

Cette rémunération n'est acquise que sur la justification de la passation de la totalité des actes de cession.

Assiette. L'assiette de la rémunération de l'administrateur ne comprend que le prix de cession des actifs compris dans le plan et non les charges supplémentaires pour le repreneur (■ Cass. com., 12 juill. 2016, n° 15-20.008 : *JurisData* n° 2016-013730 et n° 14-24.627 : *JurisData* n° 2016-013925 ; *Rev. proc. coll.* 2016, comm. 165, obs. Vallansan. *Adde* : Baujet et Thevenot, *Quelle assiette pour le calcul des émoluments de l'administrateur judiciaire ?* : *Rev. proc. coll.* 2016, étude 15).

Art. R. 663-12 *(D. n° 2016-230, 26 févr. 2016)*. – Il est alloué à l'administrateur judiciaire un émolument calculé sur le montant de l'augmentation des fonds propres prévue par un plan de sauvegarde ou de redressement et fixé dans les mêmes conditions que celui prévu à l'article R. 663-11.

Cette rémunération n'est acquise que sur la justification du versement de ces fonds.

Art. R. 663-13 *(D. n° 2016-230, 26 févr. 2016)*. – Par dérogation aux dispositions de la présente sous-section, l'entière rémunération de l'administrateur judiciaire est arrêtée en considération des frais engagés et des diligences accomplies par lui et sans qu'il puisse être fait référence au tarif prévu par la présente sous-section lorsque le total de la rémunération calculée en application de ce tarif excède 100 000 € hors taxes.

Dans le cas prévu au premier alinéa, la rémunération de l'administrateur, qui ne peut être inférieure à 100 000 € hors taxes, est arrêtée par le magistrat de la cour d'appel délégué à cette fin par le premier président, sur proposition du juge-commissaire, au vu d'un état de frais et d'un état descriptif des diligences accomplies. Le magistrat délégué recueille au préalable l'avis du ministère public et demande celui du débiteur. Sa décision peut être frappée de recours devant le premier président de la cour d'appel par l'administrateur, le débiteur ou le ministère public.

La rémunération prévue à l'article R. 663-4 ainsi que les provisions perçues restent acquises à l'administrateur judiciaire, en tant qu'acomptes sur la rémunération, dans la limite du montant arrêté en application des alinéas qui précèdent.

Pour une application, V. ■ Cass. com., 27 nov. 2012, n° 11-23.465 : *JurisData* n° 2012-027936 ; *Gaz. Pal.* 18-19 janv. 2013, p. 23, obs. C. Bidan ; *Rev. proc. coll.* 2013, comm. 35, obs. E. Étienne-Martin.

Art. R. 663-13-1 *(D. n° 2016-230, 26 févr. 2016)*. – Il est alloué à l'administrateur judiciaire un *émolument fixé par un arrêté pris* en application de l'article L. 444-3 pour tout contentieux portant sur une demande en revendication ou en restitution ayant donné lieu à une décision du juge-commissaire.

Sous-section 2. – De la rémunération du commissaire à l'exécution du plan

Art. R. 663-14 *(D. n° 2016-230, 26 févr. 2016)*. – Au terme de chacune des années de l'exécution du plan, il est alloué au commissaire à l'exécution du plan, au titre de sa mission de surveillance de l'exécution du plan, des actions qu'il engage ou qu'il poursuit dans l'intérêt collectif des créanciers et de l'exécution des actes permettant la mise en œuvre du plan et de son rapport annuel prévu à l'article R. 626-43, une rémunération égale à la moitié de la rémunération fixée en application de l'article R. 663-4.

Cette rémunération n'est acquise que sur justification du dépôt de ce rapport.

Art. R. 663-15 *(D. n° 2016-230, 26 févr. 2016).* – Il peut être alloué, par le président du tribunal ou son délégué, une rémunération au commissaire à l'exécution du plan lorsqu'il a assisté le débiteur dans la préparation d'un projet ayant pour objet une modification substantielle dans les objectifs ou les moyens du plan. Cette rémunération ne peut être supérieure à la moitié de celle fixée en application de l'article R. 663-9. La situation du débiteur est appréciée à la date de la demande au tribunal de la modification du plan.

Il est alloué au commissaire à l'exécution du plan, dans les mêmes conditions, la rémunération prévue au premier alinéa lorsqu'il a présenté au tribunal une demande en résolution du plan.

Art. R. 663-16 *(D. n° 2016-230, 26 févr. 2016).* – Il est alloué au commissaire à l'exécution du plan, au titre d'une mission de perception et de répartition des dividendes arrêtés par le plan, une rémunération égale à un émolument déterminé par un arrêté pris en application de l'article L. 444-3, en fonction du montant cumulé des sommes encaissées par l'ensemble des créanciers ou, à défaut d'encaissement par les créanciers, consignées à la Caisse des dépôts et consignations au cours de chacune des années d'exécution du plan.

Lorsqu'il n'est pas fait de répartition entre plusieurs créanciers, un seul d'entre eux étant en mesure de percevoir le dividende, cette rémunération est réduite de moitié.

Les rémunérations prévues au présent article sont arrêtées conformément aux règles de l'article R. 663-13 lorsque le montant de la rémunération calculé en application du premier alinéa du présent article dépasse 15 000 € au titre d'une année. Dans ce cas, les rémunérations ne peuvent être inférieures à 15 000 €.

Art. R. 663-17 *(D. n° 2016-230, 26 févr. 2016).* – La rémunération prévue à l'article R. 663-22 est allouée au commissaire à l'exécution du plan au titre des créances qu'il porte sur la liste prévue à l'article R. 622-15.

Sous-section 3. – De la rémunération du mandataire judiciaire et du liquidateur

Art. R. 663-18 *(D. n° 2016-230, 26 févr. 2016).* – Le mandataire judiciaire reçoit, pour l'ensemble de la procédure de sauvegarde ou de redressement judiciaire, un émolument déterminé par un arrêté pris en application de l'article L. 444-3. S'il est ensuite désigné comme liquidateur, il ne peut, à ce titre, prétendre à cette rémunération.

Si, dans une même procédure, un mandataire judiciaire et un liquidateur distinct sont désignés par le tribunal, le mandataire judiciaire reçoit l'intégralité de la rémunération prévue au premier alinéa et le liquidateur en reçoit la moitié.

Lorsqu'un liquidateur est désigné dans une procédure secondaire d'insolvabilité au sens du règlement (CE) n° 1346/2000 du Conseil du 29 mai 2000 relatif aux procédures d'insolvabilité, il perçoit un second émolument déterminé par un arrêté pris en application de l'article L. 444-3 au titre du devoir d'information auquel il est tenu à l'égard du syndic de la procédure principale. Il en va de même lorsqu'une procédure principale dans laquelle il est désigné est suivie d'une ou de plusieurs procédures secondaires. Dans ce dernier cas, il perçoit autant d'émoluments qu'il existe de procédures secondaires.

La rémunération est versée, sans délai, par le débiteur au liquidateur dès que la décision d'ouverture d'une procédure secondaire est portée à sa connaissance.

Droit fixe. La liquidation judiciaire ouverte après résolution du plan ne donne pas lieu à perception d'un droit fixe (■ Cass. com., 15 févr. 2011, n° 10-10.005 : *JurisData* n° 2011-001784 ; *Gaz. Pal.* 2 avr. 2011, p. 21, obs. S. Gorrias).

Art. R. 663-19 *(D. n° 2016-230, 26 févr. 2016).* – Le liquidateur désigné en application des dispositions de l'article L. 641-1 perçoit pour l'ensemble de la procédure de liquidation judiciaire la rémunération prévue à l'article R. 663-18, dès que la décision le désignant est portée à sa connaissance et sous réserve du versement au greffier de la somme prévue au IV de l'article R. 743-142-6.

Les *dispositions des articles* R. 663-22 à R. 663-25 et R. 663-27 lui sont applicables.

Pour l'application de l'article R. 663-22, la liste des créances est celle de l'article R. 641-39.

Art. R. 663-20 *(D. n° 2016-230, 26 févr. 2016).* – En cas de désignation de plusieurs mandataires judiciaires ou de plusieurs liquidateurs, chacun d'entre eux perçoit la rémunération prévue à l'article R. 663-18 selon les modalités, le cas échéant, prévues par le deuxième alinéa de l'article R. 663-18.

Art. R. 663-21 *(D. n° 2016-230, 26 févr. 2016).* – Pour l'application de la présente section, constitue une créance :

1° Le total des sommes déclarées par chaque fournisseur créancier ;

2° Le total des sommes déclarées par chaque prestataire de service créancier au titre de chacun des contrats qu'il a conclus avec le débiteur ;

3° Le total des sommes déclarées par chaque établissement de crédit créancier ou société de financement créancière au titre de chacun des contrats qu'il a conclus avec le débiteur ;

4° Le total des sommes déclarées par chaque organisme social créancier pour chacun des rangs de privilège dont ses créances sont assorties ;

5° Le total des sommes déclarées par le Trésor public par catégorie de créances.

Art. R. 663-22 *(D. n° 2016-230, 26 févr. 2016).* – Il est alloué au mandataire judiciaire, pour l'enregistrement des créances déclarées et non vérifiées ainsi que des créances portées sur la liste prévue à l'article R. 622-15, un émolument par créance déterminé par un arrêté pris en application de l'article L. 444-3.

Art. R. 663-23 *(D. n° 2016-230, 26 févr. 2016).* – Il est alloué au mandataire judiciaire, pour la vérification des créances, un émolument déterminé par un arrêté pris en application de l'article L. 444-3 par créance, autre que salariale, inscrite sur l'état des créances mentionné à l'article R. 624-8.

Art. R. 663-24 *(D. n° 2016-230, 26 févr. 2016).* – Pour l'établissement des relevés des créances salariales, il est alloué au mandataire judiciaire un émolument déterminé par un arrêté pris en application de l'article L. 444-3, par salarié.

Art. R. 663-25 *(D. n° 2016-230, 26 févr. 2016).* – Il est alloué au mandataire judiciaire un émolument déterminé par un arrêté pris en application de l'article L. 444-3 :

1° Pour la contestation des créances autres que salariales, par créance dont l'admission ou le rejet a donné lieu à une décision du juge-commissaire inscrite sur l'état des créances mentionné à l'article R. 624-8 ;

2° Pour tout contentieux portant sur une demande en revendication ou en restitution ayant donné lieu à une décision du juge-commissaire ;

3° Pour toute instance introduite ou reprise devant la juridiction prud'homale en application des articles L. 625-1 et L. 625-3 et à laquelle il a été mis fin soit par une décision judiciaire au terme d'une instance dans laquelle il a été présent ou représenté, soit par la conclusion d'un accord amiable visé par le juge-commissaire auquel le mandataire judiciaire a été partie.

Art. R. 663-26 *(D. n° 2016-230, 26 févr. 2016).* – Lorsqu'il est fait application de l'article L. 631-16 et que le mandataire judiciaire est désigné par le tribunal pour répartir des fonds entre les créanciers, il lui est alloué la rémunération prévue à l'article R. 663-16.

Art. R. 663-27 *(D. n° 2016-230, 26 févr. 2016).* – Il est alloué au liquidateur un émolument déterminé par un arrêté pris en application de l'article L. 444-3 au titre de l'ensemble des obligations résultant de la cessation d'activité d'une ou de plusieurs installations classées au sens du titre Ier du livre V du Code de l'environnement. Cet émolument varie selon que :

1° La ou les installations sont soumises à déclaration ;

2° L'une au moins des installations classées est soumise à autorisation ou enregistrement ;

3° *L'une au moins des installations* classées figure sur une liste prévue au IV de l'article L. 515-8 du Code de l'environnement.

Cet émolument est doublé lorsque l'une au moins des installations classées soumises à autorisation ou à enregistrement a fait l'objet d'un arrêté de l'autorité administrative prescrivant des mesures d'urgence et de mise en sécurité du site.

Art. R. 663-27-1 *(D. n° 2016-230, 26 févr. 2016).* – Il est alloué au liquidateur, au titre de la mission de réalisation de l'inventaire qui lui est confiée en application des dispositions du deuxième alinéa de l'article L. 641-2, un émolument déterminé par un arrêté pris en application de l'article L. 444-3.

Art. R. 663-28 *(D. n° 2016-230, 26 févr. 2016).* – Il est alloué au liquidateur, au titre d'une mission d'administration de l'entreprise lorsque le maintien de l'activité a été autorisé en application de l'article

L. 641-10, un émolument déterminé par un arrêté pris en application de l'article L. 444-3 en fonction du chiffre d'affaires.

Art. R. 663-29 *(D. n° 2016-230, 26 févr. 2016).* – I. – Il est alloué au liquidateur des émoluments déterminés par un arrêté pris en application de l'article L. 444-3 :

1° Au titre des cessions d'actifs mobiliers corporels, en fonction du montant total toutes taxes comprises du prix des actifs cédés, déduction faite de la rémunération toutes taxes comprises des intervenants, autres que le liquidateur, ayant participé aux opérations de cession ;

2° Pour tout encaissement de créance ou recouvrement de créance, en fonction du montant total toutes taxes comprises des sommes encaissées ou recouvrées, déduction faite de la rémunération toutes taxes comprises des intervenants, autres que le liquidateur, ayant participé aux recouvrements ;

3° Au titre de la réalisation d'actifs immobiliers et mobiliers incorporels, en fonction du montant du prix, le cas échéant toutes taxes comprises, de chacun des actifs cédés.

II. – La rémunération prévue au présent article n'est pas due au liquidateur au titre de la cession des actifs compris dans un plan de cession. Lorsqu'il n'a pas été désigné d'administrateur judiciaire, il lui est alloué à ce titre l'émolument prévu à l'article R. 663-11.

III. – La rémunération prévue au I du présent article n'est pas due au titre de la cession autorisée en application du premier alinéa de l'article L. 663-1-1 tant que la saisie conservatoire n'a pas fait l'objet d'un acte de conversion.

Art. R. 663-30 *(D. n° 2016-230, 26 févr. 2016).* – Il est alloué au liquidateur, au terme des répartitions aux créanciers mentionnés à l'article L. 622-24 et des paiements des créances mentionnées au I de l'article L. 641-13, un émolument déterminé par un arrêté pris en application de l'article L. 444-3, en fonction du montant cumulé des sommes encaissées par l'ensemble des créanciers ou consignées à la Caisse des dépôts et consignations.

Lorsqu'il n'est pas fait de répartition entre plusieurs de ces créanciers, un seul d'entre eux étant en mesure de percevoir un versement, cette rémunération est réduite de moitié.

Art. R. 663-31 *(D. n° 2016-230, 26 févr. 2016).* – Par dérogation aux dispositions de la présente sous-section, l'entière rémunération du liquidateur est arrêtée en considération des frais engagés et des diligences accomplies par lui et sans qu'il puisse être fait référence au tarif prévu par la présente sous-section lorsque le total de la rémunération calculée en application de ce tarif excède 75 000 € hors taxes.

Dans le cas prévu au premier alinéa, la rémunération du liquidateur, qui ne peut être inférieure à 75 000 € hors taxes, est arrêtée par le magistrat de la cour d'appel délégué à cette fin par le premier président, sur proposition du juge-commissaire, au vu d'un état de frais et d'un état descriptif des diligences accomplies. Le magistrat délégué recueille au préalable l'avis du ministère public et demande celui du débiteur. Sa décision peut être frappée de recours devant le premier président de la cour d'appel par le liquidateur, le débiteur et le ministère public.

L'émolument prévu à l'article R. 663-18 ainsi que les acomptes perçus restent acquis en tant qu'acomptes sur la rémunération dans la limite du montant arrêté en application des alinéas précédents.

Art. R. 663-31-1 *(D. n° 2016-230, 26 févr. 2016).* – Il est alloué au mandataire judiciaire ou au liquidateur judiciaire, au titre des actions engagées par eux en application des dispositions du premier alinéa de l'article L. 653-7 et aboutissant au prononcé d'une sanction prévue aux articles L. 653-3 à L. 653-6 et à l'article L. 653-8, un émolument fixé par un arrêté pris en application de l'article L. 444-3.

Sous-section 4. – Dispositions communes à la rémunération de l'administrateur judiciaire, du commissaire à l'exécution du plan, du mandataire judiciaire *et du liquidateur*

Art. R. 663-32 *(D. n° 2016-230, 26 févr. 2016).* – Les administrateurs judiciaires, commissaires à l'exécution du plan, mandataires judiciaires et liquidateurs ont droit au remboursement des frais et débours mentionnés sur la liste prévue au 2° de l'article R. 444-3, arrêtés par le président du tribunal ou par son délégué, sur justificatif de leur compte détaillé. Ce remboursement peut être trimestriel.

Art. R. 663-33 *(D. n° 2016-230, 26 févr. 2016).* – Les administrateurs judiciaires, commissaires à l'exécution du plan, mandataires judiciaires et liquidateurs ont droit au remboursement des taxes et droits fiscaux payés par eux pour le compte de l'entreprise.

Art. R. 663-34 *(D. n° 2016-230, 26 févr. 2016 ; mod., D. n° 2019-966, 18 sept. 2019).* – Les rémunérations dues au titre de la procédure de sauvegarde, de redressement judiciaire ou de liquidation judiciaire sont arrêtées avant la clôture de la procédure. Sous réserve des dispositions des articles R. 663-13 et R. 663-31, le président du tribunal ou son délégué statue au vu d'un compte détaillé. Lorsque la procédure est de la compétence du tribunal judiciaire, le président du tribunal délègue un magistrat à cette fin.

À l'exception des rémunérations prévues aux articles R. 663-4 et R. 663-18 à R. 663-20 et des provisions et acomptes autorisés, elles ne sont perçues qu'après avoir été arrêtées.

Les rémunérations dues au titre de la procédure de liquidation judiciaire sont arrêtées au vu du rapport de clôture déposé par le liquidateur. Elles ne sont définitivement acquises qu'après leur arrêté définitif par le président du tribunal ou son délégué. Aucune rémunération ne peut être perçue par le liquidateur après l'approbation de son compte rendu de fin de mission, sans préjudice de la perception de l'indemnité prévue par l'article L. 663-3. Toutefois, lorsqu'est demandée la désignation d'un mandataire en application du troisième alinéa de l'article L. 643-9, l'arrêté des rémunérations du liquidateur n'est pas définitif. Des rémunérations complémentaires peuvent, le cas échéant, être perçues par le liquidateur.

Art. R. 663-35 *(D. n° 2016-230, 26 févr. 2016).* – Lorsque plusieurs administrateurs judiciaires, commissaires à l'exécution du plan, mandataires judiciaires ou liquidateurs sont désignés dans une même procédure, chacun des mandataires de justice désignés perçoit une part, convenue entre eux, des émoluments dus au titre de cette procédure. À défaut d'accord, le président du tribunal ou son délégué détermine la part de la rémunération qui revient à chacun après avoir entendu le débiteur et recueilli l'avis du ministère public.

En cas de remplacement de l'un des mandataires de justice et à défaut d'accord entre eux, le président du tribunal ou son délégué partage ces émoluments entre chacun des mandataires successivement désignés en fonction des diligences qu'il a effectuées, après avoir entendu le débiteur et recueilli l'avis du ministère public.

Art. R. 663-36 *(D. n° 2016-230, 26 févr. 2016).* – En cas de nécessité, par dérogation aux dispositions de l'article R. 663-34, le président du tribunal fixe, sur proposition du juge-commissaire, le montant d'acomptes à valoir sur la rémunération du mandataire judiciaire et du liquidateur.

Ces acomptes sont fixés sur justification de l'accomplissement des diligences au titre desquelles leur droit à rémunération est acquis et au vu d'un compte provisoire détaillé de leurs émoluments.

Le montant total des acomptes, qui comprennent le droit prévu aux articles R. 663-18 à R. 663-20, ne peut excéder les deux tiers de la rémunération due au mandataire judiciaire et au liquidateur ni les deux tiers de la somme mentionnée au premier alinéa de l'article R. 663-31. Il ne peut être autorisé plus d'un acompte par semestre.

Art. R. 663-37 *(D. n° 2016-230, 26 févr. 2016).* – S'il advient que des sommes ont été perçues à titre de provision ou d'acomptes et qu'elles se révèlent excéder les montants fixés au dernier alinéa de l'article R. 663-9 et à *l'article R. 663-36, elles sont immédiatement restituées.*

Art. R. 663-38 *(D. n° 2016-230, 26 févr. 2016 ; mod., D. n° 2019-966, 18 sept. 2019).* – La décision autorisant le versement d'une provision ou d'un acompte ou arrêtant les rémunérations des administrateurs judiciaires, commissaires à l'exécution du plan, mandataires judiciaires et liquidateurs peut être contestée par le mandataire de justice concerné, le débiteur ou le ministère public. Elle est, dans les quinze jours de sa date, communiquée au ministère public et, selon le cas, à l'administrateur judiciaire ou au mandataire judiciaire concerné par le greffier de la juridiction et notifiée par lui au débiteur par lettre recommandée avec demande d'avis de réception. La lettre de notification indique le délai et les modalités selon lesquels la contestation peut être portée devant le président du tribunal judiciaire ou le premier président de la cour d'appel territorialement compétent.

Art. R. 663-39 *(D. n° 2016-230, 26 févr. 2016 ; mod., D. n° 2019-966, 18 sept. 2019).* – La demande de taxe peut être faite dans le délai d'un mois à compter de la communication ou de la notification prévue à l'article précédent, oralement ou par écrit, au greffe du tribunal judiciaire ou de la cour d'appel. Elle est motivée.

Le président du tribunal judiciaire, ou le magistrat délégué par lui à cet effet, statue sur la demande dans les conditions prévues par les articles 709 et 711 à 718 du Code de procédure civile.

Art. R. 663-40 *(D. n° 2016-230, 26 févr. 2016).* – Les actions des administrateurs judiciaires, commissaires à l'exécution du plan, mandataires judiciaires et liquidateurs, en matière de rémunération, se prescrivent par six mois à compter de la notification prévue à l'article R. 663-38.

Sous-section 5. – Du mandataire désigné en application du troisième alinéa de l'article L. 643-9

(D. n° 2014-736, 30 juin 2014)

Art. R. 663-40-1 *(D. n° 2016-230, 26 févr. 2016).* – Les dispositions relatives à la rémunération et aux frais et débours du liquidateur sont applicables au mandataire désigné en application du troisième alinéa de l'article L. 643-9.

Les modalités de calcul des émoluments sont déterminées sans tenir compte de la pluralité des missions. La rémunération prévue par l'article R. 663-25 fait, le cas échéant, l'objet d'une répartition selon les missions attribuées au mandataire.

Art. R. 663-40-2 *(D. n° 2016-230, 26 févr. 2016).* – Le juge-commissaire détermine selon quelles modalités les fonds versés en compte de dépôt à la Caisse des dépôts et consignations seront affectés pour l'exécution de cette mission.

Art. R. 663-40-3 *(D. n° 2016-230, 26 févr. 2016).* – Le juge-commissaire, ou, s'il a cessé ses fonctions, le président du tribunal, sur les observations du liquidateur et du mandataire, détermine, après avoir recueilli l'avis du ministère public, la part de la rémunération qui aurait été due au liquidateur s'il avait poursuivi sa mission, qui revient au mandataire ainsi désigné.

Art. R. 663-40-4 *(D. n° 2016-230, 26 févr. 2016).* – La rémunération du mandataire est arrêtée par le président du tribunal au vu d'un compte détaillé. S'il y a lieu, le président arrête alors à titre définitif la rémunération due au liquidateur.

Décret n° 2016-230 du 26 février 2016

relatif aux tarifs de certains professionnels du droit et au fonds interprofessionnel de l'accès au droit et à la justice

Art. 13, III. – S'agissant des administrateurs judiciaires, commissaires à l'exécution du plan, mandataires judiciaires et liquidateurs, les articles 2 et 4 ainsi que le 7° de l'article 10 entrent en vigueur à la date d'entrée en vigueur du premier arrêté portant fixation des tarifs de la profession concernée en application de l'article L. 444-3 du Code de commerce, et au plus tard le 31 mai 2016.

Toutefois, les dispositions mentionnées à l'article 4 et au 7° de l'article 10 restent applicables dans leur rédaction antérieure au présent décret aux procédures ouvertes avant la date d'entrée en vigueur de cet arrêté.

Section III. – De l'indemnisation des dossiers impécunieux

Art. R. 663-41 *(Mod., D. n° 2014-736, 30 juin 2014).* – Le seuil mentionné à l'article L. 663-3 est fixé à la somme de 1 500 € (HT).

La somme prélevée conformément aux dispositions de l'article L. 663-3-1 est de :

1 200 euros (HT) si l'actif déclaré est égal ou inférieur à 1 000 euros ;

1 500 euros (HT) si l'actif déclaré est supérieur à 1 000 euros.

Art. R. 663-42. – Le comité d'administration du fonds institué par l'article L. 663-3 est présidé par un magistrat de la Cour des comptes désigné par le premier président de cette juridiction. Il comprend un représentant du garde des Sceaux, ministre de la Justice et un membre du Conseil national des administrateurs judiciaires et des mandataires judiciaires, désignés, sur proposition de ce conseil, par le garde des Sceaux, ministre de la Justice. Un représentant de la Caisse des dépôts et consignations est entendu en tant que de besoin par le comité.

Art. R. 663-43. – La Caisse des dépôts et consignations assure la gestion administrative, comptable et financière du fonds.

À ce titre, elle est chargée :

1° D'effectuer les opérations de prélèvement sur les intérêts servis sur les dépôts mentionnés au troisième alinéa de l'article L. 663-3 ;

2° De verser aux mandataires judiciaires et aux liquidateurs les sommes qui leur sont attribuées en application du deuxième alinéa de l'article L. 663-3 ;

3° De gérer la trésorerie excédentaire du fonds ;

4° D'assurer la surveillance de son équilibre financier ;

5° De tenir sa comptabilité ;

6° De rendre compte de sa gestion.

Art. R. 663-44. – La Caisse des dépôts et consignations ouvre dans ses livres un compte bancaire spécifique au nom du fonds.

Art. R. 663-45 *(Mod., D. n° 2012-1190, 25 oct. 2012)*. – La Caisse des dépôts et consignations précise la nomenclature des comptes bancaires rémunérés à vue et à terme ouverts dans ses livres, destinés à recevoir les fonds déposés en application des articles L. 622-18, L. 626-25 et L. 641-8 ainsi que les fonds déposés en application de l'article L. 663-1-1.

Les intérêts des comptes bancaires, à l'exception de ceux dus au titre de sommes déposées en application de l'article L. 663-1-1, sont imputés au crédit du compte ouvert au nom du fonds dans les livres de la Caisse des dépôts et consignations.

Le garde des Sceaux, ministre de la Justice, fixe par arrêté le taux du prélèvement sur les intérêts, sur proposition du comité d'administration du fonds. En cas de modification de ce taux, celui-ci s'applique à tous les intérêts servis à compter de la date d'effet de cette modification, quelle que soit la période au titre de laquelle ces intérêts ont été produits.

Art. R. 663-46 *(Mod., D. n° 2019-1333, 11 déc. 2019)*. – Le versement des sommes aux mandataires judiciaires et aux liquidateurs est effectué par la Caisse des dépôts et consignations sur un compte bancaire ouvert au nom du bénéficiaire au vu d'un extrait de la décision qui les accorde et d'un certificat de non-appel si cette décision ne bénéficie pas de l'exécution provisoire.

Art. R. 663-47. – Une convention entre le garde des Sceaux, ministre de la Justice, agissant au nom de l'État et la Caisse des dépôts et consignations précise les modalités selon lesquelles les missions mentionnées aux articles R. 663-43 et R. 663-46 sont assurées par la caisse, ainsi que les modalités de calcul des frais de gestion du fonds, qui sont imputés au débit du compte ouvert au nom de celui-ci.

Art. R. 663-48. – Lorsqu'il a approuvé le compte rendu de fin de mission du mandataire judiciaire ou du liquidateur, le juge-commissaire propose au tribunal de faire application de l'article L. 663-3 si les conditions prévues par cet article sont réunies. Cette proposition, qu'il joint, dans ce cas, à sa décision d'approbation, mentionne le montant des émoluments perçus par le mandataire de justice et est accompagnée des pièces du compte rendu de fin de mission en justifiant.

Le tribunal se saisit d'office. La décision par laquelle il statue sur l'impécuniosité et fixe le montant de l'indemnité qui sera versée au mandataire judiciaire ou au liquidateur est susceptible d'appel de la part du ministère public, du mandataire judiciaire et du liquidateur.

Art. R. 663-49. – Lorsque la procédure de liquidation judiciaire est reprise après avoir été clôturée et que le liquidateur a bénéficié de l'indemnisation prévue à l'article L. 663-3, toute demande d'émolument au titre de cette reprise de procédure est transmise pour avis au ministère public. Ce droit à rémunération est réduit du montant de l'indemnisation perçue avant de pouvoir être acquis.

Art. R. 663-50 *(D. n° 2016-1851, 23 déc. 2016).* – En cas d'ouverture d'une procédure de liquidation judiciaire dans les conditions prévues aux articles L. 645-9 et L. 645-12, l'indemnité prévue aux articles L. 663-3 et R. 663-41 est versée au mandataire judiciaire ou à la personne choisie sur le fondement du premier alinéa du II ou du III de l'article L. 812-2, déduction faite des sommes déjà versées sur le fondement des trois derniers alinéas de l'article R. 663-41.

TITRE VII. – DISPOSITIONS DÉROGATOIRES PARTICULIÈRES AUX DÉPARTEMENTS DE LA MOSELLE, DU BAS-RHIN ET DU HAUT-RHIN

Art. R. 670-1 *(Mod., D. n° 2013-692, 30 juill. 2013 ; D. n° 2019-966, 18 sept. 2019).* – Les formes de procéder applicables devant les tribunaux judiciaires des départements du Bas-Rhin, du Haut-Rhin et de la Moselle dans les matières prévues par le présent code sont déterminées par l'article 31 de la loi du 1er juin 1924 portant introduction des lois commerciales françaises dans ces départements et par les articles 37 à 39 de l'annexe du Code de procédure civile relative à l'application de ce code dans ces mêmes départements.

Toutefois, devant le tribunal qui les a désignés, les règles relatives à la représentation obligatoire par avocat ne s'imposent au mandataire *ad hoc*, au conciliateur, à l'administrateur, au mandataire judiciaire, au commissaire à l'exécution du plan et au liquidateur, pour l'exécution de leur mission, que lorsque leur demande est formée par assignation ou par la remise de l'acte mentionné à l'article 31 de l'annexe du Code de procédure civile. Elles ne s'imposent à ceux-ci devant le juge-commissaire que pour les procédures relevant de la section 1 du chapitre IV du titre II du présent livre.

Art. R. 670-2 *(Mod., D. n° 2019-966, 18 sept. 2019).* – Dans les départements du Bas-Rhin, du Haut-Rhin et de la Moselle, le tribunal de l'exécution connaît :

1° Des difficultés d'exécution des décisions prises par le juge commissaire en application de l'article L. 642-18 ;

2° Des contestations relatives au règlement de l'ordre par le liquidateur.

Le tribunal d'exécution exerce les attributions conférées par le présent livre au juge des ordres du tribunal judiciaire.

Le liquidateur ne peut, ni en son nom personnel, ni en qualité de mandataire judiciaire, être déclaré adjudicataire des immeubles du débiteur.

Art. R. 670-3. – Dans les départements du Bas-Rhin, du Haut-Rhin et de la Moselle :

1° L'ordonnance prévue à l'article R. 642-28 comporte, outre les indications mentionnées à l'article R. 642-22, les énonciations figurant à l'article 144 de la loi du 1er juin 1924 mettant en vigueur la législation civile française dans les départements du Bas-Rhin, du Haut-Rhin et de la Moselle ;

2° L'ordonnance prévue à l'article R. 642-30 comporte, outre les indications mentionnées à l'article R. 642-22, les énonciations figurant au deuxième alinéa de l'article 261 de la même loi ;

3° La vente par voie d'adjudication amiable est soumise aux dispositions des articles 249 à 254 de la même loi.

Art. R. 670-4 *(Mod., D. n° 2009-160, 12 févr. 2009).* – Dans les départements du Bas-Rhin, du Haut-Rhin et de la Moselle, la répartition du produit des ventes et le règlement de l'ordre des créanciers par le liquidateur mentionnés au cinquième alinéa de l'article L. 642-18 sont exclusivement soumis aux dispositions prévues par le présent livre.

Art. R. 670-5 *(Mod., D. n° 2012-1462, 26 déc. 2012).* – Pour l'application des dispositions du présent livre dans les départements du Bas-Rhin, du Haut-Rhin et de la Moselle, les mots : « service de la publicité foncière » ou « fichier immobilier » doivent s'entendre comme signifiant « bureau foncier » ou « livre foncier ».

Art. R. 670-6 *(Abr., D. n° 2009-1193, 7 oct. 2009).*

TITRE IX. – DISPOSITIONS PARTICULIÈRES AUX PROCÉDURES D'INSOLVABILITÉ RELEVANT DU RÈGLEMENT (UE) N° 2015/848 DU 20 MAI 2015 RELATIF AUX PROCÉDURES D'INSOLVABILITÉ

(D. n° 2018-452, 5 juin 2018)

Art. R. 690-1 *(D. n° 2018-452, 5 juin 2018)*. – **Outre les documents mentionnés aux articles R. 621-1, R. 631-1 ou R. 640-1, sont jointes à la demande d'ouverture d'une procédure d'insolvabilité les pièces suivantes :**

1° Tout élément permettant de déterminer la localisation du centre des intérêts principaux ;

2° Toute information relative aux éventuels transferts de siège dans les trois mois précédant la demande d'ouverture ;

3° Toute information relative aux transferts d'actifs dans les trois mois précédant la demande d'ouverture ;

4° Toute information relative aux établissements et aux actifs situés sur le territoire d'un autre État membre ;

5° Toute information relative à l'intégration dans un groupe de sociétés.

CHAPITRE I. – DES PROCÉDURES D'INSOLVABILITÉ PRINCIPALES

(D. n° 2018-452, 5 juin 2018)

Art. R. 691-1 *(D. n° 2018-452, 5 juin 2018)*. – **Si des comités de créanciers ont été constitués, l'administrateur judiciaire recueille, par tout moyen, leur avis sur le projet d'engagement mentionné à l'article L. 691-2. Il informe sans délai le juge-commissaire de ces avis.**

Voir : la rédaction de cet article issue du décret n° 2021-1218 du 23 septembre 2021, en *addendum*, p. 3461.

Art. R. 691-2 *(D. n° 2018-452, 5 juin 2018)*. – **Le tribunal est saisi par requête des contestations élevées ou des demandes présentées en application de l'article L. 691-3.**

Le tribunal statue sur la requête après avoir entendu ou dûment appelé en chambre du conseil le débiteur non dessaisi, le ou les mandataires de justice, les créanciers requérants et avoir recueilli l'avis du ministère public.

Le jugement est notifié au débiteur et au créancier requérant par le greffier qui en adresse copie aux mandataires de justice et au ministère public.

CHAPITRE II. – DES PROCÉDURES D'INSOLVABILITÉ SECONDAIRES

(D. n° 2018-452, 5 juin 2018)

Section I. – De l'ouverture et du déroulement d'une procédure d'insolvabilité secondaire

(D. n° 2018-452, 5 juin 2018)

Art. R. 692-1 *(D. n° 2018-452, 5 juin 2018)*. – **Outre les pièces mentionnées aux articles R. 621-1, R. 631-1 ou R. 641-1, et à l'article R. 690-1, sont jointes à la demande d'ouverture d'une procédure d'insolvabilité secondaire formée par le débiteur ou le praticien de l'insolvabilité de la procédure d'insolvabilité principale les pièces suivantes, présentées en français ou accompagnées d'une traduction en langue française :**

1° ***La copie de la décision*** **d'ouverture de la procédure d'insolvabilité principale par la juridiction d'un autre État membre ;**

2° Les informations permettant de préciser la nature de la procédure d'insolvabilité principale ouverte, notamment si elle est préventive au sens du cinquième alinéa du paragraphe 1 de l'article 1er du règlement (UE) n° 2015/848 du 20 mai 2015 relatif aux procédures d'insolvabilité, si elle permet une restructuration de l'entreprise ou si elle est liquidative ;

3° Le ou les établissements concernés par la demande ainsi que leur localisation ;

4° Une présentation de la situation comptable, économique et financière du ou des établissements situés sur le territoire français et des actifs situés sur le territoire français ;

5° Le nombre de salariés employés dans le ou les établissements situés sur le territoire français ou dont le contrat de travail se rattache à de tels établissements.

Art. R. 692-2 *(D. n° 2018-452, 5 juin 2018)*. – I. – Le tribunal saisi d'une demande d'ouverture d'une procédure d'insolvabilité secondaire en informe sans délai le praticien de l'insolvabilité de la procédure d'insolvabilité principale ouverte sur le territoire d'un autre État membre et le débiteur non dessaisi par lettre recommandée avec demande d'avis de réception qui mentionne le délai et les modalités pour s'opposer à la demande d'ouverture de la procédure d'insolvabilité secondaire et pour solliciter la suspension de l'ouverture de la procédure d'insolvabilité secondaire conformément au paragraphe 3 de l'article 38 du règlement (UE) n° 2015/848 précité.

Le délai prévu au premier alinéa est de 20 jours à compter de la réception de la lettre recommandée avec demande d'avis de réception.

II. – Le tribunal se prononce sur la demande d'ouverture de procédure d'insolvabilité secondaire et sur la demande de suspension mentionnée au paragraphe 3 de l'article 38 du règlement (UE) n° 2015/848 précité au cours de la même audience et par un même jugement. Le jugement qui fait droit à la demande de suspension et sursoit à statuer sur la demande d'ouverture de procédure d'insolvabilité secondaire fixe la date à laquelle la mesure sera réexaminée avant l'expiration du délai de trois mois. Il fait l'objet des mesures de publicité prévues aux cinq premiers alinéas de l'article R. 621-8.

III. – Le jugement statuant sur la demande d'ouverture de la procédure d'insolvabilité secondaire est notifié sans délai au praticien de l'insolvabilité de la procédure d'insolvabilité principale par le greffier.

Le praticien de l'insolvabilité de la procédure d'insolvabilité principale dispose d'un délai de 10 jours à compter de la réception de la lettre recommandée avec demande d'avis de réception, pour exercer le recours mentionné à l'article L. 692-3 à l'encontre de la décision d'ouverture de la procédure d'insolvabilité secondaire.

Art. R. 692-3 *(D. n° 2018-452, 5 juin 2018)*. – Le tribunal statue sur les demandes de mesures provisoires ou conservatoires mentionnées au II de l'article L. 692-2 après avoir entendu ou dûment appelé en chambre du conseil, le débiteur non dessaisi, le praticien de l'insolvabilité de la procédure principale, le cas échéant le créancier qui a demandé la mesure provisoire ou conservatoire, et avoir recueilli l'avis du ministère public.

Art. R. 692-4 *(D. n° 2018-452, 5 juin 2018)*. – Aux fins de l'application de l'article 46 du règlement (UE) n° 2015/848 précité, le mandataire de justice informe sans délai, par lettre recommandée avec demande d'avis de réception ou, s'il y a consenti, par courrier électronique avec demande d'avis de réception, le praticien de l'insolvabilité de la procédure d'insolvabilité principale de toute demande tendant à la cession de l'entreprise ou d'un élément d'actif de la procédure d'insolvabilité secondaire et du délai dont il dispose pour solliciter la suspension de cette cession.

Le praticien de l'insolvabilité de la procédure d'insolvabilité principale peut solliciter par requête, auprès du tribunal ou du juge-commissaire compétent pour ordonner la cession, la suspension de la cession totale ou partielle de l'entreprise ou de la cession d'actifs dans le délai de vingt jours à compter de la réception de la lettre recommandée avec demande d'avis de réception ou du courrier électronique avec demande d'avis de réception mentionné au premier alinéa.

Art. R. 692-5 *(D. n° 2018-452, 5 juin 2018)*. – S'il est fait droit à la demande de suspension prévue à l'article précédent, le tribunal fixe la date à laquelle la mesure sera réexaminée avant l'expiration d'un délai de trois mois.

La mesure suspend les délais de procédure mentionnés aux articles L. 621-3 et L. 643-2.

Art. R. 692-6 *(D. n° 2018-452, 5 juin 2018)*. – En application du III de l'article L. 692-5, dès le dépôt au greffe du projet de plan par le débiteur ou l'administrateur judiciaire, le greffier avise le praticien de l'insolvabilité de la procédure d'insolvabilité principale de la date de l'audience d'examen du plan prévue à l'article L. 626-9 par lettre recommandée avec demande d'avis de réception.

Le praticien de l'insolvabilité de la procédure d'insolvabilité principale transmet le projet de plan qu'il propose, au débiteur et, le cas échéant, à l'administrateur judiciaire, par lettre recommandée avec demande d'avis de réception au plus tard quinze jours avant la date d'examen du projet de plan par le tribunal. L'audience ne peut se tenir avant l'expiration de ce délai.

Section II. – De l'absence d'ouverture d'une procédure d'insolvabilité secondaire sur le territoire national

(D. n° 2018-452, 5 juin 2018)

Sous-section 1. – De l'engagement pris par le praticien de l'insolvabilité de la procédure d'insolvabilité principale

(D. n° 2018-452, 5 juin 2018)

Art. R. 692-7 *(D. n° 2018-452, 5 juin 2018)*. – I. – Le praticien de l'insolvabilité de la procédure d'insolvabilité principale notifie l'engagement qu'il se propose de prendre en application de l'article 36 du règlement (UE) n° 2015/848 du 20 mai 2015 aux créanciers locaux connus du débiteur qui a un établissement sur le territoire national, par lettre recommandée avec demande d'avis de réception.

Sont joints à cet envoi :

1° Un état de la situation active et passive du débiteur avec ventilation du passif privilégié et du passif chirographaire ;

2° L'ensemble des propositions relatives au règlement des dettes.

II. – L'accord de chaque créancier est recueilli par écrit par le praticien de l'insolvabilité, y compris, si le créancier y a consenti, par voie électronique.

III. – Le praticien de l'insolvabilité de la procédure d'insolvabilité principale peut faire application des dispositions de l'article R. 626-8.

Art. R. 692-8 *(D. n° 2018-452, 5 juin 2018)*. – I. – La requête présentée par le praticien de l'insolvabilité de la procédure d'insolvabilité principale en application de l'article L. 692-8 est accompagnée :

1° De l'engagement ;

2° De la liste des créances des créanciers locaux ;

3° De tout document relatif à la réception de la proposition de l'engagement par les créanciers connus concernés ainsi que des documents mentionnés aux 1° et 2° de l'article R. 692-7, et ;

4° De la preuve de l'accord des créanciers locaux connus concernés.

II. – La décision prise en application de l'article L. 692-8 fait l'objet des mesures de publicité prévues aux cinq premiers alinéas de l'article R. 621-8. Elle est notifiée au praticien de l'insolvabilité requérant et au débiteur. Le greffier adresse sans délai une copie de la décision au ministère public. Le praticien de l'insolvabilité de la procédure d'insolvabilité principale avise par tout moyen et sans délai l'ensemble des créanciers locaux connus de la décision.

III. – La décision est susceptible de recours, selon le cas, dans le délai de dix jours de sa notification ou à compter de sa publication au Bulletin officiel des annonces civiles et commerciales.

Art. R. 692-9 *(D. n° 2018-452, 5 juin 2018 ; mod., D. n° 2019-1419, 20 déc. 2019)*. – Le président du tribunal est saisi selon la procédure accélérée au fond des demandes de mesures provisoires ou conservatoires prévues à l'article L. 692-9.

Il statue en chambre du conseil après avoir entendu ou dûment appelé le débiteur non dessaisi, le praticien de l'insolvabilité de la procédure d'insolvabilité principale, le ou les créanciers requérants, et avoir recueilli l'avis du ministère public.

Le jugement est notifié au débiteur, au créancier requérant et au praticien de l'insolvabilité de la procédure d'insolvabilité principale, par le greffier qui en adresse copie au ministère public.

Sous-section 2. – Des licenciements en l'absence d'ouverture d'une procédure secondaire

(D. n° 2018-452, 5 juin 2018)

Art. R. 692-10 *(D. n° 2018-452, 5 juin 2018)*. – En application de l'article L. 692-10, dans le cadre d'une procédure analogue au redressement judiciaire ou à une liquidation judiciaire avec maintien d'activité, la demande d'autorisation des licenciements est déposée par le praticien de l'insolvabilité de la procédure d'insolvabilité principale au greffe du tribunal compétent.

À cette demande sont jointes les pièces suivantes :

1° La copie de décision d'ouverture de la procédure d'insolvabilité principale ;

2° Les informations permettant de préciser la nature de la procédure d'insolvabilité principale ouverte, notamment si elle est préventive au sens du cinquième alinéa du paragraphe 1 de l'article 1er du règlement (UE) n° 2015/848 du 20 mai 2015 relatif aux procédures d'insolvabilité, si elle permet une restructuration de l'entreprise ou si elle est liquidative ;

3° La liste des salariés employés à la date de la demande d'ouverture, le nom et l'adresse de chacun d'eux, la catégorie socio-professionnelle à laquelle ils appartiennent, le lieu d'exercice de leur activité et le poste occupé ;

4° Le nom et l'adresse des représentants du personnel habilités à être entendus par le tribunal s'ils ont déjà été désignés.

Le jugement rendu en application de l'article L. 692-10 indique le nombre de salariés dont le licenciement est autorisé ainsi que les activités et catégories professionnelles concernées.

Il est notifié aux représentants du personnel, ainsi qu'au praticien de l'insolvabilité de la procédure d'insolvabilité principale. Il est transmis au ministère public.

Le jugement est exécutoire par provision. Il est susceptible d'appel dans les dix jours de sa notification. Le dernier alinéa de l'article R. 661-3, les articles R. 661-4 à R. 661-6 sont applicables.

CHAPITRE III. – DE L'INFORMATION DES CRÉANCIERS ÉTRANGERS ET DE LA DÉCLARATION DES CRÉANCES

(D. n° 2018-452, 5 juin 2018)

Art. R. 693-1 *(D. n° 2018-452, 5 juin 2018)*. – À moins qu'il n'en soit disposé autrement par le présent chapitre, les dispositions des articles R. 624-1 à R. 624-11 sont applicables aux créanciers étrangers.

Art. R. 693-2 *(D. n° 2018-452, 5 juin 2018)*. – Le mandataire judiciaire informe les créanciers étrangers de l'ouverture de la procédure d'insolvabilité, de l'obligation de déclarer leurs créances, du délai de déclaration des créances et des sanctions encourues en cas de dépassement du délai par lettre recommandée avec demande d'avis de réception ou, s'ils y ont consenti, par courrier électronique avec demande d'avis de réception.

Art. R. 693-3 *(D. n° 2018-452, 5 juin 2018)*. – Les délais prévus aux articles R. 622-22 et R. 622-24 ne sont pas opposables aux créanciers qui n'ont pas été informés selon les modalités prévues à l'article 54 du règlement précité.

Art. R. 693-4 *(D. n° 2018-452, 5 juin 2018)*. – Les créances sont déclarées en langue française ou accompagnées d'une traduction en langue française. Le créancier peut produire la traduction de la déclaration de créance et des pièces justificatives jusqu'à ce que le juge-commissaire statue.

CHAPITRE IV. – DES PROCÉDURES D'INSOLVABILITÉ CONCERNANT DES MEMBRES D'UN GROUPE DE SOCIÉTÉS ÉTABLIES DANS PLUSIEURS ÉTATS MEMBRES

(D. n° 2018-452, 5 juin 2018)

Section I. – De la suspension de la réalisation des actifs dans une procédure d'insolvabilité ouverte à l'encontre d'un membre d'un groupe de sociétés

(D. n° 2018-452, 5 juin 2018)

Art. R. 694-1 *(D. n° 2018-452, 5 juin 2018)*. – Les dispositions des articles R. 692-4 et R. 692-5 sont applicables à la mesure de suspension mentionnée à l'article 60 du règlement (UE) n° 2015/848 précité.

Section II. – De la procédure de coordination collective

(D. n° 2018-452, 5 juin 2018)

Art. R. 694-2 *(D. n° 2018-452, 5 juin 2018)*. – Le tribunal, saisi par requête, statue sur l'ouverture de la procédure de coordination collective en chambre du conseil après avoir entendu ou mis en mesure d'être entendus le débiteur, les praticiens de l'insolvabilité concernés, les contrôleurs et après avoir recueilli l'avis du ministère public.

Le jugement est assorti de l'exécution provisoire de plein droit.

Il est notifié au débiteur et aux praticiens de l'insolvabilité concernés, par le greffier qui en adresse copie au ministère public.

Il fait l'objet des mesures de publicité prévues aux cinq premiers alinéas de l'article R. 621-8.

Il est susceptible de recours dans un délai de dix jours à compter de sa notification aux personnes mentionnées au premier alinéa ou à compter de sa publication au Bulletin officiel des annonces civiles et commerciales.

Art. R. 694-3 *(D. n° 2018-452, 5 juin 2018).* – Le tribunal est saisi par requête des demandes présentées en application de l'article L. 694-3. Il statue en chambre du conseil après avoir entendu ou dûment convoqué le coordinateur et les praticiens de l'insolvabilité désignés dans les procédures incluses dans la procédure de coordination.

Art. R. 694-4 *(D. n° 2018-452, 5 juin 2018).* – Le tribunal statue sur la demande de révocation du coordinateur en chambre du conseil après avoir entendu ou mis en mesure d'être entendus le débiteur, le coordinateur, les praticiens de l'insolvabilité concernés, les contrôleurs et après avoir recueilli l'avis du ministère public.

Art. R. 694-5 *(D. n° 2018-452, 5 juin 2018).* – Les trois premiers alinéas de l'article R. 621-21 sont applicables aux décisions prises par le juge-commissaire en application des articles L. 694-6, L. 694-8 et L. 694-9.

Art. R. 694-6 *(D. n° 2018-452, 5 juin 2018).* – Le tribunal est saisi par requête de la demande relative à la suspension de la procédure d'insolvabilité, présentée par le coordinateur en application de l'article L. 694-4.

Il statue sur la demande en chambre du conseil après avoir convoqué le débiteur, les mandataires de justice, le coordinateur, les contrôleurs et après avoir recueilli l'avis du ministère public. Le mandataire judiciaire avise, par tout moyen, les créanciers.

Le jugement fait l'objet des mesures de publicité prévues aux cinq premiers alinéas de l'article R. 621-8. Il est communiqué aux mandataires de justice, aux contrôleurs, au ministère public et au coordinateur.

Art. R. 694-7 *(D. n° 2018-452, 5 juin 2018).* – Aux fins de mise en œuvre de l'article L. 694-8, le mandataire de justice qui ne suit pas les recommandations du programme de coordination collective informe le juge-commissaire de ses motifs. Le juge-commissaire en fait rapport au tribunal et en avise le ministère public.

CHAPITRE V. – DE LA COOPÉRATION ET DE LA COMMUNICATION DES PRATICIENS DE L'INSOLVABILITÉ ET DES JURIDICTIONS

(D. n° 2018-452, 5 juin 2018)

Art. R. 695-1 *(D. n° 2018-452, 5 juin 2018).* – Le juge-commissaire statue sur la demande de communication d'informations confidentielles en application du second alinéa du I de l'article L. 695-2 dans les huit jours de sa saisine après avoir sollicité les observations écrites des mandataires de justice, du débiteur et du ministère public. La décision est notifiée au débiteur, aux mandataires de justice et au procureur de la République.

Art. R. 695-2 *(D. n° 2018-452, 5 juin 2018).* – Le tribunal, le juge-commissaire ou le mandataire de justice désigné en application de l'article L. 695-3 peuvent exiger que toute demande de communication, de coopération ou d'assistance soit présentée par écrit en langue française ou accompagnée d'une traduction en langue française. La demande peut être présentée, si le tribunal, le juge-commissaire ou le mandataire de justice désigné en application de l'article L. 695-3 y consent, par voie électronique.

Art. R. 695-3 *(D. n° 2018-452, 5 juin 2018).* – Les personnes mentionnées à la dernière phrase de l'article L. 695-4 sont avisées de la communication par le greffe par tout moyen.

Art. R. 695-4 *(D. n° 2018-452, 5 juin 2018).* – Si le débiteur remplit les conditions du premier alinéa de l'article L. 626-29, l'administrateur judiciaire avise sans délai le praticien de l'insolvabilité désigné dans une procédure d'insolvabilité ouverte par la juridiction d'un autre État membre à l'égard du débiteur des dates de

réunion des comités de créanciers et de l'assemblée générale des obligataires, et au plus tard vingt jours avant la date du premier vote.

Voir : la rédaction de cet article issue du décret n° 2021-1218 du 23 septembre 2021, en *addendum*, p. 3461.

CHAPITRE VI. – DES DISPOSITIONS APPLICABLES AUX DÉPARTEMENTS ET RÉGIONS D'OUTRE-MER

(D. n° 2018-452, 5 juin 2018)

Le présent chapitre ne comprend pas de dispositions réglementaires.

LIVRE SEPTIÈME

DES JURIDICTIONS COMMERCIALES ET DE L'ORGANISATION DU COMMERCE

TITRE PREMIER. – DU RÉSEAU DES CHAMBRES DE COMMERCE ET D'INDUSTRIE

CHAPITRE I. – DE L'ORGANISATION ET DES MISSIONS DU RÉSEAU DES CHAMBRES DE COMMERCE ET D'INDUSTRIE

Section I. – Des chambres de commerce et d'industrie territoriales, locales et départementales d'Île-de-France

(Intitulé mod., D. n° 2010-924, 3 août 2010 ; D. n° 2010-1463, 1er déc. 2010 ; D. n° 2019-1317, 9 déc. 2019)

Sous-section 1. – Dispositions générales

Art. R. 711-1 *(Mod., D. n° 2010-924, 3 août 2010 ; rempl., D. n° 2010-1463, 1er déc. 2010 ; D. n° 2016-569, 10 mai 2016).* – Les circonscriptions des chambres de commerce et d'industrie territoriales, locales et départementales d'Île-de-France couvrent l'ensemble du territoire métropolitain et celui des collectivités régies par l'article 73 de la Constitution. La même portion de territoire ne peut figurer dans la circonscription de plus d'une chambre de commerce et d'industrie territoriale, locale ou départementale d'Île-de-France.

Art. R. 711-2 *(D. n° 2010-924, 3 août 2010 ; mod., D. n° 2010-1463, 1er déc. 2010 ; D. n° 2015-840, 8 juill. 2015).* – Les chambres de commerce et d'industrie territoriales sont instituées par décret sur la proposition du ministre chargé de leur tutelle.

Art. R. 711-2-1 *(D. n° 2016-569, 10 mai 2016).* – Les chambres de commerce et d'industrie locales sont instituées par décret. Le décret fixe notamment la circonscription et le lieu d'implantation de la chambre de commerce et d'industrie locale.

Lorsqu'une chambre de commerce et d'industrie territoriale est transformée en chambre de commerce et d'industrie locale entre deux renouvellements généraux, les élus de la chambre de commerce et d'industrie territoriale deviennent les élus de la chambre de commerce et d'industrie locale. Ils siègent à la chambre de commerce et d'industrie locale et, le cas échéant, à la chambre de commerce et d'industrie de région jusqu'à la fin de la mandature en cours.

Sauf dispositions législatives ou réglementaires contraires, les dispositions relatives aux chambres de commerce et d'industrie départementales d'Île-de-France sont applicables aux chambres de commerce et d'industrie locales.

Art. R. 711-3 *(Mod., D. n° 2010-924, 3 août 2010 ; D. n° 2016-1894, 27 déc. 2016)*. – Les chambres de commerce et d'industrie territoriales, locales et départementales d'Île-de-France peuvent s'adjoindre des membres associés en nombre au plus égal à la moitié des membres élus. Les membres associés sont désignés par la chambre après chaque renouvellement parmi des personnalités qualifiées détenant des compétences en matière économique utiles à l'établissement public.

Art. R. 711-4 *(Mod., D. n° 2010-1463, 1er déc. 2010)*. – Les membres associés prennent part aux délibérations avec voix consultative et peuvent représenter les chambres dans toutes les instances auxquelles celles-ci participent, sans pouvoir les engager sur le plan financier ou contractuel.

Art. D. 711-5 *(Abr., D. n° 2019-1317, 9 déc. 2019)*.

> **Rédaction antérieure.** Art. D. 711-5 *(Mod., D. n° 2010-924, 3 août 2010 ; rempl., D. n° 2010-1463, 1er déc. 2010 ; mod., D. n° 2015-840, 8 juill. 2015)*. – En application des articles L. 2211-1, L. 2233-1 et L. 2233-2 du Code du travail, les chambres de commerce et d'industrie territoriales ou de région sont autorisées à conclure des accords collectifs de travail, conformément aux dispositions des articles L. 2211-1, L. 3311-1, L. 3312-2, L. 3312-3, L. 3312-5 et L. 3312-6 du même code et sous réserve des accords nationaux conclus par CCI France en application de l'article L. 711-16 du présent code, au bénéfice des seuls personnels qu'elles emploient sous contrat relevant du droit du travail.

Art. R. 711-6 *(Mod., D. n° 2010-924, 3 août 2010 ; D. n° 2016-1894, 27 déc. 2016 ; D. n° 2019-1317, 9 déc. 2019)*. – Les établissements publics du réseau des chambres de commerce et d'industrie peuvent délivrer des certificats pour attester de l'origine prévue par le Code des douanes de l'Union européenne, par la convention de Genève pour la simplification des formalités douanières du 3 novembre 1923 et par la convention internationale de Kyoto pour la simplification et l'harmonisation des régimes douaniers du 18 juin 1974.

Chaque année les établissements publics du réseau des chambres de commerce et d'industrie sont appelés à présenter au ministre chargé de leur tutelle des propositions en vue de la désignation d'adjoints aux commissaires experts pour les affaires de douane.

Art. R. 711-7 *(Abr., D. n° 2019-1317, 9 déc. 2019)*.

> **Rédaction antérieure.** Art. R. 711-7 *(Mod., D. n° 2007-574, 19 avr. 2007 ; D. n° 2010-924, 3 août 2010 ; D. n° 2010-1463, 1er déc. 2010)*. – [Les] établissements publics du réseau des chambres de commerce et d'industrie peuvent saisir leur autorité de tutelle de toutes les questions intéressant le fonctionnement des services qui leur sont confiés, et lui transmettent chaque année un compte rendu général de leurs travaux.

Art. R. 711-8 *(Mod., D. n° 2010-924, 3 août 2010 ; rempl., D. n° 2010-1463, 1er déc. 2010)*. – Les établissements du réseau des chambres de commerce et d'industrie peuvent correspondre directement entre eux et avec les pouvoirs publics de leur circonscription pour toutes les questions relatives aux intérêts de l'industrie, du commerce et des services.

Art. R. 711-9 *(Abr., D. n° 2007-574, 19 avr. 2007)*.

Art. D. 711-9 *(Abr., D. n° 2019-1317, 9 déc. 2019)*.

> **Rédaction antérieure.** Art. D. 711-9 *(D. n° 2007-987, 15 mai 2007 ; mod., D. n° 2010-924, 3 août 2010)*. – Les chambres de commerce et d'industrie territoriales établissent annuellement, dans le cadre de leur rapport d'activité, un relevé des indicateurs d'activité, de qualité et de performance, prévus à l'article D. 711-56-1, qu'elles transmettent à la chambre de commerce et d'industrie de région et à *(Mots rempl., D. n° 2015-536, 15 mai 2015)* « CCI France ».

Art. R. 711-10 *(Abr., D. n° 2007-574, 19 avr. 2007)*.

Art. D. 711-10 *(D. n° 2007-987, 15 mai 2007 ; mod., D. n° 2010-924, 3 août 2010 ; D. n° 2010-1463, 1er déc. 2010)*. – Les chambres de commerce et d'industrie *(Mots suppr. à compter du 1er avril 2021, D. n° 2021-300, 18 mars 2021)* « ... » ont notamment une mission de service aux créateurs et repreneurs d'entreprises et aux entreprises industrielles, commerciales et de services de leur circonscription.

Pour l'exercice de cette mission, elles créent et gèrent des centres de formalités des entreprises et apportent à celles-ci toutes informations et tous conseils utiles pour leur développement.

Pour l'exercice de cette mission, elles *(Mots rempl. à compter du 1er janvier 2023, D. n° 2021-300, 18 mars 2021)* « apportent aux entreprises » toutes informations et tous conseils utiles pour leur développement.

Elles peuvent également créer et assurer directement d'autres dispositifs de conseil et d'assistance aux entreprises, dans le respect du droit de la concurrence et sous réserve de la tenue d'une comptabilité analytique.

Art. D. 711-10-1 *(D. n° 2010-1463, 1er déc. 2010 ; mod., D. n° 2020-1253, 13 oct. 2020).* – Dans le cadre de leurs attributions, les chambres de commerce et d'industrie territoriales et les chambres de commerce et d'industrie de région sont autorités compétentes en application de l'article 32 de la loi n° 2010-853 du 23 juillet 2010 relative aux réseaux consulaires, au commerce, à l'artisanat et aux services. Elles coopèrent à ce titre avec les autorités compétentes des autres États membres de l'Union européenne ou des États parties à l'accord sur l'Espace économique européen.

Art. R. 711-11 *(Abr., D. n° 2019-1317, 9 déc. 2019).*

Rédaction antérieure. Art. R. 711-11 *(Mod., D. n° 2010-924, 3 août 2010 ; D. n° 2010-1463, 1er déc. 2010).* – Les chambres de commerce et d'industrie territoriales et les chambres de commerce et d'industrie de région peuvent publier le compte rendu de leurs séances.

Art. R. 711-11-1 *(D. n° 2010-1463, 1er déc. 2010 ; D. n° 2019-1317, 9 déc. 2019).* – Les expérimentations mentionnées au quatrième alinéa de l'article L. 711-1 sont cohérentes avec les schémas sectoriels.

Les chambres de commerce et d'industrie territoriales souhaitant procéder à ces expérimentations doivent présenter à leur assemblée et à la chambre de commerce et d'industrie de région une étude présentant le projet, ses objectifs, son financement, l'impact économique attendu, la durée prévue de cette expérimentation qui ne peut dépasser cinq ans renouvelables.L'étude est transmise à l'autorité de tutelle. Les expérimentations font l'objet d'un vote des assemblées générales des chambres concernées.

Les chambres de commerce et d'industrie locales et départementales d'Île-de-France peuvent procéder à ces expérimentations dans les mêmes conditions et selon les modalités fixées dans le règlement intérieur de la chambre de commerce et d'industrie de région à laquelle elles sont rattachées.

Ces expérimentations donnent lieu tous les deux ans à un bilan relatif à l'impact de la mesure récapitulant les points évoqués dans l'étude mentionnée ci dessus.

Sous-section 2. – Du fonctionnement

Art. R. 711-12 *(Rempl., D. n° 2010-924, 3 août 2010 ; mod., D. n° 2010-1463, 1er août 2010 ; D. n° 2016-569, 10 mai 2016).* – Dans les trois semaines qui suivent le dernier jour du scrutin, les membres élus de la chambre de commerce et d'industrie territoriale, locale et départementale d'Île-de-France sont installés par l'autorité de tutelle ou son représentant. L'autorité de tutelle dresse procès-verbal de la séance.

Art. R. 711-13 *(Mod., D. n° 2010-924, 3 août 2010 ; rempl., D. n° 2010-1463, 1er déc. 2010 ; mod., D. n° 2013-381, 3 mai 2013 ; D. n° 2016-569, 10 mai 2016 ; D. n° 2019-1317, 9 déc. 2019).* – Après chaque renouvellement, les chambres de commerce et d'industrie territoriales, locales et les chambres départementales d'Île-de-France élisent un bureau composé d'un président, de deux vice-présidents, d'un trésorier, d'un trésorier adjoint et d'un ou deux secrétaires.

Le président et les deux vice-présidents élus en application de l'alinéa précédent représentent les trois catégories professionnelles mentionnées à l'article L. 713-11. Le président et les vice-présidents ne peuvent cumuler leur fonction avec celle de trésorier ou de trésorier adjoint, conformément aux dispositions de l'article R. 712-13, ou celle de secrétaire.

L'autorité de tutelle peut autoriser l'augmentation du nombre de membres du bureau dans la limite de trois membres au plus, pour tenir compte des particularités locales. Cette augmentation est de droit pour l'application de l'article R. 711-21.

Le règlement intérieur de la chambre de commerce et d'industrie de région précise, le cas échéant, les délégations de signature accordées au président et au trésorier des chambres de commerce et d'industrie locales ou départementales d'Île-de-France.

Art. R. 711-14 *(Mod., D. n° 2010-924, 3 août 2010 ; D. n° 2010-1463, 1er déc. 2010 ; D. n° 2019-1317, 9 déc. 2019).* – Entre deux renouvellements, il est pourvu, lors de l'assemblée générale la plus proche et au plus tard dans les deux mois suivant la vacance du poste au sein du bureau, au remplacement du membre concerné, même si ce point n'a pas été inscrit à l'ordre du jour de cette assemblée, sous réserve d'une information préalable des membres de l'assemblée générale au plus tard cinq jours avant la tenue de la réunion de cette assemblée. En cas de vacance de la moitié des postes, le bureau est réélu dans sa totalité.

Si au sein du bureau d'une chambre de commerce et d'industrie territoriale les postes de président, vice-président, trésorier et trésorier adjoint sont vacants, l'autorité de tutelle assure l'expédition des affaires courantes jusqu'à l'élection d'un nouveau bureau.

En cas de vacance de l'ensemble des fonctions au sein du bureau d'une chambre de commerce et d'industrie locale ou départementale d'Île-de-France, le bureau de la chambre de commerce et d'industrie de région assure l'expédition des affaires courantes.

En cours de mandature, le président de la chambre de commerce et d'industrie territoriale peut proposer à l'assemblée générale de modifier la composition du bureau, ou de remplacer certains de ses membres en dehors des membres de droit prévus à l'article R. 711-21 et dans la limite de la moitié des membres du bureau.

Art. R. 711-15 *(Mod., D. n° 2010-924, 3 août 2010 ; D. n° 2010-1463, 1er déc. 2010 ; D. n° 2016-569, 10 mai 2016 ; D. n° 2019-1317, 9 déc. 2019).* – Les candidats aux fonctions de membre du bureau attestent auprès de l'autorité de tutelle qu'ils remplissent les conditions prévues à l'article L. 713-4 et qu'ils ne sont frappés d'aucune des incapacités mentionnées à l'article L. 713-3.

Les candidats à la fonction de président mentionnent dans leur attestation la durée des mandats qu'ils ont déjà accomplis en tant que président d'un établissement public du réseau des chambres de commerce et d'industrie.

L'attestation est jointe au procès-verbal de la séance d'installation ou au compte rendu de l'assemblée générale.

Nul ne peut être simultanément membre du bureau d'une chambre du réseau des chambres de commerce et d'industrie et membre du bureau d'une chambre du réseau des chambres des métiers et de l'artisanat. En cas de cumul, l'intéressé fait connaître à l'autorité de tutelle, dans les dix jours qui suivent la survenance du cumul, celle des deux fonctions qu'il choisit d'exercer. À défaut, il est considéré comme ayant choisi la dernière fonction à laquelle il a été élu.

Art. R. 711-16 et R. 711-17 *(Abr., D. n° 2007-574, 19 avr. 2007).*

Art. R. 711-16 *(D. n° 2016-1894, 27 déc. 2016).* – L'assemblée générale des chambres de commerce et d'industrie territoriales, locales et départementales d'Île-de-France se réunit chaque fois qu'elle est convoquée par son président ou à la demande du tiers de ses membres ou de l'autorité de tutelle.

Elle est réunie dans les conditions prévues dans son règlement intérieur, au moins trois fois par an.

Sous-section 3. – De la délégation des chambres de commerce et d'industrie territoriales

(Intitulé mod., D. n° 2010-924, 3 août 2010)

Art. R. 711-18 *(Mod., D. n° 2010-924, 3 août 2010 ; D. n° 2016-1894, 27 déc. 2016).* – Lorsque, dans la circonscription d'une chambre de commerce et d'industrie territoriale, l'existence de bassins d'activités économiques le rend nécessaire, des délégations correspondant à des limites administratives peuvent y être créées par arrêté de l'autorité de tutelle. Toutefois, aucune délégation ne peut être créée au-delà du 15 avril de l'année au cours de laquelle il est procédé au renouvellement de la chambre de commerce et d'industrie territoriale.

La suppression d'une délégation s'effectue dans les mêmes conditions. Elle peut intervenir entre deux renouvellements généraux, au plus tard le 15 avril de l'année au cours de laquelle il est procédé au renouvellement général de la chambre de commerce et d'industrie territoriale.

Art. R. 711-19 *(Rempl., D. n° 2010-924, 3 août 2010 ; mod., D. n° 2010-1463, 1er déc. 2010 ; D. n° 2016-1894, 27 déc. 2016 ; D. n° 2019-1317, 9 déc. 2019).* – La délégation est constituée de membres de la chambre de commerce et d'industrie territoriale dont l'activité ou l'entreprise qu'ils représentent se situe dans la circonscription de la délégation et qui ont été identifiés en tant que membres de la chambre et de la délégation lors des opérations électorales. Ces membres de la délégation sont élus au niveau de la circonscription de la chambre de commerce et d'industrie territoriale.

Sur proposition de l'assemblée générale de la chambre de commerce et d'industrie territoriale, l'autorité de tutelle peut décider que chaque délégation comprend au minimum un élu par catégorie ou sous-catégorie indépendamment du poids économique de la délégation. Le nombre de membres de la délégation et leur répartition entre catégories et, le cas échéant, entre sous-catégories professionnelles sont arrêtés par l'autorité de tutelle dans les conditions prévues aux articles R. 711-47 et R. 713-66.

Art. R. 711-20 *(Mod., D. n° 2010-924, 3 août 2010).* – La délégation, qui ne peut se réunir par catégorie professionnelle, soumet à la chambre ses propositions et ses vœux. Elle peut être consultée directement par l'administration sur les problèmes particuliers de sa circonscription.

La délégation soumet à l'approbation de la chambre de commerce et d'industrie territoriale ses règles de fonctionnement, qui sont intégrées au règlement intérieur de la chambre.

Art. R. 711-21 *(Mod., D. n° 2010-924, 3 août 2010).* – La délégation élit son président qui est de droit membre du bureau de la chambre de commerce et d'industrie territoriale.

(Al. abr., D. n° 2016-569, 10 mai 2016).

La délégation se réunit sur convocation de son président ou à la demande du tiers au moins de ses membres. Elle peut s'adjoindre des membres associés dans les conditions prévues aux articles R. 711-3 et R. 711-4.

Sous-section 4. – Des groupements interconsulaires

Art. R. 711-22 *(Mod., D. n° 2007-574, 19 avr. 2007 ; D. n° 2010-924, 3 août 2010 ; D. n° 2010-1463, 1er déc. 2010).* – Peuvent être érigés en établissements publics les groupements que les chambres de commerce et d'industrie territoriales et les chambres de commerce et d'industrie de région sont autorisées à former entre elles pour la défense d'intérêts spéciaux et communs.

Ces établissements publics, dénommés « groupements interconsulaires », sont créés par décret pris sur le rapport du ministre chargé de la tutelle des chambres de commerce et d'industrie territoriales ou de région, sur proposition des chambres de commerce et d'industrie territoriales intéressées, après avis du ou des préfets de département et du ou des préfets de région intéressés.

Art. R. 711-23 *(Mod., D. n° 2007-574, 19 avr. 2007 ; D. n° 2010-1463, 1er déc. 2010).* – Les groupements interconsulaires sont autorisés à fonder et à administrer tous établissements à usage de commerce et d'industrie dans les conditions énoncées à l'article R. 712-28 et dans la limite des attributions définies par le décret prévu à l'article R. 711-22. Dans la même limite, ils peuvent participer à toute opération propre à assurer le développement économique de la circonscription des chambres qui les constituent.

Art. R. 711-24 *(Mod., D. n° 2010-924, 3 août 2010).* – Les groupements interconsulaires peuvent être déclarés concessionnaires de travaux publics ou chargés de services publics dans les mêmes conditions que les chambres de commerce et d'industrie territoriales. La concession peut se rapporter non seulement à des travaux entrepris par l'État, mais aussi à ceux qui sont à la charge des collectivités locales, de leurs établissements publics ou d'associations syndicales.

Art. R. 711-25 *(Mod., D. n° 2010-924, 3 août 2010 ; D. n° 2010-1463, 1er déc. 2010).* – Le décret prévu à l'article R. 711-22 fixe le nombre de sièges de l'assemblée générale du groupement interconsulaire réservés à chacune des chambres constituant le groupement ; ce nombre ne peut être inférieur à deux. Le total des sièges ne peut être inférieur à dix ou supérieur à trente, toutefois il peut être dérogé à cette règle lorsque le nombre des chambres participantes est supérieur à dix.

Les présidents des chambres constituant un groupement interconsulaire sont membres de droit de l'assemblée générale de celui-ci. Ils peuvent se faire suppléer par un membre du bureau de leur chambre.

Les autres membres de l'assemblée générale du groupement sont élus dans chaque chambre de commerce et d'industrie territoriales ou de région participante par l'ensemble des membres titulaires de celle-ci.

L'élection a lieu dans les quinze jours qui suivent l'installation de la chambre, au scrutin uninominal à un tour.

Art. R. 711-26 *(Mod., D. n° 2010-924, 3 août 2010 ; D. n° 2010-1463, 1er déc. 2010).* – Les autorités de tutelle des chambres de commerce et d'industrie territoriales ou le cas échéant de région participant au groupement vérifient que la désignation des représentants a été faite dans les conditions prévues à l'article

R. 711-25 et communiquent le procès-verbal des opérations au préfet de la région où est situé le siège du groupement.

Le préfet du département où est situé le siège du groupement procède à l'installation, dans leurs fonctions, des membres du groupement.

Art. R. 711-27 *(Mod., D. n° 2010-924, 3 août 2010 ; D. n° 2010-1463, 1er déc. 2010).* – Les représentants des chambres de commerce et d'industrie territoriales ou de région autres que les présidents, membres de droit, sont élus pour cinq ans. Toutefois, si leur chambre est mise en renouvellement une année autre que celle du renouvellement quinquennal, leur mandat vient automatiquement à expiration et la chambre de commerce et d'industrie territoriale ou de région procède dans les conditions prévues à l'article R. 711-25 à de nouvelles désignations. Si un groupement interconsulaire est créé dans la période qui sépare deux élections quinquennales consulaires, les membres de son assemblée générale sont renouvelés lors du prochain renouvellement quinquennal.

Entre deux renouvellements quinquennaux, des désignations peuvent intervenir dans les conditions fixées à l'article R. 711-25 pour combler les vacances éventuelles.

À partir du jour du renouvellement quinquennal jusqu'au jour de l'installation des nouveaux membres de l'assemblée générale du groupement, celle-ci ne peut se réunir que pour procéder aux actes d'administration conservatoires et urgents. En aucun cas, il ne lui est permis d'engager des dépenses excédant les ressources disponibles de l'exercice courant.

Art. R. 711-28 *(Mod., D. n° 2013-381, 3 mai 2013).* – Le bureau du groupement comprend un président, un secrétaire et un trésorier.

Pour tenir compte des particularités locales, des missions du groupement interconsulaire et du nombre de chambres le constituant, l'autorité de tutelle peut autoriser l'augmentation du nombre de membres du bureau.

En cas de vacance, le bureau est complété.

Le bureau prépare, pour les soumettre à l'assemblée générale, les projets de budgets et les comptes du groupement interconsulaire.

Le président représente le groupement interconsulaire auprès des pouvoirs publics et dans tous les actes de la vie civile. Il peut déléguer cette mission pour une période et un objet déterminés par un mandat révocable à tout instant.

Art. R. 711-29. – L'assemblée se réunit chaque fois qu'elle est convoquée par son président, de sa propre initiative ou sur la demande du ministre chargé de la tutelle des chambres de commerce et d'industrie.

Le président réunit également l'assemblée générale toutes les fois qu'il est saisi d'une demande émanant du tiers de ses membres.

Dans l'intervalle des sessions, le groupement est représenté par le bureau. L'assemblée générale peut déléguer ses pouvoirs au bureau pour une période et un objet déterminés. Cette délégation est révocable à tout instant.

Art. R. 711-30 *(Abr., D. n° 2007-574, 19 avr. 2007).*

Art. R. 711-31 *(Mod., D. n° 2007-574, 19 avr. 2007 ; D. n° 2010-924, 3 août 2010 ; D. n° 2010-1463, 1er déc. 2010).* – Le groupement interconsulaire peut être dissous par décret pris sur le rapport du ministre chargé de la tutelle des chambres de commerce et d'industrie territoriales, sur proposition des chambres intéressées.

L'admission de nouvelles chambres de commerce et d'industrie territoriales ou de région à un groupement et le retrait de chambres de commerce et d'industrie territoriales ou de région parties à un groupement sont autorisés par décret.

Section II. – Des chambres de commerce et d'industrie de région

(Intitulé mod., D. n° 2010-924, 3 août 2010)

Art. R. 711-32 *(Mod., D. n° 2010-924, 3 août 2010 ; rempl., D. n° 2010-1463, 1er déc. 2010 ; D. n° 2016-1894, 27 déc. 2016 ; D. n° 2019-1317, 9 déc. 2019).* – I. – Les personnels de droit privé et les agents de droit public employés par les chambres de commerce et d'industrie de région constituent, pour l'application des dispositions du présent titre, le personnel de ces établissements.

II. – Les personnels de droit privé sont recrutés par la chambre de commerce et d'industrie de région conformément au Code du travail, aux accords collectifs interprofessionnels étendus, à la convention collective, aux accords collectifs conclus par CCI France et, le cas échéant, aux accords collectifs conclus par la chambre elle-même.

III. – La chambre de commerce et d'industrie de région peut affecter les personnels de droit privé qu'elle recrute, ou mettre à disposition les agents publics, auprès des chambres de commerce et d'industrie territoriales qui lui sont rattachées, après les avoir consultées et dans le respect de la masse salariale prévue dans le budget voté par ces dernières pour l'exercice en cours.

Le contrat de travail conclu par la chambre de commerce et d'industrie de région avec un personnel de droit privé précise l'établissement public dans lequel le salarié est affecté ainsi que les conditions de sa mobilité professionnelle dans la circonscription de la chambre de commerce et d'industrie de région.

La chambre de commerce et d'industrie de région peut mettre fin à une affectation ou à une mise à disposition après avis du président de la chambre de commerce et d'industrie territoriale concernée.

En cas de défaut de versement, par une chambre de commerce et d'industrie territoriale, des dépenses obligatoires prévues au 5° de l'article L. 711-8, la chambre de commerce et d'industrie de région peut déduire les sommes correspondantes du montant de taxe pour frais de chambres allouée à cette chambre de commerce et d'industrie territoriale.

IV. – Lorsque la délégation permanente prévue au 3° *bis* de l'article L. 711-3 lui a été confiée par la chambre de commerce et d'industrie de région à laquelle son établissement est rattaché, le président de la chambre de commerce et d'industrie territoriale conclut les contrats de travail et avenants entre les personnels de droit privé et la chambre de commerce et d'industrie de région, dans le respect du plafond d'emploi fixé par cette dernière et de la masse salariale prévue dans son budget voté.

La décision de délégation précise les missions des personnels qu'elle autorise à recruter. Elle ne peut porter sur le recrutement du directeur général ni, le cas échéant, sur le recrutement des personnels en charge de fonctions mutualisées dans le cadre du schéma régional d'organisation des missions.

La chambre de commerce et d'industrie de région est informée des projets de recrutements dans le cadre de cette délégation.

Les décisions relatives à la rémunération du personnel ainsi qu'à la fin de la relation de travail des agents publics ou du contrat de travail des personnels de droit privé ne peuvent être déléguées.

V. – La délégation donnée aux présidents des chambres de commerce et d'industrie territoriale pour gérer la situation personnelle de leur personnel peut avoir pour objet :

1° La gestion de ses droits à congés ;

2° La gestion et l'aménagement de son temps de travail ;

3° L'exercice du pouvoir disciplinaire, à l'exclusion de la rupture de la relation de travail ;

4° La gestion des emplois et des compétences conformément à la gestion prévisionnelle des emplois et des compétences mise en place au niveau national et au niveau régional ;

5° La gestion des actions de formation professionnelle, dans le cadre de la politique de formation établie par la chambre de commerce et d'industrie de région ;

6° L'organisation, l'aménagement et l'amélioration des conditions de travail et de l'emploi ;

7° Les mesures de prévention en matière de santé et de sécurité au travail conformément à la quatrième partie *du Code du travail.*

VI. – Les actes de délégation sont accordés par le président de la chambre de commerce et d'industrie de région, après autorisation de son assemblée générale. Ils précisent la durée de la délégation, qui ne peut excéder celle de la mandature, ainsi que son périmètre.

Ils sont publiés dans les conditions prévues au règlement intérieur de la chambre.

Sous-section 1. – Des compétences

(Rempl., D. n° 2010-1463, 1er déc. 2010)

Art. R. 711-33 *(Mod., D. n° 2010-924, 3 août 2010 ; rempl., D. n° 2010-1463, 1er déc. 2010 ; D. n° 2016-1894, 27 déc. 2016 ; D. n° 2019-1317, 9 déc. 2019).* – I. – Les chambres de commerce et d'industrie de région fournissent l'avis demandé par le conseil régional sur tout dispositif d'assistance aux créateurs et repreneurs d'entreprises et aux entreprises dont la région envisage la création.

Elles peuvent être consultées par l'État, la région et leurs établissements publics sur toute question relative à l'activité et au développement économique, à la formation professionnelle, à l'aménagement du territoire et à l'environnement de la circonscription régionale.

Elles peuvent, de leur propre initiative, émettre des avis et des vœux sur ces mêmes questions.

Les chambres de commerce et d'industrie territoriales sont informées des avis rendus en application des alinéas qui précèdent par la chambre de commerce et d'industrie de région de rattachement de leur circonscription.

II. – Les fonctions d'appui et de soutien prévues au 6° de l'article L. 711-8 comprennent au moins :

1° La gestion du personnel qu'elle emploie, comprenant notamment la paie et la formation ;

2° Les services financiers et comptables ;

3° Les services d'audit ;

4° Les services juridiques ;

5° Les achats et les marchés publics ;

6° La communication ;

7° Les systèmes d'information.

Ces fonctions d'appui et de soutien peuvent couvrir les services et les équipements gérés par les chambres de commerce et d'industrie qui leur sont rattachées.

Conformément au I de l'article L. 711-10, elles peuvent déléguer une partie de ces fonctions d'appui et de soutien, à l'exception de celles qui figurent au 1° ci-dessus qui sont exercées à leur niveau, à l'une des chambres qui leur sont rattachées, mais sans qu'une fonction d'appui et de soutien puisse être fractionnée, ou déléguée à plusieurs chambres.

Chaque chambre de commerce et d'industrie de région à laquelle sont rattachées des chambres de commerce et d'industrie territoriales constitue une centrale d'achat au sens du Code de la commande publique.

Art. R. 711-34 *(Mod., D. n° 2010-924, 3 août 2010 ; rempl., D. n° 2010-1463, 1er déc. 2010 ; mod., D. n° 2016-1894, 27 déc. 2016).* – Lorsque l'importance d'un établissement, ouvrage ou service géré par une chambre de commerce et d'industrie territoriale excède ses moyens financiers, la gestion ou l'exploitation peut en être confiée à la chambre de commerce et d'industrie de région à laquelle cet établissement gestionnaire est rattaché.

Cette décision est prise, suivant le cas :

1° Par l'autorité de tutelle, dans le cadre de la tutelle renforcée des articles R. 712-10 et R. 712-11, avec l'accord du concédant si celui-ci n'est pas l'État.

Les modalités du transfert sont alors inscrites en annexe d'un arrêté préfectoral ;

2° Ou par décisions des chambres concernées adoptées dans les mêmes termes, avec l'accord du concédant.

Les modalités du transfert sont alors précisées par une convention soumise à l'approbation de l'autorité de tutelle dans les conditions du 7° de l'article R. 712-7.

Si nécessaire, le schéma sectoriel et le schéma d'organisation des missions sont actualisés pour tenir compte de ce transfert.

Art. R. 711-34-1 *(Anc. art. D. 711-34-1 créé, D. n° 2007-987, 15 mai 2007 ; mod., D. n° 2010-924, 3 août 2010 ; rempl., D. n° 2010-1463, 1er déc. 2010 ; mod. en tant qu'il s'appliquait aux chambres de commerce et d'industrie territoriales, CE, 9 mai 2012, n° 346339, Chambres de commerce et d'industrie de l'Essonne et de Seine-et-Marne : JurisData n° 2012-009697 ; dénum. et rempl., D. n° 2019-1317, 9 déc. 2019).* – Les chambres de commerce et d'industrie de région veillent à ce que les chambres qui leur sont rattachées mettent à disposition des ressortissants les services et prestations à caractère obligatoire mise à leur charge par la loi ou le règlement. Lorsqu'une chambre de commerce et d'industrie de région constate qu'un de ces services ou qu'une de ces prestations ne sont pas rendus par une chambre de commerce et d'industrie qui lui est rattachée, elle élabore conjointement avec cet établissement des mesures tendant à remédier à cette situation. Ces mesures sont transmises pour information à l'autorité de tutelle et à CCI France.

La persistance de la situation mentionnée à l'alinéa précédent peut être considérée comme une circonstance compromettant le fonctionnement de l'établissement au sens de l'article L. 712-9.

Art. D. 711-34-2 *(Abr., D. n° 2016-1894, 27 déc. 2016).*

Art. D. 711-34-3 *(Abr., D. n° 2019-1317, 9 déc. 2019).*

> **Rédaction antérieure.** Art. D. 711-34-3 *(D. n° 2007-987, 15 mai 2007 ; mod., D. n° 2010-924, 3 août 2010 ; rempl., D. n° 2010-1463, 1er déc. 2010 ; D. n° 2015-536, 15 mai 2015 ; D. n° 2016-1894, 27 déc. 2016).* – Les chambres de commerce et d'industrie de région présentent dans le cadre de leur rapport annuel d'activité le relevé des indicateurs de comptabilité analytique prévus en application de l'article R. 712-19 et dans les conventions d'objectifs et de moyens mentionnées à l'article R. 711-40-1, pour ce qui les concerne, ainsi que pour les chambres de commerce et d'industrie qui leur sont rattachées.
> Ces relevés sont transmis annuellement à CCI France avant le 15 juillet de l'année suivant celle de l'exercice concerné.

Sous-section 2. – Des schémas directeurs, des schémas sectoriels et des schémas régionaux d'organisation des missions

(Intitulé rempl., D. n° 2014-1333, 5 nov. 2014 puis D. n° 2016-1894, 27 déc. 2016 ; intitulé mod., D. n° 2019-1317, 9 déc. 2019)

Art. R. 711-35 *(Mod., D. n° 2010-924, 3 août 2010 ; D. n° 2016-1894, 27 déc. 2016).* – **Le schéma directeur de la chambre de commerce et d'industrie de région, défini au 2° de l'article L. 711-8, détermine les limites administratives des chambres de commerce et d'industrie qui lui sont rattachées et, le cas échéant, celles des délégations des chambres de commerce et d'industrie territoriales.**

Le schéma directeur est accompagné d'un rapport justifiant les choix effectués au regard des critères mentionnés aux articles L. 711-8 et R. 711-18 et du schéma régional d'aménagement, de développement durable et d'égalité des territoires, mentionné à l'article L. 4251-1 du Code général des collectivités territoriales, lorsque ce dernier a été adopté.

Art. R. 711-36 *(Mod., D. n° 2010-924, 3 août 2010 ; D. n° 2015-840, 8 juill. 2015).* – **Ne peuvent figurer dans le schéma directeur que les chambres de commerce et d'industrie territoriales dont la circonscription correspond au moins à un département ou, à défaut, dont le nombre de ressortissants mesuré par l'étude économique mentionnée à l'article R. 713-66, et qui a été remise au préfet en vue du dernier renouvellement général, est égal ou supérieur à 10 000.**

Art. R. 711-37 *(Mod., D. n° 2010-924, 3 août 2010 ; D. n° 2010-1463, 1er déc. 2010, ; D. n° 2013-320, 15 avr. 2013 ; D. n° 2016-1894, 27 déc. 2016).* – **Le schéma directeur peut prévoir, dans le respect des conditions définies à l'article R. 711-36, la fusion de chambres de commerce et d'industrie territoriales dont les circonscriptions sont limitrophes mais qui appartiennent à des régions différentes.**

La fusion est inscrite dans les schémas directeurs établis et adoptés par les chambres de région intéressées.

Art. R. 711-38 *(Mod., D. n° 2010-924, 3 août 2010 ; D. n° 2010-1463, 1er déc. 2010 ; D. n° 2016-1894, 27 déc. 2016 ; D. n° 2019-1317, 9 déc. 2019).* – **Le projet de schéma directeur est adopté par l'assemblée générale de la chambre de commerce et d'industrie de région, à la majorité des deux tiers de ses membres en exercice, présents ou représentés.**

Il est transmis, accompagné du rapport mentionné à l'article R. 711-35, à l'autorité de tutelle et à CCI France, dans un délai d'un mois après son adoption.

Si le schéma directeur n'a pu être adopté par l'assemblée générale de la chambre de commerce et d'industrie de région ou a été adopté sans que les dispositions du présent code aient été respectées, la chambre de commerce et d'industrie qui ne répond pas aux critères fixés à l'article R. 711-36 peut être fusionnée avec une chambre limitrophe, ou transformée en chambre de commerce et d'industrie locale, par décret pris sur proposition du ministre chargé de la tutelle du réseau des chambres de commerce et d'industrie.

La révision du schéma directeur s'opère dans les mêmes conditions.

Art. R. 711-39 *(Abr., D. n° 2016-1894, 27 déc. 2016).*

Art. R. 711-40 à R. 711-40-4 *(Abr., D. n° 2019-1317, 9 déc. 2019).*

Art. D. 711-41 *(Mod., D. n° 2010-924, 3 août 2010 ; D. n° 2010-1463, 1er déc. 2010 ; D. n° 2016-1894, 27 déc. 2016).* – **Les schémas sectoriels mentionnés au 3° de l'article L. 711-8 s'inscrivent dans le cadre de la stratégie régionale. Ils indiquent l'implantation de tous les établissements, infrastructures, équipements et services gérés par les chambres de commerce et d'industrie de la région concernée.**

Ils fixent les principaux objectifs poursuivis ainsi que leurs modalités de mise en œuvre pour la réalisation des missions prévues à l'article L. 710-1, dans les domaines suivants :

1° Appui aux entreprises comprenant notamment les formalités, la création, la transmission et la reprise d'entreprises, le développement international, l'innovation et l'intelligence économique, le développement durable et l'environnement, le développement collectif des entreprises et l'information économique ;

2° Formation, enseignement et emploi ;

3° Appui aux territoires ;

4° Gestion d'équipements ;

5° Représentation des entreprises.

Ils sont élaborés par les chambres de commerce et d'industrie de région dans le respect des normes d'intervention prévues au 2° de l'article L. 711-16 et en cohérence avec le schéma régional de développement économique d'innovation et d'internationalisation, mentionné à l'article L. 4251-13 du Code général des collectivités territoriales, s'il a été adopté.

Chaque schéma sectoriel est accompagné d'un rapport justifiant les choix effectués au regard du schéma régional de développement économique d'innovation et d'internationalisation.

Art. D. 711-41-1 *(D. n° 2007-987, 15 mai 2007 ; mod., D. n° 2010-924, 3 août 2010 ; D. n° 2010-1463, 1er déc. 2010 ; D. n° 2015-536, 15 mai 2015 ; D. n° 2019-1317, 9 déc. 2019).* – Les chambres de commerce et d'industrie de région vérifient, lors de l'élaboration et de la révision des schémas sectoriels, le respect des normes d'intervention et des indicateurs définis par CCI France.

Les schémas sectoriels peuvent définir des indicateurs supplémentaires au vu des particularités de la zone concernée.

Art. D. 711-42 *(Mod., D. n° 2010-924, 3 août 2010 ; D. n° 2010-1463, 1er déc. 2010 ; D. n° 2015-536, 15 mai 2015 ; D. n° 2016-1894, 27 déc. 2016).* – Les projets de schémas sectoriels sont transmis pour information par le président de la chambre de commerce et d'industrie de région aux présidents des chambres de commerce et d'industrie qui sont rattachées à la chambre de commerce et d'industrie de région.

Dans un délai qui ne peut pas être inférieur à quinze jours après cette transmission, les schémas sectoriels sont adoptés à la majorité des membres présents ou représentés par l'assemblée générale de la chambre de commerce et d'industrie de région, dans les conditions fixées par le règlement intérieur de la chambre.

La chambre de commerce et d'industrie de région transmet pour information au préfet de région et à CCI France les schémas sectoriels dans le délai d'un mois après leur adoption.

Art. D. 711-43 *(Mod., D. n° 2010-924, 3 août 2010 ; D. n° 2010-1463, 1er déc. 2010 ; D. n° 2015-536, 15 mai 2015 ; D. n° 2016-1894, 27 déc. 2016 ; D. n° 2019-1317, 9 déc. 2019).* – Les schémas sectoriels sont révisés dans les mêmes conditions que celles prévues à l'article R. 711-42 :

1° À l'initiative du président de la chambre de commerce et d'industrie de région ;

2° À la demande du ministre chargé de la tutelle des chambres de commerce et d'industrie ou du préfet de région ;

3° À la demande de la majorité des membres de la chambre de commerce et d'industrie de région ;

4° À l'occasion de la modification substantielle du périmètre d'intervention des chambres de commerce et d'industrie, notamment pour la création d'un nouveau secteur d'activités ou d'un nouvel équipement ;

5° À l'occasion de la modification par CCI France des normes d'intervention prévues au 2° de l'article L. 711-16, si le schéma sectoriel n'est pas conforme à ces nouvelles normes ;

6° Pour tenir compte de la convention conclue entre la chambre de commerce et d'industrie de région et la région prévue à l'article L. 4251-18 du Code général des collectivités territoriales.

De nouveaux schémas sectoriels sont adoptés au plus tard le 31 juillet de l'année suivant chaque renouvellement *général.*

Art. R. 711-44 *(D. n° 2016-1894, 27 déc. 2016 ; D. n° 2019-1317, 9 déc. 2019).* – Le schéma régional d'organisation des missions mentionné au 1er de l'article L. 711-8 décrit les fonctions et les missions qui sont exercées par la chambre de commerce et d'industrie de région et celles qui sont exercées par les chambres de commerce et d'industrie qui lui sont rattachées.

Il s'inscrit dans le cadre de la stratégie régionale mentionnée au 1° de l'article L. 711-8 et tient compte des normes d'intervention adoptées en application du 2° de l'article L. 711-16.

Il prévoit les modalités de gestion opérationnelle et les moyens mis en œuvre :

1° Pour les fonctions d'appui et de soutien de la chambre de commerce et d'industrie de région mentionnées au 6° de l'article L. 711-8 et définies à l'article R. 711-33 ;

2° Pour les missions, équipements et services faisant l'objet d'un schéma sectoriel prévu au 3° de l'article L. 711-8 et définis à l'article R. 711-41.

Il précise également les fonctions et missions mutualisées et celles qui sont déléguées, les missions de proximité prévues à l'article L. 711-3, les modalités d'affectation ou de mises à disposition de personnels et de moyens, les modalités de financement ainsi que les conditions des éventuels transferts de personnels, de biens ou de moyens.

Il fixe les conditions de mise en œuvre d'actions communes ou de la mutualisation de moyens avec des établissements du réseau des chambres de métiers et de l'artisanat, prévues notamment dans le cadre du plan d'actions prévu au 9° de l'article L. 711-8. Il peut prévoir également des actions communes et des mutualisations avec d'autres types d'établissements, notamment les chambres d'agriculture.

Art. R. 711-45 *(Mod., D. n° 2016-1894, 27 déc. 2016)*. – I. – Le projet de schéma régional d'organisation des missions, accompagné du rapport justifiant les choix effectués, établi par le bureau de la chambre de commerce et d'industrie de région, est transmis aux présidents des chambres de commerce et d'industrie qui lui sont rattachées un mois au moins avant l'assemblée générale de la chambre de commerce et d'industrie de région au cours de laquelle il est soumis au vote de ses membres.

Les observations des chambres de commerce et d'industrie rattachées sont jointes au dossier transmis avec l'ordre du jour de l'assemblée générale de la chambre de commerce et d'industrie de région.

Il entre en vigueur et est opposable à l'ensemble des chambres de commerce et d'industrie de la circonscription régionale dès son adoption.

La chambre de commerce et d'industrie de région transmet le schéma régional d'organisation des missions, pour information, à l'autorité de tutelle et à CCI France dans le délai d'un mois après son adoption.

II. – Le schéma régional d'organisation des missions est révisable dans les mêmes conditions que celles de son adoption :

1° À l'initiative du président de la chambre de commerce et d'industrie de région ;

2° À la demande du ministre chargé de la tutelle des chambres de commerce et d'industrie ou du préfet de région ;

3° À la demande de la majorité des membres de la chambre de commerce et d'industrie de région ;

4° Lorsque les modifications des schémas sectoriels ou des normes d'intervention prévues au 2° de l'article L. 711-16 sont de nature à remettre en cause le schéma régional d'organisation des missions.

Sous-section 3. – De l'organisation et du fonctionnement

Art. R. 711-46 *(Abr., D. n° 2019-1317, 9 déc. 2019)*.

Rédaction antérieure. Art. R. 711-46 *(Mod., D. n° 2010-924, 3 août 2010 ; D. n° 2010-1463, 1er déc. 2010)*. – Toute chambre de commerce et d'industrie territoriale *(Mots aj., D. n° 2013-381, 3 mai 2013)* « ou de région » peut faire partie d'une chambre de commerce et d'industrie de région dont la circonscription est limitrophe de la sienne, pour participer à une *de ses activités spécifiques*, sous réserve de lui verser une cotisation à cet effet et d'y être autorisée par son autorité de tutelle.

Cette chambre de commerce et d'industrie territoriale *(Mots aj., D. n° 2013-381, 3 mai 2013)* « ou de région », qui est représentée par un de ses membres élus, n'a toutefois pas voix délibérative pour l'élection du bureau de la chambre de commerce et d'industrie de région ni pour le vote de son budget.

En application du III de l'article L. 713-12, une chambre de commerce et d'industrie territoriale assise sur deux régions peut être représentée à l'assemblée générale de la chambre de région à laquelle cette chambre n'est pas rattachée par son président, ou le représentant de ce dernier, et un nombre d'élus, ayant qualité de membres associés, correspondant au prorata des représentations des différentes composantes géographiques de cette chambre de commerce et d'industrie territoriale, pour participer à ses activités spécifiques, sous réserve de lui verser une cotisation à cet effet et d'en informer son autorité de tutelle et leur chambre de commerce et d'industrie de région de rattachement.

Le nombre de ces représentants n'entre pas dans le calcul mentionné au II de l'article L. 713-5 pour déterminer la nécessité de nouvelles élections, non plus que dans le calcul du quorum prévu au deuxième alinéa de l'article R. 711-71.

Seuls les membres élus comme titulaires lors des élections de la chambre de commerce et d'industrie de région, conformément au dernier alinéa de l'article L. 713-1, siègent à l'assemblée générale de cette chambre.

Art. R. 711-47 *(Rempl., D. n° 2007-1308, 5 sept. 2007 ; D. n° 2010-924, 3 août 2010 ; mod., D. n° 2010-1463, 1er déc. 2010 ; D. n° 2010-1175, 5 oct. 2010 ; D. n° 2016-569, 10 mai 2016 ; D. n° 2016-1894, 27 déc. 2016 ; D. n° 2019-1317, 9 déc. 2019).* – I. – Avant le 20 avril de l'année du renouvellement des chambres, un arrêté du préfet de la région où est situé le siège de la chambre de commerce et d'industrie de région détermine le nombre des membres de cette chambre et le nombre des sièges attribués en son sein aux élus de chacune des chambres de commerce et d'industrie territoriales, locales ou départementales d'Île-de-France qui lui sont rattachées.

Le nombre des membres de la chambre de commerce et d'industrie de région est déterminé sur proposition de la chambre de commerce et d'industrie de région en tenant compte des éléments économiques issus de l'étude prévue à l'article R. 713-66.

II. – Au sein de la chambre de commerce et d'industrie de région, la répartition des sièges attribués à chaque chambre de commerce et d'industrie territoriale, locale ou départementale d'Île-de-France est établie à la moyenne, arrondie à l'unité la plus proche, des proportions représentées par chacune d'elles au sein de l'ensemble, mesurées par le nombre des ressortissants, leurs bases de cotisation foncière des entreprises et leurs effectifs salariés. Ces proportions sont fondées sur l'étude économique de pondération régie par l'article R. 713-66.

Toutefois, aucune chambre de commerce et d'industrie territoriale, locale ou départementale d'Île-de-France ne peut disposer de moins de trois sièges, qui doivent être attribués à des représentants de chacune des catégories.

Les effets de cette disposition sont répercutés sur la représentation des autres chambres au sein de la chambre de commerce et d'industrie de région, en suivant la règle de proportionnalité énoncée au premier alinéa.

III. – Pour tenir compte des particularités locales, le préfet de région peut s'écarter, en ce qui concerne le nombre des sièges attribués aux différentes catégories, de la moyenne des proportions définie au II ci-dessus, dans la limite du dixième des sièges à pourvoir dans chaque catégorie et, le cas échéant, sous-catégorie.

Lorsqu'il fait application de l'alinéa précédent, le préfet de région en informe les préfets de département intéressés.

IV. – Au sein de la chambre de commerce et d'industrie de région de Corse, le même nombre de sièges est attribué à chacune des deux chambres de commerce et d'industrie territoriales.

V. – Le nombre de membres des chambres de commerce et d'industrie locales, départementales d'Île-de-France et territoriales, et leur répartition entre catégories professionnelles et, le cas échéant, sous-catégories, est fixé dans les mêmes conditions.

Art. R. 711-47-1 *(Abr., D. n° 2016-1894, 27 déc. 2016).*

Art. R. 711-47-2 *(Rempl., D. n° 2016-1894, 27 déc. 2016).* – Si une fusion entre plusieurs chambres de commerce et d'industrie rattachées à une même chambre de commerce et d'industrie de région nécessite une élection en dehors de l'année du renouvellement général, l'arrêté de composition de la nouvelle chambre mentionné à l'article R. 711-47 est pris par l'autorité de tutelle sur les bases des études économiques de pondération mentionnées à l'article R. 713-66 et qui lui ont été remises en vue du dernier renouvellement général.

Le nombre de membres élus siégeant à la chambre de commerce et d'industrie de région, et leur répartition entre catégories et éventuellement sous-catégories, correspond, pour la durée restante de la mandature en cours, au total des membres élus qui siégeaient au titre des chambres fusionnées.

Art. R. 711-48 *(Mod., D. n° 2007-574, 19 avr. 2007 ; D. n° 2010-924, 3 août 2010 ; rempl., D. n° 2010-1463, 1er déc. 2010 ; mod., D. n° 2013-381, 3 mai 2013 ; D. n° 2016-1894, 27 déc. 2016 ; D. n° 2019-1317, 9 déc. 2019).* – La chambre de commerce et d'industrie de région élit, après chaque renouvellement, un bureau composé d'un président, d'un trésorier, d'un trésorier adjoint et d'un ou deux secrétaires.

Pour tenir compte de particularités locales, l'autorité de tutelle peut autoriser l'augmentation du nombre de membres élus du bureau dans la limite de trois membres au plus.

Les présidents des chambres de commerce et d'industrie rattachées à la chambre de commerce et d'industrie de région sont de droit vice-présidents de la chambre de région et, à ce titre, membres de droit du bureau.

La fonction de président de chambre de commerce et d'industrie de région peut être cumulée avec celle de président de chambre de commerce et d'industrie locale ou départementale d'Île-de-France.

L'un des vice-présidents de droit est élu premier vice-président de la chambre de commerce et d'industrie de région.

La fonction de président et de vice-président ne peut être cumulée avec celle de trésorier, ou de trésorier adjoint, conformément aux dispositions de l'article R. 712-13, ou de secrétaire.

Le suppléant à la chambre de commerce et d'industrie de région dont le titulaire est membre du bureau ne le remplace pas de droit au bureau lorsque le siège devient vacant. Le siège est pourvu par l'assemblée générale dans les conditions de l'article R. 711-49.

Art. R. 711-49 *(Rempl., D. n° 2010-924, 3 août 2010 ; D. n° 2010-1463, 1er déc. 2010 ; D. n° 2019-1317, 9 déc. 2019).* – Entre deux renouvellements, il est pourvu, lors de l'assemblée générale la plus proche et au plus tard dans les deux mois suivant la vacance du poste, au remplacement de tout membre du bureau, même si ce point n'a pas été inscrit à l'ordre du jour de cette assemblée, sous réserve d'une information préalable des membres de l'assemblée générale au plus tard cinq jours avant la tenue de la réunion de cette assemblée.

Au cours de la mandature, le président de la chambre de commerce et d'industrie de région peut proposer à l'assemblée générale de modifier la composition du bureau, ou de remplacer certains membres en dehors des membres de droit.

Art. R. 711-50 *(Mod., D. n° 2010-924, 3 août 2010 ; D. n° 2019-1317, 9 déc. 2019).* – Les chambres de commerce et d'industrie de région peuvent s'adjoindre des membres associés, qui ont voix consultative et dont le nombre ne peut dépasser la moitié de celui des membres élus.

Les membres associés sont désignés par la chambre de commerce et d'industrie de région après chaque renouvellement parmi les personnalités qualifiées détenant des compétences en matière économique utiles à l'établissement.

Les membres associés prennent part aux délibérations avec voix consultative et peuvent représenter la chambre dans toutes les instances auxquelles celle-ci participe, sans pouvoir les engager sur le plan financier ou contractuel.

En application du III de l'article L. 713-12, une chambre de commerce et d'industrie territoriale assise sur le territoire de deux régions peut être représentée à l'assemblée générale de la chambre de région à laquelle cette chambre n'est pas rattachée par son président, ou le représentant de ce dernier, et un nombre d'élus, ayant qualité de membres associés, correspondant au prorata des représentations des différentes composantes géographiques de cette chambre de commerce et d'industrie territoriale. Le nombre de ces membres associés n'est pas comptabilisé dans le quota prévu au premier alinéa.

Art. R. 711-51 *(Rempl., D. n° 2010-924, 3 août 2010 ; mod., D. n° 2010-1463 ; D. n° 2019-1317, 9 déc. 2019).* – L'autorité de tutelle de la chambre de commerce et d'industrie de région procède à l'installation des nouveaux membres de cette chambre dans les cinq semaines qui suivent le dernier jour du scrutin prévu à l'article R. 713-6.

Seuls les membres élus comme titulaires lors des élections de la chambre de commerce et d'industrie de région siègent à l'assemblée générale de cette chambre.

Art. R. 711-52 *(Mod., D. n° 2007-574, 19 avr. 2007 ; D. n° 2010-924, 3 août 2010 ; D. n° 2010-1463, 1er déc. 2010).* – La [chambre de région] se réunit au moins tous les trois mois et en outre, chaque fois qu'elle est convoquée par son président de sa propre initiative ou sur la demande du préfet de région. Chaque membre de l'assemblée générale de la chambre de commerce et d'industrie de région peut disposer d'un pouvoir confié par un autre membre de l'assemblée générale.

Le président réunit également la [chambre de région] toutes les fois qu'il est saisi d'une demande émanant du tiers de ses membres.

Les réunions de la chambre de commerce et d'industrie de région peuvent se tenir au siège de toute chambre de commerce et d'industrie territoriale ou départementale d'Île-de-France de sa circonscription.

Art. R. 711-53 *(Abr., D. n° 2010-1175, 5 oct. 2010).*

Section III. – De CCI France

(Intitulé mod., D. n° 2015-536, 15 mai 2015)

Art. R. 711-54 *(Abr., D. n° 2010-924, 3 août 2010).*

Art. R. 711-55 *(Mod., D. n° 2010-924, 3 août 2010 ; rempl., D. n° 2010-1463, 1er déc. 2010 ; mod., D. n° 2015-536, 15 mai 2015 ; D. n° 2019-1317, 9 déc. 2019).* – I. – La stratégie nationale adoptée par l'assemblée générale de CCI France en application du 1° de l'article L. 711-16 est le cadre de référence de la stratégie des chambres de commerce et d'industrie de région prévue au 1° de l'article L. 711-8.

CCI France coordonne l'action des établissements du réseau en tant qu'autorités compétentes dans le cadre des procédures de coopération administrative mentionnées à l'article D. 711-10-1. Les ministères concernés sont, le cas échéant, associés à cette coordination.

CCI France effectue sur le plan national la synthèse des positions adoptées par les établissements du réseau. Elle consolide les informations et les données nécessaires à l'exercice de ses missions définies à l'article L. 711-16 et qui sont transmises, à sa demande, par les établissements du réseau.

La stratégie immobilière du réseau est définie, au moins une fois par mandature, par l'assemblée générale de CCI France. Cette stratégie s'appuie sur l'inventaire détaillé des actifs de l'ensemble des établissements publics du réseau.

II. – L'offre nationale de services adoptée par son assemblée générale est constituée d'un socle commun de services proposés par tous les établissements du réseau, de nature à garantir l'homogénéité des services sur l'ensemble du territoire national.

Les adaptations locales, prévues au 3° de l'article L. 711-16, peuvent prendre la forme de compléments ou de variantes, sans réduire ni modifier substantiellement le contenu de l'offre nationale de services. Les adaptations sont soumises à l'avis de CCI France préalablement à leur vote par l'assemblée générale de la chambre de commerce et d'industrie de région.

CCI France constitue une centrale d'achat au sens du Code de la commande publique.

III. – Sur décision de son assemblée générale, CCI France peut assurer la gestion de services proposés aux entreprises industrielles, de commerce ou de services, ou de services bénéficiant à l'ensemble ou à une partie des établissements du réseau, lorsque cette gestion ne peut être convenablement assumée au plan régional ou local.

IV. – Les projets de portée nationale mentionnés au 3° de l'article L. 711-16, décidés par l'assemblée générale de CCI France, s'imposent à l'ensemble des établissements du réseau.

Par décision de son président, CCI France peut confier la maîtrise d'ouvrage de la gestion d'un projet de portée nationale à un autre établissement du réseau, sans délibération de son assemblée générale, après avis conforme de son comité directeur. Ce transfert donne lieu à l'établissement d'une convention avec cet établissement.

V. – Le règlement intérieur de CCI France fixe les modalités de la création, de la composition et du fonctionnement de l'instance de conciliation prévue au 9° de l'article L. 711-16.

Art. R. 711-55-1 *(D. n° 2010-1463, 1er déc. 2010 ; mod., D. n° 2015-536, 15 mai 2015 ; D. n° 2019-1317, 9 déc. 2019).* – Les normes d'intervention élaborées par CCI France en application du 2° de l'article L. 711-16 concernent :

1° Les missions qui sont confiées aux établissements du réseau par les lois et les règlements ;

2° Les missions prioritaires du réseau définies dans le contrat d'objectifs et de performance mentionné à l'article L. 712-2 et les missions exercées dans le cadre de l'offre nationale de service mentionnée au 3° de l'article L. 711-16 ;

3° Les conditions et les modalités communes d'organisation et de fonctionnement des établissements du réseau, et notamment le règlement intérieur des établissements publics du réseau prévu à l'article R. 711-68 ainsi que le cadre d'organisation budgétaire, comptable et financière du réseau des chambres de commerce et *d'industrie.*

Ces normes d'intervention peuvent être assorties d'indicateurs d'activité et de performance et peuvent préciser les conditions de leur mise en œuvre, notamment en matière de restitution d'informations, et les conditions de la tarification des services concernés. Elles font l'objet d'un vote en assemblée générale de CCI France. Elles s'imposent à tous les établissements publics du réseau dès leur approbation, dans les conditions prévues à l'article R. 712-8, par l'autorité de tutelle, et leur publication sur le site Internet de CCI France.

CCI France peut également élaborer des guides de bonnes pratiques et proposer des indicateurs concernant les autres missions remplies par les établissements du réseau, notamment les missions consultatives, de formation initiale et continue ou les missions de gestion d'infrastructures, d'équipements ou de services.

Ces guides de bonnes pratiques font l'objet d'un vote en assemblée générale de CCI France.

Art. R. 711-55-2 *(D. n° 2012-1247, 7 nov. 2012).* **– L'assemblée permanente n'est pas soumise aux dispositions du décret n° 2012-1246 du 7 novembre 2012 relatif à la gestion budgétaire et comptable publique.**

Art. R. 711-55-3 *(D. n° 2019-1317, 9 déc. 2019).* **– Les audits diligentés par CCI France en application du 7° de l'article L. 711-16 s'effectuent sur place ou sur pièces demandées à l'établissement audité et, le cas échéant, à la chambre de commerce et d'industrie de région. Ils sont menés par CCI France ou par le cabinet d'audit mandaté à cet effet.**

Dans le cas où CCI France diligente et mène un audit concernant une chambre de commerce et d'industrie territoriale, la chambre de commerce et d'industrie de région de rattachement est informée du déclenchement et de l'objet de cet audit.

Dans tous les cas, le président de CCI France communique au président de l'établissement audité les constatations et, le cas échéant, les recommandations adoptées par CCI France. Le président de l'établissement audité peut présenter des observations dans un délai fixé par CCI France. Ce délai ne peut être inférieur à trente jours.

Le président de CCI France transmet le rapport d'audit définitif, accompagné des recommandations et, le cas échéant, des observations émises par l'établissement audité, au président de cet établissement, au président de la chambre de commerce et d'industrie de région et à l'autorité de tutelle de l'établissement audité.

Les recommandations s'imposent à l'établissement audité dans les conditions de délai et de mise en œuvre prévues dans le rapport définitif, sous réserve de leur approbation par l'autorité de tutelle.

Le défaut de respect par l'établissement audité des recommandations qui lui ont été adressées peut donner lieu à une révision du montant du produit de la taxe pour frais de chambres qui lui est affecté en application du 10° de l'article L. 711-16 et du 4° de l'article L. 711-8. Il peut également constituer une circonstance compromettant le fonctionnement de l'établissement au sens du deuxième alinéa de l'article L. 712-9.

Si l'audit a été demandé à CCI France par un établissement du réseau, une convention peut déterminer les conditions de son financement et le remboursement des frais qu'elle a avancés pour sa réalisation.

CCI France peut en outre, de sa propre initiative ou à la demande d'un établissement du réseau ou de sa chambre de commerce et d'industrie de région de rattachement, diligenter des missions d'expertise ou de conseil selon des modalités convenues entre les parties, notamment pour s'assurer du respect des normes d'intervention adoptées en application du 2° de l'article L. 711-16.

Art. D. 711-56. *– (Abr., D. n° 2019-1317, 9 déc. 2019).*

Rédaction antérieure. Art. D. 711-56. *– (Mots rempl., D. n° 2015-536, 15 mai 2015)* « CCI France » établit chaque année le tableau récapitulatif des schémas sectoriels mentionnés au 3° de l'article L. 711-8 et adoptés en les distinguant selon leur domaine d'application. Elle transmet ce document au ministre chargé de la tutelle des chambres de commerce et d'industrie.

Art. D. 711-56-1 *(Abr., D. n° 2019-1317, 9 déc. 2019).*

Rédaction antérieure. Art. D. 711-56-1 *(D. n° 2007-987, 15 mai 2007 ; mod., D. n° 2010-1463, 1er déc. 2010 ; D. n° 2015-536, 15 mai 2015).* – Les missions mentionnées à l'article D. 711-67-2 font l'objet de normes d'intervention élaborées par l'assemblée des chambres françaises de commerce et d'industrie en application du 2° de l'article L. 711-16.

Ces normes d'intervention assorties d'indicateurs d'activité, de qualité et de performance font l'objet d'un vote en assemblée générale de l'assemblée des chambres françaises de commerce et d'industrie.

L'assemblée des chambres françaises de commerce et d'industrie peut consolider les informations et données recueillies et gérées par les chambres de commerce et d'industrie territoriales et de région dans le cadre de ses missions définies à l'article L. 711-16.

Art. D. 711-56-2 *(Abr., D. n° 2019-1317, 9 déc. 2019).*

Rédaction antérieure. Art. D. 711-56-2 *(D. n° 2007-987, 15 mai 2007). – (Mots rempl., D. n° 2015-536, 15 mai 2015)* « CCI France » peut également élaborer des guides de bonnes pratiques et proposer des indicateurs concernant les autres missions remplies par les établissements du réseau, notamment les missions consultatives, de formation initiale et continue ou les missions de gestion d'infrastructures, d'équipements ou de services.

Ces guides de bonnes pratiques font l'objet d'un vote en assemblée générale de *(Mots rempl., D. n° 2015-536, 15 mai 2015)* « CCI France ».

Art. D. 711-56-3 *(Abr., D. n° 2019-1317, 9 déc. 2019).*

> **Rédaction antérieure. Art. D. 711-56-3** *(D. n° 2007-987, 15 mai 2007 ; mod., D. n° 2010-924, 3 août 2010).* – *(Mots rempl., D. n° 2015-536, 15 mai 2015)* « CCI France » s'assure du respect des normes d'intervention sur la base des relevés transmis par les chambres et les chambres régionales concernant leurs propres indicateurs, ainsi que des consolidations transmises par les [chambres de région].
>
> Elle élabore à partir de ces relevés une synthèse nationale annuelle relative à l'application de ces normes par les établissements du réseau, qu'elle transmet au ministre chargé de la tutelle du réseau des chambres de commerce et d'industrie.
>
> Elle examine chaque année en assemblée générale les résultats de cette synthèse.
>
> Elle est en outre chargée, dans le cadre du respect de ces normes, de conseiller les établissements du réseau et peut diligenter, à cet effet, des missions d'expertise.

Art. R. 711-56-4 *(Abr., D. n° 2019-1317, 9 déc. 2019).*

> **Rédaction antérieure. Art. R. 711-56-4** *(D. n° 2010-1463, 1er déc. 2010 ; mod., D. n° 2015-536, 15 mai 2015).* – En application du 7° de l'article L. 711-16, CCI France diligente et mène des audits relatifs au fonctionnement des établissements publics du réseau de sa propre initiative ou à la demande de l'établissement concerné ou de sa chambre de région.
>
> Chaque rapport d'audit est communiqué à l'établissement concerné et le cas échéant à sa chambre de région pour observations dans les deux mois à compter de sa réception.
>
> Dans un délai d'un mois à compter de la réception de ces observations par CCI France ou à l'expiration du délai mentionné au deuxième alinéa, celle-ci transmet le rapport d'audit, accompagné le cas échéant des observations émises par l'établissement, à l'autorité de tutelle de ce dernier et au ministre chargé de la tutelle des chambres de commerce et d'industrie. Ce rapport peut être communiqué à la chambre de région à sa demande.
>
> Si l'audit concerne plusieurs établissements ou un sujet d'intérêt commun, les conclusions de l'audit sont communiquées à toutes les parties concernées. Si l'audit a été demandé à CCI France par un établissement du réseau, une convention peut déterminer les conditions de son financement et le remboursement des frais qu'elle a avancés pour sa réalisation.

Art. R. 711-57 *(Rempl., D. n° 2010-924, 3 août 2010 ; mod., D. n° 2016-1894, 27 déc. 2016).* – **Chaque chambre représentée à CCI France en application du deuxième alinéa de l'article L. 711-15 désigne parmi ses membres élus un suppléant appelé à remplacer, en cas d'empêchement, son président dans toutes les instances de CCI France où il siège.**

Art. R. 711-58 *(Mod., D. n° 2010-1463, 1er déc. 2010).* – *(Mots rempl., D. n° 2016-569, 10 mai 2016)* **« Dans les six semaines qui suivent » l'expiration du délai prévu pour l'installation des chambres régionales à la suite du renouvellement quinquennal, le président en exercice de l'assemblée convoque une première assemblée constitutive. Celle-ci se tient sous la présidence du doyen d'âge.**

Elle procède en premier lieu à l'élection du président. Elle procède ensuite à l'élection individuellement de chaque membre du bureau prévu à l'article R. 711-59, puis à la constitution du comité directeur prévu à l'article R. 711-60. Pour ces élections, chaque membre de l'assemblée générale dispose d'une voix.

Tout membre titulaire ou suppléant empêché d'assister à la séance peut donner à un collègue de son choix pouvoir écrit de voter en son nom. Chaque mandataire ne peut recevoir plus d'une procuration.

Art. R. 711-59 *(Mod., D. n° 2010-924, 3 août 2010 ; rempl., D. n° 2010-1463, 1er déc. 2010 ; D. n° 2011-644, 9 juin 2011 ; mod., D. n° 2013-381, 3 mai 2013 ; D. n° 2019-1317, 9 déc. 2019).* – **Le bureau de CCI France se compose de dix à quinze membres, chacun de ses membres disposant d'une voix, à savoir :**

Un président et trois vice-présidents ;

Un secrétaire ;

Un trésorier ;

Un trésorier adjoint.

Chaque titulaire de l'un des postes précités est élu par l'assemblée générale, séparément à cette qualité par un vote distinct.

Trois à huit autres membres, élus **à l'occasion de l'assemblée générale suivante, convoquée à une date qui ne peut être postérieure au 31 mars de l'année considérée, sur une liste proposée par le président, tenant compte, dans des conditions définies par le règlement intérieur de CCI France, de la taille et de la diversité des établissements du réseau. Le bureau ainsi complété doit au moins comprendre un président de chambre de commerce et d'industrie métropolitaine telle que définie au deuxième alinéa de l'article L. 711-1, un président de chambre de commerce et d'industrie territoriale comportant moins de 10 000 ressortissants, un président de**

chambre de commerce et d'industrie territoriale comportant un nombre de ressortissants compris entre 10 000 et 30 000 et le président de la chambre de commerce et d'industrie de région Paris-Île-de-France et le président d'une chambre de commerce et d'industrie territoriale ou départementale d'Île-de-France.

Entre deux renouvellements, il est pourvu, lors de l'assemblée générale la plus proche et au plus tard dans les deux mois suivant la vacance du poste, au remplacement de tout membre du bureau, même si ce point n'a pas été inscrit à l'ordre du jour de cette assemblée, sous réserve d'une information préalable des membres de l'assemblée générale au plus tard cinq jours avant la tenue de la réunion de cette assemblée.

Si l'ensemble du bureau a démissionné, le ministre de tutelle assure l'expédition des affaires courantes jusqu'à l'élection d'un nouveau bureau.

En cours de mandature, le président de CCI France peut proposer à l'assemblée générale de modifier la composition du bureau, ou de remplacer certains membres dans la limite de la moitié des membres du bureau.

Art. R. 711-60 *(Mod., D. n° 2007-574, 19 avr. 2007 ; D. n° 2010-924, 3 août 2010 ; rempl., D. n° 2010-1463, 1er déc. 2010).* – Le comité directeur se compose :

1° Du président de *(Mots rempl., D. n° 2015-536, 15 mai 2015)* « CCI France » ;

2° Des présidents des chambres de commerce et d'industrie de région ;

3° Des membres du bureau non présidents des chambres de commerce et d'industrie de région ;

4° Des présidents des commissions de *(Mots rempl., D. n° 2015-536, 15 mai 2015)* « CCI France » désignés par le règlement intérieur, lorsqu'ils ne sont pas déjà membres du comité directeur au titre de l'une des dispositions précédentes ;

5° D'un président d'une chambre des collectivités d'outre-mer régies par l'article 74 de la Constitution et de la Nouvelle-Calédonie représentant ces dernières.

Art. R. 711-61 *(Mod., D. n° 2010-1463, 1er déc. 2010).* – Le président préside les assemblées générales, le comité directeur et le bureau. En cas d'empêchement, il est suppléé par le second des vice-présidents choisi dans l'ordre de leur désignation.

Il représente *(Mots rempl., D. n° 2015-536, 15 mai 2015)* « CCI France » auprès des pouvoirs publics et dans tous les actes de la vie civile.

Art. R. 711-62. – *(Mots rempl., D. n° 2015-536, 15 mai 2015)* « CCI France » se réunit en assemblée générale trois fois par an, aux dates fixées par décision du comité directeur.

(Mots rempl., D. n° 2015-536, 15 mai 2015) « CCI France » se réunit en outre en assemblée générale extraordinaire soit à l'initiative du président, soit à la demande du ministre chargé de la tutelle des chambres de commerce et d'industrie ou du tiers des membres composant l'assemblée.

Art. R. 711-63 *(Mod., D. n° 2010-924, 3 août 2010 ; rempl., D. n° 2010-1463, 1er déc. 2010 ; D. n° 2019-1317, 9 déc. 2019).* – I. – Les droits de vote à l'assemblée générale se définissent comme suit :

1° Le total des droits de vote des présidents de chambres de commerce et d'industrie territoriales, locales et départementales d'Île-de-France ainsi que des chambres des collectivités d'outre-mer régies par l'article 74 de la Constitution et de la Nouvelle-Calédonie est égal au total des droits de vote des présidents des chambres de commerce et d'industrie de région ;

2° Chaque président de chambre de commerce et d'industrie territoriale, locale et départementale d'Île-de-France ainsi que des chambres des collectivités d'outre-mer régies par l'article 74 de la Constitution et de la *Nouvelle-Calédonie dispose d'une voix* ;

3° Les présidents des chambres de commerce et d'industrie de région disposent, dans des conditions définies par arrêté du ministre en charge de la tutelle des chambres de commerce et d'industrie, d'un nombre de voix établi au prorata du poids économique de leur chambre de commerce et d'industrie de région, déterminé en fonction de l'étude économique mentionnée à l'article R. 713-66 ;

4° Dans les régions où il n'existe qu'une seule chambre de commerce et d'industrie territoriale, dénommée chambre de commerce et d'industrie de région, son président dispose du cumul des voix mentionnées aux 2° et 3° du présent article.

II. – Tout membre de l'assemblée générale, président ou suppléant désignés en application de l'article R. 711-57, empêché d'assister à la séance, peut donner à un président ou à un suppléant de son choix, pouvoir écrit de voter en son nom. Chaque mandataire ne peut disposer de pouvoirs qu'émanant de représentants des chambres relevant du ressort de la chambre de région de rattachement ou, pour les présidents de chambres d'outre-mer, d'un président d'une autre chambre d'outre-mer.

Par dérogation au premier alinéa, lorsqu'il est procédé à des votes concernant des personnes, chaque membre de CCI France ne dispose que d'une voix, qu'il peut confier par procuration à un autre président ou suppléant de la même circonscription régionale, ou, pour un président d'une chambre d'outre-mer, à un président d'une autre chambre d'outre-mer.

Art. R. 711-64 *(Rempl., D. n° 2010-1463, 1er déc. 2010 ; D. n° 2013-381, 3 mai 2013 ; D. n° 2019-1317, 9 déc. 2019).* – L'assemblée générale ne peut délibérer valablement que si le nombre de membres présents ou représentés est au moins égal aux deux tiers des membres en exercice ou si les membres présents représentent les deux tiers des droits de vote.

Dans l'hypothèse où ce quorum ne serait pas atteint, le président de l'assemblée convoque dans les quinze jours qui suivent une nouvelle assemblée générale, qui peut valablement délibérer sans condition de quorum.

L'assemblée générale ne peut délibérer que sur les questions inscrites à l'ordre du jour.

Art. R. 711-65 *(Mod., D. n° 2013-381, 3 mai 2013 ; D. n° 2019-1317, 9 déc. 2019).* – Le comité directeur se réunit sur convocation du président.

Il se saisit de toutes les questions entrant dans la compétence de l'assemblée.

Il prépare, pour les soumettre à l'assemblée générale, les projets de budget et les comptes de l'assemblée.

Il établit aux mêmes fins un projet de règlement intérieur.

Il fixe l'ordre du jour et la date des assemblées générales.

Art. R. 711-66. – Le comité directeur ne peut délibérer valablement que si le nombre des membres présents ou représentés est au moins égal à la moitié des membres en exercice.

Les décisions sont prises à la majorité des membres présents ou représentés.

Tout membre titulaire ou suppléant empêché d'assister à la séance peut donner à un collègue de son choix pouvoir écrit de voter en son nom. Chaque mandataire ne peut recevoir plus d'une procuration.

Section IV. – Dispositions communes

Art. D. 711-67 *(D. n° 2007-987, 15 mai 2007 ; D. n° 2016-1894, 27 déc. 2016 ; mod., D. n° 2019-1317, 9 déc. 2019).* – I. – Les missions obligatoires remplies par les établissements du réseau des chambres de commerce et d'industrie en vertu de dispositions législatives ou réglementaires et donnant lieu à des prestations et services rendus aux usagers sont exercées dans des conditions qui assurent notamment la continuité du service et sa qualité sur l'ensemble du territoire national, par tous moyens, y compris par voie électronique.

II. – Sauf disposition contraire, les missions mentionnées au I et qui constituent des missions de service public administratif sont exercées à titre gratuit.

Toutefois, les prestations supplémentaires excédant l'exécution normale de ces services peuvent faire l'objet d'une rémunération pour services rendus, après que le contenu et la tarification de ces prestations ont été portés à la connaissance des usagers.

I. – Les missions obligatoires remplies par les établissements du réseau des chambres de commerce et d'industrie en vertu de dispositions législatives ou réglementaires et donnant lieu à des prestations et services rendus aux usagers sont exercées dans des conditions qui assurent notamment la continuité du service et sa qualité sur l'ensemble du territoire national, par tous moyens, y compris par voie électronique.

II. – Sauf disposition contraire, les missions mentionnées au I et qui constituent des missions de service public administratif sont exercées à titre gratuit.

Toutefois, les prestations supplémentaires excédant l'exécution normale de ces services peuvent faire l'objet d'une rémunération pour services rendus, après que le contenu et la tarification de ces prestations ont été portés à la connaissance des usagers.

Art. R. 711-67-1 *(Abr. à compter du 1er juillet 2007, D. n° 2007-574, 19 avr. 2007 ; rétabli dans la version suivante à compter du 1er avril 2021, D. n° 2021-300, 18 mars 2021).* – Les chambres de commerce et d'industrie bénéficient, pour l'exercice de la mission mentionnée à l'article D. 711-10, d'un accès aux

informations collectées par le service informatique mentionné à l'article R. 123-30-14 auprès des entreprises ayant une activité commerciale.

Rédaction future. Les chambres de commerce et d'industrie bénéficient, pour l'exercice de la mission mentionnée à l'article D. 711-10, d'un accès aux informations collectées par *(Mots rempl. à compter du 1er janvier 2023, D. n° 2021-300, 18 mars 2021)* « l'organisme unique mentionné à l'article R. 123-1 » auprès des entreprises ayant une activité commerciale.

Cet accès se réalise par le biais d'une interface mise en œuvre par CCI France, laquelle peut en déléguer la réalisation, et qui comprend les données suivantes :

_a)_ Les nom, nom d'usage et prénoms du chef d'entreprise pour les personnes physiques, la dénomination ou la raison sociale pour les personnes morales ;

_b)_ La forme juridique de l'entreprise ;

_c)_ Le siège de l'entreprise ou l'adresse de l'établissement ;

_d)_ Les coordonnées téléphoniques et l'adresse électronique du chef d'entreprise ;

_e)_ L'objet de la formalité, ainsi que la date d'effet de l'évènement la justifiant ;

_f)_ La ou les activités exercées par l'entreprise au sein de chacun de ses établissements, en précisant l'activité principale de l'entreprise et de chacun de ses établissements ;

_g)_ La nature de la gérance, lorsque l'entreprise est une société à responsabilité limitée ;

_h)_ Lorsque l'entreprise est déjà immatriculée, le numéro unique d'identification de l'entreprise et, le cas échéant, le nom de la ville où siège le greffe du tribunal de commerce auprès duquel elle est inscrite ;

_i)_ L'exercice par le conjoint du chef d'entreprise d'une activité professionnelle régulière dans l'entreprise et le statut choisi à ce titre.

Art. D. 711-67-2 *(Abr., D. n° 2019-1317, 9 déc. 2019).*

Rédaction antérieure. Art. D. 711-67-2 *(D. n° 2007-987, 15 mai 2007).* – Les missions obligatoires remplies par les établissements du réseau des chambres de commerce et d'industrie en vertu de dispositions législatives ou réglementaires et donnant lieu à des prestations et services rendus aux usagers sont exercées dans des conditions qui assurent notamment la continuité du service et sa qualité sur l'ensemble du territoire national, telles que définies par les normes d'intervention mentionnées à l'article D. 711-56-1.

Art. D. 711-67-3 *(Abr., D. n° 2019-1317, 9 déc. 2019).*

Rédaction antérieure. Art. D. 711-67-3 *(D. n° 2007-987, 15 mai 2007).* – Sauf disposition législative ou réglementaire contraire, les missions visées à l'article D. 711-67-2 et qui constituent des missions de service public administratif sont exercées à titre gratuit.

Toutefois, les prestations supplémentaires excédant l'exécution normale de ces services obligatoires peuvent faire l'objet d'une rémunération, dans les conditions suivantes :

- la redevance est la contrepartie directe de la prestation ;
- elle ne doit pas dépasser le coût du service ;
- le contenu et la tarification de la prestation doivent être portés à la connaissance des usagers.

Art. D. 711-67-4 *(D. n° 2007-987, 15 mai 2007 ; mod., D. n° 2010-924, 3 août 2010 ; D. n° 2010-1463, 1er déc. 2010 ; D. n° 2015-536, 15 mai 2015 ; mod. à compter du 1er avril 2021, D. n° 2021-300, 18 mars 2021).* – **Sous réserve de l'application de la loi n° 78-17 du 6 janvier 1978 relative à l'informatique, aux fichiers et aux libertés, et en liaison, le cas échéant, avec l'Institut national de la statistique et des études économiques, les chambres de commerce et d'industrie créent et tiennent à jour un fichier des entreprises de** *leur circonscription.*

Ces fichiers et bases de données sont alimentés par les informations que les chambres recueillent, produisent, reproduisent, détiennent ou diffusent dans le cadre de leurs missions, notamment celle relative à la création et à la gestion des centres de formalités des entreprises, ainsi que par les informations qu'elles reçoivent du service informatique mentionné à l'article R. 123-30-14.

Les autres établissements du réseau peuvent créer et tenir à jour de tels fichiers et constituer des bases de données et d'informations économiques.

Les chambres régionales assurent, en tant que de besoin, la coordination des fichiers d'entreprises, des bases de données et des informations économiques collectés par les chambres de commerce et d'industrie qui leur sont rattachées, notamment en vue de répondre, dans des délais raisonnables, aux questions des pouvoirs publics en application de l'article L. 711-7.

En application des articles L. 711-11 et L. 711-12, la coordination, en tant que de besoin, des fichiers d'entreprises, des bases de données et des informations économiques collectés par les établissements du réseau, en vue de synthèses nationales, est assurée sous la responsabilité de CCI France, qui peut en déléguer la réalisation à un organisme émanant du réseau.

CCI France tient ces synthèses à la disposition du ministre chargé de la tutelle du réseau des chambres de commerce et d'industrie.

Rédaction future. Art. D. 711-67-4 *(D. n° 2007-987, 15 mai 2007 ; mod., D. n° 2010-924, 3 août 2010 ; D. n° 2010-1463, 1er déc. 2010 ; D. n° 2015-536, 15 mai 2015 ; mod. à compter du 1er avril 2021, D. n° 2021-300, 18 mars 2021 ; rempl. à compter du 1er janvier 2023, D. n° 2021-300, 18 mars 2021).* – En application de l'article L. 711-3 et conformément aux orientations prises par leur chambre de commerce et d'industrie de région de rattachement, les chambres de commerce et d'industrie créent et tiennent à jour un fichier des entreprises de leur circonscription et constituent des bases de données et d'informations économiques nécessaires à leurs missions.

Ces fichiers et bases de données économiques sont alimentés par les informations et données que les chambres de commerce et d'industrie recueillent, produisent, reproduisent, détiennent ou diffusent dans le cadre de leurs missions ou dont elles sont destinataires en application du dernier alinéa de l'article L. 711-3, selon des modalités prévues par l'article R. 711-67-1.

Les chambres de commerce et d'industrie de région assurent la coordination des fichiers d'entreprises, des bases de données et d'information et des informations économiques collectés et gérés par les chambres de commerce et d'industrie qui leur sont rattachées, notamment en vue de répondre dans les délais raisonnables, aux questions des pouvoirs publics en application du 7° de l'article L. 710-1.

CCI France assure la coordination des fichiers d'entreprises, des bases de données et des informations économiques collectées par les établissements du réseau, en vue de synthèses nationales qu'elle tient à la disposition du ministre chargé de la tutelle du réseau des chambres de commerce et d'industrie. Elle peut déléguer la réalisation de cette coordination à un organisme émanant du réseau.

Les données nécessaires aux usages définis à l'article L. 711-3 sont conservées par les chambres de commerce et d'industrie pendant la durée d'existence de l'entreprise et tant que son siège social reste fixé dans leur circonscription.

Art. D. 711-67-5 *(D. n° 2007-987, 15 mai 2007 ; D. n° 2010-924, 3 août 2010 ; D. n° 2016-1894, 27 déc. 2016).* – Les établissements du réseau des chambres de commerce et d'industrie peuvent être à l'initiative d'actions de mutualisation et conclure des conventions entre eux à l'effet notamment de partager des compétences ou de créer ou conserver à frais communs des services ou des ouvrages.

Dans l'hypothèse où la mutualisation n'est pas prévue dans le schéma régional d'organisation des missions, les chambres de commerce et d'industrie territoriales informent, préalablement à la signature de la convention, leur chambre de commerce et d'industrie de région de rattachement.

Ces conventions peuvent, le cas échéant, associer des établissements du réseau des chambres de métiers et de l'artisanat et des chambres d'agriculture.

Art. D. 711-67-6 *(D. n° 2007-987, 15 mai 2007 ; mod., D. n° 2019-1317, 9 déc. 2019).* – Les établissements publics du réseau des chambres de commerce et d'industrie élaborent chaque année un rapport d'activité qu'ils publient sur leur site internet.

Ils transmettent à CCI France, dans les conditions qu'elle fixe, toutes les informations nécessaires à l'exercice de ses missions, notamment les informations relatives au suivi des conventions d'objectifs et de moyens, des budgets, de la comptabilité analytique, du patrimoine, de la mise en œuvre de l'offre de services nationale et des normes d'intervention, ainsi que les réponses aux enquêtes qu'elle diligente.

Art. R. 711-68 *(Mod., D. n° 2007-1308, 5 sept. 2007 ; D. n° 2010-924, 3 août 2010 ; D. n° 2010-1463, 1er déc. 2010 ; D. n° 2013-381, 3 mai 2013 ; D. n° 2019-1317, 9 déc. 2019).* – Les établissements publics du réseau des chambres de commerce et d'industrie adoptent un règlement intérieur relatif à leur organisation et à leur fonctionnement, qui fixe, entre autres dispositions :

1° Les conditions de fonctionnement de leurs différentes instances, en particulier l'assemblée générale, le comité directeur, le bureau, les délégations et les commissions, la périodicité de leurs réunions, les rapports avec les membres associés et les conseillers techniques ainsi que l'organisation administrative des services ;

2° *La limite d'âge pour l'élection au bureau,* qui ne peut excéder l'âge de soixante-dix ans révolus à la date du dernier jour du scrutin pour l'élection de la chambre ;

3° Les conditions dans lesquelles le président et le trésorier peuvent déléguer leur signature à d'autres membres élus et, le cas échéant, au directeur général ou, sur sa proposition, à d'autres membres du personnel de la chambre ;

4° Les conditions dans lesquelles les membres élus, le directeur général ou, sur sa proposition, les autres membres du personnel de l'établissement sont habilités à représenter le président ;

5° La liste, les modalités et les montants des indemnités et des remboursements de frais de personnel.

Les dispositions prévues au 2° ci-dessus ne peuvent pas être modifiées dans l'année d'un renouvellement.

Les règlements intérieurs peuvent prévoir l'adoption de certaines délibérations par des majorités qualifiées sous réserve des dispositions du présent code précisant les conditions de majorité requises pour certaines matières.

Ils ne peuvent ni limiter le nombre de mandats que peut exercer un membre ni subordonner l'élection d'un membre au bureau à une durée antérieure de mandat.

Les règlements intérieurs des chambres de commerce et d'industrie territoriales et des chambres de commerce et d'industrie de région sont élaborés conformément à la norme d'intervention adoptée par CCI France, dans un délai de six mois maximum après l'approbation de cette norme par l'autorité de tutelle. Toute modification de cette norme est prise en compte dans les mêmes conditions.

Le règlement intérieur est adopté par l'assemblée générale de chaque établissement public de réseau dans les conditions prévues à l'article R. 711-71.

Les chambres de commerce et d'industrie territoriales ou de région dont la fusion est prévue adoptent, au plus tard lors de leur dernière assemblée, un règlement intérieur provisoire qui doit permettre à la nouvelle chambre issue de cette fusion de fonctionner jusqu'à l'adoption d'un nouveau règlement intérieur. Dans ce cas, les dispositions prévues au 2° peuvent être modifiées l'année du renouvellement général.

À défaut d'accord entre les chambres, le règlement intérieur provisoire est fixé par l'autorité de tutelle.

Art. D. 711-69 *(Abr., D. n° 2013-320, 15 avr. 2013).*

Art. R. 711-70 *(Rempl., D. n° 2010-1463, 1er déc. 2010 ; mod., D. n° 2019-1317, 9 déc. 2019).* – I. – Les services de CCI France, des chambres de commerce et d'industrie de région et des chambres de commerce et d'industrie territoriales sont dirigés par un directeur général, placé sous l'autorité du président de la chambre.

Les services des chambres de commerce et d'industrie départementales d'Île-de-France ou des chambres de commerce et d'industrie locales sont dirigés par un directeur général délégué, placé sous l'autorité du directeur général de la chambre de commerce et d'industrie de région, en liaison fonctionnelle avec le président de la chambre de commerce et d'industrie départementale ou locale concernée.

Le directeur général ou le directeur général délégué assure, notamment, le secrétariat général de l'assemblée générale, du bureau, des commissions et, en ce qui concerne CCI France, du comité directeur.

Dans le cadre des orientations définies par la chambre, et dans le respect de son règlement intérieur, le directeur général ou le directeur général délégué est chargé de l'animation de l'ensemble des services ainsi que du suivi de leurs activités, de la réalisation de leurs objectifs et du contrôle de leurs résultats dont il rend compte au président.

Le directeur général ou le directeur général délégué assiste les membres élus dans l'exercice de leurs fonctions. À ce titre, il informe les élus des conditions de régularité dans lesquelles les décisions doivent être prises. Il a la charge de leur mise en œuvre et contrôle la régularité de toutes les opérations correspondantes.

Le directeur général ou le directeur général délégué est astreint au devoir de réserve et, dans l'exercice de ses fonctions, au respect du principe de neutralité.

Les directeurs généraux de chambre de commerce et d'industrie de région et de CCI France sont chargés de veiller à la sécurité et à la protection de la santé du personnel placé sous leur autorité. Ils s'assurent du respect des règles d'hygiène et de sécurité.

Les directeurs généraux de chambre de commerce et d'industrie de région peuvent déléguer aux directeurs généraux de chambre de commerce et d'industrie territoriales ou aux directeurs généraux délégués, leurs pouvoirs en matière d'hygiène et de sécurité. Les délégataires peuvent eux-mêmes subdéléguer ces pouvoirs à des personnes disposant de la compétence, de l'autorité et des moyens nécessaires à l'exercice des responsabilités concernées. La subdélégation s'effectue à un niveau de responsabilité permettant une autonomie décisionnelle suffisante en matière d'hygiène et de sécurité.

En cas de vacance du poste de directeur général, et dans l'attente du remplacement effectif, le président de la chambre de commerce et d'industrie de région peut nommer par intérim un collaborateur de sa chambre pour assurer ces fonctions. La durée totale de cet intérim, renouvellement éventuel compris, ne peut pas excéder un an.

Dans ce cas, l'avis du président de CCI France n'est pas requis et le directeur général par intérim ne bénéficie pas, le cas échéant, des dispositions particulières prévues en application du 6° de l'article L. 711-16.

Un directeur général peut, si les circonstances le justifient, exercer ses fonctions à la fois dans une chambre de commerce et d'industrie de région et une chambre de commerce et d'industrie territoriale ou dans plusieurs chambres de commerce et d'industrie territoriales rattachées à une même chambre de commerce et d'industrie de région.

II. – La nomination ou la rupture, à l'initiative de l'employeur, de la relation de travail d'un directeur général interviennent :

1° Pour CCI France, sur décision du président, après consultation du bureau ;

2° Pour une chambre de commerce et d'industrie de région, sur décision du président, après consultation du bureau et avis du président de CCI France ;

3° Pour une chambre de commerce et d'industrie territoriale :

a) S'agissant de la nomination, sur décision de son président, après consultation du bureau, sur avis conforme du président de la chambre de commerce et d'industrie de région, et avis du président de CCI France ;

b) S'agissant de la rupture de la relation de travail, sur proposition motivée de son président, après consultation du bureau, sur avis du président de CCI France, par décision du président de la chambre de commerce et d'industrie de région.

III. – Le président de la chambre de commerce et d'industrie de région adresse la demande d'avis au président de CCI France, par écrit, accompagnée :

1° S'agissant d'une nomination : des coordonnées et du profil du candidat retenu, ainsi que les éléments essentiels de la relation de travail proposée, notamment en termes de rémunération ;

2° S'agissant d'une rupture de la relation de travail : des motifs la justifiant et des conditions d'indemnisation de l'intéressé.

Dans un délai de quinze jours ouvrés à compter de la réception de cette demande, le président de CCI France communique, par écrit, son avis motivé au président de la chambre de région, après, le cas échéant, un entretien avec l'intéressé. Toute demande de précisions interrompt le délai. À compter de l'expiration de ce délai, l'avis est réputé acquis.

Art. D. 711-70-1 *(D. n° 2019-1227, 26 nov. 2019)*. – Dans les dispositions suivantes :

– l'expression « employeur » désigne le président de la chambre de commerce et d'industrie de région ou le président de CCI France, si le directeur général concerné est celui de CCI France ;

– l'expression « directeur général » désigne le directeur général d'une chambre de commerce et d'industrie qui a la qualité d'agent public.

I. – Lorsqu'un agent public employé par une chambre de commerce et d'industrie est nommé directeur général, ou lorsqu'un directeur général, est nommé sur un autre poste de directeur général dans le ressort du même employeur, un avenant à sa convention particulière précise les dispositions relatives aux conditions d'exercice de ses nouvelles fonctions et fait référence aux avis du président de CCI France et, lorsqu'il est nommé directeur général d'une chambre de commerce et d'industrie territoriale, du président de la chambre de commerce et d'industrie de région.

Une copie de l'avenant, et de ses modifications éventuelles, est adressée par l'employeur, dans les quinze jours ouvrés suivant la date de sa signature par l'employeur et l'agent intéressé, au président de CCI France et au ministre chargé de la tutelle des chambres de commerce et d'industrie.

II. – La rémunération du directeur général est fixée par l'employeur par référence à la grille de rémunération des directeurs généraux sous contrat de droit privé établie par CCI France et qui tient compte de l'importance et de la diversité des missions que l'établissement public exerce, du nombre de ses ressortissants et de celui des personnels qui y travaillent.

Toute évolution de la rémunération fait l'objet d'un avenant à la convention particulière.

III. – En sa qualité de cadre dirigeant, le directeur général n'est soumis à aucune durée du travail. Il bénéficie toutefois des dispositions relatives aux congés payés et au compte épargne temps du statut du personnel administratif des chambres de commerce et d'industrie mentionné à l'article 1er de la loi n° 52-1311 du 10 décembre 1952 relative à l'établissement obligatoire d'un statut du personnel administratif des chambres d'agriculture, des chambres de commerce et des chambres de métiers.

IV. – La cessation de fonctions du directeur général intervient dans les conditions suivantes :

1° Démission de l'intéressé

La démission ne peut résulter que d'une demande écrite de l'intéressé, adressée à son employeur, marquant sa volonté expresse de quitter son emploi, avec un préavis de trois mois, sauf accord particulier entre les parties. Elle n'a d'effet qu'autant qu'elle est acceptée par l'employeur et prend effet à la date qu'il fixe.

Elle n'ouvre droit ni à l'indemnité de licenciement prévue au 5°, ni au revenu de remplacement prévu à l'article 35-3 *bis* du statut du personnel administratif des chambres de commerce et d'industrie mentionné ci-dessus.

2° Rupture d'un commun accord de la relation de travail

La rupture d'un commun accord de la relation de travail intervient dans les conditions prévues par l'annexe à l'article 33 du statut du personnel administratif des chambres de commerce et d'industrie relative à la cessation d'un commun accord de la relation de travail.

Le projet de rupture de la convention particulière est signé par l'employeur après consultation du bureau de sa chambre de commerce et d'industrie.

3° Départ à la retraite à la demande du directeur général

Le directeur général informe l'employeur, par écrit, au moins six mois à l'avance, sauf accord contraire entre les parties, de sa décision de faire valoir ses droits à la retraite ; cette décision a un caractère définitif.

Le départ à la retraite à la demande du directeur général ouvre droit au versement de l'allocation de fin de carrière prévue à l'article 24 du statut du personnel administratif des chambres de commerce et d'industrie mentionné ci-dessus.

4° Mise à la retraite par décision de l'employeur

La mise à la retraite fait l'objet d'une décision de l'employeur notifiée par lettre recommandée avec demande d'avis de réception six mois au moins avant sa date d'effet, laquelle ne peut intervenir, en tout état de cause, que si le directeur général a atteint l'âge de 65 ans ou plus et à condition de pouvoir prétendre au bénéfice d'une pension de retraite à taux plein sans décote dans le régime général de sécurité sociale.

Tout directeur général est tenu de communiquer à l'employeur qui le demande un relevé de carrière.

À défaut de remplir les conditions prévues au deuxième alinéa du présent 4°, le directeur général peut être mis à la retraite dès lors qu'il peut prétendre au bénéfice d'une pension de retraite à taux plein sans décote dans le régime général de sécurité sociale. La mise à la retraite intervient au plus tard à l'âge de 70 ans.

Le directeur général perçoit, à ce titre, l'allocation de fin de carrière telle que prévue à l'article 24 du statut du personnel administratif des chambres de commerce et d'industrie.

5° Licenciement

La dénonciation de la convention peut être prononcée par mesure unilatérale de l'employeur, sur proposition, pour le directeur général d'une chambre de commerce et d'industrie territoriale, du président de cette chambre.

Elle peut être motivée notamment :

– soit par une divergence de vue faisant obstacle au bon fonctionnement de la chambre ;
– soit par une insuffisance professionnelle ;
– soit par un comportement faisant obstacle au bon accomplissement de sa tâche.

La décision de licenciement notifiée au directeur général comporte l'énoncé des motifs justifiant la mesure.

La décision de licenciement motivée par une divergence de vue faisant obstacle au bon fonctionnement de la chambre ne peut être prise avant l'expiration d'un délai de quatre mois après la date de l'élection du président de la chambre de commerce et d'industrie dont il dirige les services.

Le licenciement est soumis à un préavis de trois mois et ouvre droit à une indemnité de licenciement égale à celle versée dans le cadre de l'article 35-2 du statut du personnel administratif des chambres de commerce et d'industrie mentionné ci-dessus.

L'ancienneté à prendre en compte correspond aux années de service accomplies en qualité de directeur général de la chambre et à celles effectuées dans d'autres fonctions auprès du même employeur, ainsi que, le cas échéant, l'ancienneté reprise par la convention du directeur général au titre des services effectués auprès d'autres chambres de commerce et d'industrie.

En cas de licenciement motivé par une insuffisance professionnelle ou par un comportement faisant obstacle au bon accomplissement de sa tâche, l'indemnité de licenciement peut être réduite d'un montant qui ne dépasse la moitié de celui résultant de l'application de l'article 35-2 du statut.

Le versement de l'indemnité de licenciement intervient à la date de la cessation effective des fonctions du directeur général. À titre exceptionnel, en cas d'indisponibilité des crédits budgétaires, la part de l'indemnité dépassant une année de traitement peut être versée au plus tard le 15 février de l'exercice budgétaire suivant.

Si le licenciement intervient dans l'une des trois années qui précèdent l'âge auquel intervient normalement le départ à la retraite en application du régime général de la sécurité sociale, le total de l'indemnité ne pourra être supérieur au traitement que l'intéressé aurait perçu pendant le délai restant à courir jusqu'à cette date.

Le directeur général agent public licencié bénéficie du revenu de remplacement prévu à l'article 35-3 *bis* du statut du personnel administratif des chambres de commerce et d'industrie mentionné ci-dessus.

6° Révocation

La révocation, prononcée par l'employeur, est motivée par une faute grave retenue à l'encontre du directeur général agent public. Elle est motivée et notifiée au directeur général par écrit. Elle entraîne, durant la procédure indiquée au V, la suspension de ses fonctions et de sa rémunération par l'employeur.

La révocation n'ouvre pas droit à une indemnité de licenciement.

V. – Les cessations de fonctions mentionnées aux 5° et 6° du IV interviennent dans le respect de la procédure suivante :

– Convocation du directeur général à un entretien par l'employeur ou son délégataire par lettre recommandée avec avis de réception ou lettre remise en main propre contre décharge ;

– Communication au directeur général de son dossier ;

– L'entretien a lieu au moins cinq jours ouvrés après la notification de la lettre de convocation ;

– Il est mené par l'employeur ou son délégataire. Au cours de cet entretien, le directeur général peut se faire assister par toute personne de son choix ;

– Notification du licenciement ou de la révocation par l'employeur par écrit avec mention des voies et délai de recours.

VI. – Le directeur général agent public d'une chambre de commerce et d'industrie territoriale dont le poste est supprimé du fait d'une transformation de la chambre en chambre de commerce et d'industrie locale ou d'une fusion avec une autre chambre est informé de la suppression de son poste par lettre recommandée avec avis de réception adressée par l'employeur.

Dans les quinze jours ouvrés suivant la date de réception de cette lettre, l'employeur reçoit, au cours d'un entretien, le directeur général pour lui présenter, le cas échéant, les possibilités de reclassement au sein du réseau des chambres de commerce et d'industrie.

Si aucun reclassement n'est proposé, le directeur général est licencié selon la procédure prévue au V.

Si une proposition de reclassement est proposée, le directeur général peut la refuser, dans un délai d'un mois, par lettre recommandée avec avis de réception. À réception de ce courrier, le président de la chambre de commerce et d'industrie de région procède au licenciement selon la procédure prévue au V.

VII. – Une commission mixte de conciliation, composée de deux membres titulaires et de deux membres suppléants désignés parmi les présidents de chambre par le bureau de CCI France, ainsi que de deux membres titulaires et de deux membres suppléants désignés parmi les directeurs généraux par l'association des directeurs généraux des chambres de commerce et d'industrie, peut être saisie pour avis, avant la décision de l'employeur, dans le cas d'une procédure de licenciement ou de révocation prévus aux 5° et 6° du IV et au VI du présent article, par l'employeur ou le directeur général.

Ses modalités de fonctionnement sont fixées par arrêté du ministre chargé de la tutelle des chambres de commerce et d'industrie.

NB : Conformément à l'article 2 du décret n° 2019-1227 du 26 novembre 2019, le III de l'article D. 711-70-1 du Code de commerce entre en vigueur le 1er janvier 2020.

Le présent décret n'est applicable qu'aux procédures de nomination et de cessation de fonctions engagées après son entrée en vigueur.

Art. R. 711-71 *(Mod., D. n° 2010-924, 3 août 2010 ; D. n° 2010-1463, 1er déc. 2010 ; D. n° 2019-1317, 9 déc. 2019)*. – Les chambres de commerce et d'industrie territoriales, locales et départementales d'Île-de-France, et de région ne peuvent se réunir en assemblée générale que toutes catégories et sous-catégories professionnelles confondues lorsque ces dernières sont constituées.

Les chambres de commerce et d'industrie de région, les chambres de commerce et d'industrie territoriales, locales et départementales d'Île-de-France et les groupements interconsulaires ne peuvent valablement délibérer que si le nombre des membres élus présents, ou, s'agissant des chambres de régions, des membres présents et représentés, dépasse la moitié du nombre des membres en exercice.

Lorsque ce nombre n'est pas atteint, il est procédé à une nouvelle convocation de l'assemblée générale. Lors de la deuxième réunion, la délibération est valable si le nombre des membres atteint le tiers du nombre des membres en exercice.

Sauf dispositions législatives ou réglementaires particulières ou prévues par le règlement intérieur de la chambre, les délibérations des assemblées générales de CCI France et des chambres de commerce et d'industrie de région sont prises à la majorité absolue des suffrages exprimés des membres présents ou représentés et, pour les autres chambres de commerce et d'industrie, à la majorité absolue des suffrages exprimés des membres présents.

En cas de partage égal des voix, celle du président est prépondérante.

Art. D. 711-71-1 *(D. n° 2010-1463, 1er déc. 2010 ; D. n° 2015-536, 15 mai 2015). – (Mots rempl., D. n° 2016-569, 10 mai 2016)* « Le président d'un établissement public du réseau des chambres de commerce et d'industrie peut consulter par voie électronique les membres de son bureau, de son assemblée générale et, pour CCI France, de son comité directeur, dans les conditions prévues par le décret n° 2014-1627 du 26 décembre 2014 relatif aux modalités d'organisation des délibérations à distance des instances administratives à caractère collégial ». L'autorité de tutelle est informée simultanément de la consultation de l'assemblée générale et du comité directeur. Le vote est effectué électroniquement dans les conditions applicables en matière de quorum et de majorité.

Art. R. 711-72. – L'élection du bureau a lieu au premier et au deuxième tour à la majorité absolue des membres en exercice. Au troisième tour, la majorité relative suffit. En cas de partage égal des voix, le candidat le plus âgé est élu. Le vote par procuration est admis mais chaque membre ne peut disposer que d'une procuration.

Art. R. 711-73 *(Mod., D. n° 2016-569, 10 mai 2016).* – Les membres sortants siègent jusqu'à l'installation de leurs successeurs.

Toutefois, à compter du dernier jour du scrutin et jusqu'à celui de l'installation des nouveaux membres, les membres sortants expédient les affaires courantes.

Art. R. 711-74 *(D. n° 2008-12, 3 janv. 2008 ; mod., D. n° 2016-1894, 27 déc. 2016).* – Les établissements publics du réseau des chambres de commerce et d'industrie peuvent transiger dans les conditions prévues aux articles 2044 à 2058 du Code civil.

Les transactions sont conclues par l'autorité compétente pour conclure les contrats aux termes du règlement intérieur mentionné à l'article R. 711-68. Ce règlement précise les cas où, notamment du fait de leur faible montant ou de la confidentialité des matières sur lesquelles elles portent, ces transactions sont autorisées par le bureau de l'établissement.

Art. R. 711-74-1 *(D. n° 2008-12, 3 janv. 2008).* – Le projet de transaction est soumis à l'approbation de l'autorité de tutelle compétente en application de l'article R. 712-2 au-delà d'un seuil fixé par le ministre chargé de la tutelle des chambres de commerce et d'industrie.

Il est réputé approuvé si une décision contraire motivée de l'autorité de tutelle mentionnée au premier alinéa n'a pas été notifiée au président dans le délai de trente jours courant à compter de sa réception.

Art. D. 711-75 *(D. n° 2008-12, 3 janv. 2008 ; mod., D. n° 2016-1894, 27 déc. 2016).* – Les établissements publics du réseau des chambres de commerce et d'industrie peuvent par clause compromissoire ou par compromis soumettre à arbitrage tout litige né d'un contrat qu'ils ont conclu et les opposant à l'un de leurs cocontractants.

Art. R. 711-75-1 *(D. n° 2008-12, 3 janv. 2008).* – La clause compromissoire et le compromis sont conclus par écrit par l'autorité de l'établissement compétente pour passer le contrat qui en fait l'objet en application du règlement intérieur de l'établissement. Ce règlement définit l'autorité compétente pour prendre les mesures d'exécution de la sentence arbitrale.

Art. D. 711-75-2 *(D. n° 2008-12, 3 janv. 2008).* – La clause compromissoire ou le compromis désigne le ou les arbitres ou définit les modalités de choix du ou des arbitres, qui doivent garantir l'impartialité de ceux-ci, les modalités de leur rémunération, les délais dans lesquels le tribunal arbitral doit statuer et les conditions de publication de la sentence arbitrale.

Art. R. 711-75-3 *(D. n° 2008-12, 3 janv. 2008).* – Les contrats comprenant des clauses compromissoires et les compromis conclus par les établissements du réseau sont communiqués à l'autorité de tutelle compétente en application de l'article R. 712-2. Le cas échéant, cette autorité est informée des résultats de leur mise en œuvre dans les deux mois de l'adoption de la sentence arbitrale.

Section V. – Des établissements d'enseignement supérieur consulaire

(D. n° 2015-720, 23 juin 2015)

Sous-section 1. – De l'élection des représentants du personnel au conseil d'administration ou de surveillance d'un établissement d'enseignement supérieur consulaire

Art. R. 711-76. – Sont électeurs au conseil d'administration ou de surveillance d'un établissement d'enseignement supérieur consulaire :

1° Les personnels enseignants et les autres salariés de l'établissement d'enseignement supérieur consulaire ;

2° Les personnes mises à la disposition de l'établissement d'enseignement supérieur consulaire dans les conditions prévues au V de l'article 43 de la loi n° 2014-1545 du 20 décembre 2014 relative à la simplification de la vie des entreprises.

Les électeurs doivent être âgés d'au moins seize ans, travailler depuis au moins trois mois dans l'établissement et ne faire l'objet d'aucune interdiction, déchéance ou incapacité relative à leurs droits civiques.

La qualité d'électeur s'apprécie à la date du scrutin.

Art. R. 711-77. – Sont éligibles au conseil d'administration ou de surveillance d'un établissement d'enseignement supérieur consulaire les personnels mentionnés à l'article R. 711-76 qui remplissent les conditions suivantes :

1° Être âgés d'au moins dix-huit ans ;

2° Avoir travaillé pendant une durée d'au moins un an au cours des cinq années précédant la date du scrutin dans ledit établissement, dans une chambre de commerce et d'industrie territoriale ou une chambre de commerce et d'industrie de région constituant l'actionnariat de référence de l'établissement, ou dans l'association, mentionnée au VI de l'article 43 de la loi du 20 décembre 2014 susvisée, qui a créé l'établissement.

Art. R. 711-78. – Aucune condition de durée d'activité n'est requise pour être électeur ou éligible lorsque, au jour de l'élection, l'établissement d'enseignement supérieur consulaire est créé depuis moins de deux ans.

Sous-section 2. – Des conventions signées en application des dispositions de l'article L. 711-19

Art. R. 711-79. – La convention signée par un établissement d'enseignement supérieur consulaire en application de l'article L. 711-19 précise notamment :

1° Les objectifs académiques poursuivis par l'établissement ;

2° Les principes régissant la composition du corps enseignant de l'établissement ;

3° Les principes régissant les modalités d'accès à l'établissement ;

4° La définition des activités de l'établissement et, le cas échéant, les liens entre ces activités et les activités de formation assurées par les chambres de commerce et d'industrie concernées, leurs filiales et par les filiales de l'établissement d'enseignement supérieur consulaire ;

5° Les orientations relatives à la politique partenariale, notamment au niveau international ;

6° Les modalités selon lesquelles les biens immobiliers appartenant aux chambres de commerce et d'industrie territoriales et aux chambres de commerce et d'industrie de région sont mis à disposition de l'établissement.

La convention précise sa durée, qui ne peut être inférieure à deux ans ni supérieure à dix ans.

CHAPITRE II. – DE L'ADMINISTRATION DES ÉTABLISSEMENTS DU RÉSEAU DES CHAMBRES DE COMMERCE ET D'INDUSTRIE

(Mod. à compter du 1er juill. 2007, D. n° 2007-574, 19 avr. 2007)

Art. R. 712-1 *(Mod., D. n° 2019-1317, 9 déc. 2019)*. – Les fonctions des membres des établissements du réseau des chambres de commerce et d'industrie sont gratuites.

Toutefois, cette gratuité ne fait pas obstacle à l'attribution d'indemnités ou de remboursements de frais dont la liste, les modalités et les montants sont fixés par le règlement intérieur de la chambre de commerce et d'industrie, conformément aux dispositions relatives aux frais professionnels déductibles pour le calcul des cotisations de sécurité sociale et des contributions sociales prévues par le Code de sécurité sociale.

Une indemnité globale pour frais de mandat peut, en outre, être attribuée au bureau par l'assemblée générale, selon un barème fixé par arrêté du ministre chargé de la tutelle des chambres de commerce et d'industrie. Ce barème tient compte de l'importance des établissements du réseau, déterminée selon le nombre de leurs ressortissants, et de la valeur du point d'indice prévu par le statut du personnel administratif des chambres de commerce et d'industrie.

Art. R. 712-1-1 *(D. n° 2010-1463, 1er déc. 2010)*. – Les modalités du décompte des votes à *(Mots rempl., D. n° 2015-536, 15 mai 2015)* « CCI France » sont prévues à l'article R. 711-63.

Section I. – Des modalités de la tutelle

(D. n° 2007-574, 19 avr. 2007)

Art. R. 712-2 ancien *(D. n° 2007-574, 19 avr. 2007. – V. C. com., art. R. 712-12)*.

Art. R. 712-2 *(D. n° 2007-574, 19 avr. 2007 ; mod., D. n° 2010-1463, 1er déc. 2010)*. – 1° La tutelle administrative et financière de l'État sur *(Mots rempl., D. n° 2015-536, 15 mai 2015)* « CCI France » est exercée par le ministre chargé de la tutelle des chambres de commerce et d'industrie ;

2° La tutelle des chambres de commerce et d'industrie de région et des chambres de commerce et d'industrie territoriales est assurée par le préfet de région, assisté par le *(Mots rempl., D. n° 2014-551, 27 mai 2014)* « directeur régional des finances publiques ».

Lorsque le ressort territorial de la chambre régionale de commerce et d'industrie excède les limites de la circonscription administrative régionale, le préfet de région compétent est celui du siège de l'établissement public.

Lorsque le ressort territorial de la chambre de commerce et d'industrie territoriale dépasse le cadre de la circonscription d'une seule chambre de commerce et d'industrie de région, le préfet de région compétent est celui du siège de la chambre de région à laquelle cette chambre est rattachée ;

3° La tutelle des groupements interconsulaires est assurée par le préfet de la région où se situe le siège du groupement, assisté *(Mots rempl., D. n° 2014-551, 27 mai 2014)* « directeur régional des finances publiques » correspondant ;

4° *(Abr., D. n° 2010-1463, 1er déc. 2010)*.

Le préfet compétent est celui du siège de l'établissement public.

Lorsque le ressort territorial de la chambre de commerce et d'industrie dépasse le cadre de la circonscription administrative départementale, le préfet compétent est celui du siège de l'établissement public.

Par dérogation aux dispositions qui précèdent, la tutelle de la chambre de commerce et d'industrie de Paris est exercée par le préfet de la région d'Île-de-France, assisté par le receveur général des finances, trésorier-payeur général de la région Île-de-France.

Art. R. 712-3 ancien *(D. n° 2007-574, 19 avr. 2007. – V. C. com., art. R. 712-13)*.

Art. R. 712-3 *(D. n° 2007-574, 19 avr. 2007 ; mod., D. n° 2010-1463, 1er déc. 2010)*. – L'autorité de tutelle a accès de droit à toutes les séances des assemblées générales des établissements du réseau des chambres de commerce et d'industrie et du comité directeur de *(Mots rempl., D. n° 2015-536, 15 mai 2015)* « CCI France ». Il en est de même pour les séances de la commission provisoire prévue à l'article L. 712-9.

Ces établissements informent l'autorité de tutelle des séances de leurs assemblées générales et du comité directeur dans les mêmes conditions et délais que ceux fixés pour les membres par le règlement intérieur de l'établissement.

L'autorité de tutelle peut faire ajouter un ou plusieurs sujets à l'ordre du jour de ces instances.

Art. R. 712-4 ancien *(D. n° 2007-574, 19 avr. 2007. – V. C. com., art. R. 712-14).*

Art. R. 712-4 *(D. n° 2007-574, 19 avr. 2007).* – 1° Lorsqu'un membre d'un établissement du réseau refuse d'exercer tout ou partie des fonctions liées à son mandat ou fixées par le règlement intérieur de l'établissement, ou s'abstient, sans motif légitime, d'assister aux assemblées de l'établissement pendant douze mois consécutifs, l'autorité de tutelle lui adresse une mise en demeure de se conformer à ses obligations.

Si l'intéressé ne défère pas à cette demande dans les deux mois suivant sa notification, cette autorité peut, en application de l'article L. 712-9, prononcer sa suspension ou le démettre d'office de ses fonctions, après l'avoir mis à même de faire valoir ses observations ;

2° La décision de suspension ou de démission d'un membre d'un établissement du réseau pour faute grave est prononcée, en application de l'article L. 712-9, par l'autorité de tutelle après que celle-ci a avisé l'intéressé de la possibilité de se faire assister d'un conseil et l'a mis à même de faire valoir ses observations dans le délai d'un mois.

Art. R. 712-4-1 *(D. n° 2010-1463, 1er déc. 2010).* – En cas de faute grave du directeur d'un établissement du réseau, excédant la simple faute de service, l'autorité de tutelle peut demander au président de l'établissement de prendre les mesures disciplinaires nécessaires. Si, à l'issue de cette procédure, le président de la chambre de région, sur proposition le cas échéant du président de la chambre territoriale, décide de ne pas prononcer une sanction disciplinaire, il doit en exposer les motifs dans un rapport qui sera communiqué au préfet de région et au ministre en charge de la tutelle des chambres de commerce et d'industrie.

Art. R. 712-5 ancien *(D. n° 2007-574, 19 avr. 2007. – V. C. com., art. R. 712-15).*

Art. R. 712-5 *(D. n° 2007-574, 19 avr. 2007 ; rempl., D. n° 2010-1463, 1er déc. 2010 ; D. n° 2019-1317, 9 déc. 2019).* – I. – La décision de suspension ou de dissolution du seul bureau ou de l'assemblée générale et du bureau d'un établissement public du réseau prévue par l'article L. 712-9 est prise par arrêté de l'autorité de tutelle précisant les motifs de la décision.

En cas de suspension ou de dissolution du bureau, l'arrêté détermine les modalités d'expédition des affaires courantes et fixe, le cas échéant, la date et les modalités de convocation d'une assemblée générale extraordinaire chargée d'élire un nouveau bureau.

En cas de suspension ou de dissolution de l'assemblée générale et du bureau, l'arrêté fixe la composition de la commission provisoire chargée, jusqu'à la fin de la suspension ou, en cas de dissolution, d'expédier les affaires courantes et de prendre, sous réserve de l'accord exprès de l'autorité de tutelle, les mesures tendant à remédier à la situation ayant justifié la suspension ou la dissolution. La commission peut établir, si nécessaire, et avec la collaboration, pour les chambres de commerce et d'industrie territoriales, de la chambre de commerce et d'industrie de région, et pour les chambres de commerce et d'industrie de région, de CCI France, les budgets nécessaires pour assurer le fonctionnement de la chambre.

II. – Cette commission se compose de trois à onze membres, désignés comme suit :

1° Pour une chambre de commerce et d'industrie territoriale, parmi les membres ou anciens membres de la chambre ou membres de la chambre de région de rattachement ;

2° Pour une chambre de commerce et d'industrie de région, parmi des présidents ou anciens présidents d'une ou plusieurs chambres de son ressort ou membres ou anciens membres de son assemblée ;

3° *Pour CCI France,* parmi les présidents ou anciens présidents de chambre de commerce et d'industrie de région et de chambre de commerce et d'industrie ;

4° Pour un groupement interconsulaire, parmi les membres des chambres participant au groupement et, si ce n'est le cas au titre de leur participation à ce groupement, les membres de ou des chambres de commerce et d'industrie de région auxquelles sont rattachées les chambres de commerce et d'industrie territoriales participant au groupement.

L'arrêté du préfet, ou l'arrêté ministériel en ce qui concerne CCI France, nomme au moins un membre ou ancien membre de l'établissement au sein de la commission.

Un des membres de la commission est désigné, par l'autorité de tutelle, comme ordonnateur et un autre comme trésorier.

III. – Le président de la commission est tenu de fournir à l'autorité de tutelle selon une fréquence définie par cette dernière des informations sur le fonctionnement de l'établissement public et les conditions dans lesquelles sont expédiées les affaires courantes.

Les mêmes informations sont communiquées au président de CCI France et, si la mesure concerne une chambre de commerce et d'industrie territoriale, au président de la chambre de commerce et d'industrie de région à laquelle elle est rattachée.

Art. R. 712-6 *(D. n° 2007-574, 19 avr. 2007).* – Le règlement intérieur des établissements du réseau est exécutoire lorsqu'il a été homologué par l'autorité de tutelle.

Le refus d'homologation opposé à certaines dispositions du règlement intérieur ne fait pas obstacle à l'entrée en vigueur des autres dispositions de ce règlement.

Art. R. 712-6-1 *(D. n° 2019-1317, 9 déc. 2019).* – Les conventions et accords collectifs soumis à agrément conformément au premier alinéa du 6° de l'article L. 711-16 sont transmis au ministre de tutelle des chambres de commerce et d'industrie, dès leur signature, par CCI France.

L'agrément est acquis tacitement à l'expiration d'un délai d'un mois à compter de la date de réception de ces textes par le ministre de tutelle, à défaut de décision expresse notifiée à CCI France dans ce délai.

Le refus d'agrément fait l'objet d'une décision motivée.

La procédure d'agrément suspend la notification, la publicité et le dépôt des textes concernés, prévus aux articles L. 2231-5 et suivants du Code du travail.

Art. R. 712-7 *(D. n° 2007-574, 19 avr. 2007 ; mod., D. n° 2010-1463, 1er déc. 2010 ; D. n° 2019-1317, 9 déc. 2019).* – Les délibérations relatives aux actes mentionnés ci-après sont exécutoires dès qu'elles ont été approuvées par l'autorité de tutelle :

1° Le budget primitif, les budgets rectificatifs et le budget exécuté, dans les conditions prévues à l'article R. 712-16 ;

2° Le recours à l'emprunt, au crédit-bail immobilier et à l'émission d'obligations, dans les conditions prévues à la section 3 ;

3° L'octroi de garanties à des tiers, dans les conditions prévues à l'article R. 712-34 ;

4° Les projets de conventions, d'avenants et de renouvellement de conventions par lesquelles l'établissement reçoit délégation de la gestion de services ou d'équipements publics ;

5° Les cessions, prises ou extensions de participation financière dans des sociétés civiles ou commerciales, dans des syndicats mixtes ou groupements d'intérêt public ou privé, ainsi que dans toute personne de droit public ; les créations d'associations ou de tout autre structure distincte dès lors que les comptes de ces associations ou structures sont comprises dans le périmètre de consolidation, en application des dispositions prévues à l'article L. 233-16 ou dans le périmètre de combinaison en application des dispositions de l'article L. 712-6, ainsi que les modifications de l'objet ou du périmètre de ces structures, conduisant à une intégration dans le périmètre de consolidation ou de combinaison ;

5° *bis* Les délibérations relatives à un transfert d'activité à une autre personne de droit public ou de droit privé ;

6° Les délibérations relatives aux aides ou projets d'aides à une ou plusieurs entreprises soumises au contrôle des aides en application du droit de l'Union européenne ;

7° Les conventions définissant les modalités de transfert de la gestion ou de l'exploitation d'un établissement, ouvrage ou service géré par une chambre de commerce et d'industrie territoriale à une chambre de commerce et d'industrie de région lorsque son importance excède les moyens financiers de l'établissement gestionnaire.

Toutefois, les délibérations relatives aux 2° et 3° portant sur un montant inférieur à un seuil fixé par arrêté du ministre chargé de la tutelle des chambres de commerce et d'industrie et du ministre des finances ne sont pas soumises à approbation.

Les établissements publics du réseau communiquent sans délai à l'autorité de tutelle toutes les pièces constitutives d'actes de gestion qu'elle demande.

Art. R. 712-8 ancien *(D. n° 2007-574, 19 avr. 2007. – V. C. com., art. R. 712-18).*

Art. R.* 712-8 *(Anc. art. R. 712-8, D. n° 2007-574, 19 avr. 2007 ; rempl., D. n° 2010-1463, 1er déc. 2010 ; mod., D. n° 2013-420, 23 mai 2013).* – Les décisions mentionnées aux articles R. 712-6 et R. 712-7 sont approuvées par l'autorité de tutelle tacitement à l'expiration d'un délai de deux mois à compter de la date de réception par l'autorité de tutelle de la délibération les adoptant et des documents correspondants, à défaut d'approbation expresse ou d'opposition notifiée à l'établissement pendant ce délai. Les décisions de refus sont motivées.

Lorsque l'autorité de tutelle demande par écrit à l'établissement des informations ou documents complémentaires, ou saisit la mission économique et financière d'une demande d'expertise, le délai mentionné à l'alinéa précédent est suspendu jusqu'à la production de ces informations ou documents ou de cette expertise. Dans le cas des conventions de délégation de service public en matière aéroportuaire ou portuaire, ce délai est également suspendu, lorsque l'avis du délégant est requis, jusqu'à ce que cet avis soit rendu.

En ce qui concerne les délibérations décidant des aides ou régimes d'aides aux entreprises, dans le cas où le régime d'aides ou le projet d'aide doit être notifié à l'Union européenne, le délai d'approbation de la délibération est suspendu jusqu'à la date de réception par l'autorité de tutelle de la décision des autorités de l'Union européenne.

Art. R. 712-8-1 *(D. n° 2007-574, 19 avr. 2007).* – La chambre ayant accordé une aide à une entreprise est tenue de procéder sans délai à sa récupération si une décision de la Commission européenne ou un arrêt de la Cour de justice des Communautés européennes l'y enjoint, à titre provisoire ou définitif. À défaut, après une mise en demeure restée sans effet dans un délai d'un mois à compter de sa notification, le préfet y procède d'office par tout moyen auprès du bénéficiaire de l'aide.

Art. R. 712-9 *(D. n° 2007-574, 19 avr. 2007 ; mod., D. n° 2010-1463, 1er déc. 2010 ; abr., D. n° 2016-1894, 27 déc. 2016 ; rétabli dans la version suivante, D. n° 2019-1317, 9 déc. 2019).* – L'autorité de tutelle peut inscrire d'office au budget d'un établissement public du réseau des chambres de commerce et d'industrie les dépenses obligatoires, et notamment :

1° Les charges de personnel ;

2° Les remboursements d'emprunts ;

3° Les impôts, taxes ou toute charge prévue par une disposition législative ou réglementaire ;

4° Les dépenses découlant de l'exécution d'une décision de justice et les astreintes ;

5° Les dépenses relatives aux élections des membres des chambres de commerce et d'industrie ;

6° Les dépenses découlant de délibérations votées en assemblée générale de CCI France en application de l'article L. 711-15.

L'autorité de tutelle peut également exiger leur mandatement et leur paiement, et à défaut, dans le mois suivant la mise en demeure qui a été faite à l'établissement, y procéder d'office.

Art. R. 712-10 *(D. n° 2007-574, 19 avr. 2007 ; mod., D. n° 2010-1463, 1er déc. 2010 ; D. n° 2019-1317, 9 déc. 2019).* – L'autorité de tutelle peut mettre en place une tutelle renforcée ou suspendre les instances d'une chambre de commerce et d'industrie, après avoir demandé préalablement à l'établissement de prendre, dans un délai qu'elle fixe, les mesures correctrices nécessaires :

1° Lorsqu'il est constaté au cours de deux exercices budgétaires consécutifs que le fonds de roulement est négatif, ou que la capacité d'autofinancement est insuffisante pour couvrir les annuités d'emprunts ;

2° Lorsque les risques supportés par l'établissement sont excessifs ;

3° Lorsqu'il ressort des résultats d'un contrôle diligenté par l'autorité de tutelle ou d'un audit mentionné à l'article R. 711-55-3 la nécessité de prendre des mesures de gestion ou de gouvernance correctrices significatives ;

4° Lorsque le ou les commissaires aux comptes ont refusé de certifier les comptes ;

5° Lorsqu'est constaté un dysfonctionnement grave dans l'exercice d'une mission de service public ou d'une mission prévue dans la convention d'objectifs et de moyens ;

6° Lorsqu'il apparaît que la gestion de la chambre territoriale risque d'entraîner l'obligation de solidarité financière de la chambre de région en application du 7° de l'article L. 711-8 ;

7° Lorsque le budget de la chambre n'a pas été adopté le 31 mars de l'année suivant l'exercice concerné ou n'a pas été approuvé par l'autorité de tutelle le 31 mai ;

8° Lorsqu'un dysfonctionnement grave affecte la gouvernance de la chambre.

Le président de CCI France et, le cas échéant, le président de la chambre de commerce et d'industrie de région, sont informés des mesures prises et de leurs effets par la chambre de commerce et d'industrie qui fait l'objet d'une tutelle renforcée ou d'une suspension de ses instances. La décision de suspension des instances est prise dans les conditions prévues à l'article R. 712-5.

La persistance des difficultés dans le cadre d'une tutelle renforcée ou d'une suspension peut constituer un motif de dissolution des instances de la chambre conformément au troisième alinéa de l'article L. 712-9.

Art. R. 712-11 *(D. n° 2007-574, 19 avr. 2007 ; mod., D. n° 2010-1463, 1er déc. 2010 ; D. n° 2013-381, 3 mai 2013 ; D. n° 2019-1317, 9 déc. 2019).* – Dans le cadre de la tutelle renforcée et sans préjudice des dispositions des articles R. 712-6, R. 712-7 et R. 712-8, les décisions suivantes ne sont exécutoires que lorsqu'elles sont approuvées par l'autorité de tutelle :

1° Les délibérations portant acquisition, construction, aliénation ou échange d'immeubles ou décidant d'un bail de plus de dix-huit ans ;

2° La délibération d'abondement du budget d'une chambre de commerce et d'industrie territoriale prévue au 7° de l'article L. 711-8 par une chambre de commerce et d'industrie de région ;

3° Les délibérations relatives aux marchés publics passés selon les procédures formalisées prévues aux articles L. 2124-1 et suivants du Code de la commande publique ;

4° Les décisions relatives aux recrutements et aux ruptures de la relation de travail à l'initiative de l'employeur ;

5° Les transactions. La condition de seuil prévue à l'article R. 711-74-1 ne s'applique pas.

Les délibérations mentionnées aux 2° et 3° de l'article R. 712-7 sont soumises à approbation quel que soit le montant sur lequel elles portent.

Art. R. 712-11-1 *(Abr., D. n° 2019-1317, 9 déc. 2019).*

Section 1 *bis*. – De la gestion du personnel

(Section créée, D. n° 2019-867, 21 août 2019)

Art. D. 712-11-2 *(D. n° 2019-867, 21 août 2019).* – Le repreneur de tout ou partie de l'activité d'une chambre de commerce et d'industrie informe simultanément chaque agent de droit public concerné et la chambre de commerce et d'industrie qui l'emploie de sa proposition de contrat de droit privé ou d'engagement de droit public prévue à l'article L. 712-11-1 par lettre recommandée avec avis de réception.

Dans un délai maximum d'un mois à compter de la notification de ce courrier, l'agent concerné notifie simultanément sa réponse par courrier recommandé avec avis de réception à la chambre de commerce et d'industrie qui l'emploie et au repreneur.

En cas de refus de l'engagement ou du contrat proposé, sans préjudice des dispositions particulières de l'article 33 *bis* du statut du personnel administratif des chambres de commerce et d'industrie mentionné à l'article 1er de la loi n° 52-1311 du 10 décembre 1952 relative à l'établissement obligatoire d'un statut du personnel administratif des chambres d'agriculture, des chambres de commerce et des chambres de métiers, relatif au licenciement d'un délégué syndical ou d'un représentant du personnel, et dans le respect des principes relatifs aux droits de la défense, la chambre de commerce et d'industrie concernée convoque l'agent public pour un entretien, dans un délai maximum de quinze jours ouvrés après la réception de son courrier.

L'agent concerné peut se faire accompagner, dans le cadre de cet entretien, par tout agent de son choix employé par la même chambre de commerce et d'industrie.

Sans préjudice des propositions de reclassement qui peuvent lui être adressées par la chambre de commerce et d'industrie qui l'emploie, si l'agent confirme son refus d'accepter le contrat ou l'engagement, la chambre de commerce et d'industrie notifie, au moins deux jours ouvrés après l'entretien, le licenciement de l'agent pour refus de transfert, par courrier recommandé avec avis de réception.

Le délai de préavis pour la rupture de la relation de travail est de trois mois à compter de la date de la notification du licenciement. Pendant la durée de ce préavis, l'agent a droit à deux demi-journées d'absence par semaine pour recherche d'emploi. Le cas échéant, la chambre de commerce et d'industrie peut le dispenser de préavis.

Il est accordé à l'agent public ainsi licencié une indemnité de rupture dont le mode de calcul est fixé conformément à l'article 4 de l'annexe 5 à l'article 28 du statut mentionné ci-dessus.

Dans le cas où l'agent licencié pour refus de transfert se trouve dans les conditions requises pour recevoir une pension de retraite à taux plein auprès du régime général de la sécurité sociale, il ne perçoit pas d'indemnité de licenciement mais une allocation de fin de carrière aux lieux et place de celle-ci.

L'agent dont l'engagement sera rompu pour refus de transfert bénéficiera, en tant qu'agent involontairement privé d'emploi, du revenu de remplacement prévu à l'article 35-3 *bis* du statut mentionné ci-dessus.

Art. R. 712-11-3 *(D. n° 2019-1317, 9 déc. 2019).* – La commission nationale paritaire instaurée en application de l'article 2 de la loi n° 52-1311 du 10 décembre 1952 relative à l'établissement obligatoire d'un statut du personnel administratifs des chambres d'agriculture, des chambres de commerce et des chambres des métiers est l'instance chargée de la détermination et du suivi des dispositions relatives à la situation particulière des agents publics du réseau des chambres de commerce et d'industrie, qui exclut les dispositions relatives aux relations collectives de travail, à la santé et à la sécurité au travail mentionnées à l'article L. 712-11.

Les modalités de désignation de ses membres et de son fonctionnement sont fixées par arrêté du ministre chargé de la tutelle du réseau des chambres de commerce et d'industrie.

Section II. – Des règles budgétaires

(Anc. sect. I, dénum., D. n° 2007-574, 19 avr. 2007)

Sous-section 1. – Dispositions communes

Art. R. 712-12 *(Anc. art. R. 712-2, dénum., D. n° 2007-574, 19 avr. 2007 ; D. n° 2013-381, 3 mai 2013).* – Les règles essentielles de l'organisation et des procédures financières, budgétaires et comptables applicables aux établissements du réseau des chambres de commerce et d'industrie sont conformes aux prescriptions précisées par arrêté du ministre chargé de la tutelle des chambres de commerce et d'industrie.

Art. R. 712-13 *(Anc. art. R. 712-3 dénum. à compter du 1er juillet 2007, D. n° 2007-574, 19 avr. 2007 ; mod., D. n° 2010-1463, 1er déc. 2010 ; D. n° 2019-1317, 9 déc. 2019).* – Le président de l'établissement public est chargé, dans le respect de la séparation de ses fonctions et de celles de trésorier, de l'exécution du budget. Il émet les factures et signe les contrats desquels découlent des créances, préalablement à leur encaissement. Il émet, à destination du trésorier, les mandats des dépenses préalablement à leur paiement.

Le trésorier est chargé dans le respect de la séparation de ses fonctions et de celles du président de la tenue de la comptabilité, du paiement des dépenses et de l'encaissement des recettes, ainsi que de la gestion de la trésorerie. Il est assisté en tant que de besoin par les services comptables et les régies mentionnées au dernier alinéa.

Les délégations de signature du président et du trésorier respectent la règle de séparation de leurs compétences respectives.

Des régies, limitées dans leur objet et leur montant, peuvent être instituées par le président, avec l'accord du trésorier, en ce qui concerne les recettes et les dépenses de faible importance, urgentes ou répétitives.

Art. R. 712-14 *(Anc. art. R. 712-4 dénum. à compter du 1er juillet 2007, D. n° 2007-574, 19 avr. 2007 ; mod., D. n° 2010-1463, 1er déc. 2010).* – L'assemblée générale de chaque établissement vote chaque année, au plus tard le 30 novembre de l'année précédant celle pour laquelle il est établi, un budget primitif qui satisfait aux principes généraux applicables aux budgets des établissements publics à caractère administratif, sous réserve des adaptations prévues par le présent titre pour tenir compte des caractères spécifiques des établissements du réseau des chambres de commerce et d'industrie.

Un arrêté conjoint des ministres en charge de la tutelle des chambres de commerce et d'industrie et du budget peut prévoir le report de cette date jusqu'au 31 mars suivant.

Art. D. 712-14-1 *(D. n° 2010-1463, 1er déc. 2010).* – Sont considérées comme des dépenses exceptionnelles au sens du 7° de l'article L. 711-8 des dépenses exposées par la chambre dans l'exercice de ses missions et qui :

1° Soit du fait d'événements imprévisibles et indépendants de sa volonté excèdent ses capacités propres de financement au titre de l'exercice budgétaire en cours ;

2° Soit correspondent à un investissement présentant un caractère de nécessité absolue pour l'exercice de ses missions, mais qui ne peuvent, du fait de leur ampleur, être assurées par la chambre seule.

Art. D. 712-14-2 *(D. n° 2010-1463, 1er déc. 2010 ; D. n° 2019-1317, 9 déc. 2019).* – Sont considérées comme des circonstances particulières au sens du 7° de l'article L. 711-8 :

1° L'intervention de la chambre au soutien de l'activité économique de sa circonscription en cas de mutation économique affectant gravement cette activité ;

2° Une tâche confiée à une ou plusieurs chambres de la circonscription, en raison de particularités locales ou à titreexpérimental par le préfet, dont ces chambres ne peuvent assurer par elles-mêmes la totalité du financement ;

3° Les mesures de restructuration d'une chambre rendues nécessaires par la disparition d'une de ses activités ou de ses ressources ;

4° la situation dans laquelle une chambre de commerce et d'industrie territoriale ne peut faire face au paiement des dépenses obligatoires qui lui incombent.

Art. D. 712-14-3 *(D. n° 2010-1463, 1er déc. 2010 ; D. n° 2019-1317, 9 déc. 2019).* – Les chambres de commerce et d'industrie territoriales qui souhaitent que leur budget soit abondé, au-delà du budget voté, dans les conditions prévues aux articles D. 712-14-1 à D. 712-14-2 en présentent la demande à la chambre de commerce et d'industrie de région à laquelle elles sont rattachées. Cette demande justifie des dépenses exceptionnelles ou des circonstances particulières nécessitant l'abondement. Elle est approuvée par l'assemblée générale de la chambre de commerce et d'industrie territoriale puis transmise à la chambre de commerce et d'industrie de région et, pour information, à l'autorité de tutelle.

La chambre de commerce et d'industrie de région soumet la demande qui lui est présentée à la délibération de son assemblée générale. Sous la réserve du cas mentionné à l'article D. 712-14-4, elle n'est pas tenue de satisfaire à cette demande. Elle notifie sa décision motivée à la chambre de commerce et d'industrie territoriale et transmet cette décision pour information à l'autorité de tutelle ainsi qu'au président de CCI France dans le délai d'un mois à compter de la date de l'assemblée générale.

Art. D. 712-14-4 *(D. n° 2010-1463, 1er déc. 2010).* – Dans le cas où une chambre de commerce et d'industrie territoriale se trouve dans la situation prévue au 4° de l'article D. 712-14-2 et est, de plus, placée sous tutelle renforcée en application de l'article R. 712-10, la chambre de commerce et d'industrie de région est tenue de satisfaire à la demande d'abondement qui lui est transmise par l'autorité de tutelle.

L'assemblée générale de la chambre de commerce et d'industrie de région vote, au plus tard au semestre calendaire suivant un nouveau schéma directeur régional assurant la viabilité économique des chambres de commerce et d'industrie qui lui sont rattachées. La chambre territoriale mentionnée au précédent alinéa ne peut pas s'opposer à sa fusion avec une autre chambre de la circonscription alors décidée par la chambre de région. Le quorum relatif à la majorité qualifiée requise pour voter le schéma directeur est calculé en retranchant le nombre de membres représentant la chambre sous tutelle renforcée et les élus de région également membres de cette chambre territoriale ne participent pas au vote.

Art. R. 712-15 *(Anc. art. R. 712-5 dénum. à compter du 1er juillet 2007, D. n° 2007-574, 19 avr. 2007 ; mod., D. n° 2010-1463, 1er déc. 2010 ; D. n° 2013-381, 3 mai 2013 ; D. n° 2016-1894, 27 déc. 2016 ; D. n° 2019-1317, 9 déc. 2019).* – Le budget est un document unique comprenant l'ensemble des comptes retraçant les activités exercées directement par l'établissement et celles dont il contrôle l'exercice par l'intermédiaire de personnes dépendant de lui. Ce caractère unique ne fait pas obstacle à ce que le budget comprenne, dans les conditions fixées par arrêté du ministre chargé de la tutelle des chambres de commerce et d'industrie, des regroupements ou des subdivisions, sous forme de sections comptables ou autres, destinées à individualiser certaines activités, notamment économiques.

Le budget primitif peut faire l'objet, en cas de nécessité, de budgets rectificatifs.

À l'issue de chaque exercice, l'assemblée générale vote, au plus tard le 31 mai de l'année suivant l'exercice concerné, d'une part, un budget exécuté, qui retrace les conditions dans lesquelles le budget primitif et les budgets rectificatifs ont été exécutés, et, d'autre part, un bilan, un compte de résultat et une annexe. Lorsque plusieurs chambres de commerce et d'industrie s'unissent en une seule chambre, l'assemblée générale de la nouvelle chambre vote le budget exécuté du dernier exercice clos de chacune des chambres qui ont fusionné.

Les budgets exécutés sont transmis, sous forme dématérialisée, au ministre de tutelle et à CCI France dans les quinze jours suivant leur adoption par l'assemblée générale, dans des conditions fixées par arrêté du ministre chargé de la tutelle des chambres de commerce et d'industrie.

Art. R. 712-15-1 *(D. n° 2010-1463, 1er déc. 2010).* – La publication des comptes des établissements du réseau prévue à l'article L. 712-6 est assurée par l'établissement dans le mois qui suit son approbation par l'autorité de tutelle. Le support retenu pour la publication est le site internet de l'établissement ou pour les groupements interconsulaires ou établissements ne disposant pas d'un site internet celui de la chambre de région de rattachement ou du siège du groupement interconsulaire.

Art. R. 712-16 *(Anc. art. R. 712-6 respectivement dénum. puis rempl. à compter du 1er juillet 2007, D. n° 2007-574, 19 avr. 2007 ; mod., D. n° 2010-1463, 1er déc. 2010 ; D. n° 2013-381, 3 mai 2013 ; D. n° 2019-1317, 9 déc. 2019).* – 1° La transmission de la délibération adoptant le budget primitif, les budgets rectificatifs et le budget exécuté est accompagnée d'un rapport détaillant les frais de personnel et présentant leurs principales évolutions, du tableau d'amortissement des emprunts contractés par l'établissement, d'un tableau détaillant les versements au profit d'autres organismes, du programme pluriannuel d'investissement, des décisions juridictionnelles rendues à l'encontre de l'établissement et des réponses aux demandes des chambres régionales des comptes suite à leur inspection. Pour le budget exécuté, sont joints le compte de résultat, le bilan et l'annexe, ainsi que le rapport présenté à l'assemblée générale par le ou les commissaires aux comptes dans le cadre de la certification des comptes annuels. L'autorité de tutelle peut demander des éléments complémentaires en tant que de besoin ;

2° Lorsque l'établissement gère une délégation de service public en matière portuaire ou aéroportuaire, l'autorité de tutelle sollicite l'avis préalable du délégant sur la partie du budget concernant le service aéroportuaire ou portuaire.

Art. R. 712-17 *(Anc. art. R. 712-6, dénum., D. n° 2007-574, 19 avr. 2007).* – En cas de refus du budget primitif, l'établissement délibère dans les deux mois sur un nouveau budget, en tenant compte des observations de l'autorité de tutelle.

Art. R. 712-18 *(Abr. puis rétabli dans la version suivante à compter du 1er juillet 2007, D. n° 2007-574, 19 avr. 2007 ; mod., D. n° 2010-1463, 1er déc. 2010 ; D. n° 2019-1317, 9 déc. 2019).* – Si, avant le 1er janvier, l'établissement n'a pas adopté un budget primitif à la majorité requise, ou si le budget primitif n'a pas été approuvé par l'autorité de tutelle, le président peut, en prenant pour référence le budget primitif ou le dernier budget rectificatif approuvé par l'autorité de tutelle de l'année précédente, déduction faite d'un pourcentage du montant de recettes et de dépenses s'élevant à 5 %, mettre en recouvrement les recettes et mandater les dépenses dans les conditions suivantes :

1° Jusqu'à l'approbation du budget de l'établissement, mettre en recouvrement les recettes et engager, liquider et mandater les dépenses de fonctionnement dans la limite de celles inscrites au budget primitif ou, le cas échéant, dans les budgets rectificatifs de l'année précédente ;

2° Mandater les dépenses afférentes au remboursement en capital des annuités de la dette venant à échéance avant l'approbation du budget ;

3° Jusqu'à l'approbation du budget, si celle-ci intervient avant le 31 mars, et après délibération de l'assemblée générale, engager, liquider et mandater les dépenses d'investissement, dans la limite du quart des crédits ouverts au budget de l'exercice précédent, non compris les crédits afférents au remboursement de la dette ;

4° Au-delà du 31 mars et jusqu'à l'approbation du budget, si l'autorité de tutelle l'autorise et par délibération de l'assemblée générale, engager, liquider et mandater les dépenses d'investissement, non compris les crédits afférents au remboursement de la dette. L'autorisation mentionnée ci-dessus précise le montant et l'affectation des crédits.

Les crédits mentionnés aux 1°, 2°, 3° et 4° sont inscrits au budget lors de son adoption. Le trésorier paye les mandats et met en recouvrement les recettes dans les conditions ci-dessus.

Art. R. 712-18-1 *(D. n° 2010-1463, 1er déc. 2010).* – Lorsque plusieurs chambres de commerce et d'industrie territoriales s'unissent en une seule chambre, le président de la nouvelle chambre peut mettre en recouvrement les recettes et mandater les dépenses dans les conditions mentionnées aux 1° à 4° de l'article R. 712-18 en prenant pour référence l'agrégation des budgets primitifs ou des derniers budgets rectificatifs approuvés par l'autorité de tutelle de l'année précédente des chambres ayant fusionné, déduction faite d'un pourcentage du montant de recettes et de dépenses s'élevant à 5 %, jusqu'à la présentation du budget primitif du premier exercice de la nouvelle chambre à l'assemblée générale qui doit se réunir au plus tard trois mois après la création de la nouvelle chambre.

Art. R. 712-19 *(Abr. puis rétabli dans la version suivante à compter du 1er juillet 2007, D. n° 2007-574, 19 avr. 2007 ; mod., D. n° 2010-1463, 1er déc. 2010 ; D. n° 2013-381, 3 mai 2013 ; D. n° 2019-1317, 9 déc. 2019).* – Les comptes des établissements du réseau des chambres de commerce et d'industrie sont établis en application des règlements de l'Autorité des normes comptables.

Ces établissements présentent une comptabilité analytique dans des conditions fixées par les normes d'intervention adoptées par CCI France, approuvées par l'autorité de tutelle et le ministre chargé du budget.

Les modalités de production des comptes consolidés et des comptes combinés des établissements publics du réseau sont précisées dans une norme d'intervention de CCI France, établie en lien avec la Compagnie nationale des commissaires aux comptes.

L'entité combinante est la chambre de commerce et d'industrie de région et le périmètre de combinaison intègre l'ensemble des chambres de commerce et d'industrie territoriales qui lui sont rattachées.

Les comptes combinés sont présentés à l'assemblée générale de la chambre de commerce et d'industrie de région au plus tard le 31 juillet de l'année suivant l'exercice concerné et sont publiés sur le site internet de la chambre.

Pour les chambres de commerce et d'industrie qui en ont l'obligation, les comptes consolidés, sont présentés à leur assemblée générale au plus tard le 31 juillet de l'année suivant l'exercice concerné et sont publiés sur le site internet de la chambre.

Art. R. 712-20 *(Anc. art. R. 712-8, dénum., D. n° 2007-574, 19 avr. 2007).* – Les crédits inscrits au budget des établissements ont un caractère limitatif, sous réserve des aménagements à cette règle résultant d'un arrêté du ministre chargé de la tutelle des chambres de commerce et d'industrie pour tenir compte de leurs besoins spécifiques, notamment en matière industrielle et commerciale, ou pour faire face à des dépenses obligatoires.

Art. R. 712-20-1 *(D. n° 2010-1463, 1er déc. 2010 ; D. n° 2019-1317, 9 déc. 2019).* – Les projets de délibérations relatifs aux investissements relevant du programme pluriannuel d'investissement d'une chambre de commerce et d'industrie territoriale sont transmis, un mois avant l'assemblée générale de la chambre de commerce et d'industrie territoriale qui doit les adopter, à la chambre de région. Les observations éventuelles de la chambre de commerce et d'industrie de région sont portées à la connaissance de l'assemblée générale de la chambre de commerce et d'industrie territoriale.

Les délibérations relatives à un transfert d'activité d'une chambre de commerce et d'industrie territoriale sont transmises dans les mêmes conditions à la chambre de commerce et d'industrie de région. Un avis conforme de la chambre de commerce et d'industrie de région est requis dès lors que ce transfert implique un changement de la situation des personnes qu'elle emploie.

Sous-section 2. – Dispositions applicables aux chambre de commerce et d'industrie de région

Art. R. 712-21 *(Anc. art. R. 712-9, dénum. et mod., D. n° 2007-574, 19 avr. 2007 ; mod., D. n° 2010-1463, 1er déc. 2010 ; D. n° 2019-1317, 9 déc. 2019).* – Chaque convention d'objectifs et de moyens établie en application du deuxième alinéa de l'article L. 712-2 décrit les actions financées en tout ou partie par la taxe *pour frais de chambres au niveau régional,* dont la prise en compte contribue à la détermination de la part de cette taxe attribuée à chaque établissement public.

Les indicateurs d'activité et de performance annexés au contrat d'objectifs et de performance sont déclinés dans chaque convention d'objectifs et de moyens. Ils évaluent, pour chaque axe du contrat d'objectifs et de performance, le degré de réalisation des projets et des objectifs opérationnels de la chambre de commerce et d'industrie de région et de chaque chambre de commerce et d'industrie territoriale qui lui est rattachée ainsi que l'impact des activités de celles-ci sur la vie des entreprises.

La convention d'objectifs et de moyens est élaborée, avec l'autorité de tutelle, par la chambre de commerce et d'industrie de région, et en lien avec CCI France. Une fois finalisée, elle est signée par le président de la chambre de commerce et d'industrie de région après délibération de son assemblée générale. Elle est transmise à l'autorité de tutelle et au président de CCI France pour signature.

La convention d'objectifs et de moyens est conclue dans un délai de six mois suivant la signature du contrat d'objectifs et de performance national. Elle peut faire l'objet d'avenants.

La chambre de commerce et d'industrie de région transmet un compte rendu d'exécution de la convention d'objectif et de moyens au préfet de région et à CCI France au plus tard le 15 mai de chaque année. Le préfet de région transmet ce compte rendu, accompagné de son avis, au ministre chargé de la tutelle des chambres de commerce et d'industrie et à CCI France au plus tard le 15 juin de chaque année.

CCI France transmet au ministre de tutelle une synthèse annuelle, accompagnée de son avis, au plus tard le 15 juillet de chaque année.

En application du 10° de l'article L. 711-16, le montant du produit de taxe pour frais de chambres attribué annuellement par la chambre de commerce et d'industrie de région à chacune des chambres de commerce et d'industrie territoriales qui lui sont rattachées peut être modulé en cas de non-respect des objectifs fixés dans la convention d'objectifs et de moyens ou d'une décision prise par l'assemblée générale de CCI France.

Art. R. 712-22 *(Abr., D. n° 2019-1317, 9 déc. 2019).*

Rédaction antérieure. Art. R. 712-22 *(Anc. art. R. 712-10 dénum. et mod. à compter du 1er juillet 2007, D. n° 2007-574, 19 avr. 2007 ; rempl., D. n° 2010-1463, 1er déc. 2010 ; D. n° 2013-381, 3 mai 2013).* – Les projets de budgets, ainsi que les comptes de la chambre de commerce et d'industrie de région sont votés à la majorité des membres présents ou représentés à l'assemblée générale, puis soumis à l'approbation de l'autorité de tutelle.

Art. R. 712-22-1 *(D. n° 2010-1463, 1er déc. 2010 ; mod., D. n° 2013-381, 3 mai 2013 ; D. n° 2016-1894, 27 déc. 2016 ; D. n° 2019-1317, 9 déc. 2019).* – Conformément au 4° de l'article L. 711-8, la chambre de commerce et d'industrie de région répartit le produit des impositions de toute nature qui lui sont affectées par la loi, après avoir déduit la quote-part qui recouvre, outre les dépenses nécessaires à son fonctionnement et aux missions propres qui lui sont confiées par le présent code, le financement des fonctions et missions qu'elle assure conformément au schéma régional d'organisation des missions.

Après détermination et déduction de cette quote-part, la répartition des ressources fiscales entre les chambres de commerce et d'industrie de sa circonscription est effectuée en conformité avec le schéma régional d'organisation des missions et les schémas sectoriels, sur la base de la convention d'objectifs et de moyens et permet notamment de contribuer au financement des missions de proximité mentionnées à l'article L. 711-3.

Dans des conditions précisées dans son règlement intérieur, le bureau de la chambre de commerce et d'industrie de région propose une répartition qui est portée, pour avis à la commission des finances de la chambre de région, puis à la connaissance des chambres de sa circonscription par le président de la chambre de commerce et d'industrie de région. Le bureau de la chambre de commerce et d'industrie de région peut modifier sa proposition initiale pour tenir compte des observations émises dans l'intervalle par les chambres rattachées ; dans ce cas, le bureau sollicite à nouveau l'avis de la commission des finances de la chambre régionale.

Dans un délai qui ne peut être inférieur à quinze jours après cette transmission, l'assemblée générale de la chambre de commerce et d'industrie de région vote cette répartition sous la forme d'une annexe à son budget. Ce vote doit intervenir dans des délais permettant aux chambres de commerce et d'industrie territoriales de soumettre au vote de leur assemblée générale un budget primitif avant la date fixée à l'article R. 712-14.

Art. R. 712-22-2 *(D. n° 2010-1463, 1er déc. 2010 ; D. n° 2016-1894, 27 déc. 2016 ; D. n° 2019-1317, 9 déc. 2019).* – Les projets de budgets primitifs ou rectificatifs des chambres de commerce et d'industrie territoriales sont transmis au président de la chambre de commerce et d'industrie de région 15 jours au moins avant l'assemblée générale au cours de laquelle ils sont soumis au vote des membres de la chambre de commerce et d'industrie territoriale. La chambre de commerce et d'industrie de région vérifie la cohérence de ces projets de budgets avec les ressources qu'elle leur a allouées, le schéma régional d'organisation des missions, les schémas sectoriels, la convention d'objectifs et de moyens, son propre budget et les orientations de la stratégie régionale commune. Ses observations sont communiquées, le cas échéant, aux membres de l'assemblée générale de la chambre de commerce et d'industrie territoriale et à l'autorité de tutelle.

S'il lui apparaît que le budget d'une chambre de sa circonscription est susceptible d'engager à court ou moyen terme sa solidarité financière en application du 7° de l'article L. 711-8, la chambre de région lui adresse des observations, lui propose des mesures de redressement et en informe l'autorité de tutelle.

Si la chambre de commerce et d'industrie de région doit assurer les besoins en trésorerie nécessaires au paiement des dépenses obligatoires de la chambre de commerce et d'industrie territoriale qui lui est rattachée en application de l'article D. 712-14-4, la répartition des ressources affectées prévue dans le budget primitif de cette chambre de commerce et d'industrie de région peut, en tant que de besoin, être modifiée dans le cadre d'un budget rectificatif. Les éventuels ajustements sont également pris en compte dans les budgets rectificatifs des chambres rattachées et CCI France.

Art. R. 712-23 *(Abr., D. n° 2019-1317, 9 déc. 2019).*

Sous-section 3. – Dispositions applicables aux groupements interconsulaires

Art. R. 712-24 *(Anc. art. R. 712-12 dénum. et mod. à compter du 1er juillet 2007, D. n° 2007-574, 19 avr. 2007 ; mod., D. n° 2010-1463, 1er déc. 2010 ; D. n° 2013-381, 3 mai 2013).* – Les ressources du groupement interconsulaire proviennent des contributions des chambres de commerce et d'industrie territoriales et de région participantes, de subventions et de recettes diverses. Les modalités de calcul et de répartition des contributions chambres de commerce et d'industrie territoriales et de région sont arrêtées par le préfet, sur proposition du groupement.

Les chambres de commerce et d'industrie territoriales et les chambre de commerce et d'industrie de région constituant le groupement interconsulaire inscrivent dans leur budget annuel un montant représentant leur part contributive aux dépenses du groupement. Cette dépense constitue pour ces établissements une dépense obligatoire.

Cette inscription est approuvée par l'autorité de tutelle, soit lors de l'approbation du budget des chambres intéressées, soit lors de l'approbation du budget du groupement interconsulaire.

Les dépenses nécessaires au fonctionnement du groupement et à l'exploitation des établissements et services que le groupement interconsulaire administre peuvent être inscrites d'office à son budget par l'autorité de tutelle.

Sous-section 4. – Dispositions applicables à CCI France

(Intitulé rempl., D. n° 2015-536, 15 mai 2015)

Art. R. 712-25 *(Anc. art. R. 712-13 dénum. à compter du 1er juillet 2007, D. n° 2007-574, 19 avr. 2007 ; rempl., D. n° 2010-1463, 1er déc. 2010 ; mod., D. n° 2015-536, 15 mai 2015 ; rempl., D. n° 2016-569, 10 mai 2016 ; D. n° 2019-1317, 9 déc. 2019).* – CCI France bénéficie d'impositions de toute nature affectées, des ressources mentionnées à l'article L. 710-1 et de contributions des chambres de commerce et d'industrie.

À défaut de modalités particulières adoptées par l'assemblée générale de CCI France, la répartition des contributions obligatoires des chambres de commerce et d'industrie, prévues à l'article L. 711-15, est effectuée au prorata de leur poids économique, mesuré par l'étude économique mentionnée à l'article R. 713-66 et remise au préfet en vue du dernier renouvellement général.

En cas de non versement d'une contribution obligatoire, CCI France peut déduire le montant correspondant du montant prévu en faveur de la chambre de commerce et d'industrie de région concernée dans le cadre de la répartition de la taxe pour frais de chambres.

Art. R. 712-25-1 *(D. n° 2016-569, 10 mai 2016).* – Le fonds de modernisation, de rationalisation et de solidarité financière des chambres de commerce et d'industrie mentionné au 10° de l'article L. 711-16 est géré par CCI France au moyen d'un compte de tiers.

L'affectation des produits du fonds est adoptée par l'assemblée générale de CCI France à la majorité des membres présents ou représentés.

CCI France transmet annuellement au ministre de tutelle, lors de la transmission des comptes relatifs à l'exercice précédent, un rapport sur l'utilisation des sommes affectées au fonds.

Art. R. 712-26 *(Anc. art. R. 712-14 dénum. à compter du 1er juillet 2007, D. n° 2007-574, 19 avr. 2007 ; rempl., D. n° 2010-1463, 1er déc. 2010 ; mod., D. n° 2013-381, 3 mai 2013 ; D. n° 2019-1317, 9 déc. 2019).* – Les projets de budgets, ainsi que les comptes, sont arrêtés par la commission des finances de CCI

France et adoptés par son assemblée générale dans les conditions prévues à l'article R. 711-71.Les projets de budgets, ainsi que les comptes, sont arrêtés par la commission des finances de CCI France et adoptés par son assemblée générale dans les conditions prévues à l'article R. 711-71.

Art. R. 712-26-1 *(D. n° 2019-1317, 9 déc. 2019)*. – Le contrat d'objectifs et de performance est signé par le président de CCI France après délibération de son assemblée générale.

CCI France présente à son assemblée générale un compte-rendu d'exécution qui est transmis à l'autorité de tutelle au plus tard le 15 juillet de chaque année.

Section III. – Des emprunts souscrits et des garanties accordées par les établissements du réseau

(D. n° 2007-574, 19 avr. 2007)

Art. R. 712-27 *(D. n° 2007-574, 19 avr. 2007)*. – Les établissements du réseau peuvent être autorisés à contracter des emprunts pour subvenir ou concourir aux dépenses résultant de leurs actions dans tous les domaines où s'exercent leurs attributions, à l'exception de leurs dépenses de fonctionnement. Ils font face au service des emprunts au moyen de l'ensemble des ressources dont ils disposent en vertu de l'article L. 710-1 du Code de commerce.

La transmission à l'autorité de tutelle de la délibération adoptant un projet d'emprunt est accompagnée des documents et informations prévus par un arrêté du ministre chargé de la tutelle des chambres de commerce et d'industrie.

Art. R. 712-28 *(D. n° 2007-574, 19 avr. 2007)*. – Les établissements du réseau peuvent, sous réserve de l'approbation de l'autorité de tutelle, se concerter en vue de créer, subventionner et faire fonctionner des établissements, services ou travaux d'intérêt commun.

Ils peuvent, à cet effet, dans les conditions prévues à l'article R. 712-27, contracter des emprunts collectifs dont la charge est répartie entre les établissements participants.

Les décisions relatives à la création, au fonctionnement et au financement de ces établissements ou services communs ne sont exécutoires qu'après décision de l'ensemble des établissements participants et autorisation de l'autorité de tutelle.

Art. R. 712-29 *(D. n° 2007-574, 19 avr. 2007 ; mod., D. n° 2013-381, 3 mai 2013 ; D. n° 2013-420, 23 mai 2013)*. – Pour les emprunts concernant les services ou les équipements aéroportuaires et portuaires délégués aux établissements du réseau, l'autorisation est accordée après avis du délégant demandé par l'établissement délégataire.

Art. R. 712-30 *(D. n° 2007-574, 19 avr. 2007)*. – Sous réserve des emprunts dont le montant est inférieur au seuil mentionné au dernier alinéa de l'article R. 712-7, l'autorisation d'emprunt est donnée dans les formes prévues à l'article R. 712-8. La simple inscription au budget de l'établissement du produit d'un emprunt n'autorise pas la compagnie consulaire à contracter cet emprunt, même après approbation explicite ou implicite de ce budget par l'autorité compétente.

Art. R. 712-31 *(D. n° 2007-574, 19 avr. 2007 ; mod., D. n° 2013-381, 3 mai 2013)*. – L'autorisation des actes mentionnés au 2° de l'article R. 712-7 est valable pour une durée d'un an à compter de la date d'approbation des délibérations relatives à ces actes. À l'issue de ce délai, si l'emprunt, le crédit-bail ou l'émission d'obligation n'ont pas été contractés ou si l'emprunt n'a pas été mobilisé, l'autorisation doit être renouvelée. Toutefois, lorsque l'emprunt concerne une concession portuaire ou aéroportuaire, le délai est porté au 31 décembre de la deuxième année suivant celle de l'approbation.

L'autorisation peut prévoir la mobilisation échelonnée de l'emprunt sur plus d'un an, par tranches successives, lorsque les travaux doivent être réalisés par étapes.

Art. R. 712-32 *(D. n° 2007-574, 19 avr. 2007)*. – Les emprunts sont réalisés dans les conditions du marché et dans le respect des règles de la commande publique en vigueur ou sous forme de souscription publique avec faculté d'émettre des obligations au porteur ou des obligations transmissibles par endossement.

Les contrats d'emprunts doivent toujours stipuler la faculté de rembourser par anticipation ou de renégocier l'emprunt.

Art. R. 712-33 *(D. n° 2007-574, 19 avr. 2007).* – Les règles prévues aux articles R. 712-27 et R. 712-29 sont applicables aux émissions par un établissement du réseau d'obligations ou à la conclusion d'un contrat de crédit-bail immobilier.

Art. R. 712-34 *(D. n° 2007-574, 19 avr. 2007).* – L'octroi par un établissement du réseau des garanties mentionnées au 3° de l'article R. 712-7 est soumis aux règles suivantes :

1° L'octroi de garantie s'entend de l'octroi de garanties d'emprunts ou de cautionnements accordés à des personnes physiques ou morales de droit privé ou public ;

2° La transmission de la délibération adoptant un projet d'octroi de garantie à un tiers est accompagnée des documents et informations précisant l'objet de la garantie, le statut du tiers bénéficiaire, son objet social et, le cas échéant, les éventuelles autres garanties dont il a pu faire l'objet de la part de l'établissement du réseau au cours des cinq dernières années ;

3° Dans le cas où l'octroi de la garantie entre dans le champ du contrôle des aides publiques par la législation communautaire, le projet est notifié à la Commission européenne à l'initiative de l'autorité de tutelle. Dans ce cas, le délai d'approbation fixé à l'article R. 712-8 est suspendu jusqu'à la réception de la décision des autorités communautaires. En cas de décision négative, le refus d'approbation notifié au président de l'établissement est accompagné de la décision de la Commission européenne.

Section IV. – Des équipements et services gérés par des établissements du réseau dans le cadre de délégations de service public

(D. n° 2007-574, 19 avr. 2007)

Art. R. 712-35 *(D. n° 2007-574, 19 avr. 2007).* – La transmission à l'autorité de tutelle des délibérations relatives aux conventions de délégation est accompagnée :

1° Des perspectives pluriannuelles d'exploitation faisant notamment apparaître les conditions de l'équilibre de cette exploitation ;

2° Du programme pluriannuel d'investissement ;

3° D'indicateurs en matière de ratios prudentiels d'endettement et de niveau du fond de roulement du délégataire permettant d'évaluer sa capacité à assurer le fonctionnement régulier de l'exploitation.

Art. R. 712-36 *(D. n° 2007-574, 19 avr. 2007 ; mod., D. n° 2010-1463, 1er déc. 2010 ; D. n° 2013-381, 3 mai 2013 ; D. n° 2016-1894, 27 déc. 2016).* – 1° Les établissements du réseau ne peuvent pas utiliser le produit des impositions de toute nature qui leur sont affectées ou des ressources provenant de leurs autres activités pour assurer l'équilibre d'une convention de délégation de service public leur confiant la gestion d'un service ou d'un équipement public.

Toutefois, cette interdiction ne s'applique pas :

– aux flux de trésorerie intervenant à l'intérieur d'un même exercice budgétaire dès lors que le solde de ces flux en fin d'année est nul ;

– aux avances consenties par l'établissement délégataire dans le cadre d'une convention avec l'autorité concédante.

Cette convention fixe le plafond des avances, qui ne peuvent excéder une durée de deux ans, et prévoit l'ensemble des mesures à prendre par l'établissement et l'autorité concédante pour rétablir l'équilibre de l'exploitation déléguée d'un service ou d'un équipement public devenu déficitaire. La convention peut être renouvelée pour une période maximale de deux ans. Les délibérations relatives à la convention et à son renouvellement éventuel sont votées en assemblée générale, après avis de la commission des finances. Elles sont exécutoires dès qu'elles ont été approuvées de façon expresse par l'autorité de tutelle ;

2° Lorsque l'exploitation déléguée d'un service ou d'un équipement public devient déficitaire du fait de l'établissement concessionnaire, les mesures correctrices sont prises dans le cadre de la tutelle renforcée ;

3° L'établissement transmet annuellement à l'autorité de tutelle un état de l'ensemble des transferts financiers réalisés entre les ressources propres de l'établissement et la concession.

Art. R. 712-37 *(D. n° 2007-574, 19 avr. 2007).* – L'autorité de tutelle consulte, en tant que de besoin, les collectivités territoriales ou leurs groupements concédants, les services déconcentrés compétents, la chambre régionale de commerce et d'industrie et les chambres de commerce et d'industrie concernées ainsi que des experts indépendants sur les risques financiers consécutifs à ces investissements encourus par les établissements du réseau des chambres de commerce et d'industrie du fait des délégations de service public qui leur sont confiées ou des participations qu'ils détiennent dans des sociétés qui ont pour objet l'exploitation et la gestion de tout ou partie de l'équipement concerné.

CHAPITRE III. – DE L'ÉLECTION DES MEMBRES DES CHAMBRES DE COMMERCE ET D'INDUSTRIE TERRITORIALES ET DE RÉGION

(Intitulé mod., D. n° 2010-924, 3 août 2010 ; rempl., D. n° 2016-569, 10 mai 2016 ; intitulé rempl. et chapitre mod., D. n° 2021-144, 11 févr. 2021) (1)

Art. R. 713-1 *(D. n° 2010-924, 3 août 2010 ; mod., D. n° 2021-144, 11 févr. 2021).* – I. – Les membres des chambres de commerce et d'industrie locales et des chambres de commerce et d'industrie départementales d'Île-de-France sont élus dans les mêmes conditions que les membres des chambres de commerce et d'industrie territoriales, sous réserve des dispositions spécifiques prévues au présent chapitre.

II. – L'autorité administrative mentionnée à l'article L. 713-17 est, pour l'élection des membres des chambres de commerce et d'industrie territoriales, le préfet du département où est situé le siège de la chambre et, pour l'élection des membres des autres chambres de commerce et d'industrie, le préfet de région.

III. – Au plus tard le 1er juin de l'année du renouvellement général, un arrêté du ministre de tutelle des chambres de commerce et d'industrie fixe les périodes de dépôt des candidatures et de scrutin. La date de clôture du scrutin ne peut être postérieure au troisième mercredi de novembre, à minuit.

En cas de circonstances particulières, les périodes fixées dans l'arrêté mentionné à l'alinéa précédent peuvent être modifiées par arrêté conjoint du ministre de tutelle et du ministre de l'intérieur.

IV. – Dans les cas prévus à l'article R. 711-47-2, les conditions d'organisation et le calendrier des opérations électorales prévues aux articles R. 713-1 à R. 713-6 sont fixées par arrêté du ministre de tutelle.

V. – Lorsqu'une élection doit avoir lieu avant le prochain renouvellement général, à la suite de l'annulation devenue définitive d'une élection ou dans les cas prévus l'article L. 713-5, les conditions d'organisation et le calendrier des opérations électorales prévues aux articles R. 713-1 à R. 713-6 sont fixées par l'autorité de tutelle de la chambre.

Section I. – De l'établissement des listes électorales

(Anc. sous-section 1 devenue la présente section, D. n° 2021-144, 11 févr. 2021)

Art. R. 713-1-1 *(Anc. art. R. 713-1 dénum. et rempl., D. n° 2010-924, 3 août 2010 ; mod., D. n° 2021-144, 11 févr. 2021).* – I. – Une commission d'établissement des listes électorales est constituée dans chaque circonscription de chambre de commerce et d'industrie territoriale.

Pour les chambres de commerce et d'industrie locales ou départementales d'Île-de-France, la commission est instituée au niveau régional.

La commission d'établissement des listes électorales est présidée par le juge du tribunal de commerce où est situé le siège de la chambre de commerce et d'industrie concernée, commis à la surveillance du registre du commerce et des sociétés, ou son représentant.

Elle est composée, outre son président, d'un représentant de l'autorité administrative mentionnée au II de l'article R. 713-1 et du président de la chambre de commerce et d'industrie concernée ou d'un membre désigné par lui.

Lorsque la circonscription de la chambre de commerce et d'industrie ou de la commission d'établissement des listes électorales s'étend sur le ressort de plusieurs tribunaux de commerce, le juge commis à la surveillance du registre du commerce et des sociétés et le greffier de chacune de ces juridictions ou leurs représentants participent aux travaux de la commission.

(1) Antérieurement aux modifications issues du II de l'article 2 du décret n° 2021-144 du 11 février 2021, le présent chapitre comprenait une section 1 intitulée « De l'élection des membres des chambres de commerce et d'industrie territoriales et des chambres de commerce et d'industrie de région » et une sous-section 1 intitulée « De l'établissement des listes électorales ». – NDLR.

Lorsque la commission d'établissement des listes électorales est constituée au niveau régional, le président de chaque chambre de commerce et d'industrie locale ou départementale, ou son représentant, peut participer aux travaux de la commission.

Le secrétariat de la commission est assuré conjointement par le greffier de la juridiction de première instance compétente en matière commerciale et par le directeur général de la chambre de commerce et d'industrie concernée ou un agent désigné par ses soins au sein de la chambre.

Les services de la chambre de commerce et d'industrie apportent leur assistance au secrétariat de la commission.

La commission se réunit, sur convocation de son président, à compter du 1er janvier de l'année de chaque renouvellement.

II. – En vue de l'établissement des listes électorales, la commission d'établissement des listes électorales collecte les données relatives aux personnes physiques et morales immatriculées au registre du commerce et des sociétés dans la circonscription de la chambre et remplissant les conditions fixées au II de l'article L. 713-1. Elle met à jour ces données en prenant en compte des informations, mises à sa disposition au plus tard le 31 janvier de l'année du renouvellement par les juridictions de première instance compétentes en matière commerciale ainsi que des informations du fichier des entreprises mentionné à l'article D. 711-67-4.

Avant le dernier jour du mois de février de la même année, la chambre de commerce et d'industrie concernée demande aux personnes physiques et morales mentionnées ci-dessus de désigner, au plus tard le 30 avril, les électeurs définis aux articles L. 713-1 à L. 713-3. Ces informations sont transmises à la commission d'établissement des listes électorales.

Les capitaines et pilotes mentionnés au d du 1° du II de l'article L. 713-1 demandent leur inscription sur la liste électorale auprès de la commission avant le 30 avril de la même année.

III. – Sur la base des informations collectées conformément au I et II, la commission d'établissement des listes électorales procède à la constitution des listes électorales, établies par catégorie et, le cas échéant, sous-catégorie professionnelle, mentionnées à l'article L. 713-11. La commission instituée au niveau régional établit les listes électorales par circonscription de chambre de commerce et d'industrie départementale et locale.

Les mentions obligatoires figurant sur la liste électorale pour chaque électeur sont précisées par voie d'arrêté du ministre de tutelle.

La liste électorale est transmise au préfet à l'autorité administrative mentionnée au II de l'article R. 713-1 au plus tard le 15 juillet de la même année.

IV. – Dans les cas prévus au IV de l'article R. 713-1, la liste électorale est mise à jour, selon les mêmes modalités.

Dans les cas prévus au V de l'article R. 713-1, la liste électorale établie lors du précédent renouvellement est complétée des personnes qui remplissent les conditions fixées à l'article L. 713-1 après le dernier scrutin.

Art. R. 713-2 *(Rempl., D. n° 2010-924, 3 août 2010 ; mod., D. n° 2021-144, 11 févr. 2021)*. – L'autorité administrative mentionnée au II de l'article R. 713-1 met à la disposition du public, du 16 juillet au 25 août inclus, dans chaque greffe de juridiction de première instance compétente en matière commerciale dans la circonscription de la chambre de commerce et d'industrie concernée, au siège de cette chambre de commerce et d'industrie et dans chacune des préfectures territorialement compétentes, un exemplaire des listes électorales sur support papier, sur support physique électronique ou par accès à un fichier numérique.

Le ou les préfets de la circonscription informent les électeurs du dépôt des listes électorales et des lieux et modalités de leur consultation, par voie d'affiches apposées dans les préfectures territorialement compétentes, aux sièges de la chambre de commerce et d'industrie territoriale et de la chambre de commerce et d'industrie de région et, le cas échéant, par tout autre moyen.

Lorsque la consultation des listes électorales est prévue par accès à un fichier numérique, elle s'effectue dans des conditions de sécurité et de confidentialité assurant le respect des dispositions du Code électoral.

Tout électeur est autorisé à prendre communication des listes électorales et à en prendre copie à ses frais, sur support papier ou, le cas échéant, sur support physique électronique, auprès de la chambre de commerce et d'industrie concernée.

Art. R. 713-3 *(Mod., D. n° 2010-924, 3 août 2010 ; D. n° 2016-230, 26 févr. 2016 ; D. n° 2021-144, 11 févr. 2021)*. – Le fait de se livrer à un usage commercial des listes électorales établies pour les élections des membres des chambres de commerce et d'industrie est puni de l'amende prévue par le 5° de l'article 131-13 du Code pénal pour les contraventions de la cinquième classe.

Art. R. 713-4 *(Mod., D. n° 2010-924, 3 août 2010 ; D. n° 2021-144, 11 févr. 2021).* – Tout électeur peut présenter, pendant la période de publicité des listes électorales prévue à l'article R. 713-2, une réclamation à la commission d'établissement des listes électorales.

Les réclamations sont déposées au secrétariat de la commission.

La commission d'établissement des listes électorales statue, au plus tard dans les huit jours suivant la fin de la mise à disposition du public des listes électorales, sur les réclamations. Les décisions de la commission d'établissement des listes électorales sont communiquées à l'autorité administrative mentionnée au II de l'article R. 713-1.

Dans le même délai, elle modifie ou complète la liste en considération des éléments nouveaux, apparus entre la date prévue au premier alinéa du III de l'article R. 713-1-1 et la date de fin de la période de publicité prévue au premier alinéa de l'article R. 713-2, qui lui sont communiqués par le préfet, par le juge commis à la surveillance du registre du commerce et des sociétés, par la chambre de commerce et d'industrie concernée et par le greffier de la juridiction de première instance compétente en matière commerciale.

Art. R. 713-5 *(Mod., D. n° 2010-924, 3 août 2010 ; D. n° 2018-350, 14 mai 2018 ; D. n° 2019-966, 18 sept. 2019 ; D. n° 2021-144, 11 févr. 2021).* – Les décisions de la commission peuvent faire l'objet d'une contestation formée dans les conditions prévues aux IV de l'article L. 18, I de l'article L. 20, les I et II de l'article R. 17 et aux articles R. 18 à R. 19-6 du Code électoral.

Les recours prévus aux IV de l'article L. 18 et au premier alinéa du I de l'article L. 20 du Code électoral sont formés dans les sept jours à compter de la notification de la décision de la commission.

Le tribunal judiciaire territorialement compétent est celui dans le ressort duquel la chambre de commerce et d'industrie concernée a son siège.

NB : Conformément à l'article 9 du décret n° 2019-966 du 18 septembre 2019, les présentes dispositions entrent en vigueur le 1er janvier 2020.

Section 2. – Des candidatures

(Anc. sous-section 2 devenue la présente section, D. n° 2021-144, 11 févr. 2021)

Art. R. 713-6 *(D. n° 2007-574, 19 avr. 2007 ; rempl., D. n° 2010-924, 3 août 2010).* – I. – *(Mod., D. n° 2010-1463, 1er déc. 2010)* Le 1er septembre au plus tard, un arrêté conjoint du ministre de la Justice et du ministre chargé de la tutelle des chambres de commerce et d'industrie fixe la période de dépôt des candidatures, la composition des dossiers de candidature et la date de clôture du scrutin, qui ne peut être postérieure au premier mercredi de novembre, à minuit. Les dates de début de scrutin sont identiques pour le vote par correspondance et pour le vote électronique.

En cas de circonstances particulières, les dates fixées dans l'arrêté mentionné à l'alinéa précédent peuvent être modifiées après le 1er septembre par arrêté conjoint du ministre de la Justice, du ministre chargé de la tutelle des chambres de commerce et d'industrie et du ministre de l'Intérieur.

II. – Lorsqu'une fusion entre chambres rend nécessaire une élection avant le prochain renouvellement général, le déroulement de l'ensemble des opérations prévues aux articles R. 713-1 à R. 713-6 est fixé par arrêté du ministre chargé de la tutelle des chambres de commerce et d'industrie.

Art. R. 713-7 *(Mod., D. n° 2021-144, 11 févr. 2021).* – Pour les personnes physiques exerçant l'activité commerciale de pêche prévue à l'article L. 931-1 du Code rural et de la pêche maritime, la durée d'ancienneté de deux ans prévue à l'article L. 713-4 commence à courir à compter de la date à laquelle l'intéressé a exploité son premier navire.

Art. R. 713-8 *(Rempl., D. n° 2010-924, 3 août 2010 ; mod., D. n° 2010-1463, 1er déc. 2010).* – I. – Tout électeur qui remplit les conditions fixées à l'article L. 713-4 peut se porter candidat dans sa sous-catégorie ou, à défaut, dans sa catégorie professionnelle. Nul ne peut être candidat dans plus d'une sous-catégorie ou catégorie.

II. – Les candidatures sont présentées soit pour un mandat de membre de chambre de commerce et d'industrie de région qui va de pair avec celui de membre de chambre de commerce et d'industrie territoriale, soit pour un mandat de membre de chambre de commerce et d'industrie territoriale seulement.

À ces candidatures peut être jointe une candidature pour participer à une délégation régie par les articles R. 711-18 et suivants.

(Al. rempl., D. n° 2016-569, 10 mai 2016) Tout candidat à l'élection de membre d'une chambre de commerce et d'industrie de région se présente avec un suppléant de sexe différent. Les candidatures ne remplissant pas cette condition sont irrecevables.

Lorsque le nombre de sièges attribués, au sein d'une chambre de commerce et d'industrie de région, à une chambre de commerce et d'industrie territoriale ne permet pas à celle-ci d'avoir un représentant au sein de toutes les sous-catégories retenues pour cette élection, peuvent être candidats l'ensemble des électeurs de la catégorie concernée. Les candidats titulaires sont tenus de se présenter avec un suppléant appartenant à une autre sous-catégorie que la leur. Les électeurs relevant d'une catégorie peuvent voter pour l'ensemble des candidats de cette catégorie. Le résultat de l'élection permet l'affectation du représentant titulaire à une sous-catégorie de la chambre de commerce et d'industrie de région.

III. – Nul ne peut être candidat dans plus d'une circonscription de chambre de commerce et d'industrie territoriale.

Nul ne peut être à la fois candidat à l'élection de membre titulaire d'une chambre de commerce et d'industrie de région et suppléant d'un autre candidat.

Nul ne peut figurer en qualité de suppléant sur plusieurs déclarations de candidature.

IV. – L'âge d'éligibilité s'apprécie à la date du dernier jour du scrutin.

Les conditions de durée prévues aux 1° et 2° du I de l'article L. 713-4 s'apprécient à la date de dépôt des candidatures.

Art. R. 713-9 *(Rempl., D. n° 2010-924, 3 août 2010 ; mod., D. n° 2010-1463, 1er déc. 2010 ; D. n° 2021-144, 11 févr. 2021).* – I. – Les candidatures sont déclarées par écrit à la préfecture du département où est situé le siège de la chambre de commerce et d'industrie territoriale.

Le préfet de département transmet au préfet de la région où est situé le siège de la chambre de commerce et d'industrie de région une copie des candidatures à cette chambre.

II. – Les déclarations de candidature sont recevables à compter du jour fixé par l'arrêté de convocation des électeurs prévu à l'article R. 713-1 et jusqu'au quarantième jour précédant le dernier jour du scrutin, à 12 heures.

La déclaration de candidature indique le nom, les prénoms, le sexe, la date et le lieu de naissance du candidat, sa nationalité, la dénomination sociale et l'adresse de l'entreprise dans laquelle il exerce ses fonctions, le tribunal de commerce dont son entreprise est ressortissante, son numéro d'inscription sur la liste électorale, la catégorie professionnelle et, le cas échéant, la sous-catégorie dans laquelle il se présente.

La déclaration fait apparaître clairement si l'intéressé est candidat aux deux mandats associés de membre de la chambre de commerce et d'industrie de région et de membre de la chambre de commerce et d'industrie territoriale, ou s'il se présente comme membre de la seule chambre de commerce et d'industrie territoriale.

La candidature en qualité de membre d'une délégation de la chambre de commerce et d'industrie territoriale est signalée en complément de l'une ou l'autre des candidatures mentionnées à l'alinéa précédent.

Chaque candidat titulaire ou suppléant atteste auprès de l'autorité administrative mentionnée au II de l'article *R. 713-1, sous forme d'une déclaration* sur l'honneur, qu'il remplit les conditions d'éligibilité énumérées à l'article L. 713-4, qu'il n'est frappé d'aucune des incapacités prévues à l'article L. 713-3 et qu'il respecte les obligations prévues au III de l'article R. 713-8.

III. – La déclaration du candidat à l'élection de membre titulaire de la chambre de commerce et d'industrie de région est accompagnée de la déclaration de candidature de son suppléant, qui en est indissociable. Cette déclaration comporte les mêmes informations et déclarations que celles requises du candidat titulaire et est accompagnée d'une acceptation écrite de la qualité de suppléant.

IV. – Les candidatures peuvent être présentées dans le cadre d'un groupement. Celles-ci sont assorties d'une déclaration commune signée des candidats qui y adhèrent, et publiée avec les candidatures en application du deuxième alinéa de l'article R. 713-10. Le nombre de membres du groupement ne peut être supérieur au nombre des sièges à pourvoir dans les sous-catégories ou catégories dans lesquelles ils se présentent.L'adhésion au groupement comporte l'engagement de présenter des documents de campagne communs pour l'application des dispositions de l'article R. 713-12.

Chaque candidat d'un groupement peut donner mandat à un autre membre du groupement pour effectuer toutes les démarches nécessaires à l'enregistrement des candidats du groupement.

Art. R. 713-10 *(Mod., D. n° 2010-924, 3 août 2010)*. – Les déclarations de candidature qui remplissent les conditions prévues par l'article L. 713-4 et par la présente sous-section sont enregistrées et donnent lieu à la délivrance d'un récépissé.

Le préfet du département du siège de la chambre assure la publication de la liste des candidats par affichage, au greffe de la juridiction mentionnée au premier alinéa de l'article R. 713-2, dans les préfectures de la circonscription et aux chambres de commerce et d'industrie territoriales et de région, dans les quatre jours ouvrés suivant la date limite de dépôt des candidatures prévue à l'article R. 713-9. Il peut compléter cette publication par tout autre moyen.

La campagne électorale débute le cinquième jour ouvré suivant la date limite de dépôt des candidatures et prend fin la veille du dernier jour du scrutin, à zéro heure.

Art. R. 713-11. – Aucun retrait ou remplacement d'une candidature n'est accepté après son enregistrement.

Le refus d'enregistrement d'une candidature peut être contesté par le candidat ou son mandataire dans les conditions prévues à l'avant-dernier alinéa de l'article L. 265 du Code électoral.

La candidature est enregistrée si le tribunal administratif n'a pas statué dans les trois jours du dépôt de la requête.

Art. R. 713-12 *(Mod., D. n° 2010-924, 3 août 2010 ; D. n° 2010-1463, 1er déc. 2010)*. – *(Al. mod., D. n° 2016-569, 10 mai 2016 ; mod., D. n° 2021-144, 11 févr. 2021)*

Les candidats à une chambre de commerce et d'industrie territoriale qui ont recueilli au moins 5 % des suffrages exprimés à cette élection peuvent obtenir le remboursement de leurs frais de campagne par la chambre de commerce et d'industrie territoriale.

En cas de regroupement de candidatures, tous les candidats de ce regroupement sont considérés comme ayant obtenu 5 % des suffrages exprimés dès lors qu'un d'entre eux au moins a atteint ce pourcentage.

Un arrêté du ministre chargé de la tutelle des chambres de commerce et d'industrie définit les frais de campagne et fixe le nombre et les caractéristiques des documents admis à remboursement ainsi que les conditions de celui-ci.

Section 3. – De la préparation du scrutin

(Anc. sous-section 3 devenue la présente section, D. n° 2021-144, 11 févr. 2021)

Art. R. 713-13 *(Rempl., D. n° 2010-924, 3 août 2010 ; mod., D. n° 2016-569, 10 mai 2016 ; D. n° 2021-144, 11 févr. 2021)*. – La commission prévue à l'article L. 713-17, dénommée « commission d'organisation des élections », compétente pour organiser, dans la circonscription de la chambre de commerce et d'industrie territoriale, les élections des membres de la chambre de commerce et d'industrie de région, de la chambre de commerce et d'industrie territoriale et, s'il y a lieu, des délégations de cette dernière chambre, est présidée par l'autorité administrative mentionnée au II de l'article R. 713-1 ou son représentant et comprend :

1° Le président de la juridiction de première instance compétente en matière commerciale dans le ressort de laquelle est situé le siège de la chambre de commerce et d'industrie territoriale ou son représentant ;

2° Le président de la chambre de commerce et d'industrie territoriale ou les présidents des chambres de commerce et d'industrie territoriales lorsque l'élection est faite dans le cadre d'une chambre de commerce et d'industrie territoriale issue d'une fusion. Chaque président peut se faire représenter par un membre qu'il désigne ;

3° Un membre de la chambre de commerce et d'industrie de région désigné par le président de celle-ci.

La commission peut s'adjoindre, sur décision de son président, autant de collaborateurs que nécessaire.

Le secrétariat de la commission est assuré par le directeur général de la chambre de commerce et d'industrie territoriale ou, lorsque l'élection est faite dans le cadre d'une chambre de commerce et d'industrie territoriale issue d'une fusion, par les directeurs généraux des chambres fusionnées ou leur représentant désigné au sein du personnel de leur chambre. Ils peuvent être assistés d'un représentant de la chambre de commerce et d'industrie de région désigné par le directeur général de celle-ci.

Pour les élections aux chambres de commerce et d'industrie locale et départementales d'Île-de-France, sur proposition du président de la chambre de commerce et d'industrie de région, le préfet de région constitue une commission au niveau régional. Cette commission comprend les présidents des juridictions de première instance compétentes en matière commerciale dans le ressort desquelles sont situés les sièges des chambres de commerce et d'industrie concernées et leur président, ou leur représentant. Le secrétariat est assuré par le directeur général de la chambre de commerce et d'industrie de région.

La commission peut être assistée, pour les tâches mentionnées au 1° du I de l'article R. 713-14, d'un représentant de chaque entreprise chargée de l'acheminement du courrier.

L'autorité administrative mentionnée au II de l'article R. 713-1 installe la commission au plus tard le 15 septembre précédant le scrutin.

Art. R. 713-14 *(Mod., D. n° 2010-924, 3 août 2010 ; D. n° 2021-144, 11 févr. 2021).* – I. – La commission d'organisation des élections est chargée :

1° De mettre à disposition des électeurs, au plus tard treize jours avant le dernier jour du scrutin, les instruments nécessaires au vote, dans des conditions précisées par arrêté du ministre de tutelle ;

2° D'organiser le dépouillement et le recensement des votes, à une date fixée au plus tard le lundi suivant le dernier jour du scrutin ;

3° De proclamer les résultats des élections.

II. – Pour assurer ces opérations, le président de la commission peut solliciter le concours de la chambre de commerce et d'industrie territoriale ou, le cas échéant, de la chambre de commerce et d'industrie de région.

Les envois mentionnés au 1° du I qui ne sont pas parvenus à leur destinataire sont retournés par les entreprises chargées de l'acheminement du courrier à la préfecture, qui les conserve jusqu'à l'expiration des délais du recours contre les élections ou, le cas échéant, jusqu'à l'intervention d'un jugement définitif sur les contestations.

La préfecture établit un état récapitulatif des plis non acheminés aux électeurs et retournés en préfecture à la date prévue à l'article R. 713-18.

Le cachet de l'entreprise d'acheminement du courrier fait foi.

Art. R. 713-15 *(Abr., D. n° 2021-144, 11 févr. 2021).*

Section 4. – Du vote par correspondance

(Anc. sous-section 4 devenue la présente section, D. n° 2021-144, 11 févr. 2021)

Art. R. 713-16 *(Mod., D. n° 2010-924, 3 août 2010 ; D. n° 2021-144, 11 févr. 2021).* – En ce qui concerne le vote par correspondance, les enveloppes, les bulletins de vote et les circulaires des candidats constituent les instruments nécessaires au vote mentionnés au 1° de l'article R. 713-14. Un arrêté du ministre de tutelle fixe le format, le libellé et les modalités d'impression des enveloppes de vote, des bulletins de vote et des circulaires des candidats, ainsi que les modalités de présentation des candidatures sur les bulletins de vote.

La commission d'organisation des élections est chargée de vérifier la conformité des instruments de vote aux dispositions de cet arrêté.

Art. R. 713-17 *(Mod., D. n° 2010-924, 3 août 2010 ; D. n° 2016-569, 10 mai 2016 ; D. n° 2021-144, 11 févr. 2021).* – I. – Les enveloppes d'acheminement des votes sont adressées à la préfecture, qui en dresse un état récapitulatif.

Sous peine de nullité du vote, les enveloppes d'acheminement des votes comportent les mentions suivantes :

1° La dénomination de la chambre de région et de la chambre de commerce et d'industrie territoriale ;

2° La mention « Élection des membres » ;

3° Le nom de l'électeur ;

4° Ses prénoms ;

5° Son numéro d'inscription sur la liste électorale ;

6° La désignation de la catégorie et, le cas échéant, de la sous-catégorie à laquelle il appartient.

Les enveloppes d'acheminement des votes peuvent comporter un dispositif permettant une lecture automatisée.

II. – Sous peine de nullité du vote, les enveloppes de scrutin comportent exclusivement les mentions suivantes :

1° La dénomination de la chambre de commerce et d'industrie de région et de la chambre de commerce et d'industrie territoriale ;

2° La désignation de la catégorie et, le cas échéant, de la sous-catégorie à laquelle appartient l'électeur.

Art. R. 713-18 *(Mod., D. n° 2010-924, 3 août 2010 ; D. n° 2021-144, 11 févr. 2021)*. – À la date fixée au 2° de l'article R. 713-14, la commission d'organisation des élections, composée le cas échéant en sections, procède aux opérations de dépouillement des votes par correspondance en séance publique et en présence de scrutateurs désignés par le président de la commission et par les candidats ou leurs mandataires.

Le jour du dépouillement, autant d'urnes qu'il y a de catégories ou sous-catégories sont mises en place.

La commission vérifie que le nombre des enveloppes d'acheminement des votes correspond à celui qui est porté sur l'état récapitulatif mentionné à l'article R. 713-17. Si une différence est constatée, mention en est faite sur le procès-verbal paraphé par chaque membre de la commission.

La commission procède à l'ouverture des enveloppes d'acheminement des votes.

Le président ou un membre de la commission désigné par lui au sein d'une section vérifie que le vote émis correspond à la catégorie et à la sous-catégorie dont relève l'électeur et, dans le cas contraire, écarte ce vote du dépouillement.

Le président, ou un membre de la commission désigné par lui au sein d'une section, constate le vote de chaque électeur en apposant sa signature, éventuellement avec l'assistance de moyens électroniques, en face du nom de l'électeur, sur la copie de la liste électorale qui constitue la liste d'émargement.

Un membre de la commission introduit ensuite chaque enveloppe de scrutin dans l'urne correspondante.

Le recensement des votes est effectué dans les formes décrites aux deuxième et troisième alinéas de l'article L. 65 du Code électoral et suivant les règles fixées à l'article L. 66 du même code.

La commission déduit du nombre total d'électeurs les plis non acheminés aux électeurs figurant à l'état récapitulatif prévu au I de l'article R. 713-14.

Ces plis sont conservés, paraphés par les membres de la commission et annexés au procès-verbal.

Art. R. 713-19. – La commission totalise le nombre de suffrages obtenus par chaque candidat de chaque catégorie ou sous-catégorie et attribue les sièges conformément à l'article L. 713-16.

Est considéré comme nul tout bulletin présenté sous une forme autre que celle qui a été validée par la commission, tout bulletin comportant un nombre de noms supérieur à celui des sièges à pourvoir dans la catégorie, la sous-catégorie professionnelle ou la délégation et tout bulletin entaché d'une des irrégularités mentionnées à l'article L. 66 du Code électoral.

Est considéré comme nul tout suffrage désignant une personne qui n'est pas candidate.

Les bulletins et les enveloppes entachés de nullité sont conservés, paraphés par les membres de la commission et annexés au procès-verbal dans les conditions prévues par les articles L. 66 et R. 68 du Code électoral.

Art. R. 713-20 *(Mod., D. n° 2021-144, 11 févr. 2021)*. – Toutes les opérations manuelles prévues aux articles R. 713-17 et R. 713-18 peuvent être effectuées avec l'assistance de moyens électroniques.

Section 5. – Du vote électronique

(Anc. sous-section 5 devenue la présente section, D. n° 2021-144, 11 févr. 2021)

Art. R. 713-21 *(Mod., D. n° 2021-144, 11 févr. 2021)*. – En ce qui concerne le vote électronique, les instruments nécessaires au vote mentionnés au 1° de l'article R. 713-14 sont l'identifiant, le mot de passe pour accéder à la plateforme de vote ainsi qu'une fiche expliquant les modalités d'accès au système de vote électronique auquel l'électeur se relie pour voter.

Les circulaires des candidats sont mises en ligne sur la plate-forme de vote et sur le site internet de la chambre de commerce et d'industrie concernée.

La commission d'organisation des élections peut décider que les circulaires des candidats sont également envoyées à chaque électeur sur support papier, dans les mêmes conditions que les instruments nécessaires au vote, mentionnés ci-dessus, après avoir vérifié leur conformité aux dispositions définies par arrêté du ministre de tutelle.

Art. R. 713-22. – Pour voter par voie électronique, l'électeur, après connexion au site internet ou à tout autre réseau accessible à tous les électeurs, s'identifie, exprime son vote et le valide au moyen des instruments d'authentification qui lui ont été attribués. Il vérifie l'inscription sécurisée de son vote par le système de vote électronique. La transmission du vote et l'émargement de l'électeur doivent pouvoir faire l'objet d'une date certaine de réception et d'un accusé de réception électronique.

Art. R. 713-23 *(Mod., D. n° 2021-144, 11 févr. 2021)*. – Les données relatives aux électeurs inscrits sur les listes électorales ainsi que celles relatives à l'expression de leur vote font l'objet, dans les conditions prévues à l'article R. 713-26, de traitements automatisés d'information effectués sur des systèmes informatiques distincts, dédiés et isolés, respectivement dénommés « fichier des électeurs » et « contenu de l'urne électronique ».

Le traitement « fichier des électeurs » est établi à partir des listes électorales dressées par la commission d'établissement des listes électorales. Ce traitement permet à la commission d'organisation des élections, d'adresser à chaque électeur les instruments d'authentification mentionnés à l'article R. 713-21, d'identifier les électeurs ayant pris part au vote électronique et d'éditer la liste d'émargement. L'émargement indique l'heure du vote. Les listes d'émargement sont enregistrées sur un support distinct de celui de l'urne électronique, scellé, non réinscriptible, rendant son contenu inaltérable et probant.

Le fichier dénommé « contenu de l'urne électronique » recense les votes exprimés par voie électronique. Les données de ce fichier font l'objet d'un chiffrement et ne doivent pas comporter de lien permettant l'identification des électeurs.

Art. R. 713-24 *(Mod., D. n° 2010-924, 3 août 2010 ; D. n° 2021-144, 11 févr. 2021)*. – À la date fixée au 2° du I de l'article R. 713-14, la commission d'organisation des élections procède aux opérations de dépouillement des votes en séance publique et en présence de scrutateurs désignés par le président de la commission et par les candidats ou leurs mandataires.

Le président de la commission et l'un au moins des assesseurs reçoivent chacun une clef de dépouillement distincte, selon des modalités en garantissant la confidentialité, permettant d'accéder aux données du fichier dénommé « contenu de l'urne électronique ». Le président reçoit également les éléments permettant la vérification de l'intégrité du système de vote électronique.

Après la clôture des opérations de vote et vérification de l'intégrité du fichier dénommé « contenu de l'urne électronique », le président de la commission d'organisation des élections et l'assesseur mentionné à l'alinéa précédent procèdent publiquement au dépouillement.

Les décomptes des voix par candidat apparaissent lisiblement à l'écran et font l'objet d'une édition sécurisée afin d'être portés au procès-verbal de l'élection.

Le système de vote électronique est verrouillé après le dépouillement de sorte qu'il soit impossible de reprendre ou de modifier le résultat après la décision de clôture du dépouillement prise par la commission.

La commission d'organisation des élections contrôle que le nombre total de votes exprimés par voie électronique correspond au nombre de votants figurant sur la liste d'émargement.

Le nombre total de suffrages exprimés par voie électronique ainsi que le nombre de voix obtenues par chaque candidat sont portés au procès-verbal.

Art. R. 713-25 *(Mod., D. n° 2021-144, 11 févr. 2021)*. – Sont conservés sous scellés, dans les conditions *fixées à l'article 4 de la loi du 6 janvier* 1978 relative à l'informatique, aux fichiers et aux libertés, les fichiers supports comprenant la copie des programmes sources et des programmes exécutables, les matériels de vote, les fichiers d'émargement, de résultats et de sauvegarde. Cette conservation s'effectue sous le contrôle de la commission technique nationale prévue à l'article R. 713-25-1, jusqu'à l'expiration des délais de recours contre les opérations électorales de manière à ce que la procédure de décompte des votes puisse, si nécessaire, être exécutée de nouveau.

À l'expiration des délais de recours, ou, dans les cas où une action contentieuse a été engagée, lorsqu'elle a fait l'objet d'une décision définitive, il est procédé à la destruction des fichiers supports sous contrôle de la commission technique nationale.

Seuls sont conservés par les commissions d'organisation des opérations électorales les listes de candidats avec déclarations de candidature et professions de foi ainsi que les procès-verbaux de l'élection.

Art. R. 713-25-1 *(Créé, D. n° 2021-144, 11 févr. 2021).* – Une commission technique nationale, dont les membres sont désignés par arrêté du ministre de tutelle, est chargée de contrôler le déroulement du vote électronique.

En cas de dysfonctionnement du système de vote électronique compromettant le bon déroulement du scrutin, la commission technique nationale peut prendre toute mesure d'information et de sauvegarde et, le cas échéant, décider de la suspension des opérations de vote.

Art. R. 713-26 *(Mod., D. n° 2021-144, 11 févr. 2021).* – Les modalités d'application de la présente section et d'expertise du système de vote sont fixées par arrêté du ministre chargé de la tutelle des chambres de commerce et d'industrie pris après avis de la Commission nationale de l'informatique et des libertés.

Section 6. – De la proclamation des résultats et du contentieux des élections

(Anc. sous-section 6 devenue la présente section, D. n° 2021-144, 11 févr. 2021)

Art. R. 713-27 *(Rempl., D. n° 2010-924, 3 août 2010).* – Les candidats ayant obtenu le plus grand nombre de voix à l'élection de la chambre de commerce et d'industrie de région sont élus à la chambre de commerce et d'industrie de région ainsi qu'à la chambre de commerce et d'industrie territoriale et le cas échéant, dans une délégation. Leur suppléant est élu à la chambre de commerce et d'industrie territoriale et le cas échéant, dans la même délégation.

Après attribution des sièges pourvus en application de l'alinéa précédent, les candidats ayant obtenu le plus grand nombre de voix à l'élection de la chambre de commerce et d'industrie territoriale sont élus à la chambre de commerce et d'industrie territoriale et le cas échéant, dans une délégation.

Art. R. 713-27-1 *(D. n° 2010-924, 3 août 2010 ; mod., D. n° 2021-144, 11 févr. 2021).* – À l'issue du dépouillement, la commission d'organisation des élections dresse, pour chaque élection, un procès-verbal, établi selon un modèle fixé par arrêté du ministre de tutelle signé par son président et ses membres et proclame les résultats des élections en public.

Ces proclamations interviennent au plus tard soixante-douze heures après le début du dépouillement.

Les listes d'émargement ainsi que les procès-verbaux sont transmis à l'autorité administrative mentionnée au II de l'article R. 731-1. Cette dernière adresse une copie des procès-verbaux au ministre chargé de la tutelle des chambres de commerce et d'industrie, à la chambre de commerce et d'industrie territoriale et à la chambre de commerce et d'industrie de région.

Les listes d'émargement peuvent être consultées à la préfecture dans les conditions fixées par l'article L. 68 du Code électoral.

Art. R. 713-27-2 *(D. n° 2010-924, 3 août 2010).* – À l'issue du dépouillement des élections des membres des chambres de commerce et d'industrie de région, se réunit au niveau régional une commission composée du préfet de région ou de son représentant, du président de la chambre de commerce et d'industrie de région ou de son représentant et d'un représentant élu de chaque chambre de commerce et d'industrie territoriale.

La commission est régulièrement réunie si elle comporte au moins la moitié de ses membres.

Elle recueille les procès-verbaux des élections à la chambre de région, constate l'élection des candidats à la chambre de commerce et d'industrie de région et en dresse le procès-verbal dont elle adresse une copie au ministre chargé de la tutelle des chambres de commerce et d'industrie, à la chambre de commerce et d'industrie de région et aux chambres de commerce et d'industrie territoriales.

Le secrétariat de la commission est assuré par le directeur général de la chambre de commerce et d'industrie de région ou un agent désigné par ses soins au sein de la chambre de commerce et d'industrie de région.

Art. R. 713-28 *(Mod., D. n° 2010-924, 3 août 2010 ; D. n° 2015-190, 18 févr. 2015).* – Les recours en annulation des élections aux chambres de commerce et d'industrie territoriales et de région peuvent être formés par tout électeur et par le préfet dans les conditions prévues aux articles L. 248, et R. 119 à R. 122 du Code électoral.

Toutefois, le délai de cinq jours prévu au premier alinéa de l'article R. 119 de ce code court à compter de la proclamation des résultats.

L'appel est formé dans un délai d'un mois devant la cour administrative d'appel dans les conditions fixées aux articles R. 811-1 à R. 811-4 du Code de justice administrative. Il est jugé comme affaire urgente.

Art. R. 713-29 *(Mod., D. n° 2010-924, 3 août 2010 ; D. n° 2021-144, 11 févr. 2021).* – En cas d'annulation partielle ou totale devenue définitive des élections des membres d'une chambre de commerce et d'industrie territoriale ou de région et sauf si cette annulation est prononcée moins d'un an avant un renouvellement général, il est procédé, dans le délai de deux mois, à un nouveau scrutin pour pourvoir les sièges vacants.

Art. R. 713-30 *(Mod., D. n° 2021-144, 11 févr. 2021).* – Lorsque les dates fixées par la présente section ou le dernier jour des délais impartis tombent un jour férié ou un samedi, ils sont reportés jusqu'au premier jour ouvrable qui suit.

Section II. – De l'élection des délégués consulaires

(Section abr. à compter de la fin du mandat des délégués consulaires élus au cours de l'année 2016, D. n° 2021-144, 11 févr. 2021)

Section 7. – Études économiques de pondération

(Anc. section 3 devenue la présente section, D. n° 2021-144, 11 févr. 2021)

Art. R. 713-63 *(Mod., D. n° 2010-924, 3 août 2010 ; abr., D. n° 2021-144, 11 févr. 2021).*

Art. R. 713-64 *(Abr., D. n° 2021-144, 11 févr. 2021).*

Art. R. 713-65. – Un arrêté du ministre chargé de la tutelle des chambres de commerce et d'industrie fixe, par référence aux nomenclatures d'activités et de produits de l'Institut national de la statistique et des études économiques, la composition des catégories professionnelles prévues au premier alinéa de l'article L. 713-11.

Art. R. 713-66 *(Rempl., D. n° 2010-924, 3 août 2010 ; mod., D. n° 2015-840, 8 juill. 2015 ; D. n° 2016-1894, 27 déc. 2016 ; D. n° 2019-1317, 9 déc. 2019 ; D. n° 2021-144, 11 févr. 2021).* – I. – Lors de chaque renouvellement général, la chambre de commerce et d'industrie de région et la chambre de commerce et d'industrie territoriale réalisent, chacune pour ce qui la concerne et suivant les critères fixés par les articles L. 713-11, L. 713-12 et L. 713-13, une étude économique de pondération.

Cette étude détermine, d'une part l'importance économique des catégories et, le cas échéant, des sous-catégories professionnelles au sein de la chambre de commerce et d'industrie de région et de la chambre de commerce et d'industrie territoriale, locale ou départementale d'Île-de-France, d'autre part l'importance économique des circonscriptions des chambres de commerce et d'industrie territoriales, locales ou départementales d'Île-de-France au sein de la chambre de commerce et d'industrie de région à laquelle elles sont rattachées.

II. – L'étude économique de pondération recueille les données statistiques permettant d'établir, par catégorie, par sous-catégorie et par circonscription de chambre de commerce et d'industrie territoriale, locale ou départementale d'Île-de-France, les données suivantes :

1° *Le nombre de ressortissants ;*

2° La somme des bases d'imposition de la cotisation foncière des entreprises due par ses ressortissants ;

3° Le nombre de salariés qu'ils emploient.

Le poids économique est déterminé, pour la durée totale de la mandature, par la moyenne arithmétique de ces trois données.

Si la circonscription d'une chambre de commerce et d'industrie territoriale s'étend sur deux régions, ces données sont établies séparément dans le territoire relevant de chaque région.

Les données statistiques mentionnées au premier alinéa sont recueillies au plus tard le 30 septembre de l'année précédant celle du renouvellement général. Les bases d'imposition de l'année précédant celle du renouvellement général, fournies par établissement, sont collectées auprès des services fiscaux par la chambre de commerce et d'industrie de région. Le nombre de salariés des établissements, établi à la date du 30 juin de l'année précédant celle du renouvellement général, est collecté auprès des unions de recouvrement des cotisations de sécurité sociale et d'allocations familiales par chaque chambre de commerce et d'industrie territoriale et chaque chambre de commerce et d'industrie de région pour les chambres de commerce et d'industrie locales et départementales d'Île-de-France qui lui sont rattachées.

Pour les chambres départementales d'Île-de-France et les chambres de commerce et d'industrie locales, l'étude économique de pondération est effectuée par la chambre de commerce et d'industrie de région.

Les données mentionnées aux 1° et 3° sont transmises par chaque chambre de commerce et d'industrie territoriale à la chambre de commerce et d'industrie de région à laquelle elle est rattachée au plus tard le 10 mars de l'année du renouvellement général. La chambre de commerce et d'industrie de région s'assure de la fiabilité et de l'exactitude des données transmises.

III. – L'étude calcule la proportion que représente au sein de la chambre territoriale, locale ou départementale d'Île-de-France chaque catégorie professionnelle et, le cas échéant, chaque sous-catégorie pour chacun des trois indicateurs économiques énumérés au II du présent article.

Le même calcul est fait, au sein de la chambre de commerce et d'industrie de région, pour établir les proportions représentées, d'une part par les catégories et sous-catégories, d'autre part par les circonscriptions des chambres de commerce et d'industrie territoriales, locales ou départementales d'Île-de-France.

IV. – Le nombre des sous-catégories professionnelles définies en application du deuxième alinéa de l'article L. 713-11 est limité à deux. La répartition des électeurs entre ces deux sous-catégories est décidée par la chambre de commerce et d'industrie de région après consultation des chambres de commerce et d'industrie territoriales.

V. – Les chambres mentionnées au premier alinéa du I transmettent les études économiques de pondération au préfet de région du siège de la chambre concernée, à CCI France et au ministre de tutelle, au plus tard le 31 mars de l'année du renouvellement général. L'étude économique de pondération de la chambre de commerce et d'industrie de région doit correspondre à l'agrégation des études économiques réalisées par les chambres de commerce et d'industries territoriales, locales ou départementales d'Île-de-France qui lui sont rattachées.

Si l'étude économique de pondération n'a pas été communiquée aux dates requises, ou si les données statistiques ou les calculs qu'elle présente sont inexacts ou défectueux, l'autorité de tutelle fait réaliser l'étude nécessaire dans les meilleurs délais aux frais de la chambre défaillante.

VI. – Cette étude permet de déterminer le poids économique de chaque chambre de commerce et d'industrie de région mentionné au 10° de l'article L. 711-16.

Art. R. 713-67 *(Mod., D. n° 2021-144, 11 févr. 2021).* **– Les données à caractère personnel collectées et exploitées par les chambres de commerce et d'industrie territoriales et de région à l'occasion de la préparation de l'étude prévue à l'article R. 713-66 ne font l'objet d'aucune interconnexion avec d'autres fichiers. Elles sont conservées le temps strictement nécessaire à la réalisation de l'étude pour laquelle elles sont collectées et ne sont pas utilisées à d'autres fins.**

Art. R. 713-68 et R. 713-69 *(Abr., D. n° 2010-924, 3 août 2010).*

Art. R. 713-70 *(Abr., D. n° 2021-144, 11 févr. 2021).*

Rédaction antérieure. Art. R. 713-70 *(Rempl., D. n° 2010-924, 3 août 2010).* – La commission mentionnée à l'article L. 713-14, dénommée « commission d'établissement des listes électorales », est présidée par le juge commis à la surveillance du registre du commerce et des sociétés dans le ressort duquel est situé le siège de la chambre de commerce et d'industrie territoriale ou son représentant. Elle est composée, outre son président, d'un représentant du préfet du département où se trouve le siège de la chambre de commerce et d'industrie territoriale et du président de cette chambre ou d'un membre désigné par ses soins.

La commission se réunit, sur convocation de son président, à compter du 1er janvier de l'année de chaque renouvellement.

Le secrétariat de la commission est assuré conjointement par le greffier de la juridiction de première instance compétente en matière commerciale et par le directeur général de la chambre de commerce et d'industrie territoriale ou un agent désigné par ses soins au sein de la chambre.

Lorsque la circonscription s'étend sur le ressort de plusieurs tribunaux de commerce, le juge commis à la surveillance du registre du commerce et des sociétés et le greffier de ces juridictions ou leurs représentants participent aux travaux de la commission d'établissement des listes électorales.

La commission peut associer à ses tâches la chambre de commerce et d'industrie territoriale.

Les services de la chambre de commerce et d'industrie territoriale fournissent toute assistance technique au secrétariat de la commission.

Art. R. 713-71 *(Abr., D. n° 2021-144, 11 févr. 2021).*

Rédaction antérieure. Art. R. 713-71 *(D. n° 2010-1463, 1er déc. 2010).* – L'étude mentionnée à l'article R. 713-66 est communiquée par les chambres de commerce et d'industrie territoriales, les chambres de commerce et d'industrie départementales d'Île-de-France et les chambres de commerce et d'industrie de région à *(Mots rempl., D. n° 2015-536, 15 mai 2015)* « CCI France » avant le 31 décembre de l'année du renouvellement. Elle est adressée également au ministre en charge de la tutelle dans les mêmes conditions de délai.

TITRE II. – DU TRIBUNAL DE COMMERCE

CHAPITRE I. – DE L'INSTITUTION ET DE LA COMPÉTENCE

Section I. – Dispositions générales

Art. R. 721-1. – Les tribunaux de commerce appliquent les principes directeurs du procès civil.

Art. D. 721-2 *(Anc. art. R. 721-2 devenu D. 721-2, D. n° 2008-522, 2 juin 2008).* **– Le siège et le ressort des tribunaux de commerce sont fixés conformément au tableau de l'annexe 7-1 du présent livre.**

Décret n° 2009-1629 du 23 décembre 2009

modifiant le siège et le ressort des tribunaux de commerce

Art. 1er. – Les tribunaux de commerce dont la liste suit sont créés :

Dans le ressort de la cour d'appel de Chambéry : Annecy, Thonon-les-Bains ;

Dans le ressort de la cour d'appel de Limoges : Guéret ;

Dans le ressort de la cour d'appel de Nîmes : Mende.

Art. 2. – Un tribunal mixte de commerce est créé à Saint-Pierre de La Réunion.

Art. 3. – Les annexes 7-1 et 7-3 du livre VII du Code de commerce ainsi que les annexes 6-1 et 6-3 du livre VI du même code sont modifiées conformément aux tableaux de l'annexe I du présent décret.

À compter du 1er janvier 2011, l'annexe 7-1 est modifiée conformément aux indications de l'annexe II du présent décret.

Art. 4. – Le présent décret entre en vigueur le 8 janvier 2010.

Annexe 7-1

(Ann. rempl., D. n° 2008-146, 15 févr. 2008 et rect. JO 22 mars 2008 ; mod., D. n° 2008-146, 15 févr. 2008 ; D. n° 2009-1629, 23 déc. 2009 ; rempl. à compter du 1er janvier 2011, D. n° 2008-146, 15 févr. 2008 et rect. JO 22 mars 2008 et D. n° 2009-1629, 23 déc. 2009 ; mod. à compter de la même date, D. n° 2010-1774, 31 déc. 2010 ; mod., D. n° 2010-1775, 31 déc. 2010 ; D. n° 2012-1047, 13 sept. 2012 ; rempl., D. n° 2012-1444, 24 déc. 2012 ; mod., D. n° 2013-540, 25 juin 2013 ; mod. à compter du 1er septembre 2014, D. n° 2013-1258, 27 déc. 2013 ; mod., D. n° 2016-1996, 30 déc. 2016 ; D. n° 2017-1097, 13 juin 2017 ; D. n° 2019-1408, 19 déc. 2019)

Siège et ressort des tribunaux de commerce

DÉPARTEMENT	TRIBUNAL judiciaire	SIÈGE ET RESSORT DES TRIBUNAUX DE COMMERCE	
		Siège	Ressort
Cour d'appel d'Agen			
Gers	Auch	Auch	Ressort du tribunal judiciaire d'Auch
Lot	Cahors	Cahors	Ressort du tribunal judiciaire de Cahors
Lot-et-Garonne	Agen	Agen	Ressort du tribunal judiciaire d'Agen

DÉPARTEMENT	TRIBUNAL judiciaire	SIÈGE ET RESSORT DES TRIBUNAUX DE COMMERCE	
		Siège	Ressort
		Cour d'appel d'Aix-en-Provence	
Alpes-de-Haute-Provence	Digne-les Bains	Manosque	Ressort du tribunal judiciaire de Digne-les-Bains
Alpes-Maritimes	Nice	Nice	Ressort du tribunal judiciaire de Nice
	Grasse	Grasse	Ressort du tribunal judiciaire de Grasse et des cantons de Carros, de Coursegoules et de Vence, à l'exception du ressort de la chambre de proximité d'Antibes, de Cagnes-sur-Mer et de Cannes
		Antibes	Ressort de la chambre de proximité d'Antibes et de la chambre de proximité de Cagnes-sur-Mer à l'exception des cantons de Carros, de Coursegoules et de Vence
		Cannes	Ressort de la chambre de proximité de Cannes
Bouches-du-Rhône	Aix-en-Provence	Aix-en-Provence	Ressort du tribunal judiciaire d'Aix-en-Provence, à l'exception du ressort de la chambre de proximité de Salon-de-Provence, et des cantons de Berre-l'Étang, Istres-Sud et Istres-Nord et Vitrolles
		Salon-de-Provence	Ressort de la chambre de proximité de Salon-de-Provence et cantons de Berre-l'Étang, Istres-Sud et Istres-Nord et Vitrolles
	Marseille	Marseille	Ressort du tribunal judiciaire de Marseille
	Tarascon	Tarascon	Ressort du tribunal judiciaire de Tarascon
Var	Draguignan	Draguignan	Ressort du tribunal judiciaire de Draguignan, à l'exception du ressort de la chambre de proximité de Fréjus
		Fréjus	Ressort de la chambre de proximité de Fréjus
	Toulon	Toulon	Ressort du tribunal judiciaire de Toulon
		Cour d'appel d'Amiens	
Aisne	Saint-Quentin Laon	Saint-Quentin	Ressort des tribunaux judiciaires de Saint-Quentin et de Laon
	Soissons	Soissons	Ressort du tribunal judiciaire de Soissons
Oise	Beauvais	Beauvais	Ressort du tribunal judiciaire de Beauvais
	Compiègne Senlis	Compiègne	Ressort des tribunaux judiciaires de Compiègne et de Senlis
Somme	Amiens	Amiens	Ressort du tribunal judiciaire d'Amiens

DÉPARTEMENT	TRIBUNAL judiciaire	SIÈGE ET RESSORT DES TRIBUNAUX DE COMMERCE	
		Siège	Ressort
		Cour d'appel d'Angers	
Maine-et-Loire	Angers Saumur	Angers	Ressort des tribunaux judiciaires de d'Angers et de Saumur
Mayenne	Laval	Laval	Ressort du tribunal judiciaire de Laval
Sarthe	Le Mans	Le Mans	Ressort du tribunal judiciaire du Mans
		Cour d'appel de Bastia	
Corse-du-Sud	Ajaccio	Ajaccio	Ressort du tribunal judiciaire d'Ajaccio
Haute-Corse	Bastia	Bastia	Ressort du tribunal judiciaire de Bastia
		Cour d'appel de Besançon	
Doubs	Besançon	Besançon	Ressort du tribunal judiciaire de Besançon
Jura	Lons-le-Saunier	Lons-le-Saunier	Ressort du tribunal judiciaire de Lons-le-Saunier
Haute-Saône	Vesoul	Vesoul	Ressort du tribunal judiciaire de Vesoul
Territoire de Belfort et Doubs	Belfort Montbéliard	Belfort	Ressort des tribunaux judiciaires de Belfort et de Montbéliard
		Cour d'appel de Bordeaux	
Charente	Angoulême	Angoulême	Ressort du tribunal judiciaire d'Angoulême
Dordogne	Bergerac	Bergerac	Ressort du tribunal judiciaire de Bergerac
	Périgueux	Périgueux	Ressort du tribunal judiciaire de Périgueux
Gironde	Bordeaux	Bordeaux	Ressort du tribunal judiciaire de Bordeaux
	Libourne	Libourne	Ressort du tribunal judiciaire de Libourne
		Cour d'appel de Bourges	
Cher	Bourges	Bourges	Ressort du tribunal judiciaire de Bourges
Indre	Châteauroux	Châteauroux	Ressort du tribunal judiciaire de Châteauroux
Nièvre	Nevers	Nevers	Ressort du tribunal judiciaire de Nevers
		Cour d'appel de Caen	
Calvados	Caen	Caen	Ressort du tribunal judiciaire de Caen
	Lisieux	Lisieux	Ressort du tribunal judiciaire de Lisieux
Manche	Coutances	Coutances	Ressort du tribunal judiciaire de Coutances
	Cherbourg-en-Cotentin	Cherbourg-en-Cotentin	Ressort du tribunal judiciaire de Cherbourg-en-Cotentin
Orne	Alençon Argentan	Alençon	Ressort des tribunaux judiciaires d'Alençon et d'Argentan

DÉPARTEMENT	TRIBUNAL judiciaire	SIÈGE ET RESSORT DES TRIBUNAUX DE COMMERCE	
		Siège	Ressort
		Cour d'appel de Chambéry	
Savoie	Chambéry Albertville	Chambéry	Ressort des tribunaux judiciaires de Chambéry et d'Albertville
Haute-Savoie	Annecy Bonneville	Annecy	Ressort des tribunaux judiciaires d'Annecy et de Bonneville
	Thonon-les-Bains	Thonon-les-Bains	Ressort du tribunal judiciaire de Thonon-les-Bains
		Cour d'appel de Colmar	
Bas-Rhin	Saverne		La chambre commerciale du tribunal judiciaire est compétente en matière commerciale
	Strasbourg		La chambre commerciale du tribunal judiciaire est compétente en matière commerciale
Haut-Rhin	Colmar		La chambre commerciale du tribunal judiciaire est compétente en matière commerciale
	Mulhouse		La chambre commerciale du tribunal judiciaire est compétente en matière commerciale
		Cour d'appel de Dijon	
Côte-d'Or	Dijon	Dijon	Ressort du tribunal judiciaire de Dijon
Haute-Marne	Chaumont	Chaumont	Ressort du tribunal judiciaire de Chaumont
Saône-et-Loire	Chalon-sur-Saône	Chalon-sur-Saône	Ressort du tribunal judiciaire de Chalon-sur-Saône
	Mâcon	Mâcon	Ressort du tribunal judiciaire de Mâcon
		Cour d'appel de Douai	
Nord	Douai Cambrai	Douai	Ressort des tribunaux judiciaires de Douai et de Cambrai
	Dunkerque	Dunkerque	Ressort du tribunal judiciaire de Dunkerque
	Lille	Tourcoing	Ressort du tribunal judiciaire de Lille
	Valenciennes Avesnes-sur-Helpe	Valenciennes	Ressort des tribunaux judiciaires de Valenciennes et d'Avesnes-sur-Helpe
Pas-de-Calais	Arras Béthune	Arras	Ressort des tribunaux judiciaires d'Arras et de Béthune
Saint-Omer	Boulogne-sur-Mer	Boulogne-sur-Mer	Ressort des tribunaux judiciaires de Boulogne-sur-Mer et de Saint-Omer

DÉPARTEMENT	TRIBUNAL judiciaire	SIÈGE ET RESSORT DES TRIBUNAUX DE COMMERCE	
		Siège	Ressort
Cour d'appel de Grenoble			
Hautes-Alpes	Gap	Gap	Ressort du tribunal judiciaire de Gap
Drôme	Valence	Romans-sur-Isère	Ressort du tribunal judiciaire de Valence
Isère	Grenoble	Grenoble	Ressort du tribunal judiciaire de Grenoble
	Bourgoin-Jallieu Vienne	Vienne	Ressort des tribunaux judiciaires de Bourgoin-Jallieu et de Vienne
Cour d'appel de Limoges			
Corrèze	Brive-la-Gaillarde Tulle	Brive-la-Gaillarde	Ressort des tribunaux judiciaires de Brive-la-Gaillarde et de Tulle
Creuse	Guéret	Guéret	Ressort du tribunal judiciaire de Guéret
Haute-Vienne	Limoges	Limoges	Ressort du tribunal judiciaire de Limoges
Cour d'appel de Lyon			
Ain	Bourg-en-Bresse	Bourg-en-Bresse	Ressort du tribunal judiciaire de Bourg-en-Bresse
Loire	Roanne	Roanne	Ressort du tribunal judiciaire de Roanne
	Saint-Étienne	Saint-Étienne	Ressort du tribunal judiciaire de Saint-Étienne
Rhône	Lyon	Lyon	Ressort du tribunal judiciaire de Lyon
	Villefranche-sur-Saône	Villefranche-sur-Saône	Ressort du tribunal judiciaire de Villefranche-sur-Saône
Cour d'appel de Metz			
Moselle	Metz		La chambre commerciale du tribunal judiciaire est compétente en matière commerciale
	Sarreguemines		La chambre commerciale du tribunal judiciaire est compétente en matière commerciale
	Thionville		La chambre commerciale du tribunal judiciaire est compétente en matière commerciale
Cour d'appel de Montpellier			
Aude	Carcassonne	Carcassonne	Ressort du tribunal judiciaire de Carcassonne
	Narbonne	Narbonne	Ressort du tribunal judiciaire de Narbonne
Aveyron	Rodez	Rodez	Ressort du tribunal judiciaire de Rodez

DÉPARTEMENT	TRIBUNAL judiciaire	SIÈGE ET RESSORT DES TRIBUNAUX DE COMMERCE	
		Siège	Ressort
Hérault	Béziers	Béziers	Ressort du tribunal judiciaire de Béziers
	Montpellier	Montpellier	Ressort du tribunal judiciaire de Montpellier
Pyrénées-Orientales	Perpignan	Perpignan	Ressort du tribunal judiciaire de Perpignan
Cour d'appel de Nancy			
Meurthe-et-Moselle	Val de Briey	Val de Briey	Ressort du tribunal judiciaire de Val de Briey
	Nancy	Nancy	Ressort du tribunal judiciaire de Nancy
Meuse	Bar-le-Duc Verdun	Bar-le-Duc	Ressort des tribunaux judiciaires de Bar-le-Duc et de Verdun
Vosges	Épinal	Épinal	Ressort du tribunal judiciaire d'Épinal
Cour d'appel de Nîmes			
Ardèche	Privas	Aubenas	Ressort du tribunal judiciaire de Privas
Gard	Nîmes Alès	Nîmes	Ressort des tribunaux judiciaires de Nîmes et d'Alès
Lozère	Mende	Mende	Ressort du tribunal judiciaire de Mende
Vaucluse	Avignon Carpentras	Avignon	Ressort des tribunaux judiciaires d'Avignon et de Carpentras
Cour d'appel d'Orléans			
Indre-et-Loire	Tours	Tours	Ressort du tribunal judiciaire de Tours
Loir-et-Cher	Blois	Blois	Ressort du tribunal judiciaire de Blois
Loiret	Orléans Montargis	Orléans	Ressort des tribunaux judiciaires d'Orléans et de Montargis
Cour d'appel de Paris			
Paris	Paris	Paris	Ressort du tribunal judiciaire de Paris
Essonne	Évry	Évry	Ressort du tribunal judiciaire d'Évry
Seine-et-Marne	Melun Fontainebleau	Melun	Ressort des tribunaux judiciaires de Melun et de Fontainebleau
	Meaux	Meaux	Ressort du tribunal judiciaire de Meaux
Seine-Saint-Denis	Bobigny	Bobigny	Ressort du tribunal judiciaire de Bobigny
Val-de-Marne	Créteil	Créteil	Ressort du tribunal judiciaire de Créteil
Yonne	Auxerre	Auxerre	Ressort du tribunal judiciaire d'Auxerre
	Sens	Sens	Ressort du tribunal judiciaire de Sens

DÉPARTEMENT	TRIBUNAL judiciaire	SIÈGE ET RESSORT DES TRIBUNAUX DE COMMERCE	
		Siège	Ressort
		Cour d'appel de Pau	
Landes	Dax	Dax	Ressort du tribunal judiciaire de Dax
	Mont-de-Mars an	Mont-de-Mars an	Ressort du tribunal judiciaire de Mont-de-Mars an
Pyrénées-Atlantiques	Bayonne	Bayonne	Ressort du tribunal judiciaire de Bayonne
	Pau	Pau	Ressort du tribunal judiciaire de Pau
Hautes-Pyrénées	Tarbes	Tarbes	Ressort du tribunal judiciaire de Tarbes
		Cour d'appel de Poitiers	
Charente-Maritime	La Rochelle	La Rochelle	Ressort du tribunal judiciaire de La Rochelle
	Saintes	Saintes	Ressort du tribunal judiciaire de Saintes
Deux-Sèvres	Niort	Niort	Ressort du tribunal judiciaire de Niort
Vendée	La Roche-sur-Yon Les Sables-d'Olonne	La Roche-sur-Yon	Ressort des tribunaux judiciaires de La Roche-sur-Yon et des Sables-d'Olonne
Vienne	Poitiers	Poitiers	Ressort du tribunal judiciaire de Poitiers
		Cour d'appel de Reims	
Ardennes	Charleville-Mézières	Sedan	Ressort du tribunal judiciaire de Charleville-Mézières
Aube	Troyes	Troyes	Ressort du tribunal judiciaire de Troyes
Marne	Châlons-en-Champagne	Châlons-en-Champagne	Ressort du tribunal judiciaire de Châlons-en-Champagne-à l'exception des cantons d'Anglure, Avize, Dormans, Épernay 1er canton, Épernay 2e canton, Esternay, Fère-Champenoise, Montmirail, Montmort-Lucy et Sézanne-et commune de Blancs-Coteaux
	Reims	Reims	Ressort du tribunal judiciaire de Reims et cantons d'Anglure, Avize (à l'exception de la fraction de commune de Blancs-Coteaux), Dormans, Épernay 1er canton, Épernay 2e canton, Esternay, Fère-Champenoise, Montmirail, Montmort-Lucy et Sézanne
		Cour d'appel de Rennes	
Côtes-d'Armor	Saint-Brieuc	Saint-Brieuc	Ressort du tribunal judiciaire de Saint-Brieuc
Finistère	Brest	Brest	Ressort du tribunal judiciaire de Brest
	Quimper	Quimper	Ressort du tribunal judiciaire de Quimper

DÉPARTEMENT	TRIBUNAL judiciaire	SIÈGE ET RESSORT DES TRIBUNAUX DE COMMERCE	
		Siège	Ressort
Ille-et-Vilaine et Côtes-d'Armor	Rennes	Rennes	Ressort du tribunal judiciaire de Rennes
	Saint-Malo	Saint-Malo	Ressort du tribunal judiciaire de Saint-Malo
Loire-Atlantique	Nantes	Nantes	Ressort du tribunal judiciaire de Nantes
	Saint-Nazaire	Saint-Nazaire	Ressort du tribunal judiciaire de Saint-Nazaire
Morbihan	Lorient	Lorient	Ressort du tribunal judiciaire de Lorient
	Vannes	Vannes	Ressort du tribunal judiciaire de Vannes
Cour d'appel de Riom			
Allier	Cusset Moulins	Cusset	Ressort des tribunaux judiciaires de Cusset et de Moulins
	Montluçon	Montluçon	Ressort du tribunal judiciaire de Montluçon
Cantal	Aurillac	Aurillac	Ressort du tribunal judiciaire d'Aurillac
Haute-Loire	Le Puy-en-Velay	Le Puy-en-Velay	Ressort du tribunal judiciaire du Puy-en-Velay
Puy-de-Dôme	Clermont-Ferrand	Clermont-Ferrand	Ressort du tribunal judiciaire de Clermont-Ferrand
Cour d'appel de Rouen			
Eure	Évreux	Bernay	Ressort de la chambre de proximité de Bernay
		Évreux	Ressort du tribunal judiciaire d'Évreux à l'exception du ressort de la chambre de proximité de Bernay
Seine-Maritime	Dieppe	Dieppe	Ressort du tribunal judiciaire de Dieppe
	Le Havre	Le Havre	Ressort du tribunal judiciaire du Havre
	Rouen	Rouen	Ressort du tribunal judiciaire de Rouen
Cour d'appel de Toulouse			
Ariège	Foix	Foix	Ressort du tribunal judiciaire de Foix
Haute-Garonne	Toulouse Saint-Gaudens	Toulouse	Ressort des tribunaux judiciaires de Toulouse et de Saint-Gaudens
Tarn	Albi	Albi	Ressort du tribunal judiciaire d'Albi
	Castres	Castres	Ressort du tribunal judiciaire de Castres
Tarn-et-Garonne	Montauban	Montauban	Ressort du tribunal judiciaire de Montauban

DÉPARTEMENT	TRIBUNAL judiciaire	SIÈGE ET RESSORT DES TRIBUNAUX DE COMMERCE	
		Siège	Ressort
Cour d'appel de Versailles			
Eure-et-Loir	Chartres	Chartres	Ressort du tribunal judiciaire de Chartres
Hauts-de-Seine	Nanterre	Nanterre	Ressort du tribunal judiciaire de Nanterre
Val-d'Oise	Pontoise	Pontoise	Ressort du tribunal judiciaire de Pontoise
Yvelines	Versailles	Versailles	Ressort du tribunal judiciaire de Versailles

NB : Conformément à l'article 5 du décret n° 2019-1408 du 19 décembre 2019, les présentes dispositions entrent en vigueur le 1er janvier 2020.

Conformément à l'article 9 du décret n° 2019-966 du 18 septembre 2019, les présentes dispositions entrent en vigueur le 1er janvier 2020.

NDLR : Le Conseil d'État avait constaté l'annulation, avec effet au 9 janvier 2010, du décret n° 2008-146 du 15 février 2008 « en tant qu'il a pour effet, en procédant à l'extension du ressort de certains tribunaux de commerce ou en créant de nouveaux tribunaux, de supprimer la compétence commerciale de vingt-trois tribunaux de grande instance et de créer un tribunal mixte de commerce à Saint-Pierre de la Réunion », ■ CE, 8 juill. 2009, n° 314236, *Cne de Saint-Dié-des-Vosges et a. : JurisData* n° 2009-005719). Dans la même décision, la Haute juridiction avait précisé que « sous réserve des actions contentieuses engagées à la date de la présente décision, dans lesquelles aurait été soulevée l'illégalité de ce décret, les effets produits par ce dernier antérieurement à la présente annulation sont regardés comme définitifs ».

Les modifications de la présente annexe prescrites par le décret n° 2009-1629 du 23 décembre 2009 tirent les conséquences de la décision du Conseil d'État précitée.

À titre transitoire, la présente annexe comportait par conséquent une version intermédiaire telle qu'issue du décret n° 2008-146 du 15 février 2008, applicable du 1er janvier 2010 au 8 janvier 2010, date d'entrée en vigueur du décret n° 2009-1629 du 23 décembre 2009. Les modifications issues de ce dernier texte ont plus particulièrement affecté les dispositions concernant les tribunaux de grande instance de Belley, Millau et de Châlons-en-Champagne.

Art. D. 721-3 *(Anc. art. R. 721-3 devenu D. 721-3, D. n° 2008-522, 2 juin 2008).* **– Le nombre des juges et le nombre des chambres de chaque tribunal de commerce sont fixés conformément aux tableaux de l'annexe 7-2 du présent livre.**

Annexe 7-2

(Ann. mod., D. n° 2007-1104, 13 juill. 2007 ; D. n° 2007-1231, 20 août 2007 ; rempl., D. n° 2008-563, 16 juin 2008 ; mod., D. n° 2009-1151, 25 sept. 2009 ; D. n° 2010-962, 26 août 2010 ; D. n° 2011-1044, 1er sept. 2011 ; D. n° 2012-831, 29 juin 2012 ; D. n° 2012-1048,13 sept. 2012 ; D. n° 2012-1087, 27 sept. 2012 ; D. n° 2014-695, 25 juin 2014 ; D. n° 2015-801, 1er juill. 2015 ; D. n° 2016-1996, 30 déc. 2016 ; D. n° 2017-1097, 13 juin 2017 ; D. n° 2017-1160, 11 juill. 2017 ; D. n° 2017-1161, 11 juill. 2017 ; D. n° 2017-1195, 26 juill. 2017 ; D. n° 2019-925, 2 sept. 2019 ; D. n° 2020-1382, 14 nov. 2020 ; D. n° 2021-30, 14 janv. 2021)

Nombre des juges et nombre des chambres des tribunaux de commerce

DÉPARTEMENTS	SIÈGE du tribunal de commerce	NOMBRE DE JUGES du tribunal de commerce	NOMBRE DE CHAMBRES du tribunal de commerce
Cour d'appel d'Agen			
Gers	Auch	12	2
Lot	Cahors	12	2
Lot-et-Garonne	Agen	21	4

DÉPARTEMENTS	SIÈGE du tribunal de commerce	NOMBRE DE JUGES du tribunal de commerce	NOMBRE DE CHAMBRES du tribunal de commerce
	Cour d'appel d'Aix-en-Provence		
Alpes-de-Haute-Provence	Manosque	13	2
Alpes-Maritimes	Antibes	26	4
	Cannes	23	4
	Grasse	16	3
	Nice	45	7
Bouches-du-Rhône	Aix-en-Provence	32	4
	Salon-de-Provence	19	3
	Marseille	80	12
	Tarascon	20	3
Var	Draguignan	19	3
	Fréjus	24	4
	Toulon	34	5
	Cour d'appel d'Amiens		
Aisne	Saint-Quentin	22	4
	Soissons	13	2
Oise	Beauvais	15	3
	Compiègne	21	3
Somme	Amiens	21	4
	Cour d'appel d'Angers		
Maine-et-Loire	Angers	28	5
Mayenne	Laval	14	3
Sarthe	Le Mans	22	4
	Cour d'appel de Bastia		
Corse-du-Sud	Ajaccio	15	2
Haute-Corse	Bastia	15	3
	Cour d'appel de Besançon		
Doubs	Besançon	19	3
Jura	Lons-le-Saulnier	15	3
Haute-Saône	Vesoul	15	3
Territoire de Belfort	Belfort	18	3

DÉPARTEMENTS	SIÈGE du tribunal de commerce	NOMBRE DE JUGES du tribunal de commerce	NOMBRE DE CHAMBRES du tribunal de commerce
Cour d'appel de Bordeaux			
Charente	Angoulême	20	3
Dordogne	Bergerac	16	3
	Périgueux	17	3
Gironde	Bordeaux	60	9
	Libourne	17	3
Cour d'appel de Bourges			
Cher	Bourges	13	2
Indre	Châteauroux	16	3
Nièvre	Nevers	15	3
Cour d'appel de Caen			
Calvados	Caen	28	5
	Lisieux	14	2
Manche	Cherbourg-en-Cotentin	13	2
	Coutances	14	3
Orne	Alençon	15	3
Cour d'appel de Chambéry			
Savoie	Chambéry	28	5
Haute-Savoie	Annecy	26	4
	Thonon-les-Bains	17	3
Cour d'appel de Dijon			
Côte-d'Or	Dijon	28	5
Haute-Marne	Chaumont	14	3
Saône-et-Loire	Chalon-sur-Saône	20	3
	Mâcon	14	3
Cour d'appel de Douai			
Nord	Douai	19	3
	Dunkerque	18	3
	Tourcoing	65	11
Pas-de-Calais	Valenciennes	22	4
	Arras	28	5
	Boulogne-sur-Mer	25	4

DÉPARTEMENTS	SIÈGE du tribunal de commerce	NOMBRE DE JUGES du tribunal de commerce	NOMBRE DE CHAMBRES du tribunal de commerce
Cour d'appel de Grenoble			
Haute-Alpes	Gap	13	2
Drôme	Romans-sur-Isère	25	4
Isère	Grenoble	32	5
	Vienne	26	4
Cour d'appel de Limoges			
Corrèze	Brive-la-Gaillarde	16	3
Creuse	Guéret	9	2
Haute-Vienne	Limoges	20	3
Cour d'appel de Lyon			
Ain	Bourg-en-Bresse	23	4
Loire	Roanne	14	3
	Saint-Étienne	29	5
Rhône	Lyon	69	10
	Villefranche-sur-Saône	16	3
Cour d'appel de Montpellier			
Aude	Carcassonne	17	3
	Narbonne	15	2
Aveyron	Rodez	17	2
Hérault	Béziers	22	4
	Montpellier	44	7
Pyrénées-Orientales	Perpignan	25	4
Cour d'appel de Nancy			
Meurthe-et-Moselle	Val de Briey	11	2
	Nancy	24	4
Meuse	Bar-le-Duc	11	2
Vosges	Épinal	20	3
Cour d'appel de Nîmes			
Ardèche	Aubenas	15	3
Gard	Nîmes	37	6
Lozère	Mende	9	2
Vaucluse	Avignon	35	6

DÉPARTEMENTS	SIÈGE du tribunal de commerce	NOMBRE DE JUGES du tribunal de commerce	NOMBRE DE CHAMBRES du tribunal de commerce
Cour d'appel d'Orléans			
Indre-et-Loire	Tours	25	4
Loir-et-Cher	Blois	15	3
Loiret	Orléans	30	5
Cour d'appel de Paris			
Paris	Paris	180	25
Essonne	Évry	55	8
Seine-et-Marne	Melun	36	6
	Meaux	30	5
Seine-Saint-Denis	Bobigny	78	10
Val-de-Marne	Créteil	49	8
Yonne	Auxerre	11	2
	Sens	13	2
Cour d'appel de Pau			
Landes	Dax	17	3
	Mont-de-Mars an	17	3
Pyrénées-Atlantiques	Bayonne	21	3
	Pau	20	3
Hautes-Pyrénées	Tarbes	18	3
Cour d'appel de Poitiers			
Charente-Maritime	La Rochelle	27	4
	Saintes	18	3
Deux-Sèvres	Niort	19	3
Vendée	La Roche-sur-Yon	24	4
Vienne	Poitiers	20	4
Cour d'appel de Reims			
Ardennes	Sedan	20	3
Aube	Troyes	17	3
Marne	Châlons-en-Champagne	12	2
	Reims	32	5
Cour d'appel de Rennes			
Côtes-d'Armor	Saint-Brieuc	22	4

DÉPARTEMENTS	SIÈGE du tribunal de commerce	NOMBRE DE JUGES du tribunal de commerce	NOMBRE DE CHAMBRES du tribunal de commerce
Finistère	Brest	21	4
	Quimper	16	3
Île-et-Vilaine	Rennes	31	4
	Saint-Malo	16	3
Loire-Atlantique	Nantes	34	5
	Saint-Nazaire	15	3
Morbihan	Lorient	23	3
	Vannes	16	3
Cour d'appel de Riom			
Allier	Cusset	14	3
	Montluçon	12	2
Cantal	Aurillac	11	2
Haute-Loire	Le Puy-en-Velay	14	3
Puy-de-Dôme	Clermont-Ferrand	32	5
Cour d'appel de Rouen			
Eure	Bernay	10	2
	Évreux	20	3
Seine-Maritime	Dieppe	14	3
	Le Havre	26	4
	Rouen	34	5
Cour d'appel de Toulouse			
Ariège	Foix	10	2
Haute-Garonne	Toulouse	58	8
Tarn	Albi	12	2
	Castres	14	3
Tarn-et-Garonne	Montauban	15	3
Cour d'appel de Versailles			
Eure-et-Loir	Chartres	24	4
Hauts-de-Seine	Nanterre	72	10
Val-d'Oise	Pontoise	50	8
Yvelines	Versailles	50	8

NB : Conformément à l'article 5 du décret n° 2016-1996 du 30 décembre 2016, les présentes dispositions sont applicables aux instances introduites après le 1er janvier 2017.

Art. R. 721-4 *(COJ, art. R. 741-6, en ce qui concerne les membres des tribunaux de commerce).* – **Les costumes des membres du tribunal de commerce sont définis ainsi qu'il suit :**

a) **Robe : noire à grandes manches avec revers de velours (pour le président du tribunal de commerce de Paris, lors des audiences solennelles et cérémonies publiques : robe rouge avec des parements de velours noir) ;**

b) **Simarre : de soie noire ;**

c) **Toque : noire avec un galon d'argent (deux galons pour le président) ;**

d) **Cravate : blanche plissée.**

Section II. – De la compétence

Art. R. 721-5 *(COJ, art. R. 411-3 ; mod., D. n° 2019-966, 18 sept. 2019).* – **Lorsqu'une juridiction commerciale est créée ou lorsque le ressort d'un tribunal de commerce ou d'un tribunal judiciaire statuant en matière commerciale est modifié par suite d'une nouvelle délimitation des circonscriptions administratives ou judiciaires, le tribunal compétent primitivement saisi demeure compétent pour statuer sur les procédures introduites antérieurement à la date de création du tribunal ou de modification du ressort ainsi que sur toutes les procédures qui découlent d'une sauvegarde, d'un redressement judiciaire, d'une liquidation judiciaire, d'un règlement judiciaire, d'une liquidation de biens, ainsi que d'une faillite personnelle ou d'autres sanctions.**

NB : Conformément à l'article 9 du décret n° 2019-966 du 18 septembre 2019, les présentes dispositions entrent en vigueur le 1er janvier 2020.

Art. R. 721-6 *(COJ, art. R. 411-4 ; mod., D. n° 2019-1333, 11 déc. 2019).* – **Le tribunal de commerce connaît en dernier ressort des demandes jusqu'à la valeur de 5 000 euros.**

NB : Conformément au I de l'article 55 du décret n° 2019-1333, les présentes dispositions entrent en vigueur le 1er janvier 2020 et sont applicable aux instances en cours.

Bibliographie : Julien, *Ce que la raison ou la nécessité commande...* in *Mélanges Normand,* Litec 2003, p. 241.

Section III. – Du Conseil national des tribunaux de commerce (1)

Art. R. 721-7 *(Anc. D. n° 2005-1201, 23 sept. 2005).* – **Un Conseil national des tribunaux de commerce est institué auprès du garde des Sceaux, ministre de la Justice.**

Art. R. 721-8 *(Mod., D. n° 2010-821, 14 juill. 2010).* – **Le Conseil national des tribunaux de commerce est présidé par le garde des Sceaux, ministre de la Justice.**

Il comprend en outre :

1° Cinq membres de droit :

a) **Le directeur des services judiciaires ;**

b) **Le directeur des affaires civiles et du Sceau ;**

c) **Le directeur des affaires criminelles et des grâces ;**

d) **Le président de la conférence générale des juges consulaires de France ;**

e) **Le président du Conseil national des greffiers des tribunaux de commerce.**

Le garde des Sceaux, ministre de la Justice, et les cinq autres membres de droit du conseil peuvent se faire représenter ;

2° Quatorze membres désignés par le garde des Sceaux :

a) **Un premier président de cour d'appel ;**

b) **Un procureur général près une cour d'appel ;**

c) **Un membre du Conseil d'État désigné sur proposition du vice-président du Conseil d'État ;**

---

(1) Dispositions abrogées à compter du 9 juin 2009, D. n° 2006-672, 8 juin 2006, art. 17 et 18 mais prorogées pour une durée de cinq ans à compter du 8 juin 2009, D. n° 2009-613, 4 juin 2009, art. 4 et D. n° 2009-625, 6 juin 2009, art. 1er et ann. ; prorogées à nouveau pour une durée d'un an à compter de la publication du décret n° 2014-591 du 6 juin 2014 (art. 1er) puis pour une durée d'un an à compter du 8 juin 2015, D. n° 2015-618, 4 juin 2015, art 2 et ann. II. – V. ces textes. – NDLR.

d) Neuf juges consulaires, dont deux au plus ayant la qualité de juge honoraire, ayant exercé leur mandat dans un tribunal de commerce pendant au moins deux ans. Les juges consulaires honoraires doivent avoir cessé leur activité juridictionnelle depuis moins de trois ans lors de leur désignation ;

e) Deux personnalités qualifiées, dont l'une est désignée sur proposition du président du Conseil économique et social.

Les membres mentionnés au 2° accomplissent un mandat de quatre ans renouvelable une fois.

Un membre suppléant est désigné dans les mêmes conditions pour chaque membre titulaire.

Toute vacance ou perte de la qualité au titre de laquelle ils ont été désignés donne lieu à remplacement pour la durée du mandat restant à courir, si elle survient plus de trois mois avant le terme normal de celui-ci.

Art. R. 721-9 *(Anc. D. n° 2005-1201, 23 sept. 2005).* – Les membres du Conseil national des tribunaux de commerce ayant la qualité de juge consulaire sont désignés parmi ceux qui ont fait acte de candidature au plus tard trois mois avant l'expiration du mandat des membres en fonction.

Art. R. 721-10 *(Anc. D. n° 2005-1201, 23 sept. 2005).* – Lors de sa première réunion et de chaque renouvellement, le conseil élit un vice-président parmi ceux de ses membres qui ont la qualité de juge consulaire en activité ou honoraire.

Art. R. 721-11 *(Anc. D. n° 2005-1201, 23 sept. 2005).* – Le garde des Sceaux, ministre de la Justice, peut consulter le conseil dans les domaines suivants :

1° La formation et la déontologie des juges des tribunaux de commerce ;

2° L'organisation, le fonctionnement et l'activité des tribunaux de commerce ;

3° La compétence et l'implantation des tribunaux de commerce.

Le conseil peut émettre des propositions dans les mêmes domaines.

NB : Conformément à l'annexe II du décret n° 2015-618 du 4 juin 2015, le Conseil national des tribunaux de commerce est renouvelé pour une durée d'un an à compter du 8 juin 2015 (8 juin 2016).

Art. R. 721-11-1 *(D. n° 2016-514, 26 avr. 2016).* – Le Conseil national des tribunaux de commerce élabore un recueil des obligations déontologiques des juges des tribunaux de commerce, qui est rendu public.

Art. R. 721-12 *(Anc. D. n° 2005-1201, 23 sept. 2005).* – Le conseil peut, à la demande des chefs de cour d'appel ou avec leur accord, procéder à des visites d'information dans les tribunaux de commerce.

Art. R. 721-13 *(Anc. D. n° 2005-1201, 23 sept. 2005).* – Le conseil rend compte de son activité dans un rapport annuel remis au garde des Sceaux, ministre de la Justice.

Art. R. 721-14 *(Anc. D. n° 2005-1201, 23 sept. 2005).* – Le garde des Sceaux, ministre de la Justice, désigne un secrétaire général et définit ses attributions.

Art. R. 721-15 *(Mod. à compter du 1er février 2011, D. n° 2010-821, 14 juill. 2010).* – Le conseil se réunit au moins une fois par an en assemblée générale, sur convocation de son président qui en fixe l'ordre du jour. Il se réunit également hors la présence du garde des Sceaux, sur convocation et sous la présidence de son vice-président, afin notamment d'adopter les résolutions qui seront présentées au garde des Sceaux.

La convocation à une assemblée générale du conseil est adressée à ses membres au moins quinze jours avant la date de cette assemblée générale. L'ordre du jour figure dans la convocation.

Le vice-président organise et coordonne les travaux réalisés à la demande du président du conseil.

Art. R. 721-16 *(Anc. D. n° 2005-1201, 23 sept. 2005).* – Le conseil ne peut se réunir que si la majorité de ses membres est présente. Il ne peut valablement adopter une délibération qu'à la majorité de quatorze de ses membres.

Art. R. 721-17 *(Anc. D. n° 2005-1201, 23 sept. 2005).* – Le conseil arrête son règlement intérieur.

Art. R. 721-18 *(Anc. D. n° 2005-1201, 23 sept. 2005).* – Les membres du conseil ont droit à la prise en charge de leurs frais de déplacement dans les conditions fixées par la réglementation applicable aux fonctionnaires de l'État.

Section IV. – Du siège et du ressort de certains tribunaux de commerce spécialisés

Art. D. 721-19 *(D. n° 2016-217, 26 févr. 2016 ; mod., D. n° 2019-966, 18 sept. 2019).* **– Le siège et le ressort des tribunaux de commerce et des chambres commerciales des tribunaux judiciaires des départements du Bas-Rhin, du Haut-Rhin et de la Moselle, spécialement désignés en application de l'article L. 721-8, sont fixés conformément aux tableaux des annexes 7-1-1 et 7-1-2 du présent livre.**

NB : Conformément à l'article 9 du décret n° 2019-966 du 18 septembre 2019, les présentes dispositions entrent en vigueur le 1er janvier 2020.

Annexe 7-1-1

(D. n° 2016-217, 26 févr. 2016 ; mod., D. n° 2016-1996, 30 déc. 2016 ; D. n° 2017-1097, 13 juin 2017)

Siège et ressort des tribunaux de commerce spécialisés

SIÈGE	RESSORT
Bobigny	Tribunaux de commerce de Bobigny, de Créteil, de Meaux
Bordeaux	Tribunaux de commerce d'Angoulême, de Bayonne, de Bergerac, de Bordeaux, de Dax, de Libourne, de Mont-de-Mars an, de Pau, de Périgueux, de Tarbes
Dijon	Tribunaux de commerce de Bar-le-Duc, de Belfort, de Besançon, de Val de Briey, de Chalon-sur-Saône, de Chaumont, de Dijon, d'Épinal, de Lons-le-Saunier, de Mâcon, de Nancy, de Vesoul
Evry	Tribunaux de commerce d'Auxerre, d'Évry, de Melun, de Sens
Grenoble	Tribunaux de commerce d'Annecy, de Chambéry, de Gap, de Grenoble, de Romans-sur-Isère, de Thonon-les-Bains, de Vienne
Lyon	Tribunaux de commerce d'Aurillac, de Bourg-en-Bresse, de Clermont-Ferrand, de Cusset, de Lyon, de Montluçon, du Puy-en-Velay, de Roanne, de Saint-Etienne, de Villefranche-sur-Saône
Marseille	Tribunaux de commerce d'Aix-en-Provence, de Draguignan, de Fréjus, de Manosque, de Marseille, de Salon-de-Provence, de Tarascon, de Toulon
Montpellier	Tribunaux de commerce d'Aubenas, d'Avignon, de Béziers, de Carcassonne, de Mende, de Montpellier, de Narbonne, de Nîmes, de Perpignan, de Rodez
Nanterre	Tribunaux de commerce de Chartres, de Nanterre, de Pontoise, de Versailles
Nantes	Tribunaux de commerce d'Angers, de Laval, du Mans, de Nantes, de Saint-Nazaire
Nice	Tribunaux de commerce d'Ajaccio, d'Antibes, de Bastia, de Cannes, de Grasse, de Nice
Orléans	Tribunaux de commerce de Blois, de Bourges, de Châteauroux, de Nevers, d'Orléans, de Tours
Paris	Tribunal de commerce de Châlons-en-Champagne, de Paris, de Reims, de Sedan, de Troyes
Poitiers	Tribunaux de commerce de Brive-la-Gaillarde, de Guéret, de La Roche-sur-Yon, de La Rochelle, de Limoges, de Niort, de Poitiers, de Saintes
Rennes	Tribunaux de commerce de Brest, de Lorient, de Quimper, de Rennes, de Saint-Brieuc, de Saint-Malo, de Vannes
Rouen	Tribunaux de commerce d'Alençon, de Bernay, de Caen, de Cherbourg-en-Cotentin, de Coutances, de Dieppe, d'Evreux, du Havre, de Lisieux, de Rouen

SIÈGE	RESSORT
Toulouse	Tribunaux de commerce d'Agen, d'Albi, d'Auch, de Cahors, de Castres, de Foix, de Montauban, de Toulouse
Tourcoing	Tribunaux de commerce d'Amiens, d'Arras, de Beauvais, de Boulogne-sur-Mer, de Compiègne, de Douai, de Dunkerque, de Saint-Quentin, de Soissons, de Lille Métropole, de Valenciennes

Annexe 7-1-2

(D. n° 2016-217, 26 févr. 2016)

Annexe 7-1-2

(Mod., D. n° 2019-966, 18 sept. 2019)

Siège et ressort des chambres commerciales spécialisées des tribunaux judiciaires des départements du Bas-Rhin, du Haut-Rhin et de la Moselle

SIÈGE	RESSORT
Strasbourg	Tribunaux judiciaires de Colmar, de Metz, de Mulhouse, de Sarreguemines, de Saverne, de Strasbourg, de Thionville

NB : Conformément à l'article 9 du décret n° 2019-966 du 18 septembre 2019, les présentes dispositions entrent en vigueur le 1er janvier 2020.

Art. D. 721-19-1 *(D. n° 2019-167, 6 mars 2019)*. **– Les frais de transport et de séjour exposés par les présidents des tribunaux de commerce ou les juges délégués par eux mentionnés à l'article L. 721-8 sont remboursés selon la réglementation en vigueur applicable aux agents de l'État.**

Section V. – Des instances de déontologie des juges des tribunaux de commerce

(Section créée, D. n° 2016-514, 26 avr. 2016)

Art. R. 721-20 *(D. n° 2016-514, 26 avr. 2016)*. **– Un collège de déontologie, placé auprès du Conseil national des tribunaux de commerce, est chargé de favoriser la bonne application des principes déontologiques inhérents à l'exercice des fonctions des juges des tribunaux de commerce.**

Il lui appartient, à ce titre :

1° De donner des avis sur toute question déontologique concernant personnellement un juge d'un tribunal de commerce, sur saisine de celui-ci, des présidents des tribunaux de commerce ou des premiers présidents des cours d'appel ;

2° D'émettre des recommandations de nature à éclairer les juges des tribunaux de commerce sur les obligations déontologiques et les bonnes pratiques qui s'appliquent à eux dans l'exercice de leurs activités.

Le collège de déontologie rend publics, sous forme anonyme, les avis et recommandations qu'il estime de nature à éclairer l'ensemble des juges des tribunaux de commerce.

Art. R. 721-21 *(D. n° 2016-514, 26 avr. 2016)*. **– Le collège de déontologie est composé d'un magistrat** ***de l'ordre judiciaire et de deux juges des tribunaux de commerce.***

Le magistrat est nommé par un arrêté du garde des Sceaux, ministre de la Justice.

Les juges des tribunaux de commerce sont élus par l'assemblée générale du Conseil national des tribunaux de commerce parmi ses membres. Le président du collège est nommé par l'assemblée générale du conseil national.

La durée du mandat des membres du collège de déontologie est de deux ans renouvelable une fois.

Art. R. 721-22 *(D. n° 2016-514, 26 avr. 2016).* – Un magistrat du siège désigné par le premier président de chaque cour d'appel parmi les magistrats de la cour est chargé de répondre à toute demande d'avis sur une question déontologique dont le président d'un tribunal de commerce situé dans le ressort de la cour peut le saisir, d'initiative ou sur la demande d'un juge de sa juridiction.

Ce magistrat veille, dans ses avis, au respect des obligations déontologiques figurant dans le recueil mentionné à l'article *(Réf. rempl., D. n° 2017-1163, 12 juill. 2017)* « R. 721-11-1 ». Il prend en compte les avis et recommandations émis par le collège de déontologie prévu à l'article R. 721-20.

CHAPITRE II. – DE L'ORGANISATION ET DU FONCTIONNEMENT

Section I. – De l'organisation et du fonctionnement du tribunal de commerce

Art. R. 722-1 *(COJ, art. R. 412-12).* – L'assemblée générale du tribunal de commerce est composée des juges en exercice du tribunal de commerce. Elle est présidée par le président du tribunal de commerce.

La date et l'ordre du jour de l'assemblée générale sont fixés par ordonnance du président du tribunal de commerce prise quinze jours au moins avant la date de l'assemblée générale.

L'assemblée générale ne peut délibérer que sur les questions inscrites à l'ordre du jour.

Art. R. 722-2 *(COJ, art. R. 412-13).* – Un bureau est constitué pour chaque réunion de l'assemblée générale. Il est composé du président du tribunal, du vice-président et du premier dans l'ordre du tableau des présidents de chambre présents à l'assemblée générale. En cas d'absence du vice-président, celui-ci est remplacé par le premier dans l'ordre du tableau des présidents de chambre présents et ce dernier est lui-même remplacé par le président de chambre suivant dans l'ordre du tableau. À défaut de président de chambre, il est fait appel au juge le plus ancien présent à l'assemblée générale.

Le bureau veille au bon fonctionnement de l'assemblée, tient les feuilles de présence et de vote, statue sur les quorums, fait procéder au vote et surveille le déroulement des scrutins dont les résultats sont proclamés par le président.

Le greffier du tribunal de commerce assiste à l'assemblée générale et rédige le procès-verbal. Il signe le procès-verbal avec le président qui en transmet une copie aux chefs de la cour d'appel.

Art. R. 722-3 *(COJ, art. R. 412-14).* – L'assemblée générale ne peut valablement délibérer que si la moitié au moins de ses membres est présente ou représentée.

Si le quorum prévu à l'alinéa précédent n'est pas atteint, l'assemblée est à nouveau convoquée dans le délai d'un mois, sur le même ordre du jour. Elle peut alors valablement délibérer si un quart au moins de ses membres est présent ou représenté.

Art. R. 722-4 *(COJ, art. R. 412-15).* – Les juges en exercice du tribunal de commerce peuvent se faire représenter à l'assemblée générale par un mandataire choisi parmi les autres juges du tribunal de commerce.

Chaque mandataire ne dispose que d'une seule procuration.

La procuration doit être donnée par écrit ; elle est annexée au procès-verbal.

Art. R. 722-5 *(Mod., D. n° 2021-867, 29 juin 2021).* – Le ministère public est représenté devant le tribunal de commerce dans les conditions fixées aux articles L. 122-2 et R. 212-12, R. 212-14 et R. 212-15 du Code de l'organisation judiciaire.

Art. R. 722-6 *(COJ, art. R. 412-5).* – Le président du tribunal de commerce prend par ordonnance les mesures d'administration judiciaire.

Section II. – Du statut des juges des tribunaux de commerce

(Intitulé rempl., D. n° 2017-1163, 12 juill. 2017)

Sous-section 1. – Du mandat

(Division créée, D. n° 2017-1163, 12 juill. 2017)

Art. R. 722-7 *(COJ, art. R. 412-1 ; mod., D. n° 2019-966, 18 sept. 2019 ; D. n° 2021-144, 11 févr. 2021).* – Au cours de la semaine suivant celle de l'élection des juges nouvellement élus, le procureur général invite les juges du tribunal de commerce établi au siège de la cour d'appel qui n'ont pas encore exercé de fonctions judiciaires dans un tribunal de commerce à se présenter à l'audience de la cour d'appel pour prêter serment.

Lorsque le siège du tribunal de commerce n'est pas établi au siège de la cour d'appel, le procureur de la République près le tribunal judiciaire dans le ressort duquel siège le tribunal de commerce invite les juges qui n'ont pas encore exercé de fonctions judiciaires dans un tribunal de commerce à se présenter à l'audience du tribunal judiciaire pour prêter serment.

Il est dressé procès-verbal de la réception du serment.

Le mandat des juges consulaires commence le 1er janvier de l'année civile suivant leur élection et s'achève le 31 décembre de l'année civile suivant l'élection de leur successeur.

NB : Conformément à l'article 9 du décret n° 2019-966 du 18 septembre 2019, les présentes dispositions entrent en vigueur le 1er janvier 2020.

Art. R. 722-8 *(COJ, art. R. 412-2)*. – Lorsqu'il y a lieu de procéder à l'élection du président du tribunal de commerce, l'assemblée générale du tribunal est convoquée dans les conditions et les délais prévus au deuxième alinéa de l'article R. 722-1. Sauf dans le cas prévu au premier alinéa de l'article L. 722-12, l'élection doit avoir lieu entre le 20 octobre et le 10 novembre précédant la fin du mandat du président en exercice.

L'ordonnance portant convocation de l'assemblée générale précise que le dépôt des candidatures aux fonctions de président doit être effectué au greffe du tribunal huit jours avant la date de l'assemblée générale. À l'expiration de ce délai, le président procède à la clôture de la liste des candidats et fait aussitôt afficher cette liste au greffe du tribunal.

Par dérogation aux dispositions de l'article R. 722-2, le bureau de l'assemblée générale au cours de laquelle il est procédé à l'élection du président du tribunal est présidé par le doyen d'âge à défaut du président sortant et est composé des deux premiers dans l'ordre du tableau des présidents de chambre présents à l'assemblée générale ou, en l'absence de présidents de chambre, des deux juges les plus anciens présents à l'assemblée générale.

Art. R. 722-9 *(COJ, art. R. 412-3)*. – Les recours relatifs à l'élection du président du tribunal de commerce sont formés par déclaration écrite déposée ou remise au greffe de la cour d'appel dans les dix jours du scrutin. Le recours n'est ouvert qu'aux juges consulaires en exercice du tribunal de commerce et au procureur de la République. Le président dont l'élection est contestée peut valablement être installé et remplir ses fonctions tant qu'il n'a pas été définitivement statué sur le recours.

La cour d'appel statue dans les dix jours de sa saisine après avoir convoqué le requérant et le président dont l'élection est contestée pour les entendre en leurs explications.

Le pourvoi en cassation est formé dans les conditions fixées aux articles 999 à 1008 du Code de procédure civile. Le délai de pourvoi court à compter de la date de l'arrêt rendu par la cour d'appel ; il est compté dans les conditions fixées aux articles 641 et 642 du Code de procédure civile.

Art. R. 722-10 *(COJ, art. R. 412-4 ; mod., D. n° 2021-144, 11 févr. 2021)*. – L'installation publique du président et des juges nouvellement élus a lieu au cours du mois de janvier. En cas d'élections complémentaires organisées conformément au deuxième alinéa de l'article L. 723-11, l'installation des juges élus a lieu dans un délai de quinze jours à compter de la réception par le procureur général du procès-verbal des opérations électorales.

En cas de création d'un tribunal de commerce, le premier président de la cour d'appel dans le ressort duquel la juridiction consulaire a son siège procède à l'installation publique des juges élus.

Art. R. 722-11 *(COJ, art. R. 412-6)*. – Le président du tribunal de commerce est suppléé dans ses fonctions par un vice-président. Celui-ci est désigné dans les mêmes conditions que celles prévues pour la suppléance en cas d'empêchement à l'article R. 722-12. Il est choisi parmi les juges ayant exercé des fonctions dans un tribunal de commerce pendant trois ans au moins.

L'ordonnance désignant le vice-président peut être modifiée en cours d'année judiciaire, en cas de cessation des fonctions du juge initialement désigné.

Art. R. 722-12 *(COJ, art. L. 412-12, al. 2, première phrase, en ce qui concerne le délai)*. – Le président désigne par ordonnance prise dans la première quinzaine du mois de janvier le juge devant le suppléer dans ses fonctions en cas d'empêchement prévu au deuxième alinéa de l'article L. 722-12.

Art. R. 722-13 *(COJ, art. R. 412-7).* – Chaque chambre du tribunal de commerce est présidée par le président du tribunal ou par un président de chambre désigné dans les conditions fixées aux articles R. 722-14 et R. 722-16.

Le président du tribunal de commerce peut toujours présider une chambre quand il l'estime convenable.

Art. R. 722-14 *(COJ, art. R. 412-8).* – Les présidents de chambre sont choisis parmi les juges ayant exercé des fonctions dans un tribunal de commerce pendant trois ans au moins et sont désignés chaque année dans la quinzaine de l'installation des juges nouvellement élus par ordonnance du président du tribunal de commerce prise après avis de l'assemblée générale. Cette ordonnance peut être modifiée en cours d'année judiciaire, en cas de cessation des fonctions des juges initialement désignés.

Art. R. 722-15 *(COJ, art. R. 412-9).* – Chaque année, dans la quinzaine de l'installation des juges nouvellement élus, le président du tribunal fixe, par ordonnance prise après avis de l'assemblée générale, le tableau des juges du tribunal de commerce. Ceux-ci sont inscrits sur le tableau dans l'ordre suivant :

1° Le président du tribunal ;
2° Le vice-président ;
3° Les présidents de chambre ;
4° Les juges.

Le rang des présidents de chambre est fixé par l'ancienneté dans les fonctions de président de chambre exercées dans le tribunal de commerce ; en cas d'égalité dans l'ancienneté, la priorité appartient au plus âgé.

Le rang des juges est fixé par l'ancienneté dans les fonctions judiciaires exercées dans le tribunal de commerce et, entre les juges élus par le même scrutin, par le nombre de voix que chacun d'entre eux a obtenu dans l'élection ; en cas d'égalité de suffrages, la priorité appartient au plus âgé.

Art. R. 722-16 *(COJ, art. R. 412-10 ; mod., D. n° 2021-144, 11 févr. 2021).* – Chaque année, dans le mois de l'installation des juges nouvellement élus, le président du tribunal de commerce fixe, par ordonnance prise après avis de l'assemblée générale, la répartition dans les chambres et services du tribunal des présidents de chambre et juges composant le tribunal. Cette ordonnance précise le nombre, le jour et la nature des audiences. Elle peut être modifiée dans les mêmes formes en cas de cessation des fonctions d'un ou plusieurs des juges composant la juridiction.

Un juge peut être affecté à plusieurs chambres.

En cas d'empêchement du président de chambre ou d'un ou plusieurs des juges composant une chambre d'un tribunal de commerce, celle-ci peut, sous réserve des dispositions des articles L. 722-2 et L. 722-3, être complétée par un ou plusieurs des présidents de chambre ou juges affectés dans les autres chambres du tribunal. En cas d'empêchement du président de chambre, celle-ci est présidée par le premier dans l'ordre du tableau des juges la composant.

Art. R. 722-17 *(COJ, art. R. 412-11).* – Une expédition des ordonnances rendues par le président du tribunal de commerce en application des articles R. 722-8 et R. 722-11 à R. 722-16 est transmise aux chefs de la cour d'appel.

Art. R. 722-18 *(COJ, art. R. 412-17).* – Les juges des tribunaux de commerce désireux de résilier leur mandat adressent leur démission au président du tribunal de commerce qui la transmet sans délai au préfet *et au procureur de la* République. La démission devient définitive à la date où le préfet en accuse réception ou, à défaut, un mois après un nouvel envoi par lettre recommandée avec demande d'avis de réception.

Art. R. 722-19 *(COJ, art. R. 412-18 ; mod., D. n° 2021-144, 11 févr. 2021).* – Sous réserve des dispositions de l'article R. 724-20, les présidents, vice-présidents, présidents de chambre et juges des tribunaux de commerce ayant exercé ces fonctions pendant quatorze ans au moins sont autorisés à se prévaloir de l'honorariat des fonctions qu'ils ont exercées.

Art. R. 722-20 *(COJ, art. R. 412-19).* – Les juges honoraires d'un tribunal de commerce peuvent assister aux audiences d'installation et, avec voix consultative, aux assemblées générales de ce tribunal. Ils peuvent revêtir aux audiences, aux assemblées générales, et, s'il y a lieu, dans les cérémonies publiques le costume porté par les juges en exercice.

Art. R. 722-21 *(COJ, art. R. 412-20).* – Le président, le vice-président, les présidents de chambre et les juges en exercice ou honoraires des tribunaux de commerce ne peuvent faire état de leur qualité sans préciser le tribunal de commerce où ils exercent ou ont exercé leurs fonctions ; ils ne peuvent en faire mention dans la publicité et la correspondance commerciale.

Sous-section 2. – De la déontologie

(Sous-section créée, D. n° 2017-1163, 12 juill. 2017)

Art. R. 722-22 *(D. n° 2017-1163, 12 juill. 2017).* – La déclaration d'intérêts des juges des tribunaux de commerce mentionnée au I de l'article L. 722-21 comporte les éléments suivants :

1° L'identification du déclarant :

a) Le nom, le prénom et la date de naissance du déclarant ;

b) L'adresse postale, l'adresse électronique et les coordonnées téléphoniques du déclarant ;

c) Les fonctions au titre desquelles le déclarant effectue la déclaration ainsi que la date de la prise de ces fonctions ;

2° Les activités professionnelles donnant lieu à rémunération ou gratification exercées à la date de la prise de fonctions et au cours des cinq dernières années précédentes :

a) L'identification de l'employeur ;

b) La description de l'activité professionnelle exercée ;

c) La période d'exercice de l'activité professionnelle ;

3° Les activités de consultant exercées à la date de la prise de fonctions et au cours des cinq années précédentes :

a) L'identification de l'employeur ;

b) La description de l'activité professionnelle exercée ;

c) La période d'exercice de l'activité professionnelle ;

4° La participation aux organes dirigeants d'un organisme public ou privé ou d'une société à la date de la prise de fonctions et au cours des cinq années précédentes :

a) La dénomination de l'organisme ou la société ;

b) La description de l'activité exercée au sein des organes dirigeants ;

c) La période pendant laquelle le déclarant a participé à des organes dirigeants ;

5° La dénomination de la société dans laquelle le déclarant détient des participations financières directes dans le capital à la date de sa prise de fonctions ;

6° Les activités professionnelles exercées à la date de la prise de fonctions par le conjoint, le partenaire lié par un pacte civil de solidarité ou le concubin :

a) L'identification de l'employeur ;

b) La description de l'activité professionnelle exercée ;

7° Les fonctions bénévoles susceptibles de faire naître un conflit d'intérêts exercées à la date de la prise de fonctions par le déclarant :

a) Le nom et l'objet social de la structure ou de la personne morale dans laquelle les fonctions sont exercées ;

b) La description des activités et des responsabilités exercées ;

8° Les fonctions et mandats électifs exercés à la date de la prise de fonctions par le déclarant :

a) La nature des fonctions et des mandats exercés ;

b) La date de début et de fin de fonction ou de mandat.

La déclaration complémentaire prévue au sixième alinéa de l'article L. 722-21 indique la nature et la date de l'événement ayant conduit à la modification substantielle des intérêts.

Art. R. 722-23 *(D. n° 2017-1163, 12 juill. 2017).* – La déclaration d'intérêts et, le cas échéant, la ou les déclarations complémentaires sont remises par l'intéressé aux autorités mentionnées aux deuxième et *troisième alinéas de l'article L. 722-21* sous double pli cacheté revêtu d'une mention relative à leur caractère confidentiel. L'autorité destinataire de la déclaration en accuse réception.

Art. R. 722-24 *(D. n° 2017-1163, 12 juill. 2017).* – À l'issue de l'entretien déontologique prévu au cinquième alinéa de l'article L. 722-21, le juge dispose d'un délai de huit jours pour modifier, le cas échéant, sa déclaration d'intérêts et la transmettre dans les formes prévues à l'article R. 722-23.

Art. R. 722-25 *(D. n° 2017-1163, 12 juill. 2017).* – L'autorité à laquelle la déclaration a été remise est responsable de la conservation de cette déclaration et des déclarations complémentaires.

Ces déclarations sont conservées sous double pli cacheté. L'enveloppe extérieure est revêtue d'une mention relative à son caractère confidentiel et de la mention « Déclaration d'intérêts » suivie du nom et du prénom du juge. L'enveloppe intérieure comporte les mêmes mentions ainsi qu'un bordereau d'émargement des personnes habilitées à y accéder. Cette enveloppe est revêtue de la signature, du nom et du prénom apposés par la dernière personne ayant accédé à la déclaration.

Art. R. 722-26 *(D. n° 2017-1163, 12 juill. 2017).* – La déclaration d'intérêts peut être consultée par le juge concerné ainsi que par l'autorité à laquelle la déclaration a été remise.

La confidentialité de ces déclarations ne fait pas obstacle à leur communication à la Commission nationale de discipline des juges des tribunaux de commerce et au garde des Sceaux, ministre de la Justice, lorsqu'une procédure disciplinaire est engagée.

Art. R. 722-27 *(D. n° 2017-1163, 12 juill. 2017).* – La déclaration d'intérêts et l'actualisation de cette déclaration sont conservées jusqu'à l'expiration d'un délai de cinq ans à compter de la fin des fonctions au titre desquelles elles ont été remises. Elles sont alors détruites dans le respect de la confidentialité des éléments qu'elles contiennent.

Toutefois, en cas de poursuites disciplinaires ou pénales fondées sur un manquement en lien avec des éléments contenus dans la déclaration d'intérêts ou son actualisation, la destruction de ces déclarations est suspendue jusqu'à l'expiration du délai au terme duquel les voies de recours contre la décision éventuellement prise à l'issue de la procédure disciplinaire ou pénale engagée sont épuisées.

Sous-section 3. – De l'obligation de formation

(Sous-section créée à compter du 1er novembre 2018, D. n° 2018-664, 27 juill. 2018) (1)

§ 1. – De la formation initiale

Art. D. 722-28 *(D. n° 2018-664, 27 juill. 2018).* – Sont soumis à l'obligation de formation initiale prévue à l'article L. 722-17 les juges des tribunaux de commerce élus n'ayant jamais exercé de mandat ou n'ayant pas accompli ladite obligation de formation au cours de leur mandat précédent.

Art. D. 722-29 *(D. n° 2018-664, 27 juill. 2018).* – Le délai prévu à l'article L. 722-17 est fixé à vingt mois à compter du premier jour du mois suivant l'élection du juge du tribunal de commerce.

Art. D. 722-30 *(D. n° 2018-664, 27 juill. 2018).* – L'inexécution de l'obligation de formation prévue à l'article L. 722-17 et la date de cessation des fonctions sont constatées par le premier président de la cour d'appel.

Le premier président de la cour d'appel informe sans délai le juge du tribunal de commerce concerné. Il informe également le garde des sceaux, ministre de la justice, le procureur général près la cour d'appel, ainsi que le président et le greffier du tribunal de commerce concernés.

Art. D. 722-31 *(D. n° 2018-664, 27 juill. 2018).* – La formation initiale, d'une durée de huit jours, est organisée par l'Ecole nationale de la magistrature.

Elle porte notamment sur des enseignements relatifs à l'organisation judiciaire, aux principes de la procédure, au fonctionnement d'une juridiction, à la déontologie, ainsi qu'à la technique de rédaction des jugements et de tenue d'une audience.

---

(1) Antérieurement à la dénumérotation issue du décret n° 2019-428 du 9 mai 2019, deux sous-sections 3 coexistaient. L'une créée à compter du 1er novembre 2018 par le décret n° 2018-664 du 27 juillet 2018, intitulée « De l'obligation de formation » comportant les articles D. 722-28 à D. 722-35 et l'autre créée par le décret n° 2018-1081 du 4 décembre 2018, intitulée « De la protection fonctionnelle » comportant les articles R. 722-28 à R. 722-34. – NDLR.

Art. D. 722-32 *(D. n° 2018-664, 27 juill. 2018)*. – À l'issue de la formation, l'Ecole nationale de la magistrature remet au juge du tribunal de commerce une attestation individuelle de formation, sous réserve d'assiduité. Elle en informe le garde des sceaux, ministre de la justice.

Le juge du tribunal de commerce remet sans délai l'attestation individuelle de formation au président du tribunal de commerce.

§ 2. – De la formation continue

Art. D. 722-33 *(D. n° 2018-664, 27 juill. 2018)*. – La durée de la formation continue est de deux jours au cours d'une année civile.

Art. D. 722-34 *(D. n° 2018-664, 27 juill. 2018)*. – La formation continue est organisée sous la responsabilité de l'Ecole nationale de la magistrature.

§ 3. – Dispositions communes

Art. D. 722-35 *(D. n° 2018-664, 27 juill. 2018)*. – Les frais de déplacement et de séjour exposés par les juges des tribunaux de commerce pour le suivi de la formation initiale et continue leur sont remboursés selon la réglementation en vigueur applicable aux agents de l'État.

Sous-section 4. – De la protection fonctionnelle

(Anc. sous-section 3 créée, D. n° 2018-1081, 4 déc. 2018 ; dénum., D. n° 2019-428, 9 mai 2019) (1)

Art. R. 722-36 *(Anc. art. R. 722-28 créé D. n° 2018-1081, 4 déc. 2018 ; dénum., D. n° 2019-428, 9 mai 2019)*. – La demande de prise en charge des frais exposés dans le cadre d'une instance civile ou pénale ou devant la commission d'admission des requêtes jusqu'au renvoi devant la commission nationale de discipline prévue à l'article L. 724-2, au titre de la protection fonctionnelle est formulée par écrit auprès du garde des sceaux, ministre de la justice.

Art. R. 722-37 *(Anc. art. R. 722-29 créé D. n° 2018-1081, 4 déc. 2018 ; dénum., D. n° 2019-428, 9 mai 2019)*. – La décision de prise en charge au titre de la protection fonctionnelle indique les faits au titre desquels la protection est accordée. Elle précise les modalités d'organisation de la protection, notamment sa durée qui peut être celle de l'instance ou de la procédure.

Art. R. 722-38 *(Anc. art. R. 722-30 créé D. n° 2018-1081, 4 déc. 2018 ; dénum., D. n° 2019-428, 9 mai 2019)*. – Le juge communique au garde des sceaux, ministre de la justice, le nom de l'avocat qu'il a librement choisi et la convention conclue avec lui au titre de l'article 10 de la loi n° 71-1130 du 31 décembre 1971 portant réforme de certaines professions judiciaires et juridiques.

Art. R. 722-39 *(Anc. art. R. 722-31 créé D. n° 2018-1081, 4 déc. 2018 ; dénum., D. n° 2019-428, 9 mai 2019)*. – Sans préjudice de la convention conclue entre l'avocat et le juge au titre de l'article 10 de la loi n° 71-1130 du 31 décembre 1971 portant réforme de certaines professions judiciaires et juridiques, l'État peut conclure une convention avec l'avocat désigné ou accepté par le demandeur et, le cas échéant, avec le demandeur.

La convention détermine le montant des honoraires pris en charge selon un tarif horaire ou un forfait, déterminés notamment en fonction des difficultés de l'affaire. Elle fixe les modalités selon lesquelles les autres frais, débours et émoluments sont pris en charge. Elle règle le cas des sommes allouées au juge au titre des frais exposés et non compris dans les dépens.

L'État règle directement à l'avocat les frais prévus par la convention.

(1) Antérieurement à la dénumérotation issue du décret n° 2019-428 du 9 mai 2019, deux sous-sections 3 coexistaient. L'une créée à compter du 1er novembre 2018 par le décret n° 2018-664 du 27 juillet 2018, intitulée « De l'obligation de formation » comportant les articles D. 722-28 à D. 722-35 et l'autre créée par le décret n° 2018-1081 du 4 décembre 2018, intitulée « De la protection fonctionnelle » comportant les articles R. 722-28 à R. 722-34. – NDLR.

La convention peut prévoir que des frais sont pris en charge au fur et à mesure de leur engagement, à titre d'avances et sur justificatifs.

Le règlement définitif intervient à la clôture de l'instance ou de la procédure sur présentation du compte détaillé prévu à l'article 12 du décret n° 2005-790 du 12 juillet 2005 relatif aux règles de déontologie de la profession d'avocat.

Art. R. 722-40 *(Anc. art. R. 722-32 créé D. n° 2018-1081, 4 déc. 2018 ; dénum., D. n° 2019-428, 9 mai 2019).* – Dans le cas où la convention prévue à l'article R. 722-31 du présent code n'a pas été conclue, la prise en charge des frais exposés est réglée directement au juge sur présentation des factures acquittées par lui.

Le montant de prise en charge des honoraires par l'État est limité par des plafonds horaires fixés par arrêté conjoint du garde des sceaux, ministre de la justice et du ministre chargé du budget.

Art. R. 722-41 *(Anc. art. R. 722-33 créé D. n° 2018-1081, 4 déc. 2018 ; dénum., D. n° 2019-428, 9 mai 2019).* – Si la convention prévue à l'article R. 722-31 du présent code comporte une clause en ce sens ou en l'absence de convention, l'État peut ne prendre en charge qu'une partie des honoraires lorsque le nombre d'heures facturées ou déjà réglées apparaît manifestement excessif.

Le caractère manifestement excessif s'apprécie au regard des prestations effectivement accomplies par le conseil pour le compte de son client, des pièces et des justificatifs produits ou de la nature des difficultés présentées par le dossier.

Lorsque la prise en charge par l'État ne couvre pas l'intégralité des honoraires de l'avocat, le règlement du solde incombe au juge dans le cadre de ses relations avec son conseil.

Art. R. 722-42 *(Anc. art. R. 722-34 créé D. n° 2018-1081, 4 déc. 2018 ; dénum., D. n° 2019-428, 9 mai 2019).* – Pour chaque instance ou procédure, le juge peut demander, sur justificatifs, le remboursement de ses frais de déplacement ou d'hébergement liés à l'instance ou à la procédure dans les conditions et selon les modalités de règlements des frais occasionnés par les déplacements prévues par les dispositions applicables aux personnels civils de l'État pour le ministère de la justice.

L'État n'est pas tenu de rembourser les frais engagés par le juge pour des déplacements ou de l'hébergement dont le nombre ou la fréquence sont manifestement sans rapport avec les nécessités de sa défense.

CHAPITRE III. – DE L'ÉLECTION DES JUGES DES TRIBUNAUX DE COMMERCE

Section I. – De l'électorat

Art. R. 723-1 *(COJ, art. R. 413-1).* – Dans le mois qui suit l'élection des délégués consulaires, la commission mentionnée à l'article L. 723-3 établit la liste des membres du collège électoral du tribunal de commerce. Cette commission comprend, outre son président, un juge du tribunal de commerce désigné au début de l'année judiciaire par ordonnance du président du tribunal de commerce prise après avis de l'assemblée générale du tribunal de commerce et un représentant du préfet.

> **Rédaction future.** *(Mots rempl. à compter de la fin du mandat des délégués consulaires élus au cours de l'année 2016, D. n° 2021-144, 11 févr. 2021)* Au cours des deux premiers mois de l'année suivant l'élection des membres des chambres de commerce et d'industrie et des chambres des métiers et de l'artisanat, la commission mentionnée à l'article L. 723-3 établit la liste des membres du collège électoral du tribunal de commerce. Cette commission comprend, outre son président, un juge du tribunal de commerce désigné au début de l'année judiciaire par ordonnance du président du tribunal de commerce prise après avis de l'assemblée générale du tribunal de commerce et un représentant du préfet.

La commission se réunit à l'initiative de son président.

Le secrétariat de la commission est assuré par le greffier du tribunal de commerce.

Art. R. 723-2 *(COJ, art. R. 413-2 ; mod., D. n° 2021-144, 11 févr. 2021).* – Pour établir la liste des membres du collège électoral, la commission se fait remettre une copie, certifiée par le préfet, du procès-verbal de l'élection des délégués consulaires et, par le président du tribunal de commerce, une expédition de l'ordonnance fixant le tableau des juges composant la juridiction.

La commission procède à la radiation des membres du collège électoral qui sont décédés, qui ont démissionné, qui sont réputés démissionnaires, qui ont été déclarés déchus de leurs fonctions ou qui ont été condamnés à l'une des peines, déchéances ou sanctions prévues aux 1° à 4° de l'article L. 723-2. La commission procède en outre à l'inscription des juges dont l'élection est intervenue postérieurement à celle des délégués consulaires ainsi qu'à celle des anciens juges des tribunaux de commerce qui demandent à être inscrits en application de l'article L. 723-1.

À la qualité d'ancien membre du tribunal de commerce le juge ayant exercé ses fonctions pendant au moins six années et n'ayant pas été réputé démissionnaire.

Les électeurs mentionnés au 2° de l'article L. 723-1 ne peuvent être inscrits sur la liste des membres du collège électoral de plusieurs tribunaux de commerce. Lorsque ces électeurs sont susceptibles de se trouver dans cette situation, ils sont tenus de solliciter leur retrait de la liste électorale auprès des présidents des juridictions dans lesquelles ils ne souhaitent pas être électeurs.

Art. R. 723-3 *(COJ, art. R. 413-3)*. – Au plus tard le 15 juillet de chaque année, la commission arrête la liste électorale qui sera utilisée lors de l'élection prévue à l'article L. 723-11. Cette liste est aussitôt affichée au greffe du tribunal de commerce et le demeure jusqu'au dépouillement du scrutin. Une copie est transmise au préfet. La liste est rectifiée à la diligence du greffier du tribunal de commerce en cas de notification par tout intéressé d'un jugement intervenu dans les conditions fixées par les articles L. 25 et L. 34 du Code électoral. Ces rectifications sont aussitôt portées à la connaissance du préfet et, avant le commencement des opérations de dépouillement et de recensement des votes, du président de la commission prévue à l'article L. 723-13.

Art. R. 723-4 *(COJ, art. R. 413-4)*. – En cas de modification du ressort de deux ou plusieurs juridictions commerciales, la liste des membres du collège électoral de chacun des tribunaux de commerce concernés par cette modification est rectifiée dans les conditions prévues à l'article R. 723-2. Les greffiers desdites juridictions procèdent entre eux à toutes les communications utiles en vue des inscriptions ou radiations qu'implique cette mise à jour.

Section II. – Du scrutin et des opérations électorales

Art. R. 723-5 *(COJ, art. L. 413-8, al. 1, en ce qui concerne la date)*. – Les élections prévues au premier alinéa de l'article L. 723-11 ont lieu dans la première quinzaine du mois d'octobre.

Sous-section 1. – Des candidatures et des opérations préalables au scrutin

Art. R. 723-6 *(Mod., D. n° 2017-1163, 12 juill. 2017 ; D. n° 2021-144, 11 févr. 2021)*. – Les candidatures aux fonctions de juge d'un tribunal de commerce sont déclarées au préfet. Nul ne peut se porter simultanément candidat dans plusieurs tribunaux de commerce.

Les déclarations de candidature sont recevables jusqu'à 18 heures le vingtième jour précédant celui du dépouillement du premier tour de scrutin. Les déclarations doivent être faites par écrit et signées par les candidats. Elles peuvent être individuelles ou collectives.

Chaque candidat accompagne sa déclaration de candidature de la copie d'un titre d'identité et d'une déclaration écrite attestant sur l'honneur qu'il remplit les conditions d'éligibilité fixées aux 1° à 5° de l'article L. 723-4, qu'il n'est pas frappé de l'une des incapacités, incompatibilités, déchéances ou inéligibilités prévues aux 1° à 4° de l'article L. 723-2 et aux articles L. 722-6-1, L. 722-6-2 et L. 723-7, qu'il ne fait pas l'objet d'une mesure de suspension prise en application de l'article L. 724-4 et qu'il n'est pas candidat dans un autre tribunal de commerce.

Pour les candidatures déposées sur le fondement du dernier alinéa de l'article L. 723-4, la déclaration écrite sur l'honneur comprend les mêmes éléments que ceux mentionnés à l'alinéa précédent, à l'exception de la condition prescrite au 1° de l'article L. 723-4. Elle comprend en outre la déclaration du candidat attestant qu'il remplit les conditions fixées au dernier alinéa du même article, qu'il a exercé les fonctions de juge de tribunal de commerce *pendant au moins trois ans et qu'il dispose d'une résidence dans le ressort du tribunal au sein duquel il se porte candidat.*

Le préfet enregistre les candidatures et en donne récépissé. Il refuse celles qui ne sont pas assorties de la déclaration exigée aux deux alinéas précédents. Le préfet refuse également les candidatures qui ne remplissent pas les conditions prévues au troisième alinéa du présent article. Il en avise les intéressés du refus par écrit.

Aucun retrait ou remplacement d'une candidature n'est accepté après son enregistrement.

Les candidatures enregistrées sont affichées à la préfecture le lendemain de la date limite de dépôt des candidatures et portées à la connaissance du procureur général près la cour d'appel.

Raisons du refus d'enregistrement. Si le préfet doit refuser d'enregistrer les candidatures aux élections des juges des tribunaux de commerce qui en sont pas assorties de la déclaration sur l'honneur, il ne peut, en revanche, légalement fonder un refus d'enregistrement sur la circonstance que le contenu de la déclaration sur l'honneur ne serait pas exact (■ CE, 19 févr. 2007, n° 264862 : *JurisData* n° 2007-071475 ; *AJDA* 2007, 990).

Art. R. 723-7 *(COJ, art. R. 413-6)*. **– Le collège électoral est informé, par un arrêté du préfet pris un mois avant la date du dépouillement du premier tour de scrutin, de la date, de l'heure et du lieu fixés pour les opérations de dépouillement et de recensement des votes des premier et deuxième tours de scrutin. Une copie de cet arrêté est adressée à chaque électeur.**

Un délai de dix jours ouvrables sépare les dates de dépouillement des deux tours de scrutin.

Art. R. 723-8 *(COJ, art. R. 413-7 ; mod., D. n° 2019-913, 30 août 2019 ; D. n° 2020-1616, 17 déc. 2020)*. **– La commission prévue à l'article L. 723-13 comprend, outre son président, un juge du tribunal judiciaire désigné par le premier président de la cour d'appel et un fonctionnaire désigné par le préfet.**

Le secrétariat de la commission est assuré par le greffier du tribunal de commerce.

NB : Conformément à l'article 11 du décret n° 2020-1616 du 17 décembre 2020, ces dispositions entrent en vigueur le lendemain de la publication du présent décret. Elles prennent effet pour chaque commission à l'expiration des mandats en cours à cette date.

Sous-section 2. – Du vote par correspondance

Art. R. 723-9 *(COJ, art. R. 413-8)*. **– Les plis contenant les votes par correspondance sont admis en franchise.**

Art. R. 723-10 *(COJ, art. R. 413-9, al. 1)*. **– Le préfet adresse aux électeurs, douze jours au moins avant la date du dépouillement du premier tour de scrutin, deux enveloppes électorales destinées, pour chaque tour de scrutin, à recevoir le bulletin de vote et deux enveloppes d'envoi portant les mentions « Élection des juges du tribunal de commerce. – Vote par correspondance », « Juridiction : » et « Nom, prénoms et signature de l'électeur : ». L'une des deux enveloppes d'envoi porte en outre la mention « Premier tour de scrutin », la seconde enveloppe porte la mention « Second tour de scrutin ».**

Art. R. 723-11 *(COJ, art. R. 413-9, al. 2 à 4)*. **– Chaque électeur vote à l'aide d'un bulletin qu'il rédige lui-même. Il peut aussi utiliser l'un des bulletins imprimés envoyés par certains candidats après l'avis de la commission prévue à l'article L. 723-13. Ce bulletin imprimé peut être modifié de façon manuscrite. Chaque électeur ne met sous enveloppe qu'un seul bulletin. Le nombre des candidats désignés par chaque électeur sur son bulletin doit être égal ou inférieur à celui des juges à élire. Les suffrages exprimés en faveur des personnes dont la candidature n'a pas été enregistrée et affichée conformément aux dispositions de l'article R. 723-6 ne sont pas comptés lors du recensement des votes.**

Un arrêté du garde des Sceaux, ministre de la Justice, fixe le format, le libellé et les modalités d'impression des bulletins ainsi que les modalités de présentation des candidatures sur les bulletins de vote.

Pour chaque tour de scrutin, l'électeur place son bulletin de vote dans l'enveloppe électorale et place cette enveloppe dans l'enveloppe d'envoi prévue pour le tour de scrutin considéré. Il adresse cette deuxième enveloppe au préfet sous pli fermé.

Art. R. 723-12 *(COJ, art. R. 413-9, al. 5 et 6)*. **– Le préfet dresse une liste des électeurs dont il a reçu l'enveloppe d'acheminement des votes. La liste est close la veille du dépouillement du premier tour de scrutin à dix-huit heures. Les plis parvenant ultérieurement portent la mention de la date et l'heure auxquelles ils sont parvenus à la préfecture et sont conservés par le préfet. La liste est remise avec les enveloppes cachetées contenant les enveloppes électorales au président de la commission prévue à l'article L. 723-13 avant le début des opérations de dépouillement.**

Entre le premier et le second tour de scrutin, le préfet dresse la liste des électeurs dont il a reçu l'enveloppe d'acheminement des votes pour le second tour. Il clôt la liste la veille du dépouillement du second tour de scrutin à dix-huit heures et procède ensuite conformément au premier alinéa.

Art. R. 723-13 *(COJ, art. R. 413-9, al. 7 et 8)*. – La liste d'émargement du vote par correspondance est constituée par la liste d'émargement prévue à l'article R. 723-19. À défaut, une copie de la liste des électeurs prévue au présent article tient lieu de liste d'émargement.

À la clôture du scrutin, le secrétaire de la commission prévue à l'article L. 723-13 porte sur la liste d'émargement, en face du nom de chaque électeur, la mention « vote par correspondance ». Le président de la commission ouvre ensuite chaque pli, énonce publiquement le nom de l'électeur, émarge et place dans une urne l'enveloppe contenant le bulletin de vote pour être dépouillé avec les autres.

Art. R. 723-14 *(COJ, art. R. 413-9, al. 9)*. – Les membres de la commission prévue à l'article L. 723-13 procèdent au dépouillement des bulletins contenus dans l'urne. Les enveloppes d'acheminement des votes et la liste des électeurs ayant voté par correspondance sont annexées à la liste d'émargement et conservées dans les conditions fixées par l'article R. 723-23.

Art. R. 723-15 *(COJ, art. R. 413-10)*. – Les dispositions des articles R. 49, R. 52, de l'alinéa premier des articles R. 54 et R. 59, de l'article R. 62, de l'alinéa premier de l'article R. 63, et de l'article R. 68 du Code électoral s'appliquent aux opérations électorales organisées en vue de la désignation des juges des tribunaux de commerce. Pour l'application de ces dispositions, la commission prévue à l'article L. 723-13 est substituée au bureau de vote.

Sous-section 3. – Du vote électronique

Art. R. 723-16 *(COJ, art. R. 413-11)*. – Le préfet adresse aux électeurs, en même temps que les documents prévus à l'article R. 723-10, une instruction relative aux modalités d'accès au système de vote électronique auquel l'électeur doit se relier pour voter ainsi que les instruments permettant l'expression du vote selon des modalités garantissant sa confidentialité.

Ces instruments permettent l'authentification de l'électeur et la vérification de l'unicité de son vote selon des exigences de sécurité et des modalités définies par arrêté conjoint du garde des Sceaux, ministre de la Justice, et du ministre de l'Intérieur, pris après avis de la Commission nationale de l'informatique et des libertés.

Art. R. 723-17 *(COJ, art. R. 413-12)*. – Pour voter par voie électronique, l'électeur, après connexion au site internet ou à tout autre réseau accessible à tous les électeurs, s'identifie, exprime son vote et le valide au moyen des instruments d'authentification qui lui ont été attribués. Il vérifie l'inscription sécurisée de son vote par le système de vote électronique. La transmission du vote et l'émargement de l'électeur font l'objet d'un accusé de réception électronique sur lequel figure la date de ladite réception.

Art. R. 723-18 *(COJ, art. L. 413-6, al. 2, deuxième phrase)*. – En cas d'utilisation par un même électeur au titre de la même qualité des deux modes de vote, seul le vote électronique est considéré comme valide.

Art. R. 723-19 *(COJ, art. R. 413-13)*. – Le jour du dépouillement des votes, le président de la commission prévue à l'article L. 723-13 imprime la liste d'émargement à partir du traitement « fichier des électeurs ».

Le président et l'un des membres de la commission reçoivent du préfet chacun une clé de dépouillement distincte, selon des modalités en garantissant la confidentialité, permettant d'accéder aux données du fichier dénommé « contenu de l'urne électronique ». Le président reçoit également les éléments permettant la vérification de l'intégrité du système de vote électronique.

Après clôture des opérations de vote et vérification de l'intégrité du fichier dénommé « contenu de l'urne électronique », le président de la commission prévue à l'article L. 723-13 et le membre de celle-ci mentionné à l'alinéa précédent procèdent publiquement au dépouillement.

Les décomptes des voix par candidat doivent apparaître lisiblement à l'écran et faire l'objet d'une édition sécurisée qui est portée au procès-verbal de l'élection.

Le système de vote électronique est verrouillé après le dépouillement de sorte qu'il soit impossible de reprendre ou de modifier le résultat après la décision de clôture du dépouillement prise par la commission.

La commission prévue à l'article L. 723-13 vérifie que le nombre total de votes exprimés par voie électronique correspond au nombre de votants figurant sur la liste d'émargement. Mention des difficultés est portée au procès-verbal.

Le nombre total des suffrages exprimés par voie électronique ainsi que le nombre de voix obtenues par chaque candidat sont portés au procès-verbal.

Art. R. 723-20 *(COJ, art. R. 413-14)*. – Les données relatives aux électeurs inscrits sur les listes électorales ainsi que celles relatives à l'expression du vote font l'objet, selon des modalités fixées par arrêté conjoint du garde des Sceaux, ministre de la Justice, et du ministre de l'Intérieur, pris après avis de la Commission nationale de l'informatique et des libertés, de traitements automatisés d'information effectués sur des systèmes informatiques distincts dénommés « fichier des électeurs » et « contenu de l'urne électronique ».

Le traitement « fichier des électeurs » est établi à partir des listes électorales dressées par la commission mentionnée à l'article L. 723-3. Le fichier des électeurs permet au préfet d'adresser à chaque électeur les instruments d'authentification mentionnés à l'article R. 723-16, d'identifier les électeurs ayant pris part au vote électronique et d'éditer la liste d'émargement. L'émargement indique l'heure du vote. Les listes d'émargement doivent être enregistrées sur un support distinct de celui de l'urne électronique, scellé, non réinscriptible, rendant son contenu inaltérable et probant.

Le fichier dénommé « contenu de l'urne électronique » recense les votes exprimés par voie électronique. Les données de ce fichier font l'objet d'un chiffrement et ne doivent pas comporter de lien permettant l'identification des électeurs.

Art. R. 723-21 *(COJ, art. R. 413-15)*. – Jusqu'à l'expiration des délais de recours contentieux, les fichiers supports comprenant la copie des programmes sources et des programmes exécutables, les matériels de vote, les fichiers d'émargement, de résultats et de sauvegarde doivent être conservés sous scellés sous le contrôle de la commission prévue à l'article L. 723-13. La procédure de décompte des votes enregistrés doit, si nécessaire, pouvoir être exécutée de nouveau.

À l'expiration des délais de recours, et si aucun recours n'a été exercé, il est procédé à la destruction des fichiers supports sous le contrôle de la commission prévue à l'article L. 723-13.

Sous-section 4. – De la proclamation des résultats et du contentieux de l'élection des juges consulaires

Art. R. 723-22 *(COJ, art. R. 413-16)*. – Les votes sont recensés par la commission prévue à l'article L. 723-13. Les résultats sont proclamés publiquement par le président de cette commission. La liste des candidats élus, établie dans l'ordre décroissant du nombre de voix obtenu par chacun d'entre eux, est immédiatement affichée au greffe du tribunal de commerce.

Le procès-verbal des opérations électorales est dressé en trois exemplaires revêtus de la signature des membres de la commission. Le premier exemplaire est adressé au procureur général, le deuxième au préfet et le troisième est conservé au greffe du tribunal de commerce.

Art. R. 723-23 *(COJ, art. R. 413-17)*. – La liste d'émargement signée par le président de la commission prévue à l'article L. 723-13 demeure déposée pendant huit jours au greffe du tribunal de commerce où elle est communiquée à tout électeur qui en fait la demande.

Art. R. 723-24 *(COJ, art. L. 413-11 ; mod., D. n° 2019-966, 18 sept. 2019 ; D. n° 2021-144, 11 févr. 2021)*. – *Les contestations relatives* à l'électorat, à l'éligibilité et aux opérations électorales organisées dans le cadre du présent chapitre sont de la compétence du tribunal judiciaire dans le ressort duquel se trouve situé le siège du tribunal de commerce.

Le tribunal judiciaire statue en dernier ressort.

NB : Conformément à l'article 9 du décret n° 2019-966 du 18 septembre 2019, les présentes dispositions entrent en vigueur le 1er janvier 2020.

Art. R. 723-25 *(COJ, art. L. 413-18)*. – Les recours mentionnés à l'article R. 723-24 sont ouverts à tout électeur dans un délai de huit jours à compter de la proclamation des résultats.

Le recours est également ouvert au préfet et au procureur de la République qui peuvent l'exercer dans un délai de quinze jours à compter de la réception du procès-verbal mentionné à l'article R. 723-22.

Art. R. 723-26 *(COJ, art. L. 413-19 ; mod., D. n° 2019-1333, 11 déc. 2019).* – Le recours est formé par requête faite, remise ou adressée au greffe du tribunal judiciaire. La requête indique les nom, prénoms et adresse du requérant, la qualité en laquelle il agit et l'objet du recours. La requête mentionne les nom, prénoms et adresse de la ou des personnes dont l'élection est contestée.

Le recours est porté à la connaissance du président du tribunal de commerce et du procureur de la République par le greffe du tribunal judiciaire.

NB : Conformément au I de l'article 55 du décret n° 2019-1333, les présentes dispositions entrent en vigueur le 1er janvier 2020 et sont applicable aux instances en cours.

Conformément à l'article 9 du décret n° 2019-966 du 18 septembre 2019, les présentes dispositions entrent en vigueur le 1er janvier 2020.

Art. R. 723-27 *(COJ, art. L. 413-20 ; mod., D. n° 2019-966, 18 sept. 2019).* – Dans les dix jours du recours, le tribunal judiciaire statue sans formalité, sans frais et sur simple avertissement donné trois jours à l'avance à toutes les parties en cause.

NB : Conformément à l'article 9 du décret n° 2019-966 du 18 septembre 2019, les présentes dispositions entrent en vigueur le 1er janvier 2020.

Art. R. 723-28 *(COJ, art. L. 413-21 ; mod., D. n° 2019-966, 18 sept. 2019).* – La décision du tribunal judiciaire est notifiée dans les trois jours par le greffe aux parties par lettre recommandée avec demande d'avis de réception. Le greffe en donne avis au préfet et au procureur de la République dans le même délai.

La décision du tribunal n'est pas susceptible d'opposition.

NB : Conformément à l'article 9 du décret n° 2019-966 du 18 septembre 2019, les présentes dispositions entrent en vigueur le 1er janvier 2020.

Art. R. 723-29 *(COJ, art. L. 413-22).* – Le pourvoi en cassation est formé et instruit dans les conditions fixées aux articles 999 à 1008 du Code de procédure civile. Le délai de pourvoi court à compter de la notification prévue à l'article R. 723-28.

Art. R. 723-30 *(COJ, art. L. 413-23).* – Les juges dont l'élection est contestée peuvent valablement prêter serment, être installés et siéger tant qu'il n'a pas été définitivement statué sur le recours.

Art. R. 723-31 *(COJ, art. L. 413-24).* – Les délais mentionnés au présent chapitre sont calculés et prorogés dans les conditions fixées aux articles 640 à 647-1 du Code de procédure civile.

CHAPITRE IV. – DE LA DISCIPLINE DES JUGES DES TRIBUNAUX DE COMMERCE

Section I. – De la Commission nationale de discipline

Art. R. 724-1 *(COJ, art. R. 414-1).* – La Commission nationale de discipline prévue à l'article L. 724-2 siège à la Cour de cassation. Elle est dénommée Commission nationale de discipline des juges des tribunaux de commerce.

Art. R. 724-2 *(COJ, art. R. 414-3).* – Les membres titulaires et suppléants de la commission sont désignés tous les quatre ans entre le 21 février et le 31 mars.

Art. R. 724-3 *(COJ, art. R. 414-4).* – L'année où il est procédé au renouvellement des membres de la commission, les premiers présidents des cours d'appel font connaître, le 15 février au plus tard, au premier président de la Cour de cassation le nom du président de chambre ou du conseiller appartenant à leur cour qu'ils proposent de désigner en application du 2° de l'article L. 724-2.

Art. R. 724-4 *(COJ, art. R. 414-5).* – L'année où il est procédé au renouvellement des membres de la commission, les présidents des tribunaux de commerce font connaître par écrit, le 15 février au plus tard, au secrétaire de la commission les noms, prénoms, adresses, dates et lieux de naissance des juges appartenant à leur juridiction se portant candidats en application du 3° de l'article L. 724-2.

Le secrétaire de la commission établit la liste des candidatures le 20 février au plus tard et en adresse aussitôt une copie à tous les présidents des tribunaux de commerce.

Art. R. 724-5 *(COJ, art. R. 414-6)*. – L'élection des membres de la commission mentionnés au 3° de l'article L. 724-2 a lieu à la majorité des bulletins exprimés. En cas d'égalité de suffrages, le plus âgé est proclamé élu.

Le vote a lieu par correspondance. Chaque président de tribunal de commerce doit rédiger son bulletin de vote en y portant le nom de quatre des candidats. Chaque président de tribunal de commerce place ensuite son bulletin dans une enveloppe sur laquelle il porte la mention « Élection des membres de la Commission nationale de discipline des juges des tribunaux de commerce ». Il revêt cette enveloppe de sa signature après y avoir indiqué ses nom et prénoms et y avoir apposé le timbre de sa juridiction, puis il la place, après l'avoir cachetée, dans une seconde enveloppe qu'il adresse, le 10 mars au plus tard, au secrétaire de la commission.

Art. R. 724-6 *(COJ, art. R. 414-7)*. – Le bureau de la Cour de cassation se réunit entre le 15 et le 31 mars sur convocation du premier président. Il procède au dépouillement du scrutin et classe les candidats dans l'ordre dégressif du nombre de voix obtenu par chacun d'eux. Le premier président proclame élus en qualité de titulaires les quatre candidats en tête de la liste et en qualité de suppléants les quatre candidats qui viennent ensuite.

Le bureau de la Cour de cassation règle les difficultés et les contestations relatives à la préparation et au déroulement du scrutin.

Art. R. 724-7 *(COJ, art. R. 414-8)*. – La liste des membres de la Commission nationale de discipline des membres des tribunaux de commerce est publiée au *Journal officiel* de la République française à la diligence du premier président de la Cour de cassation.

Les membres de la commission sont installés dans leurs fonctions par le premier président de la Cour de cassation entre le 10 et le 20 avril suivant leur désignation ou leur élection.

Art. R. 724-8 *(COJ, art. R. 414-9)*. – Le membre de la commission qui désire résilier son mandat adresse sa démission au garde des Sceaux, ministre de la Justice. La démission n'est définitive qu'après acceptation par le ministre.

Art. R. 724-8-1 *(D. n° 2017-1163, 12 juill. 2017)*. – Lorsqu'une vacance se produit avant la date d'expiration des mandats, le membre de la commission est remplacé et installé dans les trois mois selon les modalités prévues pour la désignation initiale. Le membre ainsi désigné achève le mandat de celui qu'il remplace.

Art. R. 724-9 *(COJ, art. R. 414-2)*. – Le secrétariat de la commission est assuré par le secrétaire général de la première présidence de la Cour de cassation. *(Mots aj., D. n° 2017-1163, 12 juill. 2017)* « En cas d'empêchement du secrétaire général, le secrétariat est assuré par un magistrat du siège délégué à cette fin par le premier président ».

Art. R. 724-10 *(COJ, art. R. 414-10)*. – La date et l'ordre du jour des séances de la commission sont fixés par ordonnance du président de la commission. Une copie de l'ordonnance est adressée au garde des Sceaux, ministre de la Justice, et est jointe à la convocation adressée par le secrétaire de la commission.

Le procès-verbal des séances est signé du président et du secrétaire de la commission.

Section II. – De la procédure disciplinaire

Art. R. 724-11 *(COJ, art. R. 414-11)*. – Lorsqu'il saisit la commission en application des articles L. 724-3, L. 724-4 ou R. 724-20, le garde des sceaux, ministre de la justice *(Mots aj., D. n° 2017-1163, 12 juill. 2017)* « ou le premier président de la cour d'appel », transmet au président de la commission toutes les pièces afférentes à la poursuite.

Art. R. 724-12 *(COJ, art. R. 414-12)*. – *(Al. rempl., D. n° 2017-1163, 12 juill. 2017)* Dès la saisine de la commission, son secrétaire informe de celle-ci le juge poursuivi par tout moyen conférant date certaine et mentionnant qu'il peut prendre connaissance, au secrétariat de la commission, des pièces afférentes à la poursuite ou qu'elles peuvent lui être communiquées par voie électronique.

Le président de la commission désigne parmi les membres de la commission un rapporteur, qui procède à toutes investigations utiles. Le rapporteur entend l'intéressé et, s'il y a lieu, le plaignant et les témoins. Il peut les faire entendre par un magistrat du siège de la cour d'appel auquel il donne délégation.

Art. R. 724-13 *(COJ, art. R. 414-13).* – Le juge poursuivi peut se faire assister par l'un de ses pairs, par un avocat au Conseil d'État et à la Cour de cassation ou par un avocat inscrit à un barreau.

Le dossier de la procédure doit être mis à la disposition de l'intéressé et de son conseil quarante-huit heures au moins avant chaque séance de la commission ou chaque audition par le rapporteur ou son délégué du juge poursuivi. Celui-ci peut à tout moment de la procédure verser aux débats les pièces qu'il estime utiles et déposer des mémoires en défense.

Art. R. 724-14 *(COJ, art. R. 414-14).* – Le juge poursuivi est cité à comparaître devant la commission *(Mots rempl., D. n° 2017-1163, 12 juill. 2017)* « par son secrétaire par tout moyen conférant date certaine à cette citation ».

Art. R. 724-15 *(Rempl., D. n° 2017-1163, 12 juill. 2017).* – Le juge poursuivi est tenu de comparaître en personne sauf empêchement dûment justifié.

Art. R. 724-16 *(COJ, art. R. 414-16).* – Après lecture du rapport et après audition du représentant du garde des Sceaux, ministre de la Justice, le juge poursuivi est invité à fournir ses explications et moyens de défense sur les faits qui lui sont reprochés.

Art. R. 724-17 *(Rempl., D. n° 2017-1163, 12 juill. 2017).* – L'audience de la Commission nationale de discipline est publique. Toutefois, si la protection de l'ordre public ou de la vie privée l'exige ou s'il existe des circonstances spéciales de nature à porter atteinte aux intérêts de la justice, l'accès à la salle d'audience peut être interdit pendant la totalité ou une partie de l'audience, au besoin d'office, par le président.

La commission délibère à huis clos. La décision, qui est motivée, est rendue publiquement.

Art. R. 724-18 *(COJ, art. R. 414-18).* – Lorsqu'il est saisi en application de l'article L. 724-4, le président de la commission statue par ordonnance rendue dans les dix jours de sa saisine. La décision du président est immédiatement exécutoire.

Art. R. 724-19 *(Mod., D. n° 2017-1163, 12 juill. 2017).* – Les décisions de la commission rendues en application des articles L. 724-1, L. 724-3 et R. 724-20, et les ordonnances de son président rendues en application de l'article L. 724-4 sont notifiées au juge poursuivi par tout moyen conférant date certaine à cette notification. Elles sont portées à la connaissance du garde des sceaux, ministre de la justice, du premier président de la cour d'appel et du président du tribunal de commerce.

Le délai de pourvoi est de dix jours à compter de la date de réception de la lettre de la notification. Le pourvoi est formé et instruit conformément aux dispositions des articles 974 à 982 du Nouveau Code de procédure civile.

Art. R. 724-20 *(COJ, art. R. 414-20).* – La commission peut, sur proposition du garde des Sceaux, ministre de la Justice, retirer l'honorariat à un ancien juge d'un tribunal de commerce dans les conditions fixées aux articles L. 724-1, L. 724-3, L. 724-5, L. 724-6, R. 724-11 à R. 724-17 et R. 724-19.

Le président de la commission peut aussi, dans les conditions fixées aux articles L. 724-4, R. 724-18 et R. 724-19, interdire temporairement à un ancien membre d'un tribunal de commerce de se prévaloir de l'honorariat.

Les dispositions des deux alinéas qui précèdent ne sont pas applicables lorsque l'intéressé renonce définitivement à se prévaloir de l'honorariat par une déclaration écrite qu'il adresse au garde des Sceaux, ministre de la Justice, ou au président de la Commission nationale de discipline des juges des tribunaux de commerce si celle-ci est déjà saisie.

Art. R. 724-21 *(COJ, art. R. 414-21).* – Les délais mentionnés au présent chapitre sont comptés dans les conditions fixées aux articles 641 à 647-1 du Code de procédure civile.

TITRE III. – DES JURIDICTIONS COMMERCIALES PARTICULIÈRES

CHAPITRE I. – DES DISPOSITIONS APPLICABLES AUX DÉPARTEMENTS DU BAS-RHIN, DU HAUT-RHIN ET DE LA MOSELLE

Art. D. 731-1 *(Anc. art. R. 731-1 devenu D. 731-1, D. n° 2008-522, 2 juin 2008 ; mod., D. n° 2019-966, 18 sept. 2019).* **– Les tribunaux judiciaires de Colmar, Metz, Mulhouse, Sarreguemines, Saverne, Strasbourg et Thionville ont des chambres commerciales.**

NB : Conformément à l'article 9 du décret n° 2019-966 du 18 septembre 2019, les présentes dispositions entrent en vigueur le 1er janvier 2020.

Art. R. 731-2 *(COJ, art. R. 913-2 ; mod., D. n° 2019-966, 18 sept. 2019).* **– Le président de la chambre commerciale du tribunal judiciaire est désigné conformément aux règles qui régissent la répartition des magistrats du siège dans les chambres du tribunal.**

NB : Conformément à l'article 9 du décret n° 2019-966 du 18 septembre 2019, les présentes dispositions entrent en vigueur le 1er janvier 2020.

Art. R. 731-3 *(Anc. art. R. 731-3 devenu D. 731-3, D. n° 2008-1162, 12 nov. 2008 ; mod., D. n° 2019-966, 18 sept. 2019).* **– Le nombre des assesseurs de chambre commerciale des tribunaux judiciaires des départements du Bas-Rhin, du Haut-Rhin et de la Moselle est fixé conformément au tableau de l'annexe 7-4 du présent livre.**

NB : Conformément à l'article 9 du décret n° 2019-966 du 18 septembre 2019, les présentes dispositions entrent en vigueur le 1er janvier 2020.

Annexe 7-4

(Mod., D. n° 2019-966, 18 sept. 2019)

Nombre d'assesseurs des chambres commerciales des tribunaux judiciaires des départements du Bas-Rhin, du Haut-Rhin et de la Moselle

DÉPARTEMENTS	SIÈGE DE LA CHAMBRE COMMERCIALE du tribunal judiciaire	NOMBRE D'ASSESSEURS de la chambre commerciale du tribunal judiciaire
Cour d'appel de Colmar		
Bas-Rhin	Saverne	8
	Strasbourg	32
Haut-Rhin	Colmar	12
	Mulhouse	22
Cour d'appel de Metz		
Moselle	Metz	19
	Sarreguemines	12
	Thionville	12

Nombre de juges élus des tribunaux mixtes de commerce des départements d'outre-mer

DÉPARTEMENTS	SIÈGE DU TRIBUNAL MIXTE DE COMMERCE	NOMBRE DE JUGES ÉLUS DU TRIBUNAL MIXTE DE COMMERCE
Cour d'appel de Basse-Terre		
Guadeloupe	Basse-Terre	5
	Pointe-à-Pitre	9
Cour d'appel de Cayenne		
Guyane	Cayenne	8
Cour d'appel de Fort-de-France		
Martinique	Fort-de-France	9
Cour d'appel de Saint-Denis de La Réunion		
Mayotte	Mamoudzou	5
Réunion	Saint-Denis	8
	Saint-Pierre	8

Art. R. 731-4 *(COJ, art. R. 913-4).* – Les assesseurs des chambres commerciales sont élus dans les conditions fixées aux articles R. 723-1 à R. 723-31.

Art. R. 731-5 *(COJ, art. R. 913-5).* – Les dispositions des articles R. 722-7, R. 722-10, R. 722-18 à R. 722-20 et R. 724-1 à R. 724-21 sont applicables aux assesseurs des chambres commerciales.

CHAPITRE II. – DES DISPOSITIONS APPLICABLES AUX DÉPARTEMENTS ET RÉGIONS D'OUTRE-MER

Art. D. 732-1 *(Anc. art. R. 732-1 devenu D. 732-1, D. n° 2008-522, 2 juin 2008).* – Le siège et le ressort des tribunaux mixtes de commerce sont fixés conformément au tableau de l'annexe 7-3 du présent livre.

Annexe 7-3

(Ann. rempl. à compter du 1er janv. 2009, D. n° 2008-146, 15 févr. 2008 et rect. JO 22 mars 2008 ; mod. à compter du 1er janv. 2010, D. n° 2008-146, 15 févr. 2008 ; mod. à compter du 8 janv. 2010, D. n° 2009-1629, 23 déc. 2009 ; mod. à compter du 1er avr. 2011, D. n° 2011-338, 29 mars 2011 ; mod. à compter du 1er janv. 2012, D. n° 2011-1878, 14 déc. 2011 ; D. n° 2019-966, 18 sept. 2019)

Siège et ressort des tribunaux mixtes de commerce dans les départements d'outre-mer

DÉPARTEMENT	TRIBUNAL judiciaire	SIÈGE ET RESSORT DES TRIBUNAUX MIXTES DE COMMERCE	
		Siège	Ressort
Cour d'appel de Basse-Terre			
Guadeloupe	Basse-Terre	Basse-Terre	Ressort du tribunal judiciaire de Basse-Terre

DÉPARTEMENT	TRIBUNAL judiciaire	SIÈGE ET RESSORT DES TRIBUNAUX MIXTES DE COMMERCE	
		Siège	Ressort
	Pointe-à-Pitre	Pointe-à-Pitre	Ressort du tribunal judiciaire de Pointe-à-Pitre
Cour d'appel de Cayenne			
Guyane	Cayenne	Cayenne	Ressort du tribunal judiciaire de Cayenne
Cour d'appel de Fort-de-France			
Martinique	Fort-de-France	Fort-de-France	Ressort du tribunal judiciaire de Fort-de-France
Cour d'appel de Saint-Denis-de-la-Réunion			
Mayotte	Mamoudzou	Mamoudzou	Ressort du tribunal judiciaire de Mamoudzou
La Réunion	Saint-Denis	Saint-Denis	Ressort du tribunal judiciaire de Saint-Denis
	Saint-Pierre	Saint-Pierre	Ressort du tribunal judiciaire de Saint-Pierre

NB : Conformément à l'article 9 du décret n° 2019-966 du 18 septembre 2019, les présentes dispositions entrent en vigueur le 1er janvier 2020.

Art. R. 732-2 *(Anc. art. R. 731-3 devenu D. 732-2, D. n° 2008-1162, 12 nov. 2008).* **– Le nombre des juges élus des tribunaux mixtes de commerce des départements et régions d'outre-mer est fixé conformément au tableau de l'annexe 7-4 du présent livre.**

Annexe 7-4

(Mod., D. n° 2019-966, 18 sept. 2019)

Nombre de juges élus des tribunaux mixtes de commerce des départements d'outre-mer

DÉPARTEMENTS	SIÈGE DU TRIBUNAL MIXTE de commerce	NOMBRE DE JUGES ÉLUS du tribunal mixte de commerce
Cour d'appel de Basse-Terre		
Guadeloupe	Basse-Terre	5
	Pointe-à-Pitre	9
Cour d'appel de Cayenne		
Guyane	Cayenne	8
Cour d'appel de Fort-de-France		
Martinique	Fort-de-France	9

DÉPARTEMENTS	SIÈGE DU TRIBUNAL MIXTE de commerce	NOMBRE DE JUGES ÉLUS du tribunal mixte de commerce
Cour d'appel de Saint-Denis de La Réunion		
Mayotte	Mamoudzou	5
La Réunion	Saint-Denis	8
	Saint-Pierre	8

NB : Conformément à l'article 9 du décret n° 2019-966 du 18 septembre 2019, les présentes dispositions entrent en vigueur le 1er janvier 2020.

Art. R. 732-3 *(COJ, art. R. 921-8)*. – Les juges des tribunaux mixtes de commerce sont élus dans les conditions fixées aux articles R. 723-1 à R. 723-31.

Art. R. 732-4 *(COJ, art. R. 921-9)*. – Les dispositions des articles R. 722-7, R. 722-10, R. 722-18 à R. 722-20 et R. 724-1 à R. 724-21 sont applicables aux juges élus des tribunaux mixtes de commerce.

Art. R. 732-5 *(COJ, art. R. 921-10)*. – Les dispositions de l'article R. 721-6 sont applicables au tribunal mixte de commerce.

Art. R. 732-6 *(COJ, art. R. 921-14 ; mod., D. n° 2007-1851, 26 déc. 2007 ; D. n° 2012-439, 30 mars 2012)*. – La liste des tribunaux mixtes de commerce dont le greffe est assuré par un greffier de tribunal de commerce correspond à celle fixée au tableau de l'annexe 7-3 du présent livre.

Art. R. 732-7 *(D. n° 2012-439, 30 mars 2012)*. – Pour l'application du titre IV du présent livre aux greffes des tribunaux mixtes de commerce assurés par un greffier de tribunal de commerce, les mots : « tribunal de commerce » sont remplacés par les mots : « tribunal mixte de commerce ».

Art. R. 732-8 *(D. n° 2012-439, 30 mars 2012 ; mod., D. n° 2019-162, 5 mars 2019)*. – Pour la première nomination du greffier d'un tribunal mixte de commerce inscrit sur la liste prévue à l'article L. 732-3, il y a lieu de recourir à la procédure prévue aux articles R. 742-18 à R. 742-23.

En vue d'assurer le bon fonctionnement du service public de la justice, le garde des sceaux, ministre de la justice, peut décider de nommer une même personne titulaire de plusieurs offices de greffes créés dans le même ressort de cour d'appel. Dans ce cas, la publicité prévue à l'article R. 742-19 le mentionne.

TITRE IV. – DU GREFFE DU TRIBUNAL DE COMMERCE

CHAPITRE I. – DE L'INSTITUTION ET DES MISSIONS

Section I. – Dispositions générales

Art. R. 741-1 *(COJ, art. R. 821-1)*. – Le greffier assiste les juges du tribunal de commerce à l'audience et dans tous les cas prévus par la loi.

Il assiste le président du tribunal de commerce dans l'ensemble des tâches administratives qui lui sont propres. Il assure son secrétariat.

Il l'assiste dans l'établissement et l'application du règlement intérieur de la juridiction, dans l'organisation des rôles d'audiences et la répartition des juges, dans la préparation du budget et la gestion des crédits alloués à la juridiction. Il procède au classement des archives du président.

Dans les tribunaux de commerce dont la liste est fixée par arrêté du garde des Sceaux, ministre de la Justice, le greffier, en accord avec le président, affecte en permanence aux tâches prévues aux deuxième et troisième alinéas du présent article un ou plusieurs agents du greffe. Leur nombre, dans chaque juridiction, est fixé par le même arrêté.

Le ou les agents du greffe ainsi désignés sont placés sous la seule autorité fonctionnelle du président ; ils sont soumis aux règles applicables au personnel des greffes.

Art. R. 741-2 *(COJ, art. R. 821-2).* – Le greffier dirige, sous l'autorité du président du tribunal et sous la surveillance du ministère public, l'ensemble des services du greffe.

Il assure la tenue des différents registres prévus par les textes en vigueur et tient à jour les dossiers du tribunal. Il met en forme les décisions prises et motivées par les juges.

Il est dépositaire des minutes et archives dont il assure la conservation. Il délivre les expéditions et copies et a la garde des scellés et de toutes sommes déposées au greffe.

Il dresse les actes de greffe et procède aux formalités pour lesquelles compétence lui est attribuée.

Il prépare les réunions du tribunal, dont il rédige et archive les procès-verbaux.

Il tient à jour la documentation générale du tribunal.

Il assure l'accueil du public.

Art. R. 741-3 *(COJ, art. R. 821-3 ; mod., L. n° 2008-786, 18 août 2008).* – Le greffier assure la tenue du répertoire général des affaires de la juridiction.

Il applique les instructions de tenue du répertoire général élaborées par le ministère de la Justice.

Il transmet les informations statistiques demandées par le ministre de la Justice selon les modalités déterminées par celui-ci.

Art. R. 741-4 *(COJ, art. R. 821-9 ; mod., D. n° 2010-1463, 1er déc. 2010 ; abr. à compter du 1er janvier 2023, D. n° 2021-300, 18 mars 2021).* – Lorsqu'un centre de formalités des entreprises a été créé par une chambre de commerce et d'industrie territoriale ou une chambre de métiers et de l'artisanat de région, le greffier peut, à la demande de la chambre de commerce et d'industrie territoriale ou de la chambre de métiers et de l'artisanat de région, être autorisé par arrêté du garde des Sceaux, ministre de la Justice, à exercer tout ou partie des activités dévolues aux centres de formalités des entreprises par les articles R. 123-1 et suivants lorsque, dans l'intérêt des usagers, l'ouverture d'une annexe de ces centres apparaît nécessaire dans la ville où la juridiction commerciale a son siège.

En vue de cette autorisation, le greffier soumet au garde des Sceaux, ministre de la Justice, une convention conclue avec la chambre de commerce ou de métiers et de l'artisanat déterminant les droits et obligations de chacune des parties. Cette convention doit être approuvée par arrêté conjoint des ministres chargés de l'industrie, du commerce et de l'artisanat.

L'autorisation peut être révoquée par le garde des Sceaux, ministre de la Justice, notamment lorsque l'exercice de ces activités nuit à l'accomplissement par le greffier de ses obligations ou donne lieu à des réclamations justifiées.

Art. R. 741-5 *(COJ, art. R. 821-2-1 ; mod., D. n° 2009-1150, 25 sept. 2009).* – Les copies délivrées par les greffiers relatives aux inscriptions portées aux registres de publicité légale dont ils ont la charge peuvent être diffusées par voie électronique dans les conditions prévues au présent article :

a) Les informations sont diffusées directement par le greffe compétent. Toutefois, les greffiers peuvent s'associer au sein d'un groupement ayant soit l'une des formes autorisées par l'article L. 743-12, soit une forme associative. Ce groupement est chargé de centraliser les appels et de les orienter vers le greffe concerné. Les greffiers peuvent, dans les mêmes conditions, conclure aux mêmes fins des accords avec l'Institut national de la propriété industrielle pour les attributions de celui-ci ;

b) Les informations ne portent que sur les inscriptions figurant, en application des textes législatifs et réglementaires, aux registres dont les greffiers assurent la tenue ;

c) Les informations sont délivrées telles qu'inscrites aux registres ou sur les actes annexés, sans subir de traitement quelconque, sous réserve des dispositions prévues par l'acte réglementaire pris en application de la loi n° 78-17 du 6 janvier 1978 relative à l'informatique, aux fichiers et aux libertés.

Art. R. 741-6 *(COJ, art. R. 741-6, en ce qui concerne les greffiers des tribunaux de commerce).* – Les costumes des greffiers en chef et greffiers sont définis ainsi qu'il suit :

a) Greffier : même costume que les juges consulaires, sans galon à la toque ;

b) Commis-greffier assermenté : robe noire sans simarre et toque noire.

Section II. – De la modification du ressort des juridictions commerciales

Art. R. 741-7 *(COJ, art. R. 821-10).* – En cas de modification du ressort de deux ou plusieurs juridictions commerciales et sous réserve des dispositions des articles R. 743-162 à R. 743-177, le greffier du tribunal antérieurement compétent conserve les minutes, registres, actes, pièces et documents déposés à son greffe avant la modification du ressort. Il a seul qualité pour en délivrer expédition, copie ou extrait en mentionnant toutefois la date de modification du ressort et le tribunal désormais compétent.

Art. R. 741-8 *(COJ, art. R. 821-11).* – Jusqu'à l'expiration du délai légal de communication aux tiers, lorsque le greffier du tribunal désormais compétent délivre des expéditions, copies ou extraits de minutes, registres, actes, pièces et documents concernant des personnes physiques ou morales dont le domicile ou dont le siège est situé dans les cantons, communes ou sections de communes précédemment compris dans le ressort d'un autre tribunal, il mentionne sur ces expéditions, copies ou extraits le tribunal antérieurement compétent et la date de modification du ressort.

Art. R. 741-9 *(COJ, art. R. 821-12).* – En cas de suppression d'une juridiction commerciale, les minutes, registres, actes, pièces et documents déposés au greffe de la juridiction supprimée sont transférés au greffe de la ou des juridictions commerciales désormais compétentes.

Les frais de transfert sont pris en charge par l'État.

Section III. – Du Conseil national des greffiers des tribunaux de commerce

Art. R. 741-10 *(COJ, art. R. 821-13 ; mod., D. n° 2012-439, 30 mars 2012 ; D. n° 2019-955, 13 sept. 2019).* – Le Conseil national des greffiers des tribunaux de commerce est composé de membres élus par les greffiers des tribunaux de commerce.

Dans chaque cour d'appel, les greffiers des tribunaux de commerce élisent un membre du Conseil national lorsque le nombre de greffiers exerçant dans le ressort de cette cour excède cinq. Dans le cas contraire, le membre du Conseil national est élu par un collège composé des greffiers du ressort de la cour d'appel et de ceux exerçant dans un ressort de cour d'appel voisin, désigné par arrêté du garde des sceaux, ministre de la justice, après avis du Conseil national.

Un membre du Conseil national est élu par un collège composé des greffiers des tribunaux mixtes de commerce figurant sur la liste prévue à l'article L. 732-3.

Les membres du Conseil national sont élus par moitié tous les deux ans pour quatre ans et renouvelables deux fois ; ils ne sont rééligibles que six ans après l'expiration de leur troisième mandat.

Après chaque renouvellement partiel, le Conseil national désigne en son sein, pour deux ans, les membres de sa formation disciplinaire, lesquels élisent leur président.

Art. R. 741-11 *(COJ, art. R. 821-14).* – Chaque personne physique exerçant la profession de greffier de tribunal de commerce en activité est électeur et éligible dès sa prestation de serment. Elle cesse de l'être en cas de destitution ou de démission.

Art. R. 741-12 *(COJ, art. R. 821-15).* – L'organisation des élections est confiée au bureau du Conseil national qui, avant le 15 septembre, fixe la date d'ouverture du scrutin dans la deuxième quinzaine du mois de novembre précédant la date du renouvellement partiel du Conseil national et en assure la publicité. Dès cette fixation, le président avise les électeurs de la date et des modalités des opérations électorales, ainsi que de la date et du lieu des opérations de dépouillement.

Art. R. 741-13 *(COJ, art. R. 821-16 ; mod., D. n° 2011-1270, 11 oct. 2011).* – Les déclarations de candidature sont remises contre récépissé, ou adressées par lettre recommandée avec demande d'avis de réception, au plus tard un mois avant la date d'ouverture du scrutin, au président du Conseil national.

Quinze jours au plus tard avant la date d'ouverture du scrutin, le président adresse à chaque électeur et pour chaque candidat un bulletin de vote comprenant le nom et le prénom du candidat, le nom du greffe dont il est titulaire ou salarié, et éventuellement la mention « investi par » suivie du nom ou des initiales de l'organisation professionnelle ou du syndicat auquel il appartient à condition qu'il justifie lors de sa déclaration de candidature de l'autorisation expresse de cette organisation ou de ce syndicat.

Art. R. 741-14 *(COJ, art. R. 821-17).* – L'élection des membres du Conseil national a lieu au scrutin uninominal majoritaire à un tour.

Le vote a lieu par correspondance. Les bulletins doivent parvenir au président du Conseil national dans les dix jours à compter de la date d'ouverture du scrutin ; à l'issue de cette période, le scrutin est clos.

Chaque bulletin est envoyé sous double enveloppe ; l'enveloppe intérieure, qui contient le bulletin de vote, doit être fermée et ne porter aucune marque distinctive ; l'enveloppe extérieure comportant la mention « élections » porte le nom et la signature de l'électeur et contient l'enveloppe intérieure et une copie d'une pièce d'identité ; les bulletins contenus dans des enveloppes irrégulières sont nuls ; il en est de même de tout bulletin raturé, modifié ou surchargé.

Au fur et à mesure de leur arrivée, les enveloppes extérieures sont placées dans une urne ; après la clôture du scrutin, le bureau du Conseil national procède aux opérations de dépouillement en présence de tout greffier de tribunal de commerce désirant y assister. Après leur retrait de l'urne, les enveloppes extérieures sont ouvertes, le nom de l'électeur est pointé sur la liste des électeurs et l'enveloppe intérieure réintroduite dans l'urne ; lorsque toutes les enveloppes intérieures ont été replacées, les bulletins sont dépouillés et décomptés.

Les résultats sont aussitôt proclamés et un procès-verbal des opérations est établi par le président du Conseil national.

Art. R. 741-15 *(COJ, art. R. 821-18).* – Les candidats ayant obtenu pour chaque siège le plus grand nombre de suffrages sont proclamés élus.

En cas d'égalité entre plusieurs candidats ayant obtenu le plus grand nombre de suffrages, le plus âgé est proclamé élu.

Art. R. 741-16 *(COJ, art. R. 821-19).* – Tout greffier de tribunal de commerce peut déférer l'élection des membres du Conseil national à la cour d'appel de Paris dans un délai de dix jours à compter de la proclamation des résultats. Le recours est déposé contre récépissé ou adressé par lettre recommandée avec demande d'avis de réception, au greffier en chef de la cour d'appel ; il est instruit et jugé selon les règles applicables à la procédure sans représentation obligatoire.

Art. R. 741-17 *(COJ, art. R. 821-20).* – Les membres du Conseil national élisent en leur sein, au scrutin uninominal majoritaire à un tour et pour une période de deux ans, un président, un vice-président et cinq membres, qui constituent le bureau. En cas d'égalité des voix, le plus âgé des candidats est proclamé élu.

Art. R. 741-18 *(COJ, art. R. 821-21).* – Si un membre du Conseil national cesse ses fonctions avant l'expiration de son mandat, il est pourvu à son remplacement dans le délai de trois mois ; les fonctions du nouveau membre prennent fin lorsque auraient cessé celles du membre qu'il a remplacé.

Le mandat du président, du vice-président et des membres du bureau prend fin lorsque l'intéressé cesse de remplir les conditions pour être membre du Conseil national.

Art. R. 741-19 *(COJ, art. R. 821-22).* – Les fonctions de membre du Conseil national sont gratuites. Elles ne peuvent donner lieu qu'au remboursement de frais de voyage et de séjour dans les conditions fixées chaque année par le Conseil national.

Le président, le vice-président et les membres du bureau peuvent percevoir, pour frais de représentation, une indemnité dont le montant est fixé par le Conseil national.

Art. R. 741-20 *(COJ, art. R. 821-23).* – Le Conseil national ne peut délibérer et voter que si deux tiers au moins de ses membres sont présents. En cas de partage égal des voix, celle du président est prépondérante.

Art. R. 741-21 *(COJ, art. R. 821-24).* – Le Conseil national établit son règlement intérieur régissant son mode de fonctionnement et celui du bureau ; il fixe les pouvoirs du président, du vice-président et du bureau.

Art. R. 741-22 *(COJ, art. R. 821-25)*. – Le Conseil national établit son budget. Il fixe le montant de la cotisation que doit lui verser annuellement chaque greffier de tribunal de commerce. Le non-paiement des cotisations constitue une faute disciplinaire.

Art. R. 741-23 *(Mod., D. n° 2017-893, 6 mai 2017)*. – Le Conseil national est chargé notamment d'organiser la formation initiale, le concours d'accès à la profession de greffier de tribunal de commerce, dans les conditions prévues aux articles R. 742-6-1 et R. 742-6-2, l'entretien de validation du stage, dans les conditions prévues aux articles R. 742-7 à R. 742-15-1, et la formation permanente des greffiers des tribunaux de commerce ainsi que, le cas échéant, la formation de leur personnel.

Il a également pour mission d'établir, chaque année, en accord avec les greffiers des tribunaux de commerce la liste de propositions de stages mentionnée à l'article R. 742-9. Il assure le suivi des stages.

Art. D. 741-24 *(D. n° 2007-862, 14 mai 2007)*. – Le Conseil national pourvoit par le biais d'une bourse commune au financement de services d'intérêts collectifs dans les domaines suivants :
- formation et documentation de la profession ;
- fonctionnement des services communs ;
- archivage ;
- informatique et télématique de la profession ;
- fichiers centraux ;
- communication ;
- recherche et développement.

Le montant de la participation au financement des services d'intérêts collectifs est calculé selon une formule et un nombre de parts déterminés respectivement au tableau n° 1 et au tableau n° 2 figurant à l'annexe 7-4-1 du présent livre.

Un arrêté détermine chaque année le taux de référence (tr %) en fonction du budget appelé par le Conseil national des greffiers des tribunaux de commerce.

Voir : A. 12 janv. 2010 (*JO* 23 janv. 2010).

Voir aussi : A. du 8 novembre 2012 fixant le taux de référence relatif à la bourse commune des greffiers des tribunaux de commerce pour l'année 2013 (*JO* 15 nov. 2012).

Annexe 7-4-1

Participation au financement de la bourse commune

(D. n° 2007-862, 14 mai 2007)

Tableau n° 1

PRODUIT HORS TAXES	COEFFICIENT	CALCUL
De 0 à 100 000 € (a)	0	A = 0.
De 100 000 à 200 000 € (b)	1	B = (b) × coefficient × (tr %) : nombre de parts.
De 200 000 à 500 000 € (c)	1,5	C = (c) × coefficient × (tr %) : nombre de parts.
De 500 000 à 1 000 000 € (d)	2	D = (d) × coefficient × (tr %) : nombre de parts.
Supérieur à 1 000 000 € (e)	2,5	E = (e) × coefficient × (tr %) : nombre de parts.

Tableau n° 2

NOMBRE DE GREFFIERS	NOMBRE DE PARTS
1	1
2	3

NOMBRE DE GREFFIERS	NOMBRE DE PARTS
3	4,5
4	5,5
5	6,5
+ de 5	Une part par associé supplémentaire

CHAPITRE II. – DES CONDITIONS D'ACCÈS À LA PROFESSION ET AUX AUTRES PROFESSIONS JUDICIAIRES ET JURIDIQUES

Section I. – Des conditions d'accès à la profession de greffier de tribunal de commerce

Sous-section 1. – Des conditions d'aptitude

§ 1. – Des conditions générales

Art. R. 742-1 *(Mod., D. n° 2017-893, 6 mai 2017)*. – **Nul ne peut avoir vocation à exercer la profession de greffier de tribunal de commerce s'il ne remplit les conditions suivantes :**

1° Être français ;

2° *(2° abr., D. n° 2017-893, 6 mai 2017)* ;

3° N'avoir pas fait l'objet d'une condamnation pénale pour des agissements contraires à l'honneur, à la probité ou aux bonnes mœurs ;

4° N'avoir pas fait l'objet d'une sanction disciplinaire ou administrative de destitution, radiation, révocation, mise à la retraite d'office, de retrait d'agrément ou d'autorisation ;

5° N'avoir pas été frappé de faillite personnelle ou de l'interdiction prévue à l'article L. 653-8 ;

6° Être titulaire, sous réserve des dispenses prévues aux articles R. 742-2, R. 742-3, R. 742-4 et R. 742-6 du diplôme validant la première année de master en droit ou de l'un des titres ou diplômes reconnus équivalents pour l'exercice de la profession de greffier de tribunal de commerce par arrêté du garde des Sceaux, ministre de la Justice ;

7° Avoir été reçu au concours d'accès à la profession de greffier de tribunal de commerce prévu à l'article R. 742-6-1 ;

8° Avoir validé le stage de formation à la profession de greffier de tribunal de commerce, dans les conditions prévues aux articles R. 742-7 à R. 742-15-1.

Art. R. 742-2 *(Mod., D. n° 2012-423, 28 mars 2012 ; D. n° 2017-893, 6 mai 2017)*. – **Sont dispensées des conditions de diplôme et de stage prévues aux 6° et 8° de l'article R. 742-1 les personnes ayant exercé dans un greffe de tribunal de commerce, pendant dix ans au moins, des fonctions de responsabilité impliquant délégation de tout ou partie des pouvoirs du titulaire de l'office.**

Sont dispensées de la condition de stage prévue au 8° de l'article R. 742-1 les personnes pouvant justifier de dix ans d'expérience professionnelle, dont cinq ans au moins à des fonctions de responsabilité au sein d'un greffe de tribunal de commerce impliquant délégation de tout ou partie des pouvoirs du titulaire de l'office. Ces personnes doivent être titulaires du diplôme prévu au 6° de l'article R. 742-1 ou de l'un des titres ou diplômes reconnus équivalents.

Art. R. 742-3 *(Mod., D. n° 2017-893, 6 mai 2017)*. – **Sont dispensés de la condition de diplôme prévue au 6° de l'article R. 742-1 :**

1° Les anciens magistrats de l'ordre judiciaire régis par l'ordonnance n° 58-1270 du 22 décembre 1958 portant loi organique relative au statut de la magistrature ;

2° Les anciens avocats précédemment inscrits au tableau, les anciens avoués près les cours d'appel et les anciens avocats à la Cour de cassation et au Conseil d'État ayant exercé leurs fonctions pendant cinq ans au moins ;

3° Les anciens notaires, les anciens huissiers de justice, les anciens commissaires-priseurs judiciaires ayant exercé leurs fonctions pendant cinq ans au moins ;

4° Les personnes ayant été inscrites pendant cinq ans au moins sur une liste de conseils juridiques ;

5° Les anciens syndics et administrateurs judiciaires, les anciens administrateurs judiciaires et mandataires liquidateurs ayant exercé leurs fonctions pendant trois ans au moins ;

6° Les anciens fonctionnaires de la catégorie A ou les personnes assimilées aux fonctionnaires de cette catégorie ayant exercé pendant cinq ans au moins des activités juridiques ou fiscales dans une administration ou un service public.

Art. R. 742-4 *(Anc. D. n° 87-601, 29 juill. 1987).* – Peuvent être nommées greffiers de tribunal de commerce sans remplir les conditions de diplômes *(Mots rempl., D. n° 2017-893, 6 mai 2017)* « ou de stage prévues respectivement aux 6° et 8° de » l'article R. 742-1 les personnes qui ont suivi avec succès un cycle d'études postsecondaires d'une durée minimale de trois ans, ou d'une durée équivalente à temps partiel dans une université ou un établissement d'enseignement supérieur ou dans un autre établissement d'un niveau équivalent de formation et, le cas échéant, la formation professionnelle requise en plus de ce cycle d'études postsecondaires et qui justifient :

1° De diplômes, certificats ou autres titres permettant l'exercice de la profession dans un État membre de l'Union européenne ou dans un autre État partie à l'accord sur l'Espace économique européen délivrés :

a) Soit par l'autorité compétente de cet État et sanctionnant une formation acquise de façon prépondérante dans l'Espace économique européen ;

b) Soit par un pays tiers, à condition que soit fournie une attestation émanant de l'autorité compétente de l'État membre ou partie qui a reconnu les diplômes, certificats ou autres titres certifiant que leur titulaire a une expérience professionnelle de trois ans au moins dans cet État ;

2° Ou de l'exercice à plein temps de la profession pendant deux ans au moins au cours des dix années précédentes dans un État membre ou partie qui ne réglemente pas l'accès ou l'exercice de cette profession à condition que cet exercice soit attesté par l'autorité compétente de cet État. Toutefois, la condition d'une expérience professionnelle de deux ans n'est pas exigée lorsque le ou les titres de formation détenus par le demandeur sanctionnent une formation réglementée directement orientée vers l'exercice de la profession.

Art. R. 742-5 *(Abr., D. n° 2017-893, 6 mai 2017).*

Art. R. 742-6 *(Mod., D. n° 2017-893, 6 mai 2017).* – Les courtiers interprètes et conducteurs de navires bénéficiant des dispositions prévues à l'article 5 de la loi n° 2001-43 du 16 janvier 2001 portant diverses dispositions d'adaptation au droit communautaire dans le domaine des transports peuvent être dispensés, par décision du garde des Sceaux, ministre de la Justice, après avis du Conseil national des greffiers des tribunaux de commerce, d'une partie du stage prévu au 8° de l'article R. 742-1, dans la limite de la moitié de sa durée.

§ 1-1. – Du concours d'accès à la profession de greffier de tribunal de commerce
(§ créé, D. n° 2017-893, 6 mai 2017)

Art. R. 742-6-1 *(D. n° 2017-893, 6 mai 2017).* – Peuvent se porter candidates au concours d'accès à la profession de greffier de tribunal de commerce les personnes remplissant les conditions mentionnées aux 1° à 6° de l'article R. 742-1.

Le concours a lieu une fois par an.

Le nombre de places offertes chaque année est fixé par arrêté du garde des Sceaux, ministre de la Justice, au regard du nombre des personnes inscrites sur la liste d'aptitude prévue à l'article R. 742-16 ou sur le registre des stages prévu à l'article R. 742-11 et des prévisions de nominations pour les trois années à venir.

Le bureau du Conseil national des greffiers des tribunaux de commerce collecte chaque année auprès des offices toute information lui permettant d'établir ces prévisions, qu'il communique au garde des Sceaux, ministre de la Justice, dans les vingt jours suivant sa demande.

Les modalités d'organisation et le programme des épreuves écrites et orales du concours sont fixés par arrêté du garde des Sceaux, ministre de la Justice, après avis du Conseil national des greffiers des tribunaux de commerce.

La liste des personnes admises à concourir est arrêtée par le garde des Sceaux, ministre de la Justice, au plus tard un mois avant la date de la première épreuve.

Nul ne peut se présenter au concours après trois échecs.

Art. R. 742-6-2 *(D. n° 2017-893, 6 mai 2017)*. – Le concours d'accès à la profession de greffier de tribunal de commerce se déroule devant un jury national qui choisit le sujet des épreuves.

Le jury est composé de deux magistrats de l'ordre judiciaire et d'un greffier de tribunal de commerce, en activité ou honoraires. La présidence est assurée par le magistrat le plus ancien dans le grade le plus élevé.

Le président et les membres du jury sont désignés par arrêté du garde des Sceaux, ministre de la Justice, pour une période de trois ans renouvelable une fois après avis, en ce qui concerne le greffier de tribunal de commerce, du bureau du Conseil national des greffiers des tribunaux de commerce. Des suppléants sont désignés en nombre égal, dans les mêmes conditions.

Des examinateurs spécialisés peuvent être désignés par arrêté du garde des Sceaux, ministre de la Justice, pour assister le jury.

Le jury établit la liste des candidats admis dans l'ordre de leur réussite aux épreuves et l'adresse au garde des Sceaux, ministre de la Justice ainsi qu'au président du Conseil national des greffiers des tribunaux de commerce. Elle est publiée au *Journal officiel* de la République française dans le mois suivant cette transmission.

Le jury peut, dans les conditions fixées par arrêté du garde des Sceaux, ministre de la Justice, ne pas pourvoir toutes les places offertes.

§ 2. – Du stage

Art. R. 742-7 *(Anc. D. n° 87-601, 29 juill. 1987)*. – Le stage de formation à la profession de greffier de tribunal de commerce est réservé aux *(Mots rempl., D. n° 2017-893, 6 mai 2017)* « lauréats du concours d'accès à la profession de greffier de tribunal de commerce ».

Art. R. 742-8 *(Anc. D. n° 87-601, 29 juill. 1987)*. – La durée du stage est d'un an. Elle est réduite à *(Nombre rempl., D. n° 2017-893, 6 mai 2017)* « trois » mois pour les personnes mentionnées à l'article R. 742-3.

Art. R. 742-9 *(Mod., D. n° 2017-893, 6 mai 2017)*. – Le stage est accompli auprès du greffier d'un tribunal de commerce.

Le Conseil national des greffiers des tribunaux de commerce établit chaque année, en accord avec les greffiers des tribunaux de commerce, la liste de propositions de stages comportant au moins autant de propositions que de places offertes au concours.

Les lauréats du concours choisissent leur stage dans l'ordre de leur classement aux épreuves du concours.

Le Conseil national des greffiers des tribunaux de commerce peut, en cas de circonstances particulières, autoriser un candidat à effectuer un stage ne figurant pas sur la liste.

Lorsque la durée du stage est d'un an, le Conseil national des greffiers des tribunaux de commerce peut autoriser le stagiaire à accomplir son stage pour une période d'au moins neuf mois selon les modalités prévues au premier alinéa du présent article et pour une période n'excédant pas trois mois soit auprès d'un avocat, d'un expert-comptable, d'un administrateur judiciaire, d'un mandataire liquidateur, d'un notaire, d'un huissier de justice ou d'un commissaire-priseur judiciaire, soit auprès d'une administration publique ou dans le service juridique ou fiscal d'une entreprise. Le refus d'autoriser ces modalités d'accomplissement du stage peut être déféré à la cour d'appel de Paris dans le délai d'un mois à compter de sa notification à l'intéressé par lettre recommandée avec demande d'avis de réception.

Art. R. 742-10. – Le stagiaire participe à l'activité professionnelle du maître de stage sous la direction et la responsabilité de celui-ci, sans pouvoir se substituer à lui dans les actes de sa fonction *(Mots aj., D. n° 2017-893, 6 mai 2017)* « , dans les conditions définies par le Conseil national des greffiers des tribunaux de commerce ».

Le stage doit correspondre à la durée normale du travail telle qu'elle résulte des règlements, conventions collectives, accords ou usages en vigueur pour la catégorie professionnelle considérée. La rémunération du stagiaire est fixée conformément à ces mêmes règlements, conventions collectives, accords ou usages, sous réserve des dispositions du Code du travail relatives à la promotion individuelle et au congé de formation des salariés.

Le stage peut être accompli à mi-temps. La période ainsi accomplie ne compte que pour la moitié de sa durée.

Art. R. 742-11. – Le Conseil national des greffiers des tribunaux de commerce tient un registre sur lequel est inscrit le nom du stagiaire, le nom du ou des maîtres de stage, les dates de commencement et de fin de stage.

(Al. abr., D. n° 2017-893, 6 mai 2017).

Art. R. 742-12. – *(Mots rempl., D. n° 2017-893, 6 mai 2017)* « Le garde des Sceaux, ministre de la Justice, peut » à tout moment se faire communiquer copie du registre du stage.

Le stagiaire avise le Conseil national de tout changement dans les conditions d'accomplissement du stage.

Art. R. 742-13. – Le stagiaire cesse d'être inscrit sur le registre du stage soit à sa demande, soit *(Mots rempl., D. n° 2017-893, 6 mai 2017)* « lors de son inscription sur la liste d'aptitude prévue à l'article R. 742-16 ».

Art. R. 742-14 *(Mod., D. n° 2017-893, 6 mai 2017).* – Le stagiaire est radié du registre du stage par décision du Conseil national des greffiers des tribunaux de commerce :

1° S'il fait l'objet d'une condamnation pénale pour des faits contraires à l'honneur ou à la probité ;

2° S'il interrompt son stage pendant plus d'un an sans motif valable ;

3° S'il ne valide pas le stage complémentaire prévu à l'article R. 742-15-1.

Le stagiaire peut être radié par décision du Conseil national des greffiers des tribunaux de commerce :

1° S'il méconnaît gravement les obligations du stage ou s'il commet des faits contraires à l'honneur ou à la probité ;

2° S'il s'abstient, sans motif valable, pendant plus de deux ans après le refus de validation de son stage, d'effectuer le stage complémentaire prévu à l'article R. 742-15-1.

Les décisions de radiation, prises après que l'intéressé a été mis en mesure de présenter ses observations, peuvent être déférées dans les deux mois à la cour d'appel de Paris par l'intéressé par lettre recommandée avec demande d'avis de réception.

Art. R. 742-15 *(Rempl., D. n° 2017-893, 6 mai 2017).* – Le stage qui a été régulièrement accompli donne lieu à l'établissement par le maître de stage d'un bilan de stage. Ce document précise la durée de la formation et les modalités de la rémunération du stagiaire et comporte un descriptif des tâches confiées au stagiaire ainsi que les appréciations détaillées du maître de stage sur le stagiaire et sur la qualité de son travail. Ce bilan est communiqué au stagiaire, qui certifie en avoir pris connaissance et peut, le cas échéant, y faire figurer ses observations.

Le bilan de stage est transmis par le maître de stage au Conseil national des greffiers des tribunaux de commerce dans le délai d'un mois suivant la date de fin de stage. Toutefois, le bilan est transmis au Conseil national au moins un mois avant la date fixée pour l'entretien du stagiaire pour les personnes autorisées à être entendues par la commission au cours des trois derniers mois de stage en application du premier alinéa de l'article R. 742-15-1.

Art. R. 742-15-1 *(D. n° 2017-893, 6 mai 2017).* – À l'issue du stage, le stagiaire se présente devant une commission chargée de valider l'expérience acquise. À l'exception des personnes mentionnées à l'article R. 742-3, le stagiaire peut être autorisé par le Conseil national des greffiers des tribunaux de commerce à se présenter devant cette commission au cours des trois derniers mois de stage.

Le bilan de stage mentionné à l'article R. 742-15 est remis à la commission, par le Conseil national des greffiers des tribunaux de commerce, au moins dix jours avant la date de l'entretien.

La commission est composée de deux magistrats de l'ordre judiciaire et d'un greffier de tribunal de commerce en activité ou honoraires. Sa présidence est assurée par le magistrat le plus ancien dans le grade le plus élevé.

Le président et les membres de la commission sont désignés par arrêté du garde des Sceaux, ministre de la Justice, pour une période de trois ans renouvelable une fois, après avis, en ce qui concerne le greffier de tribunal de commerce, du bureau du Conseil national des greffiers des tribunaux de commerce. Des suppléants sont désignés en nombre égal, dans les mêmes conditions.

Les membres de la commission ne peuvent être les mêmes que ceux composant le jury prévu à l'article R. 742-6-2.

Afin d'éclairer son appréciation, la commission peut demander à entendre le maître de stage.

Les conditions de validation du stage et les modalités d'organisation de l'entretien de fin de stage sont fixées par arrêté du garde des Sceaux, ministre de la Justice.

Le refus de validation du stage fait l'objet d'une décision motivée de la commission. Le Conseil national des greffiers des tribunaux de commerce propose alors au candidat d'effectuer un stage complémentaire auprès d'un greffe que le Conseil détermine, pour une durée fixée par la commission et qui ne peut être supérieure à celle du stage initial.

À l'issue du stage complémentaire, l'expérience acquise par le stagiaire est évaluée dans les mêmes conditions que celles prévues aux alinéas précédents.

Le refus de validation du stage complémentaire fait l'objet d'une décision motivée de la commission.

La décision de refus de validation du stage ou du stage complémentaire peut être déférée à la cour d'appel de Paris dans le délai de deux mois à compter de sa notification à l'intéressé.

§ 3. – De la liste d'aptitude
(§ rempl., D. n° 2017-893, 6 mai 2017)

Art. R. 742-16 *(Rempl., D. n° 2017-893, 6 mai 2017).* – Le garde des Sceaux, ministre de la Justice, établit chaque année, par arrêté publié au *Journal officiel* de la République française, la liste d'aptitude à la profession de greffier de tribunal de commerce.

Art. R. 742-17 *(Rempl., D. n° 2017-893, 6 mai 2017).* – Sont inscrits sur la liste d'aptitude, les lauréats du concours ayant validé leur stage ou bénéficiant d'une dispense de stage en application des articles R. 742-2 ou R. 742-4, par ordre de réussite au concours. Les lauréats d'une promotion donnée sont inscrits dans cet ordre, à la suite des lauréats de la promotion précédente.

Art. R. 742-17-1 *(D. n° 2017-893, 6 mai 2017).* – Toute personne figurant sur la liste d'aptitude cesse d'y être inscrite à sa demande, à la date de sa nomination en qualité de greffier de tribunal de commerce ou à l'issue d'un délai de cinq ans.

Un délai supplémentaire de six mois d'inscription sur la liste peut être accordé par le garde des Sceaux, ministre de la Justice, aux personnes justifiant d'un projet en cours susceptible d'aboutir à une nomination, pour mettre en œuvre ce projet. La demande de prolongation est adressée par téléprocédure sur le site internet du ministère de la Justice, au plus tard deux mois avant l'expiration du délai de cinq ans mentionné à l'alinéa précédent. La demande est accompagnée de la copie d'une pièce d'identité et de tout document permettant de justifier du projet.

Sous-section 2. – De la nomination

Art. R. 742-18 *(Rempl., D. n° 2017-893, 6 mai 2017 ; D. n° 2019-162, 5 mars 2019).* – Peuvent être nommées greffier de tribunal de commerce par arrêté du garde des sceaux, ministre de la justice :

1° Les personnes inscrites sur la liste d'aptitude prévue à l'article R. 742-16 ;

2° Les personnes qui, ayant réussi le concours et validé le stage dans les conditions prévues à l'article R. 742-15-1 ou bénéficiant d'une dispense de stage, ont vocation à être inscrites sur la liste d'aptitude prévue à l'article R. 742-16 lors de sa prochaine publication ;

3° Les personnes précédemment nommées greffier de tribunal de commerce, sous réserve qu'elles remplissent toujours les conditions prévues aux 1° à 5° de l'article R. 742-1.

§ 1. – Nomination aux offices créés ou vacants
(Division créée, D. n° 2017-893, 6 mai 2017)

Art. R. 742-19 *(Rempl., D. n° 2017-893, 6 mai 2017 ; D. n° 2019-162, 5 mars 2019).* – La création d'un office de greffier de tribunal de commerce fait l'objet d'une publicité par arrêté du garde des sceaux, ministre de la justice, indiquant le montant de l'indemnité et fixant la date limite de dépôt des candidatures à l'office. Le délai imparti aux candidats pour adresser leur candidature ne peut être inférieur à trente jours à compter de la publication de l'arrêté au *Journal officiel* de la République française.

Art. R. 742-20 *(Abr., D. n° 2017-893, 6 mai 2017).*

Art. R. 742-21 *(Mod., D. n° 2009-452, 22 avr. 2009 ; rempl., D. n° 2017-893, 6 mai 2017 ; D. n° 2019-162, 5 mars 2019).* – Chaque candidature est adressée au garde des sceaux, ministre de la justice, par téléprocédure sur le site internet du ministère de la justice.

La candidature doit être accompagnée d'un engagement à payer l'indemnité fixée conjointement par le garde des sceaux, ministre de la justice, et le ministre chargé du budget. Lorsque le candidat doit contracter un emprunt, la demande est accompagnée des éléments permettant d'apprécier ses possibilités financières au regard des engagements contractés.

Le garde des sceaux, ministre de la justice, fait procéder à une enquête sur l'honorabilité et les capacités professionnelles des candidats. Le bureau du Conseil national des greffiers des tribunaux de commerce lui communique, dans les vingt jours suivant sa demande, toute information dont il dispose sur ces deux éléments.

Art. R. 742-22 *(Rempl., D. n° 2017-893, 6 mai 2017 ; D. n° 2019-162, 5 mars 2019).* – Lorsqu'il sélectionne un lauréat du concours prévu à l'article R. 742-6-1, le garde des sceaux, ministre de la justice, désigne, parmi les candidats issus d'une même promotion, le cas échéant, le candidat le mieux classé.

Lorsqu'il sélectionne une société composée pour tout ou partie de lauréats du concours prévu à l'article R. 742-6-1, le garde des sceaux, ministre de la justice, s'assure qu'il n'y a pas, parmi les autres candidats remplissant les conditions de nomination et s'étant engagé à payer l'indemnité, de lauréat issu de la même promotion et mieux classé que l'un quelconque des associés de ladite société.

Lorsque se portent candidates plusieurs sociétés dont chacune comporte un associé mieux classé que l'un des associés de l'autre société et qu'aucun autre candidat remplissant les conditions de l'alinéa précédent n'est mieux placé, le garde des sceaux, ministre de la justice, désigne l'une ou l'autre de ces sociétés.

Art. R. 742-23 *(Mod., D. n° 2017-893, 6 mai 2017).* – En l'absence de candidature le garde des Sceaux, ministre de la Justice, peut, dans les conditions prévues à l'article R. 742-19, ouvrir un nouveau délai pour le dépôt des candidatures. Celles-ci sont présentées et instruites, conformément aux dispositions de l'article R. 742-21.

Ces dispositions sont également applicables si le garde des Sceaux, ministre de la Justice, ne retient aucun des candidats.

Lorsque le candidat nommé est déclaré démissionnaire en application de l'article R. 742-31, le garde des Sceaux, ministre de la Justice, peut nommer un autre candidat, après nouvel examen des candidatures, dans les conditions prévues à l'article R. 742-21. À défaut d'acceptation de l'intéressé ou si aucun candidat n'est nommé, le garde des Sceaux, ministre de la Justice, peut ouvrir une nouvelle procédure dans les conditions définies aux articles R. 742-19 et R. 742-21.

Art. R. 742-24 *(Mod., D. n° 2017-893, 6 mai 2017).* – Lorsqu'un office de greffier de tribunal de commerce ne peut être pourvu par l'exercice du droit de présentation, cet office est déclaré vacant par décision du garde des Sceaux, ministre de la Justice, et il y est pourvu dans les conditions prévues aux articles R. 742-19 à R. 742-23.

La candidature doit être accompagnée d'un engagement à payer l'indemnité fixée par le garde des Sceaux, ministre de la Justice. Lorsque le candidat doit contracter un emprunt, la demande est accompagnée des éléments permettant d'apprécier ses possibilités financières au regard des engagements contractés.

§ 2. – Nomination en cas de suppression d'office

(Division créée, D. n° 2017-893, 6 mai 2017)

Art. R. 742-25 *(Anc. D. n° 77-828, 20 juill. 1977 ; mod., D. n° 2019-966, 18 sept. 2019).* – Le greffier d'un tribunal de commerce supprimé est nommé greffier d'un tribunal de commerce créé sans qu'il y ait lieu de recourir à la procédure prévue aux articles R. 742-19 à R. 742-23, dans les hypothèses suivantes :

1° Lorsque le tribunal de commerce créé a le même ressort que le tribunal supprimé, la modification affectant seulement la commune siège du tribunal ;

2° Lorsque le ressort du tribunal de commerce créé couvre en partie le ressort du tribunal de commerce supprimé et que son siège se situe dans le ressort du tribunal supprimé ;

3° Lorsque le ressort d'un tribunal de commerce couvre l'intégralité du ressort du tribunal de commerce supprimé ainsi que tout ou partie du ressort d'un tribunal judiciaire compétent en application de l'article L. 721-2, dans les matières attribuées aux tribunaux de commerce ;

4° Lorsque le ressort d'un tribunal de commerce créé couvre l'intégralité du ressort d'un tribunal de commerce supprimé ainsi qu'une partie du ressort d'un ou plusieurs tribunaux de commerce maintenus.

Cette dérogation ne bénéficie au greffier intéressé que pour sa nomination dans un seul office.

NB : Conformément à l'article 9 du décret n° 2019-966 du 18 septembre 2019, les présentes dispositions entrent en vigueur le 1er janvier 2020.

Art. R. 742-26 *(Anc. D. n° 77-828, 20 juill. 1977).* – Il n'y a pas lieu de recourir à la procédure prévue aux articles *(Réf. rempl., D. n° 2017-893, 6 mai 2017)* « à R. 742-23 » pour nommer greffier du nouveau tribunal une personne physique ou morale qui, en application de l'article R. 742-29, est greffier de chacun des tribunaux supprimés.

Art. R. 742-27 *(Anc. D. n° 77-828, 20 juill. 1977).* – Il n'y a pas lieu d'attendre l'expiration du délai prévu au premier alinéa de l'article R. 743-169 lorsque des indemnités sont dues, en vertu des dispositions des articles R. 743-169 et R. 743-176, à la suite du regroupement de deux ou plusieurs tribunaux de commerce.

§ 3. – Nomination sur présentation

(Division créée, D. n° 2017-893, 6 mai 2017)

Art. R. 742-27-1 *(D. n° 2017-893, 6 mai 2017 ; D. n° 2019-162, 5 mars 2019).* – Le greffier de tribunal de commerce qui souhaite exercer son droit de présentation informe le garde des sceaux, ministre de la justice, par téléprocédure sur le site internet du ministère de la justice, de ce projet ainsi que du montant de l'indemnité demandée à ce titre, qui correspond à la valeur de l'office.

Sauf lorsque l'indemnité demandée apparaît manifestement excessive, un arrêté du garde des sceaux, ministre de la justice, assure la publicité de cette annonce et précise la date limite de dépôt des candidatures. Le délai imparti aux candidats pour adresser leur candidature ne peut être inférieur à trente jours à compter de la publication de l'arrêté au *Journal officiel* de la République française. Les candidatures sont adressées, par lettre recommandée avec demande d'avis de réception ou tout autre moyen permettant d'en assurer la réception, au greffier du tribunal de commerce.

Le greffier sélectionne son successeur parmi les candidats, dans un délai de six mois à compter de la date limite de dépôt des candidatures. Si ce délai n'est pas respecté, l'office est déclaré vacant en application de R. 742-24, sauf à ce que le greffier ait expressément notifié au garde des sceaux, ministre de la justice, par téléprocédure sur le site internet du ministère de la justice, dans ce même délai, son intention de se rétracter.

Art. R. 742-27-2 *(D. n° 2017-893, 6 mai 2017).* – Lorsqu'il sélectionne un lauréat du concours prévu à l'article R. 742-6-1, le greffier désigne, parmi les candidats issus d'une même promotion, le candidat le mieux classé, sous réserve que celui-ci s'engage à s'acquitter de l'indemnité demandée.

Lorsqu'il sélectionne une société composée pour tout ou partie de lauréats du concours prévu à l'article R. 742-6-1, le greffier s'assure qu'il n'y a pas, parmi les autres candidats remplissant les conditions pour être nommés et s'étant engagés à payer l'indemnité demandée, de lauréat issu de la même promotion et mieux classé que l'un quelconque des associés de ladite société.

Lorsque se portent candidates plusieurs sociétés dont chacune comporte un associé mieux classé que l'un des associés de l'autre société et qu'aucun autre candidat remplissant les conditions prévus à l'alinéa précédent n'est mieux placé, le greffier désigne l'une ou l'autre de ces sociétés.

Art. R. 742-28 *(Mod., D. n° 2009-452, 22 avr. 2009 ; D. n° 2017-893, 6 mai 2017).* – Le candidat sélectionné pour succéder à un greffier de tribunal de commerce sollicite l'agrément du garde des Sceaux, ministre de la Justice, dans les formes prévues au présent article.

La demande de nomination est présentée au garde des Sceaux, ministre de la Justice, par téléprocédure sur le site internet du ministère de la Justice. Elle est accompagnée de toute pièce justificative, et notamment des conventions intervenues entre le titulaire de l'office ou ses ayants droit et le candidat.

Lorsque ce dernier doit contracter un emprunt, elle est en outre accompagnée des éléments permettant d'apprécier ses possibilités financières au regard des engagements contractés.

Le Conseil national des greffiers des tribunaux de commerce communique au garde des Sceaux, ministre de la Justice, dans les vingt jours suivant sa demande, toute information dont il dispose permettant d'apprécier les capacités professionnelles et l'honorabilité du cessionnaire.

La nomination est prononcée par le garde des Sceaux, ministre de la Justice.

§ 4. – Multititularité et bureaux annexes

(Division créée, D. n° 2017-893, 6 mai 2017)

Art. R. 742-29 *(COJ, art. R. 821-4 ; mod., D. n° 2019-162, 5 mars 2019).* – Une même personne peut, à sa demande, être nommée greffier de plusieurs tribunaux de commerce dont le siège est situé dans le même ressort de cour d'appel.

Art. R. 742-30 *(COJ, art. R. 821-4-1).* – Le garde des Sceaux peut décider, dans les limites du ressort d'un tribunal de commerce et avec l'accord du greffier ou sur sa demande, la création d'un ou plusieurs greffes annexes. La décision fixe les conditions d'ouverture de ces greffes au public.

Préalablement à sa décision, le garde des Sceaux consulte le Conseil national des greffiers des tribunaux de commerce par lettre recommandée avec demande d'avis de réception. Celui-ci doit faire parvenir ses observations dans les deux mois de sa saisine. Faute de réponse dans ce délai, l'avis est réputé favorable.

Le garde des Sceaux peut décider la fermeture du ou des greffes annexes, soit à la demande du greffier, soit d'office, après consultation du Conseil national effectuée dans les formes prévues à l'alinéa précédent.

Sous-section 3. – De l'entrée en fonctions, de la limite d'âge et de l'honorariat

(Intitulé rempl., D. n° 2017-893, 6 mai 2017)

Art. R. 742-31 *(Anc. D. n° 87-601, 29 juill. 1987).* – Dans le mois de leur nomination, les greffiers des tribunaux de commerce prêtent serment devant le tribunal de commerce, en ces termes :

« Je jure de loyalement remplir mes fonctions avec exactitude et probité et d'observer en tout les devoirs qu'elles m'imposent. »

Ils ne peuvent exercer leurs fonctions qu'à compter du jour de leur prestation de serment.

Tout greffier de tribunal de commerce qui ne prête pas le serment professionnel dans le mois de la publication de sa nomination au *Journal officiel* est déclaré démissionnaire de ses fonctions, sauf s'il peut justifier d'un motif valable.

Art. R. 742-31-1 *(D. n° 2017-893, 6 mai 2017).* – La demande d'autorisation de prolongation d'activité prévue à l'article L. 741-1 est présentée au garde des Sceaux, ministre de la Justice, par téléprocédure sur le site internet du ministère de la Justice, au plus tard deux mois avant le soixante-dixième anniversaire de l'intéressé.

Art. R. 742-32 *(Anc. D. n° 87-601, 29 juill. 1987).* – Le titre de greffier honoraire de tribunal de commerce peut être conféré par le procureur général près la cour d'appel aux greffiers des tribunaux de commerce qui ont exercé leurs fonctions pendant au moins vingt ans.

Voir aussi : A. 4 octobre 1988 fixant la liste des diplômes reconnus comme équivalents à la licence en droit pour l'exercice de la profession de greffier de tribunal de commerce (*JO* 13 oct.).

Section II. – Des conditions d'accès aux professions judiciaires et juridiques de certains greffiers de tribunal de commerce

Art. R. 742-33 *(Anc. D. n° 99-1017, 1er déc. 1999 ; mod., D. n° 2008-786, 18 août 2008).* – Le greffier d'un tribunal de commerce dont au moins l'un des offices est supprimé par suite d'une nouvelle délimitation de circonscriptions judiciaires et qui a exercé ses fonctions pendant trois ans au moins peut, sur demande présentée dans le délai de deux ans à compter de la suppression de son office, accéder aux professions d'administrateur judiciaire, d'avocat, *(Mots suppr., D. n° 2012-634, 3 mai 2012)* « ... » de commissaire-priseur judiciaire, d'huissier de justice, de mandataire judiciaire et de notaire, dans les conditions prévues à la présente section.

Art. R. 742-34 *(Anc. D. n° 99-1017, 1er déc. 1999).* – Le greffier mentionné à l'article R. 742-33 bénéficie d'une dispense de diplôme et d'examen d'aptitude pour l'accès aux professions mentionnées à cet article.

Art. R. 742-35 *(Anc. D. n° 99-1017, 1er déc. 1999 ; mod., D. n° 2008-786, 18 août 2008 ; D. n° 2012-634, 3 mai 2012).* – Le garde des Sceaux, ministre de la Justice peut, sur proposition de la commission prévue à l'article R. 742-36, faire bénéficier le greffier mentionné à l'article R. 742-33 d'une dispense partielle du stage prévu aux articles L. 811-5 et L. 812-3, à l'article 2 du décret du 19 juin 1973 relatif à la formation professionnelle des commissaires-priseurs et aux conditions d'accès à cette profession, à l'article 3 du décret du 5 juillet 1973 relatif à la formation professionnelle dans le notariat et aux conditions d'accès aux fonctions de notaire et au 6° de l'article 1er du décret du 14 août 1975 relatif aux conditions d'accès à la profession d'huissier de justice.

La dispense accordée en application de l'alinéa précédent ne peut aboutir à réduire la durée du stage à moins de six mois.

La commission peut en outre proposer au garde des Sceaux, ministre de la Justice d'imposer au greffier demandeur de suivre, pendant la durée de son stage, une formation complémentaire liée au caractère particulier de la profession à laquelle il souhaite accéder.

Art. R. 742-36 *(Anc. D. n° 99-1017, 1er déc. 1999 ; mod., D. n° 2020-1616, 17 déc. 2020).* – Il est institué une commission compétente pour émettre les propositions de dispense de stage prévues à l'article R. 742-35 ; elle est composée ainsi qu'il suit :

1° Trois greffiers des tribunaux de commerce nommés sur proposition du Conseil national des greffiers des tribunaux de commerce ; ils ne peuvent siéger lorsqu'ils sont personnellement intéressés ;

2° Deux membres de la profession à laquelle souhaite accéder le candidat, en activité ou honoraires, nommés sur proposition de leur instance représentative nationale.

Le président, choisi parmi les trois membres greffiers des tribunaux de commerce, et les autres membres de la commission sont nommés pour trois ans, par arrêté du ministre de la justice. Des membres suppléants sont nommés en nombre égal dans les mêmes conditions. Si l'un des membres cesse d'exercer ses fonctions pour quelque cause que ce soit, il est remplacé pour la durée du mandat restant à courir.

Le secrétariat de la commission est assuré par un fonctionnaire du ministère de la justice. La commission siège au ministère de la justice.

La commission se réunit sur convocation de son président. Elle ne délibère valablement que si, outre le président, au moins un greffier de tribunal de commerce est présent ainsi qu'un représentant de la profession concernée par la demande de dispense. Elle se prononce à la majorité des voix. En cas de partage égal des voix, celle du président est prépondérante.

NB : Conformément à l'article 11 du décret n° 2020-1616 du 17 décembre 2020, ces dispositions entrent en vigueur le lendemain de la publication du présent décret. *Elles prennent effet pour chaque* commission à l'expiration des mandats en cours à cette date.

Art. R. 742-37 *(Anc. D. n° 99-1017, 1er déc. 1999).* – Le greffier d'un tribunal de commerce qui souhaite bénéficier des dispositions de l'article R. 742-35 adresse sa demande par lettre recommandée avec demande d'avis de réception, ou la remet contre récépissé, au secrétariat de la commission. La demande est accompagnée de tous renseignements et documents utiles, notamment ceux relatifs à l'expérience professionnelle du demandeur et à ses travaux, diplômes et publications. Le demandeur précise, en outre, la profession qu'il entend choisir et son mode d'exercice, en adressant tous actes ou documents justificatifs.

Le président de la commission peut désigner au sein de celle-ci un ou plusieurs rapporteurs. La commission peut recueillir toute information qu'elle estime utile à l'instruction de la demande, notamment tout renseignement relatif à l'exercice par le greffier demandeur de sa profession et au fonctionnement de son greffe. Elle peut procéder à l'audition du candidat.

La proposition motivée de la commission est formulée dans les trois mois de la réception de la demande ; dans les quinze jours de sa formulation, elle est adressée au garde des Sceaux, ministre de la Justice. La proposition de la commission est réputée conforme à la demande présentée par le greffier si elle n'est pas émise dans le délai précité.

Le garde des Sceaux, ministre de la Justice, notifie sa décision au demandeur, par lettre recommandée avec demande d'avis de réception.

Art. R. 742-38 *(Anc. D. n° 99-1017, 1er déc. 1999).* – Dans le délai de six mois qui suit l'accomplissement du stage prévu à l'article R. 742-35, le greffier saisit à nouveau la commission afin que celle-ci examine, au vu des appréciations du maître de stage ainsi que de la nature et de la qualité du travail qu'il a effectué, s'il peut accéder à la profession souhaitée. La procédure suivie devant la commission est la même que celle prévue aux trois premiers alinéas de l'article R. 742-37.

Le garde des Sceaux, ministre de la Justice, notifie sa décision dans les mêmes formes que celles prévues au quatrième alinéa de l'article R. 742-37. Cette décision est caduque si son bénéficiaire n'a pas, dans les cinq ans de la date à laquelle elle lui a été notifiée, sollicité sa nomination aux fonctions pour lesquelles il avait demandé le bénéfice d'une dispense.

Section III. – De la formation professionnelle continue des greffiers des tribunaux de commerce

(Sect. créée à compter du 1er janv. 2012, D. n° 2011-1230, 3 oct. 2011)

Art. R. 742-39. – La formation continue prévue par l'article L. 743-15 assure la mise à jour et le perfectionnement des connaissances nécessaires à l'exercice de sa profession par le greffier de tribunal de commerce.

La durée de la formation continue est de vingt heures au cours d'une année civile ou de quarante heures au cours de deux années consécutives.

L'obligation de formation continue est satisfaite :

1° Par la participation à des actions de formation à caractère juridique ou professionnel dispensées par le Conseil national des greffiers des tribunaux de commerce ou par des établissements universitaires ;

2° Par la participation à des formations, habilitées par le Conseil national des greffiers des tribunaux de commerce, dispensées par des greffiers des tribunaux de commerce ou des établissements d'enseignement ;

3° Par l'assistance à des colloques ou à des conférences à caractère juridique ayant un lien avec l'activité professionnelle de greffier de tribunal de commerce ;

4° Par le fait de dispenser des enseignements à caractère juridique ayant un lien avec l'activité professionnelle de greffier de tribunal de commerce, dans un cadre universitaire ou professionnel ;

5° Par la publication de travaux à caractère juridique.

Au cours des deux premières années d'exercice professionnel, cette formation inclut dix heures au moins portant sur la gestion d'un office, la déontologie et le statut professionnel. Toutefois, au cours de cette même période, les personnes mentionnées à l'article R. 742-3 consacrent la totalité de leur obligation de formation à ces matières.

Les décisions déterminant les modalités de mise en œuvre des dispositions du présent article par le Conseil national des greffiers des tribunaux de commerce sont notifiées au garde des Sceaux, ministre de la Justice, dans le délai de trente jours.

Art. R. 742-40. – Les greffiers des tribunaux de commerce déclarent, au plus tard le 31 janvier de chaque année civile, au Conseil national des greffiers des tribunaux de commerce les conditions dans lesquelles ils ont satisfait à leur obligation de formation continue au cours de l'année écoulée. Les justificatifs utiles à la vérification du respect de cette obligation sont joints à cette déclaration.

Le Conseil national contrôle l'accomplissement effectif de l'obligation de formation continue des greffiers des tribunaux de commerce en vérifiant les critères des formations suivies ainsi que leur lien nécessaire avec l'activité de greffier de tribunal de commerce.

CHAPITRE III. – DES CONDITIONS D'EXERCICE

Section I. – De l'inspection et de la discipline

Sous-section 1. – De l'inspection

Art. R. 743-1 *(COJ, art. R. 821-5).* – Sans préjudice des dispositions de l'article R. 213-29 du Code de l'organisation judiciaire, chaque greffe de tribunal de commerce fait l'objet d'une inspection au moins une fois tous les quatre ans. Il peut, en outre, être soumis à des inspections occasionnelles inopinées portant sur un domaine particulier de l'activité professionnelle du greffier ou sur l'ensemble de celle-ci.

Chaque inspection est prescrite par le garde des Sceaux, ministre de la Justice, soit d'office, soit à la demande du président du tribunal de commerce ou du président du Conseil national des greffiers des tribunaux de commerce. Elle est conduite par le procureur de la République. Elle est réalisée par un ou plusieurs inspecteurs désignés par le garde des Sceaux, ministre de la Justice, parmi les greffiers des tribunaux de commerce en activité ou parmi les greffiers honoraires ayant cessé leur activité depuis moins de trois ans.

Les greffiers ainsi désignés sont choisis sur une liste comprenant quarante noms au moins, établie avant le début de chaque année par le bureau du Conseil national des greffiers des tribunaux de commerce.

Avant le début de chaque année, le bureau du Conseil national adresse également au garde des Sceaux, ministre de la Justice, la liste des greffiers proposés pour faire l'objet d'une inspection périodique au cours de l'année suivante.

Art. R. 743-2 *(COJ, art. R. 821-6 ; mod., D. n° 2016-1905, 27 déc. 2016).* – L'inspection générale de la justice peut également, à la demande du garde des Sceaux, ministre de la Justice, procéder à des inspections occasionnelles inopinées portant sur l'ensemble de l'activité du greffier. Il peut à cette fin demander le concours des inspecteurs mentionnés à l'article R. 743-1 ou leur avis technique sur la comptabilité du greffe.

Art. R. 743-3 *(COJ, art. R. 821-7 ; mod., D. n° 2016-1905, 27 déc. 2016).* – L'inspection générale de la justice ainsi que les inspecteurs mentionnés à l'article R. 743-1 disposent, dans l'exécution de leur mission, d'un pouvoir général d'investigation et de contrôle.

Ils peuvent se faire assister d'un expert-comptable et d'un commissaire aux comptes. Les frais occasionnés par cette assistance sont avancés par le Conseil national des greffiers des tribunaux de commerce ; ils sont recouvrés sur le greffier du tribunal de commerce inspecté si celui-ci est l'objet d'une sanction disciplinaire.

Le personnel du greffe inspecté doit répondre aux questions qui lui sont posées par les inspecteurs et doit leur fournir toutes informations utiles à l'accomplissement de leur mission.

Art. R. 743-4 *(COJ, art. R. 821-8).* – Sauf dans les cas prévus à l'article R. 743-2, les inspecteurs mentionnés à l'article R. 743-1 adressent un compte rendu de leur mission au procureur de la République. Les inspections occasionnelles donnent lieu à l'établissement d'un rapport détaillé.

Ces documents sont transmis au garde des Sceaux, ministre de la Justice, à l'issue de chaque inspection. Copie en est communiquée au président du Conseil national des greffiers des tribunaux de commerce et au président du tribunal de commerce lorsque l'inspection a été prescrite à la demande de ce dernier.

Sous-section 2. – De la discipline

Art. R. 743-5 *(COJ, art. R. 822-19).* – Les dispositions du Code de procédure civile s'appliquent pour tout ce qui n'est pas réglé par les dispositions de procédure contenues dans le présent chapitre.

§ 1. – De l'enquête disciplinaire

Art. R. 743-6 *(COJ, art. R. 822-1).* – Le président du Conseil national des greffiers des tribunaux de commerce peut, soit de sa propre initiative, soit à la demande du procureur de la République ou sur la plainte de toute personne intéressée, procéder à une enquête sur le comportement d'un greffier du tribunal de commerce.

Il peut désigner à cette fin un rapporteur parmi les membres ou anciens membres du Conseil national des greffiers des tribunaux de commerce. Le rapporteur ainsi désigné ne peut pas siéger dans la formation disciplinaire de ce Conseil appelée à délibérer sur l'affaire.

Il peut être procédé à l'audition de toute personne susceptible d'éclairer l'enquête. Il est dressé un procès-verbal de cette audition, signé par la personne entendue et annexé au rapport d'enquête.

Lorsque la personne entendue est le greffier du tribunal de commerce dont le comportement est mis en cause, une convocation lui est adressée par lettre recommandée avec demande d'avis de réception. Il peut se faire assister d'un avocat ou d'un autre greffier de tribunal de commerce.

Art. R. 743-7 *(COJ, art. R. 822-1-1).* – Au vu des éléments recueillis au cours de l'enquête disciplinaire, le président du Conseil national des greffiers des tribunaux de commerce classe l'affaire ou exerce l'action disciplinaire.

Il en avise le procureur de la République, auquel il communique le rapport d'enquête. Le cas échéant, il informe le plaignant de sa décision.

Lorsque le président du Conseil national des greffiers des tribunaux de commerce, saisi d'une demande d'enquête par le procureur de la République ou sur la plainte d'une personne intéressée, décide de ne pas y donner suite, il en avise l'auteur de la demande.

§ 2. – De la procédure devant la formation disciplinaire du Conseil national des greffiers des tribunaux de commerce

Art. R. 743-8 *(COJ, art. R. 822-2 ; mod., D. n° 2019-966, 18 sept. 2019).* – La formation disciplinaire du Conseil national des greffiers des tribunaux de commerce est saisie par la dénonciation des faits motivant les poursuites que lui adresse soit le président du Conseil national des greffiers des tribunaux de commerce, soit le procureur de la République.

Lorsque l'action disciplinaire est exercée par le président du Conseil national des greffiers des tribunaux de commerce, ce dernier adresse une copie de l'acte de poursuite, par lettre recommandée avec demande d'avis de réception, au procureur de la République ou, si le greffier est titulaire de plusieurs greffes établis dans le ressort de plusieurs tribunaux judiciaires, à chacun des procureurs de la République compétents.

À compter de la réception de l'acte de poursuite, le procureur de la République près le tribunal judiciaire, désigné le cas échéant conformément au deuxième alinéa de l'article R. 743-12, dispose d'un délai d'un mois pour citer le greffier intéressé devant le tribunal judiciaire statuant disciplinairement. S'il use de cette faculté, il notifie une copie de la citation au président du Conseil national des greffiers des tribunaux de commerce et au président de sa formation disciplinaire. À défaut, l'instance se poursuit devant la formation disciplinaire du Conseil national des greffiers des tribunaux de commerce.

NB : Conformément à l'article 9 du décret n° 2019-966 du 18 septembre 2019, les présentes dispositions entrent en vigueur le 1er janvier 2020.

Art. R. 743-9 *(COJ, art. R. 822-3).* – Le greffier du tribunal de commerce appelé à comparaître devant la formation disciplinaire du Conseil national des greffiers des tribunaux de commerce est convoqué au moins quinze jours à l'avance, par lettre recommandée avec demande d'avis de réception, à la diligence de l'autorité qui exerce l'action disciplinaire.

La convocation comporte, à peine de nullité, l'indication précise des faits qui fondent les poursuites et la référence des dispositions législatives ou réglementaires énonçant les obligations auxquelles il est reproché au greffier poursuivi d'avoir contrevenu.

Les pièces du dossier de la procédure disciplinaire, et notamment le rapport d'enquête disciplinaire et ses annexes, sont cotées et numérotées. Le greffier du tribunal de commerce poursuivi ou son conseil peut en prendre connaissance auprès du secrétariat de la formation disciplinaire du Conseil national.

Art. R. 743-10 *(COJ, art. R. 822-4).* – La formation disciplinaire du Conseil national des greffiers des tribunaux de commerce ne peut valablement délibérer que si tous ses membres titulaires ou suppléants sont présents.

Les débats sont publics. Toutefois, la formation disciplinaire du Conseil national des greffiers des tribunaux de commerce peut, à la demande du procureur de la République, du président du Conseil national des greffiers des tribunaux de commerce ou du greffier poursuivi, ou s'il doit résulter de la publicité de ces débats une atteinte à l'intimité de la vie privée, décider qu'ils auront lieu ou se poursuivront en chambre du conseil.

Art. R. 743-11 *(COJ, art. R. 822-5).* – Le greffier du tribunal de commerce comparaît en personne. Il peut se faire assister par un avocat et, s'il le désire, par un autre greffier de tribunal de commerce.

Le président du Conseil national des greffiers des tribunaux de commerce est entendu, ainsi que le procureur de la République s'il a exercé l'action disciplinaire.

Le dispositif de la décision disciplinaire est lu en audience publique.

Cette décision est notifiée à l'intéressé, au procureur de la République et au président du Conseil national des greffiers des tribunaux de commerce. La notification est faite dans les quinze jours du prononcé de la décision, par lettre recommandée avec demande d'avis de réception.

Le cas échéant, le plaignant est avisé lorsque la décision est passée en force de chose jugée.

§ 3. – De la procédure devant le tribunal judiciaire statuant disciplinairement

Art. R. 743-12 *(COJ, art. R. 822-6 ; mod., D. n° 2019-966, 18 sept. 2019).* – Le tribunal judiciaire est saisi, en matière disciplinaire, par la citation délivrée au greffier du tribunal de commerce poursuivi à la requête du procureur de la République ou du président du Conseil national des greffiers des tribunaux de commerce, quinze jours au moins avant l'audience.

Si le greffier du tribunal de commerce est titulaire de plusieurs greffes établis dans le ressort de plusieurs tribunaux judiciaires, l'autorité qui prend l'initiative de l'action disciplinaire saisit par requête le premier président de la cour d'appel, aux fins de désignation de la juridiction compétente. La décision du premier président de la cour d'appel est une mesure d'administration judiciaire.

La citation devant le tribunal judiciaire statuant en matière disciplinaire comporte, à peine de nullité, l'indication précise des faits qui fondent les poursuites et la référence des dispositions législatives ou réglementaires énonçant les obligations auxquelles il est reproché au greffier poursuivi d'avoir contrevenu.

Toute personne qui se prétend lésée peut demander des dommages-intérêts au tribunal judiciaire saisi.

NB : Conformément à l'article 9 du décret n° 2019-966 du 18 septembre 2019, les présentes dispositions entrent en vigueur le 1er janvier 2020.

Art. R. 743-13 *(COJ, art. R. 822-6-1 ; mod., D. n° 2019-966, 18 sept. 2019).* – Le greffier du tribunal de commerce cité à comparaître ou son conseil peut prendre connaissance de son dossier auprès du greffe du tribunal judiciaire.

NB : Conformément à l'article 9 du décret n° 2019-966 du 18 septembre 2019, les présentes dispositions entrent en vigueur le 1er janvier 2020.

Art. R. 743-14 *(COJ, art. R. 822-6-2 ; mod., D. n° 2019-966, 18 sept. 2019).* – Le greffier du tribunal de commerce comparaît en personne. Il peut se faire assister par un avocat et, s'il le désire, par un autre greffier de tribunal de commerce.

Les débats sont publics, le ministère public entendu. Toutefois, le tribunal judiciaire peut, à la demande du procureur de la République, du président du Conseil national des greffiers des tribunaux de commerce ou du greffier poursuivi, ou s'il doit résulter de la publicité de ces débats une atteinte à l'intimité de la vie privée, décider qu'ils auront lieu ou se poursuivront en chambre du conseil.

Le tribunal peut entendre la personne qui se prétend lésée par les faits reprochés au greffier du tribunal de commerce poursuivi.

Il peut ordonner toutes mesures d'instruction et faire procéder à toutes auditions.

Le président du Conseil national des greffiers des tribunaux de commerce est entendu s'il a exercé l'action disciplinaire.

NB : Conformément à l'article 9 du décret n° 2019-966 du 18 septembre 2019, les présentes dispositions entrent en vigueur le 1er janvier 2020.

Art. R. 743-15 *(COJ, art. R. 822-6-3 ; mod., D. n° 2019-1333, 11 déc. 2019).* – Le dispositif du jugement est lu en audience publique.

Le jugement est signifié à l'intéressé.

NB : Conformément au I de l'article 55 du décret n° 2019-1333, les présentes dispositions entrent en vigueur le 1er janvier 2020 et sont applicables aux instances en cours.

Conformément à l'article 22 du décret n° 2019-1419 du 20 décembre 2019, les dispositions qui résultent du décret précité s'appliquent aux instances introduites à compter du 1er janvier 2020.

§ 4. – **De l'administration provisoire**

Art. R. 743-16 *(COJ, art. R. 822-7)*. – **Les peines disciplinaires du rappel à l'ordre, de l'avertissement, du blâme et du retrait de l'honorariat sont réputées exécutées par la signification qui en est faite.**

Le greffier de tribunal de commerce interdit temporairement ou destitué doit, dès lors que la décision est devenue exécutoire, s'abstenir de tout acte professionnel. Il met immédiatement à la disposition de l'administrateur provisoire l'ensemble des documents et archives du greffe, et notamment les répertoires et livres de comptabilité relatifs à l'année courante et aux années antérieures.

Art. R. 743-17 *(COJ, art. R. 822-8)*. – **En cas d'interdiction temporaire ou de destitution, l'administrateur provisoire nommé en application de l'article L. 743-10 est choisi parmi les greffiers en activité des tribunaux de commerce situés dans le ressort de la cour d'appel ou parmi les employés du greffe visés par l'article R. 742-2. Il peut aussi être choisi parmi les greffiers honoraires des tribunaux de commerce ou parmi les personnes remplissant les conditions générales d'aptitude aux fonctions de greffier de tribunal de commerce.**

L'administrateur perçoit à son profit les émoluments ou honoraires particuliers relatifs aux actes qu'il accomplit. Il paie, à concurrence des produits du greffe, les charges afférentes au fonctionnement de cet office.

Lorsque plusieurs administrateurs provisoires ont été nommés, les émoluments et honoraires perçus sont répartis entre eux à parts égales. Ils peuvent toutefois stipuler une autre répartition, sans que la part de l'un d'eux dans les produits nets de l'office puisse excéder le double de la part revenant à chacun des autres.

Art. R. 743-18 *(COJ, art. R. 822-9)*. – **Le procureur de la République notifie sans délai à l'administrateur la décision qui l'a nommé. Si l'administrateur n'est pas greffier de tribunal de commerce en exercice, il prête serment devant le tribunal de commerce auprès duquel il exercera sa mission.**

L'administrateur prend ses fonctions à compter, selon le cas, soit de la notification qui lui est faite de la décision l'ayant nommé, soit de sa prestation de serment.

Art. R. 743-19 *(COJ, art. R. 822-10)*. – **Dans un délai de huit jours, l'administrateur arrête les comptes de l'office à la date de son entrée en fonctions. Un état de ces comptes est remis au procureur de la République.**

Dans le même délai, l'administrateur avise les administrations concernées et les établissements bancaires qui ont ouvert un compte professionnel au nom du greffier destitué. Ces comptes fonctionnent désormais exclusivement sur l'ordre de l'administrateur.

Art. R. 743-20 *(COJ, art. R. 822-11)*. – **L'administrateur assume l'activité du greffe et en assure la gestion. Il fait mention de sa qualité dans les actes et documents professionnels qu'il établit pour le compte de l'office.**

Art. R. 743-21 *(COJ, art. R. 822-12)*. – **Le greffier interdit temporairement ou destitué ne peut faire état de son ancienne qualité de greffier du tribunal de commerce.**

§ 5. – **De la suspension provisoire**

Art. R. 743-22 *(COJ, art. R. 822-13 ; mod., D. n° 2019-966, 18 sept. 2019)*. – **Le tribunal judiciaire est saisi de la demande de suspension provisoire par l'assignation à jour fixe délivrée au greffier du tribunal de commerce à la requête du procureur de la République.**

L'audience a lieu en chambre du conseil.

Le tribunal statue après conclusion du ministère public, le greffier entendu ou appelé. Ce dernier peut se faire assister par un avocat et, s'il le désire, par un autre greffier de tribunal de commerce.

Le jugement prononçant la suspension provisoire est exécutoire à titre provisoire sur minute.

NB : Conformément à l'article 9 du décret n° 2019-966 du 18 septembre 2019, les présentes dispositions entrent en vigueur le 1er janvier 2020.

Art. R. 743-23 *(COJ, art. R. 822-14)*. – **Les dispositions du deuxième alinéa de l'article R. 743-16 et celles des articles R. 743-17 à R. 743-20 sont applicables à la suspension provisoire. Cependant, l'administrateur ou les administrateurs nommés ne perçoivent à leur profit que la moitié des émoluments ou honoraires particuliers relatifs aux actes qu'ils accomplissent.**

Art. R. 743-24 *(COJ, art. R. 822-15 ; mod., D. n° 2019-966, 18 sept. 2019)*. – La cessation de plein droit de la suspension provisoire pour l'une des causes prévues au quatrième alinéa de l'article L. 743-7 ou la décision du tribunal judiciaire mettant fin à cette mesure sont notifiées sans délai par le procureur de la République au greffier intéressé et à l'administrateur provisoire.

La mission de l'administrateur prend fin dès réception de cette notification.

Dans un délai de huit jours, le greffier et l'administrateur provisoire arrêtent en commun les comptes de l'office. Un état de ces comptes est remis au procureur de la République.

NB : Conformément à l'article 9 du décret n° 2019-966 du 18 septembre 2019, les présentes dispositions entrent en vigueur le 1er janvier 2020.

§ 6. – Des voies de recours

Art. R. 743-25 *(COJ, art. R. 822-16 ; mod., D. n° 2019-966, 18 sept. 2019)*. – L'appel interjeté contre une décision du tribunal judiciaire statuant en matière disciplinaire est formé par simple déclaration au greffe du tribunal.

L'appel n'est ouvert à la personne qui se prétend lésée qu'en ce qui concerne ses intérêts civils.

NB : Conformément à l'article 9 du décret n° 2019-966 du 18 septembre 2019, les présentes dispositions entrent en vigueur le 1er janvier 2020.

Art. R. 743-26 *(COJ, art. R. 822-16-1)*. – L'appel interjeté contre une décision de la formation disciplinaire du Conseil national des greffiers des tribunaux de commerce est formé par simple déclaration au greffe de la Cour d'appel de Paris.

Art. R. 743-27 *(COJ, art. R. 822-17)*. – Le délai d'appel est d'un mois ; il est réduit à quinze jours en matière de suspension provisoire.

Art. R. 743-28 *(COJ, art. R. 822-18 ; mod., D. n° 2019-966, 18 sept. 2019)*. – La procédure suivie devant le tribunal judiciaire statuant disciplinairement est applicable devant la cour d'appel.

NB : Conformément à l'article 9 du décret n° 2019-966 du 18 septembre 2019, les présentes dispositions entrent en vigueur le 1er janvier 2020.

Section II. – Des modes d'exercice

Sous-section 1. – Dispositions communes aux diverses sociétés

Art. R. 743-29 *(Anc. D. n° 71-688, 11 août 1971 ; anc. D. n° 93-86, 21 janv. 1993)*. – La société est titulaire d'un office de greffier de tribunal de commerce. Son siège est celui de l'office.

La société reçoit l'appellation de « société titulaire d'un office de greffier de tribunal de commerce ».

§ 1. – De la constitution, de l'immatriculation et de l'entrée en fonctions de la société

Art. R. 743-30 *(Anc. D. n° 71-688, 11 août 1971 ; anc. D. n° 93-86, 21 janv. 1993)*. – La société est constituée sous la condition suspensive de sa nomination par le garde des Sceaux, ministre de la Justice ; la condition est réputée acquise à la date de la publication de l'arrêté prévu à l'article R. 743-31.

Art. R. 743-31 *(Anc. D. n° 71-688, 11 août 1971 ; anc. D. n° 93-86, 21 janv. 1993)*. – La nomination d'une société dans un office de greffier de tribunal de commerce, la nomination de chacun des associés qui exerceront au sein de la société et l'acceptation de leur démission sont prononcées par arrêté du garde des Sceaux, ministre de la Justice.

Art. R. 743-32 *(Mod., D. n° 2017-611, 24 avr. 2017)*. – La demande de nomination de la société est présentée par le mandataire de la société ou, lorsque celle-ci n'est pas encore constituée, par celui des associés conjointement à la demande de nomination de ceux des associés qui entendent exercer la profession dans l'office.

La demande est adressée par téléprocédure sur le site internet du ministère de la Justice.

Elle est accompagnée de toutes pièces justificatives, notamment :

1° Des documents permettant de justifier du respect des conditions d'aptitude pour l'exercice de la profession par chacun des associés qui entendent être nommés dans l'office ainsi que du respect des conditions de détention du capital social et des droits de vote ou de composition des organes dirigeants ;

2° Une copie des statuts de la société ;

3° Une copie de toute convention relative aux rapports entre la société et les associés et de toute convention passée entre les associés relative à la société ;

4° Une attestation de chacun des associés indiquant la nature et le montant de son éventuelle participation à une autre société exerçant, directement ou indirectement, une profession juridique ou judiciaire réglementée ;

5° Lorsqu'un ou plusieurs associés doivent contracter un emprunt et que la société demande leur nomination dans un office existant ou vacant, des éléments permettant d'apprécier leurs possibilités financières au regard des engagements contractés.

NB : Conformément à l'article 4 du décret n° 2017-611 du 24 avril 2017, les dispositions du présent article relatives à la présentation des demandes et à la remise des déclarations par voie de téléprocédure sur le site du ministère de la Justice entrent en vigueur à une date fixée par arrêté du garde des Sceaux, ministre de la Justice, et au plus tard le 30 juin 2017. Jusqu'à cette date, les demandes et déclarations sont transmises au garde des Sceaux, ministre de la Justice, par lettre recommandée avec demande d'avis de réception.

Les procédures, engagées avant cette date et relatives aux nominations, aux cessions d'actions ou de parts sociales et aux augmentations de capital, demeurent régies par les dispositions applicables antérieurement à cette date.

Art. R. 743-33 *(D. n° 2009-452, 22 avr. 2009 ; mod., D. n° 2017-611, 24 avr. 2017).* – I. – Le conseil national des greffiers des tribunaux de commerce communique au garde des Sceaux, ministre de la Justice, dans les vingt jours suivant sa demande, toute information dont il dispose permettant à celui-ci d'apprécier les capacités professionnelles et l'honorabilité de chacun des associés qui entendent exercer au sein de l'office et de chacune des personnes mentionnées au II qui relèvent de ses attributions.

II. – Les associés n'exerçant pas la profession au sein de la société ainsi que les représentants légaux qui ne sont pas associés et les personnes physiques membres des organes d'administration, de direction ou de surveillance de la société, doivent présenter des garanties suffisantes en ce qui concerne leur honorabilité.

III. – Le garde des Sceaux, ministre de la Justice, rejette la demande de nomination si les conditions légales et règlementaires auxquelles elle est soumise, y compris celle mentionnée au II, ne sont pas remplies.

Art. R. 743-35 *(Anc. D. n° 71-688, 11 août 1971 ; anc. D. n° 93-86, 21 janv. 1993 ; mod., D. n° 2017-611, 24 avr. 2017).* – Chacun des arrêtés pris pour l'application des articles R. 743-42, R. 743-47, R. 743-69, R. 743-100, R. 743-101, R. 743-123, R. 743-126 et R. 743-127 modifie ou complète l'arrêté prévu à l'article R. 743-31. Il fixe la liste des greffiers de tribunal de commerce associés en tenant compte du retrait ou de la nomination de certains d'entre eux.

À la diligence de la société, une copie de chacun de ces arrêtés et des déclarations adressées au garde des Sceaux, ministre de la Justice, en application de l'article R. 743-130 est adressée au greffier du tribunal de commerce du lieu du siège social pour être versée au dossier ouvert au nom de la société au registre du commerce et des sociétés.

Art. R. 743-36 *(Anc. D. n° 71-688, 11 août 1971).* – Si les statuts sont établis par acte sous seing privé, il est établi autant d'originaux qu'il est nécessaire pour la remise d'un exemplaire à chaque associé et pour satisfaire aux dispositions des articles R. 743-32 et R. 743-41.

Art. R. 743-37 *(Anc. D. n° 71-688, 11 août 1971 ; anc. D. n° 93-86, 21 janv. 1993).* – Peuvent faire l'objet d'apports à une société :

1° L'exercice par un greffier de tribunal de commerce démissionnaire, un gérant d'une société civile professionnelle ou un représentant légal d'une société d'exercice libéral en voie de dissolution ou par un liquidateur d'une société dissoute, du droit de présenter la société pour successeur à l'agrément du garde des Sceaux, ministre de la Justice ;

2° L'exercice, par un ou plusieurs ayants droit d'un greffier de tribunal de commerce décédé, de leur droit de présenter la société pour successeur de leur auteur à l'agrément du garde des Sceaux, ministre de la Justice ;

3° Le bénéfice résultant pour la société de la suppression d'un tribunal de commerce limitrophe et de son greffe lorsque la circonscription de ladite juridiction est rattachée au ressort du tribunal de commerce dont la société est titulaire du greffe ;

4° Tous droits incorporels et tous meubles utiles à l'exercice de la profession de greffier de tribunal de commerce ;

5° Les immeubles devant servir à l'établissement du siège de l'office ;

6° Toutes sommes en numéraire.

Art. R. 743-38 *(Anc. D. n° 71-688, 11 août 1971 ; anc. D. n° 93-86, 21 janv. 1993).* – Sous réserve de la condition suspensive prévue à l'article R. 743-30, les titres de capital ou parts sociales attribués en contrepartie des apports en nature sont réputés libérés par l'engagement pris dans l'acte de société par l'apporteur soit d'exercer son droit de présentation en faveur de la société dans les cas visés aux 1° et 2° de l'article R. 743-37, soit, dans le cas visé au 3° du même article, de renoncer à toute indemnisation du fait de la suppression du greffe du tribunal de commerce limitrophe dont il était titulaire.

Art. R. 743-39 *(Anc. D. n° 71-688, 11 août 1971 ; anc. D. n° 93-86, 21 janv. 1993).* – Les titres de capital ou parts sociales d'une société titulaire d'un office de greffier de tribunal de commerce ne peuvent être ni donnés en nantissement ni vendus aux enchères publiques.

Art. R. 743-40 *(Anc. D. n° 71-688, 11 août 1971 ; anc. D. n° 93-86, 21 janv. 1993).* – Le retrait des fonds provenant des souscriptions en numéraire est effectué par un mandataire de la société sur la seule justification de la nomination de celle-ci dans les fonctions de greffier de tribunal de commerce.

Art. R. 743-41 *(D. n° 2009-452, 22 avr. 2009 ; mod., D. n° 2017-611, 24 avr. 2017).* – L'immatriculation de la société au registre du commerce et des sociétés est régie par les articles R. 123-31 et suivants, sous réserve des dispositions ci-après :

Une ampliation de l'arrêté de nomination prévu à l'article R. 743-31 est adressée par les associés au greffe du tribunal où a été déposée la demande d'immatriculation au registre du commerce et des sociétés ; au reçu de cette ampliation, le greffier procède à l'immatriculation et en informe le garde des Sceaux, ministre de la Justice, ainsi que le procureur général près la cour d'appel dans le ressort de laquelle est fixé le siège de la société.

Art. R. 743-42. – Les dispositions législatives ou réglementaires relatives à la prestation de serment et au dépôt de la signature et du paraphe des personnes physiques nommées dans les fonctions de greffier de tribunal de commerce sont applicables aux membres d'une société titulaire d'un office de greffier de tribunal de commerce exerçant au sein de la société et aux greffiers de tribunal de commerce associés.

La société ne peut entrer en fonction qu'après la prestation de serment de tous ses membres exerçant en son sein. Ceux-ci n'ont le droit d'accomplir les actes de la profession qu'à compter du jour où ils ont prêté serment.

L'associé, précédemment titulaire d'un office de greffier de tribunal de commerce, qui a fait apport de son droit de présentation à la société, n'a pas à renouveler son serment.

Tout associé qui, exerçant ses fonctions au sein de la société, n'a pas prêté serment dans le mois suivant la publication de l'arrêté prévu à l'article R. 743-31 peut, sauf cas de force majeure, être déchu par arrêté du garde des Sceaux, ministre de la Justice, de sa qualité d'associé, et ses titres de capital ou parts sociales sont cédés dans les conditions fixées aux articles R. 743-102 et R. 743-128.

§ 2. – Du fonctionnement de la société

Art. R. 743-43 *(Anc. D. n° 71-688, 11 août 1971 ; anc. D. n° 93-86, 21 janv. 1993).* – Toute délibération *fait l'objet d'un procès-verbal* signé par les associés présents et contenant notamment la date et le lieu de la réunion, son ordre du jour détaillé, l'identité des associés présents et représentés, un résumé des débats, le texte des résolutions mises aux voix et le résultat des votes.

Les procès-verbaux des délibérations des associés, ainsi que, le cas échéant, ceux des délibérations du conseil d'administration ou du conseil de surveillance et du directoire, sont établis sur un registre spécial préalablement coté et paraphé par le président du tribunal de commerce ou l'un des membres du tribunal qu'il désigne à cet effet. Le registre est conservé au siège de la société.

Toutefois, les procès-verbaux peuvent être établis sur des feuilles mobiles numérotées sans discontinuité, paraphées dans les conditions prévues au premier alinéa. Dès qu'une feuille a été remplie, même partiellement, elle doit être jointe à celles précédemment utilisées. Toute addition, suppression, substitution ou inversion de feuilles est interdite.

Art. R. 743-43-1 *(D. n° 2017-893, 6 mai 2017 ; D. n° 2019-162, 5 mars 2019).* – Tout projet de cession de titres de capital ou parts sociales devant donner lieu à la nomination d'un greffier de tribunal de commerce exerçant au sein de la société, ainsi que la valeur des titres ou parts à céder, sont portés à la connaissance du garde des sceaux, ministre de la justice par téléprocédure sur le site internet du ministère de la justice. Il en est de même pour tout projet d'augmentation du capital de la société devant donner lieu à la nomination d'un greffier de tribunal de commerce exerçant au sein de la société ainsi que pour la valeur de l'apport en contrepartie duquel les parts sociales ou titres de capital sont émis.

Sauf lorsque la valeur des titres ou parts à céder ou à émettre apparaît manifestement excessive, un arrêté du garde des sceaux, ministre de la justice, assure la publicité de cette annonce et précise la date limite de dépôt des candidatures. Le délai imparti aux candidats pour adresser leur candidature ne peut être inférieur à trente jours à compter de la publication de l'arrêté au *Journal officiel* de la République française. Les candidatures sont adressées, par lettre recommandée avec demande d'avis de réception ou tout autre moyen permettant d'en assurer la réception, à l'associé cédant ou à la société dont l'augmentation du capital est envisagée.

Art. R. 743-44 *(Mod., D. n° 2017-611, 24 avr. 2017 ; D. n° 2019-162, 5 mars 2019).* – Toute convention par laquelle l'un des associés cède la totalité ou une fraction de ses titres de capital ou parts sociales à un tiers, en vue de l'exercice par celui-ci de la profession de greffier de tribunal de commerce, est passée sous la condition suspensive de l'acceptation du cessionnaire par les associés, et, s'il y a lieu, de l'approbation du retrait du cédant.

Lorsqu'il sélectionne un lauréat du concours prévu à l'article R. 742-6-1, le cédant désigne, parmi les candidats issus d'une même promotion, le candidat le mieux classé, sous réserve que celui-ci s'engage à s'acquitter du prix demandé, et qu'il recueille le consentement de la société. En cas de refus de la société de consentir à la cession au profit du candidat désigné, le cédant peut désigner, sous les mêmes réserves, le candidat de la même promotion classé immédiatement après, ou le candidat le mieux classé d'une autre promotion, ou un candidat précédemment nommé greffier.

Lorsque le consentement de la société est acquis dans les conditions prévues par les articles R. 743-99 et R. 743-125, le cessionnaire adresse au garde des sceaux, ministre de la justice, une requête tendant à sa nomination en qualité de greffier de tribunal de commerce associé exerçant au sein de la société.

Cette requête est transmise par téléprocédure sur le site internet du ministère de la justice.

Elle est accompagnée de l'expédition de l'acte de cession des titres de capital ou des parts sociales, si celui-ci a été établi dans la forme authentique, ou de l'un des originaux de cet acte dans le cas contraire, ainsi que de toutes pièces justificatives, notamment de celles établissant le consentement exprès ou tacite donné par la société à la cession, et de celles exigées de tout candidat aux fonctions de greffier de tribunal de commerce. Lorsque le futur associé doit contracter un emprunt, la requête est accompagnée des éléments permettant d'apprécier ses possibilités financières au regard des engagements contractés.

Le prix de cession et ses modalités de paiement sont fixés par les parties.

Le conseil national des greffiers des tribunaux de commerce communique au garde des sceaux, ministre de la justice, dans les vingt jours suivant sa demande toute information dont il dispose permettant à celui-ci d'apprécier les capacités professionnelles et l'honorabilité du cessionnaire.

NB : Conformément à l'article 4 du décret n° 2017-611 du 24 avril 2017, les dispositions du présent article relatives à la présentation des demandes et à la remise des déclarations par voie de téléprocédure sur le site du ministère de la Justice entrent en vigueur à une date fixée par arrêté du garde des Sceaux, ministre de la Justice, et au plus tard le 30 juin 2017. Jusqu'à cette date, les demandes et déclarations sont transmises au garde des Sceaux, ministre de la Justice, par lettre recommandée avec demande d'avis de réception.

Les procédures, engagées avant cette date et relatives aux nominations, aux cessions d'actions ou de parts sociales et aux augmentations de capital, demeurent régies par les dispositions applicables antérieurement à cette date.

Art. R. 743-45 *(D. n° 2009-452, 22 avr. 2009 ; mod., D. n° 2011-1541, 15 nov. 2011 ; D. n° 2017-611, 24 avr. 2017).* – Toute modification de la répartition ou du nombre des actions ou parts sociales détenues par les associés, qu'ils exercent ou non la profession dont l'exercice constitue l'objet social de la société ou des droits de vote afférents, fait l'objet d'une déclaration au garde des Sceaux, ministre de la Justice, dans un délai de trente jours, par téléprocédure sur le site internet du ministère de la Justice, à la diligence de la

société ou de l'un au moins des associés concernés. La déclaration est accompagnée de la copie des statuts et de tout document permettant d'établir l'accord de la société ou des autres associés lorsque celui-ci est requis.

Il en est de même lorsqu'un des associés d'une société civile professionnelle cède la totalité de ses parts sociales à la société, aux autres associés ou à l'un ou plusieurs d'entre eux et s'il demeure dans la société, étant attributaire de parts d'intérêts.

NB : Conformément à l'article 4 du décret n° 2017-611 du 24 avril 2017, les dispositions du présent article relatives à la présentation des demandes et à la remise des déclarations par voie de téléprocédure sur le site du ministère de la Justice entrent en vigueur à une date fixée par arrêté du garde des Sceaux, ministre de la Justice, et au plus tard le 30 juin 2017. Jusqu'à cette date, les demandes et déclarations sont transmises au garde des Sceaux, ministre de la Justice, par lettre recommandée avec demande d'avis de réception.

Les procédures, engagées avant cette date et relatives aux nominations, aux cessions d'actions ou de parts sociales et aux augmentations de capital, demeurent régies par les dispositions applicables antérieurement à cette date.

Art. R. 743-46 *(Anc. D. n° 71-688, 11 août 1971 ; anc. D. n° 93-86, 21 janv. 1993).* **– Les articles R. 743-44, R. 743-45, R. 743-100 et R. 743-126 sont également applicables à la cession à titre gratuit de tout ou partie de ses titres de capital ou parts sociales consentie par l'un des associés.**

Art. R. 743-47 *(Anc. D. n° 71-688, 11 août 1971 ; anc. D. n° 93-86, 21 janv. 1993 ; mod., D. n° 2017-611, 24 avr. 2017).* **– Le nombre des associés peut être augmenté au cours de l'existence de la société, avec ou sans augmentation du capital social.**

Tout nouvel associé qui entend exercer au sein de la société doit remplir les conditions requises pour exercer la profession de greffier de tribunal de commerce et être agréé par le garde des Sceaux, ministre de la Justice, qui le nomme en qualité de greffier de tribunal de commerce associé.

Art. R. 743-48 *(Anc. D. n° 71-688, 11 août 1971 ; anc. D. n° 93-86, 21 janv. 1993 ; mod., D. n° 2017-611, 24 avr. 2017 ; D. n° 2019-162, 5 mars 2019).* **– Si la nomination du nouvel associé intervient à l'occasion d'une augmentation du capital social, les dispositions des articles R. 743-31, R. 743-32, R. 743-33, R. 743-36 et R. 743-42 et du deuxième alinéa de l'article R. 743-44 sont applicables.**

La décision d'augmenter le capital social est prise, le cas échéant, sous la condition suspensive de l'agrément du nouvel associé qui entend exercer au sein de la société par le garde des sceaux, ministre de la justice.

Art. R. 743-49 *(Anc. D. n° 71-688, 11 août 1971 ; anc. D. n° 93-86, 21 janv. 1993 ; mod., D. n° 2017-611, 24 avr. 2017).* **– La décision de proroger la société doit être immédiatement portée à la connaissance du garde des Sceaux, ministre de la Justice, par le représentant légal de la société, par téléprocédure sur le site internet du ministère de la Justice.**

NB : Conformément à l'article 4 du décret n° 2017-611 du 24 avril 2017, les dispositions du présent article relatives à la présentation des demandes et à la remise des déclarations par voie de téléprocédure sur le site du ministère de la Justice entrent en vigueur à une date fixée par arrêté du garde des Sceaux, ministre de la Justice, et au plus tard le 30 juin 2017. Jusqu'à cette date, les demandes et déclarations sont transmises au garde des Sceaux, ministre de la Justice, par lettre recommandée avec demande d'avis de réception.

Les procédures, engagées avant cette date et relatives aux nominations, aux cessions d'actions ou de parts sociales et aux augmentations de capital, demeurent régies par les dispositions applicables antérieurement à cette date.

§ 3. – De l'exercice des fonctions de greffier de tribunal de commerce par la société et les associés

Art. R. 743-50 *(Anc. D. n° 71-688, 11 août 1971 ; anc. D. n° 93-86, 21 janv. 1993).* **– Sous réserve de l'application des dispositions de la présente section, toutes dispositions législatives et réglementaires relatives à l'exercice des fonctions de greffier de tribunal de commerce par les personnes physiques et spécialement à la déontologie ou à la discipline sont applicables aux sociétés titulaires d'un office de greffier de tribunal de commerce et aux greffiers de tribunal de commerce associés exerçant en son sein.**

Art. R. 743-51 *(Anc. D. n° 71-688, 11 août 1971 ; anc. D. n° 93-86, 21 janv. 1993).* **– Dans tous les actes professionnels qu'il accomplit et dans toutes ses correspondances, le greffier de tribunal de commerce indique son titre de greffier de tribunal de commerce, sa qualité d'associé d'une société titulaire d'un office de greffier de tribunal de commerce et l'adresse du siège de cette société.**

Art. R. 743-52 *(Anc. D. n° 71-688, 11 août 1971 ; D. n° 93-86, 21 janv. 1993).* – Un greffier de tribunal de commerce associé, exerçant au sein d'une société, ne peut exercer la profession de greffier de tribunal de commerce à titre individuel ou en qualité de membre d'une autre société, quelle qu'en soit la forme.

Art. R. 743-53 *(Anc. D. n° 71-688, 11 août 1971, sauf les dispositions relatives au secret professionnel ; anc. D. n° 93-86, 21 janv. 1993 ; mod., D. n° 2017-611, 24 avr. 2017).* – Chaque greffier de tribunal de commerce associé exerce ses fonctions au nom de la société. Il consacre à la société toute son activité professionnelle et informe les autres greffiers associés de cette activité.

Le greffier de tribunal de commerce associé exerce à titre exclusif la profession de greffier de tribunal de commerce ainsi que toutes les activités qui s'y rattachent.

Art. R. 743-54 *(Anc. D. n° 71-688, 11 août 1971 ; anc. D. n° 93-86, 21 janv. 1993).* – Les règles concernant la tenue de la comptabilité des greffiers de tribunal de commerce sont applicables à la société. Tous les registres et documents sont ouverts ou établis au nom de la société.

Art. R. 743-55 *(Anc. D. n° 71-688, 11 août 1971 ; anc. D. n° 93-86, 21 janv. 1993).* – Chaque société régie par le présent titre est tenue de contracter une assurance de responsabilité professionnelle.

Art. R. 743-56 *(Anc. D. n° 71-688, 11 août 1971 ; anc. D. n° 93-86, 21 janv. 1993).* – La société ne peut faire l'objet de poursuites disciplinaires indépendamment de celles qui seraient intentées contre les associés.

Art. R. 743-57 *(Anc. D. n° 71-688, 11 août 1971, à l'exception des dispositions relatives à la participation aux bénéfices de l'associé suspendu ; anc. D. n° 93-86, 21 janv. 1993 ; mod., D. n° 2017-611, 24 avr. 2017).* – Le greffier de tribunal de commerce associé provisoirement suspendu de ses fonctions ne peut exercer aucune activité professionnelle ; il conserve, pendant la durée de sa suspension, sa qualité d'associé, avec tous droits et obligations qui en découlent.

La décision qui prononce la suspension provisoire d'un ou de plusieurs associés exerçant leurs fonctions au sein de la société, mais non de la totalité d'entre eux, ne commet pas d'administrateur.

La décision qui prononce la suspension provisoire soit de la société, soit de tous les associés exerçant leurs fonctions au sein de la société, commet un ou plusieurs administrateurs provisoires pour accomplir tous les actes professionnels relevant à titre obligatoire du ministère de la Société ou de greffier de tribunal de commerce.

En outre, peuvent être désignées en qualité d'administrateurs provisoires les personnes mentionnées au premier alinéa de l'article R. 743-17.

L'administrateur provisoire, qui n'est pas greffier de tribunal de commerce en exercice, prête avant son entrée en fonctions le serment exigé d'un greffier de tribunal de commerce ; de plus, il est tenu d'avoir un cachet portant son nom et sa qualité d'administrateur provisoire.

L'administrateur provisoire procède, au siège de la société, aux actes professionnels qu'il a mission d'accomplir.

Art. R. 743-58 *(Anc. D. n° 71-688, 11 août 1971 ; anc. D. n° 93-86, 21 janv. 1993).* – L'associé destitué est déchu de sa qualité de greffier de tribunal de commerce associé et cesse l'exercice de son activité professionnelle à compter du jour où la décision prononçant sa destitution est passée en force de chose jugée. Il perd, à compter de la même date, le droit d'assister et de voter aux assemblées de la société.

Ses titres de capital ou parts sociales sont cédés dans les conditions fixées aux articles R. 743-102 et R. 743-128.

Les dispositions de l'article R. 743-57 sont applicables en cas de destitution.

Les effets de la destitution de la société ou de tous les associés exerçant au sein de la société sont régis par l'article R. 743-66.

Art. R. 743-59 *(Anc. D. n° 71-688, 11 août 1971 ; anc. D. n° 93-86, 21 janv. 1993).* – À la diligence du ministère public, une expédition de la décision prononçant la destitution de la société ou de tous les associés exerçant en son sein est versée au dossier ouvert au nom de la société au greffe chargé de la tenue du registre du commerce et des sociétés.

Art. R. 743-60 *(Anc. D. n° 71-688, 11 août 1971 ; anc. D. n° 93-86, 21 janv. 1993).* – Si l'un des associés est temporairement empêché, par cas de force majeure, d'exercer ses fonctions, sa suppléance est assurée par les autres associés exerçant au sein de la société.

Si tous les associés sont simultanément empêchés, par cas de force majeure, d'exercer leurs fonctions, la gestion de l'office est assurée conformément aux dispositions réglementaires en vigueur.

Toutefois, le ou les suppléants sont choisis parmi les personnes énumérées au premier alinéa de l'article R. 743-17, et les dispositions des cinquième et sixième alinéas de l'article R. 743-57 leur sont applicables.

Art. R. 743-60-1 *(D. n° 2017-611, 24 avr. 2017).* – L'associé qui souhaite bénéficier de l'autorisation de prolongation d'activité prévue au deuxième alinéa de l'article L. 741-1 en informe la société et ses autres associés. Il les informe également de la suite réservée à sa demande.

Art. R. 743-61 *(Anc. D. n° 71-688, 11 août 1971 ; anc. D. n° 93-86, 21 janv. 1993 ; mod., D. n° 2011-1270, 11 oct. 2011).* – Les fonctions de greffier de tribunal de commerce associé ou salarié sont assimilées à celles de greffiers de tribunal de commerce pour la collation de titre de greffier de tribunal de commerce honoraire.

Art. R. 743-62 *(Anc. D. n° 71-688, 11 août 1971 ; anc. D. n° 93-86, 21 janv. 1993).* – L'ancienneté des greffiers de tribunal de commerce associés est déterminée compte tenu, s'il y a lieu, du temps de service effectué en qualité de greffier de commerce.

L'ancienneté des sociétés est déterminée par la date d'entrée dans la société du plus ancien de ses membres exerçant en son sein.

§ 4. – De la nullité, de la dissolution et de la liquidation de la société

Art. R. 743-63 *(Anc. D. n° 71-688, 11 août 1971 ; anc. D. n° 93-86, 21 janv. 1993).* – À la diligence du procureur de la République, toute décision judiciaire définitive prononçant la nullité de la société fait l'objet d'une insertion au *Journal officiel* de la République française et d'un dépôt d'une de ces expéditions au dossier ouvert au nom de la société au greffe chargé de la tenue du registre du commerce et des sociétés.

Art. R. 743-64 *(Anc. D. n° 71-688, 11 août 1971 ; anc. D. n° 93-86, 21 janv. 1993).* – La nullité de la société ne porte pas atteinte à la validité des actes de leur profession effectués par les greffiers de tribunal de commerce associés exerçant au sein de la société avant la date où cette nullité est devenue définitive.

Art. R. 743-65 *(Anc. D. n° 71-688, 11 août 1971, en ce qui concerne la nullité ; anc. D. n° 93-86, 21 janv. 1993, art. 42, en ce qui concerne la nullité).* – La nullité de la société n'est opposable aux tiers qu'à compter de l'accomplissement de formalités de publicité prévues par l'article R. 743-63, le deuxième alinéa de l'article R. 743-75 et l'article R. 743-76.

Art. R. 743-66 *(Anc. D. n° 71-688, 11 août 1971 ; anc. D. n° 93-86, 21 janv. 1993).* – La destitution de tous les associés exerçant au sein de la société ou de la société entraîne de plein droit la dissolution de celle-ci par extinction de son objet.

La décision qui prononce ces destitutions constate la dissolution de la société et ordonne sa liquidation.

Le liquidateur désigné remplit les fonctions de l'administrateur dont la nomination est prévue par l'article R. 743-17.

Les associés destitués ne peuvent être choisis comme liquidateurs.

Art. R. 743-67 *(Anc. D. n° 71-688, 11 août 1971).* – La société est dissoute de plein droit par le décès simultané de tous les associés ou par le décès du dernier survivant, si tous sont décédés successivement sans qu'à la date du dernier d'entre eux les titres de capital ou parts sociales des autres aient été cédés à des tiers.

Art. R. 743-68 *(Anc. D. n° 71-688, 11 août 1971).* – La société est dissoute de plein droit si tous les associés demandent simultanément leur retrait dans les conditions prévues à l'article 21 de la loi n° 66-879 du 29 novembre 1966 relative aux sociétés civiles professionnelles et aux articles R. 743-101 et R. 743-127, ou s'ils ont demandé successivement ce retrait, sans qu'à la date de la dernière demande les parts sociales ou titres de capital des autres associés aient été cédés à des tiers.

La dissolution a lieu à la date de la notification à la société des demandes simultanées de retrait ou de la dernière de ces demandes.

Les dispositions des articles R. 743-69, R. 743-75 et R. 743-114 reçoivent application.

Art. R. 743-68-1 *(D. n° 2017-611, 24 avr. 2017).* – La société est dissoute de plein droit lorsque tous les associés exerçant au sein de la société cessent simultanément d'exercer leurs fonctions dans les conditions prévues à l'article L. 741-1 ou, lorsque tous les associés exerçant ont successivement cessé leurs fonctions dans les conditions prévues par cet article sans qu'à la date du départ à la retraite du dernier d'entre eux, les actions ou parts sociales des autres aient été cédées à des tiers.

Art. R. 743-69 *(Anc. D. n° 71-688, 11 août 1971 ; anc. D. n° 93-86, 21 janv. 1993).* – La société est réputée démissionnaire de son office à la date de sa dissolution.

La dissolution de la société prend effet, quelle qu'en soit la cause, à la date à laquelle elle est constatée par arrêté du garde des Sceaux, ministre de la Justice.

Art. R. 743-70 *(Anc. D. n° 71-688, 11 août 1971, en ce qui concerne la dissolution ; anc. D. n° 93-86, 21 janv. 1993, en ce qui concerne la dissolution).* – La dissolution de la société n'est opposable aux tiers qu'à compter de l'accomplissement de formalités de publicité prévues par les articles R. 743-59, R. 743-63, par le deuxième alinéa de l'article R. 743-75, et par l'article R. 743-76.

Art. R. 743-71 *(Anc. D. n° 71-688, 11 août 1971).* – Lorsqu'une société est en état de liquidation, sa personnalité morale subsiste pour les besoins de la liquidation jusqu'à la clôture de celle-ci.

La raison sociale ou dénomination sociale est obligatoirement suivie de la mention « Société en liquidation ».

Art. R. 743-72 *(Anc. D. n° 71-688, 11 août 1971 ; anc. D. n° 93-86, 21 janv. 1993).* – La liquidation est régie par les statuts, sous réserve des dispositions du livre II et de la présente section, sauf dans les cas de nullité et de dissolution par suite de la destitution de la société.

Art. R. 743-73 *(Anc. D. n° 71-688, 11 août 1971 ; anc. D. n° 93-86, 21 janv. 1993 ; mod., D. n° 2017-611, 24 avr. 2017 ; D. n° 2019-966, 18 sept. 2019).* – Le liquidateur est désigné conformément aux statuts, sauf dans les deux cas prévus à l'article R. 743-72, ainsi que dans les cas prévus à l'article R. 743-74. À défaut, il est désigné soit par la décision judiciaire qui prononce la nullité et la dissolution de la société, soit par la délibération des associés qui constate ou décide cette dissolution.

Sous réserve des dispositions du quatrième alinéa de l'article R. 743-66, le liquidateur peut être choisi soit parmi les associés eux-mêmes, soit parmi les personnes mentionnées à l'article R. 743-17.

Nul ne peut être désigné liquidateur s'il a atteint la limite d'âge prévue par l'article L. 741-1.

Il peut être remplacé pour cause d'empêchement ou pour tout autre motif grave par le président du tribunal judiciaire statuant en référé à la demande soit du liquidateur lui-même, soit des associés ou de leurs ayants droit, soit du ministère public.

Plusieurs liquidateurs peuvent être désignés.

NB : Conformément à l'article 9 du décret n° 2019-966 du 18 septembre 2019, les présentes dispositions entrent en vigueur le 1er janvier 2020.

Art. R. 743-74 *(Anc. D. n° 71-688, 11 août 1971 ; mod., D. n° 2017-611, 24 avr. 2017).* – En cas de dissolution de la société par suite du décès des associés, le liquidateur est désigné conformément aux dispositions réglementaires applicables à la suppléance des offices publics et ministériels et remplit les fonctions attribuées au suppléant par ces textes, par dérogation aux dispositions de l'article R. 743-73. Il en est de même dans le cas prévu à l'article R. 743-68-1 de la dissolution de la société par suite de la cessation de leurs fonctions par tous les associés exerçant en son sein.

Art. R. 743-75 *(Anc. D. n° 71-688, 11 août 1971 ; anc. D. n° 93-86, 21 janv. 1993).* – À moins qu'il n'ait été désigné à la requête du procureur de la République, le liquidateur informe celui-ci de sa désignation en lui faisant parvenir copie ou expédition de la délibération des associés, ou de la décision de justice qui l'a nommé dans ses fonctions.

Le liquidateur dépose au greffe chargé de la tenue du registre du commerce et des sociétés où la société est inscrite, pour être versée au dossier ouvert au nom de la société, la copie de l'expédition prévue au premier alinéa dont tout intéressé peut obtenir communication.

Il ne peut entrer en fonctions avant l'accomplissement des formalités précitées.

Art. R. 743-76 *(Anc. D. n° 71-688, 11 août 1971).* – Le dépôt prévu à l'article R. 743-75 est effectué à la diligence du procureur de la République si celui-ci a provoqué la nomination du liquidateur.

Art. R. 743-77 *(Anc. D. n° 71-688, 11 août 1971 ; anc. D. n° 93-86, 21 janv. 1993).* – Le liquidateur représente la société pendant la durée de la liquidation de celle-ci et remplit en remplacement des associés tous actes relevant de la profession de greffier de tribunal de commerce.

Les dispositions des deux derniers alinéas de l'article R. 743-57 sont applicables.

À compter de la date de prestation de serment du successeur de la société, le liquidateur cesse d'avoir qualité pour accomplir, au nom de celle-ci, les actes relevant de la profession de greffier de tribunal de commerce.

Art. R. 743-78 *(Anc. D. n° 71-688, 11 août 1971).* – Le liquidateur dispose des pouvoirs les plus étendus pour procéder à la liquidation de la société. Il est chargé notamment de gérer celle-ci pendant sa liquidation, de réaliser son actif, d'apurer son passif, et, après remboursement du capital social aux associés ou à leurs ayants droit, de répartir entre ceux-ci, conformément aux dispositions des statuts, l'actif provenant de la liquidation.

Les pouvoirs du liquidateur peuvent être précisés par la décision judiciaire ou par la décision des associés, qui lui a conféré ses fonctions.

Art. R. 743-79 *(Anc. D. n° 71-688, 11 août 1971, à l'exception de la deuxième phrase du premier al. ; anc. D. n° 93-86, 21 janv. 1993 ; D. n° 2019-162, 5 mars 2019).* – Sauf dans le cas où la société est dissoute par l'effet de sa destitution, le liquidateur exerce au nom de la société le droit de présentation prévu par l'article 91 de la loi du 28 avril 1816 sur les finances, dans les conditions prévues aux articles R. 742-27-1, à l'exception de son dernier alinéa, R. 742-27-2 et R. 742-28.

Si, dans le délai d'un an à compter de sa désignation, le liquidateur n'a pas exercé le droit de présentation dont la société est titulaire, l'office est pourvu dans les conditions fixées par les dispositions réglementaires relatives aux offices vacants. Ce délai peut être exceptionnellement prorogé par le garde des sceaux, ministre de la justice.

Art. R. 743-80 *(Anc. D. n° 71-688, 11 août 1971).* – La décision judiciaire ou la décision de l'assemblée des associés qui nomme le liquidateur fixe sa rémunération.

Celle-ci peut être constituée par une quote-part des produits nets de l'office dont la société est titulaire.

Sous-section 2. – Dispositions applicables aux sociétés civiles professionnelles

§ 1. – De la constitution de la société

Art. R. 743-81 *(Anc. D. n° 71-688, 11 août 1971).* – Une personne physique titulaire d'un office de greffier de tribunal de commerce peut constituer une société civile professionnelle qui peut être nommée dans cet office avec :

Une ou plusieurs personnes physiques remplissant les conditions requises pour exercer la profession de greffier de tribunal de commerce ;

Une ou plusieurs personnes physiques titulaires de greffes de tribunaux de commerce limitrophes en cas de suppression de ces juridictions et de rattachement de leur ressort à la circonscription du tribunal de commerce dans le greffe duquel demande à être nommée la société.

Art. R. 743-82 *(Anc. D. n° 71-688, 11 août 1971).* – Des personnes physiques remplissant les conditions requises pour exercer la profession de greffier de tribunal de commerce peuvent constituer entre elles une société civile professionnelle qui peut être nommée greffier de tribunal de commerce :

1° Soit en remplacement du titulaire d'un office existant, qui exerce en sa faveur le droit de présentation ;

2° Soit dans un office vacant ;

3° Soit, en cas de création d'un tribunal de commerce, dans l'office de greffier de cette juridiction.

Art. R. 743-83 *(Rempl., D. n° 2017-893, 6 mai 2017).* – Lorsque la société est candidate à la nomination dans un office en remplacement du titulaire existant, il est procédé selon les dispositions prévues aux articles R. 742-27-1 et R. 742-27-2. Ces dispositions ne sont toutefois pas applicables dans les cas où le titulaire existant fait usage de son droit de présentation au profit d'une société dont il sera lui-même associé exerçant.

Lorsque la société est candidate à la nomination dans un office créé ou vacant, il est procédé selon les dispositions prévues aux articles R. 742-19 à R. 742-24.

Art. R. 743-83-1 *(D. n° 2017-613, 24 avr. 2017).* – Une société civile professionnelle constituée par transformation d'une société d'exercice libéral titulaire d'un office doit être agréée par arrêté du garde des Sceaux, ministre de la Justice.

Art. R. 743-84 *(Anc. D. n° 71-688, 11 août 1971).* – Sans préjudice de toutes autres mentions utiles et notamment de celles qui sont prévues par les articles 8, 10, 11, 14, 15, 19 et 20 de la loi n° 66-879 du 29 novembre 1966 relative aux sociétés civiles professionnelles, concernant respectivement *(Mots rempl., D. n° 2012-403, 23 mars 2012)* « dénomination sociale », la répartition des parts, les gérants, la répartition des bénéfices, les dettes sociales, les cessions de parts ou de celles qui sont prévues par le présent titre, les statuts doivent indiquer :

1° Les nom, prénoms et domicile des associés ;

2° Le tribunal de commerce au siège duquel est fixé le siège social de la société ;

3° La durée pour laquelle la société est constituée ;

4° La nature et l'évaluation distincte de chacun des apports effectués par les associés ;

5° Le montant du capital social, le nombre et le montant nominal des parts sociales représentatives de ce capital ;

6° Le nombre des parts d'intérêts attribuées à chaque apporteur en industrie ;

7° L'affirmation de la libération totale ou partielle, suivant le cas, des apports concourant à la formation du capital social.

Art. R. 743-85 *(Anc. D. n° 71-688, 11 août 1971 ; mod., D. n° 2019-162, 5 mars 2019).* – L'industrie des associés, laquelle, en vertu de l'article 1843-2 du Code civil, ne concourt pas à la formation du capital mais peut donner lieu à l'attribution de parts d'intérêts, peut faire l'objet d'apports à une société civile professionnelle titulaire d'un office de greffier de tribunal de commerce.

Art. R. 743-86 *(Anc. D. n° 71-688, 11 août 1971).* – Le montant nominal des parts sociales ne peut être inférieur à 150 €.

Les parts d'intérêts correspondant aux apports en industrie sont incessibles et doivent être annulées lorsque leur titulaire quitte la société pour quelque cause que ce soit, y compris la dissolution de celle-ci.

Art. R. 743-87 *(Anc. D. n° 71-688, 11 août 1971).* – Les parts sociales correspondant à des apports en numéraire doivent être libérées, lors de la souscription, du quart au moins de leur valeur nominale.

La libération du surplus doit intervenir en une ou plusieurs fois, soit aux dates prévues par les statuts, soit sur décision de l'assemblée des associés et au plus tard dans un délai de cinq ans à compter de la nomination de la société.

Art. R. 743-88 *(Anc. D. n° 71-688, 11 août 1971).* – Dans les huit jours de leur réception, les fonds provenant des souscriptions en numéraire sont déposés soit à la Caisse des dépôts et consignations, soit chez un notaire ou dans un établissement de crédit.

Art. R. 743-89 *(Anc. D. n° 71-688, 11 août 1971 ; mod., D. n° 2020-106, 10 févr. 2020).* – La société est dispensée d'insérer dans un support d'annonces légales les avis prévus aux articles 22,24 et 26 du décret n° 78-704 du 3 juillet 1978 relatif à l'application de la loi n° 78-9 du 4 janvier 1978 modifiant le titre IX du livre III du Code civil.

§ 2. – Du fonctionnement de la société

Art. R. 743-90 *(Anc. D. n° 71-688, 11 août 1971).* – Par application de l'article 11 de la loi n° 66-879 du 29 novembre 1966, les dispositions relatives aux gérants sont fixées par les statuts.

Art. R. 743-91 *(Anc. D. n° 71-688, 11 août 1971).* – Les décisions qui excèdent les pouvoirs des gérants sont prises par les associés réunis en assemblée. Les associés tiennent au moins une assemblée générale annuelle.

D'autres assemblées peuvent avoir lieu sur la demande d'un ou plusieurs associés, représentant au moins la moitié en nombre de ceux-ci ou le quart du capital.

La demande doit préciser les questions à mettre à l'ordre du jour.

Les statuts déterminent les modalités de convocation de l'assemblée.

Art. R. 743-92 *(Anc. D. n° 71-688, 11 août 1971).* – Chaque associé dispose d'une seule voix.

Un associé peut se faire représenter à une assemblée par un autre associé porteur d'un mandat écrit.

L'assemblée ne peut délibérer valablement que si les trois quarts au moins des associés sont présents ou représentés.

Si ce quorum n'est pas atteint, les associés peuvent être convoqués une seconde fois et l'assemblée peut être tenue si le nombre des associés présents ou représentés est au moins de deux.

Art. R. 743-93 *(Anc. D. n° 71-688, 11 août 1971).* – En dehors des cas prévus par les dispositions de la loi n° 66-879 du 29 novembre 1966 concernant les cessions de parts et par les articles R. 743-94 et R. 743-95, du deuxième alinéa de l'article R. 743-104, et de l'article R. 743-114, les décisions sociales sont prises à la majorité des voix dont disposent les associés présents ou représentés et, sauf dispositions contraires des statuts, détenant au moins la moitié du capital social.

Art. R. 743-94 *(Anc. D. n° 71-688, 11 août 1971).* – La modification des statuts, sauf dans les cas de prorogation de la société ou d'augmentation des engagements des associés, est décidée à la majorité des trois quarts des voix de l'ensemble des associés, représentant au moins les trois quarts du capital social.

La prorogation de la société peut être décidée à la majorité des associés détenant les trois quarts au moins du capital social et, sauf dispositions contraires des statuts, la moitié des parts d'industrie.

L'augmentation des engagements des associés ne peut être décidée qu'à l'unanimité.

Art. R. 743-95 *(Anc. D. n° 71-688, 11 août 1971).* – Le droit de présentation dont la société est titulaire ne peut être exercé que du consentement unanime des associés.

Art. R. 743-96 *(Anc. D. n° 71-688, 11 août 1971).* – Après clôture de chaque exercice, le gérant ou l'un des gérants établit, dans les conditions fixées par les statuts, les comptes annuels de la société et un rapport sur les résultats de la société.

Dans les deux mois qui suivent la clôture de l'exercice, les documents visés à l'alinéa précédent sont soumis à l'approbation de l'assemblée des associés.

À cette fin, ils sont adressés à chaque associé, avec le texte des résolutions proposées, quinze jours au moins avant la réunion de l'assemblée et, au plus tard, avec la convocation de cette assemblée.

Art. R. 743-97 *(Anc. D. n° 71-688, 11 août 1971).* – Chaque associé peut, à toute époque, prendre connaissance par lui-même des documents visés à l'article R. 743-96, ainsi que de tous registres et documents comptables dont la tenue est prescrite par les dispositions législatives ou réglementaires relatives à la profession de greffier de tribunal de commerce.

Art. R. 743-98 *(Anc. D. n° 71-688, 11 août 1971).* – L'associé unique peut céder, conformément aux dispositions des articles R. 743-44 et R. 743-99, une partie de ses parts sociales à un tiers qui remplit les conditions prescrites par l'article R. 743-81.

Art. R. 743-99 *(Anc. D. n° 71-688, 11 août 1971).* – Le projet de cession de parts sociales est notifié à la société et à chacun des associés par lettre recommandée avec demande d'avis de réception.

La société notifie son consentement exprès à la cession dans la même forme. Si elle n'a pas fait connaître sa décision dans le délai de deux mois à compter de la dernière des notifications prévues au premier alinéa, son consentement est implicitement donné.

Art. R. 743-100 *(D. n° 2009-452, 22 avr. 2009 ; D. n° 2017-613, 24 avr. 2017 ; D. n° 2019-162, 5 mars 2019).* – Dans le cas où la société refuse de consentir à la cession, elle dispose d'un délai de six mois à compter de la notification de son refus par lettre recommandée avec demande d'avis de réception pour notifier, dans la même forme, à l'associé qui persiste dans son intention de céder ses parts sociales un projet de cession ou d'achat de celles-ci, conformément aux dispositions au troisième alinéa de l'article 19 de la loi n° 66-879 du 29 novembre 1966. Ce délai peut être renouvelé par le garde des sceaux, ministre de la justice, à la demande de tous les associés, y compris le cédant. La demande est faite par téléprocédure sur le site internet du ministère de la justice.

Si l'acquéreur est un tiers, les dispositions des articles R. 743-44 et R. 743-99 sont applicables, à l'exception de celles concernant la notification à la société elle-même et de celles du deuxième alinéa de l'article R. 743-99. La requête du cessionnaire doit être remise au garde des sceaux, ministre de la justice, avant l'expiration du délai mentionné au premier alinéa, par téléprocédure sur le site internet du ministère de la justice.

À défaut d'accord entre les parties, le prix de cession est fixé par un expert désigné dans les conditions prévues à l'article 1843-4 du Code civil. Toute clause contraire est réputée non écrite.

Le cessionnaire prend, par écrit, l'engagement de payer le prix ainsi fixé ; son engagement est joint à sa requête et une copie du projet d'acte de cession tient lieu de l'expédition ou de l'un des originaux visés au troisième alinéa de l'article R. 743-44.

Si les parts sociales sont acquises par la société, par les associés ou par l'un ou plusieurs d'entre eux, il est procédé conformément à l'article R. 743-45 ; en ce cas, l'expédition ou l'un des originaux de l'acte de cession est adressé au garde des sceaux, ministre de la justice, avant l'expiration du délai mentionné au premier alinéa.

Lorsque l'associé cédant refuse de signer l'acte portant cession de ses parts à la société, à ses coassociés, à l'un ou plusieurs d'entre eux ou à un tiers, il est passé outre à son refus deux mois après la sommation par lettre recommandée avec demande d'avis de réception qui lui est faite par la société et demeurée infructueuse ; son retrait de la société est prononcé par arrêté du garde des sceaux, ministre de la justice, et le prix de cession des parts est consigné à la diligence du cessionnaire.

Art. R. 743-101 *(Anc. D. n° 71-688, 11 août 1971 ; mod., D. n° 2017-613, 24 avr. 2017).* – I. – Lorsqu'un des associés demande son retrait de la société en cédant la totalité de ses parts sociales, il est procédé conformément aux dispositions des articles R. 743-44, R. 743-99 et R. 743-100.

II. – Lorsqu'un des associés entend demander à la société de satisfaire à l'obligation à laquelle elle est tenue en application de l'article 21 de la loi n° 66-879 du 29 novembre 1966 relative aux sociétés civiles professionnelles, il notifie sa demande par lettre recommandée avec demande d'avis de réception à ses associés ainsi qu'à la société, qui remplit son obligation dans un délai de douze mois à compter de cette notification, sous condition suspensive de l'acceptation du retrait par arrêté du garde des Sceaux, ministre de la Justice.

III. – L'associé titulaire de parts d'intérêt qui entend demander son retrait au garde des Sceaux, ministre de la Justice, en informe la société et ses associés par lettre recommandée avec demande d'avis de réception.

En application du second alinéa de l'article R. 743-86, la société annule les parts d'intérêt de l'associé qui entend demander son retrait dans un délai de six mois à compter de la notification prévue au précédent alinéa, sous condition suspensive de l'acceptation du retrait par arrêté du garde des Sceaux, ministre de la Justice.

Art. R. 743-102 *(Anc. D. n° 71-688, 11 août 1971).* – L'associé destitué dispose d'un délai de six mois à compter du jour où sa destitution est devenue définitive pour céder ses parts sociales à un tiers dans les conditions prévues aux articles R. 743-44 et R. 743-99.

Si, à l'expiration de ce délai, aucune cession n'est intervenue, il est procédé conformément aux dispositions de l'article R. 743-100 dans la mesure où celles-ci sont de nature à recevoir application.

L'associé destitué peut également, avant l'expiration du délai précité, céder ses parts sociales à la société, aux autres associés ou à l'un ou plusieurs de ceux-ci, dans les conditions prévues à l'article R. 743-45.

Art. R. 743-102-1 *(D. n° 2017-613, 24 avr 2017).* – Afin de se conformer aux exigences légales résultant de l'arrêt de l'exercice de la profession de greffier de tribunal de commerce à la date à laquelle il atteint la limite d'âge ou à celle où expire l'autorisation de poursuite d'activité prévue à l'article L. 741-1, l'associé organise la cession de ses parts sociales, dans les conditions prévues aux articles R. 743-44 et R. 743-99, afin qu'elle prenne effet au plus tard à cette date.

Six mois avant la date à laquelle il atteint la limite d'âge, l'associé informe la société et ses associés, par lettre recommandée avec demande d'avis de réception, de l'état d'avancement de son projet de cession ou, le cas échéant, de l'absence de perspective de cession à cette date. Lorsqu'il bénéficie d'une autorisation de poursuite d'activité, il renouvelle cette information six mois avant son expiration.

Si, à la date à laquelle l'associé atteint la limite d'âge ou à l'expiration de l'autorisation de poursuivre son activité, aucune cession n'est intervenue, la société dispose d'un délai de six mois pour notifier à l'associé un

projet de cession ou d'achat de ses parts, dans les conditions prévues à l'article R. 743-100. Tant que la cession ou l'achat de ses parts par la société n'est pas intervenu, l'associé conserve la faculté de céder lui-même ses parts dans les conditions prévues aux articles R. 743-44 et R. 743-99.

NB : Conformément au décret n° 2017-613 du 24 avril 2017, article 18-III, les greffiers des tribunaux de commerce atteignant la limite d'âge ou dont l'autorisation temporaire d'exercer expire pendant les six mois suivant la publication dudit décret, soit jusqu'au 26 octobre 2017, se conforment à l'obligation d'information prévue au deuxième alinéa de l'article R. 743-102-1 dans les plus brefs délais et au plus tard à la date à laquelle ils atteignent la limite d'âge ou à celle où expire l'autorisation temporaire d'exercer.

Lorsque le greffier de tribunal de commerce associé a atteint la limite d'âge ou a bénéficié d'une autorisation temporaire d'exercer ayant expiré avant l'entrée en vigueur dudit décret, le délai de six mois prévu au troisième alinéa de l'article R. 743-102-1 court à compter de la publication dudit décret.

Art. R. 743-103 *(Anc. D. n° 71-688, 11 août 1971).* **– Sous réserve des règles de protection et de représentation des incapables, les dispositions de l'article R. 743-102 sont applicables à la cession des parts sociales de l'associé frappé d'interdiction légale ou placé sous le régime de tutelle des majeurs.**

Le délai imparti à l'associé exclu pour céder ses parts à un tiers court à compter du jour où la décision des autres associés prononçant son exclusion lui a été notifiée dans l'une des formes prévues à l'article R. 743-99.

Art. R. 743-104 *(Anc. D. n° 71-688, 11 août 1971).* **– Le délai prévu au deuxième alinéa de l'article 24 de la loi n° 66-879 du 29 novembre 1966 est fixé à un an à compter du décès de l'associé.**

Il peut être renouvelé par le garde des Sceaux, ministre de la Justice, à la demande des ayants droit de l'associé décédé et avec le consentement de la société donné dans les conditions prévues pour la cession des parts sociales par l'alinéa premier de l'article 19 de la loi précitée.

Art. R. 743-105 *(Anc. D. n° 71-688, 11 août 1971).* **– Si, pendant le délai prévu à l'article R. 743-104, le ou les ayants droit décident de céder à un tiers étranger à la société les parts sociales de leur auteur, il est procédé conformément aux dispositions des articles R. 743-44, R. 743-99 et R. 743-100.**

Pendant le même délai, si la société, les associés survivants ou un ou plusieurs de ceux-ci acceptent, en accord avec le ou les ayants droit de l'associé décédé, d'acquérir les parts sociales de celui-ci, il est procédé conformément aux dispositions de l'article R. 743-45.

Art. R. 743-106 *(Anc. D. n° 71-688, 11 août 1971 ; D. n° 2019-162, 5 mars 2019).* **– Toute demande d'un ou de plusieurs ayants droit d'un associé décédé tendant à l'attribution préférentielle à leur profit des parts sociales de leur auteur est notifiée à la société et à chacun des associés dans l'une des formes prévues à l'article R. 743-99.**

Les modalités de cette attribution sont régies pour le surplus par les dispositions des articles R. 743-44, à l'exception de son deuxième alinéa, et R. 743-99 et, le cas échéant, par celles de l'article R. 743-100.

Art. R. 743-107 *(Anc. D. n° 71-688, 11 août 1971 ; D. n° 2019-162, 5 mars 2019).* **– Lorsque, à l'expiration du délai prévu à l'article R. 743-104, le ou les ayants droit de l'associé décédé n'ont pas exercé la faculté de céder les parts sociales de leur auteur et si aucun consentement préalable à l'attribution préférentielle n'a été donné par la société, celle-ci dispose d'une année pour acquérir ou faire acquérir les parts sociales de l'associé décédé. Ce délai peut être prorogé de trois mois par le garde des sceaux. La demande est adressée à ce dernier par téléprocédure sur le site internet du ministère de la *justice*.**

Si les parts sociales sont cédées à un tiers, les dispositions des articles R. 743-44, R. 743-99 et R. 743-100 sont applicables.

Si elles sont acquises par la société, les associés ou certains d'entre eux, il est procédé conformément aux dispositions de l'article R. 743-45 et du cinquième alinéa de l'article R. 743-100.

Art. R. 743-108 *(Anc. D. n° 71-688, 11 août 1971).* **– La publicité de la cession de parts, accompagnée, le cas échéant, d'une réduction du capital social en application de l'article 21 de la loi n° 66-879 du 29 novembre 1966, est accomplie selon les règles fixées par l'article 52 du décret n° 78-704 du 3 juillet 1978 relatif à l'application de la loi n° 78-9 du 4 janvier 1978 modifiant le titre IX du livre III du Code civil.**

Dans le cas prévu au sixième alinéa de l'article R. 743-100, cette publicité résulte du dépôt de deux copies certifiées conformes de la sommation adressée au cédant et des pièces justifiant de la signification de cette sommation.

Art. R. 743-109 *(Anc. D. n° 71-688, 11 août 1971 ; D. n° 2019-162, 5 mars 2019).* – Si le nouvel associé entre dans la société en acquérant des parts sociales dont les associés ou l'un ou certains de ceux-ci sont titulaires, il est procédé conformément aux articles R. 743-44 et R. 743-99.

Si le nouvel associé entre dans la société en apportant sa seule industrie, les dispositions de l'article R. 743-31 sont applicables.

Art. R. 743-110 *(Anc. D. n° 71-688, 11 août 1971).* – Si la constitution de réserves au moyen de bénéfices non distribués ou le dégagement de plus-values d'actif dues à l'industrie des associés le permet, il est procédé périodiquement à l'augmentation du capital social et les parts sociales ainsi créées doivent être attribuées à tous les associés, y compris à ceux qui n'ont apporté que leur industrie.

Les statuts fixent les conditions d'application des dispositions de l'alinéa précédent.

Cette augmentation du capital ne peut intervenir avant la libération totale des parts sociales correspondant à des apports en numéraire.

§ 3. – De l'exercice des fonctions de greffier de tribunal de commerce par la société et les associés

Art. R. 743-111 *(Anc. D. n° 71-688, 11 août 1971 ; mod., D. n° 2012-403, 23 mars 2012).* – L'appellation de « société titulaire d'un office de greffier de tribunal de commerce », à l'exclusion de toute autre, doit accompagner la *(Mots rempl., D. n° 2012-403, 23 mars 2012)* « dénomination sociale » dans tous documents et toutes correspondances émanant de la société.

Art. R. 743-112 *(Anc. D. n° 71-688, 11 août 1971, en ce qui concerne le secret professionnel).* – Les associés s'informant mutuellement de leur activité conformément aux dispositions de l'article R. 743-53 ne peuvent se voir reprocher une violation du secret professionnel.

Art. R. 743-113 *(Anc. D. n° 71-688, 11 août 1971, en ce qui concerne les dispositions relatives à la participation aux bénéfices de l'associé suspendu).* – Par dérogation aux dispositions de l'article R. 743-57, la participation dans les bénéfices de l'associé provisoirement suspendu est réduite de moitié, l'autre moitié étant attribuée par parts égales aux administrateurs, ou, s'il n'est pas commis d'administrateur, à ceux des associés qui n'ont pas fait l'objet d'une suspension provisoire de l'exercice de leurs fonctions.

§ 4. – De la dissolution et de la liquidation de la société

Art. R. 743-114 *(Anc. D. n° 71-688, 11 août 1971 ; mod., D. n° 2019-966, 18 sept. 2019).* – La société prend fin à l'expiration du temps pour lequel elle a été constituée. Toutefois, la dissolution anticipée de la société peut être décidée, à la majorité des associés disposant des trois quarts au moins du capital social et détenant la moitié au moins des parts d'industrie.

Le liquidateur est désigné à la majorité en nombre des associés détenant la moitié au moins des parts sociales et la moitié des parts d'industrie.

À défaut, il est désigné par ordonnance du président du tribunal judiciaire statuant en référé à la demande d'un associé ou du ministère public.

NB : Conformément à l'article 9 du décret n° 2019-966 du 18 septembre 2019, les présentes dispositions entrent en vigueur le 1er janvier 2020.

Art. R. 743-115 *(D. n° 2009-452, 22 avr. 2009 ; mod., D. n° 2017-613, 24 avr. 2017 ; D. n° 2019-162, 5 mars 2019).* – Lorsqu'un associé se retrouve titulaire de la totalité des parts de la société, il peut demander à être nommé lui-même greffier du tribunal de commerce, en remplacement de la société. Il adresse dans ce cas une requête motivée et accompagnée de toutes justifications au garde des Sceaux, ministre de la Justice, par téléprocédure sur le site internet du ministère de la Justice. La société est dissoute à compter de la nomination de l'associé en qualité de greffier de tribunal de commerce en remplacement de la société.

La société est dissoute dans les conditions prévues à l'article 1844-5 du Code civil si, à l'expiration du délai d'un an prévu par ce texte, toutes les parts sociales demeurent réunies en une seule main. L'associé unique est de plein droit liquidateur de la société.

NB : Conformément au décret n° 2017-613 du 24 avril 2017, article 18-II, ces dispositions entrent en vigueur, en ce qu'elles prévoient les transmissions au garde des Sceaux, ministre de la Justice, par voie de téléprocédure sur le site internet du ministère de la Justice, à une date fixée par arrêté du garde des Sceaux, ministre de la Justice, et au plus tard le 30 juin 2017. Avant cette date, les transmissions concernées sont effectuées par lettre recommandée avec demande d'avis de réception.

Art. R. 743-116 *(Anc. D. n° 71-688, 11 août 1971 ; mod., D. n° 2017-613, 24 avr. 2017 ; D. n° 2019-162, 5 mars 2019).* – Pour l'application de l'article R. 743-79, si les ayants droit des associés décédés dans le cas prévu à l'article R. 743-67, ou les associés dans les autres cas de dissolution de la société à l'exception de celui résultant de sa destitution, ont choisi à l'unanimité un candidat à l'office, parmi les personnes ayant candidaté en application de l'article R. 742-27-1 et dans les conditions prévues à l'article R. 743-44, le liquidateur exerce le droit de présentation en sa faveur.

Art. R. 743-117 *(Anc. D. n° 71-688, 11 août 1971).* – Le liquidateur convoque les associés ou leurs ayants droit dans les trois mois suivant la clôture de chaque exercice et leur rend compte de sa gestion des affaires sociales.

Il les convoque également en fin de liquidation pour statuer sur le compte définitif, se faire délivrer quitus et constater la clôture de la liquidation.

Art. R. 743-118 *(Anc. D. n° 71-688, 11 août 1971 ; mod., D. n° 2019-966, 18 sept. 2019).* – L'assemblée de clôture statue dans les conditions de quorum et de majorité prévues pour l'approbation des comptes annuels de la société.

Si elle ne peut délibérer ou refuse d'approuver les comptes du liquidateur, le tribunal judiciaire dans le ressort duquel la société a son siège statue à la demande du liquidateur ou de tout intéressé.

NB : Conformément à l'article 9 du décret n° 2019-966 du 18 septembre 2019, les présentes dispositions entrent en vigueur le 1er janvier 2020.

Art. R. 743-119 *(Anc. D. n° 71-688, 11 août 1971).* – Dans le cas prévu par le deuxième alinéa de l'article 37 de la loi n° 66-879 du 29 novembre 1966, concernant les sociétés adoptant le statut de sociétés coopératives, l'actif net de la société, subsistant après extinction du passif et remboursement du capital, est réparti entre les associés au prorata des parts détenues par chacun d'eux, y compris les parts d'intérêt correspondant aux apports en industrie.

Sous-section 3. – Dispositions applicables aux sociétés d'exercice libéral

Art. R. 743-120 *(Anc. D. n° 93-86, 21 janv. 1993 ; mod., D. n° 2011-1541, 15 nov. 2011 ; D. n° 2017-611, 24 avr. 2017).* – Les sociétés d'exercice libéral de greffiers de tribunaux de commerce sont régies par les dispositions du livre II, sous réserve des dispositions de la présente section et de la loi n° 90-1258 du 31 décembre 1990 relative à l'exercice sous forme de sociétés des professions libérales soumises à un statut législatif ou réglementaire ou dont le titre est protégé et aux sociétés de participations financières de *professions libérales.*

§ 1. – De la constitution de la société

Art. R. 743-121 *(Anc. D. n° 93-86, 21 janv. 1993 ; mod., D. n° 2012-536, 20 avr. 2012 ; D. n° 2017-611, 24 avr. 2017).* – I. – Les personnes physiques remplissant les conditions requises pour exercer la profession de greffier de tribunal de commerce, mais qui ne sont pas titulaires d'un office de greffier de tribunal de commerce, peuvent constituer entre elles et, sous réserve des dispositions du II, avec les personnes mentionnées au B du I de l'article 5 et aux 1° et 3° du I de l'article 6 de la loi du 31 décembre 1990 précitée, une société d'exercice libéral qui peut être nommée greffier de tribunal de commerce en remplacement du titulaire d'un office existant ou titulaire d'un office créé ou vacant.

Une ou plusieurs de ces personnes peuvent également constituer avec une personne physique titulaire d'un office de greffier de tribunal de commerce une société d'exercice libéral qui peut être nommée :

1° Dans cet office ;

2° En cas de création d'un tribunal de commerce, dans l'office de greffier de cette juridiction.

II. – Les personnes physiques ou morales qui exercent la profession d'administrateur judiciaire ou de mandataire judicaire ne peuvent détenir, ni directement ni indirectement, d'action ou de part sociale dans une société d'exercice libéral relevant du I.

Art. R. 743-122 *(Rempl., D. n° 2017-893, 6 mai 2017)*. – Lorsque la société est candidate à la nomination dans un office en remplacement du titulaire, il est procédé selon les dispositions prévues aux articles R. 742-27-1 et R. 742-27-2. Ces dispositions ne sont toutefois pas applicables dans les cas où le titulaire existant fait usage de son droit de présentation au profit d'une société dont il sera lui-même associé exerçant.

Lorsque la société est candidate à la nomination dans un office créé ou vacant, il est procédé selon les dispositions prévues aux articles R. 742-19 à R. 742-24.

Art. R. 743-123 *(Anc. D. n° 93-86, 21 janv. 1993)*. – Une société d'exercice libéral constituée par transformation d'une société civile professionnelle titulaire d'un office doit être agréée par arrêté du garde des Sceaux, ministre de la Justice.

Art. R. 743-124 *(Anc. D. n° 93-86, 21 janv. 1993)*. – La société est dispensée de procéder aux formalités de publicité prévues aux articles R. 210-16 et suivants du présent code.

§ 2. – Du fonctionnement de la société

Art. R. 743-125 *(Anc. D. n° 93-86, 21 janv. 1993)*. – Le consentement de la société à la cession de la totalité ou d'une fraction de titres de capital ou parts sociales est acquis dans les conditions prévues par les articles L. 223-14 et L. 228-24 et par l'article 10 de la loi n° 90-1258 du 31 décembre 1990.

Art. R. 743-126 *(D. n° 2009-452, 22 avr. 2009 ; mod., D. n° 2017-611, 24 avr. 2017)*. – Si la société n'agrée pas le cessionnaire proposé, il est procédé conformément aux dispositions des articles L. 223-14 et L. 228-24.

Si l'acquéreur est un tiers à la société, les dispositions des articles R. 743-44 et R. 743-125 sont applicables.

Si les titres de capital ou parts sociales sont acquis par la société ou par un ou plusieurs associés exerçant en son sein, il est procédé conformément à l'article R. 743-45. En ce cas, l'expédition ou l'un des originaux de l'acte de cession est adressé au garde des Sceaux, ministre de la Justice, par téléprocédure sur le site internet du ministère de la Justice.

Le cessionnaire prend, par écrit, l'engagement de payer le prix fixé ; son engagement est joint à sa requête et une copie du projet d'acte de cession tient lieu de l'expédition ou de l'un des originaux prévus au quatrième alinéa de l'article R. 743-44.

Lorsque l'associé cédant refuse de signer l'acte portant cession de ses titres de capital ou parts sociales à la société, à ses coassociés, à l'un ou plusieurs d'entre eux ou à un tiers, il est passé outre à son refus deux mois après la sommation par lettre recommandée avec demande d'avis de réception à lui faite par la société et demeurée infructueuse. Son retrait de la société est prononcé par arrêté du garde des Sceaux, ministre de la Justice, et le prix de cession des parts est consigné à la diligence du cessionnaire.

NB : Conformément à l'article 4 du décret n° 2017-611 du 24 avril 2017, les dispositions du présent article relatives à la présentation des demandes et à la remise des déclarations par voie de téléprocédure sur le site du ministère de la Justice entrent en vigueur à une date fixée par arrêté du garde des Sceaux, ministre de la Justice, et au plus tard le 30 juin 2017. Jusqu'à cette date, les demandes et déclarations sont transmises au garde des Sceaux, ministre de la Justice, par lettre recommandée avec demande d'avis de réception.

Les procédures, engagées avant cette date et relatives aux nominations, aux cessions d'actions ou de parts sociales et aux augmentations de capital, demeurent régies par les dispositions applicables antérieurement à cette date.

Art. R. 743-127 *(Anc. D. n° 93-86, 21 janv. 1993 ; mod., D. n° 2017-611, 24 avr. 2017)*. – Lorsqu'un associé demande son retrait de la société en cédant la totalité de ses titres de capital ou parts sociales, il est procédé conformément aux dispositions des articles R. 743-44, R. 743-125 et R. 743-126.

Toutefois, un associé qui entend cesser d'exercer au sein de la société tout en conservant ses titres de capital ou parts sociales peut demander son retrait en qualité d'associé exerçant au sein de la société, après en avoir informé la société et ses associés par lettre recommandée avec demande d'avis de réception. Il perd, à compter de la publication de l'arrêté constatant son retrait, les droits attachés à cette qualité.

Tout retrait d'une société par un associé est prononcé par arrêté du garde des Sceaux, ministre de la Justice.

Art. R. 743-128 *(Anc. D. n° 93-86, 21 janv. 1993 ; mod., D. n° 2017-611, 24 avr. 2017)*. – L'associé destitué exerçant au sein de la société dispose d'un délai de six mois à compter du jour où la décision de destitution est passée en force de chose jugée pour céder ses titres de capital ou parts sociales à un tiers à la société dans les conditions prévues aux articles R. 743-44 et R. 743-125.

Si, à l'expiration de ce délai, aucune cession n'est intervenue, il est procédé conformément aux dispositions de l'article R. 743-126.

L'associé destitué peut également, avant l'expiration du délai précité, céder ses titres de capital ou parts sociales à la société, aux autres associés exerçant au sein de la société ou à l'un ou plusieurs de ceux-ci, dans les conditions prévues à l'article R. 743-45, ou à une personne remplissant les conditions prévues au B du I de l'article 5 et au 3° du I de l'article 6 de la loi n° 90-1258 du 31 décembre 1990.

Art. R. 743-129 *(Anc. D. n° 93-86, 21 janv. 1993 ; mod., D. n° 2017-611, 24 avr. 2017)*. – Sous réserve des règles de protection et de représentation des incapables, les dispositions de l'article R. 743-128 sont applicables à la cession de titres de capital ou de parts sociales de l'associé placé sous le régime de la tutelle des incapables majeurs, s'il ne veut ou ne peut bénéficier des dispositions du 2° du B du I de l'article 5 de la loi n° 90-1258 du 31 décembre 1990, ou de l'associé frappé d'interdiction légale.

Elles sont également applicables à la cession de titres de capital ou de parts sociales de l'associé dont l'exclusion de la société a été décidée dans les cas mentionnés à l'article R. 743-134.

Art. R. 743-130 *(D. n° 2009-452, 22 avr. 2009 ; mod., D. n° 2011-1541, 15 nov. 2011 ; D. n° 2017-611, 24 avr. 2017)*. – Tout projet d'augmentation de capital conduisant à l'entrée, dans la société, d'un nouvel associé qui n'entend pas exercer la profession ou tout projet de convention par laquelle un des associés cède tout ou partie de ses actions ou parts sociales à un tel nouvel associé fait l'objet d'une déclaration préalable au garde des Sceaux, ministre de la Justice, au moins deux mois avant sa réalisation, dans les conditions prévues au premier alinéa de l'article R. 743-45.

Le garde des Sceaux, ministre de la Justice, peut s'opposer au projet dans un délai de deux mois après réception de la demande.

NB : Conformément à l'article 4 du décret n° 2017-611 du 24 avril 2017, les dispositions du présent article relatives à la présentation des demandes et à la remise des déclarations par voie de téléprocédure sur le site du ministère de la Justice entrent en vigueur à une date fixée par arrêté du garde des Sceaux, ministre de la Justice, et au plus tard le 30 juin 2017. Jusqu'à cette date, les demandes et déclarations sont transmises au garde des Sceaux, ministre de la Justice, par lettre recommandée avec demande d'avis de réception.

Les procédures, engagées avant cette date et relatives aux nominations, aux cessions d'actions ou de parts sociales et aux augmentations de capital, demeurent régies par les dispositions applicables antérieurement à cette date.

Art. R. 743-131 *(Abr., D. n° 2017-611, 24 avr. 2017)*.

Art. R. 743-132 *(Anc. D. n° 93-86, 21 janv. 1993)*. – Dans le cas prévu au cinquième alinéa de l'article R. 743-126, la publicité de la cession de titres de capital et de parts sociales résulte du dépôt au greffe du tribunal chargé de la tenue du registre du commerce et des sociétés du lieu du siège social de la société de deux copies certifiées conformes de la sommation adressée au cédant et des pièces justificatives de la signification de cette sommation.

§ 3. – De l'exercice des fonctions de greffier de tribunal de commerce par la société et les associés

Art. R. 743-133 *(Anc. D. n° 93-86, 21 janv. 1993)*. – Outre les mentions prévues à l'article 2 de la loi n° 90-1258 du 31 décembre 1990, toutes correspondances et tous documents émanant de la société doivent indiquer sa qualité de société titulaire d'un office de greffier de tribunal de commerce.

Art. R. 743-134 *(Anc. D. n° 93-86, 21 janv. 1993)*. – Tout associé exerçant au sein de la société qui a fait l'objet d'une condamnation disciplinaire passée en force de chose jugée à une peine égale ou supérieure à trois mois d'interdiction dans l'exercice de sa profession, ou d'une condamnation pénale définitive à une peine d'emprisonnement égale ou supérieure à trois mois peut être contraint, à l'unanimité des autres associés exerçant au sein de la société, de se retirer de celle-ci.

Ses titres de capital ou parts sociales sont cédés dans les conditions prévues à l'article R. 743-128.

Sous-section 4. – Dispositions applicables aux sociétés en participation de greffiers de tribunal de commerce

Art. R. 743-135 *(Anc. D. n° 93-86, 21 janv. 1993)*. – Les sociétés en participation prévues à l'article 22 de la loi n° 90-1258 du 31 décembre 1990 reçoivent l'appellation de sociétés en participation de greffiers de tribunal de commerce.

La société n'est pas titulaire d'un office de greffier de tribunal de commerce et chacun des associés exerce ses fonctions au sein de l'office dont il est titulaire.

L'appartenance à la société avec la dénomination de celle-ci doit être indiquée dans les actes professionnels et les correspondances de chaque associé.

Art. R. 743-136 *(Anc. D. n° 93-86, 21 janv. 1993 ; D n° 2019-162, 5 mars 2019)*. – La société est constituée sous la condition suspensive de la publicité prévue à l'article R. 743-138 entre greffiers de tribunal de commerce personnes physiques.

Art. R. 743-137 *(D. n° 2009-452, 22 avr. 2009 ; D. n° 2019-162, 5 mars 2019)*. – En vue d'assurer la publicité de la constitution d'une société en participation, les associés adressent les statuts de la société au garde des sceaux, ministre de la justice, par téléprocédure sur le site internet du ministère de la justice.

Art. R. 743-138 *(D. n° 2009-452, 22 avr. 2009 ; D. n° 2019-162, 5 mars 2019)*. – La constitution de la société en participation est publiée au *Journal officiel* de la République française, à l'initiative du garde des sceaux, ministre de la justice.

Art. R. 743-139 *(D. n° 2009-452, 22 avr. 2009 ; D. n° 2019-162, 5 mars 2019)*. – En cas de dissolution de la société, la notification de cette dissolution est portée à la connaissance du garde des sceaux, ministre de la justice, par téléprocédure sur le site internet du ministère de la justice par l'associé ou les associés ayant demandé la dissolution.

La dissolution de la société en participation est publiée au *Journal officiel* de la République française, à l'initiative du garde des sceaux, ministre de la justice.

Chaque associé reprend l'exercice individuel de ses fonctions à compter de la publication mentionnée au deuxième alinéa.

Sous-section 5. – Du salariat

(D. n° 2011-1270, 11 oct. 2011)

§ 1. – Dispositions générales

Art. R. 743-139-1. – Les greffiers des tribunaux de commerce salariés sont soumis aux dispositions législatives et réglementaires relatives à l'exercice des fonctions de greffier des tribunaux de commerce par des personnes physiques, à la déontologie et à la discipline des greffiers des tribunaux de commerce ainsi qu'aux dispositions de la présente sous-section.

Art. R. 743-139-2. – Sauf lorsqu'il est employé par un greffier de plusieurs tribunaux de commerce, le greffier de tribunal de commerce salarié ne peut exercer ses fonctions qu'au sein d'un seul office.

Il peut accomplir les missions dévolues aux greffiers des tribunaux de commerce à l'exception de celles relatives à l'assistance du président du tribunal de commerce dans les tâches d'administration, d'organisation et de gestion du tribunal.

Art. R. 743-139-3. – Le greffier de tribunal de commerce salarié investi d'un mandat au Conseil national des greffiers des tribunaux de commerce ne peut pas participer aux délibérations ni aux votes sur des questions disciplinaires concernant le greffier titulaire de l'office ou les greffiers associés exerçant leurs fonctions au sein de la société titulaire de l'office dans lequel il est employé.

Ceux-ci ne peuvent, lorsqu'ils sont investis d'un tel mandat, participer aux délibérations et aux votes sur des questions disciplinaires concernant un greffier salarié de l'office.

Art. R. 743-139-4. – Le titulaire de l'office est civilement responsable du fait de l'activité professionnelle exercée pour son compte par le greffier salarié.

Art. R. 743-139-5 *(D. n° 2011-1270, 11 oct. 2011 ; mod., D. n° 2017-893, 6 mai 2017 ; D. n° 2019-162, 5 mars 2019).* – Tout projet de recrutement d'un greffier salarié est porté à la connaissance du garde des sceaux, ministre de la justice, par téléprocédure sur le site internet du ministère de la justice. Le garde des sceaux, ministre de la justice, assure la publicité de cette annonce, par un arrêté qui précise la date limite de dépôt des candidatures. Le délai imparti aux candidats pour adresser leur candidature ne peut être inférieur à trente jours à compter de la publication de l'arrêté au *Journal officiel* de la République française. Les candidatures sont adressées par lettre recommandée avec demande d'avis de réception ou tout autre moyen permettant d'en assurer la réception, au greffier du tribunal de commerce.

Lorsqu'est sélectionné un lauréat du concours prévu à l'article R. 742-6-1, est recruté, parmi les candidats issus d'une même promotion, le candidat le mieux classé.

Le contrat de travail est établi par écrit, sous la condition suspensive de la nomination du salarié en qualité de greffier de tribunal de commerce et de sa prestation de serment. La condition est réputée acquise à la date de la prestation de serment.

Il ne peut comporter aucune clause susceptible de limiter la liberté d'établissement ultérieur du salarié ou de porter atteinte à son indépendance. Il précise les conditions de sa rémunération.

Une copie du contrat de travail est adressée, dès sa signature, au président du Conseil national des greffiers des tribunaux de commerce ; il en est de même pour toute modification à ce contrat.

Art. R. 743-139-6 *(Mod., D. n° 2017-613, 24 avr. 2017).* – Lorsque le nombre de greffiers de tribunal de commerce titulaires ou associés en exercice au sein de l'office devient inférieur à la moitié du nombre de greffiers de tribunal de commerce salariés, le titulaire de l'office a un délai d'un an pour se mettre en conformité avec les dispositions du premier alinéa de l'article L. 743-12-1.

§ 2. – Nomination du greffier de tribunal de commerce salarié

Art. R. 743-139-7. – Le greffier de tribunal de commerce salarié est nommé par arrêté du garde des Sceaux, ministre de la Justice. L'arrêté précise le nom ou la dénomination sociale du titulaire de l'office au sein duquel le greffier salarié exerce ses fonctions.

Art. R. 743-139-8 *(Mod., D. n° 2017-613, 24 avr. 2017).* – La demande est présentée conjointement par le titulaire de l'office et le candidat à la nomination aux fonctions de greffier de tribunal de commerce salarié sélectionné dans les conditions prévues à l'article R. 743-139-5, au garde des Sceaux, ministre de la Justice, par téléprocédure sur le site internet du ministère de la Justice.

Elle est accompagnée d'une copie du contrat de travail et de toutes pièces et documents justificatifs nécessaires.

NB : Conformément au décret n° 2017-613 du 24 avril 2017, article 18-II, ces dispositions entrent en vigueur, en ce qu'elles prévoient les transmissions au garde des Sceaux, ministre de la Justice, par voie de téléprocédure sur le site internet du ministère de la Justice, à une date fixée par arrêté du garde des Sceaux, ministre de la Justice, et au plus tard le 30 juin 2017. Avant cette date, les transmissions concernées sont effectuées par lettre recommandée avec demande d'avis de réception.

Art. R. 743-139-9 *(Mod., D. n° 2017-613, 24 avr. 2017).* – Le garde des Sceaux, ministre de la Justice, recueille l'avis motivé du bureau du Conseil national des greffiers des tribunaux de commerce, notamment sur l'honorabilité, les capacités professionnelles du candidat et sur la conformité du contrat de travail avec les règles professionnelles.

Si, vingt jours après sa saisine, par tout moyen permettant de conférer date certaine, le Conseil national n'a pas adressé au garde des Sceaux, ministre de la Justice, l'avis qui lui a été demandé, il est réputé avoir émis un avis favorable.

Art. R. 743-139-10 *(Abr., D. n° 2017-613, 24 avr. 2017)*.

§ 3. – Entrée en fonctions

Art. R. 743-139-11. – Dans le mois de sa nomination, le greffier salarié prête le serment prévu à l'article R. 742-31. Il ne peut exercer ses fonctions qu'à compter du jour de sa prestation de serment.

Tout greffier salarié qui n'a pas prêté serment dans le mois suivant la publication de l'arrêté prévu à l'article R. 743-139-7 est réputé, sauf cas de force majeure, avoir renoncé à sa nomination.

Le greffier salarié qui devient titulaire de l'office où il exerçait ou associé de la personne morale titulaire de cet office est nommé en sa nouvelle qualité par un arrêté du garde des Sceaux, ministre de la Justice, qui met fin également à ses fonctions de greffier de tribunal de commerce salarié. Cet arrêté prend effet à la date de sa publication au *Journal officiel*. Le greffier ainsi nommé n'a pas à prêter à nouveau serment.

§ 4. – Litiges nés à l'occasion de l'exécution d'un contrat de travail

Art. R. 743-139-12. – Le président du Conseil national des greffiers des tribunaux de commerce est saisi en qualité de médiateur de tout litige né à l'occasion de l'exécution du contrat de travail soit par requête déposée contre récépissé au secrétariat du conseil, soit par lettre recommandée avec demande d'avis de réception.

L'acte de saisine précise, à peine d'irrecevabilité, l'identité des parties, l'objet du litige et les prétentions du requérant.

Art. R. 743-139-13. – Le président du Conseil national ou, en cas d'absence ou d'empêchement, le vice-président convoque les parties par lettre recommandée avec demande d'avis de réception dans les quinze jours de sa saisine et huit jours au moins avant la date de la séance de médiation.

Une copie de l'acte de saisine est jointe à la convocation de la partie qui n'a pas pris l'initiative de la médiation.

La convocation précise que les intéressés doivent se présenter en personne. Ils peuvent se faire assister d'un conseil.

Art. R. 743-139-14. – Le président ou le vice-président du Conseil national, après avoir entendu les intéressés et recueilli toutes informations utiles, propose, si les parties n'ont pu se rapprocher, une solution au litige.

En cas d'accord, total ou partiel, celui-ci est constaté par écrit, signé par les intéressés et le président ou le vice-président. L'original est conservé par le président ; une copie est remise à chacune des parties.

Si aucun accord n'est intervenu, ou en cas d'accord partiel, le président ou le vice-président dresse un procès-verbal mentionnant la solution qu'il propose et les points demeurant en litige. Il en donne une copie à chacune des parties.

Le conseil de prud'hommes ne peut être saisi, à peine d'irrecevabilité, que si le demandeur justifie de la tentative de médiation préalable par une remise d'une copie du procès-verbal prévu au troisième alinéa.

§ 5. – Cessation des fonctions de greffier de tribunal de commerce salarié en cas de rupture du contrat de travail

Art. R. 743-139-15 *(Mod., D. n° 2017-613, 24 avr. 2017)*. – L'exercice de ses fonctions d'officier public par le greffier de tribunal de commerce salarié, ainsi que celui de ses mandats professionnels, sont suspendus à compter du jour de la rupture du contrat de travail quelle qu'en soit la cause. Pendant cette suspension, il ne peut plus se prévaloir de la qualité d'officier public ou du titre de greffier de tribunal de commerce.

Pendant une période d'un an, s'il est sélectionné conformément aux dispositions de l'article R. 743-139-5, l'intéressé peut reprendre, sans attendre qu'intervienne l'arrêté prévu au troisième alinéa et sans nouvelle nomination, des fonctions de greffier de tribunal de commerce salarié en déposant une simple déclaration, par téléprocédure sur le site internet du ministère de la Justice, accompagnée d'une copie de son contrat de travail, auprès du garde des Sceaux, ministre de la Justice. L'intéressé adresse une copie de cette déclaration au Conseil national des greffiers des tribunaux de commerce.

Le garde des Sceaux, ministre de la Justice, peut, dans le délai d'un mois, faire opposition, par décision motivée, à l'effet de cette déclaration. En l'absence d'opposition, le garde des Sceaux, ministre de la Justice, constate par arrêté que le greffier de tribunal de commerce salarié a repris l'exercice de ses fonctions. L'arrêté mentionne le nom ou la dénomination sociale du titulaire de l'office au sein duquel celles-ci sont désormais exercées.

Le greffier salarié qui reprend des fonctions doit prêter le serment prévu à l'article R. 742-31.

NB : Conformément au décret n° 2017-613 du 24 avril 2017, article 18-II, ces dispositions entrent en vigueur, en ce qu'elles prévoient les transmissions au garde des Sceaux, ministre de la Justice, par voie de téléprocédure sur le site internet du ministère de la Justice, à une date fixée par arrêté du garde des Sceaux, ministre de la Justice, et au plus tard le 30 juin 2017. Avant cette date, les transmissions concernées sont effectuées par lettre recommandée avec demande d'avis de réception.

Art. R. 743-139-16 *(Mod., D. n° 2017-613, 24 avr. 2017)*. – La retraite du greffier de tribunal de commerce salarié, la rupture conventionnelle de son contrat de travail ou sa démission est portée par l'intéressé ou par la personne titulaire de l'office au sein duquel il exerçait à la connaissance du garde des Sceaux, ministre de la Justice, par téléprocédure sur le site internet du ministère de la Justice, et à celle du Conseil national des greffiers des tribunaux de commerce.

NB : Conformément au décret n° 2017-613 du 24 avril 2017, article 18-II, ces dispositions entrent en vigueur, en ce qu'elles prévoient les transmissions au garde des Sceaux, ministre de la Justice, par voie de téléprocédure sur le site internet du ministère de la Justice, à une date fixée par arrêté du garde des Sceaux, ministre de la Justice, et au plus tard le 30 juin 2017. Avant cette date, les transmissions concernées sont effectuées par lettre recommandée avec demande d'avis de réception.

Art. R. 743-139-17. – Tout licenciement, envisagé par le titulaire de l'office, d'un greffier de tribunal de commerce salarié est soumis à l'avis d'une commission nationale composée comme suit :

1° Un magistrat, président ;

2° Deux greffiers titulaires d'office ou associés, désignés sur proposition du Conseil national des greffiers des tribunaux de commerce ;

3° Deux greffiers salariés, désignés sur proposition des organisations syndicales les plus représentatives des greffiers des tribunaux de commerce salariés ou, à défaut, du Conseil national des greffiers des tribunaux de commerce.

Les membres de la commission sont nommés pour quatre ans par arrêté du garde des Sceaux, ministre de la Justice.

Chacun d'eux a un suppléant nommé dans les mêmes conditions.

Art. R. 743-139-18 *(Mod., D. n° 2017-613, 24 avr. 2017)*. – Le titulaire de l'office saisit le président de la commission par lettre recommandée avec demande d'avis de réception. La lettre de saisine précise les motifs invoqués au soutien du licenciement envisagé. Une copie de la lettre est adressée au président du Conseil national des greffiers des tribunaux de commerce, au garde des Sceaux, ministre de la Justice, par téléprocédure sur le site internet du ministère de la Justice, et au procureur général près la cour d'appel dans le ressort de laquelle l'office a son siège.

Les parties sont convoquées au moins huit jours avant la date fixée pour la réunion de la commission. Une copie de la lettre de saisine est annexée à la convocation adressée au greffier salarié.

Les parties comparaissent en personne devant la commission. Elles peuvent se faire assister d'un conseil.

NB : Conformément au décret n° 2017-613 du 24 avril 2017, article 18-II, ces dispositions entrent en vigueur, en ce qu'elles prévoient les transmissions au garde des Sceaux, ministre de la Justice, par voie de téléprocédure sur le site internet du ministère de la Justice, à une date fixée par arrêté du garde des Sceaux, ministre de la Justice, et au plus tard le 30 juin 2017. Avant cette date, les transmissions concernées sont effectuées par lettre recommandée avec demande d'avis de réception.

Art. R. 743-139-19 *(Mod., D. n° 2017-613, 24 avr. 2017)*. – Après avoir entendu contradictoirement les parties et le président du Conseil national des greffiers des tribunaux de commerce et provoqué toutes explications ou communication de documents utiles, la commission rend un avis motivé.

Une copie de cet avis est adressée, dans les quinze jours, à chacune d'entre elles, ainsi qu'au président du Conseil national, au garde des Sceaux, ministre de la Justice et au procureur général.

Art. R. 743-139-20 *(Mod., D. n° 2017-613, 24 avr. 2017)*. – Lorsque le titulaire de l'office maintient son intention de licencier le greffier salarié, il lui notifie son licenciement soit par lettre recommandée avec demande d'avis de réception, soit par lettre remise contre émargement.

En cas de faute grave, le titulaire de l'office peut, avant de saisir pour avis la commission prévue à l'article R. 743-139-17, notifier au greffier salarié sa mise à pied immédiate, dans les mêmes formes que celles prévues au premier alinéa. Si la commission n'est pas saisie dans les huit jours de la notification, la mise à pied est de plein droit caduque.

La mise à pied entraîne, dès la notification qui lui en a été faite, la suspension de l'exercice des fonctions d'officier public et des mandats professionnels du greffier salarié.

Dans les cinq jours de la notification du licenciement ou de la mise à pied, le titulaire de l'office en informe, par lettre recommandée avec demande d'avis de réception, le président du Conseil national des greffiers des tribunaux de commerce, le président de la commission de l'article R. 743-139-17 et le procureur général, ainsi que le garde des Sceaux, ministre de la Justice, par téléprocédure sur le site internet du ministère de la Justice.

NB : Conformément au décret n° 2017-613 du 24 avril 2017, article 18-II, ces dispositions entrent en vigueur, en ce qu'elles prévoient les transmissions au garde des Sceaux, ministre de la Justice, par voie de téléprocédure sur le site internet du ministère de la Justice, à une date fixée par arrêté du garde des Sceaux, ministre de la Justice, et au plus tard le 30 juin 2017. Avant cette date, les transmissions concernées sont effectuées par lettre recommandée avec demande d'avis de réception.

Art. R. 743-139-20-1 *(D. n° 2017-613, 24 avr. 2017)*. – La limite d'âge prévue à l'article L. 741-1 s'applique aux greffiers des tribunaux de commerce salariés.

Section II *bis*. – Des sociétés de participations financières de profession libérale de greffiers des tribunaux de commerce

(D. n° 2011-1541, 15 nov. 2011 ; rect. JO 17 déc. 2011 ; mod., D. n° 2017-611, 24 avr. 2017)

Art. R. 743-139-21. – Les sociétés de participations financières de profession libérale constituées, en application de l'article 31-1 de la loi n° 90-1258 du 31 décembre 1990 relative à l'exercice sous forme de sociétés des professions libérales soumises à un statut législatif ou réglementaire ou dont le titre est protégé et aux sociétés de participations financières de professions libérales, en vue de la détention de parts sociales ou d'actions dans des sociétés exerçant la profession de greffier de tribunal de commerce sont régies par les dispositions du livre II, sous réserve des dispositions de la présente section.

§ 1. – De la constitution de la société

Art. R. 743-139-22. – Les personnes physiques ou morales qui exercent la profession d'administrateur judiciaire ou de mandataire judicaire ne peuvent détenir, ni directement ni indirectement, d'action ou de part sociale dans une société de participations financières relevant de l'article R. 743-139-21.

Art. R. 743-139-23. – La constitution de la société fait l'objet d'une déclaration adressée par un mandataire commun des associés au garde des Sceaux, ministre de la Justice, par téléprocédure sur le site internet du ministère de la Justice, ainsi qu'au Conseil national des greffiers des tribunaux de commerce. Une copie des statuts de la société est jointe à la déclaration qui comprend la liste des associés avec indication, selon le cas, de leur profession ou de leur qualité au regard de l'article R. 743-139-2, suivie, pour chacun, de la mention de la part de capital qu'il détient dans la société.

Le garde des Sceaux, ministre de la Justice, dresse la liste des sociétés de participations financières de *profession libérale de greffiers* des tribunaux de commerce. Un arrêté du garde des Sceaux, ministre de la Justice, fixe les conditions dans lesquelles cette liste est dressée et mise à jour et les conditions de sa diffusion aux autorités et aux professionnels intéressés.

NB : Conformément à l'article 4 du décret n° 2017-611 du 24 avril 2017, les dispositions du présent article relatives à la présentation des demandes et à la remise des déclarations par voie de téléprocédure sur le site du ministère de la Justice entrent en vigueur à une date fixée par arrêté du garde des Sceaux, ministre de la Justice, et au plus tard le 30 juin 2017. Jusqu'à cette date, les demandes et déclarations sont transmises au garde des Sceaux, ministre de la Justice, par lettre recommandée avec demande d'avis de réception.

Les procédures, engagées avant cette date et relatives aux nominations, aux cessions d'actions ou de parts sociales et aux augmentations de capital, demeurent régies par les dispositions applicables antérieurement à cette date.

Art. R. 743-139-24. – **L'immatriculation de la société au registre du commerce et des sociétés est régie par les articles R. 123-31 et suivants, sous réserve des dispositions ci-après.**

Une copie de la déclaration prévue à l'article R. 743-139-23 est adressée par les associés au greffe du tribunal où a été déposée la demande d'immatriculation au registre du commerce et des sociétés ; au reçu de ce document, le greffier procède à l'immatriculation et en informe le garde des Sceaux, ministre de la Justice, ainsi que le procureur général près la cour d'appel dans le ressort de laquelle est fixé le siège de la société.

La société est dispensée de procéder aux formalités de publicité prévues aux articles R. 210-16 et suivants.

§ 2. – Du fonctionnement de la société

Art. R. 743-139-25. – **La société de participations financières de profession libérale de greffiers des tribunaux de commerce fait connaître au Conseil national des greffiers des tribunaux de commerce et au garde des Sceaux, ministre de la Justice, par téléprocédure sur le site internet du ministère de la Justice, dans un délai de trente jours à compter de la date à laquelle il se produit, tout changement dans la situation déclarée en application de l'article R. 743-139-23.**

NB : Conformément à l'article 4 du décret n° 2017-611 du 24 avril 2017, les dispositions du présent article relatives à la présentation des demandes et à la remise des déclarations par voie de téléprocédure sur le site du ministère de la Justice entrent en vigueur à une date fixée par arrêté du garde des Sceaux, ministre de la Justice, et au plus tard le 30 juin 2017. Jusqu'à cette date, les demandes et déclarations sont transmises au garde des Sceaux, ministre de la Justice, par lettre recommandée avec demande d'avis de réception.

Les procédures, engagées avant cette date et relatives aux nominations, aux cessions d'actions ou de parts sociales et aux augmentations de capital, demeurent régies par les dispositions applicables antérieurement à cette date.

Art. R. 743-139-26 ***(Mod., D. n° 2019-966, 18 sept. 2019).*** – **Si la société de participations financières de profession libérale de greffiers des tribunaux de commerce ne se conforme pas aux dispositions législatives et réglementaires régissant la constitution et le fonctionnement des sociétés de participations financières de profession libérale par les greffiers des tribunaux de commerce, la société est invitée par le garde des sceaux, ministre de la justice, à régulariser la situation.**

Si la société n'est pas en mesure de régulariser la situation, le garde des sceaux, ministre de la justice, peut inviter les associés, par lettre recommandée avec demande d'accusé de réception, à prononcer la dissolution anticipée de la société selon les formes prévues par les statuts. Il adresse une copie de ce courrier au procureur de la République près le tribunal judiciaire dans le ressort duquel est situé le siège de la société et au Conseil national des greffiers des tribunaux de commerce.

NB : Conformément à l'article 9 du décret n° 2019-966 du 18 septembre 2019, les présentes dispositions entrent en vigueur le 1er janvier 2020.

§ 3. – Du contrôle de la société

Art. R. 743-139-27. – **Chaque société de participations financières de profession libérale de greffiers des tribunaux de commerce fait l'objet, au moins une fois tous les quatre ans, d'un contrôle portant sur le respect des dispositions législatives et réglementaires qui régissent la composition de son capital et l'étendue de ses activités. Ce contrôle se déroule dans les conditions prévues aux articles R. 743-1, R. 743-3 et R. 743-4, à l'occasion de l'inspection d'un greffe tenu par une société d'exercice dans laquelle elle détient des participations.**

Chaque société de participations peut, en outre, être soumise à des contrôles occasionnels prescrits par le garde des Sceaux, soit d'office, soit à la demande du président du Conseil national des greffiers des tribunaux de commerce.

La liste prévue au dernier alinéa de l'article R. 743-1 mentionne les sociétés de participations financières de profession libérale de greffiers des tribunaux de commerce proposées pour faire l'objet d'un contrôle périodique au cours de l'année suivante.

Art. R. 743-139-28. – Le non-respect des dispositions régissant la constitution et le fonctionnement des sociétés de participations financières de profession libérale par les greffiers des tribunaux de commerce et les personnes qui exercent une autre profession libérale judiciaire ou juridique soumise à un statut législatif ou réglementaire ou dont le titre est protégé associés d'une telle société ou de sociétés titulaires d'un office faisant l'objet de prises de participations peut donner lieu à des poursuites disciplinaires.

§ 4. – De la dissolution-liquidation de la société

Art. R. 743-139-29. – En cas de dissolution de la société, le liquidateur est choisi parmi les associés de la société de participations financières de profession libérale de greffiers des tribunaux de commerce, des sociétés titulaires d'un office ou des greffiers des tribunaux de commerce, des anciens greffiers des tribunaux de commerce ou anciens greffiers des tribunaux de commerce associés. En aucun cas les fonctions de liquidateur ne peuvent être confiées à un associé ayant fait l'objet d'une peine disciplinaire.

Plusieurs liquidateurs peuvent être désignés.

Le liquidateur peut être remplacé pour cause d'empêchement ou pour tout autre motif grave par le président du tribunal judiciaire du lieu du siège social de la société, statuant sur requête à la demande du liquidateur, des associés ou de leurs ayants droit, ou du procureur de la République.

Art. R. 743-139-30. – Le liquidateur procède à la cession des parts ou actions que la société de participations financières de profession libérale de greffier des tribunaux de commerce détient dans la ou les sociétés d'exercice libéral dans les conditions prévues par l'article R. 743-128.

Art. R. 743-139-31. – La dissolution de la société est portée à la connaissance du procureur de la République et du Conseil national des greffiers des tribunaux de commerce à la diligence du liquidateur. Ce dernier leur fait alors parvenir une expédition de la délibération des associés ou de la décision de justice qui l'a nommé dans ses fonctions.

Le liquidateur dépose au greffe chargé de la tenue du registre du commerce et des sociétés où la société est inscrite, pour être versée au dossier ouvert au nom de la société, la copie de l'expédition prévue au premier alinéa dont tout intéressé peut obtenir communication.

Il ne peut entrer en fonctions avant l'accomplissement des formalités précitées.

Le liquidateur informe le procureur de la République et le Conseil national des greffiers des tribunaux de commerce de la clôture des opérations de liquidation.

Section III. – De la tarification des greffiers des tribunaux de commerce

(D. n° 2007-812, 10 mai 2007)

Art. R. 743-140 *(Mod., D. n° 2016-230, 26 févr. 2016).* – Les émoluments dus aux greffiers des tribunaux de commerce pour l'établissement et le contrôle de conformité des actes de leur ministère sont soumis aux dispositions qui suivent.

Ils comprennent la rémunération de tous travaux, soins, diligences et formalités afférents à l'acte ou à la procédure considérée.

Les diligences de chaque transmission d'acte, décision ou document, par remise en main propre contre récépissé ou par voie électronique sécurisée, donnent lieu à un émolument fixé par un arrêté pris en application de l'article L. 444-3, à l'exception de la transmission d'extrait d'immatriculation du registre du commerce, par voie électronique sécurisée, pour laquelle cette rémunération est égale à un autre émolument déterminé dans les mêmes conditions. Lorsque la transmission se fait sous une autre forme, les débours, y compris les frais de poste et de téléphone, sont remboursés au greffier pour leur montant réel, sauf si un forfait de transmission a été prévu par un arrêté pris en application de l'article L. 444-3.

Il n'est dû aucune rémunération ni remboursement d'aucuns frais au greffier, au titre des transmissions à l'Institut national de la propriété industrielle prévues aux deuxième et troisième alinéas de l'article L. 123-6 du présent code, hormis les éventuelles bases de données qu'il aurait élaborées dans le cadre de l'exploitation privée des données concernées.

Annexe 7-5

Émoluments des greffiers des tribunaux de commerce

(Annexe rempl., D. n° 2007-812, 10 mai 2007 ; mod., D. n° 2007-1851, 26 déc. 2007 ; D. n° 2009-1661, 28 déc. 2009 ; D. n° 2011-172, 11 févr. 2011 ; abr. à compter des dates prévues à l'article 13 du décret n° 2016-230 du 26 février 2016, D. n° 2016-230, 26 févr. 2016)

Tableau I. – Annexé à l'article R. 743-140 : Actes judiciaires (1)

(Mod., D. n° 2009-1661, 28 déc. 2009, applicable aux procédures ouvertes à compter du 31 décembre 2009)

NUMÉROS	NATURE DES ACTES	ÉMOLUMENTS taux de base (2)
101	Acte de greffe.	1
102	Certificat.	1
103	Commission rogatoire : envoi et exécution.	5
104	Contredit sur la compétence.	7
105	Copie.	1
106	Vérification de dépens.	2
	Copie certifiée conforme (en dehors de toute procédure)	
107	Jugement.	2
108	Ordonnance.	2
109	Seconde copie certifiée conforme revêtue de la formule exécutoire.	3
	Injonction de payer (procédure d')	
110	Ordonnance d'injonction de payer.	9
111	Forfait de transmission des ordonnances d'injonction de payer.	7
112	Diligences relatives à l'ordonnance, y compris l'extrait d'immatriculation (K *bis* ou L *bis*) ou un certificat de non-inscription, réception et conservation de la requête.	9
113	Opposition à injonction de payer.	9
	Jugements	
114	Jugement (enrôlement, tenue des audiences, mise en forme, avis aux parties), quel que soit le nombre de renvois, pour deux parties.	25
115	Par partie supplémentaire.	5
116	Jugement : forfait de transmission par partie.	10
	Instruction avant jugement	
117	Procédure devant un juge rapporteur.	7
118	Contrat ou calendrier de procédure.	7

NUMÉROS	NATURE DES ACTES	ÉMOLUMENTS taux de base (2)
119	Ordonnances autres que référés et injonctions de payer.	6
120	Prestation de serment.	3
	Référés	
121	Ordonnance de référé (enrôlement, tenue des audiences, mise en forme, avis aux parties), quel que soit le nombre de renvois pour deux parties.	15
122	Par partie supplémentaire.	5
123	Ordonnance de référé : forfait de transmission par partie.	7,70
124	Registres de commerce (saisine en matière de contentieux des).	8
125	Diligences liées à l'expertise.	15
126	Convocation ou avis.	1
127	Visa, cote et paraphe des livres.	2
	Procédures ouvertes après le 1er janvier 2006 en application du livre VI du Code de commerce	
160	Diligences en matière d'enquête en application des articles L. 621-1, alinéa 3, et L. 651-4 du Code de commerce, non compris le coût de la délivrance des copies ou extraits et des avis, notifications, convocations et communications.	10
161	Réception de la demande de mandat *ad hoc*, de conciliation, de sauvegarde, de redressement judiciaire et de liquidations judiciaires, conformément aux articles R. 611-18, R. 611-22, R. 621-1, R. 631-1 et R. 640-1, non compris le coût de la délivrance des copies ou extraits.	6
162	Diligences en cas de saisine d'office ou à la requête du procureur de la République, non compris le coût de la délivrance des copies ou extraits.	3
163	Convocation devant le juge-commissaire.	3
164	Convocation devant le président du tribunal (mandat *ad hoc*, conciliation : R. 611-19, R. 611-23 du Code de commerce) ou le tribunal.	3
165	Avis au créancier en matière d'admission de créances sans débat contradictoire.	1
166	Ordonnances du juge-commissaire après débat contradictoire.	6
167	Diligences relatives à la notification des jugements et des requêtes, aux significations et aux convocations par voie d'huissier.	6
168	Mention sur l'état des créances.	1
169	Dépôt et conservation des documents, actes ou pièces, y inclus procès-verbal et certificat de dépôt ou reçus de déclaration.	2

NUMÉROS	NATURE DES ACTES	ÉMOLUMENTS taux de base (2)
170	Extrait établi en vue des mesures de publicité.	1

(1) *a)* Les émoluments ainsi alloués comprennent le coût d'une copie certifiée conforme, revêtue de la formule exécutoire et d'une copie délivrée à chaque partie.
b) En cas de radiation avant le prononcé d'un jugement ou d'une ordonnance, les deux tiers de l'émolument sont alloués au greffier, sauf dans le cas où un émolument a été spécialement perçu pour la saisine du tribunal.
c) Les redevances perçues en matière commerciale au profit du Trésor par les greffiers en chef des tribunaux judiciaires sont calculées conformément aux dispositions ci-dessus.
(2) Voir l'article 743-142.

Tableau 2. – Annexé à l'article R. 743-140 :

Registre du commerce et des sociétés, registre des agents commerciaux

(D. n° 2007-812, 10 mai 2007 ; mod., D. n° 2011-172, 11 févr. 2011 ; mod. à compter du 1er juillet 2014, D. n° 2014-506, 19 mai 2014 ; mod., D. n° 2014-1189, 15 oct. 2014)

NUMÉROS	NATURE DES ACTES	ÉMOLUMENTS taux de base
	A. – *Registre du commerce et des sociétés* (1) Immatriculation principale, immatriculation secondaire, inscription complémentaire (2)	
201	Personne physique.	36
201 *bis*	Immatriculation principale par création d'une entreprise, personne physique.	18
202	Personne morale : groupements d'intérêt économique, sociétés commerciales, sociétés non commerciales, établissements publics.	44
202 *bis*	Immatriculation principale par création de sociétés commerciales.	22
203	Inscriptions modificatives (3) : personne physique.	32
204	Inscriptions modificatives et mentions d'office sous réserve des cas prévus par l'article R. 143-145 (3) : personne morale (groupements d'intérêt économique, sociétés commerciales, sociétés non commerciales, établissements publics).	42
205	Diligences spécifiques en cas de transformation de sociétés.	15
206	Mise à jour des renseignements figurant dans les immatriculations principales aux immatriculations secondaires et dans les immatriculations secondaires aux immatriculations principales de personnes physiques.	18
207	Mise à jour des renseignements figurant dans les immatriculations principales aux immatriculations secondaires et dans les immatriculations secondaires aux immatriculations principales des personnes morales.	25
208	Notification des mises à jour des immatriculations principales et secondaires concernant les personnes physiques.	6

NUMÉROS	NATURE DES ACTES	ÉMOLUMENTS taux de base
209	Notification des mises à jour des immatriculations principales et secondaires concernant les personnes morales.	8
210	Dépôt des comptes annuels.	5
210 *bis*	Dépôt des comptes annuels assortis d'une déclaration de confidentialité.	5
211	Dépôt d'actes ou de pièces pour la publicité des sociétés (4), y inclus le certificat de dépôt.	6
212	Certificat négatif d'immatriculation, communication d'actes ou de pièces déposées.	1
212 *bis*	Certificat attestant que les comptes annuels ont été déposés mais ne sont pas rendus publics.	1
213	Extrait du registre du commerce et des sociétés (5).	2
214	Relevé historique des événements au registre du commerce et des sociétés.	5
215	Copie des comptes et rapports annuels (forfait, quel que soit le nombre de page).	6
216	Copie certifiée conforme (par page).	0,33
217	Copie de statuts, actes ou de pièces déposées (forfait).	6
217 *bis*	Copie de la déclaration de confidentialité des comptes annuels.	1
218	Diligences de transmission de la formalité à l'INPI.	2
	B. – *Registre des agents commerciaux*	
221	Immatriculation (6) comprenant les émoluments de radiation.	6
222	Inscription modificative (6).	2
223	Extrait d'inscription de la déclaration.	2
	C. – Registre du commerce et des sociétés Dépôt effectué par les entrepreneurs individuels à responsabilité limitée	
230	Dépôt de la déclaration d'affectation du patrimoine, de reprise ou de transfert (7) et mentions RCS (8) (9) (art. L. 526-7, L. 526-16 et L. 526-17-II).	32
231	Dépôt de la déclaration modificative ou complémentaire de la déclaration d'affectation du patrimoine, entraînant mentions au RCS (10).	28
232	Dépôt de la déclaration complémentaire d'affectation du patrimoine (art. L. 526-9, L. 526-10 et L. 526-11) ou des actes ou décisions de modification sans mentions RCS (10).	14
233	Dépôt des comptes annuels au RCS ou du document comptable simplifié (art. L. 526-14).	5

NUMÉROS	NATURE DES ACTES	ÉMOLUMENTS taux de base
234	Notification à un autre registre en cas de double immatriculation ou d'immatriculation secondaire.	6
235	Mise à jour des renseignements figurant dans les immatriculations principales aux immatriculations secondaires ou reçus d'un autre registre ou répertoire aux fins de mentions.	18
236	Avis au BODACC relatif à la cession, y compris la délivrance du certificat (art. L. 526-17).	7
237	Copie des comptes annuels ou du document comptable simplifié ou de la déclaration d'affectation.	6
	D. – Registre des agents commerciaux Dépôt effectué par les entrepreneurs individuels à responsabilité limitée	
240	Dépôt de la déclaration d'affectation du patrimoine, de reprise ou de transfert (7) et mentions au RSAC (8) (art. L. 526-7, L. 526-16 et L. 526-17-II).	32
241	Dépôt de la déclaration modificative ou complémentaire de la déclaration d'affectation du patrimoine entraînant mentions au RSAC (11).	28
242	Dépôt de la déclaration complémentaire d'affectation du patrimoine (art. L. 526-9, L. 526-10 et L. 526-11) ou des actes ou décisions de modification sans mentions au RSAC (11).	14
243	Dépôt des comptes annuels ou du document comptable simplifié (art. L. 526-14).	5
244	Avis au BODACC relatif à la cession, y compris la délivrance du certificat (art. L. 526-17).	7
245	Copie des comptes annuels ou du document comptable simplifié ou de la déclaration d'affectation.	6
	E. – Registre des entrepreneurs individuels à responsabilité limitée visés au 3° de l'article L. 526-7	
250	Immatriculation y compris après reprise ou transfert (7) (art. L. 526-7, L. 526-16 et L. 526-17-II) comprenant le dépôt de la déclaration d'affectation du patrimoine et les émoluments de radiation.	36
251	Dépôt de la déclaration modificative ou complémentaire de la déclaration d'affectation du patrimoine, entraînant mentions au registre (11).	28
252	Dépôt de la déclaration complémentaire d'affectation du patrimoine (art. L. 526-9, L. 526-10 et L. 526-11) ou des actes ou décisions de modification sans mentions au registre (11).	14
253	Dépôt des comptes annuels ou du document comptable simplifié (art. L. 526-14).	5
254	Avis au BODACC relatif à la cession, y compris la délivrance du certificat (art. L. 526-17).	7

NUMÉROS	NATURE DES ACTES	ÉMOLUMENTS taux de base
255	Copie des comptes annuels ou du document comptable simplifié ou de la déclaration d'affectation.	6
256	Extrait du registre des entrepreneurs individuels à responsabilité limitée.	2

(1) Le greffier réclame distinctement le montant des taxes perçues pour le compte de l'Institut national de la propriété industrielle et des frais d'insertion au BODACC.

(2) Cet émolument rémunère forfaitairement l'ensemble des formalités liées à l'immatriculation principale, l'immatriculation secondaire ou l'inscription complémentaire et inclut le coût de la radiation. Il inclut également le coût de la délivrance au requérant de cinq extraits, en ce qui concerne l'immatriculation principale, l'immatriculation secondaire ou l'inscription complémentaire, et de quatre extraits, en ce qui concerne la radiation, ainsi que celui des frais postaux. Lorsque l'immatriculation est effectuée en application des articles R. 743-162 et R. 743-168 du Code de commerce, les émoluments ainsi prévus sont fixés à neuf taux de base, en ce qui concerne l'immatriculation principale et l'immatriculation secondaire, y compris les frais postaux.

(3) Cet émolument rémunère forfaitairement l'ensemble des formalités liées à l'inscription modificative. Il inclut le coût de la délivrance au requérant de quatre extraits et celui des frais postaux.

(4) Pour la publicité des sociétés, il n'est perçu qu'un émolument, quel que soit le nombre des actes et des pièces déposés simultanément par un même intéressé.

(5) Il s'agit des extraits K *bis* et L *bis* délivrés aux tiers ou des extraits à délivrer, en plus des extraits compris dans le forfait, à la personne assujettie, sur leur demande écrite. L'ensemble de ces demandes est répertorié au greffe.

(6) Lorsque l'immatriculation ou la radiation est effectuée en application des articles R. 743-162 et R. 743-168 du Code de commerce, les émoluments ainsi prévus sont réduits de moitié.

(7) Hors coût de l'insertion au BODACC.

(8) Il n'est perçu aucun émolument pour le dépôt de la déclaration d'affectation du patrimoine lorsqu'il intervient simultanément à la demande d'immatriculation (art. L. 526-19).

(9) Y compris la transmission à l'INPI.

(10) Y compris la transmission des documents visés à l'article R. 123-121-3 au service des impôts et la transmission à l'INPI.

(11) Y compris la transmission des documents visés à l'article R. 123-121-3 au service des impôts.

Tableau 3

Privilèges et sûretés

(D. n° 2007-812, 10 mai 2007)

NUMÉROS	NATURE DES ACTES	ÉMOLUMENTS (taux de base)
	A. – *Privilège du Trésor en matière fiscale*	
301	Première inscription, radiation totale ou partielle d'une inscription non périmée.	1,5
302	Inscription suivante, renouvellement d'une inscription ou subrogation.	2
303	Délivrance d'un état d'inscription positif ou négatif, quel que soit le nombre d'inscriptions révélées.	2
304	Mention d'une contestation en marge d'une inscription.	1

NUMÉROS	NATURE DES ACTES	ÉMOLUMENTS (taux de base)
	B. – *Privilège de la sécurité sociale et des régimes complémentaires* Inscription, radiation totale d'une inscription non périmée	
310	Montant des sommes privilégiées inférieur à 16 000 taux de base.	7
311	Montant des sommes privilégiées supérieur ou égal à 16 000 taux de base.	31
	Radiation partielle d'une inscription non périmée	
312	Montant des sommes privilégiées inférieur à 16 000 taux de base.	7
313	Montant des sommes privilégiées supérieur ou égal à 16 000 taux de base.	31
	Renouvellement d'une inscription, subrogation	
314	Montant des sommes privilégiées inférieur à 16 000 taux de base.	5
315	Montant des sommes privilégiées supérieur ou égal à 16 000 taux de base.	16
316	Mention d'une saisie en marge des différentes inscriptions concernant un même débiteur, radiation partielle ou totale de ces inscriptions.	1
317	Délivrance d'un état d'inscription positif ou négatif, quel que soit le nombre d'inscriptions révélées.	2
318	Délivrance d'un certificat de subrogation, de mention de saisie, de radiation de cette mention, de radiation d'inscription.	1
	C. – *Vente et nantissement des fonds de commerce* Inscription, y compris radiation totale d'une inscription non périmée (montant de la somme garantie)	
320	Montant inférieur à 16 000 taux de base.	14
321	Montant supérieur ou égal à 16 000 et inférieur à 32 000 taux de base.	62
322	Montant supérieur ou égal à 32 000 taux de base.	93
	Radiation partielle d'une inscription non périmée	
323	Montant inférieur à 16 000 taux de base.	7
324	Montant supérieur ou égal à 16 000 taux de base.	31
	Mention d'antériorité ou de subrogation, renouvellement d'inscription	
325	Montant inférieur à 16 000 taux de base.	5
326	Montant supérieur ou égal à 16 000 taux de base.	16
327	Procès-verbal de dépôt, certificat de dépôt et certificat constatant une transcription, une cession d'antériorité ou de radiation. Pour l'ensemble de ces formalités.	3
328	État d'inscription positif ou négatif (quel que soit le nombre des inscriptions).	2

NUMÉROS	NATURE DES ACTES	ÉMOLUMENTS (taux de base)
329	Rédaction de la déclaration de créance et certificat constatant cette déclaration.	2
330	Mention de changement de siège de fonds, certificat d'inscription des ventes, cessions ou nantissements en ce qu'ils s'appliquent aux brevets d'invention et aux licences, aux marques de fabrique et de commerce, aux dessins et modèles industriels.	1
331	Délivrance des copies de bordereaux d'inscription et des actes de vente sous seing privé déposés au greffe.	1
332	Copie certifiée conforme.	2
	D. – *Nantissement d'un fonds agricole ou d'un fonds artisanal*	
340	Les émoluments alloués aux greffiers sont égaux à ceux prévus pour des actes ou formalités analogues en cas de nantissement de fonds de commerce.	
	F. – *Nantissement judiciaire*	
350	Les émoluments alloués aux greffiers sont égaux à ceux prévus pour des actes ou formalités analogues en cas de nantissement de fonds de commerce.	
	G. – *Gage des stocks*	
360	Les émoluments alloués aux greffiers sont égaux à ceux prévus pour des actes ou formalités analogues en cas de nantissement de fonds de commerce.	
	H. – *Nantissement de l'outillage et du matériel*	
370	Les émoluments alloués aux greffiers sont égaux à ceux prévus pour des actes ou formalités analogues en cas de nantissement de fonds de commerce.	
	I. – *Gage sur meubles corporels (C. civ., art. 2338)* Inscription, y compris radiation totale d'une inscription (montant de la somme garantie)	
380	Montant inférieur à 6 000 taux de base.	7
381	Montant supérieur ou égal à 6 000 taux de base et inférieur à 16 000 taux de base.	15
382	Montant supérieur ou égal à 16 000 taux de base.	45
	Radiation partielle d'une inscription non périmée (montant de la somme garantie)	
383	*Montant inférieur à 6 000* taux de base.	4
384	Montant supérieur ou égal à 6 000 taux de base et inférieur à 16 000 taux de base.	8
385	Montant supérieur ou égal à 16 000 taux de base.	23

NUMÉROS	NATURE DES ACTES	ÉMOLUMENTS (taux de base)
	Mention d'antériorité ou de subrogation, renouvellement d'inscription (montant de la somme garantie)	
386	Montant inférieur à 6 000 taux de base.	4
387	Montant supérieur ou égal à 6 000 taux de base et inférieur à 16 000 taux de base.	8
388	Montant supérieur ou égal à 16 000 taux de base.	23
389	Procès-verbal de dépôt, certificat de dépôt et certificat constatant une transcription, une cession d'antériorité ou de radiation. Pour l'ensemble de ces formalités.	1
390	État d'inscription positif ou négatif (quel que soit le nombre des inscriptions).	2
391	Délivrance des copies de bordereaux d'inscription et des actes sous seing privé déposés au greffe.	3
392	Copie certifiée conforme.	2
	J. – *Warrants* (1) (2) Établissement du warrant, y compris radiation (ensemble le volant, la souche et la transcription du premier endossement) (montant de la somme prévue dans l'acte)	
390	Montant inférieur à 16 000 taux de base.	14
391	Montant supérieur ou égal à 16 000 taux de base.	62
	Radiation partielle	
392	Montant inférieur à 16 000 taux de base.	14
393	Montant supérieur ou égal à 16 000 taux de base.	62
	Renouvellement du warrant, inscription d'avis d'escompte	
394	Montant inférieur à 16 000 taux de base.	7
395	Montant supérieur ou égal à 16 000 taux de base.	31
396	Délivrance d'un état de transcription, d'un état négatif.	2
397	Certificat de radiation.	1
398	Rédaction de lettre recommandée (en cas de formalité obligatoire).	0,25
	K. – *Nantissement de parts sociales ou de meubles incorporels*	
399	Les émoluments alloués aux greffiers sont égaux à ceux qui sont prévus pour des actes ou formalités analogues en cas de nantissement de fonds de commerce.	

(1) À l'exclusion des warrants agricoles.
(2) Il n'est rien dû pour les mentions portées sur le registre des avis et oppositions.

Tableau 4

Publicités diverses

(D. n° 2007-812, 10 mai 2007)

NUMÉROS	NATURE DES ACTES	ÉMOLUMENTS (taux de base)
	A. – *Crédit-bail en matière mobilière*	
401	Inscription principale y compris radiation de cette inscription.	14
402	Modification de cette inscription.	7
403	Report d'inscription (1) (par greffier).	3
404	Délivrance de tout état d'inscription (quel que soit le nombre d'inscriptions) positif ou négatif.	2
405	Certificat de radiation.	1
	B. – *Contrat de location*	
410	Inscription principale y compris radiation de cette inscription.	14
411	Modification de cette inscription.	7
412	Report d'inscription (1) (par greffier).	3
413	Délivrance de tout état d'inscription (quel que soit le nombre d'inscriptions) positif ou négatif.	2
414	Certificat de radiation.	1
	C. – *Inscription sur le registre spécial des prêts et délais*	
420	Inscription principale y compris radiation de cette inscription.	6
421	Modification de cette inscription.	3
422	Report d'inscription (1) (par greffier).	3
423	Délivrance de tout état d'inscription (quel que soit le nombre d'inscriptions) positif ou négatif.	2
424	Certificat de radiation.	1
	D. – *Clause de réserve de propriété*	
430	Inscription principale y compris radiation de cette inscription.	6
431	Modification de cette inscription.	3
432	Report d'inscription (1) (par greffier).	3
433	Délivrance de tout état d'inscription (quel que soit le nombre d'inscriptions) positif ou négatif.	2
434	Certificat de radiation.	1
	E. – *Clause d'inaliénabilité*	
440	Inscription principale y compris radiation de cette inscription.	15

NUMÉROS	NATURE DES ACTES	ÉMOLUMENTS (taux de base)
441	Modification de cette inscription.	8
442	Report d'inscription (1) (par greffier).	3
443	Délivrance de tout état d'inscription (quel que soit le nombre d'inscriptions) positif ou négatif.	2
444	Certificat de radiation.	2
	F. – *Publicité des protêts et des certificats de non-paiement des chèques postaux* Inscription d'un protêt y compris radiation (2) (montant de la somme inscrit dans l'acte)	
450	Montant inférieur à 16 000 taux de base.	7
451	Montant supérieur ou égal à 16 000 taux de base.	31
452	Délivrance d'un extrait de registre des protêts positif ou négatif.	2
	G. – *Immatriculation des bateaux de rivière* Inscription et radiation d'un acte ou jugement translatif, constitutif ou déclaratif de propriété ou de droit réel (3) (montant de la somme inscrit dans l'acte)	
460	Montant inférieur à 16 000 taux de base.	7
461	Montant supérieur ou égal à 16 000 taux de base.	31
	Mention de radiation totale ou partielle d'une inscription hypothécaire (montant de la somme inscrit dans l'acte)	
462	Montant inférieur à 16 000 taux de base.	
463	Montant supérieur ou égal à 16 000 taux de base.	31
	Mention d'antériorité ou de subrogation, renouvellement d'inscription (sur la valeur de la plus faible inscription faisant l'objet de la subrogation ou du renouvellement) (montant de la somme inscrit dans l'acte)	
465	Montant inférieur à 16 000 taux de base.	5
466	Montant supérieur ou égal à 16 000 taux de base.	16
467	Déclarations prévues au troisième alinéa de l'article 34 du décret du 3 avril 1919 modifié, mention des changements de domicile élu.	1
468	Acte de déclaration de propriété faite sous serment devant le tribunal de commerce (art. 101 du Code du domaine public fluvial et de la navigation intérieure).	4
469	Dépôt de procès-verbal de saisie.	1
470	Délivrance de tout état d'inscription positif ou négatif (décret du 3 avril 1919).	2
471	Délivrance de tout certificat.	1
472	Délivrance des copies de tous actes déposés au greffe (Code du domaine public fluvial et de la navigation intérieure).	2

NUMÉROS	NATURE DES ACTES	ÉMOLUMENTS (taux de base)
473	Formalités consécutives au transfert d'immatriculation au greffier du lieu de l'inscription et au greffier de la nouvelle immatriculation.	1

(1) Il n'est rien perçu, en sus de l'émolument ainsi fixé, pour toute radiation consécutive à un report d'inscription.

(2) Pour l'ensemble des formalités (réception de la copie du protêt, délivrance d'un récépissé, inscription sur le registre et fichiers, etc.) ainsi que, en ce qui concerne les protêts de chèques, pour la réception et la transmission de la copie destinée au procureur de la République.

(3) Lorsque l'inscription est requise sur plusieurs bateaux et porte, pour chacun d'eux, sur la totalité de la créance, le droit proportionnel est réduit :
– de moitié pour les deuxième, troisième, quatrième et cinquième bateaux ;
– des deux tiers pour les sixième, septième, huitième, neuvième et dixième bateaux ;
– des trois quarts au-delà du dixième bateau.

Tableau 5

Propriétés industrielles

(D. n° 2007-812, 10 mai 2007)

NUMÉROS	NATURE DES ACTES	ÉMOLUMENTS
501	Dépôt de dessins et modèles (1).	6

(1) Pour l'ensemble des formalités y compris le récépissé de dépôt.

Tableau 6

Opérations diverses

(D. n° 2007-812, 10 mai 2007)

NUMÉROS	NATURE DES ACTES	ÉMOLUMENTS DACS
	Séquestre judiciaire (montant de la somme inscrit dans l'acte)	
601	Montant inférieur à 16 000 taux de base.	14
602	Montant supérieur ou égal à 16 000 taux de base.	62
603	Rapport de mer.	3
604	Avis concernant une déclaration afférente à la vente, à la cession, à l'apport en société, à l'attribution par partage ou par licitation d'un fonds de commerce prévus par l'article R. 123-211, y inclus la délivrance du certificat.	7
605	Rédaction des avis d'insertion au *Bulletin officiel des annonces civiles et commerciales des certificats de dépôt au greffe de comptes annuels et rapport de l'exercice clos.*	4

Tableau 7. – Annexé à l'article R. 743-140

(D. n° 2007-812, 10 mai 2007 ; mod., D. n° 2009-1661, 28 déc. 2009, applicable aux procédures ouvertes à compter du 31 déc. 2009)

Par exception au principe de la facturation des actes des procédures de sauvegarde et de redressement judiciaire, dont le tarif est fixé par le tableau I, les émoluments et les frais de transmission des procédures de liquidation judiciaire ouvertes hors du cours d'une procédure de sauvegarde ou de redressement judiciaire ou prononcées dans les deux mois de l'ouverture d'une procédure de redressement judiciaire font l'objet d'une tarification forfaitaire fixée dans ce tableau.

Cette tarification forfaitaire ne comprend pas les émoluments, les frais et les débours résultant des actions prévues au titre V du livre VI du Code de commerce, dont le tarif est fixé par le tableau I, ainsi que les frais de copies d'actes ou de pièces délivrées aux parties.

Pour l'application des droits forfaitaires, le nombre de salariés et le chiffre d'affaires de l'entreprise concernée sont déterminés conformément aux dispositions de l'article R. 621-11 du Code de commerce.

À défaut, ils sont déterminés au vu des données disponibles dans le dossier de la procédure.

Une somme fixée à 200 euros hors taxe à valoir sur les émoluments et frais de transmission est versée dès l'ouverture ou le prononcé des procédures de liquidation judiciaire ci-dessus mentionnées. Le solde est exigible à la date de leur clôture.

Tableau 8. – Annexé à l'article R. 743-140

(Tableau créé, D. n° 2014-736, 30 juin 2014)

Par exception au principe de la facturation des actes dont le tarif est fixé par le tableau I, les émoluments et les frais de transmission de la procédure de rétablissement professionnel ouverte font l'objet d'une tarification forfaitaire par débiteur.

Cette tarification forfaitaire ne comprend pas les émoluments, les frais et les débours résultant des actions prévues au titre V du livre VI, dont le tarif est fixé par le tableau I, ainsi que les frais de copies d'actes ou de pièces délivrées aux parties.

En cas d'ouverture d'une liquidation judiciaire dans les conditions prévues à l'article L. 645-9, le forfait applicable est celui prévu au tableau VII, déduction faite des sommes dues au titre du droit principal en application du présent tableau.

Tarification forfaitaire

Tarification forfaitaire applicable à la procédure de rétablissement professionnel

Émoluments du greffe par débiteur et forfait de transmission (hors frais d'huissiers, frais relatifs aux journaux d'annonces légales, BODACC)

NUMÉROS	NATURE DES ACTES	ÉMOLUMENTS (taux de base)
801	Droit principal.	300
802	Droit accessoire par procédure devant le juge commis statuant sur une demande de report ou de délai de paiement en application de l'article L. 645-6.	50
809	Frais de transmission.	50
819	Droit accessoire en cas d'ouverture d'une procédure de liquidation judiciaire en application de l'article L. 645-9.	60

Tarification forfaitaire

Émoluments du greffe par débiteur et forfait de transmission (hors frais d'huissiers, frais relatifs aux journaux d'annonces légales, *BODACC*) (Exprimés en taux de base)

(D. n° 2007-812, 10 mai 2007)

NUMÉROS	701	702	703	704	705	706	707	708	709
Nombre de salariés	Aucun salarié	De 1 à 5 salariés	De 6 à 19 salariés		De 20 à 150 salariés		Plus de 150 salariés		
Seuil de CA			CA inférieur à 750 k€	CA supérieur à 750 k€	CA inférieur à 3 000 k€	CA supérieur à 3 000 k€	CA inférieur à 20 000 k€	CA de 20 000 k€ à 50 000 k€	CA supérieur à 50 000 k€

NUMÉROS	701	702	703	704	705	706	707	708	709
Droit principal. – Nombre de taux de base	480	525	1 100	1 240	2 090	2 580	5 294	7 468	12 520
Frais de transmission. – Nombre de taux de base	60	65	120	230	300	380	596	682	760
Total	702 €	767 €	1 586 €	1 911 €	3 107 €	3 848 €	7 657 €	10 595 €	17 264 €

719 : Droit accessoire par établissement secondaire (à charge pour le greffier de la procédure principale de reverser la moitié du droit au greffe de l'établissement secondaire)	150 taux de base.
720 : Droit accessoire par créancier supplémentaire au-delà de 25 créanciers	10 taux de base plafonné à 100 taux de base.

Art. R. 743-141 *(Mod., D. n° 2016-230, 26 févr. 2016)*. **– Lorsque le greffier accomplit les opérations prévues au dernier alinéa de l'article L. 143-11-7 du Code du travail, il perçoit la rémunération fixée pour celles-ci par le tarif des administrateurs judiciaires en matière commerciale et des mandataires judiciaires au redressement et à la liquidation des entreprises.**

Art. R. 743-142 *(Mod., D. n° 2007-812, 10 mai 2007 ; D. n° 2016-230, 26 févr. 2016)*. **– I. – Pour la catégorie des actes judiciaires mentionnée au tableau 2 de l'article annexe 4-7, l'émolument afférent à chaque prestation :**

1° Comprend le coût d'une copie certifiée conforme, revêtue de la formule exécutoire et d'une copie délivrée à chaque partie ;

2° Fait l'objet d'une minoration en cas de radiation avant le prononcé d'un jugement ou d'une ordonnance, sauf dans le cas où un émolument a été spécialement perçu pour la saisine du tribunal.

II *(II mod. à compter du 1er janvier 2020, D. n° 2019-913, 30 août 2019)*. **– Pour toutes les prestations mentionnées au tableau 2 de l'article annexe 4-7, l'émolument déterminé par l'arrêté conjoint pris en application de l'article L. 444-3 s'applique aux redevances perçues par les secrétariats-greffes des tribunaux judiciaires intervenant en matière commerciale ou par ceux des tribunaux mixtes de commerce.**

Art. R. 743-142-1 *(D. n° 2016-230, 26 févr. 2016)*. **– Pour la sous-catégorie des prestations relatives au registre du commerce et des sociétés mentionnée au tableau 2 de l'article annexe 4-7, l'émolument de chaque prestation :**

1° Est réclamé par le greffier, lors de sa perception, distinctement du montant des taxes perçues pour le compte de l'Institut national de la propriété industrielle et des frais d'insertion au Bulletin officiel des annonces civiles et commerciales ;

2° S'agissant des immatriculations principales, secondaires ou complémentaires, l'émolument mentionné au premier alinéa :

a) **Rémunère forfaitairement l'ensemble des formalités liées à l'immatriculation principale, l'immatriculation secondaire ou l'inscription complémentaire et inclut le coût de la radiation ;**

b) Inclut également le coût de la délivrance au requérant de cinq extraits, en ce qui concerne l'immatriculation principale, l'immatriculation secondaire ou l'inscription complémentaire, et de quatre extraits, en ce qui concerne la radiation, ainsi que celui des frais postaux ;

c) Fait l'objet d'une minoration fixée par l'arrêté prévu à l'article L. 444-3, lorsque l'immatriculation est effectuée en application des articles R. 743-162 et R. 743-168, en ce qui concerne l'immatriculation principale et l'immatriculation secondaire, y compris les frais postaux ;

3° S'agissant des immatriculations modificatives, l'émolument mentionné au premier alinéa rémunère forfaitairement l'ensemble des formalités liées à l'inscription modificative, et inclut le coût de la délivrance au requérant de quatre extraits et celui des frais postaux ;

4° S'agissant de la publicité des sociétés, l'émolument mentionné au premier alinéa n'est perçu qu'une fois, quel que soit le nombre des actes et des pièces déposés simultanément par un même intéressé ;

5° S'agissant de l'extrait du registre du commerce et des sociétés, l'émolument mentionné au premier alinéa est perçu au titre de la délivrance aux tiers des extraits K *bis* et L *bis*, ou à la personne assujettie en plus des extraits compris dans les forfaits prévus au *b* du 2° et au 3° du présent article, sur leur demande écrite. L'ensemble de ces demandes écrites est répertorié au greffe.

Art. R. 743-142-2 *(D. n° 2016-230, 26 févr. 2016)*. – Pour les immatriculations et inscriptions modificatives au registre des agents commerciaux mentionnées au tableau 2 de l'article annexe 4-7, l'émolument afférent à chaque prestation fait l'objet d'une minoration fixée par l'arrêté prévu à l'article L. 444-3 lorsque l'immatriculation ou la radiation est effectuée en application des articles R. 743-162 et R. 743-168 du présent code.

Art. R. 743-142-3 *(D. n° 2016-230, 26 févr. 2016)*. – Pour les dépôts mentionnés au tableau 2 de l'article annexe 4-7, respectivement effectués par les entrepreneurs individuels à responsabilité limitée au registre du commerce et des sociétés, au registre des agents commerciaux et au registre des entrepreneurs à responsabilité limitée, l'émolument afférent au dépôt de la déclaration d'affectation du patrimoine, de reprises ou de transfert n'inclut pas le coût de l'insertion au Bulletin officiel des annonces civiles et commerciales.

S'agissant des mentions au registre du commerce et des sociétés et au registre des agents commerciaux, il n'est dû aucun émolument au titre du dépôt de la déclaration d'affectation du patrimoine lorsque ce dépôt intervient simultanément à la demande d'immatriculation.

S'agissant des dépôts de déclarations modificatives ou complémentaires d'affectation du patrimoine, l'émolument afférent à la prestation inclut la transmission des documents visés à l'article R. 123-121-3 au service des impôts.

Art. R. 743-142-4 *(D. n° 2016-230, 26 févr. 2016)*. – Pour la catégorie des prestations relatives aux warrants autres qu'agricoles, mentionnée au tableau 2 de l'article annexe 4-7, il n'est rien dû au greffier pour les mentions portées sur le registre des avis et oppositions.

Art. R. 743-142-5 *(D. n° 2016-230, 26 févr. 2016)*. – Les dispositions suivantes s'appliquent à la catégorie des publicités diverses mentionnée au tableau 2 de l'article annexe 4-7 :

1° L'émolument afférent au report d'inscription par le greffier inclut, le cas échéant, toute radiation consécutive ;

2° L'émolument afférent à l'inscription d'un protêt inclut l'ensemble des formalités, notamment la réception de la copie du protêt, la délivrance d'un récépissé et l'inscription sur le registre et fichiers, ainsi que, en ce qui concerne les protêts de chèques, la réception et la transmission de la copie destinée au procureur de la République ;

3° Lorsque l'inscription ou la radiation d'un acte ou jugement translatif, constitutif ou déclaratif de propriété ou de droit réel est requise sur plusieurs bateaux de rivière, l'émolument afférent à cette prestation fait l'objet d'une minoration pour chaque bateau autre que le premier, dans des proportions fixées par l'arrêté conjoint prévu à l'article L. 444-3.

Art. R. 743-142-6 *(D. n° 2016-230, 26 févr. 2016 ; mod., D. n° 2020-106, 10 févr. 2020)*. – I. – Pour la catégorie des actes des procédures de liquidation hors sauvegarde ou redressement judiciaires mentionnée au tableau 2 de l'article annexe 4-7, l'émolument se décompose en :

1° Un émolument principal et un forfait de transmission, fixés selon un barème tarifaire fixe, dont la grille est progressive en fonction, d'une part, du nombre des salariés et, d'autre part, du chiffre d'affaires de l'entreprise concernée, ces deux caractéristiques étant déterminées conformément aux dispositions de l'article R. 621-11 ou, à défaut, au vu des données disponibles dans le dossier de la procédure ;

2° Deux émoluments accessoires fixes, qui peuvent être perçus, pour le premier, lorsque l'entreprise concernée dispose d'au moins un établissement secondaire et, pour le second, lorsque le nombre des créanciers de l'entreprise concernée est supérieur à 25.

II. – Si l'établissement principal et l'établissement secondaire sont situés dans le ressort de greffes différents, le greffier de la procédureprincipale reverse la moitié du premier émolument accessoire prévu au 2° du I au greffe de l'établissement secondaire.

III. – L'émolument mentionné au 1° du I n'inclut pas les frais d'huissiers ni les frais relatifs aux supports d'annonces légales et au Bulletin officiel des annonces civiles et commerciales.

IV. – Dès l'ouverture ou le prononcé des procédures de liquidation judiciaire mentionnées au premier alinéa du I, une somme de 200 € hors taxes est versée au greffier, à valoir sur l'émolument principal et le forfait de transmission mentionnés au 1° du I. Le solde est exigible à la date de clôture de ces procédures.

Art. R. 743-142-7 *(D. n° 2016-230, 26 févr. 2016 ; mod., D. n° 2020-106, 10 févr. 2020).* – I. – Pour la catégorie des actes de la procédure de rétablissement professionnel mentionnée au tableau 2 de l'article annexe 4-7, l'émolument se décompose en :

1° Un émolument principal et un forfait de transmission, fixes par débiteur ;

2° Deux émoluments accessoires fixes, qui peuvent être perçus, pour le premier, pour chaque procédure devant le juge commis statuant sur une demande de report ou de délai de paiement en application de l'article L. 645-6 et, pour le second, en cas d'ouverture d'une procédure de liquidation judiciaire en application de l'article L. 645-9.

II. – L'émolument mentionné au I ne comprend pas les émoluments, les frais et les débours résultant des prestations prévues au titre V du livre VI de la catégorie des « Actes judiciaires » mentionnée au tableau 2 de l'article annexe 4-7, ainsi que les frais de copies d'actes ou de pièces délivrées aux parties.

III. – L'émolument mentionné au 1° du I n'inclut pas les frais d'huissiers ni les frais relatifs aux supports d'annonces légales et au Bulletin officiel des annonces civiles et commerciales.

IV. – En cas d'ouverture d'une liquidation judiciaire dans les conditions prévues à l'article L. 645-9, l'émolument applicable est celui prévu à l'article R. 743-142-6, déduction faite des sommes dues au titre de l'émolument principal en application du 1° du I.

Art. R. 743-143 *(Mod., D. n° 2009-1661, 28 déc. 2009 ; D. n° 2016-230, 26 févr. 2016).* – Il n'est dû aucune rémunération pour l'établissement et la délivrance des copies, certificats et extraits de toute nature demandés par les autorités judiciaires ou par le ministère de la Justice aux greffiers des tribunaux de commerce.

Art. R. 743-144 *(Mod., D. n° 2016-230, 26 févr. 2016).* – Le greffier d'un tribunal de commerce peut délivrer, à titre de simple renseignement, des copies collationnées qui ne sont ni signées, ni revêtues du Sceau, ni certifiées conformes des documents de toute nature déposés au greffe dont il peut être légalement donné communication à celui qui en requiert la copie.

Art. R. 743-145 *(Mod., D. n° 2014-736, 30 juin 2014 ; D. n° 2016-230, 26 févr. 2016 ; D. n° 2018-452, 5 juin 2018).* – Il n'est dû aucune rémunération :

1° Pour les mentions manuscrites portées à titre d'information interne au greffe, sur les actes ou sur les documents conservés au greffe ou établis par celui-ci ou sur les pièces produites ;

2° Pour les mentions d'office prévues au titre :

a) Des procédures de redressement ou de liquidation judiciaire des entreprises ouvertes à compter du 1er janvier 2006 et de la procédure de rétablissement professionnel instituée par le chapitre V du titre IV du livre VI ;

b) Des informations transmises par le ministère public ou l'autorité administrative, s'agissant d'une décision juridictionnelle passée en force de chose jugée ou d'une décision administrative définitive portant sur un changement dans le libellé des adresses déclarées ;

3° Pour l'inscription au registre du commerce et des sociétés de la décision, rendue par une juridiction d'un État membre de l'Union européenne soumis à l'application du règlement n° 1346-2000 du 29 mai 2000 du Conseil relatif aux procédures d'insolvabilité ou du règlement (UE) n° 2015-848 du 20 mai 2015 du Parlement européen et du Conseil relatif aux procédures d'insolvabilité, ouvrant une procédure d'insolvabilité en application de l'article 3, paragraphe 1, de l'un ou l'autre de ces règlements à l'égard d'une personne physique ou morale, immatriculée au registre précité, dont le centre des intérêts principaux ou le domicile est situé dans cet État ;

4° Lorsque le domiciliataire informe le greffier de la cessation de la domiciliation de l'entreprise dans ses locaux en application des dispositions du 1° de l'article R. 123-168 ;

5° Pour l'accomplissement des obligations imposées aux greffiers par le service du greffe dans un intérêt d'ordre public ou d'administration judiciaire ;

6° Pour les mentions prévues au 2 de l'article 24 du règlement (UE) n° 2015-848 du 20 mai 2015 précité.

Art. R. 743-146 *(Mod., D. n° 2009-1661, 28 déc. 2009 ; D. n° 2016-230, 26 févr. 2016)*. – Lorsque la consultation des inscriptions portées aux registres de publicité légale donne lieu à délivrance d'une copie, cette dernière est facturée selon les modalités prévues par un arrêté pris en application de l'article L. 444-3.

Lorsqu'elle est effectuée par les autorités judiciaires, par le ministère de la Justice ou par les administrations publiques précisées par arrêté conjoint des ministres de la Justice et de l'Économie, la consultation par voie électronique des inscriptions portées aux registres de publicité légale tenus par les greffes ne peut faire l'objet d'aucune facturation, qu'elle ait donné lieu ou non à la délivrance d'une copie, d'un extrait ou d'un certificat.

Art. R. 743-147 *(Mod., D. n° 2016-230, 26 févr. 2016)*. – Avant tout règlement, les greffiers sont tenus de remettre aux parties, même si celles-ci ne le requièrent pas, le ou les comptes détaillés relatifs aux sommes dont elles sont redevables à quelque titre que ce soit. La facture distingue : les rémunérations hors taxes, les diligences et forfaits de transmission hors taxes, les débours, la taxe sur la valeur ajoutée et le montant total taxes incluses.

En outre, lorsque le greffier a effectué des travaux, formalités, diligences ou missions mentionnés à l'article annexe 4-9, il indique le montant des honoraires correspondants sur une ligne spéciale en distinguant leur montant hors taxes et la taxe sur la valeur ajoutée.

Ce compte doit mentionner pour chaque opération tarifée la référence au numéro figurant dans le tableau annexé correspondant.

Art. R. 743-148 *(Mod., D. n° 2016-230, 26 févr. 2016)*. – Une comptabilité conforme au plan comptable général est tenue dans chaque greffe de tribunal de commerce.

Art. R. 743-149 *(Mod., D. n° 2016-230, 26 févr. 2016)*. – Les greffiers des tribunaux de commerce sont également tenus d'établir un ou des registres chronologiques de facturation de tous les actes de greffe et formalités qu'ils accomplissent. Sur ce ou ces registres figure le détail des sommes réclamées au titre des émoluments, forfaits et débours. Sur un autre registre tenu chronologiquement sont portés le détail des sommes perçues ainsi que l'acte ou la formalité correspondante.

Art. R. 743-150 *(Mod., D. n° 2016-230, 26 févr. 2016)*. – Tout versement en espèces fait à la caisse du greffe donne lieu à la délivrance d'un reçu.

Il n'est toutefois pas délivré de reçu pour les versements faits par l'intermédiaire du compte en banque du greffier.

Il est enjoint aux greffiers de recevoir les chèques de toute nature qui leur sont donnés en paiement, sauf, s'ils le jugent opportun, à ne délivrer les pièces ou à ne procéder à la formalité demandée qu'après encaissement.

Tout papier à en-tête du greffe du tribunal de commerce comporte l'indication du numéro du compte bancaire du greffier.

Art. R. 743-151 *(Rempl., D. n° 2007-812, 10 mai 2007 ; rempl., D. n° 2016-230, 26 févr. 2016)*. – Les greffiers des tribunaux de commerce peuvent, avant de procéder aux actes de leur ministère, exiger de la partie qui requiert les actes ou les formalités une provision suffisante pour le paiement des frais, émoluments, débours et rémunérations afférents à ces actes ou formalités.

(Al. créé à compter du 1er avril 2021, D. n° 2021-300, 18 mars 2021) Dans le cas des procédures relatives aux immatriculations, inscriptions modificatives et radiations intervenant au sein du registre du commerce et des sociétés, ainsi que du registre spécial des agents commerciaux et du registre spécial des entreprises individuelles à responsabilité limitée, cette provision est versée, lorsque la partie a recours au service informatique mentionné à l'article R. 123-30-14, auprès de ce dernier, dans les conditions prévues à l'article R. 123-30-20. La provision intègre alors le montant des taxes perçues pour le compte de l'Institut national de la propriété industrielle et des frais d'insertion au Bulletin officiel des annonces civiles et commerciales.

Rédaction future. *(Mod. à compter du 1er janvier 2023, D. n° 2021-300, 18 mars 2021)* Dans le cas des procédures mentionnées à l'article L. 123-33 et relatives aux immatriculations, inscriptions modificatives et radiations intervenant au sein du registre du commerce et des sociétés, ainsi que du registre spécial des agents commerciaux et du registre spécial des entreprises individuelles à responsabilité limitée, cette provision est versée par la partie requérante auprès de l'organisme unique mentionné à l'article R. 123-1, dans les conditions prévues par l'article R. 123-8. La provision intègre alors le montant des taxes perçues pour le compte de l'Institut national de la propriété industrielle et des frais d'insertion au Bulletin officiel des annonces civiles et commerciales.

Art. R. 743-152 *(Mod., D. n° 2016-230, 26 févr. 2016)*. – **Le procureur général ou le procureur de la République vérifient, chaque fois qu'ils le jugent utile, les registres et documents de toute nature des greffes de leur ressort. En cas d'infraction, ils font rapport au garde des Sceaux, ministre de la Justice, et en informent le président du Conseil national des greffiers pour être prise à l'égard du contrevenant telle mesure qu'il appartiendra.**

Le président du tribunal de commerce en est avisé. Il peut procéder à la même vérification.

Art. R. 743-153 *(Mod., D. n° 2016-230, 26 févr. 2016)*. – **Lorsque les travaux, formalités, diligences ou missions mentionnés à l'article annexe 4 *bis*-3 sont accomplis dans son intérêt exclusif, le représentant de la partie intéressée ne peut réclamer à celle-ci le remboursement des honoraires particuliers perçus par le greffier.**

Art. R. 743-154 *(Mod., D. n° 2016-230, 26 févr. 2016)*. – **Toute méconnaissance d'une obligation prévue à la présente section constitue une faute disciplinaire.**

Art. R. 743-155 *(Mod., D. n° 2016-230, 26 févr. 2016)*. – **Les dispositions de la présente section ne s'appliquent pas dans les départements du Bas-Rhin, du Haut-Rhin et de la Moselle ni à l'égard des tribunaux judiciaires qui connaissent des matières attribuées aux tribunaux de commerce.**

Art. R. 743-156 *(Implicitement abr. à compter des dates prévues à l'article 13 du décret n° 2016-230 du 26 février 2016, D. n° 2016-230, 26 févr. 2016).*

Rédaction antérieure. Art. R. 743-156. – Une affiche, apposée de façon apparente dans chaque local du greffe accessible au public, doit faire connaître que le présent tarif est à la disposition de toute personne qui en fait la demande.

Art. R. 743-157 *(Implicitement abr. à compter des dates prévues à l'article 13 du décret n° 2016-230 du 26 février 2016, D. n° 2016-230, 26 févr. 2016).*

Rédaction antérieure. Art. R. 743-157. – Toute méconnaissance d'une obligation prévue à la présente section constitue une faute disciplinaire.

Décret n° 2007-812 du 10 mai 2007

relatif au tarif des greffiers des tribunaux de commerce et modifiant le Code de commerce (partie réglementaire)

CHAPITRE II. – DISPOSITIONS TRANSITOIRES ET DIVERSES

Art. 3. – Les émoluments dus aux greffiers des tribunaux de commerce pour les actes judiciaires relevant des procédures ouvertes en application de la loi n° 67-563 du 13 juillet 1967 et pour l'application des procédures ouvertes avant le 1er janvier 2006 en application du livre VI (ancien) du Code de commerce sont fixés conformément au tableau suivant :

Opérations diverses
(D. n° 2007-812, 10 mai 2007)

NUMÉROS	NATURE DES ACTES	ÉMOLUMENTS (taux de base)
	A. – *Procédures ouvertes en application de la loi n° 67-563 du 13 juillet 1967*	
130	Enquête devant un juge en matière de règlement judiciaire, de liquidation de biens et de suspension des poursuites.	8
131	Saisine du tribunal par voie de déclaration au greffe.	4

NUMÉROS	NATURE DES ACTES	ÉMOLUMENTS (taux de base)
132	Saisine d'office par voie d'ordonnance du président (à l'exception du coût de l'exploit d'huissier).	3
	Notification après le dépôt de l'état des créances (par créancier ou mandataire)	
133	Liquidation de biens.	1
134	Règlement judiciaire.	2
	Concordat	
135	Consultation et réponse des créances privilégiées (par créancier).	2
136	Convocation des créanciers au concordat (par créancier jusqu'au 500e).	3
137	Convocation des créanciers au concordat (par créancier au-delà du 500e).	2
138	Seconde assemblée à huitaine.	1
139	Extrait établi en vue des mesures de publicité.	1
140	Rédaction de la lettre ou convocation simple ou recommandée.	0,25
141	Notification.	0,50
	B. – *Autres procédures ouvertes avant le 1er janvier 2006 en application du livre VI (ancien) du Code de commerce*	
150	Diligences en matière d'enquête en application des articles 13 et 110 du décret n° 85-1388 du 27 décembre 1985 – non compris le coût de la délivrance des copies ou extraits et des avis, notifications, convocations et communications.	10
151	Réception de la déclaration de cessation de paiement en application des articles 6 et 110 du décret n° 85-1388 du 27 décembre 1985, demande de mandat *ad hoc*, de conciliation, de sauvegarde, de redressement judiciaire, conformément aux articles D. 21, 25, 60, 177, 204, non compris le coût de la délivrance des copies ou extraits.	6
152	Diligences en cas de saisine d'office ou à la requête du procureur de la République en application des articles 8, 9 et 110 du décret n° 85-1388 du 27 décembre 1985, non compris le coût de la délivrance des copies ou extraits et à l'exclusion de toute autre rémunération.	3
153	Convocation devant le tribunal ou le juge-commissaire en application des articles 55, 73, 84, 86, 95, 100, 105, 124 du décret n° 85-1388 du 27 décembre 1985.	3
154	Notifications en matière d'état des créances prévues par l'article 73 du décret n° 85-1388 du 27 décembre 1985.	1

NUMÉROS	NATURE DES ACTES	ÉMOLUMENTS (taux de base)
155	Ordonnances du juge-commissaire après débat contradictoire.	6
156	Diligences relatives à la signification des jugements des ordonnances hors frais de transmission.	6
157	Mention sur l'état des créances.	1
158	Dépôt et conservation des documents, actes ou pièces, y inclus procès-verbal et certificat de dépôt ou reçus de déclaration.	2
159	Extrait établi en vue des mesures de publicité.	1

Art. 4. – Il n'est dû aucun émolument pour les mentions d'office prévues au titre :

a) Des procédures relatives à la faillite antérieures au 1er janvier 1968 ;

b) Des procédures de règlement judiciaire et de liquidation de biens en application de la loi n° 67-563 du 13 juillet 1967 ;

c) Des procédures ouvertes en application de l'ordonnance n° 67-820 du 23 septembre 1967 tendant à faciliter le redressement économique et financier de certaines entreprises.

Section IV. – De la modification du ressort des juridictions commerciales par suite d'une nouvelle délimitation de circonscriptions administratives ou judiciaires et du transfert du greffe des tribunaux mixtes de commerce

(Intitulé mod., D. n° 2012-439, 30 mars 2012)

Art. R. 743-158 *(Anc. D. n° 69-389, 18 avr. 1969 ; mod., D. n° 2008-786, 18 août 2008 ; D. n° 2012-439, 30 mars 2012).* – **Lorsque le ressort d'un tribunal de commerce ou d'un tribunal judiciaire statuant en matière commerciale est modifié par suite d'une nouvelle délimitation de circonscriptions administratives ou judiciaires, il est procédé conformément aux dispositions des articles R. 743-159 à R. 743-177. Il en est de même lorsqu'un tribunal est créé ou lorsque le greffe d'un tribunal mixte de commerce est confié à un greffier de tribunal de commerce.**

Art. R. 743-159 *(Anc. D. n° 69-389, 18 avr. 1969).* – **Conformément à l'article R. 721-5, le tribunal primitivement saisi demeure compétent pour statuer sur les procédures introduites antérieurement à la date de modification du ressort ainsi que sur toutes celles qui découlent d'une sauvegarde, d'un redressement judiciaire, d'une liquidation judiciaire, d'un règlement judiciaire, d'une liquidation de biens, ainsi que d'une faillite personnelle ou d'autres sanctions.**

Art. R. 743-160 *(Anc. D. n° 69-389, 18 avr. 1969).* – **Le greffier du tribunal antérieurement compétent conserve les minutes, registres, actes, pièces et documents déposés avant la modification du ressort, sous réserve des dispositions des articles R. 743-162 à R. 743-168. Il a seul qualité pour en délivrer expédition, copie ou extrait, en mentionnant toutefois la date de modification du ressort et le tribunal désormais compétent.**

Art. R. 743-161 *(Anc. D. n° 69-389, 18 avr. 1969).* – **Jusqu'à l'expiration du délai légal de communication aux tiers, lorsque le greffier du tribunal désormais compétent délivre des expéditions, copies ou extraits de minutes, registres, actes, pièces et documents concernant des personnes physiques ou morales dont le domicile ou dont le siège est situé dans les cantons, communes ou sections de communes précédemment compris dans le ressort d'un autre tribunal, il mentionne sur ces expéditions, copies ou extraits, le tribunal antérieurement compétent et la date de modification du ressort.**

Art. R. 743-162 *(Anc. D. n° 69-389, 18 avr. 1969)*. – Lorsqu'un établissement commercial, appartenant à une personne physique ou morale, est situé dans un canton, une commune ou une section de commune transférés dans un autre ressort, le greffier du tribunal antérieurement compétent adresse au greffier du tribunal désormais compétent le dossier complet d'immatriculation relatif à cet établissement, sous réserve que l'immatriculation n'ait pas été radiée avant la date de modification du ressort.

Art. R. 743-163 *(Rempl., D. n° 2008-786, 18 août 2008)*. – Si le dossier concerne une immatriculation à titre principal, le greffier du tribunal désormais compétent modifie la mention prévue au 2° de l'article R. 123-237.

Si le dossier concerne une personne physique ou morale déjà titulaire à un titre quelconque des mentions prévues aux 1° et 2° de l'article R. 123-237 au greffe du tribunal désormais compétent, le greffier de ce tribunal classe sous ces mentions le dossier transféré.

Le greffier fait publier dans au moins deux titres de la presse régionale paraissant dans le ressort du tribunal antérieurement compétent une insertion en caractères gras et encadrée, à un emplacement et d'une taille de nature à appeler l'attention du lecteur, mentionnant le transfert des immatriculations par suite de la suppression du tribunal antérieurement compétent.

Il avise l'Institut national de la propriété industrielle des modifications intervenues par l'envoi d'une liste récapitulative.

Art. R. 743-164 *(Anc. D. n° 69-389, 18 avr. 1969)*. – Jusqu'à transmission du dossier au greffier du tribunal désormais compétent, les inscriptions modificatives qui devraient être apportées à l'immatriculation sont reçues par le greffier du tribunal antérieurement compétent, qui doit également délivrer toutes copies ou extraits d'immatriculation au registre du commerce.

Art. R. 743-165 *(Anc. D. n° 69-389, 18 avr. 1969)*. – Sauf dérogation particulière prévue par le décret modifiant le ressort d'un tribunal de commerce ou d'un tribunal judiciaire statuant en matière commerciale, le transfert des dossiers prévus à l'article R. 743-162 doit être effectué dans le délai de trois mois à compter de la date de l'entrée en vigueur du décret modifiant la circonscription administrative ou judiciaire intéressée.

Art. R. 743-166 *(Anc. D. n° 69-389, 18 avr. 1969)*. – Sauf dérogation particulière prévue par le décret modifiant le ressort d'un tribunal de commerce, les diligences imparties par l'article R. 743-163 au greffier du tribunal désormais compétent doivent être accomplies dans le délai de six mois à compter de la réception des pièces prévues à l'article R. 743-162.

Art. R. 743-167 *(Anc. D. n° 69-389, 18 avr. 1969)*. – Les dispositions des articles R. 743-162 à R. 743-166 sont applicables, en tant que de besoin, au registre des agents commerciaux.

Art. R. 743-168 *(Rempl., D. n° 2008-786, 18 août 2008)*. – Il n'est dû aux greffiers aucun émolument pour les radiations, les réimmatriculations et les inscriptions modificatives rendues nécessaires, en matière de registre du commerce et des sociétés et de registre des agents commerciaux, par la modification du ressort des juridictions commerciales consécutive à une nouvelle délimitation de circonscriptions administratives ou judiciaires.

Art. R. 743-169 *(Anc. D. n° 69-389, 18 avr. 1969 ; mod., D. n° 2019-162, 5 mars 2019)*. – Les indemnités qui peuvent être dues, par suite des modifications de ressorts prévues à l'article R. 743-158, entre les greffiers des tribunaux de commerce et les anciens greffiers des tribunaux de commerce non remplacés ou leurs ayants droit sont évaluées et réparties après la fin de la deuxième année civile suivant celle au cours de laquelle sont intervenues ces modifications.

Le montant et la répartition de ces indemnités sont fixés par le garde des sceaux, ministre de la justice, après proposition éventuelle des parties adressée au cours du premier trimestre suivant la fin de la deuxième année civile suivant celle au cours de laquelle sont intervenues les modifications de ressorts. Cette proposition ne lie pas le garde des sceaux, ministre de la justice.

Art. R. 743-170 *(Abr. à compter du 9 juin 2009, D. n° 2006-672, 8 juin 2006. – V. la rédaction exacte de ces dispositions abrogatives ; abr., D. n° 2019-162, 5 mars 2019).*

Art. R. 743-171 *(Anc. D. n° 69-389, 18 avr. 1969 ; D. n° 2019-162, 5 mars 2019).* – Pour déterminer le montant de l'indemnité, le garde des sceaux, ministre de la justice, apprécie la valeur de l'office en tenant compte de la recette nette moyenne au cours des cinq derniers exercices connus précédant le dépôt de la demande d'indemnisation et du solde moyen d'exploitation de l'office au cours de la même période.

La recette nette est égale à la recette encaissée par l'office, telle que retenue pour le calcul de l'imposition des bénéfices, diminuée des débours payés pour le compte des clients et des honoraires rétrocédés.

Le solde d'exploitation est égal à la recette nette augmentée des frais financiers et des pertes diverses et diminuée du montant des produits financiers, des gains divers et de l'ensemble des dépenses nécessitées pour l'exercice de la profession, telles que retenues pour le calcul de l'imposition des bénéfices en application des articles 93 et 93 A du Code général des impôts.

Les données utilisées sont celles qui figurent sur la déclaration fiscale annuelle et dans la comptabilité de l'office.

Le garde des sceaux, ministre de la justice, tient également compte, dans son appréciation, des éléments propres à la situation de l'office et de son titulaire.

Art. R. 743-172 *(Anc. D. n° 69-389, 18 avr. 1969).* – Lorsque les activités d'un greffe supprimé sont reprises par plusieurs greffes, la charge de l'indemnité, dont le montant est déterminé dans les conditions prévues à l'article R. 743-171, est répartie entre ceux-ci en fonction de l'avantage résultant pour chacun d'eux de cette suppression, en prenant en compte notamment le nombre moyen d'immatriculations au registre du commerce et des sociétés et de modifications apportées à ce registre au cours des cinq années précédant la demande d'indemnisation.

Art. R. 743-173 *(Anc. D. n° 69-389, 18 avr. 1969 ; mod., D. n° 2008-786, 18 août 2008 ; D. n° 2012-439, 30 mars 2012 ; D. n° 2019-162, 5 mars 2019).* – Lorsque la modification prévue à l'article R. 743-158 affecte le ressort d'un tribunal judiciaire statuant en matière commerciale ou le greffe d'un tribunal mixte de commerce, elle donne lieu à indemnisation dans les conditions suivantes :

1° En cas d'augmentation du ressort du tribunal judiciaire, les greffiers des tribunaux de commerce sont indemnisés par l'État à raison de la suppression de leur office ou de la diminution de leur compétence territoriale ;

2° En cas de réduction du ressort du tribunal judiciaire, de suppression de sa compétence commerciale ou lorsque le greffe est confié à un greffier de tribunal de commerce, les greffiers des tribunaux de commerce qui sont créés ou dont le ressort est agrandi ou les greffiers dont l'office est créé versent une indemnité à l'État.

Dans tous les cas, le montant des indemnités est fixé par arrêté conjoint du garde des sceaux, ministre de la justice, et du ministre chargé du budget.

Art. R. 743-174 et R. 743-175 *(Abr., D. n° 2019-162, 5 mars 2019).*

Art. R. 743-176 *(Anc. D. n° 69-389, 18 avr. 1969).* – Les indemnités qui peuvent être dues entre les officiers publics ou ministériels, les anciens officiers publics ou ministériels non encore remplacés ou leurs ayants droit, autres que ceux qui sont mentionnés à l'article R. 743-169, en raison des modifications de compétence territoriale, sont, en l'absence de conventions intervenues entre les intéressés sous le contrôle du garde des Sceaux, ministre de la Justice, fixées et réparties suivant la procédure suivie en cas de suppression d'offices publics et ministériels.

Art. R. 743-177 *(Anc. D. n° 69-389, 18 avr. 1969 ; D. n° 2019-162, 5 mars 2019).* – Des arrêtés conjoints peuvent être pris par le garde des sceaux, ministre de la justice, les ministres chargés de l'économie et de l'industrie pour déterminer les modalités d'application de la présente section.

Section V. – Compte affecté aux fonds détenus pour le compte de tiers

(D. n° 2009-768, 23 juin 2009)

Art. R. 743-178 *(D. n° 2009-768, 23 juin 2009).* – Sont déposés sur un compte de dépôt, spécialement affecté, ouvert auprès de la Caisse des dépôts et consignations, les fonds suivants détenus par les greffiers des tribunaux de commerce pour le compte de tiers, pour l'exercice de leurs missions ou des mandats reçus :

1° Les provisions pour expertises judiciaires ;

2° Les séquestres attribués aux greffiers des tribunaux de commerce ;

3° Les sommes reçues en application de l'article L. 3253-15 du Code du travail.

Chacune de ces catégories de fonds fait l'objet de l'ouverture d'un compte de dépôt distinct auprès de la Caisse des dépôts et consignations.

Art. R. 743-179 *(D. n° 2009-768, 23 juin 2009)*. – Les seuls mouvements autorisés sur les comptes de dépôt mentionnés à l'article R. 743-178 sont :

– en entrée, les sommes reçues par les greffiers des tribunaux de commerce pour le compte de tiers, en application de l'article R. 743-178, ainsi que, le cas échéant, les sommes reçues de la liquidation des placements financiers opérés au titre des missions de séquestre qui leur sont confiées ;

– en sortie, les sommes prélevées et versées en exécution des missions confiées et des mandats reçus et, le cas échéant, les sommes destinées à constituer les placements financiers opérés au titre des missions de séquestre qui leur sont confiées. Un compte de placement identifié est ouvert pour chaque mission de séquestre.

Art. R. 743-180 *(D. n° 2009-768, 23 juin 2009)*. – À tout moment, le total des sommes dont le greffier des tribunaux de commerce est comptable au titre des missions exercées et des mandats reçus en application de l'article R. 743-178 doit être couvert par les fonds, effets ou valeurs appartenant à autrui ayant fait l'objet soit d'un dépôt sur les comptes mentionnés à l'article R. 743-178, soit d'un placement financier tel que prévu à l'article R. 743-179.

La compensation ne peut intervenir, sauf convention contraire, qu'entre les fonds de tiers encaissés et les frais exposés dans un même dossier.

Art. R. 743-181 *(D. n° 2009-768, 23 juin 2009)*. – Dans le cadre d'une comptabilité spéciale tenue dans leurs livres, les greffiers des tribunaux de commerce ouvrent, pour les mandats reçus, un compte qui enregistre l'ensemble des mouvements concernant ces mandats ainsi que les opérations liées à ces mouvements.

Ils tiennent à cet effet au moins un journal général, un grand livre, une balance générale et un répertoire des actes, lesquels doivent pouvoir faire l'objet d'une édition à première demande.

Ils tiennent également un tableau de bord et une liste journalière de chacun des comptes mouvementés.

Une balance générale annuelle et une balance détaillée des dossiers sont arrêtées et sauvegardées le dernier jour ouvré de l'année civile.

Art. R. 743-182 *(D. n° 2009-768, 23 juin 2009)*. – Un arrêté conjoint du ministre chargé de l'économie et du garde des Sceaux, ministre de la Justice, précise les modalités selon lesquelles sont opérés les mouvements sur les comptes de dépôt visés à l'article R. 743-178, les conditions de la rémunération des sommes déposées sur ces comptes ainsi que le contenu d'une convention type qui définit les rapports entre la Caisse des dépôts et consignations et les greffiers des tribunaux de commerce.

TITRE V. – DE L'AMÉNAGEMENT COMMERCIAL

CHAPITRE I. – DES COMMISSIONS D'AMÉNAGEMENT COMMERCIAL ET DES OBSERVATOIRES DÉPARTEMENTAUX D'ÉQUIPEMENT COMMERCIAL

Section I. – Des commissions départementales d'aménagement commercial

Art. R. 751-1 *(Rempl., D. n° 2008-1212, 24 nov. 2008 ; mod., D. n° 2015-165, 12 févr. 2015 ; D. n° 2018-96, 13 févr. 2018)*. – Dans chaque département, un arrêté préfectoral, publié au recueil des actes administratifs, désigne :

1° Sur proposition de l'association des maires du département, parmi les membres des organes délibérants des communes et établissements publics de coopération intercommunale du département, dans la limite de trois personnes par catégorie, les personnes mentionnées aux *f* et *g* du 1° du II de l'article L. 751-2 et aux *f* et *g* du 1° du IV du même article. En cas de pluralité d'associations, ces personnes sont désignées par accord entre les présidents d'associations des maires du département ou, à défaut d'accord, par le préfet. Leur mandat de trois ans est renouvelable une fois. Il prend fin dès que cesse leur mandat d'élu ;

2° Sur propositions respectives du conseil de Paris, du maire de Paris et du conseil régional d'Île-de-France, dans la limite de quatre personnes par catégorie, les conseillers d'arrondissement, adjoints au maire et conseillers régionaux mentionnés aux *c* à *e* du 1° du III de l'article L. 751-2. Leur mandat de trois ans est renouvelable une fois. Il prend fin dès que cesse leur mandat d'élu ;

3° Le conseiller à l'Assemblée de Corse mentionné au *e* du 1° du IV de l'article L. 751-2, titulaire, ou l'un de ses suppléants, élu de la même manière dans la limite de trois personnes. Leur mandat de trois ans est renouvelable une fois. Il prend fin dès que cesse leur mandat d'élu.

4° Les personnalités qualifiées mentionnées au 2° du II, au 2° du III et au 2° du IV de l'article L. 751-2. Leur mandat de trois ans est renouvelable. Si elles perdent la qualité en vertu de laquelle elles ont été désignées, ou en cas de démission, de décès ou de déménagement hors des frontières du département, leur remplaçant est désigné, sans délai, pour la durée du mandat restant à courir.

5° *(5° créé à compter du 1er octobre 2019, D. n° 2019-331, 17 avr. 2019)* (1) Les personnalités qualifiées mentionnées au 3° du II, au 3° du III et au 3° du IV de l'article L. 751-2. Leur mandat de trois ans est renouvelable. Si elles perdent la qualité en vertu de laquelle elles ont été désignées, ou en cas de démission, de décès ou de déménagement hors des frontières du département, leur remplaçant est désigné sans délai, pour la durée du mandat restant à courir. Sur les territoires où les intérêts du commerce, de l'industrie, des services, des métiers, des professions libérales et de l'agriculture sont regroupés au sein de chambres consulaires communes, les personnalités qualifiées mentionnées au 3° du II, au 3° du III et au 3° du IV de l'article L. 751-2 peuvent être issues de la même chambre.

Art. R. 751-2 *(Rempl., D. n° 2008-1212, 24 nov. 2008 ; D. n° 2015-165, 12 févr. 2015 ; D. n° 2018-96, 13 févr. 2018).* – Pour chaque demande d'autorisation, un arrêté préfectoral fixe la composition de la commission départementale.

Les élus mentionnés aux *a* à *e* du 1° du II, aux *a* et *b* du 1° du III et aux *a* à *c* du 1° du IV de l'article L. 751-2 ne peuvent être représentés que par un membre de l'organe délibérant qu'ils président.

Aucune personne ne peut siéger au sein de la commission à deux titres différents.

Aucun élu de la commune d'implantation et, à Paris, aucun élu de l'arrondissement d'implantation ne peut siéger en une autre qualité que celle de représentant de sa commune ou de son arrondissement. Lorsqu'un projet est envisagé sur le territoire de plusieurs communes ou, à Paris, de plusieurs arrondissements, est considéré comme la commune ou l'arrondissement d'implantation la commune ou l'arrondissement sur le territoire duquel est prévue la construction ou la modification des surfaces de vente les plus importantes.

Aucun élu d'une commune ou, à Paris, d'un arrondissement situé dans la zone de chalandise du projet ne peut siéger en qualité de personnalité qualifiée.

Art. R. 751-3 *(Rempl., D. n° 2008-1212, 24 nov. 2008 ; mod., D. n° 2015-165, 12 févr. 2015 ; D. n° 2018-96, 13 févr. 2018).* – Lorsque la zone de chalandise définie dans le dossier du demandeur dépasse les limites d'un département, le préfet du département de la commune d'implantation détermine le nombre d'élus et de personnalités qualifiées de chacun des autres départements concernés appelés à compléter la commission.

(Al. rempl. à compter du 1er octobre 2019, D. n° 2019-331, 17 avr. 2019) (1) Pour chacun des autres départements concernés, le nombre d'élus mentionnés au 1° du II, au 1° du III et au 1° du IV de l'article L. 751-2, qui doivent être des élus de communes ou, à Paris, d'arrondissements, situés dans la zone de chalandise du projet, ne peut excéder cinq, le nombre de personnalités qualifiées mentionnées au 2° du II, au 2° du III et au 2° du IV de l'article L. 751-2 ne peut excéder deux et le nombre de personnalités qualifiées mentionnées au 3° du II, au 3° du III et au 3° du IV de l'article L. 751-2 ne peut excéder deux.

Rédaction antérieure. *Pour chacun des autres départements concernés, le nombre d'élus mentionnés au 1° du II, au 1° du III et au 1° du IV de l'article L. 751-2, qui doivent être des élus de communes ou, à Paris, d'arrondissements situés dans la zone de chalandise du projet, ne peut excéder cinq et le nombre de personnalités qualifiées mentionnées au 2° du II, au 2° du III et au 2° du IV de l'article L. 751-2 ne peut excéder deux.*

(1) Dispositions non applicables dans le Département de Mayotte, D. n° 2019-331, 17 avr. 2019, art. 13.

Sur proposition du préfet de chacun des autres départements concernés, le préfet du département de la commune d'implantation désigne les membres mentionnés au premier alinéa.

Art. R. 751-4 *(Rempl., D. n° 2008-1212, 24 nov. 2008 ; D. n° 2015-165, 12 févr. 2015 ; mod. à compter du 1er octobre 2019, D. n° 2019-331, 17 avr. 2019)* (1). **– Tout membre de la commission, même sans droit de vote, remplit un formulaire relatif aux fonctions et mandats qu'il exerce, à ceux qu'il a exercés dans les trois années précédant sa désignation, ainsi qu'à ses intérêts au cours de cette même période.**

Aucun membre, même sans droit de vote, ne peut siéger s'il n'a remis au président de la commission ce formulaire dûment rempli ou s'il a omis de mentionner des intérêts, fonctions ou mandats.

Rédaction antérieure. Art. R. 751-4 *(Rempl., D. n° 2008-1212, 24 nov. 2008 ; mod., D. n° 2015-165, 12 févr. 2015)*. – Tout membre de la commission remplit un formulaire relatif aux fonctions et mandats qu'il exerce, à ceux qu'il a exercés dans les trois années précédant sa désignation, ainsi qu'à ses intérêts au cours de cette même période.

Aucun membre ne peut siéger s'il n'a remis au président de la commission ce formulaire dûment rempli ou s'il a omis de mentionner des intérêts, fonctions ou mandats.

Art. R. 751-5 *(Rempl., D. n° 2008-1212, 24 nov. 2008 ; mod., D. n° 2015-165, 12 févr. 2015)*. **– Le secrétariat de la commission départementale est assuré par les services placés sous l'autorité du préfet.**

Section II. – De la Commission nationale d'aménagement commercial

Art. R. 751-6 *(Rempl., D. n° 2008-1212, 24 nov. 2008 ; mod., D. n° 2015-165, 12 févr. 2015)*. **– Les quatre membres mentionnés au 6° de l'article L. 751-6 sont nommés sur propositions respectives des présidents de l'Association des maires de France, de l'Assemblée des communautés de France, de l'Assemblée des départements de France et de l'Association des régions de France. Leur mandat prend fin dès que cesse leur mandat d'élu.**

Chaque autorité de nomination désigne, en même temps que le membre titulaire, un membre suppléant.

Le mandat des membres de la commission n'est pas interrompu par les règles concernant la limite d'âge éventuellement applicable aux intéressés.

Art. R. 751-7 *(Rempl., D. n° 2008-1212, 24 nov. 2008 ; mod., D. n° 2015-165, 12 févr. 2015)*. **– La commission est renouvelée par moitié tous les trois ans.**

Le président et les deux vice-présidents sont élus au cours de la première séance de la commission qui suit la fin des nominations consécutives au renouvellement partiel de la commission. Le doyen d'âge fait procéder successivement à l'élection du président, du premier vice-président et du second vice-président. Ils sont élus à la majorité absolue. Si celle-ci n'est pas obtenue au premier tour du scrutin, il est procédé à un second tour. Seuls peuvent s'y présenter les deux candidats qui ont recueilli le plus grand nombre de suffrages au premier tour. En cas d'égalité de suffrages, le plus âgé des candidats est élu. Les votes ont lieu à bulletin secret.

Art. R. 751-8 *(Rempl., D. n° 2008-1212, 24 nov. 2008 ; mod., D. n° 2015-165, 12 févr. 2015)*. **– Le président représente la commission. Il signe les décisions et avis rendus par la commission. Il signe les mémoires produits dans le cadre de recours juridictionnels formés contre ces décisions ou contre les permis de construire valant autorisation d'exploitation commerciale. Il peut déléguer sa signature aux vice-présidents.**

Le président est suppléé, en cas d'absence ou d'empêchement, par le premier vice-président ou, en cas d'absence ou d'empêchement du premier vice-président, par le second vice-président ou, en cas d'absence ou d'empêchement du second vice-président, par le plus âgé des membres présents.

Art. R. 751-9 *(Mod., D. n° 2008-1212, 24 nov. 2008 ; D. n° 2015-165, 12 févr. 2015)*. **– En cas d'absence ou d'empêchement d'un membre titulaire, le membre suppléant est appelé à le remplacer.**

En cas d'absence ou d'empêchement à six réunions successives sans motifs d'un membre, le président peut mettre fin au mandat de ce membre. Dans ce cas, l'autorité de nomination désigne un nouveau membre titulaire et un nouveau membre suppléant pour la durée du mandat restant à courir.

En cas de démission ou de décès d'un membre titulaire de la commission, un nouveau membre titulaire et un nouveau membre suppléant sont nommés pour la durée du mandat restant à courir. En cas de démission ou de

(1) Dispositions non applicables dans le Département de Mayotte, D. n° 2019-331, 17 avr. 2019, art. 13.

décès d'un membre suppléant de la commission, un nouveau membre suppléant est nommé pour la durée du mandat restant à courir.

Dans ces deux cas, si ces nominations interviennent moins d'un an avant l'expiration de ce mandat, les nouveaux membres peuvent accomplir un autre mandat de six ans.

Sur demande du président ou de deux de ses membres, la commission délibère sur la démission d'office de l'un de ses membres, dans les conditions prévues au IV de l'article L. 751-7.

Art. R. 751-10 *(Mod., D. n° 2008-1212, 24 nov. 2008 ; D. n° 2015-165, 12 févr. 2015).* – Le secrétariat de la commission est assuré par les services du ministre chargé du commerce. Le commissaire du Gouvernement auprès de la commission est le directeur général des entreprises ou son représentant.

Art. R. 751-11 *(Rempl., D. n° 2008-1212, 24 nov. 2008 ; mod., D. n° 2015-165, 12 févr. 2015).* – La commission élabore son règlement intérieur, qui est adopté à une majorité de sept membres.

CHAPITRE II. – DE L'AUTORISATION COMMERCIALE

Section I. – Des projets soumis à autorisation

Art. R. 752-1 *(D. n° 2008-1212, 24 nov. 2008 ; mod., D. n° 2015-165, 12 févr. 2015).* – Pour l'application de l'article L. 752-1, il n'est pas tenu compte de la surface des pharmacies, des commerces de véhicules automobiles et de motocycles et des installations de distribution de carburants.

Pour déterminer la surface de vente des établissements exploités par des pépiniéristes ou des horticulteurs, seules sont prises en compte les surfaces destinées à la vente de produits ne provenant pas de l'exploitation.

Art. R. 752-2 *(D. n° 2008-1212, 24 nov. 2008 ; mod., D. n° 2015-165, 12 févr. 2015).* – Au sens de l'article L. 752-1, constituent des secteurs d'activité :

1° Le commerce de détail à prédominance alimentaire ;

2° Les autres commerces de détail et les activités de prestation de services à caractère artisanal.

Art. R. 752-3 *(Rempl., D. n° 2008-1212, 24 nov. 2008 ; mod., D. n° 2015-165, 12 févr. 2015).* – Pour l'application du présent titre, constitue la zone de chalandise d'un équipement faisant l'objet d'une demande d'autorisation d'exploitation commerciale l'aire géographique au sein de laquelle cet équipement exerce une attraction sur la clientèle. Elle est délimitée en tenant compte notamment de la nature et de la taille de l'équipement envisagé, des temps de déplacement nécessaires pour y accéder, de la présence d'éventuelles barrières géographiques ou psychologiques et de la localisation et du pouvoir d'attraction des équipements commerciaux existants.

Section II. – De la décision ou avis de la commission départementale

Sous-section 1. – De la demande d'autorisation d'exploitation commerciale

Art. R. 752-4 *(Rempl., D. n° 2008-1212, 24 nov. 2008 ; mod., D. n° 2015-165, 12 févr. 2015).* – La demande d'autorisation d'exploitation commerciale est présentée :

a) Soit par le ou les propriétaires du ou des terrains ou immeubles, par toute personne justifiant d'un titre du ou des propriétaires l'habilitant à exécuter les travaux ou par le mandataire d'une de ces personnes ;

b) Soit par une personne ayant qualité pour bénéficier de l'expropriation pour cause d'utilité publique.

Dans le cas où un permis de construire n'est pas nécessaire, la demande d'autorisation d'exploitation commerciale peut également être présentée par toute personne justifiant d'un titre du ou des propriétaires *l'habilitant à exploiter commercialement les immeubles* ou par le mandataire de cette personne.

Art. R. 752-5 *(Mod., D. n° 2015-165, 12 févr. 2015).* – La demande d'autorisation d'exploitation commerciale précise la qualité en laquelle le demandeur agit et la nature du projet.

Un arrêté du ministre chargé du commerce fixe le modèle de la demande d'autorisation d'exploitation commerciale ou du dossier joint à la demande de permis de construire valant autorisation d'exploitation commerciale.

Art. R. 752-6 *(Anc. art. D. 752-6 rempl., D. n° 2008-1212, 24 nov. 2008 ; D. n° 2015-165, 12 févr. 2015 ; mod. à compter du 1er janvier 2020, D. n° 2019-331, 17 avr. 2019)* (1) (2) (3). – I. – La demande est accompagnée d'un dossier comportant les éléments mentionnés ci-après ainsi que, en annexe, l'analyse d'impact définie au III de l'article L. 752-6.

1° Informations relatives au projet :

a) Pour les projets de création d'un magasin de commerce de détail : la surface de vente et le secteur d'activité ;

b) Pour les projets de création d'un ensemble commercial :

– la surface de vente globale ;

– la surface de vente et le secteur d'activité de chacun des magasins de plus de 300 mètres carrés de surface de vente ;

– l'estimation du nombre de magasins de moins de 300 mètres carrés de surface de vente et de la surface de vente totale de ces magasins ;

c) Pour les projets de création ou d'extension d'un point permanent de retrait :

– une description du point de retrait ;

– le nombre de pistes de ravitaillement, y compris les places de stationnement dédiées ;

– les mètres carrés d'emprise au sol, bâtis ou non, affectés au retrait des marchandises ;

d) Pour les projets d'extension d'un ou plusieurs magasins de commerce de détail :

– le secteur d'activité et la classe, au sens de la nomenclature d'activités française (NAF), du ou des magasins dont l'extension est envisagée ;

– la surface de vente existante ;

– l'extension de surface de vente demandée ;

– la surface de vente envisagée après extension ;

e) Pour les projets de changement de secteur d'activité :

– la surface de vente du magasin et le secteur d'activité abandonné ;

– la surface de vente et le secteur d'activité envisagé ;

f) Pour les projets de modification substantielle : une description du projet autorisé, des modifications envisagées et du projet après modifications ;

g) Autres renseignements :

– si le projet s'intègre dans un ensemble commercial existant : une liste des magasins de cet ensemble commercial exploités sur plus de 300 mètres carrés de surface de vente, ainsi qu'à titre facultatif, la mention des enseignes de ces magasins ;

– si le projet comporte un parc de stationnement : le nombre total de places, le nombre de places réservées aux personnes à mobilité réduite et, le cas échéant, le nombre de places dédiées à l'alimentation des véhicules électriques ou hybrides rechargeables, le nombre de places non imperméabilisées et le nombre de places dédiées à l'autopartage et au covoiturage ;

– les aménagements paysagers en pleine terre ;

– les activités annexes éventuelles n'entrant pas dans le champ d'application de la loi ;

2° Cartes ou plans relatifs au projet :

a) Un plan de masse faisant apparaître la surface de vente des magasins de commerce de détail, ensembles commerciaux ou points permanents de retrait ;

b) Un plan faisant apparaître l'organisation du projet sur la ou les parcelles de terrain concernées : emplacements et superficies des bâtiments, des espaces destinés au stationnement et à la manœuvre des véhicules de livraison et des véhicules de la clientèle et au stockage des produits, des espaces verts ;

c) Une carte ou un plan de la desserte du lieu d'implantation du projet par les transports collectifs, voies piétonnes et pistes cyclables ;

d) Une carte ou un plan des principales voies et aménagements routiers desservant le projet ainsi que les aménagements projetés dans le cadre du projet ;

---

(1) Dispositions non applicables dans le Département de Mayotte, D. n° 2019-331, 17 avr. 2019, art. 13.

(2) Dispositions applicables aux demandes d'autorisation d'exploitation commerciale déposées à compter du 1er janvier 2020, D. n° 2019-331, 17 avr. 2019, art. 12.

(3) L'article 4 du décret n° 2019-331 du 17 avril 2019 dénumérote les 4° à 7° en 3° à 6° sans abroger le 3°, la Rédaction a considéré son abrogation comme implicite. – NDLR.

e) En cas de projet situé dans ou à proximité d'une zone commerciale : le plan ou la carte de cette zone ;

3° Effets du projet en matière d'aménagement du territoire.

Le dossier comprend une présentation des effets du projet sur l'aménagement du territoire, incluant les éléments suivants :

a) Prise en compte de l'objectif de compacité des bâtiments et aires de stationnement ;

b) Évaluation des flux journaliers de circulation des véhicules générés par le projet sur les principaux axes de desserte du site, ainsi que des capacités résiduelles d'accueil des infrastructures de transport existantes ;

c) Évaluation des flux journaliers de circulation des véhicules de livraison générés par le projet et description des accès au projet pour ces véhicules ;

d) Indication de la distance du projet par rapport aux arrêts des moyens de transports collectifs, de la fréquence et de l'amplitude horaire de la desserte de ces arrêts ;

e) Analyse prévisionnelle des flux de déplacement dans la zone de chalandise, tous modes de transport confondus, selon les catégories de clients ;

f) En cas d'aménagements envisagés de la desserte du projet : tous documents garantissant leur financement et leur réalisation effective à la date d'ouverture de l'équipement commercial pour les aménagements pris en charge au moins pour partie par les collectivités territoriales, la mention des principales caractéristiques de ces aménagements, une estimation des coûts indirects liés aux transports supportés par les collectivités comprenant la desserte en transports en commun, ainsi qu'une présentation des avantages, économiques et autres, que ces aménagements procureront aux collectivités ;

4° Effets du projet en matière de développement durable.

Le dossier comprend une présentation des effets du projet en matière de développement durable, incluant les éléments suivants :

a) Présentation des mesures, autres que celles résultant d'obligations réglementaires, destinées à réduire la consommation énergétique des bâtiments ;

b) Le cas échéant, description des énergies renouvelables intégrées au projet et de leur contribution à la performance énergétique des bâtiments, et fourniture d'une liste descriptive des produits, équipements et matériaux de construction utilisés dans le cadre du projet et dont l'impact environnemental et sanitaire a été évalué sur l'ensemble de leur cycle de vie ;

c) Le cas échéant, dans les limites fixées aux articles L. 229-25 et R. 229-47 du Code de l'environnement, description des émissions directes et indirectes de gaz à effet de serre que le projet est susceptible de générer et les mesures envisagées pour les limiter ;

d) Description des mesures propres à limiter l'imperméabilisation des sols ;

e) Description des mesures propres à limiter les pollutions associées à l'activité, notamment en matière de gestion des eaux pluviales et de traitement des déchets ;

f) Description des nuisances visuelles, lumineuses, olfactives et sonores générées par le projet et des mesures propres à en limiter l'ampleur ;

g) Le cas échéant, si le projet n'est pas soumis à étude d'impact, description des zones de protection de la faune et de la flore sur le site du projet et des mesures de compensation envisagées ;

5° Effets du projet en matière de protection des consommateurs.

Le dossier comprend une présentation des effets du projet en matière de protection des consommateurs, incluant les éléments suivants :

a) Distance du projet par rapport aux principales zones d'habitation de la zone de chalandise ;

b) Le cas échéant, contribution du projet à l'amélioration du confort d'achat, notamment par un gain de temps et de praticité et une adaptation à l'évolution des modes de consommation ;

c) Le cas échéant, description des mesures propres à valoriser les filières de production locales ;

d) Évaluation des risques naturels, technologiques ou miniers et, le cas échéant, description des mesures *propres à assurer la sécurité* des consommateurs ;

6° Effets du projet en matière sociale.

Le dossier peut comprendre tout élément relatif à la contribution du projet en matière sociale, notamment :

a) Les partenariats avec les commerces de centre-ville et les associations locales ;

b) Les accords avec les services locaux de l'État chargés de l'emploi.

II. – L'analyse d'impact comprend, après un rappel des éléments mentionnés au 1° du I, les éléments et informations suivants :

1° Informations relatives à la zone de chalandise et à l'environnement proche du projet :

***a)* Une carte ou un plan indiquant, en les superposant, les limites de la commune d'implantation, celles de l'établissement public de coopération intercommunale dont est membre la commune d'implantation, et celles de la zone de chalandise, accompagné :**

– des éléments justifiant la délimitation de la zone de chalandise ;

– de la population de chaque commune ou partie de commune comprise dans cette zone, de la population totale de cette zone et de son évolution entre le dernier recensement authentifié par décret et le recensement authentifié par décret dix ans auparavant ;

– d'une description de la desserte actuelle et future (routière, en transports collectifs, cycliste, piétonne) et des lieux exerçant une attraction significative sur la population de la zone de chalandise, notamment les principaux pôles d'activités commerciales, ainsi que du temps de trajet véhiculé moyen entre ces lieux et le projet ;

– lorsqu'il est fait état d'une fréquentation touristique dans la zone de chalandise, des éléments justifiant les chiffres avancés.

Seront signalées, le cas échéant, les opérations de revitalisation de territoire définies au I de l'article L. 303-2 du Code de la construction et de l'habitation, avec identification des secteurs d'intervention tels que prévus au II de ce même article L. 303-2 ;

***b)* Une carte ou un plan de l'environnement du projet, accompagné d'une description faisant apparaître, dans le périmètre des communes limitrophes de la commune d'implantation incluses dans la zone de chalandise définie pour le projet, le cas échéant :**

– la localisation des activités commerciales (pôles commerciaux et rues commerçantes, halles et marchés) et, le cas échéant, des locaux commerciaux vacants ;

– la localisation des autres activités (agricoles, industrielles, tertiaires) et des équipements publics ;

– la localisation, en centre-ville et en périphérie, des éventuelles friches, notamment commerciales ou industrielles, susceptibles d'accueillir le projet. Une friche au sens du présent article s'entend de toute parcelle inexploitée et en partie imperméabilisée ;

– la localisation des zones d'habitat (en précisant leur nature : collectif, individuel, social) ;

– la desserte actuelle et future (routière, en transports collectifs, cycliste, piétonne).

Seront signalés, le cas échéant : les opérations d'urbanisme, les programmes de logement, les quartiers prioritaires de la politique de la ville et les zones franches urbaines et les disponibilités foncières connues ;

***c)* La description succincte et la localisation, à partir d'un document cartographique, des principaux pôles commerciaux situés à proximité de la zone de chalandise ainsi que le temps de trajet véhiculé moyen entre ces pôles et le projet ;**

2° Présentation de la contribution du projet à l'animation des principaux secteurs existants, notamment en matière de complémentarité des fonctions urbaines et d'équilibre territorial ; en particulier, contribution, y compris en termes d'emploi, à l'animation, la préservation ou la revitalisation du tissu commercial des centres-villes de la commune d'implantation et des communes limitrophes incluses dans la zone de chalandise définie pour le projet, avec mention, le cas échéant, des subventions, mesures et dispositifs de toutes natures mis en place sur les territoires de ces communes en faveur du développement économique ;

3° Présentation des effets du projet en matière de protection des consommateurs, en particulier en termes de variété, de diversification et de complémentarité de l'offre proposée par le projet avec l'offre existante, incluant les éléments suivants.

L'analyse d'impact précise, pour chaque information, ses sources, sauf carence justifiée, et, pour chaque calcul, sa méthode.

Rédaction antérieure. Art. R. 752-6 *(Anc. art. D. 752-6 rempl., D. n° 2008-1212, 24 nov. 2008 ; D. n° 2015-165, 12 févr. 2015).* – La demande est accompagnée d'un dossier comportant les éléments suivants :

1° Informations relatives au projet :

a) Pour les projets de création d'un magasin de commerce de détail : la surface de vente et le secteur d'activité ;

b) Pour les projets de création d'un ensemble commercial :

– la surface de vente globale ;

– la surface de vente et le secteur d'activité de chacun des magasins de plus de 300 mètres carrés de surface de vente ;

– l'estimation du nombre de magasins de moins de 300 mètres carrés de surface de vente et de la surface de vente totale de ces magasins ;

c) Pour les projets de création ou d'extension d'un point permanent de retrait :
– une description du point de retrait ;
– le nombre de pistes de ravitaillement, y compris les places de stationnement dédiées ;
– les mètres carrés d'emprise au sol, bâtis ou non, affectés au retrait des marchandises ;
d) Pour les projets d'extension d'un ou plusieurs magasins de commerce de détail :
– le secteur d'activité et la classe, au sens de la nomenclature d'activités française (NAF), du ou des magasins dont l'extension est envisagée ;
– la surface de vente existante ;
– l'extension de surface de vente demandée ;
– la surface de vente envisagée après extension ;
e) Pour les projets de changement de secteur d'activité :
– la surface de vente du magasin et le secteur d'activité abandonné ;
– la surface de vente et le secteur d'activité envisagé ;
f) Pour les projets de modification substantielle : une description du projet autorisé, des modifications envisagées et du projet après modifications ;
g) Autres renseignements :
– si le projet s'intègre dans un ensemble commercial existant : une liste des magasins de cet ensemble commercial exploités sur plus de 300 mètres carrés de surface de vente, ainsi qu'à titre facultatif, la mention des enseignes de ces magasins ;
– si le projet comporte un parc de stationnement : le nombre total de places, le nombre de places réservées aux personnes à mobilité réduite et, le cas échéant, le nombre de places dédiées à l'alimentation des véhicules électriques ou hybrides rechargeables, le nombre de places non imperméabilisées et le nombre de places dédiées à l'autopartage et au covoiturage ;
– les aménagements paysagers en pleine terre ;
– les activités annexes éventuelles n'entrant pas dans le champ d'application de la loi ;
2° Informations relatives à la zone de chalandise et à l'environnement proche du projet :
a) Une carte ou un plan indiquant les limites de la zone de chalandise, accompagné :
– des éléments justifiant la délimitation de la zone de chalandise ;
– de la population de chaque commune ou partie de commune comprise dans cette zone, de la population totale de cette zone et de son évolution entre le dernier recensement authentifié par décret et le recensement authentifié par décret dix ans auparavant ;
– d'une description de la desserte actuelle et future (routière, en transports collectifs, cycliste, piétonne) et des lieux exerçant une attraction significative sur la population de la zone de chalandise, notamment les principaux pôles d'activités commerciales, ainsi que du temps de trajet véhiculé moyen entre ces lieux et le projet ;
– lorsqu'il est fait état d'une fréquentation touristique dans la zone de chalandise, des éléments justifiant les chiffres avancés ;
b) Une carte ou un plan de l'environnement du projet, dans un périmètre d'un kilomètre autour de son site d'implantation, accompagné d'une description faisant apparaître, le cas échéant :
– la localisation des activités commerciales (pôles commerciaux et rues commerçantes, halles et marchés) ;
– la localisation des autres activités (agricoles, industrielles, tertiaires) ;
– la localisation des équipements publics ;
– la localisation des zones d'habitat (en précisant leur nature : collectif, individuel, social) ;
– la desserte actuelle et future (routière, en transports collectifs, cycliste, piétonne).
Seront signalés, le cas échéant : les opérations d'urbanisme, les programmes de logement, les quartiers prioritaires de la politique de la ville et les zones franches urbaines, les disponibilités foncières connues ;
c) La description succincte et la localisation, à partir d'un document cartographique, des principaux pôles commerciaux situés à proximité de la zone de chalandise ainsi que le temps de trajet véhiculé moyen entre ces pôles et le projet ;
3° Cartes ou plans relatifs au projet :
a) Un plan de masse faisant apparaître la surface de vente des magasins de commerce de détail, ensembles commerciaux ou points permanents de retrait ;
b) Un plan faisant apparaître l'organisation du projet sur la ou les parcelles de terrain concernées : emplacements et superficies des bâtiments, des espaces destinés au stationnement et à la manœuvre des véhicules de livraison et des véhicules de la clientèle et au stockage des produits, des espaces verts ;
c) Une carte ou un plan de la desserte du lieu d'implantation du projet par les transports collectifs, voies piétonnes et pistes cyclables ;
d) Une carte ou un plan des principales voies et aménagements routiers desservant le projet ainsi que les aménagements projetés dans le cadre du projet ;
e) En cas de projet situé dans ou à proximité d'une zone commerciale : le plan ou la carte de cette zone ;
4° *Effets du projet en matière d'aménagement du territoire.*
Le dossier comprend une présentation des effets du projet sur l'aménagement du territoire, incluant les éléments suivants :
a) Contribution à l'animation des principaux secteurs existants ;
b) Prise en compte de l'objectif de compacité des bâtiments et aires de stationnement ;
c) Évaluation des flux journaliers de circulation des véhicules générés par le projet sur les principaux axes de desserte du site, ainsi que des capacités résiduelles d'accueil des infrastructures de transport existantes ;

d) Évaluation des flux journaliers de circulation des véhicules de livraison générés par le projet et description des accès au projet pour ces véhicules ;

e) Indication de la distance du projet par rapport aux arrêts des moyens de transports collectifs, de la fréquence et de l'amplitude horaire de la desserte de ces arrêts ;

f) Analyse prévisionnelle des flux de déplacement dans la zone de chalandise, tous modes de transport confondus, selon les catégories de clients ;

g) En cas d'aménagements envisagés de la desserte du projet : tous documents garantissant leur financement et leur réalisation effective à la date d'ouverture de l'équipement commercial ;

5° Effets du projet en matière de développement durable.

Le dossier comprend une présentation des effets du projet en matière de développement durable, incluant les éléments suivants :

a) Présentation des mesures, autres que celles résultant d'obligations réglementaires, destinées à réduire la consommation énergétique des bâtiments ;

b) Le cas échéant, description des énergies renouvelables intégrées au projet et de leur contribution à la performance énergétique des bâtiments ;

c) Le cas échéant, fourniture d'une liste descriptive des produits et équipements de construction et de décoration utilisés dans le cadre du projet et dont l'impact environnemental et sanitaire a été évalué sur l'ensemble de leur cycle de vie ;

d) Description des mesures propres à limiter l'imperméabilisation des sols ;

e) Description des mesures propres à limiter les pollutions associées à l'activité, notamment en matière de gestion des eaux pluviales et de traitement des déchets ;

f) Description des nuisances visuelles, lumineuses, olfactives et sonores générées par le projet et des mesures propres à en limiter l'ampleur ;

g) Le cas échéant, si le projet n'est pas soumis à étude d'impact, description des zones de protection de la faune et de la flore sur le site du projet et des mesures de compensation envisagées ;

6° Effets du projet en matière de protection des consommateurs.

Le dossier comprend une présentation des effets du projet en matière de protection des consommateurs, incluant les éléments suivants :

a) Distance du projet par rapport aux principales zones d'habitation de la zone de chalandise ;

b) Le cas échéant, contribution du projet à l'amélioration du confort d'achat, notamment par un gain de temps et de praticité et une adaptation à l'évolution des modes de consommation ;

c) Le cas échéant, description des mesures propres à valoriser les filières de production locales ;

d) Évaluation des risques naturels, technologiques ou miniers et, le cas échéant, description des mesures propres à assurer la sécurité des consommateurs ;

7° Effets du projet en matière sociale.

Le dossier peut comprendre tout élément relatif à la contribution du projet en matière sociale, notamment :

a) Les partenariats avec les commerces de centre-ville et les associations locales ;

b) Les accords avec les services locaux de l'État chargés de l'emploi.

Art. R. 752-6-1 *(Créé, D. n° 2019-331, 17 avr. 2019)* (1). **– I. – L'habilitation prévue au III de l'article L. 752-6 est accordée à toute personne morale remplissant les conditions suivantes :**

1° Ne pas avoir fait l'objet, ni aucun de ses représentants légaux ou salariés, d'une condamnation correctionnelle ou criminelle, prononcée par une juridiction française ou étrangère, pour une infraction relative à la corruption ou au trafic d'influence, à des détournements, escroqueries ou extorsions au sens du Code pénal ;

2° Justifier des moyens et outils de collecte et d'analyse des informations relatives aux effets d'un projet sur l'animation et le développement économique des centres-villes des communes de la zone de chalandise et sur l'emploi à l'échelle de cette même zone ;

3° Justifier que les personnes physiques par lesquelles ou sous la responsabilité desquelles est réalisée l'analyse d'impact mentionnée au II de l'article R. 752-6 sont titulaires d'un titre ou diplôme visé ou *homologué* de l'enseignement supérieur d'un niveau égal ou supérieur au niveau 3 au sens des dispositions du Code du travail relatives au cadre national des certifications professionnelles sanctionnant une formation juridique, économique, comptable ou commerciale ou d'un diplôme étranger d'un niveau comparable.

Le dossier de demande d'habilitation comprend également l'extrait K *bis*, de moins de deux mois, ou tout document assimilé ou équivalent, de l'auteur de la demande, ainsi que la copie de la pièce d'identité de toutes les personnes physiques visées par la demande. Toute modification conduit à la mise à jour, dans le mois, du dossier d'habilitation déposé en préfecture.

Rédaction future. *(Mots rempl. à compter du 1er novembre 2021, D. n° 2021-631, 21 mai 2021)* « Le dossier de demande d'habilitation comprend également le numéro unique d'identification de l'auteur de la demande ou, pour les demandeurs situés

(1) Dispositions non applicables dans le Département de Mayotte, D. n° 2019-331, 17 avr. 2019, art. 13.

hors de France, tout document équivalent à l'extrait d'immatriculation au registre du commerce et des sociétés ainsi que la copie de la pièce d'identité de toutes les personnes physiques visées par la demande ». Toute modification conduit à la mise à jour, dans le mois, du dossier d'habilitation déposé en préfecture.

II. – Un organisme habilité ne peut pas établir l'analyse d'impact d'un projet :

1° Dans lequel lui-même, ou l'un de ses membres, est intervenu, à quelque titre ou stade que ce soit ;

2° S'il a des liens de dépendance juridique avec le pétitionnaire.

Une déclaration sur l'honneur de ce chef est annexée à l'analyse d'impact par son auteur.

Art. R. 752-6-2 *(Créé, D. n° 2019-331, 17 avr. 2019)* (1). **– I. – Le formulaire de demande d'habilitation est à retirer en préfecture ou sur les sites internet des préfectures. Son contenu est conforme à un modèle fixé par arrêté du ministre chargé de l'économie.**

Il est remis, daté et signé, par le représentant légal de l'organisme demandeur et accompagné des pièces justifiant du respect des conditions posées à l'article R. 752-6-1.

II. – La demande d'habilitation est adressée par voie électronique au préfet du département, l'accusé de réception électronique étant envoyé sans délai.

Le préfet dispose d'un mois, à réception de la demande d'habilitation, pour vérifier qu'elle est complète et demander, le cas échéant, des éléments ou informations complémentaires. Passé ce délai d'un mois, la demande d'habilitation est réputée complète.

Le délai d'instruction est de trois mois. Il court à compter de la réception par la préfecture d'une demande d'habilitation complète.

Art. R. 752-6-3 *(Créé, D. n° 2019-331, 17 avr. 2019)* (1). **– I. – L'habilitation est accordée pour une durée de cinq ans, sans renouvellement tacite possible. Elle est valable sur l'ensemble du territoire du département.**

L'arrêté préfectoral portant habilitation d'un organisme en application du III de l'article L. 752-6 est publié au recueil des actes administratifs de la préfecture.

Il porte un numéro d'identification, auquel est intégrée la date de délivrance de l'habilitation, et la mention de l'identité et de l'adresse complètes de l'organisme habilité.

Ce numéro d'habilitation figure sur l'analyse d'impact au même titre que la date et la signature de l'auteur de l'analyse.

II. – L'habilitation peut être retirée par le préfet si l'organisme ne remplit plus les conditions d'obtention, de mise à jour ou d'exercice mentionnées à l'article R. 752-6-1.

L'organisme bénéficiaire de l'habilitation est informé préalablement des motifs susceptibles de fonder le retrait, avec possibilité de présenter des observations écrites. Il peut être mis en demeure de régulariser sa situation dans un délai de deux mois maximum, ou de cesser toute activité de certification jusqu'à régularisation.

III. – En cas d'impossibilité avérée de mandater un organisme habilité dans le département d'implantation, le préfet de ce département, saisi d'une demande expresse circonstanciée, peut exceptionnellement autoriser le pétitionnaire à choisir un organisme dans la liste établie dans un département limitrophe appartenant à la même région administrative.

Art. R. 752-7 *(Rempl., D. n° 2008-1212, 24 nov. 2008 ; mod., D. n° 2015-165, 12 févr. 2015)*. **– Lorsque le projet ne nécessite pas de permis de construire, la demande précise, outre les éléments prévus à l'article R. 752-5, les éléments suivants :**

1° Pour le ou les demandeurs personnes physiques : nom, prénom, adresse, numéro de téléphone et adresse électronique ;

2° Pour le ou les demandeurs personnes morales : raison sociale, forme juridique, adresse, numéro de téléphone et adresse électronique, ainsi que les nom, prénom, numéro de téléphone et adresse électronique de leur représentant ;

3° Localisation, adresse et superficie du ou des terrains.

Lorsque le projet ne nécessite pas de permis de construire, le dossier déposé comprend, outre les éléments ***prévus à l'article R. 752-6, les éléments suivants :***

a) **Pour le ou les demandeurs : un extrait d'immatriculation au registre du commerce et des sociétés ou, si la société est en cours de constitution, une copie des statuts enregistrés auprès des services fiscaux ;**

(1) Dispositions non applicables dans le Département de Mayotte, D. n° 2019-331, 17 avr. 2019, art. 13.

Rédaction future. *a)* Pour le ou les demandeurs : *(Mots rempl. à compter du 1er novembre 2021, D. n° 2021-631, 21 mai 2021)* le numéro unique d'identification ou, si la société est en cours de constitution, une copie des statuts enregistrés auprès des services fiscaux ;

b) L'indication des terrains concernés, leur superficie totale et un extrait de plan cadastral ;

c) Une description du projet précisant son inscription dans le paysage ou un projet urbain ;

d) Une carte au 1/25 000 indiquant la localisation du projet ;

e) Une vue aérienne ou satellite dûment légendée inscrivant le projet dans son quartier ;

f) Une photographie axonométrique du site actuel et une présentation visuelle du projet permettant d'apprécier sa future insertion par rapport aux constructions avoisinantes et aux paysages, son impact visuel ainsi que le traitement des accès et du terrain ;

g) Un document graphique représentant l'ensemble des façades du projet.

Art. R. 752-8 *(Rempl., D. n° 2008-1212, 24 nov. 2008 ; mod., D. n° 2015-165, 12 févr. 2015).* – Lorsque le demandeur accepte de recevoir à une adresse électronique les réponses de l'autorité compétente, les notifications peuvent lui être faites par courrier électronique.

Dans ce cas, le demandeur est réputé avoir reçu ces notifications à la date à laquelle il les consulte à l'aide de la procédure électronique. Il adresse un accusé de réception électronique à l'autorité compétente au moment de la consultation du document. À défaut de consultation à l'issue d'un délai de huit jours après leur envoi, le demandeur est réputé avoir reçu ces notifications.

Sous-section 2. – Du dépôt des demandes de permis de construire valant autorisation d'exploitation commerciale

Art. R. 752-9 *(Rempl., D. n° 2008-1212, 24 nov. 2008 ; mod., D. n° 2015-165, 12 févr. 2015).* – Pour les projets nécessitant un permis de construire, la demande accompagnée du dossier est déposée conformément aux dispositions des articles R. 423-2 et suivants du Code de l'urbanisme. Le dossier est transmis au secrétariat de la commission départementale dans les conditions prévues à l'article R. 423-13-2 du même code.

Art. R. 752-10 *(Rempl., D. n° 2008-1212, 24 nov. 2008 ; D. n° 2010-1026, 31 août 2010 ; D. n° 2015-165, 12 févr. 2015 ; mod., D. n° 2019-331, 17 avr. 2019)* (1). – Si le dossier de demande d'autorisation d'exploitation commerciale au sens des articles R. 752-4 à R. 752-6 est complet, le secrétariat de la commission en informe le maire. À défaut d'information contraire communiquée au maire par le secrétariat de la commission dans le délai de quinze jours francs suivant la réception du dossier, le dossier est réputé complet. Ce délai court à compter du jour de réception au secrétariat de la commission départementale de la demande d'autorisation d'exploitation commerciale.

Si le dossier de demande d'autorisation d'exploitation commerciale est incomplet, le secrétariat de la commission informe le maire des pièces manquantes qui doivent figurer dans ce dossier. Dans les trois jours suivant leur réception, le maire transmet les pièces manquantes au secrétariat de la commission.

Le délai d'instruction de la demande d'autorisation d'exploitation commerciale court à compter de la réception par le secrétariat de la commission départementale d'aménagement commercial d'un dossier complet. Dès cette réception le préfet, en application du I de l'article L. 751-2, informe, par tout moyen, les maires des communes limitrophes de la commune d'implantation incluses dans la zone de chalandise telle que mentionnée et définie aux articles L. 751-2 et R. 752-3.

Sous-section 3. – Du dépôt des demandes d'autorisation d'exploitation commerciale ne nécessitant pas un permis de construire

Art. R. 752-11 *(Rempl., D. n° 2008-1212, 24 nov. 2008 ; mod., D. n° 2015-165, 12 févr. 2015).* – Pour les projets ne nécessitant pas de permis de construire, la demande accompagnée du dossier est adressée au secrétariat de la commission départementale en deux exemplaires, dont un sur support dématérialisé. Elle est soit adressée par lettre recommandée avec demande d'avis de réception, soit déposée contre décharge, soit envoyée par voie électronique. Dans ce dernier cas, l'accusé de réception électronique est adressé sans délai.

(1) Dispositions non applicables dans le Département de Mayotte, D. n° 2019-331, 17 avr. 2019, art. 13.

Art. R. 752-12 *(Rempl., D. n° 2008-1212, 24 nov. 2008 ; mod., D. n° 2015-165, 12 févr. 2015)*. – Si le dossier est complet, le secrétariat de la commission fait connaître au demandeur la date et le numéro d'enregistrement de sa demande et la date avant laquelle la décision doit lui être notifiée. Le demandeur est en outre informé que, si aucune décision ne lui a été notifiée avant cette date, l'autorisation sera réputée accordée.

Si le dossier est incomplet, le secrétariat de la commission invite le demandeur, par lettre recommandée avec demande d'avis de réception ou, dans le cas prévu à l'article R. 752-8, par courrier électronique, à fournir les pièces manquantes.

À défaut de réception par le demandeur, dans le délai de quinze jours francs suivant la réception du dossier, d'une demande de production d'une pièce manquante, le dossier est réputé complet.

(Al. mod., D. n° 2019-331, 17 avr. 2019) (1) Le délai d'instruction de la demande court à compter de la réception par le secrétariat de la commission d'un dossier complet. Dès cette réception le préfet, en application du I de l'article L. 751-2, informe, par tout moyen, les maires des communes limitrophes de la commune d'implantation incluses dans la zone de chalandise telle que visée et définie aux articles L. 751-2 et R. 752-3.

Sous-section 4. – De la réunion de la commission départementale d'aménagement commercial

Art. R. 752-13 *(Rempl., D. n° 2008-1212, 24 nov. 2008 ; D. n° 2015-165, 12 févr. 2015 ; mod., D. n° 2019-331, 17 avr. 2019)* (1). – I. – Dix jours au moins avant la réunion, chacun des membres de la commission départementale reçoit, par tout moyen, communication du dossier de la demande d'autorisation d'exploitation commerciale, accompagnée :

1° De l'arrêté préfectoral fixant la composition de la commission ;

2° De l'ordre du jour de la réunion ;

3° Du récépissé prévu à l'article R. 423-3 du Code de l'urbanisme ou de la lettre d'enregistrement de la demande prévue à l'article R. 752-12 ;

4° Du formulaire prévu à l'article R. 751-4.

Dans le même délai, la date et l'ordre du jour de la réunion sont publiés au recueil des actes administratifs de la préfecture.

Cinq jours au moins avant la réunion, chacun des membres de la commission reçoit, par tout moyen, les rapports d'instruction.

La communication de ces documents aux élus appelés à siéger dans la commission vaut transmission à leurs représentants.

II. – L'étude spécifique mentionnée au V de l'article L. 751-2 décrit l'activité économique, en particulier commerciale, dans la zone de chalandise du projet et fournit, s'il y a lieu, un état des superficies affectées aux exploitations agricoles dans cette zone ainsi que des éléments sur leur évolution au cours des trois dernières années. Elle est datée et signée de ses auteurs, mention apparente de leurs noms et qualités.

Le préfet qui a demandé une telle étude en rapporte le contenu lors de la réunion de la commission.

Ces dispositions ne sont pas applicables à la procédure prévue à l'article L. 752-4.

Art. R. 752-14 *(Rempl., D. n° 2008-1212, 24 nov. 2008 ; D. n° 2015-165, 12 févr. 2015 ; mod. à compter du 1er octobre 2019, D. n° 2019-331, 17 avr. 2019)* (1). – La commission entend le demandeur. Elle peut également entendre, à son initiative ou sur demande écrite au secrétariat de la commission, toute personne dont l'avis présente un intérêt pour l'examen de la demande dont elle est saisie.

Lorsqu'elle examine la première demande d'autorisation d'exploitation commerciale sollicitée pour un projet, sauf procédure fixée à l'article L. 752-4, la commission départementale entend également les personnes mentionnées au I de l'article L. 751-2, dans la limite de deux associations par commune.

En vue de cette audition, le maire de la commune d'implantation établit à l'intention de la commission la liste *comportant les coordonnées de la personne* chargée d'animer le commerce du centre-ville de sa commune, de l'agence du commerce compétente sur le territoire de sa commune et des associations de commerçants de sa commune. Pour leur part, les maires des communes limitrophes de la commune d'implantation incluses dans la

(1) Dispositions non applicables dans le Département de Mayotte, D. n° 2019-331, 17 avr. 2019, art. 13.

zone de chalandise établissent la liste comportant les coordonnées des associations de commerçants de leur commune.

Les associations de commerçants auditionnées doivent avoir été déclarées en préfecture depuis un an révolu à la date de dépôt de la demande d'autorisation d'exploitation commerciale.

Parmi les deux associations entendues par commune figure, sous la réserve d'ancienneté requise ci-dessus, l'association justifiant regrouper le plus de commerçants du centre-ville, la seconde association étant celle qui, autre que la première, justifie regrouper le plus grand nombre de commerçants implantés sur le territoire communal. À défaut, sont entendues, pour chaque commune concernée, les deux associations justifiant regrouper le plus grand nombre de commerçants implantés sur le territoire communal.

Art. R. 752-15 *(Rempl., D. n° 2008-1212, 24 nov. 2008 ; mod., D. n° 2015-165, 12 févr. 2015).* – La commission ne peut délibérer que si au moins la majorité de ses membres sont présents.

Si ce quorum n'est pas atteint, une seconde réunion est convoquée. La commission se réunit au minimum trois jours après la date d'envoi de la seconde convocation. La commission ne peut délibérer qu'en présence d'au moins un tiers de ses membres.

(Al. créé à compter du 1er octobre 2019, D. n° 2019-331, 17 avr. 2019) (1) Pour le calcul du quorum, les personnalités qualifiées mentionnées au 3° du II, au 3° du III et au 3° du IV de l'article L. 751-2 ne sont pas prises en compte.

Art. R. 752-16 *(Rempl., D. n° 2008-1212, 24 nov. 2008 ; mod., D. n° 2015-165, 12 févr. 2015). – (Al. mod. à compter du 1er octobre 2019, D. n° 2019-331, 17 avr. 2019)* (1) La commission se prononce par un vote à bulletins nominatifs. L'autorisation est adoptée à la majorité absolue des membres présents, les personnalités qualifiées mentionnées au 3° du II, au 3° du III et au 3° du IV de l'article L. 751-2 du Code de commerce n'étant pas prises en compte.

L'avis ou la décision est motivé, signé par le président et indique le sens du vote émis par chacun des membres présents.

(Al. créé, D. n° 2019-563, 7 juin 2019) Lorsque cet avis ou décision est favorable, y est joint le tableau récapitulatif des caractéristiques du projet mentionnées à l'article R. 752-44. Le modèle de ce tableau est fixé par arrêté du ministre chargé de l'économie.

(Al. créé, D. n° 2019-563, 7 juin 2019) Pour l'application du deuxième alinéa de l'article L. 752-19, pour le cas où un recours serait exercé contre son avis ou sa décision, la commission désigne, à la majorité absolue de ses membres présents titulaires du droit de vote, celui d'entre eux qui exposera sa position devant la Commission nationale.

Art. R. 752-17 *(Rempl., D. n° 2008-1212, 24 nov. 2008 ; mod., D. n° 2015-165, 12 févr. 2015).* – Les membres de la commission gardent le secret tant sur les délibérations que sur les documents dont ils ont eu connaissance à l'occasion de leurs fonctions.

Art. R. 752-18 *(Rempl., D. n° 2008-1212, 24 nov. 2008 ; mod., D. n° 2015-165, 12 févr. 2015).* – Dans le délai d'un mois suivant la réunion de la commission, le procès-verbal de la réunion est adressé par tout moyen à chaque membre de la commission ainsi qu'aux services de l'État qui ont instruit la demande.

Art. R. 752-19 *(Rempl., D. n° 2008-1212, 24 nov. 2008 ; mod., D. n° 2015-165, 12 févr. 2015).* – Dans les dix jours suivant la réunion de la commission ou la date de l'autorisation tacite, la décision ou l'avis de la commission est :

1° Notifié par le préfet au demandeur et, si le projet nécessite un permis de construire, à l'autorité compétente pour délivrer le permis de construire, soit par la voie administrative contre décharge, soit par lettre recommandée avec demande d'avis de réception, soit, dans le cas prévu à l'article R. 752-8, par courrier électronique ;

2° Publié au recueil des actes administratifs de la préfecture.

Dans le même délai, lorsque le projet répond aux conditions prévues au III de l'article L. 752-17, la décision ou l'avis de la commission est notifié par le préfet à la Commission nationale d'aménagement commercial soit par la voie administrative, soit par lettre recommandée avec demande d'avis de réception, soit par courrier électronique.

---

(1) Dispositions non applicables dans le Département de Mayotte, D. n° 2019-331, 17 avr. 2019, art. 13.

En cas de décision ou avis favorable, le préfet fait publier, dans les dix jours suivant la réunion de la commission ou la date de l'autorisation tacite, aux frais du demandeur, un extrait de cette décision ou de cet avis dans deux journaux régionaux ou locaux diffusés dans le département.

Art. R. 752-20 *(Rempl., D. n° 2008-1212, 24 nov. 2008 ; mod., D. n° 2015-165, 12 févr. 2015 ; D. n° 2016-1728, 15 déc. 2016)*. – Pour les projets nécessitant un permis de construire, l'autorisation d'exploitation commerciale est périmée dans un délai de trois ans à compter de la date à laquelle le permis de construire est devenu définitif :

1° Pour les surfaces de vente qui n'ont pas été ouvertes au public ;

2° Pour les points permanents de retrait qui n'ont pas été ouverts à la clientèle.

Ce délai est prolongé de deux ans pour les projets qui portent sur la réalisation d'une surface de vente de plus de 2 500 mètres carrés jusqu'à 6 000 mètres carrés. Il est prolongé de quatre ans pour les projets portant sur la réalisation d'une surface de vente de plus de 6 000 mètres carrés.

Pour les projets ne nécessitant pas un permis de construire, l'autorisation d'exploitation commerciale est périmée dans un délai de trois ans à compter de la notification prévue à l'article R. 752-19 ou, le cas échéant, à l'article R. 752-39 :

1° Pour les surfaces de vente qui n'ont pas été ouvertes au public ;

2° Pour les points permanents de retrait qui n'ont pas été ouverts à la clientèle.

En cas de recours devant la juridiction administrative contre l'autorisation d'exploitation commerciale, le délai de trois ans est suspendu jusqu'au prononcé d'une décision juridictionnelle définitive.

Sous-section 5. – De la procédure de consultation prévue à l'article L. 752-4

Art. R. 752-21 *(Mod., D. n° 2015-165, 12 févr. 2015)*. – La procédure prévue à l'article L. 752-4 est applicable à toute demande de permis de construire relative à un projet de création ou d'extension, dans une commune de moins de 20 000 habitants, d'un magasin de commerce de détail ou d'un ensemble commercial dont la surface de vente globale, en cas de réalisation du projet, serait comprise entre 300 et 1 000 mètres carrés.

L'article R. 751-3 n'est pas applicable à la procédure prévue à l'article L. 752-4.

Art. R. 752-22 *(Mod., D. n° 2015-165, 12 févr. 2015)*. – Le conseil municipal ou l'organe délibérant de l'établissement public de coopération intercommunale doit délibérer dans le délai d'un mois suivant la réception de la demande de permis de construire. Dans les trois jours suivant son adoption, la délibération est transmise par le maire ou le président de l'établissement public de coopération intercommunale au demandeur et affichée pendant un mois à la porte de la mairie de la commune d'implantation.

Art. R. 752-23 *(Mod., D. n° 2015-165, 12 févr. 2015)*. – La demande d'avis est adressée au secrétariat de la commission départementale par l'autorité compétente pour délivrer le permis de construire ou par le président de l'établissement public mentionné à l'*(Réf. rempl. à compter du 1er janvier 2016, D. n° 2015-1783, 28 déc. 2015)* « article L. 143-16 du Code de l'urbanisme » soit par lettre recommandée avec demande d'avis de réception, soit par voie administrative contre décharge, soit par voie électronique. Elle est motivée et accompagnée de la délibération mentionnée au troisième alinéa de l'article L. 752-4.

Art. R. 752-24 *(Mod., D. n° 2015-165, 12 févr. 2015)*. – Dès réception de la demande d'avis, le secrétariat de la commission fait connaître au demandeur du permis de construire la date et le numéro d'enregistrement de son dossier et le délai imparti à la commission pour statuer. Le demandeur est en outre informé que, si aucune décision ne lui a été notifiée dans le délai d'un mois, l'avis est réputé favorable.

Le secrétariat de la commission invite le pétitionnaire à transmettre sans délai à la commission toutes pièces susceptibles de permettre à la commission d'apprécier les effets du projet au regard des critères fixés à l'article L. 752-6.

Le délai d'instruction court à compter de la réception par le secrétariat de la commission de la demande d'avis.

Art. R. 752-25 *(Mod., D. n° 2015-165, 12 févr. 2015)*. – Dix jours au moins avant la réunion, chacun des membres de la commission reçoit, par tout moyen, communication de la demande d'avis, accompagnée :

1° De l'arrêté préfectoral fixant la composition de la commission ;

2° De l'ordre du jour de la réunion ;

3° De la lettre d'enregistrement de la demande prévue à l'article R. 752-24 ;

4° Du formulaire prévu à l'article R. 751-4 ;

5° Des pièces transmises, le cas échéant, par le demandeur.

Dans le même délai, la date et l'ordre du jour de la réunion sont publiés au recueil des actes administratifs de la préfecture.

Cinq jours au moins avant la réunion, chacun des membres de la commission reçoit, par tout moyen, les rapports d'instruction.

La communication de ces documents aux élus appelés à siéger dans la commission vaut transmission à leurs représentants.

Art. R. 752-26 *(Mod., D. n° 2015-165, 12 févr. 2015).* – La commission entend le demandeur à sa demande. Elle peut également entendre, à son initiative ou sur demande écrite au secrétariat de la commission, toute personne dont l'avis présente un intérêt pour l'examen de l'avis dont elle est saisie.

Art. R. 752-27 *(Mod., D. n° 2015-165, 12 févr. 2015).* – La commission ne peut délibérer que si au moins la majorité de ses membres sont présents. Si ce quorum n'est pas atteint, la commission est réputée ne pas s'être réunie.

Art. R. 752-28 *(Mod., D. n° 2015-165, 12 févr. 2015).* – Les articles R. 752-16 à R. 752-18 s'appliquent à la procédure prévue à l'article L. 752-4.

Art. R. 752-29 *(Mod., D. n° 2015-165, 12 févr. 2015).* – Dans les dix jours suivant la réunion de la commission ou la date de l'avis tacite, l'avis de la commission est notifié par le représentant de l'État dans le département au demandeur, à l'autorité compétente pour délivrer le permis de construire et, s'il s'agit d'une personne distincte, à l'auteur de la demande d'avis soit par lettre recommandée avec demande d'avis de réception, soit par la voie administrative contre décharge, soit par courrier électronique.

Sous-section 6. – De la suspension de la procédure d'examen des demandes d'autorisation d'exploitation commerciale prévue à l'article L. 752-1-2

(Sous-section créée, D. n° 2019-795, 26 juill. 2019)

Art. R. 752-29-1 *(D. n° 2019-795, 26 juill. 2019).* – La décision du préfet de suspendre l'enregistrement et l'examen en commission départementale d'aménagement commercial d'une demande d'autorisation d'exploitation commerciale relative à un projet mentionné au premier ou au deuxième alinéa de l'article L. 752-1-2 est prise au cas par cas, selon les caractéristiques du projet.

Art. R. 752-29-2 *(D. n° 2019-795, 26 juill. 2019).* – Dans le délai de quinze jours franc à compter de l'enregistrement d'une demande d'autorisation d'exploitation commerciale au secrétariat de la commission départementale pour un projet mentionné au premier ou au deuxième alinéa de l'article L. 752-1-2, le préfet du département d'implantation du projet peut solliciter, dans l'éventualité de la suspension de la procédure d'autorisation :

a) Pour les projets mentionnés au premier alinéa de l'article L. 752-1-2, l'avis du président de l'établissement public de coopération intercommunale à fiscalité propre dont est membre la commune d'implantation du projet et l'avis de chacun des maires des communes signataires de la convention d'opération de revitalisation de territoire ;

b) Pour les projets mentionnés au deuxième alinéa de l'article L. 752-1-2, l'avis du président de l'établissement public de coopération intercommunale à fiscalité propre signataire de la convention d'opération de revitalisation de territoire, de chacun des maires des communes signataires de cette même convention, du maire de la commune d'implantation du projet et, si celle-ci est membre d'un établissement public de coopération intercommunale à fiscalité propre limitrophe de l'établissement public de coopération intercommunale signataire, l'avis de son président.

La demande d'avis du préfet comporte :

a) Pour les projets mentionnés au premier alinéa de l'article L. 752-1-2, un exposé des caractéristiques du projet et des données propres aux secteurs d'intervention définis dans la convention inclus dans la zone de chalandise, de nature à justifier la suspension de la procédure devant la commission départementale ;

b) Pour les projets mentionnés au deuxième alinéa de l'article L. 752-1-2, un exposé des caractéristiques du projet et des objectifs poursuivis par l'opération de revitalisation susceptibles d'être gravement compromis par le projet, de nature à justifier la suspension de la procédure devant la commission départementale.

L'envoi de la demande d'avis fait courir un délai de réponse de quinze jours, au terme duquel le préfet a sept jours pour prendre, le cas échéant, un arrêté de suspension. Si les demandes d'avis ne sont pas envoyées le même jour, le délai imparti au préfet pour prendre, le cas échéant, un arrêté de suspension court à l'expiration du délai de réponse le plus tardif.

Art. R. 752-29-3 *(D. n° 2019-795, 26 juill. 2019).* – Lorsqu'une demande d'autorisation d'exploitation commerciale a été déposée auprès de la commission départementale pour un projet mentionné au premier alinéa de l'article L. 752-1-2, le président de l'établissement public de coopération intercommunale à fiscalité propre dont est membre la commune d'implantation et chacun des maires des communes signataires de la convention d'opération de revitalisation de territoire peuvent saisir conjointement le préfet du département d'implantation du projet d'une demande de suspension de l'enregistrement et de l'examen de cette demande.

Lorsqu'une demande d'autorisation d'exploitation commerciale a été déposée auprès de la commission départementale pour un projet mentionné au deuxième alinéa de l'article L. 752-1-2, le président de l'établissement public de coopération intercommunale à fiscalité propre signataire de la convention d'opération de revitalisation de territoire, chacun des maires des communes signataires de cette convention, le maire de la commune d'implantation du projet et, si celle-ci est membre d'un établissement public de coopération intercommunale à fiscalité propre limitrophe de l'établissement public de coopération intercommunale signataire, son président peuvent saisir conjointement le préfet du département d'implantation du projet d'une demande de suspension de l'enregistrement et de l'examen de cette demande.

La demande de suspension comporte :

a) Pour les projets mentionnés au premier alinéa de l'article L. 752-1-2, un exposé des caractéristiques du projet et des données propres aux secteurs d'intervention définis dans la convention inclus dans la zone de chalandise, de nature à justifier la suspension de la procédure devant la commission départementale ;

b) Pour les projets mentionnés au deuxième alinéa de l'article L. 752-1-2, un exposé des caractéristiques du projet et des objectifs poursuivis par l'opération de revitalisation susceptibles d'être gravement compromis par le projet, de nature à justifier la suspension de la procédure devant la commission départementale d'aménagement commercial.

La demande de suspension doit parvenir au préfet au plus tard vingt-et-un jours francs après l'enregistrement, par le secrétariat de la commission départementale, de la demande d'autorisation d'exploitation commerciale. Si la demande de suspension est adressée au préfet en plusieurs envois distincts, le plus tardif d'entre eux doit parvenir à ce dernier dans ce délai de vingt-et-un jours.

Si le préfet décide de suspendre la procédure d'autorisation d'exploitation commerciale du projet, il a quinze jours, à compter de la réception de la demande complète de suspension, pour prendre son arrêté.

L'absence de suite donnée à cette demande par le préfet dans le délai qui lui est imparti ne fait pas naître une décision tacite de suspension.

Art. R. 752-29-4 *(D. n° 2019-795, 26 juill. 2019).* – Les communications prévues aux articles R. 752-29-2 et R. 752-29-3 entre le préfet, d'une part, et les présidents d'établissements publics de coopération intercommunale à fiscalité propre et les maires, d'autre part, se font par voie électronique.

Art. R. 752-29-5 *(D. n° 2019-795, 26 juill. 2019).* – L'arrêté de suspension prévu aux articles R. 752-29-2 et R. 752-29-3 expose :

1° Les objectifs poursuivis par la convention d'opération de revitalisation de territoire que le projet est susceptible de compromettre, pour l'application du premier alinéa de l'article L. 752-1-2 du présent code, ou de compromettre gravement, au sens du deuxième alinéa de ce même article ;

2° Les caractéristiques du projet identifiées comme constituant un risque pour la réalisation ou la poursuite de ces objectifs ;

3° Les données mentionnées à l'article L. 752-1-2 relatives à la vacance de logements, à la vacance commerciale et au chômage ou tout élément utile relatif à la zone de chalandise contribuant à ce risque. Ces données sont présentées pour une période d'au moins trois ans. Elles sont datées et leurs sources mentionnées.

À peine d'inopposabilité, l'arrêté de suspension mentionne la durée de la suspension, qui ne peut excéder trois ans. Cette durée doit être cohérente avec les motifs de la suspension.

Art. R. 752-29-5 *(D. n° 2019-795, 26 juill. 2019).* – L'arrêté de suspension prévu aux articles R. 752-29-2 et R. 752-29-3 expose :

1° Les objectifs poursuivis par la convention d'opération de revitalisation de territoire que le projet est susceptible de compromettre, pour l'application du premier alinéa de l'article L. 752-1-2 du présent code, ou de compromettre gravement, au sens du deuxième alinéa de ce même article ;

2° Les caractéristiques du projet identifiées comme constituant un risque pour la réalisation ou la poursuite de ces objectifs ;

3° Les données mentionnées à l'article L. 752-1-2 relatives à la vacance de logements, à la vacance commerciale et au chômage ou tout élément utile relatif à la zone de chalandise contribuant à ce risque. Ces données sont présentées pour une période d'au moins trois ans. Elles sont datées et leurs sources mentionnées.

À peine d'inopposabilité, l'arrêté de suspension mentionne la durée de la suspension, qui ne peut excéder trois ans. Cette durée doit être cohérente avec les motifs de la suspension.

Art. R. 752-29-6 *(D. n° 2019-795, 26 juill. 2019).* – Si, compte tenu de la situation actualisée de la zone de chalandise, les motifs ayant conduit à la suspension de la procédure d'autorisation d'exploitation commerciale le justifient, le préfet peut proroger cette suspension pour une durée supplémentaire d'un an au plus, par un nouvel arrêté pris au plus tard six mois avant le terme initial de la suspension.

Le préfet sollicite préalablement l'avis du ou des présidents d'établissements publics de coopération intercommunale à fiscalité propre et du ou des maires mentionnés, selon les cas, au troisième ou au quatrième alinéa de l'article R. 752-29-2, en leur impartissant un délai de réponse qui ne peut être inférieur à quinze jours. La demande d'avis comporte une mise à jour des éléments mentionnés à l'article R. 752-29-5 et expose les motifs de nature à justifier la prorogation de la suspension de la procédure.

L'arrêté motive la prorogation au regard des données actualisées ayant motivé la suspension et précise le terme définitif de celle-ci.

Art. R. 752-29-7 *(D. n° 2019-795, 26 juill. 2019).* – Les arrêtés prévus aux articles R. 752-29-2, R. 752-29-3 et R. 752-29-6 sont notifiés au pétitionnaire et, en cas de demande de permis de construire valant autorisation d'exploitation commerciale, à l'autorité compétente en matière de permis de construire.

Ils sont publiés au recueil des actes administratifs de l'État dans le département.

Art. R. 752-29-8 *(D. n° 2019-795, 26 juill. 2019).* – Trois mois avant le terme de la suspension, le secrétariat de la commission départementale invite le pétitionnaire à lui transmettre, dans un délai de deux mois, une actualisation des données inscrites dans son dossier de demande d'autorisation d'exploitation commerciale.

Le dossier de demande d'autorisation d'exploitation commerciale actualisé est transmis au service instructeur local et, s'il s'agit d'une demande de permis de construire valant autorisation d'exploitation commerciale, à l'autorité compétente en matière de permis de construire.

Art. R. 752-29-9 *(D. n° 2019-795, 26 juill. 2019).* – La procédure devant la commission départementale reprend son cours, pour le délai restant à courir, au lendemain du dernier jour de suspension.

Section III. – Du recours contre la décision ou avis de la commission départementale

Sous-section 1. – De la procédure prévue aux I et II de l'article L. 752-17

Art. R. 752-30 *(Mod., D. n° 2015-165, 12 févr. 2015).* – Le délai de recours contre une décision ou un avis de la commission départementale est d'un mois. Il court :

1° Pour le demandeur, à compter de la notification de la décision ou de l'avis ;

2° Pour le préfet et les membres de la commission départementale, à compter de la réunion de la commission ou, en cas de décision ou d'avis tacite, à compter de la date à laquelle l'autorisation est réputée accordée ;

3° Pour toute autre personne mentionnée à l'article L. 752-17, à compter de la plus tardive des mesures de publicité prévues aux troisième et cinquième alinéas de l'article R. 752-19.

Le respect du délai de recours est apprécié à la date d'envoi du recours.

Art. R. 752-31 *(Mod., D. n° 2015-165, 12 févr. 2015).* – Le recours est présenté au président de la Commission nationale d'aménagement commercial par tout moyen sécurisé ou, lorsqu'il est présenté par le préfet, par la voie administrative ordinaire.

À peine d'irrecevabilité, le recours est motivé et accompagné de la justification de la qualité et de l'intérêt donnant pour agir de chaque requérant.

Lorsque le recours est présenté par plusieurs personnes, ses auteurs élisent domicile en un seul lieu. À défaut, les notifications, convocations ou autres actes sont valablement adressés au domicile du premier signataire.

Un avis rendu sur le fondement de l'article L. 752-4 ne peut faire l'objet d'un recours qu'en cas d'avis défavorable. Un tel recours ne peut être présenté que par le demandeur.

Art. R. 752-32 *(Mod., D. n° 2015-165, 12 févr. 2015).* – À peine d'irrecevabilité de son recours, dans les cinq jours suivant sa présentation à la commission nationale, le requérant, s'il est distinct du demandeur de l'autorisation d'exploitation commerciale, communique son recours à ce dernier soit par lettre recommandée avec demande d'avis de réception, soit par tout moyen sécurisé.

S'il n'en est pas l'auteur, le préfet du département de la commune d'implantation est informé du dépôt du recours par le secrétariat de la commission nationale. Le préfet informe, par tout moyen, les membres de la commission départementale.

Pour les projets nécessitant un permis de construire, dans les sept jours francs suivant la réception du recours, le secrétariat de la commission nationale informe, par tout moyen, l'autorité compétente en matière de permis de construire du dépôt du recours.

Art. R. 752-33 *(Mod., D. n° 2015-165, 12 févr. 2015).* – Lorsqu'après l'expiration d'un délai de deux mois suivant sa réception par le président de la commission nationale, un requérant retire son recours contre la décision ou l'avis de la commission départementale, la commission nationale peut néanmoins, selon les règles prévues au premier alinéa de l'article R. 752-38, décider de se prononcer sur le projet qui lui est soumis. Elle informe les parties de sa décision dix jours au moins avant la réunion au cours de laquelle le projet sera examiné.

Art. R. 752-34 *(Mod., D. n° 2015-165, 12 févr. 2015 ; D. n° 2019-563, 7 juin 2019).* – Le délai de quatre mois prévu aux I et II de l'article L. 752-17 court à compter de la réception du recours par le secrétariat de la commission nationale.

Quinze jours au moins avant la réunion de la commission nationale, les parties, et le membre de la commission départementale désigné en application des dispositions du quatrième alinéa de l'article R. 752-16 sont convoqués à la réunion et informés que la commission nationale ne tiendra pas compte des pièces qui seraient produites moins de dix jours avant la réunion, à l'exception des pièces émanant des autorités publiques.

Art. R. 752-35 *(Mod., D. n° 2015-165, 12 févr. 2015).* – La commission nationale se réunit sur convocation de son président.

Cinq jours au moins avant la réunion, chacun des membres reçoit, par tout moyen, l'ordre du jour ainsi que, pour chaque dossier :

1° L'avis ou la décision de la commission départementale ;

2° Le procès-verbal de la réunion de la commission départementale ;

3° Le rapport des services instructeurs départementaux ;

4° Le ou les recours à l'encontre de l'avis ou de la décision ;

5° Le rapport du service instructeur de la commission nationale.

Art. R. 752-36 *(Mod., D. n° 2015-165, 12 févr. 2015 ; D. n° 2019-563, 7 juin 2019).* – La commission nationale peut recevoir des contributions écrites.

La commission nationale entend toute personne qui en fait la demande écrite au secrétariat, en justifiant les motifs de son audition, au moins cinq jours avant la réunion.

Sont dispensés de justifier les motifs de leur audition : l'auteur du recours devant la commission nationale, le demandeur, le membre de la commission départementale d'aménagement commercial mentionné au deuxième alinéa de l'article L. 752-19, le maire de la commune d'implantation, le président de l'établissement public de coopération intercommunale à fiscalité propre dont est membre la commune d'implantation et le président de l'établissement public compétent en matière de schéma de cohérence territoriale dont est membre la commune d'implantation.

La commission nationale peut entendre toute autre personne qu'elle juge utile de consulter. Elle peut entendre en deux groupes distincts les personnes défavorables et favorables au projet.

Le secrétariat de la commission nationale instruit et rapporte les dossiers. Le commissaire du Gouvernement présente et communique à la commission nationale les avis des ministres chargés de l'urbanisme et du commerce. Après audition des parties, il donne son avis sur les demandes.

Art. R. 752-37 *(Mod., D. n° 2015-165, 12 févr. 2015)*. – La commission nationale ne peut délibérer que si au moins six de ses membres sont présents.

Si ce quorum n'est pas atteint, une seconde réunion est convoquée. La commission nationale se réunit au minimum sept jours après la date d'envoi de la seconde convocation. La commission nationale ne peut valablement délibérer qu'en présence d'au moins quatre de ses membres. Si ce quorum n'est pas atteint, la commission nationale est réputée ne pas s'être réunie.

Art. R. 752-38 *(Mod., D. n° 2015-165, 12 févr. 2015)*. – L'avis ou la décision est adopté à la majorité des membres présents. En cas de partage égal des voix, la voix du président est prépondérante.

L'avis ou la décision est motivé, signé par le président et indique le nombre de votes favorables et défavorables ainsi que le nombre d'abstentions.

(Al. créé, D. n° 2019-563, 7 juin 2019) Lorsque cet avis ou décision est favorable, y est joint le tableau récapitulatif des caractéristiques du projet mentionnées à l'article R. 752-44. Le modèle de ce tableau est fixé par arrêté du ministre chargé de l'économie.

Art. R. 752-39 *(Mod., D. n° 2015-165, 12 févr. 2015)*. – Dans le délai d'un mois suivant la réunion de la commission nationale ou la date de la confirmation tacite, la décision ou l'avis est notifié au requérant, au demandeur, s'il est distinct du requérant, au préfet et, si le projet nécessite un permis de construire, à l'autorité compétente en matière de permis de construire.

Pour les projets relevant de l'article L. 752-1, dans les dix jours suivant la notification, la décision ou l'avis est publié au recueil des actes administratifs de la préfecture du département de la commune d'implantation. En cas d'avis ou de décision favorable, le préfet du département de la commune d'implantation fait publier dans le même délai, aux frais du demandeur, un extrait de cette décision ou de cet avis dans deux journaux régionaux ou locaux diffusés dans le département.

Les décisions et avis de la commission nationale sont rendus publics par voie électronique.

Sous-section 2. – De la procédure prévue aux III à V de l'article L. 752-17

Art. R. 752-40 *(Mod., D. n° 2015-165, 12 févr. 2015)*. – Lorsqu'un projet se rapporte à un équipement dont la surface de vente est supérieure à 20 000 mètres carrés, le secrétariat de la commission départementale doit, dans un délai de dix jours francs suivant la réception de la demande d'autorisation commerciale, adresser à la commission nationale un exemplaire dématérialisé de la demande accompagnée du dossier.

Art. R. 752-41 *(Mod., D. n° 2015-165, 12 févr. 2015)*. – Le secrétariat de la commission nationale informe, par tout moyen, les membres de la Commission nationale des demandes d'autorisation d'exploitation commerciale et des décisions ou avis des commissions départementales relevant du V de l'article L. 752-17.

Le délai d'un mois prévu au V de l'article L. 752-17 court à compter de la notification au secrétariat de la commission nationale de l'avis ou de la décision de la commission départementale.

Art. R. 752-42 *(Mod., D. n° 2015-165, 12 févr. 2015)*. – Sur proposition de son président ou d'au moins de quatre de ses membres, la commission nationale, à la majorité absolue des membres présents, se saisit d'un projet en application du V de l'article L. 752-17.

Le président de la commission nationale notifie la décision de la commission nationale, par lettre recommandée avec demande d'avis de réception ou par courrier électronique sécurisé, au préfet du département de la commune d'implantation, au demandeur et, si le projet nécessite un permis de construire, à l'autorité compétente en matière de permis de construire.

Le respect du délai de saisine est apprécié à la date de la notification de la décision au demandeur.

Art. R. 752-43 *(Mod., D. n° 2015-165, 12 févr. 2015).* – Le délai de quatre mois prévu au V de l'article L. 752-17 court à compter de la notification de la décision de saisine au demandeur.

Les articles R. 752-35 à R. 752-39 s'appliquent à la procédure prévue au V de l'article L. 752-17.

La procédure prévue au V de l'article L. 752-17 ne fait pas obstacle aux recours exercés contre la décision ou l'avis de la commission départementale. La commission nationale se prononce sur l'ensemble des saisines et recours afférents à un projet par une seule décision ou un seul avis.

Sous-section 3. – De la procédure de saisine directe de la Commission nationale d'aménagement commercial

(Sous-section créée, D. n° 2019-563, 7 juin 2019)

Art. R. 752-43-1 *(D. n° 2019-563, 7 juin 2019).* – L'avis ou la décision de la Commission nationale d'aménagement commercial mentionne, le cas échéant, la faculté pour le pétitionnaire de la saisir directement d'une nouvelle demande d'autorisation selon la procédure prévue à l'article L. 752-21.

Art. R. 752-43-2 *(D. n° 2019-563, 7 juin 2019).* – Lorsque la réalisation du projet ne nécessite pas de permis de construire, la nouvelle demande est adressée au président de la Commission nationale d'aménagement commercial dans les conditions définies à l'article R. 752-11.

En cas de pluralité de demandeurs, la demande précise en quel lieu ils élisent domicile. À défaut, les notifications, convocations et autres actes sont valablement adressés au domicile du premier cité.

Art. R. 752-43-3 *(D. n° 2019-563, 7 juin 2019).* – Lorsque la réalisation du projet nécessite un permis de construire, la nouvelle demande est déposée conformément aux dispositions des articles R. * 423-2 et suivants du Code de l'urbanisme. Le maire transmet cette demande au secrétariat de la Commission nationale d'aménagement commercial dans les conditions prévues au second alinéa de l'article R. 423-13-2 du même code.

Art. R. 752-43-4 *(D. n° 2019-563, 7 juin 2019).* – La nouvelle demande comprend, outre l'avis ou la décision de la Commission nationale rendu sur le projet, le dossier actualisé de demande d'autorisation d'exploitation commerciale.

À peine d'irrecevabilité, la demande est accompagnée d'un exposé synthétique des ajustements apportés au projet.

À peine d'irrecevabilité, le demandeur dispose de cinq jours, à compter de la saisine de la Commission nationale, pour notifier la nouvelle demande au préfet du département d'implantation du projet et, s'il y a lieu, à chaque requérant auteur d'une précédente saisine de la Commission nationale sur le même projet. Cette notification comporte une copie de l'exposé synthétique mentionné à l'alinéa précédent. Le préfet informe sans délai les membres de la commission départementale d'aménagement commercial de cette nouvelle demande.

Lorsque la réalisation du projet nécessite un permis de construire, le délai de cinq jours court, sous la même sanction d'irrecevabilité, à compter de la date d'enregistrement de la nouvelle demande en mairie, le récépissé délivré par le maire faisant foi.

Art. R. 752-43-5 *(D. n° 2019-563, 7 juin 2019).* – Le délai de quatre mois imparti à la Commission nationale pour statuer court à compter de la réception de la nouvelle demande par son secrétariat.

La Commission nationale transmet la nouvelle demande pour avis aux services instructeurs départementaux, sous couvert du préfet.

Le demandeur est convoqué conformément aux dispositions du deuxième alinéa de l'article R. 752-34.

Art. R. 752-43-6 *(D. n° 2019-563, 7 juin 2019).* – Les dispositions de l'article R. 752-35 sont applicables. Toutefois, les pièces du dossier mentionnées aux troisième à septième alinéas de cet article sont *remplacées par les pièces suivantes :*

1° L'avis défavorable ou la décision de refus rendu lors de la précédente réunion de la Commission nationale ;

2° La nouvelle demande ;

3° La note éventuellement établie par les services instructeurs locaux sur le projet issu de la nouvelle demande ;

4° Le rapport du service instructeur de la Commission nationale sur la nouvelle demande.

Art. R. 752-43-7 *(D. n° 2019-563, 7 juin 2019).* – Les dispositions de l'article R. 752-36 sont applicables.

Dans l'hypothèse où la Commission nationale aurait été précédemment saisie par des tiers, ceux-ci ont deux mois, à compter de la notification de la nouvelle demande prévue à l'article R. 752-43-4, pour adresser leurs productions à la Commission nationale. Passé ce délai, la Commission nationale n'en tient pas compte.

Art. R. 752-43-8 *(D. n° 2019-563, 7 juin 2019).* – Les dispositions des articles R. 752-37 et R. 752-38 sont applicables.

Art. R. 752-43-9 *(D. n° 2019-563, 7 juin 2019).* – Les dispositions de l'article R. 752-39 sont applicables.

Outre les destinataires mentionnés au premier alinéa de cet article, le nouvel avis ou la nouvelle décision est également notifié, sous la même condition de délai, aux tiers mentionnés à l'article R. 752-43-7 qui ont adressé de nouvelles contributions écrites à la Commission nationale ou ont demandé à être entendus dans le cadre de la nouvelle demande.

Section IV. – Du contrôle

(Section rempl., D. n° 2019-563, 7 juin 2019)

Sous-section 1. – De la conformité

Art. R. 752-44 *(Mod., D. n° 2015-165, 12 févr. 2015 ; D. n° 2019-563, 7 juin 2019).* – Pour tout projet réalisé en exécution d'une autorisation d'exploitation commerciale, la conformité à cette autorisation s'apprécie au regard des éléments caractéristiques du projet suivants :

1° Pour les magasins et ensembles commerciaux :

a) La surface de vente mentionnée, selon les cas, au *a*, *b*, *d* ou *e* du 1° du I de l'article R. 752-6, avant et après réalisation du projet, avec, le cas échéant, le détail de la surface de vente de chaque commerce dont la surface de vente atteint ou dépasse 300 m², avant et après réalisation du projet ;

b) Le secteur d'activité mentionné, selon les cas, au *a*, *b*, *d* ou e du 1° du I du même article, avant et après réalisation du projet, de chaque commerce dont la surface de vente atteint ou dépasse 300 m² ;

c) Le nombre de places de stationnement mentionnées au *g* du 1° du I du même article, avant et après réalisation du projet, avec mention des places dédiées aux véhicules électriques ou hybrides, au co-voiturage, à l'auto-partage, et des places non imperméabilisées ;

2° Pour les points permanents de retrait par la clientèle d'achats au détail commandés par voie électronique, organisés pour l'accès en automobile, le nombre de pistes de ravitaillement et les mètres carrés d'emprise au sol affectés au retrait des marchandises, mentionnés au *c* du 1° du I du même article, avant et après réalisation du projet ;

3° Pour l'ensemble des équipements commerciaux :

a) La superficie totale du lieu d'implantation du projet et les références cadastrales, de la ou des parcelles de terrain mentionnées au *b* du 2° du I du même article ;

b) Le nombre et les sens de circulation des points d'accès et de sortie du site, avant et après réalisation du projet, tels qu'illustrés par les cartes et plans mentionnés aux *b*, *c* et *d* du 2° du I du même article ;

c) La superficie du site consacrée aux espaces verts mentionnés au *b* du 2° du I du même article, ainsi que, le cas échéant, la superficie et la nature des autres surfaces végétalisées, notamment en toiture, et des autres surfaces non imperméabilisées, avec mention des matériaux ou procédés éventuellement utilisés pour ce faire, *aux fins de* limiter l'imperméabilisation des sols conformément aux dispositions du *d* du 4° du même I ;

d) Le cas échéant, la superficie et la localisation des panneaux photovoltaïques, ainsi que le nombre et la localisation des éoliennes ou de tout autre dispositif d'énergie renouvelable intégré au projet en application du *b* du 4° du I du même article ;

e) Tous les autres éléments, intrinsèques ou connexes au projet, éventuellement mentionnés expressément par la commission d'aménagement commercial pour motiver son avis favorable ou son autorisation.

Art. R. 752-44-1 *(Créé, D. n° 2019-563, 7 juin 2019).* – Sont joints au certificat de conformité prévu à l'article L. 752-23 pour les projets mentionnés à l'article R. 752-44 :

1° Pour les projets ne nécessitant pas de permis de construire :

a) L'autorisation d'exploitation commerciale ;

b) Le justificatif de la date de sa notification en application de l'article R. 752-19, R. 752-39 ou R. 752-43-9 ;

2° Pour les projets soumis à autorisation d'exploitation commerciale nécessitant un permis de construire :

a) L'avis favorable de la commission d'aménagement commercial ;

b) L'arrêté accordant le permis de construire valant autorisation d'exploitation commerciale ;

c) (Annulé, CE, 29 déc. 2020, n° 433292, Cons. nat. des centres commerciaux).

Le certificat de conformité comporte les références de l'arrêté préfectoral d'habilitation de l'organisme qui l'a établi.

Sous-section 2. – De l'habilitation

Art. R. 752-44-2 *(D. n° 2019-563, 7 juin 2019).* – L'habilitation prévue au premier alinéa de l'article L. 752-23 est accordée à toute personne morale remplissant les conditions suivantes :

1° Ne pas avoir fait l'objet, ni elle-même ni aucun de ses représentants légaux, membres ou salariés, d'une condamnation correctionnelle ou criminelle, prononcée par une juridiction française ou étrangère, pour une infraction relative à la corruption ou au trafic d'influence, à des détournements, escroqueries ou extorsions au sens du Code pénal ;

2° Justifier des moyens et outils de contrôle de la conformité d'un équipement commercial mentionné à l'article L. 752-1 à l'autorisation d'exploitation commerciale ou l'avis favorable délivré par une commission d'aménagement commercial en application des dispositions de l'article L. 752-6 ;

3° Justifier que les personnes physiques par lesquelles ou sous la responsabilité desquelles est établi le certificat de conformité mentionné à l'article R. 752-44-1 sont titulaires d'un titre ou diplôme visé ou homologué de l'enseignement supérieur d'un niveau égal ou supérieur au niveau 3 au sens des dispositions du Code du travail relatives au cadre national des certifications professionnelles sanctionnant une formation juridique, économique, commerciale ou d'ingénierie, ou d'un diplôme étranger d'un niveau comparable.

Le dossier de demande d'habilitation comprend également l'extrait K-*bis*, de moins de deux mois, ou tout document assimilé ou équivalent, de l'auteur de la demande, une attestation d'assurance professionnelle à jour et la copie de la pièce d'identité de toutes les personnes physiques visées par la demande. Toute modification conduit à la mise à jour, dans le mois, du dossier d'habilitation déposé en préfecture.

> **Rédaction future.** *(Mots rempl. à compter du 1er novembre 2021, D. n° 2021-631, 21 mai 2021)* « Le dossier de demande d'habilitation comprend également le numéro unique d'identification de l'auteur de la demande ou, pour les demandeurs situés hors de France, tout document équivalent à l'extrait d'immatriculation au registre du commerce et des sociétés, une attestation d'assurance professionnelle à jour et la copie de la pièce d'identité de toutes les personnes physiques visées par la demande ». Toute modification conduit à la mise à jour, dans le mois, du dossier d'habilitation déposé en préfecture.

Art. R. 752-44-3 *(D. n° 2019-563, 7 juin 2019).* – Le formulaire de demande d'habilitation est conforme à un modèle fixé par arrêté du ministre chargé de l'économie.

Il est remis, daté et signé par le représentant légal de l'organisme demandeur et accompagné des pièces justifiant du respect des conditions posées à l'article R. 752-44-2.

Art. R. 752-44-4 *(D. n° 2019-563, 7 juin 2019).* – La demande d'habilitation est adressée par voie électronique au préfet, l'accusé de réception électronique étant envoyé sans délai.

Le préfet dispose d'un mois, à réception de la demande d'habilitation, pour vérifier qu'elle est complète et demander, le cas échéant, des éléments ou informations complémentaires. Passé ce délai d'un mois, la demande d'habilitation est réputée complète.

Le délai d'instruction est de trois mois. Il court à compter de la réception par la préfecture d'une demande d'habilitation complète.

Art. R. 752-44-5 *(D. n° 2019-563, 7 juin 2019).* – L'habilitation est accordée pour une durée de cinq ans, sans renouvellement tacite possible. Elle est valable sur l'ensemble du territoire du département.

L'arrêté préfectoral portant habilitation d'un organisme en application du premier alinéa de l'article L. 752-23 est publié au recueil des actes administratifs de la préfecture.

Il porte un numéro d'identification, auquel est intégrée la date de délivrance de l'habilitation, et la mention de l'identité et de l'adresse complètes de l'organisme habilité.

Ce numéro d'habilitation figure sur le certificat de conformité au même titre que la date et la signature de l'auteur du certificat.

Art. R. 752-44-6 *(D. n° 2019-563, 7 juin 2019)*. – L'habilitation peut être retirée par le préfet si l'organisme ne remplit plus les conditions d'obtention, de mise à jour ou d'exercice, mentionnées à l'article R. 752-44-2.

L'organisme bénéficiaire de l'habilitation est informé préalablement des motifs susceptibles de fonder le retrait, avec possibilité de présenter des observations écrites. Il peut être mis en demeure de régulariser sa situation dans le délai de deux mois maximum ou de cesser toute activité de certification jusqu'à régularisation.

Art. R. 752-44-7 *(D. n° 2019-563, 7 juin 2019)*. – En cas d'impossibilité avérée de mandater un organisme habilité dans le département d'implantation, le préfet de ce département, saisi d'une demande expresse circonstanciée, peut exceptionnellement autoriser le bénéficiaire de l'autorisation d'exploitation commerciale à choisir un organisme dans la liste établie dans un département limitrophe appartenant à la même région administrative.

Sous-section 3. – De la conformité

Art. R. 752-44-8 *(Créé, D. n° 2019-563, 7 juin 2019)*. – Le formulaire intitulé « Certificat de conformité » est conforme à un modèle fixé par arrêté du ministre chargé de l'économie.

Art. R. 752-44-9 *(Créé, D. n° 2019-563, 7 juin 2019)*. – Le certificat de conformité est adressé par le bénéficiaire de l'autorisation au préfet, par voie électronique.

Le certificat de conformité est daté et signé par l'organisme qui l'a établi.

Art. R. 752-44-10 *(Créé, D. n° 2019-563, 7 juin 2019)*. – Si le projet autorisé est réalisé ou commercialisé par étapes, il est établi un certificat pour chaque étape, au prorata de chaque réalisation ou commercialisation, dans la limite de la durée de validité de l'autorisation d'exploitation commerciale telle que fixée à l'article R. 752-20. Les dispositions de cet article sont rappelées dans chaque certificat de conformité.

Tous les certificats ainsi établis sont soumis aux conditions de la présente sous-section et portent le visa de l'autorisation d'exploitation commerciale ainsi que les références des certificats précédemment établis.

Art. R. 752-44-11 *(Créé, D. n° 2019-563, 7 juin 2019)*. – Si l'équipement commercial réalisé est d'une surface de vente ou d'une emprise au sol et d'un nombre de pistes moindres que ce qui a été autorisé en application du deuxième alinéa de l'article L. 752-15 et de l'article L. 752-16, il est établi un certificat pour la part du projet qui a été réalisée.

Les dispositions du second alinéa de l'article R. 752-44-10 sont applicables.

Art. R. 752-44-12 *(Créé, D. n° 2019-563, 7 juin 2019)*. – Le certificat de conformité ne peut être assorti de réserves.

Le cas échéant, il mentionne les différences constatées avec l'autorisation d'exploitation commerciale, lesquelles ne peuvent être substantielles au sens de l'article L. 752-15.

Le refus de certification est motivé.

Art. R. 752-44-13 *(Créé, D. n° 2019-563, 7 juin 2019)*. – Le préfet transmet sans délai, par voie électronique, le certificat de conformité pour information au maire de la commune d'implantation et au président de l'établissement public de coopération intercommunale à fiscalité propre dont la commune d'implantation est membre.

Le préfet transmet, sans délai, par voie électronique, le certificat de conformité au service de l'État chargé de la réalisation d'études économiques en matière de commerce mentionné à l'article L. 751-9.

Le certificat de conformité est accompagné du tableau mentionné aux articles R. 752-16 et R. 752-38. La transmission des annexes n'est pas obligatoire.

Sous-section 4. – De la publicité des projets relevant d'opérations de revitalisation de territoire

Art. R. 752-44-14 *(Créé, D. n° 2019-563, 7 juin 2019)*. – Lorsque l'équipement commercial relève de l'article L. 752-1-1, le porteur de projet fait publier, dans deux journaux régionaux ou locaux diffusés dans le département, un avis d'ouverture au public au plus tard un mois avant la date d'ouverture prévue. Le porteur de projet s'entend du propriétaire du terrain ou de l'immeuble ou, le cas échéant, de toute personne habilitée par le propriétaire à construire ou exploiter commercialement cet équipement.

L'équipement commercial y est décrit, avec mention de son adresse exacte d'implantation. L'article L. 752-1-1 du Code de commerce et la convention d'opération de revitalisation de territoire applicable, définie à l'article L. 303-2 du Code de la construction et de l'habitation, y sont mentionnés.

Le porteur de projet communique au préfet une copie de ces deux publications préalablement à l'ouverture au public.

Si l'équipement comporte plusieurs commerces, les délais de publication et de communication du ou des avis d'ouverture au public s'apprécient commerce par commerce.

Section V. – Du contrôle

(Section créée, D. n° 2019-563, 7 juin 2019)

Art. R. 752-44-15 *(Créé, D. n° 2019-563, 7 juin 2019)*. – Pour les projets soumis à autorisation d'exploitation commerciale, le préfet dispose d'un délai de deux mois, à compter de la date de réception du certificat, pour contester la conformité de l'équipement commercial réalisé à l'autorisation d'exploitation commerciale délivrée.

Art. R. 752-44-16 *(Créé, D. n° 2019-563, 7 juin 2019)*. – Pour les projets réalisés en application des dispositions de l'article L. 752-1-1, le préfet dispose d'un délai de deux mois à compter de la date de réception des publications mentionnées à l'article R. 752-44-14 pour contester à l'équipement commercial réalisé le bénéfice des dispositions de l'article L. 752-1-1.

Art. R. 752-44-17 *(Créé, D. n° 2019-563, 7 juin 2019)*. – Dans le délai de deux mois mentionné aux articles R. 752-44-15 et R. 752-44-16, le préfet :

1° Peut demander au porteur du projet toute explication relative à la conformité de l'équipement commercial réalisé avec l'autorisation d'exploitation commerciale délivrée ou à l'application, à l'équipement commercial réalisé, des dispositions de l'article L. 752-1-1.

Cette demande est sans incidence sur le cours du délai mentionné au premier alinéa ;

2° S'il estime, le cas échéant en l'absence de réponse satisfaisante à la demande prévue au 1°, que l'exigence de conformité prévue au premier alinéa de l'article L. 752-23 n'est pas satisfaite, met en demeure le porteur de projet de mettre son équipement commercial en conformité avec l'autorisation d'exploitation commerciale délivrée ou avec les dispositions de l'article L. 752-1-1.

Cette mise en demeure interrompt le délai mentionné au premier alinéa et vaut interdiction d'ouvrir au public l'équipement commercial réalisé, sauf mention expresse contraire du préfet.

L'ouverture au public malgré cette interdiction, constitue une exploitation illicite au sens du II de l'article L. 752-23, passible des mesures et sanctions prévues à ce titre.

En cas d'exploitation illicite révélée postérieurement au délai de deux mois prévu par cet article ou lorsque ce délai n'a pas couru, les dispositions du présent article ne font pas obstacle à la mise en œuvre des mesures et sanctions applicables.

Art. R. 752-44-18 *(D. n° 2019-563, 7 juin 2019)*. – Pour l'application des dispositions de l'article L. 752-5-1 et du II de l'article L. 752-23, le préfet peut mandater des fonctionnaires habilités à cet effet par le ministre chargé de l'économie pour réaliser des contrôles.

Lorsqu'une infraction aux articles L. 752-1 et L. 752-23 et aux textes pris pour leur application est constatée, l'exploitant concerné en est informé, à charge pour lui, le cas échéant, d'informer le titulaire de l'autorisation d'exploitation commerciale. Il est invité à s'expliquer sous quinze jours francs, son silence valant acquiescement au constat d'infraction.

Si, à l'expiration de ce délai, les agents susmentionnés maintiennent leur constat, ils transmettent un rapport relevant les infractions au préfet, qui met en œuvre, s'il y a lieu, les mesures prévues au II de l'article *L. 752-23*.

Art. R. 752-44-19 *(D. n° 2019-563, 7 juin 2019)*. – Pour l'application des dispositions de l'article L. 752-5-1 et du II de l'article L. 752-23, le maire, sur le territoire de sa commune, ou, s'il est compétent, le président de l'établissement public de coopération intercommunal, sur le territoire de ses communes membres, peut mandater ses agents habilités à cet effet pour réaliser des contrôles.

Si une infraction aux articles L. 752-1 et L. 752-23, et aux textes pris pour leur application est constatée, l'exploitant concerné en est informé, à charge pour lui, le cas échéant, d'informer le titulaire de l'autorisation d'exploitation commerciale. Il est invité à s'expliquer sous quinze jours francs, son silence valant acquiescement au constat d'infraction.

Si, à l'expiration de ce délai, les agents de la commune ou de l'établissement public de coopération intercommunale maintiennent leur constat, le maire ou le président de cet établissement transmet un rapport relevant les infractions au préfet, qui met en œuvre, s'il y a lieu, les mesures prévues au II de l'article L. 752-23.

Section VI. – De la fin de l'exploitation commerciale

Art. R. 752-45 *(Mod., D. n° 2019-563, 7 juin 2019).* – Lorsqu'un équipement commercial soumis à autorisation d'exploitation commerciale cesse d'être exploité à des fins commerciales, le propriétaire du site d'implantation notifie la date de la cessation d'exploitation commerciale au préfet du département de la commune d'implantation.

Un équipement commercial qui n'est pas ouvert au public n'est pas exploité à des fins commerciales.

Le délai de trois ans prévu à l'article L. 752-1 court à compter de la date de cessation d'exploitation.

Art. R. 752-46 *(Mod., D. n° 2019-563, 7 juin 2019).* – À l'expiration du délai de trois ans prévu à l'article L. 752-1, le ou les propriétaires des immeubles notifient au préfet du département de la commune d'implantation les mesures prévues pour procéder au démantèlement et à la remise en état du site ainsi que le calendrier des opérations.

Les opérations de démantèlement et de remise en état du site comprennent :

1° Le démantèlement des installations, y compris les fondations, équipements et aménagements réalisés pour les besoins et à l'occasion de l'exploitation commerciale ;

2° La remise du site en un état qui soit compatible avec la réalisation du projet d'aménagement inscrit dans le document d'urbanisme opposable dans cette zone ;

3° La valorisation ou l'élimination des déchets de démolition ou de démantèlement dans les filières dûment autorisées à cet effet.

Ces opérations doivent être achevées dans les dix-huit mois suivant leur notification au préfet, sauf si, six mois au moins avant le terme du calendrier fixé initialement, le propriétaire du site justifie de difficultés techniques ou administratives indépendantes de sa volonté. Dans ce cas, le préfet peut proroger le délai des opérations de démantèlement et de remise en état.

Le préfet a trois mois pour répondre à la demande de prorogation par un arrêté motivé qui, le cas échéant, fixe la durée de la prorogation.

Le silence gardé par le préfet au-delà du délai de trois mois vaut accord de prorogation pour la durée demandée, dans la limite de dix-huit mois.

Art. R. 752-47 *(Mod., D. n° 2019-563, 7 juin 2019).* – Ne sont pas soumis à l'obligation de démantèlement et de remise en état mentionnée à l'article L. 752-1, les équipements commerciaux :

1° Situés dans des immeubles qui ne sont pas destinés exclusivement au commerce ;

2° Situés dans des immeubles dont certains locaux font l'objet d'une exploitation commerciale ;

3° Faisant l'objet d'un programme de réhabilitation ou d'un changement effectif de destination.

L'obligation cesse en cas de reprise de l'exploitation commerciale ou de survenue d'une des situations précédemment énumérées.

Art. R. 752-48 *(Mod., D. n° 2019-563, 7 juin 2019).* – En cas de non-respect des prescriptions des articles R. 752-45 et R. 752-46, le préfet demande au propriétaire du site d'implantation de lui fournir sous deux mois des explications quant aux mesures prévues et au calendrier des opérations.

Passé ce délai et en l'absence de justifications suffisantes, il met en demeure le propriétaire du site d'implantation de procéder aux opérations de démantèlement et de remise en état dans un délai qu'il fixe.

Il en informe l'autorité compétente en matière de permis de construire.

Art. R. 752-49 *(Mod., D. n° 2019-563, 7 juin 2019).* – Si, à l'expiration du délai imparti mentionné à l'article précédent, le propriétaire des immeubles n'a pas réalisé les mesures nécessaires au démantèlement et à la remise en état prévues à l'article R. 754-2, le préfet peut arrêter, à son encontre, les mesures suivantes :

1° Obliger à consigner entre les mains d'un comptable public, dans un délai qu'il détermine, une somme correspondant au montant prévisionnel des travaux ou opérations à réaliser.

Il est procédé au recouvrement de cette somme comme en matière de créances de l'État étrangères à l'impôt et au domaine.

La somme consignée est restituée, le cas échéant, au fur et à mesure de l'exécution des travaux ou opérations et à échéance au moins trimestrielle ;

2° Faire procéder d'office, en lieu et place de la personne mise en demeure et aux frais de celle-ci, à l'exécution des mesures prescrites.

Lorsqu'il a été fait application du 1°, la somme consignée est utilisée pour régler les dépenses ainsi engagées. Le reliquat éventuel est restitué dans le délai de trois mois suivant la fin des opérations de démantèlement et de remise en état.

TITRE VI. – DES MARCHÉS D'INTÉRÊT NATIONAL ET DES MANIFESTATIONS COMMERCIALES

CHAPITRE I. – DES MARCHÉS D'INTÉRÊT NATIONAL

Section I. – Dispositions générales

Art. R. 761-1 *(Anc. D. n° 2005-1595, 19 déc. 2005)*. – Le conseil régional délibère sur la demande de classement ou de déclassement d'un marché d'intérêt national après avoir recueilli, dans les conditions prévues à l'article R. 761-3, l'avis de la ou des communes ou du ou des établissements publics de coopération intercommunale sur lesquels le marché est implanté.

L'autorité compétente en application de l'article L. 761-1 se prononce dans un délai de six mois à compter de la date de réception du dossier de demande.

Le contenu des dossiers types de demande ainsi que les modalités de leur transmission et de leur instruction sont définis par arrêté des ministres chargés du commerce et de l'agriculture.

Art. D. 761-2 *(Anc. D. n° 2004-1483, 23 déc. 2004)*. – En application du premier alinéa de l'article L. 761-2, l'aménagement et la gestion du marché d'intérêt national de Paris-Rungis sont organisés par l'État.

Art. R. 761-3 *(Anc. D. n° 2005-1595, 19 déc. 2005)*. – Les communes ou les établissements publics de coopération intercommunale sur le territoire desquels le marché est implanté déterminent eux-mêmes, ou délèguent à la région le pouvoir de déterminer les modalités d'aménagement et de gestion du marché. Chacune de ces missions peut être assurée en régie ou déléguée.

Art. R. 761-4 *(Anc. D. n° 2005-1595, 19 déc. 2005)*. – Le tarif des redevances ou contributions de toute nature perçues par le gestionnaire est établi soit par le conseil d'administration, soit par l'organe délibérant qui en tient lieu.

Le gestionnaire porte ce tarif à la connaissance des usagers.

Art. R. 761-5 *(Anc. D. n° 2005-1595, 19 déc. 2005)*. – Le gestionnaire du marché établit un rapport annuel dans les conditions prévues à l'article L. 1411-3 du Code général des collectivités territoriales et le *transmet aux communes* et aux établissements publics de coopération intercommunale sur le territoire desquels est implanté le marché, au conseil régional et au préfet.

Le compte de résultat prévisionnel, prévu à l'article L. 761-3, est produit selon les mêmes modalités.

Lorsque le gestionnaire exerce d'autres activités que l'exploitation du marché d'intérêt national, il tient des comptes séparés relatifs, d'une part, à ladite exploitation, d'autre part, à ses autres activités.

Le ministre chargé de l'agriculture fixe par arrêté les conditions dans lesquelles les producteurs, les opérateurs du marché et, le cas échéant, les gestionnaires lui fournissent des informations économiques et statistiques relatives aux transactions sur les produits commercialisés sur le marché.

Art. R. 761-6 *(Anc. D. n° 2005-1595, 19 déc. 2005)*. – Si l'exploitation financière du marché présente ou laisse prévoir un déséquilibre grave, le préfet chargé de la police du marché peut mettre le gestionnaire en demeure de prendre les mesures nécessaires au rétablissement de l'équilibre. Il en informe les collectivités publiques délégantes ou leurs groupements et, le cas échéant, les collectivités ayant garanti les emprunts contractés par le gestionnaire, ainsi que le conseil régional.

Lorsque, à l'expiration d'un délai de trois mois à compter de la date de réception de la mise en demeure, le gestionnaire n'a pas pris les mesures nécessaires au rétablissement de l'équilibre financier du marché, les ministres chargés du commerce et de l'agriculture peuvent faire usage des pouvoirs prévus au troisième alinéa de l'article L. 761-3.

Section II. – Du périmètre de référence et de l'autorisation d'installation dans ce périmètre

(Intitulé mod., D. n° 2011-286, 18 mars 2011)

Sous-section 1. – Du périmètre de référence

Art. R. 761-7 *(Anc. D. n° 2005-1595, 19 déc. 2005 ; mod., D. n° 2010-1463, 1er déc. 2010)*. – Le projet de création d'un périmètre de référence est arrêté par le préfet de région ou par le préfet de département lorsque toutes les communes du périmètre sont dans le même département. Il est ensuite soumis pour avis au gestionnaire, aux communes ou établissements publics de coopération intercommunale, aux chambres de commerce et d'industrie territoriales, aux chambres des métiers et de l'artisanat et aux chambres d'agriculture sur le territoire ou dans le ressort desquels il est situé, selon des modalités qui sont fixées par arrêté des ministres chargés du commerce et de l'agriculture.

Le décret mentionné au premier alinéa de l'article L. 761-4 fixe les limites et la durée du périmètre de référence. Cette durée est au maximum de trente ans.

Art. R. 761-8 *(Anc. D. n° 2005-1595, 19 déc. 2005)*. – Le périmètre de référence peut être étendu au territoire de nouvelles communes selon les modalités prévues à l'article R. 761-7. Seuls sont alors recueillis les avis du gestionnaire et des communes ou établissements publics de coopération intercommunale faisant l'objet de l'extension, ainsi que des organismes consulaires dans le ressort desquels le territoire adjoint au périmètre de référence est situé.

Art. R. 761-9 *(Anc. D. n° 2005-1595, 19 déc. 2005)*. – La réduction du périmètre de référence excluant certaines communes et la suppression anticipée de celui-ci sont prononcées par arrêté des ministres chargés du commerce et de l'agriculture.

Sous-section 2. – De l'autorisation d'installation dans un périmètre de référence

(Ss-sect. rempl., D. n° 2011-286, 18 mars 2011)

Art. R. 761-10 *(Rempl., D. n° 2011-286, 18 mars 2011)*. – Les autorisations mentionnées à l'article L. 761-5 sont délivrées par l'autorité compétente mentionnée à l'article R. 761-7.

Art. R. 761-11 *(Anc. D. n° 2005-1595, 19 déc. 2005 ; mod., D. n° 2011-286, 18 mars 2011)*. – Pour l'application de l'article L. 761-5, les projets d'implantation ou d'extension de locaux ou d'ensembles de locaux destinés à recevoir, aux fins de vente autre que de détail, des produits inscrits sur la liste mentionnée à cet article s'entendent :

1° Des projets de constructions nouvelles, d'extension de constructions existantes et de transformation de locaux lorsque ces projets ont pour objet ou pour effet de créer une surface de vente de ces produits dépassant le seuil mentionné au même article, de porter une surface de vente existante au-delà de ce seuil ou d'augmenter une surface de vente existante déjà supérieure à ce seuil ;

2° Des mêmes projets lorsqu'ils portent sur des ensembles de locaux distincts partageant le même accès routier ou la même aire de stationnement offerte à leurs clients.

La surface de vente mentionnée au premier alinéa de l'article L. 761-5 comprend les surfaces consacrées aux produits inscrits sur la liste mentionnée à cet article ainsi que celles des allées qui leur sont exclusivement dédiées.

Art. R. 761-12 *(Anc. D. n° 2005-1595, 19 déc. 2005 ; mod., D. n° 2011-286, 18 mars 2011).* – Toute personne qui souhaite réaliser un projet soumis à autorisation en application de l'article L. 761-5 adresse sa demande au préfet sous pli recommandé avec demande d'avis de réception, en la déposant contre décharge ou par voie électronique. Dans ce dernier cas, l'accusé de réception électronique est adressé sans délai.

Art. R. 761-12-1 *(D. n° 2011-286, 18 mars 2011).* – La demande d'autorisation comprend deux parties.

La première partie mentionne les éléments permettant l'identification du demandeur, les produits dont la vente en gros est envisagée, les surfaces prévues par le projet ainsi que, le cas échéant, les surfaces actuellement exploitées par le demandeur et les contraintes techniques spécifiques de son projet. À cette partie de la demande d'autorisation sont jointes les pièces attestant de l'immatriculation du demandeur au registre du commerce et des sociétés ou d'une inscription équivalente dans un pays étranger.

La seconde partie précise les conditions de réalisation et d'exploitation des locaux projetés. Sont à ce titre précisés, de façon à permettre à l'autorité compétente d'apprécier les effets prévisibles du projet en matière d'aménagement du territoire et de développement durable :

1° La compatibilité des modes et des flux de transports induits par l'activité de l'installation avec les voies de transport existantes et les flux de véhicules ;

2° Les capacités d'accueil pour le chargement et le déchargement des marchandises ;

3° Les conditions de traitement des déchets et des eaux usées ;

4° La consommation énergétique du grossiste et des acheteurs potentiels ;

5° L'impact sur les paysages et les écosystèmes.

Cette seconde partie est accompagnée d'un plan indicatif faisant apparaître :

1° En cas de construction nouvelle ou de transformation de locaux, la surface de vente projetée et sa localisation ;

2° En cas d'extension, la surface de vente actuellement exploitée et la surface de vente projetée ainsi que leur localisation.

Un arrêté des ministres chargés du commerce et de l'agriculture précise les modalités de présentation de la demande d'autorisation et les pièces justificatives qu'elle doit comporter.

Art. R. 761-12-2 *(D. n° 2011-286, 18 mars 2011).* – Si le dossier contient toutes les pièces nécessaires à l'instruction de la demande d'autorisation, le préfet adresse au demandeur dans les quinze jours de réception de la demande un récépissé de dépôt, qui mentionne la date avant laquelle la décision doit lui être notifiée et qui l'avise du fait que, si aucune décision ne lui a été adressée avant cette date, l'autorisation sera réputée accordée.

Si le dossier est incomplet, le préfet, dans les quinze jours de la réception de la demande, indique au demandeur, par lettre recommandée avec demande d'avis de réception, les pièces complémentaires qui doivent être fournies dans un délai de deux mois à compter de l'avis de réception. En l'absence de réponse du demandeur dans ce délai, la procédure est close et le dossier initial est renvoyé au demandeur. Lorsque toutes les pièces ont été produites, il est fait application du premier alinéa.

Art. R. 761-12-3 *(D. n° 2011-286, 18 mars 2011).* – Le délai d'instruction de la demande d'autorisation est de trois mois. Il court à compter du jour de la décharge ou de l'avis de réception ou de l'accusé de réception électronique prévu à l'article R. 761-12 ou, en cas de mise en œuvre des dispositions du second alinéa de l'article R. 761-12-2, à compter de la réception de la dernière pièce complétant le dossier.

Le délai peut être prorogé d'un mois si la complexité du dossier le justifie ou si le demandeur a fait application des dispositions de l'article R. 761-12-5. Dans ce cas, le préfet en avise le demandeur par lettre motivée avant l'expiration du délai d'instruction initial.

Art. R. 761-12-4 *(D. n° 2011-286, 18 mars 2011).* – Dès réception de la demande, le préfet transmet une copie de la première partie de celle-ci, telle que définie à l'article R. 761-12-1, au gestionnaire du marché d'intérêt national, en vue de savoir s'il dispose des surfaces nécessaires à la réalisation du projet. Le gestionnaire du marché d'intérêt national dispose d'un délai de six semaines pour répondre. À défaut de réponse dans ce délai, il est réputé ne pas disposer des surfaces nécessaires.

Si le gestionnaire du marché d'intérêt national a indiqué ne pas disposer des surfaces nécessaires pour permettre l'implantation ou l'extension envisagée ou n'a pas répondu dans le délai de six semaines, le préfet informe le demandeur qu'il bénéficie d'une autorisation de droit pour réaliser son projet.

Si le gestionnaire du marché d'intérêt national dispose des surfaces nécessaires pour permettre l'implantation ou l'extension envisagée, il transmet au préfet, qui l'adresse sans délai au demandeur, une proposition d'installation dans l'enceinte du marché comprenant le règlement intérieur du marché, un plan de localisation des surfaces de vente, les caractéristiques des terrains ou des installations immobilières susceptibles d'être mises à la disposition du demandeur, les conditions financières de cette mise à disposition ainsi que les conditions de mise à disposition des fluides et de traitement des déchets et des eaux usées. Dans le cas où le demandeur refuse cette proposition ou s'abstient d'y répondre dans un délai de quinze jours, le préfet poursuit l'instruction de la demande d'autorisation.

Art. R. 761-12-5 *(D. n° 2011-286, 18 mars 2011)*. – Le dossier initialement transmis par le demandeur peut ne comprendre que la première partie de la demande telle que définie à l'article R. 761-12-1. En ce cas, les dispositions de l'article R. 761-12-2 ne s'appliquent qu'à la première partie de la demande et le préfet, lorsqu'il adresse la proposition d'installation présentée par le gestionnaire du marché au demandeur, signale à celui-ci qu'il doit, s'il refuse cette proposition, transmettre la seconde partie du dossier de demande dans un délai d'un mois.

En l'absence de réponse du demandeur dans ce délai ou, si le préfet a indiqué au demandeur, par lettre recommandée avec demande d'avis de réception, que la seconde partie de la demande transmise est incomplète, en l'absence de transmission des pièces complémentaires dans les quinze jours de l'avis de réception, la procédure est close et le dossier est renvoyé au demandeur.

Art. R. 761-12-6 *(D. n° 2011-286, 18 mars 2011)*. – La décision du préfet est motivée et mentionne les délais et voies de recours.

Elle est notifiée au demandeur soit par la voie administrative contre décharge, soit par lettre recommandée avec demande d'avis de réception, soit par courrier électronique dans les conditions prévues au quatrième alinéa du présent article. Elle est publiée au recueil des actes administratifs de la préfecture.

Lorsque les courriers sont adressés au demandeur par lettre recommandée avec demande d'avis de réception, l'intéressé est réputé en avoir reçu notification à la date de présentation du courrier.

Lorsque la demande précise que le demandeur accepte de recevoir à une adresse électronique les réponses de l'autorité compétente, les notifications lui sont adressées par courrier électronique. Le demandeur adresse un accusé de réception électronique à l'autorité compétente au moment de la consultation du document. À défaut de consultation à l'issue d'un délai de trois jours après leur envoi, le demandeur est réputé avoir reçu ces notifications.

Art. R. 761-12-7 *(D. n° 2011-286, 18 mars 2011)*. – À défaut de décision expresse notifiée par le préfet avant l'expiration du délai d'instruction, l'autorisation est réputée accordée. Mention en est faite au recueil des actes administratifs de la préfecture.

Section III. – De l'organisation générale des marchés d'intérêt national

Sous-section 1. – Dispositions communes à tous les marchés d'intérêt national

Art. R. 761-13 *(Anc. D. n° 2005-1595, 19 déc. 2005)*. – Le marché est clos.

Art. R. 761-14 *(Anc. D. n° 2005-1595, 19 déc. 2005)*. – Les usagers du marché d'intérêt national ou de ses établissements annexes sont :

1° Les vendeurs professionnels et courtiers ;

2° Les producteurs, leurs groupements et leurs organisations, qui ne peuvent vendre que leur propre production ;

3° Les acheteurs professionnels ;

4° Les autres usagers admis par le gestionnaire, notamment les exploitants et utilisateurs des services, aménagements, installations appartenant au marché ou établis dans son enceinte.

Art. R. 761-15 *(Anc. D. n° 2005-1595, 19 déc. 2005 ; mod., D. n° 2015-731, 24 juin 2015).* – Les usagers mentionnés au 1° de l'article R. 761-14 font la preuve de leur immatriculation en France au registre du commerce et des sociétés ou d'une inscription équivalente dans un pays étranger garantissant la licéité de leur activité.

Les usagers mentionnés au 2° de l'article R. 761-14 justifient par tout moyen de leur qualité auprès du gestionnaire du marché.

Les acheteurs sur le marché font la preuve soit de leur immatriculation en France au registre du commerce et des sociétés ou au répertoire des métiers, soit d'une inscription équivalente dans un pays étranger garantissant la licéité de leur activité.

Le demandeur fournit une traduction en français des documents établis dans une langue étrangère.

Art. R. 761-16 *(Anc. D. n° 2005-1595, 19 déc. 2005).* – Les usagers du marché sont notamment tenus aux obligations suivantes :

1° Se conformer aux dispositions du règlement intérieur du marché ainsi qu'aux textes législatifs et réglementaires applicables à leurs activités ;

2° Ne pas nuire à l'image et à la notoriété du marché ;

3° Respecter leurs obligations contractuelles envers le gestionnaire ;

4° Acquitter les redevances et contributions de toute nature perçues par le gestionnaire.

Art. R. 761-17 *(Anc. D. n° 2005-1595, 19 déc. 2005).* – Chaque marché dispose d'un règlement intérieur établi par le gestionnaire et approuvé par le préfet chargé de la police du marché.

Le règlement intérieur prévoit notamment :

1° Les heures de vente pour chaque produit et selon chaque pratique de vente ainsi que les heures d'accès aux installations et activités accessoires du marché ;

2° Les modalités d'accès des usagers au marché et celles selon lesquelles le gestionnaire peut autoriser d'autres personnes à y pénétrer ;

3° Les obligations des usagers, et notamment, pour les vendeurs, l'obligation de déclarer au gestionnaire du marché les tonnages reçus, le volume des ventes, les entrées en entrepôt, les mouvements de stocks et de tenir une comptabilité appropriée aux activités autorisées sur le marché ;

4° Les conditions d'utilisation des services, installations ou moyens communs mis à la disposition des usagers par le gestionnaire du marché ;

5° Les modalités de contrôle, par le gestionnaire, des installations et des opérations faites sur le marché ;

6° Les conditions dans lesquelles les autorisations et titres d'occupation sont attribués et, le cas échéant, retirés ou abrogés ;

7° Les conditions dans lesquelles le gestionnaire peut soit à la demande du titulaire du titre d'occupation, soit de sa propre initiative, dans l'intérêt de l'hygiène ou de la salubrité du marché ou du bon fonctionnement du service, modifier l'emplacement donnant lieu au titre d'occupation ; les frais afférents au transfert sont mis à la charge du titulaire, si le transfert est opéré à sa demande, et à la charge du gestionnaire, s'il est accompli à l'initiative de ce dernier.

Toute modification du règlement intérieur est approuvée par le préfet chargé de la police du marché.

Art. R. 761-18 *(Anc. D. n° 2005-1595, 19 déc. 2005).* – Un conseil de discipline est institué dans chaque marché. Sauf en cas d'avertissement, il est saisi par l'autorité compétente, en application de l'article R. 761-19, pour infliger la sanction envisagée.

Sa composition et son fonctionnement sont fixés par arrêté des ministres chargés du commerce et de l'agriculture.

Art. R. 761-19 *(Anc. D. n° 2005-1595, 19 déc. 2005).* – Les usagers peuvent faire l'objet de sanctions disciplinaires pour infraction aux règles qui régissent le marché. L'intéressé doit être mis à même de présenter ses observations, dans les conditions prévues à l'article 24 de la loi n° 2000-321 du 12 avril 2000 relative aux droits des citoyens dans leurs relations avec les administrations.

Ces sanctions sont :

1° L'avertissement ;

2° L'avertissement comportant une sanction pécuniaire d'un montant égal à l'amende pour contravention de la troisième classe ;

3° Le blâme comportant une sanction pécuniaire d'un montant égal à l'amende pour contravention de la quatrième classe ;

4° La suspension pour une durée qui ne peut dépasser trois mois ;

5° L'exclusion comportant, s'il y a lieu, retrait du contrat d'occupation.

L'avertissement et le blâme sont prononcés par le gestionnaire.

La suspension et l'exclusion sont prononcées par le préfet chargé de la police du marché, après avis du conseil de discipline.

Art. R. 761-20 *(Anc. D. n° 2005-1595, 19 déc. 2005)*. – Un comité technique consultatif est institué auprès du gestionnaire du marché.

Il débat de toutes questions relatives au fonctionnement du marché.

Sa composition et son fonctionnement sont fixés par arrêté des ministres chargés du commerce et de l'agriculture.

Art. R. 761-21 *(Anc. D. n° 2005-1595, 19 déc. 2005)*. – En l'absence de périmètre de référence, l'extension ou la réduction de l'enceinte du marché ainsi que son transfert à l'intérieur d'un même département sont décidés par le gestionnaire.

Si un tel périmètre a été créé :

1° L'extension ou la réduction de l'enceinte du marché est approuvée par arrêté du préfet chargé de la police du marché ;

2° À la demande du gestionnaire, de la collectivité délégante ou, de sa propre initiative, pour des raisons d'ordre public, le préfet chargé de la police du marché peut décider du transfert de celui-ci à l'intérieur du périmètre de référence. Les frais de déménagement des vendeurs professionnels et courtiers sont pris en charge par l'autorité qui a demandé le transfert.

Sous-section 2. – Dispositions applicables aux marchés d'intérêt national installés sur le domaine public

Art. R. 761-22 *(Anc. D. n° 2005-1595, 19 déc. 2005)*. – L'autorisation de s'établir sur le marché d'intérêt national est donnée par son gestionnaire. Elle est précédée d'une publicité appropriée.

Il peut s'agir :

1° Soit d'une autorisation d'occupation exclusive d'un emplacement aménagé ou d'un terrain ;

2° Soit d'une autorisation d'occupation non exclusive d'un emplacement dans une installation aménagée : carreau, salle, surface couverte ou quai affectés à l'utilisation commune de certaines catégories ou de l'ensemble des vendeurs, conformément aux conditions spéciales définies par le règlement intérieur.

L'autorisation d'occupation impose au bénéficiaire l'obligation d'exploiter sous sa responsabilité personnelle.

La décision d'autorisation d'occupation est notifiée à l'intéressé par le gestionnaire. Elle fixe la nature et les caractéristiques des installations autorisées et des activités que le titulaire s'engage à y exercer, la date de son entrée en vigueur et sa durée, qui ne peut excéder la date de mise à disposition du terrain par la personne publique propriétaire.

Art. R. 761-23 *(Anc. D. n° 2005-1595, 19 déc. 2005)*. – L'attribution d'une autorisation d'occupation exclusive peut être subordonnée à l'acquittement, par le demandeur, d'un droit de première accession fixé dans les conditions prévues à l'article L. 761-3.

Sans préjudice de l'application de l'article R. 761-24, le titulaire de cette autorisation ne peut disposer de tout ou partie de son emplacement au profit d'un tiers.

Le gestionnaire peut, sur demande individuelle, autoriser le titulaire d'une autorisation d'occupation exclusive à opérer, dans son emplacement, des aménagements conformes à la destination de celui-ci. Il ne peut refuser cette autorisation si les services généraux ou les moyens communs du marché ne satisfont pas le besoin invoqué.

Art. R. 761-24 *(Anc. D. n° 2005-1595, 19 déc. 2005)*. – Le titulaire d'une autorisation d'occupation exclusive peut, lorsqu'il exerce son activité sur le marché depuis trois ans au moins, présenter au gestionnaire un successeur qui sera subrogé dans ses droits et ses obligations. Lorsque le titulaire vient à décéder, le même droit de présentation appartient à ses ayants droit qui peuvent en faire usage au bénéfice de l'un d'eux.

Le gestionnaire ne peut refuser à la personne présentée comme successeur l'autorisation de s'établir à titre exclusif dans un emplacement du marché si elle remplit les conditions prévues à l'article R. 761-15 et si elle exerce les mêmes activités que son prédécesseur.

Sous-section 3. – Dispositions applicables aux marchés d'intérêt national installés sur le domaine privé d'une collectivité territoriale et à ceux installés sur des immeubles appartenant à des personnes privées

Art. R. 761-25 *(Anc. D. n° 2005-1595, 19 déc. 2005).* – Les occupants des marchés d'intérêt national installés sur une dépendance du domaine privé d'une collectivité territoriale ne peuvent être que des preneurs à bail.

En cas de gestion déléguée du marché d'intérêt national, la ou les collectivités délégantes habilitent, dans le contrat de délégation de service public, le gestionnaire à conclure des baux avec les occupants du marché.

L'occupant, quelle que soit la nature de son bail, ne peut exercer sous forme de location-gérance, ni sous-louer son emplacement à un tiers.

Art. R. 761-26 *(Anc. D. n° 2005-1595, 19 déc. 2005).* – Lorsqu'un marché d'intérêt national est installé pour tout ou partie sur des immeubles privés, l'organisme gestionnaire est soit propriétaire desdits immeubles, soit preneur à bail pendant toute la durée de sa mission d'exploitation du marché.

Voir aussi : A. 13 janvier 2006 pris en application du décret n° 2005-1595 du 19 décembre 2005 relatif aux marchés d'intérêt national (art. R. 761-1 et s.) (*JO* 4 févr.), et A. 17 juillet 2007, pris en application du décret n° 2005-1595 du 19 décembre 2005 relatif aux marchés d'intérêt national (*JO* 31 juill.).

CHAPITRE II. – DES MANIFESTATIONS COMMERCIALES

Art. R. 762-1 *(Anc. D. n° 2006-85, 27 janv. 2006).* – *(Al. mod. à compter du 1er juillet 2018, D. n° 2018-81, 9 févr. 2018)* La demande d'enregistrement d'un parc d'exposition est adressée par son exploitant au préfet du département où se trouvent ses installations par voie électronique. Si l'emprise du parc d'exposition et de ses dépendances s'étend sur plusieurs départements, l'enregistrement est réalisé auprès du département où est situé l'accès principal de ce parc d'exposition. Une demande est faite pour chaque parc qui constitue un ensemble clos sans accès direct et privatif vers un autre parc d'exposition.

> **Rédaction antérieure.** La demande d'enregistrement d'un parc d'exposition est adressée par son exploitant, par lettre recommandée avec demande d'avis de réception, ou remise au préfet du département où se trouvent ses installations. Si l'emprise du parc d'exposition et de ses dépendances s'étend sur plusieurs départements, l'enregistrement est réalisé auprès du département où est situé l'accès principal de ce parc d'exposition. Une demande est faite pour chaque parc qui constitue un ensemble clos sans accès direct et privatif vers un autre parc d'exposition.

Le dossier de demande d'enregistrement comporte une déclaration et des pièces justificatives définies par un arrêté du ministre chargé du commerce.

Art. R. 762-2 *(Anc. D. n° 2006-85, 27 janv. 2006).* – Si le dossier de demande d'enregistrement est complet, le préfet adresse à l'exploitant du parc d'exposition, par voie *(Mot rempl. à compter du 1er juillet 2018, D. n° 2018-81, 9 févr. 2018)* « électronique », un récépissé d'enregistrement de chaque parc dans le délai d'un mois à compter de la réception de ce dossier. Si le dossier est incomplet, le préfet notifie à l'intéressé la liste des pièces manquantes dans un délai de quinze jours à compter de sa réception. À défaut de production des éléments complémentaires manquants, la demande d'enregistrement ne peut faire l'objet d'un récépissé d'enregistrement.

> **Rédaction antérieure.** Si le dossier de demande d'enregistrement est complet, le préfet adresse à l'exploitant du parc d'exposition, par voie postale, un récépissé d'enregistrement de chaque parc dans le délai d'un mois à compter de la réception de ce dossier. Si le dossier est incomplet, le préfet notifie à l'intéressé la liste des pièces manquantes dans un délai de quinze jours à compter de sa réception. À défaut de production des éléments complémentaires manquants, la demande d'enregistrement ne peut faire l'objet d'un récépissé d'enregistrement.

Art. R. 762-3 *(Anc. D. n° 2006-85, 27 janv. 2006).* – Tout changement dans les éléments figurant dans la demande d'enregistrement initiale d'un parc d'exposition fait l'objet d'une déclaration modificative au préfet dans des conditions identiques à la procédure initiale.

Art. R. 762-4 *(Anc. D. n° 2006-85, 27 janv. 2006).* – Les manifestations commerciales devant faire l'objet d'une déclaration au titre du programme annuel par un parc d'exposition sont :

1° Les salons professionnels tels que définis par l'article L. 762-2 ;

2° Les manifestations commerciales, usuellement dénommées « salons », ouvertes au public et dans lesquelles un ensemble de personnes physiques ou morales relevant d'une branche professionnelle ou d'un ensemble de branches professionnelles expose d'une façon collective et temporaire des biens ou offre des services relevant d'une liste limitative de produits ou services déterminés par l'organisateur, qui peuvent faire l'objet d'une vente directe avec enlèvement de la marchandise ou exécution du contrat de services ;

3° Les manifestations commerciales, usuellement dénommées « foires », dans lesquelles un ensemble de personnes physiques ou morales expose d'une façon collective et temporaire des biens ou offre des services qui peuvent faire l'objet d'une vente directe avec enlèvement de la marchandise ou exécution du contrat de services.

Les manifestations mentionnées au 3° du III de l'article L. 310-2 n'ont pas à faire l'objet d'une déclaration au titre du programme annuel.

Art. R. 762-5 *(Anc. D. n° 2006-85, 27 janv. 2006 ; mod., D. n° 2016-1278, 29 sept. 2016).* – L'exploitant d'un parc d'exposition enregistré adresse, pour chaque année civile, la déclaration du programme annuel des manifestations commerciales telles que définies à l'article R. 762-4 se tenant dans son parc, au préfet du département d'implantation de ce parc, avant le 1er octobre de l'année précédant la tenue des manifestations commerciales inscrites dans ce programme.

L'exploitant du parc déclare les principales caractéristiques de chaque manifestation commerciale, qu'il recueille auprès de son organisateur. La liste de ces caractéristiques est définie par un arrêté du ministre chargé du commerce. Lorsque la manifestation s'est tenue précédemment, ses caractéristiques chiffrées sont certifiées dans des conditions fixées par arrêté du ministre chargé du commerce.

(Al. rempl. à compter du 1er juillet 2018, D. n° 2018-81, 9 févr. 2018) La déclaration du programme annuel est transmise par l'exploitant du parc d'exposition par voie électronique

> **Rédaction antérieure.** La déclaration du programme annuel est écrite, déposée ou transmise par l'exploitant du parc d'exposition par tout moyen reconnu comme faisant preuve. Elle peut être effectuée par voie électronique dans des conditions fixées par arrêté du ministre chargé du commerce.

(Al. mod. à compter du 1er juillet 2018, D. n° 2018-81, 9 févr. 2018) Elle donne lieu à la délivrance d'un accusé de réception, par voie électronique. [L]e préfet veille à ce que la transmission soit assurée de manière sécurisée, conformément à l'article 1316-1 du Code civil. L'exploitant du parc adresse par voie électronique une copie de ce récépissé aux organisateurs des manifestations faisant l'objet de la déclaration annuelle.

> **Rédaction antérieure.** Elle donne lieu à la délivrance d'un accusé de réception, par voie postale ou électronique. Dans ce dernier cas, le préfet veille à ce que la transmission soit assurée de manière sécurisée, conformément à l'article 1316-1 du Code civil. L'exploitant du parc adresse par voie postale ou électronique une copie de ce récépissé aux organisateurs des manifestations faisant l'objet de la déclaration annuelle.

Art. R. 762-6 *(Anc. D. n° 2006-85, 27 janv. 2006).* – Si le dossier de déclaration de programme annuel est complet, le préfet adresse, par voie *(Mot rempl. à compter du 1er juillet 2018, D. n° 2018-81, 9 févr. 2018)* « électronique », un récépissé de déclaration à l'exploitant du parc d'exposition dans le délai d'un mois *à compter de la réception* de ce dossier. Si le dossier est incomplet, le préfet notifie à l'intéressé la liste des éléments manquants dans un délai de quinze jours à compter de la réception du dossier. À défaut de production des éléments complémentaires manquants, la déclaration ne peut faire l'objet d'un récépissé de déclaration que pour les manifestations dont le dossier est complet.

> **Rédaction antérieure.** Si le dossier de déclaration de programme annuel est complet, le préfet adresse, par voie postale, un récépissé de déclaration à l'exploitant du parc d'exposition dans le délai d'un mois à compter de la réception de ce dossier. Si le dossier est incomplet, le préfet notifie à l'intéressé la liste des éléments manquants dans un délai de quinze jours à compter de la réception du dossier. À défaut de production des éléments complémentaires manquants, la déclaration ne peut faire l'objet d'un récépissé de déclaration que pour les manifestations dont le dossier est complet.

Art. R. 762-7 *(Anc. D. n° 2006-85, 27 janv. 2006).* – Toute modification du programme annuel ou des principales caractéristiques des manifestations qui y figurent fait l'objet d'une déclaration modificative immédiate au préfet dans des conditions identiques à la procédure initiale de déclaration du programme annuel.

Art. R. 762-8 *(Anc. D. n° 2006-85, 27 janv. 2006).* **– La première déclaration de programme annuel peut être effectuée en même temps que la demande d'enregistrement du parc d'exposition.**

Art. R. 762-9 *(Anc. D. n° 2006-85, 27 janv. 2006).* **– En cas d'absence de dépôt de la déclaration complète dans les délais prévus à l'article R. 762-5, les manifestations commerciales qui se tiennent dans le parc sont assujetties, suivant le cas, au régime de déclaration prévu aux articles R. 762-10 à R. 762-12, ou aux demandes d'autorisation prévues au I de l'article L. 310-2. Dans ce cas, l'exploitant du parc d'exposition informe par voie** *(Mot rempl. à compter du 1er juillet 2018, D. n° 2018-81, 9 févr. 2018)* **« électronique » avant le 1er novembre de l'année précédant la tenue des manifestations commerciales les organisateurs de celles pour lesquelles il n'a pas obtenu de récépissé de déclaration.**

Rédaction antérieure. En cas d'absence de dépôt de la déclaration complète dans les délais prévus à l'article R. 762-5, les manifestations commerciales qui se tiennent dans le parc sont assujetties, suivant le cas, au régime de déclaration prévu aux articles R. 762-10 à R. 762-12, ou aux demandes d'autorisation prévues au I de l'article L. 310-2. Dans ce cas, l'exploitant du parc d'exposition informe par voie postale avant le 1er novembre de l'année précédant la tenue des manifestations commerciales les organisateurs de celles pour lesquelles il n'a pas obtenu de récépissé de déclaration.

Version en vigueur au 1er juillet 2018 (D. n° 2018-81, 9 févr. 2018) : En cas d'absence de dépôt de la déclaration complète dans les délais prévus à l'article R. 762-5, les manifestations commerciales qui se tiennent dans le parc sont assujetties, suivant le cas, au régime de déclaration prévu aux articles R. 762-10 à R. 762-12, ou aux demandes d'autorisation prévues au I de l'article L. 310-2. Dans ce cas, l'exploitant du parc d'exposition informe par voie électronique avant le 1er novembre de l'année précédant la tenue des manifestations commerciales les organisateurs de celles pour lesquelles il n'a pas obtenu de récépissé de déclaration.

Art. R. 762-10 *(Mod. à compter du 1er juillet 2018, D. n° 2018-81, 9 févr. 2018).* **– L'organisateur d'un salon professionnel tel que défini à l'article L. 762-2 qui ne se tient pas dans un parc d'exposition enregistré adresse une déclaration préalable par voie électronique au préfet du département où se tient la manifestation deux mois au moins avant le début de celle-ci.**

Le déclarant fournit les principales caractéristiques de la manifestation. La liste de ces caractéristiques est définie par un arrêté du ministre chargé du commerce. Lorsque la manifestation s'est tenue précédemment, ses caractéristiques chiffrées sont certifiées dans des conditions fixées par arrêté du ministre chargé du commerce.

Le préfet délivre un récépissé de déclaration par voie électronique dans un délai maximum de quinze jours à compter de la réception du dossier complet de cette déclaration. Si la déclaration est incomplète, il notifie à l'intéressé la liste des éléments manquants dans un délai de quinze jours à compter de sa réception.

À défaut de production des éléments complémentaires manquants dans les dix jours à compter de cette notification, la déclaration ne peut faire l'objet d'un récépissé de déclaration.

Rédaction antérieure. Art. R. 762-10. – L'organisateur d'un salon professionnel tel que défini à l'article L. 762-2 qui ne se tient pas dans un parc d'exposition enregistré adresse une déclaration préalable par lettre recommandée avec demande d'avis de réception, ou la remet au préfet du département où se tient la manifestation deux mois au moins avant le début de celle-ci.

Le déclarant fournit les principales caractéristiques de la manifestation. La liste de ces caractéristiques est définie par un arrêté du ministre chargé du commerce. Lorsque la manifestation s'est tenue précédemment, ses caractéristiques chiffrées sont certifiées dans des conditions fixées par arrêté du ministre chargé du commerce.

Le préfet délivre un récépissé de déclaration dans un délai maximum de quinze jours à compter de la réception du dossier complet de cette déclaration. Si la déclaration est incomplète, il notifie à l'intéressé la liste des éléments manquants dans un délai de quinze jours à compter de sa réception.

À défaut de production des éléments complémentaires manquants dans les dix jours à compter de cette notification, la déclaration ne peut faire l'objet d'un récépissé de déclaration.

Art. R. 762-11 *(Anc. D. n° 2006-85, 27 janv. 2006).* **– Lorsqu'un des éléments de la déclaration initiale est modifié avant ou pendant la tenue de la manifestation, déclaration en est faite immédiatement au préfet du département dans les conditions fixées par arrêté du ministre chargé du commerce.**

Art. R. 762-12 *(Rempl. à compter du 1er juillet 2018, D. n° 2018-81, 9 févr. 2018).* **– Un arrêté du ministre chargé du commerce précise les modalités selon lesquelles il est procédé aux formalités prévues au présent chapitre par voie électronique. Cet arrêté prévoit la mise en place à cet effet d'un dispositif de téléservice.**

Rédaction antérieure. Art. R. 762-12. – Les déclarations initiales et modificatives peuvent être effectuées par voie électronique dans des conditions fixées par arrêté du ministre chargé du commerce.

Art. D. 762-13 *(Anc. D. n° 2006-768, 29 juin 2006).* **– La valeur maximale des marchandises pouvant être proposées à la vente sur place, pour l'usage personnel de l'acquéreur, à l'occasion d'un salon professionnel tel que défini par l'article L. 762-2, est fixée à 80 € toutes taxes comprises.**

Art. R. 762-14 *(Anc. D. n° 2006-85, 27 janv. 2006).* **– Les manifestations commerciales déclarées dans les conditions prévues aux articles R. 762-5 à R. 762-12 font l'objet d'une publicité** *(Mots rempl.à compter du 1er juillet 2018, D. n° 2018-81, 9 févr. 2018)* **« , par l'administration et » par voie électronique, dans des conditions fixées par arrêté du ministre chargé du commerce.**

Rédaction antérieure. Les manifestations commerciales déclarées dans les conditions prévues aux articles R. 762-5 à R. 762-12 font l'objet d'une publicité, le cas échéant par voie électronique, dans des conditions fixées par arrêté du ministre chargé du commerce.

Voir aussi : A. 12 juin 2006 relatif au régime de déclaration préalable des manifestations commerciales (*JO* 5 juill.).

LIVRE HUITIÈME

DE QUELQUES PROFESSIONS RÉGLEMENTÉES

TITRE PREMIER. – DES ADMINISTRATEURS JUDICIAIRES, DES MANDATAIRES JUDICIAIRES ET DES EXPERTS EN DIAGNOSTIC D'ENTREPRISE

CHAPITRE I. – DES ADMINISTRATEURS JUDICIAIRES

Section I. – De l'accès à la profession

Sous-section 1. – Des administrateurs judiciaires membres de la Commission nationale d'inscription et de discipline

(D. n° 2016-109, 3 févr. 2016)

Art. R. 811-1 et R. 811-2 *(Abr., D. n° 2016-109, 3 févr. 2016).*

Art. R. 811-3. – L'élection des administrateurs judiciaires et de leurs suppléants, membres de la commission nationale, est organisée par le Conseil national des administrateurs judiciaires et des mandataires judiciaires. Elle a lieu au scrutin majoritaire plurinominal à un tour.

Ne peuvent prendre part aux opérations électorales les administrateurs judiciaires qui, depuis la date à laquelle a été arrêtée la liste, ont fait l'objet d'une suspension provisoire, d'une interdiction temporaire, d'une radiation ou d'un retrait de la liste.

L'électeur vote pour trois candidats titulaires et leurs suppléants. Il barre sur le bulletin qui lui a été adressé le nom de ceux qu'il ne retient pas. Les bulletins sont valables même s'ils portent moins de noms qu'il y a de membres à élire. Lorsque les bulletins comportent plus de noms qu'il y a de membres à élire, seuls sont comptés les trois premiers noms inscrits, dans l'ordre de préférence indiqué par l'électeur. Tout bulletin surchargé est nul.

Sont élus les trois candidats titulaires et leurs suppléants qui ont obtenu le plus grand nombre de voix. En cas d'égalité des voix, le plus âgé des candidats titulaires l'emporte.

Art. R. 811-4. – Tout administrateur judiciaire peut déférer les élections à la cour d'appel de Paris dans le délai de cinq jours à compter de la proclamation des résultats. La réclamation est adressée par lettre recommandée avec demande d'avis de réception au greffier en chef de la cour d'appel, qui en avise le commissaire du Gouvernement.

Le recours peut aussi être exercé par le commissaire du Gouvernement.

Art. R. 811-5. – En cas de vacance du siège d'un titulaire et de son suppléant, il est pourvu à leur remplacement par le premier candidat et son suppléant non élus. S'il n'y a plus de candidat non élu, il est procédé à une élection au scrutin majoritaire à un tour selon les modalités prévues à l'article R. 811-3.

Art. R. 811-6. – Les autres modalités de l'élection des administrateurs judiciaires à la commission nationale et notamment celles du vote par correspondance sont déterminées par le bureau du Conseil national des administrateurs judiciaires et des mandataires judiciaires selon des règles soumises à l'approbation du garde des Sceaux, ministre de la Justice.

Sous-section 2. – Des conditions d'inscription sur la liste des administrateurs judiciaires

§ 1. – De l'examen d'accès au stage professionnel, du stage professionnel, de l'examen d'aptitude aux fonctions d'administrateur judiciaire

(D. n° 2016-400, 1er avr. 2016)

Art. R. 811-7. – Ne peuvent être admises à se présenter à l'examen d'accès au stage professionnel prévu à l'article L. 811-5 que les personnes titulaires de l'un des titres ou diplômes ci-après :

1° Maîtrise en droit ;

2° Maîtrise en sciences économiques ou maîtrise de sciences de gestion ;

3° Diplôme revêtu du visa du ministre chargé de l'éducation nationale, délivré par un établissement d'enseignement supérieur de commerce et de gestion reconnu par l'État et autorisé à délivrer un tel diplôme ;

4° Autres titres et diplômes sanctionnant un deuxième cycle d'enseignement supérieur ou d'un niveau équivalent et figurant sur une liste fixée par arrêté conjoint du garde des Sceaux, ministre de la Justice, et du ministre chargé de l'éducation nationale ;

5° Certificat d'aptitude aux fonctions de commissaire aux comptes ou diplôme d'expertise comptable ;

6° Diplôme d'études supérieures comptables et financières régi par le décret n° 88-80 du 22 janvier 1988 relatif au diplôme préparatoire aux études comptables et financières, au diplôme d'études comptables et financières, au diplôme d'études supérieures comptables et financières et abrogeant le décret n° 81-537 du 12 mai 1981 relatif au diplôme d'études comptables supérieures ;

7° Diplôme d'études approfondies en droit ou en gestion des entreprises ;

8° Diplôme d'études supérieures spécialisées en droit ou diplôme d'études supérieures spécialisées en administration des entreprises (ancien certificat d'aptitude à l'administration des entreprises).

Art. R. 811-8. – Les titulaires du diplôme d'études comptables supérieures régi antérieurement par le décret n° 81-537 du 12 mai 1981 relatif au diplôme d'études comptables supérieures sont considérés pour l'application du présent chapitre comme titulaires du diplôme d'études supérieures comptables et financières.

Art. R. 811-9. – L'examen d'accès au stage est organisé par le Conseil national des administrateurs judiciaires et des mandataires judiciaires selon un programme et des modalités fixés par arrêté du garde des Sceaux, ministre de la Justice.

Nul ne peut se présenter plus de trois fois à l'examen.

Art. R. 811-10 *(Mod., D. n° 2017-1225, 2 août 2017)*. – Le jury de l'examen d'accès au stage est composé ainsi qu'il suit :

1° Un magistrat de l'ordre judiciaire ou un conseiller à la Cour de cassation ou un avocat général près cette cour, en service extraordinaire, président ;

2° Un magistrat de l'ordre judiciaire ;

3° Un professeur ou un maître de conférences de droit ;

4° Un professeur ou un maître de conférences de sciences économiques ou de gestion ;

5° Deux administrateurs judiciaires.

En cas de partage égal des voix, celle du président est prépondérante.

Art. R. 811-11 *(Mod., D. n° 2016-109, 3 févr. 2016)*. – Les membres du jury sont nommés par arrêté du garde des Sceaux, ministre de la Justice, après avis, en ce qui concerne les administrateurs judiciaires, du Conseil national des administrateurs judiciaires et des mandataires judiciaires.

Des suppléants sont nommés en nombre égal dans les mêmes conditions.

Le président et les membres du jury sont nommés pour une période de trois ans, renouvelable une fois.

Art. R. 811-12. – Lorsqu'un membre est définitivement empêché en cours de mandat, il est remplacé par une personne appartenant à la même catégorie pour la durée du mandat restant à courir.

Art. R. 811-13 *(Mod., D. n° 2016-400, 1er avr. 2016)*. – En application des dispositions de l'article L. 811-5, sont dispensés de l'examen d'accès au stage professionnel :

1° Les mandataires judiciaires ayant exercé leur profession pendant trois ans au moins ;

2° Les avocats, les notaires, les commissaires-priseurs judiciaires, les huissiers de justice, les greffiers des tribunaux de commerce, les experts-comptables et les commissaires aux comptes, ayant exercé leur profession pendant cinq ans au moins ;

3° Les personnes titulaires de l'un des titres ou diplômes mentionnés à l'article R. 811-7, justifiant de cinq ans au moins de pratique professionnelle comptable, juridique ou financière dans le domaine de l'administration, du financement, de la restructuration, dont les fusions-acquisitions, ou de la reprise d'entreprises, notamment en difficulté ;

4° Les personnes ayant exercé les fonctions de collaborateur d'un administrateur judiciaire pendant une durée de cinq ans.

Art. R. 811-14. – Le secrétaire de la commission tient un registre sur lequel est inscrit le nom du stagiaire, le nom du ou des maîtres de stage, les dates de commencement et de fin de stage.

Toute inscription sur le registre de stage est portée à la connaissance du Conseil national dans le délai de huit jours.

Art. R. 811-15 *(Mod., D. n° 2014-1315, 3 nov. 2014)*. – La durée du stage est de trois ans au moins et de six ans au plus.

Le stage consiste dans la pratique d'activités permettant d'acquérir une expérience suffisante dans le domaine professionnel des administrateurs judiciaires, en qualité de collaborateur d'un administrateur judiciaire et sous son contrôle direct.

Le stage peut être accompli pour une période n'excédant pas le tiers de sa durée auprès d'une personne exerçant une autre profession juridique réglementée ou auprès d'un expert-comptable ou d'un commissaire aux comptes dans les conditions prévues à l'article R. 811-16, ou dans les services juridiques ou financiers d'un établissement de crédit ou d'une société de financement régis par le Code monétaire et financier.

Art. R. 811-16. – Il est passé entre le candidat stagiaire et le maître de stage une convention qui précise la durée du stage et la nature des tâches demandées au stagiaire, ainsi que les modalités de sa rémunération. Une copie en est adressée par le stagiaire au secrétariat de la commission.

Art. R. 811-17 *(Mod., D. n° 2016-400, 1er avr. 2016)*. – Le stage correspond à la durée normale du travail telle qu'elle résulte des règlements, conventions collectives, accords ou usages en vigueur pour la catégorie professionnelle considérée ; il est rémunéré conformément à ces mêmes règlements, conventions collectives, accords ou usages. Il ne doit pas avoir été interrompu pendant plus d'un an sauf motif légitime.

Art. R. 811-18 *(Mod., D. n° 2016-400, 1er avr. 2016)*. – Le stage qui a été régulièrement accompli donne lieu à la délivrance d'une attestation établie par le maître de stage ; ce document précise les appréciations de ce dernier, la nature des tâches et la qualité du travail effectués par le stagiaire ; il est communiqué au stagiaire qui certifie en avoir pris connaissance et peut apporter ses observations écrites. Il est ensuite transmis par le maître de stage au secrétaire de la commission. Le commissaire du Gouvernement, le cas échéant après enquête, délivre le certificat de fin de stage. Le refus de délivrance du certificat, qui est motivé, est notifié à l'intéressé par lettre recommandée avec demande d'avis de réception. L'intéressé peut le déférer dans les mêmes formes à la commission dans le délai d'un mois à compter de la notification qui lui en a été faite. La commission statue alors dans les conditions prévues aux articles R. 811-33 à R. 811-35.

Art. R. 811-19 *(Mod., D. n° 2017-1225, 2 août 2017 ; D. n° 2018-262, 11 avr. 2018)*. – Le jury de l'examen d'aptitude prévu à l'article L. 811-5 est composé ainsi qu'il suit :

1° Un magistrat de l'ordre judiciaire ou un conseiller à la Cour de cassation ou un avocat général près cette cour, en service extraordinaire, président ;

2° Un magistrat de l'ordre judiciaire ;

3° Un membre d'une juridiction commerciale du premier degré ;

4° Une personne qualifiée en matière juridique, économique, sociale ou financière ;
5° Deux administrateurs judiciaires dont l'un est inscrit sur la liste prévue à l'article L. 811-2 avec la mention de la spécialité civile et l'autre avec la mention de la spécialité commerciale.
En cas de partage égal des voix, celle du président est prépondérante.

Art. R. 811-20 *(Mod., D. n° 2016-109, 3 févr. 2016).* – Les membres du jury sont nommés par arrêté du garde des Sceaux, ministre de la Justice, après avis, en ce qui concerne les administrateurs judiciaires, du Conseil national des administrateurs judiciaires et des mandataires judiciaires.
Des suppléants sont nommés en nombre égal dans les mêmes conditions.
Le président et les membres du jury sont nommés pour une période de trois ans, renouvelable une fois.

Art. R. 811-21. – Lorsqu'un membre est définitivement empêché en cours de mandat, il est remplacé par une personne appartenant à la même catégorie pour la durée du mandat restant à courir.

Art. R. 811-22 *(Mod., D. n° 2016-400, 1er avr. 2016).* – L'examen d'aptitude est organisé par le Conseil national des administrateurs judiciaires et des mandataires judiciaires. Ne peuvent être admises à s'y présenter que les personnes titulaires du certificat de fin de stage délivré dans les conditions fixées à l'article R. 811-18 ainsi que les personnes dispensées de stage professionnel en application des dispositions du I de l'article R. 811-25 et les personnes mentionnées au deuxième alinéa de l'article R. 811-28-2.

Art. R. 811-23 *(D. n° 2018-262, 11 avr. 2018).* – L'examen d'aptitude comporte deux options, au choix du candidat, l'une en matière commerciale, l'autre en matière civile.
Le programme et les modalités de cet examen, comprenant des épreuves à caractère théorique et pratique et un mémoire de stage, sont fixés par arrêté du garde des sceaux, ministre de la justice. Certaines des épreuves peuvent être communes aux deux options.
Chaque candidat peut choisir l'une des options, ou les deux. Lorsqu'un candidat choisit les deux options, les épreuves correspondantes sont subies au cours de la même session.
Le succès à l'examen ouvre droit à la mention de la spécialité correspondant à l'option choisie.

Décret n° 2004-518 du 10 juin 2004
portant diverses dispositions relatives aux administrateurs judiciaires et aux mandataires judiciaires au redressement et à la liquidation des entreprises

Art. 108 *(Mod., D. n° 2005-1677, 28 déc. 2005 ; D. n° 2006-1709, 23 déc. 2006 ; D. n° 2015-1009, 18 août 2015).* – [...].
III. – Les dispositions de l'article 14 relatives à l'examen d'aptitude n'entreront en vigueur qu'à compter de la date du renouvellement du jury chargé de cet examen.
Par dérogation à l'article 14, les personnes mentionnées au premier alinéa du V peuvent se présenter trois fois à l'examen d'aptitude. Les examens subis antérieurement à la date du renouvellement du jury sont pris en compte au titre de ces trois sessions.
IV. – Les administrateurs judiciaires inscrits sur la liste nationale à la date de publication du présent décret peuvent obtenir, sur décision de la commission nationale, le certificat de spécialisation mentionné au deuxième alinéa de l'article 11-1 du décret n° 85-1389 du 27 décembre 1985 susvisé [R. 811-23].
[...]

Art. R. 811-24 *(Mod., D. n° 2016-1851, 23 déc. 2016).* – En cas de premier échec à l'examen d'aptitude, le candidat peut poursuivre son stage. Le certificat de fin de stage initial demeure valide. Nul ne peut se présenter plus de trois fois à l'examen d'aptitude.

Voir aussi : A. 16 octobre 1986 (*JO* 8 nov.) fixant le programme et les modalités de l'examen d'aptitude à la profession d'administrateur judiciaire, mod. par A. 8 octobre 1991 (*JO* 9 oct.).

Art. R. 811-25 *(D. n° 2016-400, 1er avr. 2016 ; mod., D. n° 2016-1851, 23 déc. 2016).* – I. – En application des dispositions du huitième alinéa de l'article L. 811-5, sont dispensés de stage professionnel :
– les mandataires judiciaires, les avocats, les notaires, les commissaires-priseurs judiciaires, les huissiers de justice, les greffiers des tribunaux de commerce, les anciens avoués, les experts-comptables, les commissaires aux comptes ayant exercé leur profession pendant dix ans au moins ;

– les personnes ayant exercé pendant une durée de dix ans au moins les fonctions de collaborateur d'un administrateur judiciaire ;

– les personnes titulaires de l'un des titres ou diplômes mentionnés à l'article R. 811-7 et justifiant de quinze ans au moins de pratique professionnelle comptable, juridique ou financière, dans le domaine de l'administration, du financement, de la restructuration, dont les fusions-acquisitions, ou de la reprise d'entreprises, notamment en difficulté.

II. – La durée du stage professionnel est d'un an au moins pour :

– les mandataires judiciaires, les avocats, les notaires, les commissaires-priseurs judiciaires, les huissiers de justice, les greffiers des tribunaux de commerce, les anciens avoués, les experts-comptables, les commissaires aux comptes ayant exercé leur profession pendant cinq ans au moins ;

– les personnes titulaires de l'un des titres ou diplômes mentionnés à l'article R. 811-7 et justifiant de dix ans au moins de pratique professionnelle comptable, juridique ou financière, dans le domaine de l'administration, du financement, de la restructuration, dont les fusions-acquisitions, ou de la reprise d'entreprises, notamment en difficulté.

Art. R. 811-26 *(D. n° 2016-400, 1er avr. 2016 ; mod., D. n° 2016-1851, 23 déc. 2016 ; D. n° 2018-262, 11 avr. 2018).* – I. – Les mandataires judiciaires qui ont été inscrits pendant cinq ans au moins sur la liste mentionnée à l'article L. 812-2 et qui ont, le cas échéant, effectué le stage dans les conditions prévues au II de l'article R. 811-25 sont dispensés de toutes les épreuves de l'examen d'aptitude. Ils sont inscrits sur la liste des administrateurs judiciaires avec la mention de la spécialité commerciale, sous condition suspensive d'avoir été retirés de la liste des mandataires judiciaires dans les conditions prévues aux articles R. 811-36 et R. 812-20.

II. – Sont dispensés de l'épreuve de procédure civile et de droit pénal des affaires de l'examen d'aptitude :

1° Les avocats, les notaires, les commissaires-priseurs judiciaires, les huissiers de justice, les greffiers des tribunaux de commerce ;

2° Les personnes titulaires de l'un des titres ou diplômes mentionnés à l'article R. 811-7 et justifiant de cinq ans au moins de pratique professionnelle juridique dans le domaine de l'administration, du financement, de la restructuration, dont les fusions-acquisitions, ou de la reprise d'entreprises, notamment en difficulté.

III. – Sont dispensés de l'épreuve de l'examen d'aptitude portant sur la gestion d'un cabinet d'administrateur judiciaire :

1° Les personnes ayant exercé pendant une durée de cinq ans au moins les fonctions de collaborateur d'un administrateur judiciaire ;

2° Les experts-comptables et les commissaires aux comptes ;

3° Les personnes titulaires de l'un des titres ou diplômes mentionnés à l'article R. 811-7 et justifiant de cinq ans au moins de pratique professionnelle comptable ou financière, dans le domaine de l'administration, du financement, de la restructuration, dont les fusions-acquisitions, ou de la reprise d'entreprises, notamment en difficulté.

IV. – Pour les personnes dispensées totalement de stage professionnel en application des dispositions du I de l'article R. 811-25, l'épreuve de l'examen d'aptitude de présentation et de discussion avec le jury portant sur un mémoire de stage est remplacée par une épreuve de présentation et de discussion avec le jury portant sur l'expérience professionnelle du candidat.

Art. R. 811-27 *(Mod., D. n° 2018-262, 11 avr. 2018).* – Peuvent être inscrites sur la liste des administrateurs judiciaires avec la mention de la spécialité commerciale, en application du dernier alinéa de l'article L. 811-5, les personnes qui ont suivi avec succès un cycle d'études post-secondaires d'une durée minimale de trois ans ou d'une durée équivalente à temps partiel dans une université ou un établissement d'enseignement supérieur ou dans un autre établissement d'un niveau équivalent de formation, et, le cas échéant, la formation professionnelle requise en plus de ce cycle d'études et qui justifient :

1° De diplômes, certificats ou autres titres permettant l'exercice de la profession dans un État membre de la Communauté européenne ou dans un État partie à l'accord sur l'Espace économique européen délivrés :

a) Soit par l'autorité compétente de cet État et sanctionnant une formation acquise de façon prépondérante dans l'un de ces États ;

b) Soit par un pays tiers, à condition que soit fournie une attestation émanant de l'autorité compétente de l'État membre ou partie qui a reconnu les diplômes, certificats ou autres titres certifiant que leur titulaire a une expérience professionnelle de trois ans au moins dans cet État ;

2° Ou de l'exercice à plein temps de la profession pendant deux ans au moins au cours des dix années précédentes dans un État membre ou partie qui ne réglemente pas l'accès ou l'exercice de cette profession, à condition que cet exercice soit attesté par l'autorité compétente de cet État. Toutefois, la condition d'une expérience professionnelle de deux ans n'est pas exigée lorsque le ou les titres détenus par le demandeur sanctionnent une formation réglementée directement orientée vers l'exercice de la profession.

Art. R. 811-28. – Sauf si les connaissances qu'elles ont acquises au cours de leur expérience professionnelle sont de nature à rendre cette vérification inutile, les personnes mentionnées à l'article R. 811-27 subissent devant le jury prévu à l'article R. 811-10 un examen de contrôle des connaissances, organisé par le Conseil national, dont le programme et les modalités sont fixés par arrêté du garde des Sceaux, ministre de la Justice :

1° Lorsque leur formation porte sur des matières substantiellement différentes de celles qui figurent au programme des titres et diplômes mentionnés aux articles R. 811-7 et R. 811-8 et de l'examen de stage professionnel mentionné au R. 811-9 ;

2° Ou lorsqu'une ou plusieurs des activités professionnelles dont l'exercice est subordonné à la possession de ces diplômes et de cet examen ne sont pas réglementées dans l'État membre d'origine ou de provenance ou sont réglementées de manière différente et que cette différence est caractérisée par une formation spécifique requise dans l'État membre d'accueil portant sur des matières substantiellement différentes de celles couvertes par le diplôme dont le demandeur fait état.

§ 2. – Des conditions d'expérience ou de stage complémentaires au diplôme de master mentionné à l'article L. 811-5
(D. n° 2016-400, 1er avr. 2016)

NB : § créé à compter de la publication de l'arrêté prévu aux articles R. 811-28-2 et R. 812-18-2 du présent code (D. n° 2016-400, 1er avr. 2016, art. 14 et 22, III).

Art. R. 811-28-1 *(D. n° 2016-400, 1er avr. 2016 ; mod., D. n° 2018-262, 11 avr. 2018).* – Peuvent solliciter leur inscription avec la mention de la spécialité commerciale sur la liste mentionnée à l'article L. 811-2 auprès de la commission nationale d'inscription et de discipline :

1° Les personnes titulaires du diplôme de master mentionné au 5° de l'article L. 811-5, délivré par un établissement accrédité dans les conditions prévues à l'article L. 613-1 du Code de l'éducation, qui justifient de cinq ans au moins d'expérience professionnelle en tant que collaborateur d'un administrateur judiciaire ;

2° Les personnes titulaires de ce diplôme de master qui justifient de huit ans au moins de pratique professionnelle comptable, juridique ou financière dans le domaine de l'administration, du financement, de la restructuration, dont les fusions-acquisitions, ou de la reprise d'entreprises, notamment en difficulté.

La commission procède à l'audition du candidat au cours d'un entretien portant sur son expérience professionnelle dans le domaine de l'administration ou de la liquidation des entreprises en difficulté et statue dans les conditions prévues aux articles R. 811-33 à R. 811-35.

Art. R. 811-28-2 *(D. n° 2016-400, 1er avr. 2016 ; mod., D. n° 2018-262, 11 avr. 2018).* – Peuvent solliciter leur inscription avec la mention de la spécialité commerciale sur la liste mentionnée à l'article L. 811-2 auprès de la commission nationale d'inscription et de discipline, statuant sur leur demande d'inscription dans les conditions prévues aux articles R. 811-33 à R. 811-35, les personnes titulaires du diplôme de master mentionné au 5° de l'article L. 811-5, délivré par un établissement accrédité dans les conditions prévues à l'article L. 613-1 du Code de l'éducation, qui justifient avoir accompli un stage répondant aux conditions des articles R. 811-28-3 et R. 811-28-4 qui ne peut être inférieur à trente mois dans une étude d'administrateur judiciaire inscrit sur la liste mentionnée à l'article L. 811-2. Le stagiaire participe à l'activité professionnelle du maître de stage sous la direction et la responsabilité de celui-ci. Il exécute les actes juridiques et de gestion relatifs aux procédures de sauvegarde, de redressement judiciaire, de liquidation judiciaire et, le cas échéant, de mandat *ad hoc* ou d'administration provisoire prononcée sur le fondement de la loi n° 65-557 du 10 juillet 1965 fixant le statut de la copropriété des immeubles bâtis. La liste de ces actes est fixée par arrêté du garde des sceaux, ministre de la justice. Dans la mesure des mandats qui lui sont confiés, le maître de stage a l'obligation de faire exécuter ces actes au stagiaire.

Le stagiaire qui n'a pas, après trente-six mois de stage, exécuté l'ensemble de ces actes peut demander à être admis à se présenter à l'examen d'aptitude aux fonctions d'administrateur judiciaire dans les conditions prévues aux articles R. 811-19 à R. 811-24. La réussite à cet examen le dispense de justifier de l'exécution de ces actes lorsqu'il présente sa demande d'inscription devant la commission nationale d'inscription et de discipline.

Les dispositions des articles R. 811-14, R. 811-16 et R. 811-17 sont applicables au stage mentionné au premier alinéa.

Art. R. 811-28-3 *(D. n° 2016-400, 1er avr. 2016).* – Le stagiaire rédige un rapport de stage dans lequel il décrit les procédures auxquelles il a participé et les actes qu'il a accomplis ainsi qu'un mémoire de stage portant sur un sujet d'économie, de droit ou de gestion de son choix. Il remet ces documents au terme de son stage au maître de stage.

Le stage qui a été régulièrement accompli donne lieu à la délivrance d'une attestation établie par le maître de stage. Ce document atteste de la durée du stage et de l'exécution par le stagiaire de l'ensemble des actes juridiques et de gestion mentionnés au premier alinéa de l'article R. 811-28-2 ; il comporte également les appréciations portées sur la qualité de son travail par le maître de stage et les observations de celui-ci sur le mémoire de stage. Il est communiqué au stagiaire qui certifie en avoir pris connaissance et peut apporter ses observations écrites. Ce document, accompagné du mémoire et du rapport de stage, est ensuite transmis par le maître de stage à la commission nationale d'inscription et de discipline.

Le maître de stage adresse une copie de l'attestation et du rapport de stage au magistrat désigné par le garde des Sceaux, ministre de la Justice, en application du premier alinéa de l'article R. 811-40.

Art. R. 811-28-4 *(D. n° 2016-400, 1er avr. 2016).* – La commission nationale d'inscription et de discipline délivre le certificat de fin de stage au stagiaire qui a satisfait aux obligations mentionnées aux articles R. 811-28-2 et R. 811-28-3.

Si la commission estime que le stagiaire n'a pas satisfait à ces obligations, elle peut soit refuser la délivrance du certificat de fin de stage, soit prolonger le stage au sein d'une autre étude pour une période d'une année renouvelable une fois.

Dans ce dernier cas, la commission fixe, dans sa décision de prolongation de stage pour un an, la liste des actes juridiques et de gestion que l'intéressé doit exécuter, et dont il doit rendre compte dans le rapport de stage, et précise s'il doit rédiger un nouveau mémoire de stage.

Le stage accompli conformément à la décision de prolongation donne lieu à la délivrance d'une attestation établie par le maître de stage. Ce document atteste de la durée du stage et de l'exécution par le stagiaire de l'ensemble des actes juridiques et de gestion figurant dans la décision de prolongation ; il comporte également les appréciations portées sur la qualité de son travail par le maître de stage et, s'il y a lieu, les observations de celui-ci sur le mémoire de stage. Il est communiqué au stagiaire qui certifie en avoir pris connaissance et peut apporter ses observations écrites. Ce document, accompagné du rapport de stage et, s'il y a lieu, du mémoire de stage, est ensuite transmis par le maître de stage à la commission nationale d'inscription et de discipline. Le maître de stage adresse une copie de l'attestation et du rapport de stage au magistrat désigné par le garde des Sceaux, ministre de la Justice, en application du premier alinéa de l'article R. 811-40.

À l'issue de l'année de prolongation, la commission délivre le certificat de fin de stage au stagiaire qui a satisfait aux obligations fixées par elle dans sa décision de prolongation ou, si elle estime que le stagiaire n'a pas satisfait à ces obligations, elle peut soit refuser la délivrance du certificat de fin de stage, soit prolonger le stage au sein de la même étude pour une ultime période d'une année. Les dispositions des deux alinéas précédents sont applicables à la seconde prolongation de stage. À l'issue de la seconde année de prolongation, la commission peut, en fonction de son appréciation de la satisfaction par le stagiaire des obligations fixées dans la décision de seconde prolongation, soit délivrer le certificat de fin de stage, soit refuser la délivrance de celui-ci.

Lorsqu'elle statue sur la délivrance du certificat de fin de stage, la commission siège en présence du président et de deux au moins de ses membres. Lorsqu'un des membres ou le président de la commission a autorité sur le stagiaire ou a des liens de parenté ou d'alliance avec lui jusqu'au quatrième degré inclusivement, il s'abstient de siéger. Aucun refus de délivrance ne peut être prononcé par la commission sans que l'intéressé ait été entendu ou appelé quinze jours au moins à l'avance par lettre recommandée avec demande d'avis de réception.

Les décisions de refus de délivrance ou de prolongation de stage doivent être motivées. Elles sont notifiées à l'intéressé et au président du Conseil national des administrateurs judiciaires et des mandataires judiciaires. La lettre de notification, adressée par lettre recommandée avec demande d'avis de réception, fait mention, à peine de nullité, du délai de recours et des modalités suivant lesquelles ce recours peut être exercé.

Le silence gardé par la commission au terme d'un délai de quatre mois à compter de la réception du dossier complet de la demande de délivrance de certificat de fin de stage vaut décision d'acceptation.

NB : Les articles R. 811-28-1 à R. 811-28-4 sont applicables à compter de la publication de l'arrêté prévu aux articles R. 811-28-2 et R. 812-18-2 du présent code (D. n° 2016-400, 1er avr. 2016, art. 14 et 22, III).

§ 3. – De l'obtention d'une spécialité par l'administrateur judiciaire déjà inscrit sur la liste mentionnée à l'article L. 811-2

(§ créé, D. n° 2018-262, 11 avr. 2018)

Art. R. 811-28-5 *(D. n° 2018-262, 11 avr. 2018).* – L'administrateur justifiant d'une pratique professionnelle de quatre années au moins dans la spécialité sollicitée, sanctionnée par un examen de contrôle des connaissances, peut faire inscrire la mention de cette spécialité sur la liste prévue à l'article L. 811-2.

Art. R. 811-28-6 *(D. n° 2018-262, 11 avr. 2018).* – L'examen mentionné à l'article R. 811-28-5 est ouvert aux administrateurs judiciaires inscrits sur la liste nationale mentionnée à l'article L. 811-2. Il est organisé par le Conseil national des administrateurs judiciaires et des mandataires judiciaires selon un programme et des modalités fixés par arrêté du garde des sceaux, ministre de la justice. La réussite à cet examen donne lieu à la délivrance d'un certificat de réussite.

Art. R. 811-28-7 *(D. n° 2018-262, 11 avr. 2018).* – I. – Le jury de l'examen mentionné à l'article R. 811-28-5 est composé ainsi qu'il suit :

1° Un professeur de l'enseignement supérieur ou maître de conférences chargé d'un enseignement juridique dans le domaine de la spécialité demandée, président ;

2° Un magistrat de l'ordre judiciaire ;

3° Un administrateur judiciaire inscrit sur la liste prévue à l'article L. 811-2 avec la mention de la spécialité demandée.

II. – Les dispositions des articles R. 811-11 et R. 811-12 sont applicables à ce jury.

Sous-section 3. – De la procédure d'inscription sur la liste des administrateurs judiciaires et de la révision de la liste

Art. R. 811-29. – À la réception du dossier complet d'une personne mentionnée à l'article R. 811-27, un récépissé lui est délivré. La commission nationale se prononce par décision motivée dans un délai de quatre mois à compter de la délivrance du récépissé.

La décision par laquelle la commission nationale arrête la liste des candidats soumis à l'examen de contrôle des connaissances précise, le cas échéant, les matières sur lesquelles chacun des candidats est interrogé compte tenu de sa formation initiale et de son expérience professionnelle.

La commission statue dans les conditions prévues aux articles R. 811-33 à R. 811-35.

Nul ne peut se présenter plus de trois fois à l'examen.

Art. R. 811-30 *(Mod., D. n° 2016-902, 1er juill. 2016 ; D. n° 2017-796, 5 mai 2017).* – La commission nationale inscrit sur la liste les sociétés d'administrateurs judiciaires prévues par la première phrase du premier alinéa de l'article L. 811-7 et les sociétés pluri-professionnelles d'exercice prévues par l'article L. 811-7-1-A ainsi que chacun des associés exerçant la profession. Le nom de chacun de ceux-ci est suivi de la mention de la raison ou dénomination sociale.

L'appartenance aux autres groupements ou sociétés prévus par l'article L. 811-7 est immédiatement portée à la connaissance de la commission.

Art. R. 811-31 *(Mod., D. n° 2016-400, 1er avr. 2016 ; D. n° 2018-262, 11 avr. 2018).* – La demande d'inscription sur la liste des administrateurs judiciaires est adressée par lettre recommandée avec demande d'avis de réception au secrétaire de la commission. Elle est accompagnée des pièces justificatives suivantes :

1° Les documents établissant l'état civil et la nationalité du candidat ;

2° Une copie des titres et diplômes dont il entend se prévaloir ou à défaut une attestation des autorités habilitées à les délivrer ;
3° Le cas échéant, l'attestation de réussite à l'examen d'aptitude ;
4° Le cas échéant, les documents justifiant qu'il remplit les conditions du I de l'article R. 811-26 ;
5° Le cas échéant, les documents justifiant qu'il remplit les conditions de l'article R. 811-28-1 ;
6° Le cas échéant, le certificat de fin de stage mentionné à l'article R. 811-28-4.

L'attestation prévue au 3° comporte la mention de l'option choisie.

Le candidat indique en outre ses activités professionnelles antérieures et le lieu où il envisage d'établir son domicile professionnel.

Il précise la spécialité, civile ou commerciale, qu'il souhaite voir mentionner sur la liste.

Le commissaire du Gouvernement demande le bulletin n° 2 du casier judiciaire de l'intéressé et fait diligenter une enquête de moralité.

Lorsque le dossier est complet, le président de la commission désigne un rapporteur parmi les membres titulaires ou suppléants de celle-ci.

Art. R. 811-31-1 *(D. n° 2018-262, 11 avr. 2018).* – Lorsque l'administrateur judiciaire souhaite modifier la mention de la spécialité, civile ou commerciale, sur la liste prévue à l'article L. 811-2 ou y adjoindre une nouvelle mention, sa demande de modification ou d'adjonction est adressée par lettre recommandée avec demande d'avis de réception au secrétariat de la commission.

Elle est accompagnée du certificat de réussite mentionné à l'article R. 811-28-6 correspondant à la mention de spécialité sollicitée.

La commission statue sur la demande de modification ou d'adjonction dans les conditions prévues aux articles R. 811-33 à R. 811-35.

Art. R. 811-32 *(Mod., D. n° 2016-902, 1er juill. 2016).* – La demande d'inscription d'une société est accompagnée des pièces mentionnées à l'article R. 814-60.

Art. R. 811-33 *(Mod., D. n° 2011-1660, 29 nov. 2011).* – Avant de statuer, la commission demande l'avis du Conseil national par lettre recommandée avec demande d'avis motivé de réception. Le conseil dispose d'un mois pour donner cet avis (1).

La commission prend, après avoir entendu le commissaire du Gouvernement, une décision d'inscription ou de refus d'inscription ; elle peut aussi ordonner un complément d'information. Les décisions de refus doivent être motivées.

La commission peut entendre toute personne dont l'audition lui paraît utile (1).

Art. R. 811-34 *(Mod., D. n° 2011-1660, 29 nov. 2011 ; D. n° 2016-109, 3 févr. 2016).* – La commission ne peut statuer, en matière d'inscription, qu'en présence du président et de cinq au moins de ses membres. Lorsque l'un des membres ou le président de la commission a autorité sur le demandeur ou a des liens de parenté ou d'alliance avec lui jusqu'au quatrième degré inclusivement, il s'abstient de siéger. Aucun refus d'inscription ne peut être prononcé par la commission sans que l'intéressé ait été entendu ou appelé quinze jours au moins à l'avance par lettre recommandée avec demande d'avis de réception (1).

Art. R. 811-35 *(Mod., D. n° 2016-109, 3 févr. 2016).* – La décision de la commission est notifiée à l'intéressé, au président du Conseil national et au commissaire du Gouvernement par lettre recommandée avec demande d'avis de réception. Elle est également notifiée au garde des Sceaux, ministre de la Justice, en la forme administrative. Lorsqu'une décision d'inscription est prise, une copie en est adressée au président de la caisse de garantie.

La lettre de notification fait mention, à peine de nullité, du délai de recours et des modalités suivant lesquelles ce recours peut être exercé.

---

(1) Dispositions applicables dans les îles Wallis-et-Futuna en tant qu'elles concernent les administrateurs judiciaires. D. n° 2011-1660, 29 nov. 2011, art. 10.

Art. R. 811-36 *(Mod., D. n° 2011-1660, 29 nov. 2011)*. – La commission procède à la mise à jour de la liste des administrateurs judiciaires au moins une fois par an. Elle tient compte des transferts de domicile professionnel, des changements d'adresse des locaux professionnels et de la création ou de la suppression des bureaux annexes. Elle supprime le nom de ceux qui sont décédés, ont démissionné, ont fait l'objet d'une mesure de radiation ou de retrait. Les modifications sont adressées par la commission au procureur général près la cour d'appel dans le ressort de laquelle l'administrateur judiciaire concerné a son domicile professionnel, ainsi qu'à celui ou à ceux près les cours d'appel dans le ressort desquelles l'administrateur judiciaire a un ou plusieurs bureaux annexes.

L'administrateur judiciaire dont le nom a été retiré de la liste peut solliciter à nouveau son inscription lorsque la cause du retrait a disparu.

Lorsqu'elle est saisie de cette demande ou en application de l'article L. 811-6, la commission statue dans les conditions mentionnées à l'article R. 811-43 (1).

La commission ne supprime de la liste le nom de l'administrateur judiciaire qui a démissionné qu'après avoir vérifié que ses dossiers ont été répartis entre les autres administrateurs judiciaires et ont donné lieu à une reddition des comptes et que l'administrateur judiciaire démissionnaire ne détient plus de fonds de tiers.

Décret n° 2006-1709 du 23 décembre 2006
pris en application de la loi n° 2005-845 du 26 juillet 2005 de sauvegarde des entreprises et portant diverses dispositions relatives aux administrateurs judiciaires et aux mandataires judiciaires

Art. 75. – Les dispositions des articles 3 et 4 du présent décret sont applicables aux demandes de retrait de la liste adressées à compter du 1er janvier 2008. Jusqu'à cette date, la demande de retrait de la liste des administrateurs judiciaires, adressée par lettre recommandée avec demande d'avis de réception au secrétaire de la commission, est accompagnée :

1° Du dernier état trimestriel que l'administrateur judiciaire a établi ;

2° D'une attestation du commissaire aux comptes qui assure le contrôle de la comptabilité spéciale de l'administrateur judiciaire portant sur le solde de ses comptes numéraires, effets, valeurs et titres ;

3° D'une attestation établie à la même date que celle du commissaire aux comptes par la Caisse des dépôts et consignations portant sur l'état des soldes des comptes en numéraire, effets, valeurs et titres ouverts dans ses livres au nom du professionnel ;

4° De la liste des opérations comptables en attente de rapprochement bancaire, identifiées par mandat en cours ou clôturé.

Art. R. 811-37 *(Mod., D. n° 2011-1660, 29 nov. 2011)*. – La demande de retrait de la liste des administrateurs judiciaires présentée par un administrateur judiciaire est adressée par lettre recommandée avec demande d'avis de réception au secrétaire de la commission (1). Elle est accompagnée :

1° D'une attestation du commissaire aux comptes qui assure le contrôle de la comptabilité spéciale de l'administrateur judiciaire certifiant que l'ensemble des comptes de tiers ouverts au nom du professionnel à la Caisse des dépôts et consignations présente un solde nul en comptabilité et que les états de rapprochement bancaire ne font apparaître aucun chèque ou autre moyen de paiement en circulation ;

2° D'une attestation de la Caisse des dépôts et consignations certifiant que l'ensemble des comptes de tiers en numéraire, effets, valeurs et titres ouverts au nom du professionnel sont clôturés.

Art. R. 811-38. – Si l'administrateur judiciaire a été autorisé à poursuivre le traitement d'un ou de plusieurs dossiers, la commission s'assure qu'une décision motivée a été rendue pour chacun d'entre eux et que l'intéressé respecte et est en mesure de respecter les dispositions des articles L. 811-10, L. 811-16 et L. 814-5.

Art. R. 811-39. – *Chaque année*, et au plus tard le 31 décembre, les administrateurs judiciaires retirés de la liste et autorisés à poursuivre le traitement d'un ou plusieurs dossiers en font la déclaration auprès du

(1) Dispositions applicables dans les îles Wallis-et-Futuna en tant qu'elles concernent les administrateurs judiciaires. D. n° 2011-1660, 29 nov. 2011, art. 10.

procureur de la République du lieu de leur domicile, du Conseil national des administrateurs judiciaires et des mandataires judiciaires, de la Caisse de garantie, du magistrat inspecteur régional compétent pour le ressort de la cour d'appel du lieu de leur domicile ainsi que du magistrat chargé de coordonner l'activité des magistrats inspecteurs régionaux.

Section II. – De la surveillance, de l'inspection et de la discipline

Sous-section 1. – De la surveillance et de l'inspection

Art. R. 811-40 *(Mod., D. n° 2016-1851, 23 déc. 2016).* – Un magistrat désigné par le garde des Sceaux, ministre de la Justice, parmi les magistrats des parquets généraux est chargé, pour le ressort d'une ou plusieurs cours d'appel, de l'inspection des administrateurs judiciaires, y compris de ceux qui sont désignés dans les conditions du deuxième alinéa de l'article L. 811-2. Un magistrat suppléant est désigné dans les mêmes conditions.

Un magistrat désigné par le ministre et placé auprès du directeur des affaires civiles et du sceau coordonne l'activité des magistrats inspecteurs régionaux. Un magistrat suppléant est désigné dans les mêmes conditions.

Art. D. 811-40-1 *(D. n° 2011-1908, 20 déc. 2011)* (1). – La situation financière prévue à l'article L. 811-11 est adressée par le Conseil national au magistrat coordonnateur mentionné à l'article R. 811-40.

Art. R. 811-41 *(D. n° 2016-1851, 23 déc. 2016).* – Les magistrats inspecteurs régionaux effectuent des inspections à la demande du commissaire du Gouvernement ou du magistrat coordonnateur. Ils peuvent également en effectuer d'office. Ils informent le magistrat coordonnateur des inspections qu'ils envisagent de réaliser.

Le magistrat coordonnateur peut, d'office, effectuer toute inspection.

Art. R. 811-42 *(Mod., D. n° 2016-1851, 23 déc. 2016 ; D. n° 2017-1225, 2 août 2017).* – Pour l'exercice de leurs attributions, ces magistrats disposent d'un pouvoir général d'investigation, de vérification et de contrôle.

Ils peuvent se faire assister pour procéder aux inspections de toutes personnes inscrites sur la liste des commissaires aux comptes établie en application de l'article L. 822-1 ainsi que de tout expert ou toute personne de leur choix. Les frais occasionnés par cette assistance sont avancés par le Conseil national. Ils sont recouvrés sur le professionnel inspecté si celui-ci est l'objet d'une sanction disciplinaire.

Ils peuvent aussi se faire assister d'un ou plusieurs administrateurs judiciaires et solliciter le concours des inspections générales de l'État.

Le professionnel inspecté peut demander à un autre professionnel de son choix exerçant des missions identiques ou similaires, de l'assister lors de l'inspection. Il peut également demander au commissaire aux comptes ayant procédé à la vérification de sa comptabilité en application de l'article R. 814-29 ou à un expert-comptable de son choix, d'assister à l'inspection.

L'audition d'un administrateur judiciaire ou d'une personne désignée dans les conditions du deuxième alinéa de l'article L. 811-2 par un magistrat inspecteur donne lieu à l'établissement d'un procès-verbal signé par l'intéressé et le magistrat.

Art. R. 811-42-1 *(D. n° 2016-1851, 23 déc. 2016 ; mod., D. n° 2017-1225, 2 août 2017).* – Dans un délai de deux mois à compter de l'achèvement des opérations d'inspection, le magistrat ayant procédé à l'inspection établit un projet de rapport et l'adresse par lettre recommandée avec demande d'avis de réception au professionnel inspecté. Celui-ci dispose d'un délai d'un mois à compter de la réception pour formuler ses observations.

À l'issue de ce délai, un rapport définitif est établi par le magistrat ayant procédé à l'inspection, auquel sont annexées les éventuelles observations du professionnel inspecté. Ce rapport est adressé à l'intéressé, au

(1) Dispositions applicables aux exercices ouverts à compter du 1er janvier 2012, D. n° 2011-1908, 20 déc. 2011, art. 3.

commissaire du Gouvernement, au président du Conseil national et, selon le cas, au magistrat inspecteur régional compétent ou au magistrat coordonnateur ainsi que, le cas échéant, à l'ordre professionnel ou à l'organe représentatif dont relève le professionnel inspecté.

Sous-section 2. – De la discipline

§ 1. – De la procédure disciplinaire

Art. R. 811-43 *(Mod., D. n° 2016-109, 3 févr. 2016)*. – La commission ne peut statuer en matière disciplinaire qu'en présence du président et de huit au moins de ses membres.

Art. R. 811-44. – Le président du Conseil national est tenu de signaler au commissaire du Gouvernement les faits dont il a connaissance et qui pourraient justifier une poursuite disciplinaire.

Art. R. 811-45. – L'administrateur judiciaire poursuivi disciplinairement est cité à comparaître par lettre recommandée avec demande d'avis de réception quinze jours au moins à l'avance. La citation précise, à peine de nullité, les faits qui la motivent.

Art. R. 811-46. – L'administrateur judiciaire cité à comparaître devant la commission peut prendre connaissance de son dossier auprès du secrétariat. Il comparaît en personne ; il peut se faire assister par un avocat de son choix et, s'il le désire, par un administrateur judiciaire inscrit.

Art. R. 811-47. – La commission peut entendre l'auteur de la plainte. Elle peut faire recueillir tous renseignements et faire procéder à toutes auditions.

Art. R. 811-48. – Le président de la commission désigne pour chaque affaire en qualité de rapporteur l'un de ses membres. Les débats devant la commission sont publics. Toutefois, celle-ci peut décider que les débats ne seront pas publics si l'administrateur judiciaire poursuivi en fait expressément la demande ou s'il doit résulter de leur publicité une atteinte à l'ordre public *(Mots rempl., D. n° 2018-1126, 11 déc. 2018)* « ou à un secret protégé par la loi ». Il en est fait mention dans la décision.

La commission statue publiquement après avoir entendu le rapporteur, le commissaire du Gouvernement et, s'il y a lieu, l'autorité qui a engagé l'action disciplinaire ainsi que l'administrateur judiciaire poursuivi, son conseil et, le cas échéant, le professionnel qui l'assiste.

Le commissaire du Gouvernement n'assiste pas au délibéré.

Le président du Conseil national peut présenter ses observations, le cas échéant, par l'intermédiaire d'un membre du conseil.

Art. R. 811-49 *(Mod., D. n° 2016-109, 3 févr. 2016)*. – Le secrétaire de la commission notifie par lettre recommandée, avec demande d'avis de réception, la décision à l'intéressé, au président du Conseil national, à la Caisse de garantie, au commissaire du Gouvernement et au procureur général lorsqu'il a engagé l'action disciplinaire. Il notifie également cette décision au garde des Sceaux, ministre de la Justice, en la forme administrative.

La notification indique le délai et les modalités du recours ouvert à l'encontre de la décision.

La décision est également portée à la connaissance du procureur général près la cour d'appel dans le ressort de laquelle l'administrateur judiciaire a son domicile professionnel et, le cas échéant, un bureau annexe.

Si l'action disciplinaire est consécutive à une plainte, l'auteur de celle-ci est informé par le commissaire du Gouvernement.

§ 2. – *De la suspension provisoire*

Art. R. 811-50 *(Mod., D. n° 2019-966, 18 sept. 2019)*. – Dans les cas prévus à l'article L. 811-13 la suspension provisoire est prononcée par le tribunal judiciaire saisi soit par le procureur de la République, soit par le président du Conseil national des administrateurs judiciaires et des mandataires judiciaires, par assignation à jour fixe.

Lorsque l'action est engagée par le procureur de la République, celui-ci en informe le président du Conseil national. Lorsque l'action est engagée par le président du Conseil national, celui-ci notifie au ministère public une copie de l'assignation qu'il a fait délivrer.

Art. R. 811-51 *(Mod., D. n° 2019-966, 18 sept. 2019)*. – Les débats devant le tribunal judiciaire sont publics. Toutefois, celui-ci peut décider que les débats ne seront pas publics si l'administrateur judiciaire poursuivi en fait expressément la demande ou s'il doit résulter de leur publicité une atteinte à l'ordre public *(Mots rempl., D. n° 2018-1126, 11 déc. 2018)* « ou à un secret protégé par la loi ». Il en est fait mention dans la décision. La juridiction statue publiquement, après que le ministère public a prononcé ses conclusions et que l'administrateur judiciaire a été entendu ou appelé.

Le président du Conseil national peut présenter ses observations, le cas échéant, par l'intermédiaire d'un membre du conseil.

Art. R. 811-52. – La décision est notifiée par le greffe, par lettre recommandée avec demande d'avis de réception, à l'intéressé et au président du Conseil national. Elle indique le délai et les modalités du recours ouvert à l'encontre de la décision.

Art. R. 811-53. – La cessation de plein droit de la suspension provisoire en application de l'article L. 811-13 et les décisions mettant fin à la suspension provisoire sont immédiatement notifiées par le procureur de la République à l'administrateur judiciaire et à l'administrateur provisoire désigné.

La mission de l'administrateur provisoire prend fin dès réception de cette notification.

Art. R. 811-54. – L'appel en matière de suspension provisoire est formé par déclaration au greffe de la cour d'appel. L'appelant notifie son appel aux autres parties par lettre recommandée avec demande d'avis de réception.

Art. R. 811-55. – L'appel est formé dans un délai de quinze jours qui court, à l'égard du ministère public, du jour de la décision. Il en est de même pour l'administrateur judiciaire si la décision a été rendue en sa présence ou en présence de son défenseur. Dans les autres cas, le délai court à compter de la notification de la décision, et notamment lorsque le président du Conseil national a été à l'origine de la saisine du tribunal.

En cas d'appel d'une partie, un délai supplémentaire de huit jours est accordé à l'autre partie pour former un appel incident.

Art. R. 811-56. – Le recours est instruit et jugé selon les règles applicables à la procédure sans représentation obligatoire. Le président du conseil national ou son représentant peut être entendu, s'il en fait la demande, par la cour d'appel.

La décision de la cour d'appel est notifiée, par lettre recommandée avec demande d'avis de réception, aux personnes mentionnées à l'article R. 811-50.

Art. R. 811-57 *(Mod., D. n° 2011-1660, 29 nov. 2011 ; D. n° 2019-1333, 11 déc. 2019)*. – Le commissaire du Gouvernement assure l'exécution des sanctions disciplinaires. Il informe les procureurs généraux près les cours d'appel des décisions passées en force de chose jugée prononçant l'interdiction temporaire ou la radiation ou ordonnant une mesure de suspension provisoire ; ceux-ci portent ces décisions à la connaissance des juridictions de leur ressort. (1)

En outre, le commissaire du Gouvernement requiert, le cas échéant, l'administrateur provisoire désigné dans les conditions prévues à l'article R. 811-58 de procéder à l'information des présidents des juridictions ayant décerné des mandats à l'administrateur judiciaire.

(1) Dispositions applicables dans les îles Wallis-et-Futuna en tant qu'elles concernent les administrateurs judiciaires. D. n° 2011-1660, 29 nov. 2011, art. 10.

Section III. – De la désignation d'un administrateur provisoire

Art. R. 811-58 *(Mod., D. n° 2019-966, 18 sept. 2019)*. – Lorsque, pour quelque cause que ce soit, un administrateur judiciaire se trouve dans l'impossibilité d'exercer ses fonctions, le procureur de la République près le tribunal judiciaire dans le ressort duquel l'administrateur judiciaire a son domicile professionnel requiert le président du tribunal judiciaire, statuant sur requête, de désigner sans délai, pour accomplir les actes nécessaires à la gestion du cabinet, un administrateur provisoire choisi parmi les personnes inscrites sur la liste des administrateurs judiciaires ou parmi celles qui remplissent les conditions pour y être inscrites.

L'administrateur provisoire est habilité à exercer les mandats de justice confiés à l'administrateur judiciaire empêché.

Aucun mandat de justice ne peut être confié à l'administrateur judiciaire qui se trouve dans l'impossibilité d'exercer ses fonctions par l'effet d'une peine d'interdiction temporaire.

Art. R. 811-59 *(Mod., D. n° 2019-966, 18 sept. 2019)*. – L'administrateur provisoire désigné dans les conditions prévues à l'article précédent a droit à une rémunération fixée par le président du tribunal judiciaire qui a procédé à sa désignation.

Cette décision est susceptible de recours selon les dispositions des articles 714 à 718 du Code de procédure civile.

Section IV. – Du salariat

(D. n° 2016-400, 1er avr. 2016)

Sous-section 1. – Dispositions générales

(D. n° 2016-400, 1er avr. 2016)

Art. R. 811-60 *(D. n° 2016-400, 1er avr. 2016)*. – L'administrateur judiciaire salarié ne peut exercer ses fonctions qu'au sein d'une seule étude.

Le titulaire de l'étude est civilement responsable du fait de l'activité professionnelle exercée pour son compte par l'administrateur judiciaire salarié.

La qualité d'administrateur judiciaire salarié est assimilée à celle d'administrateur judiciaire pour la collation au titre d'administrateur judiciaire honoraire.

Art. R. 811-61 *(D. n° 2016-400, 1er avr. 2016)*. – L'administrateur judiciaire salarié investi d'un mandat de membre de la commission nationale d'inscription et de discipline ne peut pas participer aux délibérations ni aux votes sur des questions disciplinaires concernant l'administrateur judiciaire titulaire de l'étude ou les administrateurs judiciaires associés exerçant leurs fonctions au sein de la société titulaire de l'étude dans laquelle il est employé.

Ceux-ci ne peuvent, lorsqu'ils sont investis d'un tel mandat, participer aux délibérations et aux votes sur des questions disciplinaires concernant un administrateur salarié de l'étude.

Art. R. 811-62 *(D. n° 2016-400, 1er avr. 2016)*. – Le contrat de travail est établi par écrit, sous la condition suspensive de l'inscription sur la liste mentionnée à l'article L. 811-2 du salarié en qualité d'administrateur judiciaire et de sa prestation de serment. La condition est réputée acquise à la date de la prestation de serment.

Il ne peut comporter aucune clause susceptible de limiter la liberté d'établissement ultérieur du salarié ou de porter atteinte à son indépendance. Il précise les conditions de sa rémunération.

Une copie du contrat de travail est adressée, dès sa signature, au président du Conseil national des *administrateurs judiciaires et des mandataires judiciaires* ; il en est de même pour toute modification à ce contrat.

Art. R. 811-63 *(D. n° 2016-400, 1er avr. 2016)*. – Lorsque le nombre d'administrateurs judiciaires en exercice au sein de l'étude devient inférieur à la moitié du nombre d'administrateurs judiciaires salariés, le titulaire de l'étude a un délai d'un an pour se mettre en conformité avec les dispositions du deuxième alinéa de l'article L. 811-7-1.

Sous-section 2. – Litiges nés à l'occasion de l'exécution d'un contrat de travail

(D. n° 2016-400, 1er avr. 2016)

Art. R. 811-64 *(D. n° 2016-400, 1er avr. 2016)*. – Le président du Conseil national des administrateurs judiciaires et des mandataires judiciaires est saisi en qualité de médiateur de tout litige né à l'occasion de l'exécution du contrat de travail soit par requête déposée contre récépissé au secrétariat du Conseil national, soit par lettre recommandée avec demande d'avis de réception.

L'acte de saisine précise, à peine d'irrecevabilité, l'identité des parties, l'objet du litige et les prétentions du requérant.

Art. R. 811-65 *(D. n° 2016-400, 1er avr. 2016)*. – Le président du Conseil national convoque les parties par lettre recommandée avec demande d'avis de réception dans les quinze jours de sa saisine et huit jours au moins avant la date de la séance de médiation.

Une copie de l'acte de saisine est jointe à la convocation de la partie qui n'a pas pris l'initiative de la médiation.

La convocation précise que les intéressés doivent se présenter en personne et peuvent se faire assister d'un conseil.

En cas d'absence ou d'empêchement, le président du Conseil national est remplacé par le vice-président qui est alors investi de la qualité de médiateur.

Art. R. 811-66 *(D. n° 2016-400, 1er avr. 2016)*. – Le président du Conseil national, après avoir entendu les intéressés et recueilli toutes informations utiles, propose, si les parties n'ont pu se rapprocher, une solution au litige.

En cas d'accord, total ou partiel, celui-ci est constaté par écrit, signé par les intéressés et le président. L'original est conservé par le président ; une copie est remise à chacune des parties.

Si aucun accord n'est intervenu, ou en cas d'accord partiel, le président dresse un procès-verbal mentionnant la solution qu'il propose et les points demeurant en litige. Il en donne une copie à chacune des parties.

Le conseil de prud'hommes ne peut être saisi, à peine d'irrecevabilité, que si le demandeur justifie de la tentative de médiation préalable par une remise d'une copie du procès-verbal prévu au troisième alinéa.

Sous-section 3. – Cessation des fonctions d'administrateur judiciaire salarié en cas de rupture du contrat de travail

(D. n° 2016-400, 1er avr. 2016)

Art. R. 811-67 *(D. n° 2016-400, 1er avr. 2016)*. – La démission de l'administrateur judiciaire salarié, la rupture conventionnelle de son contrat de travail ou sa retraite est portée par l'employeur à la connaissance de la commission nationale d'inscription et de discipline et à celle du Conseil national des administrateurs judiciaires et des mandataires judiciaires.

Art. R. 811-68 *(D. n° 2016-400, 1er avr. 2016)*. – Tout licenciement envisagé par l'employeur d'un administrateur judiciaire salarié est soumis à la procédure de médiation préalable prévue aux articles R. 811-65 à R. 811-67.

En cas de faute grave, l'employeur peut, avant de saisir le président du Conseil national, notifier à l'administrateur judiciaire salarié sa mise à pied immédiate, par lettre recommandée avec demande d'avis de réception. Si le président du Conseil national n'est pas saisi dans les huit jours de la notification, la mise à pied est de plein droit caduque.

La mise à pied entraîne, dès la notification qui lui en a été faite, la suspension de l'exercice des fonctions et des mandats professionnels de l'administrateur judiciaire salarié.

Dans les huit jours de la notification du licenciement ou de la mise à pied, l'employeur en informe, par lettre recommandée avec demande d'avis de réception, le président du Conseil national et la commission nationale d'inscription et de discipline.

CHAPITRE II. – DES MANDATAIRES JUDICIAIRES

Section I. – De l'accès à la profession

Sous-section 1. – Des mandataires judiciaires membres de la Commission nationale d'inscription et de discipline

(D. n° 2016-109, 3 févr. 2016)

Art. R. 812-1 et R. 812-2 *(Abr., D. n° 2016-109, 3 févr. 2016).*

Art. R. 812-3. – Les dispositions prévues aux articles R. 811-3, R. 811-4, R. 811-5 et R. 811-6 relatives à l'élection à la commission nationale des administrateurs judiciaires et de leurs suppléants sont applicables à l'élection à la commission nationale des mandataires judiciaires et de leurs suppléants.

Sous-section 2. – Des conditions d'inscription sur les listes de mandataires judiciaires

§ 1. – De l'examen d'accès au stage professionnel, du stage professionnel, de l'examen d'aptitude aux fonctions de mandataire judiciaire

(D. n° 2016-400, 1er avr. 2016)

Art. R. 812-4 *(Mod., D. n° 2007-1851, 26 déc. 2007).* – Ne peuvent être admises à se présenter à l'examen d'accès au stage professionnel prévu à l'article L. 812-3 que les personnes titulaires des titres ou diplômes mentionnés aux articles R. 811-7 et R. 811-8.

Art. R. 812-5. – Les règles relatives au stage professionnel définies aux articles R. 811-9, R. 811-10, R. 811-11, R. 811-12, R. 811-14 et R. 811-16 sont applicables aux mandataires judiciaires.

Art. R. 812-6. – Le jury de l'examen d'accès au stage est celui prévu à l'article R. 811-10. Toutefois, le professeur ou le maître de conférences de sciences économiques ou de gestion est remplacé par un professeur ou un maître de conférences de droit et les deux administrateurs judiciaires sont remplacés par deux mandataires judiciaires désignés dans les mêmes conditions.

Art. R. 812-7 *(Mod., D. n° 2016-400, 1er avr. 2016).* – En application des dispositions de l'article L. 812-3, bénéficient de la dispense de l'examen d'accès au stage :

1° Les administrateurs judiciaires ayant exercé leur profession pendant trois ans au moins ;

2° Les avocats, notaires, commissaires-priseurs judiciaires, huissiers de justice, greffiers des tribunaux de commerce, experts-comptables, commissaires aux comptes ayant exercé leur profession pendant cinq ans au moins ;

3° Les personnes ayant exercé les fonctions de collaborateur d'un mandataire judiciaire pendant une durée de cinq ans au moins ;

4° Les personnes titulaires de l'un des titres ou diplômes mentionnés à l'article R. 811-7, justifiant de cinq ans au moins de pratique professionnelle comptable, juridique ou financière dans le domaine de l'administration, du financement, de la restructuration, dont les fusions-acquisitions, ou de la reprise d'entreprises, notamment en difficulté.

Art. R. 812-8 *(Mod., D. n° 2014-1315, 3 nov. 2014).* – La durée du stage est de trois ans au moins et de six ans au plus.

Le stage consiste dans la pratique d'activités permettant d'acquérir une expérience suffisante dans le domaine des procédures collectives, en qualité de collaborateur d'un mandataire judiciaire et sous son contrôle direct.

Le stage peut être accompli pour une période n'excédant pas le tiers de sa durée auprès d'une personne exerçant une profession juridique réglementée ou auprès d'un expert-comptable ou d'un commissaire aux comptes ou dans les services juridiques et financiers d'un établissement de crédit ou d'une société de financement.

Art. R. 812-9 *(Mod., D. n° 2016-400, 1er avr. 2016).* – Les dispositions du premier alinéa de l'article R. 811-17 relatives au stage sont applicables aux personnes inscrites sur le registre de stage.

Art. R. 812-10. – Les dispositions de l'article R. 811-18 relatives au certificat de stage ainsi qu'au refus de délivrance de ce certificat sont applicables aux personnes inscrites sur le registre de stage.

Art. R. 812-11 *(Mod., D. n° 2016-1851, 23 déc. 2016)*. – Le jury chargé de procéder à l'examen d'aptitude des mandataires judiciaires est celui prévu à l'article R. 811-19. Toutefois, les deux administrateurs judiciaires sont remplacés par deux mandataires judiciaires nommés après avis du Conseil national des administrateurs judiciaires et des mandataires judiciaires. Les articles R. 811-20 et R. 811-21 sont applicables.

Art. R. 812-12. – Les dispositions des articles R. 811-22 à R. 811-24 relatives à l'examen d'aptitude sont applicables aux candidats à la profession de mandataire judiciaire.

L'examen est organisé dans les conditions définies à l'article R. 811-22.

Art. R. 812-13 *(D. n° 2016-400, 1er avr. 2016 ; mod., D. n° 2016-1851, 23 déc. 2016)*. – I. – En application des dispositions du huitième alinéa de l'article L. 812-3, sont dispensés de stage professionnel :

– les administrateurs judiciaires, les avocats, les notaires, les commissaires-priseurs judiciaires, les huissiers de justice, les greffiers des tribunaux de commerce, les anciens avoués, les experts-comptables, les commissaires aux comptes ayant exercé leur profession pendant dix ans au moins ;

– les personnes ayant exercé pendant une durée de dix ans au moins les fonctions de collaborateur d'un mandataire judiciaire ;

– les personnes titulaires de l'un des titres ou diplômes mentionnés à l'article R. 811-7 et justifiant de quinze ans au moins de pratique professionnelle comptable, juridique ou financière, dans le domaine de l'administration, du financement, de la restructuration, dont les fusions-acquisitions, ou de la reprise d'entreprises, notamment en difficulté.

II. – La durée du stage professionnel est d'un an au moins pour :

– les administrateurs judiciaires, les avocats, les notaires, les commissaires-priseurs judiciaires, les huissiers de justice, les greffiers des tribunaux de commerce, les anciens avoués, les experts-comptables, les commissaires aux comptes ayant exercé leur profession pendant cinq ans au moins ;

– les personnes titulaires de l'un des titres ou diplômes mentionnés à l'article R. 811-7 et justifiant de dix ans au moins de pratique professionnelle comptable, juridique ou financière, dans le domaine de l'administration, du financement, de la restructuration, dont les fusions-acquisitions, ou de la reprise d'entreprises, notamment en difficulté.

Art. R. 812-14 *(D. n° 2016-400, 1er avr. 2016 ; mod., D. n° 2016-1851, 23 déc. 2016)*. – I. – Les administrateurs judiciaires qui ont été inscrits pendant cinq ans au moins sur la liste mentionnée à l'article L. 812-2 et qui ont, le cas échéant, effectué le stage dans les conditions prévues au II de l'article R. 812-13 sont dispensés de toutes les épreuves de l'examen d'aptitude. Ils sont inscrits sur la liste des mandataires judiciaires sous condition suspensive d'avoir été retirés de la liste des administrateurs judiciaires dans les conditions prévues aux articles R. 811-36 et R. 812-20.

II. – Sont dispensés de l'épreuve de procédure civile et de droit pénal des affaires de l'examen d'aptitude :

1° Les avocats, les notaires, les commissaires-priseurs judiciaires, les huissiers de justice, les greffiers des tribunaux de commerce ;

2° Les personnes titulaires de l'un des titres ou diplômes mentionnés à l'article R. 811-7 et justifiant de cinq *ans au moins de pratique* professionnelle juridique dans le domaine de l'administration, du financement, de la restructuration, dont les fusions-acquisitions, ou de la reprise d'entreprises, notamment en difficulté.

III. – Sont dispensés de l'épreuve de l'examen d'aptitude portant sur la gestion d'un cabinet de mandataire judiciaire :

1° Les personnes ayant exercé pendant une durée de cinq ans au moins les fonctions de collaborateur d'un mandataire judiciaire ;

2° Les experts-comptables et les commissaires aux comptes ;

3° Les personnes titulaires de l'un des titres ou diplômes mentionnés à l'article R. 811-7 et justifiant de cinq ans au moins de pratique professionnelle comptable ou financière, dans le domaine de l'administration, du financement, de la restructuration, dont les fusions-acquisitions, ou de la reprise d'entreprises, notamment en difficulté.

IV. – Pour les personnes dispensées de stage professionnel en application des dispositions du I de l'article R. 812-13, l'épreuve de l'examen d'aptitude de présentation et de discussion avec le jury portant sur un mémoire de stage est remplacée par une épreuve de présentation et de discussion avec le jury portant sur l'expérience professionnelle du candidat.

Art. R. 812-15. – Peuvent être inscrites sur la liste des mandataires judiciaires, en application du dernier alinéa de l'article L. 812-3, les personnes qui ont suivi avec succès un cycle d'études d'une durée minimale de trois ans ou d'une durée équivalente à temps partiel dans une université ou un établissement d'enseignement supérieur ou dans un autre établissement de même niveau de formation et, le cas échéant, la formation professionnelle requise en plus de ce cycle d'études et qui justifient :

1° De diplômes, certificats ou autres titres permettant l'exercice de la profession dans un État membre de la Communauté européenne ou dans un État partie à l'accord sur l'Espace économique européen délivrés :

a) Soit par l'autorité compétente de cet État et sanctionnant une formation acquise de façon prépondérante dans la Communauté européenne ou dans un État partie à l'accord sur l'Espace économique européen ;

b) Soit par un pays tiers, à condition que soit fournie une attestation émanant de l'autorité compétente de l'État membre qui a reconnu les diplômes, certificats ou autres titres certifiant que leur titulaire a une expérience professionnelle de trois ans au moins dans cet État ;

2° Ou de l'exercice à plein temps de la profession pendant deux ans au moins au cours des dix années précédentes dans un État membre qui ne réglemente pas l'accès ou l'exercice de cette profession, à condition que cet exercice soit attesté par l'autorité compétente de cet État.

Art. R. 812-16. – Sauf si les connaissances qu'elles ont acquises au cours de leur expérience professionnelle sont de nature à rendre cette vérification inutile, les personnes mentionnées à l'article R. 812-15 subissent devant le jury chargé de l'examen d'accès au stage un examen de contrôle des connaissances, organisé par le Conseil national des administrateurs judiciaires et des mandataires judiciaires, dont le programme et les modalités sont fixés par arrêté du garde des Sceaux, ministre de la Justice :

1° Lorsque leur formation porte sur des matières substantiellement différentes de celles qui figurent au programme des titres et diplômes mentionnés à l'article R. 811-7 et de l'examen de stage professionnel mentionné à l'article R. 811-9 ;

2° Ou lorsqu'une ou plusieurs des activités professionnelles dont l'exercice est subordonné à la possession de ces diplômes et de cet examen ne sont pas réglementées dans l'État membre d'origine ou de provenance ou sont réglementées de manière différente et que cette différence est caractérisée par une formation spécifique requise dans l'État membre d'accueil portant sur des matières substantiellement différentes de celles couvertes par le diplôme dont le demandeur fait état.

Art. R. 812-17. – À la réception du dossier complet d'une personne mentionnée à l'article R. 812-15, un récépissé lui est délivré. La commission nationale se prononce par décision motivée dans un délai de quatre mois à compter de la délivrance du récépissé.

La décision par laquelle la commission nationale arrête la liste des candidats soumis à l'examen de contrôle des connaissances précise, le cas échéant, les matières sur lesquelles chacun des candidats est interrogé compte tenu de sa formation initiale.

La commission statue dans les conditions prévues aux articles R. 811-33 à R. 811-35.

Nul ne peut se présenter plus de trois fois à l'examen.

Art. R. 812-18 *(Mod., D. n° 2016-902, 1er juill. 2016 ; D. n° 2017-796, 5 mai 2017).* – La commission *nationale inscrit sur la* liste les sociétés de mandataires judiciaires prévues par la première phrase du premier alinéa de l'article L. 812-5 et les sociétés pluri-professionnelles d'exercice prévues par l'article L. 812-5-1-A ainsi que chacun des associés exerçant la profession. Le nom de chacun de ceux-ci est suivi de la mention de la raison ou dénomination sociale de la société.

L'appartenance aux autres groupements ou sociétés prévus par l'article L. 812-5 est immédiatement portée à la connaissance de la commission.

§ 2. – Des conditions d'expérience ou de stage complémentaires au diplôme de master mentionné à l'article L. 812-3
(D. n° 2016-400, 1er avr. 2016, créé à compter de la publication de l'arrêté prévu aux articles R. 811-28-2 et R. 812-18-2 du présent code)

Art. R. 812-18-1 *(D. n° 2016-400, 1er avr. 2016).* – Peuvent solliciter leur inscription sur la liste mentionnée à l'article L. 812-2 auprès de la commission nationale d'inscription et de discipline :

1° Les personnes titulaires du diplôme de master mentionné au 5° de l'article L. 812-3, délivré par un établissement accrédité dans les conditions prévues à l'article L. 613-1 du Code de l'éducation, qui justifient de cinq ans au moins d'expérience professionnelle en tant que collaborateur d'un mandataire judiciaire ;

2° Les personnes titulaires de ce diplôme de master qui justifient de huit ans au moins de pratique professionnelle comptable, juridique ou financière dans le domaine de l'administration, du financement, de la restructuration, dont les fusions-acquisitions, ou de la reprise d'entreprises, notamment en difficulté.

La commission procède à l'audition du candidat au cours d'un entretien portant sur son expérience professionnelle dans le domaine de l'administration ou de la liquidation des entreprises en difficulté et statue dans les conditions prévues aux articles R. 811-33 à R. 811-35.

Art. R. 812-18-2 *(D. n° 2016-400, 1er avr. 2016).* – Peuvent solliciter leur inscription sur la liste mentionnée à l'article L. 812-2 auprès de la commission nationale d'inscription et de discipline, statuant sur leur demande d'inscription dans les conditions prévues aux articles R. 811-33 à R. 811-35, les personnes titulaires du diplôme de master mentionné au 5° de l'article L. 812-3, délivré par un établissement accrédité dans les conditions prévues à l'article L. 613-1 du Code de l'éducation, qui justifient avoir accompli un stage répondant aux conditions des articles R. 812-18-3 et R. 812-18-4 qui ne peut être inférieur à trente mois dans une étude de mandataire judiciaire inscrit sur la liste mentionnée à l'article L. 812-2. Le stagiaire participe à l'activité professionnelle du maître de stage sous la direction et la responsabilité de celui-ci. Il exécute les actes juridiques et de gestion relatifs aux procédures de sauvegarde, de redressement judiciaire, de liquidation judiciaire et de rétablissement professionnel. La liste de ces actes est fixée par arrêté du garde des Sceaux, ministre de la Justice. Dans la mesure des mandats qui lui sont confiés, le maître de stage a l'obligation de faire exécuter ces actes au stagiaire.

Le stagiaire qui n'a pas, après trente-six mois de stage, exécuté l'ensemble de ces actes peut demander à être admis à se présenter à l'examen d'aptitude aux fonctions de mandataire judiciaire dans les conditions prévues aux articles R. 811-19 à R. 811-24. La réussite à cet examen le dispense de justifier de l'exécution de ces actes lorsqu'il présente sa demande d'inscription devant la commission nationale d'inscription et de discipline.

Les dispositions des articles R. 811-14, R. 811-16 et R. 811-17 sont applicables au stage mentionné au premier alinéa.

Art. R. 812-18-3 *(D. n° 2016-400, 1er avr. 2016).* – Le stagiaire rédige un rapport de stage dans lequel il décrit les procédures auxquelles il a participé et les actes qu'il a accomplis ainsi qu'un mémoire de stage portant sur un sujet d'économie, de droit ou de gestion de son choix. Il remet ces documents au terme de son stage au maître de stage.

Le stage qui a été régulièrement accompli donne lieu à la délivrance d'une attestation établie par le maître de stage. Ce document atteste de la durée du stage et de l'exécution par le stagiaire de l'ensemble des actes juridiques et de gestion mentionnés au premier alinéa de l'article R. 812-18-2 ; il comporte également les appréciations portées sur la qualité de son travail par le maître de stage et les observations de celui-ci sur le mémoire de stage. Il est communiqué au stagiaire qui certifie en avoir pris connaissance et peut apporter ses observations écrites. Il transmet ce document, accompagné du mémoire et du rapport de stage, à la commission nationale d'inscription et de discipline.

Le maître de stage adresse une copie de l'attestation et du rapport de stage au magistrat désigné par le garde des Sceaux, ministre de la Justice, en application du premier alinéa de l'article R. 811-40.

Art. R. 812-18-4 *(D. n° 2016-400, 1er avr. 2016).* – La commission nationale d'inscription et de discipline délivre le certificat de fin de stage au stagiaire qui a satisfait aux obligations mentionnées aux articles R. 812-18-2 et R. 812-18-3.

Si la commission estime que le stagiaire n'a pas satisfait à ces obligations, elle peut soit refuser la délivrance du certificat de fin de stage, soit prolonger le stage au sein d'une autre étude pour une période d'une année renouvelable une fois.

Dans ce dernier cas, la commission fixe, dans sa décision de prolongation de stage pour un an, la liste des actes juridiques et de gestion que l'intéressé doit exécuter, et dont il doit rendre compte dans le rapport de stage, et précise s'il doit rédiger un nouveau mémoire de stage.

Le stage accompli conformément à la décision de prolongation donne lieu à la délivrance d'une attestation établie par le maître de stage. Ce document atteste de la durée du stage et de l'exécution par le stagiaire de l'ensemble des actes juridiques et de gestion figurant dans la décision de prolongation ; il comporte également les appréciations portées sur la qualité de son travail par le maître de stage et, s'il y a lieu, les observations de celui-ci sur le mémoire de stage. Il est communiqué au stagiaire qui certifie en avoir pris connaissance et peut apporter ses observations écrites. Ce document, accompagné du rapport de stage et, s'il y a lieu, du mémoire de stage, est ensuite transmis par le maître de stage à la commission nationale d'inscription et de discipline. Le maître de stage adresse une copie de l'attestation et du rapport de stage au magistrat désigné par le garde des Sceaux, ministre de la Justice, en application du premier alinéa de l'article R. 811-40.

À l'issue de l'année de prolongation, la commission délivre le certificat de fin de stage au stagiaire qui a satisfait aux obligations fixées par elle dans sa décision de prolongation ou, si elle estime que le stagiaire n'a pas satisfait à ces obligations, elle peut soit refuser la délivrance du certificat de fin de stage, soit prolonger le stage au sein de la même étude pour une ultime période d'une année. Les dispositions des deux alinéas précédents sont applicables à la seconde prolongation de stage. À l'issue de la seconde année de prolongation, la commission peut, en fonction de son appréciation de la satisfaction par le stagiaire des obligations fixées dans la décision de seconde prolongation, soit délivrer le certificat de fin de stage, soit refuser la délivrance de celui-ci.

Lorsqu'elle statue sur la délivrance du certificat de fin de stage, la commission siège en présence du président et de deux au moins de ses membres. Lorsqu'un des membres ou le président de la commission a autorité sur le stagiaire ou a des liens de parenté ou d'alliance avec lui jusqu'au quatrième degré inclusivement, il s'abstient de siéger. Aucun refus de délivrance ne peut être prononcé par la commission sans que l'intéressé ait été entendu ou appelé quinze jours au moins à l'avance par lettre recommandée avec demande d'avis de réception.

Les décisions de refus de délivrance ou de prolongation de stage doivent être motivées. Elles sont notifiées à l'intéressé et au président du Conseil national des administrateurs judiciaires et des mandataires judiciaires. La lettre de notification, adressée par lettre recommandée avec demande d'avis de réception, fait mention, à peine de nullité, du délai de recours et des modalités suivant lesquelles ce recours peut être exercé.

Le silence gardé par la commission au terme d'un délai de quatre mois à compter de la réception du dossier complet de la demande de délivrance de certificat de fin de stage vaut décision d'acceptation.

NB : Les articles R. 812-18-1 à R. 812-18-4 sont applicables à compter de la publication de l'arrêté prévu aux articles R. 811-28-2 et R. 812-18-2 du présent code.

Sous-section 3. – De la procédure d'inscription sur les listes de mandataires judiciaires

Art. R. 812-19 *(Mod., D. n° 2018-262, 11 avr. 2018).* – Les dispositions relatives à la procédure d'inscription des administrateurs judiciaires prévues aux articles R. 811-31 à R. 811-35, à l'exception des huitième et dixième alinéas de l'article R. 811-31 et à l'exception de l'article R. 811-31-1, sont applicables aux mandataires judiciaires.

Art. R. 812-20 *(Mod., D. n° 2011-1660, 29 nov. 2011).* – Les dispositions des articles R. 811-36 à R. 811-39 relatives à la tenue et à la mise à jour de la liste des administrateurs judiciaires sont applicables aux mandataires judiciaires.

Section II. – De la surveillance, de l'inspection et de la discipline

Art. R. 812-21 *(Mod., D. n° 2016-1851, 23 déc. 2016 ; D. n° 2017-1225, 2 août 2017).* – Les dispositions des articles R. 811-40 à R. 811-42-1 relatives à la surveillance et à l'inspection des administrateurs judiciaires sont applicables aux mandataires judiciaires et aux personnes désignées dans les conditions du premier alinéa du II de l'article L. 812-2.

Art. R. 812-21-1 *(D. n° 2016-1851, 23 déc. 2016 ; mod., D. n° 2017-1225, 2 août 2017).* – Les dispositions relatives à la surveillance et à l'inspection des mandataires judiciaires, sont applicables aux personnes mentionnées au III de l'article L. 812-2 sous réserve des dispositions suivantes :

1° Les dispositions relatives à la communication de la situation financière au Conseil national des administrateurs judiciaires et des mandataires judiciaires ne sont pas applicables ;

2° Les magistrats qui procèdent à l'inspection d'une personne mentionnée au III de l'article L. 812-2, peuvent se faire assister, en plus des personnes énumérées au troisième alinéa de l'article R. 811-42, d'un ou plusieurs huissiers de justice ou commissaires-priseurs judiciaires, selon le cas ;

3° Les frais occasionnés par l'assistance des personnes mentionnées au 2° et de celles énumérées au deuxième alinéa de l'article R. 811-42 sont pris en charge, selon le cas, par la chambre régionale des huissiers de justice compétente ou par la chambre de discipline des commissaires-priseurs judiciaires compétente. Ils peuvent être recouvrés sur le professionnel inspecté si celui-ci fait l'objet d'une sanction disciplinaire ;

4° Le rapport mentionné au dernier alinéa de l'article R. 811-42-1 est également adressé, selon le cas, au président de la chambre régionale des huissiers de justice compétente ou à celui de la chambre de discipline des commissaires-priseurs judiciaires compétente.

Art. R. 812-22 *(Mod., D. n° 2019-966, 18 sept. 2019).* – Les dispositions des articles R. 811-43 à R. 811-56 relatives à la procédure disciplinaire devant la commission nationale et à la procédure de suspension provisoire devant le tribunal judiciaire des administrateurs judiciaires sont applicables aux mandataires judiciaires.

Art. R. 812-22-1 *(D. n° 2016-1851, 23 déc. 2016 ; mod., D. n° 2019-966, 18 sept. 2019).* – Les dispositions relatives à la procédure disciplinaire devant la Commission nationale d'inscription et de discipline des administrateurs judiciaires et des mandataires judiciaires et celles relatives à la procédure de suspension provisoire devant le tribunal judiciaire, des mandataires judiciaires, sont applicables aux personnes mentionnées au III de l'article L. 812-2 sous réserve des dispositions suivantes :

1° La commission ne peut statuer en matière disciplinaire qu'en présence du président et de dix au moins de ses membres ;

2° Le président de la chambre régionale des huissiers de justice compétente ou celui de la chambre de discipline des commissaires-priseurs judiciaires compétente à l'égard des personnes mentionnées au III de l'article L. 812-2 sont soumis à l'obligation prévue à l'article R. 811-44. Ils disposent des mêmes prérogatives et sont rendus destinataires des mêmes notifications que celles prévues au profit du président du Conseil national des administrateurs judiciaires et des mandataires judiciaires par les articles R. 811-48 et R. 811-49, s'agissant de la procédure disciplinaire, et par les articles R. 811-50 à R. 811-52, R. 811-55 et R. 811-56, s'agissant de la procédure de suspension provisoire ;

3° Le professionnel cité à comparaître peut se faire assister d'un mandataire judiciaire inscrit, d'un huissier de justice ou d'un commissaire-priseur judiciaire.

Art. R. 812-23 *(Mod., D. n° 2019-1333, 11 déc. 2019).* – Toutefois, pour l'application de l'article *R. 811-58, l'administrateur provisoire* est choisi parmi les personnes inscrites sur la liste des mandataires judiciaires ou parmi celles qui remplissent les conditions pour y être inscrites.

Art. R. 812-23-1 *(D. n° 2016-1851, 23 déc. 2016 ; mod., D. n° 2019-1333, 11 déc. 2019).* – Le commissaire du Gouvernement près la Commission nationale d'inscription et de discipline des administrateurs judiciaires et des mandataires judiciaires assure l'exécution des sanctions disciplinaires.

Il informe les procureurs généraux près les cours d'appel des décisions passées en force de chose jugée prononçant l'interdiction temporaire ou définitive ou ordonnant une mesure de suspension provisoire ; ceux-ci portent ces décisions à la connaissance des juridictions de leur ressort.

Art. R. 812-23-2 *(D. n° 2016-1851, 23 déc. 2016 ; mod., D. n° 2019-966, 18 sept. 2019).* – Lorsqu'une personne mentionnée au III de l'article L. 812-2 se trouve dans l'impossibilité d'exercer ses fonctions en raison d'une mesure de suspension ou d'une mesure d'interdiction prononcée dans les conditions prévues aux 3° et 4° du II de l'article L. 814-10-2, le procureur de la République près le tribunal judiciaire dans le ressort duquel cette personne a son domicile professionnel requiert le président du tribunal judiciaire, statuant sur requête, de désigner sans délai un administrateur provisoire pour exercer les mandats de justice confiés au professionnel empêché ainsi que les actes nécessaires à la gestion de ces mandats. L'administrateur est choisi, selon le cas, parmi les huissiers de justice ou les commissaires-priseurs judiciaires.

Le commissaire du Gouvernement près la Commission nationale requiert l'administrateur provisoire désigné de procéder à l'information des présidents des juridictions ayant décerné des mandats à la personne mentionnée au III de l'article L. 812-2.

Les dispositions relatives à la rémunération de l'administrateur provisoire prévues à l'article R. 811-59 sont applicables.

Section III. – Du salariat

(D. n° 2016-400, 1er avr. 2016)

Art. R. 812-24 *(D. n° 2016-400, 1er avr. 2016).* – Les dispositions des articles R. 811-60 à R. 811-68 sont applicables aux mandataires judiciaires salariés.

CHAPITRE III. – DES EXPERTS EN DIAGNOSTIC D'ENTREPRISE

Le présent chapitre ne comprend pas de dispositions réglementaires.

CHAPITRE IV. – DISPOSITIONS COMMUNES

Section I. – De la Commission nationale d'inscription et de discipline et des recours contre les décisions de la commission

(D. n° 2016-109, 3 févr. 2016)

Art. R. 814-1 *(D. n° 2016-109, 3 févr. 2016 ; mod., D. n° 2016-1851, 23 déc. 2016).* – I. – Les magistrats du parquet, commissaires du Gouvernement auprès de la Commission nationale d'inscription et de discipline des administrateurs judiciaires et des mandataires judiciaires, ainsi que leur suppléant, sont désignés par le garde des Sceaux, ministre de la Justice. Les personnes, titulaires ou suppléantes, appelées à siéger au sein de cette commission en application du onzième alinéa de l'article L. 814-1, sont désignées dans les conditions prévues à l'article 32-A du décret du 19 décembre 1945 pris pour l'application du statut des commissaires-priseurs judiciaires et à l'article 74-2 du décret du 29 février 1956 pris pour l'application de l'ordonnance du 2 novembre 1945 relative au statut des huissiers de justice.

II. – Le mandat du président, du vice-président, des membres de la commission ainsi que celui de leurs suppléants prend effet à la date de la première réunion qui suit leur désignation. Pour cette première réunion, la commission se réunit sur convocation de son secrétaire.

Lorsqu'un membre est définitivement empêché en cours de mandat, il est procédé à son remplacement. Les fonctions du nouveau membre expirent à la date à laquelle auraient cessé celles du membre qu'il remplace.

III. – Le secrétariat de la commission est assuré par un ou plusieurs fonctionnaires du ministère de la Justice. La commission rend compte de son activité dans un rapport annuel remis au garde des Sceaux, ministre de la Justice. *Le secrétariat de la commission est chargé de la* préparation du rapport annuel d'activité, sous l'autorité du président de la commission.

Art. R. 814-1-1 *(D. n° 2016-109, 3 févr. 2016).* – Les membres de la Commission nationale d'inscription et de discipline ont droit à la prise en charge de leurs frais de déplacement dans les conditions fixées par la réglementation applicable aux fonctionnaires de l'État.

Art. D. 814-1-2 *(D. n° 2019-276, 4 avr. 2019 ; mod., D. n° 2020-1421, 19 nov. 2020).* – Le président de la Commission nationale d'inscription et de discipline des administrateurs judiciaires et des mandataires judiciaires ou son suppléant perçoit, dans la limite d'un plafond annuel, une indemnité forfaitaire pour chaque séance de la commission qu'il préside.

Les membres de la commission titulaires ou suppléants autres que le président perçoivent, dans la limite d'un plafond annuel, soit une indemnité forfaitaire pour chaque séance de la commission à laquelle ils participent, soit une indemnité forfaitaire pour les rapports dont ils sont chargés par le président.

Les deux magistrats du parquet titulaires et leur suppléant, désignés pour exercer les fonctions de commissaire du Gouvernement auprès de la commission, perçoivent, dans la limite d'un plafond annuel, une indemnité forfaitaire pour chaque séance à laquelle ils participent.

Le montant de ces indemnités et leurs plafonds annuels sont fixés par arrêté conjoint du garde des sceaux, ministre de la justice, du ministre chargé de la fonction publique et du ministre chargé du budget. »

Art. R. 814-2 *(Anc. art. R. 814-1, renum., D. n° 2016-109, 3 févr. 2016).* – Un recours contre la décision de la commission statuant en matière d'inscription peut être exercé devant la cour d'appel de Paris par l'intéressé, le garde des Sceaux, ministre de la Justice, le commissaire du Gouvernement et le président du Conseil national, dans le délai d'un mois à compter de la date de réception de la lettre de notification de la décision.

Le recours est formé soit par déclaration au greffe de la cour d'appel, soit par lettre recommandée avec demande d'avis de réception adressée au greffier en chef.

Le greffier en chef en avise, selon le cas, l'intéressé, le garde des Sceaux, ministre de la Justice, le commissaire du Gouvernement ou le président du Conseil national.

Le recours est instruit et jugé selon les règles applicables à la procédure sans représentation obligatoire.

Art. R. 814-2-1 *(Anc. art. R. 814-2, mod., D. n° 2011-1660, 29 nov. 2011 ; renum., D. n° 2016-109, 3 févr. 2016 ; mod., D. n° 2016-1851, 23 déc. 2016).* – Un recours peut être exercé devant la cour d'appel de Paris, dans le délai d'un mois à compter de la notification de la décision de la commission statuant en matière disciplinaire ou sur le fondement du premier alinéa de l'article L. 811-6, par l'intéressé, le garde des Sceaux, ministre de la Justice, et le commissaire du Gouvernement. Il peut également être exercé, dans le même délai, par le ministère public, le président du Conseil national et, selon le cas, par le président de la chambre régionale des huissiers de justice compétente ou le président de la chambre de discipline des commissaires-priseurs judiciaires compétente lorsqu'ils ont engagé l'action. Il est formé soit par déclaration remise contre récépissé au greffe de la cour d'appel de Paris, soit par lettre recommandée avec demande d'avis de réception adressée au greffier en chef.

Le recours est instruit et jugé selon les règles applicables à la procédure sans représentation obligatoire.

La décision de la cour d'appel est notifiée, par le greffe, par lettre recommandée avec demande d'avis de réception, aux personnes mentionnées à l'alinéa premier.

Section II. – De la représentation des professions auprès des pouvoirs publics

Art. R. 814-3 *(Mod., D. n° 2016-1851, 23 déc. 2016).* – Le Conseil national établit un ensemble de règles *professionnelles soumis à l'approbation du* garde des Sceaux, ministre de la Justice.

Le garde des Sceaux, ministre de la Justice peut demander au Conseil national d'actualiser ou de réviser ces règles dans un délai qu'il lui impartit.

Ces règles prévoient notamment :

1° Les modalités d'organisation et de financement de la formation professionnelle ;

2° L'harmonisation des méthodes comptables utilisées par chaque professionnel, la tenue quotidienne obligatoire d'une comptabilité permettant de s'assurer de la représentation des fonds, effets, titres et autres valeurs appartenant à autrui, et l'agrément des systèmes informatiques de tenue de la comptabilité ;

3° Les conditions de délégation de signature au sein de l'étude et de conservation des pièces justificatives ainsi que les autres mesures propres à assurer la sécurité dans la gestion des dossiers et la gestion des fonds de tiers ;

4° Les conditions dans lesquelles l'administrateur judiciaire ou le mandataire judiciaire fait connaître à l'autorité mandante les intérêts économiques et financiers qu'il détient, directement ou indirectement, et qui peuvent faire obstacle à l'attribution d'un mandat dans une affaire déterminée ;

5° Les modalités de présentation des demandes des administrateurs judiciaires et des mandataires judiciaires aux fins d'arrêté de leurs émoluments ainsi que les autres mesures propres à permettre le contrôle du respect des règles relatives à leur tarif ;

6° L'harmonisation de la présentation de leur compte rendu de fin de mission par les administrateurs judiciaires et les mandataires judiciaires ;

7° Les conditions dans lesquelles les administrateurs judiciaires et les mandataires judiciaires portent à la connaissance du Conseil national les informations économiques et sociales issues des procédures au titre desquelles ils interviennent ;

8° Les conditions dans lesquelles l'administrateur judiciaire ou le mandataire judiciaire qui demande son retrait de la liste ou qui cesse l'exercice individuel de sa profession organise le transfert des dossiers qui lui ont été confiés et des fonds qu'il détient.

(Al. rempl. à compter du 1er janvier 2017, D. n° 2016-1851, 23 déc. 2016) Le non-respect des règles professionnelles peut entraîner des poursuites disciplinaires.

Si ces règles n'ont pas été actualisées ou révisées par le Conseil national dans le délai imparti, elles le sont par le garde des Sceaux, ministre de la Justice.

Art. D. 814-3-1 *(D. n° 2011-1908, 20 déc. 2011)* (1). – Lorsqu'elles établissent ou sont tenues d'établir des comptes annuels dans les conditions définies aux articles L. 123-12 à L. 123-22, les personnes exerçant la profession d'administrateur judiciaire ou de mandataire judiciaire communiquent ces comptes au conseil national dans le délai mentionné au dernier alinéa de l'article L. 811-11.

Dans les autres cas, elles communiquent au conseil national, dans le même délai, les éléments suivants :

1° Une situation de trésorerie établie à l'ouverture de l'exercice comptable de l'étude ;

2° Une situation de trésorerie établie à la clôture de l'exercice comptable de l'étude ;

3° Le chiffre d'affaires hors taxes avant rétrocessions ;

4° Le montant des honoraires versés et rétrocédés ;

5° Les salaires et charges de personnel ;

6° Les dotations aux amortissements ;

7° Les redevances de crédit-bail ;

8° Les locations mobilières et immobilières ;

9° Le résultat net réalisé avant impôt ;

10° Le montant des investissements réalisés ;

11° Le montant détaillé des emprunts restant à rembourser et des concours bancaires courants ;

12° Le montant des loyers non échus sur les contrats de crédit-bail.

Art. R. 814-3-2 *(D. n° 2016-1851, 23 déc. 2016 ; mod., D. n° 2017-1225, 2 août 2017)*. – Les règles professionnelles établies par le Conseil national relatives aux questions énumérées aux 2° à 6° et au 8° de l'article R. 814-3 sont applicables aux personnes mentionnées au deuxième alinéa de l'article L. 811-2 et au premier alinéa du II et du III de l'article L. 812-2. Leur non-respect peut entraîner des poursuites disciplinaires.

Art. R. 814-4 *(Mod., D. n° 2017-1225, 2 août 2017)*. – I. – Pour l'exercice de ses attributions en matière de formation professionnelle, le Conseil national constitue une commission de formation professionnelle, composée des membres suivants :

1° Le président et le vice-président du Conseil national ;

2° Un administrateur judiciaire et un mandataire judiciaire désignés par Conseil national ;

3° Un administrateur judiciaire et un mandataire judiciaire désignés par la caisse de garantie ;

4° Un magistrat de l'ordre judiciaire désigné par le garde des Sceaux, ministre de la Justice ;

(1) Dispositions applicables aux exercices ouverts à compter du 1er janvier 2012, D. n° 2011-1908, 20 déc. 2011, art. 3.

5° Un juge consulaire désigné par la conférence des juges consulaires de France ;

6° Trois professeurs, maîtres de conférences ou chargés d'enseignement choisis par le Conseil national.

II. – Cette commission assiste le Conseil national dans l'organisation de l'enseignement professionnel en vue de la préparation à l'examen d'aptitude aux fonctions d'administrateur judiciaire et de mandataire judiciaire. Elle met les candidats stagiaires en relation avec les professionnels, facilite la réalisation des stages et en assure le suivi. Elle recommande notamment l'affectation dans une étude des stagiaires qui n'ont pas trouvé de stage. Elle assiste le Conseil national dans l'organisation de la formation continue des professionnels en activité. Le Conseil national valide, après avis de la commission, les formations autres que celles qu'il organise. Il vérifie leur lien direct avec l'activité professionnelle exercée.

III. – Le rapport mentionné au quatrième alinéa de l'article L. 814-2 expose les orientations générales retenues en matière de formation continue. Il précise le nombre et la nature des formations validées ainsi que la nature des organismes qui les ont dispensées.

Art. R. 814-5. – Le Conseil national des administrateurs judiciaires et des mandataires judiciaires est composé de seize membres, huit membres représentant les administrateurs judiciaires et huit membres représentant les mandataires judiciaires.

Les membres sont élus au scrutin de liste à la représentation proportionnelle par deux collèges, l'un composé des personnes physiques inscrites sur la liste nationale des administrateurs judiciaires, l'autre composé des personnes physiques inscrites sur la liste nationale des mandataires judiciaires. Chaque collège élit huit membres. Le vote a lieu sans panachage ni vote préférentiel.

Les membres du Conseil national sont élus pour une période de quatre ans, renouvelable une fois. Ils ne sont rééligibles pour un mandat supplémentaire qu'après un intervalle de quatre ans, après l'expiration, le cas échéant, de leur second mandat.

Art. R. 814-6. – Le bureau du Conseil national organise l'élection. Il détermine les modalités applicables, notamment celles du vote par correspondance, autres que celles prévues par le présent titre, selon des règles soumises à l'approbation du garde des Sceaux, ministre de la Justice.

Chaque déclaration de candidature indique le titre de la liste présentée. Elle comporte les nom et prénoms du candidat, son domicile professionnel, sa signature, la date à laquelle il a été inscrit sur la liste nationale, ou, lorsqu'il s'agit d'un mandataire judiciaire, la liste régionale si son inscription sur celle-ci est antérieure à l'établissement de la liste nationale.

Chaque liste comprend au moins quatre candidats. Nul ne peut être candidat sur plus d'une liste.

Art. R. 814-7. – Il est attribué à chaque liste autant d'élus que le nombre de suffrages lui revenant contient de fois le quotient électoral. Le quotient électoral est égal au nombre total des suffrages obtenus par les différentes listes divisé par le nombre de délégués à élire.

Au cas où aucun siège ne peut être pourvu ou s'il reste des sièges à pourvoir, les sièges restants sont attribués sur la base de la plus forte moyenne.

À cet effet, le nombre de voix obtenues par chaque liste est divisé par le nombre, augmenté d'une unité, des sièges attribués à la liste. Les différentes listes sont placées dans l'ordre décroissant des moyennes ainsi obtenues. Le premier siège non pourvu est attribué à la liste ayant la plus forte moyenne.

Il est procédé successivement à la même opération pour chacun des sièges non pourvus, jusqu'au dernier.

Dans le cas où deux listes ont la même moyenne et où il ne reste qu'un siège à pourvoir, il est attribué à la liste qui a obtenu le plus grand nombre de voix.

Si deux listes ont obtenu le même nombre de voix, le candidat le plus âgé est proclamé élu.

Art. R. 814-8. – Si un membre du Conseil national vient à cesser ses fonctions pour quelque cause que ce soit avant l'expiration de leur durée normale, il est pourvu à son remplacement, dans les trois mois, par le premier candidat non élu de la liste. S'il n'y a plus de candidat non élu sur la liste, il est procédé à une élection au scrutin majoritaire uninominal à un tour par le collège auquel appartenait l'intéressé.

Dans tous les cas, les fonctions du nouveau membre expirent à la date à laquelle auraient pris fin celles du membre qu'il remplace. Si la durée de son mandat est inférieure à deux ans, l'intéressé est éligible pour une période de quatre ans immédiatement renouvelable pour une durée égale.

Art. R. 814-9. – Tout administrateur judiciaire ou tout mandataire judiciaire peut déférer l'élection des membres du Conseil national à la cour d'appel de Paris dans un délai de dix jours à compter de la proclamation des résultats. La réclamation est remise contre récépissé ou adressée par lettre recommandée avec demande d'avis de réception au greffier en chef de la cour d'appel. Le recours est instruit et jugé selon les règles applicables à la procédure sans représentation obligatoire.

Art. R. 814-10. – Les membres du Conseil national élisent en leur sein, de manière paritaire, un président, un vice-président et quatre membres, qui constituent le bureau.

Le bureau est élu au scrutin uninominal majoritaire à un tour pour une période de deux ans.

En cas d'égalité des voix, le plus âgé des candidats est proclamé élu.

Le président et le vice-président appartiennent, en alternance, l'un à la profession des administrateurs judiciaires, l'autre à la profession des mandataires judiciaires.

Le président sortant n'est rééligible à cette fonction et à celle de vice-président qu'après un intervalle de quatre années au moins.

Art. R. 814-11. – Le mandat du président, du vice-président et des membres du bureau prend fin lorsqu'ils cessent de remplir les conditions pour être membres du Conseil national. Il est alors pourvu à leur remplacement dans le délai de trois mois. En ce cas, les fonctions du nouveau membre expirent à l'époque où auraient cessé celles du membre qu'il a remplacé.

Art. R. 814-12. – Les fonctions de membre du Conseil national et celles de membre du bureau de ce conseil sont gratuites et ne peuvent donner lieu qu'au remboursement de frais de voyage et de séjour, dans les conditions fixées par le Conseil national.

Le président peut percevoir, pour frais de représentation, une indemnité dont le montant est fixé par le Conseil national.

Art. R. 814-13. – Le Conseil national ne peut valablement délibérer qu'en présence de cinq membres au moins de chaque collège, le bureau de deux membres au moins de chaque profession.

En cas de partage égal des voix, le président a voix prépondérante.

Art. R. 814-14. – Le Conseil national des administrateurs judiciaires et des mandataires judiciaires établit son budget. Il dresse, le 1er mars de chaque année, son bilan pour les opérations de l'année précédente. Ce bilan est certifié par un commissaire aux comptes choisi par le bureau.

Il fixe le montant de la cotisation que verse annuellement au conseil national chaque administrateur judiciaire et chaque mandataire judiciaire ainsi que la fraction de cette cotisation affectée à la formation professionnelle.

Art. R. 814-15. – Le Conseil national élabore un règlement intérieur qui régit son mode de fonctionnement et celui du bureau et fixe les prérogatives des organes du Conseil. Ce règlement et ses modifications ultérieures doivent être adoptées par une majorité des deux tiers du Conseil.

Le président du Conseil national convoque celui-ci au moins une fois par trimestre et chaque fois qu'il le juge utile. Il le convoque également sur un ordre du jour déterminé à la demande de quatre membres du Conseil ou du garde des Sceaux, ministre de la Justice.

Section III. – De la garantie de la représentation des fonds, de la responsabilité civile professionnelle et de la rémunération

Sous-section 1. – De la garantie de la représentation des fonds, de la responsabilité civile professionnelle, de la rémunération et de la formation professionnelle continue

(Intitulé rempl. à compter du 1er octobre 2017, D. n° 2017-1225, 2 août 2017)

Art. R. 814-16. – La caisse de garantie instituée à l'article L. 814-3 a son siège à Paris.

Art. R. 814-17. – La caisse de garantie est gérée par un conseil d'administration composé de douze membres, dont six administrateurs judiciaires et six mandataires judiciaires, inscrits sur les listes nationales.

Ces membres sont élus pour cinq ans. Les six administrateurs judiciaires sont élus par les personnes physiques inscrites sur la liste nationale des administrateurs judiciaires et les six mandataires judiciaires par celles inscrites sur la liste nationale des mandataires judiciaires.

En cas de vacance d'un siège pour quelque cause que ce soit, notamment lorsque le professionnel concerné a obtenu son transfert d'inscription de la liste nationale des administrateurs judiciaires sur la liste nationale des mandataires judiciaires ou réciproquement, le siège est pourvu par le premier candidat non élu dans la catégorie professionnelle concernée.

S'il n'y a plus de candidat non élu, il est procédé à une élection au scrutin uninominal majoritaire à un tour.

Dans tous les cas, les fonctions des nouveaux membres expirent à la date à laquelle auraient cessé celles des membres qu'ils remplacent.

Art. R. 814-18. – Les élections sont organisées par le conseil d'administration de la caisse de garantie qui détermine les modalités qui leur sont applicables selon des règles soumises à l'approbation du garde des Sceaux, ministre de la Justice. Le bureau chargé du dépouillement des votes comprend le président, le vice-président, le secrétaire et le trésorier du conseil d'administration de la caisse.

Les candidats qui, dans chaque collège, ont obtenu le plus grand nombre de voix sont élus.

Les réclamations sont portées devant la cour d'appel de Paris.

Les membres de la caisse ne sont rééligibles qu'une fois.

Sous réserve des dispositions du présent article, les règles de l'article R. 811-3 sont applicables à l'élection des membres du conseil d'administration.

Art. R. 814-19. – Le conseil d'administration élit parmi ses membres un président, un vice-président, un secrétaire et un trésorier.

Les décisions sont prises à la majorité des voix. En cas de partage égal des voix, celle du président est prépondérante.

Le magistrat du parquet chargé des fonctions de commissaire du Gouvernement auprès de la caisse de garantie et son suppléant sont désignés par le garde des Sceaux, ministre de la Justice.

Le président et le vice-président du Conseil national des administrateurs judiciaires et des mandataires judiciaires ou leur représentant désigné parmi les membres du Conseil national siègent au sein du conseil d'administration de la caisse avec voix consultative.

Art. R. 814-20. – Le conseil d'administration fixe les dépenses de gestion de la caisse de garantie et gère son actif.

Il établit, avant le 31 mars de chaque année, le bilan de la caisse pour les opérations de l'année précédente. Ce bilan est certifié par un commissaire aux comptes choisi par le conseil d'administration de la caisse de garantie.

Le conseil d'administration réunit une assemblée générale des cotisants pour lui présenter ce bilan.

Art. R. 814-21. – Le montant des cotisations des administrateurs judiciaires et des mandataires judiciaires inscrits est fixé chaque année par le conseil d'administration de la caisse de garantie sur la base du montant des fonds non distribués par le professionnel au 31 décembre de l'année précédente pour la garantie en matière de représentation des fonds et sur celle du chiffre d'affaires de l'étude pour la garantie concernant la responsabilité civile professionnelle.

En cas de désaccord du commissaire du Gouvernement sur le montant des cotisations, celui-ci est fixé par arrêté conjoint du ministre chargé de l'économie et du garde des Sceaux, ministre de la Justice.

Art. R. 814-22. – Les fonds disponibles de la caisse de garantie sont obligatoirement déposés à la Caisse des dépôts et consignations. Ils peuvent être placés en obligations et autres valeurs émises ou garanties par un État membre de la Communauté européenne.

Art. R. 814-23. – Les contrats d'assurance de responsabilité civile professionnelle doivent prévoir une garantie minimale de 800 000 € par sinistre et par an pour chaque personne assurée.

Art. R. 814-24 *(Mod., D. n° 2016-1851, 23 déc. 2016)*. – Les garanties dont doivent justifier l'administrateur judiciaire non inscrit sur la liste nationale, désigné dans les conditions prévues par le deuxième alinéa de l'article L. 811-2 et le mandataire judiciaire non inscrit sur la liste nationale, désigné dans les conditions prévues par le premier alinéa du II ou du III de l'article L. 812-2, doivent être au moins équivalentes à celles prévues à l'article R. 814-23.

Lorsque l'assurance a été souscrite par l'intermédiaire de la caisse de garantie, ses modalités en sont fixées, après avis du commissaire du Gouvernement, par accord entre le professionnel non inscrit et la caisse.

Art. R. 814-25. – Le président du conseil d'administration de la caisse de garantie informe le procureur général près la cour d'appel dans le ressort de laquelle l'intéressé a son domicile professionnel, le commissaire du Gouvernement près la commission d'inscription et de discipline, le magistrat coordonnateur mentionné à l'article R. 811-40, ainsi que le président du Conseil national, de toute action en responsabilité civile professionnelle exercée contre un administrateur judiciaire ou un mandataire judiciaire.

Art. R. 814-26. – La caisse de garantie peut souscrire des contrats d'assurance groupe permettant le service, au profit de ses adhérents qui souhaitent en bénéficier, de prestations en matière de retraite complémentaire et de prévoyance sociale.

Sous-section 2. – De la rémunération

Art. R. 814-27. – La rémunération des administrateurs judiciaires au titre des mandats qui leur sont confiés en matière civile est fixée sur justification de l'accomplissement de leur mission par le président de la juridiction les ayant désignés.

Cette décision est susceptible de recours selon les règles des articles 714 à 718 du Code de procédure civile.

Art. R. 814-28. – Le président de la juridiction qui confie une mission à un administrateur judiciaire, en matière civile, peut fixer le montant d'une provision à valoir sur la rémunération de ce professionnel.

Sous-section 3. – De la formation professionnelle continue

(D. n° 2017-1225, 2 août 2017)

Art. R. 814-28-1 *(D. n° 2017-1225, 2 août 2017).* – La durée de la formation professionnelle prévue par l'article L. 814-9 est de vingt heures au cours d'une année civile ou de quarante heures au cours de deux années consécutives.

Art. R. 814-28-2 *(D. n° 2017-1225, 2 août 2017).* – La formation continue porte sur les domaines juridique, économique, financier, comptable, social et sur la déontologie. Elle est en lien direct avec l'activité professionnelle exercée.

Art. R. 814-28-3 *(D. n° 2017-1225, 2 août 2017).* – Le Conseil national des administrateurs judiciaires et mandataires judiciaires définit les orientations générales et les différentes matières sur lesquelles porte l'obligation de formation.

Au cours des deux premières années d'exercice professionnel, la formation inclut dix heures au moins portant sur la déontologie des administrateurs judiciaires et mandataires judiciaires, le statut professionnel et la gestion d'un office.

Art. R. 814-28-4 *(D. n° 2017-1225, 2 août 2017 ; mod., D. n° 2019-1143, 7 nov. 2019).* – Les activités validées au titre de l'obligation de formation continue sont :

1° La participation aux actions d'adaptation et de développement des compétences, d'acquisition, d'entretien ou de perfectionnement des connaissances et de formation relatives à l'économie et à la gestion de l'entreprise. Le Conseil national des administrateurs judiciaires et des mandataires judiciaires retient parmi elles celles qu'il estime prioritaires ;

2° L'*assistance à des colloques, à des conférences* ou à des séminaires, dans la limite de dix heures par an ;

3° L'assistance à des programmes d'autoformation encadrée ou à des formations ou enseignements à distance, dans la limite de dix heures par an ;

4° L'animation de formation, de colloque, de conférence et de séminaire et la dispense d'enseignement dans un cadre professionnel ou universitaire ;

5° La publication de travaux à caractère technique ou la participation à ceux-ci.

Art. R. 814-28-5 *(D. n° 2017-1225, 2 août 2017).* – Les formations mentionnées aux 1° à 4° de l'article R. 814-28-4 sont accomplies auprès du Conseil national des administrateurs judiciaires et des mandataires judiciaires, des établissements universitaires ou d'organismes de formation, enregistrés ou ayant déposé une déclaration d'activité en cours d'enregistrement, conformément aux dispositions des articles L. 6351-1 à L. 6351-8 et R. 6351-1 à R. 6351-7 du Code du travail.

Art. R. 814-28-6 *(D. n° 2017-1225, 2 août 2017).* – Les organismes dispensant des formations définies aux 1° à 4° de l'article R. 814-28-4 délivrent à la personne ayant accompli les activités validées au titre de la formation continue, une attestation mentionnant les objectifs, le contenu, la durée, et la date de réalisation de l'activité. Lorsqu'il s'agit d'un colloque, d'une conférence ou d'un séminaire, ce document atteste de la présence du professionnel à cette manifestation.

Art. R. 814-28-7 *(D. n° 2017-1225, 2 août 2017).* – Les administrateurs judiciaires et mandataires judiciaires déclarent, au plus tard le 31 janvier, auprès du Conseil national des administrateurs judiciaires et mandataires judiciaires les conditions dans lesquelles ils ont satisfait à leur obligation de formation continue au cours de l'année écoulée. Les justificatifs utiles à la vérification du respect de cette obligation sont joints à cette déclaration.

Le Conseil national adresse chaque année, au plus tard le 31 mars, au magistrat coordonnateur mentionné au deuxième alinéa de l'article R. 811-40, la liste des administrateurs judiciaires et mandataires judiciaires qui n'ont pas satisfait à leur obligation de formation professionnelle continue et précise les mesures mises en œuvre aux fins de la faire respecter.

Section IV. – De la comptabilité, du dépôt de fonds, des contrôles et dispositions diverses

Sous-section 1. – De la tenue de la comptabilité et du dépôt des fonds

Art. R. 814-29. – Les administrateurs judiciaires et les mandataires judiciaires ouvrent, pour chaque mandat reçu, dans le cadre d'une comptabilité spéciale, un compte qui enregistre l'ensemble des mouvements concernant ce mandat ainsi que les opérations liées à ces mouvements.

La comptabilité spéciale de chaque administrateur judiciaire et de chaque mandataire judiciaire, arrêtée au 30 juin et au 31 décembre, fait l'objet d'un contrôle effectué par un commissaire aux comptes. Le mandataire de justice avise par lettre recommandée avec demande d'avis de réception le commissaire aux comptes choisi qui donne sa réponse dans les mêmes formes.

L'administrateur judiciaire et le mandataire judiciaire désignent un commissaire aux comptes suppléant dont les fonctions sont exercées dans les conditions prévues à l'article L. 823-1.

Le magistrat inspecteur régional et le magistrat coordonnateur mentionné à l'article R. 811-40 sont informés, dans les quinze jours, de toutes les décisions de nomination et de cessation de fonctions du commissaire aux comptes et de son suppléant.

Art. R. 814-30 *(Mod., D. n° 2019-966, 18 sept. 2019).* – Le commissaire aux comptes informe le magistrat inspecteur régional, le magistrat coordonnateur mentionné à l'article R. 811-40 et le président du Conseil national des anomalies ou irrégularités, affectant ou non la représentation des fonds, dont il a connaissance au cours de l'exécution de sa mission. Il révèle les faits délictueux dont il a connaissance aux procureurs de la République près les tribunaux judiciaires dans le ressort desquels le mandataire de justice a son domicile professionnel et, le cas échéant, son ou ses bureaux annexes.

Le commissaire aux comptes fait parvenir, avant le 15 mars et le 15 septembre de chaque année, au magistrat inspecteur régional, au magistrat coordonnateur, au procureur de la République près le tribunal judiciaire dans le ressort duquel le mandataire de justice a son domicile professionnel ou un bureau annexe et au président du conseil national, une attestation de vérification de la comptabilité spéciale du mandataire de justice intéressé.

Cette attestation indique le montant des fonds, effets, titres et autres valeurs détenus par catégorie de mission et par établissement de crédit et mentionne toute anomalie ou irrégularité constatée.

Tout professionnel faisant l'objet d'une décision de retrait de la liste professionnelle, pour quelque motif que ce soit, en avise sans délai le commissaire aux comptes qu'il a désigné conformément à l'article R. 814-29. Celui-ci, dans le délai d'un mois à compter de la réception de cet avis, remet aux autorités mentionnées au deuxième alinéa une attestation de vérification de la comptabilité spéciale, établie au jour de la cessation des fonctions.

Art. R. 814-31. – Chaque mandat, judiciaire ou amiable, reçu par l'administrateur judiciaire ou le mandataire judiciaire est inscrit par ordre chronologique d'arrivée à l'étude sur un répertoire mentionnant notamment le numéro d'ordre, le nom de la juridiction mandante ou la qualité du mandant, la date de la décision de désignation, le nom de l'affaire, la nature de la mission, l'identification des établissements financiers auprès desquels les fonds sont déposés, la date et les modalités de l'achèvement de la mission.

Art. R. 814-32. – La comptabilité spéciale des administrateurs judiciaires et des mandataires judiciaires est tenue en partie double. Elle comprend obligatoirement un livre journal, des journaux auxiliaires, un grand livre, des grands livres auxiliaires des comptes individuels ouverts pour chaque mandat, une balance, un recueil des états périodiques et des reçus pour les versements d'espèces.

Elle respecte les règles professionnelles prévues à l'article R. 814-3.

Art. R. 814-33. – Les journaux auxiliaires mentionnent par ordre chronologique l'ensemble des opérations mentionnées à l'article R. 814-29.

Ils indiquent pour chaque opération la date, le nom de l'affaire, le libellé de l'opération et son montant. S'il s'agit d'une recette en espèces, le numéro du reçu est indiqué au regard de celle-ci dans une colonne du livre journal réservée à cet effet.

Art. R. 814-34. – Des états sont établis chaque trimestre par les administrateurs judiciaires et les mandataires judiciaires pour tous les mandats n'ayant pas fait l'objet d'une reddition des comptes.

Ces états mentionnent pour chaque mandat : le numéro de l'affaire au répertoire, le nom de celle-ci, le nom de la juridiction mandante ou la qualité du mandant, la date de la décision de désignation, la nature de la mission concernée, les mouvements comptables enregistrés pour l'affaire depuis l'origine, les mouvements et le solde par compte ouvert à la Caisse des dépôts et consignations et dans d'autres établissements financiers, ainsi que l'ensemble des fonds, effets, titres ou valeurs appartenant à autrui et, le cas échéant, les espèces disponibles aux mains du professionnel.

Art. R. 814-35 *(Mod., D. n° 2019-966, 18 sept. 2019)*. – L'administrateur judiciaire ou le mandataire judiciaire adresse les états prévus à l'article précédent dans les quinze jours qui suivent l'achèvement du trimestre au greffe du tribunal de commerce et, s'il y a lieu, du tribunal judiciaire, ainsi qu'au procureur de la République près le tribunal judiciaire dans le ressort duquel il a son domicile professionnel, pour l'ensemble de ses mandats. Il adresse ces mêmes états au greffe du tribunal de commerce et, s'il y a lieu, du tribunal judiciaire, ainsi qu'aux procureurs de la République près les tribunaux judiciaires dans le ressort desquels il a son ou ses bureaux annexes, pour ses mandats concernant ces bureaux annexes.

Art. R. 814-36. – Un reçu numéroté est délivré pour toute remise du fonds en espèces. La série des numéros est ininterrompue, les reçus doivent être utilisés dans l'ordre numérique. Chaque reçu mentionne le nom et l'adresse du mandataire de justice, la date de la recette, son montant en lettres et en chiffres, le nom et l'adresse de la partie versante, le nom de l'affaire à laquelle ce règlement s'applique et la cause de celui-ci.

Art. R. 814-37. – À tout moment, le total des sommes dont l'administrateur judiciaire ou le mandataire judiciaire est comptable au titre d'un mandat doit être couvert par les fonds, effets, titres et autres valeurs appartenant à autrui déposés sur les comptes ouverts à la Caisse des dépôts et consignations et dans d'autres établissements financiers, et par les espèces en caisse.

Les fonds détenus au titre d'un mandat ne peuvent en aucun cas être utilisés au bénéfice d'un autre mandat.

Art. D. 814-37-1 *(D. n° 2017-304, 8 mars 2017 ; mod., D. n° 2020-101, 7 févr. 2020)*. – Les seuils mentionnés à l'article L. 814-15 sont fixés :

1° À 250 salariés employés par le débiteur à la date de la demande d'ouverture de la procédure, ce nombre étant déterminé conformément aux dispositions du 4° de l'article R. 621-1 ;

2° À 20 millions d'euros de chiffre d'affaires, défini conformément aux dispositions du sixième alinéa de l'article D. 123-200, apprécié à la date de clôture du dernier exercice comptable.

Art. R. 814-38. – Les dispositions des articles R. 814-29 à R. 814-41 s'appliquent également aux mandataires de justice autorisés à poursuivre un ou plusieurs dossiers en cours après leur retrait de la liste professionnelle, dans les conditions prévues aux articles L. 811-8 et L. 812-6, ainsi qu'aux personnes physiques désignées par les tribunaux dans les conditions prévues par le deuxième alinéa de l'article L. 811-2 et par le premier alinéa du II de l'article L. 812-2.

Art. R. 814-39. – Les sommes disponibles déposées sur les comptes bancaires ouverts au nom du débiteur ayant fait l'objet d'un jugement arrêtant un plan de cession doivent être versées à la Caisse des dépôts et consignations dans les quinze jours du prononcé de ce jugement. Ces comptes bancaires peuvent néanmoins continuer à fonctionner, pour la couverture des effets ou moyens de paiement émis avant la date du jugement.

Art. R. 814-40. – Lorsqu'un administrateur judiciaire ou un mandataire judiciaire dépose des fonds à la Caisse des dépôts et consignations sur un compte global rémunéré, il fait apparaître une fois par trimestre et à la fin de sa mission, en comptabilité spéciale ainsi que sur les états prévus à l'article R. 814-34, les sommes provenant des intérêts produits au profit de chaque entreprise. Ces sommes sont calculées au prorata des soldes moyens de chaque entreprise tels qu'ils apparaissent dans la comptabilité spéciale.

Art. R. 814-41. – Les administrateurs judiciaires dans l'exercice des mandats qui leur sont confiés en matière civile sont tenus de déposer à un compte ouvert à leur nom à la Caisse des dépôts et consignations, dès leur réception, tous les fonds qu'ils ont reçus dans le cadre des missions de justice, y compris les provisions pour frais et honoraires.

Ces sommes ne peuvent faire l'objet d'un retrait à leur profit qu'après fixation de leurs honoraires ou provisions par le juge. De même, tous les titres dont ils assurent la gestion sont remis pendant la durée de leur mission à la Caisse des dépôts et consignations.

Art. R. 814-41-1 *(D. n° 2016-1851, 23 déc. 2016 ; mod., D. n° 2017-1225, 2 août 2017).* – Les dispositions de la présente sous-section sont applicables aux personnes mentionnées au III de l'article L. 812-2 à l'exception des articles R. 814-38 et R. 814-41, y compris lorsqu'elles ont été autorisées à poursuivre un ou plusieurs dossiers en cours après la cessation de leurs fonctions dans les conditions prévues à l'article L. 812-6.

Le président, selon le cas, de la chambre régionale des huissiers de justice compétente ou de la chambre de discipline des commissaires-priseurs judiciaires compétente est également destinataire de l'information prévue au premier alinéa de l'article R. 814-30.

Sous-section 2. – Des contrôles

Art. R. 814-42 *(D. n° 2016-1851, 23 déc. 2016 ; mod., D. n° 2017-1225, 2 août 2017).* – Chaque professionnel est soumis tous les trois ans à un contrôle qui porte sur l'ensemble de son activité.

Par dérogation à l'alinéa précédent, la personne mentionnée au III de l'article L. 812-2 est soumise à un contrôle, qui porte sur l'activité pour laquelle elle a été désignée, lorsque le nombre des mandats ainsi exercés dépasse un seuil fixé par décret, sans que le délai entre deux contrôles puisse être inférieur à trois ans.

Les professionnels et personnes mentionnés aux alinéas précédents peuvent en outre, à tout moment, être *soumis à un contrôle occasionnel* qui porte soit sur une question particulière, soit sur l'ensemble de leur activité.

Peuvent également être soumis à un contrôle occasionnel les mandataires de justice retirés des listes professionnelles ou les personnes mentionnées au III de l'article L. 812-2, qui sont autorisés à poursuivre un ou plusieurs dossiers en cours en vertu des articles L. 811-8 et L. 812-6.

Peuvent de même être soumis à un contrôle occasionnel les personnes mentionnées au deuxième alinéa de l'article L. 811-2 ou au premier alinéa du II de l'article L. 812-2.

Art. D. 814-42-1 *(D. n° 2016-1851, 23 déc. 2016).* – Le seuil mentionné à l'article R. 814-42 est fixé à dix mandats.

Art. R. 814-42-2 *(D. n° 2016-1851, 23 déc. 2016 ; mod., D. n° 2017-1225, 2 août 2017).* – Le contrôle occasionnel est prescrit par le président du Conseil national, le procureur de la République, le procureur général, le garde des Sceaux, ministre de la Justice, les commissaires du Gouvernement près la Commission nationale d'inscription et de discipline, les magistrats inspecteurs régionaux ou le magistrat coordonnateur mentionné à l'article R. 811-40.

Les contrôleurs peuvent recueillir les observations des présidents des juridictions civiles et commerciales du premier degré dans le ressort desquelles le mandataire de justice contrôlé a son domicile professionnel, le cas échéant un bureau annexe, et dans le ressort desquelles il s'est vu confier une mission. Les contrôleurs peuvent recueillir les observations du procureur de la République près ces juridictions, du commissaire aux comptes chargé du contrôle de la comptabilité spéciale de l'intéressé, du trésorier-payeur général, le cas échéant des instances professionnelles représentatives de l'ordre professionnel ou de l'organe représentatif dont relève le professionnel, ainsi que de l'association pour la gestion du régime d'assurance des créances des salariés.

Art. R. 814-43 *(Mod., D. n° 2016-1851, 23 déc. 2016)*. – Avant la fin de chaque année, le président du Conseil national adresse au garde des Sceaux, ministre de la Justice, la liste des membres de l'une et de l'autre professions que le bureau du conseil a désignés comme devant faire l'objet du contrôle périodique au cours de l'année suivante. Cette liste est également adressée au commissaire du Gouvernement près de la Commission nationale d'inscription et de discipline, ainsi qu'au magistrat coordonnateur mentionné à l'article R. 811-40.

Avant la fin de chaque année, les magistrats inspecteurs régionaux adressent au garde des Sceaux, ministre de la Justice et au magistrat coordonnateur mentionné à l'article R. 811-40, la liste des personnes mentionnées au III de l'article L. 812-2 devant faire l'objet du contrôle périodique au cours de l'année suivante. Le magistrat coordonnateur transmet cette liste au président du Conseil national, au commissaire du Gouvernement près la Commission nationale d'inscription et de discipline, et, selon le cas, à la chambre régionale des huissiers de justice compétente ou à la chambre de discipline des commissaires-priseurs judiciaires compétente.

Art. R. 814-44 *(D. n° 2016-1851, 23 déc. 2016 ; mod., D. n° 2017-1225, 2 août 2017)*. – I. – Avant la fin du troisième trimestre de chaque année, le président du Conseil national soumet à l'agrément du garde des Sceaux, ministre de la Justice, une liste des administrateurs judiciaires et des mandataires judiciaires susceptibles de procéder aux contrôles au cours de l'année suivante. Cette liste comprend au moins vingt administrateurs judiciaires et au moins quarante mandataires judiciaires.

II. – Le président de la Chambre nationale des huissiers de justice et celui de la Chambre nationale des commissaires-priseurs judiciaires soumettent, selon les mêmes modalités, une liste des membres de leur profession respective susceptibles de procéder aux contrôles au cours de l'année suivante, à l'agrément du garde des Sceaux, ministre de la Justice. Cette liste comprend au moins quarante huissiers de justice et au moins vingt commissaires-priseurs judiciaires.

III. – Le garde des Sceaux, ministre de la Justice, peut refuser son agrément à l'un ou plusieurs des professionnels figurant sur les listes soumises. Le président du Conseil national et, selon le cas, celui de la Chambre nationale des huissiers de justice ou de la Chambre nationale des commissaires-priseurs judiciaires disposent d'un délai de quinze jours à compter de la notification de la décision de refus d'agrément pour proposer une liste complémentaire.

IV. – Le garde des Sceaux, ministre de la Justice, agrée par arrêté les personnes spécialement habilitées à procéder à des contrôles occasionnels, dont les noms lui sont soumis par le président du Conseil national, celui de la Chambre nationale des huissiers de justice et celui de la Chambre nationale des commissaires-priseurs judiciaires.

Art. R. 814-45 *(Mod., D. n° 2016-1851, 23 déc. 2016 ; D. n° 2017-1225, 2 août 2017)*. – Le contrôle est effectué par trois contrôleurs :

1° Deux administrateurs judiciaires ou mandataires judiciaires figurant sur la liste prévue à l'article R. 814-44 et n'exerçant pas leur activité dans le même ressort de cour d'appel que le professionnel contrôlé, dont l'un peut être remplacé, dans le cas d'un contrôle occasionnel, par l'une des personnes spécialement habilitées à cette fin ;

2° Un commissaire aux comptes figurant sur une liste établie pour six ans par le garde des Sceaux, ministre de la Justice, sur proposition du Conseil national des administrateurs judiciaires et des mandataires judiciaires après avis de la Compagnie nationale des commissaires aux comptes, qui ne peut être celui habituellement chargé du contrôle de la comptabilité du professionnel ;

3° Lorsque le contrôle porte sur une personne mentionnée au III de l'article L. 812-2, le second mandataire judiciaire mentionné au 1° est remplacé, selon le cas, par un huissier de justice ou un commissaire-priseur judiciaire n'exerçant pas son activité dans le même ressort de cour d'appel que le professionnel contrôlé.

Ces contrôleurs sont désignés dans le cas d'un contrôle triennal ou périodique par le président du Conseil national et dans le cas d'un contrôle occasionnel par l'autorité qui a prescrit celui-ci.

Un arrêté du garde des Sceaux, ministre de la Justice, fixe l'étendue minimale des vérifications auxquelles les contrôleurs doivent procéder.

Les frais occasionnés par la présence lors des contrôles du commissaire aux comptes prévu au 2° sont avancés par le Conseil national lorsque le contrôle porte sur un administrateur judiciaire ou un mandataire judiciaire inscrit sur les listes nationales ou sur une personne mentionnée au deuxième alinéa de l'article L. 811-2 ou au premier alinéa du II de l'article L. 812-2.

Lorsque le contrôle porte sur personne mentionnée au III de l'article L. 812-2, les frais occasionnés par la présence, lors des contrôles, d'un mandataire judiciaire et d'un huissier de justice ou d'un commissaire-priseur judiciaire, ainsi que du commissaire aux comptes, sont pris en charge, selon le cas, par la chambre régionale des huissiers de justice ou la chambre de discipline des commissaires-priseurs judiciaires compétentes.

Art. R. 814-46. – Les contrôles occasionnels peuvent être effectués de manière inopinée.

Art. R. 814-47. – Le professionnel contrôlé peut demander à un confrère de son choix de l'assister lors du contrôle. Il peut également demander au commissaire aux comptes ayant procédé à la vérification de sa comptabilité en application de l'article R. 814-29 ou à un expert-comptable de son choix d'assister au contrôle.

Art. R. 814-48 *(Mod., D. n° 2016-109, 3 févr. 2016 ; D. n° 2016-1851, 23 déc. 2016 ; D. n° 2017-1225, 2 août 2017).* – Si les contrôleurs découvrent des irrégularités ayant trait à la gestion et à la représentation des fonds, titres, effets et autres valeurs détenus pour le compte de tiers, ils en avisent immédiatement le procureur général, le magistrat inspecteur régional, le commissaire du Gouvernement près la Commission nationale d'inscription et de discipline, le magistrat coordonnateur mentionné à l'article R. 811-40, le président du Conseil national et, selon les cas, le président de la chambre régionale des huissiers de justice compétente ou le président de la chambre de discipline des commissaires-priseurs judiciaires compétente ainsi que l'ordre professionnel ou l'organe représentatif dont relève le professionnel.

Dans un délai de deux mois à compter de l'achèvement des opérations de contrôle, les contrôleurs établissent un projet de rapport et l'adressent par lettre recommandée avec demande d'avis de réception au professionnel contrôlé. Celui-ci dispose d'un délai d'un mois à compter de la réception pour formuler ses observations.

À l'issue de ce délai, un rapport définitif est établi par les contrôleurs, auquel sont annexées les éventuelles observations du professionnel contrôlé. Ce rapport est adressé au président du Conseil national et aux autorités mentionnées au premier alinéa.

Art. R. 814-49. – Lorsque les contrôleurs font preuve de négligence ou d'incapacité dans l'accomplissement de leur mission, ils sont passibles de retrait d'agrément sans préjudice, le cas échéant, de poursuites disciplinaires.

Sous-section 3. – De l'honorariat, du costume d'audience et du serment

Art. R. 814-50 *(Mod., D. n° 2016-109, 3 févr. 2016 ; D. n° 2019-966, 18 sept. 2019).* – Le titre d'administrateur judiciaire honoraire ou de mandataire judiciaire honoraire peut être conféré par la Commission nationale d'inscription et de discipline.

L'honorariat ne peut être conféré qu'aux personnes ayant exercé leur activité pendant vingt ans au moins. Sont prises en compte les périodes pendant lesquelles l'intéressé a exercé en qualité de syndic administrateur judiciaire, d'administrateur judiciaire et liquidateur de sociétés, d'administrateur judiciaire séquestre près le tribunal judiciaire de Paris, d'administrateur judiciaire, ou de mandataire judiciaire.

La demande est adressée par lettre recommandée avec demande d'avis de réception au commissaire du Gouvernement près la Commission nationale d'inscription et de discipline.

Le commissaire du Gouvernement fait procéder à une enquête par les procureurs généraux près les cours d'appel dans le ressort desquelles l'intéressé a eu ses domiciles professionnels. La commission se prononce dans les conditions prévues à l'article R. 811-34.

La décision est notifiée à l'intéressé par lettre recommandée avec demande d'avis de réception.

La décision de la commission qui rejette la demande tendant à l'attribution de l'honorariat est susceptible de recours dans les conditions prévues à l'article R. 814-2.

Le retrait de l'honorariat peut être prononcé par la commission sur la demande du commissaire du Gouvernement, selon les modalités prévues aux quatrième et sixième alinéas.

Art. R. 814-51 *(Mod., D. n° 2016-109, 3 févr. 2016).* – Dans l'exercice de leurs fonctions, les administrateurs judiciaires et les mandataires judiciaires inscrits sur les listes dressées par la Commission nationale d'inscription et de discipline portent la toge, fermée par devant, à manches larges, la toque noire, et la cravate pareille à celle des juges.

Art. R. 814-52 *(Mod., D. n° 2016-109, 3 févr. 2016).* – Dans le mois de leur inscription, les administrateurs judiciaires et les mandataires judiciaires prêtent serment devant la cour d'appel dans le ressort de laquelle est situé leur domicile professionnel, en ces termes : « Je jure d'exercer mes fonctions avec honneur, dignité, indépendance et probité, et de me conformer en toute occasion aux lois et règlements de ma profession ».

Ils ne peuvent exercer leurs fonctions qu'à compter du jour de leur prestation de serment.

Tout administrateur judiciaire ou mandataire judiciaire qui ne prête pas serment dans le mois de son inscription est déclaré démissionnaire de ses fonctions et retiré des listes par la Commission nationale d'inscription et de discipline, sauf s'il peut justifier d'un motif valable.

Sous-section 4. – Du lieu d'exercice de la profession

Art. R. 814-53 *(Mod., D. n° 2016-109, 3 févr. 2016 ; D. n° 2019-966, 18 sept. 2019).* – L'administrateur judiciaire ou le mandataire judiciaire, personne physique ou personne morale, déjà inscrit et titulaire d'une étude déclare toute ouverture d'un bureau annexe au commissaire du Gouvernement près la Commission nationale d'inscription et de discipline ainsi qu'au président du Conseil national.

Est considéré comme un bureau annexe tout local dans lequel l'administrateur judiciaire ou le mandataire judiciaire, personne physique ou personne morale, reçoit à titre professionnel des tiers et exerce ses missions légales, lorsqu'il est situé dans le ressort d'un tribunal judiciaire autre que celui dans lequel est situé son domicile professionnel ou son siège social.

Art. R. 814-54. – La déclaration est adressée quatre mois au moins avant la date prévue pour l'ouverture du bureau, par lettre recommandée avec demande d'avis de réception. Elle indique :

1° Le lieu du domicile professionnel ou du siège social de l'intéressé et le lieu où il envisage d'ouvrir un bureau annexe ;

2° Les dispositions prises par l'intéressé pour assurer ses missions à son domicile professionnel ou à son siège social et dans le bureau annexe, les conditions de fonctionnement de celui-ci ainsi que les mesures adoptées pour assurer toute liaison avec le bureau principal.

Art. R. 814-55 *(Mod., D. n° 2016-109, 3 févr. 2016).* – Le commissaire du Gouvernement fait diligenter une enquête. Il demande l'avis des procureurs de la République près les tribunaux dans le ressort desquels sont situés le domicile professionnel ou le siège social de l'intéressé et, le cas échéant, son ou ses bureaux annexes. Il demande également l'avis du Conseil national par lettre recommandée avec demande d'avis de réception.

Il peut refuser l'ouverture du bureau annexe si celle-ci ne permet pas au professionnel d'exercer ses mandats conformément aux règles de la profession. La décision du commissaire du Gouvernement, qui doit intervenir dans les trois mois à compter de la réception de la déclaration et qui doit être motivée en cas de refus, est notifiée à l'intéressé, aux procureurs de la République dont l'avis a été sollicité et au président du Conseil national par lettre recommandée avec demande d'avis de réception.

La décision du commissaire du Gouvernement peut être déférée à la commission par l'intéressé, les procureurs de la République dont l'avis a été sollicité et le président du Conseil national, dans le délai d'un mois à compter de la notification, par lettre recommandée avec demande d'avis de réception. La commission statue alors dans les conditions prévues aux articles R. 811-33 à R. 811-35 et R. 814-2.

Art. R. 814-56 *(Mod., D. n° 2016-109, 3 févr. 2016)*. – L'administrateur judiciaire ou le mandataire judiciaire, personne physique ou personne morale, qui transfère son domicile professionnel ou son siège doit déclarer ce transfert au commissaire du Gouvernement près la Commission nationale d'inscription et de discipline ainsi qu'au président du Conseil national. La procédure prévue aux articles R. 814-54 et R. 814-55 est applicable.

Art. R. 814-57 *(Mod., D. n° 2016-109, 3 févr. 2016)*. – L'administrateur judiciaire ou le mandataire judiciaire, exerçant au sein d'une société, qui quitte cette société pour exercer sa profession à titre individuel doit déclarer son installation au commissaire du Gouvernement près la Commission nationale d'inscription et de discipline ainsi qu'au président du Conseil national. La procédure prévue aux articles R. 814-54 et R. 814-55 est applicable.

Art. R. 814-58. – Il est procédé comme en matière civile pour tout ce qui n'est pas réglé par le présent titre.

Sous-section 5. – Du portail électronique

(D. n° 2015-1009, 18 août 2015)

Art. R. 814-58-1 *(D. n° 2015-1009, 18 août 2015)*. – Sous réserve des dispositions de la présente sous-section, les dispositions du titre XXI du livre Ier du Code de procédure civile s'appliquent à la communication électronique des actes de procédure que permet le portail électronique mis en place par le Conseil national des administrateurs judiciaires et des mandataires judiciaires en application des articles L. 814-2 et L. 814-13.

Art. R. 814-58-2 *(D. n° 2015-1009, 18 août 2015)*. – Les tiers destinataires ou émetteurs des actes de procédure, mentionnés au second alinéa de l'article L. 814-13, consentent ou demandent expressément à recourir à la communication électronique en s'inscrivant sur le portail électronique et en communiquant les données à caractère personnel et informations mentionnées en annexe au présent article.

Préalablement à leur inscription, ils sont informés de la faculté de révoquer à tout moment leur consentement à recourir au portail électronique ainsi que des droits d'accès et de rectification dont ils disposent en application des articles 39 et 40 de la loi n° 78-17 du 6 janvier 1978 relative à l'informatique, aux fichiers et aux libertés.

ANNEXE À L'ARTICLE R. 814-58-2 DU CODE DE COMMERCE

(D. n° 2015-1009, 18 août 2015)

Données et informations communiquées lors de l'inscription sur le portail

Contenu de la déclaration	1° Identité de l'intéressé (nom de famille, prénoms), date et lieu de naissance et domicile pour les personnes physiques ; dénomination sociale, forme juridique, nom de famille et prénom du représentant légal, siège social pour les personnes morales ; 2° Adresse de courrier électronique, ainsi qu'un numéro de téléphone pouvant recevoir des messages rédigés si l'intéressé dispose de la possibilité d'accéder à un service de téléphonie permettant de recevoir des messages.

Art. D. 814-58-3 *(D. n° 2015-1009, 18 août 2015)*. – Peuvent faire l'objet d'une communication électronique, conformément à l'article L. 814-13, les actes de procédure suivants :

1° Concernant les créances :

a) La demande et les informations prévues par le second alinéa de l'article R. 621-19 ;

b) La déclaration prévue à l'article L. 622-24 ;

c) La transmission prévue au deuxième alinéa de l'article L. 628-7 ;

d) L'information prévue au IV des articles L. 622-17 et L. 641-13 ;

e) L'avis et la réponse du créancier prévus à l'article L. 622-27 ;

f) La déclaration de créance de dommages et intérêts prévue au V des articles L. 622-13 et L. 641-11-1 ;

2° Concernant les biens :

a) Les revendications et demandes de restitution prévues à la section III du chapitre IV du titre II du livre VI ;

b) L'acquiescement et la contestation par l'administrateur ou le liquidateur prévus aux articles L. 624-17 et L. 641-14-1 ;

3° Concernant les contrats en cours :

a) La mise en demeure adressée à l'administrateur ou au liquidateur conformément aux articles L. 622-13 ou L. 641-11-1 ;

b) La réponse faite à la mise en demeure par l'administrateur ou le liquidateur dans le délai prévu aux articles L. 622-13 ou L. 641-11-1.

Art. R. 814-58-4 *(D. n° 2015-1009, 18 août 2015).* – La communication électronique des actes de procédure prévus par l'article D. 814-58-3 dont l'envoi doit être réalisé par lettre recommandée avec accusé de réception s'effectue par lettre recommandée électronique adressée par la voie du portail électronique. Le service d'envoi recommandé électronique offert par le portail électronique répond aux conditions fixées au paragraphe 36 de l'article 3 du règlement (UE) n° 910/2014 du Parlement européen et du Conseil du 23 juillet 2014 sur l'identification électronique et les services de confiance pour les transactions électroniques au sein du marché intérieur et abrogeant la directive 1999/93/CE.

Art. R. 814-58-5 *(D. n° 2015-1009, 18 août 2015).* – L'utilisation du portail électronique est gratuite pour les tiers mentionnés au second alinéa de l'article L. 814-13, sous réserve de l'alinéa suivant.

Les frais de la lettre recommandée électronique adressée par la voie du portail électronique n'excèdent pas un montant fixé par arrêté du ministre de la Justice.

Les sommes perçues en application de l'alinéa précédent sont versées sans délai à la Caisse des dépôts et consignations sur un compte de dépôt, ouvert au nom du Conseil national, dont les modalités de fonctionnement seront déterminées par arrêté du ministre de la Justice.

II. – Le rapport prévu par le troisième alinéa de l'article L. 814-2 comporte une analyse des comptes relatifs à la gestion du portail électronique.

Art. R. 814-58-6 *(D. n° 2015-1009, 18 août 2015).* – Les données à caractère personnel et informations enregistrées dans le portail électronique prévu au deuxième alinéa de l'article L. 814-2 sont les suivantes :

1° S'agissant des débiteurs soumis à une procédure de sauvegarde, de redressement judiciaire ou de liquidation judiciaire, les informations mentionnées au cinquième alinéa de l'article R. 621-8 ;

2° S'agissant des personnes mentionnées au premier alinéa de l'article L. 814-13, les informations les concernant mentionnées au cinquième alinéa de l'article R. 621-8 ;

3° S'agissant des tiers destinataires ou émetteurs des actes mentionnés au second alinéa de l'article L. 814-13, les données et informations mentionnées à l'annexe de l'article R. 814-58-2 ainsi que, le cas échéant, les données et informations mentionnées en annexe au présent article.

Annexe art. R. 814-58-6

(D. n° 2015-1009 du 18 août 2015)

Données et informations pouvant être enregistrées dans le portail électronique s'agissant des tiers destinataires ou émetteurs des actes mentionnés au second alinéa de l'article L. 814-13

Pièces à joindre pour les personnes physiques non exploitant d'une entreprise individuelle	1° Une copie recto verso de l'une des pièces d'identité en cours de validité suivantes : – carte nationale d'identité française ou étrangère ; – passeport français ou étranger ; – permis de conduire français ou étranger ; – carte de combattant délivrée par les autorités françaises ;

	– carte d'identité ou carte de circulation délivrée par les autorités militaires françaises ; – carte de séjour temporaire, carte de résident, carte de ressortissant d'un état membre de l'Union européenne ou de l'Espace économique européen ; 2° Un document officiel attestant de l'activité professionnelle, le cas échéant ; 3° Un justificatif d'identité de la personne physique ayant reçu pouvoir d'établir la déclaration au nom et pour le compte du déclarant ; 4° Les coordonnées bancaires.
Pièces à joindre pour une entreprise individuelle	1° Un des documents d'identification suivants : – extrait original attestant de l'existence juridique de l'entreprise établi par le greffe compétent et datant de moins de trois mois ; – certificat d'entreprise délivré par l'INSEE et comportant les numéros d'identification ; – carte d'identification d'entreprise délivrée par la chambre des métiers ; 2° Un justificatif d'identité de la personne physique ayant reçu pouvoir d'établir la déclaration au nom et pour le compte du déclarant ; 3° Les coordonnées bancaires.
Pièces à joindre pour une personne morale de droit privé	1° Un des documents d'identification suivants : – extrait original attestant de l'existence juridique de la société établi par le greffe compétent et datant de moins de trois mois ; – extrait original d'immatriculation au répertoire des métiers de moins de trois mois ; – journal d'annonces légales datant de moins de deux ans mentionnant le nom du représentant légal et l'adresse du siège de la personne morale ; - les statuts ou toutes autres pièces justificatives attestant de l'existence légale de la personne morale et faisant apparaître le nom de son représentant légal, l'adresse de son siège ainsi que la preuve de la déclaration auprès des organismes compétents ;
	2° Un justificatif d'identité de la personne physique ayant reçu, le cas échéant, pouvoir d'établir la déclaration au nom et pour le compte de la personne morale ; 3° Les coordonnées bancaires.
Pièces à joindre pour une personne morale de droit public autre que l'État ou les collectivités territoriales	1° Les statuts établis par la loi, le règlement ou les délibérations et conventions constitutives ; 2° Un document émanant de l'organe compétent attestant de la capacité de l'auteur de la déclaration à engager la personne morale ; 3° Un justificatif d'identité de la personne physique ayant reçu pouvoir d'établir la déclaration au nom et pour le compte de la personne morale ; 4° Les coordonnées bancaires.
Pièces à joindre pour l'État *et les collectivités* territoriales	1° Un document émanant de l'organe compétent attestant de la capacité de l'auteur de la déclaration à engager la personne morale ; 2° Un justificatif d'identité de la personne physique ayant reçu pouvoir d'établir la déclaration au nom et pour le compte de la personne morale ; 3° Les coordonnées bancaires.

Art. R. 814-58-7 *(D. n° 2015-1009, 18 août 2015)*. **– I. – Les données à caractère personnel et informations mentionnées à l'article R. 814-58-6 sont détruites à l'expiration d'un délai de cinq ans à compter de la révocation du consentement à la communication électronique ou, en l'absence de révocation, à compter de la décision définitive de clôture de la procédure de sauvegarde, de redressement judiciaire ou de liquidation judiciaire.**

Lorsque l'ouverture de la procédure a fait l'objet d'une décision définitive de réformation ou d'annulation, elles sont détruites dans l'année de cette décision.

II. – Les actions réalisées dans le portail électronique font l'objet d'un enregistrement comprenant l'identifiant de la personne, la date et l'heure de l'accès. Ces informations sont conservées pendant la même durée que les données à caractère personnel et informations mentionnées à l'article R. 814-58-6 auxquelles elles ont été associées.

Art. R. 814-58-8 *(D. n° 2015-1009, 18 août 2015)*. – Les personnes mentionnées aux 2° et 3° de l'article R. 814-58-6 ainsi que leurs salariés habilités ou les personnes auxquelles a été donné pouvoir d'effectuer les actes de procédure dématérialisés en cause accèdent aux données et informations mentionnées à l'article R. 814-58-6, relatives aux actes de procédure qu'ils ont transmis ou dont ils ont été destinataires, dans la limite de leurs qualités, de leurs attributions et du besoin d'en connaître.

Art. R. 814-58-9 *(D. n° 2015-1009, 18 août 2015)*. – I. – Le droit d'opposition prévu à l'article 38 de la loi n° 78-17 du 6 janvier 1978 relative à l'informatique, aux fichiers et aux libertés ne s'applique pas au portail électronique en ce qui concerne les personnes mentionnées aux 1° et 2° de l'article R. 814-58-6.

II. – Les droits d'accès et de rectification prévus aux articles 39 et 40 de cette même loi s'exercent auprès du Conseil national des administrateurs judiciaires et des mandataires judiciaires.

Section V. – Des sociétés d'administrateurs judiciaires et de mandataires judiciaires

Sous-section 1. – Dispositions communes aux diverses sociétés constituées pour l'exercice en commun de la profession

(Intitulé mod., D. n° 2016-902, 1er juill. 2016)

§ 1. – De la constitution, de l'inscription sur la liste, des statuts et de l'immatriculation

Art. R. 814-59 *(Abr., D. n° 2016-902, 1er juill. 2016 ; rétabli, D. n° 2017-796, 5 mai 2017)*. – Les dispositions de la présente sous-section sont applicables aux sociétés constituées pour l'exercice de la profession d'administrateur judiciaire ou celle de mandataire judiciaire.

Sous réserve des dispositions du décret n° 2017-794 du 5 mai 2017 relatif à la constitution, au fonctionnement et au contrôle des sociétés pluri-professionnelles d'exercice de professions libérales juridiques, judicaires et d'expertise-comptable prévues au titre IV *bis* de la loi n° 90-1258 du 31 décembre 1990, elles sont également applicables aux sociétés pluri-professionnelles d'exercice régies par le titre IV *bis* de la loi n° 90-1258 du 31 décembre 1990 relative à l'exercice sous forme de sociétés des professions libérales soumises à un statut législatif ou réglementaire ou dont le titre est protégé et aux sociétés de participations financières de professions libérales et constituées notamment pour l'exercice de l'une de ces deux professions, à l'exception des articles R. 814-70 et R. 814-90.

Art. R. 814-60 *(Mod., D. n° 2016-109, 3 févr. 2016 ; D. n° 2016-902, 1er juill. 2016 ; D. n° 2017-796, 5 mai 2017)*. – La demande d'inscription d'une société est présentée collectivement par les associés ou par ceux des associés exerçant en son sein ou par le représentant légal de la société. Elle est adressée à la Commission nationale d'inscription et de discipline par lettre recommandée avec demande d'avis de réception ou remise contre récépissé.

Elle est accompagnée d'un dossier qui comprend à peine d'irrecevabilité de la demande :

1° Un exemplaire des statuts de la société ;

2° Une copie de la décision d'inscription sur la liste nationale de chaque associé exerçant en son sein ;

3° Une attestation du greffier du tribunal de commerce du lieu du siège social, constatant le dépôt au greffe de la demande et des pièces nécessaires à l'immatriculation ultérieure de la société au registre du commerce et des sociétés ;

4° *La liste des associés exerçant la profession* d'administrateur judiciaire ou de mandataire judiciaire au sein de la société avec leurs nom, prénoms et domicile ;

5° *Dans le cas d'une demande d'inscription d'une société d'exercice libéral dont une part du capital social est détenu par des associés mentionnés au 6° du B du I de l'article 5 de la loi n° 90-1258 du 31 décembre 1990 relative à l'exercice sous forme de sociétés des professions libérales soumises à un statut législatif ou réglementaire ou dont le titre est protégé, la liste de ces associés précisant pour chacun d'eux leurs nom, prénoms, domicile et profession, la part de capital qu'ils détiennent et, si l'associé est une personne morale, la raison ou la dénomination sociale, le siège social et la part de capital que cette personne morale détient ;

6° Dans le cas d'une demande d'inscription d'une société prévue au deuxième alinéa de l'article L. 811-7 ou de l'article L. 812-5 ou d'une société pluri-professionnelle d'exercice prévue à l'article L. 811-7-1-A ou à l'article L. 812-5-1-A, autre que celle mentionnée au 5°, la liste des associés qui n'exercent pas la profession d'administrateur judiciaire ou de mandataire judiciaire précisant pour chacun d'eux leurs nom, prénoms, domicile et profession, la part de capital qu'ils détiennent et, si l'associé est une personne morale, la raison ou la dénomination sociale, le siège social et la part du capital social que cette personne morale détient ainsi que tout élément permettant d'établir que les exigences de détention de capital prévues par la loi du 31 décembre 1990 précitée sont satisfaites ;

7° Le cas échéant, un exemplaire de la délibération de l'assemblée des associés habilitant le représentant légal à demander l'inscription.

Le commissaire du Gouvernement demande le bulletin n° 2 du casier judiciaire des associés et des membres des organes de gestion, de direction, d'administration ou de surveillance qui ne sont pas administrateur ou mandataire judiciaire.

Art. R. 814-61 *(Mod., D. n° 2016-109, 3 févr. 2016)*. – La commission nationale d'inscription et de discipline statue sur la demande d'inscription dans les conditions prévues aux articles R. 811-33 à R. 811-35.

Art. R. 814-62 *(D. n° 2016-902, 1er juill. 2016 ; mod., D. n° 2017-796, 5 mai 2017)*. – La Commission nationale d'inscription et de discipline ne peut refuser l'inscription de la société que si la société ne satisfait pas aux conditions d'exercice de la profession prévues au titre Ier du livre VIII ou aux conditions de détention du capital social et des droits de vote ou de composition des organes dirigeants prévues à l'article L. 811-7 ou à l'article L. 812-5 ou, pour une société pluri-professionnelle d'exercice, à l'article L. 811-7-1-A ou à l'article L. 812-5-1-A et à l'article 31-6 de la loi du 31 décembre 1990 précitée.

Art. R. 814-63 *(Mod., D. n° 2016-902, 1er juill. 2016)*. – L'un des originaux de l'acte modificatif des statuts, si celui-ci est sous seing privé, ou une expédition de cet acte s'il a été établi en la forme authentique, est adressé par le représentant légal de la société, dans un délai d'un mois à compter de sa date, par lettre recommandée avec demande d'avis de réception, à la commission nationale d'inscription et de discipline. Il est accompagné de toutes pièces justificatives, notamment, si la modification des statuts résulte d'une cession de parts sociales ou de titres de capital, de celles qui établissent le prix de cette cession.

Art. R. 814-64 *(Mod., D. n° 2016-109, 3 févr. 2016 ; D. n° 2016-902, 1er juill. 2016)*. – Toute modification de la répartition ou du nombre des actions ou parts sociales détenues par les associés exerçant la profession ou des droits de vote y afférents, ainsi que toute modification des statuts, fait l'objet, dans les trente jours, d'une déclaration à la Commission nationale d'inscription et de discipline, par lettre recommandée avec demande d'avis de réception, à la diligence de la société ou de l'un au moins des associés concernés. La déclaration est accompagnée de la copie des statuts et de tout document permettant d'établir l'accord de la société ou des autres associés lorsque celui-ci est requis.

Si la modification n'est pas conforme aux dispositions législatives ou réglementaires, la commission peut imposer un délai de régularisation ; s'il n'a pas été procédé à la régularisation dans le délai imparti, la commission prononce, même d'office, la radiation de la liste dans les formes prévues pour l'inscription.

Art. R. 814-65 *(Mod., D. n° 2016-109, 3 févr. 2016)*. – La Commission nationale d'inscription et de discipline procède aux modifications de la liste qui résultent de celles des statuts.

Art. R. 814-66 *(Mod., D. n° 2016-109, 3 févr. 2016)*. – La Commission nationale d'inscription et de discipline est saisie de toute difficulté. Ses décisions sont susceptibles de recours, dans les conditions prévues à l'article R. 814-2.

Art. R. 814-67. – Si les statuts sont établis par acte sous seing privé, il en est dressé autant d'originaux qu'il est nécessaire pour la remise d'un exemplaire au siège social et à chaque associé et pour satisfaire aux dispositions de la présente section.

Art. R. 814-68 *(Mod., D. n° 2017-796, 5 mai 2017).* – Peuvent faire l'objet d'apports à une société d'administrateurs judiciaires et de mandataires judiciaires ou à une société pluri-professionnelle d'exercice prévue à l'article L. 811-7-1-A ou à l'article L. 812-5-1-A, en propriété ou en jouissance :

1° Tous droits incorporels, à l'exclusion de ceux qui, d'une manière directe ou indirecte, auraient pour objet ou effet de conférer une valeur patrimoniale à l'activité de mandataire de justice, tous meubles et immeubles utiles à l'exercice de la profession ;

2° Toutes sommes en numéraire.

Art. R. 814-69. – L'immatriculation de la société et les formalités de publicité au registre du commerce et des sociétés sont régies par la section 1 du chapitre III du titre II du livre I relative au registre du commerce et des sociétés, sous réserve des dispositions des articles R. 814-70 et R. 814-127.

Art. R. 814-70 *(Mod., D. n° 2017-796, 5 mai 2017).* – Une ampliation de la décision d'inscription de la société sur la liste des administrateurs judiciaires ou sur celle des mandataires judiciaires est adressée par les associés de la société au greffe du tribunal où a été déposée la demande d'immatriculation au registre du commerce et des sociétés.

Au reçu de l'ampliation, le greffier procède à l'immatriculation de la société.

En cas de refus d'immatriculation, il en informe la Commission nationale d'inscription et de discipline.

Art. R. 814-71 *(Mod., D. n° 2017-796, 5 mai 2017).* – En cas de constitution de sociétés par voie de fusion ou de scission, les articles R. 814-59 à R. 814-62, R. 814-69, R. 814-70, R. 814-117, R. 814-122-1 et R. 814-148 sont applicables.

§ 2. – De l'organisation et du fonctionnement de la société

Art. R. 814-72 *(Rempl., D. n° 2017-796, 5 mai 2017).* – En aucun cas une valeur représentative d'une clientèle correspondant à l'activité d'administrateur judiciaire ou de mandataire judiciaire ne peut être inscrite à l'actif du bilan de la société, y compris lorsque celle-ci est une société pluri-professionnelle d'exercice prévue à l'article L. 811-7-1-A ou à l'article L. 812-5-1 A.

Art. R. 814-73. – Si l'acte portant cession de titres de capital ou de parts sociales est établi sous seing privé, il en est dressé autant d'originaux qu'il est nécessaire pour la remise d'un exemplaire à chaque partie et pour satisfaire aux formalités requises.

Art. R. 814-74 *(Mod., D. n° 2017-796, 5 mai 2017).* – Toute convention par laquelle un des associés exerçant la profession d'administrateur judiciaire ou celle de mandataire judiciaire cède en vue de l'exercice de la profession au sein de la société la totalité ou une fraction de ses titres de capital ou parts sociales à un tiers exerçant la même profession est passée sous la condition suspensive de l'inscription de ce tiers sur la liste.

Art. R. 814-75 *(Mod., D. n° 2017-796, 5 mai 2017).* – Tout nouvel associé qui entend exercer au sein de la société la profession d'administrateur judiciaire ou celle de mandataire judiciaire produit le certificat d'inscription sur la liste.

Art. R. 814-76 *(Abr., D. n° 2016-902, 1er juill. 2016).*

Art. R. 814-77 *(Mod., D. n° 2016-902, 1er juill. 2016).* – Les articles R. 814-64 et R. 814-80 sont également applicables à la transmission à titre gratuit de tout ou partie de ses titres de capital ou parts sociales consentie par l'un des associés.

Art. R. 814-78 *(Mod., D. n° 2017-796, 5 mai 2017).* – Le commissaire du Gouvernement près la Commission nationale peut solliciter du commissaire aux comptes mentionné à l'article R. 814-29 un rapport spécial sur les conditions financières de la cession des parts sociales ou titres de capital afin de permettre à la commission d'examiner, en application de l'article R. 814-64, leur conformité avec les dispositions législatives ou réglementaires.

Art. R. 814-79 *(Mod., D. n° 2017-796, 5 mai 2017)*. – En aucun cas, une valeur représentative d'une clientèle correspondant à l'activité d'un administrateur judiciaire ou d'un mandataire judiciaire ne peut être prise en compte dans le calcul de la valeur des parts sociales ou des titres de capital.

Art. R. 814-80 *(Mod., D. n° 2016-902, 1er juill. 2016 ; D. n° 2017-796, 5 mai 2017)*. – L'associé qui a été radié de la liste en application de l'article L. 811-12 ou L. 812-9, qui a fait l'objet d'un retrait en application de l'article L. 811-6 ou L. 812-4, ou qui a été contraint de se retirer de la société en application de l'article R. 814-93 ou R. 814-140, dispose d'un délai de six mois à compter, selon le cas, du jour de l'acceptation de sa démission, du jour où la décision de radiation ou de retrait est devenue définitive, ou de celui où la décision des autres associés de l'exclure de la société lui a été notifiée par lettre recommandée avec demande d'avis de réception, pour reprendre l'exercice d'une profession juridique ou judiciaire ou, à défaut, pour céder ses actions ou parts sociales à la société, à ses coassociés ou à un tiers à la société, afin de satisfaire aux conditions de détention du capital social et des droits de vote prévues à l'article L. 811-7 ou à l'article L. 812-5.

Dans le cas d'une société pluri-professionnelle d'exercice, l'associé dispose du même délai pour reprendre l'exercice d'une profession mentionnée à l'article 31-3 de la loi du 31 décembre 1990 précitée et correspondant à l'objet social de la société ou, à défaut, pour céder ses actions ou parts sociales dans la société à ses coassociés ou à un tiers à la société, dans les conditions prévues à l'article R. 814-64, de façon à satisfaire les conditions de détention du capital social et des droits de vote prévues à l'article 31-6 de la même loi.

Art. R. 814-81 *(Mod., D. n° 2016-109, 3 févr. 2016)*. – Toute décision de proroger la société est immédiatement portée à la connaissance de la Commission nationale d'inscription et de discipline.

§ 3. – De l'exercice de la profession sous la forme d'une société

Art. R. 814-82 *(Mod., D. n° 2016-902, 1er juill. 2016)*. – Sous réserve de l'application de la présente section, les dispositions législatives et réglementaires relatives à l'exercice de la profession d'administrateur judiciaire ou de mandataire judiciaire sont applicables aux associés exerçant la profession et, lorsqu'elles peuvent être appliquées à des personnes morales, à la société elle-même.

Art. R. 814-83 *(Rempl., D. n° 2017-796, 5 mai 2017)*. – Lorsque le tribunal nomme une société, il désigne en son sein un ou plusieurs associés exerçant l'activité d'administrateur judiciaire ou de mandataire judiciaire pour la représenter dans l'accomplissement du mandat qui lui est confié.

Art. R. 814-84. – Un administrateur judiciaire ou un mandataire judiciaire associé exerçant au sein d'une société ne peut exercer sa profession à titre individuel ou en qualité de membre d'une autre société, quelle qu'en soit la forme.

Art. R. 814-85. – Chaque administrateur judiciaire associé exerçant au sein d'une société exerce les fonctions d'administrateur judiciaire au nom de la société.

Chaque mandataire judiciaire associé exerçant au sein d'une société exerce les fonctions de mandataire judiciaire au nom de la société.

Art. R. 814-86. – Les associés exerçant au sein de la société doivent lui consacrer toute leur activité *professionnelle*, l'informer et s'informer mutuellement de cette activité.

Art. R. 814-87 *(Mod., D. n° 2017-796, 5 mai 2017)*. – Le nom de chacun des associés sur la liste nationale des administrateurs judiciaires ou sur la liste nationale des mandataires judiciaires est suivi de la mention de la raison ou dénomination sociale de la société au sein de laquelle il exerce.

En annexe de la liste nationale est dressée la liste des sociétés avec les indications suivantes :

1° Dénomination sociale ou raison sociale ;

2° Lieu du siège social ;

3° Noms de tous les associés exerçant en son sein.

4° Dans le cas d'une société pluri-professionnelle d'exercice, le nom des associés exerçant l'une des autres professions prévue au titre IV *bis* de la loi n° 90-1258 du 31 décembre 1990 précitée et leur profession exercée au sein de la société.

Art. R. 814-88. – Tous les registres et documents prévus par les textes législatifs ou réglementaires sont ouverts et établis au nom de la société.

Art. R. 814-89 *(Mod., D. n° 2017-796, 5 mai 2017)*. – La dénomination ou la raison sociale d'une société figure dans tous documents et correspondances émanant de la société. Elle est complétée par les mentions prévues aux 1° et 2° de l'article R. 123-237.

Dans les actes professionnels, chaque associé exerçant au sein de la société indique la dénomination ou la raison sociale de la société dont il fait partie.

Art. R. 814-90 *(Mod., D. n° 2016-109, 3 févr. 2016)*. – Les procès-verbaux des délibérations des associés ainsi que ceux des délibérations du conseil d'administration et du conseil de surveillance sont établis sur un registre spécial préalablement coté et paraphé par le secrétaire de la Commission nationale d'inscription et de discipline. Le registre est conservé au siège de la société.

Toutefois, les procès-verbaux peuvent être établis sur des feuilles mobiles numérotées sans discontinuité, paraphées dans les conditions prévues au premier alinéa. Dès qu'une feuille a été remplie, même partiellement, elle est jointe à celles précédemment utilisées. Toute addition, suppression, substitution ou inversion de feuilles est interdite.

Art. R. 814-91 *(Mod., D. n° 2017-796, 5 mai 2017)*. – La société adhère à la caisse de garantie prévue à l'article L. 814-3. Il lui appartient de justifier des assurances prévues par l'article L. 814-4, répondant aux conditions de l'article R. 814-23, notamment pour l'application du deuxième alinéa de l'article 16 de la loi n° 66-879 du 29 novembre 1966 relative aux sociétés civiles professionnelles ou du deuxième alinéa de l'article 16 de la loi n° 90-1258 du 31 décembre 1990.

Dans les sociétés pluri-professionnelles d'exercice, la garantie offerte par la caisse de garantie ne couvre que les dommages survenus dans le cadre de l'exercice des professions d'administrateur judiciaire ou de mandataire judiciaire.

Art. R. 814-92 *(Mod., D. n° 2016-902, 1er juill. 2016 ; D. n° 2017-796, 5 mai 2017 ; D. n° 2019-966, 18 sept. 2019)*. – En cas d'interdiction temporaire ou de suspension provisoire d'un ou de plusieurs associés exerçant la profession d'administrateur judiciaire ou de mandataire judiciaire, mais non de la totalité d'entre eux, ou de la société, il n'y a pas lieu de commettre d'administrateur provisoire.

En cas d'interdiction temporaire ou de suspension provisoire de la société ou de tous les associés exerçant la profession d'administrateur judiciaire ou de mandataire judiciaire, le procureur de la République près le tribunal judiciaire dans le ressort duquel la société a son siège ou, si son siège n'est pas situé en France, son domicile professionnel requiert le président du tribunal judiciaire, statuant sur requête, de désigner sans délai, pour accomplir les actes nécessaires à la gestion de la société, un administrateur provisoire choisi parmi les personnes mentionnées, suivant la profession concernée, soit à l'article R. 811-58, soit à l'article R. 812-23. Les dispositions du deuxième alinéa de l'article R. 811-58, des articles R. 811-59 et R. 812-23 sont applicables selon que la société exerce l'une ou l'autre des professions.

Art. R. 814-93 *(Mod., D. n° 2016-902, 1er juill. 2016 ; D. n° 2017-796, 5 mai 2017)*. – L'associé qui a été radié de la liste ou qui a été retiré de celle-ci en application de l'article L. 811-6, de l'article L. 811-12, de l'article L. 812-4 ou de l'article L. 812-9 perd sa qualité d'associé et cesse d'exercer son activité professionnelle dès que la décision prononçant la radiation ou le retrait est définitive.

Ses titres de capital ou parts sociales sont cédés, le cas échéant, dans les conditions fixées aux articles R. 814-80 et R. 814-128.

Les dispositions des articles R. 814-92 et R. 814-153 sont applicables en cas de radiation ou de retrait de la liste.

Les effets de la radiation de la société ou de tous les associés exerçant la profession d'administrateur judiciaire *ou de mandataire judiciaire ou du retrait* de tous les associés sont régis par les dispositions des articles R. 814-100 à R. 814-108.

Art. R. 814-94 *(Mod., D. n° 2016-109, 3 févr. 2016 ; D. n° 2017-796, 5 mai 2017)*. – À la diligence de la Commission nationale d'inscription et de discipline, une expédition de la décision passée en force de chose jugée prononçant la radiation ou le retrait de la liste de la société ou de tous les associés exerçant en son sein la profession d'administrateur judiciaire ou de mandataire judiciaire est versée au dossier ouvert au nom de la société au greffe chargé de la tenue du registre du commerce et des sociétés.

Art. R. 814-95. – Les fonctions d'administrateur judiciaire associé sont assimilées à celles d'administrateur judiciaire pour la collation du titre d'administrateur judiciaire honoraire.

Les fonctions de mandataire judiciaire associé sont assimilées à celles de mandataire judiciaire pour la collation du titre de mandataire judiciaire honoraire.

§ 4. – De la nullité, de la dissolution et de la liquidation de la société

Art. R. 814-96. – La nullité de la société ne porte pas atteinte à la validité des actes professionnels accomplis par les administrateurs judiciaires ou les mandataires judiciaires associés avant la date où cette nullité est devenue définitive.

Art. R. 814-97 *(Mod., D. n° 2016-109, 3 févr. 2016)*. – À la diligence de la Commission nationale d'inscription et de discipline, toute décision judiciaire passée en force de chose jugée prononçant la nullité de la société fait l'objet d'un dépôt d'une de ses expéditions au dossier ouvert au nom de la société au greffe chargé de la tenue du registre du commerce et des sociétés.

Art. R. 814-98. – La nullité de la société n'est opposable aux tiers qu'à compter de l'accomplissement des formalités de publicité prévues par la section 1 du chapitre III du titre II du livre I relative au registre du commerce et des sociétés.

Art. R. 814-99 *(Mod., D. n° 2016-902, 1er juill. 2016)*. – La société prend fin dans les cas prévus à l'article 1844-7 du Code civil. La dissolution anticipée prévue au 4° de cet article est décidée dans les conditions de majorité requises pour les modifications des statuts.

En outre, la société est dissoute de plein droit :

1° Par le décès du dernier survivant des associés exerçant la profession, sans qu'à cette date les parts sociales ou les titres de capital des autres associés exerçant la profession aient été cédés à des tiers ;

2° Par la décision devenue définitive qui prononce la radiation ou le retrait de la liste de la société ou de tous les associés exerçant la profession en application de l'article L. 811-6, de l'article L. 811-12, de l'article L. 812-4 ou de l'article L. 812-9. La décision qui prononce la radiation ou le retrait de la liste constate la dissolution de la société et ordonne sa liquidation.

Art. R. 814-100. – La dissolution de la société entraîne sa liquidation, hormis les cas prévus à l'article 1844-4 du Code civil et au premier alinéa de l'article L. 236-3.

Art. R. 814-101. – La dissolution de la société n'est opposable aux tiers qu'à compter de l'accomplissement des formalités de publicité prévues par la section 1 du chapitre III du titre II du livre I relative au registre du commerce et des sociétés.

Art. R. 814-102. – La liquidation est régie par les statuts, sous réserve des dispositions du Code civil et de celles du livre II du présent code et du présent paragraphe.

Art. R. 814-103. – Le liquidateur est choisi parmi les associés ou, à défaut, parmi les administrateurs *judiciaires ou les mandataires judiciaires* inscrits, selon que la société exerce l'une ou l'autre de ces professions.

En aucun cas, les fonctions de liquidateur ne peuvent être confiées à une personne contre laquelle a été prononcée une sanction disciplinaire, une mesure de retrait ou de suspension provisoire.

Plusieurs liquidateurs peuvent être désignés.

Le liquidateur désigné remplit les fonctions de l'administrateur provisoire.

Art. R. 814-104. – La décision judiciaire ou la décision de l'assemblée des associés qui nomme le liquidateur fixe sa rémunération.

Art. R. 814-105 *(Mod., D. n° 2019-966, 18 sept. 2019 ; D. n° 2019-1419, 20 déc. 2019)*. – Le liquidateur peut être remplacé pour cause d'empêchement ou tout motif grave, à la demande soit du liquidateur lui-même, soit des associés ou de leurs ayants droit, par décision du président du tribunal judiciaire dans le ressort duquel est situé le siège social.

Le président statue selon la procédure accélérée au fond.

Art. R. 814-106 *(Mod., D. n° 2016-109, 3 févr. 2016)*. – Le liquidateur ne peut entrer en fonctions avant d'avoir accompli les formalités de publicité au registre du commerce et des sociétés et informé de la dissolution de la société la Commission nationale d'inscription et de discipline, en joignant copie de l'acte qui l'a nommé.

Art. R. 814-107. – Le liquidateur ne peut exercer les mandats de justice confiés à la société que s'il y est habilité par la juridiction qui les a décernés.

Art. R. 814-108 *(Mod., D. n° 2017-796, 5 mai 2017)*. – Le liquidateur informe la Commission nationale d'inscription et de discipline des administrateurs judiciaires et des mandataires judiciaires de la clôture de la liquidation.

Sous-section 2. – Dispositions applicables aux sociétés civiles professionnelles

§ 1. – De la constitution

Art. R. 814-109. – Deux ou plusieurs personnes physiques inscrites sur la liste nationale prévue à l'article L. 811-2 ou sur la liste nationale prévue à l'article L. 812-2 peuvent constituer entre elles une société civile professionnelle pour l'exercice en commun de leur profession d'administrateur judiciaire ou de mandataire judiciaire.

La même faculté appartient aux personnes remplissant les conditions pour être inscrites sur cette liste, sous réserve que chacune d'elles obtienne son inscription au plus tard en même temps que celle de la société.

Ces sociétés reçoivent l'appellation de sociétés civiles professionnelles d'administrateurs judiciaires ou de mandataires judiciaires.

Chaque associé a la qualité d'administrateur judiciaire associé, ou de mandataire judiciaire associé.

Art. R. 814-109-1 *(D. n° 2016-902, 1er juill. 2016)*. – La société est constituée sous la condition suspensive de son inscription sur la liste nationale des administrateurs judiciaires prévue par l'article L. 811-2 ou sur la liste nationale des mandataires judiciaires prévue par l'article L. 812-2.

Art. R. 814-110. – Les sociétés civiles professionnelles d'administrateurs judiciaires et sociétés civiles professionnelles de mandataires judiciaires sont régies par les dispositions du décret n° 78-704 du 3 juillet 1978 relatif à l'application de la loi n° 78-9 du 4 janvier 1978 modifiant le titre IX du livre III du Code civil, sous réserve des dispositions de la présente section.

Art. R. 814-111. – Les statuts satisfont aux prescriptions des articles 8, 11, 14, 15, 19, 20 et 24 de la loi n° 66-879 du 29 novembre 1966. Ils indiquent en outre :

1° Les nom, prénoms et domicile de chaque associé ;

2° La durée pour laquelle la société est constituée ;

3° L'adresse du siège social ;

4° La nature et l'évaluation distincte de chacun des apports faits par les associés ;

5° Le montant du capital social, le montant, le nombre et la répartition des parts sociales représentatives de ce capital ;

6° Le nombre des parts d'intérêts attribuées à chaque apporteur en industrie ;

7° L'affirmation de la libération totale ou partielle, selon le cas, des apports concourant à la formation du capital social.

Art. R. 814-112. – *Le siège social* de la société civile professionnelle est fixé au domicile professionnel commun à plusieurs ou à tous les associés ou au domicile professionnel de l'un d'eux.

Art. R. 814-113 *(Mod., D. n° 2017-796, 5 mai 2017)*. – La Commission nationale d'inscription et de discipline peut solliciter d'un commissaire aux comptes mentionné à l'article R. 814-29 un avis sur la valeur des apports en nature.

Art. R. 814-114. – Les parts sociales ne peuvent être données en nantissement.

Leur montant nominal ne peut être inférieur à 150 €.

Art. R. 814-115. – Les parts d'intérêts attribuées aux apporteurs en industrie sont incessibles. Elles sont annulées lorsque leur titulaire perd la qualité d'associé pour quelque cause que ce soit.

Art. R. 814-116. – Les parts sociales correspondant à des apports en numéraire doivent être libérées, lors de la souscription, de la moitié au moins de leur valeur nominale.

La libération du surplus intervient, en une ou plusieurs fois, soit aux dates prévues par les statuts, soit par décision de l'assemblée des associés et au plus tard dans le délai de deux ans à compter de l'inscription de la société sur la liste.

Dans les huit jours de leur réception, les fonds provenant de la libération des apports en numéraire sont déposés, pour le compte de la société, à la Caisse des dépôts et consignations, chez un notaire ou dans un établissement de crédit.

Le retrait de ces fonds est effectué par le mandataire de la société sur la justification de l'inscription de celle-ci sur la liste des administrateurs judiciaires ou la liste des mandataires judiciaires.

Art. R. 814-117 *(Mod., D. n° 2020-106, 10 févr. 2020)*. – La société ou son liquidateur est dispensé d'insérer dans un support habilité à recevoir des annonces légales les avis et actes prévus aux articles 22, 24, 26, 27 et 29 du décret n° 78-704 du 3 juillet 1978.

§ 2. – De l'organisation et du fonctionnement

Art. R. 814-118. – Les décisions qui excèdent les pouvoirs du ou des gérants sont prises par les associés réunis en assemblée générale.

L'assemblée est réunie au moins une fois par an. Elle est également réunie lorsqu'un ou plusieurs associés, représentant au moins la moitié en nombre de ceux-ci ou le quart du capital, en font la demande au gérant en indiquant l'ordre du jour.

À défaut de dispositions contraires des statuts, les convocations sont effectuées conformément à l'article 40 du décret n° 78-704 du 3 juillet 1978.

Art. R. 814-119. – Les procès-verbaux des délibérations des associés sont établis sur un registre spécial préalablement coté et paraphé par le greffier chargé de la tenue du registre du commerce et des sociétés où est immatriculée la société. Le registre est conservé au siège social. Il peut être consulté par tout associé.

Art. R. 814-120. – Chaque associé dispose d'un nombre de voix égal quel que soit le nombre de parts qu'il possède.

Un associé peut donner mandat écrit à un autre associé de le représenter à l'assemblée. Toutefois, un associé ne peut être porteur de plus de deux mandats.

L'assemblée ne délibère valablement que si les trois quarts au moins des associés sont présents ou représentés. Si ce quorum n'est pas atteint, les associés sont convoqués une nouvelle fois et l'assemblée délibère valablement *si le tiers des associés* au moins est présent ou représenté.

Art. R. 814-121 *(Mod., D. n° 2017-796, 5 mai 2017)*. – Sous réserve des dispositions de l'article 19 de la loi n° 66-879 du 29 novembre 1966 et de celles des articles R. 814-99, R. 814-122, R. 814-122-1, R. 814-124, R. 814-130, R. 814-131, R. 814-140, les décisions sont prises à la majorité des voix des associés présents ou représentés.

Dans tous les cas, les statuts peuvent prévoir, pour certaines décisions, une majorité qualifiée ou l'unanimité des associés.

Art. R. 814-122. – La modification des statuts, y compris la prorogation de la société, est décidée à la majorité des trois quarts des voix de l'ensemble des associés.

L'augmentation des engagements des associés ne peut être décidée qu'à l'unanimité.

Art. R. 814-122-1 *(D. n° 2017-795, 5 mai 2017)*. – La majorité requise pour approuver une des opérations mentionnées au premier alinéa de l'article 27 de la loi n° 66-879 du 29 novembre 1966 relative aux sociétés civiles professionnelles est celle prévue au premier alinéa de l'article R. 814-122.

Art. R. 814-123. – La répartition des bénéfices a lieu conformément aux statuts.

Toutefois, la rémunération des apports en capital ne peut excéder les deux tiers des bénéfices.

Art. R. 814-124. – Sauf stipulation contraire des statuts, les parts sociales peuvent être librement cédées à un associé.

Art. R. 814-125. – Lorsqu'un associé décide de céder tout ou partie de ses parts à un tiers, le projet de cession est notifié à la société et à chaque associé par lettre recommandée avec demande d'avis de réception.

Dans les deux mois de la notification qui lui est faite du projet de cession, la société fait connaître, dans les mêmes formes, son consentement ou son refus. Le silence gardé par la société pendant ce délai vaut consentement implicite à la cession.

Art. R. 814-126. – Si la société refuse de consentir à la cession, elle est tenue, dans les six mois de la notification de son refus, de notifier à l'associé par lettre recommandée avec demande d'avis de réception un projet de cession ou de rachat de ses parts qui implique engagement du cessionnaire ou de la société de se porter acquéreur.

Si le prix proposé pour la cession ou le rachat n'est pas accepté par le cédant, il est fixé conformément aux dispositions de l'article 1843-4 du Code civil.

Si l'associé cédant refuse de signer l'acte portant cession de ses parts au prix ainsi fixé, il est passé outre à ce refus deux mois après la sommation qui lui est adressée par lettre recommandée avec demande d'avis de réception par la société et qui est demeurée infructueuse.

Si la cession porte sur la totalité des parts sociales détenues par l'associé, celui-ci perd sa qualité d'associé à l'expiration du délai prévu à l'alinéa précédent.

Le prix de cession des parts est consigné à la diligence du cessionnaire à la Caisse des dépôts et consignations.

Art. R. 814-127. – Dans le cas prévu au troisième alinéa de l'article R. 814-126, la publicité de la cession des parts sociales est accomplie par le dépôt au registre du commerce et des sociétés de deux copies certifiées conformes de la sommation adressée au cédant accompagnées de la justification de la notification ou de la signification de cette sommation.

Art. R. 814-128. – Si à l'expiration du délai prévu à l'article R. 814-80 aucune cession n'est intervenue, la société procède à la cession ou au rachat des parts dans les conditions prévues aux deuxième et troisième alinéas de l'article R. 814-135.

Art. R. 814-129 *(Mod., D. n° 2017-796, 5 mai 2017)*. – Sous réserve des règles de protection et de représentation des personnes protégées, les dispositions des articles R. 814-80 et R. 814-128 sont applicables à la cession des parts sociales de l'associé frappé d'interdiction légale ou placé sous le régime de la tutelle.

Art. R. 814-130. – Le délai prévu au deuxième alinéa de l'article 24 de la loi n° 66-879 du 29 novembre 1966 pour la cession des parts de l'associé décédé est fixé à un an à compter de la date du décès.

Il peut être prorogé une fois pour une durée d'un an par accord intervenu entre les ayants droit de l'associé décédé et la société, donné dans les conditions prévues pour la cession des parts sociales par le premier alinéa de l'article 19 de la même loi.

Art. R. 814-131. – Toute demande d'un ou plusieurs ayants droit d'un associé décédé tendant, par application du deuxième alinéa de l'article 24 de la loi n° 66-879 du 29 novembre 1966, à l'attribution préférentielle à leur profit des parts sociales de leur auteur est notifiée à la société et à chacun des associés par lettre recommandée avec demande d'avis de réception. En cas de désaccord, la valeur des droits sociaux est fixée dans les conditions prévues par l'article 1843-4 du Code civil.

Art. R. 814-132. – Si, à l'expiration du délai prévu à l'article R. 814-130, les ayants droit de l'associé décédé n'ont pas exercé la faculté de céder les parts sociales de leur auteur et si aucun consentement préalable à l'attribution préférentielle n'a été donné par la société, celle-ci dispose d'une année pour acquérir elle-même, ou faire acquérir par un ou plusieurs associés ou par un tiers, les parts sociales de l'associé décédé.

Le cas échéant, la procédure prévue par les deuxième, troisième et cinquième alinéas de l'article R. 814-126 est applicable.

Art. R. 814-133. – La cession de parts sociales est rendue opposable à la société et aux tiers dans les conditions prévues par l'article 1865 du Code civil.

Art. R. 814-134. – Si les réserves constituées au moyen de bénéfices non distribués ou de plus-values d'actif dues à l'industrie des associés le permettent, il est procédé périodiquement, dans les conditions prévues aux statuts, à l'augmentation du capital social. Les parts sociales ainsi créées sont attribuées aux associés, y compris à ceux qui n'ont apporté que leur industrie, selon les critères de répartition des bénéfices fixés par l'article R. 814-123.

L'augmentation du capital social ne peut intervenir avant la libération totale des parts sociales correspondant à des apports en numéraire.

Art. R. 814-135. – Lorsqu'un associé entend se retirer de la société en application de l'article 21 de la loi n° 66-879 du 29 novembre 1966, il notifie sa décision à la société par lettre recommandée avec demande d'avis de réception.

Dans les six mois de cette notification, la société est tenue de notifier à l'associé, dans les mêmes formes, soit un projet de cession de ses parts à un ou plusieurs associés ou à un tiers inscrit, selon le cas, sur la liste des administrateurs judiciaires ou sur la liste des mandataires judiciaires sur laquelle la société est inscrite ou remplissant les conditions pour y être inscrit, soit un projet de rachat de ces parts par la société. Cette notification implique un engagement du cessionnaire ou de la société de se porter acquéreur.

Le cas échéant, il est fait application des deuxième, troisième, quatrième et cinquième alinéas de l'article R. 814-126.

Art. R. 814-136. – Le retrait d'un associé qui a apporté exclusivement son industrie est notifié à la société par lettre recommandée avec demande d'avis de réception. Il prend effet à la date que l'associé indique ou, à défaut, à celle de cette notification.

Toutefois, les statuts peuvent prévoir que le retrait ne prendra effet qu'à l'expiration d'un délai, sans que celui-ci puisse excéder six mois à compter de la notification faite par l'associé.

Art. R. 814-137. – L'associé titulaire de parts sociales peut, à la condition d'en informer la société par lettre recommandée avec demande d'avis de réception, cesser l'activité professionnelle qu'il exerce au sein de cette société avant la fin de la procédure de cession ou de rachat de ses parts. Il respecte, le cas échéant, le délai fixé par les statuts, sans que celui-ci puisse excéder six mois à compter de la notification de la cessation d'activité.

Art. R. 814-138. – L'associé perd, à compter de sa cessation d'activité, les droits attachés à sa qualité d'associé, à l'exception toutefois des rémunérations afférentes aux apports en capital et de sa part éventuelle *dans le capital, les réserves* et les plus-values d'actif ; il cesse à la même date d'être soumis aux incompatibilités et interdictions attachées à sa qualité d'associé.

Art. R. 814-139. – La société peut faire l'objet de poursuites disciplinaires indépendamment de celles qui seraient intentées contre les associés.

Art. R. 814-140. – Tout associé qui fait l'objet d'une mesure disciplinaire définitive comportant une sanction égale ou supérieure à trois mois d'interdiction peut être contraint, à l'unanimité des autres associés, de se retirer de la société.

L'associé qui fait l'objet d'une suspension provisoire en application de l'article L. 811-13 ou L. 814-4 peut, à l'expiration d'un délai d'un an à compter de la date de la décision de suspension, s'il n'a pas été mis fin à celle-ci, être contraint de se retirer de la société suivant les modalités mentionnées à l'alinéa précédent.

Les associés exclus perdent du jour où la décision d'exclusion leur a été notifiée les droits attachés à la qualité d'associé, à l'exception des rémunérations afférentes à leurs apports en capital.

Ses parts sociales sont cédées dans les conditions prévues aux articles R. 814-80 et R. 814-128.

Art. R. 814-141. – L'associé interdit temporairement ou suspendu provisoirement ne peut exercer aucune activité professionnelle pendant la durée de la mesure d'interdiction ou de suspension, mais conserve pendant le même temps sa qualité d'associé avec tous les droits et obligations qui en découlent, à l'exclusion de sa vocation aux bénéfices professionnels.

§ 3. – De la nullité, de la dissolution et de la liquidation

Art. R. 814-142. – La dissolution anticipée prévue au 4° de l'article 1844-7 du Code civil est décidée à la majorité des trois quarts des voix de l'ensemble des associés.

Art. R. 814-143. – En dehors des cas prévus au troisième alinéa de l'article R. 814-99, la société civile professionnelle est dissoute de plein droit par la notification à la société des demandes simultanées de retrait des associés faites en application de l'article 21 de la loi n° 66-879 du 29 novembre 1966 ou, en cas de demandes successives, par la dernière d'entre elles, sans qu'à cette date les parts sociales des autres associés aient été cédées à des tiers.

Art. R. 814-144. – Dans le cas prévu par le second alinéa de l'article 37 de la loi n° 66-879 du 29 novembre 1966, l'actif net de la société subsistant après extinction du passif et remboursement du capital est réparti entre les associés au prorata des parts détenues par chacun d'eux, y compris les parts correspondant aux apports en industrie.

Sous-section 3. – Dispositions applicables aux sociétés d'exercice libéral

Art. R. 814-145 *(D. n° 2016-1218, 13 sept. 2016)*. – I. – Un ou plusieurs administrateurs judiciaires peuvent constituer, entre eux et avec les personnes mentionnées au B du I de l'article 5 et aux 1° et 3° du I de l'article 6 de la loi n° 90-1258 du 31 décembre 1990 relative à l'exercice sous forme de sociétés des professions libérales soumises à un statut législatif ou réglementaire ou dont le titre est protégé et aux sociétés de participations financières de professions libérales, une société d'exercice libéral.

II. – Un ou plusieurs mandataires judiciaires peuvent constituer, entre eux et avec les personnes mentionnées au B du I de l'article 5 et aux 1° et 3° du I de l'article 6 de la loi du 31 décembre 1990 précitée, une société d'exercice libéral.

III. – Les personnes physiques ou morales qui exercent la profession de greffier de tribunal de commerce ne peuvent détenir, ni directement ni indirectement, d'action ou de part sociale dans une société d'exercice libéral relevant du I ou du II.

Art. R. 814-146 *(Mod., D. n° 2012-536, 20 avr. 2012 ; D. n° 2016-1218, 13 sept. 2016)*. – Les sociétés d'exercice libéral constituées pour l'exercice de la profession d'administrateurs judiciaires ou de mandataires judiciaires sont régies par les dispositions du livre II et de la loi n° 90-1258 du 31 décembre 1990, sous réserve des dispositions de la présente section.

Art. R. 814-146-1 *(D. n° 2016-902, 1er juill. 2016 ; mod., D. n° 2017-796, 5 mai 2017)*. – La société est constituée sous la condition suspensive de son inscription sur la liste nationale des administrateurs judiciaires prévue par l'article L. 811-2 ou sur la liste nationale des mandataires judiciaires prévue par l'article L. 812-2.

Les dispositions du présent article ne sont pas applicables aux sociétés pluri-professionnelles d'exercice.

Art. R. 814-147 *(Mod., D. n° 2016-109, 3 févr. 2016 ; D. n° 2016-1218, 13 sept. 2016)*. – La Commission nationale d'inscription et de discipline est informée des modifications apportées à la liste des associés et au montant de leur participation au capital.

Art. R. 814-148. – La société est dispensée de procéder aux formalités de publicité prévues aux articles R. 210-16 et suivants.

Art. R. 814-149 *(Mod., D. n° 2016-109, 3 févr. 2016)*. – Lorsque le consentement de la société est acquis dans les conditions prévues par les articles L. 223-14 et L. 228-24 et 10 de la loi n° 90-1258 du 31 décembre 1990, le cessionnaire demande à la Commission nationale d'inscription et de discipline, par lettre recommandée avec demande d'avis de réception ou par remise contre récépissé, son inscription sur la liste mentionnée au deuxième alinéa de l'article R. 814-87.

Sa demande est accompagnée, à peine d'irrecevabilité, d'une attestation du transfert sur les registres de titres de la société ou de l'acte de cession des titres de capital ou des parts sociales ainsi que de toutes pièces justificatives, notamment de celles qui sont exigées des personnes demandant leur inscription sur la liste.

Art. R. 814-150 *(Mod., D. n° 2016-1218, 13 sept. 2016 ; D. n° 2017-796, 5 mai 2017)*. – Sous réserve des règles de protection et de représentation des personnes protégées, les dispositions de l'article R. 814-80 sont applicables à la cession des titres de capital ou parts sociales de l'associé placé sous le régime de la tutelle, s'il ne veut ou ne peut bénéficier des dispositions du 2° du B du I de l'article 5 de la loi n° 90-1258 du 31 décembre 1990, ou de l'associé frappé d'interdiction légale.

Art. R. 814-151. – La société ne peut faire l'objet de poursuites disciplinaires indépendamment de celles qui seraient intentées contre les associés exerçant en son sein.

Art. R. 814-152 *(Mod., D. n° 2016-902, 1er juill. 2016 ; D. n° 2017-796, 5 mai 2017)*. – Tout associé exerçant la profession d'administrateur judiciaire ou de mandataire judiciaire au sein de la société, qui a fait l'objet d'une sanction disciplinaire définitive égale ou supérieure à trois mois d'interdiction d'exercice de sa profession ou d'une condamnation pénale définitive à une peine d'emprisonnement égale ou supérieure à trois mois peut être contraint, à l'unanimité des autres associés exerçant au sein de la société, de se retirer de celle-ci.

Ses titres de capital ou parts sociales sont cédés dans les conditions prévues aux articles R. 814-64, R. 814-74 et R. 814-149.

Art. R. 814-153. – L'associé interdit de ses fonctions n'est pas de ce seul fait privé de sa qualité d'associé. Il conserve tous les droits et obligations qui en découlent.

Art. R. 814-154. – L'associé provisoirement suspendu exerçant au sein de la société conserve, pendant la durée de sa suspension, sa qualité d'associé avec tous les droits et obligations qui en découlent. Toutefois, ses revenus liés à l'exercice professionnel sont réduits de moitié, l'autre moitié étant attribuée par parts égales aux administrateurs provisoires associés ou non ou, s'il n'est pas commis d'administrateur provisoire, à ceux des associés exerçant au sein de la société qui n'ont pas fait l'objet d'une suspension provisoire de leurs fonctions.

Sous-section 4. – Dispositions applicables aux sociétés en participation

Art. R. 814-155. – Les sociétés en participation prévues par l'article 22 de la loi n° 90-1258 du 31 décembre 1990 reçoivent l'appellation de sociétés en participation d'administrateurs judiciaires ou de mandataires judiciaires.

Leur constitution fait l'objet de l'insertion d'un avis dans le *Bulletin officiel des annonces civiles et commerciales*.

L'avis contient la dénomination sociale et la liste des associés.

Art. R. 814-156 *(Mod., D. n° 2016-109, 3 févr. 2016)*. – Dans la quinzaine de la publication, une copie de cet avis et un exemplaire de la convention qui fonde la société en participation sont remis contre récépissé ou expédiés par lettre recommandée avec demande d'avis de réception à la Commission nationale d'inscription et de discipline qui peut, dans un délai d'un mois, mettre en demeure les associés, par lettre recommandée avec demande d'avis de réception, de modifier la convention pour la mettre en conformité avec les règles applicables à la profession.

Art. R. 814-157. – Le retrait ou l'admission d'un associé donne lieu à la publication mentionnée aux deuxième et troisième alinéas de l'article R. 814-155 et, pour le nouvel associé, les dispositions des articles R. 814-66 et R. 814-156 sont applicables.

Section VI. – Des sociétés de participations financières de professions libérales d'administrateurs judiciaires ou de mandataires judiciaires

(D. n° 2012-536, 20 avr. 2012)

Art. R. 814-158 *(D. n° 2012-536, 20 avr. 2012 ; mod., D. n° 2016-1218, 13 sept. 2016)*. – Les sociétés de participations financières de professions libérales constituées, en application du titre IV de la loi n° 90-1258 du 31 décembre 1990 relative à l'exercice sous forme de sociétés des professions libérales soumises à un statut législatif ou réglementaire ou dont le titre est protégé et aux sociétés de participations financières de professions libérales, en vue de la détention de parts sociales ou d'action dans des sociétés exerçant la profession d'administrateur judiciaire ou celle de mandataire judicaire sont régies par les dispositions du livre II, à l'exception de celles qui attribuent compétence au tribunal de commerce, sous réserve des dispositions de la présente section. Ces sociétés sont dénommées respectivement « société de participation financière de profession libérale d'administrateur judiciaire » et « société de participation financière de profession libérale de mandataire judiciaire ».

Sous-section 1. – De la constitution de la société

Art. R. 814-159 *(D. n° 2016-1218, 13 sept. 2016)*. – Les personnes physiques ou morales qui exercent la profession de greffier de tribunal de commerce ne peuvent détenir, ni directement ni indirectement, d'action ou de part sociale dans une société de participation financière de profession libérale d'administrateur judiciaire ou dans une société de participation financière de profession libérale de mandataire judiciaire.

Art. R. 814-160 *(D. n° 2012-536, 20 avr. 2012)*. – La constitution de la société fait l'objet d'une déclaration adressée par lettre recommandée avec avis de réception par un mandataire commun désigné par les associés à la commission nationale d'inscription et de discipline compétente.

Une copie des statuts de la société est jointe à la déclaration qui comprend la liste des associés avec indication, selon le cas, de leur profession ou de leur qualité, suivie, pour chacun, de la mention de la part de capital qu'il détient dans la société.

Art. R. 814-161 *(D. n° 2012-536, 20 avr. 2012 ; mod., D. n° 2016-1218, 13 sept. 2016)*. – Le secrétaire de la commission nationale d'inscription et de discipline compétente adresse une copie de la déclaration et des statuts au procureur général près la cour d'appel dans le ressort de laquelle la société a son siège.

Il dresse la liste des sociétés de participations financières de professions libérales d'administrateurs judiciaires ou de mandataires judiciaires dont les conditions de tenue et mise à jour sont fixées par arrêté du garde des Sceaux.

Art. R. 814-162 *(D. n° 2012-536, 20 avr. 2012)*. – L'immatriculation de la société au registre du commerce et des sociétés est régie par les articles R. 123-31 et suivants, sous réserve des dispositions ci-après.

Une copie de la déclaration mentionnée à l'article R. 814-160 est adressée par le mandataire des associés au greffe du tribunal où a été déposée la demande d'immatriculation au registre du commerce et des sociétés ; à la réception de ce document, le greffier procède à l'immatriculation et en informe la commission nationale d'inscription et de discipline compétente.

La société est dispensée de procéder aux formalités de publicité prévues aux articles R. 210-16 et suivants.

Sous-section 2. – Du fonctionnement de la société et de son contrôle

Art. R. 814-163 *(D. n° 2012-536, 20 avr. 2012 ; mod., D. n° 2016-1218, 13 sept. 2016)*. – La société de participations financières de professions libérales d'administrateurs judiciaires ou de mandataires judiciaires fait connaître à la commission nationale compétente ainsi qu'au procureur général près la cour d'appel dans le ressort de laquelle est situé son siège, dans un délai de trente jours à compter de la date à laquelle il se produit, tout changement dans la situation déclarée en application de l'article R. 814-160.

Art. R. 814-164 *(D. n° 2012-536, 20 avr. 2012).* – Si la société de participations financières de professions libérales d'administrateurs judiciaires ou de mandataires judiciaires ne se conforme pas aux dispositions législatives et réglementaires en vigueur, elle peut être invitée à régulariser la situation par le procureur général près la cour d'appel dans le ressort de laquelle est situé son siège ou le commissaire du Gouvernement près la commission nationale d'inscription et de discipline compétente. L'invitation est faite par lettre recommandée avec demande d'accusé de réception, dont copie est adressée au magistrat coordonnateur mentionné à l'article R. 811-40.

Si la société ne régularise pas la situation dans le délai indiqué, le procureur général ou le commissaire du Gouvernement peuvent inviter les associés, selon les mêmes modalités, à prononcer la dissolution anticipée de la société.

Art. R. 814-165 *(D. n° 2012-536, 20 avr. 2012).* – Lorsque plusieurs personnes désignées dans le cadre de la procédure collective détiennent, directement ou indirectement, des participations dans une même société, elles en informent sans délai la juridiction.

Art. R. 814-166 *(D. n° 2012-536, 20 avr. 2012 ; mod., D. n° 2016-1851, 23 déc. 2016).* – Chaque société de participations financières de professions libérales d'administrateurs judiciaires ou de mandataires judiciaires fait l'objet, au moins une fois tous les trois ans, d'un contrôle portant sur le respect des dispositions législatives et réglementaires qui régissent la composition de son capital et l'étendue de ses activités.

Avant la fin de chaque année, le président du conseil national adresse au garde des Sceaux, ministre de la Justice, la liste des sociétés que le bureau du conseil a désignées comme devant faire l'objet du contrôle périodique au cours de l'année suivante. Cette liste est également adressée au commissaire du Gouvernement près de la commission d'inscription et de discipline qui a procédé à leur inscription ainsi qu'au magistrat coordonnateur mentionné à l'article R. 811-40.

Chaque société de participations financières peut, en outre, être soumise à des contrôles occasionnels, prescrits conformément au premier alinéa de l'article R. 814-42-2.

Les dispositions des articles R. 814-44 à R. 814-46, à l'exception du sixième alinéa de l'article R. 814-45, et du deuxième alinéa de l'article R. 814-48 sont applicables à ces contrôles.

Art. R. 814-167 *(D. n° 2012-536, 20 avr. 2012 ; mod., D. n° 2016-1218, 13 sept. 2016).* – Le non-respect des dispositions régissant la constitution et le fonctionnement des sociétés de participations financières de professions libérales par les administrateurs judiciaires ou les mandataires judiciaires associés d'une telle société peut donner lieu à des poursuites disciplinaires.

Sous-section 3. – De la dissolution et de la liquidation de la société

Art. R. 814-168 *(D. n° 2012-536, 20 avr. 2012 ; mod., D. n° 2019-966, 18 sept. 2019).* – En cas de dissolution de la société de participations financières, le liquidateur est choisi parmi les associés ou, à défaut, par le président du tribunal judiciaire du lieu du siège social de la société.

Le liquidateur peut être remplacé pour cause d'empêchement, ou pour tout autre motif grave, sur décision du président du tribunal judiciaire du lieu du siège social de la société statuant sur requête, à la demande du liquidateur, des associés ou de leurs ayants droit, ou du procureur de la République.

En aucun cas les fonctions de liquidateur ne peuvent être confiées à un associé ayant fait l'objet d'une peine disciplinaire. Elles ne peuvent être confiées, pour une société de participations financières de professions libérales d'administrateurs judiciaires à un mandataire judiciaire et, pour une société de participations financières de professions libérales de mandataires judiciaires, à un administrateur judiciaire.

Art. R. 814-169 *(D. n° 2012-536, 20 avr. 2012 ; mod., D. n° 2016-1218, 13 sept. 2016).* – La dissolution de la société est portée à la connaissance de la commission nationale d'inscription et de discipline compétente et du procureur général. Le liquidateur fait parvenir à chacun d'eux une expédition de la délibération des associés ou de la décision de justice qui l'a nommé dans ses fonctions.

Le liquidateur dépose au greffe chargé de la tenue du registre du commerce et des sociétés où la société est inscrite, pour être versée au dossier ouvert au nom de la société, la copie de l'expédition prévue au premier alinéa dont tout intéressé peut obtenir communication.

Il ne peut entrer en fonctions avant l'accomplissement des formalités précitées.

Le liquidateur informe les personnes et organes mentionnés au premier alinéa de la clôture des opérations de liquidation.

TITRE II. – DES COMMISSAIRES AUX COMPTES

CHAPITRE PRÉLIMINAIRE. – DISPOSITIONS GÉNÉRALES

(D. n° 2016-1026, 26 juill. 2016)

Art. D. 820-1 *(D. n° 2016-1026, 26 juill. 2016).* – Une personne ou une entité est qualifiée d'entité d'intérêt public en application du 6° du III de l'article L. 820-1 lorsque à la clôture de deux exercices consécutifs, le total de son bilan consolidé ou combiné est supérieur à 5 milliards d'euros. Elle perd cette qualification dès lors qu'elle n'a pas dépassé le seuil fixé pendant deux exercices consécutifs.

Art. R. 820-1-1 *(D. n° 2020-292, 21 mars 2020).* – Pour l'application du présent titre, le terme « missions » désigne les missions mentionnées au premier alinéa de l'article L. 820-1-1 et le terme « prestations » désigne les services et attestations fournis par un commissaire aux comptes, en dehors ou dans le cadre d'une mission légale.

CHAPITRE Ier. – DE L'ORGANISATION ET DU CONTRÔLE DE LA PROFESSION

(Mod., D. n° 2016-1026, 26 juill. 2016)

Section I. – De l'organisation de la profession

(Mod., D. n° 2008-876, 29 août 2008 ; D. n° 2012-607, 30 avr. 2012 ; rempl., D. n° 2016-1026, 26 juill. 2016)

Sous-section 1. – Du Haut conseil du commissariat aux comptes

1. – De l'organisation et du fonctionnement du Haut conseil
(D. n° 2016-1026, 26 juill. 2016)

Art. R. 821-1 *(Mod., D. n° 2008-876, 29 août 2008 ; D. n° 2008-1487, 30 déc. 2008 ; rempl., D. n° 2016-1026, 26 juill. 2016 ; mod., D. n° 2017-540, 12 avr. 2017).* – Le Haut conseil délibère sur :

1° Le budget annuel et ses modifications en cours d'année ;

2° Le compte financier et l'affectation des résultats ;

3° Le règlement comptable et financier, qui est transmis au garde des sceaux, ministre de la justice, et au ministre chargé du budget ;

4° Les conditions générales de recrutement, d'emploi et de rémunération du personnel ainsi que sur les conditions et les modalités de remboursement des frais de déplacement et de séjour des membres et agents du Haut conseil ;

5° Les conditions générales de passation des conventions et marchés ;

6° *Les conditions générales d'emploi* des fonds disponibles et de placement des réserves ;

7° Les acquisitions, échanges et aliénations de biens immobiliers ;

8° Les emprunts ;

9° Les transactions au-delà d'un montant qu'il fixe, sur proposition du président ;

10° Les dons et legs ;

11° Le règlement intérieur.

Art. R. 821-2 *(Rempl., D. n° 2016-1026, 26 juill. 2016)*. – Pour l'organisation et le fonctionnement du Haut conseil, son président :

1° Représente le Haut conseil en justice et agit en son nom ;

2° Nomme aux emplois, fixe les rémunérations et les indemnités sous réserve des dispositions des articles R. 821-10 et R. 821-13 ; pour l'application du Code du travail, il exerce les compétences du chef d'entreprise ;

3° A autorité sur l'ensemble des personnels des services. Il fixe l'organisation des services ;

4° Signe tous les actes relatifs à la compétence du Haut conseil ;

5° Peut transiger dans les conditions fixées au 9° de l'article R. 821-1 et par les articles 2044 à 2058 du Code civil, et accorder des remises gracieuses dans les conditions fixées par l'article R. 821-14-11 ;

6° Est ordonnateur des recettes et des dépenses ;

7° Peut créer des régies de recettes et de dépenses dans les conditions fixées par l'article R. 821-14-16 ;

8° Passe au nom du Haut conseil les contrats, conventions et marchés ;

9° Tient la comptabilité des engagements de dépenses dans les conditions définies par le règlement comptable et financier ;

10° Gère les disponibilités et décide des placements.

Art. R. 821-3 *(Rempl., D. n° 2016-1026, 26 juill. 2016 ; mod., D. n° 2017-540, 12 avr. 2017)*. – I. – Le Haut conseil se réunit au moins une fois par trimestre, sur convocation de son président, à l'initiative de celui-ci ou à la demande de quatre de ses membres ou du commissaire du Gouvernement.

Le délai de convocation est de quinze jours. Il peut être réduit à huit jours en cas d'urgence.

L'ordre du jour est fixé par le président, qui inscrit notamment toute question présentée par le commissaire du Gouvernement ou par quatre membres au moins.

Le Haut conseil ne délibère valablement que si sept de ses membres au moins sont présents. Ce quorum est ramené à cinq membres lorsque le Haut conseil statue sur des cas individuels hors les membres de la formation restreinte.

Lorsque le quorum n'est pas atteint, le Haut conseil délibère valablement dans un délai minimal de huit jours quel que soit le nombre des membres présents, après une nouvelle convocation portant sur le même ordre du jour.

II. – Le bureau du Haut conseil se réunit sur convocation de son président. Il ne délibère valablement que si tous ses membres sont présents.

Art. R. 821-4 *(Rempl., D. n° 2016-1026, 26 juill. 2016)*. – Le Haut conseil et le bureau peuvent, dans les conditions définies par le règlement intérieur, recourir aux formes de délibérations collégiales à distance prévues par l'ordonnance n° 2014-1329 du 6 novembre 2014 relative aux délibérations à distance des instances administratives à caractère collégial.

Les délibérations du Haut conseil et du bureau sont notifiées au commissaire du Gouvernement. Celui-ci peut, en application de l'article L. 821-4, demander une seconde délibération, par décision motivée, dans un délai de cinq jours ouvrables à compter de la notification.

Art. R. 821-5 *(Mod., D. n° 2009-557, 19 mai 2009 ; rempl., D. n° 2016-1026, 26 juill. 2016 ; mod., D. n° 2020-292, 21 mars 2020)*. – Lorsqu'il statue en formation restreinte, le Haut conseil se réunit sur convocation du président de cette formation. Le délai de convocation est de quinze jours. Il peut être réduit à huit jours en cas d'urgence.

L'ordre du jour est fixé par le président de la formation restreinte. Le secrétariat est assuré par un agent du Haut conseil désigné à cet effet.

La formation ne délibère valablement que si trois de ses membres au moins sont présents.

Art. R. 821-6 *(Mod., D. n° 2010-131, 10 févr. 2010 ; rempl., D. n° 2016-1026, 26 juill. 2016)*. – I. – Lorsque, en application de l'article L. 822-16, le Haut conseil du commissariat aux comptes est saisi d'une demande d'avis portant sur le Code de déontologie de la profession de commissaire aux comptes, il rend son avis dans un délai d'un mois.

II. – Le Haut conseil peut être saisi de toute question entrant dans ses compétences par le garde des Sceaux, ministre de la Justice, le ministre chargé de l'économie, le procureur général près la Cour des comptes, le président de la Compagnie nationale des commissaires aux comptes, l'Autorité des marchés financiers ou l'Autorité de contrôle prudentiel et de résolution. Il peut également se saisir d'office.

Art. R. 821-7 *(Rempl., D. n° 2016-1026, 26 juill. 2016). – (Al. rempl., D. n° 2020-292, 21 mars 2020 ; mod., D. n° 2020-292, 21 mars 2020)* Le Haut conseil rend compte de l'exercice de ses missions et de ses moyens dans un rapport annuel établi en application de l'article 21 de la loi n° 2017-55 du 20 janvier 2017 portant statut général des autorités administratives indépendantes et des autorités publiques indépendantes. Le cas échéant, les observations du commissaire du Gouvernement sont annexées à ce rapport.

Le rapport est adressé avant le 1er juin au garde des sceaux, ministre de la justice et au Parlement. Il est publié sur le site internet du Haut conseil.

Le Haut conseil publie, dans son rapport annuel ou sur tout autre support, les informations mentionnées à l'article 28 du règlement (UE) n° 537/2014.

Art. R. 821-8 *(Rempl., D. n° 2016-1026, 26 juill. 2016).* – Les fonctions de commissaire du Gouvernement sont exercées par le directeur des affaires civiles et du sceau ou son représentant.

2. – Des membres et des services du Haut conseil

(D. n° 2016-1026, 26 juill. 2016)

Art. R. 821-9 *(Rempl., D. n° 2016-1026, 26 juill. 2016).* – Les fonctions de membre du Haut conseil sont incompatibles avec toute fonction au sein de la Compagnie nationale des commissaires aux comptes ou d'une compagnie régionale.

Art. R. 821-9-1 *(Abr. à compter du 1er juin 2017, D. n° 2017-540, 12 avr. 2017).*

Art. R. 821-10 *(Rempl., D. n° 2016-1026, 26 juill. 2016 ; mod., D. n° 2020-173, 27 févr. 2020).* – Les agents du haut conseil ont droit au remboursement de leurs frais de déplacement et de séjour dans les conditions prévues par le règlement intérieur.

Art. R. 821-11 *(Rempl., D. n° 2016-1026, 26 juill. 2016).* – Sous réserve des dispositions de l'article L. 821-3-1, les services du Haut conseil sont dirigés, sous l'autorité du président, par un directeur général.

Le directeur général est nommé par le président pour une durée de trois ans renouvelable parmi les magistrats de la Cour des comptes, les magistrats, les administrateurs de l'Assemblée nationale ou du Sénat ou les fonctionnaires de catégorie A. Le président peut également nommer directeur général un agent contractuel de droit public mis à disposition par un autre employeur public.

Le président peut donner délégation au directeur général pour signer tous actes relatifs au fonctionnement, à l'exercice des missions et à la représentation du Haut conseil en justice et dans les actes de la vie civile et, dans la limite de ses attributions, à tout agent du Haut conseil placé sous l'autorité du directeur général.

Dans les matières relevant de sa compétence, le directeur général peut déléguer sa signature dans les limites qu'il détermine et désigner les agents habilités à le représenter. Le directeur général peut, par délégation du président, tenir la comptabilité des engagements de dépenses dans les conditions définies par le règlement comptable et financier.

Art. R. 821-12 *(Rempl., D. n° 2016-1026, 26 juill. 2016).* – Le directeur général assiste aux délibérations du Haut conseil ne statuant pas en formation restreinte.

Art. R. 821-13 *(Mod., D. n° 2008-876, 29 août 2008 ; rempl., D. n° 2016-1026, 26 juill. 2016).* – Le directeur général reçoit, en sus de sa rémunération fixée contractuellement avec le Haut conseil, une indemnité forfaitaire de fonction qui est fixée par arrêté du garde des Sceaux, ministre de la Justice.

Art. R. 821-14 *(Mod., D. n° 2008-876, 29 août 2008 ; rempl., D. n° 2009-159, 11 févr. 2009 ; D. n° 2016-1026, 26 juill. 2016 ; mod., D. n° 2017-540, 12 avr. 2017 ; D. n° 2020-292, 21 mars 2020).* – Le rapporteur général est nommé par le président du Haut conseil parmi les magistrats de l'ordre judiciaire pour *une durée de trois ans renouvelable.* Il reçoit, en sus de sa rémunération fixée contractuellement avec le Haut conseil, une indemnité forfaitaire de fonction qui est fixée par arrêté du garde des sceaux, ministre de la justice.

Le rapporteur général peut, en cas d'absence ou d'empêchement, donner délégation à un enquêteur habilité en application de l'article R. 824-2, à l'exception des dispositions du troisième alinéa de cet article, pour prendre les décisions et signer les actes relevant de sa compétence.

Chaque délégation est nominative et établie par écrit, pour une durée déterminée.

Art. R. 821-14-1 *(D. n° 2008-876, 29 août 2008 ; rempl., D. n° 2016-1026, 26 juill. 2016). – (Al. rempl., D. n° 2020-292, 21 mars 2020 ; mod., D. n° 2020-292, 21 mars 2020)* Le personnel des services du Haut conseil est composé conformément à l'article 16 de la loi n° 2017-55 du 20 janvier 2017 portant statut général des autorités administratives indépendantes et des autorités publiques indépendantes.

Le Haut conseil peut mettre à disposition des agents contractuels de droit public et des agents contractuels de droit privé auprès d'un autre employeur public, d'un organisme de l'Union européenne ou international, ou se voir mettre à disposition du personnel par un autre employeur public. Ces mises à disposition font l'objet d'une convention conclue entre le Haut conseil et l'autre employeur.

Art. R. 821-14-2 *(D. n° 2008-876, 29 août 2008 ; rempl., D. n° 2016-1026, 26 juill. 2016 ; mod., D. n° 2020-292, mars 2020).* – I. – Les agents contractuels de droit public, les agents contractuels de droit privé ainsi que les agents publics détachés ou mis à disposition auprès du Haut conseil, qui composent le personnel de ses services, sont électeurs et éligibles aux institutions représentatives du personnel dans les conditions prévues par le Code du travail.

Ces institutions représentatives exercent leurs compétences à l'égard de l'ensemble de ces personnels.

II. – Le Haut conseil peut adhérer pour ses agents contractuels de droit privé à un régime de retraite complémentaire.

III. – Le Haut conseil peut mettre en place, pour l'ensemble de son personnel, des garanties de prévoyance aux conditions fixées par le livre IX du Code de la sécurité sociale.

3. – Du régime budgétaire et comptable du Haut conseil

(D. n° 2016-1026, 26 juill. 2016)

Art. R. 821-14-3 *(D. n° 2008-876, 29 août 2008 ; mod., D. n° 2016-1026, 26 juill. 2016).* – L'exercice budgétaire et comptable débute le 1er janvier et s'achève le 31 décembre.

Le Haut conseil arrête le budget chaque année avant le début de l'exercice. Le budget comporte la prévision des recettes attendues et des dépenses nécessitées par l'exercice des missions confiées au Haut conseil. Il peut être modifié en cours d'année. Les crédits inscrits au budget n'ont pas un caractère limitatif.

Les délibérations du Haut conseil relatives au budget et à ses modifications sont exécutoires de plein droit à l'issue du délai dont dispose le commissaire du Gouvernement pour demander une seconde délibération.

Art. R. 821-14-4 *(D. n° 2008-876, 29 août 2008 ; mod., D. n° 2010-1270, 25 oct. 2010 ; D. n° 2016-1026, 26 juill. 2016 ; D. n° 2018-196, 21 mars 2018).* – Le Haut conseil est doté d'un comptable public dénommé « agent comptable », nommé par arrêté conjoint du garde des sceaux, ministre de la justice, et du ministre chargé du budget.

L'agent comptable est responsable personnellement et pécuniairement dans les conditions de l'article 60 de la loi n° 63-156 du 23 février 1963 de finances pour 1963 et du décret n° 2008-228 du 5 mars 2008 relatif à la constatation et à l'apurement des débets des comptables publics et assimilés.

Il est chargé :

a) De la tenue de la comptabilité du Haut conseil ;

b) Du recouvrement de la contribution forfaitaire instituée au II de l'article L. 821-5, ainsi que des cotisations instituées aux I et II de l'article L. 821-6-1 ;

c) Du recouvrement de toutes les autres recettes du Haut conseil ;

d) Du paiement des dépenses et du maniement des fonds et des mouvements de comptes de disponibilités.

L'agent comptable peut se voir confier, à la demande du président, la comptabilité analytique.

L'agent comptable peut nommer des mandataires qui sont agréés par le président du Haut conseil.

Art. R. 821-14-5 *(D. n° 2008-876, 29 août 2008 ; mod., D. n° 2016-1026, 26 juill. 2016).* – Les comptes du Haut conseil sont établis selon les règles du plan comptable général. Celui-ci peut faire l'objet d'adaptations proposées par le président du Haut conseil après avis du Haut conseil et approuvées par le ministre chargé du budget et par le garde des Sceaux, ministre de la Justice.

L'agent comptable établit un compte financier au terme de chaque exercice. Le compte financier comprend le compte de résultat, le bilan, l'annexe, la balance générale des comptes à la clôture de l'exercice, le tableau de rapprochement des prévisions et des réalisations effectives et, le cas échéant, la balance des comptes spéciaux.

Le compte financier du Haut conseil est préparé par l'agent comptable et soumis par le président du Haut conseil qui entend l'agent comptable. Le compte financier arrêté par le Haut conseil est transmis à la Cour des comptes par le président du Haut conseil, accompagné des délibérations du Haut conseil relatives au budget, à ses modifications et au compte financier, et de tous les autres documents demandés par les ministres ou par la cour, dans les quatre mois qui suivent la clôture de l'exercice.

Le rapport annuel fait une présentation du compte financier et reproduit le compte de résultat et le bilan.

Art. R. 821-14-6 *(Rempl., D. n° 2018-196, 21 mars 2018).* – La contribution forfaitaire prévue au II de l'article L. 821-5 est acquittée par les personnes qui sollicitent leur inscription sur la liste mentionnée au II de l'article L. 822-1 auprès de l'agent comptable du Haut Conseil au moment du dépôt de leur demande d'inscription.

Art. R. 821-14-7 *(Rempl., D. n° 2018-196, 21 mars 2018 ; mod., D. n° 2020-292, 21 mars 2020).* – I. – Les commissaires aux comptes inscrits sur la liste mentionnée au I de l'article L. 822-1 sont tenus de déclarer au Haut Conseil du commissariat aux comptes avant le 31 mars de chaque année le montant total des honoraires qu'ils ont facturés au cours de l'année civile précédente aux personnes ou entités dont ils certifient les comptes, en distinguant le montant des honoraires facturés aux entités d'intérêt public. Cette déclaration est faite même en l'absence de facturation d'honoraire.

Les modalités de cette déclaration sont fixées par le Haut Conseil du commissariat aux comptes.

II. – Le Haut Conseil du commissariat aux comptes liquide les cotisations mentionnées aux I et II de l'article L. 821-6-1 sur la base des déclarations mentionnées au I du présent article.

Art. R. 821-14-7-1 *(Abr., D. n° 2018-196, 21 mars 2018).*

Art. R. 821-14-8 *(D. n° 2008-876, 29 août 2008 ; mod., D. n° 2010-1270, 25 oct. 2010 ; D. n° 2016-1026, 26 juill. 2016 ; D. n° 2018-196, 21 mars 2018).* – L'agent comptable est tenu de faire diligence pour assurer le recouvrement de toutes les ressources du Haut conseil. Les recettes sont recouvrées par l'agent comptable soit spontanément, soit en exécution des instructions du président. À l'exception de la contribution mentionnée au II de l'article L. 821-5 et des cotisations mentionnées aux I et II de l'article L. 821-6-1, dont le recouvrement relève de la procédure de l'état exécutoire, l'agent comptable adresse aux débiteurs les factures correspondantes et reçoit leurs règlements. Tous les droits acquis au cours d'un exercice doivent être pris en compte au titre de cet exercice.

Art. R. 821-14-9 *(D. n° 2008-876, 29 août 2008 ; mod., D. n° 2016-1026, 26 juill. 2016 ; D. n° 2018-196, 21 mars 2018).* – Lorsque les créances du Haut conseil, autres que la contribution mentionnée au II de l'article L. 821-5 et les cotisations mentionnées aux I et II de l'article L. 821-6-1, n'ont pu être recouvrées à l'amiable, les poursuites sont conduites conformément aux usages du commerce ou peuvent faire l'objet d'états rendus exécutoires par le président. Les états exécutoires peuvent être notifiés aux débiteurs par lettre recommandée avec accusé de réception. Leur recouvrement est poursuivi jusqu'à opposition devant la juridiction compétente.

Art. R. 821-14-10 *(D. n° 2008-876, 29 août 2008 ; mod., D. n° 2016-1026, 26 juill. 2016 ; D. n° 2018-196, 21 mars 2018).* – L'agent comptable procède aux poursuites. Celles-ci peuvent, à tout moment, être suspendues sur ordre écrit du président si la créance est l'objet d'un litige. Le président suspend également les poursuites si, en accord avec l'agent comptable, il estime que la créance est irrécouvrable ou que l'octroi d'un délai par l'agent comptable est conforme à l'intérêt du Haut conseil.

Art. R. 821-14-11 *(D. n° 2008-876, 29 août 2008 ; mod., D. n° 2010-1270, 25 oct. 2010 ; D. n° 2016-1026, 26 juill. 2016 ; D. n° 2018-196, 21 mars 2018).* – Le président du Haut conseil peut décider, après l'avis conforme de l'agent comptable :

1° En cas de gêne des débiteurs, d'accorder une remise gracieuse des créances du Haut conseil sauf pour la contribution mentionnée au II l'article L. 821-5 et les cotisations mentionnées aux I et II à l'article L. 821-6-1 ;

1° *bis* Sur demande justifiée des débiteurs, d'accorder la remise totale ou partielle de l'intérêt de retard ou des majorations dus en application de l'article L. 821-7 ;

2° Une admission en non-valeur des créances du Haut conseil, en cas d'irrécouvrabilité avérée ou d'insolvabilité des débiteurs.

Le Haut conseil fixe le montant au-delà duquel les remises mentionnées aux 1° et 1° *bis* sont soumises à son approbation.

Lorsque la remise gracieuse, totale ou partielle, concerne une dette de l'agent comptable, l'avis prévu par l'article 9 du décret n° 2008-228 du 5 mars 2008 relatif à la constatation et à l'apurement des débets des comptables publics et assimilés est rendu par le Haut conseil.

Art. R. 821-14-12 *(D. n° 2008-876, 29 août 2008 ; mod., D. n° 2016-1026, 26 juill. 2016 ; D. n° 2018-196, 21 mars 2018).* – L'agent comptable est tenu d'exercer :

1° En matière de recettes, le contrôle :

– de l'autorisation de percevoir les recettes ;

– de la mise en recouvrement des créances et de la régularité des réductions et des annulations des ordres de recettes, dans la limite des éléments dont il dispose ;

– de l'exacte liquidation des recettes ;

2° En matière de dépenses, le contrôle :

– de la qualité de l'ordonnateur ou de son délégué ;

– de la disponibilité des crédits ;

– de l'exacte imputation des dépenses aux chapitres qu'elles concernent selon leur nature ou leur objet ;

– de la validité de la créance dans les conditions prévues au 4° ;

– du caractère libératoire du règlement ;

3° En matière de patrimoine, le contrôle :

– de la conservation des droits, privilèges et hypothèques ;

– de la conservation des biens dont il tient la comptabilité matière ;

4° En ce qui concerne la validité de la créance, le contrôle :

– de la justification du service fait et de l'exactitude des calculs de liquidation ;

– des pièces justificatives mentionnées à l'article R. 821-14-15 ;

– de l'application des règles de prescription et de déchéance.

Art. R. 821-14-13 *(D. n° 2008-876, 29 août 2008 ; mod., D. n° 2016-1026, 26 juill. 2016).* – L'agent comptable suspend le paiement des dépenses lorsqu'il constate, à l'occasion de l'exercice de ses contrôles, des irrégularités ou que les certifications délivrées par le président du Haut conseil sont inexactes. Il en informe le président du Haut conseil.

Lorsque l'agent comptable a suspendu le paiement des dépenses, le président du Haut conseil peut, par écrit et sous sa responsabilité, requérir l'agent comptable de payer. L'agent comptable défère à la réquisition et rend compte au ministre chargé du budget, qui transmet l'ordre de réquisition à la Cour des comptes.

Par dérogation aux dispositions du deuxième alinéa, l'agent comptable doit refuser de déférer à l'ordre de réquisition lorsque la suspension du paiement est motivée par :

1° L'absence de justification du service fait ;

2° Le caractère non libératoire du règlement ;

3° Le manque de fonds disponibles.

Dans les cas de refus de la réquisition, l'agent comptable rend immédiatement compte au ministre chargé du budget.

Art. R. 821-14-14 *(D. n° 2008-876, 29 août 2008 ; mod., D. n° 2016-1026, 26 juill. 2016 ; D. n° 2020-292, 21 mars 2020).* – Toutes les dépenses doivent être liquidées et ordonnancées au cours de l'exercice auquel elles se rattachent. Les ordres de dépenses sont appuyés des pièces justificatives nécessaires.

L'agent comptable peut payer sans ordonnancement préalable certaines catégories de dépenses dans les conditions prévues par le règlement comptable et financier.

Art. R. 821-14-15 *(D. n° 2008-876, 29 août 2008 ; mod., D. n° 2016-1026, 26 juill. 2016 ; mod., D. n° 2018-196, 21 mars 2018).* – La liste des pièces justificatives de recettes et de dépenses est préparée par l'agent comptable et proposée par le président à l'agrément du ministre chargé du budget. En cas de perte, destruction ou vol des justifications remises à l'agent comptable, le ministre chargé du budget peut autoriser ce dernier à pourvoir à leur remplacement. Les pièces justificatives sont conservées dans les archives de l'agent comptable pendant dix ans au moins à partir de la date de clôture de l'exercice auquel elles se rapportent.

Art. R. 821-14-16 *(D. n° 2008-876, 29 août 2008 ; mod., D. n° 2016-1026, 26 juill. 2016 ; D. n° 2019-798, 26 juill. 2019).* – Des régies de recettes et de dépenses peuvent être créées auprès du Haut conseil par décision de son président sur avis conforme de l'agent comptable dans les conditions fixées par le décret n° 2019-798 du 26 juillet 2019 relatif aux régies de recettes et aux régies d'avances des organismes publics et par le règlement comptable et financier.

NB : Conformément aux dispositions de l'article 18 du décret n° 2019-798 du 26 juillet 2019, ces dispositions entrent en vigueur le 1er jour du mois suivant celui de la publication dudit décret et, s'agissant des régies créées avant cette date, le 1er jour du 6e mois suivant cette même date.

Art. R. 821-14-17 *(D. n° 2008-876, 29 août 2008 ; mod., D. n° 2016-1026, 26 juill. 2016).* – Le Haut conseil dépose ses fonds au Trésor. Il peut également ouvrir des comptes auprès d'un établissement de crédit ou d'un établissement mentionné au titre Ier du livre V du Code monétaire et financier. Les fonds du Haut conseil peuvent donner lieu à rémunération et faire l'objet de placements selon les conditions générales définies par le Haut conseil.

> **Rédaction antérieure.** Art. R. 821-14-17 *(D. n° 2008-876, 29 août 2008 ; mod., D. n° 2016-1026, 26 juill. 2016 ; rempl. à compter du 1er octobre 2021, D. n° 2021-29, 14 janv. 2021).* – Les disponibilités du Haut Conseil sont déposées au Trésor dans les conditions définies aux articles 46,47 et 197 du décret n° 2012-1246 du 7 novembre 2012 relatif à la gestion budgétaire et comptable publique.

Art. R. 821-14-18 *(D. n° 2008-876, 29 août 2008 ; mod., D. n° 2016-1026, 26 juill. 2016).* – Les comptes de l'agent comptable du Haut conseil sont jugés directement par la Cour des comptes. Le contrôle de la gestion de l'agent comptable est également assuré par le receveur général des finances.

Art. R. 821-14-19 *(D. n° 2008-876, 29 août 2008 ; rempl., D. n° 2010-406, 26 avr. 2010 ; D. n° 2016-1026, 26 juill. 2016).* – Le Haut conseil est soumis aux dispositions de l'ordonnance n° 2015-899 du 23 juillet 2015 relative aux marchés publics.

4. – Des relations du Haut conseil avec ses homologues étrangers

(D. n° 2016-1026, 26 juill. 2016)

Art. R. 821-16 *(Rempl., D. n° 2016-1026, 26 juill. 2016).* – Lorsque, dans le cadre de la coopération avec les autorités des autres États membres de l'Union européenne exerçant des compétences analogues aux siennes ou avec les autorités européennes mentionnées au 9° du I de l'article L. 821-1, le Haut conseil est saisi par l'une de ces autorités d'une demande d'information, de documents ou d'assistance, son président prend sans délai les mesures nécessaires à la collecte des informations et documents ou à la réalisation des opérations de contrôle qui sont l'objet de la demande.

Lorsque la demande requiert la réalisation d'une enquête, le président saisit le rapporteur général à cette fin. Le rapporteur général informe le président des suites données à cette demande.

Sous réserve des dispositions de l'article R. 821-17, les éléments recueillis sont communiqués sans délai à l'autorité requérante, selon le cas, par le président ou par le rapporteur général.

En cas d'empêchement, le président du Haut conseil ou, le cas échéant, le rapporteur général, en informe sans délai l'autorité requérante, en précisant la nature des difficultés rencontrées.

Art. R. 821-17 *(Mod., D. n° 2016-1026, 26 juill. 2016 ; D. n° 2020-292, 21 mars 2020).* – Le président du Haut conseil ou le rapporteur général refuse de donner suite à une demande d'information, de documents ou *d'assistance mentionnée à l'article R. 821-16 lorsque :*

a) Des personnes employées ou ayant été employées par l'autorité requérante ne sont pas soumises au secret professionnel ;

b) La demande est motivée par des fins étrangères à l'accomplissement des missions de l'autorité requérante, à la surveillance et au contrôle des personnes en charge du contrôle légal des comptes ou à la mise en oeuvre de procédures se rapportant à l'exercice du commissariat aux comptes ;

c) Il existe un risque sérieux que les informations ou documents requis soient divulgués à d'autres personnes ou autorités qu'à l'autorité requérante, à moins que cette divulgation ne soit autorisée dans le cadre de procédures établies par des dispositions législatives, réglementaires ou administratives se rapportant à l'exercice du contrôle légal des comptes ;

d) La communication des éléments demandés serait de nature à porter atteinte à la souveraineté, à la sécurité ou à l'ordre public français ;

e) Une procédure pénale a déjà été engagée en France sur la base des mêmes faits et contre les mêmes personnes ;

f) Les personnes visées par la requête ont déjà été sanctionnées pour les mêmes faits par une décision définitive ;

g) Le respect de la règlementation applicable en matière de protection des données personnelles n'est pas assuré.

Le président du Haut conseil ou le rapporteur général peut aussi refuser de donner suite à une demande d'information, de documents ou d'assistance lorsqu'une procédure civile ou une procédure de sanction a déjà été engagée en France sur la base des mêmes faits et contre les mêmes personnes.

Art. R. 821-18 *(Mod., D. n° 2016-1026, 26 juill. 2016).* – Les informations et documents reçus par le Haut conseil dans le cadre de la coopération avec les autorités compétentes d'autres États membres de l'Union européenne exerçant des compétences analogues aux siennes ne peuvent être utilisés qu'aux fins de l'exercice de ses missions ou dans le cadre de procédures se rapportant à l'exercice du commissariat aux comptes.

Art. R. 821-19 *(Rempl., D. n° 2016-1026, 26 juill. 2016).* – I. – Lorsque le Haut conseil conclut que des actes contraires au statut régissant les commissaires aux comptes ou aux règles gouvernant l'exercice du commissariat aux comptes ont été commis sur le territoire d'un autre État membre de l'Union européenne, son président en informe l'autorité compétente de cet État en précisant les motifs qui l'ont conduit à cette conclusion et les éléments de fait qui en sont à l'origine.

Lorsque le Haut conseil est informé par une autorité compétente que de tels actes ont été commis sur le territoire français, il prend les mesures appropriées et informe cette autorité des suites données à sa demande.

II. – Le rapporteur général peut demander à l'autorité d'un État membre exerçant des compétences analogues à celles du Haut conseil d'effectuer une enquête sur le territoire de cet État. Il peut également demander que des agents du Haut conseil soient autorisés à accompagner ceux de l'autorité compétente de cet État au cours de l'enquête.

Il informe le président du Haut conseil de cette demande.

Art. R. 821-19-1 *(D. n° 2016-1026, 26 juill. 2016).* – Le Haut conseil informe l'organe mentionné au paragraphe 2 de l'article 30 du règlement (UE) n° 537/2014 de l'ensemble des mesures administratives et des sanctions prononcées conformément aux dispositions du présent titre.

Art. R. 821-20 *(Mod., D. n° 2015-545, 18 mai 2015 ; D. n° 2016-1026, 26 juill. 2016).* – Le Haut conseil peut, dans les conditions prévues aux articles L. 821-12-3 et L. 824-15, conclure des conventions de coopération avec des autorités d'États non membres de l'Union européenne exerçant des compétences analogues aux siennes et qui ont été reconnues par la Commission comme répondant aux critères d'adéquation mentionnés au 3 de l'article 47 de la directive 2006/43/CE du 17 mai 2006 du Parlement européen et du Conseil modifiée par la directive 2014/56/UE.

Ces conventions ne peuvent porter que sur des échanges d'informations et de documents relatifs au contrôle légal des comptes, ainsi que de rapports de contrôle ou d'enquête, de personnes ou d'entités émettant des valeurs mobilières sur les marchés de capitaux de l'État concerné ou entrant dans le périmètre de consolidation de ces personnes ou entités.

Ces conventions comportent des stipulations assurant le respect, dans les échanges avec les autorités des États tiers, des prescriptions fixées par les articles R. 821-17 et R. 821-18. Elles précisent les modalités de la coopération envisagée. Elles garantissent notamment :

a) La communication des informations et documents d'autorité compétente à autorité compétente ;

b) L'exposé par l'autorité requérante des motifs de sa demande de coopération ;
c) Le respect des dispositions relatives à la protection des données personnelles ;
d) L'utilisation des informations et documents communiqués aux seules fins de la supervision publique des personnes en charge de fonctions de contrôle légal des comptes ;
e) La protection des intérêts commerciaux des personnes ou entités contrôlées, y compris leurs droits de propriété industrielle et intellectuelle.

Art. R. 821-21 *(Mod., D. n° 2016-1026, 26 juill. 2016).* – Le projet de convention est communiqué aux membres du Haut conseil ainsi qu'au commissaire du Gouvernement un mois au moins avant la séance au cours de laquelle il sera examiné.

La délibération du Haut conseil approuvant le projet de convention est notifiée au garde des Sceaux, ministre de la Justice, et au commissaire du Gouvernement.

Le garde des Sceaux, ministre de la Justice, peut former un recours contre cette délibération devant le Conseil d'État dans le délai d'un mois à compter de sa notification.

Une fois la délibération définitive, la convention est signée par le président du Haut conseil.

Elle est publiée par le Haut conseil, notamment par voie électronique.

Art. R. 821-21-1 *(D. n° 2016-1026, 26 juill. 2016).* – I. – Lorsque le Haut conseil communique des informations ou documents confidentiels à une autorité d'un État non membre de l'Union européenne, il exige que ces informations ou documents ne puissent être divulgués à des tiers qu'avec son consentement exprès et sous réserve que cette divulgation réponde aux seules fins pour lesquelles le Haut conseil a donné son consentement, ou qu'elle soit requise par le droit de l'Union ou le droit national, ou qu'elle soit nécessaire dans le cadre de procédures judiciaires dans l'État concerné.

II. – Le Haut conseil ne divulgue les informations ou documents confidentiels reçus de l'autorité compétente d'un État non membre de l'Union européenne que si cette divulgation est requise par le droit de l'Union européenne ou le droit national ou, si elle est prévue par une convention de coopération, à la condition d'avoir recueilli le consentement exprès de l'autorité en question.

Art. R. 821-22 *(Rempl., D. n° 2016-1026, 26 juill. 2016).* – Les modalités selon lesquelles le président du Haut conseil ou le rapporteur général exercent les compétences prévues aux articles R. 821-16 à R. 821-19 et celles résultant des conventions prévues à l'article R. 821-20 sont précisées par le Haut conseil dans son règlement intérieur.

Sous-section 2. – De l'organisation professionnelle

(D. n° 2016-1026, 26 juill. 2016)

1. – De la Compagnie nationale et des compagnies régionales

(D. n° 2016-1026, 26 juill. 2016)

Art. R. 821-23 *(Anc. art. R. 821-28, dénum., D. n° 2016-1026, 26 juill. 2016).* – La Compagnie nationale des commissaires aux comptes instituée par l'article L. 821-6 regroupe tous les commissaires aux comptes ainsi que toutes les sociétés de commissaires aux comptes inscrits sur la liste conformément à la section 1 du chapitre II du présent titre.

Art. R. 821-24 *(Anc. art. R. 821-29 ; dénum. et mod., D. n° 2016-1026, 26 juill. 2016 ; mod., D. n° 2020-667, 2 juin 2020).* – Les compagnies régionales de commissaires aux comptes instituées par l'article L. 821-6 regroupent les commissaires aux comptes qui leur sont rattachés en application de l'article R. 822-1.

Lorsqu'il est procédé à des regroupements de compagnies régionales en application du troisième alinéa de *l'article L. 821-6, des représentations territoriales* peuvent être créées dans le ressort d'une compagnie régionale. Une représentation territoriale ne peut être implantée dans le ressort de la cour d'appel où siège déjà la compagnie régionale issue de ce regroupement.

La représentation territoriale met en œuvre les décisions prises par le conseil régional.

La création, la suppression, le ressort territorial, les modalités de fonctionnement et de financement de la représentation territoriale font l'objet de décisions du conseil régional.

Art. R. 821-25 *(Anc. art. R. 821-30 ; dénum. et mod., D. n° 2016-1026, 26 juill. 2016 ; mod., D. n° 2020-667, 2 juin 2020).* – La Compagnie nationale concourt à la réalisation des objectifs fixés par l'article L. 821-6 pour le bon exercice de la profession par ses membres.

La Compagnie nationale représente la profession et défend ses intérêts moraux et matériels. Elle peut présenter aux ministres intéressés toute proposition relative aux intérêts de ses membres. Elle accompagne les professionnels en s'appuyant sur les compagnies régionales.

Les compagnies régionales concourent à l'action de la Compagnie nationale dans le respect de ses décisions. Elles assurent l'administration et la gestion de la profession dans leur ressort.

La Compagnie nationale et les compagnies régionales contribuent à la formation et au perfectionnement professionnel de leurs membres, ainsi qu'à la formation des candidats aux fonctions de commissaires aux comptes et peuvent assister les professionnels dans leurs démarches d'inscription.

Art. R. 821-26 *(Anc. art. R. 821-31, mod., D. n° 2008-876, 29 août 2008 ; dénum. et mod., D. n° 2016-1026, 26 juill. 2016 ; mod., D. n° 2020-667, 2 juin 2020).* – La Compagnie nationale communique chaque année au Haut conseil, avant le 30 septembre, les déclarations d'activité mentionnées au V de l'article R. 823-10. En cas de non-respect de cette obligation, le Haut conseil peut, après mise en demeure infructueuse de la Compagnie nationale, demander aux commissaires aux comptes et sociétés de commissaires aux comptes de lui adresser directement leurs déclarations d'activité selon les formes et modalités qu'il détermine.

Lorsque les contrôles mentionnés à l'article L. 821-9 font l'objet d'une convention de délégation par le Haut conseil à la Compagnie nationale, celle-ci transmet au directeur général, à sa demande, les documents retraçant les opérations menées.

La Compagnie nationale adresse chaque année au Haut conseil un rapport sur les contrôles réalisés en application de l'article L. 821-9 qui détaille la nature, l'objet et les résultats de ces contrôles.

Art. R. 821-27 *(Abr., D. n° 2020-667, 2 juin 2020).*

Art. R. 821-28 *(Anc. art. R. 821-33, dénum., D. n° 2016-1026, 26 juill. 2016).* – Les membres de la compagnie régionale se réunissent une fois par an en assemblée, sur la convocation du président de la compagnie. L'accès de l'assemblée est interdit à ceux qui ne sont pas à jour du paiement de leurs cotisations professionnelles un mois avant la date de ladite assemblée.

Art. R. 821-29 *(Anc. art. R. 821-34, dénum., D. n° 2016-1026, 26 juill. 2016).* – Lorsqu'il exerce en société, chaque commissaire aux comptes associé, actionnaire, membre des organes de gestion, de direction, d'administration ou de surveillance de la société participe à l'assemblée de la compagnie régionale à laquelle il appartient personnellement.

Art. R. 821-30 *(Anc. art. R. 821-35, dénum., D. n° 2016-1026, 26 juill. 2016).* – L'assemblée de la compagnie régionale est présidée par le président de la compagnie, assisté des autres membres du bureau du conseil régional.

Elle délibère à la majorité des membres présents. En cas de partage égal des voix, celle du président est prépondérante.

Art. R. 821-31 *(Anc. art. R. 821-36, dénum., D. n° 2016-1026, 26 juill. 2016 ; mod., D. n° 2020-667, 2 juin 2020).* – L'assemblée élit pour quatre ans deux censeurs choisis parmi les personnes physiques membres de la compagnie et chargés de lui faire ultérieurement rapport sur la gestion financière du conseil régional au cours des exercices pendant lesquels ils auront été en fonction.

Les membres du conseil régional ne peuvent être censeurs. Les fonctions de censeur sont gratuites, mais leurs titulaires peuvent prétendre au remboursement des frais de déplacement et de séjour.

Art. R. 821-32 *(Anc. art. R. 821-37, dénum., D. n° 2016-1026, 26 juill. 2016).* – L'assemblée entend le rapport moral et financier du conseil régional pour l'exercice écoulé et le rapport des censeurs sur la gestion financière du conseil régional. Elle statue sur ces rapports.

Art. R. 821-33 *(Anc. art. R. 821-38, dénum., D. n° 2016-1026, 26 juill. 2016 ; mod., D. n° 2020-667, 2 juin 2020).* – L'assemblée ne peut débattre que des questions inscrites à son ordre du jour par le conseil régional.

Celui-ci est tenu d'inscrire à l'ordre du jour les questions qui lui sont soumises à cet effet quinze jours au moins avant la date fixée pour la réunion, soit par le quart au moins des membres de la compagnie ayant droit de vote, soit par le procureur général près la cour d'appel ou l'une des cours d'appel situées dans le ressort de la compagnie régionale.

Art. R. 821-34 *(Anc. art. R. 821-39, dénum., D. n° 2016-1026, 26 juill. 2016 ; abr., D. n° 2020-667, 2 juin 2020).*

Art. R. 821-35 *(Anc. art. R. 821-40, dénum., D. n° 2016-1026, 26 juill. 2016 ; mod., D. n° 2020-667, 2 juin 2020).* – Le règlement intérieur de la Compagnie nationale fixe les modalités des élections nationale et régionales.

La date de dépouillement du scrutin est fixée par le Conseil national entre le 15 et le 30 septembre de l'année d'expiration du mandat des élus.

Les votes s'effectuent par voie électronique.

2. – Du Conseil national

(D. n° 2016-1026, 26 juill. 2016)

Art. R. 821-36 *(Anc. art. R. 821-41, dénum., D. n° 2016-1026, 26 juill. 2016).* – Le Conseil national des commissaires aux comptes siège à Paris.

Art. R. 821-37 *(Anc. art. R. 821-42, dénum., D. n° 2016-1026, 26 juill. 2016 ; mod., D. n° 2020-667, 2 juin 2020).* – I. – Le Conseil national est composé de soixante membres désignés pour une durée de quatre ans, qui comprennent l'ensemble des présidents de compagnies régionales et des commissaires aux comptes élus.

Il comprend pour moitié des commissaires aux comptes exerçant une ou plusieurs missions de certification auprès d'entités d'intérêt public et pour moitié des commissaires aux comptes n'exerçant pas de mission de certification auprès d'entités d'intérêt public.

Un premier collège d'électeurs est composé des commissaires aux comptes personnes physiques à jour de leurs cotisations professionnelles, exerçant une ou plusieurs missions de certification auprès d'entités d'intérêt public. Un second collège est composé des commissaires aux comptes personnes physiques à jour de leurs cotisations professionnelles, n'exerçant pas de mission de certification auprès d'entités d'intérêt public.

Lorsqu'il exerce en société, chaque commissaire aux comptes relève du collège auquel appartient la société.

La Compagnie nationale répartit les commissaires aux comptes entre les deux collèges en fonction de leur activité au 30 juin de l'année d'expiration des mandats.

Seules sont éligibles les personnes physiques exerçant une ou plusieurs missions de certification au 30 juin de l'année d'expiration des mandats.

Le nombre de commissaires aux comptes élus au sein de chacun des collèges est déterminé en soustrayant le nombre de présidents de compagnies régionales relevant de sa catégorie des trente sièges qui lui sont attribués.

II. – Le vote par chacun des collèges se déroule au scrutin secret, de liste, à un tour avec dépôt de liste comportant autant de candidats que de sièges attribués à chacun des collèges, sans adjonction ni suppression de noms et sans modification de l'ordre de présentation.

La liste de candidats mentionnée au précédent alinéa est complétée par une réserve comportant un nombre de candidats égal à un sixième des sièges à pourvoir.

Les listes qui n'ont pas obtenu au moins 15 % des suffrages exprimés ne sont pas admises à la répartition des sièges.

Au sein de chacun des collèges, pour les sièges restant à pourvoir après attribution des sièges aux présidents de compagnies régionales, il est attribué à la liste qui a recueilli le plus grand nombre de suffrages exprimés un nombre de sièges égal à un quart du nombre des sièges à pourvoir arrondi, le cas échéant, à l'entier supérieur. En cas d'égalité de suffrages entre les listes arrivées en tête, ces sièges sont attribués à la liste dont les candidats ont la moyenne d'âge la plus élevée.

Les autres sièges sont répartis entre toutes les listes à la représentation proportionnelle selon la règle de la plus forte moyenne.

Les sièges sont attribués aux candidats dans l'ordre de présentation sur chaque liste.

Si plusieurs listes ont la même moyenne, pour l'attribution du dernier siège, celui-ci revient à la liste qui a obtenu le plus grand nombre de suffrages. En cas d'égalité de suffrages, le siège est attribué au plus âgé des candidats, susceptible d'être proclamé élu.

Art. R. 821-38 *(Anc. art. R. 821-43 ; dénum. et mod., D. n° 2016-1026, 26 juill. 2016 ; mod., D. n° 2020-667, 2 juin 2020).* – Si un siège du Conseil national devient vacant avant la date normale du renouvellement, il est pourvu dans le délai de trois mois par le candidat le mieux placé de la même liste à l'issue du scrutin, le cas échéant en ayant recours aux candidats de la réserve mentionnée au deuxième alinéa du II de l'article R. 821-37. Le mandat du nouveau membre expire à la même date que celui de son prédécesseur.

Les dispositions de l'article R. 821-67 sont applicables aux membres du Conseil national.

Art. R. 821-39 *(Anc. art. R. 821-44 ; dénum. et mod., D. n° 2016-1026, 26 juill. 2016 ; mod., D. n° 2020-667, 2 juin 2020).* – En cas d'absence ou d'empêchement, les membres du Conseil national élus au sein des deux collèges sont remplacés par le premier candidat disponible de la même liste le mieux placé à l'issue du scrutin.

Lorsque l'absence ou l'empêchement concerne un membre du Conseil national siégeant en qualité de président d'une compagnie régionale, le bureau de ce conseil régional désigne un suppléant appartenant au même collège que le président.

Art. R. 821-40 *(Anc. art. R. 821-45, mod., D. n° 2009-557, 19 mai 2009 ; dénum. et mod., D. n° 2016-1026, 26 juill. 2016 ; mod., D. n° 2020-667, 2 juin 2020).* – Le Conseil national élit parmi ses membres au scrutin secret, selon les modalités fixées aux deux derniers alinéas de l'article R. 821-58 et pour quatre ans, un président, un vice-président et six membres, qui constituent le bureau. Le bureau est composé pour moitié de personnes exerçant des missions de certification auprès d'entités d'intérêt public et pour l'autre moitié de personnes n'exerçant pas de missions de certification auprès d'entités d'intérêt public. Deux membres au moins sont présidents de compagnies régionales.

Si le président exerce des missions de certification auprès d'entités d'intérêt public, le vice-président ne peut exercer de telles missions. Si le président n'exerce pas de missions de certification auprès d'entités d'intérêt public, le vice-président exerce au moins une de ces missions.

Sont seules éligibles en qualité de président les personnes qui ont exercé les fonctions de membre du Conseil national pendant une durée d'au moins deux ans ou qui ont été membres du bureau national pendant une durée d'au moins un an.

Si un siège du bureau du Conseil national devient vacant, il est pourvu par le conseil dans le délai de trois mois. Les fonctions du nouveau membre expirent à la même date que celles de son prédécesseur.

Art. R. 821-41 *(Anc. art. R. 821-46, dénum., D. n° 2016-1026, 26 juill. 2016).* – Le Conseil national crée en son sein des commissions spécialisées qui lui rendent compte et ne peuvent représenter la Compagnie nationale.

Il en fixe la compétence, la composition et le fonctionnement.

Art. R. 821-42 *(Anc. art. R. 821-47, dénum., D. n° 2016-1026, 26 juill. 2016).* – Le Conseil national se réunit au moins une fois par semestre.

Il peut être convoqué aussi souvent qu'il est nécessaire, par le président, après avis du bureau.

Il doit être convoqué, à la demande du garde des Sceaux, ministre de la Justice.

Art. R. 821-43 *(Anc. art. R. 821-48, dénum., D. n° 2016-1026, 26 juill. 2016).* – Le bureau du Conseil national se réunit sur la convocation du président, d'un vice-président ou de la moitié de ses membres.

Art. R. 821-44 *(Anc. art. R. 821-49, dénum., D. n° 2016-1026, 26 juill. 2016).* – Le Conseil national et le bureau du Conseil national ne délibèrent valablement que si la moitié au moins de leurs membres sont présents.

Les membres peuvent se faire représenter.

Un membre ne peut disposer de plus de deux mandats.

Les décisions sont prises à la majorité des membres présents ou représentés.

En cas de partage égal des voix, la voix du président est prépondérante.

Art. R. 821-45 *(Anc. art. R. 821-50, dénum., D. n° 2016-1026, 26 juill. 2016).* – Le Conseil national et le bureau tiennent un registre de leurs délibérations.

Le procès-verbal de chaque séance est signé par le président et le secrétaire.

Art. R. 821-46 *(Anc. art. R. 821-51 ; dénum. et mod., D. n° 2016-1026, 26 juill. 2016).* – Le Conseil national est chargé de l'administration de la Compagnie nationale et de la gestion de ses biens.

Il donne son avis, lorsqu'il y est invité par le garde des Sceaux, ministre de la Justice, sur les projets de loi et de décret qui lui sont soumis, ainsi que sur les questions entrant dans ses attributions.

Il soumet aux pouvoirs publics toutes propositions utiles relatives à l'organisation professionnelle et à la mission des commissaires aux comptes.

Il prend les décisions qui sont de la compétence de la Compagnie nationale en vertu du présent titre, et notamment de ses articles R. 821-25 et R. 821-26.

Sur proposition du bureau, il adopte le budget de la Compagnie nationale, en répartit la charge entre les compagnies régionales et adopte son règlement intérieur.

Art. R. 821-47 *(Anc. article R. 821-52, dénum., D. n° 2016-1026, 26 juill. 2016).* – Sur délégation du Conseil national auquel il rend compte semestriellement, le bureau assure l'administration courante de la Compagnie nationale.

Dans les mêmes conditions :

1° Il coordonne l'action des conseils régionaux, notamment en ce qui concerne la défense des intérêts moraux et matériels de la profession et la discipline générale des commissaires aux comptes ;

2° Il examine les suggestions des conseils régionaux, en leur donnant la suite qu'elles comportent ;

3° Il prévient et concilie les différends d'ordre professionnel entre les conseils régionaux ou entre les commissaires aux comptes n'appartenant pas à une même compagnie régionale.

Art. R. 821-48 *(Anc. art. R. 821-53 ; dénum. et rempl., D. n° 2016-1026, 26 juill. 2016).* – Le bureau prépare les délibérations du Conseil national dont le président fixe l'ordre du jour.

Il prépare l'avis du Conseil national sur les projets de normes qui lui sont soumis par le Haut conseil en application de l'article L. 821-14.

Il transmet au Haut conseil les informations figurant dans les déclarations d'activité mentionnées au V de l'article R. 823-10.

Art. R. 821-49 *(Anc. art. R. 821-54, dénum., D. n° 2016-1026, 26 juill. 2016).* – Le Conseil national peut conférer au bureau les pouvoirs qu'il juge convenables pour l'exécution de ses décisions.

Art. R. 821-50 *(Anc. art. R. 821-55, dénum. et mod., D. n° 2016-1026, 26 juill. 2016 ; mod., D. n° 2020-667, 2 juin 2020).* – Le président élu par le Conseil national représente la Compagnie nationale dans tous les actes de la vie civile et este en justice en son nom. Il porte le titre de président de la Compagnie nationale des commissaires aux comptes.

Il représente la Compagnie nationale auprès des pouvoirs publics.

3. – Des conseils régionaux

(D. n° 2016-1026, 26 juill. 2016)

Art. R. 821-51 *(Anc. art. R. 821-56, dénum., D. n° 2016-1026, 26 juill. 2016 ; mod., D. n° 2020-667, 2 juin 2020).* – Le conseil régional des commissaires aux comptes siège au chef-lieu de la cour d'appel et il *est désigné par le nom de ce chef-lieu.*

Lorsqu'il est procédé à des regroupements de compagnies régionales en application du troisième alinéa de l'article L. 821-6, le conseil régional de la compagnie qui en résulte siège à l'un des chefs-lieux des cours d'appel de son ressort. Ce siège ainsi que le nom de la compagnie régionale sont fixés par arrêté du garde des sceaux, ministre de la justice, après avis de la Compagnie nationale et après consultation, par cette dernière, des compagnies régionales intéressées.

Le conseil régional peut, à titre exceptionnel, siéger dans un autre lieu du ressort de la cour d'appel ou de l'une des cours d'appel dont il dépend, avec l'accord des chefs de cour.

Art. R. 821-52 *(Anc. art. R. 821-57, dénum., D. n° 2016-1026, 26 juill. 2016 ; mod., D. n° 2020-667, 2 juin 2020)*. – Le conseil régional est composé de :

1° Dix membres si la compagnie régionale comprend moins de trois cent membres personnes physiques ;

2° Douze membres si la compagnie régionale comprend de trois cent à quatre cent quatre-vingt-dix-neuf membres personnes physiques ;

3° Seize membres si la compagnie régionale comprend de cinq cent à huit cent quatre-vingt-dix-neuf membres personnes physiques ;

4° Vingt-deux membres si la compagnie régionale comprend au moins neuf cent membres personnes physiques ;

Cette composition est définie sur la base de l'effectif de la liste arrêté au 1er janvier de l'année des élections.

Art. R. 821-53 *(Anc. art. R. 821-58, dénum., D. n° 2016-1026, 26 juill. 2016)*. – Le conseil régional ne peut comprendre plus de la moitié de membres appartenant à une même société.

Art. R. 821-54 *(Anc. art. R. 821-59, dénum., D. n° 2016-1026, 26 juill. 2016 ; mod., D. n° 2020-667, 2 juin 2020)*. – I. – Les membres du conseil régional sont élus pour une durée de quatre ans, au scrutin secret, de liste à un tour avec dépôt de liste comportant autant de candidats que de sièges à pourvoir, sans adjonction ni suppression de noms et sans modification de l'ordre de présentation.

Lorsqu'il est procédé à des regroupements de compagnies régionales en application du troisième alinéa de l'article L. 821-6, chaque liste comporte au moins un candidat du ressort de chacune des compagnies régionales regroupées.

Les listes qui n'ont pas obtenu au moins 15 % des suffrages exprimés ne sont pas admises à la répartition des sièges.

Il est attribué à la liste qui a recueilli le plus grand nombre de suffrages exprimés un nombre de sièges égal à un quart du nombre des sièges à pourvoir arrondi, le cas échéant, à l'entier supérieur. En cas d'égalité de suffrages entre les listes arrivées en tête, ces sièges sont attribués à la liste dont les candidats ont la moyenne d'âge la plus élevée.

Les autres sièges sont répartis entre toutes les listes à la représentation proportionnelle selon la règle de la plus forte moyenne.

Les sièges sont attribués aux candidats dans l'ordre de présentation sur chaque liste.

Si plusieurs listes ont la même moyenne, pour l'attribution du dernier siège, celui-ci revient à la liste qui a obtenu le plus grand nombre de suffrages. En cas d'égalité de suffrages, le siège est attribué au plus âgé des candidats, susceptible d'être proclamé élu.

Si après cette répartition des sièges, le conseil régional ne compte parmi ses membres aucun élu issu d'une cour d'appel du ressort de la compagnie régionale, le dernier siège attribué à la liste arrivée en tête au niveau régional est réattribué à un candidat du ressort de cette cour d'appel appartenant à cette liste.

II. – Sont électeurs les personnes physiques membres de la compagnie régionale, à jour de leurs cotisations professionnelles.

Sont éligibles les personnes physiques, à jour de leurs cotisations professionnelles, exerçant l'activité professionnelle de commissaire aux comptes au 30 juin de l'année d'expiration des mandats. Ne peut être désigné président du conseil régional qu'un commissaire aux comptes qui exerce au moins une mission de certification à cette date.

Art. R. 821-55 *(Anc. art. R. 821-60, dénum., D. n° 2016-1026, 26 juill. 2016 ; mod., D. n° 2020-667, 2 juin 2020)*. – Si l'effectif du conseil régional est réduit de plus de moitié, il est procédé, dans le délai de deux mois, à une élection partielle pour pourvoir les sièges vacants. Le mandat des membres ainsi élus expire à la même date que celui de leurs prédécesseurs.

Il n'y a pas lieu à élection partielle, si la prochaine élection doit intervenir dans le délai de six mois.

Art. R. 821-56 *(Anc. art. R. 821-61, dénum., D. n° 2016-1026, 26 juill. 2016)*. – Tout candidat à une élection de membre d'un conseil régional adresse sa candidature au siège du conseil, par lettre recommandée avec demande d'avis de réception, un mois au moins avant la date fixée pour cette élection.

Les membres sortants d'un conseil ne sont immédiatement rééligibles qu'une seule fois.

Art. R. 821-57 *(Anc. art. R. 821-62, dénum., D. n° 2016-1026, 26 juill. 2016 ; abr., D. n° 2020-667, 2 juin 2020).*

Art. R. 821-58 *(Anc. art. R. 821-63, dénum., D. n° 2016-1026, 26 juill. 2016 ; mod., D. n° 2020-667, 2 juin 2020).* – Le conseil régional élit parmi ses membres au scrutin secret, pour un mandat de quatre ans, un président, un ou deux vice-présidents, un secrétaire et un trésorier, qui constituent le bureau. Le nombre de membres du bureau peut être porté à sept ou neuf si l'effectif de la compagnie régionale est supérieur respectivement à cinq cents ou à mille.

Le mandat du président n'est pas renouvelable. Le mandat des autres membres du bureau est renouvelable une fois.

Les désignations ont lieu à la majorité absolue des voix au premier tour, à la majorité relative au second.

Art. R. 821-59 *(Anc. art. R. 821-64, dénum., D. n° 2016-1026, 26 juill. 2016).* – Le conseil régional ne délibère valablement que si la moitié au moins de ses membres sont présents.

En cas d'absence ou d'empêchement d'un ou plusieurs membres et dans la mesure nécessaire pour atteindre le quorum, le conseil régional peut appeler à siéger les membres de la compagnie les plus anciens dans l'ordre d'inscription sur la liste et, à égalité de date d'inscription, les plus âgés.

Les décisions sont prises à la majorité des membres présents. En cas de partage, la voix du président est prépondérante.

Art. R. 821-60 *(Anc. art. R. 821-65, dénum., D. n° 2016-1026, 26 juill. 2016).* – Le conseil régional tient un registre de ses délibérations. Le procès-verbal de chaque séance est signé par le président et le secrétaire.

Art. R. 821-61 *(Anc. art. R. 821-66 ; dénum. et mod., D. n° 2016-1026, 26 juill. 2016).* – Le conseil régional est convoqué par le président lorsque cela est nécessaire et au moins une fois par semestre.

Il est obligatoirement convoqué par le président à la demande de la moitié au moins des membres du conseil. La réunion intervient dans les quinze jours de la réception de la demande par le président.

Art. R. 821-62 *(Anc. art. R. 821-67 ; dénum. et mod., D. n° 2016-1026, 26 juill. 2016 ; mod., D. n° 2020-667, 2 juin 2020).* – Le conseil régional agit dans le cadre des délibérations de l'assemblée de compagnie régionale conformément aux articles R. 821-28 à R. 821-33.

Art. R. 821-63 *(Anc. art. R. 821-68 ; dénum. et mod., D. n° 2016-1026, 26 juill. 2016 ; mod., D. n° 2020-667, 2 juin 2020).* – Le conseil régional a pour mission :

1° De mettre en œuvre, dans son ressort, les décisions et de diffuser les messages adoptés par le Conseil national et de poursuivre les consultations professionnelles au niveau régional ;

2° De saisir le Conseil national de toutes requêtes ou suggestions concernant la profession ;

3° D'administrer la compagnie régionale et de gérer son patrimoine en adoptant son règlement intérieur, en fixant et en recouvrant le montant des cotisations dues par les membres de la compagnie régionale pour en couvrir les frais y compris les sommes dues à la Compagnie nationale conformément à l'article R. 821-46 ;

4° De surveiller l'exercice de la profession de commissaire aux comptes dans son ressort ;

5° De mettre à la disposition de ses membres les services d'intérêt commun nécessaires au bon exercice de la profession ;

6° D'assister, le cas échéant, les professionnels qui le souhaitent dans leurs démarches d'inscription ;

7° D'examiner les réclamations des tiers contre les commissaires aux comptes membres de la compagnie régionale, à l'occasion de l'exercice de la profession ou de donner son avis, s'il y est invité par l'une des parties ou par le ministère public, sur l'action en responsabilité intentée contre un commissaire aux comptes en raison d'actes professionnels.

Art. R. 821-64 *(Anc. art. R. 821-69 ; dénum. et mod., D. n° 2016-1026, 26 juill. 2016).* – Le conseil régional transmet au Conseil national les informations mentionnées au V de l'article R. 823-10.

Art. R. 821-65 *(Anc. art. R. 821-70 ; dénum. et mod., D. n° 2016-1026, 26 juill. 2016).* – Le président élu par le conseil régional porte le titre de président de la compagnie régionale des commissaires aux comptes.

Il représente la compagnie régionale dans tous les actes de la vie civile et pour ester en justice. Il assure l'exécution des décisions du conseil régional ainsi que le respect des décisions du Conseil national dans le ressort de la compagnie régionale et veille au fonctionnement régulier de la compagnie régionale.

Il réunit périodiquement le bureau du conseil régional et le tient informé des décisions et mesures prises dans l'accomplissement de ses fonctions.

Il prévient et concilie, si possible, tout conflit ou toute contestation d'ordre professionnel entre commissaires aux comptes membres de la compagnie régionale.

Il saisit le Haut conseil de toute question entrant dans les compétences de celui-ci et en avise immédiatement le président de la Compagnie nationale des commissaires aux comptes.

Art. R. 821-66 *(Anc. art. R. 821-71 ; dénum., D. n° 2016-1026, 26 juill. 2016).* – Les vice-présidents assistent le président et le remplacent en cas de démission, d'absence ou d'empêchement. à défaut du président ou des vice-présidents, les fonctions du président sont exercées par le doyen d'âge du conseil régional.

Art. R. 821-67 *(Anc. art. R. 821-72 ; dénum., D. n° 2016-1026, 26 juill. 2016).* – Tout membre d'un conseil qui cesse de remplir les conditions requises pour être éligible cesse de plein droit de faire partie dudit conseil.

Section II. – Du contrôle de la profession

(Mod., D. n° 2009-557, 19 mai 2009 ; D. n° 2012-607, 30 avr. 2012 ; D. n° 2014-1315, 3 nov. 2014 ; rempl., D. n° 2016-1026, 26 juill. 2016)

Art. R. 821-68 *(D. n° 2016-1026, 26 juill. 2016).* – Les dossiers et documents établis par le commissaire aux comptes en application de l'article R. 823-10 sont conservés pendant six ans, même après la cessation des fonctions. Ils sont, pour les besoins des contrôles et des enquêtes, tenus à la disposition des autorités de contrôle, qui peuvent requérir du commissaire aux comptes les explications et les justifications qu'elles estiment nécessaires concernant ces pièces et les opérations qui doivent y être mentionnées.

Art. R. 821-69 *(D. n° 2016-1026, 26 juill. 2016).* – Peuvent être désignées contrôleurs les personnes qui justifient d'une formation en matière comptable ou financière, d'une expérience professionnelle d'au moins trois années dans le domaine de la certification des comptes et de l'information financière et qui ont suivi une formation spécifique en matière de contrôle de la qualité dans ces domaines.

Art. R. 821-70 *(D. n° 2016-1026, 26 juill. 2016).* – Avant de procéder aux opérations de contrôle, les contrôleurs déclarent au Haut conseil ou, en cas de délégation, à la Compagnie nationale des commissaires aux comptes, qu'ils ne sont pas dans une situation de conflit d'intérêts avec le commissaire aux comptes qu'ils sont chargés de contrôler.

Ils ne peuvent contrôler un commissaire aux comptes si, au cours des trois années précédentes, ils ont été associés, salariés ou collaborateurs de celui-ci.

Art. R. 821-71 *(D. n° 2016-1026, 26 juill. 2016 ; mod., D. n° 2020-292, 21 mars 2020).* – Les contrôles mentionnés à l'article L. 821-9 sont réalisés en fonction d'une analyse des risques. Ils portent notamment :

1° Sur les missions de certification sélectionnées par le contrôleur. Celui-ci vérifie notamment le respect des règles d'indépendance, la conformité aux normes mentionnées au I de l'article L. 821-13, l'adéquation des ressources affectées à la réalisation des missions ainsi que les honoraires perçus par le commissaire aux comptes ;

2° Sur le système de contrôle de qualité interne mis en place par le commissaire aux comptes, sauf lorsqu'il s'agit d'une société de commissaires aux comptes inscrite en application de l'article L. 822-1-4 ;

3° Sur les autres missions exercées ou toute autre prestation fournie par lui aux personnes ou entités dont il certifie les comptes.

Les contrôles sont proportionnés à l'ampleur et à la complexité de l'activité du commissaire aux comptes concerné.

Art. R. 821-72 *(D. n° 2016-1026, 26 juill. 2016)*. – Les contrôles prévus à l'article L. 821-9 sont effectués sur pièces ou sur place.

Sans préjudice des dispositions de l'article L. 821-12, les contrôleurs peuvent se faire communiquer par le commissaire aux comptes et vérifier sur pièces ou sur place, quel qu'en soit le support, tous documents ou pièces. Ils peuvent également exiger toutes explications sur les dossiers et documents établis en application de l'article R. 823-10, sur les conditions d'exécution par le commissaire aux comptes de sa mission au sein des personnes et entités contrôlées, et sur l'organisation et l'activité globale de la structure d'exercice professionnel, du réseau auquel elle appartient et des personnes ou groupements qui lui sont liés.

Le commissaire aux comptes justifie en outre des diligences accomplies en vue de garantir le respect des règles relatives à son indépendance et aux incompatibilités prévues par les dispositions de l'article L. 822-11-3 et du Code de déontologie, et fournit tous renseignements permettant d'apprécier le respect des prescriptions de l'article L. 822-11-3, notamment à raison des prestations réalisées par un membre du réseau auquel il appartient.

Les contrôleurs peuvent obtenir copie des pièces et documents mentionnés au présent article, quel qu'en soit le support. Un bordereau des copies des pièces et documents qui leur sont remis est établi.

À l'issue des opérations de contrôle, les pièces et documents communiqués aux contrôleurs sont restitués.

Art. R. 821-73 *(D. n° 2016-1026, 26 juill. 2016)*. – Le contrôleur communique au commissaire aux comptes un pré-rapport exposant les opérations de contrôle réalisées et leurs résultats afin que celui-ci présente ses observations dans un délai d'un mois.

Il établit ensuite un rapport définitif qui expose les principales conclusions du contrôle et les observations du commissaire aux comptes.

Le cas échéant, les recommandations formulées par le Haut conseil sont notifiées au commissaire aux comptes par lettre recommandée avec demande d'accusé de réception ou par tout autre moyen permettant de s'assurer de la date de sa réception. Le commissaire aux comptes donne suite aux recommandations dans le délai fixé par celles-ci.

Art. R. 821-74 *(D. n° 2016-1026, 26 juill. 2016)*. – Le président de la Compagnie nationale des commissaires aux comptes ou, lorsque les contrôles sont mis en œuvre par le Haut conseil en application de l'article L. 821-9, le directeur général du Haut conseil, conserve copie des pièces et documents pendant une durée de six ans dans des conditions permettant d'assurer le maintien de leur confidentialité. À l'issue de ce délai, il est procédé à leur destruction.

Art. R. 821-75 *(D. n° 2016-1026, 26 juill. 2016 ; mod., D. n° 2020-292, 21 mars 2020)*. – Les contrôles mentionnés à l'article L. 821-9 sont réalisés au moins tous les six ans, selon les orientations, le cadre et les modalités définis par le Haut conseil du commissariat aux comptes.

Ce délai est ramené à trois ans pour les commissaires aux comptes exerçant des missions de certification des comptes auprès des entités d'intérêt public mentionnées au i du paragraphe 2 de l'article 26 du règlement (UE) n° 537/2014 du 16 avril 2014.

Lorsque le commissaire aux comptes n'a exercé aucune mission de certification au cours des six exercices précédant le contrôle, les dispositions du 1er alinéa ne s'appliquent pas.

Des conventions définissent les conditions dans lesquelles le Haut conseil peut avoir recours au concours de l'Autorité de contrôle prudentiel et de résolution ou de l'Autorité des marchés financiers pour effectuer les contrôles mentionnés à l'article L. 821-9.

Art. R. 821-76 *(D. n° 2016-1026, 26 juill. 2016)*. – Lorsque le contrôle porte sur la certification de comptes consolidés, le commissaire aux comptes met à la disposition des contrôleurs la documentation pertinente qu'il conserve sur les contrôles qui ont été effectués sur les comptes des personnes ou entités entrant dans le périmètre de consolidation par les commissaires aux comptes ou les contrôleurs légaux inscrits dans d'autres États.

Lorsqu'un professionnel, inscrit dans un État avec lequel aucun accord de coopération n'a été conclu par le Haut conseil, a certifié les comptes de l'une des personnes ou entités entrant dans le périmètre de consolidation, les commissaires aux comptes veillent à ce que les documents de travail établis par ce professionnel soient dûment fournis, sur leur demande, aux personnes en charge des contrôles mentionnés à l'article L. 821-9.

Ils conservent à cet effet une copie de ces documents ou conviennent avec le contrôleur légal de la personne ou de l'entité concernée qu'ils y auront accès, ou prennent toute autre mesure appropriée pour les obtenir sans restriction et sur demande.

En cas d'empêchement, les commissaires aux comptes joignent à leur dossier tous les éléments de nature à établir les démarches et procédures engagées pour y accéder, ainsi que la réalité des difficultés rencontrées.

Art. D. 821-77 *(D. n° 2019-514, 24 mai 2019)*. – Le délai défini au deuxième alinéa de l'article L. 821-14 est fixé à quatre mois à compter de la demande ou de l'initiative mentionnées au premier alinéa du même article.

Le délai mentionné au troisième alinéa de l'article L. 821-14 est fixé à un mois à compter de la réception du projet de norme par la compagnie nationale des commissaires aux comptes. À l'expiration de ce délai, l'avis est réputé rendu.

NB : Conformément au 2° de l'article 3 du décret n° 2019-514 du 24 mai 2019, pour les normes en cours d'élaboration à la date d'entrée en vigueur du présent décret, les délais mentionnés à l'article D. 821-77 courent à compter de cette même date.

CHAPITRE II. – DU STATUT DES COMMISSAIRES AUX COMPTES

Section I. – De l'inscription

(Mod., D. n° 2008-1487, 30 déc. 2008, D. n° 2012-607, 30 avr. 2012 ; rempl., D. n° 2016-1026, 26 juill. 2016)

Sous-section 1. – Des conditions d'inscription sur la liste des commissaires aux comptes

(Rempl., D. n° 2016-1026, 26 juill. 2016)

Art. R. 822-1 *(Mod., D. n° 2012-607, 30 avr. 2012 ; D. n° 2016-1026, 26 juill. 2016 ; D. n° 2020-667, 2 juin 2020)*. – Les commissaires aux comptes inscrits sur la liste mentionnée au I de l'article L. 822-1 sont rattachés à la compagnie régionale dans le ressort de laquelle se trouve :

1° Pour les personnes physiques, leur domicile ou l'établissement dans lequel elles exercent leur activité ;

2° Pour les sociétés, leur siège social ou, lorsque celui-ci est situé à l'étranger, le premier établissement ouvert sur le territoire national.

Les commissaires aux comptes inscrits sur la liste mentionnée au I de l'article L. 822-1 peuvent exercer leur profession sur l'ensemble du territoire national.

Art. R. 822-2 *(Rempl., D. n° 2013-192, 5 mars 2013)*. – Sont admises à se présenter au certificat d'aptitude aux fonctions de commissaire aux comptes, sous réserve de la délivrance de l'attestation de fin de stage mentionnée au sixième alinéa de l'article R. 822-3, les personnes titulaires d'un diplôme national de master ou d'un titre ou d'un diplôme conférant le grade de master délivré en France ou d'un diplôme obtenu dans un État étranger et jugé de niveau comparable au diplôme national de master par le garde des Sceaux, ministre de la Justice, et qui, selon le cas :

1° Ont subi avec succès les épreuves du certificat préparatoire aux fonctions de commissaire aux comptes ;

2° Sont titulaires du diplôme d'études comptables supérieures régi par le décret n° 81-537 du 12 mai 1981 relatif au diplôme d'études comptables supérieures ou du diplôme d'études supérieures comptables et financières ou ont validé au moins quatre des sept épreuves obligatoires du diplôme supérieur de comptabilité et de gestion dans les conditions définies à l'article 50 du décret n° 2012-432 du 30 mars 2012 ;

3° Sont titulaires de diplômes jugés d'un niveau équivalent à ceux mentionnés au 2° par le garde des Sceaux, ministre de la Justice ;

Le programme et les modalités du certificat d'aptitude aux fonctions de commissaire aux comptes et du certificat préparatoire aux fonctions de commissaire aux comptes sont fixés par un arrêté conjoint du garde des Sceaux, ministre de la Justice, et du ministre chargé de l'enseignement supérieur.

Les épreuves du certificat d'aptitude et du certificat préparatoire aux fonctions de commissaire aux comptes ont lieu au moins une fois par an, à une date fixée par arrêté du garde des Sceaux, ministre de la Justice, publié au *Journal officiel de la République française*.

Art. R. 822-3 *(Mod., D. n° 2013-192, 5 mars 2013).* – Le stage professionnel prévu au 5° de l'article L. 822-1-1 est d'une durée de trois ans.

Il est ouvert aux personnes qui remplissent les conditions pour se présenter au certificat d'aptitude aux fonctions de commissaire aux comptes en application de l'article R. 822-2.

Il est accompli chez une personne physique ou dans une société inscrite sur la liste prévue à l'article L. 822-1 et habilitée à cet effet. Il peut être également accompli :

1° Dans la limite de deux ans, chez une personne agréée par un État membre de l'Union européenne pour exercer le contrôle légal des comptes ;

2° Dans la limite d'un an, chez toute personne autre que celles qui exercent le contrôle légal des comptes en France et dans les autres États membres de l'Union européenne et offrant des garanties suffisantes quant à la formation des stagiaires.

Le stage professionnel régulièrement accompli donne lieu à la délivrance d'une attestation de fin de stage portant les appréciations du président du conseil régional établies au vu du rapport du maître de stage. Lorsque le stage a été accompli dans le ressort de plusieurs conseils régionaux ou en tout ou partie à l'étranger, le président du conseil régional compétent est désigné dans des conditions fixées par arrêté du garde des Sceaux, ministre de la Justice.

Un arrêté du même ministre détermine l'autorité compétente au sein de la profession pour autoriser le stagiaire à effectuer tout ou partie du stage à l'étranger ou chez une personne autre que celles qui sont agréées pour exercer le contrôle légal des comptes ainsi que les modalités d'accomplissement de stage et de délivrance de l'attestation de fin de stage.

Les modalités de l'habilitation à recevoir des stagiaires sont définies par arrêté du garde des Sceaux, ministre de la Justice, sur proposition de la compagnie nationale des commissaires aux comptes.

Les stagiaires disposent d'un délai de six ans après la date de délivrance de l'attestation de fin de stage pour obtenir le certificat d'aptitude aux fonctions de commissaire aux comptes. Au-delà de ce délai, l'attestation de fin de stage est caduque.

Les personnes ayant effectué la totalité de leur stage professionnel prévu au 5° de l'article L. 822-1-1 mais dont l'attestation de fin de stage est devenue caduque dans les conditions prévues à l'alinéa précédent accomplissent un nouveau stage dont la durée est d'un an.

Art. R. 822-4 *(Mod., D. n° 2013-192, 5 mars 2013).* – Lorsque le candidat à l'inscription est titulaire du diplôme d'expertise comptable, les deux tiers au moins du stage prévu par l'article 67 du décret n° 2012-432 du 30 mars 2012 relatif à l'exercice de l'activité d'expertise comptable doivent avoir été accomplis soit chez une personne inscrite sur la liste des commissaires aux comptes et habilitée à recevoir des stagiaires dans les conditions fixées au huitième alinéa de l'article R. 822-3, soit, sous réserve d'une autorisation donnée au stagiaire, dans des conditions fixées par arrêté du garde des Sceaux, ministre de la Justice, et du ministre chargé du budget, chez une personne agréée dans un État membre de l'Union européenne pour exercer le contrôle légal des comptes.

Le candidat à l'inscription, titulaire du diplôme d'expertise comptable, qui ne répond pas aux conditions prévues au premier alinéa peut être autorisé à effectuer deux années de stage supplémentaires pour se conformer à ces conditions. Les dispositions du sixième alinéa de l'article R. 822-3 sont applicables.

Art. R. 822-5 *(Mod., D. n° 2013-192, 5 mars 2013).* – Peuvent être admises à se présenter aux épreuves du certificat d'aptitude aux fonctions de commissaire aux comptes et sont dispensées de tout ou partie du stage professionnel, en application du premier alinéa de l'article L. 822-1-2, les personnes physiques ayant exercé pendant une durée de quinze ans au moins une activité publique ou privée qui leur a permis d'acquérir dans les domaines financier, comptable et juridique intéressant les sociétés commerciales une expérience jugée suffisante par le garde des Sceaux, ministre de la Justice.

Les conditions de délivrance de la dispense mentionnée au premier alinéa sont fixées par un arrêté du garde des Sceaux, ministre de la Justice.

Peuvent également être admis à subir l'examen d'aptitude aux fonctions de commissaire aux comptes les anciens syndics et administrateurs judiciaires et les anciens administrateurs judiciaires et mandataires judiciaires ayant exercé leurs fonctions pendant sept ans au moins. Le stage effectué auprès de ces professions est pris en compte pour une durée n'excédant pas un an en ce qui concerne l'accomplissement du stage prévu à l'article R. 822-3.

Art. R. 822-6 *(Mod., D. n° 2013-192, 5 mars 2013 ; D. n° 2016-1026, 26 juill. 2016).* – Peuvent être inscrites sur la liste des commissaires aux comptes mentionnée au I de l'article L. 822-1, en application des dispositions du deuxième alinéa de l'article L. 822-1-2, les personnes déjà agréées par les autorités compétentes d'un autre État membre de l'Union européenne pour l'exercice du contrôle légal des comptes, sous réserve d'avoir subi avec succès une épreuve d'aptitude démontrant une connaissance adéquate des lois, règlements, normes et règles professionnelles nécessaires pour l'exercice du contrôle légal des comptes en France.

Les modalités de cette épreuve sont fixées par arrêté du garde des Sceaux, ministre de la Justice.

Les candidats sont admis à se présenter à l'épreuve d'aptitude par décision du garde des Sceaux, ministre de la Justice.

À cette fin, l'intéressé adresse son dossier au garde des Sceaux, ministre de la Justice. À la réception du dossier complet, un récépissé lui est délivré.

La décision du garde des Sceaux, ministre de la Justice, précise les matières sur lesquelles le candidat doit être interrogé compte tenu de sa formation initiale. Elle doit être motivée et intervenir dans un délai de quatre mois à compter de la délivrance du récépissé. Le défaut de réponse dans ce délai vaut acceptation de la demande d'inscription à l'épreuve d'aptitude.

Les dispositions du présent article sont également applicables aux personnes qui, quoique non agréées dans un autre État membre de l'Union européenne, réunissent les conditions de titre, de diplôme et de formation pratique permettant d'obtenir un tel agrément conformément aux dispositions de la directive 2006/43/CE du Parlement européen et du Conseil, du 17 mai 2006 concernant les contrôles légaux des comptes annuels et des comptes consolidés.

Art. R. 822-7 *(Mod., D. n° 2013-192, 5 mars 2013 ; D. n° 2016-1026, 26 juill. 2016).* – Peuvent également être inscrites sur la liste des commissaires aux comptes mentionnée au I de l'article L. 822-1, en application des dispositions du deuxième alinéa de l'article L. 822-1-2 les personnes qui ont suivi avec succès un cycle d'études d'une durée minimale de trois ans ou d'une durée équivalente à temps partiel dans une université ou un établissement d'enseignement supérieur ou dans un autre établissement de même niveau de formation, ainsi que la formation professionnelle requise en plus de ce cycle d'études, et qui justifient :

a) D'un diplôme ou d'un titre jugé de même niveau que le certificat d'aptitude aux fonctions de commissaire aux comptes ou le diplôme d'expertise comptable, par le garde des Sceaux, ministre de la Justice, et permettant l'exercice de la profession dans un État non membre de « l'Union européenne » admettant les nationaux français à exercer le contrôle légal des comptes ;

b) D'une expérience professionnelle de trois ans jugée suffisante par le garde des Sceaux, ministre de la Justice, dans le domaine du contrôle légal des comptes.

L'intéressé doit subir une épreuve d'aptitude dans les conditions prévues à l'article R. 822-6.

Art. D. 822-7-1 *(À compter du 1er juillet 2013, D. n° 2013-192, 5 mars 2013).* – Les candidats au certificat préparatoire aux fonctions de commissaire aux comptes, au certificat d'aptitude aux fonctions de commissaire aux comptes, ainsi qu'à l'épreuve d'aptitude mentionnée à l'article R. 822-6, qui présentent un handicap au sens de l'article L. 114 du Code de l'action sociale et des familles bénéficient des aménagements rendus nécessaires par leur situation.

Ces aménagements peuvent porter sur :

a) Les conditions de déroulement des épreuves, de nature à permettre aux candidats de bénéficier des conditions matérielles, des aides techniques ou des aides humaines appropriées à leur situation ;

b) Une majoration du temps imparti pour une ou plusieurs épreuves, qui ne peut excéder le tiers du temps normalement prévu pour chacune d'elles, sauf demande du médecin motivée par la situation exceptionnelle du candidat et formulée dans l'avis mentionné au huitième alinéa du présent article ;

c) La conservation, au choix du candidat, durant cinq ans, des notes non éliminatoires obtenues ;

d) L'étalement sur plusieurs sessions du passage des épreuves.

Les candidats sollicitant le bénéfice de ces dispositions adressent leur demande à l'un des médecins désignés par la commission mentionnée à l'article L. 146-9 du Code de l'action sociale et des familles pour les épreuves se déroulant en métropole, dans les départements d'outre-mer, à Saint-Pierre-et-Miquelon, à Saint-Martin ou à Saint-Barthélemy, ou désignés par le représentant de l'État, pour les épreuves se déroulant à Mayotte, en Nouvelle-Calédonie ou à Wallis-et-Futuna.

Le médecin rend un avis, qui est adressé au candidat et au président du jury, dans lequel il propose des aménagements. Le président du jury décide des aménagements accordés et notifie sa décision au candidat.

Le président du jury s'assure de l'accessibilité aux personnes handicapées des locaux prévus pour le déroulement des épreuves ainsi que de la mise en place, le cas échéant, des aménagements autorisés pour le candidat.

Sous-section 2. – De l'établissement et de la tenue des listes

(D. n° 2016-1026, 26 juill. 2016)

§ 1. – De l'établissement et de la tenue des listes de commissaires aux comptes

(D. n° 2016-1026, 26 juill. 2016)

Art. R. 822-8 *(Rempl., D. n° 2016-1026, 26 juill. 2016).* – L'inscription ainsi que l'établissement et la tenue de la liste mentionnée au I de l'article L. 822-1 sont réalisés par le Haut conseil du commissariat aux comptes ou son délégataire.

Art. R. 822-9 *(Rempl., D. n° 2016-1026, 26 juill. 2016).* – La demande d'inscription est déposée ou adressée par lettre recommandée avec demande d'avis de réception au Haut conseil. Elle est accompagnée des pièces justificatives. Le candidat indique, le cas échéant, s'il exerce dans une société.

La demande peut également être présentée par voie électronique, au moyen d'un service informatique accessible par internet, sécurisé et gratuit, permettant au demandeur d'accompagner la demande des pièces justificatives sous forme numérisée. Le Haut conseil en accuse réception par la même voie.

À réception du dossier complet, le Haut conseil délivre au candidat ou à son mandataire un récépissé, qui l'informe que l'absence de réponse dans un délai de quatre mois à compter de la délivrance du récépissé vaut décision d'inscription.

Art. R. 822-10 *(Mod., D. n° 2012-607, 30 avr. 2012 ; rempl., D. n° 2016-1026, 26 juill. 2016).* – La demande d'inscription d'une société est en outre régie par les dispositions des articles R. 822-40 et suivants.

Art. R. 822-11 *(Rempl., D. n° 2016-1026, 26 juill. 2016).* – Le Haut conseil vérifie si le candidat remplit les conditions requises pour être inscrit. Le Haut conseil ou son délégataire recueille sur le candidat tous renseignements utiles et demande le bulletin n° 2 du casier judiciaire.

Il peut convoquer le candidat afin de procéder à son audition.

Lorsque, à la date de sa demande d'inscription le candidat se trouve dans l'un des cas d'incompatibilité prévus à l'article L. 822-10, son inscription peut être décidée sous condition suspensive de régularisation de sa situation dans un délai de six mois. L'intéressé justifie auprès du Haut conseil de la fin de cette incompatibilité.

Art. R. 822-12 *(Mod., D. n° 2012-607, 30 avr. 2012 ; rempl., D. n° 2016-1026, 26 juill. 2016).* – La formulation de la prestation de serment prévue à l'article L. 822-3 est la suivante : « Je jure d'exercer ma profession avec honneur, probité et indépendance, de respecter et faire respecter les lois. ».

Le serment est prêté, par oral ou par écrit, devant le premier président de la cour d'appel dans le ressort de laquelle se situe la compagnie régionale à laquelle le commissaire aux comptes est rattaché.

Art. R. 822-13 *(Rempl., D. n° 2016-1026, 26 juill. 2016 ; mod., D. n° 2020-292 du 21 mars 2020).* – La *liste mentionnée au I de l'article* L. 822-1 est publiée sur le site internet du Haut conseil. Elle est mise à jour mensuellement compte tenu des nouvelles inscriptions, des suppressions des noms résultant des décès ou des démissions, des omissions, des suspensions, des interdictions temporaires ou définitives, des radiations ou de toute autre modification des mentions figurant sur la liste.

Les compagnies régionales et la Compagnie nationale informent le Haut conseil de toute circonstance justifiant une révision de la liste.

Art. R. 822-14 *(Rempl., D. n° 2016-1026, 26 juill. 2016 ; mod., D. n° 2020-292, 21 mars 2020).* – La liste mentionnée au I de l'article L. 822-1 est établie par ordre alphabétique avec indication, pour chaque commissaire aux comptes ou société de commissaires aux comptes, de l'année d'inscription initiale et du numéro d'inscription.

Elle est divisée en deux sections : la première pour les personnes physiques, la seconde pour les sociétés.

Sont mentionnés dans la première section :

1° Les nom, prénoms et numéro d'inscription de l'intéressé ;

2° Son adresse professionnelle et ses coordonnées téléphoniques ainsi que, le cas échéant, l'adresse de son site internet ;

3° Lorsque l'intéressé est associé ou salarié d'une personne morale ou exerce ses fonctions pour le compte d'une personne morale, la dénomination sociale, la forme juridique, l'adresse du siège social, le numéro d'inscription et, le cas échéant, l'adresse du site internet de celle-ci ;

4° La compagnie régionale de rattachement.

Sont mentionnés dans la seconde section :

1° La dénomination sociale, la forme juridique et le numéro d'inscription de la société ;

2° L'adresse du siège social et les coordonnées téléphoniques de la société ainsi que, le cas échéant, l'adresse de son site internet ;

3° Les noms et adresses professionnelles des associés ou actionnaires, des membres des organes de gestion, de direction, d'administration ou de surveillance de la société ;

4° Les noms et numéros d'inscription des commissaires aux comptes associés de la société ou salariés par elle, ainsi que la liste et l'adresse de ses établissements ;

5° Le cas échéant, l'appartenance de la société à un réseau national ou international dont les membres ont un intérêt économique commun, ainsi que les noms et adresses des cabinets membres de ce réseau et des personnes et entités qui lui sont affiliées, ou l'indication de l'endroit où ces informations sont accessibles au public ;

6° La compagnie régionale de rattachement ;

7° Lorsque la société est agréée dans un autre État membre de l'Union européenne, la liste fait état de cette inscription en mentionnant, le cas échéant, le nom de l'autorité étrangère d'inscription et le numéro d'enregistrement attribué par cette dernière.

Art. R. 822-15 *(Mod., D. n° 2012-607, 30 avr. 2012 ; rempl., D. n° 2016-1026, 26 juill. 2016).* – Les commissaires aux comptes ou sociétés de commissaires aux comptes informent sans délai le Haut conseil, par lettre recommandée avec demande d'avis de réception ou par voie électronique, de tout changement intervenu dans leur situation au regard des informations nécessaires à leur inscription. Ils produisent les pièces justificatives relatives à ces changements.

Le Haut conseil procède aux modifications justifiées.

Art. R. 822-16 *(Rempl., D. n° 2016-1026, 26 juill. 2016).* – Les sociétés de contrôle légal mentionnées à l'article L. 822-1-4 déposent ou adressent, par lettre recommandée avec demande d'avis de réception, une demande d'inscription auprès du Haut conseil du commissariat aux comptes. La demande comprend les pièces justificatives, datant de moins de trois mois, de leur agrément par une autorité compétente d'un autre État membre de l'Union européenne. Lorsqu'elles sont agréées dans plusieurs autres États membres de l'Union, elles communiquent les pièces justificatives relatives à leur premier agrément.

La demande d'inscription peut également être présentée par voie électronique, au moyen d'un service informatique accessible par internet, sécurisé et gratuit, permettant au demandeur d'accompagner la demande des pièces justificatives sous forme numérisée. Le Haut conseil en accuse réception par la même voie.

Le Haut conseil communique sa décision au demandeur et à l'autorité compétente de l'État membre dans lequel la société est agréée.

La société de contrôle légal est rattachée à la compagnie régionale de Paris lorsqu'elle n'a pas d'établissement sur le territoire français.

§ 2. – De la liste des contrôleurs de pays tiers
(D. n° 2016-1026, 26 juill. 2016)

Art. R. 822-17 *(Rempl., D. n° 2016-1026, 26 juill. 2016)*. – **Les contrôleurs de pays tiers mentionnés au I de l'article L. 822-1-5 sont inscrits par le Haut conseil sur la liste mentionnée au II de l'article L. 822-1. Cette liste comprend les informations mentionnées à l'article R. 822-14, à l'exception de l'indication de la compagnie régionale de rattachement.**

La demande d'inscription est accompagnée des pièces justificatives de leur agrément par les autorités compétentes de leur État d'origine ainsi que de tous documents permettant d'attester du respect des conditions prévues au II et au III de l'article L. 822-1-5. Ils justifient également de la publication sur leur site internet du rapport annuel de transparence incluant les informations mentionnées à l'article R. 823-21.

Les dispositions de la deuxième et de la troisième sous-sections de la présente section leur sont applicables, à l'exception des articles R. 822-11 et R. 822-12.

Art. R. 822-18 *(Rempl., D. n° 2016-1026, 26 juill. 2016)*. – **Le Haut conseil publie sur son site internet la liste mentionnée au II de l'article L. 822-1. Elle est mise à jour mensuellement compte tenu des nouvelles inscriptions et de toute autre modification des mentions qui y figurent.**

Sous-section 3. – Des recours contre les décisions d'inscription
(D. n° 2016-1026, 26 juill. 2016)

Art. R. 822-19 *(Mod., D. n° 2010-1463, 1er déc. 2010 ; rempl., D. n° 2016-1026, 26 juill. 2016)*. – **Les décisions rendues en matière d'inscription sont susceptibles de recours devant la juridiction administrative.**

Section II. – De la déontologie et de l'indépendance des commissaires aux comptes

Art. R. 822-20 *(Anc. art. R. 822-60 dénum. et mod., D. n° 2016-1026, 26 juill. 2016)*. – **Le Code de déontologie de la profession de commissaire aux comptes est annexé à la section II du chapitre II du titre II du présent livre.**

Art. R. 822-21 *(Anc. art. R. 822-61, dénum. et rempl., D. n° 2016-1026, 26 juill. 2016)*. – **La nature et la durée des activités susceptibles d'être validées au titre de l'obligation prévue à l'article L. 822-4 sont déterminées par arrêté du garde des Sceaux, ministre de la Justice, sur proposition de la Compagnie nationale et après avis du Haut conseil. Le commissaire aux comptes rend compte au Haut conseil ou à son délégataire de la mise en œuvre de cette formation.**

Art. R. 822-22 *(Anc. art. R. 822-61-1 créé, D. n° 2013-192, 5 mars 2013 ; dénum. et mod., D. n° 2016-1026, 26 juill. 2016 ; mod., D. n° 2020-292, 21 mars 2020)*. – **La formation continue particulière prévue à l'article L. 822-4 est de quarante heures. Elle doit être accomplie, par sessions continues ou discontinues, dans les dix-huit mois qui précèdent l'acceptation d'une mission de certification des comptes et assure l'actualisation des connaissances et des compétences du commissaire aux comptes concerné.**

L'obligation de formation continue particulière est satisfaite par :

1° La participation obligatoire, à raison de vingt heures, au programme spécifique mis en œuvre par la compagnie nationale et les compagnies régionales des commissaires aux comptes ; et

2° La participation volontaire, pour un minimum de vingt heures, à des séminaires de formation, des programmes d'autoformation encadrée ou des formations ou enseignements à distance, selon des modalités définies par arrêté du garde des sceaux, ministre de la justice.

Le programme de formation continue particulière mentionné au 1° et ses modalités de mise en œuvre sont fixés par la compagnie nationale des commissaires aux comptes.

***Les heures de formation continue particulière suivies au titre du présent article sont éligibles à l'obligation de* formation continue prévue par l'article R. 822-21.**

Art. R. 822-23 *(Anc. art. R. 822-61-2 créé, D. n° 2013-192, 5 mars 2013 ; dénum. et mod., D. n° 2016-1026, 26 juill. 2016 ; mod., D. n° 2020-292, 21 mars 2020)*. – **Les commissaires aux comptes qui n'ont pas exercé de mission de certification des comptes pendant trois années consécutives et qui n'ont pas**

respecté durant cette période l'obligation prévue au I de l'article L. 822-4 déclarent à la compagnie régionale des commissaires aux comptes dont ils relèvent, préalablement à l'acceptation d'une nouvelle mission de certification des comptes, les conditions dans lesquelles ils ont satisfait à l'obligation de formation continue particulière mentionnée à l'article L. 822-4.

Ils conservent pendant six ans à compter de l'acceptation de la nouvelle mission de certification des comptes les justificatifs relatifs au respect de cette obligation.

Les compagnies régionales des commissaires aux comptes rendent annuellement compte à la Compagnie nationale du respect par les commissaires aux comptes de leur ressort de leur obligation déclarative.

Art. R. 822-25 *(Anc. art. R. 822-63, dénum., D. n° 2016-1026, 26 juill. 2016).* – Tout membre d'un conseil régional ou du conseil national qui, sans motif valable, refuse ou s'abstient de remplir les obligations ou d'effectuer les travaux que nécessite le fonctionnement normal du conseil ou de la compagnie, est réputé démissionnaire du conseil dont il est membre, sans préjudice de l'action disciplinaire dont il peut être l'objet pour le même motif.

Art. R. 822-26 *(Anc. art. R. 822-64 rempl., D. n° 2010-1270, 25 oct. 2010 ; mod., D. n° 2012-607, 30 avr. 2012 ; dénum. et mod., D. n° 2016-1026, 26 juill. 2016 ; mod., D. n° 2018-196, 21 mars 2018 ; D. n° 2020-292, 21 mars 2020).* – I. – Lorsqu'un commissaire aux comptes inscrit sur la liste mentionnée au I de l'article L. 822-1 n'a pas déclaré les informations mentionnées à l'article R. 821-14-7 ou payé à leur échéance les cotisations dont il est redevable au titre de l'article L. 821-6-1, le Haut Conseil met en demeure l'intéressé d'avoir à respecter ses obligations dans un délai de trente jours à compter de la réception de l'acte.

Faute de régularisation dans ce délai, le Haut Conseil du commissariat aux comptes convoque le commissaire aux comptes par lettre recommandée avec demande d'avis de réception et l'entend dans un délai de deux mois. L'intéressé peut se faire assister par un commissaire aux comptes ou un avocat ou représenter par un avocat.

En l'absence de motif légitime, le Haut Conseil procède à son omission.

II. – Lorsqu'un commissaire aux comptes inscrit sur la liste mentionnée au I de l'article L. 822-1 n'a pas payé à leur échéance les cotisations, dont il est redevable envers la Compagnie nationale ou les compagnies régionales au titre de l'article L. 821-6, le conseil régional met en demeure l'intéressé d'avoir à respecter ses obligations dans un délai de trente jours à compter de la réception de l'acte.

Faute de régularisation dans ce délai, il saisit le Haut Conseil du commissariat aux comptes qui procède conformément aux deuxième et troisième alinéas du I du présent article.

III. – L'omission emporte interdiction de faire état de la qualité de commissaire aux comptes. Les dispositions des articles R. 824-25 et R. 824-27 sont applicables.

Les décisions en matière d'omission sont prises dans les mêmes formes et donnent lieu aux mêmes recours qu'en matière d'inscription.

La réitération de ce comportement constitue un manquement passible de poursuites disciplinaires.

Art. R. 822-27 *(Anc. art. R. 822-65, dénum. et mod., D. n° 2016-1026, 26 juill. 2016 ; mod., D. n° 2020-667, 2 juin 2020).* – Tout commissaire aux comptes inscrit peut demander à être omis provisoirement de la liste mentionnée au I de l'article L. 822-1.

La demande, adressée au conseil régional par lettre recommandée avec demande d'avis de réception, doit être motivée et indiquer notamment la nouvelle activité que l'intéressé se propose d'exercer ainsi que la date à laquelle il souhaite se retirer provisoirement de la compagnie.

Le conseil régional transmet la demande au Haut conseil, qui statue sur cette demande selon la procédure prévue à la section 1 du chapitre II du présent titre.

L'intéressé a la faculté d'entreprendre sa nouvelle activité, même si la décision du Haut conseil n'est pas encore intervenue, à la condition d'en informer le conseil régional dans les conditions prévues au deuxième alinéa, au moins huit jours à l'avance, d'être à jour de ses cotisations professionnelles et de cesser préalablement son activité de commissaire aux comptes.

Art. R. 822-28 *(Anc. art. R. 822-66, dénum. et mod., D. n° 2016-1026, 26 juill. 2016).* – Le Haut conseil fait droit à la demande, en omettant l'intéressé de la liste, s'il apparaît que sa nouvelle activité ou son comportement n'est pas de nature à porter atteinte aux intérêts moraux de la profession.

À compter de la notification de la décision prononçant l'omission de la liste, l'intéressé n'est plus membre de la profession. Il ne peut exercer en son nom et sous sa responsabilité la profession de commissaire aux comptes ni faire usage de ce titre. Toutefois, la décision n'a pas pour effet d'éteindre l'action disciplinaire en raison de faits commis antérieurement.

Le règlement intérieur de la profession détermine les conditions dans lesquelles il peut continuer, sur sa demande, à bénéficier des avantages réservés aux membres de la profession.

Art. R. 822-29 *(Anc. art. R. 822-67, dénum. et mod., D. n° 2016-1026, 26 juill. 2016).* – Le commissaire aux comptes omis de la liste en application des articles R. 822-25, R. 822-26 et R. 822-28 peut demander sa réinscription selon la procédure prévue à la section I du chapitre II du présent titre, à condition d'être à jour des cotisations dues à la date de son omission. Les conditions d'aptitude professionnelle s'apprécient conformément aux dispositions en vigueur au jour de sa première inscription.

Art. R. 822-30 *(Anc. art. R. 822-68, dénum., D. n° 2016-1026, 26 juill. 2016 ; mod., D. n° 2020-292, 21 mars 2020).* – Le titre de commissaire aux comptes honoraire peut être conféré par le conseil régional aux membres de la compagnie dont la démission a été acceptée, qui ont été inscrits sur la liste pendant vingt ans au moins et qui ont eu pendant la durée de leur inscription une activité professionnelle jugée suffisante.

Les commissaires aux comptes honoraires restent soumis à la juridiction disciplinaire.

Leurs droits et leurs devoirs sont déterminés par la deuxième phrase de l'article 3 et les articles 8, 9 et 14 du Code de déontologie.

Art. R. 822-31 *(Anc. art. R. 822-69, dénum., D. n° 2016-1026, 26 juill. 2016).* – L'activité de commissaire aux comptes exercée à titre individuel dans les conditions prévues par le présent titre entraîne l'affiliation de celui qui l'exerce à l'organisation autonome d'allocations vieillesse des professions libérales instituées par l'article L. 621-3 du Code de la sécurité sociale.

Section II *bis*. – De l'organisation de l'exercice professionnel

(D. n° 2016-1026, 26 juill. 2016)

Art. R. 822-32 *(D. n° 2016-1026, 26 juill. 2016).* – Les modalités d'organisation et de fonctionnement des structures d'exercice du commissariat aux comptes, qu'elles soient en nom propre ou sous forme de société, doivent permettre au commissaire aux comptes d'être en conformité avec les exigences légales et réglementaires et celles du Code de déontologie et d'assurer au mieux la prévention des risques et la bonne exécution de sa mission.

Elles tiennent compte de l'ampleur et de la complexité des activités exercées au sein de ces structures.

Art. R. 822-33 *(D. n° 2016-1026, 26 juill. 2016).* – Chaque structure d'exercice du commissariat aux comptes doit satisfaire aux exigences suivantes :

1° Disposer des moyens permettant au commissaire aux comptes :

a) D'adapter, en fonction de l'ampleur de la mission, le temps et les ressources humaines qui y sont consacrés ainsi que les techniques mises en œuvre ;

b) De contrôler le respect des règles applicables à la profession et de procéder à une appréciation régulière des risques ;

c) De garantir la continuité et la régularité de ses activités de certification des comptes, notamment par l'utilisation de systèmes, de ressources et de procédures appropriés ;

2° Mettre en œuvre :

a) Des procédures assurant que les conditions d'exercice de chaque mission de certification des comptes respectent les exigences déontologiques, notamment en matière d'indépendance vis-à-vis de la personne ou de l'entité contrôlée et permettant de décider rapidement des mesures de sauvegarde si celles-ci s'avèrent nécessaires ;

b) Des procédures assurant l'absence de toute intervention des actionnaires ou dirigeants de la société de commissaires aux comptes et, le cas échéant, du réseau pouvant compromettre l'indépendance et l'objectivité de la personne mentionnée au premier alinéa de l'article L. 822-9 ;

c) Des procédures assurant le contrôle et la protection de ses systèmes de traitement de l'information ;

d) Des mécanismes assurant le respect des décisions et des procédures définies au sein de la structure d'exercice ;

e) Des procédures assurant que le recours à des tiers, collaborateurs ou experts, pour la réalisation des travaux requis au titre de la mission de certification, ne porte pas atteinte à la qualité du contrôle de qualité interne prévu au *j*, ni à la capacité du Haut conseil à surveiller le respect, par le commissaire aux comptes, de la règlementation en vigueur ;

f) Des procédures assurant la gestion et l'enregistrement des incidents qui ont ou peuvent avoir une conséquence grave sur la qualité de ses activités de certification des comptes ;

g) Des procédures assurant une politique de rémunération appropriée notamment par des incitations à la performance garantes de la qualité de la mission de certification. Les revenus issus des services autres que la certification ne sont pas pris en compte pour l'évaluation de la performance et la rémunération des personnes participant à la mission de certification ou en mesure d'en influencer le déroulement ;

h) Des procédures permettant aux salariés de signaler tous les manquements à la réglementation applicable à la profession ainsi qu'au règlement (UE) n° 537/2014 ;

i) Des procédures permettant l'exécution des missions de certification des comptes et l'organisation du dossier mentionné à l'article R. 823-10 et assurant la formation des salariés ainsi que l'encadrement et le contrôle de leurs activités ;

j) Un dispositif de contrôle de qualité interne, placé sous la responsabilité d'un commissaire aux comptes, personne physique, inscrit sur la liste mentionnée au I de l'article L. 822-1, assurant notamment le respect des exigences prévues au i. Ce dispositif est évalué annuellement et les conclusions de cette évaluation ainsi que toute mesure proposée en vue de modifier le dispositif sont conservées pendant un délai de six ans ;

3° Les commissaires aux comptes soumis aux obligations de l'article L. 822-14 mettent en place un mécanisme de rotation progressive conformément au paragraphe 7 de l'article 17 du règlement (UE) n° 537/2014 ;

4° Constituer une documentation appropriée sur la manière dont elle satisfait aux exigences du présent article et la diffuser à ses salariés ;

5° Conserver pendant une durée d'au moins six ans une mention de tous les manquements à la réglementation applicable à la profession, à l'exception des manquements mineurs, et de leurs conséquences ainsi que des mesures prises pour y remédier. Ces mesures font l'objet d'un rapport annuel communiqué aux personnes appropriées au sein de la structure. Lorsque le commissaire aux comptes demande conseil à des tiers, il conserve une copie de cette demande et de la réponse obtenue ;

6° Conserver toute réclamation écrite portant sur la réalisation d'une mission de certification des comptes pendant un délai de six ans.

Art. R. 822-34 *(D. n° 2016-1026, 26 juill. 2016)*. – Une norme d'exercice professionnel peut simplifier les exigences prévues à l'article R. 822-33 pour la certification des comptes des petites entreprises, au sens du 2 de l'article 3 de la directive 2013/34/UE du Parlement européen et du Conseil du 26 juin 2013 relative aux états financiers annuels, aux états financiers consolidés et aux rapports y afférents de certaines formes d'entreprises, modifiant la directive 2006/43/CE du Parlement européen et du Conseil et abrogeant les directives 78/660/CEE et 83/349/CEE du Conseil.

Art. R. 822-35 *(D. n° 2016-1026, 26 juill. 2016)*. – Les travaux du commissaire aux comptes relatifs à la certification des comptes d'une entité d'intérêt public font l'objet d'une revue indépendante avant la signature des rapports prévus au dernier alinéa de l'article L. 823-9 et au III de l'article L. 823-16. La revue indépendante a pour objet de vérifier que le signataire pouvait raisonnablement parvenir aux conclusions qui figurent dans les projets de rapport.

La revue indépendante est réalisée par un commissaire aux comptes inscrit sur la liste mentionnée au I de l'article L. 822-1 qui ne participe pas à la mission de certification sur laquelle elle porte.

Lorsque tous les commissaires aux comptes de la société ont participé à la réalisation de la mission, ou lorsque le commissaire aux comptes exerce à titre individuel, la revue indépendante est réalisée par un commissaire aux comptes extérieur à la structure d'exercice.

La transmission de documents ou d'informations au réviseur indépendant aux fins du présent article ne constitue pas une violation du secret professionnel. Les documents ou informations transmis au réviseur aux fins du présent article sont couverts par le secret professionnel.

Lors de la mise en œuvre de la revue indépendante, le réviseur indépendant consigne les éléments mentionnés au paragraphe 4 de l'article 8 du règlement (UE) n° 537/2014.

Le réviseur indépendant évalue les éléments mentionnés au paragraphe 5 de l'article 8 du règlement (UE) n° 537/2014.

Le réviseur échange avec la personne mentionnée au premier alinéa de l'article L. 822-9 ou avec le commissaire aux comptes personne physique sur les conclusions de la revue.

La société de commissaires aux comptes met en place une procédure de règlement des désaccords entre le réviseur indépendant et la personne mentionnée au premier alinéa de l'article L. 822-9.

Le commissaire aux comptes ou la société de commissaires aux comptes et le réviseur indépendant consignent les résultats de la revue indépendante ainsi que les considérations qui sous-tendent ces résultats.

Section III. – De la responsabilité civile

Art. R. 822-36 *(Anc. art. R. 822-70 dénum. et mod., D. n° 2016-1026, 26 juill. 2016 ; mod., D. n° 2020-667, 2 juin 2020).* – Tout commissaire aux comptes inscrit sur la liste mentionnée au I de l'article L. 822-1 doit être couvert par une assurance garantissant la responsabilité prévue à l'article L. 822-17, dans les limites et conditions fixées par arrêté conjoint du garde des sceaux, ministre de la justice, et du ministre chargé de l'économie.

Art. R. 822-37 *(Anc. art. R. 822-71 dénum. et mod., D. n° 2016-1026, 26 juill. 2016).* – L'obligation d'assurance prévue à l'article R. 822-36 est applicable aux sociétés de commissaires aux comptes dans les conditions prévues à l'article R. 822-60.

Section IV. – Des sociétés de commissaires aux comptes

Sous-section 1. – Dispositions communes aux diverses sociétés

1. – De la constitution, de l'inscription et de l'immatriculation

Art. R. 822-38 *(Anc. art. R. 822-72, dénum., D. n° 2016-1026, 26 juill. 2016).* – Si les statuts sont établis par acte sous seing privé, il en est dressé autant d'originaux qu'il est nécessaire pour la remise d'un exemplaire à chaque associé et pour satisfaire aux dispositions du présent titre.

Art. R. 822-39 *(Anc. art. R. 822-73, dénum. et rempl., D. n° 2016-1026, 26 juill. 2016).* – Le siège des sociétés de commissaires aux comptes est fixé dans le ressort de la compagnie régionale à laquelle est rattaché le plus grand nombre d'actionnaires ou d'associés. Si deux ou plusieurs compagnies régionales comptent le même nombre d'actionnaires ou associés, le siège peut être fixé au choix des actionnaires ou associés dans l'une de celles-ci.

Si le plus grand nombre d'actionnaires ou d'associés est rattaché à une autre compagnie régionale par suite d'une modification de la détention du capital social, la société dispose d'un délai d'un an pour transférer son siège social.

Art. R. 822-40 *(Anc. art. R. 822-74, dénum. et mod., D. n° 2016-1026, 26 juill. 2016).* – La société est constituée sous la condition suspensive de son inscription sur la liste établie par le Haut conseil.

Art. R. 822-41 *(Anc. art. R. 822-75, dénum. et mod., D. n° 2016-1026, 26 juill. 2016).* – La demande d'inscription d'une société est présentée collectivement par les associés et adressée au Haut conseil dans les conditions prévues aux articles R. 822-8 à R. 822-11.

Il y est joint :

1° Un exemplaire des statuts ;

2° Une requête de chaque associé sollicitant l'inscription de la société ;

3° La liste des actionnaires ou associés précisant pour chacun d'eux : les nom, prénoms, domicile, l'inscription sur la liste des commissaires aux comptes, et le nombre de droits de vote que les actionnaires ou associés détiennent ;

4° La liste des personnes qui sont membres des organes de gestion, de direction, d'administration ou de surveillance de la société. Les commissaires aux comptes membres des organes de gestion, de direction, d'administration ou de surveillance produisent la justification de leur inscription sur la liste des commissaires aux comptes.

Toutefois, en cas de demande d'inscription d'une société concomitante avec la demande d'inscription d'un commissaire aux comptes mentionné par le présent alinéa, celui-ci joint la justification de sa demande d'inscription. Le Haut conseil vérifie au moment où il statue sur la demande d'inscription de la société que tous les commissaires aux comptes visés par le présent alinéa ont été inscrits ;

5° Une attestation du greffier du tribunal de commerce du lieu du siège social constatant le dépôt au greffe de la demande et des pièces nécessaires à l'immatriculation ultérieure de la société au registre du commerce et des sociétés.

Art. R. 822-42 *(Anc. art. R. 822-76, dénum., D. n° 2016-1026, 26 juill. 2016).* – La demande d'inscription d'une société peut être présentée par le représentant légal de la société. La requête signée par le représentant légal de la société accompagnée de la délibération de l'assemblée générale constitutive des actionnaires ou associés autorisant ce représentant à demander l'inscription de la société doivent être jointes à la demande.

Art. R. 822-43 *(Anc. art. R. 822-77, dénum. et mod., D. n° 2016-1026, 26 juill. 2016).* – L'enregistrement et la transmission de la demande d'inscription de la société répondent aux conditions prévues à l'article R. 822-9.

Le Haut conseil ou son délégataire demande le bulletin n° 2 du casier judiciaire des membres des organes de gestion, de direction, d'administration ou de surveillance qui ne sont pas commissaires aux comptes.

Art. R. 822-44 *(Anc. art. R. 822-78, dénum., D. n° 2016-1026, 26 juill. 2016).* – Une copie de la demande d'inscription est adressée par chacun des associés au président de la compagnie régionale dont il est membre.

Art. R. 822-45 *(Anc. art. R. 822-79, dénum. et rempl., D. n° 2016-1026, 26 juill. 2016).* – Si une société de commissaires aux comptes transfère son siège social hors du ressort de la compagnie régionale à laquelle elle est rattachée, elle en informe sans délai le Haut conseil.

Art. R. 822-46 *(Anc. art. R. 822-82, dénum. et mod., D. n° 2016-1026, 26 juill. 2016).* – La société de commissaires aux comptes qui se transforme en société de commissaires aux comptes d'une autre forme demande la modification correspondante de son inscription sur la liste. La demande est adressée au Haut conseil qui s'assure, avant de procéder à cette modification, de la conformité des nouveaux statuts avec les dispositions législatives et réglementaires régissant la société.

En cas de non-conformité, le Haut conseil impartit un délai de régularisation. Si la situation n'a pas été régularisée à l'expiration de ce délai, le Haut conseil prononce la radiation.

La demande de modification est reçue et examinée dans les conditions prévues par l'article R. 822-15.

Art. R. 822-47 *(Anc. art. R. 822-83, dénum., D. n° 2016-1026, 26 juill. 2016).* – La société ne peut être immatriculée au registre du commerce et des sociétés et exercer la profession de commissaire aux comptes qu'après son inscription sur la liste.

Art. R. 822-48 *(Anc. art. R. 822-84, dénum., D. n° 2016-1026, 26 juill. 2016).* – La demande d'immatriculation de la société au registre du commerce et des sociétés est établie dans les conditions prévues au livre I.

L'avis inséré au *Bulletin officiel des annonces civiles et commerciales* contient les indications prévues à l'article R. 123-157.

Art. R. 822-49 *(Anc. art. R. 822-85, dénum. et mod., D. n° 2016-1026, 26 juill. 2016).* – Le Haut conseil adresse une ampliation de la décision d'inscription de la société sur la liste au greffe du tribunal où a été déposée la demande d'immatriculation de la société au registre du commerce et des sociétés. La production de cette ampliation justifie que la société dispose de l'autorisation nécessaire à l'exercice de son activité et que les membres disposent eux-mêmes de l'autorisation, des diplômes ou des titres nécessaires à l'exercice de cette activité.

Au reçu de cette ampliation le greffier procède à l'immatriculation de la société.

En cas de refus d'immatriculation de la société il en informe le Haut conseil.

2. – De l'organisation et du fonctionnement

Art. R. 822-50 *(Anc. art. R. 822-87, dénum., D. n° 2016-1026, 26 juill. 2016).* – Toute cession par l'un des associés de la totalité ou d'une fraction de ses titres de capital ou parts sociales à un tiers en vue de l'exercice de la profession au sein de la société est faite sous la condition suspensive de l'inscription sur la liste du nouvel associé.

Art. R. 822-51 *(Anc. art. R. 822-88, dénum. et mod., D. n° 2016-1026, 26 juill. 2016).* – L'un des originaux ou une expédition de l'acte de cession des titres ou parts et, le cas échéant, de l'acte modifiant les statuts de la société est transmis pour information au Haut conseil.

Art. R. 822-52 *(Anc. art. R. 822-89, dénum. et mod., D. n° 2016-1026, 26 juill. 2016 ; mod., D. n° 2020-92, 21 mars 2020).* – En cas de retrait ou d'entrée d'associés, d'actionnaires, de membres des organes de gestion, de direction, d'administration ou de surveillance, la société demande au Haut conseil la modification des mentions figurant sur la liste du I de l'article L. 822-1.

Si le Haut conseil constate que la société, à la suite de l'opération, demeure constituée en conformité avec les dispositions législatives ou réglementaires qui la régissent, notamment l'article L. 822-1-3, l'inscription de la société sur la liste est modifiée.

Dans le cas contraire, le Haut conseil lui impartit un délai de régularisation. Si la situation n'a pas été régularisée à l'expiration de ce délai, il prononce la radiation de la société.

3. – De l'exercice de la profession par la société

Art. R. 822-53 *(Anc. art. R. 822-90, dénum., D. n° 2016-1026, 26 juill. 2016 ; mod., D. n° 2020-667, 2 juin 2020).* – L'appellation de « société de commissaires aux comptes » ne peut être utilisée que par les sociétés inscrites sur la liste mentionnée au I de l'article L. 822-1.

Art. R. 822-54 *(Anc. art. R. 822-91, dénum., D. n° 2016-1026, 26 juill. 2016 ; mod., D. n° 2020-667, 2 juin 2020).* – Sauf dérogation prévue par le présent titre concernant les élections aux conseils et instances de la compagnie, les sociétés inscrites sur la liste mentionnée au I de l'article L. 822-1 bénéficient des mêmes droits et sont soumises aux mêmes obligations que les personnes physiques.

Art. R. 822-55 *(Anc. art. R. 822-92, dénum., D. n° 2016-1026, 26 juill. 2016).* – Sous réserve de l'application des dispositions du présent titre, toutes dispositions législatives et réglementaires relatives à l'exercice de la profession de commissaire aux comptes sont applicables aux sociétés et à leurs membres exerçant au sein de la société.

Art. R. 822-56 *(Anc. art. R. 822-93, dénum., D. n° 2016-1026, 26 juill. 2016).* – Outre les mentions prévues à l'article R. 123-237, dans toutes les correspondances et tous les documents émanant de la société, la raison ou dénomination sociale est accompagnée de la désignation de société de commissaires aux comptes complétée par l'indication de sa forme juridique.

Art. R. 822-57 *(Anc. art. R. 822-95, dénum., D. n° 2016-1026, 26 juill. 2016).* – Dans les actes professionnels, la personne qui exerce les fonctions de commissaire aux comptes au nom de la société indique la raison ou dénomination sociale de la société dont il est membre.

Art. R. 822-58 *(Anc. art. R. 822-96, dénum., D. n° 2016-1026, 26 juill. 2016).* – Les associés ou actionnaires s'informent mutuellement de leur activité au sein de la société. La communication de ces informations entre associés ou actionnaires ne constitue pas une violation du secret professionnel.

Art. R. 822-59 *(Anc. art. R. 822-97, dénum., D. n° 2016-1026, 26 juill. 2016).* – Les registres, répertoires et documents prévus par les textes réglementaires sont ouverts et établis au nom de la société.

Art. R. 822-60 *(Anc. art. R. 822-98, dénum. et mod., D. n° 2016-1026, 26 juill. 2016).* – L'obligation d'assurance prévue à l'article R. 822-36 est applicable aux sociétés de commissaires aux comptes, sans préjudice de l'obligation des associés ou des actionnaires, de contracter personnellement une assurance.

L'assurance de la responsabilité civile professionnelle exigée par le troisième alinéa de l'article 16 de la loi n° 66-879 du 29 novembre 1966 est contractée par la société.

Art. R. 822-61 *(Anc. art. R. 822-99, dénum. et mod., D. n° 2016-1026, 26 juill. 2016).* – Sous réserve des articles R. 822-62 et R. 822-63, les dispositions du chapitre IV relatives à la discipline des commissaires aux comptes sont applicables à la société et aux actionnaires ou associés.

La société peut faire l'objet de poursuites disciplinaires indépendamment de celles qui seraient intentées contre les actionnaires ou associés.

Art. R. 822-62 *(Anc. art. R. 822-100, dénum. et mod., D. n° 2016-1026, 26 juill. 2016 ; D. n° 2016-1218, 13 sept. 2016 ; mod., D. n° 2020-292, 21 mars 2020).* – Les statuts peuvent prévoir que tout actionnaire ou associé condamné à la sanction disciplinaire ou pénale de l'interdiction temporaire pour une durée égale ou supérieure à trois mois, est contraint, par l'unanimité des autres actionnaires ou associés, de se retirer de la société. Les conditions et modalités de la cession, applicables lorsque l'actionnaire ou l'associé n'a pas procédé à la cession dans ce délai, sont déterminées par les statuts. Lorsqu'il s'agit d'une société civile professionnelle, ses parts sociales sont alors cédées dans les conditions prévues à l'article R. 822-90. Lorsqu'il s'agit d'une autre société de commissaires aux comptes, l'actionnaire ou l'associé dispose d'un délai de six mois à compter du jour où la décision prononçant son exclusion lui a été notifiée, pour céder ses actions ou parts sociales dans la société.

L'actionnaire ou associé interdit temporairement ou suspendu provisoirement conserve, en dépit de son incapacité à exercer toute activité professionnelle de commissaire aux comptes, sa qualité d'actionnaire ou d'associé avec tous les droits et obligations qui en découlent. Il ne perçoit dans ce cas aucune rémunération autre que celle liée à la détention de ses actions ou parts sociales.

Les dispositions du deuxième alinéa du présent article sont applicables jusqu'à ce que la cession soit définitive.

Toutefois, lorsqu'il est membre de l'organe de gestion, de direction, d'administration ou de surveillance d'une société de commissaire aux comptes, il ne peut pas exercer ses fonctions au sein de l'un de ces organes pendant la durée de la mesure de suspension ou d'interdiction dont il est l'objet.

Art. R. 822-63 *(Anc. art. R. 822-101, dénum. et mod., D. n° 2016-1026, 26 juill. 2016 ; D. n° 2016-1218, 13 sept. 2016 ; mod., D. n° 2020-292, 21 mars 2020).* – L'actionnaire ou associé radié de la liste cesse d'exercer son activité professionnelle de commissaire aux comptes à compter de la notification de la décision de radiation. Lorsqu'il s'agit d'une société civile professionnelle, ses parts sociales sont cédées dans les conditions fixées à l'article R. 822-89. Lorsqu'il s'agit d'une autre société de commissaires aux comptes, l'actionnaire ou l'associé dispose d'un délai de six mois à compter du jour où la radiation est devenue définitive pour céder ses actions ou parts sociales dans la société, le cas échéant en respectant la procédure d'agrément prévue par les articles L. 223-14 et L. 228-24. Si à l'expiration de ce délai aucune cession n'est intervenue, la société dispose d'un délai de six mois pour notifier aux actionnaires ou associés, un projet de cession des actions ou parts sociales de l'actionnaire ou de l'associé radié à un tiers ou à un associé ou actionnaire, ou un projet de rachat de ces mêmes actions ou parts sociales par elle-même. Si le prix proposé pour la cession ou le rachat n'est pas accepté par le cédant, il est fixé conformément à l'article 1843-4 du Code civil. Si l'associé refuse de signer l'acte de cession d'actions ou de parts sociales, la cession résulte de la sommation effectuée dans les formes prévues par l'article 1690 du Code civil et demeurée infructueuse.

Art. R. 822-64 *(Anc. art. R. 822-102 dénum. et mod., D. n° 2016-1026, 26 juill. 2016).* – Sous réserve des règles de protection et de représentation des majeurs protégés par la loi, les dispositions des articles R. 822-63 et R. 822-89 sont applicables à la cession des titres de capital ou parts sociales de l'associé frappé d'interdiction légale ou placé sous le régime de la tutelle.

4. – De la dissolution et de la liquidation

Art. R. 822-65 *(Anc. art. R. 822-103, dénum., D. n° 2016-1026, 26 juill. 2016).* – La société prend fin à l'expiration du temps pour lequel elle a été constituée. Toutefois, la dissolution anticipée peut être décidée par les trois quarts au moins des associés disposant ensemble des trois quarts des voix.

Art. R. 822-66 *(Anc. art. R. 822-104, dénum., D. n° 2016-1026, 26 juill. 2016).* – La société est dissoute de plein droit par le décès simultané de tous les associés ou par le décès du dernier survivant des associés si tous sont décédés successivement, sans qu'à la date du décès du dernier d'entre eux, les parts sociales ou les titres de capital des autres aient été cédés à des tiers.

Art. R. 822-67 *(Anc. art. R. 822-105, dénum., D. n° 2016-1026, 26 juill. 2016).* – La liquidation est régie par les statuts, sous réserve des dispositions du Code civil, et de celles du livre II et du présent paragraphe du présent code.

Art. R. 822-68 *(Anc. art. R. 822-106, dénum., D. n° 2016-1026, 26 juill. 2016).* – Sauf en cas de radiation de la société, le liquidateur peut être choisi parmi les associés. Les fonctions de liquidateur ne peuvent être confiées à un commissaire aux comptes ayant fait l'objet d'une mesure disciplinaire.

Art. R. 822-69 *(Anc. art. R. 822-107, dénum. et mod., D. n° 2016-1026, 26 juill. 2016).* – Plusieurs liquidateurs peuvent être désignés.

L'acte de nomination du liquidateur, quelle que soit sa forme, est adressé par ce dernier au Haut conseil.

La décision judiciaire ou la décision de l'assemblée des associés qui nomme le liquidateur fixe sa rémunération.

Art. R. 822-70 *(Anc. art. R. 822-108, dénum. et mod., D. n° 2016-1026, 26 juill. 2016).* – Le liquidateur informe le Haut conseil de la clôture de la liquidation.

Sous-section 2. – Dispositions applicables aux sociétés civiles professionnelles

1. – De la constitution

Art. R. 822-71 *(Anc. art. R. 822-109, dénum., D. n° 2016-1026, 26 juill. 2016).* – Deux ou plusieurs commissaires aux comptes peuvent constituer entre eux une société civile professionnelle, pour l'exercice en commun de leur profession.

Cette société reçoit l'appellation de société civile professionnelle de commissaires aux comptes.

Art. R. 822-72 *(Anc. art. R. 822-110, dénum., D. n° 2016-1026, 26 juill. 2016).* – Les statuts satisfont aux prescriptions des articles 8, 11, 14, 15, 19, 20 et 24 de la loi n° 66-879 du 29 novembre 1966. Ils indiquent en outre :

1° Les nom, prénoms et domicile de chaque associé ;

2° La durée pour laquelle la société est constituée ;

3° L'adresse du siège social ;

4° La nature et l'évaluation distinctes de chacun des apports faits par les associés ;

5° Le montant du capital social, le montant, le nombre et la répartition des parts sociales représentatives de ce capital ;

6° Le nombre des parts d'intérêts attribuées à chaque apporteur en industrie ;

7° L'affirmation de la libération totale ou partielle, selon le cas, des apports concourant à la formation du capital social.

Art. R. 822-73 *(Anc. art. R. 822-111, dénum., D. n° 2016-1026, 26 juill. 2016).* – Par application de l'article 11 de la loi n° 66-879 du 29 novembre 1966, les statuts organisent la gérance et déterminent les *pouvoirs des gérants.*

Art. R. 822-74 *(Anc. art. R. 822-112, dénum., D. n° 2016-1026, 26 juill. 2016).* – Peuvent être apportés en société, en propriété ou en jouissance :

1° Tous droits incorporels, mobiliers ou immobiliers ;

2° Tous documents et archives et, d'une manière générale, tous objets mobiliers à usage professionnel ;

3° Les immeubles ou locaux utiles à l'exercice de la profession ;

4° Toutes sommes en numéraire ;

5° L'industrie des associés, laquelle en vertu de l'article 10 de la loi n° 66-879 du 29 novembre 1966 ne concourt pas à la formation du capital mais peut donner lieu à l'attribution de parts en industrie.

Art. R. 822-75 *(Anc. art. R. 822-113, dénum., D. n° 2016-1026, 26 juill. 2016).* – Les parts sociales ne peuvent être données en nantissement.

Les parts en industrie attribuées aux apporteurs en industrie sont incessibles et sont annulées lorsque leur titulaire perd sa qualité d'associé pour quelque cause que ce soit.

Art. R. 822-76 *(Anc. art. R. 822-114, dénum., D. n° 2016-1026, 26 juill. 2016).* – Les parts sociales représentant un apport en numéraire doivent être libérées, lors de la souscription, de la moitié au moins de leur montant nominal.

La libération du surplus doit intervenir, en une ou plusieurs fois, soit aux dates prévues par les statuts, soit sur décision de l'assemblée des associés et au plus tard dans le délai de deux ans à compter de l'inscription de la société sur la liste.

Dans les huit jours de leur réception, les fonds provenant de la libération des apports en numéraire sont déposés, pour le compte de la société, à la Caisse des dépôts et consignations, chez un notaire ou dans un établissement de crédit. Le retrait de ces fonds est effectué par le mandataire de la société sur justification de l'inscription de celle-ci sur la liste.

Art. R. 822-77 *(Anc. art. R. 822-115, dénum., D. n° 2016-1026, 26 juill. 2016 ; mod., D. n° 2020-106, 10 févr. 2020).* – Par dérogation aux articles 22, 24 et 26 du décret n° 78-704 du 3 juillet 1978 relatif à l'application de la loi n° 78-9 du 4 janvier 1978 modifiant le titre IX du livre III du Code civil, la société est dispensée d'insérer dans un support habilité à recevoir des annonces légales les avis prévus auxdits articles.

2. – De l'organisation et du fonctionnement

Art. R. 822-78 *(Anc. art. R. 822-116, dénum., D. n° 2016-1026, 26 juill. 2016).* – Les décisions qui excèdent les pouvoirs des gérants sont prises par les associés réunis en assemblée.

L'assemblée est réunie au moins une fois par an. Elle est aussi réunie lorsque plusieurs associés, représentant au moins la moitié en nombre et le quart en capital, en font la demande, en indiquant l'ordre du jour.

Les modalités de convocation de l'assemblée sont fixées par les statuts.

Art. R. 822-79 *(Anc. art. R. 822-117, dénum., D. n° 2016-1026, 26 juill. 2016).* – Toute délibération de l'assemblée donne lieu à l'établissement d'un procès-verbal signé par les associés présents qui contient notamment, la date et le lieu de la réunion, les questions inscrites à l'ordre du jour, l'identité des associés présents ou représentés, un résumé des débats, le texte des résolutions mises aux voix et le résultat des votes.

Les procès-verbaux sont établis sur un registre spécial préalablement coté et paraphé par le greffier chargé de la tenue du registre où est immatriculée la société et conservé au siège social.

Art. R. 822-80 *(Anc. art. R. 822-118, dénum., D. n° 2016-1026, 26 juill. 2016).* – Les statuts fixent le nombre des voix dont dispose chaque associé.

Un associé peut donner mandat écrit à un autre associé de le représenter à l'assemblée.

L'assemblée ne délibère valablement que si les trois quarts au moins des associés sont présents ou représentés. Si ce quorum n'est pas atteint, les associés sont convoqués une nouvelle fois et l'assemblée délibère valablement si deux associés au moins sont présents.

Art. R. 822-81 *(Anc. art. R. 822-119, dénum., D. n° 2016-1026, 26 juill. 2016).* – Sous réserve des dispositions de la loi n° 66-879 du 29 novembre 1966 et du présent paragraphe imposant des conditions spéciales de majorité, les décisions sont prises à la majorité des voix dont disposent les associés présents ou représentés.

Toutefois, les statuts peuvent prévoir une majorité plus forte ou même l'unanimité des associés pour toutes les décisions ou seulement pour celles qu'ils énumèrent.

Art. R. 822-82 *(Anc. art. R. 822-120, dénum., D. n° 2016-1026, 26 juill. 2016).* – La modification des statuts et la prorogation de la société sont décidées à la majorité des trois quarts des voix dont dispose l'ensemble des associés présents ou représentés.

Art. R. 822-83 *(Anc. art. R. 822-121, dénum., D. n° 2016-1026, 26 juill. 2016).* – Après la clôture de chaque exercice, les gérants établissent, dans les conditions fixées par les statuts, les comptes annuels de la société et un rapport sur les résultats de celle-ci.

Les documents mentionnés à l'alinéa précédent sont soumis à l'approbation de l'assemblée des associés dans le délai de six mois qui suit la clôture de chaque exercice. À cette fin, ils sont adressés à chaque associé, avec le texte des résolutions proposées, quinze jours au moins avant la réunion de l'assemblée et, au plus tard, avec la convocation de cette assemblée.

Art. R. 822-84 *(Anc. art. R. 822-122, dénum., D. n° 2016-1026, 26 juill. 2016).* – Chaque associé peut, à toute époque, prendre connaissance par lui-même des rapports et comptes sociaux concernant les exercices antérieurs, des registres de procès-verbaux, des dossiers et documents établis conformément à l'article R. 823-10, et plus généralement de tous documents détenus par la société.

Art. R. 822-85 *(Anc. art. R. 822-123, dénum., D. n° 2016-1026, 26 juill. 2016).* – Si les réserves constituées au moyen de bénéfices non distribués ou de plus-values d'actif dues à l'industrie des associés le permettent, il est procédé périodiquement à l'augmentation du capital social. Les parts sociales créées à cet effet sont réparties entre les associés, y compris ceux qui n'ont apporté que leur industrie. Les statuts fixent les conditions d'application du présent alinéa.

Le capital ne peut être augmenté par incorporation de réserves avant la libération intégrale des parts sociales souscrites en numéraire.

Art. R. 822-86 *(Anc. art. R. 822-124, dénum., D. n° 2016-1026, 26 juill. 2016).* – Un associé ne peut céder tout ou partie de ses parts sociales à un tiers étranger à la société que si le cessionnaire est préalablement agréé par la société dans les conditions prévues au premier alinéa de l'article 19 de la loi n° 66-879 du 29 novembre 1966.

Le projet de cession est notifié à la société et à chacun des associés, soit dans les formes prévues par l'article 1690 du Code civil, soit par lettre recommandée avec demande d'avis de réception.

Art. R. 822-87 *(Anc. art. R. 822-125, dénum., D. n° 2016-1026, 26 juill. 2016).* – Si la société refuse d'agréer le cessionnaire, elle notifie, dans le délai de six mois à compter de la notification de son refus, dans les formes prévues à l'article précédent, dans les mêmes formes à l'associé qui persiste dans son intention de céder ses parts sociales, un projet de cession conformément aux dispositions du troisième alinéa de l'article 19 de la loi n° 66-879 du 29 novembre 1966. Cette notification implique un engagement du cessionnaire ou de la société qui se porte acquéreur.

Si le prix proposé pour la cession n'est pas accepté par le cédant, il est fixé conformément aux dispositions de l'article 1843-4 du Code civil.

Art. R. 822-88 *(Anc. art. R. 822-126, dénum. et mod., D. n° 2016-1026, 26 juill. 2016).* – Lorsqu'un associé entend se retirer de la société en application de l'article 21 de la loi n° 66-879 du 29 novembre 1966, il notifie sa décision à la société dans l'une des formes prévues à l'article R. 822-86.

La société dispose de six mois à compter de cette notification pour notifier à l'associé, dans la même forme, un projet de cession de ses parts à un tiers ou à un associé ou un projet de rachat des parts par la société. Cette notification implique un engagement du cessionnaire ou de la société qui se porte acquéreur.

Si le prix proposé pour la cession ou le rachat n'est pas accepté par le cédant, il est fixé conformément aux dispositions de l'article 1843-4 du Code civil.

Art. R. 822-89 *(Anc. art. R. 822-127, dénum. et mod., D. n° 2016-1026, 26 juill. 2016 ; mod., D. n° 2020-292, 21 mars 2020).* – L'associé qui est personnellement radié de la liste dispose d'un délai de six mois à compter de la notification de la décision de radiation pour céder ses parts sociales, soit à un tiers dans les conditions prévues aux articles R. 822-50 et R. 822-86, soit aux associés ou à l'un ou plusieurs d'entre eux, soit à la société.

Si à l'expiration de ce délai aucune cession n'est intervenue, il est procédé conformément aux dispositions de l'article R. 822-87.

Si l'associé refuse de signer l'acte de cession de ses parts sociales qui lui est proposé, il est exclu de plein droit de la société, deux mois après la sommation dans l'une des formes prévues à l'article R. 822-86, à lui faite par la société et demeurée infructueuse. Le prix de cession des parts est consigné à la diligence du cessionnaire.

Art. R. 822-90 *(Anc. art. R. 822-128, dénum. et mod., D. n° 2016-1026, 26 juill. 2016).* – Les dispositions de l'article R. 822-89 sont applicables à la cession des parts sociales de l'associé dont l'exclusion de la société a été décidée pour condamnation dans les conditions prévues à l'article R. 822-62. Le délai imparti à l'associé exclu pour céder ses parts court du jour où la décision des autres associés prononçant son exclusion lui a été notifiée dans l'une des formes prévues à l'article R. 822-86.

Art. R. 822-91 *(Anc. art. R. 822-129, dénum., D. n° 2016-1026, 26 juill. 2016).* – Le délai prévu par le deuxième alinéa de l'article 24 de la loi n° 66-879 du 29 novembre 1966 pour la cession des parts de l'associé décédé est fixé à un an à compter du décès de l'associé.

Il peut être renouvelé par le président de la compagnie régionale, à la demande des ayants droit de l'associé décédé et avec le consentement de la société donné dans les conditions prévues pour la cession des parts sociales par le premier alinéa de l'article 19 de la même loi.

Art. R. 822-92 *(Anc. art. R. 822-130, dénum. et mod., D. n° 2016-1026, 26 juill. 2016).* – Si, pendant le délai prévu à l'article précédent, les ayants droit décident de céder les parts sociales de leur auteur à un tiers étranger à la société, il est procédé conformément aux dispositions des articles R. 822-50, R. 822-86, et R. 822-87.

Art. R. 822-93 *(Anc. art. R. 822-131, dénum., D. n° 2016-1026, 26 juill. 2016 ; mod., D. n° 2020-667, 2 juin 2020).* – Toute demande d'un ou plusieurs ayants droit d'un associé décédé tendant à l'attribution préférentielle à leur profit des parts sociales de leur auteur est notifiée à la société et à chacun des associés dans l'une des formes prévues par l'article R. 822-86.

Les modalités de cette attribution sont régies par l'article R. 822-50 et, le cas échéant, par celles de l'article R. 822-87.

Art. R. 822-94 *(Anc. art. R. 822-132, dénum. et mod., D. n° 2016-1026, 26 juill. 2016).* – Lorsqu'à l'expiration du délai prévu à l'article R. 822-91, les ayants droit de l'associé décédé n'ont pas exercé la faculté de céder les parts sociales de leur auteur et si aucun consentement préalable à l'attribution préférentielle n'a été donné par la société, celle-ci dispose de six mois pour acquérir ou faire acquérir les parts sociales de l'associé décédé. En cas de litige, il est fait application des dispositions de l'article 1843-4 du Code civil.

Art. R. 822-95 *(Anc. art. R. 822-133, dénum. et mod., D. n° 2016-1026, 26 juill. 2016).* – La publicité de la cession des parts est accomplie conformément aux dispositions de l'article 52 du décret n° 78-704 du 3 juillet 1978. Dans le cas prévu au troisième alinéa de l'article R. 822-89, la publicité de la cession est accomplie par le dépôt, dans les mêmes conditions, de deux copies certifiées conformes de la sommation adressée au cédant, accompagnées de la justification de la sommation ou de la signification de cette sommation.

3. – *De la dissolution et de la liquidation*

Art. R. 822-96 *(Anc. art. R. 822-134, dénum., D. n° 2016-1026, 26 juill. 2016).* – S'il ne subsiste qu'un seul associé, celui-ci peut, dans le délai d'un an, céder une partie de ses parts sociales à un tiers inscrit sur la liste. À défaut, la société est dissoute à la date d'expiration du délai.

Sous-section 3. – Dispositions applicables aux sociétés autres que les sociétés civiles professionnelles

Art. R. 822-97 *(Anc. art. R. 822-135, dénum., D. n° 2016-1026, 26 juill. 2016).* – Les sociétés de commissaires aux comptes autres que les sociétés civiles professionnelles sont soumises aux dispositions des sous-sections 1 et 3 de la présente section.

Art. R. 822-98 *(Anc. art. R. 822-136, dénum., D. n° 2016-1026, 26 juill. 2016).* – Les sociétés d'exercice libéral à responsabilité limitée, à forme anonyme ou par actions simplifiées de commissaires aux comptes sont régies par les dispositions du livre II du présent code, sous réserve des dispositions des sous-sections 1 et 3 de la présente section.

Art. R. 822-99 *(Anc. art. R. 822-137, dénum. et mod., D. n° 2016-1026, 26 juill. 2016 ; abr., D. n° 2016-1218, 13 sept. 2016).*

Art. R. 822-100 *(Anc. art. R. 822-138, dénum., D. n° 2016-1026, 26 juill. 2016 ; abr., D. n° 2016-1218, 13 sept. 2016).*

Art. R. 822-101 *(Anc. art. R. 822-139, dénum. et mod., D. n° 2016-1026, 26 juill. 2016).* – En dehors des pièces mentionnées à l'article R. 822-41 la demande d'inscription présentée par une société d'exercice libéral est assortie de la liste des actionnaires ou associés n'ayant pas la qualité de commissaire aux comptes, précisant pour chacun d'eux : les noms, prénoms, domicile, profession ainsi que leurs fonctions dans la société et le nombre de titres de capital ou de parts sociales que ces actionnaires ou associés détiennent.

La liste prévue au 4° de l'article R. 822-41 est complétée pour chacune des personnes mentionnées de l'indication de leur qualité de commissaire aux comptes.

Art. R. 822-102 *(Anc. art. R. 822-140, dénum., D. n° 2016-1026, 26 juill. 2016).* – L'assemblée des associés ne délibère valablement que si les trois quarts au moins des associés sont présents ou représentés. Si ce *quorum* n'est pas atteint, les associés sont convoqués une nouvelle fois avec le même ordre du jour et l'assemblée délibère valablement si deux associés au moins sont présents.

Art. R. 822-103 *(Anc. art. R. 822-141, dénum., D. n° 2016-1026, 26 juill. 2016).* – Sous réserve des dispositions de la loi n° 90-1258 du 31 décembre 1990 et de la présente section imposant des conditions spéciales de majorité, les décisions sont prises à la majorité des voix dont disposent les associés présents ou représentés.

Toutefois, les statuts peuvent prévoir une majorité plus forte pour toutes les décisions ou seulement pour celles qu'ils énumèrent.

Art. R. 822-104 *(Anc. art. R. 822-142, dénum., D. n° 2016-1026, 26 juill. 2016).* – La modification des statuts et la prorogation de la société sont décidées à la majorité des trois quarts des voix dont dispose l'ensemble des associés présents ou représentés.

Art. R. 822-105 *(Anc. art. R. 822-143, dénum., D. n° 2016-1026, 26 juill. 2016).* – Le consentement de la société, requis pour la cession par l'un des associés de la totalité ou d'une fraction de ses titres de capital ou parts sociales à un tiers en vue de l'exercice de la profession au sein de la société, est acquis dans les conditions prévues par les articles L. 223-14 et L. 228-24 et l'article 10 de la loi n° 90-1258 du 31 décembre 1990.

Art. R. 822-106 *(Anc. art. R. 822-144, dénum., D. n° 2016-1026, 26 juill. 2016 ; mod., D. n° 2019-966, 18 sept. 2019).* – Le liquidateur peut être remplacé pour cause d'empêchement ou pour motif grave sur décision du président du tribunal judiciaire du lieu du siège social de la société, statuant en référé, à la demande soit du liquidateur lui-même, soit des associés, des actionnaires ou de leurs ayants droit.

Sous-section 4. – Dispositions applicables aux sociétés en participation

Art. R. 822-107 *(Anc. art. R. 822-145, dénum., D. n° 2016-1026, 26 juill. 2016).* – Les articles 1871 à *1873 du Code civil relatifs aux sociétés* en participation sont applicables à la profession de commissaire aux comptes dans les conditions prévues par la présente sous-section.

Art. R. 822-108 *(Anc. art. R. 822-146, dénum., D. n° 2016-1026, 26 juill. 2016 ; mod., D. n° 2020-106, 10 févr. 2020).* – La constitution d'une société en participation donne lieu à l'insertion d'un avis dans un support habilité à recevoir les annonces légales au siège de la société, s'il en existe un, ou au lieu d'exercice de chacun des associés. L'avis contient la dénomination, l'objet et, le cas échéant, l'adresse du siège de la société.

Art. R. 822-109 *(Anc. art. R. 822-147, dénum., D. n° 2016-1026, 26 juill. 2016).* – L'appartenance à la société, avec la dénomination de celle-ci, doit être indiquée dans les actes professionnels et les correspondances de chaque associé.

Art. R. 822-110 *(Anc. art. R. 822-148, dénum., D. n° 2016-1026, 26 juill. 2016).* – Les dispositions de la sous-section 1 relative aux dispositions communes aux sociétés de commissaires aux comptes ne sont pas applicables aux sociétés en participation.

Sous-section 5. – Des sociétés de participations financières de profession libérale de commissaires aux comptes

(D. n° 2011-1892, 14 déc. 2011)

Art. R. 822-111 *(Anc. art. R. 822-149, dénum., D. n° 2016-1026, 26 juill. 2016).* – Les sociétés de participations financières de profession libérale de commissaires aux comptes constituées sur le fondement de l'article 31-1 de la loi n° 90-1258 du 31 décembre 1990 relative à l'exercice sous forme de sociétés des professions libérales soumises à un statut législatif ou réglementaire ou dont le titre est protégé et aux sociétés de participations financières de professions libérales sont régies par les dispositions du livre II du présent code, sous réserve des dispositions de la présente sous-section.

1. – De la constitution de la sociétés

Art. R. 822-112 *(Anc. art. R. 822-150, dénum. et mod., D. n° 2016-1026, 26 juill. 2016 ; abr., D. n° 2016-1218, 13 sept. 2016).*

Art. R. 822-113 *(Anc. art. R. 822-151 ; dénum., D. n° 2016-1026, 26 juill. 2016).* – La constitution de la société fait l'objet d'une déclaration adressée par les associés, qui désignent un mandataire commun, à la Compagnie nationale des commissaires aux comptes. Une copie des statuts de la société est jointe à la déclaration, qui comprend la liste des associés avec indication, selon le cas, de leur profession ou de leur qualité suivie, pour chacun, de la mention de la part de capital qu'il détient dans la société.

Art. R. 822-114 *(Anc. art. R. 822-152 ; dénum., D. n° 2016-1026, 26 juill. 2016).* – Un arrêté du garde des Sceaux, ministre de la Justice, fixe les conditions dans lesquelles la liste des sociétés de participations financières de profession libérale de commissaires aux comptes est tenue, mise à jour, publiée et transmise annuellement au Haut Conseil du commissariat aux comptes par la Compagnie nationale des commissaires aux comptes.

Art. R. 822-115 *(Anc. art. R. 822-153 ; dénum. et mod., D. n° 2016-1026, 26 juill. 2016).* – L'immatriculation de la société au registre du commerce et des sociétés est régie par les articles R. 123-31 et suivants, sous réserve des dispositions ci-après.

(Al. abr., D. n° 2016-1218, 13 sept. 2016).

La société est dispensée de procéder aux formalités de publicité prévues aux articles R. 210-16 et suivants.

2. – Du fonctionnement et du contrôle de la société

Art. R. 822-116 *(Anc. art. R. 822-154 ; dénum. et mod., D. n° 2016-1026, 26 juill. 2016).* – La société de participations financières de profession libérale de commissaires aux comptes fait connaître à la Compagnie nationale des commissaires aux comptes, dans un délai de trente jours à compter de la date à laquelle il se produit, tout changement dans la situation déclarée en application de l'article R. 822-113.

Art. R. 822-117 *(Anc. art. R. 822-155 ; dénum. et mod., D. n° 2016-1026, 26 juill. 2016).* – Si la société de participations financières de profession libérale de commissaires aux comptes cesse de se conformer aux dispositions législatives et réglementaires en vigueur, la Compagnie nationale des commissaires aux comptes l'invite à régulariser la situation.

Si la société ne régularise pas sa situation, la Compagnie nationale des commissaires aux comptes peut inviter les associés, par lettre recommandée avec demande d'accusé de réception, à prononcer la dissolution anticipée de la société selon les formes prévues par ses statuts. Elle adresse une copie de ce courrier au rapporteur général du Haut conseil.

Art. R. 822-118 *(Anc. art. R. 822-156 ; dénum. et mod., D. n° 2016-1026, 26 juill. 2016).* – Chaque société de participations financières de profession libérale de commissaires aux comptes fait l'objet, au moins une fois tous les quatre ans, d'un contrôle portant sur le respect des dispositions législatives et réglementaires qui régissent la composition de son capital et l'étendue de ses activités.

Chaque société de participations financières peut, en outre, être soumise à des contrôles occasionnels prescrits par la Compagnie nationale des commissaires aux comptes.

Ces contrôles sont effectués par la Compagnie nationale des commissaires aux comptes ou les compagnies régionales et se déroulent selon les règles décidées par la Compagnie nationale.

La liste prévue à l'article R. 822-114 mentionne les sociétés de participations financières de profession libérale de commissaires aux comptes proposées pour faire l'objet d'un contrôle périodique au cours de l'année suivante.

Art. R. 822-119 *(Anc. art. R. 822-157 ; dénum. et mod., D. n° 2016-1026, 26 juill. 2016 ; D. n° 2016-1218, 13 sept. 2016).* – Le non-respect des dispositions régissant la constitution et le fonctionnement des sociétés de participations financières de professions libérales par les commissaires aux comptes associées d'une telle société peut donner lieu à des poursuites disciplinaires.

3. – De la dissolution et de la liquidation de la société

Art. R. 822-120 *(Anc. art. R. 822-158 ; dénum., D. n° 2016-1026, 26 juill. 2016 ; mod., D. n° 2019-966, 18 sept. 2019).* – En cas de dissolution de la société, le liquidateur est choisi parmi les associés de la société de participations financières de profession libérale de commissaires aux comptes.

Plusieurs liquidateurs peuvent être désignés.

Le liquidateur peut être remplacé pour cause d'empêchement, ou pour tout autre motif grave, sur décision du président du tribunal judiciaire du lieu du siège social de la société statuant sur requête, à la demande du liquidateur, des associés ou de leurs ayants droit, ou du procureur de la République.

En aucun cas les fonctions de liquidateur ne peuvent être confiées à un associé ayant fait l'objet d'une peine disciplinaire.

Art. R. 822-121 *(Anc. art. R. 822-159 ; dénum. et mod., D. n° 2016-1026, 26 juill. 2016).* – La dissolution de la société est portée à la connaissance de la Compagnie nationale des commissaires aux comptes à la diligence du liquidateur, qui lui fait parvenir une expédition de la délibération des associés ou de la décision de justice qui l'a nommé dans ses fonctions.

Le liquidateur dépose au greffe chargé de la tenue du registre du commerce et des sociétés où la société est inscrite, pour être versée au dossier ouvert au nom de la société, la copie de l'expédition prévue au premier alinéa dont tout intéressé peut obtenir communication.

Il ne peut entrer en fonctions avant l'accomplissement des formalités précitées.

Art. R. 822-122 *(Anc. art. R. 822-160 ; dénum., D. n° 2016-1026, 26 juill. 2016).* – Le liquidateur procède à la cession des parts ou actions que la société de participations financières de profession libérale de commissaires aux comptes détient dans la ou les sociétés d'exercice libéral.

Art. R. 822-123 *(Anc. art. R. 822-161 ; dénum., D. n° 2016-1026, 26 juill. 2016).* – Le liquidateur informe la Compagnie nationale des commissaires aux comptes de la clôture des opérations de liquidation.

4. – Dispositions finales

Art. R. 822-124 *(Anc. art. R. 822-162, dénum., D. n° 2016-1026, 26 juill. 2016).* – Les dispositions de la sous-section I relative aux dispositions communes aux sociétés de commissaires aux comptes ne sont pas applicables aux sociétés de participations financières de profession libérale de commissaires aux comptes.

CHAPITRE III. – DE L'EXERCICE DU CONTRÔLE LÉGAL, DES AUTRES MISSIONS ET DES PRESTATIONS EXERCÉES PAR LES COMMISSAIRES AUX COMPTES

(Intitulé mod., D. n° 2020-292, 21 mars 2020)

Section I. – De la nomination, de la récusation et de la révocation des commissaires aux comptes

Art. R. 823-1 *(Abr., D. n° 2016-1026, 26 juill. 2016).*

Art. D. 823-1 *(D. n° 2019-514, 24 mai 2019 ; mod., D. n° 2020-101, 7 févr. 2020).* **– Les seuils mentionnés au premier alinéa de l'article L. 823-2-2 relatif à la désignation d'un commissaire aux comptes sont ceux définis à l'article D. 221-5.**

Le total cumulé du bilan, le montant cumulé hors taxe du chiffre d'affaires et le nombre moyen cumulé de salariés sont déterminés en additionnant le total du bilan, le montant hors taxe du chiffre d'affaires et le nombre moyen de salariés définis conformément aux cinquième, sixième et septième alinéas de l'article D. 123-200, des entités comprises dans l'ensemble mentionné au premier alinéa de l'article L. 823-2-2.

La personne ou l'entité n'est plus tenue de désigner un commissaire aux comptes dès lors que l'ensemble qu'elle forme avec les sociétés qu'elle contrôle n'a pas dépassé les chiffres cumulés fixés pour deux de ces trois critères pendant les deux exercices précédant l'expiration du mandat du commissaire aux comptes.

NB : Conformément à l'article 15 du décret n° 2020-101, ces dispositions s'appliquent à compter du premier exercice ouvert à compter de son entrée en vigueur.

Art. D. 823-1-1 *(D. n° 2019-514, 24 mai 2019 ; mod., D. n° 2020-101, 7 févr. 2020).* **– Pour l'application du troisième alinéa de l'article L. 823-2-2 relatif à la désignation d'un commissaire aux comptes, le total du bilan est fixé à 2 000 000 €, le montant du chiffre d'affaires hors taxes à 4 000 000 € et le nombre moyen de salariés employés au cours de l'exercice à vingt-cinq.**

La société n'est plus tenue de désigner un commissaire aux comptes dès lors qu'elle n'a pas dépassé les chiffres fixés pour deux de ces trois critères pendant les deux exercices précédant l'expiration du mandat du commissaire aux comptes.

Art. R. 823-2 *(Mod., D. n° 2016-1026, 26 juill. 2016).* **– Tout commissaire aux comptes chargé d'une mission de certification des comptes auprès d'une personne ou entité notifie dans le délai de 8 jours sa nomination au conseil régional de la compagnie dont il est membre, soit par lettre recommandée avec demande d'avis de réception soit par voie électronique. Dans ce dernier cas, le conseil régional accuse sans délai réception de la notification en mentionnant la date de la réception. Le conseil régional communique l'information au Conseil national.**

Si le commissaire aux comptes ou la société de commissaire aux comptes à laquelle il appartient transfère son domicile ou son siège hors du ressort de la cour d'appel près de laquelle se trouve la compagnie régionale à laquelle il est rattaché, il renouvelle cette déclaration de mandat au conseil régional de sa nouvelle compagnie régionale de rattachement, dans les formes prévues à l'alinéa précédent.

Art. R. 823-3. – Dans les cas prévu par l'article L. 823-4, le commissaire aux comptes est désigné par le président du tribunal de commerce, statuant en référé.

Art. R. 823-4. – La communication aux commissaires aux comptes des documents détenus par les tiers, prévue à l'article L. 823-14, est autorisée par le président du tribunal de commerce, statuant en référé.

Art. R. 823-5 *(Mod., D. n° 2016-1026, 26 juill. 2016 ; D. n° 2019-1419, 20 déc. 2019).* **– Dans les cas prévus aux articles L. 823-6 et L. 823-7, le président du tribunal de commerce statue selon la procédure accélérée au fond sur la récusation ou le relèvement de fonctions d'un commissaire aux comptes. La demande**

de récusation ou de relèvement de fonctions est formée contre le commissaire aux comptes et la personne ou l'entité auprès de laquelle il a été désigné. La demande de récusation du commissaire aux comptes est présentée dans les trente jours de sa désignation.

Lorsque la demande émane du procureur de la République, elle est présentée par requête.

L'appel est formé et jugé selon les règles applicables à la procédure prévue à l'article 905 du Code de procédure civile ou à la procédure à jour fixe.

Lorsque le commissaire aux comptes est relevé de ses fonctions, il est remplacé par le commissaire aux comptes suppléant.

Art. R. 823-6 *(Mod., D. n° 2016-1026, 26 juill. 2016)*. – Si un membre de la compagnie est relevé de ses fonctions de commissaire aux comptes en application de l'article L. 823-7, le greffier de la juridiction qui a rendu la décision en informe le Haut conseil, dans le délai de huit jours par lettre recommandée avec demande d'avis de réception et lui adresse une copie du jugement.

Le Haut conseil la transmet sans délai à la Compagnie nationale et au conseil régional compétent. Il en informe les personnes contrôlées et les commissaires aux comptes suppléants.

Il en va de même en cas de récusation prononcée sur le fondement de l'article L. 823-6.

Art. R. 823-6-1 *(D. n° 2016-1026, 26 juill. 2016)*. – L'entité d'intérêt public qui sollicite du bureau du Haut conseil l'autorisation de prolonger le mandat de son commissaire aux comptes, en application du III de l'article L. 823-3-1, lui adresse par lettre recommandée avec demande d'avis de réception ou par tout autre moyen permettant de s'assurer de la date de sa réception, au plus tard six mois avant l'expiration du mandat, une demande comprenant :

1° Les documents relatifs à la désignation initiale du commissaire aux comptes concerné et aux précédents renouvellements de son mandat ;

2° Les éléments établissant que les conditions prévues au 4 de l'article 17 du règlement (UE) n° 537/2014 du 16 avril 2014 sont remplies ;

3° Les raisons justifiant la nécessité de prolonger le mandat au-delà de la durée maximale applicable ;

4° Une déclaration du commissaire aux comptes indiquant qu'il accepte la prolongation de son mandat, certifiant que la prolongation demandée ne porte pas atteinte à son indépendance et exposant les mesures de sauvegarde mises en place.

À réception du dossier complet, un accusé de réception est délivré à l'auteur de la demande.

Le bureau peut solliciter de l'entité d'intérêt public ou du commissaire aux comptes toute information ou document complémentaire de nature à éclairer sa décision. Il peut entendre les représentants de l'entité d'intérêt public ou le commissaire aux comptes concerné. Il peut faire appel à des experts.

Le bureau se prononce par décision motivée dans un délai de trois mois à compter de la réception du dossier complet. Le silence gardé pendant ce délai vaut acceptation.

La décision du bureau est notifiée à l'entité d'intérêt public qui a formulé la demande par lettre recommandée avec demande d'avis de réception ou par tout autre moyen permettant de s'assurer de la date de sa réception. Une copie de la décision est adressée au commissaire aux comptes concerné.

Art. R. 823-6-2 *(D. n° 2016-1026, 26 juill. 2016)*. – Le commissaire aux comptes d'une entité d'intérêt public peut interroger le bureau du Haut conseil sur la détermination de la date de départ de son mandat initial, en application du V de l'article L. 823-3-1. Il joint à sa demande :

1° Les documents relatifs à sa désignation initiale et, le cas échéant, aux précédents renouvellements de son mandat ;

2° Un exposé des circonstances de droit et de fait qui le conduisent à s'interroger sur la date de départ du mandat initial.

Le bureau du Haut conseil accuse réception de la demande et indique à l'intéressé le délai envisagé de traitement de sa question.

Le bureau peut solliciter de l'entité d'intérêt public ou du commissaire aux comptes toute information ou document complémentaire nécessaire à l'examen de la question.

Il peut entendre les représentants de l'entité d'intérêt public ou le commissaire aux comptes concerné. Il peut faire appel à des experts.

La réponse du bureau est adressée au commissaire aux comptes qui a formulé la demande, par lettre recommandée avec demande d'avis de réception.

Section II. – De la mission de contrôle légal du commissaire aux comptes

(Intitulé mod., D. n° 2020-292, 21 mars 2020)

Art. R. 823-7 *(Rempl., D. n° 2016-1026, 26 juill. 2016 ; mod., D. n° 2020-667, 2 juin 2020).* – Dans leur rapport à l'assemblée générale ordinaire, les commissaires aux comptes précisent, outre les mentions prévues à l'article R. 822-56 :

1° L'identité de la personne ou de l'entité dont ils certifient les comptes en précisant l'organe à qui le rapport est destiné ;

2° Les comptes annuels ou consolidés qui font l'objet du rapport et l'exercice auquel ils se rapportent ;

3° Les règles et méthodes comptables appliquées pour établir les comptes ;

4° L'étendue de leur mission, ainsi que les normes d'exercice professionnel conformément auxquelles elle a été accomplie ;

5° Le cas échéant, les incertitudes significatives liées à des événements ou à des circonstances susceptibles de mettre en cause la continuité de l'exploitation.

Ils formulent s'il y a lieu toute observation utile.

Les commissaires aux comptes déclarent :

1° Soit certifier que les comptes annuels ou consolidés sur lesquels porte le rapport sont réguliers et sincères et qu'ils donnent une image fidèle du résultat des opérations de l'exercice écoulé ainsi que de la situation financière et du patrimoine de la personne ou de l'entité ou de l'ensemble des personnes et entités comprises dans la consolidation à la fin de l'exercice ;

2° Soit assortir la certification de réserves ;

3° Soit refuser la certification des comptes ;

4° Soit être dans l'impossibilité de certifier les comptes.

Ils justifient de leurs appréciations et précisent les motifs de leurs réserves, de leur refus ou de leur impossibilité de certifier.

Lorsque la mission de certification porte sur les comptes d'une entité d'intérêt public, la justification des appréciations consiste en une description des risques d'anomalies significatives les plus importants, y compris lorsque ceux-ci sont dus à une fraude, et indique les réponses apportées pour faire face à ces risques.

Les commissaires aux comptes font état de leurs observations sur la sincérité et la concordance avec les comptes annuels des informations données dans le rapport de gestion de l'exercice et dans les documents adressés aux actionnaires sur la situation financière de la société et de l'ensemble des entreprises comprises dans la consolidation ainsi que sur les comptes annuels et les comptes consolidés.

Ils attestent spécialement l'exactitude et la sincérité des informations mentionnées aux deux premiers alinéas de l'article L. 225-37-3 et aux cinquième et sixième alinéas du même article.

Ils formulent leur conclusion sur le respect, dans la présentation des comptes inclus dans le rapport financier annuel mentionné au I de l'article L. 451-1-2 du Code monétaire et financier, du format d'information électronique unique défini par le règlement européen délégué n° 2019/815 du 17 décembre 2018.

Ils respectent, lorsque la certification concerne les comptes d'une entité d'intérêt public, les exigences prévues à *l'article* 10 du règlement (UE) n° 537/2014 du Parlement européen et du Conseil du 16 avril 2014.

Le rapport est signé par le commissaire aux comptes, personne physique, *ou*, lorsque le mandat est confié à une société de commissaires aux comptes, par la personne mentionnée au premier alinéa de l'article L. 822-9.

Art. D. 823-7-1 *(D. n° 2008-1492, 30 déc. 2008 ; mod., D. n° 2015-1553, 27 nov. 2015 ; D. n° 2021-211, 24 févr. 2021).* – Pour l'application du deuxième alinéa de l'article L. 441-14, les commissaires aux comptes attestent, dans le rapport mentionné à l'article R. 823-7, de la sincérité des informations mentionnées à l'article D. 441-6 et de leur concordance avec les comptes annuels et présentent leurs observations, le cas échéant.

Art. R. 823-7-1 *(D. n° 2009-234, 25 févr. 2009 ; dénum., D. n° 2013-192, 5 mars 2013. – V. C. com., art. R. 823-22).*

Art. R. 823-7-2 *(D. n° 2020-292, 21 mars 2020).* – Le rapport identifiant les risques financiers, comptables et de gestion auxquels est exposée la société, mentionné à l'article L. 823-12-1, est signé par le commissaire aux comptes, personne physique, ou, lorsque le mandat est confié à une société de commissaires aux comptes, par la personne mentionnée au premier alinéa de l'article L. 822-9.

Il est remis aux dirigeants de la société et tenu, par ceux-ci, à la disposition des organes d'administration ou de surveillance et de leurs membres.

Section III. – Des modalités d'exercice des missions et des prestations du commissaire aux comptes

(Intitulé mod., D. n° 2020-292, 21 mars 2020)

Art. R. 823-8. – Si plusieurs commissaires aux comptes sont en fonction, ils peuvent procéder séparément à leurs investigations, vérifications et contrôles, mais ils établissent un rapport commun.

En cas de désaccord entre les commissaires, le rapport indique les différentes opinions exprimées.

Art. R. 823-9. – Les commissaires aux comptes sont convoqués à toute assemblée d'actionnaires ou d'associés ou à toutes réunions de l'organe compétent au plus tard lors de la convocation des actionnaires, associés ou membres de cet organe.

Ils sont convoqués, s'il y a lieu, aux réunions des organes collégiaux d'administration ou de direction et de l'organe de surveillance, selon le cas, en même temps que ces organes.

La convocation des commissaires aux comptes est faite par lettre recommandée avec demande d'avis de réception.

Art. R. 823-10 *(Rempl., D. n° 2016-1026, 26 juill. 2016 ; mod., D. n° 2020-292, 21 mars 2020).* – I. – Le commissaire aux comptes tient à jour la liste des personnes et des entités auprès desquelles il accomplit des missions ou des prestations. Les sociétés de commissaires aux comptes tiennent cette liste par commissaire aux comptes réalisant des missions ou des prestations en leur nom.

II. – Le commissaire aux comptes constitue pour chaque personne ou entité dans laquelle il exerce des missions ou des prestations un dossier contenant :

1° Le nom, l'adresse, le siège social de la personne ou de l'entité concernée ;

2° Le cas échéant, les noms des commissaires aux comptes personnes physiques associés, actionnaires ou dirigeants de la société de commissaires aux comptes qui signent le rapport mentionné à l'article R. 823-7 ou tout autre document de restitution des travaux réalisés ;

3° Pour chaque exercice, le montant des honoraires facturés au titre de la mission de certification des comptes ainsi que ceux facturés au titre d'autres missions ou prestations.

III. – Le commissaire aux comptes constitue pour chaque mission de certification des comptes un dossier de travail qui comprend :

1° Les éléments consignés en application du II de l'article L. 820-3 du Code de commerce ;

2° L'ensemble des documents reçus de la personne ou l'entité contrôlée, ainsi que ceux qui sont établis par lui et notamment le plan de mission, le programme de travail, la date, la durée, le lieu, l'objet de son intervention, ainsi que toutes autres indications permettant d'étayer les rapports prévus aux articles R. 823-7, R. 823-7-2 et R. 823-21-1.

Ce dossier est clôturé au plus tard 60 jours après la signature du rapport prévu à l'article R. 823-7.

IV. – Le commissaire aux comptes établit une comptabilité spéciale de l'ensemble des rémunérations. Cette comptabilité fait ressortir pour chaque personne ou entité auprès de laquelle il exerce des missions ou des prestations le montant des sommes facturées en distinguant les honoraires, le remboursement des frais de déplacement et de séjour et la rémunération pour les activités professionnelles à l'étranger.

Elle fait ressortir, pour les entités d'intérêt public dont les comptes sont certifiés, le montant total des sommes facturées en distinguant :

1° Les honoraires facturés au titre de la mission de certification des comptes ;

2° Les honoraires facturés au titre de services autres que la certification dont la réalisation est confiée au commissaire aux comptes par une disposition législative ou réglementaire ;

3° Les honoraires facturés au titre de services autres que la certification fournis à la demande de l'entité d'intérêt public ;

4° Le remboursement des frais de déplacement et de séjour et la rémunération pour les activités professionnelles à l'étranger.

L'information donnée en application des 2° et 3° distingue les honoraires facturés à l'entité d'intérêt public dont le commissaire aux comptes certifie les comptes, et ceux facturés à l'entité qui la contrôle et à celles qu'elle contrôle au sens des I et II de l'article L. 233-3, ainsi que le pays tiers ou l'État membre d'origine des honoraires.

V. – Le commissaire aux comptes établit chaque année une déclaration d'activité comportant les informations mentionnées aux 1° et 4° du IV ainsi que les informations suivantes :

1° Les personnes et entités auprès desquelles il exerce des missions de certification des comptes ;

2° Pour chacune de ces personnes et entités, le total du bilan, des produits d'exploitation et des produits financiers ainsi que le nombre d'heures de travail correspondant à l'exercice de la mission de certification ;

3° La liste de ses salariés, leurs mandats, les missions auxquelles ils participent, ainsi que le nombre d'heures qu'ils ont effectuées et, s'agissant des personnes morales, la liste de leurs associés ;

4° Pour les autres missions ou prestations, la liste des personnes ou entités, la nature des missions ou prestations effectuées et le montant total des honoraires facturés.

Le commissaire aux comptes adresse cette déclaration d'activité, le cas échéant par voie électronique, à la compagnie régionale, laquelle en transmet un exemplaire à la Compagnie nationale. La Compagnie nationale transmet une copie de ces informations au Haut conseil du commissariat aux comptes..

Art. R. 823-11 *(Mod., D. n° 2016-1026, 26 juill. 2016 ; D. n° 2020-292, 21 mars 2020).* – Les travaux de contrôle légal du ou des commissaires aux comptes font l'objet d'un plan de mission et d'un programme de travail annuels, établis par écrit, qui tiennent compte de la forme juridique de la personne ou de l'entité contrôlée, de sa taille, de la nature de ses activités, du contrôle éventuellement exercé par l'autorité publique, de la complexité de la mission, de la méthodologie et des technologies spécifiques utilisées par le ou les commissaires aux comptes.

Le plan de mission décrit l'approche générale des travaux.

Le programme de travail définit la nature et l'étendue des diligences estimées nécessaires, au cours de l'exercice, à la mise en oeuvre du plan, compte tenu des prescriptions légales et des normes d'exercice professionnel ; il indique le nombre d'heures de travail affectées à l'accomplissement de ces diligences.

Le plan de mission et le programme de travail sont versés au dossier prévu au II de l'article R. 823-10.

Art. R. 823-12. – Les diligences estimées nécessaires à l'exécution du programme de travail doivent comporter pour un exercice, en fonction du montant du bilan de la personne ou de l'entité, augmenté du montant des produits d'exploitation et des produits financiers, hors TVA, un nombre d'heures de travail normalement compris entre les chiffres suivants :

Montant total du bilan et des produits d'exploitation et des produits financiers, hors taxes, et nombre normal d'heures de travail :

- jusqu'à 305 000 € : 20 à 35 heures ;
- de 305 000 à 760 000 € : 30 à 50 heures ;
- de 760 000 à 1 525 000 € : de 40 à 60 heures ;
- de 1 525 000 à 3 050 000 € : 50 à 80 heures ;
- *de* 3 050 000 à 7 622 000 € : 70 à 120 heures ;
- de 7 622 000 à 15 245 000 € : 100 à 200 heures ;
- de 15 245 000 à 45 735 000 € : 180 à 360 heures ;
- de 45 735 000 à 122 000 000 € : 300 à 700 heures.

Art. R. 823-13. – Lorsqu'au cours de la procédure d'alerte l'appréciation par le commissaire aux comptes du caractère satisfaisant de la réponse des dirigeants ou des décisions prises par eux rend nécessaires des diligences particulières, le nombre d'heures prévu par le programme de travail peut être augmenté au plus d'un tiers.

Art. R. 823-14 *(Mod., D. n° 2016-1026, 26 juill. 2016 ; D. n° 2020-292, 21 mars 2020).*– Si le nombre d'heures de travail normalement nécessaires à la réalisation du programme de travail du ou des commissaires aux comptes apparaît excessif ou insuffisant, le président de la compagnie régionale est saisi par la partie la plus diligente d'une demande de dérogation aux nombres indiqués à l'article R. 823-12. Cette demande indique le nombre d'heures estimées nécessaires et les motifs de la dérogation demandée. Elle est présentée préalablement à la réalisation de la mission. L'autre partie fait connaître son avis.

Le président de la compagnie régionale rend sa décision dans les quinze jours de la demande. Cette décision peut faire l'objet d'un recours devant le président de la compagnie nationale qui est saisie et statue dans les conditions prévues à l'article R. 823-18. La partie la plus diligente dispose d'un délai de dix jours à compter de la notification de la décision du président de la compagnie régionale pour saisir le président de la compagnie nationale, qui rend sa décision dans un délai d'un mois à compter de sa saisine. La décision du président de la compagnie nationale peut faire l'objet d'un recours devant la formation restreinte du Haut conseil du commissariat aux comptes, qui est saisie et qui statue dans les conditions prévues respectivement aux articles R. 823-18 alinéa 4 et R. 823-19.

Cette procédure ne s'applique pas si le dépassement des limites fixées aux articles R. 823-12 et R. 823-13 recueille l'accord des parties.

Art. R. 823-15. – *(Mots aj., D. n° 2020-292, 21 mars 2020)* « Pour les missions de certification des comptes, » le montant de la vacation horaire est fixé d'un commun accord entre le ou les commissaires aux comptes et la personne ou l'entité contrôlée, préalablement à l'exercice de la mission.

Les frais de déplacement et de séjour engagés par les commissaires aux comptes dans l'exercice de leurs fonctions sont remboursés par la personne ou l'entité, sur justification.

Art. R. 823-16. – Les dispositions de l'article R. 823-12 ne s'appliquent pas à la rémunération de chaque activité ou mission prévue au deuxième alinéa de l'article L. 823-9.

Art. R. 823-17 *(Mod., D. n° 2008-460, 15 mai 2008 ; D. n° 2009-1664, 28 déc. 2009 ; D. n° 2014-1315, 3 nov. 2014 ; D. n° 2015-357, 27 mars 2015)*. – Les dispositions des articles R. 823-12 et R. 823-13 ne sont pas applicables aux :

1° Personnes et entités dont le montant du bilan augmenté du montant des produits d'exploitation et des produits financiers, hors taxes, excède 122 000 000 € ;

2° Personnes et entités qui émettent des valeurs mobilières admises aux négociations sur un marché réglementé ;

3° Entreprises régies par le Code des assurances et le Code de la mutualité ;

4° Établissements de crédit, sociétés de financement, compagnies financières holding et entreprises mères de société de financement régis par le Code monétaire et financier ;

5° Sociétés d'investissement régies par l'ordonnance n° 45-2710 du 2 novembre 1945 relative aux sociétés d'investissement ;

6° Sociétés de développement régional régies par l'article R. 515-3 du Code monétaire et financier ;

7° Associations et fondations lorsqu'elles sont tenues ou lorsqu'elles décident d'avoir un commissaire aux comptes ;

8° Sociétés d'économie mixte de construction régies par l'article L. 321-1 du Code de l'urbanisme ;

9° Organismes d'habitation à loyer modéré soumis aux règles de la comptabilité des entreprises de commerce régis par les articles L. 411-2 et suivants du Code de la construction et de l'habitation ;

10° Organismes mentionnés à l'article L. 114-8 du Code de la sécurité sociale ;

11° Institutions et organismes régis par le livre IX du Code de la sécurité sociale ;

12° Administrateurs et mandataires judiciaires ;

13° Syndicats professionnels de salariés ou d'employeurs et leurs unions, et associations de salariés ou d'employeurs mentionnés à l'article L. 2135-1 du Code du travail ;

14° Comités d'entreprise et comités centraux d'entreprise régis par le titre II du livre III de la deuxième partie du Code du travail.

Le montant des honoraires est alors fixé d'un commun accord entre le commissaire aux comptes et la personne ou l'entité, eu égard à l'importance effective du travail nécessaire à l'accomplissement de la mission légale de contrôle.

Art. R. 823-17-1 *(D. n° 2020-292, 21 mars 2020).* – Pour les missions autres que la certification des comptes et pour les prestations, une lettre de mission doit être établie par les parties préalablement à la réalisation de la mission ou de la prestation. Elle précise notamment les engagements des parties et le montant des honoraires, qui tient compte de l'importance des diligences à mettre en œuvre.

Art. R. 823-18 *(Mod., D. n° 2012-607, 30 avr. 2012 ; rempl., D. n° 2016-1026, 26 juill. 2016).* – *(Mots aj., D. n° 2020-292, 21 mars 2020 ; mod., D. n° 2020-292, 21 mars 2020)* Pour les missions de certification des comptes, en cas de désaccord entre le ou les commissaires aux comptes et les dirigeants de la personne ou de l'entité contrôlée sur le montant de la rémunération, le président de la compagnie régionale, saisi par écrit par la partie intéressée, s'efforce de concilier les parties.

Lorsque les commissaires aux comptes sont rattachés à des compagnies régionales distinctes, la tentative de conciliation est conduite par le président de la compagnie régionale qui a été saisi le premier.

Le président de la compagnie régionale dispose d'un délai de trois mois pour parvenir à une conciliation. À défaut, il notifie aux parties l'échec de la conciliation par lettre recommandée avec demande d'avis de réception.

La partie la plus diligente dispose d'un délai d'un mois à compter de cette notification pour saisir du litige la formation restreinte du Haut conseil du commissariat aux comptes, par lettre recommandée avec demande d'avis de réception adressée au président de cette formation. Elle peut également saisir la formation restreinte du Haut conseil selon les mêmes modalités si, à l'expiration du délai de trois mois mentionné à l'alinéa précédent, l'avis d'échec de la conciliation ne lui a pas été notifié.

Art. R. 823-19 *(Mod., D. n° 2012-607, 30 avr. 2012 ; D. n° 2016-1026, 26 juill. 2016).* – *(Trois al. suppr., D. n° 2020-292, 21 mars 2020 ; mod., D. n° 2020-292, 21 mars 2020)*

Le secrétariat de la formation restreinte cite les parties à comparaître devant celle-ci quinze jours au moins avant l'audience, par lettre recommandée avec demande d'avis de réception. Le cas échéant, les avocats des parties sont avisés de la date d'audience par le secrétariat de la formation restreinte par lettre simple.

Dès réception de la citation à comparaître, les parties peuvent prendre connaissance du dossier. Elles peuvent se faire assister ou représenter par un avocat. Les parties et leur avocat peuvent se faire délivrer copie de tout ou partie des pièces du dossier pour l'usage exclusif de la procédure.

Les débats devant la formation restreinte sont publics. Toutefois, la formation restreinte peut décider que les débats ne seront pas publics si les parties en font expressément la demande ou s'il doit résulter de la publicité une atteinte à l'ordre public, à un secret protégé par la loi ou au secret des affaires.

Le secrétariat de la formation restreinte notifie la décision aux intéressés par lettre recommandée avec demande d'avis de réception.

Le cas échéant, les avocats des parties reçoivent copie de la décision par lettre simple.

Art. R. 823-20 *(Mod., D. n° 2008-484, 22 mai 2008 ; D. n° 2016-1026, 26 juill. 2016).* – La décision rendue par la formation restreinte du Haut conseil en matière d'honoraires peut faire l'objet d'un pourvoi devant la Cour de cassation à l'initiative des intéressés, dans les conditions fixées aux articles 612 et suivants du Code de procédure civile.

Art. R. 823-21 *(Mod., D. n° 2009-557, 19 mai 2009 ; D. n° 2014-1315, 3 nov. 2014 ; rempl., D. n° 2016-1026, 26 juill. 2016 ; mod., D. n° 2020-292, 21 mars 2020).* – Le commissaire aux comptes désigné auprès d'une entité d'intérêt public ou d'une société de financement pour une mission de contrôle légal publie sur son site internet un rapport de transparence, relatif notamment à sa propre structure, établi conformément aux dispositions de l'article 13 du règlement (UE) n° 537/2014 du 16 avril 2014, dans les quatre mois suivant la clôture de l'exercice.

Le commissaire aux comptes informe le Haut conseil de cette publication et, le cas échéant, de la mise à jour du rapport.

Il en informe également l'Autorité des marchés financiers ou l'Autorité de contrôle prudentiel et de résolution lorsqu'il est désigné auprès d'une personne ou d'une entité assujettie à leur contrôle.

Le rapport doit pouvoir être consulté sur le site Internet pendant au moins cinq ans à compter du jour de sa publication.

Si le commissaire aux comptes est associé ou salarié d'une société de commissaires aux comptes, l'établissement et la publication du rapport de transparence incombent à celle-ci.

Art. R. 823-21-1 *(D. n° 2016-1026, 26 juill. 2016).* – Le rapport complémentaire établi en application du III de l'article L. 823-16 est remis au comité spécialisé mentionné à l'article L. 823-19 ou à l'organe exerçant les fonctions de ce comité, au plus tard à la date de signature du rapport mentionné à l'article R. 823-7.

À la demande du Haut conseil, le commissaire aux comptes lui communique sans délai ce rapport.

À la demande de l'Autorité des marchés financiers ou de l'Autorité de contrôle prudentiel et de résolution, le commissaire aux comptes leur communique sans délai ce rapport lorsqu'il a trait à la certification des comptes d'une personne ou d'une entité soumise au contrôle d'une de ces autorités.

Art. R. 823-21-2 *(D. n° 2016-1026, 26 juill. 2016).* – Le commissaire aux comptes qui, en application du III de l'article L. 823-18, demande à être autorisé à dépasser le plafond d'honoraires prévu au II du même article adresse au bureau du Haut conseil une demande comprenant :

1° Les documents relatifs aux honoraires facturés, au cours des trois derniers exercices, pour sa mission de certification des comptes annuels et consolidés de l'entité d'intérêt public dont il est chargé de certifier les comptes et, le cas échéant, de la personne qui la contrôle et des personnes qui sont contrôlées par elle, au sens des I et II de l'article L. 233-3 ;

2° Les documents relatifs aux honoraires facturés, pour les trois mêmes exercices, au titre de services autres que la certification des comptes à l'entité d'intérêt public dont il est chargé de certifier les comptes et, le cas échéant, à la personne qui la contrôle et aux personnes qui sont contrôlées par elle, au sens des I et II de l'article L. 233-3 ;

3° Un exposé de la nature et du montant des prestations envisagées qui entraîneraient un dépassement du plafond ;

4° Un exposé établi par le comité spécialisé de l'entité d'intérêt public mentionné à l'article L. 823-19 des raisons qui justifient qu'à titre exceptionnel ces prestations doivent être fournies par le commissaire aux comptes.

Un accusé de réception est délivré à l'intéressé à réception du dossier complet.

Le bureau peut solliciter du commissaire aux comptes ou de l'entité d'intérêt public toute information ou document complémentaire de nature à éclairer sa décision. Il peut entendre le commissaire aux comptes ou les membres du comité spécialisé de l'entité d'intérêt public. Il peut faire appel à des experts.

Le bureau se prononce par décision motivée dans un délai d'un mois à compter de la réception du dossier complet. Le silence gardé pendant ce délai vaut acceptation de la demande.

La décision du bureau est notifiée au demandeur par lettre recommandée avec demande d'avis de réception.

Art. R. 823-21-3 *(D. n° 2016-1026, 26 juill. 2016).* – Le commissaire aux comptes d'une entité d'intérêt public communique à la demande du comité spécialisé mentionné à l'article L. 823-19 ou de l'organe exerçant les fonctions de ce comité les constatations et conclusions du Haut conseil du commissariat aux comptes consécutives aux contrôles réalisés en application de l'article L. 821-9 qui concernent :

1° L'évaluation de la conception du système de contrôle interne de qualité ;

2° L'évaluation du contenu du dernier rapport de transparence ;

3° Le contrôle de la mission de certification des comptes de l'entité d'intérêt public concernée.

Art. R. 823-22 *(Abr., D. n° 2020-100, 7 févr. 2020).*

> **Rédaction antérieure. Art. R. 823-22** *(Anc. art. R. 823-7-1 créé, D. n° 2009-234, 25 févr. 2009 ; dénum., D. n° 2013-192, 5 mars 2013).* – Pour l'application de l'article L. 823-12-1 relatif à la norme d'exercice professionnel spécifique aux sociétés en nom collectif, aux sociétés en commandite simple, aux sociétés à responsabilité limitée et aux sociétés par actions simplifiées, le total du bilan est fixé à 1 550 000 €, le montant hors taxe du chiffre d'affaires à 3 100 000 € et le nombre moyen de salariés permanents employés au cours de l'exercice à cinquante.
>
> Le total du bilan, le montant hors taxe du chiffre d'affaires et le nombre moyen de salariés sont déterminés conformément aux quatrième, cinquième et sixième alinéas de l'article R. 123-200.

CHAPITRE IV. – DES SANCTIONS

(D. n° 2016-1026, 26 juill. 2016)

Section I. – De la nature des manquements et des sanctions

La présente section ne comporte pas de dispositions réglementaires.

Section II. – De la procédure

Art. R. 824-1 *(D. n° 2016-1026, 26 juill. 2016)*. – Les notifications et convocations prévues par le présent chapitre sont effectuées par lettre recommandée avec demande d'avis de réception, remise en main propre contre récépissé, acte d'huissier ou par tout autre moyen permettant de s'assurer de la date de sa réception.

Lorsqu'une notification est effectuée par un huissier de justice, celui-ci procède selon les modalités prévues par les articles 555 à 563 du Code de procédure pénale. Sa rémunération est tarifée conformément aux articles R. 181 à R. 184 du Code de procédure pénale.

Art. R. 824-2 *(D. n° 2016-1026, 26 juill. 2016)*. – I. – Peuvent être habilitées en qualité d'enquêteurs les personnes qui justifient d'une expérience professionnelle d'au moins trois années dans les domaines juridique, comptable ou financier ou dans le domaine de la certification des comptes ou de l'information financière et n'ayant pas fait l'objet de l'une des condamnations mentionnées à l'article L. 500-1 du Code monétaire et financier.

Le rapporteur général habilite les enquêteurs de manière individuelle pour une durée de trois ans renouvelable.

Lorsque, pour les besoins spécifiques d'une enquête, le rapporteur général souhaite recourir, en raison de ses compétences propres, à un agent du Haut conseil ne disposant pas d'une habilitation pour effectuer des enquêtes, il lui délivre une habilitation limitée à cette enquête.

II. – L'enquêteur ne peut réaliser une enquête si, au cours des trois années précédentes, il a été associé, salarié ou collaborateur d'une des personnes mentionnées dans la procédure ou d'une personne liée à cette dernière. Avant d'engager une enquête, il déclare qu'il n'est pas dans une situation de conflit d'intérêts avec la ou les personnes visées. Le cas échéant, le rapporteur général sollicite de l'enquêteur toute information complémentaire lui permettant de s'assurer de l'absence de conflit d'intérêts.

III. – Le rapporteur général délivre un ordre de mission aux enquêteurs qu'il désigne pour effectuer une enquête. L'ordre de mission indique l'identité de l'enquêteur et l'objet de sa mission.

Art. R. 824-3 *(D. n° 2016-1026, 26 juill. 2016)*. – Lorsqu'il effectue des actes d'enquête au sein de locaux professionnels, l'enquêteur informe le commissaire aux comptes ou le dirigeant de la personne morale concernée de l'objet des vérifications qu'il compte entreprendre au plus tard au moment d'entreprendre les vérifications.

L'enquêteur ne peut pénétrer dans les locaux de la personne contrôlée que pendant les heures normales de fonctionnement et en présence du responsable ou de son représentant.

Il présente l'ordre de mission à toute personne auprès de qui il effectue un acte d'enquête.

Art. R. 824-4 *(D. n° 2016-1026, 26 juill. 2016)*. – Les actes d'enquête réalisés dans des locaux professionnels font l'objet d'un procès-verbal auquel est annexé l'inventaire des pièces et documents dont l'enquêteur a pris copie.

Le procès-verbal indique l'objet de l'enquête, l'identité de l'enquêteur, la nature, la date et le lieu des constatations opérées. Il mentionne, le cas échéant, les motifs qui ont empêché ou entravé le bon déroulement de l'enquête.

L'enquêteur peut ordonner la conservation sur place de tout élément, quel qu'en soit le support. Il consigne cette demande dans le procès-verbal en précisant la durée de cette conservation et les conditions de son renouvellement.

Le procès-verbal est signé par l'enquêteur et par le responsable des lieux ou son représentant. En cas de refus de signer, mention en est faite au procès-verbal.

Le procès-verbal est notifié à la personne concernée par l'enquête.

Art. R. 824-5 *(D. n° 2016-1026, 26 juill. 2016 ; mod., D. n° 2020-292, 21 mars 2020)*. – L'enquêteur peut convoquer et entendre toute personne susceptible de lui fournir tout renseignement utile à l'accomplissement de sa mission.

La convocation est adressée à l'intéressé huit jours au moins avant la date de l'audition, sauf renonciation à ce délai par la personne concernée. Elle fait référence à l'ordre de mission et rappelle à la personne convoquée qu'elle peut se faire assister du conseil de son choix.

Il est dressé procès-verbal de l'audition. La personne entendue peut consigner ses observations sur le procès-verbal. Le procès-verbal est signé par l'intéressé et, le cas échéant, par son conseil, ainsi que par l'enquêteur. En cas de refus de signer, mention en est faite au procès-verbal.

Lorsque l'enquêteur souhaite entendre l'intéressé par un système de visioconférence ou d'audioconférence, la convocation adressée dans les conditions prévues par le précédent alinéa doit en faire état, préciser que la conférence sera enregistrée et solliciter l'accord exprès de la personne concernée.

Lorsque l'enquêteur a entendu l'intéressé par un système de visioconférence ou d'audioconférence, l'enregistrement audiovisuel ou sonore auquel ces opérations donnent lieu fait l'objet d'un procès-verbal de transcription soumis pour signature à l'intéressé. À cet effet, ce procès-verbal, accompagné de l'enregistrement, lui est adressé dans un délai de dix jours à compter de la date de la visioconférence ou de l'audioconférence. La personne peut consigner ses observations sur le procès-verbal. En l'absence de retour du procès-verbal signé dans un délai de dix jours à compter de sa réception par la personne entendue, mention du refus de signer est faite au procès-verbal.

Copie du procès-verbal est remise à la personne entendue.

Art. R. 824-6 *(D. n° 2016-1026, 26 juill. 2016 ; mod., D. n° 2017-540, 12 avr. 2017 ; D. n° 2020-292, 21 mars 2020).* – Lorsque le rapporteur général ou un enquêteur confie à un commissaire aux comptes inscrit sur la liste mentionnée au 5° de l'article L. 824-5 la réalisation de vérifications ou d'actes d'enquête, il établit un ordre de mission indiquant l'identité de son titulaire et les vérifications et actes autorisés.

Le commissaire aux comptes mentionné au premier alinéa peut recevoir une rémunération du Haut conseil à ce titre, sur la base d'un tarif horaire et d'un nombre d'heures fixés par le Haut conseil, sur proposition s'agissant du nombre d'heures, du rapporteur général.

Avant d'effectuer sa mission, le commissaire aux comptes ainsi désigné atteste auprès du rapporteur général qu'il répond aux conditions mentionnées au II de l'article R. 824-2.

Le commissaire aux comptes présente l'ordre de mission à toute personne auprès de qui il effectue un acte d'enquête.

Il peut procéder aux actes et auditions prévus aux articles R. 824-4 et R. 824-5 dès lors qu'ils sont décidés par le rapporteur général ou par un enquêteur et effectués sous le contrôle de ce dernier.

Il respecte les exigences fixées par les articles R. 824-3 à R. 824-5.

Il établit un procès-verbal des actes effectués.

Il a droit au remboursement de ses frais de déplacement et de séjour dans les conditions prévues par le règlement intérieur du Haut conseil.

Art. R. 824-7 *(D. n° 2016-1026, 26 juill. 2016 ; mod., D. n° 2020-292, 21 mars 2020).* – I. – Lorsqu'en application du 6° de l'article L. 824-5, le rapporteur général ou un enquêteur fait appel à un ou plusieurs experts, sa décision définit l'objet de l'expertise, fixe le délai de sa réalisation et évalue les honoraires prévisibles correspondants.

Préalablement aux opérations d'expertise, les experts désignés attestent auprès du rapporteur général qu'ils répondent aux conditions mentionnées au II de l'article R. 824-2.

Les honoraires et frais d'expertise sont à la charge du Haut conseil. Toutefois, la formation restreinte peut, dans sa décision sur le fond, mettre ces dépenses à la charge de la personne sanctionnée.

Lorsque l'expertise est demandée par une partie et acceptée par le rapporteur général, celui-ci lui demande de consigner entre les mains du Haut conseil le montant d'une provision égale aux honoraires prévus de l'expert. Si la demande est faite par plusieurs personnes, le rapporteur général indique dans quelle proportion chacune doit consigner.

II. – L'expert informe le rapporteur général ou l'enquêteur qui l'a désigné de l'avancement des opérations d'expertise. Il prend en considération les observations de la personne concernée par l'enquête, qui sont adressées par écrit ou recueillies oralement, et les joint à son rapport si elles sont écrites et si la personne intéressée le demande. Il fait mention, dans son rapport, de la suite qu'il a donnée à ces observations.

Même si plusieurs experts ont été désignés, un seul rapport est rédigé, qui fait apparaître les points d'accord et les points de divergence éventuels. Le rapport est remis au rapporteur général ou à l'enquêteur qui en adresse une copie à la personne intéressée afin qu'elle puisse faire part de ses observations éventuelles.

Art. R. 824-8 *(D. n° 2016-1026, 26 juill. 2016).* – I. – Lorsque le rapporteur général envisage de saisir le Haut conseil d'une demande de suspension provisoire d'un commissaire aux comptes en application de l'article L. 824-7, il le notifie avec l'indication des griefs à l'intéressé et met ce dernier en demeure de présenter ses observations dans un délai de quinze jours à compter de la réception de la notification. En cas d'urgence, ce délai est ramené à soixante-douze heures.

II. – Lorsque le Haut conseil est saisi directement d'une demande de suspension provisoire, il transmet cette demande au rapporteur général afin que ce dernier recueille les observations du commissaire aux comptes concerné conformément au I.

III. – Lorsque la suspension provisoire est suivie d'une sanction disciplinaire, la durée de la suspension est imputée sur la durée de l'interdiction temporaire éventuellement prononcée.

IV. – La décision du Haut conseil qui prononce la suspension provisoire ou qui y met fin est notifiée au commissaire aux comptes concerné. Elle est communiquée à l'autorité qui, en application de l'article L. 824-7, l'a saisi de la demande.

Art. R. 824-9 *(D. n° 2016-1026, 26 juill. 2016).* – La démission du commissaire aux comptes ne fait pas obstacle à ce que l'action disciplinaire soit exercée pour des faits commis pendant l'exercice de ses fonctions.

Art. R. 824-10 *(D. n° 2016-1026, 26 juill. 2016).* – Lorsque le Haut conseil est saisi par le rapporteur général du rapport d'enquête mentionné à l'article L. 824-8, son président convoque les membres du collège, hors les membres de la formation restreinte, afin de délibérer sur les suites à donner au rapport.

Le rapporteur général ou l'enquêteur en charge du dossier est entendu si le collège l'estime nécessaire.

Le collège délibère à la majorité des voix des membres présents.

Art. R. 824-11 *(D. n° 2016-1026, 26 juill. 2016 ; D. n° 2020-292, 21 mars 2020).* – Lorsque le collège, dans la formation mentionnée à l'article précédent, considère que les faits sont susceptibles de justifier l'engagement d'une procédure de sanction, la lettre de notification des griefs mentionnée à l'article L. 824-8 informe la personne poursuivie qu'elle peut prendre connaissance du dossier et obtenir copie des pièces, le cas échéant par voie électronique, et qu'elle peut se faire assister par le conseil de son choix.

La lettre de notification des griefs mentionne que la personne poursuivie dispose d'un délai de deux mois à compter de la réception de cette lettre, pour transmettre au rapporteur général ses observations écrites sur ces griefs.

Toutefois, lorsque des circonstances exceptionnelles le justifient, le rapporteur général peut, par une décision non susceptible de recours, accorder un délai supplémentaire d'un mois pour la production des observations des parties.

La lettre indique également que l'intéressé est tenu de communiquer au Haut conseil toute nouvelle adresse à laquelle les notifications devront lui être faites et qu'à défaut de communication d'une nouvelle adresse, toute notification faite à l'adresse à laquelle la notification des griefs lui est parvenue sera réputée faite à personne.

Art. R. 824-12 *(Abr., D. n° 2020-292, 21 mars 2020).*

Art. R. 824-13 *(D. n° 2016-1026, 26 juill. 2016 ; rempl., D. n° 2020-292, 21 mars 2020).* – Une copie de la notification des griefs accompagnée d'une copie du rapport d'enquête et du dossier d'enquête est transmise pour saisine par le rapporteur général au président de la formation restreinte dès son envoi à la personne poursuivie.

Le rapport final accompagné des observations de la personne poursuivie et de l'entier dossier est adressé par le rapporteur général au président de la formation restreinte.

Le rapporteur général adresse une copie du rapport final à la personne poursuivie, dans les conditions mentionnées à l'article R. 824-1.

Art. R. 824-14 *(Abr., D. n° 2020-292, 21 mars 2020).*

Art. R. 824-15 *(Abr., D. n° 2020-292, 21 mars 2020).*

Art. R. 824-16 *(D. n° 2016-1026, 26 juill. 2016 ; mod., D. n° 2020-292, 21 mars 2020).* – La personne poursuivie est convoquée devant la formation restreinte dans un délai qui ne peut être inférieur à un mois avant la date de la séance.

Le président de la compagnie régionale des commissaires aux comptes dont relève la personne poursuivie est avisé de la séance et de sa faculté de demander à être entendu.

La convocation mentionne la composition de la formation. Elle indique à la personne poursuivie la faculté qui lui est offerte d'être entendue, en personne ou représentée par son conseil. Elle mentionne que ses observations écrites doivent parvenir à la formation restreinte et au rapporteur général au plus tard huit jours francs avant la séance.

Lorsque l'affaire est renvoyée à une audience ultérieure, le délai minimal de convocation peut être ramené à sept jours.

Art. R. 824-17 *(D. n° 2016-1026, 26 juill. 2016 ; mod., D. n° 2020-292, 21 mars 2020)*. – Lorsqu'un membre de la formation restreinte estime en conscience devoir s'abstenir, il informe le président de la formation qu'il ne siégera pas.

Art. R. 824-18 *(D. n° 2016-1026, 26 juill. 2016 ; mod., D. n° 2020-292, 21 mars 2020)*. – I. – La demande de récusation d'un membre de la formation restreinte est formée par le rapporteur général, par la personne poursuivie ou par son conseil dans un délai de huit jours francs à compter de la réception de la convocation mentionnée à l'article R. 824-16. Elle indique, à peine d'irrecevabilité, les motifs de la récusation et est, le cas échéant, accompagnée des pièces de nature à la justifier.

II. – La demande de récusation est communiquée immédiatement au président de la formation restreinte et au membre qui en fait l'objet.

Le membre concerné fait connaître son acquiescement à la demande, ou les motifs pour lesquels il s'y oppose. En cas d'opposition, la formation restreinte se prononce sur la demande hors sa présence. L'auteur de la demande est informé immédiatement et par tout moyen de la date de cette réunion, de la possibilité de présenter des observations orales et de se faire assister ou représenter.

III. – La décision de la formation restreinte sur la demande de récusation est notifiée immédiatement à l'auteur de la demande, aux autres personnes intéressées et au rapporteur général. Elle ne peut donner lieu à recours qu'avec la décision statuant sur les griefs.

La récusation ne remet pas en cause les délibérations adoptées par la formation restreinte en présence du membre récusé avant la demande de récusation.

Art. R. 824-19 *(D. n° 2016-1026, 26 juill. 2016 ; mod., D. n° 2020-292, 21 mars 2020)*. – Le président de la formation restreinte assure la police de la séance. Il peut faire entendre toute personne dont l'audition lui paraît utile et peut faire procéder, par le rapporteur général, à toute investigation complémentaire, au besoin par la désignation d'un ou plusieurs experts dans les conditions définies à l'article R. 824-7.

Le rapporteur général ou l'enquêteur en charge du dossier présente le rapport final prévu à l'article L. 824-8. La personne poursuivie et, le cas échéant, son conseil, présentent la défense. Dans tous les cas, la personne poursuivie et son conseil doivent pouvoir prendre la parole en dernier.

Si la personne poursuivie dûment convoquée ne comparaît pas, la formation restreinte peut prendre une décision en son absence. Toutefois, si elle estime nécessaire sa comparution personnelle, elle peut renvoyer l'affaire à une audience ultérieure.

La formation restreinte délibère en la seule présence de ses membres et du secrétaire de séance.

La décision est prise à la majorité des membres. En cas de partage égal des voix, celle du président est prépondérante.

Le secrétaire de séance établit un compte rendu de la séance. Le compte rendu est signé par le président de la formation restreinte et le secrétaire de séance. Il est transmis aux personnes qui ont pris part à la délibération.

Section III. – Des décisions et des voies de recours

Art. R. 824-20 *(D. n° 2016-1026, 26 juill. 2016)*. – La décision énonce les considérations de droit et de fait sur lesquelles elle se fonde. Elle indique le délai de recours devant le Conseil d'État. Le cas échéant, elle mentionne ceux des frais de la procédure qui sont à la charge de la personne à l'encontre de laquelle la sanction a été prononcée. Elle est signée par le président et mentionne les noms des personnes qui ont statué.

Lorsqu'elle prononce une injonction de mettre un terme à un manquement et de s'abstenir de le réitérer, la décision mentionne le délai au terme duquel la personne sanctionnée est tenue d'avoir fait cesser le ou les manquements constatés.

La décision est notifiée aux personnes intéressées et au président du Haut conseil.

Copie de la décision est adressée au rapporteur général, au président de la Compagnie nationale, au président de la compagnie régionale compétente et à la personne qui a saisi le rapporteur général des faits ayant justifié l'engagement de la procédure de sanction en application de l'article L. 824-4.

Lorsque la personne poursuivie est inscrite au tableau de l'ordre des experts-comptables, la décision est également notifiée au commissaire du Gouvernement auprès de la chambre nationale de discipline du Conseil supérieur de l'ordre des experts-comptables.

Ces diligences sont accomplies dans le délai d'un mois à compter du prononcé de la décision.

Art. R. 824-21 *(D. n° 2016-1026, 26 juill. 2016).* – Lorsque la décision concerne un commissaire aux comptes agréé dans un autre État membre de l'Union européenne, le Haut conseil en informe les autorités compétentes de cet État.

Art. R. 824-22 *(D. n° 2016-1026, 26 juill. 2016).* – La décision est publiée sur le site internet du Haut conseil pour une durée qui ne peut être inférieure à cinq ans. Elle peut être rendue publique dans les conditions prévues à l'article L. 824-13.

Art. R. 824-23 *(D. n° 2016-1026, 26 juill. 2016).* – Le recours de pleine juridiction devant le Conseil d'État est formé dans les conditions prévues par le Code de justice administrative.

Le président du Haut conseil ou la personne sanctionnée peut former un recours incident dans un délai de deux mois à compter de la notification qui lui est faite du recours initial.

Art. R. 824-24 *(D. n° 2016-1026, 26 juill. 2016 ; rempl., D. n° 2020-292, 21 mars 2020).* – Lorsque la formation restreinte prononce une sanction pécuniaire, le président du Haut conseil émet un titre de perception après que la décision est devenue définitive.

En cas de sursis à exécution dans les conditions prévues aux articles L. 824-2 et L. 824-3, le délai de prescription pour émettre le titre de perception est suspendu.

La sanction pécuniaire est recouvrée comme en matière de créances étrangères à l'impôt et au domaine.

Art. R. 824-25 *(D. n° 2016-1026, 26 juill. 2016).* – L'interdiction temporaire et la radiation emportent, pendant la durée de la sanction dans le premier cas, à titre définitif dans le second cas, interdiction d'exercer la profession de commissaire aux comptes.

La personne ainsi sanctionnée ne peut faire état de la qualité de commissaire aux comptes.

Art. R. 824-26 *(D. n° 2016-1026, 26 juill. 2016).* – Les commissaires aux comptes temporairement interdits ou radiés restituent aux sociétés dont ils sont chargés de certifier les comptes les documents qu'ils détiennent pour le compte de ces sociétés, ainsi que les sommes déjà perçues qui ne correspondent pas au remboursement de frais engagés ou à un travail effectivement accompli.

Art. R. 824-27 *(D. n° 2016-1026, 26 juill. 2016 ; mod., D. n° 2020-292, 21 mars 2020).* – En cas de suspension provisoire, d'interdiction temporaire ou de radiation, le président de la compagnie régionale informe aussitôt de cette mesure les personnes auprès desquelles le commissaire aux comptes exerçait ses fonctions.

En l'absence de commissaire aux comptes suppléant, lorsqu'une sanction de suspension provisoire, d'interdiction temporaire ou de radiation est prononcée à l'encontre d'une société inscrite sur la liste mentionnée au I de l'article L. 822-1, le président de la compagnie régionale dont relève cette société désigne, après avoir sollicité l'avis des personnes auprès desquelles la société de commissaires aux comptes exerçait ses fonctions, pour chacune de ces personnes, un autre commissaire aux comptes avec l'accord de ce dernier, pour poursuivre la mission. Les fonctions du commissaire aux comptes ainsi désigné prennent fin à la date d'expiration du mandat confié au commissaire aux comptes sanctionné, sauf si l'empêchement n'a qu'un caractère temporaire. Dans ce dernier cas, lorsque la période de suspension ou d'interdiction a cessé, le titulaire reprend ses fonctions après l'approbation des comptes par l'assemblée générale ou l'organe compétent.

Le commissaire aux comptes suspendu ou interdit temporairement d'exercer ne peut participer à l'activité des organismes professionnels dont il est membre.

La suspension ou l'interdiction temporaire est un des cas d'empêchement pour l'application de l'article L. 823-1.

Section IV. – De la coopération en matière de sanctions

La présente section ne comporte pas de dispositions réglementaires.

LIVRE NEUVIÈME

DISPOSITIONS RELATIVES À L'OUTRE-MER

TITRE Ier A. – OBSERVATOIRES DES PRIX ET DES REVENUS

(Titre créé, D. n° 2013-608, 9 juill. 2013)

Art. D. 910-1 C *(D. n° 2013-608, 9 juill. 2013 ; mod., D. n° 2016-1394, 17 oct. 2016 ; mod. D. n° 2018-1337, 28 déc. 2018).* – I. – En Guadeloupe, en Martinique, en Guyane et à La Réunion, l'observatoire des prix, des marges et des revenus mentionné à l'article L. 910-1 C comprend, outre son président, les membres suivants :

a) Le représentant de l'État dans le département et la région d'outre-mer ainsi que :

– le directeur régional des finances publiques ou son représentant ;

– le directeur régional ou interrégional de l'Institut national de la statistique et des études économiques ou son représentant ;

– le directeur régional des entreprises, de la concurrence, de la consommation, du travail et de l'emploi ou son représentant ;

b) Les parlementaires élus dans le ressort de chaque département et région ;

c) Le président du conseil régional ou son représentant ;

d) Le président du conseil général ou son représentant ;

e) Un maire d'une commune du ressort du département et de la région, proposé par le président de l'Association des maires ;

f) Le président du conseil économique, social et environnemental régional ou son représentant ;

g) Trois représentants des chambres consulaires :

– le président de la chambre de commerce et d'industrie ou son représentant ;

– le président de la chambre de métiers et de l'artisanat ou son représentant ;

– le président de la chambre d'agriculture ou son représentant ;

h) Huit représentants des organisations syndicales des salariés du secteur privé et du secteur public désignés, selon les modalités prévues à l'article R. 2623-9 du Code du travail, par le représentant de l'État ;

i) Trois représentants des organisations syndicales d'employeurs désignés, selon les modalités prévues à l'article R. 2623-9 du Code du travail, par le représentant de l'État ;

j) Trois personnalités qualifiées désignées à raison de leur compétence ou de leur connaissance en matière de formation des prix et des revenus par le représentant de l'État sur proposition du président de l'observatoire ;

k) Le directeur régional de l'Institut d'émission des départements d'outre-mer ou son représentant ;

l) Un représentant de chaque association de défense des consommateurs agréée dans les conditions fixées aux articles R. 411-1 et suivants du Code de la consommation.

Un vice-président est désigné parmi les membres de l'observatoire par un vote à la majorité absolue, pour une durée identique à celle du mandat du président.

II. – À Mayotte, l'observatoire des prix, des marges et des revenus, mentionné à l'article L. 910-1 C comprend, outre son président, les membres suivants :

a) Le représentant de l'État à Mayotte ainsi que :

– le directeur régional des finances publiques ou son représentant ;

– le représentant local de l'Institut national de la statistique et des études économiques ou son représentant ;
– le directeur régional des entreprises, de la concurrence, de la consommation, du travail et de l'emploi ou son représentant ;
b) Les parlementaires élus à Mayotte ;
c) Le président du conseil général ou son représentant ;
d) Un maire d'une commune de Mayotte proposé par le président de l'association des maires ;
e) Le président du conseil économique et social de Mayotte ou son représentant ;
f) Trois représentants des chambres consulaires :
– le président de la chambre de commerce et d'industrie ou son représentant ;
– le président de la chambre de métiers et de l'artisanat ou son représentant ;
– le président de la chambre d'agriculture, de la pêche et de l'aquaculture ou son représentant ;
g) Huit représentants des organisations syndicales des salariés du secteur privé et du secteur public désignés, selon les modalités prévues à l'article L. 22121-1 du Code du travail, par le représentant de l'État ;
h) Trois représentants des organisations syndicales d'employeurs désignés par le représentant de l'État ;
i) Trois personnalités qualifiées désignées à raison de leur compétence ou de leur connaissance en matière de formation des prix et des revenus par le représentant de l'État sur proposition du président de l'observatoire ;
j) Le directeur local de l'Institut d'émission des départements d'outre-mer ou son représentant ;
k) Un représentant de chaque association de défense des consommateurs agréée dans les conditions fixées aux articles R. 411-1 et suivants du Code de la consommation.

Un vice-président est désigné parmi les membres de l'observatoire par un vote à la majorité absolue, pour une durée identique à celle du mandat du président.

III. – À Saint-Pierre-et-Miquelon, l'observatoire des prix, des marges et des revenus mentionnés à l'article L. 910-1 C comprend, outre son président, les membres suivants :
a) Le représentant de l'État à Saint-Pierre-et-Miquelon ainsi que :
– le directeur des finances publiques de Saint-Pierre-et-Miquelon ou son représentant ;
– le directeur de la cohésion sociale, du travail, de l'emploi et de la population de Saint-Pierre-et-Miquelon ou son représentant ;
b) Les parlementaires élus à Saint-Pierre-et-Miquelon ;
c) Le président du conseil territorial ou son représentant ;
d) Les maires des communes de l'archipel ou leur représentant ;
e) Le président du conseil économique, social et culturel ou son représentant ;
f) Le président de la chambre d'agriculture, de commerce, d'industrie, de métier et de l'artisanat ou son représentant ;
g) Deux représentants des organisations syndicales des salariés du secteur privé et du secteur public désignés, selon les modalités prévues à l'article R. 2623-9 du Code du travail, par le représentant de l'État ;
h) Deux représentants des organisations syndicales d'employeurs désignés, selon les modalités prévues à l'article R. 2623-9 du Code du travail, par le représentant de l'État ;
i) Deux personnalités qualifiées désignées à raison de leur compétence ou de leur connaissance en matière de formation des prix et des revenus par le représentant de l'État sur proposition du président de l'observatoire ;
j) Le directeur local de l'Institut d'émission des départements d'outre-mer ou son représentant ;
k) Un représentant de chaque association de défense des consommateurs agréée dans les conditions fixées aux articles R. 411-1 et suivants du Code de la consommation.

Un vice-président est désigné parmi les membres de l'observatoire par un vote à la majorité absolue, pour une durée identique à celle du mandat du président.

IV. – Dans les îles Wallis-et-Futuna, l'observatoire des prix, des marges et des revenus mentionné à l'article L. 910-1 C comprend, outre son président, les membres suivants :
a) Le représentant de l'État dans le territoire des îles Wallis-et-Futuna ainsi que :
– le directeur des finances publiques des îles Wallis-et-Futuna ou son représentant ;
– le chef du service des affaires économiques des îles Wallis-et-Futuna ou son représentant ;
– le chef du service des douanes et des contributions diverses des îles Wallis-et-Futuna ou son représentant ;
b) Les parlementaires élus dans les îles Wallis-et-Futuna ;
c) Le président de l'Assemblée territoriale ou son représentant ;

d) Les trois représentants de la chefferie des trois royaumes ;

e) Un représentant du Comité consultatif économique et social ;

f) Le président de la chambre du commerce, de l'industrie, des métiers et de l'agriculture des îles Wallis-et-Futuna ou son représentant ;

g) Deux représentants des organisations syndicales de salariés représentatives, au sens de la réglementation en matière de droit du travail applicable localement ayant le même objet, désignés par le représentant de l'État ;

h) Deux représentants des organisations syndicales d'employeurs désignés par le représentant de l'État ;

i) Un représentant de chaque association de défense des consommateurs ;

j) Le directeur local de l'Institut d'émission d'outre-mer ou son représentant ;

k) Le chef du service territorial des statistiques ou son représentant ;

l) Deux personnalités qualifiées désignées à raison de leur compétence ou de leur connaissance en matière de formation des prix et des revenus par le représentant de l'État sur proposition du président de l'observatoire.

Un vice-président est désigné parmi les membres de l'observatoire par un vote à la majorité absolue, pour une durée identique à celle du mandat du président.

V. – À Saint-Barthélemy, l'observatoire des prix, des marges et des revenus mentionné à l'article L. 910-1-C comprend, outre son président, les membres suivants :

a) Le représentant de l'État dans la collectivité ainsi que :

– le directeur régional des finances publiques de la Guadeloupe ou son représentant ;

– le directeur régional de l'Institut national de la statistique et des études économiques de la Guadeloupe ou son représentant ;

– le directeur des entreprises, de la concurrence, de la consommation, du travail et de l'emploi de la Guadeloupe ou son représentant ;

b) Les parlementaires élus de Saint-Barthélemy ;

c) Le président du Conseil territorial ou son représentant ;

d) Le président du Conseil économique, social et culturel de Saint-Barthélemy ou son représentant ;

e) Le président de la chambre économique multiprofessionnelle de Saint Barthélemy ;

f) Quatre personnalités qualifiées désignées à raison de leur compétence ou de leur connaissance de l'économie du territoire par le représentant de l'État sur proposition du président de l'observatoire ;

g) Le directeur de l'agence de Guadeloupe de l'Institut d'émission des départements d'outre-mer ou son représentant ;

h) Un représentant de chaque association de défense des consommateurs agréée dans les conditions fixées aux articles R. 811-1 et suivants du Code de la consommation.

Un vice-président est désigné parmi les membres de l'observatoire par un vote à la majorité absolue, pour une durée identique à celle du mandat du président.

VI. – À Saint-Martin, l'observatoire des prix, des marges et des revenus mentionné à l'article L. 910-1-C comprend outre son président, les membres suivants :

a) Le représentant de l'État dans la collectivité ainsi que :

– le directeur régional des finances publiques de la Guadeloupe ou son représentant ;

– le directeur régional de l'Institut national de la statistique et des études économiques de la Guadeloupe ou son représentant ;

– le directeur des entreprises, de la concurrence, de la consommation, du travail et de l'emploi de la Guadeloupe ou son représentant ;

b) Les parlementaires élus de Saint-Martin ;

c) Le président du Conseil territorial ou son représentant ;

d) Le président du Conseil économique social et culturel de Saint-Martin ou son représentant ;

e) Le président de la chambre consulaire interprofessionnelle de Saint-Martin ;

f) Deux représentants des organisations syndicales des salariés du secteur privé et du secteur public désignés, selon les modalités prévues à l'article R. 2623-9 du Code du travail, par le représentant de l'État ;

g) Deux représentants des organisations syndicales d'employeurs désignés selon les modalités prévues à l'article R. 2623-9 du Code du travail ;

h) Deux personnalités qualifiées désignées à raison de leur compétence ou de leur connaissance en matière de formation des prix et des revenus par le représentant de l'État sur proposition du président de l'observatoire ;

i) Le directeur de l'agence de Guadeloupe de l'Institut d'émission des départements d'outre-mer ou son représentant ;

j) Un représentant de chaque association de défense des consommateurs agréée dans les conditions fixées aux articles R. 811-1 et suivants du Code de la consommation.

Un vice-président est désigné parmi les membres de l'observatoire par un vote à la majorité absolue, pour une durée identique à celle du mandat du président.

NB : Décret n° 2013-608 du 9 juillet 2013, article 2 : Pour l'application du I du I, du k du II et du k du III de l'article D. 910-1 C, le président de l'observatoire pourra accepter la représentation d'associations représentatives des intérêts des consommateurs locaux non agréées selon les dispositions des articles R. 411-1 et suivants susvisés, durant 1 an à compter de la publication du présent décret. À l'expiration de ce délai, ces associations devront justifier de l'agrément ou d'une demande en cours d'instruction pour continuer à siéger au sein de l'observatoire.

Pour l'application du I du IV de l'article D. 910-1 C, le président de l'observatoire pourra accepter la représentation d'associations représentatives des intérêts des consommateurs locaux non agréées au sens de la réglementation applicable localement ayant le même objet.

Les dispositions du IV de l'article D. 910-1 C introduites par l'article 1er du décret n° 2013-608 du 9 juillet 2013 sont applicables aux îles Wallis-et-Futuna. Elles entrent en vigueur le 10e jour qui suit la publication du présent décret.

TITRE PREMIER. – DISPOSITIONS SPÉCIFIQUES À SAINT-PIERRE-ET-MIQUELON

Art. R. 910-1 *(Mod., D. n° 2018-452, 5 juin 2018 ; D. n° 2019-1048, 11 oct. 2019).* – **Ne sont pas applicables à Saint-Pierre-et-Miquelon les dispositions suivantes :**

1° Les articles R. 123-209 à R. 123-219, D. 145-12 à D. 145-19, D. 146-1 et D. 146-2 ;

2° Les articles R. 229-1 à R. 229-26 et R. 252-1 ;

3° Les articles R. 490-5 à R. 490-10 ;

4° Les articles R. 522-1 à R. 522-25 ;

5° Les articles R. 611-23-1, R. 662-4 dans sa version résultant du décret n° 2016-1851 du 23 décembre 2016 relatif à la désignation des huissiers de justice et des commissaires-priseurs judiciaires dans certaines procédures relatives aux entreprises en difficulté et modifiant le Code de commerce, R. 662-18, R. 670-1 à R. 670-7, et le titre IX du livre VI ;

6° Les articles R. 711-6, R. 711-18 à R. 711-31, R. 712-24, *(Réf. suppr. à compter de la fin du mandat des délégués consulaires élus au cours de l'année 2016, D. n° 2021-144, 11 févr. 2021)* « R. 713-31 à R. 713-63 » , D. 721-2 à R. 721-4 et R. 721-7 à R. 761-26 ainsi que les dispositions relatives aux chambres de commerce et d'industrie de région des chapitres Ier, II et III du titre Ier du livre VII.

Art. R. 910-2 *(Mod., D. n° 2009-1774, 30 déc. 2009 ; D. n° 2014-571, 2 juin 2014 ; D. n° 2019-913, 30 août 2019).* – **Pour l'application du présent code à Saint-Pierre-et-Miquelon, les termes énumérés ci-après sont remplacés comme suit :**

1° « Tribunal judiciaire » par « tribunal de première instance » ;

2° « Cour d'appel » par « tribunal supérieur d'appel » ;

3° « Tribunal de commerce » ou « justice consulaire » par « tribunal de première instance statuant en matière commerciale » ;

4° « Premier président de la cour d'appel » par « président du tribunal supérieur d'appel » ;

5° « Procureur de la République » et « procureur général » par « procureur de la République près le tribunal supérieur d'appel » ;

6° « Département » ou « arrondissement » par « collectivité territoriale » ;

7° « Bulletin officiel des annonces civiles et commerciales » par « Recueil des actes administratifs de la collectivité territoriale » ;

8° « Préfet du département » ou « préfet de région » par « préfet de la collectivité » ;

9° « Chambre de commerce et d'industrie » ou « chambre de commerce et d'industrie territoriale » par « chambre d'agriculture, de commerce, d'industrie, de métiers et de l'artisanat ».

Art. R. 910-3. – Les renvois aux dispositions du Code général des impôts sont remplacés par les dispositions de droit fiscal applicables localement.

Art. R. 910-4. – Les références faites, par des dispositions du présent code applicables à Saint-Pierre-et-Miquelon, à d'autres articles du présent code, ne concernent que les articles rendus applicables dans la collectivité avec les adaptations prévues dans les chapitres ci-dessous.

Art. R. 910-5. – En l'absence d'adaptation, les références faites par des dispositions du présent code applicables à Saint-Pierre-et-Miquelon, à des dispositions qui n'y sont pas applicables, sont remplacées par les références aux dispositions ayant le même objet applicables localement.

Art. R. 910-6. – Les articles faisant référence à la Communauté européenne sont applicables dans le respect de la décision d'association prévue à l'article 187 du traité instituant la Communauté européenne. Les références à l'accord sur l'Espace économique européen ne sont pas applicables.

Art. R. 910-7 *(Créé à compter du 1er janvier 2023, D. n° 2021-300, 18 mars 2021).* – I. – La référence au règlement (UE) 2016/679 du Parlement européen et du Conseil du 27 avril 2016 relatif à la protection des personnes physiques à l'égard du traitement des données à caractère personnel et à la libre circulation de ces données est remplacée par la référence aux règles en vigueur en métropole en vertu de ce règlement.

II. – La référence au règlement (UE) n° 910/2014 du Parlement européen et du Conseil du 23 juillet 2014 sur l'identification électronique et les services de confiance pour les transactions électroniques au sein du marché intérieur est remplacée par la référence aux règles en vigueur en métropole en vertu de ce règlement.

III. – La référence à la directive 2005/36/CE du Parlement européen et du Conseil du 7 septembre 2005 relative à la reconnaissance des qualifications professionnelles est remplacée par la référence aux règles en vigueur en métropole en vertu de cette directive.

IV. – La référence à la directive 2006/123/CE du Parlement européen et du Conseil du 12 décembre 2006 relative aux services dans le marché intérieur est remplacée par la référence aux règles en vigueur en métropole en vertu de cette directive.

CHAPITRE I. – DISPOSITIONS D'ADAPTATION DU LIVRE PREMIER

Art. R. 911-1. – À l'article R. 121-5, les mots : « I de l'article L. 121-4 » sont remplacés par : « l'article L. 121-4 ».

Art. R. 911-2. – Les dérogations prévues par les articles R. 123-203, R. 123-204, R. 123-207 et R. 123-208 sont applicables aux personnes physiques soumises à un régime simplifié d'imposition par la réglementation en vigueur à Saint-Pierre-et-Miquelon.

CHAPITRE II. – DISPOSITIONS D'ADAPTATION DU LIVRE DEUXIÈME

Art. R. 912-1 *(D. n° 2019-1118, 31 oct. 2019).* – Pour l'application des articles R. 221-3, R. 221-4, R. 223-26, R. 225-20, R. 225-22, R. 225-24, R. 225-47, R. 225-49, R. 225-51, R. 225-106 et R. 227-1-1, la référence à l'article 26 du règlement (UE) n° 910-2014 du Parlement européen et du Conseil du 23 juillet 2014 sur l'identification électronique et les services de confiance pour les transactions électroniques au sein du marché intérieur est remplacée par la référence aux règles en vigueur en métropole en vertu de l'article 26 du règlement (UE) du 23 juillet 2014 précité.

CHAPITRE III. – DISPOSITIONS D'ADAPTATION DU LIVRE TROISIÈME

Art. R. 913-1. – L'article R. 330-1 est ainsi rédigé :

« Le contenu du document mentionné au deuxième alinéa de l'article L. 330-3 est fixé par un arrêté du représentant de l'État. »

CHAPITRE IV. – DISPOSITIONS D'ADAPTATION DU LIVRE QUATRIÈME

Art. R. 914-1 *(COJ, art. R. 952-6, al. 2)*. – Les articles R. 420-3 et R. 420-4 sont ainsi rédigés : « Pour l'application de l'article L. 420-7, le siège et le ressort des juridictions compétentes dans la collectivité territoriale de Saint-Pierre-et-Miquelon sont fixés conformément aux tableaux de l'annexe 9-4 et 9-5 du présent livre. »

Art. D. 914-2 *(D. n° 2009-1384, 11 nov. 2009 ; D. n° 2019-599, 17 juin 2019 ; D. n° 2021-211, 24 févr. 2021)*. – Les articles D. 442-2 et D. 442-3 sont ainsi rédigés :

Pour l'application du III de l'article L. 442-4, le siège et le ressort des juridictions compétentes dans la collectivité territoriale de Saint-Pierre-et-Miquelon sont fixés conformément aux tableaux des annexes 9-6 et 9-7 du présent livre.

Art. R. 914-2-1 *(Abr., D. n° 2020-179, 28 févr. 2020)*.

Art. R. 914-3 *(D. n° 2012-839, 29 juin 2012 ; D. n° 2017-305, 9 mars 2017 ; D. n° 2021-211, 24 févr. 2021)*. – Pour l'application des articles R. 470-2 et R. 490-2 du Code de commerce, la référence au « directeur de la direction départementale chargée de la protection des populations » est remplacée par la référence au « directeur de la cohésion sociale, du travail, de l'emploi et de la population ».

CHAPITRE V. – DISPOSITIONS D'ADAPTATION DU LIVRE CINQUIÈME

Le présent chapitre ne comprend pas de dispositions réglementaires.

CHAPITRE VI. – DISPOSITIONS D'ADAPTATION DU LIVRE SIXIÈME

Art. R. 916-1 *(COJ, art. R. 952-6, al. 1)*. – À l'article R. 600-3, les mots : « en métropole » sont remplacés par les mots : « dans la collectivité territoriale de Saint-Pierre-et-Miquelon », et les mots : « aux tableaux des annexes 6-1 et 6-2 du présent livre » sont remplacés par les mots : « aux tableaux des annexes 9-2 et 9-3 du présent livre. »

CHAPITRE VII. – DISPOSITIONS D'ADAPTATION DU LIVRE SEPTIÈME

Art. R. 917-1 *(D. n° 2015-190, 18 févr. 2015)*. – L'article R. 711-1 est ainsi rédigé :

« Art. R. 711-1. – La chambre d'agriculture, de commerce, d'industrie, de métiers et de l'artisanat de Saint-Pierre-et-Miquelon a son siège à Saint-Pierre et sa circonscription s'étend à la collectivité territoriale de Saint-Pierre-et-Miquelon. »

Art. D. 917-2 *(D. n° 2015-190, 18 févr. 2015)*. – L'article D. 711-9 est ainsi rédigé :

« Art. D. 711-9. – La chambre d'agriculture, de commerce, d'industrie, de métiers et de l'artisanat de Saint-Pierre-et-Miquelon établit annuellement dans le cadre de son rapport d'activité un relevé des indicateurs d'activité, de qualité et de performance, prévus à l'article D. 711-56-1, qu'elle transmet à l'Assemblée des chambres françaises de commerce et d'industrie. »

Art. D. 917-3 *(D. n° 2015-190, 18 févr. 2015)*. – À l'article D. 711-10 :

a) Le premier alinéa est ainsi rédigé :

« La chambre d'agriculture, de commerce, d'industrie, de métiers et de l'artisanat de Saint-Pierre-et-Miquelon a notamment une mission de service aux entreprises agricoles, industrielles, commerciales, artisanales et de services de la collectivité. » ;

b) Au deuxième alinéa, les mots : « elles créent et gèrent » et : « apportent » sont remplacés respectivement par les mots : « elle crée et gère » et : « apporte » ;

c) Au troisième alinéa, les mots : « elles peuvent » sont remplacés par les mots : « elle peut ».

Art. R. 917-4 *(D. n° 2015-190, 18 févr. 2015)*. – À l'article R. 711-13 :

a) Le deuxième alinéa est ainsi rédigé :

« Le président et les deux vice-présidents représentent chacun des trois collèges prévus à l'article L. 917-1-1. » ;

b) Le troisième alinéa n'est pas applicable.

Art. R. 917-5 *(D. n° 2015-190, 18 févr. 2015)*. – À l'article R. 711-15 :

a) Au premier alinéa, après les mots : « membres du bureau », sont insérés les mots : « élus au titre du collège représentant les activités du secteur de l'industrie, du commerce et des services » ;

b) Le deuxième alinéa est remplacé par deux alinéas ainsi rédigés :

« Les candidats aux fonctions de membre du bureau élus au titre du collège représentant les activités du secteur de l'agriculture attestent auprès du préfet qu'ils remplissent les conditions prévues au C du I de l'article R. 917-17.

Les candidats aux fonctions de membre du bureau élus au titre du collège représentant les activités du secteur des métiers et de l'artisanat attestent auprès du préfet qu'ils remplissent les conditions prévues à l'article 5 et au II de l'article 6 du décret n° 99-433 du 27 mai 1999 relatif à la composition des chambres de métiers et à leur élection. »

Art. D. 917-6 *(D. n° 2015-190, 18 févr. 2015)*. – L'article D. 711-67 est ainsi rédigé :

« Art. D. 711-67. – La chambre d'agriculture, de commerce, d'industrie, de métiers et de l'artisanat de Saint-Pierre-et-Miquelon exerce les missions notamment de consultation, de représentation et de services aux entreprises des secteurs d'activité relevant de son champ de compétence défini à l'article L. 917-1. »

Art. D. 917-7 *(D. n° 2015-190, 18 févr. 2015)*. – Au premier alinéa de l'article D. 711-67-1, les mots : « de l'industrie, du commerce et des services » sont remplacés par les mots : « de l'agriculture, du commerce, de l'industrie, des services et de l'artisanat » et les mots : « les établissements du réseau des chambres de commerce et d'industrie » sont remplacés par les mots : « la chambre d'agriculture, de commerce, d'industrie, de métiers et de l'artisanat de Saint-Pierre-et-Miquelon ».

Art. D. 917-8 *(D. n° 2015-190, 18 févr. 2015)*. – À l'article D. 711-67-2, les mots : « par les établissements du réseau des chambres de commerce et d'industrie » sont remplacés par les mots : « par la chambre d'agriculture, de commerce, d'industrie, de métiers et de l'artisanat de Saint-Pierre-et-Miquelon » et les mots : « , telles que définies par les normes d'intervention mentionnées à l'article D. 711-56-1 » sont supprimés. Il est ajouté une phrase :

« Les missions obligatoires relevant des compétences des établissements du réseau des chambres de commerce et d'industrie sont définies par les normes d'intervention mentionnées à l'article D. 711-56-1. »

Art. R. 917-9 *(D. n° 2015-190, 18 févr. 2015)*. – Le premier et le deuxième alinéa de l'article R. 711-71 sont remplacés par les dispositions suivantes :

« La chambre d'agriculture, de commerce, d'industrie, de métiers et de l'artisanat de Saint-Pierre-et-Miquelon se réunit en assemblée générale tous collèges confondus.

La chambre ne peut valablement délibérer que si le nombre des membres présents dépasse la moitié du nombre des membres en exercice. »

Art. R. 917-10 *(D. n° 2015-190, 18 févr. 2015)*. – Au premier alinéa de l'article R. 712-1, les mots : « des établissements du réseau des chambres de commerce et d'industrie » sont remplacés par les mots : « de la chambre d'agriculture, de commerce, d'industrie, de métiers et de l'artisanat de Saint-Pierre-et-Miquelon ».

Art. R. 917-11 *(D. n° 2015-190, 18 févr. 2015)*. – L'article R. 712-2 est ainsi rédigé :

« Art. R. 712-2. – La tutelle sur la chambre d'agriculture, de commerce, d'industrie, de métiers et de l'artisanat de Saint-Pierre-et-Miquelon est assurée par le préfet de la collectivité territoriale de Saint-Pierre-et-Miquelon, assisté par le trésorier-payeur général. »

Art. R. 917-12 *(D. n° 2015-190, 18 févr. 2015)*. – À l'article R. 712-4-1, les mots : « le président de la chambre de région, sur proposition le cas échéant du président de la chambre territoriale, » sont remplacés par les mots : « le président de la chambre d'agriculture, de commerce, d'industrie, de métiers et de l'artisanat ».

Art. R. 917-13 *(D. n° 2015-190, 18 févr. 2015)*. – Le dernier alinéa de l'article R. 712-8 et le troisième alinéa de l'article R. 712-11 ne sont pas applicables.

Art. R. 917-14 *(D. n° 2015-190, 18 févr. 2015).* – Au premier alinéa de l'article R. 712-16, les mots : « des informations relatives à l'emploi de la taxe pour frais de chambre » sont supprimés.

Art. R. 917-15 *(D. n° 2015-190, 18 févr. 2015).* – Le quatrième alinéa de l'article R. 712-34 n'est pas applicable.

Art. R. 917-16 *(D. n° 2015-190, 18 févr. 2015).* – À l'article R. 713-1-1 :

a) Aux premier, troisième et quatrième alinéas, les mots : « chambre de commerce et d'industrie territoriale » sont remplacés par les mots : « chambre d'agriculture, de commerce, d'industrie, de métiers et de l'artisanat de Saint-Pierre-et-Miquelon » ;

b) Il est inséré, après le troisième alinéa, l'alinéa suivant :

« Le président de la chambre d'agriculture, de commerce, d'industrie, de métiers et de l'artisanat de Saint-Pierre-et-Miquelon transmet au préfet au plus tard le 31 mars la liste des personnes physiques et des dirigeants sociaux des personnes morales immatriculées ou mentionnées au répertoire des métiers et le directeur de l'agriculture et de la forêt fournit, dans le même délai, la liste des personnes immatriculées ou mentionnées au registre des agriculteurs précités. » ;

c) Il est ajouté à la fin du quatrième alinéa les deux phrases suivantes :

« La chambre procède de même à l'égard des entreprises inscrites au répertoire des métiers tenu par elle en vue de l'identification ou de la désignation des électeurs relevant des activités définies à l'annexe du décret n° 98-247 du 2 avril 1998 relatif à la qualification artisanale et au répertoire des métiers. Elle adresse également un questionnaire aux agriculteurs et aux entreprises agricoles inscrites au registre des agriculteurs prévu au I de l'article R. 917-17. » ;

d) Au septième alinéa, les mots : « par catégorie et, le cas échéant, sous-catégorie professionnelle » sont remplacés par les mots : « par collège ».

> **Rédaction future.** Art. R. 917-16 *(D. n° 2015-190, 18 févr. 2015 ; rempl. à compter de la fin du mandat des délégués consulaires élus au cours de l'année 2016, D. n° 2021-144, 11 févr. 2021).* – À l'article R. 713-1-1 :
>
> *a)* Le quatrième alinéa du I est complété par les mots : « ainsi que le directeur de l'agriculture et de la forêt de Saint-Pierre-et-Miquelon ou son représentant, pour ce qui concerne l'établissement de la liste électorale du collège représentant les activités du secteur agricole. » ;
>
> *b)* Au premier alinéa du II, les mots : « 31 janvier » sont remplacés par les mots : « 31 mars » ;
>
> *c)* Après le deuxième alinéa du II, il est inséré un alinéa ainsi rédigé :
>
> « La chambre procède de même à l'égard des entreprises inscrites au répertoire des métiers tenu par elle en vue de la désignation des électeurs relevant des activités définies à l'annexe du décret n° 98-247 du 2 avril 1998 relatif à la qualification artisanale et au répertoire des métiers. Dans le même but, elle interroge également les agriculteurs et les entreprises agricoles inscrites au registre des agriculteurs prévu au I de l'article R. 917-17 » ;
>
> *d)* Au premier alinéa du III, les mots : « par catégorie et, le cas échéant, sous-catégorie professionnelle, mentionnées à l'article L. 713-11 » sont remplacés par les mots : « par collège ».

Art. R. 917-17 *(D. n° 2015-190, 18 févr. 2015).* – Le premier alinéa de l'article R. 713-8 est remplacé par les dispositions suivantes :

« I. – A. – Tout électeur qui remplit les conditions fixées à l'article L. 713-4 peut se porter candidat dans le collège représentant les activités du secteur de l'industrie, du commerce et des services.

B. – Tout électeur qui remplit les conditions fixées par l'article 5 et le II de l'article 6 du décret n° 99-433 du 27 mai 1999 relatif à la composition des chambres de métiers et à leur élection peut se porter candidat dans le collège représentant les activités du secteur des métiers et de l'artisanat.

C. – 1° Sont électeurs au collège représentant les activités du secteur de l'agriculture les personnes physiques et les dirigeants sociaux des personnes morales inscrites au registre des agriculteurs de Saint-Pierre-et-Miquelon remplissant les conditions suivantes :

a) Être âgés de dix-huit ans accomplis ;

b) Être assujettis à la caisse de prévoyance sociale de Saint-Pierre-et-Miquelon.

Les électeurs ne doivent pas avoir fait l'objet de l'une des condamnations mentionnées à l'article L. 713-3 ;

2° Sont éligibles au collège représentant les activités du secteur de l'agriculture les personnes physiques et morales remplissant les conditions fixées au 1° et qui sont immatriculées au registre des agriculteurs depuis au moins deux ans à la date de clôture du scrutin ;

3° *a)* Le préfet de la collectivité territoriale de Saint-Pierre-et-Miquelon prévoit les modalités de création et de fonctionnement du registre des agriculteurs de Saint-Pierre-et-Miquelon et les conditions d'inscription des personnes physiques et morales à ce registre ;

b) Le préfet de la collectivité territoriale de Saint-Pierre-et-Miquelon établit et tient à jour le registre des agriculteurs de Saint-Pierre-et-Miquelon.

Nul ne peut être candidat dans plus d'un collège. »

Art. R. 917-18 *(D. n° 2015-190, 18 févr. 2015).* – L'article R. 713-9 est ainsi rédigé :

« Art. R. 713-9. – Les candidatures sont déclarées par écrit à la préfecture.

Les déclarations de candidature sont recevables à compter du jour fixé par l'arrêté de convocation des électeurs prévu à l'article R. 713-6 et jusqu'au quarantième jour précédant le dernier jour du scrutin à 12 heures.

La déclaration de candidature indique le nom, les prénoms, le sexe, la date et le lieu de naissance du candidat relevant du collège représentant les activités du commerce, de l'industrie et des services, sa nationalité, la dénomination sociale et l'adresse de l'entreprise dans laquelle il exerce ses fonctions, le collège dans lequel il se présente et son numéro d'inscription sur la liste électorale.

Chaque candidat atteste auprès du préfet, sous forme d'une déclaration sur l'honneur, qu'il remplit les conditions d'éligibilité énumérées à l'article L. 713-4 et qu'il n'est frappé d'aucune des incapacités prévues à l'article L. 713-3.

Chaque candidat relevant du collège représentant les activités du secteur de l'agriculture atteste auprès du préfet, sous forme d'une déclaration sur l'honneur, qu'il remplit les conditions prévues au C du I de l'article R. 917-17.

Chaque candidat relevant du collège représentant les activités du secteur des métiers et de l'artisanat atteste auprès du préfet, sous forme de déclaration sur l'honneur, qu'il remplit les conditions prévues au B du I de l'article R. 917-17. »

Art. R. 917-19 *(D. n° 2015-190, 18 févr. 2015).* – À l'article R. 713-10 :

a) Après les mots : « de candidature », sont insérés les mots : « au collège représentant les activités du secteur de l'industrie, du commerce et des services » ;

b) Il est ajouté à la fin de ce premier alinéa la phrase suivante :

« Il en est de même pour les déclarations de candidature au collège représentant les activités du secteur de l'agriculture remplissant les conditions prévues au C du I de l'article R. 917-17 et pour celles qui remplissent les conditions prévues au B du I du même article pour les candidats au titre du collège représentant les activités du secteur de l'artisanat et des métiers. »

Art. R. 917-20 *(D. n° 2015-190, 18 févr. 2015).* – Au troisième alinéa de l'article R. 713-12, les mots : « du ministre de la Justice et du ministre chargé de la tutelle des chambres de commerce et d'industrie » sont remplacés par les mots : « du ministre de la Justice, du ministre chargé de la tutelle des chambres de commerce et d'industrie, du ministre chargé de la tutelle des chambres d'agriculture, du ministre chargé de la tutelle des chambres de métiers et de l'artisanat et du ministre chargé de l'outre-mer ».

> **Rédaction future.** Art. R. 917-20 *(D. n° 2015-190, 18 févr. 2015 ; rempl. à compter de la fin du mandat des délégués consulaires élus au cours de l'année 2016, D. n° 2021-144, 11 févr. 2021).* – Au troisième alinéa de l'article R. 713-12, les mots : « du ministre de la justice et du ministre chargé de la tutelle des chambres de commerce et d'industrie » sont remplacés par les mots : « du ministre de tutelle des chambres de commerce et d'industrie, du ministre de tutelle des chambres d'agriculture, du ministre de tutelle des chambres de métiers et de l'artisanat et du ministre chargé de l'outre-mer. »

Art. R. 917-21 *(D. n° 2015-190, 18 févr. 2015).* – À l'article R. 713-13 :

a) Le premier alinéa est ainsi rédigé :

« La commission prévue à l'article L. 713-17, dénommée commission d'organisation des élections, compétente pour organiser, dans la circonscription de la chambre d'agriculture, de commerce, d'industrie, de métiers et de l'artisanat de Saint-Pierre-et-Miquelon, est présidée par le préfet de la collectivité territoriale de Saint-Pierre-et-Miquelon et comprend : » ;

b) *(b abr. à compter de la fin du mandat des délégués consulaires élus au cours de l'année 2016, D. n° 2021-144, 11 févr. 2021)* Au deuxième alinéa, les mots : « chambre de commerce et d'industrie territoriale » sont remplacés par les mots : « chambre d'agriculture, de commerce, d'industrie, de métiers et de l'artisanat de Saint-Pierre-et-Miquelon » ;

c) Le 3° n'est pas applicable.

Art. R. 917-22 *(Abr., D. n° 2021-144, 11 févr. 2021).*

Art. R. 917-23 *(Abr., D. n° 2021-144, 11 févr. 2021).*

Art. R. 917-24 *(D. n° 2015-190, 18 févr. 2015 ; mod. à compter de la fin du mandat des délégués consulaires élus au cours de l'année 2016, D. n° 2021-144, 11 févr. 2021).* – À l'article R. 713-17 :

a) Au 6° du I et au 2° du II, les mots : « de la catégorie et, le cas échéant, de la sous-catégorie à laquelle » sont remplacés par les mots : « du collège auquel ».

Art. R. 917-25 *(D. n° 2015-190, 18 févr. 2015).* – À l'article R. 713-18 :

a) Au deuxième alinéa, les mots : « catégories ou sous-catégories » sont remplacés par le mot : « collèges » ;

b) Au cinquième alinéa, les mots : « à la catégorie et à la sous-catégorie » sont remplacés par les mots : « au collège ».

Art. R. 917-26 *(D. n° 2015-190, 18 févr. 2015).* – À l'article R. 713-19 :

a) Au premier alinéa, les mots : « catégorie ou sous-catégorie » sont remplacés par le mot : « collège » ;

b) Au deuxième alinéa, les mots : « la catégorie, la sous-catégorie professionnelle ou la délégation » sont remplacés par les mots : « le collège ».

Art. R. 917-27 *(D. n° 2015-190, 18 févr. 2015 ; rempl. à compter de la fin du mandat des délégués consulaires élus au cours de l'année 2016, D. n° 2021-144, 11 févr. 2021).* – À l'article R. 713-27-1, le troisième alinéa est remplacé par les dispositions suivantes :

« Les procès-verbaux sont transmis au préfet de la collectivité territoriale qui en adresse une copie au ministre de tutelle des chambres d'agriculture, au ministre de tutelle des chambres de commerce et d'industrie, au ministre de tutelle des chambres de métiers et de l'artisanat et à la chambre d'agriculture, de commerce, d'industrie, de métiers et de l'artisanat de Saint-Pierre-et-Miquelon. »

Art. R. 917-28 *(Abr., D. n° 2021-144, 11 févr. 2021).*

Art. R. 917-29 *(Abr., D. n° 2021-144, 11 févr. 2021).*

Art. R. 917-30 *(D. n° 2015-190, 18 févr. 2015).* – À l'article R. 713-65 :

a) Après les mots : « L. 713-11 », sont ajoutés les mots : « ; ces catégories professionnelles constituent les activités relevant du collège représentant les activités du secteur de l'industrie, du commerce et des services » ;

b) Il est ajouté les deux alinéas suivants :

« Les activités relevant du collège représentant les activités du secteur de l'agriculture sont fixées par l'arrêté du préfet de la collectivité territoriale de Saint-Pierre-et-Miquelon relatif au registre des agriculteurs prévu à l'article R. 917-17 ;

Les activités relevant du collège représentant les activités du secteur de l'artisanat et des métiers sont celles fixées par l'annexe du décret n° 98-247 du 2 avril 1998 relatif à la qualification artisanale et au répertoire des métiers. »

Art. R. 917-31 *(D. n° 2015-190, 18 févr. 2015).* – À l'article R. 713-66 :

a) Le premier alinéa du I est ainsi rédigé :

« Lors de chaque renouvellement général, la chambre d'agriculture, de commerce, d'industrie, de métiers et de l'artisanat de Saint-Pierre-et-Miquelon réalise suivant les critères fixés par les articles L. 713-11, L. 713-12 et L. 713-13 une étude économique de pondération. » ;

b) Le deuxième alinéa du I est ainsi rédigé :

« Cette étude détermine l'importance économique des collèges prévus à l'article L. 917-1-1. » ;

c) Au II, les mots : « par catégorie, par sous-catégorie et par circonscription de chambre de commerce et d'industrie territoriale » sont remplacés par les mots : « par collège » ;

d) *(d abr. à compter de la fin du mandat des délégués consulaires élus au cours de l'année 2016, D. n° 2021-144, 11 févr. 2021)* Au 1° du II, les mots : « de la chambre territoriale » sont supprimés ;

e) Le 2° du II n'est pas applicable ;

f) Au III, les mots : « de la chambre territoriale chaque catégorie professionnelle et, le cas échéant, chaque sous-catégorie » sont remplacés par les mots : « de la chambre d'agriculture, de commerce, d'industrie, de métiers et de l'artisanat de Saint-Pierre-et-Miquelon chaque collège » ;

g) Il est ajouté l'alinéa suivant :

« Le nombre des membres de chaque collège est pair. »

Art. R. 917-32 *(Abr., D. n° 2021-144, 11 févr. 2021).*

Art. R. 917-33 *(Abr., D. n° 2021-144, 11 févr. 2021).*

CHAPITRE VIII. – DISPOSITIONS D'ADAPTATION DU LIVRE HUITIÈME

TITRE II. – DISPOSITIONS APPLICABLES À MAYOTTE

Art. R. 920-1 *(Mod., D. n° 2013-884, 1er oct. 2013 ; D. n° 2016-1851, 23 déc. 2016 ; D. n° 2017-305, 9 mars 2017 ; D. n° 2019-1048, 11 oct. 2019).* – Sous réserve des adaptations prévues dans les chapitres ci-après, les dispositions suivantes du code sont applicables dans le Département de Mayotte :

1° Le livre I, à l'exception des articles R. 123-171-1, R. 122-1 à R. 122-17, R. 123-209 à R. 123-219, R. 132-1 à R. 133-2, D. 145-12 à D. 145-19, D. 146-1 et D. 146-2 ;

2° Le livre II, à l'exception des articles R. 229-1 à R. 229-26 et R. 252-1 ;

3° Le livre III, à l'exception de l'article R. 321-18-1 ;

4° Le livre IV, à l'exception des articles R. 463-16, R. 490-5 à R. 490-10 ;

5° Le livre V ;

6° Le livre VI, à l'exception des articles R. 611-23-1, R. 625-4, R. 662-4 dans sa version résultant du décret n° 2016-1851 du 23 décembre 2016 relatif à la désignation des huissiers de justice et des commissaires-priseurs judiciaires dans certaines procédures relatives aux entreprises en difficulté et modifiant le Code de commerce, R. 662-18, R. 670-1 à R. 670-7 ;

7° Les titres Ier à IV du livre VII, à l'exception des dispositions relatives aux chambres de commerce et d'industrie de région et des articles R. 712-24 et R. 713-7 ;

8° Le livre VIII.

Art. R. 920-2 *(Mod., D. n° 2011-338, 29 mars 2011).* – Pour l'application du présent code dans le Département de Mayotte, les termes énumérés ci-après sont remplacés comme suit :

1° à 8° *(Abr., D. n° 2011-338, 29 mars 2011)* ;

9° « préfet » ou « sous-préfet » par « représentant de l'État à Mayotte » ;

10° « chambre de commerce et d'industrie » par « chambre de commerce et d'industrie de Mayotte » ;

11° « chambre d'agriculture » par « chambre d'agriculture, de la pêche, et de l'aquaculture de Mayotte » ;

12° « chambre des métiers et de l'artisanat » par « chambre de métiers et de l'artisanat de région de Mayotte ».

Art. R. 920-3 *(Abr., D. n° 2018-953, 31 oct. 2018).*

Art. R. 920-4. – Les références faites, par des dispositions du présent code applicables à Mayotte, à d'autres articles du présent code, ne concernent que les articles rendus applicables à Mayotte avec les adaptations prévues dans les chapitres ci-dessous.

Art. R. 920-5. – En l'absence d'adaptation, les références faites par des dispositions du présent code applicables à Mayotte à des dispositions qui n'y sont pas applicables, sont remplacées par les références aux dispositions ayant le même objet applicables localement.

Art. R. 920-6 *(Abr., D. n° 2018-953, 31 oct. 2018).*

Art. R. 920-7. – Les articles faisant référence à la Communauté européenne sont applicables dans le respect de la décision d'association prévue à l'article 187 du traité instituant la Communauté européenne. Les références à l'accord sur l'Espace économique européen ne sont pas applicables.

CHAPITRE I. – DISPOSITIONS D'ADAPTATION DU LIVRE PREMIER

Art. R. 921-1. – À l'article R. 121-5, les mots : « I de l'article L. 121-4 » sont remplacés par : « l'article L. 121-4 ».

Art. R. 921-2 *(Anc. D. n° 84-406, 30 mai 1984, art. 87, al. 1, en ce qui concerne l'article 5, pour Mayotte).* – Au deuxième alinéa de l'article R. 123-80, après les termes : « à l'article R. 123-166 », les mots : « à l'exception des actes et pièces mentionnés aux articles R. 123-103 à R. 123-117, et L. 123-9 » sont insérés.

Art. R. 921-3 *(Abr. à compter du 1er septembre 2012, D. n° 2012-928, 31 juill. 2012).*

Art. R. 921-4 *(Anc. D. n° 84-406, 30 mai 1984, art. 87, al. 1, en ce qui concerne les articles 47 à 57, pour Mayotte).* – Pour l'application des articles R. 123-103 à R. 123-117, les actes et pièces mentionnés à ces articles sont communiqués par les greffiers dans les conditions prévues à l'article R. 123-150.

CHAPITRE II. – DISPOSITIONS D'ADAPTATION DU LIVRE DEUXIÈME

Art. R. 922-1 *(Abr., D. n° 2018-953, 31 oct. 2018).*

CHAPITRE III. – DISPOSITIONS D'ADAPTATION DU LIVRE TROISIÈME

Art. R. 923-1. – L'article R. 330-1 est ainsi rédigé :

« Le contenu du document mentionné au deuxième alinéa de l'article L. 330-3 est fixé par un arrêté du représentant de l'État. »

CHAPITRE IV. – DISPOSITIONS D'ADAPTATION DU LIVRE QUATRIÈME

Art. R. 924-1 *(Mod., D. n° 2011-338, 29 mars 2011).* – Les articles R. 420-3 et R. 420-4 sont ainsi rédigés :

« Pour l'application de l'article L. 420-7, le siège et le ressort des juridictions compétentes dans le Département de Mayotte sont fixés conformément aux tableaux des annexes 9-4 et 9-5 du présent livre. »

Art. D. 924-2 *(D. n° 2009-1384, 11 nov. 2009 ; D. n° 2011-338, 29 mars 2011 ; D. n° 2019-599, 17 juin 2019)* . – *(Al. mod., D. n° 2021-211, 24 févr. 2021)* Les articles D. 442-2 et D. 442-3 sont ainsi rédigés :

« Pour l'application du III de l'article L. 442-4, le siège et le ressort des juridictions compétentes dans le Département de Mayotte sont fixés conformément aux tableaux des annexes 9-6 et 9-7 du présent livre. »

Art. R. 924-3 *(Abr., D. 2020-179, 28 févr. 2020).*

> ***Rédaction antérieure.*** *Art. R. 924-3 (D. n° 2016-230, 26 févr. 2016).* – Les tarifs des prestations des huissiers de justice régis par le titre IV *bis* (partie réglementaire) sont majorés de 30 % à Mayotte.

Art. R. 924-4 *(Abr., D. 2020-179, 28 févr. 2020).*

> **Rédaction antérieure.** Art. R. 924-4 *(D. n° 2016-230, 26 févr. 2016).* – Les tarifs des prestations notariales régis par le titre IV *bis* (partie réglementaire) sont majorés de 40 % à Mayotte.

CHAPITRE V. – DISPOSITIONS D'ADAPTATION DU LIVRE CINQUIÈME

Le présent chapitre ne comprend pas de dispositions réglementaires.

CHAPITRE VI. – DISPOSITIONS D'ADAPTATION DU LIVRE SIXIÈME

Art. R. 926-1 *(Rempl., D. n° 2011-338, 29 mars 2011 ; mod., D. n° 2016-1851, 23 déc. 2016)*. – À l'article R. 600-3, les mots : « en métropole » sont remplacés par les mots : « dans le département de Mayotte », et les mots : « aux tableaux des annexes 6-1 et 6-2 du présent livre » sont remplacés par les mots : « aux tableaux des annexes 6-3 et 6-4 du présent livre ».

CHAPITRE VII. – DISPOSITIONS D'ADAPTATION DU LIVRE SEPTIÈME

Art. R. 927-1 *(Anc. D. n° 2006-379, 27 mars 2006)*. – L'article R. 711-1 est ainsi rédigé :

« La chambre de commerce et d'industrie de Mayotte, dont la circonscription est Mayotte, a son siège à Mamoudzou. »

Art. R. 927-1-1 *(Mod., D. n° 2014-1333, 5 nov. 2014)*. – Pour l'application à Mayotte de l'article R. 711-40-1, les mots : « préfet de région » sont remplacés par les mots : « représentant de l'État » et les mots : « chambre de commerce et d'industrie de région » sont remplacés par les mots : « chambre de commerce et d'industrie de Mayotte ».

Art. R. 927-1-2 *(Mod., D. n° 2014-1333, 5 nov. 2014)*. – Pour l'application à Mayotte de l'article R. 711-40-2, les mots : « la chambre de commerce et d'industrie de région » sont remplacés par les mots : « la chambre de commerce et d'industrie de Mayotte ».

Art. R. 927-1-3 *(D. n° 2014-1333, 5 nov. 2014)*. – Pour l'application à Mayotte de l'article R. 711-40-3, les mots : « la chambre de commerce et d'industrie de région et de chaque chambre de commerce et d'industrie territoriale ou départementale qui lui est rattachée » sont remplacés par les mots : « la chambre de commerce et d'industrie de Mayotte ».

Art. R. 927-1-4 *(D. n° 2014-1333, 5 nov. 2014)*. – Pour l'application à Mayotte de l'article R. 711-40-4, les mots : « préfet de région » sont remplacés par les mots : « représentant de l'État ».

Art. R. 927-1-5 *(D. n° 2014-1333, 5 nov. 2014)*. – Le 2° de l'article R. 712-2 est remplacé par les dispositions suivantes : « La tutelle de la chambre de commerce et d'industrie de Mayotte est exercée par le représentant de l'État à Mayotte assisté par le directeur local des finances publiques. »

Art. R. 927-1-6 *(D. n° 2014-1333, 5 nov. 2014)*. – À l'article R. 712-4-1, les mots : « le président de la chambre de région, sur proposition le cas échéant du président de la chambre territoriale, » sont remplacés par les mots : « le président de la chambre de commerce et d'industrie de Mayotte ».

Art. R. 927-2 *(Anc. D. n° 91-739, 18 juill. 1991 ; anc. art. R. 927-4, dénum., D. n° 2007-574, 19 avr. 2007)*. – Après l'article R. 713-6, est inséré l'article suivant :

« Le vote à l'urne prévu à l'article 16 de l'ordonnance n° 2005-43 du 20 janvier 2005 est organisé pour l'élection des membres de la chambre de commerce et d'industrie de Mayotte dans les conditions suivantes :

« I. – La commission d'établissement des listes électorales prévue à l'article 15 de l'ordonnance n° 2005-43 du 20 janvier 2005 fait établir par le préfet les cartes électorales et les remet aux maires qui les adressent aux électeurs au plus tard dans la troisième semaine qui précède la date du scrutin. La carte d'électeur qui n'a pu être remise à son titulaire est transmise par le maire au bureau de vote où elle demeure à la disposition de l'électeur jusqu'au jour du scrutin. Un arrêté du préfet fixe le format, les mentions et les modalités d'impression des cartes électorales.

« II. – L'électeur peut donner procuration à un autre électeur inscrit dans la même catégorie et sous-catégorie professionnelle, si elle existe.

« La procuration mentionne l'identité du mandant et du mandataire ainsi que la catégorie, et la sous-catégorie professionnelle, si elle existe, de chacun d'eux.

« Chaque électeur ne peut disposer que d'une seule procuration. Si plusieurs procurations sont établies au nom du même électeur, celle qui lui a été adressée en premier lieu est seule valable.

« Les articles L. 71, L. 72, L. 74 à L. 77, les premier, deuxième, troisième et quatrième alinéas de l'article R. 73, le premier alinéa de l'article R. 74, les premier et deuxième alinéas de l'article R. 75, les troisième, quatrième et cinquième alinéas de l'article R. 76, les articles R. 78 et R. 79 du Code électoral s'appliquent au vote par procuration.

« III. – Le représentant de l'État à Mayotte fixe le siège et les heures d'ouverture des bureaux de vote.

« Les bureaux de vote sont constitués du maire ou de son délégué, président, et de deux conseillers municipaux ou, à défaut, électeurs consulaires qu'il désigne.

« Si un électeur ne peut présenter au bureau de vote sa carte électorale, il est autorisé à voter au vu de la liste électorale en produisant un des titres d'identité prévus par l'article R. 60 du Code électoral.

« IV. – Il est procédé au dépouillement le jour même du scrutin.

« Est nul tout bulletin distinct du modèle validé dans les conditions prévues à l'article R. 713-13, tout bulletin portant un nombre de noms supérieur à celui des sièges à pourvoir dans la catégorie ou, le cas échéant, la sous-catégorie professionnelle concernée et tout bulletin entaché d'une des irrégularités mentionnées à l'article L. 66 du Code électoral.

« Seuls les suffrages en faveur des candidats déclarés sont pris en compte.

« V. – À l'issue du dépouillement, le président du bureau de vote dresse le procès-verbal des opérations électorales et le remet dans les vingt-quatre heures à la commission des opérations électorales prévue à l'article R. 713-13.

« VI. – Par dérogation aux dispositions du deuxième alinéa de l'article R. 713-27, la commission dispose d'un délai de quatre jours suivant celui du scrutin pour proclamer les résultats. »

Art. R. 927-3 *(Anc. D. n° 91-739, 18 juill. 1991 ; anc. art. R. 927-5, dénum., D. n° 2007-574, 19 avr. 2007)*. – Pour l'application à Mayotte de l'article R. 713-66, les deuxième à sixième alinéas sont remplacés par les dispositions suivantes :

« L'étude décrit la répartition des membres entre catégories professionnelles et, le cas échéant, entre sous-catégories professionnelles. Elle est élaborée à partir des données suivantes :

1° « Chiffres d'affaires, par catégorie ou sous-catégorie, des entreprises soumises au paiement de l'impôt sur les sociétés ;

2° « Effectifs, par catégorie ou sous-catégorie, des entreprises à jour du paiement de la patente ;

3° « Répartition, par catégorie ou sous-catégorie, des entreprises inscrites au registre du commerce. »

Art. R. 927-4 *(D. n° 2019-1333, 11 déc. 2019)*. – À l'article R. 721-6, les mots : « 5 000 » sont remplacés par les mots : « 460 ».

CHAPITRE VIII. – DISPOSITIONS D'ADAPTATION DU LIVRE HUITIÈME

Le présent chapitre ne comprend pas de dispositions réglementaires.

TITRE III. – DISPOSITIONS APPLICABLES EN NOUVELLE-CALÉDONIE

Art. R. 930-1 *(Mod., D. n° 2007-750, 9 mai 2007 ; D. n° 2007-1851, 26 déc. 2007 ; D. n° 2012-607, 30 avr. 2012 ; D. n° 2013-192, 5 mars 2013 ; D. n° 2013-563, 26 juin 2013 ; D. n° 2017-1163, 12 juill. 2017 ; D. n° 2019-1333, 11 déc. 2019 ; D. n° 2020-1616, 17 déc. 2020)*. – Sous réserve des adaptations prévues dans les chapitres ci-après, les dispositions suivantes du code sont applicables en Nouvelle-Calédonie :

1° Le livre Ier, à l'exception des articles R. 121-3, R. 121-4, R. 122-1 à R. 122-17, R. 123-171-1, R. 123-209 à R. 123-219, D. 123-235, D. 123-236, R. 127-1 à R. 134-17, R. 143-23, R. 145-9 à D. 145-19, R. 145-22 à

D. 146-2. Les articles R. 123-220 à R. 123-234 ne sont applicables qu'en ce qu'ils concernent les institutions et services de l'État et les personnes morales de droit public administratif dont le siège est situé en Nouvelle-Calédonie, ainsi que leurs établissements. Les articles R. 121-6 et R. 123-55 sont applicables dans leur rédaction en vigueur le lendemain de la publication du décret n° 2008-1488 du 30 décembre 2008 ;

2° Le livre II, à l'exception des articles R. 229-1 à R. 229-26 et R. 252-1. L'article D. 223-2 est applicable dans sa rédaction en vigueur le lendemain de la publication du décret n° 2008-1419 du 19 décembre 2008. Les articles R. 223-20-1, R. 223-24, R. 225-98 et R. 227-1 sont applicables dans leur rédaction en vigueur le lendemain de la publication du décret n° 2009-234 du 25 février 2009 ;

3° Le livre III, à l'exception des articles R. 310-1 à R. 310-19, R. 321-1 à R. 321-73 ;

4° Le titre V du livre IV, à l'exception de l'article D. 450-3 ;

5° Le livre V, à l'exception des articles R. 522-1 à R. 522-25 ;

6° Le livre VI, à l'exception des articles R. 600-1, R. 600-2, R. 600-4 à R. 611-50, R. 621-1 à R. 663-40, R. 663-42 à R. 663-44, des deux premiers alinéas de l'article R. 663-45, des articles R. 663-47, R. 663-48 et R. 670-1 à R. 670-7 ;

7° Le titre II du livre VII dans sa rédaction issue du décret n° 2020-1616 du 17 décembre 2020, à l'exception des articles R. 721-7 à R. 722-6, R. 722-8, R. 722-9, R. 722-11 à R. 722-17, R. 723-4, R. 723-9 à R. 723-31 ;

Rédaction future. 7° Le titre II du livre VII dans sa rédaction issue du *(Réf. rempl. à compter de la fin du mandat des délégués consulaires élus au cours de l'année 2016, D. n° 2021-144, 11 févr. 2021)* « décret n° 2021-144 du 11 février 2021 », à l'exception des articles R. 721-7 à R. 722-6, R. 722-8, R. 722-9, R. 722-11 à R. 722-17, R. 723-4, R. 723-9 à R. 723-31 ;

8° Le titre II du livre VIII, à l'exception des articles R. 822-149 à R. 822-162, dans sa rédaction en vigueur le lendemain de la publication du décret n° 2013-192 du 5 mars 2013. L'article R. 823-7-1 est applicable dans sa rédaction en vigueur le lendemain de la publication du décret n° 2009-234 du 25 février 2009.

NB : Conformément à l'article 11 du décret n° 2020-1616 du 17 décembre 2020, ces dispositions entrent en vigueur le lendemain de la publication du présent décret. Elles prennent effet pour chaque commission à l'expiration des mandats en cours à cette date.

Art. R. 930-2 *(D. n° 2019-913, 30 août 2019)*. – Pour l'application du présent code dans le territoire, les termes énumérés ci-après sont remplacés comme suit :

1° « Tribunal judiciaire » par « tribunal de première instance » ;

2° « Tribunal de commerce » ou « justice consulaire » par « tribunal mixte de commerce » ;

3° « Conseil de prud'hommes » par « tribunal du travail » ;

4° « Bulletin officiel des annonces civiles et commerciales » par « Journal officiel de la Nouvelle-Calédonie » ;

5° « Département » ou « arrondissement » par « Nouvelle-Calédonie » ou par « province » ;

6° « Préfet » ou « sous-préfet » par « représentant de l'État en Nouvelle-Calédonie ».

Art. R. 930-3. – Les références faites, par des dispositions du présent code applicables en Nouvelle-Calédonie, à d'autres articles du présent code, ne concernent que les articles rendus applicables en Nouvelle-Calédonie avec les adaptations prévues dans les chapitres ci-dessous.

Art. R. 930-4. – En l'absence d'adaptation, les références faites par des dispositions du présent code applicables en Nouvelle-Calédonie, à des dispositions qui n'y ssont pas applicables, sont remplacées par les références aux dispositions ayant le même objet applicables localement.

Art. R. 930-5. – Les références faites, par des dispositions du présent code applicables en Nouvelle-Calédonie, à des dispositions du Code du travail n'y sont applicables que s'il existe une disposition applicable localement ayant le même objet.

Art. R. 930-6. – Les références faites, par des dispositions du présent code applicables en Nouvelle-Calédonie, à des dispositions relative à la procédure civile n'y sont applicables que s'il existe une disposition applicable localement ayant le même objet.

Art. R. 930-7. – Les références à l'immatriculation au répertoire des métiers sont remplacées par les références à l'immatriculation faite conformément à la réglementation applicable en Nouvelle-Calédonie.

Art. R. 930-8. – Les articles faisant référence à la Communauté européenne sont applicables dans le respect de la décision d'association prévue à l'article 187 du traité instituant la Communauté européenne. Les références à l'accord sur l'Espace économique européen ne sont pas applicables.

CHAPITRE I. – DISPOSITIONS D'ADAPTATION DU LIVRE PREMIER

Art. R. 931-1. – À l'article R. 121-5, les mots : « du I de l'article L. 121-4 » sont remplacés par les mots : « de l'article L. 121-4 ».

Art. R. 931-2 *(Anc. D. n° 84-406, 30 mai 1984, art. 87, al. 1, en ce qui concerne l'article 5, pour la Nouvelle-Calédonie).* – Au deuxième alinéa de l'article R. 123-80, après les termes : « à l'article R. 123-166 », les mots : « à l'exception des actes et pièces mentionnés aux articles R. 123-103 à R. 123-117, et à l'article L. 123-9 » sont ajoutés.

Art. R. 931-3 *(Abr. à compter du 1er septembre 2012, D. n° 2012-928, 31 juill. 2012).*

Art. R. 931-4 *(Anc. D. n° 84-406, 30 mai 1984, art. 87, al. 1, en ce qui concerne les articles 47 à 57, pour la Nouvelle-Calédonie).* – Pour l'application des articles R. 123-103 à R. 123-117, les actes et pièces mentionnés à ces articles sont communiqués par les greffiers dans les conditions prévues à l'article R. 123-150.

CHAPITRE II. – DISPOSITIONS D'ADAPTATION DU LIVRE DEUXIÈME

Art. R. 932-1. – Aux articles R. 232-6, R. 232-7, R. 234-2, R. 234-3, R. 234-5 et R. 234-6, les mots : « au comité d'entreprise » sont remplacés par les mots : « aux délégués du personnel ».

CHAPITRE III. – DISPOSITIONS D'ADAPTATION DU LIVRE TROISIÈME

Art. R. 933-1. – L'article R. 330-1 est ainsi rédigé :

« Le contenu du document mentionné au deuxième alinéa de l'article L. 330-3 est fixé par un arrêté du représentant de l'État. »

CHAPITRE IV. – DISPOSITIONS D'ADAPTATION DU LIVRE QUATRIÈME

Art. R. 934-1 *(Créé à compter du 30 juin 2013, D. n° 2013-563, 26 juin 2013).* – Pour l'application des articles R. 450-1 et R. 450-2 à la Nouvelle-Calédonie, la référence aux agents mentionnés à l'article L. 450-1 est remplacée par la référence aux agents assermentés de la Nouvelle-Calédonie mentionnés à l'article 86 de la loi organique n° 99-209 du 19 mars 1999 relative à la Nouvelle-Calédonie.

CHAPITRE V. – DISPOSITIONS D'ADAPTATION DU LIVRE CINQUIÈME

Le présent chapitre ne comprend pas de dispositions réglementaires.

CHAPITRE VI. – DISPOSITIONS D'ADAPTATION DU LIVRE SIXIÈME

Art. R. 936-1 *(COJ, art. R. 932-11, al. 2, en ce qui concerne la Nouvelle-Calédonie).* – À l'article R. 600-3, les mots : « en métropole » sont remplacés par les mots : « en Nouvelle-Calédonie », et les mots : « aux tableaux des annexes 6-1 et 6-2 du présent livre » sont remplacés par les mots : « aux tableaux des annexes 9-2 et 9-3 *du présent livre* ».

Art. R. 936-2. – Les dispositions de l'article R. 663-49 sont remplacées par les dispositions suivantes :

« *Lorsque la procédure de liquidation judiciaire est reprise après avoir été clôturée et qu'elle permet le versement d'une rémunération au liquidateur alors que ce dernier a bénéficié de l'indemnisation prévue à l'article L. 663-3, le montant de l'indemnisation perçue est déduit de cette rémunération.* »

CHAPITRE VII. – DISPOSITIONS D'ADAPTATION DU LIVRE SEPTIÈME

Art. R. 937-1 *(COJ, art. R. 932-11, al. 1, en ce qui concerne la Nouvelle-Calédonie).* – À l'article R. 721-2, les mots : « au tableau de l'annexe 7-1 du présent livre » sont remplacés par les mots : « au tableau de l'annexe 9-1 du présent livre ».

Art. D. 937-2 *(Anc. D. n° 93-1090, 15 sept. 1993, art. 1er, en ce qui concerne la Nouvelle-Calédonie).* – À l'article R. 721-3, les mots : « et le nombre des chambres de chaque tribunal de commerce » sont remplacés par les mots : « du tribunal mixte de commerce de Nouméa », et les mots : « aux tableaux de l'annexe 7-2 du présent livre » sont remplacés par les mots : « au tableau de l'annexe 9-1 du présent livre ».

Art. R. 937-3 *(COJ, art. L. 932-36, en ce qui concerne la Nouvelle-Calédonie).* – Pour l'application du chapitre III du titre II du livre VII, les dispositions suivantes sont ajoutées :

« L'élection générale des juges des tribunaux mixtes de commerce a lieu dans la première quinzaine du mois d'octobre. »

Art. R. 937-4 *(COJ, art. R. 932-14, en ce qui concerne la Nouvelle-Calédonie).* – À l'article R. 723-1, les mots : « dans le mois qui suit l'élection des délégués consulaires », et « prise après avis de l'assemblée générale du tribunal de commerce » sont supprimés.

> **Rédaction future.** Art. R. 937-4 *(Mod. à compter de la fin du mandat des délégués consulaires élus au cours de l'année 2016, D. n° 2021-144, 11 févr. 2021).* – À l'article R. 723-1, les mots : « Au cours des deux premiers mois de l'année suivant l'élection des membres des chambres de commerce et d'industrie et des chambres de métiers et de l'artisanat », et « prise après avis de l'assemblée générale du tribunal de commerce » sont supprimés.

Art. R. 937-5 *(COJ, art. R. 932-15, en ce qui concerne la Nouvelle-Calédonie).* – Au premier alinéa de l'article R. 723-2, les mots : « du procès-verbal de l'élection des délégués consulaires, et, par le président du tribunal de commerce, une expédition de l'ordonnance fixant le tableau des juges composant la juridiction » sont remplacés par les mots : « de la liste électorale utilisée pour l'élection des juges des chambres de commerce du territoire ».

Au deuxième alinéa de l'article R. 723-2, les mots : « des juges dont l'élection est intervenue postérieurement à celle des délégués consulaires ainsi qu'à celle des anciens juges des tribunaux de commerce qui demandent à être inscrits en application de l'article L. 723-1 » sont remplacés par les mots : « des anciens membres des tribunaux mixtes de commerce et des chambres de commerce et d'industrie qui demandent à être inscrits en application des articles L. 723-1 dans sa rédaction applicable en Nouvelle-Calédonie ».

> **Rédaction future.** Art. R. 937-5 *(Mod. à compter de la fin du mandat des délégués consulaires élus au cours de l'année 2016, D. n° 2021-144, 11 févr. 2021).* – Au premier alinéa de l'article R. 723-2, les mots : « du procès-verbal de l'élection des membres élus des chambres de commerce et d'industrie et des chambres de métiers et de l'artisanat, et, par le président du tribunal de commerce, une expédition de l'ordonnance fixant le tableau des juges composant la juridiction » sont remplacés par les mots : « de la liste électorale utilisée pour l'élection des juges des chambres de commerce du territoire ».
>
> Au deuxième alinéa de l'article R. 723-2, les mots : « des juges dont l'élection est intervenue postérieurement à celle des membres des chambres de commerce et d'industrie et des chambres de métiers et de l'artisanat ainsi qu'à celle des anciens juges des tribunaux de commerce des anciens membres des tribunaux de commerce ainsi qu'à celle » sont remplacés par les mots : « des anciens membres des tribunaux mixtes de commerce et des chambres de commerce et d'industrie territoriales qui demandent à être inscrits en application [de l'article] L. 723-1 dans sa rédaction applicable en Nouvelle-Calédonie ».

Art. R. 937-6 *(COJ, art. R. 932-16, en ce qui concerne la Nouvelle-Calédonie).* – À l'article R. 723-3, les mots : « qui en adresse un exemplaire dans chaque mairie, où elle est tenue à la disposition du public » sont ajoutés après les mots : « Elle est transmise au Haut-commissaire de la République ».

Art. R. 937-7 *(Mod., D. n° 2017-1163, 12 juill. 2017).* – Au deuxième alinéa de l'article R. 723-6, les mots : « jusqu'à 18 heures le vingtième jour précédant celui du dépouillement du premier tour de scrutin » sont remplacés par les mots : « jusqu'au vingtième jour précédant celui du scrutin ».

Au troisième alinéa du même article, les mots : « prévues aux 1° à 4° de l'article L. 723-2 et aux articles L. 722-6-1, L. 722-6-2 et L. 723-7 » sont remplacés par les mots : « prévues aux 1° à 5° de l'article L. 723-2 et aux articles L. 722-6-1, L. 722-6-2 et L. 723-7 dans leur rédaction applicable en Nouvelle-Calédonie ».

Art. R. 937-8 *(COJ, art. R. 932-18, en ce qui concerne la Nouvelle-Calédonie ; COJ, art. R. 932-20, en ce qui concerne la Nouvelle-Calédonie ; COJ, art. R. 932-21, en ce qui concerne la Nouvelle-Calédonie ; COJ,* *art. R. 932-22, en ce qui concerne la Nouvelle-Calédonie ; COJ, art. R. 932-24, en ce qui concerne la Nouvelle-Calédonie).* – Pour l'application de la section III du chapitre III du titre II du livre VII, les dispositions suivantes sont ajoutées :

« I. – L'élection des juges d'un tribunal mixte de commerce a lieu dans la commune où le tribunal a son siège.

Le collège électoral est convoqué par un arrêté du Haut-commissaire de la République pris deux mois avant la date du scrutin. Cet arrêté fixe la date, les heures et le lieu du scrutin.

Chaque électeur est en outre convoqué individuellement.

II. – Chaque électeur, après que la commission électorale a vérifié son identité, vote à l'aide d'un bulletin qu'il rédige lui-même. Il peut aussi utiliser l'un des bulletins imprimés mis par certains candidats, avec l'approbation de la commission électorale, à la disposition des électeurs dans la salle du scrutin. Ce bulletin imprimé peut être modifié de façon manuscrite. Chaque électeur ne met sous enveloppe et ne dépose dans l'urne qu'un seul bulletin.

Le nombre des candidats désignés par chaque électeur sur son bulletin est égal ou inférieur à celui des juges à élire.

Les suffrages exprimés en faveur des personnes dont la candidature n'a pas été enregistrée et affichée conformément aux dispositions de l'article R. 723-6 ne sont pas comptés lors du recensement des votes.

III. – Tout électeur désirant voter par procuration fait établir celle-ci par acte dressé sans frais par le tribunal de première instance de sa résidence.

L'électeur ne peut désigner en qualité de mandataire qu'un autre électeur inscrit sur la même liste électorale que lui.

Le tribunal de première instance peut être saisi à tout moment jusqu'à l'avant-veille du scrutin à midi.

L'électeur justifie devant le tribunal de première instance de son identité. Il produit en outre un certificat établi par le greffier du tribunal mixte de commerce attestant de son inscription et de celle de son mandataire sur la liste électorale mentionnée à l'article R. 723-3.

L'électeur se présente en personne devant le tribunal de première instance. La présence du mandataire n'est pas indispensable.

Le tribunal de première instance dresse l'acte de procuration en deux originaux : l'un est remis à l'électeur, le second, auquel est annexé le certificat établi par le greffier du tribunal mixte de commerce, est conservé au rang des minutes du tribunal de première instance.

La validité de la procuration est limitée à la seule élection pour laquelle elle est établie.

Lors du scrutin, le mandataire remet au président de la commission électorale l'acte de procuration établi par le tribunal de première instance. Le secrétaire de la commission électorale porte sur la liste d'émargement, en face du nom de l'électeur ayant demandé à voter par procuration, la mention de cette demande et le nom du mandataire désigné par la procuration, et, en face du nom de l'électeur désigné en qualité de mandataire, la mention de cette qualité et du nom de l'électeur représenté. La procuration est annexée à la liste d'émargement et conservée dans les conditions fixées par l'article R. 723-19.

IV. – Tout électeur désirant voter par correspondance en fait la demande auprès du Haut-commissaire de la République. Cette demande est recevable jusqu'au trentième jour précédant la date du scrutin. La demande, formulée par écrit et signée par l'électeur, indique ses nom, prénoms et domicile ainsi que la qualité lui donnant droit à participer au vote.

Si la demande est tardive ou si l'intéressé ne figure pas sur la liste électorale mentionnée à l'article R. 723-3, le Haut-commissaire de la République avise aussitôt l'intéressé du rejet de sa demande en lui donnant les motifs de son refus.

Lorsque le Haut-commissaire de la République fait droit à la demande, il adresse à l'électeur, vingt jours avant la date du scrutin, une enveloppe électorale destinée à recevoir le bulletin de vote et une enveloppe d'envoi portant la mention « Élection des juges du tribunal mixte de commerce. – Vote par correspondance » et les nom et prénoms de l'électeur.

Lors du scrutin, l'électeur place son bulletin de vote dans l'enveloppe électorale sans la cacheter et place cette enveloppe dans l'enveloppe d'envoi. Il cachette cette deuxième enveloppe et l'adresse au Haut-commissaire de la République sous pli fermé.

Le Haut-commissaire de la République dresse la liste des électeurs ayant demandé à voter par correspondance. Il y mentionne ceux des électeurs dont il a reçu l'enveloppe électorale. La liste est close la veille du scrutin à dix-huit heures. Les plis parvenant ultérieurement sont retournés aux électeurs avec la mention de la date et de l'heure auxquelles ils sont parvenus au Haut-commissariat. La liste est remise, avec les enveloppes cachetées contenant les enveloppes électorales, au président de la commission électorale immédiatement après que celui-ci a ouvert le scrutin.

Le secrétaire de la commission électorale porte sur la liste d'émargement, en face du nom de chaque électeur autorisé à voter par correspondance, la mention « Vote par correspondance ». Le président de la commission électorale ouvre ensuite chaque pli, énonce publiquement le nom de l'électeur, émarge et place dans l'urne, pour être dépouillée avec les autres, l'enveloppe contenant le bulletin de vote.

À la clôture du scrutin, les enveloppes électorales et la liste des électeurs autorisés à voter par correspondance sont annexées à la liste d'émargement et conservées dans les conditions fixées par l'article R. 723-19.

Lorsqu'il y a lieu de procéder à des élections complémentaires, la date du scrutin et le calendrier des opérations électorales sont fixés par arrêté du Haut-commissaire de la République. »

Art. R. 937-9 *(COJ, art. L. 932-42, en ce qui concerne la Nouvelle-Calédonie)*. – Pour l'application de l'article R. 723-24, après les mots : « dans le ressort duquel se trouve situé le siège du tribunal de commerce », sont insérés les mots : « qui statue en dernier ressort ».

Art. R. 937-10 *(D. n° 2011-579, 25 mai 2011)*. – Les actes énumérés aux tableaux 2 à 6 de l'annexe 7-5 du livre VII donnent lieu à la perception d'une redevance pour service rendu par la régie de recettes instituée auprès du greffe du tribunal de première instance de Nouméa aux taux et dans les conditions définis à ces tableaux et par les articles R. 743-140 à R. 743-157.

CHAPITRE VIII. – DISPOSITIONS D'ADAPTATION DU LIVRE HUITIÈME

Art. R. 938-1 *(Anc. D. n° 69-810, 12 août 1969, art. 189, en ce qui concerne la Nouvelle-Calédonie)*. – Pour l'application en Nouvelle-Calédonie du titre II du livre VIII, les références à la « commission régionale d'inscription », à la « chambre régionale de discipline » et à la « chambre régionale des comptes » sont remplacées, respectivement, par les références à la « commission territoriale d'inscription », à la « chambre territoriale de discipline » et à la « chambre territoriale des comptes ».

TITRE IV. – DISPOSITIONS APPLICABLES EN POLYNÉSIE FRANÇAISE

Art. R. 940-1 *(Mod., D. n° 2017-1163, 12 juill. 2017 ; D. n° 2019-1333, 11 déc. 2019 ; D. n° 2020-1616, 17 déc. 2020)*. – Sous réserve des adaptations prévues dans les chapitres ci-après, les dispositions suivantes du code sont applicables en Polynésie française :

1° Les articles R. 123-220 à R. 123-234, en ce qu'ils concernent les institutions et services de l'État et les personnes morales de droit public administratif dont le siège est situé en Polynésie française, ainsi que leurs établissements ;

2° Le titre II du livre VII dans sa rédaction issue du décret n° 2020-1616 du 17 décembre 2020, à l'exception des articles R. 721-7 à R. 722-6, R. 722-8, R. 722-9, R. 722-11 à R. 722-17, R. 723-4, R. 723-9 à R. 723-31.

Rédaction future. 2° *(2° mod., D. n° 2017-1163, 12 juill. 2017 ; D. n° 2019-1333, 11 déc. 2019 ; mod., D. n° 2020-1616, 17 déc. 2020 ; mod. à compter de la fin du mandat des délégués consulaires élus au cours de l'année 2016, D. n° 2021-144, 11 févr. 2021)* Le titre II du livre VII dans sa rédaction issue du décret n° 2021-144 du 11 février 2021, à l'exception des articles R. 721-7 à R. 722-6, R. 722-8, R. 722-9, R. 722-11 à R. 722-17, R. 723-4, R. 723-9 à R. 723-31.

NB : Conformément à l'article 11 du décret n° 2020-1616 du 17 décembre 2020, ces dispositions entrent en vigueur le lendemain de la publication du présent décret. Elles prennent effet pour chaque commission à l'expiration des mandats en cours à cette date.

Art. R. 940-3 *(Mod. à compter du 15 févr. 2009, D. n° 2009-160, 12 févr. 2009)*. – Pour l'application de l'article L. 610-1, le siège et le ressort des juridictions commerciales compétentes en Polynésie française sont fixés conformément aux tableaux des annexes 9-2 et 9-3 au présent code.

CHAPITRE I. – DISPOSITIONS D'ADAPTATION DU LIVRE PREMIER

Le présent chapitre ne comprend pas de dispositions réglementaires.

CHAPITRE II. – DISPOSITIONS D'ADAPTATION DU LIVRE DEUXIÈME

Le présent chapitre ne comprend pas de dispositions réglementaires.

CHAPITRE III. – DISPOSITIONS D'ADAPTATION DU LIVRE TROISIÈME

Le présent chapitre ne comprend pas de dispositions réglementaires.

CHAPITRE IV. – DISPOSITIONS D'ADAPTATION DU LIVRE QUATRIÈME

Le présent chapitre ne comprend pas de dispositions réglementaires.

CHAPITRE V. – DISPOSITIONS D'ADAPTATION DU LIVRE CINQUIÈME

Le présent chapitre ne comprend pas de dispositions réglementaires.

CHAPITRE VI. – DISPOSITIONS D'ADAPTATION DU LIVRE SIXIÈME

Le présent chapitre ne comprend pas de dispositions réglementaires.

CHAPITRE VII. – DISPOSITIONS D'ADAPTATION DU LIVRE SEPTIÈME

Art. R. 947-1 *(COJ, art. R. 932-11, al. 1, en ce qui concerne la Polynésie).* **– À l'article R. 721-2, les mots : « au tableau de l'annexe 7-1 du présent livre » sont remplacés par les mots : « au tableau de l'annexe 9-1 du présent livre ».**

Art. D. 947-2 *(Anc. D. n° 93-1090, 15 sept. 1993, art. 1er, en ce qui concerne la Polynésie).* **– À l'article R. 721-3, les mots : « et le nombre des chambres de chaque tribunal de commerce » sont remplacés par les mots : « du tribunal mixte de commerce de Papeete », et les mots : « aux tableaux de l'annexe 7-2 du présent livre » sont remplacés par les mots : « au tableau de l'annexe 9-1 du présent livre ».**

Art. R. 947-3 *(COJ, art. L. 932-36, en ce qui concerne la Polynésie).* **– Pour l'application du chapitre III du titre II du livre VII, les dispositions suivantes sont ajoutées :**

« L'élection générale des juges des tribunaux mixtes de commerce a lieu dans la première quinzaine du mois d'octobre. »

Art. R. 947-4 *(COJ, art. R. 932-14, en ce qui concerne la Polynésie).* **– À l'article R. 723-1, les mots : « dans le mois qui suit l'élection des délégués consulaires » et « prise après avis de l'assemblée générale du tribunal de commerce » sont supprimés.**

> **Rédaction future.** Art. R. 947-4 *(Mod. à compter de la fin du mandat des délégués consulaires élus au cours de l'année 2016, D. n° 2021-144, 11 févr. 2021).* – À l'article R. 723-1, les mots : « Au cours des deux premiers mois de l'année suivant l'élection des membres des chambres de commerce et d'industrie et des chambres de métiers et de l'artisanat » et « prise après avis de l'assemblée générale du tribunal de commerce » sont supprimés.

Art. R. 947-5 *(COJ, art. R. 932-15, en ce qui concerne la Polynésie).* **– Au premier alinéa de l'article R. 723-2, les mots : « du procès-verbal de l'élection des délégués consulaires, et, par le président du tribunal** *de commerce, une expédition de l'ordonnance fixant* **le tableau des juges composant la juridiction » sont remplacés par les mots : « de la liste électorale utilisée pour l'élection des juges des chambres de commerce du territoire ».**

Au deuxième alinéa de l'article R. 723-2, les mots : « des juges dont l'élection est intervenue postérieurement à celle des délégués consulaires ainsi qu'à celle des anciens juges des tribunaux de commerce qui demandent à être inscrits en application de l'article L. 723-1 » sont remplacés par les mots : « des anciens membres des

tribunaux mixtes de commerce et des chambres de commerce et d'industrie qui demandent à être inscrits en application des articles L. 723-1 dans sa rédaction applicable en Polynésie française ».

> **Rédaction future. Art. R. 947-5** *(Mod. à compter de la fin du mandat des délégués consulaires élus au cours de l'année 2016, D. n° 2021-144, 11 févr. 2021).* – Au premier alinéa de l'article R. 723-2, les mots : « du procès-verbal de l'élection des membres élus des chambres de commerce et d'industrie et des chambres de métiers et de l'artisanat, et, par le président du tribunal de commerce, une expédition de l'ordonnance fixant le tableau des juges composant la juridiction » sont remplacés par les mots : « de la liste électorale utilisée pour l'élection des juges des chambres de commerce du territoire ».
>
> Au deuxième alinéa de l'article R. 723-2, les mots : « des juges dont l'élection est intervenue postérieurement à celle des membres des chambres de commerce et d'industrie et des chambres de métiers et de l'artisanat ainsi qu'à celle des anciens juges des tribunaux de commerce des anciens membres des tribunaux de commerce ainsi qu'à celle » sont remplacés par les mots : « des anciens membres des tribunaux mixtes de commerce et des chambres de commerce et d'industrie territoriales qui demandent à être inscrits en application [de l'article] L. 723-1 dans sa rédaction applicable en Polynésie française ».

Art. R. 947-6 *(COJ, art. R. 932-16, en ce qui concerne la Polynésie).* **– À l'article R. 723-3, les mots : « qui en adresse un exemplaire dans chaque mairie, où elle est tenue à la disposition du public » sont ajoutés après les mots : « Elle est transmise au Haut-commissaire de la République ».**

Art. R. 947-7 *(Mod., D. n° 2017-1163, 12 juill. 2017).* **– Au deuxième alinéa de l'article R. 723-6, les mots : « jusqu'à 18 heures le vingtième jour précédant celui du dépouillement du premier tour de scrutin » sont remplacés par les mots « jusqu'au vingtième jour précédant celui du scrutin ».**

Au troisième alinéa du même article, les mots : « prévues aux 1° à 4° de l'article L. 723-2 et aux articles L. 722-6-1, L. 722-6-2 et L. 723-7 » sont remplacés par les mots : « prévues aux 1° à 4° de l'article L. 723-2 et aux articles L. 722-6-1, L. 722-6-2 et L. 723-7 dans leur rédaction applicable en Polynésie française ».

Art. R. 947-8 *(COJ, art. R. 932-18, en ce qui concerne la Polynésie ; COJ, art. R. 932-18, en ce qui concerne la Polynésie ; COJ, art. R. 932-21, en ce qui concerne la Polynésie ; COJ, art. R. 932-22, en ce qui concerne la Polynésie ; COJ, art. R. 932-24, en ce qui concerne la Polynésie).* **– Pour l'application de la section 3 du chapitre III du titre II du livre VII, les dispositions suivantes sont ajoutées :**

« I. – L'élection des juges d'un tribunal mixte de commerce a lieu dans la commune où le tribunal a son siège.

Le collège électoral est convoqué par un arrêté du Haut-commissaire de la République pris deux mois avant la date du scrutin. Cet arrêté fixe la date, les heures et le lieu du scrutin.

Chaque électeur est en outre convoqué individuellement.

II. – Chaque électeur, après que la commission électorale a vérifié son identité, vote à l'aide d'un bulletin qu'il rédige lui-même. Il peut aussi utiliser l'un des bulletins imprimés mis par certains candidats, avec l'approbation de la commission électorale, à la disposition des électeurs dans la salle du scrutin. Ce bulletin imprimé peut être modifié de façon manuscrite. Chaque électeur ne met sous enveloppe et ne dépose dans l'urne qu'un seul bulletin.

Le nombre des candidats désignés par chaque électeur sur son bulletin est égal ou inférieur à celui des juges à élire.

Les suffrages exprimés en faveur des personnes dont la candidature n'a pas été enregistrée et affichée conformément aux dispositions de l'article R. 723-6 ne sont pas comptés lors du recensement des votes.

III. – Tout électeur désirant voter par procuration fait établir celle-ci par acte dressé sans frais par le tribunal de première instance de sa résidence.

L'électeur ne peut désigner en qualité de mandataire qu'un autre électeur inscrit sur la même liste électorale que lui.

Le tribunal de première instance peut être saisi à tout moment jusqu'à l'avant-veille du scrutin à midi.

L'électeur justifie devant le tribunal de première instance de son identité. Il produit en outre un certificat établi par le greffier du tribunal mixte de commerce attestant de son inscription et de celle de son mandataire sur la liste électorale mentionnée à l'article R. 723-3.

L'électeur se présente en personne devant le tribunal de première instance. La présence du mandataire n'est pas indispensable.

Le tribunal de première instance dresse l'acte de procuration en deux originaux : l'un est remis à l'électeur, le second, auquel est annexé le certificat établi par le greffier du tribunal mixte de commerce, est conservé au rang des minutes du tribunal de première instance.

La validité de la procuration est limitée à la seule élection pour laquelle elle est établie.

Lors du scrutin, le mandataire remet au président de la commission électorale l'acte de procuration établi par le tribunal de première instance. Le secrétaire de la commission électorale porte sur la liste d'émargement, en face du nom de l'électeur ayant demandé à voter par procuration, la mention de cette demande et le nom du

mandataire désigné par la procuration, et, en face du nom de l'électeur désigné en qualité de mandataire, la mention de cette qualité et du nom de l'électeur représenté. La procuration est annexée à la liste d'émargement et conservée dans les conditions fixées par l'article R. 723-19.

IV. – Tout électeur désirant voter par correspondance en fait la demande auprès du Haut-commissaire de la République. Cette demande est recevable jusqu'au trentième jour précédant la date du scrutin. La demande, formulée par écrit et signée par l'électeur, indique ses nom, prénoms et domicile ainsi que la qualité lui donnant droit à participer au vote.

Si la demande est tardive ou si l'intéressé ne figure pas sur la liste électorale mentionnée à l'article R. 723-3, le Haut-commissaire de la République avise aussitôt l'intéressé du rejet de sa demande en lui donnant les motifs de son refus.

Lorsque le Haut-commissaire de la République fait droit à la demande, il adresse à l'électeur, vingt jours avant la date du scrutin, une enveloppe électorale destinée à recevoir le bulletin de vote et une enveloppe d'envoi portant la mention "Élection des juges du tribunal mixte de commerce. – Vote par correspondance" et les nom et prénoms de l'électeur.

Lors du scrutin, l'électeur place son bulletin de vote dans l'enveloppe électorale sans la cacheter et place cette enveloppe dans l'enveloppe d'envoi. Il cachette cette deuxième enveloppe et l'adresse au Haut-commissaire de la République sous pli fermé.

Le Haut-commissaire de la République dresse la liste des électeurs ayant demandé à voter par correspondance. Il y mentionne ceux des électeurs dont il a reçu l'enveloppe électorale. La liste est close la veille du scrutin à dix-huit heures. Les plis parvenant ultérieurement sont retournés aux électeurs avec la mention de la date et de l'heure auxquelles ils sont parvenus au Haut-commissariat. La liste est remise, avec les enveloppes cachetées contenant les enveloppes électorales, au président de la commission électorale immédiatement après que celui-ci a ouvert le scrutin.

Le secrétaire de la commission électorale porte sur la liste d'émargement, en face du nom de chaque électeur autorisé à voter par correspondance, la mention « Vote par correspondance ». Le président de la commission électorale ouvre ensuite chaque pli, énonce publiquement le nom de l'électeur, émarge et place dans l'urne, pour être dépouillée avec les autres, l'enveloppe contenant le bulletin de vote.

À la clôture du scrutin, les enveloppes électorales et la liste des électeurs autorisés à voter par correspondance sont annexées à la liste d'émargement et conservées dans les conditions fixées par l'article R. 723-19.

V. – Lorsqu'il y a lieu de procéder à des élections complémentaires, la date du scrutin et le calendrier des opérations électorales sont fixés par arrêté du Haut-commissaire de la République. »

Art. R. 947-9 *(COJ, art. L. 932-42, en ce qui concerne la Polynésie)*. – Pour l'application de l'article R. 723-24, après les mots : « dans le ressort duquel se trouve situé le siège du tribunal de commerce », sont insérés les mots : « qui statue en dernier ressort ».

CHAPITRE VIII. – DISPOSITIONS D'ADAPTATION DU LIVRE HUITIÈME

Le présent chapitre ne comprend pas de dispositions réglementaires.

TITRE V. – DISPOSITIONS APPLICABLES DANS LES ÎLES WALLIS-ET-FUTUNA

Art. R. 950-1 *(Mod., D. n° 2019-169, 6 mars 2019 ; D. n° 2019-339, 18 avr. 2019 ; D. n° 2020-106, 10 févr. 2020 ; D. n° 2020-179, 28 févr. 2020 ; D. n° 2020-292, 21 mars 2020 ;* D. n° 2021-211, 24 févr. *2021)*. – Sous réserve des adaptations prévues dans les chapitres ci-après, les dispositions suivantes du code sont applicables dans les îles Wallis-et-Futuna :

1° Les dispositions du livre Ier mentionnées dans la colonne de gauche du tableau ci-après sont applicables dans les îles Wallis-et-Futuna dans leur rédaction indiquée dans la colonne de droite du même tableau.

DISPOSITIONS APPLICABLES	DANS LEUR RÉDACTION EN VIGUEUR le lendemain de la publication du
TITRE Ier. – DE L'ACTE DE COMMERCE	
TITRE II. – DES COMMERÇANTS	
Chapitre Ier. – De la définition et du statut	
Articles R. 121-1 à R. 121-5	Décret n° 2007-431 du 27 mars 2007
Chapitre III. – Des obligations générales des commerçants	
Article R. 123-1	Décret n° 2020-118 du 12 février 2020
Articles R. 123-2 à R. 123-4	Décret n° 2007-431 du 27 mars 2007
Article R. 123-5	Décret n° 2020-118 du 12 février 2020
Articles R. 123-6 à R. 123-27	Décret n° 2007-431 du 27 mars 2007
Article R. 123-28	Décret n° 2007-1851 du 26 décembre 2007
Article R. 123-29	Décret n° 2007-431 du 27 mars 2007
Article R. 123-30	Décret n° 2020-118 du 12 février 2020
Articles R. 123-31 à R. 123-36	Décret n° 2007-431 du 27 mars 2007
Article R. 123-37	Décret n° 2019-987 du 25 septembre 2019
Article R. 123-38	Décret n° 2020-106 du 10 février 2020
Article R. 123-39	Décret n° 2007-750 du 9 mai 2007
Articles R. 123-40 et R. 123-41	Décret n° 2007-431 du 27 mars 2007
Article R. 123-42	Décret n° 2019-987 du 25 septembre 2019
Articles R. 123-43 et R. 123-44	Décret n° 2007-431 du 27 mars 2007
Article R. 123-45 et R. 123-46	Décret n° 2010-1706 du 29 décembre 2010
Article R. 123-47	Décret n° 2007-431 du 27 mars 2007
Article R. 123-48	Décret n° 2015-913 du 24 juillet 2015
Article R. 123-49	Décret n° 2007-750 du 9 mai 2007
Article R. 123-49-1	Décret n° 2019-987 du 25 septembre 2019
Article R. 123-50	Décret n° 2007-431 du 27 mars 2007
Articles R. 123-51	Décret n° 2007-750 du 9 mai 2007
Article R. 123-52	Décret n° 2010-1706 du 29 décembre 2010
Article R. 123-53	Décret n° 2020-1 du 2 janvier 2020
Article R. 123-54	Décret n° 2020-106 du 10 février 2020
Articles R. 123-55 à R. 123-59	Décret n° 2007-431 du 27 mars 2007
Article R. 123-60	Décret n° 2020-106 du 10 février 2020

DISPOSITIONS APPLICABLES	DANS LEUR RÉDACTION EN VIGUEUR le lendemain de la publication du
Article R. 123-61 à R. 123-67	Décret n° 2007-431 du 27 mars 2007
Articles R. 123-68 et R. 123-69	Décret n° 2007-750 du 9 mai 2007
Articles R. 123-70	Décret n° 2020-106 du 10 février 2020
Articles R. 123-71 à R. 123-72	Décret n° 2007-431 du 27 mars 2007
Article R. 123-73	Décret n° 2007-750 du 9 mai 2007
Article R. 123-74	Décret n° 2007-431 du 27 mars 2007
Article R. 123-75	Décret n° 2015-417 du 14 avril 2015
Article R. 123-76	Décret n° 2007-431 du 27 mars 2007
Article R. 123-77	Décret n° 2020-118 du 12 février 2020
Article R. 123-79	Décret n° 2007-431 du 27 mars 2007
Article R. 123-80	Décret n° 2012-928 du 31 juillet 2012
Article D. 123-80-1	Décret n° 2017-1094 du 12 juin 2017
Article D. 123-80-2	Décret n° 2015-1905 du 30 décembre 2015
Article R. 123-81	Décret n° 2007-431 du 27 mars 2007
Article R. 123-83	Décret n° 2010-1706 du 29 décembre 2010
Article R. 123-84	Décret n° 2012-928 du 31 juillet 2012
Articles R. 123-85 à R. 123-87	Décret n° 2007-431 du 27 mars 2007
Article R. 123-88	Décret n° 2007-750 du 9 mai 2007
Article R. 123-89 à R. 123-95	Décret n° 2007-431 du 27 mars 2007
Article R. 123-96	Décret n° 2019-987 du 25 septembre 2019
Article R. 123-97	Décret n° 2015-913 du 24 juillet 2015
Article R. 123-98	Décret n° 2012-928 du 31 juillet 2012
Article R. 123-99 à R. 123-101	Décret n° 2007-431 du 27 mars 2007
Article R. 123-102	Décret n° 2012-928 du 31 juillet 2012
Article R. 123-103	Décret n° 2020-1742 du 29 décembre 2020
Articles R. 123-104 et R. 123-105	Décret n° 2012-928 du 31 juillet 2012
Article R. 123-106	Décret n° 2007-431 du 27 mars 2007
Article R. 123-107	Décret n° 2019-1097 du 28 octobre 2019
Article R. 123-108	Décret n° 2015-545 du 18 mai 2015
Article R. 123-109	Décret n° 2007-431 du 27 mars 2007
Article R. 123-110	Décret n° 2012-928 du 31 juillet 2012

DISPOSITIONS APPLICABLES	DANS LEUR RÉDACTION EN VIGUEUR le lendemain de la publication du
Article R. 123-111	Décret n° 2014-1063 du 18 septembre 2014
Article R. 123-111-1	Décret n° 2019-1207 du 20 novembre 2019
Articles R. 123-112 et R. 123-113	Décret n° 2012-928 du 31 juillet 2012
Article R. 123-114	Décret n° 2007-431 du 27 mars 2007
Article R. 123-118	Décret n° 2012-928 du 31 juillet 2012
Articles R. 123-119 et R. 123-120	Décret n° 2007-431 du 27 mars 2007
Article R. 123-121	Décret n° 2007-431 du 27 mars 2007
Article R. 123-121-1	Décret n° 2007-750 du 9 mai 2007
Articles R. 123-121-2 à R. 123-121-4	Décret n° 2019-987 du 25 septembre 2019
Article R. 123-122	Décret n° 2014-736 du 30 juin 2014
Article R. 123-123	Décret n° 2007-431 du 27 mars 2007
Article R. 123-124	Décret n° 2015-417 du 14 avril 2015
Article R. 123-125	Décret n° 2007-750 du 9 mai 2007
Article R. 123-126	Décret n° 2007-431 du 27 mars 2007
Article R. 123-126-1	Décret n° 2019-987 du 25 septembre 2019
Article R. 123-127	Décret n° 2007-431 du 27 mars 2007
Article R. 123-128	Décret n° 2007-750 du 9 mai 2007
Article R. 123-129	Décret n° 2007-431 du 27 mars 2007
Article R. 123-130	Décret n° 2012-928 du 31 juillet 2012
Articles R. 123-131 et R. 123-132	Décret n° 2007-431 du 27 mars 2007
Articles R. 123-133 et R. 123-134	Décret n° 2007-750 du 9 mai 2007
Article R. 123-135	Décret n° 2020-106 du 10 février 2020
Articles R. 123-136 et R. 123-137	Décret n° 2007-431 du 27 mars 2007
Article R. 123-138	Décret n° 2012-928 du 31 juillet 2012
Articles R. 123-139 et R. 123-140	Décret n° 2007-431 du 27 mars 2007
Article R. 123-141	Décret n° 2008-484 du 22 mai 2008
Articles R. 123-142 et R. 123-147	Décret n° 2007-431 du 27 mars 2007
Article R. 123-148	Décret n° 2008-484 du 22 mai 2008
Articles R. 123-149 et R. 123-152	Décret n° 2007-431 du 27 mars 2007
Articles R. 123-153 à R. 123-154	Décret n° 2007-431 du 27 mars 2007
Article R. 123-154-1	Décret n° 2019-1207 du 20 novembre 2019

DISPOSITIONS APPLICABLES	DANS LEUR RÉDACTION EN VIGUEUR le lendemain de la publication du
Articles R. 123-155 et R. 123-156	Décret n° 2007-431 du 27 mars 2007
Article R. 123-157	Décret n° 2020-106 du 10 février 2020
Article R. 123-158	Décret n° 2007-431 du 27 mars 2007
Article R. 123-159	Décret n° 2007-750 du 9 mai 2007
Articles R. 123-160 et R. 123-161	Décret n° 2007-431 du 27 mars 2007
Article R. 123-162	Décret n° 2019-1207 du 20 novembre 2019
Articles R. 123-163 à R. 123-166	Décret n° 2007-431 du 27 mars 2007
Articles R. 123-166-1 à R. 123-166-5	Décret n° 2009-1695 du 30 décembre 2009
Article R. 123-167	Décret n° 2007-431 du 27 mars 2007
Article R. 123-168	Décret n° 2012-928 du 31 juillet 2012
Article R. 123-169	Décret n° 2007-431 du 27 mars 2007
Article R. 123-169-1	Décret n° 2007-750 du 9 mai 2007
Articles R. 123-170 et R. 123-171	Décret n° 2007-431 du 27 mars 2007
Article R. 123-172	Décret n° 2007-431 du 27 mars 2007
Article R. 123-173	Décret n° 2015-903 du 23 juillet 2015
Articles R. 123-174 à R. 123-176	Décret n° 2007-431 du 27 mars 2007
Article R. 123-177	Décret n° 2015-903 du 23 juillet 2015
Article R. 123-178	Décret n° 2007-431 du 27 mars 2007
Articles R. 123-179 à R. 123-184	Décret n° 2015-903 du 23 juillet 2015
Article R. 123-185	Décret n° 2007-431 du 27 mars 2007
Articles R. 123-186 à R. 123-190	Décret n° 2015-903 du 23 juillet 2015
Articles R. 123-191 et R. 123-192	Décret n° 2007-431 du 27 mars 2007
Article R. 123-193	Décret n° 2015-903 du 23 juillet 2015
Article R. 123-194	Décret n° 2007-431 du 27 mars 2007
Articles R. 123-195 et R. 123-197-1	Décret n° 2015-903 du 23 juillet 2015
Article R. 123-199	Décret n° 2007-431 du 27 mars 2007
Article R. 123-199-1	Décret n° 2009-267 du 9 mars 2009
Article R. 123-203	Décret n° 2007-431 du 27 mars 2007
Article R. 123-204	Décret n° 2015-903 du 23 juillet 2015
Articles R. 123-209 et R. 123-210	Décret n° 2007-431 du 27 mars 2007
Articles R. 123-211 à R. 123-212	Décret n° 2020-106 du 10 février 2020

DISPOSITIONS APPLICABLES	DANS LEUR RÉDACTION EN VIGUEUR le lendemain de la publication du
Articles R. 123-213 à R. 123-228	Décret n° 2007-431 du 27 mars 2007
Articles R. 123-209 à R. 123-221	Décret n° 2007-431 du 27 mars 2007
Article R. 123-222	Décret n° 2020-1 du 2 janvier 2020
Articles R. 123-223 à R. 123-228	Décret n° 2007-431 du 27 mars 2007
Articles R. 123-229 à D. 123-236	Décret n° 2007-431 du 27 mars 2007
Article R. 123-237	Décret n° 2010-1706 du 29 décembre 2010
Article R. 123-238	Décret n° 2007-431 du 27 mars 2007
Chapitre VII. – Du contrat d'appui au projet d'entreprise pour la création ou la reprise d'une activité économique	
Articles R. 127-1 à R. 127-3	Décret n° 2007-431 du 27 mars 2007
TITRE III. – DES COURTIERS, DES COMMISSIONNAIRES, DES TRANSPORTEURS ET DES AGENTS COMMERCIAUX	
Chapitre Ier. – Des courtiers	
Article R. 131-7	Décret n° 2014-1315 du 3 novembre 2014
Chapitre II. – Des commissionnaires	
Article R. 132-1	Décret n° 2007-431 du 27 mars 2007
Chapitre III. – Des transporteurs	
Articles R. 133-1 et R. 133-2	Décret n° 2007-431 du 27 mars 2007
Chapitre IV. – Des agents commerciaux	
Articles R. 134-1 à R. 134-4	Décret n° 2007-431 du 27 mars 2007
Articles R. 134-5 et R. 134-6	Décret n° 2019-987 du 25 septembre 2019
Articles R. 134-7	Décret n° 2010-1706 du 29 décembre 2010
Articles R. 134-8 à R. 134-11	Décret n° 2007-431 du 27 mars 2007
Articles R. 134-12 et R. 134-13	Décret n° 2010-1706 du 29 décembre 2010
Article R. 134-13-1	Décret n° 2019-987 du 25 septembre 2019
Article R. 134-14	Décret n° 2007-431 du 27 mars 2007
Article R. 134-15	Décret n° 2010-1310 du 2 novembre 2010
Articles R. 134-16 et R. 134-17	Décret n° 2007-431 du 27 mars 2007
TITRE IV. – DU FONDS DE COMMERCE	
Chapitre Ier. – De la vente du fonds de commerce	
Articles R. 141-1 et R. 141-1-1	Décret n° 2020-106 du 10 février 2020
Article R. 141-2	Décret n° 2007-431 du 27 mars 2007

DISPOSITIONS APPLICABLES	DANS LEUR RÉDACTION EN VIGUEUR le lendemain de la publication du
Chapitre III. – Dispositions communes à la vente et au nantissement de fonds de commerce	
Articles R. 143-1 à R. 143-22	Décret n° 2007-431 du 27 mars 2007
Article R. 143-23	Décret n° 2008-484 du 22 mai 2008
Chapitre IV. – De la location-gérance	
Articles R. 144-1	Décret n° 2020-106 du 10 février 2020
Articles D. 144-2 à D. 144-5	Décret n° 2007-431 du 27 mars 2007
Chapitre V. – Du bail commercial	
Articles R. 145-1 à R. 145-4	Décret n° 2007-431 du 27 mars 2007
Article R. 145-5	Décret n° 2014-1317 du 3 novembre 2014
Articles R. 145-6 à D. 145-19	Décret n° 2007-431 du 27 mars 2007
Article R. 145-20	Décret n° 2014-1317 du 3 novembre 2014
Article R. 145-21 à R. 145-25	Décret n° 2007-431 du 27 mars 2007
Article R. 145-26 et R. 145-29	Décret n° 2019-1333 du 11 décembre 2019
Article R. 145-30	Décret n° 2007-431 du 27 mars 2007
Article R. 145-31	Décret n° 2019-1333 du 11 décembre 2019
Article R. 145-32 et R. 145-33	Décret n° 2007-431 du 27 mars 2007
Articles R. 145-35 à R. 145-37	Décret n° 2014-1317 du 3 novembre 2014
Article R. 145-38	Décret n° 2016-296 du 11 mars 2016
Chapitre VI. – Des gérants-mandataires	
Articles D. 146-1 et D. 146-2	Décret n° 2007-431 du 27 mars 2007
TITRE V. – DE LA PROTECTION DU SECRET DES AFFAIRES	
Chapitre II : Des actions en prévention, en cessation ou en réparation d'une atteinte au secret des affaires	
Article R. 152-1	Décret n° 2019-1333 du 11 décembre 2019
Chapitre III : Des mesures générales de protection du secret des affaires devant les juridictions civiles ou commerciales	
Articles R. 153-1 à R. 153-10	Décret n° 2018-1126 du 11 décembre 2018

2° Le livre II, à l'exception des articles R. 229-1 à R. 229-26 et R. 252-1 ;

L'article R. 210-3 est applicable dans sa rédaction résultant du décret n° 2020-106 du 10 février 2020 ;

Les articles R. 210-6 et R. 210-7 sont applicables dans leur rédaction résultant du décret n° 2019-1097 du 28 octobre 2019 ;

Les articles R. 210-11 et R. 210-16 sont applicables dans leur rédaction résultant du décret n° 2020-106 du 10 février 2020 ;

Les articles R. 221-3 et R. 221-4 sont applicables dans leur rédaction résultant du décret n° 2019-1118 du 31 octobre 2019 ;

L'article R. 221-5 est applicable dans sa rédaction résultant du décret n° 2019-1419 du 20 décembre 2019 ;

L'article R. 223-10 est applicable dans sa rédaction résultant du décret n° 2017-1165 du 12 juillet 2017 ;
L'article R. 223-11 est applicable dans sa rédaction résultant du décret n° 2019-1419 du 20 décembre 2019 ;
Les articles R. 223-20, R. 223-20-2 et R. 223-20-3 sont applicables dans leur rédaction résultant du décret n° 2018-146 du 28 février 2018 ;
L'article R. 223-26 est applicable dans sa rédaction résultant du décret n° 2019-1118 du 31 octobre 2019 ;
L'article R. 223-30 est applicable dans sa rédaction résultant du décret n° 2019-1419 du 20 décembre 2019 ;
L'article R. 223-36 est applicable dans sa rédaction résultant du décret n° 2020-106 du 10 février 2020 ;
L'article R. 225-10 est applicable dans sa rédaction résultant du décret n° 2020-106 du 10 février 2020 ;
L'article R. 225-12 est applicable dans sa rédaction résultant du décret n° 2017-630 du 25 avril 2017 ;
L'article R. 225-13 est applicable dans sa rédaction résultant du décret n° 2019-1097 du 28 octobre 2019 ;
Les articles R. 225-20, R. 225-22 et R. 225-24 sont applicables dans leur rédaction résultant du décret n° 2019-1118 du 31 octobre 2019 ;
L'article R. 225-27 est applicable dans sa rédaction résultant du décret n° 2020-106 du 10 février 2020 ;
L'article R. 225-30 est applicable dans sa rédaction résultant du décret n° 2017-630 du 25 avril 2017 ;
Les articles R. 225-34-2, R. 225-34-3 et R. 225-34-4 sont applicables dans leur rédaction résultant du décret n° 2019-1308 du 6 décembre 2019 ;
Les articles R. 225-47, R. 225-49 et R. 225-51 sont applicables dans leur rédaction résultant du décret n° 2019-1118 du 31 octobre 2019 ;
L'article R. 225-57 est applicable dans sa rédaction résultant du décret n° 2017-630 du 25 avril 2017 ;
L'article R. 225-60-2 est applicable dans sa rédaction résultant du décret n° 2019-1308 du 6 décembre 2019 ;
Les articles R. 225-61-1, R. 225-61-2, R. 225-63 et R. 225-66 sont applicables dans leur rédaction résultant du décret n° 2018-146 du 28 février 2018 ;
L'article R. 225-67 est applicable dans sa rédaction résultant du décret n° 2020-106 du 10 février 2020 ;
L'article R. 225-86 est applicable dans sa rédaction résultant du décret n° 2018-1226 du 24 décembre 2018 ;
Les articles R. 225-95, R. 225-97 et R. 225-99 sont applicables dans leur rédaction résultant du décret n° 2018-146 du 28 février 2018 ;
L'article R. 225-102 est applicable dans sa rédaction résultant du décret n° 2017-1174 du 18 juillet 2017 ;
L'article R. 225-104 est applicable dans sa rédaction résultant du décret n° 2020-100 du 7 février 2020 ;
L'article D. 225-104-1 est applicable dans sa rédaction résultant du décret n° 2017-1174 du 18 juillet 2017 ;
L'article R. 225-105 est applicable dans sa rédaction résultant du décret n° 2020-1742 du 29 décembre 2020 ;
Les articles R. 225-105-1 et R. 225-105-2 sont applicables dans leur rédaction résultant du décret n° 2017-1265 du 9 août 2017 ;
Les articles R. 225-114, R. 225-115, R. 225-116 et R. 225-117 sont applicables dans leur rédaction résultant du décret n° 2020-1742 du 29 décembre 2020 ;
Les articles R. 225-120, R. 225-122, R. 225-129, R. 225-130, R. 225-133, R. 225-136, R. 225-136-1, R. 225-140, R. 225-143, R. 225-145, R. 225-150, R. 225-151 et R. 225-153 sont applicables dans leur rédaction résultant du décret n° 2020-1742 du 29 décembre 2020 ;
L'article R. 225-160 est applicable dans sa rédaction résultant du décret n° 2020-1742 du 29 décembre 2020 ;
Les articles R. 225-160 et R. 225-160-4 sont applicables dans leur rédaction résultant du décret n° 2017-1253 du 9 août 2017 ;
Les articles R. 225-163 et R. 225-164-1 sont applicables dans leur rédaction résultant du décret n° 2019-1419 du 20 décembre 2019 ;
L'article R. 225-166 est applicable dans sa rédaction résultant du décret n° 2020-106 du 10 février 2020 ;
L'article R. 227-1 est applicable dans sa rédaction résultant du décret n° 2019-1419 du 20 décembre 2019 ;
L'article R. 227-1-1 est applicable dans sa rédaction résultant du décret n° 2019-1118 du 31 octobre 2019 ;
L'article R. 227-2 est applicable dans sa rédaction résultant du décret n° 2019-1097 du 28 octobre 2019 ;
Les articles R. 228-7, R. 228-8 et R. 228-10 sont applicables dans leur rédaction résultant du décret n° 2018-1226 du 24 décembre 2018 ;
L'article R. 228-12 est applicable dans sa rédaction résultant du décret n° 2017-1253 du 9 août 2017 ;
L'article R. 228-24 est applicable dans sa rédaction résultant du décret n° 2020-106 du 10 février 2020 ;
L'article R. 228-51 est applicable dans sa rédaction résultant du décret n° 2019-1097 du 28 octobre 2019 ;
L'article R. 228-60 est applicable dans sa rédaction résultant du décret n° 2017-1165 du 12 juillet 2017 ;
L'article R. 228-61 est applicable dans sa rédaction résultant du décret n° 2020-106 du 10 février 2020 ;

L'article R. 228-67 est applicable dans sa rédaction résultant du décret n° 2020-106 du 10 février 2020 ;
L'article R. 228-79 est applicable dans sa rédaction résultant du décret n° 2020-106 du 10 février 2020 ;
L'article R. 228-83 est applicable dans sa rédaction résultant du décret n° 2017-1165 du 12 juillet 2017 ;
L'article R. 232-2 est applicable dans sa rédaction résultant du décret n° 2020-100 du 7 février 2020 ;
L'article R. 232-22 est applicable dans sa rédaction résultant du décret n° 2019-1207 du 20 novembre 2019 ;
L'article R. 233-2 est applicable dans sa rédaction résultant du décret n° 2020-106 du 10 février 2020 ;
L'article R. 233-16 est applicable dans sa rédaction résultant du décret n° 2020-100 du 7 février 2020 ;
L'article R. 236-11 est applicable dans sa rédaction résultant du décret n° 2020-106 du 10 février 2020 ;
Les articles R. 237-2, R. 237-8 et R. 237-16 sont applicables dans leur rédaction résultant du décret n° 2020-106 du 10 février 2020 ;

(Al. rempl., D. n° 2021-669, 27 mai 2021) L'article R. 210-21 est applicable dans sa rédaction résultant du décret n° 2021-669 du 27 mai 2021.

Les articles R. 210-21 et R. 210-22 sont applicables dans leur rédaction résultant du décret n° 2020-1 du 2 janvier 2020.

3° Le livre III, à l'exception des articles R. 321-1 à R. 321-73 ;

4° *(D. n° 2021-715, 2 juin 2021)* Les dispositions du livre IV mentionnées dans la colonne de gauche du tableau ci-après sont applicables dans les îles Wallis-et-Futuna dans leur rédaction indiquée dans la colonne de droite du même tableau.

DISPOSITIONS APPLICABLES	DANS LEUR RÉDACTION RÉSULTANT DU
TITRE II	
Articles R. 420-1 à R. 420-5	Décret n° 2007-431 du 25 mars 2007
TITRE III	
Article R. 430-2	décret n° 2021-715 du 2 juin 2021
Articles R. 430-3 et R. 430-4	décret n° 2019-339 du 18 avril 2019
Articles R. 430-5, R. 430-6, R. 430-7, R. 430-9 et R. 430-10	Décret n° 2009-139 du 10 février 2009
Article D. 430-8	Décret n° 2009-186 du 17 février 2009
Articles R. 430-9 et R. 430-10	Décret n° 2007-431 du 25 mars 2007
TITRE IV	
Articles D. 440-1 à D. 440-13, R. 442-1, R. 442-4, R. 443-1 et D. 443-2	décret n° 2021-211 du 24 février 2021
TITRE IV *BIS*	
Articles R. 444-1, R. 444-4, R. 444-8, R. 444-11 à R. 444-14, R. 444-16, R. 444-19, R. 444-22 à R. 444-38, R. 444-40, R. 444-41, R. 444-44 à R. 444-56, R. 444-59 à R. 444-66, R. 444-69, R. 444-70	Décret n° 2016-230 du 26 février 2016
Article R. 444-11-1	Décret n° 2016-1369 du 12 octobre 2016
Articles R. 444-3, R. 444-9, R. 444-15, R. 444-18, R. 444-20, R. 444-72 à R. 444-76	Décret n° 2017-862 du 9 mai 2017
Article R. 444-71	Décret n° 2018-200 du 23 mars 2018
Articles R. 444-2, R. 444-5 à R. 444-7, R. 444-10, R. 444-10-1, R. 444-12-1, R. 444-17, R. 444-21, R. 444-39 et R. 444-43	Décret n° 2020-179 du 28 février 2020

DISPOSITIONS APPLICABLES	DANS LEUR RÉDACTION RÉSULTANT DU
TITRE V	
Articles R. 450-1 et R. 450-2	Décret n° 2007-431 du 25 mars 2007
TITRE VI	
Articles R. 461-1 à R. 461-8	Décret n° 2007-431 du 25 mars 2007
Article R. 461-10	Décret [n°] 2019-169 du 6 mars 2019
Article R. 462-1	Décret n° 2007-431 du 25 mars 2007
Article R. 462-2 alinéa 1	Décret n° 2007-431 du 25 mars 2007
Article R. 462-2 alinéa 2	Décret n° 2016-230 du 26 février 2016
Articles R. 462-3 et R. 462-4	Décret n° 2007-431 du 25 mars 2007
Article R. 463-1	décret n° 2021-715 du 2 juin 2021
Article R. 463-2 à R. 463-10	décret n° 2007-431 du 25 mars 2007
Articles R. 463-11	décret n° 2021-715 du 2 juin 2021
Article R. 463-12	décret n° 2007-431 du 25 mars 2007
Article R. 463-13	décret n° 2021-715 du 2 juin 2021
Article R. 463-14	Décret n° 2017-823 du 5 mai 2017
Article R. 463-15	décret n° 2021-715 du 2 juin 2021
Article R. 463-15-1	Décret n° 2009-142 du 10 février 2009
Article R. 464-1	Décret n° 2007-431 du 25 mars 2007
Article R. 464-2	décret n° 2021-715 du 2 juin 2021
Article R. 464-4 et R. 464-5	décret n° 2021-715 du 2 juin 2021
Article R. 464-6	décret n° 2021-715 du 2 juin 2021
Article R. 464-7	décret n° 2007-431 du 25 mars 2007
Article R. 464-8	décret n° 2021-715 du 2 juin 2021
Article R. 464-8-1	décret n° 2009-312 du 20 mars 2009
Articles R. 464-9-1 à R. 464-9-3	Décret n° 2009-140 du 10 février 2009
Article R. 464-9-4	Décret n° 2014-1109 du 30 septembre 2014
Article R. 464-10	Décret n° 2017-823 du 5 mai 2017
Article R. 464-11	Décret n° 2012-840 du 29 juin 2012
Articles R. 464-12 à R. 464-18	Décret n° 2017-823 du 5 mai 2017
Articles R. 464-19	Décret n° 2012-840 du 29 juin 2012
Article R. 464-20	Décret n° 2017-823 du 5 mai 2017
Article R. 464-21	Décret n° 2012-840 du 29 juin 2012

DISPOSITIONS APPLICABLES	DANS LEUR RÉDACTION RÉSULTANT DU
Article R. 464-22	Décret n° 2017-823 du 5 mai 2017
Article R. 464-23	Décret n° 2007-431 du 27 mars 2007
Article R. 464-24	Décret n° 2017-823 du 5 mai 2017
Article R. 464-24-1 à R. 464-24-8	Décret n° 2017-823 du 5 mai 2017
Article R. 464-25	Décret n° 2007-431 du 25 mars 2007
Article R. 464-25-1	Décret n° 2017-823 du 5 mai 2017
Article R. 464-26	Décret n° 2017-823 du 5 mai 2017
Article R. 464-27	Décret n° 2007-431 du 25 mars 2007
Article R. 464-28	Décret n° 2017-823 du 5 mai 2017
Article R. 464-29	Décret n° 2015-521 du 11 mai 2015
Articles R. 464-30	Décret n° 2017-823 du 5 mai 2017
Article R. 464-31	Décret n° 2008-484 du 22 mai 2008
TITRE VIII	
Articles R. 481-1 et R. 483-1	Décret n° 2017-305 du 9 mars 2017
Articles R. 483-11 à R. 483-14	Décret n° 2017-305 du 9 mars 2017
TITRE IX	
Article R. 490-1	décret n° 2017-305 du 9 mars 2017
Article R. 490-2	décret n° 2021-211 du 24 février 2021
Articles R. 490-3 à R. 490-7	décret n° 2017-305 du 9 mars 2017
Article R. 490-8	décret n° 2021-211 du 24 février 2021
Articles R. 490-9 et R. 490-10	décret n° 2017-305 du 9 mars 2017

5° Le livre V dans les conditions suivantes :

a) Le titre Ier ;

b) Les chapitres Ier à V du titre II ;

c) Les dispositions du chapitre VI du titre II mentionnées dans la colonne de gauche du tableau ci-après, dans leur rédaction indiquée dans la colonne de droite du même tableau :

DISPOSITIONS APPLICABLES	DANS LEUR RÉDACTION EN VIGUEUR le lendemain de la publication du
Articles R. 526-1 à R. 526-2	Décret n° 2017-630 du 25 avril 2017
Article R. 526-3	Décret n° 2019-987 du 25 septembre 2019
Articles R. 526-4	Décret n° 2019-987 du 25 septembre 2019
Article R. 526-7	Décret n° 2010-1706 du 29 décembre 2010
Articles R. 526-8 à R. 526-10	Décret n° 2017-630 du 25 avril 2017

DISPOSITIONS APPLICABLES	DANS LEUR RÉDACTION EN VIGUEUR le lendemain de la publication du
Article R. 526-10-2	Décret n° 2017-630 du 25 avril 2017
Articles R. 526-11	Décret n° 2010-1706 du 29 décembre 2010
Articles R. 526-12 et R. 526-13	Décret n° 2019-987 du 25 septembre 2019
Article R. 526-14	Décret n° 2010-1706 du 29 décembre 2010
Articles R. 526-14-1 à R. 526-16	Décret n° 2019-987 du 25 septembre 2019
Articles R. 526-17	Décret n° 2010-1706 du 29 décembre 2010
Article R. 526-18	Décret n° 2019-987 du 25 septembre 2019
Article R. 526-19	Décret n° 2010-1706 du 29 décembre 2010
Article R. 526-20 et R. 526-20-1	Décret n° 2019-987 du 25 septembre 2019
Articles R. 526-21 à R. 526-23	Décret n° 2010-1706 du 29 décembre 2010
Article R. 526-24	Décret n° 2015-417 du 14 avril 2015

***d)* Les dispositions du chapitre VII du titre II ;**
L'article R. 527-16 est applicable dans sa rédaction issue du décret n° 2008-484 du 22 mai 2008.
6° Le livre VI dans les conditions suivantes :
***a)* Les dispositions du titre I mentionnées dans la colonne de gauche du tableau ci-après, dans leur rédaction indiquée dans la colonne de droite du même tableau :**

DISPOSITIONS APPLICABLES	DANS LEUR RÉDACTION RÉSULTANT DU
Chapitre Ier	
D. 611-1 à D. 611-7	Décret n° 2007-431 du 25 mars 2007
D. 611-8	Décret n° 2014-1316 du 3 novembre 2014
D. 611-9	Décret n° 2007-431 du 25 mars 2007
R. 611-10 à R. 611-11	Décret n° 2014-736 du 30 juin 2014
R. 611-12	Décret n° 2007-431 du 25 mars 2007
R. 611-13 et R. 611-14	Décret n° 2014-736 du 30 juin 2014
R. 611-15	Décret n° 2007-431 du 25 mars 2007
R. 611-16	Décret n° 2017-1225 du 2 août 2017
R. 611-17	Décret n° 2007-431 du 25 mars 2007
R. 611-18	Décret n° 2009-160 du 12 février 2009
R. 611-19 et R. 611-20	Décret n° 2014-736 du 30 juin 2014
R. 611-21	Décret n° 2007-431 du 25 mars 2007
R. 611-21-1	Décret n° 2014-736 du 30 juin 2014
R. 611-22	Décret n° 2014-736 du 30 juin 2014

DISPOSITIONS APPLICABLES	DANS LEUR RÉDACTION RÉSULTANT DU
R. 611-23	Décret n° 2007-431 du 25 mars 2007
R. 611-23-1	Décret n° 2016-1851 du 23 décembre 2016
R. 611-24	Décret n° 2009-160 du 12 février 2009
R. 611-25	Décret n° 2007-431 du 25 mars 2007
R. 611-26 et R. 611-26-1	Décret n° 2009-160 du 12 février 2009
R. 611-26-2	Décret n° 2014-736 du 30 juin 2014
R. 611-27 à R. 611-34	Décret n° 2007-431 du 25 mars 2007
R. 611-34-1	Décret n° 2014-736 du 30 juin 2014
R. 611-35	Décret n° 2019-1419 du 20 décembre 2019
R. 611-36 et R. 611-37	Décret n° 2007-431 du 25 mars 2007
R. 611-38	Décret n° 2014-736 du 30 juin 2014
R. 611-38-1	Décret n° 2011-236 du 3 mars 2011
R. 611-38-2	Décret n° 2014-736 du 30 juin 2014
R. 611-39	Décret n° 2007-431 du 25 mars 2007
R. 611-40	Décret n° 2009-160 du 12 février 2009
R. 611-40-1	Décret n° 2014-736 du 30 juin 2014
R. 611-41	Décret n° 2007-431 du 25 mars 2007
R. 611-42	Décret n° 2009-160 du 12 février 2009
R. 611-43	Décret n° 2020-106 du 10 février 2020
R. 611-44	Décret n° 2007-431 du 25 mars 2007
R. 611-45	Décret n° 2009-160 du 12 février 2009
R. 611-46 et R. 611-46-1	Décret n° 2014-736 du 30 juin 2014
R. 611-47 et R. 611-47-1	Décret n° 2014-736 du 30 juin 2014
R. 611-48	Décret n° 2007-431 du 25 mars 2007
R. 611-49 à R. 611-52	Décret n° 2014-736 du 30 juin 2014
Chapitre II	
R. 612-1	Décret n° 2012-721 du 9 mai 2012
R. 612-2	Ordonnance n° 2009-79 du 22 janvier 2009
R. 612-3	Décret n° 2007-431 du 25 mars 2007
R. 612-4	Décret n° 2007-812 du 10 mai 2007
R. 612-5 à R. 612-7	Décret n° 2007-431 du 25 mars 2007

b) **Les dispositions des chapitres Ier, IV et VI du titre II mentionnées dans la colonne de gauche du tableau ci-après, dans leur rédaction indiquée dans la colonne de droite du même tableau, ainsi que les chapitres II et III du titre II, le chapitre V à l'exception de l'article R. 625-4 et les chapitres VII et VIII de ce même titre :**

DISPOSITIONS APPLICABLES	DANS LEUR RÉDACTION RÉSULTANT DU
Chapitre Ier	
R. 621-1	Décret n° 2020-100 du 7 février 2020
R. 621-2	Décret n° 2007-431 du 25 mars 2007 relatif à la partie réglementaire du Code de commerce
R. 621-2-1	Décret n° 2020-100 du 7 février 2020
R. 621-3	Décret n° 2007-431 du 25 mars 2007 relatif à la partie réglementaire du Code de commerce
R. 621-4	Décret n° 2014-736 du 30 juin 2014 pris pour l'application de l'ordonnance n° 2014-326 du 12 mars 2014 portant réforme de la prévention des difficultés des entreprises et des procédures collectives
R. 621-5	Décret n° 2014-736 du 30 juin 2014 pris pour l'application de l'ordonnance n° 2014-326 du 12 mars 2014 portant réforme de la prévention des difficultés des entreprises et des procédures collectives
R. 621-6	Décret n° 2007-431 du 25 mars 2007 relatif à la partie réglementaire du Code de commerce
R. 621-7	Décret n° 2014-551 du 27 mai 2014 portant adaptation de dispositions pour faire suite à la fusion de la direction générale des impôts et de la direction générale de la comptabilité publique
R. 621-7-1	Décret n° 2014-736 du 30 juin 2014 pris pour l'application de l'ordonnance n° 2014-326 du 12 mars 2014 portant réforme de la prévention des difficultés des entreprises et des procédures collectives
R. 621-8	Décret n° 2020-106 du 10 février 2020
R. 621-8-1	Décret n° 2019-1333 du 11 décembre 2019
R. 621-8-2	Décret n° 2012-1190 du 25 octobre 2012 pris pour l'application de la loi n° 2012-346 du 12 mars 2012 relative aux mesures conservatoires en matière de sauvegarde, de redressement judiciaire ou de liquidation judiciaire et aux biens qui en font l'objet
R. 621-9	Décret n° 2014-736 du 30 juin 2014 pris pour l'application de l'ordonnance n° 2014-326 du 12 mars 2014 portant réforme de la prévention des difficultés des entreprises et des procédures collectives
R. 621-10	Décret n° 2007-431 du 25 mars 2007 relatif à la partie réglementaire du Code de commerce
R. 621-11	Décret n° 2020-100 du 7 février 2020
R. 621-12	Décret n° 2007-431 du 25 mars 2007 relatif à la partie réglementaire du Code de commerce

DISPOSITIONS APPLICABLES	DANS LEUR RÉDACTION RÉSULTANT DU
R. 621-13	Décret n° 2016-1851 du 23 décembre 2016 relatif à la désignation des huissiers de justice et des commissaires-priseurs judiciaires dans certaines procédures relatives aux entreprises en difficulté et modifiant le Code de commerce
R. 621-14	Décret n° 2007-431 du 25 mars 2007 relatif à la partie réglementaire du Code de commerce
R. 621-15	Décret n° 2019-1333 du 11 décembre 2019
R. 621-17	décret n° 2014-736 du 30 juin 2014 pris pour l'application de l'ordonnance n° 2014-326 du 12 mars 2014 portant réforme de la prévention des difficultés des entreprises et des procédures collectives
R. 621-18 à R. 621-20	Décret n° 2007-431 du 25 mars 2007 relatif à la partie réglementaire du Code de commerce
R. 621-21	Décret n° 2019-1333 du 11 décembre 2019
Articles R. 621-22 à R. 621-24	Décret n° 2014-736 du 30 juin 2014
R. 621-25	Décret n° 2007-431 du 25 mars 2007 relatif à la partie réglementaire du Code de commerce
R. 621-26	Décret n° 2015-1009 du 18 août 2015 relatif à la mise en œuvre du portail électronique prévu aux articles L. 814-2 et L. 814-13 du Code de commerce
CHAPITRE IV	
R. 624-1 et R. 624-2	Décret n° 2014-736 du 30 juin 2014
R. 624-3	Décret n° 2009-160 du 12 février 2009
R. 624-4	Décret n° 2014-736 du 30 juin 2014
R. 624-5	Décret n° 2017-891 du 6 mai 2017
R. 624-6	Décret n° 2014-736 du 30 juin 2014
R. 624-7 à R. 624-9	Décret n° 2007-431 du 25 mars 2007
R. 624-10	Décret n° 2019-1333 du 11 décembre 2019
R. 624-11 à R. 624-13	Décret n° 2007-431 du 25 mars 2007
R. 624-13-1	Décret n° 2014-736 du 30 juin 2014
R. 624-14 et R. 624-15	Décret n° 2007-431 du 25 mars 2007
R. 624-16	Décret n° 2009-160 du 12 février 2009
R. 624-17 et R. 624-18	Décret n° 2014-736 du 30 juin 2014
Chapitre VI	
R. 626-1 et R. 626-2	Décret n° 2007-431 du 25 mars 2007
R. 626-3	Décret n° 2010-1619 du 23 décembre 2010

DISPOSITIONS APPLICABLES	DANS LEUR RÉDACTION RÉSULTANT DU
R. 626-7 et R. 626-8	Décret n° 2011-236 du 3 mars 2011
R. 626-17 à R. 626-19	Décret n° 2007-431 du 25 mars 2007
R. 626-20	Décret n° 2009-160 du 12 février 2009
R. 626-21	Décret n° 2007-431 du 25 mars 2007
R. 626-22	Décret n° 2009-160 du 12 février 2009
R. 626-23 à R. 626-32	Décret n° 2007-431 du 25 mars 2007
R. 626-32-1	Décret n° 2014-736 du 30 juin 2014
R. 626-33	Décret n° 2011-236 du 3 mars 2011
R. 626-33-1 et R. 626-34	Décret n° 2014-736 du 30 juin 2014
R. 626-35 à R. 626-38	Décret n° 2007-431 du 25 mars 2007
R. 626-39	Décret n° 2014-736 du 30 juin 2014
R. 626-40	Décret n° 2009-160 du 12 février 2009
R. 626-41 à R. 626-43	Décret n° 2007-431 du 25 mars 2007
R. 626-44	Décret n° 2009-160 du 12 février 2009
R. 626-45	Décret n° 2019-1333 du 11 décembre 2019
R. 626-46 et R. 626-47	Décret n° 2007-431 du 25 mars 2007
R. 626-47-1 à R. 626-49	Décret n° 2014-736 du 30 juin 2014
R. 626-50 à R. 626-52	Décret n° 2007-431 du 25 mars 2007
R. 626-53	Décret n° 2009-160 du 12 février 2009
R. 626-54	Décret n° 2007-431 du 25 mars 2007
R. 626-55 et R. 626-56	Décret n° 2009-160 du 12 février 2009
R. 626-57	Décret n° 2014-736 du 30 juin 2014
R. 626-57-1	Décret n° 2009-160 du 12 février 2009
R. 626-57-2 à R. 626-61-1	Décret n° 2014-736 du 30 juin 2014
R. 626-62	Décret n° 2009-160 du 12 février 2009
R. 626-63	Décret n° 2019-1333 du 11 décembre 2019
R. 626-64	Décret n° 2014-736 du 30 juin 2014

Les articles R. 626-8, R. 626-60 et R. 628-14 sont applicables dans les îles Wallis-et-Futuna dans leur rédaction résultant du décret n° 2020-106 du 10 février 2020 ;

***c)* Le titre III ;**

L'article R. 631-1 est applicable dans sa rédaction issue du décret n° 2020-100 du 7 février 2020.

***d)* Les dispositions du chapitre préliminaire et des chapitres Ier, II, III et V du titre IV mentionnées dans la colonne de gauche du tableau ci-après, dans leur rédaction indiquée dans la colonne de droite du même tableau, ainsi que le chapitre IV de ce même titre :**

DISPOSITIONS APPLICABLES	DANS LEUR RÉDACTION RÉSULTANT DU
Chapitre préliminaire	
R. 640-1	Décret n° 2015-1009 du 18 août 2015 relatif à la mise en œuvre du portail électronique prévu aux articles L. 814-2 et L. 814-13 du Code de commerce
R. 640-1-1	Décret n° 2014-736 du 30 juin 2014 pris pour l'application de l'ordonnance n° 2014-326 du 12 mars 2014 portant réforme de la prévention des difficultés des entreprises et des procédures collectives
R. 640-2	Décret n° 2009-160 du 12 février 2009 pris pour l'application de l'ordonnance n° 2008-1345 du 18 décembre 2008 portant réforme du droit des entreprises en difficulté et modifiant les procédures de saisie immobilière et de distribution du prix d'un immeuble
R. 641-1	Décret n° 2014-736 du 30 juin 2014 pris pour l'application de l'ordonnance n° 2014-326 du 12 mars 2014 portant réforme de la prévention des difficultés des entreprises et des procédures collectives
Chapitre Ier	
R. 641-2 et R. 641-4	Décret n° 2007-431 du 25 mars 2007 relatif à la partie réglementaire du Code de commerce
R. 641-5 et R. 641-6	Décret n° 2014-736 du 30 juin 2014 pris pour l'application de l'ordonnance n° 2014-326 du 12 mars 2014 portant réforme de la prévention des difficultés des entreprises et des procédures collectives
R. 641-7	Décret n° 2019-1333 du 11 décembre 2019
R. 641-8	Décret n° 2009-160 du 12 février 2009 pris pour l'application de l'ordonnance n° 2008-1345 du 18 décembre 2008 portant réforme du droit des entreprises en difficulté et modifiant les procédures de saisie immobilière et de distribution du prix d'un immeuble
R. 641-9	Décret n° 2007-431 du 25 mars 2007 relatif à la partie réglementaire du Code de commerce
R. 641-11	Décret n° 2014-736 du 30 juin 2014 pris pour l'application de l'ordonnance n° 2014-326 du 12 mars 2014 portant réforme de la prévention des difficultés des entreprises et des procédures collectives
R. 641-12	Décret n° 2009-160 du 12 février 2009 pris pour l'application de l'ordonnance n° 2008-1345 du 18 décembre 2008 portant *réforme du droit* des entreprises en difficulté et modifiant les procédures de saisie immobilière et de distribution du prix d'un immeuble
R. 641-13	Décret n° 2007-431 du 25 mars 2007 relatif à la partie réglementaire du Code de commerce

DISPOSITIONS APPLICABLES	DANS LEUR RÉDACTION RÉSULTANT DU
R. 641-14	Décret n° 2009-160 du 12 février 2009 pris pour l'application de l'ordonnance n° 2008-1345 du 18 décembre 2008 portant réforme du droit des entreprises en difficulté et modifiant les procédures de saisie immobilière et de distribution du prix d'un immeuble
R. 641-15 à R. 641-20	Décret n° 2007-431 du 25 mars 2007 relatif à la partie réglementaire du Code de commerce
R. 641-21 et R. 641-22	Décret n° 2009-160 du 12 février 2009 pris pour l'application de l'ordonnance n° 2008-1345 du 18 décembre 2008 portant réforme du droit des entreprises en difficulté et modifiant les procédures de saisie immobilière et de distribution du prix d'un immeuble
R. 641-23 à R. 641-25	Décret n° 2007-431 du 25 mars 2007 relatif à la partie réglementaire du Code de commerce
R. 641-26	Décret n° 2012-783 du 30 mai 2012 relatif à la partie réglementaire du Code des procédures civiles d'exécution
R. 641-27 à R. 641-30	décret n° 2007-431 du 25 mars 2007 relatif à la partie réglementaire du Code de commerce
R. 641-31	Décret n° 2014-736 du 30 juin 2014 pris pour l'application de l'ordonnance n° 2014-326 du 12 mars 2014 portant réforme de la prévention des difficultés des entreprises et des procédures collectives
R. 641-32	Décret n° 2007-431 du 25 mars 2007 relatif à la partie réglementaire du Code de commerce
R. 641-32-1	Décret n° 2014-736 du 30 juin 2014 pris pour l'application de l'ordonnance n° 2014-326 du 12 mars 2014 portant réforme de la prévention des difficultés des entreprises et des procédures collectives
R. 641-33 et R. 641-34	Décret n° 2007-431 du 25 mars 2007 relatif à la partie réglementaire du Code de commerce
R. 641-35	Décret n° 2014-736 du 30 juin 2014 pris pour l'application de l'ordonnance n° 2014-326 du 12 mars 2014 portant réforme de la prévention des difficultés des entreprises et des procédures collectives
R. 641-36 à R. 641-38	Décret n° 2007-431 du 25 mars 2007 relatif à la partie réglementaire du Code de commerce
R. 641-39	Décret n° 2014-736 du 30 juin 2014 pris pour l'application de l'ordonnance n° 2014-326 du 12 mars 2014 portant réforme de la prévention des difficultés des entreprises et des procédures collectives
R. 641-40	Décret n° 2009-160 du 12 février 2009 pris pour l'application de l'ordonnance n° 2008-1345 du 18 décembre 2008 portant réforme du droit des entreprises en difficulté et modifiant les procédures de saisie immobilière et de distribution du prix d'un immeuble

DISPOSITIONS APPLICABLES	DANS LEUR RÉDACTION RÉSULTANT DU
Chapitre II	
R. 642-1	Décret n° 2014-736 du 30 juin 2014
R. 642-2 à R. 642-4	Décret n° 2007-431 du 25 mars 2007
R. 642-5	Décret n° 2019-1333 du 11 décembre 2019
R. 642-6 et R. 642-7	Décret n° 2007-431 du 25 mars 2007
R. 642-8	Décret n° 2009-160 du 12 février 2009
R. 642-9 et R. 642-10	Décret n° 2007-431 du 25 mars 2007
R. 642-11 à R. 642-14	Décret n° 2009-160 du 12 février 2009
R. 642-15 à R. 642-17	Décret n° 2007-431 du 25 mars 2007
R. 642-17-1	Décret n° 2009-160 du 12 février 2009
R. 642-18 à R. 642-21	Décret n° 2007-431 du 25 mars 2007
R. 642-22	Décret n° 2009-160 du 12 février 2009
R. 642-23	Décret n° 2012-783 du 30 mai 2012
R. 642-24	Décret n° 2009-160 du 12 février 2009
R. 642-25	Décret n° 2012-783 du 30 mai 2012
R. 642-26	Décret n° 2007-431 du 25 mars 2007
R. 642-27 et R. 642-28	Décret n° 2012-783 du 30 mai 2012
R. 642-29	Décret n° 2009-160 du 12 février 2009
R. 642-29-1 à R. 642-30	Décret n° 2012-783 du 30 mai 2012
R. 642-31	Décret n° 2009-160 du 12 février 2009
R. 642-32	Décret n° 2012-783 du 30 mai 2012
R. 642-33	Décret n° 2019-1333 du 11 décembre 2019
R. 642-34	Décret n° 2009-160 du 12 février 2009
R. 642-35	Décret n° 2012-783 du 30 mai 2012
R. 642-36	Décret n° 2007-431 du 25 mars 2007
R. 642-36-1	Décret n° 2009-160 du 12 février 2009
R. 642-37	Décret n° 2007-431 du 25 mars 2007
R. 642-37-1 à R. 642-37-3	Décret n° 2009-160 du 12 février 2009
R. 642-38	Décret n° 2019-1333 du 11 décembre 2019
R. 642-39	Décret n° 2014-736 du 30 juin 2014
R. 642-40	Décret n° 2015-1009 du 18 août 2015
R. 642-41	Décret n° 2007-431 du 25 mars 2007

DISPOSITIONS APPLICABLES	DANS LEUR RÉDACTION RÉSULTANT DU
Chapitre III	
R. 643-1 et R. 643-2	Décret n° 2007-431 du 25 mars 2007
R. 643-3	Décret n° 2009-160 du 12 février 2009
R. 643-4	Décret n° 2007-431 du 25 mars 2007
R. 643-5	Décret n° 2014-736 du 30 juin 2014
R. 643-6 à R. 643-8	Décret n° 2007-431 du 25 mars 2007
R. 643-9	Décret n° 2012-783 du 30 mai 2012
R. 643-10	Décret n° 2007-431 du 25 mars 2007
R. 643-11	Décret n° 2019-1333 du 11 décembre 2019
R. 643-12 et R. 643-13	Décret n° 2007-431 du 25 mars 2007
R. 643-14	Décret n° 2009-160 du 12 février 2009
R. 643-15 et R. 643-16	Décret n° 2007-431 du 25 mars 2007
R. 643-17 à R. 643-19	Décret n° 2014-736 du 30 juin 2014
R. 643-20	Décret n° 2009-160 du 12 février 2009
R. 643-21	Décret n° 2014-736 du 30 juin 2014
R. 643-22	Décret n° 2007-431 du 25 mars 2007
R. 643-23	Décret n° 2009-160 du 12 février 2009
R. 643-24	Décret n° 2007-431 du 25 mars 2007
Chapitre V	
R. 645-1 À R. 645-8	Décret n° 2014-736 du 30 juin 2014
R. 645-9	Décret n° 2017-1225 du 2 août 2017
Articles R. 645-10 à R. 645-18	Décret n° 2014-736 du 30 juin 2014
Article R. 645-19	Décret n° 2020-106 du 10 février 2020
Articles R. 645-20 à R. 645-25	Décret n° 2014-736 du 30 juin 2014

Les articles R. 643-6 et R. 644-2 sont applicables dans les îles Wallis-et-Futuna dans leur rédaction résultant du décret n° 2020-106 du 10 février 2020 ;

e) Le titre V ;

f) Les dispositions des chapitres I à III du titre VI mentionnées dans la colonne de gauche du tableau ci-après, dans leur rédaction indiquée dans la colonne de droite du même tableau :

DISPOSITIONS APPLICABLES	DANS LEUR RÉDACTION RÉSULTANT DU
Chapitre I	
R. 661-1	Décret n° 2019-1333 du 11 décembre 2019

DISPOSITIONS APPLICABLES	DANS LEUR RÉDACTION RÉSULTANT DU
R. 661-2 et R. 661-3	Décret n° 2014-736 du 30 juin 2014
R. 661-4	Décret n° 2009-160 du 12 février 2009
R. 661-5	Décret n° 2007-431 du 25 mars 2007
R. 661-6	Décret n° 2019-1333 du 11 décembre 2019
R. 661-7 et R661-8	Décret n° 2007-431 du 25 mars 2007
Chapitre II	
R. 662-1	Décret n° 2014-736 du 30 juin 2014 pris pour l'application de l'ordonnance n° 2014-326 du 12 mars 2014 portant réforme de la prévention des difficultés des entreprises et des procédures collectives
R. 662-1-1 et R. 662-1-2	Décret n° 2012-1190 du 25 octobre 2012 pris pour l'application de la loi n° 2012-346 du 12 mars 2012 relative aux mesures conservatoires en matière de sauvegarde, de redressement judiciaire ou de liquidation judiciaire et aux biens qui en font l'objet
R. 662-2	Décret n° 2008-484 du 22 mai 2008 relatif à la procédure devant la Cour de cassation
R. 662-3	Décret n° 2009-160 du 12 février 2009 pris pour l'application de l'ordonnance n° 2008-1345 du 18 décembre 2008 portant réforme du droit des entreprises en difficulté et modifiant les procédures de saisie immobilière et de distribution du prix d'un immeuble
R. 662-3-1	Décret n° 2014-736 du 30 juin 2014 pris pour l'application de l'ordonnance n° 2014-326 du 12 mars 2014 portant réforme de la prévention des difficultés des entreprises et des procédures collectives
R. 662-4	Décret n° 2008-484 du 22 mai 2008 relatif à la procédure devant la Cour de cassation
R. 662-5 et R. 662-6	Décret n° 2007-431 du 25 mars 2007 relatif à la partie réglementaire du Code de commerce
R. 662-7	Décret n° 2014-736 du 30 juin 2014 pris pour l'application de l'ordonnance n° 2014-326 du 12 mars 2014 portant réforme de la prévention des difficultés des entreprises et des procédures collectives
R. 662-8	Décret n° 2007-431 du 25 mars 2007 relatif à la partie réglementaire du Code de commerce
R. 662-9	Décret n° 2014-736 du 30 juin 2014 pris pour l'application de l'ordonnance n° 2014-326 du 12 mars 2014 portant réforme de la prévention des difficultés des entreprises et des procédures collectives
R. 662-10	Décret n° 2007-431 du 25 mars 2007 relatif à la partie réglementaire du Code de commerce
R. 662-11	Décret n° 2007-431 du 25 mars 2007 relatif à la partie réglementaire du Code de commerce

DISPOSITIONS APPLICABLES	DANS LEUR RÉDACTION RÉSULTANT DU
R. 662-12	Décret n° 2009-160 du 12 février 2009 pris pour l'application de l'ordonnance n° 2008-1345 du 18 décembre 2008 portant réforme du droit des entreprises en difficulté et modifiant les procédures de saisie immobilière et de distribution du prix d'un immeuble
R. 662-12-1	Décret n° 2015-1009 du 18 août 2015 relatif à la mise en œuvre du portail électronique prévu aux articles L. 814-2 et L. 814-13 du Code de commerce
R. 662-13 et R. 662-14	Décret n° 2007-431 du 25 mars 2007 relatif à la partie réglementaire du Code de commerce
R. 662-15	Décret n° 2009-160 du 12 février 2009 pris pour l'application de l'ordonnance n° 2008-1345 du 18 décembre 2008 portant réforme du droit des entreprises en difficulté et modifiant les procédures de saisie immobilière et de distribution du prix d'un immeuble
R. 662-16	Décret n° 2007-431 du 25 mars 2007 relatif à la partie réglementaire du Code de commerce
R. 662-17	Décret n° 2014-736 du 30 juin 2014 pris pour l'application de l'ordonnance n° 2014-326 du 12 mars 2014 portant réforme de la prévention des difficultés des entreprises et des procédures collectives
Chapitre III	
R. 663-1	Décret n° 2007-431 du 25 mars 2007 relatif à la partie réglementaire du Code de commerce
R. 663-2	Décret n° 2009-160 du 12 février 2009 pris pour l'application de l'ordonnance n° 2008-1345 du 18 décembre 2008 portant réforme du droit des entreprises en difficulté et modifiant les procédures de saisie immobilière et de distribution du prix d'un immeuble
R. 663-3	Décret n° 2020-100 du 7 février 2020
R. 663-4 à R. 663-40	Décret n° 2016-230 du 26 février 2016
R. 663-41	Décret n° 2014-736 du 30 juin 2014 pris pour l'application de l'ordonnance n° 2014-326 du 12 mars 2014 portant réforme de la prévention des difficultés des entreprises et des procédures collectives
R. 663-42 à R. 663-44	Décret n° 2007-431 du 25 mars 2007 relatif à la partie réglementaire du Code de commerce
R. 663-45	Décret n° 2012-1190 du 25 octobre 2012 pris pour l'application de la loi n° 2012-346 du 12 mars 2012 relative aux mesures conservatoires en matière de sauvegarde, de redressement judiciaire ou de liquidation judiciaire et aux biens qui en font l'objet
R. 663-46	Décret n° 2019-1333 du 11 décembre 2019
Articles R. 663-47 à R. 663-49	Décret n° 2007-431 du 25 mars 2007
R. 663-50	Décret n° 2016-1851 du 23 décembre 2016 relatif à la désignation des huissiers de justice et des commissaires-priseurs judiciaires dans certaines procédures relatives aux entreprises en difficulté et modifiant le Code de commerce

L'article R. 661-2 est applicable dans les îles Wallis-et-Futuna dans sa rédaction résultant du décret n° 2020-106 du 10 février 2020 ;

g) Le titre VIII ;

7° Le titre II du livre VII, à l'exception des articles R. 721-2 à R. 721-4 et R. 721-7 à R. 724-21 ;

L'article R. 721-6 est applicable dans sa rédaction résultant du décret n° 2019-1333 du 11 décembre 2019 ;

Les articles R. 743-89, R. 743-142-6 et R. 743-142-7 sont applicables dans leur rédaction résultant du décret n° 2020-106 du 10 février 2020 ;

8° Le titre Ier du livre VIII dans les conditions suivantes :

a) Les dispositions du chapitre Ier mentionnées dans la colonne de gauche du tableau ci-après, dans leur rédaction indiquée dans la colonne de droite du même tableau :

DISPOSITIONS APPLICABLES	DANS LEUR RÉDACTION RÉSULTANT DU
Chapitre Ier	
R. 811-3 À R. 811-9	Décret n° 2007-431 du 25 mars 2007
R. 811-10	Décret n° 2017-1225 du 2 août 2017
R. 811-11	Décret n° 2016-109 du 3 février 2016 relatif à la Commission nationale d'inscription et de discipline des administrateurs judiciaires et des mandataires judiciaires
R. 811-12	Décret n° 2007-431 du 25 mars 2007 relatif à la partie réglementaire du Code de commerce
R. 811-13	Décret n° 2016-400 du 1er avril 2016 relatif aux administrateurs judiciaires et aux mandataires judiciaires
R. 811-14 à R. 811-16	Décret n° 2007-431 du 25 mars 2007 relatif à la partie réglementaire du Code de commerce
R. 811-17	Décret n° 2016-400 du 1er avril 2016 relatif aux administrateurs judiciaires et aux mandataires judiciaires
R. 811-18	Décret n° 2016-400 du 1er avril 2016 relatif aux administrateurs judiciaires et aux mandataires judiciaires
R. 811-19	Décret n° 2018-262 du 11 avril 2018
R. 811-20	Décret n° 2016-109 du 3 février 2016 relatif à la Commission nationale d'inscription et de discipline des administrateurs judiciaires et des mandataires judiciaires
R. 811-21	Décret n° 2007-431 du 25 mars 2007 relatif à la partie réglementaire du Code de commerce
R. 811-22	Décret n° 2016-400 du 1er avril 2016 relatif aux administrateurs judiciaires et aux mandataires judiciaires
R. 811-23	Décret n° 2018-262 du 11 avril 2018
R. 811-24	Décret n° 2007-431 du 25 mars 2007 relatif à la partie réglementaire du Code de commerce
R. 811-25	Décret n° 2016-400 du 1er avril 2016
R. 811-26	Décret n° 2018-262 du 11 avril 2018
R. 811-28-1 et R. 811-28-2	Décret n° 2018-262 du 11 avril 2018

DISPOSITIONS APPLICABLES	DANS LEUR RÉDACTION RÉSULTANT DU
R. 811-28-3 et R. 811-28-4	Décret n° 2016-400 du 1er avril 2016
R. 811-28-5 à R. 811-28-7	Décret n° 2018-262 du 11 avril 2018
R. 811-30	Décret n° 2007-431 du 25 mars 2007 relatif à la partie réglementaire du Code de commerce
R. 811-31 et R. 811-31-1	Décret n° 2018-262 du 11 avril 2018
R. 811-32	Décret n° 2007-431 du 25 mars 2007 relatif à la partie réglementaire du Code de commerce
R. 811-33	Décret n° 2011-1660 du 29 novembre 2011 pris pour l'application des 1°, 2° et 4° de l'article 20 de la loi n° 2011-331 du 28 mars 2011 de modernisation des professions judiciaires ou juridiques et certaines professions réglementées
R. 811-34 et R. 811-35	Décret n° 2016-109 du 3 février 2016 relatif à la Commission nationale d'inscription et de discipline des administrateurs judiciaires et des mandataires judiciaires
R. 811-36 et R. 811-37	Décret n° 2011-1660 du 29 novembre 2011 pris pour l'application des 1°, 2° et 4° de l'article 20 de la loi n° 2011-331 du 28 mars 2011 de modernisation des professions judiciaires ou juridiques et certaines professions réglementées
R. 811-38 et R. 811-39	Décret n° 2007-431 du 25 mars 2007 relatif à la partie réglementaire du Code de commerce
R. 811-40	Décret n° 2016-1851 du 23 décembre 2016 portant diverses dispositions relatives aux procédures du livre VI du Code de commerce et aux professionnels désignés
D. 811-40-1	Décret n° 2007-431 du 25 mars 2007 relatif à la partie réglementaire du Code de commerce
R. 811-41	Décret n° 2016-1851 du 23 décembre 20
R. 811-42 et R. 811-42-1	Décret n° 2017-1225 du 2 août 2017
R. 811-43	Décret n° 2016-109 du 3 février 2016 relatif à la Commission nationale d'inscription et de discipline des administrateurs judiciaires et des mandataires judiciaires
R. 811-44 et R. 811-47	Décret n° 2007-431 du 25 mars 2007
Article R. 811-48	Décret n° 2018-1126 du 11 décembre 2018
R. 811-49	Décret n° 2016-109 du 3 février 2016 relatif à la Commission nationale d'inscription et de discipline des administrateurs judiciaires et des mandataires judiciaires
R. 811-50	Décret n° 2007-431 du 25 mars 2007
R. 811-51	Décret n° 2018-1126 du 11 décembre 2018
Articles R. 811-52 à R. 811-56	Décret n° 2007-431 du 25 mars 2007
R. 811-57	Décret n° 2019-1333 du 11 décembre 2019

DISPOSITIONS APPLICABLES	DANS LEUR RÉDACTION RÉSULTANT DU
R. 811-58	Décret n° 2007-431 du 25 mars 2007 relatif à la partie réglementaire du Code de commerce
R. 811-59	Décret n° 2008-484 du 22 mai 2008 relatif à la procédure devant la Cour de cassation

b) **Les dispositions des sections 1 à 4 du chapitre IV mentionnées dans la colonne de gauche du tableau ci-après sont applicables dans les îles Wallis-et-Futuna aux administrateurs judiciaires, dans leur rédaction indiquée dans la colonne de droite du même tableau, ainsi que la section 5 du chapitre V :**

DISPOSITIONS APPLICABLES	DANS LEUR RÉDACTION RÉSULTANT DU
Section 1	
R. 814-1 à R. 814-2-1	Décret n° 2016-109 du 3 février 2016 relatif à la Commission nationale d'inscription et de discipline des administrateurs judiciaires et des mandataires judiciaires
Section 2	
R. 814-3	Décret n° 2016-1851 du 23 décembre 2016
D. 814-3-1	Décret n° 2011-1908 du 20 décembre 2011
R. 814-3-2 et R. 814-4	Décret n° 2017-1225 du 2 août 2017
R. 814-5 à R. 814-15	Décret n° 2007-431 du 25 mars 2007
Section 3	
R. 814-16 à R. 814-26	Décret n° 2007-431 du 25 mars 2007 relatif à la partie réglementaire du Code de commerce
R. 814-27	Décret n° 2008-484 du 22 mai 2008 relatif à la procédure devant la Cour de cassation
R. 814-28	Décret n° 2007-431 du 25 mars 2007 relatif à la partie réglementaire du Code de commerce
R. 814-28-1 à R. 814-28-6	Décret n° 2017-1225 du 2 août 2017
Section 4	
R. 814-29 À R. 814-37	Décret n° 2007-431 du 25 MARS 2007
D. 814-37-1	Décret n° 2017-304 du 8 mars 2017
R. 814-28 à R. 814-41	Décret n° 2007-431 du 25 mars 2007
R. 814-41-1 et R. 814-42	Décret n° 2017-1225 du 2 août 2017
R. 814-42-1	Décret n° 2016-1851 du 23 décembre 2016
R. 814-42-2	Décret n° 2017-1225 du 2 août 2017
R. 814-43	Décret n° 2007-431 du 25 mars 2007
R. 814-44	Décret n° 2017-1225 du 2 août 2017

DISPOSITIONS APPLICABLES	DANS LEUR RÉDACTION RÉSULTANT DU
R. 814-45 à R. 814-47	Décret n° 2007-431 du 25 mars 2007
R. 814-48	Décret n° 2017-1225 du 2 août 2017
R. 814-49	Décret n° 2007-431 du 25 mars 2007 relatif à la partie réglementaire du Code de commerce
R. 814-50 à R. 814-53	Décret n° 2016-109 du 3 février 2016 relatif à la Commission nationale d'inscription et de discipline des administrateurs judiciaires et des mandataires judiciaires
R. 814-54	Décret n° 2007-431 du 25 mars 2007 relatif à la partie réglementaire du Code de commerce
R. 814-55 à R. 814-58	Décret n° 2016-109 du 3 février 2016 relatif à la Commission nationale d'inscription et de discipline des administrateurs judiciaires et des mandataires judiciaires
R. 814-58-1 à R. 814-58-9	Décret n° 2015-1009 du 18 août 2015 relatif à la mise en œuvre du portail électronique prévu aux articles L. 814-2 et L. 814-13 du Code de commerce

L'article R. 814-117 est applicable dans les îles Wallis-et-Futuna dans sa rédaction résultant du décret n° 2020-106 du 10 février 2020 ;

9° Le titre II du livre VIII, à l'exception des articles R. 822-111 à R. 822-124, dans sa rédaction issue du décret n° 2016-1026 du 26 juillet 2016.

Toutefois, les articles R. 821-1, R. 821-3 et R. 822-20 sont applicables dans leur rédaction résultant du décret n° 2017-540 du 12 avril 2017 ;

Sont applicables dans leur rédaction résultant du décret n° 2020-292 du 21 mars 2020 les articles R. 820-1-1, R. 821-5, R. 821-7, R. 821-14, R. 821-14-1, R. 821-14-2, R. 821-14-7, R. 821-14-14, R. 821-17, R. 821-26, R. 821-48, R. 821-50, R. 821-64, R. 821-71, R. 821-72, R. 821-75, R. 822-13, R. 822-14, R. 822-22, R. 822-23, R. 822-26, R. 822-27, R. 822-30, R. 822-52, R. 822-62, R. 822-63, R. 822-89, R. 823-7-2, R. 823-10, R. 823-11, R. 823-14, R. 823-15, R. 823-17-1, R. 823-18, R. 823-19, R. 823-21, R. 824-4, R. 824-5, R. 824-6, R. 824-7, R. 824-11, R. 824-13, R. 824-16, R. 824-17, R. 824-18, R. 824-19, R. 824-22, R. 824-24 et R. 824-27 ;

Les articles R. 824-6 et R. 824-14 sont applicables dans leur rédaction résultant du décret n° 2017-540 du 12 avril 2017 ;

« L'article D. 823-7-1 est applicable dans sa rédaction résultant du décret n° 2021-211 du 24 février 2021 ».

Les articles R. 236-5, R. 236-5-1 et R. 236-5-2 sont applicables dans leur rédaction issue du décret n° 2019-1486 du 27 décembre 2019 ;

Les articles R. 822-77 et R. 822-108 sont applicables dans les îles Wallis-et-Futuna dans leur rédaction *résultant du décret n° 2020-106* du 10 février 2020.

Voir : la rédaction de cet article issue du décret n° 2021-1218 du 23 septembre 2021, en *addendum*, p. 3461.

NB : Conformément à l'article 16 du décret n° 2020-179 du 28 février 2020, ces dispositions entrent en vigueur, pour chacune des professions concernées, à la date d'application du prochain arrêté portant fixation de ses tarifs en application de l'article L. 444-3 du Code de commerce.

Art. D. 950-1-1 *(D. n° 2020-119, 12 févr. 2020 ; D. n° 2020-292, 21 mars 2020 ; D. n° 2021-211, 24 févr. 2021).* **– Sous réserve des adaptations prévues dans les chapitres ci-après, les dispositions suivantes du code sont applicables dans les îles Wallis-et-Futuna :**

1° Les dispositions du livre I mentionnées dans la colonne de gauche ci-après sont applicables dans les îles Wallis-et-Futuna dans leur rédaction indiquée dans la colonne de droite du même tableau.

DISPOSITIONS APPLICABLES	DANS LEUR RÉDACTION RÉSULTANT DU
Titre II	
Chapitre III : Des obligations générales des commerçants	
Article D. 123-80-1	Décret n° 2020-119 du 12 février 2020
Article D. 123-200	Décret n° 2020-101 du 7 février 2020

2° Les dispositions du livre II mentionnées dans la colonne de gauche ci-après sont applicables dans les îles Wallis-et-Futuna dans leur rédaction indiquée dans la colonne de droite du même tableau.

DISPOSITIONS APPLICABLES	DANS LEUR RÉDACTION RÉSULTANT DU
TITRE PREMIER	
SECTION PREMIÈRE	
SECTION IV Du décompte des effectifs	
Article D. 210-21	Décret n° 2020-101 du 7 février 2020
TITRE II	
Chapitre I Des sociétés en nom collectif	
Article D. 221-5	Décret n° 2020-101 du 7 février 2020
Chapitre III Des sociétés à responsabilité limitée	
Article D. 223-27	décret n° 2019-514 du 24 mai 2019
Chapitre V Des sociétés anonymes	
Article D. 225-104-1	décret n° 2017-1174 du 18 juillet 2017
Article D. 225-104-2	Décret n° 2020-101 du 7 février 2020
Article D. 225-164-1	Décret n° 2020-101 du 7 février 2020
Chapitre VII Des sociétés par actions simplifiées	
Article D. 227-1	Décret n° 2020-101 du 7 février 2020
Article D. 227-3	décret n° 2017-630 du 25 avril 2017

3° Les dispositions du livre VI mentionnées dans la colonne de gauche ci-après sont applicables dans les îles Wallis-et-Futuna dans leur rédaction indiquée dans la colonne de droite du même tableau.

DISPOSITIONS APPLICABLES	DANS LEUR RÉDACTION RÉSULTANT DU
Titre II	
Chapitre VIII : De la sauvegarde accélérée	
Article D. 628-3	Décret n° 2020-101 du 7 février 2020
Titre IV	
Chapitre Ier : Du jugement de liquidation judiciaire	
D. 641-8-1	Décret n° 2020-101 du 7 février 2020
D. 641-10	Décret n° 2020-101 du 7 février 2020

4° Les dispositions du livre VIII mentionnées dans la colonne de gauche ci-après sont applicables dans les îles Wallis-et-Futuna dans leur rédaction indiquée dans la colonne de droite du même tableau.

DISPOSITIONS APPLICABLES	DANS LEUR RÉDACTION RÉSULTANT DU
Titre Ier	
Chapitre IV : Dispositions communes	
Article D. 814-37-1	Décret n° 2020-101 du 7 février 2020
TITRE II	
Chapitre Ier : De l'organisation et du contrôle de la profession	
Article D. 821-77	Décret n° 2020-101 du 7 février 2020
Chapitre III De l'exercice du contrôle légal	
Article D. 823-1	Décret n° 2020-101 du 7 février 2020
Article D. 823-1-1	Décret n° 2020-101 du 7 février 2020
Article D. 823-7-1	Décret n° 2021-211 du 24 février 2021

Rédaction future. Art. D. 950-1-1 *(D. n° 2020-119, 12 févr. 2020 ; D. n° 2020-292, 21 mars 2020 ; D. n° 2021-211, 24 févr. 2021).* **–** Sous réserve des adaptations prévues dans les chapitres ci-après, les dispositions suivantes du code sont applicables dans les îles Wallis-et-Futuna :

1° Les dispositions du livre I mentionnées dans la colonne de gauche ci-après sont applicables dans les îles Wallis-et-Futuna dans leur rédaction indiquée dans la colonne de droite du même tableau.

DISPOSITIONS APPLICABLES	DANS LEUR RÉDACTION RÉSULTANT DU
Titre II	
Chapitre III : Des obligations générales des commerçants	
Article D. 123-80-1	Décret n° 2020-119 du 12 février 2020
Article D. 123-200	Décret n° 2020-101 du 7 février 2020

2° Les dispositions du livre II mentionnées dans la colonne de gauche ci-après sont applicables dans les îles Wallis-et-Futuna dans leur rédaction indiquée dans la colonne de droite du même tableau.

DISPOSITIONS APPLICABLES	DANS LEUR RÉDACTION RÉSULTANT DU
TITRE Ier	
SECTION PREMIÈRE	
Section IV Du décompte des effectifs	
Article D. 210-21	Décret n° 2020-101 du 7 février 2020
TITRE II	
Chapitre I Des sociétés en nom collectif	
Article D. 221-5	Décret n° 2020-101 du 7 février 2020

DISPOSITIONS APPLICABLES	DANS LEUR RÉDACTION RÉSULTANT DU
Chapitre III Des sociétés à responsabilité limitée	
Article D. 223-27	décret n° 2019-514 du 24 mai 2019
Chapitre V Des sociétés anonymes	
Article D. 225-104-1	Décret n° 2017-1174 du 18 juillet 2017
Article D. 225-104-2	Décret n° 2020-101 du 7 février 2020
Article D. 225-164-1	Décret n° 2020-101 du 7 février 2020
Chapitre VII Des sociétés par actions simplifiées	
Article D. 227-1	Décret n° 2020-101 du 7 février 2020
Article D. 227-3	Décret n° 2017-630 du 25 avril 2017
Chapitre X Des sociétés dont les titres sont admis aux négociations sur un marché réglementé ou sur un système multilatéral de négociation	
D. 22-10-16	Décret n° 2020-1742 du 29 décembre 2020

3° *(3° créé à compter du 1er novembre 2021, D. n° 2021-1137, 31 août 2021)* Les dispositions du livre IV mentionnées dans la colonne de gauche ci-après sont applicables dans les îles Wallis-et-Futuna dans leur rédaction indiquée dans la colonne de droite du même tableau

DISPOSITIONS APPLICABLES	DANS LEUR RÉDACTION RÉSULTANT DU
Titre IV	
Chapitre III : Dispositions spécifiques aux produits agricoles et aux denrées alimentaires	
Article D. 443-3	« décret n° 2021-1137 du 31 août 2021 »
Article D. 443-4	« décret n° 2021-1137 du 31 août 2021 »

4° *(Ancien 3° devenu 4° à compter du 1er novembre 2021, D. n° 2021-1137, 31 août 2021)* Les dispositions du livre VI mentionnées dans la colonne de gauche ci-après sont applicables dans les îles Wallis-et-Futuna dans leur rédaction indiquée dans la colonne de droite du même tableau.

DISPOSITIONS APPLICABLES	DANS LEUR RÉDACTION RÉSULTANT DU
Titre II	
Chapitre VIII : De la sauvegarde accélérée	
Article D. 628-3	Décret n° 2020-101 du 7 février 2020
Titre IV	
Chapitre Ier : Du jugement de liquidation judiciaire	
D. 641-8-1	Décret n° 2020-101 du 7 février 2020
D. 641-10	Décret n° 2020-101 du 7 février 2020

5° *(5° [ancien 4°] mod., D. n° 2020-292, 21 mars 2020 ; D. n° 2021-211, 24 févr. 2021 ; ancien 4° devenu 5° à compter du 1er novembre 2021, D. n° 2021-1137, 31 août 2021)* Les dispositions du livre VIII mentionnées dans la colonne de gauche ci-après sont applicables dans les îles Wallis-et-Futuna dans leur rédaction indiquée dans la colonne de droite du même tableau.

DISPOSITIONS APPLICABLES	DANS LEUR RÉDACTION RÉSULTANT DU
TITRE Ier	
Chapitre IV : Dispositions communes	
Article D. 814-37-1	Décret n° 2020-101 du 7 février 2020
TITRE II	
Chapitre Ier : De l'organisation et du contrôle de la profession	
Article D. 821-77	Décret n° 2020-101 du 7 février 2020
Chapitre III De l'exercice du contrôle légal	
Article D. 823-1	Décret n° 2020-101 du 7 février 2020
Article D. 823-1-1	Décret n° 2020-101 du 7 février 2020
Article D. 823-7-1	décret n° 2021-211 du 24 février 2021

Art. R. 950-2 *(Mod., D. n° 2019-913, 30 août 2019).* – Pour l'application du présent code dans les îles Wallis-et-Futuna, les termes énumérés ci-après sont remplacés comme suit :

1° « Tribunal judiciaire » par « tribunal de première instance » ;

2° « tribunal de commerce » ou « justice consulaire » par « tribunal de première instance statuant en matière commerciale » ;

3° « conseil de prud'hommes » par « tribunal du travail » ;

4° « Bulletin officiel des annonces civiles et commerciales » par « Journal officiel du territoire » ;

5° « département » ou « arrondissement » par « territoire » ;

6° « préfet » ou « sous-préfet » par « représentant de l'État dans le territoire » ;

7° « maire » ou « maire de la commune » par « chef de circonscription » ;

8° « chambre régionale des comptes » par « chambre territoriale des comptes de Nouvelle-Calédonie ».

Art. R. 950-3. – Les références faites, par des dispositions du présent code applicables dans les îles Wallis-et-Futuna, à d'autres articles du présent code, ne concernent que les articles rendus applicables dans les îles Wallis-et-Futuna avec les adaptations prévues dans les chapitres ci-dessous.

Art. R. 950-4. – En l'absence d'adaptation, les références faites par des dispositions du présent code applicables dans les îles Wallis-et-Futuna, à des dispositions qui n'y sont pas applicables, sont remplacées par les références aux dispositions ayant le même objet applicables localement.

Art. R. 950-5. – Les références faites, par des dispositions du présent code applicables dans les îles Wallis-et-Futuna, à des dispositions du Code du travail n'y sont applicables que s'il existe une disposition applicable localement ayant le même objet.

Art. R. 950-6. – Les références à l'immatriculation au répertoire des métiers sont remplacées par les références à l'immatriculation faite conformément à la réglementation applicable dans les îles Wallis-et-Futuna.

Art. R. 950-7. – Les articles faisant référence à la Communauté européenne sont applicables dans le respect de la décision d'association prévue à l'article 187 du traité instituant la Communauté européenne. Les références à l'accord sur l'Espace économique européen ne sont pas applicables.

CHAPITRE I. – DISPOSITIONS D'ADAPTATION DU LIVRE PREMIER

Art. R. 951-1. – À l'article R. 121-5, les mots : « du I de l'article L. 121-4 » sont remplacés par : « de l'article L. 121-4 ».

Art. R. 951-2 *(Abr. à compter de la date prévue au IV de l'article 60 de la loi n° 2015-990 du 6 août 2015, D. n° 2016-296, 11 mars 2016).* – Au deuxième alinéa de l'article R. 123-80, après les termes : « à l'article R. 123-166 », les mots : « à l'exception des actes et pièces mentionnés aux articles R. 123-103 à R. 123-117, et à l'article L. 123-9 » sont ajoutés.

Art. R. 951-3 *(Abr. à compter du 1er septembre 2012, D. n° 2012-928, 31 juill. 2012).*

Art. R. 951-4. – Les dérogations prévues par les articles R. 123-203, R. 123-204, R. 123-207 et R. 123-208 sont applicables aux personnes physiques soumises à un régime simplifié d'imposition par la réglementation en vigueur localement.

CHAPITRE II. – DISPOSITIONS D'ADAPTATION DU LIVRE DEUXIÈME

Art. R. 952-1. – Aux articles R. 232-6, R. 232-7, R. 234-2, R. 234-3, R. 234-5 et R. 234-6, les mots : « au comité d'entreprise » sont remplacés par les mots : « aux délégués du personnel ».

Art. R. 952-2 *(D. n° 2015-903, 23 juill. 2015).* – Pour l'application de l'article L. 233-16, les mots : « 24 000 000 euros » sont remplacés par les mots : « 2 864 000 000 francs CFP » et les mots : « 48 000 000 euros » sont remplacés par les mots : « 5 728 000 000 francs CFP ».

Art. R. 952-3 *(D. n° 2019-1118, 31 oct. 2019).* – Pour l'application des articles R. 221-3, R. 221-4, R. 223-26, R. 225-20, R. 225-22, R. 225-24, R. 225-47, R. 225-49, R. 225-51, R. 225-106 et R. 227-1-1, la référence à l'article 26 du règlement (UE) n° 910-2014 du Parlement européen et du Conseil du 23 juillet 2014 sur l'identification électronique et les services de confiance pour les transactions électroniques au sein du marché intérieur est remplacée par la référence aux règles en vigueur en métropole en vertu de l'article 26 du règlement (UE) du 23 juillet 2014 précité.

CHAPITRE III. – DISPOSITIONS D'ADAPTATION DU LIVRE TROISIÈME

Art. R. 953-1. – L'article R. 330-1 est ainsi rédigé :

« Le contenu du document mentionné au deuxième alinéa de l'article L. 330-3 est fixé par un arrêté du représentant de l'État. »

CHAPITRE IV. – DISPOSITIONS D'ADAPTATION DU LIVRE QUATRIÈME

Art. R. 954-1. – Les articles R. 420-3 et R. 420-4 sont ainsi rédigés : « Pour l'application de l'article L. 420-7, le siège et le ressort des juridictions compétentes à Wallis-et-Futuna sont fixés conformément aux tableaux des annexes 9-2 et 9-3 du présent livre ».

Art. R. 954-2 *(Abr., D. n° 2020-179, 28 févr. 2020).*

> **Rédaction antérieure.** Art. R. 954-2 *(D. n° 2016-230, 26 févr. 2016).* – Les tarifs des prestations des huissiers de justice *régis par le titre IV bis (partie réglementaire)* sont majorés de 30 % dans les îles Wallis-et-Futuna.

Art. R. 954-3 *(Abr., D. n° 2020-179, 28 févr. 2020).*

> **Rédaction antérieure.** Art. R. 954-3 *(D. n° 2016-230, 26 févr. 2016).* – Les tarifs des prestations notariales régis par le titre IV *bis* (partie réglementaire) sont majorés de 25 % dans les îles Wallis-et-Futuna.

CHAPITRE V. – DISPOSITIONS D'ADAPTATION DU LIVRE CINQUIÈME

Art. D. 955-1 *(Abr. à compter du 1er octobre 2019, D. n° 2019-987, 25 sept. 2019).*

Rédaction antérieure. Art. D. 955-1 *(D. n° 2017-630, 25 avr. 2017).* – Pour l'application de l'article L. 526-10, le montant de la valeur déclarée est fixé à 4 000 000 francs CFP.

Art. R. 955-2 *(D. n° 2017-630, 25 avr. 2017).* **– Pour l'application des articles R. 526-3 et R. 526-13, les mots : « numéro unique d'identification de l'entreprise délivré conformément à l'article D. 123-235 » sont remplacés par les mots : « numéro d'inscription de l'entreprise au registre des patentes ».**

CHAPITRE VI. – DISPOSITIONS D'ADAPTATION DU LIVRE SIXIÈME

Art. R. 956-1 *(COJ, art. R. 934-1).* **– À l'article R. 600-3, les mots : « en métropole » sont remplacés par les mots : « dans les îles Wallis-et-Futuna », et les mots : « aux tableaux des annexes 6-1 et 6-2 du présent livre » sont remplacés par les mots : « aux tableaux des annexes 9-2 et 9-3 du présent livre ».**

Art. R. 956-2 *(Abr., D. n° 2014-736, 30 juin 2014).*

Voir : le nouvel article R. 956-2 issu du décret n° 2021-1218 du 23 septembre 2021, en *addendum*, p. 3461.

CHAPITRE VII. – DISPOSITIONS D'ADAPTATION DU LIVRE SEPTIÈME

Art. R. 957-1. – À l'article R. 721-2, les mots : « au tableau de l'annexe 7-1 du présent livre » sont remplacés par les mots : « au tableau de l'annexe 9-1 du présent livre ».

CHAPITRE VIII. – DISPOSITIONS D'ADAPTATION DU LIVRE HUITIÈME

Art. R. 958-1 *(Mod., D. n° 2012-536, 20 avr. 2012 ; D. n° 2015-1009, 18 août 2015 ; abr. à compter du 1er janvier 2017, D. n° 2016-1851, 23 déc. 2016).*

Art. R. 958-2 *(Abr., D. n° 2020-292, 21 mars 2020).*

Rédaction antérieure. Art. R. 958-2 *(D. n° 2016-1026, 26 juill. 2016).* – Pour l'application dans les îles Wallis-et-Futuna du titre II du livre VIII, les références à la « commission régionale de discipline » et à la « chambre régionale des comptes » sont remplacées, respectivement, par les références à la « commission territoriale de discipline » et à la « chambre territoriale des comptes ».

TITRE VI. – DISPOSITIONS SPÉCIFIQUES À SAINT-BARTHÉLEMY

CHAPITRE Ier. – DISPOSITIONS D'ADAPTATION DU LIVRE Ier

Art. R. 961-1 *(D. n° 2010-72, 19 janv. 2010).* **– L'État peut, par convention, confier à un organisme qualifié implanté localement les tâches dévolues aux organismes désignés aux 1°, 2° et 6° de l'article R. 123-3 pour la gestion et la création des centres de formalités des entreprises.**

Rédaction future. Art. R. 961-1 *(D. n° 2010-72, 19 janv. 2010 ; rempl. à compter du 1er janvier 2023, D. n° 2021-300, 18 mars 2021).* – I. – La référence au règlement (UE) 2016/679 du Parlement européen et du Conseil du 27 avril 2016 relatif à la protection des personnes physiques à l'égard du traitement des données à caractère personnel et à la libre circulation de ces données est remplacée par la référence aux règles en vigueur en métropole en vertu de ce règlement.

II. – La référence au règlement (UE) n° 910/2014 du Parlement européen et du Conseil du 23 juillet 2014 sur l'identification électronique et les services de confiance pour les transactions électroniques au sein du marché intérieur est remplacée par la référence aux règles en vigueur en métropole en vertu de ce règlement.

III. – La référence à la directive 2005/36/CE du Parlement européen et du Conseil du 7 septembre 2005 relative à la reconnaissance des qualifications professionnelles est remplacée par la référence aux règles en vigueur en métropole en vertu de cette directive.

IV. – La référence à la directive 2006/123/CE du Parlement européen et du Conseil du 12 décembre 2006 relative aux services dans le marché intérieur est remplacée par la référence aux règles en vigueur en métropole en vertu de cette directive.

CHAPITRE II. – DISPOSITIONS D'ADAPTATION DU LIVRE II

(Chapitre créé, D. n° 2019-1118, 31 oct. 2019)

Art. R. 962-1 *(D. n° 2019-1118, 31 oct. 2019).* – Pour l'application des articles R. 221-3, R. 221-4, R. 223-26, R. 225-20, R. 225-22, R. 225-24, R. 225-47, R. 225-49, R. 225-51, R. 225-106 et R. 227-1-1, la référence à l'article 26 du règlement (UE) n° 910-2014 du Parlement européen et du Conseil du 23 juillet 2014 sur l'identification électronique et les services de confiance pour les transactions électroniques au sein du marché intérieur est remplacée par la référence aux règles en vigueur en métropole en vertu de l'article 26 du règlement (UE) du 23 juillet 2014 précité.

CHAPITRE III. – DISPOSITIONS D'ADAPTATION DU LIVRE III

Art. R. 963-1 *(D. n° 2014-571, 2 juin 2014).* – Pour l'application de l'article R. 310-3 à Saint-Barthélemy, les mots : « chambre de commerce et d'industrie territoriale » sont remplacés par les mots : « chambre économique multiprofessionnelle de Saint-Barthélemy ».

Art. R. 963-2 *(D. n° 2014-571, 2 juin 2014).* – Pour l'application des articles R. 310-2 à R. 310-7 à Saint-Barthélemy, les mots : « maire de la commune » et le mot : « maire » sont remplacés par les mots : « président du conseil territorial ».

CHAPITRE V. – DISPOSITIONS D'ADAPTATION DU LIVRE V

Art. R. 965-1 *(Créé à compter du 1er janvier 2023, D. n° 2021-300, 18 mars 2021).* – Pour l'application de l'article R. 526-20, la référence au règlement (UE) n° 910/2014 du Parlement européen et du Conseil du 23 juillet 2014 sur l'identification électronique et les services de confiance pour les transactions électroniques au sein du marché intérieur est remplacée par la référence aux règles en vigueur en métropole en vertu de ce règlement.

CHAPITRE VI. – DISPOSITIONS SPÉCIFIQUES AU LIVRE VI

(Chapitre créé à compter du 1er janvier 2017, D. n° 2016-1851, 23 déc. 2016)

Art. R. 966-1 *(D. n° 2018-452, 5 juin 2018).* – Les dispositions des articles R. 611-23-1, R. 662-4 dans sa version résultant du décret n° 2016-1851 du 23 décembre 2016 relatif à la désignation des huissiers de justice et des commissaires-priseurs judiciaires dans certaines procédures relatives aux entreprises en difficulté et modifiant le Code de commerce et R. 662-18 ainsi que le titre IX du livre VI ne sont pas applicables.

TITRE VII. – DISPOSITIONS SPÉCIFIQUES À SAINT-MARTIN

CHAPITRE Ier. – *DISPOSITIONS D'ADAPTATION DU LIVRE Ier*

Art. R. 971-1 *(D. n° 2010-72, 19 janv. 2010 ; abr. à compter du 1er janvier 2023, D. n° 2021-300, 18 mars 2021).* – L'État peut, par convention, confier à un organisme qualifié implanté localement les tâches dévolues aux organismes désignés aux 1°, 2° et 6° de l'article R. 123-3 pour la gestion et la création des centres de formalités des entreprises.

CHAPITRE III. – DISPOSITIONS D'ADAPTATION DU LIVRE III

(D. n° 2014-571, 2 juin 2014) (1)

Art. R. 973-1 *(D. n° 2014-571, 2 juin 2014)*. – Pour l'application de l'article R. 310-3 à Saint-Martin, les mots : « chambre de commerce et d'industrie territoriale » sont remplacés par les mots : « chambre consulaire interprofessionnelle de Saint-Martin ».

Art. R. 973-2 *(D. n° 2014-571, 2 juin 2014)*. – Pour l'application des articles R. 310-2 à R. 310-7 à Saint-Martin, les mots : « maire de la commune » et le mot : « maire » sont remplacés par les mots : « président du conseil territorial ».

CHAPITRE VI. – DISPOSITIONS SPÉCIFIQUES AU LIVRE VI

(D. n° 2016-1851, 23 déc. 2016)

Art. R. 976-1 *(D. n° 2016-1851, 23 déc. 2016)*. – Les dispositions des articles R. 611-23-1, R. 662-4 dans sa version résultant du décret n° 2016-1851 du 23 décembre 2016 relatif à la désignation des huissiers de justice et des commissaires-priseurs judiciaires dans certaines procédures relatives aux entreprises en difficulté et modifiant le Code de commerce et R. 662-18 ne sont pas applicables.

Annexe 9-1
Siège et ressort des tribunaux mixtes de commerce
dans les collectivités d'outre-mer et en Nouvelle-Calédonie

COLLECTIVITÉ	TRIBUNAL de première instance	SIÈGE ET RESSORT DES TRIBUNAUX MIXTES DE COMMERCE	
		Siège	Ressort
Cour d'appel de Nouméa			
Nouvelle-Calédonie.	Nouméa.	Nouméa.	Ressort du tribunal de première instance de Nouméa.
Wallis-et-Futuna.	Mata-Utu.		Le tribunal de première instance est compétent en matière commerciale.
Cour d'appel de Papeete			
Polynésie française.	Papeete.	Papeete.	Ressort du tribunal de première instance de Papeete.

Nombre de juges élus des tribunaux mixtes
de commerce de Nouméa et de Papeete

COLLECTIVITÉ	TRIBUNAL mixte de commerce	NOMBRE de juges élus
Cour d'appel de Nouméa.	Nouméa.	10
Cour d'appel de Papeete.	Papeete.	6

(1) Les dispositions du présent décret sont applicables dans les îles Wallis-et-Futuna, D. n° 2014-571, 2 juin 2014, art. 2.

Annexe 9-2
Juridictions compétentes dans les collectivités d'outre-mer
et en Nouvelle-Calédonie pour connaître en application de l'article L. 610-1
ou de l'article L. 621-5 dans sa version applicable à la Polynésie française
des procédures applicables aux commerçants et artisans

(Intitulé mod. à compter du 15 févr. 2009, D. n° 2009-160, 12 févr. 2009 ; mod., D. n° 2011-338, 29 mars 2011)

COLLECTIVITÉ	JURIDICTION	RESSORT
Saint-Pierre-et-Miquelon.	Tribunal de première instance de Saint-Pierre.	La collectivité territoriale.
Nouvelle-Calédonie.	Tribunal mixte de commerce de Nouméa.	La collectivité territoriale.
Polynésie française.	Tribunal mixte de commerce de Papeete.	La collectivité territoriale.
Wallis-et-Futuna.	Tribunal de première instance de Mata-Utu.	La collectivité territoriale.

Annexe 9-3
Juridictions compétentes dans les collectivités d'outre-mer
et en Nouvelle-Calédonie pour connaître en application de l'article L. 610-1
ou de l'article L. 621-5 dans sa version applicable à la Polynésie française
des procédures applicables aux personnes qui ne sont ni commerçants ni artisans

(Intitulé mod. à compter du 15 févr. 2009, D. n° 2009-160, 12 févr. 2009 ; mod., D. n° 2011-338, 29 mars 2011)

COLLECTIVITÉ	JURIDICTION	RESSORT
Saint-Pierre-et-Miquelon.	Tribunal de première instance de Saint-Pierre.	La collectivité territoriale.
Nouvelle-Calédonie.	Tribunal de première instance de Nouméa.	La collectivité territoriale.
Polynésie française.	Tribunal de première instance de Papeete	La collectivité territoriale.
Wallis-et-Futuna.	Tribunal de première instance de Mata-Utu.	La collectivité territoriale.

Annexe 9-4
Juridiction compétente pour connaître en application de l'article L. 420-7,
des procédures applicables aux personnes qui ne sont ni commerçants ni artisans

(Mod., D. n° 2011-338, 29 mars 2011)

SIÈGE DES TRIBUNAUX judiciaires	RESSORT
Paris.	Ressort du tribunal supérieur d'appel de Saint-Pierre.

Annexe 9-5
Juridiction compétente pour connaître, en application de l'article L. 420-7,
des procédures applicables aux personnes qui sont commerçants ou artisans

(Mod., D. n° 2011-338, 29 mars 2011)

SIÈGE DES TRIBUNAUX de commerce	RESSORT
Paris.	Ressort du tribunal supérieur d'appel de Saint-Pierre.

Annexe 9-6
Juridictions compétentes pour connaître, en application de l'article L. 442-6,
des procédures applicables aux personnes qui sont commerçants ou artisans

(Ann. créée à compter du 1er déc. 2009, D. n° 2009-1384, 11 nov. 2009 ; mod., D. n° 2011-338, 29 mars 2011 ; mod., D. n° 2019-599, 17 juin 2019)

SIÈGE DES TRIBUNAUX JUDICIAIRES	RESSORT
Paris.	Ressort du tribunal supérieur d'appel de Saint-Pierre.

Remarque : la juridiction primitivement saisie demeure compétente pour statuer sur les procédures introduites antérieurement au 1er décembre 2009 (D. n° 2009-1384, 11 nov. 2009, art. 8).

Annexe 9-7
Juridictions compétentes pour connaître, en application de l'article L. 442-6,
des procédures applicables aux personnes qui ne sont ni commerçants ni artisans

(Ann. créée à compter du 1er déc. 2009, D. n° 2009-1384, 11 nov. 2009 ; mod., D. n° 2011-338, 29 mars 2011 ; mod., D. n° 2019-599, 17 juin 2019)

SIÈGE DES TRIBUNAUX JUDICIAIRE	RESSORT
Paris.	Ressort du tribunal supérieur d'appel de Saint-Pierre.

Remarque : la juridiction primitivement saisie demeure compétente pour statuer sur les procédures introduites antérieurement au 1er décembre 2009 (D. n° 2009-1384, 11 nov. 2009, art. 8).

PARTIE ARRÊTÉS

(A. 14 janv. 2009) (1) (2)

(1) Les références contenues dans les dispositions de nature réglementaire à des dispositions abrogées par l'article 3 du présent arrêté sont remplacées par les références aux dispositions correspondantes de la partie Arrêtés du Code de commerce, A. 14 janv. 2009, art. 2.

(2) Les dispositions codifiées figurant en annexe du présent arrêté peuvent être modifiées par arrêté du ou des ministres compétents pour les édicter en vertu des dispositions législatives et réglementaires applicables, A. 14 janv. 2009, art. 5.

LIVRE PREMIER

DU COMMERCE EN GÉNÉRAL

TITRE PREMIER. – DE L'ACTE DE COMMERCE

Le présent titre ne comprend pas de dispositions pour les arrêtés.

TITRE II. – DES COMMERÇANTS

CHAPITRE I. – DE LA DÉFINITION ET DU STATUT

Le présent chapitre ne comprend pas de dispositions pour les arrêtés.

CHAPITRE II. – DES COMMERÇANTS ÉTRANGERS

Le présent chapitre ne comprend pas de dispositions pour les arrêtés.

CHAPITRE III. – DES OBLIGATIONS GÉNÉRALES DES COMMERÇANTS

Section préliminaire. – Des centres de formalités des entreprises

Art. A. 123-1. – **Les formulaires liés aux déclarations de création ou de modification de situation ou à la cessation d'activité de l'entreprise et la liste des pièces justificatives homologués par la direction chargée de la réforme de l'État en application du dernier alinéa de l'article R. 123-7 sont accessibles gratuitement à partir du portail de l'administration française « service-public.fr ».**

Art. A. 123-2. – **Il ne peut être demandé au déclarant une information ou une pièce qui n'ait pas été prescrite par les dispositions législatives et réglementaires.**

Art. A. 123-3. – **I. – Les documents mentionnés à l'article R. 123-23 sont conformes aux caractéristiques techniques suivantes :**

1° Formulaire électronique contenant l'ensemble des données nécessaires à la formalité :

Le formulaire de déclaration électronique est établi en message formé écrit en langage XML (extensible markup language) dont les spécifications sont consultables sur internet sur le site public http://www.pme.gouv.fr ;

2° Les pièces numérisées exigibles :

Ces pièces sont numérisées dans les formats de fichiers électroniques images suivants :

JPEG (*joint photography expert group* ISO 10918) ;

PDF/A (*portable document format* ISO 19005-1) ;

PDF (*portable document format*, version propriétaire Adobe).

La compression et la résolution graphique des images permettent une qualité de restitution des caractères garantissant la lisibilité des pièces numérisées ;

3° Les pièces numériques exigibles :

Les documents numériques sont établis dans les formats suivants :

Open document format (bureautique, format ouvert ISO 26300) ;

Rich text format (texte enrichi, format propriétaire Microsoft dans leur version 97/2000/XP) ;

TXT (texte unicode) ;

DOC et XLS (bureautique, formats propriétaires Microsoft dans leur version 97/2000/XP) ;

PDF/A (*portable document format* ISO 19005-1) ;

PDF (*portable document format*, version propriétaire Adobe).

II. – Les fichiers des documents électroniques mentionnés au I du présent article peuvent être rassemblés et compressés dans une archive au format ZIP conformément aux spécifications courantes au 1er avril 2007.

Art. A. 123-4. – Une déclaration électronique effectuée par une entreprise est acceptée par les organismes mentionnés à l'article R. 123-21 lorsque les conditions suivantes sont remplies :

I. – En ce qui concerne la création :

1° Les fichiers qui la composent sont conformes aux prescriptions de l'article A. 123-3 ;

2° Les documents qui la composent ont fait l'objet d'une numérisation. La copie du justificatif d'identité est numérisée après avoir été préalablement revêtue d'une mention manuscrite d'attestation sur l'honneur de conformité à l'original, d'une date et de la signature manuscrite de la personne qui effectue la déclaration ;

3° En cochant la case informatique prévue à cet effet, le déclarant déclare sur l'honneur l'exactitude des éléments déclarés conformément à la formule suivante : « Je déclare sur l'honneur l'exactitude des informations de la formalité et signe la présente déclaration n°..., faite à..., le... ».

II. – En ce qui concerne les autres formalités :

La liste des certificats et procédés de signature électronique qui peuvent alors être utilisés pour la signature électronique des documents à l'occasion d'une modification de situation, de la cessation de l'activité ou de la radiation d'une entreprise est consultable à l'adresse suivante :

http://www.telecom.gouv.fr/rubriques-menu/entreprises-economie-numerique/certificats-references-pris/categories-familles-certificats-references-pris-v-1-506.html.

III. – Lorsque la déclaration comporte une demande d'inscription au registre du commerce et des sociétés ou au répertoire des métiers, l'acquittement des frais d'inscription correspondants est effectué au moyen d'une carte bancaire dont la personne qui effectue la déclaration est titulaire.

IV *(IV créé à compter du 1er septembre 2021, A. 6 août 2021)*. – L'attestation sur l'honneur établie par le conjoint, le partenaire lié par un pacte civil de solidarité ou, dans le secteur agricole, par le concubin du chef d'exploitation agricole, ou d'une entreprise, lorsqu'il exerce une activité professionnelle régulière dans l'entreprise quel que soit son secteur d'activité, ou sur l'exploitation agricole, dirigée par son conjoint, son partenaire ou, dans le secteur agricole, son concubin.

Art. A. 123-5. – Chaque centre de formalités des entreprises indique les coordonnées électroniques auxquelles l'ensemble des fichiers constituant le dossier de déclaration est transmis lorsque le déclarant fait usage d'une transmission par voie d'échange de données informatiques. La transmission est effectuée au centre compétent par l'intermédiaire soit d'une messagerie électronique Atlas 400, soit par une messagerie électronique utilisant le réseau internet à condition que le dossier unique de déclaration soit compressé et signé dans les conditions fixées à l'article A. 123-4.

Art. A. 123-6. – L'accusé de réception prévu à l'article R. 123-25, délivré par les centres de formalités des entreprises, leurs services communs ou les greffiers dans les conditions prévues à l'article R. 123-22, comporte les mentions suivantes :

1° Le nom, l'adresse postale et électronique ainsi que le numéro de téléphone du centre de formalités destinataire ;

2° Les formules suivantes :

« Le dossier de déclaration d'entreprise que vous avez adressé au centre de formalités des entreprises/au greffe de... a été reçu le... à... » ;

« Le présent accusé de réception vous est adressé automatiquement. Si votre dossier est complet, vous recevrez prochainement un récépissé de dépôt de dossier de création d'entreprise par voie postale ou électronique. Si votre dossier est incomplet, il vous sera demandé de le compléter dans un délai qui vous sera alors précisé. »

Art. A. 123-7 *(Mod., A. 18 déc. 2009 ; D. n° 2019-1379, 18 déc. 2019)*. – La commission prévue à l'article R. 123-28 comprend un représentant de chacun des ministres assurant la tutelle des organismes gestionnaires de centres de formalité des entreprises et des organismes destinataires, en qualité de membre de droit :

1° Le directeur des affaires civiles et du sceau ;
2° Le directeur général des finances publiques ;
3° Le directeur de la sécurité sociale ;
4° Le directeur général des entreprises ;
5° Le directeur général des infrastructures, des transports et de la mer ;
6° Le directeur général des politiques agricole, agroalimentaire et des territoires ;
7° Le directeur général de l'Institut national de la statistique et des études économiques.

Les membres de droit de la commission peuvent se faire représenter par une ou plusieurs personnes désignées au sein de leur administration.

La commission désigne en son sein un président et un vice-président. Leur mandat est d'un an renouvelable.

Le secrétariat de la commission est assuré par la direction générale des entreprises.

La commission fixe son règlement intérieur.

Art. A. 123-8. – La commission se réunit, au moins une fois par an, sur décision de son président. Le cas échéant, il peut être fait appel sur une question particulière à toute personnalité qualifiée, qui siège alors avec voix consultative.

La commission procède à l'examen des questions inscrites à l'ordre du jour et dont elle est saisie conformément à l'article A. 123-10.

Elle peut, en outre, à la demande de l'un de ses membres, délibérer sur toute autre question relative au fonctionnement des centres de formalités des entreprises et à l'application des dispositions législatives et réglementaires ayant des incidences sur ce fonctionnement.

Elle examine les projets de formulaires permettant aux entreprises de déclarer leur création ou la modification de leur situation et propose ces formulaires à l'homologation.

Art. A. 123-9. – Lorsque la commission estime qu'une question relative aux centres de formalités des entreprises doit faire l'objet d'une étude particulière, elle peut constituer un groupe de travail. Ce groupe est présidé par un des membres de la commission.

Les groupes ainsi constitués sont ouverts à des représentants des centres de formalités des entreprises et de leurs réseaux, aux organismes destinataires des déclarations d'entreprise et à toute personne susceptible d'apporter une contribution à leurs travaux.

Art. A. 123-10 *(Mod., D. n° 2019-1379, 18 déc. 2019)*. – La commission est saisie par les organismes gestionnaires des centres de formalités des entreprises, par les organismes destinataires des formalités, ainsi que par ses membres de droit. Le président peut également décider de l'inscription d'un point à l'ordre du jour.

Les lettres de saisine sont adressées au secrétariat de la commission qui les communique au président en vue de la désignation d'un rapporteur et de la fixation d'une date de réunion.

Art. A. 123-11 *(Mod., D. n° 2019-1379, 18 déc. 2019)*. – Les avis rendus par la commission sont communiqués au demandeur. Ils sont transmis au comité de coordination du registre du commerce et des sociétés.

La commission établit un rapport annuel destiné aux ministres mentionnés à l'article A. 123-7. Elle peut formuler toute proposition, y compris de disposition législative ou réglementaire, de nature à remédier aux difficultés ou anomalies dont elle a eu à connaître.

Art. A. 123-11-1 *(Créé, A. 7 mai 2021)*. – I. – Les transmissions électroniques du service informatique mentionné à l'article R. 123-30-14 vers les organismes destinataires et les autorités compétentes sont réalisées, en application de l'article R. 123-30-18 et des conditions de forme prévues par les dispositions en vigueur, selon les modalités suivantes :

1° S'agissant des informations, sous la forme de fichiers au format texte conformes à la norme UTF-8 ;

2° S'agissant des pièces, sous la forme de fichiers au format image conformes à la norme ISO 19005-1.

II. – Les transmissions électroniques des organismes destinataires et des autorités compétentes vers le service informatique mentionné à l'article R. 123-30-14, en application de l'article R. 123-30-18, sont effectuées conformément aux distinctions opérées par cet article et selon les modalités suivantes :

1° S'agissant des informations relatives à l'accusé de réception et à son contenu, aux décisions d'acceptation, de rejet, ou de demande de transmission additionnelle d'informations ou de pièces, aux éventuels dépassements des délais prévisibles et aux notifications d'accomplissement de prestation, sous la forme de fichiers au format texte conformes à la norme UTF-8 ;

2° S'agissant des informations relatives à la liste des éléments complémentaires que le déclarant doit faire parvenir par l'intermédiaire du service informatique susmentionné et de celles relatives, en cas de décision de rejet, aux motifs de cette décision ainsi qu'aux délais et voies de recours, sous la forme de fichiers au format texte conformes à la norme UTF-8 ou sous la forme de fichiers au format image conformes à la norme ISO 19005-1.

Rédaction future. Art. A. 123-11-1 *(Créé, A. 7 mai 2021 ; rempl. à compter du 1er janvier 2023, A. 7 mai 2021).* – I. – Les transmissions électroniques de l'organisme unique mentionné à l'article R. 123-1 vers les organismes destinataires et les autorités compétentes sont réalisées, en application de l'article R. 123-7 et des conditions de forme prévues par les dispositions en vigueur, selon les modalités suivantes :

1° S'agissant des informations, sous la forme de fichiers au format texte conformes à la norme UTF-8 ;

2° S'agissant des pièces, sous la forme de fichiers au format image conformes à la norme ISO 19005-1.

II. – Les transmissions électroniques des organismes destinataires et des autorités compétentes vers l'organisme unique mentionné à l'article R. 123-1, en application de l'article R. 123-7, sont réalisées sous la forme de fichier au format texte et sont conformes à la norme UTF-8.

L'information relative aux motifs de décisions de rejet est satisfaite par l'indication, sous la forme de fichier au format texte conforme à la norme UTF-8, d'un ou plusieurs motifs de rejet choisis parmi une liste, auquel est joint un fichier au format image conforme à la norme ISO 19005-1, correspondant au courrier de notification de la décision de rejet.

L'information relative à la liste des éléments complémentaires est satisfaite par l'indication, sous la forme de fichier au format texte conforme à la norme UTF-8 :

1° Du champ dont le remplissage par le déclarant est erroné ;

2° De la pièce justificative dont la transmission par le déclarant n'est pas conforme aux exigences attendues ;

3° En cas d'impossibilité de recours aux cas prévus aux 1° et 2°, d'un descriptif littéral des compléments attendus.

Art. A. 123-11-2 *(Créé à compter du 1er avril 2021, A. 30 déc. 2020).* **– I. – Le paiement de frais légaux au bénéfice d'un organisme destinataire ou d'une autorité compétente est réalisé par le déclarant auprès du service informatique mentionné à l'article R. 123-30-14 selon les moyens suivants :**

a) Par le recours à une carte de paiement émise par un établissement de crédit ou par une institution ou un service mentionné à l'article L. 518-1 du Code monétaire et financier ;

b) Par un compte d'avance de paiement ouvert auprès de l'organisme en charge du service informatique susmentionné, selon des modalités fixées par cet organisme.

II. – Le virement des fonds perçus par le service informatique mentionné à l'article R. 123-30-14 doit être réalisé au bénéfice des organismes destinataires et des autorités compétentes avant le sixième jour de chaque mois, pour l'ensemble des prestations dont la notification d'accomplissement a été reçue par ce service au cours du mois précédent.

Rédaction antérieure. Art. A. 123-11-2 *(Créé à compter du 1er avril 2021, A. 30 déc. 2020 ; mod. à compter du 1er janvier 2023, A. 30 déc. 2020).* – I. – Le paiement de frais légaux au bénéfice d'un organisme destinataire ou d'une autorité compétente est réalisé par le déclarant auprès de l'organisme unique mentionné à l'article R. 123-1 selon les moyens suivants :

a) Par le recours à une carte de paiement émise par un établissement de crédit ou par une institution ou un service mentionné à l'article L. 518-1 du Code monétaire et financier ;

b) Par un compte d'avance de paiement ouvert auprès de l'organisme unique susmentionné, selon des modalités fixées par cet organisme.

II. – Le virement des fonds perçus par l'organisme unique mentionné à l'article R. 123-1 doit être réalisé au bénéfice des organismes destinataires et des autorités compétentes avant le sixième jour de chaque mois, pour l'ensemble des prestations dont la notification d'accomplissement a été reçue par cet organisme au cours du mois précédent.

Section I. – Du registre du commerce et des sociétés

Sous-section 1. – Des personnes tenues à l'immatriculation

§ 1. – De l'obligation d'immatriculation

Le présent paragraphe ne comprend pas de dispositions pour les arrêtés.

§ 2. – Des déclarations incombant aux personnes tenues à l'immatriculation

Sous-paragraphe 1. – Des déclarations incombant aux personnes physiques

Le présent sous-paragraphe ne comprend pas de dispositions pour les arrêtés.

Sous-paragraphe 2. – Des déclarations incombant aux personnes morales

Sous-sous-paragraphe 1. – Des déclarations aux fins d'immatriculation

Art. A. 123-12. – Dans sa demande d'immatriculation, la caisse d'épargne et de prévoyance déclare, en application de l'article R. 123-62, en ce qui concerne la personne morale :

1° Sa dénomination suivie, le cas échéant, de son sigle ;

2° Le montant de sa dotation statutaire ;

3° L'adresse de son siège social ;

4° La date de clôture de l'exercice social ;

5° La date du dépôt au greffe des statuts ;

6° La liste des établissements secondaires.

Art. A. 123-13. – La caisse d'épargne et de prévoyance déclare, en outre, les nom, nom d'usage, pseudonyme, prénoms, domicile personnel, date et lieu de naissance et renseignements relatifs à la nationalité prévus à l'article R. 123-37 des :

1° Personnes ayant le pouvoir général d'engager la caisse d'épargne et de prévoyance vis-à-vis des tiers ;

2° Membres du conseil d'orientation et de surveillance et commissaire aux comptes.

Art. A. 123-14. – Sont, en outre, déclarés dans la demande d'immatriculation pour les caisses d'épargne et de prévoyance résultant d'une fusion ou d'une scission les dénominations, forme juridique ou siège social de toutes les caisses d'épargne y ayant participé.

Art. A. 123-15. – Sont déclarés dans la demande d'immatriculation d'une caisse d'épargne et de prévoyance, en ce qui concerne son établissement, les renseignements prévus à l'article R. 123-38, exception faite de ceux prévus aux 6°, 7° et 8°.

Art. A. 123-16. – Dans leur demande d'immatriculation, les associations mentionnées à l'article L. 213-8 du Code monétaire et financier déclarent, en application de l'article R. 123-62 :

1° Le titre de l'association, suivi, le cas échéant, du sigle ;

2° L'adresse de son siège ;

3° Son objet, indiqué sommairement ;

4° La date de clôture de l'exercice ;

5° La date de la déclaration préalable à la préfecture ou à la sous-préfecture ou de l'inscription au registre du tribunal judiciaire pour les associations d'Alsace-Moselle, la date du *Journal officiel* où a eu lieu l'insertion qui a rendu publique l'association ;

6° La date du dépôt au greffe des statuts ;

7° La date de la décision de l'assemblée générale d'émettre des obligations.

Art. A. 123-17. – Les associations mentionnées à l'article A. 123-16 déclarent, en outre, dans leur demande d'immatriculation les nom, nom d'usage, pseudonyme, prénoms, domicile personnel, date et lieu de naissance et renseignements concernant la nationalité prévus à l'article R. 123-37 pour les personnes chargées de la direction, de l'administration et du contrôle et les commissaires aux comptes.

Art. A. 123-18 *(Mod., D. n° 2010-1356, 11 nov. 2010).* – Dans sa demande d'immatriculation, le groupement européen d'intérêt économique déclare, en application de l'article R. 123-62 :

1° En ce qui concerne le groupement :

a) Sa dénomination, son nom commercial, s'il en est utilisé un ;

b) L'adresse du siège ;

c) Son objet ;

d) Sa durée, lorsqu'elle n'est pas indéterminée ;

e) Le montant de la participation dans le groupement de chacun de ses membres ;

f) Pour chaque personne physique membre du groupement, les renseignements prévus aux 1°, 2° et 3° de l'article R. 123-37 ainsi que, s'il y a lieu, les numéros d'identification de ces personnes avec l'indication du nom du greffe ou de la chambre de métiers et de l'artisanat de région où elles sont immatriculées ou du registre de l'État où elles sont établies ; le cas échéant, l'indication des personnes exonérées des dettes nées antérieurement à leur entrée dans le groupement ;

g) Pour chaque personne morale membre du groupement, les renseignements prévus aux 1°, 2° et 4° de l'article R. 123-53 et, le cas échéant, les numéros d'identification de ces personnes avec l'indication du nom du greffe ou de la chambre de métiers et de l'artisanat de région où elles sont immatriculées, ou du registre de l'État où elles ont leur siège ; s'il y a lieu, l'indication des personnes exonérées des dettes nées antérieurement à leur entrée dans le groupement ;

h) Pour les gérants et les personnes chargées du contrôle de la gestion et du contrôle des comptes, leurs nom, nom d'usage, pseudonyme, prénoms, date et lieu de naissance, domicile personnel et renseignements relatifs à la nationalité prévus à l'article R. 123-37 ;

2° En ce qui concerne son établissement, les renseignements prévus à l'article R. 123-38, exception faite de ceux prévus aux 6°,7° et 8° s'il s'agit d'un groupement à objet non commercial.

Art. A. 123-19. – L'ouverture en France d'un établissement par un groupement européen d'intérêt économique ayant son siège hors de France donne lieu, par application de l'article 10 du règlement CEE n° 2137-85 du Conseil des Communautés européennes du 25 juillet 1985 relatif à l'institution d'un groupement européen d'intérêt économique, aux formalités prévues aux articles A. 123-18, A. 123-58 et A. 123-75.

Sont déposés au plus tard en même temps que la demande d'immatriculation, outre les documents prévus à l'article A. 123-58, les documents dont le dépôt au registre de l'État membre du siège est obligatoire. Ces documents sont déposés conformément aux prescriptions de l'article R. 123-120-1.

Sous-sous-paragraphe 2. – Des déclarations aux fins d'immatriculation secondaire hors du ressort de l'établissement principal

Art. A. 123-20. – En vertu de la dérogation prévue au deuxième alinéa de l'article R. 123-63, les caisses d'épargne et de prévoyance ne sont pas tenues de demander une immatriculation secondaire au registre du commerce et des sociétés quand elles ouvrent un établissement secondaire.

Art. A. 123-21. – En vertu de la dérogation prévue au deuxième alinéa de l'article R. 123-63, les associations mentionnées à l'article L. 213-8 du Code monétaire et financier et qui sont immatriculées au registre du commerce et des sociétés sont dispensées de demander leur immatriculation secondaire.

Sous-sous-paragraphe 3. – Des déclarations aux fins d'inscriptions modificatives et complémentaires

Art. A. 123-22. – En vertu de la dérogation prévue au deuxième alinéa de l'article R. 123-67, les caisses d'épargne et de prévoyance ne sont pas tenues de demander une inscription complémentaire au registre du commerce et des sociétés quand elles ouvrent un établissement secondaire.

Art. A. 123-23. – *En vertu de la dérogation prévue* au deuxième alinéa de l'article R. 123-67, les associations mentionnées à l'article L. 213-8 du Code monétaire et financier et qui sont immatriculées au registre du commerce et des sociétés sont dispensées de demander leur inscription complémentaire.

Art. A. 123-24. – En cas de modification intervenue entre la date d'immatriculation et celle du remboursement de toutes les obligations, dans les statuts, l'administration ou la direction des associations

mentionnées à l'article A. 123-23, cette modification est mentionnée au registre du commerce et des sociétés sur justification de l'accomplissement des formalités de déclaration à la préfecture ou la sous-préfecture ou d'inscription au tribunal judiciaire pour les associations d'Alsace-Moselle.

Art. A. 123-25. – **La cession par un membre d'un groupement européen d'intérêt économique de sa participation dans celui-ci, ou d'une fraction de celle-ci, donne lieu à l'inscription modificative prévue à l'article R. 123-66.**

Art. A. 123-26. – **La nomination du ou des liquidateurs d'un groupement européen d'intérêt économique donne lieu à l'inscription modificative prévue à l'article R. 123-66.**

Sous-sous-paragraphe 4. – Des déclarations aux fins de radiation

Le présent sous-sous-paragraphe ne comprend pas de dispositions pour les arrêtés.

Sous-sous-paragraphe 5. – De la langue des déclarations

Le présent sous-sous-paragraphe ne comprend pas de dispositions pour les arrêtés.

Sous-paragraphe 3. – Des déclarations incombant aux représentations ou agences commerciales des États, collectivités ou établissements publics étrangers

Le présent sous-paragraphe ne comprend pas de dispositions pour les arrêtés.

Sous-paragraphe 4. – Dispositions communes

Art. A. 123-27 *(Abr. à compter du 1er septembre 2012, A. 31 juill. 2012).*

Sous-section 2. – De la tenue du registre et des effets attaches à l'immatriculation

§ 1. – Dispositions générales

Art. A. 123-28 *(Mod., A. 31 juill. 2012).* – **Le registre national du commerce et des sociétés comprend** *(Mots suppr. à compter de la date prévue à l'article 10 de l'arrêté du 30 décembre 2015 et au plus tard le 31 août 2016, A 30 déc. 2015)* « ... » :

1° L'ensemble des inscriptions des registres du commerce et des sociétés tenus dans chaque greffe ;

2° L'ensemble des actes et pièces déposés à ces registres.

Le registre national du commerce et des sociétés ne comprend pas les pièces justificatives versées aux dossiers des registres à l'appui des demandes d'inscription ou de dépôt.

Ces dossiers sont conservés et mis à jour dans les mêmes conditions que ceux tenus par les greffiers.

Art. A. 123-29. – (1) **Le greffier appose sur chaque dossier d'immatriculation et pour la seule gestion de ces dossiers un numéro de gestion composé des chiffres de l'année en cours, suivi de la lettre A s'il s'agit d'une personne physique, de la lettre B s'il s'agit d'une société commerciale, de la lettre C s'il s'agit d'un groupement d'intérêt économique et d'un groupement européen d'intérêt économique, de la lettre D s'il s'agit d'une société** *civile, de la lettre* **E s'il s'agit d'une société européenne, de la lettre F s'il s'agit d'une société d'exercice libéral, de la lettre G s'il s'agit d'un EPIC, de la lettre H s'il s'agit d'une autre personne morale ; et d'un numéro d'ordre chronologique annuel.**

Le numéro de gestion est porté sur les formulaires d'inscription modificative ou de radiation constituant le dossier, sur les actes des personnes physiques et des personnes morales classés en annexe ainsi que sur le fichier du registre du commerce et des sociétés.

Ce numéro est utilisé dans les rapports entre les greffes et l'Institut national de la propriété industrielle.

(1) Les greffiers ont jusqu'au 1er octobre 2009 pour procéder à la mise à jour des numéros de gestion des dossiers d'immatriculation, conformément à l'énumération des lettres de classement prévue au présent article, A. 14 janv. 2009, art. 4, I.

Art. A. 123-30 *(Rempl., A. 31 juill. 2012 ; mod. à compter de la date prévue à l'article 10 de l'arrêté du 30 décembre 2015 et au plus tard le 31 août 2016, A 30 déc. 2015 ; mod., D. n° 2016-1278, 29 sept. 2016 ; A. 18 sept. 2017 ; A. 23 juin 2020).* – Les fichiers transmis à l'Institut national de la propriété industrielle au titre du I de l'article D. 123-80-1 sont conformes à la norme ISO 19005-1 et au standard d'échange de données pour l'archivage (SEDA).

En plus des données imposées par ce standard, ces fichiers sont accompagnés des métadonnées essentielles à leur indexation, notamment la dénomination sociale, le numéro SIREN, l'adresse, la date d'inscription ou du dépôt au greffe, le type d'acte, la date de clôture et l'année de clôture des comptes annuels, le type d'évènement, le type de document, la nature du document, le Code du greffe, le numéro de gestion, le numéro du dépôt, les nom, type, taille et nombre de pages des fichiers, la cote archivistique fournie par l'Institut national de la propriété industrielle, le mode de transmission, les index de pages des informations relatives aux bénéficiaires effectifs en cas de déclaration prévue au premier alinéa de l'article L. 561-46 du Code monétaire et financier et, pour les comptes annuels ayant fait l'objet d'une déclaration de confidentialité en application des premier et deuxième alinéas de l'article R. 123-111-1, l'indicateur de confidentialité correspondant à la déclaration de la société.

Chaque document transmis par le greffier est visé par ses soins.

Le visa du greffier est matérialisé par une signature électronique répondant aux conditions prévues à l'article 1367 du Code civil ; la transmission est accompagnée d'un bordereau attestant l'exactitude des informations transmises.

Le bordereau électronique prévu à l'alinéa précédent mentionne :

a) Le greffe du lieu d'inscription ou de dépôt ;

b) La date de l'inscription ou du dépôt ;

c) Le numéro de gestion prévu à l'article A. 123-29 dans le cas des inscriptions ou le numéro du dépôt des actes et pièces, les documents comptables faisant l'objet d'une série distincte de celle des autres actes (A les actes des sociétés, B les documents comptables, R les ordonnances rendues en matière de sociétés, P les actes des personnes physiques) ;

d) Les mentions prévues aux 1° et 2° de l'article R. 123-237 du Code de commerce, sauf pour les actes se rapportant à des sociétés non immatriculées ;

e) La mention : « DÉCLARATION DE CONFIDENTIALITÉ JOINTE : comptes annuels (compte de résultat) non communicables (communicable) aux tiers en application de l'article R. 123-111-1 du Code de commerce » dans le cas du dépôt de comptes annuels accompagné d'une déclaration de confidentialité en application du premier ou du deuxième alinéa de l'article R. 123-111-1 ;

f) La mention : « INFORMATIONS RELATIVES AUX BÉNÉFICIAIRES EFFECTIFS : les informations confidentielles sont communicables aux seules personnes habilitées en application des articles R. 561-57 à R. 561-58 du Code monétaire et financier » dans le cas de la déclaration prévue au premier alinéa de l'article L. 561-46 du Code monétaire et financier.

Lorsqu'une déclaration d'immatriculation est accompagnée du dépôt de statuts ou d'actes, le greffier mentionne la date du dépôt sur l'exemplaire de la déclaration d'immatriculation destiné à l'Institut national de la propriété industrielle ou sur le bordereau électronique mentionné à l'alinéa précédent.

Art. A. 123-31 *(Rempl., A. 31 juill. 2012 ; mod., A. 15 oct. 2014 ; rempl. à compter de la date prévue à l'article 10 de l'arrêté du 30 décembre 2015 et au plus tard le 31 août 2016, A 30 déc. 2015 ; A. 18 sept. 2017 ; A. 23 juin 2020).* – I. – Les fichiers de rediffusion prévus au II de l'article D. 123-80-1 sont transmis au format texte pour les résultats des retraitements des informations contenues dans les inscriptions ainsi que, s'ils existent dans ce format, pour les résultats des retraitements des actes et pièces, dont les comptes annuels. Ces fichiers sont conformes à la norme ISO/CEI-8859-1. Ils sont accompagnés de leurs empreintes MD5 ainsi que de la documentation technique associée complète et à jour.

Ces fichiers intègrent l'ensemble des informations saisies, notamment la dénomination sociale, le numéro SIREN, l'adresse, la date d'inscription ou du dépôt au greffe, le type d'acte, la date de clôture et l'année de clôture des comptes annuels, le type d'évènement, le type de document, la nature du document, le Code du greffe, le numéro de gestion, le numéro du dépôt, les nom, type, taille et nombre de pages des fichiers et, pour les comptes annuels faisant l'objet d'une déclaration de confidentialité en application des premier et deuxième alinéas de l'article R. 123-111-1, l'indicateur de confidentialité correspondant à la déclaration de la société.

II. – Les fichiers de rediffusion prévus au II de l'article D. 123-80-1 sont transmis au format image pour les résultats des retraitements des informations contenues dans les inscriptions, actes et pièces. Ces fichiers sont conformes à la norme ISO 19005-1.

Ils sont accompagnés des métadonnées essentielles à leur indexation, notamment la dénomination sociale, le numéro SIREN, l'adresse, la date d'inscription ou du dépôt au greffe, le type d'acte, la date de clôture et l'année de clôture des comptes annuels, le type d'évènement, le type de document, la nature du document, le Code du greffe, le numéro de gestion, le numéro du dépôt, les nom, type, taille et nombre de pages des fichiers, les index de pages des informations relatives aux bénéficiaires effectifs en cas de déclaration prévue au premier alinéa de l'article L. 561-46 du Code monétaire et financier et, pour les comptes annuels ayant fait l'objet d'une déclaration de confidentialité en application des premier et deuxième alinéas de l'article R. 123-111-1, l'indicateur de confidentialité correspondant à la déclaration de la société.

Art. A. 123-32 *(Rempl., A. 31 juill. 2012).* **– Le greffier envoie à l'Institut national de la propriété industrielle, dans** *(Mots rempl. à compter de la date prévue à l'article 10 de l'arrêté du 30 décembre 2015 et au plus tard le 31 août 2016, A 30 déc. 2015)* **« un délai de quinze jours à compter de l'inscription ou du dépôt des actes et pièces au registre du commerce et des sociétés », les redevances perçues au titre de ces dispositions pour le compte de cet établissement.**

Art. A. 123-33 *(Mod., A. 31 juill. 2012 ; rempl. à compter de la date prévue à l'article 10 de l'arrêté du 30 décembre 2015 et au plus tard le 31 août 2016, A 30 déc. 2015).* **– Les mentions et radiations faites d'office sur le registre du commerce et des sociétés ainsi que les inscriptions rapportées par le greffier font l'objet d'une transmission à l'Institut national de la propriété industrielle, réalisée selon les modalités prévues à l'article D. 123-80-1.**

Art. A. 123-34 *(Abr. à compter du 1er janvier 2020, D. n° 2019-1379, 18 déc. 2019).*

Rédaction antérieure. Art. A. 123-34 *(Mod., A. 31 juill. 2012).* **–** Le président du comité de coordination prévu à l'article R. 123-81 ainsi que les deux personnes chargées de la tenue du registre proposés par le président du Conseil national des greffiers des tribunaux de commerce sont nommés par le garde des Sceaux, ministre de la Justice, pour une période de cinq ans renouvelable. Des suppléants peuvent leur être désignés.

Le directeur des affaires civiles et du Sceau, le directeur général de l'Institut national de la propriété industrielle peuvent se faire représenter par une ou plusieurs personnes.

Le comité se réunit sur décision de son président, en présence de l'ensemble de ses membres ou de leurs suppléants. Le président a la faculté de désigner un secrétaire général choisi parmi des personnes qualifiées pour leur expérience.

La direction des affaires civiles et du Sceau en assure le secrétariat dont elle peut toutefois confier la charge à l'un de ses membres ou au secrétaire général du comité.

Art. A. 123-35 *(Abr. à compter du 1er janvier 2020, D. n° 2019-1379, 18 déc. 2019).*

Rédaction antérieure. Art. A. 123-35. – Les greffiers, les centres de formalités des entreprises, les professionnels mandatés, les administrations ou organismes destinataires des formalités peuvent saisir le comité. Le comité ne peut être valablement saisi que par une demande écrite adressée au secrétariat. Chaque demande est instruite par un rapporteur désigné à cet effet. Le projet de rapport est présenté en réunion plénière du comité.

Art. A. 123-36 *(Abr. à compter du 1er janvier 2020, D. n° 2019-1379, 18 déc. 2019).*

Rédaction antérieure. Art. A. 123-36. – Le comité rend des avis qui sont communiqués au demandeur et décide s'ils sont publiés.

Les avis sont publiés sur le site internet du ministère de la justice.

Le comité peut, en outre, établir un rapport au ministre compétent, suggérant des solutions pour remédier aux difficultés ou anomalies dont il a eu à connaître ou des propositions de modification des dispositions législatives ou réglementaires applicables.

Art. A. 123-37. – La tenue du registre par le greffier comprend la conservation et la mise à jour :

1° Du fichier alphabétique des personnes physiques et morales immatriculées dans le ressort du tribunal ;

2° De la collection des dossiers individuels ;

3° De la collection des dossiers annexes.

Le fichier alphabétique est tenu selon un procédé informatique.

Art. A. 123-38. – Le fichier alphabétique indique :

1° Pour les personnes physiques, leurs nom de naissance, nom d'usage, prénoms, date et lieu de naissance, l'activité exercée et l'adresse de l'établissement ou, à défaut, du local d'habitation. Le cas échéant, la commune de rattachement administratif pour les personnes sans domicile ni résidence fixe sur le territoire français, le marché principal pour les personnes ressortissantes de l'Union européenne ou d'un État partie à l'accord sur l'Espace économique européen, non domiciliées en France et exerçant une activité ambulante sur le territoire français ;

2° Pour les sociétés, la raison ou la dénomination sociale, la forme juridique, le cas échéant, que la société est constituée d'un associé unique, le statut légal particulier et l'activité exercée, l'adresse du siège social, si ce siège n'est pas situé dans le ressort du tribunal, celui du premier établissement dans son ressort ;

3° Pour les groupements d'intérêt économique et les autres personnes morales, la dénomination, l'objet et l'adresse du siège.

Art. A. 123-39. – Chaque dossier individuel comprend un original, sous forme papier ou électronique, des inscriptions faites soit sur déclaration, soit d'office, ainsi que les pièces sous forme papier ou électronique conservées au greffe.

Art. A. 123-40 *(Mod., A. 31 juill. 2012).* – Chaque dossier annexe ouvert au nom d'une personne physique ou morale comprend un exemplaire des actes et pièces déposés en application des articles R. 123-82, R. 123-102 et R. 123-121-1 à R. 123-121-4.

Art. A. 123-41 *(Mod., A. 29 déc. 2010 ; A. 25 sept. 2019).* – Les notifications faites aux centres de formalités des entreprises en application de l'article R. 123-83 précisent le nom de la personne tenue à l'immatriculation, ou la raison ou la dénomination sociale, le numéro unique d'identification, la date de l'inscription et son motif.

L'avis mentionné au troisième alinéa de l'article R. 123-83 est constitué d'un écrit, formalisé le cas échéant par voie électronique, qui mentionne :

1° Les nom, nom d'usage, prénoms et domicile de l'entrepreneur individuel ;

2° La dénomination utilisée pour l'exercice de l'activité professionnelle à laquelle le patrimoine est affecté ;

3° L'adresse de l'établissement principal où est exercée l'activité professionnelle à laquelle le patrimoine est affecté ou, à défaut d'établissement, l'adresse du local d'habitation où l'entreprise est fixée ;

4° L'objet de l'activité professionnelle à laquelle le patrimoine est affecté ;

5° La date de clôture de l'exercice comptable ;

6° Le numéro unique d'identification de l'entreprise délivré conformément à l'article D. 123-235 ;

7° La date, le lieu et le registre de la déclaration d'affectation.

§ 2. – Des inscriptions sur déclaration

Sous-paragraphe 1. – De la présentation des déclarations

Art. A. 123-42. – Toute demande d'immatriculation à titre principal ou secondaire au registre du commerce et des sociétés, d'inscription complémentaire, modificative ou de radiation est établie dans les conditions prévues aux articles R. 123-84, R. 123-85, R. 123-87, R. 123-88, R. 123-89, R. 123-90 sur les documents mentionnés à l'article A. 123-44.

Art. A. 123-43. – Lorsque plusieurs inscriptions modificatives sont connexes et concernent la même immatriculation, elles peuvent être effectuées sur la même déclaration, dans la mesure où elles sont réalisées dans le délai réglementaire d'un mois.

Une même déclaration peut comprendre une inscription complémentaire et des inscriptions modificatives connexes déclarées dans les délais réglementaires.

Art. A. 123-44 *(Mod., A. 31 juill. 2012).* – Les déclarations sont faites sur des documents conformes aux modèles enregistrés par la direction chargée de la réforme de l'État. Les déclarations transmises par voie électronique sont établies à partir du même modèle.

Art. A. 123-45. – **Toute demande d'immatriculation principale ou secondaire, d'inscription modificative et, le cas échéant, de radiation est accompagnée des pièces justifiant les mentions contenues dans la demande.**

Les pièces justificatives sont définies à l'annexe 1-1 au présent livre.

Elles sont conservées par le greffe.

Elles ne font pas partie du registre public et ne peuvent être communiquées aux tiers.

La validité des pièces justificatives est appréciée à la date du dépôt du dossier unique.

Annexe 1-1

(Annexe aux articles A. 123-45, A. 123-47, A. 123-50, A. 134-2)

Annexe 0. – Dispositions générales applicables à toutes les demandes

(Annexe mod., D. n° 2012-634, 3 mai 2012)

1. Lorsque le déclarant n'est pas en mesure de produire une ou plusieurs des pièces justificatives prévues par les annexes suivantes, il peut saisir par requête le juge commis à la surveillance du registre aux fins d'être dispensé, le cas échéant, de produire ces pièces.

2. Lorsque la personne tenue à l'immatriculation n'est pas en mesure de justifier de son identité par la pièce prescrite aux annexes, il peut en justifier par tout document officiel.

3. Dans tous les cas où les formalités sont effectuées par mandataire, celui-ci justifie d'une procuration.

4. Des justificatifs complémentaires peuvent être demandés au déclarant en cas de nécessité dûment justifiée par une situation particulière, lorsque la pièce produite est insuffisante ; des justificatifs complémentaires peuvent être nécessaires en application de textes spécifiques.

5. Lorsque la pièce mentionnée aux annexes suivantes est une décision définitive, il peut s'agir d'une ordonnance, d'un jugement ou d'un arrêt, et une copie de celui-ci est fournie accompagnée :

– d'un certificat de l'avocat attestant son caractère définitif ; ou

– d'un certificat de non-appel ou de non-pourvoi.

6. Les pièces et actes produits sont traduits en langue française et certifiés conformes, lorsque le greffier n'est pas en mesure de les comprendre dans leur langue d'origine.

Annexe I. – Demande d'immatriculation des personnes physiques

1. **Renseignements relatifs à la personne**

1.1. Identification de la personne tenue à l'immatriculation.

1.1.1. Français et ressortissants d'un État membre de l'UE.

Copie de la carte nationale d'identité ou du passeport en cours de validité.

1.1.2. Personne ressortissant d'un État membre de l'Espace économique européen ou d'un État avec lequel ont été conclus des accords.

Copie de la carte nationale d'identité ou du passeport en cours de validité.

1.1.3. Étrangers.

1.1.3.1. *(1.1.3.1. rempl. à compter du 1er novembre 2016, A. 11 oct. 2016)* Personne ne résidant pas en France :

– Copie de la carte nationale d'identité ou du passeport en cours de validité.

1.1.3.2. *(1.1.3.2. rempl. à compter du 1er novembre 2016, A. 11 oct. 2016)* Personne résidant en France :

– copie du visa de long séjour valant titre de séjour (VLS/ TS) portant la mention « passeport talent » délivré sur le fondement du 5°, 6°, 7°, 8° ou 10° de l'article L. 313-20 du Code de l'entrée et du séjour des étrangers et du droit d'asile ;

– ou copie du visa de long séjour valant titre de séjour (VLS/ TS) portant les mentions « entrepreneur/ profession libérale » ou « vie privée et familiale »

– ou copie de la carte séjour temporaire ou pluriannuelle ou certificat de résidence algérien, portant la mention « vie privée et familiale » (ou copie de son récépissé de renouvellement) ;

– ou copie de la carte de séjour temporaire ou pluriannuelle portant la mention « entrepreneur/ profession libérale », ou certificat de résidence algérien portant la mention « commerçant » (ou copie de leur récépissé de première demande) ;

– ou copie de la carte de séjour « compétence et talent » ;

– ou copie de la carte de séjour pluriannuelle portant la mention « passeport talent » délivrée sur le fondement du 5° de l'article L. 313-20 du Code de l'entrée et du séjour des étrangers et du droit d'asile (ou copie de son récépissé de première demande) ;

– ou copie de la carte de séjour pluriannuelle portant la mention « passeport talent » délivrée sur le fondement du 6°, 7°, 8° ou 10° de l'article L. 313-20 du Code de l'entrée et du séjour des étrangers et du droit d'asile ;

– ou copie de la carte de résident (ou copie de son récépissé de renouvellement).

1.2. Identification du conjoint qui a opté pour un statut en application de l'article L. 121-4.

Conjoint collaborateur, conjoint salarié : justificatif d'identité faisant état du mariage.

1.3. Conditions d'exercice.

1.3.1. Pour toutes les personnes mentionnées au 1.1, attestation sur l'honneur, sur papier libre, relative à l'absence de condamnation ou de sanction civile ou administrative de nature à interdire l'exercice d'une activité commerciale, faisant apparaître la filiation.

1.3.2. Activité commerciale non sédentaire.

1.3.2.1. *(Abr., A. 21 janv. 2010).*

1.3.2.2. Forains.

Copie de l'attestation valant titre provisoire de circulation délivrée par l'autorité préfectorale.

1.3.3. Activité réglementée.

Copie de l'autorisation provisoire ou définitive, du diplôme ou du titre, conformément à l'article R. 123-95.

1.3.4. Personne ayant le pouvoir d'engager l'assujetti.

Personnes ayant le pouvoir dans l'établissement d'engager à titre habituel par leur signature l'assujetti : pièces prescrites par les rubriques 1.1, 1.3 et, le cas échéant, 1.3.3 de la présente annexe.

1.4. Déclaration d'insaisissabilité.

Attestation notariée relative à l'insaisissabilité.

2. Renseignements relatifs à l'établissement

2.1. Justificatif de la jouissance des locaux ou justificatif de l'adresse de l'entreprise fixée au local d'habitation, par tout document établi au nom de la personne tenue à l'immatriculation permettant de justifier la réalité de l'adresse déclarée.

2.2. Origine d'un fonds de commerce acquis ou reçu :

– par achat, licitation, attribution par voie de partage : copie de l'acte enregistré et attestation de parution dans un journal d'annonces légales ou copie de celui-ci ;

– par voie de donation : copie de l'acte de donation ;

– par dévolution successorale, sans partage ni licitation : copie de l'acte de notoriété ou de l'intitulé d'inventaire ;

– par location-gérance : pour le locataire-gérant, copie du contrat de location-gérance et attestation de parution dans un journal d'annonces légales ou copie de celui-ci ;

– par gérance-mandat : pour le mandataire, copie du contrat de gérance-mandat et attestation de parution dans un journal d'annonces légales ou copie de celui-ci ;

– dans le cadre d'un plan de cession, pour la gestion d'un fonds de commerce cédé : copie du jugement ordonnant le plan de cession.

2.3. Établissement situé dans un État membre de l'Union européenne.

Extrait d'immatriculation ou document équivalent.

Annexe II. — Demande d'inscription modificative des personnes physiques

Lors de la demande d'inscription modificative, les pièces devant être présentées sont celles établissant les changements et adjonctions intervenus.

1. Renseignements relatifs à la personne

1.1. Identification de la personne immatriculée.

1.1.1. Changement de nationalité.

Copie de la décision attributive de la nationalité française ou document équivalent en cas d'adoption d'une nationalité étrangère, ou copie du *Journal officiel* de la République française.

1.1.2. Changement de nom de naissance ou de prénom.

Copie de la carte nationale d'identité portant mention du nouveau nom.

1.1.3. Tutelle ou curatelle de la personne immatriculée.

Copie de la décision définitive ordonnant de telles mesures ou en donnant mainlevée.

1.1.4. Décès de la personne immatriculée.

Extrait de l'acte de décès.

1.2. Conditions d'exercice.

1.2.1. Activité commerciale non sédentaire.

1.2.1.1. *(Abr., A. 21 janv. 2010).*

1.2.1.2. Forains.

Copie de l'attestation valant titre provisoire de circulation délivrée par l'autorité préfectorale.

1.2.2. Activité réglementée.

Copie de l'autorisation provisoire ou définitive du diplôme ou du titre, conformément à l'article R. 123-95.

1.2.3. Personne ayant le pouvoir d'engager l'assujetti.

Pour les personnes ayant le pouvoir dans l'établissement d'engager à titre habituel par leur signature l'assujetti : pièces prescrites par la rubrique 1.1. de l'annexe I et le cas échéant le 1.1.1 et le 1.1.2 ci-dessus.

2. Renseignements relatifs à l'établissement

2.1. Inscriptions modificatives ou complémentaires.

2.1.1. Transfert de l'établissement principal dans le ressort du même greffe :

– justificatif de la jouissance des locaux ou justificatif de l'adresse de l'entreprise fixée au local d'habitation, par tout document établi au nom de la personne tenue à l'immatriculation permettant de justifier la réalité de l'adresse déclarée ;

– origine du fonds de commerce acquis ou reçu :

– par achat, licitation, attribution par voie de partage : copie de l'acte enregistré et attestation de parution dans un journal d'annonces légales ou copie de celui-ci ;

– par voie de donation : copie de l'acte de donation ;

– par dévolution successorale, sans partage ni licitation : copie de l'acte de notoriété ou de l'intitulé d'inventaire ;

– par location-gérance : pour le locataire-gérant, copie du contrat de location-gérance et attestation de parution dans un journal d'annonces légales ou copie de celui-ci ;

– par gérance-mandat : pour le mandataire, copie du contrat de gérance-mandat et attestation de parution dans un journal d'annonces légales ou copie de celui-ci ;

– dans le cadre d'un plan de cession, pour la gestion du fonds de commerce cédé : copie du jugement ordonnant le plan de cession.

2.1.2. Ouverture d'un établissement secondaire.

Origine du fonds de commerce acquis ou reçu :

– par achat, licitation, attribution par voie de partage : copie de l'acte enregistré et attestation de parution dans un journal d'annonces légales ou copie de celui-ci ;

– par voie de donation : copie de l'acte de donation ;

– par dévolution successorale, sans partage ni licitation : copie de l'acte de notoriété ou de l'intitulé d'inventaire ;

– par location-gérance : pour le locataire-gérant, copie du contrat de location-gérance et attestation de parution dans un journal d'annonces légales ou copie de celui-ci ;

– par gérance-mandat : pour le mandataire, copie du contrat de gérance-mandat et attestation de parution dans un journal d'annonces légales ou copie de celui-ci ;

– dans le cadre d'un plan de cession, pour la gestion du fonds de commerce cédé : copie du jugement ordonnant le plan de cession.

2.2. Mention d'un établissement immatriculé dans un État membre de la Communauté européenne.

Extrait d'immatriculation ou document équivalent.

Annexe III. – Demande d'immatriculation des sociétés de droit français

(Mod., A. 31 juill. 2012)

DEMANDE D'IMMATRICULATION DES SOCIÉTÉS DE DROIT FRANÇAIS

1. Renseignements relatifs à la personne

1.1. Identification de la société.

Attestation de parution dans un journal d'annonces légales ou copie de celui-ci ; pour les sociétés en nom collectif ou en commandite simple, copie de l'insertion.

Le cas échéant, copie du récépissé de dépôt des actes constitutifs de la société déposés au greffe avant la demande d'immatriculation.

1.2. Identification des dirigeants.

1.2.1. Pour les personnes physiques, associés et tiers, ayant le pouvoir de diriger, de gérer ou d'engager à titre habituel la société, ainsi que les administrateurs, les membres du directoire, les membres du conseil de surveillance.

1.2.1.1. Si la personne est immatriculée au RCS à titre personnel :
– extrait de l'immatriculation datant de moins de trois mois ou carte nationale d'identité ;
– attestation sur l'honneur, sur papier libre, relative à l'absence de condamnation ou de sanction civile ou administrative de nature à interdire l'exercice d'une activité commerciale, faisant apparaître la filiation.
1.2.1.2. Si la personne est mentionnée au RCS en qualité de dirigeant de personne morale :
– extrait de l'immatriculation datant de moins de trois mois ou carte nationale d'identité ;
– attestation sur l'honneur, sur papier libre, relative à l'absence de condamnation ou de sanction civile ou administrative de nature à interdire l'exercice d'une activité commerciale, faisant apparaître la filiation.
1.2.1.3. Si la personne n'est pas immatriculée au RCS.
1.2.1.3.1. Français et ressortissants d'un État membre de l'Union européenne :
– copie de la carte nationale d'identité ou du passeport en cours de validité ;
– attestation sur l'honneur, sur papier libre, relative à l'absence de condamnation ou de sanction civile ou administrative de nature à interdire l'exercice d'une activité commerciale, faisant apparaître la filiation.
1.2.1.3.2. Personnes ressortissantes d'un État membre de l'Espace économique européen ou d'un État avec lequel ont été conclus des accords :
– copie de la carte nationale d'identité ou passeport en cours de validité ;
– attestation sur l'honneur, sur papier libre, relative à l'absence de condamnation ou de sanction civile ou administrative de nature à interdire l'exercice d'une activité commerciale, faisant apparaître la filiation.
1.2.1.3.3. Étrangers.
1.2.1.3.3.1. Personne ne résidant pas en France :
– copie de la carte nationale d'identité ou du passeport en cours de validité ;
– récépissé du dépôt de déclaration préalable délivré par la préfecture du lieu d'exercice de l'activité (uniquement pour les sociétés commerciales et/ou artisanales) ;
– *(Al. abr. à compter du 1er novembre 2016, A. 11 oct. 2016)*
1.2.1.3.3.2. *(1.2.1.3.3.2. rempl. à compter du 1er novembre 2016, A. 11 oct. 2016)* Personne résidant en France :
– pièces prescrites par la rubrique 1.1.3.2 de l'annexe I ; pour une société civile, tout document justifiant de l'identité du déclarant ;
– attestation sur l'honneur, sur papier libre, relative à l'absence de condamnation ou de sanction civile ou administrative de nature à interdire l'exercice d'une activité commerciale, faisant apparaître la filiation.
1.2.2. Pour les personnes morales.
Extrait de l'immatriculation au RCS datant de moins de trois mois ou, pour les personnes morales non immatriculées au RCS, titre justifiant leur existence, le cas échéant traduit en langue française.
Le cas échéant, dans les cas où il y a une obligation légale de désigner un représentant permanent de la personne morale : pièces prescrites par la rubrique 1.2.1 et copie de la décision lui conférant cette qualité.
Pour les personnes relevant de la législation d'un État non membre de la Communauté européenne ou partie à l'accord sur l'Espace économique européen ou pour les personnes non immatriculées : pièces prescrites par la rubrique 1.2.1 ci-dessus.
1.2.3. Pour les commissaires aux comptes :
– lettre d'acceptation de la mission ;
– si le commissaire aux comptes n'est pas encore mentionné sur la liste publiée, attestation d'inscription sur la liste.
1.2.4. Pour les associés indéfiniment et solidairement responsables.
1.2.4.1. Français et ressortissants d'un État membre de l'Union européenne :
– copie de la carte nationale d'identité ou du passeport en cours de validité ;
– attestation sur l'honneur, sur papier libre, relative à l'absence de condamnation ou de sanction civile ou administrative de nature à interdire l'exercice d'une activité commerciale, faisant apparaître la filiation.
1.2.4.2. Personnes ressortissantes d'un État membre de l'Espace économique européen ou d'un État avec lequel ont été conclus des accords :
– copie de la carte nationale d'identité ou du passeport en cours de validité ;
– attestation sur l'honneur, sur papier libre, relative à l'absence de condamnation ou de sanction civile ou administrative de nature à interdire l'exercice d'une activité commerciale, faisant apparaître la filiation.
1.2.4.3. Étrangers.
1.2.4.3.1. Personne ne résidant pas en France :
– copie de la carte nationale d'identité ou du passeport en cours de validité ;
– récépissé du dépôt de déclaration préalable délivré par la préfecture du lieu d'exercice de l'activité (uniquement pour les activités commerciales, industrielles ou artisanales) ;

– *(Al. abr. à compter du 1er novembre 2016, A. 11 oct. 2016)*

1.2.4.3.2. *(1.2.4.3.2. rempl. à compter du 1er novembre 2016, A. 11 oct. 2016)* Personne résidant en France :

– pièces prescrites par la rubrique 1.1.3.2 de l'annexe I ; pour une société civile dont les associés sont indéfiniment et solidairement responsables, tout document justifiant de l'identité du déclarant ;

– attestation sur l'honneur, sur papier libre, relative à l'absence de condamnation ou de sanction civile ou administrative de nature à interdire l'exercice d'une activité commerciale, faisant apparaître la filiation.

1.2.4.4. Personnes morales :

– extrait de l'immatriculation au RCS datant de moins de trois mois ou pour les personnes morales non immatriculées : titre justifiant leur existence, traduit le cas échéant en langue française.

1.2.5. Pour les associés indéfiniment responsables :

– pour une personne physique : copie de la carte nationale d'identité ou du passeport en cours de validité ;

– pour les personnes morales : extrait de l'immatriculation datant de moins de trois mois ou, pour les personnes morales non immatriculées, titre justifiant leur existence, traduit le cas échéant en langue française.

1.2.6. Identification des personnes ayant le pouvoir de diriger, de gérer ou d'engager à titre habituel par leur signature :

– copie de la carte nationale d'identité ou du passeport en cours de validité ;

– le cas échéant, pour un étranger, *(Mots rempl. à compter du 1er novembre 2016, A. 11 oct. 2016) « les pièces prescrites par la rubrique 1.1.3.2. de l'annexe I »* ;

– attestation sur l'honneur, sur papier libre, relative à l'absence de condamnation ou de sanction civile ou administrative de nature à interdire l'exercice d'une activité commerciale, faisant apparaître la filiation.

1.2.7. Identification du conjoint qui a opté pour un statut en application de l'article L. 121-4.

Conjoint collaborateur, conjoint associé : justificatif d'identité faisant état du mariage.

1.3. Conditions d'exercice.

1.3.1. (supprimé).

1.3.2. Activité réglementée.

Copie de l'autorisation provisoire ou définitive, du diplôme ou du titre conformément à l'article R. 123-95.

2. Renseignements relatifs au siège

2.1. Justificatif de la jouissance des locaux où est installé le siège par tout document établi au nom de la société permettant de justifier la réalité de l'adresse déclarée.

2.2. Si le représentant légal use de la faculté d'installer le siège à son domicile pour une durée limitée, justificatif de son domicile par tout document établi à son nom permettant de justifier la réalité de l'adresse déclarée.

2.3. Occupation de locaux en commun : si le siège social est situé dans les locaux occupés en commun par une ou plusieurs entreprises, copie du contrat de domiciliation mentionné aux articles R. 123-167 et suivants indiquant les références de l'agrément préfectoral prévu par l'article L. 123-11-3 et extrait du RCS ou du répertoire des métiers du domiciliataire, sauf si celui-ci est immatriculé dans le même greffe ou s'il est une personne morale française de droit public ou une association regroupant des personnes morales françaises de droit public.

3. Renseignements relatifs à l'établissement

3.1. Acquisition d'un fonds de commerce.

Par achat, licitation : copie de l'acte et attestation de parution dans un journal d'annonces légales ou copie de celui-ci.

Par donation : copie de l'acte.

Par apport : copie de l'acte et attestation de parution dans un journal d'annonces légales ou copie de celui-ci.

3.2. Location-gérance d'un fonds de commerce.

Copie du contrat de location-gérance et attestation de parution dans un journal d'annonces légales ou copie de celui-ci.

3.3. Gérance-mandat d'un fonds de commerce.

Copie du contrat de gérance-mandat et attestation de parution dans un journal d'annonces légales ou copie de celui-ci.

3.4. Gestion d'un fonds de commerce cédé dans le cadre d'un plan de cession.

Copie du jugement ordonnant un plan de cession.

3.5. Fusion par création d'une société nouvelle, scission au profit de sociétés nouvelles, apport partiel d'actif, régime fusion/scission.

Extrait du RCS des sociétés participant avec mention de l'opération et attestation de parution dans un journal d'annonces légales ou copie de celui-ci.

3.6. Mention des établissements immatriculés dans un pays de la Communauté européenne.

Extrait d'immatriculation.

Annexe IV. – Demande d'inscription modificative des sociétés de droit français

(Mod., A. 31 juill. 2012)

DEMANDE D'INSCRIPTION MODIFICATIVE
DES SOCIÉTÉS DE DROIT FRANÇAIS

Lors de la demande d'inscription modificative, les pièces devant être présentées sont celles demandées dans l'annexe précédente et établissant les changements et adjonctions intervenus.

Le cas échéant, attestation de parution dans un journal d'annonces légales ou copie de celui-ci, ou, pour les sociétés en nom collectif ou en commandite simple, copie de l'insertion.

1. Renseignements relatifs à la personne

1.1. Lorsque le dépôt au greffe des actes a été effectué avant la déclaration de modification, copie du récépissé du dépôt.

1.2. Extrait d'immatriculation datant de moins de trois mois de chacune des sociétés participant à l'opération de fusion et de scission.

1.3. Identification des dirigeants : pièces établissant les modifications de situation prévues à l'annexe précédente ou au 1 de l'annexe II.

2. Renseignements relatifs à l'établissement

2.1. Ouverture d'un établissement sur transfert dans le ressort du même greffe.

2.1.1. Transfert du siège.

2.1.1.1. Justificatif de la jouissance des locaux où est installé le siège par tout document établi au nom de la société permettant de justifier la réalité de l'adresse déclarée.

2.1.1.2. Si le représentant légal use de la faculté d'installer le siège à son domicile pour une durée limitée, justificatif de son domicile par tout document permettant de justifier la réalité de l'adresse déclarée.

2.1.1.3. Occupation de locaux en commun : si le siège social est situé dans les locaux occupés en commun par une ou plusieurs entreprises, copie du contrat de domiciliation mentionné aux articles R. 123-167 et suivants indiquant les références de l'agrément préfectoral prévu par l'article L. 123-11-3 et extrait du RCS ou du répertoire des métiers du domiciliataire, sauf si celui-ci est immatriculé dans le même greffe ou s'il est une personne morale française de droit public ou une association regroupant des personnes morales françaises de droit public.

2.1.2. Transfert de l'établissement principal.

Origine d'un fonds de commerce acquis ou reçu :

– par achat, licitation, attribution par voie de partage : copie de l'acte enregistré et attestation de parution dans un journal d'annonces légales ou copie de celui-ci ;

– par voie de donation : copie de l'acte de donation ;

– par apport : copie du traité d'apport et attestation de parution dans un journal d'annonces légales ou copie de celui-ci ; pour l'apport à une société en nom collectif ou en commandite simple, copie de l'insertion ;

– par location-gérance : pour le locataire-gérant, copie du contrat de location-gérance et attestation de parution dans un journal d'annonces légales ou copie de celui-ci ;

– par gérance-mandat : pour le mandataire, copie du contrat de gérance-mandat et attestation de parution dans un journal d'annonces légales ou copie de celui-ci ;

– dans le cadre d'un plan de cession, pour la gestion du fonds de commerce cédé : copie du jugement ordonnant le plan de cession.

2.2. Inscriptions complémentaires.

2.2.1. Ouverture d'un établissement secondaire.

Origine du fonds de commerce acquis ou reçu :

– par achat, licitation, attribution par voie de partage : copie de l'acte enregistré et attestation de parution dans un journal d'annonces légales ou copie de celui-ci ;

– par voie de donation : copie de l'acte de donation ;

– par apport : copie du traité d'apport et attestation de parution dans un journal d'annonces légales ou copie de celui-ci ;

– par location-gérance : pour le locataire-gérant, copie du contrat de location-gérance et attestation de parution dans un journal d'annonces légales ou copie de celui-ci ;

– par gérance-mandat : pour le mandataire, copie du contrat de gérance-mandat et attestation de parution dans un journal d'annonces légales ou copie de celui-ci ;

– dans le cadre d'un plan de cession, pour la gestion du fonds de commerce cédé : copie du jugement ordonnant le plan de cession.

2.2.2. Transfert d'un établissement secondaire.

Origine du fonds de commerce acquis ou reçu :

– par achat, licitation, attribution par voie de partage : copie de l'acte enregistré et attestation de parution dans un journal d'annonces légales ou copie de celui-ci ;

– par voie de donation : copie de l'acte de donation ;

– par apport : copie du traité d'apport et attestation de parution dans un journal d'annonces légales ou copie de celui-ci ;

– par location-gérance : pour le locataire-gérant, copie du contrat de location-gérance et attestation de parution dans un journal d'annonces légales ou copie de celui-ci ;

– par gérance-mandat : pour le mandataire, copie du contrat de gérance-mandat et attestation de parution dans un journal d'annonces légales ou copie de celui-ci ;

– dans le cadre d'un plan de cession, pour la gestion du fonds de commerce cédé : copie du jugement ordonnant le plan de cession.

2.3. Mention d'un établissement immatriculé dans un État membre de la Communauté européenne.

Extrait d'immatriculation.

Annexe V. – Demande d'immatriculation dans le ressort d'un nouveau greffe d'une personne physique ou morale déjà immatriculée au RCS

(Mod., A. 31 juill. 2012)

1. Immatriculation principale suite au transfert

1.1. Transfert du siège d'une personne morale :

– extrait d'immatriculation du précédent siège datant de moins de trois mois sauf application du deuxième alinéa de l'article A. 123-46 ;

– justificatif de la jouissance des locaux où est installé le siège par tout document établi au nom de la société permettant de justifier la réalité de l'adresse déclarée ;

– si le représentant légal use de la faculté d'installer le siège à son domicile pour une durée limitée, justificatif de son domicile par tout document établi à son nom permettant de justifier la réalité de l'adresse déclarée ;

– occupation de locaux en commun : si le siège social est situé dans les locaux occupés en commun par une ou plusieurs entreprises, copie du contrat de domiciliation mentionné aux articles R. 123-167 et suivants indiquant les références de l'agrément préfectoral prévu par l'article L. 123-11-3 et extrait du RCS ou du répertoire des métiers du domiciliataire, sauf si celui-ci est immatriculé dans le même greffe ou s'il est une personne morale française de droit public ou une association regroupant des personnes morales françaises de droit public ;

– lorsque le dépôt des actes décidant le transfert a été effectué avant la déclaration de modification, copie du récépissé de dépôt ;

– le cas échéant, attestation de parution dans un journal d'annonces légales ou copie de celui-ci.

1.2. Transfert de l'établissement principal pour une personne physique :

– *extrait de la précédente* immatriculation principale datant de moins de trois mois sauf application du deuxième alinéa de l'article A. 123-46 ;

– justificatif de la jouissance des locaux ou justificatif de l'adresse de l'entreprise fixée au local d'habitation, par tout document établi au nom de la personne tenue à l'immatriculation permettant de justifier la réalité de l'adresse déclarée ;

– origine d'un fonds de commerce acquis ou reçu :

– par achat, licitation, attribution par voie de partage : copie de l'acte enregistré et attestation de parution dans un journal d'annonces légales ou copie de celui-ci ;

– par voie de donation : copie de l'acte de donation ;

– par dévolution successorale, sans partage ni licitation, copie de l'acte de notoriété ou de l'intitulé d'inventaire ;

– par location-gérance : pour le locataire-gérant, copie du contrat de location-gérance et attestation de parution dans un journal d'annonces légales ou copie de celui-ci ;

– par gérance-mandat : pour le mandataire, copie du contrat de gérance-mandat et attestation de parution dans un journal d'annonces légales ou copie de celui-ci ;
– dans le cadre d'un plan de cession, pour la gestion du fonds de commerce cédé, copie du jugement ordonnant le plan de cession.

2. Immatriculation secondaire

2.1. Ouverture d'un établissement secondaire :
– extrait de l'immatriculation principale datant de moins de trois mois ;
– origine du fonds de commerce acquis ou reçu :
– par achat, licitation, attribution par voie de partage : copie de l'acte enregistré et attestation de parution dans un journal d'annonces légales ou copie de celui-ci ;
– par voie de donation : copie de l'acte de donation ;
– par dévolution successorale, sans partage ni licitation ; copie de l'acte de notoriété ou de l'intitulé d'inventaire ;
– par location-gérance : pour le locataire-gérant, copie du contrat de location-gérance et attestation de parution dans un journal d'annonces légales ou copie de celui-ci ;
– par gérance-mandat : pour le mandataire, copie du contrat de gérance-mandat et attestation de parution dans un journal d'annonces légales ou copie de celui-ci ;
– dans le cadre d'un plan de cession, pour la gestion du fonds de commerce cédé : copie du jugement ordonnant le plan de cession.

2.2. Ouverture d'un établissement sur transfert.

2.2.1. Transfert d'un établissement principal :
– extrait d'immatriculation du précédent établissement principal datant de moins de trois mois ;
– origine du fonds de commerce acquis ou reçu :
– par achat, licitation, attribution par voie de partage : copie de l'acte enregistré et attestation de parution dans un journal d'annonces légales ou copie de celui-ci ;
– par voie de donation : copie de l'acte de donation ;
– par dévolution successorale, sans partage ni licitation : copie de l'acte de notoriété ou de l'intitulé d'inventaire ;
– par location-gérance : pour le locataire-gérant, copie du contrat de location-gérance et attestation de parution dans un journal d'annonces légales ou copie de celui-ci ;
– par gérance-mandat : pour le mandataire, copie du contrat de gérance-mandat et attestation de parution dans un journal d'annonces légales ou copie de celui-ci ;
– dans le cadre d'un plan de cession, pour la gestion du fonds de commerce cédé : copie du jugement ordonnant le plan de cession.

2.2.2. Transfert d'un établissement secondaire :
– extrait de l'immatriculation du précédent établissement secondaire datant de moins de trois mois ;
– origine du fonds de commerce acquis ou reçu :
– par achat, licitation, attribution par voie de partage : copie de l'acte enregistré et attestation de parution dans un journal d'annonces légales ou copie de celui-ci ;
– par voie de donation : copie de l'acte de donation ;
– par apport : copie de l'acte et attestation de parution dans un journal d'annonces légales ou copie de celui-ci ;
– par location-gérance : pour le locataire-gérant, copie du contrat de location-gérance et attestation de parution dans un journal d'annonces légales ou copie de celui-ci ;
– par gérance-mandat : pour le mandataire, copie du contrat de gérance-mandat et attestation de parution dans un journal d'annonces légales ou copie de celui-ci ;
– dans le cadre d'un plan de cession, pour la gestion du fonds de commerce cédé : copie du jugement ordonnant le plan de cession.

Annexe VI. – Demande d'immatriculation et d'inscription modificative des sociétés commerciales dont le siège est situé à l'étranger

(Mod., A. 31 juill. 2012)

1. Renseignements relatifs à la personne

1.1. Identification de la société.

Lorsque le dépôt au greffe des statuts traduits en langue française a été effectué avant la demande d'immatriculation, copie du récépissé du dépôt.

Extrait de l'immatriculation au registre des sociétés étranger ou titre justifiant l'existence, traduit, le cas échéant, en langue française.

1.2. Identification des personnes ayant le pouvoir d'engager la société en France.
1.2.1. Français et ressortissants d'un État membre de l'Union européenne :
– copie de la carte nationale d'identité ou du passeport en cours de validité ;
– attestation sur l'honneur relative à l'absence de condamnation ou de sanction civile ou administrative de nature à interdire l'exercice d'une activité commerciale, faisant apparaître la filiation.
1.2.2. Personnes ressortissantes d'un État membre de l'Espace économique européen ou d'un État avec lequel ont été conclus des accords particuliers :
– copie de la carte nationale d'identité ou passeport en cours de validité ;
– attestation sur l'honneur, sur papier libre, relative à l'absence de condamnation ou de sanction civile ou administrative de nature à interdire l'exercice d'une activité commerciale, faisant apparaître la filiation.
1.2.3. Étrangers.
1.2.3.1. Personne ne résidant pas en France :
– copie de la carte nationale d'identité ou du passeport en cours de validité ;
– récépissé du dépôt de déclaration préalable ;
– *(Al. abr. à compter du 1er novembre 2016, A. 11 oct. 2016).*
1.2.3.2. *(1.2.3.2. rempl. à compter du 1er novembre 2016, A. 11 oct. 2016)* Personne résidant en France :
– pièces prescrites par la rubrique 1.1.3.2 de l'annexe I ;
– attestation sur l'honneur, sur papier libre, relative à l'absence de condamnation ou de sanction civile ou administrative de nature à interdire l'exercice d'une activité commerciale, faisant apparaître la filiation.
1.3. Conditions d'exercice.
1.3.1. (supprimé).
1.3.2. Activité réglementée.
Copie de l'autorisation provisoire ou définitive du diplôme ou du titre conformément à l'article R. 123-95.
1.3.3. Personne ayant le pouvoir d'engager l'assujetti.
Pour les personnes ayant le pouvoir dans l'établissement d'engager à titre habituel par leur signature l'assujetti : pièces prescrites au 1.2 ci-dessus.

2. Renseignements relatifs au premier établissement en France

2.1. Justificatif de la jouissance des locaux ou justificatif de l'adresse de l'entreprise fixée au local d'habitation, par tout document établi au nom de la personne tenue à l'immatriculation permettant de justifier la réalité de l'adresse déclarée.
2.2. Origine du fonds de commerce acquis ou reçu :
– par achat, licitation, attribution par voie de partage : copie de l'acte enregistré et attestation de parution dans un journal d'annonces légales ou copie de celui-ci ;
– par voie de donation : copie de l'acte de donation ;
– par apport : copie de l'acte et attestation de parution dans un journal d'annonces légales ou copie de celui-ci ;
– par location-gérance : pour le locataire-gérant, copie du contrat de location-gérance et attestation de parution dans un journal d'annonces légales ou copie de celui-ci ;
– par gérance-mandat : pour le mandataire, copie du contrat de gérance-mandat et attestation de parution dans un journal d'annonces légales ou copie de celui-ci ;
– dans le cadre d'un plan de cession, pour la gestion du fonds de commerce cédé : copie du jugement ordonnant le plan de cession.

3. Ouverture d'un établissement dans le ressort d'un nouveau greffe

3.1. Immatriculation principale suite au transfert du premier établissement :
– extrait *d'immatriculation de la précédente* immatriculation datant de moins de trois mois ;
– justificatif de la jouissance des locaux où est installé le siège par tout document établi au nom de la société permettant de justifier la réalité de l'adresse déclarée ;
– si le représentant légal use de la faculté d'installer le siège à son domicile pour une durée limitée, justificatif de son domicile par tout document établi à son nom permettant de justifier la réalité de l'adresse déclarée ;
– occupation de locaux en commun : si le siège social est situé dans les locaux occupés en commun par une ou plusieurs entreprises : copie du contrat de domiciliation mentionné aux articles R. 123-167 et suivants indiquant les références de l'agrément préfectoral prévu par l'article L. 123-11-3 et extrait du RCS ou du répertoire des métiers du domiciliataire, sauf si celui-ci est immatriculé dans le même greffe ou s'il est une personne morale française de droit public ou une association regroupant des personnes morales françaises de droit public ;

– origine du fonds de commerce acquis ou reçu :

– par achat, licitation, attribution par voie de partage : copie de l'acte enregistré et attestation de parution dans un journal d'annonces légales ou copie de celui-ci ;

– par voie de donation : copie de l'acte de donation ;

– par apport : copie de l'acte et attestation de parution dans un journal d'annonces légales ou copie de celui-ci ;

– par location-gérance : pour le locataire-gérant, copie du contrat de location-gérance et attestation de parution dans un journal d'annonces légales ou copie de celui-ci ;

– par gérance-mandat : pour le mandataire, copie du contrat de gérance-mandat et attestation de parution dans un journal d'annonces légales ou copie de celui-ci ;

– dans le cadre d'un plan de cession, pour la gestion du fonds de commerce cédé : copie du jugement ordonnant le plan de cession.

3.2. Immatriculation secondaire suite à l'ouverture d'un nouvel établissement :

– extrait de l'immatriculation principale datant de moins de trois mois ;

– origine du fonds de commerce acquis ou reçu :

– par achat, licitation, attribution par voie de partage : copie de l'acte enregistré et attestation de parution dans un journal d'annonces légales ou copie de celui-ci ;

– par voie de donation : copie de l'acte de donation ;

– par apport : copie de l'acte et attestation de parution dans un journal d'annonces légales ou copie de celui-ci ;

– par location-gérance : pour le locataire-gérant, copie du contrat de location-gérance et attestation de parution dans un journal d'annonces légales ou copie de celui-ci ;

– par gérance-mandat : pour le mandataire, copie du contrat de gérance-mandat et attestation de parution dans un journal d'annonces légales ou copie de celui-ci ;

– dans le cadre d'un plan de cession, pour la gestion du fonds de commerce cédé : copie du jugement ordonnant le plan de cession.

Annexe VII. – Demande d'immatriculation des groupements d'intérêt économique et des groupements européens d'intérêt économique

(Mod., A. 31 juill. 2012)

1. Renseignements relatifs à la personne

1.1. Identification du groupement.

Lorsque le dépôt au greffe des actes constitutifs du groupement a été effectué avant la demande d'immatriculation, copie du récépissé de dépôt.

1.2. Membres du groupement.

1.2.1. Personnes physiques.

1.2.1.1. Immatriculées au RCS.

Extrait de l'immatriculation datant de moins de trois mois.

1.2.1.2. Non immatriculées au RCS.

1.2.1.2.1. Français et ressortissants d'un État membre de l'UE.

Copie de la carte nationale d'identité ou du passeport en cours de validité.

1.2.1.2.2. Personne ressortissant d'un État membre de l'Espace économique européen ou d'un État avec lequel ont été conclus des accords particuliers.

Copie de la carte nationale d'identité ou du passeport en cours de validité.

1.2.1.2.3. Étrangers.

1.2.1.2.3.1. Personne ne résidant pas en France :

– copie de la carte nationale d'identité ou du passeport en cours de validité.

1.2.1.2.3.2. *(1.2.1.2.3.2. rempl. à compter du 1er novembre 2016, A. 11 oct. 2016)* Personne résidant en France :

– Pièces prescrites par la rubrique 1.1.3.2 de l'annexe I.

1.2.2. Personnes morales.

Immatriculées au RCS : extrait de l'immatriculation datant de moins de trois mois.

Non immatriculées au RCS : titre établissant leur existence.

1.3. Personnes chargées d'administrer ou de contrôler la gestion et les comptes du groupement.

1.3.1. Personnes immatriculées au RCS.

Extrait d'immatriculation datant de moins de trois mois.

1.3.2. Personnes non immatriculées au RCS.

1.3.2.1. Personnes physiques.

1.3.2.1.1. Français et ressortissants d'un État membre de l'Union européenne.
Copie de la carte nationale d'identité ou du passeport en cours de validité.
1.3.2.1.2. Personnes ressortissants d'un État membre de l'Espace économique européen ou d'un État avec lequel ont été conclus des accords particuliers :
Copie de la carte nationale d'identité ou du passeport en cours de validité.
1.3.2.1.3. Étrangers.
1.3.2.1.3.1. Personnes ne résidant pas en France :
– copie de la carte nationale d'identité ou du passeport en cours de validité ;
– *(Al. abr. à compter du 1er novembre 2016, A. 11 oct. 2016)*
1.3.2.1.3.2. *(1.3.2.1.3.2. rempl. à compter du 1er novembre 2016, A. 11 oct. 2016)* Personnes résidant en France.
– Pièces prescrites par la rubrique 1.1.3.2 de l'annexe I.
1.3.2.2. Personnes morales :
– titre établissant leur existence ;
– copie de la pièce portant désignation du représentant permanent.
1.4. Conditions d'exercice.
1.4.1. Attestation sur l'honneur, sur papier libre, relative à l'absence de condamnation ou de sanction civile ou administrative de nature à interdire l'exercice d'une activité commerciale, faisant apparaître la filiation pour les personnes mentionnées à l'article A. 123-50.
1.4.2. Activité réglementée : copie de l'autorisation provisoire ou définitive, du diplôme ou du titre, conformément à l'article R. 123-95.

2. Renseignements relatifs au siège

2.1. Justificatif de la jouissance des locaux où est installé le siège par tout document établi au nom du groupement permettant de justifier la réalité de l'adresse déclarée.
2.2. Si le représentant légal use de la faculté d'installer le siège à son domicile pour une durée limitée, justificatif de son domicile par tout document établi à son nom permettant de justifier la réalité de l'adresse déclarée.
2.3. Occupation de locaux en commun : si le siège social est situé dans les locaux occupés en commun par une ou plusieurs entreprises, copie du contrat de domiciliation mentionné aux articles R. 123-167 et suivants indiquant les références de l'agrément préfectoral prévu par l'article L. 123-11-3 et extrait du RCS ou du répertoire des métiers du domiciliataire, sauf si celui-ci est immatriculé dans le même greffe ou s'il est une personne morale française de droit public ou une association regroupant des personnes morales françaises de droit public.

3. Renseignements relatifs à l'établissement

3.1. Acquisition d'un fonds de commerce par un groupement à objet commercial :
– par achat, licitation : copie de l'acte et attestation de parution dans un journal d'annonces légales ou copie de celui-ci ;
– par donation : copie de l'acte ;
– par apport : copie de l'acte et attestation de parution dans un journal d'annonces légales ou copie de celui-ci.
3.2. Location-gérance d'un fonds de commerce par un groupement à objet commercial.
Copie du contrat de location-gérance et attestation de parution dans un journal d'annonces légales ou copie de celui-ci.
3.3. Gérance-mandat d'un fonds de commerce par un groupement à objet commercial.
Copie du contrat de gérance-mandat et attestation de parution dans un journal d'annonces légales ou copie de celui-ci.
3.4. Gestion d'un fonds de commerce cédé dans le cadre d'un plan de cession.
Copie du jugement ordonnant un plan de cession.

4. Immatriculation secondaire

Extrait de l'immatriculation principale datant de moins de trois mois.
Origine du fonds de commerce acquis ou reçu par le groupement à objet commercial :
– par achat, licitation, attribution par voie de partage : copie de l'acte enregistré et attestation de parution dans un journal d'annonces légales ou copie de celui-ci ;
– par voie de donation : copie de l'acte de donation ;
– par location-gérance : pour le locataire-gérant, copie du contrat de location-gérance et attestation de parution dans un journal d'annonces légales ou copie de celui-ci ;

– par gérance-mandat : pour le mandataire, copie du contrat de gérance-mandat et attestation de parution dans un journal d'annonces légales ou copie de celui-ci ;

– dans le cadre d'un plan de cession, pour la gestion du fonds de commerce cédé : copie du jugement ordonnant le plan de cession.

Annexe VIII. – Demande d'inscription modificative des groupements d'intérêt économique et des groupements européens d'intérêt économique

(Mod., A. 31 juill. 2012)

Lors de la demande d'inscription modificative, les pièces devant être présentées sont celles demandées dans l'annexe précédente et établissant les changements ou adjonctions intervenus.

1. Renseignements relatifs à la personne

Lorsque le dépôt au greffe des actes modificatifs du groupement a été effectué avant la demande d'inscription modificative, copie du récépissé de dépôt.

1.1. Identification des dirigeants.

Pièces établissant les modifications de situations prévues à l'annexe précédente ou au 1 de l'annexe II.

2. Renseignements relatifs au siège et à l'établissement

2.1. Justificatif de la jouissance des locaux où est installé le siège par tout document établi au nom du groupement permettant de justifier la réalité de l'adresse déclarée.

2.2. Si le représentant légal use de la faculté d'installer le siège à son domicile pour une durée limitée, justificatif de son domicile par tout document établi à son nom permettant de justifier la réalité de l'adresse déclarée.

2.3. Occupation de locaux en commun : si le siège du groupement est situé dans les locaux occupés en commun par une ou plusieurs entreprises : copie du contrat de domiciliation mentionné aux articles R. 123-167 et suivants indiquant les références de l'agrément préfectoral prévu par l'article L. 123-11-3 et extrait du RCS ou du répertoire des métiers du domiciliataire, sauf si celui-ci est immatriculé dans le même greffe ou s'il est une personne morale française de droit public ou une association regroupant des personnes morales françaises de droit public.

2.4. Fonds de commerce acquis ou reçu par un groupement à objet commercial.

Par achat, licitation : copie de l'acte et attestation de parution dans un journal d'annonces légales ou copie de celui-ci.

Par voie de donation : copie de l'acte de donation.

Par apport : copie de l'acte et attestation de parution dans un journal d'annonces légales ou copie decelui-ci.

Par location-gérance : copie du contrat de location-gérance et attestation de parution dans un journal d'annonces légales ou copie de celui-ci.

Par gérance-mandat : copie du contrat de gérance-mandat et attestation de parution dans un journal d'annonces légales ou copie de celui-ci.

Dans le cadre d'un plan de cession, pour la gestion du fonds de commerce cédé : copie du jugement ordonnant un plan de cession.

2.5. Transfert du siège ou d'un établissement.

2.5.1. Dans tous les cas pour le siège :

– justificatif de la jouissance des locaux où est installé le siège ou justificatif du domicile du représentant légal où est fixé le siège, par tout document établi au nom de la personne tenue à l'immatriculation ou de son représentant permettant de justifier la réalité de l'adresse déclarée ;

– occupation de locaux en commun : si le siège du groupement est situé dans les locaux occupés en commun par une ou plusieurs entreprises, copie du contrat de domiciliation mentionné aux articles R. 123-167 et suivants indiquant les références de l'agrément préfectoral prévu par l'article L. 123-11-3 et extrait du RCS ou du répertoire des métiers du domiciliataire, sauf si celui-ci est immatriculé dans le même greffe ou s'il est une personne morale française de droit public ou une association regroupant des personnes morales françaises de droit public.

2.5.2. Transfert dans le ressort d'un autre greffe.

S'il s'agit du transfert du siège : pièces prévues au 1.1 de l'annexe V et copie du récépissé de dépôt au greffe du nouveau siège, des actes décidant le transfert du siège si la formalité n'est pas concomitante au dépôt.

S'il s'agit du transfert d'un établissement : pièces prévues au 1.2 ou 2.2 de l'annexe V.

2.6. Immatriculation secondaire :

– extrait de l'immatriculation principale datant de moins de trois mois ;

– origine du fonds de commerce acquis ou reçu par le groupement à objet commercial :

– par achat, licitation, attribution par voie de partage : copie de l'acte enregistré et attestation de parution dans un journal d'annonces légales ou copie de celui-ci ;

– par voie de donation : copie de l'acte de donation ;
– par dévolution successorale, sans partage ni licitation : copie de l'acte de notoriété ou de l'intitulé d'inventaire ;
– par location-gérance : pour le locataire-gérant, copie du contrat de location-gérance et attestation de parution dans un journal d'annonces légales ou copie de celui-ci ;
– par gérance-mandat : pour le mandataire, copie du contrat de gérance-mandat et attestation de parution dans un journal d'annonces légales ou copie de celui-ci ;
– dans le cadre d'un plan de cession, pour la gestion du fonds de commerce cédé : copie du jugement ordonnant le plan de cession.

2.7. Activité réglementée.

Copie de l'autorisation provisoire ou définitive du diplôme ou du titre conformément à l'article R. 123-95.

Annexe IX. – Demande d'immatriculation et d'inscription modificative des autres personnes morales
(Mod., A. 31 juill. 2012)

1. Renseignements relatifs à la personne

1.1. Établissement public français.

1.1.1. Situation juridique.

1.1.1.1. Immatriculation :
– copie du *Journal officiel* mentionnant l'acte qui a autorisé sa création ou copie de l'acte ayant créé l'établissement ;
– copie de la décision nommant les personnes chargées de le représenter ou de l'administrer.

1.1.1.2. Inscription modificative.

Copie du *Journal officiel* mentionnant l'acte qui en a modifié l'organisation ou son fonctionnement ou copie du ou des actes ayant décidé les modifications.

1.1.2. Personnes chargées de le représenter ou de l'administrer.

Pièces identiques à celles exigées pour un dirigeant de société, à l'exception de l'attestation de non-condamnation.

1.2. Représentation ou agence commerciale des États, collectivités ou établissements publics étrangers.

Personnes chargées de le représenter : certificat de l'autorité diplomatique ou consulaire dont elles relèvent attestant la réalité et le caractère officiel de la représentation ou de l'agence indiquant les nom, prénoms et domicile des personnes physiques ayant le pouvoir général de l'engager.

1.3. Autres personnes morales.

1.3.1. Titre établissant leur existence.

1.3.2. Pour les personnes ayant le pouvoir de les engager à titre habituel :
– copie de la carte nationale d'identité ou du passeport en cours de validité accompagnée d'une déclaration de l'intéressé faisant connaître sa filiation si celle-ci ne figure pas sur le document fourni ;
– ou document équivalent pour les étrangers, s'il y a lieu tout document justifiant la nationalité et sa traduction en langue française.

2. Renseignements relatifs à l'établissement

2.1. Justificatif de la jouissance des locaux où est installé le siège par tout document établi au nom de la société permettant de justifier la réalité de l'adresse déclarée.

2.2. Si le représentant légal use de la faculté d'installer le siège à son domicile pour une durée limitée, justificatif de son domicile par tout document établi à son nom permettant de justifier la réalité de l'adresse déclarée.

2.3. Occupation de locaux en commun : si le siège social est situé dans les locaux occupés en commun par *une ou plusieurs entreprises*, copie du contrat de domiciliation mentionné aux articles R. 123-167 et suivants indiquant les références de l'agrément préfectoral prévu par l'article L. 123-11-3 et extrait du RCS ou du répertoire des métiers du domiciliataire, sauf si celui-ci est immatriculé dans le même greffe ou s'il est une personne morale française de droit public ou une association regroupant des personnes morales françaises de droit public.

2.4. Acquisition d'un fonds de commerce.

Par achat, licitation : copie de l'acte.

Par voie de donation : copie de l'acte de donation.

2.5. Activité réglementée.

Copie de l'autorisation provisoire ou définitive du diplôme ou du titre conformément à l'article R. 123-95.

2.6. Autres personnes morales.

Pièces justifiant les renseignements exigés par la législation particulière.

Annexe X. – Demandes de radiation

1. Radiation des personnes physiques

En cas de décès de la personne immatriculée : extrait de l'acte de décès.

Pour les ambulants ainsi que pour les forains n'ayant en France ni domicile ni résidence fixe : original de la carte de commerçant ambulant ou du titre de circulation sur lequel le greffe porte la mention de la radiation ainsi que sa date.

2. Radiation des personnes morales

Si la formalité n'est pas concomitante au dépôt : récépissé du dépôt d'actes de nullité, de clôture des comptes de liquidation ou de fusion.

En cas de demande de radiation d'une immatriculation secondaire par suite de fusion et de scission : extrait du registre du commerce et des sociétés du siège portant mention de l'opération.

Le cas échéant, attestation de parution dans un journal d'annonces légales ou copie de celui-ci.

Art. A. 123-46 *(Mod., A. 31 juill. 2012).* **– Lors d'une demande d'immatriculation résultant du transfert du siège d'un établissement ou du changement d'adresse de l'entreprise fixée au local d'habitation dans le ressort d'un autre tribunal, le requérant est dispensé de la production des pièces justificatives concernant les mentions non modifiées de la nouvelle immatriculation qui figure sur l'extrait de la précédente immatriculation fournie.**

Dans le cas prévu à l'alinéa précédent, si l'adresse ou le siège antérieurs et la nouvelle adresse ou le nouveau siège se trouvent tous les deux dans le ressort d'un tribunal dont la gestion du greffe est assurée selon les modalités fixées aux articles L. 741-1 et suivants, le requérant est également dispensé de la production de l'extrait d'immatriculation du siège ou de l'adresse antérieurs dont le greffier du nouveau registre est chargé de l'obtention. La transmission de l'extrait entre les greffes est faite par voie électronique et sans frais pour le requérant.

En cas d'événements modificatifs concomitants à la décision de transfert de siège ou de l'établissement relatifs à ceux-ci, la déclaration est faite au lieu de la nouvelle immatriculation.

À la réception de la notification mentionnée aux derniers alinéas des articles R. 123-49 et R. 123-110, le greffier de l'ancien siège ou de l'établissement mentionne d'office sur l'extrait du registre de la personne immatriculée la date, la nature et l'objet des actes déposés au greffe du nouveau siège ou du nouvel établissement.

Art. A. 123-47. – Lors d'une demande d'inscription modificative, le requérant fournit les pièces prévues à l'annexe 1-1 au présent livre, strictement nécessaires à la justification des changements et des adjonctions intervenus.

Voir : Annexe 1-1 sous art. A. 123-45, p. 2399.

Art. A. 123-48 *(Mod., A. 31 juill. 2012).* **– Les déclarations des caisses d'épargne et de prévoyance sont faites sur des documents conformes aux modèles utilisés pour les déclarations des personnes morales au registre du commerce et des sociétés.**

Art. A. 123-49. – Les demandes d'immatriculation des caisses d'épargne et de prévoyance ou, le cas échéant, d'inscription modificative sont accompagnées des pièces justificatives suivantes :

1° Le récépissé du dépôt des actes et pièces si la formalité n'est pas concomitante au dépôt ;

2° En cas de fusion ou de scission, un extrait d'immatriculation de chacune des caisses d'épargne participant à l'opération de fusion ou de scission ;

3° Pour les personnes physiques ayant le pouvoir général d'engager les caisses d'épargne et de prévoyance, pour les membres du conseil d'orientation et de surveillance, tous documents officiels justificatifs de l'identité et de la nationalité et, s'ils sont étrangers, les titres qui les habilitent à séjourner sur le territoire français ;

4° Pour les personnes morales, membres du conseil d'orientation et de surveillance, un extrait de l'immatriculation au registre du commerce et des sociétés ou le titre justifiant leur capacité juridique et pour le représentant permanent qui n'est pas le président du conseil d'administration ou le gérant de la personne ***morale, une copie de la décision lui conférant*** **cette qualité ;**

5° Pour les commissaires aux comptes, la justification de leur inscription sur la liste des commissaires aux comptes.

Art. A. 123-50. – Les demandes d'immatriculation et d'inscription modificative des groupements européens d'intérêt économique sont accompagnées des pièces justificatives prévues par l'annexe 1-1 au présent livre.

Voir : Annexe 1-1 sous art. A. 123-45, p. 2399.

Sous-paragraphe 2. – Du contrôle et de l'enregistrement des demandes

Art. A. 123-51. – Le juge commis à la surveillance du registre du commerce et des sociétés demande le bulletin n° 2 du casier judiciaire :

1° Des personnes physiques soumises à immatriculation et des personnes physiques ayant le pouvoir d'engager à titre habituel la personne tenue à l'immatriculation ;

2° Des personnes physiques mentionnées à l'article R. 123-54, mentionnées au registre du commerce et des sociétés en vertu de l'immatriculation des sociétés commerciales, à l'exclusion des commissaires aux comptes ;

3° Des gérants des groupements européens d'intérêt économique, des personnes physiques membres des groupements d'intérêt économique, administrateurs et personnes chargées du contrôle de la gestion et du contrôle des comptes de ces groupements, à l'exclusion des commissaires aux comptes ;

4° Des gérants des sociétés civiles ;

5° Des personnes physiques mentionnées au registre du commerce et des sociétés, par suite de l'immatriculation d'une coopérative agricole, à l'exclusion des commissaires aux comptes ;

6° Des personnes ayant le pouvoir général d'engager les caisses d'épargne et de prévoyance vis-à-vis des tiers et des membres des conseils d'orientation et de surveillance.

Ces personnes attestent, au préalable, qu'elles n'ont été l'objet d'aucune condamnation pénale ni de sanction civile ou administrative de nature à leur interdire de gérer, d'administrer ou diriger une personne morale et, s'il s'agit d'un commerçant, de nature à lui interdire d'exercer une activité commerciale.

Au cas où le casier judiciaire révèle l'existence d'une interdiction d'exercer le commerce ou d'une condamnation de nature à interdire l'exercice de l'activité entreprise, le juge ordonne la radiation de l'immatriculation ou de l'inscription après en avoir préalablement avisé la personne concernée.

Lorsque la personne physique concernée par la radiation est l'une de celles mentionnées aux 2°, 3°, 4° et 5° ci-dessus, le juge avise également la personne morale et lui demande de régulariser le cas échéant sa situation.

Lorsqu'une autorisation administrative est accordée à titre provisoire et ne devient définitive qu'après l'immatriculation au registre du commerce et des sociétés, le greffier adresse à l'autorité administrative compétente un extrait de l'immatriculation dès vérification du casier judiciaire.

Art. A. 123-52. – Le déclarant peut demander au greffier la délivrance d'une attestation précisant la date inscrite au registre d'arrivée prévu à l'article R. 123-92.

Art. A. 123-53 *(Mod., A. 20 avr. 2010 ; D. n° 2017-1416, 28 sept. 2017)*. – Le registre chronologique prévu à l'article R. 123-98 est tenu selon un procédé informatique.

Pour l'application de l'article R. 123-101-1, le greffier certifie l'identité des informations enregistrées sur support électronique pour la tenue du registre du commerce et des sociétés avec celles reçues conformément aux articles R. 123-92 à R. 123-98 en apposant au moins une fois par jour, sur le registre mentionné au premier alinéa, sa signature électronique sécurisée, telle que définie par le décret n° 2017-1416 du 28 septembre 2017 relatif à la signature électronique.

NB : Conformément au II de l'article 2 du décret n° 2017-1416 du 28 septembre 2017 relatif à la signature électronique, les références au décret n° 2001-272 du 30 mars 2001, contenues dans des dispositions de nature réglementaire, sont remplacées par les références à ce même décret n° 2017-1416 du 28 septembre 2017.

Art. A. 123-54. – Le greffier notifie au requérant le numéro unique d'identification délivré par l'Institut *national de la statistique* et des études économiques dès sa réception.

Il rappelle au requérant l'obligation de porter sur ses papiers d'affaires, outre les mentions obligatoires découlant des textes particuliers régissant la forme juridique de l'entreprise, les mentions prévues à l'article R. 123-237.

§ 3. – Des dépôts en annexe au registre

Sous-paragraphe 1. – Des dépôts incombant aux personnes morales dont le siège est sur le territoire français

Sous-sous-paragraphe 1. – Du dépôt des actes constitutifs

Art. A. 123-55. – Les caisses d'épargne et de prévoyance déposent les actes énumérés au 1° de l'article R. 123-103 suivant les modalités prévues par les articles R. 123-102 et suivants.

Art. A. 123-56. – Les statuts des caisses d'épargne et de prévoyance déposés en annexe au registre du commerceet des sociétés sont visés au préalable par la Caisse nationale des caisses d'épargne et de prévoyance.

Art. A. 123-57 *(Mod., A. 31 juill. 2012).* – Les associations mentionnées à l'article A. 123-16 déposent en annexe au registre du commerce et des sociétés, au plus tard en même temps que leur demande d'immatriculation, en application du dernier alinéa de l'article R. 123-103 :

1° Une copie de leurs statuts ;

2° Une copie de la déclaration ou de l'inscription pour les associations d'Alsace-Moselle ou du *Journal officiel* qui a rendu publique l'association ;

3° Une copie d'extraits des procès-verbaux de délibération des instances ayant désigné les organes de direction et de contrôle ou le conseil d'administration ;

4° Une copie du procès-verbal des délibérations de l'assemblée générale constatant la décision d'émettre des obligations.

Art. A. 123-58 *(Mod., A. 31 juill. 2012).* – Les groupements européens d'intérêt économique mentionnés à l'article A. 123-18 déposent au plus tard en même temps que leur demande d'immatriculation :

1° Une expédition du contrat de groupement, s'il a été établi par acte authentique, ou l'original, s'il a été établi par acte sous seing privé ; celui-ci indique, le cas échéant, le nom et la résidence du notaire au rang des minutes duquel il a été déposé ;

2° Une copie des actes de nomination des gérants du groupement, avec l'indication qu'ils peuvent agir seuls ou qu'ils agissent conjointement.

Sous-sous-paragraphe 2. – Du dépôt des actes modificatifs

Art. A. 123-59. – Le projet de transfert hors de France du siège d'un groupement européen d'intérêt économique, établi par le ou les gérants, est déposé au greffe du tribunal où le groupement est immatriculé.

Art. A. 123-60 *(Mod., A. 31 juill. 2012).* – La décision constatant la clôture de la liquidation d'un groupement européen d'intérêt économique est déposée par le liquidateur au greffe du tribunal où le groupement est immatriculé.

Sous-sous-paragraphe 3. – Du dépôt des documents comptables

Art. A. 123-61 *(Mod., A. 15 oct. 2014).* – Pour effectuer la transmission électronique des documents comptables prévue au second alinéa de l'article R. 123-111, accompagnés le cas échéant de la déclaration de confidentialité des comptes annuels, la société conclut un accord avec le greffe territorialement compétent.

Le modèle de cet accord est établi par le directeur des services judiciaires, le président du Conseil national des greffiers des tribunaux de commerce et le directeur général de l'Institut national de la propriété industrielle.

L'accord prévoit les formats d'échanges, l'ordre de transmission des documents aux greffes.

La réception des documents est constatée par un récépissé électronique.

Si l'envoi est incomplet, son contenu ne peut être diffusé et le déclarant est invité par le greffe à fournir les pièces manquantes dans les conditions prévues aux alinéas précédents.

Le dépôt est validé par le greffe lorsqu'il a constaté que l'envoi est complet et régulier. Le greffe adresse un certificat de dépôt électronique au déclarant. Les documents sont alors transmis par voie électronique à l'Institut national de la propriété industrielle.

Art. A. 123-61-1 *(A. 15 oct. 2014 ; rempl., A. 30 mai 2016 ; A. 20 nov. 2019).* – Un modèle type de *déclaration de confidentialité des comptes annuels prévue* au premier alinéa de l'article R. 123-111-1 figure à l'annexe 1-5 au présent livre.

Un modèle type de déclaration de confidentialité des comptes annuels prévue au deuxième alinéa de l'article R. 123-111-1 figure à l'annexe 1-5-1.

Un modèle type de déclaration de publication simplifiée des comptes annuels prévue au troisième alinéa de l'article R. 123-111-1 figure à l'annexe 1-5-2.

Art. A. 123-62. – **Les caisses d'épargne et de prévoyance déposent les comptes annuels, la décision d'affectation des résultats, le rapport annuel du directeur général ou du directoire, le rapport annuel des commissaires aux comptes suivant les modalités prévues par les articles R. 123-102 et suivants.**

Sous-paragraphe 2. – Des dépôts incombant aux sociétés dont le siège est à l'étranger

Le présent sous-paragraphe ne comprend pas de dispositions pour les arrêtés.

Sous-paragraphe 3. – Dispositions communes

Le présent sous-paragraphe ne comprend pas de dispositions pour les arrêtés.

Sous-paragraphe 4. – Dispositions propres aux personnes physiques

Art. A. 123-63. – **Un modèle d'attestation de délivrance de l'information, donnée par la personne physique qui s'immatricule, à son conjoint commun en biens sur les conséquences des dettes contractées dans l'exercice de sa profession sur les biens communs figure à l'annexe 1-2 au présent livre.**

Annexe 1-2

(Annexe aux articles A. 123-63 et A. 134-2)

Modèle d'attestation de délivrance de l'information donnée à son conjoint commun en biens sur les conséquences des dettes contractées dans l'exercice de sa profession sur les biens communs.

Je soussigné *(nom et prénom de la personne immatriculée)* déclare sous ma responsabilité, conformément à l'article R. 123-121-1, avoir informé mon conjoint M./Mme *(rayer la mention inutile)*, avec lequel/laquelle je me suis marié(e) sans contrat de mariage (1) ou bien avec un contrat de mariage qui prévoit des biens communs aux époux, sur les conséquences des dettes contractées dans l'exercice de ma profession sur ces biens communs.

Fait à..., le...

(Signature de la personne immatriculée)

(1) La mention relative à l'absence de contrat de mariage ne signifie pas que le régime légal français est applicable.

§ 4. – Des inscriptions d'office

Sous-paragraphe 1. – Des inscriptions modificatives

Le présent sous-paragraphe ne comprend pas de dispositions pour les arrêtés.

Sous-paragraphe 2. – Des radiations

Art. A. 123-64. – **Si l'activité entreprise ne peut être exercée sans autorisation administrative, à l'exception du cas de non-renouvellement de cette autorisation, le greffier informe l'autorité administrative compétente des radiations d'office auxquelles il procède.**

§ 5. – Du contentieux

Le présent paragraphe ne comprend pas de dispositions pour les arrêtés.

§ 6. – De la publicité du registre

Sous-paragraphe 1. – De la communication et de l'inscription des actes

Art. A. 123-65 *(Mod., D. n° 2019-1379, 18 déc. 2019).* – **Les extraits du registre du commerce et des sociétés sont délivrés par les greffiers conformément à un modèle approuvé par arrêté du garde des sceaux, ministre de la justice.**

Ils peuvent être soit imprimés, soit édités automatiquement avec les mêmes rubriques que l'imprimé disposées dans le même ordre, soit résulter de la duplication de la demande d'immatriculation et comporter, en tout état de cause, la signature du greffier.

Art. A. 123-66. – **Les copies du registre du commerce et des sociétés peuvent être délivrées par voie électronique. Il est alors précisé que seul un document signé fait foi.**

Pour cette délivrance les greffiers se conforment aux dispositions de l'article R. 741-5 et l'Institut national de la propriété industrielle à celles de l'article R. 123-153.

Art. A. 123-67. – Sous réserve des dispositions de l'article R. 123-154, les greffiers et l'Institut national de la propriété industrielle sont habilités à répondre à des demandes relatives à des inscriptions radiées.

Toutefois, au terme d'un délai de cinq ans, l'Institut national de la propriété industrielle peut ne conserver les documents que sur un support de substitution fiable et durable.

Art. A. 123-68 *(Mod., A. 15 oct. 2014).* – Sous réserve des dispositions de l'article R. 123-154-1, l'Institut national de la propriété industrielle et les greffes délivrent les renseignements sur les documents comptables sous forme de copie ou en communication.

Toutefois, pour les documents comptables antérieurs à ceux établis au titre des cinq derniers exercices, ces renseignements ne sont délivrés par l'Institut national de la propriété industrielle que sous forme d'extraits.

Art. A. 123-68-1 *(A. 23 juin 2016).* – I. – Pour l'application du deuxième alinéa de l'article L. 232-25, les catégories de personnes morales qui financent ou investissent, directement ou indirectement, dans les entreprises, ou fournissent des prestations au bénéfice de ces personnes morales sont les suivantes :

1° Pour les personnes morales qui financent ou investissent :

a) Les établissements de crédit et sociétés de financement mentionnés à l'article L. 511-1 du Code monétaire et financier ainsi que les personnes mentionnées aux articles L. 511-22 et L. 511-23 du même code ;

b) Les compagnies financières holding et entreprises mères de société de financement mentionnées à l'article L. 517-1 du Code monétaire et financier ;

c) Les entreprises d'investissement mentionnées à l'article L. 531-4 du Code monétaire et financier ainsi que les personnes mentionnées aux articles L. 532-18 et L. 532-18-1 du même code ;

d) Les sociétés de gestion de placements collectifs mentionnées à l'article L. 543-1 du Code monétaire et financier ;

e) Les sociétés de libre partenariat mentionnées à l'article L. 214-162-1 du Code monétaire et financier ;

f) L'établissement mentionné à l'article L. 518-2 du Code monétaire et financier ;

g) Les entreprises d'assurance et de réassurance mentionnées aux articles L. 310-1 et L. 310-1-1 du Code des assurances ainsi que les personnes mentionnées à l'article L. 310-3-1 du même code ;

h) Les institutions de prévoyance et leurs unions régies par le titre III du livre IX du Code de la sécurité sociale ;

i) Les mutuelles et leurs unions régies par le livre II du Code de la mutualité ;

j) Les intermédiaires en assurance ou en réassurance mentionnés à l'article L. 511-1 du Code des assurances ainsi que les personnes mentionnées à l'article L. 515-2 du même code ;

k) Les sociétés exerçant à titre habituel la location de biens professionnels sans être agréées en tant qu'établissement de crédit ou société de financement ;

2° Pour les prestataires fournissant des services aux personnes morales qui financent ou investissent :

a) Les dépositaires centraux mentionnés à l'article L. 441-1 du Code monétaire et financier et les gestionnaires de systèmes de règlement interbancaires mentionnés au I de l'article L. 330-1 du même code ;

b) Les entreprises de marché mentionnées à l'article L. 421-2 du Code monétaire et financier ou les personnes qui opèrent un marché réglementé mentionné à l'article L. 422-1 du même code ;

c) Les établissements de paiement mentionnés à l'article L. 522-1 du Code monétaire et financier ainsi que les personnes mentionnées à l'article L. 522-13 du même code ;

d) Les intermédiaires en opérations de banque et en services de paiement mentionnées à l'article L. 519-1 du Code monétaire et financier ;

e) Les établissements de monnaie électronique mentionnés à l'article L. 526-1 du Code monétaire et financier ainsi que les personnes mentionnées aux articles L. 526-25 et L. 526-26 du même code ;

f) Les conseillers en investissements financiers mentionnés à l'article L. 541-1 du Code monétaire et financier ;

g) Les prestataires de service en recherche en investissement et d'analyse financière au sens de l'article L. 544-1 du Code monétaire et financier ;

h) Les agences de notation de crédit mentionnées à l'article L. 544-4 du Code monétaire et financier ;

i) Les agents liés à un prestataire de services d'investissement mentionnés à l'article L. 545-1 du Code monétaire et financier ;

j) **Les conseillers en investissements participatifs mentionnés à l'article L. 547-1 du Code monétaire et financier ;**

k) **Les intermédiaires en financement participatif mentionnés à l'article L. 548-2 du Code monétaire et financier ;**

l) **Les sociétés spécialisées en information de solvabilité et de prévention de défaillance.**

II. – Les personnes mentionnées au I du présent article accompagnent leur demande d'accès aux comptes annuels d'une société en vertu du premier alinéa de l'article R. 123-154-1 d'une attestation établie conformément au modèle type figurant à l'annexe 1-6 du présent livre.

Annexe 1-6 à l'article A. 123-68-1

Modèle type d'attestation prévue par l'article A. 123-68-1

(Annexe créée, A. 23 juin 2016)

1. Déclarant.

Dénomination ou raison sociale de la personne morale.

Le cas échéant, le numéro d'immatriculation au RCS.

Identité et qualité du représentant légal signataire.

2. Objet de la déclaration.

Le (la) soussigné(e) atteste sur l'honneur que la personne morale qu'elle représente appartient à, au moins, l'une des catégories de personnes définies à l'article A. 123-68-1 du Code de commerce :

1° Personnes morales qui financent ou investissent, directement ou indirectement, dans les entreprises : (*préciser la catégorie*) ;

2° Prestataires fournissant des services aux personnes morales qui financent ou investissent, directement ou indirectement, dans les entreprises : (*préciser la catégorie*) ;

3° Engagement du déclarant.

Le (la) soussigné(e) s'engage à ne pas communiquer à des tiers les comptes annuels dont il (elle) a obtenu la communication en vertu du premier alinéa de l'article R. 123-154-1.

Toute fausse attestation sur l'honneur constitue un faux et un usage de faux passible des peines d'amende et d'emprisonnement prévues aux articles 441-1 et suivants du Code pénal.

Fait à..., le...

Signature.

Art. A. 123-69. – Pour l'application de l'article R. 123-151 ne peuvent être utilisés comme critères de recherche :

1° La capacité des personnes ;

2° Les décisions intervenues dans les procédures de sauvegarde, de redressement et de liquidation judiciaire prononçant des sanctions personnelles ou patrimoniales à l'égard des commerçants ou des dirigeants de personne morale ;

3° Les mesures d'incapacité ou d'interdiction d'exercer une activité commerciale ou professionnelle de gérer, d'administrer ou de diriger une personne morale résultant d'une décision judiciaire ou administrative ;

4° Les actes de poursuite pénale et les sanctions pénales.

Art. A. 123-70. – Les demandes de renseignements relatives à l'état futur des dossiers peuvent être exécutées sur abonnement. Elles entraînent la délivrance d'un extrait ou d'une copie, soit à intervalle régulier dont *la périodicité ne peut être inférieure* à quinze jours, soit à l'occasion de toute inscription qu'elle soit portée d'office ou sur déclaration.

Art. A. 123-71. – Les greffiers et l'Institut national de la propriété industrielle sont habilités à répondre à toute demande statistique.

Art. A. 123-72. – L'Institut national de la propriété industrielle ne délivre pas de renseignements sur les immatriculations et autres inscriptions effectuées avant le 1er mars 1954.

Art. A. 123-73. – L'Institut national de la propriété industrielle délivre les renseignements sur les immatriculations et autres opérations s'y rapportant concernant les registres du commerce d'Algérie jusqu'au 30 juin 1962.

Sous-paragraphe 2. – De la publication au Bulletin officiel des annonces civiles et commerciales

Art. A. 123-74. – L'avis au *Bulletin officiel des annonces civiles et commerciales* prévu à l'article R. 123-155 contient pour les caisses d'épargne et de prévoyance :

1° Les références de l'immatriculation ;

2° La dénomination suivie, le cas échéant, du sigle ;

3° Le montant de la dotation statutaire ;

4° L'adresse du siège ;

5° La forme juridique ;

6° Les nom, nom d'usage, pseudonyme et prénoms des :

a) Personnes ayant le pouvoir général d'engager la caisse d'épargne et de prévoyance vis-à-vis des tiers ;

b) Membres du conseil d'orientation et de surveillance, et commissaires aux comptes.

Art. A. 123-75. – L'avis d'immatriculation au *Bulletin officiel des annonces civiles et commerciales*, prévu à l'article R. 123-155, contient pour les groupements européens d'intérêt économique :

1° Les références de l'immatriculation ;

2° La dénomination ;

3° L'adresse du siège ;

4° L'objet ;

5° La durée du groupement lorsqu'elle n'est pas indéterminée ;

6° Les nom ou raison ou dénomination sociale, la forme juridique, le domicile ou siège social et, le cas échéant, les références d'immatriculation de chacun des membres du groupement ;

7° Les établissements secondaires ;

8° Les noms, nom d'usage, pseudonyme et prénoms des gérants avec l'indication qu'ils peuvent agir seuls ou qu'ils agissent conjointement ;

9° La clause exonérant un nouveau membre du paiement des dettes nées antérieurement à son entrée dans le groupement.

Art. A. 123-76. – Le dépôt du projet de transfert hors de France d'un groupement européen d'intérêt économique mentionné à l'article A. 123-59 donne lieu à l'insertion d'un avis au *Bulletin officiel des annonces civiles et commerciales*. L'avis est établi et adressé par le greffier au bulletin dans les huit jours à compter du dépôt du projet de transfert du siège. Il contient les références de l'immatriculation, la dénomination, l'adresse du siège du groupement ainsi que le lieu où le transfert du siège est envisagé.

Art. A. 123-77. – La cession par un membre de sa participation dans un groupement d'intérêt économique européen, ou d'une fraction de celle-ci, donne lieu à l'insertion au *Bulletin officiel des annonces civiles et commerciales* d'un avis établi par le greffier. L'avis contient la dénomination du groupement, les références de l'immatriculation et l'indication de la cession intervenue.

Art. A. 123-78. – La nomination du ou des liquidateurs d'un groupement européen d'intérêt économique donne lieu à l'insertion au *Bulletin officiel des annonces civiles et commerciales* d'un avis établi par le greffier. L'avis contient la dénomination du groupement, ses références d'immatriculation, les nom, prénoms et domicile du ou des liquidateurs.

Lorsque la nomination du ou des liquidateurs intervient en même temps que la décision prononçant la dissolution ou la nullité, l'avis prévu à l'article R. 123-159 est seul publié. Il indique dans ce cas les nom, nom d'usage, pseudonyme, prénoms et domicile du ou des liquidateurs.

Art. A. 123-79. – La décision constatant la clôture de la liquidation d'un groupement européen d'intérêt économique donne lieu à la publication au *Bulletin officiel des annonces civiles et commerciales* d'un avis établi et adressé par le greffier au bulletin dans les huit jours du dépôt.

L'avis contient :

1° La dénomination du groupement ;

2° L'adresse du siège ;

3° Les références d'immatriculation au registre du commerce et des sociétés ;

4° Les nom, nom d'usage, pseudonyme et prénoms et domicile des liquidateurs ;

5° La date de réunion de l'assemblée de clôture, si les comptes des liquidateurs ont été approuvés par elle ou, à défaut, la date de la décision de justice constatant la clôture de la liquidation, avec l'indication du tribunal.

Art. A. 123-80. – Dans le mois suivant la publication au *Bulletin officiel des annonces civiles et commerciales* de l'avis de constitution ou de clôture de la liquidation d'un groupement, le greffier établit et adresse un avis à l'Office des publications officielles des Communautés européennes.

L'avis contient la dénomination du groupement, les références d'immatriculation, la date et le lieu de son immatriculation, la date et le numéro du bulletin dans lequel a été publié l'avis de constitution ou de clôture de la liquidation.

§ 7. – Dispositions diverses

Le présent paragraphe ne comprend pas de dispositions pour les arrêtés.

Sous-section 3. – De la domiciliation des personnes morales immatriculées

La présente sous-section ne comprend pas de dispositions pour les arrêtés.

Sous-section 4. – De la publication d'avis relatifs à la société européenne

La présente sous-section ne comprend pas de dispositions pour les arrêtés.

Section II. – De la comptabilité des commerçants

La présente section ne comprend pas de dispositions pour les arrêtés.

Sous-section 3. – Des activités commerciales et artisanales ambulantes

(A. 21 janv. 2010)

Art. A. 123-80-1 *(A. 21 janv. 2010)*. – La déclaration prévue à l'article L. 123-29 comporte, pièces justificatives à l'appui, les éléments suivants :

1° Pour une personne morale, la raison sociale ou la dénomination suivie, le cas échéant, du sigle, l'activité et l'adresse du siège social ainsi que les nom de naissance et, le cas échéant, nom d'usage, prénoms, date, lieu de naissance, nationalité de leur représentant légal ;

2° Pour une personne physique, les nom de naissance et, le cas échéant, nom d'usage, prénoms, date et lieu de naissance, nationalité, activité commerciale ou artisanale exercée et domicile ou commune de rattachement ;

En outre :

3° Si le déclarant est assujetti à immatriculation au registre du commerce et des sociétés, un extrait datant de moins de trois mois des inscriptions portées audit registre ;

4° Si le déclarant est assujetti à immatriculation au répertoire des métiers, un extrait datant de moins de trois mois des inscriptions portées audit répertoire ;

5° À défaut d'une immatriculation à un registre de publicité légale :

a) Pour les personnes physiques bénéficiant de la dispense d'immatriculation prévue par l'article L. 123-1-1 du Code de commerce ou par le V de l'article 19 de la loi n° 96-603 du 5 juillet 1996 relative au développement et à la promotion du commerce et de l'artisanat, le certificat d'inscription au répertoire des entreprises et des établissements (SIRENE) ou, dans le cas d'un renouvellement, une attestation sur l'honneur certifiant qu'il bénéficie toujours de cette disposition ;

b) Pour les associations exerçant une activité commerciale, le certificat d'inscription au répertoire des entreprises et des établissements (SIRENE) ainsi que la copie de leur statut ;

c) Pour les ressortissants de l'Union européenne, personnes physiques et morales qui ne disposent pas d'établissement en France mais qui ont déclaré leur activité commerciale ou artisanale dans un autre pays de l'Union européenne, la preuve de cette déclaration ;

6° Une copie de la pièce d'identité ou, le cas échéant, d'un titre de circulation ou du titre de séjour du déclarant ;

7° Deux photographies d'identité récentes.

Le déclarant dispose d'un délai d'un mois, à compter de la réception de la notification de la liste des pièces justificatives manquantes, pour les transmettre au centre de formalités des entreprises qui les lui a réclamées. À défaut, une nouvelle déclaration doit être effectuée conformément à l'article L. 123-29.

Art. A. 123-80-2 *(A. 21 janv. 2010)*. – Lorsque la déclaration est effectuée concomitamment à une déclaration de création d'entreprise remise au centre de formalités des entreprises géré par une « chambre de commerce et d'industrie territoriale » (1) ou par une chambre des métiers et de l'artisanat, la remise de la déclaration d'entreprise et de ses justificatifs vaut remise de la déclaration prévue à l'article L. 123-29. Le déclarant produit en complément deux photographies d'identité récentes.

Dans ce cas, la « chambre de commerce et d'industrie territoriale » (1) ou la chambre des métiers et de l'artisanat conserve une copie de cette déclaration et des pièces justificatives dans un dossier propre au déclarant ou à l'entreprise qui les a déposées.

La déclaration d'activité ambulante d'une personne physique dont le domicile n'est pas situé dans le ressort du centre de formalités des entreprises compétent pour recevoir sa déclaration de création d'entreprise peut être reçue par ce centre, qui la transmet au CFE compétent pour traiter la déclaration d'activité ambulante.

Art. A. 123-80-3 *(A. 21 janv. 2010)*. – La carte permettant l'exercice d'une activité commerciale ou artisanale ambulante, prévue par l'article L. 123-29, est signée par le président de la chambre consulaire ou son représentant.

Elle comporte les mentions suivantes :

1° Le nom de naissance et, le cas échéant, le nom d'usage du titulaire, les prénoms, la date et le lieu de naissance, la nationalité, l'adresse du domicile ;

2° Le numéro unique d'identification (SIREN) de l'entreprise pour le compte de laquelle le titulaire exerce une activité ambulante ;

3° La raison sociale ou le nom commercial suivi, le cas échéant, du sigle, l'adresse du siège social ;

4° La nature de l'activité commerciale ou artisanale ambulante exercée ;

5° L'identification de la chambre consulaire qui a délivré la carte ;

6° La date de délivrance de la carte ;

7° La date d'expiration de la validité de la carte ;

8° Un numéro d'ordre.

La carte comporte en outre une photographie d'identité du titulaire.

Art. A. 123-80-4 *(A. 21 janv. 2010)*. – Hormis le cas de la cessation d'activité, toute déclaration modificative portant sur les mentions des 1°, 3° ou 4° de l'article A. 123-80-3 entraîne la délivrance d'une nouvelle carte, après remise de la carte devenue obsolète, et après production :

– si le déclarant est assujetti à immatriculation au registre du commerce et des sociétés, d'un extrait datant de moins de trois mois des inscriptions portées audit registre ;

– si le déclarant est assujetti à immatriculation au répertoire des métiers, d'un extrait datant de moins de trois mois des inscriptions portées audit répertoire ;

– pour les déclarants visés au 5° de l'article A. 123-80-1, les justificatifs de la modification ou des modifications déclarées, accompagnés, pour ceux qui bénéficient de la dispense d'immatriculation prévue par l'article L. 123-1-1 du Code de commerce ou par le V de l'article 19 de la loi n° 96-603 du 5 juillet 1996 relative au développement et à la promotion du commerce et de l'artisanat, d'une attestation sur l'honneur certifiant qu'ils bénéficient toujours de cette disposition ;

– de deux photographies d'identité récentes.

Art. A. 123-80-5 *(A. 19 juill. 2019)*. – Le montant de la redevance prévu à l'article R. 123-208-3 du Code de commerce est fixé à 30 euros.

(1) D. n° 2010-1463, 1er déc. 2010, art. 87, 1°.

Art. A. 123-80-6 *(A. 21 janv. 2010).* – Lorsque le déclarant en fait la demande, le certificat provisoire prévu au quatrième alinéa de l'article R. 123-208-3 est délivré par la « chambre de commerce et d'industrie territoriale » (1) ou la chambre des métiers et de l'artisanat compétente sur présentation de la notification de l'immatriculation à un registre de publicité légale ou du certificat d'inscription au répertoire des entreprises et des établissements (SIRENE). Il mentionne que la carte permettant l'exercice d'une activité commerciale ou artisanale ambulante est en cours d'établissement. Il comporte, en fonction de la situation du déclarant, les éléments du 1° ou du 2° de l'article A. 123-80-1. Il précise que, la carte devant être délivrée dans le mois qui suit la remise du certificat en application de l'article R. 123-208-3, ce certificat perd toute validité à compter d'une date qu'il indique.

Art. A. 123-80-7 *(A. 21 janv. 2010).* – Les bénéficiaires des dispositions prévues au quatrième alinéa de l'article R. 123-208-3 remettent leur certificat provisoire à l'autorité compétente au moment de la délivrance de la carte.

À l'occasion du renouvellement de déclaration prévu par l'article R. 123-208-4, les bénéficiaires remettent leur ancienne carte à l'autorité compétente au moment de la délivrance de la nouvelle carte.

Art. A. 123-80-8 *(A. 21 janv. 2010).* – Le dossier relatif à une déclaration d'activité commerciale ou artisanale ambulante est conservé jusqu'à la date du premier anniversaire de la date de renouvellement de la déclaration ou de la cessation d'activité de la personne lorsque cette cessation intervient avant le renouvellement.

Section III. – Dispositions diverses

Sous-section 1. – Du *Bulletin officiel des annonces civiles et commerciales*

La présente sous-section ne comprend pas de dispositions pour les arrêtés.

Sous-section 2. – Du système national d'identification et du répertoire des entreprises et de leurs établissements

Art. A. 123-81 *(Mod., A. 14 avr. 2010 ; D. n° 2010-1356, 11 nov. 2010).* – Sont habilités à demander l'inscription au répertoire national des personnes physiques exerçant de manière indépendante une profession non salariée, des personnes morales de droit public ou de droit privé, des institutions et services de l'État et des collectivités territoriales et de leurs établissements :

1° Les greffiers des tribunaux de commerce, les greffiers des tribunaux judiciaires statuant en matière commerciale, les greffiers des tribunaux judiciaires du ressort des cours d'appel de Colmar et Metz spécialement chargés de la tenue du registre du commerce en ce qui concerne toute personne soumise à immatriculation au registre du commerce et des sociétés ;

2° Les chambres de métiers et de l'artisanat de région en ce qui concerne toute personne soumise à inscription au répertoire des métiers ;

3° Les unions de recouvrement des cotisations de sécurité sociale et d'allocations familiales, les caisses régionales d'assurance maladie et tout organisme gérant un régime obligatoire de sécurité sociale en ce qui concerne les professions libérales, les travailleurs indépendants, les non-salariés agricoles et tout employeur de personnel salarié, à l'exclusion des employeurs de personnel domestique ;

4° Les services départementaux de la direction générale des impôts en ce qui concerne toute personne, *institution ou service soumis* à une des catégories d'obligations fiscales définies par l'article A. 123-84 ;

5° Le service de la statistique et de la prospective du ministère chargé de l'agriculture en ce qui concerne toute personne exploitant une unité de production agricole ;

6° Les centres de formalité des entreprises.

Art. A. 123-82. – Sont de plus habilités à demander l'inscription au répertoire les administrations et services suivants :

1° Le secrétariat général du Gouvernement en ce qui concerne les services d'administration centrale de l'État et les établissements publics nationaux ;

(1) D. n° 2010-1463, 1er déc. 2010, art. 87, 1°.

2° Les préfectures en ce qui concerne les collectivités locales, les établissements publics locaux, les services de l'État implantés dans leur circonscription, ainsi que toute personne morale, non soumise à déclaration au registre du commerce et des sociétés, rentrant dans une des catégories définies par arrêté conjoint du ministre chargé de l'intérieur et de la décentralisation et du ministre chargé de l'économie, des finances et du budget ;

3° Les trésoriers-payeurs généraux en ce qui concerne toute personne morale de droit public, institution ou service de l'État ;

4° Les directions départementales des services fiscaux et autres services de la direction générale des impôts à attributions domaniales en ce qui concerne les institutions, services et établissements publics de l'État assujettis à la réglementation relative au tableau général des propriétés de l'État, à l'exclusion des services et établissements publics relevant du ministère de la défense et du ministre chargé des PTT ;

5° Le service de l'informatique de gestion et des statistiques du ministre chargé de l'éducation nationale et les services académiques en ce qui concerne toute personne, institution ou service gérant un établissement d'enseignement agréé ;

6° Les directions régionales des affaires sanitaires et sociales pour toute personne, institution ou service gérant un établissement réglementé à caractère sanitaire ou social ;

7° La direction de la comptabilité et du budget du ministère chargé des PTT en ce qui concerne les services et établissements de ce ministère.

Art. A. 123-83. – Dans le cadre des opérations de mise à jour du répertoire, l'INSEE peut procéder à des enquêtes administratives sous réserve des dispositions prévues aux articles R. 123-228 à R. 123-230.

Art. A. 123-84. – Les personnes physiques ou morales susceptibles d'être inscrites immédiatement au répertoire national des entreprises et des établissements sont celles visées par au moins une des dispositions prévues ci-après :

1° Les personnes morales passibles de l'impôt sur les sociétés ou qui rentrent dans le champ d'application des articles 238 *ter*, 239 *ter*, 239 *quater*, 239 *quater* A, 239 *quinquies* et 239 *septies* du Code général des impôts ;

2° Les assujettis aux taxes sur le chiffre d'affaires ou à la taxe sur les salaires ;

3° Les personnes physiques ou morales dont les revenus appartiennent à la catégorie des bénéfices non commerciaux ;

4° Les personnes physiques ou morales dont les revenus appartiennent à la catégorie des bénéfices industriels et commerciaux ;

5° Les personnes physiques ou morales dont les revenus appartenant à la catégorie des bénéfices agricoles sont déterminés d'après le bénéfice réel.

Art. A. 123-85 *(Mod., A. 14 avr. 2010)*. – Sont susceptibles d'être inscrits au répertoire national des entreprises et de leurs établissements, à la demande des unions de recouvrement des cotisations de sécurité sociale et d'allocations familiales ou des organismes en faisant fonction et éventuellement des caisses régionales d'assurance maladie, les employeurs et travailleurs indépendants des professions non agricoles assujetties au versement des cotisations de sécurité sociale et d'allocations familiales dans les conditions prévues par le Code de la sécurité sociale.

Sont également susceptibles d'être inscrits au répertoire national des entreprises et de leurs établissements, à la demande du service de la statistique et de la prospective du ministère chargé de l'agriculture, les personnes physiques et morales exploitant une unité de production entrant dans le champ défini par l'arrêté du 11 mai 2009 fixant les unités de production concernées par le recensement général de l'agriculture en 2010.

Art. A. 123-86. – Aucun établissement dépendant du ministère de la défense ne peut faire l'objet d'une inscription au répertoire en dehors des modalités d'inscription qui sont définies par un arrêté conjoint du *ministre chargé de la défense et du ministre chargé* de l'économie, des finances et du budget.

Art. A. 123-87. – Le traitement informatisé du système national d'identification et du répertoire des entreprises et établissements (SIRENE) régi par les articles R. 123-220 et suivants est mis en œuvre par l'Institut national de la statistique et des études économiques en liaison avec les administrations et organismes mentionnés à l'article R. 123-224.

L'objet de ce traitement est :

1° L'identification des personnes physiques exerçant de manière indépendante une profession non salariée, des personnes morales de droit public ou de droit privé, des institutions et services de l'État et des collectivités territoriales, ainsi que de leurs établissements, lorsqu'ils relèvent du registre du commerce et des sociétés, du répertoire des métiers, ou qu'ils emploient du personnel salarié (non compris les personnels domestiques), sont soumis à des obligations fiscales ou bénéficient de transferts financiers publics ;

2° La production de statistiques concernant ces unités ;

3° La coordination des systèmes d'information des administrations et des organismes mentionnés au deuxième alinéa de l'article R. 123-232 ;

4° La communication à toutes personnes ou organismes qui en font la demande des informations figurant au répertoire dans les conditions et limites définies à l'article A. 123-89.

Art. A. 123-88. – Les catégories d'informations nominatives enregistrées sont, en ce qui concerne les personnes physiques, les suivantes :

1° Les nom, nom d'usage, prénoms, l'adresse légale, la date et le lieu de naissance, le numéro d'identification SIREN, ainsi que l'éventuelle cessation d'activité ;

2° Pour chacun de leurs établissements : sa dénomination usuelle, son adresse, son numéro d'identification SIRET et si nécessaire la date et l'origine de sa création ;

3° Les numéros de la nomenclature d'activités définie par le décret n° 2007-1888 du [26 décembre 2007] portant approbation des nomenclatures d'activités et de produits françaises, attribués par l'INSEE pour caractériser leur activité (y compris celle de chacun des établissements) ;

4° Les catégories correspondant à l'importance de l'effectif salarié total et par établissement.

Art. A. 123-89. – Les destinataires de ces informations sont :

1° Les administrations et les organismes mentionnés à l'article R. 123-224 ;

2° Les personnes ou organismes qui en font la demande, sauf en ce qui concerne les dates et lieux de naissance des personnes physiques, dans les conditions définies aux articles A. 123-91 à A. 123-96.

Art. A. 123-90. – Le droit d'accès prévu par l'article 39 de la loi [n° 78-17] du 6 janvier 1978 s'exerce auprès du directeur régional de l'Institut national de la statistique et des études économiques.

Art. A. 123-91. – L'accès au service public d'information à vocation générale créé par le dernier alinéa de l'article R. 123-232 donne lieu au paiement d'une redevance dont les tarifs sont fixés par arrêté du ministre chargé de l'économie et des finances.

Art. A. 123-92. – L'INSEE peut passer avec des sociétés ou organismes spécialisés des conventions les chargeant de la diffusion du répertoire pour son compte et sous son contrôle.

Art. A. 123-93. – Les acquéreurs des informations du répertoire ne peuvent, sauf en cas de convention particulière passée avec l'INSEE, ni rediffuser à des tiers, à titre gratuit ou onéreux, ni transférer hors du territoire national les informations nominatives.

Art. A. 123-94. – Les acquéreurs des informations nominatives issues du répertoire SIRENE ne peuvent les utiliser qu'à des fins administratives, statistiques ou économiques. En particulier, les candidats et partis politiques ne peuvent les utiliser dans un but de propagande électorale ou de recherche de financement.

Art. A. 123-95. – La diffusion des renseignements inscrits dans SIRENE concernant les établissements du ministère de la défense est soumise à un accord préalable du ministre chargé de la défense.

Art. A. 123-96 *(Rempl. à compter du 1er janvier 2016, A. 30 juill. 2015)*. – Toute personne physique peut demander soit directement lors de ses formalités de création ou de modification, soit par lettre adressée au directeur général de l'Institut national de la statistique et des études économiques, que les informations du répertoire la concernant ne puissent être utilisées par des tiers autres que les organismes habilités au titre de l'article R. 123-224 ou les administrations, à des fins de prospection, notamment commerciale.

Annexe 1-3

(Annexe à l'article A. 131-1)

(A. 14 mars 2012)

Attestation prévue par l'article R. 131-1 (I, 2°) du Code de commerce

En vue de l'inscription d'une personne physique sur la liste
des courtiers de marchandises assermentés

Je soussigné(e)...

Né(e) le... à,...

Demeurant,...

Déclare prendre connaissance des dispositions de l'article L. 131-13 du Code de commerce aux termes desquelles :

« Nul ne peut être inscrit sur la liste des courtiers de marchandises assermentés d'une cour d'appel s'il ne remplit les conditions suivantes :

1° Être français ou ressortissant d'un État membre de l'Union européenne ou d'un autre État partie à l'accord sur l'Espace économique européen ;

2° N'avoir pas été frappé de faillite personnelle ou d'une autre sanction en application du titre V du livre VI ou des dispositions antérieurement applicables et n'avoir pas été l'auteur de faits contraires à l'honneur ou à la probité ayant donné lieu à condamnation pénale ou de faits ayant donné lieu à une sanction disciplinaire ou administrative de destitution, radiation, révocation, de retrait d'agrément ou d'autorisation dans la profession exercée antérieurement ;

3° Être inscrit au registre du commerce et des sociétés à titre personnel ;

4° Être habilité à diriger des ventes volontaires de meubles aux enchères publiques et avoir exercé son activité pendant deux ans au moins dans la spécialité professionnelle pour laquelle l'inscription est demandée (à compter du 1er janv. 2015) ;

5° Avoir subi avec succès depuis moins de trois ans l'examen d'aptitude dans une ou plusieurs spécialités professionnelles pour lesquelles l'inscription est demandée ;

6° Avoir sa résidence dans le ressort de la cour d'appel. »

Certifie sur l'honneur n'avoir pas été l'auteur de faits ayant donné lieu à une sanction disciplinaire ou administrative de destitution, radiation, révocation, de retrait d'agrément ou d'autorisation dans la profession que j'exerçais, le cas échéant, antérieurement.

Fait à..., le...

Signature

Annexe 1-4

(A. du 14 mars 2012)

Attestation prévue par l'article R. 131-1 (II, 2°) du Code de commerce

En vue de l'inscription d'une personne morale
sur la liste des courtiers de marchandises assermentés

Dirigeant de personne morale

Je soussigné(e)...

Né(e) le à...

Demeurant,...

Dirigeant de la société,...

Fonction occupée :...

Déclare prendre connaissance des dispositions de l'article L. 131-14 du Code de commerce aux termes desquelles :

« En vue de l'inscription d'une personne morale sur la liste des courtiers de marchandises assermentés d'une cour d'appel, il doit être justifié :

1° Que ses dirigeants n'ont pas fait l'objet d'une condamnation pénale définitive pour des faits contraires à l'honneur, à la probité ou aux bonnes mœurs ou de faits de même nature ayant donné lieu à une sanction disciplinaire ou administrative de destitution, radiation, révocation, de retrait d'agrément ou d'autorisation dans la profession qu'ils exerçaient antérieurement ;

2° Que la personne morale exerce une activité de courtage de marchandises depuis au moins deux ans dans la spécialité professionnelle pour laquelle l'inscription est demandée ;

3° Que les activités auxquelles se livre la personne morale ne sont pas incompatibles avec les fonctions de courtier de marchandises assermenté ;

4° Qu'elle compte parmi ses dirigeants, associés ou salariés au moins une personne remplissant les conditions prévues aux 1°, 2°, 4° (à compter du 1er janv. 2015) et 5° de l'article L. 131-13 du Code de commerce ;

5° Qu'elle a son siège social, une succursale ou un établissement en rapport avec sa spécialité dans le ressort de la cour d'appel. »

Certifie sur l'honneur n'avoir pas été l'auteur de faits ayant donné lieu à une sanction disciplinaire ou administrative de destitution, radiation, révocation, de retrait d'agrément ou d'autorisation dans la profession que j'exerçais, le cas échéant, antérieurement.

Fait à..., le...

Signature

Sous-section 3. – Du numéro unique d'identification des entreprises

La présente sous-section ne comprend pas de dispositions pour les arrêtés.

Sous-section 4. – Des mentions sur les papiers d'affaires

La présente sous-section ne comprend pas de dispositions pour les arrêtés.

CHAPITRE IV. – DES SOCIÉTÉS COOPÉRATIVES DE COMMERÇANTS DÉTAILLANTS

Le présent chapitre ne comprend pas de dispositions pour les arrêtés.

CHAPITRE V. – DES MAGASINS COLLECTIFS DE COMMERÇANTS INDÉPENDANTS

Le présent chapitre ne comprend pas de dispositions pour les arrêtés.

CHAPITRE VI. – DES SOCIÉTÉS DE CAUTION MUTUELLE

Le présent chapitre ne comprend pas de dispositions pour les arrêtés.

CHAPITRE VII. – DU CONTRAT D'APPUI AU PROJET D'ENTREPRISE POUR LA CRÉATION OU LA REPRISE D'UNE ACTIVITÉ ÉCONOMIQUE

Le présent chapitre ne comprend pas de dispositions pour les arrêtés.

CHAPITRE VIII. – DES INCAPACITÉS D'EXERCER UNE PROFESSION COMMERCIALE OU INDUSTRIELLE

Le présent chapitre ne comprend pas de dispositions pour les arrêtés.

CHAPITRE IX. – DU TUTORAT EN ENTREPRISE

Le présent chapitre ne comprend pas de dispositions pour les arrêtés.

TITRE III. – DES COURTIERS, DES COMMISSIONNAIRES, DES TRANSPORTEURS ET DES AGENTS COMMERCIAUX

CHAPITRE I. – DES COURTIERS

Section II. – Des courtiers de marchandises assermentés

Sous-section 1. – Conditions d'assermentation

Art. A. 131-1 *(A. 14 mars 2012)*. – **Les attestations prévues au 2° du I et au 2° du II de l'article R. 131-1 doivent être conformes aux modèles annexés au présent article.**

Sous-section 2. – Fonctions des courtiers de marchandises assermentés

Sous-section 3. – La discipline des courtiers de marchandises assermentés

Sous-section 4. – Le Conseil national des courtiers de marchandises assermentés

Art. A. 131-2 *(A. 14 mars 2012 ; rempl., A. 28 sept. 2018)*. – **Les courtiers de marchandises assermentés inscrits sur les listes de cours d'appel en nombre inférieur à neuf sont regroupés par cours d'appel, pour les élections au Conseil national des courtiers de marchandises assermentés, dans les conditions suivantes :**

– cours d'appel d'Agen, de Bordeaux, de Pau et de Toulouse ;
– cours d'appel d'Aix-en-Provence, de Bastia, de Montpellier et de Nîmes ;
– cours d'appel de Besançon, de Chambéry, de Colmar, de Dijon, de Grenoble, de Lyon, de Metz, de Nancy et de Reims ;
– cours d'appel de Caen, de Rennes et de Rouen ;
– cours d'appel d'Angers, de Bourges, de Limoges, d'Orléans, de Poitiers et de Riom ;
– cours d'appel d'Amiens, de Douai, de Paris et de Versailles.

Code de commerce
(Version consolidée au 4 mai 2012)

Partie Arrêtés

LIVRE Ier : DU COMMERCE EN GÉNÉRAL

Annexe 1-3

(Annexe à l'article A. 131-1)
(A. 14 mars 2012)

Attestation prévue par l'article R. 131-1 (I, 2°) du Code de commerce

En vue de l'inscription d'une personne physique sur la liste
des courtiers de marchandises assermentés
Je soussigné(e)
Né(e) le à,
Demeurant,
Déclare prendre connaissance des dispositions de l'article L. 131-13 du Code de commerce aux termes *desquelles* :

« Nul ne peut être inscrit sur la liste des courtiers de marchandises assermentés d'une cour d'appel s'il ne remplit les conditions suivantes :

1° Être français ou ressortissant d'un État membre de l'Union européenne ou d'un autre État partie à l'accord sur l'Espace économique européen ;

2° N'avoir pas été frappé de faillite personnelle ou d'une autre sanction en application du titre V du livre VI ou des dispositions antérieurement applicables et n'avoir pas été l'auteur de faits contraires à l'honneur ou à la probité ayant donné lieu à condamnation pénale ou de faits ayant donné lieu à une sanction disciplinaire ou administrative de destitution, radiation, révocation, de retrait d'agrément ou d'autorisation dans la profession exercée antérieurement ;

3° Être inscrit au registre du commerce et des sociétés à titre personnel ;

4° Être habilité à diriger des ventes volontaires de meubles aux enchères publiques et avoir exercé son activité pendant deux ans au moins dans la spécialité professionnelle pour laquelle l'inscription est demandée (à compter du 1er janv. 2015) ;

5° Avoir subi avec succès depuis moins de trois ans l'examen d'aptitude dans une ou plusieurs spécialités professionnelles pour lesquelles l'inscription est demandée ;

6° Avoir sa résidence dans le ressort de la cour d'appel. »

Certifie sur l'honneur n'avoir pas été l'auteur de faits ayant donné lieu à une sanction disciplinaire ou administrative de destitution, radiation, révocation, de retrait d'agrément ou d'autorisation dans la profession que j'exerçais, le cas échéant, antérieurement.

Fait à, le

Signature

Annexe 1-4

(Annexe à l'article A. 131-1)

(A. 14 mars 2012)

Attestation prévue par l'article R. 131-1 (II, 2°) du Code de commerce

En vue de l'inscription d'une personne morale
sur la liste des courtiers de marchandises assermentés
Dirigeant de personne morale
Je soussigné(e)
Né(e) le à
Demeurant,
Dirigeant de la société,
Fonction occupée :

Déclare prendre connaissance des dispositions de l'article L. 131-14 du Code de commerce aux termes desquelles :

« En vue de l'inscription d'une personne morale sur la liste des courtiers de marchandises assermentés d'une cour d'appel, il doit être justifié :

1° Que ses dirigeants n'ont pas fait l'objet d'une condamnation pénale définitive pour des faits contraires à l'honneur, à la probité ou aux bonnes mœurs ou de faits de même nature ayant donné lieu à une sanction disciplinaire ou administrative de destitution, radiation, révocation, de retrait d'agrément ou d'autorisation dans la profession qu'ils exerçaient antérieurement ;

2° Que la personne morale exerce une activité de courtage de marchandises depuis au moins deux ans dans la spécialité professionnelle pour laquelle l'inscription est demandée ;

3° Que les activités auxquelles se livre la personne morale ne sont pas incompatibles avec les fonctions de *courtier de marchandises assermenté ;*

4° Qu'elle compte parmi ses dirigeants, associés ou salariés au moins une personne remplissant les conditions prévues aux 1°, 2°, 4° (à compter du 1er janv. 2015) et 5° de l'article L. 131-13 du Code de commerce ;

5° Qu'elle a son siège social, une succursale ou un établissement en rapport avec sa spécialité dans le ressort de la cour d'appel. »

Certifie sur l'honneur n'avoir pas été l'auteur de faits ayant donné lieu à une sanction disciplinaire ou administrative de destitution, radiation, révocation, de retrait d'agrément ou d'autorisation dans la profession que j'exerçais, le cas échéant, antérieurement.

Fait à ...., le ....

Signature

Annexe 1-5

(annexe à l'article A. 123-61-1)

Modèle type de déclaration de confidentialité des comptes annuels

– micro-entreprise–

(Annexe créée, A. 15 oct. 2014 ; mod., A. 30 mai 2016)

1. Déclarant

Dénomination ou raison sociale de la personne morale ....
Immatriculée au RCS, numéro ....
Identité et qualité du représentant légal signataire ....

2. Objet de la déclaration

Déclare que les comptes annuels de l'exercice clos le .... et qui sont déposés en annexe au registre du commerce et des sociétés ne seront pas rendus publics en application de l'article L. 232-25 du Code de commerce et du premier alinéa de l'article L. 524-6-6 du Code rural et de la pêche maritime.

3. Engagement du déclarant

Le (la) soussigné (e) atteste sur l'honneur que les renseignements contenus dans la présente déclaration sont exacts et que la société susvisée répond à la définition des microentreprises au sens de l'article L. 123-16-1 du Code de commerce, n'est pas mentionnée à l'article L. 123-16-2 et n'a pas pour activité la gestion des titres de participations et de valeurs mobilières.

Toute fausse déclaration de confidentialité des comptes annuels constitue un faux et un usage de faux passible des peines d'amende et d'emprisonnement prévues aux articles 441-1 et suivants du Code pénal.

Annexe 1-5-1

[annexe à l'article A. 123-61-1]

Modèle type de déclaration de confidentialité des comptes annuels

– petite-entreprise –

(Annexe créée, A. 30 mai 2016)

1. Déclarant

Dénomination ou raison sociale de la personne morale ....
Immatriculée au RCS, numéro ....
Identité et qualité du représentant légal signataire ....

2. Objet de la déclaration

Demande que le compte de résultat de l'exercice clos le .... distinct des autres documents comptables, et qui est déposé en annexe au registre du commerce et des sociétés ne sera pas rendu public en application du deuxième alinéa de l'article L. 232-25 du Code de commerce et du deuxième alinéa de l'article L. 524-6-6 du Code rural et de la pêche maritime.

3. Engagement du déclarant

Le (la) soussigné(e) atteste sur l'honneur que les renseignements contenus dans la présente déclaration sont exacts et que la société susvisée répond à la définition des petites entreprises au sens de l'article L. 123-16 du Code de commerce, n'est pas mentionnée à l'article L. 123-16-2 du Code de commerce et n'appartient pas à un groupe au sens de l'article L. 233-16 du Code de commerce ou de l'article L. 524-6-1 du Code rural et de la pêche maritime.

Toute fausse déclaration relative à la demande de confidentialité du compte de résultat constitue un faux et un usage de faux passible des peines d'amende et d'emprisonnement prévues aux articles 441-1 et suivants du Code pénal.

Fait à ...., le ....
Signature

Annexe 1-5-2

Modèle type de déclaration de publication simplifiée des comptes annuels – moyenne entreprise

(Annexe créée, A. 20 nov. 2019)

1. Déclarant (1)
Dénomination ou raison sociale de la personne morale
Immatriculée au RCS, numéro
Identité et qualité du représentant légal signataire
2. Objet de la déclaration
Déclare que le bilan et l'annexe de l'exercice clos le, distincts des autres documents comptables et qui sont déposés en annexe au registre du commerce et des sociétés, seront publiés selon une présentation simplifiée en application du troisième alinéa de l'article L. 232-25 du Code de commerce.
3. Engagement du déclarant
Le (la) soussigné(e) atteste sur l'honneur que les renseignements contenus dans la présente déclaration sont exacts et que la société susvisée répond à la définition des moyennes entreprises au sens de l'article L. 123-16 du Code de commerce, n'est pas mentionnée à l'article L. 123-16-2 du même code et n'appartient pas à un groupe au sens de l'article L. 233-16 du même code.
Toute fausse déclaration relative à la demande de publication simplifiée du bilan et de l'annexe constitue un faux et un usage de faux passible des peines d'amende et d'emprisonnement prévues aux articles 441-1 et suivants du Code pénal.
Fait à ...., le ....
Signature

CHAPITRE II. – DES COMMISSIONNAIRES

Le présent chapitre ne comprend pas de dispositions pour les arrêtés.

CHAPITRE III. – DES TRANSPORTEURS

Le présent chapitre ne comprend pas de dispositions pour les arrêtés.

CHAPITRE IV. – DES AGENTS COMMERCIAUX

Art. A. 134-1. – Tout requérant dépose en personne ou par mandataire auprès du greffier du tribunal de commerce une déclaration en double exemplaire aux termes de laquelle il affirme exercer sa profession dans les conditions prévues par le présent code.

Art. A. 134-2. – À l'appui de sa déclaration, le requérant présente :

Dans tous les cas, un exemplaire de l'écrit signé avec un mandant, mentionnant le contenu du contrat d'agence, ou, à défaut, tout document établissant l'existence d'un tel contrat, traduit, le cas échéant, en langue française ; et, en outre,

Pour les personnes physiques :

1° Les documents relatifs à l'identification mentionnés aux 1.1, et le cas échéant aux 1.2 et 1.4. de l'annexe I de l'annexe 1-1 au présent livre ;

2° Un bulletin ou une demande d'affiliation à une caisse d'assurance vieillesse de non-salariés et un bulletin ou une demande d'affiliation à une caisse d'allocations familiales ;

3° L'attestation de délivrance de l'information, donnée conformément à l'article R. 134-5 à son conjoint commun en biens sur les conséquences des dettes contractées dans l'exercice de sa profession sur les biens communs, établie conformément au modèle figurant à l'annexe 1-2 au présent livre ;

Pour les personnes morales :

1° Un extrait du registre du commerce et des sociétés datant de moins de trois mois ;

2° Pour les dirigeants, selon le cas, les documents mentionnés aux 1.2.1, 1.2.2, 1.2.4, 1.2.5, 1.2.6, 1.2.7 de l'annexe III de l'annexe 1-1 au présent livre ;

3° Pour les personnes mentionnées au 2° ci-dessus, un bulletin ou une demande d'affiliation à une caisse d'assurance vieillesse de non-salariés ou de salariés et, pour la société, un bulletin ou une demande d'affiliation à une caisse d'allocations familiales.

Voir : Annexe 1-1 sous art. A. 123-45, p. 2399 et art. A. 123-63, p. 2415.

Art. A. 134-3. – Le greffier informe le juge commis à la surveillance du registre du commerce et des sociétés du dépôt de la déclaration afin que celui-ci demande le bulletin n° 2 du casier judiciaire dans les conditions prévues à l'article A. 123-51.

Dès réception de ce bulletin, un numéro d'immatriculation est attribué, s'il y a lieu, au déclarant et le greffier remet à celui-ci un exemplaire de la déclaration prévue à l'article A. 134-1 qui tient lieu de récépissé.

Le bulletin n° 2 du casier judiciaire et les pièces énumérées aux I et 1° du III de l'article A. 134-2 restent annexés à l'exemplaire de la déclaration déposée au greffe.

Les étrangers qui ne sont pas inscrits au registre du commerce et des sociétés justifient en outre, par la production d'un extrait de casier judiciaire de leur pays d'origine ou d'un document équivalent délivré par une autorité judiciaire ou administrative de leur pays d'origine, traduit, le cas échéant, en langue française, qu'ils n'ont encouru aucune des condamnations ou sanctions mentionnées à l'article A. 123-51.

Pour les étrangers qui justifient de l'absence dans leur pays de l'institution du casier judiciaire ou d'un registre équivalent ainsi que pour les réfugiés, ce document peut être remplacé par une déclaration sur l'honneur qu'ils n'ont encouru aucune des condamnations ou sanctions mentionnées à l'article A. 123-51.

Art. A. 134-4. – L'immatriculation est renouvelée sous le même numéro par période de cinq années avant la fin de chacune d'elles. Le requérant dépose à cette fin une déclaration dans les termes de l'article A. 134-1 et produit les pièces mentionnées à l'article A. 134-2.

Art. A. 134-5. – La déclaration modificative prévue au dernier alinéa de l'article R. 134-6 est faite en double exemplaire. L'un des exemplaires reste déposé au greffe, l'autre est remis au déposant et tient lieu de récépissé.

Le greffier reçoit la déclaration modificative sur présentation des pièces mentionnées à l'article A. 134-2 et rendues nécessaires par cette déclaration. Le bulletin n° 2 du casier judiciaire est également demandé, conformément à l'article A. 134-3, pour les personnes exerçant nouvellement les fonctions mentionnées à l'article A. 123-51.

TITRE IV. – DU FONDS DE COMMERCE

Le présent titre ne comprend pas de dispositions pour les arrêtés.

LIVRE DEUXIÈME

DES SOCIÉTÉS COMMERCIALES ET DES GROUPEMENTS D'INTÉRÊT ÉCONOMIQUE

TITRE PREMIER. – DISPOSITIONS PRÉLIMINAIRES

Section I. – De la constitution de la société et de la modification de ses statuts

La présente section ne comprend pas de dispositions pour les arrêtés.

Section II. – De la dissolution de la société

La présente section ne comprend pas de dispositions pour les arrêtés.

Section III. – Des formalités de publicité

Art. A. 210-1 *(Créé, A. 27 mai 2021)*. – **Pour délivrer l'avis mentionné au III de l'article R. 210-21, l'organisme tiers indépendant réalise les diligences suivantes :**

1° Il examine l'ensemble des documents détenus par la société utiles à la formation de son avis, notamment les rapports annuels mentionnés au 3° de l'article L. 210-10 ;

2° Il interroge le comité de mission ou le référent de mission sur son appréciation de l'exécution du ou des objectifs mentionnés au 2° de l'article L. 210-10 ainsi que, s'il y a lieu, les parties prenantes sur l'exécution du ou des objectifs qui les concernent ;

3° Il interroge l'organe en charge de la gestion de la société sur la manière dont la société exécute son ou ses objectifs mentionnés au 2° de l'article L. 210-10, sur les actions menées et sur les moyens financiers et non financiers affectés, comportant le cas échéant l'application de référentiels, normes ou labels sectoriels formalisant de bonnes pratiques professionnelles, que la société met en œuvre pour les exécuter ;

4° Il s'enquiert de l'existence d'objectifs opérationnels ou d'indicateurs clés de suivi et de mesures des résultats atteints par la société à la fin de la période couverte par la vérification pour chaque objectif mentionné au 2° de l'article L. 210-10. Le cas échéant, il examine par échantillonnage les procédures de mesure de ces résultats, en ce compris les procédures de collecte, de compilation, d'élaboration, de traitement et de contrôle des informations, et réalise des tests de détails, s'il y a lieu par des vérifications sur site ;

5° Il procède à toute autre diligence qu'il estime nécessaire à l'exercice de sa mission, y compris, s'il y a lieu, par des vérifications sur site au sein de la société ou, avec leur accord, des entités concernées par un ou plusieurs objectifs mentionnés au 2° de l'article L. 210-10.

Art. A. 210-2 *(Créé, A. 27 mai 2021)*. – **L'organisme tiers indépendant rend un avis motivé qui comprend les éléments suivants :**

1° La preuve de son accréditation ;

2° Les objectifs et le périmètre de la vérification ;

3° Les diligences qu'il a mises en œuvre, en mentionnant les principaux documents consultés et les entités ou personnes qui ont fait l'objet de ses vérifications et précisant, le cas échéant, les difficultés rencontrées dans l'accomplissement de sa mission ;

4° Une appréciation, pour chaque objectif mentionné au 2° de l'article L. 210-10, depuis la dernière vérification ou, à défaut, depuis la date à laquelle les conditions prévues à l'article L. 210-10 ont été satisfaites :

a) Des moyens mis en œuvre pour le respecter ;

b) Des résultats atteints à la fin de la période couverte par la vérification, si possible exprimés de manière quantitative par rapport à l'objectif et, le cas échéant, aux objectifs opérationnels ou indicateurs clés de suivi ;

c) De l'adéquation des moyens mis en œuvre au respect de l'objectif au regard de l'évolution des affaires sur la période ;

d) Le cas échéant, l'existence de circonstances extérieures à la société ayant affecté le respect de l'objectif ;

5° Au regard de l'ensemble des éléments de son appréciation, une conclusion motivée déclarant, pour chaque objectif mentionné au 2° de l'article L. 210-10 :

a) Soit que la société respecte son objectif ;

b) Soit que la société ne respecte pas son objectif ;

c) Soit qu'il lui est impossible de conclure.

TITRE II. – DISPOSITIONS PARTICULIÈRES AUX DIVERSES SOCIÉTÉS COMMERCIALES

CHAPITRE I. – DES SOCIÉTÉS EN NOM COLLECTIF

Le présent chapitre ne comprend pas de dispositions pour les arrêtés.

CHAPITRE II. – DES SOCIÉTÉS EN COMMANDITE SIMPLE

Le présent chapitre ne comprend pas de dispositions pour les arrêtés.

CHAPITRE III. – DES SOCIÉTÉS À RESPONSABILITÉ LIMITÉE

Le présent chapitre ne comprend pas de dispositions pour les arrêtés.

CHAPITRE IV. – DISPOSITIONS GÉNÉRALES APPLICABLES AUX SOCIÉTÉS PAR ACTIONS

Le présent chapitre ne comprend pas de dispositions pour les arrêtés.

CHAPITRE V. – DES SOCIÉTÉS ANONYMES

Section I. – De la constitution des sociétés anonymes

La présente section ne comprend pas de dispositions pour les arrêtés.

Section II. – De la direction et de l'administration des sociétés anonymes

La présente section ne comprend pas de dispositions pour les arrêtés.

Section III. – Des assemblées d'actionnaires

(Section rempl., A. 13 mai 2013)

Art. A. 225-1 *(Rempl., A. 13 mai 2013 ; mod., A. 14 sept. 2018)*. **– Afin de procéder à la vérification prévue au V de l'article L. 225-102-1, l'organisme tiers indépendant obtient une attestation d'accréditation délivrée par le Comité français d'accréditation (COFRAC) ou par un autre organisme, signataire de l'accord européen multilatéral pris dans le cadre de la coordination européenne des organismes d'accréditation (EA).**

Art. A. 225-2 *(A. 13 mai 2013 ; mod., A. 14 sept. 2018)*. **– Pour délivrer l'avis mentionné au a du II de l'article R. 225-105-2, l'organisme tiers indépendant prend connaissance des informations mentionnées au I de l'article R. 225-105. Le cas échéant, il signale les informations manquantes ainsi que les informations mentionnées aux 2° et 3° du I de l'article R. 225-105 qui ont été omises sans que soient fournies les explications prévues au sixième alinéa du I de ce même article.**

Pour donner son avis sur les explications relatives à l'absence de certaines informations en application du sixième alinéa de l'article R. 225-105, l'organisme tiers indépendant prend en considération, le cas échéant, les bonnes pratiques professionnelles pouvant être formalisées dans un référentiel sectoriel.

Art. A. 225-3 *(A. 13 mai 2013 ; mod., A. 14 sept. 2018)*. **– I. – Pour délivrer son avis motivé mentionné au a du II de l'article R. 225-105-2, l'organisme tiers indépendant s'assure de la mise en place par la société de processus de collecte visant à l'exhaustivité et à la cohérence des informations devant être mentionnées dans la déclaration. S'il identifie des irrégularités au cours de sa mission, il les décrit.**

À cette fin :

– il identifie les personnes qui, au sein de la société, sont en charge des processus de collecte et, le cas échéant, sont responsables des procédures de contrôle interne et de gestion des risques ;

– il s'enquiert de l'existence de procédures de contrôle interne et de gestion des risques mises en place par la société ;

– il examine par échantillonnage les processus de collecte, de compilation, de traitement et de contrôle des informations et réalise des tests de détails, le cas échéant, par des vérifications sur site.

Pour les données chiffrées, les tests incluent, notamment, la réalisation de calculs qui lui permettent de s'assurer de l'efficacité des processus de collecte des informations prévues à l'article R. 225-105.

Pour les informations qualitatives, telles que des études, des diagnostics ou des exemples de bonnes pratiques, ces tests comprennent, notamment, la consultation des sources documentaires et, si possible, de leurs auteurs.

II. – L'organisme tiers indépendant exprime son avis motivé en déclarant :

– soit qu'il n'a pas relevé d'anomalie significative de nature à remettre en cause la conformité de la déclaration aux dispositions de l'article R. 225-105 et la sincérité des informations fournies ;

– soit que la conformité de la déclaration ou la sincérité des informations fournies appellent de sa part des réserves, décrites dans son rapport ;

– soit qu'il lui est impossible d'exprimer une conclusion sur la déclaration.

III. – L'organisme tiers indépendant clôt son avis motivé sur la sincérité des informations en déclarant :

– soit qu'il n'a pas relevé d'anomalie significative de nature à mettre en cause la sincérité des informations présentées ;

– soit que la sincérité des informations présentées appelle de sa part des réserves, décrites dans son rapport.

S'il l'estime utile, l'organisme tiers indépendant peut par ailleurs attirer, par des observations, l'attention sur des éléments relatifs aux procédures utilisées ou au contenu de certaines informations, aux fins d'en améliorer la fiabilité.

NB : le paragraphe III doit être compris comme devant être supprimé.

Art. A. 225-4 *(A. 13 mai 2013 ; mod., A. 14 sept. 2018)*. **– Au titre des diligences qu'il a mises en œuvre pour conduire sa mission, l'organisme tiers indépendant présente :**

***a)* La preuve de son accréditation ;**

***b)* Les travaux accomplis, le périmètre couvert et, pour les données chiffrées, les taux de couverture des informations testées ;**

***c)* (Supprimé) ;**

***d)* Les moyens mobilisés et le calendrier et la durée de sa mission ;**

***e)* Le nombre d'entretiens qui ont été conduits ;**

***f)* Le périmètre de ses travaux lorsque la société établit des comptes consolidés.**

Section IV. – Des modifications du capital social et de l'actionnariat des salariés

La présente section ne comprend pas de dispositions pour les arrêtés.

Section V. – Du contrôle des sociétés anonymes

La présente section ne comprend pas de dispositions pour les arrêtés.

Section VI. – De la transformation des sociétés anonymes

La présente section ne comprend pas de dispositions pour les arrêtés.

Section VII. – De la dissolution des sociétés anonymes

La présente section ne comprend pas de dispositions pour les arrêtés.

Section VIII. – De la responsabilité civile

La présente section ne comprend pas de dispositions pour les arrêtés.

Section IX. – Des sociétés anonymes à participation ouvrière

La présente section ne comprend pas de dispositions pour les arrêtés.

CHAPITRE VI. – DES SOCIÉTÉS EN COMMANDITE PAR ACTIONS

Le présent chapitre ne comprend pas de dispositions pour les arrêtés.

CHAPITRE VII. – DES SOCIÉTÉS PAR ACTIONS SIMPLIFIÉES

Le présent chapitre ne comprend pas de dispositions pour les arrêtés.

CHAPITRE VIII. – DES VALEURS MOBILIÈRES ÉMISES PAR LES SOCIÉTÉS PAR ACTIONS

Le présent chapitre ne comprend pas de dispositions pour les arrêtés.

CHAPITRE IX. – DE LA SOCIÉTÉ EUROPÉENNE

Le présent chapitre ne comprend pas de dispositions pour les arrêtés.

TITRE III. – DISPOSITIONS COMMUNES AUX DIVERSES SOCIÉTÉS COMMERCIALES

CHAPITRE I. – DU CAPITAL VARIABLE

Le présent chapitre ne comprend pas de dispositions pour les arrêtés.

CHAPITRE II. – DES COMPTES SOCIAUX

Le présent chapitre ne comprend pas de dispositions pour les arrêtés.

CHAPITRE III. – DES FILIALES, DES PARTICIPATIONS ET DES SOCIÉTÉS CONTRÔLÉES

Section I. – Des notifications et des informations

Art. A. 233-1. – **Le pourcentage prévu à l'article L. 233-8 est fixé à 5 %.**

Section II. – Des comptes consolidés

La présente section ne comprend pas de dispositions pour les arrêtés.

Section III. – Des participations réciproques

La présente section ne comprend pas de dispositions pour les arrêtés.

CHAPITRE IV. – DE LA PROCÉDURE D'ALERTE

Le présent chapitre ne comprend pas de dispositions pour les arrêtés.

CHAPITRE V. – DES NULLITÉS

Le présent chapitre ne comprend pas de dispositions pour les arrêtés.

CHAPITRE VI. – DE LA FUSION ET DE LA SCISSION

Le présent chapitre ne comprend pas de dispositions pour les arrêtés.

CHAPITRE VII. – DE LA LIQUIDATION

Le présent chapitre ne comprend pas de dispositions pour les arrêtés.

CHAPITRE VIII. – DES INJONCTIONS DE FAIRE

Le présent chapitre ne comprend pas de dispositions pour les arrêtés.

CHAPITRE IX. – DE LA LOCATION D'ACTIONS ET DE PARTS SOCIALES

Le présent chapitre ne comprend pas de dispositions pour les arrêtés.

TITRE IV. – DISPOSITIONS PÉNALES

Le présent titre ne comprend pas de dispositions pour les arrêtés.

TITRE V. – DES GROUPEMENTS D'INTÉRÊT ÉCONOMIQUE

Le présent titre ne comprend pas de dispositions pour les arrêtés.

LIVRE TROISIÈME

DE CERTAINES FORMES DE VENTES ET DES CLAUSES D'EXCLUSIVITÉ

TITRE PREMIER. – DES LIQUIDATIONS, DES VENTES AU DÉBALLAGE, DES SOLDES ET DES VENTES EN MAGASINS D'USINE

Section I. – Des liquidations

Art. A. 310-1. – La déclaration préalable de vente en liquidation, prévue à l'article L. 310-1, mentionne l'identité ou la dénomination sociale du vendeur, le nom, l'adresse et le numéro unique d'identification de l'établissement commercial concerné, ainsi que le motif, la date de début et la durée de la liquidation. Elle est signée par le vendeur ou par une personne ayant qualité pour le représenter.

Cette déclaration est établie conformément au modèle figurant en annexe 3-1 au présent livre.

Annexe 3-1
(Annexe à l'article A. 310-1)
Modèle de déclaration préalable à une vente en liquidation

1. Déclarant

Nom, prénoms : ....
Nom d'usage (le cas échéant) : ....
Pour les personnes morales, nom et prénom du représentant légal ou statutaire : ....
Adresse : ....
Complément d'adresse : ....
Code postal : ....
Localité de destination : ....
Téléphone : ....

2. Établissement commercial concerné par l'opération de liquidation

Nom de l'enseigne : ....
Adresse : ....
Code postal : ....
Complément d'adresse : ....
Nature de l'activité : ....
N° d'immatriculation SIRET de l'établissement : ....

3. Objet de la déclaration

Motif générateur (cocher) :
□ Cessation d'activité.
□ Suspension saisonnière d'activité.

□ Changement d'activité.
□ Modification substantielle des conditions d'exploitation.
Nature des marchandises liquidées : ....
Date de début de la liquidation : ....
Durée : ....

4. Pièces jointes à la déclaration (1)

Inventaire des marchandises concerné par l'opération de liquidation conforme à l'article R. 310-2 du Code de commerce.

Extrait récent du RCS.

5. Engagement du déclarant

Je soussigné(e), auteur de la présente déclaration,... (2), certifie exacts les renseignements qui y sont contenus et m'engage à respecter les dispositions des articles L. 310-1, R. 310-1 et suivants et A. 310-1 et suivants du Code de commerce.

Date et signature

Toute fausse déclaration préalable de vente en liquidation constitue un faux et usage de faux passible des peines d'amende et d'emprisonnement prévues aux articles 441-1 et suivants du Code pénal.

6. Cadre réservé à l'administration

Date d'arrivée : .... N° d'enregistrement : ....
Date limite de notification de la liste des pièces à fournir : ....
Date d'arrivée du dossier complet : ....
Date de délivrance et numéro de récépissé de déclaration : ....
Observations : ....

(1) Toute pièce justifiant, selon le motif de la demande, de la perspective d'une cessation de commerce, d'une suspension saisonnière, d'un changement d'activité ou d'une modification substantielle des conditions d'exploitation et, notamment, en cas de prévision de travaux, le(s) devis correspondant(s).

(2) Nom et prénom du déclarant.

Art. A. 310-2. – **La déclaration est accompagnée des documents suivants :**

1° Toute pièce justifiant, selon le motif de la demande, de la perspective d'une cessation de commerce, d'une suspension saisonnière, d'un changement d'activité ou d'une modification substantielle des conditions d'exploitation et, notamment, en cas de prévision de travaux, le ou les devis correspondants ;

2° Un inventaire détaillé des marchandises concernées par l'opération de liquidation comportant au minimum les renseignements suivants : nature et dénomination précise des articles, quantités, prix de vente, prix d'achat moyen hors taxe. Les produits dont le prix de vente unitaire est inférieur à 5 € peuvent être décrits par lots homogènes ;

3° Le cas échéant, si la déclaration est faite par un mandataire, une copie de sa procuration.

Art. A. 310-3. – **Le récépissé de déclaration prévu à l'article R. 310-3 mentionne l'identité ou la dénomination sociale du déclarant, le nom, l'adresse et le numéro unique d'identification de l'établissement commercial concerné par la liquidation, ainsi que le motif, la date de début et sa durée. Il est daté. Il est établi conformément au modèle figurant en annexe 3-2 au présent livre.**

Annexe 3-2

(Annexe à l'article A. 310-3)

Préfecture du département de : ....

VENTE EN LIQUIDATION

(Art. L. 310-1 et R. 310-1 et suivants du Code de commerce)

Récépissé de déclaration n°

Date de réception du dossier complet : ....
Nom ou dénomination sociale du déclarant : ....
Nom commercial de l'établissement : ....
Adresse : ....

Numéro unique d'identification de l'établissement commercial (SIRET) : ....
Nature de l'activité : ....
Date de début de la liquidation : ....
Durée : ....
Motif : ....
Date : ....
Visa : ....

Article L. 310-1 du Code de commerce

Sont considérées comme liquidations les ventes accompagnées ou précédées de publicité et annoncées comme tendant, par une réduction de prix, à l'écoulement accéléré de la totalité ou d'une partie des marchandises d'un établissement commercial à la suite d'une décision, quelle qu'en soit la cause, de cessation, de suspension saisonnière ou de changement d'activité, ou de modification substantielle des conditions d'exploitation.

Les liquidations sont soumises à déclaration préalable auprès de l'autorité administrative dont relève le lieu de la liquidation. Cette déclaration comporte la cause et la durée de la liquidation qui ne peut excéder deux mois. Elle est accompagnée d'un inventaire des marchandises à liquider. Lorsque l'événement motivant la liquidation n'est pas intervenu au plus tard dans les six mois qui suivent la déclaration, le déclarant est tenu d'en informer l'autorité administrative compétente.

Pendant la durée de la liquidation, il est interdit de proposer à la vente d'autres marchandises que celles figurant à l'inventaire sur le fondement duquel la déclaration préalable a été déposée.

Article L. 310-5 du Code de commerce (extrait)

Est puni d'une amende de 15 000 € :

1° Le fait de procéder à une liquidation sans la déclaration préalable mentionnée à l'article L. 310-1 ou en méconnaissance des conditions prévues à cet article [...].

Art. A. 310-4. – **L'information sur le lieu de vente est assurée par le déclarant durant toute la durée de l'opération de liquidation au moyen de l'affichage d'une copie du récépissé de déclaration délivrée par la *(Mot rempl., A. 24 juin 2014)* « mairie » qui est lisible de la voie publique.**

Pour les établissements pratiquant la vente par correspondance, les éléments d'information figurant à l'article A. 310-3 sont portés à la connaissance des consommateurs.

Art. A. 310-5. – **Dans le cas d'un changement de date de l'opération de liquidation dans les conditions prévues par l'article R. 310-6, une copie de la lettre informant le préfet du report est affichée sur le lieu de vente à côté de la copie du récépissé de déclaration du dossier initial dans les conditions prévues à l'article A. 310-4.**

Pour les établissements pratiquant la vente à distance, la date de la lettre au *(Mot rempl. à compter du 1er juillet 2014, A. 24 juin 2014)* « maire » et les motifs du report sont portés à la connaissance des consommateurs.

Art. A. 310-6. – **Toute publicité relative à une opération de liquidation mentionne la date du récépissé de déclaration ainsi que la nature des marchandises sur lesquelles porte l'opération si celle-ci ne concerne pas la totalité des produits de l'établissement.**

Section II. – Des ventes au déballage

La présente section ne comprend pas de dispositions pour les arrêtés.

Section III. – Des soldes

Art. A. 310-7. – **Les produits offerts ou disponibles à la vente au détail, de quelque façon que ce soit, sous forme de soldes tels que définis par l'article L. 310-3, sont signalés par une mention indiquant qu'il s'agit de « soldes ».**

Art. A. 310-8. – **Cette mention est effectuée dans des conditions de présentation identiques à celles prévues, pour la mention du prix, aux articles 4, 5, 6, 9, 10, 11 et 14 de l'arrêté du 3 décembre 1987 relatif à l'information du consommateur sur les prix.**

Art. A. 310-9. – **Lorsque l'opération de soldes concerne l'ensemble des produits disponibles dans le point de vente, une seule indication parfaitement lisible peut en informer le consommateur.**

Section IV. – Des ventes en magasins ou dépôts d'usine

La présente section ne comprend pas de dispositions pour les arrêtés.

Section V. – Des sanctions

La présente section ne comprend pas de dispositions pour les arrêtés.

TITRE II. – DES VENTES AUX ENCHÈRES PUBLIQUES

CHAPITRE I. – DES VENTES VOLONTAIRES DE MEUBLES AUX ENCHÈRES PUBLIQUES

Section I. – Dispositions générales

Sous-section 1. – Les opérateurs de ventes volontaires de meubles aux enchères publiques

§ 1. – De la déclaration

Art. A. 321-1 *(A. 19 mars 2012)*. **– Les attestations prévues au 2° du I et au 4° du II de l'article R. 321-1 doivent être conformes aux modèles annexés au présent article.**

Annexe 3-2-1

(Annexe à l'article A. 321-1)

(Annexe créée, A. 19 mars 2012)

Attestation prévue par l'article R. 321-1-I (2°) du Code de commerce

OPÉRATEUR DE VENTES VOLONTAIRES DE MEUBLES AUX ENCHÈRES PUBLIQUES Y COMPRIS PAR VOIE ÉLECTRONIQUE

Personne physique

Je soussigné(e)

Né(e) le à

Demeurant

Déclare prendre connaissance des dispositions de l'article L. 321-4 du Code de commerce, modifié par la loi n° 2011-850 du 20 juillet 2011 de libéralisation des ventes volontaires de meubles aux enchères publiques, aux termes desquelles :

Seuls peuvent organiser et réaliser des ventes volontaires de meubles aux enchères publiques et des ventes aux enchères par voie électronique les opérateurs remplissant les conditions définies au présent article.

I. – S'il s'agit d'une personne physique, l'opérateur de ventes volontaires de meubles aux enchères publiques doit :

1° Être français ou ressortissant d'un État membre de l'Union européenne ou d'un autre État partie à l'accord sur l'Espace économique européen ;

2° N'avoir pas été l'auteur de faits ayant donné lieu à une condamnation pénale définitive pour des agissements contraires à l'honneur, à la probité ou aux bonnes mœurs ou de faits de même nature ayant donné lieu à une sanction disciplinaire ou administrative de destitution, radiation, révocation, de retrait d'agrément ou d'autorisation dans la profession qu'il exerçait antérieurement ;

3° Avoir la qualification requise pour diriger une vente ou être titulaire d'un titre, d'un diplôme ou d'une habilitation reconnus équivalents en la matière ;

4° Avoir préalablement déclaré son activité auprès du Conseil des ventes volontaires de meubles aux enchères publiques institué par l'article L. 321-18.

Certifie sur l'honneur n'avoir pas été l'auteur de faits ayant donné lieu à une condamnation pénale définitive pour des agissements contraires à l'honneur, à la probité ou aux bonnes mœurs ou de faits de même nature ayant donné lieu à une sanction disciplinaire ou administrative de destitution, radiation, révocation, de retrait d'agrément ou d'autorisation dans la profession que j'exerçais, le cas échéant, antérieurement.

Fait à, le

Signature

Annexe 3-2-2
(Annexe à l'article A. 321-1)

Attestation prévue par l'article R. 321-1-II (4°) du Code de commerce

OPÉRATEUR DE VENTES VOLONTAIRES DE MEUBLES AUX ENCHÈRES PUBLIQUES Y COMPRIS PAR VOIE ÉLECTRONIQUE

Dirigeant de personne morale

Je soussigné(e)

Né(e) le à

Demeurant

Dirigeant de l'opérateur de vente volontaire de meubles aux enchères publiques

Fonction occupée

Déclare prendre connaissance des dispositions de l'article L. 321-4 du Code de commerce, modifié par la loi n° 2011-850 du 20 juillet 2011 de libéralisation des ventes volontaires de meubles aux enchères publiques, aux termes desquelles :

Seuls peuvent organiser et réaliser des ventes volontaires de meubles aux enchères publiques et des ventes aux enchères par voie électronique les opérateurs remplissant les conditions définies au présent article.

II. – S'il s'agit d'une personne morale, l'opérateur de ventes volontaires de meubles aux enchères publiques doit :

1° Être constitué en conformité avec la législation d'un État membre de l'Union européenne ou d'un autre État partie à l'accord sur l'Espace économique européen et avoir son siège statutaire, son administration centrale ou son principal établissement sur le territoire de l'un de ces États membres ou parties ;

2° Disposer d'au moins un établissement en France, y compris sous forme d'agence, de succursale ou de filiale ;

3° Comprendre parmi ses dirigeants, associés ou salariés au moins une personne remplissant les conditions mentionnées aux 1° à 3° du I ;

4° Justifier que ses dirigeants n'ont pas fait l'objet d'une condamnation pénale définitive pour des agissements contraires à l'honneur, à la probité ou aux bonnes mœurs ou n'ont pas été les auteurs de faits de même nature ayant donné lieu à une sanction disciplinaire ou administrative de destitution, radiation, révocation, de retrait d'agrément ou d'autorisation dans la profession qu'ils exerçaient antérieurement ;

5° Avoir préalablement déclaré son activité auprès du Conseil des ventes volontaires de meubles aux enchères publiques institué par l'article L. 321-18.

Certifie sur l'honneur n'avoir pas été l'auteur de faits ayant donné lieu à une condamnation pénale définitive pour des agissements contraires à l'honneur, à la probité ou aux bonnes mœurs ou de faits de même nature ayant donné lieu à une sanction disciplinaire ou administrative de destitution, radiation, révocation, de retrait d'agrément ou d'autorisation dans la profession que j'exerçais, le cas échéant, antérieurement.

Fait à, le

Signature

§ 2. – De l'assurance et du cautionnement

Le présent paragraphe ne comprend pas de dispositions pour les arrêtés.

§ 3. – Des qualifications requises

Art. A. 321-2 *(Abr., A. 15 mai 2015).*

Rédaction antérieure. Art. A. 321-2 *(Anc. art. A. 321-1, devenu le présent article, A. 19 mars 2012).* – Sont admis en dispense du diplôme national en droit sanctionnant un niveau de formation correspondant à deux années d'études supérieures requis pour diriger des ventes volontaires de meubles aux enchères publiques :

1° Tout diplôme sanctionnant une formation correspondant à deux années d'études après le baccalauréat dans des disciplines juridiques, économiques, commerciales et de gestion délivré par :

a) Un établissement public à caractère scientifique, culturel et professionnel habilité à le délivrer ;

b) Un établissement d'enseignement supérieur privé reconnu par l'État et autorisé à délivrer un diplôme visé par le ministre chargé de l'enseignement supérieur ;

c) La faculté libre autonome et cogérée d'économie et de droit de Paris ;

2° Le diplôme de premier clerc de notaire.

Art. A. 321-3 *(Anc. art. A. 321-2 devenu le présent article, A. 19 mars 2012 ; rempl., A. 15 mai 2015).* – Sont admis en dispense d'un diplôme national de licence en droit requis pour diriger des ventes volontaires de meubles aux enchères publiques :

1° Tout diplôme national sanctionnant un niveau de formation correspondant au moins à trois années d'études après le baccalauréat dans les disciplines juridiques, économiques, commerciales ou de gestion ;

2° Tout diplôme conférant le grade de licence ou le grade de master, sanctionnant des études dans les disciplines juridiques, économiques, commerciales ou de gestion ;

3° Tout diplôme visé par le ministre chargé de l'enseignement supérieur, sanctionnant un niveau de formation correspondant au moins à trois années d'études après le baccalauréat, dans les disciplines juridiques, économiques, commerciales ou de gestion ;

4° Tout diplôme sanctionnant un niveau de formation correspondant au moins à trois années d'études après le baccalauréat dans les disciplines juridiques, économiques, commerciales ou de gestion délivrés par la faculté libre autonome et cogérée d'économie et de droit de Paris jusqu'en 2018 inclus.

Art. A. 321-4 *(Anc. art. A. 321-3 devenu le présent article, A. 19 mars 2012 ; rempl., A. 15 mai 2015).* – Sont admis en dispense d'un diplôme national de licence en histoire de l'art, ou en arts appliqués, ou en archéologie ou en arts plastiques requis pour diriger des ventes volontaires de meubles aux enchères publiques :

1° Tout diplôme national sanctionnant un niveau de formation correspondant au moins à trois années d'études après le baccalauréat en histoire de l'art, en arts appliqués, en archéologie ou en arts plastiques ;

2° Tout diplôme conférant le grade de licence ou le grade de master, sanctionnant des études en histoire de l'art, en arts appliqués, en archéologie ou en arts plastiques ;

3° Le diplôme de premier cycle de l'École du Louvre ;

4° Le diplôme d'archiviste paléographe délivré par l'École nationale des chartes ;

5° Le diplôme de bi-licence droit-histoire de l'art et archéologie de l'université Paris-I ;

6° Le diplôme de licence bi-disciplinaire droit-histoire de l'art de l'université Lyon-II ;

7° Le diplôme de licence droit – histoire de l'art de l'université de Brest ;

8° Le diplôme de « spécialiste conseil en biens et services culturels » de l'Institut d'études supérieures des arts (IESA), délivré jusqu'en 2018 inclus.

Art. A. 321-5 *(Anc. art. A. 321-4, devenu le présent article, A. 19 mars 2012 ; mod., A. 19 mars 2014).* – L'examen d'aptitude prévu à l'article R. 321-19 a lieu au moins une fois par an.

Les dates et lieux des épreuves sont fixés, après avis de la Chambre nationale des commissaires-priseurs judiciaires et du Conseil national des courtiers de marchandises assermentés, par le conseil des ventes volontaires de meubles aux enchères publiques qui en assure une publicité suffisante deux mois au moins avant la date de la première épreuve, notamment par des insertions dans les revues professionnelles spécialisées et par une information sur les sites internet du Conseil des ventes volontaires de meubles aux enchères publiques, de la Chambre nationale des commissaires-priseurs judiciaires et du Conseil national des courtiers de marchandises assermentés.

NB : Les modifications apportées à l'alinéa 2 de l'article A. 321-5 par l'arrêté du 19 mars 2014 s'appliquent à compter du 1er janvier 2015.

Art. A. 321-6 *(Anc. art. A. 321-5, devenu le présent article, A. 19 mars 2012).* – Les candidatures sont adressées au conseil des ventes volontaires de meubles aux enchères publiques par lettre recommandée avec demande d'avis de réception *(A. 19 mars 2014)* « ou par tout autre moyen équivalent, » au plus tard un mois avant la date de la première épreuve de la session.

Le dossier de candidature comprend, avec, s'il y a lieu, leur traduction en français, les pièces suivantes :

1° *(Rempl., A. 19 mars 2014)* Une requête du candidat, établie sur le modèle figurant à l'annexe 3-2-3 au présent livre, accompagnée de tout document officiel justificatif de son identité et de sa nationalité. Cette requête mentionne, notamment, la langue vivante étrangère choisie par le candidat, sur la liste figurant à l'annexe 3-3 au présent livre ;

2° Tous justificatifs permettant de vérifier que le candidat remplit les conditions prévues à l'article R. 321-19.

NB : Le 1° entre en vigueur le 1er janvier 2015. Dans sa rédaction applicable jusqu'à cette date, le texte exige « tous documents officiels justificatifs de l'identité et de la nationalité du candidat ».

Annexe 3-2-3

(Annexe à l'article A. 321-6)

(A. 19 mars 2014)

CANDIDATURE À L'EXAMEN D'APTITUDE PRÉVU
À L'ARTICLE R. 321-19 DU CODE DE COMMERCE

Je soussigné(e)...

Né(e) le... à...

De nationalité...

Demeurant...

E-mail...

Souhaite candidater à l'examen d'aptitude prévu à l'article R. 321-19 du Code de commerce et déclare avoir pris connaissance des dispositions ci-après de l'article R. 321-18 applicables en l'espèce :

Sous réserve des dispositions de l'article R. 321-65, nul ne peut diriger des ventes volontaires de meubles aux enchères publiques s'il ne remplit les conditions suivantes :

1° Être français ou ressortissant d'un État autre que la France membre de l'Union européenne ou partie à l'accord sur l'Espace économique européen ;

2° N'avoir fait l'objet ni d'une condamnation pénale pour des faits contraires à l'honneur ou à la probité ni, dans la profession qu'il exerçait antérieurement, d'une sanction disciplinaire ou administrative de destitution, radiation, révocation, de retrait d'agrément ou d'autorisation pour des faits de même nature.

Je certifie sur l'honneur n'avoir fait l'objet ni d'une condamnation pénale pour des faits contraires à l'honneur ou à la probité ni, dans la profession que j'exerçais antérieurement, d'une sanction disciplinaire ou administrative de destitution, radiation, révocation, de retrait d'agrément ou d'autorisation pour des faits de même nature.

Je déclare choisir... pour l'épreuve de langue.

Fait à..., le...

Signature

NB : L'annexe 3-2-3 s'applique à compter du 1er janvier 2015.

Art. A. 321-7 ***(Anc. art. A. 321-6, devenu le présent article, A. 19 mars 2012).*** **– Le Conseil des ventes volontaires de meubles aux enchères publiques arrête trois semaines avant la date de la première épreuve de chaque session la liste des candidats admis à subir les épreuves de l'examen d'aptitude.**

Des convocations individuelles mentionnant le jour, l'heure et le lieu des épreuves sont adressées à chaque candidat quinze jours au moins à l'avance.

Art. A. 321-8 ***(Anc. art. A. 321-7, devenu le présent article, A. 19 mars 2012 ; mod., A. 19 mars 2014).*** **– Les épreuves de l'examen sont orales et se déroulent en séance publique.**

Le conseil des ventes volontaires de meubles aux enchères publiques assure le secrétariat du jury.

L'examen dont le programme figure à l'annexe 3-3 au présent livre comprend trois interrogations portant respectivement sur :

1° Des matières juridiques, la réglementation professionnelle et la déontologie, ainsi que des matières ***économiques et comptables*** **; la note est affectée d'un coefficient 3 ;**

2° La connaissance des arts et techniques, ainsi que l'identification et l'estimation des objets d'art ; la note est affectée d'un coefficient 4 ;

3° La pratique des ventes volontaires de meubles aux enchères publiques ; la note est affectée d'un coefficient 4 ;

4° La langue vivante étrangère choisie par le candidat lors du dépôt de son dossier ; la note est affectée d'un coefficient 1.

Chaque interrogation, à l'exception de celle visée au 4°, notée sur 20, a une durée de vingt minutes et est précédée de vingt minutes de préparation.

L'interrogation mentionnée au 4°, notée également sur 20, a une durée de quinze minutes.

Les notes inférieures à 7/20 sont éliminatoires.

Annexe 3-3

(Annexe à l'article A. 321-8)

(Mod., A. 19 mars 2014)

Épreuves juridiques, réglementation professionnelle, économie et comptabilité

Matières juridiques :

Saisies mobilières.

Le droit de la vente de meubles aux enchères publiques :

– ventes volontaires et judiciaires : notions et distinctions ;

– les textes applicables ;

– la fiscalité ;

– le droit de suite ;

– l'intervention de l'État : droit de préemption ;

– les importations et exportations des œuvres d'art ;

– le trafic illicite des œuvres d'art.

La lutte contre le blanchiment des capitaux et le financement du terrorisme.

Réglementation professionnelle :

Statut des opérateurs de ventes volontaires de meubles aux enchères publiques et des personnes habilitées à diriger des ventes volontaires ;

Organisation et attributions du conseil des ventes volontaires de meubles aux enchères publiques ;

Déontologie et discipline ;

Responsabilité civile professionnelle.

Matières économiques et comptables :

Le fonctionnement des marchés :

– la délimitation du marché pertinent ;

– la fonction d'offre ;

– la fonction de demande ;

– l'équilibre du marché en concurrence.

Les marchés imparfaits :

– les marchés de monopole ;

– les marchés d'oligopole ;

– le rôle des asymétries d'informations ;

– les marchés d'enchères.

Les stratégies de concurrence :

– la tentation de l'entente ;

– les stratégies de différenciation ;

– les stratégies d'exclusion.

Comptabilité et finance :

– principes comptables ;

– notion d'amortissement et de provisions.

Compréhension des principaux documents comptables :

– bilan ;

– compte de résultat ;

– tableau de flux de trésorerie.

Analyse des comptes à travers les principaux ratios :

– performance économique ;

– performance financière ;

– *délais de stockage et de paiement* clients et fournisseurs.

Comptabilité de gestion :

– objectifs du calcul des coûts.

Notion de coût :

– coût direct/coût indirect ;

– coût variable/coût fixe.

Détermination du seuil de rentabilité :
– méthodes de coûts partiels ;
– méthode du coût complet (cas simple de répartition des charges indirectes).

Connaissance des arts et techniques

Histoire et technique :
– des meubles et des sièges ;
– de la peinture, des estampes et des dessins ;
– de la gravure ;
– de la sculpture ;
– de la céramique ;
– de l'orfèvrerie et de la bijouterie ;
– des livres, manuscrits et autographes ;
– des tapis et tapisseries ;
– des armes de collection et souvenirs historiques ;
– des monnaies ;
– de l'archéologie ;
– des arts d'Afrique, d'Amériques, d'Asie, d'Europe et d'Océanie.
Marques et poinçons, titres et alliages.
Connaissance des collections des musées.
Histoire des collections publiques et privées ; évolution du marché de l'art.
Pratique particulière :
Spécificité du marché de l'art ;
Identification et estimation des objets d'art.

Pratique des ventes volontaires de meubles aux enchères publiques

La pratique des ventes aux enchères publiques de meubles :
– préparation des ventes ;
– direction des ventes et incidents ;
– rédaction des actes et tenue des documents.
La pratique :
– des estimations et prisées ;
– des inventaires ;
– des expertises ;
– des partages.
Pratiques particulières :
Inventaire, estimation et vente du matériel industriel, commercial et agricole, des stocks des entreprises et des véhicules.
Pratique des ventes en gros.

Langues vivantes

Allemand.
Anglais.
Chinois.
Espagnol.
Italien.
Russe.

NB : Les nouvelles dispositions relatives aux langues étrangères introduites par l'arrêté du 19 mars 2014 sont applicables à compter du 1er janvier 2015.

Art. A. 321-9 *(Anc. art. A. 321-8, devenu le présent article, A. 19 mars 2012 ; mod., A. 19 mars 2014)*. – L'admission est prononcée par le jury si la moyenne des notes obtenues par le candidat est égale ou supérieure à 10 sur 20.

À l'issue des épreuves, le jury dresse la liste des candidats déclarés admis, laquelle est affichée dans les locaux du conseil des ventes volontaires de meubles aux enchères publiques, de la Chambre nationale des commissaires-priseurs judiciaires et du Conseil national des courtiers de marchandises assermentés ainsi que sur le site internet de ces organismes.

Le conseil des ventes volontaires de meubles aux enchères publiques délivre à chaque candidat admis une attestation de réussite à l'examen d'aptitude.

Sous-paragraphe 1. – De l'examen d'accès au stage

Art. A. 321-10 *(Anc. art. A. 321-9, devenu le présent article, A. 19 mars 2012 ; mod., A. 19 mars 2014)*. – L'examen d'accès au stage prévu au 4° de l'article R. 321-18 et aux articles R. 321-20 à R. 321-25 a lieu au moins une fois par an.

Les dates et lieux des épreuves sont fixés, après avis de la Chambre nationale des commissaires-priseurs judiciaires et du Conseil national des courtiers de marchandises assermentés, par le conseil des ventes volontaires de meubles aux enchères publiques qui en assure une publicité suffisante deux mois au moins avant la date de la première épreuve, notamment par des insertions dans les revues professionnelles spécialisées et par une information sur les sites internet du Conseil des ventes volontaires de meubles aux enchères publiques, de la Chambre nationale des commissaires-priseurs judiciaires et du Conseil national des courtiers de marchandises assermentés ainsi que par une diffusion auprès d'établissements d'enseignement supérieur.

Art. A. 321-11 *(Anc. art. A. 321-10, devenu le présent article, A. 19 mars 2012 ; mod., A. 19 mars 2014)*. – Les candidatures sont adressées au conseil des ventes volontaires de meubles aux enchères publiques par lettre recommandée avec demande d'avis de réception ou par tout autre moyen équivalent, au plus tard un mois avant la date de la première épreuve de la session.

Le dossier de candidature comprend, avec, s'il y a lieu, leur traduction en français, les pièces suivantes :

1° Une requête de l'intéressé établie sur le modèle figurant à l'annexe 3-3-1 au présent livre, mentionnant, éventuellement, pour l'épreuve facultative, la langue vivante étrangère choisie par le candidat, sur la liste figurant à l'annexe 3-4 au présent livre ;

2° Tous documents officiels justificatifs de l'identité et de la nationalité du candidat ;

3° Une copie des diplômes prévus au 3° de l'article R. 321-18 ou la justification de leur dispense ;

4° Le cas échéant, la justification de la dispense des épreuves de l'examen d'accès au stage ;

5° *(Abr., A. 19 mars 2014)*.

NB : Les modifications issues de l'arrêté du 19 mars 2014 concernant le 1° et celles abrogeant le 5° s'appliquent à compter du 1er janvier 2015.

ANNEXE 3-3-1

(Annexe à l'article A. 321-11)

(A. 19 mars 2014)

CANDIDATURE À L'EXAMEN D'ACCÈS AU STAGE PRÉVU AU 4° DE L'ARTICLE R. 321-18 ET AUX ARTICLES R. 321-20 à R. 321-25 DU CODE DE COMMERCE

Je soussigné(e)
Né(e) le à
De nationalité
Demeurant
E-mail

Souhaite candidater à l'examen d'accès au stage prévu au 4° de l'article R. 321-18 et aux articles R. 321-20 à R. 321-25 du Code de commerce et déclare avoir pris connaissance des dispositions ci-après de l'article R. 321-18 applicables en l'espèce :

Sous réserve des dispositions de l'article R. 321-65, nul ne peut diriger des ventes volontaires de meubles aux enchères publiques s'il ne remplit, notamment, la condition suivante :

1° Être français ou ressortissant d'un État autre que la France membre de l'Union européenne ou partie à l'accord sur l'Espace économique européen ;

2° N'avoir fait l'objet ni d'une condamnation pénale pour des faits contraires à l'honneur ou à la probité ni, dans la profession qu'il exerçait antérieurement, d'une sanction disciplinaire ou administrative de destitution, radiation, révocation, de retrait d'agrément ou d'autorisation pour des faits de même nature ;

Je certifie sur l'honneur n'avoir fait l'objet ni d'une condamnation pénale pour des faits contraires à l'honneur ou à la probité ni, dans la profession que j'exerçais antérieurement, d'une sanction disciplinaire ou administrative de destitution, radiation, révocation, de retrait d'agrément ou d'autorisation pour des faits de même nature.

Je déclare choisir pour l'épreuve de langue facultative/Je déclare ne pas désirer passer d'épreuve de langue facultative (rayer la mention inutile).

Fait à..., le

Signature

NB : L'annexe 3-3-1 s'applique à compter du 1er janvier 2015.

Art. A. 321-12 *(Anc. art. A. 321-11, devenu le présent article, A. 19 mars 2012).* **– Le conseil des ventes volontaires de meubles aux enchères publiques arrête trois semaines avant la date de la première épreuve de chaque session la liste des candidats admis à subir les épreuves de l'examen d'accès au stage.**

Des convocations individuelles mentionnant le jour, l'heure et le lieu des épreuves sont adressées à chaque candidat au moins quinze jours à l'avance.

Art. A. 321-13 *(Anc. art. A. 321-12, devenu le présent article, A. 19 mars 2012).* **– L'examen comprend des épreuves écrites d'admissibilité et des épreuves orales d'admission portant sur le programme figurant à l'annexe 3-4 au présent livre.**

Le conseil des ventes volontaires de meubles aux enchères publiques assure le secrétariat du jury.

Annexe 3-4

(Annexe aux articles A. 321-11 et A. 321-13)

(Mod., A. 19 mars 2014)

Épreuves juridiques et matières économiques et comptables

Droit civil :

Notions générales sur :

– les biens : la classification des biens, les meubles, les modes d'acquisition de la propriété, la possession, l'usufruit ;

– les obligations : sources, preuve, effets, extinction ;

– la responsabilité civile ;

– le contrat : classification, formation et effets ;

– les contrats spéciaux : la vente (réglementation générale et réglementation particulière des ventes de meubles aux enchères publiques), le dépôt, le séquestre, le mandat, le crédit-bail et la location-vente ;

– les sûretés : le cautionnement, le gage, les privilèges mobiliers ;

– la prescription ;

– les personnes ;

– la famille : le mariage, le divorce, la séparation de corps, la filiation, les régimes matrimoniaux ;

– les successions et les libéralités.

Droit commercial :

Notions générales sur :

– *les moyens de paiement et de crédit ;*

– le gage commercial ;

– le nantissement de l'outillage et du matériel d'équipement ;

– le fonds de commerce : éléments constitutifs, nantissement, vente ;

– les sociétés commerciales.

Droit de la vente de meubles aux enchères publiques :

Ventes volontaires et judiciaires : notions et distinctions ; textes applicables.

Fiscalités des ventes ;

Droit de suite ;

Les interventions de l'État : droit de préemption et classement des œuvres dans la catégorie des trésors nationaux ;

Les importations et exportations d'œuvres d'art ;

Le trafic illicite des œuvres d'art.
La lutte contre le blanchiment des capitaux et le financement du terrorisme.
Statut des opérateurs de ventes volontaires de meubles aux enchères publiques et des personnes habilitées à diriger des ventes volontaires.
Organisation et attributions du conseil des ventes volontaires de meubles aux enchères publiques.
Déontologie et discipline.
Responsabilité civile professionnelle.
Économie et comptabilité :
Le fonctionnement des marchés :
– la délimitation du marché pertinent ;
– la fonction d'offre ;
– la fonction de demande ;
– l'équilibre du marché en concurrence.
Les marchés imparfaits :
– les marchés de monopole ;
– les marchés d'oligopole ;
– le rôle des asymétries d'informations ;
– les marchés d'enchères.
Les stratégies de concurrence :
– la tentation de l'entente ;
– les stratégies de différenciation ;
– les stratégies d'exclusion.
Comptabilité et finance :
– principes comptables ;
– notion d'amortissement et de provisions.
Compréhension des principaux documents comptables :
– bilan ;
– compte de résultat ;
– tableau de flux de trésorerie.
Analyse des comptes à travers les principaux ratios :
– performance économique ;
– performance financière ;
– délais de stockage et de paiement clients et fournisseurs.
Comptabilité de gestion :
– objectifs du calcul des coûts.
Notion de coût :
– coût direct/coût indirect ;
– coût variable/coût fixe.
Détermination du seuil de rentabilité
– méthodes de coûts partiels ;
– méthode du coût complet (cas simple de répartition des charges indirectes).

Épreuve arts et techniques

Histoire générale de l'art :
Notions générales sur l'histoire des civilisations et sur l'évolution des idées.
Les principaux courants artistiques du Moyen Age à l'époque contemporaine.
Connaissance des arts et techniques :
Histoire et technique :
– des meubles et des sièges ;
– de la peinture, des estampes et des dessins ;
– de la gravure ;
– de la sculpture ;
– de la céramique ;
– de l'orfèvrerie et de la bijouterie ;
– des livres, manuscrits et autographes ;
– des tapis et tapisseries ;

– des armes de collection et souvenirs historiques ;
– des monnaies ;
– de l'archéologie ;
– des arts d'Afrique, d'Amériques, d'Asie, d'Europe et d'Océanie.
Marques et poinçons, titres et alliages.
Connaissance des collections des musées.
Histoire des collections publiques et privées ; évolution du marché de l'art.

Langues vivantes

Allemand.
Chinois.
Espagnol.
Italien.
Russe.

NB : Les nouvelles dispositions relatives aux langues étrangères introduites par l'arrêté du 19 mars 2014 sont applicables à compter du 1er janvier 2015.

Art. A. 321-14 *(Anc. art. A. 321-13, devenu le présent article, A. 19 mars 2012).* – Les épreuves écrites d'admissibilité comprennent :

1° Une épreuve théorique d'une durée de quatre heures portant sur des sujets juridiques, en rapport avec les activités de ventes publiques de meubles et dont la note est affectée d'un coefficient 3 ;

2° Une épreuve théorique d'une durée de quatre heures portant sur la connaissance des arts et techniques et dont la note est affectée d'un coefficient 3.

Art. A. 321-15 *(Anc. art. A. 321-14, devenu le présent article, A. 19 mars 2012).* – Les candidats peuvent se servir des codes ou recueils de lois et décrets ne contenant aucune indication de doctrine ou de jurisprudence, sans autre note que des références à des textes législatifs ou réglementaires.

Tout candidat ayant procuré ou utilisé des documents non autorisés est exclu de la salle et sa composition est annulée. Dans ce cas, le conseil des ventes volontaires de meubles aux enchères publiques peut interdire au candidat de se représenter aux épreuves de l'examen pour une durée ne pouvant excéder deux années.

Art. A. 321-16 *(Anc. art. A. 321-15, devenu le présent article, A. 19 mars 2012 ; mod., A. 19 mars 2014).* – La correction des épreuves d'admissibilité est organisée de manière à préserver l'anonymat de chaque candidat.

Chaque composition est examinée par deux correcteurs et reçoit une note de 0 à 20.

Cette note est affectée du coefficient prévu pour l'épreuve correspondante.

L'admissibilité est prononcée par le jury si la moyenne des notes obtenues par le candidat est égale ou supérieure à 10 sur 20.

Le jury arrête, par ordre alphabétique, la liste des candidats déclarés admissibles. Celle-ci est affichée dans les locaux du conseil des ventes volontaires de meubles aux enchères publiques, de la Chambre nationale des commissaires-priseurs judiciaires et du Conseil national des courtiers de marchandises assermentés ainsi que sur les sites internet de ces organismes.

L'admissibilité n'est valable que pour la session au cours de laquelle celle-ci a été acquise.

Art. A. 321-17 *(Anc. art. A. 321-16, devenu le présent article, A. 19 mars 2012 ; A. 19 mars 2014).* – Nul ne peut se présenter aux épreuves d'admission s'il n'a été déclaré admissible par le jury.

Les épreuves d'admission sont orales et se déroulent en séance publique. Elles comprennent :

1° Un exposé de dix minutes, après une préparation de trente minutes, sur une question tirée au sort par le candidat et portant sur l'histoire de l'art, suivi d'une discussion de vingt minutes avec le jury destinée à apprécier la culture générale du candidat ; la note est affectée d'un coefficient 4 ;

2° Une interrogation d'une durée de quinze minutes portant sur une matière juridique autre que celle qui a été traitée à l'écrit par le candidat ainsi que sur des matières économiques et comptables ; la note est affectée d'un coefficient 3 ;

3° Une épreuve d'anglais consistant en une interrogation d'une durée de quinze minutes ; la note est affectée d'un coefficient 1 ;

4° Une interrogation facultative, d'une durée de quinze minutes, portant sur la langue vivante étrangère choisie par le candidat lors du dépôt de son dossier ; la note est affectée d'un coefficient 1.

NB : Les modifications issues de l'arrêté du 19 mars 2014 s'appliquent à compter du 1er janvier 2015.

Art. A. 321-18 *(Anc. art. A. 321-17, devenu le présent article, A. 19 mars 2012).* – Les épreuves sont notées de 0 à 20.

Chaque note est affectée du coefficient prévu pour l'épreuve correspondante.

Les notes inférieures à 7/20 *(Mots aj., A. 19 mars 2014)* « à l'exception de celle obtenue à l'épreuve facultative de langue » sont éliminatoires.

NB : Les modifications issues de l'arrêté du 19 mars 2014 s'appliquent à compter du 1er janvier 2015.

Art. A. 321-19 *(Anc. art. A. 321-18, devenu le présent article, A. 19 mars 2012).* – L'admission est prononcée par le jury si la moyenne des notes obtenues par le candidat à l'ensemble des épreuves d'admissibilité et d'admission est égale ou supérieure à 10 sur 20.

(A. 19 mars 2014) La note obtenue à l'épreuve facultative de langue n'est prise en compte, pour le calcul de la moyenne, que si elle est supérieure à 10 sur 20.

NB : Les modifications issues de l'arrêté du 19 mars 2014 s'appliquent à compter du 1er janvier 2015.

Art. A. 321-20 *(Anc. art. A. 321-19, devenu le présent article, A. 19 mars 2012).* – Le jury arrête la liste des candidats déclarés admis. Celle-ci est affichée dans les locaux du conseil des ventes volontaires de meubles aux enchères publiques *(Mots aj., A. 19 mars 2014)*, « de la Chambre nationale des commissaires-priseurs judiciaires et du Conseil national des courtiers de marchandises assermentés. Elle est également publiée sur le site internet de ces organismes ».

Le conseil des ventes volontaires de meubles aux enchères publiques délivre l'attestation de réussite à l'examen d'accès au stage.

NB : Les modifications issues de l'arrêté du 19 mars 2014 s'appliquent à compter du 1er janvier 2015.

Sous-paragraphe 2. – Du stage

§ 4. – Des mesures d'information et de publicité

Le présent paragraphe ne comprend pas de dispositions pour les arrêtés.

Sous-section 2. – Le conseil des ventes volontaires de meubles aux enchères publiques

La présente sous-section ne comprend pas de dispositions pour les arrêtés.

Section II. – De la libre prestation de services de l'activité de ventes volontaires de meubles aux enchères publiques par les ressortissants des États membres de l'Union européenne et des États parties à l'accord sur l'Espace économique européen

Sous-section 1. – Des procédures de déclaration et d'information

La présente sous-section ne comprend pas de dispositions pour les arrêtés.

Sous-section 2. – Des qualifications requises

(Abr., A. 23 sept. 2009)

Art. A. 321-20 à A. 321-25 *(Abr., A. 23 sept. 2009).*

Section III. – De l'établissement en France des personnes habilitées à diriger des ventes volontaires de meubles aux enchères publiques dans un autre État membre de l'Union européenne ou partie à l'accord sur l'Espace économique européen

(Rempl., A. 23 sept. 2009)

Art. A. 321-27 *(Anc. art. A. 321-26, rempl., A. 23 sept. 2009 ; devenu le présent article, A. 19 mars 2012).* – Le dossier mentionné à l'article R. 321-66 comprend les pièces suivantes :

1° La copie des documents justifiant de l'identité, de la nationalité et du domicile du demandeur ;

2° Les copies certifiées conformes des attestations de compétences, titres de formation ou titres de formation assimilée ou des documents justifiant des droits acquis obtenus par le demandeur donnant accès à l'activité de ventes volontaires de meubles aux enchères publiques ;

3° Pour les titulaires d'un diplôme, certificat ou titre délivré par un pays tiers et reconnu par un État membre de *(Mots rempl., A. 19 mars 2012)* « l'Union » européenne ou partie à l'accord sur l'Espace économique européen, une attestation émanant de l'autorité compétente de cet État membre ou partie, certifiant de la durée de l'exercice professionnel sur son territoire et des dates correspondantes ;

4° *(Mots rempl., A. 4 juill. 2011)* « La preuve par tout moyen » que le requérant a exercé à temps plein *(Mots aj., A. 23 juin 2017)* « ou à temps partiel », au cours des dix dernières années, l'activité de ventes volontaires de meubles aux enchères publiques, et précisant les dates de cet exercice, si ni l'accès à cette activité ou son exercice, ni la formation y conduisant ne sont réglementés dans son État d'origine ;

5° Tout document en original ou en copie permettant d'apprécier si le demandeur remplit les conditions prévues à l'article R. 321-65 du Code de commerce ainsi que le contenu détaillé *(Mots rempl., A. 23 juin 2017)* « de la formation ou cycle d'études suivi » et de la formation professionnelle initiale et continue reçue ;

6° Un document de l'autorité compétente de son État d'origine attestant qu'il n'a pas fait l'objet de condamnations pénales pour des faits contraires à l'honneur ou à la probité ni d'une sanction disciplinaire ou administrative de destitution, radiation, révocation, retrait d'agrément ou d'autorisation pour des faits de même nature dans la profession qu'il exerçait antérieurement, ou une attestation datant de moins de trois mois délivrée par l'autorité judiciaire ou administrative compétente et, le cas échéant, par un notaire ou un organisme professionnel, établissant que l'intéressé a déclaré sous serment ou solennellement, si un tel serment n'existe pas dans cet État, qu'il n'a pas fait l'objet de telles condamnations ou sanctions.

Le cas échéant, les pièces justificatives, sauf celles relatives à l'identité et à la nationalité du demandeur, doivent être accompagnées de leur traduction en langue française. À l'exception des documents mentionnés au 1° et au 5°, cette traduction est effectuée par un traducteur inscrit sur la liste nationale des experts judiciaires ou sur l'une des listes d'experts judiciaires dressées par les cours d'appel ou par un traducteur habilité à intervenir auprès des autorités judiciaires ou administratives d'un autre État membre de *(Mots rempl., A. 19 mars 2012)* « l'Union européenne » ou d'un État partie à l'accord sur l'Espace économique européen.

Art. A. 321-28 *(Anc. art. A. 321-27, rempl., A. 23 sept. 2009 ; devenu le présent article, A. 19 mars 2012 ; rempl., A. 23 juin 2017).* – La décision du conseil des ventes volontaires de meubles aux enchères publiques prévue à l'article R. 321-66 comporte en particulier les informations suivantes :

1° Le niveau de qualification professionnelle requis en France et le niveau de la qualification professionnelle que possède le requérant conformément à la classification figurant à l'article 11 de la directive 2005/36/CE du Parlement européen et du Conseil du 7 septembre 2005 modifiée relative à la reconnaissance des qualifications professionnelles ;

2° Les différences substantielles visées à l'article R. 321-67, et les raisons pour lesquelles ces différences ne peuvent être comblées par les connaissances, aptitudes et compétences acquises au cours de l'expérience professionnelle ou de l'apprentissage tout au long de la vie ayant fait l'objet, à cette fin, d'une validation en bonne et due forme par un organisme compétent ;

3° Les matières du programme de l'épreuve d'aptitude et la durée du stage d'adaptation proposés au requérant.

Art. A. 321-29 *(Anc. art. A. 321-28, rempl., A. 23 sept. 2009 ; devenu le présent article, A. 19 mars 2012 ; rempl., A. 23 juin 2017).* – Le conseil des ventes volontaires de meubles aux enchères publiques

organise l'épreuve d'aptitude prévue à l'article R. 321-67 dans un délai maximal de six mois à compter de la décision imposant une épreuve d'aptitude au requérant.

Art. A. 321-30 *(Anc. art. A. 321-29, rempl., A. 23 sept. 2009 ; devenu le présent article, A. 19 mars 2012).* **– Le conseil des ventes volontaires de meubles aux enchères publiques assure une publicité suffisante, quatre mois au moins à l'avance, de la date fixée pour l'épreuve, notamment par des insertions dans les revues professionnelles, par un affichage dans ses locaux et dans ceux de la Chambre nationale des commissaires-priseurs judiciaires et par une diffusion sur son site internet.**

Art. A. 321-31 *(Anc. art. A. 321-30 créé, A. 23 sept. 2009 ; devenu le présent article, A. 19 mars 2012).* **– Des convocations individuelles mentionnant le jour, l'heure et le lieu de l'épreuve sont adressées à chaque candidat, quinze jours au moins à l'avance par lettre recommandée avec demande d'avis de réception ou par tout autre moyen équivalent.**

Annexe 3-5

(Annexe à l'article A. 321-31)

(A. 23 sept. 2009)

Épreuve d'aptitude prévue à l'article R. 321-67

Matières juridiques

Ventes volontaires et judiciaires : notions et distinctions ; textes applicables.
La fiscalité.
Le droit de suite.
L'intervention de l'État : droit de préemption.
Les importations et exportations des œuvres d'art.
Le trafic illicite des œuvres d'art.

Pratique des ventes volontaires
de meubles aux enchères publiques

La pratique des ventes aux enchères publiques de meubles :
– préparation des ventes ;
– direction des ventes et incidents ;
– rédaction des actes et tenue des documents.
La pratique :
– des estimations et prisées ;
– des inventaires ;
– des expertises ;
– des partages.
Pratiques particulières :
– spécificités du marché de l'art : identification et estimation des objets d'art ;
– inventaire, estimation et vente du matériel industriel, commercial et agricole ; des stocks des entreprises ; des véhicules.

Réglementation professionnelle

Statut des sociétés de ventes volontaires de meubles aux enchères publiques et des personnes habilitées à diriger des ventes volontaires.
Organisation et attributions du conseil des ventes volontaires de meubles aux enchères publiques.
Déontologie et discipline.
Responsabilité civile professionnelle.

Art. A. 321-32 *(Anc. art. A. 321-31 créé, A. 23 sept. 2009 ; devenu le présent article, A. 19 mars 2012).* **– L'épreuve d'aptitude, dont le programme figure à l'annexe 3-5 au présent livre, comprend au plus trois entretiens, d'une durée de vingt minutes chacun, portant respectivement sur des matières juridiques, la pratique des ventes volontaires de meubles aux enchères publiques et la réglementation professionnelle.**

Art. A. 321-33 *(Anc. art. A. 321-32 créé, A. 23 sept. 2009 ; devenu le présent article, A. 19 mars 2012).* – Les entretiens se déroulent publiquement.

Chaque entretien est noté sur 20 et est précédé de trente minutes de préparation.

Le conseil des ventes volontaires de meubles aux enchères publiques assure le secrétariat du jury.

Art. A. 321-34 *(Anc. art. A. 321-33 créé, A. 23 sept. 2009 ; devenu le présent article, A. 19 mars 2012).* – L'admission est prononcée par le jury si la moyenne des notes obtenues par le candidat est égale ou supérieure à 10 sur 20.

À l'issue de l'épreuve, le jury dresse la liste des candidats déclarés admis, laquelle est affichée dans les locaux du conseil des ventes volontaires de meubles aux enchères publiques et accessible sur son site internet.

Le conseil délivre à chaque candidat admis une attestation de réussite à l'épreuve d'aptitude.

Art. A. 321-35 *(Anc. art. A. 321-34 créé, A. 23 sept. 2009 ; devenu le présent article, A. 19 mars 2012).* – Le stage d'adaptation prévu à l'article R. 321-67 visant à compléter la formation professionnelle du demandeur comprend un enseignement pratique et, le cas échéant, un enseignement théorique en matière artistique, économique, comptable et juridique, dispensés sous le contrôle du conseil des ventes volontaires de meubles aux enchères publiques et selon les modalités qu'il détermine.

Le stage d'adaptation s'effectue en France et à plein temps. À titre exceptionnel, il peut être fractionné en périodes mensuelles.

La convention de stage d'adaptation ne peut contenir de dispositions moins avantageuses, notamment en matière de gratification, que celles applicables aux personnes admises à suivre la deuxième année du stage prévu à l'article R. 321-18 (5°).

Art. A. 321-36 *(Anc. art. A. 321-35 créé, A. 23 sept. 2009 ; mod., A. 19 mars 2012 ; devenu le présent art., A. 19 mars 2012).* – Les travaux de pratique professionnelle sont effectués auprès d'un opérateur de ventes volontaires de meubles aux enchères publiques. Le conseil des ventes volontaires de meubles aux enchères publiques procède à l'affectation du stagiaire en tenant compte de ses choix. En aucun cas, le stagiaire ne peut être affecté chez un opérateur de ventes volontaires dans lequel il aurait directement ou indirectement des intérêts financiers ou un lien de quelque nature que ce soit avec l'un des dirigeants, salariés ou associés.

Annexe 3-5

(Annexe à l'article A. 321-36)

(A. 23 sept. 2009)

Stage d'adaptation prévu à l'article R. 321-67

Fiche d'évaluation du stage d'adaptation
à remplir par le maître de stage
Dénomination sociale de la société de ventes volontaires et adresse :...
Nom et prénom du dirigeant de la société de ventes volontaires :...
Nom et prénom de la personne habilitée à diriger des ventes volontaires-maître de stage :...
Nom, prénom et adresse du stagiaire :...
Durée du stage : du .... au...

	TRÈS BON	BON	MOYEN	INSUFFISANT	MAUVAIS
Connaissance du droit des ventes aux enchères publiques (ventes volontaires, fiscalité, objets d'art)					
Connaissance de la réglementation professionnelle					
Aptitude à réaliser des estimations et des inventaires :					
1. Objets d'art	1.	1.	1.	1.	1.
2. Matériel industriel commercial et agricole	2.	2.	2.	2.	2.

	TRÈS BON	BON	MOYEN	INSUFFISANT	MAUVAIS
3. Stock d'entreprises	3.	3.	3.	3.	3.
4. Véhicules	4.	4.	4.	4.	4.
Aptitude à diriger des ventes aux enchères publiques de meubles					
Assiduité au stage					
Maîtrise de la langue française					
Cocher les cases correspondantes.					
APPRÉCIATIONS COMPLÉMENTAIRES DU MAÎTRE DE STAGE					
À.. le.. Signature					
OBSERVATIONS DU STAGIAIRE					
À.. le.. Signature					

Art. A. 321-37 *(Anc. art. A. 321-36 créé, A. 23 sept. 2009 ; devenu le présent article, A. 19 mars 2012).* **– Les attributions de maître de stage sont remplies par une personne habilitée à diriger des ventes volontaires de meubles aux enchères publiques.**

Lorsque la durée du stage excède une année, le conseil des ventes volontaires de meubles aux enchères publiques s'assure à l'issue d'une première période de douze mois puis tous les six mois du bon déroulement du stage et de l'acquisition de connaissances par le stagiaire. À cet effet, il recueille les observations du maître de stage et organise un entretien avec le stagiaire destiné à évaluer ses connaissances pratiques.

À l'issue du stage, le maître de stage adresse au conseil un rapport de stage établi conformément au modèle figurant en annexe 3-5 au présent livre.

Le conseil reconnaît la qualification du demandeur lorsque les résultats de l'évaluation du stage sont positifs. Il délivre au stagiaire un certificat de bon accomplissement du stage d'adaptation.

Dans le cas contraire, le conseil peut, après avoir entendu le stagiaire, prolonger la durée du stage d'adaptation dans les limites de l'article R. 321-67.

Section IV. – Des experts agréés par le conseil des ventes volontaires de meubles aux enchères publiques

(Abr., A. 19 mars 2012)

La section ne comprenait pas de dispositions pour les arrêtés.

Section V. – Dispositions diverses

La présente section ne comprend pas de dispositions pour les arrêtés.

CHAPITRE II. – DES AUTRES VENTES AUX ENCHÈRES

Le présent chapitre ne comprend pas de dispositions pour les arrêtés.

TITRE III. – DES CLAUSES D'EXCLUSIVITÉ

Le présent titre ne comprend pas de dispositions pour les arrêtés.

LIVRE QUATRIÈME

DE LA LIBERTÉ DES PRIX ET DE LA CONCURRENCE

TITRE PREMIER. – DISPOSITIONS GÉNÉRALES

Le présent titre ne comprend pas de dispositions pour les arrêtés.

TITRE II. – DES PRATIQUES ANTICONCURRENTIELLES

Le présent titre ne comprend pas de dispositions pour les arrêtés.

TITRE III. – DE LA CONCENTRATION ÉCONOMIQUE

Le présent titre ne comprend pas de dispositions pour les arrêtés.

TITRE IV. – DE LA TRANSPARENCE, DES PRATIQUES RESTRICTIVES DE CONCURRENCE ET D'AUTRES PRATIQUES PROHIBÉES

CHAPITRE I. – DE LA TRANSPARENCE

Art. A. 441-1. – Toute personne vendant des produits ou fournissant des services, liée par un accord de franchise à un franchiseur, informe le consommateur de sa qualité d'entreprise indépendante, de manière lisible et visible, sur l'ensemble des documents d'information, notamment de nature publicitaire, ainsi qu'à l'intérieur et à l'extérieur du lieu de vente.

Art. A. 441-2 *(A. 6 avr. 2016 ; rempl., A. 20 mars 2017)*. **– Les modèles de tableaux mentionnés au III de l'article D. 441-4 sont annexés au présent article.**

ANNEXE 4-1 À L'ARTICLE A. 441-2

MODÈLE TYPE DE TABLEAUX UTILISÉS POUR PRÉSENTER LES INFORMATIONS RELATIVES AUX DÉLAIS DE PAIEMENT DES FOURNISSEURS ET DES CLIENTS MENTIONNÉS À L'ARTICLE D. 441-4

Factures reçues et émises non réglées à la date de clôture de l'exercice dont le terme est échu (tableau prévu au I de l'article D. 441-4).

Vous pouvez consulter l'image dans le fac-similé du JO n° 0068 du 21/03/2017, texte n° 17.

Factures reçues et émises ayant connu un retard de paiement au cours de l'exercice (tableau prévu au II de l'article D. 441-4).

Vous pouvez consulter l'image dans le fac-similé du JO n° 0068 du 21/03/2017, texte n° 17.

CHAPITRE II. – DES PRATIQUES RESTRICTIVES DE CONCURRENCE

Le présent chapitre ne comprend pas de dispositions pour les arrêtés.

CHAPITRE III. – AUTRES PRATIQUES PROHIBÉES

Le présent chapitre ne comprend pas de dispositions pour les arrêtés.

TITRE IV *BIS*. – DE CERTAINS TARIFS RÉGLEMENTÉS

NB : Plusieurs arrêtés du 28 février 2020 ont modifié les tarifs des professions réglementées à compter du 1er mars 2020. Toutefois, les émoluments des prestations effectuées avant le 1er mai 2020, ou dont la réalisation a donné lieu, avant le 1er mars 2020, au versement par le client d'un acompte ou d'une provision, ou à l'engagement par les professionnels intervenant de frais ou débours restent régis par les anciens tarifs qui découlaient des arrêtés du 27 février 2018. Un arrêté du 28 avril 2020 reporte la date à compter de laquelle les nouveaux tarifs réglementés des professions réglementées du droit entreront en vigueur. Ils s'appliquent en effet aux prestations effectuées à partir du 1er janvier 2021 et non du 1er mai 2020 comme prévu initialement.

CHAPITRE I. – FIXATION DES TARIFS

Section I. – Tarifs des commissaires-priseurs judiciaires

Art. A. 444-1 *(Mod., A. 28 mai 2016 ; A. 27 févr. 2018 ; A. 28 févr. 2020).* **– Les prestations figurant au tableau 1 de l'article Annexe 4-7 donnent lieu à la perception d'émoluments fixés conformément aux dispositions respectives des sous-sections 1 et 2 de la présente section.**

Les remises sur les émoluments proportionnels sont régies par la sous-section 3 de cette même section.

Les dispositions de la présente section s'appliquent aux commissaires-priseurs judiciaires ainsi qu'aux autres officiers publics ou ministériels vendeurs de meubles, notamment les notaires et huissiers de justice qui exercent ces fonctions en application du 3° de l'article 1er de la loi du 1er juin 1924 portant introduction des lois commerciales françaises dans les départements du Bas-Rhin, du Haut-Rhin et de la Moselle.

Les émoluments applicables jusqu'au 28 février 2022 sont ceux qui sont prévus par la présente section.

NB : Conformément à l'article 10 de l'arrêté du 28 février 2020, ces dispositions entrent en vigueur le 1er mars 2020. Toutefois, les émoluments des prestations effectuées avant le 1er mai 2020, ou dont la réalisation a donné lieu, avant le 1er mars 2020, au versement par le client d'un acompte ou d'une provision, ou à l'engagement par l'un des commissaires-priseurs judiciaires intervenant de frais ou débours restent régis par l'ancien tarif. Un arrêté du 28 avril 2020 reporte la date à compter de laquelle les nouveaux tarifs réglementés des professions réglementées du droit entreront en vigueur. Ils s'appliquent en effet aux prestations effectuées à partir du 1er janvier 2021 et non du 1er mai 2020 comme prévu initialement.

Sous-section 1. – Tarifs des actes

Art. A. 444-2 *(Mod., A. 28 févr. 2020).* **– La prisée figurant au numéro 1 du tableau mentionné à l'article A. 444-1 donne lieu à la perception d'un émolument proportionnel :**

1° En cas de liquidation judiciaire : à la valeur de réalisation de chaque article ;

2° Dans tous les autres cas, y compris en cas de redressement judiciaire : à la moyenne entre la valeur d'exploitation et la valeur de réalisation.

Selon le barème suivant :

TRANCHES D'ASSIETTE	TAUX APPLICABLE
De 0 à 1 725 €	1,488 %
De 1 726 € à 4 600 €	0,496 %
De 4 601 € à 34 500 €	0,248 %
Plus de 34 501 €	0,099 %

L'émolument mentionné au premier alinéa ne s'applique pas à l'appréciation des objets remis en gage dans le cadre d'un prêt consenti par une caisse de crédit municipal effectuée dans les conditions prévues à l'article D. 514-2 du Code monétaire et financier, qui est rémunérée selon les modalités prévues à l'article D. 514-5 du même code.

Art. A. 444-3 *(Mod., A. 28 févr. 2020)*. **– La vente judiciaire aux enchères publiques de meubles corporels ou incorporels, figurant au numéro 4 du tableau mentionné à l'article A. 444-1, donne lieu à la perception d'un émolument proportionnel au produit de chaque lot, selon le barème suivant :**

	TAUX APPLICABLE
a) Part à la charge du vendeur	4,96 %
b) Part à la charge de l'acheteur	11,90 %
Total	16,86 %

Si le total à la charge des vendeurs est, pour l'ensemble de la vente, inférieur à 45,63 euros, l'émolument est porté à cette somme, et réparti entre les vendeurs.

L'émolument mentionné au premier alinéa ne s'applique pas à la vente de l'objet gagé dans le cadre d'un prêt consenti par une caisse de crédit municipal dans les conditions prévues à l'article D. 514-17 du Code monétaire et financier, qui est rémunérée selon les modalités prévues aux premier et troisième alinéas de l'article D. 514-18 du même code.

Art. A. 444-4. – Le retrait d'un lot, dans l'intérêt du vendeur, figurant au numéro 5 du tableau mentionné à l'article A. 444-1 donne lieu à la perception d'un émolument, à la charge du vendeur, proportionnel au chiffre de la dernière enchère portée avant le retrait, à un taux égal au sixième de celui figurant au barème de l'article A. 444-3.

Art. A. 444-5 *(Mod., A. 28 févr. 2020)*. **– Donnent lieu à la perception d'un émolument de vacation égal à 22,82 € par demi-heure, chaque demi-heure supplémentaire étant due en entier les prestations figurant aux numéros suivants du tableau mentionné à l'article A. 444-1 :**

1° Numéro 2 (inventaire purement descriptif) ;
2° Numéro 3 (récolement d'inventaire) ;
3° Numéro 6 (assistance aux référés et enregistrement de l'ordonnance) ;
4° Numéro 7 (assistance à l'essai et au poinçonnage des matières précieuses).

Sous-section 2. – Tarifs des formalités

Art. A. 444-6 *(Mod., A. 28 févr. 2020)*. **– L'expédition et l'extrait de procès-verbal de vente, figurant au numéro 8 du tableau mentionné à l'article A. 444-1, donnent lieu à la perception d'un émolument de 0,68 € par page.**

Art. A. 444-7 *(Mod., A. 28 févr. 2020)*. **– Donnent lieu à la perception d'un émolument fixe de 6,85 € les dépôts, levées d'état et réquisitions figurant aux numéros suivants du tableau mentionné à l'article A. 444-1 :**

1° Numéro 9 (dépôt à la Caisse des dépôts et consignations) ;
2° Numéro 10 (levée d'état au service d'immatriculation des voitures automobiles) ;
3° Numéro 11 (levée d'état au greffe du tribunal de commerce) ;
4° Numéro 12 (réquisition d'état de situation des contributions).

Art. A. 444-8 *(Mod., A. 28 févr. 2020)*. – I. – En cas de vente forcée, après transmission du dossier par l'huissier de justice au commissaire-priseur judiciaire, ce dernier peut accepter de reporter la vente en cas de versement d'acompte, sur demande écrite du débiteur, sans que le nombre de ces reports puisse être supérieur à cinq.

II. – Dans le cas prévu au I, la prestation figurant au numéro 13 du tableau mentionné à l'article A. 444-1 donne lieu à la perception d'un émolument fixe de 6,85 € à l'occasion de chaque report.

III. – Si la vente n'a pas lieu par suite du paiement de sa dette par le débiteur, la prestation figurant au numéro 14 du tableau mentionné à l'article A. 444-1 donne lieu à la perception d'un émolument fixe de 68,45 €.

IV. – Si la vente a lieu, les émoluments perçus en application du II s'imputent sur ceux perçus en application de l'article A. 444-3.

Sous-section 3. – Remises

Art. A. 444-9 *(Mod., A. 28 févr. 2020)*. – Les remises prévues au cinquième alinéa de l'article L. 444-2 sur les émoluments proportionnels mentionnés aux premiers alinéas des articles A. 444-2 à A. 444-4 sont consenties dans la limite d'un taux qui ne peut excéder 20 %. Ces remises s'appliquent à la part d'émolument calculée sur les tranches d'assiette supérieures ou égales à un seuil ainsi fixé :

1° 1 000 000 € pour les émoluments prévus à l'article A. 444-2 ;

2° 6 000 € pour les émoluments prévus à l'article A. 444-3.

En application du IV de l'article R. 444-10, les prisées et aux ventes judiciaires réalisées dans le cadre d'un mandat de justice ne donnent pas lieu à la remise prévue au premier alinéa.

Section II. – Tarifs des huissiers de justice

Art. A. 444-10 *(Mod., A. 28 févr. 2020)*. – Les prestations figurant aux tableaux 3-1 à 3-3 de l'article Annexe 4-7 donnent lieu à la perception d'émoluments fixés conformément aux dispositions respectives des sous-sections 1 à 4 de la présente section.

Ces émoluments sont majorés de 30 % dans les îles Wallis-et-Futuna, à Saint-Pierre-et-Miquelon et à Mayotte, de 29 % dans les départements de la Guadeloupe et de la Martinique, de 27 % dans le département de la Guyane et de 37 % dans le département de La Réunion.

Les remboursements forfaitaires de frais et débours sont régis par la sous-section 5 de la présente section.

Les remises sur les émoluments proportionnels sont régies par la sous-section 6 de cette même section.

Les dispositions de la présente section sont applicables dans les départements du Bas-Rhin, du Haut-Rhin et de la Moselle. Celles de sa sous-section 2 s'appliquent exclusivement aux huissiers de justice de ces trois départements.

Les émoluments applicables jusqu'au 28 février 2022 sont ceux qui sont prévus par la présente section.

NB : Conformément à l'article 29 de l'arrêté du 28 février 2020, ces dispositions entrent en vigueur le 1er mars 2020. Toutefois, les émoluments des prestations effectuées avant le 1er mai 2020, ou dont la réalisation a donné lieu, avant le 1er mars 2020, au versement par le client d'un acompte ou d'une provision, ou à l'engagement par l'un des huissiers de justice intervenant de frais ou débours restent régis par l'ancien tarif. Un arrêté du 28 avril 2020 reporte la date à compter de laquelle les nouveaux tarifs réglementés des professions réglementées du droit entreront en vigueur. Ils s'appliquent en effet aux prestations effectuées à partir du 1er janvier 2021 et non du 1er mai 2020 comme prévu initialement.

Sous-section 1. – Tarifs des actes

§ 1. – Convocations en justice et significations

Art. A. 444-11 *(Mod., A. 28 févr. 2020)*. – Les prestations figurant aux numéros 1 à 4 du tableau 3-1 donnent lieu à la perception des émoluments suivants :

NUMÉRO DE LA PRESTATION (tableau 3-1 de l'article annexe 4-7)	DÉSIGNATION DE LA PRESTATION	ÉMOLUMENT
1	Assignation	18,09 €
2	Signification de décision de justice	25,53 €

NUMÉRO DE LA PRESTATION (tableau 3-1 de l'article annexe 4-7)	DÉSIGNATION DE LA PRESTATION	ÉMOLUMENT
3	Signification des autres titres exécutoires	25,53 €
4	Signification de requête et d'ordonnance d'injonction de payer	25,53 €

Art. A. 444-12 *(Mod., A. 28 févr. 2020 ; A. 21 juill. 2020)*. **– Si, à compter de la demande du client, les prestations suivantes sont réalisées dans un délai inférieur au délai de référence précisé dans le tableau ci-dessous, elles donnent lieu à la perception de l'émolument majoré prévu à l'article R. 444-11, qui remplace celui prévu à l'article A. 444-11. Le tarif majoré applicable est alors le suivant :**

NUMÉRO DE LA PRESTATION (tableau 3-1 de l'article annexe 4-7)	DÉSIGNATION DE LA PRESTATION	DÉLAI DE RÉFÉRENCE	TARIF MAJORÉ
1	Assignation	24 heures	89,28 €
2	Signification de décision de justice	24 heures	89,28 €
3	Signification de l'ordonnance de fixation de la date d'audience de l'ordonnance de protection	48 heures	41,66 €

L'huissier de justice indique, sur l'acte qu'il dresse, les dates et heures respectives de la demande du client et de la réalisation de la prestation. Il y précise également les raisons justifiant l'urgence.

NB : La prestation n° 3 a été ajoutée par arrêté du 21 juillet 2020. Assortie initialement d'un tarif de 42 €, celui-ci a été fixé à 41,66 € depuis le 1er janvier 2021.

§ 2. – Information des parties et des tiers

Art. A. 444-13 *(Mod., A. 28 févr. 2020)*. **– Les prestations figurant aux numéros 5 à 40 du tableau 3-1 donnent lieu à la perception des émoluments suivants :**

NUMÉRO DE LA PRESTATION (tableau 3-1 de l'article annexe 4-7)	DÉSIGNATION DE LA PRESTATION	ÉMOLUMENT
5	Dénonciation de saisie-attribution	32,98 €
6	Signification au tiers saisi de l'acquiescement du débiteur	27,66 €
7	Signification au tiers saisi du certificat de non-contestation	27,66 €
8	Dénonciation au débiteur de la saisie-vente pratiquée entre les mains d'un tiers détenteur	32,98 €
9	Dénonciation d'opposition au créancier premier saisissant et au débiteur	24,47 €
10	Dénonciation d'opposition et sommation au créancier premier saisissant de notifier toute proposition amiable de vente	27,66 €

NUMÉRO DE LA PRESTATION (tableau 3-1 de l'article annexe 4-7)	DÉSIGNATION DE LA PRESTATION	ÉMOLUMENT
11	Sommation au créancier premier saisissant de procéder aux formalités de mise en vente forcée	20,21 €
12	Signification de la date de vente au débiteur	20,21 €
13	Dénonciation au débiteur du procès-verbal d'indisponibilité du certificat d'immatriculation	32,98 €
14	Dénonciation au débiteur de la saisie des droits d'associé et des valeurs mobilières, prévue à l'article R. 232-6 du Code des procédures civiles d'exécution	32,98 €
15	Signification à la société ou à la personne morale émettrice d'un certificat de non-contestation avec ordre de vente	27,66 €
16	Signification à la société du cahier des charges	27,66 €
17	Signification au débiteur, à la société et aux autres créanciers opposants, s'il y a lieu, de la date de vente de parts d'associé et de valeurs mobilières	20,21 €
18	Signification au débiteur ou au créancier saisissant du procès-verbal d'expulsion, prévue aux articles R. 432-2 et R. 433-7 du Code des procédures civiles d'exécution	27,66 €
19	Dénonciation au débiteur de la saisie conservatoire des créances	32,98 €
20	Dénonciation au tiers des actes de poursuite de la procédure	32,98 €
21	Signification au tiers saisi de l'acte de conversion en saisie-attribution de la saisie conservatoire des créances avec demande de paiement	27,66 €
22	Signification au débiteur de l'acte de conversion en saisie-attribution de la saisie conservatoire des créances	27,66 €
23	Signification au tiers saisi du certificat de non-contestation et sommation de payer	27,66 €
24	Dénonciation au débiteur du procès-verbal de saisie conservatoire de meubles entre les mains d'un tiers	32,98 €
25	Dénonciation au tiers des actes de poursuite de la procédure	32,98 €
26	Signification au débiteur de l'acte de conversion en saisie-vente de la saisie conservatoire de meubles avec commandement de payer	27,66 €
27	Signification au tiers détenteur de l'acte de conversion en saisie-vente de la saisie conservatoire de meubles	27,66 €
28	Dénonciation au créancier premier saisissant de la saisie conservatoire de meubles	27,66 €
29	Signification à l'officier vendeur d'un acte de conversion en saisie-vente de la saisie conservatoire de meubles	27,66 €

NUMÉRO DE LA PRESTATION (tableau 3-1 de l'article annexe 4-7)	DÉSIGNATION DE LA PRESTATION	ÉMOLUMENT
30	Dénonciation au débiteur de la saisie conservatoire des droits d'associé et des valeurs mobilières	32,98 €
31	Dénonciation au tiers saisi de l'acte de conversion en saisie-vente de la saisie conservatoire des droits d'associé et des valeurs mobilières	27,66 €
32	Dénonciation au débiteur du dépôt des bordereaux d'inscription ou de la signification du nantissement	32,98 €
33	Signification pour purge aux créanciers inscrits	20,21 €
34	Dénonciation au créancier inscrit de la saisie-vente d'un ou plusieurs éléments d'un fonds de commerce	27,66 €
35	Dénonciation au créancier inscrit de la demande en résiliation de bail de l'immeuble dans lequel s'exploite un fonds de commerce	25,53 €
36	Dénonciation à la caution du commandement de payer les loyers et sommation de payer	25,53 €
37	Signification de mémoire	25,53 €
38	Procès-verbal d'offres réelles	32,98 €
39	Dénonciation au débiteur de la saisie-revendication entre les mains d'un tiers	32,98 €
40	Signification d'une proposition de redressement	32,98 €

§ 3. – Mises en demeure et commandements de payer

Art. A. 444-14 *(Mod., A. 28 févr. 2020)*. **– Les prestations figurant aux numéros 41 à 49 du tableau 3-1 donnent lieu à la perception des émoluments suivants :**

NUMÉRO DE LA PRESTATION (tableau 3-1 de l'article annexe 4-7)	DÉSIGNATION DE LA PRESTATION	ÉMOLUMENT
41	Injonction de communiquer et commandement de payer	20,21 €
42	Commandement de payer précédant la saisie-vente	20,21 €
43	Signification du certificat de non-paiement valant commandement de payer	26,59 €
44	Commandement de payer les loyers et les charges	25,53 €
45	Commandement de payer les charges de copropriété	25,53 €
46	Commandement de payer et dénonciation au débiteur de la saisie des biens placés dans un coffre-fort	32,98 €
47	Commandement de payer et dénonciation au débiteur de l'acte de conversion en saisie-vente de la saisie conservatoire des droits d'associé et des valeurs mobilières	27,66 €

NUMÉRO DE LA PRESTATION (tableau 3-1 de l'article annexe 4-7)	DÉSIGNATION DE LA PRESTATION	ÉMOLUMENT
48	Protêt	18,08 €
49	Commandement de payer et la dénonciation au débiteur du procès-verbal d'appréhension à la demande du créancier gagiste, prévus à l'article R. 222-6 du Code des procédures civiles d'exécution	27,66 €

Art. A. 444-15 *(Mod., A. 28 févr. 2020)*. – À l'exception de celles figurant aux numéros 46, 47 et 49 du tableau 3-1, les prestations mentionnées à l'article A. 444-14 donnent également lieu à la perception d'un émolument dénommé : « droit d'engagement de poursuites », ainsi fixé :

1° Si le montant de la créance est inférieur ou égal à 76 €, le droit d'engagement de poursuites est fixé à 4,29 € ;

2° Au-delà du seuil de 76 € mentionné au 1°, le droit d'engagement de poursuites est, dans la limite de 268,13 €, proportionnel au montant de la créance, selon le barème suivant :

TRANCHES D'ASSIETTE (montant de la créance)	TAUX APPLICABLE
De 0 à 304 €	5,60 %
De 305 € à 912 €	2,80 %
De 913 € à 3 040 €	1,40 %
Plus de 3 040 €	0,28 %

Le droit d'engagement de poursuites ne peut être perçu qu'une seule fois dans le cadre du recouvrement d'une même créance.

Il est à la charge du débiteur si le coût de l'acte au titre duquel il est alloué incombe à ce dernier et à la charge du créancier dans tous les autres cas.

Il reste acquis à l'huissier de justice quelle que soit l'issue de la tentative de recouvrement.

Selon que le coût de l'acte est à la charge du débiteur ou du créancier, il s'impute respectivement sur l'émolument fixé à l'article A. 444-31 ou sur celui fixé à l'article A. 444-32.

§ 4. – Indisponibilités, nantissements, opposabilités

Art. A. 444-16. – Les prestations figurant aux numéros 50 à 78 du tableau 3-1 donnent lieu à la perception des émoluments suivants :

NUMÉRO DE LA PRESTATION (tableau 3-1 de l'article annexe 4-7)	DÉSIGNATION DE LA PRESTATION	ÉMOLUMENT
50	Acte de saisie-attribution	43,61 €
51	Acte de saisie-attribution, en cas de compte clôturé ou de solde négatif	21,27 €
52	Acte de saisie-vente ou acte de saisie-vente transformée en réception de deniers	37,23 €

NUMÉRO DE LA PRESTATION (tableau 3-1 de l'article annexe 4-7)	DÉSIGNATION DE LA PRESTATION	ÉMOLUMENT
53	Acte de saisie-vente transformée en carence	20,21 €
54	Acte d'opposition-jonction	36,17 €
55	Acte de saisie de récoltes sur pied	77,36 €
56	Acte de déclaration à la préfecture	41,49 €
57	Acte de saisie de droits d'associé et de valeurs mobilières	37,23 €
58	Acte de saisie conservatoire sur les biens meubles corporels	44,68 €
59	Acte de saisie conservatoire de créances	39,36 €
60	Acte de saisie conservatoire de droits d'associé et de valeurs mobilières	37,23 €
61	Signification à la société du nantissement des parts sociales	22,33 €
62	Signification à la société ou à la personne morale émettrice du nantissement des valeurs mobilières	22,33 €
63	Signification aux créanciers de l'acte de nantissement de l'outillage et du matériel d'équipement	25,53 €
64	Acte de saisie des biens placés dans un coffre-fort	37,23 €
65	Acte de saisie-revendication de biens meubles corporels	53,20 €
66	Acte d'appréhension, prévu à l'article R. 222-4 du Code des procédures civiles d'exécution	45,75 €
67	Acte d'immobilisation ou d'enlèvement d'un véhicule	45,75 €
68	Acte de saisie de navire ou aéronef	77,66 €
69	Acte de saisie-contrefaçon	77,66 €
70	Commandement de payer valant saisie immobilière	63,83 €
71	Commandement de payer au débiteur principal avec mention du commandement valant saisie délivré au tiers détenteur	44,68 €
72	Dénonciation au conjoint lorsque le bien est le siège du logement de la famille et qu'il appartient en propre à l'un des époux	39,36 €
73	Saisie des fruits	39,36 €
74	Opposition au paiement du prix de cession d'un lot de copropriété	39,36 €
75	Opposition au prix de vente du fonds de commerce ou de cession du droit au bail	39,36 €
76	Opposition à partage (entre les mains d'un notaire)	39,36 €
77	Signification au débiteur de la cession de créances et autres droits incorporels	23,41 €
78	Signification au débiteur de la créance donnée en gage	23,41 €

Art. A. 444-17. – Les prestations mentionnées à l'article A. 444-16 donnent également lieu à la perception du droit d'engagement de poursuite mentionné à l'article A. 444-15, à l'exception de celles figurant aux numéros suivants du tableau 3-1 :

1° Numéro 51 (acte de saisie-attribution, en cas de compte clôturé ou de solde négatif) ;

2° Numéro 55 (acte de saisie de récoltes sur pied) ;

3° Numéro 63 (signification aux créanciers de l'acte de nantissement de l'outillage et du matériel d'équipement) ;

4° Numéro 65 (acte de saisie-revendication de biens meubles corporels) ;

5° Numéro 66 (acte d'appréhension prévu à l'article R. 222-4 du Code des procédures civiles d'exécution) ;

6° Numéro 67 (acte d'immobilisation ou d'enlèvement d'un véhicule) ;

7° Numéro 68 (acte de saisie de navire ou aéronef) ;

8° Numéro 69 (acte de saisie-contrefaçon) ;

9° Numéro 71 (commandement de payer au débiteur principal avec mention du commandement valant saisie délivré au tiers détenteur) ;

10° Numéro 72 (dénonciation au conjoint lorsque le bien est le siège du logement de la famille et qu'il appartient en propre à l'un des époux) ;

11° Numéro 73 (saisie des fruits) ;

12° Numéro 77 (signification au débiteur de la cession de créances et autres droits incorporels) ;

13° Numéro 78 (signification au débiteur de la créance donnée en gage).

Art. A. 444-18 *(Mod., A. 28 févr. 2020)*. – Lorsque la réalisation des prestations suivantes requiert un délai d'exécution supérieur à la durée de référence précisée dans le tableau ci-dessous, elles donnent lieu à la perception d'un émolument complémentaire de vacation égal à 74,40 € par demi-heure, chaque demi-heure supplémentaire étant due en entier :

NUMÉRO DE LA PRESTATION (tableau 3-1 de l'article annexe 4-7)	DÉSIGNATION DE LA PRESTATION	ÉMOLUMENT
55	Acte de saisie de récoltes sur pied	45 minutes
57	Acte de saisie de droits d'associé et de valeurs mobilières	20 minutes
60	Acte de saisie conservatoire de droits d'associé et de valeurs mobilières	20 minutes
68	Acte de saisie de navire ou aéronef	45 minutes
69	Acte de saisie-contrefaçon	45 minutes

Les heures de début et de fin de réalisation de la prestation sont indiquées par l'huissier de justice sur l'acte qu'il dresse. L'exécution débute lorsque l'huissier de justice arrive sur les lieux de réalisation de la prestation.

§ 5. – Mises en demeure et commandements d'exécuter une obligation de faire ou ne pas faire

Art. A. 444-19 *(Mod., A. 28 févr. 2020)*. – Les prestations figurant aux numéros 79 à 92 du tableau 3-1 donnent lieu à la perception des émoluments suivants :

NUMÉRO DE LA PRESTATION (tableau 3-1 de l'article *annexe 4-7*)	DÉSIGNATION DE LA PRESTATION	ÉMOLUMENT
79	Sommation de faire ou de ne pas faire	22,34 €
81	Dénonciation au débiteur du procès-verbal d'immobilisation du véhicule avec injonction	30,85 €

NUMÉRO DE LA PRESTATION (tableau 3-1 de l'article annexe 4-7)	DÉSIGNATION DE LA PRESTATION	ÉMOLUMENT
82	Commandement à la personne tenue de la remise de délivrer ou de restituer	24,47 €
83	Sommation au tiers de remettre le bien	31,92 €
84	Commandement à la personne tenue de la remise de délivrer ou de restituer	31,92 €
85	Sommation au débiteur d'assister à l'ouverture du coffre-fort	24,47 €
86	Commandement de quitter les lieux	26,60 €
87	Sommation aux créanciers opposants de prendre communication du cahier des charges	26,60 €
88	Assignation du débiteur saisi à comparaître devant le juge de l'exécution à une audience d'orientation	26,60 €
89	Dénonciation aux créanciers inscrits valant assignation à comparaître	26,60 €
90	Sommation de prendre communication du cahier des charges	26,60 €
91	Sommation de prendre parti	31,92 €
92	Mise en demeure du locataire d'avoir à justifier qu'il occupe le logement	
	a) par acte séparé	53,20 €
	b) contenu dans un commandement	21,28 €

Art. A. 444-20 *(A. 28 févr. 2020)*. **– Si, à compter de la demande du client, les prestations suivantes sont réalisées dans un délai inférieur au délai de référence précisé dans le tableau ci-dessous, elles donnent lieu à la perception d'un émolument majoré dans les conditions prévues à l'article A. 444-12 :**

NUMÉRO DE LA PRESTATION (tableau 3-1 de l'article annexe 4-7)	DÉSIGNATION DE LA PRESTATION	DÉLAI DE RÉFÉRENCE	TARIF MAJORÉ
88	Assignation du débiteur saisi à comparaître devant le juge de l'exécution à une audience d'orientation	24 heures	89,28 €
89	Dénonciation aux créanciers inscrits valant assignation à comparaître	24 heures	89,28 €
90	Sommation de prendre communication du cahier des charges	24 heures	89,28 €
91	Sommation de prendre parti	24 heures	89,28 €

§ 6. – **Mises en vente forcée des biens saisis**

Art. A. 444-21 *(A. 28 févr. 2020)*. – **Les prestations figurant aux numéros 93 à 97 du tableau 3-1 donnent lieu à la perception des émoluments suivants :**

NUMÉRO DE LA PRESTATION (tableau 3-1 de l'article annexe 4-7)	DÉSIGNATION DE LA PRESTATION	ÉMOLUMENT
93	Certification d'accomplissement des formalités de publicité de vente	37,23 €
94	Acte de vérification et d'enlèvement	56,38 €
95	Acte d'inventaire et d'enlèvement des biens placés dans un coffre-fort	56,38 €
96	Procès-verbal d'apposition d'avis	45,75 €
97	Procès-verbal d'inventaire	56,38 €

Art. A. 444-22. – **Lorsque la réalisation des prestations suivantes requiert un délai d'exécution supérieur à la durée de référence précisée dans le tableau ci-dessous, elles donnent lieu à la perception d'un émolument complémentaire de vacation dans les conditions prévues à l'article A. 444-18 :**

NUMÉRO DE LA PRESTATION (tableau 3-1 de l'article annexe 4-7)	DÉSIGNATION DE LA PRESTATION	DURÉE D'EXÉCUTION de référence
94	Acte de vérification et d'enlèvement	45 minutes
95	Acte d'inventaire et d'enlèvement des biens placés dans un coffre-fort	30 minutes
97	Procès-verbal d'inventaire	30 minutes

§ 7. – **Suspensions des poursuites et difficultés de signification**

Art. A. 444-23 *(A. 28 févr. 2020)*. – **Les prestations figurant aux numéros 98 à 101 du tableau 3-1 donnent lieu à la perception des émoluments suivants :**

NUMÉRO DE LA PRESTATION (tableau 3-1 de l'article annexe 4-7)	DÉSIGNATION DE LA PRESTATION	ÉMOLUMENT
98	Acte de tentative d'exécution, notamment en l'absence de l'occupant du local ou si ce dernier en refuse l'accès	20,22 €
99	Acte attestant la découverte de la nouvelle adresse du destinataire hors du ressort de compétence de l'huissier de justice	20,22 €
100	Acte constatant une difficulté d'exécution, notamment en cas d'appel interjeté par le débiteur	20,22 €
101	Acte constatant une suspension d'exécution ou une recherche infructueuse	14,89 €

§ 8. – **Divers**

Art. A. 444-24 *(A. 28 févr. 2020).* – **Les prestations figurant aux numéros 102 à 111 du tableau 3-1 donnent lieu à la perception des émoluments suivants :**

NUMÉRO DE LA PRESTATION (tableau 3-1 de l'article annexe 4-7)	DÉSIGNATION DE LA PRESTATION	ÉMOLUMENT
102	Mainlevée quittance au tiers saisi	20,22 €
103	Mainlevée de saisie-vente et la mainlevée d'opposition-jonction	18,08 €
104	Acte de consignation et mainlevée totale ou partielle de saisie-vente, après la vente amiable par le débiteur	37,24 €
105	Procès-verbal de consignation (offres réelles)	32,98 €
106	Procès-verbal d'expulsion ou reprise des lieux	152,14 €
107	Procès-verbal de consignation (expulsion)	37,24 €
108	Procès-verbal de destruction	24,47 €
109	Congés et demandes de renouvellement de bail commercial, prévus aux articles L. 145-9 et L. 145-10	45,75 €
110	Congés et offres de renouvellement de bail rural	77,66 €
111	Constatation de l'abandon du local d'habitation avec inventaire des meubles laissés sur place	56,39 €

Art. A. 444-25 *(A. 28 févr. 2020).* – **Si, à compter de la demande du client, les prestations suivantes sont réalisées dans un délai inférieur au délai de référence précisé dans le tableau ci-dessous, elles donnent lieu à la perception d'un émolument majoré dans les conditions prévues à l'article A. 444-12 :**

NUMÉRO DE LA PRESTATION (tableau 3-1 de l'article annexe 4-7)	DÉSIGNATION DE LA PRESTATION	DÉLAI DE RÉFÉRENCE	TARIF MAJORÉ
109	Congés et demandes de renouvellement de bail commercial, prévus aux articles L. 145-9 et L. 145-10	24 heures	89,28 €
110	Congés et offres de renouvellement de bail rural	24 heures	89,28 €

Art. A. 444-26. – **Lorsque la réalisation des prestations suivantes requiert un délai d'exécution supérieur à la durée de référence précisée dans le tableau ci-dessous, elles donnent lieu à la perception d'un émolument complémentaire de vacation dans les conditions prévues à l'article A. 444-18 :**

NUMÉRO DE LA PRESTATION (tableau 3-1 de l'article annexe 4-7)	DÉSIGNATION DE LA PRESTATION	DURÉE D'EXÉCUTION de référence
106	Procès-verbal d'expulsion ou reprise des lieux	15 minutes

Art. A. 444-27 *(A. 28 févr. 2020)*. **– L'établissement d'un état des lieux à frais partagés entre le bailleur et le locataire figurant au numéro 112 du tableau 3-1 donne lieu à la perception d'un émolument fonction de la superficie du bien locatif, selon le barème suivant :**

SUPERFICIE DU BIEN LOCATIF	ÉMOLUMENT
Inférieure ou égale à 50 m²	109,58 €
Supérieure à 50 m² et inférieure ou égale à 150 m²	127,67 €
Supérieure à 150 m²	191,51 €

Art. A. 444-28 *(Mod., D. n° 2016-1278, 29 sept. 2016 ; A. 28 févr. 2020)*. **– Les prestations figurant aux numéros 113 à 126 du tableau 3-1 donnent lieu à la perception des émoluments suivants :**

NUMÉRO DE LA PRESTATION (tableau 3-1 de l'article annexe 4-7)	DÉSIGNATION DE LA PRESTATION	ÉMOLUMENT
113	Délivrance du titre exécutoire par l'huissier dans le cadre de la procédure prévue à l'article 1244-4 du Code civil.	24,80 €
114	Procès-verbal de description des lieux (saisie immobilière)	109,58 €
115	Opposition à mariage	32,98 €
116	Signification en provenance d'un autre État	48,36 €
117	Transmission de la demande de signification ou de notification dans un autre État étranger	35,11 €
118	Procès-verbal d'apposition des scellés sans diligences particulières	109,58 €
119	Procès-verbal d'apposition des scellés donnant lieu à des diligences particulières	142,57 €
120	Procès-verbal de carence, prévu au deuxième alinéa de l'article 1304 du Code de procédure civile	32,98 €
121	Sommation d'assister aux opérations de levée des scellés	24,47 €
122	Acte d'inventaire lors de la levée des scellés	56,39 €
123	Procès-verbal de levée des scellés	109,58 €
124	État descriptif	63,84 €
125	État descriptif avec diligences particulières	96,82 €
126	Procès-verbal de déplacement des scellés	32,98 €

Art. A. 444-29. – Lorsque la réalisation des prestations suivantes requiert un délai d'exécution supérieur à la durée de référence précisée dans le tableau ci-dessous, elle donne lieu à la perception d'un émolument complémentaire de vacation dans les conditions prévues à l'article A. 444-18 :

NUMÉRO *DE LA PRESTATION* (tableau 3-1 de l'article annexe 4-7)	DÉSIGNATION DE LA PRESTATION	DURÉE D'EXÉCUTION de référence
114	Procès-verbal de description des lieux	60 minutes
115	Opposition à mariage	10 minutes

Art. A. 444-30 *(Mod., A. 28 févr. 2020)*. – La prestation d'assistance du greffier en chef figurant au numéro 127 du tableau 3-1 donne lieu à la perception d'un émolument fonction du montant total le plus élevé des sommes inscrites comme dépenses ou ressources dans le compte de l'année, selon le barème suivant :

TOTAL LE PLUS ÉLEVÉ DES SOMMES INSCRITES comme dépenses ou ressources dans le compte de l'année	ÉMOLUMENT
Inférieure ou égale à 25 000 €	85,11 €
Supérieure à 25 000 € et inférieure ou égale à 40 000 €	106,39 €
Supérieure à 40 000 € et inférieure ou égale à 70 000 €	127,67 €
Supérieure à 70 000 €	170,23 €

Art. A. 444-31 *(Mod., A. 28 févr. 2020)*. – La prestation de recouvrement ou d'encaissement figurant au numéro 128 du tableau 3-1 donne lieu à la perception, d'un émolument ainsi fixé :

1° Si le montant de la créance est inférieur ou égal à 44 €, un émolument fixe de 4,25 € ;

2° Au-delà du seuil de 44 € mentionné au 1°, dans la limite de 550 €, un émolument proportionnel aux sommes encaissées ou recouvrées au titre du principal de la créance ou du montant de la condamnation, à l'exclusion des dépens, selon le barème suivant :

TRANCHES D'ASSIETTE	TAUX APPLICABLE
De 0 à 125 €	9,67 %
De 125 € à 610 €	6,29 %
De 610 € à 1 525 €	3,38 %
Plus de 1 525 €	0,29 %

Les taux mentionnés dans ce barème sont doublés lorsque le recouvrement ou l'encaissement est effectué sur le fondement d'un titre exécutoire constatant une créance alimentaire.

Art. A. 444-32 *(Mod., A. 28 févr. 2020)*. – La prestation de recouvrement ou d'encaissement figurant au numéro 129 du tableau 3-1 donne lieu à la perception d'un émolument ainsi fixé :

1° Si le montant de la créance est inférieur ou égal à 188 €, un émolument fixe de 21,28 € ;

2° Au-delà du seuil de 188 € mentionné au 1°, dans la limite de 5 540 €, un émolument proportionnel aux sommes encaissées ou recouvrées au titre de la créance en principal ou du montant de la condamnation, à l'exclusion des dépens, selon le barème suivant :

TRANCHES D'ASSIETTE	TAUX APPLICABLE
De 0 à 125 €	11,61 %
De 125 € à 610 €	10,64 %
De 610 € à 1 525 €	10,16 %
De 1 525 € à 52 400 €	3,87 %
Plus de 52 400 €	2,98 %

En cas de paiement par acomptes successifs, cet émolument proportionnel est calculé sur la totalité des sommes encaissées ou recouvrées et non sur chaque acompte.

Art. A. 444-33 *(Mod., A. 28 févr. 2020)*. – L'établissement d'un procès-verbal constatant que le destinataire de la signification est sans domicile, ni résidence ni lieu de travail connus, conformément aux dispositions de l'article 659 du Code de procédure civile, figurant au numéro 130 du tableau 3-1, donne lieu à la perception d'un émolument de 14,90 €.

Sous-section 2. – Tarifs des actes spéciaux de procédure locale dans les départements du Bas-Rhin, du Haut-Rhin et de la Moselle

§ 1. – Significations à la diligence des parties

Art. A. 444-34 *(Mod., A. 28 févr. 2020)*. – Les prestations figurant aux numéros 131 à 134 du tableau 3-2 donnent lieu à la perception des émoluments suivants :

NUMÉRO DE LA PRESTATION (tableau 3-2 de l'article annexe 4-7)	DÉSIGNATION DE LA PRESTATION	ÉMOLUMENT
131	Signification 503 cpc – rappel de l'art. 797 cpcl	25,53 €
132	Signification ordonnance rendue sur requête – art. 167 loi 1er juin 1924 (et 950 cpc)	25,53 €
133	Signification d'une ordonnance de taxe	25,53 €
134	Signification d'une décision rendue par le tribunal judiciaire en matière de droit local (pouvoir immédiat)	25,53 €

Art. A. 444-35. – Si, à compter de la demande du client, les prestations mentionnées à l'article A. 444-34 sont réalisées dans un délai inférieur à 24 heures, elles donnent lieu à la perception d'un émolument majoré dans les conditions prévues à l'article A. 444-12.

§ 2. – Saisies

Art. A. 444-36 *(Mod., A. 28 févr. 2020)*. – Les prestations figurant aux numéros 135, 137 et 141 du tableau 3-2 donnent lieu à la perception des émoluments suivants :

NUMÉRO DE LA PRESTATION (tableau 3-2 de l'article annexe 4-7)	DÉSIGNATION DE LA PRESTATION	ÉMOLUMENT
135	Mise en demeure de régulariser la vente	20,21 €
137	Commandement de payer avant exécution forcée immobilière	63,84 €
141	Signification du cahier des charges	26,60 €

Art. A. 444-37. – Donnent également lieu à la perception du droit d'engagement des poursuites prévu à *l'article A. 444-15 les prestations figurant* aux numéros suivants du tableau 3-2 :

1° Numéro 135 (mise en demeure de régulariser la vente) ;

2° Numéro 137 (commandement de payer avant exécution forcée immobilière).

Art. A. 444-38. – Les prestations figurant aux numéros suivants du tableau 3-2 donnent lieu à la perception d'émoluments égaux à six dixièmes des émoluments fixes et proportionnels, et du droit gradué, calculés en application du *a* de l'article 34 du décret n° 47-817 du 9 mai 1947 relatif aux droits et émoluments des avocats postulants des départements du Haut-Rhin, du Bas-Rhin et de la Moselle :

1° Numéro 136 (requête en inscription hypothèque judiciaire) ;
2° Numéro 138 (requête en vente forcée immobilière) ;
3° Numéro 139 (requête en adhésion vente forcée immobilière) ;
4° Numéro 140 (requête en administration forcée immobilière).

§ 3. – Divers

Art. A. 444-39 *(Mod., A. 28 févr. 2020)*. – Les prestations figurant aux numéros 143 à 145, 146 et 149 du tableau 3-2 donnent lieu à la perception des émoluments suivants :

NUMÉRO DE LA PRESTATION (tableau 3-2 de l'article annexe 4-7)	DÉSIGNATION DE LA PRESTATION	ÉMOLUMENT
143	Sommation de payer ou de délaisser – art. 142 loi du 1/06/1924	20,21 €
144	Signification d'un PV de débats – art. 147 loi du 1/06/1924	25,53 €
145	Convocation – art. 147 loi du 1/06/1924	25,53 €
146	Convocation – art. 225 loi du 1/06/1924	25,53 €
149	Sommation au tiers détenteur (art. 142 loi du 1er juin 1924)	20,21 €

Art. A. 444-40. – Si, à compter de la demande du client, elles sont réalisées dans un délai inférieur à 24 heures, la signification et les convocations mentionnées à l'article A. 444-39 (numéros 144 à 146 du tableau 3-2) donnent lieu à la perception d'un émolument majoré dans les conditions prévues à l'article A. 444-12.

Art. A. 444-41. – Les sommations mentionnées à l'article A. 444-39 (numéros 143 et 149 du tableau 3-2) donnent également lieu à la perception du droit d'engagement des poursuites prévu à l'article A. 444-15.

Art. A. 444-42. – Les prestations figurant aux numéros suivants du tableau 3-2 donnent lieu à la perception d'émoluments calculés selon les modalités prévues à l'article A. 444-38 :

1° Numéro 147 (requête en ouverture de procédure de partage judiciaire) ;
2° Numéro 148 (requête en inscription d'hypothèque d'exécution forcée) ;
3° Numéro 150 (requête en transcription et d'inscription d'une hypothèque judiciaire).

Sous-section 3. – Tarifs des formalités, requêtes et diligences

Art. A. 444-43. – Les prestations figurant aux numéros 151 à 203 du tableau 3-3 donnent lieu à la perception par l'huissier de justice des émoluments suivants :

NUMÉRO DE LA PRESTATION (tableau 3-3 de l'article annexe 4-7)	DÉSIGNATION DE LA PRESTATION	ÉMOLUMENT
151	Requête aux fins de recherche des informations.	21,28 €
152	Copie des pièces accompagnant le bordereau annexé à l'assignation, par tranche de 100 feuilles	21,28 €

NUMÉRO DE LA PRESTATION (tableau 3-3 de l'article annexe 4-7)	DÉSIGNATION DE LA PRESTATION	ÉMOLUMENT
153	Requête au greffe aux fins de saisie des rémunérations ou en intervention	29,79 €
154	Notification à l'employeur d'un acte de saisie des rémunérations lorsque le courrier revient non réclamé au tribunal	25,53 €
155	Requête au secrétariat-greffe du juge de l'exécution aux fins de délivrance d'un certificat de non-contestation (saisie-attribution)	21,28 €
156	Établissement du certificat de non-contestation par l'huissier de justice qui a procédé à la saisie-attribution	21,28 €
157	Dénonciation de la saisine du juge de l'exécution à l'huissier de justice en matière de contestation de saisie-attribution	14,90 €
158	Saisine du juge de l'exécution sur la difficulté d'exécution	21,28 €
159	Information aux parties de la difficulté d'exécution et des lieux, jour et heure de l'audience, prévue à l'article R. 151-3 du Code des procédures civiles d'exécution	21,28 €
160	Réquisition du concours de la force publique au préfet	29,79 €
161	Notification au procureur et au créancier du refus du concours de la force publique	21,28 €
162	Requête au juge de l'exécution aux fins d'autorisation de saisie-vente	21,28 €
163	Requête au juge de l'exécution aux fins de désignation d'un séquestre	14,90 €
164	Communication au créancier saisissant et aux créanciers opposants des propositions de vente amiable	21,28 €
165	Information des lieux, jour et heure de la vente	14,90 €
166	Notification à la personne tenue de délivrer ou de restituer le bien de l'acte de la remise volontaire ou de l'appréhension du bien	10,64 €
167	Notification à la personne tenue de délivrer ou de restituer le bien de la sommation de remettre	14,90 €
168	Requête au juge de l'exécution aux fins d'une autorisation spéciale d'appréhension dans les locaux servant à l'habitation du tiers	21,28 €
169	Notification au tiers de l'acte de saisie-appréhension	14,90 €

NUMÉRO DE LA PRESTATION (tableau 3-3 de l'article annexe 4-7)	DÉSIGNATION DE LA PRESTATION	ÉMOLUMENT
170	Requête au juge de l'exécution aux fins d'injonction d'avoir à délivrer ou restituer un bien meuble	21,28 €
171	Requête au juge de l'exécution aux fins de saisie-revendication	21,28 €
172	Mainlevée au préfet de la saisie par déclaration à la préfecture	14,90 €
173	Lettre au débiteur l'informant de l'immobilisation de son véhicule	21,28 €
174	Information au créancier gagiste des propositions de vente amiable ou de la mise en vente aux enchères du véhicule	21,28 €
175	Requête au secrétariat-greffe du juge de l'exécution d'un certificat de non-contestation	21,28 €
176	Rédaction du cahier des charges en matière de saisie des droits d'associé et des valeurs mobilières non admises à la cote officielle ou à celle du second marché	63,84 €
177	Notification à la société d'une copie du cahier des charges	14,90 €
178	Notification au représentant de l'État de l'assignation aux fins de constat de la résiliation	29,79 €
179	Information au représentant de l'État du commandement d'avoir à quitter les lieux	29,79 €
180	Notification à la personne expulsée de la consignation du produit de la vente	10,64 €
181	Notification à la personne expulsée de la mise sous enveloppe scellée des papiers et documents de nature personnelle	10,64 €
182	Notification du procès-verbal d'expulsion au percepteur.	21,28 €
183	Requête aux fins de pratiquer une mesure conservatoire	53,20 €
184	Projet de répartition du prix en matière de distribution de deniers	53,20 €
185	Notification du projet de répartition amiable au débiteur et à chacun des créanciers	21,28 €
186	Convocation du débiteur et de tous les créanciers et dressant les points de désaccord	10,64 €
187	Acte constatant le désaccord des créanciers et dressant les points de désaccord	34,05 €

NUMÉRO DE LA PRESTATION (tableau 3-3 de l'article annexe 4-7)	DÉSIGNATION DE LA PRESTATION	ÉMOLUMENT
188	Requête aux fins d'injonction de payer ou de faire	21,28 €
189	Rédaction du bordereau en vue de la publication du commandement	42,56 €
190	Mention en marge au bureau des hypothèques	42,56 €
191	Levée d'extraits de la matrice cadastrale	14,90 €
192	Levée d'états des renseignements sommaires et des inscriptions d'hypothèques	14,90 €
193	Levée d'états au greffe du tribunal de commerce	10,64 €
194	Levée d'états auprès des services d'immatriculation des véhicules	17,02 €
195	Réquisitions d'état civil	10,64 €
196	Appels de cause	1,06 €
197	Actes du palais	1,06 €
198	Lettres de convocation des parties à l'état des lieux « locatif » (loi du 6 juillet 1989)	14,90 €
199	Demande de paiement direct	34,05 €
200	Demande de paiement direct faute d'accord entre les parties	14,90 €
201	Notification de la modification ou de la mainlevée de la demande	14,90 €
202	Inventaire en cas de succession vacante	53,20 €
203	Délivrance d'une copie de l'inventaire dressé en cas de succession vacante	21,28 €

Art. A. 444-44 *(Mod., A. 28 févr. 2020).* – En cas de délais de paiement accordés à un débiteur, poursuivi en vertu d'une décision de justice ou d'un acte ou d'un titre en forme exécutoire, la prestation figurant au numéro 204 du tableau 3-3 donne lieu à la perception, par l'huissier de justice ayant reçu mandat de gérer le dossier, d'un émolument fixe de 6,37 € par acompte versé, à l'exception du versement du solde.

Cet émolument, qui est à la charge du débiteur, n'est dû qu'à l'issue d'un délai de six mois à compter du premier versement effectué par le débiteur après la délivrance du titre.

Pour la gestion d'un même dossier, le montant total des émoluments perçus en application du présent article ne peut excéder 32,74 €.

Art. A. 444-45 *(Mod., A. 28 févr. 2020).* – Le signalement à la commission de coordination des actions de prévention des expulsions locatives, figurant au numéro 205 du tableau 3-3, donne lieu à la perception d'un émolument de 9,92 € par commandement de payer.

Sous-section 4. – Émoluments fixes

Art. A. 444-46. – Lorsque les actes, formalités ou requêtes sont relatifs à une obligation pécuniaire déterminée, les émoluments fixes indiqués aux sous-sections 1 à 3 de la présente section sont multipliés par les coefficients suivants :

1° Si le montant de l'obligation est compris entre 0 et 128 euros : coefficient 0,5 ;

2° Si ce montant est supérieur à 128 euros et inférieur ou égal à 1 280 euros : coefficient 1 ;

3° S'il est supérieur à 1 280 euros : coefficient 2.

Art. A. 444-47. – Les coefficients prévus à l'article A. 444-46 ne sont applicables ni aux émoluments complémentaires de vacation, ni aux émoluments des prestations figurant aux numéros suivants du tableau 3-1 :

1° Numéro 113 (délivrance du titre exécutoire par l'huissier dans le cadre de la procédure prévue à l'article L. 125-1 du Code des procédures civiles d'exécution) ;

2° Numéro 116 de ce tableau (signification en provenance d'un autre État) ;

3° Numéro 127 (assistance du greffier en chef) ;

4° Numéro 130 (établissement d'un procès-verbal constatant que le destinataire de la signification est sans domicile, ni résidence ni lieu de travail connus).

Sous-section 5. – Remboursement des frais et débours

§ 1. – Frais de déplacement

Art. A. 444-48. – Les frais de déplacement mentionnés au *a* du 3° du I de l'article Annexe 4-8 font l'objet d'un remboursement forfaitaire :

1° Égal à trente-deux fois la taxe kilométrique ferroviaire en 1re classe pour chaque acte signifié, en dehors du cas prévu au 2°, et chaque procès-verbal dressé par les soins de l'huissier de justice ;

2° Égal à 8,80 € pour les significations réalisées exclusivement par voie électronique.

Art. A. 444-49. – Dans les départements d'outre-mer, pour tout déplacement à plus de 2 kilomètres des limites de la commune où est situé l'office, les frais de déplacement mentionnés au *a* du 3° du I de l'article Annexe 4-8 font l'objet d'un remboursement forfaitaire :

1° Égal au prix du billet aller et retour pour la distance parcourue, si le déplacement a lieu par un service de transport en commun ;

2° Égal à 45 centimes d'euro par kilomètre parcouru, si le déplacement a lieu par véhicule automobile ;

3° Égal au prix du billet aller et retour, si le déplacement doit avoir lieu obligatoirement par bateau ou avion.

Ce remboursement n'est dû qu'une seule fois pour la totalité des actes délivrés ou dressés par l'huissier de justice lors d'un même déplacement.

§ 2. – Indemnités versées en cas de recours à la force publique

Art. A. 444-50. – Les indemnités, versées aux conseillers municipaux, fonctionnaires municipaux, autorités de gendarmerie ou témoins, mentionnées aux e et *g* du 3° du I de l'article Annexe 4-8 sont les suivantes :

1° Pour être présents à l'ouverture des portes et meubles fermant à clef : 6,60 € ;

2° Pour prêter main-forte à l'exécution d'une mesure d'expulsion : 11,00 €.

Art. A. 444-51. – Les indemnités, versées aux fonctionnaires de la police nationale, mentionnées au *f* et *g* du 3° du I de l'article Annexe 4-8 sont les suivantes :

1° Pour être présents à l'ouverture des portes et meubles fermant à clef : 19,80 € ;

2° Pour prêter main-forte à l'exécution d'une mesure d'expulsion : 33,00 €.

Sous-section 6. – Remises

Art. A. 444-52 *(Mod., A. 28 févr. 2020).* – Les remises prévues à la première phrase du sixième alinéa de l'article L. 444-2 sont consenties dans les conditions suivantes :

1° Les remises sur le droit d'engagement de poursuites mentionné à l'article A. 444-15 s'appliquent à la part d'émolument calculée sur les tranches de montants de créance supérieurs ou égaux à 3 040 euros avec un taux de remise maximal de 20 % ;

2° Les remises sur les émoluments proportionnels de recouvrement et d'encaissement mentionnés à l'article A. 444-32 s'appliquent à la part d'émolument calculée sur les tranches de montants encaissés ou recouvrés supérieurs ou égaux à 52 400 euros avec un taux de remise maximal de 20 %.

Section III. – Tarifs des notaires

Art. A. 444-53 *(Mod., A. 28 févr. 2020).* – Les prestations figurant au tableau 5 de l'article annexe 4-7 donnent lieu à la perception d'émoluments fixés conformément aux dispositions respectives des sous-sections 1 et 2 de la présente section.

Ces émoluments sont majorés de 25 % dans les îles Wallis-et-Futuna et dans les départements de la Guadeloupe et de la Martinique, de 23 % dans le département de la Guyane, et de 37 % dans les départements de la Réunion et de Mayotte.

Les remises sur les émoluments proportionnels sont régies par la sous-section 3 de cette même section.

L'écrêtement, prévu à l'article R. 444-9, du total des émoluments perçus au titre de certaines mutations de biens ou droits immobiliers est régi par sa sous-section 4.

Les dispositions de la présente section sont applicables dans les départements du Bas-Rhin, du Haut-Rhin et de la Moselle. Celles de sa sous-section 5 s'y appliquent exclusivement.

Les émoluments applicables jusqu'au 28 février 2022 sont ceux qui sont prévus par la présente section.

NB : Conformément à l'article 129 de l'arrêté du 28 février 2020, les nouveaux tarifs entrent en vigueur le 1er mars 2020. Toutefois, les émoluments des prestations effectuées avant le 1er mai 2020, ou dont la réalisation a donné lieu, avant le 1er mars 2020, au versement par le client d'un acompte ou d'une provision, ou à l'engagement par l'un des notaires intervenant de frais ou débours, restent régis par l'ancien tarif. Un arrêté du 28 avril 2020 reporte la date à compter de laquelle les nouveaux tarifs réglementés des professions réglementées du droit entreront en vigueur. Ils s'appliquent en effet aux prestations effectuées à partir du 1er janvier 2021 et non du 1er mai 2020 comme prévu initialement.

Art. A. 444-54. – Sauf dispositions contraires de la présente section, les émoluments proportionnels sont perçus sur le capital énoncé dans les actes, augmenté de la valeur des charges figurant dans lesdits actes ou sur l'évaluation retenue pour la liquidation des droits et taxes, si elle est supérieure. Sont considérées comme charges les sommes que, dans l'acte et outre le prix, les parties s'engagent à payer ainsi que les prestations en nature qu'elles s'engagent à fournir.

Si le mode de calcul prévu à l'alinéa précédent ne peut être appliqué, les émoluments sont perçus sur la valeur estimative déclarée à l'acte des biens qui y sont énoncés.

À défaut d'accord entre les parties et le notaire sur cette valeur estimative, les émoluments sont perçus sur la valeur vénale déterminée par le juge chargé de la taxation.

L'assiette de l'émolument est arrondie à l'euro le plus proche.

Art. A. 444-55. – Lorsque, réalisée par un seul acte, une convention porte sur des biens de nature différente mais soumis à une même tarification, l'émolument est calculé sur la valeur totale de ces biens.

Art. A. 444-56. – *Pour les mutations à titre* gratuit, l'évaluation de l'usufruit et de la nue-propriété est établie conformément aux dispositions de l'article 669 du Code général des impôts.

Toutefois, la donation avec réserve d'usufruit au profit du donateur donne droit au même émolument que celle qui porte sur la pleine propriété.

Art. A. 444-57. – Les émoluments proportionnels sont arrondis au centime d'euro le plus proche.

Art. A. 444-58. – Les émoluments prévus par la présente section sont :

1° S'agissant des émoluments, sont affectés d'un coefficient respectivement égal à 1 ou à 5/7e, selon qu'ils s'appliquent à un acte reçu en minute ou un acte reçu en brevet ;

2° S'agissant des émoluments proportionnels, applicables aux prestations relatives à des biens ou droits d'une valeur supérieure ou égale à 500 €, sauf dans les cas où un seuil plus élevé est précisé à la sous-section 1 de la présente section.

Pour les biens ou droits dont la valeur est inférieure au seuil de 500 € mentionné au 2° de l'alinéa précédent, la prestation donne lieu à la perception d'un émolument fixe, dont le montant en euros est égal au produit de ce seuil et du taux applicable à la première tranche d'assiette du barème correspondant.

Sous-section 1. – Actes

§ 1. – Actes relatifs principalement à la famille

Sous-paragraphe 1. – Actes concernant la transmission du patrimoine par succession ou donation

Art. A. 444-59 *(Mod., A. 28 févr. 2020)*. – L'attestation notariée (numéro 1 du tableau 5) donne lieu à la perception d'un émolument proportionnel, selon le barème suivant :

TRANCHES D'ASSIETTE	TAUX APPLICABLE
De 0 à 6 500 €	1,935 %
De 6 500 € à 17 000 €	1,064 %
De 17 000 € à 30 000 €	0,726 %
Plus de 30 000 €	0,532 %

Art. A. 444-60 *(Mod., A. 28 févr. 2020)*. – Les prestations figurant aux numéros 2 à 5 du tableau 5 donnent lieu à la perception des émoluments suivants :

NUMÉRO DE LA PRESTATION (tableau 5 de l'article annexe 4-7)	DÉSIGNATION DE LA PRESTATION	ÉMOLUMENT
2	Certificat successoral européen (modification, rectification, retrait)	56,60 €
3	Testaments (partage testamentaire, testament partage, testament authentique ou mystique ou codicille en la même forme)	113,19 €
4	Garde du testament olographe avant le décès	26,41 €
5	Procès-verbal d'ouverture et de description du testament olographe	26,41 €

Art. A. 444-61 *(Mod., A. 28 févr. 2020)*. – Le consentement à exécution de testament ou de donation entre époux (numéro 6 du tableau 5) donne lieu à la perception :

1° D'un émolument proportionnel, selon le barème suivant, si le consentement vaut délivrance :

TRANCHES D'ASSIETTE	TAUX APPLICABLE
De 0 à 6 500 €	1,935 %
De 6 500 € à 17 000 €	1,064 %

TRANCHES D'ASSIETTE	TAUX APPLICABLE
De 17 000 € à 30 000 €	0,726 %
Plus de 30 000 €	0,532 %

2° D'un émolument fixe de 75,46 €, dans les cas autres que celui prévu au 1°.

Art. A. 444-62 *(Mod., A. 28 févr. 2020)*. – Le cantonnement de l'émolument par le légataire ou le conjoint survivant (numéro 7 du tableau 5) donne lieu à la perception d'un émolument proportionnel à la somme cantonnée, selon le barème suivant :

TRANCHES D'ASSIETTE	TAUX APPLICABLE
De 0 à 6 500 €	2,58 %
De 6 500 € à 17 000 €	1,064 %
De 17 000 € à 30 000 €	0,709 %
Plus de 30 000 €	0,532 %

Art. A. 444-63 *(Mod., A. 28 févr. 2020)*. – La déclaration de succession (numéro 8 du tableau 5) donne lieu à la perception d'un émolument proportionnel à l'actif brut total, en ce compris s'il y a communauté, participation ou société d'acquêts, les biens qui en dépendent, selon le barème suivant :

TRANCHES D'ASSIETTE	TAUX APPLICABLE
De 0 à 6 500 €	1,548 %
De 6 500 € à 17 000 €	0,851 %
De 17 000 € à 30 000 €	0,580 %
Plus de 30 000 €	0,426 %

Lorsque le notaire établit une déclaration de succession comprenant des meubles ayant fait l'objet d'une prisée donnant lieu à la perception d'un émolument prévu par la section 1 du présent chapitre, aucun émolument ne peut être perçu par le notaire sur la partie de l'actif brut correspondant à la valeur prisée de ces meubles.

Art. A. 444-64 *(Mod., A. 28 févr. 2020)*. – Les actes de délivrance de legs (numéros 9 et 10 du tableau 5) donnent lieu à la perception d'un émolument proportionnel :

1° Selon le barème suivant, s'agissant de l'acte avec décharge, quittance ou acceptation :

TRANCHES D'ASSIETTE	TAUX APPLICABLE
De 0 à 6 500 €	1,935 %
De 6 500 € à 17 000 €	1,064 %
De 17 000 € à 30 000 €	0,726 %
Plus de 30 000 €	0,532 %

2° Selon le barème suivant, s'agissant de l'acte sans décharge ni quittance ou sur la décharge, la quittance ou acceptation ultérieure :

TRANCHES D'ASSIETTE	TAUX APPLICABLE
De 0 à 6 500 €	0,967 %
De 6 500 € à 17 000 €	0,532 %
De 17 000 € à 30 000 €	0,363 %
Plus de 30 000 €	0,266 %

Art. A. 444-65 ***(Mod., A. 28 févr. 2020).*** **– Les transports de droits successifs (numéros 11 et 12 du tableau 5) donnent lieu à la perception d'un émolument proportionnel :**

1° Selon le barème suivant, s'agissant du transport de droits successifs faisant cesser l'indivision :

TRANCHES D'ASSIETTE	TAUX APPLICABLE
De 0 à 6 500 €	2,580 %
De 6 500 € à 17 000 €	1,064 %
De 17 000 € à 60 000 €	0,709 %
Plus de 60 000 €	0,532 %

2° Selon le barème suivant, dans les cas autres que celui prévu au 1° :

TRANCHES D'ASSIETTE	TAUX APPLICABLE
De 0 à 6 500 €	3,870 %
De 6 500 € à 17 000 €	1,596 %
De 17 000 € à 60 000 €	1,064 %
Plus de 60 000 €	0,799 %

Art. A. 444-66 ***(Mod., A. 28 févr. 2020).*** **– La notoriété (numéros 13 à 15 du tableau 5) donne lieu à la perception :**

1° D'un émolument fixe de 56,60 €, s'agissant d'une notoriété après décès, constatant la dévolution successorale ;

2° D'un émolument proportionnel, selon le barème suivant, s'agissant d'une notoriété constatant la prescription *acquisitive* **:**

TRANCHES D'ASSIETTE	TAUX APPLICABLE
De 0 à 6 500 €	0,774 %
De 6 500 € à 17 000 €	0,426 %
De 17 000 € à 30 000 €	0,290 %
Plus de 30 000 €	0,213 %

3° D'un émolument fixe de 56,60 €, dans les cas autres que ceux prévus aux 1° et 2°.

Art. A. 444-67 *(Mod., A. 28 févr. 2020)*. – Les actes relatifs à une donation entre vifs (numéros 16 à 19 du tableau 5) donnent lieu à la perception d'un émolument proportionnel à la valeur en pleine propriété (y compris en cas de réserve d'usufruit) des biens donnés par chaque donateur :

1° Selon le barème suivant, s'agissant de la donation entre vifs acceptée sans distinction de ligne :

TRANCHES D'ASSIETTE	TAUX APPLICABLE
De 0 à 6 500 €	4,837 %
De 6 500 € à 17 000 €	1,995 %
De 17 000 € à 60 000 €	1,330 %
Plus de 60 000 €	0,998 %

2° Selon le barème suivant, s'agissant de la donation entre vifs non acceptée :

TRANCHES D'ASSIETTE	TAUX APPLICABLE
De 0 à 6 500 €	3,483 %
De 6 500 € à 17 000 €	1,437 %
De 17 000 € à 60 000 €	0,957 %
Plus de 60 000 €	0,718 %

3° Selon le barème suivant, en cas d'acceptation de la donation :

TRANCHES D'ASSIETTE	TAUX APPLICABLE
De 0 à 6 500 €	1,355 %
De 6 500 € à 17 000 €	0,559 %
De 17 000 € à 60 000 €	0,373 %
Plus de 60 000 €	0,280 %

4° Selon le barème suivant, en cas de donation entre vifs portant uniquement sur des créances, espèces ou des valeurs mobilières cotées :

TRANCHES D'ASSIETTE	TAUX APPLICABLE
De 0 à 6 500 €	2,322 %
De 6 500 € à 17 000 €	0,958 %
De 17 000 € à 60 000 €	0,639 %
Plus de 60 000 €	0,479 %

Art. A. 444-68 *(Mod., A. 28 févr. 2020)*. – Les donations partages (numéros 20 et 21 du tableau 5) donnent lieu à la perception d'un émolument proportionnel :

1° À la valeur en pleine propriété (y compris en cas de réserve d'usufruit) des biens donnés par chaque donateur, y compris les rapports, selon le barème suivant, s'agissant de la donation-partage conjonctive ;

2° À la valeur en pleine propriété (y compris en cas de réserve d'usufruit) des biens partagés, y compris les rapports, selon le barème suivant, s'agissant de la donation-partage réalisée par une seule personne ;
Selon le barème suivant :

TRANCHES D'ASSIETTE	TAUX APPLICABLE
De 0 à 6 500 €	4,837 %
De 6 500 € à 17 000 €	1,995 %
De 17 000 € à 60 000 €	1,330 %
Plus de 60 000 €	0,998 %

Art. A. 444-69 *(Mod., A. 28 févr. 2020)*. – Les actes relatifs aux donations entre époux (numéros 22 et 23) du tableau mentionné à l'article A. 444-53 donnent lieu à la perception des émoluments suivants :

NUMÉRO DE LA PRESTATION (tableau 5 de l'article annexe 4-7)	DÉSIGNATION DE LA PRESTATION	ÉMOLUMENT
22	Donation entre époux, pendant le mariage	113,20 €
23	Révocation de donation entre époux, de testament, de mandat, ou de substitution	26,41 €

Art. A. 444-69-1 *(A. 17 oct. 2016)*. – I. – Pour les donations ou legs mentionnés aux 1° et 2° de l'article R. 444-11-1, le taux applicable est, le cas échéant, réduit à 0,45 % pour la tranche d'assiette supérieure ou égale à 60 000 € s'il est supérieur à ce pourcentage. En outre, l'émolument proportionnel perçu par le notaire ne peut dans ce cas excéder 200 000 €.

II. – Les deux plafonnements prévus au I s'appliquent à la somme des émoluments perçus par le notaire, qui sont, le cas échéant, écrêtés au prorata de leurs montants respectifs, lorsque le notaire perçoit plusieurs émoluments en application des dispositions suivantes :

1° S'agissant des legs, les articles A. 444-59, A. 444-63, et A. 444-64, notamment son 2° ;

2° S'agissant des donations entre vifs non acceptées, le 2° et le 3° de l'article A. 444-67.

Sous-paragraphe 2. – Actes concernant la protection des membres de la famille

Art. A. 444-70 *(Mod., A. 28 févr. 2020)*. – L'option par le conjoint survivant pour l'acquisition ou l'attribution de biens propres du prédécédé ou pour le prélèvement de biens communs (numéro 24 du tableau 5) donne lieu à la perception d'un émolument proportionnel, selon le barème suivant :

TRANCHES D'ASSIETTE	TAUX APPLICABLE
De 0 à 6 500 €	3,870 %
De 6 500 € à 17 000 €	1,596 %
De 17 000 € à 60 000 €	1,064 %
Plus de 60 000 €	0,799 %

En cas d'option pour l'attribution de biens propres ou pour le prélèvement de biens communs, l'émolument perçu est imputé à due concurrence sur l'émolument de la liquidation et du partage si ceux-ci interviennent dans la même étude.

Art. A. 444-71 *(Mod., A. 28 févr. 2020)*. – L'option par les héritiers pour le maintien des formes et modalités de règlement de la prestation compensatoire qui incombait à l'époux débiteur décédé (numéro 25 du tableau 5) donne lieu à la perception d'un émolument proportionnel, selon le barème suivant :

TRANCHES D'ASSIETTE	TAUX APPLICABLE
De 0 à 6 500 €	0,967 %
De 6 500 € à 17 000 €	0,532 %
De 17 000 € à 30 000 €	0,363 %
Plus de 30 000 €	0,266 %

Art. A. 444-72 *(Mod., A. 28 févr. 2020)*. – Les actes de renonciation (numéros 26 et 27 du tableau 5) donnent lieu à la perception des émoluments suivants :

NUMÉRO DE LA PRESTATION (tableau 5 de l'article annexe 4-7)	DÉSIGNATION DE LA PRESTATION	ÉMOLUMENT
26	Renonciation à l'action en retranchement	150,93 €
27	Renonciation anticipée à l'action en réduction ou en revendication	150,93 €

Art. A. 444-73 *(Mod., A. 28 févr. 2020)*. – L'acceptation ou déclaration d'emploi (numéro 28 du tableau 5) donne lieu à la perception :

1° D'un émolument fixe de 26,41 €, lorsque l'emploi ou le remploi a été fait au moyen d'un placement ayant donné lieu dans l'étude à un émolument proportionnel ;

2° D'un émolument proportionnel, selon le barème suivant, dans les cas autres que celui prévu au 1° :

TRANCHES D'ASSIETTE	TAUX APPLICABLE
De 0 à 6 500 €	1,290 %
De 6 500 € à 17 000 €	0,532 %
De 17 000 € à 60 000 €	0,355 %
Plus de 60 000 €	0,266 %

Art. A. 444-74. – La déclaration d'emploi par acte séparé (numéro 29 du tableau 5) donne lieu à la perception de l'émolument proportionnel prévu au 2° de l'article A. 444-73.

Art. A. 444-75 *(Mod., A. 28 févr. 2020)*. – Les constitutions de pension alimentaire et rente indexée (numéros 30 et 31 du tableau 5) donnent lieu à la perception :

1° D'un émolument proportionnel :

a) Soit au capital formé de dix fois la prestation annuelle, si la pension alimentaire ou la rente est constituée en vertu des articles 205 et 373-2-3 du Code civil ;

b) Soit à l'estimation de la pension alimentaire dans la convention homologuée par le juge en cas de divorce par consentement mutuel, lorsque cette pension doit être versée pour une durée inférieure à dix ans,

Selon le barème suivant :

TRANCHES D'ASSIETTE	TAUX APPLICABLE
De 0 à 6 500 €	0,967 %
De 6 500 € à 17 000 €	0,532 %
De 17 000 € à 30 000 €	0,363 %
Plus de 30 000 €	0,266 %

2° D'un émolument proportionnel au capital formé de dix fois la prestation annuelle, dans les cas autres que ceux prévus aux *a* et *b* du 1°, selon le barème suivant :

TRANCHES D'ASSIETTE	TAUX APPLICABLE
De 0 à 6 500 €	1,935 %
De 6 500 € à 17 000 €	1,064 %
De 17 000 € à 30 000 €	0,726 %
Plus de 30 000 €	0,532 %

Art. A. 444-76 *(Mod., A. 28 oct. 2016 ; A. 28 févr. 2020).* – La constitution de rente perpétuelle ou de rente viagère portant sur un immeuble (numéro 32 du tableau 5), ainsi que le rachat de rente viagère portant sur un immeuble donne lieu à la perception d'un émolument proportionnel au capital formé de vingt fois la rente perpétuelle et de dix fois la rente viagère, selon le barème suivant :

TRANCHES D'ASSIETTE	TAUX APPLICABLE
De 0 à 6 500 €	3,870 %
De 6 500 € à 17 000 €	1,596 %
De 17 000 € à 60 000 €	1,064 %
Plus de 60 000 €	0,799 %

Art. A. 444-77 *(Mod., A. 28 févr. 2020).* – Le compte de tutelle (numéro 33 du tableau 5) donne lieu à la perception d'un émolument proportionnel au chapitre le plus élevé en recette ou en dépense, selon le barème suivant :

TRANCHES D'ASSIETTE	TAUX APPLICABLE
De 0 à 6 500 €	2,580 %
De 6 500 € à 17 000 €	1,064 %
De 17 000 € à 60 000 €	0,709 %
Plus de 60 000 €	0,532 %

S'il y a liquidation préalable dans le même acte, l'émolument de liquidation est perçu, en outre, sur la part revenant à celui auquel le compte est rendu sans, toutefois, que l'émolument puisse être cumulé en ce qui touche les valeurs figurant dans la liquidation et dans le compte.

Art. A. 444-78 *(Mod., A. 28 févr. 2020).* – Le récépissé ou arrêté de compte de tutelle, par acte séparé (numéro 34 du tableau 5) donne lieu, sous réserve que l'acte ne contienne pas de convention ouvrant droit aux émoluments proportionnels, à la perception d'un émolument fixe de 75,46 €.

Art. A. 444-79 *(Mod., A. 28 févr. 2020).* – Les actes relatifs au mandat posthume (numéros 35 à 38 du tableau 5) donnent lieu à la perception des émoluments suivants :

NUMÉRO DE LA PRESTATION (tableau 5 de l'article annexe 4-7)	DÉSIGNATION DE LA PRESTATION	ÉMOLUMENT
34	Établissement du mandat posthume	113,20 €
35	Acceptation du mandat posthume par acte séparé	56,59 €
36	Révocation par le mandant	56,59 €
37	Renonciation par le mandataire	56,59 €

Art. A. 444-79-1 *(A. 28 oct. 2016).* – Les actes relatifs au mandat de protection future prévu au troisième alinéa de l'article 477 du Code civil donnent lieu à la perception des émoluments prévus à l'article A. 444-79.

Art. A. 444-80 *(Mod., A. 28 févr. 2020).* – L'examen des comptes du mandataire désigné au titre d'un mandat de protection future (numéro 39 du tableau 5) donne lieu à la perception d'un émolument fonction du chapitre le plus élevé, en recettes ou en dépenses, au titre de l'année à laquelle se rapportent les comptes, selon le barème suivant :

CHAPITRE LE PLUS ÉLEVÉ, EN RECETTES OU EN DÉPENSES, au titre de l'année à laquelle se rapportent les comptes	ÉMOLUMENT
Inférieur ou égal à 25 000 €	113,20 €
Supérieur à 25 000 € et inférieur ou égal à 65 000 €	188,66 €
Supérieur à 65 000 €	339,58 €

Sous-paragraphe 3. – Actes relatifs à la pérennité des liens familiaux

Art. A. 444-81 *(Mod., A. 28 févr. 2020).* – Le pacte civil de solidarité initial ou modificatif (numéro 40 du tableau 5) donne lieu à la perception d'un émolument fixe de 84,51 €.

Art. A. 444-82 *(Mod., A. 28 oct. 2016 ; A. 28 févr. 2020).* – Le contrat de mariage, la contre-lettre, le changement de régime matrimonial (numéro 41 du tableau 5) donnent lieu à la perception :

1° Lorsqu'il n'y a ni apports ni dots ou lorsque la valeur des biens dont la propriété est déclarée est inférieure ou égale à 30 800 €, d'un émolument fixe de 188,68 € ;

2° Lorsque cette valeur dépasse le seuil de 30 800 € mentionné au 1°, d'un émolument proportionnel à cette valeur, selon le barème suivant :

TRANCHES D'ASSIETTE	TAUX APPLICABLE
De 0 à 6 500 €	1,290 %
De 6 500 € à 17 000 €	0,532 %
De 17 000 € à 60 000 €	0,355 %
Plus de 60 000 €	0,266 %

Les dots, sans distinction de lignes, donnent lieu en sus à la perception des émoluments prévus à l'article A. 444-67 pour les donations entre vifs.

Art. A. 444-83 *(Mod., A. 28 oct. 2016 ; A. 28 févr. 2020).* **– L'élaboration d'un projet de liquidation du régime matrimonial (numéro 42 du tableau 5) donne lieu à un émolument selon le barème suivant :**

TRANCHES D'ASSIETTE	TAUX APPLICABLE
De 0 à 6 500 €	2,515 %
De 6 500 € à 17 000 €	1,038 %
De 17 000 € à 60 000 €	0,692 %
Plus de 60 000 €	0,519 %

Lorsque le notaire désigné par le juge en application du 10° de l'article 255 du Code civil établit l'acte de partage, l'émolument perçu en application du présent article s'impute sur celui perçu au titre de la rédaction de l'acte de partage conformément à l'article A. 444-121.

Art. A. 444-84 *(Mod., A. 28 févr. 2020).* **– Le consentement des époux ou concubins dans le cadre d'une procréation médicalement assistée (numéro 43 du tableau 5) donne lieu à la perception d'un émolument fixe de 75,46 €.**

§ 2. – Actes relatifs principalement aux biens immobiliers et fonciers

Sous-paragraphe 1. – Actes relatifs à la propriété et la mutation de propriété

Art. A. 444-85 *(Mod., A. 28 févr. 2020).* **– Les cahiers des charges (numéros 44 à 46 du tableau 5) donnent lieu à la perception des émoluments suivants :**

NUMÉRO DE LA PRESTATION (tableau 5 de l'article annexe 4-7)	DÉSIGNATION DE LA PRESTATION	ÉMOLUMENT
44	Établissement d'un cahier des charges en vue d'une adjudication pour une vente immobilière	113,20 €
45	Établissement d'un cahier des charges en vue d'une adjudication pour une vente immobilière, si la tentative d'adjudication reste sans effet	188,66 €
46	Établissement d'un cahier des charges en vue d'une adjudication pour une vente mobilière	75,46 €

L'émolument n'est dû que s'il n'y a pas d'adjudication.

Art. A. 444-86 *(Mod., A. 28 févr. 2020).* **– Les certificats de propriété et autres certificats ou attestations constatant le transfert de propriété de biens de nature mobilière (numéro 47 du tableau 5) donnent lieu à la perception :**

1° Lorsque la valeur des biens transmis est inférieure à 3 120 €, d'un émolument fixe de 15,09 € ;

2° Lorsque cette valeur dépasse le seuil de 3 120 € mentionné au 1°, d'un émolument proportionnel égal à *0,484 % de cette valeur.*

Art. A. 444-87 *(Mod., A. 28 févr. 2020).* **– Les licitations (numéros 48 à 50 du tableau 5) donnent lieu à la perception :**

1° En cas de licitation de gré à gré :

***a)* Si l'indivision cesse, d'un émolument proportionnel à l'ensemble des biens licités, selon le barème suivant :**

TRANCHES D'ASSIETTE	TAUX APPLICABLE
De 0 à 6 500 €	2,580 %
De 6 500 € à 17 000 €	1,064 %

TRANCHES D'ASSIETTE	TAUX APPLICABLE
De 17 000 € à 60 000 €	0,709 %
Plus de 60 000 €	0,532 %

b) **Dans le cas contraire, d'un émolument proportionnel à la part acquise, selon le barème suivant :**

TRANCHES D'ASSIETTE	TAUX APPLICABLE
De 0 à 6 500 €	3,870 %
De 6 500 € à 17 000 €	1,596 %
De 17 000 € à 60 000 €	1,064 %
Plus de 60 000 €	0,798 %

2° En cas de licitation par adjudication volontaire, d'un émolument proportionnel au prix de chaque lot, selon le barème suivant :

TRANCHES D'ASSIETTE	TAUX APPLICABLE
De 0 à 6 500 €	7,740 %
De 6 500 € à 17 000 €	3,193 %
De 17 000 € à 60 000 €	2,128 %
Plus de 60 000 €	1,596 %

3° En cas de licitation par adjudication judiciaire :

a) **Si le cahier des charges est rédigé par le notaire, d'un émolument proportionnel selon le barème suivant :**

TRANCHES D'ASSIETTE	TAUX APPLICABLE
De 0 à 6 500 €	7,256 %
De 6 500 € à 17 000 €	2,993 %
De 17 000 € à 60 000 €	1,995 %
Plus de 60 000 €	1,497 %

b) **Si le cahier des charges est rédigé par l'avocat, d'un émolument proportionnel selon le barème suivant :**

TRANCHES D'ASSIETTE	TAUX APPLICABLE
De 0 à 6 500 €	3,870 %
De 6 500 € à 17 000 €	1,596 %
De 17 000 € à 60 000 €	1,064 %
Plus de 60 000 €	0,798 %

Art. A. 444-88 *(Mod., A. 28 févr. 2020)*. – L'origine de propriété par acte séparé (numéro 51 du tableau 5) donne lieu à la perception d'un émolument de 3,78 € par mutation relatée.

Art. A. 444-89 *(Mod., A. 28 févr. 2020)*. – La résiliation ou résolution de vente (numéro 52 du tableau 5) donne lieu à la perception d'un émolument proportionnel, selon le barème suivant :

TRANCHES D'ASSIETTE	TAUX APPLICABLE
De 0 à 6 500 €	1,935 %
De 6 500 € à 17 000 €	0,799 %
De 17 000 € à 60 000 €	0,532 %
Plus de 60 000 €	0,399 %

Art. A. 444-90 *(Mod., A. 28 févr. 2020)*. – Le transfert de propriété ou de jouissance entre collectivités territoriales et/ou établissements publics (numéro 54 du tableau 5) donne lieu à la perception d'un émolument proportionnel, selon le barème suivant :

TRANCHES D'ASSIETTE	TAUX APPLICABLE
De 0 à 6 500 €	1,935 %
De 6 500 € à 17 000 €	0,799 %
De 17 000 € à 60 000 €	0,532 %
Plus de 60 000 €	0,399 %

Art. A. 444-90-1 *(Mod., A. 28 févr. 2020)*. – I. – Le transfert de propriété à titre gratuit des biens mobiliers et immobiliers mentionnés à l'article L. 719-14 du Code de l'éducation donne lieu à la perception d'un émolument proportionnel, selon le barème suivant :

TRANCHES D'ASSIETTE	TAUX APPLICABLE
De 0 à 10 000 000 €	0,393 %
De 10 000 000 € à 200 000 000 €	0,0785 %
Plus de 200 000 000 €	0,0079 %

II. – L'émolument proportionnel mentionné au I est calculé sur la valeur totale des biens faisant l'objet de la décision de transfert prise par l'État ou l'établissement public d'aménagement de Paris-Saclay au bénéfice de l'établissement public à caractère scientifique, culturel et professionnel.

Art. A. 444-91 *(Mod., A. 28 févr. 2020)*. – La vente ou cession de gré à gré (numéro 54 du tableau 5) donne lieu à la perception d'un émolument proportionnel, selon le barème suivant :

TRANCHES D'ASSIETTE	TAUX APPLICABLE
De 0 à 6 500 €	3,870 %
De 6 500 € à 17 000 €	1,596 %
De 17 000 € à 60 000 €	1,064 %
Plus de 60 000 €	0,799 %

Art. A. 444-92 *(Mod., A. 28 févr. 2020)*. – La première vente en l'état futur d'achèvement ou achevé de locaux d'habitation, appartements ou maisons individuelles d'immeubles HLM n'ayant jamais été habités (numéro 55 du tableau 5) donne lieu à la perception d'un émolument proportionnel, dont le taux est fonction du nombre d'unités principales d'habitation concernées par le permis de construire, selon le barème suivant :

	TAUX APPLICABLE Selon que le permis de construire concerne (en nombre d'unités principales d'habitation)			
Tranches d'assiette	Au plus 100 unités	Plus de 100 et moins de 250 unités	250 ou plus de 250, et moins de 500 unités	500 ou plus de 500 unités
De 0 à 6 500 €	2,322 %	1,935 %	1,548 %	1,290 %
De 6 500 € à 17 000 €	0,957 %	0,799 %	0,639 %	0,532 %
De 17 000 € à 60 000 €	0,639 %	0,532 %	0,426 %	0,355 %
Plus de 60 000 €	0,479 %	0,399 %	0,319 %	0,266 %

Art. A. 444-93 *(Mod., A. 28 févr. 2020)*. – Les premières ventes à terme ou locations-ventes de locaux, appartements ou maisons mentionnés à l'article A. 444-92 (numéros 56 et 57 du tableau 5) donnent lieu à la perception :

1° Lorsque le transfert de propriété s'opère par la constatation de l'achèvement de l'immeuble :

a) Sur le premier acte, d'un émolument proportionnel non dégressif égal à celui correspondant à la tranche supérieure de l'émolument de vente, en tenant compte des distinctions établies à l'article A. 444-92 en fonction du nombre d'unités principales d'habitation concernées par le permis de construire ;

b) Sur le second acte notarié constatant le transfert de propriété, d'un émolument calculé selon les modalités prévues à l'article A. 444-92, diminué de l'émolument perçu sur le premier acte prévu au *a* du présent 1° ;

2° Lorsque le transfert de propriété s'opère par la constatation du paiement intégral du prix :

a) Sur le premier acte, d'un émolument calculé selon les modalités prévues à l'article A. 444-92 ;

b) Sur le deuxième acte portant constatation du paiement intégral du prix et transfert de propriété, d'un émolument proportionnel, selon le barème suivant :

TRANCHES D'ASSIETTE	TAUX APPLICABLE
De 0 à 6 500 €	1,161 %
De 6 500 € à 17 000 €	0,639 %
De 17 000 € à 30 000 €	0,436 %
Plus de 30 000 €	0,319 %

Art. A. 444-94. – La revente de locaux, appartements ou maisons mentionnés à l'article A. 444-92, passée *dans l'office du notaire qui a reçu le premier acte* de vente, et intervenant dans un délai de 3 ans à compter de la première vente (numéro 58 du tableau 5) donne lieu à la perception d'émoluments calculés en application des articles A. 444-92 et A. 444-93.

Art. A. 444-95 *(Mod., A. 28 févr. 2020)*. – La première vente en l'état futur d'achèvement ou achevé de locaux d'habitation compris dans un immeuble ou dans un ensemble immobilier autre que HLM ayant fait l'objet d'un même permis de construire (numéro 59 du tableau 5) donne lieu à la perception d'un émolument proportionnel, dont le taux est fonction du nombre d'unités principales d'habitation concernées par le permis de construire, selon le barème suivant :

	TAUX APPLICABLE Selon que le permis de construire concerne (en nombre d'unités principales d'habitation)					
Tranches d'assiette	Au plus 10 unités	Plus de 10 et moins de 25 unités	25 ou plus de 25 unités, et moins de 100 unités	100 ou plus de 100 unités, et moins de 250 unités	250 ou plus de 250 unités, et moins de 500 unités	500 ou plus de 500 unités
De 0 à 6 500 €	3,870 %	3,096 %	2,580 %	1,935 %	1,548 %	1,290 %
De 6 500 € à 17 000 €	1,596 %	1,277 %	1,064 %	0,798 %	0,639 %	0,532 %
De 17 000 € à 60 000 €	1,064 %	0,851 %	0,709 %	0,532 %	0,426 %	0,355 %
Plus de 60 000 €	0,799 %	0,639 %	0,532 %	0,399 %	0,319 %	0,266 %

Art. A. 444-96 *(Mod., A. 28 févr. 2020).* – La première vente à terme d'un local d'habitation mentionné à l'article A. 444-95 (numéro 60 du tableau 5) donne lieu à la perception :

1° Sur le premier acte contenant le contrat de vente à terme proprement dit, d'un émolument proportionnel non dégressif égal à celui correspondant à la tranche supérieure de l'émolument de vente, en tenant compte des distinctions établies à l'article A. 444-95 en fonction du nombre d'unités principales d'habitation concernées par le permis de construire ;

2° Sur le second acte notarié portant transfert de propriété après achèvement des travaux de construction, d'un émolument calculé selon les modalités prévues à l'article A. 444-95, diminué de l'émolument déjà perçu en vertu du 1° du présent article, augmenté de 79,24 €.

Art. A. 444-97. – La revente d'un local d'habitation mentionné à l'article A. 444-95, passée dans l'office du notaire qui a reçu le premier acte de vente, et intervenant dans un délai de trois ans à compter de la première vente (numéro 61 du tableau 5) donne lieu à la perception d'émoluments calculés en application des articles A. 444-95 et A. 444-96.

Art. A. 444-98 *(Mod., A. 28 févr. 2020).* – Les ventes de locaux HLM à usage locatif (numéros 62 à 64 du tableau 5) donnent lieu à la perception d'un émolument proportionnel, dont le taux est fonction du type de vente, selon le barème suivant :

TRANCHES D'ASSIETTE	VENTE DE GRÉ À GRÉ	VENTE PAR ADJUDICATION volontaire	VENTE PAR ADJUDICATION judiciaire
De 0 à 6 500 €	2,322 %	4,644 %	3,483 %
De 6 500 € à 17 000 €	0,958 %	1,916 %	1,437 %
De 17 000 € à 60 000 €	0,639 %	1,277 %	0,958 %
Plus de 60 000 €	0,479 %	0,958 %	0,718 %

Art. A. 444-99 *(Mod., A. 28 févr. 2020).* – Les ventes, cessions à titre gratuit ou apports de terrains à bâtir, équipés ou avec obligation, pour le vendeur, de les équiper, consentis par les départements, communes, établissements publics et sociétés d'équipement, à des organismes d'HLM (numéro 65 du tableau 5) donnent lieu à la perception d'un émolument proportionnel, selon le barème suivant :

TRANCHES D'ASSIETTE	TAUX APPLICABLE
De 0 à 6 500 €	2,322 %
De 6 500 € à 17 000 €	0,958 %
De 17 000 € à 60 000 €	0,639 %
Plus de 60 000 €	0,479 %

Art. A. 444-100 *(Mod., A. 28 févr. 2020)*. – Les actes relatifs à la location-accession à la propriété immobilière (numéros 66 et 67 du tableau 5) donnent lieu à la perception d'un émolument proportionnel :

1° Au prix de vente, lors de la conclusion du contrat initial ;

2° Au prix constaté lors de la levée de l'option, pour l'acte de transfert de propriété,

Selon le barème suivant :

TRANCHES D'ASSIETTE	TAUX APPLICABLE
De 0 à 6 500 €	1,935 %
De 6 500 € à 17 000 €	0,799 %
De 17 000 € à 60 000 €	0,532 %
Plus de 60 000 €	0,399 %

Art. A. 444-101 *(Mod., A. 28 févr. 2020)*. – Sans préjudice des honoraires éventuellement perçus au titre de la prestation mentionnée au *h* du 4° du I de l'article annexe 4-9, les ventes de fonds de commerce, d'éléments de fonds de commerce, d'unités de production, de branches d'activité d'entreprise (numéro 68 du tableau 5) donnent lieu, lorsqu'elles sont soumises à publicité foncière, à la perception d'un émolument proportionnel à la valeur des biens soumis à cette publicité, selon le barème suivant :

TRANCHES D'ASSIETTE	TAUX APPLICABLE
De 0 à 6 500 €	3,870 %
De 6 500 € à 17 000 €	1,596 %
De 17 000 € à 60 000 €	1,064 %
Plus de 60 000 €	0,799 %

Art. A. 444-102 *(Mod., A. 28 févr. 2020)*. – Les ventes par adjudication judiciaire de tous biens et droits autres que meubles et objets mobiliers, arbres en détail, et bateaux (numéro 69 du tableau 5) donnent lieu, à la perception :

1° Si le cahier des charges rédigé par le notaire, d'un émolument proportionnel, selon le barème suivant :

TRANCHES D'ASSIETTE	TAUX APPLICABLE
De 0 à 6 500 €	7,256 %
De 6 500 € à 17 000 €	2,993 %

TRANCHES D'ASSIETTE	TAUX APPLICABLE
De 17 000 € à 60 000 €	1,995 %
Plus de 60 000 €	1,497 %

2° Si le cahier des charges est rédigé par l'avocat, d'un émolument proportionnel, selon le barème suivant :

TRANCHES D'ASSIETTE	TAUX APPLICABLE
De 0 à 6 500 €	3,870 %
De 6 500 € à 17 000 €	1,596 %
De 17 000 € à 60 000 €	1,064 %
Plus de 60 000 €	0,799 %

Lorsque le montant de l'adjudication ne dépasse pas 30 €, le notaire n'a droit qu'au remboursement de ses débours, dûment justifiés.

L'émolument est calculé séparément sur le prix d'adjudication de chaque lot, même si plusieurs lots distincts sont adjugés séparément au même adjudicataire. Toutefois, l'émolument est calculé sur le prix des lots réunis si l'adjudication a lieu après la réunion totale ou partielle des lots mis en vente.

Art. A. 444-102-1 *(A. 28 oct. 2016 ; mod., A. 28 févr. 2020).* – Les ventes par adjudication volontaire de tous biens et droits autres que meubles et objets mobiliers, arbres en détail et bateaux donnent lieu à la perception d'un émolument proportionnel, selon le barème suivant :

TRANCHES D'ASSIETTE	TAUX APPLICABLE
De 0 à 6 500 €	7,74 %
De 6 500 € à 17 000 €	3,192 %
De 17 000 € à 60 000 €	2,129 %
Plus de 60 000 €	1,597 %

Sous-paragraphe 2. – Actes relatifs principalement aux baux et à la gestion des biens immobiliers et fonciers

Art. A. 444-103 *(Mod., A. 28 févr. 2020).* – Les baux de gré à gré et les sous-baux (numéros 70 à 77 du tableau 5) donnent lieu, à la perception :

1° S'il s'agit d'un bail d'habitation ou professionnel et d'habitation, sans préjudice des honoraires éventuellement perçus au titre de la prestation mentionnée au *b* du 4° du I de l'article annexe 4-9, d'un émolument égal à un demi-*mois de loyer* ;

2° S'il s'agit d'un bail à ferme, à nourriture, à métayage :

a) Pour le premier bail, d'un émolument proportionnel au montant cumulé des loyers des trois premières années augmentés des charges, et de la moitié des loyers des années suivantes augmentés des charges, selon le barème :

TRANCHES D'ASSIETTE	TAUX APPLICABLE
De 0 à 6 500 €	1,645 %
De 6 500 € à 17 000 €	0,905 %

TRANCHES D'ASSIETTE	TAUX APPLICABLE
De 17 000 € à 30 000 €	0,617 %
Plus de 30 000 €	0,452 %

b) Pour le renouvellement ou la prorogation du bail mentionné au *a*, d'un émolument fixe de 56,60 € ;

c) Pour le bail à long terme, d'un émolument proportionnel au montant total des loyers dus pour la durée du bail augmentés des charges, selon le barème prévu au *a* ;

d) Pour l'établissement du bail cessible en dehors du cadre familial, d'un émolument proportionnel au montant total des loyers dus pour la durée du bail augmentés des charges, selon le barème prévu au *a* ;

e) Pour la cession du bail mentionné au *d*, d'un émolument proportionnel au prix de cession, selon le barème suivant :

TRANCHES D'ASSIETTE	TAUX APPLICABLE
De 0 à 6 500 €	3,870 %
De 6 500 € à 17 000 €	1,596 %
De 17 000 € à 60 000 €	1,064 %
Plus de 60 000 €	0,799 %

3° Pour le bail à cheptel, d'un émolument proportionnel à la somme servant de base à la perception des droits d'enregistrement ou, à défaut, à l'évaluation des parties, selon le barème suivant :

TRANCHES D'ASSIETTE	TAUX APPLICABLE
De 0 à 6 500 €	3,289 %
De 6 500 € à 17 000 €	1,809 %
De 17 000 € à 30 000 €	1,234 %
Plus de 30 000 €	0,905 %

4° Pour le bail à vie, à durée illimitée ou emphytéotique, d'un émolument proportionnel à la somme retenue pour les besoins de la publicité foncière, selon le barème prévu au 3°.

Art. A. 444-104 *(Mod., A. 28 févr. 2020).* – Les baux à construction ou à réhabilitation (numéro 78 du tableau 5) donnent lieu à la perception d'un émolument composé :

1° D'une composante proportionnelle aux versements effectués à quelque titre que ce soit pendant les cinq premières années du bail (à l'exclusion des charges d'entretien et de réparations), augmentés de la valeur des constructions et droits sociaux remis pendant la même période, selon le barème suivant :

TRANCHES D'ASSIETTE	TAUX APPLICABLE
De 0 à 6 500 €	3,289 %
De 6 500 € à 17 000 €	1,809 %
De 17 000 € à 30 000 €	1,234 %
Plus de 30 000 €	0,905 %

2° D'une composante proportionnelle aux éléments définis au 1°, respectivement retenus :

a) Pour la totalité de leur valeur, lorsqu'ils sont afférents à la période courue entre la sixième année du bail et la vingtième année incluse ;

b) Pour la moitié de cette valeur, s'ils se rapportent à la période comprise entre la vingt et unième année du bail et la soixantième année incluse ;

c) Pour le quart de cette valeur, pour la période comprise entre la soixante et unième année et l'expiration du bail ;

Selon le barème suivant :

TRANCHES D'ASSIETTE	TAUX APPLICABLE
De 0 à 6 500 €	1,258 %
De 6 500 € à 17 000 €	0,692 %
De 17 000 € à 30 000 €	0,472 %
Plus de 30 000 €	0,346 %

3° D'une composante proportionnelle à la valeur résiduelle des constructions ou droits sociaux à remettre en fin de bail estimée dans l'acte par les parties, selon le barème suivant :

TRANCHES D'ASSIETTE	TAUX APPLICABLE
De 0 à 6 500 €	2,322 %
De 6 500 € à 17 000 €	1,277 %
De 17 000 € à 30 000 €	0,871 %
Plus de 30 000 €	0,639 %

Art. A. 444-105 *(Mod., A. 28 févr. 2020)*. – Le bail par adjudication, y compris le cahier des charges (numéro 79 du tableau 5) donne lieu, à la perception d'un émolument proportionnel selon le barème suivant :

TRANCHES D'ASSIETTE	TAUX APPLICABLE
De 0 à 6 500 €	3,281 %
De 6 500 € à 17 000 €	1,805 %
De 17 000 € à 30 000 €	1,231 %
Plus de 30 000 €	0,902 %

Art. A. 444-106 *(Mod., A. 28 févr. 2020)*. – Les cessions de bail (numéros 80 à 82 du tableau 5) donnent lieu à la perception :

1° S'il s'agit d'une cession de bail à construction, d'un émolument composé :

a) D'une composante égale à l'émolument prévu à l'article A. 444-104 en matière de bail à construction, calculé sur les versements restant à effectuer et les valeurs des constructions et droits sociaux restant à remettre au bailleur, les périodes définies commençant à courir du jour de la cession ;

b) D'une composante égale à l'émolument proportionnel au prix prévu aux articles A. 444-90 à A. 444-100 en matière de vente d'immeubles, en tenant le cas échéant compte des règles applicables aux ventes de locaux d'habitation neufs ;

2° S'il s'agit d'une cession de bail autre qu'à construction ou d'une cession de concession immobilière :

a) Pure et simple, d'un émolument proportionnel au loyer des années restant à courir, selon le barème suivant :

TRANCHES D'ASSIETTE	TAUX APPLICABLE
De 0 à 6 500 €	1,645 %
De 6 500 € à 17 000 €	0,905 %
De 17 000 € à 30 000 €	0,617 %
Plus de 30 000 €	0,452 %

b) Avec stipulation de prix, d'un émolument proportionnel au prix de cession payé au cédant seulement dans le cas où cet émolument serait supérieur à celui prévu au *a*, selon le barème suivant :

TRANCHES D'ASSIETTE	TAUX APPLICABLE
De 0 à 6 500 €	3,870 %
De 6 500 € à 17 000 €	1,596 %
De 17 000 € à 60 000 €	1,064 %
Plus de 60 000 €	0,798 %

Art. A. 444-107 *(Mod., A. 28 févr. 2020).* – La concession immobilière (numéro 83 du tableau 5) donne lieu à la perception d'un émolument proportionnel au montant total des loyers dus pour la durée du bail augmentés des charges, selon le barème suivant :

TRANCHES D'ASSIETTE	TAUX APPLICABLE
De 0 à 6 500 €	1,645 %
De 6 500 € à 17 000 €	0,905 %
De 17 000 € à 30 000 €	0,617 %
Plus de 30 000 €	0,452 %

Art. A. 444-108 *(Mod., A. 28 févr. 2020).* – Le bail, la cession, l'exploitation ou la vente de mines et carrières (numéro 84 du tableau 5) donnent lieu à la perception d'un émolument proportionnel au prix stipulé ou, à défaut, à l'évaluation donnée à l'acte des matières qui seront extraites ou des superficies qui seront exploitées, lorsque la redevance est fixée par volume ou poids d'extraction ou encore par superficie exploitée, selon le barème suivant :

TRANCHES D'ASSIETTE	TAUX APPLICABLE
De 0 à 6 500 €	3,870 %
De 6 500 € à 17 000 €	1,596 %
De 17 000 € à 60 000 €	1,064 %
Plus de 60 000 €	0,799 %

Art. A. 444-109 *(Mod., A. 28 févr. 2020)*. – **Les résiliations ou résolutions de bail (numéros 85 et 86 du tableau 5) donnent lieu à la perception :**

1° D'un émolument proportionnel au loyer des années restant à courir, selon le barème suivant, s'agissant de la résiliation ou résolution pure et simple :

TRANCHES D'ASSIETTE	TAUX APPLICABLE
De 0 à 6 500 €	0,822 %
De 6 500 € à 17 000 €	0,452 %
De 17 000 € à 30 000 €	0,308 %
Plus de 30 000 €	0,226 %

2° D'un émolument proportionnel, selon le barème suivant, s'agissant de la résiliation ou résolution avec stipulation de prix :

TRANCHES D'ASSIETTE	TAUX APPLICABLE
De 0 à 6 500 €	3,87 %
De 6 500 € à 17 000 €	1,60 %
De 17 000 € à 60 000 €	1,064 %
Plus de 60 000 €	0,799 %

Sous-paragraphe 3. – Actes relatifs principalement aux contrats et conventions liés aux biens immobiliers et fonciers

Art. A. 444-110 *(Mod., A. 28 févr. 2020)*. – **Le contrat de construction (numéro 87 du tableau 5) donne lieu à la perception d'un émolument proportionnel au prix convenu, selon le barème suivant :**

TRANCHES D'ASSIETTE	TAUX APPLICABLE
De 0 à 6 500 €	1,645 %
De 6 500 € à 17 000 €	0,905 %
De 17 000 € à 30 000 €	0,617 %
Plus de 30 000 €	0,452 %

Art. A. 444-111 *(Mod., A. 28 févr. 2020)*. – **Le contrat de promotion immobilière (numéro 88 du tableau 5) donne lieu à la perception d'un émolument proportionnel à la rémunération convenue du promoteur, selon le barème suivant :**

TRANCHES D'ASSIETTE	TAUX APPLICABLE
De 0 à 6 500 €	1,645 %
De 6 500 € à 17 000 €	0,033 %
Plus de 17 000 €	0,001 %

Art. A. 444-112 *(Mod., A. 28 févr. 2020)*. – **La convention d'indivision (numéro 89 du tableau 5) donne lieu à la perception :**

1° Lorsque la valeur de l'assiette définie à l'article A. 444-54 est inférieure ou égale à 29 800 €, d'un émolument fixe de 264,12 € ;

2° Lorsque cette valeur dépasse le seuil de 29 800 € mentionné au 1°, d'un émolument proportionnel, selon le barème suivant :

TRANCHES D'ASSIETTE	TAUX APPLICABLE
De 0 à 6 500 €	1,548 %
De 6 500 € à 17 000 €	0,851 %
De 17 000 € à 30 000 €	0,580 %
Plus de 30 000 €	0,426 %

Art. A. 444-113 *(Mod., A. 28 févr. 2020)*. – La déclaration de mobilier pour éviter une confusion (numéro 90 du tableau 5) donne lieu à la perception d'un émolument de 113,20 €.

Art. A. 444-114 *(Mod., A. 28 févr. 2020)*. – Le lotissement de biens indivis (numéro 91 du tableau 5) donne lieu à la perception :

1° D'un émolument proportionnel, selon le barème suivant, en cas de tirage au sort ou d'attribution amiable :

TRANCHES D'ASSIETTE	TAUX APPLICABLE
De 0 à 6 500 €	4,837 %
De 6 500 € à 17 000 €	1,995 %
De 17 000 € à 60 000 €	1,330 %
Plus de 60 000 €	0,998 %

2° D'un émolument proportionnel, selon le barème suivant, s'il n'y a ni tirage au sort ni attribution :

TRANCHES D'ASSIETTE	TAUX APPLICABLE
De 0 à 6 500 €	2,902 %
De 6 500 € à 17 000 €	1,197 %
De 17 000 € à 60 000 €	0,799 %
Plus de 60 000 €	0,599 %

Art. A. 444-115 *(Mod., A. 28 févr. 2020)*. – Les prestations en matière de mitoyenneté ou servitudes (numéros 92 et 93 du tableau 5) donnent lieu, à la perception :

1° En cas de constitution, convention modificative ou cession de mitoyenneté ou servitudes :

a) Lorsque la valeur de l'assiette définie à l'article A. 444-54 est inférieure ou égale à 4 875 €, d'un émolument fixe de 188,66 € ;

b) Lorsque cette valeur dépasse le seuil de 4 875 € mentionné au 1°, d'un émolument proportionnel, selon le barème suivant :

TRANCHES D'ASSIETTE	TAUX APPLICABLE
De 0 à 6 500 €	3,870 %
De 6 500 € à 17 000 €	1,596 %

TRANCHES D'ASSIETTE	TAUX APPLICABLE
De 17 000 € à 60 000 €	1,064 %
Plus de 60 000 €	0,799 %

2° En cas d'abandon de mitoyenneté ou servitudes, d'un émolument fixe de 26,41 €.

Art. A. 444-116 *(Mod., A. 28 oct. 2016 ; A. 28 févr. 2020)*. – Les prestations en matière de règlement de copropriété ou de descriptif (numéros 94 et 95 du tableau 5) donnent lieu à la perception d'un émolument :

1° De 377,31 €, pour l'établissement de l'acte de règlement de copropriété ou du descriptif ;

2° De 188,66 € pour :

a) La mise en conformité du règlement ou du descriptif aux obligations légales ; ou

b) La modification du règlement ou du descriptif afin de prendre en compte la volonté des copropriétaires ou des parties ;

3° De 11,32 € par lot, pour l'établissement du descriptif ;

4° De 5,66 € par lot, pour :

a) La mise en conformité du descriptif aux obligations légales ; ou

b) La modification du descriptif afin de prendre en compte la volonté des copropriétaires ou des parties.

Les émoluments prévus au 2°, 3° et 4° sont, le cas échéant, perçus en sus de celui prévu au 1.

§ 3. – Actes relatifs principalement à l'activité économique

Sous-paragraphe 1. – Actes relatifs principalement au patrimoine et la propriété de l'activité économique

Art. A. 444-117 *(Mod., A. 28 févr. 2020)*. – Les prestations en matière d'échange (numéros 96 et 97 du tableau 5) donnent lieu à la perception :

1° S'agissant de l'échange bilatéral, d'un émolument proportionnel à la valeur du plus fort des deux lots échangés, selon le barème suivant :

TRANCHES D'ASSIETTE	TAUX APPLICABLE
De 0 à 6 500 €	3,870 %
De 6 500 € à 17 000 €	1,596 %
De 17 000 € à 60 000 €	1,064 %
Plus de 60 000 €	0,799 %

2° S'agissant de l'échange multilatéral, d'un émolument proportionnel à la valeur globale des biens échangés, selon le barème suivant :

TRANCHES D'ASSIETTE	TAUX APPLICABLE
De 0 à 6 500 €	2,580 %
De 6 500 € à 17 000 €	1,064 %
De 17 000 € à 60 000 €	0,709 %
Plus de 60 000 €	0,532 %

Art. A. 444-118 *(Mod., A. 28 févr. 2020)*. – L'abandon de biens ou droits (numéro 98 du tableau 5) donne lieu à la perception :

1° S'agissant de l'abandon unilatéral par acte séparé, d'un émolument fixe de 26,41 € ;

2° S'agissant de l'abandon accepté dans le même acte, d'un émolument proportionnel, selon le barème suivant :

TRANCHES D'ASSIETTE	TAUX APPLICABLE
De 0 à 6 500 €	1,935 %
De 6 500 € à 17 000 €	1,064 %
De 17 000 € à 30 000 €	0,726 %
Plus de 30 000 €	0,532 %

Art. A. 444-119 *(Mod., A. 28 févr. 2020)*. – La vente à réméré (numéro 99 du tableau 5) donne lieu à la perception d'un émolument proportionnel, selon le barème suivant :

TRANCHES D'ASSIETTE	TAUX APPLICABLE
De 0 à 6 500 €	3,870 %
De 6 500 € à 17 000 €	1,596 %
De 17 000 € à 60 000 €	1,064 %
Plus de 60 000 €	0,799 %

Le rachat de biens vendus à réméré donne lieu à la perception d'un émolument proportionnel, selon le barème suivant :

TRANCHES D'ASSIETTE	TAUX APPLICABLE
De 0 à 6 500 €	1,935 %
De 6 500 € à 17 000 €	1,064 %
De 17 000 € à 30 000 €	0,726 %
Plus de 30 000 €	0,532 %

Art. A. 444-120 *(Mod., A. 28 févr. 2020)*. – Le partage de sociétés de construction (numéro 100 du tableau 5) donne lieu à la perception d'un émolument proportionnel, selon le barème suivant :

TRANCHES D'ASSIETTE	TAUX APPLICABLE
De 0 à 6 500 €	0,967 %
De 6 500 € à 17 000 €	0,532 %
De 17 000 € à 30 000 €	0,363 %
Plus de 30 000 €	0,266 %

En cas de partage partiel, le montant des émoluments supportés par chaque copartageant sortant de la société ne pourra être supérieur au montant de ceux dont il aurait été redevable si le partage avait été total.

Art. A. 444-121 *(Mod., A. 28 févr. 2020)*. – Le partage volontaire ou judiciaire (numéro 101 du tableau 5) donne lieu à la perception :

1° D'un émolument proportionnel à l'actif brut, déduction faite seulement des legs particuliers, selon le barème suivant :

TRANCHES D'ASSIETTE	TAUX APPLICABLE
De 0 à 6 500 €	4,837 %
De 6 500 € à 17 000 €	1,995 %
De 17 000 € à 60 000 €	1,330 %
Plus de 60 000 €	0,998 %

2° D'un émolument proportionnel non dégressif de 0,484 % sur les reprises en nature.

L'émolument prévu au 1° n'est perçu qu'une seule fois sur les valeurs qui figurent dans plusieurs opérations successives comprises dans un même acte de liquidation.

Art. A. 444-122 *(Mod., A. 28 févr. 2020)*. **– Le partage de biens indivis (numéro 102 du tableau 5) donne lieu à la perception d'un émolument proportionnel, selon le barème suivant :**

TRANCHES D'ASSIETTE	TAUX APPLICABLE
De 0 à 6 500 €	2,580 %
De 6 500 € à 17 000 €	1,064 %
De 17 000 € à 60 000 €	0,709 %
Plus de 60 000 €	0,532 %

Art. A. 444-123 *(Mod., A. 28 févr. 2020)*. **– La liquidation sans partage (numéro 103 du tableau 5) donne lieu à la perception d'un émolument proportionnel, selon le barème suivant :**

TRANCHES D'ASSIETTE	TAUX APPLICABLE
De 0 à 6 500 €	1,935 %
De 6 500 € à 17 000 €	0,799 %
De 17 000 € à 60 000 €	0,532 %
Plus de 60 000 €	0,399 %

Art. A. 444-124. – En application du deuxième alinéa de l'article L. 444-1, les ventes par adjudication judiciaire de meubles et objets mobiliers, d'arbres en détail et de bateaux (numéro 104 du tableau 5) donnent lieu à la perception des émoluments prévus à la section 1 pour les commissaires-priseurs judiciaires.

Art. A. 444-125 *(Mod., A. 28 févr. 2020)*. **– Les prestations en matière d'affectation d'un bien immobilier dans le patrimoine de l'entrepreneur individuel à responsabilité limitée (numéros 105 à 108 du tableau 5) donnent lieu à la perception des émoluments suivants :**

NUMÉRO DE LA PRESTATION (tableau 5 de l'article annexe 4-7)	DÉSIGNATION DE LA PRESTATION	ÉMOLUMENT
105	Établissement de l'acte et le dépôt prévus à l'article L. 526-9	113,20 €
106	Renonciation à l'affectation prévue à l'article 526-15	113,20 €

NUMÉRO DE LA PRESTATION (tableau 5 de l'article annexe 4-7)	DÉSIGNATION DE LA PRESTATION	ÉMOLUMENT
107	Acte comportant reprise, cession ou apport du bien affecté, prévu aux articles L. 526-16 et L. 526-17	113,20 €
108	Évaluation d'un bien immobilier dont la valeur doit être déclarée en vertu de l'article L. 526-10.	113,20 €

Sous-paragraphe 2. – Actes relatifs principalement aux prêts, dettes et sûretés participant à l'activité économique

Art. A. 444-126 *(Mod., A. 28 févr. 2020).* **– L'acte de consentement à l'antériorité (numéro 109 du tableau 5) donne lieu à la perception d'un émolument proportionnel à la somme profitant effectivement de l'antériorité, selon le barème suivant :**

TRANCHES D'ASSIETTE	TAUX APPLICABLE
De 0 à 6 500 €	0,645 %
De 6 500 € à 17 000 €	0,266 %
De 17 000 € à 60 000 €	0,177 %
Plus de 60 000 €	0,133 %

Art. A. 444-127. – L'antichrèse et le cautionnement par acte séparé (numéros 110 et 111 du tableau 5) donnent lieu à la perception :

1° Lorsque l'antichrèse ou le cautionnement est consenti par un tiers dans l'acte principal : au quart des émoluments de l'acte principal ;

2° Lorsqu'il n'y a pas d'acte principal : aux émoluments qui auraient été perçus sur cet acte ;

3° Dans les autres cas que ceux prévus aux 1° et 2° : à la moitié des émoluments de l'acte principal.

Art. A. 444-128 *(Mod., A. 28 févr. 2020).* **– La compensation (numéro 112 du tableau 5) donne lieu à la perception d'un émolument proportionnel aux sommes compensées, selon le barème suivant :**

TRANCHES D'ASSIETTE	TAUX APPLICABLE
De 0 à 6 500 €	1,935 %
De 6 500 € à 17 000 €	1,064 %
De 17 000 € à 30 000 €	0,726 %
Plus de 30 000 €	0,532 %

Art. A. 444-129 *(Mod., A. 28 févr. 2020).* **– La vente à la société de crédit-bail dans le cadre d'un crédit-bail ou d'une cession-bail (numéro 113 du tableau 5) donne lieu à la perception d'un émolument proportionnel, qui varie selon que la vente à la société de crédit-bail est réalisée par l'utilisateur ou par un tiers, selon le barème suivant :**

	TAUX APPLICABLE Vente réalisée à la société de crédit-bail :	
Tranches d'assiette	Par un tiers	Par l'utilisateur
De 0 à 6 500 €	3,870 %	1,290 %
De 6 500 € à 17 000 €	1,596 %	0,532 %

	TAUX APPLICABLE Vente réalisée à la société de crédit-bail :	
Tranches d'assiette	Par un tiers	Par l'utilisateur
De 17 000 € à 60 000 €	1,064 %	0,355 %
Plus de 60 000 €	0,799 %	0,266 %

Art. A. 444-130 *(Mod., A. 28 févr. 2020)*. **– Le crédit-bail (numéro 114 du tableau 5) donne lieu à la perception d'un émolument proportionnel au montant de l'investissement, selon le barème suivant :**

TRANCHES D'ASSIETTE	TAUX APPLICABLE
De 0 à 6 500 €	2,580 %
De 6 500 € à 17 000 €	1,064 %
De 17 000 € à 60 000 €	0,709 %
Plus de 60 000 €	0,532 %

Art. A. 444-131 *(Mod., A. 28 oct. 2016 ; A. 28 févr. 2020)*. **– La vente à l'utilisateur dans le cadre d'une opération de crédit-bail (numéro 115 du tableau 5) donne lieu à la perception d'un émolument proportionnel à la valeur résiduelle de l'immeuble, selon le barème suivant :**

TRANCHES D'ASSIETTE	TAUX APPLICABLE
De 0 à 6 500 €	3,870 %
De 6 500 € à 17 000 €	1,596 %
De 17 000 € à 60 000 €	1,064 %
Plus de 60 000 €	0,799 %

Art. A. 444-132 *(Mod., A. 28 févr. 2020)*. **– Les cessions de crédit-bail (numéros 116 et 117 du tableau 5) donnent lieu à la perception :**

1° S'agissant de la cession pure et simple, d'un émolument proportionnel au montant de l'investissement résiduel à la date de la cession, selon le barème suivant :

TRANCHES D'ASSIETTE	TAUX APPLICABLE
De 0 à 6 500 €	2,580 %
De 6 500 € à 17 000 €	1,064 %
De 17 000 € à 60 000 €	0,709 %
Plus de 60 000 €	0,532 %

2° S'agissant de la cession moyennant un prix, d'un émolument proportionnel au prix de cession payé au cédant, selon le barème suivant, dans le cas où cet émolument est supérieur à celui prévu au 1° :

TRANCHES D'ASSIETTE	TAUX APPLICABLE
De 0 à 6 500 €	3,870 %
De 6 500 € à 17 000 €	1,596 %

TRANCHES D'ASSIETTE	TAUX APPLICABLE
De 17 000 € à 60 000 €	1,064 %
Plus de 60 000 €	0,799 %

Art. A. 444-133 *(Mod., A. 28 févr. 2020)*. – **La dation en paiement (numéro 118 du tableau 5) donne lieu à la perception d'un émolument proportionnel, selon le barème suivant :**

TRANCHES D'ASSIETTE	TAUX APPLICABLE
De 0 à 6 500 €	3,870 %
De 6 500 € à 17 000 €	1,596 %
De 17 000 € à 60 000 €	1,064 %
Plus de 60 000 €	0,799 %

Art. A. 444-134 *(Mod., A. 28 févr. 2020)*. – **Les délégations de créances (numéros 119 à 121 du tableau 5) donnent lieu à la perception :**

1° S'agissant des délégations parfaites, d'un émolument proportionnel au total de la somme déléguée :

a) **Lorsqu'elle intervient par acte séparé, selon le barème suivant :**

TRANCHES D'ASSIETTE	TAUX APPLICABLE
De 0 à 6 500 €	2,580 %
De 6 500 € à 17 000 €	1,064 %
De 17 000 € à 60 000 €	0,709 %
Plus de 60 000 €	0,532 %

b) **Lorsqu'elle intervient dans un acte dont elle n'est pas l'objet principal, selon le barème suivant :**

TRANCHES D'ASSIETTE	TAUX APPLICABLE
De 0 à 6 500 €	1,290 %
De 6 500 € à 17 000 €	0,532 %
De 17 000 € à 60 000 €	0,355 %
Plus de 60 000 €	0,266 %

2° S'agissant des délégations imparfaites, d'un émolument fixe de 26,41 €.

Art. A. 444-135 *(Mod., A. 28 févr. 2020)*. – **La distribution de deniers par contribution (numéro 122 du tableau 5) donne lieu à la perception d'un émolument proportionnel à l'actif brut, selon le barème suivant :**

TRANCHES D'ASSIETTE	TAUX APPLICABLE
De 0 à 6 500 €	3,870 %
De 6 500 € à 17 000 €	1,596 %

TRANCHES D'ASSIETTE	TAUX APPLICABLE
De 17 000 € à 60 000 €	1,064 %
Plus de 60 000 €	0,799 %

Art. A. 444-136. – L'acte d'affectation hypothécaire (numéro 123 du tableau 5) donne lieu, à la perception :

1° Lorsque l'affectation hypothécaire est consentie par un tiers dans l'acte principal : au quart des émoluments de l'acte principal ;

2° Lorsqu'il n'y a pas d'acte principal : aux émoluments qui auraient été perçus sur cet acte ;

3° Dans les autres cas que ceux prévus aux 1° et 2° : à la moitié des émoluments de l'acte principal.

Art. A. 444-137 *(Mod., A. 28 févr. 2020).* – La division d'hypothèque, dans le cas de partage de société de construction ou de vente de logements dépendant d'un même ensemble immobilier (numéro 124 du tableau 5), donne lieu à la perception d'un émolument proportionnel au total des créances garanties, selon le barème suivant :

TRANCHES D'ASSIETTE	TAUX APPLICABLE
De 0 à 6 500 €	0,242 %
De 6 500 € à 17 000 €	0,133 %
De 17 000 € à 30 000 €	0,091 %
Plus de 30 000 €	0,067 %

Art. A. 444-138 *(Mod., A. 28 févr. 2020).* – Les prestations relatives à l'hypothèque rechargeable (numéros 125 à 127 du tableau 5) donnent lieu à la perception d'un émolument proportionnel :

1° S'agissant de la convention de rechargement d'une hypothèque, selon le barème suivant :

TRANCHES D'ASSIETTE	TAUX APPLICABLE
De 0 à 6 500 €	0,774 %
De 6 500 € à 17 000 €	0,426 %
De 17 000 € à 30 000 €	0,290 %
Plus de 30 000 €	0,213 %

2° S'agissant de l'avenant transformant la dernière hypothèque conventionnelle inscrite antérieurement à *l'entrée en vigueur de l'ordonnance n° 2006-346* du 23 mars 2006, en hypothèque rechargeable, selon le barème suivant :

TRANCHES D'ASSIETTE	TAUX APPLICABLE
De 0 à 6 500 €	0,484 %
De 6 500 € à 17 000 €	0,264 %
De 17 000 € à 30 000 €	0,180 %
Plus de 30 000 €	0,133 %

Lorsque les actes mentionnés au 1° et au 2° sont reçus simultanément, ils ne donnent lieu à la perception que de l'émolument prévu au 1°.

Art. A. 444-139 *(Mod., A. 28 févr. 2020)*. – Les prêts hypothécaires destinés à financer une activité professionnelle (numéro 128 du tableau 5) donnent lieu à la perception d'un émolument proportionnel, selon le barème suivant :

TRANCHES D'ASSIETTE	TAUX APPLICABLE
De 0 à 6 500 €	2,128 %
De 6 500 € à 17 000 €	0,878 %
De 17 000 € à 60 000 €	0,585 %
Plus de 60 000 €	0,439 %

Art. A. 444-140. – Les translations d'hypothèque (numéros 129 et 130 du tableau 5) donnent lieu à la perception :

1° Lorsque la translation porte sur la totalité du gage, aux mêmes émoluments que ceux prévus à l'article A. 444-136 en matière d'affectation hypothécaire ;

2° Lorsque la translation est partielle, aux émoluments mentionnés au 1°, perçus sur une somme fixée en appliquant au montant de la créance le rapport existant entre la valeur du bien dégrevé et celle de la totalité du gage.

Art. A. 444-141 *(Mod., A. 28 févr. 2020)*. – Les mainlevées (numéros 131 à 134 du tableau 5) donnent lieu à la perception :

1° S'agissant de la mainlevée de saisie, d'un émolument fixe de 26,41 € ;

2° S'agissant de la mainlevée d'inscription hypothécaire, de privilège, de nantissement, de gage et réduction d'hypothèque :

a) Définitive ou partielle réduisant la créance, d'un émolument proportionnel au capital évalué au bordereau d'inscription ou à concurrence duquel la mainlevée est consentie ;

b) Réduisant le gage ou le nantissement, d'un émolument proportionnel à la valeur déclarée à l'acte du bien dégrevé, sans pouvoir excéder l'émolument calculé comme au 1° sur la créance garantie ;

c) Réduisant la créance et le gage ou le nantissement, d'un émolument proportionnel à la valeur déclarée à l'acte du bien dégrevé, sans pouvoir excéder l'émolument calculé comme au 1°,

Selon le barème suivant :

TRANCHES D'ASSIETTE	ÉMOLUMENTS
De 0 à 77 090 €	78 €
Plus de 77 090 €	150 €

Art. A. 444-142 *(Mod., A. 28 févr. 2020)*. – Le prêt viticole ou agricole, ainsi que le prêt maritime (numéros 135 et 136 du tableau 5) donnent lieu à la perception d'un émolument proportionnel, selon le barème suivant :

TRANCHES D'ASSIETTE	TAUX APPLICABLE
De 0 à 6 500 €	1,290 %
De 6 500 € à 17 000 €	0,532 %
De 17 000 € à 60 000 €	0,355 %
Plus de 60 000 €	0,266 %

Art. A. 444-143 *(Mod., A. 28 févr. 2020).* **– Le prêt, l'obligation avec ou sans garantie, la reconnaissance de dette et l'ouverture de crédit (numéro 137 du tableau 5) donnent lieu à la perception d'un émolument proportionnel, selon le barème suivant :**

TRANCHES D'ASSIETTE	TAUX APPLICABLE
De 0 à 6 500 €	1,290 %
De 6 500 € à 17 000 €	0,532 %
De 17 000 € à 60 000 €	0,355 %
Plus de 60 000 €	0,266 %

En cas de prêts par plusieurs personnes physiques au même emprunteur, dans le même acte, aux mêmes conditions, l'émolument est calculé sur le montant global des capitaux empruntés.

Art. A. 444-144 *(Mod., A. 28 févr. 2020).* **– Les prêts conventionnés, prêts d'épargne logement et prêts complémentaires ou d'anticipation de ceux-ci, ainsi que les autres prêts du secteur aidé (numéro 138 du tableau 5) donnent lieu à la perception d'un émolument proportionnel, selon le barème suivant :**

TRANCHES D'ASSIETTE	TAUX APPLICABLE
De 0 à 6 500 €	1,290 %
De 6 500 € à 17 000 €	0,532 %
De 17 000 € à 60 000 €	0,355 %
Plus de 60 000 €	0,266 %

Art. A. 444-145 *(Mod., A. 28 oct. 2016 ; A. 28 févr. 2020).* **– Les prestations relatives à l'insaisissabilité des droits de l'entrepreneur individuel sur tout bien foncier, bâti ou non bâti, mentionnés au deuxième alinéa de l'article L. 526-1 (numéros 139 à 141 du tableau 5) donnent lieu à la perception des émoluments suivants :**

NUMÉRO DE LA PRESTATION (tableau 5 de l'article annexe 4-7)	DÉSIGNATION DE LA PRESTATION	ÉMOLUMENT
139	Déclaration d'insaisissabilité prévue au deuxième alinéa de l'article L. 526-1	113,20 €
140	Renonciation à l'insaisissabilité des droits ou à la déclaration mentionnée au numéro 139, prévue à la première phrase du deuxième alinéa de l'article L. 526-3	24,53 €
141	Révocation de la renonciation mentionnée au numéro 140, prévue à la quatrième phrase du deuxième aliéna de l'article L. 526-3	49,05 €

Art. A. 444-146 *(Mod., A. 28 févr. 2020).* **– Les prestations liées à l'endossement (numéros 142 à 144 du tableau 5) donnent lieu à la perception :**

1° S'agissant de l'endossement de copie exécutoire à ordre mentionnée dans la loi n° 76-519 du 15 juin 1976 relative à certaines formes de transmission des créances, sans négociation, d'un émolument fixe de 52,82 € ;

2° S'agissant de l'endossement de la copie mentionnée au 1°, avec négociation, d'un émolument proportionnel au capital de la créance transmise, selon le barème suivant :

TRANCHES D'ASSIETTE	TAUX APPLICABLE
De 0 à 6 500 €	3,870 %
De 6 500 € à 17 000 €	1,596 %
De 17 000 € à 60 000 €	1,064 %
Plus de 60 000 €	0,799 %

3° S'agissant de l'endossement dans les autres cas que ceux prévus au 1° et 2°, d'un émolument proportionnel, selon le barème suivant :

TRANCHES D'ASSIETTE	TAUX APPLICABLE
De 0 à 6 500 €	1,935 %
De 6 500 € à 17 000 €	1,064 %
De 17 000 € à 30 000 €	0,726 %
Plus de 30 000 €	0,532 %

Art. A. 444-147 *(Mod., A. 28 févr. 2020)*. – La réalisation de crédit ou de prêt conditionnel (numéro 145 du tableau 5) donne lieu à la perception d'un émolument de 26,41 €.

Art. A. 444-148. – Le nantissement et le gage ainsi que le warrant agricole (numéros 146 et 147 du tableau 5) donnent lieu à la perception :

1° Lorsqu'il est consenti par un tiers dans l'acte principal : au quart des émoluments de l'acte principal ;

2° Lorsqu'il n'y a pas d'acte principal : aux émoluments qui auraient été perçus sur cet acte ;

3° Dans les autres cas que ceux prévus aux 1° et 2° : à la moitié des émoluments de l'acte principal.

Art. A. 444-149 *(Mod., A. 28 févr. 2020)*. – La cession de biens par un débiteur à ses créanciers (numéro 148 du tableau 5) donne lieu à la perception d'un émolument proportionnel valeur des biens, selon le barème suivant :

TRANCHES D'ASSIETTE	TAUX APPLICABLE
De 0 à 6 500 €	3,870 %
De 6 500 € à 17 000 €	1,596 %
De 17 000 € à 60 000 €	1,064 %
Plus de 60 000 €	0,799 %

Sous-paragraphe 3. – Actes relatifs principalement aux contrats et conventions liés à l'activité économique

Art. A. 444-150 *(Mod., A. 28 févr. 2020)*. – Le compromis prévu au titre XVI du livre III du Code civil (numéro 149 du tableau 5) donne lieu à la perception d'un émolument fixe de 7,54 €.

Art. A. 444-151 *(Mod., A. 28 févr. 2020)*. – **Le contrat de franchisage (numéro 150 du tableau 5) donne lieu, à la perception d'un émolument proportionnel au total des redevances, selon le barème suivant :**

TRANCHES D'ASSIETTE	TAUX APPLICABLE
De 0 à 6 500 €	1,645 %
De 6 500 € à 17 000 €	0,905 %
De 17 000 € à 30 000 €	0,617 %
Plus de 30 000 €	0,452 %

Art. A. 444-152 *(Mod., A. 28 févr. 2020)*. – **Les contrôles de légalité à l'occasion d'événements affectant l'existence des sociétés européennes (numéros 151 et 152 du tableau 5) donnent lieu, à la perception des émoluments suivants :**

NUMÉRO DE LA PRESTATION (tableau 5 de l'article annexe 4-7)	DÉSIGNATION DE LA PRESTATION	ÉMOLUMENT
151	Certificat de légalité pour les fusions	377,31 €
152	Certificat de légalité pour les transferts de siège	264,12 €

Art. A. 444-153 *(Mod., A. 28 févr. 2020)*. – **Les devis et marchés (numéros 153 et 154 du tableau 5) donnent lieu, à la perception d'un émolument proportionnel :**

1° S'agissant du devis et marché vente, selon le barème suivant :

TRANCHES D'ASSIETTE	TAUX APPLICABLE
De 0 à 6 500 €	3,870 %
De 6 500 € à 17 000 €	1,596 %
De 17 000 € à 60 000 €	1,064 %
Plus de 60 000 €	0,799 %

2° S'agissant du devis et marché bail, selon le barème suivant :

TRANCHES D'ASSIETTE	TAUX APPLICABLE
De 0 à 6 500 €	1,645 %
De 6 500 € à 17 000 €	0,899 %
De 17 000 € à 30 000 €	0,613 %
Plus de 30 000 €	0,450 %

Art. A. 444-154. – **La promesse d'attribution faite dans un procès-verbal d'adjudication judiciaire (numéro 155 du tableau 5) donne lieu aux mêmes émoluments qu'en cas de vente par adjudication judiciaire.**

Art. A. 444-155 *(Mod., A. 28 févr. 2020)*. – **L'acte d'inventaire (numéro 156 du tableau 5) donne lieu à la perception d'un émolument de 75,46 €.**

Art. A. 444-156 *(Mod., A. 28 févr. 2020).* – La liquidation de reprise par acte séparé (numéro 157 du tableau 5) donne lieu à la perception des émoluments suivants :

1° Un émolument proportionnel aux sommes payées ou garanties, selon le barème suivant :

TRANCHES D'ASSIETTE	TAUX APPLICABLE
De 0 à 6 500 €	3,846 %
De 6 500 € à 17 000 €	1,587 %
De 17 000 € à 60 000 €	1,058 %
Plus de 60 000 €	0,793 %

2° Un émolument proportionnel aux sommes qui sont déterminées, sans paiement ni garanties, selon le barème suivant :

TRANCHES D'ASSIETTE	TAUX APPLICABLE
De 0 à 6 500 €	1,935 %
De 6 500 € à 17 000 €	0,798 %
De 17 000 € à 60 000 €	0,532 %
Plus de 60 000 €	0,399 %

3° Un émolument proportionnel aux reprises en nature de 0,484 % non dégressif.

Art. A. 444-157 *(Mod., A. 28 févr. 2020).* – L'ordre amiable, avec ou sans quittance (numéro 158 du tableau 5), donne lieu à la perception d'un émolument proportionnel à l'actif brut, selon le barème suivant :

TRANCHES D'ASSIETTE	TAUX APPLICABLE
De 0 à 6 500 €	3,870 %
De 6 500 € à 17 000 €	1,596 %
De 17 000 € à 60 000 €	1,064 %
Plus de 60 000 €	0,799 %

Art. A. 444-158 *(Mod., A. 28 févr. 2020).* – Sans préjudice des honoraires éventuellement perçus au titre de la prestation mentionnée au *g* du 4° du I de l'article annexe 4-9, en matière de sociétés (numéro 159 du tableau 5), les actes relatifs à des biens faisant l'objet d'une publicité foncière donnent lieu à la perception d'un émolument proportionnel, selon le barème suivant :

TRANCHES D'ASSIETTE	TAUX APPLICABLE
De 0 à 6 500 €	1,935 %
De 6 500 € à 17 000 €	0,798 %
De 17 000 € à 60 000 €	0,532 %
Plus de 60 000 €	0,399 %

Art. A. 444-159 *(Mod., A. 28 févr. 2020).* – **Sans préjudice des honoraires éventuellement perçus au titre de la prestation mentionnée au *d* du 4° du I de l'article annexe 4-9, en matière d'association (numéro 160 du tableau 5), les actes relatifs à des biens faisant l'objet d'une publicité foncière donnent lieu à la perception d'un émolument proportionnel, selon le barème suivant :**

TRANCHES D'ASSIETTE	TAUX APPLICABLE
De 0 à 6 500 €	3,8705 %
De 6 500 € à 17 000 €	1,596 %
De 17 000 € à 60 000 €	1,064 %
Plus de 60 000 €	0,799 %

Art. A. 444-160 *(Mod., A. 28 févr. 2020).* – **Les règlements d'indemnité en cas d'expropriation pour cause d'utilitépublique (numéros 161 à 163 du tableau 5) donnent lieu à la perception d'un émolument proportionnel :**

1° Avant expropriation prononcée, selon le barème suivant :

TRANCHES D'ASSIETTE	TAUX APPLICABLE
De 0 à 6 500 €	3,870 %
De 6 500 € à 17 000 €	1,596 %
De 17 000 € à 60 000 €	1,064 %
Plus de 60 000 €	0,799 %

2° Après expropriation prononcée :

***a)* Sans traité d'adhésion, selon le barème suivant :**

TRANCHES D'ASSIETTE	TAUX APPLICABLE
De 0 à 6 500 €	1,935 %
De 6 500 € à 17 000 €	1,064 %
De 17 000 € à 30 000 €	0,726 %
Plus de 30 000 €	0,532 %

***b)* Avec traité d'adhésion, selon le barème suivant :**

TRANCHES D'ASSIETTE	TAUX APPLICABLE
De 0 à 6 500 €	3,870 %
De 6 500 € à 17 000 €	1,596 %
De 17 000 € à 60 000 €	1,064 %
Plus de 60 000 €	0,799 %

Art. A. 444-161 *(Mod., D. n° 2016-1278, 29 sept. 2016 ; A. 28 févr. 2020)*. – Les quittances (numéros 164 à 166 du tableau 5) donnent lieu à la perception d'un émolument proportionnel :

1° S'agissant de la quittance pure et simple ou dans les cas prévus par les articles 1346 et 1346-2 du Code civil, selon le barème suivant :

TRANCHES D'ASSIETTE	TAUX APPLICABLE
De 0 à 6 500 €	1,935 %
De 6 500 € à 17 000 €	1,064 %
De 17 000 € à 30 000 €	0,726 %
Plus de 30 000 €	0,532 %

2° S'agissant de la quittance judiciaire, selon le barème suivant :

TRANCHES D'ASSIETTE	TAUX APPLICABLE
De 0 à 6 500 €	2,580 %
De 6 500 € à 17 000 €	1,064 %
De 17 000 € à 60 000 € :	0,709 %
Plus de 60 000 €	0,532 %

3° S'agissant de la subrogation, prévue à l'article 1250, paragraphe 1, du Code civil, selon le barème suivant :

TRANCHES D'ASSIETTE	TAUX APPLICABLE
De 0 à 6 500 €	2,580 %
De 6 500 € à 17 000 €	1,064 %
De 17 000 € à 60 000 €	0,709 %
Plus de 60 000 €	0,532 %

Art. A. 444-162 *(Mod., A. 28 févr. 2020)*. – Les transports de droits litigieux (numéro 167 du tableau 5) donnent lieu à la perception d'un émolument proportionnel, selon le barème suivant :

TRANCHES D'ASSIETTE	TAUX APPLICABLE
De 0 à 6 500 €	3,870 %
De 6 500 € à 17 000 €	1,596 %
De 17 000 € à 60 000 €	1,064 %
Plus de 60 000 €	0,799 %

§ 4. – **Actes divers**

Art. A. 444-163 *(Mod., A. 28 févr. 2020)*. – **Les actes complémentaires, interprétatifs, rectificatifs, ainsi que les autorisations en général (numéros 168 à 170 du tableau 5) donnent lieu à la perception des émoluments suivants :**

NUMÉRO DE LA PRESTATION (tableau 5 de l'article annexe 4-7)	DÉSIGNATION DE LA PRESTATION	ÉMOLUMENT
168	Acte complémentaire ou interprétatif	75,46 €
169	Acte rectificatif	3,78 €
170	Autorisations (en général)	26,41 €

Art. A. 444-163-1 *(A. 28 oct. 2016 ; mod., A. 28 févr. 2020)*. – **Le contrat de fiducie et ses actes subséquents, lorsqu'ils requièrent un acte notarié en application du deuxième alinéa de l'article 2012 du Code civil ou du deuxième alinéa de l'article 2019 du même code, donnent lieu, ensemble, à la perception des émoluments suivants :**

PRESTATIONS COUVERTES PAR L'ÉMOLUMENT	TRANCHES D'ASSIETTE	TAUX APPLICABLE
Ensemble, l'établissement de tous les actes (contrat de fiducie et actes subséquents)	De 0 à 6 500 €	3,87 %
	De 6 500 € à 17 000 €	1,596 %
	De 17 000 € à 60 000 €	1,064 %
	Plus de 60 000 €	0,799 %

Art. A. 444-163-2 *(A. 28 oct. 2016 ; mod., A. 28 févr. 2020)*. – **L'établissement par acte authentique de la promesse de vente d'une durée de plus de dix-huit mois prévue à l'article L. 290-1 du Code de la construction et de l'habitat donne lieu à la perception des émoluments suivants :**

TRANCHES D'ASSIETTE	TAUX APPLICABLE
De 0 à 6 500 €	0,967 %
De 6 500 € à 17 000 €	0,399 %
De 17 000 € à 60 000 €	0,266 %
Plus de 60 000 €	0,199 %

Art. A. 444-163-3 *(A. 28 oct. 2016 ; mod., A. 28 févr. 2020)*. – **Les actes relatifs aux autorisations d'occupation temporaire du domaine public mentionnées aux articles L. 1311-5 et suivants du Code général des collectivités territoriales et qui sont constitutives de droits réels donnent lieu à la perception des émoluments suivants :**

TRANCHES D'ASSIETTE	TAUX APPLICABLE
De 0 à 6 500 €	3,289 %
De 6 500 € à 17 000 €	1,809 %

TRANCHES D'ASSIETTE	TAUX APPLICABLE
De 17 000 € à 60 000 €	1,233 %
Plus de 60 000 €	0,905 %

Art. A. 444-163-4 *(A. 28 oct. 2016 ; mod., A. 28 févr. 2020).* – **Les actes relatifs au consentement à l'adoption réalisés en application de l'article 348-3 du Code civil donnent lieu à la perception d'un émolument de 77,11 €.**

Art. A. 444-163-5 *(A. 28 oct. 2016 ; mod., A. 28 févr. 2020).* – **L'attestation de propriété qui est délivrée à la suite de la dissolution automatique d'une société civile immobilière n'ayant pas été immatriculée et qui entraîne une indivision entre les anciens associés donne lieu à la perception des émoluments suivants :**

TRANCHES D'ASSIETTE	TAUX APPLICABLE
De 0 à 6 500 €	1,548 %
De 6 500 € à 17 000 €	0,852 %
De 17 000 € à 60 000 €	0,581 %
Plus de 60 000 €	0,426 %

Art. A. 444-163-6 *(A. 28 oct. 2016 ; mod., A. 28 févr. 2020).* – **L'attestation de propriété qui est délivrée à la suite du constat de la survenance d'une condition résolutoire entraînant la révocation d'une donation en application de l'article 960 du Code civil donne lieu à la perception des émoluments suivants :**

TRANCHES D'ASSIETTE	TAUX APPLICABLE
De 0 à 6 500 €	1,548 %
De 6 500 € à 17 000 €	0,852 %
De 17 000 € à 60 000 €	0,581 %
Plus de 60 000 €	0,426 %

Art. A. 444-164 *(Mod., A. 28 févr. 2020).* – **Le compte d'administration légale, d'acceptation de la succession à concurrence de l'actif net, de copropriété, d'exécution testamentaire, de gestion de mandat, de séquestre et autres (numéro 171 du tableau 5) donne lieu à la perception d'un émolument proportionnel au chapitre le plus élevé en recette ou en dépense, avec un minimum de perception de 75,46 € par compte, selon le barème suivant :**

TRANCHES D'ASSIETTE	TAUX APPLICABLE
De 0 à 6 500 €	2,580 %
De 6 500 € à 17 000 €	1,064 %
De 17 000 € à 60 000 €	0,709 %
Plus de 60 000 €	0,532 %

Lorsque le compte est rendu à des personnes ayant des intérêts distincts, l'émolument est calculé séparément sur les recettes ou dépenses concernant chaque intéressé.

Art. A. 444-165 *(Mod., A. 28 févr. 2020)*. – La décharge, par acte séparé, de cautionnement, d'exécution testamentaire, de mandat, d'objets mobiliers, de pièces, de solidarité et autres (numéro 172 du tableau 5), donne lieu à la perception d'un émolument de 26,41 €.

Art. A. 444-166. – Le dépôt d'actes sous seing privé autres que les testaments olographes (numéro 173 du tableau 5) donne lieu à la perception :

1° Si le dépôt est fait par toutes les personnes qui ont signé l'acte déposé avec reconnaissance de leurs signatures, à un émolument égal à celui auquel aurait donné lieu l'acte authentique contenant la même convention ;

2° Si le dépôt n'est pas fait par toutes les personnes visées au 1° ou si celles-ci ne requièrent pas la reconnaissance de leurs écritures et signatures, à la moitié de l'émolument prévu au 1°.

Art. A. 444-167 *(Mod., A. 28 févr. 2020)*. – Les procès-verbaux de dire, de protestation, de difficulté, de bornage, de carence et les procurations (numéros 174 à 176 du tableau 5) donnent lieu à la perception des émoluments suivants :

NUMÉRO DE LA PRESTATION (tableau 5 de l'article annexe 4-7)	DÉSIGNATION DE LA PRESTATION	ÉMOLUMENT
174	Procès-verbal de dires, de protestations, de difficultés de bornage	188,66 €
175	Procès-verbal de carence	75,46 €
176	Procuration	26,41 €

Art. A. 444-167-1 *(A. 17 août 2017)*. – Lorsque le notaire élabore intégralement un projet de procuration authentique engageant pleinement sa responsabilité en ce qui concerne le contenu de cet acte nonobstant la signature de ce dernier par un notaire étranger, et qu'en outre il est chargé de la bonne transmission du projet de procuration au notaire étranger, le tarif de la prestation n° 176 mentionné à l'article A. 444-167 du Code de commerce est applicable.

L'alinéa précédent est applicable lorsque, pour les besoins de la délivrance d'une procuration en dehors du territoire national, une prestation de notaire étranger remplace la prestation des chancelleries diplomatiques et consulaires donnant lieu à la perception des droits prévus au chapitre III (ligne 10) du tableau figurant à la première partie de l'annexe du décret n° 81-778 du 13 août 1981 susvisé.

Art. A. 444-168 *(Mod., A. 28 févr. 2020)*. – La prorogation de délai (numéro 177 du tableau 5) donne lieu *à la perception d'un émolument proportionnel*, selon le barème suivant :

TRANCHES D'ASSIETTE	TAUX APPLICABLE
De 0 à 6 500 €	1,935 %
De 6 500 € à 17 000 €	1,064 %
De 17 000 € à 30 000 €	0,726 %
Plus de 30 000 €	0,532 %

Sous-section 2. – Formalités

§ 1. – Formalités relatives au crédit et à l'immobilier

Art. A. 444-169 *(Mod., A. 28 oct. 2016 ; A. 28 févr. 2020).* – Les prestations figurant aux numéros 178 à 180 du tableau 5 donnent lieu à la perception des émoluments suivants :

NUMÉRO DE LA PRESTATION (tableau 5 de l'article annexe 4-7)	DÉSIGNATION DE LA PRESTATION	ÉMOLUMENT
178	Attestation de créancier	7,54 €
179	Paiement à des entrepreneurs des fonds versés par organismes de crédit (par règlement)	7,54 €
180	Ensemble des demandes de documents cadastraux, notamment l'extrait cadastral, le document d'arpentage, et les formulaires de division de parcelle	11,32 €

Art. A. 444-170 *(Mod., A. 28 févr. 2020).* – La vérification de la situation pénale de l'acquéreur auprès du casier judiciaire (numéro 181 du tableau 5) donne lieu à la perception des émoluments suivants :

1° En cas d'acquisition par une ou plusieurs personnes physiques ou par une personne morale jusqu'à 5 associés inclus : 37,73 € par dossier ;

2° En cas d'acquisition par une personne morale, au-delà de 5 associés : 75,46 € par dossier.

Le renouvellement de l'extrait de casier judiciaire, avec réinitialisation de la demande, donne lieu à la perception d'un nouvel émolument fixé selon les modalités prévues aux 1° et 2° du présent article.

Art. A. 444-171 *(Mod., A. 28 févr. 2020).* – Les prestations figurant aux numéros 182 à 195 du tableau 5 donnent lieu à la perception des émoluments suivants :

NUMÉRO DE LA PRESTATION (tableau 5 de l'article annexe 4-7)	DÉSIGNATION DE LA PRESTATION	ÉMOLUMENT
182	Vérification du respect des dispositions de l'article L. 711-2 du Code de la construction et de l'habitation dans le cadre de l'élaboration de l'acte authentique mentionné au premier alinéa de l'article L. 711-5 du même code	15,09 €
183	Immatriculation d'office du syndicat de copropriétaires dans les cas prévus au deuxième alinéa de l'article L. 711-5 du Code de la construction et de l'habitation	18,87 €
184	Immatriculation du syndicat de copropriétaires d'un immeuble mis en copropriété dans le cas prévu au I de l'article L. 711-4 du Code de la construction et de l'habitation	18,87 €
185	Copie figurée ou collationnée, pour publicité foncière (par page)	1,13 €
186	Demande de subvention dans le cadre d'un échange de biens ruraux	18,87 €
187	Notification nécessaire à la purge d'un droit de préemption (par notification)	37,73 €

NUMÉRO DE LA PRESTATION (tableau 5 de l'article annexe 4-7)	DÉSIGNATION DE LA PRESTATION	ÉMOLUMENT
188	Réquisition de publication ou de mention en matière de publicité foncière	18,87 €
189	Inscription d'une hypothèque légale par le notaire sans acte notarié	18,87 €
190	Mention en marge d'une convention de rechargement	18,87 €
191	Bordereau d'inscription en suite immédiate d'un acte	7,54 €
192	Renouvellement d'inscription	37,73 €
193	Demande d'état (par réquisition)	3,77 €
194	Actes destinés à être publiés au fichier immobilier : actes d'état civil, attestations, demandes de cadastre, copies authentiques, copies sur papier libre, copies publicité foncière, extraits d'acte, réquisitions d'état	339,58 €
195	Transmission au Conseil supérieur du notariat des informations relatives aux mutations d'immeubles à titre onéreux nécessaires à l'exercice de la mission de service public prévue à l'article 6-1 de l'ordonnance n° 45-2590 du 2 novembre 1945 relative au statut du notariat	15,31 €

§ 2. – Formalités relatives aux démarches administratives et fiscales

Art. A. 444-172 *(Mod., A. 28 févr. 2020)*. **– Les prestations figurant aux numéros 196 à 211 du tableau mentionné à l'article A. 444-53 donnent lieu à la perception des émoluments suivants :**

NUMÉRO DE LA PRESTATION (tableau 5 de l'article annexe 4-7)	DÉSIGNATION DE LA PRESTATION	ÉMOLUMENT
196	Ensemble des demandes concernant l'état civil des personnes physiques et l'immatriculation des personnes morales (actes de l'état civil)	11,24 €
197	Attestation en général ou la certification écrite d'une situation de fait ou de droit délivrée par le notaire (par attestation délivrée)	3,77 €
198	Demande de renseignements en matière de législation sociale (par demande)	3,77 €
199	Remise au greffe de procès-verbal de difficultés, testament ou autres actes (pour toutes les pièces comprises dans la même remise, frais de déplacement en sus)	18,87 €
200	Formalités de publicité d'une déclaration de pacte civil de solidarité reçu par un notaire (pour les deux partenaires)	11,32 €
201	Formalités de publicité d'une modification de pacte civil de solidarité reçu par un notaire (pour les deux partenaires)	11,32 €

NUMÉRO DE LA PRESTATION (tableau 5 de l'article annexe 4-7)	DÉSIGNATION DE LA PRESTATION	ÉMOLUMENT
202	Formalités de publicité d'une dissolution de pacte civil de solidarité reçu par un notaire (pour les deux partenaires)	11,32 €
203	Rédaction et envoi d'une requête au juge des tutelles	37,73 €
204	Obtention de tout document nécessaire à la rédaction d'un acte et non tarifé par ailleurs	56,60 €
205	Demande d'autorisation de cumul	37,73 €
206	Établissement de la déclaration et le paiement de l'impôt sur les plus-values	56,60 €
207	Demande de paiement fractionné ou différé des droits quand la garantie proposée est hypothécaire	37,73 €
208	Demande de paiement fractionné ou différé des droits dans les cas autres que celui prévu au numéro 202 du présent tableau	75,46 €
209	Démarches pour l'application de la réglementation applicable en matière de relations financières avec l'étranger	45,28 €
210	Demande de dégrèvement ou de restitution de droits ou taxes, lorsqu'il n'y a pas de démarches auprès de l'administration	37,73 €
211	Rédaction d'imprimés administratifs relatifs à la taxe sur la valeur ajoutée	18,87 €

Art. A. 444-172-1 *(A. 28 oct. 2016 ; mod., A. 28 févr. 2020)*. **– Les démarches concernant l'obtention et la vérification d'un certificat de mesurage ou d'un document composant le dossier de diagnostic technique donnent lieu à la perception d'un émolument fixe conformément au tableau ci-après :**

DÉSIGNATION DE LA PRESTATION	ÉMOLUMENT
Certificat de mesurage en application l'article 46 de la loi n° 65-557 du 10 juillet 1965 fixant le statut de la copropriété des immeubles bâtis	15,09 €
Chacun des documents composant le dossier de diagnostic technique prévu à l'article L. 271-4 du Code de la construction et de l'habitation, mentionnés au I de cet article	15,09 €

§ 3. – Autres formalités diverses

Art. A. 444-173 *(Mod., A. 28 oct. 2016 ; A. 28 févr. 2020)*. **– Les prestations figurant aux numéros 212 à 219 du tableau 5 donnent lieu à la perception des émoluments suivants :**

NUMÉRO DE LA PRESTATION *(tableau 5 de l'article* annexe 4-7)	DÉSIGNATION DE LA PRESTATION	ÉMOLUMENT
212	Copie exécutoire, authentique, par extrait	1,13 €
213	Copie sur papier libre	0,38 €

NUMÉRO DE LA PRESTATION (tableau 5 de l'article annexe 4-7)	DÉSIGNATION DE LA PRESTATION	ÉMOLUMENT
214	Archivage numérisé des actes	0,19 €
215	Extrait d'acte, y compris le bordereau récapitulatif	18,87 €
216	Notification, sauf en matière de préemption	15,09 €
217	Demande de remise de pénalité, pour des faits non imputables au notaire	37,73 €
218	Rédaction d'affiches ou d'insertions dans les journaux en vue de publications diverses (par texte rédigé)	37,73 €
219	Consultation de fichier public	11,32 €

Art. A. 444-173-1 *(A. 20 janv. 2017 ; mod., A. 28 févr. 2020)*. **– Le dépôt au rang des minutes de la convention prévue à l'article 229-1 du Code civil donne lieu à la perception d'un émolument fixe conformément au tableau ci-après :**

DÉSIGNATION DE LA PRESTATION	ÉMOLUMENT
Dépôt au rang des minutes de la convention prévue à l'article 229-1 du Code civil.	41,20 €

Sous-section 3. – Remises

Art. A. 444-174 *(A. 26 févr. 2016 ; mod., A. 28 févr. 2020)*. **– Les remises prévues à la première phrase du sixième alinéa de l'article L. 444-2 sont consenties par les notaires sur les émoluments proportionnels fixés à la sous-section 1 de la présente section selon les modalités suivantes :**

1° Dans la limite d'un taux de remise maximal de 40 % applicable à la part d'émolument calculée sur les tranches d'assiette supérieures ou égales à 10 millions €, le cas échéant pour la portion fixée au III de l'article R. 444-10, pour les prestations mentionnées au II de cet article, portant sur la mutation ou le financement de biens ou droits à usage non résidentiel ou résidentiel social ou sur la mutation de parts, actions, ou biens exonérés de droits de mutation en application des articles 787 B et 787 C du Code général des impôts ;

2° Dans la limite d'un taux de remise maximal de 20 % applicable à la part d'émolument calculée sur les tranches d'assiette supérieures ou égales à 100 000 €, pour les autres prestations.

Le taux des remises mentionnées à la deuxième phrase du sixième alinéa de l'article L. 444-2 peut être convenu entre le professionnel et son client pour la part d'émoluments excédant le seuil d'émoluments de 200 000 €. Les émoluments pris en compte pour la détermination de ce seuil sont ceux qui résultent de l'application des tarifs fixés par la présente section, après application des remises éventuellement consenties par le professionnel en application des alinéas précédents.

Sous-section 4. – Écrêtement de certains émoluments

Art. A. 444-175 *(A. 26 févr. 2016)*. **– Pour l'application de l'article R. 444-9, le notaire procède au calcul de la somme des émoluments fixés par les sous-sections 1 et 2 de la présente section, s'agissant respectivement de l'acte de mutation immobilière et des formalités liées à son accomplissement, desquels il déduit, le cas échéant, les remises qu'il a consenties dans les conditions prévues à l'article A. 444-174.**

Si la somme mentionnée à l'alinéa précédent excède 10 % de la valeur du bien ou du droit faisant l'objet de la mutation, le total des émoluments perçus par le notaire au titre de cette mutation est écrêté à ce montant, sans pouvoir être inférieur à 90 €.

Le détail des émoluments et des remises mentionnés au premier alinéa, ainsi que le montant de l'écrêtement pratiqué en application du deuxième alinéa, sont portés, sous le nom du client débiteur, sur le registre de frais d'actes prévu par l'article 18 du décret n° 45-0117 du 19 décembre 1945 pris pour l'application du statut du notariat.

Sous-section 5. – Dispositions spéciales aux départements du Bas-Rhin, du Haut-Rhin et de la Moselle

Art. A. 444-176 *(A. 28 oct. 2016)*. – En application du second alinéa de l'article R. 444-4, les prestations rendues en application de dispositions de droit local applicables dans les départements du Bas-Rhin, du Haut-Rhin et de la Moselle donnent lieu à la perception d'émoluments dans les conditions prévues à la présente sous-section.

Art. A. 444-177 *(A. 28 oct. 2016 ; mod., A. 28 févr. 2020)*. – Les actes et formalités relatifs au livre foncier décret n° 2009-1193 du 7 octobre 2009 relatif au livre foncier et à son informatisation dans les départements du Bas-Rhin, du Haut-Rhin et de la Moselle susvisé donnent à la perception des émoluments suivants :

1° La requête en délivrance d'un certificat de non-dommageabilité prévu par la loi d'Alsace-Lorraine du 19 juin 1906 sur le certificat de non-dommageabilité donne lieu à la perception d'un émolument fixe conformément au tableau ci-après :

DÉSIGNATION DE LA PRESTATION	ÉMOLUMENT
Requête en délivrance d'un certificat de non-dommageabilité	37,73 €

2° Les requêtes au livre foncier donnent lieu à la perception d'un émolument conformément aux tableaux ci-après :

DÉSIGNATION DE LA PRESTATION		ÉMOLUMENT
a) Requête en exécution immédiate d'un acte et réquisition		22,63 €
b) Réponse à ordonnance intermédiaire		37,73 €
c) Requête en exécution differée d'un acte (prénotation)		37,73 €
d) Requête en inscription séparée d'un droit		22,63 €
e) Inscription de propriété par suite de décès ou en exécution d'une convention matrimoniale (article 44 de la loi du 1er juin 1924 mettant en vigueur la législation civile française dans les départements du Bas-Rhin, du Haut-Rhin et de la Moselle	Tranches d'assiette	Taux applicable
	De 0 à 6 500 €	1,9235
	De 6 501 € à 17 000 €	1,064 %
	De 17 001 € à 30 000 €	0,726 %
	Plus de 30 000 €	0,532 %
f) Option par le conjoint survivant pour l'acquisition ou l'attribution de biens propres du précédé ou pour le prélèvement de biens communs	Tranches d'assiette	Taux applicable
	De 0 à 6 500 €	3,870 %
	De 6 501 € à 17 000 €	1,596 %
	De 17 001 € à 60 000 €	1,064 %
	Plus de 30 000 €	0,799 %

<table>
<tr><th colspan="2">DÉSIGNATION DE LA PRESTATION</th><th>ÉMOLUMENT</th></tr>
<tr><td rowspan="12">g) Autres requêtes</td><td>Requête au juge du livre foncier aux fins de jonction de plusieurs requêtes en inscription, en application de l'article 85 du décret n° 2009-1193 du 7 octobre 2009</td><td rowspan="12">18,86 €</td></tr>
<tr><td>Requête au juge du livre foncier en désistement d'une requête en inscription, en application de l'article 87 du décret n° 2009-1193 du 7 octobre 2009</td></tr>
<tr><td>Requête en inscription de l'envoi en possession, en application de l'article 59 du décret n° 2009-1193</td></tr>
<tr><td>Requête en radiation de l'inscription du privilège visée à l'article 43 du décret n° 2009-1193 du 7 octobre 2009</td></tr>
<tr><td>Requête en radiation de l'inscription de l'hypothèque visée à l'article 44 du décret n° 2009-1193 du 7 octobre 2009</td></tr>
<tr><td>Requête en radiation de la mention d'exécution forcée accompagnant une requête en inscription de la propriété de l'adjudicataire, en application de l'article 97 du décret n° 2009-1193 du 7 octobre 2009</td></tr>
<tr><td>Requête en radiation des inscriptions mentionnées au premier alinéa de l'article 166 de la loi du 1er juin 1924 et à l'article 204 de ladite loi, en application de l'article 98 du décret n° 2009-1193 du 7 octobre 2009</td></tr>
<tr><td>Requête en radiation de la prénotation ou du privilège du vendeur mentionnés à l'article 100 du décret n° 2009-1193 du 7 octobre 2009</td></tr>
<tr><td>Requête en rectification d'une mention ou d'une inscription incomplète, incorrecte ou radiée par erreur dans les conditions prévues à l'article 92 du décret n° 2009-1193 du 7 octobre 2009</td></tr>
<tr><td>Requête en rétablissement d'une inscription totalement ou partiellement détruite ou disparue, en application de l'article 93 du décret n° 2009-1193 du 7 octobre 2009</td></tr>
<tr></tr>
<tr></tr>
<tr><td colspan="2">h) Requête en réinscription d'un droit par suite de péremption de l'inscription initiale</td><td>37,73 €</td></tr>
<tr><td colspan="2">i) Requête en radiation de droits autres que privilèges et hypothèques et réquisition</td><td>18,86 €</td></tr>
<tr><td colspan="2">j) Retrait d'une requête</td><td>37,73 €</td></tr>
<tr><td colspan="2">k) Requête en renouvellement d'inscription de privilèges et hypothèques</td><td>37,73 €</td></tr>
</table>

DÉSIGNATION DE LA PRESTATION		ÉMOLUMENT
l) Formalités relatives au privilège du vendeur visé à l'article 43 du décret n° 2009-1193 du 7 octobre 2009, et le cas échéant du droit de résolution	Requête en inscription du privilège du vendeur visé à l'article 43 du décret n° 2009-1193 du 7 octobre 2009, et simultanément du droit de résolution	18,86 €
	Requête en inscription séparée du privilège du vendeur	
	Requête en inscription séparée de droit de résolution	
	Requête en radiation du droit de résolution par suite de terme extinctif à date certaine (article 95 du décret n° 2009-1193 du 7 octobre 2009)	
m) Mainlevée de droits autres que privilèges et hypothèques	Tranches d'assiette	Taux applicable
	De 0 à 6 500 €	0,484 %
	De 6 501 € à 17 000 €	0,266 %
	De 17 001 € à 30 000 €	0,181 %
	Plus de 30 000 €	0,133 %

3° Le consentement à l'inscription d'une prénotation prévue par l'article 39 de la loi du 1er juin 1924 donne lieu à la perception d'un émolument égal à la moitié de l'émolument de l'acte constitutif du droit prénoté. Cet émolument est imputé sur l'acte définitif si ce dernier est régularisé par le même notaire.

4° Les actes et formalités afférents à la prescription acquisitive prévue par l'article 44-1 de la loi du 1er juin 1924 donne lieu à la perception des émoluments suivants :

DÉSIGNATION DE LA PRESTATION		ÉMOLUMENT
a) Requête au juge du livre foncier aux fins d'inscription d'un droit portant sur un immeuble acquis par prescription ou par accession prévu par l'article 44-1 de la loi du 1er juin 1924 mettant en vigueur la législation civile française dans les départements du Bas-Rhin, du Haut-Rhin et de la Moselle	Tranches d'assiette	Taux applicable
	De 0 à 6 500 €	0,774 %
	De 6 501 € à 17 000 €	0,426 %
	De 17 001 € à 30 000 €	0,290 %
	Plus de 30 000 €	0,213 %
b) Requête en exécution du jugement au livre foncier		22,63 €
c) Acte de notoriété constatant la prescription acquisitive si l'immeuble n'est pas inscrit au livre foncier	Tranches d'assiette	Taux applicable
	De 0 à 6 500 €	0,774 %
	De 6 501 € à 17 000 €	0,426 %
	De 17 001 € à 30 000 €	0,290 %
	Plus de 30 000 €	0,213 %
d) Attestation à titre de preuve de prescription acquisitive		3,78 €
e) Production des pièces cadastrales		11,32 €
f) Production d'autres preuves		56,68 €

Art. A. 444-178 *(A. 28 oct. 2016 ; mod., A. 28 févr. 2020).* **– En matière de succession, les actes et formalités afférents à l'affirmation sous foi de serment donnent lieu à la perception des émoluments prévus par le tableau ci-après :**

<table>
<tr><th colspan="2">DÉSIGNATION DE LA PRESTATION</th><th>ÉMOLUMENT</th></tr>
<tr><td colspan="2">a) Rédaction</td><td>75,46 €</td></tr>
<tr><td rowspan="6">Requête en délivrance :
b) du certificat d'héritier ou d'un certificat d'exécuteur testamentaire
c) du certificat d'héritier restreint
d) de l'envoi en possession</td><td>Tranches d'assiette</td><td>Taux applicable</td></tr>
<tr><td>De 0 à 1 067 €</td><td>0,706 %</td></tr>
<tr><td>De 1 068 € à 2 134 €</td><td>0,471 %</td></tr>
<tr><td>De 2 135 € à 3 963 €</td><td>0,236 %</td></tr>
<tr><td>De 3 964 € à 9 146 €</td><td>0,118 %</td></tr>
<tr><td>Plus de 9 146 €</td><td>0,059 %</td></tr>
</table>

Art. A. 444-179 *(A. 28 oct. 2016 ; mod., A. 28 févr. 2020).* **– Les actes et formalités relatifs au partage judiciaire et aux ventes volontaires judiciaires donnent lieu à la perception d'émoluments conformément au tableau ci-après :**

<table>
<tr><th colspan="3">DÉSIGNATION DE LA PRESTATION</th><th>ÉMOLUMENT</th></tr>
<tr><td rowspan="4">a) Actes et formalités pris en application de l'article 221 de la loi du 1er juin 1924 mettant en vigueur la législation civile française dans les départements du Bas-Rhin, du Haut-Rhin et de la Moselle (ouverture)</td><td colspan="2">Demande de partage judiciaire</td><td>37,73 €</td></tr>
<tr><td colspan="2">Désignation du fondé de pouvoir à l'étranger</td><td>26,41 €</td></tr>
<tr><td colspan="2">Dépôt au rang des minutes du notaire du mandat de fondé de pouvoir à l'étranger avec reconnaissance d'écriture et de signature</td><td>26,41 €</td></tr>
<tr><td colspan="2">Dépôt au rang des minutes du notaire du mandat de fondé de pouvoir à l'étranger sans reconnaissance d'écriture et de signature</td><td>18,86 €</td></tr>
<tr><td colspan="3">b) Demande relative à une proposition de partage en application de l'article 224 de la loi du 1er juin 1924 mettant en vigueur la législation civile française dans les départements du Bas-Rhin, du Haut-Rhin et de la Moselle</td><td>56,58 €</td></tr>
<tr><td rowspan="5">c) Actes et formalités pris en application de l'article 225 de la loi du 1er juin 1924 mettant en vigueur la législation civile française dans les départements du Bas-Rhin, du Haut-Rhin et de la Moselle (débats)</td><td rowspan="2">Convocations et communication des propositions de partage</td><td>Rédaction</td><td>37,73 €</td></tr>
<tr><td>Par convocation</td><td>15,09 €</td></tr>
<tr><td colspan="2">Procès-verbal des débats avec présence des parties</td><td>188,66 €</td></tr>
<tr><td colspan="2">Procès-verbal des débats en l'absence des parties</td><td>75,46 €</td></tr>
<tr><td colspan="2">Transmission au greffe du procès-verbal des débats</td><td>18,86 €</td></tr>
<tr><td rowspan="3">d) Actes et formalités pris en application de l'article 227 de la loi du 1er juin 1924 mettant en vigueur la législation civile française dans les départements du Bas-Rhin, du Haut-Rhin et de la Moselle (expertise)</td><td colspan="2">Procès-verbal d'assermentation</td><td>188,66 €</td></tr>
<tr><td colspan="2">Rédaction du rapport d'expertise rédigé par le notaire sur déclaration de l'expert</td><td>188,66 €</td></tr>
<tr><td colspan="2">Avis que l'expertise a été dressée, par intéressé</td><td>15,09 €</td></tr>
</table>

DÉSIGNATION DE LA PRESTATION			ÉMOLUMENT	
	Délivrance, à la demande de l'intéressé, d'une copie du rapport d'expertise en application du dernier alinéa de l'article 227		15,09 €	
e) Actes et formalités pris en application de l'article 231 de la loi du 1er juin 1924 mettant en vigueur la législation civile française dans les départements du Bas-Rhin, du Haut-Rhin et de la Moselle (tirage au sort)	Convocation au tirage au sort	Rédaction	37,73 €	
		Par convocation	15,09 €	
	Procès-verbal de tirage au sort		188,66 €	
f) Actes et formalités pris en application de l'article 232 de la loi du 1er juin 1924 mettant en vigueur la législation civile française dans les départements du Bas-Rhin, du Haut-Rhin et de la Moselle (difficultés)	Procès-verbal de difficultés		188,66 €	
	Remise au greffe du procès-verbal		18,86 €	
	Renvoi des parties à se pourvoir par voie d'assignation		18,86 €	
g) Actes et formalités pris en application de l'article 232 de la loi du 1er juin 1924 mettant en vigueur la législation civile française dans les départements du Bas-Rhin, du Haut-Rhin et de la Moselle (partage)	Rédaction de l'acte de partage		Tranches d'assiette	Taux applicable
			De 0 à 6 500 €	4,837 %
			De 6 501 € à 17 000 €	1,995 %
			De 17 001 € à 60 000 €	1,330 %
			Plus de 60 000 €	0,998 %
	Transmission de la minute au tribunal		37,73 €	
	Information des non-comparants		Rédaction	15,09 €
			Par notification	15,09 €
h) Fixation du jour de la passation de l'acte de partage prévue à l'article 234 de la loi du 1er juin 1924 mettant en vigueur la législation civile française dans les départements du Bas-Rhin, du Haut-Rhin et de la Moselle			Rédaction	37,73 €
			Par notification	15,09 €
i) Retrait de procédure, par copartageant			37,73 €	
j) Actes et formalités pris en application de l'article 245 de la loi du 1er juin 1924 mettant en vigueur la *législation civile française* dans les départements du Bas-Rhin, du Haut-Rhin et de la Moselle (cahier des charges)	Établissement du cahier des charges sur les conditions de la vente		188,66 €	
	Convocation pour lecture		Rédaction	37,73 €
			Par convocation	15,09 €
	Procès-verbal de lecture		188,66 €	
	37,73 €		37,50 €	

<table>
<tr><th colspan="3">DÉSIGNATION DE LA PRESTATION</th><th colspan="2">ÉMOLUMENT</th></tr>
<tr><td colspan="3">k) Publications prévues par les articles 246 et 247 de la loi du 1er juin 1924 mettant en vigueur la législation civile française dans les départements du Bas-Rhin, du Haut-Rhin et de la Moselle, par texte et par copartageant</td><td colspan="2">37,73 €</td></tr>
<tr><td colspan="3">l) Envoi de l'affiche prévu par l'article 248 de la loi du 1er juin 1924 mettant en vigueur la législation civile française dans les départements du Bas-Rhin, du Haut-Rhin et de la Moselle, par envoi</td><td colspan="2">15,09 €</td></tr>
<tr><td colspan="3" rowspan="5">m) Procès-verbal d'adjudication prévu par l'article 250 de la loi du 1er juin 1924 mettant en vigueur la législation civile française dans les départements du Bas-Rhin, du Haut-Rhin et de la Moselle</td><td>Tranches d'assiette</td><td>Taux applicable</td></tr>
<tr><td>De 0 à 6 500 €</td><td>7,256 %</td></tr>
<tr><td>De 6 501 € à 17 000 €</td><td>2,993 %</td></tr>
<tr><td>De 17 001 € à 60 000 €</td><td>1,995 %</td></tr>
<tr><td>Plus de 60 000 €</td><td>1,497 %</td></tr>
<tr><td colspan="4">n) Procuration pour enchères prévu par l'article 253 de la loi du 1er juin 1924 mettant en vigueur la législation civile française dans les départements du Bas-Rhin, du Haut-Rhinet de la Moselle</td><td>26,41 €</td></tr>
<tr><td colspan="4">o) Déclaration de commande prévue par l'article 254 de la loi du 1er juin 1924 mettant en vigueur la législation civile française dans les départements du Bas-Rhin, du Haut-Rhin et de la Moselle, par copartageant</td><td>37,73 €</td></tr>
<tr><td rowspan="2">p) Actes et formalités pris en application de l'article 254 de la loi du 1er juin 1924 mettant en vigueur la législation civile française dans les départements du Bas-Rhin, du Haut-Rhin et de la Moselle (enchères)</td><td colspan="2">Ratification d'adjudication inférieure à la mise à prix, par copartageant ratifiant</td><td colspan="2">37,73 €</td></tr>
<tr><td colspan="2">Demande de nouvelles enchères</td><td colspan="2">37,73 €</td></tr>
<tr><td colspan="3">q) Autres ventes volontaires en justice, mentionnées à l'article 261 de la loi du 1er juin 1924 mettant en vigueur la législation civile française dans les départements du Bas-Rhin, du Haut-Rhin et de la Moselle</td><td colspan="2">75,46 €</td></tr>
<tr><td rowspan="4">Actes et formalités relatifs à l'aliénation des biens immobiliers d'une personne protégée</td><td colspan="2">r) Demande au tribunal des tutelles au titre de l'article 257 de la loi du 1er juin 1924 mettant en vigueur la législation civile française dans les départements du Bas-Rhin, du Haut-Rhin et de la Moselle</td><td colspan="2">37,73 €</td></tr>
<tr><td rowspan="3">s) Actes et formalités pris en application de l'article 258 de la loi du 1er juin 1924 mettant en vigueur la législation civile française dans les départements du Bas-Rhin, du Haut-Rhin et de la Moselle</td><td>Déclaration de l'acte d'assentiment des intéressés à la vente</td><td colspan="2">37,73 €</td></tr>
<tr><td>Requête en homologation</td><td colspan="2">37,73 €</td></tr>
<tr><td>Retrait de procédure</td><td colspan="2">37,73 €</td></tr>
</table>

DÉSIGNATION DE LA PRESTATION		ÉMOLUMENT
	t) Consentement des intéressés à la vente en application de l'article 259 de la loi du 1er juin 1924 mettant en vigueur la législation civile française dans les départements du Bas-Rhin, du Haut-Rhin et de la Moselle	37,73 €
	u) Requête en autorisation de vente par adjudication en application de l'article 260 de la loi du 1er juin 1924 mettant en vigueur la législation civile française dans les départements du Bas-Rhin, du Haut-Rhin et de la Moselle	37,73 €
	v) Requête en vente volontaire d'immeuble par acceptation de succession à concurrence de l'actif net ou en vacance de succession en application de l'article 261 de la loi du 1er juin 1924 mettant en vigueur la législation civile française dans les départements duBas-Rhin, du Haut-Rhin et de la Moselle	37,73 €
	w) Requête en autorisation de vente en cas de personne protégée étrangère en application de l'article 262 de la loi du 1er juin 1924 mettant en vigueur la législation civile française dans les départements du Bas-Rhin, du Haut-Rhin et de la Moselle	37,73 €

Art. A. 444-180 *(A. 28 oct. 2016 ; mod., A. 28 févr. 2020).* **– Les actes et formalités relatifs à l'exécution forcée immobilière donnent lieu à la perception d'émoluments conformément au tableau ci-après :**

DÉSIGNATION DE LA PRESTATION			ÉMOLUMENT
a) Actes et formalités pris en application de l'article 141 de la loi du 1er juin 1924 mettant en vigueur la législation civile française dans les départements du Bas-Rhin, du Haut-Rhin et de la Moselle	Demande introductive		75,45 €
	Désignation du fondé de pouvoir à l'étranger		26,41 €
b) Actes et formalités pris en application de l'article 145 de la loi du 1er juin 1924 mettant en vigueur la législation civile française dans les départements du Bas-Rhin, du Haut-Rhin et de la Moselle	Requête en désignation du curateur		37,73 €
	Requête au tribunal des tutelles en nomination d'administrateur des biens de non-présent (article 113 du Code civil)		37,73 €
c) Actes et formalités pris en application de l'article 147 de la loi du 1er juin 1924 mettant en vigueur la législation civile française dans les *départements du Bas-Rhin*, du Haut-Rhin et de la Moselle	Convocation	Rédaction	37,73 €
		Par convocation	15,09 €
	Procès-verbal des débats		113,20 €
	Mise à jour au livre foncier		3,78 €
d) Établissement du cahier des charges prévu par l'article 148 de la loi du 1er juin 1924 mettant en vigueur la législation civile française dans les départements du Bas-Rhin, du Haut-Rhin et de la Moselle			188,66 €

<table>
<tr><th colspan="2">DÉSIGNATION DE LA PRESTATION</th><th colspan="2">ÉMOLUMENT</th></tr>
<tr><td colspan="2">e) Désignation d'un fondé de pouvoir (article 21 annexe du Code de procédure civile)</td><td colspan="2">26,41 €</td></tr>
<tr><td rowspan="2">f) Dépôt de procuration entre les mains du notaire (article 22 annexe du Code de procédure civile)</td><td>Dépôt avec reconnaissance d'écriture et de signature</td><td colspan="2">26,41 €</td></tr>
<tr><td>Dépôt sans reconnaissance d'écriture et de signature</td><td colspan="2">18,87 €</td></tr>
<tr><td colspan="2">g) Légalisation de signature (article 22 annexe du Code de procédure civile)</td><td colspan="2">18,87 €</td></tr>
<tr><td colspan="2">h) Visite des lieux et procès-verbal</td><td colspan="2">188,86 €</td></tr>
<tr><td rowspan="2">i) Publications en application de l'article 150 de la loi du 1er juin 1924 mettant en vigueur la législation civile française dans les départements du Bas-Rhin, du Haut-Rhin et de la Moselle</td><td>Affichage, par texte et par destinataire</td><td colspan="2">37,73 €</td></tr>
<tr><td>Envoi d'exemplaires, par destinataires</td><td colspan="2">15,09 €</td></tr>
<tr><td rowspan="6">j) Actes et formalités pris en application en application des articles 153 et 157 de la loi du 1er juin 1924 mettant en vigueur la législation civile française dans les départements du Bas-Rhin, du Haut-Rhin et de la Moselle</td><td rowspan="5">Procès-verbal d'adjudication, le cahier des charges étant automatiquement rédigé par le notaire</td><td>Tranches d'assiette</td><td>Taux applicable</td></tr>
<tr><td>De 0 à 6 500 €</td><td>7,257 %</td></tr>
<tr><td>De 6 501 € à 17 000 €</td><td>2,999 %</td></tr>
<tr><td>De 17 001 € à 60 000 €</td><td>1,995 %</td></tr>
<tr><td>Plus de 60 000 €</td><td>1,497 %</td></tr>
<tr><td>Abandon de procédure</td><td colspan="2">37,73 €</td></tr>
<tr><td colspan="2">k) Déclaration de command prévu par l'article 155 de la loi du 1er juin 1924 mettant en vigueur la législation civile française dans les départements du Bas-Rhin, du Haut-Rhin et de la Moselle</td><td colspan="2">37,73 €</td></tr>
<tr><td colspan="2">l) Notification de séquestre judiciaire de l'immeuble prévue par l'article 164 de la loi du 1er juin 1924, par notification</td><td colspan="2">15,09 €</td></tr>
<tr><td rowspan="6">m) Actes et formalités pris en application de l'article 195 de la loi du 1er juin 1924 mettant en vigueur la législation civile française dans les départements du Bas-Rhin, du Haut-Rhin et de la Moselle</td><td rowspan="5">Distribution amiable</td><td>Tranches d'assiette</td><td>Taux applicable</td></tr>
<tr><td>De 0 à 6 500 €</td><td>3,870 %</td></tr>
<tr><td>De 6 501 € à 17 000 €</td><td>1,596 %</td></tr>
<tr><td>De 17 001 € à 60 000 €</td><td>1,064 %</td></tr>
<tr><td>Plus de 60 000 €</td><td>0,799 %</td></tr>
<tr><td>Retrait de procédure</td><td colspan="2">37,73 €</td></tr>
</table>

DÉSIGNATION DE LA PRESTATION			ÉMOLUMENT
n) Actes et formalités relatifs à l'ouverture de la procédure de distribution en application de l'article 196 de la loi du 1er juin 1924 mettant en vigueur la législation civile française dans les départements du Bas-Rhin, du Haut-Rhin et de la Moselle Ouverture de la procédure de distribution – Procès-verbal	Procès-verbal d'ouverture		75,46 €
	Sommation de produire	Rédaction	37,73 €
		Par signification	15,09 €
o) Procès-verbal de production prévu par l'article 197 de la loi du 1er juin 1924 mettant en vigueur la législation civile française dans les départements du Bas-Rhin, du Haut-Rhin et de la Moselle			188,86 €
p) Actes et formalités relatifs à la collocation prévue par l'article 200 de la loi du 1er juin 1924 mettant en vigueurla législation civile française dans les départements du Bas-Rhin, du Haut-Rhin et de la Moselle	État de collocation		moitié des émoluments pour distribution amiable
	Clôture de collocation		moitié des émoluments pour distribution amiable
q) Actes et formalités prévus par l'article 201 de la loi du 1er juin 1924 mettant en vigueur la législation civile française dans les départements du Bas-Rhin, du Haut-Rhin et de la Moselle	Fixation du jour	Rédaction	37,73 €
		Par notification	15,09 €
	Sommation de comparaître et avis	Rédaction	37,73 €
		Par notification	15,09 €
r) Mandat de représentation en exécution forcée, administration forcée ou distribution			26,41 €

Art. A. 444-181 *(A. 28 oct. 2016 ; mod., A. 28 févr. 2020).* **– Les actes et formalités relatifs aux ventes réalisées dans le cadre d'une procédure collective donnent lieu à la perception :**

1° Des émoluments prévus à l'article A. 444-180 ;

2° S'agissant de la notification aux créanciers de l'ordonnance de vente sur demande du tribunal ou du liquidateur, d'un émolument de 15,09 € par notification.

Art. A. 444-182 *(A. 28 oct. 2016 ; mod., A. 28 févr. 2020).* **– Les actes et formalités relatifs à la procédure de purge donnent lieu à la perception :**

1° S'agissant de l'offre de purge, de la moitié des émoluments prévus pour la distribution amiable par l'article A. 444-180 ;

2° S'agissant de la procédure de revente sur surenchère, des émoluments prévus par l'article A. 444-180 ;

3° S'agissant de l'envoi des offres de purge aux huissiers, d'un émolument fixe de 37,73 €.

Art. A. 444-183 *(A. 28 oct. 2016 ; mod., A. 28 févr. 2020).* **– Les actes et formalités relatifs aux associations et fondations donnent lieu à la perception d'émoluments conformément au tableau ci-après :**

DÉSIGNATION DE LA PRESTATION	ÉMOLUMENT	
	Tranches d'assiette	Taux applicable
a) Rédaction des statuts, en cas d'apport de biens soumis à publicité foncière	De 0 à 6 500 €	3,87 %
	De 6 501 € à 17 000 €	1,596 %

DÉSIGNATION DE LA PRESTATION	ÉMOLUMENT	
	De 17 001 € à 60 000 €	1,064 %
	Plus de 60 000 €	0,799 %
b) Requête en inscription de l'association (article 28 annexe du Code de procédure civile)	37,73 €	
	Tranches d'assiette	Taux applicable
c) Partage ou dévolution après dissolution	De 0 à 6 500 €	4,837 %
	De 6 501 € à 17 000 €	1,996 %
	De 17 001 € à 60 000 €	1,33 %
	Plus de 60 000 €	0,998 %

Art. A. 444-184 *(A. 28 oct. 2016 ; mod., A. 28 févr. 2020).* **– Les pourvois en matière de livre foncier, de certificat d'héritier, de certificat d'exécuteur testamentaire, de certificat de non-dommageabilité, d'associations, d'exécution forcée, d'administration forcée, de partage judiciaire, et de procédure de taxe donnent lieu à la perception d'un émolument fixe de 98,10 €.**

Art. A. 444-185 *(A. 28 oct. 2016 ; mod., A. 28 févr. 2020).* **– L'établissement d'une procuration en matière de partage judiciaire, d'exécution forcée, de soumission à l'exécution forcée dans un acte, et d'administration forcée donne lieu à la perception d'un émolument fixe de 26,41 €.**

Art. A. 444-186 *(A. 28 oct. 2016 ; mod., A. 28 févr. 2020).* **– La légalisation authentique prévue par l'article 56 du décret n° 2009-1193 du 7 octobre 2009 susvisé, ainsi que la légalisation dans le cadre d'une requête séparée au livre foncier, donne lieu à la perception d'un émolument fixe de 18,86 €.**

Section IV. – Tarifs des avocats

(A. 6 juill. 2017)

Art. A. 444-187 *(A. 6 juill. 2017 ; mod., A. 8 août 2019).* **– Les prestations figurant au tableau 6 de l'article Annexe 4-7 donnent lieu à la perception d'émoluments fixés conformément aux dispositions respectives des sous-sections 1 à 5 de la présente section.**

Les remboursements forfaitaires de frais et débours sont régis par la sous-section 6 de cette même section.

Les remises sur les émoluments proportionnels sont régies par la sous-section 7 de cette même section.

Les émoluments applicables jusqu'au 31 août *(Année rempl., A. 2 août 2021)* (1) (2) (3) **« 2023 » sont ceux qui sont prévus par la présente section.**

NB : Se reporter aux dispositions de l'article 2 de l'arrêté du 8 août 2019 en ce qui concerne les dérogations à l'article A. 444-187 en matière de saisie immobilière, de partage, de licitation et de sûretés judiciaires.

---

(1) Dispositions non applicables dans les départements de la Moselle, du Bas-Rhin et du Haut-Rhin, A. 2 août 2021, art. 4.

(2) Dispositions applicables dans les îles Wallis-et-Futuna, A. 2 août 2021, art. 4.

(3) Les présentes dispositions ne prévoient pas de date d'entrée en vigueur particulière. En revanche, la notice explicative, dépourvue de portée normative et publiée en tête de l'arrêté du 2 août 2021, mentionne une date d'entrée en vigueur au 1er septembre 2021. – NDLR.

Sous-section 1. – Intérêt du litige

Art. A. 444-188 *(A. 6 juill. 2017)*. – En matière de saisie immobilière et de licitation, sauf dispositions contraires, l'intérêt du litige correspond au prix d'adjudication du bien. En cas de vente par lots, l'intérêt du litige correspond au prix de chaque lot, sauf si l'adjudication a lieu après réunion totale ou partielle des lots mis en vente.

Pour les demandes en partage, l'intérêt du litige est défini selon les règles applicables à l'assiette des émoluments des notaires précisées aux articles A. 444-54 et A. 444-55.

En matière de sûretés judiciaires, l'intérêt du litige correspond au montant de la garantie prise en sûreté.

Art. A. 444-189 *(A. 6 juill. 2017)*. – Le cas échéant, le montant des dommages et intérêts prononcés par le juge est pris en compte pour l'évaluation de l'intérêt du litige.

Art. A. 444-190 *(A. 6 juill. 2017)*. – L'assiette de l'émolument est arrondie à l'euro le plus proche.

Sous-section 2. – Actes et formalités concernant la saisie immobilière et la licitation par adjudication judiciaire

Art. A. 444-191 *(A. 6 juill. 2017)*. – I. – À l'exception des cas mentionnés au II et au III, les actes réalisés en matière de saisie immobilière et de licitation par adjudication judiciaire (n°s 1, 2 et 3 du tableau 6) donnent lieu à la perception de l'émolument perçu par les notaires en application du 1° de l'article A. 444-102, ainsi réparti entre les avocats en cause :

1° L'avocat poursuivant en perçoit les trois quarts ;

2° L'avocat de l'adjudicataire en perçoit le quart restant.

II. – En cas de surenchère, l'avocat ayant poursuivi la première vente et l'avocat surenchérisseur perçoivent ensemble l'émolument prévu au 1° du I. Le rapport entre l'émolument de l'un et de l'autre doit être égal au rapport entre, d'une part, le prix d'adjudication primitif et, d'autre part, la différence entre le prix d'adjudication sur la surenchère et le prix d'adjudication primitif.

III. – En cas de réitération d'enchère, l'avocat poursuivant perçoit la totalité de l'émolument prévu au I.

IV. – En cas d'abandon de la procédure après le dépôt du cahier des conditions de vente ou du cahier des charges, il est alloué à l'avocat poursuivant 37,5 % de l'émolument prévu au I, sur le montant de la mise à prix.

V. – En cas de vente amiable sur autorisation judiciaire *(Mots aj., A. 8 août 2019)* « ou de vente de gré à gré dans les conditions prévues au deuxième alinéa de l'article L. 322-1 du Code des procédures civiles d'exécution », l'avocat poursuivant perçoit l'émolument perçu par les notaires en application de l'article A. 444-91.

NB : Conformément aux dispositions du 3° de l'article 2 de l'arrêté du 8 août 2019, les tarifs fixés par l'arrêté du 6 juillet 2017 restent applicables aux instances ouvertes entre le 1er septembre 2017 et le 1er septembre 2019 sans préjudice des dispositions prévues au 2° de l'article 1er dudit arrêté qui entrent en vigueur le 1er septembre 2019.

Art. A. 444-192 *(A. 6 juill. 2017)*. – Les actes réalisés en matière de distribution du prix (n° 4 du tableau 6) donnent lieu à la perception de l'émolument perçu par les mandataires judiciaires en application de l'article A. 663-28.

(Al. créé, A. 8 août 2019 ; rempl., A. 2 août 2021) (1) (2) (3) Lorsque la distribution est soumise aux dispositions de l'article R. 332-1 du Code des procédures civiles d'exécution, cet émolument est réduit de moitié.

---

(1) Dispositions non applicables dans les départements de la Moselle, du Bas-Rhin et du Haut-Rhin, A. 2 août 2021, art. 4.

(2) Dispositions applicables dans les îles Wallis-et-Futuna, A. 2 août 2021, art. 4.

(3) Les présentes dispositions ne prévoient pas de date d'entrée en vigueur particulière. En revanche, la notice explicative, dépourvue de portée normative et publiée en tête de l'arrêté du 2 août 2021, mentionne une date d'entrée en vigueur au 1er septembre 2021. – NDLR.

Art. A. 444-193 *(A. 6 juill. 2017)*. – **Les formalités accomplies en matière de saisie immobilière et de licitation par adjudication judiciaire donnent lieu à la perception des émoluments suivants :**

NUMÉRO DE LA PRESTATION (tableau 6 de l'article Annexe 4-7)	DÉSIGNATION DE LA PRESTATION	ÉMOLUMENT
5	Réquisitions et demandes de renseignements sur la personne du débiteur saisi	11,54 €, pour l'ensemble
6	Réquisitions et demandes de renseignements sur l'immeuble saisi	11,54 €, par réquisition ou demande
7	Rédaction du bordereau de publication et éventuellement du bordereau rectificatif, en application des articles R. 321-6 et R. 321-7 du Code des procédures civiles d'exécution	1,15 €, par page
8	Publication du commandement de payer au service de la publicité foncière	346,16 €
9	Publication au service de la publicité foncière de la décision de justice ordonnant la suspension des voies d'exécution, le report de la vente ou la prorogation du commandement de payer, en application de l'article R. 321-22 du Code des procédures civiles d'exécution	346,16 €
10	Rédaction de la dénonciation au conjoint du commandement de payer en application du premier alinéa de l'article R. 321-1 du Code des procédures civiles d'exécution	15,38 €
11	S'il existe un tiers détenteur de l'immeuble saisi, rédaction du commandement à fin de saisie à tiers détenteur, en application de l'article R. 321-4 du Code des procédures civiles d'exécution	1,15 €, par page
12	Mention en marge de publication du commandement de payer de l'assignation à comparaître à l'audience d'orientation et des dénonciations, en application de l'article R. 322-9 du Code des procédures civiles d'exécution	3,85 €
13	Rédaction du cahier des conditions de la vente ou du cahier des charges	0,38 €, par page
14	Dépôt au greffe du cahier des conditions de la vente, de la copie de l'assignation et du procès-verbal de descriptif de l'immeuble saisi, en application des articles R. 322-10 et R. 322-11 du Code des procédures civiles d'exécution	19,23 €
15	Dire au cahier des conditions de la vente pour renseignements complémentaires	19,23 €
16	*Rédaction d'une signification* de jugement à avocat et à partie	15,38 €
17	Lettre en recommandé avec accusé de réception au syndic de copropriété concernant l'amiante et l'état de l'immeuble saisi, en application des articles R. 1334-14 à R. 1334-29-7 du Code de la santé publique	57,69 €
18	Déclaration au greffe pour informations complémentaires	19,23 €
19	Si l'immeuble saisi est soumis à un droit de préemption urbain, rédaction de la déclaration d'intention d'aliéner et envoi en mairie en cinq exemplaires	38,46 €
20	Formalités de publicité légale prévues aux articles R. 322-32 à R. 322-70 du Code des procédures civiles d'exécution	38,46 €, par insertion

<table>
<tr><th>NUMÉRO DE LA PRESTATION (tableau 6 de l'article Annexe 4-7)</th><th colspan="2">DÉSIGNATION DE LA PRESTATION</th><th>ÉMOLUMENT</th></tr>
<tr><td>21</td><td colspan="2">Dépôt au greffe de l'avis de publicité pour apposition</td><td>19,23 €</td></tr>
<tr><td>22</td><td colspan="2">Lettre en recommandé avec accusé de réception au locataire ou, si l'immeuble est occupé par le propriétaire, à la mairie, en application de l'article L. 616 du Code de la construction et de l'habitation</td><td>15,38 €</td></tr>
<tr><td>23</td><td colspan="2">Rédaction d'une notification aux fins de purge des droits de préemption et de substitution, en application de l'article 10 de la loi n° 75-1351 du 31 décembre 1975 relative à la protection des occupants de locaux à usage d'habitation</td><td>38,46 €</td></tr>
<tr><td>24</td><td colspan="2">Levée auprès du greffe du certificat constatant le défaut de consignation du prix ou de paiement des frais, en application de l'article R. 322-67 du Code des procédures civiles d'exécution</td><td>57,60 €</td></tr>
<tr><td>25</td><td colspan="2">Rédaction d'une sommation de payer à l'avocat de l'adjudicataire</td><td>15,38 €</td></tr>
<tr><td>26</td><td colspan="2">Déclaration d'adjudicataire au greffe, en application de l'article R. 322-46 du Code des procédures civiles d'exécution</td><td>19,23 €</td></tr>
<tr><td>27</td><td colspan="2">Concernant les lots de copropriété, notification au syndic de l'avis de mutation en application de l'article 5-1 du décret n° 67-223 du 17 mars 1967</td><td>15,38 €</td></tr>
<tr><td>28</td><td colspan="2">Concernant les lots de copropriété, notification au syndic du transfert de propriété en application de l'article 6 du décret n° 67-223 du 17 mars 1967</td><td>15,38 €</td></tr>
<tr><td>29</td><td colspan="2">Concernant les lots de copropriété, notification aux créanciers inscrits de l'opposition à la vente formulée par le syndic, en application de l'article 6-1 du décret n° 67-223 du 17 mars 1967</td><td>15,38 €</td></tr>
<tr><td>30</td><td colspan="2">Dépôt d'une déclaration de surenchère au greffe du juge de l'exécution</td><td>19,23 €</td></tr>
<tr><td>31</td><td colspan="2">Rédaction de la dénonciation de la surenchère au créancier poursuivant, au premier adjudicataire et au débiteur saisi au greffe</td><td>15,38 €</td></tr>
<tr><td>32</td><td colspan="2">S'il n'existe qu'un seul créancier, notification au débiteur du montant versé au créancier poursuivant, en application de l'article R. 332-1 du Code des procédures civiles d'exécution</td><td>15,38 €</td></tr>
<tr><td>33</td><td rowspan="3">S'il existe plusieurs créanciers</td><td>Notification de la demande de la déclaration actualisée des créances, en application de l'article R. 332-2 du Code des procédures civiles d'exécution</td><td>15,38 €</td></tr>
<tr><td>34</td><td>Notification du projet de distribution du prix aux créanciers, en application des articles R. 332-4 et R. 332-5 du Code des procédures civiles d'exécution</td><td>15,38 €</td></tr>
<tr><td>35</td><td>Notification du projet de distribution du prix au syndic de copropriété, au débiteur saisi et au Trésor public</td><td>15,38 €</td></tr>
<tr><td>36</td><td colspan="2">Réquisition auprès du service de la publicité foncière aux fins de radiation des inscriptions et publications</td><td>3,85 €, par réquisition</td></tr>
</table>

Sous-section 3. – Actes et formalités concernant le partage et la licitation par adjudication volontaire

Art. A. 444-194 *(A. 6 juill. 2017)*. – I. – Les actes réalisés dans le cadre d'une demande contestée en partage de biens meubles ou immeubles, y compris en cas de licitation par adjudication volontaire (n° 37 du tableau 6), donnent lieu à la perception :

1° En cas d'instance contradictoire, d'un émolument proportionnel selon le barème suivant :

TRANCHES D'ASSIETTE	TAUX APPLICABLE
De 0 à 1068 €	3,6 %
De 1 069 € à 2 135 €	2,4 %
De 2 136 € à 3 964 €	1,2 %
De 3 965 à 9 147 €	0,6 %
Plus de 9 147 €	0,3 %

2° En cas d'instance par défaut :

a) Si l'instance est terminée par un jugement par défaut susceptible d'opposition, d'un émolument proportionnel correspondant à 25 % de celui fixé au 1° ;

b) Si l'instance est terminée par un jugement réputé contradictoire, d'un émolument proportionnel correspondant à 50 % de celui fixé au 1° ;

c) Dans le cas mentionné au *b*, en cas de pluralité de demandeurs ou de défendeurs, et lorsqu'au moins un avocat a déposé des conclusions, de l'émolument fixé au 1°.

II. – Les actes réalisés dans le cadre d'une demande non contestée en partage de biens immeubles (n° 38 du tableau 6) donnent lieu à la perception de la moitié de l'émolument fixé au I.

Art. A. 444-195 *(A. 6 juill. 2017)*. – Les actes réalisés dans le cadre d'une demande contestée en homologation du projet d'état liquidatif des biens à partager (n° 39 du tableau 6) donnent lieu à la perception de l'émolument fixé au I de l'article A. 444-194.

Art. A. 444-196 *(A. 6 juill. 2017)*. – La publication du jugement au service de la publicité foncière (n° 40 du tableau 6) donne lieu à la perception d'un émolument fixe de 346,16 €.

Sous-section 4. – Actes et formalités concernant les sûretés judiciaires

Art. A. 444-197 *(A. 6 juill. 2017)*. – Les actes réalisés pour l'inscription d'une sûreté judiciaire avec demande d'obtention d'un titre exécutoire (n° 41 du tableau 6) donnent lieu à la perception de l'émolument fixé au 1° de l'article A. 444-194.

Art. A. 444-198 *(A. 6 juill. 2017)*. – Les actes réalisés pour l'inscription d'une sûreté judiciaire sans demande d'obtention d'un titre exécutoire (n° 42 du tableau 6) donnent lieu à la perception de la moitié de l'émolument fixé au 1° de l'article A. 444-194.

Art. A. 444-199 *(A. 6 juill. 2017)*. – Les formalités accomplies en matière de sûretés judiciaires donnent lieu à la perception des émoluments suivants :

NUMÉRO DE LA PRESTATION (tableau 6 de l'article Annexe 4-7)	DÉSIGNATION DE LA PRESTATION	ÉMOLUMENT
43	Réquisitions et demandes de renseignements sur la personne du débiteur	11,54 €, pour l'ensemble
44	Réquisitions et demandes de renseignements sur l'immeuble	11,54 €, par réquisition ou demande

NUMÉRO DE LA PRESTATION (tableau 6 de l'article Annexe 4-7)	DÉSIGNATION DE LA PRESTATION	ÉMOLUMENT	
45	Réquisitions et demandes de renseignements sur la société	11,54 €, par réquisition ou demande	
46	Formalités de publicité provisoire, en application des articles R. 532-1 à R. 532-9 du Code des procédures civiles d'exécution	Tranches d'assiette	Taux applicable
		De 0 à 6 500 €	2,630 %
		De 6 500 € à 17 000 €	1,085 %
		De 17 000 € à 60 000 €	0,723 %
		Plus de 60 000 €	0,542 %
47	Formalités de publicité définitive en application des articles R. 533-1 à R. 533-6 du Code des procédures civiles d'exécution	Tranches d'assiette	Taux applicable
		De 0 à 6 500 €	2,630 %
		De 6 500 € à 17 000 €	1,085 %
		De 17 000 € à 60 000 €	0,723 %
		Plus de 60 000 €	0,542 %

Sous-section 5. – Incidents

Art. A. 444-200 *(A. 6 juill. 2017)*. – **Les actes et formalités réalisés en matière d'incidents (n° 48 du tableau 6) donnent lieu aux émoluments suivants :**

1° Si l'incident présente le caractère d'une demande principale, l'avocat perçoit l'émolument fixé à l'article A. 444-194 ;

2° Si l'incident n'a pas le caractère d'une demande principale et donne lieu à un jugement mettant fin à la procédure, l'avocat perçoit la moitié de l'émolument fixé au 1° de l'article A. 444-194.1°

Sous-section 6. – Remboursement des frais et débours

Art. A. 444-201 *(A. 6 juill. 2017)*. – **Les frais de déplacement mentionnés au a du 7° du I de l'article Annexe 4-8 font l'objet d'un remboursement forfaitaire égal à celui prévu pour les huissiers de justice aux articles A. 444-48 et A. 444-49.**

Sous-section 7. – Remises

Art. A. 444-202 *(A. 6 juill. 2017)*. – *(Al. mod., A. 2 août 2021)* (1) (2) (3) **Les remises prévues au dernier alinéa de l'article L. 444-2 sont consenties par les avocats sur les émoluments proportionnels fixés à la présente section dans la limite d'un taux de remise maximal de 20 % applicable à la part d'émolument calculée sur les tranches d'assiette supérieures ou égales à 100 000 €.**

---

(1) Dispositions non applicables dans les départements de la Moselle, du Bas-Rhin et du Haut-Rhin, A. 2 août 2021, art. 4.

(2) Dispositions applicables dans les îles Wallis-et-Futuna, A. 2 août 2021, art. 4.

(3) Les présentes dispositions ne prévoient pas de date d'entrée en vigueur particulière. En revanche, la notice explicative, dépourvue de portée normative et publiée en tête de l'arrêté du 2 août 2021, mentionne une date d'entrée en vigueur au 1er septembre 2021. – NDLR.

En cas d'intervention d'une pluralité d'avocats dans la réalisation de l'une des prestations mentionnées au tableau 6 de l'article Annexe 4-7, la remise respectivement consentie par chaque intervenant est, le cas échéant, déduite de la part lui revenant.

CHAPITRE II. – RECUEIL DE DONNEES ET D'INFORMATIONS

(Chapitre créé, A. 11 sept. 2018)

Art. 444-203 *(A. 11 sept. 2018)*. **– Les instances nationales professionnelles énumérées à l'article R. 444-17, à l'exception du Conseil national des barreaux, transmettent au plus tard le 30 juin de chaque année, soit par voie de communication électronique sécurisée dans un format informatique ouvert de nature à assurer son interopérabilité, soit par tout autre moyen approprié, aux ministres de la justice et de l'économie et à l'Autorité de la concurrence, les tableaux établis conformément aux modèles figurant respectivement au I et au II de l'annexe 4-2 du présent livre.**

NB : par dérogation à l'article A. 444-203 du Code de commerce, pour les années civiles 2016 et 2017, les instances nationales professionnelles énumérées à l'article R. 444-17, à l'exception du Conseil national des barreaux, transmettent aux ministres de la justice et de l'économie et à l'Autorité de la concurrence les tableaux prévus à l'article A. 444-203 au plus tard le 1er octobre 2018 (A. 11 sept. 2018, art. 3).

Annexe 4-2 (annexe à l'article A. 444-203)

(A. 11 sept. 2018)

I. – Modèle de tableau prévu à l'article A. 444-203

Numéro SIREN de l'office ou de l'étude	A	B	C	D	E	F	G	H	I	J	K	L1	L2	M1	M2	N	O
…																	
…																	
…/…																	

Légende : Ce tableau contient autant de lignes que la profession compte d'offices ou d'études. Les informations mentionnées dans le tableau sont calculées pour chaque année civile, par office ou étude soumis à la tenue d'une comptabilité distincte. Dans le cas d'une société titulaire d'un office ou d'une étude, il est ainsi établi une ligne unique pour l'office ou l'étude. Dans le cas d'une société titulaire de plusieurs offices ou études, il est établi une ligne par office ou étude.

Les colonnes A à O correspondent aux informations suivantes :

A	Raison sociale ou dénomination sociale de l'office ou de l'étude	
B	Adresse de l'office ou de l'étude	
C	Code postal de l'office ou de l'étude	
D	Ville de l'office ou de l'étude	
E	Code communal INSEE de l'office ou de l'étude	
F	Forme juridique de l'office ou de l'étude	Indiquer si l'office ou l'étude est constitué sous la forme d'une entreprise individuelle ou d'une société. Précisez la forme sociale.
G	Régime de déclaration de l'office ou de l'étude	Indiquer si l'office ou l'étude procède à une déclaration de bénéfices non commerciaux selon le régime de la déclaration contrôlée, à une déclaration d'impôt sur les sociétés selon le régime normal, ou à une déclaration d'impôt sur les sociétés selon le régime simplifié.

H	Date de clôture de l'exercice comptable	
I	Nombre total de professionnels en exercice au sein de l'office ou de l'étude (au 1er janvier de l'année civile)	Indiquer exclusivement le nombre de professionnels en exercice, sans intégrer les personnes exerçant la profession en qualité de salarié. Les professionnels en exercice sont les personnes physiques titulaires d'un office ou d'une étude, ou ayant la qualité d'associé d'une personne morale titulaire d'un office ou d'une étude et exerçant une des professions mentionnées à la première phrase de l'alinéa 1er de l'article L. 444-1 du Code de commerce au sein de cet office ou étude.
J	Nombre total de personnes exerçant la profession concernée en qualité de salarié au sein de l'office ou de l'étude (au 1er janvier de l'année civile)	Indiquer exclusivement le nombre de personnes physiques exerçant en qualité de salarié une des professions mentionnées à la première phrase de l'alinéa 1er de l'article L. 444-1 du Code de commerce au sein de cet office ou étude.
K	Chiffre d'affaires de l'office ou de l'étude-en euros	Le chiffre d'affaires de l'office ou de l'étude est égal au montant total hors taxes des sommes rémunérant les prestations réalisées au cours de l'année civile (ensemble des émoluments et honoraires). Il correspond, selon le régime de déclaration de l'office ou de l'étude : a) au montant net des recettes en cas de déclaration de bénéfices non commerciaux selon le régime de la déclaration contrôlée ; b) au chiffre d'affaires net en cas de déclaration d'impôt sur les sociétés selon le régime normal ; c) aux ventes de marchandises et à la production vendue de biens et de services en cas de déclaration d'impôt sur les sociétés selon le régime simplifié.
L1	Total des émoluments de l'office ou de l'étude-en euros	Les émoluments sont les sommes perçues par le professionnel en contrepartie des prestations dont les tarifs sont régis par le titre IV *bis* de la partie législative du Code de commerce. Le total des émoluments comprend les émoluments rétrocédés par d'autres offices ou études. Les émoluments rétrocédés à d'autres offices ou études sont déduits du total.
L2	Total des émoluments de l'office ou de l'étude-en pourcentage du total du chiffre d'affaires	
M1	Total des honoraires de l'office ou de l'étude-en euros	Les honoraires sont les sommes perçues par les professionnels en contrepartie des prestations dont les tarifs ne sont pas régis par le titre IV *bis* de la partie législative du Code de commerce. Le total des honoraires comprend les honoraires rétrocédés par d'autres offices ou études. Les honoraires rétrocédés à d'autres offices ou études sont déduits du total.
M2	Total des honoraires de l'office ou de l'étude-en pourcentage du total du chiffre d'affaires	
N	Résultat de l'office ou de l'étude-en euros	Le résultat de l'office ou de l'étude est égal à la différence entre les produits et les charges de l'année civile ; il correspond, selon le régime de déclaration de l'office ou de l'étude : a) à l'excédent ou déficit du compte de résultat en cas de déclaration de bénéfices non commerciaux selon le régime de la déclaration contrôlée ; b) au résultat courant avant impôts en cas de déclaration d'impôt sur les sociétés selon le régime normal ; c) à la somme du résultat courant et du résultat financier en cas de déclaration d'impôt sur les sociétés selon le régime simplifié. En cas de déclaration d'impôt sur les sociétés, doit être ajouté au résultat l'ensemble des rémunérations perçues au titre de la gérance et déclarées en application des articles L. 114-12, L. 131-6, L. 136-3 et R. 131-1 du Code de la sécurité sociale.
O	Taux de résultat de l'office ou de l'étude-en pourcentage	Le taux de résultat est égal au rapport entre le résultat et le chiffre d'affaires.

II. – Modele de tableau prévu à l'article A. 444-203

Périmètre géographique (national ou départemental) :			Entreprises individuelles	Sociétés soumises à l'impôt sur le revenu	Sociétés soumises à l'impôt sur les sociétés	Total des offices et études
A	Nombre d'offices ou études					
B	Nombre de professionnels en exercice					
C	Chiffre d'affaires	Montant total				
		1er décile				
		Moyenne				
		Dernier décile				
D	Émoluments	Montant total				
		% du montant total du chiffre d'affaires				
E	Honoraires	Montant total				
		% du montant total du chiffre d'affaires				
F	Résultat	Montant total				
		1er décile				
		Moyenne				
		Dernier décile				
G	Taux de résultat	1er décile				
		Moyenne				
		Dernier décile				

Légende : Le tableau est établi au plan national. Il est également établi au plan départemental s'agissant des informations relatives au taux de résultat.
Il est renseigné à partir des informations figurant dans le tableau prévu au I de l'annexe 4-2 à l'article A. 444-203.
Les informations mentionnées dans le tableau sont calculées pour chaque année civile, par office ou étude.

NB : conformément à l'article 4 de l'arrêté du 11 septembre 2018, les dispositions du présent arrêté relatives aux informations figurant aux colonnes L1, L2, M1 et M2 du document prévu au I de l'annexe 4-2 à l'article A. 444-203 sont applicables aux tableaux transmis à *compter du 1er janvier 2019. Ces informations sont transmises*, pour l'année civile 2018, telles qu'estimées par les professionnels mentionnés à la première phrase du premier alinéa de l'article L. 444-1.

TITRE V. – DES POUVOIRS D'ENQUÊTE

Art. A. 450-1 *(Mod., A. 8 oct. 2009 ; A. 23 avr. 2010 ; A. 18 mars 2015)*. – **Les agents de la concurrence, de la consommation et de la répression des fraudes sont habilités, en application de l'article L. 450-1, à procéder aux enquêtes dans les conditions prévues au présent livre.**

Art. A. 450-2 *(Mod., A. 18 mars 2015).* – **Toutefois, seuls les fonctionnaires de catégorie A et de catégorie B, agents de la concurrence, de la consommation et de la répression des fraudes mentionnés à l'article A. 450-1 sont habilités à procéder aux visites et aux saisies prévues par l'article L. 450-4.**

Art. A. 450-3 *(Mod., A. 18 mars 2015 ; Ord. n° 2017-303, 9 mars 2017).* – **Les fonctionnaires de catégorie A et de catégorie B mentionnés à l'article A. 450-2 sont habilités à procéder aux visites et saisies pour l'application de l'article L. 490-9.**

Art. A. 450-4 *(Mod., A. 23 avr. 2010 ; abr., A. 18 mars 2015).*

Art. A. 450-5 *(Abr., A. 23 avr. 2010).*

TITRE VI. – DE L'AUTORITÉ DE LA CONCURRENCE

(Intitulé rempl., Ord. n° 2008-1161, 13 nov. 2008 ; titre rempl., A. 9 sept. 2020)

CHAPITRE Ier. – DE L'ORGANISATION

CHAPITRE II. – DES ATTRIBUTIONS

Art. A. 462-1 *(Créé, A. 9 sept. 2020).* – **I. – Les dispositions du présent article sont applicables :**

1° au dossier d'information communiqué en application des dispositions combinées du I et du IV de l'article L. 462-10 ;

2° au rapport prévu au II du même article.

II. – Le dossier d'information et le rapport comprennent les éléments énumérés à l'annexe 4-3 du présent livre. Ils sont adressés à l'Autorité de la concurrence par tout moyen permettant de conférer date certaine.

III. – Si l'Autorité de la concurrence constate que le dossier ou le rapport mentionné au I est incomplet ou n'est pas conforme aux dispositions de l'annexe 4-3 du présent livre, elle demande que le dossier ou le rapport soit complété ou rectifié dans le délai qu'elle fixe.

NB : Conformément à l'article 3 de l'arrêté du 9 septembre 2020, ces dispositions entrent en vigueur au lendemain de sa publication. Se reporter aux conditions d'application prévues aux articles 4 et 5 du même arrêté.

Annexe 4-3 (annexe à l'article A. 462-1)

(Créée, A. 9 sept. 2020)

I. – Dossier d'information prévu aux I et IV de l'article L. 462-10

1. Description de l'opération, comprenant :

a) Une copie des accords soumis à l'obligation de communication et de l'ensemble de leurs annexes accompagnée, si nécessaire, d'une traduction en langue française de ces documents ;

b) Une présentation de l'objet de la coopération (périmètre et objet de la négociation commune) ;

c) Une présentation des aspects juridiques de l'opération, précisant notamment les modalités juridiques choisies pour la mise en œuvre de l'accord, ainsi que les dispositifs mis en place afin de prévenir les risques de pratiques *anticoncurrentielles ;*

d) Une présentation des aspects financiers de l'opération, mentionnant notamment les montants pertinents aux fins d'appréciation du franchissement des seuils de l'article R. 462-5 du Code de commerce, ainsi que les produits (avec pour chacun une estimation de leur volume et valeur) que chacune des entreprises parties à l'accord envisage d'acheter ou de référencer et/ ou les services qu'elle envisage de rendre dans le cadre de l'accord ;

e) Une présentation des objectifs économiques de l'opération, comportant notamment une évaluation des avantages attendus, à l'amont et à l'aval ;

f) La liste des États dans lesquels l'opération est susceptible d'avoir un effet à l'amont ou à l'aval ;

g) Le cas échéant, le mandat des conseils ou personnes chargées du dossier d'information.

2. Présentation des entreprises parties aux accords et des groupes auxquels elles appartiennent, comprenant, pour chacune des entreprises ou groupes :

a) La liste des éventuelles centrales auxquelles participent directement ou indirectement les parties à l'accord, et les adhérents de ces centrales ainsi que les catégories de produits ou de services concernés par l'activité de ces centrales ;

b) La liste des accords en vigueur relevant du I de l'article L. 462-10.

3. Marchés concernés :

Le dossier d'information comprend une définition de chaque marché d'approvisionnement et de chaque marché aval concerné ainsi qu'une description précise des arguments ayant conduit à la délimitation proposée et, pour chaque marché concerné, les informations suivantes :

a) Une estimation de l'importance du marché en valeur et en volume ;

b) La part de marché des parties à l'accord et des groupes auxquels elles appartiennent ;

c) La part de marché des principaux opérateurs concurrents (soit ceux pesant plus de 5 % des achats d'au moins une des parties aux accords) ;

d) L'identité, l'adresse, le numéro de téléphone et l'adresse électronique des responsables compétents des fournisseurs de produits ou acheteurs de prestations de services entrant dans le champ de l'accord ainsi que la part que chacun représente dans le total des achats de chacune des entreprises ou groupes mentionnés au 2 sur chaque marché considéré.

4. Description détaillée de la méthodologie ayant conduit à la sélection de fournisseurs ou de marchés et le cas échéant à leur exclusion de l'accord et liste des fournisseurs et marchés.

5. Déclaration concluant le dossier d'information :

Le dossier d'information se conclut par la déclaration suivante, signée par ou au nom de toutes les parties :

« Les soussignés déclarent que les informations fournies dans le présent dossier d'information sont, à leur connaissance, sincères, exactes et complètes, que toutes les estimations sont présentées comme telles et constituent les estimations les plus précises des faits en cause, et que tous les avis exprimés sont sincères. »

« Ils connaissent les dispositions de l'article L. 450-8 du Code de commerce. »

II. – Rapport prévu au II et IV de l'article L. 462-10.

1. Actualisation des informations figurant dans le dossier d'information prévu au I de l'article L. 462-10 et au I de la présente annexe :

Les entreprises transmettent une version actualisée à la date de transmission du rapport de l'ensemble des informations figurant dans le dossier d'information.

2. Dans le cas où la demande de l'Autorité de la concurrence le spécifie, l'identité, l'adresse, le numéro de téléphone et l'adresse électronique des responsables compétents des principaux opérateurs, concurrents des fournisseurs de produits ou acheteurs de prestations de services entrant dans le champ de l'accord, qui fournissent également les parties à titre individuel.

3. Présentation des effets de l'accord :

Pour chaque marché concerné, les entreprises fournissent les informations sur :

a) Les effets concurrentiels de l'accord à l'amont et en particulier sur les fournisseurs inclus ou susceptibles d'être inclus dans le périmètre de l'accord, et sur les fournisseurs non inclus dans l'accord ;

b) Les bénéfices pour les consommateurs finaux et/ ou les clients des parties, notamment en termes de prix, de qualité des produits et d'innovation.

4. Déclaration concluant le rapport :

Le rapport se conclut par la déclaration suivante, signée par ou au nom de toutes les parties :

« Les soussignés déclarent que les informations fournies dans le présent rapport sont, à leur connaissance, sincères, exactes et complètes, que toutes les estimations sont présentées comme telles et constituent les estimations les plus précises des faits en cause, et que tous les avis exprimés sont sincères. »

« Ils connaissent les dispositions de l'article L. 450-8 du Code de commerce. »

Art. A. 462-1 ***(Créé, A. 23 juill. 2021)*** (1). **– En application du IV et du V de l'article L. 462-9-1, l'instrument uniforme est établi conformément au modèle joint en annexe 4-3 du présent livre.**

Annexe 4-3 à l'article A. 462-1

(Annexe créée, A. 23 juill. 2021)

Instrument uniforme pour les demandes fondées sur les articles 25 et 26 de la directive 2019/1

□ **Demande de notification des griefs préliminaires et d'autres documents conformément à l'art. 25 de la directive 2019/1/UE** (2)

□ **Demande d'exécution des décisions infligeant des sanctions pécuniaires ou des astreintes conformément à l'art. 26 de la directive 2019/1/UE** (2)

A. – Autorité requérante (*)

1. Nom (*) :
2. Numéro et voie/ boite postale (*) :
3. Code postal et ville (*) :
4. Pays (*) :
5. Personne (s) à contacter (*) :
6. Téléphone. (code du pays) (code régional) (*) :
7. Fax (code du pays) (code régional) :
8. Adresse électronique (*) :

B. – Autorité requise (*)

1. Nom (*) :
2. Numéro et voie/ boite postale (*) :
3. Code postal et ville (*) :
4. Pays (*) :
5. Téléphone. (code du pays) (code régional) (*) :
6. Fax (code du pays) (code régional) :
7. Adresse électronique (*) :

C. – Destinataire

□ Personne physique (uniquement pour les demandes en application de l'article 25 de la directive 2019/1/ UE)

1. Nom (*) :
2. Prénom (s) (*) :
3. Date de naissance :
4. Lieu de naissance :
5. Numéro et voie (*) :
6. Code postal et ville (*) :
7. *Pays (*) :*

(1) Deux articles A. 462-1 coexistent : le premier créé par l'arrêté du 9 septembre 2020 et le second issu de l'arrêté du 23 juillet 2021. – NDLR.

(2) Conv. 11 déc. 2018. – NDLR.

C. – Destinataire

8. Fax (code du pays) (code régional) :
9. Adresse électronique :
10. Autres précisions pour l'identification :

D. – En cas de demande de notification de griefs préliminaires et d'autres documents

Nature du document
□ Griefs préliminaires relatifs à une infraction présumée à l'article 101 ou 102 du TFUE
□ Décision d'application de l'article 101 ou 102 du TFUE
□ Autre acte procédural adopté dans le cadre de procédures de mise en œuvre
□ Autre document pertinent lié à l'application de l'article 101 ou 102 du TFUE, y compris les documents relatifs à l'exécution des décisions infligeant des sanctions pécuniaires ou des astreintes

□ Personne morale
1. Nom (*) :
2. Forme sociale (*) :
3. Nom du registre et numéro d'enregistrement (s'il y a lieu/ s'il est connu) :
4. Numéro et voie (*) :
5. Code postal et ville (*) :
6. Pays (*) :
7. Fax (code du pays) (code régional) :
8. Adresse électronique :

E. – En cas de demande d'exécution de décisions infligeant des sanctions pécuniaires ou des astreintes

1. Type de demande
□ Sanction pécuniaire
□ Astreinte

2. Informations sur la décision permettant l'exécution dans l'État membre de l'autorité requérante* :

3. Date à laquelle les sanctions pécuniaires ou astreintes ont été imposées :
4. Date de notification de la décision :
5. Date à laquelle la décision est devenue définitive* :
6. Date d'exigibilité de la sanction pécuniaire :
7. Montant de la sanction pécuniaire ou de l'astreinte* :
8. Montant et mode de calcul du montant à recouvrer par l'autorité requise :
9. Le cas échéant : informations sur le lieu de paiement de la sanction pécuniaire ou de l'astreinte *(coordonnées de l'entité qui reçoit le* paiement et numéro de compte bancaire) :

10. Informations démontrant les efforts raisonnables faits par l'autorité requérante pour exécuter la décision sur son propre territoire* :

11. Le cas échéant : raisons pour lesquelles l'autorité requérante n'a pas fait d'efforts raisonnables pour exécuter la décision sur son propre territoire :

F. – Résumé des faits et circonstances pertinents (*)

G. – Résumé de la copie de l'acte joint à notifier ou à exécuter (*)

H. – Période au cours de laquelle la notification ou l'exécution devrait avoir lieu (telle que : les délais réglementaires ou les délais de prescription) (*)

I. – Liste des annexes

Date : Signature et/ ou cachet :

(*) Information obligatoire (cf. art. 25-27 de la directive 2019/1)

À remplir par l'autorité requise :

J. – Clôture de la notification
Date et adresse de la notification/ de la tentative □ Au nom de l'autorité requise, je confirme par la présente, en cochant cette case, que la notification a été effectuée conformément à la législation et aux pratiques nationales de l'État membre de l'autorité requise □ Confirmation de la notification jointe □ Echec de la tentative de notification □ Le décompte des frais est joint.
Date : Signature et/ ou cachet :

K. – Clôture du recouvrement
Date et adresse du recouvrement/ de la tentative : Click here to enter text. □ Le recouvrement a été effectué. Le montant demandé a pu être recouvré en totalité. □ Recouvrement incomplet/ Echec de la tentative de recouvrement Click here to enter text. □ Le décompte des frais est joint.
Date : Signature et/ ou cachet :

TITRE VII. – DISPOSITIONS DIVERSES

Le présent titre ne comprend pas de dispositions pour les arrêtés.

LIVRE CINQUIÈME

DES EFFETS DE COMMERCE ET DES GARANTIES

TITRE Ier. – DES EFFETS DE COMMERCE

(A. 29 déc. 2010)

[Le présent titre ne comprend pas de dispositions pour les arrêtés.]

TITRE II. – DES GARANTIES

(A. 29 déc. 2010)

CHAPITRE Ier. – DISPOSITIONS GÉNÉRALES SUR LE GAGE COMMERCIAL

[Le présent chapitre ne comprend pas de dispositions pour les arrêtés.]

CHAPITRE II. – DES DÉPÔTS EN MAGASINS GÉNÉRAUX

[Le présent chapitre ne comprend pas de dispositions pour les arrêtés.]

CHAPITRE III. – DU WARRANT HÔTELIER

[Le présent chapitre ne comprend pas de dispositions pour les arrêtés.]

CHAPITRE IV. – DU WARRANT PÉTROLIER

[Le présent chapitre ne comprend pas de dispositions pour les arrêtés.]

CHAPITRE V. – DU NANTISSEMENT DE L'OUTILLAGE ET DU MATÉRIEL D'ÉQUIPEMENT

[Le présent chapitre ne comprend pas de dispositions pour les arrêtés.]

CHAPITRE VI. – DE LA PROTECTION DE L'ENTREPRENEUR INDIVIDUEL ET DU CONJOINT

Section unique. – De l'entrepreneur individuel à responsabilité limitée

(A. 29 déc. 2010)

Art. A. 526-1 *(A. 29 déc. 2010 ; mod., A. 25 sept. 2019)*. **– Le modèle type d'état descriptif figurant en annexe 5-1 est approuvé.**

Art. A. 526-2 *(A. 29 déc. 2010)*. **– Les modèles types d'accords du conjoint ou du coïndivisaire, donnés, en application de l'article L. 526-11, à l'affectation par l'entrepreneur individuel à responsabilité limitée d'un bien commun ou indivis à son activité professionnelle, figurant en annexe 5-1 sont approuvés.**

ANNEXE 5-1 (annexe aux articles A526-1 et A526-2)

(A. 25 sept. 2019)

Modèle type d'état descriptif

MODÈLE D'ÉTAT DESCRIPTIF DES BIENS, DROITS, OBLIGATIONS, SURETÉS AFFECTÉS À L'EXERCICE DE L'ACTIVITÉ PROFESSIONNELLE (1) PAR UN ENTREPRENEUR INDIVIDUEL À RESPONSABILITÉ LIMITÉE

A. – Éléments d'actif

FICHE Signalétique (2)	DESCRIPTION (3)	VALEUR Déclarée	SÛRETÉS (4) grevant le bien (le cas échéant)	DOCUMENTS à annexer (5)
A1				
A2				
A3				
Total				

B. – Éléments de passif

ÉLÉMENT	DESCRIPTION (6)	ENCOURS
B1		
B2		
B3		
Total		

Fait le

À

Signature de la personne :

Modèle de fiche signalétique par élément figurant dans le tableau A

– Description (et localisation si bien immobilier) : bien (meuble, immeuble, liquidités...), droit (droit d'usage...), obligation (créance, avance et acompte versé sur commande...), sûreté bénéficiant à l'EIRL (caution, gage, nantissement, hypothèque... en faveur de l'EIRL) ;

– Nature (élément détenu en pleine-propriété, en nue-propriété ou en usufruit, bien indivis, bien commun...) ;
– Qualité (élément neuf ou d'occasion...) ;
– Quantité ;
– Valeur déclarée (7).

(1) Il s'agit :

– des biens, droits, obligations et sûretés dont bénéficie l'entrepreneur individuel à responsabilité limitée (EIRL), nécessaires à son activité professionnelle. Ces éléments doivent être obligatoirement affectés, à l'exception des terres utilisées pour l'exercice d'une exploitation agricole pour lesquelles l'affectation reste possible, mais n'est pas obligatoire. Exemples :

– installations, biens d'équipements spécifiques ;
– droit de présentation de la clientèle (activité libérale, activité non commerciale) ;
– fonds de commerce, fonds artisanal, fonds agricole... ;
– parts de société civile de moyens (SCM) ou de société civile professionnelle (SCP) ;
– des éléments que l'entrepreneur utilise dans le cadre de sa profession et qu'il décide d'affecter : il peut s'agir de biens à usage mixte (par exemple véhicules employés à titre professionnel et à titre personnel).

Attention : ne peuvent pas figurer dans le patrimoine affecté les éléments qui ne sont ni nécessaires ni utilisés pour l'exercice de l'activité professionnelle.

(2) Détail : voir le modèle de fiche signalétique à remplir pour chaque élément figurant dans le tableau A.

(3) Description : la description doit être sommaire : il y a lieu de globaliser les biens de même nature ou relevant d'un même ensemble dont la valeur unitaire n'excède pas 500 euros. La description doit préciser la localisation si le bien concerné est un bien immobilier.

(4) Préciser la nature des sûretés affectant le bien le cas échéant : gage, nantissement, hypothèque... et le montant de la créance garantie.

(5) Préciser le ou lesquels :

– si le bien affecté est un bien immobilier, l'acte notarié et le justificatif de l'accomplissement des formalités de publicité foncière doivent être joints ;
– si le bien affecté est un bien commun ou indivis, l'accord du conjoint ou des coïndivisaires doit être joint.

(6) Préciser s'il s'agit d'emprunts, de dettes de fournisseurs ou d'un passif de nature sociale ou fiscale.

(7) Valeur vénale ou, en l'absence de marché, valeur d'utilité.

Pour les créances : indiquer le montant restant dû.

Pour les sûretés : indiquer le montant de l'engagement garanti.

NB : Conformément à l'article 9 de l'arrêté du 25 septembre 2019, ces dispositions entrent en vigueur le 1er octobre 2019.

Annexe II

(A. 29 déc. 2010)

Modèle type d'accord du conjoint à l'affectation par l'entrepreneur individuel à responsabilité limitée d'un bien commun à son activité professionnelle

Modèle d'accord du conjoint en cas d'affectation de biens communs par un entrepreneur individuel à responsabilité limitée

Je soussigné (nom et prénom, date et lieu de naissance, domicile),

conjoint de M./Mme (rayer la mention inutile) (nom et prénom de l'entrepreneur individuel à responsabilité limitée), relevant d'un régime matrimonial prévoyant une communauté de biens entre époux,

déclare, conformément à l'article L. 526-11 du Code de commerce :

– *donner mon accord* à l'affectation par M./Mme (rayer la mention inutile) (nom et prénom de l'entrepreneur individuel à responsabilité limitée, entrepreneur individuel à responsabilité limitée exerçant sous la dénomination EIRL (à compléter), du (des) bien(s) commun(s) suivant(s) à son activité professionnelle :

(lister le[s] bien[s] commun[s] affecté[s])

– avoir été informé(e) que les créanciers auxquels la déclaration d'affectation est opposable et dont les droits sont nés à l'occasion de l'exercice de l'activité professionnelle à laquelle un patrimoine comprenant le(s) bien(s) commun(s) susmentionné(s) est affecté ont pour seul gage général le patrimoine affecté ;

– avoir été informé(e) qu'un même bien commun ne peut entrer dans la composition que d'un seul patrimoine affecté.

Fait à

Le

Signature du conjoint

Annexe III

(A. 29 déc. 2010)

Modèle type d'accord du coïndivisaire à l'affectation par l'entrepreneur individuel à responsabilité limitée d'un bien indivis à son activité professionnelle

Modèle d'accord du coïndivisaire en cas d'affectation de bien indivis par un entrepreneur individuel à responsabilité limitée

Je soussigné (nom et prénom, date et lieu de naissance, domicile),

propriétaire indivis avec M./Mme (rayer la mention inutile) (nom et prénom de l'entrepreneur individuel à responsabilité limitée) du (des) bien(s) suivants :

(lister le[s] bien[s] indivis affecté[s])

déclare, conformément à l'article L. 526-11 du Code de commerce :

– donner mon accord à l'affectation par M./Mme (rayer la mention inutile) (nom et prénom de l'entrepreneur individuel à responsabilité limitée entrepreneur individuel à responsabilité limitée exerçant sous la dénomination EIRL (à compléter), du (des) bien(s) indivis susmentionné(s), à son activité professionnelle ;

– avoir été informé(e) que les créanciers auxquels la déclaration d'affectation est opposable et dont les droits sont nés à l'occasion de l'exercice de l'activité professionnelle à laquelle un patrimoine comprenant le(s) bien(s) indivis susmentionné(s) est affecté ont pour seul gage général le patrimoine affecté ;

– avoir été informé(e) qu'un même bien indivis ne peut entrer dans la composition que d'un seul patrimoine affecté.

Fait à

Le

Signature du coïndivisaire

Art. A. 526-3 ***(A. 28 sept. 2011 ; mod., A. 25 sept. 2019).*** **– Le modèle type du relevé d'actualisation du patrimoine affecté prévu à l'article R. 526-10-1 figurant en annexe 5-2 est approuvé.**

ANNEXE 5-2 (Annexe à l'article A. 526-3)

(A. 25 sept. 2019)

Modèle type de relevé d'actualisation du patrimoine affecté

MODÈLE TYPE DE RELEVÉ D'ACTUALISATION DU PATRIMOINE AFFECTÉ CORRESPONDANT AUX OBLIGATIONS COMPTABLES SIMPLIFIÉES AUXQUELLES EST SOUMISE L'ACTIVITÉ PROFESSIONNELLE DES PERSONNES BÉNÉFICIANT DES RÉGIMES DÉFINIS AUX ARTICLES 50-0,64 *BIS* ET 102 *TER* DU CODE GÉNÉRAL DES IMPÔTS (RÉGIME FISCAL DE LA MICRO-ENTREPRISE)

I.-Renseignements généraux

Nom :

Prénom :

Dénomination de l'EIRL :

N° SIREN

Date d'établissement du présent relevé d'actualisation (1) :

31 décembre....

II.-Actualisation du patrimoine affecté à l'exercice de l'activité professionnelle à la clôture de l'exercice

A. – Éléments d'actif

FICHE signalétique (3)	DESCRIPTION (4)	DATE d'acquisition	VALEUR DÉCLARÉE ou prix d'acquisition (5)	SÛRETÉS GREVANT LE BIEN (6) (le cas échéant)
A1				
A2				
A3				
Total	X	X		X

B. – Éléments de passif

ÉLÉMENT	DESCRIPTION (7)	ENCOURS
B1		
B2		
B3		
.		
Total	X	

C. – Évolution

	EXERCICE N-1	EXERCICE N (au 31 décembre...., date d'établissement du présent relevé d'actualisation)
Total de l'actif		
Total du passif		

Fait le
À
Signature de la personne :

(1) Le relevé d'actualisation du patrimoine affecté prévu à l'article R. 526-10-1 du Code de commerce doit être établi le 31 décembre de chaque année et faire l'objet d'un dépôt au registre de publicité légale dont relève l'EIRL en application de l'article L. 526-7, dans le délai de six mois suivant son établissement.

(2) Il s'agit de :

– l'ensemble des biens, droits, obligations et sûretés dont bénéficie l'EIRL, nécessaires à son activité professionnelle ou utilisés pour l'exercice de celle-ci, qui ont fait l'objet d'une affectation à l'activité professionnelle lors de la constitution du patrimoine affecté ou postérieurement ;

– l'ensemble des actifs acquis au cours de l'exercice ou des exercices antérieurs à l'occasion de l'activité de l'EIRL, et notamment le montant de l'avoir en caisse et le solde créditeur du ou des comptes bancaires ouverts par l'EIRL, comprenant l'ensemble des revenus perçus au cours de l'exercice ou des exercices antérieurs que l'EIRL a choisi de ne pas reverser dans son patrimoine non affecté.

(3) Pour les éléments qui figuraient déjà dans l'état descriptif ou dans le relevé d'actualisation de l'exercice précédent : joindre une copie de la fiche signalétique correspondante.

(4) Description : la description doit être sommaire : il y a lieu de globaliser les biens de même nature ou relevant d'un même ensemble dont la valeur unitaire n'excède pas 500 euros. La description doit préciser la localisation si le bien concerné est un bien immobilier.

(5) Pour les éléments qui étaient déjà affectés ou acquis au 1er janvier : la valeur est celle comptabilisée dans l'état descriptif ou dans le relevé d'actualisation de l'exercice précédent.

Pour les éléments affectés au cours de l'exercice, la valeur est la valeur vénale ou, en l'absence de marché, la valeur d'utilité.

Pour les éléments acquis (d'une tierce partie) au cours de l'exercice, la valeur est :

– le coût d'acquisition pour les biens acquis à titre onéreux ;

– la valeur vénale pour les biens acquis à titre gratuit ou, en l'absence de marché, la valeur d'utilité ;

– le coût de production pour les biens produits par l'EIRL ;

– le montant des sommes à recevoir pour les créances clients.

Pour les sûretés dont l'EIRL bénéficie, indiquer le montant de l'engagement garanti.

(6) Préciser la nature des sûretés grevant le bien et le montant de la créance garantie.

(7) Il s'agit de l'ensemble des emprunts et dettes affectés à l'activité professionnelle de l'EIRL ou nés au cours de l'exercice ou des exercices antérieurs à l'occasion de cette activité ; préciser s'il s'agit d'emprunts, de dettes fournisseurs, avec le solde restant dû, ou d'un passif de nature fiscale ou sociale.

Art. A. 526-4 *(Anc. art. A. 526-3 créé, A. 29 déc. 2010 ; dénum., A. 28 sept. 2011).* – L'État descriptif du patrimoine affecté prévu au 2° de l'article R. 526-13 et destiné à être publié au Bulletin officiel des annonces civiles et commerciales contient les informations suivantes, fournies par le cédant ou l'apporteur :

1° La valeur globale de l'actif ;

2° La liste des sûretés dont bénéficie l'entrepreneur individuel à responsabilité limitée et les montants des créances garanties par elles ;

3° La valeur globale du passif ;

4° La liste des biens du patrimoine grevés d'une sûreté et, pour chacun des biens concernés, la nature de la sûreté et le montant de la créance garantie.

Les valeurs mentionnées aux 1° et 3° sont celles figurant dans les comptes de l'entrepreneur individuel à responsabilité limitée du dernier exercice clos précédant la date de la cession ou de l'apport en société.

Art. A. 526-5 *(Anc. art. A. 526-4 créé, A. 29 déc. 2010 ; dénum., A. 28 sept. 2011 ; mod., A. 25 sept. 2019).* – Le lieu de la déclaration d'affectation du patrimoine au registre spécial mentionné à l'article R. 526-17 est le greffe du tribunal de commerce ou du tribunal judiciaire statuant commercialement dans le ressort duquel se trouve l'adresse de l'établissement principal ou, à défaut d'établissement, du local d'habitation où l'entreprise est fixée de l'entrepreneur individuel à responsabilité limitée. L'obligation de faire figurer ce lieu sur les documents et correspondances à usage professionnel de l'intéressé est remplie lorsque y sont mentionnés les mots et initiales « registre spécial des entrepreneurs individuels à responsabilité limitée de », « registre spécial des EIRL de » ou « RSEIRL de » suivis du nom de la ville où est situé ce tribunal.

Le numéro d'immatriculation au registre spécial des entrepreneurs individuels à responsabilité limitée, mentionné au même texte, est constitué du numéro unique d'identification délivré conformément à l'article D. 123-235.

LIVRE SIXIÈME

DES DIFFICULTÉS DES ENTREPRISES

TITRE PREMIER. – DE LA PRÉVENTION DES DIFFICULTÉS DES ENTREPRISES

Le présent titre ne comprend pas de dispositions pour les arrêtés.

TITRE II. – DE LA SAUVEGARDE

CHAPITRE I. – DE L'OUVERTURE DE LA PROCÉDURE

Le présent chapitre ne comprend pas de dispositions pour les arrêtés.

CHAPITRE II. – DE L'ENTREPRISE AU COURS DE LA PÉRIODE D'OBSERVATION

Le présent chapitre ne comprend pas de dispositions pour les arrêtés.

CHAPITRE III. – DE L'ÉLABORATION DU BILAN ÉCONOMIQUE, SOCIAL ET ENVIRONNEMENTAL

Art. A. 623-1. – **Le bilan environnemental prévu à l'article L. 623-1 est établi selon les rubriques fixées à l'annexe 6-1 au présent livre.**

Annexe 6-1
(Annexe à l'article A. 623-1)

*I. – **Bilan environnemental établi par le débiteur***

Nom de l'exploitant : ....
Dénomination sociale : ....
Nom de l'administrateur judiciaire : ....

1. Identification du site

Commune : .... Département : ....
Désignation usuelle du site : ....
Adresse : ....
Superficie approximative : .... m^2
Activité : ....

Établissement soumis à la législation installations classées :
À déclaration .... □
À autorisation .... □
À directive « Seveso » .... □
Rubriques de la nomenclature : ....
Joindre une copie des arrêtés préfectoraux.
Joindre une copie des études environnementales ou documents de sécurité déjà réalisés.

2. **Description du site**

Schéma d'implantation sur le site, photographie(s) :

Bâtiments : nombre : ....

DÉNOMINATION	TYPE (1)	ÉTAT (2)	DIMENSION	ACCÈS AU PUBLIC (3)

(1) Atelier de fabrication, atelier de maintenance, bâtiment administratif, installations de production d'énergie (charbon, gaz...), production d'utilités (eau, air, vapeur...), laboratoires d'analyses, ateliers de stockage, de traitements d'effluents...
(2) En relation avec les risques potentiels :
Dégradé : Oui/Non.
Si oui, préciser le niveau : F(aible), M(oyen), E(levé).
(3) Facile/Difficile.

Produits dangereux (ou susceptibles de l'être) présents sur le site :

Lieu ou bâtiment.				
Type de produit (4).				
Solide ou liquide.				
Conditionnement (5).				
État du conditionnement (6).				
Quantité : kg ou m^3.				
Risques particuliers (7).				

(4) Reporter les informations sur les étiquettes, à défaut indiquer absence d'étiquette ; classification selon l'étiquetage normalisé : T+ : très toxique ; T : toxique ; Xn : nocif ; Xi : irritant ; O : comburant.
(5) Fûts, containers, bacs, caisses, bennes, en vrac ; préciser à l'abri ou à l'extérieur.
(6) Fûts ouverts ou fermés, fuyards, corrodés, éventrés.
(7) Matière toxique, inflammable, explosible ou radioactive.

3. Occupation du site

Conditions d'accès au site :
Site non clôturé, ou clôture en mauvais état .... □
Site clôturé .... □
Site surveillé .... □
Populations présentes sur le site :
Aucune présence .... □
Indices d'intrusion ou de squat .... □
Présence régulière de personnes .... □
Préciser lesquelles : ....

4. Environnement du site

Zone agricole/forestière .... □
Zone naturelle .... □
Zone industrielle .... □
Zone commerciale .... □
Zone d'habitation :
– urbaine .... □
– péri-urbaine .... □
– dispersée .... □
Établissements sensibles : proximité d'établissements scolaires ou lieux fréquentés par des jeunes enfants :
Oui/Non – Distance : .... m

5. Pollution(s) potentielle(s)

Sol :
Indices visuels de pollution du sol :
Oui/Non – Préciser lesquels : ....
Air :
Présence d'odeurs : Oui/Non
Présence de produits facilement dispersables (ex. : poudres) : Oui/Non
Préciser lesquels : ....
Eaux superficielles :
Présence d'un cours d'eau à proximité :
Oui/Non – Distance : .... m
Nom du cours d'eau : ....
Situation en zone d'inondation potentielle : Oui/Non
Eaux souterraines :
Présence de puits sur le site ou à proximité :
Oui/Non – Distance : .... m
Utilisation sensible des eaux souterraines (ex. : captage d'alimentation en eau potable, puits agricoles) :
Oui/Non – Nature : ....
Distance du captage le plus proche : ....

6. Mesures d'urgence déjà prises

Restrictions d'accès au site, à certains bâtiments (clôture...) .... □
Affichage du danger potentiel .... □
Enlèvement des produits/déchets dangereux .... □
Mise à l'abri des produits/déchets dangereux .... □
Comblement de vides .... □
Autres/préciser : ....

7. Autres remarques

....

II. – *Bilan environnemental établi par un technicien*

Nom de l'exploitant : ....

Dénomination sociale : ....

Nom de l'administrateur judiciaire : ....

Nom du technicien ayant réalisé le bilan (le cas échéant) : ....

Date de la visite (le cas échéant) :- /-/-

1. Identification du site

Commune : .... Département : ....

Désignation usuelle du site : ....

Adresse : ....

Superficie approximative : .... m²

Activité : ....

Établissement soumis à la législation installations classées :

À déclaration .... □

À autorisation .... □

À directive « Seveso ».......... □

Rubriques de la nomenclature : ....

Joindre une copie des arrêtés préfectoraux.

Joindre une copie des études environnementales ou documents de sécurité déjà réalisées.

En situation irrégulière (1).......... □

Préciser pour quelles raisons :..........

(1) Il s'agit de vérifier en priorité que les activités présentes sur le site ont bien fait l'objet de déclaration ou de demande d'autorisation auprès des services préfectoraux tel que prévu dans la réglementation.

2. Description du site

Schéma d'implantation sur le site, photographie(s) :

Bâtiments : nombre : ....

DÉNOMINATION	TYPE (1)	ÉTAT (2)	DIMENSION	ACCÈS AU PUBLIC (3)

(1) Atelier de fabrication, atelier de maintenance, bâtiment administratif, installations de production d'énergie (charbon, gaz...), production d'utilités (eau, air, vapeur...), laboratoires d'analyses, ateliers de stockage, de traitements d'effluents...

(2) En relation avec les risques potentiels :

Dégradé : Oui/Non.

Si oui, préciser le niveau : F(aible), M(oyen), E(levé).

(3) Facile/difficile.

Produits dangereux (ou susceptibles de l'être) présents sur le site :
(Tableau mod., A. 23 mars 2009)

Lieu ou bâtiment.				
Type de produit (4).				
Solide ou liquide.				

Lieu ou bâtiment.				
Conditionnement (5).				
État du conditionnement (6).				
Quantité : kg ou m^3.				
Risques particuliers (7).				

(4) Reporter les informations sur les étiquettes, à défaut indiquer absence d'étiquette ; classification selon l'étiquetage normalisé : T+ : très toxique ; T : toxique ; Xn : nocif ; Xi : irritant ; O : comburant.
(5) Fûts, containers, bacs, caisses, bennes, en vrac ; préciser à l'abri ou à l'extérieur.
(6) Fûts ouverts ou fermés, fuyards, corrodés, éventrés.
(7) Matière toxique, inflammable, explosible ou radioactive.

3. **Occupation du site**

Conditions d'accès au site :
Site non clôturé, ou clôture en mauvais état
Site clôturé
Site surveillé
Populations présentes sur le site :
Aucune présence
Indices d'intrusion ou de squat
Présence régulière de personnes
Préciser lesquelles :

4. **Environnement du site**

Zone agricole/forestière .... □
Zone naturelle .... □
Zone industrielle .... □
Zone commerciale .... □
Zone d'habitation :
– urbaine .... □
– péri-urbaine .... □
– dispersée .... □
Établissements sensibles : proximité d'établissements scolaires ou lieux fréquentés par des jeunes enfants :
Oui/Non – Distance : .... m

5. **Pollution(s) potentielle(s)**

Sol :
Indices visuels de pollution du sol :
Oui/Non – Préciser lesquels : ....
Air :
Présence d'odeurs : Oui/Non
Présence de produits facilement dispersables (ex. poudres) : Oui/Non
Préciser lesquels : ....
Eaux superficielles :
Présence d'un cours d'eau à proximité :
Oui/Non – Distance : .... m
Nom du cours d'eau : ....
Situation en zone d'inondation potentielle : Oui/Non
Eaux souterraines :
Présence de puits sur le site ou à proximité :
Oui/Non – Distance : .... m

Utilisation sensible des eaux souterraines (ex. : captage d'alimentation en eau potable, puits agricoles) :
Oui/Non – Nature : ....
Distance du captage le plus proche : .... m

6. Mesures d'urgence déjà prises

Restrictions d'accès au site, à certains bâtiments (clôture...).......... □
Affichage du danger potentiel.......... □
Enlèvement des produits/déchets dangereux .... □
Mise à l'abri des produits/déchets dangereux .... □
Enlèvement de transformateurs contenant du PCB .... □
Évacuation des sources radioactives .... □
Comblement de vides .... □
Autres/préciser : ....

7. Mesures d'urgence prévues ou à prendre

Délai.......... □
Restrictions d'accès au site, à certains bâtiments (clôture...).......... □
Affichage du danger potentiel.......... □
Enlèvement des produits/déchets dangereux .... □
Mise à l'abri des produits/déchets dangereux .... □
Enlèvement des transformateurs contenant du PCB.......... □
Évacuation des sources radioactives .... □
Comblement de vides .... □
Autres/préciser.......... □

8. Surveillance de l'impact

Des analyses ont-elles été réalisées :
– sur les eaux souterraines : Oui/Non
– sur les eaux superficielles : Oui/Non
– sur les sols : Oui/Non
– sur d'autres milieux : Oui/Non
Un impact a-t-il été constaté : Oui/Non
Si oui, préciser : ....

9. Autres remarques

....

CHAPITRE IV. – DE LA DÉTERMINATION DU PATRIMOINE DU DÉBITEUR

Le présent chapitre ne comprend pas de dispositions pour les arrêtés.

CHAPITRE V. – DU RÈGLEMENT DES CRÉANCES RÉSULTANT DU CONTRAT DE TRAVAIL

Le présent chapitre ne comprend pas de dispositions pour les arrêtés.

CHAPITRE VI. – DU PLAN DE SAUVEGARDE

Le présent chapitre ne comprend pas de dispositions pour les arrêtés.

CHAPITRE VII. – DISPOSITIONS PARTICULIÈRES EN L'ABSENCE D'ADMINISTRATEUR JUDICIAIRE

Le présent chapitre ne comprend pas de dispositions pour les arrêtés.

TITRE III. – DU REDRESSEMENT JUDICIAIRE

Le présent titre ne comprend pas de dispositions pour les arrêtés.

TITRE IV. – DE LA LIQUIDATION JUDICIAIRE

Le présent titre ne comprend pas de dispositions pour les arrêtés.

TITRE V. – DES RESPONSABILITÉS ET DES SANCTIONS

Le présent titre ne comprend pas de dispositions pour les arrêtés.

TITRE VI. – DES DISPOSITIONS GÉNÉRALES DE PROCÉDURE

(Titre créé, A. 28 mai 2016)

CHAPITRE Ier. – DES VOIES DE RECOURS

Le présent chapitre ne comprend pas de dispositions réglementaires

CHAPITRE II. – AUTRES DISPOSITIONS

Le présent chapitre ne comprend pas de dispositions réglementaires

CHAPITRE III. – DES FRAIS DE PROCÉDURE

Section 1. – De la prise en charge de certains frais pour le Trésor public

Section 2. – De la rémunération de l'administrateur judiciaire, du commissaire à l'exécution du plan, du mandataire judiciaire et du liquidateur

(Section créée à compter du 31 mai 2016, A. 28 mai 2016)

Art. A. 663-3 ***(Créé à compter du 31 mai 2016, A. 28 mai 2016 ; mod., A. 28 févr. 2020)*** **(1). – Les prestations figurant aux tableaux 4-1 à 4-3 de l'article Annexe 4-7 donnent lieu à la perception d'émoluments fixés conformément aux dispositions respectives de la sous-section 1 pour les administrateurs judiciaires (tableau 4-1), de la sous-section 2 pour les commissaires à l'exécution du plan (tableau 4-2), et de la sous-section 3 pour les mandataires judiciaires et liquidateurs (tableau 4-3).**

Les émoluments applicables jusqu'au 28 février 2022 sont ceux qui sont prévus par la présente section.

(1) Toutefois, par dérogation à l'article A. 663-3, les prestations figurant aux tableaux 4-1 à 4-3 de l'article annexe 4-7 du Code de commerce donnent lieu, pour les procédures ouvertes avant le 1er mars 2020, à la perception d'émoluments fixés conformément aux dispositions de la section 2 du chapitre III du titre VI du livre VI de la partie arrêtés de ce même code dans leur rédaction antérieure à l'arrêté du 28 février 2020, A. 28 févr. 2020, art. 21.

Sous-section 1. – De la rémunération de l'administrateur judiciaire

Art. A. 663-4 *(A. 28 mai 2016 ; mod. à compter du 1er mars 2018, A. 27 févr. 2018 ; rétabli dans sa rédaction précédente à compter du 28 déc. 2018 à la suite de l'annulation de l'arrêté du 27 févr. 2018, CE, 28 déc. 2018, n° 420243 ; mod., A. 28 févr. 2020).* **– L'émolument prévu au premier alinéa de l'article R. 663-4 au titre du diagnostic de la procédure de sauvegarde ou de redressement judiciaire (numéro 1 du tableau 4-1), est ainsi fixé :**

1° Lorsque le total du bilan du débiteur est inférieur à 3 650 000 €, cet émolument varie en fonction du nombre de salariés employés par le débiteur ou du montant de son chiffre d'affaires, selon le barème suivant :

NOMBRE DE SALARIÉS	CHIFFRE D'AFFAIRES EN €	ÉMOLUMENT EN €
De 0 à 5	De 0 à 750 000	940,50
De 6 à 19	De 750 001 à 3 000 000	1 881,00
De 20 à 49	De 3 000 001 à 7 000 000	3 762,00
De 50 à 149	De 7 000 001 à 20 000 000	7 524,00
À compter de 150	Au-delà de 20 000 000	9 405,00

Lorsque le débiteur relève de deux tranches de rémunération différentes au titre respectivement du nombre de salariés employés et du montant de son chiffre d'affaires, il y a lieu de se référer à la tranche la plus élevée.

2° Lorsque le total du bilan du débiteur est compris entre 3 650 000 € et 10 000 000 €, cet émolument est d'un montant fixe de 7 524 €, quel que soit le nombre de salariés ou le montant de son chiffre d'affaires ;

3° Lorsque le total du bilan du débiteur est supérieur à 10 000 000 €, cet émolument est d'un montant fixe de 9 405 €, quel que soit le nombre de salariés ou le montant de son chiffre d'affaires.

Art. A. 663-5 *(A. 28 mai 2016 ; mod. à compter du 1er mars 2018, A. 27 févr. 2018 ; rétabli dans sa rédaction précédente à compter du 28 déc. 2018 à la suite de l'annulation de l'arrêté du 27 févr. 2018, CE, 28 déc. 2018, n° 420243 ; mod., A. 28 févr. 2020).* **– L'émolument prévu à l'article R. 663-5 au titre de la mission d'assistance du débiteur (numéro 4 du tableau 4-1), est fixé proportionnellement au chiffre d'affaires de ce débiteur, selon le barème suivant :**

CHIFFRE D'AFFAIRES EN €	TAUX DE L'ÉMOLUMENT EN %
De 0 à 150 000	1,881
De 150 001 à 750 000	0,941
De 750 001 à 3 000 000	0,564
De 3 000 001 à 7 000 000	0,376
De 7 000 001 à 20 000 000	0,282

Art. A. 663-6 *(Créé à compter du 31 mai 2016, A. 28 mai 2016)* (1). **– Conformément aux dispositions de l'article R. 663-6, la mission de surveillance au cours de la procédure de sauvegarde (numéro 5 du tableau 4-1) donne lieu à la perception de l'émolument fixé à l'article A. 663-5 diminué de 25 %.**

(1) Toutefois, par dérogation à l'article A. 663-3, les prestations figurant aux tableaux 4-1 à 4-3 de l'article annexe 4-7 du Code de commerce donnent lieu, pour les procédures ouvertes avant le 1er mars 2020, à la perception d'émoluments fixés conformément aux dispositions de la section 2 du chapitre III du titre VI du livre VI de la partie arrêtés de ce même code dans leur rédaction antérieure à l'arrêté du 28 février 2020, A. 28 févr. 2020, art. 21.

Art. A. 663-7 *(Créé à compter du 31 mai 2016, A. 28 mai 2016)* (1). **– Conformément aux dispositions du premier alinéa de l'article R. 663-7, la mission d'administration de l'entreprise au cours d'une procédure de redressement ou de liquidation judiciaire (numéro 6 du tableau 4-1) donne lieu à la perception de l'émolument fixé à l'article A. 663-5 majoré de 50 %.**

Art. A. 663-8 *(A. 28 mai 2016 ; mod. à compter du 1er mars 2018, A. 27 févr. 2018 ; rétabli dans sa rédaction précédente à compter du 28 déc. 2018 à la suite de l'annulation de l'arrêté du 27 févr. 2018, CE, 28 déc. 2018, n° 420243 ; mod., A. 28 févr. 2020).* **– L'émolument prévu au premier alinéa de l'article R. 663-9 au titre de l'élaboration du bilan économique, social et environnemental et de l'assistance apportée au débiteur pour la préparation d'un plan de sauvegarde ou de redressement (numéro 2 du tableau 4-1), est ainsi fixé :**

1° Lorsque le total du bilan du débiteur est inférieur à 3 650 000 €, cet émolument varie en fonction du nombre de salariés employés par le débiteur ou du montant de son chiffre d'affaires, selon le barème suivant :

NOMBRE DE SALARIÉS	CHIFFRE D'AFFAIRES EN €	ÉMOLUMENT EN €
De 0 à 5	De 0 à 750 000	1 410,75
De 6 à 19	De 750 001 à 3 000 000	1 881,00
De 20 à 49	De 3 000 001 à 7 000 000	5 643,00
De 50 à 149	De 7 000 001 à 20 000 000	9 405,00
À compter de 150	Au-delà de 20 000 000	14 107,50

Lorsque le débiteur relève de deux tranches de rémunération différentes au titre respectivement du nombre de salariés employés et du montant de son chiffre d'affaires, il y a lieu de se référer à la tranche la plus élevée.

2° Lorsque le total du bilan du débiteur est compris entre 3 650 000 € et 10 000 000 €, cet émolument est fixé à 9 405 € quel que soit le nombre de salariés ou le montant de son chiffre d'affaires ;

3° Lorsque le total du bilan du débiteur est supérieur à 10 000 000 €, cet émolument est fixé à 14 107,50 € quel que soit le nombre de salariés ou le montant de son chiffre d'affaires.

Art. A. 663-9 *(A. 28 mai 2016).* **– Conformément aux dispositions du troisième alinéa de l'article R. 663-9, la rémunération prévue à l'article A. 663-8 est majorée de 50 % en cas d'arrêté du plan de sauvegarde ou de redressement.**

Lorsque le plan de sauvegarde ou de redressement est arrêté dans les conditions prévues au premier alinéa de l'article L. 628-8 (numéro 8 du tableau 4-1), la rémunération prévue au premier alinéa est majorée de 50 % conformément aux dispositions du quatrième alinéa de l'article R. 663-9.

Art. A. 663-10 *(A. 28 mai 2016 ; mod. à compter du 1er mars 2018, A. 27 févr. 2018 ; rétabli dans sa rédaction précédente à compter du 28 déc. 2018 à la suite de l'annulation de l'arrêté du 27 févr. 2018, CE, 28 déc. 2018, n° 420243 ; mod., A. 28 févr. 2020).* **– L'émolument prévu à l'article R. 663-10 au titre de la réunion des comités de créanciers (numéro 3 du tableau 4-1) est fixé à « 141,08 € par créancier membre d'un comité.**

L'émolument prévu à ce même article (numéro 7 du tableau 4-1) en cas d'arrêt du plan conformément au projet adopté par les comités est fixé proportionnellement au montant des créances prises en compte en application de l'article R. 626-58, au taux de 0,094 %.

(1) Toutefois, par dérogation à l'article A. 663-3, les prestations figurant aux tableaux 4-1 à 4-3 de l'article annexe 4-7 du Code de commerce donnent lieu, pour les procédures ouvertes avant le 1er mars 2020, à la perception d'émoluments fixés conformément aux dispositions de la section 2 du chapitre III du titre VI du livre VI de la partie arrêtés de ce même code dans leur rédaction antérieure à l'arrêté du 28 février 2020, A. 28 févr. 2020, art. 21.

Art. A. 663-11 *(A. 28 mai 2016 ; mod. à compter du 1er mars 2018, A. 27 févr. 2018 ; rétabli dans sa rédaction précédente à compter du 28 déc. 2018 à la suite de l'annulation de l'arrêté du 27 févr. 2018, CE, 28 déc. 2018, n° 420243 ; mod., A. 28 févr. 2020).* – L'émolument prévu à l'article R. 663-11 au titre de l'arrêté d'un plan de cession au cours d'une procédure de redressement ou de liquidation judiciaire (numéro 9 du tableau 4-1) est fixé proportionnellement au montant total hors taxes du prix de cession de l'ensemble des actifs compris dans le plan, selon le barème suivant :

TRANCHES D'ASSIETTE EN €	TAUX DE L'ÉMOLUMENT EN %
De 0 à 15 000	4,703
De 15 001 à 50 000	3,762
De 50 001 à 150 000	2,822
De 150 001 à 300 000	1,411
Au-delà de 300 000	0,941

Art. A. 663-12 *(Créé à compter du 31 mai 2016, A. 28 mai 2016)* (1). – L'émolument prévu à l'article R. 663-12 au titre de l'augmentation des fonds propres prévue par le plan de sauvegarde ou de redressement (numéro 10 du tableau 4-1) est fixé proportionnellement au montant de cette augmentation selon le barème prévu à l'article A. 663-11.

Art. A. 663-13 *(A. 28 mai 2016 ; mod. à compter du 1er mars 2018, A. 27 févr. 2018, rétabli dans sa rédaction précédente à compter du 28 déc. 2018 à la suite de l'annulation de l'arrêté du 27 févr. 2018, CE, 28 déc. 2018, n° 42024 ; mod., A. 28 févr. 2020).* – L'émolument prévu à l'article R. 663-13-1 au titre du contentieux portant sur une demande en revendication ou en restitution ayant donné lieu à une décision du juge-commissaire (numéro 11 du tableau 4-1) est fixé à 94,05 €.

Sous-section 2. – De la rémunération du commissaire à l'exécution du plan

Art. A. 663-14 *(Créé à compter du 31 mai 2016, A. 28 mai 2016)* (1). – L'émolument prévu à l'article R. 663-14 au titre de la mission de surveillance de l'exécution du plan, des actions engagées ou poursuivies dans l'intérêt collectif des créanciers, de l'exécution des actes permettant la mise en œuvre du plan et du rapport annuel prévu à l'article R. 626-43 (numéro 1 du tableau 4-2) est égal à 50 % de celui fixé à l'article A. 663-4.

Art. A. 663-15 *(Créé à compter du 31 mai 2016, A. 28 mai 2016)* (1). – Conformément aux dispositions de l'article R. 663-15, la rémunération due au titre de l'assistance du débiteur dans la préparation d'un projet ayant pour objet une modification substantielle dans les objectifs ou les moyens du plan (numéro 2 du tableau 4-2) ou au titre de la présentation au tribunal d'une demande en résolution du plan (numéro 3 de ce tableau) ne peut être supérieure à 50 % de l'émolument fixé à l'article A. 663-8.

Art. A. 663-16 *(A. 28 mai 2016 ; mod. à compter du 1er mars 2018, A. 27 févr. 2018 ; rétabli dans sa rédaction précédente à compter du 28 déc. 2018 à la suite de l'annulation de l'arrêté du 27 févr. 2018, CE, 28 déc. 2018, n° 420243 ; mod., A. 28 févr. 2020).* – L'émolument prévu à l'article R. 663-16 au titre de la mission de perception et de répartition des dividendes arrêté par le plan (numéro 4 d u tableau 4-2) est fixé proportionnellement au montant cumulé des sommes encaissées par l'ensemble des créanciers ou, à défaut

(1) Toutefois, par dérogation à l'article A. 663-3, les prestations figurant aux tableaux 4-1 à 4-3 de l'article annexe 4-7 du Code de commerce donnent lieu, pour les procédures ouvertes avant le 1er mars 2020, à la perception d'émoluments fixés conformément aux dispositions de la section 2 du chapitre III du titre VI du livre VI de la partie arrêtés de ce même code dans leur rédaction antérieure à l'arrêté du 28 février 2020, A. 28 févr. 2020, art. 21.

d'encaissement par les créanciers, au montant cumulé des sommes consignées à la Caisse des dépôts et consignations au cours de chacune des années d'exécution du plan, selon le barème suivant :

TRANCHES D'ASSIETTE EN €	TAUX DE L'ÉMOLUMENT EN %
De 0 à 15 000	3,292
De 15 001 à 50 000	2,351
De 50 001 à 150 000	1,411
De 150 001 à 300 000	0,470
Au-delà de 300 000	0,235

Art. A. 663-17 *(Créé à compter du 31 mai 2016, A. 28 mai 2016)* (1). – Conformément aux dispositions de l'article R. 663-17, l'émolument prévu au titre de l'inscription des créances sur la liste prévue à l'article R. 622-15 (numéro 5 du tableau 4-2) donne lieu à la perception d'un émolument égal à celui fixé à l'article A. 663-20.

Sous-section 3. – De la rémunération du mandataire judiciaire et du liquidateur

Art. A. 663-18 *(A. 28 mai 2016 ; mod. à compter du 1er mars 2018, A. 27 févr. 2018 ; rétabli dans sa rédaction précédente à compter du 28 déc. 2018 à la suite de l'annulation de l'arrêté du 27 févr. 2018, CE, 28 déc. 2018, n° 420243 ; mod., A. 28 févr. 2020).* – L'émolument prévu au premier alinéa de l'article R. 663-18 au profit du mandataire judiciaire pour l'ensemble de la procédure de sauvegarde ou de redressement judiciaire (numéro 1 du tableau 4-3) est fixé à 2 351,25 €.

L'émolument prévu au troisième alinéa de cet article au profit du liquidateur (numéro 2 du tableau 4-3) est également fixé à 2 351,25 €.

Art. A. 663-19 *(Créé à compter du 31 mai 2016, A. 28 mai 2016)* (1). – Conformément aux dispositions de l'article R. 663-19, le liquidateur désigné en application des dispositions de l'article L. 641-1, perçoit pour l'ensemble de la procédure de liquidation judiciaire, l'émolument prévu à l'article A. 663-18.

Art. A. 663-20 *(A. 28 mai 2016 ; mod. à compter du 1er mars 2018, A. 27 févr. 2018 ; rétabli dans sa rédaction précédente à compter du 28 déc. 2018 à la suite de l'annulation de l'arrêté du 27 févr. 2018, CE, 28 déc. 2018, n° 420243 ; mod., A. 28 févr. 2020).* – L'émolument prévu à l'article R. 663-22 au titre de l'enregistrement des créances déclarées et non vérifiées, ainsi que des créances portées sur la liste prévue à l'article R. 622-15 (numéro 3 du tableau 4-3), est fixé à :

1° 4,70 € par créance lorsque le montant de la créance est inférieur à 150 € ;

2° 9,41 € par créance lorsque le montant de la créance est égal ou supérieur à 150 €.

Art. A. 663-21 *(Créé à compter du 31 mai 2016, A. 28 mai 2016 ; mod. à compter du 1er mars 2018, A. 27 févr. 2018 ; rétabli dans sa rédaction précédente à compter du 28 déc. 2018 à la suite de l'annulation de l'arrêté du 27 févr. 2018, CE, 28 déc. 2018, n° 420243 ; mod., A. 28 févr. 2020).* – L'émolument prévu à l'article R. 663-23 au titre de la vérification des créances non salariales (numéro 4 du tableau 4-3) varie en fonction du montant de la créance selon le barème suivant :

MONTANT DE LA CRÉANCE EN €	ÉMOLUMENT EN € (PAR CRÉANCE)
De 40 à 150	28,22
Supérieur ou égal à 150	47,03

(1) Toutefois, par dérogation à l'article A. 663-3, les prestations figurant aux tableaux 4-1 à 4-3 de l'article annexe 4-7 du Code de commerce donnent lieu, pour les procédures ouvertes avant le 1er mars 2020, à la perception d'émoluments fixés conformément aux dispositions de la section 2 du chapitre III du titre VI du livre VI de la partie arrêtés de ce même code dans leur rédaction antérieure à l'arrêté du 28 février 2020, A. 28 févr. 2020, art. 21.

Art. A. 663-21-1 *(Ancien art. 663-21, A. 28 mai 2016 ; mod. à compter du 1er mars 2018, A. 27 févr. 2018 ; rétabli dans sa rédaction précédente à compter du 28 déc. 2018 à la suite de l'annulation de l'arrêté du 27 févr. 2018, CE, 28 déc. 2018, n° 420243 ; dénum et mod., A. 28 févr. 2020).* – (1) L'émolument prévu à l'article R. 663-24 au titre de l'établissement des relevés des créances salariales (numéro 5 du tableau 4-7) est fixé à 112,86 € par salarié.

Art. A. 663-22 *(A. 28 mai 2016 ; mod. à compter du 1er mars 2018, A. 27 févr. 2018 ; rétabli dans sa rédaction précédente à compter du 28 déc. 2018 à la suite de l'annulation de l'arrêté du 27 févr. 2018, CE, 28 déc. 2018, n° 420243 ; mod., A. 28 févr. 2020).* – Est fixé à 94,05 € l'émolument prévu à l'article R. 663-25 au titre de :

1° La contestation des créances autres que salariales dont l'admission ou le rejet a donné lieu à une décision du juge-commissaire inscrite sur l'état des créances mentionné à l'article R. 624-8 (numéro 6 du tableau 4-3) ;

2° Tout contentieux portant sur une demande en revendication ou en restitution ayant donné lieu à une décision du juge-commissaire (numéro 7 du tableau 4-3) ;

3° Toute instance introduite ou reprise devant la juridiction prud'homale en application des articles L. 625-1 et L. 625-3 et à laquelle il a été mis fin soit par une décision judiciaire au terme d'une instance dans laquelle le mandataire judiciaire a été présent ou représenté, soit par la conclusion d'un accord amiable visé par le juge-commissaire auquel le mandataire judiciaire a été partie (numéro 8 du tableau 4-3),

Art. A. 663-23 *(Créé à compter du 31 mai 2016, A. 28 mai 2016)* (2). – Conformément aux dispositions de l'article R. 663-26, l'émolument du au titre de la mission de répartition des fonds entre les créanciers confiée par le tribunal au mandataire judiciaire en application de l'article L. 631-16 (numéro 9 du tableau 4-3) est fixé conformément à l'article A. 663-16.

Art. A. 663-24 *(A. 28 mai 2016 ; mod. à compter du 1er mars 2018, A. 27 févr. 2018 ; rétabli dans sa rédaction précédente à compter du 28 déc. 2018 à la suite de l'annulation de l'arrêté du 27 févr. 2018, CE, 28 déc. 2018, n° 420243 ; mod., A. 28 févr. 2020).* – L'émolument prévu à l'article R. 663-27 au titre des obligations résultant de la cessation d'activité d'une ou de plusieurs installations classées au sens du titre Ier du livre V du Code de l'environnement (numéro 10 du tableau 4-3) est fixé à :

1° 470,25 € lorsque la ou les installations classées sont soumises à déclaration ;

2° 1 410,75 € lorsque l'une au moins des installations classées est soumise à autorisation ou à enregistrement ;

3° 4 232,25 € lorsque l'une au moins des installations classées figure sur une liste prévue au IV de l'article L. 515-8 du Code de l'environnement.

Art. A. 663-25 *(A. 28 mai 2016 ; mod. à compter du 1er mars 2018, A. 27 févr. 2018 ; rétabli dans sa rédaction précédente à compter du 28 déc. 2018 à la suite de l'annulation de l'arrêté du 27 févr. 2018, CE, 28 déc. 2018, n° 420243 ; mod., A. 28 févr. 2020).* – L'émolument prévu à l'article R. 663-27-1 au titre de l'inventaire réalisé en application des dispositions du deuxième alinéa de l'article L. 641-2 (numéro 11 du tableau 4-3) est fixé à 94,05 €.

Art. A. 663-26 *(A. 28 mai 2016 ; mod. à compter du 1er mars 2018, A. 27 févr. 2018 ; rétabli dans sa rédaction précédente à compter du 28 déc. 2018 à la suite de l'annulation de l'arrêté du 27 févr. 2018, CE, 28 déc. 2018, n° 420243 ; mod., A. 28 févr. 2020).* – L'émolument prévu à l'article R. 663-28 au titre de la mission d'administration de l'entreprise, lorsque le maintien de l'activité a été autorisé en application de

(1) Aux termes de l'article 1er de l'arrêté du 28 mai 2016, il avait été créé un article A. 663-21 en doublon avec un contenu différent. – NDLR.

(2) Toutefois, par dérogation à l'article A. 663-3, les prestations figurant aux tableaux 4-1 à 4-3 de l'article annexe 4-7 du Code de commerce donnent lieu, pour les procédures ouvertes avant le 1er mars 2020, à la perception d'émoluments fixés conformément aux dispositions de la section 2 du chapitre III du titre VI du livre VI de la partie arrêtés de ce même code dans leur rédaction antérieure à l'arrêté du 28 février 2020, A. 28 févr. 2020, art. 21.

l'article L. 641-10 (numéro 12 du tableau 4-3), est fixé proportionnellement au montant du chiffre d'affaires, selon le barème suivant :

CHIFFRE D'AFFAIRES EN €	TAUX DE L'ÉMOLUMENT EN %
De 0 à 150 000	2,822
De 150 001 à 750 000	1,411
De 750 001 à 3 000 000	0,846

Art. A. 663-27 *(A. 28 mai 2016 ; mod. à compter du 1er mars 2018, A. 27 févr. 2018 ; rétabli dans sa rédaction précédente à compter du 28 déc. 2018 à la suite de l'annulation de l'arrêté du 27 févr. 2018, CE, 28 déc. 2018, n° 420243 ; mod. A. 28 févr. 2020).* – I. – Les émoluments prévus au I de l'article R. 663-29 sont fixés proportionnellement :

1° Au montant du total toutes taxes comprises du prix des actifs cédés, déduction faite de la rémunération toutes taxes comprises des intervenants, autres que le liquidateur, ayant participé aux opérations de cession, s'agissant des cessions d'actifs mobiliers corporels (numéro 13 du tableau 4-3) ;

2° Au montant total toutes taxes comprises des sommes encaissées ou recouvrées, déduction faite de la rémunération toutes taxes comprises des intervenants, autres que le liquidateur, ayant participé aux recouvrements, s'agissant de tout encaissement ou recouvrement de créance (numéro 14 du tableau 4-3) ;

3° Au montant du prix, le cas échéant toutes taxes comprises, de chacun des actifs cédés, s'agissant de la réalisation d'actifs immobiliers et mobilier incorporels.

Selon le barème suivant :

TRANCHES D'ASSIETTE EN €	TAUX DE L'ÉMOLUMENT EN %
De 0 à 15 000	4,707
De 15 001 à 50 000	3,762
De 50 001 à 150 000	2,822
De 150 001 à 300 0001,425	1,411
Au-delà de 300 000	0,941

Pour l'application de ce barème, l'assiette des montants pris en compte est nette des intérêts servis par la Caisse des dépôts et consignations.

II. – Conformément aux dispositions du II de l'article R. 663-29, l'émolument perçu par le liquidateur au titre de la cession des actifs compris dans un plan de cession est fixé conformément à l'article A. 663-11, à condition qu'aucun administrateur judiciaire n'a été désigné.

Art. A. 663-28 *(A. 28 mai 2016 ; mod. à compter du 1er mars 2018, A. 27 févr. 2018 ; rétabli dans sa rédaction précédente à compter du 28 déc. 2018 à la suite de l'annulation de l'arrêté du 27 févr. 2018, CE, 28 déc. 2018, n° 420243 ; mod., A. 28 févr. 2020).* – L'émolument prévu à l'article R. 663-30 au titre de la répartition aux créanciers mentionnés à l'article L. 622-24 et des paiements des créances mentionnées au I de l'article L. 641-13 (numéro 16 du tableau 4-3) est fixé proportionnellement au montant cumulé des sommes encaissées par l'ensemble des créanciers ou consignées à la Caisse des dépôts et consignations, selon le barème suivant :

TRANCHES D'ASSIETTE EN €	TAUX DE L'ÉMOLUMENT EN %
De 0 à 15 000	4,232
De 15 001 à 50 000	3,292

TRANCHES D'ASSIETTE EN €	TAUX DE L'ÉMOLUMENT EN %
De 50 001 à 150 000	2,351
De 150 001 à 300 000	1,411
Au-delà de 300 000	0,705

Art. A. 663-29 ***(Créé à compter du 31 mai 2016, A. 28 mai 2016)*** (1). **– L'émolument prévu à l'article R. 663-31-1 au titre des actions engagées en application des dispositions du premier alinéa de l'article L. 653-7 est fixé à 300 euros par action engagée aboutissant au prononcé d'une sanction prévue aux articles L. 653-3 à L. 653-6 et à l'article L. 653-8 (numéro 18 du tableau 4-3).**

Cet émolument est doublé en cas de confirmation de la sanction en appel.

TITRE VII. – DISPOSITIONS DÉROGATOIRES PARTICULIÈRES AUX DÉPARTEMENTS DE LA MOSELLE, DU BAS-RHIN ET DU HAUT-RHIN

Le présent titre ne comprend pas de dispositions pour les arrêtés.

(1) Toutefois, par dérogation à l'article A. 663-3, les prestations figurant aux tableaux 4-1 à 4-3 de l'article annexe 4-7 du Code de commerce donnent lieu, pour les procédures ouvertes avant le 1er mars 2020, à la perception d'émoluments fixés conformément aux dispositions de la section 2 du chapitre III du titre VI du livre VI de la partie arrêtés de ce même code dans leur rédaction antérieure à l'arrêté du 28 février 2020, A. 28 févr. 2020, art. 21.

LIVRE SEPTIÈME

DES JURIDICTIONS COMMERCIALES ET DE L'ORGANISATION DU COMMERCE

TITRE PREMIER. – DU RÉSEAU DES CHAMBRES DE COMMERCE ET D'INDUSTRIE

CHAPITRE I. – DE L'ORGANISATION ET DES MISSIONS DU RÉSEAU DES CHAMBRES DE COMMERCE ET D'INDUSTRIE

Section I. – Des chambres de commerce et d'industrie

Sous-section 1. – Dispositions générales

Art. A. 711-1 *(Rempl., A. 18 mars 2011).* – **La commission paritaire prévue à l'article 1er de la loi n° 52-1311 du 10 décembre 1952 relative à l'établissement obligatoire d'un statut du personnel administratif des chambres d'agriculture, des chambres de commerce et des chambres de métiers et chargée d'établir le statut du personnel administratif des chambres de commerce et d'industrie est composée comme suit :**

a) Un représentant du ministre chargé de leur tutelle, président de la commission ;

b) Une délégation patronale composée comme suit :

– cinq présidents *(Mots suppr., A. 20 juin 2011 puis annulés, CE, 26 mars 2012, n° 348863, Synd. des directeurs généraux des établissements du réseau des CCI)* « ... » de chambres de commerce et d'industrie *(Mots suppr., A. 9 juill. 2015)* « ... » désignés par le bureau de *(Mots rempl., A. 9 juill. 2015)* « CCI France » ;

– le président de *(Mots rempl., A. 9 juill. 2015)* « CCI France » ;

c) Une délégation du personnel composée de six représentants du personnel et répartie en trois collèges : cadres, agents de maîtrise et employés. Les membres de la délégation sont désignés à l'issue de la consolidation *des résultats du premier tour* **aux élections des commissions paritaires des établissements du réseau, en application de l'article R. 712-11-1, par les organisations syndicales représentatives appelées à siéger à la commission paritaire nationale, parmi leurs candidats aux élections des commissions paritaires des établissements du réseau des chambres de commerce et d'industrie.**

Le nombre de sièges attribué à chaque collège s'établit selon la règle du quotient électoral et du plus fort reste.

Chaque délégation peut être accompagnée de conseillers techniques dans les conditions prévues par les règles de fonctionnement de la commission paritaire nationale annexées au statut du personnel administratif des chambres de commerce et d'industrie.

Le bureau de *(Mots rempl., A. 9 juill. 2015)* « CCI France » et les organisations syndicales désignent également des membres suppléants qui ne peuvent siéger en commission paritaire nationale qu'en remplacement d'un titulaire.

Le secrétariat de la commission paritaire est assuré par la direction chargée de la tutelle des chambres de commerce et d'industrie.

Le ministre chargé de leur tutelle peut convoquer aux réunions de la commission paritaire, à titre consultatif, des personnalités qualifiées pour certaines questions techniques ou administratives, notamment en ce qui concerne l'application du statut au personnel des chambres de commerce et d'industrie des départements d'outre-mer.

Art. A. 711-2 *(Abr., A. 7 févr. 2013).*

Sous-section 2. – Du fonctionnement

Art. A. 711-3 *(Mod., D. n° 2010-1463, 1er déc. 2010).* – Le membre d'une chambre de commerce et d'industrie territoriale qui met fin à son mandat adresse sa démission à l'autorité de tutelle.

La démission de l'intéressé devient définitive à la date de son acceptation écrite par l'autorité de tutelle ou, à défaut, un mois à compter de la date d'envoi de la démission à celle-ci, constatée par tout moyen permettant d'attester de la réception.

L'autorité de tutelle informe le président de la chambre de commerce et d'industrie territoriale de cette démission.

Sous-section 3. – De la délégation des chambres de commerce et d'industrie

La présente sous-section ne comprend pas de dispositions pour les arrêtés.

Sous-section 4. – Des groupements interconsulaires

La présente sous-section ne comprend pas de dispositions pour les arrêtés.

Section II. – Des chambres régionales de commerce et d'industrie

La présente section ne comprend pas de dispositions pour les arrêtés.

Section III. – De l'assemblée des chambres françaises de commerce et d'industrie

La présente section ne comprend pas de dispositions pour les arrêtés.

Section IV. – Dispositions communes

Art. A. 711-4. – En application de l'article R. 711-74-1, le seuil en deçà duquel l'approbation de l'autorité de tutelle mentionnée à l'article R. 712-2 n'est pas requise est fixé à 100 000 € par opération ou à 30 % du marché en matière de marchés de travaux publics.

Art. A. 711-5 *(Créé, A. 1er juill. 2021).* – I. – Les membres de la commission mixte de conciliation prévue au D. 711-70-1 ainsi que leurs suppléants sont désignés pour cinq ans dans le mois qui suit l'assemblée générale d'installation de CCI France, prévue à l'article R. 711-58 :

1° Les représentants des présidents de chambre de commerce et d'industrie sont désignés par le bureau de CCI France parmi les présidents en exercice ;

2° Les représentants des directeurs généraux de CCI sont désignés par l'association des directeurs généraux de CCI parmi les directeurs généraux en exercice.

Le bureau de CCI France et l'Association des directeurs généraux transmettent au secrétariat de la commission mixte de conciliation, ainsi qu'au ministre de tutelle le ou les noms des personnes désignées.

En cas de départ d'un membre titulaire ou suppléant, le bureau de CCI France ou l'Association des directeurs généraux de CCI désignent dans les mêmes formes le nouveau membre qui siège jusqu'à la prochaine désignation des titulaires et suppléants de la commission.

II. – Le secrétariat de la commission mixte de conciliation est assuré par CCI France qui désigne parmi ses collaborateurs la personne assurant le rôle de secrétaire.

Un membre titulaire qui serait empêché en informe le secrétariat et se fait remplacer par son suppléant.

En particulier, constitue un cas d'empêchement la situation selon laquelle un membre fait partie de la même chambre de commerce et d'industrie de région que le directeur général faisant l'objet d'une mesure de licenciement ou de révocation.

III. – Le président de la chambre de commerce et d'industrie employeur ou le directeur général agent public qui souhaite saisir pour avis la commission mixte de conciliation dans le cadre d'une procédure de licenciement ou de révocation adresse au secrétariat de cette commission sa demande par courrier recommandé avec avis de réception. Ce courrier comporte toutes précisions utiles permettant à la commission mixte de conciliation de donner son avis sur la procédure en question.

La réception du courrier de saisine suspend la procédure de licenciement ou de révocation.

Dans les cinq jours ouvrés suivant la réception de la saisine, le secrétariat de la commission mixte de conciliation transmet une copie de la demande, éventuellement accompagnée des pièces jointes, aux membres titulaires de cette instance ainsi qu'à la partie qui n'est pas à l'origine de la saisine, c'est-à-dire soit au directeur général mis en cause, soit au président de l'établissement public du réseau des chambres de commerce et d'industrie concerné.

Le membre qui serait empêché en raison de son appartenance à la même chambre de commerce et d'industrie employeur que le directeur général mis en cause se fait remplacer dans les conditions prévues au II.

Le secrétariat convoque les membres titulaires à une réunion qui doit se tenir dans le délai maximum de quinze jours ouvrés suivant la réception de la saisine.

Les parties sont informées de la date de la réunion et de la possibilité d'être entendues, y compris par tout moyen de communication à distance.

IV. – Après avoir examiné le dossier et entendu les parties qui le souhaitent, les membres de la commission mixte de conciliation délibèrent.

Si un accord se dégage entre la majorité des membres présents, ceux-ci adoptent un avis motivé qu'ils signent.

Sans accord sur ce texte, l'avis comporte la position motivée de chacun des membres présents.

V. – Dans un délai de trois jours ouvrés suivant la réunion et au plus tard un mois après la date de réception de la saisine, le secrétariat de la commission mixte de conciliation adresse aux demandeurs, par courrier recommandé avec avis de réception, copie de l'avis de cette instance. Il adresse également, pour information, cette copie à l'autre partie.

La procédure de licenciement ou de révocation cesse d'être suspendue à la date de première présentation de ce courrier.

CHAPITRE II. – DE L'ADMINISTRATION DES ÉTABLISSEMENTS DU RÉSEAU DES CHAMBRES DE COMMERCE ET D'INDUSTRIE

(Mod., D. n° 2010-1463, 1er déc. 2010)

Art. A. 712-1 *(Mod., A. 16 oct. 2013).* – En application de l'article R. 712-1, les frais admis à remboursement sur justificatifs sont les frais de transport, d'hébergement et de restauration engagés dans le cadre de leur mandat par les membres des établissements du réseau des chambres de commerce et d'industrie.

Art. A. 712-2 *(Mod., A. 16 oct. 2013 ; A. 3 avr. 2017).* – L'indemnité mensuelle globale de frais de mandat que l'assemblée générale de CCI France et de chaque chambre de commerce et d'industrie territoriale et de région peut attribuer aux membres de son bureau est fixée dans les limites du barème suivant :

CATÉGORIE	NOMBRE DE RESSORTISSANTS	POINTS D'INDICE
1	moins de 5 000	300
2	de 5 000 à 9 999	450
3	de 10 000 à 29 999	600
4	de 30 000 à 99 999	750
5	100 000 et plus	900

Art. A. 712-3 *(Mod., A. 16 oct. 2013 ; A. 3 avr. 2017).* – Pour l'application du barème fixé à l'article A. 712-2 :

1° CCI France relève de la catégorie 5 ;

2° Les chambres de commerce et d'industrie locales et les chambres de commerce et d'industrie départementales d'Île-de-France relèvent de la catégorie immédiatement inférieure de celle des chambres de commerce et d'industrie territoriales comportant le même nombre de ressortissants. L'indemnité est votée par l'assemblée générale de la chambre de commerce et d'industrie de région auxquelles les chambres sont rattachées ;

3° Les délégations des chambres de commerce et d'industrie territoriales créées en application de l'article R. 711-18 et dont les circonscriptions couvrent celles d'un ou plusieurs départements relèvent de la catégorie 1. L'indemnité est votée par l'assemblée générale de la chambre de commerce et d'industrie territoriale, au bénéfice du président de la délégation.

Art. A. 712-4 *(Mod., A. 16 oct. 2013 ; A. 3 avr. 2017).* – L'indemnité votée par l'assemblée générale, pour une durée qui ne peut excéder celle de la mandature, est normalement dévolue au président.

Toutefois, le bureau peut décider que tout ou partie de cette indemnité est dévolue à un ou plusieurs autres de ses membres. Dans ce cas, l'assemblée générale compétente peut majorer l'indemnité au maximum d'une somme équivalant à 150 points d'indice, quel que soit le nombre des bénéficiaires.

Art. A. 712-5 *(Mod., A. 16 oct. 2013 ; A. 3 avr. 2017).* – Les indemnités prévues aux articles précédents ne peuvent en aucun cas se cumuler en faveur d'un même bénéficiaire.

Art. A. 712-6. – Une copie de la délibération de l'assemblée générale et, le cas échéant, de la décision du bureau, mentionnées aux articles A. 712-2 et A. 712-4, est adressée dans les quinze jours à l'autorité de tutelle.

Section I. – Des modalités de la tutelle

Art. A. 712-7 *(Mod., A. 31 oct. 2012).* – Le montant à prendre en compte, pour l'application des dispositions prévues aux articles A. 712-8 à A. 712-16, est :

– pour une chambre de commerce et d'industrie de région, le produit de la taxe pour frais de chambres perçu au titre de l'année précédant celle de la demande ;

– pour une chambre de commerce et d'industrie territoriale, le montant des sommes reçues l'année précédant celle de la demande en application du 4° de l'article L. 711-8 ;

– pour un groupement interconsulaire, le montant des sommes reçues l'année précédant celle de la demande au titre des contributions prévues à l'article R. 712-24 ;

– pour l'Assemblée française des chambres de commerce et d'industrie, le montant des sommes reçues l'année précédant celle de la demande au titre de l'article R. 712-25.

Art. A. 712-8 *(Mod., A. 31 oct. 2012).* – Le seuil en deçà duquel l'approbation préalable de l'autorité de tutelle n'est pas requise en matière d'autorisation d'emprunt est fixé, par opération, et sous réserve des dispositions de l'article A. 712-9, à un pourcentage de 5 % du montant défini, par type d'établissement, à l'article A. 712-7.

Art. A. 712-9 *(Mod., A. 31 oct. 2012).* – Quel que soit le résultat du pourcentage effectué en application des articles A. 712-7 et A. 712-8, le montant de l'emprunt en deçà duquel la demande d'autorisation préalable n'est pas requise est plafonné dans tous les cas et par opération :

1° À 300 000 € pour les établissements du réseau dont le montant de ressources défini à l'article A. 712-7 est inférieur à 10 millions d'euros ;

2° À 600 000 € pour les établissements du réseau dont le montant de ressources défini à l'article A. 712-7 est égal ou supérieur à 10 millions d'euros.

Art. A. 712-10 *(Mod., A. 31 oct. 2012).* – L'approbation préalable de l'autorité de tutelle est requise en matière d'opération de crédit-bail immobilier, en application du 2° de l'article R. 712-7, si une des deux conditions suivantes est remplie :

1° Lorsque le montant du loyer est supérieur à 5 % du montant de ressources défini, par type d'établissement, à l'article A. 712-7 ;

2° Lorsque la levée de l'option d'acquisition intervient contractuellement après l'expiration de la quinzième année de location.

Art. A. 712-11 *(Mod., A. 31 oct. 2012)*. – Quel que soit le résultat du calcul effectué en application de l'article A. 712-10 et la date de l'opération d'acquisition, le montant du loyer annuel en deçà duquel la demande d'autorisation préalable n'est pas requise est plafonné, dans tous les cas et par opération :

1° À 300 000 € pour les établissements du réseau dont le montant de ressources défini, par type d'établissement, à l'article A. 712-7 est inférieur à 10 millions d'euros ;

2° À 600 000 € pour les établissements du réseau dont le montant de ressources défini, par type d'établissement, à l'article A. 712-7 est égal ou supérieur à 10 millions d'euros.

Art. A. 712-12 *(Mod., A. 31 oct. 2012)*. – Le seuil en deçà duquel l'approbation préalable de l'autorité de tutelle n'est pas requise en matière d'émission d'obligations à taux fixe, en application du 2° de l'article R. 712-7, est de 5 % du montant défini, par type d'établissement, à l'article A. 712-7.

Pour l'appréciation de ce seuil, l'émission d'obligations est considérée participer de la même opération si elle se produit au cours de la même période de trois ans à compter de l'émission du premier coupon, sans référence à l'usage affecté à l'emprunt. Le montant à prendre en compte pour permettre le calcul du pourcentage de 5 % correspond alors au montant de l'année antérieure à la première année de lancement de l'emprunt.

Art. A. 712-13 *(Mod., A. 31 oct. 2012)*. – Le seuil en deçà duquel l'approbation préalable de l'autorité de tutelle n'est pas requise en matière d'émission d'obligations à taux variable, en application du 2° de l'article R. 712-7, est réduit de moitié par rapport au seuil mentionné à l'article A. 712-12.

Pour l'appréciation de ce seuil, l'émission d'obligations est considérée participer de la même opération si elle se produit au cours de la même période de trois ans à compter de l'émission du premier coupon, sans référence à l'usage affecté à l'emprunt. Le montant à prendre en compte pour permettre le calcul du pourcentage de 2,5 % correspond au montant de l'année antérieure à la première année de lancement de l'emprunt.

Art. A. 712-14 *(Mod., A. 31 oct. 2012)*. – I. – Quel que soit le résultat du calcul effectué en application du premier alinéa de l'article A. 712-12, le montant de l'émission des obligations, au cours de la période de référence mentionnée au deuxième alinéa du même article, c'est-à-dire en cumulant le cas échéant le montant des émissions de coupons déjà intervenues au cours de l'année ou des deux années précédentes, en deçà duquel la demande d'autorisation préalable n'est pas requise, est plafonné dans tous les cas :

1° À 300 000 € pour les établissements du réseau dont le montant de ressources défini, par type d'établissement, à l'article A. 712-7 est inférieur à 10 millions d'euros ;

2° À 600 000 € pour les établissements du réseau dont le montant de ressources défini, par type d'établissement, à l'article A. 712-7 est égal ou est supérieur à 10 millions d'euros.

II. – Dans les cas mentionnés à l'article A. 712-13, ce plafond est fixé à la moitié des deux seuils mentionnés au I du présent article, respectivement pour les établissements dont le montant de ressources défini à l'article A. 712-7 est inférieur à 10 millions d'euros et pour ceux pour lesquels ce montant est égal ou supérieur à 10 millions d'euros.

Art. A. 712-15 *(Mod., A. 31 oct. 2012)*. – Le seuil en deçà duquel l'approbation préalable de l'autorité de tutelle n'est pas requise en matière de garantie octroyée à un tiers est fixé, par opération, à un pourcentage de 5 % du montant de ressources défini, par type d'établissement, à l'article A. 712-7, sous réserve des dispositions des articles A. 712-17 et A. 712-18.

Art. A. 712-16 *(Abr., A. 31 oct. 2012)*.

Art. A. 712-17 *(Mod., A. 31 oct. 2012)*. – Lorsque le montant cumulé des garanties encore en vigueur octroyées par la chambre, tous bénéficiaires confondus, dépasse les seuils indiqués à l'article A. 712-15, tout nouvel octroi de garantie, quel que soit son destinataire, fait l'objet d'une demande d'autorisation à l'autorité de tutelle.

Toutefois, le montant des garanties à considérer pour l'application du premier alinéa ne comprend pas les garanties accordées à des organismes compris dans son périmètre de consolidation comptable, ni les garanties accordées par la chambre à des tiers (fournisseurs, administrations, bailleurs...) lorsqu'elles sont requises dans le cadre de son exploitation courante.

Art. A. 712-18. – En tout état de cause, ce montant ne peut dépasser le seuil de « l'équivalent subvention brut » correspondant au seuil de minimis pour les garanties octroyées aux entreprises, fixé par les règlements de la Commission européenne relatifs à la détermination du seuil des aides de minimis pour l'application du règlement n° 994/98 du 7 mai 1998 sur l'application des articles 92 et 93 du traité instituant la Communauté européenne à certaines catégories d'aides d'État horizontales.

Section II. – Des règles budgétaires

Sous-section 1. – Dispositions communes

Art. A. 712-19. – Les exercices comptables et budgétaires des établissements du réseau des chambres de commerce et d'industrie coïncident avec l'année civile. Tout report de crédit d'un exercice sur le suivant fait l'objet d'une nouvelle inscription dans le budget primitif ou d'un éventuel budget rectificatif de cet exercice suivant.

Art. A. 712-20. – Le budget primitif de chaque établissement est adopté par son assemblée générale au plus tard le 30 novembre de l'année précédant l'exercice auquel il se rapporte.

Aucun budget rectificatif ne peut être voté après l'adoption du budget primitif de l'exercice suivant ni, en tout état de cause, après la clôture de l'exercice.

Le budget exécuté, auquel sont joints le compte de résultat, le bilan et l'annexe, est adopté par son assemblée générale au plus tard le 30 juin de l'année suivant l'exercice auquel il se rapporte.

Art. A. 712-21. – L'autorité de tutelle de l'établissement peut demander des éléments complémentaires à présenter avec les documents budgétaires.

Art. A. 712-22. – Les budgets primitifs, les éventuels budgets rectificatifs et les budgets exécutés sont transmis, pour approbation, à l'autorité de tutelle dans les quinze jours suivant leur adoption.

Art. A. 712-23. – Toutefois, les dépenses ou les charges financées par une augmentation, par rapport à l'exercice précédent, de la taxe pour frais de chambre de commerce et d'industrie territoriale ne peuvent être engagées qu'après notification du montant de cette taxe, et dans les limites correspondantes, ou après accord de l'autorité responsable de cette notification.

Art. A. 712-24. – L'approbation de tout budget primitif ou rectificatif ne tenant pas compte du montant notifié de la taxe pour frais de chambre de commerce et d'industrie territoriale est implicitement refusée.

Dans ce cas, l'établissement doit adopter et transmettre un budget rectificatif dans les deux mois suivant la notification du montant de la taxe pour frais de chambre de commerce et d'industrie territoriale.

Pendant cette période, l'établissement peut néanmoins exécuter le budget en cours de révision, sur la base du montant notifié.

Art. A. 712-25. – Afin d'individualiser certaines activités notamment économiques, les budgets et les comptes sont divisés en services budgétaires regroupant eux-mêmes des sections comptables.

Art. A. 712-26. – L'ouverture d'un service budgétaire intitulé « service général » est obligatoire.

En outre, les services budgétaires suivants sont ouverts dès lors qu'ils correspondent à une activité effective de l'établissement :

- service Formation ;
- service Ports ;
- service Aéroports ;
- service Collecte et gestion de la participation des employeurs à l'effort de construction (PEEC).

Dans le cas où l'établissement effectue des opérations d'aménagement ou de construction à destination principale d'une cession immédiate ou différée de biens immobiliers à des tiers, et présentant une importance significative, elle ouvre, en outre, un service budgétaire intitulé « Aménagements ».

Enfin, dans le cas où l'établissement exerce une ou plusieurs activités de type industriel ou commercial non couvertes par les services énumérés ci-dessus et présentant une importance significative, elle ouvre, en outre, un service budgétaire supplémentaire intitulé « Divers ».

Aucun autre service budgétaire ne peut être ouvert sans autorisation du ministre chargé de la tutelle des chambres de commerce et d'industrie.

Art. A. 712-27. – À l'intérieur de ces services budgétaires, des sections comptables sont ouvertes conformément à l'annexe 7-1 au présent livre, dès lors qu'elles correspondent à une activité effective de l'établissement.

D'autres sections comptables peuvent être ouvertes dans les conditions fixées par le ministre chargé de la tutelle des chambres de commerce et d'industrie.

ANNEXE 7-1

(Annexe aux articles A. 712-27 et A. 712-28)

Annexe I. – Sections comptables à ouvrir au sein des différents services budgétaires

SERVICES BUDGÉTAIRES	SECTIONS COMPTABLES obligatoires
Service général.	Néant.
Service formation.	Collecte et gestion de la taxe d'apprentissage. Collecte et gestion de la contribution des employeurs au développement de la formation professionnelle continue. Centre de formation des apprentis (CFA).
Service Ports.	Une section par concession portuaire.
Service Aéroports.	Une section par concession aéroportuaire.
Service Aménagements.	Une section par opération d'aménagement (*).
Service Collecte et gestion de la PEEC.	Collecte. Gestion.
Service Divers.	Une section par opération (*).
(*) Si l'opération en question présente une importance significative.	

Art. A. 712-28. – Les budgets primitifs, rectificatifs et exécutés des établissements sont constitués des documents énumérés aux annexes II et III de l'annexe 7-1 au présent livre.

ANNEXE 7-1

....

Annexe II. – Structure des budgets primitifs ou rectificatifs et documents à présenter avec ces budgets par les établissements du réseau des chambres de commerce et d'industrie

Les budgets primitifs et rectificatifs des établissements du réseau des chambres de commerce et d'industrie sont constitués des documents suivants :

1. *Pour l'ensemble de l'établissement* et pour chacun de ses services budgétaires, ainsi que pour les concessions portuaires ou aéroportuaires de l'État :
- un état des opérations de fonctionnement ;
- un état de la capacité d'autofinancement ;
- un état des opérations en capital.

2. Pour l'ensemble de l'établissement :

2.1. Des tableaux annexes :
- tableau des prestations et contributions interservices ;
- tableau des variations pendant l'exercice des prêts et avances interservices ;
- tableaux des effectifs et de la masse salariale ;
- tableau du fonds de roulement.

2.2. Un feuillet récapitulatif d'approbation.

Annexe III. – Structure des budgets exécutés et documents à présenter avec ces budgets par les établissements du réseau des chambres de commerce et d'industrie

Les budgets exécutés des établissements du réseau des chambres de commerce et d'industrie sont constitués des documents suivants :

1. Pour l'ensemble de l'établissement.

1.1. Un feuillet récapitulatif d'approbation.

1.2.1. Un état des opérations de fonctionnement.

1.2.2. Un état de la capacité d'autofinancement.

1.2.3. Un état des opérations en capital.

1.3. Des tableaux annexes :

– tableau des prestations et contributions interservices ;
– tableau des variations pendant l'exercice des prêts et avances interservices ;
– tableau des contributions et autres concours consentis à des tiers ;
– tableau des garanties et cautions accordées ;
– tableau des filiales et participations ;
– tableau des informations relatives aux entités liées à l'établissement ;
– tableau de la structure de l'endettement ;
– tableau des collectes ;
– tableaux des effectifs et de la masse salariale ;
– tableau du fonds de roulement.

1.4.1. Un bilan.

1.4.2. Un compte de résultat (*).

1.4.3. Une annexe au sens des comptes annuels.

1.4.4. Un tableau de financement.

2. Pour chacun de ses services budgétaires et des concessions portuaires ou aéroportuaires de l'État :

– un état des opérations de fonctionnement ;
– un état de la capacité d'autofinancement ;
– un état des opérations en capital.

3. Pour le service budgétaire « Collecte et gestion de la PEEC » et pour chaque concession portuaire ou aéroportuaire de l'État :

– une situation patrimoniale ;
– un tableau de financement ;
– un tableau du fonds de roulement.

(*) L'état des opérations de fonctionnement étant de présentation strictement identique au compte de résultat, ce dernier ne figure ici que pour mémoire, sans que sa production ne soit effectivement requise pour l'approbation des budgets.

Art. A. 712-29. – **Ne présentent pas un caractère limitatif les dépenses ou les charges inscrites au budget des établissements, dans les cas suivants :**

1° Les charges correspondent à des dotations aux amortissements ou aux provisions ;

2° Les charges supplémentaires correspondent à des dépenses obligatoires, notamment en matière de charges sociales, d'impôt, de taxes et de versements assimilés, d'impôt sur les bénéfices, d'astreintes et de dépenses découlant de l'exécution de décisions de justice ;

3° L'augmentation des charges de personnel (salaires et traitements, charges sociales, taxe sur les salaires) résulte d'une décision de la commission paritaire nationale, non connue lors de l'adoption du budget ;

4° L'augmentation des dépenses ou des charges est liée à un accroissement du volume d'une activité économique, et le supplément de ces dépenses ou de ces charges est intégralement couvert par des recettes ou des produits nouveaux de cette activité ; ces dépenses ou ces charges ne peuvent toutefois pas concerner le recrutement de personnels supplémentaires permanents ;

5° Les charges correspondent à des contributions versées aux services, à l'exception des contributions versées ***aux concessions.***

Parmi les recettes ou les produits, seuls présentent un caractère limitatif les transferts de charges (produits d'exploitation, produits financiers, produits exceptionnels) ainsi que les emprunts et autres dettes financières.

Art. A. 712-30. – **Les augmentations de crédits n'entrant pas dans le cadre des atténuations ou exceptions mentionnées à l'article A. 712-29 ne peuvent résulter que d'un budget rectificatif.**

Toutefois, ce dernier peut être adopté suivant une procédure simplifiée, en ce qui concerne certaines augmentations de crédits ; le ministre chargé de la tutelle des chambres de commerce et d'industrie fixe les conditions, et notamment la forme, auxquelles satisfont les délibérations correspondantes.

Art. A. 712-31. – Les dépenses et les charges ainsi que les recettes et les produits font l'objet, respectivement, de l'émission d'un mandat ou d'un titre de perception préalablement à leur paiement ou à leur encaissement. Il peut être dérogé à cette règle pour le fonctionnement des régies d'avances et des régies de recettes et pour le paiement des dépenses obligatoires, notamment :

1° Les rémunérations du personnel et les charges sociales ;

2° Le service de la dette ;

3° Les impôts, taxes et versements assimilés ;

4° L'impôt sur les bénéfices ;

5° Les astreintes ;

6° Les dépenses découlant de l'exécution des décisions de justice ;

7° Les dépenses relatives aux élections des délégués consulaires et des membres des établissements du réseau.

Art. A. 712-32. – Au plus tard lors de la séance suivant son installation, l'assemblée générale de chaque établissement élit, en son sein, une commission des finances ainsi qu'une commission des marchés.

Les membres de la commission des finances de l'assemblée des chambres françaises de commerce et d'industrie sont nommés selon des règles spécifiques fixées par le règlement intérieur de cette dernière.

Art. A. 712-33. – La commission des finances examine les budgets, le bilan, le compte de résultat et l'annexe, préalablement à leur adoption par l'assemblée générale ; elle lui présente un compte rendu de cet examen.

La commission des marchés examine, préalablement à leur signature, les projets de marché à passer par l'établissement.

Art. A. 712-34. – La composition et les règles générales de fonctionnement de la commission des finances ainsi que de la commission des marchés sont précisées par le ministre chargé de la tutelle des chambres de commerce et d'industrie.

Art. A. 712-35. – Le président peut déléguer sa signature en matière d'exécution du budget et d'émission de titres de perception et de mandats à des membres élus de l'établissement, à l'exception du trésorier et de ses délégataires.

Il peut également déléguer cette signature à des agents permanents de l'établissement non délégataires du trésorier ; la délégation ne peut alors porter que sur les engagements de dépenses et les actes dont découle une créance au profit de l'établissement.

Art. A. 712-36. – Le trésorier peut déléguer sa signature, en matière d'exécution des opérations de dépenses, de recettes ou de gestion de la trésorerie, au trésorier adjoint ou à d'autres membres élus de l'établissement, à l'exception du président ou de ses délégataires.

Il peut également déléguer cette signature à des agents permanents de l'établissement non délégataires du président ; la délégation ne peut alors porter que sur la signature des titres de paiement et des documents relatifs aux opérations de trésorerie.

Art. A. 712-37. – Une révision comptable est effectuée, avant adoption du budget exécuté, par le commissaire aux comptes nommé par l'établissement en application de l'article L. 712-6, dans les conditions fixées par l'autorité de tutelle.

Art. A. 712-38. – Le rapport du commissaire aux comptes chargé de la révision comptable est transmis aux membres de la commission des finances et de l'assemblée générale préalablement à l'examen du budget exécuté ; il est également transmis à l'autorité de tutelle, en même temps que le budget exécuté.

Art. A. 712-39. – Un chapitre spécifique du règlement intérieur regroupe l'ensemble de ses dispositions budgétaires, comptables et financières.

Art. A. 712-40. – Il est institué une commission nationale des diligences comptables chargée de rendre des avis sur tout problème relatif à l'application des règles comptables et budgétaires.

Cette commission comprend, outre son président, quatorze membres, dont sept représentent l'institution consulaire et les sept autres les administrations intéressées.

Tous ses membres ainsi que le président sont nommés par le ministre chargé de la tutelle des chambres de commerce et d'industrie ; ceux représentant l'institution consulaire le sont sur proposition du président de l'assemblée des chambres françaises de commerce et d'industrie.

La commission se réunit sur un ordre du jour fixé par le président. À cet ordre du jour figurent les points dont l'inscription est demandée par le ministre chargé de la tutelle des chambres de commerce et d'industrie.

Art. A. 712-41. – Le plan comptable applicable aux chambres de commerce et d'industrie territoriales, aux chambres de commerce et d'industrie de région, à l'assemblée des chambres françaises de commerce et d'industrie et aux groupements interconsulaires est consultable auprès du ministère de tutelle des chambres de commerce et d'industrie, dans les préfectures, à l'assemblée des chambres françaises de commerce et d'industrie, dans les chambres de commerce et d'industrie territoriales, les chambres de commerce et d'industrie de région ainsi que les groupements interconsulaires.

Art. A. 712-42. – Une instruction par voie de circulaire apportera toutes précisions utiles à l'application de la présente sous-section.

Sous-section 2. – Dispositions applicables aux chambres régionales

La présente sous-section ne comprend pas de dispositions pour les arrêtés.

Sous-section 3. – Dispositions applicables aux groupements interconsulaires

La présente sous-section ne comprend pas de dispositions pour les arrêtés.

Sous-section 4. – Dispositions applicables à l'assemblée des chambres françaises de commerce et d'industrie

La présente sous-section ne comprend pas de dispositions pour les arrêtés.

Section III. – Des emprunts souscrits et des garanties accordées par les établissements du réseau

La présente section ne comprend pas de dispositions pour les arrêtés.

Section IV. – Des équipements et services gérés par des établissements du réseau dans le cadre de délégations de service public

La présente section ne comprend pas de dispositions pour les arrêtés.

CHAPITRE III. – DE L'ÉLECTION DES MEMBRES DES CHAMBRES DE COMMERCE ET D'INDUSTRIE TERRITORIALES ET DE RÉGION

(Intitulé rempl., A. 13 août 2010 ; intitulé rempl. et chapitre mod., A. 21 mai 2021)

Section I. – De l'établissement des listes électorales

(Anc. sous-section 1 de la section 1 dénum., A. 21 mai 2021)

Art. A. 713-1 *(Mod., A. 13 août 2010 ; A. 11 juill. 2016 ; A. 21 mai 2021).* – I. – Les listes électorales prévues aux articles R. 713-1-1 et R. 713-2 sont destinées :

1° À être mises à disposition du public dans les conditions fixées à l'article R. 713-2 ;

2° À l'envoi des instruments nécessaires au vote mentionnés à l'article R. 713-14 ;

3° À servir de support à l'émargement lors du dépouillement du scrutin.

II. – Les listes électorales dressées en application du III de l'article R. 713-1-1 sont regroupées pour chaque circonscription de chambre de commerce et d'industrie territoriale, locale ou départementale d'Île-de-France en une liste unique, laquelle est subdivisée en catégories et, le cas échéant, en sous-catégories professionnelles.

III. – Les listes portent la mention de la dénomination de la chambre de commerce et d'industrie de région et de la chambre de commerce et d'industrie territoriale, locale ou départementale d'Île-de-France. Elles comportent pour chaque électeur les informations suivantes :

1° La catégorie et, le cas échéant, la sous-catégorie de l'électeur ;

2° Un numéro d'ordre sur la liste ;

3° Le numéro SIRET de l'établissement ;

4° La dénomination sociale de l'entreprise ;

5° Les nom, prénoms et date de naissance de l'électeur ;

6° L'adresse de correspondance de l'électeur, son adresse électronique personnelle ou nominative professionnelle ainsi que son numéro de téléphone portable personnel ou nominatif professionnel pour l'expédition des instruments nécessaires au vote prévus au I, 2°, ci-dessus ;

7° L'adresse professionnelle de l'électeur pour répondre aux objectifs prévus au I, 1° et 3°, ci-dessus.

La date de naissance figurant au 5° ainsi que les informations mentionnées au 6° ci-dessus ne figurent pas sur les listes électorales mises à disposition du public en application de l'article R. 713-2.

Art. A. 713-2 *(Rempl., A. 13 août 2010 ; rempl. pour une période transitoire de deux ans, comprise entre le 1er mars 2016 et le 28 février 2018, A. 26 févr. 2016 ; abr., A. 21 mai 2021).*

Art. A. 713-3 *(Mod., A. 13 août 2010 ; abr., A. 21 mai 2021).*

Section 2. – Des candidatures

(Anc. sous-section 2 de la section 1 dénum., A. 21 mai 2021)

Art. A. 713-4 *(Rempl., A. 13 août 2010 ; A. 21 mai 2021).* – Trente jours au moins avant le dernier jour du scrutin, les candidats remettent, pour validation, à la commission d'organisation des élections, un exemplaire de leur bulletin de vote et de leur circulaire.

En cas de candidatures présentées dans le cadre d'un groupement, le mandataire du groupement remet dans les mêmes conditions un exemplaire du bulletin de vote et une circulaire uniques pour l'ensemble des candidats du groupement. Le classement des candidatures sur ce bulletin de vote unique respecte l'ordre d'enregistrement des candidatures à la préfecture.

Art. A. 713-5 *(Mod., A. 13 août 2010 ; rempl., A. 11 juill. 2016 ; A. 21 mai 2021).* – Les bulletins de vote précisent, pour chacun des candidats, titulaire ou suppléant :

a) Son nom et son prénom usuel ;

b) Sa profession ou son secteur d'activité ;

c) La commune de son activité ;

d) Le cas échéant, l'intitulé du groupement sous l'égide duquel il se présente ;

e) Le siège pour lequel il se présente : mandat de membre titulaire ou de membre suppléant de la chambre de région associé au mandat de membre de la chambre territoriale, locale ou départementale d'Île-de-France, ou mandat de la seule chambre territoriale, locale ou départementale d'Île-de-France ;

f) Le cas échéant, en complément de l'une ou l'autre des candidatures mentionnées à l'alinéa précédent, mention de la candidature en qualité de membre d'une délégation de la chambre territoriale ;

g) La catégorie professionnelle et, le cas échéant, la sous-catégorie professionnelle dans lesquelles il se présente.

Pour le vote électronique, la présentation du bulletin de vote doit garantir une stricte égalité entre les candidats.

Art. A. 713-6 *(Mod., A. 13 août 2010 ; A. 11 juill. 2016 ; rempl., A. 21 mai 2021).* – Lorsqu'il est procédé au vote par voie électronique, les frais de campagne remboursés aux candidats en application de l'article R. 713-12 s'entendent du coût du papier et de l'impression des circulaires, lorsque la commission d'organisation des élections décide leur envoi sur support papier, dans les conditions prévues à l'article R. 713-21.

Dans ce cas, chaque groupement sous l'étiquette duquel des candidatures sont présentées dans la circonscription, chaque candidat isolé peuvent prétendre au remboursement des frais de reproduction d'un seul modèle de circulaire par catégorie ou, le cas échéant, sous-catégorie professionnelle présentant les caractéristiques prévues au 2° de l'article A. 713-7.

Le nombre de circulaires admis à remboursement ne peut excéder celui effectivement remis, conformément à l'article A. 713-9.

Art. A. 713-7 *(Mod., A. 11 oct. 2010 ; rempl., A. 13 août 2010 ; A. 11 juill. 2016 ; A. 21 mai 2021)*. – Lorsqu'il est procédé à un vote par correspondance, les frais de campagne remboursés aux candidats en application de l'article R. 713-12 s'entendent du coût du papier et de l'impression des bulletins de vote et des circulaires présentant les caractéristiques suivantes :

1° Bulletins de vote imprimés dans les conditions prévues à l'article R. 30 du Code électoral, exclusivement recto et comportant les mentions précisées à l'article A. 713-5 ;

2° Circulaires dans les conditions prévues à l'article R. 29 du Code électoral.

Le nombre de bulletins et de circulaires admis à remboursement ne peut excéder celui effectivement remis, conformément à l'article A. 713-9.

Art. A. 713-7-1 *(A. 13 août 2010 ; mod., A. 11 juill. 2016 ; rempl., A. 21 mai 2021)*. – Le montant maximum de remboursement des dépenses engagées par les candidats est fixé, dans chaque circonscription de chambre de commerce et d'industrie de région, par le préfet de région en prenant comme cadre de référence les dispositions de l'arrêté en vigueur fixant les tarifs maxima de remboursement des frais d'impression et d'affichage des documents électoraux pour les élections municipales, communautaires et métropolitaines.

La demande de remboursement est adressée à la chambre de commerce et d'industrie territoriale, ou pour les chambres de commerce et d'industrie locales et départementales d'Île-de-France, à la chambre de commerce et d'industrie de région, sous pli recommandé avec avis de réception, dans le délai de quinze jours suivant la date de la proclamation des résultats des élections.

À la demande de remboursement est joint un exemplaire de chacun des documents susceptibles d'être pris en compte pour la détermination du droit à remboursement ainsi que les pièces justificatives correspondant aux frais réellement exposés.

Après visa, le président en exercice de la chambre de commerce et d'industrie concernée donne suite à la demande de remboursement qui constitue pour l'établissement une dépense obligatoire. Une copie de cette décision est transmise, sans délai, pour information au préfet de région.

Dans le délai d'un mois suivant la réception de la demande visée par le président, la chambre de commerce et d'industrie concernée fait procéder au paiement des sommes dues.

Section 2 ancienne. – De l'élection des délégués consulaires

(Section abr., A. 21 mai 2021)

Sous-section 1. – Dispositions générales

(Sous-section abr., A. 21 mai 2021)

Art. A. 713-14 *(Mod., A. 13 août 2010 ; abr., A. 21 mai 2021)*.

Art. A. 713-15 *(Mod., A. 13 août 2010 ; abr., A. 21 mai 2021)*.

Art. A. 713-16 *(Mod., A. 13 août 2010 ; abr., A. 21 mai 2021)*.

Art. A. 713-17 *(Mod., A. 11 oct. 2010 ; A. 11 juill. 2016 ; abr., A. 21 mai 2021)*.

Sous-section 2. – De l'établissement des listes électorales

(Sous-section abr., A. 21 mai 2021)

Art. A. 713-18 *(Mod., A. 13 août 2010 ; abr., A. 21 mai 2021)*.

Art. A. 713-19 *(Abr., A. 21 mai 2021)*.

Sous-section 3. – Des candidatures

(Sous-section abr., A. 21 mai 2021)

Art. A. 713-20 *(Rempl., A. 13 août 2010 ; mod., A. 11 oct. 2010 ; abr., A. 21 mai 2021).*

Art. A. 713-21 *(Rempl., A. 13 août 2010 ; mod., A. 11 oct. 2010 ; abr., A. 21 mai 2021).*

Art. A. 713-22 *(Rempl., A. 13 août 2010 ; mod., A. 11 oct. 2010 ; rempl., A. 11 juill. 2016 ; abr., A. 21 mai 2021).*

Art. A. 713-22-1 *(A. 13 août 2010 ; mod., A. 11 oct. 2010 ; rempl., A. 11 juill. 2016 ; abr., A. 21 mai 2021).*

Sous-section 4. – Du vote par correspondance

(Sous-section abr., A. 21 mai 2021)

Art. A. 713-23 *(Abr., A. 21 mai 2021).*

Art. A. 713-24 *(Abr., A. 21 mai 2021).*

Art. A. 713-25 *(Abr., A. 21 mai 2021).*

Sous-section 5. – Du vote électronique

(Sous-section abr., A. 21 mai 2021)

La présente sous-section ne comprenait pas de dispositions pour les arrêtés.

Sous-section 6. – De la proclamation des résultats et du contentieux

(Sous-section abr., A. 21 mai 2021)

La présente sous-section ne comprenait pas de dispositions pour les arrêtés.

Section 3. – De la préparation du scrutin

(Anc. sous-section 3 de la section 1 dénum., A. 21 mai 2021)

Art. A. 713-8 *(Mod., A. 13 août 2010 ; rempl., A. 11 juill. 2016 ; A. 21 mai 2021).* **– I. – Lorsqu'il est procédé au vote par voie électronique, l'envoi des instruments de vote aux électeurs est effectué par mail ou par voie postale. Dans ce dernier cas, ils sont adressés dans une enveloppe dont le format et les mentions qui y sont portées sont fixées à l'annexe 7-2.**

Les envois postaux contiennent :

un porte-adresse dont les mentions et dimensions sont fixées à l'annexe 7-2 contenant les identifiants de l'électeur pour se connecter sur la plateforme de vote et la notice explicative ;

les circulaires des candidats lorsqu'il est fait application des dispositions du 3e alinéa de l'article R. 713-21.

II. – Pour le vote par correspondance, le matériel de vote est envoyé aux électeurs par voie postale dans une enveloppe dont le format et les mentions qui y sont portées sont fixées à l'annexe 7-2, comprenant ;

– un porte-adresse dont les dimensions et les mentions sont fixées à l'annexe 7-2 ;

– le bulletin unique de vote ou les bulletins de vote ;

– les circulaires des candidats ainsi que les références des sites internet où elles peuvent être consultées ;

– l'enveloppe d'acheminement du vote et l'enveloppe de vote dont les dimensions et les mentions qui y sont portées sont fixées à l'annexe 7-2.

Les instruments de vote envoyés aux électeurs mentionnent les liens internet vers lesquels ils peuvent consulter les circulaires.

Art. A. 713-9 *(Mod., A. 13 août 2010 ; rempl., A. 11 juill. 2016 ; rempl., A. 21 mai 2021).* **– I. – Lorsqu'il est fait application du 3e alinéa de l'article R. 713-21, les candidats ou leurs mandataires remettent, vingt et un jour au plus tard avant le dernier jour du scrutin, au secrétariat de la commission d'organisation des élections,**

un nombre de circulaires égal au nombre d'électeurs inscrits dans la catégorie ou, le cas échéant, sous-catégorie, plus 5 % afin de les joindre à l'envoi des instruments de vote aux électeurs.

Au plus tard treize jours avant le dernier jour du scrutin, les circulaires des candidats sont mises à la disposition des électeurs sur le site internet de la plate-forme de vote à distance et sur le site internet de la chambre de commerce et d'industrie concernée, dans une rubrique « élections », respectant les dispositions prévues à l'article L. 49 du Code électoral.

II. – Lorsqu'il est procédé à un vote par correspondance, les candidats ou leurs mandataires remettent dans le même délai prévu au I. au secrétariat de la commission d'organisation des élections un nombre de bulletins de vote et de circulaires égal au nombre d'électeurs inscrits dans la catégorie ou, le cas échéant, sous-catégorie, plus 5 %. En cas de mise sous pli automatisée, le nombre de bulletins de vote supplémentaire est au moins de 200.

Au plus tard treize jours avant le dernier jour du scrutin, les circulaires des candidats sont mises à la disposition des électeurs sur le site internet de la chambre de commerce et d'industrie concernée, dans une rubrique « élections », respectant les dispositions prévues à l'article L. 49 du Code électoral.

Art. A. 713-10 *(Mod., A. 13 août 2010 ; A. 11 juill. 2016 ; A. 21 mai 2021).* **– Les enveloppes contenant les instruments nécessaires au vote sont closes.**

Section 4. – Du vote par correspondance

(Anc. sous-section 4 de la section 1 dénum., A. 21 mai 2021)

Art. A. 713-11 *(Rempl., A. 11 juill. 2016).* – Les enveloppes d'acheminement du vote, prévues au I de l'article R. 713-17, sont d'une dimension de 110 mm × 220 mm et répondent aux spécifications qui figurent à l'annexe 7.2 au présent livre. Elles peuvent comporter des mentions supplémentaires.

Les enveloppes de scrutin contenant les bulletins de vote sont d'une dimension de 90 mm × 139 mm et répondent aux spécifications qui figurent à l'annexe 7.2 au présent livre. Elles peuvent être de couleurs différentes selon les catégories professionnelles ou, le cas échéant, les sous-catégories professionnelles.

Art. A. 713-12. – Les enveloppes d'acheminement du vote sont closes.

Art. A. 713-13. – L'état récapitulatif des plis reçus à la préfecture mentionné au I de l'article R. 713-17 est tenu à la disposition de chacun des membres de la commission d'organisation des élections.

Section 5. – Études économiques de pondération

(Anc. section 3 dénum. et intitulé rempl., A. 21 mai 2021)

Art. A. 713-26 *(Mod., D. n° 2010-1463, 1er déc. 2010 ; A. 11 juill. 2016).* – Les catégories professionnelles des chambres de commerce et d'industrie correspondant respectivement aux activités du commerce, de l'industrie et des services sont composées conformément aux listes figurant à l'annexe 7-4 au présent livre, par référence aux nomenclatures d'activités et de produits françaises de l'Institut national de la statistique et des études économiques.

Art. A. 713-27 *(Abr., A. 13 août 2010).*

Art. A. 713-28 *(Mod., A. 13 août 2010 ; rempl., A. 21 mai 2021).* – Il est créé dans les chambres de commerce et d'industrie territoriales et de région, en vue de l'étude mentionnée à l'article R. 713-66, un traitement automatisé d'informations nominatives dont l'objet est de déterminer, conformément à l'article R. 711-47, la répartition des membres élus de ces établissements entre catégories et, le cas échéant, sous-catégories professionnelles.

Art. A. 713-29 *(Mod., A. 13 août 2010 ; rempl., A. 21 mai 2021).* – Pour les personnes physiques et morales inscrites au registre du commerce et des sociétés ou figurant dans le fichier des entreprises de la chambre de commerce et d'industrie concernée, tel que défini à l'article D. 711-67-4, les catégories d'informations nominatives traitées sont :

1° Le nom ou la dénomination sociale ;

2° Le code NAF ;

3° Le numéro SIRET ;
4° L'adresse ;
5° Le nombre de salariés ;
6° La base nette taxable de l'établissement.
Les informations mentionnées aux 5° et 6° sont collectées dans les conditions prévues au dernier alinéa du II de l'article R. 713-66.

Art. A. 713-30 *(Mod., D. n° 2010-1463, 1er déc. 2010 ; rempl., A. 11 juill. 2016 ; rempl., A. 21 mai 2021)*. – Le droit d'accès et de rectification prévus aux article 49 et 50 de la loi n° 78-17 du 6 janvier 1978 modifiée relative à l'informatique, aux fichiers et aux libertés s'exercent auprès de la chambre de commerce et d'industrie territoriale, dont le demandeur est ressortissant, ou auprès de la chambre de commerce et d'industrie de région pour les ressortissants des chambres de commerce et d'industrie locales ou départementales d'Île-de-France. Le droit d'opposition prévu au premier alinéa de l'article 56 de la loi n° 78-17 du 6 janvier 1978 modifiée est écarté.

TITRE II. – DU TRIBUNAL DE COMMERCE

CHAPITRE I. – DE L'INSTITUTION ET DE LA COMPÉTENCE

Section I. – Dispositions générales

La présente section ne comprend pas de dispositions pour les arrêtés.

Section II. – De la compétence

La présente section ne comprend pas de dispositions pour les arrêtés.

Section III. – Du conseil national des tribunaux de commerce

Art. A. 721-1. – Les chefs de cour d'appel sont invités, six mois avant la fin du mandat des membres du Conseil national des tribunaux de commerce, par circulaire du directeur des services judiciaires, à recueillir les candidatures des juges consulaires en activité ou honoraires souhaitant être désignés par le garde des Sceaux, ministre de la Justice, au sein du conseil, en application de l'article R. 721-8.

Art. A. 721-2. – Les juges consulaires adressent leur candidature par écrit au garde des Sceaux, ministre de la Justice, et aux chefs de la cour d'appel dans le ressort de laquelle ils exercent leur mandat ou ont exercé leur dernier mandat, dans le délai indiqué à l'article R. 721-9.

Art. A. 721-3. – Les chefs de cour transmettent au garde des Sceaux, ministre de la Justice, les dossiers de candidature au plus tard quinze jours après l'expiration de ce délai.

Art. A. 721-4. – Le dossier de candidature comporte :
1° La déclaration de candidature datée et signée par le candidat ;
2° Un état de services établi par le candidat et visé par le président du tribunal de commerce ;
3° L'avis motivé du président du tribunal de commerce ;
4° L'avis motivé des chefs de cour.

Art. A. 721-5. – Toute candidature à une désignation de membre titulaire vaut également candidature à une désignation de membre suppléant.

Art. A. 721-6. – Les juges consulaires sont désignés compte tenu de leurs compétences professionnelles et afin d'assurer une représentation équilibrée du territoire national.

Art. A. 721-7. – La direction des services judiciaires assure le secrétariat du Conseil national des tribunaux de commerce.

Art. A. 721-8. – Le secrétaire général du Conseil national des tribunaux de commerce prépare les réunions du conseil, y assiste et en établit les comptes rendus, qui sont signés par le président de séance et diffusés à l'ensemble des membres.

Art. A. 721-9. – Il est chargé de la préparation du rapport annuel d'activité.

Art. A. 721-10. – Il participe à la mise en œuvre de la communication du conseil.

CHAPITRE II. – DE L'ORGANISATION ET DU FONCTIONNEMENT

Le présent chapitre ne comprend pas de dispositions pour les arrêtés.

CHAPITRE III. – DE L'ÉLECTION DES JUGES DES TRIBUNAUX DE COMMERCE

Le présent chapitre ne comprend pas de dispositions pour les arrêtés.

CHAPITRE IV. – DE LA DISCIPLINE DES JUGES DES TRIBUNAUX DE COMMERCE

Le présent chapitre ne comprend pas de dispositions pour les arrêtés.

TITRE III. – DES JURIDICTIONS COMMERCIALES PARTICULIÈRES

Le présent titre ne comprend pas de dispositions pour les arrêtés.

TITRE IV. – DU GREFFE DU TRIBUNAL DE COMMERCE

CHAPITRE I. – DE L'INSTITUTION ET DES MISSIONS

Section I. – Dispositions générales

Art. A. 741-1. – Le nombre d'agents des greffes des tribunaux de commerce affectés à titre permanent pour assister les présidents des tribunaux de commerce est fixé comme suit :

1° Dans les tribunaux de commerce comprenant un effectif de 25 juges à 30 juges : 1 ou 2 agents ;
2° Dans les tribunaux de commerce comprenant un effectif de 31 juges à 40 juges : 2 ou 3 agents ;
3° Dans les tribunaux de commerce comprenant un effectif de 41 juges à 60 juges : 3 ou 4 agents ;
4° Dans les tribunaux de commerce comprenant un effectif supérieur à 60 juges : 5 agents ou plus.

Art. A. 741-2. – *Lorsque le président* du tribunal de commerce et le greffier en sont d'accord, il peut être dérogé aux dispositions prévues à l'article A. 741-1.

Section II. – De la modification du ressort des juridictions commerciales

La présente section ne comprend pas de dispositions pour les arrêtés.

Section III. – Du conseil national des greffiers des tribunaux de commerce

La présente section ne comprend pas de dispositions pour les arrêtés.

CHAPITRE II. – DES CONDITIONS D'ACCÈS À LA PROFESSION ET AUX AUTRES PROFESSIONS JUDICIAIRES ET JURIDIQUES

Section I. – Des conditions d'accès à la profession de greffier de tribunal de commerce

Sous-section 1. – Des conditions d'aptitude

§ 1. – Des conditions générales

(Mod., A. 11 août 2017)

Art. A. 742-1. – Sont admis en dispense du diplôme validant la première année de master en droit pour l'exercice de la profession de greffier de tribunal de commerce tous diplômes sanctionnant un niveau de formation correspondant au moins à quatre années d'études après le baccalauréat dans les disciplines juridiques, délivrés par :

1° Un établissement public à caractère scientifique, culturel et professionnel habilité à le délivrer ;

2° Un établissement d'enseignement supérieur privé reconnu par l'État et autorisé à délivrer un diplôme visé par le ministre chargé de l'enseignement supérieur ;

3° Un institut d'études politiques ;

4° La faculté libre autonome et cogérée d'économie et de droit de Paris.

Art. A. 742-2. – L'arrêté du garde des Sceaux, ministre de la Justice, fixant le nombre de places offertes au concours dans les conditions prévues à l'article R. 742-6-1 est publié au *Journal officiel* de la République française au plus tard le 1er septembre de l'année N - 1.

Les dates et lieux des épreuves sont fixés au plus tard quatre mois avant la date de la première épreuve par le président du Conseil national des greffiers des tribunaux de commerce qui en assure la publicité sur le site internet de la profession ainsi que par voie de circulaires diffusées dans chaque office de greffier de tribunal de commerce et par voie d'insertion dans les revues professionnelles ; il en informe aussitôt le garde des Sceaux, ministre de la Justice, lequel publie l'information sur son site internet.

Art. A. 742-3. – Les candidatures sont adressées par téléprocédure sur le site internet du ministère de la Justice, au plus tard trois mois avant la date de la première épreuve.

Le dossier de candidature comprend :

1° Une requête de l'intéressé précisant qu'il souhaite se présenter au concours. La requête mentionne les coordonnés du candidat, dont une adresse électronique personnelle valide ;

2° Une copie *recto-verso* de la carte nationale d'identité de l'intéressé ou une copie de son passeport ou de son certificat de nationalité française ;

3° Une copie de l'un des titres ou diplômes prévus au 6° de l'article R. 742-1 ou la justification de leur dispense.

Art. A. 742-4. – Le garde des Sceaux, ministre de la Justice, arrête la liste des candidats admis à concourir au plus tard un mois avant le début des épreuves ; il transmet sans délai au Conseil national des greffiers des tribunaux de commerce les dossiers de ces candidats.

Des convocations individuelles indiquant le jour, l'heure et le lieu des épreuves sont adressées à chaque candidat, au moins quinze jours à l'avance, par le Conseil national des greffiers des tribunaux de commerce, par lettre recommandée avec demande d'avis de réception ou à l'adresse électronique indiquée par le candidat.

Le Conseil national des greffiers des tribunaux de commerce informe, le cas échéant, le garde des Sceaux, ministre de la Justice, de la nécessité de désigner des examinateurs spécialisés dans les conditions prévues par le cinquième alinéa de l'article R. 742-6-2.

Art. A. 742-5. – Le concours d'accès à la profession de greffier de tribunal de commerce comporte trois épreuves écrites d'admissibilité et deux épreuves orales d'admission portant sur le programme figurant à l'annexe 7-6 au présent livre. Les sujets des épreuves écrites et orales sont déterminés par le jury.

Le Conseil national des greffiers des tribunaux de commerce assure le secrétariat du jury.

Art. A. 742-6. – Les épreuves écrites d'admissibilité comprennent :

1° Une dissertation d'une durée de trois heures portant sur un sujet de droit civil ou de droit commercial. L'épreuve est affectée d'un coefficient de 3 ;

2° Une épreuve d'une durée de deux heures destinée à vérifier l'aptitude des candidats à résoudre un ou plusieurs cas pratiques portant sur des sujets de droit commercial. L'épreuve est affectée d'un coefficient de 4 ;

3° Une épreuve d'une durée de deux heures destinée à vérifier l'aptitude des candidats à résoudre un ou plusieurs cas pratiques portant sur des sujets de procédure civile et commerciale. L'épreuve est affectée d'un coefficient de 4.

Art. A. 742-7. – Le président, un ou plusieurs membres du jury ou leurs suppléants, assistés, le cas échéant, par des greffiers de tribunal de commerce désignés à cet effet par le président du jury, assurent la surveillance des épreuves d'admissibilité.

Art. A. 742-8. – Pour les épreuves d'admissibilité, les candidats peuvent utiliser les codes et recueils de lois et décrets comportant des références d'articles de doctrine et de jurisprudence, à l'exclusion toutefois des codes annotés et commentés, article par article, par des professionnels du droit.

Ils peuvent également se servir de codes ou recueils de lois et décrets ne contenant aucune indication de doctrine ou de jurisprudence, sans autre note que des références à des textes législatifs ou réglementaires.

Tout candidat ayant procuré ou utilisé des documents non autorisés est exclu de la salle et sa composition est annulée.

Art. A. 742-9. – La correction des épreuves d'admissibilité est organisée de manière à préserver l'anonymat de chaque candidat.

Chaque composition est examinée par deux correcteurs et reçoit une note de 0 à 20. Toute note inférieure à 5 sur 20 est éliminatoire.

Le jury détermine, dans le respect de l'anonymat des copies, le nombre total des points nécessaires pour être admissible et, sur cette base, arrête la liste des candidats admis à se présenter aux épreuves d'admission, par ordre alphabétique.

Le résultat des épreuves est notifié à chaque candidat par le Conseil national des greffiers des tribunaux de commerce par lettre recommandée avec demande d'avis de réception ou à l'adresse électronique indiquée par le candidat. Cette notification s'accompagne, pour les candidats déclarés admissibles, de la convocation aux épreuves orales. Elle mentionne également la date limite pour adresser au Conseil national des greffiers des tribunaux de commerce la fiche individuelle de renseignements mentionnée à l'article A. 742-10.

L'admissibilité n'est valable que pour la session au cours de laquelle elle a été acquise.

Art. A. 742-10. – Nul ne peut se présenter aux épreuves orales d'admission s'il n'a été déclaré admissible par le jury.

Les épreuves orales d'admission se déroulent en séance publique. Elles comprennent :

1° Une épreuve orale portant sur un sujet se rattachant au droit commercial, à la procédure civile et commerciale, à la réglementation professionnelle du greffier de tribunal de commerce ou à l'organisation et la gestion d'un greffe, suivie d'une conversation avec le jury portant sur les mêmes matières. La durée de l'épreuve est de trente minutes, précédée de trente minutes de préparation. Le sujet d'interrogation est tiré au sort par le *candidat. L'épreuve est* affectée d'un coefficient de 4 ;

2° Un entretien avec le jury d'une durée de vingt minutes portant sur le parcours et la motivation du candidat, à partir d'une fiche individuelle de renseignements qu'il aura préalablement remplie, ainsi que sur ses aptitudes à exercer les fonctions de greffier de tribunal de commerce et à en respecter la déontologie. Au cours de l'entretien, le candidat peut être interrogé sur des mises en situation professionnelle. L'épreuve est affectée d'un coefficient de 3.

En vue de l'épreuve d'entretien, le candidat admissible remplit une fiche individuelle de renseignements qu'il adresse au Conseil national des greffiers des tribunaux de commerce dans le délai fixé par celui-ci et avant le début des épreuves d'admission. Ces fiches sont ensuite transmises au jury par le Conseil national des greffiers des tribunaux de commerce. La fiche individuelle de renseignements est disponible sur le site internet du Conseil national des greffiers des tribunaux de commerce.

Art. A. 742-11. – Les épreuves orales sont notées de 0 à 20. Toute note inférieure à 5 sur 20 est éliminatoire.

À l'issue des épreuves orales d'admission, le jury établit par ordre de mérite la liste des candidats admis en fonction du total des points obtenus à l'ensemble des épreuves, après application des coefficients correspondants, dans la limite des places offertes au concours.

Si plusieurs candidats ont obtenu le même nombre de points à l'issue des épreuves écrites et orales, la priorité pour l'admission est accordée à celui qui a obtenu la note la plus élevée à la deuxième épreuve écrite d'admissibilité et, en cas d'égalité, au candidat ayant obtenu la note la plus élevée à la troisième épreuve écrite d'admissibilité et, ensuite, en cas de nouvelle égalité, au candidat ayant obtenu la note la plus élevée à la première épreuve orale d'admission.

Le jury peut décider de ne pas pourvoir toutes les places offertes s'il estime que le nombre de candidats présentant les aptitudes requises pour exercer la profession de greffier de tribunal de commerce est inférieur au nombre de places offertes au concours.

Annexe 7-6

(Mod., A., 11 août 2017)

I. – Droit civil

Les personnes : droit des personnes ; jouissance et privation des droits civils.

La famille : minorité ; tutelle et émancipation ; les majeurs protégés.

Les biens : meubles et immeubles ; successions et donations.

Les sûretés et privilèges.

Les obligations : la preuve et les effets ; l'extinction des obligations.

Les contrats.

La responsabilité civile.

La société : société civile ; société en participation.

Les régimes matrimoniaux : notions générales.

II. – Droit commercial

Les commerçants.

Les agents commerciaux.

Les actes de commerce.

Le registre du commerce et des sociétés et les autres registres de publicité légale.

Le fonds de commerce et ses composantes.

Les sociétés commerciales.

Les groupements d'intérêt économique.

Le droit des entreprises en difficulté.

Le chèque et les effets de commerce.

Les protêts et les certificats de non-paiement.

Les sûretés et privilèges commerciaux.

Le crédit-bail.

Le droit de la concurrence.

Les contrats commerciaux.

III. – Procédure civile et commerciale

Procédure civile

Les juridictions civiles : organisation, compétence, composition et fonctionnement. Les principes directeurs du procès. Le jugement.

Le déroulement de l'instance.

L'administration de la preuve.
L'exécution du jugement.
Les voies de recours.
Procédure commerciale
Les juridictions commerciales : organisation, compétence, composition et fonctionnement.
La procédure devant le tribunal de commerce.
Le référé commercial et les ordonnances sur requête.
La procédure des entreprises en difficulté.
L'injonction de payer.
Les délais de procédure.
L'aide judiciaire.

IV. – Réglementation professionnelle du greffier de tribunal de commerce

Le statut et la déontologie.
Le tarif.
Le rôle du greffier dans le fonctionnement du tribunal de commerce.

V. – Organisation et gestion d'un greffe

Notions générales sur le droit du travail.
Notions générales sur la comptabilité.
Obligations comptables et sociales, délais.

Art. A. 742-12. – Le jury transmet la liste des candidats admis au garde des Sceaux, ministre de la Justice, ainsi qu'au président du Conseil national des greffiers des tribunaux de commerce.

Le garde des Sceaux, ministre de la Justice, publie la liste des candidats admis au *Journal officiel* de la République française dans le mois suivant cette transmission.

Le Conseil national des greffiers des tribunaux de commerce notifie individuellement aux candidats le résultat des épreuves ; il délivre à chaque candidat admis une attestation de réussite au concours.

§ 2. – Du stage

Art. A. 742-13. – L'entretien de fin de stage prévu à l'article R. 742-15-1 a lieu au plus tard trois mois après la date de fin de stage.

La date et le lieu de l'entretien sont fixés par le président du Conseil national des greffiers des tribunaux de commerce.

Une convocation individuelle indiquant le jour, l'heure et l'adresse du lieu de l'entretien est adressée au candidat, au moins un mois à l'avance, par le Conseil national des greffiers des tribunaux de commerce, par lettre recommandée avec demande d'avis de réception ou à l'adresse électronique indiquée par le candidat lors de son inscription au concours d'accès à la profession.

Dans les cas où la commission chargée de valider le stage décide d'entendre le maître de stage en application de l'article R. 742-15-1, son président en informe le président du Conseil national des greffiers des tribunaux de commerce dès la réception du bilan de stage. Le Conseil national des greffiers des tribunaux de commerce en informe le maître de stage dans les meilleurs délais.

Le Conseil national des greffiers des tribunaux de commerce assure le secrétariat de la commission.

Art. A. 742-14. – L'entretien de fin de stage, comporte :

1° Une présentation de son stage par le candidat, n'excédant pas dix minutes, portant notamment sur les conditions dans lesquelles le stage a été réalisé et sur les tâches exercées par l'intéressé dans chacun des *services du greffe. Pour cette prés*entation le candidat peut utiliser son bilan de stage ou une fiche de présentation préparée au préalable.

2° Une conversation avec le jury, d'une durée de vingt minutes, pouvant comprendre des questions en lien avec la présentation effectuée, ainsi que des questions théoriques ou de cas pratiques portant sur :

– l'organisation et le fonctionnement d'un tribunal de commerce ;
– la procédure civile et commerciale ;

– la tenue des registres de publicité légale ;
– les sûretés et privilèges commerciaux ;
– la pratique des greffes des tribunaux de commerce ;
– la réglementation professionnelle et l'administration du greffe d'un tribunal de commerce ;
– les outils numériques utilisés par la profession.

3° Le cas échéant, l'audition du maître de stage, dont la durée est librement appréciée par le président du jury. Le président du jury met en mesure le candidat de répondre aux observations formulées.

Cet entretien vise à permettre au jury de vérifier l'expérience acquise par le stagiaire durant le stage et de s'assurer de la capacité du stagiaire à exercer les fonctions de greffiers de tribunal de commerce.

L'intervention du maître de stage peut être réalisée par voie de visioconférence ou par un moyen analogue de télécommunication permettant son identification et garantissant sa participation effective.

Art. A. 742-15. – À l'issue de l'entretien, la commission décide s'il y a lieu de valider le stage et adresse sa décision au président du Conseil national des greffiers des tribunaux de commerce ainsi qu'au garde des Sceaux, ministre de la Justice.

Le Conseil national des greffiers des tribunaux de commerce notifie individuellement au stagiaire le résultat de l'entretien. Il délivre au stagiaire ayant validé son stage une attestation de validation de stage.

En cas de refus de la commission de valider le stage, le Conseil national des greffiers des tribunaux de commerce dispose d'un délai de six mois pour proposer un nouveau lieu de stage au candidat.

§ 3. – De l'examen d'aptitude

Art. A. 742-16. – Nul ne peut se présenter aux épreuves orales d'admission s'il n'a été déclaré admissible par le jury.

Les épreuves d'admission comprennent :

1° Une interrogation orale d'une durée de quinze minutes portant sur le droit civil et le droit commercial ;

2° Une interrogation orale d'une durée de quinze minutes portant sur l'organisation judiciaire et la procédure civile et commerciale ;

3° Une interrogation orale d'une durée de quinze minutes portant sur la pratique des greffes des tribunaux de commerce ;

4° Une interrogation orale d'une durée de quinze minutes portant sur la réglementation professionnelle et la gestion du greffe d'un tribunal de commerce.

Art. A. 742-17. – Les épreuves orales se déroulent en séance publique. Elles sont notées de 0 à 20. Chaque note est affectée d'un coefficient 2.

L'admission est prononcée par le jury au vu de la moyenne obtenue par le candidat à l'ensemble des épreuves écrites et orales, à condition que cette moyenne soit égale ou supérieure à 10 sur 20.

Art. A. 742-18. – Le jury arrête la liste des candidats déclarés admis.

Le Conseil national des greffiers des tribunaux de commerce notifie individuellement aux candidats le résultat des épreuves ; il délivre à chaque candidat admis un certificat d'aptitude à la profession de greffier de tribunal de commerce.

Sous-section 2. – De la nomination

La présente sous-section ne comprend pas de dispositions pour les arrêtés.

Sous-section 3. – De l'entrée en fonctions et de l'honorariat

La présente sous-section ne comprend pas de dispositions pour les arrêtés.

Section II. – Des conditions d'accès aux professions judiciaires et juridiques de certains greffiers de tribunal de commerce

La présente section ne comprend pas de dispositions pour les arrêtés.

CHAPITRE III. – DES CONDITIONS D'EXERCICE

Section I. – Compte affecté aux fonds détenus pour le compte de tiers

(Anc. sect. unique créée, A. 23 juin 2009 ; devenue sect. 1, A. 6 févr. 2012)

Art. A. 743-1 *(A. 23 juin 2009)*. **– L'encaissement des chèques, stipulés payables au profit du greffier des tribunaux de commerce ou de la société titulaire de l'office, ou endossés à l'ordre du greffier des tribunaux de commerce ou de la société titulaire de l'office, le dépôt des espèces et la domiciliation des virements correspondant aux provisions et sommes mentionnées à l'article R. 743-178 sont effectués sur le compte de dépôt obligatoire affecté à chacune des catégories de fonds mentionnées au même article ouvert par l'office de greffier de tribunaux de commerce auprès de la Caisse des dépôts et consignations.**

Art. A. 743-2 *(A. 23 juin 2009)*. **– La Caisse des dépôts et consignations fournit un relevé de compte journalier au greffier des tribunaux de commerce. Ce relevé indique le numéro de compte de dépôt obligatoire, le solde antérieur, l'enregistrement des versements et des retraits effectués sur ce compte, la date et le nouveau solde.**

Art. A. 743-3 *(A. 23 juin 2009)*. **– Les comptes de dépôt obligatoire affectés aux différentes catégories de fonds ne peuvent donner lieu à des retraits d'espèces, ni à la mise à disposition de cartes de paiement ou de crédit ni domicilier aucune autorisation de prélèvement.**

Le titulaire d'un compte de dépôt obligatoire affecté peut procéder, sur ordre exprès, à des virements sur d'autres comptes dans le cadre de l'exécution des missions qui lui sont confiées.

Art. A. 743-4 *(A. 23 juin 2009)*. **– À l'exception des fonds ou des instruments financiers reçus par le greffier des tribunaux de commerce au titre de l'article L. 3253-15 du Code du travail, les dépôts enregistrés sur chaque compte de dépôt obligatoire sont rémunérés par un intérêt calculé au taux et selon les modalités prévus par la décision prise en application de l'article L. 518-23 du Code monétaire et financier.**

Art. A. 743-5 *(A. 23 juin 2009)*. **– Les intérêts obtenus au titre des provisions pour expertises judiciaires sont versés au profit du greffier des tribunaux de commerce sur le compte bancaire professionnel de l'office. Ceux obtenus au titre des missions de séquestre transitent par le compte de dépôt spécialement affecté avant d'être restitués au bénéficiaire du séquestre.**

Art. A. 743-6 *(A. 23 juin 2009)*. **– Une convention est signée entre chaque office de greffier des tribunaux de commerce et la Caisse des dépôts et consignations. Toute stipulation contractuelle contraire aux clauses types figurant à l'annexe 7-6-1 au présent livre sera réputée non écrite.**

Annexe 7-6-1
(à l'article A. 743-6)

Clauses types figurant obligatoirement dans la convention
entre le greffier des tribunaux de commerce
et la caisse des dépôts et consignations

Entre :
La Caisse des dépôts et consignations
Et
Le greffier du tribunal de commerce de... (forme juridique, dénomination, siège, RCS),
ci-après dénommé « le greffier »,
il est convenu ce qui suit :

Art. 1er. – *Ouverture du compte affecté.* – Il est procédé à l'ouverture d'un compte de dépôt obligatoire affecté à chacune des catégories de fonds mentionnées à l'article R. 743-178 du Code de commerce dans les écritures de la Caisse des dépôts et consignations au profit du greffier en vertu des dispositions des articles L. 743-14 et R. 743-178 et suivants du Code de commerce.

Chaque compte est destiné à enregistrer les sommes détenues par le greffier pour le compte de tiers et relevant de catégories fixées par l'article R. 743-178.

Il ne peut y avoir qu'un compte pour chacune des catégories de fonds énumérées à l'article R. 743-178.

La CDC est chargée d'informer sans délai de l'ouverture des comptes le Conseil national des greffiers des tribunaux de commerce, dont le siège est à 75001 Paris, 29, rue Danielle-Casanova.

Art. 2. – *Identification et intitulé du compte.* – Chaque compte est identifié de la manière suivante :

- le titulaire du compte : « greffier du tribunal de commerce de » suivi de la raison sociale de l'office ;
- l'intitulé du compte selon la catégorie de fonds :
- « compte affecté, article L. 743-14, expertise » ;
- « compte affecté, article L. 3253-15, AGS » ;
- « compte affecté, article L. 743-14, séquestre affaire... ».

Art. 3. – *Spécificités du compte affecté.* – Un compte affecté ne pourra en aucun cas faire l'objet de convention de fusion, de compensation ou de nantissement et, plus généralement, d'ouverture de droits réels ou personnels au profit de quiconque.

Art. 4. – *Opérations de séquestre.* – Les fonds reçus par le greffier de tribunal de commerce en qualité de séquestre, après avoir été versés sur le compte affecté, et les instruments financiers qui lui sont remis en la même qualité peuvent faire l'objet de l'ouverture d'un compte de placement spécifique, en vue des placements financiers nécessaires à la bonne gestion des fonds concernés, conformément à la réglementation en vigueur.

Ce compte de placement est dépourvu de moyens de paiement. Les sommes confiées au greffier ayant fait l'objet d'un placement financier, le cas échéant augmentées des produits du placement, devront obligatoirement transiter par le compte affecté avant d'être reversées au mandant.

Art. 5. – *Fonctionnement du compte.* – Un compte de dépôt obligatoire ne peut donner lieu à des retraits d'espèces, à la mise à disposition de cartes de paiement ou de crédit et ne peut domicilier d'autorisations de prélèvement.

Le titulaire du compte de dépôt obligatoire peut procéder, sur ordre exprès, à des virements vers d'autres comptes dans le cadre de l'exécution des missions qui lui sont confiées.

Art. 6. – *Procuration.* – Le titulaire a la faculté de donner à une ou plusieurs personnes mandataires ayant obligatoirement la qualité de collaborateur le pouvoir d'effectuer en son nom, et sous son entière responsabilité, toutes les opérations sur le compte.

Art. 7. – *Frais et rémunération du compte.* – Les éventuels frais dus à la CDC au titre du fonctionnement du compte affecté ne peuvent en aucun cas être prélevés sur les avoirs figurant audit compte. Les intérêts obtenus au titre des provisions pour expertises judiciaires sont versés à l'office titulaire du compte sans transiter par ce compte.

Art. 8. – *Modifications et clôture du compte.* – Lors du retrait ou de la nomination d'un nouveau titulaire au sein de l'office, l'intéressé devra en informer immédiatement l'établissement bancaire, qui devra modifier en conséquence l'intitulé du compte

La clôture des comptes affectés ne peut intervenir qu'en cas de suppression de l'office ou de décision de l'établissement teneur du compte dans les conditions de l'article L. 312-1, alinéa 7, du Code monétaire et financier.

Dans cette dernière hypothèse, l'établissement doit virer, sur indication de l'office, le solde comptable des comptes affectés à son successeur, sur justification par ce dernier de la signature d'une convention nouvelle. La CDC devra informer le Conseil national des greffiers des tribunaux de commerce, conformément aux stipulations de l'article 1er de la présente convention.

Art. 9. – *Suppléance ou administration de l'office.* – Dans le cas où l'office se trouverait placé sous le régime de la suppléance ou de l'administration, la présente convention est opposable au suppléant ou à l'administrateur, jusqu'à la fin de la suppléance ou de l'administration.

L'établissement est alors tenu d'ajouter à l'intitulé des comptes affectés la mention : « office sous suppléance de Me X ou office sous administration de Me X ».

Section II. – Des sociétés de participations financières de profession libérale de greffiers des tribunaux de commerce

(A. 6 févr. 2012)

Art. A. 743-7. – Le garde des Sceaux, ministre de la Justice, dresse la liste des sociétés de participations financières de profession libérale de greffiers des tribunaux de commerce qui mentionne les informations suivantes :

a) **La dénomination sociale, la forme juridique et le numéro d'inscription de la société ;**

b) L'adresse du siège social ;

c) Les noms et adresses professionnelles des associés ou actionnaires, des membres des organes de gestion, de direction, et, selon le cas, d'administration ou de surveillance de la société.

Le garde des Sceaux, ministre de la Justice, assure la mise à jour de ces informations. La liste est transmise avant le 31 décembre de chaque année au Conseil national des greffiers des tribunaux de commerce qui en assure la publication par voie électronique.

Section III. – De la tarification des greffiers des tribunaux de commerce

(Section créée pour une période transitoire de deux ans, comprise entre le 1er mars 2016 et le 28 février 2018, A. 26 févr. 2016 ; mod., A., 27 févr. 2018 ; A. 28 févr. 2020)

Art. A. 743-8. – Les prestations figurant au tableau 2 de l'article annexe 4-7 donnent lieu à la perception par le greffier de tribunal de commerce d'émoluments fixés conformément aux dispositions des sous-sections 1 à 9 de la présente section.

Les remboursements forfaitaires de frais et débours sont régis par la sous-section 10 de la présente section.

(Al. mod. à compter du 1er janvier 2020, A. 30 août 2019) En application du II de l'article R. 743-142, les émoluments mentionnés au premier alinéa s'appliquent aux redevances perçues par les secrétariats greffes des tribunaux judiciaires intervenant en matière commerciale ou par ceux des tribunaux mixtes de commerce.

Les émoluments applicables jusqu'au 28 février 2022 sont ceux qui sont prévus par la présente section.

Sous-section 1. – Actes judiciaires

Art. A. 743-9. – I. – Les prestations figurant aux numéros 1 à 38 du tableau mentionné à l'article A. 743-8 donnent lieu à la perception des émoluments suivants :

NUMÉRO DE LA PRESTATION (tableau 2 de l'article annexe 4-7)	SOUS-CATÉGORIE	DÉSIGNATION DE LA PRESTATION	Émolument
1	Générique	Acte de greffe	1,13 €
2		Certificat	1,13 €
3		Envoi et exécution d'une commission rogatoire	5,58 €
5		Copie	1,13 €
6		Vérification de dépens	2,24 €
7		Saisine en matière de contentieux des registres de commerce	8,93 €
8		Diligences liées à l'expertise	16,72 €
9		Convocation ou avis	1,13 €
10		Visa, cote et paraphe des livres	2,24 €
11	Copies certifiées *conformes* en dehors de toute procédure	Copie certifiée conforme d'un jugement	2,24 €
12		Copie certifiée conforme d'une ordonnance	2,24 €
13		Seconde copie certifiée conforme revêtue de la formule exécutoire	3,35 €
14	Actes de procédure d'injonction de payer	Ordonnance d'injonction de payer	10,04 €

NUMÉRO DE LA PRESTATION (tableau 2 de l'article annexe 4-7)	SOUS-CATÉGORIE	DÉSIGNATION DE LA PRESTATION	Émolument
15		Forfait de transmission des ordonnances d'injonction de payer	7,81 €
16		Diligences relatives à l'ordonnance d'injonction de payer, y compris l'extrait d'immatriculation (K *bis* ou L *bis*) ou un certificat de non-inscription, la réception et la conservation de la requête	10,04 €
17		Opposition à injonction de payer	10,04 €
18	Actes relatifs au jugement	Enrôlement, tenue des audiences, mise en forme, avis aux parties dans le cadre d'un jugement, quel que soit le nombre de renvois, pour deux parties	27,88 €
19	Actes relatifs au jugement	Actes visés au numéro 18 du présent tableau, par partie supplémentaire au-delà de deux parties	5,58 €
20	Actes relatifs au jugement	Forfait de transmission d'un jugement, par partie	11,15 €
21	Actes d'instruction avant jugement	Procédure devant un juge rapporteur	7,81 €
22	Actes d'instruction avant jugement	Contrat ou calendrier de procédure	7,81 €
23	Actes d'instruction avant jugement	Ordonnances autres que de référés et d'injonctions de payer	6,69 €
24	Actes d'instruction avant jugement	Prestation de serment	3,35 €
25	Actes relatifs aux référés	Enrôlement, tenue des audiences, mise en forme, avis aux parties dans le cadre d'une ordonnance de référé, quel que soit le nombre de renvois, pour deux parties	16,72 €
26	Actes relatifs aux référés	Actes visés au numéro 25 du présent tableau, par partie supplémentaire au-delà de deux parties	5,58 €
27	Actes relatifs aux référés	Forfait de transmission d'une ordonnance de référé, par partie	8,58 €
28	Procédures ouvertes après le 1er janvier 2006 en application du livre VI du Code de commerce	Diligences en matière d'enquête en application du troisième alinéa de l'article L. 621-1 et de l'article L. 651-4, hors la délivrance des copies ou extraits et des avis, notifications, convocations et communications	11,15 €
29	Procédures ouvertes après le 1er janvier 2006 en application du livre VI du Code de commerce	Réception de la demande de mandat *ad hoc*, de conciliation, de sauvegarde, de redressement judiciaire et de liquidations judiciaires, conformément aux articles R. 611-18, R. 611-22, R.-621-1, R. 631-1 et R. 640-1, hors la délivrance des copies ou extraits	6,69 €
30	Procédures ouvertes après le 1er janvier 2006 en application du livre VI du Code de commerce	Diligences en cas de saisine d'office ou à la requête du procureur de la République, hors la délivrance des copies ou extraits	3,35 €

NUMÉRO DE LA PRESTATION (tableau 2 de l'article annexe 4-7)	SOUS-CATÉGORIE	DÉSIGNATION DE LA PRESTATION	Émolument
31		Convocation devant le juge-commissaire	3,35 €
32		Convocation devant le président du tribunal pour un mandat *ad hoc* ou une conciliation en application des articles R. 611-19 et R. 611-23, ou devant le tribunal	3,35 €
33		Avis au créancier en matière d'admission de créances sans débat contradictoire	1,13 €
34		Ordonnances du juge-commissaire après débat contradictoire	6,69 €
35		Diligences relatives à la notification des jugements et des requêtes, aux significations et aux convocations par voie d'huissier	6,69 €
36		Mention sur l'état des créances	1,13 €
37		Dépôt et la conservation des documents, actes ou pièces, y inclus procès-verbal et certificat de dépôt ou reçus de déclaration	2,24 €
38		Extrait établi en vue des mesures de publicité	1,13 €

II. – Pour chacune de ces prestations, l'émolument minoré prévu au 2° du I de l'article R. 743-142 en cas de radiation avant le prononcé d'un jugement ou d'une ordonnance, sauf dans le cas où un émolument a été spécialement perçu pour la saisine du tribunal, est égal à deux tiers de l'émolument fixé au I du présent article.

NB : 1° Le présent arrêté entre en vigueur le 1er mars 2020.

2° Toutefois, par dérogation à l'article A. 743-8 du Code de commerce, les dispositions de la section 3 du chapitre III du titre IV du livre VII de la partie Arrêtés restent applicables dans leur rédaction antérieure au présent arrêté :

- aux prestations effectuées avant le 1er mai 2020 ;
- aux prestations dont la réalisation a donné lieu, avant le 1er mars 2020, au versement par le client d'un acompte ou d'une provision, ou à l'engagement par l'un des greffiers des tribunaux de commerce intervenant de frais ou débours.

Un arrêté du 28 avril 2020 reporte la date à compter de laquelle les nouveaux tarifs réglementés des professions réglementées du droit entreront en vigueur, ils s'appliqueront en effet aux prestations effectuées à partir du 1er janvier 2021 et non du 1er mai 2020. Jusqu'à cette date, les anciens tarifs (reproduits en appendice p. 3351) restent applicables.

Sous-section 2. – Prestations relatives aux registres

Art. A. 743-10. – I. – Les prestations figurant aux numéros 39 à 84 du tableau mentionné à l'article A. 743-8 donnent lieu à la perception des émoluments suivants :

NUMÉRO DE LA PRESTATION (tableau 2 de l'article annexe 4-7)	SOUS-CATÉGORIE	DÉSIGNATION DE LA PRESTATION	ÉMOLUMENT
39	Prestations relatives au registre du commerce et des sociétés	Immatriculation principale, immatriculation secondaire, inscription complémentaire, et radiation d'une personne physique	40,13 €

NUMÉRO DE LA PRESTATION (tableau 2 de l'article annexe 4-7)	SOUS-CATÉGORIE	DÉSIGNATION DE LA PRESTATION	ÉMOLUMENT
40		Immatriculation principale, immatriculation secondaire, inscription complémentaire, et radiation d'une personne morale : groupements d'intérêt économique, sociétés commerciales, sociétés non commerciales, établissements publics	49,04 €
41		Immatriculation principale par création d'une entreprise, personne physique	20,07 €
42		Immatriculation principale par création de sociétés commerciales	24,52 €
43		Inscription modificative pour les personnes visées au numéro 39	35,67 €
44		Inscription modificative pour les personnes visées au numéro 40, ainsi que les mentions d'office, sous réserve des cas prévus par l'article R. 143-145	46,82 €
45		Diligences spécifiques en cas de transformation de sociétés	16,72 €
46		Mise à jour des renseignements figurant dans les immatriculations principales aux immatriculations secondaires et dans les immatriculations secondaires aux immatriculations principales des personnes visées au numéro 39	20,07 €
47		Mise à jour des renseignements figurant dans les immatriculations principales aux immatriculations secondaires et dans les immatriculations secondaires aux immatriculations principales des personnes visées au numéro 40	27,88 €
48		Notification des mises à jour des immatriculations principales et secondaires des personnes visées au numéro 39	6,69 €
49		Notification des mises à jour des immatriculations principales et secondaires des personnes visées au numéro 40	8,93 €
50		Dépôt des comptes annuels	5,58 €
51		Dépôt des comptes annuels assortis d'une déclaration de confidentialité	5,58 €
51-1		Dépôt des comptes annuels assortis du bilan et de l'annexe établis selon une présentation simplifiée et d'une demande de publication de cette présentation simplifiée du bilan et l'annexe.	5,58 €
52		Dépôt d'actes ou de pièces pour la publicité des sociétés, y compris le certificat de dépôt	6,69 €

NUMÉRO DE LA PRESTATION (tableau 2 de l'article annexe 4-7)	SOUS-CATÉGORIE	DÉSIGNATION DE LA PRESTATION	ÉMOLUMENT
53		Certificat négatif d'immatriculation, la communication d'actes ou de pièces déposées	1,13 €
54		Certificat attestant que les comptes publics ont été déposés mais ne sont pas rendus publics, ou du caractère simplifié de leur publication	1,13 €
55		Extrait du registre du commerce et des sociétés	2,24 €
56		Relevé historique des événements au registre du commerce et des sociétés	5,58 €
57		Copie des comptes et rapports annuels (quel que soit le nombre de page)	6,69 €
58		Copie certifiée conforme (par page)	0,38 €
59		Copie de statuts, actes ou de pièces déposées (forfait)	6,69 €
60		Copie de la déclaration de confidentialité des comptes annuels ou de la déclaration de publication simplifiée des comptes annuels	1,13 €
61	Prestations relatives au registre des agents commerciaux	Immatriculation, y compris la radiation	6,69 €
62		Inscription modificative	2,24 €
63		Extrait d'inscription de la déclaration	2,24 €
64	Déclarations et dépôts effectués au registre du commerce et des sociétés par les entrepreneurs individuels à responsabilité limitée	Déclaration d'affectation du patrimoine prévue à l'article L. 526-7 du présent code, accompagnée le cas échéant du dépôt de l'état descriptif mentionné au I de l'article L. 526-8, par les personnes déjà immatriculées.	35,67 €
65		Dépôt de la déclaration de reprise ou de transfert, et mentions au registre, prévus aux articles L. 526-16 et au II de l'article L. 526-17 du présent code.	35,67 €
66		Dépôt des documents attestant de l'accomplissement des formalités, mentionnés au troisième alinéa de l'article L. 526-9 et au deuxième alinéa de l'article L. 526-11 du présent code, y compris la transmission aux services fiscaux.	6,69 €
67		Dépôt du bilan annuel ou du document comptable simplifié mentionné à l'article L. 526-14 du présent code au registre.	5,58 €
68		Notification à un autre registre en cas de double immatriculation ou d'immatriculation secondaire	6,69 €
69		Mise à jour des renseignements figurant dans les immatriculations principales aux immatriculations secondaires ou reçus d'un autre registre ou répertoire aux fins de mentions	20,07 €

NUMÉRO DE LA PRESTATION (tableau 2 de l'article annexe 4-7)	SOUS-CATÉGORIE	DÉSIGNATION DE LA PRESTATION	ÉMOLUMENT
70	Déclarations et dépôts effectués au registre des agents commerciaux par les entrepreneurs individuels à responsabilité limitée	Avis au *Bulletin officiel des annonces civiles et commerciales* relatif à la cession, y compris la délivrance du certificat, en application de l'article L. 526-17 du présent code.	7,81 €
71		Copie du bilan annuel, ou du document comptable simplifié, ou de l'état descriptif, ou des documents mentionnés au troisième alinéa de l'article L. 526-9 et au deuxième alinéa de l'article L. 526-11	6,69 €
72		Déclaration d'affectation du patrimoine prévue à l'article L. 526-7 du présent code, accompagnée le cas échéant du dépôt de l'état descriptif mentionné au I de l'article L. 526-8, par les personnes déjà immatriculées.	35,67 €
73		Dépôt de la déclaration de reprise ou de transfert, et mentions au registre, prévus aux articles L. 526-16 et au II de l'article L. 526-17 du présent code.	35,67 €
74		Dépôt des documents attestant de l'accomplissement des formalités, mentionnés au troisième alinéa de l'article L. 526-9 et au deuxième alinéa de l'article L. 526-11 du présent code, y compris la transmission aux services fiscaux.	6,69 €
75		Dépôt du bilan annuel ou du document comptable simplifié mentionné à l'article L. 526-14 du présent code au registre.	5,58 €
76		Avis au *Bulletin officiel des annonces civiles et commerciales* relatif à la cession, y compris la délivrance du certificat, en application de l'article L. 526-17 du présent code.	7,81 €
77		Copie du bilan annuel, ou du document comptable simplifié, ou de l'état descriptif, ou des documents mentionnés au troisième alinéa de l'article L. 526-9 et au deuxième alinéa de l'article L. 526-11.	6,69 €
78	Prestations relatives au registre des entrepreneurs individuels à responsabilité limitée visés au 3° de l'article L. 526-7	Immatriculation y compris après reprise ou transfert respectivement prévus aux articles L. 526-7 et L. 526-16 et au II de l'article L. 526-17 du présent code, comprenant le cas échéant le dépôt de l'état descriptif et les émoluments de radiation	40,13 €
80		Dépôt des documents attestant de l'accomplissement des formalités, mentionnés au troisième alinéa de l'article L. 526-9 et au deuxième alinéa de l'article L. 526-11 du présent code, y compris la transmission aux services fiscaux.	15,60 €

NUMÉRO DE LA PRESTATION (tableau 2 de l'article annexe 4-7)	SOUS-CATÉGORIE	DÉSIGNATION DE LA PRESTATION	ÉMOLUMENT
81		Dépôt du bilan annuel ou du document comptable simplifié mentionné à l'article L. 526-14 du présent code au registre.	5,58 €
82		Avis au *Bulletin officiel des annonces civiles et commerciales* relatif à la cession, y compris la délivrance du certificat, en application de l'article L. 526-17 du présent code.	7,81 €
83		Copie du bilan annuel, ou du document comptable simplifié, ou de l'état descriptif, ou des documents mentionnés au troisième alinéa de l'article L. 526-9 et au deuxième alinéa de l'article L. 526-11.	6,69 €
84		Extrait du registre des entrepreneurs individuels à responsabilité limitée	2,24 €

II. – Les émoluments minorés respectivement prévus au *c* du 2° de l'article R. 743-142-1, s'agissant registre du commerce et des sociétés, et à l'article R. 743-142-2, s'agissant du registre des agents commerciaux, pour les immatriculations, modifications et radiations effectuées en application des articles R. 743-162 et R. 743-168 sont ainsi fixés :

1° Un émolument de 10,56 € par immatriculation principale ou secondaire au registre du commerce et des sociétés, qui couvre les frais postaux ;

2° La moitié de l'émolument fixé au I du présent article par immatriculation, inscription modificative ou radiation du registre des agents commerciaux.

NB : 1° Le présent arrêté entre en vigueur le 1er mars 2020.

2° Toutefois, par dérogation à l'article A. 743-8 du Code de commerce, les dispositions du I restent applicables dans leur rédaction antérieure au présent arrêté :

- aux prestations effectuées avant le 1er mai 2020 ;
- aux prestations dont la réalisation a donné lieu, avant le 1er mars 2020, au versement par le client d'un acompte ou d'une provision, ou à l'engagement par l'un des greffiers des tribunaux de commerce intervenant de frais ou débours.

Un arrêté du 28 avril 2020 reporte la date à compter de laquelle les nouveaux tarifs réglementés des professions réglementées du droit entreront en vigueur, ils s'appliqueront en effet aux prestations effectuées à partir du 1er janvier 2021 et non du 1er mai 2020. Jusqu'à cette date, les anciens tarifs (reproduits en appendice p. 3351) restent applicables.

Art. A. 743-10-1 *(Mod., A. 27 févr. 2018)*. **– Les prestations relatives au registre des bénéficiaires effectifs donnent lieu à la perception d'un émolument fixe conformément au tableau ci-après :**

Numéro de la prestation (tableau 2 de l'article annexe 4-7)	Sous-catégorie	Désignation de la prestation	Émolument
84-1	Prestations relatives au registre des bénéficiaires effectifs	Dépôt du document relatif au bénéficiaire effectif mentionné au deuxième alinéa de l'article L. 561-46 du Code monétaire et financier, lors de la demande d'immatriculation à un registre de publicité légale ou au plus tard dans les quinze jours à compter de la délivrance du récépissé de dépôt de dossier de création d'entreprise	17,84 €

Numéro de la prestation (tableau 2 de l'article annexe 4-7)	Sous-catégorie	Désignation de la prestation	Émolument
84-2		Dépôt du document modificatif ou complémentaire au document relatif au bénéficiaire effectif mentionné au deuxième alinéa de l'article L. 561-46 du Code monétaire et financier	31,21 €

NB : 1° Le présent arrêté entre en vigueur le 1er mars 2020.

2° Toutefois, par dérogation à l'article A. 743-8 du Code de commerce, les dispositions de la section 3 du chapitre III du titre IV du livre VII de la partie Arrêtés restent applicables dans leur rédaction antérieure au présent arrêté :

- aux prestations effectuées avant le 1er mai 2020 ;
- aux prestations dont la réalisation a donné lieu, avant le 1er mars 2020, au versement par le client d'un acompte ou d'une provision, ou à l'engagement par l'un des greffiers des tribunaux de commerce intervenant de frais ou débours.

Un arrêté du 28 avril 2020 reporte la date à compter de laquelle les nouveaux tarifs réglementés des professions réglementées du droit entreront en vigueur, ils s'appliqueront en effet aux prestations effectuées à partir du 1er janvier 2021 et non du 1er mai 2020. Jusqu'à cette date, les anciens tarifs (reproduits en appendice p. 3351) restent applicables.

Sous-section 3. – Privilèges et sûretés

Art. A. 743-11. – Les prestations figurant aux numéros 85 à 115 du tableau mentionné à l'article A. 743-8 donnent lieu à la perception des émoluments suivants :

Les prestations relatives au registre des bénéficiaires effectifs donnent lieu à la perception d'un émolument fixe conformément au tableau ci-après :

Numéro de la prestation (tableau 2 de l'article annexe 4-7)	Sous-catégorie	Désignation de la prestation	Émolument
85	Privilège du Trésor en matière fiscale	Première inscription, la radiation totale ou partielle d'une inscription non périmée	1,68 €
86		Inscription suivante, le renouvellement d'une inscription ou la subrogation	2,24 €
87		Délivrance d'un état d'inscription positif ou négatif, quel que soit le nombre d'inscriptions révélées	2,24 €
88		Mention d'une contestation en marge d'une inscription	1,13 €
89	Privilège de la sécurité sociale et des régimes complémentaires	Inscription, y compris radiation totale d'une inscription non périmée :	
		a) Montant des sommes privilégiées inférieur à 20 800 €	7,81 €
		b) Montant des sommes privilégiées supérieur ou égal à 20 800 €	34,56 €
90		Radiation partielle d'une inscription non périmée :	
		a) Montant des sommes privilégiées inférieur à 20 800 €	7,81 €

Numéro de la prestation (tableau 2 de l'article annexe 4-7)	Sous-catégorie	Désignation de la prestation	Émolument
		b) Montant des sommes privilégiées supérieur ou égal à 20 800 €	
91		Renouvellement d'une inscription, subrogation :	
		a) Montant des sommes privilégiées inférieur à 20 800 €	5,58 €
		b) Montant des sommes privilégiées supérieur ou égal à 20 800 €	17,84 €
92		Mention d'une saisie en marge des différentes inscriptions concernant un même débiteur, la radiation partielle ou totale de ces inscriptions	1,13 €
93		Délivrance d'un état d'inscription positif ou négatif, quel que soit le nombre d'inscriptions révélées	2,24 €
94		Délivrance d'un certificat de subrogation, de mention de saisie, de radiation de cette mention, de radiation d'inscription	1,13 €
95		Inscription, y compris radiation totale d'une inscription non périmée :	
		a) Montant des sommes privilégiées inférieur à 20 800 €	15,61 €
		b) Montant des sommes privilégiées supérieur ou égal à 20 800 € et inférieur à 41600 €	69,11 €
		c) Montant des sommes privilégiées supérieur ou égal à 41 600 €	103,67 €
96	Actes de vente et nantissement des fonds de commerce	Radiation partielle d'une inscription non périmée :	
		a) Montant des sommes privilégiées inférieur à 20 800 €	7,81 €
		b) Montant des sommes privilégiées supérieur ou égal à 20 800 €	34,57 €
97		Mention d'antériorité ou de subrogation, le renouvellement d'inscription :	
		a) Montant des sommes privilégiées inférieur à 20 800 €	5,58 €
		b) Montant des sommes privilégiées supérieur ou égal à 20 800 €	17,84 €
98		Ensemble des formalités liées au procès-verbal de dépôt, certificat de dépôt et certificat constatant une transcription, une cession d'antériorité ou de radiation	3,35 €

Numéro de la prestation (tableau 2 de l'article annexe 4-7)	Sous-catégorie	Désignation de la prestation	Émolument
99		Délivrance d'un état d'inscription positif ou négatif, quel que soit le nombre d'inscriptions révélées	2,24 €
100		Rédaction de la déclaration de créance et le certificat constatant cette déclaration	2,24 €
101		Mention de changement de siège de fonds, le certificat d'inscription des ventes, les cessions ou nantissements en ce qu'ils s'appliquent aux brevets d'invention et aux licences, aux marques de fabrique et de commerce, aux dessins et modèles industriels	1,13 €
102		Délivrance des copies de bordereaux d'inscription et des actes de vente sous seing privé déposés au greffe	1,13 €
103		Copie certifiée conforme	2,24 €
104	Actes de nantissement d'un fonds agricole ou d'un fonds artisanal	Les prestations de cette sous-catégorie sont analogues à celles de la sous-catégorie des actes de nantissement de fonds de commerce, mais effectuées dans le cadre d'un nantissement de fonds agricole ou artisanal.	
105	Actes de nantissement judiciaire	Les prestations de cette sous-catégorie sont analogues, à celles de la sous-catégorie des actes de nantissement de fonds de commerce, mais effectuées dans le cadre d'un nantissement judiciaire.	Émoluments égaux à ceux prévus pour les actes ou formalités analogues en cas de nantissement de fonds de commerce.
106	Actes de gage des stocks	Les prestations de cette sous-catégorie sont analogues à celles de la sous-catégorie des actes de nantissement de fonds de commerce, mais effectuées dans le cadre d'un gage de stocks.	
107	Actes de nantissement d'outillage ou de matériel	Les prestations de cette sous-catégorie sont analogues, à celles de la sous-catégorie des actes de nantissement de fonds de commerce, mais effectuées dans le cadre d'un nantissement d'outillage ou de matériel.	
108	Actes de gage sur meubles corporels	Gages sur meubles corporels :	
108-1		Inscription, y compris radiation totale d'une inscription non périmée :	
		a) Montant des sommes garanties inférieur à 7 800 €	7,81 €
		b) Montant des sommes garanties supérieur ou égal à 7 800 € et inférieur à 20 800 €	16,72 €
		c) Montant des sommes garanties supérieur ou égal à 20 800 €	50,16 €

Numéro de la prestation (tableau 2 de l'article annexe 4-7)	Sous-catégorie	Désignation de la prestation	Émolument
108-2		Radiation partielle d'une inscription non périmée :	
		a) Montant des sommes garanties inférieur à 7 800 €	4,46 €
		b) Montant des sommes garanties supérieur ou égal à 7 800 € et inférieur à 20 800 €	8,93 €
		c) Montant des sommes garanties supérieur ou égal à 20 800 €	25,65 €
108-3		Mention d'antériorité ou de subrogation, le renouvellement d'inscription :	
		a) Montant des sommes garanties inférieur à 7 800 €	4,46 €
		b) Montant des sommes garanties supérieur ou égal à 7 800 € et inférieur à 20 800 €	8,93 €
		c) Montant des sommes garanties supérieur ou égal à 20 800 €	25,65 €
108-4		Ensemble des formalités liées au procès-verbal de dépôt, certificat de dépôt et certificat constatant une transcription, une cession d'antériorité ou de radiation	1,13 €
108-5		Délivrance d'un état d'inscription positif ou négatif, quel que soit le nombre d'inscriptions révélées	2,24 €
108-6		Délivrance des copies de bordereaux d'inscription et des actes de vente sous seing privé déposés au greffe	3,35 €
108-7		Copie certifiée conforme	2,24 €
109	Prestations relatives aux warrants autres qu'agricoles	Établissement du warrant, y compris sa radiation (ensemble le volant, la souche et la transcription du premier endossement) :	
		a) Montant des sommes privilégiées inférieur à 20 800 €	15,61 €
		b) Montant des sommes privilégiées supérieur ou égal à 20 800 €	69,11 €
110		Radiation partielle :	
		a) Montant des sommes privilégiées inférieur à 20 800 €	15,61 €
		b) Montant des sommes privilégiées supérieur ou égal à 20 800 €	69,11 €
111		Renouvellement du warrant et l'inscription d'avis d'escompte :	
		a) Montant des sommes privilégiées inférieur à 20 800 €	7,81 €
		b) Montant des sommes privilégiées supérieur ou égal à 20 800 €	34,57 €

Numéro de la prestation (tableau 2 de l'article annexe 4-7)	Sous-catégorie	Désignation de la prestation	Émolument
112		Délivrance d'un état de transcription ou d'un état négatif	2,24 €
113		Certificat de radiation	1,13 €
114		Rédaction de lettre recommandée en cas de formalité obligatoire	0,28 €
115	Actes de nantissement de parts sociales ou de meubles incorporels	Les prestations de cette sous-catégorie sont analogues, à celles de la sous-catégorie des actes de nantissement de fonds de commerce, mais effectuées dans le cadre d'un nantissement de parts sociales ou de meubles incorporels.	Émoluments égaux à ceux prévus pour les actes ou formalités analogues en cas de nantissement de fonds de commerce.

NB : 1° Le présent arrêté entre en vigueur le 1er mars 2020.

2° Toutefois, par dérogation à l'article A. 743-8 du Code de commerce, les dispositions de la section 3 du chapitre III du titre IV du livre VII de la partie Arrêtés restent applicables dans leur rédaction antérieure au présent arrêté :

- aux prestations effectuées avant le 1er mai 2020 ;
- aux prestations dont la réalisation a donné lieu, avant le 1er mars 2020, au versement par le client d'un acompte ou d'une provision, ou à l'engagement par l'un des greffiers des tribunaux de commerce intervenant de frais ou débours.

Un arrêté du 28 avril 2020 reporte la date à compter de laquelle les nouveaux tarifs réglementés des professions réglementées du droit entreront en vigueur, ils s'appliqueront en effet aux prestations effectuées à partir du 1er janvier 2021 et non du 1er mai 2020. Jusqu'à cette date, les anciens tarifs (reproduits en appendice p. 3351) restent applicables.

Sous-section 4. – Publicités

Art. A. 743-12. – I. – Les prestations figurant aux numéros 116 à 136 du tableau mentionné à l'article A. 743-8 donnent lieu à la perception des émoluments suivants :

Numéro de la prestation (tableau 2 de l'article annexe 4-7)	Sous-catégorie	Désignation de la prestation	Émolument
116	Publicité de crédit-bail en matière mobilière	Inscription principale, y compris la radiation	15,61 €
117		Modification de l'inscription	7,81 €
118		Report d'inscription par le greffier	3,35 €
119		Délivrance de tout état d'inscription positif ou négatif, quel que soit le nombre d'inscriptions	2,24 €
120		Certificat de radiation	1,13 €
121, décomposé en :			
121-1	Publicité de contrat de location	Inscription principale, y compris la radiation	15,61 €
121-2		Modification de l'inscription	7,81 €

Numéro de la prestation (tableau 2 de l'article annexe 4-7)	Sous-catégorie	Désignation de la prestation	Émolument
121-3		Report d'inscription par le greffier	3,35 €
121-4		Délivrance de tout état d'inscription positif ou négatif, quel que soit le nombre d'inscriptions	2,24 €
121-5		Certificat de radiation	1,13 €
122, décomposé en :			
122-1	Inscription sur le registre spécial des prêts et délais	Inscription principale, y compris la radiation	6,69 €
122-2		Modification de l'inscription	3,35 €
122-3		Report d'inscription par le greffier	3,35 €
122-4		Délivrance de tout état d'inscription positif ou négatif, quel que soit le nombre d'inscriptions	2,24 €
122-5		Certificat de radiation	1,13 €
123, décomposé en :			
123-1	Publicité de clause de réserve de propriété	Inscription principale, y compris la radiation	6,69 €
123-2		Modification de l'inscription	3,35 €
123-3		Report d'inscription par le greffier	3,35 €
123-4		Délivrance de tout état d'inscription positif ou négatif, quel que soit le nombre d'inscriptions	2,24 €
123-5		Certificat de radiation	1,13 €
124, décomposé en :			
124-1	Publicité de clause d'inaliénabilité	Inscription principale, y compris la radiation	16,72 €
124-2		Modification de l'inscription	8,93 €
124-3		Report d'inscription par le greffier	3,35 €
124-4		Délivrance de tout état d'inscription positif ou négatif, quel que soit le nombre d'inscriptions	2,24 €
124-5		Certificat de radiation	2,24 €
125	Publicité des protêts et des certificats de non-paiement des chèques postaux	Inscription d'un protêt, y compris la radiation :	
		a) Montant des sommes privilégiées inférieur à 20 800 €	7,81 €
		b) Montant des sommes privilégiées supérieur ou égal à 20 800 €	34,57 €
126		Délivrance d'un extrait de registre des protêts positif ou négatif	2,24 €
127	Immatriculation des bateaux de rivière	Inscription et la radiation d'un acte ou jugement translatif, constitutif ou déclaratif de propriété ou de droit réel :	

Numéro de la prestation (tableau 2 de l'article annexe 4-7)	Sous-catégorie	Désignation de la prestation	Émolument
		a) Montant des sommes privilégiées inférieur à 20 800 €	7,81 €
		b) Montant des sommes privilégiées supérieur ou égal à 20 800 €	34,57 €
128		Mention de radiation totale ou partielle d'une inscription hypothécaire :	
		a) Montant de la somme inscrite dans l'acte inférieur à 20 800 €	7,81 €
		b) Montant de la somme inscrite dans l'acte supérieur ou égal à 20 800 €	34,57 €
129		Mention d'antériorité ou de subrogation, et le renouvellement d'inscription (sur la valeur de la plus faible inscription faisant l'objet de la subrogation ou du renouvellement) :	
		a) Montant de la somme inscrite dans l'acte inférieur à 20 800 €	5,58 €
		b) Montant de la somme inscrite dans l'acte supérieur ou égal à 20 800 €	17,84 €
130		Déclarations prévues au troisième alinéa de l'article R. 4124-6 du Code des transports, la mention des changements de domicile élu	1,13 €
131		Acte de déclaration de propriété faite sous serment devant le tribunal de commerce prévu à l'article 101 du Code du domaine public fluvial et de la navigation intérieure	4,46 €
132		Dépôt de procès-verbal de saisie	1,13 €
133		Délivrance de tout état d'inscription positif ou négatif prévu à l'article R. 4121-4 du Code des transports	2,24 €
134		Délivrance de tout certificat	1,13 €
135		Délivrance des copies de tous actes déposés au greffe en application du Code du domaine public fluvial et de la navigation intérieure	2,24 €
136		Formalités consécutives au transfert d'immatriculation au greffier du lieu de l'inscription et au greffier de la nouvelle immatriculation	1,13 €

II. – Lorsque les conditions prévues au 3° de l'article R. 743-142-5 sont remplies, l'inscription figurant au numéro 127 du tableau mentionné à l'article A. 743-8 donne lieu à la perception d'un émolument minoré, égal à :

1° La moitié de l'émolument prévu au I du présent article, pour les deuxième, troisième, quatrième et cinquième bateaux ;

2° Les deux tiers de cet émolument, pour les sixième, septième, huitième, neuvième et dixième bateaux ;

3° Les trois quarts de cet émolument, par bateau, au-delà du dixième.

Rédaction antérieure. Art. A. 743-12 *(Créé pour une période transitoire de deux ans, comprise entre le 1er mars 2016 et le 28 février 2018, A. 26 févr. 2016).* – I. – Les prestations figurant aux numéros 116 à 136 du tableau mentionné à l'article A. 743-8 donnent lieu à la perception des émoluments suivants :

NUMÉRO DE LA PRESTATION (tableau 2 de l'article annexe 4-7)	SOUS-CATÉGORIE	DÉSIGNATION DE LA PRESTATION	ÉMOLUMENT
116	Publicité de crédit-bail en matière mobilière	Inscription principale, y compris la radiation	17,29 €
117		Modification de l'inscription	8,65 €
118		Report d'inscription par le greffier	3,71 €
119		Délivrance de tout état d'inscription positif ou négatif, quel que soit le nombre d'inscriptions	2,47 €
120		Certificat de radiation	1,24 €
121, décomposé en :	Publicité de contrat de location		
121-1		Inscription principale, y compris la radiation	17,29 €
121-2		Modification de l'inscription	8,65 €
121-3		Report d'inscription par le greffier	3,71 €
121-4		Délivrance de tout état d'inscription positif ou négatif, quel que soit le nombre d'inscriptions	2,47 €
121-5		Certificat de radiation	1,24 €
122, décomposé en :	Inscription sur le registre spécial des prêts et délais		
122-1		Inscription principale, y compris la radiation	7,41 €
122-2		Modification de l'inscription	3,71 €
122-3		Report d'inscription par le greffier	3,71 €
122-4		Délivrance de tout état d'inscription positif ou négatif, quel que soit le nombre d'inscriptions	2,47 €
122-5		Certificat de radiation	1,24 €
123, décomposé en :	Publicité de clause de réserve de propriété		
123-1		Inscription principale, y compris la radiation	7,41 €
123-2		Modification de l'inscription	3,71 €
123-3		Report d'inscription par le greffier	3,71 €
123-4		Délivrance de tout état d'inscription positif ou négatif, quel que soit le nombre d'inscriptions	2,47 €
123-5		Certificat de radiation	1,24 €
124, décomposé en :	Publicité de clause d'inaliénabilité		
124-1		Inscription principale, y compris la radiation	18,53 €
124-2		Modification de l'inscription	9,88 €

NUMÉRO DE LA PRESTATION (tableau 2 de l'article annexe 4-7)	SOUS-CATÉGORIE	DÉSIGNATION DE LA PRESTATION	ÉMOLUMENT
124-3		Report d'inscription par le greffier	3,71 €
124-4		Délivrance de tout état d'inscription positif ou négatif, quel que soit le nombre d'inscriptions	2,47 €
124-5		Certificat de radiation	2,47 €
125	Publicité des protêts et des certificats de non-paiement des chèques postaux	Inscription d'un protêt, y compris la radiation :	
		a) Montant des sommes privilégiées inférieur à 20 800 €	8,65 €
		b) Montant des sommes privilégiées supérieur ou égal à 20 800 €	38,29 €
126		Délivrance d'un extrait de registre des protêts positif ou négatif	2,47 €
127		Inscription et la radiation d'un acte ou jugement translatif, constitutif ou déclaratif de propriété ou de droit réel :	
		a) Montant des sommes privilégiées inférieur à 20 800 €	8,65 €
		b) Montant des sommes privilégiées supérieur ou égal à 20 800 €	38,29 €
128		Mention de radiation totale ou partielle d'une inscription hypothécaire :	
		a) Montant de la somme inscrite dans l'acte inférieur à 20 800 €	8,65 €
	Immatriculation des bateaux de rivière	*b)* Montant de la somme inscrite dans l'acte supérieur ou égal à 20 800 €	38,29 €
129		Mention d'antériorité ou de subrogation, et le renouvellement d'inscription (sur la valeur de la plus faible inscription faisant l'objet de la subrogation ou du renouvellement) :	
		a) Montant de la somme inscrite dans l'acte inférieur à 20 800 €	6,18 €
		b) Montant de la somme inscrite dans l'acte supérieur ou égal à 20 800 €	19,76 €
130		Déclarations prévues au troisième alinéa de l'article R. 4124-6 du Code des transports, la mention des changements de domicile élu	1,24 €
131	Immatriculation des bateaux de rivière	Acte de déclaration de propriété faite sous serment devant le tribunal de commerce prévu à l'article 101 du Code du domaine public fluvial et de la navigation intérieure	4,94 €

NUMÉRO DE LA PRESTATION (tableau 2 de l'article annexe 4-7)	SOUS-CATÉGORIE	DÉSIGNATION DE LA PRESTATION	ÉMOLUMENT
132		Dépôt de procès-verbal de saisie	1,24 €
133		Délivrance de tout état d'inscription positif ou négatif prévu à l'article R. 4121-4 du Code des transports	2,47 €
134		Délivrance de tout certificat	1,24 €
135		Délivrance des copies de tous actes déposés au greffe en application du Code du domaine public fluvial et de la navigation intérieure	2,47 €
136		Formalités consécutives au transfert d'immatriculation au greffier du lieu de l'inscription et au greffier de la nouvelle immatriculation	1,24 €

II. – Lorsque les conditions prévues au 3° de l'article R. 743-142-5 sont remplies, l'inscription figurant au numéro 127 du tableau mentionné à l'article A. 743-8 donne lieu à la perception d'un émolument minoré, égal à :

1° La moitié de l'émolument prévu au I du présent article, pour les deuxième, troisième, quatrième et cinquième bateaux ;

2° Les deux tiers de cet émolument, pour les sixième, septième, huitième, neuvième et dixième bateaux ;

3° Les trois quarts de cet émolument, par bateau, au-delà du dixième.

NB : cette seconde version de l'article A. 743-12 est un dispositif transitoire applicable jusqu'au 28 février 2018.

Sous-section 5. – Prestations relatives à la propriété intellectuelle

Art. A. 743-13. – La prestation figurant au numéro 137 du tableau mentionné à l'article A. 743-8 donne lieu à la perception de l'émolument suivant :

NUMÉRO DE LA PRESTATION (tableau 2 de l'article annexe 4-7)	SOUS-CATÉGORIE	DÉSIGNATION DE LA PRESTATION	ÉMOLUMENT
137	Dessins et modèles	Ensemble des formalités de dépôt de dessins et modèles, y compris le récépissé de dépôt	6,69 €

NB : 1° Le présent arrêté entre en vigueur le 1er mars 2020.

2° Toutefois, par dérogation à l'article A. 743-8 du Code de commerce, les dispositions de la section 3 du chapitre III du titre IV du livre VII de la partie Arrêtés restent applicables dans leur rédaction antérieure au présent arrêté :

- aux prestations effectuées avant le 1er mai 2020 ;
- aux prestations dont la réalisation a donné lieu, avant le 1er mars 2020, au versement par le client d'un acompte ou d'une provision, ou à l'engagement par l'un des greffiers des tribunaux de commerce intervenant de frais ou débours.

Un arrêté du 28 avril 2020 reporte la date à compter de laquelle les nouveaux tarifs réglementés des professions réglementées du droit entreront en vigueur, ils s'appliqueront en effet aux prestations effectuées à partir du 1er janvier 2021 et non du 1er mai 2020. Jusqu'à cette date, les anciens tarifs (reproduits en appendice p. 3351) restent applicables.

Sous-section 6. – Prestations diverses

Art. A. 743-14. – Les prestations figurant aux numéros 138 à 142 du tableau mentionné à l'article A. 743-8 donnent lieu à la perception des émoluments suivants :

Numéro de la prestation (tableau 2 de l'article annexe 4-7)	Désignation de la prestation	Émolument
138	Séquestre judiciaire :	
	a) Montant de la somme inscrite dans l'acte inférieur à 20 800 €	15,61 €
	b) Montant de la somme inscrite dans l'acte supérieur ou égal à 20 800 €	69,11 €
139	Rapport de mer	3,35 €
140	Avis concernant une déclaration afférente à la vente, à la cession, à l'apport en société, à l'attribution par partage ou par licitation d'un fonds de commerce prévus par l'article R. 123-211, y inclus la délivrance du certificat	7,81 €
141	Rédaction des avis d'insertion au *Bulletin officiel des annonces civiles et commerciales* des certificats de dépôt au greffe de comptes annuels et rapport de l'exercice clos.	4,46 €
142	Assistance, prévue au premier alinéa du II de l'article R. 713-1-1, du juge commis à la surveillance du registre du commerce et des sociétés pour l'élaboration de la liste des personnes physiques et morales immatriculées relevant de la circonscription et remplissant les conditions fixées au II de l'article L. 713-1 :	
	a) Par personne physique	0,34 €
	b) Par personne morale	0,34 €

NB : 1° Le présent arrêté entre en vigueur le 1er mars 2020.

2° Toutefois, par dérogation à l'article A. 743-8 du Code de commerce, les dispositions de la section 3 du chapitre III du titre IV du livre VII de la partie Arrêtés restent applicables dans leur rédaction antérieure au présent arrêté :

– aux prestations effectuées avant le 1er mai 2020 ;

– aux prestations dont la réalisation a donné lieu, avant le 1er mars 2020, au versement par le client d'un acompte ou d'une provision, ou à l'engagement par l'un des greffiers des tribunaux de commerce intervenant de frais ou débours.

Un arrêté du 28 avril 2020 reporte la date à compter de laquelle les nouveaux tarifs réglementés des professions réglementées du droit entreront en vigueur, ils s'appliqueront en effet aux prestations effectuées à partir du 1er janvier 2021 et non du 1er mai 2020. Jusqu'à cette date, les anciens tarifs (reproduits en appendice p. 3351) restent applicables.

Sous-section 7. – Procédures de liquidation hors sauvegarde et redressement judiciaires

Art. A. 743-15. – **I. – L'ensemble des prestations réalisées par le greffier de tribunal de commerce dans le cadre d'une procédure de liquidation judiciaire figurant au numéro 143 du tableau mentionné à l'article A. 743-8 donne lieu à la perception d'un émolument principal, qui varie en fonction du nombre de salariés et** ***du chiffre d'affaires de l'entreprise concernée*** **déterminés conformément aux dispositions de l'article R. 621-11, selon le barème suivant :**

NOMBRE DE SALARIÉS	CHIFFRE D'AFFAIRES	Émolument principal
Aucun salarié		535,00 €
De 1 à 5 salariés		585,17 €
De 6 à 19 salariés	Inférieur à 750 000 €	1 226,06 €
	Supérieur ou égal à 750 000 €	1 382,09 €

NOMBRE DE SALARIÉS	CHIFFRE D'AFFAIRES	Émolument principal
De 20 à 150 salariés	Inférieur à 3 000 000 €	2 329,49 €
	Supérieur ou égal à 3 000 000 €	2 875,64 €
Plus de 150 salariés	Inférieur à 20 000 000 €	5 900,63 €
	Supérieur ou égal à 20 000 000 € et inférieur à 50 000 000 €	8 323,74 €
	Supérieur ou égal à 50 000 000 €	13 954,64 €

II. – Les prestations mentionnées au I donnent également lieu à la perception de deux émoluments accessoires :

1° D'un montant de 167,19 € par établissement secondaire, à charge pour le greffier de la procédure principale de reverser la moitié du droit au greffe de l'établissement secondaire ;

2° D'un montant de 11,15 € par créancier supplémentaire au-delà de 25 créanciers, dans la limite de 111,47 €.

NB : 1° Le présent arrêté entre en vigueur le 1er mars 2020.

2° Toutefois, par dérogation à l'article A. 743-8 du Code de commerce, les dispositions de la section 3 du chapitre III du titre IV du livre VII de la partie Arrêtés restent applicables dans leur rédaction antérieure au présent arrêté :

– aux prestations effectuées avant le 1er mai 2020 ;

– aux prestations dont la réalisation a donné lieu, avant le 1er mars 2020, au versement par le client d'un acompte ou d'une provision, ou à l'engagement par l'un des greffiers des tribunaux de commerce intervenant de frais ou débours.

Un arrêté du 28 avril 2020 reporte la date à compter de laquelle les nouveaux tarifs réglementés des professions réglementées du droit entreront en vigueur, ils s'appliqueront en effet aux prestations effectuées à partir du 1er janvier 2021 et non du 1er mai 2020. Jusqu'à cette date, les anciens tarifs (reproduits en appendice p. 3351) restent applicables.

Sous-section 8. – Procédure de redressement professionnel

Art. A. 743-16. – L'ensemble des prestations réalisées par le greffier de tribunal de commerce dans le cadre d'une procédure de rétablissement professionnel figurant au numéro 145 du tableau mentionné à l'article A. 743-8 donne lieu à la perception :

1° D'un émolument principal de 334,39 € ;

2° De deux émoluments accessoires :

***a)* D'un montant de 55,73 € par procédure devant le juge commis statuant sur une demande de report ou de délai de paiement en application de l'article L. 645-6 ;**

***b)* D'un montant de 66,88 €, en cas d'ouverture d'une procédure de liquidation judiciaire en application de l'article L. 645-9.**

NB : 1° Le présent arrêté entre en vigueur le 1er mars 2020.

2° Toutefois, par dérogation à l'article A. 743-8 du Code de commerce, les dispositions de la section 3 du chapitre III du titre IV du livre VII de la partie Arrêtés restent applicables dans leur rédaction antérieure au présent arrêté :

– aux prestations effectuées avant le 1er mai 2020 ;

– aux prestations dont la réalisation a donné lieu, avant le 1er mars 2020, au versement par le client d'un acompte ou d'une provision, ou à l'engagement par l'un des greffiers des tribunaux de commerce intervenant de frais ou débours.

Un arrêté du 28 avril 2020 reporte la date à compter de laquelle les nouveaux tarifs réglementés des professions réglementées du droit entreront en vigueur, ils s'appliqueront en effet aux prestations effectuées à partir du 1er janvier 2021 et non du 1er mai 2020. Jusqu'à cette date, les anciens tarifs (reproduits en appendice p. 3351) restent applicables.

Sous-section 9. – Transmissions

Art. A. 743-17. – I. – Les transmissions mentionnées au troisième alinéa de l'article R. 743-140 donnent lieu à la perception des émoluments suivants :

1° S'agissant des diligences de chaque transmission d'acte, décision ou document, par remise en main propre contre récépissé ou par voie électronique sécurisée : 1,68 € ;

2° S'agissant de la transmission d'extrait d'immatriculation du registre du commerce, par voie électronique sécurisée : 0,57 €.

II. – Les transmissions figurant au numéro 144 du tableau mentionné à l'article A. 743-8 donnent lieu à la perception d'un émolument, qui varie en fonction du nombre de salariés et du chiffre d'affaires de l'entreprise concernée déterminés conformément aux dispositions de l'article R. 621-11, selon le barème suivant :

NOMBRE DE SALARIÉS	CHIFFRE D'AFFAIRES	Frais de transmission
Aucun salarié		66,88 €
De 1 à 5 salariés		72,46 €
De 6 à 19 salariés	Inférieur à 750 000 €	133,75 €
	Supérieur ou égal à 750 000 €	256,36 €
De 20 à 150 salariés	Inférieur à 3 000 000 €	334,39 €
	Supérieur ou égal à 3 000 000 €	423,55 €
Plus de 150 salariés	Inférieur à 20 000 000 €	664,30 €
	Supérieur ou égal à 20 000 000 € et inférieur à 50 000 000 €	760,16 €
	Supérieur ou égal à 50 000 000 €	847,09 €

III. – Les transmissions figurant au numéro 146 du tableau mentionné à l'article A. 743-8 donnent lieu à la perception d'un émolument de 55,73 €.

NB : 1° Le présent arrêté entre en vigueur le 1er mars 2020.

2° Toutefois, par dérogation à l'article A. 743-8 du Code de commerce, les dispositions de la section 3 du chapitre III du titre IV du livre VII de la partie Arrêtés restent applicables dans leur rédaction antérieure au présent arrêté :

- aux prestations effectuées avant le 1er mai 2020 ;
- aux prestations dont la réalisation a donné lieu, avant le 1er mars 2020, au versement par le client d'un acompte ou d'une provision, ou à l'engagement par l'un des greffiers des tribunaux de commerce intervenant de frais ou débours.

Un arrêté du 28 avril 2020 reporte la date à compter de laquelle les nouveaux tarifs réglementés des professions réglementées du droit entreront en vigueur, ils s'appliqueront en effet aux prestations effectuées à partir du 1er janvier 2021 et non du 1er mai 2020. Jusqu'à cette date, les anciens tarifs (reproduits en appendice p. 3351) restent applicables.

Sous-section 10. – Remboursement des frais et débours

§ 1. – Frais de déplacement

Art. A. 743-18 *(Créé pour une période transitoire de deux ans, comprise entre le 1er mars 2016 et le 28 février 2018, A. 26 févr. 2016).* **– I. – Les frais de déplacement mentionnés au *a* du 5° du I de l'article annexe 4-8 font l'objet d'un remboursement forfaitaire pour la distance parcourue tant à l'aller qu'au retour, égal au prix :**

1° Du transport en 1re classe dans le mode de transport concerné, si le déplacement peut avoir lieu par chemin de fer ou par un autre service de transport en commun ;

2° Du transport ferroviaire en 1re classe, d'après le nombre de kilomètres parcourus, à défaut de moyens de transport en commun.

En outre, si le déplacement exige plus d'une journée, il est alloué par journée une indemnité égale à 50 €.

II. – Le remboursement mentionné au I n'est dû qu'une seule fois pour la totalité des actes délivrés ou dressés par le greffier de tribunal de commerce lors d'un même déplacement.

TITRE V. – DE L'ÉQUIPEMENT COMMERCIAL

Art. A. 750-1. – La direction générale de la concurrence, de la consommation et de la répression des fraudes (DGCCRF) est autorisée à mettre en œuvre dans ses services déconcentrés et à l'administration centrale un traitement automatisé d'informations comportant des données à caractère personnel intitulé « Base d'aide logicielle à l'inventaire » (BALI).

Art. A. 750-2. – Le traitement automatisé a pour finalité de permettre l'instruction des demandes d'autorisation de surfaces commerciales, le contrôle des surfaces autorisées et la participation aux travaux des observatoires départementaux d'équipement commercial mentionnés à l'article L. 751-9. À cette fin, l'application recense les établissements commerciaux soumis à autorisation d'exploitation commerciale en application de l'article L. 752-1.

Art. A. 750-3. – Les catégories d'informations enregistrées au titre de l'instruction des dossiers figurent au tableau A de l'annexe 7-7.

Les catégories d'informations enregistrées au titre du recensement et de la mission de contrôle des surfaces autorisées figurent au tableau B de l'annexe 7-7.

ANNEXE 7-7
(Annexe à l'article A. 750-3)

Tableau A. – Catégories d'informations enregistrées au titre de l'instruction des dossiers

A-1. *Description de la demande*

A-1.1. Date et objet de la demande (création/extension et surface totale créée).

A-1.2. Localisation (adresse postale : numéro et rue, commune, Cedex, nom du lotissement commercial, nom du centre commercial, code département) et type d'équipement du projet (ensemble commercial/commerce isolé).

A-1.3. Enseigne principale.

A-1.4. Chiffre d'affaires et effectifs à l'ouverture (*).

A-1.5. Date et décision de la commission départementale d'équipement commercial (CDEC).

A-1.6. Détail de la décision (nombre de votants, de oui, non et nuls, observations).

A-1.7. Date et décision de la Commission nationale d'équipement commercial (CNEC).

A-2. *Identification du demandeur*

A-2.1. Numéro SIREN du demandeur, sa dénomination sociale et adresse postale, nom du responsable (*), téléphone (*), fax (*) et adresse mél (*).

Tableau B. – Catégories d'informations enregistrées au titre du recensement et de la mission de contrôle des surfaces autorisées

B-1. *Local commercial*

B-1.1. Adresse postale (numéro et rue, type de local commercial, type de pôle commercial, nom du lotissement commercial, nom du centre commercial, nom du quartier, type de zone de redynamisation urbaine [ZRU], type de zone d'aménagement concerté des centres urbains [ZACCU], commune, Cedex, nom du canton, nom de l'arrondissement, nom et code département), surfaces de vente intérieure, extérieure et totale et/ou nombre de positions de ravitaillement en carburant.

B-1.2. Date d'autorisation et, le cas échéant, du permis de construire.

B-2. *Exploitation commerciale*

B-2.1. Numéro SIRET et nom de l'établissement commercial (enseigne), et ses codes activité et secteurs activité *(codification NAF).*

B-2.2. Nom de l'enseigne, type de magasin, type de réseau, date d'ouverture, date de fermeture, exploité, virtuel, commercialité, date de fin de commercialité, date d'extension.

B-2.3. Numéros de téléphone et de fax, et adresse électronique de l'établissement (**).

B-2.4. Nom du responsable du magasin (**).

B-2.5. Chiffres d'affaires et effectifs à l'ouverture et actuels (**).

B-3. *Identification de l'entreprise qui exploite le magasin*

B-3.1. Dénomination sociale et numéro SIREN de l'entreprise, nom du responsable (**), téléphone (**), adresse mél (**).

(*) Informations destinées exclusivement à la DGCCRF et à la DCASPL.

(**) Informations destinées exclusivement à la DGCCRF, la DCASPL, le HFDS, la DGTPE, l'INSEE, les DDE et les ODEC/OREC.

Art. A. 750-4. – Les personnes autorisées des services déconcentrés et centraux de la direction générale de la concurrence, de la consommation et de la répression des fraudes (DGCCRF) et la direction du commerce, de l'artisanat, des services et des professions libérales (DCASPL) sont destinataires des données visées à l'article A. 750-3.

Art. A. 750-5 *(Mod., D. n° 2010-291, 18 mars 2010).* – Le haut fonctionnaire de défense et de sécurité (HFDS), la direction générale du Trésor (DGTPE), l'Institut national de la statistique et des études économiques (INSEE), les directions départementales de l'équipement (DDE), les observatoires départementaux de l'équipement commercial (ODEC) et les observatoires régionaux de l'équipement commercial (OREC) sont destinataires des données enregistrées au titre du recensement et de la mission de contrôle des surfaces autorisées figurant au tableau B de l'annexe 7-7.

Art. A. 750-6. – Les personnes qui en font la demande peuvent être destinataires des informations suivantes :

A. – Catégories d'informations enregistrées au titre de l'instruction des dossiers :

A-1. Description de la demande.

A-1.1. Date et objet de la demande (création/extension et surface totale créée).

A-1.2. Localisation (adresse postale : numéro et rue, commune, Cedex, nom du lotissement commercial, nom du centre commercial, code département) et type d'équipement du projet (ensemble commercial/commerce isolé).

A-1.3. Enseigne principale.

A-1.4. Date et décision de la commission départementale d'équipement commercial (CDEC).

A-1.5. Détail de la décision (nombre de votants, de oui, non et nuls, observations).

A-1.6. Date et décision de la Commission nationale d'équipement commercial (CNEC).

A-2. Identification du demandeur.

A-2.1. Numéro SIREN du demandeur, sa dénomination sociale et son adresse postale.

B. – Catégories d'informations enregistrées au titre du recensement et de la mission de contrôle des surfaces autorisées :

B-1. Local commercial.

B-1.1. Adresse postale (numéro et rue, nom du local commercial, nom du pôle commercial, nom du lotissement commercial, nom du centre commercial, nom du quartier, type de zone de redynamisation urbaine (ZRU), type de zone d'aménagement concerté créée dans un centre urbain (ZACCU), commune, Cedex, nom du canton, nom de l'arrondissement, nom du département, surfaces de vente intérieure, extérieure et totale et/ou nombre de positions de ravitaillement en carburant.

B-1.2. Date d'autorisation et, le cas échéant, du permis de construire.

B-2. Exploitation commerciale.

B-2.1. Numéro SIRET, nom de l'établissement commercial (enseigne) et ses codes activité et secteurs activité (codification NAF).

B-2.2. Nom de l'enseigne, type de magasin, type de réseau, date d'ouverture, date de fermeture, exploité, virtuel (autorisé mais non encore ouvert), commercialité, date de fin de commercialité, date d'extension.

B-3. Identification de l'entreprise qui exploite le magasin.

B-3.1. Dénomination sociale et numéro SIREN de l'entreprise.

Art. A. 750-7. – Les informations enregistrées concernant l'entreprise exploitante sont mises à jour et conservées tant que celle-ci figure dans le fichier SIRENE de l'INSEE. Lorsqu'une demande d'autorisation a été instruite, l'identité des demandeurs est apurée automatiquement à l'issue d'un délai d'un an à compter de la décision de la CDEC.

Art. A. 750-8. – Le droit d'opposition prévu par l'article 38 de la loi n° 78-17 du 6 janvier 1978 relative à l'informatique, aux fichiers et aux libertés ne s'applique pas au traitement mis en place.

Art. A. 750-9. – Le droit d'accès et de rectification prévu aux articles 39 et 40 de la loi n° 78-17 du 6 janvier 1978 relative à l'informatique, aux fichiers et aux libertés s'exerce auprès des chefs d'unité de la concurrence, de la consommation et de la répression des fraudes du département où le commerce est implanté ou le sera.

CHAPITRE I. – DES COMMISSIONS D'ÉQUIPEMENT COMMERCIAL ET DES OBSERVATOIRES DÉPARTEMENTAUX D'ÉQUIPEMENT COMMERCIAL

Section I. – Des commissions départementales d'équipement commercial

La présente section ne comprend pas de dispositions pour les arrêtés.

Section II. – De la commission nationale d'équipement commercial

La présente section ne comprend pas de dispositions pour les arrêtés.

Section III. – Des observatoires départementaux d'aménagement commercial

(Intitulé rempl., A. 13 nov. 2009)

Art. A. 751-1 à A. 751-6 *(Abr., A. 27 mars 2015).*

Section IV. – De l'observatoire d'aménagement commercial d'Île-de-France

(Intitulé rempl., A. 13 nov. 2009)

Art. A. 751-7 à A. 751-12 *(Abr., A. 27 mars 2015).*

Section V. – Des schémas de développement commercial

La présente section ne comprend pas de dispositions pour les arrêtés.

Section VI. – De l'observatoire national du commerce

La présente section ne comprend pas de dispositions pour les arrêtés.

CHAPITRE II. – DE L'AUTORISATION COMMERCIALE

Section I. – Des projets soumis à autorisation

La présente section ne comprend pas de dispositions pour les arrêtés.

Section II. – De la décision de la commission départementale

Sous-section 1. – De la demande d'autorisation

Art. A. 752-1 *(Rempl., A. 19 juin 2019).* – I. – Le formulaire de demande d'habilitation mentionné à l'article R. 752-6-2, dont un modèle est annexé au présent arrêté, porte l'en-tête de la préfecture dans le ressort de laquelle l'habilitation est demandée.

II. – Le formulaire comporte trois rubriques, à renseigner par le demandeur de l'habilitation :

1° L'identité et les coordonnées postales, téléphoniques et électroniques complètes de l'organisme demandeur ;

2° Les noms, prénoms, dates et lieux de naissance, diplômes ou titres de toutes les personnes appelées à réaliser les missions de certification au nom de l'organisme ;

3° La date de la demande d'habilitation, suivie de la signature du représentant légal de l'organisme demandeur.

III. – Le formulaire rappelle :

1° La liste des pièces mentionnées au I de l'article R. 752-6-1, à joindre à la demande d'habilitation : pour chaque personne physique par laquelle ou sous la responsabilité de laquelle seront réalisées des analyses d'impact, un extrait du casier judiciaire datant de moins de trois mois, un justificatif du titre ou diplôme mentionné au 3° du I de l'article R. 752-6-1, et une copie de la pièce d'identité ; pour l'organisme, un extrait K-*bis*, ou tout document assimilé, de moins de deux mois et un justificatif des moyens et outils de collecte et d'analyse mentionnés au 2° du I de l'article R. 752-6-1 ;

2° Les modalités de dépôt de la demande d'habilitation mentionnées au II de l'article R. 752-6-2.

ANNEXE 7-8
(Annexe à l'article A. 752-1)
(Rempl., A. 21 août 2009 ; mod., A. 1er oct. 2019)

Annexe 1

Renseignements relatifs au demandeur et au projet

I. – Informations relatives au demandeur

1. Identité du demandeur :

1.1. Personne physique : nom, prénom, adresse, numéros de téléphone et de télécopieur, adresse électronique.

1.2. Personne morale : raison sociale, forme juridique, adresse, numéros de téléphone et de télécopieur, adresse électronique.

1.3. Existence légale : fournir un extrait d'immatriculation au registre du commerce et des sociétés ou, à défaut, si la société est en cours de constitution, une copie des statuts enregistrés auprès des services fiscaux.

Nota. – En cas de demande conjointe, préciser l'identité de chaque demandeur. Dans le cas d'une demande présentée par un mandataire, production du mandat.

2. Qualité en laquelle le demandeur agit :
– exploitant ou futur exploitant ;
– propriétaire ou futur propriétaire des constructions ;
– promoteur.

Nota. – Une demande peut être formulée à plusieurs titres par le ou les demandeurs.

II. – Présentation du projet

1. Adresse.

2. Description :

2.1. Projet portant sur la création d'un ou plusieurs magasins de commerce de détail :

2.1.1. Surface de vente globale du projet ;

2.1.2. Surface de vente, secteur d'activité tel que défini à l'article R. 752-3 du Code de commerce et nature de l'activité de chacun des magasins de plus de 300 mètres carrés de surface de vente ;

2.1.3. Dans le cas d'un ensemble commercial : nombre approximatif de magasins et surface de vente totale de ces magasins.

2.2. Projet portant sur l'extension d'un ou plusieurs magasins de commerce de détail :

2.2.1. Secteur d'activité tel que défini à l'article R. 752-3 du Code de commerce et nature de l'activité du ou des magasins dont l'extension est envisagée ;

2.2.2. Surface de vente :
– rappel de la surface existante ;
– surface demandée ;
– surface envisagée après extension, qui doit être égale à la somme des deux surfaces définies ci-dessus.

2.3. Projet portant sur le changement de secteur d'activité :
2.3.1. Surface de vente du magasin et désignation du secteur d'activité abandonné, tel que défini à l'article R. 752-3 du Code de commerce ;
2.3.2. Surface de vente, secteur d'activité tel que défini à l'article R. 752-3 du Code de commerce du commerce envisagé.
2.4. Projet portant sur la modification substantielle d'un projet :
Description :
- du projet autorisé ou dont la demande est en cours d'instruction ;
- des modifications envisagées ;
- du projet après modifications.
Ces descriptions doivent s'effectuer selon les modalités prévues au présent arrêté.
2.5. Autres renseignements :
- si le projet s'intègre dans un ensemble commercial existant, il sera fourni une liste des magasins de cet ensemble exploités sur plus de 300 mètres carrés de vente ;
- la mention éventuelle de la ou des enseignes ;
- parc de stationnement : nombre total de places et nombre de places réservées aux personnes à mobilité réduite ;
- activités annexes éventuelles n'entrant pas dans le champ d'application de la loi (cafétérias, restaurants, stations de distribution de carburants, pharmacies, commerces de véhicules automobiles ou de motocycles...).
3. Historique :
3.1. En cas de création : description, le cas échéant, des projets présentés par le demandeur sur le même terrain, avec indication de la date des décisions ou avis antérieurs.
3.2. En cas d'extension ou de changement de secteur d'activité, historique de l'équipement commercial concerné :
- date d'ouverture du magasin, surface de vente initiale ;
- le cas échéant, indication des demandes d'extension déjà présentées avec date et sens des décisions ou des avis antérieurs.

III. – Conditions de réalisation du projet

1. Maîtrise du foncier :
1.1. Lorsque le projet nécessite une construction :
- indication des parcelles de terrain concernées et de leur superficie totale ;
- extrait de plan cadastral ;
- sera joint pour l'ensemble de ces parcelles soit un titre de propriété ou une promesse de vente, soit une autorisation du propriétaire pour la réalisation de l'opération projetée.
1.2. Lorsque le projet concerne un local existant :
- identification du local ;
- sera joint soit un titre de propriété ou une promesse de vente, soit une autorisation du propriétaire pour l'exploitation de ce local, soit un bail ou une promesse de bail ;
- lorsque le projet porte sur un changement de secteur d'activité, le document produit, dans l'hypothèse où le demandeur n'est pas propriétaire des locaux, devra attester de la possibilité d'exercer l'activité prévue.
Les titres prévus au 1.1 et au 1.2 doivent être établis au bénéfice du ou des demandeurs. À défaut des titres eux-mêmes, peut être produite une attestation notariale faisant ressortir le nom du bénéficiaire du titre, l'identification des parcelles de terrain ou locaux concernés et la durée de validité du titre.
2. Attestation du régime social des indépendants :
Pour les projets d'extension de magasins et pour les projets de changement de secteur d'activité, sera fournie, le cas échéant, une attestation du régime social des indépendants reprenant les éléments contenus dans la plus récente déclaration annuelle établie au titre de l'article 4 de la loi n° 72-657 du 13 juillet 1972 modifiée et si l'établissement est redevable de la taxe sur les surfaces commerciales, indiquant s'il est à jour de ses paiements.

Annexe 2

Aménagement du territoire, qualité de l'urbanisme et développement durable

I. – Zone de chalandise

1.1. Population totale de la zone de chalandise :
- population du recensement général de 1999 (population sans double compte) ;
- population légale municipale de 2006 ;
- dernière population authentifiée par décret.

Taux d'évolution entre ces différentes populations.

1.2. Liste exhaustive des communes comprises dans la zone de chalandise et indication, pour chaque commune :

– population du recensement général de 1999 (population sans double compte) ;

– population légale municipale de 2006 ;

– dernière population authentifiée par décret.

Taux d'évolution entre ces différentes populations.

1.3. Justification de ces délimitations au regard du deuxième alinéa du I de l'article R. 752-8 du Code de commerce.

1.4. Justification des chiffres avancés lorsqu'il est fait état dans la zone de chalandise d'une fréquentation touristique (sources statistiques, études...).

1.5. Justification de la délimitation des sous-zones établies en fonction des modes de transport utilisés pour l'accès au projet.

II. – Présentation du projet au regard de l'aménagement du territoire

1. Dans l'environnement proche du projet (sur une distance d'environ 1 kilomètre à partir de celui-ci) :

Description de l'environnement du projet, appuyée d'une carte ou d'un schéma, faisant apparaître :

la localisation des activités commerciales (pôles commerciaux et rues commerçantes, halles et marchés) ;

la localisation des autres activités (agricoles, industrielles ou tertiaires) ;

la localisation des équipements publics ;

la localisation des zones d'habitat (en précisant sa nature : collectif ou individuel, social) ;

la desserte actuelle et future (routière, transports collectifs, cycliste, piétonne).

Seront signalés le cas échéant :

– les opérations d'urbanisme ;

– les programmes de logement ;

– les zones de redynamisation urbaine et les zones franches ;

– les disponibilités foncières connues.

2. Au sein de la zone de chalandise :

Description de l'environnement du projet, appuyée d'une carte ou d'un schéma, faisant apparaître les lieux exerçant une attraction significative sur la population de la zone de chalandise, notamment :

– la localisation des principaux pôles d'activités commerciales ;

– la localisation des autres pôles majeurs d'activité (agricoles, industrielles ou tertiaires) ;

– les équipements publics ou privés majeurs ;

– la localisation des principales zones d'habitat (en précisant sa nature : collectif ou individuel, social) ;

– la desserte actuelle et future (routière, transports collectifs, cycliste, piétonne).

3. Hors de la zone de chalandise :

Description et localisation, à partir d'un document cartographique, des principaux pôles commerciaux.

III. – Présentation des effets du projet

1. Sur l'animation de la vie urbaine, rurale et de montagne.

2. Sur les flux de déplacement (tous modes de transport), notamment sur la limitation des déplacements motorisés des consommateurs.

3. Sur les projets d'aménagement et d'urbanisme de la zone de chalandise.

IV. – Présentation du projet et de ses effets, au regard du développement durable
et de la préservation de l'environnement, sur

1. La réduction des pollutions associées à l'activité.

2. La mise en œuvre de solutions végétales ou de maîtrise des consommations énergétiques.

3. L'inscription harmonieuse dans le paysage ou dans un projet urbain.

4. Le traitement de friches commerciales ou industrielles.

5. Un éventuel site Natura 2000.

6. Des protections particulières au titre de la biodiversité (arrêté de protection de biotope).

7. Sa situation en termes de risques naturels, technologiques ou miniers.

Annexe 3

Fiche technique d'examen d'un projet soumis à autorisation en matière d'aménagement commercial

Identification du projet
N° (réservé à l'administration) :
Catégorie de projet (article L. 752-1 du code de commerce) :
Description sommaire du projet :
Adresse du projet :
Date de création, si le magasin existe déjà :
Surfaces de vente avant projet, par secteur d'activité[1] : **Commerce(s) à dominante alimentaire : m²** **Autre(s) commerce(s) : m²**
Surfaces de vente après projet, par secteur d'activité[1] : **Commerce(s) à dominante alimentaire : m²** **Autre(s) commerce(s) : m²**
Historique des autorisations ou avis précédents : Décisions ou avis (CDEC, CDAC, CNEC ou CNAC ; autorisation ou refus (mentions selon le cas))
Maîtrise foncière du projet (avec identification des références cadastrales) :
Identité du demandeur *Personne physique : nom, prénom, adresse (postale, électronique), n° de téléphone, n° de télécopie :* Personne morale : raison sociale, forme juridique, adresse (postale, électronique), n° de téléphone, n° de télécopie :
Présentation sommaire de la zone de chalandise **Description sommaire de la zone de chalandise (temps de transport maximum et barrières naturelles ou psychologiques, logiciel utilisé) :** Estimation du pourcentage de la population de la zone de chalandise susceptible d'accéder au site du projet : - à pied ; - en transports en commun.

Situation du projet

Positionnement général	**OUI**	**NON**	**SANS OBJET**	**OBSERVATIONS**
Positionnement dans un secteur aggloméré d'un bourg, d'une ville ou d'une agglomération				
Positionnement en entrée de ville ou en entrée de bourg				
Positionnement en centre-ville ou en centre-bourg				
Positionnement au sein d'un quartier d'habitation peu équipé en commerces				
Positionnement par rapport aux constructions prévues, en cours de réalisation ou existantes	**OUI**	**NON**	**SANS OBJET**	**OBSERVATIONS**
Positionnement au sein d'une zone commerciale existante				
Positionnement au sein d'une zone commerciale nouvelle ou en cours de réalisation				
Positionnement au sein d'une zone commerciale à créer				
Positionnement au sein d'une zone d'habitation existante				
Positionnement au sein d'une zone d'habitation nouvelle ou en cours de réalisation				
Positionnement au sein d'une zone d'habitation à créer				
Positionnement au sein d'une zone urbanisée existante				
Positionnement au sein d'une zone urbanisée nouvelle ou en cours de réalisation				
Positionnement au sein d'une zone urbanisée à créer				
Positionnement par rapport aux disponibilités foncières	**OUI**	**NON**	**SANS OBJET**	**OBSERVATIONS**
Utilisation d'une offre foncière proche du centre-ville				
Utilisation d'une offre foncière proche de la clientèle				
Impossibilité d'accès à une offre foncière proche du centre-ville				

Examen au regard des critères de l'article L. 752-6 et des précisions exigées par l'article R. 752-7 du code de commerce				
Complémentarité avec les autres activités, les offres de service public et les équipements publics	**OUI**	**NON**	**SANS OBJET**	**OBSERVATIONS**
Existence d'un lien piétonnier avec d'autres principaux lieux d'activité				
Existence d'un lien piétonnier avec des commerces de proximité				
Existence d'un lien piétonnier avec d'autres commerces				
Existence d'un lien piétonnier avec les principaux lieux de vie (cinémas…)				
Existence d'un lien piétonnier avec les services de proximité (coiffeur…)				
Existence d'un lien piétonnier avec les services publics (la Poste, école…)				
Facilités d'accès aux halles et marchés depuis le magasin				
Rééquilibrage au profit du centre-ville				
Rééquilibrage spatial de l'offre dans l'entité géographique pertinente (clientèle à pied)				
Rééquilibrage spatial de l'offre dans l'entité géographique pertinente (clientèle en transports en commun)				
Rééquilibrage spatial de l'offre dans l'entité géographique pertinente (clientèle motorisée)				
Renforcement commercial au bénéfice d'un quartier de la politique de la ville				
Renforcement commercial d'une zone de montagne				
Renforcement commercial d'une zone rurale				
Renforcement d'un petit regroupement commercial (1 à 5 magasins)				
Renforcement d'une petite rue commerçante (5 à 10 magasins)				
Renforcement d'une rue ou d'un quartier à vocation commerçante (+ de 10 magasins)				
Renforcement d'un pôle commerçant majeur en centre-ville (+ de 50 magasins)				

Maîtrise ou limitation des flux de transport motorisés	OUI	NON	SANS OBJET	OBSERVATIONS
Dimensionnement suffisant des voies d'accès (clientèle)				
Dimensionnement suffisant des voies d'accès (livraisons)				
Emplacements de stationnement pour handicapés en nombre suffisant				
Existence d'un lien en transports en commun (TC) avec d'autres commerces				
Existence d'un lien en TC avec d'autres principaux lieux d'activité				
Existence d'un lien en TC avec les principaux lieux de vie (cinémas…)				
Existence d'un lien en TC avec les services de proximité (coiffeur…)				
Existence d'un lien en TC avec les services publics (la Poste, école…)				
Nombre de places de stationnement en adéquation avec les flux probables de véhicules				
Mesures tendant à réduire les déplacements motorisés des consommateurs				
Mesures de sécurisation des voies d'accès (clientèle)				
Mesures de sécurisation des voies d'accès (livraisons)				
Réduction des pollutions associées à l'activité	**OUI**	**NON**	**SANS OBJET**	**OBSERVATIONS**
Dispositif de traitement des eaux pluviales (bâtiments)				
Dispositif de traitement des eaux pluviales (stationnement)				
Dispositif performant de traitement des déchets et effluents				
Mesures permettant la maîtrise, pour l'environnement immédiat, des nuisances sonores, olfactives, visuelles ou lumineuses du projet				
Modalités structurelles d'approvisionnement préservant l'environnement (véhicules propres, approvisionnement en transports en commun…)				
Maîtrise des consommations d'énergie	**OUI**	**NON**	**SANS OBJET**	**OBSERVATIONS**
Projet d'un dispositif d'économie d'énergie performant (chauffage ou climatisation)				

Projet d'un dispositif d'économie d'énergie performant (éclairage)				
Projet d'une installation intégrée de production d'énergie renouvelable				
Mise en œuvre d'un accompagnement végétal	**OUI**	**NON**	**SANS OBJET**	**OBSERVATIONS**
Compensation de l'imperméabilisation de l'emprise des bâtiments				
Compensation de l'imperméabilisation des places de stationnement				
Emplacements de stationnement végétalisés				
Plantation sur le site d'arbres de haute tige				
Inscription dans un projet urbain ou paysager	**OUI**	**NON**	**SANS OBJET**	**OBSERVATIONS**
Contribution à une restructuration urbaine				
Emplacements de stationnement intégrés dans les bâtiments				
Réhabilitation de friche commerciale ou industrielle				
Réhabilitation lourde d'un bâtiment commercial				
Complémentarité avec les plans locaux de prévention	**OUI**	**NON**	**SANS OBJET**	**OBSERVATIONS**
Compatibilité avec les risques industriels identifiés et les mesures de prévention correspondantes				
Compatibilité avec les risques naturels identifiés et les mesures de prévention correspondantes				
Maîtrise des externalités du projet	**OUI**	**NON**	**SANS OBJET**	**OBSERVATIONS**
Nécessité de réalisation de travaux publics pour les accès				
- la prise en charge de ces travaux a été vérifiée auprès des élus ou des services techniques concernés				
- *le demandeur prend en charge ces travaux*				
Nécessité de réalisation de travaux publics pour la préservation du paysage				
- la prise en charge de ces travaux a été vérifiée auprès des élus ou des services techniques concernés				
- *le demandeur prend en charge ces travaux*				
Financement assuré des éventuels autres aménagements publics nécessaires				

- *la prise en charge de ces travaux a été vérifiée auprès des élus ou des services techniques concernés*				
Respect des règles locales d'urbanisme et des projets publics d'aménagement	**OUI**	**NON**	**SANS OBJET**	**OBSERVATIONS**
Respect des orientations fixées par le SCoT				
- ce point a été vérifié auprès des élus ou des services techniques concernés				
Localisation dans une zone du PLU ou du POS en vigueur acceptant l'activité concernée				
- ce point a été vérifié auprès des élus ou des services techniques concernés				
Vérification préalable auprès des principaux élus locaux concernés de la cohérence du projet avec leurs éventuels projets d'aménagements publics				

Autres informations (facultatives)				
	OUI	**NON**	**SANS OBJET**	**OBSERVATIONS**
Existence d'une information préalable sur le projet dispensée aux principaux élus locaux concernés de la zone de chalandise				
Existence d'une étude indépendante confirmant les indications de la présente fiche				

Art. A. 752-2 *(A. 28 juin 2019)*. – I. – Le formulaire de demande d'habilitation mentionné à l'article R. 752-44-3, dont un modèle est annexé à l'arrêté du 28 juin 2019 fixant le contenu du formulaire de demande d'habilitation pour établir le certificat de conformité mentionné au premier alinéa de l'article L. 752-23 du Code de commerce, porte l'en-tête de la préfecture dans le ressort de laquelle l'habilitation est demandée.

II. – Le formulaire comporte trois rubriques, à renseigner par le demandeur de l'habilitation :

1° L'identité et les coordonnées postales, téléphoniques et électroniques complètes de l'organisme demandeur ;

2° Les noms, prénoms, dates et lieux de naissance, diplômes ou titres de toutes les personnes appelées à réaliser les missions de certification au nom de l'organisme ;

3° La date de la demande d'habilitation, suivie de la signature du représentant légal de l'organisme demandeur.

III. – Le formulaire rappelle :

1° La liste des pièces mentionnées à l'article R. 752-44-2, à joindre à la demande d'habilitation : pour chaque personne physique par laquelle ou sous la responsabilité de laquelle seront établis les certificats de conformité, un extrait du casier judiciaire datant de moins de trois mois, un justificatif du titre ou diplôme mentionné au 3° de l'article R. 752-44-2, et une copie de la pièce d'identité ; pour l'organisme, un extrait K *bis*, ou tout document assimilé, de moins de deux mois, un justificatif des moyens et outils de contrôle mentionnés au 2° de l'article R. 752-44-2 et une attestation d'assurance professionnelle à jour ;

2° Les modalités de dépôt de la demande d'habilitation et les délais d'instruction de la demande mentionnés aux articles R. 752-44-3 et R. 752-44-4.

Annexe 7-9

(Annexe à l'article A. 752-2)

(Abr., A. 21 août 2009 ; rétablie, A. 1er oct. 2019). – (V. JO 23 oct. 2019)

Art. A. 752-3 *(A. 1er oct. 2019)*. – I. – Le formulaire intitulé « certificat de conformité » mentionné à l'article R. 752-44-8, dont un modèle figure à l'annexe 7-8 au présent livre, est daté et signé par l'organisme habilité mentionné à l'article L. 752-23.

Le formulaire est transmis, par le bénéficiaire de l'autorisation d'exploitation commerciale, à la préfecture du département d'implantation, par voie électronique.

II. – Le formulaire comporte quatre rubriques, à renseigner par le certificateur :

1° L'identification de l'autorisation d'exploitation commerciale, avec son numéro, sa date et son auteur, qu'il s'agisse d'un permis de construire valant autorisation d'exploitation commerciale visant l'avis de la commission d'aménagement commercial, ou d'une décision de commission d'aménagement commercial. La nature du projet, telle que retenue par la commission d'aménagement commercial, et l'adresse du site d'implantation complètent la présentation ;

2° L'identification du bénéficiaire de l'autorisation d'exploitation commerciale, avec, pour une personne physique, ses nom, prénom et adresses, postale et électronique, et, pour une personne morale, le type de société, sa dénomination ou raison sociale et son numéro SIREN, ses adresses postale et électronique, et les nom et prénom de son représentant. En cas de pluralité de bénéficiaires, il est prévu un intercalaire ;

3° L'identification de l'organisme certificateur, avec son numéro d'habilitation, le type de société, sa dénomination ou raison sociale et son numéro SIREN, ses adresses postale et électronique, et les nom et prénom de son représentant ;

4° La réalisation de l'équipement commercial autorisé, totale ou partielle. Dans cette seconde hypothèse, il est indiqué s'il s'agit du premier certificat délivré pour le projet autorisé, ou d'un certificat suivant, en mentionnant, le cas échéant, les dates et auteurs des certificats précédents. Un intercalaire est prévu pour le cas où la réalisation du projet autorisé a déjà donné lieu à plus de cinq certificats. Le certificateur consigne les différences éventuellement constatées, au sens de l'article R. 752-44-12 du Code de commerce, et indique, le cas échéant, si des documents ou justificatifs fournis par le bénéficiaire de l'autorisation d'exploitation commerciale sont annexés au certificat.

III. – Le formulaire rappelle :

1° La liste des pièces mentionnées à l'article R. 752-44-1, à joindre au certificat de conformité : pour les projets ne nécessitant pas de permis de construire, l'autorisation d'exploitation commerciale, à laquelle est joint le tableau récapitulatif des caractéristiques du projet, et le justificatif de la date de notification au bénéficiaire de la décision d'autorisation ; pour les projets nécessitant un permis de construire, l'avis favorable de la commission d'aménagement commercial, l'arrêté accordant le permis de construire valant autorisation d'exploitation commerciale, et la déclaration attestant l'achèvement et la conformité des travaux prévue à l'article L. 462-1 du Code de l'urbanisme (CERFA n° 13408-04) ;

2° Les dispositions de l'article R. 752-20 du Code de commerce, sur la durée de validité des autorisations d'exploitation commerciale ;

3° Les dispositions du premier alinéa de l'article R. 752-44-9 et celles de l'article R. 752-44-13 relatives aux modalités de transmission du certificat de conformité au préfet du département d'implantation, puis au maire de la commune d'implantation et au président de l'établissement public de coopération intercommunale dont la commune d'implantation est membre ;

4° Le délai, fixé à l'article L. 752-23, d'un mois avant la date d'ouverture au public de l'équipement commercial autorisé, imparti au bénéficiaire pour communiquer le certificat de conformité au préfet du département d'implantation, à peine d'illicéité de l'exploitation commerciale.

Art. A. 752-4 *(A. 1er oct. 2019)*. – I. – Le tableau récapitulatif des caractéristiques du projet, mentionné aux articles R. 752-16, R. 752-38 et R. 752-44, dont un modèle figure à l'annexe 7-9 au présent livre, est renseigné par la commission d'aménagement commercial auteur de l'avis favorable ou de la décision d'autorisation d'exploitation commerciale auquel ou à laquelle il est joint.

Il contient tous les éléments caractéristiques du projet d'équipement commercial autorisé pour permettre d'apprécier la conformité du projet réalisé avec l'autorisation délivrée.

II. – Le tableau comporte trois parties, à renseigner par la commission d'aménagement commercial :

1° Les éléments caractéristiques communs à tous les équipements commerciaux, en présentant les états actuels et postérieurs à la réalisation du projet : superficie et références cadastrales du site d'implantation ; points d'accès et de sortie du site ; espaces verts et surfaces perméables ; énergies renouvelables ; autres éléments intrinsèques ou connexes au projet mentionnés expressément par la commission dans son avis ou sa décision ;

2° Les éléments caractéristiques propres aux magasins et ensembles commerciaux, en présentant les états actuels et postérieurs à la réalisation du projet : surface de vente et secteurs d'activité ; capacité de stationnement ;

3° Les éléments caractéristiques propres aux points permanents de retrait par la clientèle d'achats au détail commandés par voie télématique, organisés pour l'accès en automobile, en présentant les états actuels et postérieurs à la réalisation du projet : nombre de pistes de ravitaillement et emprise au sol affectée au retrait des marchandises. Est prévue l'hypothèse d'un ensemble commercial comportant plus de cinq cellules commerciales d'une surface de vente d'au moins 300 mètres carrés chacune : les informations requises sont reportées sur une feuille libre, annexée au tableau, portant les références complètes de la commission auteur de l'avis ou de la décision, le numéro et la date de l'avis favorable ou de la décision d'autorisation d'exploitation commerciale.

Sous-section 2. – De la procédure d'autorisation

La présente sous-section ne comprend pas de dispositions pour les arrêtés.

Sous-section 3. – Dispositions diverses

La présente sous-section ne comprend pas de dispositions pour les arrêtés.

Section III. – Du recours contre la décision de la commission départementale

La présente section ne comprend pas de dispositions pour les arrêtés.

Section IV. – Des contrats passés à l'occasion de la réalisation d'un projet autorisé

La présente section ne comprend pas de dispositions pour les arrêtés.

Section V. – Des sanctions

La présente section ne comprend pas de dispositions pour les arrêtés.

TITRE VI. – DES MARCHÉS D'INTÉRÊT NATIONAL ET DES MANIFESTATIONS COMMERCIALES

CHAPITRE I. – DES MARCHÉS D'INTÉRÊT NATIONAL

Section I. – Dispositions générales

Art. A. 761-1. – Le dossier type de demande de classement en marché d'intérêt national contient, outre la délibération du conseil régional intéressé, les pièces suivantes :

1° La délibération de la collectivité territoriale ou de l'établissement public de coopération intercommunale requérant l'implantation du marché d'intérêt national sur son territoire et décidant du mode d'aménagement et de gestion dudit marché ;

2° Dans le cas où ladite collectivité ou établissement choisit de déléguer l'aménagement ou la gestion, ou l'aménagement et la gestion, du marché à une personne morale, elle joint au dossier le règlement de consultation, le cahier des charges fixant les droits et obligations du futur délégataire et, notamment, son mode de rémunération ;

3° Un rapport économique et financier intégrant un plan de financement et une étude de viabilité du site avec un bilan prévisionnel ;

4° Un descriptif du site au regard, notamment, de sa compatibilité avec les documents d'urbanisme en vigueur ;

5° Un plan de localisation du marché laissant apparaître, notamment, les dessertes routières et ferroviaires.

Le dossier est adressé au préfet de région, qui le transmet aux ministres de tutelle avec son avis.

Art. A. 761-2. – Le dossier type de demande de déclassement anticipé du marché d'intérêt national contient, outre la délibération du conseil régional intéressé, les pièces suivantes :

1° La délibération de la commune ou de l'établissement public de coopération intercommunale sur le territoire desquels est implanté le marché d'intérêt national ;

2° Un rapport économique et financier exposant les motifs de la demande, notamment une gestion déficitaire dudit marché ou le constat que celui-ci n'est plus conforme aux dispositions d'organisation générale édictées par les articles R. 761-13 et suivants.

Le dossier est adressé au préfet de région, qui le transmet aux ministres de tutelle avec son avis.

Art. A. 761-3. – Le gestionnaire d'un marché d'intérêt national transmet aux communes et aux établissements publics de coopération intercommunale sur le territoire desquels est implanté le marché, au conseil régional et au préfet les comptes rendus d'activité et financiers suivants :

1° Le bilan de l'année écoulée et un bilan comptable prévisionnel de l'année à venir ;

2° Le compte de résultats de l'année écoulée et un compte de résultats prévisionnel de l'année à venir ;

3° Une analyse détaillée des charges et des produits ainsi que des effectifs employés ;

4° La capacité d'autofinancement, le plan de financement et leur analyse détaillée ;

5° La situation de l'actif réalisable et disponible et du passif exigible ;

6° Un budget prévisionnel des investissements de l'année à venir ;

7° Le cas échéant, un plan quinquennal des investissements à réaliser sur le marché accompagné du plan de financement correspondant ;

8° Un tableau fixant les redevances et contributions annuelles de toute nature à la charge des occupants du marché ;

9° Un tableau montrant l'évolution desdites redevances et contributions annuelles depuis dix ans ;

10° Une estimation annuelle du chiffre d'affaires et des emplois des entreprises installées sur le marché.

Art. A. 761-4. – Les *centres du service des nouvelles des marchés* sont chargés du recueil, du traitement et de la diffusion d'informations économiques et statistiques relatives aux prix et aux volumes des transactions réalisées sur les marchés d'intérêt national dont le suivi est, compte tenu des volumes précités, inscrit au volet national du programme annuel du service.

Les centres du service des nouvelles des marchés peuvent également assurer le suivi d'autres marchés dans le cadre du volet régional du programme annuel du service.

Art. A. 761-5. – Les gestionnaires des marchés d'intérêt national concernés sont consultés par le service des nouvelles des marchés préalablement à l'élaboration de la liste des sites à inscrire aux différents volets du programme annuel du service.

Art. A. 761-6. – Afin d'établir les cotations publiées par le ministère de l'agriculture et de la pêche, les agents des centres du service des nouvelles des marchés constatent, avec le concours des usagers, les prix pratiqués sur les emplacements de vente des marchés mentionnés à l'article A. 761-4.

À cet effet, les agents des centres du service des nouvelles des marchés peuvent se faire communiquer tout document permettant la constatation des prix.

Ils peuvent être assistés dans leur mission par les gestionnaires des marchés.

Art. A. 761-7. – Les informations relatives aux volumes des transactions réalisées sur les marchés d'intérêt national sont transmises par leurs gestionnaires au centre concerné du service des nouvelles des marchés, selon des modalités à convenir pour chaque marché entre son gestionnaire et le chef du centre.

Art. A. 761-8. – Le service des nouvelles des marchés tient à la disposition des gestionnaires des marchés d'intérêt national, pour leur propre usage, les informations économiques et statistiques dont ils disposent.

Section II. – Du périmètre de référence et de l'autorisation d'installation dans ce périmètre

(Intitulé mod., A. 18 mars 2011)

Sous-section 1. – Du périmètre de référence

Art. A. 761-9 *(Mod., A. 18 mars 2011).* – Le dossier de création d'un périmètre de référence comprend :

1° Un plan de localisation du périmètre de référence comprenant les communes sur le territoire desquelles s'appliquent les dispositions des articles L. 761-5 à L. 761-7 ;

2° La liste des produits dont la liste est mentionnée au premier alinéa de l'article L. 761-5 ;

3° L'avis de chaque commune ou de chaque établissement public de coopération intercommunale compris dans ledit périmètre ;

4° L'avis de la ou des chambres de commerce et d'industrie territoriales, de la ou des chambres des métiers et de l'artisanat et de la ou des chambres d'agriculture dans le ressort desquelles est situé le périmètre de référence ;

5° L'avis de l'organisme gestionnaire du marché d'intérêt national s'il est d'ores et déjà désigné.

Le dossier est adressé au préfet de région, qui le transmet aux ministres de tutelle avec son avis.

Art. A. 761-10 *(Mod., A. 18 mars 2011).* – Le dossier de réduction d'un périmètre de référence comprend :

1° Un plan de localisation du périmètre de référence comprenant les communes restant sur le territoire desquelles s'appliquent les dispositions des articles L. 761-5 à L. 761-7 et laissant apparaître les communes qui en sont exclues ;

2° Une liste des communes maintenues dans ledit périmètre et celles qui en sont retirées ;

3° L'avis de l'organisme gestionnaire du marché d'intérêt national concerné ;

4° L'avis de la ou des chambres de commerce et d'industrie territoriales, de la ou des chambres des métiers et de l'artisanat et de la ou des chambres d'agriculture dans le ressort desquelles est situé le périmètre de référence.

Le dossier de suppression anticipée d'un périmètre de référence comprend :

1° *L'avis de l'organisme* gestionnaire du marché d'intérêt national concerné ;

2° L'avis de la ou des chambres de commerce et d'industrie territoriales, de la ou des chambres des métiers et de l'artisanat et de la ou des chambres d'agriculture dans le ressort desquelles est situé le périmètre de référence.

Le dossier est adressé au préfet de région, qui le transmet aux ministres de tutelle avec son avis.

Sous-section 2. – De l'autorisation d'installation dans ce périmètre

(Intitulé mod., A. 18 mars 2011)

Art. A. 761-11 *(Rempl., A. 18 mars 2011).* – La première partie de la demande au préfet mentionnée au premier alinéa de l'article R. 761-12-1 comporte, en deux exemplaires :

1° Le numéro unique d'identification du demandeur et l'identité du demandeur, soit, pour une personne physique, le nom, les prénoms, l'adresse, les numéros de téléphone et de télécopieur, l'adresse électronique et, pour une personne morale, la raison sociale, la forme juridique, l'adresse du siège social, les numéros de téléphone et de télécopieur, l'adresse électronique ;

2° Un extrait d'immatriculation au registre du commerce et des sociétés ou d'une inscription équivalente dans un pays étranger ou, à défaut, si la société est en cours de constitution, une copie des statuts enregistrés auprès des services fiscaux. En cas de demande conjointe, l'identité de chaque demandeur est précisée. Dans le cas d'une demande présentée par un mandataire, le mandat est produit ;

3° La surface de vente globale du projet ;

4° La surface de vente dédiée aux produits dont la liste est mentionnée au premier alinéa de l'article L. 761-5 dans le périmètre de référence ;

5° La surface de réserves ;

6° La surface de stationnement de ses clients ;

7° La surface de stationnement de ses fournisseurs et celle nécessaire aux manœuvres de livraison ;

8° Les surfaces nécessaires à l'installation et au fonctionnement des équipements spécifiques, y compris frigorifiques, et les surfaces nécessaires aux locaux administratifs et sociaux ;

9° Les contraintes techniques éventuelles spécifiques de son projet.

Lorsque la demande d'autorisation porte sur l'extension d'une installation existante, les surfaces indiquées s'entendent après cette extension.

Art. A. 761-12 *(Abr. à compter du 9 juin 2009, D. n° 2006-672, 8 juin 2006 ; rétabli dans la version suivante, A. 18 mars 2011).* – Lorsque la première partie du dossier est complète, le préfet informe sans délai le gestionnaire du marché d'intérêt national de la demande et lui transmet une copie de la première partie du dossier, à l'exception de la pièce mentionnée au 2° de l'article A. 761-11.

Il indique au gestionnaire la date limite à laquelle celui-ci doit l'informer sur la disponibilité ou non de surfaces de vente, de locaux techniques et de surfaces de stationnement correspondant à la demande dans l'enceinte du marché.

Art. A. 761-13 *(Abr. à compter du 9 juin 2009, D. n° 2006-672, 8 juin 2006 ; rétabli dans la version suivante, A. 18 mars 2011).* – Dans sa réponse à la saisine prévue à l'article R. 761-12, le gestionnaire du marché d'intérêt national indique au préfet s'il dispose ou non de surfaces et installations correspondant à la demande.

S'il dispose de ces surfaces, il fournit au préfet une proposition d'installation comportant :

- un plan de localisation de ces surfaces dans l'enceinte du marché ;
- les caractéristiques des terrains ou des installations immobilières qu'il peut mettre à sa disposition ;
- le règlement intérieur du marché ;
- les conditions de mise à disposition des fluides et de traitement des déchets et des eaux usées ;
- les conditions financières de mise à disposition des terrains ou locaux.

La réponse est transmise au préfet par voie de lettre recommandée avec demande d'avis de réception.

Art. A. 761-13-1 *(A. 18 mars 2011).* – Dès réception de la réponse du gestionnaire du marché, le préfet en transmet copie sans délai au demandeur.

Si le demandeur ne lui a pas transmis la seconde partie de sa demande, il lui indique la date limite à laquelle le dépôt de cette partie doit être effectué.

Art. A. 761-14 *(Abr. à compter du 9 juin 2009, D. n° 2006-672, 8 juin 2006 ; rétabli dans la version suivante, A. 18 mars 2011).* – La seconde partie de la demande au préfet mentionnée au premier alinéa de l'article R. 761-12-1 comporte la totalité des éléments utiles à l'instruction de la demande, soit :

1° Un plan indicatif des surfaces de vente, le cas échéant avant et après l'extension sollicitée ;

2° Des cartes et des plans présentant :

- la localisation du projet sur une carte au 1/25 000 ;
- l'organisation du projet sur la ou les parcelles de terrain concernées : les emplacements et superficies des bâtiments, les espaces destinés au stationnement des véhicules, au stockage des produits, à la manœuvre des véhicules de livraison ; les surfaces nécessaires à l'installation et au fonctionnement des équipements spécifiques, y compris frigorifiques, nécessaires au projet ainsi que les surfaces nécessaires aux locaux administratifs et sociaux ;
- les principales voies et les aménagements routiers et, le cas échéant, les voies ferroviaires ou fluviales desservant le projet ;

– l'environnement du projet, sur une distance d'environ 500 m à partir de son site d'implantation ;
– l'inscription du projet dans son quartier au moyen d'une vue récente réalisée par voie aérienne ou par satellite ;

3° Un document graphique présentant l'insertion du projet de construction par rapport aux constructions avoisinantes et aux paysages ainsi que des éléments relatifs au traitement des accès et du terrain, permettant d'apprécier l'impact sur les paysages et sur les écosystèmes ;

4° Les éléments prévisionnels relatifs aux types de véhicules de livraison et de véhicules des acheteurs potentiels et à l'augmentation de trafic prévue par plage horaire ;

5° La description des modalités de traitement des déchets et des eaux usées ;

6° Les éléments prévisionnels relatifs aux consommations énergétiques directes liées au projet, qui peuvent être attestées par un label de qualité pour les locaux à construire ou à rénover et par la signature d'un contrat de performance énergétique pour les locaux existants ;

7° Les éléments prévisionnels relatifs aux consommations énergétiques indirectes liées aux trajets des fournisseurs et des clients, en mentionnant les objectifs de réduction des gaz à effet de serre et d'abaissement des consommations de carburants ;

8° La présentation des contraintes techniques spécifiques éventuelles du projet ;

9° Dans le cas où le projet consiste à accueillir dans un local existant les produits mentionnés à l'article L. 761-5, l'indication de l'activité exercée précédemment dans ce local.

Les cartes et plans mentionnés ci-dessus sont fournis au format A4 ou A3, sauf nécessité de production de documents sous un format supérieur.

Le dossier de demande d'autorisation est transmis en deux exemplaires.

Section III. – De l'organisation générale des marchés d'intérêt national

Sous-section 1. – Dispositions communes à tous les marchés d'intérêt national

Art. A. 761-15 *(Mod., D. n° 2010-429, 29 avr. 2010)*. – Le conseil de discipline est présidé par un représentant du gestionnaire ; le directeur départemental de la concurrence, de la consommation et de la répression des fraudes (DDCCRF), le directeur départemental de l'agriculture et de la forêt et, le cas échéant, le directeur régional de l'alimentation, de l'agriculture et de la forêt, ou leurs représentants, y siègent de droit. Ledit conseil comprend deux représentants des opérateurs et usagers, désignés dans les conditions fixées par le règlement intérieur.

Le conseil de discipline auditionne toute personne qu'il juge utile, et notamment un officier de police judiciaire ou son représentant.

Art. A. 761-16. – Un comité technique consultatif est créé auprès du gestionnaire du marché, qui pourvoit à son secrétariat et fixe l'ordre du jour de ses séances.

Il comprend vingt-cinq membres au maximum. Il est composé de représentants :

1° Des administrations publiques ;

2° Des producteurs ;

3° Des opérateurs ;

4° Des usagers.

Les représentants de la première catégorie sont désignés par le préfet chargé de la police du marché. Ceux des trois dernières catégories sont nommés par le gestionnaire, sur la proposition des organisations professionnelles les plus représentatives.

Le fonctionnement du comité technique consultatif est défini par le règlement intérieur des marchés d'intérêt national.

Sous-section 2. – Dispositions applicables aux marchés d'intérêt national installés sur le domaine public

La présente sous-section ne comprend pas de dispositions pour les arrêtés.

Sous-section 3. – Dispositions applicables aux marchés d'intérêt national installés sur le domaine privé d'une collectivité territoriale et à ceux installés sur des immeubles appartenant à des personnes privées

La présente sous-section ne comprend pas de dispositions pour les arrêtés.

CHAPITRE II. – DES MANIFESTATIONS COMMERCIALES

Art. A. 762-1 *(Rempl., A. 19 mars 2010)*. – Pour l'application du présent chapitre, les données déclarées sont conformes aux définitions suivantes :

1° Est considérée comme session précédente de la même manifestation celle qui n'a pas fait l'objet de modifications substantielles affectant la liste des produits ou services présentés, le nombre de visiteurs attendus et ayant la même localisation.

2° *(2° rempl. à compter du 1er juillet 2018, A. 9 févr. 2018)* La fréquentation est la somme d'entrées journalières sur le site de la manifestation au cours de ses jours officiels d'ouverture. Pour le calcul de la fréquentation, sont pris en compte sur toute la durée d'ouverture de la manifestation le nombre total de visites dites « entrées visiteurs » et le nombre d'entrées des personnels des exposants, calculés à partir du nombre de badges journaliers délivrés par l'organisateur.

Rédaction antérieure. 2° La fréquentation est le nombre moyen d'entrées journalières sur le site de la manifestation au cours de ses jours officiels d'ouverture quel que soit le motif d'entrée.

Les autres données déclarées répondent aux définitions de la norme NF ISO 25639-1 de janvier 2009 « Terminologie du secteur des foires, salons et congrès ou manifestations commerciales. – Partie 1 : vocabulaire » ou à des spécifications reconnues équivalentes.

Art. A. 762-2. – La demande d'enregistrement d'un parc d'exposition prévue à l'article R. 762-1 *(Mots suppr. à compter du 1er juillet 2018, A. 9 févr. 2018)* « , transmise en deux exemplaires, » est conforme à l'annexe I de l'annexe 7-10 au présent livre.

Elle comprend, en outre :

1° Un plan du parc et de ses installations fixes et permanentes ;

2° Dans l'hypothèse où, au sein de la surface close, se tiennent des activités permanentes autres que celles de parc d'exposition : une fiche précisant la nature de ces activités, les surfaces occupées et le nombre de personnes occupées à temps plein par ces activités.

Le récépissé d'enregistrement du parc transmis par le préfet, prévu à l'article R. 762-2, est conforme à l'annexe VII de l'annexe 7-10 au présent livre.

En cas de modification des éléments de la demande initiale d'enregistrement, son exploitant en fait sans délai déclaration au préfet. Le récépissé d'enregistrement modificatif transmis par le préfet est conforme à l'annexe VIII de l'annexe 7-10 au présent livre.

Annexe 7-10
(Annexe aux articles A. 762-2 à A. 762-4 et A. 762-9)

Annexe I. – (Annexe à l'article A. 762-2)
Formulaire de demande d'enregistrement d'un parc d'exposition
(C. com., art. L. 762-1 et. R. 762-1)

Identification du parc d'exposition

Dénomination (2) : ....

Sigle (1) (2) : ....

Adresse (2) : ....

Code postal (2) : .... Ville (2) : ....

Identification de l'exploitant

Dénomination sociale ou nom, prénom(s) (si personne physique) (2) : ....

Sigle (1) (2) : ....

Numéro d'identification SIRET (2) : ....

Adresse (2) : ....

Code postal (2) : .... Ville (2) : ....

Téléphone (2) : .... Télécopie (2) : ....

Mél (1) (2) : .... Adresse de site internet (1) (2) : ....

Caractéristiques du parc

Nom, prénom(s) du responsable de la gestion : ……………………………………………

Téléphone : …………………………… Téléphone portable (1) : ……………………………

Mél (1) : ……………………………………………………………………………………

Nom, prénom(s) du responsable de la sécurité (1) : ……………………………………

Téléphone (1) : …………………………… Téléphone portable (1) : ………………………

Mél (1) : ……………………………………………………………………………………

Surface totale (2) : ……………………………………………………………………………

Surface des installations destinées à accueillir les manifestations commerciales (2) : ……………

Surface des aires de stationnement (2) : ……………………………………………………

Effectifs permanents employés sur le site : …………………………………………………

Effectifs permanents affectés à la sécurité : …………………………………………………

Références du dernier procès-verbal délivré par la commission de sécurité : ………………

J'atteste sur l'honneur que le parc d'exposition :

– ne constitue pas une surface soumise à autorisation d'exploitation commerciale telle que prévue à l'article L. 752-1 ;

– constitue un ensemble immobilier clos indépendant sans accès direct et privatif vers un autre parc d'exposition.

Date : ………………………………………………………………………………………

Signature

(1) Donnée facultative.

(2) Donnée publiée sur le site internet public du ministère chargé du commerce. Les informations recueillies font l'objet d'un traitement informatique effectué pour le compte de l'État et destiné à informer le public et les tiers. Les autres destinataires des données sont les agents habilités à instruire votre dossier. À l'exception des données identifiées comme facultatives, les réponses sont obligatoires pour permettre le traitement de votre demande. La loi n° 78-17 du 6 janvier 1978 relative à l'informatique, aux fichiers et aux libertés vous accorde un droit d'accès et de rectification aux informations qui vous concernent. Pour exercer ce droit, veuillez vous adresser à *(Mots rempl., A. 24 oct. 2012)* « [la] DGCIS (secrétariat général), 67, rue Barbès, BP 80001, 94 200, Ivry-sur Seine-Cedex ». Pour plus d'informations : www.pme.gouv.fr.

………………………………………………………………………………………………

Annexe 7. – (Annexe à l'article A. 762-2)

Liberté • Égalité • Fraternité

RÉPUBLIQUE FRANÇAISE

Préfecture du département de ……………………………………………………………

RÉCÉPISSÉ D'ENREGISTREMENT D'UN PARC D'EXPOSITION
(C. com., art. L. 762-1 et R. 762-2)

Date de réception du dossier complet : ………………………………………………………

Identification du parc d'exposition

Numéro d'enregistrement du parc : ……………………………………………………………

Dénomination : …………………………………………………………………………………

Sigle (le cas échéant) : …………………………………………………………………………

Adresse : ………………………………………………………………………………………

Exploitant

Dénomination sociale ou nom, prénom(s) (si personne physique) : ....
Adresse : ....
Numéro unique d'identification (SIRET) : ....

Date : ...
Visa : ...

Exception faite de la date de réception du dossier et du numéro d'enregistrement du parc, les données figurant sur ce récépissé font l'objet d'une publication sur le site internet du ministère chargé du commerce.

Les informations recueillies font l'objet d'un traitement informatique effectué pour le compte de l'État et destiné à informer le public et les tiers. Les autres destinataires des données sont les agents habilités à instruire votre dossier. À l'exception des données identifiées comme facultatives, les réponses sont obligatoires pour permettre le traitement de votre demande. La loi n° 78-17 du 6 janvier 1978 relative à l'informatique, aux fichiers et aux libertés vous accorde un droit d'accès et de rectification aux informations qui vous concernent. Pour exercer ce droit, veuillez vous adresser à *(Mots rempl., A. 27 oct. 2012)* « la DGCIS (secrétariat général), 67, rue de Barbès, BP 80001, 94 200 Ivry-sur-Seine, Cedex ». Pour plus d'informations : www.pme.gouv.fr.

Annexe 8. – (Annexe à l'article A. 762-2)

Liberté • Égalité • Fraternité

RÉPUBLIQUE FRANÇAISE

Préfecture du département de ....

RÉCÉPISSÉ D'ENREGISTREMENT MODIFICATIF D'UN PARC D'EXPOSITION
(C. com., art. L. 762-1 et R. 762-2)

Date de réception du dossier complet : ....

Identification du parc d'exposition

Numéro d'enregistrement du parc : ....
Dénomination : ....
Sigle (le cas échéant) : ....
Adresse : ....

Exploitant

Dénomination sociale ou nom, prénom(s) (si personne physique) : ....
Adresse : ....
Numéro unique d'identification (SIRET) : ....

Caractéristiques modifiées

Date : ...
Visa : ...

Exception faite de la date de réception du dossier et du numéro d'enregistrement du parc, les données figurant sur ce récépissé font l'objet d'une publication sur le site internet du ministère chargé du commerce.

Les informations recueillies font l'objet d'un traitement informatique effectué pour le compte de l'État et destiné à informer le public et les tiers. Les autres destinataires des données sont les agents habilités à instruire votre dossier. À l'exception des données identifiées comme facultatives, les réponses sont obligatoires pour permettre le traitement de votre demande. La loi n° 78-17 du 6 janvier 1978 relative à l'informatique, aux fichiers et aux libertés vous accorde un droit d'accès et de rectification aux informations qui vous concernent. Pour exercer ce droit, veuillez vous adresser à *(Mots rempl., A. 24 oct. 2012)* « la DGCIS (secrétariat général), 67, rue de Barbès, BP 80001, 94 200 Ivry-sur-Seine Cedex ». Pour plus d'informations : www.pme.gouv.fr.

....

Art. A. 762-3 ***(Mod., A. 19 mars 2010 ; mod. à compter du 1er juillet 2013, A. 24 oct. 2012 ; à compter du 1er juillet 2018, A. 9 févr. 2018).*** **– La déclaration du programme de manifestations se tenant dans un parc d'exposition enregistré, prévue à l'article R. 762-5, établie à partir des éléments recueillis auprès des organisateurs desdites manifestations, est conforme à l'annexe II de l'annexe 7-10 au présent livre.**

Les caractéristiques chiffrées relatives à la dernière session, portant sur la surface nette de la manifestation, le nombre d'exposants, le nombre de visites, la fréquentation ainsi que, s'agissant des salons professionnels tels que définis à l'article L. 762-2, le nombre de visiteurs, sont contrôlées par un organisme dans les conditions fixées à l'article A. 762-9.

Les caractéristiques chiffrées relatives à la dernière session, contrôlées par un organisme mentionné à l'article A. 762-9, portant sur le nombre de visiteurs professionnels, le nombre et la surface nette occupée par les exposants étrangers et le nombre de visiteurs étrangers sont fournies à titre facultatif par le déclarant.

Par dérogation, lorsque la surface nette de la manifestation est inférieure à 1 000 mètres carrés, [le] contrôle de ses caractéristiques chiffrées peut être réalisée par l'exploitant du parc qui l'accueille.

Dans l'hypothèse où la manifestation se tient pour la première fois dans le parc d'exposition considéré, ses caractéristiques chiffrées sont données sous forme d'estimations.

Le récépissé de déclaration, transmis par le préfet, prévu à l'article R. 762-6 est conforme à l'annexe IX de l'annexe 7-10 au présent livre.

La déclaration modificative du programme de manifestations se tenant dans un parc d'exposition enregistré, établie à partir des éléments recueillis auprès des organisateurs desdites manifestations, est conforme à l'annexe III de l'annexe 7-10 au présent livre. S'agissant des modifications apportées à une manifestation déclarée dans le programme initial, seules la dénomination initiale de la manifestation et les caractéristiques modifiées sont déclarées. Le récépissé de déclaration modificative, transmis par le préfet, est conforme à l'annexe X de l'annexe 7-10 au présent livre.

Rédaction antérieure. Art. A. 762-3 ***(Mod., A. 19 mars 2010 ; mod. à compter du 1er juillet 2013, A. 24 oct. 2012).*** **–** La déclaration du programme de manifestations se tenant dans un parc d'exposition enregistré, prévue à l'article R. 762-5, établie à partir des éléments recueillis auprès des organisateurs desdites manifestations et transmise en deux exemplaires, est conforme à l'annexe II de l'annexe 7-10 au présent livre.

Les caractéristiques chiffrées relatives à la dernière session, portant sur la surface nette de la manifestation, le nombre d'exposants, le nombre de visites, la fréquentation ainsi que, s'agissant des salons professionnels tels que définis à l'article L. 762-2, le nombre de visiteurs, sont certifiées par un organisme dans les conditions fixées à l'article A. 762-9.

Les caractéristiques chiffrées relatives à la dernière session, certifiées par un organisme mentionné à l'article A. 762-9, portant sur le nombre de visiteurs professionnels, le nombre et la surface nette occupée par les exposants étrangers et le nombre de visiteurs étrangers sont fournies à titre facultatif par le déclarant.

Par dérogation, lorsque la surface nette de la manifestation est inférieure à 1 000 mètres carrés, [le] contrôle de ses caractéristiques chiffrées peut être réalisée par l'exploitant du parc qui l'accueille.

Dans l'hypothèse où la manifestation se tient pour la première fois dans le parc d'exposition considéré, ses caractéristiques chiffrées sont données sous forme d'estimations.

Le récépissé de déclaration, transmis par le préfet, prévu à l'article R. 762-6 est conforme à l'annexe IX de l'annexe 7-10 au présent livre.

La déclaration modificative du programme de manifestations se tenant dans un parc d'exposition enregistré, établie à partir des éléments recueillis auprès des organisateurs desdites manifestations et transmise en deux exemplaires, est conforme à l'annexe III de l'annexe 7-10 au présent livre. S'agissant des modifications apportées à une manifestation déclarée dans le programme initial, seules la dénomination initiale de la manifestation et les caractéristiques modifiées sont déclarées. Le récépissé de déclaration modificative, transmis par le préfet, est conforme à l'annexe X de l'annexe 7-10 au présent livre.

ANNEXE 7-10

....

Annexe II. – (Annexe à l'article A. 762-3)

Formulaire de déclaration d'un programme de manifestations commerciales se tenant dans un parc d'exposition enregistré
(C. com., art. L. 762-1 et R. 762-5)

Identification du parc d'exposition accueillant le programme de manifestations

Dénomination (4) : ....

Adresse (4) : ....

Numéro d'enregistrement du parc : ....

Identification de la manifestation n° 1

Première session de la manifestation/nouvelle session d'une manifestation (2)

Dénomination (4) : ....

Sigle (1) (4) : ....

Adresse de site internet (1) (4) : ....

Catégorie (2) (4) (5) :

– salon professionnel ;

– salon ouvert au public ;

– foire.

Jour d'ouverture au public (4) : ....

Jour de fermeture au public (4) : ....

Précision éventuelle sur les dates : ....

Conditions d'accès des visiteurs (2) (4) :

– accès gratuit ;

– titre payant ;

– carte d'invitation.

Secteur d'activité (4) : ....

Liste limitative de produits ou services présentés déterminée par l'organisateur, dite « nomenclature » (si salon tel que défini aux 1° et 2° de l'article R. 762-4) (4) : ....

Caractéristiques chiffrées de la manifestation

(Estimations pour les nouvelles manifestations, chiffres certifiés pour la dernière session)

Surface nette (en mètres carrés) (3) (4) : ....

Fréquentation (3) : ....

Nombre d'exposants (3) (4) : ....

Nombre de visites (3) (4) : ....

Nombre de visiteurs (pour les salons professionnels) (3) (4) : ....

Nombre de visiteurs professionnels (1) (3) (4) : ....

Dont nombre de visiteurs étrangers (1) (3) (4) : ....

Nombre d'exposants étrangers (1) (3) (4) : ....

Surface nette occupée par les exposants étrangers (1) (3) (4) : ....

Dénomination de l'organisme de certification (4) : ....

Numéro SIRET : ....

Adresse : ....

Code postal : .... Ville : ....

Organisateur de la manifestation

(Si différent de l'exploitant du parc d'exposition accueillant la manifestation)

Dénomination sociale ou nom, prénom(s) (si personne physique) (4) : ....

Sigle (1) (4) : .... Numéro d'identification SIRET (4) : ....

Adresse (4) : ....

Code postal (4) : .... Ville (4) : ....

Téléphone (4) : .... Télécopie (4) : ....

Mél (1) (4) : ....

Adresse de site internet (1) (4) : ....

Responsable de la manifestation

(Si différent de l'organisateur)

Nom : ...., prénom(s) : ....

Fonction : ....

Téléphone : .... *Téléphone portable* (1) : ....

Mél (1) : ....

(1) Donnée facultative.

(2) Rayer les mentions inutiles.

(3) La définition de ces caractéristiques figure à l'article A. 762-1.

(4) Donnée publiée sur le site internet public du ministère chargé du commerce.

(5) La définition de ces catégories figure à l'article R. 762-4. Les informations recueillies font l'objet d'un traitement informatique effectué pour le compte de l'État et destiné à informer le public et les tiers. Les autres destinataires des données sont les agents habilités à instruire votre dossier. À l'exception des données identifiées comme facultatives, les réponses sont obligatoires pour permettre le traitement de votre demande. La loi n° 78-17 du 6 janvier 1978 relative à l'informatique, aux fichiers et aux libertés vous accorde un droit d'accès et de rectification aux informations qui vous concernent. Pour exercer ce droit, veuillez vous adresser à la DCASPL (bureau de la communication), 3-5, rue Barbet-de-Jouy, 75353 Paris 07 SP. Pour plus d'informations : www.pme.gouv.fr.

Identification de la manifestation n° 2

Première session de la manifestation/nouvelle session d'une manifestation (2)

Dénomination (4) : ....

Sigle (1) (4) : ....

Adresse de site internet (1) (4) : ....

Catégorie (2) (4) (5) :

– salon professionnel ;

– salon ouvert au public ;

– foire.

Jour d'ouverture au public (4) : ....

Jour de fermeture au public (4) : ....

Précision éventuelle sur les dates : ....

Conditions d'accès des visiteurs (2) (4) :

– accès gratuit ;

– titre payant ;

– carte d'invitation.

Secteur d'activité (4) : ....

Liste limitative de produits ou services présentés déterminée par l'organisateur, dite « nomenclature » (si salon tel que défini aux 1° et 2° de l'article R. 762-4) (4) : ....

Caractéristiques chiffrées de la manifestation

(Estimations pour les nouvelles manifestations, chiffres certifiés pour la dernière session)

Surface nette (en mètres carrés) (3) (4) : ....

Fréquentation (3) : ....

Nombre d'exposants (3) (4) : ....

Nombre de visites (3) (4) : ....

Nombre de visiteurs (pour les salons professionnels) (3) (4) : ....

Nombre de visiteurs professionnels (1) (3) (4) : ....

Dont nombre de visiteurs étrangers (1) (3) (4) : ....

Nombre d'exposants étrangers (1) (3) (4) : ....

Surface nette occupée par les exposants étrangers (1) (3) (4) : ....

Dénomination de l'organisme de certification (4) : ....

Numéro SIRET : ....

Adresse : ....

Code postal : .... Ville : ....

Organisateur de la manifestation

(Si différent de l'exploitant du parc d'exposition accueillant la manifestation)

Dénomination sociale ou nom, prénom(s) (si personne physique) (4) : ....

Sigle (1) (4) : .... Numéro d'identification SIRET (4) : ....

Adresse (4) : ....

Code postal (4) : .... Ville (4) : ....

Téléphone (4) : .... Télécopie (4) : ....

Mél (1) (4) : ....

Adresse de site internet (1) (4) : ....

Responsable de la manifestation
(Si différent de l'organisateur)

Nom, prénom(s) : ....
Fonction : ....
Téléphone : .... Téléphone portable (1) : ....
Mél (1) : ....
J'atteste sur l'honneur que les informations ainsi déclarées sont conformes à celles qui ont été transmises au parc d'exposition par les organisateurs des manifestations.
Date : ....
Signature

(1) Donnée facultative.
(2) Rayer les mentions inutiles.
(3) La définition de ces caractéristiques figure à l'article A. 762-1.
(4) Donnée publiée sur le site internet public du ministère chargé du commerce.
(5) La définition de ces catégories figure à l'article R. 762-4. Les informations recueillies font l'objet d'un traitement informatique effectué pour le compte de l'État et destiné à informer le public et les tiers. Les autres destinataires des données sont les agents habilités à instruire votre dossier. À l'exception des données identifiées comme facultatives, les réponses sont obligatoires pour permettre le traitement de votre demande. La loi n° 78-17 du 6 janvier 1978 relative à l'informatique, aux fichiers et aux libertés vous accorde un droit d'accès et de rectification aux informations qui vous concernent. Pour exercer ce droit, veuillez vous adresser à la DCASPL (bureau de la communication), 3-5, rue Barbet-de-Jouy, 75353 Paris 07 SP. Pour plus d'informations : www.pme.gouv.fr.

Annexe III. – (Annexe à l'article A. 762-3)

Formulaire de déclaration modificative d'un programme de manifestations commerciales se tenant dans un parc d'exposition enregistré
(C. com., art. L. 762-1 et R. 762-7)

Identification du parc d'exposition accueillant les manifestations

Dénomination (4) : ....
Adresse (4) : ....
Numéro d'enregistrement du parc : ....

Inscription d'une nouvelle manifestation n° ...
Première session de la manifestation/nouvelle session d'une manifestation (2)

Dénomination (4) : ....
Sigle (1) (4) (5) : ....
Adresse de site internet (1) (4) : ....
Catégorie (2) (4) :
– salon professionnel ;
– salon ouvert au public ;
– foire.
Jour d'ouverture au public (4) : ....
Jour de fermeture au public (4) : ....
Précision éventuelle sur les dates : ....
Conditions d'accès des visiteurs (2) (4) :
– accès gratuit ;
– titre payant ;
– carte d'invitation.
Secteur d'activité (4) : ....
Liste limitative de produits ou services présentés déterminée par l'organisateur, dite « nomenclature » (si salon tel *que défini aux 1° et 2° de l'article R. 762-4)* (4) ....

Caractéristiques chiffrées de la manifestation
(Estimations pour les nouvelles manifestations, chiffres certifiés pour la dernière session)

Surface nette (en mètres carrés) (3) (4) : ....
Fréquentation (3) : ....

Nombre d'exposants (3) (4) : ....
Nombre de visites (3) (4) : ....
Nombre de visiteurs (pour les salons professionnels) (3) (4) : ....
Nombre de visiteurs professionnels (1) (3) (4) : ....
Dont nombre de visiteurs étrangers (1) (3) (4) : ....
Nombre d'exposants étrangers (1) (3) (4) : ....
Surface nette occupée par les exposants étrangers (1) (3) (4) : ....
Dénomination de l'organisme de certification (4) : ....
Numéro SIRET : ....
Adresse : ....
Code postal : .... Ville : ....

Organisateur de la manifestation
(Si différent de l'exploitant du parc d'exposition accueillant la manifestation)

Dénomination sociale ou nom, prénom(s) (si personne physique) (4) : ....
Sigle (1) (4) : .... Numéro d'identification SIRET (4) : ....
Adresse (4) : ....
Code postal (4) : .... Ville (4) : ....
Téléphone (4) : .... Télécopie (4) : ....
Mél (1) (4) : ....
Adresse de site internet (1) (4) : ....

Responsable de la manifestation
(Si différent de l'organisateur)

Nom, prénom(s) : ....
Fonction : ....
Téléphone : .... Téléphone portable (1) : ....
Mél (1) : ....
(1) Donnée facultative.
(2) Rayer les mentions inutiles.
(3) La définition de ces caractéristiques figure à l'article A. 762-1.
(4) Donnée publiée sur le site internet public du ministère chargé du commerce.
(5) La définition de ces catégories figure à l'article R. 762-4. Les informations recueillies font l'objet d'un traitement informatique effectué pour le compte de l'État et destiné à informer le public et les tiers. Les autres destinataires des données sont les agents habilités à instruire votre dossier. À l'exception des données identifiées comme facultatives, les réponses sont obligatoires pour permettre le traitement de votre demande. La loi n° 78-17 du 6 janvier 1978 relative à l'informatique, aux fichiers et aux libertés vous accorde un droit d'accès et de rectification aux informations qui vous concernent. Pour exercer ce droit, veuillez vous adresser à la DCASPL (bureau de la communication), 3-5, rue Barbet-de-Jouy, 75353 Paris 07 SP. Pour plus d'informations : www.pme.gouv.fr.

Modification des caractéristiques précédemment déclarées de la manifestation n° ...

Dénomination antérieurement déclarée (4) : ....
Dénomination (4) : ....
Sigle (1) (4) : ....
Adresse de site internet (1) (4) : ....
Catégorie (2) (4) (5) :
– salon professionnel ;
– salon ouvert au public ;
– foire.
Jour d'ouverture au public (4) : ....
Jour de fermeture au public (4) : ....
Précision éventuelle sur les dates : ....
Conditions d'accès des visiteurs (2) (4) :
– accès gratuit ;

– titre payant ;
– carte d'invitation.
Secteur d'activité (4) : ....
Liste limitative de produits ou services présentés déterminée par l'organisateur, dite « nomenclature » (si salon tel que défini aux 1° et 2° de l'article R. 762-4) (4) : ....

Caractéristiques chiffrées de la manifestation
(Estimations pour les nouvelles manifestations, chiffres certifiés pour la dernière session)

Surface nette (en mètres carrés) (3) (4) : ....
Fréquentation (3) : ....
Nombre d'exposants (3) (4) : ....
Nombre de visites (3) (4) : ....
Nombre de visiteurs (pour les salons professionnels) (3) (4) : ....
Nombre de visiteurs professionnels (1) (3) (4) : ....
Dont nombre de visiteurs étrangers (1) (3) (4) : ....
Nombre d'exposants étrangers (1) (3) (4) : ....
Surface nette occupée par les exposants étrangers (1) (3) (4) : ....
Dénomination de l'organisme de certification (4) : ....
Numéro SIRET : ....
Adresse : ....
Code postal : .... Ville : ....

Organisateur de la manifestation
(Si différent de l'exploitant du parc d'exposition accueillant la manifestation)

Dénomination sociale ou nom, prénom(s) (si personne physique) (4) : ....
Sigle (1) (4) : .... Numéro d'identification SIRET (4) : ....
Adresse (4) : ....
Code postal (4) : .... Ville (4) : ....
Téléphone (4) : .... Télécopie (4) : ....
Mél (1) (4) : ....
Adresse de site internet (1) (4) : ....

Responsable de la manifestation
(Si différent de l'organisateur)

Nom, prénom(s) : ....
Fonction : ....
Téléphone : .... Téléphone portable (1) : ....
Mél (1) : ....
J'atteste sur l'honneur que les informations ainsi déclarées sont conformes à celles qui ont été transmises au parc d'exposition par les organisateurs des manifestations.
Date : ....

Signature

(1) Donnée facultative.
(2) Rayer les mentions inutiles.
(3) La définition de ces caractéristiques figure à l'article A. 762-1.
(4) Donnée publiée sur le site internet public du ministère chargé du commerce.
(5) La définition de ces catégories figure à l'article R. 762-4. Les informations recueillies font l'objet d'un traitement informatique effectué pour le compte de l'État et destiné à informer le public et les tiers. Les autres destinataires des données sont les agents habilités à instruire votre dossier. À l'exception des données identifiées comme facultatives, les réponses sont obligatoires pour permettre le traitement de votre demande. La loi n° 78-17 *du 6 janvier 1978 relative* à l'informatique, aux fichiers et aux libertés vous accorde un droit d'accès et de rectification aux informations qui vous concernent. Pour exercer ce droit, veuillez vous adresser à la DCASPL (bureau de la communication), 3-5, rue Barbet-de-Jouy, 75353 Paris 07 SP. Pour plus d'informations : www.pme.gouv.fr.

....

Annexe IX. – (Annexe à l'article A. 762-3)

Liberté • Égalité • Fraternité

RÉPUBLIQUE FRANÇAISE

RÉCÉPISSÉ DE DÉCLARATION D'UN PROGRAMME ANNUEL
DE MANIFESTATIONS COMMERCIALES SE TENANT DANS UN PARC D'EXPOSITION ENREGISTRÉ
(C. com., art. L. 762-1 et R. 762-6)

Date de réception du dossier complet : ....

Identification du parc d'exposition déclarant

Numéro d'enregistrement du parc : ....
Dénomination : ....
Sigle (le cas échéant) : ....
Adresse : ....

Exploitant

Dénomination sociale ou nom, prénom(s) (si personne physique) : ....
Adresse : ....
Numéro unique d'identification (SIRET) : ....

Manifestation déclarée n° 1

Dénomination : ....
Sigle (le cas échéant) : ....
Dates de tenue : du .... au ....
Organisateur (si différent de l'exploitant du parc d'exposition déclarant) :
Dénomination sociale ou nom, prénom(s) (si personne physique) : ....
Adresse : ....
Numéro unique d'identification (SIRET) : ....

Manifestation déclarée n° 2

Dénomination : ....
Sigle (le cas échéant) : ....
Dates de tenue : du .... au ....
Organisateur (si différent de l'exploitant du parc d'exposition déclarant) :
Dénomination sociale ou nom, prénom(s) (si personne physique) :
Adresse : ....
Numéro unique d'identification (SIRET) : ....

Manifestation déclarée n° 3

Dénomination : ....

Date : ...
Visa : ...

Exception faite de la date de réception du dossier et du numéro d'enregistrement du parc, les données figurant sur ce récépissé font l'objet d'une publication sur le site internet du ministère chargé du commerce.

Les informations recueillies font l'objet d'un traitement informatique effectué pour le compte de l'État et destiné à informer le public et les tiers. Les autres destinataires des données sont les agents habilités à instruire votre dossier. À l'exception des données identifiées comme facultatives, les réponses sont obligatoires pour permettre le traitement de votre demande. La loi n° 78-17 du 6 janvier 1978 relative à l'informatique, aux fichiers et aux libertés vous accorde un droit d'accès et de rectification aux informations qui vous concernent. Pour exercer ce droit, veuillez vous adresser à *(Mots rempl., A. 27 oct. 2012)* « la DGCIS (secrétariat général), 67, rue de Barbès, BP 80001, 94 200 Ivry-sur-Seine Cedex ». Pour plus d'informations : www.pme.gouv.fr.

Annexe 10. – (Annexe à l'article A. 762-3)

Liberté • Égalité • Fraternité

RÉPUBLIQUE FRANÇAISE

Préfecture du département de..

RÉÉPISSÉ DE DÉCLARATION D'UNE MODIFICATION D'UN PROGRAMME ANNUEL DE MANIFESTATIONS COMMERCIALES SE TENANT DANS UN PARC D'EXPOSITION ENREGISTRÉ
(C. com., art. L. 762-1 et R. 762-6)

Date de réception du dossier complet : ....

Identification du parc d'exposition déclarant

Numéro d'enregistrement du parc : ....
Dénomination : ....
Sigle (le cas échéant) : ....
Adresse : ....

Exploitant

Dénomination sociale ou nom, prénom(s) (si personne physique) : ....
Adresse : ....
Numéro unique d'identification (SIRET) : ....

Manifestation(s) dont les caractéristiques sont modifiées

Dénomination : ....
Sigle (le cas échéant) : ....
Dates de tenue : du .... au ....
Dénomination : ....
Sigle (le cas échéant) : ....
Dates de tenue : du .... au ....
Organisateur (si différent de l'exploitant du parc d'exposition déclarant) :
Dénomination sociale ou nom, prénom(s) (si personne physique) : ....
Adresse : ....
Numéro unique d'identification (SIRET) : ....

Date : ...
Visa : ...

Exception faite de la date de réception du dossier et du numéro d'enregistrement du parc, les données figurant sur ce récépissé font l'objet d'une publication sur le site internet du ministère chargé du commerce.

Les informations recueillies font l'objet d'un traitement informatique effectué pour le compte de l'État et destiné à informer le public et les tiers. Les autres destinataires des données sont les agents habilités à instruire votre dossier. À l'exception des données identifiées comme facultatives, les réponses sont obligatoires pour permettre le traitement de votre demande. La loi n° 78-17 du 6 janvier 1978 relative à l'informatique, aux fichiers et aux libertés vous accorde un droit d'accès et de rectification aux informations qui vous concernent. Pour exercer ce droit, veuillez vous adresser à la DCASPL (bureau de la communication), 3-5, rue Barbet-de-Jouy, 75353 Paris 07 SP. Pour plus d'informations : www.pme.gouv.fr.

Art. A. 762-4 *(Mod. à compter du 1er juillet 2013, A. 24 oct. 2012).* **– La déclaration prévue à l'article R. 762-10** *(Mots suppr. à compter du 1er juillet 2018, A. 9 févr. 2018)* **« , transmise en deux exemplaires, » est conforme, selon le cas, à l'annexe IV ou à l'annexe V de l'annexe 7-10 au présent livre.**

Le récépissé de déclaration transmis par le préfet, prévu à l'article R. 762-10, est conforme à l'annexe XI de l'annexe 7-10 au présent livre.

Les caractéristiques chiffrées déclarées obéissent aux obligations de fourniture et de contrôle énoncées à l'article A. 762-3.

La déclaration modificative des caractéristiques d'un salon professionnel se tenant hors d'un parc d'exposition enregistré est conforme à l'annexe VI de l'annexe 7-10 au présent livre. Seules la dénomination initiale de la manifestation, la date du récépissé de déclaration initiale et les caractéristiques modifiées sont déclarées. Le récépissé de déclaration modificative, transmis par le préfet, est conforme à l'annexe XII de l'annexe 7-10 au présent livre.

ANNEXE 7-10

....

Annexe IV. – (Annexe à l'article A. 762-4)

Formulaire de déclaration d'un salon professionnel se tenant hors d'un parc d'exposition enregistré
(Articles L. 762-2 et R. 762-10 du Code de commerce)

Première session du salon

Identification

Dénomination (4) : ....

Sigle (1) (4) : ....

Adresse de site internet (1) (4) : ....

Localisation (adresse et descriptif succinct du lieu) (4) : ....

Jour d'ouverture au public (4) : ....

Jour de fermeture au public (4) : ....

Précision éventuelle sur les dates (4) : ....

Conditions d'accès des visiteurs (2) (4) :

- accès gratuit ;
- titre payant ;
- carte d'invitation.

Secteur d'activité (4) : ....

Liste limitative de produits ou services présentés déterminée par l'organisateur, dite « nomenclature » (si salon tel que défini aux 1° et 2° de l'article R. 762-4) (4) : ....

Caractéristiques chiffrées
(estimations)

Surface nette (en mètres carrés) (3) (4) : ....

Fréquentation attendue (3) : ....

Nombre de visites attendues (3) (4) : ....

Nombre de visiteurs attendus (3) (4) : ....

Nombre d'exposants prévus (3) (4) : ....

Organisateur

Dénomination sociale ou nom, prénom(s) (si personne physique) (4) : ....

Sigle (1) (4) : .... Numéro d'identification SIRET (4) : ....

Adresse (4) : ....

Code postal (4) : .... Ville (4) : ....

Téléphone (4) : .... Télécopie (4) : ....

Mél (1) (4) : ....

Adresse de site internet (1) (4) : ....

Responsable
(Si différent de l'organisateur)

Nom, prénom(s) : ....

Fonction : ....

Téléphone : .... Téléphone portable (1) : ....

Mél (1) : ....

J'atteste sur l'honneur que les exposants ne sont autorisés à délivrer sur place et à titre onéreux, dans le cadre d'une vente à emporter, que des marchandises dont la valeur n'excède pas 80 €.

Date : ....

Signature

(1) Donnée facultative.

(2) Rayer les mentions inutiles.

(3) La définition de ces caractéristiques figure à l'article A. 762-1.

(4) Donnée publiée sur le site internet public du ministère chargé du commerce. Les informations recueillies font l'objet d'un traitement informatique effectué pour le compte de l'État et destiné à informer le public et les tiers. Les autres destinataires des données sont les agents habilités à instruire votre dossier. À l'exception des données identifiées comme facultatives, les réponses sont obligatoires pour permettre le traitement de votre demande. La loi n° 78-17 du 6 janvier 1978 relative à l'informatique, aux fichiers et aux libertés vous accorde un droit d'accès et de rectification aux informations qui vous concernent. Pour exercer ce droit, veuillez vous adresser à la DCASPL (bureau de la communication), 3-5, rue Barbet-de-Jouy, 75353 Paris 07 SP. Pour plus d'informations : www.pme.gouv.fr.

Annexe V. – (Annexe à l'article A. 762-4)

Formulaire de déclaration d'un salon professionnel se tenant hors d'un parc d'exposition enregistré (C. com., art. L. 762-2 et R. 762-10)

Nouvelle session du salon

Identification

Dénomination (4) : ....

Sigle (1) (4) : ....

Adresse de site internet (1) (4) : ....

Localisation (adresse et descriptif succinct du lieu) (4) : ....

Jour d'ouverture au public (4) : ....

Jour de fermeture au public (4) :

Précision éventuelle sur les dates (4) : ....

Conditions d'accès des visiteurs (2) (4) :

– accès gratuit ;

– titre payant ;

– carte d'invitation.

Secteur d'activité (4) : ....

Liste limitative de produits ou services présentés déterminée par l'organisateur, dite « nomenclature » (si salon tel que défini aux 1° et 2° de l'article R. 762-4) (4) :

Caractéristiques chiffrées de la session précédente
(Dates : du ... au ...)

Surface nette (en mètres carrés) (3) (4) : ....

Fréquentation (3) : ....

Nombre d'exposants (3) (4) : ....

Nombre de visites (3) (4) : ....

Nombre de visiteurs (3) (4) : ....

Nombre de visiteurs professionnels (1) (3) (4) : ....

Dont nombre de visiteurs étrangers (1) (3) (4) : ....

Nombre d'exposants étrangers (1) (3) (4) : ....

Surface nette occupée par les exposants étrangers (1) (3) (4) : ....

Dénomination de l'organisme de certification (4) : ....

Numéro SIRET : ....

Adresse : ....

Code postal : .... Ville : ....

Organisateur

Dénomination sociale ou nom, prénom(s) (si personne physique) (4) : ....
Sigle (1) (4) :... Numéro d'identification SIRET (4) : ....
Adresse (4) : ....
Code postal (4) : .... Ville (4) : ....
Téléphone (4) : .... Télécopie (4) : ....
Mél (1) (4) :...
Adresse de site internet (1) (4) : ....

Responsable
(Si différent de l'organisateur)

Nom, prénom(s) : ....
Fonction : ....
Téléphone :... Téléphone portable (1) : ....
Mél (1) : ....

J'atteste sur l'honneur que les exposants ne sont autorisés à délivrer sur place et à titre onéreux, dans le cadre d'une vente à emporter, que des marchandises dont la valeur n'excède pas 80 €.

Date : ....

Signature

(1) Donnée facultative.

(2) Rayer les mentions inutiles.

(3) La définition de ces caractéristiques figure à l'article A. 762-1.

(4) Donnée publiée sur le site internet public du ministère chargé du commerce. Les informations recueillies font l'objet d'un traitement informatique effectué pour le compte de l'État et destiné à informer le public et les tiers. Les autres destinataires des données sont les agents habilités à instruire votre dossier. À l'exception des données identifiées comme facultatives, les réponses sont obligatoires pour permettre le traitement de votre demande. La loi n° 78-17 du 6 janvier 1978 relative à l'informatique, aux fichiers et aux libertés vous accorde un droit d'accès et de rectification aux informations qui vous concernent. Pour exercer ce droit, veuillez vous adresser à la DCASPL (bureau de la communication), 3-5, rue Barbet-de-Jouy, 75353 Paris 07 SP. Pour plus d'informations : www.pme.gouv.fr.

Annexe VI. – (Annexe à l'article A. 762-4)

Formulaire de déclaration modificative d'un salon professionnel
se tenant hors d'un parc d'exposition enregistré
(C. com., art. L. 762-2 et R. 762-11)

Identification du salon

Dénomination initiale (4) : ....
Date du récépissé de déclaration initiale : ....
Dénomination (4) : ....
Sigle (1) (4) :..
Adresse de site internet (1) (4) : ....
Localisation (adresse et descriptif succinct du lieu) (4) : ....
Jour d'ouverture au public (4) : ....
Jour de fermeture au public (4) : ....
Précision éventuelle sur les dates :...
Conditions d'accès des visiteurs (2) (4) :
– accès gratuit ;
– titre payant ;
– carte d'invitation.
Secteur d'activité (4) : ....

Liste limitative de produits ou services présentés déterminée par l'organisateur, dite « nomenclature » (si salon tel que défini aux 1° et 2° de l'article R. 762-4) (4) :

Caractéristiques chiffrées
(Estimations)

Surface nette (en mètres carrés) (3) (4) : ....
Fréquentation attendue (3) : ....
Nombre de visites attendues (3) (4) : ....
Nombre de visiteurs attendus (3) (4) : ....
Nombre d'exposants prévus (3) (4) : ....

Organisateur

Dénomination sociale ou nom, prénom(s) (si personne physique) (4) : ....
Sigle (1) (4) : Numéro d'identification SIRET (4) : ....
Adresse (4) : ....
Code postal (4) : .... Ville (4) : ....
Téléphone (4) : .... Télécopie (4) : ....
Mél (1) (4) : ....
Adresse de site internet (1) (4) : ....

Responsable
(Si différent de l'organisateur)

Nom, prénom(s) : ....
Fonction : ....
Téléphone : .... Téléphone portable (1) : ....
Mél (1) : ....

J'atteste sur l'honneur que les exposants ne sont autorisés à délivrer sur place et à titre onéreux, dans le cadre d'une vente à emporter, que des marchandises dont la valeur n'excède pas 80 €.

Date : ....

Signature

(1) Donnée facultative

(2) Rayer les mentions inutiles.

(3) La définition de ces caractéristiques figure à l'article A. 762-1.

(4) Donnée publiée sur le site internet public du ministère chargé du commerce. Les informations recueillies font l'objet d'un traitement informatique effectué pour le compte de l'État et destiné à informer le public et les tiers. Les autres destinataires des données sont les agents habilités à instruire votre dossier. À l'exception des données identifiées comme facultatives, les réponses sont obligatoires pour permettre le traitement de votre demande. La loi n° 78-17 du 6 janvier 1978 relative à l'informatique, aux fichiers et aux libertés vous accorde un droit d'accès et de rectification aux informations qui vous concernent. Pour exercer ce droit, veuillez vous adresser à *(Mots rempl., A. 27 oct. 2012)* « la DGCIS (secrétariat général), 67, rue de Barbès, BP 80001, 94 200 Ivry-sur-Seine Cedex ». Pour plus d'informations : www.pme.gouv.fr.

....

Annexe XI. – (Annexe à l'article A. 762-4)

Liberté • Égalité • Fraternité

RÉPUBLIQUE FRANÇAISE

RÉCÉPISSÉ DE DÉCLARATION D'UN SALON PROFESSIONNEL
SE TENANT HORS D'UN PARC D'EXPOSITION ENREGISTRÉ
(C. com., art. L. 762-2 et R. 762-10)

Date de réception du dossier complet : ....
Numéro de dossier : ....

Identification de l'organisateur déclarant

Dénomination sociale ou nom, prénom(s) (si personne physique) : ....
Adresse : ....
Numéro unique d'identification (SIRET) : ....

Salon déclaré

Dénomination : ....
Sigle (le cas échéant) : ....
Dates de tenue : du .... au ....
Localisation : ....

Date : ...
Visa : ...

Exception faite de la date de réception du dossier et du numéro d'enregistrement du parc, les données figurant sur ce récépissé font l'objet d'une publication sur le site internet du ministère chargé du commerce.

Les informations recueillies font l'objet d'un traitement informatique effectué pour le compte de l'État et destiné à informer le public et les tiers. Les autres destinataires des données sont les agents habilités à instruire votre dossier. À l'exception des données identifiées comme facultatives, les réponses sont obligatoires pour permettre le traitement de votre demande. La loi n° 78-17 du 6 janvier 1978 relative à l'informatique, aux fichiers et aux libertés vous accorde un droit d'accès et de rectification aux informations qui vous concernent. Pour exercer ce droit, veuillez vous adresser à *(Mots rempl., A. 27 oct. 2012)* « la DGCIS (secrétariat général), 67, rue de Barbès, BP 80001, 94 200 Ivry-sur-Seine Cedex ». Pour plus d'informations : www.pme.gouv.fr.

Annexe XII. – (Annexe à l'article A. 762-4)

Liberté • Égalité • Fraternité

RÉPUBLIQUE FRANÇAISE

Préfecture du département de ....

RÉCÉPISSÉ DE DÉCLARATION D'UNE MODIFICATION DE DÉCLARATION D'UN SALON PROFESSIONNEL SE TENANT HORS D'UN PARC D'EXPOSITION ENREGISTRÉ
(C. com., art. L. 762-2 et R. 762-10)

Date de réception du dossier complet : ....
Numéro de dossier : ....

Identification de l'organisateur déclarant

Dénomination sociale ou nom, prénom(s) (si personne physique) : ....
Adresse : ....
Numéro unique d'identification (SIRET) : ....

Salon dont les caractéristiques sont modifiées

Dénomination : ....
Sigle (le cas échéant) : ....
Dates de tenue : du .... au ....
Localisation : ....

Date : ...
Visa : ...

Exception faite de la date de réception du dossier et du numéro d'enregistrement du parc, les données figurant sur ce récépissé font l'objet d'une publication sur le site internet du ministère chargé du commerce.

Les informations recueillies font l'objet d'un traitement informatique effectué pour le compte de l'État et destiné à informer le public et les tiers. Les autres destinataires des données sont les agents habilités à instruire votre dossier. À l'exception des données identifiées comme facultatives, les réponses sont obligatoires pour permettre le traitement de votre demande. La loi n° 78-17 du 6 janvier 1978 relative à l'informatique, aux fichiers et aux libertés vous accorde un droit d'accès et de rectification aux informations qui vous concernent. Pour exercer ce droit, veuillez vous adresser à *(Mots rempl., A. 27 oct. 2012)* « la DGCIS (secrétariat général), 67, rue de Barbès, BP 80001, 94 200 Ivry-sur-Seine Cedex ». Pour plus d'informations : www.pme.gouv.fr.

Art. A. 762-5 *(Abr. à compter du 1er juillet 2018, A. 9 févr. 2018).*

> **Rédaction antérieure. Art. A. 762-5.** – Le récépissé de déclaration du programme annuel, prévu à l'article R. 762-6, est affiché dès réception par l'exploitant du parc à l'entrée principale de celui-ci et de façon qu'il soit librement accessible au public jusqu'au 31 décembre de l'exercice auquel il se rapporte.
>
> Il en est de même des récépissés des déclarations modificatives du programme annuel.
>
> L'organisateur d'un salon professionnel qui a déclaré sa manifestation en application de l'article L. 762-2 affiche pendant toute la durée de ladite manifestation, à l'entrée principale de celle-ci et de façon à ce qu'elles soient librement accessibles au public, les copies de la déclaration, du récépissé de déclaration et, le cas échéant, du récépissé de déclaration modificative.

Art. A. 762-6 *(Abr. à compter du 1er juillet 2018, A. 9 févr. 2018).*

> **Rédaction antérieure. Art. A. 762-6.** – Copie des récépissés de déclarations prévues aux articles R. 762-6 et R. 762-10 est adressée par le préfet à la chambre de commerce et d'industrie dans le ressort de laquelle doit se tenir la manifestation.

Art. A. 762-7 *(Abr. à compter du 1er juillet 2018, A. 9 févr. 2018).*

> **Rédaction antérieure. Art. A. 762-7.** – Dès transmission du récépissé de déclaration au responsable du parc d'exposition ou à l'organisateur du salon professionnel se tenant en dehors d'un parc d'exposition, le préfet communique au ministre chargé du commerce le second exemplaire des déclarations prévues aux articles R. 762-5 et R. 762-10 et, le cas échéant, des déclarations modificatives.

Art. A. 762-8 *(Mod. à compter du 1er juillet 2018, A. 9 févr. 2018).* – Les déclarations mentionnées aux articles R. 762-1, R. 762-5, R. 762-10 et R. 762-11 sont effectuées par voie électronique par l'intermédiaire du site internet public du ministère chargé du commerce.

L'accusé de réception mentionné à l'article R-762-5 et les récépissés mentionnés aux articles R. 762-2, R. 762-6 et R. 762-10 sont délivrés par voie électronique.

> **Rédaction antérieure. Art. A. 762-8.** – Les déclarations mentionnées aux articles R. 762-5 et R. 762-10 peuvent être effectuées par voie électronique par l'intermédiaire du site internet public du ministère chargé du commerce.
>
> Il est accusé réception de ces déclarations par la même voie.
>
> Cette déclaration par voie électronique donne également lieu à délivrance des récépissés prévus aux articles R. 762-6 et R. 762-10.

Art. A. 762-9 *(Rempl., A. 19 mars 2010 ; rempl. à compter du 1er juillet 2013, A. 24 oct. 2012).* – Le contrôle par inspection des caractéristiques chiffrées soumises à déclaration d'une manifestation commerciale est effectué par un organisme tierce partie indépendant des parties engagées, accrédité à cet effet par le Comité français d'accréditation (COFRAC) ou par tout autre organisme membre de la coopération européenne pour l'accréditation et ayant signé les accords de reconnaissance mutuelle multilatéraux.

L'organisme accrédité effectue les opérations définies à l'annexe XIII de l'annexe 7-10 « Principales opérations en vue du contrôle des caractéristiques chiffrées des manifestations commerciales » du présent livre.

Les calculs sont réalisés suivant les normes NF ISO 25639-1 de janvier 2009 « Terminologie du secteur des foires, salons et congrès ou manifestations commerciales. – Partie 1 : vocabulaire » et NF ISO 25639-2 de janvier 2009 « Terminologie du secteur des foires, salons et congrès ou manifestations commerciales. – Partie 2 : méthodes de comptage à des fins statistiques ou à des spécifications reconnues équivalentes ».

L'obligation d'accréditation ne s'applique pas aux exploitants de parc lorsque ceux-ci procèdent au contrôle des caractéristiques chiffrées dans le cadre de la dérogation prévue à l'article A. 762-3 du Code de commerce.

ANNEXE 7-10

Annexe XIII. – (Annexe à l'article A. 762-9)
(Rempl., A. 19 mars 2010).

I. – Principes généraux

En vue de certifier les caractéristiques chiffrées des manifestations commerciales, l'organisme réalise les deux types de contrôle suivants :

– contrôle de premier niveau : contrôle de type comptable de documents communiqués par l'organisateur de la manifestation ;

– contrôle de second niveau : contrôle de cohérence entre les résultats du contrôle de premier niveau et les caractéristiques chiffrées habituellement observées par la profession pour ce type de manifestation.

Pour ces contrôles, l'organisme :

– respecte les définitions réglementaires en vigueur ;

– utilise, pour procéder au contrôle de second niveau, les seuls chiffres officiels publiés par le ministère chargé du commerce.

L'organisme suit les étapes suivantes :

1. Enregistrement de la demande préalable de l'organisateur de la manifestation ;
2. Recueil des caractéristiques chiffrées de la manifestation auprès de l'organisateur ;
3. Contrôle de premier niveau des données recueillies ;
4. Établissement d'un procès-verbal provisoire sur la base des résultats du contrôle de premier niveau ;
5. Contrôle de second niveau des données recueillies ;
6. Établissement d'un procès-verbal définitif – valant certification des caractéristiques chiffrées de la manifestation – sur la base des résultats du contrôle de second niveau.

L'organisme chargé de certifier les caractéristiques chiffrées des manifestations commerciales recueille auprès de l'organisateur de la manifestation les documents et informations nécessaires pour ces opérations, et notamment :

– documents comptables : factures, extraits de comptes relatifs aux recettes afférentes aux exposants, à la vente et à la prévente de tickets ;

– chiffres déclarés par l'organisateur à l'issue de la manifestation (communiqué de presse...) ;

– tout document qu'il juge utile ;

– dossiers d'inscription des exposants mentionnant les tarifs, les surfaces occupées et les montants facturés ;

– plan d'implantation de la manifestation ;

– le cas échéant, catalogue de la manifestation et ses additifs ;

– liste des exposants (coordonnées, surfaces occupées, montants facturés par nature de service fourni et, le cas échéant, nationalité) ;

– liste de ventilation des exposants entre exposants principaux et coexposants ;

– le cas échéant, liste de ventilation des exposants entre exposants français et étrangers ;

– les surfaces nettes allouées aux animations ou présentations en relation avec le thème de la manifestation ;

– la surface totale, dite « surface brute », louée par le gestionnaire du site à l'organisateur de la manifestation ;

– talons de tickets contrôlés à l'entrée de la manifestation, classés par catégorie ;

– nombre de visiteurs enregistrés par avance et ayant visité effectivement la manifestation et nombre de visiteurs enregistrés à l'entrée de la manifestation ;

– facture relative à l'édition des titres d'accès mentionnant les numéros de série ;

– le cas échéant, procès-verbal d'huissier de destruction de la billetterie ;

– *pour une* manifestation dont les visiteurs sont enregistrés par un prestataire externe de l'organisateur, le document certifié sincère et conforme attestant du nombre de visiteurs contrôlés ;

– le nombre de badges attribués par l'organisateur aux personnels des exposants.

II. – Modalités de contrôle

A. – *Contrôle de premier niveau*

Ce contrôle est de type comptable, sur pièces, soit sur place chez l'organisateur de la manifestation, soit sur la base de documents transmis par ce dernier. Il porte :

1. Sur le nombre d'exposants :

– rapprochement du nombre d'exposants vérifiés avec la liste des exposants fournie par l'organisateur ;

– rapprochement des données mentionnées aux dossiers d'inscription des exposants (surfaces occupées et montants facturés) avec celles de la liste des exposants et avec le plan d'implantation de la manifestation ;

– rapprochement des tarifs de location relevés avec les tarifs mentionnés sur les dossiers d'inscription ainsi que sur un échantillonnage aléatoire de factures émises ;
– rapprochement du montant des recettes issues de la location de stands avec les extraits de comptes relatifs aux recettes afférentes aux exposants ;
– rapprochement de la liste des coexposants vérifiés avec les attestations des exposants principaux hébergeurs.
2. Sur le nombre de visiteurs :
Pour les visiteurs munis d'un ticket acheté aux guichets de la manifestation ou en prévente :
– rapprochement du tarif mentionné au procès-verbal provisoire avec celui figurant sur les tickets ;
– rapprochement du montant des recettes mentionné au procès-verbal provisoire avec les extraits de comptes relatifs aux recettes afférentes à la vente et à la prévente de tickets ;
– rapprochement du montant des recettes mentionné au procès-verbal provisoire avec le nombre de talons de tickets contrôlés classés par catégorie.
Pour les visiteurs munis d'un ticket obtenu auprès de l'organisateur de la manifestation, d'un exposant ou d'un tiers :
– rapprochement de la facture de l'éditeur des tickets avec le nombre de tickets édités mentionné au procès-verbal provisoire ;
– rapprochement des différents tarifs avec ceux mentionnés aux dossiers d'inscription ;
– rapprochement du montant des recettes mentionné au procès-verbal provisoire avec les extraits de comptes relatifs aux recettes afférentes à la vente et à la prévente de tickets ;
– rapprochement du nombre de tickets édités, vendus et non vendus et, le cas échéant, du nombre mentionné au procès-verbal d'huissier de destruction de la billetterie.
Pour les manifestations dont le nombre de visiteurs est fourni par un prestataire externe de l'organisateur :
– rapprochement des informations mentionnées au procès-verbal provisoire avec les documents certifiés du prestataire externe ;
– rapprochement du montant des recettes mentionné au procès-verbal provisoire avec les extraits de comptes relatifs aux recettes afférentes à la vente et à la prévente de tickets.

B. – *Contrôle complémentaire de premier niveau*

En dehors de toute hypothèse d'anomalie, l'organisme de *(Mot rempl., A. 24 oct. 2012)* « contrôle » procède à un double contrôle de premier niveau des caractéristiques chiffrées de certaines manifestations choisies par échantillonnage aléatoire (une manifestation sur quarante au moins).

C. – *Contrôle de second niveau*

Le contrôle de second niveau permet d'identifier les écarts significatifs justifiant un complément d'information de la part de l'organisateur. Il est réalisé par traitement et comparaison des caractéristiques chiffrées issues des contrôles de premier niveau par calcul des ratios suivants (en valeur absolue) :
– surface nette de la manifestation divisée par surface brute de la manifestation : ce ratio est généralement inférieur ou égal à 2/3 ;
– surface nette des stands divisée par nombre d'exposants : ce ratio est généralement supérieur ou égal à 6 mètres carrés ;
– nombre d'entrées divisé par surface brute de la manifestation divisé par le nombre de jours d'ouverture au public de la manifestation : ce ratio est généralement inférieur à 1 visite/m² et par jour ;
– caractéristiques chiffrées de la session contrôlée avec celles des sessions précédentes de la manifestation. Est constitutive d'un écart significatif une variation supérieure à 10 % par rapport à la session précédente ; cette variation doit néanmoins également s'apprécier sur plusieurs sessions ;
– caractéristiques chiffrées de la session contrôlée avec celles des sessions précédentes dans le même secteur et pour le même type de manifestation (tels que définis à l'article 2 du décret n° 2006-85 du 27 janvier 2006). Est constitutive d'un écart significatif une variation supérieure à l'écart type observé dans le même secteur et pour le même type de manifestation des ratios suivants :
– surface moyenne des stands = surface totale occupée par les exposants divisée par nombre d'exposants ;
– *nombre moyen de visites par exposant et par jour* = nombre de visites divisé par nombre d'exposants, divisé par nombre de jours d'ouverture de la manifestation.

Art. A. 762-10. – Est autorisée la mise en œuvre, par le ministère chargé du commerce, d'un traitement automatisé des données relatives aux parcs d'exposition et aux manifestations commerciales déclarés en application du présent chapitre.

Art. A. 762-11 *(Mod. à compter du 1er juillet 2018, A. 9 févr. 2018)*. – Le traitement automatisé a pour finalité d'assurer :

1° La télédéclaration des manifestations commerciales mentionnées aux articles R. 762-4 et R. 762-10, ainsi que la télédéclaration des parcs d'enregistrement mentionnées à l'article R. 762-1 ;

2° La gestion des données relatives aux parcs d'exposition et aux manifestations commerciales communiquées par les déclarants ;

3° La mise à disposition auprès du public, au moyen d'un site internet, de données relatives aux parcs d'exposition et aux manifestations commerciales déclarés.

> **Rédaction antérieure. Art. A. 762-11.** – Le traitement automatisé a pour finalité d'assurer :
> 1° La télédéclaration des manifestations commerciales mentionnées à l'article R. 762-4 ;
> 2° La gestion des données relatives aux parcs d'exposition et aux manifestations commerciales déclarés en application des articles R. 762-1 à R. 762-3, R. 762-5 à R. 762-12 ;
> 3° La mise à disposition auprès du public, au moyen d'un site internet, de données relatives aux parcs d'exposition et aux manifestations commerciales déclarés.

Art. A. 762-12. – Les catégories de données enregistrées sont les suivantes :

I. – Données relatives à un parc d'exposition :

1° Données à caractère non personnel relatives aux caractéristiques du parc ;

2° Données à caractère personnel relatives à l'exploitant du parc, personne physique : nom et prénom(s), coordonnées téléphoniques et électroniques, adresse et numéro unique d'identification (SIRET) ;

3° Données à caractère personnel relatives au responsable de la gestion du parc et, le cas échéant, au responsable de la sécurité : nom, prénom(s), coordonnées téléphoniques et électroniques.

II. – Données relatives à une manifestation commerciale :

1° Données à caractère non personnel relatives aux caractéristiques de la manifestation ;

2° Données à caractère personnel relatives à l'organisateur de la manifestation, personne physique : nom et prénom(s), coordonnées téléphoniques et électroniques, adresse et numéro unique d'identification (SIRET) ;

3° Données à caractère personnel relatives à la personne responsable de la manifestation, personne physique : nom, prénom(s), coordonnées téléphoniques et électroniques ;

4° Données à caractère personnel relatives à l'organisme, personne physique, chargé [du] *(Mot rempl. à compter du 1er juillet 2013, A. 24 oct. 2012)* « contrôle » des caractéristiques chiffrées de la manifestation : nom et prénom(s), adresse et numéro unique d'identification (SIRET) ;

5° Données à caractère personnel relatives au télédéclarant de la manifestation : login et mot de passe d'accès à l'application de télédéclaration.

III. – Données à caractère personnel relatives à l'agent de la préfecture chargé de la gestion des récépissés d'enregistrement de parcs d'exposition et de déclaration de manifestations commerciales : nom et prénom(s), coordonnées électroniques et téléphoniques.

IV. – Données à caractère personnel relatives aux agents de la direction chargée du commerce du ministère chargé du commerce : coordonnées électroniques et téléphoniques, login et mot de passe d'accès à l'application de télédéclaration.

Art. A. 762-13. – Les données faisant l'objet d'une publication sur un site internet sont les suivantes :

I. – *Données relatives à un parc d'exposition* :

Les données mentionnées aux 1° et 2° du I de l'article A. 762-12.

II. – Données relatives à une manifestation commerciale :

Les données mentionnées aux I° et 2° du II de l'article A. 762-12.

III. – Données relatives aux agents chargés d'être les interlocuteurs des télédéclarants, en matière d'exercice du droit d'accès et de rectification, au sein de la direction chargée du commerce du ministère chargé du commerce : coordonnées électroniques et téléphoniques.

Art. A. 762-14. – Seuls sont habilités à traiter les données incluses dans le traitement automatisé, dans les limites de leurs missions, les agents de préfecture et de la direction chargée du commerce du ministère chargé du commerce.

Art. A. 762-15. – Peuvent obtenir communication, en ligne ou sur demande écrite auprès de la direction mentionnée à l'article A. 762-14, des données du traitement automatisé qui les concernent :

1° L'exploitant d'un parc d'exposition enregistré ;

2° L'organisateur d'une manifestation commerciale déclarée ;

3° L'organisme de *(Mot rempl. à compter du 1er juillet 2013, A. 24 oct. 2012)* « contrôle » visé à l'article A. 762-12.

Art. A. 762-16. – Les droits d'accès et de rectification prévus aux articles 39 et 40 de la loi n° 78-17 du 6 janvier 1978 relative à l'informatique, aux fichiers et aux libertés s'exercent auprès de la direction chargée du commerce du ministère chargé du commerce.

Art. A. 762-17 *(Mod. à compter du 1er juillet 2018, A. 9 févr. 2018)*. – Les données à caractère personnel sont conservées sur support informatique pendant une durée de cinq ans à compter de la date à laquelle est intervenue leur dernière modification.

Les données à caractère non personnel sont conservées sur support informatique pendant une durée de dix ans à compter de la date à laquelle est intervenue leur dernière modification.

Rédaction antérieure. Art. A. 762-17. – Les données à caractère personnel sont conservées sur support informatique pendant une durée de dix ans à compter de la date à laquelle est intervenue leur dernière modification.

Les données à caractère non personnel sont conservées sur support informatique pendant une durée de trente ans à compter de la date à laquelle est intervenue leur dernière modification.

Art. A. 762-18. – Le droit d'opposition prévu à l'article 38 de la loi n° 78-17 du 6 janvier 1978 relative à l'informatique, aux fichiers et aux libertés ne s'applique pas au traitement automatisé.

LIVRE HUITIÈME

DE QUELQUES PROFESSIONS RÉGLEMENTÉES

TITRE PREMIER. – DES ADMINISTRATEURS JUDICIAIRES, DES MANDATAIRES JUDICIAIRES ET DES EXPERTS EN DIAGNOSTIC D'ENTREPRISE

CHAPITRE I. – DES ADMINISTRATEURS JUDICIAIRES

Section I. – De l'accès à la profession

Sous-section 1. – De l'élection des administrateurs judiciaires membres de la Commission nationale d'inscription et de discipline des administrateurs judiciaires et des mandataires judiciaires

(Intitulé rempl., A. 7 mars 2017)

Art. A. 811-1. – Le règlement fixant les conditions d'élection des administrateurs judiciaires élus au sein de la *(Mots rempl., A. 7 mars 2017)* « Commission nationale d'inscription et de discipline des administrateurs judiciaires » et des mandataires judiciaires établi, en vertu de l'article R. 811-6, par le bureau du Conseil national des administrateurs judiciaires et des mandataires judiciaires et approuvé par le garde des sceaux, ministre de la justice, figure à l'annexe 8-1 au présent livre.

ANNEXE 8-1
(Annexe à l'article A. 811-1)

Règlement fixant les modalités applicables aux élections des administrateurs judiciaires à la commission nationale d'inscription et de discipline des administrateurs judiciaires et des mandataires judiciaires à la commission nationale d'inscription et de discipline des mandataires judiciaires

L'organisation des élections est confiée au Conseil national des administrateurs judiciaires et des mandataires judiciaires par les articles R. 811-3 et R. 812-3 du Code de commerce.

La date du scrutin est fixée par le Conseil national des administrateurs judiciaires et des mandataires judiciaires. La liste des électeurs, arrêtée deux mois avant la date du scrutin, est établie, selon le corps électoral concerné, par la Commission nationale d'inscription et de discipline des administrateurs judiciaires ou par la Commission nationale d'inscription et de discipline des mandataires judiciaires. Elle est transmise au Conseil national par le ministère de la justice.

Au moins six semaines avant la date du scrutin, le Conseil National avise les membres du corps électoral concerné de la date des élections et invite les candidats à se faire connaître.

Les candidatures sont individuelles. Les candidats sont tenus de faire une déclaration revêtue de leur signature, énonçant leur nom, prénoms, date de naissance et la date de leur inscription sur la liste professionnelle. Cette déclaration doit également indiquer les nom, prénoms, date de naissance et date d'inscription sur la liste professionnelle de la personne appelée à remplacer le candidat élu en cas d'empêchement. Elle doit être accompagnée de l'acceptation écrite du remplaçant. À défaut, la candidature est nulle.

Les déclarations de candidature sont remises contre récépissé ou adressées par lettre recommandée avec demande d'avis de réception au plus tard trois semaines avant la date du scrutin au Conseil national des administrateurs judiciaires et des mandataires judiciaires.

Au plus tard quinze jours avant la date du scrutin, le Conseil national avise les électeurs des modalités des opérations électorales ainsi que de la date et du lieu des opérations de dépouillement. Il adresse, selon le corps électoral concerné, à chaque administrateur judiciaire ou à chaque mandataire judiciaire figurant sur la liste des électeurs un exemplaire valant bulletin de vote, de la liste des candidats.

Les bulletins de vote doivent comporter la liste des candidats et, sous le nom de chaque candidat, la mention « suppléant » suivie du nom de la personne appelée à remplacer le candidat élu en cas d'empêchement, ainsi que, en face du nom de chaque candidat, une case permettant d'exprimer un ordre de préférence.

L'électeur raye sur le bulletin qui lui a été adressé, le nom des candidats titulaires qu'il ne retient pas et exprime un ordre de préférence pour ceux qu'il retient.

Tout bulletin sans ordre de préférence et comportant plus de trois noms de candidats titulaires non rayés est nul, de même que tout bulletin surchargé.

Le vote a lieu par correspondance à compter de la réception des bulletins envoyés par le Conseil national. Les bulletins doivent être parvenus au Conseil national au plus tard le jour du scrutin. Les votes reçus postérieurement à cette date sont nuls.

Chaque bulletin est envoyé sous double enveloppe ; l'enveloppe intérieure, qui contient le bulletin de vote, doit être fermée et ne porter aucune marque distinctive ; l'enveloppe extérieure, comportant la mention « élections » porte le nom de l'électeur et contient l'enveloppe intérieure. Les bulletins contenus dans des enveloppes irrégulières sont nuls.

Après la clôture du scrutin, le bureau du Conseil national procède aux opérations de dépouillement en présence, selon le corps électoral concerné, de tout administrateur judiciaire ou de tout mandataire judiciaire intéressé. Les enveloppes extérieures sont ouvertes, le nom de l'électeur est pointé sur la liste des électeurs et l'enveloppe intérieure introduite dans une urne. Les bulletins sont ensuite dépouillés et décomptés. Les résultats sont aussitôt proclamés et un procès-verbal de ces opérations est établi par le bureau du Conseil national.

Sous-section 2. – Des conditions d'inscription sur la liste des administrateurs judiciaires

§ 1. – De l'examen d'accès au stage professionnel, du stage professionnel, de l'examen d'aptitude aux fonctions d'administrateur judiciaire

(Division créée, A. 7 mars 2017)

Art. A. 811-2. – Les titres et diplômes sanctionnant un deuxième cycle d'enseignement supérieur ou d'un niveau équivalent, prévus au 4° de l'article R. 811-7, qui permettent l'accomplissement du stage professionnel d'administrateur judiciaire, sont les suivants :

1° Maîtrise de sciences et techniques comptables et financières ;

2° Maîtrise de méthodes informatiques appliquées à la gestion ;

3° Maîtrise d'économie appliquée de l'université Paris IX ;

4° Diplôme d'un institut d'études politiques ;

5° Maîtrise d'administration économique et sociale, mention administration et gestion des entreprises ;

6° Titre d'ingénieur économiste délivré par le Conservatoire national des arts et métiers.

Art. A. 811-3. – L'examen d'accès au stage professionnel d'administrateur judiciaire est organisé au moins une fois par an.

Les dates et lieux des épreuves sont fixés par le garde des Sceaux, ministre de la Justice, et publiés quatre mois avant la date de la première épreuve au *Journal officiel* de la République française.

Art. A. 811-4. – I. – Les candidatures sont adressées au secrétaire de la *(Mots rempl., A. 7 mars 2017)* *« Commission nationale d'inscription et de* discipline des administrateurs judiciaires et des mandataires judiciaires », par lettre recommandée avec demande d'avis de réception, au plus tard trois mois avant la date de la première épreuve de la session.

II. – Le dossier de candidature comprend :

1° Une requête de l'intéressé ;

2° Tous documents officiels justificatifs de l'identité et de la nationalité du candidat ;

3° Tous documents justificatifs du domicile du candidat ;

4° Une photocopie lisible de l'un des titres ou diplômes énumérés aux articles R. 811-7 et R. 811-8 ou la justification des dispenses prévues par la loi.

Art. A. 811-5. – La commission arrête, deux mois avant la date de la première épreuve de la session, la liste des candidats admis à subir les épreuves de l'examen d'accès au stage professionnel. Des convocations individuelles mentionnant le jour, l'heure et le lieu des épreuves sont adressées à chaque candidat au moins quinze jours à l'avance.

Art. A. 811-6. – L'examen comprend des épreuves écrites d'admissibilité et une épreuve orale d'admission.

Les sujets de ces épreuves sont arrêtés par le jury.

Art. A. 811-7. – Les épreuves écrites d'admissibilité comprennent :

1° Une épreuve d'une durée de trois heures portant sur le droit national des entreprises en difficulté.

La note est affectée d'un coefficient 6.

2° Une épreuve d'une durée de trois heures consistant en la résolution d'un cas pratique de comptabilité correspondant au programme de l'épreuve du DPECF.

La note est affectée d'un coefficient 3.

3° Une épreuve d'une durée de deux heures portant sur le droit des contrats.

La note est affectée d'un coefficient 3.

4° Une épreuve d'une durée d'une heure trente portant sur la gestion financière et le contrôle de gestion correspondant au programme de l'épreuve du DECF.

La note est affectée d'un coefficient 3.

5° Une épreuve d'une durée d'une heure trente portant sur le droit social lié aux procédures collectives.

La note est affectée d'un coefficient 3.

6° Une épreuve d'une durée de deux heures constituée d'une note de synthèse portant sur le droit européen et international des entreprises en difficulté réalisée à partir de documents fournis aux candidats.

La note est affectée d'un coefficient 2.

7° Une épreuve d'une durée d'une heure trente portant sur le droit des sociétés et des groupements.

La note est affectée d'un coefficient 2.

Art. A. 811-8. – Pour les épreuves d'admissibilité, les candidats peuvent utiliser les codes et recueils de lois et décrets comportant des références d'articles de doctrine et de jurisprudence. Ils peuvent également se servir de codes ou recueils de lois et décrets ne contenant aucune indication de doctrine ou de jurisprudence sans autre note que des références à des textes législatifs ou réglementaires.

Art. A. 811-9. – La correction des épreuves écrites est organisée de manière à préserver l'anonymat de chaque candidat. Chaque composition est examinée par deux correcteurs.

Chacune des épreuves d'admissibilité est notée de 0 à 20. Chaque note est affectée du coefficient prévu pour l'épreuve correspondante.

L'admissibilité est prononcée par le jury au vu de la moyenne des notes obtenues par le candidat à l'ensemble des épreuves écrites qu'il a subies, si celle-ci est égale ou supérieure à 10 sur 20.

Le jury arrête par ordre alphabétique la liste des candidats déclarés admissibles. Celle-ci est mise en ligne et *consultable gratuitement sur le* site internet du Conseil national des administrateurs judiciaires et des mandataires judiciaires.

L'admissibilité n'est valable que pour la session au cours de laquelle elle a été acquise.

Art. A. 811-10. – Nul ne peut se présenter à l'épreuve orale d'admission s'il n'a été déclaré admissible par le jury.

Une convocation individuelle mentionnant le jour, l'heure et le lieu de l'épreuve orale est adressée à chaque candidat admissible au moins quinze jours à l'avance.

L'épreuve est constituée d'une discussion de trente minutes avec le jury orientée sur l'exercice de la profession d'administrateur judiciaire. Elle se déroule en séance publique.

Cette épreuve est notée de 0 à 20. La note est affectée d'un coefficient 3.

Art. A. 811-11. – L'admission est prononcée par le jury au vu de la moyenne des notes obtenues par le candidat à l'ensemble des épreuves écrites et orale qu'il a subies, si celle-ci est égale ou supérieure à 10 sur 20.

Art. A. 811-12. – Le jury arrête la liste des candidats déclarés admis. Cette liste est publiée au Journal officiel de la République française. Les résultats sont notifiés individuellement à chaque candidat.

Art. A. 811-13. – L'examen d'aptitude à la profession d'administrateur judiciaire est organisé au moins une fois par an.

Les dates et lieux des épreuves sont fixés par le garde des Sceaux, ministre de la Justice, et publiés, quatre mois avant la date de la première épreuve, au *Journal officiel* de la République française.

Art. A. 811-14. – I. – Les candidatures sont adressées au secrétaire de la *(Mots rempl., A. 7 mars 2017)* « Commission nationale d'inscription et de discipline des administrateurs judiciaires et des mandataires judiciaires », par lettre recommandée avec demande d'avis de réception, au plus tard trois mois avant la date de la première épreuve de la session.

II *(II mod., A. 7 mars 2017)*. – Le dossier de candidature comprend :

1° Une requête de l'intéressé *(Mots aj., A. 25 avr. 2018)* « mentionnant la ou les options choisies » ;

2° Tous documents officiels justificatifs de l'identité et de la nationalité du candidat ;

3° Tous documents justificatifs du domicile du candidat ;

4° Une photocopie lisible de l'un des titres ou diplômes énumérés aux articles R. 811-7 et R. 811-8 ou du diplôme de master, mentionné au 5° de l'article L. 811-5 ou la justification des dispenses prévues par la loi ;

5° Une copie du certificat de fin de stage ou la justification de la dispense partielle ou totale de stage ;

6° Le cas échéant, la justification de la dispense d'une ou plusieurs épreuves de l'examen d'aptitude.

Art. A. 811-15. – La commission arrête, deux mois avant la date de la première épreuve de la session, la liste des candidats admis à subir les épreuves de l'examen d'aptitude professionnelle. Des convocations individuelles mentionnant le jour, l'heure et le lieu des épreuves sont adressées à chaque candidat au moins quinze jours à l'avance.

Art. A. 811-16. – *(Al. mod., A. 25 avr. 2018)* L'examen comprend des épreuves orales et une épreuve écrite.

Les sujets des épreuves sont arrêtés et composés par le jury.

Art. A. 811-17. – *(Mots aj., A. 25 avr. 2018)* « Pour l'examen avec option en matière commerciale, » [L]es épreuves orales comprennent :

1° Une épreuve d'une durée de trente minutes comportant un exposé de dix minutes sur un sujet de culture économique et financière suivie d'une discussion avec le jury.

Les candidats disposent d'une heure pour la préparation de cette épreuve.

La note est affectée d'un coefficient 3.

2° Une interrogation d'une durée de vingt minutes portant sur la procédure civile et le droit pénal des affaires.

La note est affectée d'un coefficient 3.

3° *(3° rempl., A. 7 mars 2017)* Une épreuve d'une durée de trente minutes de présentation et de discussion avec le jury portant sur le mémoire de stage que le candidat a rédigé et dont il a choisi le sujet d'économie, de droit ou de gestion ou, pour le candidat dispensé de stage professionnel en application du I de l'article R. 811-25, sur son expérience professionnelle.

La note est affectée d'un coefficient 3.

4° Une interrogation d'une durée de vingt minutes portant sur le statut et la déontologie de la profession d'administrateur judiciaire.

La note est affectée d'un coefficient 3.

5° Une interrogation d'une durée de quinze minutes portant sur le droit social et le droit fiscal liés aux procédures collectives.

La note est affectée d'un coefficient 3.

6° Une interrogation d'une durée de vingt minutes portant sur la gestion d'un cabinet d'administrateur judiciaire.

La note est affectée d'un coefficient 2.

7° Une interrogation d'une durée de quinze minutes portant sur l'application du droit européen aux procédures collectives nationales.

La note est affectée d'un coefficient 1.

Art. A. 811-18. – L'épreuve écrite *(Mots aj., A. 25 avr. 2018)* « de l'option en matière commerciale », d'une durée de cinq heures, a pour objet le traitement d'un dossier portant sur l'une des missions susceptibles d'être confiées à un administrateur judiciaire *(Mots aj., A. 25 avr. 2018)* « inscrit avec la mention de la spécialité commerciale ».

La note est affectée d'un coefficient 6.

Art. A. 811-19 *(Rempl., A. 25 avr. 2018)*. – Pour l'examen avec option en matière civile, les épreuves orales comprennent :

1° Une épreuve d'une durée de trente minutes comportant un exposé de dix minutes sur un sujet se rapportant aux mandats en matière civile, suivi d'une discussion avec le jury.

Les candidats disposent d'une heure pour la préparation de cette épreuve.

La note est affectée d'un coefficient 3 ;

2° Une interrogation d'une durée de vingt minutes portant sur la procédure civile et le droit pénal des affaires.

La note est affectée d'un coefficient 3 ;

3° Une épreuve d'une durée de trente minutes de présentation et de discussion avec le jury portant sur le mémoire de stage que le candidat a rédigé et dont il a choisi le sujet d'économie, de droit ou de gestion ou, pour le candidat dispensé de stage professionnel en application du I de l'article R. 811-25, sur son expérience professionnelle.

La note est affectée d'un coefficient 3 ;

4° Une interrogation d'une durée de vingt minutes portant sur le statut et la déontologie de la profession d'administrateur judiciaire.

La note est affectée d'un coefficient 3 ;

5° Une interrogation d'une durée de quinze minutes portant sur le droit des successions, des régimes matrimoniaux et le droit des incapacités.

La note est affectée d'un coefficient 2 ;

6° Une interrogation d'une durée de quinze minutes portant sur le droit de la copropriété et le droit des associations et fondations.

La note est affectée d'un coefficient 2 ;

7° Une interrogation d'une durée de vingt minutes portant sur la gestion d'un cabinet d'administrateur judiciaire.

La note est affectée d'un coefficient 2.

Art. 811-19-1 *(A. 25 avr. 2018)*. – L'épreuve écrite de l'examen avec option en matière civile, d'une durée de cinq heures, a pour objet le traitement d'un dossier portant sur l'une des missions susceptibles d'être confiées à un administrateur judiciaire inscrit avec la mention de la spécialité civile.

La note est affectée d'un coefficient 6.

Art. A. 811-20. – Chacune des épreuves est notée de 0 à 20. Chaque note est affectée du coefficient prévu *pour l'épreuve correspondante*.

L'aptitude est prononcée par le jury au vu de la moyenne des notes obtenues par le candidat à l'ensemble des épreuves qu'il a subies, si celle-ci est égale ou supérieure à 10 sur 20.

Pour les épreuves écrites, les candidats peuvent utiliser les codes et recueils de lois et décrets comportant des références d'articles de doctrine et de jurisprudence, à l'exclusion toutefois des codes annotés et commentés, article par article, par des professionnels du droit. Ils peuvent également se servir de codes ou recueils de lois et décrets ne contenant aucune indication de doctrine ou de jurisprudence sans autre note que des références à des textes législatifs ou réglementaires.

La correction des épreuves écrites est organisée de manière à préserver l'anonymat de chaque candidat. Chaque composition est examinée par deux correcteurs.

Les épreuves orales se déroulent en séance publique.

Art. A. 811-21. – **Le jury arrête la liste des candidats déclarés aptes. Cette liste est publiée au Journal officiel de la République française. Les résultats sont notifiés individuellement à chaque candidat.**

Art. A. 811-22. – **Par application des dispositions du titre III du décret n° 56-585 du 12 juin 1956 portant fixation du système général de rétribution des agents de l'État ou des personnels non fonctionnaires assurant, à titre d'occupation accessoire, soit une tâche d'enseignement, soit le fonctionnement de jurys d'examens ou de concours, les jurys aux examens d'accès au stage professionnel et d'aptitude aux fonctions d'administrateur judiciaire sont classés dans le groupe I *bis*.**

§ 2. – Des conditions d'expérience ou de stage complémentaires au diplôme de master mentionné à l'article L. 811-5
(§ créé, A. 7 mars 2017)

Art. A. 811-23 *(A. 7 mars 2017)*. – **En application de l'article premier de l'arrêté du 4 février 2014 fixant la nomenclature des mentions du diplôme national de master, l'intitulé du diplôme mentionné à l'article L. 811-5 est le suivant : diplôme national de master, mention « administration et liquidation des entreprises en difficulté ».**

Art. A. 811-24 *(A. 7 mars 2017)*. – **Le secrétariat de la Commission nationale d'inscription et de discipline adresse au candidat au moins quinze jours avant l'audition mentionnée à l'article R. 811-28-1 une convocation mentionnant le jour, l'heure et le lieu de cette audition par lettre recommandée avec demande d'avis de réception.**

Art. A. 811-25 *(A. 7 mars 2017)*. – **La liste des actes accomplis par le stagiaire prévue à l'article R. 811-28-2 figure au I de l'annexe 8-1-1 au présent livre.**

Annexe 8-1-1
aux articles A. 811-25 et A. 812-24
(Annexe créée, A. 7 mars 2017)

I. – Liste des actes accomplis par le stagiaire en application de l'article A. 811-25 :
– mission d'assistance du débiteur en procédure de sauvegarde ou de redressement judiciaire ;
– mission de surveillance du débiteur de la procédure de sauvegarde ;
– mission d'administration en procédure de redressement judiciaire ;
– mission d'administrateur judiciaire pendant le maintien provisoire de l'activité en procédure de liquidation judiciaire ;
– action en extension de procédure ;
– actes étrangers à la gestion courante de l'entreprise en période d'observation de la procédure de sauvegarde et de redressement judiciaire ;
– contentieux portant sur une demande en revendication ou en restitution ayant donné lieu à une décision du juge-commissaire ;
– actions en continuation ou en résiliation des contrats en cours ;
– action portant sur la continuation ou la résiliation du bail des locaux professionnels ;
– action en nullité de la période suspecte ;
– demande de conversion de procédure ;
– diagnostic en procédure de sauvegarde ou de redressement judiciaire ;
– bilan économique, social et environnemental en procédure de sauvegarde ou de redressement judiciaire ;
– élaboration d'un plan de sauvegarde de l'emploi ;
– réunion des institutions représentatives du personnel ;
– notification de licenciements ;
– mission de surveillance de l'exécution du plan, actions engagées ou poursuivies dans l'intérêt collectif des créanciers, exécution des actes permettant la mise en œuvre du plan et rapport annuel prévu à l'article R. 626-43 en procédure de sauvegarde ou de redressement judiciaire ;
– assistance du débiteur dans la préparation d'un projet ayant pour objet une modification substantielle dans les objectifs ou les moyens du plan ;
– présentation au tribunal d'une demande en résolution du plan en procédure de sauvegarde ou de redressement judiciaire ;
– mission de perception et de répartition des dividendes arrêtés par le plan de sauvegarde ou de redressement judiciaire ;

– inscription des créances sur la liste prévue à l'article R. 622-15 ;
– préparation d'un plan de sauvegarde ou de redressement ;
– préparation d'un plan de cession en procédure de sauvegarde ou de redressement judiciaire ;
– mission de surveillance à la passation des actes du plan de cession ;
– rapport sur la poursuite d'activité et le renouvellement de la période d'observation ;
– représentation du débiteur à l'audience du tribunal de commerce en procédure de sauvegarde, de redressement judiciaire ou de liquidation judiciaire ;
– déclaration au service mentionné à l'article L. 561-23 du Code monétaire et financier ;
– requête aux fins de modification de mission ;
– requête en taxation d'émoluments ;
– requête en clôture de procédure ;
– passation des écritures comptables des états trimestriels et diligences spécifiques à la comptabilité de la Caisse des dépôts et des consignations.

II. – Liste des actes accomplis par le stagiaire en application de l'article A. 812-24 :

– mission de mandataire judiciaire en sauvegarde et en redressement judiciaire ;
– mission de liquidateur en liquidation judiciaire ;
– mission de mandataire judiciaire lorsque le maintien de l'activité a été autorisé en application de l'article L. 641-10 ;
– mission de mandataire judiciaire en procédure de rétablissement professionnel ou de liquidateur en liquidation judiciaire simplifiée ;
– action en extension de procédure ;
– requête en conversion de procédure ;
– avis sur le renouvellement de la période d'observation ;
– établissement des rapports en procédure de liquidation judiciaire ;
– requête en désignation d'un technicien ;
– intervention du mandataire judiciaire dans la procédure de poursuite du contrat en cours en sauvegarde et en redressement judiciaire ;
– enregistrement des créances déclarées et non vérifiées, ainsi que des créances portées sur la liste prévue à l'article R. 622-15 durant la procédure de sauvegarde, de redressement judiciaire ou de liquidation judiciaire ;
– vérification des créances autres que salariales, inscrites sur l'état des créances mentionné à l'article R. 624-8 durant la procédure de redressement judiciaire ou de liquidation judiciaire ;
– établissement des relevés des créances salariales durant la procédure de sauvegarde, de redressement judiciaire ou de liquidation judiciaire ;
– contestation des créances autres que salariales dont l'admission ou le rejet a donné lieu à une décision du juge-commissaire inscrite sur l'état des créances mentionné à l'article R. 624-8 durant la procédure de sauvegarde, de redressement judiciaire ou de liquidation judiciaire ;
– contentieux portant sur une demande en revendication ou en restitution ayant donné lieu à une décision du juge-commissaire ;
– action en nullité de la période suspecte durant la procédure de redressement judiciaire ou de liquidation judiciaire ;
– mission de répartition des fonds entre les créanciers confiée par le tribunal au mandataire judiciaire durant la procédure de sauvegarde, de redressement judiciaire ou de liquidation judiciaire ;
– consultation des créanciers préparatoire à l'arrêté du plan de sauvegarde ou de redressement ;
– avis sur les projets de plan de sauvegarde, de redressement ou de cession ;
– rapport sur le déroulement du plan de sauvegarde ou de redressement judiciaire ;
– *mission de commissaire* à l'exécution du plan de continuation en procédure de sauvegarde ou de redressement judiciaire ;
– élaboration d'un plan de cession partielle ou totale durant la procédure de liquidation judiciaire ;
– encaissement de créance ou recouvrement de créance durant la procédure de liquidation judiciaire ;
– réalisation d'actifs meubles durant la procédure de liquidation judiciaire ;
– réalisation de fonds de commerce durant la procédure de liquidation judiciaire ;
– réalisation d'immeuble durant la procédure de liquidation judiciaire ;
– action en résiliation ou en continuation des contrats en cours par le liquidateur ;
– élaboration d'un plan de sauvegarde de l'emploi ;
– réunion des institutions représentatives du personnel ;
– notification de licenciements ;
– établissement des créances salariales ;

– répartition aux créanciers mentionnés à l'article L. 622-24 et paiements des créances mentionnées au I de l'article L. 641-13 ;
– établissement d'un état de répartition en liquidation judiciaire simplifiée ;
– répartition des actifs de l'entreprise entre les créanciers ;
– requête aux fins d'être autorisé à régulariser une transaction ou un compromis en liquidation judiciaire ;
– introduction ou reprise d'une instance judiciaire en cours ;
– représentation des créanciers à l'audience du tribunal ;
– représentation du débiteur à l'audience du tribunal en procédure de liquidation judiciaire ;
– suivi des contentieux prud'homaux ;
– déclaration au service mentionné à l'article L. 561-23 du Code monétaire et financier ;
– action en sanction à l'égard du dirigeant (rapport au Parquet ou assignation en responsabilité pour insuffisance d'actif, faillite personnelle ou interdiction de gérer) ;
– demande d'avance au Fond de financement des dossiers impécunieux ;
– requête en avance des frais du Trésor public ;
– requête en taxation d'émoluments ;
– requête en clôture de procédure ;
– passation des écritures comptables des états trimestriels et diligences spécifiques à la comptabilité de la Caisse des dépôts et des consignations.

§ 3. – De l'examen mentionné à l'article R. 811-28-5

(§ créé à compter du 1er janvier 2019, A. 25 avr. 2018)

Art. A. 811-26 *(A. 25 avr. 2018)*. – **L'examen de contrôle des connaissances est organisé au moins une fois par an.**

Les dates et lieux des épreuves sont fixés par le garde des sceaux, ministre de la justice, et publiés, quatre mois avant la date de la première épreuve, au Journal officiel de la République française.

Art. A. 811-27 *(A. 25 avr. 2018)*. – **Les candidatures sont adressées au secrétariat de la Commission nationale d'inscription et de discipline des administrateurs judiciaires et des mandataires judiciaires, par lettre recommandée avec demande d'avis de réception, au plus tard trois mois avant la date de la session**

Le dossier de candidature comprend :

1° Une requête de l'intéressé précisant la spécialité pour laquelle il entend subir un examen de contrôle de ses connaissances ;

2° Tout document justifiant d'une pratique professionnelle de quatre années dans la spécialité sollicitée.

Art. A. 811-28 *(A. 25 avr. 2018)*. – **La commission arrête, deux mois avant la date de la session, la liste des candidats admis à subir l'examen de contrôle des connaissances. Des convocations individuelles mentionnant le jour, l'heure et le lieu de l'épreuve sont adressées à chaque candidat au moins quinze jours avant la tenue de l'épreuve.**

Art. A. 811-29 *(A. 25 avr. 2018)*. – **I. – L'examen mentionné à l'article R. 811-28-5 consiste en une épreuve orale qui se déroule en séance publique.**

Pour la spécialité commerciale, l'épreuve orale porte sur le droit social et le droit fiscal appliqués aux procédures collectives et sur l'application du droit européen aux procédures collectives nationales.

Pour la spécialité civile, elle porte sur le droit de la copropriété, le droit des successions, le droit des régimes matrimoniaux, le droit des associations et fondations et le droit des incapacités.

II. – L'épreuve orale comprend un exposé de vingt minutes, après une préparation d'une heure, sur un sujet tiré au sort par le candidat.

Cet exposé est suivi d'un entretien **avec le jury d'une durée de trente minutes portant sur l'expérience du candidat.**

Art. A. 811-30 *(A. 25 avr. 2018)*. – **L'épreuve est notée de 0 à 20.**

Le certificat de réussite mentionné à l'article R. 811-28-6 est délivré aux candidats ayant obtenu au moins 10 points sur 20.

§ 4. – De l'examen de contrôle des connaissances mentionné à l'article L. 811-5
(§ créé, A. 2 déc. 2020)

Art. A. 811-31 *(Créé, A. 2 déc. 2020)*. – I. - Les demandes des personnes mentionnées à l'article R. 811-27 sont adressées au secrétariat de la Commission nationale d'inscription et de discipline des administrateurs judiciaires et des mandataires judiciaires, par lettre recommandée, avec demande d'avis de réception ou tout autre moyen permettant d'en assurer la réception ou d'en déterminer la date au plus tard trois mois avant la date de la première épreuve de la session.

II. - Le dossier comprend :

1° Une requête de l'intéressé ;

2° La copie des documents officiels justifiant de l'identité et de la nationalité du requérant ;

3° Un justificatif du domicile du demandeur ;

4° La copie des diplômes, certificats, titres, attestations visés à l'article R. 811-27 ;

5° Tous documents permettant d'apprécier si le demandeur remplit les conditions prévues par les articles L. 811-5 et R. 811-27 ainsi que le contenu détaillé de la formation ou cycle d'études suivi et de la formation professionnelle initiale et continue reçue ;

6° Un document de l'autorité compétente de son État d'origine attestant qu'il n'a pas fait l'objet des condamnations ou sanctions mentionnées aux 2° à 4° de l'article L. 811-5 dans la profession qu'il exerçait antérieurement, ou une attestation datant de moins de trois mois délivrée par l'autorité judiciaire ou administrative compétente et, le cas échéant, par un notaire ou un organisme professionnel, établissant que l'intéressé a déclaré sous serment ou solennellement, si un tel serment n'existe pas dans cet État, qu'il n'a pas fait l'objet de telles condamnations ou sanctions.

Le cas échéant, les pièces justificatives, sauf celles relatives à l'identité et à la nationalité du demandeur, doivent être accompagnées de leur traduction en langue française. A l'exception des documents mentionnés au 2° et au 5°, cette traduction est effectuée par un traducteur inscrit sur la liste nationale des experts judiciaires ou sur l'une des listes d'experts judiciaires dressées par les cours d'appel ou par un traducteur habilité à intervenir auprès des autorités judiciaires ou administratives d'un autre État membre de l'Union européenne ou d'un État partie à l'accord sur l'Espace économique européen.

Art. A. 811-32 *(Créé, A. 2 déc. 2020)*. – L'examen de contrôle des connaissances est organisé au moins une fois par an.

Les dates et lieux des épreuves sont fixés par le garde des sceaux, ministre de la justice, et publiés, quatre mois avant la date de la première épreuve, au *Journal officiel* de la République française.

Art. A. 811-33 *(Créé, A. 2 déc. 2020)*. – La Commission arrête, deux mois avant la date de la première épreuve de la session, la liste des candidats admis à subir les épreuves de l'examen de contrôle des connaissances.

Des convocations individuelles mentionnant le jour, l'heure et le lieu de l'épreuve sont adressées à chaque candidat, quinze jours au moins à l'avance par lettre recommandée avec demande d'avis de réception ou par tout autre moyen permettant d'en assurer la réception ou d'en déterminer la date.

Art. A. 811-34 *(Créé, A. 2 déc. 2020)*. – L'examen de contrôle des connaissances se compose des épreuves suivantes :

1° Une épreuve écrite, d'une durée de cinq heures, ayant pour objet le traitement d'un dossier portant sur une ou *plusieurs des missions susceptibles* d'être confiées à un administrateur judiciaire.

La note est affectée d'un coefficient 2.

2° Un oral consistant en une interrogation d'une durée de trente minutes portant sur la déontologie, la réglementation de la profession et la gestion d'une étude.

La note est affectée d'un coefficient 1.

3° Un oral consistant en une interrogation d'une durée de trente minutes portant sur une ou plusieurs des matières suivantes, dont la ou les matières de cette même liste visées par la décision de la Commission, le cas échéant, en application de l'article R. 811-29 :

- Droit national des entreprises en difficulté ;
- Droit européen et international des entreprises en difficulté ;
- Droit social lié aux procédures collectives ;

- Droit fiscal lié aux procédures collectives ;
- Comptabilité correspondant au programme de l'épreuve du DSCG ;
- Gestion financière et contrôle de gestion correspondant au programme de l'épreuve du DSCG ;
- Droit des contrats ;
- Droit des sûretés ;
- Droit des sociétés et des groupements ;
- Droit pénal des affaires ;
- Procédure civile ;
- Droit des procédures civiles d'exécution.

La note est affectée d'un coefficient 1.

Les sujets des épreuves sont arrêtés et composés par le jury.

Art. A. 811-35 *(Créé, A. 2 déc. 2020)*. – Pour l'épreuve écrite, les candidats peuvent utiliser les codes et recueils de lois et décrets comportant des références d'articles de doctrine et de jurisprudence, à l'exclusion toutefois des codes annotés et commentés, article par article, par des professionnels du droit.

Ils peuvent également se servir de codes ou recueils de lois et décrets ne contenant aucune indication de doctrine ou de jurisprudence sans autre note que des références à des textes législatifs ou réglementaires.

La correction de l'épreuve écrite est organisée de manière à préserver l'anonymat de chaque candidat. Chaque composition est examinée par deux correcteurs.

Les épreuves orales se déroulent en séance publique.

Art. A. 811-36 *(Créé, A. 2 déc. 2020)*. – Chacune des épreuves est notée de 0 à 20. Chaque note est affectée du coefficient prévu pour l'épreuve correspondante.

L'admission est prononcée par le jury au vu de la moyenne des notes obtenues par le candidat à l'ensemble des épreuves, si celle-ci est égale ou supérieure à 10 sur 20.

Art. A. 811-37 *(Créé, A. 2 déc. 2020)*. – Le jury arrête la liste des candidats déclarés admis. Cette liste est publiée au *Journal officiel* de la République française. Les résultats sont notifiés individuellement à chaque candidat.

Art. A. 811-38 *(Créé, A. 2 déc. 2020)*. – La demande d'inscription sur la liste des personnes mentionnées à l'article R. 811-27 est examinée selon les modalités prévues aux articles R. 811-29 et R. 811-31 à R. 811-35.

Sous-section 3. – De la procédure d'inscription sur la liste des administrateurs judiciaires et de la révision de la liste

La présente sous-section ne comprend pas de dispositions pour les arrêtés.

Section II. – De la surveillance, de l'inspection et de la discipline

La présente section ne comprend pas de dispositions pour les arrêtés.

Section III. – De la désignation d'un administrateur provisoire

La présente section ne comprend pas de dispositions pour les arrêtés.

CHAPITRE II. – DES MANDATAIRES JUDICIAIRES

Section I. – De l'accès à la profession

Sous-section 1. – De l'élection des mandataires judiciaires membres de la Commission nationale *d'inscription* et de discipline des administrateurs judiciaires et des mandataires judiciaires

(Intitulé rempl., A. 7 mars 2017)

Art. A. 812-1. – Le règlement fixant les conditions d'élection des mandataires judiciaires élus au sein de la *(Mots rempl., A. 7 mars 2017)* « Commission nationale d'inscription et de discipline des administrateurs judiciaires et des mandataires judiciaires » établi, en vertu de l'article R. 812-3, par le bureau du Conseil national des administrateurs judiciaires et des mandataires judiciaires et approuvé par le garde des sceaux, ministre de la justice, figure à l'annexe 8-1 au présent livre.

Voir : sous art. A. 811-1, p. 2643.

Sous-section 2. – Des conditions d'inscription sur les listes de mandataires judiciaires

§ 1. – De l'examen d'accès au stage professionnel, du stage professionnel, de l'examen d'aptitude aux fonctions de mandataire judiciaire

(Division créée, A. 7 mars 2017)

Art. A. 812-2. – Les titres et diplômes sanctionnant un deuxième cycle d'enseignement supérieur ou d'un niveau équivalent, prévus au 4° de l'article R. 811-7, qui permettent l'accomplissement du stage professionnel de mandataire judiciaire conformément à l'article R. 812-4, sont les suivants :

1° Maîtrise de sciences et techniques comptables et financières ;

2° Maîtrise de méthodes informatiques appliquées à la gestion ;

3° Maîtrise d'économie appliquée de l'université Paris-IX ;

4° Diplôme d'un institut d'études politiques ;

5° Maîtrise d'administration économique et sociale, mention administration et gestion des entreprises ;

6° Titre d'ingénieur économiste délivré par le Conservatoire national des arts et métiers.

Art. A. 812-3. – L'examen d'accès au stage professionnel de mandataire judiciaire est organisé au moins une fois par an.

Les dates et lieux des épreuves sont fixés par le garde des sceaux, ministre de la justice, et publiés quatre mois avant la date de la première épreuve au *Journal officiel* de la République française.

Art. A. 812-4. – I. – Les candidatures sont adressées au secrétaire de la *(Mots rempl., A. 7 mars 2017)* « Commission nationale d'inscription et de discipline des administrateurs judiciaires et des mandataires judiciaires », par lettre recommandée avec demande d'avis de réception, au plus tard trois mois avant la date de la première épreuve de la session.

II. – Le dossier de candidature comprend :

1° Une requête de l'intéressé ;

2° Tous documents officiels justificatifs de l'identité et de la nationalité du candidat ;

3° Tous documents justificatifs du domicile du candidat ;

4° Une photocopie lisible de l'un des titres ou diplômes énumérés aux articles R. 811-7 et R. 811-8 ou la justification des dispenses prévues par la loi.

Art. A. 812-5. – La commission arrête, deux mois avant la date de la première épreuve de la session, la liste des candidats admis à subir les épreuves de l'examen d'accès au stage professionnel. Des convocations individuelles mentionnant le jour, l'heure et le lieu des épreuves sont adressées à chaque candidat au moins quinze jours à l'avance.

Art. A. 812-6. – L'examen comprend des épreuves écrites d'admissibilité et une épreuve orale d'admission.

Les sujets de ces épreuves sont arrêtés par le jury.

Art. A. 812-7. – Les épreuves écrites d'admissibilité comprennent :

1° Une épreuve d'une durée de trois heures portant sur le droit national des entreprises en difficulté.

La note est affectée d'un coefficient 6.

2° Une épreuve d'une durée de trois heures consistant en la résolution d'un cas pratique de comptabilité correspondant au programme de l'épreuve du DPECF.

La note est affectée d'un coefficient 3.

3° Une épreuve d'une durée de deux heures portant sur le droit de la vente et le droit des sûretés.

La note est affectée d'un coefficient 3.

4° Une épreuve d'une durée d'une heure trente portant sur le droit social lié aux procédures collectives.

La note est affectée d'un coefficient 3.

5° Une épreuve d'une durée d'une heure trente portant sur le droit des procédures civiles d'exécution.

La note est affectée d'un coefficient 3.

6° Une épreuve d'une durée de deux heures constituée d'une note de synthèse portant sur le droit européen et international des entreprises en difficulté réalisée à partir de documents fournis aux candidats.

La note est affectée d'un coefficient 2.

Art. A. 812-8. – Pour les épreuves d'admissibilité, les candidats peuvent utiliser les codes et recueils de lois et décrets comportant des références d'articles de doctrine et de jurisprudence. Ils peuvent également se servir de codes ou recueils de lois et décrets ne contenant aucune indication de doctrine ou de jurisprudence sans autre note que des références à des textes législatifs ou réglementaires.

Art. A. 812-9. – La correction des épreuves écrites est organisée de manière à préserver l'anonymat de chaque candidat. Chaque composition est examinée par deux correcteurs.

Chacune des épreuves d'admissibilité est notée de 0 à 20. Chaque note est affectée du coefficient prévu pour l'épreuve correspondante.

L'admissibilité est prononcée par le jury au vu de la moyenne des notes obtenues par le candidat à l'ensemble des épreuves écrites qu'il a subies, si celle-ci est égale ou supérieure à 10 sur 20.

Le jury arrête par ordre alphabétique la liste des candidats déclarés admissibles. Celle-ci est mise en ligne et consultable gratuitement sur le site internet du Conseil national des administrateurs judiciaires et des mandataires judiciaires.

L'admissibilité n'est valable que pour la session au cours de laquelle elle a été acquise.

Art. A. 812-10. – Nul ne peut se présenter à l'épreuve orale d'admission s'il n'a été déclaré admissible par le jury.

Une convocation individuelle mentionnant le jour, l'heure et le lieu de l'épreuve orale est adressée à chaque candidat admissible au moins quinze jours à l'avance.

L'épreuve est constituée d'une discussion de trente minutes avec le jury, orientée sur l'exercice de la profession de mandataire judiciaire. Elle se déroule en séance publique.

Cette épreuve est notée de 0 à 20. La note est affectée d'un coefficient 3.

Art. A. 812-11. – L'admission est prononcée par le jury au vu de la moyenne des notes obtenues par le candidat à l'ensemble des épreuves écrites et orale qu'il a subies, si celle-ci est égale ou supérieure à 10 sur 20.

Art. A. 812-12. – Le jury arrête la liste des candidats déclarés admis. Cette liste est publiée au *Journal officiel* de la République française. Les résultats sont notifiés individuellement à chaque candidat.

Art. A. 812-13. – L'examen d'aptitude à la profession de mandataire judiciaire est organisé au moins une fois par an.

Les dates et lieux des épreuves sont fixés par le garde des sceaux, ministre de la justice, et publiés, quatre mois avant la date de la première épreuve, au *Journal officiel* de la République française.

Art. A. 812-14. – I. – Les candidatures sont adressées au secrétaire de la *(Mots rempl., A. 7 mars 2017)* « Commission nationale d'inscription et de discipline des administrateurs judiciaires et des mandataires judiciaires », par lettre recommandée avec demande d'avis de réception, au plus tard trois mois avant la date de la première épreuve de la session.

II *(II mod., A. 7 mars 2017)*. – Le dossier de candidature comprend :

1° Une requête de l'intéressé ;

2° Tous documents officiels justificatifs de l'identité et de la nationalité du candidat ;

3° *Tous documents justificatifs du domicile du candidat ;*

4° Une photocopie lisible de l'un des titres ou diplômes énuméré aux articles R. 811-7 et R. 811-8 ou du diplôme de master mentionné au 5° de l'article L. 812-3 ou la justification des dispenses prévues par la loi ;

5° Une copie du certificat de fin ou la justification de la dispense partielle ou totale de stage ;

6° Le cas échéant, la justification de la dispense d'une ou plusieurs épreuves de l'examen d'aptitude.

Art. A. 812-15. – La commission arrête, deux mois avant la date de la première épreuve de la session, la liste des candidats admis à subir les épreuves de l'examen d'aptitude professionnelle. Des convocations individuelles mentionnant le jour, l'heure et le lieu des épreuves sont adressées à chaque candidat au moins quinze jours à l'avance.

Art. A. 812-16. – L'examen comprend des épreuves orales et une épreuve écrite.

Les sujets des épreuves sont arrêtés et composés par le jury.

Art. A. 812-17. – Les épreuves orales comprennent :

1° Une épreuve d'une durée de trente minutes comportant un exposé de dix minutes sur un sujet de culture économique et financière suivie d'une discussion avec le jury.

Les candidats disposent d'une heure pour la préparation de cette épreuve.

La note est affectée d'un coefficient 3.

2° *(2° rempl., A. 7 mars 2017)* Une épreuve d'une durée de trente minutes de présentation et de discussion avec le jury portant sur le mémoire de stage que le candidat a rédigé et dont il a choisi le sujet d'économie, de droit ou de gestion ou, pour le candidat dispensé de stage professionnel en application du I de l'article R. 812-13, sur son expérience professionnelle.

3° Une interrogation d'une durée de vingt minutes portant sur la procédure civile et le droit pénal des affaires.

La note est affectée d'un coefficient 3.

4° Une interrogation d'une durée de quinze minutes portant sur le droit social et le droit fiscal liés aux procédures collectives.

La note est affectée d'un coefficient 3.

5° Une interrogation d'une durée de vingt minutes portant sur le statut et la déontologie de la profession de mandataire judiciaire.

La note est affectée d'un coefficient 3.

6° Une interrogation d'une durée de vingt minutes portant sur la gestion d'un cabinet de mandataire judiciaire.

La note est affectée d'un coefficient 2.

7° Une interrogation d'une durée de quinze minutes portant sur l'application du droit européen aux procédures collectives nationales.

La note est affectée d'un coefficient 1.

Art. A. 812-18. – L'épreuve écrite, d'une durée de cinq heures, a pour objet le traitement d'un dossier portant sur l'une des missions susceptibles d'être confiées à un mandataire judiciaire.

La note est affectée d'un coefficient 6.

Art. A. 812-19. – Chacune des épreuves est notée de 0 à 20. Chaque note est affectée du coefficient prévu pour l'épreuve correspondante.

L'aptitude est prononcée par le jury au vu de la moyenne des notes obtenues par le candidat à l'ensemble des épreuves qu'il a subies, si celle-ci est égale ou supérieure à 10 sur 20.

Pour les épreuves écrites, les candidats peuvent utiliser les codes et recueils de lois et décrets comportant des références d'articles de doctrine et de jurisprudence, à l'exclusion toutefois des codes annotés et commentés, article par article, par des professionnels du droit. Ils peuvent également se servir de codes ou recueils de lois et *décrets ne contenant* aucune indication de doctrine ou de jurisprudence sans autre note que des références à des textes législatifs ou réglementaires.

La correction des épreuves écrites est organisée de manière à préserver l'anonymat de chaque candidat. Chaque composition est examinée par deux correcteurs.

Les épreuves orales se déroulent en séance publique.

Art. A. 812-20. – Le jury arrête la liste des candidats déclarés aptes. Cette liste est publiée au *Journal officiel* de la République française. Les résultats sont notifiés individuellement à chaque candidat.

Art. A. 812-21. – Par application des dispositions du titre III du décret [n° 56-585] du 12 juin 1956 portant fixation du système général de rétribution des agents de l'État ou des personnels non fonctionnaires assurant, à titre d'occupation accessoire, soit une tâche d'enseignement, soit le fonctionnement de jurys d'examens ou de concours, les jurys aux examens d'accès au stage professionnel et d'aptitude aux fonctions de mandataire judiciaire sont classés dans le groupe I *bis*.

§ 2. – Des conditions d'expérience ou de stage complémentaires au diplôme de master mentionné à l'article L. 812-3
(§ créé, A. 7 mars 2017)

Art. A. 812-22 *(A. 7 mars 2017)*. – En application de l'article premier de l'arrêté du 4 février 2014 fixant la nomenclature des mentions du diplôme national de master, l'intitulé du diplôme mentionné à l'article L. 812-3 est le suivant : diplôme national de master, mention « administration et liquidation des entreprises en difficulté ».

Art. A. 812-23 *(A. 7 mars 2017)*. – Les dispositions de l'article A. 811-24 sont applicables aux mandataires judiciaires.

Art. A. 812-24 *(A. 7 mars 2017)*. – La liste des actes accomplis par le stagiaire prévue à l'article R. 812-18-2 figure au II de l'annexe 8-1-1 au présent livre.

§ 3. – De l'examen de contrôle des connaissances mentionné à l'article L. 812-3
(§ créé, A. 2 déc. 2020)

Art. A. 812-25 *(Créé, A. 2 déc. 2020)*. – I. - Les demandes des personnes mentionnées à l'article R. 812-15 sont adressées au secrétariat de la Commission nationale d'inscription et de discipline des administrateurs judiciaires et des mandataires judiciaires, par lettre recommandée, avec demande d'avis de réception ou tout autre moyen permettant d'en assurer la réception ou d'en déterminer la date, au plus tard trois mois avant la date de la première épreuve de la session.

II. - Le dossier comprend :

1° Une requête de l'intéressé ;

2° La copie des documents officiels justifiant de l'identité et de la nationalité du requérant ;

3° Un justificatif du domicile du demandeur ;

4° La copie des diplômes, certificats, titres, attestations visés à l'article R. 812-25 ;

5° Tous documents permettant d'apprécier si le demandeur remplit les conditions prévues par les articles L. 812-3 et R. 812-25 ainsi que le contenu détaillé de la formation ou cycle d'études suivi et de la formation professionnelle initiale et continue reçue ;

6° Un document de l'autorité compétente de son État d'origine attestant qu'il n'a pas fait l'objet des condamnations ou sanctions mentionnées aux 2° à 4° de l'article L. 812-3 dans la profession qu'il exerçait antérieurement, ou une attestation datant de moins de trois mois délivrée par l'autorité judiciaire ou administrative compétente et, le cas échéant, par un notaire ou un organisme professionnel, établissant que l'intéressé a déclaré sous serment ou solennellement, si un tel serment n'existe pas dans cet État, qu'il n'a pas fait l'objet de telles condamnations ou sanctions.

Le cas échéant, les pièces justificatives, sauf celles relatives à l'identité et à la nationalité du demandeur, doivent être accompagnées de leur traduction en langue française. À l'exception des documents mentionnés au 2° et au 5°, cette traduction est effectuée par un traducteur inscrit sur la liste nationale des experts judiciaires ou sur l'une des listes d'experts judiciaires dressées par les cours d'appel ou par un traducteur habilité à intervenir auprès des autorités judiciaires ou administratives d'un autre État membre de l'Union européenne ou d'un État partie à l'accord sur l'Espace économique européen.

Art. A. 812-26 *(Créé, A. 2 déc. 2020)*. – Les dispositions des articles A. 811-32 à A. 811-33 sont applicables.

Art. A. 812-27 *(Créé, A. 2 déc. 2020)*. – L'examen de contrôle des connaissances se compose des épreuves suivantes :

1° Une épreuve écrite, d'une durée de cinq heures, ayant pour objet le traitement d'un dossier portant sur une ou plusieurs des missions susceptibles d'être confiées à un mandataire judiciaire.

La note est affectée d'un coefficient 2.

2° Un oral consistant en une interrogation d'une durée de trente minutes par le jury portant sur la déontologie, la réglementation de la profession et la gestion d'une étude.

La note est affectée d'un coefficient 1.

3° Un oral consistant en une interrogation d'une durée de trente minutes par le jury portant sur une ou plusieurs des matières suivantes, dont la ou les matières de cette même liste visées par la décision de la Commission, le cas échéant, en application de l'article R. 812-17 :

- Droit national des entreprises en difficulté ;
- Droit européen et international des entreprises en difficulté ;
- Droit social lié aux procédures collectives ;
- Droit fiscal lié aux procédures collectives ;
- Comptabilité correspondant au programme de l'épreuve du DSCG ;
- Gestion financière et contrôle de gestion correspondant au programme de l'épreuve du DSCG ;
- Droit des contrats ;
- Droit des sûretés ;
- Droit des sociétés et des groupements ;
- Droit pénal des affaires ;
- Procédure civile ;
- Droit des procédures civiles d'exécution.

La note est affectée d'un coefficient 1.

Les sujets des épreuves sont arrêtés et composés par le jury.

Art. A. 812-28 *(Créé, A. 2 déc. 2020)*. – Les dispositions des articles A. 811-35 à A. 811-37 sont applicables.

Art. A. 812-29 *(Créé, A. 2 déc. 2020)*. – La demande d'inscription sur la liste des personnes mentionnées à l'article R. 812-15 est examinée selon les modalités prévues par les articles R. 812-17 et R. 812-19.

Sous-section 3. – De la procédure d'inscription sur les listes de mandataires judiciaires

La présente sous-section ne comprend pas de dispositions pour les arrêtés.

Section II. – De la surveillance, de l'inspection et de la discipline

La présente section ne comprend pas de dispositions pour les arrêtés.

CHAPITRE III. – DES EXPERTS EN DIAGNOSTIC D'ENTREPRISE

Le présent chapitre ne comprend pas de dispositions pour les arrêtés.

CHAPITRE IV. – DISPOSITIONS COMMUNES

Section I. – Du recours contre les décisions des commissions d'inscription et de discipline

La présente section ne comprend pas de dispositions pour les arrêtés.

Section II. – De la représentation des professions auprès des pouvoirs publics

Art. A. 814-1. – Les règles professionnelles établies, en vertu de l'article R. 814-3, par le Conseil national des administrateurs judiciaires et des mandataires judiciaires et approuvées par le garde des Sceaux, ministre de la Justice, figurent à l'annexe 8-2 au présent livre.

ANNEXE 8-2
(Annexe à l'article A. 814-1)

Règles professionnelles prévues par l'article 54-1-II
du décret [n° 85-1389] du 27 décembre 1985 modifié

Préambule

Les « règles professionnelles » réunissent l'ensemble des prescriptions d'ordre déontologique qui, en application des dispositions légales et réglementaires en vigueur à la date de leur approbation par le garde des Sceaux, s'imposent à tous les administrateurs judiciaires et à tous les mandataires judiciaires à la liquidation des entreprises pour l'exercice de leur activité. Elles sont susceptibles d'être modifiées en fonction de l'évolution de ces dispositions. Ces règles s'appliquent également aux professionnels retirés des listes et autorisés à poursuivre un ou plusieurs dossiers en cours, en vertu des articles 9 et 24 de la loi n° 85-99 du 25 janvier 1985 ainsi qu'aux professionnels occasionnels, sauf pour ce qui concerne l'obligation de cotiser à la caisse de garantie des administrateurs judiciaires et des mandataires judiciaires à la liquidation des entreprises et au Conseil national des administrateurs judiciaires et des mandataires judiciaires à la liquidation des entreprises.

Elles sont rassemblées dans le présent document.

Elles ont été arrêtées par le Conseil national des administrateurs judiciaires et des mandataires judiciaires à la liquidation des entreprises (ci-après dénommé « le Conseil national ») en application de l'article 54-1-II du décret n° 85-1389 du 27 décembre 1985 modifié.

Leur non-respect peut entraîner des poursuites disciplinaires à l'initiative exclusive de l'autorité publique qui dispose, seule, du pouvoir disciplinaire.

TITRE PREMIER. – DÉFINITIONS

1.1. *De l'administrateur judiciaire.*

« Les administrateurs judiciaires sont les mandataires chargés par décision de justice d'administrer les biens d'autrui ou d'exercer des fonctions d'assistance ou de surveillance dans la gestion de ces biens » (art. 1er de la loi n° 85-99 du 25 janvier 1985).

Les administrateurs judiciaires peuvent également se voir confier les mandats ou missions visés à l'article 11 de la loi n° 85-99 du 25 janvier 1985.

Les administrateurs judiciaires sont inscrits sur une liste nationale divisée en sections régionales, correspondant au ressort de chaque cour d'appel, et subdivisée en deux sous-sections, l'une pour les administrateurs judiciaires en matière commerciale, l'autre pour les administrateurs judiciaires en matière civile.

Les tribunaux peuvent cependant à titre exceptionnel et par décision motivée désigner en qualité d'administrateur judiciaire des personnes non inscrites sur cette liste.

Un administrateur judiciaire peut être inscrit sur les deux sous-sections.

Les administrateurs judiciaires en matière commerciale peuvent recevoir des mandats de syndic dans le cadre de la loi n° 67-563 du 13 juillet 1967 sur le règlement judiciaire et la liquidation des biens.

1.2. *Du mandataire judiciaire à la liquidation des entreprises.*

« Les mandataires judiciaires à la liquidation des entreprises sont les mandataires chargés par décision de justice de représenter les créanciers et de procéder éventuellement à la liquidation d'une entreprise dans les conditions définies par la loi n° 85-98 du 25 janvier 1985 relative au redressement et à la liquidation judiciaires des entreprises » (art. 19 de la loi n° 85-99 du 25 janvier 1985).

Les mandataires judiciaires à la liquidation des entreprises peuvent également se voir confier les mandats ou missions visés à l'article 27 de la loi n° 85-99 du 25 janvier 1985.

Les mandataires judiciaires à la liquidation des entreprises peuvent recevoir des mandats de syndic dans le cadre de la loi n° 67-563 du 13 juillet 1967 sur le règlement judiciaire et la liquidation des biens.

TITRE II. – PRINCIPES DE DÉONTOLOGIE

2.1. *Des principes fondamentaux.*

L'indépendance, la probité, l'honneur, la loyauté, la dignité, la conscience, l'humanité, le désintéressement, la *délicatesse, la modération, la courtoisie, la confraternité* et le tact sont d'impérieux devoirs pour l'administrateur judiciaire et le mandataire judiciaire à la liquidation des entreprises.

Ils constituent ensemble les principes fondamentaux qui régissent l'exercice de leur activité.

Même en dehors de leur exercice professionnel, les administrateurs judiciaires et les mandataires judiciaires à la liquidation des entreprises doivent s'abstenir de toute infraction aux lois et règlements et de tout agissement contraire aux principes fondamentaux précités ou susceptibles de porter atteinte à la dignité de leur profession.

Tout administrateur judiciaire et tout mandataire judiciaire à la liquidation des entreprises doit, conformément au serment qu'il a prêté devant la cour d'appel, respecter la déontologie de sa profession.

2.2. *Des obligations s'imposant aux professionnels à raison de leur mission de service public.*

Les administrateurs judiciaires et les mandataires judiciaires à la liquidation des entreprises assument une mission de service public dans le cadre d'une activité libérale.

Le système de garantie collective de la responsabilité professionnelle des administrateurs judiciaires et des mandataires judiciaires à la liquidation des entreprises leur crée à cet égard des devoirs particuliers.

2.2.1. Des incompatibilités.

2.2.1.1. Conformément aux dispositions des articles 11 et 29 de la loi n° 85-99 du 25 janvier 1985, l'administrateur judiciaire ou le mandataire judiciaire à la liquidation des entreprises ne peut exercer d'activité de nature à porter atteinte à son indépendance, à sa dignité et, à l'exception de l'enseignement, au caractère libéral de son exercice professionnel.

2.2.1.2. Afin qu'il ne soit pas porté atteinte à son indépendance et afin d'éviter tout conflit et toute communauté d'intérêts, il est demandé à tout administrateur judiciaire et tout mandataire judiciaire à la liquidation des entreprises de s'abstenir d'exercer toute activité commerciale, directement ou par personne interposée, et de détenir un mandat social dans une société à objet commercial, à l'exception d'un mandat de liquidateur amiable.

2.2.1.3. Tout administrateur judiciaire ou mandataire judiciaire à la liquidation des entreprises titulaire d'un mandat social dans une société à objet civil ou commercial doit avertir par écrit le Conseil national de tout événement de nature à compromettre la survie de la société en fournissant toutes explications sur les conditions dans lesquelles il exerce ses fonctions. Si le Conseil national estime que ces fonctions deviennent incompatibles avec les principes fondamentaux précités, il convoque l'intéressé pour recevoir ses explications et statuer sur l'opportunité d'une démission desdites fonctions. Le professionnel a la possibilité de se faire assister par tout conseil de son choix.

Si le Conseil national estime qu'il y a lieu à démission et si l'intéressé ne se plie pas à cette injonction dans le mois suivant sa notification par lettre recommandée avec accusé de réception, le président du Conseil national avise le commissaire du Gouvernement auprès de la commission d'inscription ou de discipline ayant établi la liste sur laquelle figure l'administrateur judiciaire ou le mandataire judiciaire concerné et peut également informer les présidents des juridictions le désignant habituellement.

2.2.1.4. L'administrateur judiciaire ou le mandataire judiciaire à la liquidation des entreprises peut être président d'une association régie par la loi du 1er juillet 1901.

2.2.1.5. L'administrateur judiciaire ou le mandataire judiciaire à la liquidation des entreprises investi d'un mandat public, électif ou non, doit veiller à ce qu'aucune confusion ne puisse s'établir entre l'exercice de sa profession et l'accomplissement de ce mandat.

2.2.2. De l'indépendance.

2.2.2.1. L'administrateur judiciaire ou le mandataire judiciaire à la liquidation des entreprises ne doit en aucun cas se trouver dans une position susceptible d'altérer sa liberté d'appréciation, qui doit rester pleine et entière, ou dans une position susceptible d'être perçue comme telle.

Les fonctions d'administrateur judiciaire ou le mandataire judiciaire à la liquidation des entreprises sont notamment incompatibles avec toute situation plaçant l'intéressé dans un état de dépendance, de quelque nature qu'elle soit, à l'égard de toute entreprise pour laquelle un mandat lui est confié ou de tout conseil ou partenaire de ladite entreprise.

Les collaborateurs de l'administrateur judiciaire ou du mandataire judiciaire à la liquidation des entreprises doivent remplir les mêmes conditions d'indépendance.

L'administrateur judiciaire ou le mandataire judiciaire à la liquidation des entreprises ne peut user de ses fonctions pour rechercher un avantage indu pour son compte ou au bénéfice d'autrui, notamment auprès des établissements financiers, des entreprises sous mandat et plus généralement de toute personne physique ou morale avec laquelle il peut avoir un contact professionnel.

La qualité d'administrateur judiciaire ou de mandataire judiciaire à la liquidation des entreprises est incompatible avec l'acquisition amiable d'actifs d'une personne, physique ou morale, soumise à une procédure collective.

2.2.2.2. Lorsqu'un administrateur judiciaire ou un mandataire judiciaire à la liquidation des entreprises reçoit un mandat d'une juridiction, il informe par écrit dans les huit jours de sa désignation le président de ladite juridiction et le procureur de la République compétent des intérêts économiques et financiers qu'il détient directement ou indirectement dans l'entreprise concernée ou dans une entreprise concurrente, et qui peuvent faire obstacle à l'attribution de ce mandat. Dans le cas d'un mandat amiable, il informe dans les mêmes conditions son mandant.

2.2.2.3. Dès lors qu'un administrateur judiciaire ou un mandataire judiciaire à la liquidation des entreprises constate en cours de mandat l'existence de faits ou de liens de nature à porter atteinte à son indépendance ou pouvant être perçus comme tels, il en avise sans délai le président de la juridiction qui l'a désigné et le procureur de la République compétent, ou son mandant, en cas de mandat amiable.

2.2.2.4. Sous réserve de dispositions de la loi n° 90-1258 du 31 décembre 1990 et des décrets n° 93-892 du 6 juillet 1993 et n° 93-1112 du 20 septembre 1993, tout contrôle direct ou indirect de l'exercice professionnel de l'administrateur judiciaire ou du mandataire judiciaire à la liquidation des entreprises par des personnes physiques ou morales n'appartenant pas à leur profession est prohibé.

2.3. *Des relations avec les tiers.*

2.3.1. Du secret professionnel.

Dans le cadre des missions et mandats qui leur sont confiés, et sous réserve des dispositions légales et réglementaires propres à l'exercice de leur activité, les administrateurs judiciaires et les mandataires judiciaires à la liquidation des entreprises sont tenus au secret professionnel dans les conditions prévues par les articles 226-13 et 226-14 du Code pénal.

Ce secret couvre tout ce qui est venu à la connaissance de l'administrateur judiciaire ou du mandataire judiciaire à la liquidation des entreprises dans l'exercice de son activité.

L'administrateur judiciaire ou le mandataire judiciaire à la liquidation des entreprises doit en conséquence :

– n'accepter de témoigner de ce qu'il peut savoir au titre des mandats et missions qui lui sont ou lui ont été confiés que dans les cas expressément prévus par la loi et le règlement tels qu'ils sont interprétés par la jurisprudence ;

– se faire assister lors de toute perquisition à son domicile professionnel ou dans un bureau annexe par le président du Conseil national ou son représentant qui assure, de concours avec le juge d'instruction, le respect du secret professionnel conformément aux articles 56 et 96 du Code de procédure pénale.

Les administrateurs judiciaires et les mandataires judiciaires à la liquidation des entreprises doivent veiller à ce que tous leurs collaborateurs soient instruits de l'obligation au secret professionnel, qui est aussi la leur, et la respectent.

2.3.2. De l'image de la profession.

Chaque administrateur judiciaire, chaque mandataire judiciaire à la liquidation des entreprises doit, par son comportement, s'attacher à donner, en toutes circonstances, la meilleure image de sa profession.

À cet égard, les administrateurs judiciaires et les mandataires judiciaires à la liquidation des entreprises doivent avoir une pleine conscience des conséquences possibles de leur comportement professionnel et des actes accomplis dans l'exercice de leurs fonctions.

Tout administrateur judiciaire ou mandataire judiciaire à la liquidation des entreprises doit assurer une prestation de qualité.

2.3.3. De la publicité.

2.3.3.1. Toute forme de publicité personnelle, même indirecte, est interdite à l'administrateur judiciaire et au mandataire judiciaire à la liquidation des entreprises.

2.3.3.2. L'administrateur judiciaire ou le mandataire judiciaire à la liquidation des entreprises membre ou ancien membre d'une instance professionnelle (Conseil national, conseil d'administration de la caisse de garantie, jury d'examen, conseils des organisations professionnelles, etc.), ou à qui ces instances ont confié une fonction ou une mission, ne peut faire état, pour obtenir un mandat ou à l'occasion de l'accomplissement d'un mandat, ni de cette qualité ni de ces fonctions ou missions.

2.3.3.3. Le Conseil national et, le cas échéant, les organisations professionnelles peuvent faire ou autoriser toute publicité collective qu'ils jugent utile.

2.3.4. Du papier à lettres.

Le papier à lettres des administrateurs judiciaires et des mandataires judiciaires à la liquidation des entreprises, comme tout document destiné à des tiers, notamment les cartes de visite et les cartes de vœux, doit respecter le principe de l'interdiction de la publicité personnelle.

Il doit indiquer les nom, prénom, titre d'administrateur judiciaire ou de mandataire judiciaire à la liquidation des entreprises auprès des tribunaux de la cour d'appel de..., adresse, numéros de téléphone, de télécopie et, éventuellement, adresse télématique.

Les administrateurs judiciaires doivent préciser la sous-section de la liste sur laquelle ils sont inscrits (celle des administrateurs judiciaires en matière civile ou celle des administrateurs judiciaires en matière commerciale), les administrateurs judiciaires inscrits sur les deux sous-sections pouvant toutefois s'en abstenir.

Le papier à lettres peut également faire éventuellement état des titres et fonctions universitaires, des autres *professions réglementées exercées en* vertu des articles 11 et 27 de la loi n° 85-99 du 25 janvier 1985 ou ayant été exercées, et des bureaux annexes dûment autorisés avec leurs coordonnées.

En cas d'exercice dans le cadre d'une personne morale, le papier à lettres doit mentionner la forme de la personne morale et sa dénomination sociale et peut mentionner les noms et prénoms de l'ensemble des associés, les nom et prénom du signataire de la lettre devant toujours être indiqués.

Toute autre mention que n'imposeraient pas des dispositions légales ou réglementaires est interdite.

2.3.5. De la plaque professionnelle.

Les administrateurs judiciaires et les mandataires judiciaires à la liquidation des entreprises peuvent apposer, à l'intérieur de l'immeuble où ils exercent, une plaque indiquant leur nom, prénom et qualité d'administrateur judiciaire ou de mandataire judiciaire à la liquidation des entreprises, le cas échéant celle d'ancien syndic administrateur judiciaire ou d'ancien administrateur et séquestre près le tribunal judiciaire de Paris, ainsi que la situation de leur étude ou bureau annexe dans l'immeuble.

Une plaque d'aspect sobre, de dimensions limitées et sans portée publicitaire peut également être apposée à l'extérieur de l'immeuble.

Lorsque la profession est exercée dans le cadre d'une personne morale, la plaque peut comporter, outre la forme juridique et la dénomination sociale de la personne morale, les noms et prénoms de chacun des professionnels associés.

2.3.6. Des interventions publiques.

L'administrateur judiciaire ou le mandataire judiciaire à la liquidation des entreprises s'exprime librement dans les domaines de son choix et suivant les moyens qu'il estime appropriés.

Il doit, en toutes circonstances, faire preuve de discrétion et de réserve, particulièrement lorsque sa qualité d'administrateur judiciaire ou de mandataire judiciaire à la liquidation des entreprises est connue, et s'interdire toute recherche de publicité.

Si l'administrateur judiciaire ou le mandataire judiciaire à la liquidation des entreprises fait des déclarations concernant les mandats ou missions qui lui sont confiés ou sur des questions générales en rapport avec son activité professionnelle, il doit le faire dans le respect du secret professionnel. Il doit en outre indiquer à quel titre il s'exprime et faire preuve d'une vigilance particulière.

2.3.7. Des relations avec les établissements financiers.

Lorsqu'ils traitent à titre personnel avec un établissement financier avec lequel ils entretiennent une relation professionnelle dans le cadre des mandats qui leur sont confiés, les administrateurs judiciaires et les mandataires judiciaires à la liquidation des entreprises doivent :

– s'assurer que les conditions proposées sont celles généralement pratiquées par ledit établissement envers les clients d'un profil financier équivalent et, en conséquence, s'abstenir de toute négociation individuelle et personnelle en vue d'avantages particuliers ;

– refuser des concours à des conditions inférieures au taux de refinancement de l'établissement concerné ;

– exclure toute clause de « fidélité commerciale ».

2.3.8. Des relations avec les parties à la procédure.

Les administrateurs judiciaires et les mandataires judiciaires à la liquidation des entreprises doivent aux diverses parties à la procédure tous leurs égards ainsi que leur conscience professionnelle, l'équité, la probité et l'information la plus complète possible.

Qu'ils soient en relation avec le débiteur, les salariés, les créanciers, les contrôleurs ou des prestataires de services externes à la procédure, les administrateurs judiciaires et mandataires judiciaires à la liquidation des entreprises veillent à assurer à leurs interlocuteurs des conditions d'accueil et de réception convenables.

Il est recommandé aux professionnels de remettre au débiteur au plus tard dès leur première entrevue un document permettant à ce dernier de comprendre la mission respective des organes de la procédure.

Les professionnels observent vis-à-vis des diverses parties, notamment des salariés, la disponibilité imposée par les circonstances.

Ils utilisent au mieux les techniques de communication modernes et prennent les moyens humains et techniques permettant de répondre rapidement et de manière circonstanciée aux demandes d'informations et plus généralement à tout courrier qui leur est adressé.

Dans le traitement de leurs dossiers, ils pratiquent la transparence vis-à-vis de leurs divers interlocuteurs sous *réserve des obligations de discrétion* ou de secret professionnel.

Il leur appartient de faire circuler l'information sans délai, cette célérité d'intervention étant de nature à assurer au mieux les obligations mises à leur charge et à leur faciliter l'exécution des tâches qui leur sont confiées.

Ils veillent au respect du principe du contradictoire dans la mesure du possible et à exercer en tout état de cause leurs fonctions dans le respect de la dignité et des droits de chacun.

2.3.9. Des relations avec les juridictions et les autorités publiques.

Dans ses relations avec les juridictions mandantes, le professionnel s'efforce d'être personnellement présent aux audiences déterminantes pour l'accomplissement de son mandat.

Il exerce ses fonctions avec loyauté et transparence à l'égard de la juridiction mandante.

Plus généralement, l'administrateur judiciaire ou le mandataire judiciaire à la liquidation des entreprises s'efforce de faire montre, dans l'exercice de ses fonctions, de loyauté et de courtoisie à l'égard des autorités publiques avec lesquelles il est en contact.

2.3.10. Des relations avec les membres des autres professions judiciaires.

Tout acte judiciaire, extra-judiciaire ou lettre en tenant lieu, établi par un administrateur judiciaire ou un mandataire judiciaire à la liquidation des entreprises ou sur ses instructions et dirigé, à titre personnel, contre un administrateur judiciaire, un mandataire judiciaire à la liquidation des entreprises ainsi que contre tout membre des professions judiciaires (avocat, officier ministériel, auxiliaire de justice, expert judiciaire), ou les mettant en cause, et ce quelle que soit la forme juridique sous laquelle ces derniers exercent leur activité, doit être préalablement soumis au visa du président du Conseil national pour lui permettre, le cas échéant, d'inviter les parties à la conciliation ou de conseiller une modération de l'expression.

Le visa du président du Conseil national et son éventuelle invitation à la conciliation ne constituent ni une autorisation, ni une décision, ni une approbation, mais une recommandation que l'administrateur judiciaire ou le mandataire judiciaire à la liquidation des entreprises est en droit de ne pas suivre, sauf à répondre de tout manquement aux principes fondamentaux précités.

2.4. *Des relations avec la profession.*

2.4.1. Des relations avec les professionnels.

2.4.1.1. Des bonnes relations entre confrères.

Les administrateurs judiciaires et les mandataires judiciaires à la liquidation des entreprises doivent entretenir des rapports de courtoisie et de confraternité. Ils se doivent mutuellement conseil et assistance morale.

Administrateurs judiciaires et mandataires judiciaires à la liquidation des entreprises doivent se garder de tous actes ou paroles susceptibles de nuire à la situation ou à l'honorabilité d'un confrère.

S'ils ont connaissance d'une erreur ou d'une faute commise par un confrère dans l'exercice de sa profession, ils doivent s'abstenir de rendre publique leurs critiques et en référer immédiatement à leur confrère.

Lorsque plusieurs administrateurs judiciaires ou mandataires judiciaires à la liquidation des entreprises ont été conjointement désignés, ils veillent à définir entre eux un programme général de travail et à coordonner leurs tâches respectives. Ils se tiennent mutuellement informés de leurs diligences respectives.

Les administrateurs judiciaires et les mandataires judiciaires à la liquidation des entreprises sont tenus à une obligation de solidarité morale en faveur de tout confrère frappé d'invalidité ou d'incapacité ou des ayants droit de tout confrère décédé alors qu'il exerçait toujours des mandats ou des missions.

Le ou les administrateurs judiciaires ou mandataires judiciaires à la liquidation des entreprises qui lui succèdent dans ses missions ou mandats doivent :

– en informer sans délai le président du Conseil national ;

– faire diligence pour obtenir, au profit du confrère frappé d'invalidité ou d'incapacité ou des ayants droit du confrère décédé, le paiement de tous honoraires restant éventuellement dus.

2.4.1.2. Des differends entre confrères.

Tout administrateur judiciaire ou mandataire judiciaire à la liquidation des entreprises qui a un différend lié à l'exercice de la profession avec un autre administrateur judiciaire ou mandataire judiciaire à la liquidation des entreprises doit d'abord tenter de trouver avec lui une solution amiable. En cas d'échec, il doit soumettre le différend pour conciliation au président du Conseil national.

De même, en cas de différend lié à l'exercice de la profession au sein d'une personne morale, toute difficulté qui ne peut être résolue amiablement doit être soumise pour conciliation au président du Conseil national par l'associé concerné le plus diligent.

La procédure de conciliation devant le président du Conseil national ou son délégué est un préalable obligatoire à toute procédure judiciaire : elle est conduite dans le respect du principe du contradictoire et ne peut, sauf accord des parties, durer plus de deux mois.

2.4.1.3. De la concurrence.

Les administrateurs judiciaires et les mandataires judiciaires à la liquidation des entreprises doivent laisser s'exercer le libre choix des juridictions comme de toute personne pouvant avoir recours à leurs services. Ils doivent s'abstenir de tout acte tendant à influencer ce choix comme de tirer profit de manœuvres extérieures ayant eu pour résultat d'influencer ce choix.

Une libre, saine et loyale concurrence, reposant sur la qualité du service, est la garantie d'un choix efficient et un facteur d'émulation et de progrès.

Une telle concurrence exclut toute forme de démarchage.

Elle interdit toute recherche de mandats ou de missions, notamment :

– par l'offre ou l'octroi, par ailleurs prohibé, de remise sur honoraires, commission ou autres avantages ;

– en faisant état d'un mandat politique ou associatif, d'une mission administrative ou d'une responsabilité professionnelle.

Le professionnel ne peut prétendre disposer d'une clientèle. Il ne peut donc passer de convention de rétrocession d'honoraires qui n'aurait d'autre finalité que la rémunération d'un droit de présentation.

2.4.2. Des collaborateurs.

Administrateurs judiciaires et mandataires judiciaires à la liquidation des entreprises doivent assurer à leurs collaborateurs des conditions de travail moralement et matériellement satisfaisantes dans le respect du droit du travail.

Ils ont le devoir d'encourager et de surveiller le perfectionnement de leurs collaborateurs.

Ils doivent en outre veiller soigneusement au choix de leurs collaborateurs et ne s'entourer que d'un personnel donnant toutes garanties au point de vue de la moralité, de la discrétion et de la compétence.

2.4.3. Des relations avec les instances représentatives.

2.4.3.1. De la protection du titre.

Tout administrateur judiciaire ou mandataire judiciaire à la liquidation des entreprises ayant connaissance d'un cas d'exercice illégal de l'activité d'administrateur judiciaire ou de mandataire judiciaire à la liquidation des entreprises ou d'un cas d'usage abusif du titre d'administrateur judiciaire ou de mandataire judiciaire à liquidation des entreprises informe le président du Conseil national.

Le président du Conseil national en avise le ou les procureurs de la République près les juridictions concernées et le magistrat coordonnateur des inspections pour leur permettre de prendre toutes mesures utiles.

2.4.3.2. Des cotisations au Conseil national et à la caisse de garantie.

Les administrateurs judiciaires et les mandataires judiciaires à la liquidation des entreprises ont l'obligation de régler sans délai leurs cotisations au Conseil national et à la caisse de garantie.

Si la cotisation n'est pas réglée dans le mois suivant mise en demeure par lettre recommandée avec accusé de réception, un intérêt court de plein droit au taux légal majoré.

Si l'intéressé ne s'est toujours pas exécuté dans le mois suivant rappel par lettre recommandée avec accusé de réception, le président du Conseil national ou de la caisse de garantie, selon le cas, avise le commissaire du Gouvernement près la commission d'inscription et de discipline ayant établi la liste sur laquelle figure l'administrateur judiciaire ou le mandataire judiciaire à la liquidation des entreprises concerné et peut également informer les présidents des juridictions le désignant habituellement.

2.4.3.3. Des obligations des membres élus aux instances représentatives.

Elu ou désigné au sein d'instances professionnelles pour assumer une fonction ou pour accomplir une mission, tout administrateur judiciaire ou mandataire judiciaire à la liquidation des entreprises doit consacrer à ces fonction et mission le temps nécessaire, au bénéfice de la profession.

2.4.3.4. Des obligations diverses vis-à-vis du Conseil national et de la caisse de garantie.

Si une procédure judiciaire à laquelle un administrateur judiciaire ou un mandataire judiciaire à la liquidation des entreprises est partie est, par ses incidences possibles, de nature à intéresser tout ou partie de ses confrères dans les conditions de leur exercice professionnel, il doit en informer sans délai le président du Conseil national.

Tout administrateur judiciaire ou tout mandataire judiciaire à la liquidation des entreprises dont la responsabilité professionnelle est judiciairement mise en cause doit en aviser immédiatement la caisse de garantie et répondre sans délai à toute demande d'information de sa part.

Tout administrateur judiciaire ou tout mandataire judiciaire à la liquidation des entreprises poursuivi disciplinairement, cité devant un tribunal correctionnel ou mis en examen, sur quelque fondement que ce soit, est tenu d'en faire part sans délai au président du Conseil national en lui apportant toutes précisions utiles.

TITRE III. – DE LA FORMATION ET DU STAGE

3.1. *De l'accès au stage.*

La formation régulière de stagiaires par les administrateurs judiciaires et les mandataires judiciaires à la liquidation des entreprises conditionne la pérennité de l'accomplissement de leur mission légale au service de l'économie et des justiciables. Elle est un impérieux devoir pour la profession toute entière.

Pour faciliter la mise en relation des candidats au stage et des maîtres de stage, la commission de formation professionnelle du Conseil national tient à jour et met à la disposition des intéressés :

– un document où figurent tous renseignements utiles sur les candidats au stage s'étant manifestés auprès d'elle ;

– une liste des maîtres de stage qui se sont manifestés pour prendre en charge la formation d'un stagiaire.

Un lien de confiance étant nécessaire entre maître de stage et stagiaire, chaque candidat au stage choisit librement son maître de stage et chaque maître de stage choisit librement son stagiaire.

3.2. *De la charte du stage.*

Le stage consiste dans l'exécution de travaux professionnels complétés par des actions de formation organisées notamment par le Conseil national. Ces actions comportent des enseignements théoriques et pratiques assurés par des personnes qualifiées.

Le maître de stage est obligatoirement une personne physique exerçant à titre individuel ou dans le cadre d'une personne morale.

Tout maître de stage doit :

– mettre le stagiaire en mesure d'acquérir une pratique réelle dans tous les domaines de l'activité professionnelle (incluant la participation aux audiences) ;

– assurer au stagiaire une formation pédagogique, notamment en matière de gestion de l'étude et de déontologie professionnelle ;

– permettre au stagiaire de participer aux sessions de formation organisées à son intention par le Conseil national, cette participation étant prise en compte dans son temps de travail ;

– inscrire le stagiaire sur le registre du personnel et lui allouer une rémunération en qualité de salarié dans le respect des dispositions du droit du travail ;

– ne pas assurer simultanément la formation de plus de deux stagiaires (sauf dérogation accordée par la commission de formation professionnelle) ;

– informer sans délai la commission de formation professionnelle de toute modification intervenant dans la situation juridique du stagiaire, notamment de toute interruption du stage et lui adresser copie de l'attestation de fin de stage.

Tout stagiaire doit :

– participer effectivement à l'activité professionnelle du maître de stage ;

– assister aux sessions de formation organisées pour les stagiaires par le Conseil national ;

– s'efforcer de participer aux colloques et séminaires organisés par le Conseil national et les organisations professionnelles et syndicales avec l'agrément de la commission de formation professionnelle ;

– préparer l'examen professionnel ;

– respecter le secret professionnel et observer un devoir de réserve pendant son stage et à l'issue de celui-ci.

Au terme de chaque année civile (et au terme du stage s'il ne correspond pas avec la fin d'une année civile), tout stagiaire établit, avec la participation de son maître de stage, un rapport décrivant et illustrant la formation pratique et théorique reçue au cours de l'année écoulée. Ce rapport, signé par le stagiaire et visé par le maître de stage, est adressé à la commission de formation professionnelle du Conseil national au plus tard le 31 mars de l'année suivante (ou dans les trois mois suivant la fin du stage).

Les règles ci-dessus sont reprises dans une « charte de suivi de stage » signée par le maître de stage et le stagiaire.

Elles s'appliquent même pour la partie du stage qui ne serait pas accomplie chez un administrateur judiciaire ou un mandataire judiciaire à la liquidation des entreprises.

Leur respect conditionne notamment l'accès aux sessions de formation organisées par le Conseil national à l'intention des stagiaires.

La « charte de suivi de stage » ainsi que la convention de stage sont adressées par le maître de stage à la commission de formation professionnelle préalablement au commencement du stage (et, en cours de stage, avant tout changement de maître de stage).

La convention de stage ne peut comprendre de clauses limitant les possibilités ultérieures d'installation du stagiaire.

3.3. *De la formation théorique initiale.*

Conformément à la mission qui lui a été assignée, le Conseil national organise la formation théorique des stagiaires.

Il leur propose gracieusement un cycle de cours leur permettant d'acquérir les connaissances nécessaires pour compléter leur formation pratique et leur permettre de présenter utilement l'examen professionnel.

3.4. *De la formation permanente.*

Chaque administrateur judiciaire, chaque mandataire judiciaire à la liquidation des entreprises doit, en permanence, faire les efforts de recherche nécessaires pour améliorer la qualité de ses services et maintenir le haut degré de compétence professionnelle qu'exigent les mandats et missions qui lui sont confiés.

Il a le devoir d'entretenir et de renouveler ses connaissances et de se tenir informé de l'évolution du droit, de l'économie et de la société.

Il consacre annuellement un certain temps à sa formation permanente et veille également à celle de ses collaborateurs.

Le Conseil national organise chaque année des séminaires ou sessions de formation sur des thèmes et selon des formes qui lui sont proposés par sa commission de formation professionnelle.

Les administrateurs judiciaires et les mandataires judiciaires à la liquidation des entreprises établissent librement leur programme de formation qui doit obligatoirement comprendre un ou plusieurs séminaires ou sessions de formation organisés par le Conseil national ou validés par lui après avis de sa commission de formation professionnelle.

3.5. *Du financement de la formation.*

Les actions de formation sont arrêtées par le Conseil national après avis de la commission de formation professionnelle.

Sur avis de la commission de formation professionnelle, le Conseil national met à la charge des participants tout ou partie du coût des séminaires et sessions de formation qu'il organise, la formation proprement dite des stagiaires étant gratuite.

TITRE IV. – DES MODALITÉS D'EXERCICE DE LA PROFESSION

4.1. *Du domicile professionnel.*

L'administrateur judiciaire ou le mandataire judiciaire à la liquidation des entreprises doit disposer d'une étude adaptée à la bonne exécution des mandats qui lui sont confiés.

L'administrateur judiciaire ou le mandataire judiciaire à la liquidation des entreprises ne peut, dans l'exercice de son mandat, sauf cas exceptionnel, recevoir ou s'entretenir avec ses interlocuteurs que dans un lieu garantissant la dignité et l'indépendance de ses fonctions.

4.2. *Des bureaux annexes.*

L'ouverture d'un bureau annexe par un administrateur judiciaire ou un mandataire judiciaire à la liquidation des entreprises est soumise à l'autorisation du commissaire du Gouvernement près la commission d'inscription et de discipline ayant procédé à son inscription.

Toute création d'un bureau annexe nécessite :

– la réunion sur place de moyens matériels et humains permettant la gestion quotidienne des mandats et missions reçus, ce qui suppose notamment la présence permanente sur place d'un collaborateur disposant d'une expérience et d'une compétence suffisantes ;

– une présence effective suffisante du professionnel, pour accomplir personnellement les actes essentiels à la bonne exécution de ses mandats et assurer le contrôle du fonctionnement du bureau annexe ;

– des moyens informatiques qui doivent permettre une centralisation au domicile professionnel des éléments relatifs aux mandats et aux opérations comptables correspondantes.

4.3. *De la carte professionnelle.*

Le président du Conseil national établit une carte professionnelle pour les administrateurs judiciaires et les mandataires judiciaires à la liquidation des entreprises inscrits sur les listes qui lui en font la demande.

Cette carte reprend les mentions suivantes : nom, prénom, date et lieu de naissance, adresse professionnelle, adresse des bureaux annexes, date d'inscription sur les listes. Elle est complétée par une photo d'identité.

La carte doit être restituée au commissaire du Gouvernement par l'intéressé radié ou retiré de la liste.

4.4. *De l'exercice sous forme de société.*

Lorsqu'un professionnel crée une société pour l'exercice de ses fonctions, quelle qu'en soit la forme, il doit cesser son activité individuelle et solliciter le transfert de ses mandats à la société.

4.5. *De l'exécution des mandats et missions.*

1. L'administrateur ou le mandataire judiciaire à la liquidation des entreprises ne doit pas accepter un nombre de mandats ou de missions incompatible avec les moyens et l'organisation de son étude.

2. Le mandataire de justice doit mettre en place des méthodes de gestion rationnelles et efficaces afin de permettre un travail de qualité sur les mandats confiés.

3. L'administrateur judiciaire ou le mandataire judiciaire à la liquidation des entreprises doit veiller dans le cadre des mandats et missions qui lui sont confiés à effectuer ses diligences dans un délai raisonnable. Il doit se fixer pour règle de requérir le plus rapidement possible la clôture des procédures.

4. Le professionnel doit, dès qu'il en a la possibilité et à tout moment de la procédure, procéder à des répartitions de fonds au moins partielles, notamment au profit des créanciers.

5. Le professionnel doit veiller à toute étape de la procédure à informer les autorités de contrôle du déroulement des opérations au travers de comptes rendus cohérents et circonstanciés. Il veille en toutes circonstances à ce que l'exécution des décisions de justice soit assurée.

4.5.1. Des délégations de pouvoir.

Le professionnel conserve personnellement l'entière responsabilité dans l'exécution des mandats et missions qui lui sont confiés.

Il peut toutefois déléguer certaines des tâches qui lui incombent à des collaborateurs. Dans ce cas, le professionnel conserve la maîtrise de son dossier. La délégation qu'il accorde ne pourra être que partielle et sera constatée dans un écrit conservé à l'étude et annexé au document permanent de contrôle.

4.5.2. Des délégations et modalités de signature.

4.5.2.1. Un administrateur judiciaire ou un mandataire judiciaire à la liquidation des entreprises ne peut déléguer sa signature qu'à un confrère ou à un collaborateur salarié.

4.5.2.2. Toute délégation de signature à un confrère peut être donnée sans restriction.

4.5.2.3. La délégation de signature à un collaborateur salarié intervient selon les modalités précisées ci-après :

Le collaborateur doit être le salarié exclusif de l'administrateur judiciaire ou du mandataire judiciaire à la liquidation des entreprises ou celui de la personne morale dans le cadre de laquelle le professionnel exerce son activité.

Le collaborateur doit exercer son activité sous l'autorité directe de l'administrateur judiciaire ou du mandataire judiciaire à la liquidation des entreprises et disposer d'une expérience et d'une compétence suffisantes.

4.5.2.4. En matière bancaire, la délégation de signature obéit aux règles ci-après.

Pour les opérations bancaires de crédit, la signature peut être déléguée à tout collaborateur répondant aux conditions ci-dessus.

Pour les opérations bancaires de débit, le bénéficiaire de la délégation de signature ne doit pas être, sauf situation particulière, celui qui établit l'ordre de paiement.

Une distinction doit par ailleurs être faite selon les comptes et les types de mission :

1. *Comptes ouverts au nom d'un tiers :*

a) Mission de remplacement, interdiction bancaire du débiteur, poursuite d'activité en liquidation judiciaire :

Le collaborateur salarié bénéficiaire d'une délégation de signature doit être associé au suivi de l'activité de l'entreprise.

Par ailleurs, il est recommandé que la signature du professionnel ou de son délégataire, seule obligatoire, soit précédée du visa du chef d'entreprise ou, à défaut, d'un membre de la direction de l'entreprise.

b) Mission d'assistance :

Dans le cadre d'une mission d'assistance, tout moyen de paiement doit, sauf cas d'interdiction bancaire, faire l'objet de la double signature du chef d'entreprise ou de son délégataire et de l'administrateur judiciaire ou de son délégataire.

La signature du chef d'entreprise ou de son délégataire doit normalement précéder celle de l'administrateur judiciaire ou de son délégataire.

c) Mission de surveillance :

L'administrateur judiciaire n'intervient pas dans le fonctionnement des comptes bancaires, sauf cas d'interdiction bancaire.

2. *Comptes ouverts au nom du professionnel :*

a) Compte dit « AGS » ouvert à la Caisse des dépôts et consignations :

Ce compte reçoit exclusivement les fonds de l'AGS et permet d'effectuer le règlement des créances salariales.

Le collaborateur salarié à qui le mandataire judiciaire à la liquidation des entreprises délègue sa signature doit disposer d'une expérience spécifique en matière de règlement des créances salariales.

b) Comptes dits « général » et « de répartition » ouverts à la Caisse des dépôts et consignations :

Le compte « général » reçoit toutes les opérations d'encaissement ou de paiement dans la limite d'un encours maximum de 100 000 francs par affaire en fin de mois. Au-delà de ce montant, les fonds doivent être placés en compte à terme ou déposés sur le compte « répartition ».

Le compte « répartition » reçoit toutes les opérations d'encaissement ou de paiement sans plafond de dépôt, compte tenu de la rémunération versée. Il offre une alternative au placement en compte à terme pour les fonds importants dont la durée de détention ne peut être estimée.

Aucune délégation de signature n'est possible, sauf situation particulière, la délégation ne pouvant être alors donnée qu'à un collaborateur particulièrement expérimenté de l'administrateur judiciaire ou du mandataire judiciaire à la liquidation des entreprises.

c) Comptes à terme ouverts à la Caisse des dépôts et consignations :

Les comptes à terme, adossés au compte général ou au compte de répartition, permettent de rémunérer les fonds pour des durées supérieures à un mois.

Les comptes à terme ouverts à la Caisse des dépôts et consignations ne pouvant être mouvementés qu'à partir et au bénéfice des comptes dits « général » ou « de répartition », la signature peut être déléguée à tout collaborateur répondant aux prescriptions précisées sous *b*.

d) Comptes ouverts dans d'autres établissements financiers :

Un administrateur judiciaire ou un mandataire judiciaire à la liquidation des entreprises ne peut, à titre professionnel, ouvrir des comptes à son nom dans un autre établissement financier que la Caisse des dépôts et consignations que lorsqu'il est désigné dans le cadre d'un mandat amiable et, dans le seul cas où il a obtenu l'accord de son mandant, ceci conformément aux dispositions de l'article 68 du décret n° 85-1389 du 27 décembre 1985. Aucune délégation de signature ne peut intervenir sur ces comptes sauf nécessité impérieuse dûment établie.

4.5.3. Des intervenants extérieurs.

Les administrateurs judiciaires, mandataires judiciaires à la liquidation des entreprises peuvent recourir à des intervenants extérieurs pour accomplir au profit de l'entreprise des tâches techniques non comprises dans les missions qui leur sont confiées en cas de nécessité dûment appréciée par l'autorité judiciaire compétente.

Pour ce faire, ils doivent :

– solliciter l'autorisation de l'autorité judiciaire compétente (sauf le cas où le recours à un tiers est expressément prévu par la loi ou du règlement) en présentant une requête motivée avec, dans la mesure du possible, un devis estimatif du coût de l'intervention sollicitée ;

– veiller à ce que l'intervenant n'ait aucun lien de parenté ou de dépendance, directe ou indirecte, avec eux, ni avec les diverses parties à la procédure, et s'efforcer de procéder à une mise en concurrence préalable ;

– soumettre préalablement à tout engagement financier, dans la mesure du possible, à l'autorité judiciaire la rémunération de l'intervenant (sauf le cas des professions réglementées pour lesquelles il existe un tarif). Le recours à un avocat n'est pas soumis à autorisation judiciaire préalable, sauf dans le cas où cette intervention comprend un honoraire de résultat ; l'autorisation judiciaire préalable est alors impérative ;

– veiller, sous l'autorité du juge-commissaire, à ce que la rémunération versée corresponde effectivement à la prestation effectuée.

Il est rappelé que les sommes versées par les professionnels aux officiers publics et ministériels, aux experts ou aux avocats ne leur seront remboursées que lorsque leur concours aura été reconnu nécessaire (art. 20 du décret n° 85-1390 du 27 décembre 1985).

Enfin, lorsque les administrateurs judiciaires et mandataires judiciaires font appel à des personnes extérieures pour exécuter des tâches qui relèvent de la mission que leur a confiée le tribunal, ils ne doivent pas faire supporter la rémunération de ces intervenants par les procédures mais les rétribuer sur leurs propres émoluments qu'ils perçoivent en application du décret tarifaire du 27 décembre 1985 (art. 32 du décret n° 85-1390 du 27 décembre 1985).

4.6. *De la conservation des pièces et de la sécurité des dossiers.*

4.6.1. Quel que soit le contexte souvent délicat dans lequel il accomplit ses mandats et missions, tout administrateur judiciaire ou mandataire judiciaire à la liquidation des entreprises doit veiller à ce qu'ils se déroulent dans les meilleures conditions de sécurité.

Lorsqu'un administrateur judiciaire ou un mandataire judiciaire à la liquidation des entreprises est informé d'un risque d'atteinte aux personnes ou aux biens dans le cadre d'un mandat ou d'une mission qui lui est confié, il en informe le procureur de la République pour lui permettre de prendre toutes mesures utiles.

4.6.2. Les carnets de chèques, les lettres-chèques et tous autres moyens de paiement doivent être conservés dans un local non ouvert au public ou dans un coffre-fort.

4.6.3. Lorsque la comptabilité d'un administrateur judiciaire ou d'un mandataire judiciaire à la liquidation des entreprises est tenue par un moyen informatique, elle fait l'objet d'une sauvegarde au minimum hebdomadaire, qui devra être quotidienne dans le délai d'un an à compter de la notification des présentes règles. Elle doit être conservée dans un coffre-fort ignifugé ou à l'extérieur de l'étude de l'administrateur judiciaire ou du mandataire judiciaire à la liquidation des entreprises.

Si, par exception, la comptabilité est tenue manuellement, les registres comptables doivent également être conservés dans un coffre-fort ignifugé.

4.6.4. Pour chaque mandat ou mission, les administrateurs judiciaires et les mandataires judiciaires à la liquidation des entreprises doivent assurer la conservation des pièces qu'il sont amenés à détenir et couvrir le cas échéant ce risque par la mise en place d'une police d'assurance.

Pour les pièces essentielles du dossier (pièces de procédure, justificatifs des mouvements financiers sur les *comptes ouverts au nom du professionnel*), la durée est de dix ans à compter de la date de la reddition des comptes. Les archives doivent être conservées dans des conditions de sécurité satisfaisantes. S'il est fait appel à une société d'archivage, le coût de cette prestation sera supporté par le professionnel.

Les pièces moins essentielles du dossier seront conservées dans les mêmes conditions durant les cinq ans qui suivent la date de reddition des comptes. Le coût éventuel d'archivage devra là encore être supporté par le professionnel.

Les archives confiées au professionnel par l'entreprise sous mandat doivent être conservées dans les conditions de durée prévues par les lois et les règlements. Si l'administrateur judiciaire ou le mandataire judiciaire à la liquidation des entreprises a recours à une société d'archivage, cette prestation doit donner lieu à autorisation judiciaire qui sera sollicitée sur la base d'un devis préalable. Le coût correspondant peut alors être pris en charge par la procédure. Dans le cas où le professionnel assure lui-même l'archivage, il veillera à ce qu'il soit effectué dans des conditions de sécurité satisfaisantes.

4.7. *De l'administration provisoire.*

4.7.1. Lorsqu'un administrateur judiciaire ou un mandataire judiciaire à la liquidation des entreprises est durablement dans l'impossibilité d'exercer ses fonctions, il en informe, ou en fait informer, sans délai le président du Conseil national.

4.7.2. Dès qu'il a connaissance que, pour quelque cause que ce soit, un administrateur judiciaire ou un mandataire judiciaire à la liquidation des entreprises est durablement dans l'impossibilité d'exercer ses fonctions, le président du Conseil national en avise le président du tribunal judiciaire dans le ressort duquel l'administrateur judiciaire ou le mandataire judiciaire à la liquidation des entreprises a son domicile professionnel et le procureur de la République près ce tribunal en vue de la désignation d'un administrateur provisoire. Il leur communique les noms de plusieurs professionnels susceptibles d'assurer cette mission. La mission de l'administrateur provisoire ainsi que sa durée sont définies par la décision de justice qui procède à sa désignation.

4.7.3. Le professionnel désigné comme administrateur provisoire ne peut en aucun cas, au terme de sa mission, poursuivre des mandats ou missions pour lesquels l'administrateur judiciaire ou le mandataire judiciaire à la liquidation des entreprises empêché avait été initialement désigné. Cette interdiction est néanmoins levée dès l'instant où l'empêchement ayant justifié la désignation de l'administrateur provisoire devient définitif.

4.8. *De la comptabilité.*

4.8.1. Du répertoire.

Le répertoire général centralisateur des mandats et missions prévu à l'article 59 du décret n° 85-1389 du 27 décembre 1985 est tenu manuellement ou par informatique.

Ces modalités de tenue doivent :

– garantir le respect des obligations de chronologie et de mise à jour de l'information devant y figurer ;

– apporter les sécurités nécessaires au regard de la fiabilité de ce répertoire.

Les modalités pratiques de tenue du répertoire sont exposées en annexe I.

4.8.2. Des obligations comptables.

Tout administrateur judiciaire ou mandataire judiciaire à la liquidation des entreprises doit tenir de façon obligatoirement séparée :

– une comptabilité « générale » relative au fonctionnement de son étude ;

– une comptabilité dite « spéciale », plus précisément définie ci-après propre aux mandats ou missions qui lui sont confiés et relatives aux opérations affectant les comptes de trésorerie ouverts à son nom, au titre desdits mandats ou missions.

La comptabilité spéciale des administrateurs judiciaires et des mandataires judiciaires à la liquidation des entreprises est entièrement distincte de la comptabilité des personnes physiques ou morales pour lesquelles des mandats ou des missions leur sont confiés. Les règles de tenue de cette dernière comptabilité sont fonction du statut de la personne physique ou morale concernée ; en cette matière, les obligations de l'administrateur judiciaire ou du mandataire judiciaire à la liquidation des entreprises dépendent de la nature et de l'étendue de son mandat ou de sa mission.

4.8.3. De la comptabilité spéciale.

La comptabilité spéciale des administrateurs judiciaires et des mandataires judiciaires à la liquidation des entreprises enregistre, pour chaque mandat ou mission reçue, l'ensemble des mouvements qui affectent les comptes ouverts au nom du professionnel à la Caisse des dépôts et consignations et, le cas échéant, par dérogation pour les mandats amiables, dans d'autres établissements financiers, ainsi que les opérations liées à ces mouvements.

Elle enregistre également les fonds, effets, titres et autres valeurs appartenant à autrui et détenus par le professionnel et non encore comptabilisés sur les journaux de trésorerie.

La comptabilité spéciale des administrateurs judiciaires et des mandataires judiciaires à la liquidation des entreprises doit être tenue par informatique, avec un logiciel de traitement dûment agréé, dans le délai d'un an à compter de la notification des présentes règles.

Les règles régissant la comptabilité spéciale des administrateurs judiciaires et des mandataires judiciaires à la liquidation des entreprises sont précisées en annexe I.

4.8.4. De l'agrément des logiciels de comptabilité spéciale.

La comptabilité peut être tenue par tout procédé technique approprié à condition que le procédé et les méthodes *utilisés confèrent par eux-mêmes* un caractère d'authenticité aux écritures comptables et permettent tous les rapprochements utiles et nécessaires à un contrôle.

Le logiciel comptable utilisé doit permettre de générer à tout moment une balance de contrôles assurant l'égalité des totaux des mouvements des comptes individuels des mandats avec les totaux des journaux auxiliaires.

Le logiciel de traitement automatisé de tenue de la comptabilité spéciale doit être agréé selon les règles fixées en annexe II.

TITRE V. – DE LA SURVEILLANCE DE L'ACTIVITÉ

5.1. *Des divers aspects de la surveillance et du contrôle.*

À travers leurs mandats et missions, les administrateurs judiciaires et les mandataires judiciaires à la liquidation des entreprises se voient confier la gestion de biens de tiers.

Il s'agit là d'une responsabilité particulière qui justifie une surveillance spécifique de leur activité.

Aussi, les administrateurs judiciaires et les mandataires judiciaires à la liquidation des entreprises sont-ils placés sous la surveillance des juridictions qui les désignent, plus spécialement du juge-commissaire pour chacun de leurs mandats relatifs à une procédure collective, et sous celle du ministère public, pour l'exercice de l'ensemble de leur activité professionnelle.

Ils sont également soumis à des inspections confiées à l'autorité publique, au contrôle du Conseil national et à celui d'un commissaire aux comptes.

L'existence de ces mesures de surveillance, d'inspection et de contrôle ne doit jamais conduire l'administrateur judiciaire ou le mandataire judiciaire à la liquidation des entreprises à oublier qu'il doit, avant tout, dans le respect des dispositions légales et réglementaires et des règles professionnelles, exécuter les mandats et les missions qui lui sont confiés avec une efficacité maximale au service des intérêts dont il a la charge.

Au cas, nécessairement exceptionnel mais possible, où les modalités d'accomplissement d'une mesure de contrôle lui apparaîtraient de nature à entraver gravement l'exécution des mandats ou des missions qui lui sont confiés ou à porter atteinte à son indépendance, l'administrateur judiciaire ou le mandataire judiciaire à la liquidation des entreprises concerné a le devoir d'en informer immédiatement le président du Conseil national.

5.2. *Des contrôles périodiques et occasionnels.*

5.2.1. Les contrôles dont la charge est légalement confiée au Conseil national visent à s'assurer de la régularité des prestations fournies par le professionnel au regard des dispositions légales et réglementaires. Ils ont par ailleurs pour objet de veiller à la qualité du service rendu et de permettre l'amélioration des pratiques professionnelles.

5.2.2. L'administrateur judiciaire ou le mandataire judiciaire à la liquidation des entreprises désigné en qualité de contrôleur ne peut s'abstenir. De la même manière, le professionnel contrôlé ne peut récuser l'un ou l'autre de ses contrôleurs. Il peut être dérogé à ce principe en cas d'incompatibilité manifeste, à la requête motivée de l'une ou l'autre des parties, cette demande étant soumise à l'autorité qui a requis le contrôle.

5.2.3. Sauf le cas des contrôles occasionnels effectués de manière inopinée, la date du contrôle est fixée d'un commun accord entre contrôleurs et contrôlé ou, à défaut, par le président du Conseil national.

5.2.4. L'administrateur judiciaire ou le mandataire judiciaire à la liquidation des entreprises contrôleur doit apporter à sa mission le soin et la fermeté nécessaires à son efficacité sans se départir de la courtoisie due à un confrère. Il doit user de toute la discrétion compatible avec l'accomplissement de sa mission et veiller que les opérations de contrôle ne perturbent pas l'exécution des mandats et missions du professionnel contrôlé. Il est tenu au secret professionnel.

L'administrateur judiciaire et le mandataire judiciaire à la liquidation des entreprises contrôlé doit recevoir les contrôleurs avec la même courtoisie et tout faire pour faciliter leur tâche.

Pour l'accomplissement de leur mission, les contrôleurs ont accès à toutes informations qui leur sont nécessaires. Le professionnel contrôlé doit à cet égard respecter un parfait devoir de transparence.

Le professionnel contrôlé doit notamment mettre à disposition des contrôleurs le dossier permanent concernant l'organisation et la gestion de son étude et se soumettre aux investigations menées par les contrôleurs dans le cadre des dispositions légales et réglementaires et de l'arrêté du 16 août 1999 régissant ces contrôles.

5.2.5. Les contrôleurs doivent donner connaissance à l'administrateur judiciaire ou au mandataire judiciaire à la liquidation des entreprises contrôlé des éventuelles anomalies relevées et lui faire toutes les recommandations leur apparaissant utiles.

5.2.6. Dans les trois mois qui suivent les opérations de contrôle, les contrôleurs adressent au professionnel contrôlé un projet de rapport pour permettre au contrôlé de formuler ses observations.

Le rapport définitif, accompagné des observations éventuelles du professionnel contrôlé, est ensuite signé par les trois contrôleurs, dans le respect des dispositions réglementaires.

Les contrôleurs avisent immédiatement les autorités mandantes, le président du Conseil national ainsi que le procureur de la République compétent de toute infraction constatée à l'encontre du professionnel contrôlé au regard de l'obligation de représentation des fonds.

5.3. *Du contrôle du commissaire aux comptes choisi par le professionnel sur le fondement de l'article 58, alinéa 2, du décret n° 85-1389 du 27 décembre 1985 modifié.*

5.3.1. Il appartient à chaque professionnel de veiller à désigner dans les conditions prévues par l'article 58, alinéa 2, du décret n° 85-1389 du 27 décembre un commissaire aux comptes titulaire et un commissaire aux comptes suppléant.

5.3.2. L'administrateur judiciaire ou le mandataire judiciaire à la liquidation des entreprises :

– tient l'ensemble des documents et pièces justificatives constituant sa comptabilité spéciale à la disposition du commissaire aux comptes afin que celui-ci soit en mesure de vérifier la conformité de ladite comptabilité spéciale aux règles en vigueur et de s'assurer de la représentation des fonds ;

– facilite l'accès du commissaire aux comptes aux comptes ouverts au nom de tiers et à la comptabilité générale de l'étude.

5.3.3. En cas de différend entre le professionnel et son commissaire aux comptes, notamment sur le coût de son intervention, le professionnel en réfère au président du Conseil national.

5.3.4. Le professionnel doit aviser de toute décision de retrait de la liste son commissaire aux comptes en vue de l'établissement de l'attestation de vérification de comptabilité dans les conditions prévues par l'article 58-2 du décret n° 85-1389 du 27 décembre 1985 modifié.

5.4. *De l'inspection.*

Tout professionnel sollicité par un magistrat inspecteur régional ou par le magistrat coordonnateur des inspections pour l'assister dans le cadre de l'inspection d'un confrère ne peut s'abstenir. En cas d'incompatibilité manifeste, il doit adresser une demande motivée à l'autorité requérante qui sera amenée à trancher.

Annexe I. – Des règles de la comptabilité spéciale des administrateurs judiciaires et des mandataires judiciaires à la liquidation des entreprises

I. – Définition des livres comptables

Aux termes des articles 59 et 60 du décret n° 85-1389 du 27 décembre 1985, la « comptabilité spéciale » des administrateurs judiciaires et des mandataires judiciaires à la liquidation des entreprises comprend les éléments suivants :

– un répertoire centralisateur des mandats reçus ;
– un livre-journal ;
– des journaux auxiliaires ;
– un grand livre ;
– des grands livres auxiliaires des comptes individuels ouverts pour chaque mandat ;
– un recueil des états périodiques ;
– des reçus pour les versements d'espèces.

La comptabilité spéciale doit permettre l'établissement des états trimestriels visés à l'article 63 du décret.

Une période comptable correspond à un trimestre civil.

1.1. *Le répertoire des mandats.*

Le répertoire général enregistre et centralise tous les mandats et missions reçus, amiables ou judiciaires.

Les mandats et missions reçus doivent être inscrits par ordre chronologique de nomination.

À partir du répertoire général, des sous-répertoires par type de mandat ou par juridiction peuvent être établis.

Les mandats ou missions reçus avant l'entrée en vigueur du décret n° 98-1232 du 29 décembre 1998 peuvent également faire l'objet d'un ou plusieurs sous-répertoires spécifiques.

Il doit y avoir continuité dans la numérotation du répertoire général, quels que soient le mandat ou la mission reçus.

Le répertoire enregistre sous un numéro distinct chaque nouveau mandat ou mission, même si la même personne ou le même patrimoine faisaient l'objet d'un autre mandat ou mission précédemment mentionné.

Afférentes à un même dossier, deux missions, successives ou concomitantes, sont considérées comme distinctes, chacune devant recevoir un numéro d'ordre propre au répertoire général, dès lors qu'elles doivent faire l'objet de redditions de comptes séparées.

Toute reddition définitive de comptes au titre d'un mandat ou d'une mission donné entraîne l'obligation de mentionner la fin du mandat ou de la mission sur le répertoire.

1.2. *Le livre-journal.*

Un journal est un état où figurent toutes les opérations comptables dans un ordre chronologique.

Le livre-journal retranscrit ou centralise les écritures des journaux auxiliaires. La récapitulation au livre-journal comprend les masses et non les soldes. La centralisation ne peut être effectuée qu'à la condition de conserver tous documents permettant de vérifier ces opérations jour par jour.

Les opérations des journaux auxiliaires sont retranscrites ou centralisées au moins une fois par mois sur le livre-journal.

Les écritures de centralisation doivent mentionner :

– la période mensuelle concernée ;
– la référence des journaux d'origine ;
– les totaux de la période, en débit, crédit et solde.

1.3. *Les journaux auxiliaires.*

Les journaux auxiliaires mentionnent l'ensemble des opérations comptables des mandats ou missions, opération par opération, et par ordre chronologique.

Un journal auxiliaire est ouvert par compte de banque utilisé.

Un journal auxiliaire d'opérations diverses peut être ouvert pour les virements de compte à compte ou les opérations de régularisation.

Un état des effets, titres et valeurs doit être tenu.

Un journal de caisse est ouvert pour toutes les opérations en espèces.

Les journaux auxiliaires doivent être édités régulièrement, et au moins une fois par mois.

Les totaux des journaux auxiliaires doivent être reportés sur le livre-journal au moins une fois par mois.

1.4. *Le grand livre.*

Le grand livre est utilisé pour le suivi des comptes de chaque mandat ou mission et retrace les mouvements des comptes individuels.

Le professionnel ouvre un compte individuel pour chaque mandat ou mission donnant lieu à mouvement de fonds.

Le grand livre comprend l'ensemble des comptes individuels.

Il sert de base à l'établissement des états trimestriels.

Le grand livre peut être divisé en plusieurs grands livres auxiliaires, en regard de la tenue des sous-répertoires.

Le livre-journal et le grand livre classent un même ensemble d'écritures dans un ordre propre à chacun d'eux.

Chaque écriture portée au livre-journal ou dans les journaux auxiliaires figure également dans les comptes individuels.

Il y a égalité entre les totaux en mouvement et en solde du livre-journal et les totaux du grand livre.

1.5. *Les grands livres auxiliaires.*

Ils sont constitués par les comptes individuels ouverts pour chaque mandat ou mission.

À chaque sous-répertoire est associé un grand livre auxiliaire.

L'ensemble des grands livres auxiliaires constitue le grand livre.

Chaque mois les opérations des grands livres auxiliaires sont centralisées sur le grand livre.

Les dispositions concernant les écritures portées sur les grands livres auxiliaires sont les mêmes que celles applicables pour le livre-journal ou les journaux auxiliaires.

Un compte individuel ne peut être retiré du grand livre que si son solde est nul et si la reddition des comptes a été déposée au cours du trimestre précédent.

Ce retrait ne peut se faire sans une édition préalable de toutes les écritures portées sur ce compte.

Tout compte individuel, même archivé, doit pouvoir faire l'objet d'une présentation sur support papier dans les délais de prescription légaux.

Au terme de chaque trimestre, les grands livres auxiliaires doivent être édités avec une totalisation des opérations du trimestre de tous les comptes, en débit et en crédit, tant en cumuls qu'en soldes.

1.6. *Les états périodiques.*

1.6.1. Les états trimestriels.

Les états trimestriels doivent mentionner, conformément à l'article 63 du décret n° 85-1389 du 27 décembre 1985, pour tous les mandats ou missions n'ayant pas fait l'objet d'une reddition des comptes avant la fin du trimestre précédent :

– le numéro de l'affaire au répertoire ;
– le nom de l'affaire ;
– le nom de la juridiction mandante ou la qualité du mandant ;
– la date de la décision de désignation ;
– *la nature du mandat ou de la mission* ;
– les mouvements comptables enregistrés pour l'affaire depuis l'origine ;
– les mouvements et le solde par compte ouvert à la Caisse des dépôts et consignations et dans d'autres établissements financiers ;
– l'ensemble des fonds, effets, titres ou valeurs appartenant à autrui ;
– les espèces disponibles aux mains du professionnel ;
– les intérêts produits par un compte global rémunéré au profit de chaque entreprise (art. 68-1 du décret n° 98-1232 du 29 décembre 1998).

Les états trimestriels doivent être conservés pendant dix ans.

Si l'administrateur judiciaire ou le mandataire judiciaire à la liquidation des entreprises tient plusieurs sous-répertoires, il doit fournir un état trimestriel par sous-répertoire, avec un état centralisateur des journaux auxiliaires (Grand Livre arrêté au trimestre).

Le numéro de l'affaire au répertoire devant figurer sur ces états trimestriels correspond au numéro d'ordre du répertoire général.

L'ensemble des états établis au titre de chaque trimestre est constitué par l'ensemble des comptes individuels de tous les mandats en cours et n'ayant pas fait l'objet d'une reddition des comptes avant la fin du trimestre précédent.

Les mouvements comptables enregistrés pour l'affaire depuis l'origine correspondent au cumul de tous les mouvements depuis l'ouverture du dossier. En cas de changement de logiciel, le nouveau programme doit être à même de reprendre au minimum les cumuls, mandat par mandat, et non les soldes, des opérations enregistrées avant le transfert, si ce n'est l'intégralité desdites opérations.

L'ensemble des fonds, effets, titres ou valeurs appartenant à autrui sont les fonds, effets, titres ou valeurs mobilières détenus par le professionnel et non encore comptabilisés sur les journaux de trésorerie.

Les effets, titres ou valeurs sont normalement évalués sur la base de leur valeur d'acquisition. Leur montant par mandat ou mission apparaît sur une ligne spéciale des états trimestriels.

Lorsqu'un administrateur judiciaire ou un mandataire judiciaire à la liquidation des entreprises dépose des fonds à la Caisse des dépôts et consignations sur un compte global rémunéré, il fait apparaître une fois par trimestre et à la fin de sa mission, en comptabilité spéciale et sur les états trimestriels, sous une ligne séparée, et au titre de chaque mandat ou mission, les cumuls des intérêts produits et comptabilisés.

Les intérêts sont affectés à chaque mandat ou mission au prorata des soldes moyens tels qu'ils apparaissent sur la comptabilité spéciale.

Les mouvements comptables d'opérations intervenues postérieurement à une fin de mission sont enregistrés dans un compte spécial de liaison.

Un dossier « compte de liaison » regroupant les écritures relatives à ces opérations est ouvert à cet effet et figure à l'état trimestriel selon la même disposition que tout autre mandat.

Les émoluments perçus après l'achèvement d'un mandat qui n'est plus mentionné à l'état trimestriel doivent transiter en écritures par le dossier « compte de liaison ».

1.6.2. Les états de contrôle.

Le total des sommes figurant sur les différents états trimestriels établis à une même date doit être récapitulé sur un état de synthèse qui doit faire apparaître le solde global de l'ensemble des mandats en cours.

Ce solde doit correspondre au total des soldes des comptes de trésorerie après rapprochement.

1.7. *Les carnets de reçus pour les remises d'espèces.*

Ces reçus doivent être numérotés et datés. Ils doivent comporter les dispositions prévues à l'article 65 du décret n° 85-1389 du 27 décembre 1985.

Les fonds reçus en espèces sont déposés immédiatement en banque. À défaut, un journal de caisse doit être ouvert et tenu au jour le jour. Aucun règlement en espèces ne doit intervenir sans transiter par un organisme financier.

Les écritures retraçant ces opérations mentionnent le numéro des reçus.

II. – **Description du jeu des écritures**

2.1. *Les caractéristiques de l'écriture.*

Chaque écriture comporte :

– le nom de l'affaire ;
– la date de l'opération ;
– le numéro de l'écriture (reporté sur la pièce justificative) ;
– le libellé de l'opération avec le nom de l'émetteur de la recette ou du bénéficiaire du paiement ;
– le montant de l'opération ;
– l'indication du journal concerné.

2.2. *La saisie des écritures.*

Chaque écriture comptable doit être enregistrée simultanément au compte individuel du mandat et dans un journal auxiliaire.

Chaque écriture comptable doit s'appuyer sur une pièce justificative constituée par un document écrit qui doit être dûment référencé.

Chaque écriture comptable comporte le numéro du compte individuel mouvementé, en correspondance avec le *numéro de répertoire.*

Le libellé de l'écriture doit permettre d'identifier clairement l'opération.

L'organisation comptable et informatique de l'étude doit permettre, à partir des indications des journaux auxiliaires ou des comptes individuels, de retrouver rapidement les pièces justificatives correspondantes.

La comptabilité est tenue au jour le jour.

Les mouvements comptables sont enregistrés chronologiquement.

Les opérations de trésorerie sont en principe comptabilisées à l'émission du paiement ou au dépôt en banque du titre de paiement et il est édité régulièrement, à tout le moins une fois par mois, des états de rapprochement par comparaison avec les soldes bancaires.

Le pointage des bordereaux de banques doit être exécuté quotidiennement ou à chaque relevé, sauf à pouvoir justifier de l'impossibilité d'y satisfaire.

La comptabilité et le logiciel utilisés doivent être à même de permettre d'établir ces états de rapprochement à tout moment.

2.3. *Les éditions.*

Les états comptables centralisateurs doivent être édités régulièrement et au minimum une fois par période comptable.

Les comptes individuels de chaque mandat doivent pouvoir, à tout instant, être consultés sur papier ou sur écran.

Les documents édités doivent comporter, pour chaque écriture, les mentions visées au 2.1.

L'édition d'un compte doit toujours pouvoir être faite à la demande.

2.4. *La validité des écritures comptables.*

La tenue des documents comptables ne doit faire apparaître ni blanc ni altération d'aucune sorte.

Les écritures saisies en informatique ne font partie du système comptable qu'après validation.

Ainsi, toute séquence de saisie doit être en principe éditée sous forme de brouillard de saisie, qui constitue un état de contrôle.

La validation des écritures saisies consiste à figer les différents éléments de l'écriture visés au 2.1 de façon telle que toute modification ultérieure de l'un de ses éléments soit impossible.

Aucun effacement d'écriture n'est autorisé. Une annulation ne peut intervenir après validation que par contre-passation d'une écriture rectificative.

La validation doit intervenir avant la clôture de chaque période comptable.

III. – **Comptabilité en euros**

La comptabilité doit être tenue en langue française.

À partir du 1er janvier 1999, les documents comptables peuvent être établis en euros. Ce choix est irrévocable. Les règles de conversion et d'arrondis doivent être respectées.

3.1. *Rappel des règles.*

On ne peut convertir directement deux monnaies nationales participant à l'euro entre elles.

Exemple : la conversion francs-florins doit s'établir d'abord de francs en euros, puis d'euros en florins.

On ne peut convertir une monnaie nationale participant à l'euro directement en monnaie externe à la zone euro.

Exemple : la conversion francs-dollars doit s'établir d'abord de francs en euros, puis d'euros en dollars.

Le taux de conversion de l'euro en « ex » monnaie nationale doit comporter six chiffres significatifs, soit cinq chiffres après la virgule pour le franc français (en ce qui concerne la livre irlandaise, il faut tenir compte de six chiffres après la virgule, puisque cette monnaie a une valeur unitaire supérieure à l'euro).

Il est obligatoire d'utiliser trois chiffres après la virgule et d'arrondir au cent supérieur lorsque la troisième décimale est supérieure ou égale à 5, au cent inférieur si la troisième décimale est inférieure à 5.

Le règlement communautaire interdit l'usage du taux inverse, ce qui oblige à effectuer une division au lieu d'une multiplication.

3.2. *Traitement des écarts.*

Des écarts peuvent apparaître entre la somme initiale et la somme reconvertie en francs dans une opération francs-euros-francs. Ils ne peuvent excéder 3 centimes. C'est à l'établissement financier de traiter ce problème.

Des écarts peuvent apparaître entre une addition de valeurs converties individuellement en euros et le total converti en euros (c'est l'exemple de la remise de plusieurs chèques émis en euros et convertis dans la comptabilité en francs, la banque portant le total de la remise au compte).

Il est nécessaire de comptabiliser cet écart et de l'intégrer dans l'ajustement des comptes à l'intérieur de la comptabilité spéciale de l'étude. Cet écart devra être affecté à l'un des comptes individuels mouvementés.

3.3. *Conversion des historiques.*

Lors du passage de la comptabilité en euros, au plus tard le 1er janvier 2002, les historiques devront être convertis en euros, en respectant les règles d'arrondis pour chaque opération concernée.

L'arrondi global résultant de ces conversions doit être individualisé dans un compte spécifique.

Annexe II. – De l'agrément du conseil national

1. Sont agréés, pour la tenue de la comptabilité spéciale des administrateurs judiciaires et des mandataires judiciaires à la liquidation des entreprises, les logiciels de traitement automatisés permettant aux professionnels utilisateurs de respecter l'ensemble des obligations légales auxquelles ils sont soumis en matière de comptabilité spéciale et confomes aux dispositions de la loi n° 78-17 du 6 janvier 1978, relative à l'informatique, aux fichiers et aux libertés.

Ces logiciels doivent répondre aux prescriptions arrêtées par le Conseil national.

Pour l'élaboration de celles-ci, le Conseil national désigne une commission comprenant :

– les membres de la commission informatique du Conseil national ;

– un expert en informatique choisi sur la liste des experts près la Cour de cassation, avec un suppléant ;

– un commissaire aux comptes choisi sur la liste établie en application du deuxième alinéa de l'article 58 du décret n° 85-1389 du 27 décembre 1985, avec un suppléant, après avis de la Compagnie nationale des commissaires aux comptes.

Cette commission rédige un cahier des charges soumis à l'approbation du ministre de la Justice et arrêté par le Conseil national.

2. La conformité des logiciels de traitement automatisé de la comptabilité spéciale des administrateurs judiciaires et des mandataires judiciaires à la liquidation des entreprises aux dispositions de la loi n° 78-17 du 6 janvier 1978, relative à l'informatique, aux fichiers et aux libertés, et au cahier des charges arrêté par le Conseil national est constatée par une attestation délivrée par un collège de deux experts composé :

– d'un expert en informatique ;

– d'un commissaire aux comptes.

Les listes des experts en informatique et des commissaires aux comptes habilités à cet effet sont arrêtées par le Conseil national après, s'agissant des commissaires aux comptes, avis de la Compagnie nationale des commissaires aux comptes.

Pour être habilité :

– un expert en informatique doit figurer à ce titre sur une liste établie par la Cour de cassation ;

– un commissaire aux comptes doit être inscrit sur la liste prévue à l'article 219 de la loi n° 66-537 du 24 juillet 1966 et figurer sur la liste établie en application du deuxième alinéa de l'article 58 du décret n° 85-1389 du 27 décembre 1985.

Tout commissaire aux comptes ou expert en informatique inscrit sur les listes mentionnées ci-dessus doit être dépourvu de tout lien, de quelque nature que ce soit, avec un concepteur développeur d'un logiciel de traitement automatisé de la comptabilité spéciale des administrateurs judiciaires et mandataires judiciaires à la liquidation des entreprises. Il souscrit à cet effet un engagement sur l'honneur préalablement à son inscription.

3. L'attestation de conformité est délivrée par le collège des deux experts. Elle doit identifier avec précision les références du logiciel, notamment son nom et le numéro de sa version. Lorsque le logiciel comprend des applications extérieures à la tenue de la comptabilité spéciale, l'attestation ne porte que sur le module de traitement automatisé de la comptabilité spéciale.

Une attestation nouvelle est nécessaire préalablement à la mise en service d'une nouvelle version du logiciel ou, si le logiciel comprend des applications extérieures à la tenue de la comptabilité spéciale, d'une nouvelle version du logiciel affectant le module de traitement automatisé de la comptabilité spéciale.

4. Le concepteur développeur d'un logiciel de traitement automatisé de la comptabilité spéciale choisit sur les listes établies en application du paragraphe 2 ci-dessus, un expert en informatique et un commissaire aux comptes qu'il charge de procéder, à ses frais, à l'examen de conformité.

5. Pour l'examen de conformité, les experts disposent d'un droit d'accès, en présence du concepteur développeur sauf dispense expresse de celui-ci, à la documentation relative aux analyses, à la programmation et à l'exécution des traitements en vue de procéder aux tests qui leur sembleront nécessaires.

6. Le collège d'experts établit un rapport relatant ses diligences et comportant, le cas échéant, une attestation de conformité. Il en adresse un exemplaire au Conseil national.

Le Conseil national s'assure, au vu de ce rapport, du respect des règles de désignation du collège d'experts et de la présence d'une attestation de conformité exempte de réserve et permettant d'identifier avec précision le logiciel concerné.

Le Conseil national délivre alors un récépissé de dépôt de l'attestation de conformité et le transfert au concepteur développeur.

Lors de chaque installation du système de traitement automatisé de tenue de la comptabilité spéciale, le concepteur développeur délivre une copie du récépissé de dépôt de l'attestation de conformité à l'administrateurjudiciaire ou au mandataire judiciaire à la liquidation des entreprises concerné qui doit la conserver pour la *présenter, le cas échéant, à son commissaire aux* comptes ou aux contrôleurs si ceux-ci lui en font la demande.

Toute nouvelle version du logiciel (affectant, si celui-ci comprend plusieurs applications, le module de traitement automatisé de la comptabilité spéciale) qui ne fait pas l'objet une nouvelle attestation de conformité d'un collège d'experts entraîne la caducité du récépissé délivré par le Conseil national.

7. Sous réserve des dispositions transitoires prévues au paragraphe 9 ci-après, l'administrateur judiciaire ou le mandataire judiciaire à la liquidation des entreprises concerné informe par lettre recommandée avec accusé

réception le Conseil national dès la mise en service à son étude (ou dans un bureau annexe) d'un logiciel detraitement automatisé de tenue de comptabilité spéciale en indiquant ses références précises ainsi que celles du récépissé de dépôt de l'attestation de conformité.

8. Les présentes dispositions s'appliquent même lorsque la comptabilité spéciale est tenue en tout ou partie par un centre de traitement extérieur à l'étude de l'administrateur judiciaire ou du mandataire judiciaire à la liquidation des entreprises.

9. Les logiciels de traitement automatisé de tenue de comptabilité spéciale en fonctionnement à la date d'entrée en vigueur des présentes dispositions devront être soumis à la procédure prévue ci-dessus et recevoir leur attestation de conformité au plus tard dans un délai de dix-huit mois après l'arrêté de ces règles.

Art. A. 814-2. – Le règlement fixant les conditions d'élection des administrateurs judiciaires et des mandataires judiciaires au Conseil national prévu à l'article L. 814-2, établi en vertu de l'article R. 814-6 par le bureau du Conseil national des administrateurs judiciaires et des mandataires judiciaires et approuvé par le garde des Sceaux, ministre de la Justice, figure à l'annexe 8-3 au présent livre.

ANNEXE 8-3
(Annexe à l'article A. 814-2)

Règlement fixant les modalités applicables aux élections des administrateurs judiciaires et mandataires judiciaires au conseil national prévu à l'article L. 814-2 du Code de commerce

Rappel des textes applicables

Article R. 814-5 du Code de commerce

Le Conseil national des administrateurs judiciaires et des mandataires judiciaires est composé de seize membres, huit membres représentant les administrateurs judiciaires et huit membres représentant les mandataires judiciaires.

Les membres sont élus au scrutin de liste à la représentation proportionnelle par deux collèges, l'un composé des personnes physiques inscrites sur la liste nationale des administrateurs judiciaires, l'autre composé des personnes physiques inscrites sur la liste nationale des mandataires judiciaires. Chaque collège élit huit membres. Le vote a lieu sans panachage ni vote préférentiel.

Les membres du Conseil national sont élus pour une période de quatre ans, renouvelable une fois. Ils ne sont rééligibles pour un mandat supplémentaire qu'après un intervalle de quatre ans, après l'expiration, le cas échéant, de leur second mandat.

Article R. 814-6 du Code de commerce

Le bureau du Conseil national organise l'élection. Il détermine les modalités applicables, notamment celles du vote par correspondance, autres que celles prévues par le présent titre, selon des règles soumises à l'approbation du garde des Sceaux, ministre de la Justice.

Chaque déclaration de candidature indique le titre de la liste présentée. Elle comporte les nom et prénoms du candidat, son domicile professionnel, sa signature, la date à laquelle il a été inscrit sur la liste nationale, ou, lorsqu'il s'agit d'un mandataire judiciaire, la liste régionale si son inscription sur celle-ci est antérieure à l'établissement de la liste nationale.

Chaque liste comprend au moins quatre candidats. Nul ne peut être candidat sur plus d'une liste.

Article R. 814-7 du Code de commerce

Il est attribué à chaque liste autant d'élus que le nombre de suffrages lui revenant contient de fois le quotient électoral. Le quotient électoral est égal au nombre total des suffrages obtenus par les différentes listes divisé par le nombre de délégués à élire.

Au cas où aucun siège ne peut être pourvu ou s'il reste des sièges à pourvoir, les sièges restants sont attribués sur la base de la plus forte moyenne.

À cet effet, le nombre de voix obtenues par chaque liste est divisé par le nombre, augmenté d'une unité, des sièges attribués à la liste. Les différentes listes sont placées dans l'ordre décroissant des moyennes ainsi obtenues. Le premier siège non pourvu est attribué à la liste ayant la plus forte moyenne.

Il est procédé successivement à la même opération pour chacun des sièges non pourvus, jusqu'au dernier.

Dans le cas où deux listes ont la même moyenne et où il ne reste qu'un siège à pourvoir, il est attribué à la liste qui a obtenu le plus grand nombre de voix.

Si deux listes ont obtenu le même nombre de voix, le candidat le plus âgé est proclamé élu.

Processus électoral

La date du scrutin et son heure de clôture sont fixés par le bureau du Conseil national.

Six semaines avant la date du scrutin, le secrétaire de la commission nationale d'inscription et de discipline des administrateurs judiciaires et de la commission nationale d'inscription et de discipline des mandataires judiciaires transmet au président du Conseil national la liste de chacun des deux collèges du corps électoral.

Après transmission de ces listes et au moins cinq semaines avant la date du scrutin, le président du Conseil national avise les membres du corps électoral de la date des élections et invite les candidats à se faire connaître.

Les déclarations de candidature sont remises au Conseil national contre récépissé ou adressées par lettre recommandée avec demande d'avis de réception au plus tard trois semaines avant la date du scrutin.

Au plus tard quinze jours avant la date du scrutin, le président du Conseil national avise les électeurs des modalités des opérations électorales, de l'heure de clôture du scrutin ainsi que de la date et du lieu des opérations de dépouillement. Il adresse à chaque administrateur judiciaire et mandataire judiciaire figurant sur la liste des électeurs, les bulletins de vote le concernant.

Pour chaque collège, il est établi un bulletin de vote par liste soumise au suffrage.

Le vote a lieu par correspondance à compter de la réception des bulletins envoyés par le président du Conseil national. Les bulletins doivent être parvenus au Conseil national au plus tard le jour du scrutin, et avant l'heure de clôture. Les votes reçus postérieurement sont nuls.

Chaque bulletin est remis au Conseil national contre récépissé ou envoyé par la voie postale sous double enveloppe. L'enveloppe intérieure, qui contient le bulletin de vote, doit être fermée et ne porter aucune marque distinctive. L'enveloppe extérieure, également fermée, contient l'enveloppe intérieure et comporte les mentions « élections » et, selon le collège électoral concerné, « administrateur judiciaire » ou « mandataire judiciaire ». Elle doit porter, en outre, la signature de l'électeur avec l'indication de ses nom et prénom. Les bulletins contenus dans des enveloppes irrégulières sont nuls et toute enveloppe intérieure contenant plus d'un bulletin, ou un bulletin raturé, modifié ou surchargé, correspond à un vote nul.

Au fur et à mesure de leur arrivée, les enveloppes extérieures sont placées dans une urne. Immédiatement après la clôture du scrutin, les membres du bureau du Conseil national procèdent aux opérations de dépouillement, en présence de tout administrateur judiciaire ou mandataire judiciaire intéressé. Après leur retrait de l'urne, les enveloppes extérieures sont ouvertes, le nom de l'électeur est pointé sur la liste des électeurs et l'enveloppe intérieure réintroduite dans une urne pour les administrateurs judiciaires et dans une autre pour les mandataires judiciaires.

Lorsque toutes les enveloppes intérieures ont été replacées, les bulletins sont alors dépouillés et les votes décomptés conformément aux dispositions de l'article R. 814-7 du Code de commerce. L'attribution d'élus pour chaque liste est effectuée dans l'ordre de la liste. Les résultats sont aussitôt proclamés et un procès-verbal de ces opérations est établi par le bureau du Conseil national.

Section III. – De la garantie de la représentation des fonds, de la responsabilité civile professionnelle et de la rémunération

Sous-section 1. – De la garantie de la représentation des fonds et de la responsabilité civile professionnelle

Art. A. 814-3. – Le règlement fixant les conditions d'élection des administrateurs judiciaires et des mandataires judiciaires élus membres au sein du conseil d'administration de la caisse de garantie instituée à l'article L. 814-3, établi en vertu de l'article R. 814-18 et approuvé par le garde des Sceaux, ministre de la Justice, figure à l'annexe 8-4 au présent livre.

ANNEXE 8-4
(Annexe à l'article A. 814-3)

Règlement fixant les modalités applicables
aux élections des administrateurs judiciaires et des mandataires judiciaires
au conseil d'administration de la caisse de garantie instituée à l'article L. 814-3

ÉLECTIONS DES MEMBRES DU CONSEIL D'ADMINISTRATION
DE LA CAISSE DE GARANTIE

Rappel des textes

Article 72 du décret n° 85-1389 du 27 décembre 1985 (modifié par décret n° 2004-518 du 10 juin 2004) :

La caisse de garantie est gérée par un conseil d'administration composé de douze membres, dont six administrateurs judiciaires et six mandataires judiciaires, inscrits sur les listes nationales.

Ces membres sont élus pour cinq ans. Les six administrateurs judiciaires sont élus par les personnes physiques inscrites sur la liste nationale des administrateurs judiciaires et les six mandataires judiciaires par celles inscrites sur la liste nationale des mandataires judiciaires.

En cas de vacance d'un siège pour quelque cause que ce soit, et notamment lorsque le professionnel concerné a obtenu son transfert d'inscription de la liste nationale des administrateurs judiciaires sur la liste nationale des mandataires judiciaires ou réciproquement, le siège est pourvu par le premier candidat non élu dans la catégorie professionnelle concernée.

S'il n'y a plus de candidat non élu, il est procédé à une élection au scrutin uninominal majoritaire à un tour.

Dans tous les cas, les fonctions des nouveaux membres expirent à la date à laquelle auraient cessé celles des membres qu'ils remplacent.

Les élections sont organisées par le conseil d'administration de la caisse de garantie qui détermine les modalités qui leur sont applicables selon des règles soumises à l'approbation du ministre de la Justice. Le bureau chargé du dépouillement des votes comprend le président, le vice-président, le secrétaire et le trésorier du conseil d'administration de la caisse.

Les candidats qui, dans chaque collège, ont obtenu le plus grand nombre de voix sont élus.

Les réclamations sont portées devant la cour d'appel de Paris.

Les membres de la caisse ne sont rééligibles qu'une fois.

Sous réserve des dispositions du présent article, les règles de l'article 3 sont applicables à l'élection des membres du conseil d'administration.

Article 3 du décret n° 85-1389 du 27 décembre 1985 (modifié par le décret n° 2004-518 du 10 juin 2004) :

L'élection des administrateurs judiciaires et de leurs suppléants, membres de la commission nationale, est organisée par le Conseil national des administrateurs judiciaires et des mandataires judiciaires. Elle a lieu au scrutin majoritaire plurinominal à un tour.

Ne peuvent prendre part aux opérations électorales les administrateurs judiciaires qui, depuis la date à laquelle a été arrêtée la liste, ont fait l'objet d'une suspension provisoire, d'une interdiction temporaire, d'une radiation ou d'un retrait de la liste.

L'électeur vote pour trois candidats titulaires et leurs suppléants. Il barre sur le bulletin qui lui a été adressé le nom de ceux qu'il ne retient pas.

« Les bulletins sont valables même s'ils portent moins de noms qu'il y a de membres à élire, seuls sont comptés les trois premiers noms inscrits, dans l'ordre de préférence indiqué par l'électeur. » Tout bulletin surchargé est nul.

Sont élus les trois candidats titulaires et leurs suppléants qui ont obtenu le plus grand nombre de voix. En cas d'égalité des voix, le plus âgé des candidats titulaires l'emporte.

Processus électoral

Les élections ont lieu au cours du quatrième trimestre de l'année à l'issue de laquelle expirent les mandats en cours.

En vue de la mise en œuvre des élections des membres de son conseil d'administration, la caisse de garantie avise les professionnels des élections à intervenir et sollicite les candidatures par courrier adressé à tous les administrateurs judiciaires et les mandataires judiciaires au plus tard le 1er octobre.

La date du scrutin et son heure de clôture sont fixés par le bureau du Conseil national.

En même temps, elle demande aux commissions nationales communication de la liste des administrateurs judiciaires et des mandataires judiciaires inscrits et des professionnels ne pouvant prendre part aux opérations électorales en application de l'alinéa 2 de l'article 3 du décret n° 85-1389 du 27 décembre 1985.

Les candidatures sont formulées par lettre recommandée avec avis de réception et doivent être parvenues à la caisse de garantie au plus tard le 20 octobre.

Les candidatures sont individuelles.

Au plus tôt le 5 novembre et au plus tard le 15 novembre, la caisse de garantie avise par courrier simple chaque administrateur judiciaire et chaque mandataire judiciaire figurant sur la liste des électeurs des modalités des opérations électorales ainsi que de la date et du lieu des opérations de dépouillement.

À ce courrier sont joints un exemplaire de la liste des candidats, établie par ordre alphabétique et un bulletin de vote vierge portant les numéros 1 à 6, valant ordre de préférence ainsi que les enveloppes préétablies nécessaires à l'expression du vote.

Cet envoi ouvre le scrutin.

Chaque électeur inscrit les candidats qu'il choisit, dans l'ordre de préférence indiqué par le bulletin de vote.

Le vote a lieu par correspondance.

Les bulletins doivent être parvenus à la caisse de garantie au plus tard le 30 novembre, date de clôture du scrutin.

Les votes reçus par la caisse de garantie sont, à réception, placés dans une urne verrouillée et conservés ainsi jusqu'au dépouillement.

Chaque bulletin est envoyé sous double enveloppe : l'enveloppe intérieure, qui contient le bulletin de vote, doit être fermée et ne porter aucune marque distincte ; l'enveloppe extérieure comportant la mention « élections » porte le nom de l'électeur et contient l'enveloppe intérieure. Les bulletins contenus dans des enveloppes irrégulières sont nuls.

En application de l'article 3 du décret n° 85-1389 du 27 décembre 1985, les bulletins sont valables s'ils portent plus ou moins de noms qu'il y a de membres à élire.

Pour le cas où un bulletin porterait plus de six noms, seuls sont pris en compte les six premiers noms inscrits.

Dans les quinze jours de la clôture du scrutin, le bureau de la caisse de garantie procède aux opérations de dépouillement en présence de tout administrateur judiciaire ou mandataire judiciaire intéressé. L'urne contenant les enveloppes de vote est ouverte, puis les enveloppes extérieures sont ouvertes, le nom de l'électeur est pointé sur la liste des électeurs et l'enveloppe intérieure introduite dans une urne.

Les bulletins sont ensuite dépouillés et décomptés. Les résultats sont aussitôt proclamés et un procès-verbal de ces opérations est établi par le secrétaire de la caisse de garantie.

Sous-section 2. – De la rémunération

La présente sous-section ne comprend pas de dispositions pour les arrêtés.

Section IV. – De la comptabilité, du dépôt de fonds, des contrôles et dispositions diverses

Sous-section 1. – De la tenue de la comptabilité et du dépôt de fonds

La présente sous-section ne comprend pas de dispositions pour les arrêtés.

Sous-section 2. – Des contrôles

Art. A. 814-4. – Les contrôleurs désignés, conformément aux dispositions de l'article R. 814-45, pour effectuer les contrôles des administrateurs judiciaires et des mandataires judiciaires procèdent concomitamment et personnellement aux vérifications minimales prévues *(Mots rempl., A. 22 déc. 2016)* « aux documents figurant aux annexes 8-5-1 et 8-5-2 au présent livre ».

À l'issue du contrôle et après un entretien contradictoire avec le professionnel contrôlé, un rapport commun est établi par les contrôleurs.

ANNEXE 8-5-1

(Annexe 8-5 rempl. par deux annexes 8-5-1 et 8-5-2, A. 22 déc. 2016)

ANNEXE 8-5-1. – Relative au contrôle des administrateurs judiciaires

Observations préliminaires

Le rapport commun qui sera rédigé à l'issue des opérations de contrôle comportera les renseignements suivants :

1. Le contrôle de [...], mandataire judiciaire ou structure professionnelle inscrite à..., a été réalisé par :

- Me ..., mandataire judiciaire à...,
- Me ..., mandataire judiciaire à...,
- M..., commissaire aux comptes inscrit près la cour d'appel de...,

2. Les opérations de contrôle ont commencé le... et se sont achevées le....

3. Les autorités et les personnes suivantes avisées par le CNAJMJ ont-elles été amenées pour l'étude et pour *chacun de ses bureaux annexes à formuler* des observations :

- les présidents des juridictions du premier ressort ? oui □ non □
- le procureur général ? oui □ non □
- le commissaire aux comptes du professionnel ? oui □ non □

– le directeur régional des finances publiques ? oui □ non □

– l'AGS ? oui □ non □

4. Le ou les procureur(s) de la République près le tribunal judiciaire dans le ressort duquel le professionnel a son domicile professionnel et, le cas échéant, son ou ses bureaux annexes, a-t-il (ont-ils) été avisé(s) de la réalisation du contrôle ? oui □ non □

LISTE DES ABRÉVIATIONS

Administ.	Administrateur
AGRASC	Agence de gestion et de recouvrement des avoirs saisis et confisqués
AGS	Association pour la Gestion du régime d'assurance des créances des Salaires
AJ	Administrateur judiciaire
AJ en LJ	Administrateur judiciaire en liquidation judiciaire
AJ en RJ	Administrateur judiciaire en redressement judiciaire
AJ en SA	Administrateur judiciaire en sauvegarde accélérée
AJ en SFA	Administrateur judiciaire en sauvegarde financière accélérée
AJ en Sauv	Administrateur judiciaire en sauvegarde
APR	Administration provisoire renforcée
BES	Bilan économique et social
C. com.	Code de commerce
CDC	Caisse des dépôts et consignations
CE concordat	Commissaire à l'exécution du concordat
CEP cession	Commissaire à l'exécution du plan de cession
CEP continuation	Commissaire à l'exécution du plan de continuation
CEPRJ	Commissaire à l'exécution du plan de redressement judiciaire
CEP SA	Commissaire à l'exécution du plan de sauvegarde accélérée
CEP Sauv	Commissaire à l'exécution du plan de sauvegarde
CEP SFA	Commissaire à l'exécution du plan de sauvegarde financière accélérée
C. monét. fin.	Code monétaire et financier
GIE	Groupement d'intérêt économique
HT	Hors taxe
IR	Impôt sur le revenu
IS	Impôt sur les sociétés
ISO	Organisation internationale de normalisation
Jud.	Judiciaire

LA	Liquidateur amiable
LAB/FT	Lutte contre le blanchiment des capitaux et le financement du terrorisme
Mdt	Mandat
Nbre	Nombre
NPAI	N'habite pas à l'adresse indiquée
SA	Société anonyme
SARL	Société à responsabilité limitée
SAS	Société par actions simplifiée
SASU	Société par actions simplifiée unipersonnelle
SCI	Société civile immobilière
SCM	Société civile de moyens
SCP	Société civile professionnelle
SELAFA	Société d'exercice libéral à forme anonyme
SELARL	Société d'exercice libéral à responsabilité limitée
SELARLU	Société d'exercice libéral à responsabilité limitée unipersonnelle
SELAS	Société d'exercice libéral par actions simplifiée
SELASU	Société d'exercice libéral par actions simplifiée unipersonnelle
SELCA	Société d'exercice libéral en commandite par actions
SELEURL	Société d'exercice libéral en entreprise unipersonnelle à responsabilité limitée
SFA	Sauvegarde financière accélérée
SPE	Société pluri-professionnelle d'exercice
Séq.	Séquestre
Tcom	Tribunal de commerce
TGI	Tribunal de grande instance
TI	Tribunal d'instance
TRACFIN	Traitement du renseignement et action contre les circuits financiers clandestins

PREMIÈRE PARTIE

CONTRÔLE DE L'ÉTUDE

1.1 ÉTAT DESCRIPTIF DE L'ORGANISATION ET DE LA GESTION DE L'ÉTUDE

1.1.1 DOCUMENT PERMANENT

Le contrôle de l'organisation générale et de la gestion de l'étude, en ce compris, le cas échéant, les bureaux *annexes, se fait à partir des documents et des informations* communiqués par le professionnel contrôlé, consignés dans un document permanent tenu par lui, qui est présenté lors des contrôles successifs pour être vérifié.

Si les modifications apportées à l'organisation de l'étude le justifient et au moins tous les six ans, un nouveau document permanent se substitue au précédent et aux fiches d'actualisation qui le complètent.

Préalablement à chaque contrôle, le professionnel contrôlé établit une fiche d'actualisation qui reste annexée au document permanent.

Le document permanent et les fiches d'actualisation sont signés et datés par le professionnel.

Ce document et ces fiches sont remis aux contrôleurs qui les transmettent avec le rapport de contrôle aux autorités mentionnées à l'article R. 814-48 du Code de commerce.

Un exemplaire de ces documents est conservé par le Conseil national des administrateurs judiciaires et des mandataires judiciaires et le ministère de la Justice.

1.1.1.1 Structure d'exercice et moyens humains

1.1.1.1.1 Le(s) professionnel(s)

Date et lieu de naissance :

Date d'inscription sur la liste :

- nationale des administrateurs judiciaires
  - au titre de l'option civile :
  - au titre de l'option commerciale :
- date de retrait de la liste :

1.1.1.1.2 Structure juridique de l'étude

Mode d'exercice de l'activité

- individuel :
  - date d'installation :
  - création ou reprise d'une étude déjà existante :
  - nom et prénom du prédécesseur :
- en société :

SCP □	SELAFA □	SELARL □	SELEURL □
SELCA □	SELAS □	SELASU □	SA □
SELARLU □	SARL □	SAS □	SASU □
SPE □	Autres □		

- société civile professionnelle :
  - régime fiscal : IR □ IS □
  - date de constitution :
  - nom et prénom des associés au jour du contrôle :
    -
    -
  - répartition du capital au jour de la constitution :
  - répartition du capital au jour du contrôle :
- société d'exercice libéral :
  - régime fiscal : IR □ IS □
  - date de constitution :
  - nom et prénom des associés au jour du contrôle :
    -
    -

- répartition du capital au jour de la constitution :
- répartition du capital au jour du contrôle :

- autre société monoprofessionelle :

  - date de constitution :
  - forme sociale :
  - nom et prénom des associés au jour du contrôle :

    -
    -

  - répartition du capital au jour de la constitution :
  - répartition du capital au jour du contrôle :

- société pluri-professionnelle d'exercice :

  - date de constitution :
  - forme sociale :
  - nom et prénom des associés au jour du contrôle :

    -
    -

  - répartition du capital au jour de la constitution :
  - répartition du capital au jour du contrôle :
  - autres professions représentées parmi les associés et salariés de la société :

Recours à une société civile de moyens ou à un groupement d'intérêt économique

- recours à une SCM : oui □ non □

- recours à un GIE : oui □ non □

- date de constitution :

- siège :

- objet :

- nom et prénom des associés ou membres :

- mode de fonctionnement (mise à disposition de locaux, de matériel, de personnel, de prestations de services, etc.) :

Activité

- exercée à titre exclusif : oui □ non □

- liste des activités annexes (C. com., art. L. 811-10) :

  -

  -

Domicile professionnel

- adresse :
- adresse électronique :
- téléphone :
- fax :

Bureaux annexes

- nombre :

- adresse(s) :

- date d'ouverture :

- noms, prénoms et qualité des personnes qui assurent la représentation du professionnel devant les juridictions :

  - N...

  - N...

1.1.1.1.3 Personnel de l'étude

- effectif total :
- effectif du bureau principal :

  - administrateur(s) judiciaire(s) salarié(s) :

    - nombre :
    - nom(s) et prénom(s) :
    - date d'embauché :
    - date d'inscription sur la liste :

  - titulaires de l'attestation de fin de stage :

    - nombre :
    - noms et prénoms :
    - date de l'attestation :

  - stagiaires au titre du §1 de la sous-section 2 de la section I du chapitre premier du livre VIII (partie réglementaire) :

    - nombre :
    - noms et prénoms :
    - date d'inscription sur le registre de stage :
    - date(s) de présentation à l'examen :
    - nom et prénom du ou des maîtres de stage :

  - stagiaires au titre du §2 de la sous-section 2 de la section I du chapitre premier du livre VIII (partie réglementaire) :

    - nombre :
    - noms et prénoms :
    - date d'obtention du diplôme de master en administration et liquidation d'entreprises en difficulté :
    - date d'inscription sur le registre de stage :
    - nom et prénom du ou des maîtres de stage :

  - collaborateurs :

    - nombre :
    - noms et prénoms :
    - diplômes :
    - ancienneté :

  - autres personnels salariés :

    - nombre :
    - formation :
    - nature du contrat (CDI, intérimaire, CDD...) :

- effectif du bureau annexe :
  - administrateur(s) judiciaire(s) salarié(s) :
    - nombre :
    - nom(s) et prénom(s) :
    - date d'embauché :
    - date d'inscription sur la liste :
  - titulaires de l'attestation de fin de stage :
    - nombre :
    - noms et prénoms :
    - date de l'attestation :
  - stagiaires au titre du §1 de la sous-section 2 de la section I du chapitre premier du livre VIII (partie réglementaire) :
    - nombre :
    - noms et prénoms :
    - date d'inscription sur le registre de stage :
    - date(s) de présentation à l'examen :
    - nom et prénom du ou des maîtres de stage :
  - stagiaires au titre du §2 de la sous-section 2 de la section I du chapitre premier du livre VIII (partie réglementaire) :
    - nombre :
    - noms et prénoms :
    - date d'obtention du diplôme de master en administration et liquidation d'entreprises en difficulté :
    - date d'inscription sur le registre de stage :
    - nom et prénom du ou des maîtres de stage :
  - collaborateurs :
    - nombre :
    - noms et prénoms :
    - diplômes :
    - ancienneté :
  - autres personnels salariés :
    - nombre :
    - formation :
    - nature du contrat (CDI, intérimaire, CDD...) :

Le cas échéant, mentionner, selon le même format, le personnel de chaque autre bureau annexe

- tableau récapitulatif des effectifs sur les trois dernières années

	Au 31/12 de l'année N-1	Au 31/12 de l'année N-2	Au 31/12 de l'année N-3
Professionnels salariés			
Stagiaires			
Stagiaires master ALED			
Collaborateurs			
Autres salariés			

1.1.1.1.4 Organigramme fonctionnel de l'étude et des bureaux annexes

- description de l'organigramme avec pour chaque poste :
  - nature et description des fonctions exercées :
  - formation :
  - ancienneté :
  - délégations de pouvoir :
  - délégations de signature :

1.1.1.2 Moyens matériels

1.1.1.2.1 Locaux

- identité du bailleur si le professionnel n'est pas propriétaire de ses locaux :
- dans le cas où le professionnel partage ses locaux avec des tiers, identité et profession de ces derniers :
- surfaces en mètres carrés :
  - du bureau principal :
  - du ou des bureau(x) annexe(s) :

1.1.1.2.2 Documentation

- nature de la documentation existante et modalités d'accès pour le personnel de l'étude :
- périodicité de mise à jour :

1.1.1.2.3 Archives

Dossiers de l'étude

- lieu et modalité de gestion de l'archivage :

Archives des entreprises lorsqu'elles sont transmises au professionnel

- lieu et modalité de gestion de l'archivage :

Recours à des entreprises d'archivage

- nom et adresse de ces entreprises :
- tarif pratiqué tant en ce qui concerne les archives de l'étude que les archives des procédures (joindre le contrat en annexe au document permanent) :
- pratique habituelle du professionnel quant à la prise en charge du coût de l'archivage :
- le cas échéant, coût d'archivage supporté par l'étude :

1.1.1.2.4 Outil informatique

- description du parc informatique de l'étude :
  - degré d'informatisation des tâches de l'étude :
  - archives :
  - gestion informatisée des dossiers :
  - liaison ETEBAC :
  - liaison CDC net :
  - autres applications informatiques (préciser, le cas échéant, leur utilisation) :
- description des procédures de sauvegarde :
  - périodicité des sauvegardes réalisées :
  - lieu de conservation des supports de sauvegarde :
  - identification de la personne responsable des sauvegardes :

- indication du logiciel anti-virus :
- fréquence des mises à jour du logiciel anti-virus :
- nom de la société ou de la personne assurant la maintenance :
- l'ensemble du matériel informatique et les logiciels sont-ils couverts par le contrat de maintenance ?
- modalités de suivi des incidents informatiques :
- formation spécifique suivie par les personnels de l'étude pour réagir aux incidents informatiques :
- bureaux annexes :
  - moyens permettant d'assurer la liaison entre le(s) bureau(x) annexe(s) et le domicile professionnel :
  - sous-répertoires dans le ou les bureaux annexes :
  - centralisation simultanée sur le répertoire unique du domicile professionnel :

1.1.1.2.5 Comptabilité de l'étude
- logiciel utilisé :
- en cas de recours à un expert-comptable : nom et prénom de l'expert-comptable :
- le cas échéant, nom et prénom du commissaire aux comptes :

1.1.1.2.6 Comptabilité spéciale
- nom et prénom du commissaire aux comptes :
- date de sa nomination :
- nom du logiciel pour la tenue de la comptabilité spéciale de l'étude :
- n° de l'agrément :
- n° de la version utilisée :
- n° de l'agrément des mises à jour :

Justificatifs à joindre en annexe au document permanent

1.1.1.2.7 Accessibilité de l'étude au public
- heures d'ouverture au public :
- plages horaires de la permanence téléphonique ouverte au public :
- autres moyens d'accès du public à l'étude (lignes directes, télécopie, portable, internet...) :

1.1.1.2.8 Portail électronique

- mise en ligne des procédures éligibles : oui □ non □

Les contrôleurs vérifieront la mise en ligne des dossiers du professionnel depuis octobre 2015.

1.1.1.3 Gestion par l'étude de dossiers provenant d'autres professionnels

- descriptif de l'importance dans l'activité de l'étude du transfert des mandats d'autres professionnels :
- reprise de l'étude d'un professionnel retiré :
  - nombre des dossiers repris :
- reprise de tout ou partie des dossiers d'un professionnel ayant cessé d'exercer :
  - *nombre des dossiers repris :*
- mention du cas particulier des études créées « *ex nihilo* » sans transfert de dossiers :

Date et signature :

1.1.2 FICHE D'ACTUALISATION ANNEXÉE AU DOCUMENT PERMANENT

1.1.2.1 Modifications apportées depuis le dernier contrôle aux informations contenues dans le document permanent

1.1.2.1.1 Moyens humains

1.1.2.1.2 Moyens matériels

1.1.2.2 Fiche d'information

1.1.2.2.1 Suivi de la formation continue depuis la précédente actualisation

	Mois/Année	Nature des formations suivies	Nombre d'heures suivies	Organisme de formation
Les professionnels inscrits sur la liste				
Les professionnels salariés inscrits sur la liste				
Les stagiaires				
Les collaborateurs				
Les autres salariés				

1.1.2.2.2 Analyse du nombre et de la nature des mandats confiés aux professionnels

– nombre total d'affaires figurant au dernier état trimestriel (cf. tableaux I A-AJ, I B-AJ, I A-AJ *bis*, I B-AJ *bis*, I C, I D, I C *bis* et I D *bis*)

– évolution des fonds détenus (cf. tableaux II A et B et II C et D)

TABLEAU I A-AJ (Activité Procédures collectives)

Nombre total d'affaires en cours ou terminées figurant au dernier état trimestriel

Date de l'état trimestriel :

Nombre de mandats/année de désignation	Loi de 1967		Loi de 1985			TOTAUX
	Syndic	CE concordat	Administrateur judiciaire	CEP cession	CEP continuation	
antérieures au 01/01/1986						
1986 à 1990						
1991						
1992						
1993						
1994						
1995						
1996						
1997						
1998						
1999						

Nombre de mandats/ année de désignation	Loi de 1967		Loi de 1985			TOTAUX
	Syndic	CE concordat	Administrateur judiciaire	CEP cession	CEP continuation	
2000						
2001						
2002						
2003						
2004						
2005						
TOTAUX						

TABLEAU I B-AJ (Activité Procédures collectives)

Nombre total d'affaires en cours ou terminées figurant au dernier état trimestriel

Date de l'état trimestriel :

Nombre mandats/ année désignation	Mandats du Livre VI du Code de commerce										TOTAUX
	Loi de 2005										
	AJ en Sauv	AJ en SA	AJ en SFA	AJ en RJ	AJ en LJ	CEP Sauv	CEP SA	CEP SFA	CEP RJ	Enquête	
2006											
2007											
2008											
2009											
2010											
2011											
2012											
2013											
2014											
2015											
2016											
2017											
2018											
2019											
2020											
2021											

Nombre mandats/ année désignation	Mandats du Livre VI du Code de commerce Loi de 2005									Enquête	TOTAUX
	AJ en Sauv	AJ en SA	AJ en SFA	AJ en RJ	AJ en LJ	CEP Sauv	CEP SA	CEP SFA	CEP RJ		
2022											
2023											
2024											
TOTAUX											

TABLEAU I A-AJ *bis* (Activité Procédures collectives)

RELATIF AUX DOSSIERS TRANSFÉRÉS AU PROFESSIONNEL EN COURS DE PROCÉDURE

Nombre des affaires selon la date d'ouverture de la procédure

Nombre de mandats/année de désignation	Loi de 1967		Loi de 1985			TOTAUX
	Syndic	CE concordat	Administrateur judiciaire	CEP cession	CEP continuation	
antérieures au 01/01/1986						
1986 à 1990						
1991						
1992						
1993						
1994						
1995						
1996						
1997						
1998						
1999						
2000						
2001						
2002						
2003						
2004						
2005						
TOTAUX						

TABLEAU I B-AJ *bis* (Activité Procédures collectives)

RELATIF AUX DOSSIERS TRANSFÉRÉS AU PROFESSIONNEL EN COURS DE PROCÉDURE

Nombre des affaires selon la date d'ouverture de la procédure

Nombre mandats/ année désignation	Mandats du Livre VI du Code de commerce										TOTAUX
	Loi de 2005									Enquête	
	AJ en Sauv	AJ en SA	AJ en SFA	AJ en RJ	AJ en LJ	CEP Sauv	CEP SA	CEP SFA	CEP RJ		
2006											
2007											
2008											
2009											
2010											
2011											
2012											
2013											
2014											
2015											
2016											
2017											
2018											
2019											
2020											
2021											
2022											
2023											
2024											
TOTAUX											

TABLEAU I C (Autres mandats)
Nombre total d'affaires figurant au dernier état trimestriel
Date du dernier état trimestriel :

Nombre de mandats/ année de désignation	Mandataire *ad hoc*	Concilia-teur	Mandataire à l'exécution de l'accord	Autres mandats judiciaires TCom						Autres mandats amiables		TOTAUX
				Séq. Jud.	Séq. Réparti-teur	Expert jud.	Administ. Art. L. 612-34, L. 612-34-1 ou L. 613-51-1 du C. monét. fin.	LA (mdt jud.)	Missions AGRASC	Séq. Amiable	LA	
2006												
2007												
2008												
2009												
2010												
2011												
2012												
2013												
2014												
2015												
2016												
2017												
2018												
2019												
2020												
2021												
2022												
2023												
2024												
TOTAUX												

TABLEAU I D (Autres mandats civils)
Nombre total d'affaires figurant au dernier état trimestriel
Date du dernier état trimestriel :

Nombre de mandats/année de désignation	Autres mandats judiciaires TGI/TI					Copropriétés				TOTAUX
	SCI	Associations	Successions Indivisions	LA (mdat jud.)	Autres	Administrateur provisoire (absence ou carence du syndic)	En difficulté			
							Mandataire *ad hoc*	Administrateur provisoire (art. 29-1)	Administrateur provisoire en APR	
antérieures au 01/01/1986										
1986 à 1990										
1991 à 1995										
1996 à 2000										
2001 à 2005										
2006										
2007										
2008										
2009										
2010										
2011										
2012										
2013										
2014										
2015										
2016										
2017										
2018										
2019										
TOTAUX										

TABLEAU I C *bis* (Autres mandats)
RELATIF AUX DOSSIERS TRANSFÉRÉS AU PROFESSIONNEL EN COURS DE PROCÉDURE
Nombre des affaires selon la date d'ouverture de la procédure

Nombre de mandats/ année de désignation	Mandataire *ad hoc*	Conciliateur	Mandataire à l'exécution de l'accord	Autres mandats judiciaires TCom						Autres mandats amiables		TOTAUX
				Séq. Jud.	Séq. Réparti-teur	Expert jud.	Administ. Art. L. 612-34, L. 612-34-1 ou L. 613-51-1 du C. monét. fin.	LA (mdat jud.)	Missions AGRASC	Séq. Amiable	LA	
2006												
2007												
2008												
2009												
2010												
2011												
2012												
2013												
2014												
2015												
2016												
2017												
2018												
2019												
2020												
2021												
2022												
2023												
2024												
TOTAUX												

TABLEAU I D *bis* (Autres mandats civils)
RELATIF AUX DOSSIERS TRANSFÉRÉS AU PROFESSIONNEL EN COURS DE PROCÉDURE
Nombre des affaires selon la date d'ouverture de la procédure

Nombre de mandats/année de désignation	Autres mandats judiciaires TGI/TI					Copropriétés				TOTAUX
							En difficulté			
	SCI	Associa-tions	Successions Indivisions	LA (mdat jud.)	Autres	Administrate-ur provisoire (absence ou carence du syndic)	Mandataire *ad hoc*	Administrate-ur provisoire (art. 29-1)	Administrate-ur provisoire en APR	
antérieures au 01/01/1986										
1986 à 1990										
1991 à 1995										
1996 à 2000										
2001 à 2005										
2006										
2007										
2008										
2009										
2010										
2011										
2012										
2013										
2014										
2015										
2016										
2017										
2018										
2019										
TOTAUX										

TABLEAU II (Activité procédures collectives)

Montant des fonds détenus au titre des mandats mentionnés aux tableaux I A-AJ et I B-AJ

NATURE DES MANDATS	Solde de l'actif au... (dernier état trimestriel)	Sur l'état trimestriel correspondant en N-1	Sur l'état trimestriel correspondant en N-2
– **Loi de 1967 (A)** ● Syndic ● Commissaire à l'exécution du concordat			
– **Loi de 1985 (A)** ● Administrateur judiciaire ● CEP cession ● CEP continuation			
– **Loi de 2005 (B)** ● AJ en Sauvegarde ● AJ en Sauvegarde accélérée ● AJ en Sauvegarde financière accélérée ● AJ en Redressement judiciaire ● AJ en Liquidation judiciaire ● CEP Sauvegarde ● CEP Sauvegarde accélérée ● CEP Sauvegarde financière accélérée ● CEP Redressement judiciaire			
– *Enquête (B)*			
TOTAL (A+B)			

TABLEAU II (Autres mandats)

Montant des fonds détenus au titre des mandats mentionnés aux tableaux I C et I D

NATURE DES MANDATS	Solde de l'actif au... (dernier état trimestriel)	Sur l'état trimestriel correspondant en N-1	Sur l'état trimestriel correspondant en N-2
– Mandataire *ad hoc* (C) – **Conciliateur (C)** – **Mandataire à l'exécution de l'accord (C)**			
– **Autres missions judiciaires TCom (C)** ● *Séquestre judiciaire* ● Séquestre répartiteur ● Expert judiciaire ● Administrateur en application des articles L. 612-34, L. 612-34-1 ou L. 613-51-1 du Code monétaire et financier ● Liquidateur amiable (mandat judiciaire) ● Missions confiées par l'AGRASC			
– **Autres missions amiables (C)** ● Séquestre amiable ● Liquidateur amiable			

NATURE DES MANDATS	Solde de l'actif au... (dernier état trimestriel)	Sur l'état trimestriel correspondant en N-1	Sur l'état trimestriel correspondant en N-2
– **Autres mandats judiciaires TGI/TI (D)** ● Sociétés civiles immobilières ● Associations ● Successions, Indivisions, ● Liquidateur amiable (mandat judiciaire) ● Autres (rétablissement personnel...)			
Copropriétés (D) – Administrateur provisoire (absence ou carence du syndic) – En difficulté ● Mandataire *ad hoc* ● Administrateur provisoire (art. 29-1 de la loi n° 65-557 du 10 juillet 1965) ● Administrateur provisoire en administration provisoire renforcée			
TOTAL (C+D)			
TOTAL GÉNÉRAL DES FONDS DÉTENUS (A+B +C+D)			

1.1.2.2.3 Rotation des dossiers

	Au jour du contrôle au titre de l'année en cours	Au titre de l'année civile N-1	Au titre de l'année civile N-2
Nombre de mandats reçus			
Nombre de mandats clôturés (reddition des comptes produite)			
Taux de rotation (nombre de mandats clôturés / nombre de mandats reçus)			

1.1.2.2.4 Examen de la sinistralité professionnelle

– actions en responsabilité civile engagées à l'encontre du professionnel : procédures en cours et décisions définitives intervenues depuis moins de cinq ans :

– nombre :

– fondement :

– nature de la décision :

	À la clôture du dernier exercice	N-1	N-2
Montant de la prime d'assurance versée par le professionnel			

1.1.2.2.5 Analyse financière de l'étude

Éléments financiers

	À la clôture du dernier exercice	N-1	N-2
Trésorerie ouverture exercice comptable Trésorerie clôture exercice comptable Chiffre d'affaires HT avant rétrocessions Salaires et charges Honoraires versés et/ou rétrocédés Dotations aux amortissements Redevances de crédit-bail Locations mobilières Locations immobilières Résultat net réalisé avant impôt Montant des investissements réalisés Montant des emprunts restant dus Montant des concours bancaires courants Montant des loyers non échus de crédit-bail Montant du chiffre d'affaires total HT résultant des activités libres Montant du chiffre d'affaires total HT résultant des activités tarifées du livre VI du Code de commerce (à l'exclusion du hors barème) Montant du chiffre d'affaires total HT résultant du « hors barème »			

Évolution des ratios significatifs

	À la clôture du dernier exercice	N-1	N-2
Coefficient d'emploi (salaires + charges/chiffre d'affaires) Rentabilité de l'étude (résultat/chiffre d'affaires) Effort d'investissement (dotation aux amortissements + redevances de crédit-bail + locations mobilières/chiffre d'affaires) Honoraires versés/chiffre d'affaires. Honoraires rétrocédés/chiffre d'affaires.			

Date et signature :

1.2 VÉRIFICATIONS MINIMALES EFFECTUÉES PAR LES CONTRÔLEURS SUR L'ORGANISATION ET LA GESTION DE L'ÉTUDE

1.2.1 VÉRIFICATION GÉNÉRALE DES INFORMATIONS CONTENUES DANS LE DOCUMENT PERMANENT

Le compte-rendu des vérifications fait l'objet d'une rubrique dans la conclusion du rapport de contrôle (V. 3.1.1).

1.2.2 VÉRIFICATIONS PARTICULIÈRES RELATIVES À L'ORGANISATION ET À LA GESTION DE L'ÉTUDE

En cas de réponses appelant des observations, celles-ci sont portées dans la conclusion du rapport de contrôle avec mention de la référence du paragraphe concerné (V. 3.1.2).

– le cas échéant, l'ensemble des mandats détenus à titre individuel sont-ils transférés à la personne morale ? (attestation sur l'honneur du professionnel) oui □ non □ sans objet □

– la convention de stage passée entre le stagiaire et le maître de stage est-elle conforme à la convention type établie par le Conseil national des administrateurs judiciaires et des mandataires judiciaires ? oui □ non □ sans objet □

– la conformité aux règles professionnelles des procédures qui suivent est-elle vérifiée ?

– délégations de pouvoir et des modalités de signature, notamment de moyens de paiement oui □ non □ sans objet □

– organisation de l'archivage oui □ non □

– procédures de sauvegarde informatique oui □ non □

– l'indépendance du professionnel à l'égard des tiers avec lesquels il partage ses locaux professionnels est-elle vérifiée ? oui □ non □ sans objet □

– la facilité d'accès à la documentation pour le personnel de l'étude est-elle vérifiée ? oui □ non □ sans objet □

– existe-t-il une ordonnance du juge-commissaire autorisant le recours à des sociétés d'archivage et fixant leur rémunération ? oui □ non □ sans objet □

– existe-t-il une déclaration préalable des bureaux annexes au commissaire du Gouvernement près la commission d'inscription ? (C. com., art. R. 814-53 et R. 814-54) oui □ non □ sans objet □

– en cas de pluralité de bureaux, les moyens informatiques permettent-ils une centralisation des éléments relatifs aux mandats et aux opérations comptables correspondantes ? oui □ non □ sans objet □

– existe-t-il une autorisation judiciaire lors du recours à des tiers pour l'exécution de tâches incombant personnellement au professionnel ? oui □ non □ sans objet □

– ces tiers sont-ils rémunérés par le professionnel à titre personnel ? oui □ non □ sans objet □

– existe-t-il une autorisation, donnée au professionnel retiré, dossier par dossier, de continuer l'exercice de son mandat ? oui □ non □ sans objet □

– la structure de l'étude et ses moyens sont-ils en adéquation avec le nombre de dossiers et la nature des missions qui sont confiées au professionnel ? oui □ non □

– le rapprochement des informations de la fiche d'actualisation avec les documents présentés dont elles sont issues appelle-t-il des observations ? oui □ non □

– des risques particuliers liés à la situation financière de l'étude ont-ils été identifiés ? oui □ non □

– la confidentialité des entretiens avec les débiteurs ou avec les tiers au sein de l'étude est-elle assurée ? oui □ non □

1.2.3 VÉRIFICATIONS RELATIVES AUX OBLIGATIONS GÉNÉRALES DU PROFESSIONNEL EN MATIÈRE DE LAB/FT

– au regard des lignes directrices transmises par l'autorité de contrôle, existe-t-il une évaluation des risques ? (C. monét. fin., art. L. 561-4-1 et L. 561-32) oui □ non □

– l'organisation et les procédures internes couvrent-elles l'ensemble des obligations en matière de LAB/FT ? (C. monét. fin., art. L. 561-32) oui □ non □

– les collaborateurs sont-ils formés et informés des obligations LAB/FT incombant à la profession (C. monét. fin., art. L. 561-33) oui □ non □

– l'organisation et les procédures internes sont-elles adaptées et proportionnées à l'entité ? oui □ non □

– l'organisation et les procédures internes sont-elles mises à jour lorsqu'un nouveau risque est identifié ? oui □ non □

– les documents (d'identité et relatifs aux opérations) sont-ils conservés pendant 5 ans (C. monét. fin., art. L. 561-12) oui □ non □

– les déclarations de soupçon transmises au service TRACFIN sont-elles conservées dans un lieu confidentiel, distinct des dossiers ? oui □ non □

1.2.4 EXAMEN DE LA COMPTABILITÉ SPÉCIALE ET DE SON ENVIRONNEMENT

En cas de réponse appelant des observations, celles-ci sont portées dans la conclusion du rapport de contrôle avec mention de la référence du paragraphe concerné (V. 3.2.1).

1.2.4.1 Analyse de l'organisation comptable de l'Étude

1.2.4.1.1 Prise de connaissance des documents décrivant les procédures et l'organisation comptable

– intitulé des documents examinés : *en porter la mention*

les documents font-ils partie d'un système normalisé ? oui □ non □

– en l'absence de formalisation des procédures et de l'organisation comptable :

les procédures comptables de l'étude vous paraissent-elles pertinentes ? oui □ non □

1.2.4.1.2 Vérification de la conformité des pratiques au jour du contrôle avec les procédures formalisées ou non

– les procédures formalisées ou non sont-elles connues et appliquées par les collaborateurs ? oui □ non □

1.2.4.1.3 Vérification de la conformité des informations figurant dans le document permanent et dans la fiche d'actualisation

– identification du numéro d'agrément du logiciel figurant sur les états contrôlés : *le mentionner*

– le rapprochement des informations figurant sur les tableaux I et II de la fiche d'actualisation avec les états trimestriels concernés appelle-t-il des observations ? oui □ non □

1.2.4.1.4 Vérification des délégations et modalités de signature

– les délégations et les modalités de signature sont-elles conformes aux règles professionnelles ? oui □ non □

– en particulier en matière d'émission de chèques ? oui □ non □

– en particulier en matière d'émission de virements ? oui □ non □

1.2.4.1.5 Vérification des procédures d'encaissement

– les fonds reçus en espèces et les chèques sont-ils versés immédiatement à la CDC ? oui □ non □

– des comptes financiers spécifiques autres que le compte général, le compte de répartition, les comptes à terme ou le compte « AGS » sont-ils utilisés ? oui □ non □

– pour les mandats amiables, existe-t-il des comptes dans d'autres établissements financiers que la Caisse des dépôts et consignations ? oui □ non □

– si oui, existe-t-il un mandat express en ce sens ? oui □ non □

1.2.4.2 Contrôles comptables d'ensemble portant sur la dernière période comptable clôturée (état trimestriel au...)

1.2.4.2.1 Contrôle du répertoire

– le répertoire est-il conforme aux dispositions de l'article R. 814-31 du Code de commerce ? oui □ non □

– le répertoire enregistre-t-il les mandats tant amiables que judiciaires par ordre chronologique de connaissance par l'étude ? oui □ non □

1.2.4.2.2 États comptables

– existe-t-il des journaux auxiliaires ? oui □ non □

– l'équilibre mouvements débits = mouvements crédits sur les journaux auxiliaires est-il respecté ? oui □ non □

– *existe-t-il un livre-journal ?* oui □ non □

– y a-t-il égalité sur le livre-journal des mouvements débits et des mouvements crédits ? oui □ non □

– y a-t-il égalité des mouvements du livre-journal avec les mouvements de la balance ? oui □ non □

– y a-t-il égalité du solde du livre journal avec le solde de la balance ? oui □ non □

1.2.4.2.3 Tenue et contrôle des états trimestriels

– le contenu des états trimestriels est-il conforme aux dispositions de l'article R. 814-34 du Code de commerce ? oui □ non □

– le dépôt des états trimestriels est-il conforme aux dispositions de l'article R. 814-35 du Code de commerce ? oui □ non □

– les états trimestriels relatifs aux périodes antérieures sont-ils conservés et accessibles aux contrôleurs ? oui □ non □

– le contrôle exhaustif du dernier état trimestriel fait-il apparaître des avances pour un ou plusieurs mandats réalisées par prélèvement sur les autres mandats ? oui □ non □

– les effets titres et valeurs détenus par l'étude sont-ils enregistrés et portés sur l'état trimestriel ? oui □ non □

1.2.4.2.4 Répartition des intérêts produits par un (ou des) compte(s) global(aux) rémunéré(s) (compte répartition)

– le professionnel utilise-t-il le compte de répartition ? oui □ non □

– si oui :

  – le mode de répartition est-il équitable ? oui □ non □

  – subsiste-t-il des intérêts non répartis ? oui □ non □

– les états trimestriels font-ils apparaître les intérêts produits pour chaque mandat ? oui □ non □

1.2.4.2.5 Ouverture de compte à terme

– le professionnel utilise-t-il des comptes à terme ? oui □ non □

– si oui, le plafond par mandat géré sur le compte général est-il respecté ? oui □ non □

1.2.4.2.6 Ouverture d'un compte distinct par procédure

– le professionnel verse-t-il les fonds, effets, titres et autres valeurs reçus sur un compte distinct par procédure ouvert à la Caisse des dépôts et consignations, en application des dispositions de l'article L. 814-15 du Code de commerce, quand les seuils fixés par décret sont atteints à compter du 1er mai 2017 ? oui □ non □

1.2.4.3 Contrôle de la représentation des fonds

1.2.4.3.1 Contrôle des comptes financiers

Contrôle de l'exhaustivité

– la liste des comptes compris dans le périmètre de la comptabilité spéciale est-elle conforme aux informations communiquées par les établissements financiers ? oui □ non □

Analyse des états de rapprochement à la date du dernier état trimestriel (comptes à vue et comptes à terme)

– les états de rapprochement sont-ils visés par le professionnel ? oui □ non □

– les états de rapprochement sont-ils exacts ? oui □ non □

– les états de rapprochement font-ils apparaître des chèques prescrits ? oui □ non □

1.2.4.3.2 Analyse des mouvements en espèces

– les opérations en espèces sont-elles comptabilisées sur un journal auxiliaire de caisse ? oui □ non □

– les sommes portées sur le carnet de reçus correspondent-elles à celles portées en comptabilité ? oui □ non □

– les reçus constituent-ils une série de numéros ininterrompue utilisés dans l'ordre numérique ? oui □ non □

– le numéro de reçu est-il mentionné dans l'écriture comptable ? oui □ non □

– les états de rapprochement font-ils apparaître des virements en instance ? oui □ non □

1.2.4.3.3 Analyse du compte de liaison

– le compte de liaison figure-t-il sur les états trimestriels ? oui □ non □

– a-t-il été procédé à l'analyse du solde du compte de liaison à la date du dernier état trimestriel ? oui □ non □

1.2.4.3.4 Analyse des modalités de consignation des chèques prescrits ou revenus « n'habite pas à l'adresse indiquée » (NPAI)

– les chèques consignés au nom des salariés auprès de l'AGS font-ils l'objet d'un suivi ? oui □ non □

– les chèques consignés auprès de la CDC sont-ils répertoriés ? oui □ non □

1.2.4.3.5 Effets, titres et valeurs

– les effets, titres et valeurs figurent-ils sur le dernier état trimestriel ? oui □ non □ sans objet □

1.2.4.4 Vérification des comptes bancaires autres que CDC fonctionnant sous la seule signature du professionnel

– des comptes bancaires autres que CDC fonctionnant sous la seule signature du professionnel existent-ils à la date du dernier état trimestriel ? oui □ non □

– les opérations sur ces comptes sont-elles suivies par l'étude ? oui □ non □

– la procédure de suivi de ces comptes vous paraît-elle fiable ? oui □ non □

– les sommes disponibles déposées sur les comptes bancaires ouverts au nom du débiteur ayant fait l'objet d'un jugement arrêtant un plan de cession sont-elles déposées à la CDC dans les 15 jours du prononcé de ce jugement ? (C. com., art. R. 814-39) oui □ non □

– la demande de clôture des comptes a-t-elle été effectuée dans un délai maximum de 90 jours ? oui □ non □

– le suivi des opérations entre la date du jugement de liquidation et la date d'encaissement du solde de l'ensemble des comptes bancaires poursuite d'activité appelle-t-il des observations ? oui □ non □

1.2.4.5 Vérification des opérations comptables

1.2.4.5.1 Vérification par sondages de l'existence d'une pièce justificative, sans appréciation ou contrôle du bien-fondé de l'opération, à l'appui des écritures comptables

– les vérifications opérées appellent-elles des observations ? oui □ non □

1.2.4.5.2 Rapprochement des informations figurant sur l'état trimestriel et sur le compte individuel du mandat

– les rapprochements opérés appellent-ils des observations ? oui □ non □

DEUXIÈME PARTIE

VÉRIFICATIONS RELATIVES À L'EXERCICE DE SA MISSION PAR LE PROFESSIONNEL

Ces vérifications portant sur le mode d'exercice habituel du professionnel seront opérées à partir d'un choix de dossiers significatifs, effectué par les contrôleurs, permettant de répondre à chacune des questions posées (en aucun cas les dossiers ne doivent être choisis par le contrôlé).

En cas de réponse appelant des observations, celles-ci sont portées dans la conclusion du rapport de contrôle avec mention de la référence du paragraphe concerné.

2.1 VÉRIFICATIONS COMMUNES À L'ENSEMBLE DES MISSIONS EXERCÉES

– la structure d'exercice professionnel est-elle certifiée selon la ou les normes de système relative(s) aux exigences pour le management de la qualité de l'ISO (Organisation Internationale de Normalisation) ? oui □ non □

En cas de réponse positive une copie du certificat est jointe en annexe.

2.1.1 ANALYSE DE LA STRUCTURE DES DOSSIERS EXAMINÉS

– le plan de classement des pièces est-il efficient ? oui □ non □

– une procédure permettant l'accès immédiat aux données essentielles du dossier est-elle mise en place ? oui □ non □

– existe-t-il une procédure permettant de respecter les échéances importantes de la procédure ? oui □ non □

2.1.2 VÉRIFICATIONS RELATIVES AUX OBLIGATIONS DU PROFESSIONNEL EN MATIÈRE DE LAB/FT, DANS LE CADRE DE LA PRISE EN CHARGE DE SES MANDATS

2.1.2.1 Obligations de vigilance

– le professionnel a-t-il recueilli les éléments d'information pertinents sur le client (au sens du V de l'article L. 561-3 du C. monét. fin.) ou, le cas échéant, sur le bénéficiaire effectif ? (C. monét. fin., art. L. 561-5) oui □ non □

– ces données font-elles l'objet de mises à jour régulières ? oui □ non □

– le professionnel a-t-il recueilli les éléments relatifs à la nature de l'opération ainsi que les justificatifs afférents ? (C. monét. fin., art. L. 561-5-1) oui □ non □

– l'obligation de vigilance exercée (normale, complémentaire, renforcée) est-elle cohérente avec le risque identifié ? oui □ non □

– le professionnel a-t-il exercé une vigilance constante et a-t-il pratiqué un examen attentif des opérations de manière suffisante ? (C. monét. fin., art. L. 561-6) oui □ non □

2.1.2.2 Déclarations de soupçon

– le professionnel a-t-il procédé personnellement à l'envoi d'une déclaration de soupçon en cas de doute sur des opérations portant sur des sommes dont il sait, soupçonne ou a de bonnes raisons de soupçonner qu'elles proviennent d'une infraction passible d'une peine privative de liberté supérieure à un an, participent au financement du terrorisme ou proviennent d'une fraude fiscale ? (C. monét. fin., art. L. 561-15) oui □ non □

– le soupçon est-il motivé dans la déclaration de soupçon ? (C. monét. fin., art. R. 561-31) oui □ non □

– le délai entre l'identification du caractère suspect de l'opération et l'envoi de la déclaration de soupçon apparaît-il raisonnable ? (C. monét. fin., art. L. 561-16) oui □ non □

– les documents (d'identité et relatifs aux opérations) sont-ils conservés pendant 5 ans ? (C. monét. fin., art. L. 561-12) oui □ non □

– les déclarations de soupçon transmises au service TRACFIN sont-elles conservées dans un lieu confidentiel, distinct des dossiers ? oui □ non □

2.1.3 MODE DE TRAITEMENT DU COURRIER

– les entrées du courrier font-elles l'objet d'un enregistrement ? oui □ non □

– les courriers émis font-ils l'objet d'un enregistrement ? oui □ non □

– les délais de réponse aux courriers sont-ils raisonnables ? oui □ non □

2.1.4 RECOURS AUX INTERVENANTS EXTÉRIEURS

2.1.4.1 Vérification du respect des dispositions des articles L. 621-4 et L. 621-9 du Code de commerce

– le recours à des experts et techniciens prévu aux articles L. 621-4 et L. 621-9 du Code de commerce pour des tâches n'entrant pas dans la compétence habituelle des administrateurs judiciaires est-il :

– habituel ? oui □ non □

– occasionnel ? oui □ non □

– nature des tâches confiées à chacun de ces intervenants extérieurs ; modalités d'intervention et de rémunération :

– nature des tâches confiées et qualité de chaque intervenant extérieur : *les contrôleurs mentionneront ci-après ces éléments d'information :*

–

–

– le montant de la rémunération sollicitée par l'expert ou le technicien apparaît-il en adéquation avec la tâche qui lui est confiée ? oui □ non □

– existe-t-il une décision judiciaire commettant l'expert ou le technicien ? oui □ non □

– existe-t-il une ordonnance fixant la rémunération de l'expert ou du technicien ? oui □ non □

2.1.4.2 Vérification du respect des dispositions de l'article L. 811-1 du Code de commerce

– le recours à des intervenants extérieurs, personnes physiques non liées au professionnel par un contrat de travail ou personnes morales, pour des tâches incombant personnellement aux administrateurs judiciaires est-il :

– habituel ? oui □ non □

Si oui, nature des tâches confiées et qualité de chaque intervenant extérieur : *les contrôleurs mentionneront ci-après ces éléments d'information :*

–

–

occasionnel ? oui □ non □

Si oui, nature des tâches confiées et qualité de chaque intervenant extérieur : *les contrôleurs mentionneront ci-après ces éléments d'information :*

–

–

– existe-t-il une ordonnance du président du tribunal autorisant le recours à ces intervenants ? oui □ non □

2.1.4.3 Vérification du respect des règles professionnelles

– le recours par le professionnel aux officiers publics et ministériels et aux experts a-t-il été reconnu nécessaire et a-t-il été autorisé ? oui □ non □

– dans le cas particulier où l'intervention d'un avocat comprend un honoraire complémentaire en fonction du résultat obtenu ou du service rendu, une autorisation judiciaire préalable a-t-elle été obtenue ? oui □ non □

2.2 VÉRIFICATIONS SPÉCIFIQUES AUX DIFFÉRENTES MISSIONS

2.2.1 MANDAT D'ADMINISTRATEUR JUDICIAIRE DANS LES PROCÉDURES DE SAUVEGARDES, DE REDRESSEMENT JUDICIAIRE ET DE LIQUIDATION

2.2.1.1 Situation de l'entreprise à l'ouverture de la procédure (sauvegarde et redressement judiciaire)

2.2.1.1.1 Analyse de la structure juridique, comptable et financière de l'entreprise

– la procédure de collecte des informations aux fins de procéder à cette analyse à l'ouverture de la procédure apparaît-elle satisfaisante ? oui □ non □

– la procédure d'établissement et d'analyse de la situation comptable au jour du jugement d'ouverture paraît-elle pertinente ? oui □ non □

2.2.1.1.2 Détermination de la situation patrimoniale de l'entreprise

Inventaire

– le professionnel est-il en possession d'un inventaire réalisé dès l'ouverture de la procédure par un technicien désigné par la juridiction ? oui □ non □

Assurances

– les modalités de vérification des conditions d'assurances apparaissent-elles satisfaisantes ? oui □ non □

– *les dispositions prises en cas d'absence* ou de résiliation des assurances sont-elles adaptées ? oui □ non □

Traitement des clauses de réserves de propriété et autres revendications

– les modalités de traitement des clauses de réserve de propriété et des autres revendications (droits de rétention, gages sur marchandises...) apparaissent-elles satisfaisantes ? oui □ non □

– les dispositions prises pour garantir les droits des revendiquants pendant la phase d'analyse et de détermination de leurs droits sont-elles adaptées ? oui □ non □

Traitement des actions directes

– les modalités de traitement de l'action directe prévue par le titre III de la loi n° 75-1334 du 31 décembre 1975 relative à la sous-traitance apparaissent-elles satisfaisantes ? oui □ non □

– les modalités de traitement de l'action directe du voiturier prévue par l'article L. 132-8 du Code de commerce apparaissent-elles satisfaisantes ? oui □ non □

Vérification de la situation de l'entreprise au regard de la législation sur l'environnement

– les modalités de vérification de la situation de l'entreprise au regard de la législation sur l'environnement sont-elles satisfaisantes ? oui □ non □

– les dispositions prises par l'administrateur en cas de situation irrégulière sont-elles adaptées ? oui □ non □

Vérification de la situation de l'entreprise au regard des règles sur l'hygiène et la sécurité du travail

– les dispositions prises par l'administrateur sont-elles adaptées ? oui □ non □

2.2.1.1.3 Aspects sociaux

– l'administrateur vérifie-t-il la conformité de la représentation du personnel avec la taille de l'entreprise ? oui □ non □

– en cas de situation irrégulière, les mesures prises par le professionnel sont-elles adaptées ? oui □ non □

2.2.1.1.4 Rapport sur le déroulement de la procédure et la situation du débiteur

Rapport à déposer dans un délai de deux mois à compter du jugement d'ouverture (art. R. 621-20) :

– est-il déposé dans les délais ? oui □ non □

– son contenu est-il satisfaisant ? oui □ non □

– est-il transmis :

– au juge-commissaire ? oui □ non □

– au ministère public ? oui □ non □

– au mandataire judiciaire ? oui □ non □

2.2.1.1.5 Bilan économique et social

– le BES précise-t-il l'origine, l'importance et la nature des difficultés de l'entreprise ? oui □ non □

– l'analyse financière, les perspectives d'exploitation et ses modalités de financement sont-elles suffisamment développées ? oui □ non □

– est-il complété par un bilan environnemental quand le débiteur exploite une ou plusieurs installations classées ? oui □ non □

– est-il déposé au greffe ? oui □ non □

– est-il transmis :

– au juge-commissaire ? oui □ non □

– au ministère public ? oui □ non □

– au mandataire judiciaire ? oui □ non □

– au représentant des salariés ? oui □ non □

– aux contrôleurs ? oui □ non □

– au débiteur ? oui □ non □

– les personnes suivantes sont-elles consultées :

– le comité d'entreprise ou les délégués du personnel ? oui □ non □

– l'ordre professionnel ou l'autorité dont relève, le cas échéant, le débiteur ? oui □ non □

2.2.1.2 Poursuite et maintien provisoire de l'activité (sauvegarde, redressement judiciaire, liquidation judiciaire)

2.2.1.2.1 Suivi de la trésorerie et de l'exploitation en période d'observation ou pendant le maintien provisoire de l'activité

Prévisions d'exploitation et de trésorerie

– des prévisions d'exploitation et de trésorerie sont-elles établies ? oui □ non □

– ces prévisions sont-elles renouvelées au cours de la période d'observation et révisées en fonction des flux réels ? oui □ non □

Modalités de suivi des flux de trésorerie

– les moyens de paiement sont-ils tous signés (mission de représentation en redressement judiciaire ou en liquidation judiciaire) ou contresignés (mission d'assistance) par le professionnel ou un salarié de l'étude ? oui □ non □

– les procédures internes de suivi de la trésorerie sont-elles adaptées ? oui □ non □

Modalités de rémunération des dirigeants au cours de la période d'observation du redressement judiciaire

– la rémunération est-elle fixée par ordonnance du juge-commissaire ? oui □ non □

2.2.1.2.2 Information

– l'administrateur informe-t-il le ministère public et le juge-commissaire des résultats de l'activité à l'issue de la période pendant laquelle elle a été poursuivie en liquidation judiciaire ? (art. R. 641-20) oui □ non □

– l'information fournie est-elle satisfaisante ? oui □ non □

2.2.1.2.3 Poursuite des contrats

– une liste des contrats est-elle remise à l'administrateur ? oui □ non □

– les réponses aux cocontractants sont-elles pertinentes au regard des prévisions de trésorerie et d'exploitation ? oui □ non □

2.2.1.2.4 Procédures de licenciement en période d'observation ou au cours du maintien de l'activité

– une note sur la situation économique et financière de l'entreprise justifiant les licenciements économiques est-elle rédigée (en présence d'un comité d'entreprise – livre IV du Code du travail) ? oui □ non □

– un projet de plan de sauvegarde de l'emploi est-il élaboré ? (en présence d'un comité d'entreprise – livre III du Code du travail) oui □ non □

– les mesures de reclassement proposées sont-elles en cohérence avec la taille de l'entreprise et ses capacités financières ? oui □ non □

– l'avis du comité d'entreprise, des délégués du personnel, et/ou du représentant des salariés est-il recueilli ? oui □ non □

– l'autorité administrative est-elle informée ? oui □ non □

– l'autorité administrative est-elle saisie d'une demande de validation ou d'homologation ? (C. trav., art. L. 1233-58) oui □ non □

– l'autorisation du juge commissaire est-elle sollicitée dans le respect des dispositions des articles L. 1233-58 et L. 1233-60 du Code du travail ? oui □ non □

2.2.1.2.5 Créances privilégiées (ou bénéficiant d'une priorité de paiement) pour être nées régulièrement après le jugement d'ouverture (anc. art. L. 621-32 ; art. L. 622-17 ; art. L. 641-13)

– les procédures mises en place pour détecter la création de ces créances, assurer leur suivi et leur règlement sont-elles adaptées ? oui □ non □

– la liste des créances nées après le jugement d'ouverture et non payées à leur échéance est-elle déposée au greffe ?

Cette liste est-elle :

– déposée au greffe (procédures ouvertes avant le 1er janvier 2006) ? oui □ non □

– transmise au commissaire à l'exécution du plan ou au liquidateur (procédures ouvertes à compter du 1er janvier 2006) ? oui □ non □

2.2.1.3 Conversion en liquidation judiciaire

– la proposition de l'administrateur d'une conversion en liquidation judiciaire est-elle cohérente avec les conclusions du bilan économique et social et l'analyse de la situation financière de l'entreprise à l'issue de la période d'observation ? oui □ non □

– une analyse sur une éventuelle poursuite de l'activité dans le cadre de la liquidation judiciaire est-elle jointe à la proposition de conversion en liquidation judiciaire ? oui □ non □

2.2.1.4 Plan de sauvegarde ou de redressement (plan de continuation)

2.2.1.4.1 Contenu du projet de plan

– l'administrateur s'assure-t-il que le plan proposé précise : oui □ non □

– les possibilités et modalités d'activités ? oui □ non □

– l'état du marché ? oui □ non □

– les moyens de financement ? oui □ non □

– les modalités de règlement du passif ? oui □ non □

– les garanties extrinsèques et intrinsèques souscrites pour assurer l'exécution du plan ? oui □ non □

– le niveau et les perspectives d'emploi ? oui □ non □

– les conditions sociales envisagées pour la poursuite de l'activité ? oui □ non □

– les mesures déjà intervenues et les actions à entreprendre en vue de faciliter le reclassement et l'indemnisation des salariés dont l'emploi est menacé ? oui □ non □

– s'il s'agit d'un plan de sauvegarde, les offres d'acquisition d'une ou de plusieurs activités faites par des tiers sont-elles recensées, analysées et annexées ? oui □ non □

– le contenu du rapport analysant le plan de sauvegarde ou de redressement est-il satisfaisant ? oui □ non □

2.2.1.4.2 Élaboration et communication du projet de plan

– les propositions de règlement du passif sont-elles transmises au mandataire judiciaire ? oui □ non □

– la commission réunissant les chefs des services financiers et les représentants des organismes et institutions intéressés est-elle saisie (procédures ouvertes à compter de février 2007) ? oui □ non □

– cette commission est-elle saisie dans le délai de deux mois à compter du jugement d'ouverture ? oui □ non □

– en cas de constitution de comités de créanciers, la possibilité leur est-elle offerte de discuter des propositions faites en vue d'élaborer le projet de plan ? oui □ non □

– arrive-t-il que le professionnel demande l'autorisation de constituer des comités de créanciers, lorsque cette constitution est facultative (procédures ouvertes à compter du 1er janvier 2006) ? oui □ non □

– le comité d'entreprise ou les délégués du personnel sont-ils consultés sur le projet de plan ? oui □ non □

– le rapport contenant le projet de plan est-il régulièrement communiqué aux organes de la procédure (juge-commissaire, ministère public, mandataire judiciaire, représentant des salariés, représentant du personnel, contrôleurs,...) ? oui □ non □

2.2.1.4.3 Mise en œuvre du plan de sauvegarde ou de redressement

– les actes dont, le cas échéant, l'administrateur s'est vu confier l'accomplissement par le tribunal sont-ils effectués dans un délai satisfaisant ? oui □ non □

2.2.1.5 Plan de cession en redressement judiciaire et en liquidation judiciaire

2.2.1.5.1 Préparation de la cession

Recherche de cessionnaires

– les caractéristiques essentielles de l'entreprise ou de la ou des branches d'activités sont-elles communiquées au greffe ? (C. com., art. R. 642-40) oui □ non □

– les actions engagées par l'administrateur pour susciter des offres de reprise sont-elles adaptées à la taille et au secteur d'activité de l'entreprise ? oui □ non □

– en redressement judiciaire, l'administrateur fixe-t-il une date limite de dépôt des offres ? oui □ non □

– des démarches sont-elles engagées par l'administrateur pour obtenir une amélioration des offres déposées ? oui □ non □

– pour les procédures ouvertes à compter du 1er janvier 2006 :

 – est-il procédé à une publicité par Internet ? oui □ non □

 – est-il procédé à une publicité par voie de presse ? oui □ non □

Publicité des offres

– les offres sont-elles déposées au greffe ? oui □ non □

– les offres et documents joints sont-ils communiqués au juge-commissaire et au ministère public ? oui □ non □

– le débiteur, le représentant des salariés et les contrôleurs sont-ils informés du contenu des offres reçues ? oui □ non □

– les offres sont-elles notifiées, le cas échéant, à l'ordre ou l'autorité dont le débiteur relève ? oui □ non □

Analyse des offres

– l'administrateur s'assure-t-il que les offres de cession comportent :

 – la description de la stratégie industrielle, commerciale, financière, sociale qu'entend mettre en œuvre le cessionnaire ? oui □ non □

 – la désignation précise des biens, droits et contrats inclus dans l'offre ? oui □ non □

 – les plans prévisionnels d'exploitation et de trésorerie ? oui □ non □

 – un plan de financement ? oui □ non □

 – le prix de cession et ses modalités de règlement ? oui □ non □

 – la qualité des apporteurs de capitaux et de leurs garants éventuels ainsi que les conditions de l'emprunt s'il est proposé d'y recourir ; oui □ non □

 – la date de réalisation de la cession ? oui □ non □

 – le niveau et les perspectives d'emploi ? oui □ non □

 – les garanties extrinsèques et intrinsèques souscrites pour assurer l'exécution du plan ? oui □ non □

 – les prévisions de cession d'actifs dans des deux années suivant la cession ? oui □ non □

 – *la durée de chacun des engagements pris* par l'auteur de l'offre ? oui □ non □

 – les documents devant être joints à l'offre en application de l'article R. 642-1 (attestation de la qualité de tiers au sens de l'article L. 642-3 et, le cas échéant, comptes annuels des trois derniers exercices et comptes prévisionnels) ? oui □ non □

– l'administrateur s'assure-t-il que le candidat à la cession :

 – justifie économiquement son plan social ? oui □ non □

 – motive le choix des postes de travail maintenus ? oui □ non □

 – formule des propositions en matière de reclassement du personnel licencié ? oui □ non □

– l'administrateur transmet-il au tribunal les observations des cocontractants du débiteur ? (art. L. 642-7) oui □ non □

– l'administrateur donne-t-il au greffe les indications nécessaires à la convocation des cocontractants du débiteur et des titulaires des sûretés devant être transférées ? (art. R. 642-7) oui □ non □

– le comité d'entreprise, les délégués du personnel ou le représentant des salariés sont-ils consultés sur les offres de reprise ? oui □ non □

– le comité d'entreprise est-il consulté sur le plan de sauvegarde de l'emploi et les mesures de reclassement et d'accompagnement ? oui □ non □

– le contenu du rapport analysant les offres de cession est-il satisfaisant ? oui □ non □

– permet-il :

 – de vérifier le caractère sérieux de l'offre et la qualité de tiers de son auteur au sens de l'article L. 642-3 ? oui □ non □

 – d'apprécier les conditions d'apurement du passif, notamment au regard du prix offert, des actifs résiduels à recouvrer ou réaliser, des dettes de la période de poursuite d'activité et, le cas échéant, des autres dettes restant à la charge du débiteur ? oui □ non □

2.2.1.5.2 Mise en œuvre du plan de cession

2.2.1.5.3 Licenciements en cas de plan de cession

– un projet de plan de sauvegarde est-il élaboré (en présence d'un comité d'entreprise – livre III du Code du travail) ? oui □ non □

– les mesures de reclassement proposées sont-elles en cohérence avec la taille de l'entreprise et à ses capacités financières ? oui □ non □

– le cessionnaire est-il sollicité pour le reclassement du personnel licencié ? oui □ non □

– l'avis du comité d'entreprise, des délégués du personnel, et/ou du représentant des salariés est-il recueilli ? oui □ non □

– l'autorité administrative est-elle informée ? oui □ non □

– l'autorisation de licenciement du personnel protégé est-elle sollicitée ? oui □ non □

– l'autorité administrative est-elle saisie d'une demande de validation ou d'homologation du projet de licenciement ? oui □ non □

2.2.1.5.4 Garanties

– les garanties prévues par le plan sont-elles mises en place avant l'entrée en jouissance ? oui □ non □

2.2.1.5.5 Passation des actes

– les actes de transfert de propriété sont-ils passés dans un délai satisfaisant ? oui □ non □

Poursuite de la procédure

– l'administrateur veille-t-il à ce que le tribunal puisse statuer sur l'arrêt d'un plan de sauvegarde, de redressement ou sur le prononcé de la liquidation judiciaire dans un délai satisfaisant ? oui □ non □

2.2.1.6 Calcul et perceptions des émoluments

En cas d'anomalie, la référence précise du dossier concerné doit être mentionnée parmi les observations qui lui sont relatives.

2.2.1.6.1 Tarif applicable aux procédures ouvertes avant le 1er janvier 2006

Droit fixe

– les dispositions de l'article 2 du décret n° 85-1390 du 27 décembre 1985 (droit fixe perçu par l'administrateur judiciaire modulé selon le régime procédure normale ou simplifiée) sont-elles respectées ? oui □ non □

– en cas d'extension de procédure – avec procédure unique –, un seul droit fixe est-il perçu ? oui □ non □

Droits gradués ou proportionnels

– les dispositions réglementaires relatives aux droits gradués ou proportionnels sont-elles respectées ? oui □ non □

– dans le cas d'application de dérogations au barème existant, ont-elles été autorisées par le président du tribunal compétent ? oui □ non □

Hors barème :

– l'administrateur justifie-t-il le dépassement du plafond fixé à l'article R. 663-13 de manière satisfaisante ? oui □ non □

– établit-il un état de frais et un état descriptif des diligences accomplies ? oui □ non □

– précise-t-il les tâches réalisées par ses salariés ? oui □ non □

– justifie-t-il de leurs qualifications ? oui □ non □

– précise-t-il les tâches réalisées par les intervenants extérieurs, personnes physiques non liées au professionnel par un contrat de travail ou personnes morales, pour des tâches incombant personnellement aux administrateurs judiciaires ? oui □ non □ Sans objet □

– transmet-il l'ordonnance l'ayant autorisé à recourir à ces intervenants extérieurs ? oui □ non □ Sans objet □

– précise-t-il le montant de la rémunération de ces intervenants extérieurs ? oui □ non □ Sans objet □

2.2.1.6.2 Tarif applicable aux procédures ouvertes à compter du 1er janvier 2006

Droits gradués ou proportionnels

– les dispositions réglementaires relatives aux droits gradués ou proportionnels sont-elles respectées ? oui □ non □

– la demande d'arrêté du droit prévu en cas d'arrêté d'un plan de cession est-elle accompagnée de la justification de la passation de la totalité des actes de cession ? (art. R. 663-11) oui □ non □

– la demande d'arrêté du droit calculé sur le montant de l'augmentation des fonds propres est-elle accompagnée de la justification du versement des fonds ? (art. R. 663-12) oui □ non □

Hors barème :

– l'administrateur justifie-t-il le dépassement du plafond fixé à l'article R. 663-13 de manière satisfaisante ? oui □ non □

– établit-il un état de frais et un état descriptif des diligences accomplies ? oui □ non □

– précise-t-il les tâches réalisées par ses salariés ? oui □ non □

– justifie-t-il de leurs qualifications ? oui □ non □

– précise-t-il les tâches réalisées par les intervenants extérieurs, personnes physiques non liées au professionnel par un contrat de travail ou personnes morales, pour des tâches incombant personnellement aux administrateurs judiciaires ? oui □ non □ Sans objet □

– transmet-il l'ordonnance l'ayant autorisé à recourir à ces intervenants extérieurs ? oui □ non □ Sans objet □

– précise-t-il le montant de la rémunération de ces intervenants extérieurs ? oui □ non □ Sans objet □

2.2.1.6.3 Tarif applicable aux procédures ouvertes à compter du 1er mai 2016

Droits gradués ou proportionnels

– les dispositions réglementaires relatives aux droits gradués ou proportionnels sont-elles respectées ? oui □ non □

– la demande d'arrêté du droit prévu en cas d'arrêté d'un plan de cession est-elle accompagnée de la justification de la passation de la totalité des actes de cession ? (art. R. 663-11) oui □ non □

– la demande d'arrêté du droit calculé sur le montant de l'augmentation des fonds propres est-elle accompagnée de la justification du versement des fonds (art. R. 663-12) ? oui □ non □

Hors barème :

– l'administrateur justifie-t-il le dépassement du plafond fixé à l'article R. 663-13 de manière satisfaisante ? oui □ non □

– établit-il un état de frais et un état descriptif des diligences accomplies ? oui □ non □

– précise-t-il les tâches réalisées par ses salariés ? oui □ non □

– justifie-t-il de leurs qualifications ? oui □ non □

– précise-t-il les tâches réalisées par les intervenants extérieurs, personnes physiques non liées au professionnel par un contrat de travail ou personnes morales, pour des tâches incombant personnellement aux administrateurs judiciaires ? oui □ non □ Sans objet □

– transmet-il l'ordonnance l'ayant autorisé à recourir à ces intervenants extérieurs ? oui □ non □ Sans objet □

– précise-t-il le montant de la rémunération de ces intervenants extérieurs ? oui □ non □ Sans objet □

2.2.1.6.4 Modalités de prélèvement

– les prélèvements des émoluments sont-ils précédés :

 – d'un arrêté de frais et émoluments signé par le juge-commissaire ou le président du tribunal ? oui □ non □

 – d'une ordonnance de taxe ? oui □ non □

– le montant prélevé correspond-il au montant autorisé ? oui □ non □

– existe-t-il des différés dans la perception des honoraires ? oui □ non □

– si oui : *motifs à expliquer dans la conclusion du rapport de contrôle*.

2.2.1.6.5 Remboursement des frais

– le remboursement des frais et débours est-il autorisé par ordonnance ? oui □ non □

2.2.1.6.6 Acomptes ou provisions

– des acomptes sont-ils perçus par le professionnel ? oui □ non □

– si oui :

 – correspondent-ils à un travail réellement effectué ? oui □ non □

 – sont-ils autorisés par le président du tribunal ? oui □ non □

 – sont-ils prélevés après autorisation ? oui □ non □

 – le montant prélevé correspond-il au montant autorisé ? oui □ non □

2.2.1.7 Modalités de clôture et de reddition des comptes

2.2.1.7.1 Procédures suivies pour clôturer les dossiers

– le professionnel produit-il un compte rendu de sa mission au juge-commissaire ou au président du tribunal ? oui □ non □

– les délais pour la production des redditions de comptes au greffe du tribunal sont-ils respectés ? oui □ non □

– *la notification des comptes au débiteur* est-elle effectuée par le professionnel, par lettre recommandée avec avis de réception ? oui □ non □

– la notification précise-t-elle les voies de recours ? oui □ non □

– la reddition des comptes donne-t-elle une image fidèle des opérations effectuées ? oui □ non □

– présente-t-elle un solde nul ? oui □ non □

2.2.1.7.2 État d'avancement des dossiers d'administration judiciaire les plus anciens non clôturés.

– existe-t-il des dossiers d'administration judiciaire non clôturés dans un délai raisonnable, malgré l'arrêté d'un plan, le prononcé d'une liquidation judiciaire ou l'expiration de la période d'observation ? oui □ non □

– si oui :
Si les motifs pour lesquels la clôture n'est pas intervenue dans un délai raisonnable n'apparaissent pas pertinents, une observation à leur sujet est portée à la conclusion du rapport de contrôle, les références des dossiers en cause étant précisées.

2.2.2 MANDAT DE COMMISSAIRE À L'EXÉCUTION DU PLAN

Le commissaire à l'exécution du plan est désigné par les initiales « CEP ».

2.2.2.1 Exécution du mandat

– le CEP procède-t-il à l'inscription de l'inaliénabilité ? (art. R. 626-25) oui □ non □

– les moyens mis en œuvre pour vérifier le respect des engagements souscrits, notamment le règlement des dividendes arrêtés dans le plan, sont-ils satisfaisants ? (art. L. 626-27) oui □ non □

– le règlement des dividendes est-il assuré :
  – par le débiteur ? oui □ non □
  – par le CEP ? oui □ non □

– en cas de règlement par le débiteur, le CEP en contrôle-t-il la régularité ? oui □ non □

– le rapport annuel prévu à l'article R. 626-43 est-il déposé au greffe ? oui □ non □

– le signalement au tribunal de l'inexécution du plan est-il effectué dans un délai raisonnable ? oui □ non □

– en cas d'inexécution, le CEP :
  – dépose-t-il un rapport ? oui □ non □
  – assigne-t-il en résolution de plan ? oui □ non □

– en cas de demande de modification du plan par le chef d'entreprise, le contenu du rapport du CEP est-il pertinent ? oui □ non □

2.2.2.2 Calcul et perception des émoluments

En cas d'anomalie, la référence précise du dossier concerné doit être mentionnée parmi les observations qui lui sont relatives.

2.2.2.2.1 Droit proportionnel

– les dispositions de l'article R. 663-16 sont-elles respectées ? oui □ non □

2.2.2.2.2 Répartition du prix

– les émoluments sont-ils calculés selon un état des diligences du CEP ? oui □ non □

2.2.2.2.3 Modalités de prélèvement

– les prélèvements des émoluments sont-ils précédés :
  – d'un arrêté de frais et émoluments signé par le juge-commissaire ou par le président du tribunal ? oui □ non □
  – d'une ordonnance de taxe en cas de recours ? oui □ non □

– le montant prélevé correspond-il au montant autorisé ? oui □ non □

– existe-t-il des différés dans la perception des émoluments ? oui □ non □

– si oui : *motifs à expliquer dans la conclusion du rapport de contrôle.*

2.2.2.2.4 Remboursement des frais

– le remboursement des frais et débours est-il autorisé par ordonnance ? oui □ non □

2.2.2.3 Modalités de clôture et de reddition des comptes

2.2.2.3.1 Procédures suivies pour clôturer les dossiers

– le professionnel produit-il un compte rendu de sa mission au juge-commissaire ou au président du tribunal ? oui □ non □

– les délais pour la production des redditions de comptes au greffe du tribunal sont-ils respectés ? oui □ non □

– la notification des comptes au débiteur est-elle effectuée par le professionnel, par lettre recommandée avec avis de réception ? oui □ non □

– la notification précise-t-elle les voies de recours ? oui □ non □

– la reddition des comptes donne-t-elle une image fidèle des opérations effectuées ? oui □ non □

– présente-t-elle un solde nul ? oui □ non □

2.2.2.3.2 État d'avancement des dossiers les plus anciens non clôturés

– pour les dossiers les plus anciens détenus par le professionnel au jour du contrôle :

 – les motifs d'absence de clôture sont-ils pertinents ? oui □ non □

 – des répartitions partielles de fonds ont-elles été réalisées (en particulier paiement de créances bénéficiant du super privilège ou de privilèges) oui □ non □

 Si les motifs pour lesquels la clôture n'est pas intervenue dans un délai raisonnable n'apparaissent pas pertinents, une observation à leur sujet est portée dans la conclusion du rapport de contrôle, les références des dossiers en cause étant précisées.

2.2.3 MANDATS D'ADMINISTRATEUR JUDICIAIRE EN MATIÈRE CIVILE

Les administrateurs judiciaires qui reçoivent des mandats tant en matière civile qu'en matière commerciale sont contrôlés sur les deux missions.

2.2.3.1 Vérifications communes à toutes les missions d'administration judiciaire civile

2.2.3.1.1 Entrée en fonction

– l'administrateur vérifie-t-il le caractère exécutoire de sa désignation et de l'éventuelle extension de sa mission ? oui □ non □

– si la mission est à durée déterminée, son éventuel renouvellement intervient-il dans les délais ? oui □ non □

– le professionnel procède-t-il à la publicité légale de sa mission ou de sa prorogation lorsque celle-ci est prévue par les textes ? oui □ non □

– cette publicité est-elle effectuée dans un délai raisonnable ? oui □ non □

– les modalités de détermination de la situation du dossier lors de l'entrée en fonction par l'administrateur judiciaire sont-elles adaptées à la nature du mandat confié ? oui □ non □

– les modalités de vérification des conditions d'assurances apparaissent-elles satisfaisantes ? oui □ non □

– les dispositions prises en cas d'absence ou de résiliation des assurances sont-elles adaptées ? oui □ non □

2.2.3.1.2 Modalités d'information du tribunal

– des rapports de synthèse sont-ils adressés à la juridiction en cours de mandat ? oui □ non □

– en cas de prorogation de mission à la demande de l'administrateur, la requête est-elle motivée ? oui □ non □

– en cas de prorogation sur demande des parties, l'administrateur rédige-t-il un rapport ? oui □ non □

– le contenu des rapports est-il satisfaisant ? oui □ non □

2.2.3.1.3 Modalités d'information des parties

– l'administrateur informe-t-il régulièrement les parties de ses diligences et de l'évolution du dossier au cours du mandat ? oui □ non □

– les dispositions prises par le professionnel pour assurer le respect du contradictoire sont-elles satisfaisantes ? oui □ non □

– les projets de décisions importantes sont-ils soumis aux parties pour accord ? oui □ non □

– l'administrateur se fait-il autoriser par la juridiction qui l'a désigné pour les décisions importantes ? oui □ non □

2.2.3.1.4 Gestion des dossiers

– les diligences du professionnel sont-elles adaptées à la nature et à l'étendue du mandat qui lui a été confié ? oui □ non □

– en cas d'administration provisoire de personnes morales de droit privé non commerçantes, les obligations légales d'approbation et de dépôt des comptes sont-elles respectées ? oui □ non □

– en cas de cession d'actifs immobiliers, la procédure suivie est-elle satisfaisante ? oui □ non □

– le cas échéant, les diligences effectuées pour déterminer et régler le passif sont-elles adaptées ? oui □ non □

– en cas de situation d'insuffisance de trésorerie de la structure administrée, les dispositions prises par le professionnel sont-elles adaptées ? oui □ non □

– en cas de situation d'insolvabilité de la structure administrée, les dispositions prises par le professionnel sont-elles adaptées ? oui □ non □

2.2.3.1.5 Fin de la mission

– le professionnel rédige-t-il un rapport de fin de mandat ? oui □ non □

– dans l'affirmative, ce rapport reprend-il l'ensemble des diligences effectuées pendant le déroulement de la mission ? oui □ non □

– ce rapport est-il communiqué :

  – à la juridiction qui a désigné le professionnel ? oui □ non □

  – aux parties ? oui □ non □

– le professionnel se fait-il donner acte de la fin de son mandat par une décision judiciaire ou par une assemblée générale ? oui □ non □

– le professionnel procède-t-il à la reddition de ses comptes au greffe du tribunal ? oui □ non □

– le professionnel notifie-t-il sa reddition de comptes aux parties concernées par lettre recommandée avec avis de réception ? oui □ non □

– la notification précise-t-elle les voies de recours ? oui □ non □

– la reddition des comptes donne-t-elle une image fidèle des opérations effectuées ? oui □ non □

– présente-t-elle un solde nul ? oui □ non □

2.2.3.1.6 État d'avancement des dossiers les plus anciens non clôturés

– pour les dossiers les plus anciens détenus par le professionnel au jour du contrôle :

  – les motifs d'absence de clôture sont-ils pertinents ? oui □ non □

Si les motifs pour lesquels la clôture n'est pas intervenue dans un délai raisonnable n'apparaissent pas pertinents, une observation à leur sujet est portée dans la conclusion du rapport de contrôle, les références des dossiers en cause étant précisées.

2.2.3.2 Vérifications spécifiques à certaines missions

2.2.3.2.1 Mandats de mandat *ad hoc* pour une copropriété (art. 29-1 A et s. de la loi n° 65-557 du 10 juillet 1965 et art. 65 et s. du décret n° 67-223 du 17 mars 1967)

– le syndic fournit-il les documents nécessaires à l'accomplissement de la mission du mandataire *ad hoc* dans le délai de 15 jours à compter de l'ordonnance de désignation ? oui □ non □

– dans la négative, le mandataire *ad hoc* saisit-il le juge de ces difficultés ? oui □ non □

– le mandataire *ad hoc* sollicite-t-il des autorités publiques compétentes les pièces relatives aux procédures de police engagées à l'encontre du syndicat ? oui □ non □

Rapport à déposer dans un délai de trois mois à compter de l'ordonnance de désignation (art. 29-1 B) :

– est-il déposé dans les délais ? oui □ non □

– dans la négative, une prorogation est-elle requise ? oui □ non □

– comprend-il l'ensemble des parties définies au I de l'article 62-12 du décret précité ? oui □ non □

– son contenu est-il satisfaisant ? oui □ non □

– les préconisations sont-elles priorisées et inscrites dans un calendrier de mise en œuvre ? oui □ non □

– les préconisations sont-elles réalistes ? oui □ non □

– lorsque la situation de la copropriété le justifie, le mandataire préconise-t-il la désignation d'un administrateur provisoire ? oui □ non □

– dans l'affirmative, sollicite-t-il lui-même la désignation d'un administrateur provisoire ? oui □ non □

– dans ce cas, est-il désigné administrateur provisoire ? oui □ non □

– dans l'affirmative, l'ordonnance le désignant est-elle spécialement motivée ? oui □ non □

– s'assure-t-il que le syndic a inscrit à l'ordre du jour de la prochaine assemblée générale les projets de résolution nécessaires à la mise en œuvre de son rapport ? oui □ non □

– en cas de carence du syndic, saisit-il le juge aux fins de faire enjoindre à ce dernier de convoquer sans délai une assemblée générale ou aux fins de désignation d'un administrateur provisoire ? oui □ non □

Recours à des tiers :

– le recours à des intervenants extérieurs, personnes physiques non liées au professionnel par un contrat de travail ou personnes morales, pour des tâches incombant personnellement aux administrateurs judiciaires est-il :

– habituel ? oui □ non □

Si oui, nature des tâches confiées et qualité de chaque intervenant extérieur : *les contrôleurs mentionneront ci-après ces éléments d'information :*

–

–

– occasionnel ? oui □ non □

Si oui, nature des tâches confiées et qualité de chaque intervenant extérieur : *les contrôleurs mentionneront ci-après ces éléments d'information :*

–

–

– existe-t-il une ordonnance du président du tribunal autorisant le recours à ces intervenants ? oui □ non □

– le recours à des intervenants extérieurs, personnes physiques non liées au professionnel par un contrat de travail ou personnes morales, pour l'aider sur un sujet présentant une haute technicité (art. 61-12 II du décret précité) est-il :

– habituel ? oui □ non □

Si oui, nature des tâches confiées et qualité de chaque intervenant extérieur : *les contrôleurs mentionneront ci-après ces éléments d'information :*

–

–

– occasionnel ? oui □ non □

Si oui, nature des tâches confiées et qualité de chaque intervenant extérieur : les contrôleurs men*tionneront ci-après ces éléments d'information :*

–

–

– le montant de la rémunération sollicitée par chaque intervenant extérieur apparaît-il en adéquation avec la tâche qui lui est confiée ? oui □ non □

– existe-t-il une ordonnance du président du tribunal autorisant le recours à ces intervenants extérieurs ? oui □ non □

– existe-t-il une ordonnance fixant la rémunération de ces intervenants extérieurs ? oui □ non □

Rémunération du mandataire *ad hoc*

– le nombre de lot déterminant le tarif est-il justifié ? oui □ non □

– en cas de succession de missions, la réduction de 25 % de la rémunération est-elle appliquée ? oui □ non □

– au-delà de 499 lots, le président du tribunal fixe-t-il les conditions de la rémunération du mandataire *ad hoc* dans l'ordonnance de désignation ? oui □ non □

2.2.3.2.2 Mandats d'administration provisoire de copropriété (art. 29-1 et s. de la loi n° 65-557 du 10 juillet 1965 et art. 62-1 du décret n° 67-223 du 17 mars 1967)

Mesures conservatoires

– la décision est-elle portée à la connaissance des copropriétaires dans le mois de son prononcé ? oui □ non □

Dans l'affirmative, par quel moyen : *les contrôleurs mentionneront ci-après ces éléments d'information :*

–

–

– les documents nécessaires à l'accomplissement du mandat sont-ils réclamés à l'ancien syndic (archives, comptes...) ? oui □ non □

– dans l'affirmative : les diligences accomplies sont-elles satisfaisantes ? oui □ non □

– les mesures conservatoires sont-elles adaptées ? oui □ non □

– des mesures spécifiques sont-elles prises en cas de copropriétés en difficulté ? oui □ non □

– dans ce cas, les copropriétaires sont-ils consultés ? oui □ non □

Gestion de la copropriété

– l'administrateur dispose-t-il de l'ensemble des pouvoirs du conseil syndical ? oui □ non □

– l'administrateur dispose-t-il d'un logiciel agréé de gestion des copropriétés ? oui □ non □

– dans l'affirmative : préciser lequel :

– dans la négative, l'administrateur a-t-il recours à un syndic professionnel ? oui □ non □

– s'agit-il du syndic précédemment en place ? oui □ non □

– le recours à des intervenants extérieurs, personnes physiques non liées au professionnel par un contrat de travail ou personnes morales, pour des tâches incombant personnellement aux administrateurs judiciaires est-il :

– habituel ? oui □ non □

Si oui, nature des tâches confiées et qualité de chaque intervenant extérieur : les contrôleurs *mentionneront ci-après ces éléments d'information :*

–

–

occasionnel ? oui □ non □

Si oui, nature des tâches confiées et qualité de chaque intervenant extérieur : *les contrôleurs mentionneront ci-après ces éléments d'information :*

–

–

– existe-t-il une ordonnance du président du tribunal autorisant le recours à ces intervenants extérieurs ? oui □ non □

– le recours à des intervenants extérieurs, personnes physiques non liées au professionnel par un contrat de travail ou personnes morales, pour l'aider à concevoir et à mettre en œuvre des mesures de redressement de la copropriété qui requièrent une haute technicité (art. 62-10 du décret précité) est-il :

– habituel ? oui □ non □

Si oui, nature des tâches confiées et qualité de chaque intervenant extérieur : *les contrôleurs mentionneront ci-après ces éléments d'information :*

–

–

– occasionnel ? oui □ non □

Si oui, nature des tâches confiées et qualité de chaque intervenant extérieur : *les contrôleurs mentionneront ci-après ces éléments d'information :*

–

–

– le montant de la rémunération sollicitée par chaque intervenant extérieur apparaît-il en adéquation avec la tâche qui lui est confiée ? oui □ non □

– existe-t-il une ordonnance du président du tribunal autorisant le recours à ces intervenants extérieurs ? oui □ non □

– existe-t-il une ordonnance fixant la rémunération de ces intervenants extérieurs ? oui □ non □

– l'administrateur engage-t-il des actions pour réduire les charges du syndicat ? oui □ non □

– des actions en recouvrement de créances justifiées sont-elles engagées à l'égard des copropriétaires ? oui □ non □

– les contrats en cours sont-ils renégociés ? oui □ non □

– est-il mis fin aux contrats inutiles ? oui □ non □

– en cas de désordres dans l'immeuble, l'administrateur missionne-t-il une entreprise spécialisée ? oui □ non □

– les délais d'envoi des ordres de service sont-ils raisonnables ? oui □ non □

– les délais d'exécution des travaux sont-ils raisonnables ? oui □ non □

– ces délais sont-ils respectés ? oui □ non □

– la gestion du personnel est-elle assurée par l'administrateur ? oui □ non □

– les déclarations sociales sont-elles effectuées ? oui □ non □

– en cas de vente d'un lot par un copropriétaire, l'administrateur remplit-il un questionnaire notarié ? oui □ non □

– cette diligence est-elle accomplie dans un délai raisonnable ? oui □ non □

– lors de la notification par un notaire d'une vente, l'administrateur effectue-t-il une opposition sur le prix en garantie du paiement des charges ? oui □ non □

– en cas de travaux, l'administrateur :

– est-il autorisé par l'assemblée générale des copropriétaires ? oui □ non □

– a-t-il recours à un architecte ? oui □ non □

– une assurance dommages-ouvrage est-elle souscrite ? oui □ non □

– l'administrateur adosse-t-il, à la commande des travaux, une caution, conformément au 3e alinéa de l'article 1799-1 du Code civil ? oui □ non □

– des actions sont-elles engagées pour recueillir des candidatures de syndic ? oui □ non □

– tous les projets de candidature sont-ils adressés aux copropriétaires ? oui □ non □

– dans la négative, les critères de sélection retenus par l'administrateur judiciaire sont-ils satisfaisants ? oui □ non □

– l'ordre du jour de l'assemblée générale est-il joint à la lettre de convocation adressée aux copropriétaires ? oui □ non □

- l'assemblée générale est-elle tenue par le professionnel ou un salarié de l'étude ? oui □ non □
- le procès-verbal de l'assemblée générale est-il adressé à l'ensemble des copropriétaires par lettre recommandée avec avis de réception pour les absents ou les opposants ? oui □ non □
- les voies et délais de recours sont-ils indiqués dans cette lettre ? oui □ non □

Élaboration d'un plan d'apurement des dettes :

- l'administrateur élabore-t-il la liste des créances déclarées dans le délai de deux mois à compter de sa nomination ? oui □ non □
- le principe du contradictoire est-il respecté en cas de contestation de créance ? oui □ non □
- avise-t-il sans délai et par lettre recommandée avec avis de réception les créanciers dont les créances ne sont pas admises ? oui □ non □
- les voies et délais de recours sont-ils indiqués ? oui □ non □
- publie-t-il la liste dans le délai de deux mois à compter de sa nomination ? oui □ non □
- notifie-t-il le projet de plan d'apurement des dettes à l'ensemble des créanciers inscrits ? oui □ non □
- les créanciers sont-ils invités à accorder des remises de dettes ou à consentir des délais de paiement supérieur à la durée du plan ? oui □ non □
- le principe du contradictoire est-il respecté en cas de contestation du projet de plan d'apurement ? oui □ non □
- le plan d'apurement des dettes définitif est-il déposé au greffe dans un délai satisfaisant ? oui □ non □
- son contenu est-il satisfaisant ? oui □ non □
- comporte-t-il l'ensemble des parties requises par les textes ? oui □ non □
- les documents listés à l'article 62-25 du décret précité sont-ils annexés au plan d'apurement des dettes ? oui □ non □
- des actions sont-elle engagées afin de faire bénéficier le syndicat des copropriétaires des aides financières et mesures publiques d'accompagnement des copropriétés en difficulté ? oui □ non □

Si non, pour quelles raisons ? *Les contrôleurs mentionneront ci-après ces éléments d'information :*

–

–

Achèvement du mandat

- l'administrateur judiciaire demande-t-il quitus de sa gestion aux copropriétaires ? oui □ non □
- l'administrateur procède-t-il à une transmission rapide du dossier au syndic désigné ? oui □ non □

Rémunération :

- des acomptes sont-ils perçus par le professionnel ? oui □ non □
- si oui :
  - correspondent-ils à un travail réellement effectué ? oui □ non □
  - sont-ils autorisés par le président du tribunal ? oui □ non □
  - sont-ils prélevés après autorisation ? oui □ non □
  - le montant prélevé correspond-il au montant autorisé ? oui □ non □
- les dispositions réglementaires relatives aux droits fixes sont-elles respectées ? oui □ non □
- les dispositions réglementaires relatives aux droits gradués ou proportionnels sont-elles respectées ? oui □ non □
- l'administrateur justifie-t-il des diligences accomplies s'agissant des actes non soumis au tarif (art. 14 de l'arrêté tarif du 8 octobre 2015) ? oui □ non □

- l'administrateur justifie-t-il le dépassement du plafond fixé au III de l'article 61-1-5 du décret précité de manière satisfaisante ? oui □ non □
- établit-il un état de frais et un état descriptif des diligences accomplies ? oui □ non □
- leur contenu est-il satisfaisant ? oui □ non □
- précise-t-il les tâches réalisées par ses salariés ? oui □ non □
- justifie-t-il de leurs qualifications ? oui □ non □
- précise-t-il les tâches réalisées par les intervenants extérieurs, personnes physiques non liées au professionnel par un contrat de travail ou personnes morales, pour des tâches incombant personnellement aux administrateurs judiciaires ? oui □ non □
- transmet-il l'ordonnance l'ayant autorisé à recourir à ces intervenants extérieurs ? oui □ non □
- précise-t-il le montant de la rémunération de ces intervenants extérieurs ? oui □ non □
- les règles de rémunération en cas d'administration provisoire renforcée sont-elles respectées ? oui □ non □

2.2.3.2.3 Mandats d'administration provisoire d'une Société Civile Immobilière

Mesures conservatoires

- la décision est-elle notifiée aux associés ? oui □ non □
- les documents nécessaires à l'accomplissement du mandat sont-ils réclamés à l'ancien gérant (archives, comptes, documents administratifs et juridiques...) ? oui □ non □
- dans l'affirmative, les diligences accomplies sont-elles satisfaisantes ? oui □ non □
- les mesures conservatoires sont-elles adaptées ? oui □ non □

Gestion de la SCI

- les parties sont-elles convoquées ? oui □ non □
- les comptes sont-ils vérifiés ? oui □ non □
- le concours d'un expert-comptable est-il demandé ? oui □ non □
- la gestion locative est-elle assurée par le professionnel ? oui □ non □
- la gestion locative est-elle confiée à un agent immobilier ? oui □ non □
- un budget prévisionnel est-il établi ? oui □ non □
- des assemblées générales sont-elles convoquées ? oui □ non □
- en cas de vente des biens immobiliers la procédure suivie pour les réaliser est-elle satisfaisante ? oui □ non □
- une expertise des biens est-elle requise lorsque la vente est envisagée ? oui □ non □
- l'accord des associés est-il recueilli ? oui □ non □
- l'autorisation préalable du tribunal est-elle sollicitée ? oui □ non □

Achèvement du mandat

- la fin de la mission du professionnel est-elle constatée par une assemblée générale ? oui □ non □
- par une décision de justice ? oui □ non □

2.2.3.2.4 Mandats d'administration provisoire d'une succession ou d'une indivision

Mesures conservatoires

- existe-t-il un inventaire, un récolement d'inventaire, un état descriptif ou estimatif de la succession ou de l'indivision ? oui □ non □
- dans l'affirmative :
  - les parties sont-elles convoquées à cette fin ? oui □ non □

- le concours d'un expert est-il demandé ? oui □ non □
- les polices d'assurance garantissant les biens sont-elles vérifiées ou régularisées ? oui □ non □

Gestion de la succession ou de l'indivision

- des actions en conservation ou en reconstitution des biens de la succession sont-elles effectuées ? oui □ non □
- dans l'affirmative, ces actions sont-elles adaptées ? oui □ non □
- en cas de vente des biens mobiliers ou immobilier, la procédure suivie pour les réaliser est-elle satisfaisante ? oui □ non □
- des diligences sont-elles accomplies pour déterminer et régler le passif de succession ou de l'indivision ? oui □ non □
- dans l'affirmative, ces diligences sont-elles adaptées ? oui □ non □
- les héritiers, co-indivisaires ou autres parties intéressées sont-ils informés ? oui □ non □
- en cas de vente d'un bien de la succession ou de l'indivision, leur accord est-il recueilli ? oui □ non □

Achèvement du mandat

- en cas de liquidation de la succession ou de partage de l'indivision effectuée par l'administrateur judiciaire, celle-ci :
  - est-elle autorisée sur accord amiable des héritiers ? oui □ non □
  - résulte-t-elle d'une décision de justice ? oui □ non □

2.2.3.2.5 Frais et émoluments

En cas d'anomalie, la référence précise du dossier concerné doit être mentionnée parmi les observations qui lui sont relatives.

Provisions et frais pour le fonctionnement des dossiers

- les provisions pour le fonctionnement des dossiers, perçues par l'administrateur à l'ouverture du dossier ou au cours de la mission, sont-elles versées à la Caisse des dépôts et consignations ? oui □ non □

Émoluments

Calcul et taxation des émoluments

- les émoluments sont-ils calculés selon un barème propre à la juridiction ? oui □ non □
- sont-ils calculés selon un tarif horaire autorisé par le tribunal ? oui □ non □
- sont-ils calculés selon un état de frais ? oui □ non □
- la taxe est-elle arrêtée par le président du tribunal ? oui □ non □

Modalités de prélèvement

- *les prélèvements d'honoraires sont-ils précédés :*
  - d'un arrêté de frais et émoluments signé par le juge-commissaire ou le président du tribunal ? oui □ non □
  - d'une ordonnance de taxe ? oui □ non □
- le montant prélevé correspond-il au montant autorisé ? oui □ non □
- existe-t-il des différés dans la perception des honoraires ? oui □ non □
- si oui : *motifs à expliquer dans la conclusion du rapport de contrôle.*

Remboursement des frais

- le remboursement des frais et débours est-il autorisé par ordonnance ? oui □ non □

Acomptes ou provisions

- des acomptes sont-ils perçus par le professionnel ? oui □ non □
- si oui :
  - correspondent-ils à un travail réellement effectué ? oui □ non □
  - sont-ils autorisés par le président du tribunal ? oui □ non □
  - sont-ils prélevés après autorisation ? oui □ non □
  - le montant prélevé correspond-il au montant autorisé ? oui □ non □

2.2.4 AUTRES MANDATS

2.2.4.1 Mandats de syndic

- les dossiers détenus par les professionnels au titre de la loi du 13 juillet 1967 font-ils l'objet de toutes les diligences utiles à permettre leur clôture ? oui □ non □

- les administrateurs judiciaires qui détiennent des mandats de syndic ont-ils, à leur étude, le personnel qualifié pour les suivre ? oui □ non □

2.2.4.2 Autres mandats ne relevant pas du livre VI

- le professionnel justifie-t-il d'un mandat amiable (lettre de mission, procès-verbal d'assemblée générale,...) ou judiciaire ? oui □ non □

- le cas échéant, l'existence d'un mandat autre que ceux prévus au livre VI du Code de commerce, dans une affaire où le professionnel intervient ou est intervenu sur le fondement des dispositions de ce livre, est-elle justifiée (cette question vise notamment les mandats de séquestre) ? oui □ non □

- lors de la perception des honoraires, le professionnel justifie-t-il d'un accord préalable express du mandant ou d'une décision judiciaire arrêtant sa rémunération ? oui □ non □

- lorsque le professionnel est appelé à administrer l'entreprise et/ou à faire fonctionner sous sa signature les comptes bancaires de l'entreprise pour laquelle il est mandaté :
  - les procédures de suivi de l'exploitation sont-elles adaptées ? oui □ non □
  - les moyens de paiement sont-ils signés ou contresignés par le professionnel ou un salarié de l'étude ? oui □ non □
  - les procédures de suivi de la trésorerie sont-elles adaptées ? oui □ non □

TROISIÈME PARTIE

OBSERVATIONS ET CONCLUSIONS DES CONTRÔLEURS

3.1 CONCLUSIONS SUR L'ORGANISATION ET LA GESTION DE L'ÉTUDE

3.1.1 COMPTE RENDU DES VÉRIFICATIONS PORTANT SUR LES INFORMATIONS CONTENUES DANS LE DOCUMENT PERMANENT

3.1.2 RÉPONSES AUX QUESTIONS POSÉES APPELANT DES OBSERVATIONS

3.1.3 OBSERVATIONS DES CONTRÔLEURS SUR L'ORGANISATION ET LA GESTION DE L'ÉTUDE AU VU, NOTAMMENT, DE LA FICHE D'ACTUALISATION LA PLUS RÉCENTE JOINTE AU DOCUMENT PERMANENT

3.1.4 CONCLUSION

3.2 CONCLUSIONS SUR LA COMPTABILITÉ SPÉCIALE ET SON ENVIRONNEMENT

3.2.1 RÉPONSES AUX QUESTIONS POSÉES APPELANT DES OBSERVATIONS

3.2.2 OBSERVATIONS DES CONTRÔLEURS SUR LA COMPTABILITÉ SPÉCIALE ET SON ENVIRONNEMENT

3.2.3 CONCLUSION

3.3 CONCLUSIONS SUR L'EXERCICE DE SA MISSION PAR LE PROFESSIONNEL

3.3.1 RÉPONSES AUX QUESTIONS POSÉES APPELANT DES OBSERVATIONS

3.3.2 OBSERVATIONS DES CONTRÔLEURS SUR L'EXERCICE DE SA MISSION PAR LE PROFESSIONNEL

3.3.3 CONCLUSION

3.4 REMARQUES DU PROFESSIONNEL SUR SON CONTRÔLE ET LES CONDITIONS DE SON ACTIVITÉ

Si le professionnel souhaite, au cours du contrôle, faire mentionner certaines observations, elles sont consignées dans cette rubrique.

3.5 CONCLUSION GÉNÉRALE DU RAPPORT DE CONTRÔLE

ANNEXE 8-5-2. – Relative aux contrôles des mandataires judiciaires

(Annexe 8-5 rempl. par deux annexes 8-5-1 et 8-5-2, A. 22 déc. 2016)

Observations préliminaires

Le rapport commun qui sera rédigé à l'issue des opérations de contrôle comportera les renseignements suivants :

1. Le contrôle de [...], mandataire judiciaire ou structure professionnelle inscrite à..., a été réalisé par :

– Me ..., mandataire judiciaire à...,

– Me ..., mandataire judiciaire à...,

– M..., commissaire aux comptes inscrit près la cour d'appel de...,

2. Les opérations de contrôle ont commencé le... et se sont achevées le....

3. Les autorités et les personnes suivantes avisées par le CNAJMJ ont-elles été amenées pour l'étude et pour chacun de ses bureaux annexes à formuler des observations :

– les présidents des juridictions du premier ressort ? oui □ non □

– le procureur général ? oui □ non □

– le commissaire aux comptes du professionnel ? oui □ non □

– le directeur régional des finances publiques ? oui □ non □

– l'AGS ? oui □ non □

4. Le ou les procureur(s) de la République près le tribunal judiciaire dans le ressort duquel le professionnel a son domicile professionnel et, le cas échéant, son ou ses bureaux annexes, a-t-il (ont-ils) été avisé(s) de la réalisation du contrôle ? oui □ non □

LISTE DES ABRÉVIATIONS

Administ.	Administrateur
AGRASC	Agence de gestion et de recouvrement des avoirs saisis et confisqués
AGS	Association pour la Gestion du régime d'assurance des créances des Salaires
C. com.	Code de commerce
CDC	Caisse des dépôts et consignations
CE concordat	Commissaire à l'exécution du concordat
CEP cession	Commissaire à l'exécution du plan de cession
CEP continuation	Commissaire à l'exécution du plan de continuation
CEP RJ	Commissaire à l'exécution du plan de redressement judiciaire
CEP SA	Commissaire à l'exécution du plan de sauvegarde accélérée
CEP Sauv	Commissaire à l'exécution du plan de sauvegarde
CEP SFA	Commissaire à l'exécution du plan de sauvegarde financière accélérée
C. monét. fin.	Code monétaire et financier
GIE	Groupement d'intérêt économique
HT	Hors taxe
IR	Impôt sur le revenu
IS	Impôt sur les sociétés
ISO	Organisation internationale de normalisation
Jud.	Judiciaire
LA	Liquidateur amiable
LAB/FT	Lutte contre le blanchiment des capitaux et le financement du terrorisme

Liquid.	Liquidateur
LJS	Liquidation judiciaire simplifiée
Mdt	Mandat
MJ	Mandataire judiciaire
MJ en Rét prof	Mandataire judiciaire en rétablissement professionnel
MJ en RJ	Mandataire judiciaire en redressement judiciaire
MJ en SA	Mandataire judiciaire en sauvegarde accélérée
MJ en Sauv	Mandataire judiciaire en sauvegarde
MJ en SFA	Mandataire judiciaire en sauvegarde financière accélérée
Nbre	Nombre
NPAI	N'habite pas à l'adresse indiquée
SA	Société anonyme
SARL	Société à responsabilité limitée
SAS	Société par actions simplifiée
SASU	Société par actions simplifiée unipersonnelle
SCI	Société civile immobilière
SCM	Société civile de moyens
SCP	Société civile professionnelle
SELAFA	Société d'exercice libéral à forme anonyme
SELARL	Société d'exercice libéral à responsabilité limitée
SELARLU	Société d'exercice libéral à responsabilité limitée unipersonnelle
SELAS	Société d'exercice libéral par actions simplifiée
SELASU	Société d'exercice libéral par actions simplifiée unipersonnelle
SELCA	Société d'exercice libéral en commandite par actions
SELEURL	Société d'exercice libéral en entreprise unipersonnelle à responsabilité limitée
SFA	Sauvegarde financière accélérée
SPE	Société pluri-professionnelle d'exercice
Séq.	Séquestre
Tcom	Tribunal de commerce
TGI	Tribunal de grande instance
TI	Tribunal d'instance
TRACFIN	Traitement du renseignement et action contre les circuits financiers clandestins

PREMIÈRE PARTIE

CONTRÔLE DE L'ÉTUDE

1.1 ÉTAT DESCRIPTIF DE L'ORGANISATION ET DE LA GESTION DE L'ÉTUDE

1.1.1 DOCUMENT PERMANENT

Le contrôle de l'organisation générale et de la gestion de l'étude, en ce compris le cas échéant les bureaux annexes, se fait à partir des documents et des informations communiqués par le professionnel contrôlé, consignés dans un document permanent tenu par lui, qui est présenté lors des contrôles successifs pour être vérifié.

Si les modifications apportées à l'organisation de l'étude le justifient et au moins tous les six ans un nouveau document permanent se substitue au précédent et aux fiches d'actualisation qui le complètent.

Préalablement à chaque contrôle le professionnel contrôlé établit une fiche d'actualisation qui reste annexée au document permanent.

Le document permanent et les fiches d'actualisation sont signés et datés par le professionnel.

Ce document et ces fiches sont remis aux contrôleurs qui les transmettent avec le rapport de contrôle aux autorités mentionnées à l'article R. 814-48 du Code de commerce.

Un exemplaire de ces documents est conservé par le Conseil national des administrateurs judiciaires et des mandataires judiciaires et le ministère de la justice.

1.1.1.1 Structure d'exercice et moyens humains

1.1.1.1.1 Le(s) professionnel(s)

Date et lieu de naissance :

Date d'inscription sur la liste :

- nationale des mandataires judiciaires :
- date de retrait de la liste :

1.1.1.1.2 Structure juridique de l'étude

Mode d'exercice de l'activité

- individuel :
- date d'installation :
- création ou reprise d'une étude déjà existante :
- nom et prénom du prédécesseur :
- en société :

SCP □	SELAFA □	SELARL □	SELEURL □
SELCA □	SELAS □	SELASU □	SA □
SELARLU □	SARL □	SAS □	SASU □
SPE □	Autres □		

- société civile professionnelle :
  - régime fiscal : IR □ IS □
  - date de constitution :
  - nom et prénom des associés au jour du contrôle :
    -
    -
  - répartition du capital au jour de la constitution :
  - répartition du capital au jour du contrôle :
- société d'exercice libéral :
  - régime fiscal : IR □ IS □
  - date de constitution :
  - nom et prénom des associés au jour du contrôle :
    -
    -
  - répartition du capital au jour de la constitution :
  - répartition du capital au jour du contrôle :
- autre société monoprofessionelle :
  - date de constitution :
  - forme sociale :
  - nom et prénom des associés au jour du contrôle :
    -
    -
  - répartition du capital au jour de la constitution :
  - répartition du capital au jour du contrôle :

– société pluri-professionnelle d'exercice :

– date de constitution :
– forme sociale :
– nom et prénoms des associés au jour du contrôle :

–

–

– répartition du capital au jour de la constitution :
– répartition du capital au jour du contrôle :
– autres professions représentées parmi les associés et salariés de la société :

Recours à une société civile de moyens ou à un groupement d'intérêt économique

– recours à une SCM : oui □ non □
– recours à un GIE : oui □ non □
– date de constitution :
– siège :
– objet :
– nom et prénom des associés ou membres :
– mode de fonctionnement (mise à disposition de locaux, de matériel, de personnel, de prestations de services, etc.)

Activité

– exercée à titre exclusif : oui □ non □
– liste des activités annexes (art. L. 811-10, C. com.) :

–

–

Domicile professionnel
– adresse :
– adresse électronique :
– téléphone :
– fax :
Bureaux annexes
– nombre :
– adresse(s) :
– date d'ouverture :
– noms, prénoms et qualité des personnes qui assurent la représentation du professionnel devant les juridictions :
– N...
– N...

1.1.1.1.3 Personnel de l'étude

– effectif total :
– effectif du bureau principal :

– mandataire(s) judiciaire(s) salarié(s) :

– nombre :
– nom(s) et prénom(s) :
– date d'embauché :
– date d'inscription sur la liste :

– titulaires de l'attestation de fin de stage :

– nombre :
– noms et prénoms :
– date de l'attestation :

- stagiaires au titre du § 1 de la sous-section 2 de la section I du chapitre premier du livre VIII (partie réglementaire) :
  - nombre :
  - noms et prénoms :
  - date d'inscription sur le registre de stage :
  - date(s) de présentation à l'examen :
  - nom du ou des maîtres de stage :
- stagiaires au titre du § 2 de la sous-section 2 de la section I du chapitre premier du livre VIII (partie réglementaire) :
  - nombre :
  - noms et prénoms :
  - date d'obtention du diplôme de master en administration et liquidation d'entreprises en difficulté :
  - date d'inscription sur le registre de stage :
  - nom et prénom du ou des maîtres de stage :
- collaborateurs :
  - nombre :
  - noms et prénoms :
  - diplômes :
  - ancienneté :
- autres personnels salariés :
  - nombre :
  - formation :
  - nature du contrat (CDI, intérimaire, CDD...) :

- effectif du bureau annexe :
  - mandataire(s) judiciaire(s) salarié(s) :
    - nombre :
    - nom(s) et prénom(s) :
    - date d'embauché :
    - date d'inscription sur la liste :
  - titulaires de l'attestation de fin de stage :
    - nombre :
    - noms et prénoms :
    - date de l'attestation :
  - stagiaires au titre du §1 de la sous-section 2 de la section I du chapitre premier du livre VIII (partie réglementaire) :
    - nombre :
    - noms et prénoms :
    - date d'inscription sur le registre de stage :
    - date(s) de présentation à l'examen :
    - nom du ou des maîtres de stage :
  - stagiaires au titre du §2 de la sous-section 2 de la section I du chapitre premier du livre VIII (partie réglementaire) :
    - nombre :
    - noms et prénoms :
    - date d'obtention du diplôme de master en administration et liquidation d'entreprises en difficulté :
    - date d'inscription sur le registre de stage :
    - nom du ou des maîtres de stage :
  - collaborateurs :
    - nombre :
    - noms et prénoms :

- diplômes :
- ancienneté :

- autres personnels salariés :

  - nombre :
  - formation :
  - nature du contrat (CDI, intérimaire, CDD...) :

Le cas échéant, mentionner, selon le même format, le personnel de chaque autre bureau annexe

- tableau récapitulatif des effectifs sur les trois dernières années

	Au 31/12 de l'année N-1	Au 31/12 de l'année N-2	Au 31/12 de l'année N-3
Professionnels salariés			
Stagiaires			
Stagiaires master ALED			
Collaborateurs			
Autres salariés			

1.1.1.1.4 Organigramme fonctionnel de l'étude et des bureaux annexes

- description de l'organigramme avec pour chaque poste :
- nature et description des fonctions exercées :
- formation :
- ancienneté :
- délégations de pouvoir :
- délégations de signature :

1.1.1.2 Moyens matériels

1.1.1.2.1 Locaux

- identité du bailleur si le professionnel n'est pas propriétaire de ses locaux :
- dans le cas où le professionnel partage ses locaux avec des tiers, identité et profession de ces derniers :
- surfaces en mètres carrés :
- du bureau principal :
- du ou des bureau(x) annexe(s) :

1.1.1.2.2 Documentation

- nature de la documentation existante et modalités d'accès pour le personnel de l'étude :
- périodicité de mise à jour :

1.1.1.2.3 Archives

Dossiers de l'étude

- lieu et modalité de gestion de l'archivage :

Archives des entreprises lorsqu'elles sont transmises au professionnel

- lieu et modalité de gestion de l'archivage :

Recours à des entreprises d'archivage

- nom et adresse de ces entreprises :
- tarif pratiqué tant en ce qui concerne les archives de l'étude que les archives des procédures (joindre le contrat en annexe au document permanent) :
- pratique habituelle du professionnel quant à la prise en charge du coût de l'archivage :
- le cas échéant, coût d'archivage supporté par l'étude :

1.1.1.2.4 Outil informatique

- *description du parc informatique de l'étude :*
- degré d'informatisation des tâches de l'étude :
- archives :
- gestion informatisée des dossiers :
- liaison ETEBAC :
- liaison CDC net :

- autres applications informatiques (préciser le cas échéant leur utilisation) :
- description des procédures de sauvegarde :
- périodicité des sauvegardes réalisées :
- lieu de conservation des supports de sauvegarde :
- identification de la personne responsable des sauvegardes :
- indication du logiciel anti-virus :
- fréquence des mises à jour du logiciel anti-virus :
- nom de la société ou de la personne assurant la maintenance :
- l'ensemble du matériel informatique et les logiciels sont-ils couverts par le contrat de maintenance ?
- modalités de suivi des incidents informatiques :
- formation spécifique suivie par les personnels de l'étude pour réagir aux incidents informatiques :
- bureaux annexes :
- moyens permettant d'assurer la liaison entre le(s) bureau(x) annexe(s) et le domicile professionnel :
- sous-répertoires dans le ou les bureaux annexes :
- centralisation simultanée sur le répertoire unique du domicile professionnel :

1.1.1.2.5 Comptabilité de l'étude

- logiciel utilisé :
- en cas de recours à un expert-comptable : nom et prénom de l'expert-comptable :
- le cas échéant, nom et prénom du commissaire aux comptes :

1.1.1.2.6 Comptabilité spéciale

- nom et prénom du commissaire aux comptes :
- date de sa nomination :
- nom du logiciel pour la tenue de la comptabilité spéciale de l'étude :
- n° de l'agrément :
- n° de la version utilisée :
- n° de l'agrément des mises à jour :

Justificatifs à joindre en annexe au document permanent

1.1.1.2.7 Accessibilité de l'étude au public

- heures d'ouverture au public :
- plages horaires de la permanence téléphonique ouverte au public :
- autres moyens d'accès du public à l'étude (lignes directes, télécopie, portable, internet...) :

1.1.1.2.8 Portail électronique

- mise en ligne des procédures éligibles : oui □ non □

Les contrôleurs vérifieront la mise en ligne des dossiers du professionnel depuis octobre 2015.

1.1.1.3 Gestion par l'étude de dossiers provenant d'autres professionnels

- descriptif de l'importance dans l'activité de l'étude du transfert des mandats d'autres professionnels :
- reprise de l'étude d'un professionnel retiré :
- nombre des dossiers repris :
- reprise de tout ou partie des dossiers d'un professionnel ayant cessé d'exercer :
- nombre des dossiers repris :
- mention du cas particulier des études créées « ex nihilo » sans transfert de dossiers :

Date et signature :

1.1.2 FICHE D'ACTUALISATION ANNEXÉE AU DOCUMENT PERMANENT

1.1.2.1 Modifications apportées depuis le dernier contrôle aux informations contenues dans le document permanent

1.1.2.1.1 Moyens humains

1.1.2.1.2 Moyens matériels

1.1.2.2 Fiche d'information

1.1.2.2.1 Suivi de la formation continue depuis la précédente actualisation

	Mois/Année	Nature des formations suivies	Nombre d'heures suivies	Organisme de formation
Les professionnels inscrits sur la liste				
Les professionnels salariés inscrits sur la liste				
Les stagiaires				
Les collaborateurs				
Les autres salariés				

1.1.2.2.2 Analyse du nombre et de la nature des mandats confiés aux professionnels

– nombre total d'affaires figurant au dernier état trimestriel (cf. tableaux I A-MJ, I B-MJ, I A-MJ *bis*, I B-MJ *bis*, I C I et I C *bis*)

– évolution des fonds détenus (cf. tableaux II A et B et II C)

TABLEAU I A-MJ (Activité Procédures collectives)

Nombre total d'affaires en cours ou terminées figurant au dernier état trimestriel

Date de l'état trimestriel :

Nombre de mandats/année de désignation	Loi de 1967		Loi de 1985				TOTAUX
	Syndic	CE concordat	Représentant des créanciers	Liquidateur	CEP cession	CEP continuation	
antérieures au 01/01/1986							
1986 à 1990							
1991							
1992							
1993							
1994							
1995							
1996							
1997							
1998							
1999							
2000							
2001							
2002							
2003							
2004							
2005							
TOTAUX							

TABLEAU I B-MJ (Activité Procédures collectives)
Nombre total d'affaires en cours ou terminées figurant au dernier état trimestriel
Date de l'état trimestriel :

Nombre mandats/ année désignation	Mandats du Livre VI du Code de commerce													TOTAUX
	Loi de 2005											Ord. de 2014		
	MJ en Sauv	MJ en SA	MJ en SFA	MJ en RJ	Liquidateur	Liquidateur en LJS	CEP Sauv	CEP SA	CEP SFA	CEP RJ	Enquête	MJ en Rét prof	Mandat suivi instance L. 643-9	
2006														
2007														
2008														
2009														
2010														
2011														
2012														
2013														
2014														
2015														
2016														
2017														
2018														
2019														
2020														
2021														
2022														
2023														
2024														
TOTAUX														

TABLEAU I A-MJ *bis* (Activité Procédures collectives)

RELATIF AUX DOSSIERS TRANSFÉRÉS AU PROFESSIONNEL EN COURS DE PROCÉDURE

Nombre des affaires selon la date d'ouverture de la procédure

Nombre de mandats/année de désignation	Loi de 1967		Loi de 1985				TOTAUX
	Syndic	CE concordat	Représentant des créanciers	Liquidateur	CEP cession	CEP continuation	
antérieures au 01/01/1986							
1986 à 1990							
1991							
1992							
1993							
1994							
1995							
1996							
1997							
1998							
1999							
2000							
2001							
2002							
2003							
2004							
2005							
TOTAUX							

TABLEAU I B-MJ *bis* (Activité Procédures collectives)
Nombre total d'affaires en cours ou terminées figurant au dernier état trimestriel
Nombre des affaires selon la date d'ouverture de la procédure

Nombre mandats/année désignation	Mandats du Livre VI du Code de commerce													TOTAUX
	Loi de 2005											Ord. de 2014		
	MJ en Sauv	MJ en SA	MJ en SFA	MJ en RJ	Liquidateur	Liquidateur en LJS	CEP Sauv	CEP SA	CEP SFA	CEP RJ	Enquête	MJ en Rét prof	Mandat suivi instance L. 643-9	
2006														
2007														
2008														
2009														
2010														
2011														
2012														
2013														
2014														
2015														
2016														
2017														
2018														
2019														
2020														
2021														
2022														
2023														
2024														
TOTAUX														

TABLEAU I C (Autres mandats)
Nombre total d'affaires figurant au dernier état trimestriel
Date de l'état trimestriel :

Nombre de mandats/ année de désignation	Manda-taire *ad hoc*	Concilia-teur	Mandataire à l'exécution de l'accord	Autres mandats judiciaires TCom						Autres mandats amiables		TOTAUX
				Séq. Jud.	Séq. Répartiteur	Expert jud.	Administ. Art. L. 612-34, L. 612-34-1 ou L. 613-51-1 du C. monét. fin.	LA (mdt jud.)	Missions AGRASC	Séq. Ami-able	LA	
2006												
2007												
2008												
2009												
2010												
2011												
2012												
2013												
2014												
2015												
2016												
2017												
2018												
2019												
2020												
2021												
2022												
2023												
2024												
TOTAUX												

TABLEAU I C *bis* (Autres mandats)
RELATIF AUX DOSSIERS TRANSFÉRÉS AU PROFESSIONNEL EN COURS DE PROCÉDURE
Nombre des affaires selon la date d'ouverture de la procédure

Nombre de mandats/ année de désignation	Mandataire *ad hoc*	Concilia-teur	Mandataire à l'exécution de l'accord	Autres mandats judiciaires TCom						Autres mandats amiables		TOTAUX
				Séq. Jud.	Séq. Répartiteur	Expert jud.	Administ. Art. L. 612-34, L. 612-34-1 ou L. 613-51-1 du C. monét. fin.	LA (mdt jud.)	Missions AGRASC	Séq. Ami-able	LA	
2006												
2007												
2008												
2009												
2010												
2011												
2012												
2013												
2014												
2015												
2016												
2017												
2018												
2019												
2020												
2021												
2022												
2023												
2024												
TOTAUX												

TABLEAU II (Activité procédures collectives)

Montant des fonds détenus au titre des mandats mentionnés aux tableaux I A-MJ et I B-MJ

NATURE DES MANDATS	Solde de l'actif au ... (dernier état trimestriel)	Sur l'état trimestriel correspondant en N-1	Sur l'état trimestriel correspondant en N-2
– **Loi de 1967 (A)** ● Syndic ● Commissaire à l'exécution du concordat			
– **Loi de 1985 (A)** ● Représentant des créanciers ● Liquidateur ● CEP cession ● CEP continuation			
– **Loi de 2005 (B)** ● MJ en Sauvegarde ● MJ en Sauvegarde accélérée ● MJ en Sauvegarde financière accélérée ● MJ en Redressement judiciaire ● Liquidateur ● Liquidateur en Liquidation judiciaire simplifiée ● CEP Sauvegarde ● CEP Sauvegarde accélérée ● CEP Sauvegarde financière accélérée ● CEP Redressement judiciaire			
– *Enquête (B)*			
– **Ordonnance de 2014 (B)** ● MJ en rétablissement professionnel ● Mandat de suivi d'instance (L. 643-9, C. com)			
TOTAL (A+B)			

TABLEAU II (Autres mandats)

Montant des fonds détenus au titre des mandats mentionnés au tableau I C-MJ

NATURE DES MANDATS	Solde de l'actif au ... (dernier état trimestriel)	Sur l'état trimestriel correspondant en N-1	Sur l'état trimestriel correspondant en N-2
– **Mandataire***ad hoc* – **Conciliateur** – **Mandataire à l'exécution de l'accord**			
– **Autres missions judiciaires Tribunal de commerce** ● Séquestre judiciaire ● Séquestre répartiteur ● Expert judiciaire			

NATURE DES MANDATS	Solde de l'actif au ... (dernier état trimestriel)	Sur l'état trimestriel correspondant en N-1	Sur l'état trimestriel correspondant en N-2
• Administrateur en application des articles L. 612-34, L. 612-34-1 ou L. 613-51-1 du Code monétaire et financier • Liquidateur amiable (mandat judiciaire) • Missions confiées par l'AGRASC			
- **Autres missions amiables** • Séquestre amiable • Liquidateur amiable			
TOTAL (C)			
TOTAL GÉNÉRAL DES FONDS DÉTENUS (A +B+C)			

1.1.2.2.3 Rotation des dossiers

	Au jour du contrôle au titre de l'année en cours	Au titre de l'année civile N-1	Au titre de l'année civile N-2
Nombre de mandats reçus			
Nombre de mandats clôturés (reddition des comptes produite)			
Taux de rotation (nombre de mandats clôturés / nombre de mandats reçus)			

1.1.2.2.4 Examen de la sinistralité professionnelle

- actions en responsabilité civile engagées à l'encontre du professionnel : procédures en cours et décisions définitives intervenues depuis moins de cinq ans :
- nombre :
- fondement :
- nature de la décision :

	À la clôture du dernier exercice	N-1	N-2
Montant de la prime d'assurance versée par le professionnel			

1.1.2.2.5 Analyse financière de l'étude

Éléments financiers

	À la clôture du dernier exercice	N-1	N-2
Trésorerie ouverture exercice comptable Trésorerie clôture exercice comptable Chiffre d'affaires HT avant rétrocessions			

	À la clôture du dernier exercice	N-1	N-2
Salaires et charges Honoraires versés et/ou rétrocédés Dotations aux amortissements Redevances de crédit-bail Locations mobilières Locations immobilières Résultat net réalisé avant impôt Montant des investissements réalisés Montant des emprunts restant dus Montant des concours bancaires courants Montant des loyers non échus de crédit-bail Montant du chiffre d'affaires total HT résultant des activités libres Montant du chiffre d'affaires total HT résultant des activités tarifées du livre VI du Code de commerce (à l'exclusion du hors barème) Montant du chiffre d'affaires total HT résultant du « hors barème »			

Évolution des ratios significatifs

	À la clôture du dernier exercice	N-1	N-2
Coefficient d'emploi (salaires + charges / chiffre d'affaires) Rentabilité de l'étude (résultat / chiffre d'affaires) Effort d'investissement (dotation aux amortissements + redevances de crédit-bail + locations mobilières / chiffre d'affaires) Honoraires versés / chiffre d'affaires. Honoraires rétrocédés / chiffre d'affaires.			

Date et signature :

1.2 VÉRIFICATIONS MINIMALES EFFECTUÉES PAR LES CONTRÔLEURS SUR L'ORGANISATION ET LA GESTION DE L'ÉTUDE

1.2.1 VÉRIFICATION GÉNÉRALE DES INFORMATIONS CONTENUES DANS LE DOCUMENT PERMANENT

Le compte-rendu des vérifications fait l'objet d'une rubrique dans la conclusion du rapport de contrôle (V. 3.1.1).

1.2.2 VÉRIFICATIONS PARTICULIÈRES RELATIVES À L'ORGANISATION ET À LA GESTION DE L'ÉTUDE

En cas de réponses appelant des observations, celles-ci sont portées dans la conclusion du rapport de contrôle avec mention de la référence du paragraphe concerné (V. 3.1.2).

– *le cas échéant*, l'ensemble des mandats détenus à titre individuel sont-ils transférés à la personne morale ? (attestation sur l'honneur du professionnel)	oui □ non □ sans objet □
– la convention de stage passée entre le stagiaire et le maître de stage est-elle conforme à la convention type établie par le Conseil national des administrateurs judiciaires et des mandataires judiciaires ?	oui □ non □ sans objet □

– la conformité aux règles professionnelles des procédures qui suivent est-elle vérifiée ?

– délégations de pouvoir et des modalités de signature, notamment de moyens de paiement oui □ non □ sans objet □

– organisation de l'archivage oui □ non □

– procédures de sauvegarde informatique oui □ non □

– l'indépendance du professionnel à l'égard des tiers avec lesquels il partage ses locaux professionnels est-elle vérifiée ? oui □ non □ sans objet □

– la facilité d'accès à la documentation pour le personnel de l'étude est-elle vérifiée ? oui □ non □ sans objet □

– existe-t-il une ordonnance du juge-commissaire autorisant le recours à des sociétés d'archivage et fixant leur rémunération ? oui □ non □ sans objet □

– existe-t-il une déclaration préalable des bureaux annexes au commissaire du Gouvernement près la commission d'inscription ? (art. R. 814-53 et R. 814-54, C. com.) oui □ non □ sans objet □

– en cas de pluralité de bureaux, les moyens informatiques permettent-ils une centralisation des éléments relatifs aux mandats et aux opérations comptables correspondantes ? oui □ non □ sans objet □

– existe-t-il une autorisation judiciaire lors du recours à des tiers pour l'exécution de tâches incombant personnellement au professionnel ? oui □ non □ sans objet □

– ces tiers sont-ils rémunérés par le professionnel à titre personnel ? oui □ non □ sans objet □

– existe-t-il une autorisation, donnée au professionnel retiré, dossier par dossier, de continuer l'exercice de son mandat ? oui □ non □ sans objet □

– la structure de l'étude et ses moyens sont-ils en adéquation avec le nombre de dossiers et la nature des missions qui sont confiées au professionnel ? oui □ non □

– le rapprochement des informations de la fiche d'actualisation avec les documents présentés dont elles sont issues appelle-t-il des observations ? oui □ non □

– des risques particuliers liés à la situation financière de l'étude ont-ils été identifiés ? oui □ non □

– la confidentialité des entretiens avec les débiteurs ou avec les tiers au sein de l'étude est-elle assurée ? oui □ non □

1.2.3 VÉRIFICATIONS RELATIVES AUX OBLIGATIONS GÉNÉRALES DU PROFESSIONNEL EN MATIÈRE DE LAB/FT

– au regard des lignes directrices transmises par l'autorité de contrôle, existe-t-il une évaluation des risques ? (art. L. 561-4-1 et L. 561-32, C. monét. fin.) oui □ non □

– l'organisation et les procédures internes couvre-t-elles l'ensemble des obligations en matière de LAB/FT ? (art. L. 561-32, C. monét. fin.) oui □ non □

– les collaborateurs sont-ils formés et informés des obligations LAB/FT incombant à la profession (art. L. 561-33, C. monét. fin.) oui □ non □

– l'organisation et les procédures internes sont-elles adaptées et proportionnées à l'entité ? oui □ non □

– l'organisation et les procédures internes sont-elles mises à jour lorsqu'un nouveau risque est identifié ? oui □ non □

– les documents (d'identité et relatifs aux opérations) sont-ils conservés pendant 5 ans ? (art. L. 561-12, C. monét. fin.) oui □ non □

– les déclarations de soupçon transmises au service TRACFIN sont-elles conservées dans un lieu confidentiel, distinct des dossiers ? oui □ non □

1.2.4 EXAMEN DE LA COMPTABILITÉ SPÉCIALE ET DE SON ENVIRONNEMENT

En cas de réponse appelant des observations, celles-ci sont portées dans la conclusion du rapport de contrôle avec mention de la référence du paragraphe concerné (V. 3.2.1).

1.2.4.1 Analyse de l'organisation comptable de l'Étude

1.2.4.1.1 Prise de connaissance des documents décrivant les procédures et l'organisation comptable

– intitulé des documents examinés : *en porter la mention* oui □ non □
les documents font-ils partie d'un système normalisé ?

– en l'absence de formalisation des procédures et de l'organisation comptable : oui □ non □
les procédures comptables de l'étude vous paraissent-elles pertinentes ?

1.2.4.1.2 Vérification de la conformité des pratiques au jour du contrôle avec les procédures formalisées ou non

– les procédures formalisées ou non sont-elles connues et appliquées par les collaborateurs ? oui □ non □

1.2.4.1.3 Vérification de la conformité des informations figurant dans le document permanent et dans la fiche d'actualisation

– identification du numéro d'agrément du logiciel figurant sur les états contrôlés : *le mentionner*

– le rapprochement des informations figurant sur les tableaux I et II de la fiche d'actualisation avec les états trimestriels concernés appelle-t-il des observations ? oui □ non □

1.2.4.1.4 Vérification des délégations et modalités de signature

– les délégations et les modalités de signature sont-elles conformes aux règles professionnelles ? oui □ non □

– en particulier en matière d'émission de chèques ? oui □ non □

– en particulier en matière d'émission de virements ? oui □ non □

1.2.4.1.5 Vérification des procédures d'encaissement

– les fonds reçus en espèces et les chèques sont-ils versés immédiatement à la CDC ? oui □ non □

– des comptes financiers spécifiques autres que le compte général, le compte de répartition, les comptes à terme ou le compte « AGS » sont-ils utilisés ? oui □ non □

– pour les mandats amiables existe-t-il des comptes dans d'autres établissements financiers que la Caisse des dépôts et consignations ? oui □ non □

– si oui, existe-t-il un mandat express en ce sens ? oui □ non □

1.2.4.2 Contrôles comptables d'ensemble portant sur la dernière période comptable clôturée (état trimestriel au ...)

1.2.4.2.1 Contrôle du répertoire

– le répertoire est-il conforme aux dispositions de l'article R. 814-31 du Code de commerce ? oui □ non □

– le répertoire enregistre-t-il les mandats tant amiables que judiciaires par ordre chronologique de connaissance par l'étude ? oui □ non □

1.2.4.2.2 États comptables

– existe-t-il des journaux auxiliaires ? oui □ non □

– l'équilibre mouvements débits = mouvements crédits sur les journaux auxiliaires est-il respecté ? oui □ non □

– existe-t-il un livre-journal ? oui □ non □

– y a-t-il égalité sur le livre-journal des mouvements débits et des mouvements crédits ? oui □ non □

– y a-t-il égalité des mouvements du livre-journal avec les mouvements de la balance ? oui □ non □

– y a-t-il égalité du solde du livre journal avec le solde de la balance ? oui □ non □

1.2.4.2.3 Tenue et contrôle des états trimestriels

– le contenu des états trimestriels est-il conforme aux dispositions de l'article R. 814-34 du Code de commerce ? oui □ non □

– le dépôt des états trimestriels est-il conforme aux dispositions de l'article R. 814-35 du Code de commerce ? oui □ non □

– les états trimestriels relatifs aux périodes antérieures sont-ils conservés et accessibles aux contrôleurs ? oui □ non □

– le contrôle exhaustif du dernier état trimestriel fait-il apparaître des avances pour un ou plusieurs mandats réalisées par prélèvement sur les autres mandats ? oui □ non □

– les effets titres et valeurs détenus par l'étude sont-ils enregistrés et portés sur l'état trimestriel ? oui □ non □

1.2.4.2.4 Répartition des intérêts produits par un (ou des) compte(s) global(aux) rémunéré(s) (compte répartition)

– le professionnel utilise-t-il le compte de répartition ? oui □ non □

– si oui

  – le mode de répartition est-il équitable ? oui □ non □

  – subsiste-t-il des intérêts non répartis ? oui □ non □

– les états trimestriels font-ils apparaître les intérêts produits pour chaque mandat ? oui □ non □

1.2.4.2.5 Ouverture de compte à terme

– le professionnel utilise-t-il des comptes à terme ? oui □ non □

– si oui, le plafond par mandat géré sur le compte général est-il respecté ? oui □ non □

1.2.4.2.6 Ouverture d'un compte distinct par procédure

– le professionnel verse-t-il les fonds, effets, titres et autres valeurs reçus sur un compte distinct par procédure ouvert à la Caisse des dépôts et consignations, en application des dispositions de l'article L. 814-15 du Code de commerce, quand les seuils fixés par décret sont atteints à compter du 1er mai 2017 ? oui □ non □

1.2.4.3 Contrôle de la représentation des fonds

1.2.4.3.1 Contrôle des comptes financiers

Contrôle de l'exhaustivité

– la liste des comptes compris dans le périmètre de la comptabilité spéciale est-elle conforme aux informations communiquées par les établissements financiers ? oui □ non □

Analyse des états de rapprochement à la date du dernier état trimestriel (comptes à vue et comptes à terme)

– les états de rapprochement sont-ils visés par le professionnel ? oui □ non □

– les états de rapprochement sont-ils exacts ? oui □ non □

– les états de rapprochement font-ils apparaître des chèques prescrits ? oui □ non □

1.2.4.3.2 Analyse des mouvements en espèces

– les opérations en espèces sont-elles comptabilisées sur un journal auxiliaire de caisse ? oui □ non □

– les sommes portées sur le carnet de reçus correspondent-elles à celles portées en comptabilité ? oui □ non □

– les reçus constituent-ils une série de numéros ininterrompue utilisés dans l'ordre numérique ? oui □ non □

– le numéro de reçu est-il mentionné dans l'écriture comptable ? oui □ non □

– les états de rapprochement font-ils apparaître des virements en instance ? oui □ non □

1.2.4.3.3 Analyse du compte de liaison

– le compte de liaison figure-t-il sur les états trimestriels ? oui □ non □

– a-t-il été procédé à l'analyse du solde du compte de liaison à la date du dernier état trimestriel ? oui □ non □

1.2.4.3.4 Analyse des modalités de consignation des chèques prescrits ou revenus « n'habite pas à l'adresse indiquée » (NPAI)

– les chèques consignés au nom des salariés auprès de l'AGS font-ils l'objet d'un suivi ? oui □ non □

– les chèques consignés auprès de la CDC sont-ils répertoriés ? oui □ non □

1.2.4.3.5 Effets, titres et valeurs

– les effets, titres et valeurs figurent-ils sur le dernier état trimestriel ? oui □ non □ sans objet □

1.2.4.4 Vérification des comptes bancaires autres que CDC fonctionnant sous la seule signature du professionnel

– des comptes bancaires autres que CDC fonctionnant sous la seule signature du professionnel existent-ils à la date du dernier état trimestriel ? oui □ non □

– les opérations sur ces comptes sont-elles suivies par l'étude ? oui □ non □

– la procédure de suivi de ces comptes vous paraît-elle fiable ? oui □ non □

– les sommes disponibles déposées sur les comptes bancaires ouverts au nom du débiteur ayant fait l'objet d'un jugement arrêtant un plan de cession sont-elles déposées à la CDC dans les 15 jours du prononcé de ce jugement ? (art. R. 814-39, C. com.) oui □ non □

– la demande de clôture des comptes a-t-elle été effectuée dans un délai maximum de 90 jours ? oui □ non □

– le suivi des opérations entre la date du jugement de liquidation et la date d'encaissement du solde de l'ensemble des comptes bancaires poursuite d'activité appelle-t-il des observations ? oui □ non □

1.2.4.5 Vérification des opérations comptables

1.2.4.5.1 Vérification par sondages de l'existence d'une pièce justificative, sans appréciation ou contrôle du bien-fondé de l'opération, à l'appui des écritures comptables

– les vérifications opérées appellent-elles des observations ? oui □ non □

1.2.4.5.2 Rapprochement des informations figurant sur l'état trimestriel et sur le compte individuel du mandat

– les rapprochements opérés appellent-ils des observations ? oui □ non □

DEUXIÈME PARTIE

VÉRIFICATIONS RELATIVES À L'EXERCICE DE SA MISSION PAR LE PROFESSIONNEL

Ces vérifications portant sur le mode d'exercice habituel du professionnel seront opérées à partir d'un choix de dossiers significatifs, effectué par les contrôleurs, permettant de répondre à chacune des questions posées (en aucun cas les dossiers ne doivent être choisis par le contrôlé).

En cas de réponse appelant des observations, celles-ci sont portées dans la conclusion du rapport de contrôle avec mention de la référence du paragraphe concerné.

2.1 VÉRIFICATIONS COMMUNES À L'ENSEMBLE DES MISSIONS EXERCÉES

– la structure d'exercice professionnel est-elle certifiée selon la ou les normes de système relative(s) aux exigences pour le management de la qualité de l'ISO (Organisation Internationale de Normalisation) ? oui □ non □

En cas de réponse positive une copie du certificat est jointe en annexe.

2.1.1 ANALYSE DE LA STRUCTURE DES DOSSIERS EXAMINÉS

– le plan de classement des pièces est-il efficient ? oui □ non □

– une procédure permettant l'accès immédiat aux données essentielles du dossier est-elle mise en place ? oui □ non □

– existe-t-il une procédure permettant de respecter les échéances importantes de la procédure ? oui □ non □

2.1.2 VÉRIFICATIONS RELATIVES AUX OBLIGATIONS DU PROFESSIONNEL EN MATIÈRE DE LAB/FT, DANS LE CADRE DE LA PRISE EN CHARGE DE SES MANDATS

2.1.2.1 Obligations de vigilance

– le professionnel a-t-il recueilli les éléments d'information pertinents sur le client (au sens du V de l'art. L. 561-3, C. monét. fin.) ou, le cas échéant, sur le bénéficiaire effectif ? (art. L. 561-5, C. monét. fin.) oui □ non □

– ces données font-elles l'objet de mises à jour régulières ? oui □ non □

– le professionnel a-t-il recueilli les éléments relatifs à la nature de l'opération ainsi que les justificatifs afférents ? (art. L. 561-5-1, C. monét. fin.) oui □ non □

– l'obligation de vigilance exercée (normale, complémentaire, renforcée) est-elle cohérente avec le risque identifié ? oui □ non □

– le professionnel a-t-il exercé une vigilance constante et a-t-il pratiqué un examen attentif des opérations de manière suffisante ? (art. L. 561-6, C. monét. fin.) oui □ non □

2.1.2.2 Déclarations de soupçon

– le professionnel a-t-il procédé personnellement à l'envoi d'une déclaration de soupçon en cas de doute sur des opérations portant sur des sommes dont il sait, soupçonne ou a de bonnes raisons de soupçonner qu'elles proviennent d'une infraction passible d'une peine privative de liberté supérieure à un an, participent au financement du terrorisme ou proviennent d'une fraude fiscale ? (art. L. 561-15, C. monét. fin.) oui □ non □

– le soupçon est-il motivé dans la déclaration de soupçon ? (art. R. 561-31, C. monét. fin.) oui □ non □

– le délai entre l'identification du caractère suspect de l'opération et l'envoi de la déclaration de soupçon apparaît-il raisonnable ? (art. L. 561-16, C. monét. fin.) oui □ non □

– les documents (d'identité et relatifs aux opérations) sont-ils conservés pendant 5 ans ? (art. L. 561-12, C. monét. fin.) oui □ non □

– les déclarations de soupçon transmises au service TRACFIN sont-elles conservées dans un lieu confidentiel, distinct des dossiers ? oui □ non □

2.1.3 MODE DE TRAITEMENT DU COURRIER

– les entrées du courrier font-elles l'objet d'un enregistrement ? oui □ non □

– les courriers émis font-ils l'objet d'un enregistrement ? oui □ non □

– les délais de réponse aux courriers sont-ils raisonnables ? oui □ non □

2.1.4 RECOURS AUX INTERVENANTS EXTÉRIEURS

2.1.4.1 Vérification du respect des dispositions des articles L. 621-4 et L. 621-9 du Code de commerce

– le recours à des experts et techniciens prévu aux articles L. 621-4 et L. 621-9 pour des tâches n'entrant pas dans la compétence habituelle des mandataires judiciaires est-il :

– habituel ? oui □ non □

– occasionnel ? oui □ non □

– nature des tâches confiées à chacun de ces intervenants extérieurs ; modalités d'intervention et de rémunération :

– nature des tâches confiées et qualité de chaque intervenant extérieur : *les contrôleurs mentionneront ci-après ces éléments d'information :*

–

–

– le montant de la rémunération sollicitée par l'expert ou le technicien apparaît-il en adéquation avec la tâche qui lui est confiée ? oui □ non □

– existe-t-il une décision judiciaire commettant l'expert ou le technicien ? oui □ non □

– existe-t-il une ordonnance fixant la rémunération de l'expert ou du technicien ? oui □ non □

2.1.4.2 Vérification du respect des dispositions de l'article L. 812-2 du Code de commerce

– le recours à des intervenants extérieurs, personnes physiques non liées au professionnel par un contrat de travail ou personnes morales, pour des tâches incombant personnellement aux mandataires judiciaires est-il :

– habituel ? oui □ non □

Si oui, nature des tâches confiées et qualité de chaque intervenant extérieur : *les contrôleurs mentionneront ci-après ces éléments d'information :*

–

–

– occasionnel ? oui □ non □

Si oui, nature des tâches confiées et qualité de chaque intervenant extérieur : *les contrôleurs mentionneront ci-après ces éléments d'information :*

–

–

– existe-t-il une ordonnance du président du tribunal autorisant le recours à ces intervenants extérieurs ? oui □ non □

2.1.4.3 Vérification du respect des règles professionnelles

– le recours par le professionnel aux officiers publics et ministériels et aux experts a-t-il été reconnu nécessaire et a-t-il été autorisé ? oui □ non □

– dans le cas particulier où l'intervention d'un avocat comprend un honoraire complémentaire en fonction du résultat obtenu ou du service rendu, une autorisation judiciaire préalable a-t-elle été obtenue ? oui □ non □

2.2 VERIFICATIONS SPECIFIQUES AUX DIFFERENTES MISSIONS

2.2.1 MANDAT DE MANDATAIRE JUDICIAIRE

2.2.1.1 Information des créanciers

- le mandataire judiciaire respecte-t-il les obligations d'information des créanciers connus (envoi dans un délai de quinze jours à compter du jugement d'ouverture de l'avis de déclaration de créance reprenant toutes les dispositions légales et réglementaires visées à l'article R. 622-21 du Code de commerce) oui □ non □

2.2.1.2 Vérification des créances salariales (C. com., art. L. 625-1 à L. 625-9)

- la vérification est-elle effectuée par le professionnel ? oui □ non □
- si non, nom et prénom du délégué ou de l'intervenant extérieur : *renseignement à mentionner dans la conclusion du rapport de contrôle* oui □ non □
- le professionnel rémunère-t-il cet intervenant sur ses propres émoluments ? oui □ non □
- le relevé des créances salariales est-il établi conformément aux dispositions de l'article L. 625-1 (audition du débiteur, soumission au représentant des salariés et recueil du visa du juge-commissaire) ? oui □ non □
- le relevé est-il déposé au greffe du tribunal de commerce pour publication ? oui □ non □
- le relevé est-il communiqué dans les délais réglementaires aux institutions mentionnées à l'article L. 143-11-4 du Code du travail (association pour la gestion du régime d'assurance des créances des salaires – AGS) afin de procéder aux avances salariales en cas de fonds indisponibles dans la procédure ? oui □ non □
- le paiement des créances salariales est-il effectué dès réception des fonds reçus de l'AGS ? oui □ non □
- le professionnel suit-il les instances en cours devant la juridiction prud'homale ? (art L. 625-3) oui □ non □

2.2.1.3 Établissement de la liste des créances (Art. L. 624-1 du Code de commerce)

- le mandataire judiciaire recueille-t-il l'accord ou l'avis du débiteur sur la liste des créanciers avec ses propositions d'admission ou de rejet ? oui □ non □
- le délai fixé par le tribunal pour établir la liste des créances est-il respecté ? oui □ non □

2.2.1.4 Vérification des autres créances

- le principe du contradictoire, en particulier en cas de contestation de créances, est-il respecté ? oui □ non □
- existe-t-il un rapport du mandataire judiciaire, relatif au recueil des explications du créancier, préalable à l'ordonnance du juge-commissaire ? oui □ non □

2.2.1.5 Plan de continuation

- le mandataire judiciaire a-t-il circularisé les propositions du plan du débiteur avec son avis ? oui □ non □
- *a-t-il effectué un compte-rendu* des réponses des créanciers ? oui □ non □
- si oui, l'a-t-il adressé :
  - au débiteur ? oui □ non □
  - à l'administrateur ? oui □ non □
  - aux contrôleurs ? oui □ non □
- les réponses ont-elles été communiquées au tribunal ? oui □ non □

2.2.1.6 Sanctions

- le professionnel établit-il des rapports ou assignations destinés à mettre en œuvre des sanctions à l'encontre du dirigeant de l'entreprise ? oui □ non □

- en vue de sanctions patrimoniales ? oui □ non □
- en vue de sanctions personnelles ? oui □ non □

– la qualité et le contenu des rapports ou assignations sont-ils satisfaisants ? oui □ non □

2.2.1.7 Calcul et perception des émoluments

En cas d'anomalie, la référence précise du dossier concerné doit être mentionnée parmi les observations qui lui sont relatives.

2.2.1.7.1 Droit fixe

– en cas d'extension de procédure – avec procédure unique –, un seul droit fixe est-il perçu. ? oui □ non □

2.2.1.7.2 Droits gradués ou proportionnels

– les dispositions réglementaires relatives aux droits gradués ou proportionnels sont-elles respectées ? oui □ non □

– dans le cas d'application de dérogations au barème existant, ont-elles été autorisées par le président du tribunal compétent ? oui □ non □

– le professionnel limite-t-il ses demandes au titre de la contestation des créances aux créances autres que salariales dont l'admission ou le rejet a donné lieu à une décision du juge-commissaire inscrite sur l'état des créances mentionné à l'article R. 624-8 ? (C. com., art. R. 663-25 1°) oui □ non □

2.2.1.7.3 Modalités de prélèvement

– les prélèvements des émoluments sont-ils précédés :

- d'un arrêté de frais et émoluments signé par le juge-commissaire ou le président du tribunal ? oui □ non □
- d'une ordonnance de taxe en cas de recours ? oui □ non □

– le montant prélevé correspond-il au montant autorisé ? oui □ non □

– existe-t-il des différés dans la perception des émoluments ? oui □ non □

– si oui : *motifs à expliquer dans la conclusion du rapport de contrôle.*

2.2.1.7.4 Remboursement des frais

– le remboursement des frais et débours est-il autorisé par ordonnance ? oui □ non □

2.2.1.7.5 Acomptes ou provisions

– des acomptes sont-ils perçus par le professionnel ? oui □ non □

– si oui :

- correspondent-ils à un travail réellement effectué ? oui □ non □
- sont-ils autorisés par le président du tribunal ? oui □ non □
- sont-ils prélevés après autorisation ? oui □ non □
- le montant prélevé correspond-il au montant autorisé ? oui □ non □

2.2.1.8 Modalités de clôture et de reddition des comptes

2.2.1.8.1 Procédures suivies pour clôturer les dossiers

– le professionnel produit-il un compte-rendu de sa mission au juge-commissaire ou au président du tribunal ? oui □ non □

– les délais pour la production des redditions de comptes au greffe du tribunal sont-ils respectés ? oui □ non □

- la notification des comptes au débiteur est-elle effectuée par le professionnel, par lettre recommandée avec avis de réception ? oui □ non □
- la notification précise-t-elle les voies de recours ? oui □ non □
- la reddition des comptes donne-t-elle une image fidèle des opérations effectuées ? oui □ non □
- présente-t-elle un solde nul ? oui □ non □

2.2.1.8.2 État d'avancement des dossiers les plus anciens non clôturés

- pour les dossiers les plus anciens détenus par le professionnel au jour du contrôle :
  - les motifs d'absence de clôture sont-ils pertinents ? oui □ non □

Si les motifs pour lesquels la clôture n'est pas intervenue dans un délai raisonnable n'apparaissent pas pertinents, une observation à leur sujet est portée à la conclusion du rapport de contrôle, les références des dossiers en cause étant précisées.

2.2.2 MANDAT DE COMMISSAIRE A L'EXECUTION DU PLAN

Le commissaire à l'exécution du plan est désigné par les initiales « CEP »

2.2.2.1 Exécution du mandat

- le CEP procède-t-il à l'inscription de l'inaliénabilité ? (art. R. 626-25) oui □ non □
- les moyens mis en œuvre pour vérifier le respect des engagements souscrits, notamment le règlement des dividendes arrêtés dans le plan, sont-ils satisfaisants ? (art. L. 626-27) oui □ non □
- le règlement des dividendes est-il assuré :
  - par le débiteur ? oui □ non □
  - par le CEP ? oui □ non □
- en cas de règlement par le débiteur, le CEP en contrôle-t-il la régularité ? oui □ non □
- le rapport annuel prévu à l'article R. 626-43 est-il déposé au greffe ? oui □ non □
- le signalement au tribunal de l'inexécution du plan est-il effectué dans un délai raisonnable ? oui □ non □
- en cas d'inexécution, le CEP :
  - dépose-t-il un rapport ? oui □ non □
  - assigne-t-il en résolution de plan ? oui □ non □
- en cas de demande de modification du plan par le chef d'entreprise, le contenu du rapport du CEP est-il pertinent ? oui □ non □

2.2.2.2 Calcul et perception des émoluments

En cas d'anomalie, la référence précise du dossier concerné doit être mentionnée parmi les observations qui lui sont relatives.

2.2.2.2.1 Droit proportionnel

- les dispositions de l'article R. 663-16 sont-elles respectées ? oui □ non □

2.2.2.2.2 Répartition du prix

- les émoluments sont-ils calculés selon un état des diligences du CEP ? oui □ non □

2.2.2.2.3 Modalités de prélèvement

- les prélèvements des émoluments sont-ils précédés :
  - d'un arrêté de frais et émoluments signé par le juge-commissaire ou par le président du tribunal ? oui □ non □
  - d'une ordonnance de taxe en cas de recours ? oui □ non □
- le montant prélevé correspond-il au montant autorisé ? oui □ non □

– existe-t-il des différés dans la perception des émoluments ? oui □ non □

– si oui : *motifs à expliquer dans la conclusion du rapport de contrôle.*

2.2.2.2.4 Remboursement des frais

– le remboursement des frais et débours est-il autorisé par ordonnance ? oui □ non □

2.2.2.3 Modalités de clôture et de reddition des comptes

2.2.2.3.1 Procédures suivies pour clôturer les dossiers

– le professionnel produit-il un compte rendu de sa mission au juge-commissaire ou au président du tribunal ? oui □ non □

– les délais pour la production des redditions de comptes au greffe du tribunal sont-ils respectés ? oui □ non □

– la notification des comptes au débiteur est-elle effectuée par le professionnel, par lettre recommandée avec avis de réception ? oui □ non □

– la notification précise-t-elle les voies de recours ? oui □ non □

– la reddition des comptes donne-t-elle une image fidèle des opérations effectuées ? oui □ non □

– présente-t-elle un solde nul ? oui □ non □

2.2.2.3.2 État d'avancement des dossiers les plus anciens non clôturés

– pour les dossiers les plus anciens détenus par le professionnel au jour du contrôle :

  – les motifs d'absence de clôture sont-ils pertinents ? oui □ non □

  – des répartitions partielles de fonds ont-elles été réalisées (en particulier paiement de créances bénéficiant du super privilège ou de privilèges) ? oui □ non □

Si les motifs pour lesquels la clôture n'est pas intervenue dans un délai raisonnable n'apparaissent pas pertinents, une observation à leur sujet est portée à la conclusion du rapport de contrôle, les références des dossiers en cause étant précisées.

2.2.3 MANDAT DE LIQUIDATEUR

2.2.3.1 Relations avec les parties

2.2.3.1.1 Avec le débiteur

– le débiteur est-il convoqué au début de la procédure ? oui □ non □

– le débiteur est-il informé des stades de la procédure ? oui □ non □

– des subsides lui sont-ils accordés ? oui □ non □

– les règles des articles L. 526-1 à L. 526-3 relatives à l'insaisissabilité de la résidence principale sont-elles respectées ? oui □ non □

2.2.3.1.2 Avec les salariés et les créanciers

– les salariés sont-ils informés, à leur demande, des stades de la procédure ? oui □ non □

– les créanciers sont-ils informés, à leur demande, des stades de la procédure ? oui □ non □

2.2.3.1.3 Diligences à accomplir en cas de liquidation judiciaire prononcée en cours ou à l'issue de la période d'observation

– *la poursuite d'activité est-elle autorisée par jugement ?* oui □ non □

– un récolement ou l'achèvement de l'inventaire est-il réalisé ? oui □ non □ sans objet □

– le débiteur est-il invité à participer à l'établissement de l'inventaire ? oui □ non □ sans objet □

– le professionnel a-t-il recours à des experts pour dresser l'inventaire ? oui □ non □

– l'inventaire porte-t-il sur l'ensemble des biens détenus par le débiteur ? oui □ non □

– l'inventaire est-il déposé au greffe du tribunal ayant ouvert la procédure ? oui □ non □

– la restitution des locaux intervient-elle dans un délai raisonnable ? oui □ non □

– la vérification des créances est-elle effectuée ? oui □ non □

2.2.3.2 Modalités de mise en œuvre des procédures de réalisation des actifs de la liquidation

– le débiteur est-il dûment entendu ou convoqué aux fins de donner son avis préalablement à l'ordonnance du juge-commissaire autorisant la vente des actifs ? oui □ non □

2.2.3.2.1 Vente des immeubles

– la requête aux fins de vente adressée au juge-commissaire expose-t-elle les avantages et inconvénients des différentes solutions autorisées par l'article L. 642-18 (adjudication judiciaire, amiable ou vente de gré à gré) ? oui □ non □

– l'état de collocation est-il réalisé à partir de l'état hypothécaire, des créances admises et des créances ? (art. R. 643-6) oui □ non □

Ventes d'immeubles par voie de saisie immobilière ou adjudication judiciaire

– existe-t-il une ordonnance du juge-commissaire autorisant cette vente et fixant la mise à prix et les modalités de publicité ? oui □ non □

Ventes d'immeubles par voie d'adjudication amiable

– existe-t-il une ordonnance du juge-commissaire autorisant cette vente et fixant la mise à prix et les modalités de publicité ? oui □ non □

Ventes d'immeubles de gré à gré

– existe-t-il une ordonnance du juge-commissaire autorisant la vente de gré à gré ? oui □ non □

– les conditions de vente déterminées par le juge-commissaire sont-elles respectées ? oui □ non □

– la qualité du dossier constitué par le liquidateur pour la vente de l'immeuble est-elle satisfaisante ? oui □ non □

– le liquidateur engage-t-il des actions pour susciter des offres d'acquisition ? oui □ non □

– les offres recueillies sont-elles rappelées dans la requête au juge-commissaire ? oui □ non □

2.2.3.2.2 Vente des autres biens de l'entreprise (biens meubles, bail, fonds de commerce ...)

– existe-t-il une ordonnance du juge-commissaire autorisant la vente et en fixant les modalités ? oui □ non □

Vente de gré à gré

– le liquidateur respecte-t-il les conditions de vente déterminées par ordonnance du juge-commissaire ? oui □ non □

– le liquidateur engage-t-il des actions pour susciter des offres d'acquisition ? oui □ non □

– la qualité du dossier constitué par le liquidateur pour procéder à la vente des biens est-elle adaptée ? oui □ non □

– en cas de pluralité de propositions, sont-elles rappelées dans la requête ? oui □ non □

– les moyens utilisés pour déterminer la valeur des biens sont-ils adaptés ? oui □ non □

Vente aux enchères publiques

– le liquidateur respecte-t-il les conditions de vente déterminées par ordonnance du juge-commissaire ? oui □ non □

– la qualité du dossier constitué par le liquidateur pour faire procéder à la vente des biens est-elle adaptée ? oui □ non □

2.2.3.2.3 Gestion des contentieux

– les contentieux utiles aux procédures sont-ils engagés ? oui □ non □

– le suivi des contentieux est-il satisfaisant ? oui □ non □

2.2.3.2.4 Actions en recouvrement

– les actions en recouvrement sont-elles engagées ? oui □ non □

– les recouvrements sont-ils satisfaisants ? oui □ non □

– les recouvrements amiables sont-ils effectués par le professionnel ? oui □ non □

Dans la négative, une mention en donnant les raisons sera portée dans la conclusion du rapport de contrôle.

2.2.3.3 Traitement social en matière de liquidation

La vérification des créances salariales est présumée avoir été contrôlée lors de l'examen du mandat de mandataire judiciaire.

– le liquidateur demande-t-il au débiteur la liste des salariés avec les renseignements les concernant ? oui □ non □

– le liquidateur demande-t-il la liste des salariés protégés ? oui □ non □

– la procédure de licenciement est-elle respectée ? oui □ non □

– l'entretien préalable est-il effectué ? oui □ non □

– la réunion des délégués du personnel ou du Comité d'Entreprise est-elle effectuée en conformité avec les règles légales ? oui □ non □

– les mesures de reclassement sont-elles mises en œuvre ? oui □ non □

– le plan de sauvegarde de l'emploi mis en œuvre est-il adapté ? oui □ non □

– les autorités (direction du travail et inspection du travail) sont-elles régulièrement informées ? oui □ non □

– l'administration est-elle saisie d'une demande de validation ou d'homologation du projet de licenciement ? oui □ non □

– les lettres de licenciement et leurs motivations sont-elles régulières ? oui □ non □

– le professionnel suit-il les instances en cours devant la juridiction prud'homale ? oui □ non □

2.2.3.4 Traitement des clauses de réserve de propriété et autres revendications

– les modalités de traitement des clauses de réserve de propriété et des autres revendications (droits de rétention, gages sur marchandises ...) apparaissent-elles satisfaisantes ? oui □ non □

– les dispositions prises pour garantir les droits des revendiquants pendant la phase d'analyse et de détermination de leurs droits sont-elles adaptées ? oui □ non □

2.2.3.5 Respect des obligations d'information des autorités de contrôle : respect des procédures d'information à l'égard des tiers

– le rapport trimestriel (C. com., art. L. 641-7) est-il établi ? oui □ non □

– le rapport annuel de liquidation prévu à l'article R. 641-38 est-il établi ? oui □ non □

– les perspectives d'évolution et de clôture de la procédure y figurent-elles lisiblement ? oui □ non □

2.2.3.6 Sanctions

– le professionnel établit-il des rapports ou assignations destinés à mettre en œuvre des sanctions à l'encontre du dirigeant de l'entreprise ? oui □ non □

– en vue de sanctions patrimoniales ? oui □ non □

– en vue de sanctions personnelles ? oui □ non □

– la qualité et le contenu des rapports ou assignations sont-ils satisfaisants ? oui □ non □

2.2.3.7 Répartitions

– le professionnel procède-t-il à des répartitions dès qu'il en a la possibilité ? oui □ non □

– l'ordre du remboursement du super privilège et l'application de l'ordre des privilèges est-il respecté ? oui □ non □

2.2.3.8 Calcul et perception des émoluments

En cas d'anomalie, la référence précise du dossier concerné doit être mentionnée parmi les observations qui lui sont relatives.

2.2.3.8.1 Droit fixe

– en cas d'extension de procédure – avec procédure unique –, un seul droit fixe est-il perçu ? oui □ non □

2.2.3.8.2 Droits gradués ou proportionnels

– les dispositions réglementaires relatives aux droits gradués ou proportionnels sont-elles respectées ? oui □ non □

– le professionnel limite-t-il ses demandes au titre de la contestation des créances aux créances autres que salariales dont l'admission ou le rejet a donné lieu à une décision du juge-commissaire inscrite sur l'état des créances mentionné à l'article R. 624-8 ? (art. R. 663-25 1°) oui □ non □

– le professionnel limite-t-il ses demandes, au titre des recouvrements et des réalisations d'actifs, aux cas où ces actifs ont été recouvrés ou réalisés à la suite d'une démarche amiable ou judiciaire ? oui □ non □

Hors barème :

– *le liquidateur justifie-t-il* le dépassement du plafond fixé à l'article R. 663-31 de manière satisfaisante ? oui □ non □

– établit-il un état de frais et un état descriptif des diligences accomplies ? oui □ non □

– précise-t-il les tâches réalisées par ses salariés ? oui □ non □

– justifie-t-il de leurs qualifications ? oui □ non □

– précise-t-il les tâches réalisées par les intervenants extérieurs, personnes physiques non liées au professionnel par un contrat de travail ou personnes morales, pour des tâches incombant personnellement aux mandataires judiciaires ? oui □ non □ sans objet □

– transmet-il l'ordonnance l'ayant autorisé à recourir à ces intervenants extérieurs ? oui □ non □ sans objet □

– précise-t-il le montant de la rémunération de ces intervenants extérieurs ? oui □ non □ sans objet □

2.2.3.8.3 Modalités de prélèvement

– les prélèvements des émoluments sont-ils précédés :

  – d'un arrêté de frais et émoluments signé par le juge-commissaire ou le président du tribunal ? oui □ non □

  – d'une ordonnance de taxe en cas de recours ? oui □ non □

– le montant prélevé correspond-il au montant autorisé ? oui □ non □

– existe-t-il des différés dans la perception des émoluments ? oui □ non □

– si oui : *motifs à expliquer dans la conclusion du rapport de contrôle.*

2.2.3.8.4 Remboursement des frais

– le remboursement des frais et débours est-il autorisé par ordonnance ? oui □ non □

2.2.3.8.5 Acomptes ou provisions

– des acomptes sont-ils perçus par le professionnel ? oui □ non □

– si oui :

  – correspondent-ils à un travail réellement effectué ? oui □ non □

  – sont-ils autorisés par le président du tribunal ? oui □ non □

  – sont-ils prélevés après autorisation ? oui □ non □

  – le montant prélevé correspond-il au montant autorisé ? oui □ non □

2.2.3.9 Modalités de clôture et de reddition des comptes

2.2.3.9.1 Procédures suivies pour clôturer les dossiers

– le professionnel produit-il un compte rendu de sa mission au juge-commissaire ou au président du tribunal ? oui □ non □

– les délais pour la production des redditions de comptes au greffe du tribunal sont-ils respectés ? oui □ non □

– la notification des comptes au débiteur est-elle effectuée par le professionnel, par lettre recommandée avec avis de réception ? oui □ non □

– la notification précise-t-elle les voies de recours ? oui □ non □

– la reddition des comptes donne-t-elle une image fidèle des opérations effectuées ? oui □ non □

– *présente*-t-elle un solde nul ? oui □ non □

2.2.3.9.2 Traitement des dossiers ayant donné lieu à un complément de rémunération versé au professionnel au titre de l'article L. 663-3 du Code de commerce

– les dossiers ayant donné lieu à un complément de rémunération versé au titre de l'article L. 663-3 du Code de commerce ont-ils été traités de façon satisfaisante ? oui □ non □

– leur clôture est-elle intervenue alors que l'ensemble des diligences auxquelles ils devaient donner lieu ont été effectivement réalisées ? oui □ non □

2.2.3.9.3 État d'avancement des dossiers les plus anciens non clôturés

– pour les dossiers les plus anciens détenus par le professionnel au jour du contrôle :

– les motifs d'absence de clôture sont-ils pertinents ? oui □ non □

– des répartitions partielles de fonds ont-elles été réalisées (en particulier paiement de créances bénéficiant du super privilège ou de privilèges) ? oui □ non □

Si les motifs pour lesquels la clôture n'est pas intervenue dans un délai raisonnable n'apparaissent pas pertinents, une observation à leur sujet est portée à la conclusion du rapport de contrôle, les références des dossiers en cause étant précisées.

2.2.4 RÉTABLISSEMENT PROFESSIONNEL ET NOUVEAUX MANDATS (ORDONNANCE N° 2014-326 DU 12 MARS 2014)

2.2.4.1 Rétablissement professionnel

– le mandataire judiciaire rend-il compte au juge-commis des actes nécessaires à la conservation des droits du débiteur qu'il effectue ? oui □ non □

– le mandataire judiciaire informe-t-il les créanciers connus de l'ouverture de la procédure et les invite-t-il à lui communiquer le montant de leur(s) créance(s) ? oui □ non □

– le mandataire judiciaire établit-il un rapport en vue de la clôture de la procédure de rétablissement professionnel ? oui □ non □

– le juge commis communique-t-il au mandataire judiciaire tous renseignements et documents utiles à l'accomplissement de sa mission ? oui □ non □

– le mandataire judiciaire rencontre-t-il des difficultés dans l'accomplissement de sa mission ? oui □ non □

– si oui, préciser la nature de ces difficultés : *les contrôleurs mentionneront ci-après ces éléments d'information :*

–

–

–

– en informe-t-il le juge commis ? oui □ non □

– le juge commis fixe-t-il un délai de réponse aux demandes de renseignements ? oui □ non □

Rapport en vue de la clôture (art. L. 645-4) :

– est-il déposé dans un délai suffisant pour permettre au tribunal de rendre un jugement de clôture dans le délai de quatre mois à compter du jugement d'ouverture ? oui □ non □

– *son contenu est-il satisfaisant ?* oui □ non □

– la proposition du mandataire judiciaire d'une conversion en liquidation judiciaire est-elle suffisamment motivée au regard des vérifications effectuées ? oui □ non □

– le rapport est-il transmis :

– au juge-commis ? oui □ non □

– au ministère public ? oui □ non □

– en cas d'ouverture ultérieure d'une procédure de liquidation judiciaire, la déduction des sommes déjà versées au mandataire judiciaire au titre du rétablissement professionnel est-elle respectée ? oui □ non □

2.2.4.2 Mandataire désigné en application du troisième alinéa de l'article L. 643-9 du Code de commerce

– le mandataire est-il autorisé par le juge-commissaire à procéder à la répartition des fonds ? oui □ non □

– le mandataire établit-il un compte détaillé lorsqu'il demande que sa rémunération soit arrêtée ? oui □ non □

2.2.5 AUTRES MANDATS

2.2.5.1 Mandats de syndic

– les dossiers détenus par les professionnels au titre de la loi du 13 juillet 1967 font-ils l'objet de toutes les diligences utiles à permettre leur clôture ? oui □ non □

– les mandataires judiciaires qui détiennent des mandats de syndic ont-ils, à leur étude, le personnel qualifié pour les suivre ? oui □ non □

2.2.5.2 Autres mandats ne relevant pas du livre VI

– le professionnel justifie-t-il d'un mandat amiable (lettre de mission, procès-verbal d'assemblée générale, ...) ou judiciaire ? oui □ non □

– le cas échéant, l'existence d'un mandat autre que ceux prévus au livre VI du Code de commerce, dans une affaire où le professionnel intervient ou est intervenu sur le fondement des dispositions de ce livre, est-elle justifiée (cette question vise notamment les mandats de séquestre) ? oui □ non □

– lors de la perception des honoraires, le professionnel justifie-t-il d'un accord préalable express du mandant ou d'une décision judiciaire arrêtant sa rémunération ? oui □ non □

– lorsque le professionnel est appelé à administrer l'entreprise et/ou à faire fonctionner sous sa signature les comptes bancaires de l'entreprise pour laquelle il est mandaté :

– les procédures de suivi de l'exploitation sont-elles adaptées ? oui □ non □

– les moyens de paiement sont-ils signés ou contresignés par le professionnel ou un salarié de l'étude ? oui □ non □

– les procédures de suivi de la trésorerie sont-elles adaptées ? oui □ non □

TROISIÈME PARTIE

OBSERVATIONS ET CONCLUSIONS DES CONTRÔLEURS

3.1 CONCLUSIONS SUR L'ORGANISATION ET LA GESTION DE L'ÉTUDE

3.1.1 COMPTE RENDU DES VÉRIFICATIONS PORTANT SUR LES INFORMATIONS CONTENUES DANS LE DOCUMENT PERMANENT

3.1.2 RÉPONSES AUX QUESTIONS POSÉES APPELANT DES OBSERVATIONS

3.1.3 OBSERVATIONS DES CONTRÔLEURS SUR L'ORGANISATION ET LA GESTION DE L'ÉTUDE AU VU, NOTAMMENT, DE LA FICHE D'ACTUALISATION LA PLUS RÉCENTE JOINTE AU DOCUMENT PERMANENT

3.1.4 CONCLUSION

3.2 CONCLUSIONS SUR LA COMPTABILITÉ SPÉCIALE ET SON ENVIRONNEMENT

3.2.1 RÉPONSES AUX QUESTIONS POSÉES APPELANT DES OBSERVATIONS

3.2.2 OBSERVATIONS DES CONTRÔLEURS SUR LA COMPTABILITÉ SPÉCIALE ET SON ENVIRONNEMENT

3.2.3 CONCLUSION

3.3 CONCLUSIONS SUR L'EXERCICE DE SA MISSION PAR LE PROFESSIONNEL

3.3.1 RÉPONSES AUX QUESTIONS POSÉES APPELANT DES OBSERVATIONS

3.3.2 OBSERVATIONS DES CONTRÔLEURS SUR L'EXERCICE DE SA MISSION PAR LE PROFESSIONNEL

3.3.3 CONCLUSION

3.4 REMARQUES DU PROFESSIONNEL SUR SON CONTRÔLE ET LES CONDITIONS DE SON ACTIVITÉ

Si le professionnel souhaite, au cours du contrôle, faire mentionner certaines observations, elles sont consignées dans cette rubrique.

3.5 CONCLUSION GÉNÉRALE DU RAPPORT DE CONTRÔLE

Art. A. 814-5. – **L'étendue des contrôles occasionnels est déterminée par l'autorité qui les prescrit. Ces contrôles peuvent comporter l'ensemble des vérifications minimales mentionnées à l'article A. 814-4.**

Art. A. 814-6. – **Les contrôleurs demandent les documents et organisent les entretiens nécessaires à la réalisation de leur mission de contrôle dans le respect des dispositions du présent livre. Ils sont tenus au secret professionnel.**

Le professionnel contrôlé met à la disposition des contrôleurs tous les documents utiles à la réalisation de leur mission.

Sous-section 3. – De l'honorariat, du costume d'audience et du serment

La présente sous-section ne comprend pas de dispositions pour les arrêtés.

Sous-section 4. – Du lieu d'exercice de la profession

La présente sous-section ne comprend pas de dispositions pour les arrêtés.

Section V. – Des sociétés d'administrateurs judiciaires et de mandataires judiciaires

La présente section ne comprend pas de dispositions pour les arrêtés.

Section VI. – Des sociétés de participations financières de professions libérales d'administrateurs judiciaires et de mandataires judiciaires

(A. 20 avr. 2012)

Art. A. 814-7 *(A. 20 avr. 2012)*. – **Le secrétaire de la commission nationale d'inscription et de discipline compétente dresse la liste des sociétés de participations financières de professions libérales d'administrateurs judiciaires ou de mandataires judiciaires qui mentionne les informations suivantes :**

a) **La dénomination sociale, la forme juridique et le numéro d'inscription de la société ;**

b) **L'adresse du siège social ;**

c) **Les noms et adresses professionnelles des associés, des membres des organes de gestion, de direction, et, selon le cas, d'administration ou de surveillance de la société.**

Le secrétaire de la commission nationale assure la mise à jour de ces informations.

TITRE II. – DES COMMISSAIRES AUX COMPTES

CHAPITRE I. – DE L'ORGANISATION ET DU CONTRÔLE DE LA PROFESSION

Section I. – Du Haut Conseil du commissariat aux comptes

Sous-section 1. – De l'organisation

Art. A. 821-1 *(Abr., A. 20 févr. 2018)*.

Sous-section 2. – Du fonctionnement

La présente sous-section ne comprend pas de dispositions pour les arrêtés.

Sous-section 3. – Des relations du Haut Conseil avec ses homologues étrangers

La présente sous-section ne comprend pas de dispositions pour les arrêtés.

Section II. – Des contrôles et inspections des commissaires aux comptes

La présente section ne comprend pas de dispositions pour les arrêtés.

Section III. – De l'organisation professionnelle

La présente section ne comprend pas de dispositions pour les arrêtés.

CHAPITRE II. – DU STATUT DES COMMISSAIRES AUX COMPTES

Section I. – De l'inscription et de la discipline

Sous-section 1. – De l'inscription

§ 1. – Des conditions d'inscription sur la liste

Art. A. 822-1 *(Mod., A. 23 mars 2009 ; rempl. à compter du 1er juillet 2013, A. 5 mars 2013).* – I. – Le certificat préparatoire aux fonctions de commissaire aux comptes prévu à l'article R. 822-2 est organisé chaque année. Les candidats au certificat préparatoire aux fonctions de commissaire aux comptes déposent au siège de la compagnie régionale des commissaires aux comptes de leur domicile, entre le 1er et le 30 janvier, un dossier comprenant :

1° Tous documents officiels justificatifs de leur identité et de leur nationalité ;

2° Un justificatif des diplômes, certificats ou titres dont ils sont titulaires. Les candidats au titre des dispositions du premier alinéa de l'article R. 822-2 justifient de la décision du garde des sceaux les autorisant à se présenter au certificat préparatoire aux fonctions de commissaire aux comptes.

Les pièces produites sont accompagnées, le cas échéant, de leur traduction en langue française par un traducteur agréé auprès des tribunaux français ou habilité à intervenir auprès des autorités judiciaires ou administratives d'un État membre de l'Union européenne ou partie à l'accord sur l'Espace économique européen.

Les candidats qui présentent un handicap au sens de l'article L. 114 du Code de l'action sociale et des familles et qui sollicitent le bénéfice d'aménagements pour le déroulement des épreuves en application des dispositions de l'article R. 822-7-1 communiquent, en outre, une copie de la demande adressée en ce sens au président du jury ainsi qu'une copie de l'avis du médecin désigné par la commission mentionnée à l'article L. 146-9 du Code de l'action sociale et des familles ou par le représentant de l'État pour les épreuves se déroulant à Mayotte, en Nouvelle-Calédonie ou à Wallis-et-Futuna.

Les dossiers sont adressés par chaque compagnie régionale à la Compagnie nationale des commissaires aux comptes avant le 1er mars.

La liste des candidats autorisés à se présenter au certificat préparatoire aux fonctions de commissaire aux comptes est publiée au *Journal officiel* de la République française par le garde des sceaux, ministre de la justice.

La date et le lieu des épreuves sont notifiés par la Compagnie nationale des commissaires aux comptes, par voie de convocation individuelle.

II. – Le certificat préparatoire comprend des épreuves d'admissibilité et des épreuves d'admission.

A. – Les épreuves d'admissibilité comportent :

1° Une épreuve écrite portant, au choix du jury, sur l'étude d'une ou de plusieurs situations pratiques, d'un ou de plusieurs exercices, d'une ou de plusieurs questions, le cas échéant combinés, portant sur la comptabilité, d'une durée de trois heures (coefficient 3) ;

2° Une épreuve écrite portant, au choix du jury, sur l'étude d'une ou de plusieurs situations pratiques, d'un ou de plusieurs exercices, d'une ou de plusieurs questions, le cas échéant combinés, portant sur les systèmes d'information de gestion et les techniques quantitatives de gestion utilisées en matière d'audit, d'une durée de deux heures (coefficient 2).

Chacune des deux épreuves est notée de 0 à 20 et fait l'objet d'une double correction. L'anonymat de la correction est assuré. Une moyenne de 10/20 est exigée pour l'admissibilité. Toute note inférieure à 6 à l'une des deux épreuves est éliminatoire.

B. – Nul ne peut se présenter aux épreuves d'admission s'il n'a été déclaré admissible.

Les épreuves d'admission, qui sont notées de 0 à 20, comportent :

1° Une interrogation orale sur les matières juridique, comptable, financière et fiscale du programme, d'une durée maximale d'une heure (coefficient 3) ;

2° Une épreuve orale d'anglais appliqué aux affaires se déroulant sous forme de conversation à partir de documents fournis en anglais pouvant servir de support à des questions, des commentaires et des demandes de traduction, d'une durée maximale de trente minutes (coefficient 1).

L'admission est prononcée au vu de la moyenne des notes obtenues par le candidat aux épreuves orales, laquelle ne peut être inférieure à 10/20.

III. – Le programme figure à l'annexe 8-9 au présent livre.

IV. – Le jury est celui prévu à l'article A. 822-8.

V. – Les résultats sont affichés par les soins du jury et notifiés aux candidats.

Le candidat déclaré admissible qui n'a pas obtenu la moyenne requise aux épreuves d'admission conserve le bénéfice de l'admissibilité pour la session suivante.

Art. A. 822-2 *(A. 5 mars 2013 ; mod., A. 17 juin 2013).* – Le certificat d'aptitude prévu à l'article R. 822-2 est organisé chaque année.

Les candidats au titre de l'article R. 822-2 déposent au siège de la compagnie régionale des commissaires aux comptes de leur domicile, entre le 1er et le 30 juin, leur demande accompagnée de tous documents officiels justificatifs de leur identité et de leur nationalité et la justification de leur stage professionnel.

Les titulaires d'un diplôme obtenu dans un État étranger, visés au premier alinéa de l'article R. 822-2, justifient de la décision du garde des Sceaux les autorisant à se présenter au certificat d'aptitude aux fonctions de commissaire aux comptes.

Les candidats au titre des dispositions du 1° de l'article R. 822-2 justifient de leur réussite au certificat préparatoire aux fonctions de commissaire aux comptes.

Les candidats au titre des dispositions du 2° de l'article R. 822-2 justifient qu'ils sont titulaires du diplôme d'études comptables supérieures régi par le décret n° 81-537 du 12 mai 1981 ou du diplôme d'études supérieures comptables et financières ou qu'ils ont validé au moins quatre des sept épreuves obligatoires du diplôme supérieur de comptabilité et de gestion définies par l'article 50 du décret n° 2012-432 du 30 mars 2012.

Les candidats au titre des dispositions du 3° de l'article R. 822-2 justifient de la décision du garde des Sceaux les autorisant à se présenter au certificat d'aptitude aux fonctions de commissaire aux comptes.

Les candidats au titre des dispositions du premier alinéa de l'article R. 822-5 justifient de la décision du garde des Sceaux les autorisant à se présenter au certificat d'aptitude aux fonctions de commissaire aux comptes.

Les candidats qui présentent un handicap au sens de l'article L. 114 du Code de l'action sociale et des familles et qui sollicitent le bénéfice d'aménagements pour le déroulement des épreuves en application des dispositions de l'article R. 822-7-1 communiquent, en outre, une copie de la demande adressée en ce sens au président du jury ainsi qu'une copie de l'avis du médecin désigné par la commission mentionnée à l'article L. 146-9 du Code de l'action sociale et des familles ou par le représentant de l'État pour les épreuves se déroulant à Mayotte, en Nouvelle-Calédonie ou à Wallis-et-Futuna.

Les dossiers sont adressés par chaque compagnie régionale des commissaires aux comptes à la Compagnie nationale des commissaires aux comptes au plus tard le 15 juillet.

La liste des candidats autorisés à se présenter au certificat d'aptitude aux fonctions de commissaire aux comptes est publiée au *Journal officiel* de la République française par le garde des Sceaux, ministre de la Justice.

La date et le lieu des épreuves sont notifiés par la Compagnie nationale des commissaires aux comptes, par voie de convocation individuelle.

Art. A. 822-2-1 *(Créé à compter du 1er juillet 2013, A. 5 mars 2013).* – Les candidats titulaires d'un diplôme obtenu dans un État étranger qui souhaitent bénéficier des dispositions du premier alinéa de l'article R. 822-2 adressent au garde des Sceaux, ministre de la Justice, au plus tard le 30 septembre, un dossier en double exemplaire comprenant :

1° Tous documents officiels justificatifs de leur identité et de leur nationalité ;

2° Tout justificatif des diplômes, certificats ou titres dont ils sont titulaires ;

3° Tout justificatif permettant d'apprécier le contenu et le niveau d'études postsecondaires suivies avec succès.

Les candidats qui souhaitent bénéficier des dispositions du 3° de l'article R. 822-2 adressent au garde des Sceaux, ministre de la Justice, au plus tard le 30 avril, un dossier en double exemplaire comprenant :

1° Tous documents officiels justificatifs de leur identité et de leur nationalité ;

2° Tout justificatif des diplômes, certificats ou titres dont ils sont titulaires ;

3° Tout justificatif permettant d'apprécier le contenu et le niveau d'études postsecondaires suivies avec succès.

Les candidats au titre des dispositions du premier alinéa de l'article R. 822-5 fournissent au garde des Sceaux, ministre de la Justice, au plus tard le 30 avril, un dossier en double exemplaire comprenant :

1° Tous documents officiels justificatifs de leur identité et de leur nationalité ;

2° Tout justificatif établissant qu'ils ont exercé pendant une durée de quinze ans au moins une activité publique ou privée qui leur a permis d'acquérir une expérience suffisante dans les domaines financier, comptable et juridique intéressant les sociétés commerciales.

Les pièces produites sont accompagnées, le cas échéant, de leur traduction en langue française par un traducteur agréé auprès des tribunaux français ou habilité à intervenir auprès des autorités judiciaires ou administratives d'un État membre de l'Union européenne ou partie à l'accord sur l'Espace économique européen.

À réception du dossier complet, un récépissé leur est délivré. Les candidats sont admis à se présenter, selon le cas, au certificat préparatoire aux fonctions de commissaire aux comptes ou au certificat d'aptitude aux fonctions de commissaire aux comptes par décision motivée du garde des Sceaux. Cette décision doit intervenir dans un délai de deux mois à compter de la délivrance du récépissé. Le défaut de réponse dans ce délai vaut rejet de la demande.

Art. A. 822-3. – Le certificat d'aptitude comprend des épreuves écrites d'admissibilité et des épreuves orales d'admission.

Art. A. 822-4 *(Rempl. à compter du 1er juillet 2013, A. 5 mars 2013).* – Les épreuves d'admissibilité comportent :

1° Une épreuve écrite, sous forme de cas pratique, portant sur la comptabilité et l'audit, d'une durée de cinq heures (coefficient 4) ;

2° Une épreuve écrite, comprenant l'étude d'un cas ou de situations pratiques pouvant être complétée par le commentaire d'un ou de plusieurs documents, portant sur le droit appliqué à la vie des affaires, d'une durée de quatre heures (coefficient 3) ;

3° Une épreuve écrite, comprenant l'étude d'un cas ou de situations pratiques pouvant être complétée par le commentaire d'un ou de plusieurs documents, en langue française, ainsi que par une ou de plusieurs questions portant sur l'économie, les finances et le management, d'une durée de quatre heures (coefficient 2) ;

4° Une épreuve écrite de synthèse portant sur l'ensemble des matières du programme, destinée à apprécier les qualités de réflexion et de rédaction des candidats, d'une durée de trois heures (coefficient 3).

Chacune des quatre épreuves est notée de 0 à 20 et fait l'objet d'une double correction. L'anonymat de la correction est assuré. Une moyenne de 10/20 est exigée pour l'admissibilité ; toute note inférieure à 6/20 à l'une des quatre épreuves est éliminatoire.

Art. A. 822-5 *(Rempl. à compter du 1er juillet 2013, A. 5 mars 2013).* – Nul ne peut se présenter aux épreuves d'admission s'il n'a été déclaré admissible.

Les épreuves d'admission, qui sont notées de 0 à 20, comportent :

1° Une épreuve d'entretien d'une durée maximale d'une demi-heure, précédée d'une demi-heure de préparation (coefficient 3) ;

2° Une épreuve orale d'anglais appliqué à la vie des affaires se déroulant sous forme de conversation à partir de documents fournis en anglais, pouvant servir de support à des questions, des commentaires et des demandes de traduction, d'une durée maximale d'une demi-heure (coefficient 1).

L'admission est prononcée au vu de la moyenne des notes obtenues par le candidat aux épreuves orales, laquelle ne peut être inférieure à 10/20.

Art. A. 822-6. – Le programme figure à l'annexe 8-7 au présent livre.

ANNEXE 8-7
(Annexe à l'article A. 822-6)

FIXANT LE PROGRAMME DU CERTIFICAT D'APTITUDE AUX FONCTIONS DE COMMISSAIRE AUX COMPTES

(Rempl., A. 5 mars 2013)

En application des dispositions de l'article A. 822-6, le programme des épreuves du certificat d'aptitude aux fonctions de commissaire aux comptes est fixé conformément à la présente annexe.

Le programme des épreuves du certificat d'aptitude aux fonctions de commissaire aux comptes suppose connu celui des épreuves du certificat préparatoire aux fonctions de commissaire aux comptes.

ADMISSIBILITÉ

Première épreuve

Comptabilité et audit

I. – Comptabilité financière, comptabilité de gestion et contrôle de gestion

A. – Comptabilité financière :

Les articles L. 123-12 à L. 123-28 et R. 123-172 à R. 123-208 du Code de commerce.

Les principes et les normes comptables, leurs sources et organismes émetteurs.

Le plan comptable général.

Les normes comptables internationales.

Les comptes consolidés.

L'évaluation des entreprises.

Les fusions.

La publicité des comptes annuels.

B. – Comptabilité de gestion et contrôle de gestion :

L'analyse des coûts et politiques des prix : les coûts complets et les coûts partiels.

L'analyse des coûts et gestion des écarts : imputation rationnelle des charges fixes et coûts préétablis, différentes analyses d'écarts.

L'analyse des coûts et les mesure des performances : prix de cession internes, comptes de surplus, tableaux de bord.

L'analyse des coûts et le contrôle interne.

La démarche budgétaire et les comptes prévisionnels, simulations et point mort.

L'articulation budget et stratégie.

II. – Cadre d'exercice de la profession de commissaire aux comptes

A. – Cadre général :

Le marché de l'audit.

Les différentes missions et leurs acteurs.

Les objectifs de l'audit et des autres missions avec assurance.

Le cadre normatif des interventions du commissaire aux comptes et de l'expert-comptable.

Les missions normalisées du commissaire aux comptes et de l'expert comptable.

Les limites inhérentes au contrôle légal de comptes.

B. – Cadre légal et institutionnel :

Le Haut Conseil du commissariat aux comptes.

L'organisation de la profession de commissaire aux comptes : la compagnie nationale des commissaires aux comptes, les compagnies régionales des commissaires aux comptes.

Les conditions d'accès à la profession de commissaire aux comptes.

L'organisation et les conditions d'accès à la profession d'expert-comptable.

III. – Modalités d'exercice de la profession de commissaire aux comptes

Les différents modes d'exercice de la profession (exercice individuel, exercice en société, exercice en réseau).

La nomination, la lettre de mission et la cessation des fonctions du commissaire aux comptes.

La rémunération.

IV. – Éthique, déontologie et indépendance

Le Code de déontologie de la profession de commissaire aux comptes.

Les autres règles relatives à l'indépendance du commissaire aux comptes.
Le Code de déontologie des professionnels de l'expertise comptable.
Le Code de déontologie des professionnels comptables de l'International Federation of Accountants.

V. – La mission du commissaire aux comptes

A. – Textes applicables :
Les textes légaux et réglementaires gouvernant la mission du commissaire aux comptes.
Les normes d'exercice professionnel.
Les normes internationales d'audit (ISA).
Les bonnes pratiques professionnelles identifiées par le Haut Conseil du commissariat aux comptes.
Pratiques professionnelles adoptées par la CNCC.
B. – Notion de contrôle légal des comptes et méthodologie :
Les principes fondamentaux (approche par les risques et émission d'une opinion motivée).
Les techniques de contrôle.
C. – Phases de la démarche de contrôle légal des comptes :
L'acceptation et la poursuite de la mission.
La connaissance de l'entité et de son environnement et l'évaluation du risque d'anomalies significatives.
Le plan de mission.
Les procédures d'audit mises en œuvre par le commissaire aux comptes à l'issue de son évaluation des risques.
La synthèse de la mission et le rapport du commissaire aux comptes sur les comptes annuels et consolidés.
La communication avec les organes mentionnés à l'article L. 823-16 du Code de commerce.
La documentation des travaux et la supervision.

VI. – Autres missions

A. – Vérifications et informations spécifiques :
Le domaine des vérifications spécifiques : délimitation par la loi et nature des vérifications et informations.
La communication des constatations faites lors des vérifications spécifiques aux organes mentionnés à l'article L. 823-16 du Code de commerce.
B. – L'examen limité : définition et objectifs, méthodologie et techniques.
C. – Interventions définies par conventions et DDL (diligences directement liées à la mission de commissaire aux comptes).
D. – Interventions définies par la loi ou le règlement :
Les interventions consécutives à des opérations particulières décidées par la société : opérations concernant le capital social ; opérations concernant les dividendes ; opérations de transformation ; autres opérations.
Les interventions consécutives à des événements survenant dans la société : révélation des faits délictueux ; obligations du commissaire aux comptes relatives à la lutte contre le blanchiment des capitaux et le financement du terrorisme ; procédure d'alerte ; autres événements.
E. – Missions particulières :
Le commissariat aux apports.
Le commissariat à la fusion.
Les autres missions particulières.
F. – L'audit légal dans certaines entités et dans des contextes spécifiques : audit d'une banque, d'une compagnie d'assurance, d'une association, d'une entité d'intérêt public, des comptes consolidés.

VII. – Audit des systèmes d'information

A. – Risques liés à l'environnement informatisé du traitement de l'information :
L'environnement de l'auditeur : connaissance des obligations légales et des normes professionnelles.
Contrôle des comptes des entités informatisées.
Risques d'audit.
Normes professionnelles nationales et internationales.
Obligations légales et réglementaires.
Séparation de fonction et direction des systèmes d'information.
La direction des systèmes d'information : mission, organigramme et tableau de bord.
La fonction informatique dans les petites organisations.
Stratégie informatique, élément de politique générale.
Alignement de la stratégie informatique sur la stratégie métier.

Le schéma directeur informatique : définition, évolution, communication sur le schéma directeur.
Plan informatique et démarche de planification informatique.
Cartographie du système d'information.
Risques liés aux architectures applicatives.
Risques liés aux architectures techniques.
Identifier les principales architectures techniques : client-serveur, médiateur, transactionnel, intégration, portail.
Risques et enjeux d'un projet.
Analyse des conditions de lancement d'un projet : place du projet dans la stratégie, périmètre dans son application, organisation du projet.
Conditions pouvant conduire à l'échec et mesures préventives et correctives utilisables : analyse et gestion des risques, intégration des risques dans les contrats.
Risques liés à la mise en œuvre des progiciels de gestion intégrés.
Couverture fonctionnelle.
Évolutions technologiques.
B. – Risques liés aux applicatifs :
Risques liés à la mise en œuvre d'un projet :
Cahier des charges.
Cycle de vie d'un projet : prévision, planification et ordonnancement.
Plan d'assurance qualité : normes sur la qualité du logiciel, méthode de conduite de projets, méthode d'amélioration des processus.
Suivi et contrôle des coûts et des délais : analyse des écarts (de planning, budgétaires).
Tests : jeux d'essai, site pilote, test en situation réelle, qualification, recette.
Déploiement d'une solution et formation des utilisateurs.
Risques liés au cycle de vie d'un progiciel de gestion intégré :
Expression des besoins.
Choix de solution.
Mise en place.
Exploitation de la solution.
Évaluation des systèmes de gestion intégrés.
Risques liés aux actions de maintenance :
Maintenance corrective.
Maintenance évolutive.
Contrat de maintenance.
Tierce maintenance applicative.
C. – Audit de performance de la fonction informatique :
Définition d'indicateurs : indicateurs de performance et qualité.
Évaluation des projets informatiques : évaluation des coûts et avantages des projets informatiques, critères de sélection des projets.
Le contrat de service :
Objectifs et contraintes du contrat de service.
Élaboration du contrat.
Mise en œuvre du contrat.
Les coûts et leur analyse.
Les budgets :
Budget de fonctionnement de la fonction informatique.
Facturation en interne de l'utilisation des ressources informatiques.
D. – Audit de sécurité des systèmes informatiques :
Évaluation des architectures de confiance : infrastructure à clé publique, certificat numérique, signature électronique.
Niveau de surveillance et de prévention : surveillance des processus, protection juridique, assurances et garanties (légales et contractuelles).
Matérialité de la piste d'audit : critère de matérialité de la piste d'audit, présence de la piste d'audit.
E. – Audit assisté par ordinateur :
Élaboration de transactions d'audit assisté par ordinateur :
Identification des données.
Récupération des données sur des supports adaptés.

Identification des moyens de traitement dans l'entité et au cabinet.
Documentation des travaux.
Mise en œuvre et formalisation des conclusions.
Les progiciels d'audit assisté par ordinateur.

VIII. – Contrôle de qualité

Le système de supervision publique et ses acteurs.
Le contrôle qualité : contrôles périodiques, contrôles occasionnels, inspections.
Les démarches internes mises en place par les cabinets et les réseaux et le contrôle de qualité au sein du cabinet.

IX. – Contrôle interne et gestion des risques

Les notions de risques et d'importance significative.
Les objectifs du contrôle interne.
Les concepts et principes du contrôle interne.
La place de l'appréciation du contrôle interne dans la mission d'audit.
Les techniques d'évaluation du contrôle interne, y compris dans un environnement informatique.
Le rapport sur le contrôle interne.
La communication des faiblesses de contrôle interne.
Le rapport du commissaire aux comptes établi en application des articles L. 225-235 et L. 226-10-1 du Code de commerce sur le rapport du président.
Les consultations entrant dans le cadre de diligences directement liées à la mission de commissaire aux comptes portant sur le contrôle interne relatif à l'élaboration et au traitement de l'information comptable et financière.

X. – Responsabilité du commissaire aux comptes

La responsabilité civile.
La responsabilité pénale.
La responsabilité disciplinaire.
La responsabilité administrative (procédure de sanction de l'Autorité des marchés financiers).

XI. – Contexte international

Le cadre communautaire :
Les normalisateurs internationaux en matière d'audit.
Les modalités d'application en France des directives européennes et des normes internationales d'audit.
L'harmonisation internationale des cadres conceptuels de l'audit et des méthodes d'audit : influence des travaux des normalisateurs nationaux sur les normes internationales d'audit.

Deuxième épreuve

Droit et vie des affaires

I. – Principes fondamentaux du droit privé et organisation judiciaire

A. – Sources du droit :
La hiérarchie des normes.
Les normes juridiques françaises.
Les normes juridiques communautaires.
B. – Principes fondamentaux du droit des biens :
La théorie du patrimoine.
La propriété : propriété individuelle ; propriété collective (indivision, copropriété) ; propriété démembrée (usufruit, nue-propriété, droits d'usage, servitudes) ; transfert de propriété.
La possession.
C. – *La preuve et les prescriptions.*
D. – Organisation judiciaire et règlement des conflits :
Les juridictions civiles, pénales et administratives.
Les juridictions commerciales et prud'homales.
L'arbitrage.
L'expertise judiciaire.

II. – L'entreprise et ses formes juridiques

A. – L'entreprise individuelle.

B. – L'entreprise en société :

La théorie générale du droit des sociétés : le contrat de société ; la personnalité morale.

Les sociétés civiles et les sociétés commerciales.

Règles gouvernant la constitution, le fonctionnement, la cession, la dissolution et la liquidation des sociétés.

Les organes de direction et d'administration, les relations entre les dirigeants et les associés.

Valeurs mobilières et marchés financiers.

L'Autorité des marchés financiers (organisation, rôle et pouvoirs).

Droit des sociétés et gouvernement d'entreprise.

Les relations entre les dirigeants et les associés.

Le conseil d'administration, le directoire et le conseil de surveillance : attributions et rôles.

Dispositifs permettant d'améliorer la transparence du fonctionnement des sociétés.

III. – L'entreprise et le contrat

Droit des contrats :

Principes fondateurs du droit des contrats (liberté contractuelle, force obligatoire).

Formation, exécution et sanctions de l'inexécution des obligations contractuelles.

Contrats spéciaux (contrat de vente, contrat d'entreprise, contrat de distribution, contrat de consommation, contrat de travail, contrats internationaux).

Droit commercial général :

Actes de commerce et commerçants ; fonds de commerce.

Droit des entreprises en difficulté :

La prévention des difficultés.

Le traitement des difficultés.

IV. – Droit du travail et de la protection sociale

Les relations individuelles du droit du travail.

Les aspects collectifs du droit social.

La protection sociale.

Le contentieux du travail.

V. – Droit pénal

Droit pénal général (éléments constitutifs de l'infraction, classification des infractions, identification de la personne responsable, peine).

Procédure pénale (action publique, action civile, instruction préparatoire, jugement et voies de recours).

Droit pénal des affaires et des sociétés (abus de biens sociaux, distribution de dividendes fictifs, présentation ou publication de comptes annuels ne donnant pas une image fidèle, infraction relative à la constitution et à la dissolution de la société, aux assemblées, au contrôle de la société, aux droits sociaux, aux modifications du capital social, délit d'initiés).

VI. – Droit de la concurrence

Contrôle des concentrations en droit interne et communautaire.

Réglementation des pratiques anticoncurrentielles : entente et abus de position dominante en droit communautaire et en droit interne.

La surveillance des comportements : action en concurrence déloyale et réglementation en matière de prix et de facturation.

Le droit des pratiques restrictives : revente à perte, prix imposés et pratiques discriminatoires.

Les aides d'État : droit interne, droit communautaire, légalité d'octroi, restitution.

VII. – Droit fiscal

Règles de détermination et d'imposition du résultat des sociétés soumises à l'impôt sur les sociétés et des sociétés de personnes.

Règles fiscales liées à l'affectation du résultat bénéficiaire ou déficitaire.

Règles fiscales liées à la constitution, la transformation, la transmission, la dissolution et la liquidation des sociétés.

Règles relatives à la TVA : opérations nationales, intracommunautaires et internationales.

Relations avec l'administration fiscale : agrément, rescrit et contrôle fiscal.

Le contentieux de l'impôt.

VIII. – Droit de l'environnement

Obligation de communication des entreprises en matière d'environnement.

IX. – Droit de l'informatique

Notion de droit de l'informatique et notamment principales règles juridiques régissant l'utilisation d'internet.

X. – Droit du financement de l'entreprise

Le régime juridique et fiscal des augmentations et réductions de capital.

Les pactes d'actionnaires.

Le financement par compte courant.

Les garanties du financement : les principales sûretés (cautionnement, gage et hypothèque).

Le financement par recours aux marchés financiers (notion de marché financier, régulation Autorité des marchés financiers, société cotée, instruments financiers, régime juridique et fiscal du financement à long et moyen terme, financement structuré et titrisation).

XI. – Droit des groupements

La structure juridique, fiscale et sociale du groupe.

Droit du travail appliqué aux groupes.

Régimes fiscaux de groupe et traitement fiscal des opérations internes aux groupes.

Droit des sociétés et régime fiscal applicable aux prises de participations et à la détention de participations dans le capital d'autres sociétés ou groupements.

Règles juridiques, fiscales et sociales gouvernant certains modes de coopération interentreprises : groupement d'intérêt économique, groupement européen d'intérêt économique, location-gérance, contrats d'intérêts communs.

Règles juridiques, fiscales et sociales relatives aux opérations de restructuration (fusions, scissions, apports partiels d'actifs, transmissions universelles de patrimoine, etc.).

XII. – Les organisations à but non lucratif

Aspects juridiques, fiscaux et sociaux des associations et autres organismes à but non lucratif.

Troisième épreuve

Économie, finance et management

I. – Économie

A. – Fondamentaux :

Les grands courants de l'histoire de la pensée économique et les principaux faits économiques et sociaux du XIXe siècle à nos jours.

L'économie de marché : son fonctionnement et ses imperfections.

Le financement et la mondialisation de l'économie.

Les politiques publiques et la régulation de l'économie.

B. – Économie d'entreprise :

Les fonctions de l'entreprise : fonction commerciale, production, recherche et développement, approvisionnement, personnel, administration, comptable et financière, contrôle de gestion.

II. – Finance

A. – Analyse et gestion financières :

L'analyse de la situation financière (résultat, structure, risques financiers).

La gestion financière à court terme (budget prévisionnel de trésorerie et tableau des flux de trésorerie, bilan et compte de résultat prévisionnels, modes de financement des besoins à court terme et de trésorerie).

La gestion financière à moyen et long terme (stratégie financière, principaux modes de financement, plan de financement).

B. – Outils de gestion informatisés :

Connaissance générale de la fonction informatique.

Connaissance de base des systèmes d'information, et notamment des systèmes d'exploitation et des progiciels de gestion.

C. – Méthodes quantitatives et mathématiques appliquées :

Statistique descriptive (séries statistiques à une et à deux variables, indices).

Probabilités, sondages et échantillonnages.

Mathématiques financières.

III. – Management

La théorie des organisations.

Éléments fondamentaux de stratégie.

Comportement humain dans l'organisation.

Communication interne et externe.

Décision, direction, animation.

Quatrième épreuve

Épreuve de synthèse

Cette épreuve portant sur l'ensemble des matières du programme des épreuves d'admissibilité est destinée à apprécier les qualités de réflexion et de rédaction des candidats.

ADMISSION

Première épreuve

Entretien avec le jury

Le programme de l'épreuve orale d'entretien avec le jury porte sur l'exercice professionnel du commissariat aux comptes et ses obligations déontologiques ; elle prend appui sur un commentaire de texte.

Deuxième épreuve

Anglais appliqué à la vie des affaires

Les aptitudes évaluées par l'épreuve orale d'anglais appliqué à la vie des affaires sont les suivantes :

Comprendre et commenter, en anglais, des documents de la vie des affaires tels que des textes, graphiques et tableaux tirés de revues ou d'un rapport annuel d'entreprise.

Présenter une note de synthèse, en français ou en anglais, à partir de documents en anglais concernant la vie des affaires.

Commenter en anglais un document commercial de base : lettre, devis, bon de commande, etc.

Art. A. 822-7. – Les résultats sont affichés par les soins du jury et notifiés aux candidats.

Le candidat déclaré admissible aux épreuves écrites qui n'a pas obtenu la moyenne requise aux épreuves orales d'admission conserve le bénéfice de l'admissibilité pour la session suivante.

Art. A. 822-8 *(Rempl. à compter du 1er juillet 2013, A. 5 mars 2013)*. **– Un arrêté du garde des Sceaux, ministre de la Justice, publié au *Journal officiel* de la République française désigne les membres du jury.**

Le jury est composé comme suit :

1° Un magistrat de l'ordre judiciaire, hors hiérarchie, en activité ou honoraire, président ;

2° Un second magistrat de l'ordre judiciaire, en activité ou honoraire ;

3° Un magistrat de la Cour des comptes ou un inspecteur des finances ;

4° Un représentant du Haut Conseil du commissariat aux comptes ;

5° Un représentant de l'Autorité des marchés financiers ;

6° Un représentant de l'Autorité des normes comptables ;

7° Quatre membres de l'enseignement supérieur, professeurs ou maîtres de conférences ;

8° Deux commissaires aux comptes exerçant également les fonctions d'experts-comptables, désignés sur proposition du conseil supérieur de l'ordre des experts-comptables ;

9° Deux commissaires aux comptes, désignés sur proposition de la Compagnie nationale des commissaires aux comptes.

Des suppléants sont désignés dans les mêmes conditions que les titulaires.

Des examinateurs spécialisés peuvent être adjoints au jury par arrêté du garde des sceaux, ministre de la justice, au plus tard la veille de l'épreuve pour laquelle ils sont désignés. Ils participent aux délibérations du jury avec voie consultative pour l'attribution des notes se rapportant à l'épreuve qu'ils ont évaluée ou corrigée.

Le jury est valablement constitué si sept au moins de ses membres sont présents.

Art. A. 822-8-1 *(Créé à compter du 1er juillet 2013, A. 5 mars 2013).* – Des commissions d'examen, auxquelles peuvent participer les examinateurs spécialisés mentionnés à l'article A. 822-8, présentent au jury, sous l'autorité duquel elles sont placées, des propositions de notation des candidats pour chacune des épreuves orales présentées. Elles sont composées au minimum de trois membres, dont un au moins est issu du jury. Ces commissions ne peuvent comporter plus d'un commissaire aux comptes.

Le jury délibère sur les notes proposées par les commissions d'examen, arrête les notes définitives et établit la liste des candidats admis.

Art. A. 822-9. – Le conseil régional habilite les commissaires aux comptes à recevoir des stagiaires après s'être assuré qu'ils offrent des garanties suffisantes quant à la formation de ces stagiaires.

Il dresse une liste des personnes ainsi habilitées. Cette liste peut être consultée par tout intéressé.

Le conseil régional communique une copie des articles A. 822-9 à A. 822-18 au maître de stage lors de son habilitation.

Art. A. 822-10 *(Mod., A. 5 mars 2013).* – Le stagiaire est tenu de faire connaître au président du conseil régional, par lettre recommandée avec demande d'avis de réception, quinze jours au moins avant le début de son stage :

1° Son nom et son adresse ;

2° Le nom et l'adresse de son maître de stage.

3° Les justificatifs des titres, diplômes, attestations de formation ou autorisations exigées pour se présenter au certificat d'aptitude aux fonctions de commissaire aux comptes.

Il accompagne cette lettre d'une attestation du maître de stage indiquant qu'il accepte de recevoir le stagiaire et la date du début du stage.

Le stagiaire est tenu aux mêmes obligations en cas de changement de maître de stage.

Art. A. 822-11 *(Mod. à compter du 1er juillet 2013, A. 5 mars 2013).* – Le stagiaire qui souhaite effectuer une partie de son stage en France chez une personne autre qu'un commissaire aux comptes inscrit sur la liste prévue à l'article L. 822-1, ou tout ou partie de son stage à l'étranger, obtient l'autorisation du conseil régional.

Elle est délivrée au vu de la ou des pièces suivantes :

– une attestation délivrée par le maître de stage, par laquelle celui-ci confirme accueillir le stagiaire, en précisant la date retenue pour le début du stage ;

– le cas échéant, un document émanant de l'autorité compétente de l'État étranger justifiant que la personne chez laquelle le candidat envisage d'effectuer son stage est agréée pour exercer le contrôle légal des comptes et qu'elle offre des garanties suffisantes quant à la formation du stagiaire.

Cette autorisation mentionne le nom, la qualité et l'adresse du maître de stage ainsi que la date du début du stage.

Le conseil régional compétent est celui dont relevait précédemment le stagiaire ou, si celui-ci n'a pas encore commencé son stage, le conseil régional désigné à cet effet par le conseil national.

Le conseil régional qui a autorisé le stage en assure le contrôle.

Le stagiaire qui effectue son stage à l'étranger est soumis aux mêmes obligations de travaux, de formation et de rapports que le stagiaire effectuant son stage en France.

Art. A. 822-11-1 *(Créé à compter du 1er juillet 2013, A. 5 mars 2013).* – Lorsque le stage a été commencé à l'étranger, la poursuite de celui-ci en France n'est possible que si la période effectuée à l'étranger obtient la validation du conseil régional désigné à cet effet par le conseil national, à la demande du stagiaire. Le conseil régional qui a autorisé le stage en assure le contrôle.

Pour obtenir cette validation, le stagiaire présente au conseil régional un document émanant de l'autorité compétente de l'État étranger justifiant que la personne chez laquelle le stage commencé à l'étranger a été effectué est agréée pour exercer le contrôle légal des comptes et offre des garanties suffisantes quant à la formation du stagiaire.

Art. A. 822-12 *(Mod., A. 5 mars 2013).* – La durée du stage est au minimum de trente-deux heures par semaine. Le stage est accompli pendant les heures normales de travail du maître de stage. Dans les six derniers mois du stage, le maître de stage accorde au stagiaire qui le demande un congé non rémunéré d'une durée d'au moins un mois pour la préparation du certificat d'aptitude aux fonctions de commissaire aux comptes.

Le stage peut être effectué concurremment à celui prévu au premier alinéa de l'article 4 de l'ordonnance n° 45-2138 du 19 septembre 1945 modifiée portant institution de l'ordre des experts-comptables et réglementant le titre de la profession d'expert-comptable.

Art. A. 822-13. – Le stage a pour objet de préparer le stagiaire à l'exercice de la profession. L'activité du stagiaire ne se limite pas à de simples tâches d'exécution. Elle est dans toute la mesure du possible en relation directe avec les études théoriques qu'il poursuit. Les horaires du stagiaire sont aménagés à cette fin.

Le stagiaire a la possibilité de consacrer une partie de son stage à l'étude de la documentation détenue par le maître de stage pour lui permettre d'approfondir ses connaissances et de se tenir informé de l'actualité intéressant la profession.

Art. A. 822-14 *(Mod. à compter du 1er juillet 2013, A. 5 mars 2013).* – Le stage est complété par des actions de formation dont le contenu, l'organisation et les modalités de mise en œuvre sont arrêtés par le conseil régional conformément au règlement de stage arrêté par le conseil national de la Compagnie nationale des commissaires aux comptes. Des dispenses peuvent, à titre exceptionnel et sur décision motivée, être octroyées par ce dernier.

La durée de cette formation est d'au moins vingt-quatre jours sur les trois années de stage.

Les actions de formation suivies au titre du présent article portent sur les compétences et les connaissances nécessaires à l'exercice du commissariat aux comptes.

Elles s'inscrivent dans un plan de formation individuel élaboré par le contrôleur des stages.

Le stagiaire établit des rapports d'activité selon une périodicité fixée par le conseil régional et transmet ces rapports, visés par le maître de stage et accompagnés le cas échéant de ses observations, au contrôleur du stage.

Le conseil régional peut autoriser le stagiaire à suspendre son stage pour une durée totale n'excédant pas trois ans.

Art. A. 822-15. – Le conseil régional nomme un commissaire aux comptes chargé d'assurer le contrôle des stages. Il peut désigner un ou plusieurs contrôleurs adjoints.

Le contrôleur de stage ou l'un des contrôleurs adjoints reçoit les stagiaires sur leur demande à son cabinet. Il peut également les visiter dans les bureaux du maître de stage.

Il reçoit dans les délais qu'il a fixés les rapports d'activités mentionnés à l'article A. 822-14.

Le contrôleur de stage fait part, s'il y a lieu, au stagiaire ou au maître de stage, suivant le cas, de toutes remarques ou suggestions concernant l'assiduité et le comportement du stagiaire, la nature, le nombre et la qualité des travaux effectués et la formation professionnelle acquise.

Le contrôleur de stage ou les contrôleurs adjoints réunissent les stagiaires au moins une fois par semestre.

La convocation aux réunions est adressée au stagiaire trois semaines au moins à l'avance. Le maître de stage est également avisé de cette convocation. La présence des stagiaires à ces réunions est obligatoire, sauf empêchement dûment justifié.

Les contrôleurs de stage font un compte rendu annuel de leur activité au conseil régional et au contrôleur national de stage.

Art. A. 822-16. – Le conseil national désigne un contrôleur national de stage qui oriente et coordonne l'action des contrôleurs régionaux.

Art. A. 822-17. – Le maître de stage établit à l'issue du stage un rapport sur les conditions de déroulement du stage qu'il transmet au conseil régional.

Le président du conseil régional, au vu du rapport du maître de stage et des observations écrites du contrôleur de stage, établit un certificat portant ses appréciations sur le déroulement du stage et précisant si le stage est jugé satisfaisant.

Lorsque plusieurs conseils régionaux ont assuré le contrôle du stage, le président du conseil régional compétent pour délivrer le certificat mentionné ci-dessus est celui dont relevait le stagiaire à l'issue de son stage. Si le stage s'est déroulé en totalité ou a pris fin à l'étranger, ce certificat est délivré par le président du conseil régional qui a donné l'autorisation mentionnée à l'article A. 822-11.

Art. A. 822-18. – Le conseil régional tient un registre sur lequel les stagiaires sont inscrits dans l'ordre d'arrivée des lettres mentionnées à l'article A. 822-10 ou des autorisations mentionnées à l'article A. 822-11.

Il tient également un dossier par stagiaire et par maître de stage.

Art. A. 822-19 *(Mod., A. 5 mars 2013)*. – L'épreuve d'aptitude prévue aux articles R. 822-6 et R. 822-7 a lieu au moins une fois par an.

L'épreuve d'aptitude prévue aux articles R. 822-6 et R. 822-7 a lieu au moins une fois par an, à une date fixée par arrêté du garde des sceaux, ministre de la justice, publié au *Journal officiel* de la République française.

Art. A. 822-20 *(Rempl. à compter du 1er juillet 2013, A. 5 mars 2013)*. – Les personnes de nationalité française et les ressortissants d'un autre État membre de l'Union européenne adressent au garde des Sceaux, ministre de la Justice, au plus tard le 30 avril, un dossier en double exemplaire comprenant :

1° Tous documents officiels justificatifs de leur identité et de leur nationalité ;

2° Les diplômes, certificats ou titres dont ils sont titulaires ;

3° Tout justificatif permettant d'apprécier le contenu et le niveau d'études postsecondaires suivies avec succès et si l'intéressé a accompli le stage professionnel requis.

Les pièces produites sont accompagnées, le cas échéant, de leur traduction en langue française par un traducteur agréé auprès des tribunaux français ou habilité à intervenir auprès des autorités judiciaires ou administratives d'un État membre de l'Union européenne ou partie à l'accord sur l'Espace économique européen.

Les candidats qui présentent un handicap au sens de l'article L. 114 du Code de l'action sociale et des familles et qui sollicitent le bénéfice d'aménagements pour le déroulement des épreuves en application des dispositions de l'article R. 822-7-1 communiquent, en outre, une copie de la demande adressée en ce sens au président du jury ainsi qu'une copie de l'avis du médecin désigné par la commission mentionnée à l'article L. 146-9 du Code de l'action sociale et des familles ou par le représentant de l'État pour les épreuves se déroulant à Mayotte, en Nouvelle Calédonie ou à Wallis-et-Futuna.

Art. A. 822-21 *(Rempl. à compter du 1er juillet 2013, A. 5 mars 2013)*. – Les personnes non ressortissantes d'un État membre de l'Union européenne adressent au garde des Sceaux, ministre de la Justice, au plus tard le 30 avril, un dossier en double exemplaire comprenant les pièces mentionnées à l'article A. 822-20.

Elles présentent, en outre, tous justificatifs permettant d'apprécier si elles bénéficient d'une expérience professionnelle suffisante, au sens du troisième alinéa de l'article R. 822-7.

Art. A. 822-22. – Le garde des Sceaux, ministre de la Justice, publie au Journal officiel de la République française la liste des candidats autorisés à se présenter à l'épreuve.

La date et le lieu des épreuves sont notifiés par voie de convocation individuelle par la Compagnie nationale des commissaires aux comptes.

Art. A. 822-23. – L'épreuve d'aptitude se compose d'un écrit et d'un oral qui se déroulent en langue française.

L'écrit et l'oral portent sur les matières fixées par le garde des Sceaux, ministre de la Justice, dans la décision prévue à l'article R. 822-6, et dont la connaissance est une condition essentielle pour pouvoir exercer la profession de commissaire aux comptes.

Art. A. 822-24. – La durée de l'épreuve écrite est limitée à trente minutes pour chaque matière sur laquelle l'intéressé est interrogé.

Art. A. 822-25. – L'oral consiste en un entretien de trente minutes avec les membres du jury.

Art. A. 822-26. – L'admission est prononcée au vu de la moyenne obtenue par le candidat aux épreuves écrites et orales à condition que cette moyenne soit supérieure ou égale à 10.

Art. A. 822-27. – Les résultats sont affichés par les soins du jury et notifiés au candidat.

Art. A. 822-28. – Le jury est celui prévu à l'article A. 822-8.

§ 2. – De la commission régionale d'inscription et de la tenue de la liste

Le présent paragraphe ne comprend pas de dispositions pour les arrêtés.

§ 3. – Des recours contre les décisions de la commission régionale d'inscription

Le présent paragraphe ne comprend pas de dispositions pour les arrêtés.

Sous-section 2. – De la discipline

La présente sous-section ne comprend pas de dispositions pour les arrêtés.

Section II. – De la déontologie et de l'indépendance des commissaires aux comptes

Art. A. 822-28-1 *(A. 23 mars 2009 ; mod., A. 20 févr. 2018).* – La formation professionnelle continue prévue à l'article L. 822-4 assure la mise à jour et le perfectionnement des connaissances et des compétences nécessaires à la certification des comptes et à l'exercice des missions réalisées par les commissaires aux comptes. Elle correspond aux actions de formation définies aux 2° et 6° de l'article L. 6313-1 du Code du travail.

Art. A. 822-28-2 *(A. 23 mars 2009 ; mod., A. 20 févr. 2018).* – La durée de la formation professionnelle continue est de cent vingt heures au cours de trois années consécutives. Vingt heures au moins sont accomplies au cours d'une même année.

Art. A. 822-28-3 *(A. 23 mars 2009 ; mod., A. 20 févr. 2018).* – L'obligation de formation professionnelle continue est satisfaite

1° Par la participation à des séminaires de formation, à des programmes d'autoformation encadrée ou à des formations ou enseignements à distance ;

2° Par l'assistance à des colloques ou à des conférences dans la limite de quarante heures au cours de trois années consécutives ;

3° Par la conception ou l'animation de formations, de colloques, de conférences ou d'enseignements, dans un cadre professionnel ou universitaire dans la limite de quarante heures au cours de trois années consécutives ;

4° Par la rédaction et la publication de travaux à caractère technique dans la limite de trente heures au cours de trois années consécutives ;

5° Par la participation à des travaux à caractère technique dans la limite de trente-deux heures au cours de trois *années consécutives ;*

6° Par la participation au programme de formation continue particulière prévue au II de l'article L. 822-4.

Art. A. 822-28-4 *(A. 23 mars 2009 ; mod., A. 20 févr. 2018).* – Les formations éligibles au titre du 1° de l'article A. 822-28-3 sont dispensées par des organismes de formation ou des établissements d'enseignement supérieur. Elles satisfont aux conditions définies à l'article L. 6353-1 du Code du travail.

Chaque session de formation donne lieu à la remise à chaque participant d'un support pédagogique de formation.

Art. A. 822-28-5 *(A. 23 mars 2009 ; mod., A. 20 févr. 2018).* – Les colloques ou conférences éligibles au titre du 2° de l'article A. 822-28-3 ont une durée continue d'au moins une heure trente et sont organisés pour au moins vingt participants.

Chaque colloque ou conférence donne lieu à la remise à chaque participant d'une documentation écrite.

À l'issue de chaque colloque ou conférence, il est remis à chaque participant par l'organisme organisateur une attestation de présence. L'attestation est signée par le représentant légal de l'organisateur, ou son délégataire.

Art. A. 822-28-6 *(A. 23 mars 2009 ; mod., A. 20 févr. 2018)*. – Les actions éligibles au titre du 3° de l'article A. 822-28-3 portent sur les actions de formation mentionnées aux 1° et 2° de l'article A. 822-28-3, ainsi que sur les formations dispensées au sein des universités et établissements publics ou par des organismes de formation dans le cadre de la formation initiale des commissaires aux comptes et des experts-comptables.

Si l'intervention initiale est reproduite dans d'autres lieux de formation ou devant des auditoires différents, chaque intervention n'est comptabilisée qu'une fois par an.

Le temps de conception retenu pour les actions mentionnées au présent article est égal au temps de l'action de formation correspondante.

Lorsque le concepteur d'une action de formation en est également l'animateur, est seul éligible à l'obligation de formation professionnelle continue le temps consacré à la conception.

L'animation ou la conception de formations, enseignements, colloques et conférences fait l'objet d'une attestation délivrée au commissaire aux comptes ou d'un justificatif de son intervention par l'organisme qui l'a fait intervenir.

Art. A. 822-28-7 *(A. 23 mars 2009 ; mod., A. 20 févr. 2018)*. – Les publications éligibles au titre du 4° de l'article A. 822-28-3 sont prises en compte l'année de leur dépôt légal.

Pour les essais, les ouvrages et publications d'articles, les deux critères cumulatifs suivants sont retenus :

1° Le contenu :

Les travaux publiés devront traiter de sujets relatifs à des matières techniques ayant un lien avec l'activité de commissaire aux comptes, à la déontologie ou à la réglementation professionnelle ;

2° La forme :

L'ensemble des publications considérées doit contenir au minimum 10 000 signes espaces compris, hors titre, chapeaux, abstracts et intertitres. L'équivalence est fixée à trois heures de formation pour 10 000 signes ainsi définis. Une mise à jour correspond au tiers de cette équivalence.

Le commissaire aux comptes conserve au moins un exemplaire original de l'ouvrage ou de la revue ayant accueilli sa publication, et le produit, en cas de demande, lors des contrôles du respect de l'obligation de formation.

Art. A. 822-28-8 *(A. 23 mars 2009 ; mod., A. 20 févr. 2018)*. – I. – La participation aux commissions spécialisées et aux groupes de travail de la Compagnie nationale des commissaires aux comptes, de l'Autorité des normes comptables et de tout organisme similaire œuvrant dans un cadre européen ou international peut entrer dans le décompte de l'obligation de formation, au titre du 5° de l'article A. 822-28-3, pour autant que les personnes intéressées sont actives au sein desdites commissions ou groupes de travail, c'est-à-dire qu'elles exercent les fonctions de président, vice-président ou rapporteur. La seule présence physique aux différentes réunions de ces commissions ou groupes de travail ne peut être prise en compte.

Est seule prise en compte au titre de l'alinéa précédent la participation aux commissions et groupes de travail permettant de satisfaire aux objectifs énoncés à l'article A. 822-28-1 et portant sur les orientations générales et les domaines définis par le Haut Conseil du commissariat aux comptes.

Lorsque l'ordre du jour de la commission ou du groupe de travail prévoit l'intervention d'un rapporteur, la journée de présence équivaut à seize heures d'activité de formation.

Une attestation de présence est délivrée au commissaire aux comptes par la présidence de la Compagnie nationale des commissaires aux comptes ou par les organes concernés.

II. – Est assimilée à la participation à une commission spécialisée et prise en compte au titre de l'obligation de formation la présidence ou la vice-présidence de la Compagnie nationale des commissaires aux comptes ou d'une compagnie régionale des commissaires aux comptes.

Art. A. 822-28-9 *(A. 23 mars 2009 ; mod., A. 20 févr. 2018)*. – Les commissaires aux comptes déclarent annuellement, au plus tard le 31 mars, auprès du Haut Conseil du commissariat aux comptes ou de son

délégataire, les conditions dans lesquelles ils ont satisfait à leur obligation de formation professionnelle continue au cours de l'année civile écoulée. Les modalités de cette déclaration sont définies par le Haut Conseil.

Les justificatifs utiles à la vérification du respect de cette obligation sont joints à la déclaration et conservés pour être, le cas échéant, produits lors des contrôles ou des enquêtes. Leur durée de conservation est fixée à six années.

Art. A. 822-28-10 *(A. 23 mars 2009 ; mod., A. 20 févr. 2018).* **– La formation continue particulière mentionnée au 2° de l'article R. 822-22 est satisfaite par la participation aux actions de formation mentionnées au 1° de l'article A. 822-28-3 dans le cadre des orientations générales et des domaines définis par le Haut Conseil du commissariat aux comptes.**

Art. A. 822-28-11 à A. 822-28-19 *(Abr., A. 20 févr. 2018).*

Section III. – De la responsabilité civile

Art. A. 822-29 *(Mod., A. 20 févr. 2018).* **– Les contrats d'assurance mentionnés à l'article R. 822-36 comportent les garanties conformes ou au moins équivalentes à celles qui sont définies par les clauses spécifiées à l'annexe 8-8 au présent livre.**

Ils spécifient en caractères très apparents qu'en cas d'opposition ou de différence entre les termes du contrat et ceux des clauses précitées l'assuré bénéficie de celles de ces dispositions qui lui sont le plus favorables.

ANNEXE 8-8
(Annexe à l'article A. 822-29)

CONDITIONS MINIMALES D'ASSURANCE CIVILE PROFESSIONNELLE
DES COMMISSAIRES AUX COMPTES

Art. 1er. – Le présent contrat a pour objet de garantir l'assuré, sous réserve des limites et exclusions prévues aux articles 2 et 3, contre les conséquences pécuniaires de la responsabilité civile définie à l'article L. 822-17 et au deuxième alinéa de l'article L. 823-13 qu'il peut encourir.

Art. 2. – Sont exclus de la garantie prévue à l'article 1er :

1° Les dommages causés :

a) Aux conjoints, ascendants et descendants de l'assuré ;

b) À ses associés dans une activité professionnelle commune ;

c) À ses collaborateurs et préposés dans l'exercice de ses fonctions ;

d) Lorsque l'assuré est une personne morale, ses présidents, directeurs généraux et gérants ainsi que leurs conjoints, descendants et ascendants.

2° Les dommages provenant d'une faute intentionnelle et dolosive de l'assuré.

3° Les dommages résultant d'une activité étrangère à la profession de commissaire aux comptes ou qui lui est interdite.

4° Les conséquences d'engagement particulier dans la mesure où elles excèdent celles auxquelles l'assuré est tenu en vertu des textes légaux sur la responsabilité.

5° Les amendes fiscales et autres pénalités infligées à titre personnel à l'assuré.

6° Les dommages mentionnés à l'article L. 121-8 du Code des assurances.

7° Les dommages résultant d'un accident, c'est-à-dire de tout événement imprévu et extérieur à la victime et à la chose endommagée, constituant la cause d'une atteinte corporelle à un être vivant ou une détérioration, destruction ou perte d'une chose ou substance.

Art. 3. – La garantie du présent contrat s'applique à concurrence de la limite par année par sinistre et par assuré fixées aux conditions particulières.

Les frais de procès, quittances et autres frais de règlement ne viennent pas en déduction du montant de la garantie. Toutefois, en cas de condamnation supérieure à ce montant, ils sont supportés par l'assureur et l'assuré dans la proportion de leur part respective dans la condamnation.

Art. 4. – L'assuré est obligé de donner son avis à l'assureur de toute réclamation susceptible de constituer un sinistre dans le délai d'un mois à partir de la date où il en a eu connaissance.

Art. 5. – Les déchéances motivées par un manquement de l'assuré commis postérieurement au sinistre ne sont pas opposables aux victimes ou à leurs ayants droit.

ANNEXE 8-9
(Annexe à l'article A. 822-1-1)

FIXANT LE PROGRAMME DU CERTIFICAT PRÉPARATOIRE
AUX FONCTIONS DE COMMISSAIRE AUX COMPTES

(A. 5 mars 2013 : JO 7 mars 2013)

En application des dispositions de l'article A. 822-1-1, le programme des épreuves du certificat préparatoire aux fonctions de commissaire aux comptes est fixé conformément à la présente annexe :

ADMISSIBILITÉ

Première épreuve

Comptabilité

I. – Introduction

A. – Histoire, définition et rôle de la comptabilité :

Diversité dans le temps et dans l'espace des modèles comptables.

Les relations comptabilité-économie.

Les relations comptabilité-droit.

Les comptes consolidés.

B. – Normalisation et réglementation comptable :

La normalisation : définition et limites.

Le plan comptable général : principes comptables, nomenclature, systèmes de comptes (abrégé, de base, développé).

Les normes comptables internationales.

C. – La profession comptable :

Aperçu sur l'organisation de la profession comptable française : expert-comptable, commissaire aux comptes, comptable salarié, comptable public ; les organisations professionnelles (historique, rôle et organisation de l'ordre des experts-comptables et de la Compagnie nationale des commissaires aux comptes).

L'éthique professionnelle : ses principaux critères (indépendance, compétence, intégrité, objectivité, confidentialité) et les relations entre professionnels.

Le rôle de la profession comptable dans la normalisation comptable.

II. – La méthode comptable

A. – Analyse des opérations en flux et en stocks :

Les flux et les stocks.

Les comptes.

B. – Le mécanisme de la partie double :

Le principe de la partie double et les conséquences de son application ; les écritures comptables.

C. – Les contrôles comptables et les documents de synthèse :

Le regroupement dans les comptes.

La classification comptable : actif, passif ; charges, produits.

L'établissement d'une balance.

Première approche des comptes annuels.

III. – Analyse comptable des opérations courantes

A. – Opérations avec les clients, les fournisseurs, les prestataires divers, le personnel et les organismes sociaux, les banques, les administrations :

Les achats et les ventes de biens et de services (y compris les modalités de crédit et de règlement).

La rémunération du personnel : principales composantes du bulletin de paie, comptabilisation de la paie et des taxes et cotisations sociales assises sur les salaires.

Le suivi du compte banque.

La comptabilisation de la déclaration de TVA et de l'impôt sur les bénéfices.

B. – Opérations d'investissement et de placement :

Les immobilisations : définition et typologie.

L'entrée d'immobilisations : acquisition à titre onéreux et à titre gratuit, immobilisations produites par l'entreprise

Les valeurs mobilières de placement : acquisition, cession et comptabilisation des revenus.

C. – Opérations de financement :
Les capitaux propres.
L'emprunt bancaire et l'emprunt obligataire.

IV. – Travaux d'inventaire

A. – Opérations d'inventaire :
Principes d'évaluation à l'inventaire.
Inventaire intermittent et variation des stocks.
Amortissements.
Dépréciations.
Provisions.
Ajustements de charges et de produits.
Prise en compte des variations de change.
Cessions d'immobilisations.
B. – Passage d'un exercice à l'autre :
Principe de séparation des exercices.
Clôture et réouverture des comptes.
Notion d'affectation du résultat.

V. – Organisation pratique de la comptabilité

A. – Les pièces comptables et la preuve :
Les contraintes légales sur l'établissement et la conservation des pièces et documents comptables.
La dématérialisation des supports d'information.
B. – Organisation et contrôles comptables :
Règles générales d'établissement des comptes annuels : bilan, compte de résultat et annexe.
Documents liés à la prévention des difficultés des entreprises.

VI. – Technique comptable approfondie

A. – Évaluation des actifs et des passifs :
Principes d'évaluation des actifs et des passifs : à l'entrée, à la clôture de l'exercice et à la sortie.
Application des règles d'évaluation aux immobilisations incorporelles et corporelles : détermination de la valeur d'entrée, incorporation de frais et charges, cas spécifiques (échanges, redevances annuelles, rentes viagères, clause de réserve de propriété, sinistre et expropriation).
Opérations de location-financement.
Opérations de recherche-développement.
Logiciels et sites internet.
Stocks et en-cours.
Subventions.
Abandons de créances.
Actifs et passifs en monnaies étrangères.
Titres.
Intéressement et participations des salariés.
B. – Rattachement des charges et des produits au résultat de l'exercice : situations particulières :
Provisions.
Engagements financiers et passifs financiers.
Abonnement des charges et des produits.
Événements postérieurs à la clôture.
Contrats à long terme.
Changements de méthodes comptables.
Actifs et passifs en monnaies étrangères.
Titres.
Intéressement et participation des salariés.
C. – Comptabilisation des capitaux permanents :
Le capital et ses variations : apports initiaux, augmentation, réduction.
L'affectation du résultat.
Les provisions réglementées.
Les dettes financières (emprunts bancaires et obligataires, autres fonds propres, comptes d'associés).

D. – Introduction à la consolidation des comptes :
Notion de groupe.
Pourcentage d'intérêt, pourcentage de contrôle.
Périmètre de consolidation.
Présentation des méthodes de consolidation.
E. – Introduction à l'audit légal des comptes :
Le commissaire aux comptes et ses missions.
Notions de contrôle interne, d'élément probant et de contrôle par sondage.

Deuxième épreuve

Systèmes d'information de gestion et techniques quantitatives de gestion

I. – Système d'information et fonctions d'organisation

A. – Information et système d'information :
L'information : nature, caractéristiques, qualité, représentation.
La théorie systémique des organisations.
Le système d'information : définition, rôle, composantes.
Direction du système d'information.
Utilisateurs, informaticiens, gestionnaires, experts.
Architecture d'un système d'information : matériels et logiciels, réseaux, téléinformatique, mode d'exploitation et de traitement, organisation centralisée et décentralisée, infogérance, tierce maintenance.
B. – Le secteur informatique :
Caractéristiques du secteur.
Constructeurs, éditeurs, conseils, SSII.
Associations professionnelles.
C. – Modélisation et analyse du processus :
Démarche générale d'informatisation : schéma directeur, étude préalable, principales étapes de l'informatisation.
Fonction, organisation, processus.
Processus clés d'une entreprise.
Caractéristiques et modélisation des processus :
Les différentes approches en modélisation, l'incidence des modes de production sur la modélisation des processus (série unitaire, ateliers spécialisés, lignes de production ou d'assemblage, processus continu).
Principes de simulation de processus.
D. – Les progiciels de gestion :
Progiciels horizontaux (par profession) et verticaux (par fonction).
Notions de base sur les progiciels de gestion de la chaîne logistique, progiciel de gestion de production, progiciel de gestion commerciale, progiciel de paye.
Introduction aux progiciels de gestion intégrés (PGI).
E. – Introduction aux systèmes décisionnels :
Système d'information d'aide à la décision (SIAD).
Entrepôts et forage de données.
Extraction des connaissances par les données (ECD).

II. – Matériels, réseaux et sécurité informatique

A. – Matériels et réseaux :
Le micro-ordinateur et son architecture :
Les périphériques et leur évolution.
Les réseaux et leur architecture.
L'architecture client-serveur : principes fonctionnels et évolution.
Protocoles : protocole TCP/IP, protocoles d'application internet.
Services et organisation d'un réseau :
Réseau et sous-réseau, domaine et sous-domaine.
Les différents types de réseaux.
Les types de liaison d'un poste de travail au réseau.
L'organisation d'un réseau local.
Les services réseaux.

Caractéristiques fonctionnelles des serveurs : commutateurs, concentrateur, routeur.
Les formats d'échange : format propriétaire, langage à balise, format de message.
B. – Sécurité informatique :
Principes de sécurité informatique.
Risques informatiques, prévention des risques, droit d'accès.
Responsable sécurité.
Sécurité du poste de travail : outils et procédures de protection, de sauvegarde et de restauration de données.
Réglementation sur l'utilisation des données.
Protection juridique des logiciels.
Commission nationale informatique et libertés.

III. – Modélisation à l'aide de logiciels

A. – Avec un tableur :
Modélisation à l'aide d'une feuille de calcul :
Fonctions avancées du tableur, macro-fonctions et fonctions personnalisées.
Éléments d'algorithmique et de langage variables (nom, type, valeur), procédures algorithmiques (alternatives, itératives, choix).
Programme simple.
Audit d'une feuille de calcul : contrôle des objectifs, de la documentation, de l'intégrité et de l'évolutivité.
B. – Avec une base de données :
Interprétation du domaine de gestion décrit (données, dépendances fonctionnelles, règles de gestion).
Systèmes de gestion de bases de données relationnelles.
Schéma relationnel.
Module d'un système de gestion de base de données : écrans, états, formulaires.
Requêtes et opérateurs associés.
Importation et exportation de données.

IV. – Les logiciels métiers

A. – La gestion comptable et financière :
Paramétrage d'un logiciel comptable, modes de saisie.
Production d'états intermédiaires et de synthèse : production et contrôle d'états courants (balance, journaux, documents de synthèse, liasse fiscale).
Gestion des immobilisations : acquisition d'immobilisations avec distinction par composants, plan d'amortissement, cession.
Gestion de trésorerie : budget et situations de trésorerie.
Gestion de cabinet : gestion de missions (définition, paramétrage, lettre de mission), gestion des temps et des budgets, suivi de dossier.
B. – Dématérialisation et téléprocédures :
L'échange de données informatisées :
Transfert de données fiscales et comptables (TDFC).
Transfert de données sociales (TDS).
Facturation électronique (aspect technique et légal).
La signature électronique : principes juridiques et techniques de la signature électronique.
Bureau virtuel.
Outils nomades.
Outils collaboratifs et de gestion des connaissances :
Gestion d'un dossier client.
Veille documentaire.
Gestion de planning.

V. – Techniques quantitatives de gestion

A. – Statistiques descriptives et corrélatives :
Principales notions : population, échantillon, variable statistique, effectifs, fréquences, variables discrètes et continues, densité de fréquence, histogramme, fonction de répartition.
Indicateurs de position : moyenne, mode, médiane, quantile.
Indicateurs de dispersion : variance, écart type.

Autres indicateurs : coefficients de variation, coefficient de dissymétrie.
Corrélations et régression linéaire.
Distributions conjointes, marginales et conditionnelles.
Covariance, coefficient de corrélation, droite de régression.
Variance expliquée et résiduelle.
B. – Probabilités et variables aléatoires :
Définitions.
Lois de probabilités courantes.
C. – Techniques de prévision :
Décomposition d'une série.
Prévision de la composante tendancielle.
Prévision saisonnière.
D. – Mathématiques financières :
Principes, taux utilisés.
Capitalisation d'échéanciers.
Utilisation d'une calculette financière et du tableur.
Actualisation d'échéanciers.
Versements périodiques constants, tableau d'amortissement.
E. – Optimisation :
Base de la programmation linéaire.

ADMISSION

Première épreuve

Interrogation sur les matières juridiques, comptables, financières et fiscales

I. – Droit

A. – Introduction générale au droit :
Les sources du droit : sources internationales, communautaires, nationales (étatiques et professionnelles).
La preuve des droits : objet, charge, modes, admissibilité, évolution.
L'organisation judiciaire :
Juridictions communautaires.
Juridictions nationales du premier degré : civiles, commerciales, pénales et administratives ;
Juridictions du second degré : cours d'appel et cours administratives d'appel.
Cour de cassation et Conseil d'État.
Les personnels des juridictions : magistrats et auxiliaires.
Grands principes européens du droit commun du procès : droit à un procès équitable, droit à un procès public et droit à un procès d'une durée raisonnable.
Grands principes du droit français du droit commun du procès : principes relatifs à la compétence des juridictions (compétence d'attribution et territoriale), au déroulement du procès (principes directeurs de la contradiction, de la publicité, de l'oralité des débats, de la neutralité du juge, de la gratuité), au jugement (force exécutoire et autorité de la chose jugée).
Les modes alternatifs de règlement des conflits.
Les règlements amiables : définition, cas de recours (conciliation et médiation civile, médiation pénale et transactions administratives), mise en œuvre.
Les règlements juridictionnels : l'arbitrage (définition, domaine, mise en œuvre).
B. – Théorie générale du contrat :
Notion et fonctions économiques du contrat.
Principes fondateurs du droit des contrats : liberté contractuelle, force obligatoire et bonne foi.
La formation du contrat : conditions de formation, clauses contractuelles particulières, sanctions des conditions *de formation*.
L'exécution du contrat : obligations à exécuter (voulues par les parties, imposées par le juge), interprétation du contrat.
Les personnes obligées : principe de l'effet relatif et ses exceptions.
Le paiement, mode normal d'exécution du contrat.
Les sanctions de l'inexécution.

C. – Les personnes et les biens :
La personne juridique : utilités de la notion de personne juridique, diversité.
Les personnes physiques :
Capacité et incapacité (définition et distinction).
Éléments d'identification (nom de famille, domicile et nationalité).
Les personnes morales :
Capacité, principe de spécialité, nécessité d'une représentation.
Éléments d'identification : dénomination sociale, siège social et nationalité.
Les commerçants, personnes physiques :
Définition.
Commerçant et entreprise individuelle.
Actes de commerce.
Activités interdites et contrôlées.
Statut personnel du commerçant : incapacité, régime matrimonial, pacte civil de solidarité, nationalité, interdictions, incompatibilités et déchéances.
Statut du conjoint.
Conséquences de l'activité commerciale : statut juridique et obligations du commerçant.
Les autres professionnels de la vie des affaires :
Les artisans : définition et statut.
Les agriculteurs : définition et statut.
Les professionnels libéraux : diversité et statut.
Théorie du patrimoine :
Approche personnaliste et thèse du patrimoine d'affectation : intérêts et limites.
Approche du droit positif français : rattachement à la thèse personnaliste et conséquences, composition (biens, droits patrimoniaux et dettes).
Nature juridique.
Droit de gage général et nécessité des sûretés.
La propriété :
Théorie générale de la propriété : attributs et caractères.
L'acquisition de la propriété : par un acte juridique et par un fait juridique.
L'étendue du droit de propriété : objet, servitudes, propriété démembrée (usufruit), exercice entravé du droit de propriété (abus de droit et troubles du voisinage).
Applications particulières de la propriété :
Le fonds de commerce : notion, composition et nature.
La propriété commerciale : conditions d'application du statut des baux commerciaux, régime applicable au bail commercial, droit au renouvellement.
Notions de propriété industrielle : protection des inventions par les brevets, des créations ornementales par les dessins et modèles, des signes distinctifs par la marque.
Notion de droit d'auteur.
D. – L'entreprise en société :
Notions générales.
La société, personne juridique :
Constitution de la société et acquisition de la personnalité morale, apports des associés et immatriculation de la personne morale.
Identité : les attributs de la personne morale (nom, siège, patrimoine, durée et capacité).
Associés et dirigeants, organes sociaux : fonctionnement, représentation, responsabilité, gouvernance.
Aspects juridiques intéressant les capitaux et le résultat : capital social, capitaux propres, notion de bénéfice et de dividende, notion de capital variable.
Contrôle et sanctions.
Dissolution et liquidation, modalités et étendue de la personnalité morale pendant les phases de dissolution et liquidation.
La société sans personnalité juridique propre :
Dispositions régissant l'absence de personnalité juridique de la société.
Société de fait.
Société créée de fait.
Société en participation.

Les principaux types de sociétés :

Sociétés à responsabilité limitée : pluripersonnelle et unipersonnelle.

Sociétés anonymes : classique, à directoire.

Sociétés par actions simplifiées : pluripersonnelle et unipersonnelle.

Sociétés en nom collectif.

Sociétés civiles : immobilière, professionnelle, de moyens.

E. – L'association :

Notions générales et typologie.

Constitution et acquisition de la personne morale.

Représentation, fonctionnement et responsabilité des organes sociaux.

Conséquences de l'exercice d'une activité économique (concurrentielle ou non).

Contrôle des associations.

Dissolution et liquidation.

F. – Autres types de groupement :

Caractéristiques essentielles des sociétés en commandite, sociétés d'exercice libéral, sociétés coopératives, sociétés agricoles, sociétés d'économie mixte, groupement d'intérêt économique, groupement européen d'intérêt économique, société européenne.

G. – Droit pénal des affaires :

Infractions spécifiques du droit pénal des sociétés et groupements d'affaires : abus de biens sociaux, distributions de dividendes fictifs, présentation ou publication de bilan ne donnant pas une image fidèle, infractions relatives à la constitution et à la dissolution de la société, aux assemblées, au contrôle de la société ainsi qu'aux droits sociaux et aux modifications du capital social.

Infractions générales du droit pénal des affaires : abus de confiance, escroquerie, faux et usage de faux, recel.

H. – L'entreprise et ses responsabilités :

L'entreprise et la responsabilité délictuelle :

Théorie de la responsabilité délictuelle : fondements, domaine et fonctions.

Les conditions de la mise en œuvre : dommage, fait générateur, lien de causalité.

L'entreprise et la responsabilité pénale.

Le droit pénal général : éléments constitutifs de l'infraction (élément légal, matériel et moral), classification des infractions (crime, délit et contravention), identification de la personne responsable (auteur et complice), peine (notion et principes directeurs).

La procédure pénale : actions (action publique et action civile), instruction préparatoire, jugement et voies de recours.

I. – L'entreprise en difficulté :

Notions sur la prévention des difficultés des entreprises : rôle des exigences comptables, déclenchement de la procédure d'alerte par le commissaire aux comptes, mission du mandataire ad hoc et du conciliateur.

Notions sur le traitement des difficultés des entreprises : finalités des procédures de sauvegarde, redressement et liquidation judiciaire.

J. – Aspects individuels du droit du travail :

La formation du contrat de travail : conditions de formation du contrat (conditions de fond et de forme, formalités auprès de la sécurité sociale et des services du ministère du travail pour l'embauche).

L'exécution du contrat de travail : obligations de l'employeur et du salarié.

Les différentes formes du contrat de travail : contrats à durée indéterminée et contrats atypiques.

L'évolution du contrat de travail : suspension du contrat, modification du contrat, transfert d'entreprise et maintien du contrat de travail.

Les conditions de travail : durée du travail, congés et repos, rémunération du travail (modalités de détermination du salaire et de ses éléments accessoires et complémentaires), formation (le plan de formation, droit individuel à la formation, les congés de formation, financement de la formation).

La rupture du contrat de travail : licenciement (motifs et procédures), démission, commun accord des parties, départ volontaire et mise à la retraite, force majeure et résiliation judiciaire, effets de la rupture du contrat de travail.

Pouvoirs de l'employeur et libertés des salariés :

Les fondements du pouvoir de l'employeur.

Les actes réglementaires de l'employeur (règlement intérieur, notes de service).

Le droit disciplinaire : fautes et sanctions disciplinaires, garanties procédurales, contrôle judiciaire.

La protection de la personne au travail : pouvoir de direction et libertés fondamentales (discrimination, harcèlement, conditions de travail ou d'hébergement contraires à la dignité de la personne humaine), pouvoir de direction et protection du corps (atteintes involontaires à la vie et à l'intégrité de la personne, mise en danger d'autrui, règles d'hygiène et de sécurité).

K. – Aspects collectifs du droit du travail :

La représentation collective :

Les institutions représentatives du personnel : délégués du personnel, comité d'entreprise et de groupe.

Les syndicats : liberté syndicale, statut juridique des syndicats, représentation syndicale dans l'entreprise, rôle de l'action syndicale.

La protection des institutions représentatives du personnel et des syndicats : personnes protégées, moyens de la protection, délits d'entrave.

Le droit d'expression des salariés.

La négociation collective :

Le droit commun de la négociation et des conventions collectives : formation de la convention et modalités d'application, extension et élargissement.

Le droit particulier de la négociation et des conventions collectives : accords nationaux interprofessionnels, accords et conventions de branche, accords de groupe, accords d'entreprise.

L'association des salariés aux performances de l'entreprise :

Participation des salariés aux résultats de l'entreprise.

L'intéressement.

Les plans d'épargne.

Le bilan social : champ d'application, modalités d'élaboration et de diffusion.

L. – La protection sociale :

Introduction au droit de la protection sociale :

Régimes sociaux et assurés.

Organisation administrative et financière de la sécurité sociale.

Le régime général de la sécurité sociale :

La protection contre les aléas de la vie : assurances maladie, maternité, invalidité, décès.

La protection de la vieillesse : droits à pension de retraite et prestations.

La couverture des risques professionnels : accidents du travail et de trajet, maladies professionnelles.

La protection en cas de chômage : chômage total, chômage partiel.

La protection sociale complémentaire :

Les régimes complémentaires : institutions et couvertures.

Les régimes d'aide sociale.

Notions sur d'autres régimes sociaux : assurances maladie et vieillesse des travailleurs non salariés non agricoles, régime agricole.

M. – Contrôles et contentieux sociaux :

Les contrôles de l'application du droit du travail et de la protection sociale : contrôle de l'URSSAF, contrôle du travail dissimulé, contrôles de l'inspection du travail.

Le contentieux social :

Les conflits non contentieux de la relation de travail : grève, le lock-out, conciliation, médiation et arbitrage.

Les contentieux de la relation de travail : contentieux prud'homal, contentieux de la sécurité sociale, contentieux civil du travail, contentieux pénal du travail et de la protection sociale.

II. – Fiscalité

A. – Introduction générale au droit fiscal :

Définition et caractéristiques de l'impôt.

Les principales classifications des impôts et taxes.

Les sources internes et supranationales du droit fiscal.

B. – L'imposition du résultat de l'entreprise :

L'imposition des résultats dans le cadre des entreprises individuelles : bénéfices industriels et commerciaux, bénéfices agricoles, bénéfices non commerciaux.

L'imposition des résultats dans le cadre des sociétés soumises à l'impôt sur les sociétés : champ d'application et territorialité de l'impôt sur les sociétés, détermination et déclaration du résultat fiscal, liquidation et paiement de l'impôt sur les sociétés, traitement des déficits, affectation du résultat et régime des revenus distribués.

L'imposition des résultats dans le cadre des sociétés de personnes : champ d'application, détermination du résultat fiscal, détermination de la quote-part des résultats de chaque associé.

Les crédits d'impôt et les aides fiscales accordés aux entreprises.

C. – La taxe sur la valeur ajoutée (TVA) :

Champ d'application.

Territorialité.

La TVA collectée.

La TVA déductible.

Le crédit de TVA.

Modalités d'établissement des déclarations de TVA.

Paiement de la TVA.

Régularisations liées au coefficient de déduction.

Règles applicables aux petites entreprises.

D. – L'imposition du capital :

Les droits d'enregistrement : généralités sur les droits d'enregistrement, droits de mutation à titre onéreux sur les cessions d'immeubles, de fonds de commerce, de droits sociaux, les droits d'enregistrement et constitution de sociétés.

Les impôts locaux : principes applicables aux principales taxes.

E. – Les taxes assises sur les salaires :

La taxe sur les salaires, la taxe d'apprentissage, la participation des employeurs au financement de la formation professionnelle continue, la participation des employeurs au financement de la construction.

F. – Le contrôle fiscal :

Les différentes formes du contrôle fiscal.

Les principes généraux du contrôle fiscal.

La vérification de la comptabilité.

III. – Comptabilité

Le programme de comptabilité est identique à celui de la première épreuve d'admissibilité.

IV. – Gestion et finance des entreprises

A. – La valeur :

La valeur et le temps :

Coût de l'argent, taux d'intérêt (nominal et réel).

Valeur présente ou actuelle et valeur future.

Annuités et rentes.

Capitalisation et actualisation en temps discret.

Valeur de marché.

Relation taux requis-valeur.

Évaluation d'une dette à taux fixe.

Taux de rendement actuariel.

La valeur et le risque :

Taux de rentabilité attendu incertain.

Probabilités et rentabilités attendues.

Couple rentabilité-risque : la représentation espérance/écart-type.

Introduction à la diversification : le cas de deux actifs.

Modélisation d'une rentabilité aléatoire avec un modèle à deux facteurs.

Notion de risque diversifiable et de risque non diversifiable.

La valeur et l'information :

Information et incertitude.

Notion de marché financier.

Valeur, information et prix de marché.

Efficience informationnelle.

B. – Le diagnostic financier des comptes annuels :

La démarche de diagnostic : diagnostic économique et financier d'une entreprise, diversité des méthodes comparaison dans l'espace et dans le temps.

Analyse des états financiers : bilan, compte de résultat, tableau des flux de trésorerie, tableau de variation des capitaux propres et annexe.

L'analyse de l'activité :

Analyse du compte de résultat : soldes intermédiaires de gestion et capacité d'autofinancement.

Risque d'exploitation : seuil de rentabilité et levier opérationnel.

L'analyse de la structure financière : analyse fonctionnelle du bilan (fonds de roulement net global, besoin en fonds de roulement, trésorerie nette).

L'analyse de la rentabilité :

Rentabilité économique, financière.

Effet de levier.

L'analyse par les ratios :

Ratios de composition, ratios d'évolution.

Ratios d'activité, de rentabilité, d'équilibre, d'investissement, d'endettement, de rentabilité.

L'analyse par les tableaux de flux :

Tableaux de financement et tableaux de flux de trésorerie.

Capacité à supporter le coût de la dette, solvabilité.

Capacité à financer les investissements.

C. – La politique d'investissement :

Les projets d'investissement : estimation des flux des projets, capacité d'autofinancement d'exploitation, variations du besoin en fonds de roulement d'exploitation, immobilisations, valeurs terminales.

Taux d'actualisation, coût du capital pour un projet.

Critères de sélection financiers : valeur actuelle nette, taux interne de rentabilité, délai de récupération du capital investi, taux de rendement global.

Critères de sélection non financiers.

La gestion du besoin en fonds de roulement :

Approche normative d'évaluation du besoin en fonds de roulement d'exploitation.

Action sur les postes clients, fournisseurs et stocks.

D. – La politique de financement :

Les modes de financement :

Autofinancement.

Financement par augmentation de capital, par emprunt et par crédit-bail.

Coût des moyens de financement.

Les contraintes de financement :

Équilibre financier.

Risque financier et garanties.

La structure du financement :

Coût du capital.

Structure financière et valeur de l'entreprise.

Le plan de financement :

Objectifs du plan de financement.

Processus d'élaboration.

Modalité d'équilibrage.

E. – La trésorerie :

La gestion de la trésorerie :

Prévisions de trésorerie.

Modalités d'équilibrage : financement des insuffisances de trésorerie (escompte, crédits de trésorerie, découvert), placement des excédents.

La gestion du risque de change :

Couverture du risque de change commercial (emprunt-dépôt, change à terme, option de change).

Deuxième épreuve

Anglais appliqué à la vie des affaires

Les aptitudes évaluées pour l'épreuve orale d'anglais appliqué à la vie des affaires sont les suivantes :

Comprendre et commenter, en anglais, des documents de la vie des affaires, tels que des textes, graphiques et tableaux tirés de revues ou d'un rapport annuel d'entreprise.

Art. A. 822-30 *(Mod., A. 20 févr. 2018)*. – Chaque commissaire aux comptes, qu'il exerce ses fonctions à titre individuel ou en société, souscrit un tel contrat dans les conditions prévues à l'article R. 822-36.

Art. A. 822-31. – Les contrats mentionnés à l'article A. 822-29 ne comportent pas de limite de garantie inférieure à 76 224,51 € par année et par sinistre pour un même assuré. Il peut être stipulé au contrat une franchise qui n'est pas supérieure, en tout état de cause, à 10 % du montant des indemnités dues.

Art. A. 822-32. – Ces mêmes contrats comportent une clause de tacite reconduction annuelle.

Art. A. 822-33. – Toute contestation relative à la mise en jeu de la garantie relève exclusivement de l'appréciation des tribunaux.

Section IV. – Des sociétés de commissaires aux comptes

Sous-section 1. – Dispositions communes aux diverses sociétés

(A. 14 déc. 2011)

La présente sous-section ne comprend pas de disposition.

Sous-section 2. – Dispositions applicables aux sociétés civiles professionnelles

(A. 14 déc. 2011)

La présente sous-section ne comprend pas de disposition.

Sous-section 3. – Dispositions applicables aux sociétés autres que les sociétés civiles professionnelles

(A. 14 déc. 2011)

La présente sous-section ne comprend pas de disposition.

Sous-section 4. – Dispositions applicables aux sociétés en participation

(A. 14 déc. 2011)

La présente sous-section ne comprend pas de disposition.

Sous-section 5. – Des sociétés de participations financières de profession libérale de commissaires aux comptes

(A. 14 déc. 2011)

Art. A. 822-34 *(A. 14 déc. 2011 ; mod., A. 20 févr. 2018)*. – La Compagnie nationale des commissaires aux comptes dresse la liste des sociétés de participations financières de profession libérale de commissaires aux comptes qui mentionne les informations suivantes :

a) La dénomination sociale, la forme juridique et le numéro d'inscription de la société ;

b) L'adresse du siège social ;

c) Les noms et adresses professionnelles des associés ou actionnaires, des membres des organes de gestion, de direction, et, selon le cas, d'administration ou de surveillance de la société ;

d) Les noms et numéros d'inscription des commissaires aux comptes associés de la société qui figurent sur la liste mentionnée au I de l'article L. 822-1.

La Compagnie nationale assure la mise à jour et la publication de ces informations par voie électronique. La liste est transmise avant le 31 décembre de chaque année au Haut Conseil du commissariat aux comptes.

CHAPITRE III. – DE L'EXERCICE DU CONTRÔLE LÉGAL

Section I. – De la nomination, de la récusation et de la révocation des commissaires aux comptes

La présente section ne comprend pas de dispositions pour les arrêtés.

Section II. – De la mission du commissaire aux comptes

La présente section ne comprend pas de dispositions pour les arrêtés.

Section III. – Des modalités d'exercice de la mission

Sous-section 1. – De la lettre de mission

Art. A. 823-1 *(Rempl., A. 12 mai 2021)*. **– La norme d'exercice professionnel révisée relative à la lettre de mission, homologuée par le garde des sceaux, ministre de la justice, figure ci-dessous :**

NEP 210. LETTRE DE MISSION

Introduction

1. Les dispositions légales et réglementaires prévoient la mission de contrôle légal dans certaines personnes ou entités. En outre, des interventions autres que le contrôle légal sont expressément et exclusivement requises du commissaire aux comptes de la personne ou de l'entité par les dispositions légales ou réglementaires ou par des dispositions du droit de l'Union européenne ayant un effet direct en droit national.

La mission de contrôle légal et ces autres interventions sont qualifiées de « mission » dans la présente norme.

Le commissaire aux comptes en définit les modalités dans une lettre de mission.

2. La présente norme a pour objet de définir les principes à respecter par le commissaire aux comptes pour établir cette lettre de mission et demander l'accord de la personne ou de l'entité sur son contenu.

Établissement de la lettre de mission

3. La lettre de mission est établie par le commissaire aux comptes la première année de son mandat et communiquée à la personne ou à l'entité préalablement à la mise en œuvre de ses travaux de vérification et de contrôle.

4. Dans le cas où la mission est confiée à plusieurs commissaires aux comptes, ceux-ci établissent soit une lettre de mission conjointe, soit des lettres de mission individuelles, après avoir échangé entre eux.

5. Lorsque le commissaire aux comptes d'une personne ou d'une entité qui établit des comptes consolidés ou combinés est également commissaire aux comptes d'une ou plusieurs personnes ou entités du même ensemble, il apprécie s'il convient d'établir une lettre de mission commune à plusieurs de ces personnes ou entités.

Lorsque le commissaire aux comptes choisit d'établir une lettre de mission commune, il demande à la personne ou à l'entité mère de lui confirmer par écrit que les personnes ou les entités de l'ensemble ont donné leur accord sur le contenu de la lettre de mission pour ce qui les concerne.

Contenu de la lettre de mission

6. Sans préjudice des engagements contractuels ou d'autres éléments liés aux particularités de la personne ou de l'entité que le commissaire aux comptes jugerait utile d'ajouter, la lettre de mission comporte les éléments suivants :

– l'objectif et l'étendue du contrôle légal et des autres interventions dont la réalisation est connue au moment de l'établissement de la lettre de mission et qu'il entend mener en application des dispositions légales et réglementaires ;

– la mention selon laquelle d'autres interventions requises par les dispositions légales ou réglementaires seront susceptibles d'être réalisées selon les circonstances ou la survenance d'évènements affectant la personne ou l'entité ;

– *le calendrier d'intervention* ;

– le cas échéant, la répartition des travaux entre les co-commissaires aux comptes ;

– le nom des signataires ;

– l'éventuel recours, sous la responsabilité du commissaire aux comptes, pour la réalisation de certains travaux, à des collaborateurs externes et/ou des experts ;

– le cas échéant, la mention que la certification des comptes consolidés est délivrée après examen des travaux des professionnels chargés du contrôle des comptes des personnes et entités comprises dans la consolidation, conformément aux dispositions de l'article L. 823-9 du Code de commerce ;

– le devoir de la personne ou de l'entité de communiquer au commissaire aux comptes les informations et documents prévus par les dispositions légales et réglementaires ;

– la nécessité de mettre à la disposition du commissaire aux comptes tout document, pièce justificative ou autre information demandée dans le cadre de ses travaux ;

– la nécessité de laisser au commissaire aux comptes libre accès aux personnes physiques au sein de la personne ou de l'entité ainsi qu'aux tiers mentionnés à l'article L. 823-14 du Code de commerce, auprès desquels le commissaire aux comptes considère qu'il est nécessaire de recueillir des informations ;

– la demande d'une confirmation écrite du représentant légal de la personne ou de l'entité pour ce qui concerne les déclarations faites au commissaire aux comptes nécessaires à sa mission ;

– le rappel de l'obligation de communication avec les organes mentionnés à l'article L. 823-16 du Code de commerce ;

– le budget d'honoraires de la mission de contrôle légal et des autres interventions dont la réalisation est connue au moment de l'établissement de la lettre de mission ainsi que, le cas échéant, la répartition de ce budget entre les co-commissaires aux comptes, et les conditions de facturation.

Révision de la lettre de mission

7. Au cours de son mandat, lorsque les circonstances entraînent des modifications importantes des modalités de sa mission, le commissaire aux comptes révise le contenu de la lettre de mission. Ces circonstances peuvent être notamment :

– des difficultés particulières rencontrées dans la mise en œuvre de ses travaux ;

– des changements intervenus au sein de la direction ou de l'actionnariat ;

– des changements dans la nature, l'importance, l'organisation ou la localisation des activités de la personne ou de l'entité ;

– la survenance d'un événement ou de circonstances nécessitant des diligences supplémentaires ;

– des précisions à apporter à la direction sur l'objectif et/ou l'étendue de la mission.

Dans cette hypothèse, il est établi soit une lettre de mission révisée qui se substitue à la précédente, soit un avenant à la lettre de mission.

Demande d'accord

8. Le commissaire aux comptes demande à la personne ou à l'entité d'accuser réception de la lettre de mission initiale et de confirmer son accord sur les modalités exposées.

Il consigne dans son dossier tout désaccord éventuel.

Lorsque le désaccord remet en cause le bon déroulement de la mission, le commissaire aux comptes applique les mesures visant à remédier à cette situation en application des dispositions légales et réglementaires et, le cas échéant, en tire toutes les conséquences sur l'expression de son opinion ou la formulation de ses conclusions ainsi que sur le maintien de son mandat auprès de la personne ou de l'entité concernée.

Les mêmes principes s'appliquent à la lettre de mission révisée ou à l'avenant mentionnés au paragraphe 7.

Sous-section 2. – De la certification des comptes

§ 1. – Des principes généraux

Art. A. 823-2. – La norme d'exercice professionnel relative aux principes applicables à l'audit des comptes mis en œuvre dans le cadre de la certification des comptes, homologuée par le garde des Sceaux, ministre de la Justice, figure ci-dessous :

NORME D'EXERCICE PROFESSIONNEL RELATIVE AUX PRINCIPES APPLICABLES À L'AUDIT DES COMPTES MIS EN ŒUVRE DANS LE CADRE DE LA CERTIFICATION DES COMPTES

Introduction

1. Conformément au premier alinéa de l'article L. 823-9, « les commissaires aux comptes certifient, en justifiant de leurs appréciations, que les comptes annuels sont réguliers et sincères et donnent une image fidèle du résultat des opérations de l'exercice écoulé ainsi que de la situation financière et du patrimoine de la personne ou de l'entité à la fin de cet exercice ».

*En outre, conformément au deux*ième alinéa de l'article L. 823-9, « lorsqu'une personne ou une entité établit des comptes consolidés, les commissaires aux comptes certifient, en justifiant de leurs appréciations, que les comptes consolidés sont réguliers et sincères et donnent une image fidèle du patrimoine, de la situation financière ainsi que du résultat de l'ensemble constitué par les personnes et entités comprises dans la consolidation ».

Pour répondre à ces obligations légales, le commissaire aux comptes formule une opinion sur les comptes annuels et, le cas échéant, une opinion sur les comptes consolidés, après avoir mis en œuvre un audit des comptes.

2. La présente norme a pour objet de définir les principes applicables à l'audit des comptes mis en œuvre par le commissaire aux comptes en vue de certifier les comptes.

Définition

3. Anomalie significative : information comptable ou financière inexacte, insuffisante ou omise, en raison d'erreurs ou de fraude, d'une importance telle que, seule ou cumulée avec d'autres, elle peut influencer le jugement de l'utilisateur d'une information comptable ou financière.

Respect des textes et esprit critique

4. Le commissaire aux comptes respecte les dispositions du Code de déontologie de la profession.

Il réalise sa mission d'audit des comptes conformément aux textes légaux et aux normes d'exercice professionnel relatives à cette mission.

5. Tout au long de son audit, il fait preuve d'esprit critique et tient compte du fait que certaines situations peuvent conduire à des anomalies significatives dans les comptes.

À ce titre, le commissaire aux comptes évalue de façon critique la validité des éléments collectés au cours de ses travaux, et reste attentif aux informations qui contredisent ou remettent en cause la fiabilité des éléments obtenus.

6. Par ailleurs, tout au long de ses travaux, le commissaire aux comptes exerce son jugement professionnel, notamment pour décider de la nature, du calendrier et de l'étendue des procédures d'audit à mettre en œuvre, et pour conclure à partir des éléments collectés.

Nature de l'assurance

7. La formulation, par le commissaire aux comptes, de son opinion sur les comptes nécessite qu'il obtienne l'assurance que les comptes, pris dans leur ensemble, ne comportent pas d'anomalies significatives.

Cette assurance élevée, mais non absolue du fait des limites de l'audit est qualifiée, par convention, d'« assurance raisonnable ».

8. Les limites de l'audit résultent notamment de l'utilisation des techniques de sondages, des limites inhérentes au contrôle interne, et du fait que la plupart des éléments collectés au cours de la mission conduisent davantage à des présomptions qu'à des certitudes.

Risque d'audit et étendue des travaux

9. Le risque que le commissaire aux comptes exprime une opinion différente de celle qu'il aurait émise s'il avait identifié toutes les anomalies significatives dans les comptes est appelé « risque d'audit ».

Le risque d'audit comprend deux composantes : le risque d'anomalies significatives dans les comptes et le risque de non-détection de ces anomalies par le commissaire aux comptes.

10. Le risque d'anomalies significatives dans les comptes est propre à l'entité ; il existe indépendamment de l'audit des comptes. Il se subdivise en risque inhérent et risque lié au contrôle.

Le risque inhérent correspond à la possibilité que, sans tenir compte du contrôle interne qui pourrait exister dans l'entité, une anomalie significative se produise dans les comptes.

Le risque lié au contrôle correspond au risque qu'une anomalie significative ne soit ni prévenue ni détectée par le contrôle interne de l'entité et donc non corrigée en temps voulu.

11. Le risque de non-détection est propre à la mission d'audit : il correspond au risque que le commissaire aux comptes ne parvienne pas à détecter une anomalie significative.

12. Le commissaire aux comptes réduit le risque d'audit à un niveau suffisamment faible pour obtenir l'assurance recherchée nécessaire à la certification des comptes.

À cette fin, il évalue le risque d'anomalies significatives et conçoit les procédures d'audit à mettre en œuvre en réponse à cette évaluation, conformément aux principes définis dans les normes d'exercice professionnel.

Plus le commissaire aux comptes évalue le risque d'anomalies significatives à un niveau élevé, plus il met en œuvre de procédures d'audit complémentaires afin de réduire le risque de non-détection.

Art. A. 823-2-1 *(A. 21 juin 2011 ; rempl., A. 12 mai 2021)*. **– La norme d'exercice professionnel relative à la lettre de mission, homologuée par le garde des sceaux, ministre de la justice, figure ci-dessous :**

NEP 600. PRINCIPES SPÉCIFIQUES APPLICABLES À L'AUDIT DES COMPTES CONSOLIDÉS

Introduction

1. En application du deuxième alinéa de l'article L. 823-9 du Code de commerce, les commissaires aux comptes certifient, en justifiant de leurs appréciations, que les comptes consolidés sont réguliers et sincères et donnent une image fidèle du patrimoine, de la situation financière ainsi que du résultat de l'ensemble constitué par les personnes et entités comprises dans la consolidation.

Pour répondre à cette obligation légale, les commissaires aux comptes formulent une opinion sur les comptes consolidés après avoir mis en œuvre un audit, en application des normes d'exercice professionnel.

2. La présente norme a pour objet de définir, en complément des dispositions prévues par les normes d'exercice professionnel relatives à la certification des comptes, les principes spécifiques applicables à l'audit des comptes consolidés.

Ces principes s'appliquent également lorsque les comptes à certifier par le commissaire aux comptes sont des comptes combinés.

La présente norme n'a pas pour objet de définir les principes qui régissent l'exercice collégial de l'audit des comptes réalisé par plusieurs commissaires aux comptes, qui font l'objet de la norme d'exercice professionnel correspondante.

3. Dans le contexte particulier de l'audit des comptes consolidés, le risque d'audit comprend notamment le risque qu'une anomalie présente dans l'information comptable des entités comprises dans la consolidation et pouvant générer des anomalies significatives dans les comptes consolidés ne soit détectée ni par les professionnels chargés du contrôle des comptes de ces entités, ni par le commissaire aux comptes.

4. Par convention, dans la présente norme :

– le terme « entités » désigne les entités comprises dans la consolidation ;

– le terme « entité consolidante » désigne l'entité qui établit les comptes consolidés soumis à certification du commissaire aux comptes ;

– le terme « commissaire aux comptes » désigne l'organe de contrôle légal des comptes de l'entité consolidante ;

– le terme « information comptable des entités » désigne les comptes ou l'information préparée par les entités, selon les instructions de l'entité consolidante aux fins d'inclusion dans les comptes consolidés, telle que la liasse de consolidation ;

– le terme « professionnels chargés du contrôle des comptes des entités » désigne les commissaires aux comptes des entités ou les autres professionnels qui réalisent les travaux de contrôle sur l'information comptable des entités.

Lettre de mission

5. Le commissaire aux comptes applique les dispositions de la norme d'exercice professionnel relative à la lettre de mission.

Planification de l'audit

6. Le commissaire aux comptes planifie son audit des comptes consolidés conformément aux principes de la norme d'exercice professionnel relative à la planification de la mission.

Prise de connaissance de l'ensemble consolidé et de son environnement et évaluation du risque d'anomalies significatives

7. En application de la norme d'exercice professionnel relative à la connaissance de l'entité et de son environnement et à l'évaluation du risque d'anomalies significatives dans les comptes, le commissaire aux comptes identifie et évalue le risque d'anomalies significatives au niveau des comptes consolidés.

Pour ce faire, le commissaire aux comptes prend connaissance :

– de l'ensemble consolidé et des entités qui le constituent, de leurs activités et de leur environnement, du processus d'élaboration des comptes consolidés défini par l'entité consolidante et des instructions adressées par sa direction aux entités de l'ensemble consolidé ;

– des contrôles conçus par l'entité consolidante et mis en œuvre dans l'ensemble consolidé pour les besoins de l'établissement des comptes consolidés, afin :

– d'identifier les entités importantes pour l'audit des comptes consolidés en fonction de l'importance de leur contribution individuelle ou de l'importance du risque d'anomalies significatives que l'information comptable de ces entités peut faire peser sur les comptes consolidés ;

– d'évaluer le risque d'anomalies significatives dans les comptes consolidés résultant de fraudes ou d'erreurs.

8. Lors de sa prise de connaissance, le commissaire aux comptes tient compte des informations recueillies avant l'acceptation de son mandat.

Connaissance des professionnels chargés du contrôle des comptes des entités

9. En application des dispositions de l'article L. 823-9 du Code de commerce, la certification des comptes consolidés est délivrée notamment après examen des travaux des commissaires aux comptes des personnes et entités comprises dans la consolidation ou, s'il n'en est point, des professionnels chargés du contrôle des comptes desdites personnes et entités.

10. Le commissaire aux comptes évalue la possibilité d'utiliser, pour les besoins de l'audit des comptes consolidés, les éléments collectés et les conclusions émises par les professionnels chargés du contrôle des comptes des entités. Pour ce faire, il examine les critères suivants :

a) L'identité de ces professionnels et la nature de la mission qui leur a été confiée, leur qualification professionnelle et leur compétence ;

b) Leur compréhension des règles d'indépendance et de déontologie applicables à l'audit des comptes consolidés et leur capacité à les respecter ;

c) La possibilité qu'il a d'être impliqué dans les travaux qui seront réalisés par ces professionnels pour les besoins de l'audit des comptes consolidés ;

d) L'existence d'un système de surveillance de leur profession dans l'environnement réglementaire des entités.

11. À l'issue de cet examen, si le commissaire aux comptes estime qu'il ne peut utiliser pour les besoins de l'audit des comptes consolidés les travaux des professionnels chargés du contrôle des comptes des entités, il adapte son niveau d'implication dans les travaux requis et, si besoin, réalise lui-même ces travaux.

Seuils de signification

12. Le commissaire aux comptes détermine :

a) Le seuil de signification au niveau des comptes consolidés pris dans leur ensemble ;

b) Le cas échéant, des seuils de signification au niveau des comptes consolidés de montants inférieurs pour certaines catégories d'opérations, certains soldes de comptes ou certaines informations fournies dans l'annexe aux comptes consolidés ;

c) Le seuil de signification au niveau des comptes de chaque entité dont l'information comptable doit faire l'objet, pour les besoins de l'audit des comptes consolidés, d'un audit ou d'un examen limité ; ce seuil est toujours inférieur au seuil de signification déterminé au niveau des comptes consolidés pris dans leur ensemble ;

d) Le seuil en dessous duquel des anomalies sont manifestement insignifiantes au regard des comptes consolidés pris dans leur ensemble.

13. Lorsque les comptes d'une entité font l'objet d'un audit en application des textes légaux et réglementaires, des statuts ou de toute autre obligation et que le commissaire aux comptes estime, sur la base des critères définis au paragraphe 10 de la présente norme, qu'il pourra utiliser ces travaux pour ses propres besoins, il apprécie le caractère approprié du seuil de signification au niveau des comptes de l'entité pris dans leur ensemble, déterminé par le professionnel chargé du contrôle des comptes de l'entité.

14. Lorsque le professionnel chargé du contrôle des comptes d'une entité définit un montant inférieur au seuil de signification pour la mise en œuvre de ses procédures d'audit, tel que défini dans la norme d'exercice professionnel relative aux « anomalies significatives et seuil de signification », le commissaire aux comptes en apprécie le caractère approprié.

Réponses à l'évaluation des risques

15. En réponse à son évaluation du risque d'anomalies significatives au niveau des comptes consolidés, le commissaire aux comptes détermine :

– les tests à réaliser, le cas échéant, sur l'efficacité des contrôles conçus par l'entité consolidante et mis en œuvre dans l'ensemble consolidé pour les besoins de l'établissement des comptes consolidés ;

– la nature, le calendrier et l'étendue des travaux à réaliser sur l'information comptable établie par les entités pour les besoins de l'audit des comptes consolidés ;

– *la nature et l'étendue de son implication* dans les travaux réalisés par les professionnels chargés du contrôle des comptes des entités pour les besoins de l'audit des comptes consolidés ainsi que le calendrier correspondant.

Tests sur l'efficacité des contrôles conçus par l'entité consolidante

16. Le commissaire aux comptes réalise ou demande aux professionnels chargés du contrôle des comptes des entités de réaliser des tests sur l'efficacité des contrôles conçus par l'entité consolidante et mis en œuvre dans l'ensemble consolidé pour les besoins de l'établissement des comptes consolidés dans les cas suivants :

– lorsque les travaux à réaliser sur le processus d'établissement des comptes consolidés ou sur l'information comptable des entités reposent sur l'hypothèse selon laquelle ces contrôles fonctionnent efficacement ;

– lorsqu'il considère que les seuls contrôles de substance ne permettent pas de réduire le risque d'audit à un niveau suffisamment faible pour obtenir l'assurance recherchée.

Nature et étendue des travaux sur l'information comptable établie par les entités pour les besoins de l'audit des comptes consolidés

Entités importantes au regard des comptes consolidés

17. Lorsque le commissaire aux comptes a identifié qu'une entité est importante pour l'audit des comptes consolidés en raison de l'importance de sa contribution individuelle au regard des comptes consolidés, le commissaire aux comptes ou le professionnel chargé du contrôle des comptes de l'entité effectue un audit de l'information comptable de celle-ci en utilisant le ou les seuil(s) de signification défini(s) au niveau des comptes de cette dernière.

18. Lorsque le commissaire aux comptes détermine qu'une entité est importante en raison de l'importance du risque d'anomalies significatives que son information comptable peut faire peser sur les comptes consolidés, le commissaire aux comptes ou le professionnel chargé du contrôle des comptes de celle-ci met en œuvre une ou plusieurs des diligences suivantes :

– un audit de l'information comptable de l'entité en utilisant le ou les seuil(s) de signification défini(s) au niveau des comptes de cette dernière ;

– un audit d'un ou de plusieurs soldes de comptes, de catégories d'opérations ou d'autres éléments d'information sur lesquels un risque élevé d'anomalies significatives a été identifié ;

– des procédures d'audit spécifiques en réponse au risque élevé d'anomalies significatives.

Entités non importantes au regard des comptes consolidés

19. Le commissaire aux comptes effectue, au niveau des comptes consolidés, des procédures analytiques.

20. Le commissaire aux comptes apprécie si les éléments susceptibles d'être collectés à partir :

– des travaux réalisés sur l'information comptable des entités importantes ;

– des travaux réalisés sur le processus d'établissement des comptes consolidés et sur les contrôles conçus dans l'entité consolidante et mis en œuvre dans l'ensemble consolidé pour les besoins de l'établissement des comptes consolidés ;

– des procédures analytiques effectuées au niveau des comptes consolidés, pourront être suffisants et appropriés pour fonder son opinion sur les comptes consolidés.

Dans le cas contraire, il sélectionne des entités non importantes au regard des comptes consolidés sur lesquelles une ou plusieurs des diligences suivantes seront mises en œuvre par lui-même ou par les professionnels chargés du contrôle des comptes de celles-ci :

– un audit ou un examen limité de l'information comptable de l'entité en utilisant le seuil de signification défini au niveau des comptes de cette dernière ;

– un audit de l'un ou de plusieurs soldes de comptes, catégories d'opérations ou d'autres éléments d'information ;

– des procédures spécifiques.

Le commissaire aux comptes modifie périodiquement la sélection de ces entités.

Nature et étendue de l'implication du commissaire aux comptes dans les travaux réalisés par les professionnels chargés du contrôle des comptes des entités

Entités importantes. - Evaluation des risques

21. Le commissaire aux comptes est impliqué dans l'évaluation des risques effectuée par les professionnels chargés du contrôle des comptes des entités importantes. La nature, le calendrier et l'étendue des travaux requis pour cette implication dépendent de l'appréciation faite par le commissaire aux comptes sur ces professionnels, selon les critères énoncés au paragraphe 10 de la présente norme. Ils comprennent au minimum :

– un échange d'informations avec le professionnel chargé du contrôle des comptes ou la direction de l'entité sur les activités de celle-ci qui sont importantes pour l'ensemble consolidé ;

– un échange d'informations avec le professionnel chargé du contrôle des comptes de l'entité sur le risque d'anomalies significatives dues à des fraudes ou des erreurs ;

– et une revue de la documentation du professionnel chargé du contrôle des comptes de l'entité relative au risque élevé d'anomalies significatives. Cette documentation peut prendre la forme d'une synthèse justifiant ses conclusions.

Procédures d'audit en réponse au risque élevé d'anomalies significatives

22. Lorsqu'un risque élevé d'anomalies significatives a été identifié au niveau d'une entité pour laquelle les travaux sont réalisés par un professionnel chargé du contrôle des comptes de celle-ci, le commissaire aux comptes :

– évalue le caractère approprié des procédures d'audit complémentaires à mettre en œuvre pour répondre spécifiquement à ce risque ;

– détermine s'il est nécessaire, en fonction de l'appréciation qu'il porte sur ce professionnel, qu'il soit impliqué dans la mise en œuvre des procédures complémentaires.

Processus de consolidation

23. En réponse à son évaluation du risque d'anomalies significatives lié au processus de consolidation, le commissaire aux comptes conçoit et met en œuvre des procédures d'audit complémentaires à celles réalisées en application des paragraphes 7 et 16 de la présente norme. « Celles-ci lui permettent :

– d'évaluer l'exhaustivité du périmètre de consolidation ;

– d'apprécier le caractère approprié, exact et exhaustif des écritures de consolidation et d'évaluer s'il existe des facteurs de risques de fraudes ou des indicateurs révélant des biais possibles de la part de la direction de l'entité consolidante ;

– d'évaluer si l'information comptable des entités a été correctement retraitée, lorsque celle-ci n'est pas préparée dans le même référentiel comptable que celui retenu pour établir les comptes consolidés ;

– de vérifier que l'information comptable communiquée par les professionnels chargés du contrôle des comptes des entités est celle reprise dans les comptes consolidés ;

– d'évaluer si les retraitements nécessaires ont été effectués conformément au référentiel comptable applicable lorsque la date de clôture des comptes des entités est différente de celle de l'entité consolidante.

Événements postérieurs

24. Dans le cadre de l'audit de l'information comptable des entités, le commissaire aux comptes ou les professionnels chargés du contrôle des comptes de ces entités mettent en oeuvre des procédures destinées à identifier les événements qui ont pu survenir dans ces dernières entre la date de clôture de leur information comptable et la date de signature du rapport sur les comptes consolidés et qui peuvent nécessiter :

– un traitement comptable approprié dans les comptes consolidés ;

– ou une information dans le rapport de l'organe compétent à l'organe appelé à statuer sur les comptes consolidés.

25. Lorsque les professionnels chargés du contrôle des comptes des entités réalisent des travaux autres qu'un audit de l'information comptable de ces dernières, le commissaire aux comptes leur demande de l'informer d'événements postérieurs tels que définis ci-dessus dont ils auraient eu connaissance.

Communication avec les professionnels chargés du contrôle des comptes des entités

26. Le commissaire aux comptes communique suffisamment à l'avance ses instructions aux professionnels chargés du contrôle des comptes des entités. Cette communication définit les travaux à réaliser, l'utilisation qui en sera faite ainsi que le format et le contenu de la communication entre les professionnels chargés du contrôle des comptes des entités et le commissaire aux comptes.

Cette communication comprend également :

– la demande faite aux professionnels chargés du contrôle des comptes des entités de confirmer qu'ils coopéreront avec le commissaire aux comptes dans le cadre des conditions d'utilisation de leurs travaux, telles que définies dans les instructions ;

– les dispositions des règles de déontologie applicables à l'audit des comptes consolidés, en particulier en matière d'indépendance ;

– dans le cas d'un audit ou d'un examen limité de l'information comptable des entités, le ou le(s) seuil(s) tels que définis au paragraphe 12 *b*, *c* et *d* ;

– *le risque élevé d'anomalies significatives* identifié par le commissaire aux comptes au niveau des comptes consolidés résultant de fraudes ou d'erreurs qui doit être pris en considération par les professionnels chargés du contrôle des comptes des entités ;

– la demande d'informer, en temps utile, le commissaire aux comptes de tout autre risque élevé d'anomalies significatives à considérer au niveau des comptes consolidés résultant de fraudes ou d'erreurs dans les entités ainsi que les procédures mises en œuvre pour répondre à ce risque ;

– la liste des parties liées préparée par la direction de l'entité consolidante, complétée de l'identité de toute autre partie liée dont le commissaire aux comptes a connaissance ;

– la demande aux professionnels chargés du contrôle des comptes des entités de communiquer au commissaire aux comptes, dès qu'ils en ont connaissance, l'existence de toute partie liée non identifiée par celui-ci ou par la direction de l'entité consolidante. Le commissaire aux comptes apprécie, le cas échéant, si l'existence de ces parties liées doit être communiquée aux professionnels chargés du contrôle des comptes des autres entités.

27. Le commissaire aux comptes demande aux professionnels chargés du contrôle des comptes des entités de lui communiquer les éléments pertinents pour fonder son opinion sur les comptes consolidés.

Cette communication comprend :

– la confirmation par les professionnels chargés du contrôle des comptes des entités du respect des règles de déontologie applicables à l'audit des comptes consolidés, en particulier celles relatives à l'indépendance et à la compétence professionnelle ;

– la confirmation par les professionnels chargés du contrôle des comptes des entités du respect des instructions reçues du commissaire aux comptes ;

– l'identification de l'information comptable des entités sur laquelle les professionnels chargés du contrôle des comptes de ces dernières ont réalisé leurs travaux ;

– les cas de non-respect des textes légaux et réglementaires susceptibles de conduire à des anomalies significatives dans les comptes consolidés ;

– un état des anomalies non corrigées sur l'information comptable des entités. Cet état n'inclut pas les anomalies qui sont en dessous du seuil des anomalies manifestement insignifiantes, tel que défini au paragraphe 12 *d* ;

– les indicateurs révélant des biais possibles de la part de la direction ;

– une description des faiblesses significatives de contrôle interne identifiées au niveau des entités ;

– les autres faits significatifs que les professionnels chargés du contrôle des comptes des entités ont communiqués ou vont communiquer aux membres des organes de direction et de surveillance des entités, y compris les fraudes (réelles ou suspectées) impliquant les directions des entités ou des employés ayant un rôle clé dans le dispositif de contrôle interne ou toute autre fraude qui pourrait entraîner une anomalie significative dans l'information comptable des entités ;

– tout autre élément important estimé pertinent pour le commissaire aux comptes, y compris les points particuliers mentionnés dans les lettres d'affirmation signées par les directions des entités ;

– et la synthèse des points relevés, les conclusions ou l'opinion des professionnels chargés du contrôle des comptes des entités.

Évaluation du caractère suffisant et approprié des éléments collectés

28. Le commissaire aux comptes collecte les éléments suffisants et appropriés sur la base :

– des procédures d'audit réalisées sur le processus d'établissement des comptes consolidés ;

– des travaux réalisés par lui-même et par les professionnels chargés du contrôle des comptes des entités sur l'information comptable de ces dernières.

29. Le commissaire aux comptes :

– apprécie la pertinence des éléments transmis par les professionnels chargés du contrôle des comptes des entités tels que mentionnés dans le paragraphe 27 ;

– échange avec les professionnels chargés du contrôle des comptes des entités, les directions des entités ou la direction de l'entité consolidante sur les éléments importants relevés ;

– évalue la nécessité de revoir d'autres éléments de la documentation des travaux des professionnels chargés du contrôle des comptes des entités ;

– conçoit, dès lors que les travaux mis en œuvre au niveau des entités sont estimés insuffisants, les procédures complémentaires à mettre en œuvre par les professionnels chargés du contrôle des comptes des entités ou par le commissaire aux comptes.

30. Le commissaire aux comptes évalue l'incidence sur son opinion d'audit de :

– l'ensemble des anomalies non corrigées autres que celles manifestement insignifiantes ;

– toute situation où il n'a pas été possible de collecter des éléments suffisants et appropriés.

Communication

31. Le commissaire aux comptes communique à la direction de l'entité consolidante, au niveau de responsabilité *approprié, en faisant application de la norme d'exercice* professionnel relative à la communication des faiblesses du contrôle interne :

– les faiblesses du contrôle interne conçu par l'entité consolidante et mis en oeuvre dans l'ensemble consolidé pour les besoins de l'établissement des comptes consolidés ;

– les faiblesses du contrôle interne des entités, identifiées soit par les professionnels chargés du contrôle des comptes des entités, soit par lui-même, qu'il estime d'une importance suffisante pour mériter son attention ;

– les fraudes qu'il a identifiées ou qui ont été portées à sa connaissance par le professionnel chargé du contrôle des comptes d'une entité ou les informations qu'il a obtenues sur l'existence possible d'une fraude.

32. Le commissaire aux comptes applique les dispositions de la norme d'exercice professionnel relative aux communications avec les organes mentionnés à l'article L. 823-16 du Code de commerce.

À ce titre, le commissaire aux comptes communique les éléments suivants :

– une présentation d'ensemble :

– des travaux à réaliser sur l'information comptable des entités ;

– de son implication dans les travaux à réaliser par les professionnels chargés du contrôle des comptes des entités sur l'information comptable des entités importantes ;

– les difficultés qu'il a rencontrées, liées à la qualité des travaux réalisés par le professionnel chargé du contrôle des comptes d'une entité ;

– toute limitation dans la mise en œuvre des procédures d'audit estimées nécessaires pour l'audit des comptes consolidés, par exemple lorsque le commissaire aux comptes n'a pu avoir accès à toute l'information demandée ;

– les faiblesses du contrôle interne visées au paragraphe 31 qu'il estime significatives ;

– les fraudes avérées ou suspectées impliquant :

– la direction de l'entité consolidante, la direction des entités, les employés ayant un rôle clé dans les contrôles conçus par l'entité consolidante et mis en œuvre dans l'ensemble consolidé pour les besoins de l'établissement des comptes consolidés ;

– ou d'autres personnes lorsque la fraude a entraîné une anomalie significative dans les comptes consolidés.

Documentation

33. Le commissaire aux comptes fait figurer dans son dossier les éléments suivants :

– une analyse des entités le conduisant à déterminer celles qui sont ou non importantes ;

– la nature des travaux réalisés sur l'information comptable des entités ;

– la nature, le calendrier et l'étendue de l'intervention du commissaire aux comptes dans les travaux réalisés par les professionnels chargés du contrôle des comptes des entités importantes, y compris la revue éventuelle, par le commissaire aux comptes, de tout ou partie de la documentation des professionnels chargés du contrôle des comptes de ces entités et de leurs conclusions ;

– les communications écrites entre le commissaire aux comptes et les professionnels chargés du contrôle des comptes des entités relatives aux demandes du commissaire aux comptes.

Le commissaire aux comptes veille au respect des dispositions de l'article R. 821-76 du Code de commerce.

Art. A. 823-3 ***(Mod., A. 21 juin 2011).*** **– La norme d'exercice professionnel relative à l'audit des comptes réalisé par plusieurs commissaires aux comptes, homologuée par le garde des Sceaux, ministre de la Justice, figure ci-dessous :**

AUDIT DES COMPTES RÉALISÉ PAR PLUSIEURS COMMISSAIRES AUX COMPTES

Introduction

1. Lorsque l'audit des comptes mis en œuvre en vue de certifier les comptes d'une entité est réalisé par plusieurs commissaires aux comptes, ces derniers constituent l'organe de contrôle légal des comptes.

2. Conformément à l'article L. 823-15 du Code de commerce, les commissaires aux comptes « se livrent ensemble à l'examen contradictoire des conditions et des modalités d'établissement des comptes selon les prescriptions énoncées par une norme d'exercice professionnel. Une norme d'exercice professionnel détermine les principes de répartition des diligences à mettre en œuvre par chacun des commissaires aux comptes pour l'accomplissement de leur mission ».

3. La présente norme a pour objet de définir les principes qui régissent l'exercice collégial de l'audit des comptes.

Répartition des diligences et examen contradictoire

4. Chaque commissaire aux comptes met en œuvre les travaux qui lui permettent d'être en mesure de formuler son opinion sur les comptes de l'entité.

Il tient compte des éléments collectés lors des procédures d'audit qu'il a lui-même mises en œuvre et des éléments collectés par les co-commissaires aux comptes.

5. Chaque commissaire aux comptes prend connaissance de l'entité et de son environnement, évalue le risque d'anomalies significatives au niveau des comptes pris dans leur ensemble et détermine le ou les seuils

de signification aux fins de définir et de formaliser, avec les autres commissaires aux comptes, de manière concertée, leur approche d'audit ainsi que le plan de mission et le programme de travail nécessaires à sa mise en œuvre.

6. Les procédures d'audit nécessaires à la mise en œuvre du plan de mission et définies dans le programme de travail sont réparties de manière concertée entre les commissaires aux comptes.

7. La répartition entre les commissaires aux comptes des travaux nécessaires à la réalisation de l'audit des comptes est équilibrée et effectuée sur la base de critères :

– quantitatifs, tel que le volume d'heures de travail estimé nécessaire à la réalisation de ces travaux, le volume horaire affecté à un des commissaires aux comptes ne devant pas être disproportionné par comparaison avec ceux attribués aux autres commissaires aux comptes ; et

– qualitatifs, tels que l'expérience ou la qualification des membres des équipes d'audit.

8. Cette répartition est modifiée régulièrement pour tout ou partie au cours du mandat de manière concertée entre les commissaires aux comptes.

9. En fonction des éléments collectés lors de la mise en œuvre des procédures d'audit, les commissaires aux comptes apprécient, ensemble, tout au long de la mission, si leur évaluation du risque d'anomalies significatives au niveau des assertions reste appropriée. Le cas échéant, ils modifient la nature, le calendrier ou l'étendue des procédures planifiées. Ils revoient si nécessaire la répartition des procédures ainsi redéfinies.

10. Chaque commissaire aux comptes procède à une revue des travaux mis en œuvre par les co-commissaires aux comptes.

11. Cette revue lui permet d'apprécier si :

– les travaux mis en œuvre par les co-commissaires aux comptes :

– correspondent à ceux définis lors de la répartition ou décidés lors de la réévaluation du risque d'anomalies significatives au niveau des assertions ;

– ont permis de collecter des éléments suffisants et appropriés pour permettre d'aboutir à des conclusions à partir desquelles il pourra fonder son opinion sur les comptes ;

– les conclusions auxquelles les co-commissaires aux comptes ont abouti sont pertinentes et cohérentes.

12. Chaque commissaire aux comptes fait figurer dans son dossier les éléments de la revue qui permettent d'étayer son appréciation des travaux effectués par les co-commissaires aux comptes.

13. En fonction de son appréciation des travaux réalisés par les autres commissaires aux comptes et des conclusions auxquelles ces derniers ont abouti, chaque commissaire aux comptes détermine s'il convient de mettre en œuvre des procédures d'audit supplémentaires.

14. Il s'en entretient avec les autres commissaires aux comptes. Le cas échéant, ils définissent de manière concertée la nature, le calendrier et l'étendue des procédures supplémentaires à mettre en œuvre.

15. À la fin de l'audit, chaque commissaire aux comptes met en œuvre les procédures analytiques permettant la revue de cohérence d'ensemble des comptes.

16. Il vérifie également la sincérité et la concordance avec les comptes des informations données à l'occasion de l'approbation des comptes :

– dans le rapport de l'organe compétent à l'organe appelé à statuer sur les comptes ;

– le cas échéant, dans les autres documents adressés aux membres de l'organe appelé à statuer sur les comptes.

Communication

17. Les commissaires aux comptes communiquent avec les organes mentionnés à l'article L. 823-16 du Code de commerce ensemble et de manière concertée.

18. Il en est de même de toute communication d'information importante à la direction de l'entité.

Rapports

19. Les rapports établis par les commissaires aux comptes en application de textes légaux et réglementaires sont signés par chaque commissaire aux comptes.

Ils mentionnent, pour chaque commissaire aux comptes, les informations prévues aux articles R. 822-93 et *R. 822-94 du Code de commerce.*

20. Lorsque les commissaires aux comptes ont des opinions divergentes, ils en font mention dans le rapport.

Différends entre les commissaires aux comptes

21. Si des différends professionnels surviennent au cours de la mission, les commissaires aux comptes font application des dispositions de l'article 8 du Code de déontologie de la profession.

Désaccords sur le montant de la rémunération

22. En cas de désaccord entre les commissaires aux comptes et les dirigeants de l'entité sur le montant de la rémunération, les commissaires aux comptes font application des dispositions de l'article R. 823-18 du Code de commerce

Art. A. 823-4. – La norme d'exercice professionnel relative à la documentation de l'audit des comptes, homologuée par le garde des Sceaux, ministre de la Justice, figure ci-dessous :

NORME D'EXERCICE PROFESSIONNEL
RELATIVE À LA DOCUMENTATION DE L'AUDIT DES COMPTES

Introduction

1. Le commissaire aux comptes constitue pour chaque entité qu'il contrôle un dossier contenant la documentation de l'audit des comptes. Cette obligation résulte des dispositions de l'article R. 823-10.

2. Le commissaire aux comptes fait figurer dans son dossier les documents qui permettent d'étayer l'opinion formulée dans son rapport et qui permettent d'établir que l'audit des comptes a été réalisé dans le respect des textes légaux et réglementaires et conformément aux normes d'exercice professionnel.

3. La présente norme a pour objet de définir les principes relatifs à la documentation des travaux effectués par le commissaire aux comptes dans le cadre de sa mission d'audit.

Certaines autres normes d'exercice professionnel apportent des précisions quant à des éléments particuliers à faire figurer au dossier sans que cela remette en cause les principes énoncés dans la présente norme.

Forme, contenu et étendue de la documentation

4. Le commissaire aux comptes consigne dans son dossier les éléments qui permettent à toute autre personne ayant une expérience de la pratique de l'audit et n'ayant pas participé à la mission d'être en mesure de comprendre :

– la planification de l'audit dont les principaux éléments sont formalisés dans le plan de mission et le programme de travail ;

– la nature, le calendrier et l'étendue des procédures d'audit effectuées ;

– les caractéristiques qui permettent d'identifier les éléments qu'il a testés afin de préciser l'étendue des procédures mises en œuvre ;

– les résultats de ces procédures et les éléments collectés ;

– les problématiques concernant les éléments significatifs des comptes qui ont été relevées au cours de l'audit et les conclusions du commissaire aux comptes sur ces problématiques.

5. Le commissaire aux comptes formalise également dans son dossier les échanges intervenus avec la direction de l'entité ou avec d'autres interlocuteurs au titre des éléments significatifs des comptes.

Lorsque le commissaire aux comptes identifie une information contradictoire ou incohérente avec la conclusion qu'il a formulée sur une problématique concernant des éléments significatifs des comptes, il documente dans le dossier la manière dont il a traité cette contradiction ou cette incohérence pour parvenir à sa conclusion finale.

6. Le commissaire aux comptes formalise la documentation sur un support papier, un support électronique ou tout support permettant de conserver l'intégralité des données lisibles pendant la durée légale de conservation du dossier.

7. En application de l'article R. 823-10, le commissaire aux comptes fournit les explications et les justifications que les autorités de contrôle estiment nécessaires. Ces explications et justifications ne constituent pas un élément *de documentation* même si elles sont fournies par le commissaire aux comptes pour préciser l'information contenue dans son dossier.

8. Les éléments de documentation consignés dans le dossier mentionnent l'identité du membre de l'équipe d'audit qui a effectué les travaux et leur date de réalisation.

S'il existe une revue des travaux, les éléments de documentation mentionnent également l'identité de la personne qui a effectué la revue ainsi que la date et l'étendue de cette revue.

Calendrier

9. Le commissaire aux comptes documente ses travaux au fur et à mesure de leur réalisation et dans des délais compatibles avec leur revue.

Au-delà de la date de signature de son rapport, le commissaire aux comptes ne peut apporter aucune modification de fond aux éléments de documentation. Il ne peut y apporter que des modifications de forme ou revoir leur classement dans un délai de quatre-vingt-dix jours après la réunion de l'organe appelé à statuer sur les comptes.

10. Lorsque le commissaire aux comptes a connaissance, entre la date de signature de son rapport et la date d'approbation des comptes, d'un événement qui le conduit à mettre en œuvre de nouvelles procédures d'audit ou à formuler de nouvelles conclusions, il complète son dossier en y consignant :

– les circonstances de la survenance de cet événement ;

– la nature de cet événement ;

– la nature, le calendrier et l'étendue des procédures d'audit mises en œuvre en conséquence ;

– les caractéristiques qui permettent d'identifier les éléments qu'il a testés afin de préciser l'étendue des procédures mises en œuvre ;

– les résultats de ces procédures et les éléments collectés.

Il s'agit notamment d'événements postérieurs à la clôture de l'exercice.

11. Le dossier est conservé dans son intégralité durant la durée légale de conservation de dix ans.

Art. A. 823-5. – La norme d'exercice professionnel relative à la planification de l'audit, homologuée par le garde des Sceaux, ministre de la Justice, figure ci-dessous :

NORME D'EXERCICE PROFESSIONNEL RELATIVE À LA PLANIFICATION DE L'AUDIT

Introduction

1. L'audit des comptes mis en œuvre par le commissaire aux comptes appelé à certifier les comptes d'une entité fait l'objet d'une planification. Cette planification est formalisée notamment dans un plan de mission et un programme de travail.

2. La présente norme a pour objet de définir la démarche que suit le commissaire aux comptes pour la planification de son audit des comptes et l'élaboration du plan de mission et du programme de travail.

Aspects généraux de la planification

3. La planification consiste à prévoir :

– l'approche générale des travaux ;

– les procédures d'audit à mettre en œuvre par les membres de l'équipe d'audit ;

– la nature et l'étendue de la supervision des membres de l'équipe d'audit et la revue de leurs travaux ;

– la nature et l'étendue des ressources nécessaires pour réaliser la mission, y compris le recours éventuel à des experts ;

– le cas échéant, la coordination des travaux avec les interventions d'experts ou d'autres professionnels chargés du contrôle des comptes des entités comprises dans le périmètre de consolidation.

4. Lorsque le commissariat aux comptes est exercé par plusieurs commissaires aux comptes, les éléments relatifs à la planification de l'audit sont définis de manière concertée.

5. Lorsque le commissaire aux comptes est conduit à certifier à la fois les comptes annuels et les comptes consolidés d'une entité, la planification reflète l'approche générale et les travaux prévus au titre de l'audit des comptes annuels et des comptes consolidés.

6. La planification est réalisée de façon à permettre au commissaire aux comptes, notamment sur la base d'échanges entre le signataire et les autres membres clés de l'équipe d'audit, de porter une attention appropriée aux aspects de l'audit qu'il considère essentiels, d'identifier et de résoudre les problèmes potentiels dans des délais adaptés et d'organiser la mission de façon efficace.

7. La planification est engagée :

– après la mise en œuvre des vérifications liées à l'acceptation et au maintien de la mission, en particulier de celles liées aux règles déontologiques ;

– après prise de contact avec le commissaire aux comptes prédécesseur dans le respect des règles de déontologie et de secret professionnel, en cas de changement de commissaire aux comptes ;

– avant la mise en œuvre des procédures d'audit.

8. Le commissaire aux comptes établit par écrit un plan de mission et un programme de travail relatifs à l'audit des *comptes de l'exercice. Ces documents* reprennent les principaux éléments de la planification et font partie, conformément aux dispositions du deuxième alinéa de l'article R. 823-10, du dossier du commissaire aux comptes.

9. Ces documents sont établis en tenant compte de la forme juridique de l'entité contrôlée, de sa taille, de la nature de ses activités, du contrôle éventuellement exercé par l'autorité publique, de la complexité de la mission de la méthodologie et des techniques spécifiques utilisées par le commissaire aux comptes.

Plan de mission

10. Le plan de mission décrit l'approche générale des travaux, qui comprend notamment :
l'étendue, le calendrier et l'orientation des travaux ;
le ou les seuils de signification retenus ; et
les lignes directrices nécessaires à la préparation du programme de travail.

Programme de travail

11. Le programme de travail définit la nature et l'étendue des diligences estimées nécessaires, au cours de l'exercice, à la mise en œuvre du plan de mission, compte tenu des prescriptions légales et des normes d'exercice professionnel ; il indique le nombre d'heures de travail affectées à l'accomplissement de ces diligences et les honoraires correspondants.

Modifications apportées au plan de mission et au programme de travail

12. Sur la base des éléments collectés lors de la mise en œuvre des procédures d'audit, le commissaire aux comptes peut décider de modifier les éléments planifiés et consignés dans le plan de mission et le programme de travail. Il peut être ainsi amené à modifier son approche générale, à revoir ses choix et à prévoir des travaux complémentaires ou différents.

13. Ces modifications ainsi que les raisons qui les ont motivées sont consignées dans le dossier du commissaire aux comptes.

Communication

14. À ce stade, le commissaire aux comptes peut s'entretenir des questions relatives à la planification avec les personnes appropriées au sein de l'entité.

Art. A. 823-5-1 *(A. 21 juin 2011 ; mod., A. 18 déc. 2017).* **– La norme d'exercice professionnel relative aux communications avec les organes mentionnés à l'article L. 823-16 du Code de commerce, homologuée par le garde des Sceaux, ministre de la Justice, figure ci-dessous :**

NEP –260. – COMMUNICATIONS AVEC LES ORGANES MENTIONNÉES À L'ARTICLE L. 823-16 DU CODE DE COMMERCE

Introduction

1. Lors de l'audit des comptes mis en œuvre dans le cadre de la certification des comptes, le commissaire aux comptes communique, conformément aux dispositions de l'article L. 823-16, avec l'organe collégial chargé de l'administration ou l'organe chargé de la direction et l'organe de surveillance, ainsi que, le cas échéant, le comité spécialisé.

2. Les communications avec les organes mentionnés à l'article L. 823-16 permettent au commissaire aux comptes de porter à leur connaissance les éléments importants relatifs à sa mission et à l'élaboration des comptes. Elles permettent également au commissaire aux comptes de s'entretenir avec ces organes en vue de recueillir des informations qui concourent à sa connaissance de l'entité et de son environnement.

3. La présente norme a pour objet de préciser :
– les éléments sur lesquels portent les communications avec les organes mentionnés à l'article L. 823-16 ;
– les modalités de ces communications ;
– les incidences sur la mission du commissaire aux comptes des échanges avec les organes mentionnés à l'article L. 823-16.

Éléments sur lesquels portent les communications

4. Le commissaire aux comptes porte à la connaissance des organes mentionnés à l'article L. 823-16 le programme général de travail mis en œuvre ainsi que les différents sondages auxquels il a procédé.

Dans ce cadre, il communique aux organes mentionnés à l'article L. 823-16 :
– l'étendue des travaux d'audit et le calendrier prévus ;
– les risques inhérents élevés identifiés comme nécessitant une démarche d'audit particulière ;
– les difficultés importantes rencontrées lors de son audit des comptes susceptibles d'affecter le bon déroulement de ses travaux ;
– ses commentaires éventuels sur les pratiques comptables de l'entité susceptibles d'avoir une incidence significative sur les comptes, notamment les politiques comptables, les estimations comptables et les informations fournies en annexe ;

– le cas échéant, les événements ou circonstances identifiés susceptibles de mettre en cause la continuité d'exploitation conformément aux dispositions de la norme relative à la continuité d'exploitation ;

– les autres éléments apparus au cours de l'audit qui, selon son jugement professionnel, sont importants pour ces organes dans le cadre de leur fonction, notamment de surveillance du processus d'élaboration des comptes. Il en est notamment ainsi des faiblesses significatives du contrôle interne que le commissaire aux comptes communique en faisant application de la norme d'exercice professionnel relative à la communication des faiblesses du contrôle interne.

Dans le cadre de ces communications, le commissaire aux comptes précise les éléments pour lesquels il a demandé des déclarations écrites au représentant légal de l'entité.

Le commissaire aux comptes communique également aux organes mentionnés à l'article L. 823-16 :

– les modifications qui lui paraissent devoir être apportées aux comptes devant être arrêtés ou aux autres documents comptables, en faisant toutes observations utiles sur les méthodes d'évaluation utilisées pour leur établissement ;

– les irrégularités et les inexactitudes qu'il aurait découvertes ;

– les conclusions auxquelles conduisent les observations et rectifications ci-dessus sur les résultats de la période comparés à ceux de la période précédente ;

– les motifs de l'observation, de la certification avec réserve, du refus de certifier ou de l'impossibilité de certifier qu'il envisage, le cas échéant, de formuler dans son rapport sur les comptes annuels ou consolidés.

5. Lorsque le commissaire aux comptes intervient auprès d'une entité d'intérêt public :

– il communique aux organes mentionnés à l'article L. 823-16 du Code de commerce les risques d'anomalies significatives qu'il considère comme des points clés de l'audit ;

– en cas de soupçons ou de bonnes raisons de soupçonner que des irrégularités, y compris des fraudes concernant les comptes annuels ou consolidés, peuvent être commises ou ont été commises, il en informe la direction ou, lorsque l'information de la direction n'apparaît pas souhaitable ou est restée sans suite pertinente, les organes mentionnés à l'article L. 823-16 du Code de commerce. Il leur demande que des investigations soient menées sur les éléments relevés et que des mesures appropriées soient prises pour traiter ces irrégularités et éviter qu'elles ne se répètent.

Lorsque ces investigations ne sont pas menées, le commissaire aux comptes en informe les autorités chargées d'enquêter sur de telles irrégularités.

6. En outre, lorsque le commissaire aux comptes intervient auprès d'entités soumises aux dispositions de l'article L. 823-19 ou qui se sont volontairement dotées d'un comité spécialisé au sens dudit article, il :

– examine avec ce comité spécialisé les risques pesant sur son indépendance et les mesures de sauvegarde prises pour atténuer ces risques ;

– porte à sa connaissance les faiblesses significatives du contrôle interne, en faisant application de la norme d'exercice professionnel relative à la communication des faiblesses du contrôle interne.

Il communique chaque année au comité spécialisé :

– une déclaration d'indépendance ;

– une actualisation des informations mentionnées à l'article L. 820-3 détaillant les prestations fournies par les membres du réseau auquel il est affilié ainsi que les services autres que la certification des comptes qu'il a lui-même fournis.

7. Lorsque le commissaire aux comptes communique des informations au comité spécialisé, il détermine s'il les communique également aux autres organes mentionnés à l'article L. 823-16.

Modalités des communications

8. Le commissaire aux comptes précise aux organes mentionnés à l'article L. 823-16 quels seront la forme et le contenu prévus des éléments qui leur seront communiqués ainsi que le calendrier de cette communication.

9. Indépendamment du calendrier prévu, le commissaire aux comptes procède à ces communications au moment qu'il juge approprié selon l'importance du sujet et les actions éventuelles à entreprendre par les organes concernés.

10. Le commissaire aux comptes communique par écrit :

– *les éléments importants relatifs à son audit lorsqu'il* considère qu'une communication orale ne serait pas appropriée ou lorsque des dispositions légales ou réglementaires le prévoient spécifiquement ;

– les éléments relatifs à son indépendance définis au paragraphe 6.

11. Lorsque le commissaire aux comptes intervient auprès d'entités soumises aux dispositions de l'article L. 823-19, il remet au comité spécialisé au sens dudit article, ou à l'organe qui en exerce les fonctions, un rapport complémentaire comprenant les informations requises à l'article 11 du règlement (UE) N° 537/2014 du 16 avril 2014.

Incidences sur la mission des échanges avec les organes mentionnés à l'article L. 823-16

12. Le commissaire aux comptes apprécie si les échanges avec les organes mentionnés à l'article L. 823-16 ont été satisfaisants pour les besoins de l'audit.

Dans la négative, le commissaire aux comptes :

– en apprécie l'incidence, le cas échéant, sur son évaluation du risque d'anomalies significatives ainsi que sur sa capacité à recueillir des éléments suffisants et appropriés ; et

– prend les mesures adaptées.

Documentation

13. Le commissaire aux comptes fait figurer dans son dossier :

– la formalisation des échanges verbaux avec les organes mentionnés à l'article L. 823-16 et la date de ces échanges ;

– une copie des communications écrites.

Art. A. 823-5-2 *(A. 21 juin 2011).* **– La norme d'exercice professionnel relative à la communication des faiblesses du contrôle interne, homologuée par le garde des Sceaux, ministre de la Justice, figure ci-dessous :**

COMMUNICATION DES FAIBLESSES DU CONTRÔLE INTERNE

Introduction

1. Lors de la prise de connaissance de l'entité, notamment de son contrôle interne, effectuée en application de la norme d'exercice professionnel relative à la connaissance de l'entité et de son environnement et à l'évaluation du risque d'anomalies dans les comptes, et tout au long de son audit, le commissaire aux comptes peut relever des faiblesses du contrôle interne. Ces faiblesses sont les faiblesses du contrôle interne lié à l'information comptable et financière qui se caractérisent par :

– l'absence d'un contrôle nécessaire pour prévenir, détecter ou corriger des anomalies dans les comptes ; ou

– l'incapacité d'un contrôle à prévenir, détecter ou corriger des anomalies dans les comptes du fait de sa conception, de sa mise en œuvre ou de son fonctionnement.

2. Une faiblesse significative du contrôle interne est une faiblesse ou un ensemble de faiblesses du contrôle interne lié à l'information comptable et financière suffisamment importante pour mériter l'attention de l'organe collégial chargé de l'administration ou de l'organe chargé de la direction et de l'organe de surveillance, ainsi que, le cas échéant, du comité spécialisé.

3. Lorsqu'il fait application de la norme d'exercice professionnel relative aux procédures d'audit mises en œuvre à l'issue de l'évaluation des risques, le commissaire aux comptes apprécie l'efficacité des contrôles pertinents pour l'audit lorsqu'il a décidé de s'appuyer sur ces contrôles ou lorsqu'il considère que les contrôles de substance seuls ne sont pas suffisants. Ainsi, les procédures d'audit mises en œuvre par le commissaire aux comptes n'ont pas pour objectif d'exprimer une opinion sur l'efficacité du contrôle interne.

4. La présente norme a pour objet de définir les modalités de la communication par le commissaire aux comptes des faiblesses du contrôle interne qu'il a relevées.

Destinataires et forme de la communication

5. Au moment qu'il juge approprié, le commissaire aux comptes communique à la direction, au niveau de responsabilité approprié, les faiblesses du contrôle interne identifiées au cours de l'audit qu'il estime d'une importance suffisante pour mériter son attention, sauf s'il considère cette démarche inappropriée en la circonstance.

Il effectue cette communication par écrit lorsqu'elle porte sur des faiblesses qu'il estime significatives.

6. Le commissaire aux comptes communique les faiblesses significatives du contrôle interne aux organes mentionnés à l'article L. 823-16, au moment qu'il juge approprié, par écrit.

Contenu de la communication écrite des faiblesses significatives du contrôle interne

7. La communication écrite des faiblesses significatives du contrôle interne comprend :

– une description des faiblesses significatives du contrôle interne et de leurs effets potentiels sur les comptes ;

– une information sur la portée et les limites de cette communication. Cette information rappelle notamment que :

– l'objectif de l'audit est de formuler une opinion sur les comptes ;

– le commissaire aux comptes prend connaissance des éléments du contrôle interne pertinents pour l'audit afin de prendre en considération les facteurs pouvant engendrer des risques d'anomalies significatives dans les comptes et non dans le but de formuler une opinion sur l'efficacité du contrôle interne.

Seules sont communiquées les faiblesses significatives du contrôle interne qu'il a identifiées au cours de l'audit.

§ 2. – **De l'analyse des risques**

Art. A. 823-6 *(Rempl., A. 19 juill. 2012)*. **– La norme d'exercice professionnel relative à l'application de la notion de caractère significatif lors de la planification et de la réalisation d'un audit, homologuée par la garde des Sceaux, ministre de la Justice, figure ci-dessous :**

APPLICATION DE LA NOTION DE CARACTÈRE SIGNIFICATIF LORS DE LA PLANIFICATION ET DE LA RÉALISATION D'UN AUDIT

Introduction

1. En vue de formuler son opinion sur les comptes, le commissaire aux comptes met en œuvre un audit afin d'obtenir l'assurance, élevée mais non absolue, qualifiée par convention d'« assurance raisonnable », que les comptes pris dans leur ensemble ne comportent pas d'anomalies significatives par leur montant ou par leur nature.

2. La présente norme a pour objet de définir les principes relatifs à l'application par le commissaire aux comptes de la notion de caractère significatif lors de la planification et de la réalisation de l'audit. Par ailleurs, la norme « évaluation des anomalies relevées au cours de l'audit » explique comment cette même notion est appliquée par le commissaire aux comptes lors de la prise en compte de l'incidence sur l'audit des anomalies relevées et lors de l'évaluation de l'incidence des anomalies non corrigées, s'il en existe, sur les comptes.

Définitions

3. Anomalie : information comptable ou financière inexacte, insuffisante ou omise, en raison d'erreurs ou de fraude. Une anomalie provient d'un écart entre le montant, le classement, la présentation ou l'information fournie dans les comptes pour un élément, et le montant, le classement, la présentation ou l'information à fournir, exigés pour ce même élément par le référentiel comptable applicable.

4. Anomalie significative : information comptable ou financière inexacte, insuffisante ou omise, en raison d'erreurs ou de fraude d'une importance telle que, seule ou cumulée avec d'autres, elle peut influencer le jugement de l'utilisateur d'une information financière ou comptable.

5. Anomalies non corrigées : anomalies autres que celles manifestement insignifiantes que le commissaire aux comptes a récapitulées au cours de l'audit et qui n'ont pas été corrigées.

6. Seuil de signification : montant au-delà duquel les décisions économiques ou le jugement fondé sur les comptes sont susceptibles d'être influencés.

7. Seuil de planification : seuil d'un montant inférieur au seuil de signification utilisé par le commissaire aux comptes pour définir la nature et l'étendue de ses travaux. Le seuil de planification est fixé à un montant tel qu'il permet de réduire à un niveau acceptable le risque que le montant des anomalies relevées non corrigées et des anomalies non détectées excède le seuil de signification.

Notion de caractère significatif dans le contexte de l'audit

8. La notion de caractère significatif est appliquée par le commissaire aux comptes pour planifier et réaliser son audit ainsi que pour prendre en compte l'incidence des anomalies relevées sur l'audit et, le cas échéant, évaluer l'incidence des anomalies non corrigées sur les comptes. Elle est également appliquée par le commissaire aux comptes pour émettre son opinion sur les comptes.

9. Le commissaire aux comptes met en œuvre la notion de caractère significatif dans le contexte de l'audit des comptes en considérant non seulement le montant des anomalies mais aussi leur nature. Il prend également en compte les circonstances particulières de leur survenance : en effet, les circonstances entourant certaines anomalies peuvent amener le commissaire aux comptes à les juger significatives quand bien même leur montant ne le serait pas.

10. La détermination du caractère significatif des anomalies relève du jugement professionnel du commissaire aux comptes et est influencée par sa perception des besoins d'informations financières des utilisateurs des comptes.

11. Dans ce contexte, le commissaire aux comptes est fondé à considérer que les utilisateurs :

a) Ont une certaine connaissance des activités de l'entité et de son environnement économique ainsi que de la comptabilité et qu'ils analyseront les comptes avec attention ;

b) Sont conscients que les comptes sont audités en tenant compte du caractère significatif des informations ;

c) Sont conscients des incertitudes inhérentes aux évaluations de certains montants fondées sur des estimations, l'exercice du jugement professionnel et la prise en considération d'événements futurs ; et

d) Prennent des décisions économiques en se fondant sur les informations contenues dans les comptes.

12. Pour évaluer le caractère significatif d'une anomalie à partir de son montant, le commissaire aux comptes détermine un ou des seuils de signification.

13. Pour déterminer la nature et l'étendue des procédures d'audit à mettre en œuvre, le commissaire aux comptes utilise un ou des seuil(s) de planification de la mission.

Détermination du seuil ou des seuils de signification

14. Lors de la planification de l'audit, le commissaire aux comptes détermine un seuil de signification au niveau des comptes pris dans leur ensemble.

15. Si, dans le contexte spécifique à l'entité, il existe des flux d'opérations, soldes de comptes ou informations à fournir pour lesquels des anomalies de montant inférieur au seuil de signification fixé pour les comptes pris dans leur ensemble pourraient influencer le jugement des utilisateurs des comptes ou les décisions économiques qu'ils prennent en se fondant sur ceux-ci, le commissaire aux comptes apprécie s'il doit également fixer un ou des seuils de signification de montants inférieurs pour ces flux d'opérations, soldes de comptes ou informations à fournir.

16. Pour apprécier si des seuils de signification d'un montant moins élevé que le seuil de signification retenu au niveau des comptes pris dans leur ensemble sont nécessaires pour certaines catégories d'opérations, certains soldes comptables ou certaines informations fournies dans l'annexe, le commissaire aux comptes prend notamment en compte :

- les informations sensibles des comptes en fonction du secteur d'activité de l'entité ;
- l'existence de règles comptables ou de textes légaux ou réglementaires spécifiques à l'entité ou à son secteur ; ou
- la réalisation d'opérations particulières au cours de l'exercice.

17. Sur la base de son jugement professionnel, le commissaire aux comptes identifie des critères pertinents à partir desquels, par application de taux ou d'autres modalités de calcul, il détermine le seuil ou les seuils de signification. Ces critères peuvent être, par exemple :

- le résultat courant ;
- le résultat net ;
- le chiffre d'affaires ;
- les capitaux propres ; ou
- l'endettement net.

18. Le choix de ces critères dépend notamment :

- de la structure des comptes de l'entité ;
- de la présence dans les comptes d'éléments auxquels certains des utilisateurs se fondant sur les comptes sont susceptibles d'être particulièrement attentifs ;
- du secteur d'activité de l'entité ;
- de la structure de l'actionnariat de l'entité ou de son financement ;
- de leur variabilité dans le temps.

Détermination du ou des seuils de planification

19. Lors de la planification de l'audit, le commissaire aux comptes détermine un ou des seuil(s) de planification de la mission.

20. La détermination du seuil de planification ne relève pas du seul calcul arithmétique mais également du jugement professionnel. Lorsqu'il détermine ce seuil, le commissaire aux comptes s'appuie sur la connaissance qu'il a de l'entité, mise à jour au cours de la mise en œuvre des procédures d'évaluation des risques, et prend en compte le risque d'anomalies dans les comptes de l'exercice en cours au vu, notamment, de la nature et de l'étendue des anomalies relevées au cours des audits précédents. Le seuil de planification est inférieur au seuil de signification. Il est généralement déterminé en appliquant un pourcentage à ce dernier.

21. Si le commissaire aux comptes a estimé nécessaire de fixer un ou des seuils de signification de montants inférieurs pour certains flux d'opérations, soldes de comptes ou informations, il détermine pour ce ou chacun de ces seuils de signification un seuil de planification.

Modification des seuils de signification ou de planification au cours de la mission

22. Au cours de la mission, le commissaire aux comptes reconsidère le seuil ou les seuils de signification s'il a la connaissance de faits nouveaux ou d'évolutions de l'entité qui remettent en cause l'évaluation initiale de ces seuils. Il peut en être ainsi, par exemple, lorsque la détermination du seuil ou des seuils a été faite à partir de prévisions dont les réalisations s'écartent sensiblement.

23. Si le commissaire aux comptes conclut que la fixation d'un ou de seuils de signification moins élevé(s) que celui ou ceux initialement fixé(s) est approprié, il détermine s'il est nécessaire de modifier le ou les seuils de planification, et si la nature et l'étendue des procédures d'audit complémentaires qu'il a définies restent appropriés.

Documentation

24. Le commissaire aux comptes fait figurer dans son dossier le ou les seuils de signification et le ou les seuils de planification qu'il a retenus ainsi que les critères pris en compte pour les déterminer. Il fait également figurer dans son dossier toute modification apportée à ces montants au cours de l'audit et les explications y afférentes.

Art. A. 823-6-1 *(A. 19 juill. 2012 ; rempl., A. 3 mai 2018).* **– La norme d'exercice professionnel relative à l'évaluation des anomalies relevées au cours de l'audit, homologuée par le garde des sceaux, ministre de la justice, figure ci-dessous :**

NEP-450. ÉVALUATION DES ANOMALIES RELEVÉES AU COURS DE L'AUDIT

Introduction

1. La norme « application de la notion de caractère significatif lors de la planification et de la réalisation d'un audit » a pour objet de définir les principes relatifs à l'application par le commissaire aux comptes de la notion de caractère significatif lors de la planification et de la réalisation de l'audit.

2. La présente norme a pour objet d'expliquer comment la notion de caractère significatif est appliquée par le commissaire aux comptes lors de la prise en compte de l'incidence sur l'audit des anomalies relevées et lors de l'évaluation de l'incidence des anomalies non corrigées, s'il en existe, sur les comptes.

Le commissaire aux comptes prend en compte cette évaluation lorsqu'il établit ses rapports sur les comptes conformément aux principes définis par la norme « rapport du commissaire aux comptes sur les comptes annuels et consolidés » qui précise les conséquences sur son opinion de la présence d'anomalies significatives dans ces comptes.

Définitions

3. Anomalie : information comptable ou financière inexacte, insuffisante ou omise, en raison d'erreurs ou de fraude. Une anomalie provient d'un écart entre le montant, le classement, la présentation ou l'information fournie dans les comptes pour un élément et le montant, le classement, la présentation ou l'information à fournir, exigés pour ce même élément par le référentiel comptable applicable.

4. Anomalie significative : information comptable ou financière inexacte, insuffisante ou omise, en raison d'erreurs ou de fraude d'une importance telle que, seule ou cumulée avec d'autres, elle peut influencer le jugement de l'utilisateur d'une information financière ou comptable.

5. Anomalies non corrigées : anomalies autres que celles manifestement insignifiantes que le commissaire aux comptes a récapitulées au cours de l'audit et qui n'ont pas été corrigées.

6. Seuil de signification : montant au-delà duquel les décisions économiques ou le jugement fondé sur les comptes sont susceptibles d'être influencés.

7. Seuil de planification : seuil d'un montant inférieur au seuil de signification utilisé par le commissaire aux comptes pour définir la nature et l'étendue de ses travaux. Le seuil de planification est fixé à un montant tel qu'il permet de réduire à un niveau acceptable le risque que le montant des anomalies relevées non corrigées et des anomalies non détectées excède le seuil de signification.

Récapitulation des anomalies relevées

8. Le commissaire aux comptes récapitule les anomalies, autres que celles qui sont manifestement insignifiantes, relevées au cours de l'audit des comptes de l'exercice ainsi que les anomalies non corrigées relevées au cours des exercices précédents et dont les effets perdurent.

Incidence sur l'audit des anomalies relevées

9. Le commissaire aux comptes détermine si son approche générale et sa conception des procédures d'audit nécessitent d'être révisées lorsque :

a) La nature des anomalies relevées et les circonstances de leur survenance indiquent que d'autres anomalies peuvent exister qui, cumulées avec les anomalies relevées, pourraient être significatives ; ou

b) Le cumul des anomalies relevées s'approche du ou des seuil(s) de signification, déterminé(s) conformément aux principes définis dans la norme « application de la notion de caractère significatif lors de la planification et de la réalisation d'un audit ».

10. Lorsque, à la demande du commissaire aux comptes, la direction a examiné un flux d'opérations, un solde de compte ou une information fournie en vue d'identifier la cause et l'ampleur d'une anomalie relevée et a apporté aux comptes les corrections appropriées, le commissaire aux comptes met en œuvre des procédures d'audit complémentaires pour déterminer si des anomalies subsistent.

Communication à la direction et correction des anomalies

11. Au cours de la mission, le commissaire aux comptes communique, en temps utile, à la direction de l'entité, au niveau approprié de responsabilité, les anomalies qu'il a relevées autres que celles qui sont manifestement insignifiantes. Le commissaire aux comptes demande à la direction de corriger ces anomalies.

12. Lorsque la direction refuse de corriger tout ou partie des anomalies que le commissaire aux comptes lui a communiquées, celui-ci prend connaissance des motifs avancés par la direction pour ne pas les corriger et prend en compte ces motifs lorsqu'il évalue si les comptes, pris dans leur ensemble, comportent ou non des anomalies significatives.

Évaluation de l'incidence des anomalies non corrigées sur les comptes

13. Avant d'évaluer l'incidence des anomalies non corrigées sur les comptes, le commissaire aux comptes reconsidère le ou les seuil(s) de signification et, le cas échéant, le ou les seuil(s) de planification, en application des paragraphes 22 et 23 de la norme « application de la notion de caractère significatif lors de la planification et de la réalisation d'un audit » afin de vérifier que ceux-ci restent pertinents par rapport aux comptes définitifs établis par l'entité.

14. Le commissaire aux comptes détermine si les anomalies non corrigées, prises individuellement ou en cumulé, sont significatives. Pour ce faire, il prend en compte l'importance et l'incidence, en fonction de leur montant ou de leur nature, des anomalies non corrigées de l'exercice ainsi que des anomalies non corrigées des exercices précédents, au regard tant des flux d'opérations, soldes de comptes ou informations fournies dans l'annexe, que des comptes pris dans leur ensemble, ainsi que les circonstances particulières de leur survenance.

Déterminer si une anomalie de classement est significative implique la prise en compte d'aspects qualitatifs, tels que l'incidence de cette anomalie sur les dettes ou sur l'application de clauses de contrats de financement, son incidence sur une rubrique individuelle ou sur des sous-totaux de rubriques, ou son incidence sur des ratios clés. Il peut exister des situations dans lesquelles le commissaire aux comptes conclut qu'une anomalie de classement n'est pas significative dans le contexte des comptes pris dans leur ensemble, alors même que cette anomalie dépasse le ou les seuil(s) de signification retenu(s). Par exemple, un classement erroné entre des rubriques du bilan peut ne pas être considéré comme significatif dans le contexte des comptes pris dans leur ensemble lorsque le montant du classement erroné est faible par rapport aux montants des rubriques concernées du bilan et que ce classement erroné n'a pas d'incidence sur le compte de résultat ou l'un des ratios clés.

Communication avec les organes mentionnés à l'article L. 823-16 du Code de commerce

15. Conformément aux principes définis dans la norme « communication avec les organes mentionnés à l'article L. 823-16 du Code de commerce », le commissaire aux comptes communique aux organes intéressés les anomalies non corrigées et les informe de l'incidence que ces anomalies peuvent avoir, prises individuellement ou en cumulé, sur l'opinion exprimée dans son rapport sur les comptes. Lors de cette communication, le commissaire aux comptes mentionne chacune des anomalies jugées significatives non corrigées. Il précise également l'incidence des anomalies non corrigées des exercices précédents.

16. Le commissaire aux comptes demande aux organes mentionnés à l'article L. 823-16 du Code de commerce que l'ensemble des anomalies non corrigées le soient.

Déclaration écrite

17. Dans le cadre des dispositions prévues dans la norme « déclarations de la direction », le commissaire aux comptes demande une déclaration écrite du représentant légal et, s'il l'estime nécessaire, des membres des organes mentionnés à l'article L. 823-16 du Code de commerce confirmant que, selon eux, les incidences des anomalies non corrigées relevées par le commissaire aux comptes, ne sont pas, seules ou cumulées, significatives au regard des comptes pris dans leur ensemble. Un état des anomalies non corrigées est joint à cette déclaration écrite.

Documentation

18. Le commissaire aux comptes fait figurer dans son dossier de travail :

a) Le montant en deçà duquel les anomalies relevées sont considérées comme manifestement insignifiantes ;

b) Toutes les anomalies autres que celles manifestement insignifiantes relevées au cours de l'audit des comptes de l'exercice et de l'audit des comptes des exercices précédents et dont les effets perdurent, avec la mention de leur correction ou non correction ; et

c) Sa conclusion relative au caractère significatif ou non des anomalies non corrigées, prises individuellement ou en cumulé, et le fondement de cette conclusion.

Art. A. 823-7 *(Mod., A. 21 juin 2011)*. **– La norme d'exercice professionnel relative à la connaissance de l'entité et de son environnement et à l'évaluation du risque d'anomalies significatives dans les comptes, homologuée par le garde des Sceaux, ministre de la Justice, figure ci-dessous :**

CONNAISSANCE DE L'ENTITÉ ET DE SON ENVIRONNEMENT
ET ÉVALUATION DU RISQUE D'ANOMALIES SIGNIFICATIVES DANS LES COMPTES

Introduction

1. Le commissaire aux comptes acquiert une connaissance suffisante de l'entité, notamment de son contrôle interne, afin d'identifier et d'évaluer le risque d'anomalies significatives dans les comptes et afin de concevoir et de mettre en œuvre des procédures d'audit permettant de fonder son opinion sur les comptes.

2. La présente norme a pour objet de définir les principes relatifs à la prise de connaissance de l'entité et à l'évaluation du risque d'anomalies significatives dans les comptes.

Définitions

3. Assertions : critères dont la réalisation conditionne la régularité, la sincérité et l'image fidèle des comptes.

4. Significatif : est significatif l'élément dont l'omission ou l'inexactitude est susceptible d'influencer les décisions économiques ou le jugement fondés sur les comptes.

5. Anomalie significative : information comptable ou financière inexacte, insuffisante ou omise, en raison d'erreurs ou de fraude, d'une importance telle que, seule ou cumulée avec d'autres, elle peut influencer le jugement de l'utilisateur d'une information comptable ou financière.

6. Catégorie d'opérations : ensemble d'opérations présentant des caractéristiques communes, réalisées par l'entité au cours d'une période et nécessitant chacune un enregistrement comptable.

7. Contrôles de substance : procédures d'audit mises en œuvre pour détecter les anomalies significatives au niveau des assertions. Elles incluent :
– les tests de détail ;
– les procédures analytiques.

8. Inspection : technique de contrôle qui consiste à :
– examiner des enregistrements ou des documents, soit internes, soit externes, sous forme papier, sous forme électronique ou autres supports ;
– ou à procéder à un contrôle physique des actifs corporels.

9. Observation physique : technique de contrôle qui consiste à examiner la façon dont une procédure est exécutée au sein de l'entité.

10. Procédure analytique : technique de contrôle qui consiste à apprécier des informations financières à partir :
– de leurs corrélations avec d'autres informations, issues ou non des comptes, ou avec des données antérieures, postérieures ou prévisionnelles de l'entité, ou d'entités similaires ; et
– de l'analyse des variations ou des tendances inattendues.

11. Test de détail : contrôle d'un élément individuel faisant partie d'une catégorie d'opérations, d'un solde de compte ou d'une information fournie dans l'annexe.

Prise de connaissance de l'entité et de son environnement

12. La prise de connaissance de l'entité permet au commissaire aux comptes de constituer un cadre de référence dans lequel il planifie son audit et exerce son jugement professionnel pour évaluer le risque d'anomalies significatives dans les comptes et répondre à ce risque tout au long de son audit.

13. Le commissaire aux comptes prend connaissance :
– du secteur d'activité de l'entité, de son environnement réglementaire, notamment du référentiel comptable applicable, et d'autres facteurs externes tels que les conditions économiques générales ;
– des caractéristiques de l'entité qui permettent au commissaire aux comptes d'appréhender les catégories d'opérations, les soldes des comptes et les informations attendues dans l'annexe des comptes. Ces caractéristiques incluent notamment la nature de ses activités, la composition de son capital et de son gouvernement d'entreprise, sa politique d'investissement, son organisation et son financement ainsi que le choix des méthodes comptables appliquées ;
– *des objectifs de l'entité* et des stratégies mises en œuvre pour les atteindre dans la mesure où ces objectifs pourront avoir des conséquences financières et, de ce fait, une incidence sur les comptes ;
– de la mesure et de l'analyse des indicateurs de performance financière de l'entité ; ces éléments indiquent au commissaire aux comptes les aspects financiers que la direction considère comme constituant des enjeux majeurs ;
– des éléments du contrôle interne pertinents pour l'audit.

Prise de connaissance des éléments du contrôle interne pertinents pour l'audit

14. La prise de connaissance des éléments du contrôle interne pertinents pour l'audit permet au commissaire aux comptes d'identifier les types d'anomalies potentielles et de prendre en considération les facteurs pouvant engendrer des risques d'anomalies significatives dans les comptes.

Le commissaire aux comptes prend connaissance des éléments du contrôle interne qui contribuent à prévenir le risque d'anomalies significatives dans les comptes, pris dans leur ensemble et au niveau des assertions.

Pour ce faire, le commissaire aux comptes prend notamment connaissance des éléments suivants :

– l'environnement de contrôle, qui se traduit par le comportement des organes mentionnés à l'article L. 823-16 du Code de commerce et de la direction, leur degré de sensibilité et les actions qu'ils mènent en matière de contrôle interne ;

– les moyens mis en place par l'entité pour identifier les risques liés à son activité et leur incidence sur les comptes et pour définir les actions à mettre en œuvre en réponse à ces risques ;

– les procédures de contrôle interne en place, et notamment la façon dont l'entité a pris en compte les risques résultant de l'utilisation de traitements informatisés ; ces procédures permettent à la direction de s'assurer que ses directives sont respectées ;

– les principaux moyens mis en œuvre par l'entité pour s'assurer du bon fonctionnement du contrôle interne, ainsi que la manière dont sont mises en œuvre les actions correctives ;

– le système d'information relatif à l'élaboration de l'information financière.

À ce titre, le commissaire aux comptes s'intéresse notamment :

– aux catégories d'opérations ayant un caractère significatif pour les comptes pris dans leur ensemble ;

– aux procédures, informatisées ou manuelles, qui permettent d'initier, enregistrer et traiter ces opérations et de les traduire dans les comptes ;

– aux enregistrements comptables correspondants, aussi bien informatisés que manuels ;

– à la façon dont sont traités les événements ponctuels, différents des opérations récurrentes, susceptibles d'engendrer un risque d'anomalies significatives ;

– au processus d'élaboration des comptes, y compris des estimations comptables significatives et des informations significatives fournies dans l'annexe des comptes ;

– la façon dont l'entité communique sur les éléments significatifs de l'information financière et sur les rôles et les responsabilités individuelles au sein de l'entité en matière d'information financière. À ce titre, le commissaire aux comptes s'intéresse notamment à la communication entre la direction et les organes mentionnés à l'article L. 823-16 du Code de commerce ou les autorités de contrôle ainsi qu'aux actions de sensibilisation de la direction envers les membres du personnel afin de les informer quant à l'impact que peuvent avoir leurs activités sur l'élaboration de l'information financière.

Évaluation du risque d'anomalies significatives dans les comptes

15. Lors de sa prise de connaissance, le commissaire aux comptes identifie et évalue le risque d'anomalies significatives :

– au niveau des comptes pris dans leur ensemble ; et

– au niveau des assertions, pour les catégories d'opérations, les soldes de comptes et les informations fournies dans l'annexe des comptes.

L'évaluation des risques au niveau des assertions est basée sur les éléments collectés par le commissaire aux comptes lors de la prise de connaissance de l'entité, mais elle peut être remise en cause et modifiée au cours de l'audit en fonction des autres éléments collectés au cours de la mission.

16. Le commissaire aux comptes évalue la conception et la mise en œuvre des contrôles de l'entité lorsqu'il estime :

– qu'ils contribuent à prévenir le risque d'anomalies significatives dans les comptes, pris dans leur ensemble ou au niveau des assertions ;

– qu'ils se rapportent à un risque inhérent élevé identifié qui requiert une démarche d'audit particulière. Un tel risque est généralement lié à des opérations non courantes en raison de leur importance et de leur nature ou à des éléments sujets à interprétation, tels que les estimations comptables ;

– que les seuls éléments collectés à partir des contrôles de substance ne lui permettront pas de réduire le risque d'audit à un niveau suffisamment faible pour obtenir l'assurance recherchée.

17. L'évaluation par le commissaire aux comptes de la conception et de la mise en œuvre des contrôles de l'entité consiste à apprécier si un contrôle, seul ou en association avec d'autres, est théoriquement en mesure de prévenir, de détecter ou de corriger les anomalies significatives dans les comptes.

Techniques de contrôle utilisées pour la prise de connaissance de l'entité et l'évaluation du risque d'anomalies significatives dans les comptes

18. Pour prendre connaissance de l'entité et évaluer le risque d'anomalies significatives dans les comptes, le commissaire aux comptes collecte des informations en mettant en œuvre les techniques de contrôle suivantes :

– des demandes d'informations auprès de la direction et d'autres personnes au sein de l'entité, comme le personnel de production ou les auditeurs internes qui peuvent fournir au commissaire aux comptes des perspectives différentes pour l'identification des risques ;

– des procédures analytiques qui peuvent notamment permettre au commissaire aux comptes d'identifier des opérations ou des événements inhabituels ; et

– des observations physiques et des inspections qui peuvent notamment permettre au commissaire aux comptes de recueillir des informations sur l'entité, mais également de corroborer celles recueillies auprès de la direction ou d'autres personnes au sein de l'entité.

19. Lorsque le commissaire aux comptes utilise les informations qu'il a recueillies au cours des exercices précédents, il met en œuvre des procédures visant à détecter les changements survenus depuis et susceptibles d'affecter la pertinence de ces informations.

Échanges d'informations au sein de l'équipe d'audit

20. Les membres de l'équipe d'audit s'entretiennent des risques d'anomalies significatives dans les comptes. L'objectif de ces échanges est que chaque membre de l'équipe d'audit appréhende les risques pouvant exister sur les éléments qu'il est chargé de contrôler et les conséquences possibles de ses propres travaux sur l'ensemble de la mission.

Le commissaire aux comptes détermine :

– quels membres de l'équipe d'audit participent à ces échanges d'informations, à quel moment ils ont lieu ainsi que les thèmes qui y seront abordés en fonction du rôle, de l'expérience et des besoins d'information des membres de l'équipe ;

– s'il convient d'associer aux échanges les experts qu'il aurait prévu de solliciter pour les besoins de la mission.

Documentation des travaux

21. Le commissaire aux comptes consigne dans son dossier de travail :

a) Les principaux éléments des échanges d'informations au sein de l'équipe d'audit, et notamment les décisions importantes prises à l'issue de ces échanges ;

b) Les éléments importants relatifs à la prise de connaissance de l'entité, y compris de chacun des éléments du contrôle interne dont il a évalué la conception et la mise en œuvre, la source des informations obtenues et les procédures d'audit réalisées ;

c) Les risques d'anomalies significatives identifiés et leur évaluation au niveau des comptes pris dans leur ensemble et au niveau des assertions ;

d) Les évaluations requises par la présente norme portant sur les contrôles conçus et mis en œuvre par l'entité.

22. La manière utilisée par le commissaire aux comptes pour consigner ces informations relève de son jugement professionnel. Il peut s'agir, par exemple, d'une description sous forme narrative, de questionnaires ou encore de diagrammes.

23. La forme et le niveau de détail des informations ainsi consignées dépendent des nombreux éléments propres à l'entité, tels que sa taille, la nature de ses opérations ou encore son contrôle interne, mais également des techniques de contrôle mises en œuvre par le commissaire aux comptes.

Art. A. 823-8. – La norme d'exercice professionnel relative aux procédures d'audit mises en œuvre par le commissaire aux comptes à l'issue de son évaluation des risques homologuée par le garde des Sceaux, ministre de la Justice, figure ci-dessous :

NORME D'EXERCICE PROFESSIONNEL « PROCÉDURES D'AUDIT MISES EN ŒUVRE PAR LE COMMISSAIRE AUX COMPTES À L'ISSUE DE SON ÉVALUATION DES RISQUES »

Introduction

1. Après avoir pris connaissance de l'entité et évalué le risque d'anomalies significatives dans les comptes, le commissaire aux comptes adapte son approche générale et conçoit et met en œuvre des procédures d'audit lui permettant de fonder son opinion sur les comptes.

2. La présente norme a pour objet de définir :

– les principes relatifs à l'adaptation de son approche générale et à la conception des procédures d'audit en réponse à son évaluation du risque d'anomalies significatives ;

– les procédures d'audit à mettre en œuvre indépendamment de cette évaluation ;

– les principes relatifs à l'évaluation du caractère suffisant et approprié des éléments collectés afin de formuler son opinion.

Définition

3. Procédures d'audit : ensemble des travaux réalisés au cours de l'audit afin de collecter les éléments permettant d'aboutir à des conclusions à partir desquelles le commissaire aux comptes fonde son opinion.

Réponse à l'évaluation du risque d'anomalies significatives au niveau des comptes pris dans leur ensemble

4. En réponse à son évaluation du risque d'anomalies significatives au niveau des comptes pris dans leur ensemble, le commissaire aux comptes adapte son approche générale de la mission. Il peut notamment pour ce faire :

– affecter à la mission des collaborateurs plus expérimentés ou possédant des compétences particulières ;

– recourir à un ou des experts ;

– renforcer la supervision des travaux ;

– introduire un degré supplémentaire d'imprévisibilité pour l'entité dans les procédures d'audit choisies ;

– apporter des modifications à la nature, au calendrier ou à l'étendue des procédures d'audit. Ainsi, par exemple, s'il existe des faiblesses dans l'environnement de contrôle, le commissaire aux comptes peut choisir :

– de mettre en œuvre des contrôles de substance plutôt que des tests de procédures ;

– d'intervenir plutôt après la fin de l'exercice qu'en cours d'exercice ; ou

– d'augmenter le nombre de sites à contrôler.

2. La présente norme a pour objet de définir :

– les principes relatifs à l'adaptation de son approche générale et à la conception des procédures d'audit en réponse à son évaluation du risque d'anomalies significatives ;

– les procédures d'audit à mettre en œuvre indépendamment de cette évaluation ;

– les principes relatifs à l'évaluation du caractère suffisant et approprié des éléments collectés afin de formuler son opinion.

Réponse à l'évaluation du risque d'anomalies significatives au niveau des assertions

5. En réponse à son évaluation du risque au niveau des assertions, le commissaire aux comptes conçoit et met en œuvre des procédures d'audit complémentaires à celles réalisées pour cette évaluation.

Ces procédures d'audit comprennent des tests de procédures, des contrôles de substance, ou une approche mixte utilisant à la fois des tests de procédures et des contrôles de substance.

Le commissaire aux comptes détermine la nature, le calendrier et l'étendue des procédures d'audit qu'il réalise en mettant en évidence le lien entre ces procédures d'audit et les risques auxquels elles répondent.

6. Les facteurs à prendre en considération pour déterminer les procédures à mettre en œuvre sont :

– le niveau de risque d'anomalies significatives sur les assertions considérées pour les catégories d'opérations, les soldes de comptes et les informations fournies dans l'annexe ;

– la nature des contrôles mis en place par l'entité sur ces assertions et la possibilité ou non pour le commissaire aux comptes d'obtenir des éléments prouvant l'efficacité des contrôles.

7. La détermination de l'étendue d'une procédure d'audit, qui correspond au nombre d'éléments testés par cette procédure spécifique, relève du jugement professionnel du commissaire aux comptes, sachant que, plus le risque d'anomalies significatives est élevé, plus la quantité ou la qualité des éléments nécessaires pour que le commissaire aux comptes puisse fonder son opinion est élevée.

8. En termes de calendrier, le commissaire aux comptes peut décider de réaliser des procédures d'audit en cours d'exercice, en plus de celles qui seront mises en œuvre après la fin de l'exercice. Ce choix dépend notamment du niveau et de la nature du risque d'anomalies significatives, de l'environnement de contrôle interne et des informations disponibles, certaines ne pouvant être accessibles qu'à certains moments, pour des observations physiques par exemple.

Tests de procédures

9. Parmi les procédures d'audit, les tests de procédures permettent de collecter des éléments en vue d'apprécier l'efficacité des contrôles conçus et mis en œuvre par l'entité pour prévenir, détecter ou corriger les anomalies significatives au niveau des assertions.

10. Le commissaire aux comptes réalise des tests de procédures pour collecter des éléments suffisants et appropriés montrant que les contrôles de l'entité ont fonctionné efficacement au cours de la période contrôlée dans les cas suivants :

– lorsqu'il a retenu, dans son évaluation du risque d'anomalies significatives au niveau des assertions, l'hypothèse selon laquelle les contrôles de l'entité fonctionnent efficacement ;

– lorsqu'il considère que les seuls contrôles de substance ne permettent pas de réduire le risque d'audit à un niveau suffisamment faible pour obtenir l'assurance recherchée.

11. Pour être en mesure de conclure quant à l'efficacité ou non du contrôle mis en œuvre par l'entité, le commissaire aux comptes, en plus des demandes d'information, utilise une ou plusieurs autres techniques de contrôle, par exemple les procédures analytiques, l'observation physique, l'inspection, la réexécution de certains contrôles réalisés par l'entité. Les tests de procédures ne se limitent pas à des demandes d'information.

12. Plus le commissaire aux comptes s'appuie sur l'efficacité du contrôle interne dans l'évaluation du risque d'anomalies significatives, plus il étend les tests de procédures.

13. Lorsque le commissaire aux comptes collecte des éléments sur l'efficacité des contrôles de l'entité durant une période intermédiaire, il détermine les éléments complémentaires à collecter pour la période restant à couvrir jusqu'à la fin de l'exercice.

14. Lorsque le commissaire aux comptes a l'intention d'utiliser des éléments collectés au cours des exercices précédents sur l'efficacité de certains contrôles de l'entité, il met en œuvre des procédures d'audit visant à détecter si des changements susceptibles d'affecter la pertinence de ces éléments sont survenus depuis. Il recourt pour ce faire à des demandes d'information en association avec des observations physiques ou des inspections pour confirmer sa connaissance des contrôles existants.

15. Lorsqu'il détecte des changements affectant ces contrôles, il teste leur efficacité au titre de l'exercice sur lequel porte sa mission.

16. Lorsque aucun changement n'a affecté ces contrôles, il teste leur efficacité au moins une fois tous les trois exercices. Cette possibilité ne doit cependant pas l'amener à tester tous les contrôles sur un seul exercice sans effectuer de tests de procédures sur chacun des deux exercices suivants.

17. Lorsque, lors de son évaluation du risque d'anomalies significatives, le commissaire aux comptes a identifié un risque inhérent élevé qui requiert une démarche d'audit particulière et qu'il prévoit de s'appuyer sur les contrôles de l'entité destinés à réduire ce risque, il teste l'efficacité de ces contrôles au titre de l'exercice sur lequel porte sa mission, même si ces contrôles n'ont pas fait l'objet de changements susceptibles d'affecter leur efficacité depuis l'audit précédent.

Contrôles de substance

18. Lorsque, lors de son évaluation du risque d'anomalies significatives, le commissaire aux comptes a identifié un risque inhérent élevé qui requiert une démarche d'audit particulière, il met en œuvre des contrôles de substance qui répondent spécifiquement à ce risque.

19. Plus le commissaire aux comptes estime que le risque d'anomalies significatives est élevé, plus les contrôles de substance qu'il réalise sont étendus. Par ailleurs, étant donné que le risque d'anomalies significatives intègre le risque lié au contrôle, des résultats des tests de procédures non satisfaisants augmentent l'étendue des contrôles de substance nécessaires.

20. Lorsque les contrôles de substance sont réalisés à une date intermédiaire, le commissaire aux comptes met en œuvre des contrôles de substance complémentaires, en association ou non avec des tests de procédures, pour couvrir la période subséquente et lui permettre d'étendre les conclusions de ses contrôles de la date intermédiaire à la fin de l'exercice.

Procédures d'audit indépendantes de l'évaluation du risque d'anomalies significatives

21. Indépendamment de l'évaluation du risque d'anomalies significatives, le commissaire aux comptes conçoit et met en œuvre des contrôles de substance pour chaque catégorie d'opérations, solde de compte et information fournie dans l'annexe, dès lors qu'ils ont un caractère significatif.

22. De plus, le commissaire aux comptes met en œuvre les procédures d'audit suivantes :

– rapprochement des comptes annuels ou consolidés avec les documents comptables dont ils sont issus ;

– examen des écritures comptables significatives, y compris des ajustements effectués lors de la clôture des comptes ; et

– évaluation de la conformité au référentiel comptable applicable de la présentation des comptes, y compris les informations fournies en annexe.

Évaluation du caractère suffisant et approprié des éléments collectés

23. En fonction des éléments collectés, le commissaire aux comptes apprécie, tout au long de sa mission, si son évaluation du risque d'anomalies significatives au niveau des assertions reste appropriée.

24. En effet, les éléments collectés peuvent conduire le commissaire aux comptes à modifier la nature, le calendrier ou l'étendue des procédures d'audit planifiées, lorsque les informations obtenues diffèrent de celles prises en compte pour l'évaluation des risques et l'amènent à réviser cette évaluation.

25. Le commissaire aux comptes conclut sur le caractère suffisant et approprié des éléments collectés afin de réduire le risque d'audit à un niveau suffisamment faible pour obtenir l'assurance recherchée. Pour ce faire, le commissaire aux comptes tient compte à la fois des éléments qui confirment et de ceux qui contredisent le respect des assertions.

26. Si le commissaire aux comptes n'a pas obtenu d'éléments suffisants et appropriés pour confirmer un élément significatif au niveau des comptes, il s'efforce d'obtenir des éléments complémentaires. S'il n'est pas en mesure de collecter des éléments suffisants et appropriés, il formule une opinion avec réserve ou un refus de certifier.

Documentation

27. Le commissaire aux comptes consigne dans son dossier :

a) L'adaptation de son approche générale en réponse au risque d'anomalies significatives au niveau des comptes pris dans leur ensemble ;

b) La nature, le calendrier et l'étendue des procédures d'audit conçues et mises en œuvre en réponse à son évaluation du risque d'anomalies significatives ;

c) Le lien entre ces procédures et les risques évalués au niveau des assertions ; et

d) Les conclusions des procédures d'audit.

De plus, lorsque le commissaire aux comptes utilise des éléments sur l'efficacité des contrôles internes collectés lors d'audits précédents, il consigne dans son dossier ses conclusions sur le fait qu'il peut s'appuyer sur ces contrôles.

§ 3. – Des techniques de contrôle

Art. A. 823-9. – La norme d'exercice professionnel relative au caractère probant des éléments collectés, homologuée par le garde des Sceaux, ministre de la Justice, figure ci-dessous :

NORME D'EXERCICE PROFESSIONNEL
« CARACTÈRE PROBANT DES ÉLÉMENTS COLLECTÉS »

Introduction

1. Tout au long de son audit des comptes, le commissaire aux comptes collecte des éléments qui lui permettent d'aboutir à des conclusions à partir desquelles il fonde son opinion sur les comptes.

2. La présente norme a pour objet de définir le caractère probant des éléments collectés par le commissaire aux comptes dans le cadre de l'audit des comptes et les techniques de contrôle qui lui permettent de les collecter.

Définition

3. Assertions : critères dont la réalisation conditionne la régularité, la sincérité et l'image fidèle des comptes.

Caractère probant

4. Les éléments collectés par le commissaire aux comptes comprennent à la fois les informations recueillies au cours de l'audit, celles, le cas échéant, recueillies lors des audits portant sur les exercices précédents et lors d'autres interventions, ou encore celles recueillies dans le cadre de l'acceptation ou du maintien de la mission.

5. Ces éléments apportent au commissaire aux comptes des éléments de preuves ou des présomptions quant au respect d'une ou plusieurs assertions. Ces éléments doivent être suffisants et appropriés pour lui permettre de fonder son opinion sur les comptes.

6. Le caractère approprié est fonction de la qualité des éléments collectés, c'est-à-dire de leur fiabilité et de leur pertinence.

Le caractère suffisant s'apprécie par rapport à la quantité d'éléments collectés. La quantité d'éléments à collecter dépend du risque d'anomalies significatives mais aussi de la qualité des éléments collectés. Le degré de fiabilité des éléments collectés dépend de leur origine, de leur nature et des circonstances particulières dans lesquelles ils ont été recueillis. Ainsi, en principe :

– les éléments collectés d'origine externe sont plus fiables que ceux d'origine interne. Pour cette raison, lorsque le commissaire aux comptes utilise des informations produites par l'entité pour mettre en œuvre des procédures d'audit, il collecte des éléments concernant leur exactitude et leur exhaustivité ;

– les éléments collectés d'origine interne sont d'autant plus fiables que le contrôle interne est efficace ;

– les éléments obtenus directement par le commissaire aux comptes, par exemple lors d'une observation physique, sont plus fiables que ceux obtenus par des demandes d'information ;

– les éléments collectés sont plus fiables lorsqu'ils sont étayés par des documents ;

– enfin, les éléments collectés constitués de documents originaux sont plus fiables que ceux constitués de copies.

7. Dans le cadre de son appréciation de la fiabilité des éléments collectés, le commissaire aux comptes garde un esprit critique quant aux indices qui pourraient remettre en cause leur validité. En cas de doute, il mène plus avant ses investigations.

Ainsi, lorsqu'un élément collecté n'est pas cohérent par rapport à un autre, le commissaire aux comptes détermine les procédures d'audit complémentaires à mettre en place pour élucider cette incohérence.

8. Pour fonder son opinion, le commissaire aux comptes n'est pas tenu d'examiner toutes les informations disponibles dans l'entité dans la mesure où il peut généralement conclure sur la base d'approches par sondage et d'autres moyens de sélection d'éléments à tester.

Assertions et collecte des éléments

9. Les éléments collectés apportent au commissaire aux comptes des éléments de preuves ou des présomptions quant au respect d'une ou plusieurs des assertions suivantes :

Assertions concernant les flux d'opérations et les événements survenus au cours de la période :

– réalité : les opérations et les événements qui ont été enregistrés se sont produits et se rapportent à l'entité ;

– exhaustivité : toutes les opérations et tous les événements qui auraient dû être enregistrés sont enregistrés ;

– mesure : les montants et autres données relatives aux opérations et événements ont été correctement enregistrés ;

– séparation des exercices : les opérations et les événements ont été enregistrés dans la bonne période ;

– classification : les opérations et les événements ont été enregistrés dans les comptes adéquats.

Les assertions concernant les soldes des comptes en fin de période :

– existence : les actifs et les passifs existent ;

– droits et obligations : l'entité détient et contrôle les droits sur les actifs, et les dettes correspondent aux obligations de l'entité ;

– exhaustivité : tous les actifs et les passifs qui auraient dû être enregistrés l'ont bien été ;

– évaluation et imputation : les actifs et les passifs sont inscrits dans les comptes pour des montants appropriés et tous les ajustements résultant de leur évaluation ou imputation sont correctement enregistrés.

Les assertions concernant la présentation des comptes et les informations fournies dans l'annexe :

– réalité et droits et obligations : les événements, les transactions et les autres éléments fournis se sont produits et se rapportent à l'entité ;

– exhaustivité : toutes les informations relatives à l'annexe des comptes requises par le référentiel comptable ont été fournies ;

– présentation et intelligibilité : l'information financière est présentée et décrite de manière appropriée, et les informations données dans l'annexe des comptes sont clairement présentées ;

– mesure et évaluation : les informations financières et les autres informations sont données fidèlement et pour les bons montants.

Techniques de contrôle

10. Pour collecter les éléments nécessaires dans le cadre de l'audit des comptes, le commissaire aux comptes choisit parmi les techniques suivantes :

– l'inspection des enregistrements ou des documents, qui consiste à examiner des enregistrements ou des documents, soit internes soit externes, sous forme papier, sous forme électronique ou autres supports ;

– l'inspection des actifs corporels, qui correspond à un contrôle physique des actifs corporels ;

– *l'observation physique, qui consiste à examiner* la façon dont une procédure est exécutée au sein de l'entité ;

– la demande d'information, qui peut être adressée à des personnes internes ou externes à l'entité ;

– la demande de confirmation des tiers, qui consiste à obtenir de la part d'un tiers une déclaration directement adressée au commissaire aux comptes concernant une ou plusieurs informations ;

– la vérification d'un calcul ;

– la réexécution de contrôles, qui porte sur des contrôles réalisés à l'origine par l'entité ;
– les procédures analytiques, qui consistent à apprécier des informations financières à partir :
– de leurs corrélations avec d'autres informations, issues ou non des comptes, ou avec des données antérieures, postérieures ou prévisionnelles de l'entité ou d'entités similaires ; et
– de l'analyse des variations significatives ou des tendances inattendues.

11. Ces techniques de contrôle peuvent s'utiliser seules ou en combinaison à tous les stades de l'audit des comptes.

Art. A. 823-10. – La norme d'exercice professionnel relative au caractère probant des éléments collectés (applications spécifiques), homologuée par le garde des Sceaux, ministre de la Justice, figure ci-dessous :

NORME D'EXERCICE PROFESSIONNEL
RELATIVE AU CARACTÈRE PROBANT DES ÉLÉMENTS COLLECTÉS

Introduction

1. La présente norme a pour objet de définir les procédures d'audit à mettre en œuvre par le commissaire aux comptes pour collecter des éléments qui lui permettent d'aboutir à des conclusions au titre :
– de l'inventaire physique des stocks ;
– des procès, contentieux et litiges ;
– des immobilisations financières ;
– des informations sectorielles données dans l'annexe des comptes.

2. Les procédures définies dans cette norme ne dispensent pas le commissaire aux comptes de mettre en œuvre les principes et les procédures définies dans les autres normes d'exercice professionnel pour les éléments mentionnés ci-dessus.

Inventaire physique des stocks

3. Lorsque le commissaire aux comptes estime que les stocks sont significatifs, il assiste à la prise d'inventaire physique afin de collecter des éléments suffisants et appropriés sur l'existence et sur l'état physique de ceux-ci.

La présence à la prise d'inventaire permet au commissaire aux comptes de vérifier que les procédures définies par la direction pour l'enregistrement et le contrôle des résultats des comptages sont appliquées et d'en apprécier la fiabilité.

4. Lorsque les stocks sont répartis sur plusieurs sites, le commissaire aux comptes détermine les lieux où il estime que sa présence à l'inventaire physique est nécessaire.

Pour ce faire, il tient compte du risque d'anomalies significatives au niveau des stocks de chaque site.

5. Si, en raison de circonstances imprévues, le commissaire aux comptes ne peut être présent à la date prévue pour la prise d'inventaire physique, et dans la mesure où il existe un inventaire permanent, il intervient à une autre date :
– soit en procédant lui-même à des comptages physiques ;
– soit en assistant à des tels comptages.

Il effectue également, s'il le juge nécessaire, des contrôles sur les mouvements intercalaires.

6. Lorsque sa présence à la prise d'inventaire physique est impossible, notamment en raison de la nature et du lieu de cet inventaire, le commissaire aux comptes détermine s'il peut mettre en œuvre des procédures d'audit alternatives fournissant des éléments présentant un caractère probant équivalent.

Procès, contentieux et litiges

7. Le commissaire aux comptes met en œuvre des procédures d'audit afin d'identifier les procès, contentieux ou litiges impliquant l'entité susceptibles d'engendrer des risques d'anomalies significatives dans les comptes.

Si le commissaire aux comptes a identifié de tels risques, il demande à la direction de l'entité d'obtenir de ses avocats des informations sur ces procès, contentieux ou litiges et de les lui communiquer.

8. Si la direction de l'entité refuse de demander des informations à ses avocats ou de communiquer au commissaire aux comptes les informations obtenues, le commissaire aux comptes en tire les conséquences éventuelles dans son rapport.

Immobilisations financières

9. Lorsque le commissaire aux comptes estime que les immobilisations financières sont significatives, il met en œuvre des procédures d'audit destinées à vérifier leur évaluation et leur imputation et à apprécier les informations fournies dans l'annexe.

Informations sectorielles données dans l'annexe des comptes

10. Lorsque le commissaire aux comptes estime que les informations sectorielles sont significatives, il collecte des éléments destinés à apprécier l'information fournie dans l'annexe des comptes de l'entité.

À cette fin, il met notamment en œuvre des procédures analytiques et s'entretient avec la direction sur des méthodes utilisées pour l'établissement de ces informations.

Art. A. 823-11. – **La norme d'exercice professionnel relative aux demandes de confirmation des tiers, homologuée par le garde des Sceaux, ministre de la Justice, figure ci-dessous :**

NORME D'EXERCICE PROFESSIONNEL
RELATIVE AUX DEMANDES DE CONFIRMATION DES TIERS

Introduction

1. Pour collecter les éléments qui lui permettent d'aboutir à des conclusions à partir desquelles il fonde son opinion sur les comptes, le commissaire aux comptes choisit parmi différentes techniques de contrôle, dont celle de la demande de confirmation des tiers.

2. La présente norme a pour objet de définir les principes relatifs à l'utilisation de cette technique par le commissaire aux comptes.

Caractéristiques de la demande de confirmation des tiers

3. La demande de confirmation des tiers consiste à obtenir de la part d'un tiers une déclaration directement adressée au commissaire aux comptes concernant une ou plusieurs informations.

4. Il y a lieu de distinguer la demande de confirmation fermée par laquelle il est demandé au tiers de donner son accord sur l'information fournie de la demande de confirmation ouverte par laquelle il est demandé au tiers de fournir lui-même l'information.

5. Cette technique de contrôle est généralement utilisée pour confirmer un solde de compte et les éléments le composant, mais elle peut aussi permettre de confirmer :

– les termes d'un contrat ou l'absence d'accords particuliers susceptibles d'avoir une incidence sur la comptabilisation de produits ;

– ou encore l'absence d'engagements hors bilan.

6. Le commissaire aux comptes utilise cette technique de contrôle lorsqu'il l'estime nécessaire à la collecte d'éléments suffisants et appropriés pour vérifier une assertion.

Pour ce faire, il prend en compte le risque d'anomalies significatives au niveau de l'assertion et ce qui est attendu des autres procédures d'audit planifiées en terme de réduction de ce risque.

7. L'utilité de cette technique de contrôle n'est pas la même selon l'assertion à vérifier. Si elle permet par exemple de collecter des éléments fiables et pertinents sur l'existence de créances clients, elle ne permet généralement pas de collecter des éléments sur l'évaluation de ces créances, en raison de la difficulté d'interroger un tiers sur sa capacité à s'en acquitter.

Mise en œuvre de la demande de confirmation des tiers

8. Le commissaire aux comptes détermine le contenu des demandes de confirmation des tiers en fonction notamment des assertions concernées et des facteurs susceptibles d'affecter la fiabilité des réponses tels que la nature de la demande de confirmation, fermée ou ouverte, ou encore son expérience acquise lors de ses audits précédents.

9. Le commissaire aux comptes a la maîtrise de la sélection des tiers à qui il souhaite adresser les demandes de confirmation, de la rédaction et de l'envoi de ces demandes, ainsi que de la réception des réponses.

10. Si la direction de l'entité s'oppose aux demandes de confirmation des tiers envisagées par le commissaire aux comptes, il examine si ce refus se fonde sur des motifs valables et collecte sur ces motifs des éléments suffisants et appropriés.

11. S'il considère que le refus de la direction est fondé, le commissaire aux comptes met en œuvre des procédures d'audit alternatives afin d'obtenir les éléments suffisants et appropriés sur le ou les points concernés par les demandes.

12. S'il considère que le refus de la direction n'est pas fondé, le commissaire aux comptes en tire les conséquences éventuelles dans son rapport.

Évaluation des résultats de la demande de confirmation des tiers

13. Lorsque le commissaire aux comptes n'obtient pas de réponse à une demande de confirmation, il met en œuvre des procédures d'audit alternatives permettant de collecter les éléments qu'il estime nécessaires pour vérifier les assertions faisant l'objet du contrôle.

14. Lorsque la demande de confirmation des tiers et les procédures alternatives mises en œuvre par le commissaire aux comptes ne lui permettent pas de collecter les éléments suffisants et appropriés pour vérifier une assertion donnée, il met en œuvre des procédures d'audit supplémentaires afin de les obtenir.

15. Le commissaire aux comptes évalue si les résultats des demandes de confirmation des tiers et des procédures d'audit alternatives et supplémentaires mises en œuvre apportent des éléments suffisants et appropriés pour vérifier les assertions faisant l'objet du contrôle.

Art. A. 823-12. – La norme d'exercice professionnel relative aux procédures analytiques, homologuée par le garde des Sceaux, ministre de la Justice, figure ci-dessous :

NORME D'EXERCICE PROFESSIONNEL
RELATIVE AUX PROCÉDURES ANALYTIQUES

Introduction

1. Pour collecter les éléments qui lui permettent d'aboutir à des conclusions à partir desquelles il fonde son opinion sur les comptes, le commissaire aux comptes utilise différentes techniques de contrôle, dont celle des procédures analytiques.

2. La présente norme a pour objet de définir les principes relatifs à l'utilisation de cette technique par le commissaire aux comptes.

Définitions

3. Contrôles de substance : procédures d'audit mises en œuvre pour détecter les anomalies significatives au niveau des assertions. Elles incluent :

– les tests de détail ;
– les procédures analytiques.

4. Procédure analytique : technique de contrôle qui consiste à apprécier des informations financières à partir :

– de leurs corrélations avec d'autres informations, issues ou non des comptes, ou avec des données antérieures, postérieures ou prévisionnelles de l'entité ou d'entités similaires ;
– et de l'analyse des variations significatives ou des tendances inattendues.

Mise en œuvre des procédures analytiques

5. Le commissaire aux comptes met en œuvre des procédures analytiques lors de la prise de connaissance de l'entité et de son environnement et de l'évaluation du risque d'anomalies significatives dans les comptes. À ce stade, l'utilisation de cette technique peut notamment permettre au commissaire aux comptes d'identifier des opérations ou des événements inhabituels.

6. Lorsque le commissaire aux comptes conçoit les contrôles de substance à mettre en œuvre, en réponse à son évaluation du risque au niveau des assertions et pour les catégories d'opérations, les soldes de comptes et les informations fournies dans l'annexe qui ont un caractère significatif, il peut utiliser les procédures analytiques en tant que contrôles de substance. C'est le cas par exemple lorsqu'il estime que ces procédures, seules ou combinées avec d'autres, sont plus efficaces que les seuls tests de détail.

7. Le commissaire aux comptes met en œuvre des procédures analytiques lors de la revue de la cohérence d'ensemble des comptes, effectuée à la fin de l'audit. L'application de cette technique lui permet d'analyser la cohérence d'ensemble des comptes au regard des éléments collectés tout au long de l'audit, sur l'entité et son secteur d'activité.

8. Lorsque les procédures analytiques mettent en évidence des informations qui ne sont pas en corrélation avec d'autres informations ou des variations significatives ou des tendances inattendues, le commissaire aux comptes détermine les procédures d'audit à mettre en place pour élucider ces variations et ces incohérences.

9. Lorsque les procédures analytiques conduisent le commissaire aux comptes à identifier des risques non détectés jusqu'alors, il apprécie la nécessité de compléter les procédures d'audit qu'il a réalisées.

Art. A. 823-13. – La norme d'exercice professionnel relative à la sélection des éléments à contrôler, homologuée par le garde des Sceaux, ministre de la Justice, figure ci-dessous :

NORME D'EXERCICE PROFESSIONNEL
RELATIVE À LA SÉLECTION DES ÉLÉMENTS À CONTRÔLER

Introduction

1. Lorsque, dans le cadre de l'audit des comptes, le commissaire aux comptes met en œuvre des tests de procédures ou des tests de détail, il sélectionne les éléments sur lesquels portent ces procédures d'audit.

2. La présente norme a pour objet de définir les principes relatifs à l'utilisation par le commissaire aux comptes de méthodes de sélection dans le cadre de l'audit des comptes.

Définition

3. Population : ensemble des données à partir desquelles le commissaire aux comptes sélectionne un échantillon et sur lesquelles il souhaite parvenir à une conclusion. Une population peut par exemple être constituée de tous les éléments d'un solde de compte ou d'une catégorie d'opérations.

Méthodes de sélection d'éléments à contrôler

4. Lors de la conception des procédures d'audit à mettre en œuvre, le commissaire aux comptes détermine, sur la base de son jugement professionnel, les méthodes appropriées de sélection des éléments à contrôler.

En fonction des caractéristiques de la population qu'il veut contrôler, le commissaire aux comptes utilise une ou plusieurs des méthodes de sélection suivantes :

– la sélection de tous les éléments ;

– la sélection d'éléments spécifiques ;

– les sondages.

Sélection de tous les éléments

5. Cette méthode de sélection est principalement utilisée lorsque la population est constituée d'un petit nombre d'éléments.

Sélection d'éléments spécifiques

6. En fonction de la connaissance qu'il a acquise de l'entité et de son environnement et de son évaluation du risque d'anomalies significatives, le commissaire aux comptes peut décider d'utiliser cette méthode de sélection notamment lorsqu'il estime pertinent :

– de couvrir, en valeur, une large proportion de la population. Dans ce cas et lorsque les caractéristiques de la population le permettent, le commissaire aux comptes sélectionne les éléments dont le montant est supérieur à un montant donné qu'il fixe pour cette sélection, conformément aux principes définis dans la norme relative aux anomalies significatives et au seuil de signification ;

– de contrôler des éléments inhabituels en raison de leur importance ou de leur nature.

Sondages

7. Un sondage donne à tous les éléments d'une population une chance d'être sélectionnés.

Les techniques de sélection d'échantillons dans le cadre de sondages peuvent être statistiques ou non statistiques.

Analyse des résultats des contrôles et conséquences sur l'audit

8. Quelle que soit la méthode de sélection des éléments à contrôler qu'il retient, le commissaire aux comptes en fonction du résultat des procédures mises en œuvre :

– apprécie si l'évaluation du risque d'anomalies significatives au niveau des assertions, qu'il avait définie pour cette population, reste appropriée ;

– conclut sur le caractère suffisant et approprié des éléments collectés ;

– tire les conséquences, sur sa mission, des anomalies identifiées conformément aux principes définis dans les normes d'exercice professionnel relatives aux anomalies significatives et au seuil de signification.

9. En outre, lorsque le commissaire aux comptes a sélectionné des éléments d'une population par sondages, il tire du contrôle de ces éléments une conclusion sur toute la population.

Lorsque les résultats de ce contrôle révèlent des anomalies, le commissaire aux comptes en apprécie la nature et la cause.

Selon qu'il estime qu'il s'agit d'une situation ponctuelle qui survient à partir d'un événement isolé ou qu'elle est représentative de situations similaires dans la population, le commissaire aux comptes en apprécie les conséquences sur l'ensemble de la population.

Art. A. 823-14 *(Mod., A. 21 juin 2011)*. **– La norme d'exercice professionnel relative aux déclarations de la direction, homologuée par le garde des Sceaux, ministre de la Justice, figure ci-dessous :**

DÉCLARATIONS DE LA DIRECTION

Introduction

1. Dans le cadre de l'audit des comptes, les membres de la direction, y compris le représentant légal, font des déclarations au commissaire aux comptes. Celles-ci constituent des éléments collectés pour aboutir à des conclusions sur lesquelles il fonde son opinion sur les comptes.

2. La présente norme a pour objet de définir :

– les principes relatifs à l'utilisation par le commissaire aux comptes des déclarations de la direction obtenues au cours de l'audit des comptes ;

– les principes relatifs aux déclarations que le commissaire aux comptes estime nécessaires pour conclure sur les assertions qu'il souhaite vérifier ;

– les conséquences éventuelles que le commissaire aux comptes tire sur l'expression de son opinion du fait que le représentant légal responsable des comptes ne lui fournit pas les déclarations écrites demandées.

Utilisation des déclarations de la direction

3. Tout au long de l'audit des comptes, la direction fait, au commissaire aux comptes, des déclarations, orales ou écrites, spontanées ou en réponse à des demandes spécifiques. Ces déclarations peuvent être faites par des membres de la direction de niveaux de responsabilité et de domaines de compétence différents selon les éléments sur lesquels portent les déclarations.

4. Lorsqu'elles concernent des éléments significatifs des comptes, le commissaire aux comptes :

– cherche à collecter des éléments qui corroborent les déclarations de la direction ;

– apprécie, le cas échéant, si elles sont cohérentes avec les autres éléments collectés ;

– détermine si les personnes à l'origine de ces déclarations sont celles qui possèdent la meilleure compétence et la meilleure connaissance au regard des éléments sur lesquels elles se prononcent.

5. Lorsque le commissaire aux comptes identifie une déclaration de la direction qui ne semble pas cohérente avec d'autres éléments collectés, il met en œuvre des procédures d'audit afin d'élucider cette incohérence et, le cas échéant, reconsidère les autres déclarations de la direction de l'entité.

Déclarations que le commissaire aux comptes estime nécessaires pour conclure sur les assertions qu'il souhaite vérifier.

6. Le commissaire aux comptes demande au représentant légal une formulation écrite des déclarations qu'il estime nécessaires pour conclure sur les assertions qu'il souhaite vérifier.

7. Indépendamment d'autres déclarations écrites que le commissaire aux comptes estimerait nécessaires, il demande au représentant légal des déclarations écrites par lesquelles :

– il déclare que des contrôles destinés à prévenir et à détecter les erreurs et les fraudes ont été conçus et mis en œuvre dans l'entité ;

– il estime que les anomalies non corrigées relevées par le commissaire aux comptes ne sont pas, seules ou cumulées, significatives au regard des comptes pris dans leur ensemble. Un état de ces anomalies non corrigées est joint à cette déclaration écrite. En outre, lorsque le représentant légal considère que certains éléments reportés sur cet état ne constituent pas des anomalies, il le mentionne dans sa déclaration ;

– il confirme lui avoir communiqué son appréciation sur le risque que les comptes puissent comporter des anomalies significatives résultant de fraudes ;

– il déclare lui avoir signalé toutes les fraudes avérées dont il a eu connaissance ou qu'il a suspectées, et *impliquant* la direction, des employés ayant un rôle clé dans le dispositif de contrôle interne ou d'autres personnes dès lors que la fraude est susceptible d'entraîner des anomalies significatives dans les comptes ;

– il déclare lui avoir signalé toutes les allégations de fraudes ayant un impact sur les comptes de l'entité et portées à sa connaissance par des employés, anciens employés, analystes, régulateurs ou autres ;

– il déclare avoir, au mieux de sa connaissance, appliqué les textes légaux et réglementaires ;

– il déclare avoir fourni dans l'annexe des comptes, au mieux de sa connaissance, l'information sur les parties liées requise par le référentiel comptable appliqué ;

– lorsque des faits ou événements susceptibles de remettre en cause la continuité de l'exploitation de l'entité ont été identifiés, il déclare lui avoir communiqué les plans d'actions définis pour l'avenir de l'entité. Il déclare en outre que ces plans d'actions reflètent les intentions de la direction ;

– il déclare que les principales hypothèses retenues pour l'établissement des estimations comptables reflètent les intentions de la direction et la capacité de l'entité, à ce jour, à mener à bien les actions envisagées ;

– il déclare qu'à ce jour il n'a connaissance d'aucun événement survenu depuis la date de clôture de l'exercice qui nécessiterait un traitement comptable ou une mention dans l'annexe et/ou dans le rapport de l'organe compétent à l'organe appelé à statuer sur les comptes.

8. Les déclarations écrites peuvent prendre la forme :

– d'une lettre du représentant légal adressée au commissaire aux comptes, qualifiée de « lettre d'affirmation » ;

– d'une lettre adressée par le commissaire aux comptes au représentant légal dans laquelle il explicite sa compréhension de ces déclarations.

Par ailleurs, certaines déclarations du représentant légal peuvent être consignées dans un extrait de procès-verbal d'une réunion de l'organe chargé de l'administration.

9. Lorsque le commissaire aux comptes sollicite une lettre d'affirmation, il demande que le signataire précise qu'il établit cette lettre en tant que responsable de l'établissement des comptes, que la lettre soit datée et signée et qu'elle lui soit envoyée directement.

Lorsqu'une des déclarations porte sur un élément spécifique des comptes qui demande des compétences techniques particulières, celle-ci peut être cosignée par le membre de la direction compétent sur le sujet.

10. La lettre d'affirmation est émise à une date la plus rapprochée possible de la date de signature du rapport du commissaire aux comptes et ne peut être postérieure à cette dernière.

11. Lorsque le commissaire aux comptes adresse une lettre au représentant légal, il lui demande d'en accuser réception et de confirmer par écrit son accord sur les termes exposés à une date la plus rapprochée possible de la date de signature de son rapport. Cette confirmation ne peut être postérieure à la date de signature du rapport.

12. Lorsque des déclarations du représentant légal sont consignées dans un extrait de procès-verbal d'une réunion d'un organe mentionné à l'article L. 823-16 du Code de commerce, le commissaire aux comptes s'assure que la date de la réunion concernée est suffisamment proche de la date de signature de son rapport.

Conséquences sur l'expression de l'opinion du commissaire aux comptes du fait que le représentant légal ne fournit pas les déclarations écrites demandées

13. Lorsque le représentant légal refuse de fournir ou de confirmer une ou plusieurs des déclarations écrites demandées par le commissaire aux comptes, celui-ci s'enquiert auprès de lui des raisons de ce refus.

En fonction des réponses formulées, le commissaire aux comptes tire les conséquences éventuelles sur l'expression de son opinion.

Documentation

14. Le commissaire aux comptes conserve dans son dossier de travail les comptes rendus de ses entretiens avec la direction de l'entité et les déclarations écrites obtenues de cette dernière.

§ 4. – Des contrôles des risques spécifiques au cours de la mission

Art. A. 823-15 *(Mod., A. 21 juin 2011).* **– La norme d'exercice professionnel relative à la prise en considération de la possibilité de fraudes lors de l'audit des comptes, homologuée par le garde des Sceaux, ministre de la Justice, figure ci-dessous :**

PRISE EN CONSIDÉRATION DE LA POSSIBILITÉ DE FRAUDES LORS DE L'AUDIT DES COMPTES

Introduction

1. Lors de la planification et de la réalisation de son audit, le commissaire aux comptes identifie et évalue le risque d'anomalies significatives dans les comptes et conçoit les procédures d'audit à mettre en œuvre en réponse à cette évaluation. Ces anomalies peuvent résulter d'erreurs mais aussi de fraudes.

2. La présente norme a pour objet de définir les procédures d'audit spécifiques relatives :

– à l'identification et à l'évaluation du risque d'anomalies significatives résultant de fraudes, dans les comptes ;

– à l'adaptation de l'approche générale et à la conception des procédures d'audit en réponse à cette évaluation.

3. Cette norme s'applique aux fraudes susceptibles d'entraîner des anomalies significatives dans les comptes, à savoir :

– les actes intentionnels portant atteinte à l'image fidèle des comptes et de nature à induire en erreur l'utilisateur de ces comptes ;

– le détournement d'actifs.

Caractéristiques de la fraude

4. La fraude se distingue de l'erreur par son caractère intentionnel.

5. Le risque de ne pas détecter une anomalie significative dans les comptes est plus élevé en cas de fraude qu'en cas d'erreur parce que la fraude est généralement accompagnée de procédés destinés à dissimuler les faits.

6. Conformément au principe défini dans la norme « Principes applicables à l'audit des comptes mis en œuvre dans le cadre de la certification des comptes », le commissaire aux comptes fait preuve d'esprit critique et tient compte, tout au long de son audit, du fait qu'une anomalie significative résultant d'une fraude puisse exister.

Échanges d'informations au sein de l'équipe d'audit

7. Lors de la planification de l'audit, les membres de l'équipe d'audit s'entretiennent du risque d'anomalies significatives résultant de fraudes.

Ces échanges permettent notamment au commissaire aux comptes d'apprécier les réponses à apporter à ce risque.

8. Le commissaire aux comptes détermine quels membres de l'équipe d'audit participent à ces échanges ainsi que les informations à communiquer aux membres de l'équipe qui n'y ont pas participé.

9. Les échanges peuvent porter, notamment, sur les éléments des comptes susceptibles de contenir des anomalies significatives résultant de fraudes ou sur les facteurs externes ou internes à l'entité susceptibles de créer, à l'égard de la direction et d'autres personnes au sein de l'entité, des incitations, des pressions ou des opportunités pour commettre une fraude.

10. Ces échanges peuvent permettre de répartir les différentes procédures d'audit à mettre en œuvre au sein de l'équipe d'audit.

11. Ces échanges se poursuivent, si nécessaire, au cours de la mission.

Prise de connaissance de l'entité et de son environnement et évaluation du risque d'anomalies significatives résultant de fraudes.

12. Afin d'identifier le risque d'anomalies significatives résultant de fraudes, le commissaire aux comptes, lors de sa prise de connaissance de l'entité et de son environnement, met en œuvre des procédures d'audit, qui consistent à :

– s'enquérir du risque de fraude ;

– prendre connaissance de la façon dont les organes mentionnés à l'article L. 823-16 du Code de commerce exercent leur surveillance en matière de risque de fraude ;

– analyser les facteurs de risque de fraude.

Par ailleurs, il tient compte des résultats des procédures analytiques et des informations obtenues à l'occasion d'autres procédures d'audit mises en œuvre dans le cadre de sa mission.

13. Parce que la direction est responsable du contrôle interne mis en place dans l'entité et de la préparation des comptes, le commissaire aux comptes s'enquiert auprès d'elle :

– de l'appréciation qu'elle a du risque que les comptes comportent des anomalies significatives résultant de fraudes ;

– des procédures qu'elle a mises en place pour identifier les risques de fraude dans l'entité et pour y répondre, y compris les risques spécifiques qu'elle aurait identifiés, ou les catégories d'opérations, les soldes de comptes ou les informations fournies dans l'annexe au titre desquels un risque de fraude peut exister ;

– le cas échéant, des informations qu'elle a communiquées aux organes mentionnés à l'article L. 823-16 du Code de commerce sur les procédures mises en place pour identifier les risques de fraude dans l'entité et y répondre ;

– le cas échéant, des informations qu'elle a communiquées aux employés sur sa vision de la conduite des affaires et sur la politique éthique de l'entité ;

– de la connaissance éventuelle par celle-ci de fraudes avérées, suspectées ou simplement alléguées concernant l'entité.

14. Le commissaire aux comptes s'enquiert par ailleurs auprès des personnes chargées de l'audit interne et de toute autre personne qu'il estime utile d'interroger dans l'entité de leur éventuelle connaissance de fraudes avérées, suspectées ou simplement alléguées concernant l'entité.

Il s'entretient également de ces questions avec les organes mentionnés à l'article L. 823-16 du Code de commerce, notamment afin de corroborer les réponses apportées par la direction de l'entité.

15. L'importance accordée par les organes mentionnés à l'article L. 823-16 du Code de commerce à la prévention de la fraude a une incidence sur le risque de fraude. Le commissaire aux comptes prend connaissance de la façon dont cet organe exerce sa surveillance sur les procédures mises en œuvre par la direction pour identifier les risques de fraude dans l'entité et pour répondre à ces risques.

16. Le commissaire aux comptes apprécie si les informations obtenues lors de ces entretiens indiquent la présence d'un ou de plusieurs facteurs de risque de fraude. Il peut relever des faits ou identifier des situations qui indiquent l'existence d'incitations ou de pressions à commettre des fraudes ou qui en offrent l'opportunité.

17. Lorsque le commissaire aux comptes met en œuvre des procédures analytiques lui permettant de prendre connaissance de l'entité, il apprécie si les corrélations inhabituelles ou inattendues indiquent des risques d'anomalies significatives résultant de fraudes.

18. En complément, le commissaire aux comptes apprécie si des informations obtenues à l'occasion d'autres procédures d'audit indiquent des risques d'anomalies significatives résultant de fraudes.

19. Lorsque le commissaire aux comptes a identifié, lors de sa prise de connaissance de l'entité et de son environnement, des risques d'anomalies significatives résultant de fraudes, il évalue, dans tous les cas, la conception et la mise en œuvre des contrôles de l'entité qui se rapportent à ces risques.

Il existe une présomption de risque d'anomalies significatives résultant de fraudes dans la comptabilisation des produits. De ce fait, lorsque le commissaire aux comptes estime que ce risque n'existe pas, il en justifie dans son dossier.

Réponses à l'évaluation du risque d'anomalies significatives résultant de fraudes

20. En réponse à son évaluation du risque d'anomalies significatives résultant de fraudes, au niveau des comptes pris dans leur ensemble, le commissaire aux comptes adapte son approche générale de la mission. Pour cela, il :

– reconsidère l'affectation des membres de l'équipe d'audit et le degré de supervision de leurs travaux ;

– analyse les choix comptables de l'entité, en particulier ceux qui concernent des estimations qui reposent sur des hypothèses ou des opérations complexes, ainsi que leur mise en œuvre. Il apprécie si ces choix sont de nature à porter atteinte à l'image fidèle des comptes ;

– introduit un élément d'imprévisibilité pour l'entité dans le choix de la nature, du calendrier et de l'étendue des procédures d'audit.

21. En réponse à son évaluation du risque d'anomalies significatives résultant de fraudes, au niveau des assertions, le commissaire aux comptes conçoit et met en œuvre des procédures d'audit complémentaires à celles réalisées pour cette évaluation. Il détermine leur nature, leur calendrier et leur étendue en fonction du risque auquel elles répondent. Par exemple, il peut décider de faire davantage appel à l'observation physique de certains actifs, de recourir à des techniques de contrôle assistées par ordinateur ou encore de mettre en œuvre des procédures analytiques plus détaillées.

22. En complément des réponses à l'évaluation du risque d'anomalies significatives résultant de fraudes, au niveau des comptes pris dans leur ensemble et au niveau des assertions et afin de répondre au risque que la direction s'affranchisse de certains contrôles mis en place par l'entité, le commissaire aux comptes conçoit et met en œuvre des procédures d'audit, qui consistent à :

– vérifier le caractère approprié des écritures comptables et des écritures d'inventaire passées lors de la préparation des comptes ;

– revoir si les estimations comptables ne sont pas biaisées. Pour cela, le commissaire aux comptes peut notamment revoir les jugements et les hypothèses de la direction reflétés dans les estimations comptables des années antérieures à la lumière des réalisations ultérieures ;

– comprendre la justification économique d'opérations importantes qui lui semblent être en dehors des activités ordinaires de l'entité, ou qui lui apparaissent inhabituelles eu égard à sa connaissance de l'entité et de son environnement.

Réévaluation du risque d'anomalies significatives résultant de fraudes

23. En fonction des éléments collectés, le commissaire aux comptes apprécie, tout au long de sa mission, si son évaluation du risque d'anomalies significatives résultant de fraudes au niveau des assertions reste appropriée.

24. Lorsqu'il relève une anomalie significative, il apprécie si elle peut constituer l'indice d'une fraude.

25. Lorsqu'il met en œuvre, à la fin de l'audit, des procédures analytiques lui permettant d'apprécier la cohérence d'ensemble des comptes, il apprécie si les corrélations inhabituelles ou inattendues indiquent l'existence d'un risque, jusqu'alors non identifié, d'anomalies significatives résultant de fraudes.

26. Dans de telles situations, le commissaire aux comptes peut être amené à reconsidérer la nature, le calendrier ou l'étendue des procédures d'audit planifiées et à reconsidérer les informations obtenues de la direction.

Déclarations de la direction

27. Le commissaire aux comptes demande à la direction des déclarations écrites par lesquelles :

– elle déclare que des contrôles destinés à prévenir et à détecter les fraudes ont été conçus et mis en œuvre dans l'entité ;

– elle confirme lui avoir communiqué son appréciation sur le risque que les comptes puissent comporter des anomalies significatives résultant de fraudes ;

– elle déclare lui avoir signalé toutes les fraudes avérées dont elle a eu connaissance, ou suspectées, et impliquant la direction, des employés ayant un rôle clé dans le dispositif de contrôle interne ou d'autres personnes, dès lors que la fraude est susceptible d'entraîner des anomalies significatives dans les comptes ;

– elle déclare lui avoir signalé toutes les allégations de fraudes ayant un impact sur les comptes de l'entité et portées à sa connaissance par des employés, anciens employés, analystes, régulateurs ou autres.

Communication

28. Lorsque le commissaire aux comptes a identifié une fraude ayant entraîné des anomalies significatives dans les comptes ou a obtenu des informations sur la possibilité d'une telle fraude, il en informe dès que possible la direction. Il lui communique également, au niveau de responsabilité approprié, les fraudes relevées au cours de son audit n'ayant pas entraîné d'anomalies significatives dans les comptes.

29. Le commissaire aux comptes applique les dispositions de la norme d'exercice professionnel relative aux communications avec les organes mentionnés à l'article L. 823-16 du Code de commerce.

À ce titre, il communique :

– les fraudes ayant entraîné des anomalies significatives dans les comptes ou les informations qu'il a obtenues sur la possibilité de telles fraudes ;

– les fraudes impliquant la direction ou des employés ayant un rôle clé dans le dispositif de contrôle interne.

30. Le commissaire aux comptes apprécie s'il existe d'autres points ayant trait à la fraude à discuter avec les organes mentionnés à l'article L. 823-16 du Code de commerce.

Il peut s'agir par exemple d'interrogation de sa part sur la nature, l'étendue et la fréquence de l'évaluation par la direction des contrôles mis en place pour prévenir et détecter la fraude ou encore sur le processus d'autorisation des opérations qui n'entrent pas dans le cadre habituel de l'activité de l'entité.

Révélation des faits délictueux

31. Lorsque le commissaire aux comptes conclut que les comptes comportent des anomalies significatives résultant de fraudes susceptibles de recevoir une qualification pénale, il révèle les faits au procureur de la République.

Remise en cause de la poursuite de la mission

32. Lorsque le commissaire aux comptes envisage de démissionner en raison de l'existence d'anomalies significatives résultant de fraudes avérées ou suspectées qui remettent en cause la poursuite de la mission, il respecte les règles édictées par le code de déontologie de la profession et s'assure notamment que sa démission a un motif légitime.

33. Si le commissaire aux comptes décide de démissionner :

– il s'en entretient avec les organes mentionnés à l'article L. 823-16 du Code de commerce, et leur en expose les motifs ;

– il répond aux obligations édictées par le Code de déontologie de la profession en terme de succession de mission.

Documentation des travaux

34. Le commissaire aux comptes consigne dans son dossier de travail :

– les décisions importantes prises au cours des échanges entre les membres de l'équipe d'audit sur le risque d'anomalies significatives résultant de fraudes dans les comptes ;

– les risques d'anomalies significatives résultant de fraudes identifiés au niveau des comptes pris dans leur ensemble et au niveau des assertions ;

– l'adaptation de son approche générale en réponse au risque d'anomalies significatives résultant de fraudes au niveau des comptes pris dans leur ensemble ainsi que la nature, le calendrier et l'étendue des procédures d'audit conçues et mises en œuvre en réponse à son évaluation du risque et le lien entre ces procédures et les risques évalués au niveau des assertions ;

– les conclusions des procédures d'audit, et notamment de celles qui sont destinées à répondre au risque que la direction s'affranchisse des contrôles ;

– le cas échéant, les raisons motivant son appréciation selon laquelle il n'existe pas de risque de fraude dans la comptabilisation des produits ;

– les communications qu'il a faites en matière de fraude à la direction et aux organes mentionnés à l'article L. 823-16 du Code de commerce ;

– le cas échéant, la révélation au procureur de la République de faits délictueux.

Art. A. 823-16 *(Mod., A. 21 juin 2011).* **– La norme d'exercice professionnel relative à la prise en compte du risque d'anomalies significatives dans les comptes résultant du non-respect des textes légaux et réglementaires, homologuée par le garde des Sceaux, ministre de la Justice, figure ci-dessous :**

PRISE EN COMPTE DU RISQUE D'ANOMALIES SIGNIFICATIVES DANS LES COMPTES RÉSULTANT DU NON-RESPECT DES TEXTES LÉGAUX ET RÉGLEMENTAIRES

Introduction

1. L'entité est assujettie à des textes légaux et réglementaires dont le non-respect peut conduire à des anomalies significatives dans les comptes.

2. La présente norme a pour objet de définir les procédures d'audit que le commissaire aux comptes met en œuvre :

– afin d'identifier et d'évaluer le risque d'anomalies significatives dans les comptes résultant du non-respect éventuel de textes légaux et réglementaires ;

– lorsqu'il identifie des cas de non-respect de textes légaux et réglementaires susceptibles de conduire à des anomalies dans les comptes.

3. Elle définit en outre les incidences sur l'opinion du commissaire aux comptes des cas de non-respect de textes légaux et réglementaires susceptibles de conduire à des anomalies significatives dans les comptes qu'il a identifiés.

Identification et évaluation du risque d'anomalies significatives dans les comptes résultant du non-respect de textes légaux et réglementaires

4. Lors de la prise de connaissance de l'entité et de son environnement, le commissaire aux comptes prend connaissance du secteur d'activité de l'entité, de son environnement réglementaire, notamment du référentiel comptable applicable, et des moyens mis en œuvre par l'entité pour s'y conformer.

5. Pour ce faire, le commissaire aux comptes s'enquiert auprès de la direction :

– des textes légaux et réglementaires qu'elle estime susceptibles d'avoir une incidence déterminante sur l'activité de l'entité ;

– des procédures conçues et mises en œuvre dans l'entité visant à garantir le respect des textes légaux et réglementaires ;

– des règles et procédures existantes pour identifier les litiges et pour évaluer et comptabiliser leurs incidences.

6. Lorsque le commissaire aux comptes identifie des textes légaux et réglementaires relatifs à l'établissement et à la présentation des comptes qui ont une incidence sur la détermination d'éléments significatifs des comptes :

– il en acquiert une connaissance suffisante pour lui permettre de vérifier leur application ;

– il collecte des éléments suffisants et appropriés justifiant de leur respect.

7. Lorsque le commissaire aux comptes identifie des textes légaux et réglementaires qui ne sont pas relatifs à l'établissement et à la présentation des comptes mais dont le non-respect peut avoir des conséquences financières pour l'entité, telles que des amendes ou des indemnités à verser, ou encore peut mettre en cause la continuité d'exploitation :

– il s'enquiert auprès de la direction du respect de ces textes ;

– il prend connaissance de la correspondance reçue des autorités administratives et de contrôle pour identifier les cas éventuels de non-respect des textes.

8. Tout au long de sa mission, le commissaire aux comptes est par ailleurs attentif au fait que les procédures d'audit mises en œuvre peuvent faire apparaître des cas de non-respect de textes légaux et réglementaires susceptibles de conduire à des anomalies significatives dans les comptes.

9. Lorsque, à l'issue de ces procédures, le commissaire aux comptes a un doute quant au respect, par l'entité, d'un texte légal ou réglementaire susceptible de conduire à des anomalies significatives dans les comptes, il recueille des informations complémentaires pour lever ce doute et s'en entretient avec la direction.

10. Le commissaire aux comptes demande au représentant légal, en tant que responsable des comptes, une déclaration écrite par laquelle il déclare avoir, au mieux de sa connaissance, appliqué les textes légaux et réglementaires.

Procédures d'audit mises en œuvre par le commissaire aux comptes lorsqu'il identifie des cas de non-respect de textes légaux et réglementaires susceptibles de conduire à des anomalies significatives dans les comptes

11. Lorsqu'il identifie un cas de non-respect d'un texte légal ou réglementaire susceptible de conduire à des anomalies significatives dans les comptes, le commissaire aux comptes :

– apprécie si ce non-respect conduit à une anomalie significative dans les comptes ;

– en analyse l'incidence sur son évaluation du risque d'anomalies significatives dans les comptes, sur les procédures d'audit mises en œuvre et sur les éléments collectés, notamment sur la fiabilité des déclarations de la direction.

12. Le commissaire aux comptes communique dès que possible les cas de non-respect de textes légaux et réglementaires relevés aux organes mentionnés à l'article L. 823-16 du Code de commerce ou s'assure qu'ils en ont été informés.

Incidences sur l'opinion

13. Lorsqu'il existe une incertitude sur l'application d'un texte légal ou réglementaire et que le commissaire aux comptes ne peut pas obtenir les éléments suffisants et appropriés pour la lever et en évaluer l'effet sur les comptes :

– il apprécie la nécessité de formuler une observation afin d'attirer l'attention du lecteur des comptes sur l'information fournie dans l'annexe au titre de cette incertitude lorsque cette information est pertinente ;

– il en évalue l'incidence sur son opinion lorsque aucune information n'est fournie dans l'annexe sur cette incertitude ou lorsque l'information fournie n'est pas pertinente.

14. Lorsque le commissaire aux comptes conclut que le non-respect d'un texte légal ou réglementaire conduit à une anomalie significative dans les comptes et que celle-ci n'est pas corrigée, il en évalue l'incidence sur son opinion. Il en est de même lorsqu'il n'a pu mettre en œuvre les procédures d'audit pour apprécier si des cas de non-respect de textes légaux et réglementaires susceptibles de conduire à des anomalies significatives dans les comptes sont survenus.

Art. A. 823-17 *(Rempl., A. 24 août 2021).* **– La norme d'exercice professionnel relative à l'audit des estimations comptables et des informations y afférentes fournies dans l'annexe, homologuée par le garde des sceaux, ministre de la justice, figure ci-dessous :**

NEP 540. L'AUDIT DES ESTIMATIONS COMPTABLES ET DES INFORMATIONS Y AFFÉRENTES FOURNIES DANS L'ANNEXE

Introduction

1. Dans le cadre de la mise en œuvre des principes définis par le référentiel comptable applicable, certains éléments nécessaires à l'établissement des comptes ne peuvent pas être mesurés de façon précise lorsque les montants ne sont pas directement observables. Ces éléments doivent alors être estimés.

Les estimations comptables sont de nature très variable. Pour déterminer une estimation comptable et les informations y afférentes à fournir dans l'annexe, la direction de l'entité met en œuvre un processus qui nécessite le choix d'une méthode et la sélection d'hypothèses et de données.

Selon la nature de l'élément devant être estimé, l'évaluation de l'estimation comptable peut comporter un degré variable d'incertitude en raison des limites inhérentes aux connaissances ou aux données disponibles. Ces limites entraînent nécessairement de la subjectivité. En outre, le choix de la méthode d'évaluation et la sélection des hypothèses et des données à utiliser peuvent introduire de la complexité et requièrent des jugements de la part de la direction. Par ailleurs, des changements propres à l'entité ou des évolutions du référentiel comptable applicable peuvent nécessiter de modifier la méthode, les hypothèses ou les données utilisées. Enfin, il est possible que des *biais soient introduits par la direction* et que des fraudes soient commises lors de l'établissement d'une estimation comptable et des informations y afférentes à fournir dans l'annexe. L'ensemble de ces facteurs de risque inhérent influence le niveau de risque d'anomalies significatives dans les comptes.

2. La présente norme a pour objet de définir les procédures d'audit à mettre en œuvre par le commissaire aux comptes afin d'obtenir des éléments suffisants et appropriés pour apprécier si les estimations comptables et les informations y afférentes fournies dans l'annexe sont raisonnables au regard des règles et principes prescrits par le référentiel comptable, c'est-à-dire si ces règles et principes ont été appliqués de manière appropriée, notamment en ce qui concerne :

– l'établissement des estimations comptables, incluant le choix des méthodes, des hypothèses et des données au regard de la nature des'estimations comptables et des faits et circonstances propres à l'entité ;

– le choix des estimations retenues par la direction ;

– les informations fournies dans l'annexe sur les estimations comptables.

Plus spécifiquement, cette norme précise, pour l'audit des estimations comptables et des informations y afférentes fournies dans l'annexe, certaines dispositions définies dans les normes d'exercice professionnel relatives à l'audit des comptes et en particulier celles relatives à la connaissance de l'entité et de son environnement et l'évaluation du risque d'anomalies significatives dans les comptes, aux procédures d'audit mises en œuvre par le commissaire aux comptes à l'issue de son évaluation des risques et au caractère probant des éléments collectés.

3. La présente norme s'applique à toutes les estimations comptables. Pour autant, la nature, le calendrier et l'étendue des procédures d'audit dépendent des facteurs de risque inhérent relatifs à chacune des estimations comptables et de l'évaluation du risque d'anomalies significatives s'y rattachant.

Ainsi, si selon le jugement professionnel du commissaire aux comptes, l'estimation comptable présente un degré d'incertitude, de complexité et de subjectivité et un risque d'anomalies significatives faibles, les procédures de prise de connaissance peuvent consister principalement en des demandes d'informations auprès de la direction sur le processus mis en œuvre pour établir l'estimation comptable et les informations y afférentes à fournir dans l'annexe, et les procédures en réponse à l'évaluation du risque peuvent se limiter à un examen du dénouement postérieur à la clôture de l'exercice. Si l'estimation comptable présente un degré d'incertitude, de complexité et de subjectivité et un risque d'anomalies significatives plus élevés, la nature, l'étendue et le calendrier des procédures d'audit seront différents.

4. Le commissaire aux comptes détermine si les procédures à mettre en œuvre nécessitent des compétences spécifiques et le recours à des experts indépendants de l'entité, conformément à l'article 7 du code de déontologie.

Définitions

5. *« estimation comptable »* : montant dont l'évaluation selon les règles et principes prescrits par le référentiel comptable applicable comporte une incertitude. Il peut s'agir :

– d'un montant retenu par la direction pour être enregistré dans les comptes ou mentionné dans l'annexe, ou

– d'un montant utilisé par la direction pour prendre une décision quant à la comptabilisation ou à la mention d'informations dans l'annexe. Il pourrait s'agir par exemple d'un montant utilisé pour l'évaluation d'une valeur d'usage d'un actif qui justifie l'absence d''une provision pour dépréciation.

6. *« estimation retenue par la direction »* : montant retenu par la direction pour une estimation comptable afin d'être enregistré dans les comptes ou mentionné dans l'annexe.

7. *« biais introduit par la direction »* : manque de neutralité, volontaire ou non, de la direction dans l'établissement d'une estimation comptable ou des informations y afférentes fournies dans l'annexe.

8. *« dénouement d'une estimation comptable »* : montant réel qui se matérialise à l'issue d'opération(s), d'événement(s) ou de situation(s), ayant donné lieu à une estimation comptable.

9. *« hypothèse importante »* : hypothèse dont une variation raisonnablement possible affecterait de manière significative l'estimation comptable.

Prise de connaissance de l'entité et de son environnement, notamment du référentiel comptable applicable, ainsi que de son contrôle interne

10. Afin d'identifier et d'évaluer le risque d'anomalies significatives au niveau des comptes pris dans leur ensemble et au niveau des assertions, le commissaire aux comptes acquiert une connaissance de l'entité et de son environnement, notamment du référentiel comptable applicable, ainsi que de son contrôle interne, pour ce qui concerne les estimations comptables et les informations y afférentes à fournir dans l'annexe.

Pour ce faire, il met en œuvre les procédures d'audit définies aux §11 à 14.

L'entité et son environnement

11. Le commissaire aux comptes acquiert une connaissance des éléments suivants :

a) Les opérations de l'entité, les événements et les situations pouvant nécessiter d'établir des estimations comptables ainsi que de fournir des informations y afférentes dans l'annexe ou de procéder à des changements dans ces estimations et informations ;

b) Les règles et principes relatifs aux estimations comptables et aux informations y afférentes à fournir dans l'annexe prescrits par le référentiel comptable applicable ainsi que la façon dont s'appliquent ces règles et principes, compte tenu des caractéristiques de l'entité et de son environnement ainsi que des facteurs de risque inhérent ;

c) Le cas échéant, d'autres dispositions règlementaires pertinentes au regard des estimations comptables de l'entité, notamment celles issues du cadre de surveillance prudentielle dans les secteurs des banques ou de l'assurance.

Il prend également en compte la nature des estimations comptables et des informations y afférentes qu'il s'attend à voir enregistrées dans les comptes ou mentionnées dans l'annexe compte tenu des éléments collectés en application des dispositions des *a* à *c* du présent paragraphe.

Le contrôle interne

12. Le commissaire aux comptes acquiert une connaissance des éléments suivants :

a) La nature et l'étendue des contrôles exercés par les organes mentionnés à l'article L. 823-16 du Code de commerce sur le processus d'élaboration de l'information financière mis en place par la direction pour ce qui concerne les estimations comptables et les informations y afférentes à fournir dans l'annexe ;

b) La manière dont la direction détermine les compétences spécifiques nécessaires pour établir ces estimations et informations et décide, le cas échéant, de recourir à un expert ;

c) La manière dont le processus d'évaluation des risques mis en place par la direction permet d'identifier ceux qui sont liés aux estimations comptables et d'y apporter des réponses appropriées ;

d) Le système d'information relatif aux estimations comptables et aux informations y afférentes à fournir dans l'annexe pour ce qui concerne notamment :

– les catégories d'opérations, les événements et les situations qui présentent un caractère significatif pour les comptes pris dans leur ensemble et qui nécessitent d'établir des estimations comptables, et

– les différents éléments du processus d'établissement de ces estimations comptables et des informations y afférentes à fournir dans l'annexe, qui sont décrits au paragraphe 13 ;

e) La prise en compte, par la direction, du dénouement des estimations comptables antérieures.

13. Lorsqu'il prend connaissance du processus d'établissement des estimations comptables et des informations y afférentes à fournir dans l'annexe, le commissaire aux comptes s'enquiert notamment de la manière dont la direction :

a) Choisit, conçoit et applique les méthodes. Plus spécifiquement, lorsque des modèles sont utilisés, le commissaire aux comptes prend connaissance :

– de la façon dont est déterminée la pertinence des modèles et, le cas échéant, dont sont décidées les modifications à y apporter pour tenir compte de facteurs tels que des changements dans les conditions de marché ;

– du processus de validation des modèles ;

– de la façon dont sont déterminés d'éventuels ajustements devant être apportés aux résultats issus des modèles ;

b) Sélectionne, après avoir considéré les hypothèses alternatives, les hypothèses à utiliser et identifie parmi ces dernières celles qui sont importantes. Dans ce cadre, le commissaire aux comptes prend connaissance des analyses de sensibilité réalisées par la direction ;

c) Choisit les données à utiliser en tenant compte par exemple de leur nature, de leur cohérence avec celles utilisées antérieurement, de la manière dont elles sont obtenues, transmises et traitées et dont leur intégrité est maintenue ainsi que du degré de complexité des systèmes d'information, notamment en cas de volume important de données à traiter ;

d) Apprécie, le cas échéant, la nécessité de modifier les méthodes, les hypothèses et les données utilisées.

Le commissaire aux comptes s'enquiert, pour l'estimation comptable objet de ses contrôles, de la manière dont la *direction :*

– apprécie le degré d'incertitude attaché à l'évaluation de l'estimation, notamment au regard de la fourchette des résultats raisonnablement possibles résultant du processus d'établissement de l'estimation comptable ;

– répond à l'incertitude attachée à l'évaluation et notamment comment elle choisit l'estimation retenue et les informations y afférentes à fournir dans l'annexe.

Le commissaire aux comptes acquiert également une connaissance des éléments du contrôle interne pertinents pour l'audit relatifs au processus d'établissement des estimations comptables et des informations y afférentes à fournir dans l'annexe.

14. Le commissaire aux comptes examine le dénouement ou, le cas échéant, la réévaluation des estimations comptables antérieures. Il prend en considération les caractéristiques des estimations comptables pour déterminer la nature et l'étendue de cet examen.

Identification et évaluation du risque d'anomalies significatives

15. Les éléments collectés par le commissaire aux comptes en application des paragraphes 10 à 14 lui permettent d'identifier et d'évaluer le risque d'anomalies significatives au niveau des assertions pour l'estimation comptable objet de ses contrôles et les informations y afférentes à fournir dans l'annexe.

Pour évaluer ce risque, le commissaire aux comptes évalue séparément le risque inhérent et le risque lié au contrôle.

Pour évaluer le risque inhérent, le commissaire aux comptes tient compte du degré d'incertitude attaché à l'évaluation ainsi que de la complexité, de la subjectivité et des autres facteurs de risque inhérent ayant une incidence sur :

– le choix et l'application de la méthode, des hypothèses et des données, et

– le choix de l'estimation retenue par la direction et des informations y afférentes fournies dans l'annexe.

Lorsque le commissaire aux comptes estime que :

– les contrôles de l'entité contribuent à prévenir le risque d'anomalies significatives au niveau des assertions ;

– le risque inhérent élevé requiert une démarche d'audit particulière ;

– les seuls éléments collectés à partir des contrôles de substance ne lui permettront pas de réduire le risque d'audit à un niveau suffisamment faible pour obtenir l'assurance recherchée ;

il évalue le risque lié au contrôle.

Pour ce faire, il évalue la conception et la mise en œuvre des contrôles de l'entité pertinents pour l'audit relatifs au processus d'établissement de l'estimation comptable et des informations y afférentes à fournir dans l'annexe.

Procédures d'audit à mettre en œuvre en réponse au risque d'anomalies significatives

16. En réponse à l'évaluation du risque d'anomalies significatives relatif à l'estimation comptable et aux informations y afférentes à fournir dans l'annexe et compte tenu des éléments qui sous-tendent cette évaluation, le commissaire aux comptes met en œuvre une ou plusieurs des procédures d'audit suivantes :

– obtention d'éléments à partir d'événements survenus postérieurement à la clôture de l'exercice ;

– appréciation du processus d'établissement de l'estimation comptable mis en œuvre par la direction ;

– établissement d'une estimation ou d'une fourchette d'estimations.

Obtention d'éléments à partir d'événements survenus postérieurement à la clôture de l'exercice

17. Lorsque le commissaire aux comptes choisit d'obtenir des éléments à partir d'événements survenus postérieurement à la clôture de l'exercice, il collecte des éléments relatifs au dénouement de tout ou partie de l'estimation comptable ou à des évènements dont la survenance confirme ou infirme des hypothèses importantes ou des données retenues pour son établissement. Il apprécie en outre les informations fournies en annexe au titre de l'estimation comptable.

Appréciation du processus d'établissement de l'estimation comptable mis en œuvre par la direction

18. Lorsque le commissaire aux comptes apprécie le processus d'établissement de l'estimation comptable, il conçoit et met en œuvre des procédures d'audit visant à apprécier :

– le choix et l'application de la méthode, des hypothèses importantes et des données utilisées par la direction pour établir l'estimation comptable, conformément aux dispositions du paragraphe 19 ; et

– la manière dont la direction a choisi l'estimation qu'elle a retenue, le cas échéant à partir d'une fourchette des résultats raisonnablement possibles, et a établi les informations afférentes à cette estimation comptable fournies dans l'annexe, conformément aux dispositions des paragraphes 20 à 22.

Appréciation du choix et de l'application de la méthode, des hypothèses importantes et des données

19. Les procédures d'audit doivent permettre au commissaire aux comptes d'apprécier si :

– le choix et l'application de la méthode, des hypothèses importantes et des données par la direction, y compris le cas échéant les éventuels ajustements apportés aux résultats issus des modèles, sont appropriés au regard du référentiel comptable applicable et si les modifications apportées par rapport aux périodes précédentes le sont également ;

– les jugements portés pour effectuer ces choix présentent des indices d'un biais introduit par la direction ;

– *les hypothèses importantes* retenues par la direction pour l'établissement de l'estimation comptable sont cohérentes entre elles, sont cohérentes avec les hypothèses retenues pour d'autres estimations comptables, et le sont également avec les hypothèses utilisées par l'entité à d'autres fins dont le commissaire aux comptes a eu connaissance au cours de l'audit ;

– la direction a l'intention et la capacité de mettre en œuvre les plans d'actions qui sous-tendent les hypothèses retenues ;

– les données sont pertinentes et fiables dans les circonstances et ont été correctement appréhendées par la direction ;

– l'intégrité des hypothèses importantes et des données a été maintenue lors de l'application de la méthode retenue ;

– les calculs ont été effectués conformément à la méthode retenue et sont arithmétiquement exacts.

Appréciation du choix de l'estimation retenue par la direction et de l'établissement des informations y afférentes fournies dans l'annexe

20. Les procédures d'audit relatives à l'appréciation du choix par la direction de l'estimation retenue et de l'établissement des informations y afférentes fournies dans l'annexe doivent permettre au commissaire aux comptes de déterminer si la direction a mis en œuvre les moyens appropriés pour :

– appréhender le degré d'incertitude attaché à l'évaluation ;

– prendre en compte ce degré d'incertitude dans le choix de l'estimation qu'elle a retenue, le cas échéant parmi une fourchette de résultats raisonnablement possibles, et dans l'établissement des informations afférentes à l'estimation fournies dans l'annexe.

21. Lorsque le commissaire aux comptes estime, sur la base des éléments collectés et de son jugement professionnel, que la direction n'a pas mis en œuvre des moyens appropriés, il lui demande de mettre en œuvre des procédures complémentaires pour appréhender le degré d'incertitude et le cas échéant, y répondre en reconsidérant le choix de l'estimation retenue ou les informations y afférentes fournies dans l'annexe.

Si les procédures complémentaires ne sont pas mises en œuvre ou si le commissaire aux comptes estime qu'elles ne sont pas suffisantes, il établit, si cela est faisable en pratique, sa propre estimation ou une fourchette d'estimations, en appliquant les dispositions des paragraphes 23 et 24.

Si cette procédure n'est pas faisable en pratique, il en évalue les incidences sur l'approche d'audit ou sur l'expression de son opinion conformément au paragraphe 27.

Il évalue s'il existe des faiblesses du contrôle interne pour ce qui concerne l'établissement de l'estimation comptable et des informations y afférentes fournies dans l'annexe et, le cas échéant, en informe les personnes appropriées.

22. Le commissaire aux comptes conçoit et met en œuvre également des procédures d'audit afin d'obtenir des éléments suffisants et appropriés au regard de l'évaluation du risque d'anomalies significatives, au niveau des assertions, lié aux informations y afférentes fournies dans l'annexe, autres que celles relatives à l'incertitude attachée à l'évaluation.

Établissement d'une estimation ou d'une fourchette d'estimations

23. Lorsque le commissaire aux comptes établit une estimation ou une fourchette d'estimations pour apprécier l'estimation comptable, il utilise ses propres méthodes, hypothèses ou données ou tout ou partie de celles retenues par la direction.

Dans tous les cas, il veille à ce que le choix et l'application de ces méthodes, hypothèses et données respectent les principes définis au paragraphe 19.

Il apprécie également les informations afférentes à l'estimation comptable fournies dans l'annexe.

24. Lorsqu'il établit une fourchette d'estimations, le commissaire aux comptes s'assure que les deux bornes de cette fourchette sont étayées par des éléments suffisants et appropriés et sont raisonnables au regard des règles et principes prescrits par le référentiel comptable.

Lorsque l'amplitude de la fourchette d'estimations est importante, ce qui peut être le cas notamment lorsque le degré d'incertitude attaché à l'évaluation est élevé, le commissaire aux comptes veille particulièrement à ce que les informations fournies dans l'annexe sur l'incertitude attachée à l'évaluation soient appropriées.

Évaluation du caractère suffisant et approprié des éléments collectés

25. Tout au long des travaux qu'il met en œuvre, le commissaire aux comptes exerce son esprit critique quant au caractère suffisant et approprié des éléments collectés, au regard du risque d'anomalies significatives relatif aux estimations comptables et aux informations y afférentes fournies dans l'annexe.

26. Lorsqu'il apprécie le caractère suffisant et approprié des éléments collectés, le commissaire aux comptes :

– tient compte à la fois des éléments qui confirment et de ceux qui contredisent le respect des assertions objets de ses vérifications ;

– évalue si les jugements et les décisions de la direction relatifs aux estimations comptables et aux informations y afférentes fournies dans l'annexe, même s'ils apparaissent raisonnables pris individuellement, présentent des indices de biais introduit par la direction en tenant compte du fait qu'ils peuvent constituer des facteurs de risque de fraude.

27. À l'issue des procédures d'audit mises en œuvre et en fonction des éléments collectés, le commissaire aux comptes apprécie si :

– l'évaluation du risque d'anomalies significatives au niveau des assertions reste appropriée, notamment quand des indices d'un biais introduit par la direction ont été identifiés et met en œuvre, le cas échéant, des procédures d'audit complémentaires ;

– les estimations comptables et les informations y afférentes fournies dans l'annexe sont raisonnables au regard du référentiel comptable applicable, ou si elles comportent des anomalies.

Si le commissaire aux comptes n'est pas en mesure de collecter des éléments suffisants et appropriés, il en tire les conséquences éventuelles sur l'expression de son opinion sur les comptes.

Déclarations de la direction

28. Le commissaire aux comptes demande à la direction des déclarations écrites confirmant que les méthodes et les données utilisées sont appropriées, et que les hypothèses importantes sont raisonnables et reflètent correctement ses intentions et la capacité de l'entité à mener à bien les plans d'actions qui sous-tendent les estimations comptables et les informations y afférentes fournies dans l'annexe.

Lorsque le commissaire aux comptes l'estime nécessaire, il demande à la direction des déclarations sur des points spécifiques relatifs à des estimations comptables particulières ou des informations y afférentes fournies dans l'annexe.

Communication avec les organes mentionnés à l'article L. 823-16 du Code de commerce

29. Le commissaire aux comptes détermine les éléments à communiquer aux organes mentionnés à l'article L. 823-16 du Code de commerce en fonction de son appréciation du degré d'incertitude, de complexité et de subjectivité des estimations comptables ainsi que des autres facteurs de risque inhérent.

Cette communication comprend :

– son évaluation du risque d'anomalies significatives relatif aux estimations comptables et aux informations y afférentes fournies en annexe ainsi que les réponses qu'il a apportées à cette évaluation, en particulier lorsque l'application de la méthode implique une modélisation complexe ou lorsqu'un biais a été introduit par la direction ;

– les faiblesses significatives du contrôle interne pour ce qui concerne l'établissement des estimations comptables et des informations y afférentes fournies dans l'annexe ;

– son appréciation du caractère raisonnable, au regard du référentiel comptable applicable, des estimations retenues par la direction et des informations y afférentes fournies dans l'annexe.

Documentation

30. Le commissaire aux comptes consigne notamment dans son dossier les éléments suivants :

– les éléments-clés de sa prise de connaissance de l'entité et de son environnement, ainsi que de son contrôle interne, pour ce qui concerne les estimations comptables et les informations y afférentes fournies dans l'annexe ;

– le cas échéant, son appréciation de la nécessité de recourir à des experts, les travaux réalisés par ces experts et l'utilisation de leurs travaux ;

– son évaluation du risque d'anomalies significatives au niveau des assertions se rattachant aux estimations comptables en distinguant le risque inhérent et le risque lié au contrôle ;

– les procédures d'audit mises en œuvre en réponse à son évaluation du risque d'anomalies significatives et le lien entre ces procédures et cette évaluation ;

– les indices d'un biais introduit par la direction et leurs incidences sur l'approche d'audit ;

– les jugements importants à partir desquels il a déterminé si les estimations comptables et les informations y afférentes fournies dans l'annexe étaient raisonnables au regard du référentiel comptable applicable, ou si elles comportaient des anomalies ;

– les éléments communiqués aux organes mentionnés à l'article L. 823-16 du Code de commerce en application du paragraphe 29.

Art. A. 823-18 *(Rempl., A. 26 mai 2017)* (1). **– La norme d'exercice professionnel relative à la continuité d'exploitation, homologuée par le garde des sceaux, ministre de la justice, figure ci-dessous :**

NEP-570. CONTINUITÉ D'EXPLOITATION

Introduction

1. Pour l'établissement de ses comptes, l'entité est présumée poursuivre ses activités. Ceux-ci sont établis dans une perspective de continuité d'exploitation.

2. La présente norme a pour objet de définir les procédures d'audit que le commissaire aux comptes met en œuvre pour :

– apprécier si l'établissement des comptes dans une perspective de continuité d'exploitation est approprié ; et

– déterminer s'il existe une incertitude significative liée à des événements ou à des circonstances susceptibles de mettre en cause la continuité d'exploitation.

3. La présente norme définit en outre les conséquences que le commissaire aux comptes tire dans son rapport de la traduction dans les comptes des événements ou circonstances susceptibles de mettre en cause la continuité d'exploitation qu'il aurait identifiés au cours de l'audit.

Définition

4. Une incertitude est significative lorsque l'ampleur de son incidence potentielle et sa probabilité de réalisation sont telles que, selon le jugement du commissaire aux comptes, une information appropriée dans les comptes sur la nature et les implications de cette incertitude est nécessaire pour assurer la régularité, la sincérité et l'image fidèle des comptes.

Appréciation de l'établissement des comptes dans une perspective de continuité d'exploitation

5. Lors de la prise de connaissance de l'entité et de l'évaluation du risque d'anomalies significatives dans les comptes, le commissaire aux comptes tient compte de l'existence d'événements ou circonstances susceptibles de mettre en cause la continuité d'exploitation et s'enquiert auprès de la direction de sa connaissance de tels événements ou circonstances.

6. Lorsque le commissaire aux comptes a identifié des événements ou circonstances susceptibles de mettre en cause la continuité d'exploitation, il prend connaissance de l'évaluation faite par la direction de la capacité de l'entité à poursuivre son exploitation.

7. Si la direction a formalisé cette évaluation, le commissaire aux comptes en apprécie la pertinence. Pour ce faire :

– il s'enquiert de la démarche suivie par la direction pour établir cette évaluation et apprécie les actions que l'entité envisage de mener ;

– il apprécie les hypothèses sur lesquelles se fonde l'évaluation et la période sur laquelle elle porte. Lorsque le référentiel comptable ne définit pas cette période, la continuité d'exploitation est appréciée sur une période de douze mois à compter de la clôture de l'exercice ;

– il s'enquiert, auprès de la direction, de sa connaissance d'événements ou de circonstances postérieurs à la période couverte par son évaluation et qui sont susceptibles de mettre en cause la continuité d'exploitation.

8. Si la direction n'a pas formalisé cette évaluation, le commissaire aux comptes s'enquiert auprès d'elle des motifs qui l'ont conduite à établir les comptes dans une perspective de continuité d'exploitation.

9. Par ailleurs, tout au long de sa mission, le commissaire aux comptes reste vigilant sur tout événement ou circonstance susceptible de mettre en cause la continuité d'exploitation. Ces événements ou circonstances peuvent notamment être :

– de nature financière : capitaux propres négatifs, capacité d'autofinancement insuffisante, incidents de paiement, non-reconduction d'emprunts nécessaires à l'exploitation, litiges ou contentieux pouvant avoir des incidences financières importantes ;

---

(1) Les dispositions du présent article, dans leur rédaction antérieure, demeurent applicables à la certification des comptes des entités d'intérêt public pour les exercices ouverts avant le 17 juin 2016, ainsi qu'à celle des personnes et entités qui ne sont pas des entités d'intérêt public pour les exercices ouverts avant le 30 juillet 2016, A. 26 mai 2017, art. 3.

– de nature opérationnelle : départ d'employés de l'entité ayant un rôle clé et non remplacés, perte d'un marché important, conflits avec les salariés, changements technologiques ou réglementaires.

10. Lorsque le commissaire aux comptes a identifié de tels événements ou circonstances :

– il met en œuvre des procédures lui permettant de confirmer ou d'infirmer l'existence d'une incertitude significative sur la continuité d'exploitation ;

– il apprécie si les plans d'actions de la direction sont susceptibles de mettre fin à cette incertitude ;

– il demande à la direction une déclaration écrite par laquelle elle déclare que ses plans d'actions reflètent ses intentions.

Incidence sur le rapport

11. À partir des éléments collectés, le commissaire aux comptes conclut, sur la base de son jugement professionnel, s'il existe ou non une incertitude significative liée à des événements ou à des circonstances qui, pris isolément ou dans leur ensemble, sont susceptibles de mettre en cause la capacité de l'entité à poursuivre son exploitation.

12. Lorsque, au vu des éléments collectés, le commissaire aux comptes estime que l'utilisation du principe de continuité d'exploitation pour l'établissement des comptes est appropriée mais qu'il existe une incertitude significative sur la continuité d'exploitation, il s'assure qu'une information pertinente est donnée dans l'annexe.

13. Si tel est le cas, et en application des dispositions de l'article R. 823-7 du Code de commerce, le commissaire aux comptes précise dans son rapport l'incertitude significative liée à des événements ou à des circonstances susceptibles de mettre en cause la continuité d'exploitation.

Pour cela, il inclut dans son rapport une partie distincte, intitulée « Incertitude significative liée à la continuité d'exploitation », placée avant la justification de ses appréciations, dans laquelle :

– il attire l'attention de l'utilisateur des comptes sur l'information fournie dans l'annexe au titre de cette incertitude significative ; et

– il précise que, sans remettre en cause son opinion, ces événements ou circonstances indiquent l'existence d'une incertitude significative susceptible de mettre en cause la continuité d'exploitation.

14. Si l'annexe ne fournit pas d'information au titre de cette incertitude significative ou si le commissaire aux comptes estime que l'information donnée n'est pas pertinente :

– il formule une certification avec réserve ou un refus de certifier conformément à la norme d'exercice professionnel relative aux rapports du commissaire aux comptes sur les comptes annuels et consolidés ; et

– il indique dans la partie de son rapport relative au fondement de l'opinion qu'il existe une incertitude significative susceptible de mettre en cause la continuité d'exploitation et que les comptes ne donnent pas d'information pertinente sur cette incertitude significative.

15. Lorsque les comptes sont établis dans une perspective de continuité d'exploitation, mais que le commissaire aux comptes estime que l'application par la direction du principe de continuité d'exploitation est inappropriée, il refuse de certifier les comptes.

Procédure d'alerte

16. Lorsque, au cours de sa mission, le commissaire aux comptes relève des faits de nature à compromettre la continuité d'exploitation, il met en œuvre la procédure d'alerte lorsque les dispositions légales et réglementaires le prévoient.

Communication avec les organes mentionnés à l'article L. 823-16 du Code de commerce

17. Le commissaire aux comptes communique aux organes mentionnés à l'article L. 823-16 du Code de commerce les événements ou circonstances identifiés susceptibles de mettre en cause la continuité d'exploitation. Cette communication porte sur les points suivants :

– le fait que les événements ou circonstances constituent ou non une incertitude significative ;

– le caractère approprié ou non de l'utilisation par la direction du principe de continuité d'exploitation pour l'établissement des comptes ;

– la pertinence des informations données dans l'annexe ;

– le cas échéant, les incidences sur le rapport du commissaire aux comptes.

Art. A. 823-18-1 *(A. 21 juin 2011)*. **– La norme d'exercice professionnel relative aux relations et transactions avec les parties liées, homologuée par le garde des Sceaux, ministre de la Justice, figure ci-dessous :**

RELATIONS ET TRANSACTIONS AVEC LES PARTIES LIÉES

Introduction

1. De nombreuses transactions entre parties liées s'inscrivent dans le cadre des activités ordinaires de l'entité et ne recèlent pas davantage de risque d'anomalies significatives dans les comptes que les transactions de même nature réalisées entre parties non liées. Cependant, dans certaines circonstances, la nature des relations et des transactions avec des parties liées peut accroître ce risque, notamment lorsque :

– les transactions avec les parties liées s'inscrivent dans un schéma ou une organisation complexe ;

– les systèmes d'information ne permettent pas d'identifier les transactions réalisées entre l'entité et les parties liées ainsi que les soldes comptables correspondants ;

– certaines transactions avec des parties liées ne sont pas réalisées à des conditions normales de marché, par exemple, lorsqu'elles ne donnent pas lieu à contrepartie ou à rémunération.

2. Du fait des limites de l'audit, il existe un risque que le commissaire aux comptes ne détecte pas toutes les anomalies significatives contenues dans les comptes. Lorsqu'il existe des relations et des transactions avec des parties liées, ce risque est plus élevé car :

– la direction de l'entité n'a pas nécessairement connaissance de toutes les parties liées existantes ni de toutes les transactions réalisées avec les parties liées ;

– ces relations sont susceptibles d'engendrer un risque de collusion, de dissimulation ou de manipulation par la direction.

3. Dans ce contexte, il est particulièrement important que le commissaire aux comptes fasse preuve d'esprit critique tout au long de son audit et tienne compte du fait que l'existence de parties liées peut conduire à des anomalies significatives dans les comptes.

4. La présente norme a pour objet de définir les procédures d'audit que le commissaire aux comptes met en œuvre sur les relations et transactions avec les parties liées dans le cadre de son audit des comptes en vue de leur certification. Elle précise en particulier, s'agissant du risque d'anomalies significatives dans les comptes résultant de l'existence de parties liées et de transactions avec les parties liées, la manière d'appliquer les normes d'exercice professionnel relatives :

– à la connaissance de l'entité et de son environnement et à l'évaluation du risque d'anomalies significatives dans les comptes ;

– aux procédures mises en œuvre par le commissaire aux comptes à l'issue de son évaluation des risques ;

– à la prise en considération de la possibilité de fraudes lors de l'audit des comptes.

Elle définit, par ailleurs, les procédures sur les relations et transactions avec les parties liées que le commissaire aux comptes met en œuvre dans le cadre d'un audit entrant dans le cadre de diligences directement liées à la mission de commissaire aux comptes.

Définitions

5. La définition de « parties liées » prévue dans les référentiels comptables applicables en France aux comptes certifiés par les Commissaires aux comptes en application de l'article L. 823-9 est celle figurant dans les normes comptables internationales adoptées par le règlement (CE) n° 2238/2004 de la Commission du 29 décembre 2004, notamment la partie de son annexe IAS 24 intitulée « Objet des informations relatives aux parties liées », ainsi que par tout règlement communautaire qui viendrait la modifier.

Une autre définition des « parties liées » peut être retenue par l'entité lorsqu'elle établit une information financière en dehors de ses obligations légales, selon un référentiel comptable autre que ceux applicables en France ou selon des critères convenus.

6. Pour les besoins de la présente norme, une transaction conclue à des conditions de concurrence normale est une transaction conclue selon des termes et à des conditions similaires à celle effectuée entre un acheteur et un vendeur consentants qui ne sont pas liés et qui agissent de manière indépendante l'un par rapport à l'autre et au mieux de leurs intérêts respectifs.

Procédures d'évaluation du risque d'anomalies significatives dans les comptes

7. Afin de collecter les informations appropriées quant à l'identification des risques d'anomalies significatives dans les comptes résultant de relations et de transactions avec les parties liées, le commissaire aux comptes met en œuvre les procédures d'audit décrites ci-après aux paragraphes 8 à 13.

Prise de connaissance des relations et transactions de l'entité avec les parties liées

8. Le commissaire aux comptes s'enquiert auprès de la direction :

– de l'identité des parties liées et des modifications intervenues depuis l'exercice précédent ;

– de la nature des relations entre l'entité et ces parties liées ;

– de l'existence de transactions conclues avec ces parties liées au cours de l'exercice ainsi que, le cas échéant, de la nature des transactions et des objectifs poursuivis.

9. Le commissaire aux comptes interroge la direction et toute personne compétente au sein de l'entité, ayant connaissance de relations et de transactions avec les parties liées, sur les contrôles mis en place par la direction afin :

– d'identifier et enregistrer les relations et transactions réalisées avec des parties liées et, le cas échéant, apprécier le caractère normal des conditions consenties ;

– de fournir dans l'annexe les informations prévues par le référentiel comptable applicable à l'entité ;

– d'autoriser et approuver les transactions et accords importants conclus avec des parties liées ;

– d'autoriser et approuver les transactions et accords importants n'entrant pas dans le champ des activités ordinaires de l'entité.

Il met en œuvre les autres procédures qu'il estime nécessaires afin de compléter sa connaissance de ces contrôles.

Échange d'informations sur les parties liées au sein de l'équipe d'audit

10. Lors de la prise de connaissance des relations et des transactions avec les parties liées, les membres de l'équipe d'audit s'entretiennent, comme prévu dans les normes d'exercice professionnel, des risques d'anomalies significatives dans les comptes du fait d'erreurs ou de fraudes résultant de relations et de transactions réalisées avec des parties liées.

11. Ces échanges se poursuivent, si nécessaire, au cours de la mission.

Vigilance lors de l'examen des enregistrements comptables et des documents

12. Au cours de son audit, le commissaire aux comptes reste attentif aux accords et aux autres informations susceptibles d'indiquer l'existence de relations et de transactions avec des parties liées que la direction n'aurait pas identifiées ou qu'elle ne lui aurait pas signalées.

Il examine dans cette perspective les éléments suivants :

– les réponses obtenues de la part des banques et des avocats dans le cadre des procédures d'audit ;

– les procès-verbaux des réunions tenues par l'organe délibérant et de celles tenues par l'organe d'administration ou de surveillance et, le cas échéant, par le comité spécialisé mentionné à l'article L. 823-19 ;

– tout document qu'il estime nécessaire compte tenu de sa connaissance de l'entité et de son environnement.

13. Lorsque au cours de son audit, et notamment lors de la mise en œuvre des procédures décrites au paragraphe 12, le commissaire aux comptes identifie des transactions importantes n'entrant pas dans le champ des activités ordinaires de l'entité, il s'enquiert auprès de la direction de l'entité :

– de la nature et du fondement de ces transactions ;

– et de l'implication éventuelle de parties liées.

Évaluation du risque d'anomalies significatives dans les comptes résultant de l'existence de relations et de transactions avec des parties liées

14. Lors de l'identification et de l'évaluation du risque d'anomalies significatives dans les comptes, le commissaire aux comptes identifie et évalue le risque d'anomalies significatives résultant de relations et de transactions réalisées avec des parties liées et détermine s'il se rapporte à un risque inhérent élevé qui requiert une démarche d'audit particulière. Dans ce cadre, il considère que les transactions importantes réalisées avec des parties liées n'entrant pas dans le champ des activités ordinaires de l'entité augmentent ce risque.

15. Lorsque le commissaire aux comptes identifie des facteurs de risque de fraude résultant de l'existence de parties liées, il prend en compte ces informations dans son évaluation du risque d'anomalies significatives dans les comptes résultant de fraudes, effectuée en application de la norme d'exercice professionnel « Prise en considération de la possibilité de fraudes lors de l'audit des comptes ». L'existence, parmi les parties liées, de personnes physiques ayant une influence dominante peut constituer un facteur de risque de fraude.

Réponses à l'évaluation du risque d'anomalies significatives dans les comptes résultant de l'existence de relations et de transactions avec les parties liées

16. Lorsqu'il applique la norme d'exercice professionnel « Procédures d'audit mises en œuvre par le commissaire aux comptes à l'issue de son évaluation des risques », le commissaire aux comptes conçoit et met en œuvre des procédures d'audit permettant de répondre au risque d'anomalies significatives dans les comptes résultant de l'existence de relations et de transactions avec les parties liées. Ces procédures d'audit comprennent celles prévues dans les situations visées aux paragraphes 17 à 20.

Parties liées ou transactions importantes entre l'entité et des parties liées non précédemment identifiées ou signalées

17. Lorsque le commissaire aux comptes identifie des accords ou des informations constituant des indices de l'existence de parties liées ou de transactions avec des parties liées que la direction n'a pas identifiées ou ne lui a pas signalées, il apprécie si d'autres éléments permettent de confirmer leur existence.

18. Lorsque cette existence est confirmée, le commissaire aux comptes :

– en informe rapidement les autres membres de l'équipe d'audit ;

– demande à la direction d'identifier toutes les transactions existantes avec les nouvelles parties liées identifiées afin qu'il actualise son évaluation des risques ;

– analyse les raisons pour lesquelles les contrôles mis en place par l'entité n'ont pas permis d'identifier ou de signaler les relations ou les transactions avec les nouvelles parties liées identifiées ;

– réévalue le risque que d'autres parties liées ou transactions importantes avec des parties liées ne soient pas identifiées ou signalées et met en œuvre des procédures d'audit complémentaires s'il l'estime nécessaire ;

– met en œuvre des contrôles de substance sur les nouvelles parties liées identifiées ou sur les transactions importantes identifiées avec ces parties liées ;

– évalue, le cas échéant, les conséquences sur l'audit de l'omission intentionnelle par la direction d'informations concernant les parties liées.

Transactions importantes identifiées avec des parties liées n'entrant pas dans le champ des activités ordinaires de l'entité

19. Concernant les transactions importantes identifiées avec des parties liées n'entrant pas dans le champ des activités ordinaires de l'entité, le commissaire aux comptes :

– analyse les contrats ou accords concernés et apprécie si :

– l'absence de justification économique de ces transactions ne constitue pas un indice de détournement d'actifs ou d'actes intentionnels portant atteinte à l'image fidèle des comptes ou de nature à induire en erreur l'utilisateur de ces comptes ;

– les termes et conditions de ces transactions sont cohérents avec les explications de la direction ;

– ces transactions ont été correctement comptabilisées et présentées dans les notes annexes conformément au référentiel comptable applicable ;

– vérifie que ces transactions ont été dûment autorisées et approuvées.

Assertion selon laquelle les transactions avec les parties liées ont été réalisées à des conditions de concurrence normale

20. Lorsque la direction pose l'assertion que certaines transactions avec des parties liées sont réalisées à des conditions de concurrence normale et utilise cette assertion pour les besoins de l'établissement des comptes, le commissaire aux comptes collecte les éléments suffisants et appropriés justifiant cette assertion. Pour ce faire, il met en œuvre des tests dont l'étendue est déterminée en fonction de son évaluation de la conception et de la mise en œuvre des contrôles mis en place par la direction concernant les transactions avec les parties liées.

Examen du traitement comptable des relations et transactions avec les parties liées

21. Pour fonder son opinion sur les comptes, le commissaire aux comptes apprécie si :

– les relations et les transactions avec les parties liées font l'objet d'un traitement comptable et d'une information dans l'annexe conformes aux dispositions spécifiques des référentiels comptables applicables, relatives à la comptabilisation des soldes et des transactions avec les parties liées ainsi qu'aux informations à fournir dans l'annexe au titre des parties liées ;

– la présentation des effets des relations et transactions avec les parties liées ne remet pas en cause l'image fidèle que les comptes doivent donner du résultat des opérations de l'exercice écoulé ainsi que de la situation financière et du patrimoine de l'entité ou du groupe à la fin de cet exercice.

Déclarations écrites

22. Dans le cadre des dispositions prévues par la norme d'exercice professionnel relative aux déclarations de la direction, le commissaire aux comptes demande des déclarations écrites du représentant légal et, s'il l'estime nécessaire, des membres des organes mentionnés à l'article L. 823-16, confirmant qu'au mieux de leur connaissance :

– les informations qu'ils ont données au commissaire aux comptes sur l'identité des parties liées ainsi que sur les relations et transactions les concernant sont exhaustives ;

– le traitement comptable des relations et transactions avec les parties liées est conforme aux dispositions du référentiel comptable applicable ;

– toutes les transactions avec les parties liées non mentionnées dans l'annexe ne présentent pas une importance significative ou ont été conclues aux conditions normales du marché, dans le cas où le référentiel comptable applicable prévoit de mentionner en annexe uniquement les transactions avec les parties liées présentant une importance significative et non conclues aux conditions normales du marché.

Communications avec les organes mentionnés à l'article L. 823-16

23. Le commissaire aux comptes applique les dispositions de la norme d'exercice professionnel relative aux communications avec les organes mentionnés à l'article L. 823-16 aux éléments relatifs aux parties liées, relevés au cours de l'audit.

Documentation

24. Sans préjudice des dispositions relatives à la documentation prévues par les autres normes d'exercice professionnel, le commissaire aux comptes consigne dans son dossier l'identité des parties liées et la nature de leurs relations avec l'entité.

Dispositions spécifiques applicables à l'audit entrant dans le cadre de diligences directement liées à la mission de commissaire aux comptes

25. Dans le cadre des dispositions de la norme d'exercice professionnel relative à l'audit entrant dans le cadre de diligences directement liées à la mission de commissaire aux comptes, le commissaire aux comptes peut être amené à intervenir, à la demande de l'entité, sur des informations financières établies en dehors de ses obligations légales, pour des besoins spécifiques. Ces informations financières peuvent être des comptes, des états comptables ou des éléments de comptes tels que définis aux paragraphes 8 à 12 de la norme précitée.

26. À ce titre, le commissaire aux comptes peut être amené à réaliser un audit sur des informations financières établies :

– soit selon les référentiels comptables applicables en France ;

– soit selon un référentiel comptable ou des critères convenus, qui ne comportent aucune définition des parties liées ou qui définissent pour celles-ci un champ autre que celui prévu au paragraphe 29 ci-dessous.

27. Dans le premier cas, le commissaire aux comptes applique les procédures d'audit décrites aux paragraphes 7 à 24 de la présente norme en se référant à la définition des parties liées des référentiels comptables applicables en France.

28. Dans le second cas, pour :

– apprécier la présence de facteurs de risque de fraudes et évaluer le risque d'anomalies significatives en résultant ;

– être en mesure de conclure que les informations financières ne sont pas trompeuses,

– le commissaire aux comptes met en œuvre les procédures d'audit décrites aux paragraphes 7 à 24 de la présente norme, à l'exception du deuxième alinéa du paragraphe 21 dans le cas de critères convenus ou d'un référentiel comptable qui n'est pas conçu pour donner une image fidèle.

29. Les procédures définies au paragraphe 28 s'appliquent :

– en retenant la définition des parties liées ci-après, lorsque le référentiel comptable ou les critères convenus retenus par l'entité ne comportent aucune définition des parties liées ou comportent une définition des parties liées dont le champ est plus restreint que celui retenu dans cette définition.

– Les « parties liées » se définissent dans ce cas comme :

– une personne ou une entité qui contrôle ou qui a une influence notable, directement ou indirectement au travers d'un ou plusieurs intermédiaires, sur l'entité établissant les informations financières objet de l'audit ;

– ou une entité sur laquelle l'entité établissant les informations financières objet de l'audit exerce un contrôle ou une influence notable, directement ou indirectement au travers d'un ou plusieurs intermédiaires ;

– ou une entité qui est sous contrôle commun avec l'entité établissant les informations financières objet de l'audit par le fait qu'elles ont :

i) Un actionnariat commun détenant le contrôle ;

ii) Des propriétaires qui sont des membres proches d'une même famille ; ou

iii) Des principaux dirigeants communs.

– Concernant les entités sous le contrôle d'un même État, que ce soit au niveau national, régional ou local, celles-ci ne sont pas considérées comme liées, sauf si elles sont engagées entre elles dans des transactions importantes ou si elles partagent des ressources dans des proportions significatives.

– en retenant la définition des parties liées du référentiel comptable ou des critères convenus retenus par l'entité, lorsque le champ des parties liées défini dans ledit référentiel ou lesdits critères est plus large que celui de la définition mentionnée ci-avant.

§ 5. – Des contrôles particuliers

Art. A. 823-19 *(Mod., A. 21 juin 2011).* **– La norme d'exercice professionnel relative aux évènements postérieurs à la clôture de l'exercice, homologuée par le garde des Sceaux, ministre de la Justice, figure ci-dessous :**

ÉVÉNEMENTS POSTÉRIEURS À LA CLÔTURE DE L'EXERCICE

Introduction

1. Entre la date de clôture de l'exercice et la date d'approbation des comptes, le commissaire aux comptes peut identifier des événements qui doivent faire l'objet d'un traitement comptable ou d'une information à l'organe appelé à statuer sur les comptes. Ces événements sont qualifiés d'« événements postérieurs ».

2. Les référentiels comptables applicables définissent les événements postérieurs qui doivent faire l'objet d'un traitement comptable.

Ce sont les événements survenus entre la date de clôture de l'exercice et la date d'arrêté des comptes :

– qui ont un lien direct avec des situations qui existaient à la date de clôture de l'exercice et doivent donner lieu à un enregistrement comptable ;

– ou qui doivent faire l'objet d'une information dans l'annexe.

Au-delà de la date d'arrêté des comptes, aucun traitement comptable des événements postérieurs n'est prévu.

3. Les événements postérieurs qui doivent faire l'objet d'une information à l'organe appelé à statuer sur les comptes sont les événements importants que celui-ci doit connaître pour se prononcer sur les comptes en connaissance de cause.

Lorsque de tels événements surviennent entre la date de clôture de l'exercice et la date d'arrêté des comptes, ils sont mentionnés dans le rapport de l'organe compétent à l'organe appelé à statuer sur les comptes.

Lorsqu'ils surviennent au-delà de cette date, ils font l'objet d'une communication à l'organe appelé à statuer sur les comptes.

4. La présente norme a pour objet de définir :

– les procédures d'audit que le commissaire aux comptes met en œuvre pour identifier les événements postérieurs ;

– les incidences des événements postérieurs identifiés par le commissaire aux comptes sur son rapport ou sur l'information des organes compétents.

Ces incidences sont différentes selon la date à laquelle le commissaire aux comptes identifie les événements postérieurs et selon la date de survenance de ces événements.

Identification des événements postérieurs

5. Le commissaire aux comptes collecte les éléments suffisants et appropriés lui permettant d'identifier les événements postérieurs.

6. Pour ce faire, le commissaire aux comptes peut notamment :

– prendre connaissance des procédures mises en place par la direction pour identifier ces événements ;

– consulter les procès-verbaux ou les comptes rendus des réunions tenues par l'organe délibérant et par les organes mentionnés à l'article L. 823-16 du Code de commerce après la date de clôture de l'exercice ;

– *prendre connaissance, le cas échéant,* des dernières situations intermédiaires et des derniers documents prévisionnels établis par l'entité ;

– s'enquérir auprès des personnes compétentes de l'entité de l'évolution des procès, contentieux et litiges depuis ses derniers contrôles ;

– s'enquérir auprès de la direction de sa connaissance de la survenance d'événements postérieurs.

7. Ces procédures sont mises en œuvre jusqu'à une date aussi rapprochée que possible de la date de signature de son rapport par le commissaire aux comptes.

Incidence des événements postérieurs identifiés par le commissaire aux comptes entre la date de clôture de l'exercice et la date d'arrêté des comptes.

8. Lorsque le commissaire aux comptes identifie, entre la date de clôture de l'exercice et la date d'arrêté des comptes, un événement postérieur susceptible de conduire à une anomalie significative dans les comptes, il vérifie que cet événement a donné lieu à un traitement comptable approprié.

Si tel n'est pas le cas, il en informe la direction et lui demande de modifier les comptes.

9. En cas de refus de la direction, le commissaire aux comptes en évalue l'incidence sur son opinion.

10. Lorsque l'événement n'a pas d'incidence sur les comptes mais nécessite qu'une information soit fournie dans le rapport de l'organe compétent de l'entité à l'organe appelé à statuer sur les comptes, le commissaire aux comptes vérifie que cette information a bien été donnée.

Si tel n'est pas le cas, il en informe la direction et lui demande d'apporter les informations requises.

11. En cas de refus de la direction, le commissaire aux comptes formule une observation dans la troisième partie de son rapport.

Incidence des événements postérieurs identifiés par le commissaire aux comptes entre la date d'arrêté des comptes et la date de signature de son rapport.

12. Lorsque le commissaire aux comptes identifie, entre la date d'arrêté des comptes et la date de signature de son rapport, un événement postérieur survenu entre la date de clôture de l'exercice et la date d'arrêté des comptes, il vérifie que cet événement a donné lieu à un traitement comptable approprié ou à une information dans le rapport de l'organe compétent à l'organe appelé à statuer sur les comptes.

13. Si tel n'est pas le cas, et s'il n'est pas procédé volontairement par l'entité à un nouvel arrêté des comptes, ou si le rapport de l'organe compétent à l'organe appelé à statuer sur les comptes n'est pas complété, le commissaire aux comptes en évalue l'incidence sur son opinion ou formule une observation dans la troisième partie de son rapport.

14. Lorsque le commissaire aux comptes identifie, entre la date d'arrêté des comptes et la date de signature de son rapport, un événement postérieur survenu entre ces deux dates, il s'enquiert auprès de l'organe compétent de son intention de communiquer une information sur cet événement à l'organe appelé à statuer sur les comptes.

Lorsqu'une telle communication n'est pas prévue, le commissaire aux comptes en fait mention dans la troisième partie de son rapport.

Incidence des événements postérieurs connus par le commissaire aux comptes entre la date de signature de son rapport et la date d'approbation des comptes.

15. Après la date de signature de son rapport, le commissaire aux comptes ne met plus en œuvre de procédures d'audit pour identifier les événements postérieurs.

16. Lorsque le commissaire aux comptes a connaissance, entre la date de signature de son rapport et la date d'approbation des comptes, d'un événement postérieur survenu entre la date de clôture de l'exercice et la date d'arrêté des comptes, il vérifie que cet événement a donné lieu à un traitement comptable approprié ou à une information dans le rapport de l'organe compétent à l'organe appelé à statuer sur les comptes.

17. Si tel n'est pas le cas, et s'il n'est pas procédé volontairement par l'entité à un nouvel arrêté des comptes, ou si le rapport de l'organe compétent à l'organe appelé à statuer sur les comptes n'est pas complété, le commissaire aux comptes en évalue l'incidence sur son opinion ou sur la troisième partie de son rapport et établit un nouveau rapport dans lequel il est fait référence au rapport précédent.

18. Lorsque le commissaire aux comptes a connaissance, entre la date de signature de son rapport et la date d'approbation des comptes, d'un événement postérieur survenu après la date d'arrêté des comptes, il s'enquiert auprès de l'organe compétent de son intention de communiquer une information sur cet événement à l'organe appelé à statuer sur les comptes.

Lorsqu'une telle communication n'est pas prévue, le commissaire aux comptes rédige une communication dont il est donné lecture lors de la réunion de l'organe appelé à statuer sur les comptes ou qui est portée à sa connaissance.

Art. A. 823-20. – **La norme d'exercice professionnel relative aux changements comptables, homologuée par le garde des Sceaux, ministre de la Justice, figure ci-dessous :**

NORME D'EXERCICE PROFESSIONNEL
RELATIVE AUX CHANGEMENTS COMPTABLES

Introduction

1. La comparabilité des comptes est assurée par la permanence de la présentation des comptes et des méthodes d'évaluation, qui ne peuvent être modifiées que dans les conditions prévues par le référentiel comptable applicable. Ces modifications sont qualifiées de « changements de méthodes comptables ».

2. Par ailleurs, une entité peut, dans les conditions prévues par le référentiel comptable applicable, être conduite à corriger des erreurs dans les comptes ou décider de procéder à des changements d'estimation ou de modalités d'application ou à des changements d'options fiscales.

3. Par convention, dans la présente norme, sont qualifiés de « changements comptables » :

– les changements de méthodes comptables ;

– les corrections d'erreurs ;

– les changements d'estimation ou de modalités d'application ;
– les changements d'options fiscales.

4. La présente norme a pour objet de définir les procédures d'audit que le commissaire aux comptes met en œuvre lorsqu'il identifie un changement comptable et les conséquences qu'il en tire dans son rapport sur les comptes.

Procédures d'audit à mettre en œuvre par le commissaire aux comptes lorsqu'il identifie un changement comptable

5. Lorsque le commissaire aux comptes identifie un changement comptable, il apprécie sa justification.

6. Lorsque l'incidence sur les comptes du changement comptable est significative, le commissaire aux comptes vérifie :
– que la traduction comptable de ce changement, y compris les informations fournies dans l'annexe, est appropriée ;
– qu'une information appropriée est présentée pour rétablir la comparabilité des comptes, lorsque le référentiel comptable applicable le prévoit.

7. Lorsque le changement comptable correspond à un changement de méthodes comptables dans les comptes annuels, le commissaire aux comptes vérifie que ce changement est signalé dans le rapport de l'organe compétent de l'entité à l'organe appelé à statuer sur les comptes.

Incidence sur le rapport

8. Lorsque le commissaire aux comptes estime que le changement comptable n'est pas justifié, ou que sa traduction comptable ou l'information fournie dans l'annexe ne sont pas appropriées, il en tire les conséquences sur l'expression de son opinion.

9. Lorsque le changement comptable correspond à un changement de méthodes comptables dans les comptes et que le commissaire aux comptes estime que sa traduction comptable, y compris les informations fournies en annexe, est appropriée, il formule une observation dans son rapport sur les comptes pour attirer l'attention de l'utilisateur des comptes sur l'information fournie dans l'annexe.

10. Lorsque le changement comptable correspond à un changement de méthodes comptables dans les comptes annuels et que ce changement n'est pas signalé dans le rapport de l'organe compétent de l'entité à l'organe appelé à statuer sur les comptes ou que le commissaire aux comptes estime que l'information fournie n'est pas appropriée, il formule une observation dans la troisième partie de son rapport sur les comptes annuels.

Art. A. 823-21. – La norme d'exercice professionnel relative au contrôle du bilan d'ouverture du premier exercice certifié par le commissaire aux comptes, homologuée par le garde des Sceaux, ministre de la Justice, figure ci-dessous :

NORME D'EXERCICE PROFESSIONNEL
RELATIVE AU CONTRÔLE DU BILAN D'OUVERTURE DU PREMIER EXERCICE
CERTIFIÉ PAR LE COMMISSAIRE AUX COMPTES

Introduction

1. Lorsque le commissaire aux comptes intervient au titre de la première année de son mandat, il vérifie que le bilan de clôture de l'exercice précédent repris pour l'ouverture du premier exercice dont il certifie les comptes, qualifié de bilan d'ouverture, ne contient pas d'anomalies significatives susceptibles d'avoir une incidence sur les comptes de l'exercice.

2. La présente norme a pour objet de définir les procédures d'audit que le commissaire aux comptes qui intervient au titre de la première année de son mandat met en œuvre, dans le cadre de sa mission, pour contrôler le bilan d'ouverture.

3. Elle définit en outre les conséquences que le commissaire aux comptes tire sur son rapport des conclusions auxquelles il aboutit à l'issue de la mise en œuvre de ces procédures d'audit.

Procédures d'audit à mettre en œuvre par le commissaire aux comptes

4. Le commissaire aux comptes collecte les éléments suffisants et appropriés lui permettant de vérifier que :
– les soldes de comptes du bilan d'ouverture ne contiennent pas d'anomalies significatives susceptibles d'avoir une incidence sur les comptes de l'exercice ;
– la présentation des comptes ainsi que les méthodes d'évaluation retenues n'ont pas été modifiées d'un exercice à l'autre. Lorsque le commissaire aux comptes identifie un changement comptable intervenu au cours de l'exercice qui nécessite de présenter une information comparative pour rétablir la comparabilité des comptes, il applique les principes définis dans la norme traitant des changements comptables.

5. Pour collecter ces éléments, le commissaire aux comptes tient compte :

– de son évaluation du risque d'anomalies significatives dans les comptes ;

– du fait que les comptes de l'exercice précédent ont fait l'objet ou non d'une certification par un commissaire aux comptes et, dans l'affirmative, de l'opinion exprimée par le prédécesseur.

6. Lorsque les comptes de l'exercice précédent ont fait l'objet d'une certification par un commissaire aux comptes, le commissaire aux comptes prend connaissance du dossier de travail de son prédécesseur.

7. La certification sans réserve des comptes de l'exercice précédent constitue une présomption de régularité et sincérité du bilan d'ouverture.

8. Lorsque le prédécesseur a assorti la certification des comptes de l'exercice précédent d'une observation ou d'une réserve ou a refusé de les certifier, le commissaire aux comptes examine les points à l'origine de cette observation, réserve ou refus et reste attentif à leur évolution.

9. Si les comptes de l'exercice précédent n'ont pas été certifiés ou si le commissaire aux comptes n'a pas obtenu des travaux de son prédécesseur les éléments suffisants et appropriés estimés nécessaires, il met en œuvre les procédures qui suivent.

10. Les procédures d'audit mises en œuvre par le commissaire aux comptes pour les besoins de la certification des comptes de l'exercice peuvent lui permettre d'obtenir les éléments suffisants et appropriés pour conclure sur certains soldes de comptes du bilan d'ouverture.

11. Lorsque ces procédures ne permettent pas au commissaire aux comptes d'obtenir les éléments suffisants et appropriés estimés nécessaires, il met en œuvre des procédures complémentaires.

Il peut ainsi examiner les contrats et autres documents d'origine interne ou externe qui lui permettent de conclure quant aux assertions qu'il souhaite vérifier. Ces procédures sont généralement pertinentes pour vérifier les soldes des comptes des actifs immobilisés et de certains passifs tels que les emprunts.

De même, pour conclure quant à l'existence physique et à l'évaluation des stocks en début d'exercice, le commissaire aux comptes peut mettre en œuvre les procédures complémentaires suivantes :

– observation d'une prise d'inventaire physique en cours d'exercice et rapprochement des éléments recueillis avec les soldes à l'ouverture ;

– examen de la marge brute et des procédures de séparation des exercices.

Conclusions et rapport

12. Lorsqu'il ne peut pas mettre en œuvre *a posteriori* les procédures décrites dans les paragraphes précédents sur les soldes de comptes du bilan d'ouverture, le commissaire aux comptes en apprécie l'incidence sur l'expression de son opinion.

13. Si, à l'issue de ses travaux, le commissaire aux comptes conclut que les comptes pourraient être affectés par une anomalie significative issue des exercices précédents, il en informe la direction et, le cas échéant, son prédécesseur.

14. Si l'anomalie significative est confirmée et si la direction ne procède pas au traitement comptable approprié, le commissaire aux comptes en apprécie l'incidence sur l'expression de son opinion.

15. Lorsque les comptes de l'exercice précédent n'ont pas fait l'objet d'une certification par un commissaire aux comptes, le commissaire aux comptes le mentionne dans son rapport, à la fin de l'introduction.

Art. A. 823-22. – La norme d'exercice professionnel relative aux informations relatives aux exercices précédents, homologuée par le garde des Sceaux, ministre de la Justice, figure ci-dessous :

NORME D'EXERCICE PROFESSIONNEL
RELATIVE AUX INFORMATIONS RELATIVES AUX EXERCICES PRÉCÉDENTS

Introduction

1. L'indication d'informations relatives aux exercices précédents dans les comptes de l'exercice écoulé est prévue par les textes légaux et réglementaires.

2. *La présente norme a pour objet de définir* les procédures d'audit que le commissaire aux comptes met en œuvre pour vérifier que les textes légaux et réglementaires applicables aux informations relatives aux exercices précédents ont été correctement appliqués.

3. Elle définit par ailleurs les incidences sur l'opinion du commissaire aux comptes des anomalies significatives qu'il a relevées et qui affectent la comparabilité des informations relatives aux exercices précédents avec les comptes de l'exercice écoulé.

Procédures mises en œuvre par le commissaire aux comptes au titre des informations relatives aux exercices précédents

4. En l'absence de changement comptable susceptible de conduire à un ajustement ou un retraitement de l'information relative aux exercices précédents, le commissaire aux comptes vérifie que, en application du référentiel comptable applicable :

– les montants figurant dans les comptes des exercices précédents, y compris le cas échéant dans l'annexe, ont été correctement reportés ;

– les informations narratives relatives aux exercices précédents, lorsque cela est nécessaire à la bonne compréhension des comptes de l'exercice écoulé, ont été incluses.

5. Lorsque les comptes de l'exercice sont affectés par un changement comptable susceptible de conduire à un ajustement ou un retraitement de l'information relative aux exercices précédents, le commissaire aux comptes fait application des principes définis au paragraphe 4 de la présente norme et des principes définis dans la norme d'exercice professionnel relative aux changements comptables.

6. Lorsque les comptes de l'exercice précédent n'ont pas fait l'objet d'un audit par le commissaire aux comptes qui intervient au titre de la première année de son mandat, il applique également les principes définis dans la norme d'exercice professionnel relative au contrôle du bilan d'ouverture du premier exercice certifié par le commissaire aux comptes.

7. Lorsque le commissaire aux comptes a relevé des anomalies dans l'élaboration ou la présentation des informations relatives aux exercices précédents, il en informe la direction et lui demande de modifier ces informations.

Incidence sur l'opinion

8. Conformément aux dispositions de l'article L. 823-9, l'opinion exprimée par le commissaire aux comptes ne porte que sur les comptes de l'exercice écoulé.

9. Lorsque le commissaire aux comptes a relevé des anomalies significatives dans l'élaboration ou la présentation des informations relatives aux exercices précédents qui affectent leur comparabilité avec les comptes de l'exercice écoulé et que la direction refuse de modifier ces informations, il en évalue l'incidence sur son opinion.

§ 6. – De l'utilisation des travaux d'autres intervenants

Art. A. 823-23. – La norme d'exercice professionnel relative à la prise de connaissance et à l'utilisation des travaux de l'audit interne, homologuée par le garde des Sceaux, ministre de la Justice, figure ci-dessous :

NORME D'EXERCICE PROFESSIONNEL RELATIVE À LA PRISE DE CONNAISSANCE ET À L'UTILISATION DES TRAVAUX DE L'AUDIT INTERNE

Introduction

1. Lorsque l'entité dispose d'un audit interne, le commissaire aux comptes prend connaissance du fonctionnement et des objectifs qui lui sont assignés. Il peut utiliser les travaux réalisés par l'audit interne en tant qu'éléments collectés au titre des assertions qu'il souhaite vérifier.

2. La présente norme a pour objet de définir les principes relatifs à :

– la prise de connaissance par le commissaire aux comptes de l'audit interne ;

– l'utilisation par le commissaire aux comptes des travaux réalisés par l'audit interne.

Prise de connaissance de l'audit interne

3. Lorsque le commissaire aux comptes prend connaissance de l'entité pour constituer un cadre de référence dans lequel il planifie son audit et évalue le risque d'anomalies significatives dans les comptes, il s'enquiert :

– de la place qu'occupe l'audit interne dans l'organisation de l'entité. Le commissaire aux comptes examine les règles et les procédures mises en place dans l'entité pour assurer l'objectivité des auditeurs internes dans la réalisation de leurs travaux et l'émission de leurs conclusions ;

– de la nature et de l'étendue des travaux confiés à l'audit interne.

Utilisation des travaux réalisés par l'audit interne

4. À l'issue de cette prise de connaissance, lorsque le commissaire aux comptes envisage d'utiliser les travaux réalisés par l'audit interne, il apprécie notamment :

– les qualifications professionnelles des auditeurs internes et leur expérience acquise dans ces fonctions ;

– l'organisation de l'audit interne en termes de planification, mise en œuvre et supervision des travaux ;

– la documentation existante, y compris les programmes de travail et autres procédures écrites ;

– si la direction prend en compte les recommandations formulées par l'audit interne et si elle met en œuvre des actions pour répondre à ces recommandations.

5. Lorsque le commissaire aux comptes décide d'utiliser certains travaux de l'audit interne, il apprécie notamment si :

– la nature et l'étendue de ces travaux répondent aux besoins de son audit ;

– ces travaux ont été réalisés par des personnes disposant d'une qualification professionnelle et d'une expérience suffisantes et ont été revus et documentés ;

– une solution appropriée a été apportée aux problématiques mises en évidence par les travaux de l'audit interne ;

– les rapports ou autres documents de synthèse établis par l'audit interne sont cohérents avec les résultats des travaux réalisés par ce dernier.

6. Le commissaire aux comptes apprécie, par ailleurs, si ces travaux constituent des éléments suffisants et appropriés pour lui permettre d'aboutir à des conclusions à partir desquelles il fonde son opinion sur les comptes.

7. Si tel n'est pas le cas, il en titre les conséquences sur ses propres travaux.

Art. A. 823-24. – **La norme d'exercice professionnel relative à l'intervention d'un expert, homologuée par le garde des Sceaux, ministre de la Justice, figure ci-dessous :**

NORME D'EXERCICE PROFESSIONNEL RELATIVE À L'INTERVENTION D'UN EXPERT

Introduction

1. En application des dispositions prévues à l'article L. 823-13 du Code de commerce et à l'article 7 du Code de déontologie de la profession, le commissaire aux comptes peut faire appel à un expert de son choix lorsque certains contrôles indispensables à l'exercice de sa mission nécessitent une expertise dans des domaines autres que ceux de l'audit et de la comptabilité.

2. Le commissaire aux comptes peut également utiliser les travaux d'un expert choisi par l'entité.

3. La présente norme a pour objet :

– de définir les situations dans lesquelles le commissaire aux comptes peut estimer nécessaire de faire appel à un expert ;

– de définir les principes que le commissaire aux comptes respecte lorsqu'il décide de faire appel à un expert de son choix ;

– de définir les principes que le commissaire aux comptes respecte lorsqu'il décide d'utiliser les travaux d'un expert choisi par l'entité.

Définition

4. Expert : personne physique ou morale possédant une qualification et une expérience dans un domaine particulier autre que la comptabilité et l'audit.

Appréciation de la nécessité de faire appel à un expert

5. Lors de la prise de connaissance de l'entité et de son environnement et la mise en œuvre de procédures d'audit complémentaires en réponse aux risques identifiés, le commissaire aux comptes peut estimer nécessaire de collecter des éléments à partir des travaux réalisés par un expert. Tel peut être le cas, notamment, pour :

– l'appréciation de la valorisation de certains types d'actif, tels que des terrains et des constructions, des usines et des outils de production, des œuvres d'art ou des pierres précieuses ;

– la vérification de quantités ou de l'état physique de certains actifs, tels que des minerais en stock et des réserves pétrolières ;

– la vérification de montants relevant de méthodes ou de techniques spécifiques, tels que l'évaluation actuarielle des engagements de retraite ;

– l'appréciation de l'état d'avancement des travaux réalisés et restant à réaliser sur des contrats en cours ;

– l'appréciation d'une situation fiscale ou juridique complexe.

6. Lorsque le commissaire aux comptes envisage d'utiliser les travaux d'un expert dans le cadre de sa mission d'audit, il tient compte notamment :

– du risque d'anomalies significatives dû à la nature, à la complexité et au caractère significatif de l'élément concerné ;

– de la quantité et de la qualité des autres éléments pouvant être collectés.

Principes applicables lorsque l'expert est choisi par le commissaire aux comptes

7. Le commissaire aux comptes choisit un expert indépendant de l'entité.

8. Il apprécie, par ailleurs, la compétence professionnelle de celui-ci dans le domaine particulier concerné. Le commissaire aux comptes tient compte notamment :

– des qualifications professionnelles, des diplômes ou de l'inscription de l'expert sur la liste d'experts agréés auprès d'un organisme professionnel ou d'une juridiction ;

– de l'expérience et de la réputation de l'expert dans le domaine particulier concerné.

Principes applicables lorsque l'expert est choisi par l'entité

9. Lorsque l'expert est choisi par l'entité, le commissaire aux comptes :

– s'assure que l'expert est indépendant de l'entité ;

– le cas échéant, prend connaissance des instructions que l'entité a données par écrit à l'expert pour apprécier si la nature et l'étendue des travaux à réaliser répondent aux besoins de son audit ;

– apprécie la compétence de l'expert en respectant les mêmes principes que ceux définis au paragraphe 08.

10. Si le commissaire aux comptes estime que l'expert n'est pas indépendant de l'entité, il en fait part à la direction et demande qu'il soit fait appel à un autre expert.

11. Si la compétence de l'expert ne paraît pas satisfaisante au commissaire aux comptes, il en fait part à la direction et apprécie si des éléments suffisants et appropriés peuvent être obtenus des travaux de l'expert. Le commissaire aux comptes peut ainsi être conduit à mettre en œuvre des procédures d'audit supplémentaires ou à recourir à un autre expert.

Évaluation des travaux de l'expert

12. Le commissaire aux comptes collecte les éléments suffisants et appropriés qui établissent que :

– la nature et l'étendue des travaux de l'expert sont conformes aux instructions qui lui ont été données ;

– les travaux réalisés par l'expert lui permettent de conclure sur le respect des assertions qu'il souhaite vérifier. Pour ce faire, le commissaire aux comptes apprécie :

– le caractère approprié des sources d'informations utilisées par l'expert ;

– le caractère raisonnable des hypothèses et des méthodes utilisées par l'expert et leur cohérence avec celles retenues, le cas échéant, au cours des périodes précédentes ;

– la cohérence des résultats des travaux de l'expert avec sa connaissance générale de l'entité et les résultats de ses autres procédures d'audit.

Le commissaire aux comptes vérifie par ailleurs que les conclusions de l'expert sont correctement reflétées dans les comptes ou qu'elles corroborent les assertions qui sous-tendent l'établissement des comptes.

13. Si les résultats des travaux de l'expert ne fournissent pas au commissaire aux comptes les éléments suffisants et appropriés ou s'ils ne sont pas cohérents avec les autres éléments collectés :

– il s'en entretient avec la direction au niveau de responsabilité approprié et avec l'expert ;

– il détermine, le cas échéant, les procédures d'audit supplémentaires à mettre en œuvre. Il peut, à ce titre, décider de recourir à un autre expert.

Référence aux travaux de l'expert dans le rapport du commissaire aux comptes

14. Les travaux de l'expert sont utilisés uniquement en tant qu'éléments collectés à l'appui des conclusions du commissaire aux comptes sur sa propre mission.

15. Le commissaire aux comptes peut estimer nécessaire de faire référence aux travaux et aux conclusions de l'expert :

– lorsqu'il justifie de ses appréciations ;

– lorsqu'il émet une réserve ou un refus de certifier, pour en préciser les motifs.

Documentation des travaux de l'expert

16. Le commissaire aux comptes documente dans son dossier les travaux réalisés par l'expert qu'il utilise dans le cadre de sa mission.

Art. A. 823-25. – La norme d'exercice professionnel relative à l'utilisation des travaux d'un expert-comptable intervenant dans l'entité, homologuée par le garde des Sceaux, ministre de la Justice, figure ci-dessous :

NORME D'EXERCICE PROFESSIONNEL RELATIVE À L'UTILISATION DES TRAVAUX D'UN EXPERT-COMPTABLE INTERVENANT DANS L'ENTITÉ

Introduction

1. En application des dispositions de l'article L. 823-14, le commissaire aux comptes peut recueillir toutes informations utiles à l'exercice de sa mission auprès des tiers qui ont accompli des opérations pour le compte de la personne ou de l'entité. À ce titre, il peut utiliser des travaux réalisés par un expert-comptable à la demande de l'entité. Leur utilisation évite alors au commissaire aux comptes de réaliser, le cas échéant, les mêmes travaux.

2. La présente norme a pour objet de définir les principes relatifs à l'utilisation des travaux d'un expert-comptable par le commissaire aux comptes.

Prise de connaissance de l'entité et de son environnement et planification

3. Lors de la prise de connaissance de l'entité et de son environnement, le commissaire aux comptes :
– analyse la nature et l'étendue de la mission que l'entité a confiée à l'expert-comptable ;
– apprécie dans quelle mesure il pourra s'appuyer sur les travaux effectués par ce dernier pour aboutir à des conclusions à partir desquelles il fonde son opinion sur les comptes.

4. Pour ce faire, le commissaire aux comptes prend contact avec l'expert-comptable pour s'informer du contenu de la mission qui lui a été confiée et, s'il l'estime nécessaire, se fait communiquer les travaux réalisés.

Évaluation des travaux de l'expert-comptable

5. Lorsqu'il décide d'utiliser les travaux de l'expert-comptable, le commissaire aux comptes apprécie s'ils constituent des éléments suffisants et appropriés pour contribuer à la formation de son opinion sur les comptes.

6. En fonction de cette appréciation, le commissaire aux comptes détermine les procédures d'audit supplémentaires dont la mise en œuvre lui paraît nécessaire pour obtenir les éléments suffisants et appropriés recherchés.

Référence aux travaux de l'expert-comptable dans le rapport

7. L'expression de l'opinion émise par le commissaire aux comptes ne fait pas référence aux travaux de l'expert-comptable. Ces travaux sont utilisés uniquement en tant qu'éléments collectés à l'appui des conclusions du commissaire aux comptes sur sa propre mission.

Documentation

8. Le commissaire aux comptes documente dans son dossier les travaux réalisés par l'expert-comptable qu'il utilise dans le cadre de sa mission.

§ 7. – De l'élaboration des rapports de certification

Art. A. 823-26 *(Rempl., A. 26 mai 2017 ; mod., A. 1er oct. 2018)*. **– La norme d'exercice professionnel relative aux rapports du commissaire aux comptes sur les comptes annuels et consolidés, homologuée par le garde des sceaux, ministre de la justice, figure ci-dessous :**

NEP 700. RAPPORTS DU COMMISSAIRE AUX COMPTES SUR LES COMPTES ANNUELS ET CONSOLIDÉS

Introduction

1. Lorsqu'il certifie les comptes en application de l'article L. 823-9 du Code de commerce, le commissaire aux comptes établit un rapport à l'organe appelé à statuer sur les comptes dans lequel, en justifiant de ses appréciations, il formule son opinion conformément aux dispositions de l'article R. 823-7 du code précité.

2. Le commissaire aux comptes rend compte, dans le même rapport, de vérifications et informations spécifiques *prévues par les textes légaux et réglementaires.*

3. Le commissaire aux comptes fournit, s'il s'agit d'une entité d'intérêt public, les autres informations prévues par l'article 10 du règlement (UE) n° 537/2014.

4. Le rapport sur les comptes consolidés est distinct du rapport sur les comptes annuels.

5. La présente norme a pour objet de définir les principes relatifs à l'établissement de ces rapports par le commissaire aux comptes.

Certification des comptes

6. En application des dispositions des articles L. 823-9 et R. 823-7 du Code de commerce, le commissaire aux comptes déclare :

– soit certifier que les comptes annuels ou consolidés sur lesquels porte le rapport sont réguliers et sincères et qu'ils donnent une image fidèle du résultat des opérations de l'exercice écoulé ainsi que de la situation financière et du patrimoine de la personne ou de l'entité ou de l'ensemble constitué par les personnes et entités comprises dans la consolidation à la fin de l'exercice ;

– soit assortir la certification de réserves ;

– soit refuser la certification des comptes ;

– soit être dans l'impossibilité de certifier les comptes.

Dans ces trois derniers cas, il précise les motifs de la réserve, du refus ou de l'impossibilité de certifier dans la partie de son rapport relative au fondement de l'opinion.

Lorsque le commissaire aux comptes envisage de formuler une certification avec réserve, un refus de certifier ou une impossibilité de certifier, il en communique les motifs aux organes mentionnés à l'article L. 823-16 du Code de commerce.

7. Conformément à la faculté qui lui est donnée par l'article R. 823-7 précité, le commissaire aux comptes formule, s'il y a lieu, toute observation utile.

En formulant une observation, le commissaire aux comptes attire l'attention du lecteur des comptes sur une information fournie dans l'annexe. Il ne peut pas dispenser d'informations dont la diffusion relève de la responsabilité des dirigeants.

Les observations sont formulées dans une partie distincte avant la justification des appréciations.

Le commissaire aux comptes formule systématiquement une observation lorsque des dispositions légales et réglementaires le prévoient. Cette situation se présente, par exemple, en cas de changement de méthodes comptables survenu dans les comptes annuels au cours de l'exercice.

Lorsque le commissaire aux comptes envisage de formuler une observation, il en communique les motifs aux organes mentionnés à l'article L. 823-16 du Code de commerce.

Certification sans réserve

8. Le commissaire aux comptes formule une certification sans réserve lorsque l'audit des comptes qu'il a mis en œuvre lui a permis d'obtenir l'assurance élevée, mais non absolue du fait des limites de l'audit, et qualifiée, par convention, d'assurance raisonnable que les comptes, pris dans leur ensemble, ne comportent pas d'anomalies significatives.

Certification avec réserve

9. Le commissaire aux comptes formule une certification avec réserve pour désaccord :

– lorsqu'il a identifié au cours de son audit des comptes des anomalies significatives et que celles-ci n'ont pas été corrigées ;

– que les incidences sur les comptes des anomalies significatives sont clairement circonscrites ;

– et que la formulation de la réserve est suffisante pour permettre à l'utilisateur des comptes de fonder son jugement en connaissance de cause.

10. Lorsque le commissaire aux comptes précise les motifs de la réserve pour désaccord, il quantifie au mieux les incidences sur les comptes des anomalies significatives identifiées et non corrigées ou bien indique les raisons pour lesquelles il ne peut les quantifier.

11. Le commissaire aux comptes formule une certification avec réserve pour limitation :

– lorsqu'il n'a pas pu mettre en œuvre toutes les procédures d'audit nécessaires pour fonder son opinion sur les comptes ;

– que les incidences sur les comptes des limitations à ses travaux sont clairement circonscrites ;

– et que la formulation de la réserve est suffisante pour permettre à l'utilisateur des comptes de fonder son jugement en connaissance de cause.

Refus de certifier

12. Le commissaire aux comptes formule un refus de certifier pour désaccord :

– lorsqu'il a détecté au cours de son audit des comptes des anomalies significatives et que celles-ci n'ont pas été corrigées ;

et que :

– soit les incidences sur les comptes des anomalies significatives ne peuvent être clairement circonscrites ;

– soit la formulation d'une réserve n'est pas suffisante pour permettre à l'utilisateur des comptes de fonder son jugement en connaissance de cause.

13. Lorsque le commissaire aux comptes précise les motifs du refus de certifier pour désaccord, il quantifie, lorsque cela est possible, les incidences sur les comptes des anomalies significatives identifiées et non corrigées.

Impossibilité de certifier

14. Le commissaire aux comptes formule une impossibilité de certifier :

D'une part, lorsqu'il n'a pas pu mettre en œuvre toutes les procédures d'audit nécessaires pour fonder son opinion sur les comptes, et que :

– soit les incidences sur les comptes des limitations à ses travaux ne peuvent être clairement circonscrites ;

– soit la formulation d'une réserve n'est pas suffisante pour permettre à l'utilisateur des comptes de fonder son jugement en connaissance de cause.

D'autre part, lorsqu'il est dans l'impossibilité d'exprimer une opinion en raison de multiples incertitudes, dont les incidences sur les comptes ne peuvent être clairement circonscrites.

Justification des appréciations

15. En application des dispositions de l'article L. 823-9 du Code de commerce, le commissaire aux comptes justifie de ses appréciations pour toutes les personnes ou entités dont les comptes annuels ou consolidés font l'objet d'une certification. Il met en œuvre à cet effet les principes définis :

– soit dans la norme d'exercice professionnel relative à la justification des appréciations dans les rapports du commissaire aux comptes sur les comptes annuels et consolidés des personnes et entités qui ne sont pas des entités d'intérêt public ;

– soit dans la norme d'exercice professionnel relative à la justification des appréciations dans les rapports du commissaire aux comptes sur les comptes annuels et consolidés des entités d'intérêt public.

Vérification du rapport de gestion, des autres documents sur la situation financière et les comptes et des informations relevant du rapport sur le gouvernement d'entreprise adressés aux membres de l'organe appelé à statuer sur les comptes

16. En application des dispositions des articles L. 823-10, L. 225-235 ou L. 226-10-1, et L. 441-6-1 du Code de commerce, le commissaire aux comptes procède à des vérifications spécifiques et formule ses conclusions telles que prévues dans la norme concernant les diligences du commissaire aux comptes relatives au rapport de gestion, aux autres documents sur la situation financière et les comptes et aux informations relevant du rapport sur le gouvernement d'entreprise adressés aux membres de l'organe appelé à statuer sur les comptes.

Le cas échéant, il fait état des informations relatives à l'entité que les textes légaux et réglementaires lui font obligation de mentionner dans son rapport, telles que les prises de participation et les prises de contrôle intervenues au cours de l'exercice, les aliénations diverses intervenues en application de la législation sur les participations réciproques et l'identité des personnes détenant le capital et les droits de vote.

Autres vérifications ou informations prévues par les textes légaux et réglementaires

17. Le cas échéant, le commissaire aux comptes fait état des autres vérifications ou informations que les textes légaux et réglementaires lui font obligation de mentionner dans son rapport, telles que les informations requises dans le rapport sur les comptes d'entités d'intérêt public relatives à la date initiale de la désignation du commissaire aux comptes et à la durée totale de sa mission sans interruption, y compris les renouvellements précédents du commissaire aux comptes.

Contenu et forme du rapport

18. Les rapports établis par le commissaire aux comptes mentionnent les informations prévues aux articles R. 822-56, R. 823-7, D. 823-7-1, L. 225-235 ou L. 226-10-1 et L. 823-10 du Code de commerce.

Le rapport est rédigé d'une manière claire et non ambiguë. Il comporte :

a) Un titre qui indique qu'il s'agit d'un rapport de commissaire aux comptes ;

b) L'indication de l'organe auquel le rapport est destiné ;

c) Les parties distinctes suivantes, nettement individualisées :

– *l'opinion, incluant :*

– l'origine de la désignation du commissaire aux comptes ;

– l'identité de la personne ou de l'entité dont les comptes sont certifiés ;

– la nature des comptes, annuels ou consolidés, qui font l'objet du rapport et sont joints à ce dernier ;

– la date de clôture et l'exercice auquel les comptes se rapportent ;

– les règles et méthodes comptables appliquées pour établir les comptes ;

– le fondement de cette opinion, comprenant :
– une sous-partie relative au référentiel d'audit incluant les normes d'exercice professionnel conformément auxquelles la mission a été accomplie ;
– une sous-partie attestant qu'il n'a pas été fourni de services autres que la certification des comptes interdits visés au code de déontologie et que le commissaire aux comptes est resté indépendant vis-à-vis de l'entité contrôlée au cours de sa mission ;
– le cas échéant, les motifs de la réserve, du refus ou de l'impossibilité de certifier les comptes ;
– le cas échéant, les incertitudes significatives liées à des événements ou à des circonstances susceptibles de mettre en cause la continuité d'exploitation ;
– le cas échéant, les observations prévues par les textes légaux et réglementaires, ainsi que toute observation utile ;
– la justification des appréciations ;
– dans le cas d'un rapport sur les comptes annuels, la vérification du rapport de gestion, des autres documents sur la situation financière et les comptes et des informations relevant du rapport sur le gouvernement d'entreprise adressés aux membres de l'organe appelé à statuer sur les comptes ;
– dans le cas d'un rapport sur les comptes consolidés, la vérification des informations relatives au groupe données dans le rapport de gestion ;
– le cas échéant, d'autres vérifications ou informations prévues par les textes légaux et réglementaires ;
– le rappel des responsabilités des organes mentionnés à l'article L. 823-16 du Code de commerce relatives aux comptes ;
– le rappel des responsabilités du commissaire aux comptes relatives à l'audit des comptes incluant l'étendue de la mission et une mention expliquant dans quelle mesure la certification des comptes a été considérée comme permettant de déceler les irrégularités, notamment la fraude ;

d) La date du rapport ;

e) La signature du commissaire aux comptes, personne physique, ou, lorsque le mandat est confié à une société de commissaires aux comptes, de la personne mentionnée au premier alinéa de l'article L. 822-9 du Code de commerce.

19. Le rapport sur les comptes d'entités d'intérêt public comporte en outre les autres informations suivantes, prévues par l'article 10 du règlement (UE) n° 537/2014 :
– il indique la date initiale de la désignation du commissaire aux comptes et la durée totale de sa mission sans interruption, y compris les renouvellements précédents du commissaire aux comptes ;
– il confirme que l'opinion d'audit est cohérente avec le contenu du rapport complémentaire prévu au III de l'article L. 823-16 du Code de commerce et destiné au comité spécialisé visé à l'article L. 823-19 du Code de commerce. Hormis cette exigence, le rapport sur les comptes ne contient pas de références au rapport complémentaire destiné au comité spécialisé ;
– il indique les services, autres que la certification des comptes, qui ont été fournis par le commissaire aux comptes à l'entité contrôlée et aux entités qu'elle contrôle au sens de l'article L. 233-3 du Code de commerce, et qui n'ont pas été communiqués dans le rapport de gestion ou l'annexe des comptes ;
– le commissaire aux comptes ne fait pas usage du nom d'une autorité compétente, quelle qu'elle soit, d'une manière qui puisse indiquer ou laisser entendre que cette autorité approuve ou cautionne le rapport sur les comptes.

Art. A. 823-26-1 *(Créé, A. 27 janv. 2021)*. **– La norme d'exercice professionnel relative aux diligences du commissaire aux comptes relatives aux comptes annuels et consolidés présentés selon le format d'information électronique unique européen, homologuée par le garde des sceaux, ministre de la justice, figure ci-dessous :**

NEP - DILIGENCES DU COMMISSAIRE AUX COMPTES RELATIVES AUX COMPTES ANNUELS ET CONSOLIDÉS PRÉSENTÉS SELON LE FORMAT D'INFORMATION ÉLECTRONIQUE UNIQUE EUROPÉEN

Introduction

01. En application des dispositions de l'article R. 823-7 du Code de commerce le commissaire aux comptes formule, dans son rapport sur les comptes annuels et le cas échéant sur les comptes consolidés, sa conclusion sur le respect, dans la présentation des comptes inclus dans le rapport financier annuel mentionné au I de l'article L. 451-1-2 du Code monétaire et financier, du format d'information électronique unique défini par le règlement européen délégué n° 2019/815 du 17 décembre 2018.

Les diligences du commissaire aux comptes portant sur les comptes annuels et le cas échéant sur les comptes consolidés au format d'information électronique européen destinés à être inclus dans le rapport financier annuel, le commissaire aux comptes peut formuler sa conclusion sur le respect de ce format, sans nécessairement disposer du rapport financier annuel, dès lors que ces comptes lui ont été communiqués par l'entité et que ses contrôles ont été réalisés conformément à la présente norme.

Il revient ensuite à l'entité d'inclure lesdits comptes dans le rapport financier annuel.

02. La présente norme a pour objet de définir :

– les diligences relatives aux comptes annuels et le cas échéant aux comptes consolidés présentés selon le format d'information électronique unique européen ;

– les incidences des éventuelles anomalies relevées ; et

– la forme et le contenu de la partie du rapport sur les comptes relative à ces diligences.

– Diligences du commissaire aux comptes

Prise de connaissance des éléments du contrôle interne pertinents pour la préparation des comptes présentés selon le format d'information électronique unique européen

03. Afin d'appréhender les éléments du contrôle interne pertinents pour la préparation des comptes annuels et le cas échéant des comptes consolidés au format d'information électronique unique européen, le commissaire aux comptes prend notamment connaissance des éléments suivants :

– le processus de préparation de ces comptes ;

– la façon dont l'entité s'est assurée de la compétence des personnes internes ou externes à l'entité en charge de préparer ces comptes ;

– les outils informatiques utilisés ;

– les contrôles conçus et mis en œuvre par l'entité pour prévenir, détecter ou corriger les anomalies dans la présentation des comptes selon le format d'information électronique unique européen.

Diligences relatives au format XHTML

04. Le commissaire aux comptes vérifie que :

– les comptes annuels et le cas échéant les comptes consolidés sont préparés au format XHTML ; et

– que les comptes annuels et le cas échéant les comptes consolidés au format XHTML correspondent à ceux qui ont fait l'objet de son audit.

Diligences relatives au balisage des comptes consolidés

05. Le commissaire aux comptes met en œuvre les procédures définies aux paragraphes 09 à 12 lui permettant d'obtenir des éléments suffisants et appropriés pour apprécier le respect des règles de balisage définies par le règlement européen délégué n° 2019/815 applicables aux comptes consolidés.

Informations balisées auxquelles les procédures s'appliquent

06. Le commissaire aux comptes met en œuvre les procédures sur toutes les informations définies au 1. de l'annexe II du règlement européen délégué n° 2019/815 que ledit règlement requiert de baliser.

07. Il met également en œuvre les procédures sur les informations définies aux 2. et 3. de l'annexe II du règlement européen délégué n° 2019/815 que ledit règlement requiert de baliser ou sur les informations des comptes consolidés balisées sur une base volontaire. Pour ce faire, il sélectionne les informations à contrôler sur la base de son jugement professionnel et de son analyse du risque d'anomalies significatives.

Application de la notion de caractère significatif

08. Le commissaire aux comptes utilise les seuils de signification définis pour son audit des comptes :

– pour déterminer l'étendue des procédures à mettre en œuvre sur les informations balisées définies au paragraphe 07 ; et

– pour évaluer l'incidence des anomalies relevées sur les comptes présentés selon le format d'information électronique unique européen. Pour ce faire, le commissaire aux comptes applique les principes définis dans la norme d'exercice professionnel « *évaluation des anomalies relevées au cours de l'audit* ».

Procédures à mettre en œuvre sur les informations balisées dans les comptes consolidés

09. Le commissaire aux comptes identifie et évalue le risque d'anomalies significatives dans les comptes consolidés présentés selon le format d'information électronique unique européen.

Pour ce faire le commissaire aux comptes tient compte :

– *de sa compréhension des éléments du* contrôle interne de l'entité pertinents pour la préparation des comptes au format d'information électronique unique défini par le règlement européen délégué n° 2019/815 acquise à l'issue de la mise en œuvre des diligences définies au paragraphe 03 ; et

– des risques de non-exhaustivité et d'inexactitude liés au balisage des informations.

10. Le commissaire aux comptes vérifie pour chaque information balisée contrôlée que :

– le choix des éléments de la taxonomie retenus est approprié ou les extensions créées sont pertinentes ;

– les attributs de la balise sont corrects ;

– les liens de présentation, de calcul, des libellés et de définition entre ces attributs sont corrects.

11. Lorsque le commissaire aux comptes choisit de s'appuyer sur certains des contrôles mis en œuvre par l'entité, il applique les principes définis dans la norme d'exercice professionnel « *procédures d'audit mises en œuvre par le commissaire aux comptes à l'issue de son évaluation des risques* ».

12. Lorsque le commissaire aux comptes envisage de faire appel à un expert, notamment en matière de technologies de l'information, il applique les principes définis dans la norme d'exercice professionnel « *intervention d'un expert* ».

Déclaration écrite

13. Dans le cas prévu à l'alinéa 2 du paragraphe 01, le commissaire aux comptes demande au représentant légal de l'entité une déclaration écrite par laquelle ce dernier confirme que les comptes annuels et le cas échéant les comptes consolidés au format d'information électronique unique européen, qui lui ont été soumis et sur la base desquels il a effectué ses contrôles, sont ceux qui seront inclus dans le rapport financier annuel.

– Incidences des éventuelles anomalies relevées

14. Le commissaire aux comptes communique aux personnes qui assument la responsabilité des comptes annuels et le cas échéant des comptes consolidés présentés selon le format d'information électronique unique européen les anomalies qu'il a relevées autres que celles qui sont manifestement insignifiantes.

Il s'en entretient avec ces personnes et, s'il l'estime nécessaire, réalise des travaux complémentaires pour confirmer ou non l'existence de telles anomalies.

Si le commissaire aux comptes conclut que ces anomalies sont confirmées, il demande les modifications nécessaires. À défaut de modification, il en tire les conséquences dans sa conclusion.

– Forme et contenu de la partie du rapport sur les comptes relative à la vérification du respect du format d'information électronique unique européen

15. À l'issue de ses travaux, le commissaire aux comptes :

– conclut que la présentation des comptes annuels et le cas échéant des comptes consolidés inclus ou destinés à être inclus dans le rapport financier annuel :

– soit respecte, dans tous ses aspects significatifs, le format d'information électronique unique européen ;

– soit respecte le format d'information électronique unique européen à l'exception des anomalies significatives dont il fait mention dans son rapport ;

– soit ne respecte pas le format d'information électronique unique européen en raison des multiples anomalies significatives relevées dont il fait mention dans son rapport ; ou

– mentionne qu'il est dans l'impossibilité de conclure sur le respect, dans la présentation des comptes annuels et le cas échéant des comptes consolidés inclus ou destinés à être inclus dans le rapport financier annuel, du format d'information électronique unique européen lorsqu'il n'a pas pu mettre en œuvre les procédures nécessaires pour vérifier ce respect. Il en fournit les raisons dans son rapport.

16. Le commissaire aux comptes, dans la partie du rapport sur les comptes annuels et le cas échéant, sur les comptes consolidés relative aux « *autres vérifications ou informations prévues par les textes légaux et réglementaires* » :

– indique qu'il a effectué ses vérifications conformément à la présente norme, afin de formuler sa conclusion prévue à l'article R. 823-7 du Code de commerce ;

– formule sa conclusion conformément aux dispositions du paragraphe 15.

Co-commissariat aux comptes

17. Lorsque la mission de contrôle légal est dévolue à plusieurs commissaires aux comptes, ceux-ci conviennent entre eux de la répartition des diligences sur les comptes annuels et le cas échéant sur les comptes consolidés présentés selon le format d'information électronique unique européen. Chaque commissaire aux comptes procède à une revue des diligences mises en œuvre par les co-commissaires aux comptes, ce qui lui permet d'apprécier si :

– les diligences mises en œuvre :

– correspondent à celles définies lors de la répartition ;

– ont permis de collecter des éléments suffisants et appropriés sur lesquels il pourra fonder sa conclusion sur les comptes annuels et le cas échéant sur les comptes consolidés présentés selon le format d'information électronique unique européen ; et

– la conclusion à laquelle les co-commissaires aux comptes ont abouti est pertinente et cohérente.

18. Les commissaires aux comptes communiquent ensemble et de manière concertée avec les personnes qui assument la responsabilité des comptes annuels et le cas échéant des comptes consolidés présentés selon le format d'information électronique unique européen.

Art. A. 823-27 ***(Rempl., A. 26 mai 2017)*** (1). **– Les normes d'exercice professionnel relatives à la justification des appréciations dans les rapports du commissaire aux comptes sur les comptes annuels et consolidés, homologuées par le garde des sceaux, ministre de la justice, figurent ci-dessous :**

NEP-701. - JUSTIFICATION DES APPRÉCIATIONS DANS LES RAPPORTS DU COMMISSAIRE AUX COMPTES SUR LES COMPTES ANNUELS ET CONSOLIDÉS DES ENTITÉS D'INTÉRÊT PUBLIC

Introduction

1. En application des dispositions de l'article L. 823-9 du Code de commerce, le commissaire aux comptes justifie de ses appréciations pour toutes les personnes ou entités dont les comptes annuels ou consolidés font l'objet d'une certification établie conformément à ce même article.

2. La justification des appréciations doit permettre au destinataire du rapport de mieux comprendre l'opinion émise par le commissaire aux comptes sur les comptes.

3. La présente norme a pour objet de définir les principes et de préciser leurs modalités d'application concernant l'obligation légale faite au commissaire aux comptes de justifier de ses appréciations dans son rapport sur les comptes annuels et dans son rapport sur les comptes consolidés des entités d'intérêt public.

Concept de justification des appréciations dans les rapports sur les comptes des entités d'intérêt public

4. Lorsque la mission de certification porte sur les comptes d'une entité d'intérêt public, la justification des appréciations consiste en une description des risques d'anomalies significatives les plus importants, y compris lorsque celles-ci sont dues à une fraude, et une indication des réponses apportées pour faire face à ces risques.

5. Ces risques d'anomalies significatives sont ceux qui, selon le jugement professionnel du commissaire aux comptes, ont été les plus importants pour l'audit des comptes annuels ou consolidés de l'exercice et font partie des éléments communiqués au comité spécialisé mentionné à l'article L. 823-19-I du Code de commerce ou à l'organe qui en exerce les fonctions.

Ces risques d'anomalies significatives les plus importants sont qualifiés dans la présente norme de points clés de l'audit.

6. La communication des points clés de l'audit dans le rapport sur les comptes s'inscrit dans le contexte de l'opinion formulée par le commissaire aux comptes sur les comptes pris dans leur ensemble. La formulation retenue ne doit pas conduire à exprimer une opinion sur des éléments des comptes pris isolément.

7. La communication des points clés de l'audit ne saurait se substituer à la nécessité :
– de formuler une opinion avec réserve, un refus de certifier ou une impossibilité de certifier, ou ;
– d'insérer une partie relative aux incertitudes significatives liées à des événements ou à des circonstances susceptibles de mettre en cause la continuité d'exploitation, ou ;
– de formuler une observation lorsque celle-ci est obligatoire.

8. La communication des points clés de l'audit ne saurait conduire le commissaire aux comptes à être un dispensateur d'informations dont la diffusion relève de la responsabilité des dirigeants.

Détermination des points clés de l'audit

9. Le commissaire aux comptes sélectionne, parmi les éléments communiqués au comité spécialisé mentionné à l'article L. 823-19-I du Code de commerce ou à l'organe qui en exerce les fonctions, ceux ayant nécessité une attention particulière de sa part au cours de l'audit. Pour les besoins de cette sélection, le commissaire aux comptes prend notamment en considération les éléments suivants :
– les domaines qu'il considère comme présentant des risques élevés d'anomalies significatives ou des risques inhérents élevés nécessitant une démarche d'audit particulière. Ces risques ont été identifiés conformément à la norme relative à la connaissance de l'entité et de son environnement et à l'évaluation du risque d'anomalies significatives dans les comptes ;

(1) Les dispositions du présent article, dans leur rédaction antérieure, demeurent applicables aux rapports de certifications des comptes des entités d'intérêt public pour les exercices ouverts avant le 17 juin 2016, ainsi qu'aux rapports de certification des comptes des personnes et entités qui ne sont pas des entités d'intérêt public pour les exercices ouverts avant le 30 juillet 2016, A. 26 mai 2017, art. 3.

– les appréciations qu'il a portées sur des éléments des comptes ayant nécessité des jugements importants de la direction, tels que les estimations comptables présentant un degré élevé d'incertitude ;

– les incidences sur l'audit d'opérations ou d'événements importants intervenus au cours de l'exercice.

10. Parmi les éléments ainsi sélectionnés, le commissaire aux comptes retient ceux qu'il juge avoir été les plus importants pour l'audit des comptes de l'exercice et qui constituent de ce fait les points clés de l'audit.

11. À titre d'exemple, le commissaire aux comptes peut estimer pertinent de considérer :

le contenu et l'étendue des échanges avec le comité spécialisé mentionné à l'article L. 823-19-I du Code de commerce ou à l'organe qui en exerce les fonctions ;

l'importance des éléments pour la compréhension des comptes dans leur ensemble et en particulier leur caractère significatif par rapport aux comptes annuels ou consolidés ;

la complexité ou la subjectivité qu'implique le choix par la direction d'une méthode comptable, notamment en comparaison d'autres entités dans le même secteur ;

la nature et l'étendue de l'effort d'audit mis en œuvre en réponse aux risques d'anomalies significatives, notamment la nécessité de compétences spécifiques et de consultations d'experts ;

la nature et l'importance des difficultés rencontrées dans l'application des procédures d'audit, dans l'évaluation de leurs résultats et dans l'obtention d'éléments suffisants et appropriés pour conclure ;

l'importance des faiblesses de contrôle interne identifiées.

Formulation des points clés de l'audit

12. Les points clés de l'audit figurent dans la partie distincte du rapport relative à la justification des appréciations du commissaire aux comptes.

13. Le commissaire aux comptes formule les points clés de l'audit par référence explicite aux dispositions des articles L. 823-9 et R. 823-7 du Code de commerce et de manière appropriée au regard des circonstances propres à chaque cas d'espèce.

14. Le commissaire aux comptes précise en introduction de cette partie distincte :

– que les points clés de l'audit sont les risques d'anomalies significatives qui, selon son jugement professionnel, ont été les plus importants pour l'audit des comptes de l'exercice ;

– que ces points clés de l'audit s'inscrivent dans le contexte de l'audit des comptes, pris dans leur ensemble, et de la formation de l'opinion formulée sur ces comptes ;

– qu'il n'est pas exprimé d'opinion sur des éléments des comptes pris isolément.

Description de chacun des points clés de l'audit

15. Cette formulation doit être claire et comprendre pour chaque point clé de l'audit :

– un sous-titre approprié ;

– les raisons pour lesquelles le risque d'anomalies significatives est considéré comme l'un des plus importants de l'audit et constitue de ce fait un point clé de l'audit ;

– une synthèse des réponses apportées par le commissaire aux comptes pour faire face à ce risque.

Lorsque cela est pertinent au regard de la description effectuée, le commissaire aux comptes fait référence aux informations fournies dans les comptes annuels ou, le cas échéant, dans les comptes consolidés.

Circonstances dans lesquelles un risque d'anomalies significatives considéré comme un point clé de l'audit n'est pas communiqué dans le rapport

16. Le commissaire aux comptes décrit chacun des points clés de l'audit sauf si des textes légaux et réglementaires en empêchent la communication.

Lien entre les points clés de l'audit et les observations

17. Lorsque le commissaire aux comptes détermine qu'un risque d'anomalies significatives est un point clé de l'audit, ce point n'est pas mentionné dans la partie du rapport relative aux observations, à l'exception des cas où des dispositions légales et réglementaires le prévoient.

Lien entre les points clés de l'audit et les incertitudes significatives liées à des événements ou circonstances susceptibles de mettre en cause la continuité d'exploitation

18. Lorsque le commissaire aux comptes inclut dans son rapport une partie distincte relative à des incertitudes significatives liées à des événements ou à des circonstances susceptibles de mettre en cause la continuité d'exploitation, il ne décrit pas ces incertitudes dans la partie du rapport relative aux points clés de l'audit.

Dans celle-ci, il renvoie à la partie du rapport relative à ces incertitudes.

Précisions concernant la certification avec réserve et le refus de certifier

19. Un élément motivant une certification avec réserve ou un refus de certifier constitue, par nature, un point clé de l'audit.

Dans ce cas, le commissaire aux comptes ne décrit pas cet élément dans la partie du rapport relative aux points clés de l'audit. Dans celle-ci, il renvoie à la partie du rapport relative au fondement de l'opinion.

Une certification avec réserve ne dispense pas le commissaire aux comptes, dans la partie du rapport relative aux points clés de l'audit, de décrire les autres points clés de l'audit qu'il a, le cas échéant, retenus à l'issue de son analyse.

En cas de refus de certifier, le commissaire aux comptes peut, dans la partie du rapport relative aux points clés de l'audit, décrire les autres points clés de l'audit qu'il a, le cas échéant, retenus à l'issue de son analyse.

Précisions concernant l'impossibilité de certifier

20. Un élément motivant une impossibilité de certifier constitue, par nature, un point clé de l'audit.

Dans ce cas, le commissaire aux comptes ne décrit pas cet élément dans la partie du rapport relative aux points clés de l'audit. Dans celle-ci, il renvoie à la partie du rapport relative au fondement de l'opinion.

Le commissaire aux comptes ne formule pas d'autres points clés de l'audit. Il précise dans la partie du rapport relative aux points clés de l'audit qu'il n'y a pas lieu de formuler d'autres points clés de l'audit eu égard à l'impossibilité de certifier.

Forme et contenu de la partie du rapport relative aux points clés de l'audit dans certaines circonstances

21. Lorsque le commissaire aux comptes détermine, en fonction des faits et circonstances de l'entité et de l'audit, qu'il n'y a pas de points clés de l'audit à décrire ou que les seuls points clés de l'audit sont ceux décrits aux paragraphes 18 à 20, il le précise dans la partie du rapport relative aux points clés de l'audit.

Communication avec les organes mentionnés à l'article L. 823-16 du Code de commerce

22. Le commissaire aux comptes communique aux organes mentionnés à l'article L. 823-16 du Code de commerce les risques d'anomalies significatives qu'il considère comme des points clés de l'audit.

Le cas échéant, il porte à leur connaissance le fait qu'il n'y a pas, selon son jugement professionnel, de point clé de l'audit à décrire dans son rapport.

Documentation

23. Le commissaire aux comptes consigne dans son dossier les éléments suivants :

– les éléments ayant nécessité une attention particulière de sa part au cours de l'audit et déterminés conformément aux principes énoncés au paragraphe 9 ainsi que le raisonnement qui l'a conduit à qualifier, ou non, chacun de ces éléments comme un point clé de l'audit conformément aux principes énoncés au paragraphe 10 ;

– le cas échéant, l'analyse l'ayant conduit à déterminer qu'il n'y a pas de point clé d'audit à décrire dans son rapport ou que les seuls points clés de l'audit à communiquer sont ceux dont il est question aux paragraphes 18 à 20 ;

– le cas échéant, les raisons pour lesquelles le commissaire aux comptes n'a pas communiqué dans son rapport un point clé de l'audit, en application du paragraphe 16.

NEP-702. - JUSTIFICATION DES APPRÉCIATIONS DANS LES RAPPORTS DU COMMISSAIRE AUX COMPTES SUR LES COMPTES ANNUELS ET CONSOLIDÉS DES PERSONNES ET ENTITÉS QUI NE SONT PAS DES ENTITÉS D'INTÉRÊT PUBLIC

Introduction

1. En application des dispositions de l'article L. 823-9 du Code de commerce, le commissaire aux comptes justifie de ses appréciations pour toutes les personnes ou entités dont les comptes annuels ou consolidés font l'objet d'une certification établie conformément à ce même article.

2. *La justification des appréciations doit permettre* au destinataire du rapport de mieux comprendre l'opinion émise par le commissaire aux comptes sur les comptes.

3. La présente norme a pour objet de définir les principes et de préciser leurs modalités d'application concernant l'obligation légale faite au commissaire aux comptes de justifier de ses appréciations dans son rapport sur les comptes annuels et dans son rapport sur les comptes consolidés des personnes et entités qui ne sont pas des entités d'intérêt public.

Concept de justification des appréciations dans les rapports sur les comptes des personnes et entités qui ne sont pas des entités d'intérêt public

4. Lorsque la mission de certification porte sur les comptes d'une personne ou entité qui n'est pas une entité d'intérêt public, la justification des appréciations consiste en une explicitation de celles-ci et, ce faisant, en une motivation de l'opinion émise.

5. Ces appréciations sont celles, qui, selon le jugement professionnel du commissaire aux comptes et au vu des diligences effectuées tout au long de sa mission, lui sont apparues les plus importantes.

6. La communication des appréciations dans le rapport sur les comptes s'inscrit dans le contexte de l'opinion formulée par le commissaire aux comptes sur les comptes pris dans leur ensemble. La formulation retenue ne doit pas conduire à exprimer une opinion sur des éléments des comptes pris isolément.

7. La communication des appréciations ne saurait se substituer à la nécessité :

– de formuler une opinion avec réserve, un refus de certifier ou une impossibilité de certifier, ou ;

– d'insérer une partie relative aux incertitudes significatives liées à des événements ou à des circonstances susceptibles de mettre en cause la continuité d'exploitation, ou ;

– de formuler une observation lorsque celle-ci est obligatoire.

8. La communication des appréciations ne saurait conduire le commissaire aux comptes à être un dispensateur d'informations dont la diffusion relève de la responsabilité des dirigeants.

Appréciations de nature à faire l'objet d'une justification

9. Sans préjudice d'autres appréciations que le commissaire aux comptes jugerait nécessaire de justifier pour répondre à l'obligation posée par la loi, les appréciations de nature à faire l'objet d'une justification se rapportent généralement à des éléments déterminants pour la compréhension des comptes. Entrent dans ce cadre, notamment, les appréciations portant sur :

– les options retenues dans le choix des méthodes comptables ou dans leurs modalités de mise en œuvre lorsqu'elles ont des incidences majeures sur le résultat, la situation financière ou la présentation d'ensemble des comptes de l'entité ;

– les estimations comptables importantes, notamment celles manquant de données objectives et impliquant un jugement professionnel dans leur appréciation ;

– la présentation d'ensemble des comptes annuels et consolidés, qu'il s'agisse du contenu de l'annexe ou de la présentation des états de synthèse.

Le commissaire aux comptes peut également estimer nécessaire de justifier d'appréciations portant sur les procédures de contrôle interne concourant à l'élaboration des comptes, qu'il est conduit à apprécier dans le cadre de la mise en œuvre de sa démarche d'audit.

Formulation des appréciations

10. Les appréciations figurent dans la partie distincte du rapport relative à la justification des appréciations du commissaire aux comptes.

11. Le commissaire aux comptes formule ses appréciations par référence explicite aux dispositions des articles L. 823-9 et R. 823-7 du Code de commerce et de manière appropriée au regard des circonstances propres à chaque cas d'espèce.

12. Le commissaire aux comptes précise en introduction de cette partie distincte :

– que les appréciations sont celles qui, selon son jugement professionnel, ont été les plus importantes pour l'audit des comptes de l'exercice ;

– que les appréciations s'inscrivent dans le contexte de l'audit des comptes, pris dans leur ensemble, et de la formation de l'opinion formulée sur ces comptes ;

– qu'il n'est pas exprimé d'opinion sur des éléments des comptes pris isolément.

Formulation de chacune des appréciations

13. Cette formulation doit être claire et comprendre, pour chaque appréciation :

– la description du sujet et la référence, si elle est possible, aux informations fournies dans les comptes annuels ou, le cas échéant, dans les comptes consolidés ;

– un résumé des diligences effectuées par le commissaire aux comptes pour fonder son appréciation.

Circonstances dans lesquelles une appréciation n'est pas communiquée dans le rapport

14. Le commissaire aux comptes explicite ses appréciations en toutes circonstances sauf si des textes légaux et réglementaires en empêchent la communication.

Circonstances dans lesquelles la formulation des appréciations peut être moins développée

15. La formulation des appréciations peut éventuellement être moins développée dans les cas où :

– les principes comptables retenus par l'entité ou le groupe ne donnent pas lieu à plusieurs interprétations ou options possibles, y compris dans leurs modalités d'application, pour ce qui concerne les éléments significatifs du bilan et du compte de résultat ;

– il n'existe pas d'événement ou de décision intervenus au cours de l'exercice dont l'incidence sur les comptes ou la compréhension que pourrait en avoir un lecteur est apparue importante au commissaire aux comptes ;

– aucun élément significatif dans les comptes n'est constitué à partir d'estimations fondées sur des données subjectives.

Lien entre les appréciations et les observations

16. Lorsque le commissaire aux comptes détermine qu'un élément concernant les comptes nécessite une justification des appréciations, cet élément n'est pas mentionné dans la partie du rapport relative aux observations, à l'exception des cas où des dispositions légales et réglementaires le prévoient.

Lien entre les appréciations et les incertitudes significatives liées à des événements ou circonstances susceptibles de mettre en cause la continuité d'exploitation

17. Lorsque le commissaire aux comptes inclut dans son rapport une partie distincte relative à des incertitudes significatives liées à des événements ou à des circonstances susceptibles de mettre en cause la continuité d'exploitation, il ne décrit pas ces incertitudes dans la partie relative à la justification des appréciations.

Dans celle-ci, il renvoie à la partie du rapport relative à ces incertitudes.

Précision concernant la certification avec réserve et le refus de certifier

18. L'exposé des motivations fondant une certification avec réserve ou un refus de certifier constitue, par nature, une justification des appréciations.

Dans ce cas, le commissaire aux comptes n'expose pas ses motivations dans la partie du rapport relative à la justification des appréciations. Dans celle-ci, il renvoie à la partie du rapport relative au fondement de l'opinion.

Une certification avec réserve ne dispense pas le commissaire aux comptes dans la partie du rapport relative à la justification des appréciations, d'expliciter, le cas échéant, ses appréciations sur d'autres éléments que ceux ayant motivé la réserve.

En cas de refus de certifier, le commissaire aux comptes peut, le cas échéant, dans la partie du rapport relative à la justification des appréciations, expliciter ses appréciations sur d'autres éléments que ceux ayant motivé le refus.

Précision concernant l'impossibilité de certifier

19. L'exposé des motivations conduisant à une impossibilité de certifier constitue, par nature, une justification des appréciations.

Dans ce cas, le commissaire aux comptes n'expose pas ses motivations dans la partie du rapport relative à la justification des appréciations. Dans celle-ci, il renvoie à la partie du rapport relative au fondement de l'opinion.

Le commissaire aux comptes n'explicite pas ses appréciations sur d'autres éléments que ceux ayant motivé l'impossibilité de certifier. Il précise dans la partie du rapport relative à la justification des appréciations qu'il n'y a pas lieu d'expliciter d'autres appréciations eu égard à l'impossibilité de certifier.

§ 8. – De la certification des comptes annuels des petites entreprises

(A. 2 mars 2009 ; Intitulé rempl., A. 6 juin 2019)

Art. A. 823-27-1 *(Créé, A. 2 mars 2009 ; rempl., A. 6 juin 2019)*. **– Les normes d'exercice professionnel relatives à la mission du commissaire aux comptes nommé pour trois exercices prévue à l'article L. 823-12-1 du Code de commerce et à la mission du commissaire aux comptes nommé pour six exercices dans des petites entreprises, homologuées par le garde des sceaux, ministre de la justice, figurent ci-dessous :**

NEP 911. MISSION DU COMMISSAIRE AUX COMPTES NOMMÉ POUR TROIS EXERCICES PRÉVUE À L'ARTICLE L. 823-12-1 DU CODE DE COMMERCE

Champ d'application

1. La présente norme a pour objet de définir les diligences proportionnées à la « petite entreprise » à accomplir par le commissaire aux comptes nommé pour un mandat dont la durée est limitée à trois exercices, ainsi que le formalisme qui s'attache à la réalisation de sa mission.

Une « petite entreprise » est une personne ou entité qui ne dépasse pas, à la clôture d'un exercice social, deux des trois critères suivants :

– total du bilan : quatre millions d'euros ;

– montant du chiffre d'affaires hors taxes : huit millions d'euros ;

– nombre moyen de salariés employés au cours de l'exercice : cinquante.

Les situations dans lesquelles un commissaire aux comptes est nommé pour un mandat dont la durée est limitée à trois exercices sont définies aux paragraphes 2 à 4.

2. En l'absence d'obligation légale de nommer un commissaire aux comptes pour un mandat de six exercices, une société qui répond à la définition de petite entreprise peut décider volontairement de nommer un commissaire aux comptes. Dans ce cas, cette société peut choisir de limiter la durée du mandat du commissaire aux comptes à trois exercices en application de l'article L. 823-3-2 du Code de commerce.

3. Une entité « tête de groupe » est définie par les 1er et 2e alinéas de l'article L. 823-2-2 du Code de commerce comme une personne ou entité :

– non astreinte à publier des comptes consolidés ;

– ne répondant pas à la définition d'une entité d'intérêt public ;

– non contrôlée par une personne ou une entité qui a désigné un commissaire aux comptes,

et qui forme avec les sociétés qu'elle contrôle un ensemble dépassant, à la clôture d'un exercice social, deux des trois critères suivants :

– total cumulé de leurs bilans : quatre millions d'euros ;

– montant cumulé hors taxes de leurs chiffres d'affaires : huit millions d'euros ;

– nombre moyen cumulé de leurs salariés au cours de l'exercice : cinquante.

Dans la présente norme, la notion de contrôle s'entend du contrôle direct ou indirect au sens de l'article L. 233-3 du Code de commerce.

Une entité tête de groupe a l'obligation de désigner au moins un commissaire aux comptes.

Lorsque l'entité tête de groupe est une société qui répond à la définition de petite entreprise, elle peut choisir, en application de l'article L. 823-3-2 du Code de commerce, de limiter la durée de son mandat à trois exercices.

4. Les petites entreprises qui sont des sociétés contrôlées par une entité tête de groupe ont l'obligation, en application du 3e alinéa de l'article L. 823-2-2 du Code de commerce, de désigner au moins un commissaire aux comptes, lorsqu'elles dépassent, à la clôture d'un exercice social, deux des trois critères suivants :

– total du bilan : deux millions d'euros ;

– montant du chiffre d'affaires hors taxes : quatre millions d'euros ;

– nombre moyen de salariés employés au cours de l'exercice : vingt-cinq.

Dans ce cas, ces sociétés peuvent choisir de limiter la durée du mandat du commissaire aux comptes à trois exercices en application de l'article L. 823-3-2 du Code de commerce.

5. La présente norme est également applicable aux mandats de commissaires aux comptes en cours à la date d'application effective de l'article L. 823-12-1 du Code de commerce (1), et qui sont exercés dans les sociétés, quelles que soient leurs formes, qui ne dépassent pas, pour le dernier exercice clos antérieurement à cette date, deux des trois critères précisés au paragraphe 1, dès lors que ces sociétés choisissent, en accord avec leur commissaire aux comptes, que celui-ci poursuive l'exécution de sa mission jusqu'au terme initialement fixé selon les mêmes modalités que celles prévues pour l'exercice d'un mandat dont la durée est limitée à trois exercices.

Nature et étendue de la mission

6. La mission du commissaire aux comptes comprend :

– la mission de certification des comptes annuels, et le cas échéant, des comptes consolidés lorsque l'entité décide sur une base volontaire de publier de tels comptes, prévue à l'article L. 823-9 du Code de commerce et dont il rend compte dans son rapport sur les comptes annuels, et le cas échéant, dans son rapport sur les comptes consolidés ;

– l'établissement du rapport sur les risques mentionné au 1er alinéa de l'article L. 823-12-1 du Code de commerce. Ce rapport identifie les risques financiers, comptables et de gestion auxquels est exposée la société. Pour une entité tête de groupe, ce rapport porte sur l'ensemble que la société forme avec les sociétés qu'elle contrôle ;

– les autres diligences légales qui lui sont confiées par le législateur. Pour cette mission de trois exercices, le commissaire aux comptes est dispensé de la réalisation des diligences et rapports mentionnés aux articles

L. 223-19, L. 223-27, L. 223-34, L. 223-42, L. 225-40, L. 225-42, L. 225-88, L. 225-90, L. 225-103, L. 225-115, L. 225-135, L. 225-235, L. 225-244, L. 226-10-1, L. 227-10, L. 232-3, L. 232-4, L. 233-6, L. 233-13, L. 237-6 et L. 239-2 du Code de commerce.

Respect des règles de déontologie

7. Le commissaire aux comptes respecte les dispositions du Code de déontologie de la profession. Il réalise sa mission conformément aux textes légaux et réglementaires et, s'agissant des normes d'exercice professionnel, à la présente norme d'exercice professionnel.

Esprit critique, jugement professionnel et proportionnalité

8. Tout au long de sa mission, le commissaire aux comptes fait preuve d'esprit critique. À ce titre, il évalue de façon critique la validité des éléments collectés au cours de ses travaux et reste attentif aux informations qui contredisent ou remettent en cause la fiabilité des éléments obtenus.

9. Le commissaire aux comptes exerce son jugement professionnel pour décider de la nature, du calendrier et de l'étendue des travaux, proportionnés à la taille et à la complexité de l'entité, nécessaires pour fonder son opinion sur les comptes et établir son rapport sur les risques financiers, comptables et de gestion.

Implication du commissaire aux comptes

10. Le commissaire aux comptes veille à être compris du dirigeant quant à l'objectif de sa mission et aux modalités pratiques de sa réalisation. Si le commissaire aux comptes fait appel à des collaborateurs, il veille à rester l'interlocuteur principal du dirigeant, notamment pour la prise de connaissance de l'entité et de son environnement et la restitution des conclusions des travaux mis en œuvre.

Lettre de mission

11. Au plus tard à l'issue de la prise de connaissance de l'entité et de son environnement, le commissaire aux comptes établit une lettre de mission pouvant porter sur les trois exercices de son mandat et définissant les termes et conditions de son intervention. Si nécessaire, il revoit les termes de la lettre de mission en cours de mandat. Il demande à l'entité de confirmer par écrit son accord sur les termes et conditions exposés.

Mise en œuvre de la mission de certification des comptes

12. Pour certifier les comptes, le commissaire aux comptes met en œuvre un audit des comptes afin d'obtenir l'assurance que les comptes, pris dans leur ensemble, ne comportent pas d'anomalies significatives. Cette assurance élevée, mais non absolue du fait des limites de l'audit est qualifiée, par convention, d'« assurance raisonnable ».

Les limites de l'audit résultent notamment de l'utilisation des techniques de sondages, des limites inhérentes au contrôle interne, et du fait que la plupart des éléments collectés au cours de la mission conduisent davantage à des présomptions qu'à des certitudes.

13. La notion de caractère significatif est appliquée par le commissaire aux comptes pour planifier et réaliser son audit, puis pour évaluer l'incidence des anomalies non corrigées dans les comptes.

Le commissaire aux comptes met en œuvre la notion de caractère significatif en considérant le montant des anomalies, leur nature et les circonstances particulières de leur survenance.

La détermination du caractère significatif des anomalies relève du jugement professionnel du commissaire aux comptes et reflète sa perception de ce qui peut influencer le jugement des utilisateurs de comptes.

Pour évaluer le caractère significatif d'une anomalie à partir de son montant, le commissaire aux comptes détermine un seuil de signification, montant au-delà duquel les décisions

économiques ou le jugement fondé sur les comptes sont susceptibles d'être influencés. Ce seuil sert également de référence pour déterminer la nature et l'étendue des procédures d'audit à mettre en œuvre.

Au cours de la mission, le commissaire aux comptes reconsidère le seuil de signification s'il a connaissance de faits nouveaux ou d'évolutions de l'entité qui remettent en cause l'évaluation initiale de ce seuil.

14. La démarche pour la mise en œuvre de la mission de certification des comptes comprend les phases suivantes :

– la prise de connaissance de l'entité en vue de l'identification et de l'évaluation du risque d'anomalies significatives dans les comptes ainsi que la planification de la mission ;

– les procédures d'audit mises en œuvre en réponse à l'évaluation du risque d'anomalies significatives ;

– les procédures d'audit mises en œuvre indépendamment de l'évaluation du risque d'anomalies significatives.

En outre, pour la certification des comptes consolidés, le commissaire aux comptes se réfère à la démarche prévue par la norme d'exercice professionnel relative aux principes applicables à l'audit des comptes consolidés et l'applique de manière adaptée à la taille et à la complexité de l'ensemble consolidé.

Le commissaire aux comptes est vigilant sur tout événement ou circonstance susceptible de mettre en cause la continuité d'exploitation et apprécie si l'établissement des comptes dans une perspective de continuité d'exploitation est approprié.

En application des articles L. 823-13 et L. 823-14 du Code de commerce, le commissaire aux comptes opère toutes vérifications et tous contrôles qu'il juge opportun et peut se faire communiquer toutes les pièces qu'il estime utiles à l'exercice de sa mission. Lorsqu'il intervient dans une entité tête de groupe ces investigations peuvent être faites tant auprès de l'entité tête de groupe que des personnes ou entités qui la contrôlent ou qui sont contrôlées par elle au sens des I et II et de l'article L. 233-3 du Code de commerce.

Dans le cadre de la démarche visant à la certification des comptes, le commissaire aux comptes identifie les risques financiers, comptables et de gestion auxquels est exposée l'entité et qu'il estime d'une importance suffisante pour être portés à l'attention du dirigeant. Lorsqu'il intervient dans une entité tête de groupe, le commissaire aux comptes met en œuvre, en complément, les diligences prévues aux paragraphes 35 à 37.

15. Lorsque l'entité a recours aux services d'un expert-comptable, le commissaire aux comptes prend contact avec l'expert-comptable pour s'informer du contenu de la mission qui lui a été confiée. Lorsqu'il envisage d'utiliser les travaux de l'expert-comptable, le commissaire aux comptes se fait communiquer les travaux réalisés et apprécie s'ils peuvent contribuer à la formation de son opinion sur les comptes. En fonction de cette appréciation, le commissaire aux comptes détermine les procédures d'audit supplémentaires dont la mise en œuvre lui paraît nécessaire.

Prise de connaissance de l'entité et de son environnement en vue de l'évaluation du risque d'anomalies significatives dans les comptes et planification de la mission

16. Le commissaire aux comptes acquiert une connaissance suffisante de l'entité afin d'identifier et d'évaluer le risque d'anomalies significatives dans les comptes, qu'elles résultent d'erreurs ou de fraudes. Pour ce faire, il s'entretient avec le dirigeant et le cas échéant avec les personnes appropriées au sein de l'entité et prend connaissance :

– du secteur d'activité de l'entité et de la nature plus ou moins complexe de ses activités ;

– de ses objectifs et de sa stratégie ;

– de sa structure juridique ;

– de son organisation et de son financement ;

– des textes légaux et réglementaires applicables, notamment en matière de référentiel comptable ;

– des éléments du contrôle interne pertinents pour l'audit ;

– des relations et transactions avec les parties liées ;

– de l'importance des estimations comptables ;

– de l'existence de procès, contentieux ou de litiges.

Le commissaire aux comptes prend en considération le comportement et l'éthique professionnels du dirigeant et son implication dans le processus d'autorisation et de contrôle des opérations.

17. Lors de sa prise de connaissance de l'entité et de son environnement, le commissaire aux comptes met en œuvre des procédures analytiques.

Les procédures analytiques consistent à apprécier des informations financières à partir de leurs corrélations avec d'autres informations, issues ou non des comptes, ou avec des données antérieures, postérieures ou prévisionnelles de l'entité ou d'entités similaires et à partir de l'analyse des variations significatives ou des tendances *inattendues.*

Les procédures analytiques peuvent notamment permettre au commissaire aux comptes d'identifier des opérations ou des évènements inhabituels ou incohérents.

18. À l'issue de sa prise de connaissance de l'entité et de son environnement, le commissaire aux comptes consigne dans un plan de mission :

– l'approche générale des travaux en réponse à l'évaluation du risque d'anomalies significatives dans les comptes ;

– le programme de travail définissant la nature et l'étendue des diligences estimées nécessaires ;

– le nombre d'heures de travail affectées à l'accomplissement de ces diligences ;

– le seuil de signification retenu ;

– le calendrier et les intervenants.

19. Sur la base des éléments collectés lors de la mise en œuvre des procédures d'audit, le commissaire aux comptes peut décider de modifier les éléments planifiés et consignés dans le plan de mission. Il peut être ainsi amené à modifier son approche générale, à revoir ses choix et à prévoir des travaux complémentaires ou différents.

20. Lorsque le commissaire aux comptes intervient au titre de la première année de son mandat, il vérifie que le bilan de clôture de l'exercice précédent repris pour l'ouverture du premier exercice dont il certifie les comptes ne contient pas d'anomalies significatives susceptibles d'avoir une incidence sur les comptes de l'exercice. Lorsque les comptes de l'exercice précédent ont fait l'objet d'une certification par un commissaire aux comptes, le commissaire aux comptes prend connaissance du dossier de travail de son prédécesseur, s'il l'estime nécessaire.

La certification sans réserve des comptes de l'exercice précédent constitue une présomption de régularité et sincérité du bilan d'ouverture. Si les comptes de l'exercice précédent n'ont pas fait l'objet d'une certification ou si le commissaire aux comptes n'a pas pris connaissance du dossier de travail de son prédécesseur ou n'a pas obtenu des travaux de celui-ci les éléments suffisants et appropriés estimés nécessaires, les procédures mises en œuvre pour les besoins de la certification des comptes de l'exercice peuvent lui permettre d'obtenir les éléments suffisants et appropriés pour conclure sur certains soldes de comptes du bilan d'ouverture. Lorsque ces procédures ne permettent pas au commissaire aux comptes d'obtenir les éléments suffisants et appropriés estimés nécessaires, il met en œuvre des procédures complémentaires.

Lorsque les comptes de l'exercice précédent n'ont pas fait l'objet d'une certification par un commissaire aux comptes, le commissaire aux comptes le mentionne dans son rapport.

Procédures d'audit mises en œuvre en réponse à l'évaluation du risque d'anomalies significatives

21. En réponse à son évaluation du risque d'anomalies significatives, le commissaire aux comptes conçoit et met en œuvre des procédures d'audit qui peuvent comprendre, selon son jugement professionnel :

– des tests de procédures ;

– des contrôles de substance consistant en des tests de détail et/ou des procédures analytiques ;

– une approche mixte utilisant à la fois des tests de procédures et des contrôles de substance.

22. Le commissaire aux comptes utilise une ou plusieurs des techniques de contrôle suivantes :

– les procédures analytiques qui, utilisées comme contrôles de substance, consistent à apprécier des éléments de comptes à partir de leurs corrélations avec d'autres données financières ou non. Pour cela, le commissaire aux comptes détermine les montants attendus dans les comptes et les écarts jugés acceptables entre ces montants et les montants enregistrés ;

– l'inspection des enregistrements ou des documents, qui consiste à examiner des enregistrements ou des documents, soit internes soit externes, sous forme papier, sous forme électronique ou autres supports ;

– l'inspection des actifs corporels, qui correspond à un contrôle physique des actifs corporels ;

– l'observation physique, qui consiste à examiner la façon dont une procédure est exécutée au sein de l'entité ;

– la demande d'information qui peut être adressée à des personnes internes ou externes à l'entité ;

– la demande de confirmation de tiers, qui consiste à obtenir de la part d'un tiers une déclaration directement adressée au commissaire aux comptes concernant une ou plusieurs informations ;

– la vérification d'un calcul ;

– la re-exécution d'un contrôle, qui porte sur des contrôles réalisés à l'origine par l'entité.

23. Le commissaire aux comptes détermine les méthodes appropriées de sélection des éléments à contrôler parmi les suivantes :

– la sélection de tous les éléments, méthode principalement utilisée lorsque la population est constituée d'un petit nombre d'éléments ;

– la sélection d'éléments spécifiques, méthode utilisée pour couvrir en valeur une large proportion de la population ou pour contrôler des éléments inhabituels en raison de leur importance ou de leur nature ;

– *les sondages statistiques ou non statistiques.*

24. Lorsque le commissaire aux comptes intervient plusieurs semaines après la clôture de l'exercice, il peut estimer pertinent de contrôler les créances clients par les encaissements intervenus sur la période subséquente et les dettes fournisseurs par rapport aux factures reçues ou aux règlements effectués postérieurement à la clôture. L'utilisation de ces techniques de contrôle peut permettre de limiter les demandes de confirmation des clients et fournisseurs ou se substituer au recours à de telles confirmations.

25. Le calendrier d'intervention du commissaire aux comptes peut également lui permettre de s'appuyer, pour le contrôle de certaines estimations comptables, sur l'examen du dénouement postérieur à la clôture de l'exercice des opérations objets de ces estimations.

26. Le commissaire aux comptes assiste à la prise d'inventaire physique des stocks lorsqu'il estime que les stocks sont significatifs ou présentent un risque d'anomalies significatives. Si, en raison de circonstances imprévues, il ne peut être présent à la date prévue pour la prise d'inventaire physique, et dans la mesure où il existe un inventaire permanent, il intervient à une autre date. Lorsque sa présence à la prise d'inventaire physique est impossible, notamment en raison de la nature et du lieu de cet inventaire, le commissaire aux comptes détermine s'il peut mettre en œuvre des procédures d'audit alternatives fournissant des éléments présentant un caractère probant équivalent.

Procédures d'audit mises en œuvre indépendamment de l'évaluation du risque d'anomalies significatives

27. Indépendamment de l'évaluation du risque d'anomalies significatives, le commissaire aux comptes conçoit et met en œuvre des contrôles de substance pour chaque compte présentant un caractère significatif. Selon son jugement professionnel, le commissaire aux comptes peut décider de limiter ses travaux à des procédures analytiques ou à un nombre restreint de tests de détails.

28. De plus, le commissaire aux comptes met en œuvre les procédures d'audit suivantes :

– compréhension de la justification économique d'opérations importantes qui lui semblent être en dehors des activités ordinaires de l'entité, ou qui lui apparaissent inhabituelles eu égard à sa connaissance de l'entité et de son environnement ;

– évaluation de la conformité au référentiel comptable applicable pour la présentation des comptes, notamment pour la reconnaissance des produits et y compris les informations fournies en annexe ;

– rapprochement des comptes, y compris des informations fournies dans l'annexe avec les documents comptables dont ils sont issus ;

– vérification du report des montants figurant dans les comptes de l'exercice précédent, y compris dans l'annexe ;

– examen des rapprochements bancaires à la clôture de l'exercice ;

– examen des écritures d'inventaire ;

– identification et prise en compte des évènements postérieurs à la clôture.

29. Le commissaire aux comptes effectue une revue de la cohérence d'ensemble des comptes au regard des éléments collectés tout au long de l'audit.

Traitement des anomalies relevées au cours de la mission

30. Au cours de la mission, le commissaire aux comptes communique en temps utile, au dirigeant de l'entité ou au niveau approprié de responsabilité, les anomalies qu'il a relevées autres que celles qui sont manifestement insignifiantes. Le commissaire aux comptes demande la correction de ces anomalies.

À la fin de la mission, le commissaire aux comptes récapitule les anomalies non corrigées, autres que celles qui sont manifestement insignifiantes, ainsi que les anomalies non corrigées relevées au cours des exercices précédents et dont les effets perdurent. Il détermine si les anomalies non corrigées, prises individuellement ou en cumulé, sont significatives.

Déclarations écrites de la direction

31. Si, au titre d'un ou plusieurs éléments à contrôler, les procédures d'audit ne permettent pas au commissaire aux comptes d'obtenir les éléments probants nécessaires pour fonder son opinion sur les comptes, il peut, sur la base de son jugement professionnel, demander au dirigeant de lui confirmer par écrit certaines de ses déclarations orales.

Lorsque le dirigeant refuse, le commissaire aux comptes s'enquiert des raisons de ce refus et, en fonction des réponses formulées, en tire les conséquences éventuelles sur l'expression de son opinion sur les comptes.

Communications avec les organes mentionnés à l'article L. 823-16 du Code de commerce

32. Selon son jugement professionnel et au moment qu'il juge approprié au regard de l'importance du sujet, le commissaire aux comptes porte à la connaissance du dirigeant ou d'un autre organe de direction ou de l'organe collégial chargé de l'administration ou de l'organe de surveillance :

– l'étendue et le calendrier des travaux d'audit ;

– ses commentaires éventuels sur les pratiques comptables de l'entité susceptibles d'avoir une incidence significative sur les comptes ;

– le cas échéant, les événements ou circonstances identifiés susceptibles de mettre en cause la continuité d'exploitation ;

– les modifications qui lui paraissent devoir être apportées aux comptes devant être arrêtés ou aux autres documents comptables ;

– les irrégularités et les inexactitudes qu'il aurait découvertes ;

– les conclusions auxquelles conduisent les observations et rectifications ci-dessus sur les résultats de la période comparés à ceux de la période précédente ;

– les motifs de l'observation, de la certification avec réserve, du refus de certifier ou de l'impossibilité de certifier qu'il envisage, le cas échéant, de formuler dans son rapport sur les comptes.

33. Le commissaire aux comptes communique par écrit les éléments importants relatifs à sa mission lorsqu'il considère qu'une communication orale ne serait pas appropriée ou lorsque des dispositions légales ou réglementaires le prévoient spécifiquement.

Diligences mises en œuvre pour l'établissement du rapport sur les risques financiers, comptables et de gestion

34. En vue de l'élaboration du rapport sur les risques financiers, comptables et de gestion, le commissaire aux comptes est attentif tout au long de sa mission de certification des comptes aux risques financiers, comptables et de gestion auxquels est exposée la société et qu'il estime d'une importance suffisante pour être portés à l'attention du dirigeant.

35. Lorsqu'il intervient dans une entité tête de groupe, le commissaire aux comptes est également attentif aux risques financiers, comptables et de gestion auxquels sont exposées les sociétés qu'elle contrôle qu'il pourrait identifier au cours de sa mission de certification des comptes de l'entité tête de groupe, notamment lors de la prise de connaissance de ses activités et du contrôle des immobilisations financières qu'elle détient ainsi que des informations fournies en annexe.

36. En outre, le commissaire aux comptes de l'entité tête de groupe demande aux commissaires aux comptes des sociétés contrôlées nommés pour un mandat de trois exercices la communication des rapports sur les risques financiers, comptables et de gestion auxquels ces sociétés sont exposées.

37. En l'absence de rapport sur les risques financiers, comptables et de gestion d'une société contrôlée, ou si ce rapport n'est pas disponible dans des délais compatibles avec l'établissement de son rapport sur les risques, le commissaire aux comptes de l'entité tête de groupe apprécie, selon son jugement professionnel, s'il doit compléter les informations recueillies dans le cadre de sa mission de certification des comptes de l'entité tête de groupe par :

– des entretiens avec les dirigeants des sociétés contrôlées ;

– et/ou des échanges avec les commissaires aux comptes des sociétés contrôlées, libérés du secret professionnel en application du 3e alinéa de l'article L. 822-15 du Code de commerce.

Autres diligences légales confiées par le législateur au commissaire aux comptes

38. Il appartient au commissaire aux comptes de procéder au contrôle des documents adressés à l'organe appelé à statuer sur les comptes. Pour ce faire, il met en œuvre les diligences prévues par la norme d'exercice professionnel relative aux diligences du commissaire aux comptes relatives au rapport de gestion, aux autres documents sur la situation financière et les comptes et aux informations relevant du rapport sur le gouvernement d'entreprise adressés aux membres de l'organe appelé à statuer sur les comptes.

39. En application de l'article L. 823-12 du Code de commerce, le commissaire aux comptes signale à la plus prochaine assemblée générale ou réunion de l'organe compétent les irrégularités et inexactitudes relevées au cours de l'accomplissement de sa mission et révèle au procureur de la République les faits délictueux dont il a eu connaissance, sans que sa responsabilité puisse être engagée par cette révélation.

40. Le commissaire aux comptes met également en œuvre les dispositions prévues par la norme d'exercice professionnel relative aux obligations du commissaire aux comptes relatives à la lutte contre le blanchiment des *capitaux et le financement du terrorisme.*

41. Lorsque le commissaire aux comptes relève, à l'occasion de l'exercice de sa mission, des faits de nature à compromettre la continuité de l'exploitation, il met en œuvre les dispositions prévues par les textes légaux et réglementaires relatifs à la procédure d'alerte et il en tire les conséquences éventuelles sur son rapport sur les comptes. La continuité d'exploitation est appréciée sur une période de douze mois à compter de la clôture de l'exercice.

42. Plus généralement, le commissaire aux comptes met en œuvre les autres diligences légales qui lui sont confiées par le législateur.

Rapport du commissaire aux comptes établi en application de l'article L. 823-9 du Code de commerce

43. Le commissaire aux comptes établit le rapport mentionné au 1er alinéa de l'article L. 823-9 du Code de commerce dans lequel il certifie, en justifiant de ses appréciations, que les comptes annuels sont réguliers et sincères et donnent une image fidèle du résultat des opérations de l'exercice écoulé ainsi que de la situation financière et du patrimoine de l'entité à la fin de cet exercice.

En outre, lorsque la personne ou entité décide sur une base volontaire de publier des comptes consolidés, le commissaire aux comptes établit le rapport mentionné au 2e alinéa de l'article L. 823-9 du Code de commerce dans lequel il certifie, en justifiant de ses appréciations, que les comptes consolidés sont réguliers et sincères et donnent une image fidèle du patrimoine, de la situation financière ainsi que du résultat de l'ensemble constitué par les personnes et entités comprises dans la consolidation.

44. Le commissaire aux comptes exprime son opinion selon les dispositions des paragraphes 6 à 14 de la norme d'exercice professionnel relative aux rapports du commissaire aux comptes sur les comptes annuels et consolidés.

45. La justification des appréciations par le commissaire aux comptes a pour objet de permettre au destinataire du rapport de mieux comprendre l'opinion émise sur les comptes.

Le commissaire aux comptes, sur la base de son jugement professionnel, peut adopter une rédaction succincte pour la justification de ses appréciations.

46. Le contenu du rapport respecte les dispositions prévues au paragraphe 18 de la norme relative aux rapports du commissaire aux comptes sur les comptes annuels et consolidés.

Rapport du commissaire aux comptes sur les risques financiers, comptables et de gestion

47. Le contenu et la forme du rapport sont adaptés à l'entité selon le jugement professionnel du commissaire aux comptes, sur la base des risques financiers, comptables et de gestion identifiés lors des travaux mis en œuvre et qu'il estime d'une importance suffisante pour être portés à l'attention du dirigeant.

48. Le commissaire aux comptes s'assure de la cohérence de son rapport sur les risques avec l'opinion émise sur les comptes.

49. Le commissaire aux comptes formule, s'il le juge nécessaire, des recommandations visant à réduire les risques identifiés en tenant compte de la taille de l'entité et de ses caractéristiques. Dans ce cas, le commissaire aux comptes veille au respect des règles d'indépendance et de non-immixtion dans la gestion.

50. Dans le cas d'une entité tête de groupe, le rapport sur les risques financiers, comptables et de gestion portant sur l'ensemble que l'entité forme avec les sociétés qu'elle contrôle, le commissaire aux comptes mentionne les sources d'information utilisées.

51. Préalablement à l'émission de son rapport, le commissaire aux comptes s'entretient avec le dirigeant des risques financiers, comptables et de gestion identifiés pour s'assurer de la pertinence des recommandations formulées.

52. En fonction de l'importance des risques dont il est fait état dans son rapport, le commissaire aux comptes, sur la base de son jugement professionnel, évalue la nécessité de communiquer tout ou partie du rapport aux autres organes visés à l'article L. 823-16 du Code de commerce.

Documentation des travaux

53. *Le commissaire aux comptes* constitue dans le respect de l'article R. 823-10 du Code de commerce un dossier adapté à la taille et aux caractéristiques de l'entité contrôlée en tenant compte du principe de proportionnalité.

54. Ce dossier permet à toute autre personne ayant une expérience de la pratique de l'audit et n'ayant pas participé à la mission d'être en mesure de comprendre la démarche adoptée, les travaux effectués, l'opinion émise et le rapport sur les risques financiers, comptables et de gestion.

55. En particulier, le commissaire aux comptes formalise dans son dossier :

– les échanges intervenus avec le dirigeant de l'entité ou avec d'autres interlocuteurs au titre des éléments collectés au cours de sa mission pour l'établissement du rapport sur les risques financiers, comptables et de gestion ;

– les échanges verbaux avec les organes mentionnés à l'article L. 823-16 du Code de commerce et la date de ces échanges ainsi qu'une copie de ses communications écrites.

NEP 912. MISSION DU COMMISSAIRE AUX COMPTES NOMMÉ POUR SIX EXERCICES DANS DES PETITES ENTREPRISES

Champ d'application

1. La présente norme a pour objet de définir les diligences proportionnées à la « petite entreprise » à accomplir par le commissaire aux comptes désigné par une telle entreprise pour un mandat de six exercices, ainsi que le formalisme qui s'attache à la réalisation de sa mission.

Une « petite entreprise » est une personne ou entité qui ne dépasse pas, à la clôture d'un exercice social, deux des trois critères suivants :

– total du bilan : quatre millions d'euros ;

– montant du chiffre d'affaires hors taxes : huit millions d'euros ;

– nombre moyen de salariés employés au cours de l'exercice : cinquante.

Les situations visées par la présente norme sont définies aux paragraphes 2 à 4.

2. En l'absence d'obligation légale de nommer un commissaire aux comptes pour un mandat de six exercices, une personne ou entité qui répond à la définition de petite entreprise peut décider volontairement de nommer un commissaire aux comptes. Lorsque cette personne ou entité est une société, elle peut choisir de lui confier un mandat de six exercices. Lorsque cette personne ou entité n'est pas une société, la durée du mandat du commissaire aux comptes est obligatoirement de six exercices.

3. Une entité « tête de groupe » est définie par les 1er et 2e alinéas de l'article L. 823-2-2 du Code de commerce comme une personne ou entité :

– non astreinte à publier des comptes consolidés ;

– ne répondant pas à la définition d'une entité d'intérêt public ;

– non contrôlée par une personne ou une entité qui a désigné un commissaire aux comptes,

et qui forme avec les sociétés qu'elle contrôle un ensemble dépassant, à la clôture d'un exercice social, deux des trois critères suivants :

– total cumulé de leurs bilans : quatre millions d'euros ;

– montant cumulé hors taxes de leurs chiffres d'affaires : huit millions d'euros ;

– nombre moyen cumulé de leurs salariés au cours de l'exercice : cinquante.

Dans la présente norme, la notion de contrôle s'entend du contrôle direct ou indirect au sens de l'article L. 233-3 du Code de commerce.

Une entité tête de groupe a l'obligation de désigner au moins un commissaire aux comptes.

Lorsque l'entité tête de groupe est une société qui répond à la définition de petite entreprise, elle peut choisir de confier à son commissaire aux comptes un mandat de six exercices.

Lorsque l'entité tête de groupe n'est pas une société mais qu'elle répond à la définition de petite entreprise, la durée du mandat du commissaire aux comptes est obligatoirement de six exercices.

4. Les petites entreprises qui sont des sociétés contrôlées par une entité tête de groupe ont l'obligation, en application du 3e alinéa de l'article L. 823-2-2 du Code de commerce, de désigner au moins un commissaire aux comptes, lorsqu'elles dépassent, à la clôture d'un exercice social, deux des trois critères suivants :

– total du bilan : deux millions d'euros ;

– montant du chiffre d'affaires hors taxes : quatre millions d'euros ;

– nombre moyen de salariés employés au cours de l'exercice : vingt-cinq.

Dans ce cas, ces sociétés peuvent choisir de confier au commissaire aux comptes un mandat de six exercices.

5. Le commissaire aux comptes peut appliquer la présente norme aux mandats en cours au 27 mai 2019, date d'application effective des dispositions issues de la loi n° 2019-486 du 22 mai 2019 relative à la croissance et à la transformation des entreprises, dans les sociétés, quelles que soient leurs formes (2), qui ne dépassent pas, pour le dernier exercice clos antérieurement à cette date, deux des trois critères précisés au paragraphe 1., et qui en font le choix en accord avec lui.

Nature et étendue de la mission

6. La mission du commissaire aux comptes comprend :

– la mission de certification des comptes annuels, et le cas échéant, des comptes consolidés lorsque l'entité décide sur une base volontaire de publier de tels comptes, prévue à l'article L. 823-9 du Code de commerce et dont il rend compte dans son rapport sur les comptes annuels, et le cas échéant, dans son rapport sur les comptes consolidés ;

– les autres diligences légales qui lui sont confiées par le législateur et qui donnent lieu, lorsque les textes légaux et réglementaires le prévoient, à des restitutions spécifiques.

Respect des règles de déontologie

7. Le commissaire aux comptes respecte les dispositions du code de déontologie de la profession. Il réalise sa mission conformément aux textes légaux et réglementaires et, s'agissant des normes d'exercice professionnel, à la présente norme d'exercice professionnel.

Esprit critique, jugement professionnel et proportionnalité

8. Tout au long de sa mission, le commissaire aux comptes fait preuve d'esprit critique. À ce titre, il évalue de façon critique la validité des éléments collectés au cours de ses travaux et reste attentif aux informations qui contredisent ou remettent en cause la fiabilité des éléments obtenus.

9. Le commissaire aux comptes exerce son jugement professionnel pour décider de la nature, du calendrier et de l'étendue des travaux, proportionnés à la taille et à la complexité de l'entité, nécessaires pour fonder son opinion sur les comptes.

Implication du commissaire aux comptes

10. Le commissaire aux comptes veille à être compris du dirigeant quant à l'objectif de sa mission et aux modalités pratiques de sa réalisation. Si le commissaire aux comptes fait appel à des collaborateurs, il veille à rester l'interlocuteur principal du dirigeant, notamment pour la prise de connaissance de l'entité et de son environnement et la restitution des conclusions des travaux mis en œuvre.

Lettre de mission

11. Au plus tard à l'issue de la prise de connaissance de l'entité et de son environnement, le commissaire aux comptes établit une lettre de mission pouvant porter sur les six exercices de son mandat et définissant les termes et conditions de son intervention. Si nécessaire, il revoit les termes de la lettre de mission en cours de mandat. Il demande à l'entité de confirmer par écrit son accord sur les termes et conditions exposés.

Mise en œuvre de la mission de certification des comptes

12. Pour certifier les comptes, le commissaire aux comptes met en œuvre un audit des comptes afin d'obtenir l'assurance que les comptes, pris dans leur ensemble, ne comportent pas d'anomalies significatives. Cette assurance élevée, mais non absolue du fait des limites de l'audit est qualifiée, par convention, d'« assurance raisonnable ».

Les limites de l'audit résultent notamment de l'utilisation des techniques de sondages, des limites inhérentes au contrôle interne, et du fait que la plupart des éléments collectés au cours de la mission conduisent davantage à des présomptions qu'à des certitudes.

13. La notion de caractère significatif est appliquée par le commissaire aux comptes pour planifier et réaliser son audit, puis pour évaluer l'incidence des anomalies non corrigées dans les comptes.

Le commissaire aux comptes met en œuvre la notion de caractère significatif en considérant le montant des anomalies, leur nature et les circonstances particulières de leur survenance.

La détermination du caractère significatif des anomalies relève du jugement professionnel du commissaire aux comptes et reflète sa perception de ce qui peut influencer le jugement des utilisateurs de comptes.

Pour évaluer le caractère significatif d'une anomalie à partir de son montant, le commissaire aux comptes détermine un seuil de signification, montant au-delà duquel les décisions économiques ou le jugement fondé sur les comptes sont susceptibles d'être influencés. Ce seuil sert également de référence pour déterminer la nature et l'étendue des procédures d'audit à mettre en œuvre.

Au cours de la mission, le commissaire aux comptes reconsidère le seuil de signification s'il a connaissance de faits nouveaux ou d'évolutions de l'entité qui remettent en cause l'évaluation initiale de ce seuil.

14. La démarche pour la mise en œuvre de la mission de certification des comptes comprend les phases suivantes :

– la prise de connaissance de l'entité en vue de l'identification et de l'évaluation du risque d'anomalies significatives dans les comptes ainsi que la planification de la mission ;

– les procédures d'audit mises en œuvre en réponse à l'évaluation du risque d'anomalies significatives ;

– les procédures d'audit mises en œuvre indépendamment de l'évaluation du risque d'anomalies significatives.

En outre, pour la certification des comptes consolidés, le commissaire aux comptes se réfère à la démarche prévue par la norme d'exercice professionnel relative aux principes applicables à l'audit des comptes consolidés et l'applique de manière adaptée à la taille et à la complexité de l'ensemble consolidé.

Le commissaire aux comptes est vigilant sur tout événement ou circonstance susceptible de mettre en cause la continuité d'exploitation et apprécie si l'établissement des comptes dans une perspective de continuité d'exploitation est approprié.

En application des articles L. 823-13 et L. 823-14 du Code de commerce, le commissaire aux comptes opère toutes vérifications et tous contrôles qu'il juge opportun et peut se faire communiquer toutes les pièces qu'il estime utiles à l'exercice de sa mission. Lorsqu'il intervient dans une entité tête de groupe ces investigations peuvent être faites tant auprès de l'entité tête de groupe que des personnes ou entités qui la contrôlent ou qui sont contrôlées par elle au sens des I et II et de l'article L. 233-3 du Code de commerce.

15. Lorsque l'entité a recours aux services d'un expert-comptable, le commissaire aux comptes prend contact avec l'expert-comptable pour s'informer du contenu de la mission qui lui a été confiée. Lorsqu'il envisage d'utiliser les travaux de l'expert-comptable, le commissaire aux comptes se fait communiquer les travaux réalisés et apprécie s'ils peuvent contribuer à la formation de son opinion sur les comptes. En fonction de cette appréciation, le commissaire aux comptes détermine les procédures d'audit supplémentaires dont la mise en œuvre lui paraît nécessaire.

Prise de connaissance de l'entité et de son environnement en vue de l'évaluation du risque d'anomalies significatives dans les comptes et planification de la mission

16. Le commissaire aux comptes acquiert une connaissance suffisante de l'entité afin d'identifier et d'évaluer le risque d'anomalies significatives dans les comptes, qu'elles résultent d'erreurs ou de fraudes. Pour ce faire, il s'entretient avec le dirigeant et le cas échéant avec les personnes appropriées au sein de l'entité et prend connaissance :

– du secteur d'activité de l'entité et de la nature plus ou moins complexe de ses activités ;
– de ses objectifs et de sa stratégie ;
– de sa structure juridique ;
– de son organisation et de son financement ;
– des textes légaux et réglementaires applicables, notamment en matière de référentiel comptable ;
– des éléments du contrôle interne pertinents pour l'audit ;
– des relations et transactions avec les parties liées ;
– de l'importance des estimations comptables ;
– de l'existence de procès, contentieux ou de litiges.

Le commissaire aux comptes prend en considération le comportement et l'éthique professionnels du dirigeant et son implication dans le processus d'autorisation et de contrôle des opérations.

17. Lors de sa prise de connaissance de l'entité et de son environnement, le commissaire aux comptes met en œuvre des procédures analytiques.

Les procédures analytiques consistent à apprécier des informations financières à partir de leurs corrélations avec d'autres informations, issues ou non des comptes, ou avec des données antérieures, postérieures ou prévisionnelles de l'entité ou d'entités similaires et à partir de l'analyse des variations significatives ou des tendances inattendues.

Les procédures analytiques peuvent notamment permettre au commissaire aux comptes d'identifier des opérations ou des évènements inhabituels ou incohérents.

18. À l'issue de sa prise de connaissance de l'entité et de son environnement, le commissaire aux comptes consigne dans un plan de mission :

– l'approche générale des travaux en réponse à l'évaluation du risque d'anomalies significatives dans les comptes ;
– le programme de travail définissant la nature et l'étendue des diligences estimées nécessaires ;
– le nombre d'heures de travail affectées à l'accomplissement de ces diligences ;
– le seuil de signification retenu ;
– le calendrier et les intervenants.

19. Sur la base des éléments collectés lors de la mise en œuvre des procédures d'audit, le commissaire aux comptes peut décider de modifier les éléments planifiés et consignés dans le plan de mission. Il peut être ainsi amené à modifier son approche générale, à revoir ses choix et à prévoir des travaux complémentaires ou différents.

20. Lorsque le commissaire aux comptes intervient au titre de la première année de son mandat, il vérifie que le bilan de clôture de l'exercice précédent repris pour l'ouverture du premier exercice dont il certifie les comptes ne contient pas d'anomalies significatives susceptibles d'avoir une incidence sur les comptes de l'exercice.

Lorsque les comptes de l'exercice précédent ont fait l'objet d'une certification par un commissaire aux comptes, le commissaire aux comptes prend connaissance du dossier de travail de son prédécesseur, s'il l'estime nécessaire.

La certification sans réserve des comptes de l'exercice précédent constitue une présomption de régularité et sincérité du bilan d'ouverture. Si les comptes de l'exercice précédent n'ont pas fait l'objet d'une certification ou si le commissaire aux comptes n'a pas pris connaissance du dossier de travail de son prédécesseur ou n'a pas obtenu des travaux de celui-ci les éléments suffisants et appropriés estimés nécessaires, les procédures mises en œuvre pour les besoins de la certification des comptes de l'exercice peuvent lui permettre d'obtenir les éléments suffisants et appropriés pour conclure sur certains soldes de comptes du bilan d'ouverture. Lorsque ces procédures ne permettent pas au commissaire aux comptes d'obtenir les éléments suffisants et appropriés estimés nécessaires, il met en œuvre des procédures complémentaires.

Lorsque les comptes de l'exercice précédent n'ont pas fait l'objet d'une certification par un commissaire aux comptes, le commissaire aux comptes le mentionne dans son rapport.

Procédures d'audit mises en œuvre en réponse à l'évaluation du risque d'anomalies significatives

21. En réponse à son évaluation du risque d'anomalies significatives, le commissaire aux comptes conçoit et met en œuvre des procédures d'audit qui peuvent comprendre, selon son jugement professionnel :

- des tests de procédures ;
- des contrôles de substance consistant en des tests de détail et/ou des procédures analytiques ;
- une approche mixte utilisant à la fois des tests de procédures et des contrôles de substance.

22. Le commissaire aux comptes utilise une ou plusieurs des techniques de contrôle suivantes :

- les procédures analytiques qui, utilisées comme contrôles de substance, consistent à apprécier des éléments de comptes à partir de leurs corrélations avec d'autres données financières ou non. Pour cela, le commissaire aux comptes détermine les montants attendus dans les comptes et les écarts jugés acceptables entre ces montants et les montants enregistrés ;
- l'inspection des enregistrements ou des documents, qui consiste à examiner des enregistrements ou des documents, soit internes soit externes, sous forme papier, sous forme électronique ou autres supports ;
- l'inspection des actifs corporels, qui correspond à un contrôle physique des actifs corporels ;
- l'observation physique, qui consiste à examiner la façon dont une procédure est exécutée au sein de l'entité ;
- la demande d'information qui peut être adressée à des personnes internes ou externes à l'entité ;
- la demande de confirmation de tiers, qui consiste à obtenir de la part d'un tiers une déclaration directement adressée au commissaire aux comptes concernant une ou plusieurs informations ;
- la vérification d'un calcul ;
- la réexécution d'un contrôle, qui porte sur des contrôles réalisés à l'origine par l'entité.

23. Le commissaire aux comptes détermine les méthodes appropriées de sélection des éléments à contrôler parmi les suivantes :

- la sélection de tous les éléments, méthode principalement utilisée lorsque la population est constituée d'un petit nombre d'éléments ;
- la sélection d'éléments spécifiques, méthode utilisée pour couvrir en valeur une large proportion de la population ou pour contrôler des éléments inhabituels en raison de leur importance ou de leur nature ;
- les sondages statistiques ou non statistiques.

24. Lorsque le commissaire aux comptes intervient plusieurs semaines après la clôture de l'exercice, il peut estimer pertinent de contrôler les créances clients par les encaissements intervenus sur la période subséquente et les dettes fournisseurs par rapport aux factures reçues ou aux règlements effectués postérieurement à la clôture. L'utilisation de ces techniques de contrôle peut permettre de limiter les demandes de confirmation des clients et fournisseurs ou se substituer au recours à de telles confirmations.

25. Le calendrier d'intervention du commissaire aux comptes peut également lui permettre de s'appuyer, pour le contrôle de certaines estimations comptables, sur l'examen du dénouement postérieur à la clôture de l'exercice des opérations objets de ces estimations.

26. Le commissaire aux comptes assiste à la prise d'inventaire physique des stocks lorsqu'il estime que les stocks sont significatifs ou présentent un risque d'anomalies significatives. Si, en raison de circonstances imprévues, il ne peut être présent à la date prévue pour la prise d'inventaire physique, et dans la mesure où il existe un inventaire permanent, il intervient à une autre date. Lorsque sa présence à la prise d'inventaire physique est impossible,

notamment en raison de la nature et du lieu de cet inventaire, le commissaire aux comptes détermine s'il peut mettre en œuvre des procédures d'audit alternatives fournissant des éléments présentant un caractère probant équivalent.

Procédures d'audit mises en œuvre indépendamment de l'évaluation du risque d'anomalies significatives

27. Indépendamment de l'évaluation du risque d'anomalies significatives, le commissaire aux comptes conçoit et met en œuvre des contrôles de substance pour chaque compte présentant un caractère significatif. Selon son jugement professionnel, le commissaire aux comptes peut décider de limiter ses travaux à des procédures analytiques ou à un nombre restreint de tests de détails.

28. De plus, le commissaire aux comptes met en œuvre les procédures d'audit suivantes :

– compréhension de la justification économique d'opérations importantes qui lui semblent être en dehors des activités ordinaires de l'entité, ou qui lui apparaissent inhabituelles eu égard à sa connaissance de l'entité et de son environnement ;

– évaluation de la conformité au référentiel comptable applicable pour la présentation des comptes, notamment pour la reconnaissance des produits et y compris les informations fournies en annexe ;

– rapprochement des comptes, y compris des informations fournies dans l'annexe avec les documents comptables dont ils sont issus ;

– vérification du report des montants figurant dans les comptes de l'exercice précédent, y compris dans l'annexe ;

– examen des rapprochements bancaires à la clôture de l'exercice ;

– examen des écritures d'inventaire ;

– identification et prise en compte des événements postérieurs à la clôture.

29. Le commissaire aux comptes effectue une revue de la cohérence d'ensemble des comptes au regard des éléments collectés tout au long de l'audit.

Traitement des anomalies relevées au cours de la mission

30. Au cours de la mission, le commissaire aux comptes communique en temps utile, au dirigeant de l'entité ou au niveau approprié de responsabilité, les anomalies qu'il a relevées autres que celles qui sont manifestement insignifiantes. Le commissaire aux comptes demande la correction de ces anomalies.

À la fin de la mission, le commissaire aux comptes récapitule les anomalies non corrigées, autres que celles qui sont manifestement insignifiantes, ainsi que les anomalies non corrigées relevées au cours des exercices précédents et dont les effets perdurent. Il détermine si les anomalies non corrigées, prises individuellement ou en cumulé, sont significatives.

Déclarations écrites de la direction

31. Si, au titre d'un ou plusieurs éléments à contrôler, les procédures d'audit ne permettent pas au commissaire aux comptes d'obtenir les éléments probants nécessaires pour fonder son opinion sur les comptes, il peut, sur la base de son jugement professionnel, demander au dirigeant de lui confirmer par écrit certaines de ses déclarations orales.

Lorsque le dirigeant refuse, le commissaire aux comptes s'enquiert des raisons de ce refus et, en fonction des réponses formulées, en tire les conséquences éventuelles sur l'expression de son opinion sur les comptes.

Communications avec les organes mentionnés à l'article L. 823-16 du Code de commerce

32. Selon son jugement professionnel et au moment qu'il juge approprié au regard de l'importance du sujet, le commissaire aux comptes porte à la connaissance du dirigeant ou d'un autre organe de direction ou de l'organe collégial chargé de l'administration ou de l'organe de surveillance :

– l'étendue et le calendrier des travaux d'audit ;

– ses commentaires éventuels sur les pratiques comptables de l'entité susceptibles d'avoir une incidence significative sur les comptes ;

– le cas échéant, les événements ou circonstances identifiés susceptibles de mettre en cause la continuité d'exploitation ;

– les modifications qui lui paraissent devoir être apportées aux comptes devant être arrêtés ou aux autres *documents comptables ;*

– les irrégularités et les inexactitudes qu'il aurait découvertes ;

– les conclusions auxquelles conduisent les observations et rectifications ci-dessus sur les résultats de la période comparés à ceux de la période précédente ;

– les motifs de l'observation, de la certification avec réserve, du refus de certifier ou de l'impossibilité de certifier qu'il envisage, le cas échéant, de formuler dans son rapport sur les comptes.

33. Le commissaire aux comptes communique par écrit les éléments importants relatifs à sa mission lorsqu'il considère qu'une communication orale ne serait pas appropriée ou lorsque des dispositions légales ou réglementaires le prévoient spécifiquement.

Autres diligences légales confiées par le législateur au commissaire aux comptes

34. Il appartient au commissaire aux comptes de procéder au contrôle des documents adressés à l'organe appelé à statuer sur les comptes. Pour ce faire, il met en œuvre les diligences prévues par la norme d'exercice professionnel relative aux diligences du commissaire aux comptes relatives au rapport de gestion, aux autres documents sur la situation financière et les comptes et aux informations relevant du rapport sur le gouvernement d'entreprise adressés aux membres de l'organe appelé à statuer sur les comptes.

35. En application de l'article L. 823-12 du Code de commerce, le commissaire aux comptes signale à la plus prochaine assemblée générale ou réunion de l'organe compétent les irrégularités et inexactitudes relevées au cours de l'accomplissement de sa mission et révèle au procureur de la République les faits délictueux dont il a eu connaissance, sans que sa responsabilité puisse être engagée par cette révélation.

36. Le commissaire aux comptes met également en œuvre les dispositions prévues par la norme d'exercice professionnel relative aux obligations du commissaire aux comptes relatives à la lutte contre le blanchiment des capitaux et le financement du terrorisme.

37. Lorsque le commissaire aux comptes relève, à l'occasion de l'exercice de sa mission, des faits de nature à compromettre la continuité de l'exploitation, il met en œuvre les dispositions prévues par les textes légaux et réglementaires relatifs à la procédure d'alerte et il en tire les conséquences éventuelles sur son rapport sur les comptes. La continuité d'exploitation est appréciée sur une période de douze mois à compter de la clôture de l'exercice.

38. Plus généralement, le commissaire aux comptes met en œuvre les autres diligences légales qui lui sont confiées par le législateur.

Rapport du commissaire aux comptes établi en application de l'article L. 823-9 du Code de commerce

39. Le commissaire aux comptes établit le rapport mentionné au 1er alinéa de l'article L. 823-9 du Code de commerce dans lequel il certifie, en justifiant de ses appréciations, que les comptes annuels sont réguliers et sincères et donnent une image fidèle du résultat des opérations de l'exercice écoulé ainsi que de la situation financière et du patrimoine de l'entité à la fin de cet exercice.

En outre, lorsque la personne ou entité décide sur une base volontaire de publier des comptes consolidés, le commissaire aux comptes établit le rapport mentionné au 2e alinéa de l'article L. 823-9 du Code de commerce dans lequel il certifie, en justifiant de ses appréciations, que les comptes consolidés sont réguliers et sincères et donnent une image fidèle du patrimoine, de la situation financière ainsi que du résultat de l'ensemble constitué par les personnes et entités comprises dans la consolidation.

40. Le commissaire aux comptes exprime son opinion selon les dispositions des paragraphes 6 à 14 de la norme d'exercice professionnel relative aux rapports du commissaire aux comptes sur les comptes annuels et consolidés.

41. La justification des appréciations par le commissaire aux comptes a pour objet de permettre au destinataire du rapport de mieux comprendre l'opinion émise sur les comptes.

Le commissaire aux comptes, sur la base de son jugement professionnel, peut adopter une rédaction succincte pour la justification de ses appréciations.

42. Le contenu du rapport respecte les dispositions prévues au paragraphe 18 de la norme relative aux rapports du commissaire aux comptes sur les comptes annuels et consolidés.

Documentation des travaux

43. Le commissaire aux comptes constitue dans le respect de l'article R. 823-10 du Code de commerce un dossier adapté à la taille et aux caractéristiques de l'entité contrôlée en tenant compte du principe de proportionnalité.

44. Ce dossier permet à toute autre personne ayant une expérience de la pratique de l'audit et n'ayant pas participé à la mission d'être en mesure de comprendre la démarche adoptée, les travaux effectués et l'opinion émise.

45. En particulier, le commissaire aux comptes formalise dans son dossier les échanges verbaux avec les organes mentionnés à l'article L. 823-16 du Code de commerce et la date de ces échanges ainsi qu'une copie de ses communications écrites.

§ 9. – De la certification des comptes des organismes nationaux de sécurité sociale

Art. A. 823-27-2 *(A. 20 déc. 2012)*. **– La norme d'exercice professionnel relative à la certification des comptes des organismes nationaux de sécurité sociale, homologuée par la garde des Sceaux, ministre de la Justice, figure ci-dessous :**

CERTIFICATION DES COMPTES DES ORGANISMES NATIONAUX DE SÉCURITÉ SOCIALE

Introduction

1. En application des dispositions de l'article L. 114-8 du Code de la sécurité sociale, le commissaire aux comptes certifie les comptes annuels et, le cas échéant, les comptes combinés des organismes nationaux de sécurité sociale, autres que ceux mentionnés à l'article LO 132-2-1 du Code des juridictions financières, ainsi que ceux des organismes créés pour concourir au financement de l'ensemble des régimes.

2. Les modalités d'établissement, de validation et de transmission des comptes annuels et combinés sont prévues à l'article L. 114-6 du Code de la sécurité sociale et définis à l'article D. 114-4-2-II du même code.

3. La présente norme, établie en application de l'article L. 114-8 du Code de la sécurité sociale, a pour objet de définir les principes relatifs à l'audit des comptes annuels et combinés et de préciser les incidences sur l'audit de certaines spécificités du fonctionnement des organismes de sécurité sociale, que sont tout particulièrement :

– la validation interne effectuée par l'agent comptable national des organismes de base de la sécurité sociale ;
– le fait générateur de la comptabilisation des prestations en nature maladie-maternité-invalidité-décès ;
– l'externalisation de certaines opérations auprès d'entités dont les comptes sont soumis à la certification de la cour des comptes.

Principes relatifs à l'audit des comptes annuels et combinés des organismes de sécurité sociale

4. Pour fonder son opinion sur les comptes, le commissaire aux comptes accomplit les diligences prévues par l'ensemble des normes d'exercice professionnel relatives à la certification des comptes. Pour la mise en œuvre des normes d'exercice professionnel relatives à la « prise en compte du risque d'anomalies significatives dans les comptes résultant du non-respect de textes légaux et réglementaires », à la « connaissance de l'entité et de son environnement et évaluation du risque d'anomalies significatives dans les comptes », et aux « procédures d'audit mises en œuvre par le commissaire aux comptes à l'issue de son évaluation du risque », le commissaire aux comptes tient compte :

– de l'importance du volume des opérations traitées par l'entité ;
– de l'existence de textes légaux et réglementaires spécifiques qui régissent la détermination des charges et des produits, tels que ceux fixant la nomenclature et la tarification des actes ou les taux des cotisations.

Il évalue la conception et la mise en œuvre des contrôles réalisés par l'entité pour traiter ces volumes d'opérations et garantir le respect de ces textes légaux et réglementaires.

Utilisation par le commissaire aux comptes des travaux de validation interne effectués par l'agent comptable national pour les besoins de l'audit des comptes combinés

5. La validation par l'agent comptable national des comptes annuels des organismes de base de sécurité sociale est prévue par l'article L. 114-6 du Code de la sécurité sociale et définie à l'article D. 114-4-2 du même code.

6. Le commissaire aux comptes peut utiliser les travaux de validation interne réalisés par l'agent comptable national en tant qu'éléments collectés au titre des assertions qu'il souhaite vérifier.

Pour ce faire, il applique les principes définis par la norme d'exercice professionnel relative à la « prise de connaissance et utilisation des travaux de l'audit interne ».

Procédures d'audit mises en œuvre sur les comptes de prestations en nature maladie-maternité-invalidité-décès

7. Lorsque l'organisme de sécurité sociale garantit la couverture des prestations de maladie-maternité-invalidité-décès, le paiement de ces prestations aux professionnels, organismes ou établissements de santé, intervient, conformément aux textes légaux et réglementaires, dans le cadre du dispositif « tiers payant de la carte sésame *vitale » qui ne prévoit pas une reconnaissance expresse* par l'assuré de la réalité de la prestation reçue.

8. Aussi, pour évaluer le risque d'anomalie significative au niveau des assertions, le commissaire aux comptes prend notamment en compte l'existence d'un risque d'anomalie significative résultant de fraude portant sur la réalité et la mesure des prestations. En réponse à son évaluation du risque, le commissaire aux comptes apprécie la conception et la mise en œuvre, par l'organisme de sécurité sociale, des dispositifs prévus aux articles L. 114-10 et R. 114-18 du Code de la sécurité sociale qui s'inscrivent dans le cadre général de la lutte contre la fraude, et ce

d'autant plus qu'il lui est impossible de collecter des éléments suffisants et appropriés par des contrôles de substance. Le commissaire aux comptes apprécie également les résultats des contrôles réalisés, dans le cadre de ces dispositifs.

9. Si le commissaire aux comptes estime que le traitement par l'organisme des prestations en nature maladie-maternité-invalidité-décès est satisfaisant, il demande que l'annexe comporte, au titre des règles et méthodes comptables, une description appropriée des faits générateurs de la comptabilisation de ces prestations et des principes comptables afférents et formule une observation renvoyant à cette information.

10. Lorsque le commissaire aux comptes estime que le traitement par l'organisme des prestations en nature maladie-maternité-invalidité-décès n'est pas satisfaisant, il formule une opinion avec réserve pour limitation ou exprime un refus de certifier, conformément aux dispositions de la norme d'exercice professionnel relative au « rapport du commissaire aux comptes sur les comptes annuels et consolidés ».

Travaux relatifs à l'audit de certaines opérations externalisées auprès d'entités dont les comptes sont soumis à la certification par la Cour des comptes

11. Dès lors qu'il existe des opérations faisant l'objet d'une externalisation auprès d'entités dont les comptes sont soumis à la certification de la Cour des comptes, le commissaire aux comptes peut collecter les éléments relatifs à ces opérations auprès des membres et personnel de la Cour des comptes. Pour ce faire, il met en œuvre les procédures définies à l'article R. 137-6 du Code des juridictions financières et par l'arrêté du 21 juin 2011.

Sous-section 3. – Des autres interventions du commissaire aux comptes prévues par les textes légaux et réglementaires

Art. A. 823-28 *(Rempl., A. 21 juin 2011 ; A. 12 mai 2021 ; indirectement mod., A. 6 juill. 2021).* **– La norme d'exercice professionnel relative aux principes spécifiques applicables à l'audit des comptes consolidés, homologuée par le garde des sceaux, ministre de la Justice, figure ci-dessous :**

NEP 2410. EXAMEN LIMITÉ DE COMPTES INTERMÉDIAIRES EN APPLICATION DE DISPOSITIONS LÉGALES OU RÉGLEMENTAIRES

Introduction

1. Le commissaire aux comptes d'une entité peut être conduit à mener, en application de dispositions légales ou réglementaires, un examen limité de comptes intermédiaires, qui peuvent être des comptes condensés, présentés, le cas échéant, sous forme consolidée.

2. La présente norme a pour objet de définir les principes que le commissaire aux comptes applique lorsqu'il conduit un examen limité de comptes intermédiaires.

3. Elle définit en outre les principes relatifs à l'établissement du rapport d'examen limité du commissaire aux comptes.

Respect des textes et esprit critique

4. Le commissaire aux comptes réalise l'examen limité des comptes intermédiaires conformément aux textes légaux et réglementaires et à la présente norme d'exercice professionnel.

5. Le commissaire aux comptes respecte les dispositions du code de déontologie de la profession.

6. Tout au long de ses travaux, le commissaire aux comptes :

– fait preuve d'esprit critique et tient compte du fait que certaines situations peuvent conduire à des anomalies significatives dans les comptes ;

– exerce son jugement professionnel, notamment pour décider de la nature, du calendrier et de l'étendue des *procédures* d'examen limité à mettre en œuvre, et pour conclure à partir des éléments collectés.

Nature de l'assurance

7. Lorsqu'il conduit un examen limité de comptes intermédiaires, le commissaire aux comptes met en œuvre des procédures moins étendues que celles requises pour un audit des comptes réalisé pour les besoins de la certification.

8. L'examen limité de comptes intermédiaires consiste essentiellement, pour le commissaire aux comptes, à s'entretenir avec la direction et à mettre en œuvre des procédures analytiques.

9. Il obtient l'assurance, moins élevée que celle obtenue dans le cadre d'un audit des comptes réalisé pour les besoins de la certification, que les comptes intermédiaires ne comportent pas d'anomalies significatives.

10. Cette assurance, qualifiée d'assurance modérée, lui permet de formuler une conclusion selon laquelle il n'a pas relevé d'anomalies significatives dans les comptes intermédiaires, pris dans leur ensemble.

Anomalies significatives et seuil de signification

11. Pour déterminer le seuil ou les seuils de signification et évaluer l'incidence des anomalies détectées sur sa conclusion, le commissaire aux comptes applique les principes définis dans la norme d'exercice professionnel relative aux anomalies significatives et au seuil de signification applicable à l'audit des comptes réalisé pour les besoins de la certification.

Travaux à mettre en œuvre par le commissaire aux comptes. - Lettre de mission

12. Le commissaire aux comptes définit les termes et conditions de l'examen limité dans la lettre de mission établie conformément aux principes définis dans la norme d'exercice professionnel relative à la lettre de mission.

Prise de connaissance de l'entité et de son environnement, y compris son contrôle interne, et évaluation du risque d'anomalies significatives dans les comptes

13. Le commissaire aux comptes acquiert une connaissance suffisante de l'entité et de son environnement, notamment de son contrôle interne, afin d'identifier et d'évaluer le risque d'anomalies significatives dans les comptes intermédiaires et afin de concevoir et mettre en œuvre des procédures lui permettant de fonder sa conclusion sur ces comptes.

14. Lorsque, au cours de l'audit, des comptes de l'exercice précédent ou de l'examen limité des compte intermédiaires précédents, le commissaire aux comptes a collecté des éléments relatifs à la prise de connaissance de l'entité et de son environnement et à l'évaluation du risque d'anomalies significatives dans les comptes, il assure un suivi des facteurs de risque identifiés lors de ces contrôles.

15. Pour ce faire, le commissaire aux comptes :

– relève notamment, dans son dossier de l'exercice précédent, les éléments identifiés suivants :

– les faiblesses significatives du contrôle interne ;

– les risques inhérents élevés qui requièrent une démarche particulière ;

– les anomalies significatives corrigées ou non ;

– s'enquiert auprès de la direction des changements survenus depuis la période précédente susceptibles d'affecter la pertinence des informations recueillies. Il s'agit notamment de changements survenus au titre des éléments du contrôle interne, de la nature des activités de l'entité, du choix des méthodes comptables appliquées ou de tout autre événement qu'elle estime susceptible d'avoir une incidence déterminante sur l'activité de l'entité ou sur la préparation des comptes intermédiaires.

16. Lorsque le commissaire aux comptes intervient au titre de la première année de son mandat et qu'il n'a pas réalisé préalablement d'audit des comptes de l'entité :

– il prend connaissance de l'entité et de son environnement à partir de la revue des dossiers de son prédécesseur ou, le cas échéant, du commissaire aux comptes. Il s'intéresse particulièrement :

– aux facteurs identifiés par le prédécesseur ou, le cas échéant, par le commissaire aux comptes comme pouvant engendrer des anomalies significatives dans les comptes ;

– et à leur évaluation du risque d'anomalies significatives réalisée pour les besoins de ces contrôles ;

– il s'enquiert auprès de la direction des changements survenus depuis la période précédente susceptibles d'affecter la pertinence des informations recueillies.

Entretiens avec la direction

17. Le commissaire aux comptes s'entretient, principalement avec les membres de la direction en charge des aspects financiers et comptables, des éléments suivants :

– leur appréciation du risque que les comptes comportent des anomalies significatives résultant de fraudes ;

– l'évolution des procédures mises en place pour identifier les risques de fraude dans l'entité et pour y répondre ;

– leur connaissance éventuelle de fraudes avérées, suspectées ou simplement alléguées concernant l'entité ;

– l'évolution des procédures conçues et mises en œuvre dans l'entité visant à assurer le respect des textes légaux et réglementaires ;

– les anomalies relevées par le commissaire aux comptes que celui-ci estime significatives et devant à ce titre être corrigées et les anomalies qu'il estime non significatives ;

– la survenance, jusqu'à une date aussi rapprochée que possible, de la date de signature de son rapport d'examen limité, d'événements postérieurs à la clôture de la période tels que définis dans la norme d'exercice professionnel applicable à l'audit des comptes réalisé pour les besoins de la certification ;

– des changements comptables tels que définis dans la norme d'exercice professionnel applicable à l'audit des comptes réalisé pour les besoins de la certification, survenus au cours de la période contrôlée ;

– des opérations non courantes, en raison de leur importance ou de leur nature, ou complexes réalisées au cours de la période contrôlée ;
– des hypothèses retenues pour procéder aux estimations comptables, des intentions de la direction et de la capacité de l'entité à mener à bien les actions envisagées ;
– du traitement comptable des opérations avec les parties liées ;
– des faits ou événements susceptibles de remettre en cause la continuité d'exploitation de l'entité, et, le cas échéant, des plans d'actions qu'elle a définis pour l'avenir de l'entité ;
– de tout autre élément qu'il estime utile pour fonder sa conclusion sur les comptes intermédiaires.

Procédures analytiques

18. Dans le cadre de l'examen limité, le commissaire aux comptes met en œuvre des procédures analytiques en appliquant les principes définis dans la norme d'exercice professionnel relative aux procédures analytiques applicable à l'audit des comptes réalisé pour les besoins de la certification.

Autres procédures d'examen limité

19. Le commissaire aux comptes rapproche les comptes intermédiaires avec les documents comptables dont ils sont issus.
20. Lorsque le commissaire aux comptes identifie des éléments susceptibles de mettre en cause la continuité d'exploitation :
– il prend connaissance, si elle existe, de l'évaluation faite par la direction de la capacité de l'entité à poursuivre son exploitation et en apprécie la pertinence. Si la direction n'a pas formalisé cette évaluation, le commissaire aux comptes s'enquiert auprès d'elle des raisons qui l'ont conduite à établir les comptes dans une perspective de continuité d'exploitation ;
– et il apprécie, le cas échéant, le caractère approprié des informations données à cet égard dans l'annexe des comptes.
21. Le commissaire aux comptes consulte les procès-verbaux ou les comptes rendus des réunions tenues par l'organe délibérant et par les organes mentionnés à l'article L. 823-16 du Code de commerce afin d'identifier les délibérations ou décisions pouvant avoir une incidence sur les comptes.
22. Il peut également estimer utile de mettre en œuvre d'autres procédures telles que des inspections d'enregistrements ou de documents ou des vérifications de calculs.

Déclarations du représentant légal

23. Le commissaire aux comptes applique les principes de la norme d'exercice professionnel relative aux déclarations de la direction applicable à l'audit des comptes réalisé pour les besoins de la certification.
24. Indépendamment d'autres déclarations écrites que le commissaire aux comptes estimerait nécessaires, il demande au représentant légal des déclarations écrites par lesquelles :
– il déclare que des contrôles destinés à prévenir et à détecter les erreurs et les fraudes ont été conçus et mis en œuvre dans l'entité ;
– il déclare lui avoir signalé toutes les fraudes avérées dont il a eu connaissance ou qu'il a suspectées, dès lors que la fraude est susceptible d'entraîner des anomalies significatives dans les comptes ;
– il estime que les anomalies non corrigées relevées par le commissaire aux comptes ne sont pas, seules ou cumulées, significatives au regard des comptes pris dans leur ensemble. Un état de ces anomalies non corrigées est joint à cette déclaration écrite. En outre, lorsque le représentant légal responsable des comptes considère que certains éléments reportés sur cet état ne constituent pas des anomalies, il le mentionne dans sa déclaration ;
– il confirme lui avoir communiqué son appréciation sur le risque que les comptes puissent comporter des anomalies significatives résultant de fraudes ;
– *il déclare avoir, au mieux de sa connaissance*, appliqué les textes légaux et réglementaires ;
– il déclare qu'à ce jour il n'a connaissance d'aucun événement survenu depuis la date de clôture de la période qui nécessiterait un traitement comptable.

Communication

25. Le commissaire aux comptes procède aux communications prévues dans les normes d'exercice professionnel applicables à l'audit des comptes réalisé pour les besoins de la certification.

Forme du rapport d'examen limité du commissaire aux comptes

26. Le commissaire aux comptes établit un rapport qui comporte les informations suivantes :
a) Un titre qui indique qu'il s'agit d'un rapport de commissaire aux comptes ;
b) L'indication de l'organe auquel le rapport est destiné ;

c) Une introduction qui précise :
– l'origine de sa nomination ;
– la nature des comptes intermédiaires, individuels ou consolidés, le cas échéant condensés, qui font l'objet du rapport et sont joints à ce dernier ;
– l'entité dont les comptes font l'objet d'un examen limité ;
– la période sur laquelle ils portent ;
– et les rôles respectifs de l'organe compétent de l'entité pour établir les comptes intermédiaires et du commissaire aux comptes ;
d) Un paragraphe décrivant les procédures mises en œuvre par le commissaire aux comptes dans le cadre de son examen limité ;
e) La formulation de la conclusion du commissaire aux comptes ;
f) La date du rapport ;
g) Le cas échéant, la signature sociale de la société de commissaire aux comptes ;
h) La signature du commissaire aux comptes exerçant à titre individuel ou, le cas échéant, de celui ou de ceux des commissaires aux comptes associés, actionnaires ou dirigeants de la société de commissaire aux comptes qui ont participé à l'établissement du rapport.

Conclusions formulées par le commissaire aux comptes

27. Lorsque l'examen limité de comptes intermédiaires porte sur des comptes complets, présentés le cas échéant sous une forme consolidée, le commissaire aux comptes se prononce sur la régularité, la sincérité et l'image fidèle des comptes.
28. Lorsque l'examen limité de comptes intermédiaires porte sur des comptes condensés, présentés le cas échéant sous une forme consolidée, le commissaire aux comptes se prononce sur la conformité des comptes avec les principes qui leur sont applicables, définis dans le référentiel comptable.
29. Le commissaire aux comptes formule :
– soit une conclusion sans réserve ;
– soit une conclusion avec réserve ;
– soit une conclusion défavorable ;
– soit une impossibilité de conclure.

Conclusion sans réserve

30. Le commissaire aux comptes formule une conclusion sans réserve lorsque l'examen limité des comptes intermédiaires qu'il a mis en œuvre lui a permis d'obtenir l'assurance modérée que les comptes, pris dans leur ensemble, ne comportent pas d'anomalies significatives.

Conclusion avec réserve

31. Le commissaire aux comptes formule une conclusion avec réserve :
– lorsqu'il a identifié, au cours de l'examen limité des comptes intermédiaires, des anomalies significatives et que celles-ci n'ont pas été corrigées ;
– ou lorsqu'il n'a pas pu mettre en œuvre toutes les procédures nécessaires pour fonder sa conclusion sur les comptes intermédiaires, et que :
– les incidences sur les comptes intermédiaires des anomalies significatives ou des limitations à ses travaux sont clairement circonscrites ;
– la formulation de la réserve est suffisante pour permettre à l'utilisateur des comptes de fonder son jugement en connaissance de cause.

Conclusion défavorable

32. Le commissaire aux comptes formule une conclusion défavorable :
– lorsqu'il a détecté, au cours de l'examen limité des comptes intermédiaires, des anomalies significatives et que celles-ci n'ont pas été corrigées, et que :
– les incidences sur les comptes intermédiaires des anomalies significatives ne peuvent être clairement circonscrites, ou la formulation d'une réserve n'est pas suffisante pour permettre à l'utilisateur des comptes de fonder son jugement en connaissance de cause.

Impossibilité de conclure

33. Le commissaire aux comptes formule une impossibilité de conclure :
– lorsqu'il n'a pas pu mettre en œuvre toutes les procédures nécessaires pour fonder sa conclusion sur les comptes, et que :
– les incidences sur les comptes intermédiaires des limitations à ses travaux ne peuvent être clairement circonscrites ;

– ou la formulation d'une réserve n'est pas suffisante pour permettre à l'utilisateur des comptes intermédiaires de fonder son jugement en connaissance de cause.

34. Le commissaire aux comptes formule également une impossibilité de conclure lorsqu'il existe de multiples incertitudes dont les incidences sur les comptes ne peuvent être clairement circonscrites.

Observations

35. Lorsqu'il émet une conclusion sans réserve ou avec réserve, le commissaire aux comptes formule, s'il y a lieu, toutes observations utiles.

36. En formulant une observation, le commissaire aux comptes attire l'attention du lecteur des comptes intermédiaires sur une information fournie dans l'annexe. Il ne peut pas dispenser d'informations dont la diffusion relève de la responsabilité des dirigeants.

37. Les observations sont formulées dans un paragraphe distinct inséré après la conclusion.

38. Le commissaire aux comptes formule systématiquement une observation sur les informations fournies dans l'annexe :

– en cas d'incertitude sur la continuité de l'exploitation ;

– en cas de changement de méthodes comptables survenu au cours de la période.

Documentation

39. Le commissaire aux comptes consigne dans son dossier les éléments suffisants et appropriés pour fonder ses conclusions et permettant d'établir que son examen limité a été effectué selon la présente norme.

Art. A. 823-29 *(Mod., A. 21 juin 2011 ; mod., A. 1er oct. 2018).* **– La norme d'exercice professionnel relative aux diligences du commissaire aux comptes relatives au rapport de gestion, aux autres documents sur la situation financière et les comptes et aux informations relevant du rapport sur le gouvernement d'entreprise adressés aux membres de l'organe appelé à statuer sur les comptes, homologuée par le garde des sceaux, ministre de la justice, figure ci-dessous :**

NEP 9510. DILIGENCES DU COMMISSAIRE AUX COMPTES RELATIVES AU RAPPORT DE GESTION, AUX AUTRES DOCUMENTS SUR LA SITUATION FINANCIÈRE ET LES COMPTES ET AUX INFORMATIONS RELEVANT DU RAPPORT SUR LE GOUVERNEMENT D'ENTREPRISE ADRESSÉS AUX MEMBRES DE L'ORGANE APPELÉ À STATUER SUR LES COMPTES

INTRODUCTION

01. Les articles L. 823-10, L. 225-235 ou L. 226-10-1, et L. 441-6-1 du Code de commerce prévoient que le commissaire aux comptes procède à des vérifications spécifiques relatives au rapport de gestion, aux autres documents sur la situation financière et les comptes et aux informations relevant du rapport sur le gouvernement d'entreprise, adressés aux membres de l'organe appelé à statuer sur les comptes.

02. La présente norme a pour objet de définir les diligences relatives :

– au rapport de gestion et aux autres documents sur la situation financière et les comptes ;

– aux informations relevant du rapport sur le gouvernement d'entreprise,

dont les conclusions sont formulées dans le rapport sur les comptes.

03. Elle définit également l'incidence des éventuelles inexactitudes et irrégularités relevées ainsi que la forme et le contenu de la partie du rapport sur les comptes relative à ces diligences.

DILIGENCES RELATIVES AU RAPPORT DE GESTION ET AUX AUTRES DOCUMENTS SUR LA SITUATION FINANCIÈRE ET LES COMPTES ADRESSÉS AUX MEMBRES DE L'ORGANE APPELÉ À STATUER SUR LES COMPTES

04. Les diligences du commissaire aux comptes portent, dans toutes les entités, sur le rapport de gestion et les autres documents sur la situation financière et les comptes adressés aux membres de l'organe appelé à statuer sur les comptes ou mis à leur disposition.

Ces documents peuvent être :

– prévus par les textes légaux et réglementaires applicables à l'entité ;

– prévus par les statuts de l'entité ;

– ou établis à l'initiative de l'entité et communiqués au commissaire aux comptes avant la date d'établissement de son rapport sur les comptes.

Diligences relatives aux informations sur la situation financière et les comptes

05. Les informations sur la situation financière et les comptes sont celles extraites des comptes ou qui peuvent être rapprochées des données ayant servi à l'établissement de ces comptes. Elles peuvent être constituées de données chiffrées ou de commentaires et précisions portant sur ces comptes.

06. En application des articles R. 823-7 et D. 823-7-1 du Code de commerce et afin :

– de faire état de ses observations sur la sincérité et la concordance avec les comptes des informations sur la situation financière et les comptes ;

– d'attester, dans les sociétés, de la sincérité des informations relatives aux délais de paiement mentionnées à l'article D. 441-4 du Code de commerce et de leur concordance avec les comptes annuels, et de présenter ses observations, le cas échéant ;

le commissaire aux comptes :

– vérifie que ces informations reflètent la situation de l'entité et l'importance relative des événements enregistrés dans les comptes telles qu'il les connaît à la suite des travaux menés au cours de sa mission. Le cas échéant, il apprécie l'incidence éventuelle sur la sincérité des informations des réserves, du refus ou de l'impossibilité de certifier qu'il envisage de formuler dans le rapport sur les comptes ;

– vérifie que chaque information significative concorde avec les comptes dont elle est issue ou avec les données ayant servi à l'établissement de ces comptes.

Diligences relatives aux autres informations

07. Les autres informations sont celles qui ne sont pas extraites des comptes ou qui ne peuvent pas être rapprochées des données ayant servi à l'établissement de ces comptes.

08. Le commissaire aux comptes procède à la lecture des autres informations afin de relever, le cas échéant, celles qui lui apparaîtraient manifestement incohérentes. Il n'a pas à vérifier ces autres informations.

Lorsqu'il procède à cette lecture, le commissaire aux comptes exerce son esprit critique en s'appuyant sur sa connaissance de l'entité, de son environnement et des éléments collectés au cours de l'audit et sur les conclusions auxquelles l'ont conduit les contrôles qu'il a menés.

09. En outre, lorsque l'entité est soumise aux dispositions de l'article L. 225-102-1 du Code de commerce qui requiert des informations non financières, notamment sociales et environnementales, afin d'attester de l'existence de la déclaration prévue par cet article, il vérifie, en application de l'article L. 823-10 alinéa 4 du Code de commerce, la présence :

– de la déclaration de performance extra-financière dans le rapport de gestion, ou,

– de la déclaration consolidée de performance extra-financière au sein des informations relatives au groupe données dans le rapport de gestion.

Autres diligences

10. Le commissaire aux comptes vérifie que le rapport de gestion et les autres documents sur la situation financière et les comptes comprennent toutes les informations requises par les textes légaux et réglementaires et, le cas échéant, par les statuts.

DILIGENCES RELATIVES AUX INFORMATIONS RELEVANT DU RAPPORT SUR LE GOUVERNEMENT D'ENTREPRISE

11. Les diligences du commissaire aux comptes portent sur les informations relevant du rapport sur le gouvernement d'entreprise prévu aux articles L. 225-37 ou L. 225-68 du Code de commerce applicables aux sociétés anonymes, aux sociétés en commandite par actions et aux sociétés européennes. Ces informations sont :

– présentées dans le rapport sur le gouvernement d'entreprise joint au rapport de gestion ;

– ou fournies au sein d'une section spécifique du rapport de gestion, dans les sociétés anonymes à conseil d'administration qui ont fait ce choix.

Diligences relatives aux rémunérations, avantages et engagements de toute nature

12. Dans les sociétés mentionnées au paragraphe 11, dont les titres sont admis aux négociations sur un marché *réglementé ou qui sont contrôlées au sens de l'article* L. 233-16 par des sociétés dont les titres sont admis aux négociations sur un marché réglementé, des informations relatives aux rémunérations et aux avantages de toute nature versés aux mandataires sociaux ainsi qu'aux engagements consentis en leur faveur, sont requises par l'article L. 225-37-3 du Code de commerce. Afin d'attester, en application des articles L. 225-235 ou L. 226-10-1 et L. 823-10 alinéa 2 du Code de commerce, de l'existence, de l'exactitude et de la sincérité de ces informations, le commissaire aux comptes vérifie la présence des informations requises et que celles-ci :

– concordent avec les comptes ou avec les données ayant servi à l'établissement de ces comptes ;
– concordent avec les éléments recueillis par la société auprès des sociétés qu'elle contrôle ou de la société qui la contrôle, lorsque des rémunérations, avantages ou engagements sont versés ou consentis par ces sociétés ;
– sont cohérentes avec la connaissance qu'il a acquise de la société à la suite des travaux menés au cours de sa mission.

13. Dans les sociétés anonymes dont les titres sont admis aux négociations sur un marché réglementé, il vérifie par ailleurs que les informations requises par l'article L. 225-37-2 ou l'article L. 225-82-2 du Code de commerce, concernant les projets de résolution relatifs à la rémunération totale et aux avantages de toute nature attribuables respectivement aux président, directeurs généraux ou directeurs généraux délégués ou bien aux membres du directoire, ou au directeur général unique et aux membres du conseil de surveillance, à raison de leur mandat, ont été fournies.

Diligences relatives aux informations sur les éléments susceptibles d'avoir une incidence en cas d'offre publique d'achat ou d'échange

14. Dans les sociétés dont les titres sont admis aux négociations sur un marché réglementé, afin de formuler en application des articles L. 225-235 ou L. 226-10-1 du Code de commerce ses observations sur les informations mentionnées à l'article L. 225-37-5 du Code de commerce relatives aux éléments que la société a considéré susceptibles d'avoir une incidence en cas d'offre publique d'achat ou d'échange, le commissaire aux comptes :
– vérifie la conformité de ces informations avec les documents et informations dont elles sont issues et qui lui ont été communiqués ;
– demande une déclaration de la direction confirmant lui avoir fourni l'ensemble des informations qu'elle a identifiées.

Autres diligences

15. Afin d'attester de l'existence des informations requises par l'article L. 225-37-4 du Code de commerce, portant notamment sur le fonctionnement des organes d'administration et de direction de l'entité, le commissaire aux comptes vérifie leur présence au sein des informations sur le gouvernement d'entreprise.

16. Le commissaire aux comptes procède à la lecture des informations, autres que celles requises par les articles L. 225-37-3 et L. 225-37-5 du Code de commerce, afin de relever, le cas échéant, celles qui lui apparaîtraient manifestement incohérentes. Il n'a pas à vérifier ces informations.

Lorsqu'il procède à cette lecture, le commissaire aux comptes exerce son esprit critique en s'appuyant sur sa connaissance de l'entité, de son environnement et des éléments collectés au cours de l'audit et sur les conclusions auxquelles l'ont conduit les contrôles qu'il a menés.

INCIDENCE DES ÉVENTUELLES INEXACTITUDES ET IRRÉGULARITÉS RELEVÉES

17. Si le commissaire aux comptes relève dans le rapport de gestion, dans les autres documents sur la situation financière et les comptes ou dans les informations relevant du rapport sur le gouvernement d'entreprise, des éléments qui pourraient constituer :

a) Des inexactitudes, c'est-à-dire des informations qui ne concordent pas avec les comptes ou avec les données ayant servi à l'établissement des comptes, qui ne sont pas conformes avec les documents et informations dont elles sont issues, qui ne sont pas exactes ou qui ne sont pas sincères ;

b) Des irrégularités résultant de l'omission d'informations ou de documents prévus par les textes légaux et réglementaires ou par les statuts ;

Il s'en entretient avec la direction et, s'il estime nécessaire, met en œuvre d'autres procédures pour conclure :
– s'il existe effectivement une inexactitude ou une irrégularité dans le rapport de gestion, les autres documents sur la situation financière et les comptes ou les informations relevant du rapport sur le gouvernement d'entreprise ;
– s'il existe une anomalie significative dans les comptes ;
– s'il doit mettre à jour sa connaissance de l'entité et de son environnement.

18. Si le commissaire aux comptes conclut à l'existence d'inexactitudes ou d'irrégularités, il demande à la direction les modifications nécessaires.

19. A défaut de modification par la direction, le commissaire aux comptes détermine si ces inexactitudes ou irrégularités sont susceptibles d'influencer le jugement des utilisateurs des comptes sur l'entité ou leur prise de décision et donc d'avoir une incidence sur son rapport sur les comptes.

20. Le commissaire aux comptes communique aux organes mentionnés à l'article L. 823-16 du Code de commerce les inexactitudes ou irrégularités non corrigées et les informe de l'incidence qu'elles peuvent avoir sur son rapport sur les comptes.

A défaut de correction, il en tire les conséquences éventuelles dans son rapport sur les comptes.

FORME ET CONTENU DE LA PARTIE DU RAPPORT SUR LES COMPTES RELATIVE A LA VERIFICATION DU RAPPORT DE GESTION, DES AUTRES DOCUMENTS SUR LA SITUATION FINANCIÈRE ET LES COMPTES ET DES INFORMATIONS RELEVANT DU RAPPORT SUR LE GOUVERNEMENT D'ENTREPRISE

21. Dans le rapport sur les comptes annuels, cette partie comporte les éléments suivants :

– une introduction par laquelle le commissaire aux comptes indique qu'il a effectué les vérifications spécifiques prévues par les textes légaux et réglementaires ;

– s'agissant des informations données dans le rapport de gestion et dans les autres documents sur la situation financière et les comptes annuels ;

– les conclusions exprimées sous forme d'observation, ou d'absence d'observation, sur la sincérité et la concordance avec les comptes annuels des informations données dans le rapport de gestion et dans les autres documents sur la situation financière et les comptes annuels adressés à l'organe appelé à statuer sur les comptes ;

– le cas échéant, l'attestation de la sincérité des informations relatives aux délais de paiement mentionnées à l'article D. 441-4 du Code de commerce et de leur concordance avec les comptes annuels et la formulation, le cas échéant, de ses observations ;

– le cas échéant, l'attestation de la présence de la déclaration de performance extra-financière visée à l'article L. 225-102-1 du Code de commerce ;

– la mention des éventuelles irrégularités résultant de l'omission d'informations ou de documents prévus par les textes légaux et réglementaires ou par les statuts ;

– la mention des éventuelles autres inexactitudes relevées ;

– s'agissant des informations relevant du rapport sur le gouvernement d'entreprise ;

– l'attestation de l'existence des informations requises par l'article L. 225-37-4 et, le cas échéant, par l'article L. 225-37-3 du Code de commerce ;

– le cas échéant, l'attestation de l'exactitude et de la sincérité des informations relatives aux rémunérations et aux avantages de toute nature versés à chaque mandataire social, fournies en application de l'article L. 225-37-3 du Code de commerce ;

– le cas échéant, les conclusions exprimées sous forme d'observation, ou d'absence d'observation, sur la conformité des informations prévues à l'article L. 225-37-5 du Code de commerce, relatives aux éléments que la société a considéré susceptibles d'avoir une incidence en cas d'offre publique d'achat ou d'échange, avec les documents dont elles issues et qui ont été communiqués au commissaire aux comptes ;

– la mention des éventuelles irrégularités résultant de l'omission d'informations ou de documents prévus par les textes légaux et réglementaires ou par les statuts ;

– la mention des éventuelles autres inexactitudes relevées.

22. Dans le rapport sur les comptes consolidés, la partie relative à la vérification des informations relatives au groupe données dans le rapport de gestion comporte les éléments suivants :

– une introduction par laquelle le commissaire aux comptes indique qu'il a effectué les vérifications spécifiques prévues par les textes légaux et réglementaires ;

– les conclusions exprimées sous forme d'observation, ou d'absence d'observation, sur la sincérité et la concordance avec les comptes consolidés des informations relatives au groupe données dans le rapport de gestion ;

– le cas échéant, l'attestation de la présence de la déclaration consolidée de performance extra-financière visée à l'article L. 225-102-1 du Code de commerce ;

– la mention des éventuelles irrégularités résultant de l'omission d'informations ou de documents prévus par les textes légaux et réglementaires ou par les statuts ;

– la mention des éventuelles autres inexactitudes relevées.

Art. A. 823-29-1 *(A. 3 nov. 2009 ; abr., A. 1er oct. 2018).*

Sous-section 4 ancienne. – Des diligences directement liées à la mission de commissaire aux comptes

(Sous-section abr., A. 20 févr. 2018)

Art. A. 823-30 à A. 823-36-2 *(Abr., A. 20 févr. 2018).*

Sous-section 4. – De la lutte contre le blanchiment des capitaux et le financement du terrorisme

(A. 20 avr. 2010 ; dénum. A. 20 févr. 2018)

Art. A. 823-37 *(A. 20 avr. 2010 ; rempl., A. 24 oct. 2019 ; A. 18 août 2020).* **– La norme d'exercice professionnel relative aux obligations du commissaire aux comptes en matière de lutte contre le blanchiment des capitaux et le financement du terrorisme, homologuée par le garde des sceaux, ministre de la justice, figure ci-dessous :**

NEP 9605. OBLIGATIONS DU COMMISSAIRE AUX COMPTES EN MATIÈRE DE LUTTE CONTRE LE BLANCHIMENT DES CAPITAUX ET LE FINANCEMENT DU TERRORISME

Introduction

1. En application de l'article L. 561-2 12° *bis* du Code monétaire et financier, les commissaires aux comptes mettent en œuvre les obligations relatives à la lutte contre le blanchiment des capitaux et le financement du terrorisme définies aux sections 2 à 9 du chapitre Ier du titre VI du livre V du Code monétaire et financier.

2. La structure d'exercice du commissariat aux comptes, qu'elle soit en nom propre ou sous forme de société, met en place une organisation, des procédures et des mesures de contrôle interne en matière de lutte contre le blanchiment des capitaux et de financement du terrorisme en application des dispositions de la section 6 du chapitre Ier du titre VI du livre V du Code monétaire et financier.

Elle définit et met en place des dispositifs d'identification et d'évaluation des risques de blanchiment des capitaux et de financement du terrorisme auxquels elle est exposée, ainsi qu'une politique adaptée à ces risques, en application de l'article L. 561-4-1 du Code monétaire et financier.

Elle élabore notamment une classification des risques. Celle-ci s'opère au moins selon les quatre critères suivants :

– les caractéristiques des clients ou des clients occasionnels ;
– l'activité des clients ou des clients occasionnels ;
– la localisation des clients ou des clients occasionnels et la localisation de leurs activités ;
– les missions ou prestations proposées par la structure d'exercice du commissariat aux comptes.

Cette classification a pour objectif de contribuer à la détermination du niveau de vigilance que le commissaire aux comptes devra exercer avant d'accepter la relation d'affaires avec un client ou de fournir une prestation à un client occasionnel et également tout au long de la relation d'affaires ou de l'exécution de la prestation.

3. La présente norme a pour objet de définir les principes relatifs à la mise en œuvre des dispositions en matière de lutte contre le blanchiment des capitaux et le financement du terrorisme qui concernent :

– la vigilance avant d'accepter la relation d'affaires avec un client ;
– la vigilance au cours de la relation d'affaires ;
– la vigilance avant d'accepter de fournir une prestation à un client occasionnel ;
– la déclaration à TRACFIN ;
– la conservation des documents.

Elle définit, en outre, les liens éventuels entre la déclaration à TRACFIN et la révélation des faits délictueux au procureur de la République.

Elle n'a pas pour objet de définir les principes relatifs à la mise en œuvre par la structure d'exercice du commissariat aux comptes des dispositions visées au paragraphe 2 de la présente norme.

4. *Cette norme* s'applique à tout commissaire aux comptes intervenant ès qualités de commissaire aux comptes, quelle que soit la mission qu'il met en œuvre ou la prestation qu'il fournit pour un client dans le cadre d'une relation d'affaires ou pour un client occasionnel, qu'il réalise ou non la mission de contrôle légal de la personne ou de l'entité pour laquelle il intervient, qu'il exerce en nom propre ou au sein d'une société.

L'intervention ès qualités de commissaire aux comptes résulte :

– des dispositions légales et réglementaires sur le fondement desquelles la mission ou la prestation est mise en œuvre ;

– de la mention de la qualité de commissaire aux comptes dans les documents de restitution de la mission ou de la prestation ;

– ou encore de la référence, dans ces documents, à l'application des normes relatives à l'exercice professionnel des commissaires aux comptes ou de la doctrine professionnelle élaborée par la Compagnie nationale des commissaires aux comptes.

Elle peut en outre résulter d'un faisceau d'indices parmi lesquels l'utilisation d'un papier à en-tête d'une structure ayant pour objet l'exercice du commissariat aux comptes.

Définitions

5. **Bénéficiaire effectif :** Le bénéficiaire effectif désigne la ou les personnes physiques, soit qui contrôlent en dernier lieu, directement ou indirectement, le client ou le client occasionnel, soit pour laquelle une opération est exécutée ou une activité exercée.

Les articles R. 561-1 à R. 561-3-0 du Code monétaire et financier définissent ce qu'on entend par bénéficiaire effectif lorsque le client ou le client occasionnel est une société, un placement collectif, une personne morale autre qu'une société ou un placement collectif, ou lorsqu'il intervient dans le cadre d'une fiducie ou d'un dispositif juridique comparable de droit étranger.

Les articles R. 561-1 à R. 561-3 du Code monétaire et financier précisent qui est le bénéficiaire effectif lorsqu'une personne physique n'a pu être identifiée selon les critères prévus et qu'il n'y a pas de soupçon de blanchiment de capitaux ou de financement du terrorisme à l'encontre du client.

6. **Client :** Le client désigne la personne ou l'entité avec laquelle un commissaire aux comptes noue une relation d'affaires au sens du paragraphe 10 de la présente norme.

7. **Client occasionnel :** Le client occasionnel désigne la personne ou l'entité à laquelle un commissaire aux comptes fournit une prestation visée au paragraphe 11 de la présente norme sans qu'une relation d'affaires soit nouée.

8. **Mission :** Conformément à l'article R. 820-1-1 du Code de commerce, le terme mission recouvre :

– la mission de contrôle légal et, le cas échéant, les autres missions confiées par la loi ou le règlement au commissaire aux comptes qui exerce la mission de contrôle légal de la personne ou de l'entité ; et

– les autres missions légales ou réglementaires réalisées par un commissaire aux comptes pour une personne ou une entité pour laquelle il n'exerce pas la mission de contrôle légal. Il peut s'agir, par exemple, d'une mission de commissariat aux apports, à la fusion ou à la transformation.

9. **Personne exposée :** Une personne exposée désigne une personne physique qui est exposée à des risques particuliers en raison des fonctions politiques, juridictionnelles ou administratives :

– qu'elle exerce ou a cessé d'exercer depuis moins d'un an ; ou

– qu'exercent ou ont cessé d'exercer depuis moins d'un an des membres directs de sa famille ou des personnes connues pour lui être étroitement associées.

L'article R. 561-18 du Code monétaire et financier définit ces fonctions et ces personnes.

10. **Relation d'affaires :** Une relation d'affaires est une relation professionnelle nouée avec un client pour réaliser :

– des missions visées au paragraphe 8 de la présente norme ; ou

– des prestations qu'un commissaire aux comptes fournit à la personne ou à l'entité pour laquelle il exerce la mission de contrôle légal ; ou

– des prestations qu'un commissaire aux comptes fournit de manière régulière à une personne ou une entité pour laquelle il n'exerce pas la mission de contrôle légal. Il peut s'agir par exemple d'attester tous les mois d'un élément de comptes à la demande du client pour les besoins d'un tiers.

11. **Prestation :** Conformément à l'article R. 820-1-1 du Code de commerce, le terme prestation recouvre les services et attestations qui ne sont pas des missions visées au paragraphe 8 de la présente norme, qu'un commissaire aux comptes fournit à une personne ou une entité pour laquelle il exerce ou non la mission de contrôle légal. Il peut s'agir par exemple d'un audit financier contractuel ou encore d'une revue de conformité à un référentiel.

Obligations de vigilance avant d'accepter la relation d'affaires

12. Avant d'accepter la relation d'affaires, le commissaire aux comptes :

– identifie le client et vérifie les éléments d'identification du client ;

– identifie, le cas échéant, le bénéficiaire effectif et vérifie les éléments d'identification du bénéficiaire effectif ;

– recueille et analyse tout autre élément d'information nécessaire à la connaissance du client ainsi que de l'objet et de la nature de la mission autre que le contrôle légal ou de la prestation envisagée.

13. Lorsque le commissaire aux comptes n'est pas en mesure de satisfaire à l'une des obligations prévues au paragraphe 12 de la présente norme, il n'accepte pas la relation d'affaires.

« En outre, s'il se trouve dans les conditions prévues au paragraphe 60 de la présente norme, il procède à la déclaration à TRACFIN.

14. Le commissaire aux comptes n'est pas soumis aux dispositions du paragraphe 13 de la présente norme lorsque sa prestation se rattache à une procédure juridictionnelle, y compris dans le cadre de conseils relatifs à la manière d'engager ou d'éviter une telle procédure, et lorsqu'il donne des consultations juridiques.

Mesures de vigilance

Identification du client et vérification des éléments d'identification du client

Client personne physique

15. Lorsque le client est une personne physique, le commissaire aux comptes l'identifie par le recueil de ses nom et prénoms, ainsi que de ses date et lieu de naissance.

16. Lorsque le client est physiquement présent, le commissaire aux comptes vérifie ses éléments d'identification par la présentation de l'original d'un document officiel en cours de validité comportant sa photographie et par la prise d'une copie de ce document.

Note de référence : jusqu'au 1er janvier 2021 la prise d'une copie du document peut être remplacée par la collecte des mentions suivantes : les nom, prénoms, date et lieu de naissance de la personne, ainsi que la nature, les date et lieu de délivrance du document qui les stipule et les nom et qualité de l'autorité ou de la personne qui a délivré le document et, le cas échéant, l'a authentifié.

Le commissaire aux comptes peut également vérifier les éléments d'identification du client personne physique en recourant à un moyen d'identification électronique prévu par le Code monétaire et financier, que le client soit ou non physiquement présent.

17. S'il ne peut mettre en œuvre les dispositions du paragraphe 16, le commissaire aux comptes vérifie les éléments d'identification en appliquant au moins deux mesures parmi celles prévues à l'article R. 561-5-2 du Code monétaire et financier. Ces mesures peuvent par exemple consister à obtenir une copie de la carte d'identité ou du passeport et une certification conforme de ce document par un tiers indépendant habilité.

18. Le commissaire aux comptes demande au client personne physique s'il est une personne exposée. Si, en fonction des éléments qu'il a pu collecter, de sa connaissance du client, de ses activités et de son environnement, l'information obtenue lui parait manifestement incohérente, il investigue et s'entretient avec le client. S'il conclut que le client est une personne exposée, le commissaire aux comptes applique les mesures de vigilance complémentaires décrites au paragraphe 33 de la présente norme.

Client personne morale

19. Lorsque le client est une personne morale, le commissaire aux comptes l'identifie par le recueil de sa forme juridique, de sa dénomination, de son numéro d'immatriculation ainsi que de l'adresse de son siège social et de celle du lieu de direction effective de l'activité, si celle-ci est différente de l'adresse du siège social.

20. Lorsque le représentant dûment habilité de la personne morale est présent, le commissaire aux comptes vérifie les éléments d'identification de cette dernière selon l'une des modalités suivantes :

– par la communication de l'original ou de la copie de tout acte ou extrait de registre officiel datant de moins de trois mois ou extrait du *Journal officiel* qui mentionne sa dénomination, sa forme juridique, l'adresse de son siège social et l'identité de ses associés tenus indéfiniment ou tenus indéfiniment et solidairement des dettes sociales et dirigeants sociaux, mentionnés aux 1° et 2° de l'article R. 123-54 du Code de commerce, de ses représentants légaux ou leurs équivalents en droit étranger ;

– en obtenant une copie certifiée de l'acte mentionné au précédent alinéa, directement via les greffes des tribunaux de commerce ou un document équivalent en droit étranger. Le commissaire aux comptes peut également vérifier les éléments d'identification du client en recourant à un moyen d'identification électronique prévu par le Code monétaire et financier, que le représentant de la personne morale soit ou non physiquement présent.

21. S'il ne peut mettre en œuvre les dispositions du paragraphe 20, le commissaire aux comptes vérifie les éléments d'identification du client en appliquant au moins deux mesures parmi celles prévues à l'article R. 561-5-2 du Code monétaire et financier. Celles-ci peuvent consister à obtenir une copie des statuts certifiée conforme par le représentant légal et à demander un extrait K *bis* directement au greffe du tribunal de commerce ou un extrait du répertoire national des associations directement auprès de la préfecture ou de la sous-préfecture du siège de l'association concernée et, à Paris, auprès de la préfecture de police.

Fiducie

22. Lorsque le commissaire aux comptes exerce la mission légale de contrôle de la comptabilité autonome d'une fiducie ou lorsqu'il effectue pour les constituants, les fiduciaires, les bénéficiaires et, le cas échéant le tiers au sens de l'article 2017 du Code civil, une prestation en lien avec la fiducie ou un dispositif juridique comparable de droit étranger, il identifie les constituants, les fiduciaires, les bénéficiaires et, le cas échéant le tiers au sens de l'article 2017 du Code civil, ou leurs équivalents pour tout autre dispositif juridique comparable relevant d'un droit

étranger, par le recueil des éléments précisés à l'article R. 561-5 3° du Code monétaire et financier prévus pour les clients personnes physiques ou morales, selon le cas.

Le commissaire aux comptes recueille en outre selon le mode de constitution du dispositif, la copie du contrat de fiducie, l'extrait du *Journal officiel* de la loi établissant la fiducie ou tout document ou acte équivalent afférent à un dispositif juridique équivalent en droit étranger.

23. Il vérifie les éléments d'identification des constituants, des fiduciaires, des bénéficiaires et, le cas échéant, du tiers au sens de l'article 2017 du Code civil de la fiducie ou du dispositif juridique comparable de droit étranger, selon les modalités prévues à l'article R. 561-5-1 5° du Code monétaire et financier.

Placement collectif non doté de la personnalité morale

24. Lorsque le client est un placement collectif non doté de la personnalité morale, le commissaire aux comptes l'identifie par le recueil de sa dénomination, de sa forme juridique, de son numéro d'agrément, de son numéro international d'identification des valeurs mobilières, ainsi que de la dénomination, de l'adresse et du numéro d'agrément de la société de gestion qui le gère.

Lorsqu'il existe un soupçon de blanchiment des capitaux ou de financement du terrorisme, il vérifie ces éléments d'identification selon l'une des modalités prévues à l'article R. 561-5-1 du Code monétaire et financier. Lorsque les mesures prévues aux 1° à 4° de l'article R. 561-5-1 du Code monétaire et financier ne peuvent pas être mises en œuvre, le commissaire aux comptes vérifie les éléments d'identification du client en appliquant au moins deux mesures parmi celles prévues à l'article R. 561-5-2 du Code monétaire et financier.

Personnes agissant pour le compte du client

25. En dehors des situations où les textes légaux et réglementaires définissent l'organe ou la personne habilité à confier la mission au commissaire aux comptes, ce dernier identifie également les personnes agissant pour le compte du client et vérifie leurs éléments d'identification selon les mêmes modalités que pour le client. Il vérifie aussi leurs pouvoirs.

Identification du bénéficiaire effectif et vérification des éléments d'identification du bénéficiaire effectif

26. L'identification du bénéficiaire effectif requiert de collecter ses nom et prénoms ainsi que ses date et lieu de naissance.

Pour ce faire, le commissaire aux comptes demande à la personne ou à l'entité ces éléments d'identification.

27. Le commissaire aux comptes vérifie les éléments d'identification du bénéficiaire effectif.

Pour ce faire, et lorsque le client est une personne ou entité tenue de déclarer au registre du commerce et des sociétés les informations relatives au bénéficiaire effectif conformément à l'article L. 561-46 du Code monétaire et financier, le commissaire aux comptes recueille directement lesdites informations contenues dans le registre auprès de l'INPI.

Lorsque le commissaire aux comptes réalise une mission légale de contrôle de la comptabilité autonome d'une fiducie, ou lorsqu'il fournit une prestation en lien avec une fiducie ou un trust pour les constituants, les fiduciaires, les bénéficiaires et, le cas échéant le tiers au sens de l'article 2017 du Code civil, le commissaire aux comptes recueille les informations sur le bénéficiaire effectif contenues dans le registre des fiducies ou des trusts.

Dans les autres cas, le commissaire aux comptes vérifie les éléments d'identification du bénéficiaire effectif sur présentation d'un document écrit à caractère probant. À ce titre, il peut demander une copie d'un document officiel en cours de validité comportant sa photographie, mentionnant ses nom et prénoms ainsi que ses date et lieu de naissance. Il peut s'agir par exemple de la copie de la carte d'identité ou du passeport.

28. Si, en fonction des éléments qu'il a pu collecter, de sa connaissance de l'entité, de ses activités et de son environnement, l'information obtenue lui parait manifestement incohérente, notamment au regard de la définition du bénéficiaire effectif visée au paragraphe 5 de la présente norme, il investigue et s'entretient avec le représentant légal.

29. Le commissaire aux comptes signale au greffier du tribunal de commerce ou, pour les fiducies ou trusts, à la direction générale des finances publiques, toute divergence qu'il constate entre les informations inscrites dans les registres précités et les informations sur le bénéficiaire effectif dont il dispose, y compris l'absence d'enregistrement de ces informations.

30. Le commissaire aux comptes demande au représentant légal de s'enquérir auprès du bénéficiaire effectif s'il est une personne exposée. Si, en fonction des éléments qu'il a pu collecter, de sa connaissance de la personne ou de l'entité, de ses activités et de son environnement, l'information obtenue lui parait manifestement incohérente, il investigue et s'entretient avec le représentant légal. S'il conclut que le bénéficiaire effectif est une personne exposée, le commissaire aux comptes applique les mesures de vigilance complémentaires décrites au paragraphe 33 de la présente norme.

31. Le commissaire aux comptes n'a pas l'obligation d'identifier le bénéficiaire effectif lorsque le client est une société dont les titres sont admis à la négociation sur un marché réglementé en France, dans un autre État membre de l'Union européenne, dans un autre État partie à l'accord sur l'Espace économique européen ou qui est soumise à des obligations de publicité conformes au droit de l'Union ou qui est soumise à des normes internationales équivalentes garantissant une transparence adéquate des informations relatives à la propriété du capital.

Recueil des autres éléments d'information nécessaires

32. Le commissaire aux comptes recueille et analyse tout autre élément d'information complémentaire nécessaire à la connaissance :

- de l'objet et de la nature de la mission autre que le contrôle légal ou de la prestation envisagée ;
- du client.

Ces éléments sont :

- pour les personnes physiques les activités professionnelles actuellement exercées ;
- pour les autres personnes ou entités leur activité économique et leur situation financière ;
- pour les fiducies ou les dispositifs juridiques comparables relevant du droit étranger la répartition des droits sur le capital ou sur les bénéfices.

Pour ce faire, le commissaire aux comptes fait usage de son jugement professionnel.

Mesures de vigilance complémentaires dans certains cas particuliers

Personne exposée

33. Lorsque le bénéficiaire effectif ou le client est une personne physique exposée, la décision de nouer la relation d'affaires avec le client est prise par un membre de l'organe exécutif de la structure d'exercice du commissariat aux comptes ou toute personne habilitée à cet effet par l'organe exécutif. Toutefois, lorsque la relation d'affaires est nouée avec une personne mentionnée aux 1° à 6° *bis* de l'article L. 561-2 du Code monétaire et financier ou une autorité publique ou un organisme public, tel que visé au paragraphe 38 de la présente norme, et à condition qu'il n'existe pas de soupçon de blanchiment des capitaux ou de financement du terrorisme, le commissaire aux comptes peut ne pas mettre en œuvre cette mesure.

Personne physique ou morale domiciliée, enregistrée ou établie dans un État ou territoire figurant sur les listes du Gafi ou de la Commission européenne

34. Lorsque le commissaire aux comptes réalise une mission ou une prestation pour une personne physique ou morale domiciliée, enregistrée ou établie dans un État ou un territoire figurant sur les listes publiées par le Groupe d'action financière parmi ceux dont la législation ou les pratiques font obstacle à la lutte contre le blanchiment des capitaux et le financement du terrorisme ou par la Commission européenne en application de l'article 9 de la directive (UE) 2015/849 du 20 mai 2015 relative à la prévention de l'utilisation du système financier aux fins du blanchiment de capitaux ou du financement du terrorisme, il met en œuvre les mesures de vigilance complémentaires prévues par l'article R. 561-20-4 du Code monétaire et financier.

Mesures de vigilance simplifiées

Vérification des éléments d'identification du client et du bénéficiaire effectif

35. La vérification des éléments d'identification du client et, le cas échéant, du bénéficiaire effectif, peut être différée au plus tard jusqu'à la signature de la lettre de mission lorsque les conditions suivantes sont réunies :

- le commissaire aux comptes envisage de fournir des prestations de manière régulière à une personne ou à une entité pour laquelle il n'exerce pas la mission de contrôle légal ;
- *le risque de blanchiment des capitaux* et de financement du terrorisme présenté par la relation d'affaires lui paraît faible ;
- cela est nécessaire pour ne pas interrompre l'exercice normal de la prestation.

36. Lorsque le commissaire aux comptes s'aperçoit avant d'émettre la lettre de mission qu'il n'est pas en mesure de vérifier les éléments d'identification du client et, le cas échéant, du bénéficiaire effectif, il met un terme à la relation d'affaires et, s'il se trouve dans les conditions prévues au paragraphe 60 de la présente norme, procède à la déclaration à TRACFIN.

37. Le commissaire aux comptes n'est pas soumis aux dispositions du paragraphe 36 de la présente norme lorsque sa mission ou sa prestation se rattache à une procédure juridictionnelle, y compris dans le cadre de conseils relatifs à la manière d'engager ou d'éviter une telle procédure, et lorsqu'il donne des consultations juridiques.

38. Le commissaire aux comptes n'a pas l'obligation de vérifier les éléments d'identification du client et du bénéficiaire effectif lorsque :

– il n'a pas de soupçon de blanchiment des capitaux ou de financement du terrorisme ; et

– le client est :

– une personne mentionnée aux 1° à 6° *bis* de l'article L. 561-2 du Code monétaire et financier établie en France, dans un autre État membre de l'Union européenne, dans un État partie à l'accord sur l'Espace économique européen ; ou

– une société dont les titres sont admis à la négociation sur un marché réglementé en France, dans un autre État membre de l'Union européenne, dans un autre État partie à l'accord sur l'Espace économique européen ou qui est soumise à des obligations de publicité conformes au droit de l'Union ou qui est soumise à des normes internationales équivalentes garantissant une transparence adéquate des informations relatives à la propriété du capital. Par ailleurs, comme précisé au paragraphe 31 de la présente norme, il n'a pas l'obligation d'identifier le bénéficiaire effectif ; ou

– une autorité publique ou un organisme public, désigné comme tel en vertu du traité sur l'Union européenne, des traités instituant les Communautés, du droit dérivé de l'Union européenne, du droit public d'un État membre de l'Union européenne ou de tout autre engagement international de la France, et qui satisfait aux trois critères suivants :

a) son identité est accessible au public, transparente et certaine ;

b) ses activités, ainsi que ses pratiques comptables, sont transparentes ;

c) il est soit responsable devant une institution de l'Union européenne ou devant les autorités d'un État membre, soit soumis à des procédures appropriées de contrôle de ses activités.

Recueil des autres éléments d'information nécessaires

39. Lorsque le risque de blanchiment des capitaux et de financement du terrorisme présenté par la relation d'affaires paraît faible au commissaire aux comptes, le recueil de tout autre élément d'information complémentaire, tel que prévu au paragraphe 32 de la présente norme, peut être simplifié en adaptant l'étendue des moyens mis en œuvre, la quantité d'informations collectées et la qualité des sources d'information utilisées.

40. Lorsque le client est l'une des personnes visées au paragraphe 38 de la présente norme et qu'il n'y a pas de soupçon de blanchiment des capitaux ou de financement du terrorisme, le commissaire aux comptes n'a pas l'obligation de recueillir ces informations.

Mesures de vigilance renforcées

41. Lorsqu'au vu de la classification des risques et, le cas échéant, des premiers éléments collectés, le risque de blanchiment des capitaux et de financement du terrorisme présenté par la relation d'affaires lui paraît élevé, le commissaire aux comptes renforce les mesures de vigilance mises en œuvre sur le client, le bénéficiaire effectif et les autres éléments d'information nécessaires. Il peut notamment :

– concernant l'identification et la vérification des éléments d'identification du client :

– demander un justificatif du domicile actuel du client personne physique ;

– obtenir les statuts du client ;

– solliciter directement des documents auprès de tiers, par exemple obtenir un extrait K *bis* directement auprès du greffe du tribunal de commerce ou un extrait du répertoire national des associations directement auprès de la préfecture ou de la sous-préfecture du siège de l'association concernée et, à Paris, auprès de la préfecture de police ;

– concernant l'identification et la vérification des éléments d'identification du bénéficiaire effectif :

– effectuer des recherches sur internet ou s'enquérir des activités professionnelles que le bénéficiaire effectif exerce actuellement ;

– lorsque le client est une personne ou entité tenue de déclarer au registre du commerce et des sociétés les informations relatives au bénéficiaire effectif conformément à l'article L. 561-46 du Code monétaire et financier, demander une copie d'un document officiel en cours de validité comportant la photographie du bénéficiaire effectif *en plus du recueil* des informations contenues dans les registres mentionnés au paragraphe 27 de la présente norme ;

– concernant les autres éléments d'information nécessaires à la connaissance du client, adapter la nature et l'étendue des informations collectées et des analyses menées ;

– demander à consulter des documents originaux ou obtenir des copies certifiées conformes lorsque les originaux ne sont pas accessibles directement, par exemple lorsqu'ils sont détenus à l'étranger.

Obligations de vigilance au cours de la relation d'affaires

Mesures de vigilance sur les opérations que le commissaire aux comptes examine pour les besoins de ses missions ou prestations

Mesures de vigilance

42. Pendant toute la relation d'affaires, le commissaire aux comptes exerce une vigilance constante sans avoir à réaliser d'investigations spécifiques ayant pour objectif de rechercher des opérations susceptibles de comporter un risque de blanchiment des capitaux ou de financement du terrorisme.

Il procède à un examen attentif des opérations, objet des contrôles qu'il met en œuvre pour les besoins de la mission ou de la prestation fournie, en veillant à ce qu'elles soient cohérentes avec les activités professionnelles du client ou de la personne ou entité dont des opérations font l'objet des contrôles.

Selon son appréciation du risque de blanchiment des capitaux ou de financement du terrorisme présenté par certaines de ces opérations, il s'enquiert de l'origine et de la destination des fonds concernés par ces opérations.

43. Lorsqu'il a connaissance d'une opération qu'il estime particulièrement complexe ou d'un montant inhabituellement élevé ou ne paraissant pas avoir de justification économique ou d'objet licite, il se renseigne sur l'origine et la destination des fonds concernés par l'opération ainsi que sur l'objet de l'opération et l'identité de la personne qui en bénéficie.

44. Le commissaire aux comptes exerce son jugement professionnel quant à la cohérence des informations collectées au regard de sa connaissance du client ou de la personne ou entité dont des opérations font l'objet des contrôles.

Mesures de vigilance simplifiées

45. Lorsque le risque de blanchiment des capitaux et de financement du terrorisme présenté par la relation d'affaires parait faible au commissaire aux comptes, les mesures de vigilance peuvent être simplifiées en adaptant la fréquence de mise en œuvre, l'étendue des moyens mis en œuvre, la quantité d'informations collectées et la qualité des sources d'information utilisées.

Mesures de vigilance renforcées

46. Lorsque le risque de blanchiment des capitaux et de financement du terrorisme présenté par la relation d'affaires paraît élevé au commissaire aux comptes, ou lorsque le bénéficiaire effectif ou le client, personne physique, est une personne exposée, il applique, en sus des mesures prévues aux paragraphes 42 à 44 de la présente norme, des mesures de vigilance renforcées sur des opérations sélectionnées selon son jugement professionnel parmi celles objet des contrôles qu'il met en œuvre pour les besoins de la mission ou de la prestation.

Ces mesures de vigilance renforcées consistent à se renseigner sur :

– l'objet et la cohérence économique de l'opération et l'identité de la personne qui en bénéficie ; et

– l'origine et la destination des fonds.

47. Le commissaire aux comptes exerce son jugement professionnel pour apprécier la cohérence des informations collectées au regard de sa connaissance du client ou de la personne ou entité dont des opérations font l'objet des contrôles.

Mesures de vigilance complémentaires dans certains cas particuliers

48. Lorsque le commissaire aux comptes réalise une mission ou une prestation visée au paragraphe 34, il met en œuvre les mesures de vigilance complémentaires prévues par l'article R. 561-20-4 du Code monétaire et financier.

Actualisation de l'évaluation du risque de blanchiment des capitaux et de financement du terrorisme présenté par la relation d'affaires et adaptation des mesures de vigilance

49. Pendant toute la relation d'affaires, le commissaire aux comptes recueille, met à jour et analyse les éléments d'information qui lui permettent de conserver une connaissance appropriée et actualisée du client et, le cas échéant, du bénéficiaire effectif ainsi que de l'objet et de la nature de la mission autre que le contrôle légal ou de la prestation.

La nature et l'étendue des informations collectées ainsi que la fréquence de la mise à jour de ces informations et l'étendue des analyses menées sont adaptés au risque de blanchiment des capitaux et de financement du terrorisme présenté par la relation d'affaires. Le commissaire aux comptes tient compte également des changements pertinents affectant la situation du client, et le cas échéant, du bénéficiaire effectif, ou affectant la mission autre que le contrôle légal ou la prestation.

En fonction des éléments collectés, il actualise si nécessaire son évaluation du risque de blanchiment des capitaux et de financement du terrorisme présenté par la relation d'affaires et adapte en conséquence les mesures de vigilance.

50. Lorsque le commissaire aux comptes a de bonnes raisons de penser que l'identité du client et les éléments d'identification du client et, le cas échéant du bénéficiaire effectif précédemment obtenus ne sont plus exacts ou pertinents, il procède de nouveau à l'identification et à la vérification des éléments d'identification, conformément aux diligences prévues aux paragraphes 19 à 32 de la présente norme.

51. S'il l'estime nécessaire, il demande au représentant légal de la personne ou entité une déclaration confirmant qu'il n'y a pas eu, depuis les derniers éléments collectés, de modification concernant le bénéficiaire effectif et son éventuelle qualification de personne exposée ou, si le client est une personne physique, il lui demande une déclaration confirmant qu'il n'y a pas eu, depuis les derniers éléments collectés, de modification concernant son éventuelle qualification de personne exposée.

52. Lorsque le commissaire aux comptes identifie que le bénéficiaire effectif ou le client, personne physique, est une personne exposée, il met en œuvre la mesure de vigilance complémentaire prévue au paragraphe 33 de la présente norme pour la poursuite de la relation d'affaires.

53. Lorsque le commissaire aux comptes identifie, au cours de l'exécution de la mission ou de la prestation que son client est une personne physique ou morale, domiciliée, enregistrée ou établie dans un État ou un territoire figurant sur les listes publiées par le Groupe d'action financière ou par la Commission européenne, il met en œuvre les mesures de vigilance complémentaires prévues au paragraphe 34 de la présente norme.

54. Lorsque le commissaire aux comptes n'est plus en mesure d'identifier le client ou, le cas échéant, le bénéficiaire effectif, ou de vérifier leurs éléments d'identification ou de recueillir, mettre à jour et analyser les éléments relatifs à la connaissance de l'objet et de la nature de la mission autre que le contrôle légal ou de la prestation, il met un terme à la relation d'affaires. Ces circonstances constituent un motif légitime de démission au sens du code de déontologie.

En outre, s'il se trouve dans les conditions prévues au paragraphe 60 de la présente norme, il procède à la déclaration à TRACFIN.

55. Le commissaire aux comptes n'est pas soumis aux dispositions du paragraphe 54 de la présente norme lorsque sa prestation se rattache à une procédure juridictionnelle, y compris dans le cadre de conseils relatifs à la manière d'engager ou d'éviter une telle procédure, et lorsqu'il donne des consultations juridiques.

Obligations de vigilance avant d'accepter de fournir une prestation à un client occasionnel

56. Le commissaire aux comptes s'enquiert auprès du client occasionnel de la nature de l'opération ou des opérations concernées par la prestation envisagée ainsi que de l'objet et de la nature de cette prestation.

57. Le commissaire aux comptes identifie le client occasionnel et, le cas échéant, le bénéficiaire effectif et vérifie leurs éléments d'identification lorsque la prestation envisagée concerne une opération ou des opérations liées réalisées ou envisagées par le client occasionnel :

– d'un montant qui excède 15 000 euros ; ou

– présentant les caractéristiques visées au paragraphe 60 de la présente norme.

À ce titre, le commissaire aux comptes met en œuvre les mesures de vigilance définies aux paragraphes 19 à 31 et 33 à 34 de la présente norme.

Il renforce ces mesures lorsque l'opération ou les opérations liées :

– excèdent 15 000 euros et que le risque de blanchiment des capitaux et de financement du terrorisme présenté par l'opération ou les opérations liées lui parait élevé ; ou

– présentent les caractéristiques visées au paragraphe 60 de la présente norme.

Il peut notamment :

– concernant l'identification et la vérification des éléments d'identification du client occasionnel :

– demander un justificatif du domicile actuel du client personne physique ;

– obtenir les statuts ;

– solliciter directement des documents auprès de tiers, par exemple obtenir un extrait K *bis* directement auprès du greffe du tribunal de commerce ou un extrait du répertoire national des associations directement auprès de la préfecture ou de la sous-préfecture du siège de l'association concernée et, à Paris, auprès de la préfecture de police ;

– concernant l'identification et la vérification des éléments d'identification du bénéficiaire effectif :

– effectuer des recherches sur internet ou s'enquérir des activités professionnelles que le bénéficiaire effectif exerce actuellement ;

– lorsque le client est une personne ou entité tenue de déclarer au registre du commerce et des sociétés les *informations relatives au bénéficiaire effectif* conformément à l'article L. 561-46 du Code monétaire et financier *demander une* copie d'un document officiel en cours de validité comportant la photographie du bénéficiaire effectif en plus du recueil des informations contenues dans les registres mentionnés au paragraphe 27 de la présente norme ;

– demander à consulter des documents originaux ou obtenir des copies certifiées conformes lorsque les originaux ne sont pas accessibles directement, par exemple lorsqu'ils sont détenus à l'étranger.

58. Lorsqu'à l'issue de ces diligences, le commissaire aux comptes n'est pas en mesure d'identifier le client occasionnel ou, le cas échéant, le bénéficiaire effectif ou de vérifier leurs éléments d'identification, il n'accepte pas de fournir la prestation.

En outre, s'il se trouve dans les conditions prévues au paragraphe 60 de la présente norme, il procède à la déclaration à TRACFIN.

59. Le commissaire aux comptes n'est pas soumis aux dispositions du paragraphe 58 de la présente norme lorsque sa prestation se rattache à une procédure juridictionnelle, y compris dans le cadre de conseils relatifs à la manière d'engager ou d'éviter une telle procédure, et lorsqu'il donne des consultations juridiques.

Obligations de déclaration à TRACFIN

60. Le commissaire aux comptes déclare à TRACFIN les opérations portant sur des sommes dont il sait, soupçonne ou a de bonnes raisons de soupçonner qu'elles proviennent d'une infraction passible d'une peine privative de liberté supérieure à un an ou sont liées au financement du terrorisme.

Par dérogation à l'alinéa précédent, il déclare à TRACFIN les sommes ou opérations dont il sait, soupçonne ou a de bonnes raisons de soupçonner qu'elles proviennent d'une fraude fiscale, lorsqu'il est en présence d'au moins un critère défini à l'article D. 561-32-1 du Code monétaire et financier.

Les sommes et opérations susvisées supposent le constat d'un flux passé, présent ou à venir et excluent les charges et produits calculés.

Les tentatives de telles opérations font également l'objet d'une déclaration à TRACFIN. Une tentative se caractérise par un commencement d'exécution.

Ces opérations ou sommes ont pu être identifiées par le commissaire aux comptes dans le cadre des mesures de vigilance mises en œuvre sur les opérations ou en dehors de ses obligations de vigilance, au cours de ses missions ou des prestations fournies.

Modalités de déclaration

61. Le commissaire aux comptes s'acquitte personnellement de la déclaration à TRACFIN, quelles que soient les modalités de son exercice professionnel. En cas de pluralité de commissaires aux comptes signataires, chacun établit une déclaration à TRACFIN, qu'ils appartiennent ou non à une même structure d'exercice du commissariat aux comptes.

62. Lorsque le commissaire aux comptes est une personne morale, son dirigeant peut, dans des cas exceptionnels, en raison notamment de l'urgence, prendre l'initiative d'effectuer lui-même la déclaration à TRACFIN. Cette déclaration est confirmée, dans les meilleurs délais, par le ou les commissaires aux comptes signataires.

63. La déclaration à TRACFIN est établie par écrit. Elle est effectuée :

– soit par voie électronique sur la plateforme Ermès accessible à partir du site internet de TRACFIN ;

– soit au moyen d'un formulaire à télécharger sur le site internet de TRACFIN, dont le contenu est dactylographié et signé.

« Dans des cas exceptionnels, le commissaire aux comptes peut réaliser sa déclaration verbalement lors d'une réunion avec un agent de TRACFIN au cours de laquelle il remet les pièces ou documents justificatifs utiles venant à son appui.

64. Dans tous les cas, la déclaration à TRACFIN comporte les indications prévues au III de l'article R. 561-31 du Code monétaire et financier :

– la qualité de commissaire aux comptes ;

– l'identification et les coordonnées professionnelles du commissaire aux comptes réalisant la déclaration ;

– le cas de déclaration par référence aux cas mentionnés à l'article L. 561-15 du Code monétaire et financier, visés au paragraphe 60 de la présente norme ;

– *les éléments* d'identification du client en la possession du commissaire aux comptes, notamment la forme juridique du client et son secteur d'activité lorsqu'il s'agit d'une personne morale, son activité professionnelle et les éléments de son patrimoine lorsqu'il s'agit d'une personne physique ;

– l'objet et la nature de la mission mise en œuvre ou de la prestation fournie ;

– le descriptif de l'opération concernée et, le cas échéant, les éléments d'identification de la personne bénéficiant de l'opération qui fait l'objet de la déclaration ;

– les éléments d'analyse qui ont conduit le commissaire aux comptes à effectuer la déclaration ;

– lorsque l'opération n'a pas encore été exécutée, son délai d'exécution ;

– les pièces ou documents justificatifs utiles.

65. Lorsqu'une déclaration ne satisfait pas à la forme et aux exigences de contenu définies par la réglementation, et à défaut de régularisation dans le délai d'un mois imparti par TRACFIN, elle est irrecevable. Cette irrecevabilité emporte toutes les conséquences juridiques du défaut de dépôt d'une déclaration de soupçon.

66. Lorsqu'il a effectué une déclaration, le commissaire aux comptes porte, sans délai, à la connaissance de TRACFIN toute information de nature à infirmer, conforter ou modifier les éléments contenus dans cette déclaration.

Confidentialité et secret professionnel

67. La déclaration à TRACFIN est confidentielle.

Il est interdit, sous peine des sanctions prévues à l'article L. 574-1 du Code monétaire et financier, de porter à la connaissance du client ou de tiers l'existence et le contenu de la déclaration et de donner des informations sur les suites qui ont été réservées à cette déclaration.

Cette interdiction ne s'applique pas à la relation entre le commissaire aux comptes et le Haut Conseil du commissariat aux comptes.

Le commissaire aux comptes ne peut, ni ne doit révéler à l'autorité judiciaire ou aux officiers de police judiciaire agissant sur délégation l'existence et le contenu d'une déclaration à TRACFIN.

Relation avec TRACFIN

68. Le commissaire aux comptes est tenu de répondre à toute demande émanant de TRACFIN, dans les délais fixés par celui-ci.

Information au sein du même réseau ou de la même structure d'exercice professionnel

69. Par dérogation au principe de confidentialité et de secret professionnel, et sauf opposition de TRACFIN, les commissaires aux comptes, experts-comptables, salariés autorisés à exercer la profession d'expert-comptable et membres d'une profession juridique ou judicaire visés au 13° de l'article L. 561-2 du Code monétaire et financier qui appartiennent au même réseau ou à une même structure d'exercice professionnel, s'informent au sein du réseau ou de la structure d'exercice professionnel de l'existence et du contenu de la déclaration lorsque les conditions suivantes sont réunies :

– les informations ne sont échangées qu'entre personnes d'un même réseau ou d'une même structure d'exercice professionnel soumises à l'obligation de déclaration à TRACFIN ;

– les informations divulguées sont nécessaires à l'exercice, au sein du réseau ou de la structure d'exercice du commissariat aux comptes, de la vigilance en matière de lutte contre le blanchiment des capitaux et le financement du terrorisme et seront exclusivement utilisées à cette fin ;

– les informations sont divulguées à une personne ou un établissement situé en France ou dans un autre État membre de l'Union européenne, dans un État partie à l'espace économique européen ou dans un pays tiers imposant des obligations équivalentes en matière de lutte contre le blanchiment et le financement du terrorisme ;

– le traitement des informations réalisé dans le pays mentionné ci-dessus garantit un niveau de protection suffisant de la vie privée et des libertés et droits fondamentaux des personnes conformément aux articles 122 et 123 de la loi n° 78-17 du 6 janvier 1978.

Information en cas d'intervention pour un même client ou client occasionnel et dans une même opération ou en cas de connaissance pour un même client ou client occasionnel d'une même opération

70. Par dérogation au principe de confidentialité et de secret professionnel, les commissaires aux comptes, les experts-comptables, les salariés autorisés à exercer la profession d'expert-comptable, les membres d'une profession juridique ou judicaire visés au 13° de l'article L. 561-2 du Code monétaire et financier, les caisses des règlements pécuniaires des avocats visés au 18° du même article et les greffiers des tribunaux de commerce peuvent, lorsqu'ils interviennent pour un même client ou un même client occasionnel et dans une même opération ou lorsqu'ils ont connaissance, pour un même client ou client occasionnel, d'une même opération, s'informer mutuellement, et par tout moyen sécurisé, de l'existence et du contenu de la déclaration à TRACFIN. Ces échanges d'informations ne sont autorisés qu'entre les personnes visées ci-avant, si les conditions suivantes sont réunies :

– les personnes mentionnées ci-avant sont situées en France, dans un État membre de l'Union européenne ou partie à l'accord sur l'Espace économique européen ;

– lorsque l'échange d'informations implique des personnes qui ne sont pas situées en France, celles-ci sont soumises à des obligations équivalentes en matière de secret professionnel ;

– les informations échangées sont utilisées exclusivement à des fins de prévention du blanchiment des capitaux et du financement du terrorisme ;

– le traitement des informations communiquées, lorsqu'il est réalisé dans un pays tiers, garantit un niveau de protection suffisant de la vie privée et des libertés et droits fondamentaux des personnes, conformément aux articles 122 et 123 de la loi n° 78-17 du 6 janvier 1978.

Mesures spécifiques

71. En application des articles L. 561-16 et *L.* 561-24 du Code monétaire et financier, dans le cadre d'une mission ou d'une prestation, le commissaire aux comptes s'abstient d'effectuer toute opération - notamment recevoir, conserver ou délivrer des fonds ou valeurs - portant sur des sommes dont il sait, soupçonne ou a de bonnes raisons de soupçonner qu'elles proviennent d'une infraction passible d'une peine privative de liberté supérieure à un an ou sont liées au financement du terrorisme jusqu'à ce qu'il l'ait déclarée à TRACFIN. Il ne peut alors procéder à la réalisation de l'opération que si TRACFIN n'a pas notifié d'opposition, ou si au terme du délai d'opposition notifié par TRACFIN, aucune décision du président du tribunal de grande instance de Paris ne lui est parvenue.

72. Lorsqu'une opération devant faire l'objet d'une déclaration à TRACFIN a déjà été réalisée, soit parce qu'il a été impossible de surseoir à son exécution, soit que son report aurait pu faire obstacle à des investigations portant sur une opération suspectée de blanchiment des capitaux ou de financement du terrorisme, soit qu'il est apparu postérieurement à sa réalisation qu'elle était soumise à cette déclaration, le commissaire aux comptes en informe TRACFIN sans délai au moyen d'une déclaration de soupçon.

Obligations de conservation des documents et informations

73. Le commissaire aux comptes conserve dans ses dossiers les documents et informations, quel qu'en soit le support, permettant de justifier des mesures de vigilance mises en œuvre et de leur adéquation au risque de blanchiment des capitaux et de financement du terrorisme.

74. Le commissaire aux comptes conserve pendant cinq ans à compter de la fin du mandat de commissariat aux comptes, de la mission ou de la prestation :

– les documents et informations relatifs à l'identification et à la vérification des éléments d'identification du client, ou du client occasionnel, et le cas échéant, du bénéficiaire effectif ;

– les autres éléments d'information nécessaires ; ainsi que

– les documents et informations relatifs aux mesures de vigilance mises en œuvre.

Lorsque le commissaire aux comptes intervient dans le cadre d'un mandat de commissariat aux comptes, les documents concernent les trois ou six exercices du mandat.

Il conserve également, pendant cinq ans à compter de la fin de la mission de contrôle légal, d'une autre mission ou de la prestation, les documents et informations relatifs aux opérations, et plus particulièrement les documents consignant les caractéristiques des opérations particulièrement complexes ou d'un montant inhabituellement élevé ou ne paraissant pas avoir de justification économique ou d'objet licite.

75. Les déclarations à TRACFIN, les pièces jointes, ainsi que les réponses à son droit de communication, sont conservées en dehors des dossiers en raison de leur caractère confidentiel, pendant cinq ans à compter de leur envoi.

Liens éventuels entre la déclaration à TRACFIN et la révélation des faits délictueux au procureur de la République

76. Lorsque le commissaire aux comptes a connaissance d'opérations portant sur des sommes dont il sait qu'elles proviennent d'une infraction passible d'une peine privative de liberté supérieure à un an, ou qui sont liées au financement du terrorisme, ou lorsqu'il a connaissance de sommes ou opérations dont il sait qu'elles proviennent d'une fraude fiscale en présence d'au moins un critère défini à l'article D. 561-32-1 du Code monétaire et financier :

– il procède à une déclaration à TRACFIN ; et

– dans les cas où il est soumis à l'obligation de révélation des faits délictueux, il révèle concomitamment les faits délictueux au procureur de la République, en application du deuxième alinéa de l'article L. 823-12 du Code de commerce.

77. Lorsque le commissaire aux comptes n'a que des soupçons ou de bonnes raisons de soupçonner que des opérations portent sur des sommes qui proviennent d'une infraction passible d'une peine privative de liberté supérieure à un an, ou sont liées au financement du terrorisme, ou que des sommes ou opérations proviennent d'une fraude fiscale en présence d'au moins un critère défini à l'article D. 561-32-1 du Code monétaire et financier, il procède uniquement à la déclaration à TRACFIN. En effet, à ce stade, le commissaire aux comptes ne sait pas si ses soupçons sont fondés car il ne dispose pas d'élément tangible.

Les soupçons ne constituent pas des faits délictueux ou des irrégularités.

78. Lorsqu'il a déclaré des soupçons, le commissaire aux comptes réapprécie tout au long de l'exécution de la mission ou de la prestation fournie les éléments déclarés dès lors qu'il a connaissance d'informations venant renforcer ou infirmer ses soupçons et en tire les conséquences éventuelles au regard de ses obligations de révélation.

Annexe 8-9

(Annexe à l'article A. 823-37)

DÉCISION DU HAUT CONSEIL DU COMMISSARIAT AUX COMPTES RELATIVE AUX PROCÉDURES ET MESURES DE CONTRÔLE INTERNE EN MATIÈRE DE LUTTE CONTRE LE BLANCHIMENT DES CAPITAUX ET LE FINANCEMENT DU TERRORISME

(A. 20 avr. 2010 ; abr., A. 18 août 2020)

Séance du 14 janvier 2010

Le Haut Conseil du commissariat aux comptes a défini comme suit les procédures et mesures de contrôle interne que les commissaires aux comptes mettent en place en matière de lutte contre le blanchiment des capitaux et le financement du terrorisme, en application des dispositions de l'article R. 561-38 du Code monétaire et financier.

1. Les commissaires aux comptes mettent en place, au sein de la structure d'exercice professionnel dans laquelle ils exercent, qu'elle soit en nom propre ou sous forme de société, des systèmes d'évaluation et de gestion des risques de blanchiment des capitaux et de financement du terrorisme, en application de l'article L. 561-32 du Code monétaire et financier.

2. Chaque structure d'exercice professionnel désigne le ou les membres de la direction responsables de la mise en place et du suivi de ces systèmes d'évaluation et de gestion des risques ainsi que des procédures correspondantes.

3. Chaque structure d'exercice professionnel désigne un correspondant en charge de diffuser les informations utiles en la matière émanant de TRACFIN et du Haut Conseil du commissariat aux comptes, et met à sa disposition les moyens appropriés pour ce faire.

4. Le commissaire aux comptes assume lui-même le rôle de correspondant et de responsable de la mise en place et du suivi des systèmes et des procédures lorsqu'il exerce en nom propre.

5. Chaque structure d'exercice professionnel élabore et tient à jour une classification des risques de blanchiment des capitaux et de financement du terrorisme attachés aux mandats, en fonction des caractéristiques des entités, et notamment en fonction des activités exercées par ces entités, de la localisation de ces activités, de la forme juridique et de la taille de ces entités.

6. Les procédures relatives à la lutte contre le blanchiment de capitaux et le financement du terrorisme mises en place au sein de la structure d'exercice professionnel par les commissaires aux comptes, portent sur :

a) L'évaluation des risques de blanchiment et de financement du terrorisme au sein de l'entité qui les sollicite ou pour laquelle ils interviennent, au regard de la classification élaborée ;

b) La mise en œuvre des mesures de vigilance lors de l'acceptation et lors de l'exercice du mandat, dans le respect des normes d'exercice professionnel ;

c) La conservation, pendant la durée légale, des pièces relatives à l'identification de l'entité et du bénéficiaire effectif ;

d) Les modalités d'échanges d'informations au sein des structures d'exercice professionnel et des réseaux, dans les conditions définies aux articles L. 561-20 et L. 561-21 du Code monétaire et financier ;

e) Le respect de l'obligation de déclaration individuelle à TRACFIN ;

f) La mise en œuvre de procédures de contrôle périodique et permanent des risques de blanchiment de capitaux et de financement du terrorisme.

7. Les commissaires aux comptes prennent en compte, dans le recrutement de leurs collaborateurs, les risques au regard de la lutte contre le blanchiment de capitaux et le financement du terrorisme.

8. Ils assurent l'information et la formation de leurs collaborateurs sur les obligations liées à la lutte contre le blanchiment de capitaux et le financement du terrorisme, et sur les procédures mises en place au sein de la structure d'exercice professionnel. Ils déterminent la fréquence de la mise à jour des connaissances des collaborateurs selon l'évolution de la réglementation et des procédures applicables.

ANNEXES

ANNEXE 1

DU COMMERCE EN GÉNÉRAL

I. – COMMERÇANTS ÉTRANGERS

Voir aussi : Carte d'identité : Circ. min. 24 oct. 1985 (*JO* 6 févr. 1986).

Bibliographie : Regnard, *L'exercice du commerce en France par les étrangers : Gaz. Pal.* 1985, 383.

Ouvrage. JCl. Dr. int., Fasc. 525-20, *Condition des étrangers en France. – Droits professionnels. – Professions commerciales, industrielles et artisanales*, par N. Guimezanes.

Code de l'entrée et du séjour des étrangers et du droit d'asile

PARTIE LÉGISLATIVE

Rédaction antérieure. Art. L. 314-4 *(Mod., Ord. n° 2004-279, 25 mars 2004 ; L. 2007-1631, 20 nov. 2007).* – Lorsqu'elle a été délivrée à un étranger résidant sur le territoire de la France métropolitaine, la carte de résident en cours de validité confère à son titulaire le droit d'exercer, sur ce territoire, la profession de son choix, dans le cadre de la législation en vigueur.

....

Rédaction antérieure. Art. L. 322-2. – Des décrets en Conseil d'État peuvent soumettre à autorisation l'exercice par les étrangers de certaines activités professionnelles non salariées.

....

Rédaction antérieure. Art. L. 431-1. – Les membres de la famille entrés en France régulièrement au titre du regroupement familial reçoivent de plein droit une carte de séjour temporaire, dès qu'ils sont astreints à la détention d'un titre de séjour.

Le titre de séjour délivré à la personne autorisée à séjourner au titre du regroupement familial confère à son titulaire, dès la délivrance de ce titre, le droit d'exercer toute activité professionnelle de son choix dans le cadre de la législation en vigueur.

Loi n° 68-678 du 26 juillet 1968

relative à la communication de documents et renseignements d'ordre économique, commercial, industriel, financier ou technique à des personnes physiques ou morales étrangères

(JO 27 juill. ; Intitulé mod., L. n° 80-538, 16 juill. 1980)

Art. 1er *(L. n° 80-538, 16 juill. 1980)*. – **Sous réserve des traités ou accords internationaux, il est interdit à toute personne physique de nationalité française ou résidant habituellement sur le territoire français et à tout dirigeant, représentant, agent ou préposé d'une personne morale y ayant son siège ou un établissement de communiquer par écrit, oralement ou sous toute autre forme, en quelque lieu que ce soit, à des autorités publiques étrangères, les documents ou les renseignements d'ordre économique, commercial, industriel, financier ou technique dont la communication est de nature à porter atteinte à la souveraineté, à la sécurité, aux intérêts économiques essentiels de la France ou à l'ordre public, précisés par l'autorité administrative en tant que de besoin.**

Art. 1er *bis* *(L. n° 80-538, 16 juill. 1980)*. – **Sous réserve des traités ou accords internationaux et des lois et règlements en vigueur, il est interdit à toute personne de demander, de rechercher ou de communiquer, par écrit, oralement ou sous toute autre forme, des documents ou renseignements d'ordre économique, commercial, industriel, financier ou technique tendant à la constitution de preuves en vue de procédures judiciaires ou administratives étrangères ou dans le cadre de celles-ci.**

Voir aussi : A. 6 juill. 1969 relatif à l'interdiction de la communication de documents et renseignements à des autorités étrangères dans le domaine du commerce maritime (*JO* 16 janv.).

Art. 2 *(L. n° 80-538, 16 juill. 1980)*. – **Les personnes visées aux articles 1er et 1er *bis* sont tenues d'informer sans délai le ministre compétent lorsqu'elles se trouvent saisies de toute demande concernant de telles communications.**

Voir aussi : D. n° 81-550, 12 mai 1981 (*JO* 16 mai).

Art. 3 *(L. n° 80-538, 16 juill. 1980)*. – **Sans préjudice des peines plus lourdes prévues par la loi, toute infraction aux dispositions des articles 1er et 1er *bis* de la présente loi sera punie d'un emprisonnement de six mois et d'une amende de 18 000 € ou de l'une de ces deux peines seulement.**

II. – CRÉATION D'ENTREPRISE

A. – LIBERTÉ DU COMMERCE ET RESTRICTIONS

Loi du 2-17 mars 1791

portant suspension de tous les droits d'aides, de toutes les maîtrises et jurandes *et établissements des droits de patente*

(Lois et actes du Gouvernement, t. III, p. 2)

Art. 7. – **À compter du 1er avril prochain, il sera libre à toute personne de faire tel négoce ou d'exercer telle profession, art ou métier qu'elle trouvera bon ; mais elle sera tenue de se pourvoir auparavant d'une patente, d'en acquitter le prix, et de se conformer aux règlements de police qui sont ou pourront être faits.**

Bibliographie : Guyon, *Que reste-t-il du principe de la liberté du commerce et de l'industrie ? : Dix ans de droit de l'entreprise*, 1978, 5. • Kdhir, *Le principe de la liberté... : mythe ou réalité ? : D.* 1994, chron. 30. • Ferrier, *La liberté du commerce et de l'industrie* in *Liberté et droit fondamentaux* (sous dir. Cabrillac, Frison-Roche et Revet), Dalloz, 13e éd. 2007, p. 711. • *JCl. Adm.*, Fasc. 255, *Le principe de la liberté de commerce et de l'industrie*.

Voir aussi : L. 17 novembre 1943, sur la gestion des intérêts professionnels (*JO* 18 nov.). - L. n° 45-0195, 31 décembre 1945, portant fixation du budget général de l'exercice 1946, art. 42 et 43 (*JO* 1er janv. 1946).

Décret n° 53-962 du 30 septembre 1953

tendant à soumettre à certaines conditions techniques et financières la création, l'extension et le transfert d'établissements commerciaux

(JO 1er oct.)

Art. 1er. – En vue d'assurer la protection de la santé publique et la bonne conservation des marchandises, la création, l'extension et le transfert des fonds de commerce ayant pour objet, en tout ou en partie, la vente des produits alimentaires, pourront être assujettis à des conditions techniques d'installation ou d'équipement.

Ces conditions seront fixées par décret pris sur rapport du ministre de l'Économie et des Finances, du ministre chargé de l'industrie et du commerce, du ministre de la Santé publique, du ministre de l'Agriculture et du ministre chargé du commerce, après consultation du conseil supérieur de commerce et du conseil supérieur d'hygiène publique de France.

Art. 2. – L'immatriculation ou, le cas échéant, la déclaration modificative au registre du commerce et des sociétés, ne pourront être effectuées que sur présentation d'une justification attestant qu'il a été satisfait aux conditions fixées par l'article 1er ci-dessus.

Art. 3. – Les dispositions de l'article 1er pourront être étendues, suivant la même procédure, et après consultation des organisations professionnelles intéressées, à tous les fonds de commerce de produits alimentaires.

Art. 4. – Toute infraction aux dispositions précédentes sera constatée et réprimée conformément à la législation sur la répression des fraudes.

Art. 5. – Des décrets en Conseil d'État pourront éventuellement assujettir l'exercice de certaines professions commerciales ou certaines formes d'entreprises commerciales à la constitution de sûretés personnelles ou réelles, en vue de garantir l'exécution des obligations fiscales, sociales ou professionnelles inhérentes à l'activité considérée.

Les modalités d'application du présent article seront déterminées par un décret qui fixera notamment les conditions suivant lesquelles les intéressés devront justifier avoir satisfait à l'obligation prévue ci-dessus.

Voir aussi : D. n° 55-36, 5 janvier 1955 (*JO* 8 janv.), tendant à favoriser une meilleure répartition des industries sur l'ensemble du territoire.

Loi n° 73-1193 du 27 décembre 1973

d'orientation du commerce et de l'artisanat

(JO 30 déc. et rect. 19 janv. 1974)

TITRE PREMIER. – PRINCIPES D'ORIENTATION

CHAPITRE PREMIER. – ORIENTATIONS ÉCONOMIQUES ET FORMATION PROFESSIONNELLE

Bibliographie : Bischoff, *La réforme de l'urbanisme commercial (L. n° 96-603, 5 juill. 1996) Don Quichotte législateur : JCP* E 1996, I, 598.

Art. 1er *(Mod., L. n° 96-603, 5 juill. 1996 ; Ord. n° 2000-912, 18 sept. 2000 ; L. n° 2004-804, 9 août 2004 ; L. n° 2008-776, 4 août 2008).* **– La liberté et la volonté d'entreprendre sont les fondements des activités commerciales et artisanales. Celles-ci s'exercent dans le cadre d'une concurrence claire et loyale.**

ANNEXE 1

Le commerce et l'artisanat ont pour fonction de satisfaire les besoins des consommateurs, tant en ce qui concerne les prix que de la qualité des services et des produits offerts. Ils doivent participer au développement de l'emploi et contribuer à accroître la compétitivité de l'économie nationale, animer la vie urbaine et rurale et améliorer sa qualité.

Les pouvoirs publics veillent à ce que l'essor du commerce et de l'artisanat permette l'expansion de toutes les formes d'entreprises, indépendantes, groupées ou intégrées, en évitant qu'une croissance désordonnée des formes nouvelles de distribution ne provoque l'écrasement de la petite entreprise et le gaspillage des équipements commerciaux et ne soit préjudiciable à l'emploi.

Voir également : C. com., art. L. 750-1.

Art. 2. – Pour rendre effective la liberté d'entreprendre, les pouvoirs publics, dans le cadre des enseignements scolaires et universitaires et de l'apprentissage, organisent la formation initiale de ceux qui se destinent à l'exercice d'une profession commerciale ou artisanale. Cette formation a pour objet de dispenser les connaissances de base et les éléments d'une culture générale incluant les données scientifiques et techniques, de préparer à une qualification et à son perfectionnement ultérieur.

Facteur d'amélioration de la compétitivité et des services rendus, la formation continue des commerçants et artisans doit leur permettre d'actualiser, d'adapter et de perfectionner leurs connaissances, de tenir compte de l'évolution des conditions du marché, des méthodes de commercialisation et de gestion et d'assurer leur promotion économique et sociale. À cet effet, l'État, les collectivités locales, les établissements publics, les établissements d'enseignement, les associations, les organisations professionnelles et les entreprises concourent soit par une assistance technique et financière, soit en tant que dispensateur de formation, à cette formation continue.

Art. 3 *(Mod., L. n° 96-603, 5 juill. 1996).* – Les pouvoirs publics favorisent, par leur concours technique et financier, la première installation des jeunes commerçants et artisans ainsi que la conversion des commerçants et artisans atteints par les mutations économiques.

Art. 4 *(V. C. com., art. L. 750-1-1).*

TITRE III. – DISPOSITIONS ÉCONOMIQUES

....

CHAPITRE II. – L'ÉQUIPEMENT COMMERCIAL

(Intitulé mod., L. n° 96-603, 5 juill. 1996)

Art. 36. – En vue de préserver l'animation commerciale du centre des villes, les communes de moins de 100 000 habitants et les communes classées « communes touristiques » bénéficient d'une priorité pour l'obtention de prêts de la caisse d'aide à l'équipement des collectivités locales (CAECL) et de la caisse des dépôts et consignations pour l'aménagement de parcs de stationnement.

CHAPITRE IV. – ADAPTATION ET MODERNISATION DES ENTREPRISES

Art. 47. – Des dispositions particulières sont prises pour faire bénéficier de conditions privilégiées de crédit les commerçants qui veulent reconvertir leur activité ou s'intégrer à une des formes du commerce indépendant associé, ainsi que les jeunes qui veulent s'installer en tant que chef d'entreprise commerciale et justifient de leur qualification dans la profession.

Ils pourront, en particulier, percevoir des prêts du fonds de développement économique et social et des sociétés de développement régional.

Un arrêté des ministres intéressés précise, en tant que de besoin, les conditions d'application du présent article.

Art. 48. – En vue d'aider les artisans, des concours financiers particuliers sont destinés à faciliter :

L'installation en qualité de chef d'entreprise des jeunes qui justifient d'une formation professionnelle suffisante ;

La reconversion des chefs d'entreprise ayant subi avec succès un stage de conversion ou de promotion professionnelle au sens des paragraphes 1° et 3° de l'article 10 de la loi du 16 juillet 1971 portant organisation de la formation professionnelle continue dans le cadre de l'éducation permanente ;

L'installation d'entreprises dans les zones artisanales situées à l'intérieur des zones urbaines nouvelles ou rénovées. Les artisans peuvent percevoir en particulier des prêts du fonds de développement économique et social.

Art. 49. – Au terme des stages de conversion ou de promotion professionnelle organisés dans les conditions prévues à l'article 10 (1° et 3°) de la loi n° 71-575 du 16 juillet 1971, les commerçants et artisans bénéficieront en priorité d'un prêt d'installation et d'équipement.

Art. 51. – Une aide particulière sera instituée en faveur des entreprises artisanales de sous-traitance, situées dans les régions déterminées par arrêté et qui désirent transférer leur installation dans les zones ou régions où peut être attribuée la prime de développement régional instituée par le décret n° 72-270 du 11 avril 1972 ou la prime de localisation créée par le décret n° 72-271 du 11 avril 1972, ainsi que dans les zones à économie rurale dominante définies en application du décret n° 67-938 du 24 octobre 1967 et la zone d'économie montagnarde définie par le décret n° 61-650 du 23 juin 1961.

Un décret définit les mesures propres à :

Éviter que les sous-traitants ne subissent les conséquences de la défaillance du donneur d'ordres et notamment du titulaire d'un marché public ;

Inciter les entreprises artisanales à participer directement ou par voie de sous-traitance aux marchés publics.

Voir aussi : D. n° 74-444, 15 mai 1974.

Art. 52. – Les commerçants et artisans dont la situation est compromise de façon irrémédiable du fait d'une opération d'équipement collectif engagée par une collectivité publique ou un organisme en dépendant, et en priorité, du fait d'une opération de rénovation urbaine, peuvent recevoir une aide pour leur reconversion lorsqu'ils ne bénéficient pas d'une indemnisation directe.

Un décret détermine les conditions, notamment de ressources et d'ancienneté d'établissement, que devront remplir les demandeurs pour avoir vocation à l'aide ; il fixe la composition de commissions qui statueront sur les demandes.

Les dépenses correspondant à l'aide prévue ci-dessus sont inscrites à un compte spécial tenu dans les écritures de la caisse de compensation de l'organisation autonome nationale de l'industrie et du commerce (Organic).

Le décret prévu au 1° de l'article 3 de la loi n° 72-657 du 13 juillet 1972 pourra affecter audit compte une part de la taxe d'entraide.

Voir aussi : D. n° 74-64, 28 janvier 1974, relatif à l'aide aux commerçants et artisans prévue par l'article 52 de la loi n° 73-1193 du 27 décembre 1973 (*JO* 29 janv.) et divers arrêtés dont A. 30 mai 1990 (*JO* 8 juin) et A. 4 décembre 1991 (*JO* 18 déc.) complétant la liste des opérations d'équipement collectif retenues pour l'application de l'article 52 de la loi n° 73-1193 du 27 décembre 1973 d'orientation du commerce et de l'artisanat, mod. A. 5 avril 2000 (*JO* 19 avr.).

TITRE IV. – ENSEIGNEMENT ET FORMATION PROFESSIONNELLE

....

Art. 54. – I. – Les commerçants et artisans qui suivent un stage de conversion au sens de l'article 10-1° de la loi n° 71-575 du 16 juillet 1971 reçoivent une rémunération calculée dans les conditions prévues à l'article 25-I-3° de ladite loi.

II. – Les commerçants et artisans qui suivent un stage de promotion professionnelle au sens de l'article 10-3° de la loi n° 71-575 du 16 juillet 1971 perçoivent une rémunération calculée dans les conditions prévues à *l'article 30 de ladite loi.*

III. – À l'issue de l'un des stages définis à l'article 53 de la présente loi, les commerçants et artisans qui renoncent à leur activité et recherchent un emploi salarié percevront, jusqu'à ce qu'ils aient trouvé un emploi et pendant une durée maximum de trois mois, une indemnité d'un montant égal à la rémunération qu'ils percevaient pendant leur stage.

....

Art. 57. – En application des dispositions [des articles L. 4153-1 à L. 4153-3] du Code du travail, les élèves inscrits dans une classe du cycle moyen comportant un enseignement alterné peuvent effectuer, dans les entreprises commerciales et artisanales agréées, des stages d'information et de formation pratique au cours des deux dernières années de leur scolarité obligatoire.

Dans ce cas, une convention doit être conclue entre le chef d'entreprise commerciale ou artisanale agréée et l'établissement d'enseignement que fréquente l'élève ; cette convention détermine notamment les conditions dans lesquelles sont effectués les stages dans l'entreprise agréée.

Pendant cette période de préapprentissage, l'élève bénéficie du statut scolaire et de conditions identiques à celles offertes par les filières permettant la préparation d'un diplôme de l'enseignement technologique du niveau d'ouvrier qualifié.

Art. 59 *(Mod., L. n° 2019-486, 22 mai 2019).* – La formation initiale et la formation continue tendent à promouvoir une qualification professionnelle répondant aux besoins de la clientèle et à la rentabilité de l'entreprise artisanale ou commerciale.

Un décret en Conseil d'État fixe les conditions dans lesquelles les chambres de métiers et les chambres de commerce et d'industrie ont l'obligation de proposer des stages de courte durée d'initiation à la gestion à l'intention des professionnels demandant pour la première fois l'immatriculation d'une entreprise artisanale ou commerciale et délivrent une attestation à l'issue de ces stages. Les stages d'initiation aux fonctions de chef d'entreprise commerciale ou artisanale peuvent également être organisés dans les écoles supérieures professionnelles reconnues et conventionnées par l'éducation nationale.

Le stage d'initiation à la gestion est dénommé stage de préparation à l'installation lorsqu'il est organisé par le réseau des chambres de métiers et de l'artisanat.

À défaut d'être déjà financé par un organisme de financement de la formation professionnelle continue des professions salariées ou des demandeurs d'emploi, le stage de préparation à l'installation mentionné au troisième alinéa du présent article peut être financé par la contribution prévue au a du 2° de l'article L. 6331-48 du Code du travail et par la partie de la contribution prévue à l'avant-dernier alinéa du même article L. 6331-48 qui est versée dans les conditions fixées au a du 2° dudit article L. 6331-48.

....

Art. 61. – L'aide aux programmes de formation de courte durée, destinés à l'actualisation des connaissances et au perfectionnement des professionnels en activité, salariés et non-salariés, et organisés dans le cadre des fonds d'assurance-formation ainsi que les stages d'initiation à la gestion prévus à l'article 59 ci-dessus, figurent parmi les priorités prévues à l'article [L. 6122-1 du Code du travail].

Les fonds d'assurance-formation concernant les entreprises artisanales et leurs salariés sont habilités à percevoir la participation financière des artisans lorsqu'ils y sont assujettis en raison du nombre de leurs salariés. Dans ce cas, une convention est passée entre l'employeur et le fonds.

Loi n° 96-603 du 5 juillet 1996

relative au développement et à la promotion du commerce et de l'artisanat

(JO 6 juill.)

Art. 13. – Aucune demande d'autorisation ne peut être enregistrée pour les projets de constructions nouvelles ou de transformation d'immeubles existants entraînant la création de magasins de commerce de détail avant le 14 octobre 1996.

Les demandes d'autorisation enregistrées avant la date de publication de la présente loi, sur lesquelles la commission départementale n'a pas statué, sont annulées et font l'objet d'un nouvel enregistrement après avoir été mises en conformité avec les dispositions de la présente loi et de ses textes d'application.

Les dispositions des deux premiers alinéas ci-dessus ne sont pas applicables aux demandes d'autorisation présentées :

– dans les agglomérations nouvelles délimitées en application de la loi n° 83-636 du 13 juillet 1983 portant modification du statut des agglomérations nouvelles, ou dans les communes situées à l'intérieur du périmètre d'un établissement public d'aménagement de ville nouvelle et ayant passé convention avec l'État en application de l'article 10 de la même loi (1) ;

(1) La loi n° 83-636 du 13 juillet 1983 a été abrogée et codifiée par la loi n° 96-142 à l'exception de ses articles 39, 39 *bis*, 40 et 43. – Voir désormais CGCT, art. L. 5311-1 et s.

– dans le cadre de l'opération d'aménagement autorisée par l'article 1er de la loi n° 93-1435 du 31 décembre 1993 relative à la réalisation d'un grand stade à Saint-Denis (Seine-Saint-Denis) en vue de la Coupe du monde de football de 1998 ;

– dans un centre urbain doté d'une zone d'aménagement concerté dans les communes de plus de 40 000 habitants.

Jusqu'à l'entrée en vigueur des textes d'application du titre I de la présente loi, ces demandes d'autorisation sont examinées selon les dispositions des lois et règlements en vigueur avant la publication de la présente loi.

Lorsque la Commission nationale d'équipement commercial statue sur un recours formé contre une décision prise par une commission départementale d'équipement commercial avant l'entrée en vigueur de la présente loi, elle se prononce en fonction des lois et règlements en vigueur au moment où la commission départementale d'équipement commercial a pris sa décision. Pour les recours en instance devant cette commission à la date du 26 septembre 1996 ou pour ceux qui seraient enregistrés ultérieurement, le délai de quatre mois prévu au deuxième alinéa de l'article 32 de la loi n° 73-1193 du 27 décembre 1973 précitée court à compter de la date de publication du décret portant nomination des membres de la Commission nationale d'équipement commercial (1).

B. – DÉVELOPPEMENT DE L'INITIATIVE ÉCONOMIQUE

Loi n° 84-578 du 9 juillet 1984
sur le développement de l'initiative économique
(JO 11 et rect. 14 juill.)

TITRE PREMIER. – DE LA CRÉATION ET DE LA REPRISE D'ENTREPRISE

Bibliographie : Couret et Melleray, *Le développement de l'initiative économique : JCP* N 1985, 14517, p. 381. • Le Gall, *Lorsque l'initiative administrative développe l'initiative économique : les premiers agréments en matière de LMBO : JCP* E 1985, n° 14331.

Art. 1er *(Mod., L. fin. n° 86-1317, 30 déc. 1986 ; L. n° 94-126, 11 févr. 1994 ; Ord. n° 2000-916, 19 sept. 2000 ; L. n° 2003-721, 1er août 2003).* – I. – Il est institué un livret d'épargne-entreprise destiné à financer la création ou la reprise d'entreprises ou les immobilisations incorporelles et corporelles des entreprises créées ou reprises depuis moins de cinq années quels qu'en soient la forme juridique ou le secteur d'activité. Les livrets d'épargne-entreprise peuvent financer en outre les investissements amortissables des entreprises artisanales immatriculées au répertoire des métiers lorsque la rémunération du travail de l'artisan et des personnes qu'il emploie représente plus de 35 % du chiffre d'affaires global annuel de l'entreprise.

Les livrets d'épargne-entreprise peuvent être ouverts auprès des établissements de crédit par les personnes physiques domiciliées en France au sens de l'article 4 B du Code général des impôts.

Il ne peut être ouvert qu'un livret par foyer fiscal.

II. – Le montant des sommes déposées sur ce livret ne peut excéder 45 800 €, intérêts capitalisés non compris.

Le taux des intérêts versés en rémunération des sommes déposées est fixé, par arrêté du ministre de l'Économie, des Finances et du Budget, dans la limite de 75 % du taux des intérêts versés en rémunération des placements effectués sur les premiers livrets des caisses d'épargne.

III. – Les sommes déposées et les intérêts capitalisés sont indisponibles jusqu'au retrait définitif des fonds. Ce *retrait ne peut intervenir* qu'au terme d'une période, fixée par arrêté du ministre de l'Économie, des Finances et du Budget, qui ne peut être inférieure à deux ans à compter de l'ouverture du livret sauf lorsque les sommes retirées sont affectées, dans les six mois suivant le retrait, au financement de la création ou de la reprise d'une entreprise dont le titulaire du livret, son conjoint, son ascendant ou son descendant assure personnellement l'exploitation ou la direction. Dans ce cas, le retrait peut intervenir sans délai ni remise en cause de l'exonération prévue au 9° *quinquies* de l'article 157 du Code général des impôts.

Un prêt peut être consenti, pour le financement d'un projet visé au paragraphe I, au titulaire du livret d'épargne-entreprise ou, dans des conditions fixées par arrêté du ministre de l'Économie, des Finances et du Budget, à une

(1) L'article 32 de la loi n° 73-1193 du 27 décembre 1973 a été abrogé et codifié par l'ordonnance n° 2000-912 du 18 septembre 2000. – Voir désormais C. com., art. L. 752-1.

personne physique que le titulaire du livret rend cessionnaire de ses droits à prêt. Les caractéristiques de ce prêt sont fixées par arrêté du ministre de l'Économie, des Finances et du Budget.

[...].

V. – À compter de la date de promulgation de la présente loi, il ne sera plus ouvert de livret d'épargne au profit des travailleurs manuels prévu par l'article 80 de la loi de finances pour 1977, n° 76-1232 du 29 décembre 1976, modifié par l'article 20 de la loi de finances rectificative pour 1977, n° 77-1466 du 30 décembre 1977, et par l'article 96 de la loi de finances pour 1980, n° 80-30 du 18 janvier 1980. Un décret en Conseil d'État fixe les conditions dans lesquelles les travailleurs manuels ayant ouvert un livret d'épargne peuvent le transformer en un livret d'épargne-entreprise.

Voir aussi : C. action soc., art. L. 423-23 ; C. trav., art. L. 1111-1, L. 1211-1, L. 3142-78 à L. 3142-107 et D. 3142-41 à D. 3142-53. – V. aussi D. n° 84-886, 28 sept. 1984, portant application des dispositions de l'article 2 de la loi n° 84-578 du 9 juillet 1984 sur le développement de l'initiative économique (*JO* 6 oct.).

Également D. n° 85-865, 9 août 1985, pris pour l'application du 6 de l'article 238 *bis* du Code général des impôts relatif aux organismes accordant des aides financières à la création d'entreprises (*JO* 15 août 1985). – V. Circ. 11 février 1985 relative à l'accélération des procédures juridiques de création des entreprises (*JO* 17 févr.).

III. – REGISTRE DU COMMERCE ET DES SOCIÉTÉS

Loi n° 94-126 du 11 février 1994

relative à l'initiative et à l'entreprise individuelle

(JO 13 févr.)

TITRE PREMIER. – SIMPLIFICATION DE FORMALITÉS ADMINISTRATIVES IMPOSÉES AUX ENTREPRISES

(Titre premier abr. à une date fixée par décret en Conseil d'État et au plus tard le 1er janvier 2023, L. n° 2019-486, 22 mai 2019)

Art. 1er *(Mod., L. n° 2010-853, 23 juill. 2010 ; abr. à une date fixée par décret en Conseil d'État et au plus tard le 1er janvier 2023, L. n° 2019-486, 22 mai 2019).* **– Les dispositions du présent titre sont applicables aux relations entre, d'une part, les entreprises et, d'autre part, les administrations de l'État, les établissements publics de l'État à caractère administratif, les collectivités locales, leurs groupements et leurs établissements publics à caractère administratif, les personnes privées chargées d'un service public administratif, à l'exception des ordres professionnels, sauf pour l'application du dernier alinéa de l'article 2, les organismes gérant des régimes de protection sociale relevant du Code de la sécurité sociale et du Code rural et de la pêche maritime ou visés aux articles L. 223-16 et L. 351-21 du Code du travail et les organismes chargés de la tenue d'un registre de publicité légale, y compris les greffes.**

Art. 2 *(Mod., L. n° 2008-776, 4 août 2008 ; abr. à une date fixée par décret en Conseil d'État et au plus tard le 1er janvier 2023, L. n° 2019-486, 22 mai 2019).* **– Sous réserve de l'application des dispositions relatives à l'exercice des professions ou activités réglementées, l'obligation pour une entreprise de déclarer sa création, la modification de sa situation ou la cessation de ses activités auprès d'une administration, personne ou organisme visés à l'article 1er est légalement satisfaite par le dépôt d'un seul dossier comportant les diverses déclarations que ladite entreprise est tenue de remettre aux administrations, personnes ou organismes visés à l'article 1er.**

Ce dossier unique est déposé auprès d'un organisme désigné à cet effet, dans des conditions définies par décret en Conseil d'État, et vaut déclaration près du destinataire dès lors qu'il est régulier et complet à l'égard de celui-ci.

Tout prestataire de services entrant dans le champ d'application de la directive 2006/123/CE du Parlement européen et du Conseil, du 12 décembre 2006, relative aux services dans le marché intérieur peut accomplir ***l'ensemble des formalités et procédures*** **nécessaires à l'accès et à l'exercice de son activité auprès des centres de formalités des entreprises, dans des conditions prévues par décret en Conseil d'État.**

Art. 3 *(Abr. à une date fixée par décret en Conseil d'État et au plus tard le 1er janvier 2023, L. n° 2019-486, 22 mai 2019).* **– Dans ses relations avec les administrations, personnes ou organismes visés à l'article 1er, une entreprise ne peut être tenue d'indiquer un numéro d'identification autre que le numéro unique attribué**

dans des conditions fixées par décret. Un identifiant spécifique peut être utilisé à titre complémentaire, notamment pour certaines activités soumises à déclaration ou autorisation préalables, dans des conditions fixées par décret.

L'entreprise ne peut être tenue de mentionner un autre numéro dans ses papiers d'affaires tels que factures, notes de commandes, tarifs, documents publicitaires et récépissés concernant ses activités.

Voir aussi : C. com., art. D. 123-235 et D. 123-236.

Art. 4 *(Rempl., Ord. n° 2005-1516, 8 déc. 2005 ; abr. à une date fixée par décret en Conseil d'État et au plus tard le 1er janvier 2023, L. n° 2019-486, 22 mai 2019).* **– Lorsqu'elles sont transmises par voie électronique, les déclarations relatives à la création de l'entreprise, à la modification de sa situation ou à la cessation de son activité sont faites dans des conditions fixées par décret en Conseil d'État. Il en va de même des dépôts de documents comptables.**

Décret n° 84-406 du 30 mai 1984

relatif au registre du commerce et des sociétés

(JO 31 mai)

Le décret n° 84-406 du 30 mai 1984 relatif au registre du commerce et des sociétés est abrogé, à l'exception de ses articles 35 à 36-1 et 37 en ce qu'il concerne les articles 35, 36 et 36-1, des huitième au vingtième alinéas de l'article 71 et de l'article 81 ; en outre, son article 42 reste applicable dans sa rédaction antérieure au présent décret aux procédures en cours ouvertes sur le fondement de la loi n° 67-563 du 13 juillet 1967 sur le règlement judiciaire, la liquidation des biens, la faillite personnelle et les banqueroutes (D. n° 2007-431, 25 mars 2007, art. 3, III).

CHAPITRE II. – INSCRIPTIONS D'OFFICE

Section I. – Inscriptions modificatives

Art. 35. – Sont mentionnées d'office au registre les déclarations de cessation des paiements et les décisions intervenues dans les procédures de règlement judiciaire et de liquidation des biens en application de la loi n° 67-563 du 13 juillet 1967 :

1° Prononçant le règlement judiciaire ou la liquidation des biens ;

2° Autorisant la continuation de l'activité ou de l'exploitation ou révoquant cette autorisation ;

3° Modifiant la date de cessation des paiements ;

4° Statuant sur l'homologation du concordat ;

5° Prononçant l'annulation ou la résolution du concordat ;

6° Convertissant le règlement judiciaire en liquidation des biens ;

7° Prononçant la faillite personnelle ou autres sanctions prévues au chapitre I du titre II de la loi du 13 juillet 1967 susvisée ;

8° Prononçant la mise de tout ou partie du passif social à la charge des personnes mentionnées à l'article 99 de la loi précitée ;

9° Clôturant pour extinction du passif les opérations du règlement judiciaire et de la liquidation des biens, ou pour insuffisance d'actif celles de la liquidation des biens ; il en est de même du procès-verbal prévu à l'article 89 du décret du 22 décembre 1967 susvisé ;

10° Rapportant un jugement déclaratif de règlement judiciaire ou de liquidation des biens ou rapportant un jugement de clôture ;

11° Prononçant la réhabilitation ;

12° Subordonnant l'homologation du concordat au remplacement d'un ou plusieurs dirigeants.

Sont également mentionnées d'office les décisions correspondantes intervenues dans les procédures relatives à la faillite au règlement judiciaire antérieures au 1er janvier 1968.

Art. 36. – Sont mentionnées d'office au registre les décisions intervenues dans les procédures ouvertes en application de l'ordonnance n° 67-820 du 23 septembre 1967 tendant à faciliter le redressement économique et financier de certaines entreprises et prononçant, sans préjudice des mesures mentionnées à l'article 35 ci-dessus :

1° La suspension provisoire des poursuites ;

2° Le dépôt du plan de redressement économique et financier et du plan d'apurement collectif du passif proposé par le débiteur ou le curateur avec, le cas échéant, l'indication de délais et remises accordés ainsi que le nom et l'adresse du commissaire à l'exécution du plan ;

3° Le rejet du plan de redressement économique et financier et du plan d'apurement du passif proposé par le débiteur ou le curateur avec, le cas échéant, le nom et l'adresse de l'administrateur provisoire nommé en application de l'article 29 de l'ordonnance du 23 septembre 1967 ;

4° La décision prise en application de l'article 31 de l'ordonnance du 23 septembre 1967 augmentant la durée de la période prévue à l'article 29 de la loi du 13 juillet 1967 ;

5° La modification du plan d'apurement du passif en vue d'en abréger ou d'en favoriser l'exécution, prévue à l'article 37 de l'ordonnance du 23 septembre 1967 ;

6° La résolution du plan d'apurement du passif et, le cas échéant, la mesure prévue à l'article 38 (al. 2) de l'ordonnance du 23 septembre 1967 ;

7° Les décisions subordonnant le plan au remplacement d'un ou plusieurs dirigeants.

NB : L'ordonnance n° 67-820 du 23 septembre 1967 a été abrogée, L. n° 85-98, 25 janv. 1985, V. désormais C. com., art. L. 610-1 et s.

Art. 36-1 *(D. n° 85-1388, 27 déc. 1985 ; mod., D. n° 88-430, 21 avr. 1988 ; D. n° 95-374, 10 avr. 1995 ; D. n° 2005-1677, 28 déc. 2005 ; D. n° 2007-750, 9 mai 2007 ; D. n° 2011-1836, 7 déc. 2011).* – Sont mentionnées d'office au registre les déclarations de cessation des paiements et les décisions suivantes intervenues dans les procédures de redressement ou de liquidation judiciaires des entreprises ouvertes avant le 1er janvier 2006 en application du Code de commerce :

1° Ouvrant la procédure de redressement judiciaire avec l'indication des pouvoirs conférés à l'administrateur ;

2° Prolongeant la période d'observation ;

3° Modifiant la date de cessation des paiements ;

4° Modifiant les pouvoirs de l'administrateur ;

5° Décidant la poursuite d'activité en vue de l'élaboration d'un plan de redressement en application de l'article L. 621-138 du Code de commerce ;

6° Autorisant la conclusion d'un contrat de location-gérance au cours de la période d'observation ;

7° Autorisant des prêts ou accordant des délais de paiement en application de l'article L. 621-32 du Code de commerce ;

8° Subordonnant l'adoption d'un plan de redressement au remplacement d'un ou de plusieurs dirigeants ;

9° Ordonnant la cessation totale ou partielle de l'activité ;

10° Arrêtant le plan de continuation ou de cession ;

11° Modifiant le jugement qui arrête le plan de continuation ou de cession ;

12° Prononçant la liquidation judiciaire ;

13° Prononçant la clôture de la procédure pour extinction du passif ou insuffisance d'actif ;

14° Prononçant la clôture de la procédure en cas de cession totale de l'entreprise en application de l'article L. 621-95 du Code de commerce ;

15° Décidant que les dettes de la personne morale seront supportées en tout ou en partie par ses dirigeants ou certains d'entre eux ;

16° Prononçant la faillite personnelle ou l'interdiction prévue à l'article L. 625-8 du Code de commerce avec l'indication de la durée pour laquelle ces mesures ont été prononcées ;

17° Modifiant les organes de la procédure ;

18° Décidant la reprise de la procédure de liquidation ;

19° Prononçant la suspension provisoire des poursuites en application de l'article L. 611-4 du Code de commerce. Cette mention est radiée d'office à l'expiration de la durée de la suspension.

Sont radiées d'office les mentions des décisions énumérées ci-dessus, lorsqu'il a été constaté l'achèvement de l'exécution du plan de redressement ou lorsque ce plan est toujours en cours à l'expiration d'un délai de cinq ans à compter de son arrêté. Dans le second de ces cas, la radiation fait obstacle à toute nouvelle mention intéressant l'exécution du plan de redressement, sauf si celle-ci est relative à une mesure d'inaliénabilité décidée par le tribunal ou à une décision prononçant la résolution du plan.

Sont en outre radiées d'office les mentions des décisions prévues au 16° lorsque, selon le cas :

1° Intervient une décision de réhabilitation, de relevé d'incapacité ou d'amnistie faisant disparaître l'incapacité ou l'interdiction ;

2° Arrive le terme de l'interdiction fixé par la juridiction en application de l'article L. 653-11 du Code de commerce ;

3° Le dirigeant qui en fait l'objet n'exerce plus ses fonctions.

Ces radiations sont également effectuées d'office aux lieux des immatriculations secondaires sur notification par le greffier de l'immatriculation principale ; cette notification doit être faite dans le délai de quinze jours à compter de la date de la radiation à titre principal.

Art. 37 *(Mod., D. n° 2005-1677, 28 déc. 2005 ; abr. et codifié sauf en ce qui concerne les articles 35 à 36-1 du présent décret, D. n° 2007-431, 25 mars 2007. – V. C. com., art. R. 123-123)*. – Lorsque la juridiction qui a prononcé une des décisions mentionnées aux articles 35, 36, 36-1 et 36-1-1 ci-dessus n'est pas celle dans le ressort de laquelle est tenu le registre où figure l'immatriculation principale, le greffier de la juridiction qui a statué notifie la décision par lettre recommandée dans le délai de trois jours à compter de cette décision au greffier chargé de la tenue du registre. Celui-ci procède à la mention d'office.

....

Art. 42 *(Mod., D. n° 85-1388, 27 déc. 1985 ; abr. et codifié, D. n° 2007-431, 25 mars 2007. – V. C. com., art. R. 123-129) (*)*. – Est radié d'office tout commerçant ou personne morale :

1. À compter de la clôture d'une procédure, soit de faillite, soit de liquidation des biens pour insuffisance d'actif ou dissolution de l'union, soit de liquidation judiciaire pour insuffisance d'actif, soit de règlement judiciaire par un concordat avec abandon total de l'actif de l'intéressé ;

2. Au terme du délai d'un an après la mention au registre de la cessation totale de son activité, sauf en ce qui concerne les personnes morales pouvant faire l'objet d'une dissolution ;

3. et 4. *(Abr., D. n° 98-550, 2 juill. 1998)*.

(*) Les présentes dispositions restent applicables aux procédures en cours ouvertes sur le fondement de la loi n° 67-563 du 13 juillet 1967 sur le règlement judiciaire, la liquidation des biens, la faillite personnelle et les banqueroutes.

....

Art. 71 *(D. n° 85-1388, 27 déc. 1985 ; mod., D. n° 2005-530, 24 mai 2005 ; D. n° 2005-1677, 28 déc. 2005 ; D. n° 2007-431, 25 mars 2007)*. – Ne peuvent être communiqués :

[...] ;

2° Pour les procédures ouvertes entre le 2 janvier 1986 et le 31 décembre 2005 :

a) Les jugements rendus en matière de redressement et de liquidation judiciaires en cas de clôture pour extinction du passif ;

b) Les jugements rendus en matière de redressement judiciaire en cas d'exécution du plan de continuation et d'apurement collectif du passif et en cas de clôture de la procédure en application de l'article 92 de la loi n° 85-98 du 25 janvier 1985 précitée ;

c) Les jugements ayant décidé que les dettes de la personne morale seront supportées en tout ou en partie par les dirigeants de celle-ci ou certains d'entre eux, en cas de paiement par ceux-ci du passif mis à leur charge ;

d) Les jugements prononçant la faillite personnelle ou l'interdiction prévue à l'article 192 de la loi du 25 janvier 1985 précitée en cas de clôture pour extinction du passif, relèvement total des déchéances ou amnistie ;

3° Pour les procédures ouvertes entre le 1er janvier 1968 et le 1er janvier 1986 :

a) Les jugements rendus en matière de règlement judiciaire, liquidation des biens, ceux ayant prononcé la faillite personnelle ou d'autres sanctions prévues au chapitre premier du titre III de la loi n° 67-563 du 13 juillet 1967 en cas de clôture par extinction du passif, exécution du concordat, réhabilitation ou amnistie ;

b) Les jugements ayant mis tout ou partie du passif social à la charge des dirigeants sociaux, en cas de paiement par ceux-ci du passif mis à leur charge ;

c) Les jugements rendus en matière de suspension provisoire des poursuites en cas d'exécution du plan de redressement et d'apurement collectif du passif ;

4° Pour les procédures antérieures au 1er janvier 1968 : les jugements rendus en matière de faillite, liquidation judiciaire, règlement judiciaire lorsqu'il y a eu clôture pour défaut d'intérêt de la masse, exécution du concordat, réhabilitation ou amnistie ;

5° Les jugements autres que ceux prévus aux 1°, 2° et 3° ci-dessus et entraînant l'incapacité ou l'interdiction soit d'exercer une activité commerciale ou professionnelle, soit de gérer, d'administrer ou de diriger une personne morale lorsque l'intéressé a été relevé de cette incapacité ou a bénéficié d'une réhabilitation ou d'une amnistie ;

6° Les jugements d'interdiction ou de nomination de conseil judiciaire lorsque ces mesures ont été rapportées ;

7° Les demandes formées sur le fondement de l'article 1426 ou de l'article 1429 du Code civil lorsqu'elles ont été rejetées ainsi que les jugements de rejet de ces demandes.

Voir aussi : art. R. 123-154, p. 1622.

IV. – AGENT COMMERCIAL

Directive du Conseil n° 86/653/CEE du 18 décembre 1986
relative à la coordination des droits des États membres concernant les agents commerciaux indépendants

CHAPITRE Ier. – Champ d'application

Art. 1er. – 1. Les mesures d'harmonisation prescrites par la présente directive s'appliquent aux dispositions législatives, réglementaires et administratives des États membres qui régissent les relations entre les agents commerciaux et leurs commettants.

2. Aux fins de la présente directive, l'agent commercial est celui qui, en tant qu'intermédiaire indépendant, est chargé de façon permanente, soit de négocier la vente ou l'achat de marchandises pour une autre personne, ci-après dénommée « commettant », soit de négocier et de conclure ces opérations au nom et pour le compte du commettant.

3. Un agent commercial aux fins de la présente directive ne peut être notamment :

– une personne qui, en qualité d'organe, a le pouvoir d'engager une société ou association ;
– un associé qui est légalement habilité à engager les autres associés ;
– un administrateur judiciaire, un liquidateur ou un syndic de faillite.

Art. 2. – 1. La présente directive ne s'applique pas :

– aux agents commerciaux dont l'activité n'est pas rémunérée ;
– aux agents commerciaux dans la mesure où ils opèrent dans les bourses de commerce ou sur les marchés de matières premières ;
– à l'organisme connu sous l'appellation de « Crown Agents for Overseas Governments and Administrations », tel qu'il a été institué au Royaume-Uni en vertu de la loi de 1979 relative aux « Crown Agents », ou à ses filiales.

2. Chacun des États membres a la faculté de prévoir que la directive ne s'applique pas aux personnes qui exercent les activités d'agent commercial considérées comme accessoires selon la loi de cet État membre.

CHAPITRE II. – Droits et obligations

Art. 3. – 1. L'agent commercial doit, dans l'exercice de ses activités, veiller aux intérêts du commettant et agir loyalement et de bonne foi.

2. En particulier, l'agent commercial doit :

a) s'employer comme il se doit à la négociation et, le cas échéant, à la conclusion des opérations dont il est chargé ;

b) communiquer au commettant toute information nécessaire dont il dispose ;

c) se conformer aux instructions raisonnables données par le commettant.

Art. 4. – 1. Dans ses rapports avec l'agent commercial, le commettant doit agir loyalement et de bonne foi.

2. En particulier, le commettant doit :

a) mettre à la disposition de l'agent commercial la documentation nécessaire qui a trait aux marchandises concernées ;

b) procurer à l'agent commercial les informations nécessaires à l'exécution du contrat d'agence, notamment aviser l'agent commercial dans un délai raisonnable dès qu'il prévoit que le volume des opérations commerciales sera sensiblement inférieur à celui auquel l'agent commercial aurait pu normalement s'attendre.

3. Le commettant doit, par ailleurs, informer l'agent commercial, dans un délai raisonnable, de son acceptation, de son refus ou de l'inexécution d'une opération commerciale qu'il lui a apportée.

Art. 5. – Les parties ne peuvent pas déroger aux dispositions des articles 3 et 4.

CHAPITRE III. – Rémunération

Art. 6. – 1. En l'absence d'accord à ce sujet entre les parties et sans préjudice de l'application des dispositions obligatoires des États membres sur le niveau des rémunérations, l'agent commercial a droit à une rémunération conforme aux usages pratiqués là où il exerce son activité et pour la représentation des marchandises faisant l'objet du contrat d'agence. En l'absence de tels usages, l'agent commercial a droit à une rémunération raisonnable qui tient compte de tous les éléments qui ont trait à l'opération.

2. Tout élément de la rémunération variant avec le nombre ou la valeur des affaires sera considéré comme constituant une commission aux fins de la présente directive.

3. Les articles 7 à 12 ne s'appliquent pas dans la mesure ou l'agent commercial n'est pas rémunéré en tout ou en partie à la commission.

Art. 7. – 1. Pour une opération commerciale conclue pendant la durée du contrat d'agence, l'agent commercial a droit à la commission :

a) lorsque l'opération a été conclue grâce à son intervention ;

ou

b) lorsque l'opération a été conclue avec un tiers dont il a obtenu antérieurement la clientèle pour des opérations du même genre.

2. Pour une opération conclue pendant la durée du contrat d'agence, l'agent commercial a également droit à la commission :

– soit lorsqu'il est chargé d'un secteur géographique ou d'un groupe de personnes déterminées ;

– soit lorsqu'il jouit d'un droit d'exclusivité pour un secteur géographique ou un groupe de personnes déterminées, et que l'opération a été conclue avec un client appartenant à ce secteur ou à ce groupe.

Les États membres doivent insérer dans leur loi l'une ou l'autre possibilité visée aux deux tirets ci-dessus.

Art. 8. – Pour une opération commerciale conclue après la cessation du contrat d'agence, l'agent commercial a droit à la commission :

a) si l'opération est principalement due à l'activité qu'il a déployée au cours du contrat d'agence et si l'opération est conclue dans un délai raisonnable à compter de la cessation de ce contrat ;

ou

b) si, conformément aux conditions visées à l'article 7, la commande du tiers a été reçue par le commettant ou par l'agent commercial avant la cessation du contrat d'agence.

Art. 9. – L'agent commercial n'a pas droit à la commission visée à l'article 7 si celle-ci est due, en vertu de l'article 8, à l'agent commercial précédent, à moins qu'il ne résulte des circonstances qu'il est équitable de partager la commission entre les agents commerciaux.

Art. 10. – 1. La commission est acquise dès que et dans la mesure où l'une des circonstances suivantes se présente :

a) le commettant a exécuté l'opération ;

b) le commettant devrait avoir exécuté l'opération en vertu de l'accord conclu avec le tiers ;

c) le tiers a exécuté l'opération.

2. La commission est acquise au plus tard lorsque le tiers a exécuté sa part de l'opération ou devrait l'avoir exécutée si le commettant avait exécuté sa part de l'opération.

3. La commission est payée au plus tard le dernier jour du mois qui suit le trimestre au cours duquel elle était acquise.

4. Il ne peut être dérogé par accord aux dispositions des paragraphes 2 et 3 au détriment de l'agent commercial.

Art. 11. – 1. Le droit à la commission ne peut s'éteindre que si et dans la mesure où :
– il est établi que le contrat entre le tiers et le commettant ne sera pas exécuté ;
et
– l'inexécution n'est pas due à des circonstances imputables au commettant.

2. Les commissions que l'agent commercial a déjà perçues sont remboursées si le droit y afférent est éteint.

3. Il ne peut être dérogé par accord à la disposition du paragraphe 1 au détriment de l'agent commercial.

Art. 12. – 1. Le commettant remet à l'agent commercial un relevé des commissions dues, au plus tard le dernier jour du mois suivant le trimestre au cours duquel elles sont acquises. Ce relevé mentionne tous les éléments essentiels sur la base desquels le montant des commissions a été calculé.

2. L'agent commercial a le droit d'exiger que lui soient fournies toutes les informations, en particulier un extrait des livres comptables, qui sont à la disposition du commettant et qui lui sont nécessaires pour vérifier le montant des commissions qui lui sont dues.

3. Il ne peut être dérogé par accord aux dispositions des paragraphes 1 et 2 au détriment de l'agent commercial.

4. Cette directive n'interfère pas avec les dispositions internes des États membres qui reconnaissent à l'agent commercial un droit de regard sur les livres comptables du commettant.

CHAPITRE IV. – Conclusion et fin du contrat d'agence

Art. 13. – 1. Chaque partie a le droit, sur demande, d'obtenir de l'autre partie un écrit signé mentionnant le contenu du contrat d'agence y compris celui des avenants ultérieurs. Il ne peut être renoncé à ce droit.

2. Nonobstant le paragraphe 1, un État membre peut prescrire qu'un contrat d'agence n'est valable que s'il est constaté par écrit.

Art. 14. – Un contrat à durée déterminée qui continue à être exécuté par les deux parties après son terme est réputé transformé en un contrat d'agence à durée indéterminée.

Art. 15. – 1. Lorsque le contrat d'agence est conclu pour une durée indéterminée, chacune des parties peut y mettre fin moyennant préavis.

2. La durée du préavis est d'un mois pour la première année du contrat, de deux mois pour la deuxième année commencée, de trois mois pour la troisième année commencée et les années suivantes. Les parties ne peuvent convenir de délais de préavis plus courts.

3. Les États membres peuvent fixer la durée de préavis à quatre mois pour la quatrième année du contrat, à cinq mois pour la cinquième année et à six mois pour la sixième année et les années suivantes. Ils peuvent décider que les parties ne peuvent convenir de délais de préavis plus courts.

4. Si les parties conviennent de délais plus longs que ceux qui sont prévus par les paragraphes 2 et 3, le délai de préavis à respecter par le commettant ne doit pas être plus court que celui que devra observer l'agent commercial.

5. Pour autant que les parties n'en aient pas disposé autrement, la fin du délai de préavis doit coïncider avec la fin d'un mois civil.

6. Le présent article s'applique au contrat de durée déterminée transformé, en vertu de l'article 14, en un contrat de durée indéterminée, étant entendu que, dans le calcul de la durée du préavis, doit intervenir la durée *déterminée qui précède.*

Art. 16. – La présente directive ne peut interférer avec l'application du droit des États membres lorsque celui-ci prévoit la fin du contrat sans délai :
a) en raison d'un manquement d'une des parties à exécuter tout ou partie de ses obligations ;
b) lorsque surviennent de circonstances exceptionnelles.

Art. 17. – 1. Les États membres prennent les mesures nécessaires pour assurer à l'agent commercial, après cessation du contrat, une indemnité selon le paragraphe 2 ou la réparation du préjudice selon le paragraphe 3.

2. *a)* L'agent commercial a droit à une indemnité si et dans la mesure où :

– il a apporté de nouveaux clients au commettant ou développé sensiblement les opérations avec les clients existants et le commettant a encore des avantages substantiels résultant des opérations avec ces clients ;

et

– le paiement de cette indemnité est équitable, compte tenu de toutes les circonstances, notamment des commissions que l'agent commercial perd et qui résultent des opérations avec ces clients. Les États membres peuvent prévoir que ces circonstances comprennent aussi l'application ou non d'une clause de non-concurrence au sens de l'article 20.

b) Le montant de l'indemnité ne peut excéder un chiffre équivalent à une indemnité annuelle calculée à partir de la moyenne annuelle des rémunérations touchées par l'agent commercial ou cours de cinq dernières années et, si le contrat remonte à moins de cinq ans, l'indemnité est calculée sur la moyenne de la période.

c) L'octroi de cette indemnité ne prive pas l'agent commercial de faire valoir des dommages-intérêts.

3. L'agent commercial a droit à la réparation du préjudice que lui cause la cessation de ses relations avec le commettant.

Ce préjudice découle notamment de l'intervention de la cessation dans des conditions :

– qui privent l'agent commercial des commissions dont l'exécution normale du contrat lui aurait permis de bénéficier tout en procurant au commettant des avantages substantiels liés à l'activité de l'agent commercial ;

– et/ou qui n'ont pas permis à l'agent commercial d'amortir les frais et dépenses qu'il a engagés pour l'exécution du contrat sur la recommandation du commettant.

4. Le droit à l'indemnité visé au paragraphe 2 ou la réparation du préjudice visée au paragraphe 3 naît également lorsque la cessation du contrat intervient à la suite du décès de l'agent commercial.

5. L'agent commercial perd le droit à l'indemnité dans les cas visés au paragraphe 2 ou à la réparation du préjudice dans le cas visés au paragraphe 3 s'il n'a pas notifié au commettant, dans un délai d'un an à compter de la cessation du contrat, qu'il entend faire valoir ses droits.

6. La Commission soumet au Conseil, dans un délai de huit ans à compter de la notification de la présente directive, un rapport consacré à la mise en œuvre du présent article et lui soumet, le cas échéant, des propositions de modifications.

Art. 18. – L'indemnité ou la réparation visée à l'article 17 n'est pas due :

a) lorsque le commettant a mis fin au contrat pour un manquement imputable à l'agent commercial et qui justifierait, en vertu de la législation nationale, une cessation du contrat sans délai ;

b) lorsque l'agent commercial a mis fin au contrat, à moins que cette cessation ne soit justifiée par des circonstances attribuables au commettant ou par l'âge, l'infirmité ou la maladie de l'agent commercial en raison desquels la poursuite de ses activités ne peut raisonnablement plus être exigée de lui ;

c) lorsque, selon un accord avec le commettant, l'agent commercial cède à un tiers les droits et obligations qu'il détient en vertu du contrat d'agence.

Art. 19. – Les parties ne peuvent pas, avant l'échéance du contrat, déroger aux dispositions des articles 17 et 18 au détriment de l'agent commercial.

Art. 20. – 1. Aux fins de la présente directive, une convention qui prévoit une restriction des activités professionnelles de l'agent commercial après la cessation du contrat est dénommée clause de non-concurrence.

2. Une clause de non-concurrence n'est valable que si et dans la mesure où :

a) elle a été établie par écrit ;

et

b) elle vise le secteur géographique ou le groupe de personnes et le secteur géographique confiés à l'agent commercial ainsi que le type de marchandises dont il avait la représentation aux termes du contrat.

3. La clause de non-concurrence n'est valable que pour une période maximale de deux ans après la cessation du contrat.

4. Le présent article n'affecte pas les dispositions de droit national qui apportent d'autres restrictions à la validité ou à l'applicabilité des clauses de non-concurrence ou qui prévoient que les tribunaux peuvent diminuer les obligations des parties découlant d'un tel accord.

CHAPITRE V. – Dispositions générales et finales

Art. 21. – **Aucune disposition de la présente directive ne peut obliger un État membre à prévoir la divulgation de données au cas où cette divulgation serait contraire à l'ordre public.**

V. – ARTISAN

A. – QUALITÉ D'ARTISAN

Bibliographie : Casaux-Labrunée, *La définition de l'activité artisanale : entre traditions et innovations*, in *Mélanges P. Le Tourneau*, Dalloz, 2007, p. 183.

Décret n° 98-247 du 2 avril 1998

relatif à la qualification artisanale et au répertoire des métiers

(JO 3 avr.)

(Mod., D. n° 2006-80, 25 janv. 2006 ; D. n° 2010-1356, 11 nov. 2010 ; D. n° 2013-591, 4 juill. 2013 ; D. n° 2015-810, 2 juill. 2015 ; D. n° 2017-861, 9 mai 2017)

TITRE PREMIER. – DE LA QUALITÉ D'ARTISAN, D'ARTISAN D'ART ET DU TITRE DE MAÎTRE ARTISAN

Art. 1er *(Mod., D. n° 2019-987, 25 sept. 2019)*. – **Les personnes physiques, y compris les dirigeants sociaux des personnes morales, peuvent se prévaloir de la qualité d'artisan s'ils justifient soit d'un certificat d'aptitude professionnelle ou d'un brevet d'études professionnelles délivré par le ministre chargé de l'éducation soit d'un titre homologué ou enregistré lors de sa délivrance au répertoire national des certifications professionnelles institué par l'article L. 335-6 du Code de l'éducation d'un niveau au moins équivalent dans le métier qu'elles exercent, soit d'une expérience professionnelle dans ce métier de trois années au moins sur le territoire d'un État membre de l'Union européenne ou partie à l'Espace économique européen.**

Toutefois, pour les professions dont l'exercice est réglementé, lorsque aucun diplôme ou titre homologué ou enregistré lors de sa délivrance au répertoire national des certifications professionnelles n'existe dans le métier exercé, la qualité d'artisan peut être justifiée par un certificat ou une attestation de capacité professionnelle exigé pour cet exercice.

Pour les entreprises de transport fluvial de marchandises, l'attestation de capacité professionnelle mentionnée aux articles R. 4421-1 et suivants du Code des transports justifie de la qualité d'artisan.

Art. 2. – **Les personnes physiques, y compris les dirigeants sociaux des personnes morales, remplissant les conditions prévues à l'article précédent et exerçant un métier d'art tel que défini à l'article 20 de la loi du 5 juillet 1996 susvisée peuvent se prévaloir de la qualité d'artisan d'art.**

Art. 3. – **Le titre de maître artisan est attribué conformément aux articles 23, 23-1 et 23-2 du Code de l'artisanat aux personnes physiques, y compris les dirigeants sociaux des personnes morales, immatriculées au répertoire des métiers, titulaires du brevet de maîtrise dans le métier exercé, après deux ans de pratique professionnelle.**

Les personnes physiques, y compris les dirigeants sociaux des personnes morales, immatriculées au répertoire des métiers, titulaires d'un diplôme de niveau de formation au moins équivalent au brevet de maîtrise dans le métier exercé peuvent, après deux ans de pratique professionnelle, se faire attribuer le titre de maître artisan par ***la commission régionale*** **des qualifications prévue à l'article 4 s'ils justifient de compétences en gestion et en psychopédagogie équivalentes à celles des unités de valeur correspondantes du brevet de maîtrise.**

Le titre de maître artisan peut également être attribué par la commission régionale des qualifications prévue à l'article 4 aux personnes qui sont immatriculées au répertoire des métiers depuis au moins dix ans justifiant, à défaut de diplômes, de compétences reconnues au titre de la promotion de l'artisanat ou de leur participation aux actions de formation.

Les demandes d'attribution du titre de maître artisan mentionnées aux deuxième et troisième alinéas sont accompagnées des diplômes, titres, prix, certificats et tous documents susceptibles d'informer la commission ; elles sont adressées au président de la chambre de métiers et de l'artisanat dont relève le demandeur. Le président de la chambre transmet ces demandes, accompagnées de son avis, dans le délai de dix jours à la commission régionale des qualifications. La commission doit statuer dans un délai de quarante-cinq jours à compter de la réception du dossier.

Le président de la chambre notifie la décision de cette commission dans un délai de deux mois à compter de la réception de la demande complète. À défaut de décision notifiée dans ce délai, le titre de maître artisan est réputé acquis.

Voir aussi : A. 3 mars 1998 relatif aux taux de la cotisation professionnelle à caractère parafiscal destinée aux formations initiales dans les métiers du bâtiment et des travaux publics (*JO* 14 mars).

Art. 3 *bis*. – Les conjoints collaborateurs, conjoints associés et associés prenant part personnellement et habituellement à l'activité de l'entreprise peuvent se prévaloir de la qualité d'artisan ou d'artisan d'art s'ils remplissent personnellement les conditions prévues aux articles 1er et 2.

Le titre de maître artisan est attribué aux conjoints collaborateurs, conjoints associés et associés prenant part personnellement et habituellement à l'activité de l'entreprise dans les conditions prévues à l'article 3.

Le présent article est applicable aux personnes qui sont liées par un pacte civil de solidarité.

Art. 4. – Une commission régionale des qualifications est instituée dans chaque région ; ses membres sont nommés par arrêté préfectoral après chaque renouvellement quinquennal de la chambre de métiers et de l'artisanat de région ou des chambres de métiers et de l'artisanat interdépartementales ou départementales ; elle est présidée par le président de la chambre de métiers et de l'artisanat de région ou de la chambre régionale des métiers et de l'artisanat ou leur représentant et comprend en outre :

1° Un représentant de l'État désigné par le préfet, au sein des services déconcentrés, ayant compétence en matière d'artisanat ou de diplôme au sens du deuxième alinéa de l'article 3 ;

2° Un représentant du président du conseil régional ;

3° Quatre artisans titulaires et quatre artisans suppléants nommés sur proposition de la chambre de métiers et de l'artisanat de région ou des chambres de métiers et de l'artisanat interdépartementales ou départementales.

Cette commission est compétente pour examiner les demandes d'attribution du titre de maître artisan prévu à l'article 3.

Elle statue sur la demande, après avis d'un expert compétent dans le métier considéré, choisi après avis des organisations professionnelles représentatives concernées ; ses décisions sont prises à la majorité des membres présents ; en cas de partage, la voix du président est prépondérante. Le président ne prend pas part au vote lorsque la demande émane d'une personne immatriculée dans la même chambre interdépartementale ou départementale ou dans la même délégation de chambre de région que lui. Dans les chambres de métiers et de l'artisanat des régions ne comportant qu'un seul département, le président de la commission ne prend pas part au vote. Dans ces deux derniers cas, en cas de partage égal des voix, celle du représentant de l'État est prépondérante.

Art. 5 *(Mod., D. n° 2019-987, 25 sept. 2019)*. – I. – Les professionnels ressortissants d'un État membre de l'Union européenne ou partie à l'Espace économique européen qui ne remplissent pas les conditions prévues à *l'article 1er du présent décret peuvent se faire attribuer* la qualité d'artisan dans le métier qu'ils exercent dans l'un ou l'autre des cas suivants :

1° Ils sont titulaires d'une attestation de compétences ou d'un titre de formation dont la possession est requise pour l'exercice du métier en cause dans un État membre de l'Union européenne ou partie à l'Espace économique européen ;

2° Ils justifient de l'exercice du métier en cause, à temps plein pendant une année ou à temps partiel pendant une durée équivalente au cours des dix années précédentes, assorti d'une attestation de compétences ou d'un titre de formation ayant préparé le titulaire à l'exercice de la profession et obtenu dans un État membre de l'Union européenne ou partie à l'Espace économique européen qui ne réglemente pas l'exercice de ce métier. Cependant l'expérience professionnelle n'est pas requise dans le cas où le titre de formation sanctionne une formation réglementée.

Les attestations de compétences ou les titres de formation mentionnés ci-dessus doivent avoir été délivrés par une autorité compétente dans l'un de ces États.

Dans les deux cas mentionnés ci-dessus, il peut être demandé aux professionnels de se soumettre à une mesure de compensation lorsque la formation reçue porte sur des matières substantiellement différentes de celles couvertes par l'un des diplômes ou titres mentionnés à l'article 1er et si les connaissances, aptitudes et compétences acquises par le demandeur au cours de son expérience professionnelle ou de la formation tout au long de la vie ayant été validées par un organisme compétent dans un État membre de l'Union européenne ou partie à l'Espace économique européen ou dans un État tiers, ne sont pas de nature à couvrir, totalement ou partiellement, la différence substantielle en termes de contenu. La mesure de compensation consiste, au choix des professionnels, en un stage d'adaptation ou en une épreuve d'aptitude. Si les professionnels refusent de s'y soumettre, la qualité d'artisan ne peut leur être attribuée.

II. – Les ressortissants d'un État membre de l'Union européenne ou partie à l'accord sur l'Espace économique européen peuvent en outre se faire attribuer la qualité d'artisan par la chambre de métiers et de l'artisanat compétente s'ils ont exercé l'activité de soins esthétiques à la personne pendant deux années consécutives, à titre indépendant ou en qualité de dirigeant d'entreprise, et s'ils ont reçu, pour l'exercice de cette activité, une formation sanctionnée par un certificat reconnu par l'un de ces États.

III. – Les demandes d'attribution de la qualité d'artisan sont adressées au président de la chambre de métiers et de l'artisanat compétente en application des articles 23 et suivants du Code de l'artisanat et de l'article 9 du présent décret, accompagnées des informations et pièces dont la liste est fixée par arrêté du ministre chargé de l'artisanat.

Le président de la chambre de métiers et de l'artisanat sollicite, le cas échéant, l'avis d'un organisme désigné par arrêté du ministre chargé de l'artisanat et du ministre de l'éducation nationale sur le niveau du diplôme, titre ou certificat étranger produit par un demandeur. Le même arrêté précise les modalités de cette consultation.

En cas de doute sérieux, le président de la chambre procède auprès de l'autorité compétente de l'autre État membre de l'Union européenne ou partie à l'accord sur l'Espace économique européen aux vérifications prévues par le III de l'article 3-1 du décret n° 98-246 du 2 avril 1998 relatif à la qualification professionnelle exigée pour l'exercice des activités prévues à l'article 16 de la loi n° 96-603 du 5 juillet 1996 relative au développement et à la promotion du commerce et de l'artisanat.

Dans le délai de trois mois suivant la réception de la demande complète, le président attribue la qualité d'artisan, la refuse ou, dans le cas prévu au dernier alinéa du I du présent article, requiert la soumission à une mesure de compensation. Dans ce dernier cas, la mesure de compensation est organisée dans les conditions prévues par l'article 3-2 du décret n° 98-246 du 2 avril 1998 mentionné ci-dessus.

Les décisions du président de la chambre sont motivées.

En l'absence de notification de la décision dans un délai de trois mois à compter de la demande complète, la qualité d'artisan est réputée acquise.

Art. 5 *bis* *(D. n° 2017-861, 9 mai 2017)*. – Lorsqu'ils exercent un métier d'art défini à l'article 20 de la loi du 5 juillet 1996 susvisée, les ressortissants d'un État membre de l'Union européenne ou partie à l'accord sur l'Espace économique européen peuvent se prévaloir de la qualité d'artisan d'art s'ils remplissent les conditions prévues à l'article 1er ou se faire attribuer cette qualité dans les conditions prévues à l'article 5.

Art. 5 *ter* *(D. n° 2017-861, 9 mai 2017)*. – I. – Les professionnels ressortissants d'un État membre de l'Union européenne ou partie à l'accord sur l'Espace économique européen peuvent se faire attribuer le titre de maître artisan par la commission régionale des qualifications prévue à l'article 4, s'ils justifient :

1° Soit d'une expérience professionnelle d'au moins dix années effectives et de compétences reconnues équivalentes à celles prévues au troisième alinéa de l'article 3 ;

2° Soit d'un diplôme ou titre obtenu dans un autre État membre de l'Union européenne ou partie à l'accord sur l'Espace économique européen, ainsi que d'une expérience et de compétences équivalentes à celles prévues aux *premier et deuxième alinéas* de l'article 3.

Dans le cas prévu au 2°, il peut être demandé aux professionnels de se soumettre à une mesure de compensation lorsque la formation reçue porte sur des matières substantiellement différentes de celles couvertes par l'un des diplômes ou titres mentionnés à l'article 3 et si les connaissances, aptitudes et compétences acquises par le demandeur au cours de son expérience professionnelle ou de la formation tout au long de la vie ayant été validées par un organisme compétent dans un État membre de l'Union européenne ou partie à l'Espace économique européen ou dans un État tiers, ne sont pas de nature à couvrir, totalement ou partiellement, la différence substantielle en termes de contenu. La mesure de compensation consiste, au choix des professionnels, en un stage d'adaptation ou en une épreuve d'aptitude. Si les professionnels refusent de s'y soumettre, le titre de maître artisan ne peut leur être attribué.

II. – Les demandes d'attribution du titre de maître artisan sont adressées au président de la chambre de métiers et de l'artisanat dont relève le candidat, accompagnées des informations et pièces dont la liste est fixée par arrêté du ministre chargé de l'artisanat.

Le président de la chambre de métiers et de l'artisanat sollicite, le cas échéant, l'avis d'un organisme désigné par arrêté du ministre chargé de l'artisanat et du ministre de l'Éducation nationale sur le niveau du diplôme, titre ou certificat étranger produit par un demandeur. Le même arrêté précise les modalités de cette consultation.

En cas de doute sérieux, le président de la chambre procède auprès de l'autorité compétente de l'autre État membre de l'Union européenne ou partie à l'accord sur l'Espace économique européen aux vérifications prévues par le III de l'article 3-1 du décret n° 98-246 du 2 avril 1998 mentionné ci-dessus.

Le président transmet à la commission régionale des qualifications les demandes, accompagnées de son avis, dans le délai de vingt jours suivant la réception de la demande complète.

La commission statue dans un délai de soixante-cinq jours à compter de la réception du dossier. Elle attribue le titre de maître artisan, le refuse ou, dans le cas prévu au troisième alinéa du I du présent article, requiert la soumission à une mesure de compensation. Dans ce dernier cas, le demandeur en est informé et la mesure de compensation est mise en place dans les conditions prévues par l'article 3-2 du décret n° 98-246 du 2 avril 1998 mentionné ci-dessus.

Les décisions de la commission sont motivées.

En l'absence de notification de la décision dans un délai de trois mois à compter de la demande complète, le titre de maître artisan est réputé acquis.

Art. 5 *quater* *(D. n° 2017-861, 9 mai 2017 ; mod., D. n° 2019-987, 25 sept. 2019).* – Lorsqu'une épreuve d'aptitude ou un stage d'adaptation sont organisés en application des articles 5 à 5 *ter*, ou lorsque la chambre a sollicité un avis sur le niveau de certification du diplôme, titre ou certificat étranger produit par le demandeur en application du III de l'article 5 et du II de l'article 5 *ter*, l'attribution de la qualité d'artisan, d'artisan d'art ou du titre de maître artisan peut être subordonnée au paiement par le demandeur d'un droit dont le montant, fixé par arrêté du ministre chargé de l'artisanat, ne peut excéder le coût moyen d'instruction d'un dossier. Il est établi et recouvré par la chambre à son profit.

Art. 6. – Nul ne peut se prévaloir de la qualité d'artisan, d'artisan d'art, ou du titre de maître artisan sans avoir satisfait aux obligations prévues au présent titre.

Sans préjudice des dispositions prises pour l'application du dernier alinéa de l'article 21-III de la loi susvisée, les titulaires de la qualité d'artisan ou d'artisan d'art ou du titre de maître artisan peuvent utiliser les marques distinctives de qualification artisanale dont le modèle et les conditions d'apposition sont fixés par arrêté du ministre chargé de l'artisanat.

Voir aussi : A. 3 mars 1998 relatif aux taux de la cotisation professionnelle à caractère parafiscal destinée aux formations initiales dans les métiers du bâtiment et des travaux publics (*JO* 14 mars).

B. – QUALIFICATION PROFESSIONNELLE

Loi n° 96-603 du 5 juillet 1996

relative au développement et à la promotion du commerce et de l'artisanat

(JO 6 juill. 1996)

TITRE II. – DISPOSITIONS RELATIVES À LA QUALIFICATION PROFESSIONNELLE ET À L'ARTISANAT

CHAPITRE I. – DISPOSITIONS CONCERNANT LA QUALIFICATION PROFESSIONNELLE EXIGÉE POUR L'EXERCICE DE CERTAINES ACTIVITÉS

Art. 16 *(Mod., L. n° 2005-882, 2 août 2005 ; L. n° 2010-853, 23 juill. 2010 ; Ord. n° 2015-1682, 17 déc. 2015 ; à compter du 1er juin 2017, L. n° 2016-1691, 9 déc. 2016 ; D. n° 2019-56, 30 janv. 2019).* – I. – Quels que soient le statut juridique et les caractéristiques de l'entreprise, ne peuvent être exercées que par une personne qualifiée professionnellement ou sous le contrôle effectif et permanent de celle-ci les activités suivantes :

– l'entretien et la réparation des véhicules terrestres à moteur et des machines agricoles, forestières et de travaux publics ;

– la construction, l'entretien et la réparation des bâtiments ;

– la mise en place, l'entretien et la réparation des réseaux et des équipements utilisant les fluides, ainsi que des matériels et équipements destinés à l'alimentation en gaz, au chauffage des immeubles et aux installations électriques ;

– le ramonage ;

– les soins esthétiques à la personne autres que médicaux et paramédicaux et les modelages esthétiques de confort sans finalité médicale. On entend par modelage toute manœuvre superficielle externe réalisée sur la peau du visage et du corps humain dans un but exclusivement esthétique et de confort, à l'exclusion de toute finalité médicale et thérapeutique. Cette manœuvre peut être soit manuelle, éventuellement pour assurer la pénétration d'un produit cosmétique, soit facilitée par un appareil à visée esthétique ;

– la réalisation de prothèses dentaires ;

– la préparation ou la fabrication de produits frais de boulangerie, pâtisserie, boucherie, charcuterie et poissonnerie, ainsi que la préparation ou la fabrication de glaces alimentaires artisanales ;

– l'activité de maréchal-ferrant ;

– la coiffure.

II. – Un décret en Conseil d'État pris après avis de l'Autorité de la concurrence, de CCI France, de CMA France et des organisations professionnelles représentatives détermine, en fonction de la complexité de chacun des métiers relevant des activités mentionnées au I et des risques qu'ils peuvent présenter pour la sécurité ou la santé des personnes, les diplômes, les titres homologués ou la durée et les modalités de validation de l'expérience professionnelle qui justifient de la qualification requise. Ce décret fixe les conditions dans lesquelles une personne qualifiée pour exercer un métier peut être autorisée à réaliser des tâches relevant de métiers connexes faisant partie de la même activité, au sens du I.

Toutefois, toute personne qui, à la date de publication de la présente loi, exerce effectivement l'activité en cause en qualité de salarié ou pour son propre compte est réputée justifier de la qualification requise.

Lorsque les conditions d'exercice de l'activité déterminées au I sont remplies uniquement par le chef d'entreprise et que celui-ci cesse l'exploitation de l'entreprise, les dispositions relatives à la qualification professionnelle exigée pour les activités prévues au I ne sont pas applicables, pendant une période de trois ans à compter de la cessation d'exploitation, aux activités exercées par le conjoint de ce chef d'entreprise appelé à assurer la continuité de l'exploitation, sous réserve qu'il relève d'un des statuts mentionnés à l'article L. 121-4 du Code de commerce depuis au moins trois années et qu'il s'engage dans une démarche de validation des acquis de son expérience conformément aux I et II de l'article L. 335-5 du Code de l'éducation.

III. – Une personne qualifiée, au sens du I, pour l'exercice d'une partie d'activité mentionnée au même I peut exercer la partie d'activité qui correspond à sa qualification ou en assurer le contrôle effectif et permanent au sein de l'entreprise.

IV. – Un décret, pris après avis des organisations professionnelles représentatives, fixe les règles applicables à l'apprentissage de la profession de coiffeur et aux établissements qui en dispensent l'enseignement, ainsi que les qualifications nécessaires à cet enseignement.

V. – Le dernier alinéa de l'article 35 du Code professionnel local est complété par deux phrases ainsi rédigées :

« Si l'autorité compétente estime que l'activité déclarée est susceptible d'être interdite en vertu des dispositions ci-dessus, elle transmet cette déclaration au représentant de l'État pour décision. L'activité déclarée ne pourra être exercée avant qu'une décision n'ait été prise ».

Rédaction antérieure. V *(V. C. loc. prof., art. 35).*

....

Chapitre II. – Dispositions relatives aux artisans et à l'artisanat

V. art. 19, p. 2910.

Art. 20 *(Mod., L. n° 2014-626, 18 juin 2014).* – Relèvent des métiers d'art, selon des modalités définies par décret en Conseil d'État, les personnes physiques ainsi que les dirigeants sociaux des personnes morales qui exercent, à titre principal ou secondaire, une activité indépendante de production, de création, de transformation ou de reconstitution, de réparation et de restauration du patrimoine, caractérisée par la maîtrise de gestes et de techniques en vue du travail de la matière et nécessitant un apport artistique. La liste des métiers d'art est fixée par arrêté conjoint des ministres chargés de l'artisanat et de la culture.

Une section spécifique aux métiers d'art est créée au sein du répertoire des métiers.

(Al. créé, L. n° 2016-925, 7 juill. 2016) La liste prévue au premier alinéa ne préjuge pas du statut professionnel des personnes exerçant l'une des activités y figurant. Elles peuvent donc être aussi, notamment, des salariés d'entreprises artisanales ou de toute autre personne morale ayant une activité de métiers d'art, des professionnels libéraux, des fonctionnaires ou des artistes auteurs.

Art. 21 *(Mod. à compter de la date prévue au IV de l'article 31 de la loi n° 2012-387 du 22 mars 2012 et au plus tard dans un délai de dix-huit mois à compter du 22 mars 2012, L. n° 2012-387, 22 mars 2012)*. – I. – Les personnes physiques ainsi que les dirigeants sociaux des personnes morales immatriculées au répertoire des métiers ont la qualité d'artisan.

Sont artisans qualifiés les personnes mentionnées au premier alinéa lorsqu'elles sont personnellement titulaires d'une qualification professionnelle pour l'exercice de leur activité.

Sont artisans d'art les personnes mentionnées au premier alinéa qui remplissent des conditions de diplôme, de titre ou d'expérience professionnelle définies par décret.

Ce décret précise également les conditions d'attribution du titre de maître artisan.

Les qualités d'artisan qualifié ou d'artisan d'art sont reconnues et le titre de maître artisan est attribué dans les mêmes conditions de diplôme ou de titre, et selon les mêmes modalités, aux conjoints collaborateurs, aux conjoints associés et aux associés prenant part personnellement et habituellement à l'activité de l'entreprise.

Les maîtres artisans ayant cessé leur activité professionnelle pour prendre leur retraite peuvent conserver l'usage de cette qualité à titre honoraire.

II. – Dans les départements du Bas-Rhin, du Haut-Rhin et de la Moselle, il est, pour l'attribution du titre de maître, fait application de l'article 133 du Code professionnel local.

III. – Seuls des artisans, des artisans qualifiés, des artisans d'art, des maîtres artisans ou des personnes morales inscrites au registre du commerce et des sociétés dont le dirigeant social a la qualité d'artisan ou d'artisan d'art pour l'activité en cause peuvent utiliser le mot : « artisan » et ses dérivés pour l'appellation, l'enseigne, la promotion et la publicité de l'entreprise, du produit ou de la prestation de service.

L'emploi du terme : « artisanal » peut être en outre subordonné au respect d'un cahier des charges homologué dans des conditions fixées par décret, qui détermine les principes essentiels du caractère artisanal de l'activité considérée.

IV *(IV créé à compter du 1er juin 2017, L. n° 2016-1691, 9 déc. 2016)*. – Peuvent se prévaloir de la qualité d'artisan cuisinier les personnes mentionnées au premier alinéa du I et exerçant une activité de fabrication de plats à consommer sur place, dès lors qu'elles remplissent des conditions définies par décret.

....

CHAPITRE III. – DISPOSITIONS COMMUNES

Art. 24 *(Mod., Ord. n° 2005-43, 20 janv. 2005 ; L. n° 2008-776, 4 août 2008 ; L. n° 2011-525, 17 mai 2011 ; L. n° 2014-626, 18 juin 2014 ; Ord. n° 2016-301, 14 mars 2016)*. – I. – Est puni d'une amende de 7 500 euros :

1° Le fait d'exercer à titre indépendant ou de faire exercer par l'un de ses collaborateurs une des activités visées à l'article 16 sans disposer de la qualification professionnelle exigée par cet article ou sans assurer le contrôle effectif et permanent de l'activité par une personne en disposant ;

2° Le fait d'exercer une activité mentionnée à l'article 19 sans être immatriculé au répertoire des métiers ou au registre des entreprises tenu par les chambres de métiers d'Alsace et de la Moselle ;

3° Le fait de faire usage du mot : « artisan » ou de l'un de ses dérivés pour l'appellation, l'enseigne, la promotion ou la publicité de l'entreprise, du produit ou de la prestation de service sans détenir la qualité d'artisan, de maître ou de maître artisan dans les conditions prévues par le I et le II de l'article 21.

II. – Les personnes physiques coupables de l'un des délits prévus au présent article encourent également les peines complémentaires suivantes :

1° La fermeture, pour une durée de cinq ans au plus, des établissements ou de l'un ou de plusieurs établissements de l'entreprise ayant servi à commettre les faits incriminés ;

2° L'affichage ou la diffusion de la décision prononcée, dans les conditions prévues par l'article 131-35 du Code pénal.

III. – Les personnes morales peuvent être déclarées responsables pénalement, dans les conditions prévues à l'article 121-2 du Code pénal, des infractions définies au présent article.

Les peines encourues par les personnes morales sont :

1° L'amende, suivant les modalités prévues par l'article 131-38 du Code pénal ;

2° La peine prévue au 4° de l'article 131-39 du Code pénal pour une durée de cinq ans au plus et la peine prévue au 9° dudit article.

IV. – Outre les officiers et les agents de police judiciaire agissant dans les conditions prévues au Code de procédure pénale, les agents de la concurrence, de la consommation et de la répression des fraudes sont habilités à rechercher et constater, dans des conditions prévues au I de l'article L. 511-22 du Code de la consommation, les infractions prévues par le présent article.

NB : Conformément au 27 VI de la loi n° 2014-626 du 18 juin 2014, les présentes dispositions entrent en vigueur à une date fixée par décret et, au plus tard, le 19 décembre 2014.

Voir : L. n° 82-1091, 23 décembre 1982, relative à la formation professionnelle des artisans (*JO* 24 déc.), mod. par L. n° 96-603, 5 juillet 1996, article 23 (*JO* 6 juill.), par L. n° 96-1181, 30 décembre 1996, article 132-I (*JO* 31 déc. et rect. *JO* 23 janv. 1997), par L. n° 2005-882, 2 août 2005 (*JO* 3 août), par Ord. n° 2008-507, 30 mai 2008 (*JO* 31 mai) et par L. n° 2008-776, 4 août 2008 (*JO* 5 août et rect. 4 oct.) ; D. n° 83-517, 24 juin 1983 (*JO* 25 juin et rect. 2 août) mod. par D. n° 87-187, 20 mars 1987, par D. n° 93-888, 2 juillet 1993 (*JO* 9 juill.), par D. n° 95-998, 25 août 1995 (*JO* 7 sept.), par D. n° 97-1114, 2 décembre 1997 (*JO* 3 déc.), par D. n° 2000-583, 1er sept. 2000 (*JO* 5 sept.), par D. n° 2005-387, 19 avr. 2005 (*JO* 27 avr.), par D. n° 2007-1267 et D. n° 2007-1267, 24 août 2007 (*JO* 25 août), par D. n° 2008-1416, 19 déc. 2008 (*JO* 27 déc.) et par D. n° 2009-72, 20 janv. 2009 (*JO* 22 janv.).

L. n° 84-578, 9 juillet 1984, sur le développement de l'initiative économique, article 1er, mod. par Loi de finances n° 86-1317 du 30 décembre 1986, par L. n° 94-126, 11 févr. 1994 (*JO* 13 févr.), par Ord. n° 2000-916, 19 sept. 2000 (*JO* 22 sept.), par L. n° 2003-721, 1er août 2003 (*JO* 5 août).

Décret n° 98-246 du 2 avril 1998

relatif à la qualification professionnelle exigée pour l'exercice des activités prévues à l'article 16 de la loi n° 96-603 du 5 juillet 1996 relative au développement et à la promotion du commerce et de l'artisanat

(JO 3 avr. ; mod., D. n° 2009-94, 26 janv. 2009 ; D. n° 2010-1356, 11 nov. 2010)

CHAPITRE I. – QUALIFICATIONS

(D. n° 2009-94, 26 janv. 2009 ; mod., D. n° 2013-591, 4 juill. 2013)

Art. 1er ***(Mod., D. n° 2009-94, 26 janv. 2009 ; D. n° 2013-591, 4 juill. 2013 ; mod. à compter du 1er juin 2017, D. n° 2017-767, 4 mai 2017).*** **– I. – Les personnes qui exercent un métier ou une partie d'activité relevant de l'une des activités mentionnées aux neuf premiers alinéas du I de l'article 16 de la loi [n° 96-603] du 5 juillet 1996 susvisée ou tout ou partie du métier de coiffeur à domicile ou qui en contrôlent l'exercice par des personnes non qualifiées doivent être titulaires d'un certificat d'aptitude professionnelle, d'un brevet d'études professionnelles ou d'un diplôme ou titre de niveau égal ou supérieur homologué ou enregistré lors de sa délivrance au répertoire national des certifications professionnelles institué par l'article L. 335-6 du Code de l'éducation.**

Ces diplômes ou titres doivent attester d'une qualification dans le métier ou dans la partie d'activité en cause.

À défaut de diplômes ou de titres mentionnés aux alinéas précédents, ces personnes doivent justifier d'une expérience professionnelle de trois années effectives sur le territoire de l'Union européenne ou d'un un autre État partie à l'accord sur l'Espace économique européen acquise en qualité de dirigeant d'entreprise, de travailleur indépendant ou de salarié dans l'exercice du métier ou de la partie d'activité en cause.

Les personnes mentionnées au troisième alinéa peuvent obtenir la délivrance d'une attestation de qualification professionnelle par la chambre de métiers et de l'artisanat compétente en application des articles 23 et suivants du Code de l'artisanat dans le ressort de laquelle elles exercent, selon les modalités prévues aux deuxième à quatrième alinéas du I *bis* et aux premier, deuxième et quatrième alinéas du II de l'article 3-1.

II. – Les personnes qui exercent tout ou partie du métier de coiffeur en salon ou qui en contrôlent l'exercice par des personnes non qualifiées doivent être titulaires d'un brevet professionnel, d'un brevet de maîtrise institué dans les conditions de l'article 51 du Code de l'artisanat ou d'un diplôme ou titre de niveau égal ou supérieur homologué ou enregistré lors de sa délivrance au répertoire national des certifications professionnelles institué par l'article L. 335-6 du Code de l'éducation.

Ces diplômes ou titres doivent attester d'une qualification dans le métier ou dans la partie d'activité en cause.

III. – Les personnes qualifiées pour l'exercice d'un métier dans les conditions prévues au présent article sont autorisées à exercer les tâches qui relèvent des métiers connexes faisant partie d'une même activité au sens du I de l'article 16 de la loi [n° 96-603] du 5 juillet 1996 susvisée, dès lors qu'elles font appel à des compétences similaires à celles mises en œuvre dans leur métier.

CHAPITRE II. – LIBRE PRESTATION DE SERVICES DU RESSORTISSANT D'UN ÉTAT MEMBRE DE LA COMMUNAUTÉ EUROPÉENNE OU D'UN AUTRE ÉTAT PARTIE À L'ACCORD SUR L'ESPACE ÉCONOMIQUE EUROPÉEN

(D. n° 2009-94, 26 janv. 2009 ; mod., D. n° 2013-591, 4 juill. 2013)

Art. 2 *(Rempl. à compter du 1er juin 2017, D. n° 2017-767, 4 mai 2017)*. – I. – Un arrêté du ministre chargé de l'artisanat fixe la liste des informations afférentes à la déclaration prévue au II de l'article 17-1 de la loi [n° 96-603] du 5 juillet 1996 susvisée ainsi que des pièces qui sont annexées à cette déclaration.

La déclaration est adressée à la chambre de métiers et de l'artisanat compétente en application des articles 23 et suivants du Code de l'artisanat dans le ressort de laquelle le déclarant envisage de réaliser une prestation de services temporaire et occasionnelle. La chambre agit en tant qu'autorité compétente au sens de l'article 3 de la directive 2005/36/CE du Parlement européen et du Conseil du 7 septembre 2005 relative à la reconnaissance des qualifications professionnelles.

La chambre délivre un récépissé qui mentionne la date de réception de la déclaration complète.

En cas de déclaration incomplète, la chambre notifie à l'intéressé la liste des pièces manquantes dans un délai de quinze jours à compter de la réception de celle-ci et délivre le récépissé mentionné à l'alinéa précédent dès que le dossier est complet.

La chambre peut demander à l'autorité compétente de l'État d'établissement, en cas de doutes justifiés, toute information pertinente concernant la légalité de l'établissement du prestataire ainsi que l'absence de sanction disciplinaire ou pénale à caractère professionnel.

II. – Dans le délai d'un mois suivant la réception de la déclaration complète, la chambre décide :

1° Soit d'autoriser la prestation de services sans vérification préalable de ses qualifications professionnelles, dès lors qu'il justifie d'une expérience professionnelle de trois années effectives sur le territoire de l'Union européenne ou d'un autre État partie à l'accord sur l'Espace économique européen acquise en qualité de dirigeant d'entreprise, de travailleur indépendant ou de salarié dans l'exercice du métier ou de la partie d'activité en cause. Dans ce cas, une attestation de qualification professionnelle est jointe à la décision ;

2° Soit, s'il ne remplit pas cette condition d'expérience professionnelle et après avoir estimé que ses qualifications professionnelles sont suffisantes, d'autoriser la prestation de services ;

3° Soit, après avoir estimé que ses qualifications professionnelles sont insuffisantes, de lui imposer de passer une épreuve d'aptitude, eu égard à la différence substantielle existant entre la qualification professionnelle requise pour exercer le contrôle effectif et permanent du métier ou de la partie d'activité en cause et celle déclarée par le prestataire et si :

a) D'une part, cette différence est de nature à nuire à la santé ou à la sécurité du bénéficiaire du service ;

b) D'autre part, elle ne peut pas être compensée par l'expérience professionnelle du prestataire ou par les connaissances, aptitudes et compétences acquises lors d'un apprentissage tout au long de la vie, ayant fait l'objet, à cette fin, d'une validation en bonne et due forme par un organisme compétent.

S'il refuse de se soumettre à cette épreuve ou s'il échoue, la prestation de services ne peut être réalisée.

En cas de difficulté susceptible de provoquer un retard dans la prise de décision, la chambre informe, dans le délai mentionné au premier alinéa du présent II, le prestataire des raisons de ce retard. La difficulté est résolue dans le mois qui suit cette information et la décision est prise dans un délai de deux mois suivant cette information.

La chambre notifie sa décision d'autoriser ou non la prestation de services dans le mois suivant sa demande au prestataire de services de passer une épreuve d'aptitude. Dans le cas où la prestation est autorisée, la chambre joint à sa décision une attestation de qualification professionnelle.

À défaut de décision dans les délais mentionnés au présent II, la reconnaissance de qualification est réputée acquise et la prestation de services peut être réalisée.

III. – La prestation est réalisée sous le titre professionnel indiqué dans la langue officielle ou l'une des langues officielles de l'État dans lequel le prestataire est établi. Lorsque ce titre professionnel n'existe pas dans l'État d'établissement, le prestataire mentionne, dans la langue officielle ou l'une des langues officielles de cet État, son titre de formation et l'État membre dans lequel il a été octroyé.

Lorsque la déclaration donne lieu à la délivrance d'une attestation de qualification professionnelle selon les modalités définies au II, la prestation est réalisée sous le titre professionnel français.

Art. 2-1 *(D. n° 2017-767, 4 mai 2017).* – Les personnes mentionnées au I de l'article 17-1 de la loi [n° 96-603] du 5 juillet 1996 susvisée peuvent obtenir la délivrance d'une attestation de qualification professionnelle par la chambre de métiers et de l'artisanat compétente en application des articles 23 et suivants du Code de l'artisanat dans le ressort de laquelle elles exercent, selon les modalités prévues aux deuxième à quatrième alinéas du I *bis* et aux premier, deuxième et quatrième alinéas du II de l'article 3-1.

CHAPITRE III. – LIBERTÉ D'ÉTABLISSEMENT DU RESSORTISSANT D'UN ÉTAT MEMBRE DE L'UNION EUROPÉENNE OU D'UN AUTRE ÉTAT PARTIE À L'ACCORD SUR L'ESPACE ÉCONOMIQUE EUROPÉEN

(Intitulé mod., D. n° 2013-591, 4 juill. 2013)

Art. 3 *(Rempl. à compter du 1er juin 2017, D. n° 2017-767, 4 mai 2017).* – I. – Le professionnel ressortissant d'un État membre de l'Union européenne ou d'un autre État partie à l'accord sur l'Espace économique européen qui souhaite exercer, à titre permanent, un métier ou une partie d'activité relevant de l'une des activités mentionnées au I de l'article 16 de la loi [n° 96-603] du 5 juillet 1996 susvisée, ou qui souhaite en assurer le contrôle effectif et permanent, est qualifié professionnellement au sens de cet article dès lors qu'il remplit les conditions prévues à l'article 1er du présent décret.

II. – Sans préjudice du I, le ressortissant d'un État, membre ou partie, qui a exercé l'activité de soins esthétiques à la personne ou une partie de cette activité, pendant deux années consécutives, à titre indépendant ou en qualité de dirigeant d'entreprise, est qualifié professionnellement au sens de l'article 16 de la loi [n° 96-603] du 5 juillet 1996 susvisée pour exercer l'activité de soins esthétiques à la personne mentionnée au I du même article, ou une partie de cette activité, et pour en assurer le contrôle effectif et permanent, dès lors qu'il a reçu, pour l'exercice de cette activité ou partie d'activité, une formation sanctionnée par un certificat reconnu par l'un de ces États ou par un organisme professionnel ayant reçu délégation de cet État.

III. – Sans préjudice du I, le ressortissant d'un État, membre ou partie, qui a exercé tout ou partie du métier de coiffeur en salon est qualifié professionnellement au sens de l'article 16 de la même loi pour exercer ce métier ou la partie d'activité en cause, et pour en assurer le contrôle effectif et permanent, dès lors qu'il a exercé effectivement, et de façon licite, ce métier ou la partie d'activité en cause :

1° Soit pendant six années consécutives à titre indépendant ou en qualité de dirigeant d'entreprise ;

2° Soit pendant trois années consécutives à titre indépendant ou en qualité de dirigeant d'entreprise, lorsque l'intéressé a reçu une formation préalable d'au moins trois ans sanctionnée par un certificat reconnu par l'État ou jugé pleinement valable par un organisme professionnel compétent en vertu d'une délégation de l'État. Cette période est portée à quatre années consécutives lorsque ce certificat sanctionne une formation préalable d'au moins deux ans ;

3° Soit pendant trois années consécutives à titre indépendant lorsque l'intéressé a exercé le métier ou la partie d'activité en cause à titre salarié pendant cinq ans au moins ;

4° Soit pendant trois années en qualité de dirigeant d'entreprise, de travailleur indépendant ou de salarié, lorsque l'intéressé est titulaire d'un diplôme, titre ou certificat acquis dans un État tiers et admis en équivalence par un État, membre ou partie.

Dans les cas visés aux 1° et 3°, l'exercice du métier ou de la partie d'activité en cause ne doit pas avoir pris fin depuis plus de dix années au moment où l'intéressé sollicite de la chambre de métiers et de l'artisanat compétente en application des articles 23 et suivants du Code de l'artisanat la délivrance d'une attestation de qualification professionnelle.

IV. – Le professionnel ressortissant d'un État, membre ou partie, est également qualifié professionnellement pour exercer, à titre permanent, un métier ou une partie d'activité relevant de l'une des activités mentionnées au I de l'article 16 de la loi [n° 96-603] du 5 juillet 1996 susvisée et en assurer le contrôle effectif et permanent, lorsqu'il est titulaire :

1° Soit d'une attestation de compétences ou d'un titre de formation qui est requis pour l'exercice du métier ou de la partie d'activité en cause dans un État, membre ou partie, lorsqu'il réglemente l'accès ou l'exercice de ce même métier ou de cette même partie d'activité sur son territoire. Cette attestation de compétence ou ce titre de formation doit avoir été délivré par une autorité compétente dans un État membre, désignée conformément aux dispositions législatives, réglementaires ou administratives de cet État membre ;

2° Soit de la justification de l'exercice, à temps plein pendant une année ou à temps partiel pendant une durée équivalente au cours des dix années précédentes, du métier ou de la partie d'activité en cause, assortie d'une attestation de compétences ou d'un titre de formation obtenu dans un État, membre ou partie, qui ne réglemente pas l'exercice de ce métier ou de cette partie d'activité. Cependant, l'expérience professionnelle n'est pas requise si le titre de formation que possède le professionnel certifie une formation réglementée. L'attestation de compétences ou le titre de formation doit avoir été délivré par une autorité compétente désignée conformément aux dispositions en vigueur dans l'un des États, membre ou partie, et doit attester la préparation du titulaire à l'exercice de la profession concernée.

Il peut être demandé à ce ressortissant d'accomplir une mesure de compensation lorsque la formation reçue porte sur des matières dont la connaissance, les aptitudes et les compétences acquises sont essentielles pour exercer ou contrôler de manière effective et permanente le métier ou la partie d'activité en cause et pour lesquelles la formation reçue par le demandeur présente des différences substantielles en termes de contenu avec l'un des diplômes ou titres mentionnés à l'article 1er.

La mesure de compensation consiste, au choix du demandeur, en un stage d'adaptation ou en une épreuve d'aptitude selon les modalités prévues à l'article 3-2.

Avant de demander une telle mesure, la chambre vérifie si les connaissances, aptitudes et compétences acquises par le demandeur au cours de son expérience professionnelle ou de l'apprentissage tout au long de la vie ayant fait l'objet, à cette fin, d'une validation en bonne et due forme par un organisme compétent dans un État, membre ou partie, ou dans un État tiers, sont de nature à couvrir, totalement ou partiellement, les différences substantielles en termes de contenu mentionnées au quatrième alinéa du présent IV.

Art. 3-1 *(D. n° 2009-94, 26 janv. 2009 ; mod., D. n° 2013-591, 4 juill. 2013 ; mod. à compter du 1er juin 2017, D. n° 2017-767, 4 mai 2017).* – I. – Lorsqu'il ne remplit pas les conditions prévues à l'article 1er, le ressortissant d'un État, membre ou partie, qui souhaite exercer ou contrôler de manière effective et permanente un métier relevant de l'une des activités mentionnées au I de l'article 16 de la loi [n° 96-603] du 5 juillet 1996 susvisée ou une partie de ces activités doit préalablement demander la reconnaissance de ses qualifications professionnelles selon les modalités prévues au présent article et à l'article 3-2.

I *bis*. – La demande de reconnaissance de qualification professionnelle est adressée à la chambre de métiers et de l'artisanat compétente dans le ressort de laquelle le ressortissant d'un État, membre ou partie, souhaite exercer.

La chambre délivre un récépissé qui mentionne la date de réception de la demande complète dans un délai d'un mois à compter de sa réception.

En cas de demande incomplète, elle notifie au demandeur la liste des pièces manquantes dans un délai de quinze jours à compter de la réception de celle-ci et délivre le récépissé mentionné à l'alinéa précédent dès que le dossier est complet.

Un arrêté du ministre chargé de l'artisanat fixe la liste des informations afférentes à cette demande ainsi que des pièces qui y sont annexées.

Un arrêté du ministre chargé de l'artisanat et du ministre de l'Éducation nationale désigne l'organisme dont la chambre sollicite, le cas échéant, l'avis sur le niveau de certification du diplôme, titre ou certificat étranger produit par un demandeur ainsi que les modalités de cette consultation.

II. – En l'absence de notification de la décision de la chambre dans un délai de trois mois à compter de la réception de la demande complète, la reconnaissance de la qualification professionnelle est réputée acquise au demandeur.

Lorsqu'elle reconnaît la qualification professionnelle, la chambre délivre au demandeur une attestation de qualification professionnelle.

Lorsqu'une mesure de compensation est exigée, la chambre en informe par écrit le demandeur dans les conditions prévues au I de l'article 3-2.

Les décisions de la chambre sont motivées.

III. – En cas de doute sérieux, la chambre peut demander à l'autorité compétente d'un autre État membre de l'Union européenne ou d'un autre État partie à l'accord sur l'Espace économique européen de confirmer l'authenticité des attestations et titres de formation délivrés dans cet autre État.

En cas de doute sérieux, la chambre peut vérifier auprès de l'autorité compétente de l'État, membre ou partie, qui a délivré un titre de formation comprenant une formation reçue en tout ou en partie dans un établissement légalement établi sur le territoire d'un troisième État, membre ou partie :

a) Si la formation dispensée par l'établissement concerné a été formellement certifiée par l'établissement d'enseignement situé dans cet État ;

b) Si le titre de formation délivré est le même que celui qui aurait été délivré si la formation avait été entièrement suivie dans cet État ;

c) Si le titre de formation délivré confère les mêmes droits d'accès à la profession sur le territoire de cet État.

Art. 3-2 *(D. n° 2009-94, 26 janv. 2009 ; mod. à compter du 1er juin 2017, D. n° 2017-767, 4 mai 2017 ; D. n° 2019-56, 30 janv. 2019).* – I. – La chambre notifie au demandeur sa décision tendant à l'accomplissement de l'une des mesures de compensation prévue au IV de l'article 3, dans le délai mentionné au II de l'article 3-1, après une comparaison entre la qualification attestée par le demandeur et le diplôme ou titre de formation mentionné à l'article 1er requis pour l'exercice du métier ou de la partie d'activité en cause.

Cette décision rappelle le niveau de qualification requis et le niveau de qualification que possède le demandeur. Elle énumère les matières dont la connaissance, les aptitudes et les compétences sont essentielles pour exercer ou contrôler de manière effective et permanente le métier ou la partie d'activité en cause et pour lesquelles la formation reçue par le demandeur présente des différences substantielles en termes de contenu avec l'un des diplômes ou titres mentionnés à l'article 1er. Elle précise les raisons pour lesquelles ces différences substantielles ne peuvent être comblées par les connaissances, aptitudes et compétences acquises au cours de l'expérience professionnelle ou de l'apprentissage tout au long de la vie ayant fait l'objet, à cette fin, d'une validation en bonne et due forme par un organisme compétent.

Seules les matières mentionnées à l'alinéa précédent peuvent faire l'objet de l'épreuve d'aptitude ou du stage d'adaptation, dont la durée ne peut être supérieure à trois ans.

Le demandeur informe la chambre de son choix de suivre un stage d'adaptation ou de passer une épreuve d'aptitude.

Tout recours contentieux contre la décision de la chambre tendant à demander une mesure de compensation est précédé, à peine d'irrecevabilité, d'un recours administratif exercé, dans un délai de deux mois à compter de la notification de cette décision, auprès du préfet du département où la chambre a son siège.

II. – L'épreuve d'aptitude prend la forme d'un examen, devant un jury constitué auprès de la chambre, organisé selon des modalités définies par un règlement d'examen établi par CMA France, après avis des organisations professionnelles représentatives et approuvé par arrêté du ministre chargé de l'artisanat.

L'épreuve d'aptitude est organisée dans un délai de six mois à compter de la réception par la chambre de la décision du demandeur d'opter pour cette épreuve. À défaut, la reconnaissance de la qualification est réputée acquise et la chambre établit une attestation de qualification professionnelle.

À l'issue de l'épreuve d'aptitude, la chambre délivre, dans un délai d'un mois, une attestation de qualification professionnelle au demandeur ayant réussi l'épreuve.

III. – Dans un délai d'un mois à compter de la réception de la décision du demandeur d'opter pour le stage d'adaptation, la chambre lui adresse la liste de l'ensemble des organismes susceptibles d'organiser ce stage.

À défaut, la reconnaissance de la qualification professionnelle est réputée acquise et la chambre établit une attestation de qualification professionnelle.

À l'issue du stage d'adaptation, le demandeur adresse à la chambre une attestation certifiant qu'il a accompli ce stage, accompagnée d'une évaluation de l'organisme qui l'a organisé. Sur la base de cette attestation et du résultat de l'évaluation, la chambre délivre à l'intéressé, dans un délai d'un mois, une attestation de qualification professionnelle.

CHAPITRE IV. – DISPOSITIONS RELATIVES AUX RESSORTISSANTS D'ÉTATS TIERS

Art. 3-3 *(Rempl. à compter du 1er juin 2017, D. n° 2017-767, 4 mai 2017).* – I. – Sans préjudice des conventions internationales et des arrangements de reconnaissance mutuelle applicables en la matière, le professionnel ressortissant d'un État tiers qui souhaite exercer, à titre permanent, un métier ou une partie d'activité relevant de l'une des activités mentionnées aux neuf premiers alinéas du I de l'article 16 de la loi [n° 96-603] du 5 juillet 1996 susvisée ou tout ou partie du métier de coiffeur à domicile, ou qui souhaite en assurer le contrôle effectif et permanent, est qualifié professionnellement au sens du même article dès lors qu'il remplit les conditions prévues à l'article 1er du présent décret.

II. – Sans préjudice des conventions internationales et des arrangements de reconnaissance mutuelle applicables en la matière, le ressortissant d'un État tiers bénéficie, pour l'application du présent décret, des mêmes droits qu'un ressortissant européen pour exercer tout ou partie du métier de coiffeur en salon dès lors :

1° Qu'il est titulaire d'un diplôme ou d'un titre de formation délivré dans un État tiers et reconnu par un État membre de l'Union européenne ou par un autre État partie à l'accord sur l'Espace économique européen qui atteste d'un niveau de qualification professionnelle équivalent à celui défini au I de l'article 3 ; et

2° Qu'il a exercé effectivement le métier ou la partie d'activité en cause dans l'un de ces États pendant trois années.

III. – Lorsqu'il ne remplit pas les conditions prévues à l'article 1er, le ressortissant d'un État tiers qui souhaite exercer, à titre permanent, un métier ou une partie d'activité relevant de l'une des activités mentionnées au I de l'article 16 de la loi [n° 96-603] du 5 juillet 1996 susvisée ou qui souhaite en assurer le contrôle effectif et permanent doit préalablement demander la reconnaissance de ses qualifications professionnelles selon les modalités prévues au I *bis* et aux premier, deuxième et quatrième alinéas de l'article 3-1.

CHAPITRE V. – DISPOSITIONS GÉNÉRALES ET FINALES

(D. n° 2009-94, 26 janv. 2009 ; mod., D. n° 2013-591, 4 juill. 2013)

Art. 4 *(Abr. à compter du 1er juin 2017, D. n° 2017-767, 4 mai 2017).*

Art. 4-1 *(D. n° 2009-94, 26 janv. 2009 ; mod., D. n° 2013-591, 4 juill. 2013 ; mod. à compter du 1er juin 2017, D. n° 2017-767, 4 mai 2017).* – L'attestation de compétences requise pour l'exercice de l'une des activités mentionnées au I de l'article 16 de la loi [n° 96-603] du 5 juillet 1996 susvisée dans un État membre de l'Union européenne ou un autre État partie à l'accord sur l'Espace économique européen est délivrée par la chambre de métiers et de l'artisanat compétente en application des articles 23 et suivants du Code de l'artisanat dans le ressort de laquelle le demandeur réside, selon les modalités prévues aux deuxième à quatrième alinéas du I *bis* et aux premier, deuxième et quatrième alinéas du II de l'article 3-1 pour la délivrance de l'attestation de qualification professionnelle.

Art. 4-2 *(D. n° 2009-94, 26 janv. 2009 ; mod., D. n° 2013-591, 4 juill. 2013 ; mod. à compter du 1er juin 2017, D. n° 2017-767, 4 mai 2017).* – En cas de contrôle par les agents habilités à rechercher et à constater les infractions définies à l'article 24 de la loi [n° 96-603] du 5 juillet 1996 susvisée, l'entrepreneur individuel ou la personne morale qui exerce l'une des activités mentionnées au I de l'article 16 de cette loi justifie qu'il remplit les conditions pour l'exercer, soit en produisant l'un des diplômes ou titres mentionnés au premier alinéa de l'article 1er, soit en produisant une attestation de qualification professionnelle de la personne exerçant le contrôle effectif et permanent de l'activité dans un délai de quatre mois à compter de la notification du contrôle. Dans ce délai, les sanctions prévues à l'article 24 de la loi [n° 96-603] du 5 juillet 1996 susvisée ne sont pas applicables.

Art. 4-3 *(D. n° 2009-94, 26 janv. 2009 ; mod., D. n° 2010-1356, 11 nov. 2010 ; D. n° 2013-591, 4 juill. 2013 ; mod. à compter du 1er juin 2017, D. n° 2017-767, 4 mai 2017).* – Lorsqu'une épreuve d'aptitude ou un stage d'adaptation sont organisés en application du II de l'article 2 ou du IV de l'article 3, ou lorsque la chambre a sollicité un avis sur le niveau de certification du diplôme, titre ou certificat étranger produit par le demandeur en application du I *bis* de l'article 3-1, la demande d'attestation peut être subordonnée au paiement par le demandeur d'un droit dont le montant, fixé par arrêté du ministre chargé de l'artisanat, ne peut excéder le coût moyen d'instruction d'un dossier. Il est établi et recouvré par la chambre à son profit.

Voir : A. 28 oct. 2009 (*JO* 4 nov. 2009, p. 19058) sur la qualification professionnelle des artisans européens.

C. – RÉPERTOIRE DES MÉTIERS

Loi n° 96-603 du 5 juillet 1996

relative au développement et à la promotion du commerce et de l'artisanat

(JO 6 juill. 1996)

TITRE II. – DISPOSITIONS RELATIVES À LA QUALIFICATION PROFESSIONNELLE ET À L'ARTISANAT

CHAPITRE II. – DISPOSITIONS RELATIVES AUX ARTISANS ET À L'ARTISANAT

Art. 19 *(Mod., Ord. n° 2000-912, 18 sept. 2000 ; L. n° 2003-721, 1er août 2003 ; L. n° 2008-776, 4 août 2008 ; L. fin. rect. n° 2009-1674, 30 déc. 2009 ; L. n° 2010-658, 15 juin 2010 ; L. n° 2012-387, 22 mars 2012 ; L. n° 2014-626, 18 juin 2014 ; D. n° 2019-56, 30 janv. 2019 ; L. n° 2019-486, 22 mai 2019).* – I. – Relèvent du secteur de l'artisanat les personnes immatriculées au répertoire des métiers ou au registre des entreprises mentionné au IV.

Doivent être immatriculées au répertoire des métiers ou au registre des entreprises mentionné au même IV les personnes physiques et les personnes morales qui emploient moins de onze salariés et qui exercent à titre principal ou secondaire une activité professionnelle indépendante de production, de transformation, de réparation ou de prestation de services figurant sur une liste établie par décret en Conseil d'État, après consultation de CMA France, de CCI France et des organisations professionnelles représentatives.

Les personnes physiques et les personnes morales exerçant l'activité de fabrication de plats à consommer sur place et qui emploient moins de onze salariés peuvent s'immatriculer dans les conditions définies au deuxième alinéa du présent I.

Peuvent demeurer immatriculées au répertoire des métiers ou au registre des entreprises mentionné au IV les personnes physiques et les personnes morales dont l'effectif atteint ou dépasse onze salariés tout en demeurant inférieur à deux cent cinquante salariés.

Peuvent s'immatriculer au répertoire des métiers ou au registre des entreprises mentionné au IV les personnes physiques et les personnes morales qui emploient au moins onze salariés et moins de cent salariés et qui reprennent un fonds précédemment exploité par une personne immatriculée.

Pour l'application des cinq premiers alinéas du présent I, l'effectif salarié est déterminé selon les modalités prévues au I de l'article L. 130-1 du Code de la sécurité sociale.

Le décret prévu au deuxième alinéa du présent I définit également les conditions de tenue du répertoire des métiers par les chambres de métiers et de l'artisanat départementales ou de région ainsi que la nature des informations que leur président peut adresser au préfet lorsqu'il estime, lors de l'immatriculation ou en toute autre occasion, que l'activité déclarée est exercée en méconnaissance des dispositions des I et II de l'article 16.

I *bis* A. – Nul ne peut être immatriculé au répertoire des métiers ou au registre des entreprises mentionné au IV s'il ne remplit les conditions nécessaires à l'exercice de son activité.

Les modalités de vérification par la chambre de métiers et de l'artisanat départementale ou de région compétente des conditions mentionnées au premier alinéa du présent I *bis* A et relatives à l'obligation de qualification professionnelle prévue à l'article 16 de la présente loi sont définies par décret en Conseil d'État. Ces modalités précisent la nature des pièces justifiant la qualification du chef d'entreprise qui sont remises lors de l'immatriculation au répertoire des métiers ou lors d'un changement de situation affectant les obligations de l'entreprise en matière de qualification professionnelle. Lorsque la qualification requise pour l'exercice des activités mentionnées au présent alinéa est détenue par un salarié de l'entreprise, cette dernière dispose de trois mois à compter de son immatriculation ou de son changement de situation pour fournir les pièces exigées attestant de cette qualification. En cas de non-remise de ces pièces dans le délai requis, l'entreprise est radiée du registre.

I *bis*. – CMA France centralise, dans un répertoire national des métiers dont elle assure la publicité, le répertoire des métiers tenu par les chambres de métiers et de l'artisanat départementales ou de région. Les conditions d'application du présent I *bis* sont définies par décret en Conseil d'État.

II. – L'immatriculation au répertoire des métiers ne dispense pas, le cas échéant, de l'immatriculation au registre du commerce et des sociétés.

III. – Ne peut être immatriculée au répertoire des métiers ou au registre des entreprises visé au IV ci-après et doit en être radiée d'office toute personne faisant l'objet de l'interdiction prévue à l'article L. 653-8 du Code de commerce ou de la peine complémentaire d'interdiction d'exercer une activité professionnelle ou sociale pour crime ou délit prévue au 11° de l'article 131-6 du Code pénal.

Dans l'attente de la mise en œuvre effective du fichier national automatisé des interdits de gérer créé par l'article L. 128-1 du Code de commerce, le représentant de l'État dans le département, après avoir consulté le bulletin n° 2 du casier judiciaire, fait connaître au président de la chambre de métiers et de l'artisanat départementale ou de région compétente l'existence d'une éventuelle interdiction.

IV. – Dans les départements de la Moselle, du Bas-Rhin et du Haut-Rhin, la première section du registre des entreprises tenu par les chambres de métiers tient lieu de répertoire des métiers, les règles fixées aux I à III ci-dessus étant applicables. Les conditions d'immatriculation à la deuxième section de ce registre sont précisées au décret prévu au deuxième alinéa du I du présent article.

V. – Les personnes physiques exerçant une activité artisanale et bénéficiant du régime prévu à l'article L. 133-6-8 du Code de la sécurité sociale dont l'activité principale est salariée ne peuvent exercer à titre complémentaire auprès des clients de leur employeur, sans l'accord de celui-ci, l'activité professionnelle prévue par leur contrat de travail.

Décret n° 98-247 du 2 avril 1998

relatif à la qualification artisanale et au répertoire des métiers

TITRE II. – DU RÉPERTOIRE DES MÉTIERS

CHAPITRE I. – IMMATRICULATION AU RÉPERTOIRE

Art. 7 *(Mod., D. n° 2010-733, 29 juin 2010 ; D. n° 2010-733, 29 juin 2010 ; D. n° 2015-731, 24 juin 2015).* – Sont soumises à l'obligation d'immatriculation au répertoire des métiers, en application de l'article 19-I de la loi du 5 juillet 1996 susvisée, les personnes physiques ou morales qui exercent dans les conditions prévues à cet article les activités dont la liste figure en annexe du présent décret.

Art. 7 bis *(Mod., D. n° 2017-861, 9 mai 2017).* – Le répertoire des métiers porte à la connaissance du public, dans les conditions et suivant les modalités prévues par le présent titre, les mentions inscrites sur déclaration ou d'office ainsi que les actes ou pièces déposés en annexe qui se rapportent aux personnes immatriculées à titre obligatoire ou facultatif en application du I de l'article 19 de la loi du 5 juillet 1996 susvisée.

Art. 9 *(Rempl., D. n° 2006-80, 25 janv. 2006 ; mod., D. n° 2008-1488, 30 déc. 2008 ; D. n° 2010-1356, 11 nov. 2010 ; D. n° 2013-591, 4 juill. 2013 ; D. n° 2017-861, 9 mai 2017).* – Le lieu d'immatriculation de la personne physique au répertoire des métiers est la chambre de métiers et de l'artisanat compétente en application des articles 23 et suivants du Code de l'artisanat dans le ressort de laquelle est situé :

1° Soit le principal établissement poursuivant une activité figurant dans la liste annexée au présent décret ;

2° Soit, dans le cas prévu au troisième alinéa de l'article L. 123-10 du Code de commerce, son local d'habitation ;

3° Soit, à défaut d'établissement ou du local mentionné au 2°, la commune du lieu où elle a fait élection de domicile dans les conditions prévues à l'article L. 264-1 du Code de l'action sociale et des familles.

S'il s'agit d'une personne morale, le lieu de son immatriculation au répertoire des métiers est celui de son siège social.

Lorsque le siège de la personne morale est situé à l'étranger, l'immatriculation doit être demandée à la chambre dans le ressort de laquelle est situé le premier établissement installé en France poursuivant une activité figurant dans la liste annexée au présent décret.

Art. 10 *(Mod., D. n° 2008-1488, 30 déc. 2008 ; D. n° 2010-1356, 11 nov. 2010 ; D. n° 2013-591, 4 juill. 2013 ; D. n° 2015-731, 24 juin 2015 ; D. n° 2017-861, 9 mai 2017).* – La demande d'immatriculation est présentée dans le délai d'un mois avant le début de l'activité. Toutefois, elle peut être présentée au plus tard dans le délai d'un mois suivant le début d'activité, si l'intéressé a notifié la date du début de ses activités au plus tard à la veille de celle-ci, par lettre recommandée avec demande d'avis de réception au président de la chambre compétente.

Art. 10 bis *(D. n° 2006-80, 25 janv. 2006 ; mod., D. n° 2008-1488, 30 déc. 2008 ; D. n° 2010-1706, 29 déc. 2010 ; D. n° 2012-122, 30 janv. 2012 ; D. n° 2016-296, 11 mars 2016 ; D. n° 2019-1048, 11 oct. 2019)*. – I. – Lors de sa demande d'immatriculation, la personne physique déclare, pour être mentionnés au répertoire des métiers :

1° Ses nom, nom d'usage, pseudonyme, prénoms, domicile personnel ou, à défaut, la commune du lieu où elle a fait élection de domicile dans les conditions prévues à l'article L. 264-1 du Code de l'action sociale et des familles et, le cas échéant, son numéro unique d'identification prévu à l'article 3 de la loi du 11 février 1994 susvisée ;

2° Ses date et lieu de naissance ;

3° Sa nationalité ;

4° Le cas échéant, les nom, nom d'usage, pseudonyme, prénoms, date et lieu de naissance, domicile, lorsqu'il est différent du sien, et nationalité de son conjoint, ou de la personne qui lui est liée par un pacte civil de solidarité, qui collabore effectivement à son activité dans les conditions définies par l'article R. 121-1 du Code de commerce ;

5° Le cas échéant, qu'elle est immatriculée ou en cours d'immatriculation au registre du commerce et des sociétés, en précisant le lieu ;

6° Le cas échéant, qu'elle a effectué une déclaration d'insaisissabilité de ses droits sur tout bien foncier non affecté à son usage professionnel ou qu'elle a renoncé à l'insaisissabilité de ses droits sur sa résidence principale, en application des articles L. 526-1 et suivants du Code de commerce, en précisant le lieu de publication de cette déclaration ;

7° Le cas échéant, qu'elle affecte à son activité professionnelle, en application de l'article L. 526-6 du Code de commerce, un patrimoine séparé de son patrimoine personnel, en indiquant les informations prévues aux 2°, 3°, 4° et 5° de l'article R. 526-3 du même code ;

8° Le cas échéant, qu'elle est bénéficiaire d'un contrat d'appui au projet d'entreprise pour la création ou la reprise d'une activité économique conclu dans les conditions prévues au chapitre VII du titre II du Livre Ier du Code de commerce, en précisant la dénomination sociale de la personne morale responsable de l'appui, l'adresse de son siège social, ainsi que, si elle est immatriculée dans un registre public, le lieu d'immatriculation et le numéro unique d'identification prévu à l'article 3 de la loi du 11 février 1994 susvisée ;

9° L'adresse du principal établissement et, s'il en existe, du ou des établissements secondaires ;

10° À défaut d'établissement, l'adresse de l'entreprise fixée au local d'habitation déclaré au titre du troisième alinéa de l'article L. 123-10 du Code de commerce ou la commune du lieu où elle a fait élection de domicile dans les conditions prévues à l'article L. 264-1 du Code de l'action sociale et des familles ;

11° Le cas échéant, l'adresse et la mention du contrat de domiciliation prévu aux articles R. 123-167 et R. 123-168 du Code de commerce, avec l'indication du nom ou de la dénomination sociale et des références de l'immatriculation principale sur un registre public de l'entreprise domiciliataire ;

12° Le cas échéant, l'existence d'établissements principaux ou secondaires situés et immatriculés dans un autre État membre de l'Union européenne ou partie à l'accord sur l'Espace économique européen ;

13° La ou les activités exercées donnant lieu à immatriculation au répertoire des métiers ;

14° La date de commencement de l'activité ;

15° En cas de reprise du fonds d'une entreprise, les nom, nom d'usage, pseudonyme, prénoms ou la dénomination sociale et le numéro unique d'identification prévu à l'article 3 de la loi du 11 février 1994 susvisée du précédent exploitant ;

16° S'il en est utilisé, le nom professionnel ou commercial et l'enseigne ;

17° En cas de propriété indivise des éléments d'exploitation, les nom, nom d'usage, pseudonyme, prénoms et domicile des personnes physiques ou dénomination sociale et adresse des personnes morales indivisaires ;

18° En cas de location-gérance, les nom, nom d'usage, pseudonyme, prénoms et domicile ou dénomination sociale et adresse du siège du loueur de fonds ; les dates du début et du terme de la location-gérance avec, le cas échéant, l'indication que le contrat est renouvelable par tacite reconduction ;

19° En cas de gérance-mandat, les nom, nom d'usage, prénoms et domicile ou la dénomination sociale et l'adresse du siège social du gérant-mandataire de l'établissement ainsi que les mentions prévues aux 1° et 2° de l'article R. 123-237 du Code de commerce ; les nom, nom d'usage, prénoms, domicile ou la dénomination sociale et l'adresse du siège social du mandant ainsi que les mentions prévues aux 1° et 2° de l'article R. 123-237 du même code ; les dates du début et du terme du contrat de gérance-mandat avec, le cas échéant, l'indication que le contrat est renouvelable par tacite reconduction ;

20° Les nom, nom d'usage, pseudonyme, prénoms, date et lieu de naissance, domicile et nationalité des personnes ayant le pouvoir d'engager à titre habituel par leur signature sa responsabilité ;

21° Si elle le souhaite, le nom de domaine de son ou ses sites internet, ainsi que ses coordonnées téléphoniques et électroniques ;

22° Si elle le souhaite, qu'elle remplit les conditions pour se prévaloir de la qualité d'artisan ou d'artisan d'art ou qu'elle s'est vu attribuer le titre de maître artisan.

II. – Lors de son immatriculation, la personne morale déclare, pour être mentionnés au répertoire des métiers :

1° Sa raison sociale ou sa dénomination suivie, le cas échéant de son sigle et, le cas échéant, le numéro unique d'identification prévu à l'article 3 de la loi du 11 février 1994 susvisée ;

2° Sa forme juridique en précisant, s'il y a lieu, le fait que la société est constituée d'un associé unique ;

3° Le cas échéant, qu'elle a la qualité de société coopérative artisanale régie par le titre 1er de la loi du 20 juillet 1983 susvisée ;

4° Le cas échéant, les nom, nom d'usage, pseudonyme, prénoms, date et lieu de naissance, domicile, lorsqu'il est différent du sien, et nationalité du conjoint du gérant associé unique ou du gérant associé majoritaire, ou de la personne qui lui est liée par un pacte civil de solidarité, qui collabore effectivement à son activité dans les conditions définies par l'article R. 121-1 du Code de commerce ;

5° Le cas échéant, qu'elle est bénéficiaire d'un contrat d'appui au projet d'entreprise pour la création ou la reprise d'une activité économique conclu dans les conditions prévues au chapitre VII du titre II du Livre Ier du Code de commerce, en précisant la dénomination sociale de la personne morale responsable de l'appui, l'adresse de son siège social, ainsi que, si elle est immatriculée dans un registre public, le lieu d'immatriculation et le numéro unique d'identification prévu à l'article 3 de la loi du 11 février 1994 susvisée ;

6° L'adresse de son siège social et du premier établissement en France s'il s'agit d'une société étrangère ainsi que, s'il en existe, du ou des établissements secondaires ;

7° Le cas échéant, que la personne morale, dont le représentant légal a installé le siège social à son domicile, use de la faculté ouverte par les dispositions du deuxième alinéa de l'article L. 123-11-1 du Code de commerce ;

8° Le cas échéant, l'adresse et la mention du contrat de domiciliation prévu aux articles R. 123-167 et R. 123-168 du Code de commerce, avec l'indication du nom ou de la dénomination sociale et des références de l'immatriculation principale sur un registre public de l'entreprise domiciliataire ;

9° Le cas échéant, l'existence d'établissements principaux ou secondaires situés et immatriculés dans un autre État membre de l'Union européenne ou partie à l'accord sur l'Espace économique européen ;

10° La ou les activités exercées donnant lieu à immatriculation au répertoire des métiers ;

11° La date de commencement de l'activité ;

12° En cas de reprise du fonds d'une entreprise, les nom, nom d'usage, pseudonyme, prénoms ou la dénomination sociale et le numéro unique d'identification prévu à l'article 3 de la loi du 11 février 1994 susvisée du précédent exploitant ;

13° S'il en est utilisé, le nom professionnel ou commercial et l'enseigne ;

14° Les nom, nom d'usage, pseudonyme, prénoms, date et lieu de naissance, domicile personnel et nationalité, selon le cas, des directeurs généraux, directeurs généraux délégués, membres du directoire, *président du directoire, directeur général unique*, associés et tiers ayant le pouvoir de diriger, gérer ou engager à titre habituel la personne morale, administrateurs, président du conseil d'administration et président du conseil de surveillance, personnes habilitées à représenter l'association vis-à-vis des tiers aux termes des statuts ou, si l'une des personnes mentionnées ci-dessus est une personne morale, sa dénomination sociale et sa forme juridique ;

15° Si elle le souhaite, le nom de domaine de son ou ses sites internet, ainsi que ses coordonnées téléphoniques et électroniques ;

16° Si elle le souhaite, que l'un de ses dirigeants remplit les conditions pour se prévaloir de la qualité d'artisan ou d'artisan d'art ou s'est vu attribuer le titre de maître artisan.

III. – Est un établissement secondaire, au sens du présent décret, tout établissement permanent, distinct du siège social ou du principal établissement, poursuivant une activité figurant dans la liste annexée au présentdécret et dirigé par l'assujetti, un préposé ou une personne ayant le pouvoir d'engager cet établissement vis-à-vis des tiers.

Art. 10 ter *(D. n° 2017-861, 9 mai 2017 ; D. n° 2019-987, 25 sept. 2019)*. – I. – Toute personne physique ou morale soumise à l'obligation d'immatriculation au répertoire des métiers et dont l'activité relève de l'article 16 de la loi du 5 juillet 1996 susvisée indique, dans sa déclaration d'immatriculation, l'identité et la qualité au sein de l'entreprise de la personne exerçant le contrôle effectif et permanent de l'activité ou, à défaut, qu'elle s'engage à recruter un salarié qualifié professionnellement pour assurer ce contrôle.

La déclaration est accompagnée d'une copie du diplôme ou du titre ou de toute pièce justifiant de la qualification professionnelle requise ainsi que, le cas échéant, d'une copie du contrat de travail.

Lorsque la personne immatriculée s'est engagée à recruter un salarié qualifié professionnellement, une copie du contrat de travail et des pièces justifiant de la qualification du salarié est remise au plus tard dans le délai de trois mois à compter de l'immatriculation de l'entreprise.

Le président de la chambre de métiers vérifie, au vu des éléments communiqués, le respect des obligations de qualification.

I *bis*. – Pour être immatriculées, les personnes physiques et morales qui exercent l'activité de transporteur fluvial de marchandises justifient du respect de la condition de capacité professionnelle prévue aux articles R.* 4421-1 et suivants du Code des transports.

II. – Lors de sa demande d'immatriculation, la personne physique ou morale indique, dans sa déclaration, le nombre de ses salariés.

III. – Lors de la demande d'immatriculation, la personne physique ou morale déclare, le cas échéant, qu'elle-même ou son dirigeant relève du régime prévu à l'article L. 613-7 du Code de la sécurité sociale.

IV. – Les éléments déclarés en application du présent article ne font pas l'objet d'une mention au répertoire des métiers.

Art. 11 *(Rempl., D. n° 2006-80, 25 janv. 2006 ; mod., D. n° 2010-1356, 11 nov. 2010 ; D. n° 2013-591, 4 juill. 2013 ; D. n° 2017-861, 9 mai 2017 ; D. n° 2019-987, 25 sept. 2019)*. – I. – Sous sa responsabilité, lors de sa demande d'immatriculation, la personne physique dépose pour être annexée au répertoire des métiers une attestation de délivrance de l'information donnée à son conjoint commun en biens sur les conséquences des dettes contractées dans l'exercice de sa profession sur les biens communs, établie conformément au modèle défini par arrêté du garde des sceaux, ministre de la justice, en application de l'article R. 123-121-1 du Code de commerce.

II. – Lorsqu'il est immatriculé au seul répertoire des métiers ou, en cas de double immatriculation, lorsqu'il a effectué une déclaration d'affectation mentionnée à l'article L. 526-7 du Code de commerce pour inscription au répertoire des métiers, l'entrepreneur individuel à responsabilité limitée dépose, s'il y a lieu, pour être annexé au répertoire des métiers, l'état descriptif prévu à l'article L. 526-8 du Code de commerce ainsi que, le cas échéant, les documents prévus à l'article R. 526-3 du même code.

Lorsque la déclaration d'affectation est effectuée pour inscription au répertoire des métiers, l'entrepreneur dépose à ce même répertoire :

1° Les documents attestant de l'accomplissement des formalités prévues aux articles L. 526-9 et L. 526-11 du Code de commerce en cas d'affectation de biens nouveaux ou de retrait de biens affectés postérieurement à la constitution du patrimoine affecté. Ce dépôt est effectué dans le mois suivant l'affectation ou le retrait. Le président de la chambre adresse au service des impôts dont relève l'entrepreneur une copie de ces documents dans les quinze jours suivant leur dépôt ;

2° Les documents comptables mentionnés à l'article L. 526-14 du même code dans le délai de six mois suivant la clôture de l'exercice.

III. – La personne physique ou morale bénéficiant du contrat d'appui au projet d'entreprise pour la création ou la reprise d'une activité économique conclu dans les conditions prévues au chapitre VII du titre II du livre Ier du Code de commerce dépose une copie de ce contrat au répertoire des métiers pour y être annexée.

Art. 11 bis *(Abr., D. n° 2017-861, 9 mai 2017)*.

Art. 12 *(Mod., D. n° 2006-80, 25 janv. 2006 ; D. n° 2010-1706, 29 déc. 2010 ; D. n° 2013-591, 4 juill. 2013 ; D. n° 2015-810, 2 juill. 2015 ; D. n° 2017-861, 9 mai 2017 ; D. n° 2019-987, 25 sept. 2019)*. – Les personnes immatriculées au répertoire des métiers déclarent au président de la chambre compétente, dans le délai d'un mois, les modifications survenues dans leur situation.

Les personnes physiques déjà immatriculées qui affectent à leur activité professionnelle, en application de l'article L. 526-6 du Code de commerce, un patrimoine séparé de leur patrimoine personnel, déclarent, pour mention au répertoire des métiers, les informations prévues à l'article R. 526-3 du Code de commerce et déposent, s'il y a lieu, les documents mentionnés à l'article 11.

Les personnes physiques ayant effectué une déclaration d'affectation de patrimoine pour inscription au répertoire des métiers en application de l'article L. 526-7 du Code de commerce déclarent, le cas échéant, dans le délai prévu au premier alinéa, l'ensemble des événements et décisions mentionnés aux articles L. 526-15 et L. 526-17 du Code de commerce. La déclaration relative à un patrimoine affecté à une activité professionnelle est présentée par la personne immatriculée au répertoire des métiers ou par les personnes mentionnées aux articles L. 526-15, L. 526-16, premier alinéa, et L. 526-17 du Code de commerce. Le dépôt de la déclaration de reprise mentionnée au second alinéa de l'article L. 526-16 du Code de commerce est effectué par la personne reprenant le patrimoine affecté. La déclaration relative à la cession du patrimoine affecté à une personne morale ou à son apport en société est présentée par le cédant ou l'apporteur.

Par dérogation au premier alinéa, dans le délai de trois mois à compter d'un changement de situation affectant les obligations des personnes immatriculées en matière de qualification professionnelle prévues par l'article 16 de la loi du 5 juillet 1996 susvisée, celles-ci transmettent à la chambre de métiers et de l'artisanat compétente l'identité et la qualité au sein de l'entreprise de la personne exerçant le contrôle effectif et permanent de l'activité ainsi que les pièces justificatives prévues à l'article 10 *ter* du présent décret.

En cas de départ du titulaire de l'attestation de capacité au sein d'une entreprise de transport fluvial de marchandises, la personne physique ou morale immatriculée dispose, par dérogation à l'alinéa précédent et conformément au deuxième alinéa de l'article R. 4421-5 du Code des transports, d'un délai de six mois pour transmettre à la chambre de métiers et de l'artisanat compétente l'identité et la qualité du nouveau titulaire de l'attestation de capacité et les pièces en justifiant. Ce délai est porté à un an, prorogeable de six mois au plus, en cas de décès ou d'incapacité physique ou légale de la personne titulaire de l'attestation de capacité, conformément au premier l'alinéa de l'article R. 4421-5 du Code des transports.

Par dérogation au premier alinéa, les personnes physiques et morales ne déclarent au président de la chambre un changement de leur effectif salarié que lorsqu'est atteint le seuil de deux-cent-cinquante salariés mentionné au quatrième alinéa du I de l'article 19 de la loi du 5 juillet 1996 susvisée et calculé selon les modalités prévues au sixième alinéa du même I. Cette déclaration vaut demande de radiation.

Lorsqu'une personne physique ou morale transfère son principal établissement ou son siège dans le ressort d'une chambre autre que celle où elle est immatriculée, elle déclare ce transfert à sa nouvelle chambre, laquelle effectue les démarches nécessaires à sa nouvelle immatriculation. Les informations complémentaires nécessaires à cette immatriculation sont fournies gratuitement par la chambre précédemment compétente.

Dans le cas où un entrepreneur individuel à responsabilité limitée transfère son principal établissement dans le ressort d'une nouvelle chambre de métiers et de l'artisanat, il indique, conjointement à sa demande de nouvelle immatriculation, le lieu et le registre de son immatriculation antérieure.

La nouvelle chambre de métiers et de l'artisanat demande, dans le délai d'un jour franc ouvrable à compter de la nouvelle immatriculation, à la chambre dans le ressort de laquelle était exercée l'activité de procéder au transfert dans le délai d'un jour franc ouvrable à compter de la réception de sa demande. La chambre de métiers et de l'artisanat antérieurement compétente informe, par tous moyens, l'entrepreneur individuel de ce transfert. Le cas échéant, il est fait application des dispositions du V de l'article 15.

L'immatriculation au répertoire des métiers peut être maintenue pendant un délai maximum d'un an en cas de cessation temporaire d'activité, sur déclaration de la personne immatriculée. Ce délai est renouvelable dans la limite d'un délai maximum de trois ans dans le cas d'un congé parental.

Art. 13 *(Mod., D. n° 2006-80, 25 janv. 2006 ; D. n° 2017-861, 9 mai 2017)*. – Lorsque les personnes immatriculées au répertoire des métiers ne remplissent plus les conditions d'immatriculation, elles demandent leur radiation dans le délai d'un mois.

En cas de décès de la personne immatriculée, la radiation est demandée par les héritiers ou les ayants droit dans le délai de six mois à compter de la date du décès. Toutefois, ces héritiers ou ayants droit, qu'ils envisagent ou non de poursuivre l'exploitation, peuvent demander, à compter de la date du décès et dans les mêmes délais, le maintien provisoire de l'immatriculation pour une durée d'un an renouvelable une fois. En cas de liquidation amiable d'une société immatriculée, la radiation doit être requise à la diligence du liquidateur dans les deux mois de la publication de la clôture de la liquidation.

Art. 14 *(Rempl., D. n° 2006-966, 1er août 2006 ; mod., D. n° 2008-1488, 30 déc. 2008 ; D. n° 2017-861, 9 mai 2017 ; D. n° 2019-987, 25 sept. 2019).* – I. – Sous réserve des dispositions prévues au deuxième alinéa de l'article 13 du présent décret, les demandes sont revêtues de la signature de la personne tenue à l'immatriculation ou de son mandataire qui justifie de son identité et, en ce qui concerne le mandataire, d'une procuration signée de la personne tenue à immatriculation. La procuration peut être fournie en copie lorsqu'il est recouru à une transmission par voie électronique.

La demande d'inscription ou de suppression de la mention de conjoint collaborateur est faite par la personne physique tenue à l'immatriculation.

II. – Toute demande mentionnée au I indique :

1° Les nom, nom d'usage, pseudonyme, prénoms pour les personnes physiques, la dénomination ou la raison sociale pour les personnes morales ;

2° Le numéro unique d'identification prévu à l'article 3 de la loi du 11 février 1994 susvisée ;

3° L'objet de la demande ainsi que la date d'effet de l'évènement la justifiant.

Lorsque plusieurs inscriptions modificatives sont connexes et concernent la même immatriculation, elles peuvent être effectuées sur la même déclaration, dans la mesure où elles sont réalisées dans le délai réglementaire d'un mois.

Une même déclaration peut comprendre une inscription complémentaire et des inscriptions modificatives connexes déclarées dans les délais réglementaires.

III. – Toute demande est accompagnée :

1° Des pièces justifiant les mentions contenues dans la demande ainsi que du respect des conditions d'exercice de son activité. Ces pièces ne sont pas publiques. Leur validité est appréciée à la date de la demande. *(Mots aj. à compter du 1er avril 2021, D. n° 2021-300, 18 mars 2021)* « Un arrêté du ministre chargé de l'artisanat détermine les pièces justificatives susceptibles d'être produites à l'appui de la demande » ;

2° Le cas échéant, des pièces et actes déposés en application de l'article 11 et de toute autre disposition législative ou réglementaire. Ces pièces sont destinées à figurer au dossier annexe à chaque dossier individuel et sont accessibles au public dans les conditions fixées par l'article 21.

Art. 15 *(Rempl., D. n° 2006-80, 25 janv. 2006 ; D. n° 2017-861, 9 mai 2017 ; mod., D. n° 2019-987, 25 sept. 2019 ; D. n° 2019-1080, 23 oct. 2019 ; mod. à compter du 1er avril 2021, D. n° 2021-300, 18 mars 2021).* – I. – Sous réserve des dispositions du V de l'article 16 de la loi du 5 juillet 1996 susvisée et de l'article 35 du Code professionnel local, l'immatriculation est effectuée par le président de la chambre compétente.

Le président procède à l'immatriculation des personnes physiques dans le délai d'un jour ouvrable après la délivrance, par le centre de formalités des entreprises géré par la chambre, du récépissé de dépôt de dossier de création d'entreprise visé à l'article 19-1 de la loi du 5 juillet 1996 susvisée ou dans le délai d'un jour ouvrable qui suit la réception, par la chambre, du dossier complet transmis par le service informatique mentionné à l'article R. 123-30-14 du Code de commerce.

Il procède à l'immatriculation des personnes morales dans le délai d'un jour ouvrable après réception de la notification de l'immatriculation au registre du commerce et des sociétés.

Le président inscrit au répertoire des métiers le numéro unique d'identification prévu à l'article 3 de la loi du 11 février 1994 susvisée attribué par l'Institut national de la statistique et des études économiques en application de l'article R. 123-221 du Code de commerce.

Le président délivre, sans délai et gratuitement, à la personne immatriculée trois extraits de l'immatriculation au répertoire des métiers.

Lorsqu'il est saisi d'une déclaration transmise par le biais du service informatique mentionné à l'article R. 123-30-14 du Code de commerce, le président échange avec ce dernier dans les conditions prévues à l'article R. 123-30-18 du même code.

Le président ne peut pas statuer sur une demande d'immatriculation lorsqu'il exerce la même activité. Dans ce cas, le secrétaire général de la chambre statue sur cette demande.

L'absence de notification d'une décision sur la demande d'immatriculation dans les quinze jours à compter de la réception du dossier complet vaut acceptation de cette demande. Le président est alors tenu de porter cette mention au répertoire des métiers dans le délai franc d'un jour.

II. – L'immatriculation est refusée lorsque la personne ne remplit pas les conditions nécessaires à l'immatriculation, notamment en ce qui concerne le respect des obligations en matière de qualification. Toutefois, lorsque ces conditions sont satisfaites pour une activité donnant lieu à immatriculation, le président procède à l'immatriculation en ne mentionnant que cette activité.

Le refus d'immatriculation ou d'inscription est motivé. Il est notifié par lettre recommandée avec demande d'avis de réception ou par remise en main propre contre récépissé. La notification mentionne la possibilité pour le demandeur de former un recours devant le juge administratif et en précise les modalités.

Lorsqu'il est saisi d'une déclaration transmise par le biais du service informatique mentionné à l'article R. 123-30-14 du Code de commerce, le président échange avec ce dernier dans les conditions prévues par l'article R. 123-30-18 du même code, lequel service en informe le demandeur par voie électronique.

III. – Les radiations, intervenues sur demande de la personne immatriculée ou dans les conditions prévues aux articles 17 *bis* et 17 *ter*, sont effectuées par le président de la chambre compétente. Elles sont notifiées par lettre recommandée avec demande d'avis de réception ou par remise en main propre contre récépissé.

Lorsqu'il est saisi d'une déclaration transmise par le biais du service informatique mentionné à l'article R. 123-30-14 du Code de commerce, le président échange avec ce dernier dans les conditions prévues par l'article R. 123-30-18 du même code, lequel service en informe le demandeur par voie électronique.

IV. – Les personnes qui se sont vu opposer un refus d'immatriculation ou d'inscription ou qui ont été radiées peuvent saisir le préfet en vue de l'application des dispositions prévues au I de l'article 18.

V. – Dans le cas prévu au 7° du I de l'article 10 *bis*, le président de la chambre qui procède à l'inscription au répertoire des métiers d'une déclaration d'affectation effectuée en application de l'article L. 526-7 du Code de commerce en avise sans délai le greffier compétent aux fins de mention au registre du commerce et des sociétés, dans des formes prévues par arrêté conjoint du garde des sceaux, ministre de la justice, et du ministre chargé de l'économie.

Lorsque le président procède à cette inscription sur saisine du service informatique mentionné à l'article R. 123-30-14 du Code de commerce, l'avis au greffier compétent est réalisé par l'intermédiaire de ce service.

VI. – Lorsque ces décisions concernent une personne physique ou morale immatriculée au registre du commerce et des sociétés, le président informe le greffier compétent, aux fins de mise en œuvre des dispositions de l'article R. 123-100 du Code de commerce, de toute immatriculation ou inscription au répertoire des métiers ou de toute radiation de ce répertoire, effectuée sur demande ou d'office, ainsi que de tout refus d'immatriculation ou d'inscription à ce répertoire.

Le président informe également de ces mêmes décisions l'Institut national de la statistique et des études économiques.

Rédaction future. Art. 15 *(Rempl., D. n° 2006-80, 25 janv. 2006 ; D. n° 2017-861, 9 mai 2017 ; mod., D. n° 2019-987, 25 sept. 2019 ; D. n° 2019-1080, 23 oct. 2019 ; mod. à compter du 1er avril 2021, D. n° 2021-300, 18 mars 2021 ; mod. à compter du 1er janvier 2023, D. n° 2021-300, 18 mars 2021).* **–** I. – Sous réserve des dispositions du V de l'article 16 de la loi du 5 juillet 1996 susvisée et de l'article 35 du Code professionnel local, l'immatriculation est effectuée par le président de la chambre compétente.

Le président procède à l'immatriculation des personnes physiques dans le délai d'un jour ouvrable qui suit la réception, par la chambre, du dossier complet transmis par l'organisme unique mentionné à l'article R. 123-1 du Code de commerce.

Il procède à l'immatriculation des personnes morales dans le délai d'un jour ouvrable après réception de la notification de l'immatriculation au registre du commerce et des sociétés transmise par l'organisme unique.

Le président inscrit au répertoire des métiers le numéro unique d'identification prévu à l'article L. 123-34 du Code de commerce attribué par l'Institut national de la statistique et des études économiques en application de l'article R. 123-221 du même code et obtenu auprès de l'organisme unique mentionné à l'article R. 123-1 du même code.

Le président porte à la connaissance de l'organisme unique mentionné à l'article R. 123-1 du Code de commerce les informations et pièces indiquées à l'article R. 123-7 du même code, dans les conditions prévues par ce même article et délivre, sans délai et gratuitement, à la personne immatriculée trois extraits de l'immatriculation au répertoire des métiers.

Le président ne peut pas statuer sur une demande d'immatriculation lorsqu'il exerce la même activité. Dans ce cas, le secrétaire général de la chambre statue sur cette demande.

L'absence de notification d'une décision sur la demande d'immatriculation dans les quinze jours à compter de la réception du dossier complet vaut acceptation de cette demande. Le président est alors tenu de porter cette mention au répertoire des métiers dans le délai franc d'un jour.

II. – L'immatriculation est refusée lorsque la personne ne remplit pas les conditions nécessaires à l'immatriculation, notamment en ce qui concerne le respect des obligations en matière de qualification. Toutefois, lorsque ces conditions sont satisfaites pour une activité donnant lieu à immatriculation, le président procède à l'immatriculation en ne mentionnant que cette activité.

Le refus d'immatriculation ou d'inscription est motivé. Cette décision et ces motifs sont portés à la connaissance de l'organisme unique dans les conditions prévues par l'article R. 123-7 du Code de commerce. La notification au demandeur est réalisée par l'organisme unique par voie électronique, mentionne la possibilité pour le demandeur de former un recours devant le juge administratif et en précise les modalités.

III. – Les radiations, intervenues sur demande de la personne immatriculée ou dans les conditions prévues aux articles 17 *bis* et 17 *ter*, sont effectuées par le président de la chambre compétente. Elles sont portées à la connaissance de l'organisme unique susvisé dans les conditions prévues par l'article R. 123-7 du Code de commerce. Elles font l'objet d'une notification par voie électronique à la personne immatriculée par l'organisme unique.

IV. – Les personnes qui se sont vu opposer un refus d'immatriculation ou d'inscription ou qui ont été radiées peuvent saisir le préfet en vue de l'application des dispositions prévues au I de l'article 18.

V. – Dans le cas prévu au 7° du I de l'article 10 *bis*, le président de la chambre qui procède à l'inscription au répertoire des métiers d'une déclaration d'affectation effectuée en application de l'article L. 526-7 du Code de commerce en avise sans délai et par voie électronique, par l'intermédiaire de l'organisme unique, le greffier compétent aux fins de mention au registre du commerce et des sociétés.

VI. – Lorsque ces décisions concernent une personne physique ou morale immatriculée au registre du commerce et des sociétés, le président informe le greffier compétent par l'intermédiaire de l'organisme unique, aux fins de mise en œuvre des dispositions de l'article R. 123-100 du Code de commerce, de toute immatriculation ou inscription au répertoire des métiers ou de toute radiation de ce répertoire, effectuée sur demande ou d'office, ainsi que de tout refus d'immatriculation ou d'inscription à ce répertoire.

Le président informe également de ces mêmes décisions et selon les mêmes modalités l'Institut national de la statistique et des études économiques.

Art. 15 *bis* *(D. n° 2006-80, 25 janv. 2006 ; D. n° 2010-1356, 11 nov. 2010 ; D. n° 2010-1706, 29 déc. 2010 ; D. n° 2013-591, 4 juill. 2013)*. **– Lorsque le président de la chambre est informé par une autorité administrative ou judiciaire de ce que l'évolution de la situation d'une personne immatriculée nécessiterait de compléter ou de modifier les mentions la concernant figurant au répertoire, il invite la personne intéressée à s'acquitter de ses obligations déclaratives. Si l'intéressée ne défère pas à cette invitation dans le délai d'un mois, le président inscrit d'office les modifications appropriées au dossier individuel de la personne** *(Mots suppr. à compter du 1er janvier 2020, D. n° 2019-987, 25 sept. 2019)* **« ... ».**

(Al. rempl. à compter du 1er janvier 2020, D. n° 2019-987, 25 sept. 2019) **Lorsque le président est informé par le greffier qu'une personne physique également immatriculée au répertoire des métiers a effectué à raison de la même activité une déclaration d'affectation de patrimoine pour inscription au registre du commerce et des sociétés en application de l'article L. 526-7 du Code de commerce, il procède d'office à la mention de cette déclaration.**

(Al. créé à compter du 1er juillet 2017, D. n° 2017-861, 9 mai 2017) **Lorsqu'il est informé de ce qu'une personne remplit les conditions pour se prévaloir de la qualité d'artisan ou d'artisan d'art, le président procède d'office à la mention de cette qualité. Il procède de même lorsque la qualité d'artisan ou d'artisan d'art est attribuée conformément aux articles 5 et 5 *bis* ou lorsque le titre de maître artisan est attribué à une personne physique ou au dirigeant d'une personne morale immatriculée.**

Rédaction future. Art. 15 *bis* *(Créé, D. n° 2006-80, 25 janv. 2006 ; mod., D. n° 2010-1356, 11 nov. 2010 ; D. n° 2010-1706, 29 déc. 2010 ; D. n° 2013-591, 4 juill. 2013 ; D. n° 2017-861, 9 mai 2017 ; D. n° 2019-987, 25 sept. 2019 ; mod. à compter du 1er janvier 2023, D. n° 2021-300, 18 mars 2021)*. – Lorsque le président de la chambre est informé par une autorité administrative ou judiciaire de ce que l'évolution de la situation d'une personne immatriculée nécessiterait de compléter ou de modifier les mentions la concernant figurant au répertoire, il invite la personne intéressée à s'acquitter de ses obligations déclaratives. Si l'intéressée ne défère pas à cette invitation dans le délai d'un mois, le président inscrit d'office les modifications appropriées au dossier individuel de la personne, en procédant à une déclaration à l'organisme unique mentionné à l'article R. 123-1 du Code de commerce, dans les conditions prévues au même article.

Lorsque le président est informé par l'organisme unique qu'une personne physique également immatriculée au répertoire des métiers a effectué à raison de la même activité une déclaration d'affectation de patrimoine pour inscription au registre du commerce et des sociétés en application de l'article L. 526-7 du Code de commerce, il procède d'office à la mention de cette déclaration.

Lorsqu'il est informé de ce qu'une personne remplit les conditions pour se prévaloir de la qualité d'artisan ou d'artisan d'art, le président procède d'office à la mention de cette qualité par une déclaration à l'organisme unique. Il procède de même lorsque la qualité d'artisan ou d'artisan d'art est attribuée conformément aux articles 5 et 5 *bis* ou lorsque le titre de maître artisan est attribué à une personne physique ou au dirigeant d'une personne morale immatriculée.

VI. – COMMERCE ÉLECTRONIQUE

Loi n° 2004-575 du 21 juin 2004
pour la confiance dans l'économie numérique
(JO 22 juin 2004)

TITRE II. – DU COMMERCE ÉLECTRONIQUE

CHAPITRE PREMIER. – PRINCIPES GÉNÉRAUX

Art. 14. – Le commerce électronique est l'activité économique par laquelle une personne propose ou assure à distance et par voie électronique la fourniture de biens ou de services.

Entrent également dans le champ du commerce électronique les services tels que ceux consistant à fournir des informations en ligne, des communications commerciales et des outils de recherche, d'accès et de récupération de données, d'accès à un réseau de communication ou d'hébergement d'informations, y compris lorsqu'ils ne sont pas rémunérés par ceux qui les reçoivent.

Une personne est regardée comme étant établie en France au sens du présent chapitre lorsqu'elle s'y est installée d'une manière stable et durable pour exercer effectivement son activité, quel que soit, s'agissant d'une personne morale, le lieu d'implantation de son siège social.

Art. 15. – I. – Toute personne physique ou morale exerçant l'activité définie au premier alinéa de l'article 14 est responsable de plein droit à l'égard de l'acheteur de la bonne exécution des obligations résultant du contrat, que ces obligations soient à exécuter par elle-même ou par d'autres prestataires de services, sans préjudice de son droit de recours contre ceux-ci.

Toutefois, elle peut s'exonérer de tout ou partie de sa responsabilité en apportant la preuve que l'inexécution ou la mauvaise exécution du contrat est imputable, soit à l'acheteur, soit au fait, imprévisible et insurmontable, d'un tiers étranger à la fourniture des prestations prévues au contrat, soit à un cas de force majeure.

II. – V. C. consom., art. L. 121-20-3.

Art. 16. – I. – L'activité définie à l'article 14 s'exerce librement sur le territoire national à l'exclusion des domaines suivants :

1° Les jeux d'argent, y compris sous forme de paris et de loteries, légalement autorisés ;

2° Les activités de représentation et d'assistance en justice ;

3° Les activités exercées par les notaires en application des dispositions de l'article 1er de l'ordonnance n° 45-2590 du 2 novembre 1945 relative au statut du notariat.

II. – En outre, lorsqu'elle est exercée par des personnes établies dans un État membre de la Communauté européenne autre que la France, l'activité définie à l'article 14 est soumise au respect :

1. Des dispositions relatives au libre établissement et à la libre prestation des services à l'intérieur de la Communauté européenne dans le domaine de l'assurance, prévues aux articles L. 361-1 à L. 364-1 du Code des assurances ;

2. Des dispositions relatives à la publicité et au démarchage des organismes de placement collectif en valeurs mobilières, prévues à *l'article* L. 214-12 du Code monétaire et financier ;

3. Des dispositions relatives aux pratiques anticoncurrentielles et à la concentration économique, prévues aux titres II et III du livre IV du Code de commerce ;

4. Des dispositions relatives à l'interdiction ou à l'autorisation de la publicité non sollicitée envoyée par courrier électronique ;

5. Des dispositions du Code général des impôts ;

6. Des droits protégés par le Code de la propriété intellectuelle.

Art. 17. – L'activité définie à l'article 14 est soumise à la loi de l'État membre sur le territoire duquel la personne qui l'exerce est établie, sous réserve de la commune intention de cette personne et de celle à qui sont destinés les biens ou services.

L'application de l'alinéa précédent ne peut avoir pour effet :

1° De priver un consommateur ayant sa résidence habituelle sur le territoire national de la protection que lui assurent les dispositions impératives de la loi française relatives aux obligations contractuelles, conformément aux engagements internationaux souscrits par la France. Au sens du présent article, les dispositions relatives aux obligations contractuelles comprennent les dispositions applicables aux éléments du contrat, y compris celles qui définissent les droits du consommateur, qui ont une influence déterminante sur la décision de contracter ;

2° De déroger aux règles de forme impératives prévues par la loi française pour les contrats créant ou transférant des droits sur un bien immobilier situé sur le territoire national ;

3° De déroger aux règles déterminant la loi applicable aux contrats d'assurance pour les risques situés sur le territoire d'un ou plusieurs États parties à l'accord sur l'Espace économique européen et pour les engagements qui y sont pris, prévues aux articles L. 181-1 à L. 183-2 du Code des assurances.

Art. 18 *(Abr., L. n° 2014-344, 17 mars 2014).*

Art. 19 *(Mod., L. n° 2008-3, 3 janv. 2008 ; L. n° 2011-525, 17 mai 2011).* – Sans préjudice des autres obligations d'information prévues par les textes législatifs et réglementaires en vigueur, toute personne qui exerce l'activité définie à l'article 14 est tenue d'assurer à ceux à qui est destinée la fourniture de biens ou la prestation de services un accès facile, direct et permanent utilisant un standard ouvert aux informations suivantes :

1° S'il s'agit d'une personne physique, ses nom et prénoms et, s'il s'agit d'une personne morale, sa raison sociale ;

2° L'adresse où elle est établie, son adresse de courrier électronique, ainsi que des coordonnées téléphoniques permettant d'entrer effectivement en contact avec elle ;

3° Si elle est assujettie aux formalités d'inscription au registre du commerce et des sociétés ou au répertoire des métiers, le numéro de son inscription, son capital social et l'adresse de son siège social ;

4° Si elle est assujettie à la taxe sur la valeur ajoutée et identifiée par un numéro individuel en application de l'article 286 *ter* du Code général des impôts, son numéro individuel d'identification ;

5° Si son activité est soumise à un régime d'autorisation, le nom et l'adresse de l'autorité ayant délivré celle-ci ;

6° Si elle est membre d'une profession réglementée, la référence aux règles professionnelles applicables, son titre professionnel, l'État membre dans lequel il a été octroyé ainsi que le nom de l'ordre ou de l'organisme professionnel auprès duquel elle est inscrite.

Toute personne qui exerce l'activité définie à l'article 14 doit, même en l'absence d'offre de contrat, dès lors qu'elle mentionne un prix, indiquer celui-ci de manière claire et non ambiguë, et notamment si les taxes et les frais de livraison sont inclus. Le présent alinéa s'applique sans préjudice des dispositions régissant les pratiques commerciales trompeuses prévues à l'article L. 121-1 du Code de la consommation, ni des obligations d'information sur les prix prévues par les textes législatifs et réglementaires en vigueur.

(Al. rempl. à compter du 1er juillet 2016, Ord. n° 2016-301, 14 mars 2016) Les infractions aux dispositions du présent article sont recherchées et constatées par les agents mentionnés aux articles L. 511-3 et L. 511-21 du Code de la consommation dans les conditions prévues à l'article L. 511-7 du même code.

CHAPITRE II. – LA PUBLICITÉ PAR VOIE ÉLECTRONIQUE

Art. 20 *(Mod., L. n° 2008-3, 3 janv. 2008).* – Toute publicité, sous quelque forme que ce soit, accessible par un service de communication au public en ligne, doit pouvoir être clairement identifiée comme telle. Elle doit rendre clairement identifiable la personne physique ou morale pour le compte de laquelle elle est réalisée.

L'alinéa précédent s'applique sans préjudice des dispositions réprimant les pratiques commerciales trompeuses prévues à l'article L. 121-1 du Code de la consommation.

Voir aussi : C. consom., art. L. 121-15-1 à L. 121-15-3, L. 121-20-4, L. 121-20-5, L. 121-27 et L. 134-2.
C. civ., art. 1108-1 et 1108-2, 1369-1 à 1369-3.

VII. – PUBLICITÉ

Loi n° 93-122 du 29 janvier 1993

relative à la prévention de la corruption et à la transparence de la vie économique et des procédures publiques

(JO 30 janv. 1993)

CHAPITRE II. – PRESTATIONS DE PUBLICITÉ

Art. 20 *(Mod., L. n° 2015-990, 6 août 2015).* – **Tout achat d'espace publicitaire, sur quelque support que ce soit, ou de prestation ayant pour objet l'édition ou la distribution d'imprimés publicitaires ne peut être réalisé par un intermédiaire que pour le compte d'un annonceur et dans le cadre d'un contrat écrit demandat.**

Ce contrat fixe les conditions de la rémunération du mandataire en détaillant, s'il y a lieu, les diverses prestations qui seront effectuées dans le cadre de ce contrat de mandat et le montant de leur rémunération respective. Il mentionne également les autres prestations rendues par l'intermédiaire en dehors du contrat de mandat et le montant global de leur rémunération. Tout rabais ou avantage tarifaire de quelque nature que ce soit accordé par le vendeur doit figurer sur la facture délivrée à l'annonceur et ne peut être conservé en tout ou partie par l'intermédiaire qu'en vertu d'une stipulation expresse du contrat de mandat.

Même si les achats mentionnés au premier alinéa ne sont pas payés directement par l'annonceur au vendeur, la facture est communiquée directement par ce dernier à l'annonceur.

1) Exigence d'un écrit. Violе l'article 20 une cour d'appel qui détermine la rémunération due à une agence, en exécution d'un contrat de collaboration concernant une campagne publicitaire, en se référant à des documents extérieurs au contrat écrit, lequel ne satisfaisait pas aux exigences légales (■ Cass. 1re civ., 24 févr. 1998, n° 95-21.591 : *JurisData* n° 1998-000819 ; *RJDA* 7/1998, n° 917).

2) Exigence d'une facture. Si l'annonceur est, par l'effet du mandat, partie aux contrats d'achats d'espaces publicitaires conclus en son nom et pour son compte, le non-respect de l'obligation de communication des factures par le vendeur d'espaces publicitaires résultant de l'article 20, alinéa 3, de la loi n° 93-122 du 29 janvier 1993 n'est pas de nature à priver ce dernier des droits qu'il tient de ces contrats (■ Cass. com., 4 oct. 2011, n° 10-24.810 : *JurisData* n° 2011-021048 ; *Bull. civ.* IV, n° 149).

Art. 21. – **Le mandataire mentionné au premier alinéa de l'article 20 ne peut ni recevoir d'autre paiement que celui qui lui est versé par son mandant pour la rémunération de l'exercice de son mandat ni aucune rémunération ou avantage quelconque de la part du vendeur.**

Art. 22. – **Le prestataire qui fournit des services de conseil en plan média ou de préconisation de support d'espace publicitaire ne peut recevoir aucune rémunération ni avantage quelconque de la part du vendeur d'espace.**

Art. 23. – **Le vendeur d'espace publicitaire en qualité de support ou de régie rend compte directement à l'annonceur dans le mois qui suit la diffusion du message publicitaire des conditions dans lesquelles les prestations ont été effectuées.**

En cas de modification devant intervenir dans les conditions de diffusion du message publicitaire, le vendeur d'espace publicitaire avertit l'annonceur et recueille son accord sur les changements prévus. Il lui rend compte des modifications intervenues.

Dans le cas où l'achat d'espace publicitaire est effectué par l'intermédiaire d'un mandataire, les obligations prévues à l'alinéa précédent incombent tant au vendeur à l'égard du mandataire qu'au mandataire à l'égard de l'annonceur.

(Al. créé, L. n° 2015-990, 6 août 2015) **Dans le secteur de la publicité digitale, les modalités d'application des obligations de compte rendu définies aux premier et troisième alinéas du présent article sont précisées par décret en Conseil d'État.**

Art. 24. – **Toute personne qui fournit des services de conseil en plan média ou de préconisation de support d'espace publicitaire doit indiquer dans ses conditions générales de vente les liens financiers qu'elle entretient ou que son groupe entretient avec des vendeurs mentionnés à l'article 20, en précisant le montant de ces participations.**

Art. 25 *(Mod., L. n° 2011-525, 17 mai 2011 ; Ord. n° 2019-698, 3 juill. 2019).* – 1° Est puni d'une amende de 30 000 euros le fait :

a) Pour tout annonceur ou tout intermédiaire de ne pas rédiger de contrat écrit conforme aux dispositions des deux premiers alinéas de l'article 20 ;

b) Pour la personne qui fournit des services de conseil en plan média ou de préconisation de support d'espace publicitaire, de ne pas indiquer dans ses conditions générales de vente les informations prévues à l'article 24.

2° Est puni des sanctions prévues à l'article L. 441-9 du Code de commerce, le fait pour un vendeur de ne pas communiquer directement la facture à l'annonceur conformément aux dispositions du troisième alinéa de l'article 20.

3° Est puni d'une amende de 300 000 euros le fait :

a) Pour toute personne qui fournit des services de conseil en plan média ou de préconisation de support d'espace publicitaire, de préconiser ou de réaliser un achat d'espace publicitaire, pour le compte d'un annonceur, auprès d'un vendeur d'espace publicitaire avec lequel elle entretient ou avec lequel son groupe entretient des liens financiers, en donnant sciemment à cet annonceur des informations fausses ou trompeuses sur les caractéristiques ou sur le prix de vente de l'espace publicitaire du support préconisé ou des supports qui lui sont substituables ;

b) Pour tout mandataire mentionné à l'article 20, de recevoir une rémunération ou un avantage quelconque d'autres personnes que son mandant ;

c) Pour tout vendeur mentionné à l'article 20, d'accorder une rémunération ou un avantage quelconque au mandataire ou au prestataire de l'annonceur ;

d) Pour toute personne qui fournit des services de conseil en plan média ou de préconisation de support d'espace publicitaire, de recevoir une rémunération ou un avantage quelconque de la part du vendeur d'espace publicitaire.

Pour les infractions prévues aux 1°, 2° et 3° ci-dessus, les personnes morales peuvent être déclarées responsables, conformément à l'article 121-2 du Code pénal. Elles encourent également la peine d'exclusion des marchés publics, pour une durée de cinq ans au plus, en application du 5° de l'article 131-39 du Code pénal.

Les fonctionnaires désignés à l'article L. 450-1 du Code de commerce peuvent procéder aux enquêtes nécessaires à l'application du présent chapitre selon les modalités prévues aux articles L. 450-2 à L. 450-4, L. 450-7 et L. 450-8 du même code.

Art. 26. – Pour l'application des articles 20 à 25 de la présente loi, la régie publicitaire est considérée comme vendeur d'espace.

Le mandataire mentionné à l'article 20 n'est pas considéré comme agent commercial au sens de l'article 1er de la loi n° 91-593 du 25 juin 1991 relative aux rapports entre les agents commerciaux et leurs mandants.

L'expression « achat d'espace publicitaire » n'a pas pour effet de limiter la responsabilité du directeur de publication établie par la loi du 29 juillet 1881 sur la liberté de la presse.

Art. 27. – Les dispositions du présent chapitre s'appliquent quel que soit le lieu d'établissement de l'intermédiaire, dès lors que le message publicitaire est réalisé au bénéfice d'une entreprise française et qu'il est principalement reçu sur le territoire français.

Voir également : L. n° 2004-575, 21 juin 2004, art. 20, préc. *in* I.

Décret n° 2017-159 du 9 février 2017
relatif aux prestations de publicité digitale

Art. 1er. – Le présent décret s'applique, pour l'application de l'article 23 de la loi du 29 janvier 1993 susvisée, aux prestations de publicité digitale entendues comme celles ayant pour objet la diffusion de messages sur tous supports connectés à internet tels qu'ordinateurs, tablettes, téléphones mobiles, téléviseurs et panneaux numériques.

Art. 2. – S'agissant des prestations de publicité digitale mentionnées à l'article 1er, à l'exception de celles définies à l'article 3 ci-dessous, le compte rendu communiqué par le vendeur d'espace publicitaire à l'annonceur précise la date et les emplacements de diffusion des annonces, le prix global de la campagne ainsi que le prix unitaire des espaces publicitaires facturés.

Les sites ou ensemble des sites internet sur lesquels les annonces sont diffusées peuvent être regroupés en fonction de leur nature ou de leurs contenus éditoriaux.

Art. 3. – Pour les campagnes de publicité digitale qui s'appuient sur des méthodes d'achat de prestations en temps réel sur des espaces non garantis, notamment par des mécanismes d'enchères, pour lesquelles les critères déterminants de l'achat sont le profil de l'internaute et l'optimisation de la performance du message, le vendeur d'espace publicitaire communique à l'annonceur un compte rendu comportant au moins les informations suivantes :

1° Au titre des informations permettant de s'assurer de l'exécution effective des prestations et de leurs caractéristiques :

a) L'univers de diffusion publicitaire, entendu comme les sites ou l'ensemble de sites internet qui peuvent être regroupés en fonction de leur nature ou de leurs contenus éditoriaux ;

b) Le contenu des messages publicitaires diffusés ;

c) Les formats utilisés ;

d) Le résultat des prestations au regard du ou des indicateurs de performance convenus lors de l'achat des prestations, tels que le nombre d'affichages publicitaires réalisés (par exemple « impressions », « pages vues »), le nombre d'interactions intervenues entre l'internaute et les affichages publicitaires (par exemple « clics », « actions ») ou toute autre unité de mesure justifiant l'exécution des prestations ;

e) Le montant global facturé pour une même campagne publicitaire et, le cas échéant, tout autre élément, convenu avec l'annonceur, relatif au prix des espaces ;

2° Au titre des informations permettant de s'assurer de la qualité technique des prestations :

a) Les outils technologiques, les compétences techniques ainsi que les prestataires techniques engagés dans la réalisation des prestations ;

b) L'identification des acteurs de conseil, distincts des prestataires de technologie numérique, impliqués dans la réalisation des prestations ;

c) Les résultats obtenus par rapport aux objectifs qualitatifs définis par l'annonceur ou son mandataire avant le lancement de la campagne tels que le ciblage, l'optimisation, ou l'efficacité ;

3° Au titre des informations sur les moyens mis en œuvre pour protéger l'image de la marque de l'annonceur, toutes les mesures mises en œuvre, y compris les outils technologiques, pour éviter la diffusion de messages publicitaires sur des supports illicites ou dans des univers de diffusion signalés par l'annonceur comme étant préjudiciables à l'image de sa marque et à sa réputation ;

4° Le cas échéant, les conditions de mise en œuvre des engagements souscrits dans le cadre de chartes de bonnes pratiques applicables au secteur de la publicité digitale.

En outre, l'annonceur pourra avoir accès aux outils de compte rendu mis, le cas échéant, à la disposition du mandataire.

Art. 4. – Les dispositions du présent décret ne s'appliquent pas aux vendeurs d'espaces publicitaires établis dans un autre État membre de l'Union européenne ou partie à l'Espace économique européen lorsqu'ils sont soumis, en application de dispositions du droit national de cet État, à des obligations équivalentes en matière de compte rendu.

Art. 5. – Les dispositions du présent décret sont applicables le 1er janvier 2018.

VIII. – CONCESSION IMMOBILIÈRE

Loi n° 67-1253 du 30 décembre 1967

d'orientation foncière

(JO 3 et rect. 12 janv. 1968)

TITRE III. – DE L'ACTION DES PROPRIÉTAIRES PRIVÉS

....

CHAPITRE VI. – DES CONCESSIONS IMMOBILIÈRES

Bibliographie : Boccara, *La concession immobilière : JCP* 1969, I, 2245. • Boulanger, *Un des nouveaux aspects des métamorphoses du droit au bail : la concession immobilière de la loi du 30 décembre 1967 : D.* 1968, 99. • Viatte, *Un nouveau type de location : la concession immobilière : Rev. loyers* 1968, 96.

Art. 48. – La concession immobilière est le contrat par lequel le propriétaire d'un immeuble ou partie d'immeuble, bâti ou non bâti, en confère la jouissance à une personne dénommée concessionnaire, pour une durée de vingt années au minimum et moyennant le paiement d'une redevance annuelle.

La concession immobilière est consentie par ceux qui ont la capacité de disposer ; elle fait l'objet d'un acte authentique, publié au fichier immobilier, et qui doit comporter une référence expresse aux dispositions du présent chapitre. Elle ne peut se prolonger par tacite reconduction.

La redevance est révisable selon les modalités prévues par le contrat.

Art. 49. – Il est dû garantie au concessionnaire pour tous les vices ou défauts de l'immeuble concédé qui en empêchent ou en restreignent l'usage, même si le propriétaire ne les a pas connus lors de la conclusion du contrat.

Art. 50. – Le concessionnaire a le droit de donner au bien qu'il a reçu en concession toute destination de son choix sous réserve des stipulations contractuelles tendant à assurer que cette destination est compatible avec la nature de l'immeuble, qu'elle ne porte pas préjudice à l'organisation générale de l'ensemble dans lequel il se situe, et qu'elle ne déroge pas à la règle prévue à l'article 56 ci-après.

Il peut, à la condition d'en informer préalablement le propriétaire, apporter au bien concédé tout aménagement ou modification nécessité par l'exercice de son activité ou la transformation de celle-ci, lorsque leur réalisation n'intéresse pas d'autres parties de l'immeuble affectées à usage privatif, ou ne risque pas de compromettre le bon aspect ou la solidité de l'immeuble. Le propriétaire ne peut s'y opposer, si ce n'est pour un motif sérieux et légitime.

Il peut faire toute construction qu'il estime nécessaire sous réserve des dispositions incluses au contrat.

Art. 51. – Le concessionnaire peut céder tout ou partie de ses droits à un tiers. Le contrat peut stipuler qu'un droit préférentiel d'acquisition sera reconnu au propriétaire, et que, à défaut d'accord amiable, celui-ci pourra demander en justice la fixation du prix de cession.

Le concessionnaire peut également, si la concession porte sur un bien à usage commercial, industriel ou artisanal, concéder son fonds de commerce en location-gérance dans les conditions prévues par la loi n° 56-277 du 20 mars 1956. Aucun autre droit d'occupation ne peut être accordé à un tiers par le concessionnaire.

Le droit à la concession immobilière est susceptible d'être compris dans un nantissement prévu par la loi du 17 mars 1909, lorsqu'il porte sur un bien à usage commercial, industriel ou artisanal.

Art. 52. – Le concessionnaire répond des dégradations qui arrivent pendant sa jouissance, à moins qu'il ne prouve qu'elles ont eu lieu sans sa faute.

Il peut être stipulé dans le contrat que le concessionnaire est tenu à tout ou partie des charges d'entretien et de réparation. Lorsqu'il ne remplit pas cette obligation, le propriétaire peut exécuter les travaux et lui en réclamer le remboursement, sans préjudice de la résiliation éventuelle du contrat conformément à l'article 53.

Art. 53. – Si pendant la durée de la concession, l'immeuble est détruit en totalité par cas fortuit, la concession est résiliée de plein droit. S'il n'est détruit qu'en partie, le concessionnaire peut demander une diminution de la redevance, ou la résiliation de la concession. Dans l'un et l'autre cas, il n'y a lieu à aucune indemnité.

La concession immobilière peut être résiliée à tout moment par accord entre les parties.

La concession immobilière peut également être résiliée par le concessionnaire pendant les six premières années, à charge pour lui de donner un préavis de six mois. La résiliation est de droit et ne donne lieu à aucune indemnité.

Le propriétaire peut aussi résilier la concession si les biens qui font l'objet de la concession immobilière font partie d'un ensemble qui doit être démoli en vue de la réalisation d'une construction.

(Al. mod. à compter du 1er octobre 2016, Ord. n° 2016-131, 10 févr. 2016) En dehors des cas visés aux alinéas précédents, la concession peut être résiliée dans les conditions prévues aux articles 1224 à 1230 du Code civil.

La concession n'est pas résolue par un changement dans la personne du propriétaire ou du concessionnaire, même par décès, ni par la faillite de l'un d'eux.

Art. 54. – Sauf dans les cas visés aux premier et troisième alinéas de l'article 53, et à moins qu'il n'en soit *dispensé en tout ou partie par un accord amiable* intervenu dans les conditions prévues au deuxième alinéa dudit article, le propriétaire est tenu, quelle que soit la cause qui a mis fin à la concession, de rembourser au concessionnaire quittant les lieux le coût des constructions et ouvrages faits par lui, apprécié à la date de sa sortie, mais seulement dans la limite de l'augmentation de la valeur de l'immeuble qui en résulte.

Toutefois, les stipulations contractuelles peuvent fixer des règles d'indemnisation particulières pour les constructions et ouvrages entrepris pendant les cinq dernières années de validité du contrat.

Art. 55. – Les privilèges et charges de toutes natures nés du chef du concessionnaire s'éteignent à la fin de la concession.

Les droits des créanciers dont la sûreté est ainsi éteinte sont reportés sur l'indemnité éventuellement due par le propriétaire au concessionnaire, compte tenu du rang de préférence attaché à ces droits par les textes qui les régissent, sans préjudice des recours qui pourraient être, le cas échéant, exercés pour le surplus contre le concessionnaire.

Art. 56 *(Mod., Ord. n° 2019-964, 18 sept. 2019)*. – Dans le cas où, à l'expiration du contrat, la concession d'un immeuble à usage commercial, industriel ou artisanal n'aurait pas été renouvelée par suite du refus du propriétaire, celui-ci ne peut, pendant les cinq années suivant cette expiration, ni se livrer dans l'immeuble concédé à une activité analogue à celle exercée par le concessionnaire, ni conférer ce droit à autrui. Toutefois, le tribunal judiciaire peut autoriser, aux conditions qu'il détermine, le propriétaire à passer outre à cette interdiction si la poursuite de l'activité antérieurement exercée par le concessionnaire est indispensable à l'approvisionnement en biens de première nécessité des personnes résidant dans l'ensemble immobilier dans lequel le local est implanté ou si, du fait des aménagements dont le coût a été supporté par le propriétaire, le local ne se prête qu'à l'exercice d'une seule activité.

Art. 57. – Les dispositions législatives relatives aux contrats de louage ne sont pas applicables aux contrats de concession immobilière.

Art. 58. – Sont réputées non écrites, quelle qu'en soit la forme, les stipulations incluses dans un contrat de concession immobilière qui auraient pour effet de faire échec aux dispositions du présent chapitre.

Art. 59. – Sont réputés sans cause :

Tout versement d'argent ou de valeur, en sus de la redevance et des charges et prestations, fait par le concessionnaire en contrepartie ou à l'occasion de la conclusion d'un contrat de concession immobilière ;

L'obligation pour le concessionnaire de fournir des prestations étrangères à l'aménagement des locaux ;

Tout versement d'argent ou de valeur fait à un concessionnaire ou à des ayants cause, en contrepartie de la libération totale ou partielle des lieux donnés en concession.

Les sommes indûment perçues sont sujettes à répétition. Le coût des prestations indûment fournies est sujet à remboursement par le propriétaire.

Est toutefois autorisée la constitution d'un dépôt de garantie n'excédant pas le montant de six mois de redevance.

Art. 60. – La concession immobilière ne peut s'appliquer, lorsqu'il s'agit d'immeubles bâtis, qu'à ceux qui auront été construits ou achevés postérieurement à l'entrée en vigueur de la présente loi.

Toutefois, les immeubles visés à l'article 14 de la présente loi peuvent faire l'objet de contrats de concession immobilière quelle que soit leur date de construction.

IX. – ENTREMISE ET GESTION D'IMMEUBLE ET FONDS DE COMMERCE

Loi n° 70-9 du 2 janvier 1970

réglementant les conditions d'exercice des activités relatives à certaines opérations portant sur les immeubles et les fonds de commerce (1)

(JO 4 janv. 1970)

TITRE PREMIER. – DE L'EXERCICE DES ACTIVITÉS D'ENTREMISE ET DE GESTION DES IMMEUBLES ET FONDS DE COMMERCE

(Intitulé mod., Ord. n° 2004-634, 1er juill. 2004)

Art. 1er *(Mod., L. n° 94-624, 21 juill. 1994 ; L. n° 98-566, 8 juill. 1998 ; Ord. n° 2004-634, 1er juill. 2004 ; L. n° 2014-366, 24 mars 2014)*. – Les dispositions de la présente loi s'appliquent aux personnes physiques ou

(1) Dispositions non applicables aux avocats, D. n° 72-783, 25 août 1972.

ANNEXE 1

morales qui, d'une manière habituelle, se livrent ou prêtent leur concours, même à titre accessoire, aux opérations portant sur les biens d'autrui et relatives à :

1° L'achat, la vente, la recherche, l'échange, la location ou sous-location, saisonnière ou non, en nu ou en meublé d'immeubles bâtis ou non bâtis ;

2° L'achat, la vente ou la location-gérance de fonds de commerce ;

3° La cession d'un cheptel mort ou vif ;

4° La souscription, l'achat, la vente d'actions ou de parts de sociétés immobilières ou de sociétés d'habitat participatif donnant vocation à une attribution de locaux en jouissance ou en propriété ;

5° L'achat, la vente de parts sociales non négociables lorsque l'actif social comprend un immeuble ou un fonds de commerce ;

6° La gestion immobilière ;

7° À l'exclusion des publications par voie de presse, la vente de listes ou de fichiers relatifs à l'achat, la vente, la location ou sous-location en nu ou en meublé d'immeubles bâtis ou non bâtis, ou à la vente de fonds de commerce ;

8° La conclusion de tout contrat de jouissance d'immeuble à temps partagé régi par les articles L. 121-60 et suivants du Code de la consommation ;

9° L'exercice des fonctions de syndic de copropriété dans le cadre de la loi n° 65-557 du 10 juillet 1965 fixant le statut de la copropriété des immeubles bâtis.

Voir aussi : les dispositions de l'art. 46, I de la loi du 21 juillet 1994 entrent en application le 1er juillet 1995 (L. n° 94-624, 21 juill. 1994, art. 46, V).

Bibliographie : J. Couard, *Contrat d'entreprise ou mandat ? Précisions sur l'activité de négociation immobilière du notaire : Dr. et patrimoine* 2009, n° 186, p. 46. • M. Thioye, *L'impact de l'ordonnance n° 2016-131 du 10 février 2016 sur le droit de l'intermédiation immobilière : AJDI* 2016, p. 340.

1) Champ d'application. Un mandat d'« effectuer ou faire effectuer la diffusion et la vente » d'un programme « en totale exclusivité » n'entre pas dans les prévisions de la loi d'ordre public du 2 janvier 1970 lorsque ce programme est constitué par un ensemble immobilier à édifier et que le mandataire a également pour mission, notamment, d'assister le mandant dans la définition du produit, la conception des plans de vente, l'identification des contraintes et l'étude de l'environnement commercial, des aspects financiers et de la faisabilité du projet (■ Paris, 13 déc. 1991 : *JurisData* n° 1991-024608 ; *D.* 1992, inf. rap. 41).

L'article 1er ne s'applique qu'aux personnes se livrant ou prêtant leur concours, de manière habituelle, à l'une des opérations qu'il prévoit ; une SCI qui charge une autre société d'une mission générale de conception, de commercialisation et d'assistance concernant un programme immobilier construit par elle ne peut se prévaloir de ce texte (■ Cass. 1re civ., 1er déc. 1993, n° 91-18.284 : *JurisData* n° 1993-002399 ; *Bull.* I, n° 349).

La loi n° 70-9 du 2 janvier 1970 s'applique entre professionnels (■ Cass. 1er civ., 23 janv. 2019, n° 18-11.677, publié).

L'article 2, sous *a)*, de la directive 2000/31/CE du Parlement européen et du Conseil, du 8 juin 2000 (« directive sur le commerce électronique »), qui renvoie à l'article 1er, § *1*, sous *b)*, de la directive (UE) 2015/1535 du Parlement européen et du Conseil, du 9 septembre 2015, prévoyant une procédure d'information dans le domaine des réglementations techniques et des règles relatives aux services de la société de l'information, doit être interprété en ce sens qu'un service d'intermédiation qui a pour objet, au moyen d'une plateforme électronique, de mettre en relation, contre rémunération, des locataires potentiels avec des loueurs professionnels ou non professionnels proposant des prestations d'hébergement de courte durée, tout en fournissant également un certain nombre de prestations accessoires à ce service d'intermédiation, doit être qualifié de « service de la société de l'information » relevant de la directive 2000/31 (■ CJUE, 19 déc. 2019, aff. C-390/18, Airbnb) et ne relève donc pas de la loi « Hoguet » du 2 janvier 1970.

Relève de l'activité de transaction immobilière le fait de prêter son concours, de manière habituelle, même à titre accessoire, à des opérations portant sur la vente de biens immobiliers ; en conséquence, sauf conditions particulières limitant la garantie ou de clauses d'exclusion, le contrat d'assurance couvrant une activité déclarée de transaction immobilière ou l'ensemble des activités entrant dans le champ d'application de la loi du 2 janvier 1970 est susceptible de garantir la responsabilité de l'assuré dans la délivrance de conseils à l'occasion d'une vente immobilière, notamment au titre de conseils en investissement ou en défiscalisation (■ Cass. 1re civ., 14 nov. 2018, n° 16-23.730, P+B+R+I).

2) Caractère exprès du mandat. Le mandat de vendre un appartement confié à une agence immobilière ne l'autorisant pas expressément à s'engager au nom du mandant s'analyse en un mandat d'entremise au sens de l'article 1er de la loi du 2 janvier 1972 et la mission du mandataire est alors limitée à la recherche d'acquéreurs dont il lui incombe de transmettre les offres à son mandant (■ CA Paris, 19 nov. 2008, n° 07/17656 : *RJDA* 6/ 2009, n° 537). Le mandat d'entremise donné à l'agent ne lui permet pas d'engager son mandant pour l'opération envisagée à moins qu'une clause de ce mandat ne l'y autorise expressément (■ Cass. 1re civ., 28 juin 2012, n° 10-20.492 : *JurisData* n° 2012-014205 ; *Bull. civ.* I, n° 143).

Doit être cassé l'arrêt qui, pour dire le « compromis » de vente valide, retient qu'aux termes des conditions générales du mandat, le mandant s'était engagé à signer toute promesse de vente ou tout « compromis » de vente aux prix, charges et conditions du mandat, que l'agent immobilier avait diffusé une annonce au prix maximum, que les époux Y avaient fait une offre du même montant et qu'en application des conditions générales du mandat, le mandant était tenu de signer le « compromis » de vente, sans constater l'existence dans le mandat d'une clause expresse par laquelle le mandant donnait pouvoir à l'agent immobilier de le représenter pour conclure la vente (■ Cass. 3e civ., 12 avr. 2012, n° 10-28.637 : *Bull. civ.* III, n° 61 ; *D.* 2012, 1126, obs. Rouquet ; *JCP* E 2012, 1420, note Dissaux).

Art. 1er-1 *(Ord. n° 2004-634, 1er juill. 2004 ; L. n° 2014-366, 24 mars 2014).* **– Pour l'application de la présente loi :**

1° Est considérée comme relevant de l'activité de gestion immobilière la location ou la sous-location, saisonnière ou non, en nu ou en meublé, d'immeubles bâtis ou non bâtis lorsqu'elle constitue l'accessoire d'un mandat de gestion ;

2° Est considérée comme une location saisonnière pour l'application de la présente loi la location d'un immeuble conclue pour une durée maximale et non renouvelable de quatre-vingt-dix jours consécutifs.

Lorsque ces locations font intervenir un intermédiaire, leurs conditions de conclusion sont précisées par un décret en Conseil d'État.

NB : Conformément à l'article 24-VI de la loi n° 2014-366 du 24 mars 2014, ces dispositions ne s'appliquent qu'aux contrats conclus à compter de l'entrée en vigueur de ladite loi.

Art. 2 *(Mod., L. n° 98-566, 8 juill. 1998 ; Ord. n° 2004-634, 1er juill. 2004 ; Ord. n° 2005-1278, 13 oct. 2005 ; L. n° 2006-1770, 30 déc. 2006 ; Ord. n° 2013-676, 25 juill. 2013 ; L. n° 2018-1021, 23 nov. 2018).* **– Les dispositions de la présente loi ne sont pas applicables :**

Aux membres des professions dont la liste sera fixée par décret, en considération du contrôle dont leur activité professionnelle fait l'objet ainsi que des garanties financières qu'ils offrent pour l'exercice de cette activité ;

Aux personnes ou à leur conjoint qui, à titre non professionnel, se livrent ou prêtent leur concours à des opérations relatives à des biens sur lesquels elles ont des droits réels divis ou indivis ;

Aux personnes agissant pour le compte de leur conjoint, de parents en ordre successible, ou pour le compte de majeurs protégés ou de mineurs dans les conditions prévues aux titres X et XI du Code civil ;

Aux représentants légaux ou statutaires de sociétés de construction régies par les articles L. 212-1 et suivants du Code de la construction et de l'habitation pour la réalisation des premières cessions des parts ou actions.

Aux titulaires d'une licence d'agent de voyages, en vertu de la loi n° 92-645 du 13 juillet 1992 fixant les conditions d'exercice des activités relatives à l'organisation et à la vente de voyages ou de séjours, pour la conclusion de tout contrat de jouissance d'immeuble à temps partagé régi par les articles L. 121-60 et suivants du Code de la consommation ;

Aux organismes de placement collectif immobilier, organismes professionnels de placement collectif immobilier, sociétés civiles de placement immobilier et à leurs sociétés de gestion, sauf lorsqu'elles gèrent des actifs immobiliers faisant l'objet de mandats de gestion spécifiques ;

***Aux associations œuvrant* à la promotion de la cohabitation intergénérationnelle solidaire définie à l'article L. 118-1 du Code de l'action sociale et des familles et aux articles L. 631-17 à L. 631-19 du Code de la construction et de l'habitation.**

Art. 3 *(Mod., Ord. n° 2004-634, 1er juill. 2004 ; L. n° 2010-853, 23 juill. 2010 ; mod., Ord. n° 2013-544, 27 juin 2013 ; L. n° 2014-366, 24 mars 2014 ; D. n° 2015-536, 15 mai 2015 ; L. n° 2015-990, 6 août 2015).* **– Les activités visées à l'article 1er ne peuvent être exercées que par les personnes physiques ou morales titulaires d'une carte professionnelle, délivrée, pour une durée et selon des modalités fixées par décret en Conseil d'État, par le président de la chambre de commerce et d'industrie territoriale ou** *(Mots rempl., L. n° 2019-486, 22 mai 2019)* **« , dans les circonscriptions où il n'existe pas de chambre de commerce et d'industrie territoriale, par le président de la chambre de commerce et d'industrie de région », précisant celles des opérations qu'elles peuvent accomplir. Lorsque le président de la chambre de commerce**

et d'industrie *(Mots rempl., L. n° 2019-486, 22 mai 2019)* « concernée » exerce une activité mentionnée à l'article 1er, la carte est délivrée par le vice-président, dans des conditions fixées par décret en Conseil d'État.

CCI France établit et tient à jour un fichier des personnes titulaires de la carte professionnelle, selon des modalités définies par décret *(Mots aj. à compter de la date prévue à l'article 29 de l'ordonnance n° 2018-1125 du 12 décembre 2018, Ord. n° 2018-1125, 12 déc. 2018)* « et conformément à la loi n° 78-17 du 6 janvier 1978 relative à l'informatique, aux fichiers et aux libertés ».

Cette carte ne peut être délivrée qu'aux personnes physiques qui satisfont aux conditions suivantes :

1° Justifier de leur aptitude professionnelle ;

2° *(2° mod., L. n° 2021-1104, 22 août 2021)* Justifier d'une garantie financière permettant le remboursement des fonds, effets ou valeurs déposés et spécialement affectée à ce dernier, y compris les sommes versées au fonds de travaux mentionné à l'article 14-2-1 de la loi n° 65-557 du 10 juillet 1965 fixant le statut de la copropriété des immeubles bâtis à l'exception toutefois des personnes déclarant leur intention de ne détenir aucun fonds, effet ou valeur, pour les activités mentionnées à l'article 1er, à l'exception de celles mentionnées aux 6° et 9° du même article dans des conditions fixées par décret en Conseil d'État. Seuls les garants financiers ayant mis en place des procédures de contrôle internes, au moyen d'un référentiel et de modèles de suivi des risques, sont habilités à délivrer la garantie financière. Un décret en Conseil d'État définit les procédures et les conditions dans lesquelles les garants exercent leurs missions de contrôle sur les fonds qu'ils garantissent en application du présent article ;

3° Contracter une assurance contre les conséquences pécuniaires de leur responsabilité civile professionnelle ;

4° Ne pas être frappées d'une des incapacités ou interdictions d'exercer définies aux titres II et II *bis* ci-après.

La garantie mentionnée au 2° ci-dessus résulte d'un engagement écrit fourni par une entreprise d'assurance spécialement agréée, par un établissement de crédit, une société de financement ou une institution mentionnée à l'article L. 518-1 du Code monétaire et financier.

Les modalités de détermination du montant de la garantie sont fixées par décret en Conseil d'État.

La carte n'est délivrée aux personnes morales que si lesdites personnes satisfont aux conditions prévues aux 2° et 3° ci-dessus et que si leurs représentants légaux et statutaires satisfont aux conditions prévues aux 1° et 4° ci-dessus.

Il doit être procédé à une déclaration préalable d'activité pour chaque établissement, succursale, agence ou bureau par la personne qui en assure la direction. Cette personne doit, en outre, satisfaire à la condition prévue au 1° et ne pas être frappée d'une des incapacités ou interdictions d'exercer définies au titre II de la présente loi.

Art. 3-1 *(L. n° 2014-366, 24 mars 2014 ; mod., L. n° 2015-990, 6 août 2015)*. – Les personnes mentionnées à l'article 1er et, lorsqu'il s'agit de personnes morales, leurs représentants légaux et statutaires, au dernier alinéa de l'article 3 et à l'article 4 sont, à l'exception de celles mentionnées à l'article 8-1, soumises à une obligation de formation continue. Leur carte professionnelle ne peut être renouvelée si elles ne justifient pas avoir rempli cette obligation.

Un décret détermine la nature et la durée des activités susceptibles d'être validées au titre de l'obligation de formation continue, les modalités selon lesquelles elle s'accomplit, celles de son contrôle et celles de sa justification en cas de renouvellement de la carte professionnelle.

Art. 4 *(Mod., L. n° 2006-872, 13 juill. 2006 ; L. n° 2014-366, 24 mars 2014 ; L. n° 2018-1021, 23 nov. 2018)*. – Toute personne habilitée par un titulaire de la carte professionnelle à négocier, s'entremettre ou s'engager pour le compte de ce dernier justifie d'une compétence professionnelle, de sa qualité et de l'étendue de ses pouvoirs dans les conditions fixées par décret en Conseil d'État. Les dispositions du titre II de la présente loi lui sont applicables.

Les dispositions du chapitre IV du titre III du livre Ier du Code de commerce sont applicables aux personnes visées au premier alinéa lorsqu'elles ne sont pas salariées. Ces personnes doivent contracter une assurance contre les conséquences pécuniaires de leur responsabilité civile professionnelle, dans des conditions fixées par décret en *Conseil d'État.*

Ces personnes ne peuvent pas :

1° Recevoir ou détenir, directement ou indirectement, des sommes d'argent, des biens, des effets ou des valeurs ou en disposer à l'occasion des activités mentionnées à l'article 1er de la présente loi ;

2° Donner des consultations juridiques ni rédiger des actes sous seing privé, à l'exception de mandats conclus au profit du titulaire de la carte professionnelle mentionnée à l'article 3 ;

3° Assurer la direction d'un établissement, d'une succursale, d'une agence ou d'un bureau.

Les personnes qui, à la date d'entrée en vigueur du décret en Conseil d'État mentionné au premier alinéa du présent article, disposent de l'habilitation mentionnée au premier alinéa sont réputées justifier de la compétence professionnelle mentionnée au présent article.

NB : Conformément à l'article 24-VI de la loi n° 2014-366 du 24 mars 2014, ces dispositions ne s'appliquent qu'aux contrats conclus à compter de l'entrée en vigueur de ladite loi.

Bibliographie : N. Ferrier, *Les négociateurs immobiliers sur internet. Entre vins vieux et outres neuves*, in *Mélanges P. Le Cannu*, éd. Lextenso/Dalloz/Thomson-Transactive/IRJS, 2014.

1) Négociateurs immobiliers et agence commerciale. Solution applicable avant la modification de l'article 4 par la loi du 13 juillet 2006. Un contrat exécuté avant l'entrée en vigueur de la loi n° 2006-872 du 13 juillet 2006 modifiant l'article 4 de la loi n° 70-9 du 2 janvier 1970, qui a pour objet l'exercice d'une activité régie par cette loi, ne peut relever, en raison de son objet, du statut des agents commerciaux en vertu de l'article L. 134-1, alinéa 2 du Code de commerce (■ Cass. 1re civ., 28 janv. 2010, n° 08-70.341 : *Rev. Lamy dr. aff.* 9/2010, p. 129, obs. Bourdeau. Dans le même sens, ■ Cass. com., 7 juill. 2004, n° 02-18.135 : *RJDA* 1/2005, n° 27 ; *JCP E* 2004, pan. 1363 ; *D.* 2004, p. 2230, obs. Rouquet. ■ Cass. 1re civ., 4 nov. 2011, n° 10-15.457 : *RJ com.* 2011, n° 6, p. 551, note Leloup). Relève ainsi de la loi du 2 janvier 1970 et non du statut d'agent commercial celui qui prête son concours de manière habituelle à la vente et à la location de biens immobiliers appartenant à autrui (■ Cass. 1re civ., 17 févr. 2011, n° 10-13.980 : *JurisData* n° 2011-001812 ; *Bull. civ.* I, n° 28 ; *D.* 2011, 676, obs. Rouquet ; *D.* 2011, p. 676, obs. Rouquet ; *Contrats, conc. consom.* 5/2011, n° 109, note Leveneur ; *AJDI* 2011, 393, obs. Thioye ; *Rev. Lamy dr. aff.* 4/2011, p. 40 ; *RJDA* 5/2011, n° 411) ; les dispositions d'ordre public de la loi n° 70-9 du 2 janvier 1970 et du décret n° 72-678 du 20 juillet 1972 s'appliquent aux personnes se livrant ou prêtant leur concours, de manière habituelle, à des opérations prévues par l'article 1er de cette loi, fût-ce pour le compte de promoteurs, que ceux-ci soient ou non propriétaires des biens immobiliers en cause (■ Cass. 1re civ., 23 févr. 2012, n° 10-18.343 : *Bull. civ.* I, n° 35).

2) Négociateurs immobiliers et agence commerciale. Solution applicable depuis la modification de l'article 4 par la loi du 13 juillet 2006. L'article 4, dans sa nouvelle rédaction, est applicable aux contrats en cours au jour de sa promulgation (■ CA Lyon, 5 mars 2013, nos 12/01868 et 12/01866 : *Lettre distrib.* 4/2012). Il résulte des articles 1er et 4 de la loi n° 70-9 du 2 janvier 1970, ce dernier dans sa rédaction issue de la loi n° 2006-872 du 13 juillet 2006, ensemble l'article L. 134-1, alinéa 2 du Code de commerce, le tout étant d'ordre public, que les agents commerciaux ne peuvent exercer, en cette qualité, des activités régies par la loi du 2 janvier 1970 pour le compte de mandants qui ne seraient pas titulaires de la carte professionnelle exigée par celle-ci (■ Cass. 1re civ., 28 avr. 2011, n° 10-14.258 : *Bull. civ.* I, n° 75. ■ Cass. 1re civ., avis n° 9004, 28 avr. 2011, n° 10-30.087. ■ Cass. com., 18 oct. 2011, n° 10-30.087 : *Bull. civ.* IV, n° 159 ; *RJ com.* 2012, n° 6, p. 552, note Leloup ; *RTD com.* 2012, p. 75, obs. Saintourens. ■ Cass. 1re civ., 17 mars 2016, n° 14-21.738, publié). Le collaborateur immobilier non salarié d'un agent immobilier, désormais soumis au statut des agents commerciaux, n'a pas à obtenir lui-même la carte professionnelle prévue par l'article 1er du décret n° 72-678 du 20 juillet 1972, mais doit justifier de l'attestation prévue par l'article 9 de ce décret, délivrée par son mandant, titulaire de la carte précitée (■ Cass. 1re civ., avis, n° 9004, préc.). Le négociateur immobilier n'est pas soumis à l'obligation de solliciter la garantie financière exigée, selon les dispositions de l'article 28 du décret dans la mesure où il lui est fait interdiction de recevoir ou détenir des sommes d'argent, des biens, des effets ou des valeurs ou d'en disposer à l'occasion des opérations visées à l'article 1er de la loi du 2 janvier 1970 (même avis).

3) Négociateur immobilier salarié. Ayant, d'une part constaté que dans l'organigramme de l'agence immobilière, l'intéressé figurait dans la liste des collaborateurs et que le statut d'agent commercial indépendant n'apparaissait pas dans ses correspondances ni ses cartes de visite, d'autre part relevé que les clauses du contrat imposaient à l'intéressé une obligation d'exclusivité au profit de la société ainsi qu'une obligation de suivre un mode de travail précisément défini, que ses honoraires étaient calculés en fonction des honoraires de la société et non au gré à gré pour chacune des transactions qu'il effectuait, et qu'en cas de manquement à l'exécution des directives données par la société, celle-ci disposait d'un pouvoir de rupture unilatérale du contrat, la cour d'appel a pu en déduire l'existence d'un lien de subordination de l'agent envers la société (■ Cass. soc., 16 nov. 2016, n° 15-26.354).

4) Pouvoirs du négociateur immobilier. L'agent immobilier, titulaire de la carte professionnelle, peut déléguer au négociateur salarié qu'il a habilité aux fins de négocier, s'entremettre ou s'engager pour son compte, le pouvoir d'accepter et de signer le mandat écrit préalable à son intervention dans toute opération immobilière qu'impose l'article 6-I de la loi ; la cour d'appel ayant constaté que l'attestation d'habilitation régulièrement délivrée au négociateur salarié mentionnait qu'il disposait du pouvoir de recevoir des fonds ainsi que l'engagement des parties, et retenu qu'elle recouvrait les plus larges pouvoirs, a pu en déduire qu'elle autorisait son bénéficiaire, dont les actes entraînaient, en toute hypothèse, la responsabilité de l'agent immobilier, à signer le mandat de vente, de sorte que ce mandat était valable, peu important que la signature de l'agent immobilier n'ait pas figuré sur l'exemplaire qui a été remis immédiatement aux mandants en application des prescriptions de l'article 78 du décret du 20 juillet 1972 (■ Cass. 1re civ., 3 nov. 2016, n° 15-23.234, publié).

5) **Sanction.** Ne peut prétendre au paiement de commissions concernant les dossiers ayant fait l'objet de contrats de réservation, le négociateur immobilier qui n'a aucun agrément préfectoral pour exercer une activité d'intermédiaire dans la vente de biens immobiliers à des particuliers et être commissionné, alors que cet agrément est prévu à l'article 4 de la loi et à l'article 9 du décret du 20 juillet 1972, dans leur version applicable à la date des faits, dispositions d'ordre public, peu important qu'il ait reçu un mandat écrit émanant de la société elle-même mandatée pour vendre des biens immobiliers appartenant à des tiers (■ Cass. 1re civ., 5 avr. 2012, n° 11-15.569 : *Bull. civ.* I, n° 81).

Art. 4-1 *(L. n° 2009-323, 25 mars 2009 ; L. n° 2014-366, 24 mars 2014 ; L. n° 2015-990, 6 août 2015).* **– Lorsque les personnes mentionnées à l'article 1er proposent à leurs clients les services d'une entreprise, elles sont tenues de les informer, dans des conditions définies par décret en Conseil d'État et avant la conclusion de tout contrat avec ladite entreprise, des éventuels liens directs de nature capitalistique ou des liens de nature juridique qu'elles ou leurs représentants légaux et statutaires ont ou que les personnes mentionnées au dernier alinéa de l'article 3 et à l'article 4, intervenant pour ces clients, ont avec cette entreprise.**

Cette obligation s'applique également lorsque les personnes mentionnées au même article 1er proposent à leurs clients les services d'un établissement bancaire ou d'une société financière.

Les personnes mentionnées au dernier alinéa du même article 3 et les personnes habilitées par un titulaire de la carte professionnelle conformément au même article 4 sont tenues de l'informer des liens mentionnés aux premier et deuxième alinéas du présent article qu'elles ont avec une entreprise, un établissement bancaire ou une société financière dont le titulaire de la carte professionnelle propose les services à ses clients.

Art. 4-2 *(L. n° 2016-1888, 28 déc. 2016).* **– En vue du logement des travailleurs saisonniers et par dérogation au deuxième alinéa de l'article 4 et à l'article 6, les organismes agréés, conformément à l'article L. 365-4 du Code de la construction et de l'habitation, peuvent habiliter, pour certaines missions relevant de la présente loi, des personnels d'une collectivité territoriale. Un décret en Conseil d'État précise ces missions.**

Art. 4-3 *(L. n° 2017-86, 27 janv. 2017).* **– Sous réserve des dispositions leur imposant la divulgation de certaines informations, les personnes mentionnées à l'article 1er de la présente loi et, lorsqu'il s'agit de personnes morales, leurs représentants légaux et statutaires respectent la confidentialité des données dont elles ont connaissance dans l'exercice de leurs activités. Ce principe ne fait pas obstacle à la communication aux copropriétaires de tout élément nécessaire au bon fonctionnement du syndicat. Il ne fait également pas obstacle au signalement d'un habitat manifestement indigne au sens de l'article 1er-1 de la loi n° 90-449 du 31 mai 1990 visant à la mise en œuvre du droit au logement au maire de la commune concernée.**

Art. 5. **– Les personnes visées à l'article 1er qui reçoivent, détiennent des sommes d'argent** *Mots aj. à compter du 1er juillet 2015, L. n° 2014-366, 24 mars 2014)* **« ne constituant ni une rémunération, ni des honoraires », des biens, des effets ou des valeurs, ou en disposent, à quelque titre et de quelque manière que ce soit, à l'occasion des opérations spécifiées audit article, doivent respecter les conditions prévues par décret en Conseil d'État, notamment les formalités de tenue des registres et de délivrance de reçus, ainsi que les autres obligations découlant du mandat.**

Art. 6 *(Mod., L. n° 94-624, 21 juill. 1994 ; Ord. n° 2004-634, 1er juill. 2004 ; L. n° 2006-872, 13 juill. 2006 ; mod. à compter du 1er juillet 2014, L. n° 2014-366, 24 mars 2014* ; Ord. n° 2016-131, 10 févr. *2016).* **– I. – Les conventions conclues avec les personnes visées à l'article 1er ci-dessus et relatives aux opérations qu'il mentionne en ses 1° à 6°, doivent être rédigées par écrit et préciser conformément aux dispositions d'un décret en Conseil d'État :**

Les conditions dans lesquelles ces personnes sont autorisées à recevoir, verser ou remettre des sommes d'argent, biens, effets ou valeurs à l'occasion de l'opération dont il s'agit ;

Les modalités de la reddition de compte ;

Les conditions de détermination de la rémunération, ainsi que l'indication de la partie qui en aura la charge.

Les moyens employés par ces personnes et, le cas échéant, par le réseau auquel elles appartiennent pour diffuser auprès du public les annonces commerciales afférentes aux opérations mentionnées au 1° du même article 1er.

En outre, lorsqu'une convention comporte une clause d'exclusivité, elle précise les actions que le mandataire s'engage à réaliser pour exécuter la prestation qui lui a été confiée ainsi que les modalités selon lesquelles il rend compte au mandant des actions effectuées pour son compte, selon une périodicité déterminée par les parties.

Les dispositions de l'article 1325 du Code civil leur sont applicables.

Aucun bien, effet, valeur, somme d'argent, représentatif d'honoraires, de frais de recherche, de démarche, de publicité ou d'entremise quelconque, n'est dû aux personnes indiquées à l'article 1er ou ne peut être exigé ou accepté par elles, avant qu'une des opérations visées audit article ait été effectivement conclue et constatée dans un seul acte écrit contenant l'engagement des parties.

Toutefois, lorsqu'un mandat est assorti d'une clause d'exclusivité ou d'une clause pénale ou lorsqu'il comporte une clause aux termes de laquelle des honoraires sont dus par le mandant, même si l'opération est conclue sans les soins de l'intermédiaire, cette clause recevra application dans les conditions qui seront fixées par décret. La somme versée par le mandant en application de cette clause ne peut excéder un montant fixé par décret en Conseil d'État.

Lorsque le mandant agit dans le cadre de ses activités professionnelles, tout ou partie des sommes d'argent visées ci-dessus qui sont à sa charge peuvent être exigées par les personnes visées à l'article 1er avant qu'une opération visée au même article n'ait été effectivement conclue et constatée. La clause prévue à cet effet est appliquée dans des conditions fixées par décret en Conseil d'État.

La convention conclue entre la personne qui se livre à l'activité mentionnée au 7° de l'article 1er et le propriétaire du bien inscrit sur la liste ou le fichier, ou le titulaire de droits sur ce bien, comporte une clause d'exclusivité d'une durée limitée aux termes de laquelle ce dernier s'engage, d'une part, à ne pas confier la location ou la vente de son bien à une autre personne exerçant une activité mentionnée à l'article 1er et, d'autre part, à ne pas publier d'annonce par voie de presse.

II. – Entre la personne qui se livre à l'activité mentionnée au 7° de l'article 1er et son client, une convention est établie par écrit. Cette convention dont, conformément à l'article 1325 du Code civil, un original est remis au client précise les caractéristiques du bien recherché, l'ensemble des obligations professionnelles qui incombent au professionnel mentionné au présent alinéa, la nature de la prestation promise au client et le montant de la rémunération incombant à ce dernier. Elle précise également les conditions de remboursement de tout ou partie de la rémunération lorsque la prestation fournie au client n'est pas conforme à la nature promise dans ladite convention.

Les conditions et les modalités d'application de la mesure de remboursement partiel ou total prévue au premier alinéa du présent II sont définies par décret.

Aucune somme d'argent ou rémunération de quelque nature que ce soit n'est due à une personne qui se livre à l'activité mentionnée au 7° de l'article 1er ou ne peut être exigée par elle, préalablement à la parfaite exécution de son obligation de fournir effectivement des listes ou des fichiers, que cette exécution soit instantanée ou successive.

NB : Aux termes de l'article 24-VIII de la loi n° 2014-366 du 24 mars 2014, les dispositions introduites par le 8° du I du même article 24 entrent en vigueur le premier jour du quatrième mois suivant celui de la promulgation de ladite loi, soit le 1er juillet 2014.

Voir aussi : les dispositions de l'article 46, II de la loi du 21 juillet 1994 entrent en application le 1er juillet 1995 (L. n° 94-624, 21 juill. 1994, art. 46, V).

Bibliographie : M. Sejean, *Les dangers de la clause d'exclusivité dans le mandat de l'agent immobilier : Rev. Lamy dr. civ.* 7-8/ 2010, p. 66.

1) Remise d'un écrit préalable. La remise immédiate d'un des exemplaires du mandat exclusif est exigée pour sa validité (■ Cass. 1re civ., 25 févr. 2010, n° 08-14.787 : *JurisData* n° 2010-000800 ; *Bull. civ.* I, n° 45 ; *D.* 2010, 652, obs. Rouquet ; *JCP* E 2010, 1612, note Dissaux ; *AJDI* 2010, 820, obs. Thioye). Il résulte de la combinaison de l'article 6 de cette loi et des articles 72 et 73 du décret n° 72-678 du 20 juillet 1972 qui n'établissent aucune distinction en fonction de la profession du client, que l'agent immobilier ne peut réclamer une commission ou rémunération à l'occasion d'une opération visée à l'article 1er de la loi du 2 janvier 1970 que si, préalablement à toute négociation ou engagement, il détient un mandat écrit délivré à cet effet par l'une des parties et précisant la condition de détermination de la rémunération ou de la commission, ainsi que la partie qui en aura la charge (▪ Cass. 1re civ., 17 déc. 1991, n° 90-11.935 : *JurisData* n° 1991-003175 ; *Bull. civ.* I, n° 351 ; *RJDA* 5/2010, n° 487. Dans le même sens, ▪ Cass. 1re civ., 6 janv. 2011, n° 09-71.243 : *JurisData* n° 2011-000040 ; *Bull. civ.* I, n° 1 ; *D.* 2011, 240, obs. Rouquet ; *RJDA* 5/2011, n° 398 qui ajoute « si, par une convention ultérieure, les parties à la vente peuvent s'engager à rémunérer les services de l'agent immobilier, cette convention n'est valable que si elle est postérieure à la vente régulièrement conclue ». ▪ Cass. 1re civ., 8 mars 2012, n° 11-10.871 : *Bull. civ.* I, n° 46). V. également, L. n° 70-9, 2 janv. 1970, art. 1er, annot. n° 2, p. 2926.

À défaut de mention, dans le mandat, du nom et de la qualité de la personne habilitée par un titulaire de la carte professionnelle à négocier, s'entremettre ou s'engager pour le compte de ce dernier, cette convention est nulle (▪ Cass. 1re civ., 12 nov. 2020, n° 19-14.112).

2) Registre des mandats. La pratique consistant à tenir un registre pour les mandats de vente et un autre pour les mandats de recherche n'est pas conforme aux prescriptions de l'article 72 du décret n° 72-678 du 20 juillet 1972 imposant que tous les mandats visés par ce texte sont mentionnés sur un registre unique, et est sanctionnée par la nullité du mandat de recherche interdisant alors à l'agent immobilier de s'en prévaloir au soutien de sa demande en paiement de la commission prévue par le mandat (▪ Cass. 1re civ., 10 déc. 2014, n° 13-24.352, publié).

3) Exception. La signature d'un bon de commission est inopérante ainsi que la référence dans le compromis de vente à un mandat, même précisément dénommé, dès lors que ce mandat n'est pas justifié. Toutefois, l'exécution volontaire du mandant est admise comme palliatif aux formalités ainsi prescrites (▪ CA Aix-en-Provence, 21 oct. 2011, n° 08/22860).

4) Sanction. L'existence de dispositions protectrices du locataire, qui assurent un juste équilibre entre les intérêts de ce dernier et ceux du bailleur, et la finalité de protection du seul propriétaire des règles fixées par les articles 7, alinéa 1er, de la loi du 2 janvier 1970 et 72, alinéa 5, du décret du 20 juillet 1972 conduisent à modifier la jurisprudence et à décider que la méconnaissance des règles précitées doit être sanctionnée par une nullité relative, eu égard l'évolution du droit des obligations, résultant de l'ordonnance du 10 février 2016 (▪ Cass. ch. mixte, 24 févr. 2017, n° 15-20.411 : *JCP* G 2017, 305 avis Sturlèse et 306, note Pignarre ; *Contrats, conc. consom.* 5/2017, n° 93, obs. Leveneur. ▪ Cass. 1re civ., 20 sept. 2017, n° 16-129.06, publié. Comp. antérieurement, ▪ Cass. 3e civ., 8 avr. 2009, n° 07-13.427 : *JurisData* n° 2008-043552 ; *Bull. civ.* III, n° 80, qui retient la nullité absolue à propos du défaut de mention du numéro d'inscription au registre des mandants). Si l'annulation du mandat de vente prive l'agent immobilier et l'intermédiaire de la rémunération prévue au mandat, qui constitue une créance entrant dans le champ d'application de l'article 1er du premier Protocole additionnel de la Convention de sauvegarde des droits de l'homme et des libertés fondamentales, cette mesure est proportionnée à l'objectif poursuivi par les dispositions de la loi du 2 janvier 1970 et du décret du 20 juillet 1972 d'organiser l'accès à la profession d'agent immobilier, d'assurer la compétence et la moralité des agents immobiliers et de protéger le mandant qui doit pouvoir s'assurer que la personne à qui il confie le mandat est habilitée par l'agent immobilier, est titulaire de l'attestation légale et dispose des pouvoirs nécessaires (▪ Cass. 1re civ., 12 nov. 2020, n° 19-14.112). L'agent immobilier ne peut se prévaloir de la prétendue méconnaissance des dispositions des articles 1er et 6 de la loi n° 70-9 du 2 janvier 1970 pour se soustraire aux conséquences de sa faute délictuelle à l'égard d'un tiers au contrat de mandat (▪ Cass. 1re civ., 28 oct. 2010, n° 09-70.109 : *JurisData* n° 2010-019538 ; *Bull. civ.* I, n° 212). L'agent immobilier qui ne détient pas de mandat écrit préalable du vendeur ne peut se prévaloir des règles de la gestion d'affaires (▪ Cass. 1re civ., 22 mars 2012, n° 11-13.000 : *Bull. civ.* I, n° 72), ni de celles de l'enrichissement sans cause (▪ Cass. 1re civ., 18 juin 2014, n° 13-13.553 : *JurisData* n° 2014-013479 ; *Bull. civ.* I, n° 110).

La preuve de l'existence et de l'étendue du mandat de gestion immobilière délivré à un professionnel ne peut être rapportée que par écrit ; ni le mandat apparent ni la ratification de l'acte ne peuvent tenir en échec ces règles impératives (▪ Cass. 1re civ., 2 déc. 2015, n° 14-17.211, publié).

Rappr. La perte de chance de percevoir une commission qui n'a pas été régulièrement fixée dans le mandat, selon les exigences de l'article 73 du décret n° 72-678 du 20 juillet 1972, ne peut donner lieu à des dommages et intérêts au profit de l'agent immobilier (▪ Cass. 1re civ., 8 mars 2012, n° 11-14.234 : *Bull. civ.* I, n° 47).

En l'absence de mandat exprès de vendre, le refus du mandant de réaliser la vente avec une personne qui lui est présentée par son mandataire ne peut lui être imputé à faute pour justifier, en dehors des prévisions d'une clause pénale, sa condamnation au paiement de dommages-intérêts, à moins qu'il ne soit établi que ce mandant a conclu l'opération en privant le mandataire de la rémunération à laquelle il aurait pu légitimement prétendre (▪ Cass. 1re civ., 28 juin 2012 : *Bull. civ.* I, n° 143).

5) Fait générateur du droit à commission. Il résulte de l'article 6 qu'aucune commission ni somme d'argent ne peut être exigée ou acceptée par l'agent immobilier ayant concouru à une opération qui ne s'est pas effectivement réalisée notamment s'il y a dédit (■ Cass. 1re civ., 17 nov. 1993, n° 91-18.773 : *JurisData* n° 1993-003022 ; *Bull.* I, n° 337 ; *D.* 1994, somm. 233, obs. Paisant) ou faute d'obtention du prêt (■ Cass. 1re civ., 27 nov. 2013, n° 12-13.897, publié : *Contrats, conc. consom.* 2014, n° 31, obs. Leveneur) et alors même que cette non-obtention est imputable à l'acquéreur au sens de l'article 1178 du Code civil (■ Cass. 3e civ., 11 mars 2009, n° 07-20.509 : *JurisData* n° 2009-047374 ; *Bull. civ.* III, n° 90). En conséquence, l'agent immobilier ne peut prétendre, sous couvert de l'application d'une clause pénale, au paiement d'une indemnité compensatrice de sa perte de rémunération alors que la vente à laquelle il a concouru n'a pas été effectivement réalisée (■ Cass. 3e civ., 9 juill. 2014, n° 13-19.06 : *Bull. civ.* III, n° 96). Aucune somme d'argent n'est due, à quelque titre que ce soit, à l'agent immobilier avant que l'opération pour laquelle il a reçu un mandat écrit ait été effectivement conclue et constatée dans un seul acte contenant l'engagement des parties ; qu'un tel mandat ne permettant pas à l'intermédiaire qui l'a reçu d'engager le mandant pour l'opération envisagée à moins qu'une clause ne l'y autorise expressément, le refus de ce dernier de réaliser cette opération aux conditions convenues dans le mandat ne peut lui être imputé à faute pour justifier sa condamnation au paiement de dommages-intérêts, hormis s'il est établi que le mandant a conclu l'opération en privant le mandataire de la rémunération à laquelle il aurait pu légitimement prétendre (■ Cass. 1re civ., 16 nov. 2016, n° 15-22.010, publié).

Le fait de faire signer à d'éventuels acquéreurs des promesses qu'il savait n'avoir aucune chance d'aboutir dans l'unique but de percevoir des commissions, faits constitutifs de mauvaise foi caractérisant l'abus de droit, voire la fraude, prive l'agent immobilier de tout droit à rémunération (■ Cass. 3e civ., 21 sept. 2010, n° 09-16.402 : *RJDA* 2/2011, n° 123).

L'acte écrit contenant l'engagement des parties auquel l'article 6 subordonne le droit à rémunération ou à commission de l'agent immobilier par l'intermédiaire duquel l'opération a été conclue n'est pas nécessairement un acte authentique, dès lors que les parties n'avaient pas entendu faire de la signature de l'acte authentique une condition de la vente mais l'avaient considérée comme une simple formalité destinée à en retarder les effets (■ Cass. 1re civ., 9 déc. 2010, n° 09-71.205 : *JurisData* n° 2010-023216 ; *Bull. civ.* I, n° 388 ; *JCP* G 2010, 1268).

6) Révision judiciaire. L'ouverture du droit à rémunération de l'agent immobilier, dans les conditions impératives que fixe l'article 6, I, ne fait pas obstacle au pouvoir que le juge tient de l'article 1999 du Code civil de réduire, voire supprimer cette rémunération, en considération des fautes que l'intermédiaire a commises dans l'exécution de sa mission (■ Cass. 1re civ., 14 janv. 2016, n° 14-26.474, publié).

7) Débiteur de la commission. À défaut d'identité du redevable désigné dans le mandat d'entremise et dans l'acte constatant l'engagement des parties, l'acquéreur ne peut valablement s'engager à rémunérer les services de l'agent immobilier que par un engagement postérieur à la réitération authentique de la vente (■ Cass. 1re civ., 24 avr. 2013, n° 11-26.876 : *JurisData* n° 2013-007928 ; *Bull. civ.* I, n° 81).

8) Révocation. Sauf stipulation d'irrévocabilité, la révocation partielle du mandat est, comme sa révocation totale, laissée à la discrétion du mandant, le mandataire pouvant renoncer au mandat ainsi modifié (■ Cass. 1re civ., 25 févr. 2010, n° 08-22.066 : *JurisData* n° 2010-000797 ; *Bull. civ.* I, n° 44 ; *D.* 2010, 653, obs. Rouquet ; *AJDI* 2010, 907, obs. Thioye ; *RTD civ.* 2010, 345, obs. Gautier).

9) Pluralité de mandataires. Lorsque le mandant a donné à un mandataire le mandat non exclusif de rechercher un bien, il n'est tenu de payer une rémunération qu'à l'agent immobilier par l'entremise duquel l'opération a été effectivement conclue, au sens de l'article 6 de la loi du 2 janvier 1970, même si le bien lui avait été précédemment présenté par le mandataire initial, sauf à ce dernier à prétendre à l'attribution de dommages et intérêts en prouvant une faute du mandant qui, par abus de sa part et compte tenu des diligences accomplies, l'aurait privé de la réalisation de l'acquisition (■ Cass. 1re civ., 25 nov. 2010, n° 08-12.432 : *JurisData* n° 2010-021986 ; *Bull. civ.* I, n° 241. ■ Cass. 1re civ., 15 janv. 2015, n° 13-25.955).

10) Pluralité de mandants. Ni l'article 6 de la loi n° 70-9 du 2 janvier 1970, ni l'article 73 du décret n° 72-678 du 20 juillet 1972, dans leur rédaction applicable en la cause, ne font obstacle à ce qu'un agent immobilier détienne un mandat d'un vendeur et un mandat d'un acquéreur pour une même opération ; le droit à commission existe donc pour chacun des mandats dès lors que sont satisfaites les exigences prescrites par les articles susvisés (■ Cass. 1re civ., 9 avr. 2015, n° 14-13.501, publié. ■ Cass. 1re civ., 13 mai 1998, n° 96-17.374 : *JurisData* n° 1998-002133 ; *Bull. civ.* I, n° 169 ; *RD imm.* 1998, 668, obs. Tomasin ; *RTD civ.* 1998, 927, obs. Gautier ; *Defrénois* 1999, 366, obs. Delebecque). N'est pas fautif le fait, pour l'acquéreur non lié contractuellement à l'agent immobilier par l'intermédiaire duquel il a visité le bien, d'adresser une nouvelle offre d'achat aux vendeurs par l'intermédiaire d'un autre agent immobilier également mandaté par ces derniers (■ Cass. 1re civ., 6 avr. 2016, n° 15-14.631, publié).

11) Faute du mandant. La conclusion d'un mandat de vente en violation d'un mandat exclusif antérieur ouvre droit à l'indemnité stipulée à titre de clause pénale sans que le titulaire du mandat exclusif ait à justifier de la perte de son droit à rémunération (■ Cass. 1re civ., 2 oct. 2013, n° 12-22.343). Le mandant qui, ayant confié à un agent immobilier le mandat non exclusif de rechercher un bien déterminé, lequel n'était pas proposé à la vente et constituait le seul objet possible de l'acquisition à laquelle le négociateur avait reçu mission de s'entremettre, décline l'offre de vente que cet intermédiaire était parvenu à négocier pendant la durée du mandat, puis, après l'expiration de celle-ci, acquiert le bien directement aux conditions de cette offre, au mépris de l'interdiction conventionnelle de négociation directe ou indirecte, d'une durée non abusive, qui le frappait encore, commet une faute contractuelle justifiant l'allocation d'une indemnité compensatrice qui, en considération des diligences accomplies, peut être égale à la commission dont il a, par sa faute, privé l'agent immobilier (■ Cass. 1re civ., 29 mai 2013, n° 12-17.172 : *JurisData* n° 2013-010949 ; *Bull. civ.* I, n° 107).

Procède à une remise de fonds illicite l'agent immobilier qui a disposé des fonds prêtés au mandant bénéficiaire d'une PUV en les remettant au notaire pour le paiement d'une partie de l'indemnité d'immobilisation convenue dans la PUV, dès lors que, titulaire d'un mandat non exclusif de vente émanant du promettant, il ne disposait d'aucun mandat écrit de celui-ci l'autorisant à procéder de la sorte. Pour autant, le caractère illicite, mais non immoral, de ce versement ne prive pas l'agent immobilier de son droit à restitution de la seule somme par lui remise (■ Cass. 1er civ., 26 sept. 2018, n° 16-25.184, publié).

Art. 6-1 *(L. n° 2014-366, 24 mars 2014).* **– Toute publicité effectuée par une personne mentionnée à l'article 1er et relative aux opérations prévues au 1° de ce même article mentionne, quel que soit le support utilisé, le montant toutes taxes comprises de ses honoraires exprimé, pour ce qui concerne les opérations de vente, en pourcentage du prix, lorsqu'ils sont à la charge du locataire ou de l'acquéreur.**

NB : Conformément à l'article 24-VI de la loi n° 2014-366 du 24 mars 2014, ces dispositions ne s'appliquent qu'aux contrats conclus à compter de l'entrée en vigueur de ladite loi.

Art. 6-2 *(L. n° 2014-366, 24 mars 2014).* **– Toute publicité relative à des opérations mentionnées au 1° de l'article 1er et proposées par une personne habilitée par un titulaire de la carte professionnelle à négocier, s'entremettre ou s'engager pour le compte de ce dernier, et non salariée, mentionne que cette personne exerce sous le statut d'agent commercial.**

Cette obligation de mentionner le statut d'agent commercial est étendue au mandat de vente ou de recherche et à tous les documents d'une transaction immobilière à laquelle la personne habilitée mentionnée au premier alinéa participe.

NB : Conformément à l'article 24-VI de la loi n° 2014-366 du 24 mars 2014, ces dispositions ne s'appliquent qu'aux contrats conclus à compter de l'entrée en vigueur de ladite loi.

Art. 7 *(Mod., L. n° 2014-366, 24 mars 2014).* **– Sont nulles les promesses et les conventions de toute nature relatives aux opérations visées à l'article 1er qui ne comportent pas une limitation de leurs effets dans le temps.**

Lorsque le mandant n'agit pas dans le cadre de ses activités professionnelles :

1° Les modalités de non-reconduction des contrats définies aux deux premiers alinéas de l'article L. 136-1 du Code de la consommation sont mentionnées de manière lisible et visible dans les conventions prévues au premier alinéa du I de l'article 6 de la présente loi ;

2° Lorsque ces conventions portent sur des opérations mentionnées aux 1° et 4° de l'article 1er et qu'elles comportent une clause d'exclusivité, elles mentionnent en caractères très apparents les dispositions du deuxième alinéa de l'article 78 du décret n° 72-678 du 20 juillet 1972 fixant les conditions d'application de la loi n° 70-9 du 2 janvier 1970 réglementant les conditions d'exercice des activités relatives à certaines opérations portant sur les immeubles et fonds de commerce, exception faite des mandats portant sur les opérations exclues par les troisième à sixième alinéas de ce même article.

NB : Conformément à l'article 24-VI de la loi n° 2014-366 du 24 mars 2014, ces dispositions ne s'appliquent qu'aux contrats conclus à *compter de l'entrée en vigueur de ladite loi.*

Art. 8 *(Ord. n° 2004-634, 1er juill. 2004).* **– Les personnes titulaires d'une autorisation administrative délivrée en application de la loi du 13 juillet 1992 susmentionnée, qui ont une activité de location saisonnière de meublés hors forfait touristique, sont dispensées de la carte professionnelle prévue à l'article 3 de la présente loi lorsque cette activité est accessoire à leur activité principale.**

Elles doivent souscrire, pour l'exercice de cette activité, une garantie financière permettant le remboursement des fonds, effets ou valeurs déposés et une assurance garantissant les conséquences pécuniaires de la responsabilité civile professionnelle qu'elles encourent en raison de cette activité.

L'exercice de ces activités est régi par les dispositions de la présente loi et des textes pris pour son application.

Art. 8-1 *(Ord. n° 2008-507, 30 mai 2008 ; mod., L. n° 2012-387, 22 mars 2012 ; L. n° 2014-366, 24 mars 2014 ; Ord. n° 2016-1809, 22 déc. 2016).* **– Tout ressortissant légalement établi dans un État membre de l'Union européenne ou dans un autre État partie à l'accord sur l'Espace économique européen pour exercer tout ou partie des activités prévues à l'article 1er de la présente loi peut exercer son activité de façon temporaire et occasionnelle en France après en avoir fait la déclaration préalable auprès du président de la chambre de commerce et d'industrie territoriale ou de la chambre départementale d'Île-de-France, dans des conditions fixées par décret en Conseil d'État. Toutefois, lorsque l'activité concernée ou la formation y conduisant n'est pas réglementée dans l'État d'établissement, le prestataire doit l'avoir exercée dans un ou plusieurs États membres ou parties pendant au moins une année à temps plein ou une durée équivalente à temps partiel, au cours des dix années qui précèdent la prestation.**

Art. 8-2 *(Ord. n° 2009-104, 30 janv. 2009 ; mod., Ord. n° 2016-301, 14 mars 2016).* **– Les personnes exerçant les activités désignées aux 1°, 2°, 4°, 5° et 8° de l'article 1er de la présente loi** *(Mots suppr., L. n° 2019-486, 22 mai 2019)* **« ... » mettent en œuvre les obligations relatives à la lutte contre le blanchiment des capitaux et le financement du terrorisme définies au chapitre Ier du titre VI du livre V du Code monétaire et financier.**

L'autorité administrative *(Mots suppr., L. n° 2019-486, 22 mai 2019)* **« ... » mentionnée au** *(Mots rempl., L. n° 2019-486, 22 mai 2019)* **« I de l'article L. 561-36-2 » du Code monétaire et financier assure le contrôle du respect des obligations prévues à l'alinéa précédent, dans les conditions définies à l'article L. 511-7 du Code de la consommation.**

Art. 8-2-1 *(L. n° 2018-1021, 23 nov. 2018 ; mod., Ord. n° 2020-1144, 16 sept. 2020).* **– Les personnes exerçant les activités désignées aux 1°, 6° et 9° de l'article 1er de la présente loi signalent au procureur de la République les faits qui sont susceptibles de constituer une des infractions prévues aux articles 225-14 du Code pénal et L. 511-22 du Code de la construction et de l'habitation.**

Ce signalement est effectué sans préjudice, le cas échéant, de la déclaration prévue à l'article L. 561-15 du Code monétaire et financier.

NB : Conformément à l'article 19 de l'ordonnance n° 2020-1144 du 16 septembre 2020, ces dispositions entrent en vigueur le 1er janvier 2021 et ne sont applicables qu'aux arrêtés notifiés à compter de cette date.

Art. 8-3 *(L. n° 2014-366, 24 mars 2014 ; mod. à compter du 1er juillet 2016, Ord. n° 2016-301, 14 mars 2016 ; L. n° 2017-86, 27 janv. 2017).* **– I. – Le Conseil national de la transaction et de la gestion immobilières mentionné à l'article 13-1 de la présente loi transmet à l'autorité administrative chargée de la concurrence et de la consommation toute information relative à des infractions ou manquements mentionnés aux articles L. 511-5 à L. 511-7 du Code de la consommation susceptibles d'être imputables à des personnes mentionnées à l'article 1er de la présente loi.**

II. – Les personnes mentionnées au même article 1er sont soumises à des contrôles menés par les agents mentionnés aux articles L. 511-3 et L. 511-21 du Code de la consommation, dans les conditions prévues à l'article L. 511-7 du même code.

Rédaction antérieure. Art. 8-3 *(L. n° 2014-366, 24 mars 2014).* **–** I. – La commission de contrôle des activités de transaction et de gestion immobilières mentionnée à l'article 13-5 de la présente loi transmet à l'autorité administrative chargée de la concurrence et de la consommation toute information relative à des infractions ou manquements mentionnés à l'article L. 141-1 du Code de la consommation susceptibles d'être imputables à des personnes mentionnées à l'article 1er de la présente loi.

II. – Les personnes mentionnées au même article 1er sont soumises à des contrôles menés par l'autorité administrative chargée de la concurrence et de la consommation, conformément à l'article L. 141-1 du Code de la consommation.

Ordonnance n° 2004-634 du 1er juillet 2004

relative à l'entremise et à la gestion des immeubles et fonds de commerce

Art. 12. – Les personnes exerçant une profession ou activité mentionnée aux articles 1er et 4 de la loi du 2 janvier 1970 susvisée qui, antérieurement à l'entrée en vigueur de la présente ordonnance, ont été condamnées pour des faits énoncés par les articles 9, 10 et 11 de la loi susvisée dans leur rédaction issue de la présente ordonnance sont frappées, à compter de la date de publication de cette dernière, d'une incapacité d'exercer.

Toutefois, ces personnes peuvent, dans un délai de trois mois suivant la date de publication de l'ordonnance, demander à la juridiction qui les a condamnées ou, en cas de pluralité de condamnation, à la dernière juridiction qui a statué, soit de les relever de l'incapacité dont elles sont frappées, soit d'en déterminer la durée. Les personnes qui font usage de ce droit peuvent exercer leur profession ou activité jusqu'à ce qu'il ait été statué sur leur demande.

Si la juridiction qui a statué n'existe plus ou s'il s'agit d'une juridiction étrangère, la chambre de l'instruction de la cour d'appel dans le ressort de laquelle le requérant a sa résidence est compétente. Il en est de même si l'incapacité résulte d'une décision disciplinaire.

Décret n° 72-678 du 20 juillet 1972

fixant les conditions d'application de la loi n° 70-9 du 2 janvier 1970 réglementant les conditions d'exercice des activités relatives à certaines opérations portant sur les immeubles et les fonds de commerce

CHAPITRE PREMIER. – LA CARTE PROFESSIONNELLE

Art. 1er *(D. n° 2005-1315, 21 oct. 2005 ; mod., D. n° 2010-1707, 30 déc. 2010 ; D. n° 2015-702, 19 juin 2015)*. **– La carte professionnelle délivrée aux personnes établies sur le territoire national qui exercent une ou plusieurs des activités mentionnées à l'article 1er de la loi du 2 janvier 1970 susvisée porte la ou les mentions suivantes :**

1° « Transactions sur immeubles et fonds de commerce », en cas d'exercice des activités mentionnées aux 1° à 5° et 8° de l'article 1er de la loi du 2 janvier 1970 ;

2° « Gestion immobilière », en cas d'exercice de l'activité mentionnée au 6° du même article ;

3° « Syndic de copropriété », en cas d'exercice de l'activité mentionnée au 9° du même article ;

4° « Marchand de listes », en cas d'exercice de l'activité mentionnée au 7° du même article.

La mention « Marchand de listes » est exclusive des précédentes. Si le titulaire de la carte portant cette mention exerce les autres activités mentionnées à l'article 1er de la loi du 2 janvier 1970, il doit être détenteur d'une autre carte portant la ou les mentions correspondantes.

Lorsque le titulaire d'une carte entend se livrer ou prêter son concours, à titre accessoire, aux opérations mentionnées à l'article L. 211-1 du Code du tourisme, cette carte porte en outre la mention « Prestations touristiques ».

La carte délivrée aux personnes non établies sur le territoire national, qui ne relèvent pas de la section III du chapitre II, porte la mention supplémentaire « Prestations de services ».

La carte délivrée aux personnes ayant déposé la déclaration sur l'honneur mentionnée au 6° de l'article 3 porte en outre, pour l'activité concernée par la déclaration sur l'honneur, la mention : « Non-détention de fonds » ainsi que, le cas échéant, la mention : « Absence de garantie financière ».

Ces cartes sont conformes à un modèle établi par arrêté du ministre chargé de l'économie.

Voir aussi : A. 15 septembre 1972 mod. par A. 13 octobre 1993 (*JO* 18 nov.).

Art. 2 *(Mod., D. n° 2005-1315, 21 oct. 2005)* (1). **– La délivrance de la carte professionnelle est sollicitée par la personne physique ou par le ou les représentants légaux ou statutaires de la personne morale, qui se livre ou prête son concours aux opérations énumérées par l'article 1er de la loi susvisée du 2 janvier 1970.**

La demande précise la nature des opérations pour lesquelles la carte est demandée. Elle indique, le cas échéant, que le demandeur entend se livrer ou prêter son concours, à titre accessoire, aux opérations mentionnées à l'article L. 211-1 du Code du tourisme.

Lorsque la demande est faite par une personne physique, elle mentionne l'état civil, la profession, le domicile et *le lieu de l'activité professionnelle de cette personne.*

(1) Les dispositions du décret n° 2005-1315 du 21 octobre 2005 entrent en vigueur le 1er janvier 2006. Les cartes professionnelles en cours de validité à cette date demeurent valables jusqu'à la date initialement prévue pour leur expiration (D. n° 2005-1315, 21 oct. 2005).

Lorsque la demande est présentée au nom d'une personne morale, elle indique la dénomination, la forme juridique, le siège, l'objet de la personne morale, ainsi que l'état civil, le domicile, la profession et la qualité du ou des représentants légaux ou statutaires.

La demande est présentée par la personne physique ou par le ou les représentants légaux ou statutaires de la personne morale ou, le cas échéant, par le locataire-gérant qui exerce ou envisage d'exercer l'activité considérée. Si la direction de l'entreprise est assumée par un préposé ou un gérant, mandataire ou salarié, la demande indique également, dans ce cas, l'état civil, la qualité, le domicile de cette personne qui doit, en outre, justifier qu'elle satisfait aux conditions prévues par l'article 3 (1° et 4°) de la loi susvisée du 2 janvier 1970, par les articles 3 (al. 2 et 3) et 16 du présent décret.

Art. 3 *(Mod., D. n° 95-818, 29 juin 1995 ; rempl. à compter du 1er janvier 2006, D. n° 2005-1315, 21 oct. 2005 ; mod., D. n° 2006-1115, 5 sept. 2006 ; D. n° 2010-1707, 30 déc. 2010 ; D. n° 2015-702, 19 juin 2015 ; D. n° 2016-1392, 17 oct. 2016).* – I. – La demande est accompagnée :

1° De la justification qu'il est satisfait par le ou les demandeurs aux conditions d'aptitude professionnelle spécifiées au chapitre II ;

2° De l'attestation de garantie financière suffisante délivrée dans les conditions prévues à l'article 37, sous réserve des dispositions du 6° du présent article ;

3° De l'attestation d'assurance contre les conséquences pécuniaires de la responsabilité civile professionnelle délivrée conformément au deuxième alinéa de l'article 49 ;

4° D'un extrait du registre du commerce et des sociétés datant de moins d'un mois si la personne est immatriculée à ce registre ou d'un double de la demande si elle doit y être immatriculée ;

> **Rédaction future.** 4° *(Mod. à compter du 1er novembre 2021, D. n° 2021-631, 21 mai 2021)* Du numéro unique d'identification si la personne est immatriculée au registre du commerce et des sociétés ou d'un double de la demande si elle doit y être immatriculée ;

5° Suivant le cas, d'une attestation délivrée par l'établissement de crédit qui a ouvert le compte prévu soit par l'article 55, soit par l'article 59, avec l'indication du numéro de compte et de la succursale qui le tient, ou d'une attestation d'ouverture au nom de chaque mandant des comptes bancaires prévus par l'article 71 ;

6° Le cas échéant, de la déclaration sur l'honneur qu'il n'est reçu ni détenu, directement ou indirectement, par le demandeur, à l'occasion de tout ou partie des activités pour lesquelles la carte est demandée, d'autres fonds, effets ou valeurs que ceux représentatifs de sa rémunération ou de ses honoraires ; dans ce cas, le demandeur ne produit, au titre des activités concernées par la déclaration sur l'honneur, l'attestation de garantie financière mentionnée au 2° que lorsqu'il a choisi d'en souscrire une.

II. – En vue de vérifier que le demandeur n'est pas frappé d'une des incapacités ou interdictions d'exercer définies au titre II de la loi du 2 janvier 1970 susvisée, le président de la chambre de commerce et d'industrie territoriale ou celui de la chambre de commerce et d'industrie départementale d'Île-de-France demande un bulletin n° 2 au casier judiciaire national.

Lorsque le demandeur est établi en France et qu'il est ressortissant d'un autre État membre de l'Union européenne, le président de la chambre de commerce et d'industrie territoriale ou départementale demande également l'équivalent du bulletin n° 2 auprès du casier judiciaire de l'État membre de nationalité, par l'intermédiaire du casier judiciaire national.

Lorsque le demandeur est établi en France et qu'il est ressortissant d'un État non membre de l'Union européenne, il joint à sa demande un extrait de casier judiciaire datant de moins de trois mois ou, à défaut, un document équivalent délivré par l'autorité compétente de cet État.

Si le demandeur a acquis l'aptitude professionnelle dont il se prévaut dans un État membre de l'Union européenne, le président de la chambre de commerce et d'industrie territoriale ou de la chambre départementale d'Île-de-France demande en outre l'équivalent du bulletin n° 2 auprès du casier judiciaire de cet État, par l'intermédiaire du casier judiciaire national.

Si le demandeur a acquis l'aptitude professionnelle dont il se prévaut dans un État avec lequel la France est liée par un accord de reconnaissance des qualifications professionnelles, il joint à sa demande un extrait de casier judiciaire datant de moins de trois mois ou, à défaut, un document équivalent délivré par l'autorité compétente de cet État.

Art. 4 *(Mod., D. n° 2015-702, 19 juin 2015).* – Une liste des établissements, succursales, agences ou bureaux qui dépendent du même déclarant est, s'il y a lieu, jointe à la demande. Cette liste précise la dénomination et l'adresse de chaque établissement, succursale, agence ou bureau, même s'ils ne sont ouverts qu'à titre temporaire.

Le titulaire de la carte professionnelle, son ou ses représentants légaux ou statutaires, s'il s'agit d'une personne morale, avise immédiatement le président de la chambre de commerce et d'industrie territoriale ou de la chambre départementale d'Île-de-France compétente en application de l'article 5 de tout changement d'adresse et de toute ouverture ou fermeture d'établissement, succursale, agence ou bureau.

Art. 5 *(Mod., D. n° 93-199, 9 févr. 1993 ; D. n° 2005-1315, 21 oct. 2005 ; D. n° 2010-1707, 30 déc. 2010 ; D. n° 2015-702, 19 juin 2015).* – I. – La demande prévue à l'article 2 est présentée au président de la chambre de commerce et d'industrie territoriale ou de la chambre départementale d'Île-de-France, dans le ressort de laquelle se trouve le siège du demandeur si elle est présentée par une personne morale, ou celui de son principal établissement si elle est présentée par une personne physique.

La demande, dont le modèle est prévu par arrêté du ministre chargé de l'économie, est déposée contre décharge ou adressée par lettre recommandée avec demande d'avis de réception ou par voie électronique.

Les personnes physiques ou morales qui n'ont en France aucun établissement, succursale, agence ou bureau adressent leur demande au président de la chambre de commerce et d'industrie départementale de Paris.

La demande est accompagnée d'un paiement en rémunération de l'instruction du dossier, dont le montant et les modalités sont déterminés par arrêté du ministre chargé de l'économie.

II. – Lorsque le président de la chambre de commerce et d'industrie territoriale ou de la chambre départementale d'Île-de-France exerce l'une des activités mentionnées à l'article 1er de la loi du 2 janvier 1970 susvisée, il n'intervient ni dans l'instruction ni dans la délivrance de la carte professionnelle. La carte est alors délivrée par un des vice-présidents.

III. – Si la demande est incomplète, la chambre de commerce et d'industrie compétente en application du I notifie par tout moyen au demandeur la liste des pièces manquantes dans un délai de quinze jours à compter de la réception de la demande. La demande est caduque si le dossier n'est pas complété dans le délai de deux mois à compter de cette notification.

Les pièces complémentaires sont déposées contre décharge ou adressées par lettre recommandée avec demande d'avis de réception ou par voie électronique.

Art. 6 *(Mod., D. n° 2005-1315, 21 oct. 2005 ; D. n° 2008-355, 15 avr. 2008 ; D. n° 2010-1707, 30 déc. 2010 ; D. n° 2015-702, 19 juin 2015).* – I. – Le titulaire de la carte professionnelle avise sans délai de tout changement d'adresse de son siège ou de son principal établissement la chambre de commerce et d'industrie compétente en application du I de l'article 5 avant ce changement. Si le siège ou le nouvel établissement du titulaire est situé dans le ressort d'une autre chambre de commerce et d'industrie, la chambre de commerce et d'industrie qui a reçu l'avis vérifie la réalité du déplacement et transmet le dossier à la chambre de commerce et d'industrie compétente en application du I de l'article 5.

Tout changement de dénomination ou de forme de la personne morale, de l'identité du ou des représentants légaux ou statutaires et de l'identité du garant ou de l'assureur de la responsabilité civile professionnelle est également déclaré.

Les changements mentionnés ci-dessus donnent lieu à la délivrance d'une carte professionnelle mise à jour, valable pour la durée restant à courir de celle-ci.

II. – Lorsque le titulaire de la carte dépose la déclaration sur l'honneur mentionnée au 6° du I de l'article 3, il lui est délivré, sur remise de son ancienne carte, une nouvelle carte professionnelle pour la durée restant à courir portant, pour l'activité concernée par la déclaration sur l'honneur, la mention « Non-détention de fonds ».

III. – En cas d'avenant à la garantie financière ou à l'assurance contre les conséquences pécuniaires de la responsabilité civile professionnelle, le titulaire de la carte professionnelle en informe la chambre de commerce et d'industrie territoriale ou la chambre départementale d'Île-de-France en utilisant un modèle prévu par arrêté du ministre chargé de l'économie et fournit les justificatifs requis.

Art. 7 *(Mod., D. n° 2010-1707, 30 déc. 2010 ; D. n° 2015-702, 19 juin 2015).* – En cas de cessation de la garantie financière, de suspension, d'expiration ou de dénonciation du contrat d'assurance contre les conséquences pécuniaires de la responsabilité civile professionnelle, ainsi qu'en cas d'interdiction ou d'incapacité d'exercer, le titulaire de la carte professionnelle doit la restituer immédiatement à la chambre de commerce et d'industrie territoriale ou la chambre départementale d'Île-de-France compétente en application du I de l'article 5 ; il est tenu, ainsi que toute personne qui en serait porteur, de la remettre sur simple réquisition d'un agent de l'autorité publique ou sur demande du président de la chambre de commerce et d'industrie compétente en application du I de l'article 5.

Lorsque la cessation de la garantie financière fait suite au dépôt, par le titulaire de la carte, de la déclaration sur l'honneur mentionnée au 6° de l'article 3, il lui est délivré, sur remise de son ancienne carte, une nouvelle carte professionnelle qui, outre la mention prévue au dernier alinéa de l'article 6, porte, pour l'activité concernée par la déclaration sur l'honneur, la mention « Absence de garantie financière ».

Art. 8 *(Mod., D. n° 2005-1315, 21 oct. 2005 ; D. n° 2015-702, 19 juin 2015)* (1). – Une déclaration préalable d'activité est souscrite à la chambre de commerce et d'industrie territoriale ou à la chambre départementale d'Île-de-France du lieu de situation de chaque établissement, succursale, agence ou bureau mentionnés à l'article 4, par la personne qui en assure la direction.

Cette déclaration contient les renseignements mentionnés selon le cas au troisième ou au quatrième alinéa de l'article 2, ainsi que l'indication de la chambre de commerce compétente en application du I de l'article 5.

Elle comporte également l'état civil, la qualité et le domicile personnel du déclarant.

Lorsque les conditions prévues aux 1° et 4° de l'article 3 de la loi du 2 janvier 1970 susvisée sont réunies, il est remis à la personne qui dirige l'établissement, la succursale, l'agence ou le bureau un récépissé de déclaration. Ce récépissé est conforme à un modèle fixé par arrêté du ministre chargé de l'économie.

Tout changement d'adresse de l'établissement, de la succursale, de l'agence ou du bureau, ainsi que tout changement de la personne qui en assume la direction, donne lieu à déclaration à la ou aux chambres de commerce et d'industrie territoriales ou chambres départementales d'Île-de-France intéressées. Après que sont apportées, s'il y a lieu, les justifications rappelées au précédent alinéa, il est délivré un nouveau récépissé sur remise de l'ancien.

Toute personne qui détient un récépissé de déclaration doit, lorsque les conditions mises à sa délivrance ne sont plus remplies, le restituer immédiatement au président de la chambre de commerce et d'industrie compétente en application de l'article 5. Elle est tenue, ainsi que toute personne qui en serait porteur, de le remettre sur simple réquisition d'un agent de l'autorité publique ou sur demande du président de la chambre de commerce et d'industrie compétente en application de l'article 5.

Les dispositions prévues à l'article 4 ci-dessus et au présent article ne sont pas applicables aux services de gestion, implantés dans les ensembles immobiliers, qui ne disposent d'aucune autonomie administrative et financière.

Art. 9 *(Mod., D. n° 2005-1315, 21 oct. 2005 ; D. n° 2015-702, 19 juin 2015)* (2). – Toute personne physique habilitée par un titulaire de la carte professionnelle à négocier, s'entremettre ou s'engager pour le compte de ce dernier, justifie de la qualité et de l'étendue de ses pouvoirs par la production d'une attestation conforme à un modèle déterminé par arrêté du ministre chargé de l'économie.

L'attestation est visée par le président de la chambre de commerce et d'industrie territoriale ou de la chambre départementale d'Île-de-France compétente en application du I de l'article 5, puis délivrée par le titulaire de la carte professionnelle. Les dispositions du II de l'article 3 sont applicables pour le visa du président de la chambre de commerce et d'industrie.

Toute personne qui détient une attestation est tenue de la restituer au titulaire de la carte professionnelle qui la lui a délivrée, dans les vingt-quatre heures de la demande qui en a été faite par lettre recommandée avec demande d'avis de réception.

Sur simple demande du président de la chambre de commerce et d'industrie territoriale ou de la chambre départementale d'Île-de-France ou du procureur de la République formulée à cet effet, l'attestation doit être retirée.

En cas de non-restitution de cette attestation, le titulaire de la carte professionnelle doit en aviser aussitôt le procureur de la République ainsi que le président de la chambre de commerce et d'industrie territoriale ou de la chambre départementale d'Île-de-France.

---

(1) Les dispositions du décret n° 2005-1315 du 21 octobre 2005 entrent en vigueur le 1er janvier 2006. Les cartes professionnelles en cours de validité à cette date demeurent valables jusqu'à la date initialement prévue pour leur expiration (D. n° 2005-1315, 21 oct. 2005).

(2) Les dispositions du décret n° 2005-1315 du 21 octobre 2005 entrent en vigueur le 1er janvier 2006. Les cartes professionnelles en cours de validité à cette date demeurent valables jusqu'à la date initialement prévue pour leur expiration (D. n° 2005-1315, 21 oct. 2005).

Toute modification dans les énonciations de l'attestation donne lieu à délivrance d'un nouveau document sur remise de l'ancien.

Les nom et qualité du titulaire de l'attestation doivent être mentionnés dans les conventions visées à l'article 6 de la loi du 2 janvier 1970 susvisée lorsqu'il intervient dans leur conclusion, ainsi que sur les reçus de versements ou remises lorsqu'il en délivre.

Substitution d'une personne morale. Si, en vertu de l'article 9 du décret n° 72-678 du 20 juillet 1972, un mandat d'agent commercial est confié à une personne physique, celle-ci peut, sous réserve de dispositions de ce contrat le prévoyant, se substituer une personne morale à la condition que cette dernière soit titulaire de la carte professionnelle d'agent immobilier (■ Cass. 1re civ., 3 févr. 2021, n° 19-21.403).

Art. 9-1 *(D. n° 2019-179, 7 mars 2019).* – Les missions mentionnées à l'article 4-2 de la loi du 2 janvier 1970 susvisée sont :

1° La recherche de logements en vue de leur location ou de leur sous-location à des travailleurs saisonniers ;

2° L'entremise entre le propriétaire d'un logement, d'une part, et un travailleur saisonnier ou l'employeur d'un travailleur saisonnier, d'autre part, pour faciliter la conclusion d'un contrat de location d'un logement destiné au travailleur saisonnier ;

3° L'entremise entre un employeur et son employé travailleur saisonnier, pour faciliter la conclusion d'un contrat de sous-location d'un logement destiné au travailleur saisonnier.

Art. 10. – En cas de négociation, entremise, démarchage, versement de fonds, remise de titres ou effets, engagement ou convention, à l'occasion de l'une des opérations spécifiées à l'article 1er de la loi du 2 janvier 1970, toute personne intéressée peut exiger la présentation, suivant les cas, de la carte professionnelle, du récépissé de la déclaration d'activité ou de l'attestation prévue à l'article précédent.

CHAPITRE II. – L'APTITUDE PROFESSIONNELLE

Section I. – Aptitude professionnelle acquise en France

(D. n° 93-199, 9 févr. 1993)

Art. 11 *(Mod., D. n° 74-1179, 31 déc. 1974 ; rempl., D. n° 2005-1315, 21 oct. 2005 ; D. n° 2008-355, 15 avr. 2008).* – Sont regardées comme justifiant de l'aptitude professionnelle requise pour obtenir la carte professionnelle prévue à l'article 1er les personnes qui produisent :

1° Soit un diplôme délivré par l'État ou au nom de l'État, d'un niveau égal ou supérieur à trois années d'études supérieures après le baccalauréat et sanctionnant des études juridiques, économiques ou commerciales ;

2° Soit un diplôme ou un titre inscrit au répertoire national des certifications professionnelles d'un niveau équivalent (niveau II) et sanctionnant des études de même nature ;

3° Soit le brevet de technicien supérieur professions immobilières ;

4° Soit un diplôme de l'institut d'études économiques et juridiques appliquées à la construction et à l'habitation.

Art. 12 *(Rempl., D. n° 2005-1315, 21 oct. 2005 ; D. n° 2008-355, 15 avr. 2008).* – Sont regardées comme justifiant de l'aptitude professionnelle requise pour obtenir la carte professionnelle prévue à l'article 1er les personnes qui remplissent cumulativement les conditions suivantes :

1° Être titulaire soit d'un baccalauréat, soit d'un diplôme ou d'un titre inscrit au répertoire national des certifications professionnelles d'un niveau équivalent (niveau IV) et sanctionnant des études juridiques, économiques ou commerciales ;

2° Avoir occupé pendant au moins trois ans un emploi subordonné se rattachant à une activité mentionnée à l'article 1er de la loi [n° 70-9] du 2 janvier 1970 susvisée et correspondant à la mention demandée.

Art. 13 *(Abr., D. n° 2005-1315, 21 oct. 2005).*

Art. 14 *(Rempl., D. n° 2005-1315, 21 oct. 2005).* – Sont regardées comme justifiant de l'aptitude professionnelle requise pour obtenir la carte prévue à l'article 1er les personnes qui ont occupé l'un des emplois mentionnés au 2° de l'article 12 pendant au moins dix ans. Cette durée est réduite à quatre ans s'il s'agit d'un emploi de cadre au titre duquel le demandeur était affilié comme tel auprès d'une institution de retraite complémentaire ou d'un emploi public de catégorie A ou de niveau équivalent.

Art. 15 *(Rempl., D. n° 2005-1315, 21 oct. 2005).* – Les durées d'occupation mentionnées aux articles 12 et 14 s'entendent d'un emploi à temps complet ou de l'équivalent en temps complet d'un emploi à temps partiel, que cette occupation ait été continue ou non.

Art. 16 *(Mod., D. n° 2005-1315, 21 oct. 2005).* – Les personnes qui, sans être titulaires de la carte professionnelle, assument la direction de l'entreprise, telles que les gérants, mandataires ou salariés, ou celle d'un établissement, d'une succursale, d'une agence ou d'un bureau, ont à justifier de leur aptitude professionnelle dans les conditions prévues à l'article 11 ou dans celles prévues aux articles 12 et 14, avec un temps d'activité réduit de moitié.

Section II. – Aptitude professionnelle acquise dans un autre État membre de la Communauté européenne ou partie à l'accord sur l'Espace économique européen

(D. n° 93-199, 9 févr. 1993 ; intitulé mod. à compter du 1er janv. 2006, D. n° 2005-1315, 21 oct. 2005)

Art. 16-1 *(D. n° 93-199, 9 févr. 1993 ; rempl., D. n° 2009-766, 22 juin 2009 ; mod., D. n° 2010-1707, 30 déc. 2010 ; D. n° 2016-1392, 17 oct. 2016).* – Le ressortissant d'un État membre de l'Union européenne ou d'un autre État partie à l'accord sur l'Espace économique européen peut obtenir la carte professionnelle mentionnée à l'article 1er du présent décret pour exercer une activité mentionnée à l'article 1er de la loi du 2 janvier 1970 susvisée, sans remplir les conditions fixées par les dispositions de la section I du présent chapitre, lorsqu'il possède une attestation de compétence ou un titre de formation mentionné aux articles 11 et 12 de la directive 2005/36/CE modifiée du 7 septembre 2005 du Parlement européen et du Conseil, relative à la reconnaissance des qualifications professionnelles :

1° Si cette attestation de compétence ou titre de formation permet l'accès à tout ou partie de cette activité ou son exercice, lorsque l'État qui a délivré ce document la réglemente ;

2° Si cette attestation de compétence ou titre de formation atteste la préparation du demandeur à l'exercice de tout ou partie de cette activité, lorsque l'État qui a délivré le document ne la réglemente pas. Dans ce cas, le demandeur doit, en outre, justifier avoir exercé à temps plein l'activité pendant au moins un an au cours des dix années précédentes, ou pendant une période équivalente en cas d'exercice à temps partiel, dans un État membre de l'Union européenne ou dans un autre État partie à l'accord sur l'Espace économique européen qui ne réglemente pas l'activité.

L'expérience professionnelle d'un an n'est pas exigée si le titre certifie une formation préparant spécifiquement à l'exercice de l'activité.

Dans tous les cas, l'attestation de compétence ou le titre de formation doit avoir été délivré soit par l'autorité compétente d'un État membre de l'Union européenne soit par celle d'un autre État partie à l'accord sur l'Espace économique européen. Toutefois, le titre de formation peut avoir été délivré par un État tiers, à condition que soit fournie une attestation, émanant de l'autorité compétente de l'État membre ou de l'État partie qui l'a reconnu, certifiant que son titulaire a une expérience professionnelle de trois ans au moins dans cet État.

Art. 16-2 *(Abr., D. n° 2016-1392, 17 oct. 2016).*

Art. 16-3 *(D. n° 93-199, 9 févr. 1993).* – Une connaissance suffisante de la langue française est requise du demandeur. Elle est vérifiée dans les conditions fixées par un arrêté conjoint du garde des Sceaux, ministre de la Justice, et du ministre de l'Éducation nationale.

Art. 16-4 *(Abr., D. n° 2009-766, 22 juin 2009).*

Art. 16-5 *(D. n° 93-199, 9 févr. 1993 ; mod., D. n° 2005-1315, 21 oct. 2005 ; D. n° 2015-702, 19 juin 2015 ; D. n° 2016-1392, 17 oct. 2016).* – La demande de carte professionnelle faite par les personnes se prévalant d'une aptitude professionnelle acquise dans les conditions prévues par la présente section est faite conformément aux dispositions de l'article 5. Elle est accompagnée d'un dossier dont la composition est fixée par l'arrêté mentionné à l'article 16-3.

Section III. – Conditions d'exercice de la libre prestation de services de ressortissants d'un État membre de la Communauté européenne ou d'un autre État partie à l'accord sur l'Espace économique européen

(D. n° 2009-766, 22 juin 2009)

Art. 16-6 *(D. n° 2009-766, 22 juin 2009 ; mod., D. n° 2010-1707, 30 déc. 2010 ; D. n° 2015-702, 19 juin 2015).* **– La déclaration préalable prévue à l'article 8-1 de la loi du 2 janvier 1970 susvisée est adressée, par lettre recommandée avec demande d'avis de réception ou par voie électronique, au président de la chambre de commerce et d'industrie territoriale ou de la chambre départementale d'Île-de-France dans le ressort de laquelle le prestataire se déplace pour la première fois en France afin de fournir des services d'une manière temporaire ou occasionnelle.**

Elle est accompagnée des documents suivants :

1° Une attestation certifiant que l'intéressé est légalement établi dans un État membre de la Communauté européenne ou dans un autre État partie à l'accord sur l'Espace économique européen sans encourir, même à titre temporaire, aucune interdiction d'exercer ;

2° La preuve que l'intéressé a exercé l'activité concernée pendant au moins deux années au cours des dix dernières années précédant la prestation, si l'État membre de la Communauté européenne ou partie à l'accord sur l'Espace économique européen ne réglemente pas cette activité ;

3° La justification de la nationalité du prestataire ;

4° La justification d'une garantie financière permettant le remboursement des fonds, effets ou valeurs déposées par les clients et spécialement affectées à celui-ci, sous réserve des dispositions du 6° du présent article ;

5° La justification d'une assurance contre les conséquences pécuniaires de la responsabilité civile professionnelle ;

6° Le cas échéant, une déclaration sur l'honneur qu'il n'est reçu ni détenu, directement ou indirectement, par le déclarant, à l'occasion de l'opération pour laquelle la déclaration est faite, d'autres fonds, effets ou valeurs que ceux représentatifs de sa rémunération ou de sa commission.

En cas de changement matériel relatif à la situation établie par ces documents, le prestataire fournit au président de la chambre de commerce et d'industrie territoriale ou de la chambre départementale d'Île-de-France les documents relatifs à ces changements.

Le prestataire qui souhaite se déplacer à nouveau pour fournir des services de façon temporaire et occasionnelle plus d'un an après sa première déclaration en fait la déclaration préalable selon les modalités décrites au premier alinéa. Il joint, le cas échéant, tout document relatif à un changement de situation intervenu depuis sa précédente déclaration.

Art. 16-7 *(D. n° 2009-766, 22 juin 2009).* **– La prestation est effectuée sous le titre professionnel de l'État membre d'établissement dans la langue officielle ou l'une des langues officielles de cet État. Si le titre professionnel n'existe pas dans l'État membre d'établissement, le prestataire fait mention de son titre de formation dans la ou les langues officielles de cet État.**

....

CHAPITRE III. – LA GARANTIE FINANCIÈRE

Section I. – Dispositions particulières aux différents modes de garantie financière

Art. 19 *(Mod., D. n° 2005-1315, 21 oct. 2005 ; D. n° 2014-1315, 3 nov. 2014)* (1). **– Lorsque l'établissement de crédit ou la société de financement mentionné au septième alinéa de l'article 3 de la loi du 2 janvier 1970 susvisée est une société de caution mutuelle régie par la section III du chapitre V du titre Ier du livre V du Code monétaire et financier, cette société a pour objet de garantir :**

1° Dans les conditions prévues par la loi du 2 janvier 1970 susvisée et par le présent décret, les *remboursements* ou restitutions des versements ou remises visés à l'article 5 de ladite loi ;

(1) Les dispositions du décret n° 2005-1315 du 21 octobre 2005 entrent en vigueur le 1er janvier 2006. Les cartes professionnelles en cours de validité à cette date demeurent valables jusqu'à la date initialement prévue pour leur expiration (D. n° 2005-1315, 21 oct. 2005).

2° Dans les conditions prévues par la section V du présent chapitre, et en cas d'exercice, à titre accessoire, des activités mentionnées à l'article L. 211-1 du Code du tourisme, le remboursement des fonds reçus, la délivrance des prestations de substitution et les frais de rapatriement ;

3° Dans les États parties à l'accord sur l'Espace économique européen autres que la France, les remboursements et restitutions des sommes d'argent, biens, effets ou valeurs reçus à l'occasion des opérations énumérées à l'article 1er de la loi du 2 janvier 1970 susvisée.

CHAPITRE VII (*sic.*). – LES CONVENTIONS PRÉVUES PAR L'ARTICLE 6 DE LA LOI DU 2 JANVIER 1970

Section I. – Les conventions relatives aux opérations de l'article 1er (1° à 5°) de la loi du 2 janvier 1970 susvisée

Art. 72 *(Mod., D. n° 2015-702, 19 juin 2015 ; D. n° 2016-1278, 29 sept. 2016).* **– Le titulaire de la carte professionnelle portant la mention :**

« Transactions sur immeubles et fonds de commerce » ne peut négocier ou s'engager à l'occasion d'opérations spécifiées à l'article 1er (1° à 5°) de la loi susvisée du 2 janvier 1970 sans détenir un mandat écrit préalablement délivré à cet effet par l'une des parties.

Le mandat précise son objet et contient les indications prévues à l'article 73.

Lorsqu'il comporte l'autorisation de s'engager pour une opération déterminée, le mandat en fait expressément mention.

Tous les mandats sont mentionnés par ordre chronologique sur un registre des mandats conforme à un modèle fixé par arrêté du ministre chargé de l'économie.

Le numéro d'inscription sur le registre des mandats est reporté sur celui des exemplaires du mandat, qui reste en la possession du mandant.

Ce registre est à l'avance coté sans discontinuité et relié. Il peut être tenu sous forme électronique dans les conditions prescrites par les articles 1365 et suivants du Code civil.

Les mandats et le registre des mandats sont conservés pendant dix ans.

Tous les mandats visés par l'article 72 du décret n° 72-678 du 20 juillet 1972 sont mentionnés sur un registre unique. Dès lors, la pratique par laquelle un agent immobilier tient un registre pour les mandats de vente et un registre différent pour les mandats de recherche n'est pas conforme aux prescriptions de ce texte. Il en résulte que le mandat de recherche donné à l'agent immobilier et qui ne satisfait pas à cette obligation est nul et que ce dernier ne peut s'en prévaloir au soutien de sa demande en paiement de la commission prévue par le mandat (■ Cass. 1re civ., 10 déc. 2014, n° 13-24.352, publié).

Art. 73 *(Mod., D. n° 2005-1315, 21 oct. 2005 ; D. n° 2016-1392, 17 oct. 2016).* **– Le titulaire de la carte professionnelle portant la mention « Transactions sur immeubles et fonds de commerce », son ou ses représentants légaux ou statutaires, s'il s'agit d'une personne morale, qui doit recevoir le mandat prévu à l'article 72 ne peut demander, ni recevoir directement ou indirectement, d'autre rémunération ou d'autres honoraires à l'occasion d'une opération spécifiée à l'article 1er (1° à 5°) de la loi susvisée du 2 janvier 1970 que celle dont les conditions de détermination sont précisées dans le mandat.**

Le mandat doit préciser si cette rémunération est à la charge exclusive de l'une des parties à l'opération ou si elle *est partagée.* Dans ce dernier cas, les conditions et modalités de ce partage sont indiquées dans le mandat et reprises dans l'engagement des parties. Le montant de la rémunération ou des honoraires, ainsi que l'indication de la ou des parties qui en ont la charge sont portés dans l'engagement des parties. Il en est de même, le cas échéant, des honoraires de rédaction d'actes et de séquestre.

Le titulaire de la carte ne peut demander ni recevoir, directement ou indirectement, des honoraires ou des rémunérations à l'occasion de cette opération d'une personne autre que celle mentionnée comme en ayant la charge dans le mandat et dans l'engagement des parties.

Le titulaire de la carte professionnelle perçoit sans délai sa rémunération ou ses honoraires une fois constatée par acte authentique l'opération conclue par son intermédiaire.

Art. 74 *(Mod., D. n° 2005-1315, 21 oct. 2005 ; D. n° 2016-1392, 17 oct. 2016).* **– Lorsque l'engagement des parties contient une clause de dédit ou une condition suspensive, l'opération ne peut être regardée comme**

effectivement conclue par l'application de l'avant-dernier alinéa du I de l'article 6 de la loi susvisée du 2 janvier 1970 s'il y a dédit ou tant que la faculté de dédit subsiste ou tant que la condition suspensive n'est pas réalisée.

Art. 75 *(Mod., D. n° 2005-1315, 21 oct. 2005).* – Si le mandat prévoit une rémunération forfaitaire, celle-ci peut être modifiée lorsque le prix de vente ou de cession retenu par l'engagement des parties est différent du prix figurant dans le mandat.

Art. 76 *(Mod., D. n° 2005-1315, 21 oct. 2005).* – Le titulaire de la carte n'est autorisé à verser pour un montant maximal, à recevoir ou à détenir des fonds, biens, effets ou valeurs ou à en disposer, à l'occasion d'une opération spécifiée à l'article 1er (1° à 5°) de la loi susvisée du 2 janvier 1970 que dans la mesure et dans les conditions précisées par une clause expresse du mandat, compte tenu des dispositions de cette loi et du présent décret.

Le mandat d'acheter ou de prendre à bail un bien non identifié ne doit contenir aucune clause fixant à l'avance le montant des dommages-intérêts ou du dédit éventuellement dû par la partie qui ne remplirait pas ses engagements.

Art. 77 *(Mod., D. n° 2005-1315, 21 oct. 2005).* – Le titulaire de la carte devra dans le délai stipulé et, en tout cas, dans les huit jours de l'opération, informer son mandant de l'accomplissement du mandat de vendre ou d'acheter.

L'information est faite par lettre recommandée avec demande d'avis de réception ou par tout autre écrit remis contre récépissé ou émargement.

L'intermédiaire remet à son mandant, dans les mêmes conditions que celles prévues aux deux alinéas précédents, une copie de la quittance ou du reçu délivré.

Art. 78 *(Mod., D. n° 2015-724, 24 juin 2015).* – Lorsqu'un mandat est assorti d'une clause d'exclusivité ou d'une clause pénale, ou lorsqu'il comporte une clause aux termes de laquelle des honoraires seront dus par le mandant même si l'opération est conclue sans les soins de l'intermédiaire, cette clause ne peut recevoir application que si elle résulte d'une stipulation expresse d'un mandat dont un exemplaire a été remis au mandant. Cette clause, mentionnée en caractères très apparents, ne peut prévoir le paiement d'une somme supérieure au montant des honoraires stipulés dans le mandat pour l'opération à réaliser.

Passé un délai de trois mois à compter de sa signature, le mandat contenant une telle clause peut être dénoncé à tout moment par chacune des parties, à charge pour celle qui entend y mettre fin d'en aviser l'autre partie quinze jours au moins à l'avance par lettre recommandée avec demande d'avis de réception.

Toutefois, les dispositions du précédent alinéa ne s'appliquent pas lorsque le mandat est donné en vue de :

1° La vente d'immeuble par lots ;

2° La souscription ou la première cession d'actions ou de parts de société immobilière donnant vocation à une attribution de locaux en jouissance ou en propriété ;

3° La location, par fractions, de tout ou partie des locaux à usage commercial dépendant d'un même ensemble commercial.

Dans les trois cas prévus au précédent alinéa, le mandat doit néanmoins préciser les cas et conditions dans lesquels il peut être dénoncé avant sa complète exécution lorsque l'opération porte en totalité sur un immeuble déjà achevé.

La clause de résiliation figurant dans le mandat et stipulant que, passé le délai de trois mois, « il se poursuivra par tacite reconduction pour une durée de trois mois en trois mois aux mêmes titre et conditions, sauf dénonciation par l'une des parties par lettre recommandée avec accusé de réception au moins quinze jours avant l'expiration de l'une des périodes sus-indiquées », restreint l'exercice *de la faculté de résiliation à l'échéance* du terme de chaque période trimestrielle de reconduction tacite, et contrevient donc aux exigences impératives de l'article 78, alinéa 2, du décret qui prévoit que la dénonciation peut intervenir à tout moment ; un tel mandat, étant nul, il n'ouvre droit ni à rémunération ni à l'application de la clause pénale sanctionnant le non-respect de l'exclusivité du mandat (■ Cass. 1re civ., 3 nov. 2016, n° 15-23.534, publié).

Art. 78-1 *(D. n° 2008-355, 15 avr. 2008 ; mod., D. n° 2016-1392, 17 oct. 2016).* – La clause du mandat mentionnée à l'avant-dernier alinéa du I de l'article 6 de la loi du 2 janvier 1970 a pour objet les frais exposés par le mandataire et les honoraires auxquels il peut prétendre pour ses diligences préalables à la conclusion de l'opération.

Elle décrit les modalités de calcul et de paiement des sommes dues au mandataire.

Elle est mentionnée sur le mandat en caractères très apparents.

Art. 79 *(Mod., D. n° 2005-1315, 21 oct. 2005).* – Lorsque le titulaire de la carte professionnelle portant la mention : « Transactions sur immeubles et fonds de commerce » reçoit un versement ou une remise à l'occasion d'une opération visée à l'article 1er de la loi susvisée du 2 janvier 1970, l'acte écrit contenant l'engagement des parties comporte l'indication du mode et du montant de la garantie et celle du garant ou du consignataire.

Section II. – Les conventions relatives aux opérations de l'article 1er (7°) de la loi du 2 janvier 1970 susvisée

Art. 79-1 *(Mod., D. n° 2015-702, 19 juin 2015 ; D. n° 2016-1278, 29 sept. 2016).* – Pour l'exercice de l'activité mentionnée au 7° de l'article 1er de la loi du 2 janvier 1970 susvisée, le titulaire de la carte portant la mention : « Marchand de listes » ne peut procéder à l'inscription d'un bien immobilier dans un fichier ou sur une liste sans détenir préalablement une convention à cet effet rédigée par écrit et signée par le propriétaire du bien ou le titulaire de droits sur ce bien.

Cette convention précise son objet, sa durée, la description du bien ou des biens sur lesquels elle porte. S'il est prévu une rémunération à la charge du propriétaire ou du titulaire de droits sur le bien, elle indique le montant de cette rémunération. Elle prévoit les moyens à mettre en œuvre par l'une et l'autre des parties afin que ne figurent dans le fichier ou sur la liste que des biens disponibles au regard de son objet.

Toutes les conventions prévues au présent article sont mentionnées par ordre chronologique sur un registre spécial conforme à un modèle fixé par arrêté du ministre chargé de l'économie.

Le numéro d'inscription sur ce registre spécial est reporté sur celui des exemplaires de la convention qui reste en la possession du propriétaire du bien ou du titulaire de droits sur ce bien.

Ce registre peut être tenu sous forme électronique dans les conditions prescrites par les articles 1365 et suivants du Code civil.

Les conventions et le registre spécial sont conservés pendant dix ans.

Art. 79-2 *(Mod., D. n° 2015-724, 24 juin 2015 ; D. n° 2016-1278, 29 sept. 2016).* – La convention conclue entre le client et le titulaire de la carte portant la mention : « Marchand de listes » précise son objet, sa durée, les caractéristiques du bien recherché, le montant de la rémunération convenue ainsi que les conditions de remboursement partiel ou total de celle-ci.

La clause relative aux conditions de remboursement est mentionnée en caractères très apparents. Elle précise que le client qui prétend au remboursement de la rémunération en informe le marchand de listes par écrit remis contre signature ou par lettre recommandée avec demande d'avis de réception.

Le marchand de listes dispose d'un délai de quinze jours à compter de la remise de la demande ou de la première présentation de la lettre recommandée pour procéder au remboursement ou motiver son refus par écrit.

Le remboursement intervient en une fois et ne peut donner lieu à la facturation d'aucuns frais. Le titulaire de la carte professionnelle effectue ce remboursement en utilisant le même moyen de paiement que celui auquel le client a eu recours pour verser la rémunération, sauf accord exprès de celui-ci pour l'utilisation d'un autre moyen de paiement.

La convention rappelle également l'interdiction pour le titulaire de la carte de recevoir paiement préalablement à la parfaite exécution de son obligation de fournir effectivement les listes ou fichiers.

Toutes les conventions prévues au présent article sont mentionnées par ordre chronologique sur un registre spécial conforme à un modèle fixé par arrêté du ministre chargé de l'économie.

Le numéro d'inscription sur ce registre spécial est reporté sur celui des exemplaires de la convention qui reste en la possession de l'acquéreur de listes.

Ce registre peut être tenu sous forme électronique dans les conditions prescrites par les articles 1365 et suivants du Code civil.

Les conventions et le registre spécial sont conservés pendant dix ans.

Art. 79-3 *(Mod., D. n° 2005-1315, 21 oct. 2005).* – Le titulaire de la carte portant la mention : « Marchand de listes » et de la carte portant la mention : « Transactions sur immeubles et fonds de commerce » ne peut, à l'occasion d'une opération portant sur un même bien ou sur une même demande, se livrer simultanément à l'activité mentionnée à l'article 1er (7°) de la loi du 2 janvier 1970 susvisée et à une des activités mentionnées à l'article 1er (1° à 5°) de la même loi.

Si, à l'occasion d'une opération portant sur un même bien ou sur une même demande, la convention prévue à l'article 79-1 ou celle prévue à l'article 79-2 est suivie du mandat prévu à l'article 72, le titulaire de la carte doit, préalablement à l'acceptation du mandat, rembourser au mandant la rémunération que celui-ci a versée en application de l'une des conventions prévues aux articles 79-1 ou 79-2 précités.

L'obligation de remboursement, dans le cas visé à l'alinéa ci-dessus, doit figurer expressément dans les conventions prévues aux articles 79-1 et 79-2.

CHAPITRE VIII. – RENOUVELLEMENT DES CARTES PROFESSIONNELLES ET CONTRÔLE

Art. 80 *(Mod., D. n° 2005-1315, 21 oct. 2005 ; mod., D. n° 2010-1707, 30 déc. 2010 ; D. n° 2015-702, 19 juin 2015 ; D. n° 2016-1392, 17 oct. 2016).* – La carte professionnelle est valable trois ans. Elle est renouvelée, pour la même durée, sur présentation à la chambre de commerce et d'industrie compétente en application du I de l'article 5, d'une demande écrite conforme aux dispositions de l'article 2 et dont le modèle est déterminé par arrêté du ministre chargé de l'économie.

La demande de renouvellement est déposée contre décharge ou adressée par lettre recommandée avec demande d'avis de réception ou par voie électronique. Elle est présentée deux mois avant la date d'expiration de la carte.

Sont joints à cette demande :

1° L'attestation de garantie financière suffisante délivrée dans les conditions prévues à l'article 37, sous réserve des dispositions du 4° du présent article ;

2° Une attestation d'assurance contre les conséquences pécuniaires de la responsabilité civile professionnelle délivrée conformément aux dispositions de l'article 49 (al. 2) ;

3° La justification du respect de l'obligation de formation professionnelle continue prévue à l'article 3-1 de la loi du 2 janvier 1970 susvisée ;

4° Le cas échéant, la déclaration sur l'honneur qu'il n'est reçu ni détenu, directement ou indirectement, par le demandeur, à l'occasion de tout ou partie des activités pour lesquelles le renouvellement de la carte est demandé, d'autres fonds, effets ou valeurs que ceux représentatifs de sa rémunération ou de ses honoraires ; dans ce cas, le demandeur ne produit, au titre des activités concernées par la déclaration sur l'honneur, l'attestation de garantie financière mentionnée au 2° que lorsqu'il a choisi d'en souscrire une.

Les dispositions du II de l'article 3 sont applicables.

La nouvelle carte est délivrée sur remise de l'ancienne.

Art. 81 *(Abr. à compter du 1er juillet 2015, D. n° 2015-702, 19 juin 2015).*

Art. 82 à 85 *(Abr., D. n° 2005-1315, 21 oct. 2005).*

Art. 86 *(Mod., D. n° 2005-1315, 21 oct. 2005 ; D. n° 2006–115, 5 sept. 2006 ; D. n° 2015-702, 19 juin 2015 ; D. n° 2016-1392, 17 oct. 2016)* (1). – Le président de la chambre de commerce et d'industrie territoriale ou de la chambre départementale d'Île-de-France et les garants peuvent, à tout moment, se faire communiquer tous les documents qu'ils estiment nécessaires à la vérification de la suffisance de la garantie financière.

Ils peuvent notamment se faire produire :

Par les titulaires de la carte portant la mention « Transactions sur immeubles et fonds de commerce » : le registre-répertoire dit « de la loi du 2 janvier 1970 », les carnets de reçus, l'état spécial de mise en service de ces carnets, le registre des mandats, les conventions visées à l'article 6 de la loi susvisée du 2 janvier 1970, les relevés du compte visé à l'article 55 du présent décret, ceux du compte spécial à rubriques, les copies des avis prévus aux articles 67 et 68 ci-dessus ;

(1) Les dispositions du décret n° 2005-1315 du 21 octobre 2005 entrent en vigueur le 1er janvier 2006. Les cartes professionnelles en cours de validité à cette date demeurent valables jusqu'à la date initialement prévue pour leur expiration (D. n° 2005-1315, 21 oct. 2005).

Par les titulaires de la carte portant la mention « Gestion immobilière » ou « Syndic de copropriété » : le livre de caisse, les livres de banques, le registre des mandats, les conventions visées à l'article 6 de la loi susvisée du 2 janvier 1970, les relevés des comptes bancaires, et notamment ceux visés à l'article 71, les copies des documents constatant les redditions de comptes.

Si le garant constate une insuffisance de la garantie, il en avise sans délai le président de la chambre de commerce et d'industrie territoriale ou de la chambre départementale d'Île-de-France après une mise en demeure de régulariser restée vaine.

Les documents mentionnés à l'alinéa précédent doivent être conservés par les titulaires de la carte professionnelle pendant au moins dix ans.

Art. 86-1 *(D. n° 2005-1315, 21 oct. 2005 ; D. n° 2015-702, 19 juin 2015)* (1). **– Le ministère public avise sans délai le président de la chambre de commerce et d'industrie territoriale ou de la chambre départementale d'Île-de-France compétent en application du premier alinéa de l'article 5 de toute condamnation pénale prononcée contre un titulaire de la carte professionnelle et entraînant l'incapacité d'exercer les activités mentionnées à l'article 1er de la loi du 2 janvier 1970 susvisée.**

Le greffier chargé de tenir le registre du commerce et des sociétés avise sans délai le président de la chambre de commerce et d'industrie territoriale ou de la chambre départementale d'Île-de-France de la radiation d'un titulaire de la carte professionnelle, quel qu'en soit le motif.

A. 23 déc. 2009 établissant le modèle des cartes professionnelles, de la déclaration préalable d'activité et de l'attestation prévues par le décret n° 72-678 du 20 juillet 1972 modifié fixant les conditions d'application de la loi du 2 janvier 1970 réglementant les conditions d'exercice des activités relatives à certaines opérations portant sur les immeubles et les fonds de commerce.

Décret n° 2015-1090 du 28 août 2015

fixant les règles constituant le Code de déontologie applicable à certaines personnes exerçant les activités de transaction et de gestion des immeubles et des fonds de commerce

Art. 1er. – Les règles déontologiques applicables aux personnes exerçant les activités mentionnées à l'article 1er de la loi du 2 janvier 1970 susvisée, titulaires d'une carte professionnelle délivrée dans les conditions de l'article 3 de cette même loi ou dont l'activité a fait l'objet d'une déclaration préalable en application de l'article 8-1 de cette même loi, figurent en annexe au présent décret.

Lorsque les personnes mentionnées au premier alinéa sont des personnes morales, leurs représentants légaux et statutaires sont soumis aux mêmes règles déontologiques.

Art. 2. – Le présent décret entre en vigueur le 1er septembre 2015.

Annexe

Code de déontologie des agents immobiliers, des administrateurs de biens, des syndics de copropriété et des marchands de listes

Art. 1er. – *Champ d'application*

I. – Le présent code définit les règles déontologiques auxquelles sont soumises les personnes exerçant une ou plusieurs activités mentionnées à *l'article 1er* de la loi n° 70-9 du 2 janvier 1970 réglementant les conditions d'exercice des activités relatives à certaines opérations portant sur les immeubles et fonds de commerce, titulaires d'une carte professionnelle délivrée dans les conditions de l'article 3 de cette même loi ou dont l'activité a fait l'objet d'une déclaration préalable en application de l'article 8-1 de cette même loi.

Lorsque les personnes mentionnées au précédent alinéa sont des personnes morales, leurs représentants légaux et statutaires sont soumis aux règles du présent code.

(1) Les dispositions du décret n° 2005-1315 du 21 octobre 2005 entrent en vigueur le 1er janvier 2006. Les cartes professionnelles en cours de validité à cette date demeurent valables jusqu'à la date initialement prévue pour leur expiration (D. n° 2005-1315, 21 oct. 2005).

II.– Les activités mentionnées au I, exercées à titre habituel, même à titre accessoire, et portant sur les biens d'autrui sont les suivantes :

1° L'activité d'agent immobilier, qui consiste à se livrer ou à prêter son concours à des opérations mentionnées aux 1° à 5° et 8° de l'article 1er de la loi du 2 janvier 1970 précitée :

– l'achat, la vente, la recherche, l'échange, la location ou la sous-location, saisonnière ou non, en nu ou en meublé, d'immeubles bâtis ou non bâtis ;

– l'achat, la vente ou location-gérance de fonds de commerce ;

– la cession d'un cheptel mort ou vif ;

– la souscription, l'achat, la vente d'actions ou de parts de sociétés immobilières ou de sociétés d'habitat participatif donnant vocation à une attribution de locaux en jouissance ou en propriété ;

– l'achat, la vente de parts sociales non négociables lorsque l'actif social comprend un immeuble ou un fonds de commerce ;

– la conclusion de tout contrat de jouissance d'immeuble à temps partagé régi par les articles L. 121-60 et suivants du Code de la consommation ;

2° L'activité d'administrateur de biens mentionnée au 6° de l'article 1er de la loi du 2 janvier 1970, qui consiste à se livrer ou prêter son concours à des opérations de gestion immobilière ;

3° L'activité de syndic de copropriété mentionnée au 9° de l'article 1er de la loi du 2 janvier 1970 exercée dans le cadre de la loi n° 65-557 du 10 juillet 1965 fixant le statut de la copropriété des immeubles bâtis ;

4° L'activité de marchand de listes mentionnée au 7° de l'article 1er de la loi du 2 janvier 1970, qui consiste à vendre des listes ou des fichiers, à l'exclusion des publications par voie de presse, contenant des offres d'achat, de vente, de location ou sous-location en nu ou en meublé d'immeubles bâtis ou non bâtis ou des offres de vente de fonds de commerce.

Art. 2. – *Éthique professionnelle*

Les personnes mentionnées à l'article 1er exercent leur profession avec conscience, dignité, loyauté, sincérité et probité.

Par leur comportement et leurs propos, elles s'attachent à donner la meilleure image de leur profession. Elles s'interdisent tout comportement, action ou omission susceptible de porter préjudice à l'ensemble de la profession.

Art. 3. – *Respect des lois et règlements*

Dans l'exercice de leurs activités, les personnes mentionnées à l'article 1er agissent dans le strict respect des lois et textes réglementaires en vigueur ainsi que des dispositions du présent code.

En particulier, elles s'obligent :

1° À ne commettre aucune des discriminations mentionnées à l'article 225-1 du Code pénal, tant à l'égard des personnes physiques que des personnes morales ;

2° À veiller au respect des obligations qui leur incombent en matière de lutte contre le blanchiment des capitaux et le financement du terrorisme en application de l'article L. 561-2 du Code monétaire et financier ;

3° À veiller au respect des dispositions de la loi n° 78-17 du 6 janvier 1978 relative à l'informatique, aux fichiers et aux libertés ;

4° À refuser leur concours lorsqu'elles sont sollicitées pour l'élaboration d'actes frauduleux.

Art. 4. – *Compétence*

Les personnes mentionnées à l'article 1er doivent posséder les connaissances théoriques et pratiques nécessaires à l'exercice de leurs activités.

Elles se tiennent informées des évolutions législatives et réglementaires ayant un rapport avec leurs activités ou qui sont susceptibles d'influer sur les intérêts qui leur sont confiés.

Elles doivent connaître les conditions des marchés sur lesquels elles sont amenées à intervenir.

Elles prennent les mesures nécessaires au respect de leur propre obligation de formation continue et veillent à ce que leurs collaborateurs, habilités à négocier, s'entremettre ou s'engager pour leur compte, et leurs directeurs d'établissement remplissent leur obligation de formation continue.

Elles s'obligent à refuser les missions pour lesquelles elles n'ont pas les compétences requises ou à recourir si nécessaire à toute personne extérieure qualifiée de leur choix. Dans ce dernier cas, elles informent leur client de la nature des prestations concernées et de l'identité de la personne extérieure à laquelle elles ont fait appel et veillent au professionnalisme de cette dernière.

Art. 5. – Organisation et gestion de l'entreprise

Les personnes mentionnées à l'article 1er veillent à ce que les modalités d'organisation et de fonctionnement des structures d'exercice de leurs activités leur permettent d'être en conformité avec les dispositions légales et réglementaires en vigueur et celles du présent code.

En particulier, elles assurent la direction effective de leur entreprise et de leurs établissements, sous réserve de leur faculté de nommer des directeurs d'établissement.

Lorsqu'elles habilitent un collaborateur à négocier, s'entremettre ou s'engager pour leur compte ou nomment un directeur d'établissement, elles veillent à ce que ces personnes remplissent toutes les conditions fixées par la loi et les règlements et qu'elles présentent toutes les compétences et les qualifications nécessaires au bon accomplissement de leur mission. Lorsque le collaborateur ainsi habilité n'est pas salarié, elles veillent en particulier à ce qu'il soit inscrit sur le registre spécial des agents commerciaux et qu'il ait souscrit une assurance contre les conséquences pécuniaires de sa responsabilité professionnelle.

Les personnes mentionnées à l'article 1er précisent avec clarté et exhaustivité l'étendue des pouvoirs confiés dans l'acte nommant un directeur d'établissement ou dans l'attestation d'habilitation établie en application de l'article 9 du décret n° 72-678 du 20 juillet 1972 fixant les conditions d'application de la loi n° 70-9 du 2 janvier 1970 précitée.

Art. 6. – *Transparence*

Dans le respect des obligations légales et réglementaires, les personnes mentionnées à l'article 1er donnent au public, à leurs mandants et aux autres parties aux opérations pour lesquelles elles ont été mandatées une information exacte, intelligible et complète de leurs activités professionnelles, y compris des services rendus à titre accessoire ou complémentaire, des montants et des modes de calcul de leurs honoraires pratiqués, de leurs compétences et de leurs qualifications professionnelles.

Elles s'obligent :

1° À présenter leur carte professionnelle et à veiller à ce que leurs collaborateurs présentent leur attestation d'habilitation et leurs directeurs d'établissement leur récépissé de déclaration préalable d'activité, à la demande de toute personne intéressée ;

2° À tenir à la disposition de leurs mandants ou des autres parties aux opérations pour lesquelles elles ont été mandatées l'identité des personnes qui interviennent dans l'exécution des missions qui leur ont été confiées ;

3° À communiquer, à première demande, les coordonnées de leur assureur de responsabilité civile professionnelle et, le cas échéant, de leur garant ;

4° Lorsqu'elles sont sollicitées pour établir un avis de valeur, à informer leur client que cet avis ne constitue pas une expertise.

Art. 7. – *Confidentialité*

Dans le cadre de leur obligation de confidentialité prévue à l'article 13-3 de la loi du 2 janvier 1970 précitée, les personnes mentionnées à l'article 1er font preuve de prudence et de discrétion dans l'utilisation des données à caractère personnel et des informations relatives à leurs mandants ou à des tiers dont elles prennent connaissance dans l'exercice de leurs fonctions ainsi que dans la divulgation des éléments relatifs à leur mandat.

Elles veillent à ce que leurs collaborateurs et directeurs d'établissement agissent avec la même prudence et la même discrétion.

Toutefois, elles ne sont pas tenues à cette obligation de confidentialité :

1° Lorsque des dispositions légales ou réglementaires les obligent ou les autorisent à les communiquer, notamment lorsqu'elles sont tenues de témoigner en justice ;

2° Lorsque les personnes intéressées les délient de cette obligation ;

3° Dans l'exercice de leur défense en matière judiciaire ou disciplinaire.

Art. 8. – *Défense des intérêts en présence*

Dans l'exercice des missions qui leur sont confiées, les personnes mentionnées à l'article 1er promeuvent les intérêts légitimes de leurs mandants, dans le respect des droits et intérêts des autres parties aux opérations pour *lesquelles* elles ont été mandatées.

Elles s'obligent :

1° À ce que les actes sous seing privé qu'elles rédigent expriment les accords intervenus entre les parties, qu'ils assurent, sans équivoque aucune, leur parfaite information et qu'ils tendent à harmoniser leurs intérêts, sans que l'une d'entre elles en tire seule les avantages ;

2° À faire preuve de prudence, en veillant à ne mettre en péril, ni la situation de leurs mandants, ni celles des autres parties aux opérations pour lesquelles elles ont été mandatées, ni la leur ;

3° À communiquer à leurs mandants et aux autres parties aux opérations pour lesquelles elles ont été mandatées l'ensemble des informations qui leur sont utiles pour qu'ils prennent leurs décisions de façon libre et éclairée ;

4° À rendre compte régulièrement et dans les meilleurs délais à leurs mandants de l'exécution de leur mission et à les avertir des difficultés rencontrées ;

5° À transmettre à leur mandant dans les meilleurs délais toute proposition répondant au mandat confié ;

6° À transmettre dans un délai raisonnable tous les fonds et documents revenant à leurs mandants, soit aux mandants eux-mêmes, soit à tout mandataire que ces derniers leur désignent.

Art. 9. – *Conflit d'intérêts*

Les personnes mentionnées à l'article 1er veillent à ne pas se trouver en conflit d'intérêts avec leurs mandants ou avec les autres parties aux opérations pour lesquelles elles ont été mandatées.

Elles veillent à ce que l'exercice d'activités annexes ou connexes n'engendre aucun conflit d'intérêts.

Elles s'obligent notamment :

1° À ne pas acquérir, en partie ou en totalité, ni faire acquérir par un proche ou un organisme quelconque dans lequel elles détiendraient une participation, un bien immobilier pour lequel un mandat leur a été confié, sauf à informer leur mandant de leur projet ;

2° À informer l'acquéreur de leur qualité en cas de mise en vente d'un bien qui leur appartient en totalité ou en partie ;

3° À ne pas accepter d'évaluer un bien dans lequel elles possèdent ou envisagent d'acquérir des intérêts, sauf à en faire état dans leur avis de valeur ;

4° À ne pas percevoir de rémunération ou d'avantage de quelque nature que ce soit au titre de dépenses engagées pour le compte d'un mandant, sans avoir au préalable obtenu l'accord de celui-ci sur l'engagement des dépenses, les modalités de choix des fournisseurs et la facturation de leurs produits ou services devant être transparents ;

5° À informer leurs mandants et les autres parties aux opérations pour lesquelles elles ont été mandatées, de la possibilité et des raisons d'un conflit d'intérêts avec eux ou entre eux, et notamment des liens directs de nature capitalistique ou juridique qu'elles ont ou que leurs directeurs d'établissement ou leurs collaborateurs habilités ont avec les entreprises, les établissements bancaires ou les sociétés financières dont elles proposent les services, et plus généralement de l'existence d'un intérêt personnel, direct ou indirect, dans l'exécution de leur mission.

Art. 10. – *Confraternité*

Dans l'exercice de leurs activités, les personnes mentionnées à l'article 1er entretiennent entre elles des rapports de confraternité, dans le cadre d'une concurrence libre, saine et loyale.

Elles s'abstiennent de toutes paroles ou actions blessantes ou malveillantes, de toutes démarches ou manœuvres susceptibles de nuire à leurs confrères, les dénigrer ou les discréditer.

Elles évitent tout conflit avec leurs confrères qui puisse nuire aux intérêts des mandants et des autres parties aux opérations pour lesquelles elles ont été mandatées.

Elles s'interdisent d'inciter les prospects ou les clients d'un confrère à rompre leurs relations commerciales avec ce dernier. Elles s'abstiennent de fournir des éléments d'appréciation erronés en vue de détourner la clientèle à leur profit.

Elles ne peuvent émettre un avis sur les pratiques professionnelles d'un confrère sans avoir été préalablement saisies d'une demande d'avis. Elles doivent faire preuve de prudence, de mesure et de tact dans l'avis qu'elles expriment.

Si elles exercent une fonction syndicale au sein d'un syndicat professionnel ou toute autre fonction élective ou de représentation, elles s'abstiennent de s'en prévaloir à des fins commerciales.

Si elles ont connaissance d'une atteinte au Code de déontologie commise par un confrère dans l'exercice de sa profession, elles s'abstiennent de faire part de leurs critiques à la clientèle et en réfèrent immédiatement à leur confrère.

Art. 11. – *Règlement des litiges*

Les personnes mentionnées à l'article 1er s'efforcent de résoudre à l'amiable les litiges qui surviennent avec leurs mandants, les autres parties intéressées aux opérations pour lesquelles elles ont été mandatées ou leurs confrères.

Elles répondent de bonne foi et dans un délai raisonnable à leurs réclamations.

Art. 12. – *Discipline*

Lorsque les personnes mentionnées à l'article 1er font l'objet de poursuites disciplinaires en raison d'un manquement aux lois, aux règlements et aux obligations fixées par le présent code ou en raison d'une négligence grave, commis dans l'exercice de leurs activités, elles évitent tout comportement susceptible d'entraver ou de nuire au bon déroulement de l'action disciplinaire introduite devant la commission de contrôle des activités de transaction et de gestion immobilières mentionnée à l'article 13-5 de la loi du 2 janvier 1970 précitée.

Elles se conforment aux décisions rendues par la commission et, le cas échéant, par la juridiction administrative en matière disciplinaire.

X. – FOIRE

Décret du 30 septembre 1928

portant institution d'une carte d'identité spéciale pour les personnes se livrant à des transactions dans les foires et marchés de bétail, à l'exception des producteurs et de leurs représentants

(JO 2 oct.)

Art. 1er *(Mod., L. 27 janv. 1944).* **– Toute personne se livrant à des transactions commerciales, achats ou ventes, dans les foires et marchés de bétail, à l'exception des producteurs et de leurs représentants, est tenue de présenter, à toute réquisition des magistrats et fonctionnaires visés à l'article 3 ci-après, et à défaut des justifications et carte de commerce prévue par l'article 7 de la loi de finances du 31 décembre 1921, une carte d'identité spéciale, dont le modèle est annexé au présent décret, et qui sera délivrée au requérant sur sa demande et à ses frais par le préfet ou le sous-préfet de son domicile.**

Art. 2. – La carte d'identité spéciale sera valable pour un an sur toute l'étendue du territoire et renouvelable chaque année.

Elle est passible, au moment de sa délivrance et de son renouvellement, du droit de timbre prévu par l'article 6 du décret du 3 août 1926.

Art. 3. – Le droit de réquisition prévu à l'article 1er est exercé par les maires, adjoints et tous officiers ou agents de police municipale ou judiciaire, et tous agents chargés de la surveillance des foires et marchés.

Art. 4. – À défaut de la remise immédiate de la carte d'identité, un récépissé provisoire tenant lieu de carte devra être remis au requérant contre consignation du droit de timbre auquel est soumise la délivrance de la carte.

Ce récépissé, établi sur papier libre, devra compter toutes les indications prévues pour la carte elle-même par le présent décret.

Le récépissé provisoire devra être échangé sans frais, auprès de l'autorité qui l'a délivré, contre une carte d'identité réglementaire.

Voir également : C. santé publique, art. R. 3322-1 à R. 3322-5 issus du décret 2011-613 du 30 mai 2011 relatif aux fêtes et foires mentionnées par l'article L. 3322-9 du Code de la santé publique.

XI. – INTERMÉDIAIRE DU COMMERCE

A. – GÉRANTS DE SUCCURSALES

Code du travail

TITRE II. – GÉRANTS DE SUCCURSALES

CHAPITRE PREMIER. – DISPOSITIONS GÉNÉRALES

Art. L. 7321-1 *(Mod., L. n° 2008-67, 21 janv. 2008).* **– Les dispositions du présent code sont applicables aux gérants de succursales, dans la mesure de ce qui est prévu au présent titre.**

Art. L. 7321-2 *(Mod., L. n° 2008-776, 4 août 2008 ; L. n° 2009-526, 12 mai 2009).* – Est gérant de succursale toute personne :

1° Chargée, par le chef d'entreprise ou avec son accord, de se mettre à la disposition des clients durant le séjour de ceux-ci dans les locaux ou dépendances de l'entreprise, en vue de recevoir d'eux des dépôts de vêtements ou d'autres objets ou de leur rendre des services de toute nature ;

2° Dont la profession consiste essentiellement :

a) Soit à vendre des marchandises de toute nature qui leur sont fournies exclusivement ou presque exclusivement par une seule entreprise, lorsque ces personnes exercent leur profession dans un local fourni ou agréé par cette entreprise et aux conditions et prix imposés par cette entreprise ;

b) Soit à recueillir les commandes ou à recevoir des marchandises à traiter, manutentionner ou transporter, pour le compte d'une seule entreprise, lorsque ces personnes exercent leur profession dans un local fourni ou agréé par cette entreprise et aux conditions et prix imposés par cette entreprise.

Art. L. 7321-3 *(Mod., L. n° 2008-67, 21 janv. 2008).* – Le chef d'entreprise qui fournit les marchandises ou pour le compte duquel sont recueillies les commandes ou sont reçues les marchandises à traiter, manutentionner ou transporter n'est responsable de l'application aux gérants salariés de succursales des dispositions du livre I de la troisième partie relatives à la durée du travail, aux repos et aux congés et de celles de la quatrième partie relatives à la santé et à la sécurité au travail que s'il a fixé les conditions de travail, de santé et de sécurité au travail dans l'établissement ou si celles-ci ont été soumises à son accord.

Dans le cas contraire, ces gérants sont assimilés à des chefs d'établissement. Leur sont applicables, dans la mesure où elles s'appliquent aux chefs d'établissement, directeurs ou gérants salariés, les dispositions relatives :

1° Aux relations individuelles de travail prévues à la première partie ;

2° À la négociation collective et aux conventions et accords collectifs de travail prévus au livre II de la deuxième partie ;

3° À la durée du travail, aux repos et aux congés prévus au livre I de la troisième partie ;

4° Aux salaires prévus au livre II de la troisième partie ;

5° À la santé et à la sécurité au travail prévues à la quatrième partie.

Art. L. 7321-4. – Les gérants de succursales sont responsables à l'égard des salariés placés sous leur autorité, au lieu et place du chef d'entreprise avec lequel ils ont contracté, de l'application des dispositions mentionnées aux 1° à 5° de l'article L. 7321-3 à condition d'avoir toute liberté en matière d'embauche, de licenciement et de fixation des conditions de travail de ces salariés.

Art. L. 7321-5. – Est nulle toute convention contraire aux dispositions du présent chapitre.

CHAPITRE II. – GÉRANTS NON SALARIÉS DES SUCCURSALES DE COMMERCE DE DÉTAIL ALIMENTAIRE

(Mod., L. n° 2008-67, 21 janv. 2008)

Art. L. 7322-1 *(Mod., L. n° 2008-67, 21 janv. 2008).* – Les dispositions du présent code sont applicables aux gérants non salariés définis à l'article L. 7322-2, sous réserve des dispositions du chapitre I.

L'entreprise propriétaire de la succursale est responsable de l'application au profit des gérants non salariés des dispositions du livre I de la troisième partie relatives à la durée du travail, aux repos et aux congés, ainsi que de celles de la quatrième partie relatives à la santé et à la sécurité au travail lorsque les conditions de travail, de santé et de sécurité au travail dans l'établissement ont été fixées par elle ou soumises à son accord.

Dans tous les cas, les gérants non salariés bénéficient des avantages légaux accordés aux salariés en matière de congés payés.

Par dérogation aux dispositions des articles L. 3141-1 et suivants relatives aux congés payés, l'attribution d'un congé payé peut, en cas d'accord entre les parties, être remplacée par le versement d'une indemnité d'un montant égal au douzième des rémunérations perçues pendant la période de référence.

Les obligations légales à la charge de l'employeur incombent à l'entreprise propriétaire de la succursale.

Art. L. 7322-2. – Est gérant non salarié toute personne qui exploite, moyennant des remises proportionnelles au montant des ventes, les succursales des commerces de détail alimentaire ou des coopératives de consommation lorsque le contrat intervenu ne fixe pas les conditions de son travail et lui laisse toute latitude d'embaucher des salariés ou de se faire remplacer à ses frais et sous son entière responsabilité.

La clause de fourniture exclusive avec vente à prix imposé est une modalité commerciale qui ne modifie pas la nature du contrat.

Art. L. 7322-3. – Les accords collectifs fixant les conditions auxquelles doivent satisfaire les contrats individuels conclus entre les entreprises et leurs gérants de succursales non salariés sont régis, en ce qui concerne leur validité, leur durée, leur résolution, leur champ d'application, leurs effets et leurs sanctions, par les dispositions du livre II de la deuxième partie.

Ces accords déterminent, notamment, le minimum de la rémunération garantie aux gérants non salariés, compte tenu de l'importance de la succursale et des modalités d'exploitation de celle-ci.

Art. L. 7322-4. – Les dispositions des accords collectifs mentionnés à l'article L. 7322-3 peuvent, après consultation des organisations professionnelles intéressées, être rendues obligatoires par l'autorité administrative à l'ensemble des commerces de détail alimentaire et des coopératives de consommation comprises dans leur champ d'application.

À défaut de tels accords, l'autorité administrative peut, après consultation des organisations professionnelles intéressées, fixer, soit pour la région déterminée, soit pour l'ensemble du territoire, les conditions auxquelles doivent satisfaire les contrats individuels conclus entre les entreprises et leurs gérants non salariés, notamment le minimum de rémunération.

Art. L. 7322-5. – Les litiges entre les entreprises et leurs gérants non salariés relèvent de la compétence des tribunaux de commerce lorsqu'ils concernent les modalités commerciales d'exploitation des succursales.

Ils relèvent de celle des conseils de prud'hommes lorsqu'ils concernent les conditions de travail des gérants non salariés.

Art. L. 7322-6. – Toute clause attributive de juridiction incluse dans un contrat conclu entre une entreprise mentionnée à l'article L. 7322-2 et un gérant non salarié de succursale est nulle.

B. – VRP

Code du travail

TITRE PREMIER. – VOYAGEURS, REPRÉSENTANTS ET PLACIERS

CHAPITRE PREMIER. – CHAMP D'APPLICATION ET DÉFINITION

Section I. – Champ d'application

Art. L. 7311-1. – Les dispositions du présent code sont applicables au voyageur, représentant ou placier, *sous réserve des dispositions particulières du présent titre.*

Art. L. 7311-2. – Les dispositions du présent titre s'appliquent au voyageur, représentant ou placier exclusif, ainsi qu'au salarié qui, conjointement à l'exercice effectif et habituel de la représentation, accepte de se livrer à d'autres activités, quelle qu'en soit la nature, pour le compte d'un ou plusieurs de ses employeurs.

Section II. – Définitions

Art. L. 7311-3. – Est voyageur, représentant ou placier, toute personne qui :

1° Travaille pour le compte d'un ou plusieurs employeurs ;

2° Exerce en fait d'une façon exclusive et constante une profession de représentant ;

3° Ne fait aucune opération commerciale pour son compte personnel

4° Est liée à l'employeur par des engagements déterminant :
a) La nature des prestations de services ou des marchandises offertes à la vente ou à l'achat ;
b) La région dans laquelle il exerce son activité ou les catégories de clients qu'il est chargé de visiter ;
c) Le taux des rémunérations.

CHAPITRE II. – ACCÈS À LA PROFESSION

Art. L. 7312-1. – Les dispositions du chapitre VII du titre II du livre I du Code de commerce relatives aux incapacités d'exercer une profession commerciale et industrielle sont applicables au voyageur, représentant ou placier qui exerce la représentation commerciale dans les conditions du présent titre.

CHAPITRE III. – CONTRAT DE TRAVAIL

Section I. – Présomption de salariat
(Mod., L. n° 2008-67, 21 janv. 2008)

Art. L. 7313-1. – Toute convention dont l'objet est la représentation, conclue entre un voyageur, représentant ou placier et un employeur est, nonobstant toute stipulation expresse du contrat ou en son silence, un contrat de travail.

Art. L. 7313-2. – L'absence de clauses interdisant soit l'exercice d'une autre profession, soit l'accomplissement d'opérations commerciales personnelles ne peut faire obstacle à l'application des dispositions de l'article L. 7313-1.

Art. L. 7313-3. – En l'absence de contrat de travail écrit, toute personne exerçant la représentation est présumée être un voyageur, représentant ou placier soumis aux règles particulières du présent titre.

Art. L. 7313-4. – Est nulle toute convention qui aurait pour objet de faire obstacle [à] l'application des dispositions du présent titre.

Section II. – Conclusion et exécution du contrat de travail

Sous-section 1. – Période d'essai

Art. L. 7313-5. – Le contrat de travail peut comporter une période d'essai dont la durée ne peut être supérieure à trois mois.

Sous-section 2. – Clause d'exclusivité

Art. L. 7313-6. – Le contrat de travail peut, pour sa durée, prévoir l'interdiction pour le voyageur, représentant ou placier, de représenter des entreprises ou des produits déterminés.

Lorsque le contrat de travail ne prévoit pas cette interdiction, il comporte, à moins que les parties n'y renoncent par une stipulation expresse, la déclaration des entreprises ou des produits que le voyageur, représentant ou placier représente déjà et l'engagement de ne pas prendre en cours de contrat de nouvelles représentations sans autorisation préalable de l'employeur.

Section III. – Rémunération et congés

Art. L. 7313-7. – Les commissions dues au voyageur, représentant ou placier du commerce sont payées au *moins tous les trois mois.*

Art. L. 7313-8. – Les dispositions des articles L. 3253-2 et L. 3253-3, relatives aux garanties des rémunérations dans le cadre d'une procédure de sauvegarde, de redressement ou de liquidation judiciaire, s'appliquent aux voyageurs, représentants ou placiers pour les rémunérations de toute nature dues au titre des quatre-vingt-dix derniers jours de travail.

Section IV. – Rupture du contrat de travail

Sous-section 1. – Préavis

Art. L. 7313-9. – En cas de rupture du contrat de travail, la durée du préavis ne peut être inférieure à :
1° Un mois durant la première année de présence dans l'entreprise ;
2° Deux mois durant la deuxième année ;
3° Trois mois au-delà.

Art. L. 7313-10. – La durée du préavis du voyageur, représentant ou placier employé hors de France est augmentée de la durée normale du voyage de retour lorsque la rupture du contrat entraîne son retour en France.

Sous-section 2. – Commissions et remises

Art. L. 7313-11. – Quelles que soient la cause et la date de rupture du contrat de travail, le voyageur, représentant ou placier a droit, à titre de salaire, aux commissions et remises sur les ordres non encore transmis à la date de son départ, mais qui sont la suite directe des remises d'échantillon et des prix faits antérieurs à l'expiration du contrat.

Art. L. 7313-12. – Sauf clause contractuelle plus favorable au voyageur, représentant ou placier, le droit à commissions est apprécié en fonction de la durée normale consacrée par les usages.

Une durée plus longue est retenue pour tenir compte des sujétions administratives, techniques, commerciales ou financières propres à la clientèle. Cette durée ne peut excéder trois ans à compter de la date à laquelle le contrat de travail a pris fin.

Sous-section 3. – Indemnité de clientèle

Art. L. 7313-13. – En cas de rupture du contrat de travail à durée indéterminée par l'employeur, en l'absence de faute grave, le voyageur, représentant ou placier a droit à une indemnité pour la part qui lui revient personnellement dans l'importance en nombre et en valeur de la clientèle apportée, créée ou développée par lui.

Le montant de cette indemnité de clientèle tient compte des rémunérations spéciales accordées en cours de contrat pour le même objet ainsi que des diminutions constatées dans la clientèle préexistante et imputables au salarié.

Ces dispositions s'appliquent également en cas de rupture du contrat de travail par suite d'accident ou de maladie entraînant une incapacité permanente totale de travail du salarié.

Art. L. 7313-14. – L'indemnité de clientèle est due en cas de rupture du contrat de travail à durée déterminée par l'employeur avant l'échéance du terme ou lorsque le contrat venu à échéance n'est pas renouvelé, et en l'absence de faute grave.

Art. L. 7313-15. – L'indemnité de clientèle ne se confond ni avec l'indemnité pour rupture abusive du contrat de travail à durée indéterminée, ni avec celle due en cas de rupture anticipée du contrat de travail à durée déterminée.

Art. L. 7313-16. – L'indemnité de clientèle ne peut être déterminée forfaitairement à l'avance.

Sous-section 4. – Indemnité conventionnelle de substitution

Art. L. 7313-17. – Lorsque l'employeur est assujetti à une convention ou accord collectif de travail ou à une décision unilatérale de sa part ou d'un groupement d'employeurs, le voyageur, représentant ou placier peut, dans les cas de rupture du contrat de travail mentionnés aux articles L. 7313-13 et L. 7313-14, bénéficier d'une indemnité.

L'indemnité est égale à celle à laquelle le voyageur, représentant ou placier aurait pu prétendre si, bénéficiant de la convention ou du règlement il avait, selon son âge, été licencié ou mis à la retraite.

Cette indemnité n'est pas cumulable avec l'indemnité de clientèle. Seule la plus élevée est due.

XII. – SOUS-TRAITANCE

Loi n° 75-1334 du 31 décembre 1975

relative à la sous-traitance

TITRE PREMIER. – DISPOSITIONS GÉNÉRALES

Art. 1er *(Mod., L. n° 98-69, 6 févr. 1998 ; L. n° 2001-1168, 11 déc. 2001).* **– Au sens de la présente loi, la sous-traitance est l'opération par laquelle un entrepreneur confie par un sous-traité, et sous sa responsabilité, à une autre personne appelée sous-traitant l'exécution de tout ou partie du contrat d'entreprise ou d'une partie du marché public conclu avec le maître de l'ouvrage.**

Les dispositions de la présente loi sont applicables aux opérations de transport, le donneur d'ordre initial étant assimilé au maître d'ouvrage, et le cocontractant du transporteur sous-traitant qui exécute les opérations de transport étant assimilé à l'entrepreneur principal.

Bibliographie : Karila, *L'action directe du maître de l'ouvrage à l'encontre du sous-traitant est nécessairement de nature délictuelle : Gaz. Pal.* 1992, 1, doctr. 18.

Voir aussi : D. n° 2004-15, 7 janvier 2004, portant Code des marchés publics, articles 112 et suivants (*JO* 8 janv.). – Art. L. 441-9, p. 797.

1) Sous-traitance internationale. L'application de la loi française du 31 décembre 1975 suppose de caractériser l'existence d'un lien de rattachement de l'opération avec la France au regard de l'objectif de protection des sous-traitants poursuivi par l'article 13-1 et à cette condition, le sous-traitant étranger ayant contracté avec une société française bénéficie de la même protection que le sous-traitant français. En l'absence de critère de rattachement à la France en lien avec l'objectif poursuivi, tels que le lieu d'établissement du sous-traitant, mais également le lieu d'exécution de la prestation ou la destination finale des produits sous traités, la condition du lien de rattachement à la France, exigée pour faire, conformément à l'article 7 de la Convention de Rome du 19 juin 1980, une application immédiate à l'opération litigieuse des dispositions de l'article 13-1 de la loi du 31 décembre 1975, et, pour les mêmes motifs, de l'article 12 de la même loi, n'est pas remplie (■ Cass. 1re civ., 20 avr. 2017, n° 15-16.922, publié).

I – DISTINCTIONS

2) Sous-traitance et vente. Est un sous-traitant la société qui se voit confier des travaux portant sur la finition d'un ouvrage soumis à des spécifications et non compatibles avec des productions en série (■ Cass. com., 5 févr. 1991, n° 89-15.363 : *JurisData* n° 1991-000240 ; *Bull.* IV, n° 53 ; *D.* 1992, somm. 112, obs. Bénabent) ; qui doit exécuter les travaux commandés selon des prescriptions particulières (■ Cass. 3e civ., 3 juin 1992, n° 90-18.252 : *JurisData* n° 1992-001205 ; *Bull.* III, n° 187. – *Adde*, ■ Cass. com., 17 mars 1998, n° 95-17.997 : *JurisData* n° 1998-001250 ; *Bull.* IV, n° 104 ; *RJDA* 7/98, n° 859. ■ Cass. 3e civ., 9 juin 1999, n° 98-10.291 : *JurisData* n° 1999-002334 ; *RJDA* 11/99, n° 1207. ■ Cass. soc., 8 juill. 2003, n° 01-40.464 : *JurisData* n° 2003-019852 ; *RJDA* 1/2004, n° 40°. Pour une autre application du critère de la spécificité du travail V. ■ Cass. 3e civ., 28 nov. 2009 : *Bull. civ.* III, n° 252 ; *Contrats, conc. consom.* 2010, n° 39, obs. Leveneur).

En revanche, le fait de fournir à la demande un travail spécifique conforme aux exigences du marché ne suffit pas à établir l'existence du contrat d'entreprise (■ Cass. com., 11 mai 2005, n° 03-13.891 : *JurisData* n° 2005-028334 ; *Bull. IV*, n° 102 ; *RJDA* 11/2005, n° 1179).

L'adaptation de matériaux standard à réaliser pour chaque commande en fonction de mesures précises n'implique pas nécessairement une technique de fabrication spécifique à cette commande, rendant impossible la substitution d'un produit équivalent, et n'est donc pas incompatible avec une production en série normalisée de nature à exclure la qualification de sous-traitant (■ Cass. 3e civ., 2 juillet 2008 : *JurisData* n° 2008-044703 ; *RJDA* 3/2009, n° 191).

N'est pas une sous-traitance le contrat de fourniture qui consiste à livrer un bien sans accomplir un acte de production ou de service se rattachant à l'ouvrage (■ Cass. com., 12 mars 1991, n° 88-17.181 : *JurisData* n° 1991-000644 ; *Bull.* IV, n° 101. ■ Cass. com., 1er oct. 1991, n° 90-10.455 : *JurisData* n° 1991-002467 ; *Bull.* IV, n° 268. ■ CAA Nantes, 30 déc. 1999, n° 96NT02356 : *JurisData* n° 1999-119355 ; *RJDA* 6/2000, n° 653. ■ Versailles, 9 mai 2000 : *RJDA* 11/2000, n° 981. ■ CAA Douai, 3 juin 2002, n° 99DA00234 : *RJDA* 7/2003, n° 717. ■ Cass. 3e civ., 4 juin 2003, n° 01-17.762 : *JurisData* n° 2003-019274 ; *RJDA* 12/2003, n° 1173. ■ CAA Bordeaux, 31 juill. 2003, n° 99BX00765 : *JurisData* n° 2003-236314 ; *RJDA* 5/2004, n° 552. ■ CAA Lyon, 11 mai 2006, n° 01LY00279 : *JurisData* n° 2006-307356 ;

RJDA févr. 2007, n° 149. ▪ Cass. 3e civ., 17 mars 2010, n° 09-12.208 : *JurisData* n° 2010-002193 ; *RJDA* 2010, n° 621).

N'est pas un sous-traitant celui qui fabrique et livre de simples éléments de base d'une charpente assemblés et posés par un entrepreneur (▪ Cass. 3e civ., 14 déc. 2010, n° 10-10.312 : *RJDA* 3/2011, n° 211).

Mais bien qu'il existe une fabrication spécifique caractéristique d'un contrat d'entreprise pour le sous-traitant, la reconnaissance de la qualité de sous-traitant au sens de la sous-traitance industrielle ne suffit pas pour retenir celle de sous-traitant au sens de la loi du 31 décembre 1975, car il convient, de surcroît, d'établir que les éléments fournis par le sous-traitant avaient été réalisés sous la responsabilité de l'entrepreneur principal (▪ Cass. com., 3 déc. 2013, n° 12-15.445. – *Adde.* ▪ Cass. com., 7 janv. 2014, n° 12-24.468 et, sur ces deux arrêts : *Rev. Lamy dr. aff.* 4/2014, p. 34, note crit. Kouchnir-Cargill et Camilleri).

3) Sous-traitance et louage de choses. N'est pas un contrat de sous-traitance un louage de choses avec mise à disposition du personnel adéquat (▪ Cass. com., 1er déc. 1992, n° 90-18.315 : *JurisData* n° 1992-003194 ; *Contrats, conc. consom.* 1993, n° 70, obs. Leveneur ; *D.* 1994, somm. 147, obs. Bénabent. ▪ Cass. 3e civ., 23 janv. 2002, n° 00-17.759 : *JurisData* n° 2002-012677 ; *Dr. et patrimoine* 2002, n° 104, p. 89, obs. Chauvel ; *RJDA* 8-9/2002, n° 883).

4) Sous-traitance et contrat de travail. Voir ▪ Cass. soc., 27 févr. 1992, n° 89-18.421 : *RJDA* 1992, 702.

5) Sous-traitance et prestation de services. V. ▪ Cass. com., 12 mars 1991, n° 88-17.181 : *JurisData* n° 1991-000644 ; *Bull.* IV, n° 101 ; *D.* 1992, somm. 112, obs. Bénabent. ▪ Cass. crim., 10 mars 1998, n° 96-86.675 : *JurisData* n° 1998-001903 ; *Bull. crim.*, n° 95 ; *JCP* E 1998, p. 1388, n° 37 ; *D.* 1999, somm. 184, obs. Fadeuilhe ; *LPA* 18 déc 1998, p. 24, note Richevaux ; *JCP* E 2000, p. 1180, obs. V. S. ▪ 31 mars 1999, n° 97-16.958 : *JurisData* n° 1999-001445 ; *D.* 1999, 137, note Frossard.

La sous-traitance est l'opération par laquelle un entrepreneur confie par un sous-traité, et sous sa responsabilité, à une autre personne appelée « sous-traitant », l'exécution de tout ou partie du contrat d'entreprise ou d'une partie du marché public conclu avec le maître de l'ouvrage. Partant, n'agit pas en qualité de sous-traitant la société qui avait exécuté un nouveau marché ayant pour objet des travaux de reprise imputables à une erreur d'implantation commise par l'entrepreneur principal (▪ Cass. 3e civ., 14 avr. 2010, n° 09-12.339 : *JurisData* n° 2010-003917 ; *Bull. civ.* III, n° 86).

6) Sous-traitance et prêt de main-d'œuvre. Dans un cas où un entrepreneur confie à une société une partie des travaux commandés par un maître d'ouvrage portant sur le montage de la charpente métallique d'un bâtiment, l'opération doit être qualifiée de sous-traitance (▪ Rouen, 25 avr. 2002, n° 98/05489 : *JurisData* n° 2002-184040 ; *RJDA* 2/2003, n° 133).

II – RELATIONS JURIDIQUES

7) V. aussi les articles suivants de la loi n° 75-1334 du 31 décembre 1975.

A – Relations entre le sous-traitant et le maître d'ouvrage

Bibliographie : Jourdain : *D.* 1992, chron. 149. – Leveneur, chron. in *Contrats, conc. consom.* mai 1993.

8) Absence de relations contractuelles. Le sous-traitant n'est pas contractuellement lié au maître de l'ouvrage (▪ Cass. ass. plén. 12 juill. 1991, n° 90-13.602 : *JurisData* n° 1991-001658 ; *Bull.*, n° 5 ; *D.* 1991, somm. 321, obs. Aubert ; 549, note J. Ghestin ; *JCP* 1991, II, 21743, note Viney ; *D.* 1992, somm. 119, obs. Bénabent. ▪ Cass. 3e civ., 22 juin 1988, n° 86-16.263 : *Bull.* III, n° 115 ; *JCP* 1988, II, 21225, note Jourdain. ▪ Cass. 3e civ., 28 mars 1990, n° 88-16.806 : *D.* 1991, 25, note Kullmann). Le sous-traitant ne peut invoquer les limitations éventuellement prévues dans le contrat principal passé entre le maître de l'ouvrage et le vendeur intermédiaire (▪ Cass. soc., 22 mai 2002, n° 00-40.772 : *JurisData* n° 2002-014636 ; *JCP* E 2002, pan. 974 ; *D.* 2002, somm. 2843, obs. Delebecque ; *RTD com.* 2003, 156, obs. Bouloc).

9) Responsabilité délictuelle. Une cour d'appel a fait une exacte application des articles 1147 et 1382 du Code civil en se fondant sur les règles de la responsabilité quasi délictuelle pour apprécier la responsabilité des sous-traitants d'une entreprise à l'égard du maître de l'ouvrage qui n'avait contracté qu'avec cette dernière (▪ Cass. 1re civ., 23 juin 1992, n° 91-11.091 : *Bull.* I, n° 195 ; *Contrats, conc. consom.* 1992, n° 200, obs. Leveneur. ▪ Cass. 1re civ., 7 juill. 1992, n° 91-10.162 : *JurisData* n° 1992-001558 ; *Bull.* I, n° 221).

En conséquence, le fournisseur du sous-traitant engage sa responsabilité délictuelle à l'égard du maître de l'ouvrage (▪ Cass. 3e civ., 28 nov. 2001, n° 00-13.559 : *JurisData* n° 2001-011888 ; *RJDA* 4/2002, n° 381 ; *D.* 2002, inf. rap. 45 ; *JCP* E 2002, pan. n° 49).

10) Action directe. V. ▪ Cass. ass. plén., 7 févr. 1986, n° 84-15.189 : *Bull. civ.*, n° 2 ; *D.* 1986, 293, note Bénabent ; *ibid.* 1987, somm. 185, obs. Groutel ; *JCP* 1986, II, 20616, note Malinvaud ; *RD imm.* 1986, 211, obs. Malinvaud et Boubli : *RTD civ.* 1986, 364, obs. Huet ; *ibid.* 595, obs. Mestre ; *ibid.* 605, obs. Rémy.

▪ Cass. 1re civ., 29 mai 1984 : *JurisData* n° 1984-701217 ; *Bull.* I, n° 175, qui a jugé que le maître de l'ouvrage dispose contre le fabricant de matériaux posés par un entrepreneur, d'une action directe de nature contractuelle. – *Adde*, ▪ Cass. 1re civ., 17 juin 1995 : *RJDA* 1/96, n° 47.

B – Relations entre le sous-traitant et l'entrepreneur principal

11) Obligation de résultat. Le sous-traitant est tenu envers l'entrepreneur principal de livrer un ouvrage exempt de vices et ne peut s'exonérer que par la preuve d'une cause étrangère, c'est-à-dire est tenu à une obligation de résultat (▪ Cass. 3e civ., 17 déc. 1997, n° 95-19.504 : *JurisData* n° 1997-005145 ; *RJDA* 3/98, n° 283. ▪ Cass. 3e civ., 6 déc. 2000, n° 98-19.323 : *RJDA* 3/2001, n° 308. ▪ Cass. 3e civ., 26 avr. 2006, n° 05-10.100 : *JurisData* n° 2006-033201 ; *RJDA* 1/2007, n° 42).

12) Prescription. Le recours de l'entrepreneur principal contre le sous-traitant ne se prescrit qu'à compter du jour où lui-même a été assigné par le maître de l'ouvrage en réparation des vices affectant le matériel livré, ou du jour où il a obtempéré aux réclamations de celui-ci (▪ Cass. com., 6 oct. 1975, n° 74-11.617 : *JurisData* n° 1975-097218 ; *Bull.* IV, n° 218. ▪ Cass. com., 28 mai 1991, n° 89-15.846 : *JurisData* n° 1991-001778 ; *Bull.* IV, n° 184. ▪ Cass. 3e civ., 29 janv. 1992, n° 90-16.671 : *JurisData* n° 1992-002114 ; *Bull.* IV, n° 32. ▪ Cass. com., 21 oct. 1997, n° 95-13.399 : *RJDA* 2/98, n° 172).

L'action en garantie exercée par l'entrepreneur principal à l'encontre de son sous-traitant n'est pas enfermée dans le délai de dix ans à compter de la réception à laquelle il est étranger (▪ Cass. 3e civ., 26 avr. 2006 : *RJDA* 1/2007, n° 42).

C – Relations entre l'entrepreneur principal et les tiers

13) L'entrepreneur principal n'est pas responsable envers les tiers des dommages causés par son sous-traitant dont il n'est pas le commettant (▪ Cass. 3e civ., 22 sept. 2010, n° 09-11.007 : *Contrats, conc. consom.* 2011, n° 267, note Leveneur).

Art. 2. – Le sous-traitant est considéré comme entrepreneur principal à l'égard de ses propres sous-traitants.

Il appartient, non à l'entrepreneur principal, mais au sous-traitant de premier rang de présenter à l'agrément du maître de l'ouvrage son propre sous-traitant de second rang (▪ Cass. 3e civ., 21 janv. 2015, n° 13-18.316, publié).

Art. 3. – L'entrepreneur qui entend exécuter un contrat ou un marché en recourant à un ou plusieurs sous-traitants doit au moment de la conclusion et pendant toute la durée du contrat ou du marché, faire accepter chaque sous-traitant et agréer les conditions de paiement de chaque contrat de sous-traitance par le maître de l'ouvrage ; l'entrepreneur principal est tenu de communiquer le ou les contrats de sous-traitance au maître de l'ouvrage lorsque celui-ci en fait la demande.

Lorsque le sous-traitant n'aura pas été accepté ni les conditions de paiement agréées par le maître de l'ouvrage dans les conditions prévues à l'alinéa précédent, l'entrepreneur principal sera néanmoins tenu envers le sous-traitant mais ne pourra invoquer le contrat de sous-traitance à l'encontre du sous-traitant.

I – EXISTENCE DE L'AGRÉMENT

1) Conditions cumulatives. Les conditions prévues par l'article 3 sont cumulatives, savoir la volonté non équivoque du maître de l'ouvrage d'accepter le sous-traitant et celle d'agréer les conditions de paiement du contrat de sous-traitance (▪ Cass. civ. 11 janv. 1995, n° 93-11.918 : *RJDA* 3/95, n° 281). En conséquence, le sous-traitant ne peut se prévaloir du contrat de sous-traitance si, même ayant été accepté par le maître de l'ouvrage, aucun élément n'établit que ce dernier ait agréé les conditions de paiement ni même qu'il en avait eu connaissance (▪ *Cass. 3e civ., 1er avr. 1992, n° 90-18.868 : JurisData* n° 1992-000831 ; *Bull.* III, n° 110 ; *D.* 1994, somm. 148, obs. Bénabent). Les magistrats doivent rechercher si le maître de l'ouvrage avait eu connaissance de la présence du sous-traitant sur le chantier et s'il n'était pas tenu, en raison de l'existence de marchés globaux pour tous les bâtiments, de mettre l'entrepreneur principal en demeure de faire accepter le sous-traitant et agréer les conditions de paiement de celui-ci (▪ Cass. 3e civ., 6 janv. 1999, n° 96-18.690 : *JurisData* n° 1999-000016 ; *RJDA* 5/99, n° 555).

2) Pluralité de sous-traitants. La procédure d'acceptation doit être respectée à l'égard de tous les sous-traitants (▪ Cass. 3e civ., 9 déc. 1998, n° 97-10.995 : *JurisData* n° 1998-004749 ; *RJDA* 4/99, n° 407).

3) Moment de l'agrément. L'agrément du sous-traitant peut intervenir même après la procédure de redressement judiciaire contre l'entrepreneur principal (▪ Cass. 3e civ., 31 mars 1993, n° 91-14.958 : *JurisData* n° 1993-000570 ; *Bull.* III, n° 48 ; *D.* 1994, somm. 149, obs. Bénabent. – *Adde*, ▪ Cass. 3e civ., 4 janv. 1996, n° 93-21.090 : *JurisData* n° 1996-000083 ; *RJDA* 6/96, n° 833).

4) Forme de l'agrément. L'acceptation du sous-traitant et l'agrément du sous-traité par le maître de l'ouvrage peuvent résulter d'un accord tacite, dont la preuve est spécialement apportée par les interventions antérieures du sous-traitant sur les chantiers, par la concordance entre le marché principal et le marché de sous-traitance et par le paiement direct du sous-traitant par le maître de l'ouvrage (■ Paris, 29 sept. 1992 : *JurisData* n° 1992-022793 ; *D.* 1993, inf. rap. 40. ■ Cass. com., 29 avr. 1997, n° 94-19.736 : *JurisData* n° 1997-001974 ; *RJDA* 8-9/97, n° 1041 ; *D.* 1998, 326, note Chenut. ■ Rouen, 18 mars 1999, n° 833/97 : *JurisData* n° 1999-041299 ; *RJDA* 10/99, n° 1076. – Comp. ■ Orléans, 12 avr. 1996 : *JCP* E 1996, pan. 958 et ■ Bourges, 23 janv. 1996 : *JurisData* n° 1996-040569 ; *JCP* E 1996, pan. 959. ■ CA Versailles, 3 juin 2009, n° 08/00925 : *BRDA* 18/2009, n° 16 : *RJDA* 12/2009, n° 1079). L'action directe des sous-traitants, quel que soit leur rang, contre le maître de l'ouvrage, est recevable dès lors qu'il ne contestait pas les avoir agréés (■ Cass. com., 19 mai 1998, n° 96/05181 : *JurisData* n° 1998-041592 ; *JCP* E 1999, p. 217, n° 11, obs. Manguy ; *RJDA* 10/98, n° 1108). La mise en demeure prévue à l'article 12 de la loi concerne la créance née de la sous-traitance et non l'agrément de sous-traitant ; elle n'a donc aucune incidence sur la forme de l'acceptation de la sous-traitance par le maître de l'ouvrage (■ Paris, 29 sept. 1992, préc.).

Mais même si l'agrément est tacite, le maître de l'ouvrage doit avoir manifesté sans équivoque la volonté d'accepter le sous-traitant, la simple connaissance de son existence étant insuffisante (■ Cass. 3ᵉ civ., 7 oct. 1998, n° 96-20.514 : *JurisData* n° 1998-003706 ; *RJDA* 11/98, n° 1218. ■ Versailles, 31 janv. 2000 : *RJDA* 5/2000, n° 534. ■ Cass. 3ᵉ civ., 8 nov. 2000, n° 99-10.616 : *RJDA* 2/2001, n° 159. ■ Cass. com., 13 sept. 2005, n° 04-87.653 : *RJDA* 2/2006, n° 137 ; *JCP* E 2005, pan. 1535. – *Adde*, ■ Versailles, 21 nov. 2005 : *RJDA* 4/2006, n° 408). A donc violé l'article 3 l'arrêt qui a constaté une attitude passive du maître de l'ouvrage sans relever aucun acte manifestant sans équivoque sa volonté d'accepter le sous-traitant (■ Cass. 3ᵉ civ., 30 oct. 1991, n° 90-12.253 : *Bull.* III, n° 257 ; *D.* 1992, somm. 114, obs. Bénabent. ■ Cass. 3ᵉ civ., 3 mars 1999, n° 97-14.715 : *JurisData* n° 1999-000904 ; *JCP* E 1999, pan. 743 ; *RJDA* 5/1999, n° 553. ■ Cass. 3ᵉ civ., 24 mai 2011, n° 10-17.252 : *BRDA* 12/2011, p. 7 ; *RJDA* 4/2012, n° 397).

5) Information du sous-traitant. Aucune faute ne peut être relevée à l'encontre du maître de l'ouvrage qui n'a pas informé le sous-traitant de son acceptation ni de l'agrément de ses conditions de paiement (■ Cass. 3ᵉ civ., 7 mai 1997, n° 95-16.239 : *JurisData* n° 1997-001960 ; *RJDA* 8-9/97, n° 1042 ; *JCP* E 1997 pan. 689).

II – ABSENCE D'AGRÉMENT

6) Liberté du refus. Le refus d'agrément n'a pas à être motivé sauf collusion frauduleuse avec l'entrepreneur principal ou abus de droit (■ Paris, 25 mars 1993 : *JurisData* n° 1993-020951 ; *D.* 1994, somm. 149, obs. Bénabent. ■ Cass. 3ᵉ civ., 2 févr. 2005, n° 03-18.554 : *JurisData* n° 2005-026762 ; *JCP* E 2005, pan. 462 ; *RJDA* 5/2005, n° 550).

7) Opposabilité. Le défaut d'acceptation et d'agrément ne peut être opposé au sous-traitant ni par l'entrepreneur principal ni par les créanciers de ce dernier (■ Cass. com., 12 févr. 1991, n° 89-16.669 : *JurisData* n° 1991-000238 ; *RJDA* 4/91, n° 298. ■ Cass. 3ᵉ civ., 25 févr. 1998, n° 96-10.316 : *JurisData* n° 1998-000837 ; *RJDA* 5/98, n° 589).

8) Sous-traitance irrégulière. Le sous-traitant ne peut se prévaloir du contrat de sous-traitance pour obtenir le paiement de ses travaux et le rejeter pour échapper à ses obligations (■ Cass. 3ᵉ civ., 23 avr. 1992, n° 90-11.513 : *JurisData* n° 1992-001041 ; *Bull.* III, n° 135 ; *RJDA* 7/92, n° 704). Dès lors que le sous-traitant réclame paiement, il demeure tenu envers l'entrepreneur principal de l'obligation contractuelle de livrer les ouvrages exempts de vices (■ Cass. 3ᵉ civ., 13 avr. 1988, n° 87-11.036 : *JurisData* n° 1988-700620 ; *D.* 1988, 521, note Dubois), même lorsque le maître de l'ouvrage n'a pas accepté le sous-traitant ni agréé les conditions de paiement (■ Cass. 3ᵉ civ., 3 juin 1992, n° 89-19.724 : *JurisData* n° 1992-001216 ; *Bull.* III, n° 188 ; *RJDA* 1992, n° 821. ■ Cass. com., 25 juin 2002, n° 00-11.300 : *RJDA* 11/2002, n° 1139). La faculté de résiliation unilatérale ouverte au sous-traitant pendant toute la durée du contrat ne peut plus être exercée par un sous-traitant qui a exécuté le sous-traité et a accepté le règlement du prix convenu (■ Cass. 3ᵉ civ., 24 avr. 2003, n° 01-12.922 : *JurisData* n° 2003-018846 ; *RJDA* 11/2003, n° 1060). En tout état de cause, le maître de l'ouvrage n'est pas redevable des sommes exposées par le maître d'œuvre pour rémunérer un sous-traitant lorsque le recours à la sous-traitance est interdit (■ Cass. 3ᵉ civ., 27 avr. 2017, n° 16-15.958, publié : *JCP* G 2017, 759, note Perinet-Marquet).

TITRE II. – DU PAIEMENT DIRECT

Art. 4 ***(Rempl., Ord. n° 2015-899, 23 juill. 2015 ; rempl., Ord. n° 2018-1074, 26 nov. 2018).*** **– Le présent titre s'applique aux marchés passés par les entreprises publiques qui ne sont pas des acheteurs soumis au Code de la commande publique.**

1) Notion d'entreprise publique. S'agissant d'un maître de l'ouvrage ayant le statut d'une société d'économie mixte, la détermination de la qualité publique ou privée ne pouvait être faite sans rechercher la part respective des capitaux publics et privés dans le capital de cette société permettant de mettre en évidence l'existence d'un contrôle effectif par une personne publique (▪ Cass. 3e civ., 2 oct. 2002, n° 00-12.271 : *JurisData* n° 2002-015686 ; *RJDA* 2/2003, n° 135 ; *JCP* E 2002, pan. 1662. ▪ CE, 19 nov. 2004, n° 231103 : *JurisData* n° 2004-067603 ; *RJDA* 2/2005, n° 125 ; *JCP* E 2004, pan. 1826. – V. aussi, ▪ Cass. 3e civ., 21 févr. 1984, n° 82-16.715 : *JurisData* n° 1984-700310 ; *Bull.* III, n° 45. ▪ Cass. com., 12 janv. 1988, n° 85-12.556 : *Bull.* IV, n° 16. ▪ Cass. com., 27 févr. 1990, n° 88-12.345 : *Bull.* IV, n° 54. ▪ Cass. com., 5 févr. 1991, n° 89-12.141 : *JurisData* n° 1991-000239 ; *Bull.* IV, n° 52 ; *RJDA* 6/91, n° 489 ; *Rev. sociétés* 1991, 741, obs. Debène).

2) Conditions. Si le marché principal est public, le sous-traitant peut bénéficier du paiement direct de ses prestations par le maître de l'ouvrage dès lors que les deux conditions de la sous-traitance régulière (acceptation du sous-traitant et agrément de ses conditions de paiement) se trouvent satisfaites (C. marchés publics, art. 2 et 186 *bis*) ; à défaut de l'une de ces conditions le droit au paiement direct n'est pas ouvert au sous-traitant (▪ CE, 17 mars 1982 : *JurisData* n° 1982-600655 ; *AJDA* 1982, 727, concl. Boyon. ▪ CE, 30 déc. 1998, n° 171139 : *RJDA* 8-9/99, n° 930). Le maître de l'ouvrage n'a pas la possibilité de prononcer l'acceptation quand il n'est pas saisi d'une demande à cet effet (▪ CE, 3 avr. 1991, n° 90552 : *D.* 1991, somm. 375, obs. Terneyre). L'existence d'une relation de fait, même significative, entre le sous-traitant et le maître de l'ouvrage, ne saurait valoir acceptation tacite (▪ CE, 2 juin 1989, n° 65631 : *JurisData* n° 1989-643368 ; *D.* 1990, somm. 62, obs. Terneyre).

3) Compétence d'attribution. Les litiges relatifs au paiement direct au sous-traitant par le maître d'ouvrage relèvent de la compétence administrative (▪ T. confl., 2 juin 2008, n° 3642 : *RJDA* 8-9/2008, n° 908. ▪ CE, 26 sept. 2007, n° 255993 : *RJDA* 1/2008, n° 37. ▪ T. confl., 14 mai 1984, n° 2313 : *Rec. T. confl.* 1984, p. 448.). En revanche, l'action dirigée par un sous-traitant contre l'entrepreneur titulaire du marché relève de la juridiction judiciaire dès lors que cette action est fondée sur le contrat de sous-traitance, lequel présente le caractère d'un contrat de droit privé, bien qu'il soit relatif à l'exécution de travaux publics (▪ T. confl., 2 juin 2008, n° 3642 préc.).

4) Soumission volontaire. La stipulation d'une clause de paiement direct dans un contrat de sous-traitance, lorsque le maître de l'ouvrage n'appartient pas à l'une des catégories définies par l'article 4, n'a pas pour effet de soumettre la convention au titre II et, partant, de priver le sous-traitant de l'exercice de l'action directe prévue au titre III de la loi (▪ Cass. com., 15 oct. 1996, n° 94-11.887 : *JurisData* n° 1996-003786 ; *Bull.* IV, n° 234 ; *JCP* E 1996, pan. 1239 ; *RJDA* 1/97, n° 48). Aucune disposition ne prohibe une stipulation conventionnelle qui permette au sous-traitant ayant conclu un contrat n'entrant pas dans le champ d'application du titre II d'être payé de ses travaux directement par le maître de l'ouvrage (▪ Cass. 3e civ., 3 févr. 1988, n° 86-16.010 : *JurisData* n° 1988-000094 ; *Bull.* III, n° 30).

Art. 5 ***(Mod., L. n° 2001-1168, 11 déc. 2001).*** **– Sans préjudice de l'acceptation prévue à l'article 3, l'entrepreneur principal doit, lors de la soumission, indiquer au maître de l'ouvrage la nature et le montant de chacune des prestations qu'il envisage de sous-traiter ainsi que les sous-traitants auxquels il envisage de faire appel.**

En cours d'exécution du marché, l'entrepreneur principal peut faire appel à de nouveaux sous-traitants, à la condition de les avoir déclarés préalablement au maître de l'ouvrage.

Art. 6 ***(Mod., L. n° 2001-1168, 11 déc. 2001).*** **– Le sous-traitant « direct du titulaire du marché » qui a été accepté et dont les conditions de paiement ont été agréées par le maître de l'ouvrage est payé directement par lui pour la part du marché dont il assure l'exécution.**

Toutefois, les dispositions de l'alinéa précédent ne s'appliquent pas lorsque le montant du contrat de sous-traitance est inférieur à un seuil qui, pour l'ensemble des marchés prévus au présent titre, est fixé à 600 € ; ce seuil peut être relevé par décret en Conseil d'État en fonction des variations des circonstances économiques. En deçà de ce seuil, les dispositions du titre III de la présente loi sont applicables.

(Al. abr., Ord. n° 2018-1074, 26 nov. 2018).

Ce paiement est obligatoire même si l'entrepreneur principal est en état de liquidation des biens, de règlement judiciaire ou de suspension provisoire des poursuites.

Le sous-traitant qui confie à un autre sous-traitant l'exécution d'une partie du marché dont il est chargé est tenu de lui délivrer une caution ou une délégation de paiement dans les conditions définies à l'article 14.

Voir : décisions citées sous art. 12, *infra*.

1) Le règlement judiciaire et la liquidation des biens ont été remplacés par le redressement et la liquidation judiciaires (C. com., art. L. 620-1 et s.). La suspension provisoire des poursuites a été supprimée (L. n° 85-98, 25 janv. 1985, art. 238).

2) Action contre le maître de l'ouvrage. L'action en paiement du sous-traitant contre le maître de l'ouvrage ne peut être fondée sur l'enrichissement sans cause (▪ Cass. 3e civ., 9 déc. 1992, n° 91-11.210 : *JurisData* n° 1992-002804 ; *Bull.* III, n° 319 ; *RJDA* 2/93, n° 94. ▪ Cass. 3e civ., 4 déc. 2002, n° 01-03.907 : *JurisData* n° 2002-016620 ; *RJDA* 4/2003, n° 379 ; *JCP* E 2003, pan. 168).

3) Action contre l'entrepreneur principal. La procédure de paiement direct du sous-traitant par le maître de l'ouvrage n'a pas pour effet de décharger l'entrepreneur principal de son obligation contractuelle au paiement des travaux réalisés (▪ Cass. 3e civ., 10 mai 1991, n° 89-16.430 : *JurisData* n° 1991-701207 ; *Bull.* III, n° 131 ; *D.* 1992, somm. 115, obs. Bénabent) mais elle laisse au sous-traitant la faculté d'agir en paiement contre l'entrepreneur principal, sans être contraint d'épuiser auparavant les voies de recours contre le maître de l'ouvrage (▪ Cass. 3e civ., 15 janv. 1992, n° 90-11.356 : *JurisData* n° 1992-000051 ; *Bull.* III, n° 20 ; *D.* 1994, somm. 150, obs. Bénabent).

Le sous-traitant n'est pas titulaire d'un droit de priorité sur les sommes que l'entrepreneur a reçues du maître de l'ouvrage (▪ Cass. 3e civ., 9 janv. 1991, n° 89-12.706 : *JurisData* n° 1991-000021 ; *D.* 1992, somm. 116, obs. Bénabent).

Art. 7. – Toute renonciation au paiement direct est réputée non écrite.

Dans le cas où, aux termes de l'acte souscrit entre une commune et l'entrepreneur principal, titulaire du marché, la commune acceptait le sous-traitant et les conditions de paiement telles que prévues au sous-traité, la circonstance que la case « n'ayant pas droit au paiement direct », figurant au formulaire de l'acte d'agrément, ait été cochée, n'est pas de nature à priver le sous-traitant de son droit au paiement direct (▪ CAA Marseille, 21 nov. 2000, n° 97MA02278 : *RJDA* 10/2001, n° 969, conf. par ▪ CE, 17 oct. 2003, n° 2/01340 : *JurisData* n° 2003-254855 ; *RJDA* 5/2004, n° 555).

Art. 8. – L'entrepreneur principal dispose d'un délai de quinze jours, comptés à partir de la réception des pièces justificatives servant de base au paiement direct, pour les revêtir de son acceptation ou pour signifier au sous-traitant son refus motivé d'acceptation.

Passé ce délai, l'entrepreneur principal est réputé avoir accepté celles des pièces justificatives ou des parties de pièces justificatives qu'il n'a pas expressément acceptées ou refusées.

Les notifications prévues à l'alinéa 1er sont adressées par lettre recommandée avec accusé de réception.

1) Obligation du sous-traitant. Conformément à l'article 8, la mise en œuvre de la procédure de paiement direct par le maître de l'ouvrage au sous-traitant oblige ce dernier à notifier à l'entrepreneur principal les pièces justificatives servant de base à ce paiement (▪ Cass. 3e civ., 4 janv. 2006, n° 04-17.226 : *JurisData* n° 2006-031487 ; *RJDA* 5/2006, n° 529).

2) Obligation de l'entrepreneur principal. En refusant de transmettre le décompte au maître de l'ouvrage l'entrepreneur engage sa responsabilité envers le sous-traitant qui ne peut obtenir le paiement direct du maître de l'ouvrage (▪ Versailles, 31 janv. 1991 : *JurisData* n° 1991-040194 ; *D.* 1992, somm. 118, obs. Bénabent).

L'article 8 ne crée pas, à la charge de l'entrepreneur principal, une obligation de payer les travaux à la place du maître de l'ouvrage qui s'est refusé à le faire (▪ Cass. 3e civ., 31 mars 1993, n° 91-12.513 : *JurisData* n° 1993-000568 ; *Bull.* III, n° 49 ; *D.* 1994, somm. 151, obs. Bénabent).

3) Demande directe au maître d'ouvrage. Ni l'article 8, ni l'article 186 *ter* du Code des marchés publics n'ont pour objet ou pour effet de rendre irrecevable une demande adressée par le sous-traitant au maître d'ouvrage avant l'expiration de ce délai (▪ CE, 31 oct. 1999 : *RJDA* 6/2000, n° 654).

Les procédures instituées par les dispositions de l'article 8 et de l'article 359 *ter* du Code des marchés publics ne font pas obstacle au contrôle par le maître de l'ouvrage du montant de la créance du sous-traitant, compte tenu des travaux qu'il a exécutés et des prix stipulés par le marché (▪ CE, 28 avr. 2000, n° 181604 : *JurisData* n° 2000-060350 ; *JCP* E 2000, pan. 1734).

Sur les formalités de la demande de paiement (V. ▪ CE, 10 déc. 2003, n° 259545 : *JurisData* n° 2003-066328 ; *RJDA* 5/2004, n° 556).

Art. 9. – La part du marché pouvant être nantie par l'entrepreneur principal est limitée à celle qu'il effectue personnellement.

Lorsque l'entrepreneur envisage de sous-traiter une part du marché ayant fait l'objet d'un nantissement, l'acceptation des sous-traitants prévue à l'article 3 de la présente loi est subordonnée à une réduction du nantissement à concurrence de la part que l'entrepreneur se propose de sous-traiter.

Art. 10. – Le présent titre s'applique :

Aux marchés sur adjudication ou sur appel d'offres dont les avis ou appels sont lancés plus de trois mois après la publication de la présente loi ;

Aux marchés de gré à gré dont la signature est notifiée plus de six mois après cette même publication.

TITRE III. – DE L'ACTION DIRECTE

Art. 11. – Le présent titre s'applique à tous les contrats de sous-traitance qui n'entrent pas dans le champ d'application du titre II.

(Al. créé, Ord. n° 2018-1074, 26 nov. 2018) Le présent titre ne s'applique pas aux marchés publics soumis à la deuxième partie du Code de la commande publique à l'exception :

1° *(1° créé, Ord. n° 2018-1074, 26 nov. 2018)* Des marchés publics relevant de ses livres Ier à III dont le montant est inférieur au seuil fixé en application du 2° de l'article L. 2193-10 ;

2° *(2° créé, Ord. n° 2018-1074, 26 nov. 2018)* Des marchés publics relevant de son livre V.

Voir : sous annot. L. n° 75-1334, 31 déc. 1975, art. 4, p. 2960.

Art. 12 *(Mod., L. n° 94-475, 10 juin 1994)*. – Le sous-traitant a une action directe contre le maître de l'ouvrage si l'entrepreneur principal ne paie pas, un mois après en avoir été mis en demeure, les sommes qui sont dues en vertu du contrat de sous-traitance ; copie de cette mise en demeure est adressée au maître de l'ouvrage.

Toute renonciation à l'action directe est réputée non écrite.

Cette action directe subsiste même si l'entrepreneur principal est en état de liquidation des biens, de règlement judiciaire ou de suspension provisoire des poursuites.

Les dispositions du deuxième alinéa de l'article 1799-1 du Code civil sont applicables au sous-traitant qui remplit les conditions édictées au présent article.

Voir : note *supra*, sous article 6 et *infra*, sous art. 13-1.

Bibliographie : Gatsi, *L'action directe du sous-traitant dans le cadre de la procédure collective de l'entrepreneur principal* : *JCP* E 2000, p. 3008.

1) Loi de police. La loi française, en ses dispositions protectrices du sous-traitant, est une loi de police au sens des dispositions de l'article 3 du Code civil et des articles 3 et 7 de la Convention de Rome du 19 juin 1980 (▪ Cass. ch. mixte, 30 nov. 2007, n° 06-14.006 : *JurisData* n° 2007-041758 ; *D.* 2008, p. 5, obs. Delpech, jurispr. 753, note Boyault et Lemaire ; *RJDA* 5/2008, n° 519 ; *JCP* E 2008, 1201, note Berlioz. ▪ Cass. 3e civ., 30 janv. 2008 : *D.* 2008, p. 478, obs. Delpech ; *RJDA* 5/2008, n° 518. ▪ Cass. 3e civ., 8 avr. 2008 : *RJDA* 8-9/2008, n° 907. ▪ CA Paris, 12 févr. 2009, n° 07/07675 : *JurisData* n° 2009-003750 ; *BRDA* 12/2009, n° 9. – *Contra* ▪ Cass. 1re civ., 23 janv. 2007, n° 04-10.897 : *JurisData* n° 2007-037027 ; *RJDA* 6/2007, n° 611 ; *D.* 2007, p. 503, obs. Gallmeister, jurispr. 2008, note Borysewicz et Loncle et pan. 2562, obs. Bollée). Comp. note 1 sous art. 13-1 de la même loi.

2) Mise en cause de l'entrepreneur principal. Les articles 12 et 13 de la loi du 31 décembre 1975 ne subordonnent pas la recevabilité de l'action directe à la mise en cause de l'entrepreneur principal ou de son représentant dans l'instance opposant le sous-traitant au maître de l'ouvrage (▪ Cass. com., 3 déc. 2008, pourvoi n° 07-19.997 : *BICC* n° 538. ▪ Cass. com., 6 mai 1996, n° 94-13.556 : *RJDA* 10/96, n° 1192).

Les sous-traitants, quel que soit leur rang, n'ont une action directe que contre celui pour le compte de qui la construction est réalisée et qui conserve la qualité de maître de l'ouvrage et non contre l'entrepreneur principal même s'il s'est comporté comme un maître d'ouvrage (▪ Cass. 1re civ., 26 oct. 2011, n° 10-17.708 : *Bull. civ.* I, n° 175).

3) Maintien du contrat de sous-traitance. La procédure de paiement direct ne fait pas disparaître le contrat de sous-traitance et laisse au sous-traitant la faculté d'agir contre l'entrepreneur principal, sans être contraint d'épuiser auparavant les voies de recours contre le maître de l'ouvrage (▪ Cass. 3e civ., 15 janv. 1992 : *Bull.* III, n° 20).

La procédure de paiement direct du sous-traitant par le maître de l'ouvrage n'a pas pour effet de décharger l'entrepreneur principal de son obligation contractuelle au paiement des travaux réalisés (▪ Cass. 3e civ., 10 mai 1991 : *Bull.* III, n° 131 ; *D.* 1992, somm. 115, obs. Bénabent. ▪ Cass. 3e civ., 25 nov. 1998, n° 97-11.285 : *JurisData* n° 1998-004496 ; *RJDA* 1/99, n° 40 ; D. 1999, 500, note D.-R. Martin).

4) Clause compromissoire. L'effet de la clause d'arbitrage international contenue dans le contrat initial s'étend au sous-traitant qui en a eu connaissance lors de la signature de son contrat et qui est directement impliqué dans l'exécution du premier contrat (■ Cass. 1re civ., 26 oct. 2011, n° 10-17.708 : *Bull. civ.* I, n° 175).

I – AGRÉMENT ET ACCEPTATION

Voir : sous annot. L. n° 75-1334, 31 déc. 1975, art. 3, p. 2958.

II – MISE EN DEMEURE

5) **Nature juridique.** La mise en demeure ne constitue pas un simple acte conservatoire (■ Cass. 3e civ., 3 juill. 1996, n° 94-18.325 : *JurisData* n° 1996-002919 ; *JCP* E 1996, pan. 1016 ; *RJDA* 11/96, n° 1328) ; est donc inopérante la mise en demeure adressée à l'entrepreneur principal qui se trouvait dessaisi, par l'effet du jugement de liquidation des biens, de l'administration et de la disposition de son patrimoine alors qu'elle devait être adressée au liquidateur (même arrêt).

6) **Exigence.** V. ■ Cass. com., 3 juill. 1990 : Gaz. Pal. 1991, 2, somm. 351, note Peisse ; *Bull.* IV, n° 199). Cette mise en demeure ne saurait résulter de simples lettres d'opposition, même recommandées (■ Cass. 3e civ., 8 juin 1982, n° 81-10.365 : *JurisData* n° 1982-701981 ; *Bull.* III, n° 144. ■ Cass. com., 12 mai 1992, n° 89-17.908 : *JurisData* n° 1992-001040 ; *RJDA* 1992, 583 ; *Bull.* IV, n° 178 ; *D.* 1994, somm. 152, obs. Bénabent. – Comp. ■ Versailles, 3 févr. 2000 : *RJDA* 9-10/2000, n° 863).

Mais la déclaration au passif de la procédure collective de l'entrepreneur principal équivaut à une mise en demeure (■ Cass. com., 12 mai 1992, préc. ■ Cass. 3e civ., 10 janv. 2001, n° 98-19.782 : *RJDA* 5/2001, n° 585).

Le sous-traitant est tenu d'adresser copie au maître de l'ouvrage de la mise en demeure qu'il a adressée à l'entrepreneur principal sous peine de perdre son action directe (■ Cass. 3e civ., 4 janv. 1996, n° 94-11.637 : *JurisData* n° 1996-000015 ; *JCP* E 1996, pan. 269 ; *RJDA* 6/96, n° 782. ■ Orléans, 29 janv. 2004 : *RJDA* 5/2004, n° 554). Une lettre de réclamation adressée au maître de l'ouvrage ne peut y suppléer (même déc. *Adde*, ■ Cass. com., 12 mars 1996, n° 93-15.518 : *JurisData* n° 1996-001119 ; *RJDA* 7/96, n° 917). La mise en demeure adressée au maître de l'ouvrage lui-même, sans référence à la déclaration de créance, ne peut suppléer l'absence d'envoi de cette copie (■ Cass. com., 9 mai 1995, n° 93-10.568 : *JurisData* n° 1995-001032 ; *Bull.* IV, n° 131 ; *JCP* E 1995, pan. 772 ; *RJDA* 11/95, n° 1237).

7) **Sanction.** Le sous-traitant n'a d'action directe contre le maître de l'ouvrage que si l'entrepreneur ne paie pas, un mois après en avoir été mis en demeure (■ Cass. 3e civ., 15 sept. 2016, n° 15-22.592, publié). Lorsque le sous-traitant a été agréé par le maître de l'ouvrage, l'omission de mise en demeure ne peut être opposée ni par l'entrepreneur principal ni par ses ayants cause, tel le cessionnaire de sa créance sur le maître de l'ouvrage (■ Cass. com., 22 mai 2001, n° 98-17.128 : *JurisData* n° 2001-009671 ; *RJDA* 12/2001, n° 1210).

Lorsque les formalités prévues pour l'exercice de l'action directe par le sous-traitant n'ont pas été respectées, le maître de l'ouvrage ne peut valablement opposer au mandataire-liquidateur de l'entrepreneur principal le paiement qu'il a pris l'initiative d'effectuer entre les mains du sous-traitant (■ Cass. 3e civ., 13 déc. 1995, n° 93-18.625 : *JurisData* n° 1995-003750 ; *RJDA* 3/96, n° 346. ■ Cass. 3e civ., 6 déc. 2006, n° 05-17.286 : *JurisData* n° 2006-036331 ; *D.* 2007, p. 82 ; *RJDA* 2007, n° 478).

III – PROCÉDURE COLLECTIVE

8) **Maintien de l'action directe.** L'action directe subsiste même si l'entrepreneur fait l'objet d'une procédure collective (■ Cass. 2e civ., 25 févr. 1998 : *D. affaires* 1998, inf. rap. 83).

Voir cependant ■ Cass. com., 12 mai 1992, n° 89-17.908 : *JurisData* n° 1992-001040 ; *Bull.* IV, n° 178 ; *RJDA* 1992, 583, et 9 mai 1995 : Bull. IV, n° 131 ; *JCP* E 1995, pan. 772 ; *RJDA* 11/95, n° 1237, qui décide que l'entrepreneur principal ayant été mis en liquidation des biens sans avoir payé les sous-traitants, le sous-traitant est tenu pour exercer l'action directe contre le maître de l'ouvrage, d'adresser à celui-ci une copie de sa production au passif de l'entrepreneur principal, cette production tenant lieu, en l'espèce, de mise en demeure.

9) **Arrêt du cours des intérêts.** L'arrêt du cours des intérêts en cas de procédure collective ne s'applique pas en cas d'action directe (■ Paris, 18 déc. 1990 : *D.* 1991, inf. rap. 48).

10) **Déclaration de créances.** Le sous-traitant n'est pas tenu de produire au passif de la procédure collective dont l'entrepreneur principal est l'objet pour exercer son action directe contre le maître de l'ouvrage (■ Cass. civ., 29 févr. 1984, n° 82-15.993 : *JurisData* n° 1984-700399 ; *Bull.* III, n° 56. ■ Paris, 27 nov. 1990 : *JurisData* n° 1990-025542 ; *JCP* E 1991, 194, note Dubois ; *D.* 1992, somm. 116, obs. Bénabent. ■ 29 sept. 1992 : *JurisData* n° 1992-022793 ; *D.* 1993, inf. rap. 40. ■ 11 avr. 1995 : *JCP* E 1995, E, pan. 771).

11) **Paiement préférentiel.** Le paiement direct du maître de l'ouvrage ne saurait constituer un paiement préférentiel prohibé (■ Paris, 29 sept. 1992, préc.).

Art. 13. – L'action directe ne peut viser que le paiement correspondant aux prestations prévues par le contrat de sous-traitance et dont le maître de l'ouvrage est effectivement bénéficiaire.

Les obligations du maître de l'ouvrage sont limitées à ce qu'il doit encore à l'entrepreneur principal à la date de la réception de la copie de la mise en demeure prévue à l'article précédent.

1) Assiette. L'article 13, alinéa 2, n'établit aucune distinction suivant l'origine des prestations fournies au titre du marché principal ; le maître de l'ouvrage ne peut donc pas opposer au sous-traitant le versement entre les mains de l'entrepreneur principal d'une somme correspondant au montant des travaux sous-traités (■ Paris, 13 oct. 1993 : *JurisData* n° 1993-023357 ; *RJDA* 2/94, n° 158). Le sous-traitant peut réclamer son paiement sur la totalité des sommes dues par le maître de l'ouvrage à l'entrepreneur principal au titre de ce marché et non pas seulement sur la part correspondant au prix des travaux dont la réalisation lui a été confiée (■ Cass. ch. mixte, 18 juin 1982, n° 81-11.617 : *JurisData* n° 1982-701240 ; *JCP* 1982, II, 19858).

L'action directe du sous-traitant ne porte que sur les sommes dues au titre du contrat d'entreprise dont l'exécution lui a été confiée et non sur les sommes susceptibles d'être dues par le maître de l'ouvrage au même entrepreneur au titre d'autres marchés (■ Cass. com., 10 déc. 2003, n° 00-22.262 : *JurisData* n° 2003-021539 ; *RJDA* 4/2004, n° 420 ; *JCP* E 2004, pan. 221 ; *D.* 2004, p. 212).

Le maître de l'ouvrage n'est tenu que de ce qu'il doit encore à l'entrepreneur principal à la date de la réception de la copie de la mise en demeure et n'est redevable à titre personnel des intérêts moratoires qu'après sommation de payer (■ Cass. 3e civ., 30 oct. 1991, n° 90-10.956 : *JurisData* n° 1991-002616 ; *Bull.* III, 256. ■ Cass. 3e civ., 3 juin 1992 : *Bull.* III, n° 187. – *Adde*, ■ Cass. 3e civ., 7 mai 1997, n° 95-16.239 : *JurisData* n° 1997-001960 ; *JCP* E 1997, pan. 689 ; *RJDA* 8-9/97, n° 1042).

Le séquestre des fonds susceptibles de représenter le solde de la créance de l'entrepreneur principal ne fait pas échapper ces fonds à l'action directe du sous-traitant, le séquestre n'équivalant pas à un paiement (■ Cass. 3e civ., 6 janv. 1999, n° 96-19.460 : *JurisData* n° 1999-000019 ; *RJDA* 3/99, n° 280. – Rappr. ■ Cass. 3e civ., 17 oct. 1990, n° 89-12.658 : *JurisData* n° 1990-702549 ; *JCP* E 1990, I, 20601).

2) Compensation. Il peut y avoir compensation entre les sommes réclamées au titre de l'action directe et les pénalités de retard non encore liquidées et les sommes à retenir pour malfaçons dès lors que les créances invoquées sont certaines à la date de la réception par le maître de l'ouvrage de la copie de la mise en demeure adressée par le sous-traitant à l'entrepreneur principal (■ Cass. 3e civ., 15 févr. 1983, n° 82-10.525 : *JurisData* n° 1983-700645 ; *Bull.* III, n° 45. ■ 10 juill. 1996, n° 94-22.085 : *JurisData* n° 1996-003026 ; *RJDA* 3/97, n° 351). Lorsque deux créances sont connexes, le juge ne peut pas, pour écarter une demande de compensation, retenir que l'une des dettes ne réunit pas les conditions d'exigibilité et de liquidité (même déc. – *Adde* ■ Cass. 3e civ., 6 mai 2003, n° 01-16.567 : *JurisData* n° 2003-018940 ; *RJDA* 3/2004, n° 304).

3) Paiement de l'entrepreneur principal. Pour accepter l'action directe du sous-traitant il convient de rechercher si l'entrepreneur principal n'a pas été intégralement réglé des travaux qu'il a effectivement exécutés (■ Cass. 3e civ., 3 juill. 1996, n° 94-20.858 : *JurisData* n° 1996-002926 ; *RJDA* 11/96, n° 1326).

Mais le maître de l'ouvrage, averti de l'intention du sous-traitant d'exercer l'action directe, engage sa responsabilité à l'égard du sous-traitant en payant l'entrepreneur principal (■ Cass. 3e civ., 14 avr. 1999, n° 96-45.349 : *JCP* E 1999, pan. 1031 ; *RJDA* 6/99, n° 667).

Art. 13-1 ***(L. n° 81-1, 2 janv. 1981 ; mod., L. n° 84-46, 24 janv. 1984).*** **– L'entrepreneur principal ne peut céder ou nantir les créances résultant du marché ou du contrat passé avec le maître de l'ouvrage qu'à concurrence des sommes qui lui sont dues au titre des travaux qu'il effectue personnellement.**

Il peut, toutefois, céder ou nantir l'intégralité de ces créances sous réserve d'obtenir, préalablement et par écrit, le cautionnement personnel et solidaire visé à l'article 14 de la présente loi, vis-à-vis des sous-traitants.

Bibliographie : Juan, *Sous-traitance et cession de créance ; à propos de Cass. com., 4 juillet 1986 : CDE* 1989/6, p. 8. • Peisse, *L'action directe du sous-traitant en concours avec une cession de créances Loi Dailly : Gaz. Pal.* 1989, 1, doctr. 146. • Bénabent, *Le conflit entre banquiers et sous-traitants : RD imm.* 1990, 149. • Rambure, *Le paiement du sous-traitant, l'action directe contre le maître de l'ouvrage,* LGDJ 1990. • Romani, *La protection des sous-traitants de marchés privés titulaires de l'action directe dans le conflit les opposant aux banquiers bénéficiaires de transferts de créances : D.* 1990, chron. 179. • Synvet, *Nouvelles variations sur le conflit opposant banquiers et sous-traitants : JCP* 1990, I, 3424. • Talau, *Le porteur d'une lettre de change, le sous-traitant et la provision : JCP* E 1999, p. 996.

1) Loi de police ? Prive sa décision de base légale l'arrêt qui retient que la loi de 1975 protège le sous-traitant et sauvegarde l'organisation économique du pays et doit donc être considérée comme une loi de police, sans caractériser l'existence d'un lien de rattachement de l'opération avec la France au regard de l'objectif de protection des sous-traitants poursuivi par l'article 13-1 (■ Cass. com., 27 avr. 2011, n° 09-13.524 : *Bull. civ.* IV, n° 60 ; *D.* 2011, p. 1277 ; *JCP* E 2011, n° 4, obs. C. Nourissat). Comp. note 1 sous article 12 de la même loi.

I – DOMAINE

A – Opérations visées

2) Affacturage. Les dispositions de l'article 13-1, alinéa 2, s'appliquent en cas de subrogation dans une opération d'affacturage (■ Cass. com., 5 févr. 1991 : *Bull.* IV, n° 53 ; *RD bancaire et bourse* 1991, 100, obs. Credot et Gérard. ■ Cass. 3e civ., 30 avr. 2002, n° 00-13.089 : *JurisData* n° 2002-014268 ; *RJDA* 8-9/2002, n° 884).

3) Bordereau Dailly. Une cour d'appel qui a retenu, par une exacte application du second alinéa de l'article 13-1, que l'entrepreneur principal ne pouvait céder à une banque la part de sa créance sur le maître de l'ouvrage, correspondant à sa dette envers un sous-traitant, sans avoir obtenu préalablement et par écrit un cautionnement, a pu en déduire, sans avoir à chercher la date à laquelle la cession a été notifiée, ni celle portée sur le bordereau, ni celle de l'exercice de l'action directe, ni à vérifier si, en l'espèce, la troisième de ces dates était antérieure à la première, que la cession de créance litigieuse était inopposable au sous-traitant (■ Cass. com., 22 nov. 1988 [1er arrêt] : *JCP* E 1989, II, 1557 4 note Dubois ; *D.* 1989, 212, note Bénabent ; *Banque* 1989, 211, obs. Rives-Lange ; *RD imm.* 1989, 54, obs. Malinvaud et Boubli ; *RTD com.* 1989, 281, obs. Cabrillac et Teyssié ; *RD bancaire et bourse* 1989, 108, obs. Credot et Gérard ; *D.* 1989, somm. 189, obs. Vasseur. ■ Cass. com., 20 juin 1989, n° 87-14.974 : *JurisData* n° 1989-001971 ; *Banque* 1989, 859, obs. Rives-Lange ; *RTD com.* 1989, 739, obs. Martin-Serf ; *Bull.* IV, n° 195 ; *D.* 1990, somm. 236, obs. Vasseur. ■ Cass. com., 13 oct. 1992, n° 90-21.077 : *JurisData* n° 1992-002156 ; *RD bancaire et bourse* 1993, 89, obs. Credot et Gérard ; *RJDA* 1/93, n° 25. ■ Cass. com., 26 avr. 1994, n° 92-15.032 : *JurisData n° 1994-001018* ; *Bull.* IV, n° 152 ; *RD bancaire et bourse* 1994, 234, obs. Credot et Gérard. ■ Cass. com., 16 mai 1995, n° 93-15.041 : *JCP* E 1995, pan. 843 ; *RJDA* 11/95, n° 1238. ■ Cass. com., 16 janv. 1996, n° 94-12.751 : *JurisData* n° 1996-000250 ; *RJDA* 4/96, n° 499. ■ Cass. com., 3 déc. 2002, n° 00-15.839 : *JurisData* n° 2002-016946 ; *RJDA* 5/2003, n° 533. ■ Cass. com., 26 mai 2004, n° 01-14.169 : *JurisData* n° 2004-024055 ; *RJDA* 11/2004, n° 1212 ; *JCP* E 2004, pan. 1070 ; *D.* 2004, p. 2040, note Chevrier).

4) Lettre de change. Doit être cassé pour fausse application des articles 13-1 et 15 de la loi du 31 décembre 1975, la cour d'appel qui a retenu que l'opération par laquelle une banque escompte une *lettre de change* acceptée réalise « d'une certaine manière », au profit de celle-ci, une cession de créances entrant dans le champ d'application de l'article 13-1, et nulle par application de l'article 15, sans rechercher si l'action directe des sous-traitants avait été exercée avant que les banques n'aient acquis la propriété de la provision par l'escompte des lettres de change acceptées par le maître de l'ouvrage (■ Cass. com., 4 juill. 1989, n° 88-13.325 : *JurisData* n° 1989-702411 ; *JCP* E 1990, II, 15661, obs. Dubois ; *Banque* 1989, 976, obs. Rives-Lange ; *D.* 1990, somm. 121, obs. Cabrillac ; 1991, 369, note P. Bloch ; *RTD com.* 1989, 741, obs. Martin-Serf ; 1990, 693, obs. Cabrillac et Teyssié. ■ Cass. com., 29 mars 1994, n° 91-19.074 : *RJDA* 10/94, n° 1020. ■ Cass. com., 18 nov. 1997, n° 95-20.604 : *JurisData* n° 1997-004538 ; *JCP* E 1998, pan. 9, obs. Bouteiller ; *RD bancaire et bourse* 1998, 8, obs. Credot et Gérard ; *RJDA* 3/98, n° 284 ; *RTD com.* 1998, 180, obs. Cabrillac.

5) Billet à ordre. V. ■ Cass. com., 5 mars 1991, n° 89-20.252 : *JurisData* n° 1991-000388 ; *Bull.* IV, n° 95 ; *D.* 1992, somm. 28, obs. Vasseur et 117, obs. Bénabent ; *RD bancaire et bourse* 1991, 146, obs. Credot et Gérard ; *JCP* E 1992, II, 289, note Crionnet ; *Gaz. Pal.* 1992, 2, 443, note Montout et 25-26 nov., p. 22, note Leschemelle. – V. *supra*, bibliographie citée.

B – Créances visées

6) Créance personnelle. L'entrepreneur principal peut céder à un établissement de crédit sa créance de travaux à l'exclusion des travaux sous-traités (■ Cass. com., 13 oct. 1992, préc. ■ Cass. com., 1er déc. 1992, n° 90-17.300 : *JurisData* n° 1992-002556 ; *RJDA* 5/93, n° 400 ; *Bull.* IV, n° 380 ; *RTD com.* 1993, 347, n° 13, obs. Cabrillac et Teyssié. – *Adde*, ■ T. com. Paris, 2 mai 1995 : *JurisData* n° 1995-043957 ; *RJ com.* 1996, 137, note d'Ambra).

Aux termes de l'article 13-1 de la loi du 31 décembre 1975, l'entrepreneur principal ne peut céder ou nantir les créances résultant du marché ou du contrat passé avec le maître de l'ouvrage qu'à concurrence des sommes lui étant dues au titre des travaux qu'il effectue personnellement (■ Cass. com., 4 janv. 1994, n° 91-21.412 : *RJDA* 6/94, n° 649 ; *RD bancaire et bourse* 1994, n° 6, 127, obs. Credot et Gérard).

7) Marché public. Une ville ne peut agréer les conditions de paiement des sous-traitants sans respecter les formalités des articles 2-II et 188 *bis* du Code des marchés publics ; dès lors la notification de cession de créance effectuée ultérieurement par une banque est opposable à la ville qui ne pouvait être regardée comme s'étant valablement libérée de ses dettes par le paiement qu'elle avait préalablement effectué auprès de ses sous-traitants (■ CE, 6 déc. 1999, n° 189407 : *JurisData* n° 1999-051424 ; *JCP* E 2000, pan. 104).

II – SANCTION

8) Charge de la preuve. C'est à la banque cessionnaire qu'il appartient de démontrer que la créance qui lui a été cédée l'a été dans le respect des dispositions de l'article 13-1 (■ Versailles, 22 sept. 1994 : *JurisData* n° 1994-047628 ; *JCP* E 1995, pan. 486).

9) Rejet de la nullité. Ne donne pas de base légale à sa décision la cour d'appel qui, après avoir constaté que les créances nées d'un marché de travaux publics avaient été cédées par l'entrepreneur principal à une banque conformément aux dispositions de la loi du 2 janvier 1981 et que seule une partie des créances cédées correspondait à des travaux effectués par le cédant lui-même, prononce la « nullité » de la cession de toutes les créances sans rechercher le montant de la créance de l'entrepreneur principal après déduction des travaux sous-traités (■ Cass. com., 1er déc. 1992, n° 90-17.300 : *JurisData* n° 1992-002556 ; *Bull.* IV, n° 380 ; *RJDA* 5/93, n° 400 ; *RTD com.* 1993, 347, n° 13, obs. Cabrillac et Teyssié).

10) Inopposabilité. Voir décision à l'annot. n° 2, p. 2155.

Cette cession n'étant source d'aucun préjudice pour le sous-traitant, les conditions de mise en œuvre de la responsabilité délictuelle de la banque ne sont pas réunies (■ Cass. com., 26 mai 2004, préc.).

Le cessionnaire de la créance de l'entrepreneur principal sur le maître de l'ouvrage, correspondant à des travaux sous-traités, ne peut opposer au sous-traitant aucun droit sur les sommes dues par le maître de l'ouvrage pour ces derniers travaux (■ Cass. com., 22 nov. 1988 [2e arrêt], réf. préc. annot. n° 3, p. 2965. ■ Cass. com., 5 févr. 1991, préc. annot. n° 2, p. 2965).

Doit être cassé l'arrêt qui, pour déclarer opposable au sous-traitant la cession, par l'entrepreneur principal, d'une créance portant, pour partie, sur des sommes correspondant aux travaux sous-traités et limiter en conséquence la somme que le maître de l'ouvrage lui restait devoir, retient qu'il n'est pas établi que le cessionnaire ait eu connaissance du contrat de sous-traitance et que cette cession, effectuée antérieurement à l'exercice de l'action directe, soit intervenue en fraude des droits du sous-traitant, sans rechercher si l'entrepreneur principal avait, préalablement à la cession, obtenu la caution personnelle et solidaire prévue à l'article 14 de la loi n° 75-1334 du 31 décembre 1975 (■ Cass. 3e civ., 18 mars 1992, n° 89-21.405 : *JurisData* n° 1992-000400 ; *JCP* E 1992, pan. 640 ; *Bull.* III, n° 97).

A violé l'article 13-1 la cour d'appel qui a retenu que l'opération d'escompte réalise au profit de la banque une cession de créance et se heurte aux dispositions de l'article 13-1, alors qu'une exception tirée de ces dispositions ne pouvait être opposée à la banque dont la mauvaise foi n'était pas relevée (■ Cass. com., 5 mars 1991, préc.).

En l'absence de tout conflit entre les sous-traitants et le banquier cessionnaire, le débiteur cédé ne peut opposer à ce dernier le paiement qu'il a effectué directement au sous-traitant (■ Cass. com., 18 juin 2002, n° 00-11.668 : *RD bancaire et fin.* 2002, 253, obs. Credot et Gérard).

Art. 14. – ***(Al. mod. à compter du 1er octobre 2016, Ord. n° 2016-131, 10 févr. 2016)*** **À peine de nullité du sous-traité, les paiements de toutes les sommes dues par l'entrepreneur ou sous-traitant, en application de ce sous-traité, sont garantis par une caution personnelle et solidaire obtenue par l'entrepreneur d'un établissement qualifié, agréé dans des conditions fixées par décret. Cependant, la caution n'aura pas lieu d'être fournie si l'entrepreneur délègue le maître de l'ouvrage au sous-traitant dans les termes de l'article 1338 du Code civil, à concurrence du montant des prestations exécutées par le sous-traitant.**

À titre transitoire, la caution pourra être obtenue d'un établissement figurant sur la liste fixée par le décret pris en application de la loi n° 71-584 du 16 juillet 1971 concernant les retenues de garantie.

Voir : décisions citées sous article 14-1, *infra*.

1) Constitutionnalité du texte. L'obligation de l'entrepreneur principal de fournir une caution au sous-traitant n'est pas contraire à la Constitution (■ Cass. 3e civ., QPC, 10 juin 2014, n° 14-40.020 : *JurisData* n° 2014-012953 ; *Bull. civ.* III, n° 79).

I – EXIGENCE D'UNE CAUTION

2) Ordre public. Le sous-traitant ne peut renoncer aux droits que lui confère l'article 14, et sont nuls et de nul effet, quelle qu'en soit la forme, les clauses, stipulations et arrangements qui auraient pour effet de faire échec à ces dispositions (■ Cass. civ., 11 oct. 1989, n° 88-11.960 : *JurisData* n° 1989-703211 ; *Bull.* III, n° 189 ; *D.* 1990, 119, note Caro et Sablier. – *Adde*, ■ Versailles, 22 févr. 1990 : *JurisData* n° 1990-040442 ; *D.* 1992, somm. 113, obs. Bénabent. ■ Cass. 3e civ., 9 juill. 2003, n° 02-10.644 : *JurisData* n° 2003-019844 ; *JCP* E 2003, pan. 1376 ; *RJDA* 5/2004, n° 553. ■ Cass. 3e civ., 4 févr. 2004, n° 02-19.147 : *JurisData* n° 2004-022119 ; *JCP* E 2004, pan. 490 ; *RJDA* 6/2004, n° 703). Les dispositions d'ordre public de la loi 31 décembre 1975 interdisant toute renonciation ou remise conventionnelle par le sous-traitant à la caution, une cour d'appel retient exactement que la « mainlevée » du cautionnement donnée par le sous-traitant après la conclusion du sous-traité est nulle et que la caution ne peut s'en prévaloir pour dénier sa garantie (■ Cass. 3e civ., 14 sept. 2017, n° 16-18.146, publié).

3) Portée. Il ne résulte pas de l'obligation imposée à l'entrepreneur principal par l'article 13-1 de la loi du 31 décembre 1975 que le législateur a entendu réduire la nature et la portée de la garantie prévue en faveur du sous-traitant par l'article 14 de la même loi (■ Cass. 3e civ., 18 juill. 2001, n° 00-16.380 : *JurisData* n° 2001-010824 ; *RJDA* 12/2001, n° 1211).

4) Domaine. L'obligation pour l'entrepreneur principal d'obtenir une caution pour les contrats de sous-traitance relevant du titre III de la loi du 31 décembre 1975 n'est pas subordonnée à l'exercice de l'action directe ou à l'acceptation du sous-traitant par le maître de l'ouvrage (■ Cass. 3e civ., 14 oct. 1992, n° 90-21.525 : *JurisData* n° 1992-002096 ; *Bull.* III, n° 273 ; *D.* 1994, somm. 148).

La loi de 1975 n'impose pas au sous-traitant de susciter son acceptation et l'agrément de ses conditions de paiement par le maître de l'ouvrage, ni d'exiger de l'entrepreneur principal une délégation de paiement ou la fourniture d'une caution (■ Cass. 3e civ., 5 juin 1996, n° 94-17.371 : *JurisData* n° 1996-002222 ; *Bull. civ.* III, n° 134 ; *RJDA* 10/96, n° 1193).

Le contrat par lequel une entreprise publique, s'étant vu confier une partie des travaux par le vendeur et maître de l'ouvrage, confie l'exécution de prestations sur les sous-marins à une autre société, laquelle est ainsi sous-traitante directe d'un marché passé par une entreprise publique, relève des dispositions du titre II de la loi n° 75-1334 du 31 décembre 1975, et non de celles du titre III de cette loi, de sorte que ladite entreprise publique n'est pas tenue de fournir une caution en application des dispositions de l'article 14 de cette loi (■ Cass. com., 26 juin 2019, n° 17-30.970, publié).

5) Caractéristiques du cautionnement. La caution personnelle et solidaire garantissant le paiement de toutes les sommes dues par l'entrepreneur principal au sous-traitant en application du sous-traité doit comporter le nom de ce sous-traitant et le montant du marché garanti (■ Cass. 3e civ., 18 déc. 2002, n° 00-12.511 : *JurisData* n° 2002-017027 ; *RJDA* 4/2003, n° 381 ; *JCP* E 2003, pan. 249 ; *D.* 2003, inf. rap. 181 ; *D.* 2003, comm. 1158, note Caro et Sablier), ce qui exclut l'existence d'une stipulation générale pour autrui (■ Cass. 3e civ., 18 déc. 2002, préc. – *Adde*, ■ Cass. 3e civ., 15 déc. 2004, n° 03-13.588 : *JurisData* n° 2004-026180 ; *RJDA* 3/2005, n° 256 ; *D.* 2005, chron. 1154, note Guerchoun ; *JCP* E 2005, pan. 210 ; *ibid.*, 1860, n° 8, obs. Simler).

6) Date du cautionnement. À peine de nullité du sous-traité, l'entrepreneur doit fournir une caution personnelle et solidaire, lors de sa conclusion, et il importe peu qu'elle ait été fournie par la suite (■ Cass. 3e civ., 17 juill. 1996, n° 94-15.035 : *JurisData* n° 1996-003215 ; *RJDA* 11/96, n° 1329. ■ 7 févr. 2001, n° 98-19.937 : *JurisData* n° 2001-008031 ; *RJDA* 5/2001, n° 586 ; *RD bancaire et fin.* 2001, 85, n° 55, obs. Legeais), que les travaux aient été ou non commencés par le sous-traitant (■ Cass. 3e civ., 30 mars 1994, n° 92-16.535 : *JurisData* n° 1994-000625 ; *D.* 1994, inf. rap. 105) ; peu importe que le sous-traitant ait reçu l'intégralité des sommes contractuellement dues (■ Cass. 3e civ., 12 mars 1997, n° 95-18.038 : *JCP* E 1997, pan. 463 ; *RJDA* 1997, n° 645. – *Adde*, ■ Cass. com., 12 juill. 2005, n° 02-16.048 : *JurisData* n° 2005-029478 ; *RJDA* 11/2005, n° 1213 ; *JCP* E 2005, pan. 1453 ; *D.* 2005, p. 2380, obs. Lienhard. ■ Cass. 3e civ., 25 mai 2011, n° 09-17.137 : *Bull. civ.* III, n° 84, qui exige que le cautionnement soit fourni avant le commencement des travaux). Le cautionnement n'a pas à être fourni avant la conclusion du contrat (■ Cass. 3e civ., 14 nov. 2001, préc.).

7) Formalisation du cautionnement. Un accord cadre de « cautions de sous-traitance par attestations » peut, à certaines conditions, constituer un cautionnement au sens de l'article 14 (■ Cass. 3e civ., 20 juin 2012, n° 11-18.463 : *JurisData* n° 2012-013688 ; *Bull. civ.* III, n° 99 ; *RJDA* 11/2012, n° 957). *Contra*, La jurisprudence antérieure (■ Cass. 3e civ., 11 oct. 1989, n° 88-11.960 : *JurisData* n° 1989-703211 ; *Bull. civ.* III, n° 189. ■ Cass. 3e civ., 18 déc. 2002, n° 00-12.511 : *Bull. civ.* III, n° 267. ■ Cass. 3e civ., 15 avr. 2004, n° 03-13.588 : *Bull. civ.* III, n° 242).

8) Subrogation de la caution. La caution ayant désintéressé le sous-traitant bénéficie de l'action directe de celui-ci contre le maître de l'ouvrage qui l'a accepté (■ Cass. 3e civ., 18 mai 2017, n° 16-10.719, publié : *RTD civ.* 2017, 657, obs. Barbier).

9) Alternative au cautionnement par la délégation. En présence d'une délégation du maître de l'ouvrage dans le paiement du sous-traitant, l'ordre de paiement n'est ni une condition de validité, ni un élément constitutif de la délégation mais une modalité de son exécution, de sorte que le paiement doit être effectué à défaut d'une contestation valable par le maître de l'ouvrage ou l'entrepreneur principal de la bonne exécution des travaux dont le paiement est demandé (■ Cass.

ANNEXE 1

3e civ., 19 déc. 2012, n° 11-25.622 : *JurisData* n° 2012-030244 ; *Bull. civ.* III, n° 194 ; *JCP* G 2013, 230, note Boffa ; *RJDA* 4/2013, n° 320). L'acceptation du sous-traitant et l'agrément des conditions de paiement du contrat de sous-traitance par le maître de l'ouvrage n'impliquent pas l'existence d'une délégation de paiement (■ Cass. com., 11 févr. 2014, n° 13-10.146).

II – SANCTION

A – Nullité

10) **Nullité relative.** La nullité du sous-traité pour absence de cautionnement est relative (■ Cass. com., 19 mai 1980, n° 79-10.716 : *Bull.* IV, n° 203. ■ 12 févr. 1991, n° 89-16.669 : *JurisData* n° 1991-000238 ; *RJDA* 4/91, n° 298). Elle est soumise à la prescription quinquennale prévue par l'article 1304 [anc.] du Code civil [actuel art. 2224], et hormis les exceptions prévues par ce texte, le délai court à compter de la date de conclusion du sous-traité (■ Cass. 3e civ., 20 févr. 2002, n° 00-17.406 : *JurisData* n° 2002-013004 ; *D.* 2002, p. 1347, obs. Chevrier ; *RJDA* 6/2002, n° 631).

11) **Forclusion.** La loi de 1975 ne prévoit aucun délai de forclusion pour invoquer la nullité qui peut l'être même après la levée des réserves, dans le délai de prescription du droit commun (■ Versailles, 22 févr. 1990, préc. – *Contra,* ■ Rouen, 14 juin 1990 : *JurisData* n° 1990-605480 ; *D.* 1992, somm. 113, obs. Bénabent).

12) **Limites.** La nullité peut ne pas être prononcée lorsque, d'une part, il n'est pas démontré que l'entrepreneur principal aurait été hors d'état de faire face à ses obligations contractuelles et que la somme réclamée par le sous-traitant correspondait à une évaluation non contradictoire et non au solde convenu et, d'autre part, il n'était pas établi que ce prix n'était pas le juste prix (■ Cass. 3e civ., 22 mai 1997, n° 95-13.676 : *JurisData* n° 1997-002177 ; *RJDA* 11/97, n° 1346). Il n'y a pas non plus nullité si l'absence de cautionnement est due au fait du sous-traitant (■ Cass. 3e civ., 14 nov. 2001, n° 00-12.885 : *JurisData* n° 2001-011611 ; *RJDA* 3/2002, n° 255 ; *JCP* E 2001, pan. 2035).

Le sous-traitant ne peut se prévaloir du contrat de sous-traitance pour obtenir le paiement de ses travaux et le rejeter pour échapper à ses obligations contractuelles. Le non-respect par l'entrepreneur principal des dispositions relatives aux garanties de paiement dues à son sous-traitant ne le prive *pas du droit d'agir à son encontre en réparation* des malfaçons affectant les travaux qu'il a réalisés (■ Cass. 3e civ., 14 déc. 2011, n° 10-28.149 : *Bull. civ.* III, n° 213 ; *BRDA* 4/2012, p. 7).

13) **Conséquences de la nullité.** Le sous-traitant étant fondé à poursuivre l'exécution d'un contrat nul, la nullité rétroactive du contrat de sous-traitance interdit à l'entrepreneur principal de revendiquer un préjudice du fait de la rupture unilatérale du contrat et en conséquence de cette nullité, le sous-traitant est en droit de solliciter le paiement de la contre-valeur des travaux qu'il a réalisés (■ Cass. 3e civ., 18 nov. 2009, n° 08-19.355 : *JurisData* n° 2009-050352 ; *Bull. civ.* III, n° 252 ; *D.* 2010, 741 note Labarthe ; *RJDA* 3/2010, n° 240 ; *PA* 17 mai 2010, n° 97, p. 3, note Choné). Dans le cas où un contrat nul a été exécuté, les parties doivent être remises dans l'état où elles se trouvaient avant cette exécution et le sous-traitant est en droit d'obtenir le paiement par l'entrepreneur principal de la contre-valeur des travaux effectués sans que soit prise en compte la valeur des prestations fournies et leur utilité pour l'entrepreneur principal ou le maître de l'ouvrage (■ Cass. com., 26 oct. 2010, n° 09-16.337 : *RJDA* 2/2011, n° 142). Le juste coût des travaux exécutés par un sous-traitant dont le contrat a été annulé ne peut être déterminé par référence à ses dépenses réelles telles qu'elles ressortent de sa seule comptabilité analytique (■ Cass. 3e civ., 30 nov. 2011, n° 10-27.021 : *Bull. civ.* III, n° 204 ; *RJDA* 3/2012, n° 287).

Voir : L. n° 75-1334, 31 déc. 1975, art. 13-1, annot. n° 3, p. 2965.

B – Responsabilité

14) **Maître de l'ouvrage.** Il appartient au seul maître de l'ouvrage d'exiger la justification de la fourniture d'une caution (■ Paris, 15 sept. 2000 ; *RJDA* 2/2001, n° 160).

La responsabilité du maître de l'ouvrage qui n'a pas exigé de cautionnement ne peut être que délictuelle puisque le maître de l'ouvrage et le sous-traitant sont des tiers entre eux (■ Cass. ass. plén., 12 juill. 1991, n° 90-13.602 : *JurisData* n° 1991-001658 ; *Bull. civ.*, n° 5). Commet une faute engageant sa responsabilité délictuelle le maître de l'ouvrage qui, après avoir autorisé et agréé la sous-traitance, s'abstient de mettre en demeure l'entrepreneur principal de fournir la caution garantissant le paiement de toutes les sommes dues en application du sous-traité, alors même qu'aucune délégation de paiement n'avait été mise en place (■ Cass. 3e civ., 18 févr. 2015, nos 14-10.604 et 14-10.632, publié).

Art. 14-1 *(L. n° 86-13, 6 janv. 1986 ; mod., L. n° 2001-1168, 11 déc. 2001 ; L. n° 2005-845, 26 juill. 2005).* **– Pour les contrats de travaux de bâtiment et de travaux publics :**

– le maître de l'ouvrage doit, s'il a connaissance de la présence sur le chantier d'un sous-traitant n'ayant pas fait l'objet des obligations définies à l'article 3 ou à l'article 6, ainsi que celles définies à l'article 5, mettre

l'entrepreneur principal ou le sous-traitant en demeure de s'acquitter de ces obligations. Ces dispositions s'appliquent aux marchés publics et privés ;

– si le sous-traitant accepté, et dont les conditions de paiement ont été agréées par le maître de l'ouvrage dans les conditions définies par décret en Conseil d'État, ne bénéficie pas de la délégation de paiement, le maître de l'ouvrage doit exiger de l'entrepreneur principal qu'il justifie avoir fourni la caution.

Les dispositions ci-dessus concernant le maître de l'ouvrage ne s'appliquent pas à la personne physique construisant un logement pour l'occuper elle-même ou le faire occuper par son conjoint, ses ascendants, ses descendants ou ceux de son conjoint.

Les dispositions du deuxième alinéa s'appliquent également au contrat de sous-traitance industrielle lorsque le maître de l'ouvrage connaît son existence, nonobstant l'absence du sous-traitant sur le chantier. Les dispositions du troisième alinéa s'appliquent également au contrat de sous-traitance industrielle.

Voir : décisions citées sous article 14, *supra*.

Bibliographie : Houtcieff, *Pour une indemnisation mesurée du préjudice subi par le sous-traitant en cas de manquement du maître de l'ouvrage à l'article 14-1 : D.* 2002, chron. 1506.

1) **Application immédiate.** L'article 13 de la loi du 6 janvier 1986, ajoutant l'article 14-1 à la loi du 31 décembre 1975, relative à la sous-traitance, est d'application immédiate quand bien même le contrat de sous-traitance aurait été conclu avant son entrée en vigueur, l'obligation qu'il instaure, notamment à la charge du maître de l'ouvrage, de mettre l'entrepreneur en demeure de lui faire agréer le sous-traitant, trouvant son fondement dans la volonté du législateur et non dans les contrats conclus entre les parties (■ Cass. 3e civ., 13 juin 1990, n° 88-19.228 : *JurisData* n° 1990-701787 ; *JCP* E 1990, I, 20259 ; *D.* 1990, 465, note Dubois ; *D.* 1992, somm. 115, obs. Bénabent).

I – CHAMP D'APPLICATION

Voir : annot. sous L. n° 75-1334, 31 déc. 1975, art. 1er, p. 2956.

2) **Maître de l'ouvrage concerné.** L'article 14-1 ne crée d'obligation qu'à l'égard du maître de l'ouvrage qui reste toujours le même quelle que soit la succession des sous-traitants, et non à l'égardde l'entrepreneur principal (■ Cass. 3e civ., 15 janv. 2003 ; *JCP* E 2003, pan. 335 ; *RJDA* 7/2003, n° 718, pour une mise en demeure adressée à l'entrepreneur principal en cas de sous-traitance en chaîne).

3) **Marchés concernés (1). Marchés de travaux de bâtiments ou de travaux publics.** L'expression travaux publics de l'article 14-1 doit être entendue comme concernant les travaux de génie civil (■ Cass. 3e civ., 4 juin 1997, n° 95-16.982 : *JurisData* n° 1997-002473 ; *RJDA* 12/97, n° 1487. – Rappr. ■ Cass. 3e civ., 9 déc. 1998 : *RJDA* 4/99, n° 407).

Sur la notion, au titre du marché principal, de travaux de bâtiment ou de génie civil (■ Cass. 3e civ., 2 oct. 2002 [3 arrêts] : *RJDA* 12/2002, n° 1269 ; *JCP* E 2002, pan. 1658, 1659 et 1660. – Rappr. ■ Cass. 1re civ., 26 févr. 1991, n° 89-16.514 : *Bull.* I, n° 75. ■ Cass. 1re civ., 9 avr. 1991, n° 88-15.891 : *JurisData* n° 1991-000937 ; *RJDA* 5/91, n° 394. ■ Cass. 1re civ., 31 mars 1993, n° 90-16.192 : *JurisData* n° 1993-000569 ; *RJDA* 11/93, n° 894. ■ Cass. 1re civ., 9 mai 1994, n° 91-20.175 : *Bull.* I, n° 167. – V. aussi, ■ Cass. 3e civ., 20 déc. 2000, n° 98-13.927 : *JurisData* n° 2000-007622 ; *RJDA* 5/2001, n° 584. ■ Cass. 3e civ., 4 déc. 2002, n° 01-03.929 : *JurisData* n° 2002-016625 ; *RJDA* 4/2003, n° 380 ; *JCP* E 2003, pan. 167. ■ Cass. 3e civ., 10 déc. 2003, n° 02-14.320 : *JurisData* n° 2003-021357 ; *RJDA* 4/2004, n° 420 ; *JCP* E 2004, pan. 221. ■ Cass. com., 26 mai 2004 : *RJDA* 11/2004, n° 1212 ; *JCP* E 2004, pan. 1070).

Une prestation intellectuelle peut entrer dans la catégorie des travaux de bâtiment (■ Cass. 3e civ., 26 mai 2004, n° 02-19.629 : *JurisData* n° 2004-023804 ; *D.* 2004, inf. rap. 1866 ; *JCP* 2004, E, pan. 1071).

Les travaux de démolition ont la nature juridique de « travaux de bâtiment » au sens de l'article 14-1 (■ Cass. 3e civ., 24 sept. 2014, n° 13-14.404, publié).

4) **Marchés concernés (2). Sous-traitance industrielle.** Les dispositions des deuxième et troisième alinéas de l'article 14-1 de la loi n° 75-1334 du 31 décembre 1975 s'appliquent, par l'effet de son alinéa 5 issu de la loi du 26 juillet 2005, au contrat de sous-traitance industrielle, peu important que le contrat principal ne soit pas un contrat de travaux de bâtiments ou de travaux publics (■ Cass. com., 5 nov. 2013, n° 12-14.645, publié : *Contrats, conc. consom.* 2014, n° 33, obs. Leveneur). Présente un caractère industriel justifiant l'application de l'article 14-1 le contrat de sous-traitance par lequel une entreprise chargée de réaliser dans une carrière des travaux de rénovation des systèmes assurant le traitement de granulats, confie à une autre le soin de démonter une installation pour ferraillage et de monter un système de convoi et de concassage mécanique, ce travail étant producteur de richesse par la vente des prestations fournies (■ CA Versailles, 13 déc. 2010, n° 09/8481 : *RJDA* 6/2011, n° 533).

5) Exclusion. Un maître d'ouvrage n'est pas tenu des obligations de l'article 14-1 à l'égard d'une société sous-traitante du marché principal, dès lors que celle-ci n'a pas effectué une partie du marché principal ou des travaux supplémentaires mais des travaux de réfection imputables à une faute de l'entrepreneur principal et n'a pas agi, pour ces travaux, en qualité de sous-traitant (■ Cass. 3e civ., 15 déc. 2004, n° 03-14.176 : *RJDA* 3/2005, n° 257 ; *JCP* E 2005, pan. 211. – Comp. ■ Cass. 3e civ., 12 juin 2002, n° 00-21.553 : *JurisData* n° 2002-014758 ; *RJDA* 11/2002, n° 1140 ; *JCP* E 2003, jurispr. p. 315, note Lutun).

La mise en demeure de l'entrepreneur principal de fournir une caution bancaire n'est exigée qu'en cas d'acceptation du sous-traitant par le maître de l'ouvrage (■ Cass. 3e civ., 9 mai 2012, n° 10-27.079 : *Bull. civ.* III, n° 68).

II – CONNAISSANCE DE LA SOUS-TRAITANCE ET MISE EN DEMEURE

6) Exigence de connaissance. Les dispositions de l'article 14-1, alinéa 2, s'appliquent au contrat de sous-traitance industrielle lorsque le maître de l'ouvrage connaît son existence, nonobstant l'absence du sous-traitant sur le chantier (■ Cass. 3e civ., 7 nov. 2012, n° 11-18.138 : *JurisData* n° 2012-025048 ; *Bull. civ.* III, n° 163 ; *D.* 2012, p. 2801, obs. Delpech. ■ Cass. 3e civ., 11 sept. 2013, n° 12-21.077 : *JurisData* n° 2013-019030 ; *Bull. civ.* III, n° 105) ou la découverte de son intervention après la fin de celle-ci (■ Cass. 3e civ., 28 févr. 2018, n° 16-26.682).

7) Date de la connaissance. Les omissions du respect des prescriptions de l'article 14-1 sont inopérantes si le maître de l'ouvrage n'avait pas connaissance de l'existence du sous-traitant (■ Cass. 3e civ., 26 janv. 2000, n° 98-15.999 : *JurisData* n° 2000-000232 ; *JCP* E 2000, pan. 439 ; *RJDA* 4/2000, n° 413).

Il convient d'établir, avant de rejeter l'action directe du sous-traitant, si le maître de l'ouvrage a eu connaissance de la présence du sous-traitant avant ou après le paiement intégral de l'entrepreneur principal (■ Cass. 3e civ., 5 juin 1996, n° 94-15.825 : *JurisData* n° 1996-002221 ; *RJDA* 10/96, n° 1191. ■ Cass. 3e civ., 4 juin 1997, n° 95-16.982 : *JurisData* n° 1997-002473 ; *RJDA* 12/97, n° 1488. ■ Versailles, 6 sept. 2001, n° 98/06012 : *JurisData* n° 2001-165047 ; *JCP* E 2002, pan. n° 8. ■ Cass. 3e civ., 9 juill. 2003, n° 02-10.644 : *JurisData* n° 2003-019844 ; *JCP* 2003, pan. 1376 ; *RJDA* 5/2004, n° 553).

La connaissance par la maître de l'ouvrage de la présence du sous-traitant sur le chantier peut avoir lieu lorsque le sous-traitant a exécuté les travaux et n'est plus sur le chantier (■ Cass. 3e civ., 2 oct. 2002, n° 01-10.328 : *JurisData* n° 2002-015685 ; *RJDA* 1/2003, n° 22 ; *JCP* E 2002, pan. 1661. – Comp. ■ Cass. 3e civ., 2 oct. 2002, n° 00-22.461 : *JurisData* n° 2002-015681 ; *JCP* E 2002, pan. 1657).

8) Preuve de la connaissance. L'accord donné par le maître de l'ouvrage, dans le marché le liant à l'entrepreneur principal, à la réalisation des travaux en sous-traitance ne suffit pas à justifier de l'acceptation d'un sous-traitant particulier et de l'agrément de ses conditions de paiement ni à rapporter la preuve de la connaissance de la présence sur le chantier de ce sous-traitant par le maître de l'ouvrage (■ Cass. 3e civ., 12 juin 2002, n° 00-10.439 : *RJDA* 12/2002, n° 1270). La connaissance ne peut se déduire d'une lettre adressée à l'entrepreneur principal par laquelle le maître d'ouvrage lui demande d'intervenir auprès de ses sous-traitants pour qu'ils arrêtent de le harceler et de lui demander paiement des travaux (■ Cass. 3e civ., 7 nov. 2007, n° 06-18.870 : *JurisData* n° 2007-041247 ; *RJDA* 3/2008, n° 268). Pour un faisceau d'indice permettant d'établir cette connaissance, V. ■ Cass. 3e civ., 16 déc. 2008, n° 08-10.060 : *BRDA* 3/2009, n° 9).

Lorsque la société maître de l'ouvrage avait un gérant, dirigeant de l'entrepreneur principal ayant sous-traité les travaux, la connaissance de la présence du sous-traitant sur le chantier est établie (■ Cass. 3e civ., 2 févr. 2005 : *JCP* E 2005, pan. 461 ; *RJDA* 06/2005, n° 693).

Les comptes-rendus de chantier signalant la présence d'un sous-traitant ne peuvent rapporter la preuve que le maître de l'ouvrage a effectivement été informé dès lors que ces documents n'ont pas été signés par les participants aux réunions (■ Rennes, 20 sept. 2001, n° 99/08126 : *JurisData* n° 2001-161400 ; *JCP* E 2002, pan. 1140).

9) Contenu de la mise en demeure. Ne vaut pas mise en demeure la lettre du maître de l'ouvrage « demandant » ou « exigeant » que l'entrepreneur fournisse une caution (■ Paris, 27 nov. 1996 : *JurisData* n° 1996-023553 ; *RJDA* 3/97, n° 352).

La mise en demeure prévue par l'article 14-1 doit s'analyser comme une injonction personnelle donnée par le maître d'ouvrage à l'entrepreneur principal qui impose, d'une part, que celle-ci soit adressée à tout le moins par lettre recommandée avec accusé de réception, d'autre part, qu'elle vise nommément le sous-traitant concerné (■ Paris, 30 janv. 1998, n° 96/07705 : *JurisData* n° 1998-020249 ; *JCP* E 1998, pan. 585).

Le maître de l'ouvrage a l'obligation d'exiger de l'entrepreneur principal qu'il justifie avoir fourni une caution, cette obligation inclut la vérification de l'obtention par l'entrepreneur de cette caution, ainsi que la communication au sous-traitant de l'identité de l'organisme de caution et des termes de cet engagement (■ Cass. 3e civ., 8 sept. 2010, n° 09-68.724 : *JurisData* n° 2010-015433 ; *Bull. civ.* III, n° 150 ; *RJDA* 12/2010, n° 1151 ; *BRDA* 19/2010, p. 5).

Le maître de l'ouvrage, qui a signé un projet de délégation de paiement avec le sous-traitant et qui ne demande pas à l'entrepreneur principal de justifier de la fourniture d'une caution, doit s'assurer que la délégation de paiement a fait l'objet d'une acceptation expresse par l'entrepreneur principal. Dès lors, viole l'article 14-1 de la loi du 31 décembre 1975, une cour d'appel qui, pour limiter la condamnation du maître de l'ouvrage à ce qu'il doit à l'entreprise principale et rejeter la demande de dommages-intérêts du sous-traitant, retient que celui-ci, qui avait réalisé ses travaux sans attendre la signature de la délégation par l'entrepreneur principal, avait pris le risque d'accomplir sa prestation sans garantie de paiement (▪ Cass. 3e civ., 12 juin 2013, n° 12-21.317 : *JurisData* n° 2013-011943 ; *Bull. civ.* III, n° 78).

III – ACCEPTATION DU SOUS-TRAITANT

10) Acceptation facultative. Le maître de l'ouvrage n'est pas tenu d'accepter le sous-traitant ni d'agréer ses conditions de paiement (▪ Cass. 3e civ., 25 sept. 2002, n° 00-18.163 : *JurisData* n° 2002-015575 ; *RJDA* 2/2003, n° 134 ; *JCP* E 2002, pan. 1570).

11) Acceptation tacite. Il y a agrément tacite du sous-traitant, sans équivoque, par le maître de l'ouvrage lorsque la signature du contrat de sous-traitance démontre que le maître de l'ouvrage a agréé le sous-traitant, même si cela n'a pas été formalisé par un écrit (▪ Versailles, 16 janv. 1997 : *JurisData* n° 1997-041632 ; *D.* 1997, inf. rap. 88).

12) Refus d'agrément. Le maître d'ouvrage qui a expressément refusé d'agréer un sous-traitant n'est pas tenu d'en faire exclure du chantier le personnel (▪ Cass. 3e civ., 16 juin 2015, n° 14-12.564).

13) Justification de la caution. L'obligation pesant sur le maître de l'ouvrage, aux termes de l'article 14-1, d'exiger de l'entrepreneur principal qu'il justifie avoir fourni la caution, inclut la vérification non seulement de l'obtention par cet entrepreneur d'une caution bancaire, mais encore de la communication par lui au sous-traitant de l'identité de l'organisme de caution et des termes de cet engagement (▪ Cass. 3e civ., 18 juin 2003, n° 01-17.366 : *JurisData* n° 2003-019470 ; *RJDA* 11/2003, n° 1061 ; *JCP* E 2003, pan. 1222).

IV – RESPONSABILITÉ DU MAÎTRE D'OUVRAGE

14) Principe. Engage sa responsabilité extracontractuelle le maître de l'ouvrage qui, ayant connaissance de l'existence du sous-traitant, s'abstient de mettre l'entrepreneur en demeure de faire procéder à l'acceptation du sous-traitant et à l'agrément des conditions de paiement de celui-ci (▪ Paris, 22 janv. et 12 févr. 1991 : *JurisData* n° 1991-021044 ; *D.* 1992, somm. 115, obs. Bénabent, et 500, note Morvan. ▪ Cass. 3e civ., 29 janv. 1997, n° 95-11.802 : *JurisData* n° 1997-000313 ; *RJDA* 4/97, n° 508. ▪ Paris, 27 nov. 1996 : *JurisData* n° 1996-024188 ; *RJDA* 3/97, n° 352. ▪ Versailles, 16 janv. 1997 : *D.* 1997, inf. rap. 88. ▪ Cass. 3e civ., 14 avr. 1999 : *JCP* E 1999, pan. 1031 ; *RJDA* 6/99, n° 667. ▪ Cass. 3e civ., 11 mai 2000, n° 98-15.712 : *RJDA* 9-10/2000, n° 862. ▪ Cass. 3e civ., 14 nov. 2001, n° 00-12.722 : *JurisData* n° 2001-011612 ; *RJDA* 3/2002, n° 254 ; *JCP* E 2001, pan. 2035 ; *Rev. proc. coll.* 2002, 261, obs. Lebel. ▪ Douai, 29 juin 2005, n° 02/05980 : *JurisData* n° 2005-284098 ; *JCP* E 2006, pan. 1168). Il appartient au maître de l'ouvrage de veiller à l'efficacité des mesures qu'il met en œuvre pour satisfaire aux obligations mises à sa charge par l'article 14-1 (▪ Cass. 3e civ., 21 nov. 2012, n° 11-25.101 : *JurisData* n° 2012-026621 ; *Bull. civ.* III, n° 171 ; *RJDA* 4/2013, n° 319).

Le maître d'ouvrage informé par l'entrepreneur principal du recours à la sous-traitance, qu'il a autorisé et agréé, doit, en l'absence de délégation de paiement, exiger de l'entrepreneur principal qu'il justifie avoir fourni au sous-traitant la caution garantissant le paiement de toutes les sommes dues en application du sous-traité. À défaut, il commet une faute engageant sa responsabilité délictuelle et doit donc au sous-traitant des dommages-intérêts équivalents au juste coût des travaux exécutés (▪ Cass. 3e civ., 18 févr. 2015, n° 14-10.604, publié).

En l'absence de preuve de la connaissance de la présence du sous-traitant, la responsabilité du maître de l'ouvrage est écartée (▪ CE, 13 oct. 2008, n° 290050 : *JurisData* n° 2008-074310 ; *RJDA* 2/2009, n° 97. ▪ Cass. 3e civ., 12 juin 2002 : *RJDA* 11/2002, n° 1140 ; *JCP* E 2002, pan. 1221 ; *JCP* E 2003, jurispr. 315, note Lutun).

Ne commet pas de faute, le maître de l'ouvrage qui n'est plus en mesure de mettre en demeure l'entreprise principale elle-même, de s'acquitter des obligations définies à l'article 3 de la loi du 31 décembre 1975, dès lors que le sous-traitant ne s'est manifesté auprès de lui « pour lui notifier son action directe » qu'après le redressement judiciaire de l'entreprise principale, et qu'il n'avait pas eu connaissance de l'existence de ce sous-traitant avant cette date (▪ Cass. 3e civ., 22 juin 2011, n° 10-18.573 : *Bull. civ.* III, n° 110 ; *BRDA* 14/2011, p. 7 ; *RJDA* 11/2011, n° 911).

15) Limite. Ajoute à l'article 14-1 une condition qu'il ne comporte pas la cour d'appel qui exige du sous-traitant qui agit en responsabilité contre le maître de l'ouvrage un recouvrement préalable infructueux de sa créance (▪ Cass. 3e civ., 26 nov. 2003, n° 02-13.094 : *JurisData* n° 2003-021068 ; *RJDA* 4/2004, n° 419 ; *JCP* E 2004, pan. 124). Pour un partage de responsabilité entre le maître de l'ouvrage et l'architecte (■ Cass. 3e civ., 14 avr. 1999 : *JCP* E 1999, pan. 1031).

16) Détermination du préjudice. Le maître de l'ouvrage doit indemniser le sous-traitant, privé de recours à l'encontre de la caution, de son préjudice (■ Cass. 3e civ., 18 juin 2003, préc.). Le maître de l'ouvrage doit réparer le préjudice subi par le sous-traitant qui a été privé du droit d'exercer l'action directe (mêmes réf.). Il doit réparer, outre la perte de l'action directe, celle du recours contre la caution qui lui aurait assuré une quasi-certitude de paiement (■ Paris, 30 janv. 1998 : *JCP* E 1998, pan. 585. ■ 11 mai 2000, préc.). Le préjudice est égal à la somme que le sous-traitant n'a pas recouvrée et dont le maître de l'ouvrage lui doit réparation en application des articles 1382 et 1383 du Code civil (■ Paris, 21 oct. 1998, n° 1996/20406 : *JurisData* n° 1998-022526 ; *JCP* E 1998, pan. 1809) ; il est égal au solde du prix des travaux qui auraient dû être payés grâce à l'action directe (■ Cass. 3e civ., 29 janv. 1997, préc.).

17) Recours. Le maître de l'ouvrage, condamné à payer des travaux réalisés par un sous-traitant non agréé, peut exercer un recours en garantie contre le maître d'œuvre qui, chargé d'une mission de surveillance des travaux, avait pour obligation de l'informer de la présence de sous-traitant et de lui conseiller de se le faire présenter et, le cas échéant, agréer (■ Cass. 3e civ., 10 déc. 2014, n° 13-24.892, publié : *BRDA* 1/2015, p. 9).

TITRE IV. – DISPOSITIONS DIVERSES

Art. 15. – Sont nuls et de nul effet, quelle qu'en soit la forme, les clauses, stipulations et arrangements qui auraient pour effet de faire échec aux dispositions de la présente loi.

Le sous-traitant ne peut renoncer aux droits que lui confère l'article 14, et sont nuls et de nul effet, quelle qu'en soit la forme, les clauses, stipulations et arrangements qui auraient pour effet de faire échec à ces dispositions (■ Cass. civ., 11 oct. 1989 : *Bull.* III, n° 189 ; *D.* 1990, 119, note Caro et Sablier. – *Adde*, ■ Versailles, 22 févr. 1990 : *D.* 1992, somm. 113, obs. Bénabent. ■ Cass. 3e civ., 9 juill. 2003 : *JCP* E 2003, pan. 1376 ; *RJDA* 5/2004, n° 553).

Est sans effet la clause, contenue dans un cautionnement bancaire consenti en application de l'article 14, qui subordonne la mise en œuvre de la garantie à la preuve de la défaillance de l'entrepreneur principal ainsi qu'à l'exercice préalable par le sous-traitant de l'action directe contre le maître de l'ouvrage, dès lors qu'une telle clause instaure au profit de la caution un bénéfice de discussion contraire à la nature solidaire de son engagement (■ Cass. 3e civ., 21 janv. 2006 : *RJDA* 11/2006, n° 1137).

Voir : L. n° 92-1445, 31 déc. 1992, relative aux relations de sous-traitance dans le domaine du transport routier de marchandises, art. 1er.

ANNEXE 2

ANNEXE 2

DES SOCIÉTÉS COMMERCIALES ET DES GIE

I. – DROIT COMMUN

Code civil

TITRE IX. – DE LA SOCIÉTÉ

CHAPITRE PREMIER. – DISPOSITIONS GÉNÉRALES

(L. n° 78-9, 4 janv. 1978)

Voir : D. n° 78-704, 3 juill. 1978, p. 2986.

Bibliographie : *Ouvrages.* M. Cozian, A. Viandier et F. Deboissy, *Droit des sociétés*, LexisNexis, 33ᵉ éd., 2020. • P. Didier et Ph. Didier, *Droit commercial – Tome 2 Les sociétés commerciales, Economica*, 2011. • Y. Guyon, *Droit commercial général et sociétés, Economica*, 12ᵉ éd., 2003. • P. Janin, B. Mercadal, A. Charveriat et A. Couret, *Mémento sociétés commerciales*, éd. Francis Lefebvre, 2020. • P. Le Cannu et B. Dondero, *Droit des sociétés, Montchrestien*, 8ᵉ éd. 2019. • M. Menjucq, *Droit international et européen des sociétés*, Montchrestien, 5ᵉ éd., 2018. • P. Merle et A. Fauchon, *Sociétés commerciales*, Dalloz, 24ᵉ éd., 2020. • P. Mousseron, *Les conventions sociétaires*, LGDJ, 2ᵉ éd., 2014. • D. Vidal, *Droits des sociétés*, LGDJ, 7ᵉ éd., 2010. • P. Mousseron et L. Chatain-Autajon, *Droit des sociétés, Joly*, 2ᵉ éd., 2013. • G. Ripert et R. Roblot, *Traité de droit des affaires – Tome 2 Les sociétés commerciales*, 22ᵉ éd. par M. Germain et V. Magnier, LGDJ, 2017. • A. Viandier, *La notion d'associé*, LGDJ, 1978.

Encyclopédies juridiques. Dalloz *Répertoire Sociétés.* • Joly *Sociétés Études et formules.* • *JurisClasseur Sociétés Traité.*

Articles. Y. Chartier, *La société dans le Code civil après la loi du 4 janvier 1978 : JCP* 1978, I, 2917. • G. Delmotte, *Réforme des dispositions du Code civil relatives aux sociétés : Journ. not.* 1978, art. 54324, p. 893. • J. Foyer, *La réforme du titre IX du livre III du Code civil : Rev. sociétés* 1978, 1. • M. Jeantin, *La réforme du droit des sociétés par la loi du 4 janvier 1978 : D.* 1978, chron. 173. • M. Germain, *La loi du 4 janvier 1978 modifiant le titre IX du livre III du Code civil en ses dispositions générales concernant les sociétés commerciales : JCP* CI 1979, 13095. • Y. Guyon, *Les dispositions générales de la loi n° 78-9 du 4 janvier 1978 portant réforme des sociétés : Rev. sociétés* 1979, 1. • J. Paillusseau, *Les fondements du droit moderne des sociétés : JCP* E 1984, II, 14193. • D. Schmidt, *De l'intérêt commun des associés : JCP* E 1994, I, 404. • J.-M. de Bermond de Vaulx, *L'empire des faits et l'émergence de la notion de société : D.* 1996, chron. 185. • J. Prieur, *Droit des contrats et droit des sociétés : Études à la mémoire d'A. Sayag*, Litec, 1997, p. 371. • M. Jeantin, *Le juge et le droit des sociétés, in Mélanges R. Perrot*, Dalloz, 1996. • J.-P. Dom, *Les montages en droit des sociétés*, Éd. Joly, 1999. • D. Randoux, *Le droit des sociétés à la recherche d'un nécessaire équilibre : Rev. sociétés* 2000, p. 105. • C. Champaud, *Le droit français des sociétés à l'aube du XXIᵉ siècle : Rev. sociétés* 2000, p. 77. • A. Couret, *Le droit des sociétés et le besoin de sécurité du troisième millénaire : Rev. sociétés* 2000, p. 89. • J. Foyer, *Quel droit des sociétés dans le millénaire qui s'avance ? : Rev. sociétés* 2000, p. 101. • D. Randoux, *Le droit des sociétés à la recherche d'un nécessaire équilibre : Rev. sociétés* 2000, p. 105. • P. Le Cannu, *Effectivité et ineffectivité du droit des sociétés, in Mélanges D. Schmidt*, Éd. Joly, 2005, p. 337.

Art. 1832 ***(Rempl., L. n° 85-697, 11 juill. 1985).*** **– La société est instituée par deux ou plusieurs personnes qui conviennent par un contrat d'affecter à une entreprise commune des biens ou leur industrie en vue de partager le bénéfice ou de profiter de l'économie qui pourra en résulter.**

Elle peut être instituée, dans les cas prévus par la loi, par l'acte de volonté d'une seule personne.

Les associés s'engagent à contribuer aux pertes.

Bibliographie : P. Le Cannu, *Monsieur de Saint-Janvier ou le dépouillement de l'article 1832 du Code civil : Bull. Joly Sociétés* 2012, p. 672. • J. Ledan, *Nouveau regard sur la notion d'associé : Dr. sociétés* 2010, n° 14, p. 7. • M. Germain, *Le droit de vote : Dr. sociétés* 2014, dossier spécial 65ᵉ anniversaire, n° 2. • M. Storck, *Les figures de l'associé : Dr. sociétés* 2016, dossier p. 29. • F. Masson, *Les métamorphoses de l'associé : Rev. sociétés* 2016, p. 84. • M.-A. Frison-Roche, *Régulation et droit des sociétés. De l'article 1832 du Code civil à la protection du marché de l'investissement, in Mél. D. Schmidt*, Éd. Joly, 2005, p. 225.

Art. 1832-1 ***(L. n° 78-9, 4 janv. 1978 ; L. n° 82-596, 10 juill. 1982 ; L. n° 85-1372, 23 déc. 1985).*** **– Même s'ils n'emploient que des biens de communauté pour les apports à une société ou pour l'acquisition de parts sociales, deux époux seuls ou avec d'autres personnes peuvent être associés dans une même société et participer ensemble ou non à la gestion sociale.**

Les avantages et libéralités résultant d'un contrat de société entre époux ne peuvent être annulés parce qu'ils constitueraient des donations déguisés, lorsque les conditions en ont été réglées par un acte authentique.

Art. 1832-2 ***(L. n° 82-596, 10 juill. 1982).*** **– Un époux ne peut, sous la sanction prévue à l'article 1427, employer des biens communs pour faire un apport à une société ou acquérir des parts sociales non négociables sans que son conjoint en ait été averti et sans qu'il en soit justifié dans l'acte.**

La qualité d'associé est reconnue à celui des deux époux qui fait l'apport ou réalise l'acquisition.

La qualité d'associé est également reconnue, pour la moitié des parts souscrites ou acquises, au conjoint qui a notifié à la société son intention d'être personnellement associé. Lorsqu'il notifie son intention lors de l'apport ou de l'acquisition, l'acceptation ou l'agrément des associés vaut pour les deux époux. Si cette notification est postérieure à l'apport ou à l'acquisition, les clauses d'agrément prévues à cet effet par les statuts sont opposables au conjoint ; lors de la délibération sur l'agrément, l'époux associé ne participe pas au vote et ses parts ne sont pas prises en compte pour le calcul du quorum et de la majorité.

Les dispositions du présent article ne sont applicables que dans les sociétés dont les parts ne sont pas négociables et seulement jusqu'à la dissolution de la communauté.

Art. 1833 ***(L. n° 78-9, 4 janv. 1978 ; mod., L. n° 2019-486, 22 mai 2019).*** **– Toute société doit avoir un objet licite et être constituée dans l'intérêt commun des associés.**

La société est gérée dans son intérêt social, en prenant en considération les enjeux sociaux et environnementaux de son activité.

Bibliographie : A. Pirovano, *La boussole de la société. Intérêt commun, Intérêt social, Intérêt de l'entreprise : D.* 1997, p. 189. • Ph. Bissara, *L'intérêt social : Rev. sociétés* 1999, p. 5. • D. Poracchia et D. Martin, *Regard sur l'intérêt social : Rev. sociétés* 2012, p. 475. • A. Couret, *Faut-il réécrire les articles 1832 et 1833 du Code civil ? : D.* 2017, p. 222. • A. Tadros, *Regard critique sur l'intérêt social et la raison d'être de la société dans le projet de loi PACTE : D.* 2018, p. 1765. • *Dossier : La réécriture des articles 1833 et 1835 du Code civil : révolution ou constat ? : Rev. sociétés* 2018, p. 551 et s. et p. 623 et s. • D. Poracchia, *De l'intérêt social à la raison d'être des sociétés : Bull. Joly Sociétés* 2019, n° 119w8, p. 40. • D. Schmidt, *Loi PACTE : l'intérêt social : JCP E* 2019, 1318 ; *La loi Pacte et l'intérêt social : D.* 2019, p. 633. • J. Heinich, *Intérêt propre, intérêt supérieur, intérêt social : Rev. sociétés* 2018, p. 568. • P.-H. Conac, *L'article 1833 et l'intégration de l'intérêt social et de la responsabilité sociale d'entreprise : Rev. sociétés* 2019, p. 570. • R. Buttet, *La prise en considération des enjeux sociaux en environnementaux dans la gestion des sociétés : Bull. Joly Travail* nov. 2019, p. 47. • V. Mercier, Le rôle des parties *prenantes dans l'évolution du droit des sociétés : Bull. Joly Sociétés* nov. 2019, p. 44.

Art. 1834 ***(L. n° 78-9, 4 janv. 1978).*** **– Les dispositions du présent chapitre sont applicables à toutes les sociétés, s'il n'en est autrement disposé par la loi en raison de leur forme ou de leur objet.**

Voir : D. n° 78-704, 3 juill. 1978, art. 1ᵉʳ, p. 2986.

Art. 1835 *(L. n° 78-9, 4 janv. 1978 ; mod., L. n° 2019-486, 22 mai 2019).* – **Les statuts doivent être établis par écrit. Ils déterminent, outre les apports de chaque associé, la forme, l'objet, l'appellation, le siège social, le capital social, la durée de la société et les modalités de son fonctionnement. Les statuts peuvent préciser une raison d'être, constituée des principes dont la société se dote et pour le respect desquels elle entend affecter des moyens dans la réalisation de son activité.**

Bibliographie : D. Poracchia, *De l'intérêt social à la raison d'être des sociétés : Bull. Joly Sociétés,* juin 2019, n° 119w8, p. 40. • I. Urbain-Parleani, *L'article 1835 et la raison d'être : Rev. sociétés* 2019, p. 575. • A. Gaudemet, *La raison d'être, nouvelle défense anti-OPA ? : Bull. Joly Sociétés* 2019, n° 119j0, p. 1. • Ph. Schultz, *Raison d'être de la société et cause de nullité* 8 janv. 2020, n° 149x3, p. 14.

Voir : D. n° 78-704, 3 juill. 1978, art. 7, p. 2987. art. L. 210-10, p. 292.
C. com., art. L. 210-2, p. 286.

Art. 1836 *(L. n° 78-9, 4 janv. 1978).* – **Les statuts ne peuvent être modifiés, à défaut de clause contraire, que par l'accord unanime des associés.**

En aucun cas, les engagements d'un associé ne peuvent être augmentés sans le consentement de celui-ci.

Voir : SARL : art. L. 223-30, p. 323 ; SA : art. L. 225-96, al. 1er, p. 378.

Art. 1837 *(L. n° 78-9, 4 janv. 1978).* – **Toute société dont le siège est situé sur le territoire français est soumise aux dispositions de la loi française.**

Les tiers peuvent se prévaloir du siège statutaire, mais celui-ci ne leur est pas opposable par la société si le siège réel est situé en un autre lieu.

Voir : art. L. 210-3, p. 287.

Art. 1838 *(L. n° 78-9, 4 janv. 1978).* – **La durée de la société ne peut excéder quatre-vingt-dix-neuf ans.**

Voir : D. n° 78-704, 3 juill. 1978, art. 3, p. 2986.

Art. 1839 *(L. n° 78-9, 4 janv. 1978 ; mod., L. n° 2009-526, 12 mai 2009).* – **Si les statuts ne contiennent pas toutes les énonciations exigées par la législation ou si une formalité prescrite par celle-ci pour la constitution de la société a été omise ou irrégulièrement accomplie, tout intéressé est recevable à demander en justice que soit ordonnée, sous astreinte, la régularisation de la constitution. Le ministère public peut agir aux mêmes fins.**

Les mêmes règles sont applicables en cas de modification des statuts.

L'action aux fins de régularisation prévue à l'alinéa premier se prescrit par trois ans à compter de l'immatriculation de la société ou de la publication de l'acte modifiant les statuts.

Voir : D. n° 78-704, 3 juill. 1978, art. 4 et 5, p. 2987. – art. L. 210-7, p. 292.

Art. 1840 *(L. n° 78-9, 4 janv. 1978).* – **Les fondateurs, ainsi que les premiers membres des organes de gestion, de direction ou d'administration, sont solidairement responsables du préjudice causé soit par le défaut d'une mention obligatoire dans les statuts, soit par l'omission ou l'accomplissement irrégulier d'une formalité prescrite pour la constitution de la société.**

En cas de modification des statuts, les dispositions de l'alinéa précédent sont applicables aux membres des *organes de gestion,* de direction ou d'administration alors en fonction.

L'action se prescrira par dix ans, à compter du jour où l'une ou l'autre, selon le cas, des formalités visées à l'alinéa 3 de l'article 1839 aura été accomplie.

Voir : art. L. 210-8, p. 292.

Art. 1841 *(L. n° 78-9, 4 janv. 1978 ; mod., Ord. n° 2009-80, 22 janv. 2009 ; L. n° 2016-1691, 9 déc. 2016).* – **Il est interdit aux sociétés n'y ayant pas été autorisées par la loi de procéder à une offre au public de titres financiers ou d'émettre des titres négociables ou de procéder à une offre au public, au sens de l'article L. 411-1 du Code monétaire et financier, de parts sociales, à peine de nullité des contrats conclus ou des titres ou parts sociales émis.**

Voir : SARL : art. L. 223-11, p. 304. – Sanctions pénales : art. L. 241-2, p. 581.

Art. 1842 *(L. n° 78-9, 4 janv. 1978)*. – Les sociétés autres que les sociétés en participation visées au chapitre III jouissent de la personnalité morale à compter de leur immatriculation.

Jusqu'à l'immatriculation les rapports entre les associés sont régis par le contrat de société et par les principes généraux du droit applicable aux contrats et obligations.

Voir : D. n° 78-704, 3 juill. 1978, art. 2, p. 2986, art. 18 à 26, p. 2988 et art. 69, p. 2995. – art. L. 210-6, p. 288.

Art. 1843 *(L. n° 78-9, 4 janv. 1978)*. – Les personnes qui ont agi au nom d'une société en formation avant l'immatriculation sont tenues des obligations nées des actes ainsi accomplis, avec solidarité si la société est commerciale, sans solidarité dans les autres cas. La société régulièrement immatriculée peut reprendre les engagements souscrits, qui sont alors réputés avoir été dès l'origine contractés par celle-ci.

Voir : D. n° 78-704, 3 juill. 1978, art. 6, p. 2987. – art. L. 210-6, p. 288.

Art. 1843-1 *(L. n° 78-9, 4 janv. 1978)*. – L'apport d'un bien ou d'un droit soumis à publicité pour son opposabilité aux tiers peut être publié dès avant l'immatriculation et sous la condition que celle-ci intervienne. À compter de celle-ci, les effets de la formalité rétroagissent à la date de son accomplissement.

Art. 1843-2 *(L. n° 78-9, 4 janv. 1978 ; mod., L. n° 82-596, 10 juill. 1982)*. – Les droits de chaque associé dans le capital social sont proportionnels à ses apports lors de la constitution de la société ou au cours de l'existence de celle-ci.

Les apports en industrie ne concourent pas à la formation du capital social mais donnent lieu à l'attribution de parts ouvrant droit au partage des bénéfices et de l'actif net, à charge de contribuer aux pertes.

Art. 1843-3 *(L. n° 78-9, 4 janv. 1978 ; mod., L. n° 2001-420, 15 mai 2001)*. – Chaque associé est débiteur envers la société de tout ce qu'il a promis de lui apporter en nature, en numéraire ou en industrie.

Les apports en nature sont réalisés par le transfert des droits correspondants et par la mise à la disposition effective des biens.

Lorsque l'apport est en propriété, l'apporteur est garant envers la société comme un vendeur envers son acheteur.

Lorsqu'il est en jouissance, l'apporteur est garant envers la société comme un bailleur envers son preneur. Toutefois, lorsque l'apport en jouissance porte sur des choses de genre ou sur tous autres biens normalement appelés à être renouvelés pendant la durée de la société, le contrat transfère à celle-ci la propriété des biens apportés, à charge d'en rendre une pareille quantité, qualité et valeur ; dans ce cas, l'apporteur est garant dans les conditions prévues à l'alinéa précédent.

L'associé qui devait apporter une somme dans la société et qui ne l'a point fait devient de plein droit et sans demande, débiteur des intérêts de cette somme à compter du jour où elle devait être payée et ce sans préjudice de plus amples dommages-intérêts, s'il y a lieu. En outre, lorsqu'il n'a pas été procédé dans un délai légal aux appels de fonds pour réaliser la libération intégrale du capital, tout intéressé peut demander au président du tribunal statuant en référé soit d'enjoindre sous astreinte aux administrateurs, gérants et dirigeants de procéder à ces appels de fonds, soit de désigner un mandataire chargé de procéder à cette formalité.

L'associé qui s'est obligé à apporter son industrie à la société lui doit compte de tous les gains qu'il a réalisés par l'activité faisant l'objet de son apport.

Art. 1843-4 *(L. n° 78-9, 4 janv. 1978 ; mod., Ord. n° 2014-863, 31 juill. 2014 ; Ord. n° 2019-738, 17 juill. 2019)*. – I. – Dans les cas où la loi renvoie au présent article pour fixer les conditions de prix d'une cession des droits sociaux d'un associé, ou le rachat de ceux-ci par la société, la valeur de ces droits est déterminée, en cas de contestation, par un expert désigné, soit par les parties, soit à défaut d'accord entre elles, par jugement du président du tribunal judiciaire ou du tribunal de commerce compétent, statuant selon la procédure accélérée au fond et sans recours possible.

L'expert ainsi désigné est tenu d'appliquer, lorsqu'elles existent, les règles et modalités de détermination de la valeur prévues par les statuts de la société ou par toute convention liant les parties.

II. – Dans les cas où les statuts prévoient la cession des droits sociaux d'un associé ou le rachat de ces droits par la société sans que leur valeur soit ni déterminée ni déterminable, celle-ci est déterminée, en cas de contestation, par un expert désigné dans les conditions du premier alinéa.

L'expert ainsi désigné est tenu d'appliquer, lorsqu'elles existent, les règles et modalités de détermination de la valeur prévues par toute convention liant les parties.

NB : Conformément à l'article 30 de l'ordonnance n° 2019-738 du 17 juillet 2019, ces dispositions s'appliquent aux demandes introduites à compter du 1er janvier 2020.

Voir : D. n° 78-704, 3 juill. 1978, art. 17, p. 2988.

Bibliographie : A. Couret et J. Moury, *Le nouvel article 1843-4 du Code civil : tombeau ou cénotaphe ? : D.* 2015, 1328. • R. Mortier, *Le nouvel article 1843-4 du Code civil issu de l'ordonnance n° 2014-863 du 31 juillet 2014 : Dr. sociétés* 2014, étude 19.

Art. 1843-5 *(L. n° 88-15, 5 janv. 1988).* **– Outre l'action en réparation du préjudice subi personnellement, un ou plusieurs associés peuvent intenter l'action sociale en responsabilité contre les gérants. Les demandeurs sont habilités à poursuivre la réparation du préjudice subi par la société ; en cas de condamnation, les dommages-intérêts sont alloués à la société.**

Est réputée non écrite toute clause des statuts ayant pour effet de subordonner l'exercice de l'action sociale à l'avis préalable ou à l'autorisation de l'assemblée ou qui comporterait par avance renonciation à l'exercice de cette action.

Aucune décision de l'assemblée des associés ne peut avoir pour effet d'éteindre une action en responsabilité contre les gérants pour la faute commise dans l'accomplissement de leur mandat.

Voir : D. n° 78-704, 3 juill. 1978, art. 38.
SARL : art. L. 223-22, p. 315 ; SA : art. L. 225-252, p. 428.

Art. 1844 *(L. n° 78-9, 4 janv. 1978 ; mod., L. n° 2019-744, 19 juill. 2019).* **– Tout associé a le droit de participer aux décisions collectives.**

Les copropriétaires d'une part sociale indivise sont représentés par un mandataire unique, choisi parmi les indivisaires ou en dehors d'eux. En cas de désaccord, le mandataire sera désigné en justice à la demande du plus diligent.

Si une part est grevée d'un usufruit, le nu-propriétaire et l'usufruitier ont le droit de participer aux décisions collectives. Le droit de vote appartient au nu-propriétaire, sauf pour les décisions concernant l'affectation des bénéfices, où il est réservé à l'usufruitier. Toutefois, pour les autres décisions, le nu-propriétaire et l'usufruitier peuvent convenir que le droit de vote sera exercé par l'usufruitier.

Les statuts peuvent déroger aux dispositions du deuxième alinéa et de la seconde phrase du troisième alinéa.

Voir : D. n° 78-704, 3 juill. 1978, art. 17, p. 2988.

Bibliographie : J. Wahl, *Droits respectifs de l'usufruitier et du nu-propriétaire sur les titres, leurs produits et leurs accessoires : Journ. sociétés civiles et commerciales*, 1925, p. 129. • P. Sautal, *L'usufruit des valeurs mobilières*, thèse Paris, 1925. • J. Cocard, *L'usufruit des actions et des obligations*, thèse Caen, 1938. • M. Cozian, *Du nu-propriétaire ou de l'usufruitier, qui a la qualité d'associé ? : JCP* E 1994, 374. • M. Germain, *Le droit de vote : Dr. sociétés* 2014, dossier spécial 65e anniversaire, n° 2. • J. Derruppé, *Un associé méconnu : l'usufruitier de parts ou actions : Defrénois* 1994, p. 1137. • M. Roussille, *Le droit de vote de l'associé, droit fondamental ? : Dr. sociétés* 2014, dossier spécial 65e anniversaire, n° 3. • A. Couret, *Le droit pour tous les indivisaires de participer à l'assemblée générale : JCP* E 2014, n° 1069. • R. Mortier, *Le droit de vote du titulaire d'un droit réel conventionnel de jouissance : Dr. sociétés* 2014, dossier spécial 65e anniversaire, n° 4. • R. Mortier, *Quelles nouvelles libertés suite à la consécration jurisprudentielle des droits réels conventionnels de jouissance ? : JCP* N 2014, n° 38, p. 33. • Y. Paclot, *Remarques sur le démembrement des droits sociaux : JCP* E 1997, 674. • C. Regnaut-Moutier, *Vers la reconnaissance de la qualité d'associé à l'usufruitier de parts sociales : Bull. Joly Sociétés* 1994, p. 1155. • F. Barrière, *Le fiduciaire-actionnaire : Rev. sociétés* 2018, p. 428. • R. Mortier (dir.), *Société et droits réels conventionnels de jouissance (dossier spécial) : Actes prat. et ing. soc.* 2019, n° 165, dossier 10. • R. Mortier, *Vers une répartition à la carte du droit de vote entre usufruitier et nu-propriétaire ? (Proposition de loi de simplification du droit des sociétés, art. 6) : Dr. sociétés* 2019, comm. 102. • C. Coupet, *Loi du 19 juillet 2019 de simplification, de clarification et d'actualisation : miscellanées de droit des sociétés : Bull. Joly Sociétés* oct. 2019, p. 35. 10. • Q. Némoz-Rajot, *La réforme de l'article 1844 du Code civil par la loi du 19 juillet 2019 : AJ contrat* 2019, p. 478 et p. 530. • Ph. Emy et B. Saintourens, *Les dispositions de la loi du 19 juillet 2019 relatives à toutes les sociétés, aux sociétés civiles et aux SARL : Rev. sociétés* 2019, p. 655. • N. Kilgus et Th. de Ravel d'Esclapon, *Le droit de l'usufruitier de participer aux décisions collectives : quelques interrogations au lendemain de la loi Soilihi du 19 juillet 2019 : D.* 2020, p. 398. • R. Mortier et a., *La loi Soilihi article par article (1re partie) : Dr. sociétés* 2019, étude 13. • S. Castagné, *Démembrement de propriété – Répartir conventionnellement l'exercice du droit de vote entre usufruitiers et nus-propriétaires : un exercice délicat ! : Dr. sociétés* mars 2020, form. 1.

Art. 1844-1 *(L. n° 78-9, 4 janv. 1978)*. – La part de chaque associé dans les bénéfices et sa contribution aux pertes se déterminent à proportion de sa part dans le capital social et la part de l'associé qui n'a apporté que son industrie est égale à celle de l'associé qui a le moins apporté, le tout sauf clause contraire.

Toutefois, la stipulation attribuant à un associé la totalité du profit procuré par la société ou l'exonérant de la totalité des pertes, celle excluant un associé totalement du profit ou mettant à sa charge la totalité des pertes sont réputées non écrites.

Voir : art. L. 235-1, p. 544.

Art. 1844-2 *(Rempl., L. n° 78-753, 17 juill. 1978 ; abr. à compter du 1er janvier 2022, Ord. n° 2021-1192, 15 sept. 2021)*. – Il peut être consenti hypothèque ou toute autre sûreté réelle sur les biens de la société en vertu de pouvoirs résultant de délibérations ou délégations établies sous signatures privées alors même que la constitution de l'hypothèque ou de la sûreté doit l'être par acte authentique.

Art. 1844-3 *(L. n° 78-9, 4 janv. 1978)*. – La transformation régulière d'une société en une société d'une autre forme n'entraîne pas la création d'une personne morale nouvelle. Il en est de même de la prorogation ou de toute autre modification statutaire.

Voir : art. L. 210-6, p. 288.

Art. 1844-4 *(L. n° 78-9, 4 janv. 1978)*. – Une société, même en liquidation, peut être absorbée par une autre société ou participer à la constitution d'une société nouvelle, par voie de fusion.

Elle peut aussi transmettre son patrimoine par voie de scission à des sociétés existantes ou à des sociétés nouvelles.

Ces opérations peuvent intervenir entre des sociétés de forme différente.

Elles sont décidées, par chacune des sociétés intéressées, dans les conditions requises pour la modification de ses statuts.

Si l'opération comporte la création de sociétés nouvelles, chacune de celles-ci est constituée selon les règles propres à la forme de société adoptée.

Voir : art. L. 236-1, p. 550 et L. 236-2, p. 551.

Art. 1844-5 *(Mod., L. n° 78-9, 4 janv. 1978 ; L. n° 81-1162, 30 déc. 1981 ; L. n° 88-15, 5 janv. 1988 ; L. n° 2001-420, 15 mai 2001)*. – La réunion de toutes les parts sociales en une seule main n'entraîne pas la dissolution de plein droit de la société. Tout intéressé peut demander cette dissolution si la situation n'a pas été régularisée dans le délai d'un an. Le tribunal peut accorder à la société un délai maximal de six mois pour régulariser la situation. Il ne peut prononcer la dissolution si, au jour où il statue sur le fond, cette régularisation a eu lieu.

L'appartenance de l'usufruit de toutes les parts sociales à la même personne est sans conséquence sur l'existence de la société.

En cas de dissolution, celle-ci entraîne la transmission universelle du patrimoine de la société à l'associé unique, sans qu'il y ait lieu à liquidation. Les créanciers peuvent faire opposition à la dissolution dans le délai de trente jours à compter de la publication de celle-ci. Une décision de justice rejette l'opposition ou ordonne soit le remboursement des créances, soit la constitution de garanties si la société en offre et si elles sont jugées suffisantes. La transmission du patrimoine n'est réalisée et il n'y a disparition de la personne morale qu'à l'issue du délai d'opposition ou, le cas échéant, lorsque l'opposition a été rejetée en première instance ou que le remboursement des créances a été effectué ou les garanties constituées.

Les dispositions du troisième alinéa ne sont pas applicables aux sociétés dont l'associé unique est une personne physique.

Voir : *D. n° 78-704, 3 juill. 1978, art. 8, p. 2987.*
EURL : art. L. 223-4, p. 302 et art. L. 223-5, p. 302 ; **SASU** : art. L. 227-4, p. 441.

Art. 1844-6 *(L. n° 78-9, 4 janv. 1978 ; mod., L. n° 2019-744, 19 juill. 2019)*. – La prorogation de la société est décidée à l'unanimité des associés, ou, si les statuts le prévoient, à la majorité prévue pour la modification de ceux-ci.

Un an au moins avant la date d'expiration de la société, les associés doivent être consultés à l'effet de décider si la société doit être prorogée.

À défaut, tout associé peut demander au président du tribunal, statuant sur requête, la désignation d'un mandataire de justice chargé de provoquer la consultation prévue au deuxième alinéa.

Lorsque la consultation n'a pas eu lieu, le président du tribunal, statuant sur requête à la demande de tout associé dans l'année suivant la date d'expiration de la société, peut constater l'intention des associés de proroger la société et autoriser la consultation à titre de régularisation dans un délai de trois mois, le cas échéant en désignant un mandataire de justice chargé de la provoquer. Si la société est prorogée, les actes conformes à la loi et aux statuts antérieurs à la prorogation sont réputés réguliers et avoir été accomplis par la société ainsi prorogée.

Bibliographie : C. Coupet, *Loi du 19 juillet 2019 de simplification, de clarification et d'actualisation : miscellanées de droit des sociétés : Bull. Joly Sociétés* oct. 2019, p. 35. 10. • R. Mortier et a., *La loi Soilihi article par article (1re partie) : Dr. sociétés* 2019, étude 13. • Ph. Emy et B. Saintourens, *Les dispositions de la loi du 19 juillet 2019 relatives à toutes les sociétés, aux sociétés civiles et aux SARL : Rev. sociétés* 2019, p. 655.

Voir : D. n° 78-704, 3 juill. 1978, art. 3, p. 2986 et art. 17, p. 2988.

Art. 1844-7 *(L. n° 78-9, 4 janv. 1978 ; mod., L. n° 85-98, 25 janv. 1985 ; L. n° 88-15, 5 janv. 1988 ; L. n° 2005-845, 26 juill. 2005 ; D. n° 2014-326, 12 mars 2014).* – La société prend fin :

1° Par l'expiration du temps pour lequel elle a été constituée sauf prorogation effectuée conformément à l'article 1844-6 ;

2° Par la réalisation ou l'extinction de son objet ;

3° Par l'annulation du contrat de société ;

4° Par la dissolution anticipée par les associés ;

5° Par la dissolution anticipée prononcée par le tribunal à la demande d'un associé pour justes motifs, notamment en cas d'inexécution de ses obligations par un associé, ou de mésentente entre associés paralysant le fonctionnement de la société ;

6° Par la dissolution anticipée prononcée par le tribunal dans le cas prévu à l'article 1844-5 ;

7° Par l'effet d'un jugement ordonnant la clôture de la liquidation judiciaire pour insuffisance d'actif ;

8° Pour toute autre cause prévue par les statuts.

Art. 1844-8 *(L. n° 78-9, 4 janv. 1978 ; L. n° 88-15, 5 janv. 1988).* – La dissolution de la société entraîne sa liquidation, hormis les cas prévus à l'article 1844-4 et au troisième alinéa de l'article 1844-5. Elle n'a d'effet à l'égard des tiers qu'après sa publication.

Le liquidateur est nommé conformément aux dispositions des statuts. Dans le silence de ceux-ci, il est nommé par les associés ou, si les associés n'ont pu procéder à cette nomination, par décision de justice. Le liquidateur peut être révoqué dans les mêmes conditions. La nomination et la révocation ne sont opposables aux tiers qu'à compter de leur publication. Ni la société ni les tiers ne peuvent, pour se soustraire à leurs engagements, se prévaloir d'une irrégularité dans la nomination ou dans la révocation du liquidateur, dès lors que celle-ci a été régulièrement publiée.

La personnalité morale de la société subsiste pour les besoins de la liquidation jusqu'à la publication de la clôture de celle-ci.

Si la clôture de la liquidation n'est pas intervenue dans un délai de trois ans à compter de la dissolution, le ministère public ou tout intéressé peut saisir le tribunal, qui fait procéder à la liquidation ou, si celle-ci a été commencée, à son achèvement.

Voir : D. n° 78-704, 3 juill. 1978, art. 9 à 14, p. 2987 et art. 27 à 29, p. 2990.
C. com., art. L. 237-1, p. 567.

Art. 1844-9 *(L. n° 78-9, 4 janv. 1978).* – Après paiement des dettes et remboursement du capital social, le partage de l'actif est effectué entre les associés dans les mêmes proportions que leur participation aux bénéfices, sauf clause ou convention contraire.

Les règles concernant le partage des successions, y compris l'attribution préférentielle, s'appliquent aux partages entre associés.

Toutefois, les associés peuvent valablement décider, soit dans les statuts, soit par une décision ou un acte distinct que certains biens seront attribués à certains associés. À défaut, tout bien apporté qui se retrouve en nature dans la masse partagée est attribué, sur sa demande, et à charge de soulte, s'il y a lieu, à l'associé qui en avait fait l'apport. Cette faculté s'exerce avant tout autre droit à une attribution préférentielle.

Tous les associés, ou certains d'entre eux seulement, peuvent aussi demeurer dans l'indivision pour tout ou partie des biens sociaux. Leurs rapports sont alors régis, à la clôture de la liquidation, en ce qui concerne ces biens, par les dispositions relatives à l'indivision.

Art. 1844-10 *(L. n° 78-9, 4 janv. 1978 ; mod., L. n° 2019-486, 22 mai 2019)*. – La nullité de la société ne peut résulter que de la violation des dispositions de l'article 1832 et du premier alinéa des articles 1832-1 et 1833, ou de l'une des causes de nullité des contrats en général.

Toute clause statutaire contraire à une disposition impérative du présent titre dont la violation n'est pas sanctionnée par la nullité de la société, est réputée non écrite.

La nullité des actes ou délibérations des organes de la société ne peut résulter que de la violation d'une disposition impérative du présent titre, à l'exception du dernier alinéa de l'article 1833, ou de l'une des causes de nullité des contrats en général.

Voir : art. L. 235-1, p. 544.

Art. 1844-11 *(L. n° 78-9, 4 janv. 1978)*. – L'action en nullité est éteinte lorsque la cause de la nullité a cessé d'exister le jour où le tribunal statue sur le fond en première instance, sauf si cette nullité est fondée sur l'illicéité de l'objet social.

Voir : art. L. 235-3, p. 547.

Art. 1844-12 *(L. n° 78-9, 4 janv. 1978)*. – En cas de nullité d'une société ou d'actes ou délibérations postérieurs à sa constitution, fondée sur un vice de consentement ou l'incapacité d'un associé, et lorsque la régularisation peut intervenir, toute personne, y ayant intérêt, peut mettre en demeure celui qui est susceptible de l'opérer, soit de régulariser, soit d'agir en nullité dans un délai de six mois à peine de forclusion. Cette mise en demeure est dénoncée à la société.

La société ou un associé peut soumettre au tribunal saisi dans le délai prévu à l'alinéa précédent, toute mesure susceptible de supprimer l'intérêt du demandeur notamment par le rachat de ses droits sociaux. En ce cas, le tribunal peut, soit prononcer la nullité, soit rendre obligatoire les mesures proposées si celles-ci ont été préalablement adoptées par la société aux conditions prévues pour les modifications statutaires. Le vote de l'associé dont le rachat des droits est demandé est sans influence sur la décision de la société.

En cas de contestation, la valeur des droits sociaux à rembourser à l'associé est déterminée conformément aux dispositions de l'article 1843-4.

Voir : D. n° 78-704, 3 juill. 1978, art. 15, p. 2988.
C. com., art. L. 235-6, p. 548.

Art. 1844-13 *(L. n° 78-9, 4 janv. 1978)*. – Le tribunal, saisi d'une demande en nullité, peut, même d'office, fixer un délai pour permettre de couvrir les nullités. Il ne peut prononcer la nullité moins de deux mois après la date de l'exploit introductif d'instance.

Si, pour couvrir une nullité, une assemblée doit être convoquée, ou une consultation des associés effectuée, et s'il est justifié d'une convocation régulière de cette assemblée ou de l'envoi aux associés du texte des projets de décision accompagné des documents qui doivent leur être communiqués, le tribunal accorde par jugement le délai nécessaire pour que les associés puissent prendre une décision.

Voir : art. L. 235-4, p. 547 et L. 235-5, p. 548.

Art. 1844-14 *(L. n° 78-9, 4 janv. 1978)*. – Les actions en nullité de la société ou d'actes et délibérations postérieurs à sa constitution se prescrivent par trois ans à compter du jour où la nullité est encourue.

Voir : D. n° 78-704, 3 juill. 1978, art. 16, p. 2988. – art. L. 235-9, p. 548.

Art. 1844-15 *(L. n° 78-9, 4 janv. 1978)*. – Lorsque la nullité de la société est prononcée, elle met fin, sans rétroactivité, à l'exécution du contrat.

À l'égard de la personne morale qui a pu prendre naissance, elle produit les effets d'une dissolution prononcée par justice.

Voir : D. n° 78-704, 3 juill. 1978, art. 16, p. 2988.
C. com., art. L. 235-10, p. 549.

Art. 1844-16 *(L. n° 78-9, 4 janv. 1978)*. – Ni la société ni les associés ne peuvent se prévaloir d'une nullité à l'égard des tiers de bonne foi. Cependant, la nullité résultant de l'incapacité ou de l'un des vices du consentement est opposable même aux tiers par l'incapable et ses représentants légaux, ou par l'associé dont le consentement a été surpris par erreur, dol ou violence.

Voir : art. L. 235-12, p. 549.

Art. 1844-17 *(L. n° 78-9, 4 janv. 1978)*. – L'action en responsabilité fondée sur l'annulation de la société ou des actes et délibérations postérieurs à la constitution se prescrit par trois ans à compter du jour où la décision d'annulation est passée en force de chose jugée.

La disparition de la cause de nullité ne met pas obstacle à l'exercice de l'action en dommages-intérêts tendant à la réparation du préjudice causé par le vice dont la société, l'acte ou la délibération était entaché. Cette action se prescrit par trois ans à compter du jour où la nullité a été couverte.

Voir : art. L. 235-13, p. 549.

CHAPITRE II. – DE LA SOCIÉTÉ CIVILE

Section 1. – Dispositions générales

Art. 1845 *(L. n° 78-9, 4 janv. 1978)*. – Les dispositions du présent chapitre sont applicables à toutes les sociétés civiles, à moins qu'il n'y soit dérogé par le statut légal particulier auquel certaines d'entre elles sont assujetties.

Ont le caractère civil toutes les sociétés auxquelles la loi n'attribue pas un autre caractère à raison de leur forme, de leur nature, ou de leur objet.

Art. 1845-1 *(L. n° 78-9, 4 janv. 1978 ; mod., L. n° 2001-1168, 11 déc. 2001)*. – Le capital est divisé en parts égales.

Les dispositions du chapitre Ier du titre III du livre II du Code de commerce relatives au capital variable des sociétés sont applicables aux sociétés civiles.

Section 2. – Gérance

Art. 1846 *(L. n° 78-9, 4 janv. 1978 ; mod., L. n° 2019-744, 19 juill. 2019)*. – La société est gérée par une ou plusieurs personnes, associées ou non, nommées soit par les statuts, soit par un acte distinct, soit par une décision des associés.

Les statuts fixent les règles de désignation du ou des gérants et le mode d'organisation de la gérance.

Sauf disposition contraire des statuts, le gérant est nommé par une décision des associés représentant plus de la moitié des parts sociales.

Dans le silence des statuts, et s'il n'en a été décidé autrement par les associés lors de la désignation, les gérants sont réputés nommés pour la durée de la société.

Si, pour quelque cause que ce soit, la société se trouve dépourvue de gérant, tout associé peut réunir les associés ou, à défaut, demander au président du tribunal statuant sur requête la désignation d'un mandataire chargé de le faire, à seule fin de nommer un ou plusieurs gérants.

Art. 1846-1 *(L. n° 78-9, 4 janv. 1978)*. – Hors les cas visés à l'article 1844-7, la société prend fin par la dissolution anticipée que peut prononcer le tribunal à la demande de tout intéressé, lorsqu'elle est dépourvue de gérant depuis plus d'un an.

Art. 1846-2 *(L. n° 78-9, 4 janv. 1978)*. – La nomination et la cessation de fonction des gérants doivent être publiées.

Ni la société, ni les tiers ne peuvent, pour se soustraire à leurs engagements, se prévaloir d'une irrégularité dans la nomination des gérants ou dans la cessation de leur fonction, dès lors que ces décisions ont été régulièrement publiées.

Art. 1847 *(L. n° 78-9, 4 janv. 1978)*. – Si une personne morale exerce la gérance, ses dirigeants sont soumis aux mêmes conditions et obligations et encourent les mêmes responsabilités, civile et pénale, que s'ils étaient gérants en leur nom propre, sans préjudice de la responsabilité solidaire de la personne morale qu'ils dirigent.

Art. 1848 *(L. n° 78-9, 4 janv. 1978)*. – Dans les rapports entre associés, le gérant peut accomplir tous les actes de gestion que demande l'intérêt de la société.

S'il y a plusieurs gérants, ils exercent séparément ces pouvoirs, sauf le droit qui appartient à chacun de s'opposer à une opération avant qu'elle ne soit conclue.

Le tout, à défaut de dispositions des statuts sur le mode d'administration.

Art. 1849 *(L. n° 78-9, 4 janv. 1978)*. – Dans les rapports avec les tiers, le gérant engage la société par les actes entrant dans l'objet social.

En cas de pluralité de gérants, ceux-ci détiennent séparément les pouvoirs prévus à l'alinéa précédent. L'opposition formée par un gérant aux actes d'un autre gérant est sans effet à l'égard des tiers, à moins qu'il ne soit établi qu'ils en ont eu connaissance.

Les clauses statutaires limitant les pouvoirs des gérants sont inopposables aux tiers.

Art. 1850 *(L. n° 78-9, 4 janv. 1978)*. – Chaque gérant est responsable individuellement envers la société et envers les tiers, soit des infractions aux lois et règlements, soit de la violation des statuts, soit des fautes commises dans sa gestion.

Si plusieurs gérants ont participé aux mêmes faits, leur responsabilité est solidaire à l'égard des tiers et des associés. Toutefois, dans leurs rapports entre eux, le tribunal détermine la part contributive de chacun dans la réparation du dommage.

Art. 1851 *(L. n° 78-9, 4 janv. 1978)*. – Sauf disposition contraire des statuts le gérant est révocable par une décision des associés représentant plus de la moitié des parts sociales. Si la révocation est décidée sans juste motif, elle peut donner lieu à dommages-intérêts.

Le gérant est également révocable par les tribunaux pour cause légitime, à la demande de tout associé.

Sauf clause contraire, la révocation d'un gérant, qu'il soit associé ou non, n'entraîne pas la dissolution de la société. Si le gérant révoqué est un associé, il peut, à moins qu'il n'en soit autrement convenu dans les statuts, ou que les autres associés ne décident la dissolution anticipée de la société, se retirer de celle-ci dans les conditions prévues à l'article 1869 (2e alinéa).

Section 3. – Décisions collectives

Art. 1852 *(L. n° 78-9, 4 janv. 1978)*. – Les décisions qui excèdent les pouvoirs reconnus aux gérants sont prises selon les dispositions statutaires ou, en l'absence de telles dispositions, à l'unanimité des associés.

Art. 1853 *(L. n° 78-9, 4 janv. 1978)*. – Les décisions sont prises par les associés réunis en assemblée. Les statuts peuvent aussi prévoir qu'elles résulteront d'une consultation écrite.

Art. 1854 *(L. n° 78-9, 4 janv. 1978)*. – Les décisions peuvent encore résulter du consentement de tous les associés exprimé dans un acte.

Art. 1854-1 *(L. n° 2019-744, 19 juill. 2019)*. – En cas de fusion de sociétés civiles, si les statuts prévoient la consultation des associés de la société absorbante, cette consultation n'est pas requise lorsque, depuis le dépôt du projet de fusion et jusqu'à la réalisation de l'opération, la société absorbante détient au moins 90 % des parts de la société absorbée.

Toutefois, un ou plusieurs associés de la société absorbante réunissant au moins 5 % du capital social peuvent demander en justice la désignation d'un mandataire aux fins de provoquer la consultation des associés de la société absorbante pour qu'ils se prononcent sur l'approbation de la fusion.

Bibliographie : C. Coupet, *Loi du 19 juillet 2019 de simplification, de clarification et d'actualisation : miscellanées de droit des sociétés : Bull. Joly Sociétés* oct. 2019, p. 35. • H. Hovasse, *Loi du 19 juillet 2019 de simplification du droit des sociétés : dispositions relatives aux sociétés civiles : Dr. sociétés* 2019, comm. 167.

Section 4. – Information des associés

Art. 1855 *(L. n° 78-9, 4 janv. 1978).* **– Les associés ont le droit d'obtenir, au moins une fois par an, communication des livres et des documents sociaux, et de poser par écrit des questions sur la gestion sociale auxquelles il devra être répondu par écrit dans le délai d'un mois.**

Art. 1856 *(L. n° 78-9, 4 janv. 1978).* **– Les gérants doivent, au moins une fois dans l'année, rendre compte de leur gestion aux associés. Cette reddition de compte doit comporter un rapport écrit d'ensemble sur l'activité de la société au cours de l'année ou de l'exercice écoulé comportant l'indication des bénéfices réalisés ou prévisibles et des pertes encourues ou prévues.**

Section 5. – Engagement des associés à l'égard des tiers

Art. 1857 *(L. n° 78-9, 4 janv. 1978).* **– À l'égard des tiers, les associés répondent indéfiniment des dettes sociales à proportion de leur part dans le capital social à la date de l'exigibilité ou au jour de la cessation des paiements.**

L'associé qui n'a apporté que son industrie est tenu comme celui dont la participation dans le capital social est la plus faible.

Art. 1858 *(L. n° 78-9, 4 janv. 1978).* **– Les créanciers ne peuvent poursuivre le paiement des dettes sociales contre un associé qu'après avoir préalablement et vainement poursuivi la personne morale.**

Art. 1859 *(L. n° 78-9, 4 janv. 1978).* **– Toutes les actions contre les associés non liquidateurs ou leurs héritiers et ayants cause se prescrivent par cinq ans à compter de la publication de la dissolution de la société.**

Art. 1860 *(L. n° 78-9, 4 janv. 1978).* **– S'il y a déconfiture, faillite personnelle, liquidation de biens ou règlement judiciaire atteignant l'un des associés, à moins que les autres unanimes ne décident de dissoudre la société par anticipation ou que cette dissolution ne soit prévue par les statuts, il est procédé, dans les conditions énoncées à l'article 1843-4, au remboursement des droits sociaux de l'intéressé, lequel perdra alors la qualité d'associé.**

Section 6. – Cession des parts sociales

Art. 1861 *(L. n° 78-9, 4 janv. 1978).* **– Les parts sociales ne peuvent être cédées qu'avec l'agrément de tous les associés.**

Les statuts peuvent toutefois convenir que cet agrément sera obtenu à une majorité qu'ils déterminent, ou qu'il peut être accordé par les gérants. Ils peuvent aussi dispenser d'agrément les cessions consenties à des associés ou au conjoint de l'un d'eux. Sauf dispositions contraires des statuts, ne sont pas soumises à agrément les cessions consenties à des ascendants ou descendants du cédant.

Le projet de cession est notifié, avec demande d'agrément, à la société et à chacun des associés. Il n'est notifié qu'à la société quand les statuts prévoient que l'agrément peut être accordé par les gérants.

Lorsque deux époux sont simultanément membres d'une société, les cessions faites par l'un d'eux à l'autre doivent, pour être valables, résulter d'un acte notarié ou d'un acte sous seing privé ayant acquis date certaine autrement que par le décès du cédant.

Art. 1862 *(L. n° 78-9, 4 janv. 1978).* **– Lorsque plusieurs associés expriment leur volonté d'acquérir, ils sont, sauf clause ou convention contraire, réputés acquéreurs à proportion du nombre de parts qu'ils détenaient antérieurement.**

Si aucun associé ne se porte acquéreur, la société peut faire acquérir les parts par un tiers désigné à l'unanimité des autres associés ou suivant les modalités prévues par les statuts. La société peut également procéder au rachat des parts en vue de leur annulation.

Le nom du ou des acquéreurs proposés, associés ou tiers, ou l'offre de rachat par la société, ainsi que le prix offert sont notifiés au cédant. En cas de contestation, sur le prix, celui-ci est fixé conformément aux dispositions de l'article 1843-4, le tout sans préjudice du droit du cédant de conserver ses parts.

Art. 1863 *(L. n° 78-9, 4 janv. 1978).* – Si aucune offre d'achat n'est faite au cédant dans un délai de six mois à compter de la dernière des notifications prévues au troisième alinéa de l'article 1861, l'agrément à la cession est réputé acquis, à moins que les autres associés ne décident, dans le même délai, la dissolution anticipée de la société.

Dans ce dernier cas, le cédant peut rendre caduque cette décision en faisant connaître qu'il renonce à la cession dans le délai d'un mois à compter de ladite décision.

Art. 1864 *(L. n° 78-9, 4 janv. 1978).* – Il ne peut être dérogé aux dispositions des deux articles qui précèdent que pour modifier le délai de six mois prévu à l'article 1863 (1er alinéa), et sans que le délai prévu par les statuts puisse excéder un an ni être inférieur à un mois.

Art. 1865 *(L. n° 78-9, 4 janv. 1978 ; mod., L. n° 2019-744, 19 juill. 2019).* – La cession de parts sociales doit être constatée par écrit. Elle est rendue opposable à la société dans les formes prévues à l'article 1690 ou, si les statuts le stipulent, par transfert sur les registres de la société.

Elle n'est opposable aux tiers qu'après accomplissement de ces formalités et après publication au registre du commerce et des sociétés ; ce dépôt peut être effectué par voie électronique.

Art. 1866 *(L. n° 78-9, 4 janv. 1978).* – Les parts sociales peuvent faire l'objet d'un nantissement constaté, soit par acte authentique, soit par acte sous signatures privées signifié à la société ou accepté par elle dans un acte authentique, et donnant lieu à une publicité dont la date détermine le rang des créanciers nantis. Ceux dont les titres sont publiés le même jour viennent en concurrence.

Le privilège du créancier gagiste subsiste sur les droits sociaux nantis, par le seul fait de la publication du nantissement.

Rédaction future. Art. 1866 *(Mod. à compter du 1er janvier 2022, Ord. n° 2021-1192, 15 sept. 2021).* – Les parts sociales peuvent faire l'objet d'un nantissement dans les conditions prévues au dernier alinéa de l'article 2355 du Code civil.

Art. 1867 *(L. n° 78-9, 4 janv. 1978).* – Tout associé peut obtenir des autres associés leur consentement à un projet de nantissement dans les mêmes conditions que leur agrément à une cession de parts.

Le consentement donné au projet de nantissement emporte agrément du cessionnaire en cas de réalisation forcée des parts sociales à la condition que cette réalisation soit notifiée un mois avant la vente aux associés et à la société.

Chaque associé peut se substituer à l'acquéreur dans un délai de cinq jours francs à compter de la vente. Si plusieurs associés exercent cette faculté, ils sont, sauf clause ou convention contraire, réputés acquéreurs à proportion du nombre de parts qu'ils détenaient antérieurement. Si aucun associé n'exerce cette faculté, la société peut racheter les parts elle-même, en vue de leur annulation.

(Al. créé à compter du 1er janvier 2022, Ord. n° 2021-1192, 15 sept. 2021) La notification prévue au deuxième alinéa ainsi que le 3e alinéa ne sont pas applicables au nantissement réalisé en application de l'article 2348.

Art. 1868 *(L. n° 78-9, 4 janv. 1978).* – La réalisation forcée qui ne procède pas d'un nantissement auquel les autres associés ont donné leur consentement doit pareillement être notifiée un mois avant la vente aux associés et à la société.

Les associés peuvent, dans ce délai, décider la dissolution de la société ou l'acquisition des parts dans les conditions prévues aux articles 1862 et 1863.

Si la vente a eu lieu, les associés ou la société peuvent exercer la faculté de substitution qui leur est reconnue par l'article 1867. Le non-exercice de cette faculté emporte agrément de l'acquéreur.

Section 7. – Retrait ou décès d'un associé

Art. 1869 *(L. n° 78-9, 4 janv. 1978)*. – **Sans préjudice des droits des tiers, un associé peut se retirer totalement ou partiellement de la société, dans les conditions prévues par les statuts ou, à défaut, après autorisation donnée par une décision unanime des autres associés. Ce retrait peut également être autorisé pour justes motifs par une décision de justice.**

À moins qu'il ne soit fait application de l'article 1844-9 (3e alinéa), l'associé qui se retire a droit au remboursement de la valeur de ses droits sociaux, fixée, à défaut d'accord amiable, conformément à l'article 1843-4.

Art. 1870 *(L. n° 78-9, 4 janv. 1978)*. – **La société n'est pas dissoute par le décès d'un associé, mais continue avec ses héritiers ou légataires, sauf à prévoir dans les statuts qu'ils doivent être agréés par les associés.**

Il peut toutefois, être convenu que ce décès entraînera la dissolution de la société ou que celle-ci continuera avec les seuls associés survivants.

Il peut également être convenu que la société continuera soit avec le conjoint survivant, soit avec un ou plusieurs des héritiers, soit avec toute autre personne désignée par les statuts ou, si ceux-ci l'autorisent, par disposition testamentaire.

Sauf clause contraire des statuts, lorsque la succession est dévolue à une personne morale, celle-ci ne peut devenir associée qu'avec l'agrément des autres associés, donné selon les conditions statutaires ou, à défaut, par l'accord unanime des associés.

Art. 1870-1 *(L. n° 78-9, 4 janv. 1978)*. – **Les héritiers ou légataires qui ne deviennent pas associés n'ont droit qu'à la valeur des parts sociales de leur auteur. Cette valeur doit leur être payée par les nouveaux titulaires des parts ou par la société elle-même si celle-ci les a rachetées en vue de leur annulation.**

La valeur de ces droits sociaux est déterminée au jour du décès dans les conditions prévues à l'article 1843-4.

CHAPITRE III. – DE LA SOCIÉTÉ EN PARTICIPATION

Bibliographie : F. Dekeuwer-Défossez, *L'indivision dans les sociétés en participation : JCP* 1980, I, 2970 ; *L'unification des sociétés civiles et commerciales : vers un droit commun ? Les sociétés en participation : RTD com.* 1984, p. 569. • J. Guyénot, *Régime juridique de la société en participation après sa métamorphose par les articles 1871 à 1873 du Code civil : Gaz. Pal.* 1979, 2, doctr. 620. • F. Caporale, *Société et indivision : Rev. sociétés* 1979, p. 265. • C. Saint-Alary-Houin, *Les critères distinctifs de la société et de l'indivision depuis les réformes récentes du Code civil : RTD com.* 1979, p. 645. • P. Pétel, *La révélation aux tiers de la société en participation : JCP* E 1987, I, 16369. • J.-C. Hallouin, *Les sociétés non immatriculées face au redressement et à la liquidation judiciaires : JCP* E 1989, I, 15416. • J.-J. Daigre, D. Gaveau, D. Gerry et H. Le Blanc, *La SEP, instrument de coopération : Dr. sociétés* 1994, actes prat. 16. • F. Peltier, C. Régnant et A. Couret, *L'apport d'actions à une société en participation : Dr. sociétés* 1994, actes prat. 18. • J. Vallansan et E. Desmorieux, *Société en participation et société créée de fait. Aspects juridiques et fiscaux*, préf. M. Cozian, Éd. Joly, 1996. • I. Urbain-Parléani, *Convention de croupier et société en participation : Rev. sociétés* 1999, p. 753. • F. Deboissy et G. Wicker, *La distinction de l'indivision et de la société et ses enjeux fiscaux : RTD civ.* 2000, p. 225. • B. Dondero, *Les groupements dépourvus de personnalité juridique en droit privé – Contribution à la théorie de la personnalité morale*, PUAM, 2006.

Art. 1871 *(L. n° 78-9, 4 janv. 1978 ; mod., Ord. n° 2019-1067, 21 oct. 2019)*. – **Les associés peuvent convenir que la société ne sera point immatriculée. La société est dite alors « société en participation ». Elle n'est pas une personne morale et n'est pas soumise à publicité. Elle peut être prouvée par tous moyens.**

Les associés conviennent librement de l'objet, du fonctionnement et des conditions de la société en participation, sous réserve de ne pas déroger aux dispositions impératives des articles 1832, 1832-1, 1833, 1836 (2e alinéa), 1844 (1er alinéa) et 1844-1 (2e alinéa) et de l'article L. 411-1du Code monétaire et financier.

Art. 1871-1 *(L. n° 78-9, 4 janv. 1978)*. – **À moins qu'une organisation différente n'ait été prévue, les rapports entre associés sont régis, en tant que de raison, soit par les dispositions applicables aux sociétés civiles, si la société a un caractère civil, soit, si elle a un caractère commercial, par celles applicables aux sociétés en nom collectif.**

Art. 1872 *(L. n° 78-9, 4 janv. 1978)*. – **À l'égard des tiers, chaque associé reste propriétaire des biens qu'il met à la disposition de la société.**

ANNEXE 2

Sont réputés indivis entre les associés les biens acquis par emploi ou remploi de deniers indivis pendant la durée de la société et ceux qui se trouvaient indivis avant d'être mis à la disposition de la société.

Il en est de même de ceux que les associés auraient convenu de mettre en indivision.

Il peut en outre être convenu que l'un des associés est, à l'égard des tiers, propriétaire de tout ou partie des biens qu'il acquiert en vue de la réalisation de l'objet social.

Art. 1872-1 *(L. n° 78-9, 4 janv. 1978)*. – Chaque associé contracte en son nom personnel et est seul engagé à l'égard des tiers.

Toutefois, si les participants agissent en qualité d'associés au vu et au su des tiers, chacun d'eux est tenu à l'égard de ceux-ci des obligations nées des actes accomplis en cette qualité par l'un des autres, avec solidarité, si la société est commerciale, sans solidarité dans les autres cas.

Il en est de même de l'associé qui, par son immixtion, a laissé croire au cocontractant qu'il entendait s'engager à son égard, ou dont il est prouvé que l'engagement a tourné à son profit.

Dans tous les cas, en ce qui concerne les biens réputés indivis en application de l'article 1872 (al. 2 et 3), sont applicables dans les rapports avec les tiers, soit les dispositions du chapitre VI du titre I du livre III du présent code, soit si les formalités prévues à l'article 1873-2 ont été accomplies, celles du titre IX *bis* du présent livre, tous les associés étant alors, sauf convention contraire, réputés gérants de l'indivision.

Art. 1872-2 *(L. n° 78-9, 4 janv. 1978)*. – Lorsque la société en participation est à durée indéterminée, sa dissolution peut résulter à tout moment d'une notification adressée par l'un d'eux à tous les associés, pourvu que cette notification soit de bonne foi, et non faite à contretemps.

À moins qu'il n'en soit autrement convenu, aucun associé ne peut demander le partage des biens indivis en application de l'article 1872 tant que la société n'est pas dissoute.

Art. 1873. – Les dispositions du présent chapitre sont applicables aux sociétés créées de fait.

Bibliographie : G. Rives, *Le sort des sociétés de fait depuis la réforme des sociétés commerciales : RTD com.* 1969, p. 407. • H. Temple, *Les sociétés de fait*, LGDJ, 1975. • J. Guyénot, *Les nouveaux rapports résultant de l'article 1873 du Code civil entre les sociétés en participation, les sociétés créées de fait et les sociétés de fait : D.* 1979, chron. 155. • F. Dekeuwer-Défossez, *Illusions et dangers du statut des sociétés créées de fait : D.* 1982, chron. 83. • F. Pillebout, *Société en participation, société de fait en agriculture : JCP* N 1986, 118. • B. Maubru, *Les sociétés créées de fait entre époux, in Mélanges J. Derruppé*, Litec, 1991, p. 275. • F.-X. Lucas, *La société dite créée de fait, in Mélanges Y. Guyon*, Dalloz, 2003, p. 737. • G. Kessler, *Société créée de fait : les leçons du droit comparé : D.* 2005, p. 86.

Décret n° 78-704 du 3 juillet 1978
relatif à l'application de la loi n° 78-9 du 4 janvier 1978
modifiant le titre IX du livre III du Code civil

CHAPITRE PREMIER. – DISPOSITIONS GÉNÉRALES

Art. 1er. – Les dispositions du présent chapitre sont applicables à toutes les sociétés dotées de la personnalité morale, sauf dispositions expresses contraires régissant certaines d'entre elles.

Art. 2. – Les sociétés sont immatriculées au registre du commerce et des sociétés dans les conditions définies par la réglementation relative à ce registre.

La demande d'immatriculation est présentée après accomplissement des formalités de constitution de la société.

Voir : C. civ., art. 1842, p. 2976.

Art. 3. – *La durée de la société court à compter de l'immatriculation de celle-ci au registre du commerce et des sociétés.*

Elle peut être prorogée une ou plusieurs fois sans que chaque prorogation puisse excéder quatre-vingt-dix-neuf ans.

Voir : C. civ., art. 1838, p. 2975 et art. 1844-6, p. 2978.

Art. 4 *(Mod., D. n° 2019-966, 18 sept. 2019)*. – L'action en régularisation de la constitution de la société ou de la modification des statuts prévue à l'article 1839 du Code civil est portée devant le tribunal de commerce pour les sociétés commerciales et devant le tribunal judiciaire dans les autres cas.

Le tribunal territorialement compétent est celui dans le ressort duquel est situé le siège de la société.

Voir : C. civ., art. 1839, p. 2975.

Art. 5. – Si une ou plusieurs énonciations exigées par la loi ou les règlements ne figurent pas dans les statuts, le tribunal ordonne que ceux-ci soient complétés dans les mêmes conditions que celles requises lors de la constitution de la société.

Si une formalité prescrite par la loi ou les règlements pour la constitution de la société ou la modification des statuts a été omise ou irrégulièrement accomplie, le tribunal ordonne qu'elle soit accomplie ou refaite. Il peut en outre ordonner que toutes les formalités qui ont suivi celle omise ou entachée d'un vice ou certaines d'entre elles seulement, soient également refaites.

Voir : C. civ., art. 1839, p. 2975.

Art. 6. – L'état des actes accomplis pour le compte de la société en formation avec l'indication, pour chacun d'eux, de l'engagement qui en résulterait pour la société est présenté aux associés avant la signature des statuts.

Cet état est annexé aux statuts, dont la signature emportera reprise des engagements par la société, lorsque celle-ci aura été immatriculée.

En outre, les associés peuvent, dans les statuts ou par acte séparé, donner mandat à l'un ou plusieurs d'entre eux, ou au gérant non associé qui a été désigné, de prendre des engagements pour le compte de la société. Sous réserve qu'ils soient déterminés et que les modalités en soient précisées par le mandat, l'immatriculation de la société emportera reprise de ces engagements par ladite société.

La reprise des engagements souscrits pour le compte de la société en formation ne peut résulter, après l'immatriculation de la société, que d'une décision prise, sauf clause contraire des statuts, à la majorité des associés.

Voir : C. civ., art. 1843, p. 2976 ; art. L. 210-6, p. 288.

Art. 7. – Si les statuts sont établis par acte sous seing privé, il est dressé autant d'originaux qu'il est nécessaire pour le dépôt d'un exemplaire au siège social et l'exécution des diverses formalités requises.

Voir : C. civ., art. 1835, p. 2975.

Art. 8 *(Mod., D. n° 88-418, 22 avr. 1988)*. – L'associé entre les mains duquel sont réunies toutes les parts sociales peut, à tout moment, dissoudre la société par déclaration au greffe du tribunal du commerce en vue de la mention de la dissolution au registre du commerce et des sociétés.

Le délai d'opposition prévu au troisième alinéa de l'article 1844-5 du Code civil court à compter de la publication de la dissolution faite, en application de l'article 287 du décret n° 67-236 du 23 mars 1967 sur les sociétés commerciales, dans un journal habilité à recevoir les annonces légales.

Voir : C. civ., art. 1844-5, p. 2978.

Art. 9 *(Mod., D. n° 2019-966, 18 sept. 2019)*. – Si les associés n'ont pu nommer un liquidateur, celui-ci est désigné, à la demande de tout intéressé, par ordonnance du président du tribunal de commerce pour les sociétés commerciales ou du tribunal judiciaire dans les autres cas, statuant sur requête.

Tout intéressé peut former opposition à l'ordonnance dans le délai de quinze jours à dater de sa publication prévues à l'article 27. Cette opposition est portée devant le tribunal dont le président a rendu l'ordonnance. Le tribunal peut désigner un autre liquidateur.

Voir : C. civ., art. 1844-8, p. 2979.

Art. 10 *(Mod., D. n° 2019-966, 18 sept. 2019)*. – Quelle que soit la nature de l'acte qui les nomme, les liquidateurs doivent rendre compte aux associés de l'accomplissement de leur mission, dans les conditions déterminées par l'acte de nomination, ou, à défaut, au moins annuellement sous forme d'un rapport écrit décrivant les diligences qu'ils ont effectuées pendant l'année écoulée.

La décision de clôture de la liquidation est prise par les associés, après approbation des comptes définitifs de la liquidation. À défaut d'approbation des comptes ou si la consultation des associés s'avère impossible, il est statué sur les comptes et, le cas échéant, sur la clôture de la liquidation, par le tribunal de commerce pour les sociétés commerciales, par le tribunal judiciaire dans les autres cas, à la demande du liquidateur ou de tout intéressé.

Les comptes définitifs, la décision des associés et, s'il y a lieu, la décision judiciaire prévue à l'alinéa précédent sont déposés au greffe du tribunal de commerce en annexe au registre du commerce et des sociétés.

Voir : C. civ., art. 1844-8, p. 2979.

Art. 11. – Sauf disposition contraire de l'acte de nomination, si plusieurs liquidateurs ont été nommés ils peuvent exercer leurs fonctions séparément. Toutefois les documents soumis aux associés sont établis et présentés en commun.

Voir : C. civ., art. 1844-8, p. 2979.

Art. 12 *(Mod., D. n° 2019-966, 18 sept. 2019)*. – La rémunération des liquidateurs est fixée par la décision qui les nomme. À défaut, elle l'est postérieurement à la demande du liquidateur, par ordonnance sur requête du président du tribunal de commerce pour les sociétés commerciales ou du tribunal judiciaire dans les autres cas.

Voir : C. civ., art. 1844-8, p. 2979.

Art. 13. – À compter de la dissolution de la société la mention « société en liquidation » ainsi que le nom du ou des liquidateurs doivent figurer sur tous les actes et documents émanant de la société et destinés aux tiers, notamment sur toutes lettres, factures, annonces et publications diverses.

Voir : C. civ., art. 1844-8, p. 2979.

Art. 14. – La société est radiée du registre du commerce et des sociétés sur justification de l'accomplissement des formalités prescrites par les articles 10 et 29.

Voir : C. civ., art. 1844-8, p. 2979.

Art. 15. – La mise en demeure prévue par l'article 1844-12, alinéa 1er du Code civil est faite par acte d'huissier de justice ou par lettre recommandée avec demande d'avis de réception.

Voir : C. civ., art. 1844-12, p. 2980.

Art. 16. – La tierce opposition contre les décisions prononçant la nullité d'une société n'est recevable que pendant un délai de six mois à compter de la publication de la décision judiciaire au *Bulletin officiel des annonces civiles et commerciales*.

Voir : C. civ., art. 1844-14, p. 2980.

Art. 17 *(Mod., D. n° 2019-966, 18 sept. 2019)*. – La demande de désignation d'un expert prévue à l'article 1843-4 du Code civil ou d'un mandataire prévue par les articles 1844, alinéa 2, et 1844-6, alinéa 3, dudit code est portée devant le président du tribunal de commerce pour les sociétés commerciales ou du tribunal judiciaire dans les autres cas.

Voir : C. civ., art. 1843-4, p. 2976, 1844, p. 2977 et 1844-6, p. 2978.

Art. 18. – La publicité au moyen d'avis ou annonces est faite selon le cas par insertion au *Bulletin officiel des annonces civiles et commerciales* ou dans un journal habilité à recevoir les annonces légales dans le département du siège social ou au *Bulletin des annonces légales obligatoires*.

Art. 19. – La publicité par dépôt d'actes ou de pièces est faite au greffe du tribunal de commerce, en annexe au registre du commerce et des sociétés dans les conditions prévues par la réglementation relative à ce registre.

Voir : C. civ., art. 1842, p. 2976.

Art. 20 *(Mod., D. n° 2019-966, 18 sept. 2019 ; D. n° 2019-1419, 20 déc. 2019)*. **– Les formalités de publicité sont effectuées à la diligence et sous la responsabilité des représentants légaux de la société.**

Lorsqu'une formalité de publicité ne portant ni sur la constitution de la société, ni sur la modification de ses statuts, a été omise ou irrégulièrement accomplie et si la société n'a pas régularisé la situation dans le délai d'un mois à compter de la mise en demeure à elle adressée, tout intéressé peut demander au président du tribunal de commerce pour les sociétés commerciales ou du tribunal judiciaire dans les autres cas de désigner un mandataire chargé d'accomplir la formalité. Le président statue en référé.

NB : Conformément à l'article 24 du décret n° 2019-1419 du 20 décembre 2019, les dispositions qui résultent du décret précité s'appliquent aux demandes introduites à compter du 1er janvier 2020.

Bibliographie : Piniot, *Publicité et opposabilité de parts de SNC : dernières précisions jurisprudentielles : RJDA* 7/98, chron. p. 587.

Art. 21 *(Mod., D. n° 2019-966, 18 sept. 2019 ; D. n° 2019-1419, 20 déc. 2019)*. **– Dans tous les cas où les lois et règlements applicables aux sociétés disposent qu'il est statué par ordonnance du président du tribunal, soit sur requête, soit en référé, une copie de ladite ordonnance est déposée par le greffier du tribunal de commerce au dossier de la société, en annexe au registre du commerce et des sociétés. En vue de ce dépôt, l'ordonnance doit, lorsqu'elle émane du président du tribunal judiciaire, être transmise par le greffier dudit tribunal au greffier du tribunal de commerce.**

NB : Conformément à l'article 24 du décret n° 2019-1419 du 20 décembre 2019, les dispositions qui résultent du décret précité s'appliquent aux demandes introduites à compter du 1er janvier 2020.

Art. 22. – Lorsque les autres formalités de constitution de la société ont été accomplies, un avis est inséré dans un journal habilité à recevoir les annonces légales dans le département du siège social.

Cet avis est signé par le notaire qui a reçu l'acte de société ou au rang des minutes duquel il a été déposé ; dans les autres cas, il est signé par l'un des fondateurs ou des premiers associés ayant reçu un pouvoir spécial à cet effet.

Il contient les indications suivantes :

1° La raison sociale ou la dénomination sociale suivie, s'il y a lieu, de son sigle ;

2° La forme de la société et, s'il y a lieu, le statut légal particulier auquel elle est soumise ;

3° Le montant du capital social et, s'il s'agit d'une société à capital variable, le montant au-dessous duquel il ne peut être réduit ;

4° L'adresse du siège social ;

5° L'objet social indiqué sommairement ;

6° La durée pour laquelle la société a été constituée ;

7° Le montant des apports en numéraire ;

8° La description sommaire et l'évaluation des apports en nature ;

9° Les nom, prénom usuel et domicile des associés tenus indéfiniment et solidairement des dettes sociales ;

***10° Les nom, prénom usuel et domicile* des associés ou des tiers ayant, dans la société, la qualité de gérant, administrateur, président du conseil d'administration, directeur général, membre du directoire, membre du conseil de surveillance ou commissaire aux comptes ;**

11° Les nom, prénom usuel et domicile des personnes ayant le pouvoir général d'engager la société envers les tiers ;

12° Le greffe du tribunal où la société sera immatriculée ;

13° S'il y a lieu, l'existence de clauses relatives à l'agrément des cessionnaires de parts sociales et la désignation de l'organe de la société habilité à statuer sur les demandes d'agrément.

Art. 23. – Après immatriculation au registre du commerce et des sociétés, la constitution de la société fait l'objet d'une publicité au *Bulletin officiel des annonces civiles et commerciales*.

Art. 24. – Si l'une des mentions de l'avis prévu à l'article 22 est frappée de caducité par suite de la modification des statuts ou d'un autre acte, délibération ou décision, la modification intervenue est publiée dans les conditions prévues par cet article.

L'avis est signé par le notaire qui a reçu l'acte ou au rang des minutes duquel il a été déposé ; dans les autres cas, il est signé par les représentants légaux de la société.

Il contient, après les indications énumérées du 1° au 4° de l'article 22, alinéa 3, ci-dessus :

– le numéro d'immatriculation de la société ;

– les titre, date du numéro et lieu de publication du journal dans lequel a été inséré l'avis prévu à l'article 22, ainsi que la date du numéro du *Bulletin officiel des annonces civiles et commerciales* dans lequel a été faite la publication prévue à l'article 23 ;

– les modifications intervenues, reproduisant l'ancienne mention à côté de la nouvelle.

Art. 25. – Le nom des premiers gérants, administrateurs, membres des organes de surveillance et commissaires aux comptes mentionné dans les statuts peut être omis dans les statuts mis à jour et déposés en annexe au registre du commerce et des sociétés, sans qu'il y ait lieu, sauf disposition statutaire contraire, de les remplacer par le nom des personnes qui leur ont succédé dans ces fonctions.

Art. 26. – En cas de transfert du siège social hors du ressort du tribunal au greffe duquel la société a été immatriculée, l'avis publié dans un journal d'annonces légales du département du nouveau siège indique que le siège social a été transféré et reproduit les mentions visées du 1° au 9° de l'article 22, alinéa 3, et en outre :

– le lieu et le numéro d'immatriculation au registre du commerce et des sociétés de l'ancien siège social ;

– l'indication du registre du commerce et des sociétés où la société sera immatriculée en raison de son nouveau siège social.

Art. 27. – L'acte de nomination des liquidateurs, quelle que soit sa forme, est publié dans le délai d'un mois dans un journal habilité à recevoir les annonces légales dans le département du siège social et, en outre, si la société a fait publiquement appel à l'épargne, au *Bulletin des annonces légales obligatoires*.

Il contient les indications suivantes :

1° La raison sociale ou la dénomination sociale suivie, s'il y a lieu, de son sigle ;

2° La forme de la société et, s'il y a lieu, le statut légal particulier auquel elle est soumise, suivie de la mention « en liquidation » ;

3° Le montant du capital social ;

4° L'adresse du siège social ;

5° Le numéro d'immatriculation de la société ;

6° La cause de la dissolution ;

7° Les nom, prénom usuel et domicile des liquidateurs ;

8° S'il y a lieu, les limitations apportées à leurs pouvoirs.

Sont en outre indiqués dans la même insertion :

1° Le lieu où la correspondance doit être adressée et celui où les actes et documents concernant la liquidation doivent être notifiés ;

2° Le tribunal de commerce au greffe duquel sera effectué, en annexe au registre du commerce et des sociétés, le dépôt des actes et pièces relatifs à la liquidation.

Voir : C. civ., art. 1844-8, p. 2979.

Art. 28. – Au cours de la liquidation de la société, le liquidateur accomplit, sous sa responsabilité, les formalités de publicité incombant aux représentants légaux de la société.

Notamment, toute décision entraînant modification des mentions publiées en application de l'article 27 est publiée dans les conditions prévues par cet article.

Voir : C. civ., art. 1844-8, p. 2979.

Art. 29. – L'avis de clôture de la liquidation, signé par le liquidateur, est publié, à la diligence de celui-ci, dans le journal d'annonces légales ayant reçu la publicité prescrite par l'article 27 et, si la société a fait publiquement appel à l'épargne, au *Bulletin des annonces légales obligatoires*.

Il contient les indications suivantes :

1° La raison sociale ou la dénomination sociale suivie, s'il y a lieu, de son sigle ;

2° La forme de la société suivie de la mention « en liquidation » et, s'il y a lieu, le statut légal particulier auquel elle est soumise ;

3° Le montant du capital social ;

4° L'adresse du siège social ;

5° Les nom, prénom usuel et domicile des liquidateurs ;

6° Le numéro d'immatriculation de la société.

Voir : C. civ., art. 1844-8, p. 2979.

Chapitre II : Dispositions applicables aux sociétés civiles

Art. 30. – Les dispositions du présent chapitre sont applicables aux sociétés définies par l'article 1845 du Code civil.

Elles sont également applicables, en tant que de raison, aux rapports entre associés d'une société en participation ayant le caractère civil à moins qu'une organisation différente n'ait été prévue.

Art. 31. – Si les statuts sont établis par acte sous seing privé, une copie certifiée conforme doit en être remise à chaque associé.

Tout associé peut, après toute modification statutaire, demander à la société la délivrance d'une copie certifiée conforme des statuts en vigueur au jour de la demande.

La société doit annexer à ce document la liste mise à jour des associés ainsi que des gérants et, le cas échéant, des commissaires aux comptes ou des membres de l'organe de surveillance.

Art. 32. – La raison sociale ou la dénomination sociale doit figurer sur tous les actes ou documents émanant de la société et destinés aux tiers. Elle doit, si elle ne les contient pas, être précédée ou suivie de manière lisible, une fois au moins, des mots « société civile » suivis de l'indication du capital social et, éventuellement, complétés par les mentions requises par le statut légal particulier auquel la société est soumise.

Art. 33. – Sauf stipulation expresse, les dispositions statutaires mentionnant la répartition des parts entre les associés n'ont pas à être modifiées pour tenir compte des cessions de parts.

Art. 34. – Si les statuts le prévoient, des certificats représentatifs de leurs parts peuvent être remis aux associés. Ils doivent être intitulés « certificat représentatif de parts » et être très lisiblement barrés de la mention « non négociable ». Ils sont établis au nom de chaque associé par part ou multiple de parts ou pour le total des parts détenues par lui.

Art. 35. – Lorsqu'une personne morale est nommée gérant de la société, l'acte de nomination indique le nom de ses représentants légaux. Leur changement emporte rectification de l'acte de nomination et doit être publié comme l'acte lui-même.

Art. 36 *(Mod., D. n° 2019-966, 18 sept. 2019).* – La requête prévue à l'article 1846, alinéa 5, du Code civil *est présentée au président du tribunal judiciaire* dans le ressort duquel est situé le siège de la société.

Art. 37 *(Mod., D. n° 2019-966, 18 sept. 2019).* – L'action prévue à l'article 1846-1 du Code civil est portée devant le tribunal judiciaire dans le ressort duquel est situé le siège de cette société ; elle est intentée soit contre tous les associés, soit contre un mandataire spécial désigné par ordonnance du président du tribunal statuant sur requête du demandeur à l'action.

Art. 38. – Lorsque l'action sociale est intentée par un ou plusieurs associés, le tribunal ne peut statuer que si la société a été régulièrement mise en cause par l'intermédiaire de ses représentants légaux.

Art. 39 *(Mod., D. n° 2019-1419, 20 déc. 2019).* – Un associé non gérant peut à tout moment, par lettre recommandée, demander au gérant de provoquer une délibération des associés sur une question déterminée.

Si le gérant fait droit à la demande, il procède, conformément aux statuts, à la convocation de l'assemblée des associés ou à leur consultation par écrit. Sauf si la question posée porte sur le retard du gérant à remplir l'une de ses obligations, la demande est considérée comme satisfaite lorsque le gérant accepte que la question soit inscrite à l'ordre du jour de la prochaine assemblée ou consultation par écrit.

Si le gérant s'oppose à la demande ou garde le silence, l'associé demandeur peut, à l'expiration du délai d'un mois à dater de sa demande, solliciter du président du tribunal judiciaire, statuant selon la procédure accélérée au fond, la désignation d'un mandataire chargé de provoquer la délibération des associés.

NB : Conformément à l'article 24 du décret n° 2019-1419 du 20 décembre 2019, les dispositions qui résultent du décret précité s'appliquent aux demandes introduites à compter du 1er janvier 2020.

Art. 40. – Les associés sont convoqués quinze jours au moins avant la réunion de l'assemblée, par lettre recommandée. Celle-ci indique l'ordre du jour de telle sorte que le contenu et la portée des questions qui y sont inscrites apparaissent clairement sans qu'il y ait lieu de se reporter à d'autres documents.

Dès la convocation, le texte des résolutions proposées et tout document nécessaire à l'information des associés sont tenus à leur disposition au siège social, où ils peuvent en prendre connaissance ou copie.

Les associés peuvent demander que ces documents leur soient adressés soit par lettre simple, soit à leurs frais par lettre recommandée.

Art. 41. – Lorsque l'ordre du jour de l'assemblée porte sur la reddition de compte des gérants, le rapport d'ensemble sur l'activité de la société prévu à l'article 1856 du Code civil, les rapports de l'organe de surveillance ou des commissaires aux comptes s'il y a lieu, le texte des résolutions proposées et tous autres documents nécessaires à l'information des associés sont adressés à chacun d'eux par lettre simple, quinze jours au moins avant la réunion de l'assemblée. Les mêmes documents sont, pendant ce délai, tenus à la disposition des associés au siège social, où ils peuvent en prendre connaissance ou copie.

Art. 42. – En cas de consultation écrite, le texte des résolutions proposées ainsi que les documents nécessaires à l'information des associés sont adressés à chacun de ceux-ci par lettre recommandée avec demande d'avis de réception. Chaque associé dispose d'un délai d'au moins quinze jours à compter de la date de réception de ces documents pour émettre son vote par écrit. Les statuts fixent le délai au-delà duquel les votes ne seront plus reçus.

Art. 43. – Les dispositions des articles 40 à 42 ne sont pas applicables lorsque tous les associés sont gérants.

Art. 44. – Toute délibération des associés est constatée par un procès-verbal indiquant les nom et prénoms des associés qui y ont participé, le nombre de parts détenues par chacun d'eux, les documents et rapports soumis aux associés, le texte des résolutions mises aux voix et le résultat des votes.

S'il s'agit d'une assemblée le procès-verbal indique également la date et le lieu de la réunion, les nom, prénoms et qualité du président et un résumé des débats.

S'il s'agit d'une consultation écrite la justification du respect des formalités prévues à l'article 42 et la réponse de chaque associé sont annexées au procès-verbal.

Les procès-verbaux sont établis et signés par les gérants et, s'il y a lieu, par le président de l'assemblée.

Art. 45 *(Mod., D. n° 2019-966, 18 sept. 2019).* – Les procès-verbaux prévus à l'article précédent sont établis sur un registre spécial tenu au siège de la société, coté et paraphé dans la forme ordinaire et sans frais soit par un juge du tribunal de commerce ou du tribunal judiciaire, soit par le maire ou un adjoint au maire de la commune du siège de la société.

Toutefois, les procès-verbaux peuvent être établis sur des feuilles mobiles numérotées sans discontinuité, paraphées dans les conditions prévues à l'alinéa précédent et revêtues du sceau de l'autorité qui les a *paraphées. Dès qu'une feuille a été remplie, même partiellement, elle doit être jointe à celles précédemment utilisées. Toute addition, suppression, substitution ou interversion de feuilles est interdite.*

Le registre spécial peut être tenu et les procès-verbaux établis sous forme électronique ; dans ce cas, les procès-verbaux sont signés au moyen d'une signature électronique qui respecte au moins les exigences relatives à une signature électronique avancée prévues par l'article 26 du règlement (UE) n° 910/2014 du Parlement européen et du Conseil du 23 juillet 2014 sur l'identification électronique et les services de confiance pour les transactions électroniques au sein du marché intérieur. Les procès-verbaux sont datés de façon électronique par un moyen d'horodatage offrant toute garantie de preuve.

Art. 46 *(Mod., D. n° 2019-1118, 31 oct. 2019).* – Lorsque la décision des associés résulte de leur consentement exprimé dans un acte, cette décision est mentionnée, à sa date, dans le registre prévu à l'article 45 ci-dessus. La mention dans le registre contient obligatoirement l'indication de la forme, de la nature, de l'objet et des signataires de l'acte. L'acte lui-même, s'il est sous seing privé ou sa copie authentique, s'il est notarié, est conservé par la société de manière à permettre sa consultation en même temps que le registre des délibérations.

Lorsque le registre prévu à l'article 45 est tenu sous forme électronique, la mention dans le registre est signée au moyen d'une signature électronique conforme au dernier alinéa du même article. La mention dans le registre est datée de façon électronique par un moyen d'horodatage offrant toute garantie de preuve.

Art. 47 *(Mod., D. n° 2019-1118, 31 oct. 2019).* – Les copies ou extraits des procès-verbaux des délibérations des associés sont valablement certifiées conformes par un seul gérant. Au cours de la liquidation de la société, leur certification est valablement effectuée par un seul liquidateur.

La certification peut se faire au moyen d'une signature électronique qui respecte au moins les exigences relatives à une signature électronique avancée prévues par l'article 26 du règlement (UE) n° 910/2014 du Parlement européen et du Conseil du 23 juillet 2014 sur l'identification électronique et les services de confiance pour les transactions électroniques au sein du marché intérieur.

Art. 48. – En application des dispositions de l'article 1855 du Code civil, l'associé non gérant a le droit de prendre par lui-même, au siège social, connaissance de tous les livres et documents sociaux, des contrats, factures, correspondance, procès-verbaux et plus généralement de tout document établi par la société ou reçu par elle.

Le droit de prendre connaissance emporte celui de prendre copie.

Dans l'exercice de ces droits, l'associé peut se faire assister d'un expert choisi parmi les experts agréés par la Cour de cassation ou les experts près une cour d'appel.

Art. 49. – Le projet de cession de parts ou de nantissement en vue de l'agrément du cessionnaire ou du créancier nanti, la renonciation au projet de cession, la date de réalisation forcée des parts sont notifiés par acte d'huissier de justice ou par lettre recommandée avec demande d'avis de réception.

(Al. suppr. à compter du 1er janvier 2022, Ord. n° 2021-1192, 15 sept. 2021) S'il résulte d'un acte sous seing privé et s'il n'a pas été accepté par elle dans un acte authentique, le nantissement des parts sociales est signifié à la société par acte d'huissier de justice.

Les décisions de la société et des associés sur la demande d'agrément, le nom du ou des acquéreurs proposés, l'offre de rachat par la société sont notifiés par lettre recommandée avec demande d'avis de réception.

Art. 50. – Lorsque les statuts prévoient que l'agrément des projets de cession de parts peut être accordé par le gérant, ce dernier, préalablement au refus d'agrément du cessionnaire proposé, doit, par lettre recommandée, aviser les associés de la cession projetée et leur rappeler les dispositions des articles 1862 et 1863 du Code civil et, s'il y a lieu, les clauses statutaires aménageant ou complétant ces articles.

L'avis prévu à l'alinéa précédent doit être adressé aux associés dans un délai qui ne peut excéder le tiers de celui prévu par les statuts conformément à l'article 1864 du Code civil ou deux mois dans le silence des statuts.

Art. 51. – *Lorsqu'un registre des associés est prévu par les statuts*, il est tenu au siège de la société et constitué par la réunion, dans l'ordre chronologique de leur établissement, de feuillets identiques utilisés sur une seule face. Chacun de ces feuillets est réservé à un titulaire de parts sociales à raison de sa propriété ou à plusieurs titulaires à raison de leur copropriété, de leur nue propriété ou de leur usufruit sur ces parts.

Chaque feuillet contient notamment :

1° Les nom, prénom usuel et domicile de l'associé originaire et la date d'acquisition de ses parts ;

2° La valeur nominale de ces parts ;

3° Les nom, prénom usuel et domicile du ou des cessionnaires des parts ;

4° Les nom, prénom usuel et domicile des personnes ayant reçu les parts en nantissement, le nombre des parts données en nantissement et la somme garantie ;

5° La date d'acquisition des parts, de leur transfert, de leur nantissement et de sa mainlevée ;

6° La date de l'agrément et l'indication de l'organe social qui l'a accordé.

Il est établi un nouveau feuillet par nouvel associé ; ce feuillet doit comporter une mention permettant, s'il y a lieu, d'identifier l'associé dont il a acquis les parts.

Ce registre est obligatoirement tenu lorsque les statuts stipulent que la cession des parts sociales peut être rendue opposable à la société par transfert dans ses registres.

Art. 52 *(Mod., D. n° 2012-928, 31 juill. 2012).* – La publicité de la cession de parts est accomplie par dépôt, en annexe au registre du commerce et des sociétés, de l'original de l'acte de cession s'il est sous seing privé ou d'une copie authentique de celui-ci s'il est notarié.

Art. 53 *(Abr. à compter du 1er janvier 2022, Ord. n° 2021-1192, 15 sept. 2021).* – La publicité du nantissement des parts sociales est accomplie par dépôt, en annexe au registre du commerce et des sociétés, d'un avis de nantissement visé par le greffier après exécution des formalités prescrites par les articles 54 à 56 ci-après. Lorsqu'il s'agit d'un acte sous seing privé, un original du titre, accompagné, s'il y a lieu, de l'acte de signification du nantissement à la société, est également déposé.

Art. 54 *(Abr. à compter du 1er janvier 2022, Ord. n° 2021-1192, 15 sept. 2021).* – Le créancier nanti remet ou fait remettre au greffe du tribunal de commerce du lieu d'immatriculation de la société soit une copie authentique de l'acte notarié constitutif du titre, soit, s'il s'agit d'un acte sous seing privé, deux originaux de l'acte, accompagnés de l'acte de signification du nantissement à la société ou d'une copie authentique de l'acte notarié portant acceptation par la société.

Il remet ou fait remettre en outre deux exemplaires de l'avis de nantissement comportant notamment :

1° Les nom, prénom usuel et domicile du créancier et du débiteur ;

2° La date, la forme du ou des actes présentés, et, s'il y a lieu, l'indication de l'officier public ou ministériel qui les a reçus ou qui a accompli la formalité de la signification ;

3° La raison sociale ou la dénomination sociale de la société, dont les parts sont données en nantissement ainsi que son numéro d'immatriculation ;

4° Le nombre de parts sociales objet du nantissement et leur valeur nominale ;

5° Le montant de la créance garantie et les conditions relatives aux intérêts et à l'exigibilité ;

6° S'il y a lieu et sur justification particulière, l'indication que le créancier nanti a été agréé par la société ou les associés.

Art. 55 *(Abr. à compter du 1er janvier 2022, Ord. n° 2021-1192, 15 sept. 2021).* – La remise des pièces visées à l'article 54 ci-dessus donne lieu à la délivrance, par le greffier, d'un récépissé extrait du registre à souche prévu par l'article 52 du décret n° 67-237 du 23 mars 1967 susvisé et à l'établissement d'un procès-verbal.

Le greffier s'assure de la conformité de l'avis de nantissement aux pièces produites et vérifie que le nantissement a été régulièrement signifié à la société ou accepté par elle. Il appose sur l'ensemble des pièces remises son visa et une mention portant la date à laquelle il effectue le classement des pièces dans le dossier ouvert au nom de la société en annexe au registre. Cette date constitue la date du dépôt.

Un exemplaire de l'avis de nantissement, un original de l'acte sous seing privé constitutif du titre et l'acte portant signification du nantissement à la société sont classés au dossier ouvert au nom de la société ; le second exemplaire de l'avis de nantissement, le second original de l'acte sous seing privé, et les copies authentiques produits sont restitués au requérant.

Art. 56 *(Abr. à compter du 1er janvier 2022, Ord. n° 2021-1192, 15 sept. 2021).* – Les subrogations dans le nantissement et sa mainlevée sont publiées en marge de l'avis de nantissement.

La mention de la subrogation est accomplie sur production du titre la constatant et sur justification que la subrogation a été régulièrement signifiée à la société ou acceptée par elle dans un acte authentique. Les actes sous seing privé et l'acte portant signification à la société sont conservés dans le dossier ouvert au nom de cette dernière.

La mention de la mainlevée est accomplie en vertu soit d'un jugement passé en force de chose jugée, soit du consentement des parties, ayant capacité à cet effet, sur le dépôt d'un acte authentique ou sous seing privé constatant le consentement à la mainlevée donné par le créancier ou son cessionnaire, régulièrement subrogé et justifiant de ses droits. L'acte sous seing privé est conservé dans le dossier ouvert au nom de la société.

Art. 57 *(Abr. à compter du 1er janvier 2022, Ord. n° 2021-1192, 15 sept. 2021).* – Il est tenu au greffe de chaque tribunal de commerce un fichier des nantissements de parts de sociétés civiles.

Chapitre III : Adaptation aux nouvelles dispositions du Code civil des références faites par d'autres textes aux anciens articles 1832 à 1873 dudit code

CHAPITRE IV. – DISPOSITIONS D'APPLICATION

Art. 68 *(Mod., D. n° 2019-1419, 20 déc. 2019)*. – Le présent décret est applicable à Wallis-et-Futuna et dans les Terres australes et antarctiques française.

Sont applicables à Wallis-et-Futuna :

- l'article 4 dans sa rédaction résultant du décret n° 2019-966 du 18 septembre 2019 ;
- l'article 8 dans sa rédaction résultant du décret n° 88-1192 du 28 décembre 1988 ;
- les articles 9, 10, 12 et 17 dans leur rédaction résultant du décret n° 2019-966 du 18 septembre 2019 ;
- les articles 20 et 21 dans leur rédaction résultant du décret n° 2019-1419 du 20 décembre 2019 ;
- les articles 36 et 37 dans leur rédaction résultant du décret n° 2019-966 du 18 septembre 2019 ;
- l'article 39 dans sa rédaction résultant du décret n° 2019-1419 du 20 décembre 2019 ;
- l'article 45 dans sa rédaction résultant du décret n° 2019-966 du 18 septembre 2019 ;
- les articles 46 et 47 dans leur rédaction résultant du décret n° 2019-1118 du 31 octobre 2019 ;
- l'article 52 dans sa rédaction résultant du décret n° 2012-928 du 31 juillet 2012.

Les articles 45 à 47 du présent décret sont applicables à Wallis-et-Futuna sous réserve de l'adaptation suivante : la référence à l'article 26 du règlement (UE) n° 910-2014 du Parlement européen et du Conseil du 23 juillet 2014 sur l'identification électronique et les services de confiance pour les transactions électroniques au sein du marché intérieur est remplacée par la référence aux règles en vigueur en métropole en vertu de l'article 26 du règlement (UE) du 23 juillet 2014 précité.

Pour l'application des articles 45 à 47 du présent décret à Saint-Pierre-et-Miquelon, à Saint Barthélemy et dans les Terres australes et antarctiques françaises, la référence à l'article 26 du règlement (UE) n° 910-2014 du Parlement européen et du Conseil du 23 juillet 2014 sur l'identification électronique et les services de confiance pour les transactions électroniques au sein du marché intérieur est remplacée par la référence aux règles en vigueur en métropole en vertu de l'article 26 du règlement (UE) du 23 juillet 2014 précité.

Art. 69. – Les sociétés immatriculées dans les conditions prescrites par le présent décret et auxquelles un statut légal particulier impose des règles spéciales de publicité sont autorisées, à titre provisoire, à n'effectuer cette publicité que selon le mode prescrit par leur statut légal particulier. L'application du présent article ne peut avoir pour effet de dispenser ces sociétés de l'immatriculation.

Voir : C. civ., art. 1842, p. 2976.

II. – SOCIÉTÉS COOPÉRATIVES

Loi n° 47-1775 du 10 septembre 1947
portant statut de la coopération
(JO 11 sept. 1947)

TITRE PREMIER. – DISPOSITIONS GÉNÉRALES

Art. 1er *(Mod., L. n° 92-643, 13 juill. 1992 ; L. n° 2014-856, 31 juill. 2014)*. – La coopérative est une société constituée par plusieurs personnes volontairement réunies en vue de satisfaire à leurs besoins économiques ou sociaux par leur effort commun et la mise en place des moyens nécessaires.

Elle exerce son activité dans toutes les branches de l'activité humaine et respecte les principes suivants : une adhésion volontaire et ouverte à tous, une gouvernance démocratique, la participation économique de ses membres, la formation desdits membres et la coopération avec les autres coopératives.

Sauf dispositions spéciales à certaines catégories de coopératives, chaque membre coopérateur dénommé, selon le cas, « associé » ou « sociétaire », dispose d'une voix à l'assemblée générale.

Les excédents de la coopérative sont prioritairement mis en réserve pour assurer son développement et celui de ses membres, sous réserve de l'article 16.

Art. 2 *(L. n° 92-643, 13 juill. 1992)*. – Les coopératives sont régies par la présente loi sous réserve des lois particulières à chaque catégorie d'entre elles.

Art. 3 *(Mod., L. n° 92-643, 13 juill. 1992 ; L. n° 2014-856, 31 juill. 2014)*. – Sous réserve de dispositions spéciales à certaines catégories d'entre elles, les coopératives ne peuvent prévoir dans leurs statuts d'admettre des tiers non sociétaires à bénéficier de leurs activités que dans la limite de 20 % de leur chiffre d'affaires, et selon des conditions fixées par décret.

Voir : D. n° 2015-594, 1er juin 2015.

Art. 3 *bis* *(L. n° 92-643, 13 juill. 1992 ; mod., L. n° 2014-856, 31 juill. 2014)*. – Les coopératives peuvent admettre comme associés non coopérateurs, dans les conditions et limites fixées par leurs statuts, des personnes physiques, notamment leurs salariés, ou morales qui n'ont pas vocation à recourir à leurs services ou dont elles n'utilisent pas le travail mais qui entendent contribuer notamment par l'apport de capitaux à la réalisation des objectifs de la coopérative.

Les associés non coopérateurs ne peuvent détenir ensemble plus de 49 % du total des droits de vote, sans que les droits des associés qui ne sont pas des sociétés coopératives puissent excéder la limite de 35 %.

Les statuts peuvent prévoir que ces associés non coopérateurs ou certaines catégories d'entre eux disposent ensemble d'un nombre de voix proportionnel au capital qu'ils détiennent.

Lorsque la part de capital que détiennent les associés non coopérateurs définis au premier alinéa excède, selon le cas, 35 % ou 49 % du total des droits de vote, le nombre de voix attribué à chacun d'entre eux est réduit à due proportion.

Art. 4. – Sauf dispositions contraires des lois particulières, présentes ou futures, les associés d'une coopérative disposent de droits égaux dans sa gestion, et il ne peut être établi entre eux de discrimination suivant la date de leur adhésion.

Art. 5 *(Mod., L. n° 2014-856, 31 juill. 2014)*. – Les coopératives peuvent constituer entre elles, pour la gestion de leurs intérêts communs ou le développement de leurs activités, sous le nom d'unions de coopératives, des sociétés coopératives régies par la présente loi.

Sauf en ce qui concerne les sociétés coopératives agricoles ou leurs unions, les statuts d'une union de coopératives peuvent prévoir que les associés des coopératives membres de l'union peuvent bénéficier directement des services de cette dernière ou participer à la réalisation des opérations entrant dans son objet, sous réserve que les statuts des coopératives le permettent. Dans ces cas, les opérations de l'union sont considérées comme effectuées avec des associés coopérateurs.

Art. 5-1 *(L. n° 2014-856, 31 juill. 2014)*. – Il est institué un Conseil supérieur de la coopération, qui inscrit son action en cohérence avec le Conseil supérieur de l'économie sociale et solidaire.

Le Conseil supérieur de la coopération peut être saisi pour avis, par le ministre chargé du secteur coopératif, de tout projet de texte législatif ou réglementaire relatif au fonctionnement des coopératives ou de leurs unions et fédérations, ainsi que de tout projet de règlement ou de directive communautaire ayant le même objet avant son examen par le Conseil de l'Union européenne.

Un décret en Conseil d'État fixe les modalités de fonctionnement du conseil et de désignation de ses membres, la durée des mandats, ainsi que les conditions dans lesquelles est assurée la parité entre les femmes et les hommes au conseil et dans son bureau. À cette fin, il précise le nombre et la répartition par sexe, éventuellement dans le temps, des désignations prévues au présent article.

Le Conseil supérieur de la coopération présente au ministre chargé du secteur coopératif toute suggestion concernant la coopération, notamment sur son fonctionnement et ses relations avec ses membres. Il peut être saisi par le ministre de toute question et peut proposer au Gouvernement toute modification de nature législative ou réglementaire relative à la coopération.

Il définit les principes et élabore les normes de la révision coopérative, sous réserve de l'article L. 528-1 du Code rural et de la pêche maritime.

TITRE II. – DE L'ORGANISATION
ET DE L'ADMINISTRATION DES COOPÉRATIVES

Art. 6 *(Mod., L. n° 2014-856, 31 juill. 2014 ; L. n° 2016-483, 20 avr. 2016).* – Les coopératives sont administrées par des mandataires nommés pour six ans au plus par l'assemblée générale des membres et révocables par elle.

Les fonctions de membre du conseil d'administration ou de membre du conseil de surveillance sont gratuites et n'ouvrent droit, sur justification, qu'à remboursement de frais, ainsi qu'au paiement d'indemnités compensatrices du temps consacré à l'administration de la coopérative. L'assemblée générale détermine chaque année une somme globale au titre des indemnités compensatrices.

Les fonctions de membre du conseil d'administration ou de membre du conseil de surveillance d'une coopérative, d'une union ou d'une fédération ouvrant droit aux indemnités mentionnées au deuxième alinéa du présent article ne constituent ni des activités professionnelles procurant des revenus au sens de l'article L. 161-22 du Code de la sécurité sociale, ni une activité privée lucrative au sens de l'article 25 *septies* de la loi n° 83-634 du 13 juillet 1983 portant droits et obligations des fonctionnaires.

Art. 7 *(Mod., L. n° 2008-649, 3 juill. 2008 ; L. n° 2014-856, 31 juill. 2014 ; L. n° 2019-486, 22 mai 2019).* – Les statuts des coopératives déterminent notamment le siège de la société, son mode d'administration, en particulier les décisions réservées à l'assemblée générale, les pouvoirs des administrateurs ou gérants, les modalités du contrôle exercé sur ses opérations au nom des associés, les formes à observer en cas de modification des statuts ou de dissolution. Ils fixent les conditions d'adhésion, le cas échéant d'agrément, de retrait, de radiation et d'exclusion des associés, l'étendue et les modalités de la responsabilité qui incombe à chacun d'eux dans les engagements de la coopérative. Les coopératives constituées sous forme de sociétés à capital variable régies par les articles L. 231-1 et suivants du Code de commerce ne sont pas tenues de fixer dans leurs statuts le montant maximal que peut atteindre leur capital.

Les articles L. 210-10 à L. 210-12 du même code sont applicables aux coopératives régies par la présente loi.

Art. 8 *(L. n° 92-643, 13 juill. 1992 ; mod., L. n° 2010-788, 12 juill. 2010 ; L. n° 2014-856, 31 juill. 2014 ; Ord. n° 2017-1180, 19 juill. 2017).* – L'assemblée générale se réunit au moins une fois l'an pour prendre notamment connaissance du compte rendu de l'activité de la société, approuver les comptes de l'exercice écoulé et procéder, s'il y a lieu, aux élections d'administrateurs ou gérants et de commissaires aux comptes. Les statuts peuvent prévoir que ces désignations doivent être prononcées au scrutin secret.

Le compte rendu d'activité mentionné à l'alinéa précédent comporte également les informations mentionnées au III de l'article L. 225-102-1 du Code de commerce pour les coopératives qui remplissent les conditions prévues pour les sociétés mentionnées au 2° du I du même article. Ces informations font l'objet d'une vérification par un organisme tiers indépendant, dans les conditions prévues audit article.

NB : Conformément à l'article 15 de l'ordonnance n° 2017-1180 du 19 juillet 2017, ces dispositions sont applicables aux rapports afférents aux exercices ouverts à compter du 1er août 2017.

Art. 9 *(Mod., L. n° 56-745, 30 juill. 1956 ; L. n° 83-657, 20 juill. 1983 ; L. n° 85-703, 12 juill. 1985 ; L. n° 2014-856, 31 juill. 2014).* – Les statuts des unions de coopératives peuvent attribuer à chacune des coopératives adhérentes un nombre de voix déterminé en fonction soit de l'effectif de ses membres, soit de l'importance des affaires traitées avec l'union et qui leur soit au plus proportionnel.

Néanmoins, des associés ont la faculté de se grouper afin de donner pouvoir à un mandataire pour les représenter.

Art. 10 *(Mod., L. n° 2014-856, 31 juill. 2014).* – Sauf disposition contraire des lois particulières, les statuts peuvent admettre le vote par correspondance, au moyen du formulaire mentionné au I de l'article L. 225-107 du Code de commerce.

Si les statuts le prévoient, sont réputés présents pour le calcul du quorum et de la majorité les associés qui participent à l'assemblée générale par visioconférence ou par des moyens de télécommunication permettant leur identification et dont la nature et les conditions d'application sont déterminées par le Code de commerce.

Ils peuvent également décider que les associés seront répartis en sections délibérant séparément dont les délégués formeront l'assemblée générale de la coopérative.

Art. 11 *(Mod., L. n° 92-643, 13 juill. 1992 ; L. n° 2019-486, 2 mai 2019)*. – Les parts sociales sont nominatives. Leur cession est soumise à l'approbation, soit de l'assemblée générale, soit des administrateurs ou gérants, dans les conditions fixées par les statuts.

Les statuts peuvent prévoir l'émission par la coopérative de parts sociales qui confèrent à leurs détenteurs des avantages particuliers.

Ils déterminent les avantages attachés à ces parts, dans le respect des principes coopératifs.

Ces parts ne peuvent être souscrites que par les associés. Elles sont librement négociables entre eux.

Dans les conditions fixées par le règlement général de l'Autorité des marchés financiers, les sociétés coopératives constituées sous la forme d'une société anonyme peuvent procéder à une offre au public, telle que définie pour les titres financiers aux articles L. 411-1 à L. 411-4 du Code monétaire et financier, de leurs parts sociales.

Toutes les informations, y compris les communications à caractère publicitaire, relatives à des parts sociales présentent un contenu exact, clair et non trompeur. Les communications à caractère publicitaire sont clairement identifiées comme telles. Les souscripteurs reçoivent, préalablement à la souscription, les informations leur permettant raisonnablement de comprendre la nature des parts sociales proposées ainsi que les risques et inconvénients y afférents, afin d'être en mesure de prendre leurs décisions d'investissement en connaissance de cause.

Les sociétés coopératives s'enquièrent auprès des personnes auxquelles la souscription de parts sociales est proposée de leurs connaissances et de leur expérience en matière financière, ainsi que de leur situation financière et de leurs objectifs de souscription, de manière à pouvoir recommander à ces personnes une souscription adaptée à leur situation. Pour l'accomplissement de ces diligences, elles tiennent compte des caractéristiques des parts sociales et des montants de souscription envisagés. Lorsque ces personnes ne communiquent pas l'ensemble des éléments d'information mentionnés ci-dessus, les sociétés coopératives les mettent en garde préalablement à la souscription.

Art. 11 *bis* *(Mod., L. n° 92-643, 13 juill. 1992)*. – Les statuts peuvent prévoir la création de parts à intérêt prioritaire sans droit de vote susceptibles d'être souscrites ou acquises par les associés visés à l'article 3 *bis* ou par des tiers non associés. Ils déterminent les avantages pécuniaires conférés à ces parts.

Lorsque ces avantages ne sont pas intégralement versés pendant trois exercices consécutifs, les porteurs de ces parts acquièrent un droit de vote dans les limites fixées à l'article 3 *bis* de la présente loi.

Les titulaires de parts à intérêt prioritaire sans droit de vote sont réunis en assemblée spéciale dans des conditions fixées par décret.

Tout titulaire de parts à intérêt prioritaire sans droit de vote peut participer à l'assemblée spéciale. Toute clause contraire est réputée non écrite.

L'assemblée spéciale peut émettre un avis avant toute décision de l'assemblée générale. Elle statue alors à la majorité des voix exprimées par les porteurs présents ou représentés. L'avis est transmis à la société. Il est porté à la connaissance de l'assemblée générale et consigné à son procès-verbal.

L'assemblée spéciale peut désigner un ou, si les statuts le prévoient, plusieurs mandataires chargés de représenter les porteurs de parts à intérêt prioritaire sans droit de vote à l'assemblée générale des coopérateurs et, le cas échéant, d'y exposer leur avis avant tout vote de cette dernière. Cet avis est consigné au procès-verbal de l'assemblée générale.

Toute décision modifiant les droits des titulaires de parts à intérêt prioritaire sans droit de vote n'est définitive qu'après approbation par l'assemblée spéciale à la majorité des deux tiers des voix exprimées par les porteurs présents ou représentés.

Voir aussi : D. n° 93-674, 27 mars 1993, relatif à l'assemblée spéciale des porteurs de parts à intérêt prioritaire sans droit de vote.

Art. 12 *(L. n° 92-643, 13 juill. 1992)*. – Les parts sociales des coopératives qui sont constituées sous le régime de la présente loi doivent être libérées d'un quart au moins au moment de leur souscription et la libération du surplus doit être effectuée dans les délais fixés par les statuts sans pouvoir excéder cinq ans à partir de la date à laquelle la souscription est devenue définitive.

Les parts émises en contrepartie d'apports en nature sont intégralement libérées dès leur émission.

La société a la faculté de renoncer à poursuivre le recouvrement des sommes exigibles à l'égard d'un associé. En ce cas, l'associé est exclu de plein droit après mise en demeure par lettre recommandée et à défaut de paiement dans les trois mois.

Art. 13 *(Mod., L. n° 92-643, 13 juill. 1992).* – Dans les coopératives constituées sous forme de sociétés à capital variable régies par les dispositions du titre III de la loi du 24 juillet 1867, la somme au-dessous de laquelle le capital ne saurait être réduit par la reprise des apports des associés sortants ne peut être inférieure au quart du capital le plus élevé atteint depuis la constitution de la société.

Toutefois, par dérogation aux dispositions de l'alinéa précédent, dans les établissements de crédit coopératifs ou mutualistes constitués sous forme de sociétés à capital variable, le capital social ne peut être réduit par le remboursement des apports des sociétaires sortants au-dessous des trois quarts du capital le plus élevé atteint depuis la constitution de la société sans l'autorisation préalable de l'organe central auquel l'établissement de crédit est affilié.

Art. 14 *(Mod., L. n° 83-657, 20 juill. 1983 ; rempl., L. n° 92-643, 13 juill. 1992 ; L. n° 2016-1691, 9 déc. 2016).* – Les coopératives ne peuvent servir à leur capital qu'un intérêt, déterminé par l'assemblée générale dans les conditions fixées par les statuts, dont le taux est au plus égal à la moyenne, sur les trois années civiles précédant la date de l'assemblée générale, du taux moyen de rendement des obligations des sociétés privées, majorée de deux points. Ce taux est publié par le ministre chargé de l'économie dans des conditions fixées par décret.

Voir : D. n° 2017-446, 30 mars 2017.

Art. 15. – Nulle répartition ne peut être opérée entre les associés si ce n'est au prorata des opérations traitées avec chacun d'eux ou du travail fourni par lui.

Les excédents provenant des opérations effectuées avec des clients ne doivent pas être compris dans ces distributions.

Les directeurs ou gérants ne pourront être rémunérés au prorata des opérations effectuées ou des bénéfices réalisés que si ce mode de rémunération est prévu aux statuts qui, dans ce cas, devront préciser que le conseil d'administration fixera, pour une durée n'excédant pas cinq ans, le maximum de rétribution annuelle.

Art. 16 *(L. n° 87-416, 17 juin 1987 ; mod., L. n° 92-643, 13 juill. 1992 ; L. n° 2001-624, 17 juill. 2001).* – Dans les limites et conditions prévues par la loi et les statuts, les sommes disponibles après imputation sur les excédents d'exploitation des versements aux réserves légales ainsi que des distributions effectuées conformément aux articles 11 *bis*, 14, 15, 18 et 19 *vicies* de la présente loi sont mises en réserve ou attribuées sous forme de subvention soit à d'autres coopératives ou unions de coopératives, soit à des œuvres d'intérêt général ou professionnel.

Sauf dispositions contraires d'une législation particulière, tant que les diverses réserves totalisées n'atteignent pas le montant du capital social, le prélèvement opéré à leur profit ne peut être inférieur aux trois vingtièmes des excédents d'exploitation.

Les statuts de la coopérative peuvent autoriser l'assemblée générale à incorporer au capital des sommes prélevées sur les réserves et à relever en conséquence la valeur des parts sociales ou à procéder à des distributions de parts gratuites.

La première incorporation ne pourra porter que sur la moitié des réserves disponibles existant à la clôture de l'exercice précédant la réunion de l'assemblée générale extraordinaire ayant à se prononcer sur l'incorporation, les incorporations ultérieures ne pouvant porter que sur la moitié de l'accroissement desdites réserves enregistré depuis la précédente incorporation.

Art. 17. – Les statuts peuvent prévoir qu'en cas d'insuffisance des résultats d'un exercice, les sommes nécessaires pour parfaire l'intérêt statutaire afférent à cet exercice seront prélevées soit sur les réserves, soit sur les résultats des exercices suivants, sans toutefois aller au-delà du quatrième.

Art. 18 *(L. n° 92-643, 13 juill. 1992 ; mod., L. n° 2014-856, 31 juill. 2014).* – L'associé qui se retire, qui est radié ou qui est exclu, dans les cas où il peut prétendre au remboursement de ses parts, a droit au remboursement de leur valeur nominale.

Lorsqu'ils ne prévoient pas le recours aux dispositions de l'article 16, les statuts peuvent prévoir que l'associé sortant ayant cinq ans d'ancienneté révolus a droit, en outre, en proportion de sa part de capital social et dans la limite du barème en vigueur fixant le taux de majoration applicable aux rentes viagères, à une part de la réserve constituée à cet effet.

Le remboursement des parts de l'associé sortant et la part de la réserve visée à l'alinéa précédent sont réduits à due concurrence de la contribution de l'associé aux pertes inscrites au bilan. Toutefois, les statuts peuvent prévoir, préalablement à cette réduction, l'imputation des pertes, en premier lieu sur la réserve mentionnée ci-avant, et en second lieu sur les réserves statutaires.

Art. 19 *(Mod., L. n° 92-643, 13 juill. 1992 ; L. n° 2014-856, 31 juill. 2014)*. – En cas de dissolution et sous réserve des dispositions des lois spéciales, l'actif net subsistant après extinction du passif et remboursement du capital effectivement versé sous réserve de l'application des dispositions des articles 16 et 18, est dévolu par décision de l'assemblée générale, soit à d'autres coopératives ou unions de coopératives, soit à une autre entreprise de l'économie sociale et solidaire au sens de l'article 1er de la loi n° 2014-856 du 31 juillet 2014 relative à l'économie sociale et solidaire.

TITRE II *BIS*. – UNIONS D'ÉCONOMIE SOCIALE

(L. n° 85-703, 12 juill. 1985)

Art. 19 *bis* *(L. n° 85-703, 12 juill. 1985 ; mod., L. n° 92-643, 13 juill. 1992 ; L. n° 93-121, 27 janv. 1993)*. – Les unions d'économie sociale régies par les dispositions de la présente loi sont des associés coopératives qui ont pour objet la gestion des intérêts communs de leurs associés et le développement de leurs activités.

Elles peuvent admettre comme associé toute personne physique ou morale. Toutefois, dans ces unions, 65 % au moins des droits de vote doivent être détenus par des sociétés coopératives, des mutuelles régies par le Code de la mutualité, des organismes de mutualité agricoles des sociétés d'assurance à forme mutuelle, des sociétés d'assurance mutuelles et unions de mutuelles régies par le Code des assurances, des associations déclarées régies par la loi du 1er juillet 1901 ou par les dispositions applicables dans les départements du Bas-Rhin, du Haut-Rhin et de la Moselle, des unions ou fédérations de ces sociétés ou associations.

Toutefois, les statuts peuvent admettre parmi les associés détenant 65 % des droits de vote des personnes morales à but non lucratif autres que celles visées à la deuxième phrase du deuxième alinéa.

La moitié au moins des administrateurs ou des membres du conseil de surveillance doivent être élus parmi les représentants des personnes morales visées à la deuxième phrase du deuxième alinéa ci-dessus.

Les statuts des unions d'économie sociale peuvent attribuer à chaque associé un nombre de voix au plus proportionnel à l'effectif de ses membres ou à l'importance des affaires qu'il traite avec l'union.

Art. 19 *ter* *(L. n° 85-703, 12 juill. 1985 ; mod., L. n° 92-643, 13 juill. 1992)*. – Les unions d'économie sociale peuvent admettre, dans les conditions de l'article 3 de la présente loi, des tiers non associés à bénéficier de leurs services ou à participer à la réalisation de leurs opérations. Cette faculté doit être mentionnée dans les statuts. Les opérations effectuées avec des tiers non associés font l'objet d'une comptabilité séparée et ne peuvent excéder le cinquième du chiffre d'affaires de l'union. Toutefois, l'obligation de comptabilité séparée et le plafond du cinquième ne s'appliquent pas aux adhérents des personnes morales membres de l'union.

Si les comptes font apparaître un dépassement de cette proportion, l'union dispose d'un délai d'un an pour régulariser la situation.

Ces unions peuvent prendre des participations dans des sociétés ayant la forme commerciale ou un objet commercial.

Art. 19 *quater* *(L. n° 85-703, 12 juill. 1985 ; mod., L. n° 2014-856, 31 juill. 2014)*. – Les unions d'économie sociale sont soumises aux articles 25-1 à 25-5.

TITRE II *TER*. – LA SOCIÉTÉ COOPÉRATIVE D'INTÉRÊT COLLECTIF

(L. n° 2001-624, 17 juill. 2001)

Art. 19 *quinquies* *(L. n° 2001-624, 17 juill. 2001 ; mod., L. n° 2014-856, 31 juill. 2014)*. – Les sociétés coopératives d'intérêt collectif sont des sociétés anonymes, des sociétés par actions simplifiées ou des sociétés à responsabilité limitée à capital variable régies, sous réserve des dispositions de la présente loi, par le Code de commerce.

Elles ont pour objet la production ou la fourniture de biens et de services d'intérêt collectif, qui présentent un caractère d'utilité sociale. Ces biens et services peuvent notamment être fournis dans le cadre de projets de solidarité internationale et d'aide au développement.

Art. 19 *sexies* *(L. n° 2001-624, 17 juill. 2001)*. – Les tiers non sociétaires peuvent bénéficier des produits et services de la société coopérative d'intérêt collectif.

Art. 19 *septies* *(L. n° 2001-624, 17 juill. 2001 ; mod., L. n° 2014-856, 31 juill. 2014)*. – Peut être associé d'une société coopérative d'intérêt collectif toute personne physique ou morale qui contribue par tout moyen à l'activité de la coopérative, notamment toute personne productrice de biens ou de services, tout salarié de la coopérative, toute personne qui bénéficie habituellement, à titre gratuit ou onéreux, des activités de la coopérative, toute personne physique souhaitant participer bénévolement à son activité ou toute personne publique.

La société coopérative d'intérêt collectif comprend au moins trois catégories d'associés, parmi lesquelles figurent obligatoirement les personnes qui bénéficient habituellement, à titre gratuit ou onéreux, des activités de la coopérative et les salariés ou, en l'absence de personnes salariées au sein de la société, les producteurs de biens ou de services de la coopérative.

Les statuts déterminent les conditions d'acquisition et de perte de la qualité d'associé par exclusion ou par radiation, ainsi que les conditions dans lesquelles les salariés peuvent être tenus de demander leur admission en qualité d'associé.

Les collectivités territoriales, leurs groupements et les établissements publics territoriaux peuvent détenir ensemble jusqu'à 50 % du capital de chacune des sociétés coopératives d'intérêt collectif.

Art. 19 *octies* *(L. n° 2001-624, 17 juill. 2001 ; mod., L. n° 2012-387, 22 mars 2012)*. – Chaque associé dispose d'une voie à l'assemblée générale ou, s'il y a lieu, dans le collège auquel il appartient.

Les statuts peuvent prévoir que les associés sont répartis en fonction de leur participation à l'activité de la coopérative ou de leur contribution à son développement, en trois ou plusieurs collèges.

Chaque collège dispose d'un nombre égal de voix à l'assemblée générale, à moins que les statuts n'en disposent autrement.

Dans ce cas, les statuts déterminent la répartition des associés dans chacun des collèges et le nombre de voix dont disposent les collèges au sein de cette assemblée, sans toutefois qu'un collège puisse détenir à lui seul plus de 50 % du total des droits de vote ou que sa part dans le total des droits de vote puisse être inférieure à 10 % de ce total et sans que, dans ces conditions, l'apport en capital constitue un critère de pondération. Les statuts peuvent prévoir que le quorum nécessaire pour que les assemblées délibèrent valablement est déterminé en fonction du nombre d'associés présents ou représentés.

Art. 19 *nonies* *(L. n° 2001-624, 17 juill. 2001)*. – Les statuts déterminent la dotation annuelle à une réserve statutaire. Celle-ci ne peut être inférieure à 50 % des sommes disponibles après dotation aux réserves légales en application de l'article 16.

Le montant total de l'intérêt servi aux parts sociales ne peut excéder les sommes disponibles après les dotations prévues au premier alinéa du présent article.

Les subventions, encouragements et autres moyens financiers versés à la société par les collectivités publiques, leurs groupements et les associations ne sont pas pris en compte pour le calcul de l'intérêt versé aux parts sociales et, le cas échéant, des avantages ou intérêts servis en application des articles 11 et 11 *bis*.

L'article 15, les troisième et quatrième alinéas de l'article 16 et le deuxième alinéa de l'article 18 ne sont pas applicables.

Art. 19 *decies* *(L. n° 2001-624, 17 juill. 2001)*. – Les collectivités territoriales peuvent accorder des subventions aux sociétés coopératives d'intérêt collectif en vue de participer à leur développement dans des conditions fixées par décret en Conseil d'État.

Art. 19 *undecies* *(L. n° 2001-624, 17 juill. 2001 ; mod., L. n° 2014-856, 31 juill. 2014)*. – Tout associé peut être nommé en qualité de directeur ou de gérant, membre du conseil d'administration, du directoire, du conseil de surveillance ou de l'organe de direction lorsque la forme de société par actions simplifiée a été retenue, sans perdre, le cas échéant, le bénéfice de son contrat de travail. Les dispositions des articles L. 225-22 et L. 225-85 du Code de commerce ne sont pas applicables aux sociétés coopératives d'intérêt collectif.

Art. 19 *duodecies* *(L. n° 2001-624, 17 juill. 2001 ; mod., L. n° 2014-856, 31 juill. 2014)*. – La société coopérative d'intérêt collectif est soumise aux articles 25-1 à 25-5, quelle que soit l'importance de son activité.

Art. 19 *terdecies* *(Abr., L. n° 2012-387, 22 mars 2012 ; mod., L. n° 2014-856, 31 juill. 2014)*. – Le rapport de gestion mentionné à l'article L. 223-26 du Code de commerce et le rapport annuel du conseil d'administration ou du directoire mentionné à l'article L. 225-100 du même code contiennent des informations sur l'évolution du projet coopératif porté par la société, dans des conditions fixées par décret.

Voir : D. n° 2015-1381, 29 oct. 2015.

Art. 19 *quaterdecies* *(L. n° 2001-624, 17 juill. 2001 ; mod., L. n° 2014-856, 31 juill. 2014)*. – La décision régulièrement prise par toute société, quelle qu'en soit la forme, de modifier ses statuts pour les adapter aux dispositions du présent titre n'entraîne pas la création d'une personne morale nouvelle.

Lorsqu'une société prend une telle décision, ses parts ou actions sont converties en parts sociales. L'assemblée générale arrête la valeur des parts, dont le montant peut être supérieur à celui de la valeur nominale, détenues par les associés présents dans le capital lors de l'adoption du statut de société coopérative d'intérêt collectif.

Les associés ou les actionnaires qui se sont opposés à la modification des statuts peuvent opter, dans un délai de trois mois, soit pour le rachat de leurs parts sociales dans un délai de deux ans, soit pour l'annulation de ces parts et l'inscription de leur contre-valeur sur un compte à rembourser, portant intérêt au taux légal et remboursable dans un délai de cinq ans. Ces différents délais s'entendent à compter de la publication de la décision de modification des statuts de la société.

Pour l'application des deuxième et troisième alinéas, la valeur des droits sociaux dont la conversion ou le remboursement est demandé est déterminée, en cas de contestation, par un expert désigné soit par les parties, soit, à défaut d'accord entre elles, par ordonnance du président du tribunal statuant en référé.

L'écart de valorisation qui peut résulter de l'opération entre la valeur nominale des parts sociales annulées et la valeur déterminée lors de la modification des statuts peut être comptabilisé, pour tout ou partie, à l'actif du bilan de la société, dans les conditions fixées par un règlement de l'Autorité des normes comptables.

Art. 19 *quindecies* *(L. n° 2001-624, 17 juill. 2001 ; mod., L. n° 2014-856, 31 juill. 2014)*. – La société coopérative d'intérêt collectif est éligible aux conventions, autorisations, agréments et habilitations mentionnés à l'article L. 129-1, aux I et II de l'article L. 322-4-16, aux articles L. 322-4-16-3 et L. 322-4-18 du Code du travail, au dernier alinéa de l'article L. 121-2, et au chapitre III du titre Ier du livre III du Code de l'action sociale et des familles, à l'article L. 851-1 du Code de la sécurité sociale et à l'article 140 de la loi n° 98-657 du 29 juillet 1998 d'orientation relative à la lutte contre les exclusions.

Les autorisations, agréments, habilitations et conventions mentionnés à l'alinéa ci-dessus, ainsi que, s'il y a lieu, les aides et avantages financiers directs ou indirects auxquels ils donnent droit, sont délivrés à la société coopérative d'intérêt collectif ou conclues avec celle-ci, sous réserve de la conformité de son objet statutaire et de ses règles d'organisation et de fonctionnement aux conditions législatives et réglementaires requises.

Art. 19 *sexdecies* A *(L. n° 2014-856, 31 juill. 2014)*. – Sans préjudice de l'article 28 *bis*, lors de la transformation de toute personne morale en société coopérative d'intérêt collectif, l'agrément, précédemment accordé, d'éducation à l'environnement, d'éducation à la santé ou d'éducation populaire est automatiquement transféré à la société coopérative d'intérêt collectif constituée. L'agrément transféré permet à la société coopérative d'intérêt collectif de poursuivre les activités objet de l'agrément. La société coopérative d'intérêt collectif demeure soumise aux obligations de l'agrément précédemment accordé.

TITRE II *QUATER*. – CERTIFICATS COOPÉRATIFS D'INVESTISSEMENT

(L. n° 87-416, 17 juin 1987 puis anc. titre II ter, renum., L. n° 2001-624, 17 juill. 2001)

Art. 19 *sexdecies* *(L. n° 87-416, 17 juin 1987 ; anc. art. 19 quinquies, renum., L. n° 2001-624, 17 juill. 2001 ; mod., L. n° 2008-649, 3 juill. 2008)*. – Sauf disposition contraire des lois particulières à chaque catégorie de coopératives, l'assemblée générale extraordinaire des associés peut décider, sur le rapport du conseil d'administration ou du directoire, selon le cas, et sur celui des commissaires aux comptes ou, à défaut de commissaires aux comptes, dans les conditions prévues par l'alinéa 3 de l'article 53 de la loi n° 84-46 du 24 janvier 1984 relative à l'activité et au contrôle des établissements de crédit, l'émission de certificats coopératifs d'investissement représentatifs de droits pécuniaires attachés à une part de capital. Ces certificats sont des valeurs mobilières sans droit de vote.

Le contrat d'émission des certificats coopératifs d'investissement prévoit les modalités de rachat de ces titres.

Art. 19 *septdecies* *(L. n° 87-416, 17 juin 1987 ; anc. art. 19 sexies, renum., L. n° 2001-624, 17 juill. 2001).* – L'émission des certificats coopératifs d'investissement s'effectue par augmentation du capital atteint à la clôture de l'exercice précédant cette émission.

Les certificats coopératifs d'investissement ne peuvent représenter plus de la moitié du capital atteint à la clôture de l'exercice précédent.

Art. 19 *octodecies* *(L. n° 87-416, 17 juin 1987 ; anc. art. 19 septies, renum., L. n° 2001-624, 17 juill. 2001).* – Les titulaires des certificats coopératifs d'investissement peuvent obtenir communication des documents sociaux dans les mêmes conditions que les associés.

Toute décision modifiant les droits des titulaires des certificats coopératifs d'investissement n'est définitive qu'après approbation de ces titulaires réunis en assemblée spéciale dans des conditions fixées par décret.

Art. 19 *novodecies* *(L. n° 87-416, 17 juin 1987 ; anc. art. 19 octies, renum., L. n° 2001-624, 17 juill. 2001).* – Les certificats coopératifs d'investissement sont émis pour la durée de la société et sont librement négociables.

Art. 19 *vicies* *(L. n° 87-416, 17 juin 1987 ; anc. art. 19 nonies ; mod., L. n° 91-5, 3 janv. 1991 ; L. n° 93-121, 27 janv. 1993 ; L. n° 2001-624, 17 juill. 2001 ; renum., L. n° 2001-624, 17 juill. 2001).* – En fonction des résultats de l'exercice, l'assemblée générale annuelle fixe la rémunération des certificats coopératifs d'investissement.

Cette rémunération est au moins égale à celle versée aux parts sociales.

L'assemblée générale annuelle peut offrir aux titulaires de certificats coopératifs d'investissement, pour tout ou partie de la rémunération visée au premier alinéa, une option entre le paiement en numéraire et le paiement en certificats coopératifs d'investissement.

L'offre de paiement de la rémunération en certificats coopératifs d'investissement doit être faite simultanément à tous les titulaires de certificats coopératifs d'investissement.

Le prix d'émission des certificats coopératifs d'investissement émis dans les conditions prévues aux deux alinéas précédents ne peut être inférieur au nominal.

Dans les sociétés dont les certificats coopératifs d'investissement sont inscrits à la cote officielle ou à la cote du second marché, le prix d'émission ne peut être inférieur à 90 % de la moyenne des cours cotés aux vingt séances de bourse précédant le jour de la décision de mise en distribution diminuée du montant net de la rémunération.

Dans les autres sociétés, le prix d'émission est fixé soit à dire d'expert, soit en divisant par le nombre de certificats coopératifs d'investissement existants la fraction de l'actif net visée à l'article 19 *duovicies* et calculée d'après le dernier bilan approuvé par l'assemblée générale. L'application des règles de détermination du prix d'émission est vérifiée par le commissaire aux comptes qui présente un rapport spécial à l'assemblée générale annuelle.

Lorsque le montant de la rémunération à laquelle il a droit ne correspond pas à un nombre entier de certificats coopératifs d'investissement, le titulaire peut recevoir le nombre de certificats coopératifs d'investissement immédiatement inférieur complété d'une soulte en numéraire ou, si l'assemblée générale l'a autorisé, le nombre de certificats coopératifs d'investissement immédiatement supérieur, en versant la différence en numéraire.

La demande du paiement de la rémunération en certificats coopératifs d'investissement, accompagnée le cas échéant du versement prévu à l'alinéa qui précède, doit intervenir dans un délai fixé par l'assemblée générale, sans excéder trois mois à compter de la date de ladite assemblée générale.

Les dispositions du deuxième alinéa de l'article 19 *octodecies* ne sont pas applicables lorsque l'assemblée générale décide d'accorder simultanément à chaque titulaire de certificats coopératifs d'investissement et à chaque porteur de parts sociales, pour toute la rémunération qui leur est due, une option entre le paiement en numéraire ou le paiement respectivement en certificats coopératifs d'investissement ou en parts sociales.

Art. 19 *unvicies* *(L. n° 87-416, 17 juin 1987 ; anc. art. 19 decies ; mod., L. n° 2001-624, 17 juill. 2001 ; renum., L. n° 2001-624, 17 juill. 2001)*. – En cas de nouvelles émissions de certificats coopératifs d'investissement, les titulaires de certificats déjà émis bénéficient d'un droit de souscription préférentiel à titre irréductible qui peut être supprimé par l'assemblée spéciale prévue à l'article 19 *octodecies*.

Art. 19 *duovicies* *(L. n° 87-416, 17 juin 1987 ; anc. art. 19 undecies, renum., L. n° 2001-624, 17 juill. 2001)*. – Par dérogation à l'alinéa 3 de l'article 16 et à l'article 19 de la présente loi, les titulaires de certificats coopératifs d'investissement disposent d'un droit sur l'actif net dans la proportion du capital qu'ils représentent.

TITRE II *QUINQUIES*. – CERTIFICATS COOPÉRATIFS D'ASSOCIÉS

(L. n° 92-643, 13 juill. 1992 puis anc. titre II ter, renum., L. n° 2001-624, 17 juill. 2001)

Art. 19 *tervicies* *(L. n° 92-643,13 juill. 1992 ; anc. art. 19 duodecies ; mod., L. n° 2001-624, 17 juill. 2001 ; renum., L. n° 2001-624, 17 juill. 2001 ; mod., L. n° 2008-649, 3 juill. 2008)*. – Les statuts des établissements de crédit coopératif ou mutualiste peuvent prévoir l'émission de certificats coopératifs d'associés émis pour la durée de la société et conférant à leurs titulaires un droit sur l'actif net dans la proportion du capital qu'ils représentent. Ces titres ne peuvent être détenus que par les associés et les sociétaires des coopératives d'associés.

Les dispositions du titre II *quater* s'appliquent à ces certificats coopératifs d'associés.

Ceux-ci ne peuvent être émis lorsque les statuts prévoient le recours aux dispositions des deux derniers alinéas de l'article 16.

Les certificats coopératifs d'investissement, les certificats coopératifs d'associés et les parts à intérêt prioritaire ne peuvent représenter ensemble plus de 50 % du capital.

Le contrat d'émission des certificats coopératifs d'associés prévoit les modalités de rachat de ces titres.

TITRE III. – CONTRÔLES ET SANCTIONS

Art. 20 *(Mod., n° 2019-964, 18 sept. 2019)*. – Dans le mois de leur constitution définitive, et avant toute opération, les coopératives qui ne sont pas soumises par la loi à un autre mode de publicité doivent déposer au greffe du tribunal judiciaire de leur siège social, sur papier libre et en double exemplaire, leurs statuts accompagnés de la liste de leurs administrateurs, directeurs ou gérants avec l'indication de leurs professions et domiciles.

Les modifications apportées ultérieurement aux statuts ou à la liste visée ci-dessus, ainsi que les actes ou délibérations dont résulte la nullité ou la dissolution de la coopérative, ou qui fixent son mode de liquidation sont soumis au même dépôt dans un délai d'un mois à partir de leur date.

En cas d'inobservation des formalités de dépôt, les actes ou délibérations qui auraient du y être soumis sont inopposables aux tiers pour les actes antérieurs au dépôt.

NB : Conformément à l'article 36 de l'ordonnance n° 2019-964 du 18 septembre 2019, ces dispositions entrent en vigueur au 1er janvier 2020.

Art. 21 *(Mod., Ord. n° 2019-964, 18 sept. 2019)*. – Il est donné sans frais récépissé des documents déposés.

Les documents déposés aux greffes du tribunal judiciaire sont communiqués sans frais à tout requérant.

NB : Conformément à l'article 36 de l'ordonnance n° 2019-964 du 18 septembre 2019, ces dispositions entrent en vigueur au 1er janvier 2020.

Art. 22 *(L. 11 déc. 1952 ; mod., L. n° 2014-856, 31 juill. 2014)*. – Dans tous les actes, factures, annonces, publications et autres documents émanant de sociétés qui se prévalent de la qualité de coopérative, la *dénomination sociale, si elle ne comprend* pas elle-même le mot de coopératif ou de coopérative, doit être accompagnée, outre les autres mentions éventuellement prescrites par la loi, des mots « société coopérative », le tout en caractères apparents et sans abréviation.

Le ministère public ainsi que toute personne intéressée peuvent demander au président du tribunal compétent statuant en référé d'enjoindre, le cas échéant sous astreinte, au représentant de la coopérative de respecter les dispositions du premier alinéa.

Art. 23 *(Mod., L. n° 2014-856, 31 juill. 2014).* – Les coopératives sont tenues de fournir, sur réquisition des contrôleurs ou des agents désignés par les ministres dont elles relèvent suivant leur nature, toutes justifications permettant de vérifier qu'elles fonctionnent conformément à la loi. Elles doivent, notamment, leur communiquer à cet effet leur comptabilité appuyée de toutes pièces justificatives utiles.

Toute entrave apportée à l'exercice de ce contrôle est punie de la peine prévue au 3° de l'article 131-13 du Code pénal.

Art. 24 *(Mod., L. n° 92-1336, 16 déc. 1992 ; rempl., L. n° 2012-387, 22 mars 2012).* – Toute personne intéressée peut demander au président du tribunal compétent statuant en référé d'enjoindre, le cas échéant sous astreinte, à la personne concernée de supprimer l'appellation : « société coopérative » utilisée de manière illicite ainsi que toute expression de nature à prêter à confusion avec celle-ci.

Le président du tribunal peut, en outre, ordonner la publication de la décision, son affichage dans les lieux qu'il désigne, son insertion intégrale ou par extraits dans les journaux et sa diffusion par un ou plusieurs services de communication au public en ligne qu'il indique, le tout aux frais des dirigeants de l'organisme ayant utilisé les mots ou l'appellation en cause.

Art. 25 *(L. n° 92-643, 13 juill. 1992 ; mod., L. n° 2014-856, 31 juill. 2014).* – I. – Toute modification des statuts entraînant la perte de la qualité de coopérative ne peut intervenir qu'après autorisation de l'autorité administrative, prise après avis du Conseil supérieur de la coopération.

Elle ne peut être apportée que dans les cas suivants :

1° Lorsque la qualité de coopérative est un obstacle immédiat à la survie de l'entreprise ;

2° Lorsqu'une stagnation ou une dégradation sérieuse de l'activité de l'entreprise, liée à sa qualité de coopérative, entrave ou obère totalement ses perspectives de développement ;

3° Ou en application de l'article 25-4.

Les réserves qui, à la date de l'autorisation, ne sont pas distribuables aux sociétaires ou incorporables au capital en vertu de dispositions législatives, réglementaires ou statutaires conservent ce caractère pendant une période de dix ans.

Ces dispositions s'appliquent aux opérations de fusion et de scission entraînant la dissolution de la coopérative sauf lorsqu'elles interviennent entre des sociétés régies par la présente loi.

II. – Par exception aux dispositions du premier alinéa du I :

1° Lorsque la coopérative est régie par la loi n° 84-46 du 24 janvier 1984 relative à l'activité et au contrôle des établissements de crédit, l'autorisation de procéder aux opérations prévues au premier alinéa du I est donnée par l'organe central auquel l'établissement de crédit coopératif ou mutualiste est affilié, après avis du Conseil supérieur de la coopération ;

2° Lorsque la coopérative fait l'objet d'une procédure de redressement judiciaire, l'autorisation de modifier les statuts, si elle est nécessaire à la survie de l'entreprise, est accordée par le tribunal saisi de cette procédure.

Art. 25-1 *(L. n° 2014-856, 31 juill. 2014).* – Les sociétés coopératives et leurs unions dont l'activité dépasse une certaine importance, appréciée à partir de seuils fixés par décret en Conseil d'État, se soumettent tous les cinq ans à un contrôle, dit « révision coopérative », destiné à vérifier la conformité de leur organisation et de leur fonctionnement aux principes et aux règles de la coopération et à l'intérêt des adhérents, ainsi qu'aux règles coopératives spécifiques qui leur sont applicables et, le cas échéant, à leur proposer des mesures correctives.

Ces seuils sont fixés en considération du total du bilan de ces sociétés, du montant hors taxes de leur chiffre d'affaires ou du nombre moyen de leurs salariés ou de leurs associés. Les sociétés coopératives qui satisfont aux obligations de la révision coopérative sont dispensées des obligations prévues au II de l'article 3 de la loi n° 2014-856 du 31 juillet 2014 relative à l'économie sociale et solidaire.

Les statuts peuvent prévoir un délai inférieur au délai de cinq ans mentionné au premier alinéa du présent article. La révision est obligatoire au terme de trois exercices déficitaires ou si les pertes d'un exercice s'élèvent à la moitié au moins du montant le plus élevé atteint par le capital social de la coopérative.

En outre, la révision coopérative est de droit lorsqu'elle est demandée par :

1° Le dixième au moins des associés ;

2° Un tiers des administrateurs ou, selon le cas, des membres du conseil de surveillance ;

3° L'autorité habilitée, le cas échéant, à délivrer l'agrément ;

4° Le ministre chargé de l'économie sociale et solidaire ou tout ministre compétent à l'égard de la coopérative en question.

Voir : D. n° 2015-800, 1er juill. 2015.

Art. 25-2 *(L. n° 2014-856, 31 juill. 2014)*. – La révision est effectuée par un réviseur agréé. Un décret fixe les conditions dans lesquelles d'anciens associés d'une société coopérative peuvent être agréés comme réviseurs.

À la demande de toute personne intéressée ou du ministère public, le président du tribunal, statuant en référé, peut enjoindre sous astreinte au dirigeant de la société de provoquer la désignation du réviseur afin d'effectuer la révision coopérative prévue à l'article 25-1.

Art. 25-3 *(L. n° 2014-856, 31 juill. 2014)*. – Le rapport établi par le réviseur est transmis aux organes de gestion et d'administration de la société et, lorsqu'il existe, à l'organe central compétent, au sens de l'article L. 511-30 du Code monétaire et financier. Il est ensuite mis à la disposition de tous les associés et est présenté et discuté lors d'une assemblée générale, selon des modalités déterminées par les statuts. Lorsque la société coopérative est soumise au contrôle de l'Autorité de contrôle prudentiel et de résolution en application de l'article L. 612-2 du même code, le réviseur communique, en outre, le rapport à ladite autorité.

Si le rapport établit que la société coopérative ne respecte pas les principes et les règles de la coopération, l'intérêt de ses adhérents ou les règles coopératives spécifiques qui lui sont applicables, le réviseur peut la mettre en demeure de s'y conformer.

Dans les réseaux coopératifs, unions ou fédérations de coopératives, en cas de carence à l'expiration du délai de mise en demeure, le réviseur saisit, dans un délai de quinze jours, une instance de recours constituée de représentants des instances nationales, selon des modalités prévues dans leur organisation, ou, lorsqu'il existe, l'organe central compétent mentionné à l'article L. 511-30 dudit code. Cette instance, ou l'organe central compétent, recherche, après consultation du réviseur, une solution propre à mettre un terme à la carence de la coopérative.

Si, dans le délai d'un mois après la saisine de l'instance de recours ou de l'organe central compétent, le réviseur reçoit une proposition de solution, il est fait application du premier alinéa du présent article. En cas de carence de la coopérative à la suite de cette nouvelle mise en demeure, il est fait application des cinquième et avant-dernier alinéas.

À défaut de réception d'une proposition de solution propre à mettre un terme à la carence de la coopérative en application du troisième alinéa dans le délai d'un mois, le réviseur peut demander au président du tribunal statuant en référé d'enjoindre sous astreinte aux organes de direction ou d'administration de la coopérative de se conformer aux principes et règles de la coopération, à l'intérêt des adhérents et aux règles coopératives spécifiques qui sont applicables à cette coopérative.

Le réviseur peut également saisir, selon les cas, l'autorité habilitée, le cas échéant, à délivrer l'agrément, le ministre chargé de l'économie sociale et solidaire ou le ministre compétent à l'égard de la coopérative en question.

Les compétences mentionnées au présent article s'exercent sous réserve de la compétence de l'Autorité de contrôle prudentiel et de résolution en application des articles L. 612-1 et L. 612-2 du même code.

Art. 25-4 *(L. n° 2014-856, 31 juill. 2014)*. – Dans le cas où l'autorité habilitée, le cas échéant, à délivrer l'agrément, le ministre chargé de l'économie sociale et solidaire ou le ministre compétent est saisi par le réviseur en application de l'article 25-3, l'autorité habilitée à délivrer l'agrément ou le ministre peut notifier aux organes de direction ou d'administration de la société les manquements constatés et leur fixer un délai *pour y remédier.*

Lorsque les mesures correctives n'ont pas été prises dans le délai imparti, l'autorité habilitée à délivrer l'agrément ou le ministre convoque une assemblée générale extraordinaire de la société, en lui enjoignant de prendre les mesures correctives requises.

Lorsque le fonctionnement normal de la société coopérative ou de l'union n'a pas été rétabli dans un délai de six mois à compter de la réunion de l'assemblée générale extraordinaire, l'autorité habilitée, le cas échéant, à délivrer l'agrément peut prononcer le retrait de son agrément après avoir mis la société coopérative en mesure de présenter ses observations. Le ministre compétent peut prononcer la perte de la qualité de coopérative dans les mêmes conditions, après avis du Conseil supérieur de la coopération.

L'autorité habilitée à délivrer l'agrément ou le ministre peuvent rendre publiques les décisions prises en application du présent article, dans les conditions qu'ils déterminent.

Les réserves qui, à la date du prononcé de la perte de qualité de coopérative, ne sont pas distribuables aux sociétaires ou incorporables au capital en vertu de dispositions législatives ou réglementaires sont dévolues, par décision de l'assemblée générale, soit à d'autres coopératives ou unions de coopératives, soit à une autre entreprise de l'économie sociale et solidaire, au sens du III de l'article 1er de la loi n° 2014-856 du 31 juillet 2014 relative à l'économie sociale et solidaire.

Art. 25-5 *(L. n° 2014-856, 31 juill. 2014).* – Un décret en Conseil d'État fixe les conditions d'application des articles 25-1 à 25-4, notamment les conditions d'agrément du réviseur, de sa désignation par l'assemblée générale, d'exercice de son mandat et de sa suppléance et de cessation de ses fonctions. Ce décret prévoit également les dispositions garantissant l'indépendance du réviseur.

Art. 26 *(Mod., L. n° 2008-649, 3 juill. 2008).* – Sont punis des peines prévues aux articles 313-1, 313-7 et 313-8 du Code pénal, sans préjudice de l'application de cet article à tous les faits constitutifs du délit d'escroquerie :

1° Ceux qui, à l'aide de manœuvres frauduleuses, ont fait attribuer à un apport en nature une valeur supérieure à sa valeur réelle.

2° Les administrateurs ou gérants qui ont sciemment publié ou communiqué des documents comptables inexacts en vue de dissimuler la véritable situation de la société.

3° Les administrateurs ou gérants qui ont fait de leurs pouvoirs un usage contraire à l'intérêt de la société à des fins personnelles ou pour favoriser une autre société ou entreprise dans laquelle ils étaient intéressés de manière quelconque et, en particulier, ont disposé dans ces conditions de ses biens ou de son crédit.

4° Les administrateurs ou gérants qui ont procédé à des répartitions opérées en violation des articles 14, 15, 16, 18 et 19 ci-dessus ou en vertu des dispositions insérées dans les statuts en violation de l'article 25.

5° Les administrateurs ou gérants qui, en l'absence d'excédents d'exploitation et hors le cas prévu à l'article 17, ont distribué aux sociétaires les intérêts ou ristournes prévus aux articles 14 et 15 ci-dessus.

Les premier à sixième alinéas sont applicables aux sociétés coopératives européennes.

TITRE III *BIS*. – LA SOCIÉTÉ COOPÉRATIVE EUROPÉENNE

(L. n° 2008-649, 3 juill. 2008)

CHAPITRE PREMIER. – DISPOSITIONS GÉNÉRALES

Art. 26-1 *(L. n° 2008-649, 3 juill. 2008).* – La société coopérative européenne a la personnalité juridique à compter de son immatriculation au registre du commerce et des sociétés.

Les articles L. 210-3 du Code de commerce et 1837 du Code civil sont applicables à la société coopérative européenne selon qu'elle est ou non commerciale. Le siège et l'administration centrale de la société coopérative européenne ne peuvent être dissociés.

La société coopérative européenne est régie par le règlement (CE) n° 1435/2003 du Conseil, du 22 juillet 2003, relatif au statut de la société coopérative européenne (SEC), par la présente loi, ainsi que par les dispositions des lois particulières applicables à chaque catégorie de société coopérative, dans la mesure où elles sont compatibles avec celles de ce règlement.

CHAPITRE II. – LA CONSTITUTION DE LA SOCIÉTÉ COOPÉRATIVE EUROPÉENNE

Section I. – La constitution par voie de fusion

Art. 26-2 *(L. n° 2008-649, 3 juill. 2008).* – Toute société coopérative régulièrement immatriculée au registre du commerce et des sociétés peut participer à la constitution d'une société coopérative européenne par voie de fusion soit par absorption, soit par création d'une nouvelle personne morale.

Cette constitution est soumise aux dispositions applicables à la catégorie de coopératives à laquelle la société coopérative européenne appartient ou, à défaut, aux dispositions du chapitre VI du titre III du livre II du Code de commerce, dans la mesure où elles sont compatibles avec le règlement (CE) n° 1435/2003 du Conseil, du 22 juillet 2003, précité et la présente loi.

Art. 26-3 *(L. n° 2008-649, 3 juill. 2008)*. – Le ou les commissaires à la fusion chargés d'établir le rapport mentionné à l'article 26 du règlement (CE) n° 1435/2003 du Conseil, du 22 juillet 2003, précité sont désignés par décision de justice. Ils établissent, sous leur responsabilité, un rapport écrit selon les modalités prévues à l'article L. 236-10 du Code de commerce. Ils sont soumis aux incompatibilités prévues à l'article L. 822-11 du même code.

Art. 26-4 *(L. n° 2008-649, 3 juill. 2008)*. – Le greffier du tribunal dans le ressort duquel la société participant à l'opération est immatriculée contrôle, conformément aux dispositions applicables à la catégorie de coopératives dont elle relève ou, à défaut, selon les modalités prévues à l'article L. 236-6 du Code de commerce, que les opérations préalables à la fusion sont conformes aux dispositions législatives et réglementaires.

À l'issue de ces vérifications, le greffier délivre une attestation de conformité.

Un notaire ou le greffier du tribunal dans le ressort duquel la société coopérative européenne issue de la fusion sera immatriculée contrôle, dans un délai fixé par décret en Conseil d'État, la légalité de la fusion, pour la partie relative à la réalisation de la fusion et à la constitution de la société coopérative européenne.

Il contrôle en particulier que les sociétés qui fusionnent ont approuvé un projet de fusion dans les mêmes termes et que les modalités relatives à la participation des salariés ont été fixées conformément au titre VI du livre III de la deuxième partie du Code du travail.

Le notaire ou le greffier du tribunal contrôle en outre que la constitution de la société coopérative européenne formée par fusion remplit les conditions fixées par les dispositions législatives et réglementaires applicables.

Art. 26-5 *(L. n° 2008-649, 3 juill. 2008)*. – La nullité de la fusion ne peut plus être prononcée après l'immatriculation de la société coopérative européenne ou la prise en compte des inscriptions modificatives la concernant au registre du commerce et des sociétés.

Art. 26-6 *(L. n° 2008-649, 3 juill. 2008)*. – Le procureur de la République est compétent pour s'opposer pour des raisons d'intérêt public, conformément au paragraphe 14 de l'article 7 et à l'article 21 du règlement (CE) n° 1435/2003 du Conseil, du 22 juillet 2003, précité, au transfert de siège social d'une société coopérative immatriculée en France, dont il résulterait un changement de droit applicable, ainsi qu'à la participation d'une société coopérative relevant du droit français à la constitution d'une société coopérative européenne par voie de fusion.

Il se saisit d'office ou est saisi par toute personne ou autorité qui estime une telle opération contraire à un intérêt public.

La décision du procureur de la République est susceptible de recours devant la cour d'appel de Paris.

Section II. – La constitution par transformation

Art. 26-7 *(L. n° 2008-649, 3 juill. 2008)*. – En cas de transformation d'une société coopérative en société coopérative européenne, la société établit un projet de transformation.

Ce projet est déposé au greffe du tribunal dans le ressort duquel la société coopérative est immatriculée et fait l'objet d'une publicité selon des modalités prévues par décret en Conseil d'État.

Un ou plusieurs commissaires à la transformation désignés par décision de justice établissent sous leur responsabilité un rapport. Le rapport atteste que la société dispose d'actifs nets au moins équivalents au capital augmenté des réserves que la loi ou les statuts ne permettent pas de distribuer. Les commissaires à la transformation sont soumis aux incompatibilités prévues à l'article L. 822-11 du Code de commerce.

La transformation de la société coopérative en société coopérative européenne est décidée dans les conditions prévues pour la modification des statuts de la coopérative qui se transforme.

Elle est également soumise à l'approbation des porteurs de parts à intérêts prioritaires selon les modalités de l'article 11 *bis* de la présente loi ainsi qu'à celle des titulaires de certificats coopératifs d'investissement et à celle des titulaires de certificats coopératifs d'associés selon des modalités prévues par décret en Conseil d'État.

Art. 26-8 *(L. n° 2008-649, 3 juill. 2008)*. – Lorsque la participation des salariés au sens du paragraphe 7 de l'article 35 du règlement (CE) n° 1435/2003 du Conseil, du 22 juillet 2003, précité est organisée, le projet de transformation est préalablement approuvé à la majorité des deux tiers des membres du conseil d'administration ou du conseil de surveillance.

CHAPITRE III. – LE TRANSFERT DE SIÈGE

Art. 26-9 *(L. n° 2008-649, 3 juill. 2008)*. – Toute société coopérative européenne régulièrement immatriculée au registre du commerce et des sociétés peut transférer son siège dans un autre État membre de la Communauté européenne. Elle établit un projet de transfert. Ce projet est déposé au greffe du tribunal dans le ressort duquel la société est immatriculée et fait l'objet d'une publicité dont les modalités sont prévues par décret en Conseil d'État.

Le transfert est décidé dans les conditions prévues pour la modification des statuts selon les dispositions applicables à la catégorie de coopératives dont relève la société coopérative européenne. Cette décision ne peut pas intervenir avant qu'un délai de deux mois se soit écoulé depuis la publicité du projet.

Le transfert est soumis à l'approbation des porteurs de parts à intérêts prioritaires selon les modalités de l'article 11 *bis*.

Art. 26-10 *(L. n° 2008-649, 3 juill. 2008)*. – En cas d'opposition au transfert de siège, les associés peuvent déclarer leur retrait et obtenir le remboursement de leurs parts selon les modalités prévues par la présente loi.

Art. 26-11 *(L. n° 2008-649, 3 juill. 2008)*. – (1) Le projet de transfert est présenté à l'assemblée spéciale des titulaires de certificats coopératifs d'investissement et à celle des titulaires de certificats coopératifs d'associés. Elles se prononcent sur les modalités de rachat de ces titres.

Lorsque les certificats coopératifs d'investissement et les certificats coopératifs d'associés sont admis aux négociations sur un marché réglementé, l'offre de rachat présentée par la société est faite selon les modalités prévues par le contrat d'émission et dans les conditions prévues par les articles L. 212-6-3 et L. 212-6-4 du Code monétaire et financier.

Lorsque les certificats coopératifs d'investissement et les certificats coopératifs d'associés ne sont pas admis aux négociations sur un marché réglementé, le rachat est effectué selon les modalités prévues par le contrat d'émission. En cas d'opposition des titulaires de certificats coopératifs d'investissement ou des titulaires de certificats coopératifs d'associés, le rachat des titres est effectué dans des conditions assurant l'égalité entre les titulaires prévues par décret en Conseil d'État.

La somme revenant aux détenteurs non identifiés ou ne s'étant pas manifestés est consignée.

Art. 26-12 *(L. n° 2008-649, 3 juill. 2008)*. – Le projet de transfert est soumis à l'assemblée des obligataires à moins que le remboursement des titres sur simple demande de leur part ne soit offert auxdits obligataires. Un décret en Conseil d'État fixe les modalités de publicité de l'offre de remboursement ainsi que le délai au terme duquel chaque obligataire qui n'a pas demandé le remboursement conserve sa qualité dans la société aux conditions fixées par le projet de transfert.

---

(1) Lorsque le contrat d'émission, conclu avant l'entrée en vigueur de la présente loi, ne prévoit aucune modalité de rachat des certificats coopératifs d'investissement ou des certificats coopératifs d'associés, il est fait application des méthodes d'évaluation soit fixées par l'assemblée spéciale dans des conditions assurant l'égalité entre les titulaires de certificats coopératifs d'investissement ou les titulaires de certificats coopératifs d'associés soit, lorsque ces certificats sont admis aux négociations sur un marché réglementé, dans les conditions prévues par les articles L. 212-6-3 et L. 212-6-4 du Code monétaire et financier.

Art. 26-13 *(L. n° 2008-649, 3 juill. 2008)*. – Les créanciers non obligataires dont la créance est antérieure au transfert de siège peuvent former opposition à celui-ci dans le délai fixé par décret en Conseil d'État. Une décision de justice rejette l'opposition ou ordonne soit le remboursement des créances, soit la constitution de garanties si la société transférant son siège en offre et si elles sont jugées suffisantes. À défaut de remboursement des créances ou de constitution des garanties ordonnées, le transfert est inopposable à ces créanciers. L'opposition formée n'a pas pour effet d'interdire la poursuite des opérations de transfert. Le présent article ne fait pas obstacle à l'application des conventions autorisant les créanciers non obligataires à exiger le remboursement immédiat de leur créance en cas de transfert de siège.

Art. 26-14 *(L. n° 2008-649, 3 juill. 2008)*. – Un notaire délivre un certificat attestant l'accomplissement des actes et formalités préalables au transfert.

CHAPITRE IV. – LA DIRECTION ET L'ADMINISTRATION DE LA SOCIÉTÉ COOPÉRATIVE EUROPÉENNE

Art. 26-15 *(L. n° 2008-649, 3 juill. 2008)*. – Les statuts de la société coopérative européenne peuvent prévoir qu'elle est administrée par un conseil d'administration ou par un directoire placé sous le contrôle d'un conseil de surveillance.

Section I. – Le conseil d'administration et la direction générale

Art. 26-16 *(L. n° 2008-649, 3 juill. 2008)*. – Le conseil d'administration représente la société à l'égard des tiers. Le nombre de ses membres, fixé par les statuts, est compris entre trois et dix-huit.

Toutefois, les statuts peuvent prévoir que la direction générale de la société est assumée sous sa responsabilité soit par le président du conseil d'administration, soit par une autre personne physique nommée par le conseil d'administration et portant le titre de directeur général.

Dans ce cas, le directeur général est investi des pouvoirs les plus étendus pour agir en toute circonstance au nom de la société. Il exerce ces pouvoirs dans la limite de l'objet social et sous réserve de ceux que la loi attribue expressément aux assemblées générales et au conseil d'administration.

Il représente la société dans ses rapports avec les tiers. La société est engagée même par les actes du directeur général qui ne relèvent pas de l'objet social, à moins qu'elle ne prouve que le tiers savait que l'acte dépassait cet objet ou qu'il ne pouvait l'ignorer compte tenu des circonstances, étant exclu que la seule publication des statuts suffise à constituer cette preuve.

Art. 26-17 *(L. n° 2008-649, 3 juill. 2008)*. – Sauf lorsqu'une disposition applicable aux sociétés coopératives de même catégorie l'interdit, une personne morale peut être nommée administrateur.

Art. 26-18 *(L. n° 2008-649, 3 juill. 2008)*. – Chaque administrateur peut se faire communiquer par le directeur général les documents nécessaires à l'accomplissement de sa mission.

Section II. – Le directoire et le conseil de surveillance

Art. 26-19 *(L. n° 2008-649, 3 juill. 2008)*. – La société coopérative européenne peut être dirigée par un directoire, agissant sous le contrôle d'un conseil de surveillance.

Art. 26-20 *(L. n° 2008-649, 3 juill. 2008)*. – Le directoire est investi des pouvoirs les plus étendus pour agir en toute circonstance au nom de la société. Il les exerce dans la limite de l'objet social et sous réserve de ceux expressément attribués par la loi au conseil de surveillance et aux assemblées générales. Les statuts peuvent prévoir que son président ou le directeur général unique ou tout autre membre désigné à cet effet par *le conseil de surveillance* et portant le titre de directeur général représente seul la société à l'égard des tiers.

Dans les rapports avec les tiers, la société est engagée même par les actes du directoire qui ne relèvent pas de l'objet social, à moins qu'elle ne prouve que les tiers savaient que l'acte dépassait cet objet ou qu'ils ne pouvaient l'ignorer compte tenu des circonstances, étant exclu que la seule publication des statuts suffise à constituer cette preuve.

Les dispositions des statuts limitant les pouvoirs du directoire sont inopposables aux tiers.

Dans les sociétés coopératives européennes dont le capital est inférieur à 150 000 €, les fonctions dévolues au directoire peuvent être exercées par une seule personne. Dans ce cas, elle prend le titre de directeur général unique.

Art. 26-21 *(L. n° 2008-649, 3 juill. 2008 ; mod., Ord. n° 2009-80, 22 janv. 2009 ; Ord. n° 2019-1067, 21 oct. 2019).* – Les membres du directoire ou le directeur général unique sont nommés et révoqués par le conseil de surveillance.

Toutefois, si les statuts le prévoient, ils peuvent être nommés par l'assemblée générale selon les modalités prévues par la présente loi et selon les dispositions applicables aux coopératives de même catégorie.

À peine de nullité de la nomination, les membres du directoire sont des personnes physiques. Ils peuvent être choisis en dehors des associés.

Le nombre des membres du directoire est fixé par les statuts, sans pouvoir excéder cinq membres.

Toutefois, ce nombre peut être porté à sept lorsque la société coopérative européenne entend procéder à une offre au public de ses parts, à l'exception des offres mentionnées au 1° ou au 2° de l'article L. 411-2 du Code monétaire et financier ou à l'article L. 411-2-1 du même code.

Art. 26-22 *(L. n° 2008-649, 3 juill. 2008).* – En cas de vacance au sein du directoire, un membre du conseil de surveillance peut être nommé par ce conseil pour exercer les fonctions de membre du directoire pour une durée maximale fixée par décret en Conseil d'État. Pendant cette durée, les fonctions de l'intéressé au sein du conseil de surveillance sont suspendues.

Art. 26-23 *(L. n° 2008-649, 3 juill. 2008).* – Le conseil de surveillance est composé de trois membres au moins. Les statuts fixent le nombre maximum des membres du conseil, qui ne peut être supérieur à dix-huit.

Sauf lorsqu'une disposition applicable à la coopérative de même catégorie que la société coopérative européenne l'interdit, une personne morale peut être nommée au conseil de surveillance. Lors de sa nomination, la personne morale est tenue de désigner un représentant permanent qui est soumis aux mêmes conditions et obligations et qui encourt les mêmes responsabilités civile et pénale que s'il était membre du conseil en son nom propre, sans préjudice de la responsabilité solidaire de la personne morale qu'il représente. Lorsque la personne morale révoque son représentant, elle est tenue de pourvoir en même temps à son remplacement.

Art. 26-24 *(L. n° 2008-649, 3 juill. 2008).* – Chaque membre du conseil de surveillance peut se faire communiquer par le président du directoire les documents nécessaires à l'accomplissement de sa mission.

Section III. – Règles communes

Art. 26-25 *(L. n° 2008-649, 3 juill. 2008).* – Sous réserve de l'article 27 de la présente loi, les statuts doivent prévoir des règles similaires à celles énoncées aux articles L. 225-38 à L. 225-42 et L. 225-86 à L. 225-90 du Code de commerce.

Art. 26-26 *(L. n° 2008-649, 3 juill. 2008).* – Les administrateurs, le directeur général et les membres du directoire sont responsables, individuellement ou solidairement selon le cas, envers la société ou envers les tiers, soit des violations des dispositions législatives ou réglementaires applicables aux sociétés coopératives *ou des dispositions statutaires,* soit des fautes commises dans leur gestion.

Les membres du conseil de surveillance sont responsables des fautes personnelles commises dans l'exécution de leur mandat. Ils n'encourent aucune responsabilité en raison des actes de la gestion et de leur résultat. Ils peuvent être déclarés civilement responsables des délits commis par les membres du directoire si, en ayant eu connaissance, ils ne les ont pas révélés à l'assemblée générale.

Section IV. – Acquisition de la qualité d'associé coopérateur

Art. 26-27 *(L. n° 2008-649, 3 juill. 2008).* – Les statuts de la société coopérative européenne déterminent les modalités de délivrance de l'agrément des nouveaux associés coopérateurs par le conseil d'administration ou par le directoire, ainsi que les modalités selon lesquelles un recours est exercé devant l'assemblée générale contre les décisions de refus d'agrément.

ANNEXE 2

Section V. – Les assemblées générales

Art. 26-28 *(L. n° 2008-649, 3 juill. 2008).* – Les assemblées générales de la société coopérative européenne sont soumises aux règles prescrites par la présente loi, ainsi qu'à celles applicables aux coopératives de même catégorie dans la mesure où elles sont compatibles avec le règlement (CE) n° 1435/2003 du Conseil, du 22 juillet 2003, précité.

Section VI. – Le contrôle légal des comptes

Art. 26-29 *(L. n° 2008-649, 3 juill. 2008).* – Les comptes annuels des sociétés coopératives européennes sont certifiés par au moins un commissaire aux comptes. Toutefois, les comptes consolidés ou combinés des sociétés coopératives européennes sont certifiés par au moins deux commissaires aux comptes.

Section VII. – La révision

Art. 26-30 *(L. n° 2008-649, 3 juill. 2008).* – La société coopérative européenne relevant d'une catégorie particulière de coopératives soumises à une obligation de révision spécifique par un organisme extérieur est soumise à la même obligation.

CHAPITRE V. – L'ÉTABLISSEMENT DES COMPTES

Art. 26-31 *(L. n° 2008-649, 3 juill. 2008). – (Mod., Ord. n° 2010-462, 6 mai 2010)* Sous réserve des dispositions de l'article L. 524-6-5 du Code rural et de la pêche maritime, la société coopérative européenne établit des comptes annuels conformément aux articles L. 123-12 à L. 123-24 du Code de commerce.

CHAPITRE VI. – DISSOLUTION ET LIQUIDATION DE LA SOCIÉTÉ COOPÉRATIVE EUROPÉENNE

Art. 26-32 *(L. n° 2008-649, 3 juill. 2008).* – Les causes de nullité de la délibération de l'une des assemblées qui ont décidé de la fusion ou les manquements au contrôle de légalité constituent une cause de dissolution de la société coopérative européenne.

Toutefois, lorsqu'il est possible de porter remède à l'irrégularité susceptible d'entraîner la dissolution, le tribunal saisi de l'action en dissolution d'une société coopérative européenne créée par fusion accorde un délai pour régulariser la situation.

Les actions en dissolution prévues par le présent article se prescrivent par six mois à compter de la date de la dernière inscription au registre du commerce et des sociétés rendue nécessaire par la fusion.

Art. 26-33 *(L. n° 2008-649, 3 juill. 2008).* – Si la société coopérative européenne immatriculée en France n'y a plus son administration centrale, tout intéressé peut demander au tribunal, le cas échéant sous astreinte, la régularisation de cette situation par le transfert du siège social ou le rétablissement de l'administration centrale au lieu du siège social.

Le tribunal fixe une durée maximale pour cette régularisation.

Art. 26-34 *(L. n° 2008-649, 3 juill. 2008).* – À défaut de régularisation à l'issue du délai mentionné à l'article 26-33, le tribunal prononce la dissolution de la société coopérative européenne.

Art. 26-35 *(L. n° 2008-649, 3 juill. 2008).* – En cas de déplacement vers la France de l'administration centrale d'une société coopérative européenne immatriculée dans un autre État membre, en violation de l'article 6 du règlement (CE) n° 1435/2003 du Conseil, du 22 juillet 2003, précité, le procureur de la République informe sans délai l'État membre dans lequel est fixé le siège statutaire de cette société.

Art. 26-36 *(L. n° 2008-649, 3 juill. 2008).* – En cas de déplacement vers un autre État membre de la *Communauté européenne* de l'administration centrale d'une société coopérative européenne immatriculée en France, en violation de l'article 6 du règlement (CE) n° 1435/2003 du Conseil, du 22 juillet 2003, précité, le procureur de la République est compétent pour recevoir cette information des autorités de cet État.

Art. 26-37 *(L. n° 2008-649, 3 juill. 2008).* – Lorsque la dissolution de la société coopérative européenne est prononcée, il est procédé à sa liquidation conformément aux dispositions applicables à la catégorie de coopératives concernée ou conformément à l'article 19 de la présente loi et aux dispositions non contraires de l'article 1844-8 du Code civil ou du chapitre VII du titre III du livre II du Code de commerce.

Lorsqu'une décision judiciaire prononçant la dissolution d'une société coopérative européenne est devenue définitive, cette décision fait l'objet d'une publicité dont les modalités sont fixées par décret en Conseil d'État.

CHAPITRE VII. – LA TRANSFORMATION DE LA SOCIÉTÉ COOPÉRATIVE EUROPÉENNE EN SOCIÉTÉ COOPÉRATIVE

Art. 26-38 *(L. n° 2008-649, 3 juill. 2008)*. – Toute société coopérative européenne peut se transformer en société coopérative si, au moment de la transformation, elle est immatriculée depuis plus de deux ans et a fait approuver le bilan de ses deux premiers exercices.

La société établit un projet de transformation en société coopérative. Ce projet est déposé au greffe du tribunal du siège de la société et fait l'objet d'une publicité dont les modalités sont fixées par décret en Conseil d'État.

Art. 26-39 *(L. n° 2008-649, 3 juill. 2008)*. – Un ou plusieurs commissaires à la transformation désignés par décision de justice établissent sous leur responsabilité un rapport destiné aux associés de la société en voie de transformation attestant qu'elle dispose d'actifs nets au moins équivalents à son capital. Ils sont soumis aux incompatibilités prévues à l'article L. 822-11 du Code de commerce.

Art. 26-40 *(L. n° 2008-649, 3 juill. 2008)*. – La transformation en société coopérative est décidée par l'assemblée générale extraordinaire selon les modalités prévues pour la modification des statuts spécifiques aux coopératives de même catégorie.

Le projet de transformation est soumis à l'approbation des porteurs de parts à intérêts prioritaires selon les modalités prévues à l'article 11 *bis*, à l'assemblée des titulaires de certificats coopératifs d'investissement ainsi qu'à celle des titulaires de certificats coopératifs d'associés selon des modalités fixées par décret en Conseil d'État.

TITRE III *TER*. – LA COOPÉRATIVE D'ACTIVITÉ ET D'EMPLOI

Art. 26-41 *(L. n° 2014-856, 31 juill. 2014)*. – Les coopératives d'activité et d'emploi ont pour objet principal l'appui à la création et au développement d'activités économiques par des entrepreneurs personnes physiques.

Ces coopératives mettent en œuvre un accompagnement individualisé des personnes physiques et des services mutualisés.

(Al. créé, L. n° 2016-1088, 8 août 2016 et rect. JO 24 sept. 2016) Les coopératives d'activité et d'emploi sont des sociétés coopératives de production, des sociétés coopératives d'intérêt collectif ou des coopératives de toute autre forme dont les associés sont notamment entrepreneurs salariés. Elles sont régies par la présente loi, par le livre III de la septième partie du Code du travail, ainsi que par les dispositions des lois particulières applicables à certaines catégories de société coopérative.

Les statuts de la coopérative déterminent les moyens mis en commun par elle à cet effet et les modalités de rémunération des personnes mentionnées au premier alinéa du présent article, dans des conditions prévues par décret en Conseil d'État.

Les articles 25-1 à 25-5 sont applicables aux sociétés coopératives d'activité et d'emploi.

TITRE IV. – DISPOSITIONS DIVERSES

Art. 27 *(L. n° 66-538, 24 juill. 1966 ; mod., L. n° 84-148, 1er mars 1984 ; L. n° 92-643, 13 juill. 1992 ; L. n° 2003-706, 1er août 2003 ; L. n° 2014-856, 31 juill. 2014)*. – Le deuxième alinéa de l'article L. 225-22, les articles L. 225-130 et L. 225-131, le second alinéa de l'article L. 228-39 et le II de l'article L. 233-8 du Code de commerce ne sont pas applicables aux coopératives régies par la présente loi. Les dispositions des articles L. 223-19, L. 223-20, L. 225-38, L. 225-39, L. 225-86, L. 225-87, L. 227-10 et L. 227-11 du Code de commerce ne sont pas applicables aux conventions conclues entre la société coopérative et ses membres lorsqu'elles ont pour objet la mise en œuvre des statuts.

Par dérogation aux dispositions de l'article L. 224-2 du Code de commerce, le capital des sociétés coopératives constituées sous forme de sociétés par actions ne peut être inférieur à la moitié du montant minimal prévu audit article.

Les sociétés coopératives dont le capital social est inférieur au montant mentionné au deuxième alinéa du présent article peuvent être dissoutes à la demande de tout intéressé ou du ministère public. Le tribunal peut accorder un délai maximal de six mois, renouvelable une fois, pour régulariser la situation ; il ne peut prononcer la dissolution si, au jour où il statue sur le fond, la régularisation a eu lieu.

Art. 27 *bis* *(Abr., L. n° 2014-856, 31 juill. 2014).*

Art. 28 *(Abr., L. n° 2014-856, 31 juill. 2014).*

Art. 28 *bis* *(L. n° 2001-624, 17 juill. 2001).* – Les associations déclarées relevant du régime de la loi du 1er juillet 1901 relative au contrat d'association ou de la loi du 19 avril 1908 applicable dans les départements du Bas-Rhin, du Haut-Rhin ou de la Moselle peuvent, dans les conditions fixées ci-dessous, se transformer en société coopérative, régie notamment par la présente loi, ayant une activité analogue. Cette transformation n'entraîne pas la création d'une personne morale nouvelle.

Les réserves et les fonds associatifs constitués antérieurement à la transformation ne sont pas distribuables aux sociétaires ou incorporables au capital.

Les dispositions des troisième et quatrième alinéas de l'article 16 et de l'article 18 ne leur sont pas applicables.

Les agréments, habilitations et conventions, ainsi que, s'il y a lieu, les aides et avantages financiers directs ou indirects auxquels ils donnent droit, sous réserve de la conformité de l'objet statutaire de la nouvelle société coopérative et de ses règles d'organisation et de fonctionnement aux conditions législatives et réglementaires requises, d'une part, ainsi que les conventions d'apports associatifs, d'autre part, se poursuivent dans la société coopérative issue de la transformation.

Art. 29. – La présente loi est applicable aux départements et territoires d'outre-mer.

Art. 29 *bis* *(L. n° 96-609, 5 juill. 1996).* – I. – Sont également applicables au territoire de la Nouvelle-Calédonie les textes modificatifs de la présente loi qui suivent :

- la loi n° 56-745 du 30 juillet 1956 ;
- l'article 26 de la loi n° 84-148 du 1er mars 1984 ;
- l'article 1er de la loi n° 85-703 du 12 juillet 1985 ;
- les articles 64-II et 64-III de la loi n° 87-416 du 17 juin 1987 ;
- l'article 32-I de la loi n° 91-5 du 3 janvier 1991 ;
- les articles 1er à 19 de la loi n° 92-643 du 13 juillet 1992 ;
- les articles 64 et 66 de la loi n° 93-121 du 27 janvier 1993.

II. – Au deuxième alinéa de l'article 19 *bis*, les mots : « des sociétés coopératives, des mutuelles régies par le Code de la mutualité, des organismes de mutualité agricole, des sociétés d'assurance à forme mutuelle, des sociétés d'assurance mutuelles et unions de mutuelles régies par le Code des assurances, des associations déclarées régies par la loi du 1er juillet 1901 ou par les dispositions applicables dans les départements du Bas-Rhin, du Haut-Rhin et de la Moselle, des unions ou fédérations de ces sociétés ou associations » sont remplacés par les mots : « des sociétés coopératives, des sociétés d'assurance mutuelles et unions de mutuelles régies par les dispositions du Code des assurances applicables en Nouvelle-Calédonie, y compris les sociétés d'assurances à forme mutuelle à l'exception des organismes de mutualité agricole ou par des associations déclarées régies par la loi du 1er juillet 1901, des unions ou fédérations de ces sociétés ou associations ».

III. – Au premier alinéa de l'article 27 *bis*, les mots : « à la date de promulgation de la loi n° 92-643 du 13 juillet 1992 relative à la modernisation des entreprises coopératives disposent d'un délai de cinq ans » sont remplacés *par les mots : « à la date de publica*tion de la loi n° 96-609 du 5 juillet 1996 portant dispositions diverses relatives à l'outre-mer disposent d'un délai de deux ans ».

Art. 30. – Il sera procédé à une codification des textes législatifs intéressant la coopération. La présente loi formera, sous le titre « Des coopératives en général », le livre I de ce code.

Voir aussi : L. n° 72-652 du 11 juillet 1972, relative aux sociétés coopératives de commerçants détaillants (*JO* 13 juill.).

III. – SOCIÉTÉ EUROPÉENNE

Règlement (CE) n° 2157/2001 du Conseil du 8 octobre 2001

relatif au statut de la société européenne (SE)

(JO n° L 294, 10 nov. 2001, p. 1)

Modifié par :

	Journal officiel		
	N°	page	date
RÈGLEMENT (CE) N° 885/2004 DU CONSEIL du 26 avril 2004	L. 168	1	1er mai 2004
RÈGLEMENT (CE) N° 1791/2006 DU CONSEIL du 20 novembre 2006	L. 363	1	20 décembre 2006
RÈGLEMENT (UE) N° 517/2013 DU CONSEIL du 13 mai 2013	L. 158	1	10 juin 2013

Rectifié par :

Rectificatif, *JO* n° L 302 du 20 novembre 2003, p. 40 (2157/2001)

LE CONSEIL DE L'UNION EUROPÉENNE,

vu le traité instituant la Communauté européenne, et notamment son article 308,

vu la proposition de la Commission (1),

vu l'avis du Parlement européen (2),

vu l'avis du Comité économique et social (3),

considérant ce qui suit :

(1) L'achèvement du marché intérieur et l'amélioration de la situation économique et sociale qu'il entraîne dans l'ensemble de la Communauté impliquent, outre l'élimination des entraves aux échanges, une adaptation des structures de production à la dimension de la Communauté. À cette fin, il est indispensable que les entreprises dont l'activité n'est pas limitée à la satisfaction de besoins purement locaux puissent concevoir et entreprendre la réorganisation de leurs activités au niveau communautaire.

(2) Une telle réorganisation suppose que les entreprises existantes d'États membres différents aient la faculté de mettre en commun leur potentiel par voie de fusion. De telles opérations ne peuvent être réalisées que dans le respect des règles de concurrence du traité.

(3) La réalisation d'opérations de restructuration et de coopération impliquant des entreprises d'États membres différents se heurte à des difficultés d'ordre juridique, psychologique et fiscal. Le rapprochement du droit des sociétés des États membres par voie de directives fondées sur l'article 44 du traité est de nature à remédier à certaines de ces difficultés. Ce rapprochement ne dispense toutefois pas les entreprises relevant de législations différentes de choisir une forme de société régie par une législation nationale déterminée.

(4) Le cadre juridique dans lequel les entreprises doivent exercer leurs activités dans la Communauté reste principalement fondé sur des législations nationales et ne correspond donc plus au cadre économique dans lequel elles doivent se développer pour permettre la réalisation des objectifs énoncés à l'article 18 du traité. Cette situation entrave considérablement le regroupement entre sociétés d'États membres différents.

(5) Les États membres sont tenus de veiller à ce que les dispositions applicables aux sociétés européennes en vertu du présent règlement n'aboutissent ni à des discriminations résultant de l'application d'un traitement différent injustifié aux sociétés européennes par rapport aux sociétés anonymes, ni à des restrictions disproportionnées à la formation d'une société européenne ou au transfert de son siège statutaire.

(6) Il est essentiel de faire en sorte, dans toute la mesure du possible, que l'unité économique et l'unité juridique de l'entreprise dans la Communauté coïncident. Il convient à cet effet de prévoir la création, à côté des sociétés

relevant d'un droit national donné, de sociétés dont la constitution et les activités sont régies par le droit résultant d'un règlement communautaire directement applicable dans tous les États membres.

(7) Les dispositions d'un tel règlement permettront la création et la gestion de sociétés de dimension européenne en dehors de toute entrave résultant de la disparité et de l'application territoriale limitée du droit national des sociétés.

(8) Le statut de la société anonyme européenne (ci-après dénommée « SE ») figure parmi les actes que le Conseil devait adopter avant 1992 aux termes du Livre blanc de la Commission sur l'achèvement du marché intérieur qui a été approuvé par le Conseil européen qui s'est réuni en juin 1985 à Milan. Lors de sa réunion de Bruxelles en 1987, le Conseil européen a manifesté le souhait qu'un tel statut soit rapidement mis en place.

(9) Depuis que la Commission a présenté, en 1970, une proposition, modifiée en 1975, de règlement portant un statut des sociétés anonymes européennes, les travaux portant sur le rapprochement du droit national des sociétés ont notablement progressé, de sorte que, dans des domaines où le fonctionnement d'une SE n'exige pas de règles communautaires uniformes, il peut être renvoyé à la législation régissant les sociétés anonymes de l'État membre du siège statutaire de la SE.

(10) L'objectif essentiel poursuivi par le régime juridique régissant la SE exige, au minimum, sans préjudice des nécessités économiques qui pourraient apparaître à l'avenir, qu'une SE puisse être constituée aussi bien pour permettre à des sociétés d'États membres différents de fusionner ou de créer une société holding que pour donner la possibilité à des sociétés et à d'autres personnes morales exerçant une activité économique et relevant du droit d'États membres différents de créer des filiales communes.

(11) Dans le même esprit, il convient de permettre à une société anonyme ayant son siège statutaire et son administration centrale dans la Communauté de se transformer en SE sans passer par une dissolution, à condition que cette société ait une filiale dans un État membre autre que celui de son siège statutaire.

(12) Les dispositions nationales applicables aux sociétés anonymes qui proposent leurs titres au public ainsi qu'aux transactions de titres doivent également s'appliquer lorsque la SE est constituée par la voie d'une offre de titres au public ainsi qu'aux SE qui souhaitent faire usage de ce type d'instruments financiers.

(13) La SE elle-même doit avoir la forme d'une société de capitaux par actions, qui répond le mieux, du point de vue du financement et de la gestion, aux besoins d'une entreprise exerçant ses activités à l'échelle européenne. Pour assurer que ces sociétés ont une dimension raisonnable, il convient de fixer un capital minimum de sorte qu'elles disposent d'un patrimoine suffisant, sans pour autant entraver les constitutions de SE par des petites et moyennes entreprises.

(14) Une SE doit faire l'objet d'une gestion efficace et d'une surveillance adéquate. Il y a lieu de tenir compte du fait qu'il existe actuellement dans la Communauté deux systèmes différents pour ce qui concerne l'administration des sociétés anonymes. Il convient, tout en permettant à la SE de choisir entre les deux systèmes, d'opérer une délimitation claire entre les responsabilités des personnes chargées de la gestion et de celles chargées de la surveillance.

(15) En vertu des règles et des principes généraux du droit international privé, lorsqu'une entreprise contrôle une autre entreprise relevant d'un ordre juridique différent, ses droits et obligations en matière de protection des actionnaires minoritaires et des tiers sont régis par le droit dont relève l'entreprise contrôlée, sans préjudice des obligations auxquelles l'entreprise qui exerce le contrôle est soumise en vertu des dispositions du droit dont elle relève, par exemple en matière d'établissement de comptes consolidés.

(16) Sans préjudice des conséquences de toute coordination ultérieure du droit des États membres, une réglementation spécifique pour la SE n'est actuellement pas requise dans ce domaine. Il convient dès lors que les règles et principes généraux du droit international privé s'appliquent tant dans le cas où la SE exerce le contrôle que dans le cas où la SE est la société contrôlée.

(17) Il y a lieu de préciser le régime effectivement applicable dans le cas où la SE est contrôlée par une autre entreprise et de renvoyer à cet effet au droit applicable aux sociétés anonymes dans l'État membre du siège statutaire de la SE.

(18) Chaque État membre doit être tenu d'appliquer, pour les infractions aux dispositions du présent règlement, les sanctions applicables aux sociétés anonymes relevant de sa législation.

(19) Les règles relatives à l'implication des travailleurs dans la SE font l'objet de la directive 2001/86/CE du Conseil du 8 octobre 2001 complétant le statut de la société européenne pour ce qui concerne l'implication des travailleurs (4). Ces dispositions forment dès lors un complément indissociable du présent règlement et elles doivent être appliquées de manière concomitante.

(20) Le présent règlement ne couvre pas d'autres domaines du droit tels que la fiscalité, la concurrence, la propriété intellectuelle, ou l'insolvabilité. Par conséquent, les dispositions du droit des États membres et du droit communautaire sont applicables dans ces domaines, ainsi que dans d'autres domaines non couverts par le présent règlement.

(21) La directive 2001/86/CE vise à assurer aux travailleurs un droit d'implication en ce qui concerne les questions et décisions affectant la vie de la SE. Les autres questions relevant du droit social et du droit du travail, notamment le droit à l'information et à la consultation des travailleurs tel qu'il est organisé dans les États membres, sont régies par les dispositions nationales applicables, dans les mêmes conditions, aux sociétés anonymes.

(22) L'entrée en vigueur du règlement doit être différée pour permettre à chaque État membre de transposer en droit national les dispositions de la directive 2001/86/CE et de mettre en place au préalable les mécanismes nécessaires pour la constitution et le fonctionnement des SE ayant leur siège statutaire sur son territoire, de sorte que le règlement et la directive puissent être appliqués de manière concomitante.

(23) Une société n'ayant pas son administration centrale dans la Communauté doit être autorisée à participer à la constitution d'une SE à condition qu'elle soit constituée selon le droit d'un État membre, qu'elle ait son siège statutaire dans cet État membre et qu'elle ait un lien effectif et continu avec l'économie d'un État membre conformément aux principes établis dans le programme général de 1962 pour la suppression des restrictions à la liberté d'établissement. Un tel lien existe notamment si la société a un établissement dans l'État membre à partir duquel elle mène des opérations.

(24) Une SE doit avoir la possibilité de transférer son siège statutaire dans un autre État membre. La protection appropriée des intérêts des actionnaires minoritaires qui s'opposent au transfert des créanciers et des titulaires d'autres droits doit s'inscrire dans des limites raisonnables. Le transfert ne doit pas affecter les droits nés avant le transfert.

(25) Le présent règlement ne préjuge pas les dispositions qui seront éventuellement insérées dans la convention de Bruxelles de 1968 ou dans tout texte adopté par les États membres ou par le Conseil qui se substituerait à cette convention, concernant les règles de compétence applicables en cas de transfert du siège statutaire d'une société anonyme d'un État membre vers un autre.

(26) Les activités des établissements financiers sont régies par des directives spécifiques et les dispositions nationales transposant lesdites directives et les règles nationales supplémentaires régissant lesdites activités sont pleinement applicables à une SE.

(27) Compte tenu de la nature spécifique et communautaire de la SE, le régime du siège réel retenu pour la SE par le présent règlement ne porte pas préjudice aux législations des États membres et ne préjuge pas les choix qui pourront être faits pour d'autres textes communautaires en matière de droit des sociétés.

(28) Le traité ne prévoit pas, pour l'adoption du présent règlement, d'autres pouvoirs d'action que ceux de l'article 308.

(29) Étant donné que les objectifs de l'action envisagée, tels qu'esquissés ci-dessus, ne peuvent pas être réalisés de manière suffisante par les États membres dans la mesure où il s'agit d'établir la SE au niveau européen et peuvent donc, en raison de l'échelle et de l'incidence de celle-ci, être mieux réalisés au niveau communautaire, la Communauté peut prendre des mesures, conformément au principe de subsidiarité consacré à l'article 5 du traité. Conformément au principe de proportionnalité tel qu'énoncé audit article, le présent règlement n'excède pas ce qui est nécessaire pour atteindre ces objectifs.

A ARRÊTÉ LE PRÉSENT RÈGLEMENT :

TITRE I. – DISPOSITIONS GÉNÉRALES

Art. 1er. – 1. Une société peut être constituée sur le territoire de la Communauté sous la forme d'une société anonyme européenne (Societas Europaea, ci-après dénommée « SE ») dans les conditions et selon les modalités prévues par le présent règlement.

2. La SE est une société dont le capital est divisé en actions. Chaque actionnaire ne s'engage qu'à concurrence du capital qu'il a souscrit.

3. La SE a la personnalité juridique.

4. L'implication des travailleurs dans une SE est régie par les dispositions de la directive 2001/86/CE.

Art. 2. – 1. Les sociétés anonymes qui figurent à l'annexe I, constituées selon le droit d'un État membre et ayant leur siège statutaire et leur administration centrale dans la Communauté, peuvent constituer une SE par voie de fusion si deux d'entre elles au moins relèvent du droit d'États membres différents.

2. Les sociétés anonymes et les sociétés à responsabilité limitée qui figurent à l'annexe II, constituées selon le droit d'un État membre et ayant leur siège statutaire et leur administration centrale dans la Communauté, peuvent promouvoir la constitution d'une SE holding si deux d'entre elles au moins :

***a)* relèvent du droit d'États membres différents, ou ;**

***b)* ont depuis au moins deux ans une société filiale relevant du droit d'un autre État membre ou une succursale située dans un autre État membre.**

ANNEXE 2

3. Les sociétés, au sens de l'article 48, deuxième alinéa, du traité, ainsi que d'autres entités juridiques de droit public ou privé, constituées selon le droit d'un État membre et ayant leur siège statutaire et leur administration centrale dans la Communauté, peuvent constituer une SE filiale en souscrivant ses actions, si deux d'entre elles au moins :

a) relèvent du droit d'États membres différents, ou ;

b) ont depuis au moins deux ans une société filiale relevant du droit d'un autre État membre ou une succursale située dans un autre État membre.

4. Une société anonyme, constituée selon le droit d'un État membre et ayant son siège statutaire et son administration centrale dans la Communauté, peut se transformer en SE si elle a depuis au moins deux ans une société filiale relevant du droit d'un autre État membre.

5. Un État membre peut prévoir qu'une société n'ayant pas son administration centrale dans la Communauté peut participer à la constitution d'une SE, si elle est constituée selon le droit d'un État membre, a son siège statutaire dans ce même État membre et a un lien effectif et continu avec l'économie d'un État membre.

Art. 3. – 1. Aux fins de l'article 2, paragraphes 1, 2 et 3, la SE est considérée comme une société anonyme relevant du droit de l'État membre de son siège statutaire.

2. Une SE peut elle-même constituer une ou plusieurs filiales sous forme de SE. Les dispositions de l'État membre du siège statutaire de la SE filiale exigeant qu'une société anonyme ait plus d'un actionnaire ne sont pas d'application pour la SE filiale. Les dispositions nationales adoptées conformément à la douzième directive 89/667/CEE du Conseil du 21 décembre 1989 en matière de droit des sociétés concernant les sociétés à responsabilité limitée à un seul associé (5) s'appliquent *mutatis mutandis* aux SE.

Art. 4. – 1. Le capital de la SE est exprimé en euros.

2. Le capital souscrit doit être d'au moins 120 000 euros.

3. La législation d'un État membre prévoyant un capital souscrit plus élevé pour les sociétés exerçant certains types d'activités s'applique aux SE ayant leur siège statutaire dans cet État membre.

Art. 5. – Sous réserve de l'article 4, paragraphes 1 et 2, le capital de la SE, son maintien, ses modifications ainsi que les actions, les obligations et autres titres assimilables de la SE sont régis par les dispositions qui s'appliqueraient à une société anonyme ayant son siège statutaire dans l'État membre où la SE est immatriculée.

Art. 6. – Aux fins du présent règlement, l'expression « statuts de la SE » désigne à la fois l'acte constitutif et, lorsqu'ils font l'objet d'un acte séparé, les statuts proprement dits de la SE.

Art. 7. – Le siège statutaire de la SE est situé à l'intérieur de la Communauté, dans le même État membre que l'administration centrale. Un État membre peut en outre imposer aux SE immatriculées sur son territoire l'obligation d'avoir leur administration centrale et leur siège statutaire au même endroit.

Art. 8. – 1. Le siège statutaire de la SE peut être transféré dans un autre État membre conformément aux paragraphes 2 à 13. Ce transfert ne donne lieu ni à dissolution ni à création d'une personne morale nouvelle.

2. Un projet de transfert doit être établi par l'organe de direction ou d'administration et faire l'objet d'une publicité conformément à l'article 13, sans préjudice de formes de publicité additionnelles prévues par l'État membre du siège. Ce projet mentionne la dénomination sociale, le siège statutaire et le numéro d'immatriculation actuels de la SE et comprend :

a) le siège statutaire envisagé pour la SE ;

b) les statuts envisagés pour la SE, y compris, le cas échéant, sa nouvelle dénomination sociale ;

c) les conséquences que le transfert pourrait avoir pour l'implication des travailleurs dans la SE ;

d) le calendrier envisagé pour le transfert ;

e) tous les droits prévus en matière de protection des actionnaires et/ou des créanciers.

3. L'organe de direction ou d'administration établit un rapport expliquant et justifiant les aspects juridiques et économiques du transfert et expliquant les conséquences du transfert pour les actionnaires, les créanciers et les travailleurs.

4. Les actionnaires et les créanciers de la SE ont, au moins un mois avant l'assemblée générale appelée à se prononcer sur le transfert, le droit d'examiner, au siège de la SE, le projet de transfert et le rapport établi en application du paragraphe 3, et d'obtenir gratuitement, à leur demande, des copies de ces documents.

5. Un État membre peut adopter, en ce qui concerne les SE immatriculées sur son territoire, des dispositions destinées à assurer une protection appropriée aux actionnaires minoritaires qui se sont prononcés contre le transfert.

6. La décision de transfert ne peut intervenir que deux mois après la publication du projet. Elle doit être prise dans les conditions prévues à l'article 59.

7. Avant que l'autorité compétente ne délivre le certificat visé au paragraphe 8, la SE doit prouver qu'en ce qui concerne les créances nées antérieurement à la publication du projet de transfert, les intérêts des créanciers et titulaires d'autres droits envers la SE (y compris ceux des entités publiques) bénéficient d'une protection adéquate conformément aux dispositions prévues par l'État membre où la SE a son siège statutaire avant le transfert.

Un État membre peut étendre l'application du premier alinéa aux créances nées (ou susceptibles de naître) avant le transfert.

Le premier et le deuxième alinéas sont sans préjudice de l'application aux SE de la législation nationale des États membres en ce qui concerne le désintéressement ou la garantie des paiements en faveur des entités publiques.

8. Dans l'État membre du siège statutaire de la SE, un tribunal, un notaire ou une autre autorité compétente délivre un certificat attestant d'une manière concluante l'accomplissement des actes et des formalités préalables au transfert.

9. La nouvelle immatriculation ne peut s'effectuer que sur présentation du certificat visé au paragraphe 8 ainsi que sur preuve de l'accomplissement des formalités exigées pour l'immatriculation dans le pays du nouveau siège statutaire.

10. Le transfert du siège statutaire de la SE, ainsi que la modification des statuts qui en résulte, prennent effet à la date à laquelle la SE est immatriculée, conformément à l'article 12, au registre du nouveau siège.

11. Lorsque la nouvelle immatriculation de la SE a été effectuée, le registre de la nouvelle immatriculation le notifie au registre de l'ancienne immatriculation. La radiation de l'ancienne immatriculation s'effectue dès réception de la notification, mais pas avant.

12. La nouvelle immatriculation et la radiation de l'ancienne immatriculation sont publiées dans les États membres concernés conformément à l'article 13.

13. La publication de la nouvelle immatriculation de la SE rend le nouveau siège statutaire opposable aux tiers. Toutefois, tant que la publication de la radiation de l'immatriculation au registre du précédent siège n'a pas eu lieu, les tiers peuvent continuer de se prévaloir de l'ancien siège, à moins que la SE ne prouve que ceux-ci avaient connaissance du nouveau siège.

14. La législation d'un État membre peut prévoir, en ce qui concerne les SE immatriculées dans celui-ci, qu'un transfert du siège statutaire, dont résulterait un changement du droit applicable, ne prend pas effet si, dans le délai de deux mois visé au paragraphe 6, une autorité compétente de cet État s'y oppose. Cette opposition ne peut avoir lieu que pour des raisons d'intérêt public.

Lorsqu'une SE est soumise au contrôle d'une autorité nationale de surveillance financière conformément aux directives communautaires, le droit de s'opposer au transfert du siège statutaire s'applique également à cette autorité.

L'opposition est susceptible de recours devant une autorité judiciaire.

15. Une SE à l'égard de laquelle a été entamée une procédure de dissolution, de liquidation, d'insolvabilité, de suspension de paiements ou d'autres procédures analogues ne peut transférer son siège statutaire.

16. Une SE qui a transféré son siège statutaire dans un autre État membre est considérée, aux fins de tout litige survenant avant le transfert tel qu'il est déterminé au paragraphe 10, comme ayant son siège statutaire dans l'État membre où la SE était immatriculée avant le transfert, même si une action est intentée contre la SE après le transfert.

Art. 9. – 1. La SE est régie :

a) par les dispositions du présent règlement ;

b) lorsque le présent règlement l'autorise expressément, par les dispositions des statuts de la SE, ou ;

c) pour les matières non réglées par le présent règlement ou, lorsqu'une matière l'est partiellement, pour les aspects non couverts par le présent règlement par :

i) les dispositions de loi adoptées par les États membres en application de mesures communautaires visant spécifiquement les SE ;

ii) les dispositions de loi des États membres qui s'appliqueraient à une société anonyme constituée selon le droit de l'État membre dans lequel la SE a son siège statutaire ;

iii) les dispositions des statuts de la SE, dans les mêmes conditions que pour une société anonyme constituée selon le droit de l'État membre dans lequel la SE a son siège statutaire.

2. Les dispositions de loi adoptées par les États membres spécifiquement pour la SE doivent être conformes aux directives applicables aux sociétés anonymes figurant à l'annexe I.

3. Si la nature des activités exercées par une SE est régie par des dispositions spécifiques de la législation nationale, celles-ci s'appliquent intégralement à la SE.

Art. 10. – Sous réserve des dispositions du présent règlement, une SE est traitée dans chaque État membre comme une société anonyme constituée selon le droit de l'État membre dans lequel la SE a son siège statutaire.

Art. 11. – 1. La SE doit faire précéder ou suivre sa dénomination sociale du sigle « SE ».

2. Seules les SE peuvent faire figurer le sigle « SE » dans leur dénomination sociale.

3. Néanmoins, les sociétés et les autres entités juridiques immatriculées dans un État membre avant la date d'entrée en vigueur du présent règlement, dans la dénomination sociale desquelles figure le sigle « SE », ne sont pas tenues de modifier leur dénomination sociale.

Art. 12. – 1. Toute SE est immatriculée dans l'État membre de son siège statutaire dans un registre désigné par la législation de cet État membre conformément à l'article 3 de la directive 68/151/CEE du Conseil du 9 mars 1968 tendant à coordonner, pour les rendre équivalentes, les garanties qui sont exigées, dans les États membres, des sociétés au sens de l'article 58, deuxième alinéa du traité, pour protéger les intérêts tant des associés que des tiers (6).

2. Une SE ne peut être immatriculée que si un accord sur les modalités relatives à l'implication des travailleurs au sens de l'article 4 de la directive 2001/86/CE a été conclu, ou si une décision au titre de l'article 3, paragraphe 6, de ladite directive a été prise, ou encore si la période prévue à l'article 5 de ladite directive pour mener les négociations est arrivée à expiration sans qu'un accord n'ait été conclu.

3. Pour qu'une SE puisse être immatriculée dans un État membre ayant fait usage de la faculté visée à l'article 7, paragraphe 3, de la directive 2001/86/CE, il faut qu'un accord, au sens de l'article 4 de ladite directive, sur les modalités relatives à l'implication des travailleurs, y compris la participation, ait été conclu, ou qu'aucune des sociétés participantes n'ait été régie par des règles de participation avant l'immatriculation de la SE.

4. Les statuts de la SE ne doivent à aucun moment entrer en conflit avec les modalités relatives à l'implication des travailleurs qui ont été fixées. Lorsque de nouvelles modalités fixées conformément à la directive 2001/86/CE entrent en conflit avec les statuts existants, ceux-ci sont modifiés dans la mesure nécessaire.

En pareil cas, un État membre peut prévoir que l'organe de direction ou l'organe d'administration de la SE a le droit d'apporter des modifications aux statuts sans nouvelle décision de l'assemblée générale des actionnaires.

Art. 13. – Les actes et indications concernant la SE, soumis à publicité par le présent règlement, font l'objet d'une publicité effectuée selon les modes prévus par la législation de l'État membre du siège statutaire de la SE conformément à la directive 68/151/CEE.

Art. 14. – 1. L'immatriculation et la radiation de l'immatriculation d'une SE font l'objet d'un avis publié pour information au *Journal officiel des Communautés européennes* après la publication effectuée conformément à l'article 13. Cet avis comporte la dénomination sociale, le numéro, la date et le lieu d'immatriculation de la SE, la date, le lieu et le titre de la publication, ainsi que le siège statutaire et le secteur d'activité de la SE.

2. Le transfert du siège statutaire de la SE dans les conditions prévues à l'article 8 donne lieu à un avis comportant les indications prévues au paragraphe 1, ainsi que celles relatives à la nouvelle immatriculation.

3. Les indications visées au paragraphe 1 sont communiquées à l'Office des publications officielles des Communautés européennes dans le mois suivant la publication visée à l'article 13.

TITRE II. – CONSTITUTION

Section 1. – Généralités

Art. 15. – 1. Sous réserve des dispositions du présent règlement, la constitution d'une SE est régie par la loi applicable aux sociétés anonymes de l'État où la SE fixe son siège statutaire.

2. L'immatriculation d'une SE fait l'objet d'une publicité conformément à l'article 13.

Art. 16. – 1. La SE acquiert la personnalité juridique le jour de son immatriculation au registre visé à l'article 12.

2. Si des actes ont été accomplis au nom de la SE avant son immatriculation conformément à l'article 12 et si la SE ne reprend pas, après cette immatriculation, les engagements résultant de tels actes, les personnes physiques, sociétés ou autres entités juridiques qui les ont accomplis en sont solidairement et indéfiniment responsables, sauf convention contraire.

Section 2. – Constitution d'une SE par voie de fusion

Art. 17. – 1. Une SE peut être constituée par voie de fusion conformément à l'article 2, paragraphe 1.

2. La fusion peut être réalisée :

a) selon la procédure de fusion par absorption conformément à l'article 3, paragraphe 1, de la directive 78/855/CEE (7), ou ;

b) selon la procédure de fusion par constitution d'une nouvelle société conformément à l'article 4, paragraphe 1, de ladite directive.

Dans le cas d'une fusion par absorption, la société absorbante prend la forme de SE simultanément à la fusion. Dans le cas d'une fusion par constitution d'une nouvelle société, la SE est la nouvelle société.

Art. 18. – Pour les matières non couvertes par la présente section ou, lorsqu'une matière l'est partiellement, pour les aspects non couverts par elle, chaque société participant à la constitution d'une SE par voie de fusion est soumise aux dispositions du droit de l'État membre dont elle relève qui sont applicables à la fusion de sociétés anonymes conformément à la directive 78/855/CEE.

Art. 19. – La législation d'un État membre peut prévoir qu'une société relevant du droit de cet État membre ne peut participer à la constitution d'une SE par voie de fusion si une autorité compétente de cet État membre s'y oppose avant la délivrance du certificat visé à l'article 25, paragraphe 2.

Cette opposition ne peut avoir lieu que pour des raisons d'intérêt public. Elle est susceptible de recours devant une autorité judiciaire.

Art. 20. – 1. Les organes de direction ou d'administration des sociétés qui fusionnent établissent un projet de fusion. Ce projet comprend :

a) la dénomination sociale et le siège statutaire des sociétés qui fusionnent ainsi que ceux envisagés pour la SE ;

b) le rapport d'échange des actions et, le cas échéant, le montant de la soulte ;

c) les modalités de remise des actions de la SE ;

d) la date à partir de laquelle ces actions donnent le droit de participer aux bénéfices ainsi que toute modalité particulière relative à ce droit ;

e) la date à partir de laquelle les opérations des sociétés qui fusionnent sont considérées du point de vue comptable comme accomplies pour le compte de la SE ;

f) les droits assurés par la SE aux actionnaires ayant des droits spéciaux et aux porteurs de titres autres que des actions ou les mesures envisagées à leur égard ;

g) tout avantage particulier attribué aux experts qui examinent le projet de fusion ainsi qu'aux membres des organes d'administration, de direction, de surveillance ou de contrôle des sociétés qui fusionnent ;

h) les statuts de la SE ;

i) des informations sur les procédures selon lesquelles les modalités relatives à l'implication des travailleurs sont fixées conformément à la directive 2001/86/CE.

2. Les sociétés qui fusionnent peuvent ajouter d'autres éléments au projet de fusion.

Art. 21. – Pour chacune des sociétés qui fusionnent et sous réserve des exigences supplémentaires imposées par l'État membre dont relève la société concernée, les indications suivantes doivent être publiées dans le bulletin national de cet État membre :

a) la forme, la dénomination sociale et le siège statutaire de chacune des sociétés qui fusionnent ;

b) le registre auprès duquel les actes visés à l'article 3, paragraphe 2, de la directive 68/151/CEE ont été déposés pour chacune des sociétés qui fusionnent, ainsi que le numéro d'inscription dans ce registre ;

c) une indication des modalités d'exercice des droits des créanciers de la société en question, fixées conformément à l'article 24, ainsi que l'adresse à laquelle peut être obtenue, gratuitement, une information exhaustive sur ces modalités ;

d) une indication des modalités d'exercice des droits des actionnaires minoritaires de la société en question, fixées conformément à l'article 24, ainsi que l'adresse à laquelle peut être obtenue, sans frais, une information exhaustive sur ces modalités ;

e) la dénomination sociale et le siège statutaire envisagés pour la SE.

Art. 22. – En lieu et place des experts opérant pour le compte de chacune des sociétés qui fusionnent, un ou plusieurs experts indépendants, au sens de l'article 10 de la directive 78/855/CEE, désignés à cet effet et sur demande conjointe de ces sociétés par une autorité judiciaire ou administrative de l'État membre dont relève l'une des sociétés qui fusionnent ou la future SE, peuvent examiner le projet de fusion et établir un rapport unique destiné à l'ensemble des actionnaires.

Les experts ont le droit de demander à chacune des sociétés qui fusionnent toute information qu'ils jugent nécessaire pour leur permettre de remplir leur mission.

Art. 23. – 1. L'assemblée générale de chacune des sociétés qui fusionnent approuve le projet de fusion.

2. L'implication des travailleurs dans la SE est décidée conformément à la directive 2001/86/CE. L'assemblée générale de chacune des sociétés qui fusionnent peut subordonner le droit à l'immatriculation de la SE à la condition qu'elle entérine expressément les modalités ainsi décidées.

Art. 24. – 1. Le droit de l'État membre dont relève chacune des sociétés qui fusionnent s'applique comme en cas de fusion de sociétés anonymes, compte tenu du caractère transfrontière de la fusion, en ce qui concerne la protection des intérêts :

a) des créanciers des sociétés qui fusionnent ;

b) des obligataires des sociétés qui fusionnent ;

c) des porteurs de titres, autres que des actions, auxquels sont attachés des droits spéciaux dans les sociétés qui fusionnent.

2. Un État membre peut adopter, en ce qui concerne les sociétés qui fusionnent et qui relèvent de son droit, des dispositions destinées à assurer une protection appropriée aux actionnaires minoritaires qui se sont prononcés contre la fusion.

Art. 25. – 1. Le contrôle de la légalité de la fusion est effectué, pour la partie de la procédure relative à chaque société qui fusionne, conformément à la loi relative à la fusion des sociétés anonymes qui est applicable dans l'État membre dont elle relève.

2. Dans chaque État membre concerné, un tribunal, un notaire ou une autre autorité compétente délivre un certificat attestant d'une manière concluante l'accomplissement des actes et des formalités préalables à la fusion.

3. Si le droit d'un État membre dont relève une société qui fusionne prévoit une procédure permettant d'analyser et de modifier le rapport d'échange des actions, ou une procédure visant à indemniser les actionnaires minoritaires, sans empêcher l'immatriculation de la fusion, ces procédures ne s'appliquent que si les autres sociétés qui fusionnent et qui sont situées dans un État membre ne prévoyant pas ce type de procédures acceptent explicitement, lorsqu'elles approuvent le projet de fusion conformément à l'article 23, paragraphe 1, la possibilité offerte aux actionnaires de la société qui fusionne dont il est question d'avoir recours auxdites procédures. Dans ce cas, un tribunal, un notaire ou une autre autorité compétente peut délivrer le certificat visé au paragraphe 2, même si une procédure de ce type a été engagée. Le certificat doit cependant mentionner que la procédure est en cours. La décision prise à l'issue de la procédure lie la société absorbante et l'ensemble de ses actionnaires.

Art. 26. – 1. Le contrôle de la légalité de la fusion est effectué, pour la partie de la procédure relative à la réalisation de la fusion et à la constitution de la SE, par un tribunal, un notaire ou une autre autorité compétente dans l'État membre du futur siège statutaire de la SE pour contrôler cet aspect de la légalité de la fusion de sociétés anonymes.

2. À cette fin, chaque société qui fusionne remet à cette autorité le certificat visé à l'article 25, paragraphe 2, dans un délai de six mois à compter de sa délivrance ainsi qu'une copie du projet de fusion, approuvé par la société.

3. L'autorité visée au paragraphe 1 contrôle en particulier que les sociétés qui fusionnent ont approuvé un projet de fusion dans les mêmes termes et que des modalités relatives à l'implication des travailleurs ont été fixées conformément à la directive 2001/86/CE.

4. Cette autorité contrôle en outre que la constitution de la SE répond aux conditions fixées par la loi de l'État membre du siège, conformément à l'article 15.

Art. 27. – 1. La fusion et la constitution simultanée de la SE prennent effet à la date à laquelle la SE est immatriculée conformément à l'article 12.

2. La SE ne peut être immatriculée qu'après l'accomplissement de toutes les formalités prévues aux articles 25 et 26.

Art. 28. – Pour chacune des sociétés qui fusionnent, la réalisation de la fusion fait l'objet d'une publicité effectuée selon les modalités prévues par la loi de chaque État membre, conformément à l'article 3 de la directive 68/151/CEE.

Art. 29. – 1. La fusion réalisée conformément à l'article 17, paragraphe 2, point *a)*, entraîne *ipso jure* et simultanément les effets suivants :

a) la transmission universelle à la société absorbante de l'ensemble du patrimoine actif et passif de chaque société absorbée ;

b) les actionnaires de la société absorbée deviennent actionnaires de la société absorbante ;

c) la société absorbée cesse d'exister ;

d) la société absorbante prend la forme de SE.

2. La fusion réalisée conformément à l'article 17, paragraphe 2, point *b)*, entraîne *ipso jure* et simultanément les effets suivants :

a) la transmission universelle de l'ensemble du patrimoine actif et passif des sociétés qui fusionnent à la SE ;

b) les actionnaires des sociétés qui fusionnent deviennent actionnaires de la SE ;

c) les sociétés qui fusionnent cessent d'exister.

3. Lorsqu'en cas de fusion de sociétés anonymes, la loi d'un État membre requiert des formalités particulières pour l'opposabilité aux tiers du transfert de certains biens, droits et obligations apportés par les sociétés qui fusionnent, ces formalités s'appliquent et sont effectuées, soit par les sociétés qui fusionnent, soit par la SE à dater de son immatriculation.

4. Les droits et obligations des sociétés participantes en matière de conditions d'emploi résultant de la législation, de la pratique et de contrats de travail individuels ou des relations de travail au niveau national et existant à la date de l'immatriculation sont transférés à la SE au moment de l'immatriculation du fait même de celle-ci.

Art. 30. – La nullité d'une fusion au sens de l'article 2, paragraphe 1, ne peut être prononcée lorsque la SE a été immatriculée.

L'absence de contrôle de la légalité de la fusion conformément aux articles 25 et 26 peut constituer une cause de dissolution de la SE.

Art. 31. – 1. Lorsqu'une fusion conformément à l'article 17, paragraphe 2, point *a)*, est réalisée par une société qui détient toutes les actions et autres titres conférant des droits de vote dans l'assemblée générale d'une autre société, les dispositions de l'article 20, paragraphe 1, points *b)*, *c)* et *d)*, de l'article 22, et de l'article 29, paragraphe 1, point *b)*, ne sont pas d'application. Toutefois, les dispositions nationales dont relève chacune des sociétés qui fusionnent et qui régissent les fusions de sociétés anonymes conformément à l'article 24 de la directive 78/855/CEE s'appliquent.

2. Lorsqu'une fusion par absorption est effectuée par une société qui détient 90 % ou plus mais pas la totalité des actions ou autres titres conférant un droit de vote dans l'assemblée générale d'une autre société, les rapports de l'organe de direction ou d'administration, les rapports d'un ou de plusieurs experts indépendants ainsi que les documents nécessaires pour le contrôle seront requis uniquement dans la mesure où ils sont requis par la loi nationale dont relève la société absorbante ou par la loi nationale dont relève la société absorbée.

Les États membres peuvent toutefois prévoir que le présent paragraphe peut s'appliquer lorsqu'une société détient des actions conférant 90 % ou plus mais pas la totalité des droits de vote.

Section 3. – Constitution d'une SE holding

Art. 32. – 1. Une SE peut être constituée conformément à l'article 2, paragraphe 2.

Les sociétés qui promeuvent la constitution d'une SE, conformément à l'article 2, paragraphe 2, subsistent.

2. Les organes de direction ou d'administration des sociétés qui promeuvent l'opération établissent dans les mêmes termes un projet de constitution de la SE. Ce projet comporte un rapport expliquant et justifiant les aspects juridiques et économiques de la constitution et indiquant les conséquences pour les actionnaires et pour les travailleurs de l'adoption de la forme de SE. Ce projet comporte en outre les indications prévues à l'article 20, paragraphe 1, points *a)*, *b)*, *c)*, *f)*, *g)*, *h)* et *i)*, et fixe le pourcentage minimal des actions ou parts de chacune des sociétés promouvant l'opération que les actionnaires devront apporter pour que la SE soit constituée. Ce pourcentage doit consister en actions conférant plus de 50 % des droits de vote permanents.

3. Pour chacune des sociétés promouvant l'opération, le projet de constitution de SE fait l'objet d'une publicité effectuée selon les modalités prévues par la loi de chaque État membre, conformément à l'article 3 de la directive 68/151/CEE, un mois au moins avant la date de la réunion de l'assemblée générale appelée à se prononcer sur l'opération.

4. Un ou plusieurs experts indépendants des sociétés promouvant l'opération, désignés ou agréés par une autorité judiciaire ou administrative de l'État membre dont relève chaque société selon les dispositions nationales adoptées en application de la directive 78/855/CEE, examinent le projet de constitution établi conformément au paragraphe 2 et établissent un rapport écrit destiné aux actionnaires de chaque société. Par accord entre les sociétés qui promeuvent l'opération, un rapport écrit peut être établi, pour les actionnaires de l'ensemble des sociétés, par un ou plusieurs experts indépendants désignés ou agréés par une autorité judiciaire ou administrative de l'État membre dont relève l'une des sociétés promouvant l'opération ou la future SE selon les dispositions nationales adoptées en application de la directive 78/855/CEE.

5. Le rapport doit indiquer les difficultés particulières d'évaluation et déclarer si le rapport d'échange d'actions ou de parts envisagé est ou non pertinent et raisonnable, en précisant les méthodes suivies pour sa détermination et si ces méthodes sont adéquates en l'espèce.

6. L'assemblée générale de chacune des sociétés qui promeuvent l'opération approuve le projet de constitution de SE.

L'implication des travailleurs dans la SE est décidée conformément aux dispositions de la directive 2001/86/CE. L'assemblée générale de chacune des sociétés qui promeuvent l'opération peut subordonner le droit à l'immatriculation de la SE à la condition qu'elle entérine expressément les modalités ainsi décidées.

7. Les dispositions du présent article s'appliquent, *mutatis mutandis*, aux sociétés à responsabilité limitée.

Art. 33. – 1. Les actionnaires ou porteurs de parts des sociétés qui promeuvent l'opération disposent d'un délai de trois mois pendant lequel ils peuvent communiquer aux sociétés promotrices leur intention d'apporter leurs actions ou parts en vue de la constitution de la SE. Ce délai commence à courir à la date à laquelle l'acte de constitution de la SE a été établi conformément à l'article 32.

2. La SE n'est constituée que si, dans le délai visé au paragraphe 1, les actionnaires ou les porteurs de parts des sociétés qui promeuvent l'opération ont apporté le pourcentage minimal d'actions ou parts de chaque société fixé conformément au projet de constitution et si toutes les autres conditions sont remplies.

3. Si les conditions pour la constitution de la SE sont toutes remplies conformément au paragraphe 2, ceci fait l'objet, pour chacune des sociétés promotrices, d'une publicité effectuée selon les modalités prévues par le droit national dont relève chacune de ces sociétés, qui ont été adoptées conformément à l'article 3 de la directive 68/151/CEE.

Les actionnaires ou porteurs de parts des sociétés qui promeuvent l'opération, qui n'ont pas communiqué dans le délai visé au paragraphe 1 leur intention de mettre leurs actions ou parts à la disposition des sociétés promotrices en vue de la constitution de la SE, bénéficient d'un délai supplémentaire d'un mois pour le faire.

4. Les actionnaires ou porteurs de parts ayant apporté leurs titres en vue de la constitution de la SE reçoivent des actions de celle-ci.

5. La SE ne peut être immatriculée que sur preuve de l'accomplissement des formalités visées à l'article 32 et des conditions visées au paragraphe 2.

Art. 34. – Un État membre peut adopter, en ce qui concerne les sociétés qui promeuvent l'opération, des dispositions destinées à assurer la protection des actionnaires minoritaires qui s'opposent à l'opération, des créanciers et des travailleurs.

Section 4. – Constitution d'une SE/filiale

Art. 35. – Une SE peut être constituée conformément à l'article 2, paragraphe 3.

Art. 36. – Sont applicables aux sociétés ou autres entités juridiques participant à l'opération les dispositions qui régissent leur participation à la constitution d'une filiale ayant la forme d'une société anonyme en vertu du droit national.

Section 5. – Transformation d'une société anonyme en SE

Art. 37. – 1. Une SE peut être constituée conformément à l'article 2, paragraphe 4.

2. Sans préjudice de l'article 12, la transformation d'une société anonyme en SE ne donne lieu ni à dissolution ni à création d'une personne morale nouvelle.

3. Le siège statutaire ne peut pas être transféré d'un État membre à un autre conformément à l'article 8 à l'occasion de la transformation.

4. L'organe de direction ou d'administration de la société considérée établit un projet de transformation et un rapport expliquant et justifiant les aspects juridiques et économiques de la transformation et indiquant les conséquences pour les actionnaires et pour les travailleurs de l'adoption de la forme de la SE.

5. Le projet de transformation fait l'objet d'une publicité effectuée selon les modalités prévues par la loi de chaque État membre, conformément à l'article 3 de la directive 68/151/CEE, un mois au moins avant la date de la réunion de l'assemblée générale appelée à se prononcer sur la transformation.

6. Avant l'assemblée générale visée au paragraphe 7, un ou plusieurs experts indépendants désignés ou agréés, selon les dispositions nationales adoptées en application de l'article 10 de la directive 78/855/CEE, par une autorité judiciaire ou administrative de l'État membre dont relève la société qui se transforme en SE, attestent, conformément à la directive 77/91/CE (8), *mutatis mutandis*, que la société dispose d'actifs nets au moins équivalents au capital augmenté des réserves que la loi ou les statuts ne permettent pas de distribuer.

7. L'assemblée générale de la société considérée approuve le projet de transformation ainsi que les statuts de la SE. La décision de l'assemblée générale doit être prise dans les conditions prévues par les dispositions nationales adoptées en application de l'article 7 de la directive 78/855/CEE.

8. Les États membres peuvent subordonner une transformation au vote favorable d'une majorité qualifiée ou de l'unanimité des membres au sein de l'organe de la société à transformer dans lequel la participation des travailleurs est organisée.

9. Les droits et obligations de la société à transformer en matière de conditions d'emploi résultant de la législation, de la pratique et de contrats de travail individuels ou des relations de travail au niveau national et existant à la date de l'immatriculation sont transférés à la SE du fait même de cette immatriculation.

TITRE III. – STRUCTURE DE LA SE

Art. 38. – La SE comporte dans les conditions prévues par le présent règlement :

a) une assemblée générale des actionnaires, et ;

b) soit un organe de surveillance et un organe de direction (système dualiste), soit un organe d'administration (système moniste) selon l'option retenue par les statuts.

Section 1. – Système dualiste

Art. 39. – 1. L'organe de direction est responsable de la gestion de la SE. Un État membre peut prévoir qu'un directeur général ou des directeurs généraux sont responsables de la gestion courante dans les mêmes conditions que pour les sociétés anonymes ayant leur siège statutaire sur son territoire.

2. Le ou les membres de l'organe de direction sont nommés et révoqués par l'organe de surveillance.

Toutefois, un État membre peut prévoir, ou donner aux statuts la possibilité de prévoir, que le ou les membres de l'organe de direction sont nommés et révoqués par l'assemblée générale dans les mêmes conditions que pour les sociétés anonymes ayant leur siège statutaire sur son territoire.

3. Nul ne peut simultanément être membre de l'organe de direction et de l'organe de surveillance de la SE. Toutefois, l'organe de surveillance peut, en cas de vacance, désigner un de ses membres pour exercer les fonctions de membre de l'organe de direction. Au cours de cette période, les fonctions de l'intéressé en sa qualité de membre de l'organe de surveillance sont suspendues. Un État membre peut prévoir que cette période est limitée dans le temps.

4. Le nombre des membres de l'organe de direction ou les règles pour sa détermination sont fixés par les statuts de la SE. Un État membre peut toutefois fixer un nombre minimal et/ou maximal de membres.

5. En l'absence de dispositions relatives à un système dualiste en ce qui concerne les sociétés anonymes ayant un siège statutaire sur son territoire, un État membre peut adopter les mesures appropriées concernant les SE.

Art. 40. – 1. L'organe de surveillance contrôle la gestion assurée par l'organe de direction. Il ne peut exercer lui-même le pouvoir de gestion de la SE.

2. Les membres de l'organe de surveillance sont nommés par l'assemblée générale. Toutefois, les membres du premier organe de surveillance peuvent être désignés par les statuts. La présente disposition vaut sans préjudice de l'article 47, paragraphe 4, ou, le cas échéant, des modalités de participation des travailleurs fixées conformément à la directive 2001/86/CE.

3. Le nombre des membres de l'organe de surveillance ou les règles pour sa détermination sont fixés par les statuts. Un État membre peut toutefois fixer le nombre des membres de l'organe de surveillance pour les SE immatriculées sur son territoire ou un nombre minimal et/ou maximal de membres.

Art. 41. – 1. L'organe de direction informe l'organe de surveillance au moins tous les trois mois de la marche des affaires de la SE et de leur évolution prévisible.

2. Outre l'information périodique visée au paragraphe 1, l'organe de direction communique en temps utile à l'organe de surveillance toute information sur des événements susceptibles d'avoir des répercussions sensibles sur la situation de la SE.

3. L'organe de surveillance peut demander à l'organe de direction les informations de toute nature nécessaires au contrôle qu'il exerce conformément à l'article 40, paragraphe 1. Un État membre peut prévoir que chaque membre de l'organe de surveillance peut également bénéficier de cette faculté.

4. L'organe de surveillance peut procéder ou faire procéder aux vérifications nécessaires à l'accomplissement de sa mission.

5. Chacun des membres de l'organe de surveillance peut prendre connaissance de toutes les informations transmises à cet organe.

Art. 42. – L'organe de surveillance élit en son sein un président. Si la moitié des membres ont été désignés par les travailleurs, seul un membre désigné par l'assemblée générale des actionnaires peut être élu président.

Section 2. – Système moniste

Art. 43. – 1. L'organe d'administration gère la SE. Un État membre peut prévoir qu'un directeur général ou des directeurs généraux sont responsables de la gestion courante dans les mêmes conditions que pour les sociétés anonymes ayant un siège statutaire sur son territoire.

2. Le nombre des membres de l'organe d'administration ou les règles pour sa détermination sont fixés par les statuts de la SE. Un État membre peut toutefois fixer un nombre minimal et, le cas échéant, maximal de membres.

Néanmoins, cet organe doit être composé de trois membres au moins, lorsque la participation des travailleurs dans la SE est organisée conformément à la directive 2001/86/CE.

3. Le ou les membres de l'organe d'administration sont nommés par l'assemblée générale. Toutefois, les membres du premier organe d'administration peuvent être désignés par les statuts. La présente disposition vaut sans préjudice de l'article 47, paragraphe 4, ou, le cas échéant, des modalités de participation des travailleurs fixées conformément à la directive 2001/86/CE.

4. En l'absence de dispositions relatives à un système moniste en ce qui concerne les sociétés anonymes ayant un siège statutaire sur son territoire, un État membre peut adopter les mesures appropriées concernant les SE.

Art. 44. – 1. L'organe d'administration se réunit au moins tous les trois mois selon une périodicité fixée par les statuts pour délibérer de la marche des affaires de la SE et de leur évolution prévisible.

2. Chacun des membres de l'organe d'administration peut prendre connaissance de toutes les informations transmises à cet organe.

Art. 45. – L'organe d'administration élit en son sein un président. Si la moitié des membres ont été désignés par les travailleurs, seul un membre désigné par l'assemblée générale des actionnaires peut être élu président.

Section 3. – Règles communes aux systèmes moniste et dualiste

Art. 46. – 1. Les membres des organes de la société sont nommés pour une période fixée par les statuts, qui ne peut excéder six ans.

2. Sauf restrictions prévues par les statuts, les membres peuvent être renommés une ou plusieurs fois pour la période fixée en application du paragraphe 1.

Art. 47. – 1. Les statuts de la SE peuvent prévoir qu'une société ou autre entité juridique peut être membre d'un de ses organes, à moins que la loi de l'État membre du siège de la SE applicable aux sociétés anonymes n'en dispose autrement.

La société ou autre entité juridique désigne une personne physique pour l'exercice des pouvoirs dans l'organe concerné.

2. Ne peuvent être membres d'un organe de la SE, ni représentants d'un membre au sens du paragraphe 1, les personnes qui :

a) ne peuvent faire partie, selon la loi de l'État membre du siège de la SE, de l'organe correspondant d'une société anonyme relevant du droit de cet État membre ;

b) ne peuvent faire partie de l'organe correspondant d'une société anonyme relevant du droit d'un État membre en raison d'une décision judiciaire ou administrative rendue dans un État membre.

3. Les statuts de la SE peuvent fixer, à l'instar de ce qui est prévu par la loi de l'État membre du siège de la SE pour les sociétés anonymes, des conditions particulières d'éligibilité pour les membres qui représentent les actionnaires.

4. Le présent règlement ne porte pas atteinte aux législations nationales qui permettent à une minorité d'actionnaires ou à d'autres personnes ou autorités de nommer une partie des membres des organes.

Art. 48. – 1. Les statuts de la SE énumèrent les catégories d'opérations qui donnent lieu à autorisation de l'organe de direction par l'organe de surveillance, dans le système dualiste, ou à décision expresse de l'organe d'administration, dans le système moniste.

Toutefois, un État membre peut prévoir que, dans le système dualiste, l'organe de surveillance peut soumettre lui-même à autorisation certaines catégories d'opérations.

2. Un État membre peut déterminer les catégories d'opérations devant au minimum figurer dans les statuts des SE immatriculées sur son territoire.

Art. 49. – Les membres des organes de la SE sont tenus de ne pas divulguer, même après la cessation de leurs fonctions, les informations dont ils disposent sur la SE et dont la divulgation serait susceptible de porter préjudice aux intérêts de la société, à l'exclusion des cas dans lesquels une telle divulgation est exigée ou admise par les dispositions du droit national applicables aux sociétés anonymes ou dans l'intérêt public.

1. Sauf dans les cas où le présent règlement ou les statuts en disposent autrement, les règles internes concernant le quorum et la prise de décision des organes de la SE sont les suivantes :

a) quorum : la moitié au moins des membres doivent être présents ou représentés ;

b) prise de décision : elle se fait à la majorité des membres présents ou représentés.

2. En l'absence de disposition statutaire en la matière, la voix du président de chaque organe est prépondérante en cas de partage des voix. Toutefois, aucune disposition statutaire contraire n'est possible lorsque l'organe de surveillance est composé pour moitié de représentants des travailleurs.

3. Lorsque la participation des travailleurs est organisée conformément à la directive 2001/86/CE, un État membre peut prévoir que le quorum et la prise de décision de l'organe de surveillance sont, par dérogation aux paragraphes 1 et 2, soumis aux règles applicables, dans les mêmes conditions, aux sociétés anonymes relevant du droit de l'État membre concerné.

Art. 51. – Les membres de l'organe de direction, de surveillance ou d'administration répondent, selon les dispositions de l'État membre du siège de la SE applicables aux sociétés anonymes, du préjudice subi par la SE par suite de la violation par eux des obligations légales, statutaires ou autres inhérentes à leurs fonctions.

Section 4. – L'assemblée générale

Art. 52. – L'assemblée générale décide dans les matières pour lesquelles une compétence spécifique lui est conférée par :

a) le présent règlement ;

b) les dispositions de la législation de l'État membre où la SE a son siège statutaire, prises en application de la directive 2001/86/CE.

En outre, l'assemblée générale décide dans les matières pour lesquelles une compétence est conférée à l'assemblée générale d'une société anonyme relevant du droit de l'État membre où la SE a son siège statutaire, soit par la loi de cet État membre, soit par les statuts conformément à cette même loi.

Art. 53. – Sans préjudice des règles prévues par la présente section, l'organisation et le déroulement de l'assemblée générale ainsi que les procédures de vote sont régis par la loi de l'État membre du siège statutaire de la SE applicable aux sociétés anonymes.

Art. 54. – 1. L'assemblée générale a lieu au moins une fois par année calendrier, dans les six mois de la clôture de l'exercice, à moins que la loi de l'État membre du siège applicable aux sociétés anonymes exerçant le même type d'activité que la SE ne prévoie une fréquence supérieure. Toutefois, un État membre peut prévoir que la première assemblée générale peut avoir lieu dans les dix-huit mois suivant la constitution de la SE.

2. L'assemblée générale peut être convoquée à tout moment par l'organe de direction, par l'organe d'administration, par l'organe de surveillance, ou par tout autre organe ou autorité compétente conformément à la loi nationale de l'État membre du siège statutaire de la SE applicable aux sociétés anonymes.

Art. 55. – 1. La convocation de l'assemblée générale et la fixation de l'ordre du jour peuvent être demandées par un ou plusieurs actionnaires disposant ensemble d'actions représentant 10 % au moins du capital souscrit, un pourcentage plus bas pouvant être prévu par les statuts ou par la loi nationale dans les mêmes conditions que celles applicables aux sociétés anonymes.

2. La demande de convocation doit préciser les points à faire figurer à l'ordre du jour.

3. Si, à la suite de la demande formulée selon le paragraphe 1, l'assemblée générale n'est pas tenue en temps utile et en tout cas dans un délai maximum de deux mois, l'autorité judiciaire ou administrative compétente du siège statutaire de la SE peut ordonner la convocation dans un délai déterminé ou donner l'autorisation de la convoquer, soit aux actionnaires qui en ont formulé la demande, soit à un mandataire de ceux-ci. Cela ne préjuge pas des dispositions nationales qui prévoient éventuellement la possibilité pour les actionnaires mêmes de procéder à la convocation de l'assemblée générale.

Art. 56. – Un ou plusieurs actionnaires disposant ensemble de 10 % au moins du capital souscrit peuvent demander l'inscription d'un ou plusieurs nouveaux points à l'ordre du jour de toute assemblée générale. Les procédures et délais applicables à cette demande sont fixés par la loi nationale de l'État membre du siège statutaire de la SE ou, à défaut, par les statuts de la SE. Le pourcentage visé ci-dessus peut être abaissé par les statuts ou par la loi de l'État membre du siège dans les mêmes conditions que celles applicables aux sociétés anonymes.

Art. 57. – Les décisions de l'assemblée générale sont prises à la majorité des voix valablement exprimées, à moins que le présent règlement ou, à défaut, la loi applicable aux sociétés anonymes dans l'État membre du siège statutaire de la SE ne requière une majorité plus élevée.

Art. 58. – Les voix exprimées ne comprennent pas celles attachées aux actions pour lesquelles l'actionnaire n'a pas pris part au vote ou s'est abstenu ou a voté blanc ou nul.

Art. 59. – 1. La modification des statuts requiert une décision de l'assemblée générale prise à une majorité qui ne peut être inférieure aux deux tiers des voix exprimées, à moins que la loi applicable aux sociétés anonymes relevant du droit de l'État membre du siège statutaire de la SE ne prévoie ou ne permette une majorité plus élevée.

2. Toutefois, un État membre peut prévoir que, lorsque la moitié au moins du capital souscrit est représentée, une majorité simple des voix indiquées au paragraphe 1 est suffisante.

3. Toute modification des statuts de la SE fait l'objet d'une publicité conformément à l'article 13.

Art. 60. – 1. Lorsqu'il existe plusieurs catégories d'actions, toute décision de l'assemblée générale est subordonnée à un vote séparé pour chaque catégorie d'actionnaires aux droits spécifiques desquels la décision porte atteinte.

2. Lorsque la décision de l'assemblée générale requiert la majorité des voix prévue à l'article 59, paragraphe 1 ou 2, cette majorité doit être également requise pour le vote séparé de chaque catégorie d'actionnaires aux droits spécifiques desquels la décision porte atteinte.

TITRE IV. – COMPTES ANNUELS ET COMPTES CONSOLIDÉS

Art. 61. – Sous réserve de l'article 62, la SE est assujettie, en ce qui concerne l'établissement de ses comptes annuels et, le cas échéant, de ses comptes consolidés, y compris le rapport de gestion les accompagnant, leur contrôle et leur publicité, aux règles applicables aux sociétés anonymes relevant du droit de l'État membre de son siège statutaire.

Art. 62. – 1. Les SE qui sont des établissements de crédit ou des établissements financiers sont assujetties, en ce qui concerne l'établissement de leurs comptes annuels et, le cas échéant, de leurs comptes consolidés, y compris le rapport de gestion les accompagnant, leur contrôle et leur publicité, aux règles prévues dans le droit national de l'État membre du siège en application de la directive 2000/12/CE du Parlement européen et du Conseil du 20 mars 2000 concernant l'accès à l'activité des établissements de crédit et son exercice (9).

2. Les SE qui sont des entreprises d'assurances sont assujetties, en ce qui concerne l'établissement de leurs comptes annuels et, le cas échéant, de leurs comptes consolidés, y compris le rapport de gestion les accompagnant, leur contrôle et leur publicité, aux règles prévues dans le droit national de l'État membre du siège en application de la directive 91/674/CEE du Conseil, concernant les comptes annuels et les comptes consolidés des entreprises d'assurance (10).

TITRE V. – DISSOLUTION, LIQUIDATION, INSOLVABILITÉ ET CESSATION DES PAIEMENTS

Art. 63. – En ce qui concerne la dissolution, la liquidation, l'insolvabilité, la cessation des paiements et les procédures analogues, la SE est soumise aux dispositions de loi qui s'appliqueraient à une société anonyme constituée selon le droit de l'État membre dans lequel la SE a son siège statutaire, y compris celles relatives à la prise de décision par l'assemblée générale.

Art. 64. – 1. Lorsqu'une SE ne remplit plus l'obligation de l'article 7, l'État membre dans lequel la SE a son siège statutaire prend les mesures appropriées pour obliger la SE à régulariser la situation dans un délai déterminé :

a) soit en rétablissant son administration centrale dans l'État membre du siège ;

b) soit en procédant au transfert du siège statutaire par la procédure prévue à l'article 8.

2. L'État membre du siège prend les mesures nécessaires pour assurer qu'une SE qui ne régulariserait pas sa situation, conformément au paragraphe 1, soit mise en liquidation.

3. L'État membre du siège statutaire institue un recours juridictionnel contre tout constat d'infraction à l'article 7. Ce recours a un effet suspensif sur les procédures prévues aux paragraphes 1 et 2.

4. Lorsqu'il est constaté, soit à l'initiative des autorités, soit à l'initiative de toute partie intéressée, qu'une SE a son administration centrale sur le territoire d'un État membre en infraction à l'article 7, les autorités de cet État membre en informent sans délai l'État membre où est situé le siège statutaire de la SE.

Art. 65. – L'ouverture d'une procédure de dissolution, de liquidation, d'insolvabilité ou de cessation des paiements, ainsi que sa clôture et la décision de poursuite de l'activité, font l'objet d'une publicité conformément à l'article 13, sans préjudice des dispositions de droit national imposant des mesures de publicité additionnelles.

Art. 66. – 1. La SE peut se transformer en société anonyme relevant du droit de l'État membre de son siège statutaire. La décision concernant la transformation ne peut être prise avant deux ans à partir de son immatriculation et avant que les deux premiers comptes annuels n'aient été approuvés.

2. La transformation d'une SE en société anonyme ne donne lieu ni à dissolution ni à création d'une personne morale nouvelle.

3. L'organe de direction ou d'administration de la SE établit un projet de transformation et un rapport expliquant et justifiant les aspects juridiques et économiques de la transformation et indiquant les conséquences pour les actionnaires et pour les travailleurs de l'adoption de la forme de société anonyme.

4. Le projet de transformation fait l'objet d'une publicité effectuée selon les modalités prévues par la loi de chaque État membre, conformément à l'article 3 de la directive 68/151/CEE, un mois au moins avant la date de la réunion de l'assemblée générale appelée à se prononcer sur la transformation.

5. Avant l'assemblée générale visée au paragraphe 6, un ou plusieurs experts indépendants désignés ou agréés, selon les dispositions nationales adoptées en application de l'article 10 de la directive 78/855/CEE, par une autorité judiciaire ou administrative de l'État membre dont relève la SE qui se transforme en société anonyme, attestent que la société dispose d'actifs au moins équivalents au capital.

6. L'assemblée générale de la SE approuve le projet de transformation ainsi que les statuts de la société anonyme. La décision de l'assemblée générale doit être prise dans les conditions prévues par les dispositions nationales adoptées en application de l'article 7 de la directive 78/855/CEE.

TITRE VI. – DISPOSITIONS COMPLÉMENTAIRES ET TRANSITOIRES

Art. 67. – 1. Chaque État membre peut, si et aussi longtemps que la troisième phase de l'Union économique et monétaire (UEM) ne lui est pas applicable, appliquer aux SE ayant leur siège statutaire sur son territoire les dispositions applicables aux sociétés anonymes relevant de son droit en ce qui concerne l'expression de leur capital. La SE peut en tout cas exprimer son capital également en euros. Dans ce cas, le taux de conversion entre la monnaie nationale et l'euro est celui du dernier jour du mois précédant la constitution de la SE.

2. Si et aussi longtemps que la troisième phase de l'UEM n'est pas applicable à l'État membre du siège statutaire de la SE, celle-ci peut cependant établir et publier ses comptes annuels et, le cas échéant, ses comptes consolidés en euros. L'État membre peut exiger que les comptes annuels et, le cas échéant, les comptes consolidés de la SE soient établis et publiés dans la monnaie nationale dans les mêmes conditions que celles prévues pour les sociétés anonymes relevant du droit de cet État membre. Ceci ne préjuge pas de la possibilité additionnelle pour la SE de publier, conformément à la directive 90/604/CEE (11), ses comptes annuels et, le cas échéant, ses comptes consolidés en euros.

TITRE VII. – DISPOSITIONS FINALES

Art. 68. – 1. Les États membres prennent toute disposition appropriée pour assurer la mise en œuvre effective du présent règlement.

2. Chaque État membre désigne les autorités compétentes au sens des articles 8, 25, 26, 54, 55 et 64. Il en informe la Commission et les autres États membres.

Art. 69. – **Au plus tard cinq ans après l'entrée en vigueur du présent règlement, la Commission présente au Conseil et au Parlement européen un rapport sur l'application du règlement et, le cas échéant, des propositions de modifications. Le rapport examine en particulier s'il convient :**

a) **de permettre à une SE d'avoir son administration centrale et son siège statutaire dans des États membres différents ;**

b) **d'élargir la définition de la fusion prévue à l'article 17, paragraphe 2, afin d'inclure également des types de fusion autres que ceux définis à l'article 3, paragraphe 1, et à l'article 4, paragraphe 1, de la directive 78/855/CEE ;**

c) **de réviser la règle de compétence figurant à l'article 8, paragraphe 16, à la lumière de toute disposition qui aura pu être insérée dans la convention de Bruxelles de 1968 ou de tout texte remplaçant cette convention qui serait adopté par les États membres ou par le Conseil ;**

d) **de permettre qu'un État membre autorise, dans la législation qu'il adopte conformément aux pouvoirs conférés par le présent règlement ou pour assurer l'application effective du présent règlement à une SE, l'insertion, dans les statuts de la SE, de dispositions qui dérogent à ladite législation ou qui la complètent, alors même que des dispositions de ce type ne seraient pas autorisées dans les statuts d'une société anonyme ayant son siège dans l'État membre en question.**

Art. 70. – **Le présent règlement entre en vigueur le 8 octobre 2001.**

Le présent règlement est obligatoire dans tous ses éléments et directement applicable dans tout État membre.

ANNEXES

(Ann. I et II : V. JOCE n° L 294, 10 nov. 2001). –
(Ann. I et II, mod., Cons. UE., règl. (CE) n° 885/2004, 26 avr. 2004,
art. 1er et ann : JOUE n° L 168, 1 mai 2004 ; Cons. UE, règl. (CE) n° 1791/2006, 20 nov. 2006,
art. 1er, 2 et ann. : JOUE n° L 363, 20 déc. 2006)

ANNEXE I

SOCIÉTÉS ANONYMES VISÉES À L'ARTICLE 2, PARAGRAPHE 1

BELGIQUE :
la société anonyme//de naamloze vennootschap

BULGARIE :
акционерно дружество

RÉPUBLIQUE TCHÈQUE :
akciová společnost

DANEMARK :
aktieselskaber

ALLEMAGNE :
die Aktiengesellschaft

ESTONIE :
aktsiaselts

GRÈCE :
αυωνυμη εταιρια

ESPAGNE :
la sociedad anónima

FRANCE :
la société anonyme

IRLANDE :
public companies limited by shares
public companies limited by guarantee having a share capital

ITALIE :
società per azioni

CHYPRE :
Δημόσια Εταιρεία περιορισμένης ευθύνης με μετοχές, Δημόσια Εταιρεία περιο-ρισμένης ευθύνης με εγγύηση

LETTONIE :
akciju sabiedrība
LITUANIE :
akcinės bendrovės
LUXEMBOURG :
la société anonyme
HONGRIE :
részvénytársaság
MALTE :
kumpaniji pubbliċi / public limited liability companies
PAYS-BAS :
de naamloze vennootschap
AUTRICHE :
die Aktiengesellschaft
POLOGNE :
spółka akcyjna
PORTUGAL :
a sociedade anonima de responsabilidade limitada
ROUMANIE :
societate pe acțiuni
SLOVÉNIE :
delniška družba
SLOVAQUIE :
akciová spoločnosť
FINLANDE :
julkinen osakeyhtiö//publikt aktiebolag
SUÈDE :
publikt aktiebolag
ROYAUME-UNI :
public companies limited by shares
public companies limited by guarantee having a share capital

ANNEXE II

SOCIÉTÉS ANONYMES ET SOCIÉTÉS À RESPONSABILITÉ LIMITÉE VISÉES À L'ARTICLE 2, PARAGRAPHE 2
BELGIQUE :
la société anonyme//de naamloze vennootschap
la société privée à responsabilité limitée//besloten vennootschap met beperkte aansprakelijkheid
BULGARIE :
акционерно дружество, дружество с ограничена отговорност
RÉPUBLIQUE TCHÈQUE :
akciová společnost
společnost s ručením omezeným
DANEMARK :
aktieselskaber anpartselskaber
ALLEMAGNE :
die Aktiengesellschaft die Gesellschaft mit beschränkter Haftung
ESTONIE :
aktsiaselts ja osaühing
GRÈCE :
ανωνυμη εταιρια
εταιρια περιοριομευης ευθυνης
ESPAGNE :
la sociedad anónima la sociedad de responsabilidad limitada
FRANCE :
la société anonyme la société à responsabilité limitée

IRLANDE :
public companies limited by shares
public companies limited by guarantee having a share capital
private companies limited by shares
private companies limited by guarantee having a share capital
ITALIE :
società per azioni società a responsabilità limitata
CHYPRE :
Δημόσια εταιρεία περιορισμένης ευθύνης με μετοχές, δημόσια Εταιρεία περιο-ρισμένης ευθύνης με εγγύηση, ιδιωτική εταιρεία
LETTONIE :
akciju sabiedrība, un sabiedrība ar ierobežotu atbildību
LITUANIE :
akcinės bendrovės
uždarosios akcinės bendrovės
LUXEMBOURG :
la société anonyme
la société à responsabilité limitée
HONGRIE :
részvénytársaság
korlátolt felelősségű társaság
MALTE :
kumpaniji pubbliċi / public limited liability companies
kumpaniji privati / private limited liability companies
PAYS-BAS :
de naamloze vennootschap de besloten vennootschap met beperkte aansprakelijkheid
AUTRICHE :
die Aktiengesellschaft die Geseffschaft mit beschränkter Haftung
POLOGNE :
spółka akcyjna
spółka z ograniczoną odpowiedzialnością
PORTUGAL :
a sociedade anonima de responsabilidade limitada
a sociedade por quotas de reponsabilidade limitada
ROUMANIE :
societate pe acţiuni, societate cu răspundere limitată
SLOVÉNIE
delniška družba
družba z omejeno odgovornostjo
SLOVAQUIE :
akciová spoločnos
spoločnosť s ručením obmedzeným
FINLANDE :
osakeyhtiö aktiebolag
SUÈDE :
aktiebolag
ROYAUME-UNI :
public companies limited by shares
public companies limited by guarantee having a share capital
private companies limited by shares
private companies limited by guarantee having a share capital

ANNEXE 3

DE CERTAINES FORMES DE VENTES ET DES CLAUSES D'EXCLUSIVITÉ

VENTE INTERNATIONALE

Convention de Vienne du 11 avril 1980

sur les contrats de vente internationale de marchandises

(publiée par D. n° 87-1034, 22 déc. 1987 : JO 27 déc.)

Bibliographie : Auby, *Convention des Nations unies du 11 avril 1980*, LGDJ, coll. Droit des affaires 1990. • Heuzé, *La vente internationale de marchandises*, GLN Joly 1992. • Neumayer et Ming, *Convention de Vienne sur les contrats de vente internationale de marchandises*, comm. CEDIDAC, Lausanne 1993, diffusion Litec. • Plantard, *Un nouveau droit uniforme de la vente internationale : JDI* 1988, 311. • Mouly, *Que change la Convention de Vienne par rapport au droit français interne ? : D.* 1991, chron. 77. • Rémery, *Les relations de la Convention de Rome du 19 juin 1980 sur la loi applicable aux obligations contractuelles avec les autres conventions (l'exemple de la vente internationale) : Gaz. Pal.* 1992, 1, doctr. 426. • Witz, *La Convention de Vienne à l'épreuve de la jurisprudence naissante : D.* 1995, chron. 143. • Varii auctores, *La vente de marchandises à l'étranger : Cah. dr. entr.* 1997/6. • Witz, *Les nouveaux délais de prescription du droit allemand applicables aux ventes internationales de marchandises régies par la Convention de Vienne : D.* 2002, doctr. 2860.

PARTIE PREMIÈRE. – CHAMP D'APPLICATION ET DISPOSITIONS GÉNÉRALES

CHAPITRE PREMIER. – CHAMP D'APPLICATION

Art. 1er. – 1. – La présente Convention s'applique aux contrats de vente de marchandises entre des parties ayant leur établissement dans des États différents :

***a)* Lorsque ces États sont des États contractants ; ou**

***b)* Lorsque les règles du droit international privé mènent à l'application de la loi d'un État contractant.**

2. – *Il* n'est pas tenu compte du fait que les parties ont leur établissement dans des États différents lorsque ce fait ne ressort ni du contrat, ni de transactions antérieures entre les parties, ni de renseignements donnés par elles à un moment quelconque avant la conclusion ou lors de la conclusion du contrat.

3. – Ni la nationalité des parties ni le caractère civil ou commercial des parties ou du contrat ne sont pris en considération pour l'application de la présente Convention.

1) Champ d'application. La convention de Vienne instituant un droit uniforme sur les ventes internationales de marchandises constitue le droit substantiel français de la vente internationale de marchandises (■ Cass. 1re civ., 26 juin 2001, n° 99-16.118 : *JurisData* n° 2001-010364 ; *Bull.* I, n° 189 ; *RTD com.* 2002, 147, n° 6, obs. Bouloc ; *D.* 2001, p. 2591, obs. Avena-Robardet ; jurispr. 3607, note Witz ; *JCP* E 2001, pan. 1503 ; *RJDA* 7/2002, n° 735) ; cette convention s'impose au juge français qui doit en faire application sous réserve de son exclusion, selon l'article 6 (même déc.).

La convention de Vienne est applicable d'office aux contrats de vente de marchandises entre les parties ayant leur établissement dans deux États qui ont ratifié la Convention (■ Paris, 6 nov. 2001, n° 2000/04607 : *JurisData* n° 2001-157857 ; *D.* 2002, comm. 2795, note Witz).

La Convention de Vienne s'applique aux contrats internationaux de vente de marchandises et régit exclusivement les droits et obligations qu'un tel contrat fait naître entre le vendeur et l'acheteur (■ Cass. 1re civ., 4 oct. 2005, n° 02-15.981 : *JurisData* n° 2005-030064 ; *RJDA* 2/2006, n° 128).

2) Lieu d'exécution. Le lieu d'exécution de l'obligation de livraison du vendeur, servant de base à la demande, au sens de l'article 5 de la Convention de Bruxelles du 27 septembre 1968, doit être déterminé par application de l'article 1er (1, b) de la Convention de Vienne (■ Cass. 1re civ., 26 juin 2001, n° 99-14.844 : *JurisData* n° 2001-010362 ; *Bull.* I, n° 187 ; *RTD com.* 2002, 147, n° 7, obs. Bouloc : *D.* 2001, p. 2592 ; jurispr. 3607, note Witz. – *Adde* ■ Cass. 1re civ., 26 juin 2001, n° 99-14.844 : *JurisData* n° 2001-010362 ; *D.* 2001, p. 2593 ; *JCP* E 2001, pan. 1503).

3) Principe du contradictoire. En appliquant d'office la Convention de Vienne, sans inviter les parties à un débat contradictoire sur ce point, la cour d'appel a violé l'article 16, CPC (■ Cass. 1re civ., 2 oct. 2001, n° 99-13.461 : *JurisData* n° 2001-011127 ; *D.* 2001, p. 3195).

Art. 2. – La présente Convention ne régit pas les ventes :

a) De marchandises achetées pour un usage personnel, familial ou domestique, à moins que le vendeur, à un moment quelconque avant la conclusion ou lors de la conclusion du contrat, n'ait pas su et n'ait pas été censé savoir que ces marchandises étaient achetées pour un tel usage ;

b) Aux enchères ;

c) Sur saisie ou de quelque autre manière par autorité de justice ;

d) De valeurs mobilières, effets de commerce et monnaies ;

e) De navires, bateaux, aéroglisseurs et aéronefs ;

f) D'électricité.

Art. 3. – 1. Sont réputés ventes les contrats de fourniture de marchandises à fabriquer ou à produire, à moins que la partie qui commande celle-ci n'ait à fournir une part essentielle des éléments matériels nécessaires à cette fabrication ou production.

2. La présente Convention ne s'applique pas aux contrats dans lesquels la part prépondérante de l'obligation de la partie qui fournit les marchandises consiste en une fourniture de main-d'œuvre ou d'autres services.

Art. 4. – La présente Convention régit exclusivement la formation du contrat de vente et les droits et obligations qu'un tel contrat fait naître entre le vendeur et l'acheteur. En particulier, sauf disposition contraire expresse de la présente Convention, celle-ci ne concerne pas :

a) La validité du contrat ni celle d'aucune de ses clauses non plus que celle des usages ;

b) Les effets que le contrat peut avoir sur la propriété des marchandises vendues.

Champ d'application. Pour appliquer la convention de Vienne, les magistrats doivent caractériser l'existence d'un contrat de vente régi par la convention entre le vendeur initial et l'utilisateur final (■ Cass. 1re civ., 5 janv. 1999, n° 96-19.992 : *JurisData* n° 1999-000009 ; *D.* 1999, 383, note Witz ; *RJDA* 3/99, n° 277, dans le cas d'une chaîne de contrats. ■ 30 juin 2004, n° 01-15.964 : *JurisData* n° 2004-024351 ; *RJDA* 1/2005, n° 24).

Art. 5. – La présente Convention ne s'applique pas à la responsabilité du vendeur pour décès ou lésions corporelles causés à quiconque par les marchandises.

Art. 6. – Les parties peuvent exclure l'application de la présente Convention ou, sous réserve des dispositions de l'article 12, déroger à l'une quelconque de ses dispositions ou en modifier les effets.

1) Exclusion conventionnelle. La convention de Vienne s'impose au juge français qui doit en faire application sous réserve de son exclusion, selon l'article 6, qui s'interprète comme permettant aux parties de l'éluder tacitement, en s'abstenant de l'invoquer devant le juge français (■ Cass. 1re civ., 26 juin 2001, n° 99-16.118 : *JurisData* n° 2001-010364 ; *D.* 2001, p. 2591, obs. Avena-Robardet ; jurispr. 3607, note Witz ; *JCP* E 2001, pan. 1503 ; *RJDA* 7/2002, n° 753 ; *Bull.* I, n° 189 ; *RTD com.* 2002, 147, n° 6, obs. Bouloc).

Une cour d'appel viole l'article 16, CPC en faisant application d'office de la Convention de Vienne sans inviter les parties à un débat contradictoire sur ce point (■ Cass. 1re civ., 2 oct. 2001, n° 00-11.369 : *JurisData* n° 2001-011125 ; *RJDA* 7/2002, n° 754).

2) **Preuve.** La partie qui allègue l'exclusion de l'application de la Convention, doit rapporter la preuve d'une telle intention des parties (■ Paris, 6 nov. 2001, n° 2000/04607 : *JurisData* n° 2001-157857 ; *D. aff.* 2002, comm. 2795, note Witz). La mention unilatérale d'une soumission du contrat au droit français apposée sur des bons de commande ne suffit pas à démontrer la commune intention des parties d'user de la faculté offerte par l'article 6 (même déc.).

CHAPITRE II. – DISPOSITIONS GÉNÉRALES

Art. 7. – **1. Pour l'interprétation de la présente Convention, il sera tenu compte de son caractère international et de la nécessité de promouvoir l'uniformité de son application ainsi que d'assurer le respect de la bonne foi dans le commerce international.**

2. Les questions concernant les matières régies par la présente Convention et qui ne sont pas expressément tranchées par elle seront réglées selon les principes généraux dont elle s'inspire ou, à défaut de ces principes, conformément à la loi applicable en vertu des règles du droit international privé.

Art. 8. – **1. Aux fins de la présente Convention, les indications et les autres comportements d'une partie doivent être interprétés selon l'intention de celle-ci lorsque l'autre partie connaissait ou ne pouvait ignorer cette intention.**

2. Si le paragraphe précédent n'est pas applicable, les indications et autres comportements d'une partie doivent être interprétés selon le sens qu'une personne raisonnable de même qualité que l'autre partie, placée dans la même situation, leur aurait donné.

3. Pour déterminer l'intention d'une partie ou ce qu'aurait compris une personne raisonnable, il doit être tenu compte des circonstances pertinentes, notamment des négociations qui ont pu avoir lieu entre les parties, des habitudes qui se sont établies entre elles, des usages et de tout comportement ultérieur des parties.

Art. 9. – **1. Les parties sont liées par les usages auxquels elles ont consenti et par les habitudes qui se sont établies entre elles.**

2. Sauf convention contraire des parties, celles-ci sont réputées s'être tacitement référées dans le contrat et pour la formation à tout usage dont elles avaient connaissance ou auraient dû avoir connaissance et qui, dans le commerce international, est largement connu et régulièrement observé par les parties à des contrats de même type dans la branche commerciale considérée.

Art. 10. – **Aux fins de la présente Convention :**

a) **Si une partie a plus d'un établissement, l'établissement à prendre en considération est celui qui a la relation la plus étroite avec le contrat et son exécution eu égard aux circonstances connues des parties ou envisagées par elles à un moment quelconque avant la conclusion ou lors de la conclusion du contrat ;**

b) **Si une partie n'a pas d'établissement, sa résidence habituelle en tient lieu.**

Art. 11. – **Le contrat de vente n'a pas à être conclu ni constaté par écrit et n'est soumis à aucune autre condition de forme. Il peut être prouvé par tous moyens, y compris par témoins.**

Art. 12. – **Toute disposition de l'article 11, de l'article 29 ou de la deuxième partie de la présente Convention autorisant une forme autre que la forme écrite, soit pour la conclusion ou pour la modification ou la résiliation amiable d'un contrat de vente soit pour toute offre, acceptation ou autre manifestation d'intention, ne s'applique pas dès lors qu'une des parties a son établissement dans un État contractant qui a fait une déclaration conformément à l'article 96 de la présente Convention. Les parties ne peuvent déroger au présent article ni en modifier les effets.**

Art. 13. – **Aux fins de la présente Convention, le terme « écrit » doit s'entendre également des communications adressées par télégramme ou par télex.**

PARTIE DEUXIÈME. – FORMATION DU CONTRAT

Art. 14. – **1. Une proposition de conclure un contrat adressée à une ou plusieurs personnes déterminées constitue une offre si elle est suffisamment précise et si elle indique la volonté de son auteur d'être lié en cas d'acceptation. Une proposition est suffisamment précise lorsqu'elle désigne les marchandises et, expressément ou implicitement, fixe la quantité et le prix ou donne des indications permettant de les déterminer.**

2. Une proposition adressée à des personnes indéterminées est considérée seulement comme une invitation à l'offre, à moins que la personne qui a fait la proposition n'ait clairement indiqué le contraire.

Art. 15. – 1. Une offre prend effet lorsqu'elle parvient au destinataire ;

2. Une offre, même si elle est irrévocable, peut être rétractée si la rétractation parvient au destinataire avant ou en même temps que l'offre.

Art. 16. – 1. Jusqu'à ce qu'un contrat ait été conclu, une offre peut être révoquée si la révocation parvient au destinataire avant que celui-ci ait expédié une acceptation.

2. Cependant, une offre ne peut être révoquée :

a) Si elle indique, en fixant un délai déterminé pour l'acceptation, ou autrement, qu'elle est irrévocable ; ou

b) S'il était raisonnable pour le destinataire de considérer l'offre comme irrévocable et s'il a agi en conséquence.

Art. 17. – Une offre, même irrévocable, prend fin lorsque son rejet parvient à l'auteur de l'offre.

Art. 18. – 1. Une déclaration ou autre comportement du destinataire indiquant qu'il acquiesce à une offre constitue une acceptation. Le silence ou l'inaction à eux seuls ne peuvent valoir acceptation.

2. L'acceptation d'une offre prend effet au moment où l'indication d'acquiescement parvient à l'auteur de l'offre. L'acceptation ne prend pas effet si cette indication ne parvient pas à l'auteur de l'offre dans le délai qu'il a stipulé ou, à défaut d'une telle stipulation, dans un délai raisonnable, compte tenu des circonstances de la transaction et de la rapidité des moyens de communication utilisés par l'auteur de l'offre. Une offre verbale doit être acceptée immédiatement, à moins que les circonstances n'impliquent le contraire.

3. Cependant, si, en vertu de l'offre, des habitudes qui se sont établies entre les parties ou des usages, le destinataire de l'offre peut indiquer qu'il acquiesce en accomplissant un acte se rapportant, par exemple, à l'expédition des marchandises ou au paiement du prix, sans communication à l'auteur de l'offre, l'acceptation prend effet au moment où cet acte est accompli, pour autant qu'il le soit dans les délais prévus par le paragraphe précédent.

Art. 19. – 1. Une réponse qui tend à être l'acceptation d'une offre, mais qui contient des additions, des limitations ou autres modifications, est un rejet de l'offre et constitue une contre-offre.

2. Cependant, une réponse qui tend à être l'acceptation d'une offre, mais qui contient des éléments complémentaires ou différents n'altérant pas substantiellement les termes de l'offre, constitue une acceptation, à moins que l'auteur de l'offre, sans retard injustifié, n'en relève les différences verbalement ou n'adresse un avis à cet effet. S'il ne le fait pas, les termes du contrat sont ceux de l'offre, avec les modifications comprises dans l'acceptation.

3. Des éléments complémentaires ou différents relatifs notamment au prix, au paiement, à la qualité et à la quantité des marchandises, au lieu et au moment de la livraison, à l'étendue de la responsabilité d'une partie à l'égard de l'autre ou au règlement des différends, sont considérés comme altérant substantiellement les termes de l'offre.

Pour faire droit à la demande en paiement d'un vendeur allemand des marchandises livrées à un acheteur français, une cour d'appel retient souverainement que les parties étaient d'accord sur la chose et sur le prix, y compris sur une révision du prix initial en fonction du marché sur une révision du prix initial en fonction du marché et sur les modifications apportées à une commande qui avaient fait l'objet de la réponse du vendeur (■ Cass. com., 4 janv. 1995, n° 92-16.993 : *D.* 1995, 289, note Witz).

Art. 20. – 1. – Le délai d'acceptation fixé par l'auteur de l'offre dans un télégramme ou une lettre commence à courir au moment où le télégramme est remis pour expédition ou à la date qui apparaît sur la lettre ou, à défaut, à la date qui apparaît sur l'enveloppe. Le délai d'acceptation que l'auteur de l'offre fixe par téléphone, par télex ou par d'autres moyens de communication instantanés commence à courir au moment où l'offre parvient au destinataire.

2. – Les jours fériés ou chômés qui tombent pendant que court le délai d'acceptation sont comptés dans le calcul de ce délai. Cependant, si la notification ne peut être remise à l'adresse de l'auteur de l'offre le dernier jour du délai, parce que celui-ci tombe un jour férié ou chômé au lieu d'établissement de l'auteur de l'offre, le délai est prorogé jusqu'au premier jour ouvrable suivant.

Art. 21. – 1. – Une acceptation tardive produit néanmoins effet en tant qu'acceptation si, sans retard, l'auteur de l'offre en informe verbalement le destinataire ou lui adresse un avis à cet effet.

2. – Si la lettre ou autre écrit contenant une acceptation tardive révèle qu'elle a été expédiée dans des conditions telles que, si sa transmission avait été régulière, elle serait parvenue à temps à l'auteur de l'offre, l'acceptation tardive produit effet en tant qu'acceptation à moins que, sans retard, l'auteur de l'offre n'informe verbalement le destinataire de l'offre qu'il considère que son offre avait pris fin ou qu'il ne lui adresse un avis à cet effet.

Art. 22. – L'acceptation peut être rétractée si la rétractation parvient à l'auteur de l'offre avant le moment où l'acceptation aurait pris effet ou à ce moment.

Art. 23. – Le contrat est conclu au moment où l'acceptation d'une offre prend effet conformément aux dispositions de la présente Convention.

Art. 24. – Aux fins de la présente partie de la Convention, une offre, une déclaration d'acceptation ou toute autre manifestation d'intention « parvient » à son destinataire lorsqu'elle lui est faite verbalement ou est délivrée par tout autre moyen au destinataire lui-même, à son établissement, à son adresse postale ou, s'il n'y a pas d'établissement ou d'adresse postale, à sa résidence habituelle.

PARTIE TROISIÈME. – VENTE DE MARCHANDISES

CHAPITRE PREMIER. – DISPOSITIONS GÉNÉRALES

Art. 25. – Une contravention au contrat commise par l'une des parties est essentielle lorsqu'elle cause à l'autre partie un préjudice tel qu'elle la prive substantiellement de ce que celle-ci était en droit d'attendre du contrat, à moins que la partie en défaut n'ait pas prévu un tel résultat et qu'une personne raisonnable de même qualité placée dans la même situation ne l'aurait pas prévu non plus.

Art. 26. – Une déclaration de résolution du contrat n'a d'effet que si elle est faite par notification à l'autre partie.

Art. 27. – Sauf disposition contraire expresse de la présente partie de la Convention, si une notification, demande ou autre communication est faite par une partie au contrat conformément à la présente partie et par un moyen approprié aux circonstances, un retard ou une erreur dans la transmission de la communication ou le fait qu'elle n'est pas arrivée à destination ne prive pas cette partie au contrat du droit de s'en prévaloir.

Art. 28. – Si, conformément aux dispositions de la présente Convention, une partie a le droit d'exiger de l'autre l'exécution d'une obligation, un tribunal n'est tenu d'ordonner l'exécution en nature que s'il le ferait en vertu de son propre droit pour des contrats de vente semblables non régis par la présente Convention.

Art. 29. – 1. – Un contrat peut être modifié ou résilié par accord amiable entre les parties.

2. – Un contrat écrit qui contient une disposition stipulant que toute modification ou résiliation amiable doit être faite par écrit ne peut être modifié ou résilié à l'amiable sous une autre forme. Toutefois, le comportement de l'une des parties peut l'empêcher d'invoquer une telle disposition si l'autre partie s'est fondée sur ce comportement.

CHAPITRE II. – OBLIGATIONS DU VENDEUR

Art. 30. – Le vendeur s'oblige, dans les conditions prévues au contrat et par la présente Convention, à livrer les marchandises, à en transférer la propriété et, s'il y a lieu, à remettre les documents s'y rapportant.

Section I. – Livraison des marchandises et remise des documents

Art. 31. – Si le vendeur n'est pas tenu de livrer les marchandises en un autre lieu particulier, son obligation de livraison consiste :

a) Lorsque le contrat de vente implique un transport des marchandises, à remettre les marchandises au premier transporteur pour transmission à l'acheteur ;

b) Lorsque, dans les cas non visés au précédent alinéa, le contrat porte sur un corps certain ou sur une chose de genre qui doit être prélevée sur une masse déterminée ou qui doit être fabriquée ou produite et lorsque, au moment de la conclusion du contrat, les parties savaient que les marchandises se trouvaient ou devaient être fabriquées ou produites en un lieu particulier, à mettre les marchandises à la disposition de l'acheteur en ce lieu ;

c) Dans les autres cas, à mettre les marchandises à la disposition de l'acheteur au lieu où le vendeur avait son établissement au moment de la conclusion du contrat.

Art. 32. – 1. – Si, conformément au contrat ou à la présente Convention, le vendeur remet les marchandises à un transporteur et si les marchandises ne sont pas clairement identifiées aux fins du contrat par l'apposition d'un signe distinctif sur les marchandises, par des documents de transport ou par tout autre moyen, le vendeur doit donner à l'acheteur avis de l'expédition en désignant spécifiquement les marchandises.

2. – Si le vendeur est tenu de prendre des dispositions pour le transport des marchandises, il doit conclure les contrats nécessaires pour que le transport soit effectué jusqu'au lieu prévu par les moyens de transport appropriés aux circonstances et selon les conditions usuelles pour un tel transport.

3. – Si le vendeur n'est pas tenu de souscrire lui-même une assurance de transport, il doit fournir à l'acheteur, à la demande de celui-ci, tous renseignements dont il dispose qui sont nécessaires à la conclusion de cette assurance.

Art. 33. – Le vendeur doit livrer les marchandises :

a) Si une date est fixée par le contrat ou déterminable par référence au contrat, à cette date ;

b) Si une période de temps est fixée par le contrat ou déterminable par référence au contrat, à un moment quelconque au cours de cette période, à moins qu'il ne résulte des circonstances que c'est à l'acheteur de choisir une date ; ou

c) Dans tous les autres cas, dans un délai raisonnable à partir de la conclusion du contrat.

Art. 34. – Si le vendeur est tenu de remettre les documents se rapportant aux marchandises, il doit s'acquitter de cette obligation au moment, au lieu et dans la forme prévus au contrat. En cas de remise anticipée, le vendeur conserve, jusqu'au moment prévu pour la remise, le droit de réparer tout défaut de conformité des documents, à condition que l'exercice de ce droit ne cause à l'acheteur ni inconvénients ni frais déraisonnables. Toutefois, l'acheteur conserve le droit de demander des dommages-intérêts conformément à la présente Convention.

Section II. – Conformité des marchandises et droits ou prétentions des tiers

Art. 35. – 1. – Le vendeur doit livrer des marchandises dont la quantité, la qualité et le type répondent à ceux qui sont prévus au contrat, et dont l'emballage ou le conditionnement correspond à celui qui est prévu au contrat.

2. – À moins que les parties n'en soient convenues autrement, les marchandises ne sont conformes au contrat que si :

a) Elles sont propres aux usages auxquels serviraient habituellement des marchandises du même type ;

b) Elles sont propres à tout usage spécial qui a été porté expressément ou tacitement à la connaissance du vendeur au moment de la conclusion du contrat, sauf s'il résulte des circonstances que l'acheteur ne s'en est pas remis à la compétence ou à l'appréciation du vendeur ou qu'il n'était pas raisonnable de sa part de le faire ;

c) Elles possèdent les qualités d'une marchandise que le vendeur a présentée à l'acheteur comme échantillon ou modèle ;

d) Elles sont emballées ou conditionnées selon le mode habituel pour les marchandises du même type ou, à défaut de mode habituel, d'une manière propre à les conserver et à les protéger.

3. – Le vendeur n'est pas responsable, au regard des alinéas a et d du paragraphe précédent, d'un défaut de conformité que l'acheteur connaissait ou ne pouvait ignorer au moment de la conclusion du contrat.

La Convention de Vienne doit être appliquée *d'office s'agissant d'un contrat entre des négociants italiens et français* (▪ Cass. 1re civ., 23 janv. 1996, n° 93-16.542 : *JurisData* n° 1996-000113 ; *RJDA* 6/96, n° 772).

Art. 36. – 1. – Le vendeur est responsable, conformément au contrat et à la présente Convention, de tout défaut de conformité qui existe au moment du transfert des risques à l'acheteur, même si ce défaut n'apparaît qu'ultérieurement.

2. – Le vendeur est également responsable de tout défaut de conformité qui survient après le moment indiqué au paragraphe précédent et qui est imputable à l'inexécution de l'une quelconque de ses obligations, y compris à un manquement à une garantie que, pendant une certaine période, les marchandises resteront propres à leur usage normal ou à un usage spécial ou conserveront des qualités ou caractéristiques spécifiées.

Art. 37. – En cas de livraison anticipée, le vendeur a le droit, jusqu'à la date prévue pour la livraison, soit de livrer une partie ou une quantité manquante, ou des marchandises nouvelles en remplacement des marchandises non conformes au contrat, soit de réparer tout défaut de conformité des marchandises, à condition que l'exercice de ce droit ne cause à l'acheteur ni inconvénients ni frais déraisonnables. Toutefois, l'acheteur conserve le droit de demander des dommages-intérêts conformément à la présente Convention.

Art. 38. – 1. – L'acheteur doit examiner les marchandises ou les faire examiner dans un délai aussi bref que possible eu égard aux circonstances.

2. – Si le contrat implique un transport des marchandises, l'examen peut être différé jusqu'à leur arrivée à destination.

3. – Si les marchandises sont déroutées ou réexpédiées par l'acheteur sans que celui-ci ait eu raisonnablement la possibilité de les examiner et si, au moment de la conclusion du contrat, le vendeur connaissait ou aurait dû connaître la possibilité de ce déroutage ou de cette réexpédition, l'examen peut être différé jusqu'à l'arrivée des marchandises à leur nouvelle destination.

Art. 39. – 1. – L'acheteur est déchu du droit de se prévaloir d'un défaut de conformité s'il ne le dénonce pas au vendeur, en précisant la nature de ce défaut, dans un délai raisonnable à partir du moment où il l'a constaté ou aurait dû le constater.

2. – Dans tous les cas, l'acheteur est déchu du droit de se prévaloir d'un défaut de conformité, s'il ne le dénonce pas au plus tard dans un délai de deux ans à compter de la date à laquelle les marchandises lui ont été effectivement remises, à moins que ce délai ne soit incompatible avec la durée d'une garantie contractuelle.

1) **Distinction de la prescription et de la déchéance.** La question de la prescription de l'action en justice de l'acheteur est distincte de celle de la déchéance pour absence de dénonciation de la non-conformité prévue par l'article 39 de la Convention (■ Paris, 6 nov. 2001 : *D.* 2002, comm. 2795, note Witz). Ce délai de deux ans est un délai de dénonciation du défaut de conformité et non un délai pour agir (■ Cass. com., 3 févr. 2009, n° 07-21.827 : *JCP E* 2009, 1408).

2) **Point de départ du délai de déchéance.** L'acheteur est déchu du droit de se prévaloir d'un défaut de conformité s'il ne le dénonce pas au plus tard dans les deux ans qui suivent la date de la remise effective des marchandises (■ Cass. com., 16 sept. 2008, n° 07-12.780 : *D.* 2009, 1568, note Witz). Doit être censuré l'arrêt qui, pour écarter le délai de 2 ans, énonce, d'une part, que la qualité non gélive d'un carrelage n'est vérifiable que lorsque le carrelage a été mis à l'épreuve du gel, ce qui retarde le point de départ de la dénonciation à la date d'apparition du dommage, d'autre part, que les délais accordés au vendeur en cas d'action récursoire en garantie, commencent à courir à compter de sa proche assignation (■ Cass. 1re civ., 8 avr. 2009, n° 08-10.678 : *RJDA* 11/2009, n° 949).

Art. 40. – Le vendeur ne peut pas se prévaloir des dispositions des articles 38 et 39 lorsque le défaut de conformité porte sur des faits qu'il connaissait ou ne pouvait ignorer et qu'il n'a pas révélés à l'acheteur.

Pour une application de l'article 40 (■ Cass. 1re civ., 4 oct. 2005 : *RJDA* 2/2006, n° 128).

Art. 41. – Le vendeur doit livrer les marchandises libres de tout droit ou prétention d'un tiers, à moins que l'acheteur n'accepte de prendre les marchandises dans ces conditions. Toutefois, si ce droit ou cette prétention est fondé sur la propriété industrielle ou autre propriété intellectuelle, l'obligation du vendeur est régie par l'article 42.

Art. 42. – 1. – Le vendeur doit livrer les marchandises libres de tout droit ou prétention d'un tiers fondé sur la propriété industrielle ou autre propriété intellectuelle, qu'il connaissait ou ne pouvait ignorer au moment de la conclusion du contrat, à condition que ce droit ou cette prétention soit fondé sur la propriété industrielle ou autre propriété intellectuelle :

a) En vertu de la loi de l'État où les marchandises doivent être revendues ou utilisées, si les parties ont envisagé au moment de la conclusion du contrat que les marchandises seraient revendues ou utilisées dans cet État ; ou *b)* Dans tous les autres cas, en vertu de la loi de l'État où l'acheteur a son établissement.

2. – Dans les cas suivants, le vendeur n'est pas tenu de l'obligation prévue au paragraphe précédent :

a) Au moment de la conclusion du contrat, l'acheteur connaissait ou ne pouvait ignorer l'existence du droit ou de la prétention ; ou

b) Le droit ou la prétention résulte de ce que le vendeur s'est conformé aux plans techniques, dessins, formules ou autres spécifications analogues fournis par l'acheteur.

Art. 43. – 1. – L'acheteur perd le droit de se prévaloir des dispositions des articles 41 et 42 s'il ne dénonce pas au vendeur le droit ou la prétention du tiers, en précisant la nature de ce droit ou de cette prétention, dans un délai raisonnable à partir du moment où il en a eu connaissance ou aurait dû en avoir connaissance.

2. – Le vendeur ne peut pas se prévaloir des dispositions du paragraphe précédent s'il connaissait le droit ou la prétention du tiers et sa nature.

Art. 44. – Nonobstant les dispositions du paragraphe 1 de l'article 39 et du paragraphe 1 de l'article 43, l'acheteur peut réduire le prix conformément à l'article 50 ou demander des dommages-intérêts, sauf pour le gain manqué, s'il a une excuse raisonnable pour n'avoir pas procédé à la dénonciation requise.

Section III. – Moyens dont dispose l'acheteur
en cas de contravention au contrat par le vendeur

Art. 45. – 1. – Si le vendeur n'a pas exécuté l'une quelconque des obligations résultant pour lui du contrat de vente ou de la présente Convention, l'acheteur est fondé à :

a) Exercer les droits prévus aux articles 46 à 52 ;

b) Demander les dommages-intérêts prévus aux articles 74 à 77.

2. – L'acheteur ne perd pas le droit de demander des dommages-intérêts lorsqu'il exerce son droit de recourir à un autre moyen.

3. – Aucun délai de grâce ne peut être accordé au vendeur par un juge ou par un arbitre lorsque l'acheteur se prévaut d'un des moyens dont il dispose en cas de contravention au contrat.

Art. 46. – 1. – L'acheteur peut exiger du vendeur l'exécution de ses obligations, à moins qu'il ne soit prévalu d'un moyen incompatible avec cette exigence.

2. – Si les marchandises ne sont pas conformes au contrat, l'acheteur ne peut exiger du vendeur la livraison de marchandises de remplacement que si le défaut de conformité constitue une contravention essentielle au contrat et si cette livraison est demandée au moment de la dénonciation du défaut de conformité faite conformément à l'article 39 ou dans un délai raisonnable à compter de cette dénonciation.

3. – Si les marchandises ne sont pas conformes au contrat, l'acheteur peut exiger du vendeur qu'il répare le défaut de conformité, à moins que cela ne soit déraisonnable compte tenu de toutes les circonstances. La réparation doit être demandée au moment de la dénonciation du défaut de conformité faite conformément à l'article 39 ou dans un délai raisonnable à compter de cette dénonciation.

Art. 47. – 1. – L'acheteur peut impartir au vendeur un délai supplémentaire de durée raisonnable pour l'exécution de ses obligations.

2. – À moins qu'il n'ait reçu du vendeur une notification l'informant que celui-ci n'exécuterait pas ses obligations dans le délai ainsi imparti, l'acheteur ne peut, avant l'expiration de ce délai, se prévaloir d'aucun des moyens dont il dispose en cas de contravention au contrat. Toutefois, l'acheteur ne perd pas, de ce fait, le droit de demander des dommages-intérêts pour retard dans l'exécution.

Art. 48. – 1. – Sous réserve de l'article 49, le vendeur peut, même après la date de la livraison réparer à ses frais tout manquement à ses obligations, à condition que cela n'entraîne pas un retard déraisonnable et ne cause à l'acheteur ni inconvénients déraisonnables ni incertitude quant au remboursement par le vendeur des frais faits par l'acheteur. Toutefois, l'acheteur conserve le droit de demander des dommages-intérêts conformément à la présente Convention.

2. – Si le vendeur demande à l'acheteur de lui faire savoir s'il accepte l'exécution et si l'acheteur ne lui répond pas dans un délai raisonnable, le vendeur peut exécuter ses obligations dans le délai qu'il a indiqué dans sa

demande. L'acheteur ne peut, avant l'expiration de ce délai, se prévaloir d'un moyen incompatible avec l'exécution par le vendeur de ses obligations.

3. – Lorsque le vendeur notifie à l'acheteur son intention d'exécuter ses obligations dans un délai déterminé, il est présumé demander à l'acheteur de lui faire connaître sa décision conformément au paragraphe précédent.

4. – Une demande ou une notification faite par le vendeur en vertu des paragraphes 2 ou 3 du présent article n'a d'effet que si elle est reçue par l'acheteur.

Art. 49. – 1. – L'acheteur peut déclarer le contrat résolu :

a) Si l'inexécution par le vendeur de l'une quelconque des obligations résultant pour lui du contrat ou de la présente Convention constitue une contravention essentielle au contrat ; ou

b) En cas de défaut de livraison, si le vendeur ne livre pas les marchandises dans le délai supplémentaire imparti par l'acheteur conformément au paragraphe 1 de l'article 47 ou s'il déclare qu'il ne les livrera pas dans le délai ainsi imparti.

2. – Cependant, lorsque le vendeur a livré les marchandises, l'acheteur est déchu du droit de déclarer le contrat résolu s'il ne l'a pas fait :

a) En cas de livraison tardive, dans un délai raisonnable à partir du moment où il a su que la livraison avait été effectuée ;

b) En cas de contravention autre que la livraison tardive, dans un délai raisonnable :

i) À partir du moment où il a eu connaissance ou aurait dû avoir connaissance de cette contravention ;

ii) Après l'expiration de tout délai supplémentaire imparti par l'acheteur conformément au paragraphe 1 de l'article 47 ou après que le vendeur a déclaré qu'il n'exécuterait pas ses obligations dans ce délai supplémentaire ;

iii) Après l'expiration de tout délai supplémentaire indiqué par le vendeur conformément au paragraphe 2 de l'article 48 ou après que l'acheteur a déclaré qu'il n'accepterait pas l'exécution.

Art. 50. – En cas de défaut de conformité des marchandises au contrat, que le prix ait été ou non déjà payé, l'acheteur peut réduire le prix proportionnellement à la différence entre la valeur que les marchandises effectivement livrées avaient au moment de la livraison et la valeur que des marchandises conformes auraient eue à ce moment. Cependant, si le vendeur répare tout manquement à ses obligations conformément à l'article 37 ou à l'article 48 ou si l'acheteur refuse d'accepter l'exécution par le vendeur conformément à ces articles, l'acheteur ne peut réduire le prix.

Art. 51. – 1. – Si le vendeur ne livre qu'une partie des marchandises ou si une partie seulement des marchandises livrées est conforme au contrat, les articles 46 à 50 s'appliquent en ce qui concerne la partie manquante ou non conforme.

2. – L'acheteur ne peut déclarer le contrat résolu dans sa totalité que si l'inexécution partielle ou le défaut de conformité constitue une contravention essentielle au contrat.

Art. 52. – 1. – Si le vendeur livre les marchandises avant la date fixée, l'acheteur a la faculté d'en prendre livraison ou de refuser d'en prendre livraison.

2. – Si le vendeur livre une quantité supérieure à celle prévue au contrat, l'acheteur peut accepter ou refuser de prendre livraison de la quantité excédentaire. Si l'acheteur accepte d'en prendre livraison en tout ou en partie, il doit la payer au tarif du contrat.

CHAPITRE III. – OBLIGATIONS DE L'ACHETEUR

Art. 53. – L'acheteur s'oblige, dans les conditions prévues au contrat et par la présente Convention, à payer le prix et à prendre livraison des marchandises.

Section I. – Paiement du prix

Art. 54. – L'obligation qu'a l'acheteur de payer le prix comprend celle de prendre les mesures et d'accomplir les formalités destinées à permettre le paiement du prix qui sont prévues par le contrat ou par les lois et les règlements.

Art. 55. – Si la vente est valablement conclue sans que le prix des marchandises vendues ait été fixé dans le contrat expressément ou implicitement ou par une disposition permettant de le déterminer, les parties sont réputées, sauf indications contraires, s'être tacitement référées au prix habituellement pratiqué au moment de la conclusion du contrat, dans la branche commerciale considérée, pour les mêmes marchandises vendues dans des circonstances comparables.

Art. 56. – Si le prix est fixé d'après le poids des marchandises, c'est le poids net qui, en cas de doute, détermine ce prix.

Art. 57. – 1. – Si l'acheteur n'est pas tenu de payer le prix en un autre lieu particulier, il doit payer le vendeur :

a) À l'établissement de celui-ci ; ou

b) Si le paiement doit être fait contre la remise des marchandises ou des documents, au lieu de cette remise.

2. – Le vendeur doit supporter toute augmentation des frais accessoires au paiement qui résultent de son changement d'établissement après la conclusion du contrat.

Art. 58. – 1. – Si l'acheteur n'est pas tenu de payer le prix à un autre moment déterminé, il doit le payer lorsque, conformément au contrat et à la présente Convention, le vendeur met à sa disposition soit les marchandises soit des documents représentatifs des marchandises. Le vendeur peut faire du paiement une condition de la remise des marchandises ou des documents.

2. – Si le contrat implique un transport des marchandises, le vendeur peut en faire l'expédition sous condition que celles-ci ou les documents représentatifs ne seront remis à l'acheteur que contre paiement du prix.

3. – L'acheteur n'est pas tenu de payer le prix avant d'avoir eu la possibilité d'examiner les marchandises, à moins que les modalités de livraison ou de paiement dont sont convenues les parties ne lui en laissent pas la possibilité.

Art. 59. – L'acheteur doit payer le prix à la date fixée au contrat ou résultant du contrat et de la présente Convention, sans qu'il soit besoin d'aucune demande ou autre formalité de la part du vendeur.

Section II. – Prise de livraison

Art. 60. – L'obligation de l'acheteur de prendre livraison consiste :

a) À accomplir tout acte qu'on peut raisonnablement attendre de lui pour permettre au vendeur d'effectuer la livraison ; et

b) À retirer les marchandises.

Section III. – Moyens dont dispose le vendeur en cas de contravention au contrat par l'acheteur

Art. 61. – 1. – Si l'acheteur n'a pas exécuté l'une quelconque des obligations résultant pour lui du contrat de vente ou de la présente Convention, le vendeur est fondé à :

a) Exercer les droits prévus aux articles 62 à 65 ;

b) Demander les dommages-intérêts prévus aux articles 74 à 77.

2. – Le vendeur ne perd pas le droit de demander des dommages-intérêts lorsqu'il exerce son droit de recourir à un autre moyen.

3. – Aucun délai de grâce ne peut être accordé à l'acheteur par un juge ou par un arbitre lorsque le vendeur se prévaut d'un des moyens dont il dispose en cas de contravention au contrat.

Art. 62. – Le vendeur peut exiger de l'acheteur le paiement du prix, la prise de livraison des marchandises ou l'exécution des autres obligations de l'acheteur, à moins qu'il ne se soit prévalu d'un moyen incompatible avec *ces exigences.*

Art. 63. – 1. – Le vendeur peut impartir à l'acheteur un délai supplémentaire de durée raisonnable pour l'exécution de ses obligations.

2. – À moins qu'il n'ait reçu de l'acheteur une notification l'informant que celui-ci n'exécuterait pas ses obligations dans le délai ainsi imparti, le vendeur ne peut, avant l'expiration de ce délai, se prévaloir d'aucun

des moyens dont il dispose en cas de contravention au contrat. Toutefois, le vendeur ne perd pas, de ce fait, le droit de demander des dommages-intérêts pour retard dans l'exécution.

Art. 64. – 1. – Le vendeur peut déclarer le contrat résolu :

a) Si l'inexécution par l'acheteur de l'une quelconque des obligations résultant pour lui du contrat ou de la présente Convention constitue une contravention essentielle au contrat ; ou

b) Si l'acheteur n'exécute pas son obligation de payer le prix ou ne prend pas livraison des marchandises dans le délai supplémentaire imparti par le vendeur conformément au paragraphe 1 de l'article 63 ou s'il déclare qu'il ne le fera pas dans le délai ainsi imparti.

2. – Cependant, lorsque l'acheteur a payé le prix, le vendeur est déchu du droit de déclarer le contrat résolu s'il ne l'a pas fait :

a) En cas d'exécution tardive par l'acheteur, avant d'avoir su qu'il y a avait eu exécution ; ou

b) En cas de contravention par l'acheteur autre que l'exécution tardive, dans un délai raisonnable :

i) À partir du moment où le vendeur a eu connaissance ou aurait dû avoir connaissance de cette contravention ; ou

ii) Après l'expiration de tout délai supplémentaire imparti par le vendeur conformément au paragraphe 1 de l'article 63 ou après que l'acheteur a déclaré qu'il n'exécuterait pas ses obligations dans ce délai supplémentaire.

Art. 65. – 1. – Si le contrat prévoit que l'acheteur doit spécifier la forme, la mesure ou d'autres caractéristiques des marchandises et si l'acheteur n'effectue pas cette spécification à la date convenue ou dans un délai raisonnable à compter de la réception d'une demande du vendeur, celui-ci peut, sans préjudice de tous autres droits qu'il peut avoir, effectuer lui-même cette spécification d'après les besoins de l'acheteur dont il peut avoir connaissance.

2. – Si le vendeur effectue lui-même la spécification, il doit en faire connaître les modalités à l'acheteur et lui impartir un délai raisonnable pour une spécification différente. Si, après réception de la communication du vendeur, l'acheteur n'utilise pas cette possibilité dans le délai ainsi imparti, la spécification effectuée par le vendeur est définitive.

CHAPITRE IV. – TRANSFERT DES RISQUES

Art. 66. – La perte ou la détérioration des marchandises survenue après le transfert des risques à l'acheteur ne libère pas celui-ci de son obligation de payer le prix, à moins que ces événements ne soient dus à un fait du vendeur.

Art. 67. – 1. – Lorsque le contrat de vente implique un transport des marchandises et que le vendeur n'est pas tenu de les remettre en un lieu déterminé, les risques sont transférés à l'acheteur à partir de la remise des marchandises au premier transporteur pour transmission à l'acheteur conformément au contrat de vente. Lorsque le vendeur est tenu de remettre les marchandises à un transporteur en un lieu déterminé, les risques ne sont pas transférés à l'acheteur tant que les marchandises n'ont pas été remises au transporteur en ce lieu. Le fait que le vendeur soit autorisé à conserver les documents représentatifs des marchandises n'affecte pas le transfert des risques.

2. – Cependant, les risques ne sont pas transférés à l'acheteur tant que les marchandises n'ont pas été clairement identifiées aux fins du contrat, que ce soit par l'apposition d'un signe distinctif sur les marchandises, par des documents de transport, par un avis donné à l'acheteur ou par tout autre moyen.

Art. 68. – En ce qui concerne les marchandises vendues en cours de transport, les risques sont transférés à l'acheteur à partir du moment où le contrat est conclu. Toutefois, si les circonstances l'impliquent, les risques sont à la charge de l'acheteur à compter du moment où les marchandises ont été remises au transporteur qui a émis les documents constatant le contrat de transport. Néanmoins, si, au moment de la conclusion du contrat de vente, le vendeur avait connaissance ou aurait dû avoir connaissance du fait que les marchandises avaient péri ou avaient été détériorées et qu'il n'en a pas informé l'acheteur, la perte ou la détérioration est à la charge du vendeur.

Art. 69. – 1. – Dans les cas non visés par les articles 67 et 68, les risques sont transférés à l'acheteur lorsqu'il retire les marchandises ou, s'il ne le fait pas en temps voulu, à partir du moment où les marchandises sont mises à sa disposition et où il commet une contravention au contrat en n'en prenant pas livraison.

2. – Cependant, si l'acheteur est tenu de retirer les marchandises en un lieu autre qu'un établissement du vendeur, les risques sont transférés lorsque la livraison est due et que l'acheteur sait que les marchandises sont mises à sa disposition en ce lieu.

3. – Si la vente porte sur des marchandises non encore individualisées, les marchandises ne sont réputées avoir été mises à la disposition de l'acheteur que lorsqu'elles ont été clairement identifiées aux fins du contrat.

Art. 70. – Si le vendeur a commis une contravention essentielle au contrat, les dispositions des articles 67, 68 et 69 ne portent pas atteinte aux moyens dont l'acheteur dispose en raison de cette contravention.

CHAPITRE V. – DISPOSITIONS COMMUNES AUX OBLIGATIONS DU VENDEUR ET DE L'ACHETEUR

Section I. – Contravention anticipée et contrats à livraisons successives

Art. 71. – 1. – Une partie peut différer l'exécution de ses obligations lorsqu'il apparaît, après la conclusion du contrat, que l'autre partie n'exécutera pas une partie essentielle de ses obligations du fait :

a) D'une grave insuffisance dans la capacité d'exécution de cette partie ou sa solvabilité ; ou

b) De la manière dont elle s'apprête à exécuter ou exécute le contrat.

2. – Si le vendeur a déjà expédié les marchandises lorsque se révèlent les raisons prévues au paragraphe précédent, il peut s'opposer à ce que les marchandises soient remises à l'acheteur, même si celui-ci détient un document lui permettant de les obtenir. Le présent paragraphe ne concerne que les droits respectifs du vendeur et de l'acheteur sur les marchandises.

3. – La partie qui diffère l'exécution, avant ou après l'expédition des marchandises, doit adresser immédiatement une notification à cet effet à l'autre partie, et elle doit procéder à l'exécution si l'autre partie donne des assurances suffisantes de la bonne exécution de ses obligations.

Art. 72. – 1. – Si, avant la date de l'exécution du contrat, il est manifeste qu'une partie commettra une contravention essentielle au contrat, l'autre partie peut déclarer celui-ci résolu.

2. – Si elle dispose du temps nécessaire, la partie qui a l'intention de déclarer le contrat résolu doit le notifier à l'autre partie dans des conditions raisonnables pour lui permettre de donner des assurances suffisantes de la bonne exécution de ses obligations.

3. – Les dispositions du paragraphe précédent ne s'appliquent pas si l'autre partie a déclaré qu'elle n'exécuterait pas ses obligations.

Art. 73. – 1. – Dans les contrats à livraisons successives, si l'inexécution par l'une des parties d'une obligation relative à une livraison constitue une contravention essentielle au contrat en ce qui concerne cette livraison, l'autre partie peut déclarer le contrat résolu pour ladite livraison.

2. – Si l'inexécution par l'une des parties d'une obligation relative à une livraison donne à l'autre partie de sérieuses raisons de penser qu'il y aura contravention essentielle au contrat en ce qui concerne des obligations futures, elle peut déclarer le contrat résolu pour l'avenir, à condition de le faire dans un délai raisonnable.

3. – L'acheteur qui déclare le contrat résolu pour une livraison peut, en même temps, le déclarer résolu pour les livraisons déjà reçues ou pour les livraisons futures si, en raison de leur connexité, ces livraisons ne peuvent être utilisées aux fins envisagées par les parties au moment de la conclusion du contrat.

Section II. – Dommages-intérêts

Art. 74. – Les dommages-intérêts pour une contravention au contrat commise par une partie sont égaux à la perte subie et au gain manqué par l'autre partie par suite de la contravention. Ces dommages-intérêts ne peuvent être supérieurs à la perte subie et au gain manqué que la partie en défaut avait prévus ou aurait dû prévoir au moment de la conclusion du contrat, en considérant les faits dont elle avait connaissance ou aurait dû avoir connaissance, comme étant des conséquences possibles de la contravention au contrat.

Art. 75. – Lorsque le contrat est résolu et que, d'une manière raisonnable et dans un délai raisonnable après la résolution, l'acheteur a procédé à un achat de remplacement ou le vendeur à une vente compensatoire, la partie qui demande des dommages-intérêts peut obtenir la différence entre le prix du contrat et le prix de l'achat de remplacement ou de la vente compensatoire ainsi que tous autres dommages-intérêts qui peuvent être dus en vertu de l'article 74.

Art. 76. – 1. – Lorsque le contrat est résolu et que les marchandises ont un prix courant, la partie qui demande des dommages-intérêts peut, si elle n'a pas procédé à un achat de remplacement ou à une vente compensatoire au titre de l'article 75, obtenir la différence entre le prix fixé dans le contrat et le prix courant au moment de la résolution ainsi que tous autres dommages-intérêts qui peuvent être dus au titre de l'article 74. Néanmoins, si la partie qui demande des dommages-intérêts a déclaré le contrat résolu après avoir pris possession des marchandises, c'est le prix courant au moment de la prise de possession qui est applicable et non pas le prix courant au moment de la résolution.

2. – Aux fins du paragraphe précédent, le prix courant est celui du lieu où la livraison des marchandises aurait dû être effectuée ou, à défaut de prix courant en ce lieu, le prix courant pratiqué en un autre lieu qu'il apparaît raisonnable de prendre comme lieu de référence, en tenant compte des différences dans les frais de transport des marchandises.

Art. 77. – La partie qui invoque la contravention au contrat doit prendre les mesures raisonnables, eu égard aux circonstances, pour limiter la perte, y compris le gain manqué, résultant de la contravention. Si elle néglige de le faire, la partie en défaut peut demander une réduction des dommages-intérêts égale au montant de la perte qui aurait dû être évitée.

Section III. – Intérêts

Art. 78. – Si une partie ne paie pas le prix ou toute autre somme due, l'autre partie a droit à des intérêts sur cette somme, sans préjudice des dommages-intérêts qu'elle serait fondée à demander en vertu de l'article 74.

Section IV. – Exonération

Art. 79. – 1. – Une partie n'est pas responsable de l'inexécution de l'une quelconque de ses obligations si elle prouve que cette inexécution est due à un empêchement indépendant de sa volonté et que l'on ne pouvait raisonnablement attendre d'elle qu'elle le prenne en considération au moment de la conclusion du contrat, qu'elle le prévienne ou le surmonte ou qu'elle en prévienne ou surmonte les conséquences.

2. – Si l'inexécution par une partie est due à l'inexécution par un tiers qu'elle a chargé d'exécuter tout ou partie du contrat, cette partie n'est exonérée de sa responsabilité que dans le cas :

a) Où elle l'est en vertu des dispositions du paragraphe précédent ; et

b) Où le tiers serait lui aussi exonéré si les dispositions de ce paragraphe lui étaient appliquées.

3. – L'exonération prévue par le présent article produit effet pendant la durée de l'empêchement.

4. – La partie qui n'a pas exécuté doit avertir l'autre partie de l'empêchement et de ses effets sur sa capacité d'exécuter. Si l'avertissement n'arrive pas à destination dans un délai raisonnable à partir du moment où la partie qui n'a pas exécuté a connu ou aurait dû connaître l'empêchement, celle-ci est tenue à des dommages-intérêts du fait de ce défaut de réception.

5. – Les dispositions du présent article n'interdisent pas à une partie d'exercer tous ses droits autres que celui d'obtenir des dommages-intérêts en vertu de la présente Convention.

Art. 80. – Une partie ne peut pas se prévaloir d'une inexécution par l'autre partie dans la mesure où cette inexécution est due à un acte ou à une omission de sa part.

Section V. – Effets de la résolution

Art. 81. – 1. – La résolution du contrat libère les deux parties de leurs obligations, sous réserve des dommages-intérêts qui peuvent être dus. Elle n'a pas d'effet sur les stipulations du contrat relatives au règlement des différends ou aux droits et obligations des parties en cas de résolution.

2. – La partie qui a exécuté le contrat totalement ou partiellement peut réclamer restitution à l'autre partie de ce qu'elle a fourni ou payé en exécution du contrat. Si les deux parties sont tenues d'effectuer des restitutions, elles doivent y procéder simultanément.

Art. 82. – 1. – L'acheteur perd le droit de déclarer le contrat résolu ou d'exiger du vendeur la livraison de marchandises de remplacement s'il lui est impossible de restituer les marchandises dans un état sensiblement identique à celui dans lequel il les a reçues.

2. – Le paragraphe précédent ne s'applique pas :

a) Si l'impossibilité de restituer les marchandises ou de les restituer dans un état sensiblement identique à celui dans lequel l'acheteur les a reçues n'est pas due à un acte ou à une omission de sa part ;

b) Si les marchandises ont péri ou sont détériorées, en totalité ou en partie, en conséquence de l'examen prescrit à l'article 38 ; ou

c) Si l'acheteur, avant le moment où il a constaté ou aurait dû constater le défaut de conformité, a vendu tout ou partie des marchandises dans le cadre d'une opération commerciale normale ou a consommé ou transformé tout ou partie des marchandises conformément à l'usage normal.

Art. 83. – L'acheteur qui a perdu le droit de déclarer le contrat résolu ou d'exiger du vendeur la livraison de marchandises de remplacement en vertu de l'article 82 conserve le droit de se prévaloir de tous les autres moyens qu'il tient du contrat et de la présente Convention.

Art. 84. – 1. – Si le vendeur est tenu de restituer le prix, il doit aussi payer des intérêts sur le montant de ce prix à compter du jour du paiement.

2. – L'acheteur doit au vendeur l'équivalent de tout profit qu'il a retiré des marchandises ou d'une partie de celles-ci :

a) Lorsqu'il doit les restituer en tout ou partie, ou

b) Lorsqu'il est dans l'impossibilité de restituer tout ou partie des marchandises ou de les restituer en tout ou en partie dans un état sensiblement identique à celui dans lequel il les a reçues et que néanmoins il a déclaré le contrat résolu ou a exigé du vendeur la livraison de marchandises de remplacement.

Section VI. – Conservation des marchandises

Art. 85. – Lorsque l'acheteur tarde à prendre livraison des marchandises ou qu'il n'en paie pas le prix, alors que le paiement du prix et la livraison doivent se faire simultanément, le vendeur, s'il a les marchandises en sa possession ou sous son contrôle, doit prendre les mesures raisonnables, eu égard aux circonstances, pour en assurer la conservation. Il est fondé à les retenir jusqu'à ce qu'il ait obtenu de l'acheteur le remboursement de ses dépenses raisonnables.

Art. 86. – 1. – Si l'acheteur a reçu les marchandises et entend exercer tout droit de les refuser en vertu du contrat ou de la présente convention, il doit prendre les mesures raisonnables, eu égard aux circonstances, pour en assurer la conservation. Il est fondé à les retenir jusqu'à ce qu'il ait obtenu du vendeur remboursement de ses dépenses raisonnables.

2. – Si les marchandises expédiées à l'acheteur ont été mises à sa disposition à leur lieu de destination et si l'acheteur exerce le droit de les refuser, il doit en prendre possession pour le compte du vendeur à condition de pouvoir le faire sans paiement du prix et sans inconvénients ou frais déraisonnables. Cette disposition ne s'applique pas si le vendeur est présent au lieu de destination ou s'il y a en ce lieu une personne ayant qualité pour prendre les marchandises en charge pour son compte. Les droits et obligations de l'acheteur qui prend possession des marchandises en vertu du présent paragraphe sont régis par le paragraphe précédent.

Voir ▪ Cass. com., 4 janv. 1995 : *D.* 1995, 289, note Witz.

Art. 87. – La partie qui est tenue de prendre des mesures pour assurer la conservation des marchandises peut les déposer dans les magasins d'un tiers aux frais de l'autre partie, à condition que les frais qui en *résultent ne soient pas déraisonnables.*

Art. 88. – 1. – La partie qui doit assurer la conservation des marchandises conformément aux articles 85 ou 86 peut les vendre par tous moyens appropriés si l'autre partie a apporté un retard déraisonnable à prendre possession des marchandises ou à les reprendre ou à payer le prix ou les frais de leur conservation, sous réserve de notifier à cette autre partie, dans des conditions raisonnables, son intention de vendre.

2. – Lorsque les marchandises sont sujettes à une détérioration rapide ou lorsque leur conservation entraînerait des frais déraisonnables, la partie qui est tenue d'assurer la conservation des marchandises conformément aux articles 85 ou 86 doit raisonnablement s'employer à les vendre. Dans la mesure du possible, elle doit notifier à l'autre partie son intention de vendre.

3. – La partie qui vend les marchandises a le droit de retenir sur le produit de la vente un montant égal aux frais raisonnables de conservation et de vente des marchandises. Elle doit le surplus à l'autre partie.

PARTIE QUATRIÈME. – DISPOSITIONS FINALES

Art. 89. – Le secrétaire général de l'Organisation des Nations Unies est désigné comme dépositaire de la présente Convention.

Art. 90. – La présente Convention ne prévaut pas sur un accord international déjà conclu ou à conclure qui contient des dispositions concernant les matières régies par la présente Convention, à condition que les parties au contrat aient leur établissement dans les États parties à cet Accord.

....

Art. 100. – 1. – La présente Convention s'applique à la formation des contrats conclus à la suite d'une proposition intervenue après l'entrée en vigueur de la Convention à l'égard des États contractants visés à l'alinéa *a* du paragraphe 1 de l'article 1er ou de l'État contractant visé à l'alinéa *b* du paragraphe 1 de l'article 1er.

2. – La présente Convention s'applique uniquement aux contrats conclus après son entrée en vigueur à l'égard des États contractants visés à l'alinéa *a* du paragraphe 1 de l'article 1er ou de l'État contractant visé à l'alinéa *b* du paragraphe 1 de l'article 1er.

ANNEXE 4

DE LA LIBERTÉ DES PRIX ET DE LA CONCURRENCE

I. – DROIT INTERNE

A. – TEXTES DE PROCÉDURE

1. Communiqué de procédure de l'Autorité de la concurrence du 2 mars 2009 relatif aux engagements en matière de concurrence.
2. Communiqué de procédure de l'Autorité de la concurrence du 3 avril 2015 relatif au programme de clémence français.
3. Communiqué de l'Autorité de la concurrence du 16 mai 2011 relatif à la méthode de détemination des sanctions pécuniaires.
4. Communiqué de procédure du 21 décembre 2018 relatif à la procédure de transaction.

B. – *TEXTES DE DROIT MATÉRIEL*

1. – Réglementation des prix

Loi n° 81-766 du 10 août 1981
relative au prix du livre
(JO 11 août 1981)

Art. 1er *(Mod., L. n° 85-500, 13 mai 1985 ; L. n° 93-1420, 31 déc. 1993 ; L. n° 2014-779, 8 juill. 2014).* **– Toute personne physique ou morale qui édite ou importe des livres est tenue de fixer, pour les livres qu'elle édite ou importe, un prix de vente au public.**

Ce prix est porté à la connaissance du public. Un décret précisera, notamment, les conditions dans lesquelles il sera indiqué sur le livre et déterminera également les obligations de l'éditeur ou de l'importateur en ce qui concerne les mentions permettant l'identification du livre et le calcul des délais prévus par la présente loi.

Tout détaillant doit offrir le service gratuit de commande à l'unité. Toutefois, et dans ce seul cas, le détaillant peut ajouter au prix effectif de vente au public qu'il pratique les frais ou rémunérations correspondant à des prestations supplémentaires exceptionnelles expressément réclamées par l'acheteur et dont le coût a fait l'objet d'un accord préalable.

Les détaillants doivent pratiquer un prix effectif de vente au public compris entre 95 % et 100 % du prix fixé par l'éditeur ou l'importateur. *(L. n° 2014-779, 8 juill. 2014)* « Lorsque le livre est expédié à l'acheteur et n'est pas retiré dans un commerce de vente au détail de livres, le prix de vente est celui fixé par l'éditeur ou l'importateur. Le détaillant peut pratiquer une décote à hauteur de 5 % de ce prix sur le tarif du service de livraison qu'il établit, sans pouvoir offrir ce service à titre gratuit. »

Dans le cas où l'importation concerne des livres édités en France, le prix de vente au public fixé par l'importateur est au moins égal à celui qui a été fixé par l'éditeur.

Les dispositions de l'alinéa précédent ne sont pas applicables aux livres importés en provenance d'un État membre de la Communauté économique européenne ou à l'accord d'un autre État partie à l'accord sur l'Espace économique européen, sauf si des éléments objectifs, notamment l'absence de commercialisation effective dans cet État, établissent que l'opération a eu pour objet de soustraire la vente au public aux dispositions du quatrième alinéa du présent article.

1) Éditeurs. L'obligation qui pèse sur l'éditeur de fixer, pour les livres qu'il édite, un prix de vente au public à partir duquel les détaillants doivent pratiquer le prix effectif ne fait pas obstacle à ce que cet éditeur consente un remboursement partiel à ceux qui achètent simultanément plusieurs livres qu'il édite, pourvu que ce remboursement s'applique à tous les acheteurs quel que soit le détaillant auprès duquel ils se sont fournis (■ Cass. com., 26 févr. 2008, n° 07-12.725 : *JurisData* n° 2008-042934 ; *Bull. civ.* 2008, IV, n° 48 ; *D.* 2008, p. 779, obs. X. Delpech. Sur renvoi, voir ■ CA Paris, 6 mars 2009 : *JurisData* n° 2009-376049 ; *D.* 2009, p. 1018, obs. X. Delpech).

2) Prix fixé. En vertu de l'article 1er, alinéa 4, de la loi du 10 août 1981, les détaillants doivent, en ce qui concerne les livres, pratiquer un prix effectif de vente au public compris entre 95 % et 100 % du prix fixé par l'éditeur ou l'importateur ; se rend dès lors coupable de la contravention prévue et punie par l'article 1er, 2°, du décret du 29 mai 1985, le commerçant qui revend des livres à un prix supérieur au prix ainsi fixé (■ Cass. crim. 3 avr. 2001, n° 00-85.263 : *JurisData* n° 2001-009542 ; *RJDA* 2001, n° 1268).

3) Partitions musicales. La loi du 10 août 1981, qui est d'interprétation stricte puisque dérogeant au principe de la liberté des prix, ne s'applique pas aux partitions musicales qui n'y étaient pas visées (■ Cass. 1re civ., 28 janv. 2010, n° 08-70.026 : *JurisData* n° 2010-051301 ; *Contrats, conc. consom.* 2010, comm. 88, obs. L. Leveneur ; *D.* 2010, p. 379, obs. I. Gallmeister).

Voir aussi : CEPC, 5 mars 2009, avis n° 09-04 sur certaines pratiques de vente mises en œuvre dans le secteur des manuels scolaires.

Art. 2. – Par dérogation aux dispositions de l'article 37 (1°) de la loi n° 73-1193 du 27 décembre 1973 modifiée, les conditions de vente établies par l'éditeur ou l'importateur, en appliquant un barème d'écart sur le prix de vente au public hors taxes, prennent en compte la qualité des services rendus par les détaillants en faveur de la diffusion du livre. Les remises correspondantes doivent être supérieures à celles résultant de l'importance des quantités acquises par les détaillants.

Art. 3 *(L. n° 2003-517, 18 juin 2003)*. – Par dérogation aux dispositions du quatrième alinéa de l'article 1er et sous réserve des dispositions du dernier alinéa, le prix effectif de vente des livres peut être compris entre 91 % et 100 % du prix de vente au public lorsque l'achat est réalisé :

1° Pour leurs besoins propres, excluant la revente, par l'État, les collectivités territoriales, les établissements d'enseignement, de formation professionnelle ou de recherche, les syndicats représentatifs ou les comités d'entreprise ;

2° Pour l'enrichissement des collections des bibliothèques accueillant du public, par les personnes morales *gérant ces bibliothèques*. Le prix effectif inclut le montant de la rémunération au titre du prêt en bibliothèque assise sur le prix public de vente des livres prévue à l'article L. 133-3 du Code de la propriété intellectuelle.

Le prix effectif de vente des livres scolaires peut être fixé librement dès lors que l'achat est effectué par une association facilitant l'acquisition de livres scolaires par ses membres ou, pour leurs besoins propres, excluant la revente, par l'État, une collectivité territoriale ou un établissement d'enseignement.

Art. 4. – Toute personne qui publie un livre en vue de sa diffusion par courtage, abonnement ou par correspondance moins de neuf mois après la mise en vente de la première édition fixe, pour ce livre, un prix de vente au public au moins égal à celui de cette première édition.

Art. 5. – Les détaillants peuvent pratiquer des prix inférieurs au prix de vente au public mentionné à l'article 1er sur les livres édités ou importés depuis plus de deux ans, et dont le dernier approvisionnement remonte à plus de six mois.

Art. 6. – Les ventes à prime ne sont autorisées, sous réserve des dispositions de la loi n° 51-356 du 20 mars 1951 modifiée et de la loi n° 73-1193 du 27 décembre 1973 modifiée, que si elles sont proposées, par l'éditeur ou l'importateur, simultanément et dans les mêmes conditions à l'ensemble des détaillants ou si elles portent sur des livres faisant l'objet d'une édition exclusivement réservée à la vente par courtage, par abonnement ou par correspondance.

Ventes à prime. Une société d'exploitation d'un hypermarché a fait une publicité pour une opération promotionnelle consistant à offrir à ses clients, à partir de 150 € d'achat de livres scolaires, un bon d'achat de 25 €, porté à 35 € à partir de 230 € d'achat de ces livres, valable, dès le lendemain de l'achat, sur l'ensemble de son site commercial hors livres et carburants. Pour décider que la société avait méconnu l'interdiction de vente à prime de livres édictée par les dispositions de la loi n° 81-766 du 10 août 1981, la cour d'appel retient que les bons d'achat pouvaient donner lieu à la remise gratuite ou à des conditions avantageuses d'un autre objet ou service lors d'un second achat. En l'état de ces constatations, la cour d'appel, qui a fait ressortir que le bon d'achat constituait un avantage définitivement acquis lors de la première vente, quand bien même son obtention se trouvait différée, et qu'il n'était pas seulement destiné à être imputé pour partie sur le prix d'autres biens, a légalement justifié sa décision (▪ Cass. com., 20 nov. 2007, n° 06-13.797 : *JurisData* n° 2007-041485 ; *JCP* E 2008, 1429, note S. Bénilsi et D. Mainguy. – V. également ▪ Cass. com., 11 mars 2003 : *Bull. civ.* IV, n° 45. ▪ Cass. com., 29 janv. 2002, n° 99-16.053 : *JurisData* n° 2002-012787 ; *Bull. civ.* IV, n° 23 ; *D.* 2002, p. 885, obs. É. Chevrier. ▪ Cass. crim., 7 mai 2002 : *Bull. crim.* 2002, n° 109 ; *D.* 2002, p. 2050).

Art. 7. – Toute publicité annonçant des prix inférieurs au prix de vente au public mentionné à l'article 1er (al. 1er) est interdite hors des lieux de vente.

Art. 8. – En cas d'infraction aux dispositions de la présente loi, les actions en cessation ou en réparation peuvent être engagées, notamment par tout concurrent, association agréée de défense des consommateurs ou syndicat de professionnels de l'édition ou de la diffusion de livres ainsi que par l'auteur ou toute organisation de défense des auteurs.

Art. 8-1 *(L. n° 2014-344, 17 mars 2014).* – Des agents relevant du ministre chargé de la culture peuvent procéder aux enquêtes nécessaires à l'application de la présente loi. Ces agents sont désignés par le ministre chargé de la culture et prêtent serment dans les conditions prévues par décret en Conseil d'État.

Art. 8-2 *(L. n° 2014-344, 17 mars 2014).* – Les enquêtes donnent lieu à l'établissement de procès-verbaux et, le cas échéant, de rapports.

Les procès-verbaux sont transmis au procureur de la République. Un double en est laissé aux parties intéressées. Ils font foi jusqu'à preuve contraire.

Art. 8-3 *(L. n° 2014-344, 17 mars 2014).* – Les agents mentionnés à l'article 8-1 peuvent accéder à tous locaux, terrains ou moyens de transport à usage professionnel, demander la communication des livres, factures et tous autres documents professionnels et en obtenir ou prendre copie par tous moyens et sur tous supports, recueillir sur convocation ou sur place les renseignements et justifications.

Ils peuvent, sans se voir opposer le secret professionnel, accéder à tout document ou élément d'information détenu par les services et établissements de l'État et des autres collectivités publiques.

Ils peuvent demander au ministre chargé de la culture de désigner un expert pour procéder à toute expertise contradictoire nécessaire.

Art. 8-4 *(L. n° 2014-344, 17 mars 2014).* – Pour le contrôle de la vente de livres par un service de communication au public en ligne, les agents mentionnés à l'article 8-1 peuvent faire usage d'un nom d'emprunt. Un décret en Conseil d'État précise les conditions dans lesquelles ils procèdent à leurs constatations.

Art. 8-5 *(L. n° 2014-344, 17 mars 2014).* – Est puni d'un emprisonnement de six mois et d'une amende de 7 500 € le fait pour quiconque de s'opposer, de quelque façon que ce soit, à l'exercice des fonctions dont les agents mentionnés à l'article 8-1 sont chargés en application de la présente loi.

Art. 8-6 *(L. n° 2014-344, 17 mars 2014).* – Les agents habilités à constater les infractions à la présente loi peuvent, après une procédure contradictoire, enjoindre au professionnel, en lui impartissant un délai raisonnable, de se conformer à ces obligations ou de cesser tout agissement illicite.

Art. 8-7 *(L. n° 2014-344, 17 mars 2014).* – Pour l'application de la présente loi, le ministre chargé de la culture ou son représentant peut, devant les juridictions civiles ou pénales, déposer des conclusions et les développer oralement à l'audience. Il peut également produire les procès-verbaux et les rapports d'enquête.

Art. 9. – Les dispositions de la présente loi ne font pas obstacle à l'application, le cas échéant, de l'ordonnance n° 45-1483 du 30 juin 1945 modifiée relative aux prix, à l'exception toutefois des premier et deuxième alinéas du 4° de l'article 37 de ladite ordonnance.

Art. 10 *(Mod., L. fin. n° 2002-1575, 30 déc. 2002).* – Un décret détermine les modalités d'application de la présente loi aux départements d'outre-mer, compte tenu des sujétions dues à l'éloignement de ces départements.

Le prix des livres scolaires est identique en métropole et dans les départements d'outre-mer.

Art. 10 *bis* *(L. n° 85-500, 13 mai 1985).* – Un décret en Conseil d'État détermine les peines d'amendes contraventionnelles applicables en cas d'infraction aux dispositions de la présente loi.

Art. 11. – La présente loi entrera en vigueur à la date du 1er janvier 1982, y compris pour l'ensemble des livres édités ou importés antérieurement à cette date.

Le Gouvernement présentera au Parlement, avant le 1er juin 1983, un rapport sur l'application de la loi ainsi que sur les mesures prises en faveur du livre et de la lecture publique.

Voir également : L. n° 2011-590 du 26 mai 2011 relative au prix du livre numérique, *JO 28 mai.*

2. – Pratiques commerciales

Code de la consommation

Partie Législative

Bibliographie : S. Piedelièvre, *Le nouveau Code de la consommation est arrivé : Gaz. Pal.* 29 mars 2016, n° 13. • N. Sauphanor-Brouillaud et H. Aubry, *Recodification du droit de la consommation. – À propos de l'ordonnance n° 2016-301 du 14 mars 2016 : JCP* E 2016, n° 15, act. 319.

LIVRE PREMIER. – INFORMATION DES CONSOMMATEURS ET PRATIQUES COMMERCIALES

....

TITRE II. – PRATIQUES COMMERCIALES INTERDITES ET PRATIQUES COMMERCIALES RÉGLEMENTÉES

CHAPITRE I. – PRATIQUES COMMERCIALES INTERDITES

Section I. – Pratiques commerciales déloyales

Bibliographie : C. Ambroise-Casterot, *Les nouvelles pratiques commerciales déloyales après la loi LME du 4 août 2008 : AJP* 2009/1, p. 22. • M. Bruschi, *La loi n° 2008-3 du 3 janvier 2008 et l'amélioration de la protection des consommateurs : Rev. Lamy dr. aff. févr. 2008, n° 51.* • *H. Claret, La loyauté des pratiques* commerciales à l'égard des consommateurs. – Plaidoyer *pour une refonte : Contrats, conc. consom.* 2014/1, étude 1. • A. Garde et M. Haravon, *Pratiques commerciales déloyales : naissance d'un concept européen : LPA* 27 juin 2006, n° 127, p. 9. • L. Leveneur, *Un peu de concurrence, beaucoup de droit de la consommation : JCP* G 2008, act. 69. • G. Raymond, *Les modifications au droit de la consommation par la loi n° 2008-3 du 3 janvier 2008 pour le développement de la concurrence au service des consommateurs : Contrats, conc. consom.* 2008, étude 3.

Art. L. 121-1 *(Ord. n° 2016-301, 14 mars 2016)*. – Les pratiques commerciales déloyales sont interdites.

Une pratique commerciale est déloyale lorsqu'elle est contraire aux exigences de la diligence professionnelle et qu'elle altère ou est susceptible d'altérer de manière substantielle le comportement économique du consommateur normalement informé et raisonnablement attentif et avisé, à l'égard d'un bien ou d'un service.

Le caractère déloyal d'une pratique commerciale visant une catégorie particulière de consommateurs ou un groupe de consommateurs vulnérables en raison d'une infirmité mentale ou physique, de leur âge ou de leur crédulité s'apprécie au regard de la capacité moyenne de discernement de la catégorie ou du groupe.

Constituent, en particulier, des pratiques commerciales déloyales les pratiques commerciales trompeuses définies aux articles L. 121-2 à L. 121-4 et les pratiques commerciales agressives définies aux articles L. 121-6 et L. 121-7.

Sous-section 1. – Pratiques commerciales trompeuses

Bibliographie : *Ouvrages.* *JCl. Lois pénales spéciales*, fasc. 20, par. S. Fournier. • *JCl. Communication*, fasc. 3480, par N. Eréséo.

Revues. S. Fournier, *À propos de l'article L. 121-1 du Code de la consommation, de la publicité fausse aux pratiques commerciales trompeuses : Dr. pén.* 2008, étude 4. • J. Lasserre Capdeville, *La substitution du délit de pratiques commerciales trompeuses au délit de publicité fausse ou de nature à induire en erreur : LPA* 2008, n° 234, p. 8.

Art. L. 121-2 *(Ord. n° 2016-301, 14 mars 2016 ; mod., L. n° 2021-1104, 22 août 2021)*. – Une pratique commerciale est trompeuse si elle est commise dans l'une des circonstances suivantes :

1° Lorsqu'elle crée une confusion avec un autre bien ou service, une marque, un nom commercial ou un autre signe distinctif d'un concurrent ;

2° Lorsqu'elle repose sur des allégations, indications ou présentations fausses ou de nature à induire en erreur et portant sur l'un ou plusieurs des éléments suivants :

a) L'existence, la disponibilité ou la nature du bien ou du service ;

b) Les caractéristiques essentielles du bien ou du service, à savoir : ses qualités substantielles, sa composition, ses accessoires, son origine, notamment au regard des règles justifiant l'apposition des mentions « fabriqué en France » ou « origine France » ou de toute mention, signe ou symbole équivalent, au sens du Code des douanes de l'Union sur l'origine non préférentielle des produits, sa quantité, son mode et sa date de fabrication, les conditions de son utilisation et son aptitude à l'usage, ses propriétés et les résultats attendus de son utilisation, notamment son impact environnemental, ainsi que les résultats et les principales caractéristiques des tests et contrôles effectués sur le bien ou le service ;

c) Le prix ou le mode de calcul du prix, le caractère promotionnel du prix et les conditions de vente, de paiement et de livraison du bien ou du service ;

d) Le service après-vente, la nécessité d'un service, d'une pièce détachée, d'un remplacement ou d'une réparation ;

e) La portée des engagements de l'annonceur, notamment en matière environnementale, la nature, le procédé ou le motif de la vente ou de la prestation de services ;

f) L'identité, les qualités, les aptitudes et les droits du professionnel ;

g) Le traitement des réclamations et les droits du consommateur ;

3° 3° Lorsque la personne pour le compte de laquelle elle est mise en œuvre n'est pas clairement identifiable.

Art. L. 121-3 *(Ord. n° 2016-301, 14 mars 2016)*. – Une pratique commerciale est également trompeuse si, compte tenu des limites propres au moyen de communication utilisé et des circonstances qui l'entourent, elle omet, dissimule ou fournit de façon inintelligible, ambiguë ou à contretemps une information substantielle ou lorsqu'elle n'indique pas sa véritable intention commerciale dès lors que celle-ci ne ressort pas déjà du contexte.

Lorsque le moyen de communication utilisé impose des limites d'espace ou de temps, il y a lieu, pour apprécier si des informations substantielles ont été omises, de tenir compte de ces limites ainsi que de toute mesure prise par le professionnel pour mettre ces informations à la disposition du consommateur par d'autres moyens.

Dans toute communication commerciale constituant une invitation *(Mots rempl., L. n° 2017-203, 21 févr. 2017)* « à l'achat » et destinée au consommateur mentionnant le prix et les caractéristiques du bien ou du service proposé, sont considérées comme substantielles les informations suivantes :

1° Les caractéristiques principales du bien ou du service ;

2° L'adresse et l'identité du professionnel ;

3° Le prix toutes taxes comprises et les frais de livraison à la charge du consommateur, ou leur mode de calcul, s'ils ne peuvent être établis à l'avance ;

4° Les modalités de paiement, de livraison, d'exécution et de traitement des réclamations des consommateurs, dès lors qu'elles sont différentes de celles habituellement pratiquées dans le domaine d'activité professionnelle concerné ;

5° L'existence d'un droit de rétractation, si ce dernier est prévu par la loi.

Art. L. 121-4 *(Ord. n° 2016-301, 14 mars 2016)*. – Sont réputées trompeuses, au sens des articles L. 121-2 et L. 121-3, les pratiques commerciales qui ont pour objet :

1° Pour un professionnel, de se prétendre signataire d'un Code de conduite alors qu'il ne l'est pas ;

2° D'afficher un certificat, un label de qualité ou un équivalent sans avoir obtenu l'autorisation nécessaire ;

3° D'affirmer qu'un Code de conduite a reçu l'approbation d'un organisme public ou privé alors que ce n'est pas le cas ;

4° D'affirmer qu'un professionnel, y compris à travers ses pratiques commerciales ou qu'un produit ou service a été agréé, approuvé ou autorisé par un organisme public ou privé alors que ce n'est pas le cas ou de ne pas respecter les conditions de l'agrément, de l'approbation ou de l'autorisation reçue ;

5° De proposer l'achat de produits ou la fourniture de services à un prix indiqué sans révéler les raisons plausibles que pourrait avoir le professionnel de penser qu'il ne pourra fournir lui-même ou faire fournir par un autre professionnel, les produits ou services en question ou des produits ou services équivalents au prix indiqué, pendant une période et dans des quantités qui soient raisonnables compte tenu du produit ou du service, de l'ampleur de la publicité faite pour le produit ou le service et du prix proposé ;

6° De proposer l'achat de produits ou la fourniture de services à un prix indiqué, et ensuite :

a) De refuser de présenter aux consommateurs l'article ayant fait l'objet de la publicité ;

b) Ou de refuser de prendre des commandes concernant ces produits ou ces services ou de les livrer ou de les fournir dans un délai raisonnable ;

c) Ou d'en présenter un échantillon défectueux, dans le but de faire la promotion d'un produit ou d'un service différent ;

7° De déclarer faussement qu'un produit ou un service ne sera disponible que pendant une période très limitée ou qu'il ne sera disponible que sous des conditions particulières pendant une période très limitée afin d'obtenir une décision immédiate et priver les consommateurs d'une possibilité ou d'un délai suffisant pour opérer un choix en connaissance de cause ;

8° De s'engager à fournir un service après-vente aux consommateurs avec lesquels le professionnel a communiqué avant la transaction dans une langue qui n'est pas une langue officielle de l'État membre de l'Union européenne dans lequel il est établi et, ensuite, assurer ce service uniquement dans une autre langue sans clairement en informer le consommateur avant que celui-ci ne s'engage dans la transaction ;

9° De déclarer ou de donner l'impression que la vente d'un produit ou la fourniture d'un service est licite alors qu'elle ne l'est pas ;

10° De présenter les droits conférés au consommateur par la loi comme constituant une caractéristique propre à la proposition faite par le professionnel ;

11° D'utiliser un contenu rédactionnel dans les médias pour faire la promotion d'un produit ou d'un service alors que le professionnel a financé celle-ci lui-même, sans l'indiquer clairement dans le contenu ou à l'aide d'images ou de sons clairement identifiables par le consommateur ;

12° De formuler des affirmations matériellement inexactes en ce qui concerne la nature et l'ampleur des risques auxquels s'expose le consommateur sur le plan de sa sécurité personnelle ou de celle de sa famille s'il n'achète pas le produit ou le service ;

13° De promouvoir un produit ou un service similaire à celui d'un autre fournisseur clairement identifié, de manière à inciter délibérément le consommateur à penser que le produit ou le service provient de ce fournisseur alors que tel n'est pas le cas ;

14° De déclarer que le professionnel est sur le point de cesser ses activités ou de les établir ailleurs alors que tel n'est pas le cas ;

15° D'affirmer d'un produit ou d'un service qu'il augmente les chances de gagner aux jeux *(Rempl., Ord. n° 2019-1015, 2 oct. 2019)* « d'argent et de hasard » ;

16° D'affirmer faussement qu'un produit ou une prestation de services est de nature à guérir des maladies, des dysfonctionnements ou des malformations ;

17° De communiquer des informations matériellement inexactes sur les conditions de marché ou sur les possibilités de trouver un produit ou un service, dans le but d'inciter le consommateur à acquérir celui-ci à des conditions moins favorables que les conditions normales de marché ;

18° D'affirmer, dans le cadre d'une pratique commerciale, qu'un concours est organisé ou qu'un prix peut être gagné sans attribuer les prix décrits ou un équivalent raisonnable ;

19° De décrire un produit ou un service comme étant « gratuit », « à titre gracieux », « sans frais » ou autres termes similaires si le consommateur doit payer quoi que ce soit d'autre que les coûts inévitables liés à la réponse à la pratique commerciale et au fait de prendre possession ou livraison de l'article ;

20° D'inclure dans un support publicitaire une facture ou un document similaire demandant paiement qui donne au consommateur l'impression qu'il a déjà commandé le produit ou le service commercialisé alors que tel n'est pas le cas ;

21° De faussement affirmer ou donner l'impression que le professionnel n'agit pas à des fins qui entrent dans le cadre de son activité commerciale, industrielle, artisanale, libérale ou agricole ou de se présenter faussement comme un consommateur ;

22° De créer faussement l'impression que le service après-vente en rapport avec un produit ou un service est disponible dans un État membre de l'Union européenne autre que celui dans lequel le produit ou le service est vendu.

23° *(Al. aj., L. n° 2020-105, 10 févr. 2020)* « Dans une publicité, de donner l'impression, par des opérations de promotion coordonnées à l'échelle nationale, que le consommateur bénéficie d'une réduction de prix comparable à celle des soldes, tels que définis à l'article L. 310-3 du Code de commerce, en dehors de leur période légale mentionnée au même article L. 310-3 ».

Art. L. 121-5 *(Ord. n° 2016-301, 14 mars 2016).* – Les dispositions des articles L. 121-2 *(Mots rempl., L. n° 2017-203, 21 févr. 2017)* « à » L. 121-4 sont également applicables aux pratiques qui visent les professionnels *(Mots aj., L. n° 2017-203, 21 févr. 2017)* « et les non-professionnels ».

Sous-section 2. – Pratiques commerciales agressives

Bibliographie : Ph. Conte, *Brèves observations à propos de l'incrimination des pratiques commerciales agressives : Dr. pén.* 2008, étude 3.

Art. L. 121-6 *(Ord. n° 2016-301, 14 mars 2016).* – Une pratique commerciale est agressive lorsque du fait de sollicitations répétées et insistantes ou de l'usage d'une contrainte physique ou morale, et compte tenu des circonstances qui l'entourent :

1° Elle altère ou est de nature à altérer de manière significative la liberté de choix d'un consommateur ;

2° Elle vicie ou est de nature à vicier le consentement d'un consommateur ;

3° Elle entrave l'exercice des droits contractuels d'un consommateur.

Afin de déterminer si une pratique commerciale recourt au harcèlement, à la contrainte, y compris la force physique, ou à une influence injustifiée, les éléments suivants sont pris en considération :

1° Le moment et l'endroit où la pratique est mise en œuvre, sa nature et sa persistance ;

2° Le recours à la menace physique ou verbale ;

3° L'exploitation, en connaissance de cause, par le professionnel, de tout malheur ou circonstance particulière d'une gravité propre à altérer le jugement du consommateur, dans le but d'influencer la décision du consommateur à l'égard du produit ;

4° Tout obstacle non contractuel important ou disproportionné imposé par le professionnel lorsque le consommateur souhaite faire valoir ses droits contractuels, et notamment celui de mettre fin au contrat ou de changer de produit ou de fournisseur ;

5° Toute menace d'action alors que cette action n'est pas légalement possible.

Art. L. 121-7 *(Ord. n° 2016-301, 14 mars 2016).* – Sont réputées agressives au sens de l'article L. 121-6 les pratiques commerciales qui ont pour objet :

1° De donner au consommateur l'impression qu'il ne pourra quitter les lieux avant qu'un contrat n'ait été conclu ;

2° D'effectuer des visites personnelles au domicile du consommateur, en ignorant sa demande de voir le professionnel quitter les lieux ou de ne pas y revenir, sauf si la législation nationale l'y autorise pour assurer l'exécution d'une obligation contractuelle ;

3° De se livrer à des sollicitations répétées et non souhaitées par téléphone, télécopieur, courrier électronique ou tout autre outil de communication à distance ;

4° D'obliger un consommateur qui souhaite demander une indemnité au titre d'une police d'assurance à produire des documents qui ne peuvent raisonnablement être considérés comme pertinents pour établir la validité de la demande ou s'abstenir systématiquement de répondre à des correspondances pertinentes, dans le but de dissuader ce consommateur d'exercer ses droits contractuels ;

5° Dans une publicité, d'inciter directement les enfants à acheter ou à persuader leurs parents ou d'autres adultes de leur acheter le produit faisant l'objet de la publicité ;

6° D'informer explicitement le consommateur que s'il n'achète pas le produit ou le service, l'emploi ou les moyens d'existence du professionnel seront menacés ;

7° De donner l'impression que le consommateur a déjà gagné, gagnera ou gagnera en accomplissant tel acte un prix ou un autre avantage équivalent, alors que, en fait :

– soit il n'existe pas de prix ou autre avantage équivalent ;

– soit l'accomplissement d'une action en rapport avec la demande du prix ou autre avantage équivalent est subordonné à l'obligation pour le consommateur de verser de l'argent ou de supporter un coût.

Section II. – Abus de faiblesse

Bibliographie : E. Bazin, *De l'abus de faiblesse en droit de la consommation : Rev. Lamy dr. aff.* 2007, n° 16, p. 82.

Art. L. 121-8 *(Ord. n° 2016-301, 14 mars 2016).* – Est interdit le fait d'abuser de la faiblesse ou de l'ignorance d'une personne pour lui faire souscrire, par le moyen de visites à domicile, des engagements au comptant ou à crédit sous quelque forme que ce soit, lorsque les circonstances montrent que cette personne n'était pas en mesure d'apprécier la portée des engagements qu'elle prenait ou de déceler les ruses ou artifices déployés pour la convaincre à y souscrire ou font apparaître qu'elle a été soumise à une contrainte.

Art. L. 121-9 *(Ord. n° 2016-301, 14 mars 2016).* – Est interdit le fait d'abuser de la faiblesse ou de l'ignorance d'une personne pour obtenir des engagements :

1° Soit à la suite d'un démarchage par téléphone ou télécopie ;

2° Soit à la suite d'une sollicitation personnalisée, sans que cette sollicitation soit nécessairement nominative, à se rendre sur un lieu de vente, effectuée à domicile et assortie de l'offre d'avantages particuliers ;

3° Soit à l'occasion de réunions ou d'excursions organisées par l'auteur de l'infraction ou à son profit ;

4° Soit lorsque la transaction a été faite dans des lieux non destinés à la commercialisation du bien ou du service proposé ou dans le cadre de foires ou de salons ;

5° Soit lorsque la transaction a été conclue dans une situation d'urgence ayant mis la victime de l'infraction dans l'impossibilité de consulter un ou plusieurs professionnels qualifiés, tiers au contrat.

Art. L. 121-10 *(Ord. n° 2016-301, 14 mars 2016).* – Est interdit le fait d'abuser de la faiblesse ou de l'ignorance d'une personne pour se faire remettre, sans contreparties réelles, des sommes en numéraire ou par virement, des chèques bancaires ou postaux, des ordres de paiement par carte de paiement ou carte de crédit ou bien des valeurs mobilières, au sens de l'article 529 du Code civil.

Section III. – Refus et subordination de vente et de prestation de services

Bibliographie : M. Chagny, *De l'assouplissement du régime des offres liées à l'avènement d'un droit du marché ? : D.* 2009, p. 2651. • Ph. Stoffel-Munck, *L'infraction de vente liée à la dérive. Observations sur les malfaçons du droit de la consommation : JCP G* 2009, n° 27, p. 44. • P. Wilhelm et L. Ferchiche, *Le sort des ventes subordonnées et des ventes avec primes en droit français de la consommation, après l'arrêt de la CJCE du 23 avril 2009 : Contrats, conc. consom.* 2009, étude 8. • P. Wilhelm et D. Prioux, *Retour sur le contentieux de la vente d'ordinateurs avec logiciels préinstallés : Contrats, conc. consom.* 2012/2, étude 4.

Art. L. 121-11 *(Ord. n° 2016-301, 14 mars 2016).* – Est interdit le fait de refuser à un consommateur la vente d'un produit ou la prestation d'un service, sauf motif légitime.

Est également interdit le fait de subordonner la vente d'un produit à l'achat d'une quantité imposée ou à l'achat concomitant d'un autre produit ou d'un autre service ainsi que de subordonner la prestation d'un service à celle d'un autre service ou à l'achat d'un produit dès lors que cette subordination constitue une pratique commerciale déloyale au sens de l'article L. 121-1.

(*Al. créé, Ord. n° 2018-361, 16 mai 2018*) « Est également interdit le fait de subordonner la vente d'un bien ou la fourniture d'un service à la conclusion d'un contrat d'assurance accessoire au bien ou au service vendu, sans permettre au consommateur d'acheter le bien ou d'obtenir la fourniture du service séparément. »

Pour les établissements de crédit et les organismes mentionnés à l'article L. 518-1 du Code monétaire et financier, les règles relatives aux ventes subordonnées sont fixées par les dispositions du 1 du I de l'article L. 312-1-2 du même code.

Les dispositions du présent article s'appliquent à toutes les activités de production, de distribution et de services, y compris celles qui sont le fait de personnes publiques, notamment dans le cadre de conventions de délégation de service public.

1) Champ d'application. Les dispositions de l'article 30 de l'ordonnance du 1er décembre 1986 (C. consom., art. L. 122-1, devenu L. 121-11) ont une portée générale et s'appliquent notamment, en l'absence de dérogation expresse, aux prestations offertes par les mutuelles d'assurances, nonobstant l'article L. 111-1 du Code de la mutualité, dès lors que ces prestations ne sont pas spécifiques au domaine de la mutualité et relèvent du secteur commercial (▪ Cass. crim., 12 févr. 1990, n° 89-80.815 : *JurisData* n° 1990-701111 ; *Gaz. Pal.* 1990, 2, 400, rapport Bayet ; *Bull. crim.*, n° 71 ; *RTD com.* 1990, 625, n° 5, obs. B. Bouloc).

Elles s'appliquent au propriétaire d'un appartement et à son mandataire, coupables de publicité mensongère, pour avoir fait paraître une annonce pour la vente de l'appartement indiquant une superficie supérieure à la réalité (▪ Cass. crim., 27 mars 1996, n° 94-86.039 : *JurisData* n° 1996-002185 ; *JCP* E 1996, pan. 822).

Elles s'appliquent à des pharmaciens qui ne sauraient invoquer leurs convictions religieuses pour refuser de constituer des stocks de produits contraceptifs (▪ Cass. crim., 21 oct. 1998, n° 97-80.981 : *JurisData* n° 1998-004465 ; *JCP* E 1999, p. 1734, note J. Freund ; *JCP* E 2000, p. 179, n° 15, obs. D. Fasquelle).

2) Subordination de prestations. Conformité au droit européen. La directive n° 2005/29/CE du Parlement européen et du Conseil, du 11 mai 2005, relative aux pratiques commerciales déloyales des entreprises vis-à-vis des consommateurs dans le marché intérieur et modifiant la directive n° 84/450/CEE du Conseil et les directives nos 97/7/CE, 98/27/CE et 2002/65/CE du Parlement européen et du Conseil et le règlement (CE) n° 2006/2004 du Parlement européen et du Conseil (« directive sur les pratiques commerciales déloyales »), doit être interprétée en ce sens qu'elle s'oppose à une réglementation nationale, telle que celle en cause dans les litiges au principal qui, sauf certaines exceptions et sans tenir compte des circonstances spécifiques du cas d'espèce, interdit toute offre conjointe faite par un vendeur à un consommateur (▪ CJUE, 23 avr. 2009, aff. C-261/07 : *Contrats, conc. consom.* 2009, comm. 183, note G. Raymond ; *D.* 2009, act. jurispr. 1273, obs. E. Petit ; *RTD com.* 2009, p. 607, obs. B. Bouloc. Dans le même sens, V. ▪ CJUE, 11 mars 2010, aff. C-522/08 : *Comm. com. électr.* 2010/6, comm. 63, obs. M. Chagny). Il résulte de l'article L. 122-1 du Code de la consommation, interprété dans le respect des critères énoncés par la directive n° 2005/29/CE du Parlement européen et du Conseil, du 11 mai 2005, relative aux pratiques commerciales déloyales des entreprises vis-à-vis des consommateurs dans le marché intérieur, qu'une pratique de vente conjointe n'est interdite que si elle est contraire aux exigences de la diligence professionnelle et altère ou est susceptible d'altérer de manière substantielle le comportement économique, par rapport au produit, du consommateur moyen qu'elle touche ou auquel elle s'adresse, notamment si elle est trompeuse au sens des articles 6 et 7 ou agressive au sens des articles 8 et 9 du même texte (▪ Cass. com., 13 juill. 2010, nos 09-15.304 et 09-66.970 : *Bull. civ.* IV, n° 127 ; *Contrats, conc. consom.* 2010, comm. 253, obs. G. Decocq. Dans le même sens, V. ▪ Cass. 1re civ., 15 nov. 2010, n° 09-11.161 : *Contrats, conc. consom.* 2011, comm. 9, obs. M. Malaurie-Vignal. ▪ Cass. 1re civ., 12 juill. 2012, n° 11-18.807 : *Rev. Lamy conc.* 2012, n° 4318, obs. A. Bascoulergue ; *D.* 2013, pan. p. 945, obs. N. Sauphanor-Brouillard ; *D.* 2012, act. 1951, obs. X. Delpech ; *Contrats, conc. consom.* 2012/11, comm. 268, note G. Raymond ; *RTD com.* 2012/4, p. 835, obs. B. Bouloc). Saisie d'un litige concernant la vente d'un ordinateur équipé de logiciels préinstallés, la Cour de cassation a posé les questions suivantes à la Cour de justice de l'Union européenne : « 1° les articles 5 et 7 de la directive 2005/29 du Parlement européen et du Conseil du 11 mai 2005 relative aux pratiques commerciales déloyales des entreprises vis-à-vis des consommateurs dans le marché intérieur doivent-ils être interprétés en ce sens que constitue une pratique commerciale déloyale trompeuse l'offre conjointe consistant en la vente d'un ordinateur équipé de logiciels préinstallés lorsque le fabricant de l'ordinateur a fourni, par l'intermédiaire de son revendeur, des informations sur chacun des logiciels préinstallés, mais n'a pas précisé le coût de chacun de ces éléments ? 2° l'article 5 de la directive 2005/29 doit-il être interprété en ce sens que constitue une pratique commerciale déloyale l'offre conjointe consistant en la vente d'un ordinateur équipé de logiciels préinstallés, lorsque le fabricant ne laisse pas d'autre choix au consommateur que celui d'accepter ces logiciels ou d'obtenir la révocation de la vente ? 3° l'article 5 de la directive 2005/29 doit-il être interprété en ce sens que constitue une pratique commerciale déloyale l'offre conjointe consistant en la vente d'un ordinateur équipé de logiciels préinstallés, lorsque le consommateur se trouve dans l'impossibilité de se procurer auprès du même fabricant un ordinateur non équipé de logiciels ? » (▪ Cass. 1re civ., 17 juin 2015, n° 14-11.437 : à paraître au *Bulletin* ; *Comm. com. électr.* 2015/9, comm. 69, note G. Loiseau). La Cour de justice a répondu en retenant qu'une pratique commerciale consistant en la vente d'un ordinateur équipé de logiciels préinstallés sans possibilité pour le consommateur de se procurer le même modèle d'ordinateur non équipé de logiciels préinstallés ne constitue pas, en tant que telle, une pratique commerciale déloyale au sens de l'article 5, paragraphe 2, de la directive 2005/29/CE du Parlement européen et du Conseil, du 11 mai 2005, à moins qu'une telle pratique soit contraire aux exigences de la diligence professionnelle et altère ou soit susceptible d'altérer de manière substantielle le comportement économique du consommateur moyen par rapport à ce produit, ce qu'il appartient à la juridiction nationale d'apprécier, en tenant compte des circonstances spécifiques de l'affaire au principal. Dans le cadre d'une offre conjointe consistant en la vente d'un ordinateur équipé de logiciels préinstallés, l'absence d'indication du prix de chacun des logiciels préinstallés ne constitue pas une pratique commerciale trompeuse au sens de l'article 5, paragraphe 4, sous *a)*, et de l'article 7 de la directive 2005/29 (▪ CJUE, 7 sept. 2016, aff. C-310/15 : *Comm. com. électr.* 2017, comm. 13, note G. Loiseau ; *Contrats, conc. consom.* 2017, comm. 44, obs. S. Desvaux).

3) Subordination de prestations. Illustrations. Il n'y a pas subordination de prestations au sens de l'article 30 (C. consom., art. L. 122-1, devenu L. 121-11) lorsqu'un établissement thermal fournit la cure et la consultation médicale préalable à la cure (▪ Paris, 21 mai 1991 : *JurisData* n° 1991-022995 ; *Gaz. Pal.* 1991, 2, 523). S'agissant de la vente d'ordinateurs prééquipés d'un logiciel d'exploitation sans possibilité offerte au consommateur d'acquérir le même ordinateur sans le logiciel d'exploitation, une cour d'appel retient, d'une part, que cette pratique est contraire aux exigences de la diligence professionnelle puisque la société, qui prétend n'être que distributeur, se trouve toutefois en lien direct avec le constructeur lequel s'il n'a que des droits d'utilisation tirés de la licence qui lui a été concédée conserve un intérêt à adapter sa concession de licence à la demande en s'adressant à l'éditeur du logiciel d'exploitation, que la société ne peut justifier l'absence de proposition d'ordinateurs sans préinstallation puisqu'elle les propose aux professionnels et qu'il n'existe pas d'obstacle technique à l'absence de proposition sans préinstallation, ni à la désactivation lors de la vente et, d'autre part, que cette pratique est susceptible d'altérer de manière substantielle le comportement économique du consommateur moyen auquel elle s'adresse puisque l'absence d'information sur la valeur d'éléments substantiels comme le prix du logiciel d'exploitation réduit ses choix en ce qu'il ne peut comparer leur valeur avec d'autres propositions, que surtout il se trouve privé de la possibilité d'acquérir sans logiciel et peut être ainsi amené à prendre une décision à propos de l'achat d'un ordinateur qu'autrement il n'aurait pas prise. En se déterminant ainsi, tout en constatant que la société soulignait, sans être démentie, que le consommateur pouvait en s'orientant sur le site dédié aux professionnels trouver des ordinateurs « nus », mais que l'installation d'un système d'exploitation libre restait une démarche délicate dont elle ne pourrait pas garantir la réussite, la cour d'appel qui s'est fondée sur des motifs desquels il ne résulte pas que la vente litigieuse présentait le caractère d'une pratique commerciale déloyale, a violé le texte susvisé (▪ Cass. 1re civ., 12 juill. 2012, n° 11-18.807 : *JCP* E 2012, étude 1531, note E. Bazin ; *Rev. Lamy conc.* 2012, n° 4318, obs. ; *D.* 2013, pan. p. 945, obs. N. Sauphanor-Brouillard ; *D.* 2012, act. 1951, obs. X. Delpech ; *Contrats, conc. consom.* 2012/11, comm. 268, note G. Raymond ; *RTD com.* 2012/4, p. 835, obs. B. Bouloc). Pour accueillir la demande de remboursement du prix des logiciels préinstallés et retenir ainsi l'existence d'une pratique commerciale déloyale, le jugement retient qu'un ordinateur prêt à l'emploi se compose de deux éléments intrinsèquement distincts, une partie proprement matérielle et un logiciel destiné à le faire fonctionner selon les besoins de l'utilisateur, qu'il ne pouvait être imposé [au client] d'adjoindre obligatoirement un logiciel préinstallé à un type d'ordinateur dont les spécifications propres mais uniquement matérielles avaient dicté son choix. En se déterminant ainsi, sans constater l'impossibilité pour [le client] de se procurer, après information relative aux conditions d'utilisation des logiciels, un ordinateur « nu » identique auprès [du fabricant], la juridiction de proximité a privé sa décision de base légale au regard de l'article L. 122-1 du Code de la consommation [devenu L. 121-11] interprété à la lumière de la directive du 11 mai 2005 (▪ Cass. 1re civ., 5 févr. 2014, n° 12-25.748 : *Contrats, conc. consom.* 2014/6, comm. 145, obs. G. Raymond ; *RDC* 2015/1, p. 41, obs. J. Huet). Pour la Cour de cassation, l'information donnée au consommateur sur l'équipement de l'ordinateur et sur les conditions générales de vente et le fait qu'il est notoire que les achats de ce type par un particulier s'opèrent en accompagnement d'un logiciel sont impropres à caractériser l'absence de vente liée constitutive d'une pratique déloyale interdite (▪ Cass. 1re civ., 4 juin 2014, n° 13-16.733 : *Contrats, conc. consom.* 2014/10, comm. 234, obs. G. Raymond).

Jugé que la vente d'un ordinateur accompagné de son système d'exploitation n'est pas contraire à l'article L. 122-1 [devenu L. 121-11] dès lors que le logiciel doit être considéré comme un élément indissociable du matériel (▪ Montpellier, 7 mai 2009, n° 08/01398 : *JurisData* n° 2009-006020 ; *Contrats, conc. consom.* 2009, comm. 280. ▪ TGI Nanterre, 30 oct. 2009, n° 06/15333 : *JurisData* n° 2009-015353 ; *Contrats, conc. consom.* 2010, comm. 86, obs. G. Raymond. ▪ TGI Paris, 24 juin 2008 : *JCP* G 2008, II, 10185, note P. Stoffel-Munck).
Est licite la pratique par laquelle la société France Télécom réserve l'exclusivité de la diffusion des droits de retransmission des matches du championnat de la Ligue I de football, disputés le samedi soir, à la chaîne Orange sport, laquelle n'est accessible qu'à la condition de la souscription d'un abonnement à l'une des offres Internet haut débit d'Orange ; cette pratique qui laisse au consommateur toute liberté quant au choix de son opérateur ADSL en raison de la configuration du marché et en particulier de la structure de l'offre, laquelle le conduit à choisir son opérateur en considération des services associés et donc de la capacité des offreurs de se différencier de leurs concurrents, n'est pas de nature à compromettre sensiblement l'aptitude du consommateur à prendre une décision en connaissance de cause (▪ Cass. com., 13 juill. 2010, nos 09-15.304 et 09-66.970 : *Bull. civ.* IV, n° 127 ; *Contrats, conc. consom.* 2010, comm. 253, obs. G. Decocq. Dans le même sens, V. ▪ Cass. 1re civ., 15 nov. 2010, n° 09-11.161 : *Contrats, conc. consom.* 2011, comm. 9, obs. M. Malaurie-Vignal).

Pour une décision ancienne jugeant que relève de la subordination de prestations le contrat de voyage forfaitaire qui comporte l'obligation de payer le coût d'une assurance garantissant certains risques, V. ▪ Cass. crim., 12 juin 1995, n° 94-82.984 : *JurisData* n° 1995-002141 ; *JCP* E 1995, pan. 1108.

Section IV. – Vente et prestation de services sans commande préalable

Art. L. 121-12 *(Ord. n° 2016-301, 14 mars 2016)*. – **Est interdit le fait d'exiger le paiement immédiat ou différé de biens ou de services fournis par un professionnel ou, s'agissant de biens, d'exiger leur renvoi ou leur conservation, sans que ceux-ci aient fait l'objet d'une commande préalable du consommateur.**

Les dispositions du présent article s'appliquent également aux contrats portant sur la fourniture d'eau, de gaz ou d'électricité lorsqu'ils ne sont pas conditionnés dans un volume délimité ou en quantité déterminée ainsi que sur la fourniture de chauffage urbain et de contenu numérique non fourni sur support matériel.

Art. L. 121-13 *(Ord. n° 2016-301, 14 mars 2016)*. – **Les dispositions de l'article L. 121-12 ne font pas obstacle à la perception d'intérêts, de commissions ou de frais au titre de facilités de caisse ou de découverts bancaires prévus par la convention de compte instituée à l'article L. 312-1-1 du Code monétaire et financier qui précise le montant ou le mode de calcul de ces rémunérations.**

Il en est de même dans le cas où une modification des conditions initiales du contrat résulte de la mise en œuvre d'une clause de révision dont les modalités ont été expressément définies et ont recueilli l'accord des parties au moment de la signature du contrat.

Art. L. 121-14 *(Ord. n° 2016-301, 14 mars 2016)*. – **Le paiement résultant d'une obligation législative ou réglementaire n'exige pas d'engagement exprès et préalable.**

Section V. – Vente ou de prestation de services « à la boule de neige »

Art. L. 121-15 *(Ord. n° 2016-301, 14 mars 2016)*. – **Sont interdits :**

1° La vente pratiquée par le procédé dit « de la boule de neige » ou tous autres procédés analogues consistant en particulier à offrir des marchandises au public en lui faisant espérer l'obtention de ces marchandises à titre gratuit ou contre remise d'une somme inférieure à leur valeur réelle et en subordonnant les ventes au placement de bons ou de tickets à des tiers ou à la collecte d'adhésions ou inscriptions ;

2° Le fait de proposer à une personne de collecter des adhésions ou de s'inscrire sur une liste en exigeant d'elle le versement d'une contrepartie quelconque et en lui faisant espérer des gains financiers résultant d'une progression du nombre de personnes recrutées ou inscrites plutôt que de la vente, de la fourniture ou de la consommation de biens ou services.

Dans le cas de réseaux de vente constitués par recrutement en chaîne d'adhérents ou d'affiliés, il est interdit d'obtenir d'un adhérent ou affilié du réseau le versement d'une somme correspondant à un droit d'entrée ou à l'acquisition de matériels ou de services à vocation pédagogique, de formation, de démonstration ou de vente ou tout autre matériel ou service analogue, lorsque ce versement conduit à un paiement ou à l'attribution d'un avantage bénéficiant à un ou plusieurs adhérents ou affiliés du réseau.

En outre, est interdit, dans ces mêmes réseaux, le fait d'obtenir d'un adhérent ou affilié l'acquisition d'un stock de marchandises destinées à la revente, sans garantie de reprise du stock aux conditions de l'achat, déduction faite éventuellement d'une somme n'excédant pas 10 % du prix correspondant. Cette garantie de reprise peut toutefois être limitée à une période d'un an après l'achat.

1) **Conformité au droit européen.** L'annexe I, point 14, de la directive n° 2005/29/CE du Parlement européen et du Conseil, du 11 mai 2005, relative aux pratiques commerciales déloyales des entreprises vis-à-vis des consommateurs dans le marché intérieur doit être interprétée en ce sens qu'un système de promotion pyramidale ne constitue une pratique commerciale déloyale en toutes circonstances que lorsqu'un tel système exige du consommateur une participation financière, quel que soit son montant, en échange de la possibilité pour ce dernier de percevoir une contrepartie provenant essentiellement de l'entrée d'autres consommateurs dans le système plutôt que de la vente ou de la consommation de produits (▪ CJUE, 3 avr. 2014, aff. C-515/12 : *JCP* 2014, 464, obs. D. Berlin ; *Europe* 2014, comm. 2075, obs. F. Gazin ; *RTDE* 2014, 730, n° 4, obs. C. Aubert de Vincelles).

2) **Élément intentionnel.** La caractérisation de l'élément intentionnel de l'infraction n'est pas subordonnée à la preuve de la conscience qu'ont les prévenus, au moment où ils proposent à des tiers d'adhérer, du caractère préjudiciable du système pyramidal, mais suppose seulement que soit établie leur volonté de proposer une telle adhésion en faisant espérer à ces tiers un gain financier qui résulterait de la progression du nombre d'adhérents (▪ Cass. crim., 6 avr. 2016, n° 15-81.206 : à paraître au *Bull.* ; *Contrats, conc. consom.* 2016/6, comm. 156, obs. S. Bernheim-Desvaux).

3) Pour des exemples de vente « à la boule de neige », V. ▪ T. corr. Versailles, 16 oct. 2000 : *RJDA* 2001, n° 819 et plus récemment ▪ Chambéry, 14 janv. 2015, n° 14/00420 : *JurisData* n° 2015-001976.

Section VI. – Numéro téléphonique surtaxé

Art. L. 121-16 ***(Ord. n° 2016-301, 14 mars 2016).*** **– Le numéro de téléphone destiné à recueillir l'appel d'un consommateur en vue d'obtenir la bonne exécution d'un contrat conclu avec un professionnel ou le traitement d'une réclamation ne peut pas être surtaxé.**

Ce numéro est indiqué dans le contrat et la correspondance.

Section VII. – Paiement supplémentaire sans consentement exprès

Art. L. 121-17 ***(Ord. n° 2016-301, 14 mars 2016).*** **– Préalablement à la conclusion d'un contrat de vente ou de prestation de services, le professionnel s'assure du consentement exprès du consommateur pour tout paiement supplémentaire venant s'ajouter au prix de l'objet principal du contrat.**

Dans l'hypothèse où le paiement supplémentaire résulte d'un consentement du consommateur donné par défaut, c'est-à-dire en l'absence d'opposition expresse de sa part à des options payantes qu'il n'a pas sollicitées, le consommateur peut prétendre au remboursement des sommes versées au titre de ce paiement supplémentaire.

Les dispositions du présent article s'appliquent aux contrats portant sur la fourniture d'eau, de gaz ou d'électricité lorsqu'ils ne sont pas conditionnés dans un volume délimité ou en quantité déterminée ainsi que sur la fourniture de chauffage urbain et de contenu numérique non fourni sur un support matériel.

Art. L. 121-18 ***(Ord. n° 2016-301, 14 mars 2016).*** **– Les dispositions de la présente section sont d'ordre public.**

Section VIII. – Ventes ou prestations de service avec primes

Bibliographie : *E. Andrieu, Ventes avec primes : la nouvelle réglementation et ses conséquences :* Contrats, conc. consom. 2014/12, étude. 13. ● C. Aubert de Vincelles, *La mise en conformité du Code de la consommation au droit européen par la loi n° 2014-344 du 17 mars 2014 relative à la consommation : RDC* 2014, 456. ● L. Focsaneanu, *Les promotions de vente dans l'ordonnance de 1986 relative à la liberté des prix et de la concurrence : JCP* E 1987, I, 16464. ● Y.-M. Serinet, *Ventes ou prestations de services avec prime : d'une prohibition à l'autre : D.* 2002, p. 3252. ● V. *JCl.* Concurrence, Fasc. 300 : *Ventes et prestations de services avec primes et cadeaux*, par M. Pédamon. ● M. Razavi et A.-L. Falkman, *Ventes* *subordonnées, ventes avec primes et loteries sont-elles désormais licites par principe ? : Contrats, conc. consom.* 2010, alerte 22. • P. Wilhelm et L. Ferchiche, *Le sort des ventes subordonnées et des ventes avec primes en droit français de la consommation, après l'arrêt de la CJCE du 23 avril 2009 : Contrats, conc. consom.* 2009, étude 8.

Art. L. 121-19 *(Ord. n° 2016-301, 14 mars 2016)*. **– Est interdite toute vente ou offre de vente de produits ou de biens ou toute prestation ou offre de prestation de services faite aux consommateurs et donnant droit, à titre gratuit, immédiatement ou à terme, à une prime consistant en produits, biens ou services dès lors que la pratique en cause revêt un caractère déloyal au sens de l'article L. 121-1.**

Les dispositions du présent article s'appliquent à toutes les activités de production, de distribution et de services, y compris celles qui sont le fait de personnes publiques, notamment dans le cadre de conventions de délégation de service public.

Les règles relatives aux ventes avec primes applicables aux produits et services proposés pour la gestion d'un compte de dépôt sont fixées au 2 du I de l'article L. 312-1-2 du Code monétaire et financier.

NB : Les dispositions réglementaires relatives aux ventes ou prestations avec primes qui figuraient aux articles R. 121-1-8 à R. 121-10 ont été abrogées par le décret n° 2014-1061 du 17 septembre 2014.

1) **Vente avec primes illicites.** Constitue une vente avec primes illicites le fait pour un magasin à grande surface d'organiser un jeu-concours consistant à offrir des bons d'achat de 500 F à 1 500 F aux trois personnes ayant acheté le plus grand nombre de produits portant la mention « Sélection et Qualité A... » (TGI Pontoise, 6 juill. 1994 : *RJDA* 1994, n° 1380). De même l'opération promotionnelle consistant en l'attribution à certaines personnes tirées au sort de deux billets d'avion vers une destination de leur choix, les frais de séjour dans les hôtels sélectionnés par l'organisateur restant à la charge de ces personnes (▪ Rennes, 14 janv. 1993 : *RJDA* 1993, n° 849). De même le fait par un fabricant de sirop d'organiser une opération publicitaire consistant à offrir avec l'achat d'un « bidon » de sirop une figurine d'un célèbre dessin animé, dès lors que la valeur de la prime était supérieure au seuil fixé par la réglementation (▪ Lyon, 17 déc. 1999, n° 98/00634 : *JurisData* n° 1999-151466 ; *RJDA* 2000, n° 725, conf. par ▪ Cass. com., 11 mars 2003, n° 00-12.124 : *JurisData* n° 2003-018190 ; *JCP* E 2003, pan. 728 ; *RJDA* 2003, n° 889).

2) **Prise en charge de la livraison.** La prise en charge par le vendeur du coût afférent à l'exécution de son obligation de délivrance du produit vendu ne constitue pas une prime au sens des dispositions du Code de la consommation (▪ Cass. com., 6 mai 2008, n° 07-16.381 : *JurisData* n° 2008-043800 ; *Contrats, conc. consom.* 2008, comm. 251, note G. Raymond ; *JCP* E 2008, 1941, note S. Prieur).

3) **Valeur de la prime.** La détermination de la valeur de la prime doit prendre en compte le coût intrinsèque de l'objet ou du service offert en prime ainsi que l'ensemble des coûts nécessaires à l'offre de cet objet ou de ce service au consommateur qui ne seraient pas exposés si cette offre n'était pas consentie (▪ Cass. com., 11 mars 2003 : *JCP* E 2003, pan. 728 ; *RJDA* 2003, n° 889).

4) **Personnes visées.** La réglementation s'applique aussi bien au producteur qu'au revendeur, dès lors que c'est lui qui propose au consommateur, fût-ce par l'intermédiaire d'un revendeur, le produit donnant droit à l'attribution d'une prime (▪ Cass. com., 11 mars 2003 : *JCP* E 2003, pan. 728 ; *RJDA* 8-9/2003, n° 889).

5) **Conformité au droit européen.** Décidant que la directive n° 2005/29/CE du 11 mai 2005 relative aux pratiques commerciales déloyales s'oppose désormais à une interdiction générale des ventes avec primes (▪ CJUE, 9 nov. 2010, aff. C-540/08 : *Contrats, conc. consom.* 2011, comm. 21, obs. G. Raymond).

Section IX. – Loteries publicitaires

Bibliographie : C. Aubert de Vincelles, *La mise en conformité du Code de la consommation au droit européen par la loi n° 2014-344 du 17 mars 2014 relative à la consommation : RDC* 2014, 456. • P. Bouteiller, *La protection du consommateur et l'organisation d'une loterie publicitaire : JCP* E 2002, prat. 1552. • E. Petit, *Loi Hamon et loteries publicitaires : défaire et refaire, pour ne rien faire... : D. actualités* 21 janv. 2014. • Ph. le Tourneau et A. Zabalza, *Le réveil des quasi-contrats (à propos des loteries publicitaires) : Contrats, conc. consom.* 2002, étude 22.

Art. L. 121-20 *(Ord. n° 2016-301, 14 mars 2016)*. **– Dès lors qu'elles sont déloyales au sens de l'article L. 121-1, sont interdites les pratiques commerciales mises en œuvre par les professionnels à l'égard des consommateurs, sous la forme d'opérations promotionnelles tendant à l'attribution d'un gain ou d'un avantage de toute nature par la voie d'un tirage au sort, quelles qu'en soient les modalités, ou par l'intervention d'un élément aléatoire.**

ANNEXE 4

1) Conformité au droit européen. La directive n° 2005/29/CE du Parlement européen et du Conseil, du 11 mai 2005, relative aux pratiques commerciales déloyales des entreprises vis-à-vis des consommateurs dans le marché intérieur et modifiant la directive n° 84/450/CEE du Conseil et les directives n°s 97/7/CE, 98/27/CE et 2002/65/CE du Parlement européen et du Conseil et le règlement (CE) n° 2006/2004 du Parlement européen et du Conseil (« directive sur les pratiques commerciales déloyales »), doit être interprétée en ce sens qu'elle s'oppose à une réglementation nationale, telle que celle en cause au principal, qui prévoit une interdiction de principe, sans tenir compte des circonstances spécifiques du cas d'espèce, des pratiques commerciales faisant dépendre la participation des consommateurs à un concours ou à un jeu promotionnels de l'acquisition d'un bien ou d'un service (▪ CJUE, 14 janv. 2010, aff. C-304/08 : *Contrats, conc. consom.* 2010, comm. 84, note G. Raymond ; *D.* 2010, pan. p. 791, obs. N. Sauphano-Brouillaud ; act. jurispr. 258, obs. E. Chevrier).

2) Ancien critère tenant à l'absence de contrepartie financière. L'ancien texte autorisait les loteries ne supposant aucune contrepartie financière ou dépense sous quelque forme que ce soit. Pour la Cour de cassation, une telle contrepartie interdite devait être relevée même dans l'hypothèse où trois parties gratuites étaient proposées aux participants dès lors que la poursuite ultérieure du jeu reposait sur une contrepartie financière (▪ Cass. crim., 20 janv. 2015, n° 13-28.521, à paraître au *Bull.* : *Lettre distrib.* 2015/2, p. 7).

3) Quasi-contrat. La responsabilité de l'organisateur d'une loterie publicitaire peut être fondée sur un quasi-contrat (▪ Cass. ch. mixte, 6 sept. 2002 [1er arrêt] : *JCP* E 2002, jurispr. 1687, note G. Viney ; *D.* 2002, p. 2531, obs. A. Lienhard. – Comp. ▪ Cass. ch. mixte, 6 sept. 2002 [2e arrêt], même réf.). V. encore récemment ▪ Cass. 1re civ., 19 mars 2015, n° 13-27.414, à paraître au *Bull.*

Section X. – Frais de recouvrement

Art. L. 121-21 *(Ord. n° 2016-301, 14 mars 2016)*. **– Est interdit le fait pour un professionnel de solliciter ou de percevoir d'un consommateur des frais de recouvrement dans des conditions contraires au deuxième alinéa de l'article L. 111-8 du Code des procédures civiles d'exécution.**

Section XI. – Publicité portant sur des opérations réglementées

Art. L. 121-22 *(Ord. n° 2016-301, 14 mars 2016)*. **– Est interdite toute publicité portant :**

1° Sur une opération commerciale soumise à autorisation ou à déclaration au titre soit des articles L. 310-1 à L. 310-4 et L. 310-7 du Code de commerce, soit des articles L. 752-1 et L. 752-16 du même code, et qui n'a pas fait l'objet de cette autorisation ou de cette déclaration ;

2° Sur une opération commerciale dont la réalisation nécessite l'emploi de personnel salarié requérant une autorisation au titre du chapitre II du titre III du livre Ier de la troisième partie du Code du travail et réalisée sans l'obtention préalable de cette autorisation, ou qui est en infraction avec les dispositions du chapitre IV du titre III du livre Ier de la troisième partie du même code et de leurs textes d'application ;

3° Sur une opération commerciale réalisée ou devant être réalisée en infraction avec les dispositions de l'article L. 3132-29 du Code du travail ;

4° Sur une manifestation commerciale soumise à la déclaration prévue à l'article L. 762-2 du Code de commerce et qui n'a pas fait l'objet de cette déclaration.

Section XII. – Blocage géographique injustifié

Art. L. 121-23 *(Créé, L. n° 2020-1508, 3 déc. 2020)*. **– Sous réserve des dispositions de l'article L. 132-24-1, il est interdit à un professionnel :**

1° De bloquer ou de limiter l'accès d'un consommateur à son interface en ligne, par l'utilisation de mesures technologiques ou autres, pour des motifs liés au lieu de résidence sur le territoire national de ce consommateur.

Il est également interdit à un professionnel de rediriger, pour des motifs liés à son lieu de résidence, un consommateur vers une version de son interface en ligne qui est différente de celle à laquelle il a initialement voulu accéder, sauf s'il a expressément donné son consentement à cet effet. Lorsque le consommateur est redirigé après avoir donné son consentement, il doit pouvoir continuer à accéder facilement à la version de l'interface en ligne du professionnel à laquelle il a initialement voulu accéder.

Les interdictions énoncées aux deux premiers alinéas du présent 1° ne sont pas applicables lorsque le blocage, la limitation de l'accès ou la redirection sont nécessaires en vue de satisfaire une exigence légale applicable aux activités du professionnel ; dans de tels cas, le professionnel fournit une explication claire et précise au consommateur sur les raisons pour lesquelles le blocage, la limitation d'accès ou la redirection sont nécessaires à des fins de mise en conformité ;

2° D'appliquer, pour des motifs liés au lieu de résidence sur le territoire national du consommateur, des conditions générales de vente de biens ou de fourniture de services différentes dans les cas où ce consommateur cherche à :

a) **Acheter des biens auprès d'un professionnel et que ces biens sont soit livrés en un lieu vers lequel la livraison est proposée dans les conditions générales de vente du professionnel, soit retirés en un lieu défini d'un commun accord entre le professionnel et le consommateur et pour lequel le professionnel propose une telle option dans ses conditions générales de vente ;**

b) **Obtenir des services fournis par un professionnel par voie électronique ;**

c) **Obtenir des services d'un professionnel autres que des services fournis par voie électronique, en un lieu situé dans la zone géographique où le professionnel exerce son activité.**

Les interdictions énoncées aux quatre premiers alinéas du présent 2° n'empêchent pas le professionnel de proposer des conditions générales de vente, notamment des prix de vente nets, qui varient d'un endroit à l'autre et qui sont proposées, de manière non discriminatoire, à des clients résidant dans une zone géographique spécifique ou à certains groupes de clients ;

3° D'appliquer, pour des motifs liés à la localisation, sur le territoire national, de la résidence du consommateur, de son compte de paiement, du prestataire de services de paiement ou de l'émission de l'instrument de paiement, des conditions différentes aux opérations de paiement réalisées par les consommateurs à l'aide des moyens de paiement acceptés par ce professionnel, lorsque :

a) **L'opération de paiement est effectuée au moyen d'un service de paiement mentionné aux 1° à 7° du II de l'article L. 314-1 du Code monétaire et financier ;**

b) **Les exigences en matière d'authentification sont remplies en application de l'article L. 133-4 du même code ;**

c) **L'opération de paiement est effectuée dans une devise que le professionnel accepte.**

Lorsque des raisons objectives le justifient, l'interdiction énoncée au présent 3° ne fait pas obstacle à ce que le professionnel suspende la livraison des biens ou la prestation du service jusqu'à ce qu'il reçoive la confirmation que l'opération de paiement a été dûment engagée.

Chapitre II. – Pratiques commerciales réglementées

Section I. – Publicité comparative

Bibliographie : L. Arcelin, *La publicité comparative, à la croisée des intérêts des consommateurs et des concurrents : Rev. Lamy conc.* 2007, n° 949 ; *Droit de la publicité : bilan de l'année 2008 : Rev. Lamy conc.* 2009, nos 1382 et 1443. • P. De Cande, *Publicité comparative notamment dans le domaine du médicament, état des lieux : D.* 2000, *Cah. dr. aff.* doctr. 33. • R. Fabre, *Les nouvelles pratiques de la publicité comparative au regard de la directive européenne d'octobre 1997 : CDE* 1999/2, p. 13. • G. Raymond, *À propos de l'ordonnance du 23 août 2001 portant transposition de directives communautaires en matière de droit de la consommation : JCP* G 2001, act. 2281. • Ph. Laurent, *La publicité comparative harmonisée : Contrats, conc. consom.* 2001, chron. 6.

Voir aussi : CEPC, 9 déc. 2009, avis n° 09-14 relatif à la publicité comparative.

Art. L. 122-1 ***(Ord. n° 2016-301, 14 mars 2016).*** **– Toute publicité qui met en comparaison des biens ou services en identifiant, implicitement ou explicitement, un concurrent ou des biens ou services offerts par un concurrent n'est licite que si :**

1° Elle n'est pas trompeuse ou de nature à induire en erreur ;

2° Elle porte sur des biens ou services répondant aux mêmes besoins ou ayant le même objectif ;

3° Elle compare objectivement une ou plusieurs caractéristiques essentielles, pertinentes, vérifiables et représentatives de ces biens ou services, dont le prix peut faire partie.

1) **Principes généraux.** Conformément à la jurisprudence de la Cour de justice des Communautés européennes relative à la directive n° 97/55, à l'origine du nouvel article L. 121-8 du Code de la consommation [devenu L. 122-1], dont il résulte que la publicité comparative doit contri-

buer à mettre en évidence de manière objective les avantages des différents produits comparables et qu'une telle objectivité implique que les personnes auxquelles s'adresse la publicité puissent avoir connaissance des différences réelles de prix des produits comparés et pas seulement de l'écart moyen entre les prix pratiqués par l'annonceur et ceux pratiqués par le concurrent, la cour d'appel qui a recherché si les produits comparés étaient identifiés ou désignés avec suffisamment de précision pour que la comparaison effectuée en termes de prix exclusivement soit pertinente pour le consommateur et qui constate qu'un produit alimentaire d'un certain type peut couvrir des besoins divers selon qu'il est de qualité simple ou au contraire remarquable, fait la juste application des dispositions légales précitées sans ajouter une condition à la licéité de la publicité comparative, en relevant que les tableaux comparatifs litigieux visaient différents produits sans autre précision, alors que la comestibilité de chacun de ces produits, et en tout cas le plaisir qu'on a à les consommer, varie du tout au tout selon les conditions et les lieux de leur fabrication, selon les ingrédients mis en œuvre et selon l'expérience du fabricant, la publicité telle qu'elle était formulée ne permettant pas de s'assurer que les produits répondaient à un même besoin (■ Cass. com., 31 oct. 2006, n° 05-10.541 : *JurisData* n° 2006-035658 ; *Bull.* IV, n° 207). La Cour de justice a décidé que l'objectivité de la publicité implique que les personnes auxquelles elle s'adresse puissent avoir connaissance des différences de prix des produits comparés. En conséquence, la cour d'appel qui retient que si le prix peut être la caractéristique principale sur laquelle la publicité entend faire porter l'attention du consommateur, l'exigence d'objectivité suppose que le consommateur puisse avoir connaissance des caractéristiques propres à justifier les différences de prix, qu'il ne s'agit alors pas de faire porter la comparaison sur ces derniers éléments, mais simplement d'informer objectivement le consommateur lorsque le prix est la seule caractéristique comparée, constate à bon droit l'absence de ces indications objectives qui permettaient au consommateur, destinataire de la publicité, d'avoir pleinement connaissance des raisons conduisant à la différence des prix pratiqués (même déc.). La comparaison des caractéristiques de chacun des produits doit être objective, pertinente et représentative, au sens de l'article L. 121-8 du Code de la consommation [devenu L. 122-1]. Lorsque la publicité consiste en *un tableau de concordance ou d'équivalence* mettant en lumière les prix pratiqués à l'égard de plusieurs produits, l'objectivité de la comparaison commande que la publicité soit elle-même représentative. En relevant que sous couvert d'une comparaison de produits dits de consommation courante, une société avait entrepris une démarche contraire consistant à rechercher des prix inférieurs pratiqués par son enseigne par rapport à ceux de la société dont les produits faisaient l'objet de la comparaison, alors que l'exigence d'objectivité aurait impliqué de sélectionner préalablement un panel représentatif des produits couramment consommés, puis d'en faire ensuite la comparaison en termes de prix, la cour d'appel qui a constaté que la publicité comparative manquait d'objectivité n'ajoute pas une condition à la loi et justifie légalement sa décision au regard du texte susvisé (même déc. ■ CJCE, 8 avr. 2003, aff. n° C-44/01, *Pippig c/ H.*).

2) Situation de concurrence. Viole les dispositions de l'article L. 121-8 du Code de la consommation [devenu L. 122-1] la cour d'appel qui, pour rejeter la demande d'une société tendant à voir juger qu'une autre a, en publiant un tableau comparatif de marques, procédé à une publicité comparative illicite, retient que la société défenderesse n'est qu'un simple détaillant de produits alimentaires, que le tableau ne fait que comparer l'ensemble des produits qu'elle offre à la clientèle, et que les sociétés ne sont pas en situation de concurrence, alors qu'elle avait constaté que la défenderesse avait pour activité la vente sur Internet de compléments alimentaires de différentes marques, et que la demanderesse commercialisait sous ses marques des compléments nutritionnels par l'intermédiaire de son site Internet, ce dont il résultait que ces sociétés se trouvaient en situation de concurrence (■ Cass. com., 24 nov. 2009, n° 08-15.002 : *Bull. civ.* IV, n° 150).

3) Droit des marques. L'article 5, paragraphe 1, sous *a*), de la première directive n° 89/104 sur les marques doit être interprété en ce sens que le titulaire d'une marque enregistrée est habilité à faire interdire l'usage par un tiers, dans une publicité comparative qui ne satisfait pas à toutes les conditions de licéité énoncées à l'article 3 *bis*, paragraphe 1, de la directive n° 84/450 en matière de publicité trompeuse et de publicité comparative, telle que modifiée par la directive n° 97/55, d'un signe identique à cette marque pour des produits ou des services identiques à ceux pour lesquels ladite marque a été enregistrée, même lorsque cet usage n'est pas susceptible de porter atteinte à la fonction essentielle de la marque, qui est d'indiquer la provenance des produits ou services, à condition que ledit usage porte atteinte ou soit susceptible de porter atteinte à l'une des autres fonctions de la marque, comme notamment celle consistant à garantir la qualité de ce produit ou de ce service, ou celles de communication, d'investissement ou de publicité (■ CJUE, 18 juin 2009, aff. C-487/07, *L'Oréal SA c/ Bellure* : *JCP* G 2009, 108, obs. F. Picod ; 180, obs. L. Marino ; *Comm. com. électr.*

2009, comm. 111, note Ch. Caron ; *Propr. ind.* 2009, comm. 51, note A. Folliard-Monguiral ; *Europe* 2009, comm. 330, note L. Idot).

L'article 3 *bis*, paragraphe 1, de la directive n° 84/450 en matière de publicité trompeuse et de publicité comparative, telle que modifiée par la directive n° 97/55, doit être interprété en ce sens qu'un annonceur qui mentionne de manière explicite ou implicite, dans une publicité comparative, que le produit qu'il commercialise constitue une imitation d'un produit portant une marque notoirement connue présente « un bien ou un service comme une imitation ou une reproduction », au sens de cet article 3 *bis*, paragraphe 1, sous *h)* En effet, l'objet spécifique de la condition posée à l'article 3 *bis*, paragraphe 1, sous *h)*, de la directive n° 84/450 consiste à interdire à l'annonceur de faire apparaître, dans la publicité comparative, le fait que le produit ou le service qu'il commercialise constitue une imitation ou une reproduction du produit ou du service de marque. À cet égard, ne sont pas seulement interdits les messages publicitaires renvoyant explicitement à l'idée d'imitation ou de reproduction, mais également ceux qui, compte tenu de la présentation globale et du contexte économique de l'espèce, sont aptes à transmettre implicitement cette idée au public destinataire. Est sans pertinence à cet égard la question de savoir si le message publicitaire signale qu'il s'agit d'une imitation du produit portant une marque protégée dans son ensemble ou seulement de l'imitation d'une caractéristique essentielle de celui-ci. Dès lors qu'une publicité comparative qui présente les produits de l'annonceur comme une imitation d'un produit portant une marque est qualifiée par la directive n° 84/450 de contraire à une concurrence loyale et donc d'illicite, le profit réalisé par l'annonceur grâce à une telle publicité est le fruit d'une concurrence déloyale et doit, par conséquent, être considéré comme indûment tiré de la notoriété attachée à cette marque au sens dudit article 3 *bis*, paragraphe 1, sous *g)* (même arrêt).

4) Grande distribution. Est susceptible d'être illicite une publicité comparant les prix de produits vendus dans des magasins de tailles ou de formats différents, lorsque ces magasins font partie d'enseignes possédant chacune une gamme de magasins de tailles et de formats différents et que l'annonceur compare les prix pratiqués dans les magasins de tailles ou de formats supérieurs de son enseigne avec ceux relevés dans des magasins de tailles ou de formats inférieurs des enseignes concurrentes, à moins que les consommateurs ne soient informés, de façon claire et par le message publicitaire lui-même, que la comparaison a été effectuée entre les prix pratiqués dans les magasins de tailles ou de formats supérieurs de l'enseigne de l'annonceur et ceux relevés dans les magasins de tailles ou de formats inférieurs des enseignes concurrentes. Il appartient à la juridiction de renvoi, pour apprécier la licéité d'une telle publicité, de vérifier si, dans l'affaire au principal, au vu des circonstances de l'espèce, la publicité en cause ne satisfait pas à l'exigence d'objectivité de la comparaison et/ou présente un caractère trompeur, d'une part, en prenant en considération la perception du consommateur moyen des produits concernés, normalement informé et raisonnablement attentif et avisé et, d'autre part, en tenant compte des indications figurant dans ladite publicité, en particulier de celles concernant les magasins de l'enseigne de l'annonceur et ceux des enseignes concurrentes dont les prix ont été comparés, et, plus généralement, de tous les éléments de celle-ci (■ CJUE, 8 févr. 2017, aff. C-562/15 : *Contrats, conc. consom.* 2017/4, comm. 90, obs. S. Bernheim-Descaux).

Justifie sa décision la cour d'appel qui condamne un hypermarché et son gérant ayant exposé à l'entrée du magasin deux chariots remplis de produits provenant, pour l'un d'eux, de ses rayons, pour l'autre, d'un établissement concurrent situé dans la même ville. Cette présentation était accompagnée d'une annonce selon laquelle les prix du magasin étaient inférieurs à ceux du concurrent ainsi que de la reproduction des deux tickets de caisse. Les prévenus ont été poursuivis du chef de publicité comparative illicite. Pour retenir l'existence du délit, les juges énoncent que la publicité n'était pas objective, les tickets de caisse ne précisant pas la qualité et la quantité des produits comparés (■ Cass. crim., 9 mai 2007 : *Bull. crim.*, n° 119 ; 4 mars 2008 : *Bull. crim.*, n° 57 ; *Dr. pén.* 2008, comm. 69, note J.-H. Robert ; 13 janv. 2009, n° 08-82.493 : *JurisData* n° 2009-046969). Doit pareillement être condamné l'exploitant d'un magasin de grande distribution qui n'apporte pas la démonstration que les « éléments détaillés » de la comparaison permettant aux consommateurs d'en vérifier l'exactitude étaient effectivement disponibles en caisse conformément aux allégations de la publicité litigieuse (■ Cass. com., 2 févr. 2010, n° 09-13.242, inédit). La comparaison est également trompeuse lorsqu'elle repose sur des formats de magasins (hyper, super, proximité) différents sans que le consommateur ait les moyens d'en être pleinement conscient (■ T. com. Paris, 31 déc. 2014, n° 13-06.2760 : *Lettre distrib.* 2015/3, p. 6, obs. M.-P. Bonnet-Desplan) ou lorsqu'elle est caractérisée par un écart important entre la date de relevé des prix et la date de diffusion des spots publicitaires (■ T. com. Paris, préc., et ■ Douai, 29 janv. 2015, n° 14-03.171, obs. préc., M.-P. Bonnet-Desplan). Doivent en revanche être relaxées deux sociétés exploitant un groupement d'achat ayant mis en ligne un site Internet de comparaison des prix dès lors que la totalité des relevés de prix en rayons, leur contrôle, leur enregistrement et leur mise en ligne sur le site ont été effectués par des opérateurs indépendants de l'annonceur, dont la compétence et le sérieux n'ont nullement été mis en doute par la société requérante. L'arrêt retient en outre que les constats d'huissiers et les documents versés aux débats se bornent à relater les mentions inscrites sur les tickets de caisse sauvegardés sans que puissent être directement inférés de celles-ci les prix affichés en rayon en l'absence de toute concordance obligée et démontrée entre ces derniers et les prix « facturés » reproduits sur lesdits tickets. Il retient encore que les tickets de caisse comme le logiciel de caisse n'établissent aucunement la réalité de l'offre (■ Cass. com., 19 janv. 2010, n° 08-19.214, inédit). La publicité incriminée prétendait faussement qu'une enseigne de la grande distribution pratiquait les prix les moins élevés de la ville et invitait, en outre, à une comparaison implicite avec son unique concurrent, sans opérer de comparaison objective sur des produits clairement identifiés (■ Cass. crim., 28 juin 2011, n° 10-82.607 : *Contrats, conc. consom.* 2011/11, comm. 249, obs. G. Raymond). Jugé qu'un distributeur peut faire campagne dans une zone de chalandise n'ayant donné lieu à aucun relevé de prix, l'annonce ayant procédé par comparaison de moyennes de prix relevés sur l'ensemble du territoire. En effet, dès lors que les constats ont porté sur des zones urbaines représentatives et que l'annonce précise que les comparaisons résultent d'une moyenne des prix, l'annonceur étant libre de « choisir les paramètres qui lui sont favorables » et de procéder par extrapolation. Par ailleurs, la méthode du constat d'achat par ticket de caisse est validée, peu important que les remises offertes par les cartes de fidélité ne soient pas prises en compte, leur bénéfice dépendant « du comportement individuel » de chaque consommateur (■ Paris, 12 déc. 2013, n° 12/02148 : *Lettre distrib.* 2014/1). Doit être cassé l'arrêt qui déclare illicite la publicité comparative utilisant le slogan « Une preuve de plus qu'Auchan est moins cher » après avoir relevé que la publicité en cause comparait les prix de quatorze produits de grande marque et qu'elle ne reposait pas sur un panel suffisamment représentatif de produits couramment consommés dès lors qu'en se déterminant ainsi, sans décrire les produits comparés, ni rechercher concrètement s'ils étaient représentatifs des différentes catégories de produits couramment consommés, la cour *d'appel a privé sa décision de base légale*. Pour justifier sa décision, l'arrêt attaqué retient encore que la publicité repose uniquement sur des produits sélectionnés par la société Auchan elle-même mais en se déterminant ainsi, par un motif impropre à caractériser l'absence de condition d'objectivité, la cour d'appel a également privé sa décision de base légale (■ Cass. com., 12 avr. 2016, n° 13-28.217). Sur la possibilité de comparer des produits faisant l'objet de services différents, V. ■ Paris, 3 sept. 2014, n° 10/23880 : *Lettre distrib.* 2014/11, p. 6, obs. M.-P. Bonnet-Desplan).

5) Produits alimentaires. L'article 3 *bis*, § 1, sous *b)* de la directive n° 84/450/CEE du Conseil, du 10 septembre 1984, en matière de publicité trompeuse et de publicité comparative doit être interprété en ce sens que la seule circonstance que les produits alimentaires diffèrent quant à leur comestibilité et quant au plaisir qu'ils procurent au consommateur, en fonction des conditions et du lieu de leur fabrication, de leurs ingrédients et de l'identité de leur fabricant, n'est pas de nature à exclure que la comparaison de tels produits puisse satisfaire à l'exigence édictée par ladite disposition et voulant que ceux-ci répondent aux mêmes besoins ou aient le même objectif, c'est-à-dire qu'ils présentent entre eux un degré d'interchangeabilité suffisant.

L'article 3 *bis*, § 1, sous *a)* de la même directive doit être interprété en ce sens qu'une publicité telle que celle en cause au principal peut revêtir un caractère trompeur, notamment :

– s'il est constaté, eu égard à toutes les circonstances pertinentes du cas d'espèce, et notamment aux indications ou aux omissions dont s'accompagne cette publicité, que la décision d'achat d'un nombre significatif de consommateurs auxquels elle s'adresse est susceptible d'être prise dans la croyance erronée que la sélection de produits opérée par l'annonceur est représentative du niveau général des prix de ce dernier par rapport à celui pratiqué par son concurrent, et que, dès lors, ces consommateurs réaliseront des économies de l'ordre vanté par ladite publicité en effectuant régulièrement leurs achats de biens de consommation courante auprès de l'annonceur plutôt qu'auprès dudit concurrent, ou encore dans la croyance erronée que tous les produits de l'annonceur sont moins chers que ceux de son concurrent ; ou

– s'il est constaté que, aux fins d'une comparaison effectuée sous l'angle exclusif du prix, ont été sélectionnés des produits alimentaires qui présentent pourtant des différences de nature à conditionner de manière sensible le choix du consommateur moyen, sans que lesdites différences ressortent de la publicité concernée.

L'article 3 *bis*, § 1, sous *c)* de la directive n° 84/450, telle que modifiée par la directive n° 97/55, doit être interprété en ce sens que la condition de vérifiabilité qu'énonce ladite disposition exige, s'agissant d'une publicité telle que celle en cause au principal qui compare les prix de deux assortiments de biens, que les biens en question puissent être précisément identifiés sur la base des informations contenues dans ladite publicité (■ CJUE, 18 nov. 2010, aff. C-159/09 : *JCP* E 2010, act. 637).

6) Médicaments génériques. En présentant une spécialité pharmaceutique comme le générique d'un médicament d'une autre marque, le laboratoire poursuivi par son concurrent informait le public que cette spécialité avait la même composition qualitative et quantitative en principe actif, la même forme pharmaceutique que la spécialité de référence, et que sa bioéquivalence avec cette spécialité était démontrée, ce dont il résulte qu'elle procédait à une comparaison de caractéristiques essentielles, pertinentes, vérifiables et représentatives de ces produits (■ Cass. com., 26 mars 2008, n° 06-18.366 : *JurisData* n° 2008-043352 ; *Bull.* IV, n° 71, *D.* 2008, p. 1524, note J. Azéma). Pour dire qu'un laboratoire a commis des actes de contrefaçon, après avoir rappelé qu'aux termes de l'article L. 121-8 du Code de la consommation [devenu L. 122-1], pour être licite, la publicité comparative doit comparer objectivement une ou plusieurs caractéristiques essentielles, pertinentes, vérifiables et représentatives de biens ou services, l'arrêt constate que les brochures publicitaires en cause, si elles citent la marque Mopral, ne la comparent pas à l'Oméprazole GNR 20 mg ; qu'il relève que cela est logique puisque la spécialité générique, selon l'article L. 5121-1-5° du Code de la santé publique, a la même composition qualitative et quantitative en principe actif, la même forme pharmaceutique et que la bioéquivalence avec la spécialité de référence est démontrée par les études de biodisponibilité appropriées. En statuant ainsi, alors qu'en présentant la spécialité Oméprazole GNR 20 mg comme le générique du Mopral 20 mg, la société Sandoz informait le public que cette spécialité avait la même composition qualitative et quantitative en principe actif, la même forme pharmaceutique que la spécialité de référence, et que sa bioéquivalence avec cette spécialité était démontrée, ce dont il résulte qu'elle procédait à une comparaison de caractéristiques essentielles, pertinentes, vérifiables et représentatives de ces produits, la cour d'appel a violé les textes susvisés (■ Cass. com., 7 juill. 2009, n° 08-11.660 : *Contrats, conc. consom.* 2009, comm. 279, obs. G. Raymond). Pour dire qu'une société ne pouvait se prévaloir des dispositions de l'article L. 713-6 *b)* du Code de la propriété intellectuelle et avait commis des actes de contrefaçon en reproduisant et en faisant usage de la marque « Deroxat », l'arrêt attaqué, après avoir décidé qu'il convenait de rechercher si la publicité incriminée, licite au regard des textes sur la publicité comparative, l'était également au regard de l'article L. 713-6 du Code de la propriété intellectuelle, retient que si la mention de la marque est une solution de facilité et de commodité, elle n'est cependant pas une référence nécessaire puisqu'il existe pour le public concerné d'autres moyens d'identifier la destination du générique. En statuant ainsi, alors que la Cour de justice de l'Union européenne a dit pour droit dans son arrêt du 12 juin 2008 (aff. C-533/06, *02 Holdings Limited et al. c/ Hutchison 3G UK Limited*) que les articles 5, paragraphes 1 et 2, de la première directive 89/104/CEE du Conseil, du 21 décembre 1988, rapprochant les législations des États membres sur les marques, et 3 *bis*, paragraphe 1, de la directive 84/450/CEE du Conseil, du 10 septembre 1984, en matière de publicité trompeuse et de publicité comparative, telle que modifiée par la directive 97/55/CE du Parlement européen et du Conseil, du 6 octobre 1997, doivent être interprétés en ce sens que le titulaire d'une marque enregistrée n'est pashabilité à interdire l'usage, par un tiers, dans une publicité comparative qui satisfait à toutes les conditions de licéité énoncées audit article 3 *bis*, paragraphe 1, d'un signe identique ou similaire à sa marque, la cour d'appel a violé les textes susvisés (■ Cass. com., 24 mai 2011, n° 09-70.722, à paraître au *Bull.*).

7) Services de radiophonie. Pour rejeter la demande d'une société radiophonique en condamnation d'une société concurrente s'étend prétendue première radio de France, l'arrêt attaqué relève que la caractéristique essentielle visée dans les annonces litigieuses était la place de première radio dans deux tranches d'âge définies, telle qu'elle ressort des résultats d'une enquête Médiamétrie, et non le nombre d'auditeurs. En se déterminant ainsi, sans rechercher si la comparaison entre les services radiophoniques fournis par les deux sociétés, découlant de l'énoncé selon lequel la radio constitue la première de France dans les deux tranches d'âge d'auditeurs considérées, reposait sur des critères appropriés, c'est-à-dire sur des caractéristiques à la fois essentielles, pertinentes, vérifiables et représentatives des services concernés et, en se fondant sur des motifs impropres à caractériser l'existence d'un constat objectif, la cour d'appel a privé sa décision de base légale (■ Cass. com., 18 déc. 2007, n° 05-19.066 : *JurisData* n° 2007-041999 ; *Bull.* IV, n° 269 ; *Rev. Lamy dr. aff.* 2008, n° 24, p. 57, note C. Anadon).

8) Produits cosmétiques. Constitue une publicité comparative illicite le fait, pour les sociétés distributeurs de produits cosmétiques de grandes marques de luxe, vendant des produits dits « food », de faire valoir qu'elles vendent au prix le plus bas, alors qu'elles proposent ces produits dits « food » à des prix plus élevés que ceux des magasins de grande surface. Par une politique publicitaire simpliste, elles tentent de faire admettre aux consommateurs l'idée qu'elles vendent tous leurs produits à des prix moins chers que ceux de leurs concurrents de la place, alors qu'elles développent par ailleurs une « garantie de prix bas » par laquelle elles font reposer, sur leurs clients, l'obligation qu'elles se sont imposées à elles-mêmes publiquement, d'assurer le prix le plus bas sur leurs produits. Ces pratiques publicitaires trompeuses sont incontestablement déloyales à l'égard de leurs concurrents directs, et ont pour but de détourner, avec de faux arguments, la clientèle qui leur est commune (▪ Cass. com., 1er juill. 2003, n° 99-17.183 : *JurisData* n° 2003-019866 ; *Bull.* IV, n° 115).

Art. L. 122-2 *(Ord. n° 2016-301, 14 mars 2016).* – **La publicité comparative ne peut :**

1° Tirer indûment profit de la notoriété attachée à une marque *(Mots rempl., Ord. n° 2019-1169, 13 nov. 2019)* **« de produits ou de services », à un nom commercial, à d'autres signes distinctifs d'un concurrent ou à l'appellation d'origine ainsi qu'à l'indication géographique protégée d'un produit concurrent ;**

2° Entraîner le discrédit ou le dénigrement des marques, noms commerciaux, autres signes distinctifs, biens, services, activité ou situation d'un concurrent ;

3° Engendrer de confusion entre l'annonceur et un concurrent ou entre les marques, noms commerciaux, autres signes distinctifs, biens ou services de l'annonceur et ceux d'un concurrent ;

4° Présenter des biens ou des services comme une imitation ou une reproduction d'un bien ou d'un service bénéficiant d'une marque ou d'un nom commercial protégé.

Discrédit ou dénigrement. La publicité qui met exclusivement en avant une caractéristique négative du produit d'un concurrent, en l'espèce un fabricant de capsules de café, dans des conditions de nature à jeter le discrédit sur celui-ci, contrevient à l'article L. 121-9, 2° du Code de la consommation [devenu L. 122-2, 2°]. La publicité litigieuse représentait, d'un côté, des capsules de café percées, tordues ou écrasées avec le slogan « faites du goût pas de déchets » et de l'autre la cafetière concurrente avec le slogan « assurément la meilleure façon de faire du café » (▪ Cass. com., 25 sept. 2012, n° 11-21.266 : *Contrats, conc. consom.* 2012/12, comm. 290, note G. Raymond ; et sur renvoi ▪ Versailles, 19 sept. 2013, n° 12-07604 : *Lettre distrib.* 2013/12). Doit être cassé l'arrêt qui déclare dénigrante la publicité comparative utilisant le slogan « Une preuve de plus qu'Auchan est moins cher » après avoir relevé que la véracité de la publicité comparative dont le slogan véhicule l'idée que les magasins exploités par les sociétés Carrefour pratiquent des prix nettement, voire très supérieurs à ceux de la société Auchan, n'est ni démontrée ni vérifiable par les consommateurs dès lors qu'en se déterminant ainsi par un motif inopérant, la cour d'appel a privé sa décision de base légale (▪ Cass. com., 12 avr. 2016, n° 13-28.217). Mais le seul fait de comparer des prix, qui relève de la nature même de la publicité comparative, ne caractérise pas un dénigrement (▪ Cass. com., 8 nov. 2017, n° 16-15.162).

Art. L. 122-3 *(Ord. n° 2016-301, 14 mars 2016).* – **Pour les produits bénéficiant d'une appellation d'origine ou d'une indication géographique protégée, la comparaison n'est autorisée qu'entre des produits bénéficiant chacun de la même appellation ou de la même indication.**

Art. L. 122-4 *(Ord. n° 2016-301, 14 mars 2016).* – **Est interdit le fait de faire figurer des annonces comparatives telles que définies aux articles L. 122-1 et L. 122-2 sur des emballages, des factures, des titres de transport, des moyens de paiement ou des billets d'accès à des spectacles ou à des lieux ouverts au public.**

Art. L. 122-5 *(Ord. n° 2016-301, 14 mars 2016).* – **L'annonceur pour le compte duquel la publicité comparative est diffusée doit être en mesure de prouver dans un bref délai l'exactitude matérielle des énonciations, indications et présentations contenues dans la publicité.**

Art. L. 122-6 *(Ord. n° 2016-301, 14 mars 2016).* – **Les insertions réalisées dans la presse pour une publicité définie aux articles L. 122-1 et L. 122-2 ne donnent pas lieu au droit de réponse tel qu'il est défini par l'article 13 de la loi du 29 juillet 1881 sur la liberté de la presse et l'article 6 de la loi n° 82-652 du 29 juillet 1982 sur la communication audiovisuelle.**

Art. L. 122-7 *(Ord. n° 2016-301, 14 mars 2016).* – **Les modalités d'application des articles L. 122-1 à L. 122-6 sont précisées par décret en Conseil d'État.**

Section II. – Offres et opérations promotionnelles proposées par voie électronique

Art. L. 122-8 *(Ord. n° 2016-301, 14 mars 2016)*. – **Les publicités et notamment les offres promotionnelles, telles que les rabais, les primes ou les cadeaux, ainsi que les concours ou les jeux promotionnels, adressés par courrier électronique, doivent pouvoir être identifiés de manière claire et non équivoque dès leur réception par leur destinataire ou, en cas d'impossibilité technique, dans le corps du message.**

Ces messages indiquent une adresse ou moyen électronique permettant effectivement au destinataire de transmettre une demande visant à obtenir que ces publicités cessent.

Art. L. 122-9 *(Ord. n° 2016-301, 14 mars 2016)*. – **Les conditions auxquelles sont soumises la possibilité de bénéficier d'offres promotionnelles ainsi que celle de participer à des concours ou à des jeux promotionnels, lorsque ces offres, concours ou jeux sont proposés par voie électronique, sont clairement précisées et aisément accessibles.**

Art. L. 122-10 *(Ord. n° 2016-301, 14 mars 2016)*. – **Les dispositions des articles L. 122-8 et L. 122-9 sont applicables aux publicités, offres, concours ou jeux à destination des professionnels.**

[...]

Titre III. – Sanctions

[...]

Chapitre II. – Pratiques commerciales interdites et pratiques commerciales réglementées

Section I. – Pratiques commerciales interdites

Sous-section 1. – Pratiques commerciales trompeuses

Art. L. 132-1 *(Ord. n° 2016-301, 14 mars 2016)*. – **Le délit de pratique commerciale trompeuse défini aux articles L. 121-2 à L. 121-4 est constitué dès lors que la pratique est mise en œuvre ou qu'elle produit ses effets en France.**

Art. L. 132-2 *(Ord. n° 2016-301, 14 mars 2016 ; mod., L. n° 2021-1104, 22 août 2021)*. – **Les pratiques commerciales trompeuses mentionnées aux articles L. 121-2 à L. 121-4 sont punies d'un emprisonnement de deux ans et d'une amende de 300 000 euros.**

Le montant de l'amende peut être porté, de manière proportionnée aux avantages tirés du délit, à 10 % du chiffre d'affaires moyen annuel, calculé sur les trois derniers chiffres d'affaires annuels connus à la date des faits, ou à 50 % des dépenses engagées pour la réalisation de la publicité ou de la pratique constituant ce délit. Ce taux est porté à 80 % dans le cas des pratiques commerciales trompeuses mentionnées aux b et e du 2° de l'article L. 121-2 lorsqu'elles reposent sur des allégations en matière environnementale.

Art. L. 132-3 *(Ord. n° 2016-301, 14 mars 2016)*. – **Les personnes physiques coupables du délit puni à l'article L. 132-2 encourent également à titre de peines complémentaires l'interdiction, suivant les modalités prévues à l'article 131-27 du Code pénal, soit d'exercer une fonction publique ou d'exercer l'activité professionnelle ou sociale dans l'exercice ou à l'occasion de l'exercice de laquelle l'infraction a été commise, soit d'exercer une profession commerciale ou industrielle, de diriger, d'administrer, de gérer ou de contrôler à un titre quelconque, directement ou indirectement, pour leur propre compte ou pour le compte d'autrui, une entreprise commerciale ou industrielle ou une société commerciale.**

Ces interdictions d'exercice ne peuvent excéder une durée de cinq ans. Elles peuvent être prononcées cumulativement.

Les personnes morales déclarées responsables pénalement, dans les conditions prévues à l'article 121-2 du Code pénal, du délit puni à l'article L. 132-2 encourent, outre l'amende suivant les modalités prévues à l'article 131-38 du Code pénal, les peines prévues aux 2° à 9° de l'article 131-39 du même code.

L'interdiction mentionnée au 2° du même article 131-39 porte sur l'activité dans l'exercice ou à l'occasion de l'exercice de laquelle l'infraction a été commise. Les peines prévues aux 2° à 7° de cet article ne peuvent être prononcées que pour une durée de cinq ans au plus.

Art. L. 132-4 *(Ord. n° 2016-301, 14 mars 2016).* – En cas de condamnation, le tribunal *(Mots rempl., L. n° 2018-938, 30 oct. 2018)* « ordonne », par tous moyens appropriés, l'affichage ou la diffusion de l'intégralité ou d'une partie de la décision ou d'un communiqué informant le public des motifs et du dispositif de celle-ci. Il peut, de plus, ordonner la diffusion, aux frais de la personne condamnée, d'une ou de plusieurs annonces rectificatives.

Le jugement fixe les termes de ces annonces et les modalités de leur diffusion et impartit à la personne condamnée un délai pour y faire procéder.

En cas de carence, il est procédé à cette diffusion à la diligence du ministère public aux frais de la personne condamnée.

Art. L. 132-5 *(Ord. n° 2016-301, 14 mars 2016).* – Le défaut d'exécution dans le délai imparti des annonces rectificatives prévues à l'article L. 132-4 est puni d'un emprisonnement de deux ans et d'une amende de 300 000 euros.

Art. L. 132-6 *(Ord. n° 2016-301, 14 mars 2016).* – Pour l'application des articles L. 132-2 et L. 132-3 le tribunal peut demander tant aux parties qu'à l'annonceur la communication de tous documents utiles.

En cas de refus, il peut ordonner la saisie de ces documents ou toute mesure d'instruction appropriée.

Il peut en outre prononcer une astreinte pouvant atteindre 4 500 euros par jour de retard à compter de la date qu'il a retenue pour la production de ces documents.

Art. L. 132-7 *(Ord. n° 2016-301, 14 mars 2016).* – Le refus de communication des éléments de justification ou des publicités diffusées dans les conditions prévues à l'article L. 132-6 est puni d'un emprisonnement de deux ans et d'une amende de 300 000 euros.

Art. L. 132-8 *(Ord. n° 2016-301, 14 mars 2016).* – La cessation de la pratique commerciale trompeuse peut être ordonnée par le juge d'instruction ou par le tribunal saisi des poursuites, soit sur réquisition du ministère public, soit d'office. La mesure ainsi prise est exécutoire nonobstant toutes voies de recours. Mainlevée peut en être donnée par la juridiction qui l'a ordonnée ou qui est saisie du dossier. La mesure cesse d'avoir effet en cas de décision de non-lieu ou de relaxe.

Les décisions statuant sur les demandes de mainlevée peuvent faire l'objet d'un recours devant la chambre de l'instruction ou devant la cour d'appel selon qu'elles ont été prononcées par un juge d'instruction ou par le tribunal saisi des poursuites.

La chambre de l'instruction ou la cour d'appel statue dans un délai de dix jours à compter de la réception des pièces.

Art. L. 132-9 *(Ord. n° 2016-301, 14 mars 2016).* – L'inobservation de la décision du juge ordonnant la cessation de la pratique commerciale trompeuse est punie d'un emprisonnement de deux ans et d'une amende de 300 000 euros.

Sous-section 2. – Pratiques commerciales agressives

Paragraphe 1. – Sanctions civiles

Art. L. 132-10 *(Ord. n° 2016-301, 14 mars 2016).* – Le contrat conclu à la suite d'une pratique commerciale agressive mentionnée aux articles L. 121-6 et L. 121-7 est nul et de nul effet.

Paragraphe 2. – Sanctions pénales

Art. L. 132-11 *(Ord. n° 2016-301, 14 mars 2016).* – Les pratiques commerciales agressives mentionnées aux articles L. 121-6 et L. 121-7 sont punies d'un emprisonnement de deux ans et d'une amende de 300 000 euros.

Le montant de l'amende peut être porté, de manière proportionnée aux avantages tirés du délit, à 10 % du chiffre d'affaires moyen annuel, calculé sur les trois derniers chiffres d'affaires annuels connus à la date des faits.

(Al. créé, L. n° 2018-938, 30 oct. 2018) « En cas de condamnation, le tribunal ordonne, par tous moyens appropriés, l'affichage ou la diffusion de l'intégralité ou d'une partie de la décision ou d'un communiqué informant le public des motifs et du dispositif de celle-ci. »

Art. L. 132-12 *(Ord. n° 2016-301, 14 mars 2016)*. – Les personnes physiques coupables du délit puni à l'article L. 132-11 encourent une interdiction, pour une durée de cinq ans au plus, d'exercer directement ou indirectement une activité commerciale.

Les personnes morales déclarées pénalement responsables dans les conditions prévues à l'article 121-2 du Code pénal, du délit puni à l'article L. 132-11 encourent, outre l'amende suivant les modalités prévues à l'article 131-38 du Code pénal, les peines prévues aux 2° à 9° de l'article 131-39 du même code.

L'interdiction mentionnée au 2° du même article 131-39 porte sur l'activité dans l'exercice ou à l'occasion de l'exercice de laquelle l'infraction a été commise. Les peines prévues aux 2° à 7° de cet article ne peuvent être prononcées que pour une durée de cinq ans au plus.

Sous-section 3. – Abus de faiblesse

Paragraphe 1. – Sanctions civiles

Art. L. 132-13 *(Ord. n° 2016-301, 14 mars 2016)*. – Le contrat conclu à la suite d'un abus de faiblesse est nul et de nul effet.

Paragraphe 2. – Sanctions pénales

Art. L. 132-14 *(Ord. n° 2016-301, 14 mars 2016)*. – Le fait d'abuser de la faiblesse ou de l'ignorance d'une personne au sens des articles L. 121-8 à L. 121-10 est puni d'un emprisonnement de trois ans et d'une amende de 375 000 euros.

Le montant de l'amende peut être porté, de manière proportionnée aux avantages tirés du délit, à 10 % du chiffre d'affaires moyen annuel, calculé sur les trois derniers chiffres d'affaires annuels connus à la date des faits.

Art. L. 132-15 *(Ord. n° 2016-301, 14 mars 2016)*. – Les personnes physiques coupables du délit puni à l'article L. 132-14 encourent également à titre de peines complémentaires l'interdiction, suivant les modalités prévues à l'article 131-27 du Code pénal, soit d'exercer une fonction publique ou d'exercer l'activité professionnelle ou sociale dans l'exercice ou à l'occasion de l'exercice de laquelle l'infraction a été commise, soit d'exercer une profession commerciale ou industrielle, de diriger, d'administrer, de gérer ou de contrôler à un titre quelconque, directement ou indirectement, pour leur propre compte ou pour le compte d'autrui, une entreprise commerciale ou industrielle ou une société commerciale.

Ces interdictions d'exercice ne peuvent excéder une durée de cinq ans. Elles peuvent être prononcées cumulativement.

Les personnes morales déclarées responsables pénalement, dans les conditions prévues à l'article 121-2 du Code pénal, du délit puni à l'article L. 132-14 encourent, outre l'amende suivant les modalités prévues à l'article 131-38 du Code pénal, les peines prévues aux 2° à 9° de l'article 131-39 du même code.

L'interdiction mentionnée au 2° du même article 131-39 porte sur l'activité dans l'exercice ou à l'occasion de l'exercice de laquelle l'infraction a été commise. Les peines prévues aux 2° à 7° de cet article ne peuvent être prononcées que pour une durée de cinq ans au plus.

Sous-section 4. – Vente et prestation de services sans commande préalable

Paragraphe 1. – Sanctions civiles

Art. L. 132-16 *(Ord. n° 2016-301, 14 mars 2016)*. – Tout contrat conclu à la suite d'une pratique commerciale illicite mentionnée à l'article L. 121-12 est nul et de nul effet.

Le professionnel doit, en outre, restituer les sommes qu'il aurait indûment perçues sans engagement exprès et préalable du consommateur. Ces sommes sont productives d'intérêts au taux légal à compter de la date du paiement indu et d'intérêts au taux légal majoré de moitié à compter de la demande de remboursement faite par le consommateur.

Paragraphe 2. – Sanctions pénales

Art. L. 132-17 *(Ord. n° 2016-301, 14 mars 2016)*. – La violation de l'interdiction mentionnée à l'article L. 121-12 est punie d'un emprisonnement de deux ans et d'une amende de 300 000 euros.

Le montant de l'amende peut être porté, de manière proportionnée aux avantages tirés du délit, à 10 % du chiffre d'affaires moyen annuel, calculé sur les trois derniers chiffres d'affaires annuels connus à la date des faits.

Art. L. 132-18 *(Ord. n° 2016-301, 14 mars 2016)*. – Les personnes physiques coupables du délit puni à l'article L. 132-17 encourent une interdiction, pour une durée de cinq ans au plus, d'exercer directement ou indirectement une activité commerciale.

Les personnes morales déclarées pénalement responsables, dans les conditions prévues à l'article 121-2 du Code pénal, du délit puni à l'article L. 132-17 encourent, outre l'amende suivant les modalités prévues à l'article 131-38 du Code pénal, les peines prévues aux 2° à 9° de l'article 131-39 du même code.

L'interdiction mentionnée au 2° du même article 131-39 porte sur l'activité dans l'exercice ou à l'occasion de l'exercice de laquelle l'infraction a été commise. Les peines prévues aux 2° à 7° de cet article ne peuvent être prononcées que pour une durée de cinq ans au plus.

Sous-section 5. – Vente et ou prestation « à la boule de neige »

Art. L. 132-19 *(Ord. n° 2016-301, 14 mars 2016)*. – Le fait de procéder à une vente ou une prestation « à la boule de neige » ou tout procédé analogue défini aux 1° et 2° de l'article L. 121-15 est puni d'un emprisonnement de deux ans et d'une amende de 300 000 euros.

Le montant de l'amende peut être porté, de manière proportionnée aux avantages tirés du délit, à 10 % du chiffre d'affaires moyen annuel, calculé sur les trois derniers chiffres d'affaires annuels connus à la date des faits.

Art. L. 132-20 *(Ord. n° 2016-301, 14 mars 2016)*. – Les personnes physiques coupables du délit puni à l'article L. 132-19 encourent également à titre de peines complémentaires l'interdiction, suivant les modalités prévues à l'article 131-27 du Code pénal, soit d'exercer une fonction publique ou d'exercer l'activité professionnelle ou sociale dans l'exercice ou à l'occasion de l'exercice de laquelle l'infraction a été commise, soit d'exercer une profession commerciale ou industrielle, de diriger, d'administrer, de gérer ou de contrôler à un titre quelconque, directement ou indirectement, pour leur propre compte ou pour le compte d'autrui, une entreprise commerciale ou industrielle ou une société commerciale.

Ces interdictions d'exercice ne peuvent excéder une durée de cinq ans. Elles peuvent être prononcées cumulativement.

Les personnes morales déclarées responsables pénalement, dans les conditions prévues à l'article 121-2 du Code pénal, du délit puni à l'article L. 132-19 encourent, outre l'amende suivant les modalités prévues à l'article 131-38 du Code pénal, les peines prévues aux 2° à 9° de l'article 131-39 du même code.

L'interdiction mentionnée au 2° du même article 131-39 porte sur l'activité dans l'exercice ou à l'occasion de l'exercice de laquelle l'infraction a été commise. Les peines prévues aux 2° à 7° de cet article ne peuvent être prononcées que pour une durée de cinq ans au plus.

Peine de confiscation. Encourt la cassation pour violation de l'article 112-1 du Code pénal et du principe suivant lequel seules peuvent être prononcées les peines légalement applicables à la date à laquelle les faits constitutifs d'une infraction ont été commis l'arrêt qui prononce une peine de confiscation pour des faits commis antérieurement à l'entrée en vigueur de la loi n° 2014-344 du 17 mars 2014 alors qu'à cette époque l'article L. 122-7 du Code de la consommation alors applicable, qui ne contenait pas de disposition relative à la peine de confiscation, prévoyait une peine d'emprisonnement d'une durée maximum d'un an pour les faits visés à l'article L. 122-6, 2°, du même code et alors que la peine de confiscation prévue à l'article 131-21 du Code pénal n'est encourue, sauf disposition expresse, que pour les crimes et pour les délits punis d'une peine d'emprisonnement d'une durée supérieure à un an (■ Cass. crim., 6 avr. 2016, n° 15-81.206 : à paraître au *Bull.* ; *Contrats, conc. consom.* 2016/6, comm. 156, obs. S. Bernheim-Desvaux).

Sous-section 6. – Numéro téléphonique surtaxé

Art. L. 132-21 *(Ord. n° 2016-301, 14 mars 2016)*. – Tout manquement aux obligations relatives au numéro de téléphone d'assistance au consommateur mentionnées à l'article L. 121-16 est passible d'une amende administrative dont le montant ne peut excéder 3 000 euros pour une personne physique et 15 000 euros pour une personne morale.

Cette amende est prononcée dans les conditions prévues au chapitre II du titre II du livre V.

Sous-section 7. – Paiement supplémentaire sans consentement exprès

Art. L. 132-22 *(Ord. n° 2016-301, 14 mars 2016).* – Tout manquement à l'obligation de recueil du consentement exprès du consommateur dans les conditions prévues à l'article L. 121-17 est passible d'une amende administrative dont le montant ne peut excéder 3 000 euros pour une personne physique et 15 000 euros pour une personne morale.

Cette amende est prononcée dans les conditions prévues au chapitre II du titre II du livre V.

Sous-section 8. – Frais de recouvrement

Art. L. 132-23 *(Ord. n° 2016-301, 14 mars 2016).* – La violation de l'interdiction relative aux frais de recouvrement mentionnée à l'article L. 121-21 est punie d'un emprisonnement de deux ans et d'une amende de 300 000 euros.

Le montant de l'amende peut être porté, de manière proportionnée aux avantages tirés du délit, à 10 % du chiffre d'affaires moyen annuel, calculé sur les trois derniers chiffres d'affaires annuels connus à la date des faits.

Sous-section 9. – Publicité portant sur des opérations commerciales réglementées

Art. L. 132-24 *(Ord. n° 2016-301, 14 mars 2016).* – Le fait pour tout annonceur de diffuser ou faire diffuser une publicité interdite dans les conditions prévues à l'article L. 121-22 est passible d'une amende administrative dont le montant ne peut excéder 15 000 euros pour une personne physique et 75 000 euros pour une personne morale.

Cette amende est prononcée dans les conditions prévues au chapitre II du titre II du livre V.

Sous-section 10. – Blocage géographique injustifié

Art. L. 132-24-1 *(Créé, L. n° 2020-1508, 3 déc. 2020).* – Est passible d'une amende administrative, dont le montant ne peut excéder 15 000 euros pour une personne physique et 75 000 euros pour une personne morale, tout manquement aux dispositions du règlement (UE) 2018/302 du Parlement européen et du Conseil du 28 février 2018 visant à contrer le blocage géographique injustifié et d'autres formes de discrimination fondée sur la nationalité, le lieu de résidence ou le lieu d'établissement des clients dans le marché intérieur, et modifiant les règlements (CE) n° 2006/2004 et (UE) 2017/2394 et la directive 2009/22/ CE, constitué par le fait :

1° De bloquer ou de limiter l'accès d'un client à une interface en ligne ou de le rediriger sans son consentement vers une version différente de l'interface à laquelle il a initialement voulu accéder en violation des interdictions prévues à l'article 3 du même règlement ;

2° D'appliquer des conditions générales d'accès aux biens et aux services en méconnaissance de l'article 4 dudit règlement ;

3° D'appliquer des conditions de paiement discriminatoires en violation de l'article 5 du même règlement.

Cette amende est prononcée dans les conditions prévues au chapitre II du titre II du livre V du présent code.

Art. L. 132-24-2 *(Créé, L. n° 2020-1508, 3 déc. 2020).* – Le fait pour tout professionnel de méconnaître les interdictions prévues aux 1° à 3° de l'article L. 121-23 est passible d'une amende administrative dont le montant ne peut excéder 15 000 euros pour une personne physique et 75 000 euros pour une personne morale.

Cette amende est prononcée dans les conditions prévues au chapitre II du titre II du livre V.

Section II. – Pratiques commerciales réglementées

Sous-section 1. – Publicité comparative

Art. L. 132-25 *(Ord. n° 2016-301, 14 mars 2016).* – Les infractions aux dispositions des articles L. 122-1 à L. 122-5 sont, le cas échéant, punies des peines prévues, d'une part, aux articles L. 132-2 à L. 132-9, d'autre part, aux articles L. 716-9 et L. 716-12 du Code de la propriété intellectuelle.

Sous-section 2. – Offres et opérations promotionnelles proposées par voie électronique

Art. L. 132-26 *(Ord. n° 2016-301, 14 mars 2016)*. **– Tout manquement aux obligations mentionnées aux articles L. 122-8 et L. 122-9 relatives aux offres et opérations promotionnelles par voie électronique est passible d'une amende administrative dont le montant ne peut excéder 3 000 euros pour une personne physique et 15 000 euros pour une personne morale.**

Cette amende est prononcée dans les conditions prévues au chapitre II du titre II du livre V.

[...]

Livre II. – Formation et exécution des contrats

[...]

Titre II. – Règles de formation et d'exécution de certains contrats

Chapitre I. – Contrats conclus à distance et hors établissement

NB : Les nouvelles règles issues de la loi relative à la consommation du 17 mars 2014, recodifiées à droit constant par l'ordonnance n° 2016-301 du 14 mars 2016, s'appliquent aux contrats conclus à compter du 13 juin 2014. Les anciennes dispositions et la jurisprudence y afférente sont reprises p. 2099.

Bibliographie : S. Piedelièvre, *La loi du 17 mars 2014 relative à la consommation : JCP* E 2014, n° 14, 1176. • G. Raymond, *Contrats conclus à distance ou hors établissement : Contrats, conc. consom.* 2014/5, dossier 6. • N. Rzepecki, *Le renforcement de la protection pour les contrats conclus à distance et hors établissement : Gaz. Pal.* 24 avr. 2014, n° spécial 114, p. 15.

Section I. – Définition et champ d'application

Art. L. 221-1 *(Ord. n° 2016-301, 14 mars 2016)*. **– I. – Pour l'application du présent titre, sont considérés comme :**

1° Contrat à distance : tout contrat conclu entre un professionnel et un consommateur, dans le cadre d'un système organisé de vente ou de prestation de services à distance, sans la présence physique simultanée du professionnel et du consommateur, par le recours exclusif à une ou plusieurs techniques de communication à distance jusqu'à la conclusion du contrat ;

2° Contrat hors établissement : tout contrat conclu entre un professionnel et un consommateur :

***a)* Dans un lieu qui n'est pas celui où le professionnel exerce son activité en permanence ou de manière habituelle, en la présence physique simultanée des parties, y compris à la suite d'une sollicitation ou d'une offre faite par le consommateur ;**

***b)* Ou dans le lieu où le professionnel exerce son activité en permanence ou de manière habituelle ou au moyen d'une technique de communication à distance, immédiatement après que le consommateur a été sollicité personnellement et individuellement dans un lieu différent de celui où le professionnel exerce en permanence ou de manière habituelle son activité et où les parties étaient, physiquement et simultanément, présentes ;**

***c)* Ou pendant une excursion organisée par le professionnel ayant pour but ou pour effet de promouvoir et de vendre des biens ou des services au consommateur ;**

3° Support durable : pour l'application du chapitre Ier du présent titre, tout instrument permettant au consommateur ou au professionnel de stocker des informations qui lui sont adressées personnellement afin de pouvoir s'y reporter ultérieurement pendant un laps de temps adapté aux fins auxquelles les informations sont destinées et qui permet la reproduction à l'identique des informations stockées ;

4° Contenu numérique : des données produites et fournies sous forme numérique.

II. – Les dispositions du présent titre s'appliquent aux contrats portant sur la vente d'un ou plusieurs biens, au sens de l'article 528 du Code civil, et au contrat en vertu duquel le professionnel fournit ou s'engage à fournir un service au consommateur en contrepartie duquel le consommateur en paie ou s'engage à en payer le prix. Le contrat ayant pour objet à la fois la fourniture de prestation de services et la livraison de biens est assimilé à un contrat de vente.

Foire. Un stand tenu par un professionnel sur une foire commerciale, sur lequel il exerce ses activités quelques jours par an, est un établissement commercial, au sens de la directive 2011/83/UE du 25 octobre 2011 relative aux droits des consommateurs, si, au regard de l'ensemble des circonstances de fait qui entourent ces activités, et notamment de l'apparence de ce stand et des informations relayées dans les locaux de la foire elle-même, un consommateur normalement informé et raisonnablement attentif et avisé pouvait raisonnablement s'attendre à ce que ce professionnel y exerce ses activités (■ CJUE, 7 août 2018, aff. C-485/17 : *Contrats, conc. consom.* 2019, chron. 3, n° 18, obs. C. Aubert de Vincelles et *Contrats, conc. consom.* 2018, comm. 186, obs. S. Bernheim-Desvaux). Les étals dans les marchés et les stands sur les foires doivent être considérés comme des établissements commerciaux s'ils servent de siège d'activité permanent ou habituel au professionnel. Néanmoins, le consommateur peut bénéficier du droit de rétractation s'il a été sollicité par le professionnel dans l'allée de l'un des halls d'exposition de cette foire, devant le stand de vente (■ CJUE, ord., 17 déc. 2019, aff. C-465/19, *B & L Elektrogeräte GmbH c/ GC* : *Contrats, conc. consomm.* n° 4, avr. 2020, comm. 73).

Art. L. 221-2 *(Ord. n° 2016-301, 14 mars 2016)*. – **Sont exclus du champ d'application du présent chapitre :**

1° Les contrats portant sur les services sociaux, y compris le logement social, l'aide à l'enfance et aux familles, à l'exception des services à la personne mentionnés à l'article L. 7231-1 du Code du travail ;

2° Les contrats portant sur les services de santé fournis par des professionnels de la santé aux patients pour évaluer, maintenir ou rétablir leur état de santé, y compris la prescription, la délivrance et la fourniture de médicaments et de dispositifs médicaux ;

3° Les contrats portant sur les *(Mots rempl., Ord. n° 2019-1015, 2 oct. 2019)* **« jeux d'argent et hasard mentionnés à l'article L. 320-6 du Code de la sécurité intérieure » et les transactions portant sur des paris ;**

4° Les contrats portant sur les services financiers ;

5° Les contrats portant sur un forfait touristique, au sens de l'article L. 211-2 du Code du tourisme ;

6° Les contrats portant sur les contrats d'utilisation de biens à temps partagé, les contrats de produits de vacances à long terme et les contrats de revente et d'échange mentionnés aux articles L. 224-69 et L. 224-70 ;

7° Les contrats rédigés par un officier public ;

8° Les contrats portant sur la fourniture de denrées alimentaires, de boissons ou d'autres biens ménagers de consommation courante, qui sont livrés physiquement par un professionnel lors de tournées fréquentes et régulières au domicile ou au lieu de résidence ou de travail du consommateur ;

9° Les contrats portant sur les services de transport de passagers, à l'exception des dispositions prévues à l'article L. 221-14 ;

10° Les contrats conclus au moyen de distributeurs automatiques ou de sites commerciaux automatisés ;

11° Les contrats conclus avec des opérateurs de télécommunications pour l'utilisation des cabines téléphoniques publiques ou aux fins d'une connexion unique par téléphone, internet ou télécopie, notamment les services et produits à valeur ajoutée accessibles par voie téléphonique ou par message textuel ;

12° Les contrats portant sur la création, l'acquisition ou le transfert de biens immobiliers ou de droits sur des biens immobiliers, la construction d'immeubles neufs, la transformation importante d'immeubles existants ou la location d'un logement à des fins résidentielles.

Art. L. 221-3 *(Ord. n° 2016-301, 14 mars 2016)*. – **Les dispositions des sections 2, 3, 6 du présent chapitre applicables aux relations entre consommateurs et professionnels, sont étendues aux contrats conclus hors établissement entre deux professionnels dès lors que l'objet de ces contrats n'entre pas dans le champ de l'activité principale du professionnel sollicité et que le nombre de salariés employés par celui-ci est inférieur ou égal à cinq.**

Champ d'application. Il résulte de l'article L. 121-16-1, III, devenu L. 221-3 du Code de la consommation, que le professionnel employant cinq salariés au plus, qui souscrit, hors établissement, un contrat dont l'objet n'entre pas dans le champ de son activité principale, bénéficie des dispositions protectrices du consommateur édictées par ce code. Doit ainsi bénéficier de ces dispositions un architecte ayant signé un contrat de création et de licence d'exploitation d'un site internet dédié à son activité professionnelle (■ Cass. 1re civ., 12 sept. 2018, n° 17-17.319, à paraître au *Bull.* ; *Contrats, conc. consom.* 2018, comm. 196, obs. S. Bernheim-Desvaux) de même qu'une personne exerçant une activité de production et de fourniture de bois de chauffage qui signe un contrat d'insertion publicitaire (■ Cass. 1re civ., 27 nov. 2019, n° 18-22.525, à paraître au *Bull.* : *Juris-Data* n° 2019-021142 ; *Contrats, conc. consom.* 2020/2, comm. 32, note S. Bernheim-Desvaux).

Art. L. 221-4 *(Ord. n° 2016-301, 14 mars 2016)*. – Les dispositions du présent chapitre s'appliquent aux contrats portant sur la fourniture d'eau, de gaz ou d'électricité lorsqu'ils ne sont pas conditionnés dans un volume délimité ou en quantité déterminée ainsi que sur la fourniture de chauffage urbain.

Elles s'appliquent également aux contrats portant sur la fourniture de contenu numérique indépendamment de tout support matériel.

Section II. – Obligation d'information précontractuelle

Art. L. 221-5 *(Ord. n° 2016-301, 14 mars 2016)*. – Préalablement à la conclusion d'un contrat de vente ou de fourniture de services, le professionnel communique au consommateur, de manière lisible et compréhensible, les informations suivantes :

1° Les informations prévues aux articles L. 111-1 et L. 111-2 ;

2° Lorsque le droit de rétractation existe, les conditions, le délai et les modalités d'exercice de ce droit ainsi que le formulaire type de rétractation, dont les conditions de présentation et les mentions qu'il contient sont fixées par décret en Conseil d'État ;

3° Le cas échéant, le fait que le consommateur supporte les frais de renvoi du bien en cas de rétractation et, pour les contrats à distance, le coût de renvoi du bien lorsque celui-ci, en raison de sa nature, ne peut normalement être renvoyé par la poste ;

4° L'information sur l'obligation du consommateur de payer des frais lorsque celui-ci exerce son droit de rétractation d'un contrat de prestation de services, de distribution d'eau, de fourniture de gaz ou d'électricité et d'abonnement à un réseau de chauffage urbain dont il a demandé expressément l'exécution avant la fin du délai de rétractation ; ces frais sont calculés selon les modalités fixées à l'article L. 221-25 ;

5° Lorsque le droit de rétractation ne peut être exercé en application de l'article L. 221-28, l'information selon laquelle le consommateur ne bénéficie pas de ce droit ou, le cas échéant, les circonstances dans lesquelles le consommateur perd son droit de rétractation ;

6° Les informations relatives aux coordonnées du professionnel, le cas échéant aux coûts de l'utilisation de la technique de communication à distance, à l'existence de Codes de bonne conduite, le cas échéant aux cautions et garanties, aux modalités de résiliation, aux modes de règlement des litiges et aux autres conditions contractuelles, dont la liste et le contenu sont fixés par décret en Conseil d'État.

Dans le cas d'une vente aux enchères publiques telle que définie par le premier alinéa de l'article L. 321-3 du Code de commerce, les informations relatives à l'identité et aux coordonnées postales, téléphoniques et électroniques du professionnel prévues au 4° de l'article L. 111-1 peuvent être remplacées par celles du mandataire.

Art. L. 221-6 *(Ord. n° 2016-301, 14 mars 2016)*. – Si le professionnel n'a pas respecté ses obligations d'information concernant les frais supplémentaires mentionnés à l'article L. 112-3 et au 3° de l'article L. 221-5, le consommateur n'est pas tenu au paiement de ces frais.

Art. L. 221-7 *(Ord. n° 2016-301, 14 mars 2016)*. – La charge de la preuve du respect des obligations d'information mentionnées à la présente section pèse sur le professionnel.

Section III. – Dispositions particulières applicables aux contrats conclus hors établissement

Art. L. 221-8 *(Ord. n° 2016-301, 14 mars 2016)*. – Dans le cas d'un contrat conclu hors établissement, le professionnel fournit au consommateur, sur papier ou, sous réserve de l'accord du consommateur, sur un autre support durable, les informations prévues à l'article L. 221-5.

Ces informations sont rédigées de manière lisible et compréhensible.

Art. L. 221-9 *(Ord. n° 2016-301, 14 mars 2016)*. – Le professionnel fournit au consommateur un exemplaire daté du contrat conclu hors établissement, sur papier signé par les parties ou, avec l'accord du consommateur, sur un autre support durable, confirmant l'engagement exprès des parties.

Ce contrat comprend toutes les informations prévues à l'article L. 221-5.

Le contrat mentionne, le cas échéant, l'accord exprès du consommateur pour la fourniture d'un contenu numérique indépendant de tout support matériel avant l'expiration du délai de rétractation et, dans cette hypothèse, le renoncement de ce dernier à l'exercice de son droit de rétractation.

Le contrat est accompagné du formulaire type de rétractation mentionné au 2° de l'article L. 221-5.

Art. L. 221-10 *(Ord. n° 2016-301, 14 mars 2016).* – **Le professionnel ne peut recevoir aucun paiement ou aucune contrepartie, sous quelque forme que ce soit, de la part du consommateur avant l'expiration d'un délai de sept jours à compter de la conclusion du contrat hors établissement.**

Toutefois, ne sont pas soumis aux dispositions du premier alinéa :

1° La souscription à domicile d'un abonnement à une publication quotidienne et assimilée, au sens de l'article 39 *bis* du Code général des impôts ;

2° Les contrats à exécution successive, conclus dans les conditions prévues au présent chapitre et proposés par un organisme agréé ou relevant d'une décision de l'autorité administrative, ayant pour objet la fourniture de services mentionnés à l'article L. 7231-1 du Code du travail ;

3° Les contrats conclus au cours de réunions organisées par le vendeur à son domicile ou au domicile d'un consommateur ayant préalablement et expressément accepté que cette opération se déroule à son domicile ;

4° Les contrats ayant pour objet des travaux d'entretien ou de réparation à réaliser en urgence au domicile du consommateur et expressément sollicités par lui, dans la limite des pièces de rechange et travaux strictement nécessaires pour répondre à l'urgence.

Pour les contrats mentionnés aux 1° et 2°, le consommateur dispose d'un droit de résiliation du contrat à tout moment et sans préavis, frais ou indemnité et d'un droit au remboursement, dans un délai de quinze jours, des sommes versées au prorata de la durée du contrat restant à courir.

Section IV. – Dispositions particulières aux contrats conclus à distance

Art. L. 221-11 *(Ord. n° 2016-301, 14 mars 2016).* – **Lorsque le contrat est conclu à distance, le professionnel fournit au consommateur, de manière lisible et compréhensible, les informations prévues à l'article L. 221-5 ou les met à sa disposition par tout moyen adapté à la technique de communication à distance utilisée.**

Art. L. 221-12 *(Ord. n° 2016-301, 14 mars 2016).* – **Lorsque la technique de communication à distance utilisée impose des limites d'espace ou de temps pour la présentation des informations, le professionnel fournit au consommateur, avant la conclusion du contrat et dans les conditions prévues à l'article L. 221-5, au moins les informations relatives aux caractéristiques essentielles des biens ou des services, à leur prix, à son identité, à la durée du contrat et au droit de rétractation.**

Le professionnel transmet au consommateur les autres informations prévues au même article par tout autre moyen adapté à la technique de communication à distance utilisée.

Limites d'espace ou de temps. L'appréciation du point de savoir si, dans un cas concret, la technique de communication impose des contraintes d'espace ou de temps pour la présentation des informations, conformément à l'article 8, paragraphe 4, de la directive 2011/83/UE du Parlement européen et du Conseil, du 25 octobre 2011, relative aux droits des consommateurs, modifiant la directive 93/13/CEE du Conseil et la directive 1999/44/CE du Parlement européen et du Conseil et abrogeant la directive 85/577/CEE du Conseil et la directive 97/7/CE du Parlement européen et du Conseil, doit être effectuée en tenant compte de l'ensemble des caractéristiques techniques de la communication commerciale du professionnel. À cet égard, il appartient à la juridiction nationale de vérifier si, compte tenu de l'espace et du temps occupés par la communication et de la taille minimale du caractère typographique qui serait appropriée pour un consommateur moyen destinataire de cette communication, toutes les informations visées à l'article 6, paragraphe 1, de cette directive pourraient objectivement être présentées dans le cadre de ladite communication.

L'article 6, paragraphe 1, sous h, et l'article 8, paragraphe 4, de la directive 2011/83 doivent être interprétés en ce sens que, dans le cas où le contrat est conclu selon une technique de communication à distance qui impose des contraintes d'espace ou de temps pour la présentation des informations et lorsque le droit de rétractation existe, le professionnel est tenu de fournir au consommateur, sur la technique en question et avant la conclusion du contrat, l'information portant sur les conditions, le délai et les modalités d'exercice de ce droit. Dans un tel cas, ce professionnel doit fournir au consommateur le modèle de formulaire de rétractation figurant à l'annexe I, partie B, de cette directive, par une autre source, dans un langage clair et compréhensible (■ CJUE, 23 janv. 2019, *Contrats, conc. consom.* 2019, comm. 56, note S. Bernheim-Desvaux).

Art. L. 221-13 *(Ord. n° 2016-301, 14 mars 2016).* – Le professionnel fournit au consommateur, sur support durable, dans un délai raisonnable, après la conclusion du contrat et au plus tard au moment de la livraison du bien ou avant le début de l'exécution du service, la confirmation du contrat comprenant toutes les informations prévues à l'article L. 221-5, sauf si le professionnel les lui a déjà fournies, sur un support durable, avant la conclusion du contrat. Le contrat est accompagné du formulaire type de rétractation mentionné au 2° du même article.

Le cas échéant, le professionnel fournit au consommateur, dans les mêmes conditions et avant l'expiration du délai de rétractation, la confirmation de son accord exprès pour la fourniture d'un contenu numérique non présenté sur un support matériel et de son renoncement à l'exercice du droit de rétractation.

Art. L. 221-14 *(Ord. n° 2016-301, 14 mars 2016).* – Pour les contrats conclus par voie électronique, le professionnel rappelle au consommateur, avant qu'il ne passe sa commande, de manière lisible et compréhensible, les informations relatives aux caractéristiques essentielles des biens ou des services qui font l'objet de la commande, à leur prix, à la durée du contrat et, s'il y a lieu, à la durée minimale des obligations de ce dernier au titre du contrat, telles que prévues à l'article L. 221-5.

Le professionnel veille à ce que le consommateur, lors de sa commande, reconnaisse explicitement son obligation de paiement. À cette fin, la fonction utilisée par le consommateur pour valider sa commande comporte la mention claire et lisible : commande avec obligation de paiement ou une formule analogue, dénuée de toute ambiguïté, indiquant que la passation d'une commande oblige à son paiement.

Les sites de commerce en ligne indiquent clairement et lisiblement, au plus tard au début du processus de commande, les moyens de paiement acceptés par le professionnel et les éventuelles restrictions de livraison.

Art. L. 221-15 *(Ord. n° 2016-301, 14 mars 2016).* – Le professionnel est responsable de plein droit à l'égard du consommateur de la bonne exécution des obligations résultant du contrat conclu à distance, que ces obligations soient exécutées par le professionnel qui a conclu ce contrat ou par d'autres prestataires de services, sans préjudice de son droit de recours contre ceux-ci.

Toutefois, il peut s'exonérer de tout ou partie de sa responsabilité en apportant la preuve que l'inexécution ou la mauvaise exécution du contrat est imputable soit au consommateur, soit au fait, imprévisible et insurmontable, d'un tiers au contrat, soit à un cas de force majeure.

Section V. – Démarchage téléphonique et prospection commerciale

Art. L. 221-16 *(Ord. n° 2016-301, 14 mars 2016).* – Sans préjudice des dispositions de l'article L. 221-12, le professionnel qui contacte un consommateur par téléphone en vue de conclure un contrat portant sur la vente d'un bien ou sur la fourniture d'un service indique au début de la conversation *(Mots aj., L. n° 2020-901, 24 juill. 2020)* « , de manière claire, précise et compréhensible, » son identité, le cas échéant l'identité de la personne pour le compte de laquelle il effectue cet appel et la nature commerciale de celui-ci. *(Mots aj., L. n° 2020-901, 24 juill. 2020)* « Le professionnel indique également au consommateur qu'il peut s'inscrire gratuitement sur la liste d'opposition au démarchage téléphonique prévue à l'article L. 223-1 s'il ne souhaite pas faire l'objet de prospection commerciale par cette voie. »

À la suite d'un démarchage par téléphone, le professionnel adresse au consommateur, sur papier ou sur support durable, une confirmation de l'offre qu'il a faite et reprenant toutes les informations prévues à l'article L. 221-5.

Le consommateur n'est engagé par cette offre qu'après l'avoir signée et acceptée par écrit ou avoir donné son consentement par voie électronique.

Art. L. 221-17 *(Ord. n° 2016-301, 14 mars 2016).* – Lorsqu'un professionnel contacte un consommateur par téléphone dans les conditions prévues à l'article L. 221-16, l'utilisation d'un numéro masqué est interdite.

Le numéro affiché avant l'établissement de l'appel en application du premier alinéa est affecté au professionnel pour le compte duquel l'appel est effectué. En cas de rappel du consommateur à ce numéro, ce professionnel s'identifie préalablement à la facturation de toute prestation de services autre que le prix de la communication.

Un arrêté conjoint des ministres chargés de la consommation et de l'économie numérique, pris après avis de l'Autorité de régulation des communications électroniques *(Mots rempl., L. n° 2019-1063, 18 oct. 2019)*

« , des postes et de la distribution de la presse », définit les tranches de numéro qui ne peuvent être utilisées comme identifiant d'appel par un professionnel qui joint un consommateur, en tenant compte du plafond de tarification et du format de ces numéros.

Section VI. – Droit de rétractation applicable aux contrats conclus à distance et hors établissement

Art. L. 221-18 *(Ord. n° 2016-301, 14 mars 2016).* – Le consommateur dispose d'un délai de quatorze jours pour exercer son droit de rétractation d'un contrat conclu à distance, à la suite d'un démarchage téléphonique ou hors établissement, sans avoir à motiver sa décision ni à supporter d'autres coûts que ceux prévus aux articles L. 221-23 à L. 221-25.

Le délai mentionné au premier alinéa court à compter du jour :

1° De la conclusion du contrat, pour les contrats de prestation de services et ceux mentionnés à l'article L. 221-4 ;

2° De la réception du bien par le consommateur ou un tiers, autre que le transporteur, désigné par lui, pour les contrats de vente de biens. Pour les contrats conclus hors établissement, le consommateur peut exercer son droit de rétractation à compter de la conclusion du contrat.

Dans le cas d'une commande portant sur plusieurs biens livrés séparément ou dans le cas d'une commande d'un bien composé de lots ou de pièces multiples dont la livraison est échelonnée sur une période définie, le délai court à compter de la réception du dernier bien ou lot ou de la dernière pièce.

Pour les contrats prévoyant la livraison régulière de biens pendant une période définie, le délai court à compter de la réception du premier bien.

Art. L. 221-19 *(Ord. n° 2016-301, 14 mars 2016).* – Conformément au règlement n° 1182/71/CEE du Conseil du 3 juin 1971 portant détermination des règles applicables aux délais, aux dates et aux termes :

1° Le jour où le contrat est conclu ou le jour de la réception du bien n'est pas compté dans le délai mentionné à l'article L. 221-18 ;

2° Le délai commence à courir au début de la première heure du premier jour et prend fin à l'expiration de la dernière heure du dernier jour du délai ;

3° Si ce délai expire un samedi, un dimanche ou un jour férié ou chômé, il est prorogé jusqu'au premier jour ouvrable suivant.

Art. L. 221-20 *(Ord. n° 2016-301, 14 mars 2016).* – Lorsque les informations relatives au droit de rétractation n'ont pas été fournies au consommateur dans les conditions prévues au 2° de l'article L. 221-5, le délai de rétractation est prolongé de douze mois à compter de l'expiration du délai de rétractation initial, déterminé conformément à l'article L. 221-18.

Toutefois, lorsque la fourniture de ces informations intervient pendant cette prolongation, le délai de rétractation expire au terme d'une période de quatorze jours à compter du jour où le consommateur a reçu ces informations.

Art. L. 221-21 *(Ord. n° 2016-301, 14 mars 2016).* – Le consommateur exerce son droit de rétractation en informant le professionnel de sa décision de se rétracter par l'envoi, avant l'expiration du délai prévu à l'article L. 221-18, du formulaire de rétractation mentionné au 2° de l'article L. 221-5 ou de toute autre déclaration, dénuée d'ambiguïté, exprimant sa volonté de se rétracter.

Le professionnel peut également permettre au consommateur de remplir et de transmettre en ligne, sur son site internet, le formulaire ou la déclaration prévus au premier alinéa. Dans cette hypothèse, le professionnel communique, sans délai, au consommateur un accusé de réception de la rétractation sur un support durable.

Art. L. 221-22 *(Ord. n° 2016-301, 14 mars 2016).* – La charge de la preuve de l'exercice du droit de rétractation dans les conditions prévues à l'article L. 221-21 pèse sur le consommateur.

Art. L. 221-23 *(Ord. n° 2016-301, 14 mars 2016).* – Le consommateur renvoie ou restitue les biens au professionnel ou à une personne désignée par ce dernier, sans retard excessif et, au plus tard, dans les quatorze jours suivant la communication de sa décision de se rétracter conformément à l'article L. 221-21, à moins que le professionnel ne propose de récupérer lui-même ces biens.

Le consommateur ne supporte que les coûts directs de renvoi des biens, sauf si le professionnel accepte de les prendre à sa charge ou s'il a omis d'informer le consommateur que ces coûts sont à sa charge. Néanmoins, pour les contrats conclus hors établissement, lorsque les biens sont livrés au domicile du consommateur au moment de la conclusion du contrat, le professionnel récupère les biens à ses frais s'ils ne peuvent pas être renvoyés normalement par voie postale en raison de leur nature.

La responsabilité du consommateur ne peut être engagée qu'en cas de dépréciation des biens résultant de manipulations autres que celles nécessaires pour établir la nature, les caractéristiques et le bon fonctionnement de ces biens, sous réserve que le professionnel ait informé le consommateur de son droit de rétractation, conformément au 2° de l'article L. 221-5.

Art. L. 221-24 *(Ord. n° 2016-301, 14 mars 2016)*. – Lorsque le droit de rétractation est exercé, le professionnel rembourse le consommateur de la totalité des sommes versées, y compris les frais de livraison, sans retard injustifié et au plus tard dans les quatorze jours à compter de la date à laquelle il est informé de la décision du consommateur de se rétracter.

Pour les contrats de vente de biens, à moins qu'il ne propose de récupérer lui-même les biens, le professionnel peut différer le remboursement jusqu'à récupération des biens ou jusqu'à ce que le consommateur ait fourni une preuve de l'expédition de ces biens, la date retenue étant celle du premier de ces faits.

Le professionnel effectue ce remboursement en utilisant le même moyen de paiement que celui utilisé par le consommateur pour la transaction initiale, sauf accord exprès du consommateur pour qu'il utilise un autre moyen de paiement et dans la mesure où le remboursement n'occasionne pas de frais pour le consommateur.

Le professionnel n'est pas tenu de rembourser les frais supplémentaires si le consommateur a expressément choisi un mode de livraison plus coûteux que le mode de livraison standard proposé par le professionnel.

Art. L. 221-25 *(Ord. n° 2016-301, 14 mars 2016)*. – Si le consommateur souhaite que l'exécution d'une prestation de services ou d'un contrat mentionné au premier alinéa de l'article L. 221-4 commence avant la fin du délai de rétractation mentionné à l'article L. 221-18, le professionnel recueille sa demande expresse par tout moyen pour les contrats conclus à distance et sur papier ou sur support durable pour les contrats conclus hors établissement.

Le consommateur qui a exercé son droit de rétractation d'un contrat de prestation de services ou d'un contrat mentionné au premier alinéa de l'article L. 221-4 dont l'exécution a commencé, à sa demande expresse, avant la fin du délai de rétractation verse au professionnel un montant correspondant au service fourni jusqu'à la communication de sa décision de se rétracter ; ce montant est proportionné au prix total de la prestation convenu dans le contrat. Si le prix total est excessif, le montant approprié est calculé sur la base de la valeur marchande de ce qui a été fourni.

Aucune somme n'est due par le consommateur ayant exercé son droit de rétractation si sa demande expresse n'a pas été recueillie en application du premier alinéa ou si le professionnel n'a pas respecté l'obligation d'information prévue au 4° de l'article L. 221-5.

Art. L. 221-26 *(Ord. n° 2016-301, 14 mars 2016)*. – Le consommateur qui a exercé son droit de rétractation d'un contrat de fourniture de contenu numérique non fourni sur un support matériel n'est redevable d'aucune somme si :

1° Le professionnel n'a pas recueilli son accord préalable exprès pour l'exécution du contrat avant la fin du délai de rétractation ainsi que la preuve de son renoncement à son droit de rétractation ;

2° Le contrat ne reprend pas les mentions prévues au *(Mots rempl., L. n° 2017-203, 21 févr. 2017)* « troisième alinéa de l'article L. 221-9 et au second alinéa de l'article L. 221-13 ».

Art. L. 221-27 *(Ord. n° 2016-301, 14 mars 2016)*. – L'exercice du droit de rétractation met fin à l'obligation des parties soit d'exécuter le contrat à distance ou le contrat hors établissement, soit de le conclure lorsque le consommateur a fait une offre.

L'exercice du droit de rétractation d'un contrat principal à distance ou hors établissement met automatiquement fin à tout contrat accessoire, sans frais pour le consommateur autres que ceux prévus aux articles L. 221-23 à L. 221-25.

Art. L. 221-28 *(Ord. n° 2016-301, 14 mars 2016)*. **– Le droit de rétractation ne peut être exercé pour les contrats :**

1° De fourniture de services pleinement exécutés avant la fin du délai de rétractation et dont l'exécution a commencé après accord préalable exprès du consommateur et renoncement exprès à son droit de rétractation ;

2° De fourniture de biens ou de services dont le prix dépend de fluctuations sur le marché financier échappant au contrôle du professionnel et susceptibles de se produire pendant le délai de rétractation ;

3° De fourniture de biens confectionnés selon les spécifications du consommateur ou nettement personnalisés ;

4° De fourniture de biens susceptibles de se détériorer ou de se périmer rapidement ;

5° De fourniture de biens qui ont été descellés par le consommateur après la livraison et qui ne peuvent être renvoyés pour des raisons d'hygiène ou de protection de la santé ;

6° De fourniture de biens qui, après avoir été livrés et de par leur nature, sont mélangés de manière indissociable avec d'autres articles ;

7° De fourniture de boissons alcoolisées dont la livraison est différée au-delà de trente jours et dont la valeur convenue à la conclusion du contrat dépend de fluctuations sur le marché échappant au contrôle du professionnel ;

8° De travaux d'entretien ou de réparation à réaliser en urgence au domicile du consommateur et expressément sollicités par lui, dans la limite des pièces de rechange et travaux strictement nécessaires pour répondre à l'urgence ;

9° De fourniture d'enregistrements audio ou vidéo ou de logiciels informatiques lorsqu'ils ont été descellés par le consommateur après la livraison ;

10° De fourniture d'un journal, d'un périodique ou d'un magazine, sauf pour les contrats d'abonnement à ces publications ;

11° Conclus lors d'une enchère publique ;

12° De prestations de services d'hébergement, autres que d'hébergement résidentiel, de services de transport de biens, de locations de voitures, de restauration ou d'activités de loisirs qui doivent être fournis à une date ou à une période déterminée ;

13° De fourniture d'un contenu numérique non fourni sur un support matériel dont l'exécution a commencé après accord préalable exprès du consommateur et renoncement exprès à son droit de rétractation.

1) **Notion de « bien scellés ».** Pour la Cour de justice, l'article 16, sous *e*), de la directive 2011/83/UE du Parlement européen et du Conseil, du 25 octobre 2011, relative aux droits des consommateurs, modifiant la directive 93/13/CEE du Conseil et la directive 1999/44/CE du Parlement européen et du Conseil et abrogeant la directive 85/577/CEE du Conseil et la directive 97/7/CE du Parlement européen et du Conseil, doit être interprété en ce sens que ne relève pas de la notion de « biens scellés ne pouvant être renvoyés pour des raisons de protection de la santé ou d'hygiène et qui ont été descellés par le consommateur après la livraison », au sens de cette disposition, un bien tel qu'un matelas, dont la protection a été retirée par le consommateur après la livraison de celui-ci (■ CJUE, 27 mars 2019, aff. C-681/17 : *JurisData* n° 2019-004648).

2) **Biens confectionnés selon les spécifications du consommateur.** L'article 16, sous *c*), de la directive 2011/83/UE du Parlement européen et du Conseil, du 25 octobre 2011, relative aux droits des consommateurs [...] doit être interprété en ce sens que l'exception au droit de rétractation prévue à cette disposition est opposable au consommateur qui a conclu un contrat hors établissement portant sur la vente d'un bien qui devra être confectionné selon ses spécifications, indépendamment du point de savoir si le professionnel a entamé la production dudit bien (■ CJUE, 21 oct. 2020, aff. C-529/19, *Möbel Kraft* : *Europe* 2020, comm. 417).

Section VII. – Dispositions d'ordre public

Art. L. 221-29 *(Ord. n° 2016-301, 14 mars 2016)*. **– Les dispositions du présent chapitre sont d'ordre public.**

Chapitre II. – Dispositions particulières aux contrats conclus à distance portant sur des services financiers

[...]

Titre IV. – Sanctions

[...]

Chapitre II. – Règles de formation et d'exécution de certains contrats

Section I. – Contrats conclus à distance et hors établissement

Sous-section 1. – Sanctions civiles

Art. L. 242-1 *(Ord. n° 2016-301, 14 mars 2016).* **– Les dispositions de l'article L. 221-9 sont prévues à peine de nullité du contrat conclu hors établissement.**

Art. L. 242-2 *(Ord. n° 2016-301, 14 mars 2016).* **– Les dispositions du deuxième alinéa de l'article L. 221-14 sont prévues à peine de nullité du contrat conclu par voie électronique.**

Art. L. 242-3 *(Ord. n° 2016-301, 14 mars 2016).* **– Est nulle toute clause par laquelle le consommateur abandonne son droit de rétractation défini à l'article L. 221-18.**

Art. L. 242-4 *(Ord. n° 2016-301, 14 mars 2016).* **– Lorsque le professionnel n'a pas remboursé les sommes versées par le consommateur, les sommes dues sont de plein droit majorée du taux d'intérêt légal si le remboursement intervient au plus tard dix jours après l'expiration des délais fixés aux premier et deuxième alinéas de l'article L. 221-24, de 5 % si le retard est compris entre dix et vingt jours, de 10 % si le retard est compris entre vingt et trente jours, de 20 % si le retard est compris entre trente et soixante jours, de 50 % entre soixante et quatre-vingt-dix jours et de cinq points supplémentaires par nouveau mois de retard jusqu'à concurrence du prix du produit, puis du taux d'intérêt légal.**

Sous-section 2. – Sanctions pénales

Art. L. 242-5 *(Ord. n° 2016-301, 14 mars 2016).* **– Art. Le fait de ne pas remettre au client un exemplaire du contrat dans les conditions prévues à l'article L. 221-9 ou de remettre un contrat non conforme aux dispositions du même article est puni d'une peine d'emprisonnement de deux ans et d'une amende de 150 000 euros.**

Art. L. 242-6 *(Ord. n° 2016-301, 14 mars 2016).* **– L'absence du formulaire de rétractation détachable prévu à l'article L. 221-9 ou la remise d'un formulaire non conforme aux dispositions du 2° de l'article L. 221-5 est puni d'une peine d'emprisonnement de deux ans et d'une amende de 150 000 euros.**

Art. L. 242-7 *(Ord. n° 2016-301, 14 mars 2016).* **– Le fait d'exiger ou d'obtenir du client, en infraction aux dispositions de l'article L. 221-10** *(Rempl., L. n° 2017-203, 21 févr. 2017)* **« , un paiement ou une contrepartie » avant l'expiration du délai de sept jours à compter de la conclusion du contrat hors établissement est puni d'une peine d'emprisonnement de deux ans et d'une amende de 150 000 euros.**

Art. L. 242-8 *(Ord. n° 2016-301, 14 mars 2016).* **– Les personnes physiques déclarées coupables des délits punis aux articles L. 242-5 et L. 242-7 encourent également, à titre de peines complémentaires, l'interdiction, suivant les modalités prévues à l'article 131-27 du Code pénal, soit d'exercer une fonction publique ou d'exercer l'activité professionnelle ou sociale dans l'exercice ou à l'occasion de l'exercice de laquelle l'infraction a été commise, soit d'exercer une profession commerciale ou industrielle, de diriger, d'administrer, de gérer ou de contrôler à un titre quelconque, directement ou indirectement, pour leur propre compte ou pour le compte d'autrui, une entreprise commerciale ou industrielle ou une société commerciale.**

Ces interdictions d'exercice ne peuvent excéder une durée de cinq ans. Elles peuvent être prononcées cumulativement.

Les personnes morales déclarées responsables pénalement, dans les conditions prévues à l'article 121-2 du *Code pénal*, des délits punis aux articles L. 242-5 et L. 242-7 encourent, outre l'amende suivant les modalités prévues à l'article 131-38 du Code pénal, les peines prévues aux 2° à 9° de l'article 131-39 du même code.

L'interdiction mentionnée au 2° du même article 131-39 porte sur l'activité dans l'exercice ou à l'occasion de l'exercice de laquelle l'infraction a été commise. Les peines prévues aux 2° à 7° de cet article ne peuvent être prononcées que pour une durée de cinq ans au plus.

Art. L. 242-9 *(Ord. n° 2016-301, 14 mars 2016).* – À l'occasion des poursuites pénales exercées contre le vendeur, le prestataire de services ou le démarcheur, en application des dispositions des articles L. 242-5 et L. 242-7 le consommateur qui s'est constitué partie civile est recevable à demander devant la juridiction répressive une somme égale au montant des paiements effectués ou des effets souscrits, sans préjudice de tous dommages et intérêts.

Sous-section 3. – Sanctions administratives

Art. L. 242-10 *(Ord. n° 2016-301, 14 mars 2016).* – Tout manquement aux obligations d'information prévues aux articles L. 221-5, L. 221-6, L. 221-8, L. 221-11, L. 221-12 à L. 221-14 est passible d'une amende administrative dont le montant ne peut excéder 3 000 euros pour une personne physique et 15 000 euros pour une personne morale.

Cette amende est prononcée dans les conditions prévues au chapitre II du titre II du livre V.

Art. L. 242-11 *(Ord. n° 2016-301, 14 mars 2016).* – Tout manquement aux obligations de confirmation du contrat et, le cas échéant, du support choisi par le consommateur, définies à l'article L. 221-13, est passible d'une amende administrative dont le montant ne peut excéder 3 000 euros pour une personne physique et 15 000 euros pour une personne morale.

Cette amende est prononcée dans les conditions prévues au chapitre II du titre II du livre V.

Art. L. 242-12 *(Ord. n° 2016-301, 14 mars 2016).* – Tout manquement aux obligations prévues à l'article L. 221-16 en matière de démarchage téléphonique et de prospection commerciale est passible d'une amende administrative dont le montant ne peut excéder *(Mots rempl., L. n° 2020-901, 24 juill. 2020)* « 75 000 » euros pour une personne physique et *(Mots rempl., L. n° 2020-901, 24 juill. 2020)* « 375 000 » euros pour une personne morale.

Cette amende est prononcée dans les conditions prévues au chapitre II du titre II du livre V.

Art. L. 242-13 *(Ord. n° 2016-301, 14 mars 2016).* – Tout manquement aux dispositions des articles L. 221-18 à L. 221-28 encadrant les conditions d'exercice du droit de rétractation reconnu au consommateur, ainsi que ses effets, est passible d'une amende administrative dont le montant ne peut excéder 15 000 euros pour une personne physique et 75 000 euros pour une personne morale.

Cette amende est prononcée dans les conditions prévues au chapitre II du titre II du livre V.

Art. L. 242-14 *(Ord. n° 2016-301, 14 mars 2016).* – Tout manquement aux dispositions de l'article L. 221-17 relatif à l'interdiction des numéros masqués en matière de démarchage téléphonique est passible d'une amende administrative dont le montant ne peut excéder *(Mots rempl., L. n° 2020-901, 24 juill. 2020)* « 75 000 » euros pour une personne physique et *(Mots rempl., L. n° 2020-901, 24 juill. 2020)* « 375 000 » euros pour une personne morale.

Cette amende est prononcée dans les conditions prévues au chapitre II du titre II du livre V.

Section II. – Dispositions particulières aux contrats conclus à distance

Art. L. 242-15 *(Ord. n° 2016-301, 14 mars 2016).* – Lorsque le professionnel n'a pas remboursé le consommateur dans les conditions prévues à l'article L. 222-15, à l'expiration du délai de trente jours, la somme due est, de plein droit, productive d'intérêts au taux légal en vigueur.

Section III. – Opposition au démarchage téléphonique

Art. L. 242-16 *(Ord. n° 2016-301, 14 mars 2016 ; mod., L. n° 2020-901, 24 juill. 2020).* – Tout manquement aux dispositions des articles L. 223-1 à L. 223-5 est passible d'une amende administrative dont le montant ne peut excéder *(Mots rempl., L. n° 2020-901, 24 juill. 2020)* « 75 000 » euros pour une personne physique et *(Mots rempl., L. n° 2020-901, 24 juill. 2020)* « 375 000 » euros pour une personne morale.

Cette amende est prononcée dans les conditions prévues au chapitre II du titre II du livre V.

Par dérogation au premier alinéa de l'article L. 522-6, la décision prononcée en application du présent article par l'autorité administrative chargée de la concurrence et de la consommation est publiée aux frais de la personne sanctionnée.

L'autorité administrative chargée de la concurrence et de la consommation peut décider de reporter la publication d'une décision, de publier cette dernière sous une forme anonymisée ou de ne pas la publier dans l'une ou l'autre des circonstances suivantes :

1° Lorsque la publication de la décision est susceptible de causer à la personne en cause un préjudice grave et disproportionné ;

2° Lorsque la publication serait de nature à perturber gravement le déroulement d'une enquête ou d'un contrôle en cours.

[...]

Ancienne section II. – Ventes de biens et fournitures de prestations de services à distance

(Rempl., Ord. n° 2001-741, 23 août 2001)

NB : Les dispositions qui suivent sont antérieures à la loi n° 2014-344 du 17 mars 2014 et s'appliquent aux contrats conclus avant le 13 juin 2014. Les dispositions en vigueur sont reproduites p. 2099.

Bibliographie : M. Trochu, *Protection des consommateurs en matière de contrats à distance : directive n° 97-7 CE du 20 mai 1997 : D.* 1999, chron. 179. • P. Bouteiller, *Démarchage et autres pratiques commerciales – À propos de la loi n° 2008-3, 3 janv. 2008 : Revue Lamy dr. aff.* 2008, n° 1818, p. 75.

Ancienne sous-section 1. – Dispositions relatives aux contrats ne portant pas sur des services financiers

(Ord. n° 2005-648, 6 juin 2005)

Bibliographie : P. Bichot, *À propos de l'ordonnance n° 2005-648 du 6 juin 2005, contrats à distance : Trib. assur.* 2005, n° 97, p. 30. • J.-M. Meffre, *Un nouveau circuit de distribution : le télé-achat : CDE* 1988, n° 6, p. 33. • G. Paisant, *La loi du 6 janvier 1988 sur les opérations de vente à distance et le télé-achat : JCP* 1988, I, 3350 ; E, II, 15229. • Varii auctores, *Vente par correspondance et à distance : Gaz. Pal.* 24-25 févr. 1993, n° spéc. • F. Moreau, *La protection du consommateur dans les contrats à distance : LPA* 20 mars 2002, p. 4.

Art. L. 121-16 ancien *(Rempl., Ord. n° 2001-741, 23 août 2001 ; Ord. n° 2005-648, 6 juin 2005 ; L. n° 2006-387, 31 mars 2006).* – Les dispositions de la présente sous-section s'appliquent à toute vente d'un bien ou toute fourniture d'une prestation de service conclue, sans la présence physique simultanée des parties, entre un consommateur et un professionnel qui, pour la conclusion de ce contrat, utilisent exclusivement une ou plusieurs techniques de communication à distance. Toutefois, elles ne s'appliquent pas aux contrats portant sur des services financiers.

Art. L. 121-17 ancien *(Ord. n° 2001-741, 23 août 2001 ; Ord. n° 2005-648, 6 juin 2005 ; L. n° 2006-387, 31 mars 2006).* – Ne sont pas soumis aux dispositions de la présente section les contrats :

1° Conclus par le moyen de distributeurs automatiques ou pour des prestations fournies dans des locaux commerciaux automatisés ;

2° Conclus avec les opérateurs de télécommunications pour l'utilisation des cabines téléphoniques publiques ;

3° Conclus pour la construction et la vente des biens immobiliers ou portant sur d'autres droits relatifs à des biens immobiliers, à l'exception de la location ;

4° Conclus lors d'une vente aux enchères publiques.

Art. L. 121-18 ancien *(Rempl., Ord. n° 2001-741, 23 août 2001 ; L. n° 2008-3, 3 janv. 2008 ; L. n° 2010-853, 23 juill. 2010).* – Sans préjudice des informations prévues par les articles L. 111-1, L. 111-2 et L. 113-3 ainsi que de celles prévues pour l'application de l'article L. 214-1, l'offre de contrat doit comporter les informations suivantes :

1° Le nom du vendeur du produit ou du prestataire de service, des coordonnées téléphoniques permettant d'entrer effectivement en contact avec lui, son adresse ou, s'il s'agit d'une personne morale, son siège social et, si elle est différente, l'adresse de l'établissement responsable de l'offre ;

2° Le cas échéant, les frais de livraison ;

3° Les modalités de paiement, de livraison ou d'exécution ;

4° L'existence d'un droit de rétractation et ses limites éventuelles ou, dans le cas où ce droit ne s'applique pas, l'absence d'un droit de rétractation ;

5° La durée de la validité de l'offre et du prix de celle-ci ;

6° Le coût de l'utilisation de la technique de communication à distance utilisée lorsqu'il n'est pas calculé par référence au tarif de base ;

7° Le cas échéant, la durée minimale du contrat proposé, lorsqu'il porte sur la fourniture continue ou périodique d'un bien ou d'un service.

Ces informations, dont le caractère commercial doit apparaître sans équivoque, sont communiquées au consommateur de manière claire et compréhensible, par tout moyen adapté à la technique de communication à distance utilisée.

En cas de démarchage par téléphone ou par toute autre technique assimilable, le professionnel doit indiquer explicitement au début de la conversation son identité et le caractère commercial de l'appel.

Art. L. 121-19 ancien *(Rempl., Ord. n° 2001-741, 23 août 2001 ; L. n° 2008-3, 3 janv. 2008 ; L. n° 2010-853, 23 juill. 2010).* – I. – Le consommateur doit recevoir, par écrit ou sur un autre support durable à sa disposition, en temps utile et au plus tard au moment de la livraison :

1° Confirmation des informations mentionnées aux 1° à 4° de l'article L. 121-18 et de celles qui figurent en outre aux articles L. 111-1, L. 111-2 et L. 113-3 ainsi que de celles prévues pour l'application de l'article L. 214-1, à moins que le professionnel n'ait satisfait à cette obligation avant la conclusion du contrat ;

2° Une information sur les conditions et les modalités d'exercice du droit de rétractation ;

3° L'adresse de l'établissement du fournisseur où le consommateur peut présenter ses réclamations ;

4° Les informations relatives au service après-vente et aux garanties commerciales ;

5° Les conditions de résiliation du contrat lorsque celui-ci est d'une durée indéterminée ou supérieure à un an.

II. – Les dispositions du présent article ne sont pas applicables aux services fournis en une seule fois au moyen d'une technique de communication à distance et facturés par l'opérateur de cette technique à l'exception du 3°.

III. – Les moyens de communication permettant au consommateur de suivre l'exécution de sa commande, d'exercer son droit de rétractation ou de faire jouer la garantie ne supportent que des coûts de communication, à l'exclusion de tout coût complémentaire spécifique.

Notion de support durable. L'article 5, paragraphe 1, de la directive 97/7/CE du Parlement européen et du Conseil, du 20 mai 1997, concernant la protection des consommateurs en matière de contrats à distance, doit être interprété en ce sens qu'une pratique commerciale qui consiste à ne rendre accessibles les informations prévues à cette disposition que par un hyperlien sur un site Internet de l'entreprise concernée ne satisfait pas aux exigences de ladite disposition, dès lors que ces informations ne sont ni « fournies » par cette entreprise ni « reçues » par le consommateur, au sens de cette même disposition, et qu'un site Internet tel que celui en cause au principal ne peut être considéré comme un « support durable » au sens dudit article 5, paragraphe 1 (■ CJUE, 5 juill. 2012, aff. C-49/11 : *RTD eur.* 2012, p. 666, obs. C. Aubert de Vincelles ; *D.* 2013, pan. p. 951, obs. E. Poillot ; *JCP* E 2012, 1721, note F. Honorat ; *Contrats, conc. consom.* 2013, comm. 292, note G. Raymond).

Art. L. 121-20 ancien *(Ord. n° 2001-741, 23 août 2001 ; L. n° 2005-841, 26 juill. 2005).* – Le consommateur dispose d'un délai de sept jours francs pour exercer son droit de rétractation sans avoir à justifier de motifs ni à payer de pénalités, à l'exception, le cas échéant, des frais de retour. Le consommateur peut déroger à ce délai au cas où il ne pourrait se déplacer et où simultanément il aurait besoin de faire appel à une prestation immédiate et nécessaire à ses conditions d'existence. Dans ce cas, il continuerait à exercer son droit de rétractation sans avoir à justifier de motifs ni à payer de pénalités.

Le délai mentionné à l'alinéa précédent court à compter de la réception pour les biens ou de l'acceptation de l'offre pour les prestations de services.

Lorsque les informations prévues à l'article L. 121-19 n'ont pas été fournies, le délai d'exercice du droit de rétractation est porté à trois mois. Toutefois, lorsque la fourniture de ces informations intervient dans les trois mois à compter de la réception des biens ou de l'acceptation de l'offre, elle fait courir le délai de sept jours mentionné au premier alinéa.

Lorsque le délai de sept jours expire un samedi, un dimanche ou un jour férié ou chômé, il est prorogé jusqu'au premier jour ouvrable suivant.

1) Point de départ du délai de rétractation. Le délai de sept jours commence à courir à compter de la signature du contrat (■ Cass. 1re civ., 29 oct. 2002, n° 00-15.729 : *JurisData* n° 2002-016106 ; *RJDA* 2003, n° 329), même dans le cas d'un démarchage par téléphone (même déc.).

2) Indemnité compensatrice. distance, doit Les dispositions de l'article 6, paragraphes 1, deuxième phrase, et 2, de la directive n° 97/7/CE du Parlement européen et du Conseil, du 20 mai 1997, concernant la protection des consommateurs en matière de contrats à distance, doivent être interprétées en ce sens qu'elles s'opposent à ce qu'une réglementation nationale prévoie de manière générale la possibilité pour le vendeur de réclamer au consommateur une indemnité compensatrice pour l'utilisation d'un bien acquis par un contrat à distance dans le cas où ce dernier a exercé son droit de rétractation dans les délais. Toutefois, ces mêmes dispositions ne s'opposent pas à ce que le payement d'une indemnité compensatrice pour l'utilisation de ce bien soit imposé au consommateur dans l'hypothèse où celui-ci aurait fait usage dudit bien d'une manière incompatible avec les principes de droit civil, tels que la bonne foi ou l'enrichissement sans cause, à la condition qu'il ne soit pas porté atteinte à la finalité de ladite directive et, notamment, à l'efficacité et à l'effectivité du droit de rétractation, ce qu'il incombe à la juridiction nationale de déterminer (■ CJUE, 3 sept. 2009, aff. C-498/08 : *D.* 2010, pan. p. 794, obs. E. Poillot).

3) Frais de l'expédition initiale. L'article 6, paragraphes 1, premier alinéa, seconde phrase, et 2 de la directive n° 97/7, concernant la protection des consommateurs en matière de contrats à distance, doit être interprété en ce sens qu'il s'oppose à une réglementation nationale qui permet au fournisseur, dans un contrat conclu à distance, d'imputer les frais d'expédition des marchandises au consommateur dans le cas où ce dernier exerce son droit de rétractation. En effet, ces dispositions n'autorisent le fournisseur à imputer au consommateur, en cas de rétractation de ce dernier, que les frais directs de renvoi des marchandises. Si les frais d'expédition devaient également être mis à la charge du consommateur, une telle imputation, qui serait nécessairement de nature à dissuader ce dernier d'exercer son droit de rétractation, irait à l'encontre de l'objectif même dudit article 6. En outre, une telle imputation serait de nature à remettre en cause une répartition équilibrée des risques entre les parties dans les contrats conclus à distance, en faisant supporter au consommateur l'ensemble des charges liées au transport des marchandises (■ CJUE, 15 avr. 2010, aff. C-511/08 : *Comm. com. électr.* 2010/12, comm. 125, obs. Ph. Stoffel-Munck ; *JCP* G 2010, 773, note G. Paisant).

Art. L. 121-20-1 ancien ***(Ord. n° 2001-741, 23 août 2001 ; mod., L. n° 2008-3, 3 janv. 2008).*** **– Lorsque le droit de rétractation est exercé, le professionnel est tenu de rembourser le consommateur de la totalité des sommes versées, dans les meilleurs délais et au plus tard dans les trente jours suivant la date à laquelle ce droit a été exercé. Au-delà, la somme due est, de plein droit, productive d'intérêts au taux légal en vigueur. Ce remboursement s'effectue par tout moyen de paiement. Sur proposition du professionnel, le consommateur ayant exercé son droit de rétractation peut toutefois opter pour une autre modalité de remboursement.**

Art. L. 121-20-2 ancien ***(Ord. n° 2001-741, 23 août 2001 ; Ord. n° 2005-648, 6 juin 2005).*** **– Le droit de rétractation ne peut être exercé, sauf si les parties en sont convenues autrement, pour les contrats :**

1° De fourniture de services dont l'exécution a commencé, avec l'accord du consommateur, avant la fin du délai de sept jours francs ;

2° De fourniture de biens ou de services dont le prix est fonction de fluctuations des taux du marché financier ;

3° De fourniture de biens confectionnés selon les spécifications du consommateur ou nettement personnalisés ou qui, du fait de leur nature, ne peuvent être réexpédiés ou sont susceptibles de se détériorer ou de se périmer rapidement ;

4° De fourniture d'enregistrements audio ou vidéo ou de logiciels informatiques lorsqu'ils ont été descellés par le consommateur ;

5° De fourniture de journaux, de périodiques ou de magazines ;

6° De service de paris ou de loteries autorisés.

Notion de bien personnalisé. Ayant relevé que les motocyclettes vendues aux termes d'un contrat conclu à distance avaient uniquement fait l'objet d'une immatriculation qui n'avait pu modifier leur nature ou leur destination, la juridiction de proximité en a exactement déduit que les biens vendus n'étaient pas nettement personnalisés, de sorte que l'exclusion du droit de rétractation prévue par l'article L. 121-20-2 du Code de la consommation ne pouvait être opposée aux acquéreurs (■ Cass. 1re civ., 20 mars 2013, n° 12-15.052 : *Rev. Lamy dr. aff.* 2013, n° 4548 ; *D.* 2013, act. 830, obs. X. Delpech).

Art. L. 121-20-3 ancien ***(Ord. n° 2001-741, 23 août 2001 ; mod., L. n° 2004-575, 21 juin 2004 ; L. n° 2008-3, 3 janv. 2008).*** **– Le fournisseur doit indiquer, avant la conclusion du contrat, la date limite à**

laquelle il s'engage à livrer le bien ou à exécuter la prestation de services. À défaut, le fournisseur est réputé devoir délivrer le bien ou exécuter la prestation de services dès la conclusion du contrat. En cas de non-respect de cette date limite, le consommateur peut obtenir la résolution de la vente dans les conditions prévues aux deuxième et troisième alinéas de l'article L. 114-1. Il est alors remboursé dans les conditions de l'article L. 121-20-1.

En cas de défaut d'exécution du contrat par un fournisseur résultant de l'indisponibilité du bien ou du service commandé, le consommateur doit être informé de cette indisponibilité et doit, le cas échéant, pouvoir être remboursé sans délai et au plus tard dans les trente jours du paiement des sommes qu'il a versées. Au-delà de ce terme, ces sommes sont productives d'intérêts au taux légal.

Toutefois, si la possibilité en a été prévue préalablement à la conclusion du contrat ou dans le contrat, le fournisseur peut fournir un bien ou un service d'une qualité et d'un prix équivalents. Le consommateur est informé de cette possibilité de manière claire et compréhensible. Les frais de retour consécutifs à l'exercice du droit de rétractation sont, dans ce cas, à la charge du fournisseur et le consommateur doit en être informé.

Le professionnel est responsable de plein droit à l'égard du consommateur de la bonne exécution des obligations résultant du contrat conclu à distance, que ces obligations soient à exécuter par le professionnel qui a conclu ce contrat ou par d'autres prestataires de services, sans préjudice de son droit de recours contre ceux-ci.

Toutefois, il peut s'exonérer de tout ou partie de sa responsabilité en apportant la preuve que l'inexécution ou la mauvaise exécution du contrat est imputable, soit au consommateur, soit au fait, imprévisible et insurmontable, d'un tiers au contrat, soit à un cas de force majeure.

Délai d'exécution du contrat conclu à distance. Il résulte de la combinaison des articles L. 121-20-3 et L. 114-1, alinéas 2 et 3 dans leur rédaction applicable à la cause que « lorsque le fournisseur n'a pas indiqué la date limite à laquelle il s'engage à exécuter la prestation de services, il est réputé devoir exécuter celle-ci dès la conclusion du contrat, le consommateur disposant d'un délai de soixante jours ouvrés à compter de cette date pour dénoncer le contrat à défaut d'exécution de la prestation convenue plus de sept jours après cette date, le contrat étant considéré comme rompu à la réception, par le prestataire de services ne s'étant toujours pas exécuté, de la lettre recommandée avec demande d'avis de réception par laquelle le consommateur l'informe de sa décision » (■ Cass. 1re civ., 2 juill. 2014, n° 13-14.845 : *Contrats, conc. consom.* 2014/11, comm. 257, obs. G. Raymond).

Art. L. 121-20-4 ancien *(Ord. n° 2001-741, 23 août 2001 ; mod., L. n° 2004-575, 21 juin 2004 ; Ord. n° 2005-648, 6 juin 2005)*. **– Les dispositions des articles L. 121-18, L. 121-19, L. 121-20 et L. 121-20-1 ne sont pas applicables aux contrats ayant pour objet :**

1° La fourniture de biens de consommation courante réalisée au lieu d'habitation ou de travail du consommateur par des distributeurs faisant des tournées fréquentes et régulières ;

2° La prestation de services d'hébergement, de transport, de restauration, de loisirs qui doivent être fournis à une date ou selon une périodicité déterminée.

Les dispositions des articles L. 121-18 et L. 121-19 sont toutefois applicables aux contrats conclus par voie électronique lorsqu'ils ont pour objet la prestation des services mentionnés au 2°.

Prestation hôtelière. Confirmant que le droit de rétractation institué par l'article L. 121-20 du *Code de la consommation* ne s'applique pas à la réservation d'une chambre d'hôtel effectuée à distance par voie électronique (■ Cass. 1re civ., 25 nov. 2010, n° 09-70.833 : *Comm. com. électr.* 2011/4, comm. 36, obs. A. Debet ; *JCP E* 2011, 1054, note G. Brunaux).

[…]

Ancienne section III. – Démarchage

Bibliographie : V. Christianos, *Délai de réflexion, théorie juridique et efficacité de la protection des consommateurs* : *D.* 1993, chron. 28.

Art. L. 121-21 ancien. – Est soumis aux dispositions de la présente section quiconque pratique ou fait pratiquer le démarchage, au domicile d'une personne physique, à sa résidence ou à son lieu de travail, même à sa demande, afin de lui proposer l'achat, la vente, la location, la location-vente ou la location avec option d'achat de biens ou la fourniture de services.

Est également soumis aux dispositions de la présente section le démarchage dans les lieux non destinés à la commercialisation du bien ou du service proposé et notamment l'organisation par un commerçant ou à son profit de réunions ou d'excursions afin de réaliser les opérations définies à l'alinéa précédent.

1) Contrats et biens visés. Un contrat ayant pour objet un ravalement de façade constitue une prestation de service au sens de l'article 1er de la loi n° 72-1137 du 22 décembre 1972 (art. L. 121-21) ; il s'ensuit qu'une telle convention est nulle dès lors qu'elle ne comporte pas de formulaire détachable destiné à faciliter l'exercice de la faculté de renonciation (▪ Cass. 1re civ., 7 févr. 1990, n° 88-14.740 : *Bull.* I, n° 40 ; *RTD com.* 1990, 626, n° 6, obs. B. Bouloc).

Le contrat de location d'un bien peut faire l'objet d'un démarchage à domicile (▪ Cass. crim., 16 juin 1993, n° 92-84.422 : *JurisData* n° 1993-704897 ; *RJDA* 1993, n° 751). Voir par exemple, pour la location d'un lecteur de chèques par un commerçant (▪ Rouen, 20 févr. 2003, n° 01/04092 : *JurisData* n° 2003-210070 ; *RJDA* 2003, n° 784), pour donner à bail un emplacement afin d'y installer une antenne-relais de téléphonie mobile (▪ Cass. 1re civ., 30 mars 2005, n° 04-11.831 : *JurisData* n° 2005-027803 ; *D.* 2005, p. 1081, obs. C. Rondey ; *RJDA* 1/2006, n° 72 ; *JCP* E 2005, 872).

Les immeubles font partie des biens visés à l'article 1er de la loi n° 72-1137 du 22 décembre 1972 (art. L. 121-21) (Rép. QE n° 56134 : *JOAN* 12 oct. 1992, p. 4732 ; *JCP* E 1992, pan. 1235). La vente d'un immeuble en viager, conclue à la suite d'un démarchage à domicile, est soumise aux dispositions des articles L. 121-21 et suivants du Code de la consommation. Dès lors, est nulle la promesse de vente qui ne comporte pas la mention et le formulaire permettant l'exercice par le vendeur de sa faculté de renonciation, conformément aux prescriptions de l'article L. 121-23 du Code de la consommation (▪ Cass. 1re civ., 3 juill. 2008, n° 06-21.877 : *Bull. civ.* I, n° 189. – *Contra* ▪ Paris, 25 févr. 2009, n° 08/03683 : *Contrats, conc. consom.* 2009, comm. 209, obs. G. Raymond). De même, la fourniture et la pose d'une véranda sur un immeuble (▪ Cass. crim., 19 janv. 1994, n° 93-81.865 : *JurisData* n° 1994-000297 ; *D.* 1994, inf. rap. 77. ▪ Cass. crim., 28 nov. 2000 : *JCP* E 2001, pan. 252 ; *D.* 2001, p. 856, obs. Y. Rouquet ; *RJDA* 2001, n° 917, pour un compromis de vente signé au domicile de l'acquéreur après visite des lieux, avec un agent immobilier).

Le contrat de révélation de succession constitue un contrat de fourniture de services soumis aux dispositions de l'article L. 121-21 (▪ Paris, 19 mars 1998, n° 96/16922 : *JurisData* n° 1998-020657 ; *D. 1998, inf. rap. 118).*

En revanche, l'article L. 121-21 n'est pas applicable au démarchage de l'avocat prévu et réprimé par l'art. 66-4 de la loi du 31 décembre 1971 (▪ Cass. crim., 23 janv. 2001, n° 00-81.104 : *JCP* E 2001, p. 1385, note J.-H. Robert).

2) Notion de démarchage. Pour qu'il y ait démarchage il faut une prospection commerciale en vue de chercher des contractants nouveaux, ce qui présuppose qu'il n'y ait pas eu d'accord préalable portant sur le même objet (▪ Douai, 29 juin 2001 : *JCP* E 2001, pan. 1505). Ne constitue pas un acte de démarchage la transmission, faite au domicile des vendeurs, d'une offre d'achat par un agent immobilier auquel ceux-ci avaient précédemment confié un mandat de recherche d'acquéreurs pour le bien considéré (▪ Cass. 1re civ., 14 janv. 2010, n° 09-11.832 : *Contrats, conc. consom.* 2010, comm. 110, obs. G. Raymond). L'existence d'un contrat de travail entre la société et le démarcheur n'est pas nécessaire (▪ Cass. crim., 18 janv. 2000, n° 99-82.616 : *JurisData* n° 2000-000472 ; *JCP* E 2001, p. 759, note D. Rebut ; *RJDA* 2000, n° 808. – *Adde*, ▪ Cass. crim., 21 sept. 1994, n° 93-83.218 : *JurisData* n° 1994-001995 ; *Bull. crim.*, n° 301).

Le fait pour un artisan d'avoir été appelé au domicile d'un client en vue d'une réparation n'ôte pas le caractère d'un démarchage à sa proposition de vente d'une nouvelle serrure (▪ Cass. 1re civ., 3 mars 1993, n° 90-13.478 : *JurisData* n° 1993-000449 ; *RJDA* 1993, n° 848 ; *Contrats, conc. consom.* 1993, comm. 101, obs. Raymond. ▪ Paris, 11 mars 2002 : *RJDA* 2002, n° 948).

Un contrat de commande conclu consécutivement à la réception d'une offre portant sur l'établissement d'un devis gratuit et à son acceptation suivie d'une visite d'un agent commercial à domicile, relève des dispositions des articles L. 121-21 et suivants (▪ Versailles, 20 févr. 2004 : *JCP* E 2004, pan. 1488).

Mais le déplacement d'un professionnel au domicile d'un consommateur pour l'étude des lieux en vue d'un devis envoyé ultérieurement par la Poste, ne constitue pas un démarchage au sens de l'article L. 121-21 (▪ Cass. crim., 27 juin 2006, n° 05-86.956 : *JurisData* n° 2006-034792 ; *D.* 2007, 484, note E. Bazin. ▪ Cass. 1re civ., 12 juill. 2012, n° 11-20.631 : *Contrats, conc. consom.* 2012/11, comm. 267, note G. Raymond). Les juges du fond doivent constater que le devis a été accepté au domicile du consommateur et en présence du professionnel avant de juger le texte applicable (▪ Cass. 1re civ., 9 déc. 2020, n° 19-18.391 : *Contrats, conc. consom.* 2021/2, comm. 31, obs. S. Bernheim-Desvaux).

Les textes sur le démarchage sont applicables à quiconque pratique ou fait pratiquer le démarchage à domicile d'une personne pour offrir des prestations de services, peu important que le démarchage ait été effectué à la demande de celle-ci (▪ Cass. 1re civ., 30 mai 2012, n° 11-11.446 : *Contrats, conc. consom.* 2012, comm. 246, note G. Raymond)

Pour relaxer les prévenus, l'arrêt attaqué retient que les faits ne constituent pas des ventes à domicile, le processus contractuel s'étant poursuivi pendant plusieurs semaines et les parties civiles ayant eu toute liberté pour mettre fin au contrat avant que les produits commandés, en l'espèce des vêtements, aient été entièrement confectionnés. Cette décision encourt la cassation dès lors que le principe et les conditions essentielles de l'achat des vêtements avaient été arrêtés au lieu de travail des parties civiles, où la prévenue s'était rendue à leur demande (▪ Cass. crim., 24 mars 2009, n° 08-84.073 : *Contrats, conc. consom.* 2009, comm. 211, obs. G. Raymond).

3) Lieux visés. L'article L. 121-21 est applicable à quiconque pratique ou fait pratiquer le démarchage au domicile d'une personne physique, à sa résidence ou à son lieu de travail, pour proposer la vente, la location ou la location-vente de marchandises ou objets quelconques ou pour offrir des prestations de service, alors même que ce démarchage a été effectué à la demande d'un éventuel client, a été accepté au préalable par ce dernier, ou a été précédé d'une entrevue au cours de laquelle aucun engagement n'a été souscrit par l'intéressé (▪ Cass. crim., 14 févr. 1991, n° 89-87.151 : *JurisData* n° 1991-000987 ; *RTD com.* 1992, 270, obs. P. Bouzat ; *Gaz. Pal.* 1991, 2, 578. ▪ Cass. 1re civ., 30 mars 1994, n° 92-15.801 : *JurisData* n° 1994-000626 ; *RJDA* 1994, n° 1223. ▪ Cass. crim., 26 sept. 2006, n° 05-85.093 : *JurisData* n° 2006-035391 ; *RJDA* 2/2007, n° 200. ▪ Cass. crim., 13 févr. 2007, n° 06-85.076 : *JurisData* n° 2007-037768 ; *RJDA* 6/2007, n° 666).

Viole l'article L. 121-21 du Code de la consommation la cour d'appel qui rejette les dispositions sur le démarchage aux motifs que le contrat avait été conclu dans un lieu destiné à la commercialisation alors qu'elle avait constaté que le demandeur avait reçu à son domicile une lettre circulaire l'incitant, par le biais de cadeaux offerts, à se faire livrer un véhicule neuf et qu'à la suite de cette correspondance, il s'était déplacé dans les locaux de l'entreprise pour conclure un contrat de location sur un véhicule avec option d'achat (▪ Cass. 1re civ., 4 févr. 2015, n° 14-11.002, à paraître au *Bull.*).

Le lieu non destiné à la commercialisation peut être le domicile d'un tiers (▪ Cass. 1re civ., 9 juill. 2003, n° 00-21.651 : *JurisData* n° 2003-019912 ; *RJDA* 2004, n° 106 ; *JCP* E 2003, pan. 1345 ; *D.* 2003, p. 2236, obs. C. Rondey).

Est soumis à la réglementation sur le démarchage quiconque pratique ou fait pratiquer le démarchage sur le lieu de travail (▪ Cass. crim., 4 oct. 1995, n° 94-86.057 : *JurisData* n° 1995-002950 ; *JCP* E 1996, pan. 45).

Est considérée comme vente à domicile la vente conclue dans les magasins du vendeur lorsqu'elle est consécutive à un démarchage à domicile ou dans un lieu non commercial (▪ Agen, 18 févr. 1993 : *JurisData* n° 1993-040808 ; *Contrats, conc. consom.* 1993, n° 165, obs. Raymond. ▪ Rouen, 13 sept. 1995 : *JurisData* n° 1995-052359 ; *RJDA* 1996, n° 283. ▪ Paris, 19 mars 1999, n° 98/05690 : *JurisData* n° 1999-023264 ; *D.* 1999, inf. rap. 150 et ▪ Cass. crim., 26 oct. 1999, n° 98-87.967 : *JurisData* n° 1999-004574 ; *JCP* E 2000, p. 804, note J.-H. Robert, le fait pour un vendeur de contacter un particulier par téléphone pour lui annoncer qu'il a gagné un cadeau et lui proposer de venir le retirer au magasin. – V. aussi, ▪ Cass. crim., 4 oct. 2005, n° 05-80.199 : *JurisData* n° 2005-030514 ; *RJDA* 2/2006, n° 204 ; *D.* 2005, p. 2941, obs. Chevrier. – Comp. ▪ Montpellier, 12 janv. 1999, n° 97/01277 : *JurisData* n° 1999-034003 ; *Contrats, conc. consom.* 1999, comm. 99, obs. Raymond).

Constitue un démarchage à domicile et non téléphonique le fait pour des commerçants qui après avoir pris contact par téléphone avec des clients potentiels avaient procédé à la livraison au domicile de ces personnes en leur faisant viser le bon de livraison sans leur faire signer un contrat écrit assorti d'une faculté de rétractation (▪ Cass. crim., 12 oct. 1999, n° 98-85.889 : *JurisData* n° 1999-004014 ; *JCP* E 2000, p. 804, note J.-H. Robert : *RJDA* 1/2001, n° 96 : *RTD com.* 2000, 480, obs. Bouloc).

Mais l'article L. 121-21, alinéa 2, ne s'applique pas aux démarchages pratiqués dans les foires et salons qui sont des lieux destinés à la commercialisation (▪ Cass. 1re civ., 10 juill. 1995, n° 93-16.358 : *JurisData* n° 1995-002119 ; *JCP* E 1995, pan. 1045. ▪ Chambéry, 16 févr. 1999, n° 96/00707 : *JurisData* n° 1999-040521 ; *JCP* E 1999, pan. p. 1753), même si la signature d'un contrat dont les principes et les conditions essentielles avaient été définitivement arrêtés au salon professionnel, a lieu au domicile du consommateur (▪ Cass. crim., 27 juin 2006 : *D.* 2007, 484, note E. Bazin). V. aujourd'hui C. consom., art. L. 121-97 et A. 2 déc. 2014 relatif aux modalités d'information du consommateur : *JO* 12 déc. 2014, p. 20831.

4) Personnes visées. Les articles L. 121-21 et s. restent sans effet au regard d'un démarchage accompli auprès d'une personne morale (▪ Cass. 1re civ., 15 déc. 1998, n° 96-19.898 : JurisData n° 1998-004814 ; *RJDA* 999, n° 1021 ; *D.* 2000, *Cah. dr. aff.*, somm. 40, obs. J.-P. Pizzio, pour une maison des jeunes et de la culture. ▪ Paris, 17 mai 1999 : *D.* 1999, *Cah. dr. aff.*, juripsr. 66. ▪7 nov. 2001 : *RJDA* 3/2002, n° 319, pour une association). L'article L. 121-21 est applicable au démarchage pratiqué par une association dès lors qu'il tend à la conclusion de contrats de fourniture et de services (▪ Cass. crim., 26 sept. 2006, n° 05-85.093 : *JurisData* n° 2006-035391 ; *RJDA* 2007, n° 200 ; *JCP* E 2006, pan. 2669 ; *D.* 2006, p. 2732, obs. C. Rondey).

5) **Dispositions d'ordre public.** Les dispositions de la loi du 22 décembre 1972 (C. consom., art. L. 121-21 et s.) sont d'ordre public et il ne peut y être renoncé (▪ Cass. 1re civ., 16 mars 1994, n° 92-13.828 : *JurisData* n° 1994-001447 ; *RJDA* 1994, n° 723). Toutefois, la méconnaissance des dispositions des articles L. 121-21 et suivants, édictées dans l'intérêt des personnes démarchées à domicile que ces textes ont vocation à protéger, est sanctionnée par une nullité relative (▪ Cass. 1re civ., 2 oct. 2007, n° 05-17.691 : *JurisData* n° 2007-040619 ; *RJDA* 2008, n° 198).

Art. L. 121-22 ancien *(Mod., L. n° 95-96, 1er févr. 1995).* **– Ne sont pas soumises aux dispositions des articles L. 121-23 à L. 121-29 les activités pour lesquelles le démarchage fait l'objet d'une réglementation par un texte législatif particulier.**

Ne sont pas soumis aux dispositions des articles L. 121-23 à L. 121-28 :

1° Les ventes à domicile de denrées ou de produits de consommation courante faites par des professionnels ou leurs préposés au cours de tournées fréquentes ou périodiques dans l'agglomération où est installé leur établissement ou dans son voisinage ;

2° et 3° ***(Suppr., L. n° 95-96, 1er févr. 1995)*** **;**

4° Les ventes, locations ou locations-ventes de biens ou les prestations de services lorsqu'elles ont un rapport direct avec les activités exercées dans le cadre d'une exploitation agricole, industrielle, commerciale ou artisanale ou de toute autre profession.

1) **Activités soumises à un texte législatif particulier.** Pour déclarer coupables les prévenus qui soutenaient que, selon l'article L. 121-22 du Code de la consommation, l'activité en cause [souscription de contrats d'assurance complémentaire santé], faisant l'objet d'une réglementation par un texte législatif particulier, n'était pas soumise aux dispositions des articles L. 121-23 à L. 121-29 dudit code, l'arrêt énonce que seul le démarchage en matière d'assurance sur la vie se trouve réglementé par l'article L. 132-5-1 du Code des assurances et que les autres branches de l'activité d'assurance, dont celle litigieuse, qui ne relèvent pas de dispositions spécifiques, restent régies par le Code de la consommation. Ainsi, en l'état de textes dénués d'ambiguïté dont l'applicabilité à l'activité de la société avait été notifiée aux deux prévenus, la cour d'appel, qui a relevé que les démarcheurs visitaient les clients pour obtenir la souscription de contrats, a justifié sa décision (▪ Cass. crim., 2 oct. 2007, n° 06-87.292 : *Bull. crim.* 2007, n° 233 ; *Contrats, conc. consom.* 2008, comm. 28, obs. G. Raymond).

2) **Marchandises visées.** L'article L. 121-22, alinéa 2, 1°, ne peut s'appliquer à la vente de services de tables et de ménagères qui n'entrent pas dans la catégorie des produits de consommation courante (▪ Cass. crim., 18 sept. 1995, n° 94-86.118 : *JurisData* n° 1995-002935 ; *Bull. crim.*, n° 271 ; *JCP* E 1995, pan. 46. – *Adde*, ▪ Cass. crim., 29 oct. 1985 : *Bull. crim.*, n° 333 ; *D.* 1986, inf. rap. 399, obs. Roujou de Boubée ; *Rev. sc. crim.* 1986, 633, obs. Pradel ; *RTD com.* 1987, 103, obs. Hémard et Bouloc).

3) ***Conditions géographiques.*** Pour des tournées qui excédaient le voisinage, souverainement appréciées par les juges du fond (▪ Cass. crim., 22 mars 2005, n° 04-81.312 : *JurisData* n° 2005-027989 ; *D.* 2005, p. 1349, obs. Chevrier ; *RJDA* 7/2005, n° 896).

4) **Contrats sans rapport direct avec une activité professionnelle.** De manière générale, les contrats passés par des agents économiques, qui sont étrangers à leur activité, n'ont pas pour effet de la développer ; ils échappent à la compétence professionnelle des acheteurs qui se trouvent dans le même état d'ignorance que n'importe quel autre consommateur ; ils ne relèvent donc pas de l'exclusion prévue par l'article L. 121-22, alinéa 2.

C'est le cas de l'achat d'un photocopieur par un ecclésiastique pour les besoins de son ministère (▪ Cass. 1re civ., 3 mai 1988, n° 85-18.466 : *JurisData* n° 1988-701184 ; *Bull.* I, n° 125 ; *RTD com.* 1989, 110, obs. B. Bouloc), d'un extincteur par un agriculteur (▪ Cass. 1re civ., 6 janv. 1993, n° 90-20.773 : *JurisData* n° 1993-000361 ; *Contrats, conc. consom.* 1993, comm. 62, obs. Raymond ; *JCP* E 1993, II, 464, note G. Paisant), d'un système d'alarme par un commerçant (▪ Cass. 1re civ., 25 mai 1992, n° 89-15.860 : *JurisData* n° 1992-001221 ; *D.* 1993, 87, note M. Nicolau ; *Contrats, conc. consom.* 1992, comm. 194, obs. G. Raymond), la souscription d'un contrat d'assurance juridique par un artisan (▪ Cass. 1re civ., 20 oct. 1992, n° 89-16.736 : *JurisData* n° 1992-002921 ; *Contrats, conc. consom.* 1993, comm. 21, obs. Raymond : *JCP* E 1993, II, 464, note Paisant), l'achat d'un photocopieur couleur par l'exploitant d'un commerce de location de vidéocassettes (▪ Cass. 1re civ., 17 juill. 1996, n° 94-14.662 : *JurisData* n° 1996-003230 ; *Bull.* IV, n° 331 ; *RJDA* 1997, n° 849 ; *RTD com.* 1997, 306, obs. Bouloc), la souscription d'un contrat de télésurveillance par un garagiste et par un exploitant d'une ferme-auberge (▪ Rennes, 7 mai 1998 : RJDA 1998, n° 915, conf. par ▪ Cass. com., 9 nov. 1999 : *RJDA* 2000, n° 219), l'achat d'un système d'alarme par un artisan boucher (▪ Toulouse, 6 févr. 2001, n° 1999/05774 : *JurisData* n° 2001-135142 ; *JCP* E 2001, pan. 1890), l'achat par un kinésithérapeute d'un logiciel de tenue de comptabilité (■ Cass. 1re civ., 1er déc. 1998, n° 96-13.924 : *JurisData* n° 1998-004603 ; *Bull.* I, n° 339 ; *RJDA* 1999, n° 101 ; *RTD com.* 1999, 736, obs. B. Bouloc ; *D.* 2000, *Cah. dr. aff.*, somm. 39, obs. J.-P. Pizzio), le contrat de désinsectisation et dératisation des locaux d'un boulanger (■ Paris, 8 nov. 1999 [2e esp.] : *RJDA* 2000, n° 346), le contrat portant sur la fourniture et l'installation de volets roulants destinés à la boutique du professionnel démarché (■ Paris, 24 mai 2002 : *RJDA* 2002, n° 1089), la convention ayant pour objet l'évaluation des dommages conclue entre un cabinet d'expertise et un horticulteur (■ Montpellier, 7 mai 2003, n° 01/01038 : *JurisData* n° 2003-222547 ; *JCP* E 2004, pan. 442).

Semblablement, les activités de publicité en vue de la vente d'un fonds de commerce entrent dans le champ d'application de l'article L. 121-22 et ne sont pas comprises dans les exceptions prévues par ce texte (■ Cass. crim., 14 juin 1988, n° 87-90.760 : *JurisData* n° 1988-701713 ; *Bull. crim.*, n° 271 ; *RTD com.* 1989, 286, n° 2, obs. B. Bouloc ; *RTD civ.* 1989, 62, obs. Mestre. ■ Cass. crim., 4 déc. 1989, n° 89-81.316 : *JurisData* n° 1989-704313 ; *Bull. crim.*, n° 461 ; *RTD com.* 1990, 452, n° 7, obs. Bouloc. ■ Cass. crim., 26 mai 1993, n° 92-85.285 : *JurisData* n° 1993-001389 ; *RJDA* 8/93, n° 752. ■ Cass. crim., 23 mars 1999 [1re esp.] : *RJDA* 3/2000, n° 346, qui décide que les prestations proposées par une société qui avaient pour but de permettre aux commerçants démarchés de cesser leur activité en cédant leur fonds ne répondent pas aux besoins normaux d'une activité commerciale).

5) Contrats en rapport direct avec une activité professionnelle. Un contrat signé par un commerçant pour les besoins de son commerce, fût-ce en vue d'en étendre les formes d'activité relève de l'exclusion prévue par le texte (■ Cass. 1re civ., 2 févr. 1994, n° 91-19.576 : *JurisData* n° 1994-000108 ; *Bull.* I, n° 48 ; *D.* 1994, somm. 236, obs. G. Paisant). De même un contrat conclu par un commerçant pour lui permettre d'exercer une activité commerciale, fût-elle complémentaire (■ Cass. 1re civ., 9 mai 1996, n° 94-13.098 : *JurisData* n° 1996-001789 ; *RJDA* 1996, n° 1272 ; *RTD com.* 1997, 132, obs. Bouloc. – *Adde* ■ Cass. com., 16 mai 2000, n° 98-11.800 : *JurisData* n° 2000-002019 ; *RJDA* 2000, n° 1054). De même un contrat ayant pour objet l'insertion d'encarts publicitaires (■ Cass. 1re civ. 26 nov. 2002, n° 00-17.610 : *JurisData* n° 2002-016552 ; *RJDA* 2003, n° 199 ; *JCP* E 2003, pan. 121, pour une couturière).

Il a été jugé que l'achat d'un photocopieur par un commerce d'épicerie, dépôt de journaux et papeterie a un rapport direct avec les activités mêmes secondaires de ce commerce (■ Cass. 1re civ., 1er févr. 2000, n° 97-22.157 : *JurisData* n° 2000-000534 ; *RJDA* 2000, n° 609). De même la souscription par un chirurgien-dentiste d'un contrat de location de matériel d'alarme et de télésurveillance pour assurer la sécurité de son cabinet (■ Versailles, 4 oct. 2002, n° 01/00529 : *JurisData* n° 2002-225462 ; *RJDA* 3/2003, n° 327).

Semblablement, l'acquisition par un particulier, à son domicile, d'un matériel d'une technicité et d'un coût tels qu'ils ne pouvaient s'adresser qu'à un professionnel, avait un rapport direct avec l'activité professionnelle, même future de l'acheteur (■ Cass. 1re civ., 10 juill. 2001, n° 99-12.512 : *JurisData* n° 2001-010603 ; *RJDA* 2002, n° 320 ; *D.* 2001, p. 2828, obs. C. Rondey. ■ Cass. 1re civ., 29 janv. 2002, n° 00-12.173 : *JurisData* n° 2002-013084 ; *D.* 2002, somm. 932, obs. O. Tournafond ; *JCP* E 2001, pan. 1600 ; *JCP* E 2002, jurispr. 1291, note Y. Dagorne-Labbé).

Ne bénéficie pas du droit de rétractation prévu à l'article L. 121-25 du Code de la consommation la personne physique exerçant une activité de location de chambre d'hôte (■ Limoges, 21 janv. 2010 : *JurisData* n° 2010-003731 ; *Contrats, conc. consom.* 2010, comm. 190, obs. G. Raymond).

6) Mission des juges du fond. Il appartient aux juges du fond d'apprécier souverainement, au vu des éléments de l'espèce, si les ventes sont proposées pour les besoins d'une activité professionnelle, et sont dès lors exclues des dispositions protectrices de la loi du 22 décembre 1972 (C. consom.) (■ Cass. crim., 27 juin 1989, n° 89-80.780 : *JurisData* n° 1989-702976 ; *Bull. crim.*, n° 276 ; *RTD com.* 1990, 241, obs. B. Bouloc. – *Adde*, ■ Cass. 1re civ., 2 févr. 1994 [2 arrêts] : *JCP* E 1994, pan. 508 et 509 ; *RJDA* 1994, n° 594. ■ 17 juill. 1996, n° 94-14.662 : *JurisData* n° 1996-003230 ; *RJDA* 1997, n° 849). Les juges du fond doivent se prononcer sur la base de motifs propres à caractériser l'existence ou non d'un rapport direct entre le contrat litigieux et l'activité professionnelle. Prive dès lors de base légale la décision qui écarte du bénéfice du texte un médecin qui avait conclu un contrat de protection informatique et de location de divers matériel en retenant seulement que ce matériel et ces prestations se rapportaient à l'exercice de la profession litigieuse (■ Cass. 1re civ., 26 nov. 2014, n° 13-22.060 : *Contrats, conc. consom.* 2015/2, comm. 51, obs. G. Raymond).

7) Soumission volontaire. Rien n'interdit aux professionnels de soumettre aux articles L. 121-22 et suivants les contrats qu'ils concluent avec d'autres professionnels (■ Rouen, 7 déc. 2000, n° 99/00924 : *JurisData* n° 2000-137094 ; *RJDA* 2001, n° 513. ■ Cass. 1re civ., 7 déc. 2004, n° 03-11.357 : *JurisData* n° 2004-026099 ; *RJDA* 2006, n° 71).

8) Personnes morales. Les personnes morales sont exclues de la protection accordée aux consommateurs en matière de démarchage (■ Cass. 1re civ.,

15 déc. 1998, n° 96-19.898 : *JurisData* n° 1998-004814 ; *RJDA* 1999, n° 1021 ; *D.* 2000, *Cah. dr. aff.*, somm. 40, obs. J.-P. Pizzio, pour une maison des jeunes et de la culture. ▪ Paris, 17 mai 1999 : *D.* 1999, *Cah. dr. aff.*, jurispr. 66. ▪ 7 nov. 2001 : *RJDA* 3/2002, n° 319, pour une association).

Art. L. 121-23 ancien *(L. n° 93-949, 26 juill. 1993)*. **– Les opérations visées à l'article L. 121-21 doivent faire l'objet d'un contrat dont un exemplaire doit être remis au client au moment de la conclusion de ce contrat et comporter, à peine de nullité, les mentions suivantes :**

1° Noms du fournisseur et du démarcheur ;

2° Adresse du fournisseur ;

3° Adresse du lieu de conclusion du contrat ;

4° Désignation précise de la nature et des caractéristiques des biens offerts ou des services proposés

5° Conditions d'exécution du contrat, notamment les modalités et le délai de livraison des biens, ou d'exécution de la prestation de services ;

6° Prix global à payer et modalités de paiement ; en cas de vente à tempérament ou de vente à crédit, les formes exigées par la réglementation sur la vente à crédit, ainsi que le taux nominal de l'intérêt et le taux effectif global de l'intérêt déterminé dans les conditions prévues à l'article L. 313-1 ;

7° Faculté de renonciation prévue à l'article L. 121-25, ainsi que les conditions d'exercice de cette faculté et, de façon apparente, le texte intégral des articles L. 121-23, L. 121-24, L. 121-25 et L. 121-26.

1) Nullité pour absence des mentions légales. Pour la nullité d'un contrat ne comportant pas la mention de l'existence et des modalités d'exercice de la faculté de renonciation dans les 7 jours (▪ Montpellier, 7 mai 2003 : *JCP* E 2004, pan. 442).

Pour la nullité du contrat ne comportant pas le nom du vendeur (▪ Cass. 1re civ., 9 juill. 2003, n° 00-21.651 : *JurisData* n° 2003-019912 ; *RJDA* 1/2004, n° 106 ; *JCP* E 2003, pan. 1345 ; *D.* 2003, p. 2236, obs. Rondey).

Pour la nullité du contrat ne comportant ni le texte des articles L. 121-23 à L. 121-26, ni la mention relative à la faculté de renoncer dans un délai de 7 jours, ni le formulaire détachable destiné à la faculté de rétractation, sans que puisse être utilement opposée l'absence de rétractation de l'acquéreur dans le délai de 7 jours (▪ Versailles, 20 févr. 2004 : *JCP* E 2004, pan. 1488). Pour le formalisme touchant le bordereau de rétractation (▪ Cass. 1re civ., 21 nov. 2006, n° 05-20.706 : *D.* 2007, p. 151, obs. Rondey. – Comp. ▪ Cass. 1re civ., 3 mai 2007, n° 05-21.458 : *D.* 2007, p. 1499, obs. C. Rondey ; *RTD com.* 2007, 575, obs. D. Legeais ; *D.* 2008, pan. 880, obs. D.-R. Martin).

2) Nullité relative. La méconnaissance des dispositions des articles L. 121-21 et suivants, édictées dans l'intérêt des personnes démarchées à domicile que ces textes ont vocation à protéger, est sanctionnée par une nullité relative (▪ Cass. 1re civ., 2 oct. 2007 : *RJDA* 2008, n° 198).

3) Confirmation de l'acte nul. La seule signature du consommateur apposée sur l'acte nul n'établit pas qu'il a confirmé cet acte dès lors que la preuve de sa connaissance du vice et de son intention de le réparer n'est pas rapportée (▪ Cass. 1re civ., 14 févr. 2018, n° 16-25.744 : *Contrats, conc. consom.* 2018, comm. 80, obs. S. Bernheim-Desvaux).

Art. L. 121-24 ancien. – Le contrat visé à l'article L. 121-23 doit comprendre un formulaire détachable destiné à faciliter l'exercice de la faculté de renonciation dans les conditions prévues à l'article L. 121-25. Un décret en Conseil d'État précisera les mentions devant figurer sur ce formulaire.

Ce contrat ne peut comporter aucune clause attributive de compétence.

Tous les exemplaires du contrat doivent être signés et datés de la main même du client.

Le seul défaut de remise du contrat au cours d'un démarchage à domicile ne constitue pas une cause de nullité de la convention, mais prive le client de la possibilité de prendre la mesure exacte de ses droits et obligations, en particulier *de celle d'exercer sa faculté de renonciation* (▪ Paris, 30 nov. 1994 : *JurisData* n° 1994-024087 ; *RJDA* 1995, n° 366).

Condamnation pour démarchage à domicile de commerçants qui après avoir pris contact par téléphone avec des clients potentiels, avaient procédé à la livraison au domicile de ces personnes en leur faisant viser le bon de livraison sans leur faire signer un contrat écrit assorti d'une faculté de rétractation (▪ Cass. crim., 12 oct. 1999, n° 98-85.889 : *JurisData* n° 1999-004014 ; *RJDA* 2000, n° 104 ; JCP E 2000, p. 804, note J.-H. Robert). De même pour un contrat de vente conclu dans les magasins du vendeur avec un consommateur invité par téléphone à s'y rendre sous prétexte de retirer un cadeau (▪ Cass. crim., 26 oct. 1999 : *JCP* E 2000, p. 804, note J.-H. Robert).

Art. L. 121-25 ancien *(L. n° 93-949, 26 juill. 1993)*. – **Dans les sept jours, jours fériés compris, à compter de la commande ou de l'engagement d'achat, le client a la faculté d'y renoncer par lettre recommandée avec accusé de réception. Si ce délai expire normalement un samedi, un dimanche ou un jour férié ou chômé, il est prorogé jusqu'au premier jour ouvrable suivant.**

Toute clause du contrat par laquelle le client abandonne son droit de renoncer à sa commande ou à son engagement d'achat est nulle et non avenue.

Le présent article ne s'applique pas aux contrats conclus dans les conditions prévues à l'article L. 121-27.

1) Régularité du contrat : charge de la preuve. Il appartient à la société qui réclame l'exécution du contrat d'établir sa régularité et notamment qu'il comportait la mention prévoyant la faculté de renonciation réservée au client par l'article 3 de la loi (art. L. 121-25) (■ Cass. 1re civ., 17 févr. 1993, n° 91-12.479 : *JurisData* n° 1993-000362 ; *JCP* E 1993, pan. 497 ; *RJDA* 1993, n° 453).

2) Exercice du droit de rétractation : charge de la preuve. C'est à l'auteur de la lettre qu'il appartient de prouver qu'il a exercé la faculté de rétractation dans les formes et délais prévus par la loi pour bénéficier de l'annulation de sa commande (■ Cass. 1re civ., 13 mars 1996, n° 93-20.425 : *JurisData* n° 1996-000958 ; *RJDA* 1996, n° 1551).

Un tribunal ne peut valablement admettre la renonciation à une commande de photos au-delà du délai de sept jours au motif que l'annulation du contrat était parvenue dans un délai suffisamment bref pour permettre au photographe d'éviter d'engager des frais inutiles (■ Cass. 1re civ., 10 juin 1992, n° 90-17.267 : *JurisData* n° 1992-001316 ; *Bull.* I, n° 178 ; *Contrats, conc. consom.* 1992, n° 195, obs. G. Raymond).

Art. L. 121-26 ancien *(Mod., L. n° 95-96, 1er févr. 1995 ; L. n° 2005-841, 26 juill. 2005 ; Ord. n° 2007-329, 12 mars 2007)*. – **Avant l'expiration du délai de réflexion prévu à l'article L. 121-25, nul ne peut exiger ou obtenir du client, directement ou indirectement, à quelque titre ni sous quelque forme que ce soit une contrepartie quelconque ni aucun engagement ni effectuer des prestations de services de quelque nature que ce soit.**

Toutefois, la souscription à domicile d'abonnement à une publication quotidienne et assimilée, au sens de l'article 39 *bis* du Code général des impôts, n'est pas soumise aux dispositions de l'alinéa précédent dès lors que le consommateur dispose d'un droit de résiliation permanent, sans frais ni indemnité, assorti du remboursement, dans un délai de quinze jours, des sommes versées au prorata de la durée de l'abonnement restant à courir.

En outre, les engagements ou ordres de paiement ne doivent pas être exécutés avant l'expiration du délai prévu à l'article L. 121-25 et doivent être retournés au consommateur dans les quinze jours qui suivent sa rétractation.

Les dispositions du deuxième alinéa s'appliquent aux souscriptions à domicile proposées par les associations et entreprises agréées par l'État ayant pour objet la fourniture de services mentionnés à l'article L. 7231-1 du Code du travail sous forme d'abonnement.

1) Champ d'application. Les contrats de démarchage à domicile autres que ceux relatifs à la souscription d'un abonnement à une publication quotidienne ne sont pas soumis à l'exigence de reproduction des alinéas 2 et 3 de l'article 121-26 (■ Cass. 1re civ., 27 févr. 2001, n° 98-19.780 : *JurisData* n° 2001-008356 ; *D.* 2001, p. 1098, obs. C. Rondey ; *RJDA* 11/2001, n° 1155 ; *JCP* E 2001, pan. 734. ■ Cass. 1re civ., 18 déc. 2002, n° 99-21.121 : *JurisData* n° 2002-017007 ; *JCP* E 2003, pan. 251, pour un dispositif de réception d'ondes hertziennes). Jugé que « l'alinéa 3 de l'article L. 121-26 doit être lu comme lié à l'alinéa 2, tous deux ayant été insérés dans cet article par la loi du 1er février 1995 dans le but d'assouplir, pour la presse écrite, secteur à protéger, le principe posé par l'alinéa 1 du même article ». Dans ces conditions, viole la loi la cour d'appel qui relaxe le gérant d'une agence matrimoniale, poursuivi pour avoir reçu, avant l'expiration du délai de réflexion de sept jours, un ordre de virement permanent, en s'appuyant vainement sur une exception qui n'était pas applicable à l'espèce (■ Cass. crim., 10 janv. 2012, n° 11-86.985 : *JurisData* n° 2012-001281 ; *Contrats, conc. consom.* 2012/5, comm. 139, obs. G. Raymond).

2) Contrepartie interdite. Constitue une contrepartie interdite, au sens de l'article 4 de la loi (art. L. 121-26), la signature d'une autorisation de prélèvement bancaire (■ Cass. crim., 6 mars 1984, n° 83-90.469 : *JurisData* n° 1984-700438 ; *D.* 1984, 552, note J.-P. Pizzio ; *RTD com.* 1985, 142, obs. Hémard et Bouloc ; 372, obs. Bouzat. ■ 7 déc. 1999, n° 99-82.895 : *JurisData* n° 1999-004870 ; *RJDA* 2000, n° 347. ■ Grenoble, 3 mars 2009, n° 07/00003 : *Contrats, conc. consom.* 2009, comm. 210, obs. G. Raymond) mais pas l'acceptation d'une offre de crédit (■ Cass. crim., 22 mars 2005, n° 04-85.654 : *JurisData* n° 2005-027987 ; *JCP* E 2005, pan. 742). De même la réception d'un chèque à titre d'acompte (■ Cass. crim., 5 oct. 1987, n° 86-92.194 : *JurisData* n° 1987-002379 ; *Bull. crim.*, n° 334 ; *RTD com.* 1988, 485, obs. Hémard et Bouloc), même si le démarcheur ne l'a pas sollicité (■ Cass. 1re civ., 22 nov. 1994, n° 92-10.192 : *JurisData* n° 1994-002126 ; *Bull.* I, n° 341 ; *D.* 1995, somm. 311, obs. Pizzio).

Il importe peu que le chèque de paiement partiel remis au démarcheur à la livraison n'ait pas été encaissé avant l'expiration du délai de réflexion (■ Cass. 1re civ., 18 juin 1996, n° 94-15.121 : *JurisData* n° 1996-002547 ; *Bull.* IV, n° 263 ; *JCP* E 1996, pan. 963 ; *RJDA* 1996, n° 1550 ; *RTD com.* 1997, 305, obs. Bouloc).

3) Sanction. La sanction de l'article L. 121-26, alinéa 1, est la nullité du contrat (■ Cass. 1re civ., 7 oct. 1998, n° 96-17.829 : *Bull.* I, n° 290 ; *JCP* E 1999, p. 279, note Gervais ; *RJDA* 1998, n° 1426 ; *RTD com.* 1999, 485, obs. Bouloc ; *D.* 2000, *Cah. dr. aff.*, somm. 45, obs. Pizzio). La méconnaissance des dispositions des articles L. 121-21 et suivants, édictées dans l'intérêt des personnes démarchées à domicile que ces textes ont vocation à protéger, est sanctionnée par une nullité relative (■ Cass. 1re civ., 2 oct. 2007 : *RJDA* 2008, n° 198).

Voir : déc. citées sous C. consom., art. L. 121-21, p. 3064.

Art. L. 121-27 ancien ***(Mod., L. n° 2004-575, 21 juin 2004).*** **– À la suite d'un démarchage par téléphone ou par tout moyen technique assimilable, le professionnel doit adresser au consommateur une confirmation de l'offre qu'il a faite. Le consommateur n'est engagé que par sa signature. Il bénéfice alors des dispositions prévues aux articles L. 121-18, L. 121-19, L. 121-20, L. 121-20-1 et L. 121-20-3.**

1) Condamnation pour démarchage à domicile de commerçants qui après avoir pris contact par téléphone avec des clients potentiels, avaient procédé à la livraison au domicile de ces personnes en leur faisant viser le bon de livraison sans leur faire signer un contrat écrit assorti d'une faculté de rétractation (■ Cass. crim., 12 oct. 1999 : *JCP* E 2000, p. 804, note Robert : *RJDA* 2001, n° 96).

2) Point de départ du délai de rétractation. Le point de départ du délai de rétractation de 7 jours n'est pas la date de l'offre, mais le jour auquel le destinataire de l'offre exprime de façon non équivoque son acceptation (■ TI Vanves, 13 janv. 2004 : *D.* 2004, p. 697).

Art. L. 121-28 ancien ***(Mod., L. n° 2008-776, 4 août 2008).*** **– Toute infraction aux dispositions des articles L. 121-23, L. 121-24, L. 121-25 et L. 121-26 sera punie d'une peine d'emprisonnement d'un an et d'une amende de 3 750 € ou de l'une de ces deux peines seulement.**

Les personnes physiques déclarées coupables encourent également à titre de peines complémentaires l'interdiction, suivant les modalités prévues par l'article 131-27 du Code pénal, soit d'exercer une fonction publique ou d'exercer l'activité professionnelle ou sociale dans l'exercice ou à l'occasion de l'exercice de laquelle l'infraction a été commise, soit d'exercer une profession commerciale ou industrielle, de diriger, d'administrer, de gérer ou de contrôler à un titre quelconque, directement ou indirectement, pour leur propre compte ou pour le compte d'autrui, une entreprise commerciale ou industrielle ou une société commerciale. Ces interdictions d'exercice peuvent être prononcées cumulativement.

Art. L. 121-29 ancien ***(Mod., Ord. n° 2005-428, 6 mai 2005).*** **– Les dispositions du Chapitre VIII du Titre II du Livre I du Code de commerce sont applicables aux personnes qui effectuent des opérations de vente à domicile.**

L'entreprise est civilement responsable des démarcheurs, même indépendants, qui agissent pour son compte.

....

Art. L. 121-31 ancien ***(L. n° 93-949, 26 juill. 1993).*** **– À l'occasion des poursuites pénales exercées en application de la présente section contre le vendeur, le prestataire de services ou le démarcheur, le client qui s'est constitué partie civile est recevable à demander devant la juridiction répressive une somme égale au montant des paiements effectués ou des effets souscrits, sans préjudice de tous dommages-intérêts.**

Le client peut bénéficier des dispositions de *l'article L. 121-31, même si le chèque d'acompte* représentant la contrepartie que s'est fait remettre le démarcheur n'a été encaissé qu'après l'expiration du délai légal de réflexion durant lequel le client ne s'était pas rétracté (■ Cass. crim., 23 sept. 2003, n° 03-82.338 : *JurisData* n° 2003-020583 ; *RJDA* 2/2004, n° 248 ; *JCP* E 2003, pan. 1647 ; *D.* 2003, p. 2765, obs. Chevrier ; *Dr. pénal* 2004, n° 9, obs. Robert ; *RTD com.* 2004, 169, obs. Bouloc ; *Rev. sc. crim.* 2004, 105, obs. Ambroise-Castérot. ■ Cass. crim., 4 avr. 2006, n° 05-86.245 : *JurisData* n° 2006-033189 ; *D.* 2006, p. 1444, obs. Rondey).

Art. L. 121-32 ancien. – Des décrets en Conseil d'État pourront régler, en tant que de besoin, les modalités d'application de la présente section.

Art. L. 121-33 ancien *(Mod., L. n° 94-442, 3 juin 1994)*. – Il est interdit de se rendre au domicile d'une personne physique, à sa résidence ou à son lieu de travail pour proposer la vente, la location ou la location-vente de documents ou matériels quelconques tendant à répondre aux mêmes besoins que des prestations de services pour lesquelles le démarchage est prohibé en raison de son objet par un texte particulier.

Toute infraction aux dispositions de l'alinéa précédent entraîne, outre la nullité de la convention, l'application des sanctions prévues à l'article L. 121-28.

Ne sont pas visés par les dispositions des alinéas précédents les supports matériels de connaissance des langues étrangères ou régionales destinés à leur libre apprentissage, sans assistance ou suivi pédagogique, dont la présentation ne fait pas référence à un niveau scolaire, à une activité d'enseignement, à la réussite scolaire, à une formation, à l'obtention d'un diplôme ou d'une situation professionnelle. Dans ce cas, le délai de réflexion de sept jours est prolongé d'un délai supplémentaire expirant quinze jours après la réception du produit par le client pour faire retour de ce produit pour remboursement. En cas d'exercice de ce droit de retour, le matériel est restitué au vendeur sans frais ou indemnités autres que les frais de réexpédition. Le contrat prévu à l'article L. 121-23 doit reproduire en outre le texte du présent alinéa concernant la faculté de résiliation de la commande.

Les résultats des tests d'aptitude à l'emploi des méthodes de langues effectués par le vendeur ou le fabricant sous le contrôle d'un tiers indépendant doivent être communiqués au consommateur avant la conclusion du contrat.

Droit transitoire. L'article 6 de la loi du 3 juin 1994 est d'application immédiate, et la condamnation ne saurait être maintenue que si les faits constituent une infraction tant au regard de la loi ancienne que de la loi nouvelle (▪ Cass. crim., 30 nov. 1994, n° 94-80.383 : *JurisData* n° 1994-002658 ; *JCP* E 1995, pan. 333).

II. – DROIT EUROPÉEN

Bibliographie : F. Brunet et G. Canivet (dir.), *Le nouveau droit communautaire de la concurrence*, LGDJ 2008. • C. Grynfogel, *Droit européen de la concurrence*, LGDJ, 4e éd. 2016. • A. Decocq et G. Decocq, *Droit de la concurrence. Droit interne et droit de l'Union européenne*, LGDJ, 8e éd., 2018. • L. Dubouis et C. Blumann, *Droit matériel de l'Union européenne*, Montchrestien, 8e éd., 2019. • J. Dutheil de La Rochère, *Droit matériel de l'Union européenne*, Hachette 2006. • C. Gavalda, G. Parleani et B. Lecourt, *Droit des affaires de l'Union européenne*, Litec, 8e éd., 2019. • M. Malaurie-Vignal, *Droit de la concurrence interne et européen*, Sirey, 8e éd., 2019. • C. Nourissat et B. de Clavière-Bonnamour, *Droit de la concurrence, Libertés de circulation*, Dalloz-Hypercours, 6e éd. 2020. • N. Petit, *Droit européen de la concurrence*, LGDJ, 3e éd., 2020. • C. Priéto et D. Bosco, *Droit européen de la concurrence*, Bruylant 2013. • J. Schapira, G. Le Tallec, J.-B. Blaise et L. Idot, *Droit européen des affaires*, PUF, 5e éd. 1999. • L. Vogel, *Traité de droit économique, t. 1 : Droit de la concurrence – Droits européen et français*, 3e éd., 2020.

A. – TRAITÉ SUR LE FONCTIONNEMENT DE L'UNION EUROPÉENNE (TFUE)

Traité sur le fonctionnement de l'Union européenne
(JO C 83, 30 mars 2010)

TITRE VII. – LES RÈGLES COMMUNES SUR LA CONCURRENCE, LA FISCALITÉ ET LE RAPPROCHEMENT DES LÉGISLATIONS

CHAPITRE I. – LES RÈGLES DE CONCURRENCE

Section I. – LES RÈGLES APPLICABLES AUX ENTREPRISES

Art. 101 *(Anc. art. 81 TCE)*. – 1. Sont incompatibles avec le marché intérieur et interdits tous accords entre entreprises, toutes décisions d'associations d'entreprises et toutes pratiques concertées, qui sont susceptibles d'affecter le commerce entre États membres et qui ont pour objet ou pour effet d'empêcher,

de restreindre ou de fausser le jeu de la concurrence à l'intérieur du marché intérieur, et notamment ceux qui consistent à :

***a)* fixer de façon directe ou indirecte les prix d'achat ou de vente ou d'autres conditions de transaction,**

***b)* limiter ou contrôler la production, les débouchés, le développement technique ou les investissements,**

***c)* répartir les marchés ou les sources d'approvisionnement,**

***d)* appliquer, à l'égard de partenaires commerciaux, des conditions inégales à des prestations équivalentes en leur infligeant de ce fait un désavantage dans la concurrence,**

***e)* subordonner la conclusion de contrats à l'acceptation, par les partenaires, de prestations supplémentaires qui, par leur nature ou selon les usages commerciaux, n'ont pas de lien avec l'objet de ces contrats.**

2. Les accords ou décisions interdits en vertu du présent article sont nuls de plein droit.

3. Toutefois, les dispositions du paragraphe 1 peuvent être déclarées inapplicables :

– à tout accord ou catégorie d'accords entre entreprises,

– à toute décision ou catégorie de décisions d'associations d'entreprises et

– à toute pratique concertée ou catégorie de pratiques concertées

qui contribuent à améliorer la production ou la distribution des produits ou à promouvoir le progrès technique ou économique, tout en réservant aux utilisateurs une partie équitable du profit qui en résulte, et sans :

***a)* imposer aux entreprises intéressées des restrictions qui ne sont pas indispensables pour atteindre ces objectifs,**

***b)* donner à des entreprises la possibilité, pour une partie substantielle des produits en cause, d'éliminer la concurrence.**

Art. 102 *(Anc. art. 82 TCE).* **– Est incompatible avec le marché intérieur et interdit, dans la mesure où le commerce entre États membres est susceptible d'en être affecté, le fait pour une ou plusieurs entreprises d'exploiter de façon abusive une position dominante sur le marché intérieur ou dans une partie substantielle de celui-ci.**

Ces pratiques abusives peuvent notamment consister à :

***a)* imposer de façon directe ou indirecte des prix d'achat ou de vente ou d'autres conditions de transaction non équitables,**

***b)* limiter la production, les débouchés ou le développement technique au préjudice des consommateurs,**

***c)* appliquer à l'égard de partenaires commerciaux des conditions inégales à des prestations équivalentes, en leur infligeant de ce fait un désavantage dans la concurrence,**

***d)* subordonner la conclusion de contrats à l'acceptation, par les partenaires, de prestations supplémentaires qui, par leur nature ou selon les usages commerciaux, n'ont pas de lien avec l'objet de ces contrats.**

B. – TEXTES DE PROCÉDURE

Règlement (CE) n° 1/2003 du 16 décembre 2002

relatif à la mise en œuvre des règles de concurrence prévues aux articles 81 et 82 du traité

(Texte présentant de l'intérêt pour l'EEE) (JOCE L 1, 4 janv. 2003)

Bibliographie : L. Idot, *La modernisation du droit de la concurrence : JCP E* 2003, actu. 20 ; *Le nouveau système communautaire de mise en œuvre des articles 81 et 82 CE (Règlement 1/2003 et projets de textes applicables) : Cah. dr. europ.* 2003, n° 3-4, p. 283 ; *L'entrée en vigueur du règlement n° 1/2003 : les dispositions procédurales du « paquet modernisation » : Europe* 2004, étude 6 ; *Publication du paquet modernisation qui accompagne le règlement n° 1/2003 : Europe* 2004, comm. 219. • R. Kovar, *Le règlement du Conseil du 16 décembre 2002 relatif à la mise en œuvre des règles de concurrence prévues aux articles 81 et 82 du traité CE : D.* 2003, p. 478. • J.-M. Meffre et Th. Lamy, *1er mai 2004 : entrée en vigueur du nouveau règlement sur le contrôle des ententes : D.* 2004, p. 1295. • J.-M. Meffre et C. Guet, *Modernisation du droit communautaire de la concurrence – Le contrôle a posteriori de la licéité des accords par le juge national : questions de procédure : D. 2005,* p. 361. • S. Poillot-Peruzzetto, *Les réformes de fond à l'occasion des réformes de procédure en droit communautaire de la concurrence : Contrats, conc. consom. 2004, étude 8 ; Mise en œuvre des articles 81 et 82 sur le fondement du règlement n° 1/2003 : Contrats, conc. consom.* 2004, comm. 98. • S. Reifegerste, *L'articulation du droit communautaire et du droit national de la concurrence : JCP G* 2003, I, 125. • J.-P. Viennois, *Rapports entre droit communautaire et droit national : CDE* 2003/5, p. 1. • Ph. Riou, *La mise en œuvre du règlement 1/2003 par les autorités nationales de concurrence, révolution ou évolution : CDE* 2004/2, p. 28.

Règlement n° 773/2004 du 7 avril 2004

de la Commission des CE relatif aux procédures mises en œuvre par la Commission en application des articles 81 et 82 du traité CE

(JOUE n° L 123, 27 avr. ; mod. à compter du 1er janv. 2007, Comm CE, règl. (CE) n° 1792/2006, 23 oct. 2006 : JOUE n° L 362, 20 déc. 2006 ; à compter du 1er juill. 2008, Comm. (CE), règl. CE n° 622/2008, 30 juin 2008 : JOUE n° L 171, 1er juill. 2008 ; à compter du 1er juillet 2013, Comm. UE, règl. (UE) n° 519/2013, 21 févr. 2013 : JOUE n° L 158, 10 juin 2013 ; Comm. UE, règl. (UE) n° 2015/1348, 3 août 2015, art. 1er : JOUE n° L 208, 5 août 2015)

Communication du 27 avril 2004

de la Commission sur la coopération entre la Commission et les juridictions nationales pour l'application des articles 81 et 82 du traité CE

(JOUE C 101, 27 avr.)

Directive (UE) 2019/1 du Parlement européen et du Conseil du 11 décembre 2018

visant à doter les autorités de concurrence des États membres des moyens de mettre en œuvre plus efficacement les règles de concurrence et à garantir le bon fonctionnement du marché intérieur

(JOUE n° L 11/3, 14 janv.)

C. – TEXTES DE DROIT MATÉRIEL

1. – Antitrust

a. – Règles applicables aux ententes et aux abus de position dominante

Communication de la Commission sur la définition du marché en cause aux fins du droit communautaire de la concurrence (*JOUE* C 372, 9 déc. 1997).

Communication – Lignes directrices relatives à la notion d'affectation du commerce figurant aux articles 81 et 82 du traité (*JOUE* C 101, 27 avr. 2004).

Communication – Lignes directrices pour le calcul des amendes infligées en application de l'article 23, paragraphe 2, sous *a)*, du règlement (CE) n° 1/2003 (*JOUE* C 210, 1er sept. 2006).

Communication de la Commission relative à la quantification du préjudice dans les actions en dommages et intérêts fondées sur des infractions à l'article 101 ou 102 du traité sur le fonctionnement de l'Union européenne (*JOUE* C 167/19, 13 juin 2013).

Directive 2014/104/UE du Parlement européen et du Conseil du 26 novembre 2014 relative à certaines règles *régissant les actions en dommages* et intérêts en droit national pour les infractions aux dispositions du droit de la concurrence des États membres et de l'Union européenne (*JOUE* L 349/1, 5 déc. 2014).

b. – Règles applicables aux ententes

Communication de la Commission concernant les accords d'importance mineure qui ne restreignent pas sensiblement le jeu de la concurrence au sens de l'article 101, paragraphe 1, du traité sur le fonctionnement de l'Union européenne (communication de minimis) (*JOUE* 291/1, 30 août 2014).

Communication de la Commission – Lignes directrices concernant l'application de l'article 81, paragraphe 3, du traité (*JOUE* C 101, 27 avr. 2004).

Communication de la Commission sur l'immunité d'amendes et la réduction de leur montant dans les affaires portant sur des ententes (*JOUE* C 298, 8 déc. 2006).

c. – Règles spécifiques applicables aux accords verticaux

Règlement n° 330/2010 du 20 avril 2010

concernant l'application de l'article 101, paragraphe 3, du traité sur le fonctionnement de l'Union européenne à des catégories d'accords verticaux et de pratiques concertées

(JOUE L 102, 23 avr. ; mod. à compter du 1er mai 2004, Acte adhésion, 16 avr. 2003 : JOUE n° L 236, 23 sept. 2003)

Bibliographie : L. Idot, *Vers de nouveaux règlements d'exemption en matière de restrictions verticales : RDC* 2010/1, p. 97 ; Règlement *d'exemption sur les accords verticaux : Europe* 2010/6, comm. 212. • N. Raud et G. Notté, *Nouveau règlement d'exemption par catégorie des restrictions verticales : Contrats, conc. consom.* 2010, prat. 2. • Ch.Vilmart, *La nouvelle exemption des accords de distribution : une insécurité grandissante : JCP* E 2010, 1556. • Sur l'ancien règlement n° 2790/1999 du 22 décembre 1999 concernant l'application de l'article 81, paragraphe 3 du traité à des catégories d'accords verticaux et de pratiques concertées (*JOUE* n° L 336, 29 déc.). • P. Arhel, *Les restrictions verticales : une réforme en profondeur : LPA* 2000, n° 5, p. 7. • J.-D. Bretzner, *L'application rétroactive du règlement CE n° 2790/1999 du 22 décembre 1999 sur les restrictions verticales : D.* 2000, chron., p. 1603. • M. Chagny, *La réforme des règles communautaires de concurrence applicables aux restrictions verticales : adaptation plutôt que révolution ! : Rev. Lamy conc.* 2009, n° 1457. • M. Chagny et S. Choisy, *Les nouvelles règles applicables aux restrictions verticales de concurrence : Comm. com. électr.* 2010/9, étude 17. • G. Decocq, *Révision des règles relatives aux restrictions verticales : RJ com.* 2009, p. 269. • F. Delbarre et D. Redon, *Exemption des accords verticaux : BRDA* 2000, n° 3, p. 11. • R. Fabre, *Les contrats de distribution et Internet à la lumière du nouveau règlement communautaire : D.* 2001, p. 461. • D. Ferrier, *Les effets cumulatifs de réseaux au regard des restrictions verticales de concurrence : CDE* 1999/5, p. 7. • A. Gurin, *L'avenir du règlement d'exemption et de la distribution en ligne : Rev. Lamy conc.* 2009, n° 1380 ; *Nouvelles règles relatives aux restrictions verticales : JCP* E 2011, 1027. • C. Halimi-Dechelette, *La réforme du droit communautaire des restrictions verticales à la concurrence : Contrats, conc. consom.* 2000, chron. n° 6. • Ch. Henin et D. Delesalle, *La modernisation des règles communautaires de la concurrence : LPA* 2000, n° 58, p. 6. • L. Idot, *Une facette de la modernisation du droit communautaire de la concurrence : les nouveaux règlements d'exemption : LPA* 2005, n° 22, p. 5. • R. Kovar, *La politique communautaire de concurrence en matière de restrictions verticales : Le règlement d'exemption 2790/1999 : RTDE* 2000, p. 153. • Th. Lambert, *Le contrat de bière face au nouveau droit de la concurrence communautaire : RJ com.* 2000, p. 289. • M. Malaurie-Vignal, *Étude du règlement n° 330/2010 du 20 avril 2010 concernant l'application de l'article 101, § 3 à des catégories d'accords verticaux et de pratiques concertées : Contrats, conc. consom.* 2010/8, étude 9. • A. Pappalardo, *Les nouvelles règles de concurrence applicables aux accords verticaux : RDUE* 2000, p. 151. • S. Poillot-Peruzzetto : *RTD com.* 2000, p. 492. • V. Selinsky, *Restrictions verticales : champ d'application du nouveau règlement d'exemption : Rev. Lamy dr. aff.* 2000, n° 31, 1948. • J. Vanard, *Desseins européens pour la distribution en ligne : Rev. Lamy conc.* 2009, n° 1458. • C. Vilmart, *La nouvelle exemption des accords de distribution : une insécurité grandissante : JCP* E 2010, 1556. • L. Vogel, *Les règlements d'exemption « nouvelle génération » : Rev. conc. consom.* 2005, n° 141, p. 2.

Règlement n° 1400/2002 du 31 juillet 2002

concernant l'application de l'article 81, paragraphe 3, du traité à des catégories d'accords verticaux et de pratiques concertées dans le secteur automobile

(JOUE L 203, 1er août ; mod. à compter du 1er mai 2004, Acte adhésion, 16 avr. 2003 : JOUE n° L 236, 23 sept. 2003)

Bibliographie : Benteyn et Carli, *Droit de la concurrence dans le secteur automobile, Variations linguistiques sur un règlement communautaire : JCP* E 2003, 1070. • R. Bertin, *Analyse des conditions de sélection de leurs réseaux par les constructeurs automobiles : D.* 2003, p. 1130. • C. Champalaune, *La réforme de l'exemption des « accords automobiles » au regard du droit des contrats : CDE* 2003/5, p. 15. • Dossier *Perspectives d'avenir du règlement 1400/2002/CE : Rev. Lamy dr. aff.* déc. 2008, n° 2012. • D. Ferré, *La réforme de l'exemption des « accords automobiles » au regard de la propriété intellectuelle : CDE* 2003/5, p. 23. • J.-C. Fourgoux et C. Vilmart, *L'arbitrage et le règlement amiable des différends dans le règlement d'exemption CE 1400/2002 relatif aux accords verticaux concernant l'industrie automobile : Gaz. Pal.* 2003, n° 148, p. 40. • R. Goyer, *La réforme de l'exemption des « accords automobiles » au regard du droit de la concurrence : CDE* 2003/5, p. 20. • L. Idot, *Le nouveau règlement d'exemption relatif à la distribution automobile : Europe* 2002, p. 3. • G. Moreau et F. Sergent, *Les nouvelles règles de concurrence applicables aux accords de distribution et d'après-vente de véhicules automobiles : D.* 2002, p. 2725. • Parleani : *JCP E* 2003, chron. 1072. • J. Passa, Le nouveau règlement d'exemption n° 1400/2002 concernant la distribution des véhicules automobiles : *Propr. intell.* 2003, n° 6, p. 76. • E. Van Ginderachter, *Le règlement 1400/2002 d'exemption par catégorie : une réforme audacieuse mais équilibrée des règles de concurrence applicable au secteur automobile : Gaz. Pal.* 2003, n° 61, p. 5. • L. Vogel et J. Vogel, *La distribution automobile à l'épreuve de son nouveau règlement d'exemption : Lamy Droit économique*, 2002, n° 155, p. 1 ; *De quelques questions juridiques suscitées par le nouveau règlement d'exemption automobile : Gaz. Pal.* 2003, n° 61, p. 13.

Règlement n° 461/2010 du 27 mai 2010

concernant l'application de l'article 101, paragraphe 3, du TFUE
à des catégories d'accords verticaux et de pratiques concertées dans le secteur automobile
(JOUE n° L 129, 28 mai 2010)

Bibliographie : P. Arhel, *Restrictions verticales : alignement partiel du secteur de l'automobile sur le régime général : Contrats, conc. consom.* 2010/8, étude 10. • M. Chagny (ss dir.), *Le nouveau cadre réglementaire européen applicable au secteur automobile : Rev. Lamy conc.* 2011/1, p. 107. • N. Eréséo, *Un nouveau règlement automobile entre rupture et continuité : Lettre distrib.* 2010/6, p. 1. • T. Lambert, *La pièce de rechange automobile : JCP* E 2010, 1985. • N. Raud et G. Notté, *Nouveau règlement d'exemption par catégorie dans le secteur automobile : JCP* E 2010, act. 304.

d. – Règles spécifiques applicables aux accords horizontaux

Communication de la Commission du 14 janvier 2011

Lignes directrices sur l'applicabilité de l'article 101 du traité sur le fonctionnement
de l'Union européenne aux accords de coopération horizontale
(JOUE n° C 011, 14 janv. 2011)

Règlement n° 1218/2010 du 14 décembre 2010

relatif à l'application de l'article 101, paragraphe 3, du traité sur le fonctionnement
de l'Union européenne à certaines catégories d'accords de spécialisation
(JOUE n° L 335, 18 déc. 2010)

Règlement n° 1217/2010 du 14 décembre 2010

relatif à l'application de l'article 101, paragraphe 3, du traité sur le fonctionnement
de l'Union européenne à certaines catégories d'accords de recherche et de développement
(JOUE n° L 335, 18 déc. 2010)

e. – Règles spécifiques applicables aux accords de transfert de technologie

Règlement n° 316/2014 du 21 mars 2014

relatif à l'application de l'article 101, paragraphe 3, du traité sur le fonctionnement
de l'Union européenne à des catégories d'accords de transfert de technologie
(JOUE L 93/17, 28 mars 2014)

f. – Règles spécifiques applicables aux accords de l'assurance

Règlement n° 267/2010 du 24 mars 2010

concernant l'application de l'article 101, paragraphe 3,
du traité sur le fonctionnement de l'Union européenne à certaines catégories d'accords,
de décisions et de pratiques concertées dans le secteur des assurances
(JOUE L 83, 30 mars ; mod. à compter du 1er mai 2004, Comm. (CE)., règl. (CE) n° 886-2004, 4 mars 2004 : JOUE n° L 168, 1er mai 2004). – (Expiration : 31 mars 2010).

2. – Concentrations

Règlement n° 139/2004 du 20 janvier 2004

relatif au contrôle des concentrations entre entreprises
[« le règlement CE sur les concentrations »]
(JOUE L 24, 29 janv.)

Bibliographie : *Colloque Le contrôle des concentrations : LPA* 13 juill. 2004. • G. Decocq, *À propos du règlement n° 139/2004 du 20 janvier 2004 relatif au contrôle des concentrations entre entreprises, la refonte du contrôle des concentrations : RJ com.* 2004, p. 270. • O. Guersant et Ch. Winckler, *La nouvelle réglementation des concentrations en droit communautaire : une* *évolution sous le signe du pragmatisme : Rev. Lamy conc.* 2005, n° 1. • L. Idot, *Le nouveau « règlement CE sur les concentrations » : Europe* 2004, étude 3. • J. Jorda, *La modernisation du droit communautaire des concentrations : AJDA* 2005, p. 179. • L. Vogel et J. Vogel, *À propos du règlement n° 139/2004 du 20 janvier 2004 relatif au contrôle des concentrations entre entreprises, contrôle européen des concentrations : ce qui va changer en mai 2004 : JCP* E 2004, 331.

Règlement n° 802/2004 du 21 avril 2004

concernant la mise en œuvre du règlement [CE] n° 139/2004 du Conseil relatif au contrôle des concentrations entre entreprises

(JOUE L 133, 30 avr. ; mod. à compter du 1er janv. 2007, Comm CE, règl. (CE) n° 1792/2006, 23 oct. 2006 : JOUE n° L 362, 20 déc. 2006 ; mod., Comm. CE, règl. (CE) n° 1033/2008, 20 oct. 2008 : JOUE n° L 279, 22 oct. 2008)

Bibliographie : S. Poillot-Peruzzetto, *À propos du règlement n° 802/2004 du 7 avril 2004 : Contrats, conc. consom.* 2004, comm. 143.

ANNEXE 5

DES EFFETS DE COMMERCE ET DES GARANTIES

I. – INSTRUMENTS DE LA MONNAIE SCRIPTURALE

Code monétaire et financier

(Ord. n° 2000-1222, 14 déc. 2000)

TITRE III. – LES INSTRUMENTS DE LA MONNAIE SCRIPTURALE

CHAPITRE I. – LE CHÈQUE BANCAIRE ET POSTAL

(Intitulé mod., L. n° 2005-516, 20 mai 2005)

Bibliographie : Cabrillac et Teyssié, *La réforme des émissions sans provision : RTD com.* 1992, 420. • Chaput, *La loi du 30 décembre 1991 relative à la sécurité des chèques et des cartes de paiement : D.* 1992, chron. 102. • Madranges, *La loi du 30 décembre 1991 relative à la sécurité des chèques et des cartes de paiement : vers un désengorgement des tribunaux ? : Gaz. Pal.* 1992, 1, doctr. 252. • Nicod, *La fin des chèques sans provision : Gaz. Pal.* 1992, 2, doctr. 773. • Vasseur, *Le chèque sans provision en France, 1865-1992 : JCP* G 1992, I, 3562. • Donsimoni, *Les obligations nouvelles des banquiers après la loi du 30 décembre 1991 : Gaz. Pal.* 7-8 janv. 1994. • Aubry, Réflexions sur le chèque remis en garantie : *D.* 2000, chron. 555. • Stoufflet, *La notion de moyen de paiement dans la loi bancaire de 1984 : RD bancaire et fin.* 2000, 111. • Jude, *Le règlement par carte bancaire et par chèque : unité ou dualité : D.* 2003, doctr. 2675. • J. Djoudi, *La protection des utilisateurs du chèque : RD bancaire et fin.* 2011, dossier 18. • G. Bousquet, *Une disparition annoncée du chèque : concrétisation et appréciation du processus : RD bancaire et fin.* 2013, étude 2. • J. Lasserre Capdeville, *Le chèque sans provision en France (1992-2013) : JCP* G 2013, 1358. • C. Youego, *L'obligation d'information préalable au rejet d'un chèque sans provision depuis la loi Murcef du 11 décembre 2001 : RD bancaire et fin.* 2014, étude 9. • J. Lasserre Capdeville, *Quelques enseignements résultant du rapport de l'Observatoire de la sécurité des moyens de paiement pour l'année 2019, JCP* E 2020, 696 ; *L'encadrement juridique du risque de fraude en matière de chèque : RD bancaire et fin.* 2021, dossier n° 3 ; *L'avenir de la répression pénale contre certaines fraudes aux instruments de paiement – La transposition de la directive (UE) 2019/713 du 17 avril 2019 : RD bancaire et fin.* 2021, dossier n° 6. • V. Fasquelle, *La sécurité des moyens de paiement en France à l'épreuve de l'évolution des usages : RD bancaire et fin.* 2021, dossier n° 2.

Section I. – Dispositions générales

(Anc. ss-sect. 1 de l'anc. sect. I, L. n° 2005-516, 20 mai 2005)

Art. L. 131-1 *(Rempl., L. n° 2006-387, 31 mars 2006).* **– Dans le présent chapitre, le terme : « banquier » désigne les établissements de crédit et les institutions, services ou personnes habilités à tenir des comptes sur lesquels des chèques peuvent être tirés.**

Art. L. 131-1-1 *(L. n° 2009-1255, 19 oct. 2009 ; mod., L. n° 2010-737, 1er juill. 2010).* **– La date de valeur d'une opération de paiement par chèque libellée en euros ne peut différer de plus d'un jour ouvré de la date retenue pour sa comptabilisation sur un compte de dépôts ou sur un compte de paiement.**

Bibliographie : T. Bonneau, *Comptes – Dates de valeur : Banque et droit* nov.-déc. 2009, n° 128, p. 34. • E. Gastebled et X. Tréhel, *Les dates de valeur. Itinéraire d'une pratique bancaire sous surveillance : Banque et droit* 2012, n° 142, p. 8.

1) **Date de valeur : détermination.** La date de valeur doit être justifiée par les délais nécessaires au dénouement de l'opération d'encaissement (▪ Cass. com., 6 avr. 1993, n° 90-21.198 : *JurisData* n° 1993-000655 ; *JCP* G 1993, II, 22062, note J. Stoufflet ; *D.* 1993, jurispr. 310, note C. Gavalda ; *RTD com.* 1993, 549, obs. M. Cabrillac et B. Teyssié. ▪ Cass. com., 22 juin 2010, n° 09-15.406 : *JurisData* n° 2010-010253 ; *Banque et droit* 2010, n° 133, p. 34, note T. Bonneau).

2) **Date de valeur : signification.** La date de valeur est le point de départ des agios éventuellement dus par le client lorsque le chèque n'est pas encore encaissé à la date d'inscription en compte, la mention date de valeur écarte, pour un client averti, toute confusion avec l'encaissement effectif, la responsabilité de la banque ne peut donc être recherchée pour avoir laissé croire à la réalité de cet encaissement (▪ Cass. com., 25 oct. 2011, n° 10-21.976 : *JurisData* n° 2011-023461 ; *Banque et droit* 2012, n° 141, p. 30, obs. T. Bonneau ; *RD bancaire et fin.* 2012, comm. 36, obs. F.-J. Crédot et T. Samin ; *JCP* E 2012, 1349, n° 7, obs. R. Routier).

Section II. – Création et forme du chèque

(Anc. ss-sect. 2 de l'anc. sect. I, dénum., L. n° 2005-516, 20 mai 2005)

Art. L. 131-2 *(Anc. D.-L. 30 oct. 1935).* **– Le chèque contient :**

1° La dénomination de chèque, insérée dans le texte même du titre et exprimée dans la langue employée pour la rédaction de ce titre ;

2° Le mandat pur et simple de payer une somme déterminée ;

3° Le nom de celui qui doit payer, nommé le tiré ;

4° L'indication du lieu où le paiement doit s'effectuer ;

5° L'indication de la date et du lieu où le chèque est créé ;

6° La signature de celui qui émet le chèque, nommé le tireur.

Bibliographie : J. Lasserre Capdeville, *Le contentieux autour des mentions du chèque : état des lieux : Banque et droit* 2009, n° 124, p. 3. • F.-J. Crédot et T. Samin, *Chèque : rédaction en langue régionale : RD bancaire et fin.* 2011, n° 80.

I – DÉFINITION

1) **Mandat de payer.** Le chèque est un mandat de payer donné par le tireur au tiré (▪ Cass. com., 8 juill. 1986, n° 85-10.220 : *JurisData* n° 1986-701349 ; *Bull.* IV, n° 203). Par conséquent les chèques de voyage qui expriment non pas un mandat, mais seulement un engagement de payer, contracté par le banquier émetteur ne revêtent pas la qualification juridique de chèque (▪ Cass. crim., 20 janv. 1960 : *D.* 1961, 56, note Despax).

2) **Instrument de paiement.** Le chèque est un instrument de paiement qui rend exigible à la date de son émission la somme qui y figure sans que le tireur et le bénéficiaire puissent conventionnellement en modifier ni le caractère, ni l'effet (▪ Cass. crim., 12 févr. 1975, n° 74-91.960 : *D.* 1975, inf. rap. 62. ▪ 21 oct. 1991, n° 90-85.266 : *JurisData* n° 1991-003283 ; *D.* 1992, inf. rap. 16, pour un chèque de casino. – Mais V. ▪ Aix-en-Provence, 30 nov. 1994, n° 919-94 : *JurisData* n° 1994-052195 ; *D.* 1996, 36, note Mouralis, qui considère que lorsque le titre signé par un joueur sur une formule remise par le casino ne correspond pas au règlement comptant de la valeur des plaques mais à une avance faite par l'établissement pour permettre la poursuite du jeu, il ne constitue pas un instrument de paiement). – V. aussi, ▪ Cass. 1re civ., 25 févr. 2003 : RD bancaire et *fin.* 2003, 94, obs. Crédot et Gérard).

3) **Exclusion des chèques cadeaux et des chèques voyages.** En l'absence de plusieurs des mentions obligatoires, les chèques cadeaux

ne sont pas des chèques au sens de l'article L. 131-2 (■ T. com. Nanterre, 20 nov. 1998 : *RJDA* 7/99, n° 833 ; *RJ com.* 1999, 372, obs. Mozas, conf. par ■ Versailles, 10 juin 1999 : *JurisData* n° 1999-108323 ; *RJDA* 12/99, n° 1371 ; *RJ com.* 2000, 9, note Mozas ; *RTD com.* 1999, 937, obs. Cabrillac ; *RTD com.* 1999, 473, obs. Cabrillac. ■ Cass. com., 6 juin 2001, n° 99-18.296 : *JurisData* n° 2001-009961 ; *D.* 2001, jurispr. 2124, obs. Delpech ; *ibid.* 2002, somm. 635, obs. D. Martin ; *RJDA* 12/2001, n° 1252 ; *JCP* E 2001, pan. 1359 ; *RD bancaire et fin.* 2001, 223, n° 217, obs. Crédot et Gérard, rejetant le pourvoi contre ■ Versailles, 10 juin 1999, préc.).

II – MENTIONS OBLIGATOIRES

A – Signature du tireur

4) Absence de signature. Le chèque non signé ne constitue pas un ordre de paiement et il doit être rejeté par le banquier (■ Cass. com., 12 juill. 2011, n° 10-15.833 : *JurisData* n° 2011-014315 ; *Banque et droit* 2011, n° 140, p. 16, obs. T. Bonneau).

5) Exigence du caractère manuscrit de la signature du tireur. Le Code monétaire et financier n'autorise, en matière de chèque, la signature par griffe que pour l'endossement (V. C. monét. fin., art. L. 131-19, p. 3110).

À moins d'un accord, fût-il tacite, conclu entre la banque et le titulaire du compte sur les modalités de signature des chèques, le chèque doit comporter la signature manuscrite du tireur (■ Cass. com., 24 oct. 2000, n° 97-13.099 : *JurisData* n° 2000-006623 ; *RJDA* 2/2001, n° 219. ■ Cass. com., 25 févr. 2003, n° 01-00.751 : *JurisData* n° 2003-018065 ; *RD bancaire et fin.* 2003, 94, obs. Crédot et Gérard).

6) Fausse signature. L'effet revêtu dès l'origine de la fausse signature du tireur n'a eu, en conséquence, à aucun moment la qualité légale de chèque (■ Orléans, 12 juin 1979 : *RTD com.* 1981, 328, obs. Cabrillac et Teyssié. ■ Cass. com., 3 janv. 1978 : *JurisData* n° 1978-097003 ; *Bull.*, n° 3 ; *D.* 1978, inf. rap. 306, obs. Vasseur, inf. rap. 338, obs. Cabrillac ; *Banque* 1978, 895, obs. Martin ; *RTD com.* 1978, 141, obs. Cabrillac et Rives-Lange. ■ Cass. com., 24 févr. 1987, n° 85-17.360 : *JurisData* n° 1987-000358 ; *Bull.* IV, n° 48 ; *JCP* G 1987, IV, 149 ; *Gaz. Pal.* 1987, 2, pan. 11, obs. Piedelièvre ; *RTD com.* 1987, 545, obs. Cabrillac et Teyssié ; *Banque* 1987, 624, obs. Rives-Lange. ■ Cass. com., 7 juin 1994 [1re esp.] : *RD bancaire et bourse* 1995, 12, obs. Crédot et Gérard ; *Dr. et patrimoine* 1995, n° 807, obs. Saint-Alary. ■ Aix-en-Provence, 20 sept. 2000, n° 96/11561 : *JurisData* n° 2000-127648 ; *RD bancaire et fin.* 2001, 10, n° 4, obs. Crédot et Gérard. ■ Cass. com., 2 juill. 2002, n° 00-10.121 : *RD bancaire et fin.* 2002, 315, n° 224, obs. Crédot et Gérard).

7) Fausse signature : responsabilité de plein droit de la banque. Même, sans faute de sa part, la banque qui s'est ainsi dessaisie sur présentation d'un faux ordre de paiement, des fonds confiés par son client, n'est pas libérée envers lui (mêmes déc. – *Adde*, ■ Paris, 7 janv. 1992 : *JurisData* n° 1992-020365 ; *D.* 1992, 395, note D.-R. Martin. ■ Cass. com., 28 janv. 1992, n° 90-17.339 : *JurisData* n° 1992-000093 ; *JCP* E 1992, I, 156, n° 16, obs. Gavalda et Stoufflet ; *RTD com.* 1992, 648, obs. Cabrillac et Teyssié. ■ Cass. com., 9 févr. 1993, n° 90-21.792 : *JurisData* n° 1993-000294 ; *Bull.* IV, n° 52 ; *RD bancaire et bourse* 1994, 127, obs. Crédot et Gérard ; *JCP* E 1993, II, 439, note Stoufflet ; E 1994, I, 378, n° 27, obs. Gavalda et Stoufflet ; *D.* 1993, somm. 316, obs. Cabrillac, alors que le déposant avait choisi d'utiliser ses propres chèques et non ceux du banquier. ■ Cass. com., 9 juill. 1996, n° 94-17.119 : *JurisData* n° 1996-005423 ; *JCP* E 1996, pan. 1045 ; *RD bancaire et bourse* 1996, 194, n° 8, obs. Crédot et Gérard ; *RJDA* 12/96, n° 1492. ■ Cass. com., 26 nov. 1996, n° 94-19.071 : *JurisData* n° 1996-004512 ; *JCP* E 1997, pan. 59 ; *RJDA* 3/97, n° 390. ■ Cass. com., 18 nov. 1999 : *RJDA* 1/2000, n° 81. – V. aussi ■ Paris, 19 mai 2000, n° 1997/02272 : *JurisData* n° 2000-117529 ; *RD bancaire et fin.* 2000, 291, n° 185, obs. Crédot et Gérard. ■ Cass. com., 5 déc. 2000, n° 97-19.285 : *JurisData* n° 2000-007225 ; *JCP* E 2001, p. 1770, note Djoudi, pour l'émission frauduleuse de plusieurs chèques par le fils de la titulaire du compte. ■ Cass. com., 23 oct. 2001 [2 arrêts] : *RJDA* 3/2002, nos 302 et 303 ; *D.* 2001, p. 3431 et 3432 ; *JCP* E 2001, pan. 1886, obs. Bouteiller ; *RTD com.* 2002, 136, obs. Cabrillac ; *RD bancaire et fin.* 2001, n° 217, obs. Crédot et Gérard. ■ 31 mai 2005 [1re esp.] : *RJDA* 10/2005, n° 1144).

8) Fausse signature : exonération totale du banquier non fautif prouvant la faute exclusive du tireur. La banque non fautive peut s'exonérer en totalité de sa responsabilité de dépositaire en établissant que le paiement effectué a eu pour cause exclusive une faute imputable au client, comme une faute de surveillance ou sa négligence dans la garde du carnet de chèques ou le contrôle de ses préposés et l'absence de vérification du relevé mensuel qui lui aurait permis de faire opposition à temps (■ Cass. com., 10 juin 1980, n° 78-15.980 : *JurisData* n° 1980-000252 ; *Bull.* IV, n° 252 ; *JCP* G 1980, IV, 320 ; *RTD com.* 1981, 110, obs. Cabrillac et Rives-Lange. ■ Cass. com., 27 avr. 1982 : *JurisData* n° 1982-700953 ; *Banque* 1982, 1386, obs. Martin ; *RTD com.* 1982, 589, obs. Cabrillac et Teyssié. ■ Cass. com., 31 mai 2005, n° 03-20.952 : *Gaz. Pal.* 2006, somm. p. 1954, obs. F. B. ; *RJDA* 2005, n° 1144. ■ Cass. com., 16 nov. 2010, n° 09-17.072 : *LEDB* févr. 2011, p. 6, n° 010, obs. J. Lasserre Capdeville). Pour influer sur la responsabilité de la banque, la faute du titulaire du compte doit être en relation causale avec les débits effectués (l'absence de vérification des relevés de compte ne peut exonérer la banque de l'intégralité des débits effectués, mais seulement de ceux réalisés après la réception du premier relevé mentionnant les retraits litigieux : ▪ Cass. com., 3 nov. 2010, n° 09-16.326 : *JurisData* n° 2010-020230 ; *RD bancaire et fin.* 2011, comm. 39, F.-J. Crédot et T. Samin).

9) Fausse signature : partage de responsabilité en cas d'anomalie apparente et de faute du tireur. En présence d'une anomalie apparente, la responsabilité du banquier est engagée même en présence d'une faute du tireur (▪ Cass. com., 10 oct. 2000, n° 97-16.962 : *JurisData* n° 2000-006429 ; *Banque et droit* 2000, p. 51, obs. J.-L. Guillot. ▪ Cass. com., 3 déc. 2002, n° 00-20.566 : *Bull. civ.* IV, n° 183 ; *D.* 2003, p. 1756, note D. Djoudi. ▪ CA Riom, 11 juill. 2012, n° 11/02498).

10) Paiement d'un chèque signé par un mandataire révoqué et responsabilité de la banque. Le paiement d'un tel chèque après la révocation du mandataire engage la responsabilité du tiré nonobstant la clause de non-responsabilité du banquier pour perte ou soustraction de formules (▪ Paris, 26 avr. 1977 : *RTD com.* 1977, 752, obs. Cabrillac et Rives-Lange). Sur le droit à la répétition de l'indu du banquier tiré contre le mandataire révoqué (▪ Cass. civ., 18 juill. 1979 : *JurisData* n° 1979-700219 ; *JCP* 1979, II, 19238, concl. Gulphe ; *RTD com.* 1979, 784, obs. Cabrillac et Rives-Lange. – *Adde*, ▪ Aix-en-Provence, 2 oct. 1975 : *JCP* 77, II, 18752, note Tardieu-Naudet ; *RTD com.* 1977, 753, obs. Cabrillac et Rives-Lange). Sur le rejet de l'action en enrichissement sans cause du tiré contre le titulaire du compte (▪ Cass. com., 23 janv. 1978 : *JurisData* n° 1978-700028 ; *Bull.* IV, n° 28 ; *JCP* 1980, II, 19365, note Thuillier ; *Banque* 1978, 1017, obs. Martin ; *RTD com.* 1979, 278, obs. Cabrillac et Rives-Lange. – *Contra* ▪ Cass. com., 16 juill. 1985, n° 83-16.948 : *RTD com.* 1986, 124, obs. Cabrillac et Teyssié).

Comp., pour les chèques falsifiés, notes sous C. monét. fin., art. L. 131-38, p. 2301.

B – Autres mentions obligatoires

11) Dénomination « chèque ». La mention du terme « chèque » est obligatoire (▪ Cass. crim., 9 oct. 1940 : *S.* 1942, 1, 149 ; *JCP* 1941, II, 1647).

12) La date. La date d'un chèque s'entend de *l'indication non seulement de l'année*, mais encore du mois et du jour où il a été créé (▪ Cass. com., 24 juin 1997, n° 95-11.300 : *JurisData* n° 1997-003002 ; *RJDA* 12/97, n° 1516 ; *RTD com.* 1997, 655, obs. Cabrillac). L'absence de date est sanctionnée par la nullité (même déc.).

Un chèque non daté ne vaut que comme commencement de preuve (▪ Cass. 1re civ., 10 mars 1992, n° 90-21.074 : *JurisData* n° 1992-000459 ; *D.* 1992, inf. rap. 122 et somm. 337, obs. M. Cabrillac).

La fausse date n'affecte pas la validité du chèque (▪ TGI Seine, 6 juill. 1966 : *Banque* 1966, 799, obs. Marin ; *RTD com.* 1967, obs. Becqué et Cabrillac. – *Adde*, cf. *infra*, art. 28 et 64, D.-L. 30 oct. 1935. ▪ Cass. crim., 26 nov. 1974, n° 74-90.491 : *JurisData* n° 1974-098347 ; *JCP* G 1975, IV, 14).

Lorsque le porteur d'un chèque conteste l'avoir falsifié par apposition d'une fausse date, le juge doit procéder à une vérification d'écriture conformément à l'article 1324 du Code civil avant d'admettre l'opposition au paiement (▪ Cass. com., 25 oct. 2011 : *Banque et droit* 2012, n° 141, p. 30, obs. T. Bonneau).

Le chèque non daté lors de sa création est valable en présence d'un accord des parties sur ce point permettant de lui conférer l'usage de chèque de garantie, l'ajout d'une date postérieure ne constitue pas une falsification (▪ Cass. com., 22 sept. 2015, n° 14-17.901 : *JurisData* n° 2015-021015 ; *JCP* E 2015, 1617, note K. Rodriguez ; *Banque et droit* 2016, n° 165, p. 41, obs. T. Bonneau ; *Gaz. Pal.* 2 déc. 2015, p. 17, obs. S. Bénilsi ; *JCP* G 2016, 553, n° 21, obs. P. Delebecque ; *RD bancaire et fin.* 2016, comm. 51, F.-J. Crédot et Th. Samin).

13) Lieu de création. Voir Code monétaire et financier, art. L. 131-3, alinéa 4. L'absence totale d'indication est sanctionnée par la nullité du chèque (▪ CA Paris, 5 juill. 1952 : *JCP* 1952, II, 7139, note H. Cabrillac).

14) La somme à payer. S'il n'est pas obligatoire que la somme soit indiquée en lettres la banque assume un risque dont elle doit supporter les conséquences en recevant un chèque qui ne comporte qu'un montant chiffré (▪ Cass. com., 17 oct. 1995, n° 93-14.262 : *JurisData* n° 1995-002558 ; *RJDA* 1/96, n° 93).

Voir : C. monét. fin., art. L. 131-10, p. 3109.

III – MENTIONS FACULTATIVES

15) Désignation du bénéficiaire. La désignation du ou des bénéficiaires d'un chèque ne constitue pas une des mentions obligatoires énumérées à l'article L. 131-2 (Rép. QE n° 59002 : *JOAN* 28 sept. 1992, p. 4528 ; JCP E 1992, pan. 1153. – Comp. ▪ Cass. com., 13 févr. 1996, n° 93-18.593 : *JurisData* n° 1996-000389 ; *Bull.* IV, n° 45 ; *RD bancaire et bourse* 1996, n° 55, obs. Crédot et Gérard ; *JCP* E 1997, I, 637, n° 25, obs. Gavalda et Stoufflet).

IV – SUPPORT

16) Papier libre. Le chèque peut être rédigé sur papier libre (▪ T. civ. Seine, 13 févr. 1928 : *DP* 1928, 81, note Chéron, et sur appel, ▪ Paris, 30 avr. 1931 : *S.* 1931, 2, 168. ▪ Aix-en-Provence, 14 nov. 1958 : *Gaz. Pal.* 1959, 1, 154 ; *RTD com.* 1959, 735. ▪ Paris, 2 oct. 1986 : *BRDA* 15 nov. 1986, 14). Mais à condition que le support ne présente pas une trop grande fragilité (▪ TGI Lyon, 16 avr. 1996 : *JurisData* n° 1996-602186 ; *JCP* E 1997, I, 637, n° 24, obs. Gavalda et Stoufflet. – *Adde*, Lassausois : *Gaz. Pal.* 6/7 déc. 1996, 2, doctr. p. 14).

Vérification de l'identité, V. notes sous C. monét. fin., art. L. 131-15, p. 3110. Preuve par la production du titre, V. notes sous C. monét. fin., art. L. 511-33, p. 3234.

Art. L. 131-3 *(Anc. D.-L. 30 oct. 1935).* **– Le titre dans lequel une des énonciations indiquées à l'article L. 131-2 fait défaut ne vaut pas comme chèque, sauf dans les cas déterminés par les alinéas suivants.**

À défaut d'indication spéciale, le lieu désigné à côté du nom du tiré est réputé être le lieu de paiement. Si plusieurs lieux sont indiqués à côté du nom du tiré, le chèque est payable au premier lieu indiqué.

À défaut de ces indications ou de toute autre indication, le chèque est payable au lieu où le tiré a son établissement principal.

Le chèque sans indication du lieu de sa création est considéré comme souscrit dans le lieu désigné à côté du nom du tireur.

1) Absence d'une mention obligatoire et rejet de la qualification de chèque. L'effet revêtu dès l'origine de la fausse signature du tireur, n'a eu, en conséquence, à aucun moment la qualité légale de chèque (▪ Orléans, 12 juin 1979 : *RTD com.* 1981, 328, obs. Cabrillac et Teyssié. ▪ Cass. com., 3 janv. 1978 : *Bull.*, n° 3 ; *D.* 1978, inf. rap. 306, obs. Vasseur, inf. rap. 338, obs. Cabrillac ; Banque 1978, 895, obs. Martin ; *RTD com.* 1978, 141, obs. Cabrillac et Rives-Lange. ▪ 24 févr. 1987, n° 85-17.360 : *JurisData* n° 1987-000358 ; *Bull.* IV, n° 48 ; *JCP* G 1987, IV, 149 ; *Gaz. Pal.* 1987, 2, pan. 11, obs. Piedelièvre ; *RTD com.* 1987, 545, obs. Cabrillac et Teyssié ; *Banque* 1987, 624, obs. Rives-Lange. ▪ 7 juin 1994 [1re esp.] : *RD bancaire et bourse* 1995, 12, obs. Crédot et Gérard) ; *Dr. et patrimoine* 1995, n° 807, obs. Saint-Alary). ▪ Aix-en-Provence, 20 sept. 2000 : *RD bancaire et fin.* 2001, 10, n° 4, obs. Crédot et Gérard. ▪ Cass. com., 2 juill. 2002 : *RD bancaire et fin.* 2002, 315, n° 224, obs. Crédot et Gérard). Le chèque non signé ne constitue pas un ordre de paiement et il doit être rejeté par le banquier (▪ Cass. com., 12 juill. 2011 : *Banque et droit* 2011, n° 140, p. 16, obs. T. Bonneau).

2) Responsabilité de la banque payant un chèque émis dans des conditions irrégulières. En payant un chèque émis dans des conditions irrégulières, une banque commet une faute de nature quasi délictuelle à l'égard des tiers (▪ Cass. com., 4 juin 1991, n° 89-14.629 : *JurisData* n° 1991-001400 ; *D.* 1992, 399, note D.-R. Martin).

3) Chèque irrégulier : un simple commencement de preuve. Un chèque non daté ne vaut que commencement de preuve par écrit (▪ Cass. 1re civ., 10 mars 1992, n° 90-21.074 : *JurisData* n° 1992-000459 ; *Bull.* I, n° 78 ; *D.* 1992, somm. 337, obs. M. Cabrillac. ▪ Cass. com., 16 déc. 2014, n° 13-20.895 : *JurisData* n° 2014-031276 ; *JCP* E 2015, act. 1061 ; *Gaz. Pal.* 17 mars 2015, p. 13, obs. C. Houin-Bressand).

Art. L. 131-4 *(Anc. D.-L. 30 oct. 1935).* **– Le chèque ne peut être tiré que sur un établissement de crédit, un prestataire de services d'investissement** *(Mots aj., Ord. n° 2017-1107, 22 juin 2017)* **« autre qu'une société de gestion de portefeuille », le Trésor public, la Caisse des dépôts et consignations, la** ***Banque de France, ayant*** **au moment de la création du titre, des fonds à la disposition du tireur et conformément à une convention expresse ou tacite d'après laquelle le tireur a le droit de disposer de ces fonds par chèque.**

La provision doit être faite par le tireur ou par celui pour le compte de qui le chèque sera tiré, sans que le tireur pour compte d'autrui cesse d'être personnellement obligé envers les endosseurs et le porteur seulement.

Le tireur seul est tenu de prouver en cas de dénégation, que ceux sur qui le chèque était tiré avaient provision au moment de la création du titre ; sinon il est tenu de le garantir quoique le protêt ait été fait après les délais fixés.

Les titres tirés et payables en France sous forme de chèques sur toute autre personne que celles mentionnées au premier alinéa du présent article ne sont pas valables comme chèques.

I – DISPONIBILITÉ DE LA PROVISION

1) Somme d'argent. La disponibilité de la provision implique qu'elle soit constituée par une somme d'argent et non par un autre bien que le tiré aurait reçu en dépôt, tel de l'or (■ Cass., crim., 18 juill. 1973 : *JurisData* n° 1973-095335 ; *Gaz. Pal.* 1973, 2, jurispr. p. 739).

2) Autorisation de découvert. La provision d'un chèque peut être constituée, dans la limite du crédit consenti, par une autorisation de découvert (■ Cass. com., 30 mai 2000, n° 96-20.423 : *JurisData* n° 2000-002279 ; *RJDA* 9-10/2000, n° 907 ; *JCP* E 2000, pan. 1259 ; *RD bancaire et fin.* 2000, 290, n° 183, obs. Crédot et Gérard) ; la révocation ultérieure de ce découvert ne peut préjudicier au bénéficiaire du chèque (même déc.).

II – PREUVE

3) Charge. La provision doit être faite par le tireur, seul tenu de prouver en cas de dénégation, que ceux sur qui le chèque était tiré avaient provision au moment de la création du titre (■ Cass. com., 4 déc. 1979, n° 78-11.155 : *JurisData* n° 1979-099321 ; *JCP* G 1980, IV, 67 ; *D.* 1980, inf. rap. 435, obs. M. Cabrillac).

4) Moyens. Le délai de présentation d'un chèque ne constitue pas nécessairement un indice de son absence de provision (■ Cass. 1re civ., 18 janv. 1984, n° 82-11.656 : *JurisData* n° 1984-700259 ; *JCP* G 1984, IV, 92).

Art. L. 131-5 *(Anc. D.-L. 30 oct. 1935).* **– Le chèque ne peut pas être accepté. Une mention d'acceptation portée sur le chèque est réputée non écrite.**

Toutefois, le tiré a la faculté de viser le chèque ; le visa a pour effet de constater l'existence de la provision à la date à laquelle il est donné.

Visa : absence d'obligation de bloquer la provision. Le visa a pour seul effet d'attester l'existence de la provision au moment où il est donné, il n'emporte aucune obligation pour le tiré de bloquer cette provision (■ Cass. com, 11 déc. 1973 : *JurisData* n° 1973-098359 ; *D.* 1975, jurispr. p. 64, note. J. Vezian). Comp. avec la certification, C. monét. fin., art. L. 131-14, p. 3109.

Art. L. 131-6 *(Anc. D.-L. 30 oct. 1935).* **– Le chèque peut être stipulé payable :**

– à une personne dénommée, avec ou sans clause expresse « à ordre » ;

– à une personne dénommée, avec la clause « non à ordre » ou une clause équivalente ;

– au porteur.

Le chèque au profit d'une personne dénommée, avec la mention « ou au porteur » ou un terme équivalent, vaut comme chèque au porteur.

Le chèque sans indication du bénéficiaire vaut comme chèque au porteur.

1) Validité des chèques en blanc. La désignation du ou des bénéficiaires d'un chèque ne constitue pas une des mentions obligatoires énumérées à l'article L. 131-2 (Rép. QE n° 59002 : *JOAN*, 28 sept. 1992, p. 4528 ; *JCP* E 1992, pan. 1153. – Comp. ■ Cass. com., 13 févr. 1996 : *Bull.* IV, n° 45 ; *RD bancaire et bourse* 1996, n° 55, obs. Crédot et Gérard ; *JCP* E 1997, I, 637, n° 25, obs. Gavalda et Stoufflet). Un chèque sans indication du bénéficiaire vaut comme chèque au porteur et peut, dès lors, être transmis sans endossement, seule modalité de transmission soumise à des conditions restrictives (■ Cass. com., 12 nov. 1996, n° 94-17.032 : *JurisData* n° 1996-004110 ; *JCP* E 1997, pan. 2 ; *RD bancaire et bourse* 1996, 235, n° 4, obs. Crédot et Gérard ; *RJDA* 2/97, n° 240 ; *RTD com.* 1997, 121, obs. Cabrillac).

2) Modalités de désignation du bénéficiaire. S'il est exact qu'une enseigne ne bénéficie pas de la personnalité juridique, aucune disposition légale n'interdit cependant de libeller un chèque destiné à une société en la désignant par son enseigne commerciale (■ CA Paris, 14 juin 1983 : *JurisData* n° 1983-600625 ; *D.* 1984, inf. rap. 69, obs. M. Cabrillac). A également été admis que l'inscription du numéro d'un compte ouvert dans les livres d'une banque désigne valablement le bénéficiaire (■ Cass. com., 13 févr. 1996, n° 93-18.593 : *JurisData* n° 1996-000389 ; *JCP* E 1997, I, 637, n° 25, obs. Gavalda et Stoufflet).

3) Désignation cumulative de bénéficiaires. Le banquier ne peut encaisser un chèque émis de façon cumulative au profit de plusieurs bénéficiaires sans le consentement de tous (■ Cass. com., 3 janv. 1996, n° 93-18.863 : *JurisData* n° 1996-000004 ; *JCP* 1996, II, 22617, note T. Bonneau ; *RTD com.* 1996, obs. M. Cabrillac).

Toutefois, il a été jugé que, par application de l'article 221 du Code civil, le banquier ne commettait pas une faute en portant au compte personnel de la femme le montant d'un chèque émis à l'ordre des deux époux et endossé par chacun d'eux (■ Cass. com., 21 nov. 2000, n° 97-18.187 : *JurisData* n° 2000-006946 ; *RTD com.* 2001, p. 199, obs. M. Cabrillac. ▪ Cass. 1re civ., 16 mai 2013, n° 12-19.078 : *JurisData* n° 2013-009440 ; *D.* 2013, 1274 ; *Gaz. Pal.* 6 juill. 2013, p. 9, obs. C. Houin-Bressand, 23 août 2013, p. 30, obs. J. Casey et 18 sept 2013, obs. I. Tosi-Dupriet ; *JCP* G 2013, 1323, n° 4, obs. G. Wiederkehr ; *RJPF* juill. 2013, p. 30, obs. F. Vauvillé).

Art. L. 131-7 *(Anc. D.-L. 30 oct. 1935).* **– Le chèque peut être à l'ordre du tireur lui-même.**

Le chèque peut être tiré pour le compte d'un tiers.

Le chèque ne peut être tiré sur le tireur lui-même, sauf dans le cas où il s'agit d'un chèque tiré entre différents établissements d'un même tireur et à condition que ce chèque ne soit pas au porteur.

1) Chèque de banque : admission même si la banque a un seul établissement. Ces dispositions ne privent pas une banque n'ayant qu'un seul établissement de la possibilité d'émettre des chèques sur elle-même (▪ Cass. com., 26 janv. 1999, n° 96-11.779 : *JurisData* n° 1999-000321 ; *JCP* E 1999, pan. 490 ; *D.* 1999, somm. 147, obs. M. Cabrillac ; *RTD com.* 1999, 473, obs. M. Cabrillac).

2) Chèque de banque émis en période suspecte. Le paiement intervenu depuis la date de cessation des paiements est soumis à l'action en rapport, dès lors que le débiteur a fourni la contrepartie à l'établissement de crédit émetteur du chèque (▪ Cass. com., 3 juill. 2012, n° 95-19.783 : *D.* 2012, p. 1813, obs. A. Lienhard ; *Gaz. Pal.* 12-13 oct. 2012, n° 95-19.783, p. 33, R. Bonhomme ; *Bull. Joly Entreprises en difficulté* 2012, § 151, p. 300, R. Bonhomme ; *Act. proc. coll.* 2012-14, comm. 202, obs. S. Piedelièvre ; *RD bancaire et fin.* 2013, comm. 1, obs. F.-J. Crédot et T. Samin ; *Banque et droit* 2012, n° 145, p. 16, obs. T. Bonneau).

Voir : note sous C. monét. fin., art. L. 131-14, p. 3109.

Art. L. 131-8 *(Anc. D.-L. 30 oct. 1935).* **– Toute stipulation d'intérêts insérée dans le chèque est réputée non écrite.**

Art. L. 131-9. – Le chèque peut être payable au domicile d'un tiers soit dans la localité où le tiré a son domicile, soit dans une autre localité, à condition toutefois que le tiers soit un banquier ou un centre de chèques postaux.

Cette domiciliation ne peut, au surplus, être faite contre la volonté du porteur, à moins que le chèque ne soit barré et que la domiciliation n'ait lieu à la Banque de France, sur la même place.

Art. L. 131-10 *(Anc. D.-L. 30 oct. 1935).* **– Le chèque dont le montant est écrit à la fois en toutes lettres et en chiffres ne vaut, en cas de différence, que pour la somme écrite en toutes lettres.**

Le chèque dont le montant est écrit plusieurs fois, soit en toutes lettres, soit en chiffres, ne vaut, en cas de différence, que pour la moindre somme.

Validité du montant uniquement libellé en chiffres. Il n'est pas obligatoire que la somme soit indiquée en lettres, Toutefois la banque assume un risque dont elle doit supporter les conséquences en recevant un chèque qui ne comporte qu'un montant chiffré (▪ Cass. com., 17 oct. 1995 : *RJDA* 1/96, n° 93).

Art. L. 131-11 *(Anc. D.-L. 30 oct. 1935).* **– Si le chèque porte des signatures de personnes incapables de s'obliger par chèques, des signatures fausses ou des signatures de personnes imaginaires, ou des signatures qui, pour toute autre raison, ne sauraient obliger les personnes qui ont signé le chèque, ou au nom desquelles il a été signé, les obligations des autres signataires n'en sont pas moins valables.**

Fausse signature. Voir notes sous C. monét. fin., art. L. 131-2, p. 3104.

Art. L. 131-12 *(Anc. D.-L. 30 oct. 1935).* **– Quiconque appose sa signature sur un chèque, comme représentant d'une personne pour laquelle il n'avait pas le pouvoir d'agir, est obligé lui-même en vertu du chèque et, s'il a payé, a les mêmes droits qu'aurait eus le prétendu représenté. Il en est de même du représentant qui a dépassé ses pouvoirs.**

Art. L. 131-13 *(Anc. D.-L. 30 oct. 1935).* **– Le tireur est garant du paiement. Toute clause par laquelle le tireur s'exonère de cette garantie est réputée non écrite.**

Art. L. 131-14 *(Anc. D.-L. 30 oct. 1935).* **– Tout chèque pour lequel la provision correspondante existe à la disposition du tireur doit être certifié par le tiré si le tireur ou le porteur le demande, sauf la faculté pour le tiré de remplacer ce chèque par un chèque émis dans les conditions prévues au troisième alinéa de l'article L. 131-7.**

La provision du chèque certifié reste, sous la responsabilité du tiré, bloquée au profit du porteur jusqu'au terme du délai de présentation fixé par l'article L. 131-32.

1) Faculté de demander un chèque certifié. Tout créancier est en droit d'exiger que le chèque qui lui est proposé soit certifié, cette exigence ne saurait constituer un abus de droit (■ Cass. 1re civ., 27 févr. 1990, n° 87-15.335 : *JurisData* n° 1990-000352 ; *RTD com.* 1990, p. 613, obs. M. Cabrillac et B. Teyssié).

2) Durée de la certification. La certification par le tiré de l'existence de la provision d'un chèque n'ayant d'effet que pour une durée de huit jours, elle ne peut constituer une garantie de paiement pour une durée supérieure (■ Cass. com., 11 juill. 2000, n° 96-21.031 : *JurisData* n° 2000-002906 ; *RJDA* 12/2000, n° 1161 ; *JCP* E 2000, pan. 1566 ; *D.* 2000, act. jurispr. p. 378, obs. Avena-Robardet ; *RD bancaire et fin.* 2000, 290, n° 184, obs. Crédot et Gérard ; *RTD com.* 2000, 986, obs. Cabrillac).

3) Équivalence du chèque de banque. En tenant le chèque de banque pour équivalant au chèque certifié, la loi a entendu lui faire produire les mêmes effets que celui-ci ; la provision doit rester bloquée, sous la responsabilité du tiré, au profit du porteur jusqu'au terme du délai de présentation de 8 jours (■ Paris, 23 sept. 1992 : *JurisData* n° 1992-024375 ; *JCP* E 1992, pan. 1289).

Art. L. 131-15 *(Anc. D.-L. 30 oct. 1935).* – **Toute personne qui remet un chèque en paiement doit justifier de son identité au moyen d'un document officiel portant sa photographie.**

Vérification d'identité. Il appartient à celui qui accepte en paiement un chèque tiré par un client dont il ne connaît pas l'identité de prendre des précautions et d'effectuer certaines vérifications (■ TI Senlis, 13 juin 1984 : *Gaz. Pal.* 1986, I, somm. 24). Toutefois, un partage de responsabilité peut être effectué entre le titulaire du compte négligent – chéquier et pièce d'identité laissés dans un véhicule en stationnement – et le commerçant n'ayant pas vérifié l'identité du remettant (■ Bordeaux, 17 nov. 1982 : *JurisData* n° 1982-043879 ; *Banque* 1983, 781, obs. Martin ; *RTD com.* 1983, 440, obs. M. Cabrillac et B. Teyssié. ■ TI Versailles, 18 déc. 1980 : *RTD com.* 1981, 327. ■ TI Paris, 2 févr. 1984 : *RTD com.* 1984, 699).

Section III. – Transmission

(Anc. ss-sect. 3 de l'anc. sect. I, dénum., L. n° 2005-516, 20 mai 2005)

Art. L. 131-16 *(Anc. D.-L. 30 oct. 1935).* – **Le chèque stipulé payable au profit d'une personne dénommée avec ou sans clause expresse « à ordre » est transmissible par la voie de l'endossement.**

Le chèque stipulé payable au profit d'une personne dénommée avec la clause « non à ordre » ou une clause équivalente n'est transmissible que dans la forme et avec les effets d'une cession ordinaire.

Art. L. 131-17 *(Anc. D.-L. 30 oct. 1935).* – **L'endossement peut être fait même au profit du tireur ou de tout autre obligé. Ces personnes peuvent endosser le chèque à nouveau.**

Art. L. 131-18 *(Anc. D.-L. 30 oct. 1935).* – **L'endossement doit être pur et simple. Toute condition à laquelle il est subordonné est réputée non écrite.**

L'endossement partiel est nul.

Est également nul l'endossement du tiré.

L'endossement au porteur vaut comme un endossement en blanc.

L'endossement au tiré ne vaut que comme quittance, sauf dans le cas où le tiré a plusieurs établissements et où l'endossement est fait au bénéfice d'un établissement autre que celui sur lequel le chèque a été tiré.

Art. L. 131-19 *(Anc. D.-L. 30 oct. 1935).* – **L'endossement doit être inscrit sur le chèque ou sur une feuille qui y est attachée, dite allonge. Il doit être signé par l'endosseur. La signature de celui-ci est apposée, soit à la main, soit par tout procédé non manuscrit.**

L'endossement peut ne pas désigner le bénéficiaire ou consister simplement dans la signature de l'endosseur nommé endossement en blanc. Dans ce dernier cas, l'endossement, pour être valable, doit être inscrit au dos du chèque ou sur l'allonge.

Obligation du banquier récepteur : vérification de la régularité de l'endossement. Le banquier récepteur est tenu de vérifier la régularité apparente de l'endos apposé sur le titre (■ Cass. com., 28 oct. 2008, n° 07-18.818 : *JurisData* n° 2008-045583 ; *Banque et droit* 2008, n° 123, p. 20, obs. T. Bonneau).

Voir : notes sous C. monét. fin., art. L. 131-38, p. 3118.

Art. L. 131-20 *(Anc. D.-L. 30 oct. 1935).* **– L'endossement transmet tous les droits résultant du chèque et notamment la propriété de la provision.**

Si l'endossement est en blanc, le porteur peut :

1° Remplir le blanc, soit de son nom, soit du nom d'une autre personne ;

2° Endosser le chèque de nouveau en blanc, ou à une autre personne ;

3° Remettre le chèque à un tiers, sans remplir le blanc et sans l'endosser.

I – EFFET DE L'ENDOSSEMENT

1) Transmission au porteur des droits résultant du chèque. En l'absence de toute mention restrictive de la portée de l'endos, celui-ci transmet au porteur les droits résultant du chèque et notamment la propriété de la provision et la banque, devenue porteur du chèque, dès sa remise, a qualité pour en demander le paiement pour son propre compte (▪ Cass. com., 16 mai 1977, n° 76-10.881 : *JurisData* n° 1977-097138 ; *Bull.* IV, n° 138. ▪ Cass. com., 23 mai 1977, n° 75-15.565 : *JurisData* n° 1977-097147 ; *Bull.* IV, n° 147 ; *JCP* G 1977, IV, 184 ; *D.* 1977, inf. rap. 397, obs. Vasseur ; *RTD com.* 1977, 750, obs. Cabrillac et Rives-Lange).

2) Présomption d'endossement translatif. La présomption posée par le Code monétaire et financier, art. L. 131-20 n'est pas irréfragable (▪ Cass. com., 23 mai 1977, préc.) ; la preuve que l'endossataire n'est qu'un simple mandataire peut être rapportée dans les relations entre l'endosseur et l'endossataire, mais elle ne peut être faite par un tiers (▪ Cass. com., 9 janv. 1990, n° 88-15.401 : *JurisData* n° 1990-000005 ; *Bull.* IV, n° 3 ; *D.* 1990, 485, note D.-R. Martin. – Rappr. ▪ Cass. com., 11 juill. 1988, n° 87-10.244 : *JurisData* n° 1988-702003 ; *Bull.* IV, n° 238 ; *Gaz. Pal.* 1988, 2, pan. 260).

3) Chèque endossé : commencement de preuve par écrit. Si le chèque ne peut, en tant que tel, valoir commencement de preuve par écrit contre le bénéficiaire, il en est différemment du chèque endossé par celui-ci (▪ Cass. 1re civ., 10 mai 1995, n° 93-13.133 : *JurisData* n° 1995-001017 ; *D.* 1996, somm. 36, obs. Cabrillac). L'endossement de chèques démontre seulement la réalité de la remise de fonds (▪ Cass. 1re civ., 3 juin 1998, n° 96-14.232 : *D.* 1999, 453, note Ravigneaux).

II – TRADITION DU CHÈQUE

4) Effet : transfert de la provision. L'ouverture de crédit, qui peut constituer la provision d'un chèque, est résiliée de plein droit par le prononcé du règlement judiciaire du tireur. Toutefois cette résiliation ne peut porter atteinte aux droits du porteur devenu, antérieurement propriétaire de la provision pouvant figurer, au moment de la présentation, au compte du débiteur (▪ Paris, 14 mars 1985 : *JurisData* n° 1985-022763 ; *Banque* 1985, 855, obs. Rives-Lange. – *Contra*, ▪ Toulouse, 10 mai 1984 : *Banque* 1984, 967, obs. crit. Rives-Lange).

Pour faire tomber les effets d'une saisie-arrêt pratiquée entre les mains du tiré, le porteur d'un chèque doit établir que la remise entre ses mains du chèque, qui seule lui transfère la propriété de la provision, est antérieure à la saisie (▪ Cass. com., 7 déc. 1971 : *JurisData* n° 1971-097291 ; *D.* 1972, 555, note Wiederkehr ; *RTD civ.* 1973, 172, obs. Hébraud ; *RTD com.* 1972, 665, obs. Cabrillac et Rives-Lange. ▪ 15 févr. 1994, *Bull.* IV, n° 61 ; *D.* 1994, somm. 183, obs. Cabrillac).

5) Preuve de la tradition. Il s'agit là de la preuve d'un fait matériel dont la date doit pouvoir être prouvée par tous moyens, et les dispositions de l'article 1328 du Code civil en matière de date, restent inapplicables, même si le chèque a pour objet le paiement d'une dette civile (▪ Paris, 26 avr. 1965 : *JCP* 1966, II, 14529, note Gavalda).

III – ESCOMPTE

6) Licéité. L'escompte bancaire de chèques est une pratique licite (▪ Cass. com., 15 juin 1976, n° 75-10.989 : *JurisData* n° 1976-097204 ; *Bull.* IV, n° 203 ; *JCP* 1977, II, 18694, note Bousquet ; *Banque* 1977, 231 ; *RTD com.* 1977, 132, obs. Cabrillac et Rives-Lange. ▪ Paris, 17 févr. 1982 : *JurisData* n° 1982-020465 ; *D.* 1983, inf. rap. 41, obs. Cabrillac. – *Adde*, ▪ Cass. com., 8 févr. 1984, n° 82-12.377 : *JurisData* n° 1984-700168 ; *Bull.* IV, n° 56 ; *JCP* G 1984, IV, 118 ; *RTD com.* 1984, 306, obs. M. Cabrillac et B. Teyssié).

Art. L. 131-21 *(Anc. D.-L. 30 oct. 1935).* **– L'endosseur est, sauf clause contraire, garant du paiement.**

Il peut interdire un nouvel endossement ; dans ce cas, il n'est pas tenu à la garantie envers les personnes auxquelles le chèque est ultérieurement endossé.

Art. L. 131-22 *(Anc. D.-L. 30 oct. 1935).* **– Le détenteur d'un chèque endossable est considéré comme porteur légitime s'il justifie de son droit par une suite ininterrompue d'endossements, même si le dernier endossement est en blanc. Les endossements biffés sont, à cet égard, réputés non écrits. Quand un**

endossement en blanc est suivi d'un autre endossement, le signataire de celui-ci est réputé avoir acquis le chèque par l'endossement en blanc.

Porteur légitime et endossement en blanc. Dès l'instant où une personne a remis à une autre un chèque, après l'avoir endossé en blanc, cette dernière en est devenue porteur légitime (■ Cass. civ. 1re, 24 mai 1976 : *JurisData* n° 1976-000188 ; *JCP* 1978, II, 12746, note Gavalda ; *RTD com.* 1977, 131, obs. Cabrillac et Rives-Lange admettant le don manuel effectué par chèque. – Sur cette question, V. ■ Cass. com., 20 nov. 1985 : *Bull.* IV, n° 314 ; *RTD com.* 1986, 413, obs. Cabrillac et Teyssié).

Art. L. 131-23 *(Anc. D.-L. 30 oct. 1935).* **– Un endossement figurant sur un chèque au porteur rend l'endosseur responsable aux termes des dispositions qui régissent le recours ; il ne convertit, d'ailleurs, pas le titre en un chèque à ordre.**

Art. L. 131-24 *(Anc. D.-L. 30 oct. 1935).* **– Lorsqu'une personne a été dépossédée d'un chèque à ordre par quelque événement que ce soit, le bénéficiaire qui justifie de son droit de la manière indiquée à l'article L. 131-22, n'est tenu de se dessaisir du chèque que s'il l'a acquis de mauvaise foi ou si, en l'acquérant, il a commis une faute lourde.**

L'escompte n'est pas une faute lourde. Le fait pour un banquier d'acquérir un chèque avant l'échéance n'est pas en lui-même constitutif de faute (■ Cass. com., 3 janv. 1978 : *JurisData* n° 1978-097001 ; *JCP* G 1978, IV, 75 ; *D.* 1978, inf. rap. 307, obs. Vasseur).

En énonçant pour refuser de valider une saisie-arrêt, qu'une banque avait commis des fautes en portant le montant d'un chèque qui se révéla frappé d'opposition, au crédit du compte de son client avant encaissement, sans rechercher si, en acquérant le chèque la banque avait été de mauvaise foi ou avait commis une faute lourde, un jugement n'a pas donné de base légale à sa décision (■ Cass. com., 8 févr. 1984 : *Bull.* IV, n° 56 ; *JCP* G 1984, IV, 118 ; *RTD com.* 1984, 306, obs. Cabrillac et Teyssié).

Art. L. 131-25 *(Anc. D.-L. 30 oct. 1935).* **– Les personnes actionnées en vertu du chèque ne peuvent pas opposer au porteur les exceptions fondées sur leurs rapports personnels avec le tireur ou avec les porteurs antérieurs, à moins que le porteur, en acquérant le chèque, n'ait agi sciemment au détriment du débiteur.**

Bénéficiaire ayant agi frauduleusement. L'inopposabilité des exceptions ne peut être invoquée par le bénéficiaire ayant rempli un chèque en blanc sans respecter les instructions du tireur (■ Cass. com., 8 janv. 2013, n° 11-24.762 : *JurisData* n° 2013-000148 ; *Gaz. Pal.* 28 mars 2013, n° 11-24.762, p. 12, note J. Lasserre Capdeville).

Art. L. 131-26 *(Anc. D.-L. 30 oct. 1935).* **– Lorsque l'endossement contient la mention « valeur en recouvrement », « pour encaissement », « par procuration », ou toute autre mention impliquant un simple mandat, le porteur peut exercer tous les droits découlant du chèque, mais il ne peut endosser celui-ci qu'à titre de procuration.**

Les obligés ne peuvent, dans ce cas, invoquer contre le porteur que les exceptions opposables à l'endosseur.

Le mandat renfermé dans un endossement de procuration ne prend pas fin par le décès du mandant ou la survenance de son incapacité.

Voir : notes sous C. monét. fin., art. L. 131-20, p. 3111.

Art. L. 131-27 *(Anc. D.-L. 30 oct. 1935).* **– L'endossement fait après le protêt ou après l'expiration du délai de présentation ne produit que les effets d'une cession ordinaire.**

Sauf preuve contraire, l'endossement sans date est présumé avoir été fait avant le protêt ou avant l'expiration du délai de présentation.

Il est défendu d'antidater les ordres à peine de faux.

Nullité d'un endossement postérieur à l'apposition d'un acquit. L'endossement postérieur à l'apposition d'un acquit doit être tenu pour nul car l'acquit manifeste la volonté du porteur de mettre fin à la circulation du chèque (■ T. com. Rouen, 27 août 1954 : *Banque* 1955, p. 658, obs. X. Martin).

Section IV. – Aval

(Anc. ss-sect. 4 de l'anc. sect. I, dénum., L. n° 2005-516, 20 mai 2005)

Art. L. 131-28 *(Anc. D.-L. 30 oct. 1935).* **– Le paiement d'un chèque peut être garanti pour tout ou partie de son montant par un aval.**

Cette garantie est fournie par un tiers, sauf le tiré, ou même par un signataire du chèque.

Art. L. 131-29 *(Anc. D.-L. 30 oct. 1935).* **– L'aval est donné soit sur le chèque ou sur une allonge, soit par un acte séparé indiquant le lieu où il est intervenu.**

Il est exprimé par les mots « bon pour aval » ou par toute autre formule équivalente ; il est signé par le donneur d'aval.

Il est considéré comme résultant de la seule signature du donneur d'aval, apposée au recto du chèque, sauf quand il s'agit de la signature du tireur.

L'aval doit indiquer pour le compte de qui il est donné. À défaut de cette indication, il est réputé donné pour le tireur.

Art. L. 131-30 *(Anc. D.-L. 30 oct. 1935).* **– Le donneur d'aval est tenu de la même manière que celui dont il s'est porté garant.**

Son engagement est valable, alors même que l'obligation qu'il a garantie serait nulle pour toute cause autre qu'un vice de forme.

Quand il paie le chèque, le donneur d'aval acquiert les droits résultant du chèque contre le garanti et contre ceux qui sont tenus envers ce dernier en vertu du chèque.

Section V. – Présentation et paiement

(Anc. ss-sect. 5 de l'anc. sect. I, dénum., L. n° 2005-516, 20 mai 2005)

Art. L. 131-31 *(Anc. D.-L. 30 oct. 1935).* **– Le chèque est payable à vue. Toute mention contraire est réputée non écrite.**

Le chèque présenté au paiement avant le jour indiqué comme date d'émission est payable le jour de la présentation.

I – DATE D'ÉMISSION

1) Notion. L'émission est réalisée lorsque le débiteur se dessaisit du chèque (■ Cass. com., 3 déc. 1991, n° 90-13.356 : *JurisData* n° 1991-003018 ; *D.* 1992, somm. p. 338, obs. M. Cabrillac ; *Banque* 1992, 645, obs. J.-L. Rives-Lange).

2) Preuve. La date d'émission du chèque ne peut être présumée être la date de création de ce titre (■ Cass. com., 17 oct. 1995, n° 93-14.707 : *RJDA* 1/96, n° 92. ■ Cass. com., 31 janv. 2006, n° 04-15.315 : *JurisData* n° 2006-032078 ; *D.* 2006, p. 573, obs. Avena-Robardet ; *D.* 2007, pan. 756, obs. D-R. Martin ; *RJDA* 5/2006, n° 573 ; *JCP* E 2006, 2276, note Guerchoun ; *RTD com.* 2006, 455, obs. Legeais ; *RD bancaire et fin.* mai-juin 2006, obs. Crédot et Samin). La date d'émission d'un chèque étant un fait qui peut être établi par tout moyen, c'est dans l'exercice de son pouvoir souverain qu'une cour d'appel a fixé cette date, en l'absence de tout autre élément, à celle de la remise des chèques litigieux à l'encaissement (même déc.).

Toutefois, lorsque le chèque a été encaissé, il appartient au bénéficiaire de prouver que le chèque lui a été remis à une date postérieure à sa création (■ Cass. 2e civ., 22 janv. 2009, n° 08-10.682 : *JurisData* n° 2009-046909 ; *Banque et droit* 2009, n° 124, p. 29, obs. T. Bonneau, en l'espèce, le bénéficiaire était un assureur et la date d'émission déterminait la période de sa garantie).

3) Liquidation du tireur. Le tiré qui paye un chèque, après ouverture de la liquidation judiciaire du tireur, doit prouver que son émission est antérieure au jugement d'ouverture (■ Cass. com., 15 oct. 2013, n° 12-18.271 : *JurisData* n° 2013-022942 ; *Gaz. Pal.* 14 janv. 2014, p. 35, obs. R. Bonhomme ; *BJE* 2014, n° 1, p. 22, note R. Bonhomme).

4) Effet : dessaisissement irrévocable du tireur au profit du bénéficiaire. L'émission d'un chèque réalise le dessaisissement irrévocable du tireur au profit du bénéficiaire qui acquiert immédiatement la propriété de la provision (■ Cass. com., 15 juill. 1986, n° 85-13.463 : *JurisData* n° 1986-001442 ; *Bull.* IV, n° 162. ■ Cass. com., 3 déc. 1991, n° 90-13.356 : *JurisData* n° 1991-003018 ; *JCP* E 1992, pan. 190 ; *RD bancaire et bourse* 1992, 130, obs. Campana et Calendini ; *Bull.* IV, n° 371 ; *D.* 1992, somm. 338, obs. Cabrillac ; *RTD com.* 1992, 423, obs. Cabrillac et Teyssié. ■ Cass. com., 7 juin 1994, n° 92-16.312 : *RD bancaire et bourse* 1994, 263, obs. Crédot et Gérard. ■ Cass. com., 18 oct. 1994, n° 92-20.086 : *JurisData* n° 1994-001867 ; *RD bancaire et bourse* 1994, 263, obs. Crédot et Gérard ; *RJDA* 2/95, n° 185. ■ Cass. com., 10 janv. 1995, n° 92-18.703 : *Dr. et patrimoine* 1995, n° 1016, obs. Saint-Alary. ■ Cass. com., 18 juin 1996, n° 94-16.033 : *JurisData* n° 1996-002505 ; *JCP* E 1996, pan. 984 ; *RD bancaire et bourse* 1996, 190, n° 2, obs. Crédot et Gérard ; *RJDA* 12/96, n° 1505, qui décide que la présentation d'un chèque à l'encaissement implique le dessaisissement du tireur). Mais le dessaisissement doit être volontaire (■ Cass. com., 6 avr. 1999, n° 96-17.332 : *JurisData* n° 1999-001492 ; *LPA* 15 juin 1999, p. 6, obs. L. C. ; *RJDA* 6/99, n° 715 ; *RTD com.* 1999, 726, obs. Cabrillac ; *D.* 2000, somm. 458, obs. D.-R. Martin).

ANNEXE 5

5) Transmission de la provision : condition d'existence et indifférence du caractère post-daté. L'émission du chèque entraîne la transmission de la provision, malgré les éventuelles post-dates. En cas de procédure collective du tireur, cette transmission suppose l'existence de la provision avant le jugement d'ouverture (■ Cass. com., 12 janv. 2000, n° 97-13.155 : *JurisData* n° 2000-000032 ; *D.* 2010, p. 264 ; *RD bancaire et fin.* mars-avr. 2010, p. 45, n° 36, obs. F.-J. Crédot et T. Samin ; *JCP* G 2010, 401, n° 4-3, obs. M. Cabrillac).

II – PRÉSENTATION AU PAIEMENT

A – Payement à vue

6) Payement à vue : inefficacité des clauses contraires. Une mention portée sur un chèque et soumettant son encaissement à des conditions ne peut avoir effet (■ Cass. com., 9 mars 1993, n° 91-16.806 : *JurisData* n° 1993-000476 ; *D.* 1993, inf. rap. 81 ; *RJDA* 5/93, n° 423 ; *RTD com.* 1993, 340, obs. Cabrillac et Teyssié. ■ Cass. com., 3 juin 2003, n° 01-10.612 : *JurisData* n° 2003-019287 ; *RJDA* 12/2003, n° 1166 ; *JCP* E 2003, pan. n° 1172 ; *D.* 2003, p. 1836, obs. Avena-Robardet). Un chèque postdaté peut être présenté immédiatement au paiement (■ Cass. crim., 26 nov. 1974, n° 74-90.491 : *JurisData* n° 1974-098347 ; *Bull. crim.* 1974, n° 347).

7) Payement à vue : application aux « chèques de garantie ». Le chèque est un instrument de paiement que le bénéficiaire peut faire encaisser, même dans le cas où il a été remis à titre de garantie, sauf à lui restituer le montant si le paiement reçu était indu (■ Cass. com., 17 nov. 1998, n° 96-14.296 : *JurisData* n° 1998-004363 ; *D.* 1999, somm. 147, obs. Cabrillac ; *JCP* E 1998, p. 2046, obs. Bouteiller ; *JCP* E 1999, p. 1586, B, obs. Delebecque ; *JCP* E 2000, p. 228, note Gibirila ; *RTD civ.* 1999, 156, obs. Crocq ; *RTD com.* 1999, 165, obs. Cabrillac ; *D.* 1999, somm. 304, obs. S. Piedelièvre ; *RJDA* 1/99, n° 92 et ■ Cass. com., 24 oct. 2000, n° 97-21.710 : *JurisData* n° 2000-006361 ; *RJDA* 1/2001, n° 78 ; *JCP* E 2000, pan. 1930 ; *JCP* E 2001, p. 1096, note Cholet ; *D.* 2000, act. jurispr., p. 417, obs. Lienhard ; *RD bancaire et fin.* 2000, 348, n° 215, obs. Crédot et Gérard ; *LPA* 19 déc. 2000, p. 10, obs. E. C. ; *RTD com.* 2001, 195, obs. Cabrillac ; *RJ com.* 2001, 184, obs. Nemedeu. ■ Cass. com., 18 févr. 2003, n° 97-20.341 : *JurisData* n° 2003-017876 ; *RD bancaire et fin.* 2003, 93, obs. Crédot et Gérard. ■ Cass. com., 21 juin 2005, n° 04-13.066 : *RJDA* 11/2005, n° 1273. ■ Cass. 1re civ., 6 janv. 2011, n° 09-71.400 : *JurisData* n° 2011-000044 ; *Banque et droit* 2011, n° 136, p. 22, obs. T. Bonneau).

8) Chèque d'acompte non encaissé constitutif du délit de perception d'un paiement avant l'expiration du délai de rétractation consumériste. La remise d'un chèque d'acompte avant l'expiration du délai de rétractation est interdite en vertu de l'article L. 341-12 du Code de la consommation, peu importe que le chèque n'ait pas été remis à l'encaissement (■ Cass. crim., 24 nov. 2020, n° 19-85.829 : *Contrats, conc., consomm.* 2021, comm. 49, obs. S. Berheim-Desvaux).

B – Inscription en compte

9) Remise à l'encaissement : inscription en compte immédiate. Un chèque remis à l'encaissement doit faire l'objet d'une inscription en compte immédiate, à défaut le banquier doit prévenir son client faute de quoi il engage sa responsabilité (■ Cass. com., 19 juin 2012, n° 11-16.211 : *JurisData* n° 2012-013517 ; *Banque et droit* 2012, n° 145, p. 14, obs. T. Bonneau ; *D.* 2012, p. 1732, obs. V. Avena-Robardet, et p. 2364, note J. Lasserre Capdeville ; *JCP* E 2012, 1646, n° 22, obs. N. Mathey ; *LPA* 18 oct. 2012, p. 10, note R. Laulier ; *JCP* E 2012, 1646, n° 22, obs. N. Mathey).

Bibliographie : J. Lasserre Capdeville, *Un usage problématique en droit du chèque : l'avance sur encaissement* : *RD bancaire et fin.* 2020, dossier n° 3.

10) Inscription en compte sous réserve d'encaissement : obligation de vigilance respectée. La banque, alertée par le montant inhabituel d'un chèque, qui indique au bénéficiaire porter la somme en compte sous réserve d'encaissement ne commet pas de faute de négligence (■ Cass. com., 22 janv. 2020 : *JCP* E 2020, 1256, n° 22, obs. A. Salgueiro ; *Gaz. Pal.* 9 juin 2020, n° 379x7, p. 54).

Art. L. 131-32 *(Anc. D.-L. 30 oct. 1935).* **– Le chèque émis et payable dans la France métropolitaine doit être présenté au paiement dans le délai de huit jours.**

Le chèque émis hors de la France métropolitaine et payable dans la France métropolitaine doit être présenté dans un délai, soit de vingt jours, soit de soixante-dix jours, selon que le lieu de l'émission se trouve situé en Europe ou hors d'Europe.

Pour l'application de l'alinéa précédent, les chèques émis dans un pays riverain de la Méditerranée sont considérés comme émis en Europe.

Le point de départ des délais indiqués au deuxième alinéa est le jour porté sur le chèque comme date d'émission.

1) Détermination du délai dans les départements d'Outre-mer. Un chèque émis et payable en Martinique ne peut bénéficier d'aucun délai de distance (▪ Fort-de-France, 30 sept. 1994 : *JurisData* n° 1994-048444 ; *D.* 1996, 10, note Larrieu).

2) Sanction du non-respect du délai. Voir C. monét. fin., art. L. 131-35, p. 3115 et L. 131-59, p. 3125.

Art. L. 131-33 *(Anc. D.-L. 30 oct. 1935)*. – **Lorsqu'un chèque payable en France est émis dans un pays où est en usage un calendrier autre que le calendrier grégorien, le jour de l'émission est ramené au jour correspondant du calendrier grégorien.**

Art. L. 131-34 *(Anc. D.-L. 30 oct. 1935)*. – **La présentation à une chambre de compensation équivaut à la présentation au paiement.**

Art. L. 131-35 *(Anc. D.-L. 30 oct. 1935)*. – **Le tiré doit payer même après l'expiration du délai de présentation. Il doit aussi payer même si le chèque a été émis en violation de l'injonction prévue à l'article L. 131-73 ou de l'interdiction prévue au deuxième alinéa de l'article L. 163-6.**

Il n'est admis d'opposition au paiement par chèque qu'en cas de perte, de vol ou d'utilisation frauduleuse du chèque, de redressement ou de liquidation judiciaires du porteur. Le tireur doit immédiatement confirmer son opposition par écrit, quel que soit le support de cet écrit.

Tout banquier doit informer par écrit les titulaires de compte des sanctions encourues en cas d'opposition fondée sur une autre cause que celles prévues au présent article.

Si, malgré cette défense, le tireur fait une opposition pour d'autres causes, le juge des référés, même dans le cas où une instance au principal est engagée, doit, sur la demande du porteur, ordonner la mainlevée de l'opposition.

Bibliographie : Berchon, *La mainlevée par le juge des référés de l'opposition du tireur au paiement du chèque : RJ com.* 1988, 325. • Cholet, *La définition de l'utilisation frauduleuse du chèque : RD bancaire et fin.* 2001, 178.

I – PRINCIPE DE L'INTERDICTION DE L'OPPOSITION

1) Domaine. L'opposition n'est pas admise pour des causes autres que celles prévues à l'article L. 131-35, alinéa 2 (▪ Cass. com., 30 mai 1995, n° 93-19.557 : *Bull.* IV, n° 158 ; *D.* 1996, somm. 35, obs. Cabrillac. ▪ Cass. com., 17 oct. 1995, n° 94-11.934 : *JurisData* n° 1995-002804 ; *RD bancaire et bourse* 1996, 9, obs. Crédot et Gérard ; *RJDA* 1/96, n° 94. ▪ Cass. com., 27 juin 2000, n° 98-10.164 : *JurisData* n° 2000-002716 ; *RJDA* 12/2000, n° 1162. ▪ Colmar, 29 juin 2005, n° 1B04/02090 : *JurisData* n° 2005-278466 ; *JCP* E 2006, pan. 1003).

2) Remise volontaire. L'opposition n'est pas admise lorsque le chèque est remis volontairement (▪ Cass. com., 12 oct. 1982, n° 81-10.692 : *JurisData* n° 1982-702171 ; *Bull.* IV, n° 314 ; *JCP* G 1983, IV, 2 ; *RTD com.* 1983, 260, obs. M. Cabrillac et B. Teyssié pour un chèque adressé par erreur à un homonyme. ▪ Cass. com., 18 févr. 2004, n° 01-03.136 : *JurisData* n° 2004-022392 ; *JCP* E 2004, pan. 574 ; *D.* 2004, p. 1083 ; *RJDA* 7/2004, n° 888 ; *RJDA* 7/2004, n° 886, pour un chèque remis volontairement à un parent et perdu ensuite. ▪ Cass. com., 21 févr. 2012, n° 11-11.441 : *JurisData* n° 2012-002643 ; *Banque et droit* 2012, n° 143, p. 18, obs. T. Bonneau).

3) Encaissement d'un chèque de garantie. L'encaissement d'un chèque de garantie ne constitue pas une utilisation frauduleuse (▪ Cass. com., 24 oct. 2000 : *RJDA* 1/2001, n° 78 ; *JCP* E 2000, pan. 1930 ; *JCP* E 2001, p. 1096, note Cholet ; *D.* 2000, act. jurispr., p. 417, obs. Lienhard ; *LPA* 19 déc. 2000, p. 10, obs. E. C. ; *RD bancaire et fin.* 2000, 348, n° 215, obs. Crédot et Gérard ; *RTD com.* 2001, 195, obs. Cabrillac).

II – OPPOSITIONS LICITES

4) Extorsion et violence. L'extorsion de chèques signés sous la contrainte et la menace de violences sont assimilables à un vol pouvant justifier l'opposition au paiement du chèque (▪ Cass. com., 26 juin 1979 : *Bull.* IV, n° 215 ; *D.* 1980, inf. rap. 134, obs. M. Cabrillac ; *RTD com.* 1979, 780, obs. M. Cabrillac et J.-L. Rives-Lange. ▪ CA Versailles, 19 juin 1191 : *D.* 1991, inf. rap. p. 209).

5) Manœuvres frauduleuses. Les manœuvres frauduleuses pour obtenir et utiliser un chèque constituent une utilisation frauduleuse au sens de la loi (▪ Cass. com., 24 oct. 2000, n° 97-21.233 : *JurisData* n° 2000-006363 ; *RJDA* 1/2001, n° 77 ; *JCP* E 2000, pan. 1931 ; *JCP* E 2001, p. 1096, note Cholet ; *D.* 2000, act. jurispr., p. 417, obs. Lienhard ; *LPA* 19 déc. 2000, p. 9, obs. E. C. ; *RD bancaire et fin.* 2000, 347, n° 214, obs. Crédot et Gérard ; *RTD com.* 2001, 195, obs. Cabrillac. – *Adde*, ▪ Cass. com., 19 déc. 2000, n° 98-10.420 : *JurisData* n° 2000-007664 ; *RJDA* 4/2001, n° 497. ▪ Cass. com., 22 oct. 2002, n° 01-03.562 : *JurisData* n° 2002-016136 ; *RJDA* 2/2003, n° 182 ▪ Cass.

com., 4 juill. 2018, n° 17-16.018 : *Gaz. Pal.* 23 oct. 2018, n° 333m3, p. 57, obs. C. Houin-Bressand ; *JCP E* 2018, 1596, obs. A. Salgueiro).

6) Procédure collective du porteur. L'opposition n'est possible que jusqu'à la remise du chèque au liquidateur (▪ Cass. com., 8 juill. 2008, n° 07-16.936 : *JurisData* n° 2008-044793 ; *Banque et droit*, n° 121, p. 26, obs. T. Bonneau ; *D.* 2008, p. 2139 ; obs. X. Delpech ; *RTD. com.* 2008, p. 827, n° 1, obs. D. Legeais).

III – EFFETS DES OPPOSITIONS

7) Opposition pour un motif licite : obstacle au paiement. L'opposition au paiement de chèques emporte révocation immédiate du mandat de payer confié au banquier par le titulaire du compte ; en conséquence, le banquier est responsable, nonobstant la négligence du titulaire du compte dans la garde de son chéquier, du paiement des chèques ayant permis après opposition le retrait de fonds dans une agence autre que celle où le compte est ouvert pour n'avoir pas mis sur pied l'organisation nécessaire pour l'information immédiate de ses agences et correspondants de l'existence d'une opposition (▪ Cass. com., 20 juin 1977 : *JurisData* n° 1977-097173 ; *JCP* 1978, II, 18808, note Vézian ; *D.* 1977, inf. rap. 451, obs. Vasseur ; *RTD com.* 1977, 338, obs. Cabrillac et Rives-Lange).

8) Paiement fautif : exclusion de l'action en enrichissement sans cause du tiré. Le paiement, en dépit d'une opposition pour motif licite, constitue une faute qui empêche le tiré d'exercer l'action en enrichissement sans cause à l'encontre du tireur pour obtenir le remboursement de la somme versée (▪ Cass. com., 16 juill. 1985 : *RTD com.* 1986, 124, obs. M. Cabrillac et M. Teyssié. ▪ Cass. 1re civ., 19 mars 2015, n° 14-10.075 : *JurisData* n° 2015-005742 ; *D.* 2015, p. 1084, note J. Lasserre Capdeville ; *LEDB* mai 2015, 3, n° 75, obs. M. Mignot ; *Gaz. Pal.* 4 août 2015, p. 9, note C. Houin-Bressand).

9) Absence de vérification du bien-fondé de l'opposition par le tiré. Le tiré n'a pas à se faire juge de l'opposition du tireur et aurait commis une faute s'il avait payé le chèque malgré cette opposition qu'il appartenait au bénéficiaire de faire lever s'il l'estimait injustifiée (▪ Cass. com., 22 janv. 1979 et 4 déc. 1978 : *Banque* 1979, 1107, obs. Martin. ▪ Cass. com., 9 févr. 1982, n° 80-15.397 : *JurisData n° 1982-700323* ; *Bull.* IV, n° 52 ; *JCP* G 1982, IV, 150. ▪ Cass. com., 16 juin 1992, n° 90-19.533 : *JurisData* n° 1992-001327 ; *Bull.* IV, n° 235 ; *RTD com.* 1992, 648, obs. Cabrillac et Teyssié. ▪ Cass. com., 27 oct. 1992, n° 90-19.889 : *JurisData* n° 1992-002291 ; *Bull.* IV, n° 321), et il est obligé d'immobiliser la provision pendant le délai de prescription du titre ou jusqu'à la décision constatant que le porteur est sans droit sur le chèque alors même que celui-ci ne peut demander mainlevée de l'opposition en raison du motif allégué (vol) (▪ Paris, 10 déc. 1982 : *JurisData* n° 1982-028039 ; *D.* 1983, inf. rap. 245, obs. Cabrillac. – Sur le blocage de la provision par le tiré, cf. notes sous art. 17, D.-L. 30 oct. 1935. – Comp. ▪ Cass. com., 21 nov. 1972 : *D.* 1973, 265, note Vasseur ; *RTD com.* 1973, 119, obs. Cabrillac et Rives-Lange pour l'opposition émanant d'une personne sans qualité).

L'établissement de crédit sur lequel a été tiré un chèque frappé d'opposition n'a pas à vérifier la réalité du motif d'opposition invoqué (▪ Cass. com., 8 oct. 2002, n° 00-12.174 : *JurisData* n° 2002-015770 ; *RJDA* 2/2003, n° 183 ; *JCP* E 2002, pan. 1652 ; *JCP* E 2003, jurispr. 195, note Cholet ; *D. aff.* 2002, p. 2940, obs. Avena-Robardet ; *RD bancaire et fin.* 2002, 315, n° 225, obs. Crédot et Gérard ; *RTD com.* 2003, 140, obs. Cabrillac. ▪ Cass. com., 16 juin 2015, n° 14-13.493 : *JurisData* n° 2015-014632 ; *JCP* E 2015, 916, note J. Lasserre Capdeville ; *RD bancaire et fin.* 2015, comm. 178, obs. F.-J. Crédot et T. Samin ; *Gaz. Pal.* 10 nov. 2015, p. 17, obs. C. Houin-Bressand).

10) Contre-passation légitime du chèque revenu impayé pour opposition. La banque qui contre-passe le montant d'un chèque avancé à son client et revenu impayé à la suite d'une opposition, n'est pas tenue de vérifier la régularité de l'opposition effectuée par le tireur auprès de la banque tirée. (▪ Cass. com., 4 juill. 2018, n° 17-13.579 : *Gaz. Pal.* 23 oct. 2018, n° 333m4, p. 57, obs. C. Houin-Bressand).

11) Durée de l'immobilisation de la provision. Le tiré d'un chèque frappé d'opposition n'est tenu d'en immobiliser la provision que jusqu'à décision judiciaire sur la validité de l'opposition, s'il a été mis en cause dans l'instance engagée à cette fin, ou pendant une année à compter de l'expiration du délai de présentation du chèque s'il s'agit d'un chèque bancaire ou pendant une année suivant l'émission du chèque s'il s'agit d'un chèque postal (▪ Cass. com., 18 avr. 2000, n° 96-20.499 : *JurisData* n° 2000-001559 ; *RJDA* 7-8/2000, n° 794 ; *JCP* E 2000, pan. 918 ; *D.* 2000, act. jurispr., p. 245, obs. Daleau ; *LPA* 8 juin 2000, p. 13, obs. E. C. ; *RD bancaire et fin.* 2000, 222, n° 140, obs. Crédot et Gérard).

IV – MAINLEVÉE DES OPPOSITIONS FONDÉES SUR DES MOTIFS NON AUTORISÉS

A – Exercice de l'action

12) Demandeur. C'est au porteur du chèque, qui se voit refuser le paiement en raison d'une opposition du tireur, de saisir le juge des référés qui appréciera la validité et le bien-fondé de l'opposition et, le cas échéant, en ordonne la mainlevée (▪ Paris, 5 juill. 1977 : *D.* 1978, inf. rap. 339, obs. Cabrillac. ▪ Paris, 10 déc. 1982 : *D.* 1983, inf. rap. 245, obs. Cabrillac). Ainsi, l'épouse, titulaire avec son mari d'un compte bancaire joint, est irrecevable à se substituer au porteur pour appeler en référé son mari en mainlevée de l'opposition, même non motivée, formée par lui au paiement d'un chèque tiré par elle à l'ordre d'un tiers (▪ TGI Dunkerque, 20 oct. 1977 : *D.* 1978, inf. rap. 81, obs. Cabrillac).

Cette action ne constitue pas le recours cambiaire prévu par les art. L. 131-47 et L. 131-59, et c'est à bon droit que le juge rejette l'exception de prescription de l'action en mainlevée d'opposition (▪ Paris, 25 nov. 1992 : *JurisData* n° 1992-024364 ; *D.* 1993, somm. 315, obs. Cabrillac).

13) Compétence exclusive du juge des référés. Le juge des référés est seul compétent pour ordonner la mainlevée de l'opposition. (▪ Cass. com., 5 déc. 2018, n° 17-22.658 : *JCP* G 2019, 143, note J. Lasserre Capdeville ; *Gaz. Pal.* 11 févr. 2019, p. 53, obs. C. Houin-Bressand).

14) Obligation, pour le juge, de vérifier la pertinence des motifs ultérieurement invoqués. La cour d'appel est tenue de vérifier si l'opposition est justifiée par l'un des quatre motifs prévus même si ce n'est pas celui initialement invoqué (▪ Cass. com., 1er avr. 2014, n° 12-14.418 : *JurisData* n° 2014-006510 ; *Gaz. Pal.* 28 oct. 2014, p. 11, obs. C. Houin-Bressand).

15) Absence de pouvoir du juge des référés en matière de séquestre. Le juge des référés n'a pas le pouvoir, eu égard aux dispositions de ce texte, de prescrire la mise sous séquestre des chèques ou des sommes représentant leur montant (▪ Cass. com., 17 mai 1988, n° 87-10.026 : *Bull.* IV, n° 161 ; *RTD com.* 1988, 657, obs. Cabrillac et Teyssié ; *D.* 1988, inf. rap. 155).

16) Délai d'exercice. Le recours en mainlevée de l'opposition, prévu par l'article L. 131-35, est recevable tant que le porteur peut demander paiement de la provision au tiré, c'est-à-dire pendant trois ans (ce délai a été ramené à un an par la loi n° 85-695 du 11 juillet 1985) à partir de l'expiration du délai de présentation (▪ Lyon, 2 mai 1978 : *D.* 1978, inf. rap. 339, obs. Cabrillac).

B – Conséquences de la mainlevée

17) Obligation de paiement de la banque tirée. La banque tirée doit soit dès la décision judiciaire de mainlevée, si elle a été elle-même en cause, soit dès qu'elle lui a été notifiée ou signifiée, payer au bénéficiaire le montant, jusqu'alors bloqué, de la provision du chèque (▪ Cass. com., 21 nov. 2018, n° 17-24.014 : *Dalloz actualité,* 11 déc. 2018, obs. X. Delpech ; *JCP* 2018, n° 50, 1301, obs. N. Kilgus ; *LEDB* janv. 2019, p. 2, obs. N. Mathey ; *D.* 2019, p. 471, note J. Lasserre Capdeville ; *JCP E* 2019, 1048, obs. K. Rodriguez).

Art. L. 131-36 *(Anc. D.-L. 30 oct. 1935).* **– Ni le décès du tireur ni son incapacité survenant après l'émission ne touchent aux effets du chèque.**

1) Don manuel. Validité d'un don manuel fait par remise d'un chèque qui n'avait pas été encaissé du vivant du tireur (▪ Cass. 1re civ., 10 févr. 1993, n° 91-14.486 : *JurisData* n° 1993-000378 ; *Bull.* I, n° 65 ; *D.* 1994, somm. 182, obs. Cabrillac. – Rappr. 4 nov. 1981 : *Bull.* I, n° 327 ; *Defrénois* 1982, art. 32944, p. 1378, note Champenois ; *RTD civ.* 1982, 781, obs. Patarin. – Arrighi, *Le don manuel par chèque : D.* 1980, chron. 165).

2) Décès du tireur : validité du certificat de non-paiement signifié aux héritiers. En cas de décès du tireur, le certificat de non-paiement est valablement signifié par l'huissier aux héritiers (▪ Cass. com., 3 juill. 2012, n° 11-14.227 : *JurisData* n° 2012-015228 ; *D.* 2012, p. 1877, obs. V. Avena-Robardet ; *Banque et droit* 2012, n° 145, p. 15, obs. T. Bonneau ; *Gaz. Pal.* 19-20 sept. 2012, p. 13, note J. Lasserre Capdeville).

Art. L. 131-37 *(Anc. D.-L. 30 oct. 1935).* **– Le tiré peut exiger, en payant le chèque, qu'il lui soit remis acquitté par le porteur.**

Le porteur ne peut pas refuser un paiement partiel.

Si la provision est inférieure au montant du chèque, le porteur a le droit d'exiger le paiement jusqu'à concurrence de la provision.

En cas de paiement partiel, le tiré peut exiger que mention de ce paiement soit faite sur le chèque et qu'une quittance lui en soit donnée.

Cette quittance, délivrée sur titre séparé, jouit, à l'égard du droit de timbre, de la même dispense que la quittance donnée sur le chèque lui-même.

Les paiements partiels sur le montant d'un chèque sont à la décharge des tireurs et endosseurs.

Le porteur est tenu de faire protester le chèque pour le surplus.

1) Chèque sous séquestre. Il n'y a pas lieu d'accéder à la demande de paiement par le tiré présentée par le porteur, alors que, à la suite de l'opposition du tireur dont il a donné mainlevée, le chèque est toujours sous séquestre, le tiré ne pouvant être condamné à payer le porteur que contre remise du chèque (■ Paris, 13 nov. 1978 : *JurisData* n° 1978-635221 ; *D.* 1979, inf. rap. 274, obs. Cabrillac).

2) Conséquences d'un paiement partiel accepté par le porteur du chèque. (■ Montpellier, 19 sept. 1985 : *JurisData* n° 1985-034204 ; *RTD com.* 1986, 124, obs. Cabrillac et Teyssié).

3) Obligation d'informer le bénéficiaire de l'existence d'une provision partielle. La banque qui n'a pas informé clairement le bénéficiaire de l'existence d'une provision partielle au jour de la présentation du chèque et ne l'a pas mis en mesure d'exercer dans un bref délai son droit d'exiger le paiement jusqu'à concurrence de cette provision, a engagé sa responsabilité et est condamnée à régler le montant de la provision existant au jour de la présentation (■ Cass. com., 8 janv. 1991, n° 89-16.752 : *JurisData* n° 1991-000017 ; *RTD com.* 1991, 864, obs. Cabrillac et Teyssié. ■ Paris, 19 sept. 1995 : *D.* 1995, inf. rap. 217. – V. ■ Paris, 10 janv. 1997 : *JurisData* n° 1997-020075 ; *D. affaires* 1997, 249, qui a considéré que le montant du préjudice subi par le porteur équivaut au montant du chèque. – Mais voir ■ Paris, 26 mars 1999, n° 1997/01589 : *JurisData* n° 1999-022788 ; *RD bancaire et bourse* 1999, 251, obs. Crédot et Gérard, qui a considéré que dans ses relations avec le porteur le banquier n'est pas tenu à une obligation d'information concernant le montant de la provision disponible).

Art. L. 131-38 *(Anc. D.-L. 30 oct. 1935).* – **Celui qui paie un chèque sans opposition est présumé valablement libéré.**

Le tiré qui paie un chèque endossable est obligé de vérifier la régularité de la suite des endossements, mais non la signature des endosseurs.

Bibliographie : V. Niori et A. Drochon, *Le chèque falsifié : le banquier, son client et le faussaire – Responsabilité : Gaz. Pal.* 1er juill. 2004, p. 3. • K. Rodriguez, *Responsabilité du banquier et paiement d'un chèque falsifié* in *Les évolutions actuelles du droit bancaire*, ss dir. de J. Lasserre Capdeville et R. Routier : *LPA* 9 nov. 2012, p. 4.

I – CHÈQUES FAUX : FAUSSE SIGNATURE DU TIREUR

Voir : notes sous C. monét. fin., art. L. 131-2, p. 3104.

II – CHÈQUES FALSIFIÉS

Preuve par la production du titre, V. notes sous C. monét. fin., art. L. 511-33, p. 3234.

A – Responsabilité du banquier tiré

1) Irrégularité apparente : responsabilité engagée. Ayant relevé que les signatures figurant à la suite de chacun des endos étaient identiques et émanaient de la même personne, que cette irrégularité était apparente et ne pouvait échapper à l'attention d'un banquier normalement diligent, une cour d'appel a, à bon droit, retenu la responsabilité de la banque sur laquelle le chèque avait été tiré (■ Cass. com., 11 oct. 1983, n° 82-11.860 : *JurisData* n° 1983-701922 ; *JCP* G 1983, IV, 346. ■ Cass. com., 17 déc. 1980, n° 79-10.658 : *JurisData* n° 1980-745198 ; *Bull.* IV, n° 427 ; *RTD com.* 1981, 570, obs. Cabrillac et Teyssié. – *Adde*, ■ Cass. com., 24 sept. 1981, n° 79-16.129 : *JurisData* n° 1981-002842 ; *JCP* G 1981, IV, 382. ■ Cass. com., 23 juin 1999 : *RD bancaire et bourse* 1999, 96, obs. Crédot et Gérard, pour une falsification grossière. ■ Cass. com., 3 déc. 2002, n° 00-20.566 : *JurisData* n° 2002-016643 ; *JCP* E 2003, pan. 162 ; *RJDA* 5/2003, n° 534 ; *D.* 2003, p. 346, comm. 1756, note Djoudi, pour un chèque émis au nom de deux personnes distinctes. – Comp. ■ Cass. com., 15 juin 1999 : *JurisData* n° 1999-002556 ; *RJDA* 10/99, n° 1121. ■ Cass. com., 7 juill. 2009, n° 08-18.251 : *JurisData* n° 2009-049115 ; *D.* 2009, p. 2108, obs. X. Delpech ; *RD bancaire et fin.* nov.-déc. 2009, comm. 177, obs. F.-J. Crédot et T. Samin ; *JCP* E 2009, 2020, n° 31, obs. R. Routier ; *JCP* E 2009, 2021, note J. Lasserre Capdeville ; *Banque et droit* sept.-oct. 2009, n° 127, p. 21, obs. T. Bonneau : pour un chèque présentant sur sa bande magnétique une quatrième série de chiffres).

Si, lorsque le chèque est présenté au paiement par l'intermédiaire d'une banque, le banquier tiré se trouve dispensé de la vérification d'identité, qui incombe à la banque chargée du recouvrement, il a cependant l'obligation de s'assurer qu'aucune falsification n'altère le libellé primitif du chèque par grattages, lavages ou surcharges, dont le caractère apparent constitue une faute dans le paiement (■ Versailles, 18 oct. 1979 : *JurisData* n° 1979-600105 ; *Gaz. Pal.* 1980, 1, 392, note Dupichot. ■ Cass. com., 10 déc. 2003, n° 00-18.653 : *JurisData* n° 2003-021544 ; RJDA 4/2004, n° 469 ; *JCP* E 2004, pan. 209).

2) Falsification indécelable : responsabilité écartée. La responsabilité de la banque est écartée si la falsification est indécelable (■ Cass.

com., 10 mars 1987 : *Rev. huissiers* 1987, p. 1374. ▪ Cass. com., 5 déc. 1989, n° 88-17.126 : *Banque* 1990, 310, obs. Rives-Lange. ▪ Paris, 7 janv. 1992 : *D.* 1992, 395, note D.-R. Martin. ▪ 17 mars 1993 : *Dr. et patrimoine* 1993, n° 8, 264. ▪ Cass. com., 9 févr. 1993, n° 90-21.792 : *JurisData* n° 1993-000294 ; *D.* 1993, somm. 316, obs. Cabrillac. ▪ Cass. com., 15 juin 1993, n° 91-17.660 : *JurisData* n° 1993-001228 ; *RD bancaire et bourse* 1993, 249, obs. Crédot et Gérard. ▪ Cass. com., 7 juin 1994 : *RD bancaire et bourse* 1995, 12, obs. Crédot et Gérard ; *RJDA* 11/1994, n° 1173 ; *RTD com.* 1995, 166, obs. Cabrillac, et sur renvoi, ▪ Versailles, 21 sept. 1999 : *RD bancaire et bourse* 1999, 251, obs. Crédot et Gérard, pour un préposé indélicat qui avait agi dans l'exercice de ses fonctions. ▪ 28 nov. 1995, n° 94-12.233 : *JurisData* n° 1995-004524 ; *RJDA* 2/1996, n° 247. ▪ 27 févr. 1996, n° 95-82.842 : *RJDA* 5/1996, n° 666. ▪ 15 oct. 1996, n° 95-10.722 : *JurisData* n° 1996-005497 ; *RD bancaire et bourse* 1997, 21, obs. Crédot et Gérard ; *RJDA* 1/1997, n° 86 ; *D.* 1997, somm. 262, obs. Cabrillac. ▪ 16 déc. 1997 : *JurisData* n° 1997-024022 ; *RJDA* 4/1998, n° 502502 ; *RTD com.* 1998, 389, obs. Cabrillac. ▪ 9 oct. 2001, n° 99-13.946 : *JurisData* n° 2001-011358 ; *RJDA* 2/2002, n° 192. ▪ Paris, 8 févr. 2002, n° 1999/22642 : *JurisData* n° 2002-175354 ; *D.* 2002, p. 1201).

3) **Anomalie intellectuelle.** Le paiement d'un chèque falsifié rendant le compte débiteur ne constitue pas une anomalie apparente permettant d'engager la responsabilité de la banque, sauf si le montant est de nature à alerter le banquier (▪ Cass. com., 30 mars 2010, n° 09-65.949 : *JurisData* n° 2010-002928 ; *D.* 2010, p. 1013 obs. X. Delpech et p. 1527, note J. Lasserre Capdeville ; *RD bancaire et fin.* 2010, comm. 123, F.-J. Crédot et T. Samin ; *JCP* E 2010, 1789, note K. Rodriguez). A pu être considérée comme une anomalie intellectuelle la remise d'un nombre anormalement important de chèques (▪ CA Douai, 16 mars 2011, n° 10/01481 : *LEDB* juin 2011, p. 6, n° 086, obs. J. Lasserre Capdeville).

4) **Absence d'obligation de vérifier l'identité et la signature des endosseurs.** La banque tirée n'a pas à vérifier l'identité du premier endosseur, elle est seulement tenue de vérifier si la suite des endossements est apparemment régulière (▪ Cass. com., 13 mai 1981, n° 80-10.007 : *JurisData* n° 1981-701579 ; *Bull.* IV, n° 225 ; *JCP* G 1981, IV, 264 ; *RTD com.* 1981, 801, obs. Cabrillac et Teyssié. ▪ Paris, 17 févr. 1982 : *JurisData* n° 1982-601059 ; *RJ com.* 1982, 258, note Nguyen Xuan Chanh. ▪ Cass. com., 30 oct. 1984, n° 83-12.997 : *JurisData* n° 1984-701706 ; *Bull. civ.* IV, n° 285 ; *JCP* G 1985, IV, 11 ; *Banque* 1985, 644, obs. Rives-Lange ; *RTD com.* 1985, 539, obs. Cabrillac et Teyssié. ▪ Cass. com., 5 nov. 2002, n° 00-18.175 : *JurisData* n° 2002-016249 ; *RJDA* 3/2003, n° 306 ; *JCP* E 2003, jurispr. 37, note Bonneau ; *JCP* E 2003, chron. 396, n° 18, obs. Stoufflet ; *D.* 2002, p. 3268, obs. Avena-Robardet ; *RD bancaire et fin.* 2003, 11, n° 1, obs. Crédot et Gérard ; *RTD com.* 2003, 139, obs. Cabrillac. ▪ Cass. com., 17 sept. 2013, n° 12-18.202 : *JurisData* n° 2013-019756 ; *RD bancaire et fin.* 2013, comm. 182, F.-J. Crédot et T. Samin ; *EDBA*, 1er nov. 2013, n° 10, p. 6, obs. J. Lasserre Capdeville ; *Banque et droit* 2013, n° 152, p. 17, obs. T. Bonneau).

5) **Absence de responsabilité en cas de concordance entre la dénomination du bénéficiaire et l'endosseur.** Le banquier tiré doit vérifier que le chèque ne présente aucune anomalie apparente décelable, il n'engage pas sa responsabilité en cas de paiement à une personne physique portant le même nom que la personne morale bénéficiaire en l'absence d'indication de la raison sociale du bénéficiaire (▪ Cass. com., 13 oct. 2015, n° 14-11.453 : *JurisData* n° 2015-023048 ; *Gaz. Pal.* 8 mars 2016, p. 61, obs. C. Houin-Bressand).

6) **Absence d'anomalie apparente lors de la désignation du bénéficiaire par son numéro de compte au dos du chèque.** En l'absence de règle précise relative à la désignation du bénéficiaire, la banque n'engage pas sa responsabilité en créditant un chèque au titulaire d'un compte mentionné au verso du chèque émis à l'ordre de la banque tenant ce compte (▪ Cass. com., 1er déc. 2015, n° 14-22.703 : *LPA* 25 févr. 2016, p. 10, note J. Lasserre Capdeville ; *Gaz. Pal.* 8 mars 2016, p. 61, obs. C. Houin-Bressand).

7) **Absence d'anomalie apparente lors de la juxtaposition de deux bénéficiaires.** La juxtaposition du nom de deux bénéficiaires sur un chèque ne constitue pas, en elle-même, une anomalie apparente, la banque tirée n'est donc pas tenue d'opérer des vérifications (▪ Cass. com., 27 nov. 2019, n° 18-11.439 : *JCP* E 2020, 134, note J. Lasserre Capdeville ; *Resp. civ. et ass.* 2020, comm. 91 ; *JCP* E 2020, 1256, n° 21, obs. A. Salgueiro).

8) **Délivrance de formules à fond délébile : absence de responsabilité.** Vainement le tireur d'un chèque falsifié par autrui reprocherait-il à la banque tirée d'avoir commis une négligence en délivrant des formules de chèques à fond délébile permettant à d'habiles fraudeurs de procéder à leur falsification par voie de lavage, dès lors qu'il est constant qu'aucune disposition législative ou réglementaire ne fait obligation à un établissement bancaire d'employer des chèques à fond indélébile (▪ Aix-en-Provence, 25 janv. 1979 : *D.* 1980, inf. rap. 434, obs. crit. Cabrillac ; *RTD com.* 1980, 117, obs. crit. Cabrillac et Rives-Lange, infirmant ▪ T. com. Marseille, 13 déc. 1978 ; *RTD com.* 1979, 131).

9) Falsification d'un chèque de banque. La banque peut voir sa responsabilité recherchée dans le cadre de son obligation générale de prudence et de sécurité, pour un chèque de banque falsifié postérieurement à sa création (■ Cass. com., 11 févr. 2003, n° 00-18.058 : *JurisData* n° 2003-017603 ; *JCP* E 2003, jurispr. 806, note Gauberti ; *RD bancaire et fin.* 2003, 159, n° 101, obs. Crédot et Gérard ; *D.* 2003, jurispr. 2565, note Djoudi).

10) Appel en garantie du banquier tiré par le banquier encaisseur. L'appel en garantie du banquier tiré par le banquier encaisseur est soumis à la seule condition que l'appelé ait commis une faute ayant contribué à la réalisation du préjudice de la victime, elle n'est pas subordonnée à la commission d'une faute à l'encontre du banquier présentateur (■ Cass. com., 14 juin 2016 : *RD bancaire et fin.* 2016, comm. 222, obs. F.-J. Crédot et T. Samin ; *Gaz. Pal.* 4 oct. 2016, p. 19, obs. S. Gerry-Vernières).

B – Responsabilité du banquier présentateur

11) Vérification de l'identité du bénéficiaire. La banque, qui a reçu à l'encaissement des chèques qui ne comportaient que l'endos pour encaissement de son client, a l'obligation de vérifier si ces chèques ont bien été émis à l'ordre de celui-ci, ce qu'elle seule peut faire, puisqu'elle est seule à connaître l'identité de celui-ci (■ Paris, 5 juill. 1983 : *JurisData* n° 1983-601183 ; *Banque* 1983, 1195, obs. Martin ; *RTD com.* 1984, 118, obs. Cabrillac et Teyssié). Le banquier présentateur doit vérifier la correspondance entre le nom du bénéficiaire et celui du compte qui doit être crédité, à défaut il engage sa responsabilité (■ Cass. com., 17 mai 2017 : *Gaz. Pal.* 14 nov. 2017, p. 61, obs. C. Houin-Bressand.

12) Vérification nécessaire de la qualité désignant le bénéficiaire. La banque doit s'assurer de l'identité du bénéficiaire et elle manque à cette obligation en encaissant sur le compte personnel de son client des chèques émis à son profit en sa qualité de professionnel (■ Cass. com., 25 sept. 2019, n°s 18-15.965 et 18-16.421 : *JCP* E 2019, 1528, n° 9, obs. A. Salgueiro ; *Rev. Pro. coll.* 2021, comm. 11, obs. J. Vallansan et V. Leloup-Thomas).

13) Vérification de la régularité de l'endos et de la signature de l'endosseur. Le banquier présentateur est tenu de vérifier la régularité apparente de l'endos apposé sur le titre (■ Cass. com., 28 oct. 2008 : *Banque et droit* 2008, n° 123, p. 20, obs. T. Bonneau. ■ *Cass. com., 26 janv. 2010*, n° 09-11.210 : *JurisData* n° 2010-051346 ; *RD bancaire et fin.* 2010, comm. 122, F.-J. Crédot et T. Samin). Seule la banque présentatrice est tenue de vérifier la signature de l'endosseur, aussi en cas de fausse signature des endosseurs, la banque tiré ne peut pas voir sa responsabilité engagée *in solidum* (■ Cass. com., 17 sept. 2013, n° 12-18.202 : *JurisData* n° 2013-019756 ; *Gaz. Pal.* 9 nov. 2013, p. 16, obs. C. Houin-Bressand ; *Banque et droit* 2013, n° 152, p. 17, obs. T. Bonneau ; *RD bancaire et fin.* 2013, comm. 182, F.-J. Crédot et T. Samin ; *EDBA*, 1er nov. 2013, n° 10, p. 6, obs. J. Lasserre Capdeville).

14) Vérification du consentement des autres bénéficiaires en cas de juxtaposition de bénéficiaires. La banque présentatrice est tenue, lors de la remise pour encaissement exclusif, d'un chèque portant juxtapositon de bénéficiaires de s'assurer du consentement des autres, sauf circonstances particulières lui permettant de tenir pour acquis ce consentement (■ Cass. com., 27 nov. 2019, n° 18-12.427 : *JCP* E 2020, 134, note J. Lasserre Capdeville).

15) Falsification : obligation de signaler les anomalies apparentes. La banque qui reçoit un chèque à l'encaissement doit signaler au tireur et à la banque tirée les anomalies qu'elle a pu constater sur le titre (■ Cass. com., 15 nov. 1994, n° 92-21.776 : *JurisData* n° 1994-002137 ; *Dr. et patrimoine* 1995, n° 951, obs. Saint-Alary).

Le banquier à qui le chèque a été remis à l'encaissement est tenu, envers le tireur, dans les termes de l'article 1382 du Code civil, lorsqu'il a accepté de prendre un chèque présentant une anomalie évidente, provenant de ce qu'il n'avait pas été endossé par son bénéficiaire au remettant (■ Cass. com., 4 juill. 1978 : *JurisData* n° 1978-098187 ; *Bull.* IV, n° 187 ; *RTD com.* 1979, 287, obs. M. Cabrillac et J.-L. Rives-Lange).

16) Absence de responsabilité pour défaut de vérification du filigrane normalisé quand l'émetteur n'est pas un établissement de crédit. La responsabilité pour défaut de vérification du filigrane normalisé imposé pour les chèques de banque ne peut être retenue que si le chèque litigieux constitue un chèque de banque, ce qui ne peut être le cas d'un chèque émis par un établissement d'épargne salariale (■ Cass. com., 9 déc. 2020, n° 19-12.507 : *Gaz. Pal.* 2 févr. 2021, n° 395s9, p. 54, obs. C. Houin-Bressand).

17) Absence de responsabilité lorsque le préjudice découle de l'absence de provision. Le banquier récepteur n'est pas responsable si le préjudice ne découle pas de la faute qu'il a commise lors de l'encaissement du chèque, mais de l'absence de provision (■ Cass. com., 16 oct. 2012, n° 11-18.366 : *Banque et droit* 2013, n° 147, p. 20, obs. T. Bonneau : un chèque avait été remis à la banque du bénéficiaire par son acheteur, à la place d'un virement, provisoirement crédité le bénéficiaire s'était départi de l'objet vendu).

18) Charge de la preuve du rejet à l'égard du bénéficiaire. À l'égard de son client, la banque présentatrice supporte la preuve du rejet du chèque par la banque tiré (■ Cass. com., 16 oct. 2012 : *Banque et droit* 2013, n° 147, p. 18, obs. T. Bonneau).

C – Responsabilité du tireur

19) Principe. La faute commise par le tireur peut exonérer totalement ou partiellement le banquier de sa responsabilité (■ Cass. com., 3 juin 1982, n° 81-10.179 : *JurisData* n° 1982-702498 ; *Bull.* IV, n° 210 ; *D.* 1983, inf. rap. 41, obs. Cabrillac ; *JCP* G 1982, IV, 284). L'exonération totale du banquier ne peut être accordée que si la faute du tireur est la cause exclusive de son dommage (■ Cass. com., 28 janv. 2014, n° 12-27.901 : *JurisData* n° 2014-001108 ; *Banque et droit* 2014, n° 155, p. 30, obs. G. Helleringer ; *LPA* 21 oct. 2014, p. 4, obs. Y. Gérard).

20) Faute : illustrations. Ont été considérés comme fautif le retard mis à signaler la disparition des formules (■ Cass. com., 10 juin 1980, n° 78-15.980 : *JurisData* n° 1980-000252 ; *RTD com.* 1981, p. 110) et le retard dans la vérification des relevés de compte, lorsque ce retard a permis au falsificateur d'obtenir le paiement de nouveaux chèques (■ Cass. com., 5 nov. 2002, n° 99-16.614 : *JurisData* n° 2002-016247 ; *D.* 2002, p. 3268. ■ Cass. com., 15 févr. 2011, n° 10-15.268 : *JurisData* n° 2011-001974 ; *Banque et droit* 2011, n° 137, p. 25, obs. T. Bonneau).

21) Absence de faute : illustration. L'envoi d'un chèque sous pli non recommandé n'est pas retenu comme une imprudence fautive (■ Cass. com., 4 mars 1980, n° 78-14.325 : *JurisData* n° 1980-098110 ; *RTD com.* 1980, p. 577. ■ Cass. com., 10 déc. 2003, n° 00-18.653 : *JurisData* n° 2003-021544 ; *D.* 2004, p. 2008).

D – Recours contre le falsificateur

22) Admission du recours de la banque ayant remboursé le tireur. Est recevable en son action civile la banque qui, sur présentation de chèques falsifiés, a débité le compte de son client mais a été amenée, au cours de la procédure, à rembourser son client (■ Paris, 13 déc. 1977 : *D.* 1978, inf. rap. 338, obs. Cabrillac ; *Banque* 1978, 780, obs. Martin ; *RTD com.* 1978, 142, obs. Cabrillac et Rives-Lange).

Art. L. 131-39 *(Anc. D.-L. 30 oct. 1935 ; mod., Ord. n° 2005-429, 6 mai 2005).* **– Lorsqu'un chèque est stipulé payable en une monnaie n'ayant pas cours en France, le montant peut en être payé, dans le délai de présentation du chèque, d'après sa valeur en euros au jour du paiement. Si le paiement n'a pas été effectué à la présentation, le porteur peut, à son choix, demander que le montant du chèque soit payé en monnaie ayant cours en France d'après le cours, soit du jour de la présentation, soit du jour du paiement.**

Les usages français pour la cotation des différentes monnaies étrangères dans lesquelles sont libellés les chèques doivent être suivis pour déterminer la valeur de ces monnaies, en monnaie ayant cours en France. Toutefois, le tireur peut stipuler que la somme à payer sera calculée d'après un cours déterminé dans le chèque.

Les règles ci-énoncées ne s'appliquent pas au cas où le tireur stipule une clause de paiement effectif en une monnaie étrangère.

Si le montant du chèque est indiqué dans une monnaie ayant la même dénomination, mais une valeur différente, dans le pays d'émission et dans celui du paiement, on est présumé s'être référé à la monnaie du lieu du paiement.

Art. L. 131-40 *(Anc. D.-L. 30 oct. 1935 ; mod., L. n° 2005-516, 20 mai 2005).* **– En cas de perte du chèque, celui à qui il appartient peut en poursuivre le paiement sur un second, troisième, quatrième, etc.**

Si celui qui a perdu le chèque ne peut représenter le second, troisième, quatrième, etc., il peut demander le paiement du chèque perdu et l'obtenir par ordonnance du juge en justifiant de sa propriété par ses livres et en donnant caution.

Dans toutes les dispositions du présent chapitre relatives à la perte du chèque, le vol est assimilé à la perte.

Art. L. 131-41 *(Anc. D.-L. 30 oct. 1935).* **– En cas de refus de paiement, sur la demande formée en vertu de l'article L. 131-40, le propriétaire du chèque perdu conserve tous ses droits par un acte de protestation. Cet acte doit être fait au plus tard le premier jour ouvrable qui suit l'expiration du délai de présentation. Les avis prescrits par l'article L. 131-49 doivent être donnés au tireur et aux endosseurs dans les délais fixés par cet article.**

Art. L. 131-42 *(Anc. D.-L. 30 oct. 1935).* **– Le propriétaire du chèque égaré doit, pour s'en procurer le second, s'adresser à son endosseur immédiat qui est tenu de lui prêter son nom et ses soins pour agir envers son propre endosseur et ainsi en remontant d'endosseur à endosseur jusqu'au tireur du chèque. Le propriétaire du chèque égaré supporte les frais.**

Art. L. 131-43 *(Anc. D.-L. 30 oct. 1935).* **– L'engagement de la caution mentionné dans l'article L. 131-40 est éteint après six mois si, pendant ce temps, il n'y a eu ni demandes ni poursuites en justice.**

Section VI. – Chèque barré

(Anc. ss-sect. 6 de l'anc. sect. I, dénum., L. n° 2005-516, 20 mai 2005)

Art. L. 131-44 *(Anc. D.-L. 30 oct. 1935)*. – **Le tireur ou le porteur d'un chèque peut le barrer avec les effets indiqués dans l'article suivant.**

Le barrement s'effectue au moyen de deux barres parallèles apposées au recto. Il peut être général ou spécial.

Le barrement est général s'il ne porte entre les deux barres aucune désignation ou la mention « banquier » ou un terme équivalent ; il est spécial si le nom d'un banquier est inscrit entre les deux barres.

Le barrement général peut être transformé en barrement spécial, mais le barrement spécial ne peut être transformé en barrement général.

Le biffage du barrement ou du nom du banquier désigné est réputé non avenu.

Conditions de forme. Ne constitue pas un chèque barré mais un chèque ordinaire celui dont les barres sont constituées par deux lignes seulement tracées en relief dues à une machine à barrer non encrée (▪ Cass. com., 18 déc. 1961 : *JCP* 1962, II, 12767, note Hubrecht).

Art. L. 131-45 *(Anc. D.-L. 30 oct. 1935 ; mod., Ord. n° 2009-866, 15 juill. 2009 ; L. n° 2013-100, 28 janv. 2013)*. – **Un chèque à barrement général ne peut être payé par le tiré qu'à un banquier, à un établissement de monnaie électronique, à un établissement de paiement, à un chef de centre de chèques postaux ou à un client du tiré.**

Un chèque à barrement spécial ne peut être payé par le tiré qu'au banquier, à l'établissement de monnaie électronique ou à l'établissement de paiement désigné, ou, si le banquier est le tiré, qu'à son client. Toutefois, le banquier, l'établissement de monnaie électronique ou l'établissement de paiement désigné peut recourir pour l'encaissement à un autre banquier.

Il est interdit à un établissement de monnaie électronique d'encaisser tout chèque aux fins d'émission de monnaie électronique, sauf à en être lui-même bénéficiaire.

Un banquier, un établissement de monnaie électronique ou un établissement de paiement ne peut acquérir un chèque barré que d'un de ses clients, d'un chef de centre de chèques postaux, d'un autre banquier, d'un établissement de monnaie électronique ou d'un établissement de paiement. Il ne peut l'encaisser pour le compte d'autres personnes que celles-ci.

Un chèque portant plusieurs barrements spéciaux ne peut être payé par le tiré que dans le cas où il s'agit de deux barrements dont l'un pour encaissement par une chambre de compensation.

Le tiré, le banquier, l'établissement de monnaie électronique ou l'établissement de paiement qui n'observe pas les dispositions ci-dessus est responsable du préjudice jusqu'à concurrence du montant du chèque.

1) Notion de client : absence d'exigence de l'antériorité de la relation. La notion de client n'implique pas nécessairement l'antériorité et la permanence dans les relations entre le porteur des chèques barrés et le banquier (▪ Cass. com., 7 févr. 1962 : *JCP* 1962, II, 12592 ; *RTD com.* 1962, 449, obs. Becqué et Cabrillac et sur renvoi, ▪ Amiens, 28 mars 1963 : *JCP* 1963, II, 13186, note Cabrillac ; *D.* 1963, 477, note Georgiades).

2) Notion de client : exigence de vérifications. La notion de client implique, au moment de l'ouverture d'un compte, la vérification de l'identité, du domicile et éventuellement de la profession (▪ Cass. com., 25 avr. 1967 [2 arrêts] : *JCP* 1967, II, *15306, note Gavalda).*

Engage sa responsabilité le banquier qui accepte un mandat d'encaissement d'un chèque barré, sans avoir pris assez de renseignements sur la personne du porteur, dont il ne suffit pas de vérifier l'identité, ce qui suppose qu'il soit procédé à une enquête au domicile indiqué par le porteur du chèque ou exigé de celui-ci des références de clients ou de personnes connues (▪ Paris, 7 juill. 1980 : *JurisData* n° 1980-600717 ; *D.* 1981, inf. rap. 186, obs. Vasseur ; *RJ com.* 1982, 185, note Delebecque. – *Adde*, ▪ Versailles, 18 oct. 1979 : *Gaz. Pal.* 1980, 1, 392, note Dupichot ; *RTD com.* 1980, 579, obs. Cabrillac et Rives-Lange).

3) Suppression chimique des barres : absence de responsabilité du banquier. La responsabilité du banquier ne saurait être engagée en cas de suppression des barres par lavage chimique (▪ Cass. req., 20 juin 1934 : *DH* 1934, 409).

Art. L. 131-46 *(Anc. D.-L. 30 oct. 1935)*. – **Les chèques à porter en compte émis à l'étranger et payables sur le territoire français sont traités comme chèques barrés.**

Section VII. – Recours en cas de non-paiement

(Anc. ss-sect. 7 de l'anc. sect. I, dénum., L. n° 2005-516, 20 mai 2005)

Art. L. 131-47 *(Anc. D.-L. 30 oct. 1935).* **– Le porteur peut exercer ses recours contre les endosseurs, le tireur et les autres obligés, si le chèque, présenté en temps utile, n'est pas payé et si le refus de paiement est constaté par un acte authentique nommé protêt.**

1) Contre-passation valant paiement. La contre-passation lorsque le remettant est *in bonis* équivaut à un paiement, ce qui prive le banquier de tout droit sur le titre (▪ Cass. com., 20 mars 1979 : *JurisData* n° 1979-098108 ; *Bull.* IV, n° 108 ; *RTD com.* 1979, 781, obs. Cabrillac et Rives-Lange. – Cf. notes sous art. 154, C. com.).

En revanche, la contre-passation n'équivaut pas à un paiement lorsque le débiteur subit une procédure collective, et la banque, restée propriétaire du chèque, garde son recours contre le tireur (▪ Cass. com., 17 mars 1998, n° 95-21.435 : *JurisData* n° 1998-001246 ; *JCP* E 1998, p. 1642, note Lecène-Marénaud ; *Quot. jur.* 30 avr. 1998, p. 5 ; *RJDA* 8-9/98, n° 1035 ; *RTD com.* 1998, 648, obs. Cabrillac).

2) Contre-passation possible pour un chèque impayé libellé à l'ordre du banquier. Lorsqu'un chèque libellé à l'ordre du banquier mais au bénéfice de son client est porté au crédit du compte de ce client et revient impayé, la banque est en droit de contrepasser au débit du compte du client sans avoir à recourir contre le tireur du chèque (▪ Cass. com., 13 nov. 2012, n° 02-10.220 : *JurisData* n° 2012-025766 ; *RD bancaire et fin.* 2013, comm. 40, obs. F.-J. Crédot et T. Samin ; *Banque et droit* 2013, n° 147, p. 19, obs. T. Bonneau ; *D.* 2012, p. 2732, obs. V. Avena-Robardet ; *JCP* G 2012, 1269, note J. Lasserre Capdeville).

3) Protêt nécessaire. C'est par une fausse application de l'article 40 du décret-loi du 30 octobre 1935 (C. monét. fin., art. L. 131-47) qu'une cour d'appel a décidé qu'une banque, endossataire d'un chèque impayé mais non par elle protesté, pouvait en réclamer le paiement à l'endosseur au profit de qui il avait été escompté (▪ Cass. com., 12 oct. 1982, n° 81-10.904 : *JurisData* n° 1982-702170 ; *JCP* G 1983, IV, 2 ; *RTD com.* 1982, 590, obs. Cabrillac et Teyssié).

Art. L. 131-48 *(Anc. D.-L. 30 oct. 1935).* **– Le protêt doit être fait avant l'expiration du délai de présentation.**

Si la présentation a lieu le dernier jour du délai, le protêt peut être établi le premier jour ouvrable suivant.

Art. L. 131-49 *(Anc. D.-L. 30 oct. 1935).* **– Le porteur doit donner avis du défaut de paiement à son endosseur et au tireur dans les quatre jours ouvrables qui suivent le jour du protêt et, en cas de clause de retour sans frais, le jour de la présentation.**

Les notaires et les huissiers sont tenus à peine de dommages-intérêts, lorsque le chèque indique les nom et domicile du tireur, de prévenir celui-ci dans les quarante-huit heures qui suivent l'enregistrement, par la poste et par lettre recommandée, des motifs du refus de payer. Cette lettre donne lieu à un honoraire, au profit du notaire ou de l'huissier.

Chaque endosseur doit, dans les deux jours ouvrables qui suivent le jour où il a reçu l'avis, faire connaître à son endosseur l'avis qu'il a reçu, en indiquant les noms et adresses de ceux qui ont donné les avis précédents, et ainsi de suite, en remontant jusqu'au tireur. Les délais ci-dessus indiqués courent de la réception de l'avis précédent.

Lorsqu'en conformité de l'alinéa précédent, un avis est donné à un signataire du chèque, le même avis doit être donné dans le même délai à son avaliseur.

Dans le cas où un endosseur n'a pas indiqué son adresse ou l'a indiquée d'une façon illisible, il suffit que l'avis soit donné à l'endosseur qui le précède.

Celui qui a un avis à donner peut le faire sous une forme quelconque, même par un simple renvoi du chèque.

Il doit prouver qu'il a donné l'avis dans le délai imparti. Ce délai est considéré comme observé si une lettre-missive donnant l'avis a été mise à la poste dans ledit délai.

Celui qui ne donne pas l'avis dans le délai ci-dessus indiqué n'encourt pas la déchéance ; il est responsable, s'il y a lieu, du préjudice causé par sa négligence, sans que les dommages-intérêts puissent dépasser le montant du chèque.

Art. L. 131-50 *(Anc. D.-L. 30 oct. 1935).* **– Le tireur, un endosseur ou un avaliseur peut, par la clause « retour sans frais », « sans protêt », ou toute autre clause équivalente, inscrite sur le titre et signée, dispenser le porteur, pour exercer ses recours, de faire établir un protêt.**

Cette clause ne dispense le porteur ni de la présentation du chèque dans le délai prescrit ni des avis à donner. La preuve de l'inobservation du délai incombe à celui qui s'en prévaut contre le porteur.

Si la clause est inscrite par le tireur, elle produit ses effets à l'égard de tous les signataires ; si elle est inscrite par un endosseur ou un avaliseur, elle produit ses effets seulement à l'égard de celui-ci. Si, malgré la clause inscrite par le tireur, le porteur fait établir le protêt, les frais en restent à sa charge. Quand la clause émane d'un endosseur ou d'un avaliseur, les frais du protêt, s'il en est dressé un, peuvent être recouvrés contre tous les signataires.

Art. L. 131-51 *(Anc. D.-L. 30 oct. 1935).* – Toutes les personnes obligées en vertu d'un chèque sont tenues solidairement envers le porteur.

Le porteur a le droit d'agir contre toutes ces personnes, individuellement ou collectivement, sans être astreint à observer l'ordre dans lequel elles se sont obligées.

Le même droit appartient à tout signataire d'un chèque qui a remboursé celui-ci.

L'action intentée contre un des obligés n'empêche pas d'agir contre les autres, même postérieurs à celui qui a été d'abord poursuivi.

Art. L. 131-52 *(Anc. D.-L. 30 oct. 1935).* – Le porteur peut réclamer à celui contre lequel il exerce son recours :

1. Le montant du chèque non payé ;
2. Les intérêts à partir du jour de la présentation, dus au taux légal applicable en France ;
3. Les frais de protêt, ceux des avis donnés, ainsi que les autres frais.

Art. L. 131-53 *(Anc. D.-L. 30 oct. 1935).* – Celui qui a remboursé le chèque peut réclamer à ses garants :

1. La somme intégrale qu'il a payée ;
2. Les intérêts de ladite somme, à partir du jour où il l'a déboursée, calculés au taux légal applicable en France ;
3. Les frais qu'il a faits.

Art. L. 131-54 *(Anc. D.-L. 30 oct. 1935).* – Tout obligé contre lequel un recours est exercé ou qui est exposé à un recours peut exiger, contre remboursement, la remise du chèque avec le protêt, et un compte acquitté.

Tout endosseur qui a remboursé le chèque peut biffer son endossement et ceux des endosseurs subséquents.

Art. L. 131-55 *(Anc. D.-L. 30 oct. 1935).* – Quand la présentation du chèque ou la confection du protêt dans les délais prescrits est empêchée par un obstacle insurmontable comme la prescription légale ou autre cas de force majeure, ces délais sont prolongés.

Le porteur est tenu de donner, sans retard, avis du cas de force majeure à son endosseur et de mentionner cet avis, daté et signé de lui, sur le chèque ou sur une allonge ; pour le surplus, les dispositions de l'article L. 131-49 sont applicables.

Après la cessation de la force majeure, le porteur doit, sans retard, présenter le chèque au paiement et, s'il y a lieu, faire établir le protêt.

Si la force majeure persiste au-delà de quinze jours à partir de la date à laquelle le porteur a, même avant l'expiration du délai de présentation, donné avis de la force majeure à son endosseur, les recours peuvent être exercés, sans que ni la présentation ni le protêt soit nécessaire, à moins que ces recours ne se trouvent suspendus pour une période plus longue, par application de l'article L. 511-61 du Code de commerce.

Ne sont pas considérés comme constituant des cas de force majeure les faits purement personnels au porteur ou à celui qu'il a chargé de la présentation du chèque ou de l'établissement du protêt.

Bibliographie : C. Youego, *La non-présentation du chèque à l'encaissement : RD bancaire et fin.* sept.-oct. 2009, 30, p. 8.

Section VIII. – Établissement du chèque en plusieurs exemplaires

(Anc. ss-sect. 8 de l'anc. sect. I, dénum., L. n° 2005-516, 20 mai 2005)

Art. L. 131-56 *(Anc. D.-L. 30 oct. 1935).* – Sauf les chèques au porteur, tout chèque émis dans un pays et payable dans un autre pays ou dans une partie d'outre-mer du même pays et vice versa, ou bien émis et payable dans la même partie ou dans diverses parties d'outre-mer du même pays, peut être tiré en plusieurs exemplaires identiques. Lorsqu'un chèque est établi en plusieurs exemplaires, ces exemplaires doivent être numérotés dans le texte même du titre, faute de quoi chacun d'eux est considéré comme un chèque distinct.

Art. L. 131-57 *(Anc. D.-L. 30 oct. 1935).* **– Le paiement fait sur un des exemplaires est libératoire, alors même qu'il n'est pas stipulé que ce paiement annule l'effet des autres exemplaires. Le paiement fait sur un des exemplaires est libératoire, alors même qu'il n'est pas stipulé que ce paiement annule l'effet des autres exemplaires.**

L'endosseur qui a transmis les exemplaires à différentes personnes, ainsi que les endosseurs subséquents, sont tenus à raison de tous les exemplaires portant leur signature qui n'ont pas été restitués.

Section IX. – Altération

(Anc. ss-sect. 9 de l'anc. sect. I, dénum., L. n° 2005-516, 20 mai 2005)

Art. L. 131-58 *(Anc. D.-L. 30 oct. 1935).* **– En cas d'altération du texte du chèque, les signataires postérieurs à cette altération sont tenus dans les termes du texte altéré ; les signataires antérieurs le sont dans les termes du texte originaire.**

Section X. – Prescription

(Anc. ss-sect. 10 de l'anc. sect. I, dénum., L. n° 2005-516, 20 mai 2005)

Art. L. 131-59 *(Anc. D.-L. 30 oct. 1935).* **– Les actions en recours du porteur contre les endosseurs, le tireur et les autres obligés se prescrivent par six mois à partir de l'expiration du délai de présentation.**

Les actions en recours des divers obligés au paiement d'un chèque les uns contre les autres se prescrivent par six mois à partir du jour où l'obligé a remboursé le chèque ou du jour où il a été lui-même actionné. L'action du porteur du chèque contre le tiré se prescrit par un an à partir de l'expiration du délai de présentation.

Toutefois, en cas de déchéance ou de prescription, il subsiste une action contre le tireur qui n'a pas fait provision ou les autres obligés qui se seraient enrichis injustement.

I – DOMAINE ET RÉGIME DE LA PRESCRIPTION CAMBIAIRE

1) Action du porteur contre le tiré : point de départ de la prescription. Selon l'article L. 131-59 l'action du porteur contre le tiré se prescrit par un an à partir de l'expiration du délai de présentation et non à compter de la date de présentation (■ Paris, 15 déc. 1982 : *JurisData* n° 1982-026451 ; *D.* 1983, inf. rap. 246, obs. Cabrillac. – Comp. ■ Paris, 12 mars 1993 : *JurisData* n° 1993-020922 ; *D.* 1993, somm. 316, obs. Cabrillac).

2) Application à l'action en mainlevée de l'opposition. L'action en mainlevée de l'opposition est une forme particulière de l'action du porteur contre le tiré puisqu'elle vise à faire disparaître la défense illicite de payer qui a été adressée à ce dernier, et est soumise à la prescription annale de l'article L. 131-59, alinéa 3 (■ Cass. com., 24 oct. 2000 : *RJDA 1/2001, n° 78 ; JCP* E 2000, pan. 1930 ; *D.* 2000, act. jurispr., p. 417, obs. Lienhard. ■ Cass. com., 27 nov. 2012, n° 11-19.864 : *JurisData* n° 2012-027355 ; *Banque et droit* 2013, n° 147, p. 20, obs. T. Bonneau ; *D.* 2012, p. 2884, obs. X. Delpech ; *D.* 2013, p. 214, note J. Lasserre Capdeville).

3) Preuve de la date du chèque. Lorsque le porteur d'un chèque conteste l'avoir falsifié par apposition d'une fausse date, le juge doit procéder à une vérification d'écriture conformément à l'article 1324 du Code civil avant d'admettre l'opposition au paiement par application de la prescription cambiaire (■ Cass. com., 25 oct. 2011 : *Banque et droit* 2012, n° 141, p. 30, obs. T. Bonneau).

4) Valeur probatoire du chèque prescrit. Le chèque prescrit ou périmé ne peut avoir que la valeur d'un commencement de preuve par écrit (■ Cass. com., 8 juill. 1986 : *Bull.* IV, n° 203 ; *RTD com.* 1987, 84, obs. Cabrillac et Teyssié. ■ Cass. com., 5 févr. 1991, n° 89-16.333 : *JurisData* n° 1991-700620 ; *Bull.* IV, n° 54 ; *D.* 1991, somm. 218, obs. Cabrillac. ■ Paris, 12 mars 1993 : *D.* 1993, somm. 316, obs. Cabrillac. – Comp. ■ Paris, 16 juill. 1952, cité *supra*. ■ Cass. com., 30 nov. 1966 : *Gaz. Pal.* 1967, 1, 105 ; *RTD civ.* 1967, 629, obs. Chevallier ; *RTD com.* 1967, 539, obs. Cabrillac, qui l'analysent en une reconnaissance de dette).

II – ACTIONS ÉCHAPPANT À LA PRESCRIPTION

A – Actions contre le tireur

5) Action contre le tireur qui n'a pas fourni provision. Si le porteur d'un chèque se trouve privé du recours cambiaire contre l'endosseur et le tireur du fait de la présentation du chèque au paiement au-delà du délai de huit jours fixé par l'article L. 131-32, il conserve en cas de déchéance ou de prescription et en vertu du dernier alinéa de l'article L. 131-59, une action contre le tireur qui n'a pas fait provision (■ Cass. com., 23 oct. 2001 : *D.* 2001, p. 3528, obs. V. Avena-Robardet ; *RTD com.* 2002, p. 235, obs. M. Cabrillac) ; l'exercice antérieur d'une action contre l'endosseur, coobligé, ne prive pas le porteur du recours que la loi lui confère contre le tireur (▪ Montpellier, 17 mars 1980 : *JCP* G 1981, IV, 227).

6) Délai pour constater le défaut de provision. Le défaut de provision doit être constaté durant la période où la provision doit exister, donc durant le délai d'action du porteur contre le tiré qui est d'un an à partir de l'expiration du délai de présentation (▪ Cass. com., 3 mai 2016 : *JCP* G 2016, 611, L. Dumoulin et 816, F. Viney ; *RD bancaire et fin.* 2016, comm. 147, obs. F.-J. Crédot et T. Samin ; *JCP* E 2016, 1367, note K. Rodriguez et 1587, n° 21, obs. A. Salgueiro ; *D.* 2016, p. 996, obs. X. Delpech et p. 1687, note J. Lasserre Capdeville ; *Gaz. Pal.* 27 sept. 2016, p. 54, obs. C. Houin-Bressand ; *Rev. Lamy dr. aff.* juill.-août 2016, p. 5952, note S. Piédelièvre).

7) Action contre le tireur ayant effectué une opposition illicite. Le recours du porteur d'un chèque subsiste en cas de prescription contre le tireur qui a fait une opposition en dehors des cas prévus par la loi (▪ Cass. com., 4 juin 1991, n° 89-19.934 : *JurisData* n° 1991-001610 ; *RTD com.* 1991, obs. M. Cabrillac et B. Teyssié. ▪ Cass. com., 27 sept. 2011, n° 10-21.812 : *JurisData* n° 2011-020523 ; *Banque et droit* 2011, n° 140, p. 16, obs. T. Bonneau).

B – Survivance de la créance fondamentale

8) Survivance de la créance fondamentale. Si, par l'effet de la prescription, un chèque a perdu son caractère essentiel d'instrument de paiement, il n'en résulte pas pour autant que la créance pour le paiement de laquelle il a été créé ait disparu par l'effet de la novation ; la créance subsiste tant qu'elle n'est pas éteinte (▪ Paris, 16 juill. 1952 : *JCP* 1952, II, 7325, note Motulsky).

Une banque peut encore exercer, après la prescription cambiaire, l'action en recouvrement de la créance à l'égard de laquelle elle était subrogée après en avoir payé le montant (▪ Cass. com., 12 juill. 1993, n° 91-20.063 : *JurisData* n° 1993-001511 ; *Bull.* IV, n° 293. ▪ Cass. com., 12 déc. 2006, n° 05-18.347 : *JurisData* n° 2006-036468 ; *RJDA* 4/2007, n° 390 ; *D.* 2007, p. 300, obs. Avena-Robardet ; *D.* 2008, pan. 874, obs. Synvet).

C – Actions contre les endosseurs enrichis injustement

9) Titulaire de l'action en enrichissement injuste. Le banquier devenu propriétaire du chèque par un endossement translatif peut, lorsqu'il n'a pas fait protester dans le délai utile, exercer contre le remettant l'action en enrichissement injuste (▪ Cass. com., 28 mai 1974 : *JurisData* n° 1974-099171 ; *Bull.* IV, n° 171 ; *RTD com.* 1975, 147, obs. Cabrillac et Rives-Lange).

10) Précision sur le caractère injuste. L'enrichissement injuste suppose un fait imputable au coobligé. L'enrichissement injuste résulte suffisamment de la négligence de l'endosseur (▪ Cass. com., 4 juill. 1961 : *JCP* 1962, II, 12646, note Rives-Lange. ▪ Limoges, 17 févr. 1958 : *JCP* 1958, II, 10547, note Cabrillac. – *Contra*, ▪ Orléans, 2 févr. 1949 : *JCP* 1949, II, 4900, note Cabrillac, exigeant pour l'application de l'article L. 131-59, al. 4, la fraude de l'endosseur. – *Adde*, ▪ Aix-en-Provence, 8 janv. 1980 : *JurisData* n° 1980-763597 ; *Banque* 1980, 781, obs. Martin ; *RTD com.* 1980, 582, obs. Cabrillac et Rives-Lange).

11) Notion d'enrichissement. L'enrichissement peut consister dans la perte évitée par le remettant qui ne conserve pas un chèque sans provision (▪ Cass. com., 19 juill. 1983, n° 82-12.215 : *JurisData* n° 1983-701813 ; *JCP* G 1983, IV, 313. ▪ Montpellier, 5 févr. 1970 : *JCP* 1970, II, 16442 ; *RTD com.* 1970, 170, obs. Cabrillac et Rives-Lange. – *Adde*, ▪ Aix-en-Provence, 8 janv. 1980, préc. *supra*. – Comp. ▪ Aix-en-Provence, 20 avr. 1978 : *RTD com.* 1979, 280, obs. Cabrillac et Rives-Lange). Il peut consister en des retraits importants effectués par le remettant qui compromettent la contre-passation d'un chèque revenu impayé (▪ Cass. com., 3 nov. 2010, n° 09-16.326 : *JurisData* n° 2010-020230 ; *Banque et droit* 2010, n° 135, p. 28, obs. T. Bonneau ; *RD bancaire et fin.* 2011, comm. 38, F.-J. Crédot et T. Samin).

D – Actions en responsabilité

12) Action en responsabilité contre le tiré. L'action en dommages intérêts contre le tiré fondée sur l'article 1382 du Code civil se prescrit selon les règles du droit commun et se trouve donc recevable malgré la prescription de l'action en paiement du chèque (▪ Riom, 4 juill. 1980 : *D.* 1981, inf. rap. 303, obs. Cabrillac).

13) Action en responsabilité contre le banquier présentateur. L'action en responsabilité du tireur contre le banquier présentateur n'est pas soumise à la prescription de six mois de l'article L. 131-59, mais à la prescription de droit commun (▪ Rouen, 26 nov. 1976 : *D.* 1978, inf. rap. 339, obs. Cabrillac).

E – Recours du tiré contre le porteur

14) Recours du tiré. L'article L. 131-59 ne s'applique pas au recours du tiré contre le porteur d'un chèque (▪ Cass. com., 3 mai 2000, n° 96-20.563 : *JurisData* n° 2000-001700 ; *RJDA* 7-8/2000, n° 795 ; *D.* 2000, act. jurispr. p. 340, obs. Faddoul ; *LPA* 15 juin 2000, p. 15, obs. E. C. ; *RD bancaire et fin.* 2000, 289, n° 181, obs. Crédot et Gérard ; *RTD com.* 2000, 988, obs. Cabrillac).

Art. L. 131-60 *(Anc. D.-L. 30 oct. 1935)*. – Les prescriptions en cas d'action exercée en justice ne courent que du jour de la dernière poursuite judiciaire. Elles ne s'appliquent pas s'il y a eu condamnation ou si la dette a été reconnue par acte séparé.

L'interruption de la prescription n'a d'effet que contre celui à l'égard duquel l'acte interruptif a été fait.

Néanmoins, les prétendus débiteurs sont tenus, s'ils en sont requis, d'affirmer sous serment qu'ils ne sont plus redevables et leurs veuves, héritiers ou ayants cause, qu'ils estiment de bonne foi ne plus rien devoir.

Section XI. – Protêt

(Anc. ss-sect. 11 de l'anc. sect. I, dénum., L. n° 2005-516, 20 mai 2005)

Art. L. 131-61 *(Anc. D.-L. 30 oct. 1935)*. – Le protêt doit être fait, par un notaire ou par un huissier, au domicile de celui sur qui le chèque était payable, ou à son dernier domicile connu. En cas de fausse indication de domicile, le protêt est précédé d'un acte de perquisition.

Art. L. 131-62 *(Anc. D.-L. 30 oct. 1935)*. – L'acte de protêt contient la transcription littérale du chèque et des endossements, ainsi que la sommation de payer le montant du chèque. Il énonce la présence ou l'absence de celui qui doit payer, les motifs du refus de payer et l'impuissance ou le refus de signer et, en cas de paiement partiel, le montant de la somme qui a été payée.

Les notaires et huissiers sont tenus, à peine de dommages-intérêts, de faire, sous leur signature, mention sur le chèque du protêt avec sa date.

Art. L. 131-63 *(Anc. D.-L. 30 oct. 1935)*. – Nul acte de la part du porteur du chèque ne peut suppléer l'acte de protêt, hors le cas prévu par les articles L. 131-40 à L. 131-43 touchant la perte du chèque.

Art. L. 131-64 *(Anc. D.-L. 30 oct. 1935 ; mod., Ord. n° 2019-964, 18 sept. 2019)*. – Les notaires et les huissiers sont tenus, à peine de destitution, dépens, dommages-intérêts envers les parties, de laisser copie exacte des protêts. Sous les mêmes sanctions, ils sont également tenus de remettre contre récépissé au greffier du tribunal de commerce ou du tribunal judiciaire statuant commercialement du domicile du débiteur, ou de lui adresser, par lettre recommandée avec demande d'avis de réception, deux copies exactes des protêts, dont l'une est destinée au parquet ; cette formalité doit être accomplie dans la quinzaine de l'acte.

Art. L. 131-65. – Les dispositions des articles L. 511-56 à L. 511-61 du Code de commerce sont applicables au protêt dressé faute de paiement d'un chèque.

Art. L. 131-66 *(Anc. D.-L. 30 oct. 1935)*. – Aucune prorogation de délai, ni légale, ni judiciaire, n'est admise, sauf dans les cas prévus par l'article L. 511-61 du Code de commerce.

Art. L. 131-67 *(Anc. D.-L. 30 oct. 1935)*. – La remise d'un chèque en paiement, acceptée par un créancier, n'entraîne pas novation. En conséquence, la créance originaire, avec toutes les garanties qui y sont attachées, subsiste jusqu'au paiement du chèque.

1) Remise du chèque : absence d'extinction de la créance fondamentale. N'entraînant pas novation, la remise du chèque au créancier ne libère pas le débiteur : la créance subsiste avec toutes ses garanties jusqu'à l'encaissement du chèque (▪ Cass. req., 21 mars 1932 : *D.* 1933, 1, 65, note Salle de la Marnière. ▪ Paris, 19 janv. 1948 : *JCP* 1948, II, 4195, note Cabrillac).

La remise d'un chèque ne vaut paiement que sous la condition de son encaissement (▪ Cass. 1re civ., 4 avr. 2001, n° 99-14.927 : *JurisData* n° 2001-009015 ; *Bull. civ.* I, n° 102. ▪ Cass. 3e civ., 1er juill. 2009, n° 07-19.446 : *JurisData* n° 2009-048933 ; *D.* 2009, p. 2904, note J. Lasserre Capdeville).

2) Date limite de paiement. Toutefois, le débiteur qui doit effectuer un paiement avant une date limite s'acquitte de son obligation lorsqu'il remet au créancier, avant l'expiration du délai, un chèque qui se révélera approvisionné (▪ Cass. com., 27 févr. 1968 : *Bull.* IV, n° 84. ▪ Cass. 1re civ., 2 déc. 1968, n° 66-12.727 : *JurisData* n° 1968-700301 ; *JCP* 1969, II, 15775, concl. Lindon, note Besson ; *RTD com.* 1969, 550, obs. Cabrillac et Rives-Lange. ▪ Cass. crim., 22 mars 1973 : *JurisData* n° 1973-095148 ; *Gaz. Pal.* 1973, 1, 483 ; *RTD com.* 1973, 604. ▪ Cass. soc., 9 nov. 1976, n° 75-12.701 : *D.* 1976, inf. rap. 331 ; *RTD com.* 1976, 762, obs. Cabrillac et Rives-Lange et les réf. – Comp. ▪ Paris, 23 févr. 1978 : *D.* 1978, inf. rap. 465 ; *RTD com.* 1979, 284, obs. Cabrillac et Rives-Lange). Dans le cas d'un envoi postal, c'est la date de réception qui doit être retenue (▪ Cass. soc., 17 mai 1972 : *JurisData* n° 1972-099364 ; *D.* 1973, 129, note Gavalda. ▪ 4 juill. 1983, n° 82-10.655 : *Bull.* V, n° 386. ▪ Versailles, 21 févr. 1983 : *RTD com.* 1984, 307, obs. Cabrillac et Teyssié).

3) **Non-présentation du chèque.** La remise d'un chèque ne valant paiement que sous réserve de son encaissement, sa non-présentation au paiement n'empêche pas le vendeur bénéficiaire du chèque d'exercer une action résolutoire si l'acquéreur ne démontre pas avoir eu sur son compte un crédit suffisant pour honorer le chèque durant l'année suivant l'expiration du délai de présentation (▪ Cass. 3e civ., 1er juill. 2009 : *D.* 2009, p. 2904, note J. Lasserre Capdeville).

Art. L. 131-68 *(Anc. D.-L. 30 oct. 1935).* **– Indépendamment des formalités prescrites pour l'exercice de l'action en garantie, le porteur d'un chèque protesté peut, en obtenant la permission du juge, saisir conservatoirement les effets mobiliers des endosseurs.**

Section XII. – Incidents de paiement et sanction

(Anc. ss-sect. 12 de l'anc. sect. I, dénum., L. n° 2005-516, 20 mai 2005)

Bibliographie : J. Lasserre Capdeville, *Le chèque sans provision en France (1992-2013)* : *JCP* G 2013, 1358.

Art. L. 131-69 *(Anc. D.-L. 30 oct. 1935).* **– Le tireur qui émet un chèque ne portant pas l'indication du lieu de l'émission ou sans date, celui qui revêt un chèque d'une fausse date, celui qui tire un chèque sur une personne autre qu'un banquier, est passible d'une amende maximale de 6 % de la somme pour laquelle le chèque est tiré, sans que cette amende puisse être inférieure à 0,75 €.**

Art. L. 131-70 *(Anc. D.-L. 30 oct. 1935).* **– Tout banquier qui délivre à son créancier des formules de chèques en blanc, payables à sa caisse, doit, sous peine d'une amende de 7,5 € par infraction, mentionner sur chaque formule le nom de la personne à laquelle cette formule est délivrée.**

Tout banquier qui, ayant provision et en l'absence de toute opposition, refuse de payer un chèque régulièrement assigné sur ses caisses est tenu responsable du dommage résultant, pour le tireur, tant de l'inexécution de son ordre que de l'atteinte portée à son crédit.

1) **Absence de nom : pas d'incidence sur la validité du chèque.** L'absence de nom sur la formule n'a pas d'incidence sur la validité du chèque (▪ Cass. com., 30 mai 1962 : *Banque* 1962, p. 550, obs. X. Marin).

2) **Responsabilité du banquier tiré à l'égard du tireur.** Le banquier tiré qui, par une rupture abusive d'une ouverture de crédit, refuse de payer les chèques émis et provisionnés par son client et ruine ainsi totalement son crédit peut être condamné à payer l'intégralité du passif produit à la procédure collective de celui-ci (▪ Grenoble, 7 juill. 1976 : *JurisData* n° 1976-760942 ; *D.* 1976, 489, note F. D. ; *RTD com.* 1976, 770, obs. Cabrillac et Rives-Lange, confirmé par ▪ Cass. com., 8 mai 1979, n° 76-14.952 : *Bull.* IV, n° 142 ; *D.* 1979, inf. rap. 535, obs. Honorat).

3) **Responsabilité du banquier à l'égard des tiers.** *Pour la reconnaissance d'une faute de nature délictuelle à la charge du banquier,* ▪ Cass. com., 26 avr. 1984, n° 82-16.824 : *JurisData* n° 1984-700861 ; *Bull.* IV, n° 133 ; *RTD com.* 1985, 126, obs. Cabrillac et Teyssié).

4) **Notion de provision : facilités de caisse habituelles.** Sur les facilités de caisse habituelles consenties par le banquier tiré valant provision (V. C. monét. fin., art. L. 313-12, p. 3207).

5) **Notion de provision : exclusion du chèque en instance d'encaissement.** Le montant d'un chèque en instance d'encaissement ne peut constituer une provision disponible (▪ Cass. com., 4 mars 1986, n° 84-16.880 : *JurisData* n° 1986-700013 ; *Bull.* IV, n° 37).

6) **Impossibilité, pour le banquier de bloquer la provision disponible.** Le banquier tiré ne peut, au prétexte que le montant cumulé des chèques créés et présentés à l'encaissement excède celui de la provision disponible inscrite au compte du tireur, bloquer celle-ci sans droit ni titre (▪ Paris, 10 janv. 1997 : *JurisData* n° 1997-020075 ; *D.* 1997, inf. rap. 43) ; il lui appartient de payer dans les limites de la provision et jusqu'à épuisement de celle-ci, les effets au fur et à mesure des présentations et dans l'ordre chronologique de celles-ci (même déc.). Le porteur d'un chèque dont le montant est supérieur à la provision est en droit d'en exiger le paiement jusqu'à concurrence de cette provision (même déc.).

Art. L. 131-71 *(Anc. D.-L. 30 oct. 1935 ; mod., Ord. n° 2009-866, 15 juill. 2009 ; L. n° 2013-100, 28 janv. 2013).* – **Tout banquier peut, par décision motivée, refuser de délivrer au titulaire d'un compte les formules de chèques autres que celles qui sont remises pour un retrait de fonds par le tireur auprès du tiré ou pour une certification. Il peut, à tout moment, demander la restitution des formules antérieurement délivrées. Cette restitution doit être demandée lors de la clôture du compte.**

Lorsqu'il en est délivré, les formules de chèques sont mises gratuitement à la disposition du titulaire du compte.

Il peut être délivré des formules de chèques barrées d'avance et rendues, par une mention expresse du banquier, non transmissibles par voie d'endossement, sauf au profit d'un établissement de crédit, d'un établissement assimilé, d'un établissement de monnaie électronique ou d'un établissement de paiement. L'administration des impôts peut obtenir à tout moment, sur sa demande, communication de l'identité des personnes auxquelles sont délivrées des formules ne répondant pas à ces caractéristiques ainsi que le numéro de ces formules.

Les formules de chèques mentionnent le numéro de téléphone de la succursale ou agence bancaire auprès de laquelle le chèque est payable.

Elles mentionnent également l'adresse du titulaire du compte.

1) **Refus de délivrance : forme.** Le refus motivé de délivrance n'a pas à être écrit lorsqu'aucune demande écrite n'a été formulée (■ CA Paris, 4 mars 2003, n° 2001/19913 : *JurisData* n° 2003-209461 ; *RJDA* 2003, n° 768).

2) **Responsabilité du banquier pour délivrance.** La remise d'une formule de chèque à une personne même non interdite peut entraîner la responsabilité du banquier à l'égard du tiers victime d'une émission de chèque sans provision (■ Cass. com., 3 mars 1981, n° 79-14.354 : *JurisData* n° 1981-700656 ; *Bull.* IV, n° 115 ; *RTD com.* 1981, 569, obs. Cabrillac et Teyssié). Ainsi, commet une faute engageant sa responsabilité envers un fournisseur impayé la banque qui a délivré des carnets au futur gérant d'une société en formation, alors qu'en raison des circonstances de l'espèce et notamment de la connaissance du marché, elle ne pouvait ignorer que les chèques seraient sans provision (■ Cass. com., 18 juin 1985, n° 84-13.052 : *JurisData* n° 1985-701777 ; *Bull.* IV, n° 191 ; *Gaz. Pal.* 1986, 2, 438, note Bouloc ; *RTD com.* 1986, 270, obs. Cabrillac et Teyssié. ■ Cass. com., 8 oct. 1985, n° 84-16.410 : *JurisData* n° 1985-702881 ; *JCP* E 1985, I, 14996).

3) **Responsabilité du banquier en raison des modalités de la délivrance.** Est fautif, l'envoi d'un chéquier sous pli ordinaire (■ Cass. com., 28 févr. 1989, n° 87-17.374 : *JurisData* n° 1989-700429 ; *RTD com.* 1989, p. 275, obs. M. Cabrillac).

Art. L. 131-72 *(Anc. D.-L. 30 oct. 1935 ; mod., L. n° 2010-737, 1er juill. 2010).* – **Des formules de chèques autres que celles qui sont remises pour un retrait de fonds par le tireur auprès du tiré ou pour une certification ne peuvent, sous réserve des dispositions de l'article L. 131-78 et dans les conditions prévues par cet article, être délivrées au titulaire d'un compte ou à son mandataire à compter d'un incident de paiement relevé au nom du titulaire du compte pour défaut de provision suffisante lorsque celui-ci n'a pas exécuté les obligations prévues par les deuxième à quatrième alinéas de l'article L. 131-73.**

Les dispositions du présent article doivent être observées par le banquier qui a refusé le paiement d'un chèque pour défaut de provision suffisante et par tout banquier qui a été informé de l'incident de paiement, notamment par la Banque de France, en application de l'article L. 131-85.

1) **Extension de l'interdiction aux représentants.** Le gérant d'une SARL qui a tiré des chèques sans provision sur le compte de la société est personnellement frappé d'une interdiction (■ Cass. crim., 8 févr. 1982 : *JCP* G 1982, IV, 150 ; *D.* 1982, 412, note Gavalda ; *Rev. sociétés* 1982, 559, note Bouloc ; *RTD com.* 1982, 271, obs. Cabrillac et Teyssié. ■ Cass. crim., 9 oct. 1989, n° 89-80.160 : *JurisData* n° 1989-703772 ; *RD bancaire et bourse* 1990, 41, n° 3, obs. Crédot et Gérard ; *Bull. crim.*, n° 343 ; *Rev. sociétés* 1990, 279, note Bouloc. – *Contra*, ■ Nancy, 16 nov. 1979 : *JurisData* n° 1979-070097 ; *JCP* G 1980, IV, 388 ; *D.* 1980, 278, note Gavalda ; RTD com. 1980, 581, obs. Cabrillac et Rives-Lange, et 1982, 310, obs. crit. Bouzat).

2) **Compte collectif.** Détermination des personnes atteintes par l'interdiction (V. C. monét. fin., art. L. 131-80, p. 3132).

Art. L. 131-73 *(Anc. D.-L. 30 oct. 1935 ; mod., L. n° 2001-1168, 11 déc. 2001 ; L. n° 2007-290, 5 mars 2007 ; L. n° 2010-737, 1er juill. 2010). – (Mots rempl. à compter du 23 juin 2017, Ord. n° 2016-1808, 22 déc. 2016)* **« Le banquier » tiré peut, après avoir informé par tout moyen approprié mis à disposition par lui le titulaire du compte des conséquences du défaut de provision, refuser le paiement d'un chèque pour défaut de provision suffisante. Il doit enjoindre au titulaire du compte de restituer à tous les banquiers dont il**

est le client les formules en sa possession et en celle de ses mandataires et de ne plus émettre des chèques autres que ceux qui permettent exclusivement le retrait de fonds par le tireur auprès du tiré ou ceux qui sont certifiés. Le banquier tiré en informe dans le même temps les mandataires de son client.

Toutefois, le titulaire du compte recouvre la possibilité d'émettre des chèques lorsqu'il justifie avoir, à la suite de cette injonction adressée après un incident de paiement, réglé le montant du chèque impayé ou constitué une provision suffisante et disponible destinée à son règlement par les soins du tiré.

Un certificat de non-paiement est délivré à la demande du porteur, au terme d'un délai de trente jours, à compter de la première présentation d'un chèque impayé dans le cas où celui-ci n'a pas été payé lors de sa seconde présentation ou si une provision n'a pas été constituée, pour en permettre le paiement dans ce même délai. Ce certificat est délivré par le tiré lorsque au-delà du délai de trente jours une nouvelle présentation s'avère infructueuse.

La notification effective ou, à défaut, la signification du certificat de non-paiement au tireur par ministère d'huissier vaut commandement de payer.

L'huissier de justice qui n'a pas reçu justification du paiement du montant du chèque et des frais dans un délai de quinze jours à compter de la réception de la notification ou de la signification délivre, sans autre acte de procédure ni frais, un titre exécutoire.

En tout état de cause, les frais de toute nature qu'occasionne le rejet d'un chèque sans provision sont à la charge du tireur. Les frais perçus par le tiré ne peuvent excéder un montant fixé par décret.

Bibliographie : J. Lasserre Capdeville, *Le chèque sans provision en France (1992-2013) : JCP* G 2013, 1358. • C. Youego, *L'obligation d'information préalable au rejet d'un chèque sans provision depuis la loi Murcef du 11 décembre 2001 : RD bancaire et fin.* 2014, étude 9.

I – INFORMATION PRÉALABLE DU TIREUR

1) Avertissement obligatoire en cas de chèque sans provision quelles que soient les circonstances. En toute circonstance, et quelle que soit la connaissance éventuelle par le client de l'insuffisance de provision, le banquier doit se conformer aux dispositions de l'article L. 131-73 lui imposant, avant le rejet du chèque, d'adresser à son client un avertissement précis à son sujet (▪ Cass. com., 14 mars 2006, n° 04-16.946 : *JurisData* n° 2006-032690 ; *D.* 2006, p. 979, obs. Avena-Robardet ; *JCP* E 2006, pan. 1653 ; *RJDA* 4/2007, n° 391. ▪ Cass. com., 16 juin 2009, n° 08-17.319 : *JurisData* n° 2009-048732 ; *RD bancaire et fin.* nov.-déc. 2009, comm. 178, obs. F.-J. Crédot et T. Samin).

2) Avertissement exigé pour chaque chèque sans provision. L'article L. 131-73 du Code monétaire et financier impose un avertissement spécial pour chaque chèque que la banque envisage d'opposer (▪ Cass. com., 30 sept. 2008, n° 07-16.863 : *JurisData* n° 2008-045255 ; *Banque et droit* 2008, n° 122, p. 19, obs. T. Bonneau. ▪ Cass. com., 18 janv. 2011, n° 10-10.259 : *JurisData* n° 2011-000394 ; *Banque et droit* 2011, n° 136, p. 22, obs. T. Bonneau ; *D.* 2011, p. 364, obs. V. Avena-Robardet. ▪ Cass. com., 7 févr. 2012, n° 10-27.078 : *Banque et droit* 2012, n° 143, p. 19, obs. T. Bonneau).

3) Preuve de l'avertissement. L'établissement de crédit doit seulement prouver qu'il a adressé l'avertissement au tireur, sans avoir à démontrer que celui-ci l'a reçu (▪ Cass. com., 7 févr. 2012 : *Banque et droit* 2012, n° 143, p. 19, obs. T. Bonneau. ▪ Cass. com., 19 nov. 2013 : *D.* 2013, p. 2764, obs. X. Delpech ; *Gaz. Pal.* 18 déc. 2013, p. 14, note J. Lasserre Capdeville ; *Banque et droit* 2014, n° 153, p. 17, note G. Helleringer ; *Gaz. Pal.* 18 mars 2014, p. 12, obs. C. Houin-Bressand).

4) Défaut d'avertissement : préjudice limité à la perte d'une chance d'approvisionner son compte. En l'absence d'information précise, le banquier tiré engage sa responsabilité, mais le préjudice se limite à la perte d'une chance d'approvisionner le compte (▪ Cass. com., 14 juin 2016 : *RD bancaire et fin.* 2016, comm. 187, obs. F.-J. Crédot et T. Samin ; *RJDA* 1er oct. 2016, p. 727 ; *JCP* E 2016, 1587, n° 22, obs. A. Salgueiro ; *Gaz. Pal.* 16 sept. 2016, p. 27, note J. Lasserre Capdeville et 27 sept. 2017, p. 55, obs. C. Houin-Bressand ; *Banque et droit* 2016, n° 170, p. 22, obs. T. Bonneau et G. Helleringer).

II – RÉGULARISATION

5) Régularisation écartée en cas de versement laissant le compte débiteur. Lorsque le compte d'un émetteur de chèque sans provision, malgré le versement qu'il effectue entre les mains de la banque, est resté débiteur, l'émetteur de chèque n'a pas constitué de provision suffisante et disponible permettant le règlement du chèque par les soins du tiré et la régularisation permise par l'article L. 131-73, alinéa 2, n'est pas réalisée (▪ Cass. com., 9 nov. 1981 : *JurisData* n° 1981-799769 ; *JCP* G 1982, IV, 38 ; *Banque* 1982, 385, obs. Martin ; *D.* 1982, inf. rap. 173, obs. Cabrillac ; *RTD com.* 1981, 803, obs. Cabrillac et Teyssié).

6) **Régularisation : nécessité d'une demande du tireur.** Il résulte de la combinaison des articles L. 131-173 et L. 131-74, que l'affectation d'un versement du tireur en priorité à la constitution d'une provision pour paiement d'un chèque impayé suppose que le tireur ait opté pour cette modalité de régularisation en demandant à cet effet que la provision soit bloquée (▪ Cass. com., 22 févr. 2005, n° 03-17.326 : *JurisData* n° 2005-027121 ; *D.* 2005, p. 708, obs. Avena-Robardet ; *JCP* E 2005, pan. 583 ; *ibid.* 782, n° 11, obs. Stoufflet et Mathey ; *RJDA* 6/2005, n° 756. – ▪ Cass. com., 5 févr. 2020, n° 18-18.261 : *JCP* E 2020, 1256, n° 25, obs. A. Salgueiro ; *Gaz. Pal.* 20 oct. 2020, n° 389e4, p. 58, obs. C. Houin-Bressand).

III – CERTIFICAT DE NON-PAIEMENT

7) **Notification du certificat de non-paiement.** La notification de la signification au tireur du certificat de non-paiement valant commandement de payer doit, lorsqu'elle est faite en vue de procéder à une mesure d'exécution forcée, comporter les mentions requises par le décret n° 92-755 du 31 juillet 1992 pour la mesure envisagée *(D. n° 92-755, 31 juill. 1992, art. 298)*. Le titre exécutoire obtenu en cas de défaut de régularisation de chèque n'a pas à être signifié (▪ Paris, 5 juill. 2001, n° 2000/22436 : *JurisData* n° 2001-164714 ; *D.* 2001, p. 2821 ; *D.* 2001, jurispr. 3308, note Julien). En cas de décès du tireur, le certificat de non-paiement est valablement signifié par l'huissier aux héritiers (▪ Cass. com., 3 juill. 2012 : *D.* 2012, p. 1877, obs. V. Avena-Robardet ; *Banque et droit* 2012, n° 145, p. 15, obs. T. Bonneau ; *Gaz. Pal.* 19-20 sept. 2012, p. 13, note J. Lasserre Capdeville).

IV – INTERDICTION BANCAIRE

8) **Interdiction bancaire et obtention d'un prêt.** L'interdiction bancaire ne prive pas celui qui en est frappé de la possibilité d'obtenir un prêt d'un organisme financier (▪ Cass. com., 15 juin 1993, n° 91-17.123 : *JurisData* n° 1993-001493 ; *Bull.* IV, n° 248. ▪ Cass. com., 3 juill. 2012, n° 11-18.945 : *JurisData* n° 2012-015180 ; *D.* 2012, p. 1878, obs. V. Avena-Robardet ; *RD bancaire et fin.* 2012, comm. 141, obs. F.-J. Crédot et T. Samin, et comm. 153, obs. A. Cerles ; *Banque et droit* 2012, n° 145, p. 19, obs. T. Bonneau ; *LPA* 12 oct. 2012, p. 11, note R. Laulier ; *JCP* E 2012, 1519, note D. Legeais ; *JCP* E 2012, 1646, n° 12, obs. R. Routier).

9) **Compétence du juge des référés pour une interdiction abusive.** Le juge des référés est compétent pour connaître d'une interdiction bancaire estimée abusive (▪ Paris, 6 nov. 1979 : *JurisData* n° 1979-125037 ; *D.* 1980, inf. rap. 133, confirmant ▪ TGI Paris, 16 oct. 1978 : *D.* 1979, inf. rap. 274, obs. Cabrillac).

10) **Responsabilité du banquier pour une interdiction non justifiée.** Le banquier engage sa responsabilité en prenant une interdiction à tort (▪ T. com. Paris, 28 févr. 1979 : *RTD com.* 1980, 119, obs. Cabrillac et Rives-Lange) et doit réparation du préjudice tant moral que matériel ainsi causé au tireur (▪ Paris, 3 mai 1984 : *D.* 1985, inf. rap. 30, obs. Cabrillac).

V – SITUATION DU BÉNÉFICIAIRE

11) **Restitution d'un chèque impayé pour défaut de provision.** Le banquier présentateur doit informer le porteur du rejet du chèque et le lui restituer, mais aucun délai ne s'impose pour cette restitution, le banquier ne peut donc pas engager sa responsabilité pour restitution tardive (▪ Cass. com., 9 avr. 2013, n° 12-14.955 : *Gaz. Pal.* 6 juill. 2013, p. 9, obs. C. Houin-Bressand).

Code monétaire et financier

Partie réglementaire

LIVRE PREMIER – LA MONNAIE

....

TITRE III. – LES INSTRUMENTS DE LA MONNAIE SCRIPTURALE

CHAPITRE I. – LE CHÈQUE

Art. D. 131-25 *(Rempl., D. n° 2007-1611, 15 nov. 2007)*. **–** Les frais bancaires perçus par le tiré à l'occasion du rejet d'un chèque, pour défaut ou insuffisance de provision, comprennent l'ensemble des sommes facturées par le tiré au titulaire du compte, quelles que soient la dénomination et la justification de ces sommes.

En particulier, les frais engendrés par l'obligation mise à la charge du tiré, au titre de l'article L. 131-73, d'informer le titulaire du compte du défaut de provision, sont inclus dans les frais mentionnés au premier alinéa dès lors qu'un incident de paiement est constitué. La facturation de l'envoi d'une lettre d'injonction ou d'une commission d'incident ou de rejet de chèque est également comprise dans ces mêmes frais.

Les frais bancaires perçus par le tiré à l'occasion du rejet d'un chèque ne peuvent excéder un montant de 30 € pour les chèques d'un montant inférieur ou égal à 50 € et un montant de 50 € pour les chèques d'un montant supérieur à 50 €.

Constitue un incident de paiement unique le rejet d'un chèque présenté au paiement à plusieurs reprises dans les 30 jours suivant le premier rejet.

Art. L. 131-74 *(Anc. L. 98-657, 29 juill. 1998)*. – Tout versement effectué par le tireur sur le compte duquel a été émis le chèque impayé est affecté en priorité à la constitution d'une provision pour paiement intégral de celui-ci.

Art. L. 131-75 à L. 131-77 *(Abr., L. n° 2010-737, 1er juill. 2010)*.

Art. L. 131-78 *(Anc. D.-L. 30 oct. 1935 ; mod., L. n° 2001-420, 15 mai 2001 ; L. n° 2010-737, 1er juill. 2010)*. – Le titulaire d'un compte auquel a été notifiée une injonction de ne plus émettre des chèques recouvre cette faculté dès lors qu'il a procédé à la régularisation dans les conditions prévues à l'article L. 131-73. S'il n'a pas procédé à cette régularisation, il ne recouvre la faculté d'émettre des chèques qu'à l'issue d'un délai de cinq ans qui court à compter de l'injonction.

Art. L. 131-79 *(Anc. D.-L. 30 oct. 1935 ; L. n° 2010-737, 1er juill. 2010)*. – Les contestations relatives à l'interdiction d'émettre des chèques sont déférées à la juridiction civile.

L'action en justice devant la juridiction civile n'a pas d'effet suspensif. Toutefois, la juridiction saisie peut, même en référé, ordonner la suspension de l'interdiction d'émettre des chèques en cas de contestation sérieuse.

Art. L. 131-80 *(Anc. D.-L. 30 oct. 1935)*. – Lorsque l'incident de paiement est le fait de l'un quelconque des titulaires d'un compte collectif, avec ou sans solidarité, les dispositions des articles L. 131-72 et L. 131-73 sont de plein droit applicables à celui des titulaires qui aura été désigné à cet effet d'un commun accord, tant en ce qui concerne ce compte qu'en ce qui concerne les autres comptes dont il pourrait être individuellement titulaire. Elles sont aussi applicables aux autres titulaires en ce qui concerne ce compte.

Si, lors du rejet d'un chèque pour défaut de provision suffisante, le tiré constate qu'aucun titulaire du compte n'est désigné dans les conditions définies à l'alinéa précédent, les dispositions des articles L. 131-72 et L. 131-73 sont de plein droit applicables à tous les titulaires du compte en ce qui concerne ce compte et les autres comptes dont ils pourraient être individuellement titulaires.

Art. L. 131-81 *(Anc. D.-L. 30 oct. 1935)*. – I. – Le tiré doit payer, nonobstant l'absence, l'insuffisance ou l'indisponibilité de la provision, tout chèque ;

1. Émis au moyen d'une formule dont il n'a pas obtenu la restitution dans les conditions prévues à l'article L. 131-73, sauf s'il justifie qu'il a mis en œuvre les diligences prévues par cet article ;

2. Émis au moyen d'une formule qu'il a délivrée en violation des dispositions de l'article L. 131-72 et du troisième alinéa de l'article L. 163-6, ou au moyen d'une formule qu'il a délivrée à un nouveau client alors que celui-ci faisait l'objet d'une condamnation sur le fondement du deuxième alinéa de l'article L. 163-6 ou d'une interdiction émise en application du premier alinéa de l'article L. 131-73 et dont le nom figurait pour ces motifs sur le fichier de la Banque de France centralisant les incidents de paiement de chèques.

II. – Le tiré qui refuse le paiement d'un chèque émis au moyen de l'une des formules mentionnées au I est solidairement tenu de payer, outre une somme égale au montant du chèque, les dommages-intérêts accordés au porteur en raison du non-paiement.

Lorsqu'il a refusé le paiement d'un chèque, le tiré doit être en mesure de justifier qu'il a satisfait aux prescriptions légales et réglementaires relatives à l'ouverture du compte et à la délivrance des formules de chèques ainsi qu'aux obligations légales et réglementaires résultant des incidents de paiement, notamment en ce qui concerne l'injonction d'avoir à restituer les formules de chèques.

Bibliographie : Memmi, *Les diligences du banquier face au client interdit de chéquiers : Gaz. Pal.* 1992, 2, doctr. 697.

Art. L. 131-82 *(Anc. D.-L. 30 oct. 1935 ; mod., L. fin. rect. n° 2001-1276, 28 déc. 2001).* – Le tiré doit payer, nonobstant l'absence, l'insuffisance ou l'indisponibilité de provision, tout chèque établi sur une formule délivrée par lui d'un montant égal ou inférieur à 15 €, le titulaire du compte et le tiré étant en ce cas réputés légalement avoir conclu lors de la délivrance de la formule une convention portant ouverture de crédit irrévocable.

L'obligation du tiré résultant des dispositions du présent article n'est pas soumise à la prescription de l'article L. 131-59 ; elle prend fin un mois après la date d'émission du chèque. Elle ne s'impose pas au tiré si celui-ci ne doit ou ne peut payer un chèque pour tout motif autre que l'absence ou l'insuffisance de provision.

Les dispositions du présent article sont d'ordre public.

Art. L. 131-83 *(Anc. D.-L. 30 oct. 1935).* – Le tiré qui a payé un chèque en dépit de l'absence, de l'insuffisance ou de l'indisponibilité de la provision est, sauf dans le cas prévu au premier alinéa du II de l'article L. 131-81, subrogé dans les droits du porteur à concurrence de la somme dont il a fait l'avance ; il peut, à cet effet, faire constater l'absence ou l'insuffisance de la provision disponible par acte dressé en la forme du protêt.

Il peut, à défaut de prélèvement d'office sur le compte et sans préjudice de toute autre voie de droit, faire une mise en demeure par huissier de justice au titulaire du compte d'avoir à payer la somme qui lui est due en application de l'alinéa précédent.

Art. L. 131-84 *(Anc. D.-L. 30 oct. 1935).* – Le tiré qui a refusé le paiement d'un chèque pour défaut de provision suffisante ou qui a clôturé un compte sur lequel des formules de chèque ont été délivrées ou qui a enregistré une opposition pour perte ou vol de chèques ou de formules de chèque en avise la Banque de France.

Art. L. 131-85 *(Mod., L. n° 2005-516, 20 mai 2005 ; L. n° 2008-776, 4 août 2008 ; mod. à compter du 1er nov. 2009, Ord. n° 2009-866, 15 juill. 2009 ; mod., L. n° 2013-100, 28 janv. 2013 ; L. n° 2016-1691, 9 déc. 2016).* – La Banque de France informe les établissements et les personnes sur lesquels peuvent être tirés des chèques, les sociétés de financement, les organismes mentionnés au 5 de l'article L. 511-6, les établissements de monnaie électronique, les établissements de paiement ainsi que, sur sa demande, le procureur de la République, des incidents de paiement de chèque, des interdictions prononcées en application de l'article L. 163-6 et des levées d'interdiction d'émettre des chèques.

Seule la Banque de France assure la centralisation des informations prévues à l'alinéa précédent.

Pour l'application du premier alinéa, la Banque de France reçoit de l'administration des impôts les informations détenues par celle-ci en application de l'article 1649 A du Code général des impôts, qui permettent d'identifier l'ensemble des comptes ouverts par les personnes physiques ou morales mentionnées à l'article L. 131-72 et au deuxième alinéa de l'article L. 163-6 et sur lesquels peuvent être tirés des chèques. Elle lui fournit, aux seules fins poursuivies par le présent chapitre, les renseignements permettant d'identifier les titulaires de ces comptes.

Pour l'application du premier alinéa à Saint-Barthélemy, à Saint-Martin, et à Saint-Pierre-et-Miquelon ainsi qu'en Nouvelle-Calédonie, en Polynésie française et dans les îles Wallis-et-Futuna, la Banque de France reçoit de l'Institut d'émission des départements d'outre-mer ou de l'Institut d'émission d'outre-mer les informations qu'ils détiennent, en application des articles L. 711-7 et L. 712-5, permettant d'identifier l'ensemble des comptes ouverts par les personnes physiques ou morales mentionnées à l'article L. 131-72 et au deuxième alinéa de l'article L. 163-6, sur lesquels peuvent être tirés des chèques.

Elle communique également au procureur de la République les renseignements concernant les infractions réprimées par les troisième et quatrième alinéas de l'article L. 163-2 et par les premier et deuxième alinéas de l'article L. 163-7.

Les dispositions de l'article L. 163-11 ne font pas obstacle à ce que les établissements de crédit, les sociétés de financement, les organismes mentionnés au 5 de l'article L. 511-6, les établissements de monnaie électronique et les établissements de paiement utilisent ces informations comme élément d'appréciation avant d'accorder un financement, une ouverture de crédit ou de délivrer un moyen de paiement.

Art. L. 131-86 *(Mod., L. n° 2005-516, 20 mai 2005).* – La Banque de France assure l'information de toute personne qui, lors de la remise d'un chèque pour le paiement d'un bien ou d'un service, souhaite vérifier la régularité, au regard du présent chapitre, de l'émission de celui-ci. L'origine de ces demandes d'information donne lieu à enregistrement.

Art. L. 131-86-1 *(Ord. n° 2010-1512, 9 déc. 2010)*. – **Lorsque le titulaire du compte est un entrepreneur individuel à responsabilité limitée, les dispositions de la présente section s'appliquent :**

– aux comptes afférents au patrimoine non affecté lorsque l'incident de paiement résulte d'un chèque émis sur l'un de ces comptes ;

– aux comptes afférents au patrimoine affecté à une activité professionnelle lorsque l'incident de paiement résulte d'un chèque émis sur l'un de ces comptes, à l'exclusion, le cas échéant, des comptes afférents au patrimoine affecté à une autre activité professionnelle.

Art. L. 131-87 *(Mod., L. n° 2005-516, 20 mai 2005)*. – **Les mesures d'application du présent chapitre, sont, en tant que de besoin, déterminées par décret en Conseil d'État. Ce décret fixe notamment les modalités selon lesquelles l'injonction est portée à la connaissance du titulaire du compte et précise également ses droits et obligations ainsi que les conditions dans lesquelles il peut régulariser sa situation. Il détermine également les conditions dans lesquelles la Banque de France assure les obligations qui lui incombent en application des articles L. 131-85 et L. 131-86.**

Chapitre II ancien. – Carte de paiement

Art. L. 132-1 à L. 132-6 *(Abr., Ord. n° 2009-866, 15 juill. 2009)*.

Bibliographie : D. Martin, *Analyse juridique du règlement par carte de paiement : DS* 1987, chron. 51. • Bouteiller, *La remise d'une carte de paiement au cotitulaire d'un compte-joint, sans le consentement de l'autre cotitulaire : Banque* 1988, 58. • Buyle, *La carte de paiement électronique : RD bancaire et bourse* 1988, 44 et 87. • Lucas de Leyssac, *Cartes bancaires : RD bancaire et bourse* 1991, 2. • Chaput, *La loi du 30 décembre 1991 relative à la sécurité des chèques et des cartes de paiement : D.* 1992, chron. 102. • Madranges, *La loi du 30 décembre 1991 relative à la sécurité des chèques et des cartes de paiement : vers un désengorgement des tribunaux ? : Gaz. Pal.* 1992, 1, doctr. 252. • D.-R. Martin, *La carte de paiement et la loi (ou la puce maltraitée) : D.* 1992, chron. 277. • Jude, *Le règlement par carte bancaire et par chèque : unité ou dualité : D.* 2003, doctr. 2675. • Crédot et Bouteiller, *Le cadre juridique des paiements par carte bancaire : Dr. et patrimoine* avr. 1995, p. 32. • *Carte de paiement : rapport 2013 de l'observatoire de la sécurité : D.* 2013, p. 1676.

Rédaction antérieure. Art. L. 132-1. – Constitue une carte de paiement toute carte émise par un établissement de crédit ou par une institution ou un service mentionné à l'article L. 518-1 et permettant à son titulaire de retirer ou de transférer des fonds.

Constitue une carte de retrait toute carte émise par un établissement, une institution ou un service mentionné au premier alinéa et permettant, à son titulaire, exclusivement de retirer des fonds.

Refus de délivrance discrétionnaire. L'article L. 132-1 n'impose pas de motiver le refus de délivrer une carte, qui reste à la discrétion des banques (■ CA Paris, 3 avr. 2008, n° 06/18279 : *JurisData* n° 2008-365292 ; *BRDA* 2008, n° 10, p. 14).

Rédaction antérieure. Art. L. 132-2. – L'ordre ou l'engagement de payer donné au moyen d'une carte de paiement est irrévocable.

Il ne peut être fait opposition au paiement qu'en cas de perte, de vol ou d'utilisation frauduleuse de la carte ou des données liées à son utilisation, de redressement ou de liquidation judiciaires du bénéficiaire.

I – UTILISATION NORMALE DE LA CARTE

1) Nature du paiement par carte. Le paiement par carte bancaire doit s'analyser non comme un ordre de virement mais comme un paiement comptant au même titre que celui en espèces ou par chèques, et le commerçant bénéficiaire acquiert un droit sur la provision dès l'inscription de celle-ci au crédit du son compte, c'est-à-dire dès le traitement de l'opération en *chambre de compensation* (■ *Paris, 18* avr. 2000, n° 1999/02852 : *JurisData* n° 2000-116772 ; *RJDA* 9-10/2000, n° 908). Toutefois, la communication à distance des données figurant sur la carte bancaire pour effectuer une réservation sur un formulaire précisant que cette communication ne donnerait lieu à aucun débit ne constitue pas un paiement assorti de l'irrévocabilité (■ Cass. com., 24 mars 2009, n° 08-12.025 : *JurisData* n° 2009-047596 ; *JCP* E 2009, 1619, note P. Bouteiller ; *Banque et droit* 2009, n° 125, p. 21 obs. T. Bonneau. – J. Lasserre Capdeville, *La communication à distance des données figurant sur la carte bancaire vaut-elle mandat de payer ? : D.* 2009, p. 2373 ; *JCP* E 2009, 1619, note P. Bouteiller ; *Banque et droit* 2009, n° 125, p. 21 obs. T. Bonneau. – J. Lasserre Capdeville, *La communication à distance des données figurant sur la carte bancaire vaut-elle mandat de payer ? : D.* 2009, p. 2373 ; *D.* 2010, p. 1047, obs. D.-R. Martin).

2) Caractère irrévocable du paiement ponctuel. La signature du titulaire de la carte sur l'ordre de paiement confère à celui-ci un caractère irrévocable et abstrait ; le donneur d'ordre doit rembourser les factures réglées par l'émetteur de la carte sans pouvoir lui opposer aucune exception tirée du rapport fondamental qui a donné lieu au paiement (■ Paris, 12 mai 1995 : *JurisData* n° 1995-022499 ; *RD bancaire et bourse* 1995, 217, obs. Crédot et Gérard). Voir aussi : note 1 ci-dessus. Cependant, si la carte bancaire est utilisée pour souscrire un abonnement payable mensuellement, la contestation formulée vaut révocation pour l'avenir du mandat donné (■ Cass. com., 27 mars 2012, n° 11-11.275 : *JurisData* n° 2012-005699 ; *EDB* 2012, n° 75, obs. R. Routier ; *D.* 2012, p. 1520, note J. Lasserre Capdeville ; *RD bancaire et fin.* 2012, comm. 109, obs. F.-J. Crédot et T. Samin ; *JCP* E 2012, 1407, note K. Rodriguez ; *JCP* E, 1646, n° 7, obs. R. Routier).

3) Utilisation de la carte : renonciation au système de preuve légale. L'utilisation d'une carte bancaire emporte renonciation implicite au système de preuve légale exigeant un écrit au-delà d'un certain montant (■ CA Paris, 8 juin 1999, n° 1998/00386 : *JurisData* n° 1999-023398 ; *RTD com.* 1999, p. 939, obs. M. Cabrillac).

4) Les obligations du commerçant accepteur. Le commerçant doit prendre toutes les précautions pour s'assurer de l'identité de l'utilisateur de la carte bancaire par le moyen du contrôle de la signature lorsque le code confidentiel n'est pas utilisé (■ Paris, 27 mars 1998, n° 96/04074 : *JurisData* n° 1998-021817 ; *D.* 1998, inf. rap. 116). Est fautif le commerçant qui n'a pas respecté une procédure d'acceptation (appel téléphonique demandé par le terminal) ■ Cass. com., 1er juill. 2003, n° 00-19.188 : *JurisData* n° 2003-019891 ; *RTD com.* 2003, p. 797, obs. D. Legeais ou qui a fractionné les paiements en violation d'une obligation contractuelle de ne pas fractionner (■ CA Rennes, 18 oct. 2001, n° 00/04241 : *JurisData* n° 2001-170850 ; *Banque et droit* nov.-déc. 2002, 57, obs. Guillot).

5) Faculté de refuser le paiement par carte bancaire. Les commerçants sont libres d'accepter ou de refuser les paiements par carte bancaire. Lorsqu'ils les acceptent, ils ont le droit de refuser les transactions de faible montant, à condition d'en avoir préalablement averti leurs clients (Rép. min. n° 57747 : *JOAN Q*, 6 oct. 2009, p. 9454 ; *RD bancaire et fin.* 2010, p. 32, n° 1, obs. F.-J. Crédot et T. Samin).

6) Nature de la transmission en ligne des données de la carte. La transmission volontaire en ligne des données d'une carte bancaire par son titulaire ne suffit pas à établir l'ordre de payer (■ Cass. com., 24 mars 2009, n° 08-12.025 : *JurisData* n° 2009-047596 ; *RD bancaire et fin.* nov.-déc. 2009, comm. 203, obs. M-E. Mathieu ; *JCP* E 2009, 1619, note P. Bouteiller ; *Banque et droit*, 2009, n° 125, p. 21 obs. T. Bonneau. – J. Lasserre Capdeville, *La communication à distance des données figurant sur la carte bancaire vaut-elle mandat de payer ? : D.* 2009, p. 2373, en l'espèce le titulaire n'avait transmis ces données que pour établir une réservation).

II – UTILISATION ANORMALE DE LA CARTE

7) Forme de l'opposition. L'opposition téléphonique non confirmée par écrit doit être considérée comme valablement formée (■ Caen, 24 juin 1993 : *JurisData* n° 1993-600003 ; *JCP* E 1993, pan. 1283).

8) Domaine de l'opposition : uniquement les cas légaux. L'opposition ne peut intervenir que pour un cas légal, et la banque, informée que l'opposition n'est pas fondée sur un tel cas ne peut en tenir compte (■ Cass. com., 20 janv. 2009, n° 08-11.273 : *JurisData* n° 2009-046646 ; *Banque et droit* 2009, n° 124, p. 29, obs. T. Bonneau ; *D.* 2009, p. 376, obs. V. Avena-Robardet ; *JCP* 2009, II, 10050, note J. Lasserre Capdeville ; *Banque mag.* 2009, n° 712, p. 81, note J.-L. Guillot et P.-Y. Bérard ; *Dr. et patrimoine* sept. 2009, p. 96, obs. J.-P. Mattout et A. Prüm ; *D.* 2010, p. 1046, obs. D.-R. Martin).

9) Date de l'opposition. L'opposition doit être effectuée avant le règlement des sommes (■ Cass. com., 11 oct. 2011, n° 10-10.490 : *JurisData* n° 2011-021673 ; *Banque et droit* 2012, n° 141, p. 32, obs. T. Bonneau ; *D.* 2011, p. 2588, obs. X. Delpech ; *RD bancaire et fin.* 2012, comm. 35, obs. F.-J. Crédot et T. Samin ; *Gaz. Pal.* 9-10 nov. 2011, p. 6, note J. Lasserre Capdeville ; *LPA* 19 janv. 2012, p. 9, note A. Bebe-Epal).

10) Effet de l'opposition : révocation automatique du mandat de payer. Le banquier n'a pas à se faire juge de la validité de l'opposition qui emporte révocation immédiate du mandat de payer confié au banquier par le titulaire du compte (■ Orléans, 2 févr. 1994 : *JurisData* n° 1994-040211 ; *D.* 1998, 37, note Lucas de Leyssac).

11) Carte endommagée : responsabilité partagée. Compte tenu des obligations générales de prudence et de diligence, la banque a manqué de prévoyance en n'organisant pas la reprise ou la destruction de la carte endommagée (■ Cass. com., 10 janv. 1995, n° 92-21.975 : *JurisData* n° 1995-000052 ; *JCP* E 1995, pan. 223 ; *RD bancaire et bourse* 1995, 78, obs. Crédot et Gérard ; *RTD com.* 1995, 458, obs. Cabrillac ; *JCP* E 1996, I, 525, n° 18, obs. Gavalda et Stoufflet, qui admet un partage de responsabilité avec le client).

12) Dysfonctionnement de la carte : responsabilité de l'émetteur. En cas de dysfonctionnement, l'émetteur de la carte doit rembourser les retraits litigieux (■ TI Paris, 23 nov. 2000 : *JurisData* n° 2000-136170 ; *RD bancaire et fin.* 2001, 76, n° 42, obs. Crédot et Gérard ; *D.* 2001, p. 475, obs. Avena-Robardet).

13) Utilisation frauduleuse de la carte par son titulaire. Le titulaire qui continue à utiliser sa carte après résiliation du contrat conclu avec l'émetteur commet une escroquerie (▪ T. corr. Paris, 16 août 1974 : *Banque* 1975 ; *RTD com.* 1975, p. 157, obs. M. Cabrillac et J.-L. Rives-Lange).

14) Charge de la perte en cas d'utilisation frauduleuse. C. monét. fin., art. L. 132-3 anc., ci-dessous.

Rédaction antérieure. Art. L. 132-3. – Le titulaire d'une carte mentionnée à l'article L. 132-1 supporte la perte subie, en cas de perte ou de vol, avant la mise en opposition prévue à l'article L. 132-2, dans la limite d'un plafond qui ne peut dépasser 400 €. Toutefois, s'il a agi avec une négligence constituant une faute lourde ou si, après la perte ou le vol de ladite carte, il n'a pas effectué la mise en opposition dans les meilleurs délais, compte tenu de ses habitudes d'utilisation de la carte, le plafond prévu à la phrase précédente n'est pas applicable. Le contrat entre le titulaire de la carte et l'émetteur peut cependant prévoir le délai de mise en opposition au-delà duquel le titulaire de la carte est privé du bénéfice du plafond prévu au présent alinéa. Ce délai ne peut être inférieur à deux jours francs après la perte ou le vol de la carte.

Le plafond visé à l'alinéa précédent est porté à 275 € au 1er janvier 2002 et à 150 à compter du 1er janvier 2003.

Bibliographie : A. Hontebeyrie, *Perte ou vol d'une carte bancaire : quel régime probatoire. Réflexion sur la nature juridique du dispositif prévu à l'article L. 132-3 du Code monétaire et financier : D.* 2009, p. 1492.

1) Délai d'opposition : appréciation subjective. Pour apprécier si l'opposition a été effectuée dans les meilleurs délais, les magistrats doivent tenir compte des habitudes d'utilisation de la carte (▪ CA Paris, 19 nov. 2009, n° 08/06336 : *Gaz. Pal.* 6 mars 2010, p. 25, obs. R. Routier : en l'espèce l'absence de diligence n'a pas été retenue, l'opposition tardive – plusieurs semaines après les premières opérations – s'expliquant par le fait que la carte n'était pas utilisée pour les dépenses courantes. ▪ Cass. com., 19 déc. 2006, n° 05-16.391 : *JurisData* n° 2006-036771 ; *RJDA* 4/2007, n° 392). En revanche, le fait de prétendre avoir cru que le dépôt de plainte valait opposition ne peut justifier une opposition tardive (▪ Cass. com., 29 avr. 2014, n° 13-12.345 : *Gaz. Pal.* 22 juill. 2014, p. 13, obs. C. Houin-Bressand).

2) Faute lourde : la charge de la preuve pèse sur l'émetteur. C'est à l'émetteur de la carte de prouver la faute lourde (▪ Cass. com., 2 oct. 2007, n° 05-19.899 : *JurisData* n° 2007-040638 ; *RJDA* 1/2008, n° 81 ; *D.* 2007, p. 2604, obs. Avena-Robardet ; chron. 2765, obs. Bélaval, Orsini, Salomon ; *D.* 2008, jurispr. 454, note Boujeka ; *JCP* E 2007, act. 465 et 2376, obs. Bouteiller. ▪ Cass. 1re civ., 28 mars 2008, n° 07-10.186 : *JurisData* n° 2008-043339 ; *D.* 2008, p. 1136, obs. Avena-Robardet ; *JCP* E 2008, 1496, note Roussille ; *RTD com.* 2008, p. 607, n° 7, obs. D. Legeais. ▪ Cass. com., 21 sept. 2010, n° 09-16.534 : *JurisData* n° 2010-016634 ; *Banque et droit* nov.-déc. 2010, n° 134, p. 20, note T. Bonneau ; *JCP* E 2010, 2008, n° 33, obs. J. Stoufflet ; *RD bancaire et fin.* 2011, comm. 40, F.-J. Crédot et T. Samin).

3) Faute lourde : la seule utilisation du code ne constitue pas une preuve. La circonstance que la carte a été utilisée par un tiers avec composition du code confidentiel est insuffisante à constituer la preuve d'une faute lourde (▪ Cass. com., 2 oct. 2007 : *RJDA* 1/2008, n° 81 ; *D.* 2007, p. 2604, obs. Avena-Robardet, chron. 2765, obs. Bélaval, Orsini, Salomon ; *D.* 2008, jurispr. 454, note Boujeka ; *JCP* E 2007, act. 465, et 2376, obs. Bouteiller. ▪ Cass. 1re civ., 28 mars 2008 : *D.* 2008, p. 1136, obs. Avena-Robardet ; *JCP* E 2008, 1496, note Roussille ; *RTD com.* 2008, p. 607, n° 7, obs. D. Legeais. ▪ Cass. com., 21 sept. 2010 : *Banque et droit* nov.-déc. 2010, n° 134, p. 20, note T. Bonneau ; *JCP* E 2010, 2008, n° 33, obs. J. Stoufflet ; *RD bancaire et fin.* 2011, comm. 40, F.-J. Crédot et T. Samin. ▪ Cass. com., 1er mars 2016 : *Gaz. Pal.* 7 juin 2016, p. 58, obs. C. Houin-Bressand ; *JCP* E 2016, 1292, n° 31, obs. N. Mathey ; *LEDB* avr. 2016, p. 2, n° 055, obs. J. Lasserre Capdeville ; *Resp. civ. et assur.* 2016, comm. 199).

4) Faute lourde : illustration. Constitue une faute lourde le fait de laisser habituellement sa carte dans la boîte à gants de son véhicule à proximité de son code confidentiel (▪ Cass. com., 16 oct. 2012, n° 11-19.981 : *JurisData* n° 2012-023476 ; *D.* 2013, p. 407, note J. Lasserre Capdeville ; *Banque et droit* 2013, n° 147, p. 20, obs. T. Bonneau ; *D.* 2012, p. 2508, obs. X. Delpech ; *JCP* G 2012, 1202, note K. Rodriguez ; *JCP* E 2012, 1680, note S. Piedelièvre).

Rédaction antérieure. Art. L. 132-4. – La responsabilité du titulaire d'une carte mentionnée à l'article L. 132-1 n'est pas engagée si le paiement contesté a été effectué frauduleusement, à distance, sans utilisation physique de sa carte.

De même, sa responsabilité n'est pas engagée en cas de contrefaçon de sa carte au sens de l'article L. 163-4 et si, au moment de l'opération contestée, il était en possession physique de sa carte.

Dans les cas prévus aux deux alinéas précédents, si le titulaire de la carte conteste par écrit avoir effectué un paiement ou un retrait, les sommes contestées lui sont recréditées sur son compte par l'émetteur de la carte ou restituées, sans frais, au plus tard dans le délai d'un mois à compter de la réception de la contestation.

1) **Utilisation frauduleuse à distance : annulation de droit.** L'annulation du débit est de droit en cas d'utilisation frauduleuse à distance de la carte, sans utilisation physique ni saisie du code confidentiel (■ Cass. com., 23 juin 2004, n° 02-15.547 : *JurisData* n° 2004-024317 ; *D.* 2004, 1972 ; *RTD com.* 2004, p. 792, obs. D. Legais. ■ 12 déc. 2006, n° 05/01326 : *D.* 2007, p. 219, obs. Avena-Robardet).

2) **Négligence du titulaire indifférente.** Si le paiement a été effectué frauduleusement, à distance, sans utilisation physique de la carte, la négligence du titulaire n'est pas de nature à engager sa responsabilité et à décharger l'émetteur de son obligation de recréditer (■ Cass. com., 12 nov. 2008, n° 07-19.324 : *JurisData* n° 2008-045800 ; *D.* 2008, p. 2931, obs. V. Avena-Robardet ; *JCP* E 2008, 2941 note P. Bouteiller ; *JCP* G 2008, II, 10211, note J. Lasserre Capdeville. En l'espèce, l'émetteur mettait en avant une opposition tardive).

Rédaction antérieure. Art. L. 132-5. – En cas d'utilisation frauduleuse d'une carte mentionnée à l'article L. 132-1, l'émetteur de la carte rembourse à son titulaire la totalité des frais bancaires qu'il a supportés.

Rédaction antérieure. Art. L. 132-6. – Le délai légal pendant lequel le titulaire d'une carte de paiement ou de retrait a la possibilité de déposer une réclamation est fixé à soixante-dix jours à compter de la date de l'opération contestée. Il peut être prolongé contractuellement, sans pouvoir dépasser cent vingt jours à compter de l'opération contestée.

Voir aussi : entrée en vigueur de l'ordonnance n° 2009-866 du 15 juillet 2009 : Ord. n° 2009-866, 15 juill. 2009, art. 19, p. 3151.

CHAPITRE II. – LA LETTRE DE CHANGE ET LE BILLET À ORDRE

(Anc. chap. IV, dénum. à compter du 1er nov. 2009, Ord. n° 2009-866, 15 juill. 2009)

Art. L. 132-1 ***(Anc. art. L. 134-1, dénum., Ord. n° 2009-866, 15 juill. 2009).*** **– La lettre de change est régie par les articles L. 511-1 à L. 511-81 du Code de commerce.**

Art. L. 132-2 ***(Anc. art. L. 134-2, dénum., Ord. n° 2009-866, 15 juill. 2009).*** **– Le billet à ordre est régi par les articles L. 512-1 à L. 512-8 du Code de commerce.**

CHAPITRE III. – LES RÈGLES APPLICABLES AUX AUTRES INSTRUMENTS DE PAIEMENT ET À L'ACCÈS AUX COMPTES

(Rempl. à compter du 1er nov. 2009, Ord. n° 2009-866, 15 juill. 2009 ; Ord. n° 2017-1252, 9 août 2017)

Bibliographie : *Les services de paiement après l'ordonnance n° 2009-866 du 15 juillet 2009 : JCP* E 2010, 1030, avec les contributions de T. Bonneau, *Le domaine d'application de l'ordonnance* (1031), R. Bonhomme, *Le déclenchement de l'opération de paiement : le consentement et l'ordre* (1032), S. Torck, *L'exécution et la contestation des opérations de paiement* (1033), Y. Gérard, *L'utilisation frauduleuse des instruments de paiement* (1034). • P. Bouteiller, *La transposition en droit français des dispositions européennes régissant la fourniture de services de paiement et portant création des établissements de paiement : JCP* E 2009, 1897. • J. Djoudi et C. Houin-Bressand, *Des instruments de paiement aux services de paiement : analyses et perspectives : RD bancaire et fin.* 2011, dossiers 14 à 19 ; R. Porreca, *La concurrence entre les établissements bancaires et les établissements de paiement : un leurre*, dossier 14 ; M. Défossez, *L'encadrement de la tarification des instruments de paiement*, dossier 15 ; C. Houin-Bressand, *L'incidence de l'ouverture d'une procédure collective sur le processus de paiement*, dossier 16 ; L. Siguoirt, *La preuve de l'opération de paiement*, dossier 17 ; J. Djoudi, *La protection des utilisateurs de chèque*, dossier 18 ; L. Saenko, *Brèves réflexions – sentimentales – sur le droit pénal des instruments de paiement*, dossier 19. • E. Jouffin, O. Laplane et C. l'Hostis, *Transposition de la directive de paiement : les nouvelles règles régissant la relation banque-client : Banque et droit* déc. 2009, n° hors série. • N. Kilgus, *Virement en ligne et responsabilité du banquier : RD bancaire et fin.* 2014, étude 8. • N. Mathey, *La réforme des services de paiement : RD bancaire et fin.* 2010, p. 9. • S. Piedelièvre, *L'ordonnance du 15 juillet 2009 relative aux conditions régissant la fourniture de services de paiement : Gaz. Pal.* 8 sept. 2009, p. 5 ; *ibid.* 9-10 sept. 2009, p. 6. • K. Rodriguez, *Fraude à la carte bancaire : vers un renforcement de la sécurité du titulaire : RD bancaire et fin.* 2010, étude 16. • M. Storck et J. Lasserre Capdeville, Le droit des *services de paiement : tentative de clarification : RD bancaire et fin.* 2011, dossiers 1 à 7 : S. Lachet, *Les conditions à l'exécution d'une opération de paiement*, p. 98 ; F. Boucard, *Les nouvelles obligations du banquier*, p. 101 ; M. Roussille, *Les établissements de paiement*, p. 105 ; J. Lasserre Capdeville, *La contestation des opérations de paiement non autorisées*, p. 109 ; K. Rodriguez, *La contestation des opérations de paiement autorisées.* • J. Lasserre Capdeville, *L'encadrement juridique du virement instantané : RD bancaire et fin.* 2020, étude 1.

Section I. – Champ d'application et définitions

Art. L. 133-1 ***(Rempl., Ord. n° 2009-866, 15 juill. 2009 et rect. JO 25 juill. 2009 ; mod., L. n° 2010-737, 1er juill. 2010 ; Ord. n° 2013-79, 25 janv. 2013 ; L. n° 2013-100, 28 janv. 2013 ; Ord. n° 2013-792, 30 août 2013 ; Ord. n° 2017-1252, 9 août 2017 ; L. n° 2018-700, 3 août 2018).*** **– I. – Dans les conditions prévues**

aux II à IV les dispositions du présent chapitre s'appliquent aux services de paiement fournis par les prestataires de services de paiement mentionnés au livre V dans le cadre des activités définies au II de l'article L. 314-1.

II. – Les dispositions du présent chapitre s'appliquent si le prestataire de services de paiement du bénéficiaire et celui du payeur sont situées, l'un sur le territoire de la France métropolitaine, en Guadeloupe, en Guyane, en Martinique, à La Réunion, à Mayotte ou à Saint-Martin, l'autre sur le territoire de la France métropolitaine, en Guadeloupe, en Guyane, en Martinique, à La Réunion, à Mayotte, à Saint-Martin ou dans un autre État membre de l'Union européenne ou dans un autre État partie à l'accord sur l'Espace économique européen, et que l'opération est réalisée en euros ou dans la devise d'un État membre de l'Union européenne qui n'appartient pas à la zone euro ou d'un autre État partie à l'accord sur l'Espace économique européen.

III. – À l'exception de celles des articles L. 133-11 à L. 133-13 et du II de l'article L. 133-14, les dispositions du présent chapitre s'appliquent si le prestataire de services de paiement du bénéficiaire et celui du payeur sont situés, l'un sur le territoire de la France métropolitaine, en Guadeloupe, en Guyane, en Martinique, à La Réunion, à Mayotte ou à Saint-Martin, l'autre sur le territoire de la France métropolitaine, en Guadeloupe, en Guyane, en Martinique, à La Réunion, à Mayotte, à Saint-Martin ou dans un autre État membre de l'Union européenne ou dans un autre État partie à l'accord sur l'Espace économique européen, et que l'opération est réalisée dans la devise d'un État qui n'appartient pas à l'accord sur l'Espace économique européen, pour ce qui concerne les parties de l'opération de paiement qui sont effectuées dans l'Union.

IV. – À l'exception de celles de l'article L. 133-11, du I de l'article L. 133-13, de l'article L. 133-22, des articles L. 133-25 à L. 133-25-2 et de l'article L. 133-27, les dispositions du présent chapitre s'appliquent si seul le prestataire de services de paiement du bénéficiaire ou celui du payeur sont situés sur le territoire de la France métropolitaine, en Guadeloupe, en Guyane, en Martinique, à La Réunion, à Mayotte, à Saint-Martin, quelle que soit la devise dans laquelle l'opération est réalisée, pour ce qui concerne les parties de l'opération de paiement qui sont effectuées dans l'Union.

V. – À l'exception de celles des articles L. 133-16, L. 133-17, L. 133-41 et L. 133-44, les dispositions du présent chapitre ne s'appliquent pas aux services fournis par les prestataires de services d'information sur les comptes mentionnés à l'article L. 522-1.

VI. – Le présent chapitre ne s'applique pas aux opérations de paiement effectuées entre prestataires de services de paiement pour leur propre compte.

VII. – Sans préjudice de l'application de la section 12, le présent chapitre s'applique à l'émission et la gestion de monnaie électronique.

Art. L. 133-1-1 *(Ord. n° 2009-866, 15 juill. 2009 ; mod., L. n° 2010-737, 1er juill. 2010 ; Ord. n° 2013-79, 25 janv. 2013 ; mod., L. n° 2018-700, 3 août 2018).* – I. – Si le prestataire de services de paiement du payeur est situé à Saint-Pierre-et-Miquelon ou à Saint-Barthélemy et que le prestataire de services de paiement du bénéficiaire est situé hors de France, quelle que soit la devise utilisée pour l'opération de paiement, les dispositions suivantes s'appliquent :

a) Les dispositions de la section 5 du présent chapitre ;

b) Les dispositions de la section 6 du présent chapitre pour les opérations de paiement par carte non autorisées. Dans ce cas, par dérogation au deuxième alinéa du I de l'article L. 133-19, le payeur supporte, avant l'information prévue à l'article L. 133-17, les pertes liées à l'utilisation de l'instrument perdu ou volé dans la limite d'un plafond de 50 € en cas d'opération de paiement non autorisée effectuée sans utilisation des données de sécurité personnalisées ;

c) Les dispositions du premier alinéa de l'article L. 133-23 et de l'article L. 133-24 pour les opérations de paiement par carte non autorisées. Dans ce cas, par dérogation à l'article L. 133-24, le délai de treize mois est ramené à soixante-dix jours. Il peut être prolongé contractuellement sans pouvoir dépasser cent vingt jours ;

d) Les dispositions du II de l'article L. 133-26.

II. – Les dispositions du I s'appliquent également si le prestataire de services de paiement du payeur est situé sur le territoire de la France métropolitaine, dans les départements d'outre-mer, dans le Département de Mayotte, à Saint-Martin ou à Saint-Barthélemy et que le prestataire de services de paiement du bénéficiaire est situé dans un État qui n'est pas membre de l'Union européenne ni partie à l'accord sur l'Espace économique européen, quelle que soit la devise utilisée pour l'opération de paiement.

Art. L. 133-2 *(Ord. n° 2009-866, 15 juill. 2009 ; mod., L. n° 2010-737, 1er juill. 2010 ; mod., L. n° 2018-700, 3 août 2018).* **– Sauf dans les cas où l'utilisateur est une personne physique agissant pour des besoins non professionnels, il peut être dérogé par contrat aux dispositions de l'article L. 133-1-1, des deux derniers alinéas de l'article L. 133-7, des articles L. 133-8, L. 133-19, L. 133-20, L. 133-22, L. 133-23, L. 133-25, L. 133-25-1, L. 133-25-2 et aux I et III de l'article L. 133-26.**

Art. L. 133-3 *(Ord. n° 2009-866, 15 juill. 2009 ; mod., Ord. n° 2017-1252, 9 août 2017).* **– I. – Une opération de paiement est une action consistant à verser, transférer ou retirer des fonds, indépendamment de toute obligation sous-jacente entre le payeur et le bénéficiaire, initiée par le payeur, ou pour son compte, ou par le bénéficiaire.**

II. – L'opération de paiement peut être initiée :

a) **Par le payeur, qui donne un ordre de paiement à son prestataire de services de paiement ;**

b) **Par le payeur, qui donne un ordre de paiement par l'intermédiaire du bénéficiaire qui, après avoir recueilli l'ordre de paiement du payeur, le transmet au prestataire de services de paiement du payeur, le cas échéant, par l'intermédiaire de son propre prestataire de services de paiement ;**

c) **Par le bénéficiaire, qui donne un ordre de paiement au prestataire de services de paiement du payeur, fondé sur le consentement donné par le payeur au bénéficiaire et le cas échéant, par l'intermédiaire de son propre prestataire de services de paiement.**

Absence d'obligation, pour le prestataire de service de paiement, de vérifier l'existence du mandat de prélèvement. Sauf anomalie apparente, le prestataire de service de paiement n'est pas tenu de s'assurer de l'existence du mandat de prélèvement donné par le payeur au bénéficiaire, aussi l'absence de vérification ne peut engager sa responsabilité (■ Cass. com., 24 mai 2018, n° 17-11.710 : *Gaz. Pal.* 2018, n° 333m1, obs. C. Houin-Bressand ; *JCP* E 2018, 1405, note K. Rodriguez ; *D.* 2018, p. 1629, note J. Lasserre Capdeville ; *Rev. Banque* 2018, 1er juill. 2018, n° 822, p. 66, note P. Storrer ; *RTD com.* 2018, p. 751, obs. D. Legeais).

Art. L. 133-4 *(Ord. n° 2009-866, 15 juill. 2009 ; mod., Ord. n° 2017-1252, 9 août 2017).* **– Pour l'application du présent chapitre :**

a) **Les données de sécurité personnalisées s'entendent des données personnalisées fournies à un utilisateur de services de paiement par le prestataire de services de paiement à des fins d'authentification ;**

b) **Un identifiant unique s'entend d'une combinaison de lettres, de chiffres ou de symboles indiquée à l'utilisateur de services de paiement par le prestataire de services de paiement, que l'utilisateur de services de paiement doit fournir pour permettre alternativement ou cumulativement l'identification certaine de l'autre utilisateur de services de paiement et de son compte de paiement pour l'opération de paiement ;**

c) **Un instrument de paiement s'entend, alternativement ou cumulativement, de tout dispositif personnalisé et de l'ensemble de procédures convenu entre l'utilisateur de services de paiement et le prestataire de services de paiement et utilisé pour donner un ordre de paiement ;**

d) **Un jour ouvrable est un jour au cours duquel le prestataire de services de paiement du payeur ou celui du bénéficiaire exerce une activité permettant d'exécuter des opérations de paiement ;**

e) **Une authentification s'entend d'une procédure permettant au prestataire de services de paiement de vérifier l'identité d'un utilisateur de services de paiement ou la validité de l'utilisation d'un instrument de paiement spécifique, y compris l'utilisation des données de sécurité personnalisées de l'utilisateur ;**

f) **Une authentification forte du client s'entend d'une authentification reposant sur l'utilisation de deux éléments ou plus appartenant aux catégories « connaissance » (quelque chose que seul l'utilisateur connaît), « possession » (quelque chose que seul l'utilisateur possède) et « inhérence » (quelque chose que l'utilisateur est) et indépendants en ce sens que la compromission de l'un ne remet pas en question la fiabilité des autres, et qui est conçue de manière à protéger la confidentialité des données d'authentification ;**

g) **Les données de paiement sensibles s'entendent des données, y compris les données de sécurité personnalisées, qui sont susceptibles d'être utilisées pour commettre une fraude. En ce qui concerne les activités des prestataires de services de paiement fournissant le service d'initiation de paiement et des prestataires de services de paiement fournissant le service d'information sur les comptes, le nom du titulaire du compte et le numéro de compte ne constituent pas des données de paiement sensibles ;**

h) Un groupe s'entend de l'ensemble formé par une société et celles qu'elle contrôle au sens de l'article L. 233-16 du Code de commerce ou d'établissements au sens des articles 4, 5, 6 et 7 du règlement délégué (UE) n° 241/2014 de la Commission européenne qui sont liés entre eux par une relation au sens de l'article 10, paragraphe 1, ou de l'article 113, paragraphe 6 ou 7, du règlement (UE) n° 575/2013.

Bibliographie : J. Lasserre Capdeville, *Où en sommes-nous de l'entrée en vigueur des dispositions nouvelles relatives à l'authentification forte : JCP* E 2020, 567.

Art. L. 133-5 *(Ord. n° 2009-866, 15 juill. 2009).* – La responsabilité prévue aux Sections II à IX du présent chapitre ne s'applique pas aux cas de force majeure, ni lorsque le prestataire de services de paiement est lié par d'autres obligations légales prévues par des législations nationales ou communautaires.

Section II. – Autorisation d'une opération de paiement

Bibliographie : R. Bonhomme, *Le déclenchement de l'opération de paiement : le consentement et l'ordre, Les services de paiement après l'ordonnance n° 2009-866 du 15 juillet 2009 : JCP* E 2010, 1032.

Art. L. 133-6 *(Ord. n° 2009-866, 15 juill. 2009).* – I. – Une opération de paiement est autorisée si le payeur a donné son consentement à son exécution.

Toutefois, le payeur et son prestataire de services de paiement peuvent convenir que le payeur pourra donner son consentement à l'opération de paiement après l'exécution de cette dernière.

II. – Une série d'opérations de paiement est autorisée si le payeur a donné son consentement à l'exécution de la série d'opérations *(Mots aj., Ord. n° 2017-1252, 9 août 2017)* « , notamment sous la forme d'un mandat de prélèvement ».

Art. L. 133-7 *(Ord. n° 2009-866, 15 juill. 2009).* – Le consentement est donné sous la forme convenue entre le payeur et son prestataire de services de paiement.

(Al. créé, Ord. n° 2017-1252, 9 août 2017) « Le consentement peut être donné par l'intermédiaire du bénéficiaire ou d'un prestataire de services de paiement fournissant un service d'initiation de paiement mentionné au 7° du II de l'article L. 314-1. »

En l'absence d'un tel consentement, l'opération ou la série d'opérations de paiement est réputée non autorisée.

Le consentement peut être retiré par le payeur tant que l'ordre de paiement n'a pas acquis un caractère d'irrévocabilité conformément aux dispositions de l'article L. 133-8.

Le consentement à l'exécution d'une série d'opérations de paiement peut *(Mot aj., Ord. n° 2017-1252, 9 août 2017)* « aussi » être retiré, avec pour effet que toute opération postérieure est réputée non autorisée.

Art. L. 133-8 *(Ord. n° 2009-866, 15 juill. 2009).* – I. – L'utilisateur de services de paiement ne peut révoquer un ordre de paiement une fois qu'il a été reçu par le prestataire de services de paiement du payeur sauf disposition contraire du présent article.

II. *(Mod., Ord. n° 2017-1252, 9 août 2017)* Lorsque l'opération de paiement est initiée par le bénéficiaire ou par le payeur qui donne un ordre de paiement par l'intermédiaire du bénéficiaire, le payeur ne peut révoquer l'ordre de paiement après avoir transmis l'ordre de paiement au bénéficiaire ou donné son consentement à l'exécution de l'opération de paiement au bénéficiaire.

Lorsque l'opération de paiement est initiée par un prestataire de services de paiement fournissant un service d'initiation de paiement mentionné au 7° du II de l'article L. 314-1, le payeur ne peut révoquer l'ordre de paiement après avoir donné son consentement à ce que le prestataire de services de paiement fournissant le service d'initiation de paiement initie l'opération de paiement.

Toutefois, en cas de prélèvement et sans préjudice du droit à remboursement mentionné à l'article L. 133-25, le payeur peut révoquer l'ordre de paiement au plus tard à la fin du jour ouvrable précédant le jour convenu pour le débit des fonds.

III. – Dans le cas où il a été convenu entre l'utilisateur qui a ordonné l'opération de paiement et son prestataire de services de paiement que l'exécution de l'ordre de paiement commencera un jour donné ou à l'issue d'une période déterminée ou le jour où le payeur aura mis les fonds à la disposition de son prestataire de services de paiement, l'utilisateur de services de paiement peut révoquer l'ordre de paiement au plus tard à la fin du jour ouvrable précédant le jour convenu.

IV. – À l'expiration des délais mentionnés aux I, II et III, l'ordre de paiement ne peut être révoqué que si l'utilisateur de services de paiement et son prestataire de services de paiement en sont convenus. Dans les cas mentionnés au II, le consentement du bénéficiaire est également requis. Si la convention de compte de dépôt ou le contrat-cadre de services de paiement le prévoit, le prestataire de services de paiement peut imputer des frais pour la révocation.

Section III. – Conditions d'exécution d'une opération de paiement

Bibliographie : S. Torck, *L'exécution et la contestation des opérations de paiement. Les services de paiement après l'ordonnance n° 2009-866 du 15 juillet 2009 : JCP* E 2010, 1033.

Art. L. 133-9 *(Ord. n° 2009-866, 15 juill. 2009)*. – **Le moment de réception est le moment où l'ordre de paiement est reçu par le prestataire de services de paiement du payeur.**

Si l'utilisateur de services de paiement qui a ordonné l'opération de paiement et son prestataire de services de paiement conviennent que l'exécution de l'ordre de paiement commencera un jour donné ou à l'issue d'une période déterminée ou le jour où le payeur aura mis les fonds à la disposition de son prestataire de services de paiement, le moment de réception est réputé être le jour convenu.

Si le moment de réception n'est pas un jour ouvrable pour le prestataire de services de paiement du payeur, l'ordre de paiement est réputé avoir été reçu le jour ouvrable suivant.

Art. L. 133-10 *(Ord. n° 2009-866, 15 juill. 2009 ; Ord. n° 2017-1252, 9 août 2017 ; mod., L. n° 2019-700, 3 août 2018)*. – **I. – Lorsque le prestataire de services de paiement refuse d'exécuter un ordre de paiement ou d'initier une opération de paiement, il le notifie à l'utilisateur de services de paiement, ou met la notification à sa disposition selon les modalités convenues, dès que possible et, en tout état de cause, dans un délai ne pouvant excéder celui prévu à l'article L. 133-13, et lui en donne, si possible et à moins d'une interdiction en vertu d'une autre disposition du droit de l'Union ou de droit national pertinente, les motifs. Lorsque le refus est justifié par une erreur matérielle, il indique, si possible, à l'utilisateur de services de paiement la procédure à suivre pour corriger cette erreur.**

La convention de compte de dépôt ou le contrat-cadre de services de paiement peut prévoir la possibilité pour le prestataire de services de paiement d'imputer des frais proportionnés aux coûts induits par une telle notification si le refus est objectivement justifié.

Pour l'application des articles L. 133-13 et L. 133-22, un ordre de paiement refusé est réputé non reçu.

II. – Dans le cas du prélèvement, lorsque le montant crédité à l'échéance sur le compte du bénéficiaire constitue une avance, le contrat-cadre de services de paiement ou la convention de compte de dépôt prévoit les conséquences de la contre-passation de l'opération lorsqu'elle n'est pas imputée au compte du payeur.

Art. L. 133-11 *(Ord. n° 2009-866, 15 juill. 2009)*. – *(Mots rempl., Ord. n° 2017-1252, 9 août 2017)* « **Le ou les prestataires de services de paiement du payeur et celui ou ceux du bénéficiaire** » **ainsi que leurs intermédiaires intervenant pour la réalisation d'une opération de paiement transfèrent le montant total de l'opération de paiement et ne peuvent prélever des frais sur le montant transféré.**

Cependant, le bénéficiaire peut convenir avec son prestataire de services de paiement que ce dernier prélève préalablement les frais qui lui sont dus sur le montant transféré. Dans ce cas, le montant total de l'opération de paiement et les frais sont séparés dans l'information donnée au bénéficiaire.

Si d'autres frais sont déduits du montant transféré, lorsque l'opération de paiement est ordonnée par le payeur, le prestataire de services de paiement du payeur veille à ce que le bénéficiaire reçoive le montant total de l'opération. Lorsque l'opération de paiement est ordonnée par le bénéficiaire ou par le payeur qui donne un ordre de paiement par l'intermédiaire du bénéficiaire, le prestataire de services de paiement du bénéficiaire veille à ce que celui-ci reçoive le montant total de l'opération de paiement.

Section IV. – Délai d'exécution des opérations de paiement et dates de valeur

Bibliographie : T. Bonneau, *Comptes – Dates de valeur : Banque et droit* nov.-déc. 2009, n° 128, p. 34. • A. Reygrobellet, *Dates de valeur des opérations de paiement : Option fin.* 14 déc. 2009, p. 33.

Art. L. 133-12 *(Ord. n° 2009-866, 15 juill. 2009)*. – **Sans préjudice des dispositions de l'article L. 133-1, les dispositions de la présente section s'appliquent aux opérations de paiement effectuées en euros et aux**

opérations de paiement entraînant une seule conversion entre l'euro et la devise officielle d'un État partie à l'accord sur l'Espace économique européen ne relevant pas de la zone euro, à condition que la conversion requise soit effectuée dans cet État et que, en cas d'opérations de paiement transfrontalières, le transfert transfrontalier s'effectue en euros.

Elles s'appliquent également aux opérations de paiement autres que celles mentionnées à l'alinéa précédent, sauf convention contraire entre l'utilisateur de services de paiement et son prestataire de services de paiement. Cependant, lorsque le prestataire de services de paiement et l'utilisateur conviennent de délais plus longs que ceux fixés à l'article L. 133-13, ce délai ne peut dépasser quatre jours ouvrables à compter du moment de réception de l'ordre de paiement.

Art. L. 133-13 *(Ord. n° 2009-866, 15 juill. 2009 ; mod., Ord. n° 2017-1252, 9 août 2017)*. – I. – Le montant de l'opération de paiement est crédité sur le compte du prestataire de services de paiement du bénéficiaire au plus tard à la fin du premier jour ouvrable suivant le moment de réception de l'ordre de paiement tel que défini à l'article L. 133-9. Ce délai peut être prolongé d'un jour ouvrable supplémentaire pour les opérations de paiement ordonnées sur support papier.

II. – Le prestataire de services de paiement du bénéficiaire transmet un ordre de paiement donné par le bénéficiaire, ou par le payeur qui donne un ordre de paiement par l'intermédiaire du bénéficiaire, au prestataire de services de paiement du payeur dans les délais convenus entre le bénéficiaire et son prestataire de services de paiement. Ces délais doivent permettre le règlement des prélèvements à la date convenue.

III. – Lorsque le bénéficiaire d'un paiement n'est pas titulaire d'un compte auprès du prestataire de services de paiement, les fonds sont mis à sa disposition par le prestataire de services de paiement qui reçoit les fonds dans les délais prévus au présent article.

Art. L. 133-14 *(Ord. n° 2009-866, 15 juill. 2009 ; mod., L. n° 2010-737, 1er juill. 2010 ; Ord. n° 2013-79, 25 janv. 2013 ; Ord. n° 2017-1252, 9 août 2017)*. – I. – La date de valeur d'une somme portée au crédit du compte du bénéficiaire ne peut être postérieure à celle du jour ouvrable au cours duquel le montant de l'opération de paiement est crédité sur le compte du prestataire de services de paiement du bénéficiaire.

Le prestataire de services de paiement du bénéficiaire met le montant de l'opération à disposition du bénéficiaire immédiatement après que son propre compte a été crédité, y compris pour les opérations de paiement qui se déroulent au sein d'un seul et même prestataire de services de paiement, lorsque, pour sa part :

a) Il n'y a pas de conversion ; ou

b) Il y a conversion entre l'euro et la devise d'un État membre ou entre les devises de deux États membres.

La date de valeur du débit inscrit au compte de paiement du payeur ne peut être antérieure au jour où le montant de l'opération de paiement est débité de ce compte.

Ces dispositions s'appliquent si l'un des prestataires de services de paiement impliqués dans l'opération est situé sur le territoire de la France métropolitaine, dans les départements d'outre-mer, dans le Département de Mayotte, à Saint-Martin, à Saint-Barthélemy ou à Saint-Pierre-et-Miquelon.

Toute stipulation contraire au présent I est réputée non écrite.

II. – Lorsqu'une personne physique n'agissant pas pour des besoins professionnels verse des espèces sur un compte auprès d'un prestataire de services de paiement, dans la devise de ce compte, le prestataire de services de paiement veille à ce que le montant versé soit mis à disposition et reçoive une date de valeur aussitôt que les fonds sont reçus.

Lorsque le versement est effectué par une personne autre que celle mentionnée à l'alinéa précédent, le montant versé est mis à disposition et reçoit une date de valeur au plus tard le jour ouvrable suivant celui de la réception des fonds.

Bibliographie : E. Gastebled et X. Tréhel, *Les dates de valeur. Itinéraire d'une pratique bancaire sous surveillance* : Banque et *droit* 2012, n° 142, p. 8.

1) **Chèque encaissement.** La date de valeur doit être justifiée par les délais nécessaires au dénouement de l'opération d'encaissement (■ Cass. com., 6 avr. 1993 : *JCP* G 1993, II, 22062, note J. Stoufflet ; *D.* 1993, jurispr. 310, note C. Gavalda ; *RTD com.* 1993, 549, obs. M. Cabrillac et B. Teyssié. ■ Cass. com., 22 juin 2010, n° 09-15.406 : *JurisData* n° 2010-010253 ; *Banque et droit* sept.-oct. 2010, n° 133, p. 34, note T. Bonneau).

2) **Absence de cause des dates de valeur : pas de renonciation tacite à agir.** La réception des relevés de compte sans protestation ne constitue pas une renonciation à contester des dates de valeur dénuées de cause (■ Cass. com., 31 mai 2011, n° 10-14.979 : *JurisData* n° 2011-011176 ; *RD bancaire et fin.* 2011, comm. 190, obs. F.-J. Crédot et T. Samin ; *JCP* E 2012, 1349, n° 6, obs. R. Routier).

Section V. – Obligations des parties en matière d'instruments de paiement

Bibliographie : A. Banck, *Données de paiement : mythes et réalités : RD bancaire et fin.* 2013, étude 16. • I. Cantero et E. A. Capiroli, *La protection des données à caractère personnel dans le cadre de la banque en ligne : Banque Hors-série* juin 2013, p. 64. • R.-C. Mader, *Une nécessaire transparence dans le traitement des données personnelles : Banque* févr. 2014, p. 40.

Sous-section 1. – Relation entre le prestataire de services de paiement et l'utilisateur de services de paiement

(Sous-section créée à compter du 13 janvier 2018, Ord. n° 2017-1252, 9 août 2017)

Art. L. 133-15 *(Ord. n° 2009-866, 15 juill. 2009)*. – **I. – Le prestataire de services de paiement qui délivre un instrument de paiement doit s'assurer que** *(Mots rempl., Ord. n° 2017-1252, 9 août 2017)* **« les données de sécurité personnalisées telles que définies » à l'article L. 133-4 ne sont pas accessibles à d'autres personnes que l'utilisateur autorisé à utiliser cet instrument.**

Le prestataire de services de paiement s'abstient d'envoyer tout instrument de paiement non sollicité, sauf dans le cas où un instrument de paiement déjà donné à l'utilisateur de services de paiement doit être remplacé.

II. – Le prestataire de services de paiement met en place *(Mots aj., Ord. n° 2017-1252, 9 août 2017)* **« , à titre gratuit, » les moyens appropriés permettant à l'utilisateur de procéder à tout moment à l'information prévue à l'article L. 133-17.**

Il fournit sur demande à l'utilisateur les moyens de prouver qu'il a effectué l'information prévue à l'article L. 133-17, dans les conditions fixées par décret.

III. – Le prestataire de services de paiement empêche toute utilisation de l'instrument de paiement après avoir été informé, conformément aux dispositions de l'article L. 133-17, de sa perte, de son vol, de son détournement ou de toute utilisation non autorisée de l'instrument de paiement ou des données qui lui sont liées.

IV. – Le prestataire de services de paiement supporte le risque lié à l'envoi au payeur d'un instrument de paiement ou de *(Mots rempl., Ord.n° 2017-1252, 9 août 2017)* **« toute donnée de sécurité personnalisée » de celui-ci.**

Validité des clauses d'acceptation tacite, sous réserve de l'absence de déséquilibre significatif au détriment des consommateurs. L'introduction de la fonction de paiement sans contact suppose une modification contractuelle, qui peut résulter d'une clause d'acceptation tacite, qui n'est pas contraire à la deuxième directive sur les services de paiement, à condition pour les consommateurs de ne pas créer un déséquilibre significatif (■ CJUE 1re Ch., 11 nov. 2020, n° C-287/19 : *Gaz. Pal.* 2 févr. 2021, n° 395x0, p. 51, obs. M. Roussille ; *Banque et droit* 2020, n° 194, p. 28, obs. P. Storrer ; *RD bancaire et fin.* 2021, comm. 2, obs. T. Salub et S. Torck).

Art. L. 133-16 *(Ord. n° 2009-866, 15 juill. 2009)*. – **Dès qu'il reçoit un instrument de paiement, l'utilisateur de services de paiement prend toute mesure raisonnable pour préserver la sécurité de ses** *(Mots rempl., Ord. n° 2017-1252, 9 août 2017)* **« données de sécurité personnalisées ».**

Il utilise l'instrument de paiement conformément aux conditions régissant sa délivrance et son utilisation *(Mots aj., Ord. n° 2017-1252, 9 août 2017)* **« qui doivent être objectives, non discriminatoires et proportionnées. ».**

Art. L. 133-17 *(Ord. n° 2009-866, 15 juill. 2009)*. – **I. – Lorsqu'il a connaissance de la perte, du vol, du détournement ou de toute utilisation non autorisée de son instrument de paiement ou des données qui lui sont liées, l'utilisateur de services de paiement en informe sans tarder, aux fins de blocage de l'instrument, son prestataire ou l'entité désignée par celui-ci.**

II. – Lorsque le paiement est effectué par une carte de paiement émise par un établissement de crédit, une institution ou un service mentionné à l'article L. 518-1 et permettant à son titulaire de retirer ou de transférer des fonds, il peut être fait opposition au paiement en cas de procédure de redressement ou de liquidation judiciaires du bénéficiaire *(Mots aj., Ord. n° 2017-1252, 9 août 2017)* **« tant que le compte du prestataire de services de paiement du bénéficiaire n'a pas été crédité du montant de l'opération de paiement. ».**

Sous-section 2. – Relation entre les prestataires de services de paiement respectivement parties avec l'utilisateur de services de paiement

(Sous-section créée à compter du 13 janvier 2018, Ord. n° 2017-1252, 9 août 2017)

Art. L. 133-17-1 *(Mod., L. n° 2018-700, 3 août 2018).* **– Un prestataire de services de paiement gestionnaire du compte peut refuser à un prestataire de services de paiement fournissant un service d'information sur les comptes ou d'initiation de paiement l'accès à un compte de paiement, pour des raisons objectivement motivées et documentées liées à un accès non autorisé ou frauduleux au compte de paiement de la part de ce prestataire, y compris l'initiation non autorisée ou frauduleuse d'une opération de paiement.**

Dans les cas visés au premier alinéa, le prestataire de services de paiement gestionnaire du compte informe l'utilisateur de services de paiement, de la manière convenue entre les parties, du refus d'accès au compte de paiement et des raisons de ce refus. Cette information est, si possible, donnée à l'utilisateur avant que l'accès ne soit refusé et au plus tard immédiatement après ce refus, à moins que cette information ne soit pas communicable pour des raisons de sécurité objectivement justifiées ou soit interdit en vertu d'une autre disposition du droit de l'Union ou de droit national pertinente.

Le prestataire de services de paiement gestionnaire du compte permet l'accès au compte de paiement dès lors que les raisons mentionnées à l'alinéa premier n'existent plus.

Lorsque le prestataire de services de paiement gestionnaire du compte refuse à un prestataire de services de paiement fournissant un service d'information sur les comptes ou un service d'initiation de paiement l'accès à un compte de paiement conformément au premier alinéa, le prestataire de services de paiement gestionnaire du compte notifie immédiatement l'incident à la Banque de France. La notification contient les informations pertinentes relatives à l'incident et les raisons justifiant les mesures prises. La Banque de France évalue l'incident, prend au besoin des mesures appropriées et, si elle l'estime nécessaire, en informe l'Autorité de contrôle prudentiel et de résolution en application de l'article L. 631-1.

Section VI. – Contestation et responsabilité en cas d'opération de paiement non autorisée

Bibliographie : Y. Gérard, *L'utilisation frauduleuse des instruments de paiement, Les services de paiement après l'ordonnance n° 2009-866 du 15 juillet 2009 : JCP* E 2010, 1034. • N. Kilgus, *Virement en ligne et responsabilité du banquier : RD bancaire et fin.* 2014, étude 8.

Sous-section 1. – Régime de la responsabilité

Art. L. 133-18 *(Ord. n° 2009-866, 15 juill. 2009 ; mod., L. n° 2010-737, 1er juill. 2010 ; mod. à compter du 13 janvier 2018, Ord. n° 2017-1252, 9 août 2017).* **– En cas d'opération de paiement non autorisée signalée par l'utilisateur dans les conditions prévues à l'article L. 133-24, le prestataire de services de paiement du payeur rembourse au payeur le montant de l'opération non autorisée immédiatement après avoir pris connaissance de l'opération ou après en avoir été informé, et en tout état de cause au plus tard à la fin du premier jour ouvrable suivant, sauf s'il a de bonnes raisons de soupçonner une fraude de l'utilisateur du service de paiement et s'il communique ces raisons par écrit à la Banque de France. Le cas échéant, le prestataire de services de paiement du payeur rétablit le compte débité dans l'état où il se serait trouvé si l'opération de paiement non autorisée n'avait pas eu lieu.**

Lorsque l'opération de paiement non autorisée est initiée par l'intermédiaire d'un prestataire de services de paiement fournissant un service d'initiation de paiement, le prestataire de services de paiement gestionnaire du compte rembourse immédiatement, et en tout état de cause au plus tard à la fin du premier jour ouvrable suivant, au payeur le montant de l'opération non autorisée et, le cas échéant, rétablit le compte débité dans l'état où il se serait trouvé si l'opération de paiement non autorisée n'avait pas eu lieu. La date de valeur à laquelle le compte de paiement du payeur est crédité n'est pas postérieure à la date à laquelle il avait été débité.

Si le prestataire de services de paiement qui a fourni le service d'initiation de paiement est responsable de l'opération de paiement non autorisée, il indemnise immédiatement le prestataire de services de paiement gestionnaire du compte, à sa demande, pour les pertes subies ou les sommes payées en raison du remboursement du payeur, y compris le montant de l'opération de paiement non autorisée.

Le payeur et son prestataire de services de paiement peuvent décider contractuellement d'une indemnité complémentaire.

Sous-section 2. – Cas particulier des instruments de paiement dotés de données de sécurité personnalisées

(Intitulé rempl. à compter du 13 janvier 2018, Ord. n° 2017-1252, 9 août 2017)

Bibliographie : J. Lasserre Capdeville, *Rapport 2011 de l'Observatoire de la sécurité des cartes de paiement : RD bancaire et fin.* 2012, Focus 19. • N. Kilgus, *Virement en ligne et responsabilité du banquier : RD bancaire et fin.* 2014, étude 8. • *Carte de paiement : rapport 2013 de l'observatoire de la sécurité : D.* 2013, p. 1676. • *Banque : Hors-série* juin 2013, p. 16, R. Routier, *Les opérations de paiement en ligne*, p. 71, M. Quéméner, *Cybercriminalité et domaine bancaire*. • J. Lasserre Capdeville, *La fraude aux moyens de paiement : état des lieux : JCP E* 2018, act. 608. • L.-C. Henry et M.-L. Guinamant, *L'utilisation frauduleuse de la carte bancaire après hameçonnage : la recherche d'un équilibre : D.* 2018, p. 2316. • K. Magnier-Merran, *Des risques liés à certains paiements frauduleux : la banque tenue à l'impossible : RD bancaire et fin.* 2021, dossier n° 4.

Art. L. 133-19 *(Ord. n° 2009-866, 15 juill. 2009 ; mod., Ord. n° 2017-1252, 9 août 2017).* **– I. – En cas d'opération de paiement non autorisée consécutive à la perte ou au vol de l'instrument de paiement, le payeur supporte, avant l'information prévue à l'article L. 133-17, les pertes liées à l'utilisation de cet instrument, dans la limite d'un plafond de 50 €.**

Toutefois, la responsabilité du payeur n'est pas engagée en cas :

– d'opération de paiement non autorisée effectuée sans utilisation des données de sécurité personnalisées ;

– de perte ou de vol d'un instrument de paiement ne pouvant être détecté par le payeur avant le paiement ;

– de perte due à des actes ou à une carence d'un salarié, d'un agent ou d'une succursale d'un prestataire de services de paiement ou d'une entité vers laquelle ses activités ont été externalisées.

II. – La responsabilité du payeur n'est pas engagée si l'opération de paiement non autorisée a été effectuée en détournant, à l'insu du payeur, l'instrument de paiement ou les données qui lui sont liées.

Elle n'est pas engagée non plus en cas de contrefaçon de l'instrument de paiement si, au moment de l'opération de paiement non autorisée, le payeur était en possession de son instrument.

III. – Sauf agissement frauduleux de sa part, le payeur ne supporte aucune conséquence financière si le prestataire de services de paiement ne fournit pas de moyens appropriés permettant l'information aux fins de blocage de l'instrument de paiement prévue à l'article L. 133-17.

IV. – Le payeur supporte toutes les pertes occasionnées par des opérations de paiement non autorisées si ces pertes résultent d'un agissement frauduleux de sa part ou s'il n'a pas satisfait intentionnellement ou par négligence grave aux obligations mentionnées aux articles L. 133-16 et L. 133-17.

V. – Sauf agissement frauduleux de sa part, le payeur ne supporte aucune conséquence financière si l'opération de paiement non autorisée a été effectuée sans que le prestataire de services de paiement du payeur n'exige une authentification forte du payeur prévue à l'article L. 133-44.

VI. – Lorsque le bénéficiaire ou son prestataire de services de paiement n'accepte pas une authentification forte du payeur prévue à l'article L. 133-44, il rembourse le préjudice financier causé au prestataire de services de paiement du payeur.

I – NÉGLIGENCE GRAVE : CONTENU

1) Négligence grave : jurisprudence antérieure sur la faute lourde. En application des dispositions antérieures, il a été jugé que constitue *une imprudence grave le fait* de laisser habituellement sa carte dans la boîte à gants de son véhicule à proximité de son code confidentiel (▪ Cass. com., 16 oct. 2012 : *D.* 2013, p. 407, note J. Lasserre Capdeville ; *Banque et droit* 2013, n° 147, p. 20, obs. T. Bonneau ; *D.* 2012, p. 2508, obs. X. Delpech ; *JCP* G 2012, 1202, note K. Rodriguez ; *JCP* E 2012, 1680, note S. Piedelièvre).

2) Négligence grave : utilisation répétée du code confidentiel. L'utilisation répétée par l'usurpateur du code confidentiel pourrait constituer une négligence grave (▪ Cass. com., 31 mai 2016 : *JCP* E 2016, 1450, note J. Lasserre Capdeville ; *D.* 2016, p. 2305, obs. D.-R. Martin). Comp. Rédaction antérieure article L. 132-3 du Code monétaire et financier.

3) Négligence grave : communication volontaire. La communication des données confidentielles en réponse à un courriel comportant de sérieuses irrégularités qu'un examen attentif révélait constitue une négligence grave (▪ Cass. com., 28 mars 2018, n° 16-20.018 : *Gaz. Pal. JCP E* 2018, n° 21, 1272, note K. Rodriguez ; *JCP E* 2019, 1043, obs. A. Bories ; *Banque et droit* 2018, n° 180, p. 8, obs. T. Bonneau ; *Banque* juin 2018, p. 75, obs. P. Storrer ; *JCP* G 2018, 778, note N. Kilgus ; *RTD com.* 2018, p. 436, obs. D. Legeais. ▪ Cass. com., 6 juin 2018, n° 16-29.065 : *Gaz. Pal.* 2018, 333m2, obs. C. Houin-Bressand).

4) Négligence grave : indifférence de la bonne foi. La bonne foi du client, victime de la fraude d'un tiers n'empêche pas de retenir une négligence grave (▪ Cass. com., 1er juill. 2020, n° 18-21.487 : *JCP* E 2020, 1399, note K. Rodriguez ; *Banque et droit* 2020, n° 194, p. 22, obs. T. Bonneau ; *RTD com.* 2020, p. 696, obs. D. Legeais ; *Gaz. Pal.* 20 oct. 2020, n° 389e9, p. 59, obs. M. Roussille ; *Banque* 2020, n° 848, p. 72, note P. Storrer ; *RTD com.* 2020, p. 696, obs. D. Legeais).

II – NÉGLIGENCE GRAVE : PREUVE

5) Charge de la preuve pour le prestataire de services de paiement. C'est au prestataire de services de paiement qu'il incombe de prouver que l'utilisateur, qui nie avoir autorisé une opération de paiement, a agi frauduleusement ou n'a pas satisfait intentionnellement ou par négligence grave à ses obligations (▪ Cass. com., 18 janv. 2017 : *JCP* E 2017, 1122, note K. Rodriguez ; *Banque et droit* 2017, n° 172, p. 22, note C. Gamaleu Kameni et p. 32, obs. T. Bonneau et G. Helleringer ; *Gaz. Pal.* 7 mars 2017, p. 22, note S. Prieur ; *RJDA* 1er mars 2017, p. 237 ; *Banque* mars 2017, p. 72, note P. Storrer ; *Dalloz Act.* 31 janv. 2017, obs. X. Delpech ; *JCP* G 2017, act. 107 et 241, note J. Lasserre Capdeville ; *LEDB* mars 2017, p. 1, obs. S. Piédelièvre ; *JCP* E 2017, 1246, n° 28, obs. H. Causse).

6) Moyen de preuve, principe utilisation de données personnelles insuffisante. La preuve de la négligence ne peut se déduire du seul fait que des données personnelles liées à l'instrument de paiement ont été utilisées (▪ Cass. com., 18 janv. 2017 : *JCP* E 2017, 1122, note K. Rodriguez ; *Banque et droit* 2017, n° 172, p. 22, note C. Gamaleu Kameni et p. 32, obs. T. Bonneau et G. Helleringer ; *Gaz. Pal.* 7 mars 2017, p. 22, note S. Prieur ; *RJDA* 1er mars 2017, p. 237 ; *Banque* mars 2017, p. 72, note P. Storrer ; *Dalloz Act.* 31 janv. 2017, obs. X. Delpech ; *JCP* G 2017, act. 107 et 241, note J. Lasserre Capdeville ; *LEDB* mars 2017, p. 1, obs. S. Piédelièvre ; *JCP* E 2017, 1246, n° 28, obs. H. Causse. ▪ Cass. com., 21 nov. 2018 : *Gaz. Pal.* 19 févr. 2019, n° 342h8, obs. M. Roussille). Toutefois, lorsque ces données sont volontairement communiquées suite à une demande frauduleuse, il faut rechercher si le payeur n'aurait pas dû avoir conscience du caractère frauduleux de la demande (▪ Cass. com., 25 oct. 2017 : *JCP* E 2017, 1685, note D. Legeais ; *D.* 2017, p. 2465, note F. Mélin ; *RD bancaire et fin.*, *2017*, comm.233, obs. T. Samin et S. Torck ; *Contrats, con. consom.* 2018, comm. 20, obs. S. Bernheim-Desvaux ; *LPA* 5 mars 2018, p. 10 note E. Faivre).

III – NÉGLIGENCE GRAVE : CONDITION D'INVOCATION

7) Invocation de la négligence subordonnée à la preuve, par l'établissement, de l'enregistrement correct de l'opération. Pour se prévaloir de la négligence, le prestataire de services de paiement doit aussi prouver que l'opération en cause a été authentifiée, dûment enregistrée et comptabilisée et qu'elle n'a pas été affectée par une déficience technique ou autre (▪ Cass. com., 12 nov. 2020, n° 19-12.112 : *Resp. civ. et assur.* 2021, comm. 31 ; *Gaz. Pal.* 2 févr. 2021, n° 395u7, p. 52, obs. C. Houin-Bressand ; *Gaz. Pal.* 19 janv. 2021, n° 394j7, p. 16, obs. J. Lasserre Capdeville).

Art. L. 133-20 *(Ord. n° 2009-866, 15 juill. 2009)*. **– Après avoir informé son prestataire ou l'entité désignée par celui-ci, conformément à l'article L. 133-17 aux fins de blocage de l'instrument de paiement, le payeur ne supporte aucune conséquence financière résultant de l'utilisation de cet instrument de paiement ou de l'utilisation détournée des données qui lui sont liées, sauf agissement frauduleux de sa part.**

Section VII. – Responsabilité en cas d'opération de paiement mal exécutée

Art. L. 133-21 *(Ord. n° 2009-866, 15 juill. 2009 ; mod., L. n° 2018-700, 3 août 2018)*. **– Un ordre de paiement exécuté conformément à l'identifiant unique fourni par l'utilisateur du service de paiement est réputé dûment exécuté pour ce qui concerne le bénéficiaire désigné par l'identifiant unique.**

Si l'identifiant unique fourni par l'utilisateur du service de paiement est inexact, le prestataire de services de paiement n'est pas responsable de la mauvaise exécution ou de la non-exécution de l'opération de paiement.

Toutefois, le prestataire de services de paiement du payeur s'efforce de récupérer les fonds engagés dans l'opération de paiement. Le prestataire de services de paiement du bénéficiaire communique au prestataire de services de paiement du payeur toutes les informations utiles pour récupérer les fonds. Si le prestataire de services de paiement du payeur ne parvient pas à récupérer les fonds engagés dans l'opération de paiement, il met à disposition du payeur, à sa demande, les informations qu'il détient pouvant documenter le recours en justice du payeur en vue de récupérer les fonds.

Si la convention de compte de dépôt ou le contrat-cadre de services de paiement le prévoit, le prestataire de services de paiement peut imputer des frais de recouvrement à l'utilisateur de services de paiement.

Si l'utilisateur de services de paiement fournit des informations en sus de l'identifiant unique ou des informations définies dans la convention de compte de dépôt ou dans le contrat-cadre de services de paiement comme nécessaires aux fins de l'exécution correcte de l'ordre de paiement, le prestataire de services de paiement n'est responsable que de l'exécution de l'opération de paiement conformément à l'identifiant unique fourni par l'utilisateur de services de paiement.

Absence de responsabilité du prestataire de service en cas d'inexactitude de l'identifiant. Lorsque l'identifiant fourni par l'utilisateur du service de paiement est inexact, le prestataire de service de paiement n'est pas responsable de la mauvaise exécution de l'opération de paiement (■ Cass. com., 24 janv. 2018, n° 16-22.336 : *D.* 2018, p. 501, note J. Lasserre Capdeville ; *JCP* E 2018, p. 1301, obs. N. Kilgus ; *Gaz. Pal.* 12 juin 2018, n° 324j1, obs. C. Houin-Bressand ; *Banque et droit* 1er mai 2018, n° 179, p. 10, obs. T. Bonneau).

Bibliographie : C. Gamaleu Kameni, *Problématiques autour de la responsabilité bancaire en matière de virement erroné : RD bancaire et fin. 2018*, étude 11.

Art. L. 133-22 *(Ord. n° 2009-866, 15 juill. 2009 ; mod., Ord. n° 2017-1252, 9 août 2017 ; L. n° 2018-700, 3 août 2018).* – I. – Lorsque l'ordre de paiement est donné par le payeur, son prestataire de services de paiement est, sous réserve de l'article L. 133-5, des deuxième et troisième alinéas de l'article L. 133-21 et de l'article L. 133-24, responsable de la bonne exécution de l'opération de paiement à l'égard du payeur jusqu'à réception du montant de l'opération de paiement, conformément au I de l'article L. 133-13, par le prestataire de services de paiement du bénéficiaire. Ensuite, le prestataire de services de paiement du bénéficiaire est responsable de la bonne exécution de l'opération de paiement à l'égard du bénéficiaire.

Lorsque le prestataire de services de paiement du payeur est responsable, au titre du premier alinéa, de l'opération de paiement mal exécutée, il restitue sans tarder son montant au payeur. Si besoin est, il rétablit le compte débité dans la situation qui aurait prévalu si l'opération de paiement mal exécutée n'avait pas eu lieu. La date de valeur à laquelle le compte de paiement du payeur est crédité n'est pas postérieure à la date à laquelle il a été débité.

Lorsque le prestataire de services de paiement du bénéficiaire est responsable, au titre du premier alinéa, il met immédiatement le montant de l'opération de paiement à la disposition du bénéficiaire et, si besoin est, crédite son compte du montant correspondant. La date de valeur à laquelle le compte de paiement du bénéficiaire a été crédité n'est pas postérieure à la date de valeur qui lui aurait été attribuée si l'opération avait été correctement exécutée.

Lorsqu'une opération de paiement est exécutée tardivement, le prestataire de services de paiement du bénéficiaire veille, à la demande du prestataire de services de paiement du payeur agissant pour le compte du payeur, à ce que la date de valeur à laquelle le compte de paiement du bénéficiaire a été crédité ne soit pas postérieure à la date de valeur qui lui aurait été attribuée si l'opération avait été correctement exécutée.

II. – Lorsqu'une opération de paiement est initiée par le bénéficiaire ou par le payeur qui donne un ordre de paiement par l'intermédiaire du bénéficiaire, le prestataire de services de paiement du bénéficiaire est, sous réserve de l'article L. 133-5, des deuxième et troisième alinéas de l'article L. 133-21 et de l'article L. 133-24, responsable à l'égard du bénéficiaire de la bonne transmission de l'ordre de paiement au prestataire de services de paiement du payeur conformément aux modalités convenues afin de permettre une exécution de l'opération dans le respect du délai prévu au II de l'article L. 133-13.

En cas de défaut de transmission, le prestataire de services de paiement du bénéficiaire retransmet immédiatement l'ordre de paiement au prestataire de services de paiement du payeur, qui devient alors responsable de la bonne exécution de l'opération.

Dès que le montant a été mis à sa disposition par le prestataire de services de paiement du payeur, le prestataire de services de paiement du bénéficiaire redevient responsable à l'égard du bénéficiaire, sous réserve de l'article L. 133-5, des deuxième et troisième alinéas de l'article L. 133-21 et de l'article L. 133-24, du traitement immédiat de l'opération de paiement conformément aux obligations qui lui incombent au titre du I de l'article L. 133-14. La date de valeur attribuée au montant de cette opération sur le compte de paiement du bénéficiaire n'est pas postérieure à la date de valeur qui lui aurait été attribuée si l'opération avait été correctement exécutée.

En cas d'opération de paiement mal exécutée, lorsque le prestataire de services de paiement du bénéficiaire n'est pas responsable, le prestataire de services de paiement du payeur, dont la responsabilité est dès lors engagée, restitue au payeur, si besoin est et sans tarder, le montant de l'opération de paiement mal exécutée et rétablit le compte débité dans la situation qui aurait prévalu si l'opération de paiement mal exécutée n'avait pas eu lieu. La date de valeur attribuée au montant de l'opération sur le compte de paiement du payeur n'est pas postérieure à la date de valeur qui lui aurait été attribuée si l'opération avait été correctement exécutée.

Toutefois, lorsque le prestataire de services de paiement du payeur prouve que le prestataire de services de paiement du bénéficiaire a reçu le montant de l'opération de paiement, l'obligation prévue au précédent alinéa ne s'applique pas, quand bien même l'exécution de l'opération de paiement était retardée. Dans ce cas, le prestataire de services de paiement du bénéficiaire attribue une date de valeur au montant de cette opération sur le compte de paiement du bénéficiaire qui n'est pas postérieure à la date de valeur qui lui aurait été attribuée si l'opération avait été correctement exécutée.

En cas de transmission tardive de l'ordre de paiement, la date de valeur attribuée au montant de l'opération sur le compte de paiement du bénéficiaire n'est pas postérieure à la date de valeur qui lui aurait été attribuée si l'opération avait été correctement exécutée.

III. – Dans le cas d'une opération de paiement mal exécutée, sans préjudice de sa responsabilité, le prestataire de services de paiement de l'utilisateur s'efforce immédiatement, sur sa demande, de retrouver la trace de l'opération de paiement et notifie le résultat de sa recherche à son utilisateur, sans frais pour celui-ci.

IV. – Les prestataires de services de paiement sont redevables, vis-à-vis de leurs utilisateurs de services de paiement respectifs, des frais et des intérêts supportés par l'utilisateur de services de paiement imputables à la non-exécution, la mauvaise exécution ou l'exécution tardive de l'opération de paiement dont ils sont responsables.

Art. L. 133-22-1 *(Ord. n° 2017-1252, 9 août 2017).* – Sans préjudice des dispositions des deuxième et troisième alinéas de l'article L. 133-21 et de l'article L. 133-24, lorsqu'un ordre de paiement est initié par le payeur par l'intermédiaire d'un prestataire de services de paiement fournissant un service d'initiation de paiement, le prestataire de services de paiement gestionnaire du compte rembourse au payeur le montant de l'opération de paiement non exécutée ou mal exécutée et, le cas échéant, rétablit le compte de paiement débité dans l'état où il se serait trouvé si l'opération de paiement mal exécutée n'avait pas eu lieu.

Art. L. 133-22-2 *(Ord. n° 2017-1252, 9 août 2017).* – Si le prestataire de services de paiement fournissant un service d'initiation de paiement est responsable de la non-exécution, de la mauvaise exécution ou de l'exécution tardive de l'opération de paiement, il indemnise immédiatement le prestataire de services de paiement gestionnaire du compte, à sa demande, pour les pertes subies ou les sommes payées en raison du remboursement du payeur.

Section VIII. – Modalités pratiques et délais en cas d'opérations de paiement non autorisées ou mal exécutées

Art. L. 133-23 *(Ord. n° 2009-866, 15 juill. 2009).* – Lorsqu'un utilisateur de services de paiement nie avoir autorisé une opération de paiement qui a été exécutée, ou affirme que l'opération de paiement n'a pas été exécutée correctement, il incombe à son prestataire de services de paiement de prouver que l'opération en question a été authentifiée, dûment enregistrée et comptabilisée et qu'elle n'a pas été affectée par une déficience technique ou autre.

L'utilisation de l'instrument de paiement telle qu'enregistrée par le prestataire de services de paiement ne suffit pas nécessairement en tant que telle à prouver que l'opération a été autorisée par le payeur ou que celui-ci n'a pas satisfait intentionnellement ou par négligence grave aux obligations lui incombant en la matière. *(Mots aj., Ord. n° 2017-1252, 9 août 2017)* « Le prestataire de services de paiement, y compris, le *cas échéant, le prestataire de services de paiement* fournissant un service d'initiation de paiement, fournit des éléments afin de prouver la fraude ou la négligence grave commise par l'utilisateur de services de paiement. »

Art. L. 133-23-1 *(Ord. n° 2017-1252, 9 août 2017).* – Lorsqu'un utilisateur de services de paiement nie avoir autorisé une opération de paiement qui a été exécutée, ou affirme que l'opération de paiement n'a pas été exécutée correctement, et que l'ordre de paiement est initié par l'intermédiaire d'un prestataire de services de paiement fournissant un service d'initiation de paiement à la demande du payeur, il incombe à ce prestataire de services de paiement de prouver que l'ordre de paiement a été reçu par le prestataire de services de paiement gestionnaire du compte du payeur et que, pour ce qui le concerne, l'opération de paiement a été authentifiée et dûment enregistrée et correctement exécutée qu'elle n'a pas été affectée par une déficience technique ou autre en relation avec soit le service qu'il fournit, soit la non-exécution, la mauvaise exécution ou l'exécution tardive de l'opération.

Art. L. 133-24 *(Ord. n° 2009-866, 15 juill. 2009 ; mod., L. n° 2010-737, 1er juill. 2010).* **– L'utilisateur de services de paiement signale, sans tarder, à son prestataire de services de paiement une opération de paiement non autorisée ou mal exécutée et au plus tard dans les treize mois suivant la date de débit sous peine de forclusion à moins que le prestataire de services de paiement ne lui ait pas fourni ou n'ait pas mis à sa disposition les informations relatives à cette opération de paiement conformément au Chapitre IV du Titre Ier du Livre III.**

Sauf dans les cas où l'utilisateur est une personne physique agissant pour des besoins non professionnels, les parties peuvent convenir d'un délai distinct de celui prévu au présent article décider de déroger aux dispositions du présent article.

(Mots aj., Ord. n° 2017-1252, 9 août 2017) **« Les dispositions du présent article s'appliquent, indifféremment de l'intervention d'un prestataire de services de paiement fournissant un service d'initiation de paiement dans l'opération de paiement. »**

Section IX – Remboursement d'une opération de paiement ordonnée par le bénéficiaire ou par le payeur qui donne un ordre de paiement par l'intermédiaire du bénéficiaire

Art. L. 133-25 *(Ord. n° 2009-866, 15 juill. 2009 ; mod., L. n° 2013-100, 28 janv. 2013).* **– I. – Le payeur a droit au remboursement par son prestataire de services de paiement d'une opération de paiement autorisée, ordonnée par le bénéficiaire ou par le payeur qui donne un ordre de paiement par l'intermédiaire du bénéficiaire, si l'autorisation donnée n'indiquait pas le montant exact de l'opération de paiement et si le montant de l'opération dépassait le montant auquel le payeur pouvait raisonnablement s'attendre en tenant compte du profil de ses dépenses passées, des conditions prévues par son contrat-cadre et des circonstances propres à l'opération.**

À la demande du prestataire de services de paiement, le payeur fournit tous éléments relatifs au remboursement demandé.

II. – Dans le cas où le montant de l'opération dépasse le montant auquel le payeur pouvait raisonnablement s'attendre conformément au I, le payeur ne peut invoquer des raisons liées à une opération de change si le taux de change de référence convenu avec son prestataire de services de paiement a été appliqué.

III. – Le payeur présente sa demande de remboursement avant l'expiration d'une période de huit semaines à compter de la date à laquelle les fonds ont été débités. Dans un délai de dix jours ouvrables suivant la réception de la demande de remboursement, le prestataire de services de paiement soit rembourse le montant total de l'opération de paiement, soit justifie son refus de rembourser, en indiquant la possibilité de recourir à la procédure de médiation mentionnée à l'article L. 316-1.

IV. – Le remboursement prévu dans la présente section correspond au montant total de l'opération de paiement exécutée. *(Mots aj., Ord. n° 2017-1252, 9 août 2017)* **« La date de valeur à laquelle le compte de paiement du payeur est crédité n'est pas postérieure à la date à laquelle il a été débité. »**

Art. L. 133-25-1 *(Ord. n° 2017-1252, 9 août 2017).* **– Sans préjudice des dispositions prévues à l'article L. 133-25-2, en cas de prélèvements visés à l'article 1er du règlement (UE) n° 260/2012, le payeur jouit d'un droit au remboursement inconditionnel dans les délais fixés à l'article L. 133-25.**

Art. L. 133-25-2 *(Ord. n° 2009-866, 15 juill. 2009).* **– Le payeur et son prestataire de services de paiement peuvent convenir dans la convention de compte de dépôt ou dans le contrat-cadre de services de paiement que le payeur n'a pas droit à remboursement lorsqu'il a donné son consentement à l'exécution de l'opération de paiement directement à son prestataire de services de paiement et le cas échéant, que les informations relatives à la future opération de paiement ont été fournies au payeur ou mises à sa disposition de la manière convenue, au moins quatre semaines avant l'échéance, par le prestataire de services de paiement ou par le bénéficiaire.**

Section X. – Frais applicables

Art. L. 133-26 *(Ord. n° 2009-866, 15 juill. 2009)*. – I. – Le prestataire de services de paiement ne peut imputer de frais à l'utilisateur de services de paiement pour l'accomplissement de ses obligations d'information ni pour l'exécution des mesures correctives et préventives en vertu du présent chapitre, sauf cas prévus au IV de l'article L. 133-8, au I de l'article L. 133-10 et à l'article L. 133-21. Les frais mentionnés aux articles précités sont alors convenus entre l'utilisateur de services de paiement et le prestataire de services de paiement et doivent être appropriés et en rapport avec les coûts réellement supportés par le prestataire de services de paiement.

II. – Le montant des frais consécutifs à un incident de paiement autre que le rejet d'un chèque est plafonné dans des conditions fixées par décret, en fonction de la nature et du montant de l'incident, sans excéder en tout état de cause ce dernier montant.

(Mots aj., ord. n° 2017-1252, 9 août 2017) « III. – Le prestataire de services de paiement ne peut imputer de frais à l'utilisateur de services de paiement en cas de révocation par le payeur d'un mandat de prélèvement au sens du règlement (UE) n° 260/2012 du Parlement Européen et du Conseil, du 14 mars 2012, sauf cas prévu au IV de l'article L. 133-8.

IV. – Lorsque l'utilisateur de services de paiement procède à l'information prévue à l'article L. 133-17, le prestataire de services de paiement ne peut facturer éventuellement que les coûts de remplacement directement imputables à cet instrument de paiement. »

Art. L. 133-27 *(Ord. n° 2017-1252, 9 août 2017)*. – Le bénéficiaire paie les frais prélevés par son prestataire de services de paiement et le payeur paie les frais prélevés par le sien, lorsque :

1° Une opération de paiement est effectuée à l'intérieur de l'Espace économique européen et que le prestataire de services de paiement du payeur et celui du bénéficiaire sont tous deux situés dans un État membre de l'Union européenne ou d'un autre État partie à l'accord sur l'Espace économique européen ;

2° L'unique prestataire de services de paiement intervenant dans l'opération de paiement est situé dans un État membre de l'Union européenne ou d'un autre État partie à l'accord sur l'Espace économique européen.

Section XI. – Instruments réservés aux paiements de faibles montants

Art. L. 133-28 *(Ord. n° 2009-866, 15 juill. 2009)*. – I. – Un décret définit les montants maximaux de paiement, de dépenses ou de stockage des fonds en dessous desquels les instruments de paiement conçus pour garantir le respect de ces seuils, sont considérés comme réservés aux paiements de faibles montants.

II. – Pour les instruments mentionnés au I, le prestataire de services de paiement peut convenir avec le payeur que :

1° Le payeur ne pourra pas révoquer l'ordre de paiement après l'avoir transmis ou après avoir donné son consentement à l'exécution de l'opération de paiement au bénéficiaire ;

2° D'autres délais d'exécution que ceux mentionnés à l'article L. 133-13 peuvent s'appliquer ;

3° Le prestataire de services de paiement n'est pas tenu de notifier à l'utilisateur de services de paiement le refus de l'ordre de paiement si l'utilisateur de paiement en a connaissance lors de la passation de son ordre de paiement ;

4° Les II et III de l'article L. 133-15, l'article L. 133-17, le III de l'article L. 133-19 et l'article L. 133-20 peuvent ne pas s'appliquer aux instruments mentionnés au I pour lesquels le prestataire de services de paiement n'a pas la capacité de bloquer le compte ou l'instrument de paiement ;

5° L'article L. 133-18, les I, II et IV de l'article L. 133-19 et *(Mots rempl., L. n° 2018-700, 3 août 2018)* « les articles L. 133-20, L. 133-23 et L. 133-23-1 » peuvent ne pas s'appliquer aux instruments mentionnés au présent article si l'instrument est utilisé de manière anonyme ou si le prestataire de services de paiement n'est pas en mesure, pour d'autres raisons inhérentes à l'instrument de paiement, d'apporter la preuve qu'une opération a été autorisée.

Section XII. – Les modalités de remboursement de la monnaie électronique

(L. n° 2013-100, 28 janv. 2013)

Art. L. 133-29. – Les unités de monnaie électronique sont remboursées par l'établissement émetteur au détenteur de monnaie électronique qui en fait la demande.

Art. L. 133-30. – Le remboursement de la monnaie électronique par l'émetteur de monnaie électronique mentionné à l'article L. 525-1 est effectué sans frais pour le détenteur de monnaie électronique.

Art. L. 133-31. – Par exception à l'article L. 133-30, lorsque les parties sont liées par un contrat prévoyant expressément un terme, elles peuvent convenir de frais consécutifs à un remboursement exclusivement dans les cas suivants :

1° La demande de remboursement est antérieure au terme du contrat ;

2° Le détenteur de monnaie électronique résilie le contrat avant son terme ;

3° Le détenteur de monnaie électronique demande le remboursement plus d'un an et un jour après le terme du contrat.

Art. L. 133-32. – Le montant des frais consécutifs à un remboursement est proportionné et en rapport avec les coûts réellement supportés par l'émetteur de monnaie électronique.

Art. L. 133-33. – Lorsque la demande de remboursement de la monnaie électronique intervient avant le terme stipulé au contrat, hors cas de résiliation du contrat, la demande peut porter sur la totalité ou sur une partie de la monnaie électronique détenue.

Art. L. 133-34. – Lorsque la demande de remboursement de la monnaie électronique intervient dans le délai d'un an à compter du terme stipulé au contrat ou dans le cadre d'une résiliation du contrat, le remboursement de la monnaie électronique détenue est total.

Art. L. 133-35. – Lorsque la demande de remboursement de la monnaie électronique intervient dans le délai d'un an à compter du terme stipulé au contrat liant un établissement de monnaie électronique exerçant des activités de nature hybride au sens de l'article L. 526-3 et un détenteur de monnaie électronique, le remboursement est total si la proportion des fonds qui seront utilisés sous forme de monnaie électronique n'est pas prévue entre les parties.

Art. L. 133-36. – Les remboursements prévus à la présente section s'effectuent, selon le choix exprimé par le détenteur de monnaie électronique, en pièces et en billets de banque ayant cours légal ou par une opération de paiement ordonnée par l'émetteur au bénéfice du détenteur de monnaie électronique.

Pour le remboursement en pièces et en billets, l'émetteur de monnaie électronique peut convenir avec le détenteur d'un remboursement par transmission de fonds. Nonobstant toute clause contraire, les frais afférents à cette opération sont à la charge de l'émetteur de monnaie électronique.

Art. L. 133-37. – Sauf dans les cas où le détenteur de monnaie électronique est une personne physique agissant pour des besoins non professionnels, il peut être dérogé contractuellement aux articles L. 133-30 à L. 133-36.

Art. L. 133-38. – Lorsque l'émetteur de monnaie électronique recourt à une personne pour distribuer, au sens de l'article L. 525-8, pour son compte, de la monnaie électronique, il demeure responsable du remboursement prévu à la présente section.

Ordonnance n° 2009-866 du 15 juillet 2009

(Dispositions transitoires)

Art. 19. – Les dispositions de la présente ordonnance s'appliquent aux conventions de compte de dépôt et aux conventions *spécifiques qui leur sont ou non* annexées, conclues avant l'entrée en vigueur de la présente ordonnance.

Les clauses des conventions de compte de dépôt et des conventions spécifiques contraires aux dispositions de la présente ordonnance sont caduques à compter de la même date.

Lorsqu'un service de prélèvement préalablement accepté par le payeur est remplacé, à l'initiative du bénéficiaire, par un autre service de prélèvement, le mandat de prélèvement et l'autorisation de prélèvement valablement délivrés et les oppositions faites par le payeur avant l'entrée en vigueur de ce nouveau service de prélèvement conservent leur validité, sans préjudice des dispositions de l'article 2003 du Code civil et des troisième et quatrième alinéas de l'article L. 133-7 du Code monétaire et financier.

....

Art. 21. – La présente ordonnance entre en vigueur au 1er novembre 2009.

Section XIII. – Modalités d'accès aux comptes de paiement
(Ord. n° 2017-1252, 9 août 2017)

Art. L. 133-39 *(Mod., L. n° 2018-700, 3 août 2018)*. – I. – Lorsque le paiement est initié au moyen d'un instrument de paiement lié à une carte, le prestataire de services de paiement gestionnaire du compte, à la demande d'un du prestataire de services de paiement émetteur de cet instrument, confirme immédiatement si le montant nécessaire à l'exécution de l'opération de paiement liée à une carte est disponible sur le compte de paiement du payeur, pour autant que l'ensemble des conditions suivantes soient remplies :

1° Le compte de paiement du payeur est accessible en ligne au moment de la demande ;

2° Le payeur a donné son consentement exprès au prestataire de services de paiement gestionnaire du compte pour qu'il réponde aux demandes d'un prestataire de services de paiement donné en vue de confirmer que le montant correspondant à une opération de paiement donnée liée à une carte est disponible sur le compte de paiement du payeur ;

3° Le consentement mentionné au 2° a été donné avant la première demande de confirmation.

II. – Le prestataire de services de paiement émetteur de l'instrument de paiement lié à une carte peut demander la confirmation mentionnée au I si l'ensemble des conditions suivantes sont remplies :

1° Le payeur lui a donné son consentement exprès pour qu'il demande la confirmation mentionnée au I ;

2° Le payeur a initié l'opération de paiement pour le montant en question au moyen d'un instrument de paiement lié à une carte émis par ce prestataire de services de paiement ;

3° Le prestataire de services de paiement s'authentifie auprès du prestataire de services de paiement gestionnaire du compte avant chaque demande de confirmation et communique avec le prestataire de services de paiement gestionnaire du compte dans les conditions prévues par l'acte délégué adopté en vertu de l'article 98.1 de la directive (UE) 2015/2366 du Parlement européen et du Conseil du 25 novembre 2015 concernant les services de paiement dans le marché intérieur.

III. – La confirmation ne porte que sur la disponibilité du montant mentionné au II au moment de la demande. Cette réponse n'est ni stockée ni utilisée à d'autres fins que l'exécution d'une opération de paiement liée à une carte. Elle ne permet pas au prestataire de services de paiement gestionnaire du compte de bloquer des fonds sur le compte de paiement du payeur.

IV. – Le payeur peut demander au prestataire de services de paiement gestionnaire du compte de lui communiquer l'identification du prestataire de services de paiement et la réponse qui lui a été transmise.

V. – Les dispositions du présent article ne s'appliquent pas aux opérations de paiement initiées au moyen d'instruments de paiement liés à une carte sur lesquels est stockée de la monnaie électronique au sens de l'article L. 315-1 du présent code.

Art. L. 133-40 *(Ord. n° 2017-1252, 9 août 2017)*. – I. – Sous réserve que le compte de paiement soit accessible en ligne, le payeur peut s'adresser à un prestataire de services de paiement de son choix pour obtenir le service d'initiation de paiement mentionné au 7° du II de l'article L. 314-1.

Lorsque le payeur donne son consentement explicite à l'exécution d'un paiement conformément à l'article L. 133-6, le prestataire de services de paiement gestionnaire du compte exécute les actions prévues au III.

II. – Lorsqu'il fournit le service d'initiation de paiement mentionné au 7° du II de l'article L. 314-1, le prestataire de services de paiement :

1° Ne détient à aucun moment les fonds du payeur ayant fait l'objet de l'opération de paiement initiée par le prestataire de services de paiement fournissant le service d'initiation de paiement ;

2° Veille à ce que les données de sécurité personnalisées de l'utilisateur de services de paiement ne soient pas accessibles à d'autres parties que cet utilisateur et l'émetteur desdites données et veille à transmettre celles-ci au moyen de canaux sûrs et efficaces ;

3° Veille à ce que toute autre information relative à l'utilisateur de services de paiement, obtenue lors de la fourniture de services d'initiation de paiement, ne soit communiquée qu'au bénéficiaire et uniquement avec le consentement exprès de l'utilisateur de services de paiement ;

4° (4° créé dix-huit mois après l'entrée en vigueur de l'acte délégué adopté en vertu de l'article 98.1 de la directive (UE) 2015/2366 du Parlement européen et du Conseil du 25 novembre 2015, Ord. n° 2017-1252, 9 août 2017) S'identifie auprès du prestataire de services de paiement gestionnaire du compte du payeur chaque fois qu'un paiement est initié et communique dans les conditions prévues par l'acte délégué adopté en vertu de l'article 98.1 de la directive (UE) 2015/2366 du Parlement européen et du Conseil du 25 novembre 2015 *(Mots rempl., L. n° 2018-700, 3 août 2018)* « concernant les services de paiement dans le marché intérieur » avec le prestataire de services de paiement gestionnaire du compte, le payeur et le bénéficiaire ;

5° Ne stocke pas de données de paiement sensibles concernant l'utilisateur de services de paiement ;

6° Ne demande pas à l'utilisateur de services de paiement des données autres que celles nécessaires pour fournir le service d'initiation de paiement ;

7° N'utilise, ne consulte ou ne stocke des données à des fins autres que la fourniture du service d'initiation de paiement expressément demandée par le payeur ;

8° Ne modifie pas le montant, le bénéficiaire ou tout autre caractéristique de l'opération.

III. – Lorsqu'un utilisateur de services de paiement utilise un service d'initiation de paiement, son prestataire de services de paiement gestionnaire du compte :

1° *(1° créé dix-huit mois après l'entrée en vigueur de l'acte délégué adopté en vertu de l'article 98.1 de la directive (UE) 2015/2366 du Parlement européen et du Conseil du 25 novembre 2015, Ord. n° 2017-1252, 9 août 2017)* Communique dans les conditions prévues par l'acte délégué adopté en vertu de l'article 98.1 de la directive (UE) 2015/2366 du Parlement européen et du Conseil du 25 novembre 2015 *(Mot rempl., L. n° 2018-700, 3 août 2018)* « précitée » avec le prestataire de services de paiement fournissant le service d'initiation de paiement ;

2° Fournit au prestataire de services de paiement fournissant le service d'initiation de paiement, ou met à sa disposition, immédiatement après réception d'un ordre de paiement, toutes les informations sur l'initiation de l'opération de paiement et toutes les informations auxquelles il a lui-même accès concernant l'exécution de l'opération de paiement ;

3° Traite les ordres de paiement transmis par le prestataire de services fournissant le service d'initiation de paiement sans aucune discrimination autre que fondée sur des raisons objectives, en termes de délai, de priorité ou de frais par rapport aux ordres de paiement transmis directement par le payeur.

IV. – La fourniture de services d'initiation de paiement n'est pas subordonnée à l'existence de relations contractuelles entre les prestataires de services de paiement fournissant le service d'initiation de paiement et les prestataires de services de paiement gestionnaires de comptes.

Art. L. 133-41 *(Ord. n° 2017-1252, 9 août 2017)*. – I. – Sous réserve que son compte de paiement soit accessible en ligne, l'utilisateur de services de paiement peut accéder aux données de ses comptes de paiement par l'intermédiaire d'un prestataire de services de paiement de son choix fournissant le service d'information sur les comptes mentionné au 8° du II de l'article L. 314-1.

II. – Lorsqu'il fournit le service d'information sur les comptes, le prestataire de services de paiement :

1° Recueille le consentement exprès de l'utilisateur de services de paiement ;

2° Veille à ce que les données de sécurité personnalisées de l'utilisateur de services de paiement ne soient pas accessibles à d'autres parties que l'utilisateur et l'émetteur desdites données et veille à transmettre celles-ci de manière sécurisée ;

3° *(3° créé dix-huit mois après l'entrée en vigueur de l'acte délégué adopté en vertu de l'article 98.1 de la directive (UE) 2015/2366 du Parlement européen et du Conseil du 25 novembre 2015, Ord. n° 2017-1252, 9 août 2017)* S'identifie, pour chaque session de communication, auprès du ou des prestataires de services de paiement gestionnaires de comptes de l'utilisateur de services de paiement et communique de manière sécurisée dans les conditions prévues par l'acte délégué adopté en vertu de l'article 98.1 de la directive (UE) 2015/2366 du Parlement européen et du Conseil du 25 novembre 2015 *(Mots rempl., L. n° 2018-700, 3 août 2018)* « concernant les services de paiement dans le marché intérieur » avec le ou les prestataires de services de paiement gestionnaires de comptes et l'utilisateur de services de paiement ;

4° Accède uniquement aux informations provenant des comptes de paiement désignés par l'utilisateur de services de paiement et des opérations de paiement associées ;

5° Ne demande pas de données de paiement sensibles liées à des comptes de paiement ;

6° N'utilise, ne consulte ou ne stocke des données qu'aux seuls fins de la fourniture du service d'information sur les comptes expressément demandée par l'utilisateur de services de paiement.

III. – Lorsqu'un utilisateur de services de paiement utilise un service d'information sur les comptes, son prestataire de services de paiement gestionnaire du compte :

1° *(1° créé dix-huit mois après l'entrée en vigueur de l'acte délégué adopté en vertu de l'article 98.1 de la directive (UE) 2015/2366 du Parlement européen et du Conseil du 25 novembre 2015, Ord. n° 2017-1252,*

9 août 2017) Communique de manière sécurisée dans les conditions prévues par l'acte délégué adopté en vertu de l'article 98.1 de la directive (UE) 2015/2366 du Parlement européen et du Conseil du 25 novembre 2015 *(Mot rempl., L. n° 2018-700, 3 août 2018)* « précitée » avec les prestataires de services de paiement fournissant le service d'information sur les comptes ;

2° Traite les demandes de données transmises par les prestataires de services de paiement fournissant le service d'information sur les comptes sans aucune discrimination, autre que fondée sur des raisons objectives.

IV. – La fourniture du service d'information sur les comptes n'est pas subordonnée à l'existence de relations contractuelles entre les prestataires de services de paiement fournissant un service d'information sur les comptes et les prestataires de services de paiement gestionnaires de comptes.

Section XIV. – Opérations de paiement dont le montant n'est pas connu à l'avance

(Ord. n° 2017-1252, 9 août 2017)

Art. L. 133-42 *(Créé à compter du 13 janvier 2018, Ord. n° 2017-1252, 9 août 2017)*. – Lorsqu'une opération de paiement est initiée par l'intermédiaire du bénéficiaire dans le cadre d'une opération de paiement liée à une carte et que le montant exact n'est pas connu au moment où le payeur donne son consentement à l'exécution de l'opération de paiement, le prestataire de services de paiement du payeur ne peut bloquer des fonds sur le compte de paiement du payeur que si celui-ci a donné son consentement quant au montant exact des fonds à bloquer.

Art. L. 133-43 *(Créé à compter du 13 janvier 2018, Ord. n° 2017-1252, 9 août 2017)*. – Le prestataire de services de paiement du payeur débloque les fonds bloqués sur le compte de paiement du payeur mentionné à l'article L. 133-42 sans retard injustifié après réception des informations sur le montant exact de l'opération de paiement et au plus tard immédiatement après réception de l'ordre de paiement.

Section XV. – Authentification

(Ord. n° 2017-1252, 9 août 2017)

Art. L. 133-44. – I. – Le prestataire de services de paiement applique l'authentification forte du client définie au f de l'article L. 133-4 lorsque le payeur :

1° Accède à son compte de paiement en ligne ;

2° Initie une opération de paiement électronique ;

3° Exécute une opération par le biais d'un moyen de communication à distance, susceptible de comporter un risque de fraude en matière de paiement ou de toute autre utilisation frauduleuse.

II. – Pour les opérations de paiement électronique à distance, l'authentification forte du client définie au f de l'article L. 133-4 comporte des éléments qui établissent un lien dynamique entre l'opération, le montant et le bénéficiaire donnés.

III. – En ce qui concerne l'obligation du I, les prestataires de services de paiement mettent en place des mesures de sécurité adéquates afin de protéger la confidentialité et l'intégrité des données de sécurité personnalisées des utilisateurs de services de paiement.

IV. – Le prestataire de services de paiement gestionnaire du compte autorise le prestataire de services de paiement fournissant un service d'initiation de paiement et le prestataire de services de paiement fournissant le service d'information sur les comptes à se fonder sur ses procédures d'authentification lorsqu'ils agissent pour l'un de leurs utilisateurs conformément aux I et III et, lorsque le prestataire de services de paiement fournissant le service d'initiation de paiement intervient, conformément aux I, II et III.

Bibliographie : J. Lasserre Capdeville, *Les exceptions à la future obligation d'identification forte : JCP* E 2019, 1410.

Section XVI. – Traitement des réclamations

(Ord. n° 2017-1252, 9 août 2017)

Art. L. 133-45 *(Mod., L. n° 2018-700, 3 août 2018)*. – Les prestataires de services de paiement mettent en place et appliquent des procédures destinées au traitement des réclamations des utilisateurs de services de paiement portant sur le respect des dispositions de la section 5 du chapitre II du titre Ier du livre Ier, du chapitre III du titre III du livre Ier, du chapitre IV du titre Ier du livre III et du chapitre Ier du titre II du livre V.

Ces procédures sont accessibles dans une des langues officielles de l'État membre concerné ou dans une autre langue si le prestataire de services de paiement mentionné à l'alinéa premier et l'utilisateur de services de paiement en sont convenus ainsi.

Les prestataires de services de paiement mentionnés à l'alinéa premier répondent sur support papier ou, s'ils en sont convenus ainsi avec l'utilisateur de services de paiement, sur un autre support durable, aux réclamations des utilisateurs de services de paiement.

Cette réponse aborde tous les points soulevés dans la réclamation et est transmise dans les meilleurs délais et au plus tard dans les quinze jours ouvrables suivant la réception de la réclamation.

Dans des situations exceptionnelles, si une réponse ne peut être donnée dans les quinze jours ouvrables pour des raisons échappant au contrôle du prestataire de services de paiement, celui-ci envoie une réponse d'attente motivant clairement le délai complémentaire nécessaire pour répondre à la réclamation et précisant la date ultime à laquelle l'utilisateur de services de paiement recevra une réponse définitive. En tout état de cause, l'utilisateur de services de paiement reçoit une réponse définitive au plus tard trente-cinq jours ouvrables suivant la réception de la réclamation.

Lorsque l'utilisateur de services de paiement est un consommateur, le prestataire de services de paiement l'informe d'au moins une instance de règlement extrajudiciaire compétente pour connaître des litiges résultant de l'application des dispositions de la section 5 du chapitre II du titre Ier du livre Ier, du chapitre III du titre III du livre Ier, du chapitre IV du titre Ier du livre III et du chapitre Ier du titre II du livre V. Ces informations sont mentionnées de manière claire, complète et aisément accessible sur le site internet du prestataire de services de paiement, quand il en existe, auprès de la succursale ou de tout autre lieu de commercialisation de services de paiement, et dans les conditions générales du contrat conclu entre le prestataire de services de paiement et l'utilisateur de services de paiement. Il y est également précisé comment de plus amples informations sur l'instance de règlement extrajudiciaire concernée et sur les conditions d'un tel recours peuvent être obtenues.

Lorsque l'utilisateur de services de paiement n'est pas un consommateur, le prestataire de services de paiement l'informe de l'existence ou non d'une instance de règlement extrajudiciaire telle que définie à l'avant-dernier alinéa du présent article.

....

TITRE VI. – DISPOSITIONS PÉNALES

CHAPITRE III. – INFRACTIONS RELATIVES AUX CHÈQUES ET AUX AUTRES INSTRUMENTS DE LA MONNAIE SCRIPTURALE

(Mod. à compter du 1er nov. 2009, Ord. n° 2009-866, 15 juill. 2009)

Art. L. 163-1 *(Anc. D.-L. 30 oct. 1935).* **– Est puni d'une amende de 6 000 € le fait, pour le tiré, de refuser le paiement d'une chèque hors les cas mentionnés au deuxième alinéa de l'article L. 131-35, au motif que le tireur y a fait opposition.**

Art. L. 163-2 *(Anc. D.-L. 30 oct. 1935).* **– Est puni d'un emprisonnement de cinq ans et d'une amende de 375 000 €, le fait pour toute personne d'effectuer après l'émission d'un chèque, dans l'intention de porter atteinte aux droits d'autrui, le retrait de tout ou partie de la provision, par transfert, virement ou quelque moyen que ce soit, ou de faire dans les mêmes conditions défense au tiré de payer.**

Est puni des mêmes peines le fait, pour toute personne, d'accepter de recevoir ou d'endosser en connaissance de cause un chèque émis dans les conditions définies à l'alinéa précédent.

Est puni des mêmes peines le fait, pour toute personne, d'émettre un ou plusieurs chèques au mépris de l'injonction qui lui a été adressée en application de l'article L. 131-73.

Est puni des mêmes peines le fait, pour un mandataire, d'émettre, en connaissance de cause, un ou plusieurs chèques dont l'émission était interdite à son mandant en application de l'article L. 131-73.

Pour la recherche, la poursuite, l'instruction et le jugement des infractions mentionnées aux alinéas précédents, le tribunal du lieu où le chèque est payable est compétent, sans préjudice de l'application des articles 43, 52 et 382 du Code de procédure pénale.

Délit d'acceptation de mauvaise foi d'un chèque sans provision : éléments constitutifs. Le seul fait de recevoir matériellement un chèque ne constitue pas, au sens de la loi, l'acceptation dudit chèque ; il faut encore que celui qui a reçu le chèque en soit le bénéficiaire ou l'endosseur ; ainsi, ne commet pas d'infraction le préposé d'un cabinet immobilier qui reçoit pour le compte de l'autre partie au contrat un chèque sans provision émis à l'ordre d'un notaire (■ Cass. crim., 10 mai 1978, n° 77-93.596 : *Bull. crim.*, n° 146 ; *JCP* G 1978, IV, 209 ; *D.* 1978, inf. rap. 440 ; *RTD com.* 1979, 132, obs. Cabrillac et Rives-Lange).

L'article 66, alinéa 2 du décret-loi du 30 octobre 1935 (C. monét. fin., art. L. 163-6, al. 2] punissant ceux qui, en connaissance de cause, acceptent de recevoir ou endossent un chèque émis « dans les conditions définies au 1° du présent article », c'est-à-dire un chèque émis sans provision et « avec l'intention de porter atteinte aux droits d'autrui », dans la mesure, par conséquent, où ce dernier élément est absent, le délit d'acceptation de mauvaise foi n'est pas constitué ; tel est le cas lorsque le tireur, en accord avec le bénéficiaire, a postdaté le chèque, la provision n'existant pas à la date d'émission mais devant exister à la date indiquée sur l'effet lui-même (■ Cass. crim., 21 oct. 1985 : *D.* 1986, inf. rap. 406, obs. Roujou de Boubée ; *RTD com.* 1987, 85, obs. M. Cabrillac et B. Teyssié).

Art. L. 163-3 *(Anc. D.-L. 30 oct. 1935 ; mod., L. n° 2007-1544, 29 oct. 2007 ; Ord. n° 2009-866, 15 juill. 2009)*. **– Est puni d'un emprisonnement de** *(Mots rempl., L. n° 2019-222, 23 mars 2019)* **« cinq ans et d'une amende de 375 000 € » le fait pour toute personne :**

1. De contrefaire ou de falsifier un chèque ou un autre instrument mentionné à l'article L. 133-4 ;

2. De faire ou de tenter de faire usage, en connaissance de cause, d'un chèque ou un autre instrument mentionné à l'article L. 133-4 contrefaisant ou falsifié ;

3. D'accepter, en connaissance de cause, de recevoir un paiement au moyen d'un chèque ou d'un autre instrument mentionné à l'article L. 133-4 contrefaisant ou falsifié.

Bibliographie : J. Lasserre Capdeville, *La répression pénale des chèques contrefaits, falsifiés ou sans provision : AJ Pénal 2020*, p. 496 ; *L'encadrement juridique du risque de fraude en matière de chèque : RD bancaire et fin.* 2021, dossier n° 3 ; *L'avenir de la répression pénale contre certaines fraudes aux instruments de paiement – La transposition de la directive (UE) 2019/713 du 17 avril 2019 : RD bancaire et fin.* 2021, dossier n° 6. • V. Fasquelle, *La sécurité des moyens de paiement en France à l'épreuve de l'évolution des usages : RD bancaire et fin.* 2021, dossier n° 2. • A. el Mejri, *La plateforme Perceval : RD bancaire et fin.* 2021, dossier n° 5.

Éléments constitutifs : indifférence du préjudice. L'existence d'un préjudice n'est pas un élément constitutif des infractions prévues à l'article L. 163-3 (■ Cass. crim., 8 janv. 2003, n° 02-82.433 : *JurisData* n° 2003-017558 ; *JCP* E 2003, pan. 366 ; *D.* 2003, p. 620 ; comm. 2037, note Djoudi).

Art. L. 163-4 *(Anc. art. L. 163-4-1, dénum., Ord. n° 2009-866, 15 juill. 2009)*. **– Est puni de sept ans d'emprisonnement et de 750 000 € d'amende le fait, pour toute personne, de fabriquer, d'acquérir, de détenir, de céder, d'offrir ou de mettre à disposition des équipements, instruments, programmes informatiques ou toutes données conçus ou spécialement adaptés pour commettre les infractions prévues au 1° de l'article L. 163-3.**

Art. L. 163-4-1 *(Anc. art. L. 163-4-2, dénum. à compter du 1er nov. 2009, Ord. n° 2009-866, 15 juill. 2009)*. **– La tentative des délits prévus au 1° de l'article L. 163-3 et à l'article L. 163-4 est punie des mêmes peines.**

Art. L. 163-4-2 *(L. n° 2011-267, 4 mars 2011)*. **– Les peines encourues sont portées à dix ans d'emprisonnement et un million d'euros d'amende lorsque les infractions prévues aux articles L. 163-3, L. 163-4 et L. 163-4-1 sont commises en bande organisée.**

Art. L. 163-5 *(Anc. D.-L. 30 oct. 1935 ; rempl., L. n° 2001-1062, 15 nov. 2001 ; mod., Ord. n° 2009-866, 15 juill. 2009)*. **– La confiscation, aux fins de destruction, des chèques et autres instruments mentionnés à l'article L. 133-4 contrefaits ou falsifiés est obligatoire dans les cas prévus aux articles L. 163-3 à L. 163-4-1. Est également obligatoire la confiscation des matières, machines, appareils, instruments, programmes informatiques ou de toutes données qui ont servi ou étaient destinés à servir à la fabrication desdits instruments, sauf lorsqu'ils ont été utilisés à l'insu du propriétaire.**

Art. L. 163-6 *(Anc. D.-L. 30 oct. 1935 ; mod., L. n° 2001-1062, 15 nov. 2001)*. **– Dans tous les cas prévus aux articles L. 163-2 à L. 163-4-1 et L. 163-7, le tribunal peut prononcer l'interdiction des droits civiques, civils et de famille prévue par l'article 131-26 du Code pénal ainsi que l'interdiction, pour une durée de cinq ans au plus, d'exercer une activité professionnelle ou sociale, en application des dispositions des articles 131-27 et 131-28 du Code pénal.**

Dans les mêmes cas, il peut interdire au condamné, pour une durée de cinq ans, d'émettre des chèques autres que ceux qui permettent exclusivement le retrait de fonds par le tireur auprès du tiré ou ceux qui sont certifiés. Cette interdiction peut être déclarée exécutoire par provision. Elle est assortie d'une injonction adressée au condamné d'avoir à restituer aux banquiers qui les avaient délivrées les formules en sa possession et en celle de ses mandataires. Le tribunal peut ordonner, aux frais du condamné, la publication par extraits de la décision portant interdiction dans les journaux qu'il désigne et selon les modalités qu'il fixe.

En conséquence de l'interdiction, tout banquier informé de celle-ci par la Banque de France doit s'abstenir de délivrer au condamné et à ses mandataires des formules de chèques autres que celles mentionnées à l'alinéa précédent.

1) **Caractère personnel de l'interdiction d'émettre des chèques.** La peine complémentaire de l'interdiction d'émettre des chèques, prononcée en application de l'article 68 du décret-loi du 30 octobre 1935 (C. monét. fin., art. L. 163-6), a un caractère personnel et empêche celui qui en est frappé d'émettre des chèques autres que ceux qui permettent exclusivement le retrait de fonds auprès du tiré ou ceux qui sont certifiés, soit à titre personnel, soit à titre de mandataire (▪ Cass. crim., 3 juill. 1979 : *JurisData* n° 1979-097237 ; *JCP* G 1979, IV, 302 ; *D.* 1980, inf. rap. 133, obs. Cabrillac ; *RTD com.* 1980, 451, obs. Bouzat. ▪ Cass. crim., 8 févr. 1982 : *JCP* G 1982, IV, 150 ; *D.* 1982, 412, note Gavalda ; *RTD com.* 1982, 271, obs. Cabrillac et Teyssié. – *Contra*, ▪ Nancy, 16 nov. 1979 : *JCP* G 1980, IV, 388 ; *D.* 1980, 278, note Gavalda ; *RTD com.* 1980, 581, obs. Cabrillac et Rives-Lange et 1982, 310, obs. crit. Bouzat).

2) **Interdiction bancaire et fourniture de crédit.** L'interdiction d'émettre des chèques ne suffit pas à caractériser la situation obérée de l'intéressé, le banquier dispensateur de crédit n'est donc pas tenu d'un devoir de mise en garde envers l'emprunteur (▪ Cass. com., 3 juill. 2012 : *D.* 2012, p. 1878, obs. V. Avena-Robardet ; *RD bancaire et fin.* 2012, comm. 141, obs. F.-J. Crédot et T. Samin, et comm. 153, obs. A. Cerles ; *Banque et droit* 2012, n° 145, p. 19, obs. T. Bonneau ; *LPA* 12 oct. 2012, p. 11, note R. Laulier ; *JCP* E 2012, 1519, note D. Legeais ; *JCP* E 2012, 1646, n° 12, obs. R. Routier).

Art. L. 163-7 ***(Anc. D.-L. 30 oct. 1935).*** **– Est puni d'un emprisonnement de cinq ans et d'une amende de 375 000 € le fait, pour toute personne, d'émettre un ou plusieurs chèques en violation de l'interdiction prononcée en application de l'article L. 163-6.**

Est puni des mêmes peines le fait, pour un mandataire, d'émettre, en connaissance de cause, un ou plusieurs chèques dont l'émission était interdite à son mandant en application de l'article L. 163-6.

Pour la recherche, la poursuite, l'instruction et le jugement des infractions mentionnées aux alinéas précédents, le tribunal du lieu où le chèque est payable est compétent, sans préjudice de l'application des articles 43, 52 et 382 du Code de procédure pénale.

1) **Preuve de la date d'émission des chèques.** A donné une base légale à sa décision la cour d'appel qui, pour déclarer le titulaire du compte interdit et son mandataire coupables du délit d'émission de chèques malgré une interdiction et écarter l'argumentation des prévenus qui soutenaient que les six effets visés par la prévention avaient été émis sans indication de date, antérieurement à l'injonction de la banque, les dates d'émission ayant été, selon eux, mentionnées ultérieurement par les porteurs, constate que les prévenus, outre qu'ils tentent de se prévaloir d'une pratique illégale, ne rapportent pas la preuve de la véracité de leurs assertions (▪ Cass. crim., 27 juin 1983 : *D.* 1984, inf. rap. 69, obs. Cabrillac).

2) **Preuve de la connaissance de l'interdiction d'émettre des chèques.** Les textes en vigueur ne permettent pas de considérer l'émission de chèques en violation d'une interdiction bancaire comme un délit contraventionnel, et le défaut de retrait de la poste par le tireur de la lettre recommandée lui notifiant cette interdiction ne suffit pas à caractériser la mauvaise foi de celui-ci ; il est nécessaire, pour que l'infraction soit constituée, que l'intéressé ait eu personnellement connaissance de l'injonction de ne plus émettre de chèques (▪ T. corr. Bordeaux, 13 oct. 1982 : *D.* 1985, inf. rap. 30, obs. M. Cabrillac).

Art. L. 163-8 ***(Mod., Ord. n° 2009-866, 15 juill. 2009).*** **– Tous les faits punis par les articles L. 163-2, L. 163-3 pour ce qui concerne les dispositions en matière de chèque et L. 163-7 sont considérés, pour l'application des dispositions concernant la récidive, comme constituant une même infraction.**

Art. L. 163-9 *(Anc. D.-L. 30 oct. 1935).* **– À l'occasion des poursuites pénales exercées contre le tireur, le porteur qui s'est constitué partie civile est recevable à demander devant les juges de la juridiction pénale une somme égale au montant du chèque, sans préjudice, le cas échéant, de tous dommages-intérêts. Il peut, néanmoins, s'il le préfère, agir en paiement de sa créance devant la juridiction civile ou commerciale.**

En l'absence de constitution de partie civile et si la preuve du paiement du chèque ne résulte pas des éléments de la procédure, les juges de la juridiction pénale peuvent, même d'office, condamner le tireur à payer au bénéficiaire, outre les frais d'exécution de la décision, une somme égale au montant du chèque, majorée, le cas échéant, des intérêts à partir du jour de la présentation conformément à l'article L. 131-52 et des frais résultant du non-paiement, lorsque le chèque n'a pas été endossé si ce n'est aux fins de recouvrement et qu'il figure en original au dossier de la procédure. Lorsqu'il est fait application des dispositions du présent alinéa, le bénéficiaire peut se faire délivrer une expédition de la décision en forme exécutoire dans les mêmes conditions qu'une partie civile régulièrement constituée.

1) Action en remboursement : défendeur. Contrairement à l'action en dommages-intérêts, l'action civile en remboursement du chèque ne peut être dirigée que contre un tireur personnellement tenu à la dette ; en conséquence, ne peut être condamné sur ce fondement le dirigeant social qui a émis ès qualités (■ Cass. crim., 27 févr. 1974, n° 73-91.305 : *JurisData* n° 1974-095084 ; *JCP* G 1974, IV, 132 ; *D.* 1974, somm. 45. ■ Cass. crim., 6 oct. 1982, *a contrario* : *D.* 1983, inf. rap. 245, obs. Cabrillac ; *RTD com.* 1983, 260, obs. Cabrillac et Teyssié. – *Adde*, ■ Cass. crim., 6 avr. 1992, n° 91-84.550 : *D.* 1992, inf. rap. 207 ; *RJDA* 10/92, n° 938. ■ Cass. crim., 22 févr. 1993, n° 92-81.474 : *RJDA* 5/93, n° 425).

2) Déclaration de créance valant choix de la juridiction. Le bénéficiaire qui a déclaré sa créance au redressement judiciaire du tireur a choisi la voie ordinaire ; son action au pénal ne peut s'analyser qu'en une demande de réparation du préjudice moral qu'il a subi du fait du prévenu (■ Cass. crim., 25 nov. 1991 : *JurisData* n° 1991-049115 ; *JCP* E 1992, pan. 331).

3) Constitution de partie civile. Lorsque le bénéficiaire d'un chèque ayant fait l'objet d'une défense au tiré de payer, non justifiée, a accepté de le recevoir connaissant l'insuffisance de la provision, les infractions à la loi pénale, même non poursuivies qui résultent d'un concert frauduleux entre l'émetteur et ce bénéficiaire, rendent ce dernier irrecevable à se constituer partie civile en vue de poursuivre la réparation du préjudice qu'il pouvait avoir subi du fait de leurs agissements communs (■ Cass. com., 3 avr. 1979, n° 76-15.041 : *JurisData* n° 1979-099123 ; *JCP* G 1979, IV, 209 ; *RTD com.* 1979, 781, obs. Cabrillac et Rives-Lange. ■ Cass. crim., 28 juin 1982, n° 81-94.186 : *JurisData* n° 1982-702044 ; *JCP* G 1982, IV, 321 ; *Gaz. Pal.* 1983, 1, somm. 2, obs. Doucet ; *RTD com.* 1983, 95, obs. Cabrillac et Teyssié).

Le porteur d'un chèque émis en contravention d'une interdiction bancaire est recevable à se constituer partie civile (■ Cass. crim., 29 nov. 1993, n° 93-84.221 : *JurisData* n° 1993-002522 ; *JCP* E 1994, pan. 390 ; *RJDA* 1/94, n° 71).

Art. L. 163-10 *(Anc. D.-L. 30 oct. 1935).* **– Est puni d'une amende de 12 000 € le fait, pour le tiré :**

1. D'indiquer une provision inférieure à la provision existante et disponible ;

2. De rejeter un chèque pour insuffisance ou indisponibilité de la provision sans indiquer, lorsque tel est le cas, que le chèque a été émis au mépris d'une injonction adressée en application de l'article L. 131-73 ou en violation d'une interdiction prononcée en application de l'article L. 163-6 ;

3. De ne pas déclarer, dans les conditions prévues par décret en Conseil d'État, les incidents de paiement ainsi que les infractions prévues par le troisième alinéa de l'article L. 163-2 et les premier et deuxième alinéas de l'article L. 163-7 ;

4. De contrevenir aux dispositions des articles L. 131-72, L. 131-73 et au troisième alinéa de l'article L. 163-6.

Art. L. 163-10-1 *(L. n° 2001-1062, 15 nov. 2001 ; L. n° 2009-526, 12 mai 2009 ; mod., Ord. n° 2009-866, 15 juill. 2009).* **– Les personnes morales déclarées responsables pénalement, dans les conditions prévues par l'article 121-2 du Code pénal, des infractions définies aux articles L. 163-2 à L. 163-4, L. 163-7 et L. 163-10 encourent, outre l'amende suivant les modalités prévues par l'article 131-38 du Code pénal, les peines prévues par l'article 131-39 du même code.**

L'interdiction mentionnée au 2° de l'article 131-39 du Code pénal porte sur l'activité dans l'exercice ou à l'occasion de l'exercice de laquelle l'infraction a été commise.

Art. L. 163-11 *(Anc. D.-L. 30 oct. 1935 ; mod., L. n° 2005-516, 20 mai 2005 ; Ord. n° 2009-866, 15 juill. 2009 ; L. n° 2010-737, 1er juill. 2010).* – Est puni des peines prévues par l'article 226-21 du Code pénal le fait, pour toute personne :

1. D'utiliser, à d'autres fins que celles poursuivies par les articles L. 131-1 à L. 131-87 relatifs aux chèques et par les articles L. 133-1 à L. 133-28 lorsqu'ils s'appliquent à la carte de paiement, les informations centralisées par la Banque de France en application du premier alinéa de l'article L. 131-85 ;
2. D'assurer, aux lieu et place de la Banque de France, la centralisation des informations prévues par le premier alinéa de l'article L. 131-85.

Art. L. 163-12 *(Anc. D.-L. 30 oct. 1935).* – Est puni des peines prévues à l'article 226-21 du Code pénal le fait, pour toute personne, de diffuser ou de conserver des informations obtenues en application de l'article L. 131-86.

....

PARTIE LÉGISLATIVE

LIVRE PREMIER. – LA MONNAIE

TITRE PREMIER. – DISPOSITIONS GÉNÉRALES

....

CHAPITRE II. – RÈGLES D'USAGE DE LA MONNAIE

....

Section III. – Interdiction du paiement en espèces de certaines créances

Art. L. 112-6 *(Rempl., Ord. n° 2009-104, 30 janv. 2009 ; mod., Ord. n° 2009-866, 15 juill. 2009 ; L. n° 2013-100, 28 janv. 2013 ; L. n° 2014-344, 17 mars 2014 ; L. n° 2016-1691, 9 déc. 2016).* – I. – Ne peut être effectué en espèces ou au moyen de monnaie électronique le paiement d'une dette supérieure à un montant fixé par décret, tenant compte du lieu du domicile fiscal du débiteur, de la finalité professionnelle ou non de l'opération et de la personne au profit de laquelle le paiement est effectué.

Au-delà d'un montant mensuel fixé par décret, le paiement des traitements et salaires est soumis à l'interdiction mentionnée à l'alinéa précédent et doit être effectué par chèque barré ou par virement à un compte bancaire ou postal ou à un compte tenu par un établissement de paiement ou un établissement de monnaie électronique qui fournit des services de paiement.

Lorsqu'un professionnel achète des métaux à un particulier ou à un autre professionnel, le paiement est effectué par chèque barré ou par virement à un compte ouvert au nom du vendeur. Le non-respect de cette obligation est puni par une contravention de cinquième classe.

II. – Nonobstant les dispositions du I, les dépenses des services concédés qui excèdent la somme de 450 euros doivent être payées par virement.

II *bis*. – Nonobstant le I, le paiement des opérations afférentes au prêt sur gage peut être effectué en espèces ou au moyen de monnaie électronique, dans la limite d'un montant fixé par décret.

III. – Les dispositions qui précèdent ne sont pas applicables :

a) Aux paiements réalisés par des personnes qui sont incapables de s'obliger par chèque ou par un autre moyen de paiement, ainsi que par celles qui n'ont pas de compte de dépôt ;

b) Aux paiements effectués entre personnes physiques n'agissant pas pour des besoins professionnels ;

c) Au paiement des dépenses de l'État et des autres personnes publiques.

Champ d'application territorial de l'interdiction du paiement en espèces. L'interdiction s'applique à tous les paiements qui ont lieu en France quelle que soit la situation des autres éléments (loi applicable au contrat, nationalité ou résidence habituelle des parties), mais ne s'applique pas aux paiements effectués hors du territoire français (CE, 9e et 10e ss-sect. réunies, 10 mai 2012 : *Dr. fisc.* 2012, 446, concl. P. Collin ; *D.* 2012, p. 1476, note P. Collin ; *D.* 2012, p. 2289, note C. Kleiner ; *LPA* 6-7 sept. 2012, nos 179-180, p. 19, note J. Lasserre Capdeville ; *RD bancaire et fin.* 2013, comm. 2, obs. F.-J. Crédot et T. Samin ; *JCP* E 2012, 1600, note D. F.).

ANNEXE 5

Code monétaire et financier

Art. D. 112-3 *(D. n° 2010-662, 16 juin 2010 ; mod., D. n° 2015-741, 24 juin 2015 ; D. n° 2016-1985, 30 déc. 2016)*. – I. – Le montant prévu au I de l'article L. 112-6 est fixé :

1° Lorsque le débiteur a son domicile fiscal sur le territoire de la République française ou agit pour les besoins d'une activité professionnelle, à 1 000 euros pour les paiements effectués en espèces et à 3 000 euros pour les paiements effectués au moyen de monnaie électronique ;

2° *(2° rempl. à compter du 1er octobre 2018, D. n° 2018-284, 18 avr. 2018)* Lorsque le débiteur justifie qu'il n'a pas son domicile fiscal sur le territoire de la République française, n'agit pas pour les besoins d'une activité professionnelle et paie une dette au profit d'une personne qui n'est pas mentionnée à l'article L. 561-2, à 10 000 euros pour les paiements effectués en espèces ou au moyen de monnaie électronique ;

3° *(3° créé à compter du 1er octobre 2018, D. n° 2018-284, 18 avr. 2018)* Lorsque le débiteur justifie qu'il n'a pas son domicile fiscal sur le territoire de la République française, n'agit pas pour les besoins d'une activité professionnelle et paie une dette au profit d'une personne mentionnée à l'article L. 561-2, à 15 000 euros pour les paiements effectués en espèces ou au moyen de monnaie électronique.

II. – Le montant mentionné au II *bis* de l'article L. 112-6 est fixé à 3 000 euros.

Art. L. 112-6-1 ***(Créé à compter du 1er janvier 2013, L. n° 2011-331, 28 mars 2011)*. – Les paiements effectués ou reçus par un notaire pour le compte des parties à un acte reçu en la forme authentique et donnant lieu à publicité foncière doivent être assurés par virement. Un décret en Conseil d'État précise les modalités d'exécution de ce virement ainsi que le seuil au-dessous duquel d'autres modalités de paiement demeurent autorisées.**

Code monétaire et financier

Art. R. 112-5 *(Mod., D. n° 2013-232, 20 mars 2013)*. – Le seuil mentionné à l'article L. 112-6-1 est fixé à 3 000 euros.

II. – Outre les informations habituellement fournies en vue de l'exécution d'une opération de paiement, le payeur à l'origine du virement prévu à l'article L. 112-6-1 transmet à son prestataire de services de paiement son nom, le nom du bénéficiaire du virement ainsi qu'un libellé d'opération comportant l'objet du paiement et la désignation de l'acte. Ce libellé est repris dans toute opération de paiement subséquente jusqu'à sa communication au bénéficiaire du virement par son prestataire de services de paiement.

Art. L. 112-6-1-A ***(L. n° 2017-1775, 28 déc. 2017)*. – Les professionnels qui, par voie électronique, assurent un service de réservation ou de location ou de mise en relation en vue de la location d'un hébergement situé en France ne peuvent effectuer aucun paiement au profit du loueur par une valeur monétaire stockée sous forme électronique et utilisable au moyen d'un support physique au sens de l'article L. 315-9 du présent code.**

Art. L. 112-6-2 ***(Créé à compter du 1er novembre 2017, L. n° 2016-1547, 18 nov. 2016)*. – Les paiements effectués par les administrateurs judiciaires et les mandataires judiciaires au profit des institutions mentionnées à l'article L. 3253-14 du Code du travail en application des articles L. 3253-15, L. 3253-16 et L. 3253-18-1 du même code sont assurés par virement.**

Le paiement des traitements et salaires est effectué par virement par le mandataire judiciaire lorsqu'il était, avant l'ouverture de la procédure collective, effectué par virement sur un compte bancaire ou postal, sous réserve de l'article L. 112-10 du présent code.

Les deux premiers alinéas du présent article s'appliquent également aux administrateurs judiciaires et aux mandataires judiciaires désignés en application du deuxième alinéa de l'article L. 811-2 du Code de commerce et *du premier alinéa du II de l'article L. 812-2 du même code.*

Art. L. 112-7 ***(L. n° 2016-1547, 18 nov. 2016)*. – Les infractions aux articles L. 112-6 à L. 112-6-2 sont constatées par des agents désignés par arrêté du ministre chargé du budget. Le débiteur ou le mandataire de justice ayant procédé à un paiement en violation des mêmes articles L. 112-6 à L. 112-6-2 sont passibles d'une amende dont le montant est fixé compte tenu de la gravité des manquements et qui ne peut excéder 5 % des**

sommes payées en violation des dispositions susmentionnées. Le débiteur et le créancier sont solidairement responsables du paiement de cette amende en cas d'infraction aux articles L. 112-6 et L. 112-6-1.

NDLR : Entrée en vigueur 1er nov. 2017.

Rédaction antérieure. Art. L. 112-7 *(Rempl., Ord. n° 2009-104, 30 janv. 2009 ; mod., L. n° 2011-331, 28 mars 2011).* – Les infractions aux dispositions des articles L. 112-6 et L. 112-6-1 sont constatées par des agents désignés par arrêté du ministre chargé du budget. Le débiteur ayant procédé à un paiement en violation des dispositions du même article est passible d'une amende dont le montant est fixé, compte tenu de la gravité des manquements, et ne peut excéder 5 % des sommes payées en violation des dispositions susmentionnées. Le débiteur et le créancier sont solidairement responsables du paiement de cette amende.

Art. L. 112-8 *(Anc. art. L. 112-9, dénum., Ord. n° 2009-104, 30 janv. 2009 ; mod., Ord. n° 2009-325, 25 mars 2009 ; Ord. n° 2009-866, 15 juill. 2009 ; L. n° 2013-100, 28 janv. 2013).* **– Les livraisons de céréales par les producteurs aux coopératives sont réglées par chèque ou virement sur un établissement de crédit, sur un établissement de paiement ou sur un établissement de monnaie électronique dans le cadre de la fourniture de services de paiement. Les coopératives autorisent ces établissements à communiquer à l'inspection générale des finances et aux agents de l'établissement national des produits de l'agriculture et de la mer (FranceAgriMer) les pièces justificatives de leurs comptes.**

....

Section IV. – Mode de paiement du salaire

Art. L. 112-10. – Le salaire est payé dans les conditions fixées par l'article L. 3241-1 du Code du travail.

Section V. – Frais ou réduction pour l'usage d'un instrument de paiement donné

(Ord. n° 2009-866, 15 juill. 2009)

Art. L. 112-11 *(Mod., L. n° 2013-672, 26 juill. 2013 ; Ord. n° 2017-1252, 9 août 2017).* **– Les prestataires de services de paiement ne peuvent limiter contractuellement la possibilité pour un bénéficiaire d'appliquer des frais, de proposer une réduction au payeur ou de l'orienter d'une autre manière vers l'utilisation d'un instrument de paiement donné. Les frais appliqués ne peuvent dépasser les coûts directs supportés par le bénéficiaire pour l'utilisation de cet instrument de paiement. Toute stipulation contraire est réputée non écrite.**

Au cours du premier trimestre de chaque année, le prestataire de services de paiement porte à la connaissance du bénéficiaire du paiement, à l'exclusion des personnes physiques n'agissant pas pour des besoins professionnels, un document distinct récapitulant le total des sommes perçues par ce prestataire au cours de l'année civile précédente au titre des frais facturés fixés contractuellement pour l'encaissement des paiements par carte. Ce relevé annuel des frais d'encaissement des paiements par carte distingue, pour chaque catégorie de produits ou services, le sous-total des frais perçus et le nombre de produits ou services correspondants.

Art. L. 112-12. – Lorsque le bénéficiaire d'un paiement propose une réduction au payeur pour l'utilisation d'un instrument de paiement donné, il l'en informe avant l'engagement *(Mots rempl., ord. n° 2017-1252, 9 août 2017)* **« l'initiation » de l'opération de paiement.**

Le bénéficiaire ne peut appliquer de frais pour l'utilisation d'un instrument de paiement donné. Il ne peut être dérogé à cette interdiction que dans des conditions définies par décret, pris après avis de l'Autorité de la concurrence, compte tenu de la nécessité d'encourager la concurrence et de favoriser l'utilisation de moyens de paiement efficaces.

Art. L. 112-13 *(Ord. n° 2017-1252, 9 août 2017).* **– Lorsque le prestataire de services de paiement ou une autre partie intervenant dans l'opération applique des frais pour l'utilisation d'un instrument de paiement donné, il en informe l'utilisateur de services de paiement avant l'initiation de l'opération de paiement.**

Le payeur n'est tenu d'acquitter les frais visés au deuxième alinéa de l'article L. 112-12 et au premier alinéa du présent article que s'il a eu connaissance de leur montant total avant l'initiation de l'opération de paiement.

Section VI – Fourniture d'espèces dans le cadre d'une opération de paiement

(L. n° 2018-700, 3 août 2018)

Art. L. 112-14. – I. – Les commerçants mentionnés à l'article L. 121-1 du Code de commerce peuvent fournir des espèces à l'utilisateur de services de paiement dans le cadre d'une opération de paiement pour l'achat de biens ou de services.

II. – Ce service ne peut être fourni qu'à la demande de l'utilisateur de services de paiement agissant à des fins non professionnelles formulée juste avant l'exécution d'une opération de paiement pour l'achat de biens ou de services et dans des conditions conformes à l'article L. 112-1 du Code de la consommation.

Les paiements par chèque ou réalisés par le biais de titres-papiers, d'instruments spéciaux de paiement au sens de l'article L. 521-3-2 du présent code ou de titres spéciaux de paiement dématérialisés au sens de l'article L. 525-4 ne peuvent donner lieu à fourniture d'espèces.

III. – Afin d'assurer la qualité de la circulation fiduciaire et de limiter les risques de blanchiment et de financement du terrorisme, un décret précise les modalités de fourniture du service mentionné au I du présent article. Il détermine :

1° Le montant minimal de l'opération de paiement d'achat de biens ou de services dans le cadre de laquelle des espèces sont fournies ;

2° Le montant maximal en numéraire pouvant être décaissé dans ce cadre.

IV. – La Banque de France peut, en cas de menace pour la qualité de la circulation fiduciaire ou d'événement exceptionnel ayant pour conséquence d'entraver de manière significative l'approvisionnement de billets en euros, et après avoir informé le ministre chargé de l'économie, autoriser temporairement un plafond supérieur ou inférieur à celui mentionné au 2° du III et ajuster la liste des instruments de paiement figurant au second alinéa du II. Le ministre chargé de l'économie peut à tout moment mettre fin à ce régime temporaire.

II. – DROIT AU COMPTE ET RELATIONS AVEC LE CLIENT

Code monétaire et financier

Partie législative

LIVRE TROISIÈME. – LES SERVICES

CHAPITRE II. – COMPTES ET DÉPÔTS

Section I. – Droit au compte et relations avec le client

(Intitulé rempl., L. n° 2001-1168, 11 déc. 2001)

Sous-section 1. – Droit au compte

(Division créée à compter du 1er nov. 2009, Ord. n° 2009-866, 15 juill. 2009)

Bibliographie : *Dossier le droit au compte : RD sanit. soc.* 2017, 3.

Art. L. 312-1 *(Mod., Ord. n° 2005-429, 6 mai 2005 ; mod. à compter de la date du transfert prévu à l'article 16, II, 1 de la loi n° 2005-516 du 20 mai 2005 et au plus tard le 1er janvier 2006, L. n° 2005-516, 20 mai 2005 ; mod. à compter du 1er janvier 2009, L. n° 2008-776, 4 août 2008 ; mod., Ord. n° 2010-76, 21 janv. 2010 ; L. n° 2010-737, 1er juill. 2010 ; L. n° 2010-1249, 22 oct. 2010 ; L. n° 2011-525, 17 mai 2011 ; L. n° 2013-672, 26 juill. 2013 ; mod. à compter du 23 juin 2017, Ord. n° 2016-1808, 22 déc. 2016).* **– I. – A droit à l'ouverture d'un compte de dépôt dans l'établissement de crédit de son choix, sous réserve d'être dépourvu d'un tel compte en France :**

1° Toute personne physique ou morale domiciliée en France ;

2° Toute personne physique résidant légalement sur le territoire d'un autre État membre de l'Union européenne n'agissant pas pour des besoins professionnels ainsi que toute personne physique de nationalité française résidant hors de France.

II. – Pour les personnes physiques n'agissant pas pour des besoins professionnels, les établissements de crédit disposent, au sein de leur gamme de services, de prestations de base définies par décret.

Lorsque ces personnes sont en situation de fragilité financière au sens de l'article L. 312-1-3, elles se voient proposer l'offre spécifique mentionnée au même article dans les conditions fixées par décret en Conseil d'État.

Sous réserve du respect des dispositions du chapitre Ier du titre VI du livre V, l'établissement procède à l'ouverture du compte de dépôt demandée par les personnes mentionnées au premier alinéa du présent II au plus tard dans les six jours ouvrés à compter de la réception de l'ensemble des pièces qui lui sont nécessaires à cet effet.

L'établissement peut rejeter la demande d'ouverture de compte au motif que ces personnes peuvent bénéficier d'un compte de dépôt dans les conditions mentionnées au III.

(Al. rempl. à compter du 1er avril 2018, Ord. n° 2017-1433, 4 oct. 2017) Si l'établissement refuse l'ouverture du compte de dépôt, il fournit au demandeur gratuitement, sur support papier, et sur un autre support durable lorsque celui-ci en fait la demande expresse, les motifs de ce refus en mentionnant, le cas échéant, la procédure prévue au III.

III. – En cas de refus de la part de l'établissement choisi d'ouvrir un tel compte à l'une des personnes mentionnées au I, celle-ci peut saisir la Banque de France afin qu'elle lui désigne un établissement de crédit situé à proximité de son domicile ou d'un autre lieu de son choix, en prenant en considération les parts de marché de chaque établissement concerné, dans un délai d'un jour ouvré à compter de la réception des pièces requises définies par arrêté.

(Al. rempl. à compter du 1er avril 2018, Ord. n° 2017-1433, 4 oct. 2017) L'établissement de crédit qui a refusé l'ouverture d'un compte fournit au demandeur systématiquement, gratuitement et sans délai, sur support papier, et sur un autre support durable lorsque celui-ci en fait la demande expresse, une attestation de refus d'ouverture de compte et l'informe qu'il peut demander à la Banque de France de lui désigner un établissement de crédit pour lui ouvrir un compte.

Il lui propose, s'il s'agit d'une personne physique, d'agir en son nom et pour son compte en transmettant la demande de désignation d'un établissement de crédit à la Banque de France ainsi que les informations requises pour l'ouverture du compte. À la demande d'une personne physique, le département, la caisse d'allocations familiales, le centre communal ou intercommunal d'action sociale dont cette personne dépend, une association ou une fondation à but non lucratif dont l'objet est d'accompagner les personnes en difficulté ou de défendre les intérêts des familles ou une association de consommateurs agréée peut également transmettre en son nom et pour son compte la demande de désignation et les pièces requises à la Banque de France. Un décret détermine les conditions dans lesquelles les associations et fondations peuvent agir sur le fondement du présent alinéa.

Les établissements de crédit ainsi désignés par la Banque de France sont tenus d'offrir au titulaire du compte des services bancaires de base dont le contenu et les conditions tarifaires sont précisés par décret. Ils procèdent à l'ouverture du compte de dépôt dans les trois jours ouvrés à compter de la réception de l'ensemble des pièces qui lui sont nécessaires à cet effet. *(Mots aj. à compter du 1er avril 2018, Ord. n° 2017-1433, 4 oct. 2017)* « La gestion de ce compte de dépôt est réglée par une convention écrite sur support papier ou sur un autre support durable lorsque le demandeur y consent ».

L'Association française des établissements de crédit et des entreprises d'investissement, mentionnée à l'article L. 511-29, adopte une charte d'accessibilité bancaire afin de renforcer l'effectivité du droit au compte. Cette charte précise les délais et les modalités de transmission, par les établissements de crédit à la Banque de France, des informations requises pour l'ouverture d'un compte. Elle définit les documents d'information que les établissements de crédit doivent mettre à disposition de la clientèle et les actions de formation qu'ils doivent réaliser. Elle fixe un modèle d'attestation de refus d'ouverture de compte.

La charte d'accessibilité bancaire, homologuée par arrêté du ministre chargé de l'économie, après avis du comité consultatif du secteur financier et du comité consultatif de la législation et de la réglementation financières, est applicable à tout établissement de crédit. Le contrôle du respect de la charte est assuré par « l'Autorité de contrôle prudentiel et de résolution » et relève de la procédure prévue à l'article L. 612-31.

IV. – L'établissement de crédit ne peut résilier unilatéralement la convention de compte de dépôt assorti des services bancaires de base, ouvert en application du III, que si l'une au moins des conditions suivantes est remplie :

1° Le client a délibérément utilisé son compte de dépôt pour des opérations que l'organisme a des raisons de soupçonner comme poursuivant des fins illégales ;

2° Le client a fourni des informations inexactes ;

3° Le client ne répond plus aux conditions de domicile ou de résidence définies au I ;

4° Le client a ultérieurement ouvert un deuxième compte de dépôt en France qui lui permet d'utiliser les services bancaires de base ;

5° Le client a fait preuve d'incivilités répétées envers le personnel de l'établissement de crédit ;

6° L'établissement est dans l'une des situations prévues à l'article L. 561-8.

(Al. rempl. à compter du 1er avril 2018, Ord. n° 2017-1433, 4 oct. 2017) Toute résiliation à l'initiative de l'établissement de crédit fait l'objet d'un courrier sur support papier, envoyé gratuitement au client. La décision de résiliation est motivée sauf lorsque cette motivation contrevient aux objectifs de sécurité nationale ou de maintien de l'ordre public. La décision de résiliation à l'initiative de l'établissement est adressée, pour information, à la Banque de France.

Un délai minimum de deux mois de préavis est octroyé au titulaire du compte, sauf dans les cas mentionnés au 1° et au 2°.

L'établissement informe le client, *(Mots rempl. à compter du 1er avril 2018, Ord. n° 2017-1433, 4 oct. 2017)* « dans son courrier de résiliation », de l'existence d'un service de relations avec la clientèle et de la médiation pour traiter les litiges éventuels liés à la résiliation de la convention de compte de dépôt.

V. – Le présent article s'applique aux personnes inscrites aux fichiers gérés par la Banque de France en application de l'article L. 131-85 du présent code et de l'article L. 751-1.

Arrêté du 31 juillet 2015

fixant la liste des pièces justificatives pour l'exercice du droit au compte auprès de la Banque de France

Art. 1er *(Mod. à compter du 23 juin 2017, A. 10 janv. 2017)* **.** **–** Pour l'application de l'article L. 312-1 du Code monétaire et financier, sont jointes à la demande d'exercice de droit au compte adressée à la Banque de France les pièces ci-dessous :

A. – Pour une personne physique :

1° La copie recto verso d'un justificatif d'identité, en cours de validité, délivrée par une administration publique, comportant la photographie du titulaire, notamment l'un des documents suivants :

a) Carte nationale d'identité française ou étrangère ;

b) Passeport français ou étranger ;

c) Permis de conduire français ou étranger ;

d) Carte de combattant délivrée par les autorités françaises ;

e) Carte d'identité ou carte de circulation délivrée par les autorités militaires françaises ;

f) Récépissé de demande d'un titre de séjour ;

g) Carte de séjour temporaire, carte de résident, carte de ressortissant d'un État membre de l'Union européenne ou partie à l'accord sur l'Espace économique européen ;

2° La copie de l'un des justificatifs de domicile au nom du demandeur suivants :

a) Quittance de loyer de moins de trois mois ;

b) Facture d'eau, de gaz, d'électricité, d'internet ou de téléphone de moins de trois mois, sur support papier ou dématérialisée imprimée ;

c) Attestation d'assurance logement de moins de trois mois ;

d) Attestation d'élection de domicile établissant le lien avec un organisme agréé au titre du L. 264-2 du Code de l'action sociale et des familles, en cours de validité ;

e) Attestation sur l'honneur de l'hébergeant indiquant que le déclarant réside à son domicile, pièce d'identité et justificatif de domicile de l'hébergeant de moins de trois mois ;

f) Livret de circulation en cours de validité ;

g) Dernier avis d'imposition ou de non-imposition ;

h) Titre de propriété de la résidence principale ;

3° La lettre de refus d'ouverture de compte établie par l'établissement de crédit qui a refusé d'ouvrir un compte de dépôt au demandeur ;

4° Déclaration sur l'honneur attestant le fait que le demandeur ne dispose d'aucun compte de dépôt ouvert à titre personnel ou à titre professionnel ;

5° Pour les personnes physiques agissant à titre professionnel, un document officiel attestant de leur activité professionnelle :

a) Extrait K original du registre du commerce et des sociétés de moins de trois mois pour un commerçant ;

b) Extrait D1 original du registre des métiers de moins de trois mois pour un artisan ;

c) Copie du certificat d'identification de l'INSEE de l'année en cours, comportant les numéros d'identification, pour un travailleur indépendant ;

d) Copie de la carte professionnelle pour une profession libérale ;

e) Documents spécifiques récents pour les autres professionnels.

Dans certains cas particuliers, notamment pour les demandes d'exercice du droit au compte au nom d'une personne mineure ou d'une personne majeure protégée, des pièces justificatives complémentaires peuvent être demandées par la Banque de France.

B. – Pour une personne morale de droit privé :

1° Pour une société :

a) Justificatif d'identité en cours de validité du représentant légal de la société ;

b) Extrait K *bis* original de moins de trois mois de la société ;

c) Lettre de refus d'ouverture de compte établie par l'établissement de crédit qui a refusé d'ouvrir un compte de dépôt à la société ;

d) Déclaration sur l'honneur du représentant légal de la société attestant le fait que la société ne dispose d'aucun compte de dépôt ouvert à son nom ;

2° Pour une association :

a) Justificatif d'identité en cours de validité du représentant légal de l'association ;

b) Copie du récépissé de déclaration de l'association à la préfecture ;

c) Copie des statuts de l'association et liste des personnes chargées de son administration ;

d) Copie de la décision de l'assemblée désignant le demandeur en qualité de représentant de l'association à l'égard des tiers ;

e) Lettre de refus d'ouverture de compte établie par l'établissement de crédit qui a refusé d'ouvrir un compte de dépôt à l'association.

f) Déclaration sur l'honneur du représentant légal de l'association attestant le fait que l'association ne dispose d'aucun compte de dépôt ouvert à son nom.

Sous-section 1 *bis*. – Inclusion bancaire et prévention du surendettement

(Div. créée, L. n° 2013-672, 26 juill. 2013)

Art. L. 312-1-1 A *(L. n° 2013-672, 26 juill. 2013)*. – **L'Association française des établissements de crédit et des entreprises d'investissement, mentionnée à l'article L. 511-29, adopte une charte d'inclusion bancaire et de prévention du surendettement homologuée par arrêté du ministre chargé de l'économie, après avis du Comité consultatif du secteur financier et du Comité consultatif de la législation et de la réglementation financières. Cette charte est applicable à tout établissement de crédit. Le contrôle du respect de la charte est assuré par l'Autorité de contrôle prudentiel et de résolution et relève de la procédure prévue à l'article *L. 612-31*.**

Cette charte a pour objet de renforcer l'accès aux services bancaires et de faciliter l'usage de ces services, en particulier en ce qui concerne les moyens de paiement, pour les personnes physiques n'agissant pas pour des besoins professionnels. Elle a également pour objet de mieux prévenir le surendettement de ces personnes.

Cette charte précise notamment les modalités d'information des clientèles concernées par les offres mentionnées au deuxième alinéa de l'article L. 312-1-3. Elle précise également les actions de formation et de sensibilisation réalisées par les établissements de crédit afin de favoriser la diffusion de ces offres auprès des personnes concernées.

Cette charte définit également les conditions dans lesquelles chaque établissement de crédit se dote d'un dispositif de détection précoce des situations de fragilité financière de ses clients et apporte à ces situations des réponses adaptées, en concertation avec le client concerné.

Art. L. 312-1-1 B *(L. n° 2013-672, 26 juill. 2013).* – Il est créé, auprès de la Banque de France, un observatoire de l'inclusion bancaire chargé de collecter des informations sur l'accès aux services bancaires des personnes physiques n'agissant pas pour des besoins professionnels, sur l'usage que ces personnes font de ces services bancaires et sur les initiatives des établissements de crédit en la matière. Cet observatoire est également chargé de définir, de produire et d'analyser des indicateurs relatifs à l'inclusion bancaire visant notamment à évaluer l'évolution des pratiques des établissements de crédit dans ce domaine.

Les établissements de crédit fournissent à l'observatoire les informations nécessaires à l'exercice de ses missions.

Un décret en Conseil d'État précise l'organisation et le fonctionnement de l'observatoire.

L'observatoire de l'inclusion bancaire publie un rapport annuel sur la mise en œuvre de ses missions. Ce rapport comporte notamment une analyse des indicateurs d'inclusion bancaire et de leur évolution, une évaluation des pratiques des établissements de crédit ainsi que les préconisations éventuelles de l'observatoire afin d'améliorer l'inclusion bancaire. Il peut également décrire et analyser les exemples de bonnes ou de mauvaises pratiques individuelles de certains établissements de crédit.

Sous-section 2. – Relations des établissements de crédit avec le client

(Division créée à compter du 1er nov. 2009, Ord. n° 2009-866, 15 juill. 2009)

Art. L. 312-1-1 *(L. n° 2001-1168, 11 déc. 2001 ; mod., L. n° 2003-706, 1er août 2003 ; L. fin. n° 2004-1484, 30 déc. 2004 ; L. n° 2007-290, 5 mars 2007 ; L. n° 2008-3, 3 janv. 2008 ; mod. à compter du 1er nov. 2009, Ord. n° 2009-866, 15 juill. 2009 ; mod., L. n° 2010-737, 1er juill. 2010 ; L. n° 2010-1249, 22 oct. 2010 ; L. n° 2013-672, 26 juill. 2013 ; L. n° 2014-1662, 30 déc. 2014 ; Ord. n° 2017-1252, 9 août 2017 ; à compter du 1er avril 2018, Ord. n° 2017-1433, 4 oct. 2017 ; L. n° 2019-486, 22 mai 2019).* – I. – Les établissements de crédit sont tenus de mettre à la disposition, sur support papier ou sur un autre support durable, de leur clientèle et du public les conditions générales et tarifaires applicables aux opérations relatives à la gestion d'un compte de dépôt, selon des modalités fixées par un arrêté du ministre chargé de l'économie.

II. – La gestion d'un compte de dépôt des personnes physiques n'agissant pas pour des besoins professionnels est réglée par une convention écrite, sur support papier ou sur un autre support durable, passée entre le client et son établissement de crédit.

Les principales stipulations que la convention de compte de dépôt doit comporter, notamment les conditions générales et tarifaires d'ouverture, de fonctionnement et de clôture, sont précisées par un arrêté du ministre chargé de l'économie.

Avant que le client ne soit lié par cette convention, l'établissement de crédit lui fournit lesdites conditions sur support papier ou sur un autre support durable. L'établissement de crédit peut s'acquitter de cette obligation en fournissant au client une copie du projet de convention de compte de dépôt.

Si, à la demande du client, cette convention est conclue par un moyen de communication à distance ne permettant pas à l'établissement de crédit de se conformer au précédent alinéa, ce dernier satisfait à ses obligations aussitôt après la conclusion de la convention de compte de dépôt.

L'acceptation de la convention de compte de dépôt est formalisée par la signature du ou des titulaires du compte.

III. – Lorsque l'établissement de crédit est amené à proposer à son client de nouvelles prestations de services de paiement dont il n'était pas fait mention dans la convention de compte de dépôt, les informations relatives à ces nouvelles prestations font l'objet d'un contrat-cadre de services de paiement régi par les dispositions des sections 2 à 4 du chapitre IV du présent titre relatives au contrat-cadre de services de paiement ou d'une modification de la convention de compte de dépôt dans les conditions mentionnées au II du présent article.

Lorsqu'un relevé de compte est fourni en application des stipulations de la convention visée à l'alinéa précédent et que celui-ci indique, à titre d'information, qu'un montant de découvert est autorisé, il mentionne immédiatement après, dans les mêmes caractères, le taux annuel effectif global au sens des articles L. 314-1 à L. 314-4 du Code de la consommation, quelle que soit la durée du découvert autorisé considéré.

IV. – Tout projet de modification de la convention de compte de dépôt est fourni sur support papier ou sur un autre support durable au client au plus tard deux mois avant la date d'application envisagée. Selon les modalités prévues dans la convention de compte de dépôt, l'établissement de crédit informe le client qu'il est réputé avoir accepté la modification s'il ne lui a pas notifié, avant la date d'entrée en vigueur proposée de cette modification, qu'il ne l'acceptait pas ; dans ce cas, l'établissement de crédit précise également que, si le client refuse la modification proposée, il peut résilier la convention de compte de dépôt sans frais, avant la date d'entrée en vigueur proposée de la modification.

V. – Le client peut résilier la convention de compte de dépôt à tout moment, sauf stipulation contractuelle d'un préavis qui ne peut dépasser trente jours.

Au-delà de six mois, la convention de compte de dépôt peut être résiliée sans frais. Dans les autres cas, les frais de résiliation doivent être proportionnés aux coûts induits par cette résiliation.

L'établissement de crédit résilie une convention de compte de dépôt conclue pour une durée indéterminée moyennant un préavis d'au moins deux mois, fourni sur support papier ou sur un autre support durable. Les frais régulièrement imputés pour la prestation de services de paiement ne sont dus par le client qu'au prorata de la période échue à la date de résiliation de la convention de compte de dépôt. S'ils ont été payés à l'avance, ces frais sont remboursés au prorata.

Avec l'accord du client, la convention de compte peut être adaptée avant l'expiration du délai de deux mois mentionné au II lorsqu'il bénéficie de la procédure de surendettement afin de faciliter l'exécution des mesures de traitement prévue au titre III du livre VII du Code de la consommation. L'Association française des établissements de crédit et des entreprises d'investissement, mentionnée à l'article L. 511-29 du présent code, adopte des normes professionnelles qui précisent les modalités et la durée du maintien du compte de dépôt et les adaptations, en particulier des moyens de paiement, de nature à en faciliter le fonctionnement et à éviter les incidents.

Ces normes, homologuées par le ministre de l'économie, après avis du comité consultatif du secteur financier et du comité consultatif de la législation et de la réglementation financières, sont applicables par tout établissement de crédit. Le contrôle du respect de ces normes est assuré par l'Autorité de contrôle prudentiel et de résolution et relève de la procédure prévue à l'article L. 612-31.

VI. – Pour chaque opération de paiement mentionnée à l'article L. 314-2 relevant d'une convention de compte de dépôt et ordonnée par le payeur, le prestataire de services de paiement fournit à celui-ci, à sa demande, des informations sur support papier ou sur un autre support durable, sur le délai d'exécution maximal de cette opération spécifique, sur les frais qu'il doit payer et, le cas échéant, sur le détail de ces frais.

Art. L. 312-1-2 *(L. n° 2001-1168, 11 déc. 2001 ; mod., L. fin. n° 2004-1484, 30 déc. 2004 ; Ord. n° 2005-429, 6 mai 2005 ; Ord. n° 2009-866, 15 juill. 2009).* – 1. Est interdite la vente ou offre de vente de produits ou de prestations de services groupés sauf lorsque les produits ou prestations de services inclus dans l'offre groupée peuvent être achetés individuellement ou lorsqu'ils sont indissociables.

2. Est interdite toute vente ou offre de vente de produits ou de prestations de services faite au client et donnant droit à titre gratuit, immédiatement ou à terme, à une prime financière ou en nature de produits, biens ou services dont la valeur serait supérieure à un seuil fixé, en fonction du type de produit ou de service offert à la clientèle, par un règlement pris par arrêté du ministre chargé de l'économie, pris après avis du comité consultatif institué à l'article L. 614-1.

Ces dispositions s'appliquent également aux services de paiement mentionnés au II de l'article L. 314-1.

Art. L. 312-1-3 *(L. n° 2013-672, 26 juill. 2013). – (Al. mod. à compter du 23 juin 2017, Ord. n° 2016-1808, 22 déc. 2016)* Les commissions perçues par un établissement de crédit à raison du traitement des irrégularités de fonctionnement d'un compte bancaire sont plafonnées, par mois et par opération, pour les personnes physiques n'agissant pas pour des besoins professionnels. Parmi ces personnes, celles qui souscrivent l'offre mentionnée au deuxième alinéa du présent article ainsi que celles qui bénéficient du compte assorti des services bancaires de base ouvert en application de la procédure mentionnée au III de l'article L. 312-1 se voient appliquer des plafonds spécifiques.

Les établissements de crédit proposent aux personnes physiques n'agissant pas pour des besoins professionnels qui se trouvent en situation de fragilité, eu égard, notamment, au montant de leurs ressources, une offre spécifique qui comprend des moyens de paiement, dont au moins deux chèques de banque par mois, et des services appropriés à leur situation et de nature à limiter les frais supportés en cas d'incident.

Les conditions d'application du présent article sont fixées par décret en Conseil d'État.

Art. L. 312-1-4 *(L. n° 2013-672, 26 juill. 2013 ; mod., L. n° 2015-177, 16 févr. 2015)*. – La personne qui a qualité pour pourvoir aux funérailles du défunt peut obtenir, sur présentation de la facture des obsèques, le débit sur les comptes de paiement du défunt, dans la limite du solde créditeur de ces comptes, des sommes nécessaires au paiement de tout ou partie des frais funéraires, auprès des banques teneuses desdits comptes, dans la limite d'un montant fixé par arrêté du ministre chargé de l'économie.

Sous réserve de justifier de sa qualité d'héritier, tout successible en ligne directe peut :

1° Obtenir, sur présentation des factures, du bon de commande des obsèques ou des avis d'imposition, le débit sur les comptes de paiement du défunt, dans la limite des soldes créditeurs de ces comptes, des sommes nécessaires au paiement de tout ou partie des actes conservatoires, au sens du 1° de l'article 784 du Code civil, auprès des établissements de crédit teneurs desdits comptes, dans la limite d'un montant fixé par arrêté du ministre chargé de l'économie ;

2° Obtenir la clôture des comptes du défunt et le versement des sommes y figurant, dès lors que le montant total des sommes détenues par l'établissement est inférieur à un montant fixé par arrêté du ministre chargé de l'économie.

Pour l'application des 1° et 2°, l'héritier justifie de sa qualité d'héritier auprès de l'établissement de crédit teneur desdits comptes soit par la production d'un acte de notoriété, soit par la production d'une attestation signée de l'ensemble des héritiers, par lequel ils attestent :

a) Qu'il n'existe pas de testament ni d'autres héritiers du défunt ;

b) Qu'il n'existe pas de contrat de mariage ;

c) Qu'ils autorisent le porteur du document à percevoir pour leur compte les sommes figurant sur les comptes du défunt ou à clôturer ces derniers ;

d) Qu'il n'y a ni procès, ni contestation en cours concernant la qualité d'héritier ou la composition de la succession.

Pour l'application du présent 2°, l'attestation mentionnée au cinquième alinéa doit également préciser que la succession ne comporte aucun bien immobilier.

Lorsque l'héritier produit l'attestation mentionnée au cinquième alinéa, il remet à l'établissement de crédit teneur des comptes :

– son extrait d'acte de naissance ;
– un extrait d'acte de naissance du défunt et une copie intégrale de son acte de décès ;
– le cas échéant, un extrait d'acte de mariage du défunt ;
– les extraits d'actes de naissance de chaque ayant droit désigné dans l'attestation susmentionnée ;
– un certificat d'absence d'inscription de dispositions de dernières volontés.

Art. L. 312-1-5 *(L. n° 2013-672, 26 juill. 2013)*. – Le client, personne physique n'agissant pas pour des besoins professionnels, est informé gratuitement, par le biais de son relevé de compte mensuel, du montant et de la dénomination des frais bancaires liés à des irrégularités et incidents que l'établissement entend débiter sur son compte de dépôt. Ce débit a lieu au minimum quatorze jours après la date d'arrêté du relevé de compte.

Les conditions d'application du présent article sont fixées par décret en Conseil d'État. Le dispositif mis en place par le présent article entre en vigueur dix-huit mois après la publication du décret mentionné à la première phrase.

Art. L. 312-1-6 *(L. n° 2013-672, 26 juill. 2013)*. – La gestion d'un compte de dépôt pour les personnes physiques agissant pour des besoins professionnels est réglée par une convention écrite *(Mots aj. à compter du 1er avril 2018, Ord. n° 2017-1433, 4 oct. 2017)* « sur support papier ou sur un autre support durable, » entre le client et son établissement de crédit.

Les principales stipulations que cette convention de compte doit comporter, notamment les modalités d'accès à la médiation, sont précisées par un arrêté du ministre chargé de l'économie.

Art. L. 312-1-7 *(L. n° 2014-344, 17 mars 2014 ; mod. à compter du 6 février 2017, L. n° 2015-990, 6 août 2015 et Ord. n° 2016-1808, 22 déc. 2016)*. – I. – La clôture de tout compte de dépôt ou compte sur livret est gratuite.

II. – Les établissements de crédit mettent à la disposition de leurs clients une documentation relative à la mobilité bancaire, gratuitement et sans condition, sur *(Mots aj. à compter du 1er avril 2018, Ord. n° 2017-1433, 4 oct. 2017)* « support » papier ou sur un autre support durable, dans leurs locaux et sous forme électronique sur leur site internet.

III. – L'établissement d'arrivée, qui ouvre le nouveau compte de dépôt dans le cadre du changement de domiciliation bancaire, propose au client, gratuitement et sans condition, un service d'aide à la mobilité bancaire permettant un changement automatisé des domiciliations bancaires, vers le nouveau compte, des prélèvements valides et virements récurrents du compte d'origine.

Si le client souhaite bénéficier de ce service, l'établissement d'arrivée recueille son accord formel pour effectuer en son nom les formalités liées au changement de compte afin que les virements et prélèvements réguliers se présentent sur le nouveau compte, ainsi que les coordonnées bancaires de son établissement de départ.

Dans un délai de deux jours ouvrés à compter de la réception de l'accord formel du client, l'établissement d'arrivée sollicite de l'établissement de départ le transfert des informations relatives aux mandats de prélèvements valides et aux virements récurrents ayant transité sur ce compte au cours des treize derniers mois, ainsi qu'aux chèques non débités sur les chéquiers utilisés au cours des treize derniers mois.

L'établissement de départ transfère ces informations à l'établissement d'arrivée dans un délai de cinq jours ouvrés à compter de la réception de la demande qui lui a été faite par l'établissement d'arrivée.

L'établissement d'arrivée communique, dans un délai de cinq jours ouvrés à compter de la réception des informations demandées à l'établissement de départ, les coordonnées du nouveau compte aux émetteurs de prélèvements valides et de virements récurrents.

Les émetteurs de prélèvements et de virements disposent d'un délai pour prendre en compte ces modifications et informer le client. Ce délai est défini par décret en Conseil d'État.

L'établissement d'arrivée informe son client de la liste des opérations pour lesquelles le changement de domiciliation a été envoyé à ses créanciers et à ses débiteurs et lui adresse la liste des formules de chèques non débitées transmise par l'établissement de départ. Il informe également le client des conséquences associées à un incident de paiement en cas d'approvisionnement insuffisant de son compte dans l'établissement de départ, s'il fait le choix de ne pas le clôturer.

L'établissement d'arrivée informe également le client de l'existence d'un service de relations avec la clientèle et de la médiation pour traiter les litiges éventuels liés au changement de domiciliation bancaire.

IV *(IV mod. à compter du 1er avril 2018, Ord. n° 2017-1433, 4 oct. 2017)*. – En cas de clôture du compte dans l'établissement de départ, celui-ci fournit gratuitement, durant une période de treize mois à compter de la date de clôture du compte, par tout moyen approprié et dans un délai de trois jours ouvrés, au titulaire du compte clôturé ayant bénéficié du service d'aide à la mobilité défini au III toute information relative à :

1° la présentation de toute opération de virement ou prélèvement sur compte clos. Cette information est faite au moins une fois par émetteur impliqué ;

2° la présentation d'un chèque sur compte clos. L'ancien titulaire du compte clôturé est également informé par l'établissement de départ qu'il a l'obligation de refuser le paiement du chèque et des conséquences de ce refus, ainsi que des conditions dans lesquelles il peut régulariser sa situation.

L'établissement de départ transfère sur le compte ouvert auprès de l'établissement d'arrivée tout solde positif éventuel du compte, à la date indiquée dans l'accord formel du client.

V. – En cas d'ouverture d'un compte auprès d'un établissement situé dans un autre État membre de l'Union européenne, l'établissement de départ, teneur du compte de dépôt que le client souhaite clôturer, propose gratuitement, dans les six jours ouvrés qui suivent la demande de clôture du compte, un récapitulatif des opérations automatiques et récurrentes ayant transité sur ce compte au cours des treize derniers mois.

L'établissement de départ transfère tout solde positif éventuel du compte, sous réserve de disposer des informations permettant d'identifier l'établissement d'arrivée et le nouveau compte du client. Ce transfert est opéré à la date sollicitée par le client, au plus tôt six jours ouvrés après la réception de la demande de clôture du compte.

VI. – L'établissement d'arrivée ou de départ indemnise sans délai le titulaire de compte de tout préjudice subi, résultant directement du non-respect des obligations lui incombant dans le cadre de la procédure de mobilité bancaire prévue au présent article.

L'établissement d'arrivée ou de départ est exonéré de cette obligation d'indemnisation en cas de circonstances anormales et imprévisibles échappant à son contrôle, dont les suites auraient été inévitables malgré tous les efforts déployés, ou lorsqu'il est lié par d'autres obligations légales spécifiques.

VII. – Le service d'aide à la mobilité bancaire s'applique aux comptes de dépôt ou aux comptes de paiement ouverts auprès de tous les prestataires de services de paiement et détenus par les personnes physiques n'agissant pas pour des besoins professionnels.

VIII. – Les modalités d'application du présent article sont définies par décret en Conseil d'État.

Art. L. 312-1-8 *(L. n° 2014-1545, 20 déc. 2014)*. **– Les prélèvements au profit des comptables publics et des régisseurs de recettes opérés pour le paiement des produits locaux, des produits divers et des amendes dont ils assurent le recouvrement n'entraînent aucuns frais pour le débiteur prélevé.**

Code monétaire et financier

Chapitre II. – Comptes et dépôts

Section I. – Droit au compte et relations avec le client

Sous-section 1. – Dispositions de droit commun

Art. R. 312-1 *(D. n° 2018-229, 30 mars 2018)*. – Les établissements de crédit sont tenus de porter à la connaissance de leur clientèle et du public les conditions générales de banque qu'ils pratiquent pour les opérations qu'ils effectuent.

Lorsqu'ils ouvrent un compte, les établissements de crédit doivent fournir à leurs clients, sur support papier ou sur un autre support durable, les conditions d'utilisation du compte, le prix des différents services auxquels il donne accès et les engagements réciproques de l'établissement et du client.

Art. D. 312-1-1 *(D. n° 2018-1175, 18 déc. 2018)*. – I. – Les établissements de crédit et les établissements de paiement sont tenus d'utiliser les dénominations définies comme suit :

A. – Liste des services les plus représentatifs rattachés à un compte de paiement :

1° Abonnement à des services de banque à distance (internet, téléphone fixe, SMS, etc.) : ensemble de services rendus par la banque disposant ou non d'agence ou de lieu d'accueil de la clientèle et utilisant les nouvelles technologies (internet, téléphone...) pour réaliser à distance-tout ou partie-des opérations sur le compte bancaire ;

2° Abonnement à des produits offrant des alertes sur la situation du compte par SMS : le compte est débité des frais perçus au titre de l'abonnement au service des alertes ainsi que le cas échéant des frais perçus lors de chaque envoi de SMS ;

3° Tenue de compte : l'établissement tient le compte du client ;

4° Fourniture d'une carte de débit (carte de paiement internationale à débit immédiat) : l'établissement fournit une carte de paiement liée au compte du client. Le montant de chaque opération effectuée à l'aide de cette carte est débité directement et intégralement sur le compte du client, au jour le jour ;

5° Fourniture d'une carte de débit (carte de paiement international à débit différé) : l'établissement fournit une carte de paiement liée au compte du client. Le montant de chaque opération effectuée à l'aide de cette carte est débité directement et intégralement sur le compte du client, à une date convenue. Elle permet également d'effectuer des retraits qui sont débités au jour le jour sur le compte ;

6° Fourniture d'une carte de débit (carte de paiement à autorisation systématique) : l'établissement fournit une carte de paiement liée au compte du client. Le montant de chaque opération effectuée à l'aide de cette carte est débité directement et intégralement sur le compte du client, après vérification automatique et systématique du solde (ou provision) disponible sur son compte ;

7° Retrait d'espèces (cas de retrait en euro dans la zone euro à un distributeur automatique d'un autre établissement avec une carte de paiement internationale) : le client retire des espèces à partir de son compte, en euro avec une carte de paiement internationale depuis le distributeur automatique d'un autre établissement ;

8° Cotisation à une offre d'assurance perte ou vol de moyens de paiement : le compte est débité des frais perçus par l'établissement au titre de la cotisation à l'offre d'assurance ;

9° Virement (cas d'un virement SEPA occasionnel) : l'établissement qui tient le compte vire, sur instruction du client, une somme d'argent du compte du client vers un autre compte, à titre occasionnel ;

10° Prélèvement (frais par paiement d'un prélèvement SEPA) : le client autorise un tiers (le bénéficiaire) à *donner instruction à l'établissement* qui tient le compte de ce client de virer une somme d'argent du compte du client vers celui du bénéficiaire. Cet établissement vire ensuite le montant considéré au bénéficiaire à la date ou aux dates convenues entre le client et le bénéficiaire. Le montant concerné peut varier. Le compte est débité des frais perçus par l'établissement pour le paiement d'un prélèvement SEPA présenté par le bénéficiaire ;

11° Prélèvement (frais de mise en place d'un mandat de prélèvement SEPA) : le client autorise un tiers (le bénéficiaire) à donner instruction à l'établissement qui tient le compte de ce client de virer une somme d'argent du compte du client vers celui du bénéficiaire. Cet établissement vire ensuite le montant considéré au bénéficiaire à la date ou aux dates convenues entre le client et le bénéficiaire. Le montant concerné peut varier. Le compte est débité des frais perçus par l'établissement pour la mise en place d'un mandat de prélèvement SEPA ;

12° Commission d'intervention : somme perçue par l'établissement pour l'intervention en raison d'une opération entrainant une irrégularité de fonctionnement du compte nécessitant un traitement particulier (présentation d'un ordre de paiement irrégulier, coordonnées bancaires inexactes, absence ou insuffisance de provision...) ;

B. – Autres services bancaires

a) Opérations au crédit du compte :

1° Versement d'espèces : le compte est crédité du montant d'un versement d'espèces ;

2° Réception d'un virement : le compte est crédité du montant d'un virement ;

3° Remise de chèque(s) : le compte est crédité du dépôt pour encaissement d'un ou de plusieurs chèque (s) ;

b) Opérations au débit du compte :

1° Emission d'un virement non SEPA : le compte est débité du montant d'un virement, permanent ou occasionnel, libellé en devises ou en euros hors zone SEPA (espace unique de paiements en euros) ;

2° Emission d'un virement SEPA (cas d'un virement SEPA permanent) : le compte est débité du montant d'un virement SEPA permanent libellé en euros au profit d'un bénéficiaire dont le compte est situé en France ou dans n'importe quel pays de la zone SEPA ;

3° Emission d'un chèque de banque : le compte est débité du montant d'un chèque émis à la demande du client par la banque ;

4° Paiement d'un chèque : le compte est débité du montant d'un chèque émis et que le bénéficiaire a présenté au paiement ;

5° Paiement de titre interbancaire de paiement (TIP) : le compte est débité du montant d'un titre interbancaire de paiement (TIP) présenté au paiement par le créancier ;

6° Paiement par carte (la carte est émise par la banque) : le compte est débité, de façon immédiate ou différée, du montant d'un paiement par carte ;

7° Remboursement périodique de prêt : le compte est débité, à l'échéance convenue dans le contrat de prêt, du montant du capital, des intérêts et des frais d'assurance éventuels ;

8° Retrait d'espèces en agence sans émission de chèque : le compte est débité du montant d'un retrait d'espèces, effectué sans émission de chèque, dont le décaissement est réalisé au guichet de l'agence ;

9° Retrait d'espèces au distributeur automatique de billets (cas d'un retrait à un distributeur automatique de la banque) : le compte est débité du montant d'un retrait d'espèces effectué au moyen d'une carte de retrait ou de paiement à un distributeur automatique de billets.

C. – Frais bancaires et cotisations :

1° Cotisation à une offre groupée de services : le compte est débité des frais perçus par la banque au titre de la cotisation d'une offre groupée de services ;

2° Cotisation carte : le compte est débité du montant de la cotisation de la carte ;

3° Droits de garde : le compte est débité des frais perçus par la banque pour la conservation d'un portefeuille de valeurs mobilières ;

4° Frais d'utilisation des services de banque à distance (internet, téléphone fixe, téléphone mobile, SMS, etc.) : le compte est débité des frais perçus par la banque à chaque utilisation des services de banque à distance ;

5° Frais de location de coffre-fort : le compte est débité des frais de location d'un coffre-fort ;

6° Frais de mise en place d'un virement permanent : le compte est débité des frais perçus par la banque pour la mise en place d'un virement permanent ;

7° Frais d'émission d'un chèque de banque : le compte est débité des frais perçus par la banque pour l'émission d'un chèque de banque ;

8° Frais d'envoi de chéquier : le compte est débité des frais d'envoi d'un ou plusieurs chéquiers ;

9° Frais d'opposition (blocage) de la carte par la banque : le compte est débité des frais perçus par la banque lorsque celle-ci bloque une carte et s'oppose à toute transaction en cas d'utilisation abusive de cette carte par le titulaire ;

10° Frais d'opposition chèque(s) par l'émetteur : le compte est débité des frais perçus par la banque pour opposition sur un ou plusieurs chèques ;

11° Frais d'opposition chéquier(s) par l'émetteur : le compte est débité des frais perçus par la banque pour opposition sur un ou plusieurs chéquiers ;

12° Frais de lettre d'information préalable pour chèque sans provision : le compte est débité des frais perçus par la banque quand elle informe le client, par lettre, qu'il a émis un chèque sans provision ;

13° Frais de lettre d'information pour compte débiteur non autorisé : le compte est débité des frais perçus par la banque lorsqu'elle informe le client, par lettre, que le solde du compte est débiteur (négatif) sans autorisation ou a dépassé le montant ou la durée du découvert autorisé ;

14° Forfait de frais par chèque rejeté pour défaut de provision : le compte est débité des frais forfaitaires perçus par la banque pour un rejet de chèque pour défaut ou insuffisance de provision ;

15° Frais de rejet de prélèvement pour défaut de provision : le compte est débité des frais perçus par la banque quand le solde disponible du compte est insuffisant pour régler le montant du prélèvement présenté au paiement par le créancier et que l'opération est rejetée ;

16° Frais par saisie administrative à tiers détenteur : le compte est débité des frais bancaires liés à une procédure diligentée par un comptable public pour l'obtention d'une somme qui lui est due ;

17° Frais par saisie-attribution : le compte est débité des frais bancaires liés à une procédure judiciaire engagée par un créancier pour obtenir une somme qui lui est due ;

18° Frais par virement occasionnel incomplet : le compte est débité des frais perçus par la banque lors de l'émission d'un virement pour lequel les coordonnées bancaires du bénéficiaire sont absentes ou incorrectes ;

19° Frais par virement permanent : le compte est débité des frais perçus par la banque pour l'émission d'un virement permanent ;

20° Frais de non-exécution de virement permanent pour défaut de provision : le compte est débité des frais perçus par la banque quand l'ordre de virement permanent n'a pas pu être exécuté en raison d'un solde disponible insuffisant ;

21° Frais de recherche de documents : le compte est débité des frais perçus par la banque pour la recherche et l'édition, à la demande du client, de documents concernant le compte ;

22° Intérêts débiteurs : le compte est débité des intérêts à raison d'un solde débiteur du compte pendant un ou plusieurs jours ;

23° Frais suite à notification signalée par la Banque de France d'une interdiction d'émettre des chèques : le compte est débité des frais perçus par la banque pour mettre en œuvre l'interdiction pour le client d'émettre des chèques signalée par la Banque de France ;

24° Frais pour déclaration à la Banque de France d'une décision de retrait de carte bancaire : le compte est débité des frais perçus par la banque qui déclare à la Banque de France une décision de retrait de carte bancaire dont son client fait l'objet.

II. – Les établissements de crédit et les établissements de paiement sont tenus d'utiliser les dénominations citées au A du I dans les informations publicitaires lorsqu'il est fait mention du prix du service considéré, et dans les informations tarifaires et contractuelles.

III. – Outre les dénominations citées au A du I, les établissements de crédit et les établissements de paiement sont tenus d'utiliser les dénominations citées au B et au C du I dans les informations tarifaires.

Art. R. 312-1-2 *(D. n° 2018-970, 8 nov. 2018)*. **–** I. – Les frais bancaires liés aux irrégularités de fonctionnement d'un compte bancaire mentionnées à l'article L. 312-1-3, aux incidents de paiement mentionnés à l'article L. 131-73 et au II de l'article L. 133-26 ainsi que ceux liés aux autres irrégularités et incidents font l'objet de l'information préalable gratuite du client prévue à l'article L. 312-1-5. Ils comportent notamment les frais suivants :

1° Les frais d'opposition (blocage) de la carte par la banque ;

2° Les frais de lettre d'information préalable pour chèque sans provision ;

3° Les frais de lettre d'information pour compte débiteur non autorisé ;

4° Le forfait de frais par chèque rejeté pour défaut de provision ;

5° Les frais de rejet de prélèvement pour défaut de provision ;

6° Les frais par saisie administrative à tiers détenteur ;

7° *(abrogé)* ;

8° Les frais par saisie-attribution ;

9° *(abrogé)* ;

10° Les frais par virement occasionnel incomplet ;

11° Les frais de non-exécution de virement permanent pour défaut de provision ;

12° Les commissions d'intervention ;

13° Les frais suite à la notification signalée par la Banque de France d'une interdiction pour le client d'émettre des chèques ;

14° Les frais pour déclaration à la Banque de France d'une décision de retrait de carte bancaire.

II. – Le montant de chacun de ces frais est précisé par l'intermédiaire du relevé de compte du client établi mensuellement ou, le cas échéant, selon la périodicité indiquée dans la convention de compte mentionnée à l'article L. 312-1-1. À défaut de relevé de compte l'information préalable gratuite est fournie par l'établissement de crédit par tout autre moyen.

Art. R. 312-2 *(Abr., D. n° 2020-118, 12 févr. 2020).*

Art. R. 312-3 *(Rempl., D. n° 2018-229, 30 mars 2018)*. **–** Lorsque l'une des institutions ou l'un des services mentionnés à l'article L. 518-1 oppose un refus à une demande écrite d'ouverture de compte de dépôt, une copie de cette décision de refus est fournie gratuitement au demandeur sur support papier et sur un autre support durable lorsque celui-ci en fait la demande expresse.

Art. R. 312-4. – Les règles relatives au solde bancaire insaisissable sont prévues aux articles R. 162-1 à R. 162-8, R. 112-5 et R. 213-10 du Code des procédures civiles d'exécution ci-après reproduits :

Art. R. 162-1. – Pour l'application de l'article L. 162-1, en cas de diminution des sommes rendues indisponibles, l'établissement doit fournir un relevé de toutes les opérations qui ont affecté les comptes depuis le jour de la saisie inclusivement.

Ce relevé d'opérations est communiqué par lettre recommandée avec demande d'avis de réception au créancier saisissant au plus tard huit jours après l'expiration du délai de contre-passation.

Sous réserve des dispositions de l'article 748-7 du Code de procédure civile, si l'acte de saisie est signifié par voie électronique, le tiers saisi communique le relevé par voie électronique dans ce même délai.

Art. R. 162-2. – Aucune demande du débiteur n'est nécessaire lorsqu'il est fait application des dispositions de l'article L. 162-2. Le tiers saisi avertit aussitôt le débiteur de la mise à disposition de la somme mentionnée à cet article.

En cas de pluralité de comptes, il est opéré une mise à disposition au regard de l'ensemble des soldes créditeurs ; la somme est imputée en priorité sur les fonds disponibles à vue.

Le tiers saisi informe sans délai l'huissier de justice ou le comptable public chargé du recouvrement du montant laissé à disposition du titulaire du compte ainsi que du ou des comptes sur lesquels est opérée cette mise à disposition.

En cas de saisies de comptes ouverts auprès d'établissements différents, l'huissier de justice ou le comptable public chargé du recouvrement détermine le ou les tiers saisis chargés de laisser à disposition la somme mentionnée au premier alinéa ainsi que les modalités de cette mise à disposition. Il en informe les tiers saisis.

Art. R. 162-3. – Un débiteur ne peut bénéficier d'une nouvelle mise à disposition qu'en cas de nouvelle saisie intervenant à l'expiration d'un délai d'un mois après la saisie ayant donné lieu à la précédente mise à disposition.

Pendant ce délai, la somme mentionnée à l'article R. 162-2 demeure à la disposition du débiteur.

Art. R. 162-4. – Lorsque les sommes insaisissables proviennent de créances à échéance périodique, telles que rémunérations du travail, pensions de retraite, sommes payées à titre d'allocations familiales ou d'indemnités de chômage, le titulaire du compte peut, sur justification de l'origine des sommes, en demander la mise à disposition immédiate, déduction faite des opérations venues en débit du compte depuis le dernier versement de la créance insaisissable.

Si, à l'expiration du délai de quinze jours prévu à l'article L. 162-1 pour la régularisation des opérations en cours, le montant des sommes demandées par le débiteur en raison de leur insaisissabilité excède le solde qui demeure disponible au compte, le complément est prélevé sur les sommes indisponibles à ce jour. Le tiers saisi informe le créancier de ce prélèvement au moment de sa demande en paiement ; à peine d'irrecevabilité, ce dernier dispose d'un délai de quinze jours pour contester cette imputation.

Art. R. 162-5. – Lorsque les sommes insaisissables proviennent d'une créance à échéance non périodique, le titulaire du compte peut, sur justification de l'origine des sommes, demander que soit laissé à sa disposition le montant de celles-ci, déduction faite des sommes venues en débit du compte depuis le jour où la créance y a été inscrite.

La mise à disposition ne peut avoir lieu avant l'expiration du délai de quinze jours pour la régularisation des opérations en cours. Si, à cette date, le solde disponible au compte n'est pas suffisant pour mettre à la disposition de son titulaire l'intégralité des sommes demandées par lui à raison de leur insaisissabilité, le complément est retenu par le tiers saisi sur les sommes indisponibles à la même date. Le tiers saisi informe le créancier de cette retenue au moment de sa demande en paiement.

Les sommes ainsi retenues sont mises à la disposition du titulaire du compte si le créancier saisissant déclare ne pas s'y opposer ou s'il n'élève aucune contestation dans les quinze jours qui suivent sa demande en paiement. À tout moment, le titulaire du compte peut saisir le juge de l'exécution pour lui demander, le créancier entendu ou appelé, la mise à disposition des sommes retenues sur justification de leur caractère insaisissable.

Art. R. 162-6. – La demande de mise à disposition de sommes insaisissables est présentée avant que le créancier saisissant n'ait demandé le paiement des sommes saisies.

Art. R. 162-7. – Les sommes à caractère alimentaire mises à disposition du titulaire du compte en application des articles R. 162-2 et R. 213-10 viennent en déduction du montant des créances insaisissables dont le versement pourrait ultérieurement soit être demandé par le titulaire du compte en application des articles R. 162-4 et R. 162-5, soit obtenu par celui-ci en application de l'article R. 112-4.

Les sommes insaisissables mises à disposition du titulaire du compte en application des articles R. 162-4, R. 162-5 ou R. 213-10 viennent en déduction du montant qui est laissé à disposition en application de l'article R. 162-2.

Art. R. 162-8. – Sans préjudice des sanctions pénales encourues, le titulaire du compte qui se voit mettre à disposition une somme d'un montant supérieur à celui auquel il peut prétendre en application des articles du présent chapitre restitue au créancier les sommes indûment perçues ou mises à sa disposition. En cas de faute de sa part, il peut en outre être condamné, à la demande du créancier, à des dommages et intérêts.

Art. R. 112-5. – Lorsqu'un compte est crédité du montant d'une créance insaisissable en tout ou partie, l'insaisissabilité se reporte à due concurrence sur le solde du compte.

Les créances insaisissables sont mises à disposition du titulaire du compte par le tiers saisi dans les conditions prévues aux articles R. 213-10 et R. 162-7 ainsi qu'au chapitre II du titre VI du présent livre.

Art. R. 213-10. – Lorsqu'un compte alimenté par des rémunérations du travail fait l'objet d'une procédure de paiement direct sur le fondement du présent chapitre, le tiers saisi laisse en toute hypothèse à la disposition du débiteur, sans qu'aucune demande soit nécessaire, la somme fixée à l'article R. 3252-5 du Code du travail en application de l'article L. 3252-5 du même code.

En cas de pluralité de comptes, cette somme est imputée sur un seul d'entre eux.

Art. R. 312-4-1 *(D. n° 2013-931, 17 oct. 2013)*. **–** Les commissions perçues par les établissements de crédit, mentionnées à la première phrase de l'article L. 312-1-3 du Code monétaire et financier ne peuvent dépasser par compte bancaire un montant de 8 euros par opération et de 80 euros par mois.

Art. R. 312-4-2 *(D. n° 2013-931, 17 oct. 2013 ; mod. à compter du 23 juin 2017, D. n° 2016-1811, 22 déc. 2016)*. **–** Les plafonds spécifiques, mentionnés au premier alinéa de l'article L. 312-1-3, applicables aux montants des commissions perçues sur les personnes ayant souscrit l'offre mentionnée au deuxième alinéa du même article ou sur celles qui bénéficient du compte assorti des services bancaires de base ouvert en application de la procédure mentionnée au III de l'article L. 312-1, sont fixés à 4 euros par opération et à 20 euros par mois.

Art. R. 312-4-3 *(D. n° 2014-738, 30 juin 2014 ; mod., D. n° 2016-1811, 22 déc. 2016 ; D. n° 2018-229, 30 mars 2018 ; D. n° 2020-889, 20 juill. 2020)*. **–** I. – A. – Pour l'application de l'article L. 312-1-3, la situation de fragilité financière du client titulaire du compte est appréciée par l'établissement teneur de compte à partir :

1° De l'existence d'irrégularités de fonctionnement du compte ou d'incidents de paiement ainsi que de leur caractère répété constaté pendant trois mois consécutifs et en particulier lorsque leur nombre est supérieur ou égal à cinq au cours d'un même mois. Dans ce dernier cas, le client est considéré comme étant en situation de fragilité financière pour une durée minimale de trois mois ;

2° Et du montant des ressources portées au crédit du compte.

Dans son appréciation, l'établissement peut également prendre en compte les éléments dont il aurait connaissance et qu'il estime de nature à occasionner des incidents de paiement, notamment les dépenses portées au débit du compte.

B. – Pour l'application du II de l'article L. 312-1 et de l'article L. 312-1-3, sont également considérés en situation de fragilité financière :

1° Les personnes au nom desquelles un chèque impayé ou une déclaration de retrait de carte bancaire est inscrit pendant trois mois consécutifs au fichier de la Banque de France centralisant les incidents de paiement *de chèques* ;

2° Les débiteurs dont la demande tendant au traitement de leur situation de surendettement a été déclarée recevable en application de l'*(Réf. rempl. à compter du 1er novembre 2020, D. n° 2020-889, 20 juill. 2020, art. 1er, 2°, a et 3)* article L. 722-1 du Code de la consommation *(Mots aj. à compter du 1er novembre 2020, D. n° 2020-889, 20 juill. 2020)* ainsi que ceux qui bénéficient de mesures de traitement de leur situation de surendettement, pendant la durée de leur inscription au fichier prévu à l'article L. 751-1 du Code de la consommation.

II. – La proposition de souscrire à l'offre spécifique est formulée sur support papier ou sur un autre support durable. Les établissements de crédit en conservent une copie.

III. – L'offre spécifique comprend au moins les services bancaires suivants :

1° La tenue, la fermeture et, le cas échéant, l'ouverture du compte de dépôt ;

2° Une carte de paiement à autorisation systématique ;

3° Le dépôt et le retrait d'espèces dans l'agence de l'établissement teneur du compte ;

4° Quatre virements mensuels SEPA, dont au moins un virement permanent, ainsi que des prélèvements SEPA en nombre illimité ;

5° Deux chèques de banque par mois ;

6° Un moyen de consultation du compte à distance ainsi que la possibilité d'effectuer à distance des opérations de gestion vers un autre compte du titulaire au sein du même établissement ;

7° Un système d'alertes sur le niveau du solde du compte ;

8° La fourniture de relevés d'identités bancaires ;

9° Le plafonnement spécifique des commissions d'intervention prévu à l'article R. 312-4-2 ;

10° Un changement d'adresse une fois par an.

IV. – L'offre spécifique est proposée pour un tarif ne pouvant dépasser trois euros par mois. Ce montant est revalorisé annuellement en fonction de l'indice INSEE des prix à la consommation hors tabac.

V. – Lorsque le titulaire d'un compte ayant souscrit l'offre spécifique souhaite ne plus en bénéficier et opter pour une autre offre, sa renonciation sur support papier ou sur un autre support durable est recueillie par l'établissement de crédit.

Art. R. 312-4-4 *(D. n° 2015-838, 8 juill. 2015 ; mod. à compter du 31 janvier puis du 18 septembre 2016, D. n° 2016-73, 29 janv. 2016 ; puis à compter du 6 février 2017, D. n° 2016-73, 29 janv. 2016 ; mod., D. n° 2018-229, 30 mars 2018)*. **–** I. – Les notions de virement récurrent ou de virement régulier mentionnées à l'article L. 312-1-7 s'entendent de toute opération présentée au moins deux fois, par le même émetteur, au crédit du compte du client au cours des treize mois précédant l'accord formel mentionné à ce même article.

II. – La documentation relative à la mobilité bancaire mentionnée à l'article L. 312-1-7 que les établissements de crédit sont tenus de mettre gratuitement sans condition à la disposition de leurs clients précise de façon claire les informations suivantes :

1° Le rôle de l'établissement d'arrivée et de l'établissement de départ à chacune des étapes de la procédure de mobilité bancaire, telle qu'elle est prévue à l'article L. 312-1-7 ;

2° Les délais d'accomplissement des différentes étapes ;

3° Les informations que le titulaire de compte devra éventuellement communiquer ;

4° Les modalités de saisine du service de relations avec la clientèle aux fins de recevoir d'éventuelles réclamations ;

5° La possibilité de recourir au processus de médiation mentionné à l'article L. 316-1.

III. – Dans l'accord formel le client mentionne :

1° L'annulation de tous les ordres de virement permanent présents sur son compte d'origine ainsi que la date de fin d'émission des virements permanents par l'établissement de départ ;

2° S'il demande ou non la clôture du compte ouvert dans l'établissement de départ ;

3° En cas de demande de clôture du compte d'origine, la date à compter de laquelle il souhaite que le solde positif éventuel de ce compte soit transféré sur le nouveau compte ouvert auprès de l'établissement d'arrivée.

IV. – Dans le cas où l'établissement d'arrivée ou de départ ne respecte pas les obligations qui lui incombent dans le cadre de la procédure de mobilité bancaire mentionnée à l'article L. 312-1-7, aucuns frais en résultant ni aucune pénalité de ce chef ne peut être mis à la charge du client.

V. – Lorsque le titulaire de compte choisit de fournir lui-même ses nouvelles coordonnées bancaires aux émetteurs de prélèvement et de virement récurrents, l'établissement d'arrivée lui fournit sur support papier ou autre support durable dans un délai de cinq jours ouvrés à compter de la réception de sa demande, des modèles de rédaction indiquant les coordonnées du compte.

VI. – Dès réception de l'accord formel mentionné à l'article L. 312-1-7 et aux dates indiquées dans ce document, l'établissement de départ :

1° Annule les ordres de virement permanent ;

2° Transfère, en cas de demande de clôture de compte, sur le compte détenu auprès de l'établissement d'arrivée le solde positif éventuel du compte d'origine ;

3° Clôture, en cas de demande en ce sens, ce compte, une fois le solde positif éventuel transféré sur le nouveau compte.

Le cas échéant, l'établissement de départ fournit, sur support papier ou, lorsque cela est approprié, sur un autre support durable, au titulaire de compte les obligations en suspens ou toute autre circonstance de nature à empêcher le transfert du solde et la clôture de son compte.

Sauf demande expresse du client, l'établissement de départ ne résilie pas les instruments de paiement avant la date de clôture donnée par le titulaire de compte.

VII. – Lors de l'information mentionnée au septième alinéa du III de l'article L. 312-1-7, l'établissement d'arrivée alerte son client sur la nécessité de s'assurer du caractère exhaustif de la liste des opérations pour lesquelles le changement de domiciliation a été envoyé à ses créanciers et débiteurs.

VIII. – Le bénéfice de l'information mentionnée au premier alinéa du IV de l'article L. 312-1-7 sur les opérations de virement et de prélèvement se présentant sur compte clos s'applique aux clôtures de compte intervenant, au plus tard, dans les six mois à compter de la date de l'accord formel recueilli en application de ce même article. » ;

IX. – 1° Le délai, mentionné à l'article L. 312-1-7, pour la prise en compte par les émetteurs de prélèvement des coordonnées du nouveau compte bancaire de leur client est de dix jours ouvrés à compter de la réception de celles-ci.

Dans ce délai, l'émetteur de prélèvement fournit au client l'information sur :

– la prise en compte des coordonnées du nouveau compte ;

– la date, le cas échéant, de la dernière échéance présentée sur l'ancien compte et de la date de l'échéance suivante présentée sur le nouveau compte ;

2° À l'issue de ce délai de prise en compte, tout nouveau prélèvement est effectué sur le nouveau compte. Si ce prélèvement a été initié avant l'issue de ce délai, les nouvelles coordonnées bancaires s'appliquent au prélèvement suivant.

Un prélèvement présenté sur l'ancien compte à l'issue de cette échéance ne pourra donner lieu, de la part de l'émetteur de prélèvement, à aucune pénalité liée à des rejets pour compte clos ou non approvisionné.

3° Le délai mentionné au 1° est porté à vingt jours ouvrés lorsque la réception des coordonnées du nouveau compte bancaire par les émetteurs de prélèvement intervient avant le 1er avril 2017.

X. – Pour l'application du sixième alinéa du III de l'article L. 312-1-7, l'émetteur de virement est informé par l'établissement d'arrivée de l'accord formel mentionné à ce même article.

Le délai pour la prise en compte par les émetteurs de virement des coordonnées du nouveau compte bancaire du client destinataire de ce virement est de dix jours ouvrés à compter de la réception de celles-ci.

Dans ce délai, l'émetteur de virement fournit au client destinataire de virement l'information sur :

– la prise en compte des coordonnées du nouveau compte ;

– la date à compter de laquelle tout virement sera exécuté sur le nouveau compte. Lorsque l'émetteur de virement ne peut déterminer la date du prochain virement qui sera exécuté sur le nouveau compte, il en informe le client.

Tout virement dont la date d'exécution est postérieure à l'avant-dernier jour du mois suivant l'expiration du délai de dix jours mentionné ci-dessus est exécuté sur le nouveau compte.

Art. D. 312-5 *(Mod., D. n° 2006-384, 27 mars 2006 ; mod. à compter du 23 juin 2017, D. n° 2016-1811, 22 déc. 2016, D. n° 2018-229, 30 mars 2018)*. **–** Les prestations de base mentionnées au II de l'article L. 312-1 comprennent :

1° L'ouverture, la tenue et la clôture du compte ;

2° Un changement d'adresse par an ;

3° La délivrance à la demande de relevés d'identité bancaire ;

4° La domiciliation de virements bancaires ;

5° La fourniture mensuelle d'un relevé des opérations effectuées sur le compte ;

6° L'encaissement de chèques et de virements bancaires ;

7° Les paiements par prélèvements SEPA, titre interbancaire de paiement SEPA ou par virement bancaire SEPA, ce dernier pouvant être réalisé aux guichets ou à distance ;

8° Des moyens de consultation à distance du solde du compte ;

9° Les dépôts et les retraits d'espèces au guichet ou aux distributeurs automatiques de l'organisme teneur de compte ;

10° Une carte de paiement permettant notamment le paiement d'opérations sur internet et le retrait d'espèces dans l'Union européenne.

III. – CRÉDIT-BAIL

Code monétaire et financier

Partie législative

LIVRE TROISIÈME. – LES SERVICES

TITRE PREMIER. – LES OPÉRATIONS DE BANQUE

....

CHAPITRE III. – CRÉDITS

Section I. – Dispositions générales

Sous-section I. – Définition

Art. L. 313-1. – Constitue une opération de crédit tout acte par lequel une personne agissant à titre onéreux met ou promet de mettre des fonds à la disposition d'une autre personne ou prend, dans l'intérêt de celle-ci, un engagement par signature tel qu'un aval, un cautionnement, ou une garantie.

Sont assimilés à des opérations de crédit le crédit-bail, et, de manière générale, toute opération de location assortie d'une option d'achat.

....

Section II. – Catégories de crédits

Sous-section 1. – Crédit-bail

Bibliographie : E.-M. Bey, *Des conséquences de la jurisprudence de la chambre mixte de la Cour de cassation du 23 novembre 1990 sur la symbiotique du crédit-bail : Gaz. Pal.* 1992, 2, doctr. 568. • F. Leclercq, *Observations à propos de trois arrêts récents en matière de crédit-bail : RJDA* 2/93, 87. • Y. Chaput, *L'influence du droit des entreprises en difficulté sur le crédit-bail : RD bancaire et bourse* 1997, p. 46. • F. Barat, *La levée d'option d'achat de crédit-bail par le preneur soumis à une procédure collective après l'ordonnance du 18 décembre 2008 : RD bancaire et fin.* 2010, n° 2, dossier n° 13.

Art. L. 313-7 *(Mod., L. n° 2005-882, 2 août 2005)*. – Les opérations de crédit-bail mentionnées par la présente sous-section sont :

1. Les opérations de location de biens d'équipement ou de matériel d'outillage achetés en vue de cette location par des entreprises qui en demeurent propriétaires, lorsque ces opérations, quelle que soit leur qualification, donnent au locataire la possibilité d'acquérir tout ou partie des biens loués, moyennant un prix convenu tenant compte, au moins pour partie, des versements effectués à titre de loyers ;

2. Les opérations par lesquelles une entreprise donne en location des biens immobiliers à usage professionnel, achetés par elle ou construits pour son compte, lorsque ces opérations, quelle que soit leur qualification, permettent *aux locataires de devenir* propriétaires de tout ou partie des biens loués, au plus tard à l'expiration du bail, soit par cession en exécution d'une promesse unilatérale de vente, soit par acquisition directe ou indirecte des droits de propriété du terrain sur lequel ont été édifiés le ou les immeubles loués, soit par transfert de plein droit de la propriété des constructions édifiées sur le terrain appartenant audit locataire.

En cas d'opération de crédit-bail sur le droit au renouvellement d'un bail, ce droit ne peut être invoqué que par le crédit-bailleur, par dérogation aux dispositions de l'article 4 du décret n° 53-960 du 30 septembre 1953 réglant les rapports entre bailleurs et locataires en ce qui concerne le renouvellement des baux à loyer d'immeubles ou de locaux à usage commercial, industriel ou artisanal. Les autres droits et obligations que le locataire tient des dispositions du décret précité sont répartis par contrat entre le propriétaire, le crédit-bailleur et le crédit-preneur.

3. Les opérations de location de fonds de commerce, d'établissement artisanal ou de l'un de leurs éléments incorporels, assorties d'une promesse unilatérale de vente moyennant un prix convenu tenant compte, au moins

pour partie, des versements effectués à titre de loyers, à l'exclusion de toute opération de location à l'ancien propriétaire du fonds de commerce ou de l'établissement artisanal.

4. Les opérations de location de parts sociales ou d'actions prévues aux articles L. 239-1 à L. 239-5 du Code de commerce, assorties d'une promesse unilatérale de vente moyennant un prix convenu tenant compte, au moins pour partie, des versements effectués à titre de loyers.

I – NATURE

1) Définition. Sur la définition du crédit-bail, et sa distinction avec un contrat de location (■ Aix-en-Provence, 11 juin 1992 : *JurisData* n° 1992-043721 ; *RJDA* 4/93, n° 334). Le contrat qualifié de crédit-bail par les parties et qui est un contrat de location est nul, le bailleur ne justifiant pas de son inscription sur la liste des établissements habilités (même arrêt).

2) Exigence d'une promesse unilatérale de vente. Pour être constitutif d'une opération de crédit-bail, un contrat de location doit comporter de la part du bailleur une promesse unilatérale de vente donnant au locataire la possibilité d'acquérir tout ou partie des biens loués (■ Cass. com., 13 mai 1997, n° 95-12.996 : *JurisData* n° 1997-002221 ; *RJDA* 10/97, n° 1231. ■ Cass. com., 15 juin 1999, n° 97-11.675 : *JurisData* n° 1999-002559 ; *RJDA* 10/99, n° 1118. ■ Cass. com., 30 nov. 1999, n° 97-20.828 : *RJDA* 2/2000, n° 202. ■ Cass. com., 28 juin 2005, n° 03-18.268 : *RJDA* 12/2005, n° 1378).

3) Faculté de substitution. Si le crédit-bail s'analyse en un bail suivi d'une promesse unilatérale de vente, la vente n'intervient pas nécessairement au profit du locataire initial. Il est indifférent que le bénéficiaire du contrat de crédit-bail soit sous-locataire dès lors que sa substitution dans le bénéfice de la promesse était conforme aux stipulations contractuelles n'exigeant pas de conditions particulières relatives au bénéficiaire substitué (■ Cass. com., 19 oct. 2011, n° 10-13.651 : *JurisData* n° 2011-022315 ; *JCP* E 2011, pan. 1885).

II – RÉGIME

4) Exclusion du statut des baux commerciaux. Les dispositions du décret du 30 septembre 1953 ne sont pas applicables au contrat de crédit-bail immobilier, si bien que le bénéfice de la clause résolutoire est acquis au bailleur à compter de l'expiration du délai visé par le commandement (■ Cass. 3e civ., 7 mai 1997 : *RJDA* 1/98, n° 97). Sur l'exclusion du statut des baux commerciaux (■ Cass. 3e civ., 10 juin 1981, n° 79-14.937 : *JurisData* n° 1981-702267 ; *JCP* 1981, II, 19655, note E.-M. Bey).

5) Incidence de la résolution de la vente : caducité du contrat de crédit-bail. La résolution de la vente entraîne la caducité du contrat de crédit-bail. (■ Cass. ch. mixte, 13 avr. 2018, nos 16-21.345 et 16-21.947 : *JCP* 2018, 542, note F. Buy ; *RTD civ.* 2018, obs. H. Barbier ; *Gaz. Pal.* 2018, n° 330r, p. 27, note D. Houtcieff ; ■ Cass. com., 4 juill. 2018, nos 16-20.003 et 16-28.655 : *Gaz. Pal.* 2018, n° 332u6, p. 74, note D. Boustani). V. déjà : Lorsque des contrats incluant une location financière sont interdépendants, l'anéantissement du contrat principal est un préalable nécessaire à la caducité du contrat de location (■ Cass. com., 12 déc. 2016, n° 15-14.355 : *JCP E* 2017, 1246, obs. N. Mathey. ■ V. plus largement sur l'interdépendance : ■ Cass. ch. mixte, 17 mai 2013, nos 11-22.927 et 11-22.768 : *JCP G* 2013, 674, obs. J.-B. Seube ; *D.* 2013, p. 1273, obs. X. Delpech ; *D.* 2013, p. 1658, note D. Mazeaud ; *RTD com.* 2013, p. 569, obs. D. Legeais. – Comp. C. civ., art. 1186, al. 2). Comp. antérieurement : la résolution de la vente entraîne nécessairement la résiliation du contrat de crédit-bail, sous réserve des clauses ayant pour objet de régler les conséquences de cette résiliation (■ Cass. ch. mixte, 23 nov. 1990, n° 88-16.885 : *JurisData* n° 1990-703061 ; *D.* 1991, 121, note Larroumet ; *RTD com.* 1991, 440, obs. Bouloc. – Comp. ■ Cass. civ., 3 mars 1982 : *JCP* 1983, II, 20115, note E.-M. Bey ; *Gaz. Pal.* 1983, 1, 71, note Defossez ; *RTD com.* 1982, 615, obs. Bouloc et ■ Cass. com., 9 janv. 1990, n° 87-13.397 : *JurisData* n° 1990-000127 ; *Bull.* IV, nos 4 et 5 ; *RTD com.* 1990, 459, obs. Bouloc. ■ Cass. com., 15 mars 1994, n° 92-13.422 : *RJDA* 8/94, n° 949. ■ Cass. com., 11 avr. 1995 : *JCP* E 1995, II, 754, note Del Sol. ■ Cass. com., 25 avr. 2001, n° 98-19.718 : *RJDA* 8-9/2001, n° 898). Le preneur est alors dispensé du paiement des loyers à compter de sa demande en résolution judiciaire de la vente (■ Cass. com., 12 oct. 1993, n° 91-17.621 : *RJDA* 11/93, n° 929. ■ Cass. com., 12 déc. 1995, n° 94-13.682 : *JurisData* n° 1995-003943 ; *RJDA* 3/96, n° 371. ■ 15 juin 1999, n° 97-11.675 : *JurisData* n° 1999-002559 ; *RJDA* 10/99, n° 1118), mais l'arriéré des loyers échus avant la résiliation du contrat de crédit-bail est dû (■ Cass. com., 15 déc. 1998, n° 96-13.347 : *JurisData* n° 1998-005012 ; *RJDA* 2/99, n° 215).

Cette résiliation a lieu à compter de la demande judiciaire introduite en vue de la résolution et non à compter de la date à laquelle le défaut de fonctionnement du matériel vendu et loué a été constaté (■ Cass. com., 16 janv. 2001, n° 98-19.679 : *JurisData* n° 2001-007846 ; *RJDA* 5/2001, n° 628).

6) Clause élusive de responsabilité. Les stipulations contractuelles prévoyant l'absence de responsabilité du crédit-bailleur en cas de fonctionnement défectueux de la chose louée et celles régissant les suites de l'interruption du paiement du loyer par le crédit-preneur n'apparaissent pas avoir eu pour objet de régler les conséquences de la résolution du contrat de vente (■ Cass. com., 26 oct. 1993, n° 92-11.088 : *JCP* E 1994, II, 548, note Legeais).

7) Fraude du crédit-preneur. C'est seulement dans le cas où la faute retenue contre le crédit-preneur dans l'exécution de son mandat le liant au crédit-bailleur est équipollente à une fraude qu'il cesse d'être investi du droit de demander la résiliation du crédit-bail comme conséquence de la résolution de la vente, une faute simple ne justifiant éventuellement que l'allocation de dommages-intérêts (■ Cass. com., 1er juin 1993, n° 91-18.338 : *JurisData* n° 1993-001249 ; *RJDA* 7/93, n° 638).

8) Stipulation de solidarité. N'est pas contraire à l'ordre public et fait la loi des parties la clause d'un contrat de crédit-bail tendant à rendre le crédit-preneur, en cas d'annulation de la convention consécutive à celle du contrat de vente, débiteur envers le bailleur, non seulement solidairement avec le vendeur de la restitution du prix de vente du bien, mais encore des sommes nécessaires pour obtenir le montant total des loyers et la valeur résiduelle, représentatives de la rentabilité escomptée de l'opération (■ Cass. com., 12 et 26 oct. 1993, n° 91-18.196 : *JurisData* n° 1993-002348 ; *JCP* E 1994, II, 548, note Legeais. ■ Cass. com., 4 janv. 1994, n° 90-21.446 : *JurisData* n° 1994-000203 ; *RJDA* 6/94, n° 684 ; *RD bancaire et bourse* 1994, 79, obs. Crédot et Gérard).

En présence d'un contrat de crédit-bail stipulant, d'une part le maintien de l'obligation au paiement des loyers durant l'instance en résolution de la vente et, d'autre part, la réparation du préjudice résultant de cette résolution, doit être cassé l'arrêt qui fait application cumulative de ces deux clauses (■ Cass. com., 21 mars 1995, n° 93-19.085 : *JurisData* n° 1995-000670 ; *JCP* E 1995, pan. 561).

9) Mandat. Dans un contrat de crédit-bail, le mandat consenti au crédit-preneur par le crédit-bailleur pour l'exercice des recours contre le fournisseur a pour contrepartie la renonciation du preneur au bénéfice de la garantie du bailleur ; il est dès lors soumis aux mêmes conditions de déchéance que l'aurait été le droit de mettre en jeu cette garantie sauf stipulation conventionnelle la faisant renaître en contrepartie de la caducité du mandat (■ Cass. com., 8 déc. 1992, [2 arrêts] : *Bull.* IV, nos 396 et 397 ; *JCP* E 1993, II, 435, note Legeais). Le crédit-preneur a pu exercer ses recours même après la résiliation du crédit-bail (mêmes arrêts).

10) Résiliation. La résiliation du contrat de crédit-bail dont une clause confère un mandat au crédit-preneur met fin à ce mandat sans que soit nécessaire une révocation expresse de celui-ci par le mandant (■ Cass. 1re civ., 23 juin 1992, n° 91-11.919 : *JurisData* n° 1992-001493 ; *Bull.* I, n° 196 ; *RJDA* 2/93, n° 141). La clause d'un contrat de crédit-bail comportant l'interdiction pour le preneur de résilier le contrat conclu pour une durée de 15 ans dans les dix premières années est justifiée par la nécessité de maintenir l'équilibre économique du contrat et n'est pas contraire aux dispositions de la loi du 2 juill. 1966 faisant obligation aux parties d'organiser les conditions de la résiliation (■ Cass. 3e civ., 18 nov. 1998, n° 97-11.023 : *JurisData* n° 1998-004357 ; *RJDA* 1/99, n° 90).

11) Dol. Un fournisseur ayant conclu un contrat de concession avec les personnes à qui il avait livré du matériel, en vue de son exploitation, tandis que, pour assurer le financement de cette opération, une tierce société en devenait propriétaire et le donnait en location aux concessionnaires, les juges du fond peuvent prononcer l'annulation pour dol du contrat de location, dès lors qu'ils retiennent l'existence de manœuvres dolosives, imputables au bailleur et déterminantes du consentement des intéressés à cette location, sans qu'une telle annulation constitue la conséquence de l'annulation du contrat de concession (■ Cass. com., 24 nov. 1992, n° 91-11.561 : *JurisData* n° 1992-002670 ; *Bull.* IV, n° 368 ; *RJDA* 2/93, n° 142).

12) Prescription. Les loyers d'un contrat de crédit-bail constituant des créances payables à termes périodiques, leur action en paiement se prescrit par 5 ans (■ Cass. com., 24 nov. 1992, n° 90-19.204 : *JurisData* n° 1992-002554 ; *Bull.* IV, n° 369). Mais cette prescription ne s'applique pas à l'action en recouvrement de l'indemnité de résiliation d'un contrat de crédit-bail, qui n'est pas une créance payable à termes périodiques (même arrêt).

13) Entretien des locaux. Les articles L. 313-7 et suivants ne contenant pas de dispositions spéciales sur les obligations du crédit-preneur quant à l'entretien de l'immeuble, il peut être fait application de l'article 1732 du Code civil pour les dégradations survenues dans les locaux pendant leur occupation par le crédit-preneur postérieurement à la résiliation du bail (■ Cass. 3e civ., 2 mars 2005, n° 02-15.298 : *JurisData* n° 2005-027246 ; *RJDA* 7/2005, n° 879).

14) Redressement judiciaire. Le contrat de crédit-bail doit être publié avant le jugement d'ouverture pour le rendre opposable aux créanciers (■ Cass. com., 11 mai 1999, n° 96-22.763 : *JurisData* n° 1999-001986 ; *Bull.* IV, n° 96 ; *LPA* 1er juin 1999, p. 5, note P. M. ; *JCP* E 1999, pan. 1173, obs. Crocq ;

p. 1535, obs. M. C. ; *RJDA* 7/99, n° 812 ; *RTD com.* 2000, 165, obs. Bouloc ; *D.* 2000, *Cah. dr. aff.* somm. 95, obs. Honorat. ▪ Douai, 22 avr. 1999, n° 97/10814 : *JurisData* n° 1999-117250 ; *JCP* E 2000, p. 465, note Laugier). Mais le défaut de publicité du contrat de crédit-bail n'a aucune incidence sur les loyers encaissés avant l'ouverture de la procédure collective (▪ Cass. com., 29 avr. 2014, n° 13-12.528 : *JurisData* n° 2014-008555 ; *D.* 2014, 1036 ; *AJCA* 2014, 179, obs. E. Le Corre-Broly ; *Rev. soc.* 2014, 406, obs. Ph. Roussel-Galle ; *RTD com.* 2014, 684, obs. B. Bouloc ; *RTD com.* 2015, 158, obs. A. Martin-Cerf).

15) Absence de devoir de mise en garde du crédit-bailleur à l'égard du crédit preneur averti (▪ Cass. com., 11 avr. 2012, n° 11-15.429 : *JurisData* n° 2012-006968 ; *Banque et droit* 2012, n° 144, p. 19, obs. T. Bonneau ; *JCP* E 2012, 1646, n° 13, obs. L. Dumoulin).

Art. L. 313-8 ***(Mod., Ord. n° 2005-429, 6 mai 2005).*** **– En cas de cession de biens compris dans une opération de crédit-bail, et pendant la durée de l'opération, le cessionnaire est tenu aux mêmes obligations que le cédant qui en reste garant.**

Art. L. 313-9 ***(Mod., Ord. n° 2005-429, 6 mai 2005).*** **– Les dispositions des deuxième et troisième alinéas de l'article 3-1 du décret n° 53-960 du 30 septembre 1953 modifié et complété par la loi n° 65-356 du 12 mai 1965, ne sont pas applicables aux contrats de crédit-bail immobilier.**

Ces contrats prévoient, à peine de nullité, les conditions dans lesquelles leur résiliation pourra, le cas échéant, intervenir à la demande du preneur.

NB : l'article 3-1 du décret n° 53-960 du 30 septembre 1953 a été abrogé et codifié dans l'article L. 145-4 du Code de commerce.

1) Nullité relative. La nullité édictée par l'article L. 313-9, alinéa 2, est relative et relève des dispositions de l'article 1304 du Code civil (▪ Cass. 3e civ., 15 mai 1996, n° 94-14.987 : *JurisData* n° 1996-001797 ; *JCP* E 1996, pan. 812 ; *RJDA* 8-9/96, n° 1077. ▪ Cass. 3e civ., 4 oct. 2000 [2e esp.] : *RJDA* 1/2001, n° 75 ; *JCP* E 2000, pan. 1838 ; *D.* 2000, act. jurispr., p. 402). Le point de départ de la prescription quinquennale de l'action en nullité doit être fixé à la date de conclusion du contrat (mêmes arrêts. – *Adde*, ▪ Cass. com., 18 févr. 2004, n° 01-12.123 : *JurisData* n° 2004-022390 ; *RJDA* 7/2004, n° 880). Mais l'exception de nullité étant perpétuelle, le délai de prescription ne s'applique pas en ce cas (4 oct. 2000 [1re esp.] : *RJDA* 1/2001, n° 75 ; *JCP* E 2000, pan. 1838).

L'associé d'une société civile immobilière crédit-preneur n'étant pas poursuivi sur le fondement du contrat de crédit-bail mais étant tenu des dettes sociales sur le fondement de l'obligation résultant de sa qualité d'associé, n'est pas recevable à remettre en cause le contrat de crédit-bail immobilier (▪ Cass. 3e civ., 28 mars 2001, n° 99-17.395 : *JurisData* n° 2001-008894 ; *JCP* E 2001, pan. 927).

L'article L. 313-9, alinéa 2, ne s'applique pas en cas de résiliation du contrat par le crédit-bailleur consécutive au défaut de paiement des loyers par le preneur (▪ Paris, 9 nov. 2001, n° 1999/06272 : *JurisData* n° 2001-160190 ; *RJDA* 4/2002, n° 426).

2) Montant de l'indemnité de résiliation. Est *nulle la clause qui, sous couvert d'une clause de* résiliation anticipée à la demande du preneur, tend à l'exécution de toutes les clauses du contrat, supposé non résilié, dans le seul intérêt du crédit-bailleur (▪ Cass. 3e civ., 27 avr. 1988, n° 84-13.101 : *JurisData* n° 1988-700872 ; *Bull.* III, n° 81 ; *JCP* 1989, II, 21171, note E.-M. Bey. ▪ 27 nov. 1996 et ▪ Paris, 19 mai 1995 : *JurisData* n° 1995-022697 ; *RJ com.* 1998, somm. 222, note Rontchevsky).

3) Calcul du coût de l'exécution du contrat. En prenant en compte, dans le calcul du coût de l'exécution du contrat, le coût de la levée de l'option finale, la cour d'appel a violé l'article L. 313-9, alinéa 2 (▪ Cass. 3e civ., 1er juill. 1998, n° 96-15.467 : *JurisData* n° 1998-003030 ; *RJDA* 10/98, n° 1149 ; *D.* 1999, 327, note Schneider. ▪ Cass. 3e civ., 29 sept. 1999, n° 97-22.200 : *JurisData* n° 1999-003342 ; *RJDA* 12/99, n° 1376. ▪ Cass. 3e civ., 29 mai 2002, n° 00-19.663 : *RJDA* 8-9/2002, n° 929).

4) Nullité du contrat. La nullité du contrat de crédit-bail immobilier dont la clause de résiliation anticipée n'assurerait pas au preneur une faculté effective de résiliation doit, lorsqu'elle est invoquée, être prononcée, même si aucune des parties n'a revendiqué l'application de cette clause (▪ Cass. 3e civ., 13 juill. 1999, n° 97-16.181 : *JurisData* n° 1999-003109 ; *D.* 1999, *Cah. dr. aff.*, somm. jurispr. 18, obs. J. F. ; *RJDA* 10/99, n° 1119).

5) Validité de la clause de résiliation. Pour être valable il suffit que la clause de résiliation anticipée prévoie à la charge du crédit-preneur une indemnité inférieure au coût du contrat restant à exécuter (▪ Cass. 3e civ., 27 nov. 1996, n° 94-20.034 : *JurisData* n° 1996-004500 ; *RJDA* 3/97, n° 389. ▪ Cass. 3e civ., 18 nov. 1998, n° 97-11.023 : *JurisData* n° 1998-004357 ; *RJDA* 1/99, n° 90. ▪ Cass. 3e civ., 28 juin 2000, n° 98-22.703 : *JurisData* n° 2000-002811 ; *RJDA* 9-10/2000, n° 903. ▪ Cass. 3e civ., 27 juin 2001, n° 00-11.996 : *JurisData* n° 2001-010352 ; *RJDA* 11/2001, n° 1143 ; *JCP* E 2001, pan. 1505. – Comp. ▪ Cass. 3e civ., 2 févr. 2005, n° 00-21.419 : *RJDA* 6/2005, n° 750). Elle ne doit pas prévoir l'obligation pour le preneur de payer les charges d'entretien ainsi que les impôts et taxes (■ Paris, 9 nov. 2001 : *RJDA* 4/2002, n° 426). Ce n'est pas la valeur actualisée des loyers qui doit être retenue si les parties ne l'avaient pas prévue (■ Cass. 3e civ., 30 juin 2004, n° 02-16.863 : *JurisData* n° 2004-024370 ; *RJDA* 12/2004, n° 1369 ; *JCP* E 2004, jurispr. 1549, avis Gariazzo ; *D.* 2004, p. 2226, obs. Avena-Robardet).

6) Indemnité de résiliation. L'indemnité de résiliation anticipée prévue par l'article L. 313-9, al. 2, ne constitue pas une clause pénale (Com., 27 juin 2001 : *RJDA* 11/2001, n° 1143 ; *JCP* E 2001, pan. 1505). Elle n'est pas non plus une pénalité au sens des anciens articles L. 341-4 et L. 341-6 du Code de consommation et a pour but de réparer le préjudice subi par le crédit-bailleur du fait de l'exercice par le crédit-preneur de sa faculté de résiliation anticipée du contrat (■ Cass. com., 11 avr. 2018, n° 16-24.143).

7) Exception de nullité. L'exception de nullité qui peut être présentée après l'expiration du délai de prescription, peut seulement jouer pour faire échec à une demande d'exécution d'un acte juridique qui n'a pas été exécuté (■ Cass. 3e civ., 20 janv. 2002, n° 00-18.682 : *JurisData* n° 2002-012783 ; *JCP* E 2002, 890, note Bonneau).

8) Condition de la levée de l'option. Le bénéficiaire ne peut se prévaloir de la faculté de promesse de vente qu'à la condition déterminante d'avoir rempli toutes les obligations lui incombant, à défaut la promesse est nulle (■ Cass. 3e civ., 16 sept. 2014, n° 12-25.806 : *RTD com.* 2014, p. 848, obs. B. Bouloc).

Art. L. 313-10 *(Mod., Ord. n° 2005-429, 6 mai 2005).* **– Les opérations mentionnées à l'article L. 313-7 sont soumises à une publicité dont les modalités sont fixées par décret. Ce décret précise les conditions dans lesquelles le défaut de publicité entraîne l'inopposabilité aux tiers.**

Voir : art. R. 313-3 et s.

Les créanciers représentés par le liquidateur ne sont pas, en tant que tels, des tiers au sens de l'article 11 du décret du 4 juillet 1972 relatif à la publication du contrat de crédit-bail (Com., 15 mai 2001 : *RJDA* 10/2001, n° 1025) ; le contrat de bail non publié leur est donc opposable (même déc.).

Art. L. 313-11 *(Mod., Ord. n° 2005-429, 6 mai 2005 ; abr. à compter du 1er janvier 2022, Ord. n° 2021-1192, 15 sept. 2021).* **– Pour les opérations de crédit-bail en matière mobilière, les inscriptions prises en vertu de l'article L. 313-10 se prescrivent par cinq ans, sauf renouvellement.**

....

CHAPITRE III. – CRÉDITS

....

Section II. – Catégories de crédits et opérations assimilées

Sous-section 1. – Crédit-bail

Art. R. 313-3. – Les opérations de crédit-bail, mentionnées à l'article L. 313-7, sont soumises à une *publicité*. Celle-ci doit permettre l'identification des parties et des biens faisant l'objet de ces opérations.

§ 1. – Publicité des opérations de crédit-bail en matière mobilière

Art. R. 313-4. – Pour les opérations de crédit-bail en matière mobilière, l'entreprise de crédit-bail demande la publication, au registre ouvert à cet effet au greffe du tribunal de commerce ou du tribunal *(Mot rempl., D. n° 2019-966, 18 sept. 2019)* **« judiciaire » statuant commercialement, des renseignements prévus à l'article R. 313-3.**

Art. R. 313-5. – Lorsque le client de l'entreprise de crédit-bail est immatriculé au registre du commerce et des sociétés, la publication s'effectue auprès du greffe du tribunal dans le ressort duquel ce client est immatriculé à titre principal.

Lorsque le client n'est pas immatriculé au registre du commerce et des sociétés, la publication s'effectue auprès du greffe du tribunal de commerce ou du tribunal *(Mot rempl., D. n° 2019-966, 18 sept. 2019)* « judiciaire » statuant commercialement dans le ressort duquel est situé l'établissement de ce client bénéficiaire du crédit-bail.

Art. R. 313-6. – Toute modification affectant les renseignements mentionnés à l'article R. 313-3 est publiée en marge de l'inscription existante au registre mentionné à l'article R. 313-4.

Dans le cas où cette modification implique un changement du tribunal territorialement compétent, l'entreprise de crédit-bail doit en outre faire reporter l'inscription modifiée sur le registre du greffe du nouveau tribunal.

Art. R. 313-7. – Les inscriptions régulièrement faites en application des articles R. 313-4 et R. 313-6 prennent effet à leur date.

Art. R. 313-8. – Les inscriptions sont radiées, soit sur justification de l'accord des parties, soit en vertu d'une décision juridictionnelle passée en force de chose jugée.

Art. R. 313-9. – Le greffier délivre à tout demandeur une copie de l'état intégral ou des extraits des inscriptions modificatives.

Art. R. 313-10. – Si les formalités de publicité n'ont pas été accomplies dans les conditions fixées aux articles R. 313-4 à R. 313-6, l'entreprise de crédit-bail ne peut opposer aux créanciers ou ayants cause à titre onéreux de son client, ses droits sur les biens dont elle a conservé la propriété, sauf si elle établit que les intéressés avaient eu connaissance de l'existence de ces droits.

Art. R. 313-11. – Les pièces justificatives qui doivent être présentées au greffier, ainsi que les modalités de publication ou de radiation et les modèles de bordereaux d'inscription, copies ou extraits sont fixés par arrêté conjoint du garde des Sceaux, ministre de la Justice, et du ministre chargé de l'économie.

§ 2. – Publicité des opérations de crédit-bail en matière immobilière

Art. R. 313-12 *(Mod., D. n° 2012-1462, 26 déc. 2012)*. – Les contrats mentionnés au 2 de l'article L. 313-7 donnent lieu, selon les stipulations qu'ils comportent, à publicité obligatoire ou facultative, « auprès du service de la publicité foncière » suivant les modalités fixées pour les contrats de même nature régis par les articles 28 et 37 du décret n° 55-22 du 4 janvier 1955 modifié portant réforme de la publicité foncière.

Art. R. 313-13. – Le défaut de publicité entraîne l'inopposabilité aux tiers dans les conditions prévues à l'article 30 du décret [n° 55-22] du 4 janvier 1955 précité.

§ 3. – Publicité comptable des opérations de crédit-bail

Art. R. 313-14 *(Mod., D. n° 2007-431, 25 mars 2007)*. – I. – Les sociétés commerciales qui recourent à des opérations de crédit-bail pour se procurer des biens d'équipement, des matériels ou des immeubles à usage professionnel et qui ne bénéficient pas du régime de présentation simplifiée, tel qu'il est prévu à l'article L. 123-16 du Code de commerce et à l'article R. 123-200 du Code de commerce, mentionnent dans l'annexe prévue à l'article L. 123-12 du même code les informations suivantes :

1° La valeur de ces biens au moment de la signature du contrat ;

2° Le montant des redevances afférentes à l'exercice ainsi que le montant cumulé des redevances des exercices précédents ;

3° Les dotations aux amortissements qui auraient été enregistrées pour ces biens au titre de l'exercice clos s'ils avaient été acquis par l'entreprise ainsi que le montant cumulé des amortissements qui auraient été effectués au titre des exercices précédents ;

4° L'évaluation à la date de clôture du bilan des redevances restant à payer ainsi que du prix d'achat résiduel de ces biens stipulé aux contrats.

Les informations prévues aux 1° à 4° sont ventilées selon les postes du bilan dont auraient relevé les biens en cause ; les informations prévues au 4° sont ventilées selon les échéances à un an au plus, à plus d'un an et cinq ans au plus et à plus de cinq ans.

II. – Les autres personnes morales et les personnes physiques ayant la qualité de commerçants doivent, en distinguant les opérations de crédit-bail mobilier et les opérations de crédit-bail immobilier :

1° Faire apparaître séparément, dans leur compte de résultat, les loyers correspondant à l'exécution des contrats relatifs aux opérations précitées ;

2° Évaluer dans l'annexe et à la date de clôture du bilan le montant total des redevances leur restant à supporter en exécution des obligations stipulées dans un ou plusieurs contrats de crédit-bail.

IV. – TAUX D'INTÉRÊT ET CRÉDIT AUX ENTREPRISES

Bibliographie : ***Bibliographie générale.*** P. Bouteiller, *La rémunération de la banque par l'intérêt : RD bancaire et fin.* 2015, dossier 16. • M. Moreau, J. Moreau et O. Poindron, *Contrat de prêt : un taux variable peut-il devenir négatif ? : RD bancaire et fin.* 2016, étude 24. • F. Auckenthaler, *Taux d'intérêt négatif : le monde à l'envers ? : RD bancaire et fin.* 2016, étude 33.

Bibliographie sur le TEG : Articles antérieurs à l'Ordonnance n° 2016-351, 25 mars 2016. Schmidt et Lutz, *Réflexions sur les articles 1907, alinéas 2 du Code civil et 4 de la loi du 28 décembre 1966. Conventions d'intérêt et de taux : RD bancaire et bourse* 1988, 143. • Vasseur, *La fixation du taux d'intérêt et du taux d'effectif global en matière de découvert en compte* (après les arrêts Cass. 1re civ., 9 févr. 1988 et Cass. com., 12 avr. 1988 : *D.* 1988, 309, concl. Jéol) : *D.* 1988, 157. • d'Ornano, *De l'application dans le temps de l'article 1907 du Code civil et de la loi n° 66-1010 du 28 décembre 1966 selon la chambre commerciale de la Cour de cassation : Gaz. Pal.* 1990, 2, doctr. 581. • Varii auctores, *L'application internationale de la législation sur l'usure : RD bancaire et bourse* 1990, 100. • Delatollas et Marty, *La stipulation du taux d'intérêt conventionnel et du taux effectif global : RJDA* 8-9/97, p. 684. • P. Lutz et O. Berg, *Taux effectif global : de plus en plus d'incertitudes : D.* 2005, p. 841. • C. Joseph Serhal et I. Zeyyad Cekici : *Banque et droit* 2009, n° 126, p. 11. • H. Causse, *La coopération bancaire ravalée à une fraction du TEG ? : JCP E* 2010, 1576. • P. Bouteiller, *Quand la valeur de la garantie constitue un élément de calcul du taux effectif global (TEG) ou comment s'y prendre pour faire d'un élément de comparaison du coût du crédit, un élément de valeur variable selon la garantie considérée : Rev. Lamy dr. aff.* 2011, n° 57, p. 25. • J. Lasserre Capdeville, *Les évolutions jurisprudentielles du droit applicable au taux effectif global : LPA* 9 nov. 2012, p. 10 ; *Intérêt et usure : des concepts confrontés à des objectifs contradictoires : RD bancaire et fin.* 2013, dossier, 45 ; *Le délai de prescription applicable à l'action formée contre un taux effectif global non mentionné par écrit ou erroné : Gaz. Pal.* 27 juin 2013, p. 5. • G. Biardeaud, *Le TEG, ses décimales et la Cour de cassation : D.* 2015, point de vue 215. • J.-L. Coudert et F. Coudert, *Quelle place pour l'erreur en matière de calcul de TEG ? : Gaz. Pal.* 19 févr. 2015, p. 3. • D. Mainguy, *L'arrondi de la décimale, de l'influence des mathématiques sur la rigueur de l'information due au consommateur : JCP E* 2015, 1250. • A. Duval-Stalla et C. Monod, *Un an de jurisprudence du TEG en matière de crédit immobilier : JCP E* 2016, 1094. • H. Sefiane, *La sanction critiquable du TEG absent ou erroné : JCP E* 2016, 1141. • A. Duval-Stalla et C. Monod, *Un an de jurisprudence du TEG en matière de crédit immobilier : JCP E* 2016, 1094. • J. Lasserre Capdeville, *TEG erroné et délai de prescription : état du droit et observations : LPA* 28 janv. 2016, p. 6.

Articles postérieurs à l'Ordonnance n° 2016-351 du 25 mars 2016. A. Duval-Stalla et C. Monod, *Un an de jurisprudence du TEG en matière de crédit immobilier : JCP E* 2017, 1229. • A. Perin-Dureau, *Mention du taux effectif global – Étude d'une mesure à l'efficacité et à la cohérence discutables : 1re partie : Étendue de la mesure : RD bancaire et fin.* 2016, étude 28, 2e partie : *Sanction du dispositif : RD bancaire et fin.* 2016, étude 29. • J. Attard, *L'assiette du TAEG des droits immobiliers et des crédits garantis par une hypothèque : Defrénois* 2016, art. 124v7. • J. Gautier et Ph. Létienne, *Levée de boucliers en faveur du banquier : critique de l'automaticité de la substitution de l'intérêt légal à l'intérêt conventionnel : Gaz. Pal.* 27 sept. 2016, p. 6. • A. Maymont, *Vers un allégement des obligations du banquier en matière de TEG : JCP E* 2018, 154. • G. Biardeaud, *Taux d'intérêts : de la décimale prescrite par l'article R. 313-1... à la décimale tout court : D.* 2019, p. 597.

Articles postérieurs à l'ordonnance n° 2019-740 du 17 juillet 2019. T. Bonneau, *La réforme de 2019 des sanctions applicables en cas de défaut ou d'erreur du taux effectif global : Banque et droit* 2019, n° 187, p. 14. • G. Biardeaud, *Succès en trompe-l'œil pour les banques – À propos de l'ordonnance n° 2019-740 du 17 juillet 2019 relative aux sanctions civiles applicables en cas de défaut ou d'erreur du taux effectif global : D.* 2019, p. 1613. • J. Djoudi, *La réfome en demi-teinte de la sanction civile du TEG omis ou erroné : RD bancaire et fin.* 2019, comm. 185. • B. Fournier et A. Chazot, *La réforme du taux effectif global : Option fin.* 28 oct. 2019, p. 51. • J. Lasserre Capdeville, *L'adoption d'une sanction unique aux manquements liés au TEG/TAEG : JCP E* 2019, 574. • J. Moreau et O. Poindron, *La réforme du TEG ou les malheures de la vertu : RD bancaire et fin.* 2019, étude 16. • P. Métais et E. Valette, *La réforme du TEG adoptée : la déchéance du droit aux intérêts du prêteur proportionnée au préjudice réellement subi par l'emprunteur comme seule sanction : RLDC* oct. 2019, p. 9. • J. Salvandy, *Réforme des sanctions civiles du TEG : uniformisation et simplification ? : RDI* 2019, p. 604.

Crédit inter-entreprises. V. C. monét. fin., art. L. 511-6 et s., p. 3219.

ANNEXE 5

Code de la consommation

Partie législative

LIVRE TROISIÈME. – L'ENDETTEMENT

TITRE PREMIER. – CRÉDIT

Rédaction antérieure

....

CHAPITRE III. – DISPOSITIONS COMMUNES AUX CHAPITRES I et II

(Abr., Ord. n° 2016-30, 14 mars 2016)

Section I. – Le taux d'intérêt

Sous-section 1. – Le taux effectif global

Rédaction antérieure. Art. L. 313-1 ***(Mod., L. n° 2010-737, 1er juill. 2010).*** – Dans tous les cas, pour la détermination du taux effectif global du prêt, comme pour celle du taux effectif pris comme référence, sont ajoutés aux intérêts les frais, commissions ou rémunérations de toute nature, directs ou indirects, y compris ceux qui sont payés ou dus à des intermédiaires intervenus de quelque manière que ce soit dans l'octroi du prêt, même si ces frais, commissions ou rémunérations correspondent à des débours réels.

Toutefois, pour l'application des articles L. 312-4 à L. 312-8, les charges liées aux garanties dont les crédits sont éventuellement assortis ainsi que les honoraires d'officiers ministériels ne sont pas compris dans le taux effectif global défini ci-dessus, lorsque leur montant ne peut être indiqué avec précision antérieurement à la conclusion définitive du contrat.

Pour les contrats de crédit entrant dans le champ d'application du Chapitre Ier du présent titre, le taux effectif global, qui est dénommé « Taux annuel effectif global » ne comprend pas les frais d'acte notarié.

En outre, pour les prêts qui font l'objet d'un amortissement échelonné, le taux effectif global doit être calculé en tenant compte des modalités de l'amortissement de la créance.

Un décret en Conseil d'État déterminera les conditions d'application du présent article.

Remarque : sur l'entrée en vigueur de la loi n° 2010-737 du 1er juillet 2010, voir l'article 61 de cette même loi (*JO* 2 juill. 2010).

Voir : C. consom., art. R. 313-1 et s., relatifs au calcul du taux effectif global.

I – CHAMP D'APPLICATION

1) Portée générale. Si les dispositions légales et réglementaires relatives au TEG ont été intégrées dans le Code de la consommation, il ne peut pas pour autant en être déduit qu'elles ne seraient pas applicables à une convention de compte courant conclue entre une banque et une société ; en effet, elles ne font pas partie du dispositif protecteur des seuls consommateurs mais elles sont de portée générale et demeurent applicables à tout crédit consenti sous quelque forme que ce soit et non pas seulement aux crédits à la consommation ou immobiliers (▪ Paris, 26 févr. 1999, n° S96/43800 : *JurisData* n° 1999-020334 ; *RJDA* 7/99, n° 820 ; *RD bancaire et bourse* 1999, 119, obs. Crédot et Gérard. ▪ Rennes, 23 oct. 1998 : *RD bancaire et fin.* 2000, 223, n° 142, obs. Crédot et Gérard. – *Contra*, ▪ Poitiers, 17 févr. 1998, n° 9501603 : *JurisData* n° 1998-046715 ; *RD bancaire et bourse* 1999, 119, obs. Crédot et Gérard).

2) Disposition d'ordre public. La mention du TEG est une disposition d'ordre public, le prêteur ne peut donc pas y renoncer dans l'acte de prêt (▪ Cass. 1re civ., 15 oct. 2014, n° 13-17.215 : *JurisData* n° 2014-024334 ; *Gaz. Pal.* 11 févr. 2015, p. 18, obs. S. Piedelièvre).

II – ÉLÉMENTS PRIS EN COMPTE POUR LE CALCUL DU TEG

3) Frais de gestion du prêt. Lorsqu'il résulte des dispositions de deux actes, l'un étant un contrat de prêt et l'autre un contrat de gestion de ce prêt, qu'ils forment un tout et que le second définit certaines modalités d'exécution du prêt, en même temps que la rémunération de l'intermédiaire, tous ces éléments doivent entrer en compte pour le calcul du taux effectif global (▪ Cass. crim., 9 juin 1977 : *JCP* 1978, II, 18875, note Husset ; *D.* 1977, inf. rap. 423, note Puech. ▪ Cass. civ. 1re, 12 juin 1990, n° 89-10.811 : *JurisData* n° 1990-001763 ; *Bull.* I, n° 161 ; *JCP* E 1990, I, 20260 ; *RTD com.* 1990, 618, obs. Cabrillac et Teyssié). Ces sommes sont prises en compte qu'elles soient versées intégralement au moment du prêt ou par versements échelonnés (▪ Cass. crim., 5 déc. 1989 : *Bull. crim.* n° 237), qu'elles soient stipulées avec le prêt ou par acte séparé (même arrêt).

4) Impôts et taxes liés à l'obtention du prêt. Les impôts et taxes que l'emprunteur est obligé de supporter pour obtenir le prêt doivent être intégrés dans la base de calcul du TEG (■ Cass. 1re civ., 21 janv. 1992 [arrêt nos 2 et 3] : *Bull.* I, n° 22 ; *JCP* G 1992, I, 3591, n° 5, obs. Fabre-Magnan ; *RD bancaire et bourse* 1992, 247, obs. Crédot et Gérard ; *RJDA* 4/92, n° 371 ; *RTD com.* 1992, 653, obs. Cabrillac et Teyssié).

5) Débours réels. Les frais, commissions ou rémunérations de toute nature, directs ou indirects doivent être intégrés dans la base de calcul du TEG, même si ces frais, commissions ou rémunérations correspondent à des débours réels (■ Cass. com., 3 juill. 2001, n° 98-14.873 : *RJDA* 01/2002, n° 77. ■ Cass. crim., 10 sept. 2003, n° 02-85.188 : *JurisData* n° 2003-020477 ; *RJDA* 5/2004, n° 607 ; *RD bancaire et fin.* 2003, 360, obs. Crédot et Gérard ; *JCP* E 2004, chron. 736, n° 18, obs. Stoufflet. ■ Cass. com., 14 déc. 2004, n° 02-19.532 : *JurisData* n° 2004-026194 ; *JCP* E 2005 jurispr. 317, note Raby ; *D.* 2005, p. 276, obs. Avena-Robardet ; *RJDA* 5/2005, n° 608, qui décide que les commissions pour tenue du compte ou pour rémunérer le service de caisse sont des commissions distinctes du crédit. – V. aussi ■ Cass. 1re civ., 30 oct. 2007, n° 06-19.210 : *JurisData* n° 2007-041159 ; *RJDA* 5/2008, n° 567. ■ Cass. com., 5 févr. 2008, n° 06-20.783 : *JurisData* n° 2008-042667 ; *RJDA* 5/2008, n° 568 ; *JCP* E 2008, pan. 1378).

6) Frais de notaire liés aux garanties du prêt. Lorsque les frais de notaire et d'inscription d'hypothèque sont déterminables, ils doivent être compris dans le calcul du TEG (■ Nîmes, 28 janv. 2003 : *Banque et droit* sept.-oct. 2004, p. 88, obs. Guillot. ■ Cass. 1re civ., 30 mars 2005, n° 02-11.171 : *JurisData* n° 2005-027799 ; *D.* 2005, p. 1148, obs. Chevrier ; *ibid.*, p. 2757, note Flores ; *RJDA* 2/2006, n° 176 ; *JCP* E 2005, pan. 861 ; *ibid.*, 1676, n° 26, obs. Lassalas-Langlais ; *RTD com.* 2005, 575, obs. Legeais ; *Banque et droit* 2005, n° 102, p. 69, obs. Bonneau, cassant ■ Paris, 9 nov. 2001 : *JurisData* n° 2001-163004 ; *D.* 2002, p. 211, obs. Lienhard. ■ 27 févr. 2007 : *D.* 2007, p. 938, obs. Rondey ; *RJDA* 6/2007, n° 651 ; *RTD com.* 2007, 427, obs. Legeais ; *RJDA* 10/2007, n° 1005 ; *JCP* E 2007, 2377, n° 28, obs. Mathey ; *D. 2008, pan. 879*, obs. D.-R. Martin, qui pend en compte une prime intégrée au capital restant dû et présentée comme la contrepartie de l'octroi par le prêteur à l'emprunteur d'une réduction du taux d'intérêt prévu au contrat de prêt originel).

Seuls les honoraires d'officiers ministériels qui ne sont pas déterminables à la date de l'acte de prêt, ne sont pas compris dans le TEG (■ Cass. 1re civ., 28 juin 2007, n° 05-19.853 : *JurisData* n° 2007-039756 ; *D.* 2007, p. 2029, obs. Avena-Robardet ; *JCP* E 2007, pan. 2063).

7) Sûretés, assurances et souscription de parts déterminant le crédit. Le coût des sûretés réelles ou personnelles exigées, et qui conditionnent la conclusion du prêt doit être mentionné dans l'offre, la souscription de parts sociales auprès de l'organisme qui subventionne le contrat étant imposé comme condition d'octroi du prêt et les frais ainsi rendus obligatoires afférents à cette adhésion ayant un lien direct avec le prêt, doivent être pris en compte pour la détermination du TEG, ainsi que les frais d'assurance incendie, exigée par le prêteur (■ Cass. 1re civ., 23 nov. 2004, n° 02-13.206 : *JurisData* n° 2004-025798 ; *Bull. civ.* I, n° 289 ; *D.* 2005, jurispr. 2757, note Biardeaud et Flores ; *D.* 2006, pan. 155, obs. D.-R. Martin et Synvet ; *RD bancaire et fin.* 2005, n° 6, obs. Crédot et Gérard ; *Banque et droit* mars-avr. 2005, 46, obs. Bonneau ; *JCP* E 2005, pan. 44 ; *RJDA* 6/2005, n° 746. ■ Cass. 1re civ., 6 déc. 2007, n° 05-17.842 : *JurisData* n° 2007-041762 ; *D.* 2008, p. 81, obs. Rondey. ■ Cass. 1re civ., 9 déc. 2010, n° 09-67.089 : *JurisData* n° 2010-023213 ; *Banque et droit* 2011, n° 136, p. 24, obs. T. Bonneau ; *RD bancaire et fin.* 2011, comm. 4, N. Mathey ; *RD bancaire et fin.* 2011, comm. 41, F.-J. Crédot et T. Samin. ■ Cass. 1re civ., 12 juill. 2012, n° 11-21.687 : *JurisData* n° 2012-015797 ; *RD bancaire et fin.* 2012, comm. 146, obs. N. Mathey ; *Banque et droit* 2012, n° 146, p. 25, obs. T. Bonneau ; *JCP* E 2012, 1576, note J. Djoudi. ■ Cass. 1re civ., 15 oct. 2014, n° 13-19.241 : *JurisData* n° 2014-024337 ; *Gaz. Pal.* 17 mars 2015, p. 16, obs. M. Roussille ■ Cass. 1re civ., 31 janv. 2018, n° 16-22.945 : *JCP E* 2018, 1453, obs. M. Correia et J. Lasserre Capdeville ; *Banque et droit* juill. 2018, n° 180, p. 13, obs. S. Gjidara-Decaix).

Le prêteur ayant subordonné l'octroi du prêt à la souscription et au nantissement d'un contrat d'assurance-vie, les frais d'adhésion à l'assurance-vie doivent être pris en compte pour le calcul du TEG (■ CA Douai, 8e ch., 27 oct. 2011, n° 10/08100 : *JurisData* n° 2011-024986 ; *JCP* E 2011, 1906, note P. Boutiller et F.-J. Crédot).

8) Obligation pour le banquier de s'informer du coût de l'assurance déterminant le crédit. Lorsque la banque subordonne l'octroi du crédit à la souscription d'une assurance, elle doit s'informer auprès du souscripteur du coût de celle-ci pour procéder à la détermination du TEG (■ Cass. 1re civ., 13 nov. 2008, n° 07-17.737 : *JurisData* n° 2008-045783 ; *D.* 2008, p. 3006, obs. V. Avena-Robardet ; *Banque et droit* n° 123, p. 22, obs. T. Bonneau).

9) Affacturage. V. C. consom., art. R. 313-1-1 rédaction antérieure et art. R. 314-6 rédaction actuelle. L'obligation de mentionner le TEG s'applique même pour les contrats antérieurs à l'adoption du décret d'application spécifique au calcul du TEG pour l'affacturage (■ Cass., 1re civ., 17 févr. 2016 : *RD bancaire et fin.* 2016, comm. 150, obs. F.-J. Crédot et T. Samin).

10) Intérêts et coûts liés à la période intercalaire. Les intérêts et coûts liés à la période intercalaire étant une condition d'octroi du crédit ils doivent être pris en compte dans le calcul du TEG (■ Cass. 1re civ., 17 juin 2015, n° 14-14.326 : *JurisData* n° 2015-014608 ; *JCP* E 2015, 1010, n° 6, obs. A. Salgueiro ; *RD bancaire et fin.* 2015, comm. 182, obs. F.-J. Crédot et T. Samin. ■ Cass., 1re civ., 14 déc. 2016 : *JCP* E 2017, 1446, n° 16, obs. M. Correia et J. Lasserre-Capdeville ; *Gaz. Pal.* 4 avr. 2017, p. 20, obs. S. Piedelièvre ; *Banque et droit* 2017, n° 172, p. 34, obs. T. Bonneau ; *RD bancaire et fin.* 2017, comm. 8, obs. N. Mathey ; *JCP E* 2017, 1246, obs. A. Salgueiro ; *D.* 2017, p. 443, note. J. Lasserre Capdeville. ■ CA Colmar, 23 mai 2018, n° 16/04231 : *JCP* E 2018, 1433, note J. Lasserre Capdeville ; *JCP* E 2018, 1453, obs. M. Correia et J. Lasserre Capdeville).

Bibliographie : G. Biardeaud, *Après l'année lombarde, une nouvelle mine de contentieux : les intérêts intercalaires... : D.* 2018, p. 1563.

11) Frais de dossier lors du réaménagement du prêt. Les frais facturés lors du réaménagement du prêt doivent être pris en considération pour la détermination du TEG (■ Cass. 1re civ., 6 avr. 2016 : *JCP* E 2016, 1587, n° 8, obs. N. Mathey ; *RD bancaire et fin.* 2016, comm. 151, obs. F.-J. Crédot et T. Samin ; *Banque et droit* 2016, n° 168, p. 16, obs. T. Bonneau).

12) Prise en compte du taux de change en cas de monnaie impérativement différente entre le prêt et le remboursement. Lorsque l'exécution du prêt implique une opération de change, la commission de change entre dans le calcul du TEG (■ CA Metz, 6 avr. 2017 et ■ CA Paris, 31 mars 2017 : *JCPE* 2017, 1446, n° 17, obs. M. Correia et J. Lasserre Capdeville).

III – ÉLÉMENTS EXCLUS DU CALCUL DU TEG

13) Frais éventuels. La TVA sur les agios (■ Bordeaux, 22 janv. 1980 : *JurisData* n° 1980-080179 ; *JCP* 1980, IV, 392), les clauses pénales en cas de défaillance de l'emprunteur (■ Cass. com., 22 févr. 1977 : *D.* 1977, inf. rap. 244) et l'indemnité de remboursement anticipé, dès lors que sa mise en œuvre est éventuelle et donc étrangère aux frais intervenus dans l'octroi du prêt (■ Cass. 1re civ., 27 sept. 2005, n° 02-13.935 : *JurisData* n° 2005-029908 ; *RJDA* 2/2006, n° 178 ; *D.* 2005, p. 2670, obs. *Chevrier) sont exclues du calcul* du taux effectif global.

14) Commission d'intervention distincte du crédit et frais de forçage. La commission d'intervention n'est pas, en général, liée à une opération de crédit et n'entre pas dans le calcul du TEG (■ Cass. 1re civ., 22 mars 2012, n° 11-10.199 : *JurisData* n° 2012-005081 ; *RD bancaire et fin.* 2012, comm. 142, obs. F.-J. Crédot et T. Samin ; *Banque mag.* 2012, n° 749, p. 81, note J.-L. Guillot et M. Boccara). Cependant l'exclusion du calcul du TEG ne peut être automatique, les juges doivent préciser que la commission d'intervention constitue un service distinct d'un crédit (■ Cass. com., 8 janv. 2013, n° 11-15.476 : *JurisData* n° 2013-000037 ; *Banque et droit* 2013, n° 148, p. 30, obs. T. Bonneau ; *RD bancaire et fin.* 2013, comm. 46, obs. N. Mathey ; *D.* 2013, p. 2420, obs. H. Synvet ; *LPA* 4 nov. 2013, p. 6 ; obs. J. Lasserre Capdeville). Or, constitue un service lié au crédit et doit être intégrée au calcul du TEG, la commission qui n'est prélevée qu'en cas de dépassement du découvert autorisé (■ CA Angers, 7 janv. 2014, n° 12/01912 : *JurisData* n° 2014-000639 ; *LDBA* 1er mars 2014, p. 5, obs. J. Lasserre Capdeville). À l'inverse ne constitue pas un service lié à l'octroi du prêt, la commission qui est prélevée quelle que soit l'issue de l'opération, elle ne doit donc pas être prise en compte pour le calcul du TEG (■ Cass. com., 8 juill. 2014 et ■ CA Versailles, ch. 13, 4 sept. 2014, n° 12/08158 : *JurisData* n° 2014-021995 ; *Gaz. Pal.* 28 oct. 2014, p. 14, obs. M. Roussille).

Les frais de forçage après échéances impayées prélevées sur un compte courant n'entrent pas dans la calcul du TEG car ils constituent la rémunération de services liés au fonctionnement du compte et indépendants du prêt (■ Cass. com., 3 déc. 2013, n° 12-22.755 : *JurisData* n° 2013-027920 ; *Contrats, conc. consom.* 2014, comm. 78, G. Raymond ; *LDBA* 1er févr. 2014, p. 6, obs. J. Lasserre Capdeville).

15) Assurances facultatives. Le coût d'une assurance facultative dont la souscription ne conditionne pas l'octroi du prêt n'entre pas dans la détermination du TEG (■ Cass. 1re civ., 8 nov. 2007, n° 04-18.668 : *JurisData* n° 2007-041234 ; *RJDA* 2008, n° 186 ; *JCP* E 2007, pan. 2539 ; application à l'assurance-incendie du bien financé et donné en garantie : ■ Cass. 1re civ., 26 mai 2011, n° 10-13.861 : *RD bancaire et fin.* 2011, n° 157, obs. F.-J. Crédot et T. Samin ; *Banque et droit* 2011, n° 138, p. 14, obs. T. Bonneau ; *RTD com.* 2011, p. 620, obs. D. Legeais). Il en est ainsi lorsque la souscription de l'assurance est imposée à titre d'obligation dont l'inexécution est sanctionnée par la déchéance du terme et non comme une condition d'octroi du prêt (■ Cass. 1re civ., 12 juill. 2012 : *RD bancaire et fin.* 2012, comm. 146, obs. N. Mathey ; Banque et droit 2012, n° 146, p. 27, obs. T. Bonneau ; *JCP* E 2012, 1576, note J. Djoudi. ■ Cass. 1re civ., 6 févr. 2013, n° 12-15.722 : *JurisData* n° 2013-001567 ; *Banque et droit* 2013, n° 148, p. 31, obs. T. Bonneau ; *JCP* E 2013, 1159, note P. Bouteiller et F.-J. Crédot ; *JCP* G 2013, 435, note C.-A. Maetz ;

RD bancaire et fin. 2013, comm. 46, obs. N. Mathey ; *RD imm.* 2013, 207, obs. H. Heugas-Darraspen ; *D.* 2013, p. 2420, obs. H. Synvet. – Rép. min. n° 7576 : *JOAN Q* 27 août 2013, p. 9066 ; *JCP* N 2013, act. 904. ▪ Cass. 1re civ., 11 déc. 2013, n° 12-23.802 : *Gaz. Pal.* 6 févr. 2014, n° 37, p. 8, note J. Lasserre Capdeville. ▪ Cass. com., 28 janv. 2014, n° 12-29.058 : *JurisData* n° 2014-001042 ; *LPA* 21 oct. 2014, p. 4, obs. Y. Gérard. ▪ Cass. 1re civ., 30 sept. 2015, n° 14-19.046 : *JurisData* n° 2015-021703 ; *Contrats, conc. consom.* 2015, comm. 292, G. Raymond ; *JCP* N 2016, 1087, n° 15, obs. S. Piedelièvre).

16) **Frais d'information de la caution.** Les frais d'information de la caution n'étant pas une condition d'octroi du prêt, ils ne sont pas pris en compte dans le calcul du TEG (▪ Cass. com., 15 oct. 2014 : *Gaz. Pal.* 19 févr. 2015, p. 17, obs. S. Piedelièvre ; *Banque et droit* 2015, n° 159, p. 39, obs. T. Bonneau ; *Gaz. Pal.* 17 mars 2015, p. 16, obs. M. Roussille). *Adde* ayant jugé sur un autre fondement que ces frais ne devaient pas être pris en compte : les frais d'information annuelle de la caution sont indéterminables car il est impossible de connaître l'évolution des tarifs postaux sur toute la durée du prêt (▪ CA Paris, pôle 5, ch. 9, 3 oct. 2013, n° 12/19103 : *RD bancaire et fin.* 2014, comm. 4, F.-J. Crédot et T. Samin).

Bibliographie : J. Lasserre Capdeville, *Les frais d'information de la caution doivent-ils être inclus dans le taux effectif global ?* : *LPA* 12 sept. 2016, p. 4.

17) **Frais de notaire liés exclusivement à l'acquisition du bien immobilier.** Les frais liés exclusivement à l'acquisition du bien immobilier n'ont pas à être pris en compte dans le calcul du TEG (▪ Cass. 1re civ., 1er oct. 2014, n° 13-22.320 : *JurisData* n° 2014-022605 ; *Gaz. Pal.* 17 mars 2015, p. 14, obs. M. Roussille. ▪ Cass. 1re civ., 22 sept. 2016 : *JCP* E 2017, 1229, obs. A. Duval-Stalla et C. Monod).

18) **Frais non déterminables.** Seuls les honoraires d'officiers ministériels qui ne sont pas déterminables à la date de l'acte de prêt, ne sont pas compris dans le TEG (▪ Cass. 1re civ., 28 juin 2007 : *D. 2007, p. 2029, obs. Avena-Robardet* ; *JCP* E 2007, pan. 2063). Il appartient à la banque de prouver qu'au jour du contrat ces frais ne pouvaient être déterminés (▪ Cass. 1re civ., 30 avr. 2009, n° 08-16.371 : *JurisData* n° 2009-047988 ; *JCP* E 2009, 2020, n° 20, obs. C. Lassalas-Langlais). Les frais d'information annuelle de la caution sont indéterminables car il est impossible de connaître l'évolution des tarifs postaux sur toute la durée du prêt (▪ CA Paris, pôle 5, ch. 9, 3 oct. 2013, n° 12/19103 : *RD bancaire et fin.* 2014, comm. 4, F.-J. Crédot et T. Samin).

IV – DIVISEUR ET MONTANT

19) **Calcul par année civile du TEG.** Le taux annuel de l'intérêt doit être déterminé par référence à l'année civile, laquelle comporte trois cent soixante-cinq ou trois cent soixante-six jours (▪ Cass. com., 10 janv. 1995, n° 91-21.141 : *JCP* E 1995, II, 739, note Auckenthaler ; *D.* 1995, 229, note Gavalda ; *Banque* 1995, 93, obs. Guillot ; *RJDA* 5/95, n° 603. ▪ Cass. com., 18 mars 1997, n° 94-22.216 : *JurisData* n° 1997-001413 ; *RJDA* 7/97, n° 921 ; *D. affaires* 1997, 506 ; *Contrats, conc. consom.* 1997, n° 124, obs. Raymond).

20) **Condamnation de l'ajout des frais au capital.** Les frais engagés pour l'obtention du prêt doivent être ajoutés au montant des intérêts pour calculer le coût du crédit, mais n'ont pas à être additionnés au capital pour le calcul du TEG (▪ Cass. 1re civ., 28 nov. 2018 : *Gaz. Pal.* 19 févr. 2019, n° 342j0, obs. M. Roussille ; *LEDB* janv. 2019, p. 5, obs. J. Lasserre Capdeville ; *JCP* E 2019, 1093, n° 29, obs. J. Lasserre Capdeville et M. Correia).

V – PREUVE ET AMPLEUR DE L'ERREUR

A – Charge de la preuve

21) **Charge de la preuve sur les épaules de l'emprunteur.** C'est à l'emprunteur de démontrer le caractère erroné du TEG (▪ Cass. 1re civ., 13 mai 2014, n° 13-15.151 : *JurisData* n° 2014-010027 ; *AJDI* 2014, 626 ; *LEDB* juill. 2014, p. 7, n° 098, obs. R. Routier).

22) **Charge de la preuve sur les épaules de l'emprunteur professionnel même en présence d'un taux conventionnel calculé sur 360 jours.** Il appartient à l'emprunteur de démontrer que le TEG a été calculé sur la base de 360 jours même s'il est établi que les intérêts conventionnels ont été calculés sur cette base (▪ Cass. com., 4 juill. 2018, n° 17-10.349 : *JCP* E 2018, 1537, note P. Métais et E. Valette ; *Banque et droit* 2019, n° 183, p. 24, obs. T. Bonneau ; *JCP* G 2018, 1702, note J. Lasserre Capdeville ; *D.* 2020, p. 2014, obs. H. Synvet ; *AJDI* 2019, p. 219, obs. J. Moreau ; *Gaz. Pal.* 23 oct. 2018, n° 333q1, p. 68, obs. S. Moreil).

B – Moyens de preuve

23) **Moyen de preuve : caractère insuffisant d'une expertise non judiciaire.** Si le juge ne peut refuser d'examiner une pièce régulièrement versée aux débats, il ne peut se fonder exclusivement sur une expertise non judiciaire réalisée à la demande de l'une des parties (▪ Cass. 1re civ., 30 nov. 2016 : *RD bancaire et fin.* 2017, comm. 7, obs. N. Mathey).

C – Ampleur de l'erreur exigée

24) Caractère indifférent de l'erreur inférieure à la décimale. L'action n'est recevable que lorsque la différence entre le TEG mentionné et celui effectif est au moins égale à une décimale (▪ Cass. 1re civ., 1er oct. 2014, n° 13-22.778 : *D.* 2014, p. 2395, note J. Lasserre Capdeville ; *Gaz. Pal.* 18 févr. 2015, p. 3, J.-L. Couderc ; *Gaz. Pal.* 17 mars 2015, p. 16, obs. M. Roussille ; *Banque et droit* 2015, n° 160, obs. T. Bonneau ; *RTD com.* 2015, p. 137, obs. D. Legeais. ▪ Cass. com., 9 avr. 2015 : *D.* 2015, p. 1150, obs. J. Lasserre Capdeville. ▪ Cass. 1re civ., 25 janv. 2017 : *Gaz. Pal.* 4 avr. 2017, p. 20, obs. S. Piedelièvre ; *JCP* E 2017, 1158, note J. Lasserre Capdeville et 1246, n° 11, obs. A. Salgueiro ; *RD bancaire et fin.* 2017, comm. 60, obs. N. Mathey).

25) Application aux diviseurs conventionnels. L'utilisation d'un diviseur conventionel ne peut être sanctionnée que si elle aboutit à un surcôut supérieur à une décimale : ▪ Cass. 1re civ., 27 nov. 2019, n° 18-19.097 : *Dalloz actualité*, 6 déc. 2019, obs. J.-D. Pellier ; *D.* 2020, p. 26, note G. Biardeaud et B. Poitrat ; *AJ contrat* 2020, 32, obs. J. Moreau et O. Poindron ; *JCP* E 2020, 1003, note J. Lasserre Capdeville ; *RJDA* 2020, n° 101 ; *Banque et droit* 2020, n° 1-2, p. 25, obs. S. Gjidara-Decaix ; *JCP* E 2020, 1054, n° 15, obs. J. Lasserre Capdeville et M. Correia).

26) Application au défaut de communication du taux et de la durée de période. Le défaut de communication du taux et de la durée de la période du crédit ne sont pas sanctionnables lorsque l'écart avec le taux réel est inférieur à la décimale (▪ Cass. 1er civ., 5 févr. 2020, n° 19-11.939).

VI – TAUX CONVENTIONNEL

A – Diviseur

27) Calcul par année civile du taux conventionnel des crédits aux consommateurs. Le taux annuel de l'intérêt doit être déterminé par référence à l'année civile, laquelle comporte trois cent soixante-cinq ou trois cent soixante-six jours, la clause contraire n'est pas admise dans les crédits consentis à un consommateur ou un non-professionnel (▪ Cass. 1re civ., 19 juin 2013, n° 12-16.651 : *JurisData* n° 2013-012494 ; *Contrats, conc. consom.* 2013, comm. 252, G. Raymond ; *RD bancaire et fin.* 2013, comm. 185, F.-J. Crédot et T. Samin et comm. 187, N. Mathey ; *LDBA* 1er sept. 2013, p. 1, obs. R. Routier ; *Gaz. Pal.* 1er août 2013, p. 16, obs. S. Piedelièvre. ▪ Cass. com., 29 nov. 2017 : *LEDB* janv. 2018, p. 4, obs. J. Lasserre Capdeville ; *JCP* E 2018, 1121, n° 3, obs. M. Correia et J. Lasserre-Capdeville). V. contra une résistance des juges du fond quand le prêt ne fait pas intervenir le taux quotidien (▪ CA Paris, 23 mars 2018, n° 16/16101 : *JurisData* n° 2018-004218 ; *JCP* E 2018, 1453, obs. M. Correia et J. Lasserre Capdeville. ▪ CA Lyon, 15 mai 2018, n° 17/02040 : *JurisData* n° 2018-008310 ; *JCP* E 2018, 1453, obs. M. Correia et J. Lasserre Capdeville. ▪ CA Colmar, 23 mai 2018, n° 16/04231 : *JCP* E 2018, 1433 note J. Lasserre Capdeville ; *JCP* E 2018, 1453, obs. M. Correia et J. Lasserre Capdeville).

Bibliographie : J. Lasserre Capdeville, *Point de départ du délai de prescription de l'action menée contre le taux conventionnel calculée sur « l'année lombarde » : LPA* 12 févr. 2018, p. 4.

28) Validité du diviseur conventionnel favorable au consommateur. La clause reposant sur l'utilisation d'un diviseur de 360 jours dont l'effet est de minorer les intérêts dus par le consommateur est valable (▪ Cass. 1re civ., 4 juill. 2019, n° 17-27.621 : *D.* 2019, p. 2014, obs. H. Synvet ; *Dalloz actualité*, 29 juill. 2019, obs. J.-D. Pellier ; *RDC* 2019, n° 4, p. 13, obs. S. Pellet ; *JCP* E 2019, 1496, note P. Métais et E. Valette ; *Gaz. Pal.* 22 oct. 2019, n° 361s4, p. 57, obs. B. Bury ; *RJC* 2019, p. 437, obs. P. Mousseron ; *Banque et droit* 2019, n° 187, p. 25, obs. S. Gjidara-Decaix ; *JCP* E 2020, 1054, n° 7, obs. J. Lasserre Capdeville et M. Correia ▪ Cass. 1er civ., 10 oct. 2019, n° 18-19.151 : *JCP* E 2020, 1054, n° 9, obs. J. Lasserre Capdeville et M. Correia).

29) Validité des diviseurs conventionnels pour les crédits à finalité professionnel. La clause prévoyant l'utilisation du diviseur 360 est admise dans les crédits consentis à un professionnel, mais exige l'accord des parties qui ne peut découler des conditions générales de la banque (▪ Cass. com., 24 mars 2009 : *JCP* E 2009, 1645, note P. Bouteiller ; *RD bancaire et fin.* 2009, comm. 116, obs. F.-J. Crédot et Th. Samin ; *D.* 2009, AJ, p. 1016, obs. V. Avena-Robardet ; *RTD com.* 2009, p. 422, obs. D. Legeais ; *Banque et droit* mai-juin 2009, p. 22, obs. T. Bonneau ; *Dr. et patrimoine* sept. 2009, n° 115, p. 17, note C. Rousset. ▪ CA Lyon, 31 oct. 2013, n° 13/04900 : *LDBA* 1er janv. 2014, p. 6, obs. J. Lasserre Capdeville. ▪ Cass. 1re civ., 6 sept. 2017 : *JCP* E 2018, 1121, n° 2, obs. M. Correia et J. Lasserre-Capdeville. – *Contra* : ▪ Paris, 6 oct. 2017 : *JCP* E 2017, 1651, note J. Lasserre Capdeville ; *JCP* E 2018, 1121, n° 6, obs. M. Correia et J. Lasserre Capdeville ▪ CA Paris, 26 janv. 2018 : *JCP* E 2018, 1453, obs. M. Correia et J. Lasserre Capdeville ▪ Cass. com., 4 juill. 2018, n° 17-10.349 : *JCP* E 2018, 1537, note P. Métais et E. Valette ; *Banque et droit* 2019, n° 183, p. 24, obs. T. Bonneau ; *JCP* G 2018, 1702, note J. Lasserre Capdeville ; *D.* 2020, p. 2014, obs. H. Synvet ; *AJDI* 2019, p. 219, obs. J. Moreau ; *Gaz. Pal.* 23 oct. 2018, n° 333q1, p. 68, obs. S. Moreil).

Bibliographie : J. Lasserre Capdeville, *Interrogations autour du recours au « diviseur 360 » pour* *les crédits aux consommateurs* : *JCP* E 2017, 1496. – G. Biardeaud, *Année lombarde : juristes, encore un effort !* : *D.* 2018, p. 300. – C. Lèguevaques, *L'année lombarde et les banques. Entre faute lucrative et risque systémique diffus* : *LPA* 4 oct. 2017, p. 6.

B – Taux négatifs

30) Taux négatifs : exclusion sauf clause expressément contraire. Sauf clause contraire, le prêteur n'ait pas tenu de rémunérer l'emprunteur lorsque l'index d'un prêt à taux variable est devenu négatif (■ Cass. 1re civ., 25 mars 2020, n° 18-23.803 : *JCP* E 2021, 1010, note. M. Houssin ; *D.* 2020, p. 1501, note J. Lasserre Capdeville ; *RD bancaire et fin.* 2020, comm. 74, obs. T. Samin et S. Torck ; *RDC* 2020, p. 32, obs. R. Libchaber ; *RDI* 2020, p. 667, obs. J. Bruttin ; *D.* 2020, p. 37, obs. D. R. Martin et H. Synvet ; *Gaz. Pal.* 8 sept. 2020, n° 386n5, p. 33, obs. S. Piédelièvre ; *BJB* sept. 2020, n° 119g3, p. 38, obs. F. Auckenthaler ; *JCP* E 2020, 1351, obs. N. Kilgus ; *RTD com.* 2020, p. 691, obs. D. Legeais ; *Banque et droit* 2020, n° 192, p. 20, obs. T. Bonneau).

Bibliographie : M. Moreau, J. Moreau et O. Poindron, *Contrat de prêt : un taux variable peut-il devenir négatif ?* : *RD bancaire et fin.* 2016, étude 24. – F. Auckenthaler, *Taux d'intérêt négatif : le monde à l'envers ?* : *RD bancaire et fin.* 2016, étude 33. – A. El Mejri, *Un établissement de crédit peut-il être amené à verser des fonds à l'emprunteur en vertu de taux devenus négatifs* : *JCP* E 2017, 1423. – A. Ghozi, *Contrat de prêt de somme d'argent : l'intérêt négatif en débat* : *D.* 2017, p. 965. – R. Libchaber, *Le travail du négatif en droit : la question de l'intérêt dans le prêt* : *RDC* 2017, p. 446. – D. R. Martin, *De l'intérêt* : *Banque et dr.*, hors-série, 2016-26.

Rédaction antérieure. Art. L. 313-2. – Le taux effectif global déterminé comme il est dit à l'article L. 313-1 doit être mentionné dans tout écrit constatant un contrat de prêt régi par la présente section.

Toute infraction aux dispositions du présent article sera punie d'une amende de 150 000 euros.

Les personnes physiques déclarées coupables encourent également à titre de peines complémentaires l'interdiction, suivant les modalités prévues à l'article 131-27 du Code pénal, soit d'exercer une fonction publique soit d'exercer l'activité professionnelle ou sociale dans l'exercice ou à l'occasion de l'exercice de laquelle l'infraction a été commise, soit d'exercer une profession commerciale ou industrielle, de diriger, d'administrer, de gérer ou de contrôler à un titre quelconque, directement ou indirectement pour leur propre compte ou pour le compte d'autrui, une entreprise commerciale ou industrielle ou une société commerciale. Ces interdictions d'exercice ne peuvent excéder une durée de cinq ans. Elles peuvent être prononcées cumulativement.

I – CHAMP D'APPLICATION

1) Solde débiteur d'un compte courant. Le taux de l'intérêt conventionnel doit être fixé par écrit (■ Cass. 1re civ., 29 juin 2004, n° 02-12.598 : *JurisData* n° 2004-024342 ; *RJDA* 1/2005, n° 69 ; *JCP* E 2004, pan. 1354) ; cette règle, prescrite pour la validité même de la stipulation d'intérêt est d'application générale et il ne peut y être dérogé en matière d'intérêts afférents au solde débiteur d'un compte courant (■ Cass. 1re civ., 9 févr. 1988, n° 86-11.557 : *JurisData* n° 1988-000569 ; *Bull.* I, n° 34 ; *JCP* E 1988, II, 15024, note Gavalda et Stoufflet ; *Banque* 1988, 590, obs. Rives-Lange. ■ Cass. 1re civ., 12 avr. 1988 : *D.* 1988, 309, concl. Jéol ; *RTD com.* 1988, 475, obs. Cabrillac et Teyssié. ■ Cass. 1re civ., 23 oct. 1990, n° 89-10.769 : *JCP* E 1991, *II, 106*, note Stoufflet. ■ Cass. 1re civ., 8 juin 1994, n° 91-16.336 : *JurisData* n° 1994-001230 ; *RJDA* 1/95, n° 44. ■ Cass. com., 3 mai 1995, n° 93-12.256 : *JurisData* n° 1995-000979 ; *D.* 1997, 124, note Eudier. ■ Cass. com., 13 févr. 1996, n° 93-21.028 : *RJDA* 5/96, n° 653. ■ Cass. com., 15 oct. 1996, n° 93-15.091 : *JurisData* n° 1996-004018 ; *JCP* E 1997, II, 921, note Pollaud-Dulian. ■ Cass. com., 15 juill. 1999 : *RD bancaire et bourse* 1999, 188, obs. Crédot et Gérard. ■ Cass. com., 14 déc. 2004, n° 02-19.532 : *JurisData* n° 2004-026194 ; *RJDA* 5/2005, n° 608 ; *JCP* E 2005, jurispr. 317, note Raby ; *D.* 2005, p. 276, obs. Avena-Robardet. ■ Cass. com., 18 mars 2014, n° 13-13.618 : *JurisData* n° 2014-005361 ; *LPA* 21 oct. 2014, p. 4, obs. Y. Gérard).

2) Affacturage. Lorsqu'un contrat d'affacturage prévoit la faculté pour l'adhérent de prélever des sommes sur le disponible de son compte courant par anticipation de l'échéance moyenne des règlements de ses clients, l'exercice de cette faculté par l'adhérent le fait bénéficier d'avances entrant dans le champ d'application de l'article L. 312-2 (■ Cass. 1re civ., 30 mai 2006, n° 03-17.646 : *JurisData* n° 2006-033700 ; *RJDA* 3/2007, n° 280 ; *JCP* E 2006, 2698, note Ansaloni).

Voir : pour les modalités de calcul du TEG dans ce cadre, C. consom., art. R. 313-1-1.

3) Prêt à finalité professionnelle. L'obligation de l'article L. 313-2 s'applique aux prêts constatés par un acte notarié à finalité professionnelle (■ Cass. 1re civ., 22 janv. 2002, n° 99-13.456 : *JurisData* n° 2002-012662 ; *Bull.* I, n° 23 ; *RJDA* 4/2002, n° 421 ; *JCP* E 2002, pan. 381, jurispr. 1205, note A. Morin ; *D.* 2002, p. 884, obs. Lienhard, comm. 2670, note Debet ; *RD bancaire et fin.* 2002, n° 40, obs. Crédot et Gérard ; *JCP* E 2003, chron. 396, n° 11, obs. Stoufflet ; *Banque et droit*, mars-avr. 2002, 54, obs. Bonneau ; *JCP* N 2002, 1341, obs. Leveneur ; *RTD civ.* 2002, 287, obs. Mestre et Fages), et, de manière générale, à tous les prêts sans que les prêts à finalité professionnelle soient exclus (■ Cass. com., 5 oct. 2004, n° 01-12.435 : *JurisData* n° 2004-025093 ; *RJDA* 2/2005, n° 185 ; *JCP* E 2004, pan. 1609 ; *D.* 2004, p. 2711 ; *JCP* E 2005, jurispr. 133, note S. Piedelièvre ; *RTD com.* 2005, 153, obs. Legeais).

4) Solde débiteur d'un compte courant d'associé : exclusion. La loi ne s'applique pas au solde débiteur d'un compte courant d'associé coopérateur qui ne peut pas être assimilé à un emprunt (■ Cass. 1re civ., 21 févr. 2006, n° 02-19.126 : *JurisData* n° 2006-032343 ; *RJDA* 5/2006, n° 552. – Comp., ■ Cass. 1re civ., 22 juin 2004, n° 02-13.551 : *RJDA* 10/2004, n° 1135).

5) Avenant. Le TEG n'a pas à être mentionné dans un avenant lorsque les conditions initiales du prêt ne sont pas modifiées (■ Cass. com., 9 juill. 2002, n° 00-22.512 : *JurisData* n° 2002-015203 ; *Bull. civ.* IV, n° 118. ■ Cass. com., 31 mai 2011, n° 10-15.854 : *JurisData* n° 2011-010653 ; *Banque et droit* 2011, n° 138, p. 14, obs. T. Bonneau ; *JCP* E 2012, 1882, n° 12, obs. N. Mathey ; *RD bancaire et fin.* 2011, comm. 191, obs. F.-J. Crédot et T. Samin). En revanche, il est exigé en cas de modification (■ Cass. com., 15 oct. 1996 : *Bull. civ.* IV, n° 232).

6) Prêt à une personne morale de droit public. Les prêts consentis à des personnes morales de droit public doivent, conformément aux dispositions de l'article L. 313-2 du Code de la consommation, obligatoirement mentionner le taux effectif global du crédit (■ Cass. 1re civ., 27 févr. 2007, n° 04-20.779 : *JurisData* n° 2007-037659 ; *RD bancaire et fin.* 2007, comm. 141, obs. F.-J. Crédot et T. Samin ; *RTD com.* 2007, p. 427, obs. D. Legeais ; *D.* 2008, p. 879, obs. D.-R. Martin), mais ne sont pas soumis à la réglementation relative à l'usure (Rapp. fait au nom de la Commission d'enquête sur les produits financiers à risque souscrits par les acteurs publics locaux, Doc. AN n° 4030, 6 déc. 2011 : *RD bancaire et fin.* 2012, comm. 143, obs. J. Crédot et T. Samin).

7) Prêt à une personne morale de droit public antérieur au 31 juillet 2014 : loi de validation. L. n° 2014-844, 29 juill. 2014, art. 2 : « Sous réserve des décisions de justice passées en force de chose jugée, est validée la stipulation d'intérêts prévue par tout écrit constatant un contrat de prêt ou un avenant conclu antérieurement à l'entrée en vigueur de la présente loi entre un établissement de crédit et une personne morale de droit public, en tant que la validité de cette stipulation serait contestée par le moyen tiré de la mention d'un taux effectif global, d'un taux de période ou d'une durée de période qui ne sont pas déterminés conformément à l'article L. 313-1 du Code de la consommation, dès lors que cet écrit constatant un contrat de prêt ou un avenant indique de façon conjointe :

1° le montant ou le mode de détermination des échéances de remboursement du prêt en principal et intérêts ;

2° la périodicité de ces échéances ;

3° le nombre de ces échéances ou la durée du prêt.

Lorsqu'un écrit tel que celui mentionné au premier alinéa mentionne un taux effectif global inférieur au taux effectif global déterminé conformément au même article L. 313-1, l'emprunteur a droit au versement par le prêteur de la différence entre ces deux taux appliquée au capital restant dû à chaque échéance. »

Cette loi de validation ne peut être contestée par les personnes publiques sur le fondement de la Convention européenne des droits de l'homme, cette convention ne pouvant être invoquée par les personnes morales de droit public (■ Cass. com., 28 mars 2018, n° 17-16.415 : *JurisData* n° 2018-004738 ; *Contrats, conc. consom.* 2018, comm. 103, obs. L. Leveneur ■ Cass. com., 24 mai 2018, n° 16-26.478 : *LEDB* juill. 2018, n° 111°1, obs. J. Lasserre Capdeville ; *JCP E* 2018, 1596, obs. N. Mathey).

Bibliographie : J. Martin, *La prudence de la Cour de cassation vis-à-vis des emprunts structurés des collectivités territoriales : RD bancaire et fin.* 2018, étude 8.

II – MODALITÉS

8) Indication dans un relevé bancaire : efficacité limitée à la période postérieure à la réception. La réception sans protestation ni réserve par le titulaire d'un compte bancaire, des relevés qui lui sont adressés, ne peut suppléer l'absence de fixation préalable par écrit, du taux de l'intérêt conventionnel (■ Cass. com., 10 mai 1994, n° 91-21.902 : *JurisData* n° 1994-000994 ; *D.* 1994, 550, note D.-R. Martin. ■ Cass. 1re civ., 17 janv. 1995, n° 92-18.211 : *JurisData* n° 1995-000043 ; *D.* 1995, 213, note D.-R. Martin ; *RD bancaire et bourse* 1995, 79, obs. Crédot et Gérard. ■ Cass. 1re civ., 5 mars 1999 : *JCP* E 1999, pan. 789. – Comp. ■ Cass. com., 18 févr. 1997, n° 95-11.893 : *JurisData* n° 1997-000846 ; *RJDA* 6/97, n° 796. ■ Cass. com., 1er juin 1999 : *RJDA* 8-9/99, n° 983).

Les calculs d'intérêts inclus dans un relevé d'opérations ou d'agios reçu sans protestation, pourvu qu'il soit suffisamment détaillé, valent acceptation du TEG pour la période postérieure (■ Cass. com., 6 avr. 1999, n° 96-15.337 : JCP E 1999, p. 1437, note Auckenthaler ; *LPA* 15 juin 1999, p. 6, obs. L. C. ; *RJDA* 5/99, n° 590 ; *RTD com.* 1999, 732, obs. Cabrillac et 9 mars 1999 : *RD bancaire et bourse* 1999, 97, obs. Crédot et Gérard. ■ Cass. com., 14 déc. 1999, n° 96-17.702 : *JurisData* n° 1999-

004504 ; *RJDA* 3/2000, n° 326326. ▪ Cass. com., 8 nov. 2005, n° 03-20.637 : *RJDA* 3/2006, n° 317).

9) Acceptation nécessaire de l'emprunteur. Même fixé dans un écrit, le taux n'est applicable que si l'emprunteur l'a accepté (▪ Cass. 1re civ., 7 mars 2000 : *JCP* E 2001, p. 1331, n° 9, obs. Stoufflet). Dès lors qu'une convention d'ouverture de crédit a continué à produire ses effets, aux conditions d'origine, après la date initialement prévue, en l'absence de toute modification du TEG stipulé dans l'accord initial, l'exigence d'un écrit mentionnant ce taux n'a pas lieu de s'appliquer aux accords de prorogation successivement intervenus (▪ Cass. com., 9 juill. 2002, n° 00-22.512 : *JurisData* n° 2002-015203 ; *RJDA* 1/2003, n° 54 ; *D.* 2002, p. 2735 ; *RTD com.* 2002, 713, obs. Cabrillac).

10) Ouverture de crédit en compte courant. En matière d'ouverture de crédit en compte courant, le coût du crédit étant assujetti à des variations, la mention du TEG, qui a lieu à *titre indicatif*, doit être complétée par l'indication du taux effectif global appliqué et la mention d'un taux effectif global correspondant à un ou plusieurs exemples chiffrés de variations dans la convention d'ouverture de crédit ou dans un quelconque document reçu par le titulaire du compte préalablement à la perception des agios (▪ Cass. com., 9 juill. 1996, n° 94-17.612 : *JurisData* n° 1996-003074 ; *JCP* E 1996, II, 861, note Stoufflet ; E 1997, I, 635, n° 10, obs. Gavalda et Stoufflet ; *RD bancaire et bourse* 1996, 194, n° 7, obs. Crédot et Gérard ; *RJDA* 12/96, n° 14952 ; *LPA* 3 août 1998, p. 17, note Courtier. ▪ Cass. com., 24 juin 1997, n° 95-16.646 : *JurisData* n° 1997-003008 ; *JCP* E 1998, p. 224, note Bertrand de Balanda. ▪ Cass. com., 8 juill. 1997, n° 95-16.101 : *JurisData* n° 1997-003632 ; *RJDA* 12/97, n° 1508. ▪ Cass. com., 21 oct. 1997, n° 95-14.598 : *JurisData* n° 1997-004253 ; *RD bancaire et bourse* 1998, 10, n° 5, obs. Crédot et Gérard. ▪ Cass. com., 5 mai 1998, n° 95-13.028 : *JurisData* n° 1998-001939 ; *RJDA* 10/98, n° 1146 ; *JCP* E 1999, p. 762, n° 5, obs. Gavalda et Stoufflet ; *RTD com.* 1998, 904, obs. Cabrillac, qui se contente d'un seul exemple. ▪ Paris, 19 mars 1999, n° 1998/05122 : *JurisData* n° 1999-022773 ; *JCP* E 1999, pan. 1367. ▪ 1er juin 1999, n° 97-14.022 : *RJDA* 8-9/1999, n° 983. ▪ Cass. com., 8 nov. 2011, n° 10-25.131 : *JurisData* n° 2011-025420 ; *Banque et droit* 2012, n° 141, p. 32, obs. T. Bonneau). La mention sur les relevés périodiques du TEG régulièrement calculé pour la période écoulée vaut information sur ce taux pour l'avenir et supplée l'irrégularité du TEG figurant dans le contrat initial (▪ Cass. com., 10 mars 2015, n° 14-11.616 : *JurisData* n° 2015-005247 ; *D.* 2015, p. 676, obs. V. Avena-Robardet).

11) Taux indexé sur un indice objectif. Si l'article L. 313-2 impose la mention du taux effectif global dans tout écrit constatant un prêt, il ne fait pas obligation au prêteur, en cas de stipulation de révision du taux d'intérêt originel selon l'évolution d'un indice objectif, d'informer l'emprunteur de la modification du taux effectif global résultant d'une telle révision (▪ Cass. 1re civ., 20 déc. 2007, n° 06-14.690 : *JurisData* n° 2007-041978 ; *D.* 2008, p. 286, obs. Avena-Robardet ; *RJDA* 5/2008, n° 566 ; *JCP* E 2008, act. 6 et 1226, note Gourio). La clause prévoyant une variation automatique du TEG en fonction de l'évolution du taux de base décidée par l'établissement de crédit ne repose pas sur un indice objectif et ne dispense donc pas le prêteur de faire figurer le taux effectif appliqué sur les relevés de compte (▪ Cass. 1re civ., 1er juill. 2015, n° 14-23.483 : *JurisData* n° 2015-016135 ; *D.* 2015, p. 2110, note J. Lasserre Capdeville ; *Dr. et patrimoine* mars 2016, p. 99, obs. J.-P. Mattout et A. Prûm ; *RD bancaire et fin.* 2015, n° 144, obs. N. Mathey ; *RD bancaire et fin.* 2015, n° 181, obs. F.-J. Crédot et T. Samin ; *JCP* N 2016, 1087, n° 21, obs. S. Piedelièvre ; *JCP* E 2015, 1010, n° 2, obs. J. Stoufflet).

12) Indétermination du taux. Lorsqu'une clause prévoit un taux d'intérêt variant selon le taux de base de la banque dans laquelle le compte a été ouvert, elle est valable, l'article 1129 du Code civil n'étant pas applicable à la détermination du prix (▪ Cass. com., 9 juill. 1996 : *JCP* E 1996, II, 861, note Stoufflet ; E 1997, I, 635, n° 10, obs. Gavalda et Stoufflet ; *RD bancaire et bourse* 1996, 194, n° 7, obs. Crédot et Gérard ; *RJDA* 12/96, n° 1495. – Comp. ▪ Cass. 1re civ., 22 oct. 1996, n° 94-04.065 : *JurisData* n° 1996-003958 ; *RD bancaire et bourse* 1996, 234, n° 2, obs. Crédot et Gérard. – Rappr. ▪ Cass. ass. plén. 1er déc. 1995 [4 arrêts] : *JCP* E 1996, II, 776, note Leveneur ; G, II, 22565, concl. Jéol, note Ghestin ; *D.* 1996, 13, concl. Jéol, note Aynès ; *Dr. affaires* 1996, 3, note Laude ; *RTD civ.* 1996, 153, obs. Mestre ; *Dr. et patrimoine* 1996, 48, note Couret ; *LPA* 27 déc. 1995, 11, note Bureau et Molfessis ; *RJDA* 1996, chron. 3, Frison-Roche. – *Adde*, *RTD com.* 1997, 1. – Pour la jurisprudence contraire antérieure, V. ▪ Cass. 1re civ., 2 mai 1990, n° 87-19.106 : *JurisData* n° 1990-001306 ; *D.* 1991, 41, note Gavalda ; *JCP* E 1991, II, 118, note Stoufflet ; *RTD civ.* 1991, 191, obs. Mestre ; *RJ com.* 1990, 343, obs. Schmidt ; Banque 1990, 1097, obs. Rives-Lange).

III – PREUVE

13) Appréciation souveraine des juges du fond. Les juges du fond ont souverainement estimé qu'à défaut pour le client d'apporter des éléments contraires, la production par la banque des copies informatiques des décomptes relatifs au compte fait présumer leur envoi et leur réception et si ces copies font ressortir le TEG, il est considéré comme valablement mentionné (▪ Cass. com., 3 juill. 2012, n° 11-19.565 : *JurisData* n° 2012-015224 ; *D.* 2012, p. 1948, obs. V. Avena-Robardet ; *JCP* E 2012, 1646, n° 8, obs. J. Stoufflet ; *Banque et droit* 2012, n° 146, p. 25, obs. T. Bonneau).

IV – SANCTIONS

A – Nature de la sanction (solutions antérieures à l'entrée en vigueur de l'ordonnance n° 2019-740 du 17 juillet 2019)

1° *Offres de prêt soumise au droit de la consommation*

14) Exclusivité de la déchéance du droit aux intérêts pour les offres de prêts soumis au droit de la consommation. L'inexactitude de la mention du TEG ou son omission dans l'offre de prêt est sanctionnée par la seule déchéance du droit aux intérêts (▪ Cass. 1re civ., 30 sept. 2010 : *RD bancaire et fin.* 2010, comm. 209, note N. Mathey ; *JCP* G 2010, 995, obs. C. Boismain. ▪ Cass. 1re civ., 25 févr. 2016, n° 14-29.838 : *RD bancaire et fin.* 2016, comm. 113, note N. Mathey ; *D.* 2016, 2305, obs. D.-R. Martin et P. ; *D.* 2017, p. 539, obs. H. Aubry ; *JCP* N 2017, 1098, obs. S. Piedelièvre ; *LPA* 11 janv. 2017, p. 7, obs. J. Lasserre Capdeville ; *Gaz. Pal.* 7 juin 2016, n° 266w9, p. 62, obs. B. Bury et 13 sept. 2016, p. 25, obs. S. Piedelièvre. ▪ CA Paris, 5-6, 18 nov. 2016, n° 15/11341. ▪ CA Paris, 5-6, 2 déc. 2016, nos 15/13823 et 15/13850. ▪ CA Paris, 5-6, 9 déc. 2016, n° 15/14315. ▪ CA Paris, 5-6, 16 déc. 2016, nos 15/15355 et 15/15369. ▪ CA Paris, 5-6, 6 janv. 2017, n° 15/04857. ▪ CA Paris, 5-6, 13 janv. 3017, n° 15/15501 : *Gaz. Pal.* 21 févr. 2017, p. 48, note M. Roussille).

V. C. consom., art. L. 311-48 ancienne rédaction pour les crédits à la consommation et C. consom., art. L. 312-33 ancienne rédaction pour les crédits immobiliers antérieurs au 1er juillet 2016 ; V. C. consom., art. L. 341-14 pour les crédits conclus à partir du 1er juillet 2016.

15) Rejet de la demande invoquant seulement la nullité en cas d'erreur dans l'offre de prêt. La nullité de la clause d'intérêt en cas d'inexactitude du taux dans l'offre de prêt n'étant pas légalement prévue, la demande invoquant uniquement la nullité doit être rejetée (▪ Cass. 1re civ., 6 juin 2018, n° 17-16.300 : *Gaz. Pal.* 2018, 333m7, obs. B. Bury ; *Banque et droit* 2019, n° 183, p. 27, obs. S. Gjidara-Decaix ; *Gaz. Pal.* 2018, n° 338a2, obs. *S. Piédelièvre ; JCP E 2018, 1463,* note P. Métais et E. Valette ; *JCP E* 2018, 1453, obs. M. Correia et J. Lasserre Capdeville).

16) Nature de la déchéance. L'action en déchéance n'étant pas une action en nullité, sa prescription n'est pas soumise à l'article 1304 du Code civil, mais à l'article L. 110-4 du Code de commerce (▪ Cass. 1re civ., 24 avr. 2013 : *JCP* G 2013, act. 535 ; *JCP* E 2013, act. 338 ; *JCP* E 2013, 1408, note J. Lasserre Capdeville ; *Contrats, conc. consom.* 2013, comm. 171, G. Raymond. ▪ Cass. 1re civ., 22 sept. 2016 : *RD bancaire et fin.* 2016, comm. 238, obs. N. Mathey ; *JCP* N 2017, 1098, obs. S. Piedelièvre).

2° *Prêts*

17) Absence d'application rétroactive de l'ordonnance du 17 juillet 2019 mais application de la déchéance du droit aux intérêts aux prêts conclus antérieurement. Dans les contrats souscrits antérieurement à l'entrée en vigueur de l'ordonnance, le prêteur peut être déchu de son droit aux intérêts dans la proportion fixée par le juge (▪ Cass. 1re civ., 10 juin 2010, n° 18-24.287 : *JCP* E 2020, 1381, note S. Zinty ; *RD bancaire et fin.* 2020, comm. 100, obs. N. Mathey ; *JCP* G 2020, 1018, avis J-P. Sudre ; *JCP* G 2020, 1019, note M. Roussille ; *Contrats, conc. consomm.* 2020, comm. 120, obs. L. Leveneur ; *D.* 2020, p. 1434, note J.-D. Pellier ; *D.* 2021, p.310, obs. M. Mekki ; *D.* 2020, p. 2085, obs. D. R. Martin et H. Synvet ; *Gaz. Pal.* 28 juill. 2020, n° 383k8, p. 23, obs. J. Lasserre Capdeville ; *Gaz. Pal.* 20 oct. 2020, n° 389f1, p. 51, obs. A. Gouëzel ; *Rev. Lamy dr. aff.* oct 2020, p. 35, note M. Storck ; *Banque et droit* 2020, n° 193, p. 28, obs. T. Bonneau ; *Rev. Lamy dr. civ.* sept. 2020, p. 48, obs. P. Métais, E. Valette et D. Klinnik ; *RDI* 2020, p. 448, obs. H. Heugs-Darraspen ; *RTD civ.* 2020, p. 605, obs. H. Barbier ; *RTD com.* 2020, p. 693, obs. D. Legeais. ▪ Cass. 1re civ., 10 juin 2020, avis n° 15-004 : *RD bancaire et fin.* 2020, comm. 100, obs. N. Mathey).

18) Prêt à une personne morale de droit public : loi de validation. L. n° 2014-844, 29 juill. 2014, art. 2 : « Sous réserve des décisions de justice passées en force de chose jugée, est validée la stipulation d'intérêts prévue par tout écrit constatant un contrat de prêt ou un avenant conclu antérieurement à l'entrée en vigueur de la présente loi entre un établissement de crédit et une personne morale de droit public, en tant que la validité de cette stipulation serait contestée par le moyen tiré de la mention d'un taux effectif global, d'un taux de période ou d'une durée de période qui ne sont pas déterminés conformément à l'article L. 313-1 du Code de la consommation, dès lors que cet écrit constatant un contrat de prêt ou un avenant indique de façon conjointe :

1° Le montant ou le mode de détermination des échéances de remboursement du prêt en principal et intérêts ;

2° La périodicité de ces échéances ;

3° Le nombre de ces échéances ou la durée du prêt.

Lorsqu'un écrit tel que celui mentionné au premier alinéa mentionne un taux effectif global inférieur au taux effectif global déterminé conformément au même article L. 313-1, l'emprunteur a droit au versement par le prêteur de la différence entre ces deux taux appliquée au capital restant dû à chaque échéance. »

Cette loi de validation ne peut être contestée par les personnes publiques sur le fondement de la Convention européenne des droits de l'homme, cette convention ne pouvant être invoquée par les personnes morales de droit public (▪ Cass. com., 28 mars 2018, n° 17-16.415 : *JurisData* n° 2018-004738 ; *Contrats, conc. consom.* 2018, comm. 103, obs. L. Leveneur. ▪ Cass. com., 24 mai 2018, n° 16-26.478 : *LEDB* juill. 2018, n° 111°1, obs. J. Lasserre Capdeville ; *JCP* E 2018, 1596, obs. N. Mathey).

Bibliographie : J. Martin, *La prudence de la Cour de cassation vis-à-vis des emprunts structurés des collectivités territoriales : RD bancaire et fin.* 2018, étude 8.

B – Prescription

Bibliographie : J. Lasserre Capdeville, *TEG erroné et délai de prescription : état du droit et observations : LPA* 28 janv. 2016, p. 6.

19) **Avenant : absence d'incidence sur la prescription.** En l'absence de modification des conditions du crédit, la conclusion d'un avenant ne fait pas courir un nouveau délai de prescription (▪ Cass. com., 31 mai 2011 : *Banque et droit* 2011, n° 138, p. 14, obs. T. Bonneau ; *JCP* E 2012, 1882, n° 12, obs. N. Mathey ; *RD bancaire et fin.* 2011, comm. 191, obs. F.-J. Crédot et T. Samin).

20) **Prescription de l'action concours financier à un consommateur ou à un non-professionnel.** Le délai de la prescription quinquennale de l'action en annulation des stipulations d'intérêts litigieuses commence à courir au jour où l'emprunteur a connu ou aurait dû connaître le vice affectant le TEG, ce jour se situe à la date de conclusion de la convention lorsque sa teneur permet de constater l'erreur ou lorsque ce n'est pas le cas à la date de révélation de l'erreur à l'emprunteur (▪ Cass. 1re civ., 11 juin 2009, n° 08-11.755 : *JurisData* n° 2009-048470 ; *D.* 2009, p. 1689, obs. V. Avena-Robardet ; *RD bancaire et fin.* 2009, n° 150, p. 27, obs. F.-J. Crédot et T. Samin ; *Defrénois* 2009, art. 39012, obs. S. Piedelièvre ; *D.* 2009, p. 2728, note B. Grimonprez ; *JCP* E 2009, 1839, note A. Gourio ; *Banque et droit* sept.-oct. 2009 ; n° 127, p. 23, obs. T. Bonneau. ▪ Cass. 1re civ., 16 oct. 2013, n° 12-18.190 : *JurisData* n° 2013-022811 ; *Contrats, conc. consom.* 2014, comm. 20, G. Raymond ; *Gaz. Pal.* 20 févr. 2014, p. 15, obs. S. Piedelièvre. ▪ Cass. 1re civ., 26 nov. 2014, n° 13-27.447 : *JurisData* n° 2014-030559 ; *Gaz. Pal.* 17 mars 2015, p. 16, obs. M. Roussille).

Il en est de même pour la prescription de l'action en déchéance des intérêts qui courre du jour de l'acceptation l'offre si ses énonciations révèlent le caractère erroné du TEG (▪ Cass. 1re civ., 15 juin 2016 : *RD bancaire et fin.* 2016, comm. 160, N. Mathey) et à défaut du jour où l'emprunteur a connu ou aurait dû connaître l'erreur (▪ Cass. 1re civ., 25 févr. 2016 : *RD bancaire et fin.* 2016, comm. 149, obs. F.-J. Crédot et T. Samin).

21) **Prescription de l'action : concours financier pour les besoins de l'activité professionnelle.** Lorsque le prêt est obtenu pour les besoins de l'activité professionnelle, la question de la connaissance de l'erreur est indifférente. Aussi, pour l'omission et l'irrégularité, le point de départ de cette prescription est, s'agissant d'un prêt, la date de la convention et dans les autres cas, la réception de chacun des écrits indiquant ou devant indiqué le taux effectif global appliqué (▪ Cass. com., 4 mai 2017 : *JCP* E 2017, 1405, note J. Lasserre Capdeville ; *JCP* E 2017, 1446, n° 42, obs. M. Correia et J. Lasserre Capdeville).

22) **Co-emprunteurs : appréciation personnelle de la date de connaissance de l'erreur.** En présence de co-emprunteurs, il convient de déterminer pour chacun la date à laquelle il a pu avoir connaissance de l'erreur (▪ Cass. 1re civ., 6 avr. 2016 : *JCP* E 2016, 1587, n° 8, obs. N. Mathey ; *RD bancaire et fin.* 2016, comm. 151, obs. F.-J. Crédot et T. Samin ; *Banque et droit* 2016, n° 168, p. 16, obs. T. Bonneau).

23) **Prescription de l'exception.** La nullité de la stipulation d'intérêts d'un prêt pour absence de mention de TEG peut être soulevée par voie d'exception contre le prêteur (▪ Limoges, 19 sept. 1994 : *JurisData* n° 1994-052813 ; *RD bancaire et bourse* 1996, 25, obs. Crédot et Gérard).

Toutefois, l'exception est soumise à la prescription quinquennale quand le contrat a connu un commencement d'exécution (▪ Cass. com., 10 juin 2008 : *Banque et droit*, n° 121, p. 28, obs. T. Bonneau ; *D.* 2008, p. 1761, obs. V. Avena-Robardet, p. 2200 note Y. Gérard et P. Pinot, 2202, note D.-R. Martin ; *Banque mag.* 2008, n° 705, p. 87, note J.-L. Guillot et M. Boccara).

Il en est de même pour la déchéance qui n'est pas perpétuelle (▪ Cass. 1re civ., 30 sept. 2010 : *RD bancaire et fin.* 2010, comm. 209, N. Mathey).

C – Exclusion

24) **Mention d'un taux supérieur : absence de sanction.** La mention d'un TEG supérieur au taux réel n'entraîne pas sa nullité (▪ Cass. 1re civ., 12 oct. 2016 : *D.* 2016, 2165, obs. V. Avena-Robardet ;

RTD com. 2016, p. 825, obs. D. Legais ; *Gaz. Pal.* 13 déc. 2016, p. 28, obs. S. Piédelièvre et 21 févr. 2017, p. 58, obs. M. Roussille ; *RDC* 2017, p. 25, obs. P. Stuffel-Munck ; *JCP* N 2017, 1098, obs. S. Piedelièvre ; *AJDI* 2017, p. 126, obs. J. Moreau, O. Poindron et B. Wertenschlag ; *JCP* E 2017, 1013, note A. Perin-Dureau ; *RD bancaire et fin.* 2017, comm. 1, obs. T. Samin et S. Torck et comm. 5, obs. N. Mathey ; *Banque et droit* 2017, n° 171, p. 11, obs. T. Bonneau ; *JCP* E 2017, 1246, n° 12, obs. A. Salgueiro. ▪ Cass. 1re civ., 16 nov. 2016 : *Gaz. Pal.* 21 févr. 2017, p. 58, obs. M. Roussille ; *Banque et droit* 2017, n° 172, p. 34, obs. T. Bonneau ; *JCP* N 2017, 1098, obs. S. Piedelièvre).

25) Absence d'information sur des frais non payés : pas de sanction. L'absence d'information sur le coût de l'inscription hypothécaire n'ayant causé aucun préjudice aux emprunteurs car ils n'avaient pas payé de frais de garantie ne peut pas emporter la déchéance des intérêts (▪ Cass. 1re civ., 30 nov. 2016 : *RD bancaire et fin.* 2017, comm. 6, obs. N. Mathey ; *Banque et droit* 2017, 172, p. 34, obs. T. Bonneau).

Sous-section 2. – Le taux d'usure

Rédaction antérieure. Art. L. 313-3 ***(Mod., L. n° 2003-721, 1er août 2003 ; L. n° 2005-882, 2 août 2005 ; L. n° 2010-737, 1er juill. 2010 ; Ord. n° 2013-544, 27 juin 2013 ; L. n° 2014-344, 17 mars 2014 ; L. n° 2014-1545, 20 déc. 2014).*** **–** Constitue un prêt usuraire tout prêt conventionnel consenti à un taux effectif global qui excède, au moment où il est consenti, de plus du tiers, le taux effectif moyen pratiqué au cours du trimestre précédent par les établissements de crédit et les sociétés de financement pour des opérations de même nature comportant des risques analogues, telles que définies par l'autorité administrative après avis du Comité consultatif du secteur financier. Les catégories d'opérations pour les prêts aux particuliers n'entrant pas dans le champ d'application des articles L. 312-1 à L. 312-3 sont définies à raison du montant des prêts.

Les crédits accordés à l'occasion de ventes à tempérament sont, pour l'application de la présente section, assimilés à des prêts conventionnels et considérés comme usuraires dans les mêmes conditions que les prêts d'argent ayant le même objet.

Les conditions de calcul et de publicité des taux effectifs moyens visés au premier alinéa sont fixées par la voie réglementaire.

Des mesures transitoires, dérogeant aux alinéas précédents, peuvent être mises en œuvre par le ministre chargé de l'économie, sur proposition motivée du gouverneur de la Banque de France, pour une période ne pouvant excéder huit trimestres consécutifs, en cas de :

- variation d'une ampleur exceptionnelle du coût des ressources des établissements de crédit et des sociétés de financement ;
- modifications de la définition des opérations de même nature mentionnées au premier alinéa.

Les dispositions du présent article et celles des articles L. 313-4 à L. 313-6 ne sont pas applicables aux prêts accordés à une personne physique agissant pour ses besoins professionnels ou à une personne morale se livrant à une activité industrielle, commerciale, artisanale, agricole ou professionnelle non commerciale.

Remarque : sur l'entrée en vigueur de la loi n° 2010-737 du 1er juillet 2010, voir l'article 61 de cette même loi (*JO* 2 juill. 2010).

Voir aussi : Avis (*JO* 28 mars 2010) fixant les seuils applicables à compter du 1er avr. 2010 ; Avis (*JO* 27 juin 2010) fixant les seuils applicables à compter du 1er juill. 2010 ; Avis (*JO* 27 juin 2010) fixant les seuils applicables à compter du 1er juill. 2010 ; Avis (*JO* 26 sept. 2010) fixant les seuils applicables à compter du 1er oct. 2010 ; Avis (*JO* 24 déc. 2010) fixant les seuils applicables à compter du 1er janv. 2011 ; Avis (*JO* 30 mars 2011) fixant les seuils applicables à compter du 1er avr. 2011 ; Avis (*JO* 24 juin 2011) fixant les seuils applicables à compter du 1er juill. 2011 ; Avis (*JO* 24 sept. 2011) fixant les seuils applicables à compter du 1er oct. 2011 ; Avis (*JO* 24 déc. 2011) fixant les seuils applicables à compter du 1er janv. 2012 ; Avis (*JO* 24 mars 2012) fixant les seuils applicables à compter du 1er avr. 2012 ; Avis (*JO* 29 sept. 2012) fixant les seuils applicables à compter du 1er oct. 2012 ; Avis (*JO* 26 déc. 2012) fixant les seuils applicables à compter du 1er janv. 2013 ; Avis (*JO* 28 mars 2013) fixant les seuils applicables à compter du 1er avr. 2013 ; Avis (*JO* 27 juin 2013) fixant les seuils applicables à compter du 1er juill. 2013 ; Avis (*JO* 28 sept. 2013) fixant les seuils applicables à compter du 1er oct. 2013 ; Avis (*JO* 26 déc. 2013) fixant les seuils applicables à compter du 1er janv. 2014 ; Avis (*JO* 24 mars 2014) fixant les seuils applicables à compter du 1er avr. 2014 ; Avis (*JO* 27 juin 2014) fixant les seuils applicables à compter du 1er juill. 2014 ; Avis (*JO* 27 sept. 2014) fixant les seuils applicables à compter du 1er oct. 2014 ; Avis (*JO* 26 déc. 2014) fixant les seuils applicables à compter du 1er janv. 2015 ; Avis (*JO* 27 mars 2015) fixant les seuils applicables à compter du 1er avr. 2015.

Bibliographie : Mariani, *L'usure – Les limites de la réglementation* : *JCP* E 2002, comm. 1505. • Caramalli, *La loi pour l'initiative économique et le déplafonnement des taux d'intérêts : une nouvelle étape dans l'histoire de l'usure* : *LPA* 25 août 2003, p. 4. • S. Piedelièvre, *Le déplafonnement de certains taux d'intérêts* : *JCP* E 2003, étude 1466.

Voir : C. consom., art. D. 313-6 à D. 313-9.

I – CHAMP D'APPLICATION

1) Découvert en compte. La loi s'applique à un découvert en compte (▪ Cass. com., 12 avr. 1988, n° 87-11.199 : *JurisData* n° 1988-000604 ; *JCP* 1988, II, 21026, note Gavalda ; *D.* 1989, 309, concl. Jéol, conf. ▪ Aix-en-Provence, 17 déc. 1986 ; *JCP* 1987, II, 20795, note Stoufflet).

2) Condition d'utilisation des fonds mis à disposition. La loi ne s'applique que si les fonds mis à la disposition de l'emprunteur ont été utilisés (■ Cass. com., 17 mai 1982, n° 80-16.212 : *JurisData* n° 1982-701703 ; *Bull.* IV, n° 181).

3) Application à la majoration du prix de vente avec clause de rachat. La majoration du prix de vente, lors de la faculté de rachat organisant une mise à disposition de fonds est soumise à la législation sur l'usure (■ Cass. 3e civ., 21 mai 2014, n° 12-23.607 : *JurisData* n° 2014-010680 ; *LPA* 13 avr. 2015, p. 12, obs. D. Sassolas).

4) Exclusion des opérations aléatoires. La loi ne s'applique pas aux opérations aléatoires (■ Paris, 11 mars 1967 : *JCP* 1968, II, 15334, note H. B. pour une rémunération correspondant à un pourcentage calculé sur la plus-value éventuelle du fonds de commerce vendu. ■ Cass. com., 4 oct. 1977 : *JurisData* n° 1977-097218 ; *Bull.* IV, n° 218, pour un pourcentage calculé sur la recette d'un film), ni aux opérations internationales (■ Paris, 9 juin 1983 : *JurisData* n° 1983-024693 ; *Rev. arb.* 1983, 497, obs. Vasseur). La loi ne s'applique pas au solde débiteur d'un compte courant d'associé coopérateur (■ Cass. 1re civ., 21 févr. 2006 ; *RJDA* 5/2006, n° 552. – V. aussi, ■ Cass. 1re civ., 22 juin 2004 : *RJDA* 10/2004, n° 1135).

5) Exclusion des titres de créances. Le taux de l'usure ne s'étend pas aux émissions de titres de créance (Rép. min. éco. fin. et ind., n° 1827 : *JO* Sénat Q, 2 juin 2003, p. 41 ; *JCP* E 2003, pan. 164).

6) Exclusion des prêts consentis aux personnes morales de droit public. Les prêts consentis aux personnes morales de droit public ne sont pas soumis à la réglementation relative à l'usure (Rapp. Fait au nom de la Commission d'enquête sur les produits financiers à risque souscrits par les acteurs publics locaux, Doc. AN n° 4030, 6 déc. 2011 : *RD bancaire et fin.* 2012, comm. 143, obs. J. Crédot et T. Samin).

7) Exclusion des prêts consentis aux GFA. La loi ne s'applique pas aux prêts consentis aux GFA car ils exercent une activité professionnelle non commerciale au sens de l'article L. 313-3 du Code de la consommation (■ Cass. 1re civ., 25 nov. 2015 : *JurisData* n° 2015-026223 ; *JCP* G 2015, 1386, zoom J. Lasserre Capdeville).

II – APPRÉCIATION

8) Détermination du TEG. Voir C. consom., art. L. 313-1, p. 3184.

9) Date d'appréciation. Elle s'apprécie au moment où le prêt est consenti, de sorte que les variations du taux effectif moyen au cours de la période d'exécution d'un contrat de crédit ne peut rendre le taux contractuel usuraire (■ Cass. com., 26 mars 2002, n° 99-13.810 : *JurisData* n° 2002-013739 ; *JCP* E 2003, chron. 396, n° 10, obs. Stoufflet).

Rédaction antérieure. Art. L. 313-4. – Lorsqu'un prêt conventionnel est usuraire, les perceptions excessives au regard des articles L. 313-1 à L. 313-3 sont imputées de plein droit sur les intérêts normaux alors échus et subsidiairement sur le capital de la créance.

Si la créance est éteinte en capital et intérêts, les sommes indûment perçues doivent être restituées avec intérêts légaux du jour où elles auront été payées.

Sanction de l'usure : restitution des perceptions excessives. La sanction de l'usure ne consiste pas dans la nullité de la stipulation des intérêts, mais dans la restitution des sommes indûment perçues (■ Cass. com., 11 oct. 2011 : *Banque et droit* 2012, n° 141, p. 33, obs. T. Bonneau ; *JCP* E 2012, 1349, n° 13, obs. R. Routier).

Rédaction antérieure. Art. L. 313-5 *(Mod., L. n° 2014-1545, 20 déc. 2014)*. – La définition du taux de l'usure est fixée par l'article L. 313-3 du Code de la consommation, ci-après reproduit : *(V. C. consom., art. L. 313-3)*.

Point de départ de la prescription du délit d'usure. La prescription court du jour de la dernière « prestation » de l'emprunteur, qui est la perception soit d'intérêts, soit de capital (■ Cass. crim., 15 mars 1994, n° 93-80.818 : *JurisData* n° 1994-000686 ; *JCP* E 1994, I, 378, n° 1, obs. Gavalda et Stoufflet. ■ Cass. crim., 2 oct. 2002, n° 01-85.931 : *JurisData* n° 2002-016112 ; *RJDA* 3/2003, n° 297 ; *JCP* E 2002, pan. 1772 ; *RTD com.* 2003, 147, obs. Legeais) ; il n'est pas suspendu durant la procédure de redressement judiciaire du débiteur (■ Cass. crim., 15 mars 1994, préc.). Le recouvrement de sommes en exécution d'une décision de justice ne peut être considéré comme une telle « prestation » (■ Cass. crim., 2 oct. 2002, préc.).

En cas d'opération d'escompte réalisée dans le cadre d'un compte courant, la prescription commence à courir à compter de la perception des derniers intérêts relatifs à ces opérations, et non à compter de la date de la clôture du compte courant et de son apurement (■ Cass. crim., 26 nov. 1996, n° 94-84.572 : *JurisData* n° 1996-005436 ; *RJDA* 12/96, n° 1502).

Partie réglementaire

LIVRE PREMIER. – L'ENDETTEMENT

TITRE PREMIER. – CRÉDIT

....

CHAPITRE III. – DISPOSITIONS COMMUNES

Section I. – Le taux d'intérêt

Sous-section 1. – Le taux effectif global

Bibliographie : Husset, *Du TEG au TAEG : la situation après les décrets du 10 juin 2002 : JCP* E 2002, comm. 1506. • X. Lagarde, *Taux d'usure et crédit revolving : de quelques difficultés pratiques : RD bancaire et fin.* 2011, n° 46. • N. Mathey, *Mise en œuvre de la réforme de l'usure : RD bancaire et fin.* 2011, n° 85.

Rédaction antérieure. Art. R. 313-1 ***(Mod., D. n° 2002-927, 10 juin 2002 ; rempl. à compter du 1er mai 2011, D. n° 2011-135, 1er févr. 2011).*** – I. – Le calcul du taux effectif global repose sur l'hypothèse que le contrat de crédit restera valable pendant la durée convenue et que le prêteur et l'emprunteur rempliront leurs obligations selon les conditions et dans les délais précisés dans le contrat de crédit. Pour les contrats de crédit comportant des clauses qui permettent des adaptations du taux d'intérêt et, le cas échéant, des frais entrant dans le taux effectif global mais ne pouvant pas faire l'objet d'une quantification au moment du calcul, le taux effectif global est calculé en partant de l'hypothèse que le taux d'intérêt et les autres frais resteront fixes par rapport au niveau initial et s'appliqueront jusqu'au terme du contrat de crédit.

II. – Pour les opérations de crédit destinées à financer les besoins d'une activité professionnelle ou destinées à des personnes morales de droit public ainsi que pour celles mentionnées à l'article L. 312-2, le taux effectif global est un taux annuel, proportionnel au taux de période, à terme échu et exprimé pour cent unités monétaires. Le taux de période et la durée de la période doivent être expressément communiqués à l'emprunteur.

Le taux de période est calculé actuariellement, à partir d'une période unitaire correspondant à la périodicité des versements effectués par l'emprunteur. Il assure, selon la méthode des intérêts composés, l'égalité entre, d'une part, les sommes prêtées et, d'autre part, tous les versements dus par l'emprunteur au titre de ce prêt, en capital, intérêts et frais divers, ces éléments étant, le cas échéant, estimés.

Lorsque la périodicité des versements est irrégulière, la période unitaire est celle qui correspond au plus petit intervalle séparant deux versements. Le plus petit intervalle de calcul ne peut cependant être inférieur à un mois.

Lorsque les versements sont effectués avec une fréquence autre qu'annuelle, le taux effectif global est obtenu en multipliant le taux de période par le rapport entre la durée de l'année civile et celle de la période unitaire. Le rapport est calculé, le cas échéant, avec une précision d'au moins une décimale.

Si le crédit prend la forme d'une ouverture de droits de tirage destinée à financer les besoins d'une activité professionnelle, le taux effectif global est calculé sur la totalité des droits mis à la disposition du client.

III. – Pour toutes les opérations de crédit autres que celles mentionnées au II, le taux effectif global est dénommé « taux annuel effectif global » et calculé à terme échu, exprimé pour cent unités monétaires, selon la méthode d'équivalence définie par la formule figurant en annexe au présent article. La durée de la période doit être expressément communiquée à l'emprunteur.

Le taux annuel effectif global est calculé actuariellement et assure, selon la méthode des intérêts composés, l'égalité entre, d'une part, les sommes prêtées et, d'autre part, tous les versements dus par l'emprunteur au titre de ce prêt pour le remboursement du capital et le paiement du coût total du crédit au sens du 5° de l'article L. 311-1, ces éléments étant, le cas échéant, estimés.

Les frais d'acte notarié établis en application du décret n° 78-262 du 8 mars 1978 portant fixation du tarif des notaires ne sont pas pris en compte pour le calcul de ce taux.

Rédaction issue du décret n° 2002-927 du 10 juin 2002, applicable jusqu'au 1er mai 2011 : obligation de mentionner le taux de période pour les crédits immobiliers. L'exigence de la mention du taux de période est applicable à tous les types de crédit, la sanction de son absence est celle du TEG erroné (▪ Cass. 1re civ., 1er juin 2016 : *Gaz. Pal.* 27 sept. 2016, p. 56, obs. M. Roussille ; *RTD com.* 2016, p. 825, obs. D. Legeais ; *Banque et droit* 2016, n° 169, p. 12, obs. T. Bonneau).

Article Annexe à l'article R. 313-1

(Mod., D. n° 2012-1478, 27 déc. 2012)

Équation de base traduisant l'équivalence des prêts, d'une part, et des remboursements et charges, d'autre part. (Formule non reproduite, V. *JO* 11 juin 2002, p. 10357, ci-dessous).

Signification des lettres et symboles :

K est le numéro d'ordre d'un prêt ;

K'est le numéro d'ordre d'un remboursement ou d'un paiement de charges ;

AK est le montant du prêt n° K ;

A'K'est le montant du remboursement ou du paiement de charges n° K' ;

(somme) est le signe indiquant une somme ;

m est le numéro d'ordre du dernier prêt ;

m'est le numéro d'ordre du dernier remboursement ou du dernier paiement de charges ;

tK est l'intervalle, exprimé en années et fractions d'années, entre la date du prêt n° 1 et celle des prêts ultérieurs n° 2 à m ;

tK'est l'intervalle, exprimé en années et fractions d'années, entre la date du prêt n° 1 et celles des remboursements ou paiements de charges n° 1 à m' ;

i est le taux effectif global qui peut être calculé (soit par l'algèbre, soit par approximations successives, soit par un programme d'ordinateur) lorsque les autres termes de l'équation sont connus, par le contrat ou autrement.

Remarques

a) Les sommes versées de part et d'autre à différents moments ne sont pas nécessairement égales et ne sont pas nécessairement versées à des intervalles égaux.

b) La date initiale est celle du premier prêt.

c) L'écart entre les dates utilisées pour le calcul est exprimé en années ou en fractions d'années. Une année compte 365 jours, ou, pour les années bissextiles, 366 jours, 52 semaines ou 12 mois normalisés. Un mois normalisé compte 30,416 66 jours (c'est-à-dire 365/12), que l'année soit bissextile ou non.

d) Le résultat du calcul est exprimé avec une exactitude d'au moins une décimale. Lorsque le chiffre est arrondi à une décimale particulière, la règle suivante est d'application : si le chiffre de la décimale suivant cette décimale particulière est supérieur ou égal à 5, le chiffre de cette décimale particulière sera augmenté de 1.

Hypothèses

Le calcul du taux annuel effectif global se fait, le cas échéant, conformément aux hypothèses suivantes :

1° Si un contrat de crédit laisse au consommateur le libre choix quant au mode d'utilisation du crédit, le montant total du crédit est réputé entièrement et immédiatement utilisé ;

2° Si un contrat de crédit laisse en général au consommateur le libre choix quant au mode d'utilisation du crédit, mais prévoit parmi les divers modes d'utilisation une limite quant au montant et à la durée, le montant du crédit est réputé utilisé à la date la plus proche prévue dans le contrat et conformément à ces limites de mode d'utilisation ;

3° Si un contrat de crédit offre au consommateur différentes possibilités quant au mode d'utilisation du crédit, assorties de frais ou de taux débiteurs différents, le montant total du crédit est réputé utilisé au taux débiteur le plus élevé et avec les frais les plus élevés dans la catégorie d'opérations la plus fréquemment utilisée dans ce type de contrat de crédit ;

4° En cas de facilité de découvert, le montant total du crédit est réputé utilisé en totalité et pour la durée totale du contrat de crédit. Si la durée de la facilité de découvert n'est pas connue, le taux annuel effectif global est calculé en partant de l'hypothèse que la durée du crédit est de trois mois ;

5° En cas de contrat de crédit sans durée fixe, y compris les crédits qui doivent être remboursés en totalité dans ou après un délai donné mais qui, une fois remboursés, sont disponibles pour une nouvelle utilisation, et autre qu'une facilité de découvert :

a) Le crédit est réputé être octroyé pour une durée d'un an à partir de la date d'utilisation initiale, et le paiement final effectué par le consommateur liquide le solde du capital, les intérêts et les autres frais éventuels ;

b) Le capital est supposé être remboursé par le consommateur en mensualités égales, le remboursement débutant un mois après la date de l'utilisation initiale. Toutefois, dans les cas où le capital doit être remboursé *en totalité uniquement, en un seul versement, à l'intérieur* de chaque période de paiement, les utilisations et les remboursements successifs de la totalité du capital par le consommateur sont supposés être effectués sur la durée d'un an. Les intérêts et autres frais sont appliqués conformément à ces utilisations et remboursements du capital, d'une part, et aux dispositions du contrat de crédit, d'autre part ;

6° En cas de contrats de crédit autres que les découverts et les contrats de crédits sans durée fixe visés dans les hypothèses des points 4° et 5° :

a) Si la date ou le montant d'un remboursement de capital devant être effectué par le consommateur ne peuvent être établis, le remboursement est réputé être effectué à la date la plus proche prévue dans le contrat de crédit et pour le montant le plus bas prévu dans le contrat ;

b) Si la date de conclusion du contrat de crédit n'est pas connue, la date d'utilisation initiale est réputée être la date qui correspond à l'intervalle le plus court entre cette date et la date du premier paiement que le consommateur doit effectuer ;

7° Si la date ou le montant d'un paiement devant être effectué par le consommateur ne peuvent être établis sur la base du contrat de crédit ou des hypothèses exposées aux points 4°, 5° ou 6°, le paiement est réputé être effectué aux dates et conditions requises par le prêteur et, lorsque celles-ci ne sont pas connues :

a) Les frais d'intérêts sont payés en même temps que les remboursements du capital ;

b) Les frais autres que d'intérêts, exprimés sous la forme d'une somme unique, sont payés à la date de conclusion du contrat de crédit ;

c) Les frais autres que d'intérêts, exprimés sous la forme de paiements multiples, sont payés à intervalles réguliers, à partir de la date du premier remboursement du capital, et si le montant de ces paiements n'est pas connu, les montants sont réputés égaux ;

d) Le paiement final liquide le solde du capital, les intérêts et les autres frais éventuels ;

8° Si le plafond du crédit n'a pas encore été arrêté, le plafond est supposé être de 1 500 € ;

9° Si des taux débiteurs et des frais différents sont proposés pendant une période limitée ou pour un montant limité, le taux débiteur et les frais sont réputés être le taux le plus élevé pendant la durée totale du contrat de crédit ;

10° Pour les contrats de crédit aux consommateurs pour lesquels un taux débiteur fixe a été convenu dans le cadre de la période initiale, à la fin de laquelle un nouveau taux débiteur est établi et est ensuite périodiquement ajusté en fonction d'un indicateur convenu, le calcul du taux annuel effectif global part de l'hypothèse que, à compter de la fin de la période à taux débiteur fixe, le taux débiteur est le même qu'au moment du calcul du taux annuel effectif global, en fonction de la valeur de l'indicateur convenu à ce moment-là.

JO 11 juin 2002, p. 10357 : formule

$$\sum_{K=1}^{K=m} \frac{A_K}{(1+i)^{t_K}} = \sum_{K'=1}^{K'=m'} \frac{A'_{K'}}{(1+i)^{t_{K'}}}$$

Rédaction antérieure. Art. R. 313-1-1 *(D. n° 2008-449, 7 mai 2008)*. – Lorsqu'il s'agit d'une avance réalisée dans le cadre d'un contrat d'affacturage, le taux effectif global est un taux annuel, proportionnel au taux de période et exprimé pour cent unités monétaires.

Le montant de l'avance à prendre en considération pour le calcul du taux effectif global est rapporté, selon la méthode des nombres, à une période d'un jour.

Ce taux est calculé selon la formule figurant en annexe au présent article.

ANNEXE
à l'article R. 313-1-1 du Code de la consommation

Pour l'application de l'article R. 313-1-1 du Code de la consommation, sont définis les termes suivants :

Commission post-comptée : commission facturée au client en fin de période au titre des avances consenties.

Commission précomptée : commission facturée au client au titre des avances consenties, lors de la mise en place desdites avances.

Retenue de garantie : somme constituée lors de la prise en charge des factures par la société d'affacturage pour garantir cette dernière des sommes dont le client pourrait devenir débiteur à son égard et qui lui est restituée dans le cas où cette garantie n'a pas été mise en œuvre.

Nombres débiteurs : produit du montant brut de financement par le nombre de jours de financement.

Nombres créditeurs du compte de retenue de garantie : produit du montant des prélèvements sur le compte d'engagement au titre de la constitution de la retenue de garantie par le nombre de jours pendant lequel le compte d'engagement est imputé.

Le taux de période d'un jour applicable aux opérations d'affacturage est calculé de la façon suivante :

1° Numérateur du taux :

Le numérateur est composé :

– du montant de la commission de financement précomptée (prise en totalité ou en cas d'étalement, pour la quote-part imputable à la période considérée) et/ou post-comptée assise sur l'intégralité de l'avance (y compris l'avance sur les rémunérations perçues par la société d'affacturage et sur les retenues de garanties) ;

– du montant des autres frais et commissions liés au financement, mais distincts de la commission de financement, inclus dans l'assiette de calcul du taux effectif global (pris en totalité ou en cas d'étalement, pour la quote-part imputable à la période considérée).

Le numérateur est, le cas échéant, minoré des réfactions de taux ou d'assiette accordées au titre de l'avance sur retenues de garantie.

2° Dénominateur du taux :

Le dénominateur est composé :

– du montant des nombres débiteurs afférents à la commission de financement précomptée (en cas d'étalement, ne sont pris en compte que les nombres débiteurs afférents à la période concernée) ;

– du montant des nombres débiteurs afférents à la commission de financement post-comptée de la période considérée.

Le dénominateur est minoré :

– du montant des nombres créditeurs constatés pendant ladite période sur le compte de la retenue de garantie, pour la part qui a donné lieu à la perception de commissions liées au financement ;

– du produit du montant de la commission de financement précomptée visée au numérateur par le nombre de jours de financement précompté ;

– du produit du montant des frais et commissions visés au numérateur sur la période considérée inclus dans l'assiette du taux effectif global, par la durée pendant laquelle ils viennent réduire le montant du financement disponible ;

– du produit du montant des frais et commissions sur la période considéré

Rédaction antérieure. Art. R. 313-2 *(Rempl. à compter du 1er mai 2011, D. n° 2011-135, 1er févr. 2011)*. **–** Pour une autorisation de découvert ou une facilité de découvert, lorsque le taux annuel effectif global est calculé avant leur utilisation, le calcul est effectué selon la méthode définie par la formule figurant en annexe au présent code et mentionnée au III de l'article R. 313-1.

Après utilisation d'une autorisation de découvert, d'une facilité de découvert ou d'un dépassement, le taux annuel effectif global est calculé en rapportant le montant du crédit à prendre en considération, selon la méthode des nombres définie par le B de l'annexe du décret n° 2002-928 du 10 juin 2002 pris en application de l'article 1er du décret n° 2002-927 du 10 juin 2002, à une période d'un jour à l'expiration de laquelle il est réputé remboursé en même temps que les agios y afférents. À cet effet, chacun des soldes débiteurs successivement inscrits en compte au cours de l'intervalle séparant deux arrêtés contractuels est multiplié par sa propre durée en jours.

Pour les découverts destinés à financer les besoins d'une activité professionnelle, le taux effectif global est calculé en rapportant le montant du crédit à prendre en considération, selon la méthode des nombres mentionnée à l'alinéa précédent, à une période d'un jour à l'expiration de laquelle il est réputé remboursé en même temps que les agios y afférents. À cet effet, chacun des soldes débiteurs successivement inscrits en compte au cours de l'intervalle séparant deux arrêtés contractuels est multiplié par sa propre durée en jours.

Rédaction antérieure. Art. R. 313-3. – Lorsqu'il s'agit d'une opération d'escompte, le taux de période s'entend du rapport qui s'établit entre les intérêts et frais divers dus par l'emprunteur au titre de l'escompte et le montant de l'effet escompté. La période est égale au nombre de jours de calendrier, de la date de négociation exclue jusqu'à la date réelle d'échéance de l'effet incluse ; cette période ne peut être retenue pour une durée inférieure à dix jours.

Rédaction antérieure. Art. R. 313-4. – Lorsque le montant des opérations mentionnées aux articles R. 313-2 et R. 313-3 est inférieur à un montant fixé par arrêté du ministre de l'Économie, des Finances et du Budget, il peut être perçu pour chaque opération un minimum forfaitaire qui n'est pas pris en compte pour déterminer le taux effectif global ; ce minimum doit être porté le taux effectif global ; ce minimum doit être porté à la connaissance de l'emprunteur.

Rédaction antérieure. Art. R. 313-5. – Lorsque l'octroi d'un prêt est subordonné à une phase d'épargne préalable, le taux effectif global est calculé sans tenir compte de cette phase d'épargne.

Sous-section 2. – Le taux d'usure

Rédaction antérieure. Art. D. 313-6 *(Mod., D. n° 2014-1316, 3 nov. 2014)*. **–** Les taux effectifs moyens qui ont été pratiqués au cours d'un trimestre civil par les établissements de crédit et les sociétés de financement pour les *catégories d'opérations de même nature comportant* des risques analogues, telles que définies par l'arrêté du ministre chargé de l'économie et des finances prévu par l'article L. 313-3, sont calculés par la Banque de France. Le ministre chargé de l'économie et des finances fait procéder à la publication au *Journal officiel* de la République française de ces taux ainsi que des seuils de l'usure correspondant qui serviront de référence pour le trimestre suivant ; il procède, le cas échéant, aux corrections des taux observés, conformément aux dispositions du deuxième alinéa de l'article D. 313-7.

Rédaction antérieure. Art. D. 313-7 *(Mod., D. n° 2005-1007, 2 août 2005 ; D. n° 2014-1316, 3 nov. 2014)*. **–** La Banque de France procède chaque trimestre à une enquête, portant sur les prêts en euros, destinée à collecter auprès des établissements de crédit et des sociétés de financement les données nécessaires au calcul des taux effectifs moyens. Ce calcul est effectué selon une moyenne arithmétique simple des taux effectifs globaux observés. Les prêts dont les taux sont réglementés, administrés ou bonifiés par l'État ne sont pas pris en compte. Pour ce qui concerne les entreprises, les prêts ne sont pas pris en compte pour le calcul du taux effectif moyen lorsqu'ils sont supérieurs à des montants définis par arrêté du ministre chargé de l'économie et des finances.

En cas de variation d'une ampleur exceptionnelle du coût des ressources des établissements de crédit et des sociétés de financement, les taux effectifs moyens observés par la Banque de France peuvent être corrigés pour tenir compte de cette variation. Ces taux sont publiés au plus tard dans les quarante-cinq jours suivant la constatation de cette variation.

Rédaction antérieure. Art. D. 313-8 *(Mod., D. n° 2014-1316, 3 nov. 2014)*. – Les prêteurs doivent porter à la connaissance des emprunteurs les seuils de l'usure correspondant aux prêts qu'ils leur proposent. Les établissements de crédit et les sociétés de financement tiennent cette information à la disposition de leur clientèle comme pour les conditions générales de banque visées à l'article R. 312-1 du Code monétaire et financier.

Code de la consommation

Partie législative

Livre III. – CRÉDIT

Titre Ier. – OPÉRATIONS DE CRÉDIT

Chapitre IV. – Dispositions communes au crédit à la consommation et au crédit immobilier

(Ord. n° 2016-351, 25 mars 2016)

Remarque : entrée en vigueur 1er juill. 2016.

Section I. – Taux d'intérêt

Sous-section 1. – Taux effectif global

Art. L. 314-1. – Dans tous les cas, pour la détermination du taux effectif global du prêt, comme pour celle du taux effectif pris comme référence, sont ajoutés aux intérêts les frais, les taxes, les commissions ou rémunérations de toute nature, directs ou indirects, supportés par l'emprunteur et connus du prêteur à la date d'émission de l'offre de crédit ou de l'avenant au contrat de crédit, ou dont le montant peut être déterminé à ces mêmes dates, et qui constituent une condition pour obtenir le crédit ou pour l'obtenir aux conditions annoncées.

Art. L. 314-2. – Pour les contrats de crédit qui prévoient un amortissement échelonné, le taux effectif global doit être calculé en tenant compte des modalités de l'amortissement de la créance.

Art. L. 314-3. – Pour les contrats de crédit entrant dans le champ d'application des chapitres II et III du présent titre, le taux effectif global est dénommé « Taux annuel effectif global ».

Condamnation du TAEG fourchette. Dans les crédits à la consommation, le TAEG exprimé au moyen d'une fourchette (même si cette modalité est choisie pour tenir compte de la date de mise à disposition des fonds) est contraire à la directive 2008/48/CE (▪ CJUE, 19 déc. 2019, aff. C-290/19 : *JCP* E 2020, 1043, note G. Poissonnier ; *AJ Contrat* 2020, p. 93, note J. Lasserre Capdeville).

Art. L. 314-4. – Un décret en Conseil d'État précise les conditions d'application des articles L. 314-1 à L. 314-3 et notamment les modalités de détermination de l'assiette et de calcul du taux effectif global, ainsi que les modalités de calcul du taux annuel effectif de l'assurance mentionné aux articles L. 312-7 et L. 313-8.

Art. L. 314-5. – Le taux effectif global déterminé selon les modalités prévues aux articles L. 314-1 à L. 314-4 est mentionné dans tout écrit constatant un contrat de prêt régi par la présente section.

Sous-section 2. – Taux d'usure

Art. L. 314-6. – Constitue un prêt usuraire tout prêt conventionnel consenti à un taux effectif global qui excède, au moment où il est consenti, de plus du tiers, le taux effectif moyen pratiqué au cours du trimestre précédent par *les établissements de crédit* et les sociétés de financement pour des opérations de même nature comportant des risques analogues, telles que définies par l'autorité administrative après avis du Comité consultatif du secteur financier. Les catégories d'opérations pour les prêts aux particuliers n'entrant pas dans le champ d'application du 1° de l'article L. 313-1 ou ne constituant pas une opération de crédit d'un montant supérieur à 75 000 euros destiné à financer, pour les immeubles à usage d'habitation ou à usage professionnel et d'habitation, les dépenses relatives à leur réparation, leur amélioration ou leur entretien sont définies à raison du montant des prêts.

Les crédits accordés à l'occasion de ventes à tempérament sont, pour l'application de la présente section, assimilés à des prêts conventionnels et considérés comme usuraires dans les mêmes conditions que les prêts d'argent ayant le même objet.

Voir : Avis relatif à l'application des articles L. 314-6 du Code de la consommation et L. 313-5-1 du Code monétaire et financier concernant l'usure : *JO* 21 mars 2017, texte n° 151.

Art. L. 314-7. – **Les conditions de calcul et de publicité des taux effectifs moyens mentionnés à l'article L. 314-6 sont fixées par décret**

Art. L. 314-8. – **Des mesures transitoires, dérogeant aux dispositions de l'article L. 314-6, peuvent être mises en œuvre par le ministre chargé de l'économie, sur proposition motivée du gouverneur de la Banque de France, pour une période ne pouvant excéder huit trimestres consécutifs, en cas de :**

– variation d'une ampleur exceptionnelle du coût des ressources des établissements de crédit et des sociétés de financement ;

– modifications de la définition des opérations de même nature mentionnées à l'article L. 314-6.

Art. L. 314-9. – **Les dispositions des articles L. 314-6 à L. 314-8 ne sont pas applicables aux prêts accordés à une personne physique agissant pour ses besoins professionnels ou à une personne morale se livrant à une activité industrielle, commerciale, artisanale, agricole ou professionnelle non commerciale.**

....

Art. L. 341-48-1 *(Ord. n° 2019-740, 17 juill. 2019)*. – **En cas de défaut de mention ou de mention erronée du taux effectif global prévue à l'article L. 314-5, le prêteur peut être déchu du droit aux intérêts dans la proportion fixée par le juge, au regard notamment du préjudice pour l'emprunteur.**

Lorsque le prêteur est déchu du droit aux intérêts dans les conditions prévues à l'alinéa précédent, l'emprunteur n'est tenu qu'au seul remboursement du capital suivant l'échéancier prévu ainsi que, le cas échéant, au paiement des intérêts dont le prêteur n'a pas été déchu. Les sommes perçues au titre des intérêts, qui sont productives d'intérêts au taux de l'intérêt légal à compter du jour de leur versement, sont restituées par le prêteur ou imputées sur le capital restant dû.

Code de la consommation

Partie réglementaire

LIVRE TROISIÈME. – CRÉDITS

TITRE PREMIER – OPÉRATIONS DE CRÉDITS

....

CHAPITRE III. – DISPOSITIONS COMMUNES AU CRÉDIT À LA CONSOMMATION ET AU CRÉDIT IMMOBILIER

SECTION I. – TAUX D'INTÉRÊT

Sous-section 1. – Taux effectif global

(D. n° 2016-884, 29 juin 2016)

Art. R. 314-1. – Le calcul du taux effectif global repose sur l'hypothèse que le contrat de crédit restera valable pendant la durée convenue et que le prêteur et l'emprunteur rempliront leurs obligations selon les conditions et dans les délais précisés dans le contrat de crédit. Pour les contrats de crédit comportant des clauses qui permettent des adaptations du taux d'intérêt et, le cas échéant, des frais entrant dans le taux effectif global mais ne pouvant pas faire l'objet d'une quantification au moment du calcul, le taux effectif global est calculé en partant de l'hypothèse que le taux d'intérêt et les autres frais resteront fixes par rapport au niveau initial et s'appliqueront jusqu'au terme du contrat de crédit.

Art. R. 314-2. – Pour les opérations de crédit destinées à financer les besoins d'une activité professionnelle ou destinées à des personnes morales de droit public, le taux effectif global est un taux annuel, proportionnel au taux de période, à terme échu et exprimé pour cent unités monétaires. Le taux de période et la durée de la période doivent être expressément communiqués à l'emprunteur.

Le taux de période est calculé actuariellement, à partir d'une période unitaire correspondant à la périodicité des versements effectués par l'emprunteur. Il assure, selon la méthode des intérêts composés, l'égalité entre, d'une part, les sommes prêtées et, d'autre part, tous les versements dus par l'emprunteur au titre de ce prêt, en capital, intérêts et frais divers, ces éléments étant, le cas échéant, estimés.

Lorsque la périodicité des versements est irrégulière, la période unitaire est celle qui correspond au plus petit intervalle séparant deux versements. Le plus petit intervalle de calcul ne peut cependant être inférieur à un mois.

Lorsque les versements sont effectués avec une fréquence autre qu'annuelle, le taux effectif global est obtenu en multipliant le taux de période par le rapport entre la durée de l'année civile et celle de la période unitaire. Le rapport est calculé, le cas échéant, avec une précision d'au moins une décimale.

Si le crédit prend la forme d'une ouverture de droits de tirage destinée à financer les besoins d'une activité professionnelle, le taux effectif global est calculé sur la totalité des droits mis à la disposition du client.

Les charges liées aux garanties dont les crédits sont éventuellement assortis ainsi que les honoraires d'officiers ministériels ne sont pas compris dans le taux effectif global défini ci-dessus, lorsque leur montant ne peut être indiqué avec précision antérieurement à la conclusion définitive du contrat.

Art. R. 314-3. – Pour toutes les opérations de crédit autres que celles mentionnées à l'article R. 314-2, le taux annuel effectif global mentionné à l'article L. 314-3 est calculé à terme échu, exprimé pour cent unités monétaires, selon la méthode d'équivalence définie par la formule figurant en annexe au présent code. La durée de la période doit être expressément communiquée à l'emprunteur.

Le taux annuel effectif global est calculé actuariellement et assure, selon la méthode des intérêts composés, l'égalité entre, d'une part, les sommes prêtées et, d'autre part, tous les versements dus par l'emprunteur au titre de ce prêt pour le remboursement du capital et le paiement du coût total du crédit au sens du 7° de l'article L. 311-1, ces éléments étant, le cas échéant, estimés.

Pour les contrats de crédit pour lesquels un taux débiteur fixe a été convenu dans le cadre de la période initiale d'au moins cinq ans, à la fin de laquelle une négociation est menée sur le taux débiteur afin de convenir d'un nouveau taux fixe pour une nouvelle période, le calcul du taux annuel effectif global illustratif supplémentaire figurant dans la fiche d'information standardisée européenne mentionnée à l'article L. 313-7 couvre uniquement la période initiale à taux fixe et se fonde sur l'hypothèse selon laquelle, au terme de la période à taux débiteur fixe, le capital restant est remboursé.

Art. R. 314-4. – Sont compris dans le taux annuel effectif global du prêt, lorsqu'ils sont nécessaires pour obtenir le crédit ou pour l'obtenir aux conditions annoncées, notamment :

1° Les frais de dossier ;

2° Les frais payés ou dus à des intermédiaires intervenus de quelque manière que ce soit dans l'octroi du prêt, même si ces frais, commissions ou rémunérations correspondent à des débours réels ;

3° Les coûts d'assurance et de garanties obligatoires ;

4° Les frais d'ouverture et de tenue d'un compte donné, d'utilisation d'un moyen de paiement permettant d'effectuer à la fois des opérations et des prélèvements à partir de ce compte ainsi que les autres frais liés aux opérations de paiement ;

5° Le coût de l'évaluation du bien immobilier, hors frais d'enregistrement liés au transfert de propriété du bien immobilier.

Art. R. 314-5. – Ne sont pas compris dans le taux annuel effectif global :

*1° Les frais liés à l'acqui*sition des immeubles mentionnés au a du 1° de l'article L. 313-1 tels que les taxes y afférentes, les frais d'acte notarié établis en application de la section III du chapitre Ier du titre IV *bis* du livre IV de la partie Arrêtés du Code de commerce ;

2° Les frais à la charge de l'emprunteur en cas de non-respect de l'une de ses obligations prévues dans le contrat de crédit.

Des hypothèses complémentaires figurent en annexe au présent code pour le calcul du taux annuel effectif global.

Art. R. 314-6. – Lorsqu'il s'agit d'une avance réalisée dans le cadre d'un contrat d'affacturage, le taux effectif global est un taux annuel, proportionnel au taux de période et exprimé pour cent unités monétaires.

Le montant de l'avance à prendre en considération pour le calcul du taux effectif global est rapporté, selon la méthode des nombres, à une période d'un jour.

Ce taux est calculé selon la formule figurant en annexe au présent code.

Art. R. 314-7. – Pour une autorisation de découvert ou une facilité de découvert, lorsque le taux annuel effectif global est calculé avant leur utilisation, le calcul est effectué selon la méthode définie par la formule figurant en annexe au présent code et mentionnée à l'article R. 314-3.

Après utilisation d'une autorisation de découvert, d'une facilité de découvert ou d'un dépassement, le taux annuel effectif global est calculé en rapportant le montant du crédit à prendre en considération, selon la méthode des nombres définie par le B de l'annexe du décret n° 2002-928 du 10 juin 2002 pris en application de l'article 1er du décret n° 2002-927 du 10 juin 2002, à une période d'un jour à l'expiration de laquelle il est réputé remboursé en même temps que les agios y afférents. À cet effet, chacun des soldes débiteurs successivement inscrits en compte au cours de l'intervalle séparant deux arrêtés contractuels est multiplié par sa propre durée en jours.

Pour les découverts destinés à financer les besoins d'une activité professionnelle, le taux effectif global est calculé en rapportant le montant du crédit à prendre en considération, selon la méthode des nombres mentionnée au deuxième alinéa, à une période d'un jour à l'expiration de laquelle il est réputé remboursé en même temps que les agios y afférents. À cet effet, chacun des soldes débiteurs successivement inscrits en compte au cours de l'intervalle séparant deux arrêtés contractuels est multiplié par sa propre durée en jours.

Art. R. 314-8. – Lorsqu'il s'agit d'une opération d'escompte, le taux de période s'entend du rapport qui s'établit entre les intérêts et frais divers dus par l'emprunteur au titre de l'escompte et le montant de l'effet escompté. La période est égale au nombre de jours de calendrier, de la date de négociation exclue jusqu'à la date réelle d'échéance de l'effet incluse ; cette période ne peut être retenue pour une durée inférieure à dix jours.

Art. R. 314-9. – Lorsque le montant des opérations mentionnées aux articles R. 314-7 et R. 314-8 est inférieur à un montant fixé par arrêté du ministre chargé de l'économie et des finances, il peut être perçu pour chaque opération un minimum forfaitaire qui n'est pas pris en compte pour déterminer le taux effectif global ; ce minimum doit être porté à la connaissance de l'emprunteur.

Art. R. 314-10. – Lorsque l'octroi d'un prêt est subordonné à une phase d'épargne préalable, le taux effectif global est calculé sans tenir compte de cette phase d'épargne.

Art. R. 314-11. – Le taux annuel effectif de l'assurance mentionné à l'article L. 312-7 est égal à la différence entre :

1° Le taux annuel effectif global défini à l'article L. 314-1, calculé conformément aux articles R. 314-1 à R. 314-10 en prenant comme hypothèse que l'assurance proposée ayant pour objet le remboursement du crédit est intégralement exigée par le prêteur, d'une part, et ;

2° Le taux annuel effectif global défini à l'article L. 314-1, calculé conformément aux articles R. 314-1 à R. 314-10 en prenant comme hypothèse qu'aucune assurance n'est exigée par le prêteur, d'autre part.

Pour les besoins du calcul du taux annuel effectif de l'assurance, la méthode employée est la même que celle employée pour le calcul du taux annuel effectif global, c'est-à-dire soit la méthode d'actualisation des flux, soit la méthode des intérêts composés en capitalisant le taux périodique sur une durée d'un an.

Art. R. 314-12. – Le taux annuel effectif de l'assurance mentionné à l'article L. 313-8 est égal à la différence entre :

1° Le taux annuel effectif global défini à l'article L. 314-1, calculé conformément aux articles R. 314-1 à R. 314-10 en prenant comme hypothèse que l'assurance proposée ayant pour objet le remboursement du crédit est intégralement exigée par le prêteur, d'une part, et ;

2° Le taux annuel effectif global défini à l'article L. 314-1, calculé conformément aux articles R. 314-1 à R. 314-10 en prenant comme hypothèse qu'aucune assurance n'est exigée par le prêteur, d'autre part.

Pour les besoins du calcul du taux annuel effectif de l'assurance, la méthode employée est la même que celle employée pour le calcul du taux annuel effectif global, c'est-à-dire soit la méthode d'actualisation des flux, soit la méthode des intérêts composés en capitalisant le taux périodique sur une durée d'un an.

Art. R. 314-13. – Le taux annuel effectif de l'assurance est accompagné de la mention des garanties dont il intègre le coût.

Art. R. 314-14. – Le taux annuel effectif de l'assurance n'est pas mentionné pour les opérations de location-vente et de location avec option d'achat.

Sous-section 1. – Taux effectif global

(D. n° 2016-884, 29 juin 2016)

Art. D. 314-15. – Les taux effectifs moyens qui ont été pratiqués au cours d'un trimestre civil par les établissements de crédit pour les catégories d'opérations de même nature comportant des risques analogues, mentionnées à l'article L. 314-6, sont calculés par la Banque de France. Le ministre chargé de l'économie fait procéder à la publication au *Journal officiel de la République française* de ces taux ainsi que des seuils de l'usure correspondant qui serviront de référence pour le trimestre suivant ; il procède, le cas échéant, aux corrections des taux observés, conformément aux dispositions du deuxième alinéa de l'article D. 314-16.

Art. D. 314-16. – La Banque de France procède chaque trimestre à une enquête, portant sur les prêts en euros, destinée à collecter auprès des établissements de crédit les données nécessaires au calcul des taux effectifs moyens. Ce calcul est effectué selon une moyenne arithmétique simple des taux effectifs globaux observés. Les prêts dont les taux sont réglementés, administrés ou bonifiés par l'État ne sont pas pris en compte. Pour ce qui concerne les entreprises, les prêts ne sont pas pris en compte pour le calcul du taux effectif moyen lorsqu'ils sont supérieurs à des montants définis par arrêté du ministre chargé de l'économie.

En cas de variation d'une ampleur exceptionnelle du coût des ressources des établissements de crédit, les taux effectifs moyens observés par la Banque de France peuvent être corrigés pour tenir compte de cette variation. Ces taux sont publiés au plus tard dans les quarante-cinq jours suivant la constatation de cette variation.

Art. D. 314-17. – Les prêteurs doivent porter à la connaissance des emprunteurs les seuils de l'usure correspondant aux prêts qu'ils leur proposent. Les établissements de crédit tiennent cette information à la disposition de leur clientèle comme pour les conditions générales de banque mentionnées à l'article R. 312-1 du Code monétaire et financier.

Code monétaire et financier

Partie législative

LIVRE TROISIÈME. – LES SERVICES

TITRE PREMIER. – LES OPÉRATIONS DE BANQUE

....

CHAPITRE III. – CRÉDITS

Section I. – Dispositions générales

....

Sous-section 2. – Taux d'intérêt

§ 1. – Taux d'intérêt légal

Bibliographie : F. Fruleux et J.-M. Serre, *Réforme du taux de l'intérêt légal : nouveautés, évolutions et choix fiscaux : JCP* N 2014, 1356. • J. Lasserre Capdeville, *Interrogations autour de la future évolution du taux de l'intérêt légal : Gaz. Pal.* 10 sept. 2014, p. 5. • F. Boucard, *Le contentieux des intérêts. Questions d'actualité : RD bancaire et fin.* 2014, étude 25.

Art. L. 313-2 ***(Ord. n° 2014-947, 20 août 2014).*** **– Le taux de l'intérêt légal est, en toute matière, fixé par arrêté du ministre chargé de l'économie.**

Il comprend un taux applicable lorsque le créancier est une personne physique n'agissant pas pour des besoins professionnels et un taux applicable dans tous les autres cas.

Il est calculé semestriellement, en fonction du taux directeur de la Banque centrale européenne sur les opérations principales de refinancement et des taux pratiqués par les établissements de crédit et les sociétés de financement.

Les taux pratiqués par les établissements de crédit et les sociétés de financement pris en compte pour le calcul du taux applicable lorsque le créancier est une personne physique n'agissant pas pour des besoins professionnels sont les taux effectifs moyens de crédits consentis aux particuliers.

Les modalités de calcul et de publicité de ces taux sont fixées par décret.

Remarque : entrée en vigueur 1er janvier 2015.

Rédaction antérieure. Art. L. 313-2 *(Anc. L. n° 75-619, 11 juill. 1975).* – Le taux de l'intérêt légal est, en toute matière, fixé par décret pour la durée de l'année civile.

Il est égal, pour l'année considérée, à la moyenne arithmétique des douze dernières moyennes mensuelles des taux de rendement actuariel des adjudications de bons du Trésor à taux fixe à treize semaines.

Arrêté du 21 décembre 2020

relatif à la fixation du taux de l'intérêt légal

(JO 26 déc. 2020)

Art. 1er. – Pour le premier semestre 2021, le taux de l'intérêt légal est fixé :

1° Pour les créances des personnes physiques n'agissant pas pour des besoins professionnels : à 3,14 % ;

2° Pour tous les autres cas : à 0,79 %.

Voir : le taux de l'intérêt légal est fixé à 3,99 % pour l'année 2008 (D. n° 2008-166, 21 févr. 2008 : *JO* 23 févr.).

Le taux de l'intérêt légal est fixé à 3,79 % pour l'année 2009 (D. n° 2009-138, 9 févr. 2009 : *JO* 11 févr.).

Le taux de l'intérêt légal est fixé à 0,65 % pour l'année 2010 (D. n° 2010-127, 9 févr. 2010 : *JO* 11 févr.).

Le taux de l'intérêt légal est fixé à 0,38 % pour l'année 2011 (D. n° 2011-127, 1er févr. 2011 : *JO* 3 févr.).

Le taux de l'intérêt légal est fixé à 0,71 % pour l'année 2012 (D. n° 2012-182, 7 févr. 2012 : *JO* 8 févr.).

Le taux de l'intérêt légal est fixé à 0,04 % pour l'année 2013 (D. n° 2013-178, 27 févr. 2013 : *JO* 27 mars).

Le taux de l'intérêt légal est fixé à 0,04 % pour l'année 2014 (D. n° 2014-98, 4 févr. 2014 : *JO* 6 févr.).

Le taux de l'intérêt légal est fixé pour le premier semestre 2015 « à 1° Pour les créances des personnes physiques n'agissant pas pour des besoins professionnels : à 4,06 % ; 2° Pour tous les autres cas : à 0,93 %. » (A. 23 déc. 2014 : *JO* 27 déc.) et pour le second semestre 2015 « 1° Pour les créances des personnes physiques n'agissant pas pour des besoins professionnels : à 4,29 % ; 2° Pour tous les autres cas : à 0,99 % » (A. 24 juin 2015, *JO* 28 juin).

Le taux de l'intérêt légal est fixé pour le premier semestre 2016 « à 1° Pour les créances des personnes physiques n'agissant pas pour des besoins professionnels : à 4,54 % ; 2° Pour tous les autres cas : à 1,01 %. » (A. 23 déc. 2015 : *JO* 27 déc.) et pour le second semestre 2016 « 1° Pour les créances des personnes physiques n'agissant pas pour des besoins professionnels : à 4,35 % ; 2° Pour tous les autres cas : à 0,93 % » (A. 24 juin 2016, *JO* 26 juin).

Le taux de l'intérêt légal est fixé pour le premier semestre 2017 « à 1° Pour les créances des personnes physiques n'agissant pas pour des besoins professionnels : à 4,16 % ; 2° Pour tous les autres cas : à 0,90 %. » (A. 29 déc. 2016 : *JO* 30 déc.) et pour le second semestre 2017 « 1° Pour les créances des personnes physiques n'agissant pas pour des besoins professionnels : à 3,94 % ; 2° Pour tous les autres cas : à 0,90 % » (A. 26 juin 2017, *JO* 30 juin).

Le taux de l'intérêt légal est fixé pour le premier semestre 2018 à « 1°) pour les créances des personnes physiques n'agissant pas pour des besoins professionnels : à 3,73 % ; 2°) pour tous les autres cas : à 0,89 % » (A. 28 déc. 2017, *JO* 30 déc. 2017) et pour le second semestre 2018 « 1°) Pour les créances des personnes physiques n'agissant pas pour des besoins professionnels : à 3,60 % ; 2°) Pour tous les autres cas : à 0,88 % » (A. 27 juin 2018, *JO* 28 juin 2018).

Le taux de l'intérêt légal est fixé pour le premier semestre 2019 à « 1° Pour les créances des personnes physiques n'agissant pas pour des besoins professionnels : à 3,40 % ; 2° Pour tous les autres cas : à 0,86 % » (A. 21 déc. 2018, *JO* 30 déc. 2018) et pour le second semestre 2019 à « 1° Pour les créances des personnes physiques n'agissant pas pour des besoins professionnels : à 3,26 % ; 2° Pour tous les autres cas : à 0,87 % » (A. 26 juin 2019, *JO* 27 juin 2019).

Le taux de l'intérêt légal est fixé pour le premier semestre 2020 à « 1° Pour les créances des personnes physiques n'agissant pas pour des besoins professionnels : à 3,15 % ; 2° Pour tous les autres cas : à 0,87 % » (A. 23 déc. 2019, *JO* 26 déc. 2019) et pour le second semestre 2020 à « 1° Pour les créances des personnes physiques n'agissant pas pour des besoins professionnels : à 3,11 % ; 2° Pour tous les autres cas : à 0,84 % » (A. 15 juin 2020, *JO* 18 juin 2020).

Art. L. 313-3 *(Anc. L. n° 75-619, 11 juill. 1975 ; mod., Ord. n° 2006-461, 21 avr. 2006)*. – En cas de condamnation pécuniaire par décision de justice, le taux de l'intérêt légal est majoré de cinq points à l'expiration d'un délai de deux mois à compter du jour où la décision de justice est devenue exécutoire, fût-ce par provision. Cet effet est attaché de plein droit au jugement d'adjudication sur saisie immobilière, quatre mois après son prononcé.

Toutefois, le juge de l'exécution peut, à la demande du débiteur ou du créancier, et en considération de la situation du débiteur, exonérer celui-ci de cette majoration ou en réduire le montant.

§ 2. – Taux effectif global

Art. L. 313-4 *(L. n° 2003-721, 1er août 2003 ; mod., Ord. n° 2016-301, 14 mars 2016 ; Ord. n° 2016-351, 25 mars 2016 ; Ord. n° 2019-740, 17 juill. 2019)*. – Les règles relatives au taux effectif global des crédits sont fixées par les articles L. 314-1 à L. 314-5, L. 341-48-1 et L. 341-49 du Code de la consommation ci-après reproduits :

Voir : C. consom., art. L. 314-1 et s. pour les prêts à partir du 1er juillet 2016, p. 3200 et pour les prêts antérieurs au 1er juillet 2016 les art. L. 313-1 et s. ancienne rédaction, p. 3184.

§ 3. – Taux de l'usure

Art. L. 313-5 *(Mod., Ord. n° 2016-301, 14 mars 2016)*. – La définition du taux de l'usure est fixée par les articles L. 314-6 à L. 314-9 du Code de la consommation, ci-après reproduits :

Voir : C. consom., art. L. 314-6 et s., p. 3200, L. 313-3, p. 3184.

Art. L. 313-5-1 *(L. n° 2003-721, 1er août 2003 ; mod., L. n° 2005-882, 2 août 2005 ; Ord. n° 2013-544, 27 juin 2013)*. – Pour les découverts en compte, constitue un prêt usuraire à une personne physique agissant pour ses besoins professionnels ou à une personne morale se livrant à une activité industrielle, commerciale, artisanale, agricole ou professionnelle non commerciale tout prêt conventionnel consenti à un taux effectif global qui excède, au moment où il est accordé, de plus du tiers, le taux effectif moyen pratiqué au cours du trimestre précédent par les établissements de crédit ou les sociétés de financement pour les opérations de même nature comportant des risques analogues telles que définies par l'autorité administrative après avis du Conseil national du crédit et du titre.

Les conditions de calcul et de publicité des taux effectifs moyens mentionnés au premier alinéa sont fixés par décret.

Voir : Avis relatif à l'application des articles L. 314-6 du Code de la consommation et L. 313-5-1 du Code monétaire et financier concernant l'usure : *JO* 21 mars 2017, texte n° 151.

Art. L. 313-5-2 *(L. n° 2003-721, 1er août 2003)*. – Lorsqu'un prêt conventionnel est usuraire, les perceptions excessives au regard des articles L. 313-4 et L. 313-5-1 sont imputées de plein droit sur les intérêts normaux et subsidiairement sur le capital de la créance.

Si la créance est éteinte en capital et intérêts, les sommes indûment perçues doivent être restituées avec intérêts légaux du jour où elles auront été payées.

....

Section II. – Catégories de crédits

....

Sous-section 2. – Crédits aux entreprises

§ 1. – Crédit d'exploitation

Bibliographie : J. Crédot et T. Samin, *Réduction ou interruption des crédits et motivation de la décision : RD bancaire et fin.* mars-avr. 2009, comm. 115. • D. Legeais, *Responsabilité du banquier en matière de crédit : RD bancaire et fin.* mars-avr. 2010, p. 8. • N. Mathey, *Vers une remise en cause de la liberté du banquier en matière de crédit ? : JCP* E 2010, 1550.

Art. L. 313-12 *(Mod., L. n° 2003-721, 1er août 2003 ; L. n° 2009-1255, 19 oct. 2009 ; Ord. n° 2013-544, 27 juin 2013).* **– Tout concours à durée indéterminée, autre qu'occasionnel, qu'un établissement de crédit ou une société de financement consent à une entreprise, ne peut être réduit ou interrompu que sur notification écrite et à l'expiration d'un délai de préavis fixé lors de l'octroi du concours. Ce délai ne peut, sous peine de nullité de la rupture du concours, être inférieur à soixante jours. Dans le respect des dispositions légales applicables, l'établissement de crédit ou la société de financement fournit, sur demande de l'entreprise concernée, les raisons de cette réduction ou interruption, qui ne peuvent être demandées par un tiers, ni lui être communiquées. L'établissement de crédit ou la société de financement ne peut être tenu pour responsable des préjudices financiers éventuellement subis par d'autres créanciers du fait du maintien de son engagement durant ce délai.**

L'établissement de crédit ou la société de financement n'est pas tenu de respecter un délai de préavis, que l'ouverture de crédit soit à durée indéterminée ou déterminée, en cas de comportement gravement répréhensible du bénéficiaire du crédit ou au cas où la situation de ce dernier s'avérerait irrémédiablement compromise.

Le non-respect de ces dispositions peut entraîner la responsabilité pécuniaire de l'établissement de crédit ou de la société de financement.

Code monétaire et financier

Art. D. 313-14-1 *(D. n° 2005-1743, 30 déc. 2005).* **–** Le délai de préavis minimal mentionné à la deuxième phrase du premier alinéa de l'article L. 313-12 est de soixante jours pour toutes les catégories de crédits.

I – COORDINATION AVEC LE DROIT COMMUN

1) **Pratiques restrictives de concurrence : application du droit commun pour les concours à durée déterminée.** L'existence de l'article L. 313-12 du Code monétaire et financier ne permet pas d'écarter l'article L. 442-6, I, 5° en cas de rupture brutale de concours à durée déterminée (■ T. com. Paris, 6e ch., 30 oct. 2014 : *RD bancaire et fin.* 2015, comm. 2, F.-J. Crédot et T. Samin).

2) **Pratiques restrictives de concurrence : exclusivité de l'article L. 313-12 du Code monétaire et financier pour les concours à durée indéterminée.** L'existence de l'article L. 313-12 du Code monétaire et financier, texte spécial, permet d'écarter l'article L. 442-6, I, 5° en cas de rupture brutale de concours à durée indéterminée (■ T. com. Paris, 6e ch., 24 janv. 2013 : *RD bancaire et fin.* 2015, comm. 78, F.-J. Crédot et T. Samin).

II – EXIGENCE D'UNE NOTIFICATION DE LA RUPTURE

3) **Exigence d'une notification de la rupture même en cas de dispense de préavis.** La situation irrémédiablement compromise du bénéficiaire du crédit autorise à rompre les concours financiers sans préavis, mais elle ne dispense pas de l'obligation de notifier cette rupture (■ Cass. com., 19 févr. 1991, n° 89-14.825 : *D.* 1992, somm. 27, obs. M. Vasseur ; *RTD com.* 1991, p. 421, obs. M. Cabrillac et B. Teyssié ; *Banque* 1991, p. 431, obs. J.-L. Rives-Lange. ■ Cass. com., 18 mars 2014, n° 12-29.583 : *JurisData* n° 2014-006558 ; *Gaz. Pal.* 22 juill. 2014, p. 25, obs. S. Moreil ; *RD bancaire et fin.* 2014, comm. 127, F.-J. Crédot et T. Samin).

4) **Exigence d'une notification : modalités.** La simple mise en garde ne vaut pas notification de la rupture (■ Cass. com., 18 mai 1993, n° 91-17.675 : *Bull. civ.* IV, n° 189).

III – PRÉAVIS ET DISPENSE

A – Préavis

5) **Caractère suffisant du préavis légal de 60 jours.** Le délai n'a pas à être adapté, au moment de la rupture à la situation du débiteur, il suffit de respecter le délai légal (■ Cass. com., 14 janv. 2014, n° 12-29.682 : *JurisData* n° 2014-000200 ; *RD bancaire et fin.* 2014, comm. 39, F.-J. Crédot et T. Samin et comm. 48, D. Legeais).

B – Dispense

6) **Charge de la preuve.** La charge de la preuve de la situation irrémédiablement compromise pèse sur le banquier (■ CA Grenoble, 29 mars 2001, n° 00/00608 : *JurisData* n° 2001-161593 ; *JCP E* 2002, n° 14, p. 553).

7) **Comportement gravement répréhensible : illustrations.** La production d'un compte de résultat non sincère peut constituer un comportement gravement répréhensible justifiant l'absence de préavis (■ Cass. com., 20 juin 2006, n° 04-16.238 :

JurisData n° 2006-034264 ; *Banque et droit* nov.-déc. 2006, 24, obs. T. Bonneau). La rétention volontaire de documents promis contractuellement peut constituer un comportement gravement répréhensible (■ Cass. com., 28 juin 2011, n° 10-27.086 : *JurisData* n° 2011-014678 ; *RD bancaire et fin.* 2011 comm. 192, F.-J. Crédot et T. Samin).

8) Situation irrémédiablement compromise non établie en présence d'échéances remboursées. La situation irrémédiablement compromise d'une société, prévue à l'article L. 313-12, alinéa 2, du Code monétaire financier, n'est pas caractérisée par des dépassements non systématiques d'une autorisation de découvert alors que les échéances des prêts sont remboursées (■ Cass. com., 24 mars 2015, n° 13-16.076 : *JurisData* n° 2015-006320 ; *Rev. proc. coll.* 2015, comm. 194, A. Martin-Serf ; *Gaz. Pal.* 4 août 2015, p. 19, obs. S. Moreil ; *RD bancaire et fin.* 2015, comm. 115, obs. F.-J. Crédot et T. Samin).

9) Indifférence de l'éventuelle faute de l'établissement de crédit sur l'existence de la faculté de rompre sans préavis. Le fait que l'établissement de crédit ait commis en éventuelle faute (dans l'obligation de vérifier que le déposant était le bénéficiaire des chèques) ne le prive pas de la faculté de rompre sans préavis les concours accordés en cas de comportement gravement répréhensible (■ Cass. com., 11 sept. 2019, n° 17-26.594 : *JCP* E 2019, 1510, note K. Rodriguez ; *Banque et droit* 2019, n° 188, p. 21, obs. T. Bonneau ; *JCP* E 2019, 1529, n° 13, obs. N. Mathey).

IV – RESPONSABILITÉ

10) Absence non justifiée de préavis : responsabilité à l'égard de la caution. En l'absence de preuve de la situation irrémédiablement compromise, la banque engage sa responsabilité à l'égard de la caution, mais la créance de responsabilité ne pourra donner lieu qu'à compensation (■ Cass. com., 24 mars 2015, n° 13-16.076 : *JurisData* n° 2015-006320 ; *D.* 2015, p. 797, obs. V. Avena-Robardet).

11) Nécessité d'établir un lien de causalité. L'admission de la responsabilité nécessite d'établir un lien de causalité entre le nom respect par la banque des exigences formelles de la rupture et le préjudice invoqué (■ Cass. com., 18 janv. 2017 : *Gaz. Pal.* 28 mars 2017, p. 68, note J. Lasserre Capdeville).

12) Possible responsabilité pour fraude en dépit du respect du formalisme légal. Le respect du formalisme légal n'empêche pas d'engager la responsabilité pour fraude de la banque (■ TI Strasbourg, 10 juin 2016 : *Gaz. Pal.* 11 nov. 2016, p. 18, note J. Lasserre Capdeville).

Art. L. 313-12-1 *(L. n° 2009-1255, 19 oct. 2009 ; mod., Ord. n° 2013-544, 27 juin 2013 ; L. n° 2013-672, 26 juill. 2013).* **– Les établissements de crédit ou les sociétés de financement fournissent aux entreprises qui sollicitent un prêt ou bénéficient d'un prêt leur notation et une explication sur les éléments ayant conduit aux décisions de notation les concernant, lorsqu'elles en font la demande. Ces explications ou éléments ne peuvent pas être demandés par un tiers, ni lui être communiqués.**

Art. L. 313-12-2 *(L. n° 2009-1255, 19 oct. 2009 ; mod., Ord. n° 2013-544, 27 juin 2013).* **– La Banque de France publie chaque trimestre, à partir du volume des encours de crédits et des nouveaux crédits consentis par les établissements de crédit ou les sociétés de financement aux entreprises, un document faisant apparaître la part et le volume de ceux consentis :**

- **aux entreprises créées depuis moins de trois ans ;**
- **aux petites et moyennes entreprises.**

Les données précisent, pour chaque catégorie, le nombre d'entreprises concernées.

§ 2. – Prêts participatifs

Art. L. 313-13 *(Mod., L. n° 2005-882, 2 août 2005 ; Ord. n° 2013-544, 27 juin 2013 ; L. n° 2013-672, 26 juill. 2013 ; L. n° 2020-1721, 29 déc. 2020).* **– L'État, sous réserve des articles L. 313-18 à L. 313-20 les établissements de crédit, les sociétés de financement, les autres sociétés commerciales, les fonds *d'investissements* alternatifs régis par la section 2 du chapitre IV du titre Ier du livre II et habilités à consentir des prêts aux entreprises non financières, les établissements publics dont la liste est fixée par décret en Conseil d'État, les sociétés et mutuelles d'assurances, les associations sans but lucratif mentionnées au 5 de l'article L. 511-6, les mutuelles et unions régies par le Code de la mutualité et les institutions relevant du titre II et du titre III du livre IX du Code de la sécurité sociale peuvent consentir sur leurs ressources disponibles à long terme des concours aux entreprises agricoles, artisanales, industrielles ou commerciales sous forme de prêts**

participatifs régis par les articles L. 313-14 à L. 313-20. Les dispositions du présent article ne font pas obstacle à l'application des dispositions pénales du titre IV du livre II du Code de commerce.

L'attribution d'un prêt participatif à une entreprise individuelle n'emporte pas, par elle-même, constitution d'une société entre les parties au contrat.

Loi n° 2020-1721 du 21 décembre 2020

de finances pour 2021

Art. 209. – I. – Le ministre chargé de l'économie est autorisé à accorder la garantie de l'État, à titre onéreux et dans le cadre de conventions conclues à cet effet, à des fonds d'investissement alternatifs régis par la section 2 du chapitre IV du titre Ier du livre II du Code monétaire et financier, pour couvrir le risque de perte lié aux investissements dans des prêts participatifs au sens de l'article L. 313-13 du même code, consentis à compter du 1er janvier 2021 et jusqu'au 31 décembre 2022 à des petites et moyennes entreprises ou à des entreprises de taille intermédiaire immatriculées en France.

Le volume total d'encours des fonds bénéficiant de cette garantie ne peut excéder un montant de 20 milliards d'euros. La garantie s'exerce dans la limite d'une quotité, rapportée à l'encours total des fonds en bénéficiant, déterminée par décret et qui ne peut dépasser 35 %.

II. – [...]

III. – Le ministre chargé de l'économie est autorisé à accorder la garantie de l'État, à titre onéreux et dans le cadre de conventions conclues à cet effet, à des fonds d'investissement alternatifs régis par la section 2 du chapitre IV du titre Ier du livre II du Code monétaire et financier, pour couvrir le risque de perte lié aux investissements dans des obligations émises à compter du 1er janvier 2021 et jusqu'au 31 décembre 2022 par des petites et moyennes entreprises ou par des entreprises de taille intermédiaire immatriculées en France.

Le volume total d'encours des fonds bénéficiant de la garantie mentionnée au premier alinéa du présent III s'impute sur le plafond mentionné au second alinéa du I. La garantie s'exerce dans la limite de la quotité mentionnée au même second alinéa.

IV. – Lorsque le terme de la garantie de l'État est atteint, cette garantie est exercée dans les conditions fixées aux I ou III et par le décret mentionné au VI, le cas échéant pour couvrir les pertes mentionnées aux I ou III. Lorsque la garantie est exercée dans ces conditions, l'État est subrogé dans les droits des fonds bénéficiaires de la garantie à l'égard des débiteurs de prêts participatifs ou d'obligations.

Le recouvrement de ces créances est confié par l'État, dans le cadre de conventions conclues à cet effet, aux établissements de crédit, sociétés de financement et fonds d'investissements alternatifs qui ont initialement octroyé les prêts participatifs mentionnés au premier alinéa du I ou qui ont initialement acquis les obligations mentionnées au premier alinéa du III. Ces conventions portent sur le recouvrement du principal, des intérêts, et de toutes pénalités, ainsi que sur le remboursement au mandataire des frais engagés au nom et pour le compte de l'État.

V. – En Nouvelle-Calédonie, en Polynésie française et dans les îles Wallis-et-Futuna, les établissements de crédit, les fonds d'investissement alternatifs régis par la section 2 du chapitre IV du titre Ier du livre II du Code monétaire et financier et habilités à consentir des prêts aux entreprises non financières et les sociétés de financement peuvent consentir, sur leurs ressources disponibles à long terme, des concours aux entreprises agricoles, artisanales, industrielles ou commerciales sous forme de prêts participatifs.

Dans ces mêmes collectivités, les dispositions du premier alinéa du présent V ne font pas obstacle à l'application des dispositions pénales du titre IV du livre II du Code de commerce et l'attribution d'un prêt participatif à une entreprise individuelle n'emporte pas, par elle-même, constitution d'une société entre les parties au contrat.

Ces prêts sont régis par les articles L. 313-14 à L. 313-17 du Code monétaire et financier, sous réserve des adaptations suivantes :

1° Les références au Code de commerce sont remplacées par les références aux dispositions équivalentes applicables localement en Nouvelle-Calédonie et en Polynésie française ;

2° Les références aux procédures de liquidation amiable, de liquidation judiciaire, de redressement judiciaire, de procédure de sauvegarde, aux plans de sauvegarde et aux plans de redressement judiciaire sont remplacées par les références aux dispositions équivalentes applicables localement en Nouvelle-Calédonie et en Polynésie française ;

3° Pour l'application de l'article L. 313-17 du Code monétaire et financier en Nouvelle-Calédonie et en Polynésie française, le dernier alinéa est supprimé.

Les fonds qui investissent dans les prêts mentionnés au premier alinéa du présent V ou qui les consentent et les conservent à leur actif peuvent bénéficier de la garantie de l'État dans les conditions fixées au I et par le décret mentionné au VI. La contrevaleur en euros du volume d'encours des fonds bénéficiant de la garantie en

Nouvelle-Calédonie, en Polynésie française et dans les îles Wallis-et-Futuna s'impute sur le plafond mentionné au second alinéa du I. La garantie s'exerce dans la limite de la quotité mentionnée au même second alinéa.

Les dispositions des III et IV sont applicables en Nouvelle-Calédonie, en Polynésie française et dans les îles Wallis-et-Futuna, sous réserve des adaptations suivantes :

a) Les références aux obligations émises au second alinéa du IV en ce qui concerne les obligations relevant des articles L. 213-8 à L. 213-32 du Code monétaire et financier sont remplacées, pour la Nouvelle-Calédonie, la Polynésie française et les îles Wallis-et-Futuna, par les dispositions équivalentes applicables localement ;

b) En Nouvelle-Calédonie, en Polynésie française et dans les îles Wallis-et-Futuna, le recouvrement des créances pour le compte de l'État mentionné au second alinéa du IV du présent article est soumis aux procédures d'exécution applicables localement ayant le même effet.

Les dispositions du présent article ne sont pas applicables en Nouvelle-Calédonie, en Polynésie française et dans les îles Wallis-et-Futuna aux fonds de capital investissement régis par les articles L. 214-29 et L. 214-30 du Code monétaire et financier. Les dispositions du présent article ne sont pas applicables en Nouvelle-Calédonie et en Polynésie française aux fonds d'épargne salariale régis par les articles L. 214-163 à L. 214-168 du même code.

VI. – Les conditions d'application du présent article, notamment les règles applicables aux garanties, à la maturité des prêts, aux caractéristiques des obligations mentionnées au premier alinéa du III et aux conventions mentionnées aux I et III sont fixées par décret. Ce décret fixe également les conditions permettant que les entités qui originent les prêts ou qui acquièrent les obligations restent exposées, directement ou indirectement, au risque de perte lié à ces prêts ou obligations.

Sous-paragraphe 1. – Régime général

Art. L. 313-14 ***(Mod., L. n° 2005-882, 2 août 2005).*** **– Les prêts participatifs sont inscrits sur une ligne particulière du bilan de l'organisme qui les consent et de l'entreprise qui les reçoit et qui, en outre, les mentionne dans l'annexe prévue à l'article L. 123-12 du Code de commerce.**

Ils sont, au regard de l'appréciation de la situation financière des entreprises qui en bénéficient, assimilés à des fonds propres.

Art. L. 313-15 ***(Mod., L. n° 2005-882, 2 août 2005).*** **– En cas de liquidation amiable, de liquidation judiciaire ou de redressement judiciaire par cession de l'entreprise débitrice, les prêts participatifs ne sont remboursés qu'après désintéressement complet de tous les autres créanciers privilégiés ou chirographaires. Sauf stipulations contractuelles contraires ayant requis l'accord global de l'ensemble des titulaires de prêts participatifs ceux-ci sont, pour les répartitions à intervenir, placés sur le même rang.**

Art. L. 313-16. – En cas de redressement judiciaire par continuation de l'entreprise débitrice, le remboursement des prêts participatifs et le paiement des rémunérations prévues sont suspendus pendant toute la durée de l'exécution du plan de continuation.

Art. L. 313-17 ***(Mod., L. n° 2005-882, 2 août 2005 ; Ord. n° 2016-351, 25 mars 2016).*** **– Sans préjudice des articles L. 314-1 à L. 314-9 et L. 341-48 à L. 341-51 du Code de la consommation, l'intérêt fixe du prêt participatif peut être majoré dans les conditions qui sont déterminées par le contrat, notamment par le jeu d'une clause de participation au bénéfice net de l'emprunteur ou au bénéfice réalisé par l'emprunteur lors de l'utilisation des biens dont l'acquisition a été financée totalement ou partiellement par ce prêt ou à la plus-value réalisée lors de leur cession ou sous forme de rétrocession de la marge réalisée.**

Lorsqu'une clause de participation au bénéfice net de l'entreprise est prévue, elle s'exerce sous la forme d'un prélèvement prioritaire, pour les personnes physiques, sur le bénéfice comptable et, pour les sociétés, sur le ***bénéfice distribuable avant*** **toute autre affectation.**

Dans les cas où l'approbation des assemblées spéciales mentionnées aux articles L. 225-99 et L. 228-35-6 du Code de commerce ou des assemblées générales des masses constituées en application de l'article L. 228-103 du même code est nécessaire, cette clause est approuvée par l'assemblée générale extraordinaire. Dans les autres cas, elle est approuvée par les associés statuant selon les conditions requises pour l'approbation des comptes.

Sous-paragraphe 2. – Prêts participatifs accordés par l'État

Art. L. 313-18. – L'octroi de prêts participatifs par l'État est subordonné à des engagements précis et datés de la part de l'emprunteur en matière industrielle ou commerciale ainsi qu'en matière financière.

Si le contenu ou l'échéancier des engagements ne sont pas respectés, le remboursement du prêt devient exigible, sauf dans le cas prévu à l'article L. 313-16.

Art. L. 313-19. – L'intérêt fixe du prêt participatif est majoré, dans les conditions qui sont déterminées par le contrat, par le jeu d'une clause de participation, notamment au bénéfice net de l'emprunteur.

Cette participation constitue une charge de l'exercice.

Le taux effectif global de la rémunération versée par l'emprunteur à l'État ne peut être inférieur au taux moyen des intérêts rémunérant les comptes courants des associés de la société emprunteuse.

Art. L. 313-20. – Le montant de chaque prêt participatif accordé par l'État est rendu public chaque année.

§ 3. – Garanties des crédits aux entrepreneurs individuels

Art. L. 313-21 *(Mod., L. n° 2010-658, 15 juin 2010 ; Ord. n° 2013-544, 27 juin 2013)*. – À l'occasion de tout concours financier qu'il envisage de consentir à un entrepreneur individuel pour les besoins de son activité professionnelle, l'établissement de crédit ou la société de financement qui a l'intention de demander une sûreté réelle sur un bien non nécessaire à l'exploitation ou une sûreté personnelle consentie par une personne physique doit informer par écrit l'entrepreneur de la possibilité qui lui est offerte de proposer une garantie sur les biens nécessaires à l'exploitation de l'entreprise ou de solliciter une garantie auprès d'un autre établissement de crédit, d'une société de financement ou d'une entreprise d'assurance habilitée à pratiquer les opérations de caution. L'établissement de crédit ou la société de financement indique, compte tenu du montant du concours financier sollicité, le montant de la garantie qu'il souhaite obtenir.

À défaut de réponse de l'entrepreneur individuel dans un délai de quinze jours ou en cas de refus par l'établissement de crédit ou la société de financement de la garantie proposée par l'entrepreneur individuel, l'établissement de crédit ou la société de financement fait connaître à ce dernier le montant chiffré des garanties qu'il souhaite prendre sur les biens non nécessaires à l'exploitation de l'entreprise ou auprès de tout autre garant. En cas de désaccord de l'entrepreneur, l'établissement de crédit ou la société de financement peut renoncer à consentir le concours financier sans que sa responsabilité puisse être mise en cause.

L'établissement de crédit ou la société de financement qui n'a pas respecté les formalités prévues aux premier et deuxième alinéas ne peut dans ses relations avec l'entrepreneur individuel se prévaloir des garanties qu'il aurait prises. En cas de garantie constituée par une sûreté immobilière ou mobilière donnant lieu à publicité, l'établissement de crédit ou la société de financement ne peut plus s'en prévaloir à compter de la radiation de l'inscription de la sûreté.

Bénéficiaire de l'obligation d'information : l'entrepreneur individuel. La Cour de cassation a considéré que la caution ne pouvait se prévaloir de l'absence d'information (faculté réservée au seul entrepreneur) : ▪ Cass. com., 3 juin 2009, n° 08-13.613 : *JurisData* n° 2009-048525 ; *Banque et droit* juill.-août 2009, n° 126, p. 42, obs. F. Jacob ; *RD bancaire et fin.* 2009, comm. 156, A. Cerles. ▪ Cass. com., 16 nov. 2010, n° 09-71.935 : *JurisData* n° 2010-021428 ; *RD bancaire et fin.* 2011, comm. 14, D. Legeais ; *JCP* G 2011, 226, n° 3, obs. P. Simler.

Art. L. 313-21-1 *(Mod., Ord. n° 2007-329, 12 mars 2007 ; Ord. n° 2013-544, 27 juin 2013)*. – Les sociétés retenues pour contribuer à la création d'activités ou au développement des emplois dans le cadre d'une convention passée avec l'État en application des articles L. 1233-84 à L. 1233-89 du Code du travail ainsi que les sociétés agréées par le ministre chargé de l'économie sont autorisées à consentir des garanties partielles au profit d'établissements de crédit ou de sociétés de financement octroyant des prêts pour des projets de développement d'entreprises situées dans des bassins d'emploi connaissant des difficultés économiques ou révélant une fragilité économique, ainsi qu'aux sociétés de caution mutuelle artisanales qui cautionnent de tels projets.

Les conditions d'application de ces dispositions, notamment en ce qui concerne l'agrément et l'étendue des garanties, sont fixées par décret en Conseil d'État.

§ 4. – Régime des engagements de garantie

(Intitulé rempl. à compter du 1er mai 2011, L. n° 2010-737, 1er juill. 2010)

Art. L. 313-22 *(Mod., Ord. n° 2013-544, 27 juin 2013 ; abr. à compter du 1er janvier 2022, Ord. n° 2021-1192, 15 sept. 2021).* **– Les établissements de crédit ou les sociétés de financement ayant accordé un concours financier à une entreprise, sous la condition du cautionnement par une personne physique ou une personne morale, sont tenus au plus tard avant le 31 mars de chaque année de faire connaître à la caution le montant du principal et des intérêts, commissions, frais et accessoires restant à courir au 31 décembre de l'année précédente au titre de l'obligation bénéficiant de la caution, ainsi que le terme de cet engagement. Si l'engagement est à durée indéterminée, ils rappellent la faculté de révocation à tout moment et les conditions dans lesquelles celle-ci est exercée.**

(*Al. créé, L. n° 2016-1691, 9 déc. 2016*) « La réalisation de cette obligation légale ne peut en aucun cas être facturée à la personne qui bénéficie de l'information. »

Le défaut d'accomplissement de la formalité prévue à l'alinéa précédent emporte, dans les rapports entre la caution et l'établissement tenu à cette formalité, déchéance des intérêts échus depuis la précédente information jusqu'à la date de communication de la nouvelle information. Les paiements effectués par le débiteur principal sont réputés, dans les rapports entre la caution et l'établissement, affectés prioritairement au règlement du principal de la dette.

Loi n° 94-126 du 11 février 1994

relative à l'initiative et à l'entreprise individuelle

Art. 47. – [...]

II. – *(II abr. à compter du 1er janvier 2022, Ord. n° 2021-1192, 15 sept. 2021)* Les stipulations de solidarité et de renonciation au bénéfice de discussion figurant dans un contrat de cautionnement d'une dette contractuelle professionnelle consenti par une personne physique au bénéfice d'un entrepreneur individuel sont réputées non écrites si l'engagement de la caution n'est pas limité à un montant global, expressément et contractuellement déterminé, incluant le principal, les intérêts, les frais et accessoires.

En cas de cautionnement à durée indéterminée consenti par une personne physique pour garantir une dette professionnelle d'un entrepreneur individuel, le créancier doit respecter les dispositions prévues à l'article 48 de la loi n° 84-148 du 1er mars 1984 relative à la prévention et au règlement amiable des difficultés des entreprises. [devenu C. monét. fin., art. L. 313-22].

Lorsque le cautionnement est consenti par une personne physique pour garantir une dette professionnelle d'un entrepreneur individuel ou d'une entreprise constituée sous forme de société, le créancier informe la caution de la défaillance du débiteur principal dès le premier incident de paiement non régularisé dans le mois de l'exigibilité de ce paiement. À défaut, la caution ne saurait être tenue au paiement des pénalités ou intérêts de retard échus entre la date de ce premier incident et celle à laquelle elle en a été informée.

Les dispositions du premier alinéa seront applicables aux contrats conclus après l'entrée en vigueur de la présente loi et celles du second alinéa aux créanciers mentionnés à cet alinéa à compter du 1er septembre 1994.

[...]

I – CONDITIONS D'APPLICATION

A – Conditions relatives à l'opération garantie

1) Concours financier : exclusion (illustrations). Ne sont pas des concours financiers : une *opération de crédit-bail* (▪ Cass. com., 30 nov. 1993, n° 91-14.856 : *JurisData* n° 1993-002431 ; *RD bancaire et fin.* 1994, 130, obs. M. Contamine-Raynaud. ▪ Cass. com., 8 nov. 2011 : *Banque et droit* 2012, n° 141, p. 35, obs. T. Bonneau ; *RD bancaire et fin.* 2012, comm. 9, obs. A. Cerles), un aval garantissant le paiement d'un titre bancaire (▪ Cass. com., 16 juin 2009, n° 08-16.107 : *D.* 2009, p. 1755, obs. X. Delpech ; *RTD com.* 2009, p. 605, obs. D. Legeais ; *Banque et droit* juill.-août 2009, n° 126, p. 43, obs. N. Rontchevsky ; *RTD civ.* 2009, p. 759, obs. P. Crocq ; *RD bancaire et fin* sept. 209, comm. 158, obs. A. Cerles ; *JCP E* 2010, 1035, note M.-P. Dumont).

2) Au profit d'une entreprise. L'entreprise, au sens de l'article L. 313-22 du Code monétaire et financier, correspond à l'exercice d'une activité économique (▪ Cass. 1re civ., 12 mars 2002, n° 99-13.917 : *JurisData* n° 2002-013492 ; *Bull. civ.* I, n° 86 ; *D.* 2002, act. jurispr. p. 1199, obs. A. Lienhard ; *JCP* G 2002, I, 162, n° 2, obs. P. Simler). Cela inclut notamment les personnes morales civiles qui poursuivent une activité économique (■ Cass. 1re civ., 15 mars 2005, n° 02-20.335 : *Bull. civ.* I, n° 130, appliquant l'article L. 313-22 du Code monétaire et financier à une société civile immobilière dont l'objet est la constitution d'un patrimoine immobilier à usage locatif. – Voire même sans usage locatif : ■ Cass. 1re civ., 28 juin 2007 : *JCP* E 2008, I, 212, n° 4, obs. P. Simler).

3) Condition d'un cautionnement : absence d'exigence de simultanéité. L'article 313-22 du Code monétaire et financier s'applique que le cautionnement ait été donné lors de l'octroi du concours financier ou postérieurement, pour continuer de l'accorder (■ Cass. com., 11 avr. 1995, n° 93-10.575 : *JurisData* n° 1995-000868 ; *D.* 1995, p. 588, note Y. Picod).

B – Conditions relatives aux parties

4) Toutes les cautions. Peu importe que la caution soit avertie ou non (■ Cass. com., 24 mars 2009, n° 08-13.034 : *JurisData* n° 2009-047550 ; *Banque et droit* n° 125, mai-juin 2009, p. 4, obs. T. Bonneau ; ■ Cass. com., 30 juin 2009, n° 08.15.895) ou qu'il existe plusieurs cautions (■ Cass. com., 17 mai 1994, n° 92-13.103 : *JurisData* n° 1994-001226 ; *Bull. civ.* IV, n° 176 : chaque cofidéjusseur doit bénéficier de l'information).

5) Seules les cautions. Les associés tenus indéfiniment des dettes sociales ne peuvent être assimilés à des cautions pour l'application de l'article L. 313-22 du Code monétaire et financier (■ Cass. com., 9 déc. 2008, n° 07-14.694 : *JurisData* n° 2008-046214 ; *RD bancaire et fin.* mars 2009, n° 2, comm. 54, obs. A. Cerles).

C – Caractère d'ordre public

6) Renonciation inefficace. La caution ne peut, lors de son engagement, renoncer à son obligation d'information (■ Cass. 1re civ., 22 janv. 2009, n° 07-12.134 : *JurisData* n° 2009-046663 ; *Banque et droit* n° 125, mai-juin 2009, p. 4, obs. T. Bonneau).

D – Application dans le temps

7) Imputation au profit de la caution des paiements effectués. Les règles dérogatoires d'imputation des paiements au bénéfice de la caution ne sont applicables qu'aux paiements effectués après la date d'entrée en vigueur de la loi [1er juill. 1999 pour cette disposition précise] (■ Cass. com., 10 mai 2012, n° 11-17.142 : *JurisData* n° 2012-009458 ; *Banque et droit* 2012, n° 144, p. 18, obs. T. Bonneau).

II – EFFETS

A – L'information

8) Forme de l'information : libre. La forme de l'information est libre (■ Cass. com., 27 nov. 1991, n° 89-16.184 : *JurisData* n° 1991-003014 ; *Bull. civ.* IV, n° 176 ■ Cass. com., 17 juin 1997, n° 95-14.105 : *JurisData* n° 1997-002871 ; *RTD civ.* 1998, p. 158, obs. P. Crocq ; *JCP* E 1997, II, 1007, obs. D. Legeais admettant l'envoi d'une lettre simple).

9) Contenu. L'ensemble des éléments visés par l'alinéa 1er doivent être indiqués (■ Cass. 1re civ., 14 juin 2005, n° 04-10.811 ayant considéré que l'indication du montant de la dette était insuffisante en l'absence de précision sur la faculté de résiliation).

10) Contenu : application adaptée au découvert en compte courant. L'information doit comprendre le montant de l'autorisation de découvert, le solde du compte arrêté au 31 décembre de l'année précédente et le taux d'intérêt applicable à cette date, il n'y a donc pas lieu d'extraire les créances d'intérêts du solde (■ Cass. com., 10 janv. 2012, n° 10-25.586 : *JurisData* n° 2012-000174 ; *Banque et droit* 2012, n° 142, p. 21, obs. T. Bonneau ; *JCP* G 2012, 327, note P. Simler ; *RD bancaire et fin.* 2012, comm. 47, obs. A. Cerles ; *JCP* G 2012, act. 74, obs. G. Mégret ; *Banque mag.* 2012, n° 744, p. 84, note J.-L. Guillot ; *JCP* G 2012, 327, note P. Simler).

11) Objet de la preuve de l'information : l'envoi. Si la charge de la preuve pèse sur les établissements bancaires, ceux-ci n'ont pas à prouver la réception de l'information, mais seulement son envoi (■ Cass. com., 27 nov. 1997 : *RTD civ.* 1998, p. 155, obs. M. Bandrac ; *JCP* E 1998, 1595, n° 5, obs. P. Simler ; *RTD com.* 1998, p. 186, obs. M. Cabrillac).

12) Modalités de la preuve de l'envoi de l'information : admission des listings informatiques de la banque. La production des listings informatiques de la banque pour prouver le fait de l'envoi ne se heurte pas au principe nul ne peut se constituer de preuve à soi-même, propre aux actes juridiques (■ Cass. com., 19 juin 2012, n° 11-17.015).

13) Modalités de la preuve de l'envoi de l'information : la copie de la lettre insuffisante. La seule production de la copie de la lettre d'information ne suffit pas à prouver son envoi (■ Cass. com., 5 avr. 2016 : *Gaz. Pal.* 21 juin 2016, p. 23, obs. C. Albiges).

14) Modalités de la preuve de l'envoi de l'information : le paiement par la caution des frais d'envoi insuffisant. Le paiement sans protestation par la caution de frais d'envoi de l'information ne suffit pas à établir la preuve que la caution a reçu une information conforme aux exigences légales (■ Cass. com., 15 déc. 2015, n° 14-10.675 : *JurisData* n° 2015-028179 ; *JCP* E 2016, 1032).

15) Extinction de l'obligation d'information : uniquement la disparition du cautionnement. L'obligation d'information s'éteint uniquement avec la disparition du cautionnement lors de l'extinction de la dette cautionnée (■ Cass. 1re civ., 30 mars 1994, n° 92-19.609 : *JurisData* n° 1994-000738 ; *Bull. civ.* IV, n° 123). Ainsi, elle perdure même après la condamnation définitive de la caution à exécuter son engagement (■ Cass. ch. mixte, 17 nov. 2006, n° 04-12.863 : *JurisData* n° 2006-035991 ; *D.* 2007, p. 842, note R. Libchaber ; *Defrénois* 2007, art. 38567, n° 34, note P. Thérez).

B – La sanction du défaut d'information

16) Déchéance des intérêts : durée. La déchéance des intérêts prend effet de la date où l'information aurait dû être transmise jusqu'à la transmission de la prochaine information (■ Cass. 1re civ., 8 juill. 1997, n° 95-19.831 ; l'information tardive ne peut être valablement effectuée à n'importe quel moment de l'année, elle doit être réalisée avant le 31 mars de l'année en cours ■ Cass. com., 28 nov. 2008 : *RD bancaire et fin.* janv. 2009, n° 1, comm. 11, A. Cerles. Ainsi la déchéance se compte par année).

17) Déchéance des intérêts : exclusion de dommages et intérêts supplémentaires. En l'absence de faute lourde ou de dol de la banque, l'omission des informations prévues par l'article L. 313-22 du Code monétaire et financier ne peut être sanctionnée que par la déchéance des intérêts (■ Cass. com., 25 avr. 2001, n° 97-19.104 : *JurisData* n° 2001-009284 ; *RD bancaire et fin.* 2001, comm. 110, obs. D. Legeais. ■ Cass. 1re civ., 6 nov. 2001, n° 99-12.124 : *JurisData* n° 2001-011573 ; *RD bancaire et fin.* 2002, comm. 8, obs. D. Legeais. ■ Cass. com., 15 oct. 2013, n° 12-25.523 : *JurisData* n° 2013-022889 ; *RD bancaire et fin.* 2014, comm. 11, obs. A. Cerles).

C – L'affectation des paiements

18) Affectation au règlement du principal de la dette. Les paiements effectués par le débiteur principal doivent être, dans les rapports entre la caution et l'établissement créancier, affectés au paiement du principal de la dette (et pas de sa seule partie cautionnée ■ Cass. com., 12 janv. 2010, n° 08-19.268 : *JurisData* n° 2010-051098 ; *RD bancaire et fin.* mars 2010, n° 2, comm. 57, obs. D. Legeais).

Art. L. 313-22-1 ***(L. n° 2010-737, 1er juill. 2010 ; mod., Ord. n° 2013-544, 27 juin 2013 ; à compter du 1er octobre 2016, Ord. n° 2016-131, 10 févr. 2016).*** **– Les établissements de crédit ou les sociétés de financement ayant fourni un cautionnement, un aval ou une garantie, que ces derniers soient d'origine légale, réglementaire ou conventionnelle, disposent de plein droit et dans tous les cas d'un recours contre le client donneur d'ordre de l'engagement, ses coobligés et les personnes qui se sont portées caution et, pour les paiements effectués au titre de leur engagement, de la subrogation dans les droits du créancier prévue à l'article 1346 du Code civil.**

> **Rédaction antérieure. Art. L. 313-22-1** *(L. n° 2010-737, 1er juill. 2010 ; mod., Ord. n° 2013-544, 27 juin 2013).* **–** Les établissements de crédit ou les sociétés de financement ayant fourni un cautionnement, un aval ou une garantie, que ces derniers soient d'origine légale, réglementaire ou conventionnelle, disposent de plein droit et dans tous les cas d'un recours contre le client donneur d'ordre de l'engagement, ses coobligés et les personnes qui se sont portées caution et, pour les paiements effectués au titre de leur engagement, de la subrogation dans les droits du créancier prévue au 3° de l'article 1251 du Code civil.

Remarque : sur l'entrée en vigueur de la loi n° 2010-737 du 1er juillet 2010, voir l'article 61 de cette même loi (*JO* 2 juill. 2010).

Application dans le temps : texte interprétatif. L'article L. 313-22-1 étant interprétatif, il est applicable à toutes les instances en cours indépendamment de la date de conclusion du contrat concerné (■ Cass. 3e civ., 12 sept. 2012, n° 11-13.309 : *JurisData* n° 2012-020104 ; *Gaz. Pal.* 1er mars 2013, p. 39, note J.-P. Tricoire ; *RD imm.* 2012, p. 627, obs. D. Tomasin ; *JCP* N 2013, 1027, note S. Jean ; *LPA* 1er févr. 2013, p. 9, note I. Sérandour. ■ Cass. 3e civ., 19 mars 2013, n° 11-27.851 : *Banque et droit* 2013, n° 150, p. 19, note T. Bonneau).

Loi n° 2020-289 du 23 mars 2020

de finances rectificative pour 2020

Art. 6 *(L. n° 2020-289, 23 mars 2020 ; mod. L. n° 2020-1721, 29 déc. 2020).* **–** I. – La garantie de l'État peut être accordée aux prêts consentis par les établissements de crédit et les sociétés de financement ou par des prêteurs mentionnés à l'article L. 548-1 du Code monétaire et financier, à compter du 16 mars 2020 et jusqu'au 30 juin 2021 inclus, à des entreprises immatriculées en France autres que des établissements de crédit ou des sociétés de financement.

II. – Les garanties mentionnées aux I et VI *quater* s'exercent en principal, intérêts et accessoires dans la limite d'un encours total garanti de 300 milliards d'euros.

III. – Les prêts couverts par la garantie prévue au I doivent répondre à un cahier des charges défini par arrêté du ministre chargé de l'économie. Ils comportent un différé d'amortissement minimal de douze mois et une clause donnant à l'emprunteur la faculté, à l'issue de la première année, de les amortir sur une période additionnelle calculée en nombre d'années, selon son choix et dans la limite d'un nombre maximal d'années précisé par l'arrêté susmentionné. Les concours totaux apportés par l'établissement prêteur ou par un même intermédiaire en financement participatif à l'entreprise concernée ne doivent pas avoir diminué, lors de l'octroi de la garantie, par rapport au niveau qui était le leur le 16 mars 2020, dans le cas où cet octroi intervient avant le 1er janvier 2021, ou par rapport au niveau qui était le leur le 31 décembre 2020, dans le cas où cet octroi intervient à compter du 1er janvier 2021 inclus.

IV. – Les caractéristiques de la garantie prévue au I, notamment le fait générateur de son appel et les diligences que les établissements prêteurs ou les intermédiaires en financement participatif pour le compte des prêteurs doivent accomplir avant de pouvoir prétendre au paiement des sommes dues par l'État à son titre, sont définies par l'arrêté prévu au III. La garantie est rémunérée et ne peut couvrir la totalité du prêt concerné. Elle n'est acquise qu'après un délai de carence, fixé par le cahier des charges.

V. – Pour les demandes de garanties portant sur des prêts consentis aux entreprises qui emploient, lors du dernier exercice clos précédent la date du premier octroi d'un tel prêt à une même entreprise, moins de cinq mille salariés et qui ont un chiffre d'affaires inférieur à 1,5 milliard d'euros, l'établissement prêteur ou l'intermédiaire en financement participatif notifie à l'établissement mentionné au VI du présent article les créances qui répondent au cahier des charges prévu au III. Cette notification vaut octroi de la garantie, sous réserve du respect de ces conditions. Les garanties portant sur des prêts consentis aux entreprises qui emploient, lors du dernier exercice clos précédent la date du premier octroi d'un tel prêt à une même entreprise, au moins cinq mille salariés ou qui ont un chiffre d'affaires supérieur à 1,5 milliard d'euros sont octroyées par arrêté du ministre chargé de l'économie.

VI. – La société anonyme Bpifrance est chargée par l'État, sous le contrôle, pour le compte et au nom de l'État, d'assurer, à titre gratuit, le suivi des encours des prêts garantis mentionnés au I et des financements mentionnés au VI *quater*, de percevoir et de reverser à l'État les recettes liées à la gestion de ces dispositifs et, notamment, les commissions de garantie et de vérifier, en cas d'appel de la garantie, que les conditions définies dans le cahier des charges prévu, selon le cas, au III ou au deuxième alinéa du VI *quater* sont remplies. Dans ce dernier cas, elle procède au paiement des sommes dues en application du IV ou du troisième alinéa du VI *quater*, à la suite d'un appel de fonds auprès de l'État établi sur la base des appels en garantie éligibles, dans des conditions fixées par une convention. Dans le cas de prêts intermédiés par un intermédiaire en financement participatif, si les vérifications de la société anonyme Bpifrance conduisent à constater que le prêt ne remplit pas les conditions définies dans le cahier des charges prévu au III, la responsabilité de l'intermédiaire est engagée, au titre d'un manquement à ses obligations professionnelles prévues à l'article L. 548-6 du Code monétaire et financier, vis-à-vis des prêteurs qui peuvent obtenir un dédommagement à hauteur de la perte que la garantie de l'État aurait couverte si le cahier des charges avait été rempli.

VI *bis*. – Tout refus d'instruction ou de consentement d'un prêt de moins de 50 000 euros qui répond au cahier des charges mentionné au III par un établissement de crédit ou une société de financement doit être notifié par écrit à l'entreprise à l'origine de la demande de prêt dans un délai raisonnable.

[...]

VI *quater*. – La garantie de l'État peut être accordée aux nouveaux financements octroyés à compter du 1er août 2020 par des établissements de crédit et des sociétés de financement à des entreprises immatriculées en France, au titre d'une ou plusieurs cessions de créances professionnelles régies par les articles L. 313-23 à L. 313-34 du Code monétaire et financier qui interviennent jusqu'au 30 juin 2021 et résultent de commandes confirmées par ces entreprises.

Les financements mentionnés au premier alinéa du présent VI *quater* et les opérations dans le cadre desquelles ils s'inscrivent doivent respecter un cahier des charges défini par arrêté du ministre chargé de l'économie.

La date d'échéance finale de chaque financement couvert par cette garantie ne peut pas dépasser une date limite précisée par le cahier des charges mentionné au deuxième alinéa et fixée au plus tard au 31 décembre 2021. Cette date limite est fixée par référence à la date la plus tardive parmi celles initialement prévues pour l'émission des factures portant sur les commandes auxquelles le financement couvert par cette garantie est adossé, si ces dates sont connues de l'établissement prêteur. Pour chaque financement qu'elle couvre, la garantie de l'État prend fin de plein droit à la date d'échéance finale de ce financement, sauf à ce qu'elle soit mise en jeu avant dans les conditions fixées par l'arrêté mentionné au même deuxième alinéa.

Les caractéristiques de la garantie prévue au premier alinéa, notamment le fait générateur de son appel et les diligences que les établissements de crédit et les sociétés de financement doivent accomplir avant de pouvoir prétendre au paiement des sommes dues par l'État à son titre, sont définies par l'arrêté prévu au deuxième alinéa. La garantie est rémunérée et ne couvre pas la totalité du financement concerné.

Les établissements de crédit et les sociétés de financement qui souhaitent bénéficier de la garantie mentionnée au premier alinéa notifient à la société mentionnée au VI, dans des conditions prévues par l'arrêté mentionné au deuxième alinéa du présent VI *quater*. Cette notification vaut octroi de la garantie, sous réserve du respect du cahier des charges susmentionné.

VII. – Les modalités d'application du présent article, notamment celles du contrôle exercé par l'État sur la mise en œuvre de ces dispositions par la société anonyme Bpifrance, sont fixées par décret.

VIII. – Le présent article est applicable en Nouvelle-Calédonie, en Polynésie française et dans îles Wallis-et-Futuna. Pour l'application du présent article en Nouvelle-Calédonie, en Polynésie française et dans les îles Wallis-et-Futuna, le seuil de 1,5 milliard d'euros mentionné au V est fixé à 178,95 milliards de francs CFP. La contrevaleur en euros des encours garantis en Nouvelle-Calédonie, en Polynésie française et dans les îles Wallis-et-Futuna s'impute sur le plafond mentionné au II. [...].

Un décret précise les conditions d'application du présent article, notamment les conditions d'exercice et de rémunération de la garantie de l'État, le fait générateur de l'appel en garantie de l'État, les catégories d'opérations de réassurance pratiquées, la part de risque que les assureurs-crédit cosignataires des traités de réassurance conservent à leur charge ainsi que les dates d'échéance de ces traités pour chaque catégorie d'opérations de réassurance pratiquées.

Les dispositions du présent article s'appliquent aux traités de réassurance liés à la mise en œuvre des dispositifs de réassurance de risques individuels et des dispositifs de réassurance de portefeuilles de risques, déjà conclus entre la caisse centrale de réassurance et les assureurs-crédit entre le 23 mars 2020 et sa date d'entrée en vigueur.

V. – ÉTABLISSEMENTS DU SECTEUR BANCAIRE ET ÉTABLISSEMENTS DE PAIEMENT

Code monétaire et financier

LIVRE CINQUIÈME. – LES PRESTATAIRES DE SERVICES

TITRE PREMIER. – ÉTABLISSEMENTS DU SECTEUR BANCAIRE

CHAPITRE I. – RÈGLES GÉNÉRALES APPLICABLES AUX ÉTABLISSEMENTS DE CRÉDIT

Section I. – Définitions et activités

Bibliographie : M.-I. Barsan, *Les nouveaux acteurs et contours du monopole bancaire : RTDF* 2014, p. 97. • T. Bonneau, *La réforme des établissements de crédit : JCP* E 2013, 1429. • Y. Broussolle, *Les principales dispositions de l'ordonnance du 27 juin 2013 relative aux établissements de crédit et aux sociétés de financement : LPA* 25 oct. 2013, p. 4. • J. Lasserre Capdeville, *Harmonisation du statut d'établissement de crédit à l'échelle de l'Union européenne : JCP* G 2013, 1392. • D. Legeais, *Ordonnance relative aux établissements de crédit et aux sociétés de financement : RTD com.* 2013, p. 559. • J. Lasserre Capdeville, *La limitation du monopole bancaire par la reconnaissance du prêt interentreprises : RD bancaire et fin.* 2016, alerte 1. • J. Lasserre Capdeville, *Monopole bancaire et compte courant d'associés : l'occasion manquée : LPA 7 oct. 2019, n° 148g1, p. 4.*

Art. L. 511-1 ***(Mod., Ord. n° 2014-158, 20 févr. 2014).*** **– I. – Les établissements de crédit sont les** ***(Mot rempl., Ord. n° 2015-558, 21 mai 2015)*** **« entreprises » dont l'activité consiste, pour leur propre compte et à titre de profession habituelle, à recevoir des fonds remboursables du public mentionnés à l'article L. 312-2 et à octroyer des crédits mentionnés à l'article L. 313-1.**

II. – *(II mod., Ord. n° 2021-796, 23 juin 2021)* Les établissements de crédit sont les entreprises définies au point 1 du paragraphe 1 de l'article 4 du règlement (UE) n° 575/2013 du Parlement européen et du Conseil du 26 juin 2013.

Ordre public. Les dispositions de l'article L. 511-1, L. 311-1 et L. 511-5 du Code monétaire et financier sont d'ordre public et leur application peut être demandée par toute personne y ayant intérêt (■ Cass. com., 6 juin 2001, n° 99-18.296 : *JurisData* n° 2001-009961 ; *RJDA* 12/2001, n° 1252 ; *JCP* E 2001, pan. 1359).

Art. L. 511-2 *(Mod., L. n° 2003-706, 1er août 2003 ; Ord. n° 2013-544, 27 juin 2013 ; L. n° 2013-672, 26 juill. 2013).* **– Les établissements de crédit et les sociétés de financement peuvent, en outre, dans des conditions définies par le ministre chargé de l'économie, prendre et détenir des participations après, selon le cas, autorisation préalable de l'Autorité de contrôle prudentiel et de résolution, déclaration ou notification.**

Art. L. 511-3 *(Mod., L. n° 2003-706, 1er août 2003 ; Ord. n° 2013-544, 27 juin 2013 ; L. n° 2014-773, 7 juill. 2014).* **– Les établissements de crédit et les sociétés de financement ne peuvent exercer à titre habituel une activité autre que celles mentionnées aux articles L. 311-1, L. 311-2 et L. 511-2 ou régies par le chapitre VIII du titre Ier du livre III que dans des conditions définies par le ministre chargé de l'économie.**

Ces opérations doivent, en tout état de cause, demeurer d'une importance limitée par rapport à l'ensemble des activités habituelles de l'établissement ou de la société et ne pas empêcher, restreindre ou fausser le jeu de la concurrence sur le marché considéré.

Art. L. 511-4 *(Mod., Ord. n° 2009-866, 15 juill. 2009 ; Ord. n° 2010-76, 21 janv. 2010 ; L. n° 2013-100, 28 janv. 2013 ; Ord. n° 2013-544, 27 juin 2013 ; Ord., n° 2017-303, 9 mars 2017 ; Ord. n° 2019-698, 3 juill. 2019).* **– Les articles L. 420-1 à L. 420-4 du Code de commerce s'appliquent aux établissements de crédit et aux sociétés de financement pour leurs opérations de banque et leurs opérations connexes définies à l'article L. 311-2, aux établissements de monnaie électronique pour l'émission et la gestion de monnaie électronique et leurs opérations mentionnées à l'article L. 526-2 ainsi qu'aux établissements de paiement pour leurs services de paiement et leurs services connexes définis à l'article L. 522-2. Les infractions à ces dispositions sont poursuivies dans les conditions fixées par les articles L. 442-6, L. 442-9, L. 462-5 à L. 462-8, L. 463-1 à L. 463-7, L. 464-1 à L. 464-8, L. 490-1 à L. 490-12 du Code de commerce. La notification de griefs prévue à l'article L. 463-2 du même code est communiquée à l'Autorité de contrôle prudentiel et de résolution qui rend son avis dans un délai de deux mois. Dans l'hypothèse où l'Autorité de la concurrence prononce une sanction à l'issue de la procédure prévue aux articles L. 463-2, L. 463-3 et L. 463-5 du Code de commerce, elle indique, le cas échéant, les raisons pour lesquelles elle s'écarte de l'avis de l'Autorité de contrôle prudentiel et de résolution.**

Art. L. 511-4-1 *(L. n° 2010-737, 1er juill. 2010 ; mod., L. n° 2014-1, 2 janv. 2014).* **– Les établissements de crédit et les sociétés de financement mentionnés au présent chapitre indiquent dans leur rapport annuel le montant et les caractéristiques des prêts qu'ils financent ou qu'ils distribuent tels que définis au III de l'article 80 de la loi n° 2005-32 du 18 janvier 2005 de programmation pour la cohésion sociale et bénéficiant à ce titre de garanties publiques.**

Art. L. 511-4-2 *(L. n° 2013-672, 26 juill. 2013).* **– Les établissements visés au présent chapitre et qui détiennent des instruments financiers à terme dont le sous-jacent est constitué, en tout ou partie, d'une matière première agricole indiquent dans leur rapport annuel les moyens mis en œuvre pour éviter d'exercer un effet significatif sur le cours de ces matières premières agricoles. Ce rapport inclut des informations, par catégorie de sous-jacent, sur les instruments financiers à terme dont le sous-jacent est constitué d'une matière première agricole qu'ils détiennent.**

Art. L. 511-4-3 *(L. n° 2019-1147, 8 nov. 2019).* **– L'article L. 533-22-1 est applicable aux établissements de crédit et aux entreprises d'investissement pour leurs activités de gestion de portefeuille pour le compte de tiers et de conseil en investissement au sens de l'article L. 321-1.**

Section II. – Interdictions

Art. L. 511-5 *(Mod., Ord. n° 2013-544, 27 juin 2013).* **– Il est interdit à toute personne autre qu'un établissement de crédit ou une société de financement d'effectuer des opérations de crédit à titre habituel.**

Il est, en outre, interdit à toute personne autre qu'un établissement de crédit de recevoir à titre habituel des fonds remboursables du public ou de fournir des services bancaires de paiement.

Bibliographie : G. Ansaloni, *Le risque de crédit, critère de la notion d'opération de crédit en droit français : Banque et droit* 2013, n° 148, p. 18. • T. Samin, *Brèves réflexions sur le monopole bancaire* (1984-2014) : *Banque et droit* 2014, hors-série, p. 14. • J. Lasserre Capdeville, *Les sanctions civiles de la violation du monopole bancaire : état des lieux et propositions : Banque et droit* 2017, n° 174, p. 15.

1) **Ordre public.** Les dispositions de l'article L. 511-1, L. 311-1 et L. 511-5 du Code monétaire et financier, sont d'ordre public et leur application peut être demandée par toute personne y ayant intérêt (■ Cass. com., 6 juin 2001 : *RJDA* 12/2001, n° 1252 ; *JCP* E 2001, pan. 1359).

I – OPÉRATIONS VISÉES

2) **Opérations d'achat de créances à terme.** Les opérations d'achat de créance à terme par un non-banquier constituent le délit d'exercice illégal (■ Cass. crim., 20 févr. 1984, n° 83-90.738 : *JurisData* n° 1984-700250 ; *Bull. crim.*, n° 62 ; *RTD com.* 1984, 316, obs. Cabrillac et Teyssié ; *D.* 1985, inf. rap. 327, obs. Vasseur [jurisprudence antérieure à la réforme de 1984]).

3) **Versement d'espèces contre remise de chèques au porteur.** Le versement d'espèces contre remise de chèques au porteur caractérise la gestion de moyens de paiement, opération de banque visée par les articles L. 311-1, L. 511-1 et L. 511-3 (■ Cass. crim., 21 sept. 1994, n° 93-83.218 : *JurisData* n° 1994-001995 ; *RD bancaire et bourse* 1995, 77, obs. Crédot et Gérard. ■ 17 oct. 2007 : *RJDA* 3/2008, n° 315. – Comp. ■ Cass. crim., 28 févr. 1998 : *Bull. crim.*, n° 77 ; *RD bancaire et bourse* 1999, 67, obs. Crédot et Gérard).

4) **Versement d'espèces après l'encaissement habituel de chèques.** L'encaissement de chèques pour remettre leur montant en liquide, amputé d'une commission, constitue le délit d'exercice illégal de la profession de banquier (■ Cass. crim., 17 juin 2015, n° 14-80.977 : *JurisData* n° 2015-014649 ; *Banque et droit* 2015, n° 162, p. 83, obs. J. Lasserre Capdeville ; *RD bancaire et fin.* 2016, comm. 2, obs. F.-J. Crédot et T. Samin).

5) **Transferts de fonds.** Le fait de réaliser des opérations de banque à titre habituel en procédant à des transferts de fonds appartenant à des tiers, lesquels ne peuvent s'effectuer que par l'intermédiaire d'établissement de crédit ou d'institutions habilitées est constitutif d'exercice illégal de la profession bancaire (■ Cass. crim., 22 sept. 2010, n° 09-85.665 : *RD bancaire et fin.* 2011, n° 79, obs. F.-J. Crédot et Th. Samin).

6) **Réception et transfert de fonds.** La réception habituelle de fonds auprès du public sous forme de dépôts, comme le transfert de fonds, constituent quelle que soit leur destination, une opération de banque dont la réalisation constitue le délit d'exercice illégal de la profession de banquier (■ Cass. crim., 4 mai 2018, n° 17-81.465 : *Gaz. Pal. Banque et droit* 1er mai 2018, n° 179, p. 67, obs. J. Lasserre Capdeville).

7) **Caractère inopérant de l'origine personnelle des fonds.** Le fait que les fonds prêtés proviennent du patrimoine personnel du prêteur est inopérant dès lors qu'il y a eu habitude (■ Cass. com., 27 févr. 2001, n° 95-18.569 : *JurisData* n° 2001-008369 ; *Bull.* IV, n° 46 ; *RJDA* 6/2001, n° 717 ; *JCP* E 2001, pan. 682 ; *D.* 2001, p. 1097, obs. Lienhard ; *ibid.* 2002, somm. 636, obs. Synvet ; *LPA* 10 mai 2001, 5, obs. E. C.).

8) **Prêts accordés par un franchiseur à ses franchisés.** En présence de facilités financières accordées par un franchiseur à ses franchisés, il convient de vérifier si elles ne constituent pas une atteinte au monopole bancaire (■ Cass. com., 15 janv. 2020 : *JCP* E 2020, 1115, note J. Lasserre Capdeville ; *LEDB* mars 2020, n° 112z4, p. 3, obs. N. Mathey ; *LEDC* mars 2020, n° 112y5, p. 1, obs. J.-F. Hamelin).

II – OPÉRATIONS NON VISÉES

9) **Groupement d'emprunts opéré à titre gratuit.** La pratique des groupements d'emprunts opérée, par l'interposition à titre gratuit, d'une personne morale ne constitue pas le délit d'exercice illégal de la profession de banquier (■ T. com. Paris, 6e ch., 3 févr. 2001 : *RD bancaire et fin.* 2011, n° 78, obs. F.-J. Crédot et Th. Samin).

III – CARACTÈRE HABITUEL

10) **Exigence d'une pluralité de clients.** (■ Cass. com., 3 déc. 2002 : *JCP* E 2003, pan. 160 ;

jurispr. 853, note Dondero ; *D.* 2003, p. 202 ; *RD bancaire et fin.* 2003, 91, obs. Crédot et Gérard).

Plusieurs prêts consentis au même emprunteur ne répondent pas à la condition légale d'habitude et ne portent pas une atteinte illicite au monopole bancaire (■ Cass. crim., 2 mai 1994 : *JCP* E 1995, I, 463, n° 5, obs. Gavalda et Stoufflet. ■ Cass. crim., 5 févr. 1995 : *RD bancaire et bourse* 1995, 77, obs. Crédot et Gérard. ■ Cass. com., 3 déc. 2002 : *JCP* E 2003, pan. 160 ; jurispr. 853, note Dondero ; *D.* 2003, p. 202 ; *RD bancaire et fin.* 2003, 91, obs. Crédot et Gérard. ■ Cass. crim., 9 sept. 2020, n° 19-80.090 : *Dr. pén.* 2020, comm. 191, note J.-H. Robert ; *RD bancaire et fin.* 2021, comm. 1, obs. T. Samin et S. Torck). Le caractère habituel des opérations de banque effectuées par des personnes non agréées suppose la recherche de clientèle (■ Paris, 26 juin 1995 : *JurisData* n° 1995-022287 ; *RD bancaire et bourse* 1996, 234, obs. Crédot et Gérard).

Art. L. 511-6 ***(Mod., L. n° 2001-420, 15 mai 2001 ; Ord. n° 2008-556, 13 juin 2008 ; L. n° 2008-776, 4 août 2008 ; Ord. n° 2009-866, 15 juill. 2009 ; Ord. n° 2010-76, 21 janv. 2010 ; L. n° 2010-737, 1er juill. 2010 ; L. n° 2013-100, 28 janv. 2013 ; Ord. n° 2013-544, 27 juin 2013 ; Ord. n° 2013-676, 25 juill. 2013 ; Ord. n° 2014-559, 30 mai 2014 ; L. n° 2015-990, 6 août 2015 ; L. n° 2015-992, 17 août 2015 ; Ord. n° 2016-520, 28 avr. 2016 ; Ord. n° 2017-484, 6 avr. 2017 ; Ord. n° 2017-1432, 4 oct. 2017 ; L. n° 2018-1021, 23 nov. 2018 ; Ord. n° 2019-698, 3 juill. 2019).*** – Sans préjudice des dispositions particulières qui leur sont applicables, les interdictions définies à l'article L. 511-5 ne concernent ni les institutions et services énumérés à l'article L. 518-1, ni les entreprises régies par le Code des assurances, ni les sociétés de réassurance, ni les institutions de prévoyance régies par le titre III du livre IX du Code de la sécurité sociale, ni les organismes agréés soumis aux dispositions du livre II du Code de la mutualité, ni les fonds de retraite professionnelle supplémentaire mentionnés à l'article L. 381-1 du Code des assurances, ni les mutuelles ou unions de retraite professionnelle supplémentaire mentionnées à l'article L. 214-1 du Code de la mutualité, ni les institutions de retraite professionnelle supplémentaire mentionnées à l'article L. 942-1 du Code de la sécurité sociale, ni les entreprises d'investissement, ni les établissements de monnaie électronique, ni les établissements de paiement, ni un organisme agréé mentionné au deuxième alinéa de l'article L. 313-1 du Code de la construction et de l'habitation pour les opérations prévues par le Code de la construction et de l'habitation, ni les OPCVM ni les FIA relevant des paragraphes 1,2,3 et 6 de la sous-section 2, et des sous-sections 3,4 et 5 de la section 2 du chapitre IV du titre Ier du livre II, ni les FIA qui ont reçu l'autorisation d'utiliser la dénomination « ELTIF » en application règlement (UE) 2015/760 du Parlement européen et du Conseil du 29 avril 2015 relatif aux fonds européens d'investissement à long terme ni les sociétés de gestion qui les gèrent.

L'interdiction relative aux opérations de crédit ne s'applique pas :

1. Aux organismes sans but lucratif qui, dans le cadre de leur mission et pour des motifs d'ordre social, accordent, sur leurs ressources propres, des prêts à conditions préférentielles à certains de leurs ressortissants ;

1 *bis*. *(1 bis créé à compter du 3 juillet 2021, L. n° 2021-875, 1er juill. 2021)* Aux associations régies par la loi du 1er juillet 1901 relative au contrat d'association ou inscrites au registre des associations en application du Code civil local applicable dans les départements du Bas-Rhin, du Haut-Rhin et de la Moselle, déclarées depuis trois ans au moins et dont l'ensemble des activités est mentionné au *b* du 1 de l'article 200 du Code général des impôts, ainsi qu'aux associations et fondations reconnues d'utilité publique, qui octroient sur leurs ressources disponibles à long terme des prêts à moins de deux ans à taux zéro aux membres de l'union mentionnée à l'article 7 du décret du 16 août 1901 pris pour l'exécution de la loi du 1er juillet 1901 relative au contrat d'association ou de la fédération d'associations constituée sous forme d'association dont elles sont membres ;

2. Aux organismes qui, pour des opérations définies à l'article L. 411-1 du Code de la construction et de l'habitation, et exclusivement à titre accessoire à leur activité de constructeur ou de prestataire de services, consentent aux personnes physiques accédant à la propriété le paiement différé du prix des logements acquis ou souscrits par elles ;

3. Aux entreprises qui consentent des avances sur salaires ou des prêts de caractère exceptionnel consentis pour des motifs d'ordre social à leurs salariés ;

3 *bis*. Aux sociétés commerciales dont les comptes du dernier exercice clos ont fait l'objet d'une certification par un commissaire aux comptes ou qui ont désigné volontairement un commissaire aux comptes dans les conditions définies au II de l'article L. 823-3 du Code de commerce et qui consentent, à titre accessoire à leur activité principale, des prêts à moins de trois ans à des microentreprises, des petites et moyennes entreprises ou à des entreprises de taille intermédiaire avec lesquelles elles entretiennent des liens économiques le justifiant. L'octroi

d'un prêt ne peut avoir pour effet d'imposer à un partenaire commercial des délais de paiement ne respectant pas les plafonds légaux définis aux articles L. 441-10 à L. 441-13 du Code de commerce. Un décret en Conseil d'État fixe les conditions et les limites dans lesquelles ces sociétés peuvent octroyer ces prêts.

Les prêts ainsi accordés sont formalisés dans un contrat de prêt, soumis, selon le cas, aux articles L. 225-38 à L. 225-40 ou aux articles L. 223-19 et L. 223-20 du même code. Le montant des prêts consentis est communiqué dans le rapport de gestion et fait l'objet d'une attestation d'un commissaire aux comptes selon des modalités prévues par décret en Conseil d'État.

Nonobstant toute disposition ou stipulation contraire, les créances détenues par le prêteur ne peuvent, à peine de nullité, être acquises par un organisme de titrisation mentionné à l'article L. 214-168 du présent code ou un fonds professionnel spécialisé mentionné à l'article L. 214-154 ou faire l'objet de contrats constituant des instruments financiers à terme ou transférant des risques d'assurance à ces mêmes organismes ou fonds ;

4. Aux entités et institutions régies par un droit étranger, cessionnaires de créances non échues ou qui se voient transférer ou céder de telles créances résultant d'opérations de crédit conclues par des établissements de crédit, par des sociétés de financement ou par les OPCVM et FIA mentionnés au premier alinéa du présent article, à l'exception, à peine de nullité, des créances dont le débiteur est une personne physique agissant à des fins non professionnelles.

Les entités et institutions de droit étranger mentionnées ci-dessus sont celles dont l'objet ou l'activité est similaire à celui des personnes mentionnées au premier alinéa du présent article ou à celui des établissements de crédit ou des sociétés de financement, des placements collectifs mentionnés au I de l'article L. 214-1, des organismes de retraite et des organismes de titrisation ;

5. Aux associations sans but lucratif et aux fondations reconnues d'utilité publique accordant sur ressources propres et sur ressources empruntées des prêts pour la création, le développement et la reprise d'entreprises dont l'effectif salarié ne dépasse pas un seuil fixé par décret ou pour la réalisation de projets d'insertion par des personnes physiques.

Ces associations et fondations ne sont pas autorisées à procéder à l'offre au public d'instruments financiers. Elles peuvent financer leur activité par des ressources empruntées auprès des établissements de crédit, des sociétés de financement et des institutions ou services mentionnés à l'article L. 518-1. Elles peuvent également financer leur activité par des ressources empruntées, à titre gratuit et pour une durée qui ne peut être inférieure à deux ans, auprès de personnes morales autres que celles mentionnées au présent alinéa ou auprès de personnes physiques, dûment avisées des risques encourus.

Ces associations et fondations sont habilitées dans des conditions définies par décret en Conseil d'État. Elles indiquent dans leur rapport annuel le montant et les caractéristiques des prêts qu'elles financent ou qu'elles distribuent répondant à la définition visée au III de l'article 80 de la loi n° 2005-32 du 18 janvier 2005 de programmation pour la cohésion sociale et bénéficiant à ce titre de garanties publiques ;

6. Aux personnes morales pour les prêts participatifs qu'elles consentent en vertu des articles L. 313-13 à L. 313-17 et aux personnes morales mentionnées à l'article L. 313-21-1 pour la délivrance des garanties prévues par cet article ;

6 *bis*. Aux organismes et sociétés qui constituent un groupe d'organismes de logement social mentionné à l'article L. 423-1-1 du Code de la construction et de l'habitation pour les opérations de crédit auxquelles ils procèdent entre eux ;

7. Aux personnes physiques qui, agissant à des fins non professionnelles ou commerciales, consentent des prêts dans le cadre du financement participatif de projets déterminés, conformément aux dispositions de l'article L. 548-1 et dans la limite d'un prêt par projet. Le taux conventionnel applicable à ces crédits est de nature fixe et ne dépasse pas le taux mentionné à l'article L. 314-6 du Code de la consommation. Un décret fixe les principales caractéristiques de ces prêts, notamment leur durée maximale ;

7 bis. Aux personnes physiques agissant à des fins non professionnelles ou commerciales et aux sociétés *agissant à titre accessoire* à leur activité principale, qui achètent ou souscrivent des minibons mentionnés à l'article L. 223-6 ;

8. Aux sociétés de tiers-financement définies à l'article L. 381-2 du Code de la construction et de l'habitation dont l'actionnariat est majoritairement formé par des collectivités territoriales ou qui sont rattachées à une collectivité territoriale de tutelle.

Ces sociétés de tiers-financement ne sont autorisées ni à procéder à l'offre au public de titres financiers, ni à collecter des fonds remboursables du public. Elles peuvent se financer par des ressources empruntées aux établissements de crédit ou aux sociétés de financement ou par tout autre moyen. Un décret précise les conditions dans lesquelles elles sont autorisées par l'Autorité de contrôle prudentiel et de résolution à exercer des activités de crédit, ainsi que les règles de contrôle interne qui leur sont applicables à ce titre.

L'Autorité de contrôle prudentiel et de résolution statue sur la demande d'exercice des activités de crédit dans un délai de deux mois à compter de la réception d'un dossier complet. L'absence de notification de sa décision par l'autorité au terme de ce délai vaut acceptation.

Lorsque l'autorité demande des informations complémentaires, elle le notifie par écrit, en précisant que les éléments demandés doivent lui parvenir dans un délai de trente jours. À défaut de réception de ces éléments dans ce délai, la demande d'autorisation est réputée rejetée. Dès réception de l'intégralité des informations demandées, l'autorité en accuse réception par écrit. Cet accusé de réception mentionne un nouveau délai d'instruction, qui ne peut excéder deux mois.

Les sociétés de tiers-financement vérifient la solvabilité de l'emprunteur à partir d'un nombre suffisant d'informations, y compris des informations fournies par ce dernier à leur demande. Elles consultent le fichier prévu à l'article L. 751-1 du Code de la consommation dans les conditions prévues par l'arrêté mentionné à l'article L. 751-6 du même code. Elles indiquent dans leur rapport annuel le montant et les caractéristiques des avances qu'elles consentent au titre de leur activité de tiers-financement et des ressources qu'elles mobilisent à cet effet.

Voir aussi : C. monét. fin., art. R. 518-57 à R. 518-64.

Bibliographie : *Prêt inter-entreprises.* J. Lasserre Capdeville, *La limitation du monopole bancaire par la reconnaissance du prêt inter-entreprises : RD bancaire et fin.* 2016, alerte 1 ; *Retour sur une jurisprudence attentatoire au monopole bancaire : RD bancaire et fin.* 2017, alerte 1. • H. Le Nabasque, *Prêt inter-entreprises : le décret est paru ! : RD bancaire et fin.* 2016, repère 3. • J. Lasserre Capdeville, *Le crédit intragroupe : une exception au monopole bancaire aux contours controversés : AJCA, concurrence, distribution*, oct. 2017, p. 418. • A. Gaudemet, *Les prêts entre entreprises : RD bancaire et fin.* 2019, in *Crédit non bancaire : un financement complémentaire pour les PME ?*, article 16, p. 55.

Art. L. 511-7 *(Mod., L. n° 2001-420, 15 mai 2001 ; L. n° 2003-706, 1er août 2003 ; Ord. n° 2009-15, 8 janv. 2009 ; Ord. n° 2009-866, 15 juill. 2009 ; L. n° 2013-100, 28 janv. 2013 ; Ord. n° 2013-544, 27 juin 2013 ; L. n° 2014-366, 24 mars 2014 ; Ord. n° 2016-520, 28 avr. 2016 ; Ord. n° 2016-1408, 20 oct. 2016 ; L. n° 2018-1021, 23 nov. 2018).* **– I. – Les interdictions définies à l'article L. 511-5 ne font pas obstacle à ce qu'une entreprise, quelle que soit sa nature, puisse :**

1. Dans l'exercice de son activité professionnelle consentir à ses contractants des délais ou avances de paiement ;

2. Conclure des contrats de location de logements assortis d'une option d'achat ;

3. Procéder à des opérations de trésorerie avec des sociétés ayant avec elle, directement ou indirectement, des liens de capital conférant à l'une des entreprises liées un pouvoir de contrôle effectif sur les autres ;

4. Émettre des titres financiers et des bons de caisse mentionnés au chapitre III du titre II du livre II si elle n'effectue pas, à titre de profession habituelle, d'opération de crédit mentionnée à l'article L. 313-1 ;

5. Émettre des instruments de paiement délivrés pour l'achat auprès d'elle ou auprès d'entreprises liées avec elle par un accord de franchise commerciale, d'un bien ou d'un service déterminé ;

6. Remettre des espèces en garantie d'une opération sur instruments financiers ou d'une opération de prêt de titres régies par les dispositions des articles L. 211-36 et L. 211-36-1 ;

7. Prendre ou mettre en pension des instruments financiers et effets publics mentionnés aux articles L. 211-27 et L. 211-34.

I *bis*. – Les interdictions définies à l'article L. 511-5 ne font pas obstacle à ce que les organismes et sociétés qui constituent un groupe d'organismes de logement social mentionné à l'article L. 423-1-1 du Code de la construction et de l'habitation procèdent à des opérations de trésorerie entre eux dans les conditions prévues à l'article L. 423-15 du même code.

II. – L'Autorité de contrôle prudentiel et de résolution peut exempter d'agrément une entreprise fournissant des services bancaires de paiement, pour l'acquisition de biens ou de services dans les locaux de cette entreprise ou dans le cadre d'un accord commercial avec elle, s'appliquant à un réseau limité de personnes acceptant ces services bancaires de paiement ou pour un éventail limité de biens ou de services.

Pour accorder l'exemption, l'Autorité de contrôle prudentiel et de résolution doit notamment prendre en compte la sécurité des moyens de paiement, les modalités retenues pour assurer la protection des utilisateurs, le montant unitaire et les modalités de chaque transaction.

1) **Chèques-cadeaux.** Il ne résulte pas des dispositions de l'article L. 511-7 que la diffusion de « chèques-cadeaux multi-enseignes », permettant d'acquérir un bien ou un service auprès de l'un quelconque des distributeurs partenaires, soit une opération de banque (▪ Cass. com., 6 juin 2001 : *RJDA* 12/2001, n° 1252 ; *JCP* E 2001, pan. 1359).

2) **Cautionnement.** L'engagement du fournisseur de cautionner, sans perception de commission, le prêt consenti au détaillant ne constitue pas une opération prohibée par l'article L. 511-1 du Code monétaire et financier, dès lors que, non purement financier, il n'est que le complément indissociable du contrat d'approvisionnement exclusif, entrant dans l'activité commerciale ordinaire du détaillant, et se trouve en conséquence permis par l'article L. 511-7, 1 du Code monétaire et financier (▪ Paris, 22 mai 2003 : *RJDA* 5/2004, n° 604. – Comp. ▪ Paris, 14 avr. 1999, n° 1996/20740 : *JurisData* n° 1999-023139 ; *RJDA* 8-9/99, n° 981).

3) **Contrat de bière.** Le contrat à l'occasion duquel le brasseur consent de manière renouvelée des prêts aux acquéreurs de débits de boissons n'est pas incompatible avec la monopole bancaire (▪ Colmar, 29 juin 2005, n° 1B02/02816 : *JurisData* n° 2005-278473 ; *JCP* E 2006, 1850, n° 4, obs. Stoufflet. – Comp. ▪ Cass. ass. plén., 4 mars 2005, n° 03-11.725 : *JurisData* n° 2005-027413 ; *D.* 2005, p. 836, obs. Delpech ; *JCP* E 2005, 690, note Bonneau ; *JCP* G 2005, II, 10062, concl. De Gouttes ; *D.* 2005, p. 785, obs. Sousi ; *Rev. dr. bancaire*, mai-juin 2005, obs. Stoufflet ; *RTD com.* 2005, 400, obs. Legeais ; *RTD civ.* 2005, 388, obs. Mestre et Fages ; *D.* 2006, pan. 156 et 158, obs. Synvet).

Art. L. 511-8 *(Ord. n° 2013-544, 27 juin 2013)*. – **Il est interdit à toute entreprise autre qu'un établissement de crédit ou une société de financement d'utiliser une dénomination, une raison sociale, une publicité ou, d'une façon générale, des expressions faisant croire qu'elle est agréée respectivement en tant qu'établissement de crédit ou société de financement, ou de créer une confusion en cette matière.**

Il est interdit à un établissement de crédit ou une société de financement de laisser entendre qu'il appartient à une catégorie autre que celle au titre de laquelle il a obtenu son agrément ou de créer une confusion sur ce point.

Bibliographie : J. Lasserre Capdeville, *Quelle utilité aux délits prévus par l'article L. 511-8 du Code monétaire et financier : Banque et droit* 2011, n° 139, p. 9.

Art. L. 511-8-1 *(Ord. n° 2014-158, 20 févr. 2014 ; mod., Ord. n° 2015-558, 21 mai 2015)*. – **I. – Nonobstant toute disposition contraire, tout établissement de crédit ou établissement financier mentionné à l'article L. 511-22 ou à l'article L. 511-23 peut, pour l'exercice de son activité en France, utiliser la même dénomination sociale que celle qu'il utilise sur le territoire de son État membre d'origine.**

Toutefois, lorsque cette dénomination est susceptible de faire croire que cet établissement peut fournir d'autres services que ceux pour lesquels il bénéficie de la liberté d'établissement ou de la libre prestation de services, ou de créer une confusion en cette matière, il adjoint une mention explicative à sa dénomination. Cette mention précise le type d'agrément que l'établissement de crédit ou l'établissement financier concerné, si son siège social était situé en France, serait tenu d'obtenir pour effectuer les opérations qu'il est habilité à réaliser en application de l'article L. 511-22 ou de l'article L. 511-23. Cette mention figure sur tout support destiné à la clientèle ou utilisé à des fins de prospection.

II. – Nonobstant toute disposition contraire, une succursale d'établissement de crédit mentionnée au I de l'article L. 511-10 peut, pour l'exercice de son activité en France, utiliser la même dénomination sociale que celle de l'établissement de crédit dont elle dépend.

Toutefois, lorsque cette dénomination est susceptible de faire croire que cette succursale peut fournir d'autres services que ceux pour lesquels elle est agréée, ou de créer une confusion en cette matière, elle adjoint une mention explicative à sa dénomination.

Cette mention précise le type d'agrément reçu. Elle figure sur tout support destiné à la clientèle ou utilisé à des fins de prospection.

Art. L. 511-8-2 *(Ord. n° 2014-158, 20 févr. 2014)*. – **Il est interdit à tout établissement de crédit intervenant sur les marchés d'instruments financiers à terme dont le sous-jacent est constitué, en tout ou partie, d'une matière première agricole de constituer des stocks physiques de matières premières agricoles dans le but d'exercer un effet significatif sur le cours de ces marchés de matières premières agricoles.**

Section III. – Conditions d'accès à la profession

Sous-section 1. – Agrément

Bibliographie : C. Kleiner, *L'agrément bancaire : Banque et droit* 2014, hors-série, p. 18.

Art. L. 511-9 *(Mod., Ord. n° 2013-544, 27 juin 2013 ; Ord. n° 2021-796, 23 juin 2021).* – **Les établissements de crédit sont agréés en qualité de banque, de banque mutualiste ou coopérative, d'établissement de crédit spécialisé, d'établissements de crédit et d'investissement ou de caisse de crédit municipal.**

Les banques peuvent effectuer toutes les opérations de banque.

Les banques mutualistes ou coopératives, les établissements de crédit spécialisés et les caisses de crédit municipal peuvent effectuer toutes les opérations de banque dans le respect des limitations qui résultent des textes législatifs et réglementaires qui les régissent.

Les établissements de crédit et d'investissement peuvent effectuer toutes les opérations dans le respect des limitations qui résultent des textes législatifs et réglementaires qui les régissent.

Art. L. 511-10 *(Mod., L. n° 2001-420, 15 mai 2001 ; Ord. n° 2004-1201, 12 nov. 2004 ; Ord. n° 2009-897, 24 juill. 2009 ; Ord. n° 2010-76, 21 janv. 2010 ; L. n° 2010-1249, 22 oct. 2010 ; Ord. n° 2013-544, 27 juin 2013 ; L. n° 2013-672, 26 juill. 2013 ; Ord. n° 2014-158, 20 févr. 2014 ; Ord. n° 2014-1332, 6 nov. 2014 ; Ord. n° 2015-558, 21 mai 2015 ; Ord. n° 2020-1635, 21 déc. 2020).* – **I. – Avant d'exercer leur activité, les établissements de crédit doivent obtenir un agrément. Cet agrément est délivré à des personnes morales ayant leur siège en France ou à des succursales établies sur le territoire français d'établissements de crédit ayant leur siège social dans un État qui n'est ni membre de l'Union européenne ni partie à l'accord sur l'Espace économique européen.**

En application des articles 4 et 14 du règlement (UE) n° 1024/2013 du Conseil du 15 octobre 2013, l'agrément d'établissement de crédit est délivré par la Banque centrale européenne, sur proposition de l'Autorité de contrôle prudentiel et de résolution.

Toutefois, lorsqu'il s'agit de succursales mentionnées au premier alinéa, l'agrément est délivré par l'Autorité de contrôle prudentiel et de résolution. Ces succursales sont agréées en qualité de banque ou d'établissement de crédit spécialisé autre qu'une société de crédit foncier ou une société de financement de l'habitat, dans la limite des opérations que les établissements de crédit dont elles dépendent sont autorisés à réaliser.

Sauf disposition contraire, lorsque le mot personne désigne dans le présent code un établissement de crédit, ce mot désigne également une succursale mentionnée au premier alinéa.

I *bis.* – *(I bis créé, Ord. n° 2021-796, 23 juin 2021)* **Les entreprises mentionnées au** *b* **du point 1 du paragraphe 1 de l'article 4 du règlement (UE) n° 575/2013 qui ont déjà obtenu un agrément en tant qu'entreprise d'investissement présentent une demande d'agrément conformément au présent article, au plus tard le jour où a lieu l'un des événements suivants :**

1° La moyenne de l'actif total mensuel, calculée sur une période de douze mois consécutifs, atteint ou dépasse 30 milliards d'euros ;

2° La moyenne de l'actif total mensuel, calculée sur une période de douze mois consécutifs, est inférieure à 30 milliards d'euros et l'entreprise fait partie d'un groupe dont la valeur totale de l'actif consolidé de toutes les entreprises du groupe, qui chacune prise individuellement a un actif total inférieur à 30 milliards d'euros et qui ***exercent l'une quelconque des activités mentionnées*** **aux 3, 6-1 et 6-2 de l'article L. 321-1, atteint ou dépasse 30 milliards d'euros, les deux étant calculés en moyenne sur une période de douze mois consécutifs.**

Les entreprises mentionnées au *b* **du point 1 du paragraphe 1 de l'article 4 du même règlement peuvent continuer d'exercer les activités pour lesquelles elles sont agréées en tant qu'entreprise d'investissement jusqu'à ce qu'elles obtiennent l'agrément mentionné au présent article.**

II. – Avant d'exercer leur activité, les sociétés de financement doivent obtenir un agrément délivré par l'Autorité de contrôle prudentiel et de résolution en application du 1° du II de l'article L. 612-1.

III. – L'Autorité de contrôle prudentiel et de résolution vérifie si l'entreprise satisfait aux obligations prévues aux articles L. 511-11, L. 511-13, L. 515-1-1 ou 93 du règlement (UE) n° 575/2013 du Parlement européen et du Conseil du 26 juin 2013 et l'adéquation de la forme juridique de l'entreprise à l'activité d'établissement de crédit ou de société de financement, selon les cas.

Elle prend en compte les éléments suivants :

1° Le programme d'activités de cette entreprise qui indique l'existence d'entreprises mères, de compagnies financières holding et de compagnies financières holding mixtes lorsque l'entreprise fait partie d'un groupe au sens de l'article L. 511-20 ;

2° Son organisation, ses dispositifs, procédures, politiques et pratiques mentionnés à l'article L. 511-55 ;

3° Sa politique et sa pratique de rémunération qui doivent être fondées sur le principe de l'égalité des rémunérations, conformément aux dispositions de l'article L. 511-71 ;

4° Les moyens techniques et financiers qu'elle prévoit de mettre en œuvre ;

5° L'identité des apporteurs de capitaux ainsi que le montant de leur participation, dans les conditions définies par arrêté du ministre chargé de l'économie ;

6° Le caractère approprié des apporteurs de capitaux au regard des critères d'appréciation prévus au I de l'article L. 511-12-1.

L'Autorité apprécie également l'aptitude de l'entreprise requérante à réaliser ses objectifs de développement dans des conditions compatibles avec le bon fonctionnement du système bancaire et qui assurent à la clientèle une sécurité satisfaisante.

Pour fixer les conditions de l'agrément, l'Autorité de contrôle prudentiel et de résolution peut prendre en compte la spécificité de certains établissements de crédit ou sociétés de financement appartenant au secteur de l'économie sociale et solidaire. Elle apprécie notamment l'intérêt de leur action au regard des missions d'intérêt général relevant de la lutte contre les exclusions ou de la reconnaissance effective d'un droit au crédit.

L'Autorité peut, selon les cas, limiter ou proposer à la Banque centrale européenne de limiter l'agrément à l'exercice de certaines opérations définies par l'objet social du demandeur.

L'Autorité peut, selon les cas, assortir ou proposer à la Banque centrale européenne d'assortir l'agrément de conditions particulières visant à préserver l'équilibre de la structure financière de l'entreprise et le bon fonctionnement du système bancaire en tenant compte, le cas échéant, des objectifs de la surveillance complémentaire prévue par le chapitre VII du titre Ier du livre V du présent code. Elle peut aussi subordonner ou proposer à la Banque centrale européenne de subordonner l'octroi de l'agrément au respect d'engagements souscrits par l'entreprise requérante.

L'Autorité de contrôle prudentiel et de résolution n'accorde l'agrément à une succursale mentionnée au I que si l'établissement de crédit dont dépend la succursale s'engage à exercer, à l'égard de cette succursale, des missions équivalentes à celles qui sont confiées, par la section 8 du présent chapitre, au conseil d'administration, au conseil de surveillance ou à tout autre organe exerçant des fonctions de surveillance équivalentes, ainsi qu'à l'assemblée générale.

IV. – L'Autorité refuse l'agrément lorsque l'exercice de la mission de surveillance de l'entreprise requérante est susceptible d'être entravé soit par l'existence de liens de capital ou de contrôle directs ou indirects entre l'entreprise et d'autres personnes physiques ou morales, soit par l'existence de dispositions législatives ou réglementaires d'un État qui n'est pas partie à l'accord sur l'Espace économique européen et dont relèvent une ou plusieurs de ces personnes.

L'Autorité refuse l'agrément si les dispositions des articles L. 511-51 et L. 511-52 ne sont pas respectées.

L'Autorité refuse l'agrément s'il existe, au regard des critères d'appréciation prévus au I de l'article L. 511-12-1, des motifs raisonnables de penser que le caractère approprié des apporteurs de capitaux ne permet pas de garantir une gestion saine et prudente ou si les informations communiquées sont incomplètes.

L'Autorité refuse l'agrément si l'entreprise requérante ne dispose pas de l'ensemble des dispositifs, procédures, politiques et pratiques mentionnés à l'article L. 511-55 ainsi que d'une politique et d'une pratique de rémunération qui doivent être fondées sur le principe de l'égalité des rémunérations conformément aux dispositions de l'article L. 511-71.

V. – L'établissement de crédit ou la société de financement doit satisfaire à tout moment aux conditions de son agrément.

Défaut d'agrément : pas de nullité des prêts octroyés. La méconnaissance par un établissement de crédit de l'exigence d'agrément n'est pas de nature à entraîner la nullité des contrats de prêt qu'il a conclus (■ Cass. com., 16 janv. 2013 : *D.* 2013, p. 890, note J. Lasserre Capdeville).

Art. L. 511-10-1 *(Abr., Ord. n° 2014-158, 20 févr. 2014).*

Art. L. 511-11 *(Mod., L. n° 2003-706, 1er août 2003 ; Ord. n° 2014-158, 20 févr. 2014).* – Les établissements de crédit et les sociétés de financement doivent disposer d'un capital initial libéré ou d'une dotation versée dont le montant minimum, compris entre un million et cinq millions d'euros en fonction de l'agrément délivré, est défini par arrêté du ministre chargé de l'économie. Cet arrêté définit également les éléments pris en compte pour la détermination de ce montant.

Art. L. 511-12 *(Abr., Ord. n° 2014-1332, 6 nov. 2014).*

Rédaction antérieure. Art. L. 511-12 *(Rempl., Ord. n° 2005-429, 6 mai 2005 ; mod., Ord. n° 2014-158, 20 févr. 2014).* – Lorsqu'une entreprise relevant du droit d'un État qui n'est pas membre de l'Union européenne demande, en application du 1 de l'article L. 611-1, à prendre dans un établissement de crédit ou une entreprise d'investissement une participation ayant pour effet de faire de celui-ci ou celle-ci sa filiale, ou lorsqu'une filiale directe ou indirecte d'une telle entreprise sollicite son agrément auprès de l'Autorité de contrôle prudentiel et de résolution, celle-ci limite ou suspend sa décision sur demande du Conseil ou de la Commission de l'Union européenne, si ces autorités le lui demandent après avoir constaté que les établissements de crédit ou entreprises d'investissement ayant leur siège social dans un État membre n'ont pas accès au marché de cet État tiers ou n'y bénéficient pas du même traitement que les établissements de crédit qui y ont leur siège.

Lorsque l'Autorité limite ou suspend sa décision dans les conditions prévues à l'alinéa précédent, l'agrément accordé par l'autorité compétente d'un État partie à l'accord sur l'Espace économique européen non membre de l'Union européenne n'emporte, pendant la période de limitation ou de suspension, aucun effet juridique sur le territoire de la République française ; en particulier les dispositions des articles L. 511-21 à L. 511-28 ne s'appliquent pas aux établissements concernés.

Art. L. 511-12-1 *(L. n° 2001-420, 15 mai 2001 ; mod., L. n° 2003-706, 1er août 2003 ; L. n° 2008-776, 4 août 2008 ; Ord. n° 2009-897, 24 juill. 2009 ; Ord. n° 2014-158, 20 févr. 2014 ; Ord. n° 2014-1332, 6 nov. 2014 ; Ord. n° 2015-1024, 20 août 2015).* – I. – Les modifications dans la répartition du capital d'un établissement de crédit ou d'une société de financement doivent être notifiées à l'Autorité de contrôle prudentiel et de résolution.

En application des articles 4 et 15 du règlement (UE) n° 1024/2013 du Conseil du 15 octobre 2013, les prises ou extensions de participations, directes ou indirectes, dans un établissement de crédit font l'objet, sur proposition de l'Autorité de contrôle prudentiel et de résolution, d'une décision d'opposition ou de non-opposition de la Banque centrale européenne. Les prises ou extensions de participations, directes ou indirectes, dans un établissement de crédit faisant l'objet d'une ou plusieurs des mesures mentionnées aux sous-sections 9 et 10 de la section 4 du chapitre III du titre Ier du livre VI ou dans une société de financement doivent être autorisées par l'Autorité de contrôle prudentiel et de résolution.

Lorsqu'une diminution ou cession de participation, directe ou indirecte, lui est notifiée, l'Autorité de contrôle prudentiel et de résolution vérifie que cette opération ne remet pas en cause les conditions auxquelles est subordonné l'agrément délivré à l'établissement de crédit ou à la société de financement.

Lorsque l'Autorité de contrôle prudentiel et de résolution a connaissance qu'une personne, agissant seule ou de concert avec d'autres, n'a pas respecté l'obligation de notification prévue au premier alinéa, elle peut enjoindre à cette personne de procéder sans délai à la notification requise.

Un décret en Conseil d'État détermine les conditions d'application du présent I, notamment les critères permettant d'apprécier le caractère approprié du candidat acquéreur et la solidité financière de l'acquisition, dans le cas d'opérations mentionnées au deuxième alinéa.

Les modalités des procédures mentionnées au présent I sont précisées par l'arrêté prévu à l'article L. 611-1. Cet arrêté prévoit en particulier les conditions dans lesquelles les modifications dans la répartition du capital d'un établissement de crédit ou d'une société de financement doivent être notifiées à l'Autorité de contrôle prudentiel et de résolution.

Le même arrêté précise les conditions dans lesquelles, s'agissant des sociétés de financement ou des établissements de crédit faisant l'objet d'une ou plusieurs des mesures mentionnées aux sous-sections 9 et 10 de la section 4 du chapitre III du titre Ier du livre VI, ces modifications doivent être autorisées par l'Autorité de contrôle prudentiel et de résolution, les délais impartis à l'Autorité pour se prononcer, les modalités suivant lesquelles les intéressés sont informés de la décision de l'Autorité ou peuvent se prévaloir d'une décision implicite, les conditions dans lesquelles l'Autorité peut fixer un délai maximal pour la conclusion de l'acquisition envisagée ainsi que les informations qui doivent être transmises à l'Autorité, notamment sur l'identité et le montant de la participation des actionnaires ou associés.

II. – Toute autre modification des conditions auxquelles était subordonné l'agrément délivré à un établissement de crédit ou à une société de financement doit faire l'objet, selon les cas, d'une autorisation préalable de l'Autorité de contrôle prudentiel et de résolution ou de la Banque centrale européenne, d'une déclaration ou d'une notification, dans les conditions fixées par un arrêté du ministre chargé de l'économie.

Dans les cas où une autorisation doit être délivrée, elle peut, elle-même, être assortie de conditions particulières répondant aux finalités mentionnées au cinquième alinéa du III de l'article L. 511-10 ou subordonnée au respect d'engagements pris par l'entreprise.

Art. L. 511-12-2 *(L. n° 2013-672, 26 juill. 2013)*. – L'établissement de succursales dans des États qui ne sont pas parties à l'accord sur l'Espace économique européen et l'acquisition de tout ou partie d'une branche d'activité significative par un établissement de crédit mentionné à l'article L. 611-1 doivent être autorisés par l'Autorité de contrôle prudentiel et de résolution.

Art. L. 511-13 *(Rempl., Ord. n° 2015-558, 21 mai 2015)*. – Le siège social et l'administration centrale de tout établissement de crédit ou société de financement agréé conformément à l'article L. 511-10 sont situés en France. Ces dispositions ne sont pas applicables aux succursales d'établissements de crédit mentionnées au I de l'article L. 511-10.

La direction effective de l'activité des établissements de crédit, y compris des succursales d'établissements de crédit mentionnées au I de l'article L. 511-10, ou des sociétés de financement est assurée par deux personnes au moins.

Art. L. 511-13-1 *(L. n° 2005-842, 26 juill. 2005 ; mod., L. n° 2013-672, 26 juill. 2013)*. – Sans préjudice des dispositions de l'article L. 229-4 du Code de commerce, l'Autorité de contrôle prudentiel et de résolution est également compétente pour s'opposer, conformément aux dispositions du 14 de l'article 8 et de l'article 19 du règlement (CE) n° 2157/2001 du Conseil du 8 octobre 2001 relatif au statut de la société européenne (SE), au transfert de siège social d'un établissement de crédit constitué sous forme de société européenne immatriculée en France et dont résulterait un changement du droit applicable ainsi qu'à la constitution d'une société européenne par voie de fusion impliquant un établissement de crédit agréé en France. Cette décision est susceptible de recours devant le Conseil d'État.

Art. L. 511-13-2 *(L. n° 2008-649, 3 juill. 2008 ; mod., L. n° 2013-672, 26 juill. 2013)*. – Sans préjudice des dispositions de l'article 26-6 de la loi n° 47-1775 du 10 septembre 1947 portant statut de la coopération, l'Autorité de contrôle prudentiel et de résolution est compétente pour s'opposer, conformément au paragraphe 14 de l'article 7 et à l'article 21 du règlement (CE) n° 1435/2003 du Conseil, du 22 juillet 2003, relatif au statut de la société coopérative européenne (SEC), au transfert de siège social d'un établissement de crédit constitué sous forme de société coopérative européenne immatriculée en France et dont résulterait un changement du droit applicable ainsi qu'à la constitution d'une société coopérative européenne par voie de fusion impliquant un établissement coopératif de crédit agréé en France. Cette décision est susceptible de recours devant le Conseil d'État.

Art. L. 511-14 *(Mod., Ord. n° 2014-158, 20 févr. 2014)*. – L'Autorité statue sur une demande de l'agrément mentionné à l'article L. 511-10 dans des délais fixés par décret en Conseil d'État. Tout refus d'agrément est notifié au demandeur.

Art. L. 511-15 *(Mod., L. n° 2001-420, 15 mai 2001 ; Ord. n° 2009-866, 15 juill. 2009 ; L. n° 2013-100, 28 janv. 2013 ; Ord. n° 2014-158, 20 févr. 2014 ; Ord. n° 2014-1332, 6 nov. 2014 ; Ord. n° 2015-558, 21 mai 2015 ; Ord. n° 2020-1635, 21 déc. 2020)*. – I. – Le retrait de l'agrément d'un établissement de crédit est prononcé par la Banque centrale européenne à la demande de l'établissement.

En application des articles 4 et 14 du règlement (UE) n° 1024/2013 du Conseil du 15 octobre 2013, ce retrait peut aussi être décidé par la Banque centrale européenne dans les cas suivants :

1° L'établissement a obtenu l'agrément au moyen de fausses déclarations ou par tout autre moyen irrégulier ;

2° L'établissement de crédit ne remplit plus les exigences prudentielles énoncées à la troisième, à la quatrième ou à la sixième partie du règlement (UE) n° 575/2013 du Parlement européen et du Conseil du 26 juin 2013, à l'exception des exigences énoncées dans ses articles 92 *bis* et 92 *ter* ;

3° L'établissement de crédit ne respecte pas ses exigences de fonds propres supplémentaires imposées conformément au II de l'article L. 511-41-3 ;

4° L'établissement de crédit ne remplit plus les conditions ou les engagements auxquels était subordonné son agrément ou une autorisation ultérieure ou n'offre plus la garantie de pouvoir remplir ses obligations vis-à-vis de ses créanciers et, en particulier, n'assure plus la sécurité des fonds qui lui ont été confiés par ses déposants ;

5° L'établissement de crédit n'a pas fait usage de son agrément dans un délai de douze mois ou n'exerce plus son activité depuis au moins six mois ;

6° *(6° créé, Ord. n° 2021-796, 23 juin 2021)* L'établissement de crédit utilise son agrément exclusivement pour exercer les activités mentionnées au *b* du point 1 du paragraphe 1 de l'article 4, du même règlement et son actif total moyen sur une période de cinq années consécutives est inférieur aux seuils prévus dans ledit article.

II. – Par dérogation aux dispositions du I, le retrait de l'agrément d'une succursale d'établissement de crédit mentionnée au I de l'article L. 511-10 est prononcé, dans les mêmes conditions, par l'Autorité de contrôle prudentiel et de résolution.

III. – Le retrait d'agrément prend effet à l'expiration d'une période dont la durée est déterminée, selon le cas, par la Banque centrale européenne ou l'Autorité de contrôle prudentiel et de résolution.

Pendant cette période :

1. L'établissement de crédit demeure soumis au contrôle, selon les cas, de la Banque centrale européenne ou de l'Autorité de contrôle prudentiel et de résolution et, le cas échéant, de l'Autorité des marchés financiers. L'Autorité de contrôle prudentiel et de résolution peut prononcer à son encontre les sanctions disciplinaires prévues aux articles L. 612-39 ou L. 612-40.

2. L'établissement de crédit ne peut effectuer que les opérations de banque et de services d'investissement pour lesquelles il est agréé ainsi que les opérations de gestion de monnaie électronique déjà émise et les services de paiement strictement nécessaires à l'apurement de sa situation et doit limiter les autres activités mentionnées aux 1 à 6 du I de l'article L. 311-2 et aux articles L. 511-2 et L. 511-3.

3. L'établissement ne peut faire état de sa qualité d'établissement de crédit qu'en précisant que son agrément est en cours de retrait.

Art. L. 511-15-1 *(Ord. n° 2014-1332, 6 nov. 2014 ; mod., Ord. n° 2020-1635, 21 déc. 2020).* – Le retrait de l'agrément d'une société de financement est prononcé par l'Autorité de contrôle prudentiel et de résolution à la demande de la société.

Il peut aussi être décidé d'office par l'Autorité dans les cas suivants :

1° La société a obtenu l'agrément au moyen de fausses déclarations ou par tout autre moyen irrégulier ;

2° La société ne remplit plus les exigences prudentielles énoncées à la troisième, la quatrième ou la sixième partie du règlement (UE) n° 575/2013 du Parlement européen et du Conseil du 26 juin 2013, à l'exception des exigences énoncées dans ses articles 92 *bis* et 92 *ter* ;

3° La société ne respecte pas ses exigences de fonds propres supplémentaires imposées conformément au II de l'article L. 511-41-3 ;

4° La société ne remplit plus les conditions ou les engagements auxquels était subordonné son agrément ou une autorisation ultérieure ou n'offre plus la garantie de pouvoir remplir ses obligations vis-à-vis de ses créanciers et, en particulier, n'assure plus la sécurité des fonds qui lui ont été confiés par ses déposants ;

5° La société n'a pas fait usage de son agrément dans un délai de douze mois ou lorsqu'elle n'exerce plus son activité depuis au moins six mois.

L'Autorité de contrôle prudentiel et de résolution prononce d'office le retrait d'agrément d'une société de financement en cas de transfert de son siège social ou de son administration centrale hors de France.

Le retrait d'agrément prend effet à l'expiration d'une période dont la durée est déterminée par l'Autorité de contrôle prudentiel et de résolution.

Pendant cette période :

1. La société de financement demeure soumise au contrôle de l'Autorité de contrôle prudentiel et de résolution. L'Autorité de contrôle prudentiel et de résolution peut prononcer à son encontre les sanctions disciplinaires prévues aux articles L. 612-39 ou L. 612-40, y compris la radiation ;

2. La société de financement ne peut effectuer que les opérations de crédit pour lesquelles elle est agréée et doit limiter les autres activités mentionnées au II de l'article L. 311-2 et aux articles L. 511-2 et L. 511-3 ;

3. La société ne peut faire état de sa qualité de société de financement qu'en précisant que son agrément est en cours de retrait.

Art. L. 511-16 *(Rempl., L. n° 2003-706, 1er août 2003 ; mod., Ord. n° 2009-866, 15 juill. 2009 ; Ord. n° 2014-158, 20 févr. 2014 ; Ord. n° 2014-1332, 6 nov. 2014).* – Dans les cas prévus aux articles L. 511-15 et L. 511-15-1, les fonds remboursables du public mentionnés à l'article L. 312-2 ainsi que les autres fonds remboursables sont remboursés par l'établissement de crédit ou la société de financement à leur échéance ou, si cette échéance est postérieure à l'expiration de la période mentionnée au *(Mots rempl., Ord. n° 2015-558, 21 mai 2015)* « III de l'article L. 511-15 » ou au troisième alinéa de l'article L. 511-15-1, à la date fixée par l'Autorité de contrôle prudentiel et de résolution ou par la Banque centrale européenne. Au terme de cette période, l'entreprise perd la qualité d'établissement de crédit ou de société de financement, selon les cas, et doit avoir changé sa dénomination sociale. Les opérations de banque autres que la réception de fonds remboursables du public et les services de paiement que l'établissement de crédit ou la société de financement a conclues ou s'est engagée à conclure avant la décision de retrait d'agrément peuvent être menées à leur terme.

Par dérogation aux dispositions des 4° et 5° de l'article 1844-7 du Code civil, la dissolution anticipée d'un établissement de crédit ou d'une société de financement ne peut être prononcée qu'après obtention du retrait de son agrément par l'Autorité de contrôle prudentiel et de résolution ou par la Banque centrale européenne. Par dérogation aux articles L. 123-1 et L. 237-3 du Code de commerce, la publication et l'inscription modificative au registre du commerce et des sociétés concernant le prononcé de cette dissolution doivent mentionner la date de la décision de retrait d'agrément par l'Autorité de contrôle prudentiel et de résolution ou par la Banque centrale européenne. Jusqu'à la clôture de sa liquidation, l'établissement de crédit ou la société de financement restent soumis au pouvoir de contrôle et, le cas échéant, de sanction de l'Autorité de contrôle prudentiel et de résolution ou de la Banque centrale européenne. Il ne peut faire état de sa qualité d'établissement de crédit ou de société de financement sans préciser qu'il est en liquidation.

Art. L. 511-17 *(Mod., Ord. n° 2013-544, 27 juin 2013 ; Ord. n° 2014-1332, 6 nov. 2014).* – I. – Dans les cas prévus par les articles L. 612-39 et L. 612-40 où, sur proposition de l'Autorité de contrôle prudentiel et de résolution, la Banque centrale européenne a prononcé le retrait total d'agrément d'un établissement de crédit, cette décision entraîne la liquidation de la personne morale, lorsque celle-ci a son siège social en France.

(Al. rempl., Ord. n° 2015-558, 21 mai 2015) Dans les cas où, en application des articles L. 612-39 et L. 612-40, la commission des sanctions de l'Autorité de contrôle prudentiel et de résolution prononce le retrait total de l'agrément d'une succursale d'établissement de crédit mentionnée au I de l'article L. 511-10, cette décision entraîne la liquidation des éléments du bilan et du hors-bilan de la succursale.

II. – Dans les cas où, en application des articles L. 612-39 et L. 612-40, la commission des sanctions de l'Autorité de contrôle prudentiel et de résolution prononce la radiation d'une société de financement de la liste des sociétés de financement agréées, cette décision entraîne la liquidation de la personne morale.

III. – Afin de préserver les intérêts de la clientèle, l'Autorité de contrôle prudentiel et de résolution peut reporter la liquidation au terme d'un délai qu'elle fixe.

IV. – Tout établissement de crédit ou toute société de financement qui a fait l'objet d'une décision de retrait total d'agrément ou de radiation demeure soumis au contrôle de l'Autorité de contrôle prudentiel et de résolution jusqu'à la clôture de la liquidation. Il ne peut effectuer que les opérations strictement nécessaires à l'apurement de sa situation. Il ne peut faire état de sa qualité d'établissement de crédit ou de société de financement qu'en précisant qu'il a fait l'objet d'une mesure de retrait total d'agrément ou de radiation.

Art. L. 511-18 *(Mod., L. n° 2003-706, 1er août 2003 ; Ord. n° 2009-866, 15 juill. 2009 ; Ord. n° 2013-544, 27 juin 2013 ; Ord. n° 2014-1332, 6 nov. 2014).* – Dans la présente sous-section et pour l'application des dispositions relatives au libre établissement et à la libre prestation de services :

1. L'expression : « service bancaire » désigne une opération de banque au sens de l'article L. 311-1 ou l'une des activités connexes au sens de l'article I de l'article L. 311-2 ;

2. L'expression : « autorités compétentes » désigne, selon les cas, la ou les autorités d'un État membre chargées, conformément à la législation de cet État, d'agréer ou de contrôler les établissements de crédit qui y ont leur siège social, ou la Banque centrale européenne ;

3. L'expression : « opération réalisée en libre prestation de services » désigne l'opération par laquelle un établissement de crédit ou un établissement financier fournit, dans un État membre autre que celui où se trouve son siège social, un service bancaire autrement que par une présence permanente dans cet État membre ;

3 *bis*. L'expression « établissement de crédit important » désigne un établissement de crédit important au sens du paragraphe 4 de l'article 6 du règlement (UE) n° 1024/2013 du Conseil du 15 octobre 2013 ;

3 *ter*. L'expression : « État membre participant » désigne un État participant au mécanisme de supervision unique au sens du 1 de l'article 2 du règlement (UE) n° 1024/2013 du Conseil du 15 octobre 2013 ;

4. L'expression « établissement financier » désigne une entreprise, autre qu'un établissement, dont l'activité principale consiste à prendre des participations ou à exercer une ou plusieurs activités mentionnées aux points 2 à 12 et au point 15 de la liste figurant à l'annexe I de la directive 2013/36/UE, y compris notamment une compagnie financière holding, une compagnie financière holding mixte, un établissement de paiement au sens de la directive 2007/64/CE du Parlement européen et du Conseil du 13 novembre 2007 concernant les services de paiement dans le marché intérieur et une société de gestion de portefeuille. Les sociétés holding d'assurance et les sociétés holding mixtes d'assurance, au sens des *f* et *g* du paragraphe 1 de l'article 212 de la directive 2009/138/CE du Parlement européen et du Conseil du 25 novembre 2009 sur l'accès aux activités de l'assurance et de la réassurance et leur exercice (solvabilité II), ne sont pas des établissements financiers.

Pour l'application du présent 4, d'une part, le mot « établissement » et les mots « société de gestion de portefeuille » s'entendent respectivement au sens du 3 et du 19 du paragraphe 1 de l'article 4 du règlement (UE) n° 575/2013 du Parlement européen et du Conseil du 26 juin 2013 et, d'autre part, les mots « sociétés holding d'assurance » et les mots « sociétés holding mixtes d'assurance » désignent respectivement les sociétés de groupe d'assurance et les sociétés de groupe mixtes d'assurance au sens des 1° et 2° de l'article L. 322-1-2 du Code des assurances.

4 *bis*. Le mot « succursale » désigne un siège d'exploitation qui constitue une partie dépourvue de personnalité juridique d'un établissement de crédit ou d'un établissement financier et qui effectue directement, en tout ou en partie, les opérations inhérentes à l'activité d'un établissement de crédit.

5. Sont assimilés aux États membres de l'Union européenne autres que la France les États partie à l'accord sur l'Espace économique européen.

Art. L. 511-19 *(Mod., L. n° 2013-672, 26 juill. 2013)*. – Lorsque des établissements de crédit ayant leur siège social à l'étranger ouvrent des bureaux ayant une activité d'information, de liaison ou de représentation, l'ouverture de ces bureaux doit être préalablement notifiée à l'Autorité de contrôle prudentiel et de résolution.

Ces bureaux peuvent faire état de la dénomination ou de la raison sociale de l'établissement de crédit qu'ils représentent.

Art. L. 511-20 *(Mod., L. n° 2003-706, 1er août 2003 ; rempl., Ord. n° 2004-1201, 12 nov. 2004 ; Ord. n° 2014-158, 20 févr. 2014)*. – I. – Une entreprise mère est une entreprise qui contrôle de manière exclusive, au sens de l'article L. 233-16 du Code de commerce, une ou plusieurs autres entreprises ou qui exerce sur elles une influence dominante en raison de l'existence de liens de solidarité importants et durables résultant d'engagements financiers, de dirigeants ou de services communs.

(Al. rempl., Ord. n° 2021-796, 23 juin 2021) Est une filiale d'un établissement de crédit, d'une société de financement, d'une entreprise d'investissement, d'une entreprise mère de société de financement, d'une compagnie financière holding, d'une compagnie financière holding mixte, d'une compagnie holding d'investissement, d'une compagnie holding mixte ou d'une entreprise mère mixte de société de financement l'entreprise sur laquelle est exercé un contrôle exclusif au sens de l'article L. 233-16 du Code de commerce, ou une influence dominante en raison de l'existence de liens de solidarité importants et durables résultant d'engagements financiers, de dirigeants ou de services communs. La filiale d'une filiale est considérée comme filiale de l'entreprise mère qui est à la tête de ces entreprises.

II. – Constitue une participation le fait de détenir, directement ou indirectement, au moins 20 % des droits de vote ou du capital d'une entreprise, ou un ensemble de droits dans le capital d'une entreprise qui, en créant un lien durable avec celle-ci, est destiné à contribuer à l'activité de la société.

III. – Est un groupe l'ensemble d'entreprises composé d'une entreprise mère, de ses filiales et des entités dans lesquelles l'entreprise mère ou ses filiales détiennent des participations, ainsi que des entités liées de telle sorte que leurs organes d'administration, de direction ou de surveillance sont composés en majorité des mêmes personnes ou qu'elles sont placées sous une direction unique en vertu d'un contrat ou de clauses statutaires. Les établissements et sociétés de financement affiliés à un réseau et l'organe central au sens de l'article L. 511-31 sont considérés comme faisant partie d'un même groupe pour l'application du présent code. Il en est de même pour les entités appartenant à des groupes coopératifs régis par les dispositions similaires dans la législation qui leur est applicable.

IV. – L'expression : « groupe financier » désigne l'ensemble ne constituant pas un conglomérat financier formé par les filiales, directes ou indirectes, d'un établissement de crédit, d'une entreprise d'investissement, ou d'une compagnie financière holding, et par les entreprises à caractère financier sur lesquelles l'entreprise mère exerce un contrôle conjoint au sens de l'article L. 233-16 du Code de commerce.

Les entreprises à caractère financier mentionnées à l'alinéa précédent sont définies par voie réglementaire.

V. – L'expression : « groupe mixte » désigne l'ensemble formé par les filiales, directes ou indirectes, d'une compagnie holding mixte.

Sous-section 2. – Libre établissement et libre prestation de services sur le territoire des États partie à l'accord sur l'Espace économique européen

Bibliographie : V. Commentaire loi n° 92-665, 16 juillet 1992, portant adaptation au Marché unique européen de la législation applicable en matière d'assurance et de crédit : Bloch : *JCP* E 1992, I, 175. • Crédot et Gérard : *RD bancaire et bourse* 1992, 201. • Pezard : *RD bancaire et bourse* 1992, 153. • Deschanel et Fernandez-Bollo, *L'adaptation du droit bancaire français au Marché unique européen : D.* 1993, chron. 125. • Gavalda et Parleani : *JCP* E 1993, I, 203, n° 2.

Art. L. 511-21 *(Mod., Ord. n° 2009-866, 15 juill. 2009 ; L. n° 2013-100, 28 janv. 2013 ; Ord. n° 2013-544, 27 juin 2013 ; Ord. n° 2014-158, 20 févr. 2014 ; mod., Ord. n° 2014-1332, 6 nov. 2014)*. – Dans la présente sous-section et pour l'application des dispositions relatives au libre établissement et à la libre prestation de services :

1. L'expression : « service bancaire » désigne une opération de banque au sens de l'article L. 311-1 ou l'une des activités connexes au sens [du] I de l'article L. 311-2 ;

2. L'expression : « autorités compétentes » désigne, selon les cas, la ou les autorités d'un État membre chargées, conformément à la législation de cet État, d'agréer ou de contrôler les établissements de crédit qui y ont leur siège social, ou la Banque centrale européenne ;

3. L'expression : « opération réalisée en libre prestation de services » désigne l'opération par laquelle un établissement de crédit ou un établissement financier fournit, dans un État membre autre que celui où se trouve son siège social, un service bancaire autrement que par une présence permanente dans cet État membre ;

3 *bis*. L'expression « établissement de crédit important » désigne un établissement de crédit important au sens du paragraphe 4 de l'article 6 du règlement (UE) n° 1024/2013 du Conseil du 15 octobre 2013 ;

3 *ter*. L'expression : « État membre participant » désigne un État participant au mécanisme de supervision unique au sens du 1 de l'article 2 du règlement (UE) n° 1024/2013 du Conseil du 15 octobre 2013 ;

4. *(Al. rempl., Ord. n° 2021-796, 23 juin 2021)* L'expression « établissement financier » désigne une entreprise telle que définie au point 26 du paragraphe 1 de l'article 4 du règlement (UE) n° 575/2013.

Pour l'application du présent 4, d'une part, le mot « établissement » et les mots « société de gestion de portefeuille » s'entendent respectivement au sens du 3 et du 19 du paragraphe 1 de l'article 4 du règlement (UE) n° 575/2013 du Parlement européen et du Conseil du 26 juin 2013 et, d'autre part, les mots « sociétés holding d'assurance » et les mots « sociétés holding mixtes d'assurance » désignent respectivement les sociétés de groupe d'assurance et les sociétés de groupe mixtes d'assurance au sens des 1° et 2° de l'article L. 322-1-2 du Code des assurances ;

4 *bis*. Le mot « succursale » désigne un siège d'exploitation qui constitue une partie dépourvue de personnalité juridique d'un établissement de crédit ou d'un établissement financier et qui effectue directement, en tout ou en partie, les opérations inhérentes à l'activité d'un établissement de crédit ;

5. Sont assimilés aux États membres de l'Union européenne autres que la France les États partie à l'accord sur l'Espace économique européen.

(Al. créé, Ord. n° 2015-558, 21 mai 2015) Les dispositions de la présente sous-section ne sont pas applicables aux succursales d'établissements de crédit mentionnées au I de l'article L. 511-10.

Art. L. 511-22 *(Mod., L. n° 2003-706, 1er août 2003 ; Ord. n° 2008-698, 11 juill. 2008 ; Ord. n° 2010-76, 21 janv. 2010 ; Ord. n° 2013-79, 25 janv. 2013 ; Ord. n° 2014-158, 20 févr. 2014 ; Ord. n° 2014-1332, 6 nov. 2014)*. – Dans la limite des services qu'il est habilité à fournir sur le territoire d'un État membre autre que la France où il a son siège social et en fonction de l'agrément qu'il y a reçu, tout établissement de crédit peut, sur le territoire de la France métropolitaine, des départements d'outre-mer, du Département de Mayotte et de Saint-Martin, établir des succursales pour fournir des services bancaires et intervenir en libre prestation de services dans les conditions définies à l'article L. 511-24, sous réserve, selon les cas, que l'Autorité de contrôle prudentiel et de résolution ait préalablement été informée par l'autorité compétente de l'État membre d'origine ou par la Banque centrale européenne.

Un arrêté du ministre chargé de l'économie détermine, d'une part, les informations que l'Autorité de contrôle prudentiel et de résolution doit avoir préalablement reçues des autorités compétentes de l'État membre d'origine pour que l'établissement concerné puisse exercer ses activités en France, y compris dans le cas d'un changement de sa situation, et, d'autre part, les informations que l'Autorité doit transmettre à ces autorités ainsi qu'à l'établissement concerné. Cet arrêté prévoit également les délais à compter desquels l'établissement peut commencer ses activités en France.

Art. L. 511-23 *(Mod., L. n° 2003-706, 1er août 2003 ; Ord. n° 2008-698, 11 juill. 2008 ; Ord. n° 2010-76, 21 janv. 2010 ; Ord. n° 2013-79, 25 janv. 2013 ; Ord. n° 2014-158, 20 févr. 2014 ; mod., Ord. n° 2020-1635, 21 déc. 2020).* – Dans la limite des services qu'il est habilité à fournir sur le territoire d'un État membre autre que la France où il a son siège social, tout établissement financier ayant obtenu des autorités compétentes de cet État membre une attestation certifiant qu'il remplit les conditions requises à cet effet par ces autorités peut, sur le territoire de la France métropolitaine, des départements d'outre-mer, du Département de Mayotte et de Saint-Martin, établir des succursales pour fournir des services bancaires et intervenir en libre prestation de services dans les conditions définies à l'article L. 511-24, sous réserve que l'Autorité de contrôle prudentiel et de résolution ait préalablement été informée par l'autorité compétente de l'État membre d'origine.

Pour l'application du premier alinéa, les entités mentionnées aux points 3 à 23 du paragraphe 5 de l'article 2 de la directive 2013/36/UE du Parlement européen et du Conseil du 26 juin 2013 sont assimilées à des établissements financiers.

Un arrêté du ministre chargé de l'économie détermine, d'une part, les informations que l'Autorité de contrôle prudentiel et de résolution doit avoir préalablement reçues des autorités compétentes de l'État membre d'origine pour que l'établissement concerné puisse exercer ses activités en France, y compris dans le cas d'un changement de sa situation, et, d'autre part, les informations que l'Autorité doit transmettre à ces autorités ainsi qu'à l'établissement concerné. Cet arrêté prévoit également les délais à compter desquels l'établissement peut commencer ses activités en France.

Art. L. 511-24 *(Rempl., L. n° 2003-706, 1er août 2003 ; Ord. n° 2005-429, 6 mai 2005 ; mod., Ord. n° 2014-158, 20 févr. 2014 ; Ord. n° 2014-1332, 6 nov. 2014).* – Les établissements mentionnés aux articles L. 511-22 et L. 511-23 et leurs succursales établies en France sont soumis aux dispositions suivantes du présent chapitre ainsi qu'aux dispositions réglementaires prises pour leur application :

1° Au sein de la section 1, l'article L. 511-4 ;

2° Au sein de la section 2, *(Mots rempl., Ord. n° 2015-558, 21 mai 2015)* « le I de l'article L. 511-8-1 et l'article L. 511-8-2 » ;

3° La sous-section 2 de la section 3, à l'exception des articles L. 511-27 et L. 511-28 ;

4° Au sein de la section 4, l'article L. 511-29, pour ce qui concerne les succursales ;

5° Au sein de la section 5, le I de l'article L. 511-33 et l'article L. 511-34.

Ils ne sont pas soumis aux arrêtés du ministre chargé de l'économie, sauf pour celles des dispositions de ces arrêtés qui n'ont pas fait l'objet de coordination entre les États membres, lorsqu'elles présentent un caractère d'intérêt général ou lorsqu'elles sont relatives à la politique monétaire ou à la liquidité des établissements.

Un arrêté du ministre chargé de l'économie précise les règles n'ayant pas fait l'objet de coordination entre les États membres et présentant un caractère d'intérêt général applicables aux établissements mentionnés aux articles L. 511-22.

Art. L. 511-25 *(Mod., L. n° 2013-672, 26 juill. 2013).* – En vue d'exercer la surveillance d'un établissement bénéficiant du régime prévu à l'article L. 511-24 et par dérogation aux dispositions de l'article 1er *bis* de la loi n° 68-678 du 26 juillet 1968, les autorités compétentes dont relève cet établissement peuvent exiger de lui et de ses succursales établies en France communication de toutes informations utiles à l'exercice de cette surveillance et, sous la seule réserve d'en avoir informé préalablement l'Autorité de contrôle prudentiel et de résolution, procéder, par elles-mêmes ou par l'intermédiaire de personnes qu'elles mandatent à cet effet, à des contrôles sur place des succursales de cet établissement sur le territoire de la République française.

Art. L. 511-26 *(Mod., Ord. n° 2014-158, 20 févr. 2014 ; Ord. n° 2014-1332, 6 nov. 2014).* – Les établissements mentionnés aux articles L. 511-22 et L. 511-23 sont soumis au contrôle de l'Autorité de contrôle prudentiel et de résolution dans les conditions prévues aux articles L. 613-32 à L. 613-33, ou de la Banque centrale européenne, en application de l'article 4 du règlement (UE) n° 1024/2013 du Conseil du 15 octobre 2013.

Art. L. 511-27 *(Rempl., L. n° 2003-706, 1er août 2003 ; mod., Ord. n° 2014-158, 20 févr. 2014 ; Ord. n° 2014-1332, 6 nov. 2014).* – I. – Tout établissement de crédit ayant son siège social en France et désirant établir une succursale dans un autre État membre notifie son projet à l'Autorité de contrôle prudentiel et de résolution, assorti d'informations dont la nature est déterminée par le ministre chargé de l'économie.

S'il ne s'agit pas d'un établissement de crédit important et lorsqu'elle n'a pas de raisons de douter, au vu de ce projet, de l'adéquation des structures administratives ou de la situation financière de l'établissement de crédit, l'Autorité de contrôle prudentiel et de résolution communique ces informations, dans les trois mois à compter de leur réception régulière, à l'autorité compétente de l'État membre d'accueil et en avise l'établissement concerné.

Lorsque l'Autorité de contrôle prudentiel et de résolution refuse de communiquer les informations mentionnées à l'alinéa précédent à l'autorité compétente de l'État membre d'accueil, elle fait connaître les raisons de ce refus à l'établissement concerné dans les trois mois suivant la réception régulière de ces informations.

Lorsque l'État membre dans lequel l'établissement de crédit envisage d'établir une succursale est un État membre participant, le délai de trois mois mentionné aux deux alinéas précédents est ramené à deux mois.

II. – Les établissements de crédit ayant leur siège social en France qui désirent exercer pour la première fois leurs activités sur le territoire d'un autre État membre en libre prestation de services sont tenus d'en faire la déclaration à l'Autorité de contrôle prudentiel et de résolution. Cette déclaration est assortie d'informations dont la nature est déterminée par le ministre chargé de l'économie.

III. – Un arrêté du ministre chargé de l'économie détermine, d'une part, les informations qui doivent être communiquées à l'Autorité de contrôle prudentiel et de résolution préalablement à un changement de la situation de l'établissement et, d'autre part, les conditions dans lesquelles ces informations, ainsi que celles mentionnées aux I et II, sont communiquées à l'autorité compétente de l'État membre d'accueil.

Art. L. 511-28 *(Mod., L. n° 2003-706, 1er août 2003 ; Ord. n° 2010-76, 21 janv. 2010 ; L. n° 2010-1249, 22 oct. 2010 ; Ord. n° 2014-158, 20 févr. 2014 ; Ord. n° 2020-1635, 21 déc. 2020).* – Tout établissement financier ayant son siège social en France et désirant implanter une succursale sur le territoire d'un autre État membre pour offrir des services bancaires en libre établissement notifie son projet à l'Autorité de contrôle prudentiel et de résolution, assorti d'informations dont la nature est déterminée par le ministre chargé de l'économie.

L'établissement financier doit également justifier, auprès de l'Autorité de contrôle prudentiel et de résolution, qu'il remplit les conditions fixées par le ministre chargé de l'économie. Ces conditions portent sur les activités exercées en France par ces établissements, les modalités selon lesquelles ils sont placés sous le contrôle d'établissements de crédit et les règles applicables pour assurer la qualité et le contrôle de leur gestion ainsi que pour la garantie de leurs engagements par les entreprises mères.

Si l'établissement remplit les conditions mentionnées au précédent alinéa, l'Autorité de contrôle prudentiel et de résolution, à moins qu'elle n'ait des raisons de douter, compte tenu de ce projet, de l'adéquation des structures administratives ou de la situation financière de l'établissement financier, communique les informations concernant le projet dans les trois mois à compter de leur réception à l'autorité compétente de l'État membre d'accueil et en avise l'établissement concerné.

Les établissements financiers désirant exercer pour la première fois leurs activités sur le territoire d'un autre État membre, en libre prestation de services, sont tenus d'en faire la déclaration à l'Autorité de contrôle prudentiel et de résolution. Cette déclaration est assortie d'informations dont la nature est déterminée par un arrêté du ministre chargé de l'économie.

Ils doivent également justifier qu'ils remplissent les conditions mentionnées au deuxième alinéa du présent article.

Un arrêté du ministre chargé de l'économie détermine les informations qui doivent être communiquées à l'Autorité de contrôle prudentiel et de résolution préalablement à un changement de la situation de l'établissement et celles qui doivent être communiquées à l'autorité compétente de l'État membre d'accueil.

Section IV. – Organes de la profession

Sous-section 1. – L'association française des établissements de crédit et des entreprises d'investissement et les autres organismes professionnels

Art. L. 511-29 *(Mod., Ord. n° 2008-1271, 5 déc. 2008 ; Ord. n° 2009-866, 15 juill. 2009 ; L. n° 2013-100, 28 janv. 2013 ; mod., Ord. n° 2014-158, 20 févr. 2014).* – Tout établissement de crédit ou toute société de financement est tenu d'adhérer à un organisme professionnel ou à un organe central affilié à l'Association française des établissements de crédit et des entreprises d'investissement.

L'Association française des établissements de crédit et des entreprises d'investissement a pour objet la représentation des intérêts collectifs des établissements de crédit, des sociétés de financement, des établissements de monnaie électronique, des établissements de paiement *(Mots aj., Ord. n° 2017-1107, 22 juin 2017)* « , des sociétés de gestion de portefeuille » et des entreprises d'investissement, notamment auprès des pouvoirs publics, l'information de ses adhérents et du public, l'étude de toute question d'intérêt commun et l'élaboration des recommandations s'y rapportant en vue, le cas échéant, de favoriser la coopération entre réseaux, ainsi que l'organisation et la gestion de services d'intérêt commun. Elle a également pour objet l'élaboration de Codes de conduite applicables aux établissements de crédit, aux sociétés de financement, *(Mots aj., Ord. n° 2017-1107, 22 juin 2017)* « aux sociétés de gestion de portefeuille » et aux entreprises d'investissement en vue de leur homologation dans les conditions mentionnées à l'article L. 611-3-1.

L'Association française des établissements de crédit et des entreprises d'investissement a également la possibilité d'engager un dialogue social sur les questions d'ordre général concernant l'ensemble des établissements de crédit, des sociétés de financement, des établissements de paiement *(Mots aj., Ord. n° 2017-1107, 22 juin 2017)* « , des sociétés de gestion de portefeuille » et des entreprises d'investissement avec les organisations syndicales représentatives de ce secteur.

Ses statuts sont soumis à l'approbation ministérielle.

Sous-section 2. – Les organes centraux

Art. L. 511-30 *(Mod., L. n° 2009-715, 18 juin 2009 ; Ord. n° 2013-544, 27 juin 2013).* – Pour l'application des dispositions du présent code relatives aux établissements de crédit et aux sociétés de financement, sont considérées comme organes centraux :

Crédit agricole S.A., l'organe central des caisses d'épargne et des banques populaires, la Confédération nationale du crédit mutuel.

Art. L. 511-31 *(Mod., L. n° 2001-420, 15 mai 2001 ; L. n° 2002-1303, 29 oct. 2002 ; Ord. n° 2005-429, 6 mai 2005 ; L. n° 2006-1770, 30 déc. 2006 ; L. n° 2009-715, 18 juin 2009 ; Ord. n° 2010-76, 21 janv. 2010 ; Ord. n° 2014-158, 20 févr. 2014).* – Les organes centraux représentent les établissements de crédit et les sociétés de financement qui leur sont affiliés auprès de la Banque de France et de l'Autorité de contrôle prudentiel et de résolution.

Ils sont chargés de veiller à la cohésion de leur réseau et de s'assurer du bon fonctionnement des établissements et sociétés qui leur sont affiliés. À cette fin, ils prennent toutes mesures nécessaires, notamment pour garantir la liquidité et la solvabilité de chacun de ces établissements et sociétés comme de l'ensemble du réseau. Ils peuvent également décider d'interdire ou de limiter la distribution d'un dividende aux actionnaires ou d'une rémunération des parts sociales aux sociétaires des établissements de crédit, des sociétés de financement ou des entreprises d'investissement qui leur sont affiliés.

Les titres visés au dernier alinéa de l'article 19 *tervicies* de la loi n° 47-1775 du 10 septembre 1947 portant statut de la coopération, détenus directement ou indirectement par un organe central au sens de l'article

ANNEXE 5

L. 511-30, ne sont pas pris en compte pour le calcul de la limitation à 50 % du capital des établissements de crédit qui leur sont affiliés, visée à l'article 19 *tervicies* précité.

Ils veillent à l'application des dispositions législatives et réglementaires propres à ces établissements et sociétés et exercent un contrôle administratif, technique et financier sur leur organisation et leur gestion. Les contrôles sur place des organes centraux peuvent être étendus à leurs filiales directes ou indirectes, ainsi qu'à celles des établissements et sociétés qui leur sont affiliés.

Dans le cadre de ces compétences, ils peuvent prendre les sanctions prévues par les textes législatifs et réglementaires qui leur sont propres.

La perte de la qualité d'établissement ou de société affilié doit être notifiée par l'organe central au l'Autorité de contrôle prudentiel et de résolution, qui se prononce sur l'agrément de l'établissement ou de la société en cause.

Pour l'application des dispositions de la section 2 du chapitre V du titre II du livre II du Code de commerce, les mandats sociaux détenus au sein de l'organe central, au sens de l'article L. 511-30 du présent code, ou des établissements de crédit et sociétés de financement qui lui sont affiliés doivent être décomptés pour un seul mandat.

Après en avoir informé l'Autorité de contrôle prudentiel et de résolution, les organes centraux peuvent, lorsque la situation financière des établissements et des sociétés concernés le justifie, et nonobstant toutes dispositions ou stipulations contraires, décider la fusion de deux ou plusieurs personnes morales qui leur sont affiliées, la cession totale ou partielle de leur fonds de commerce ainsi que leur dissolution. Les organes dirigeants des personnes morales concernées doivent au préalable avoir été consultés par les organes centraux. Ces derniers sont chargés de la liquidation des établissements de crédit et des sociétés de financement qui leur sont affiliés ou de la cession totale ou partielle de leur fonds de commerce.

Les organes centraux notifient toute décision d'affiliation ou de retrait d'affiliation à l'établissement ou la société concerné et à l'Autorité de contrôle prudentiel et de résolution.

Art. L. 511-32 *(L. n° 2006-387, 31 mars 2006 ; mod., Ord. n° 2014-158, 20 févr. 2014).* – Sans préjudice des pouvoirs de contrôle sur pièces et sur place conférés à l'Autorité de contrôle prudentiel et de résolution sur les établissements et sociétés qui leur sont affiliés, les organes centraux concourent, chacun pour ce qui le concerne, à l'application des dispositions européennes directement applicables, législatives et réglementaires régissant les établissements de crédit et les sociétés de financement.

À ce titre, ils saisissent l'Autorité de contrôle prudentiel et de résolution des infractions à ces dispositions.

II. – Transféré sous l'article L. 615-1 du Code monétaire et financier.

Section V. – Le secret professionnel

Art. L. 511-33 *(Rempl., L. n° 2008-776, 4 août 2008 ; mod., Ord. n° 2014-158, 20 févr. 2014 ; Ord. n° 2015-859, 15 juill. 2015 ; L. n° 2015-992, 17 août 2015 ; Ord. n° 2016-1691, 9 déc. 2016).* – I. – Tout membre d'un conseil d'administration et, selon le cas, d'un conseil de surveillance et toute personne qui à un titre quelconque participe à la direction ou à la gestion d'un établissement de crédit, d'une société de financement ou d'un organisme mentionné aux 5 et 8 de l'article L. 511-6 ou qui est employée par l'un de ceux-ci est tenu au secret professionnel.

Outre les cas où la loi le prévoit, le secret professionnel ne peut être opposé ni à l'Autorité de contrôle prudentiel et de résolution ni à la Banque de France ni à l'Institut d'émission des départements d'outre-mer, ni à l'Institut d'émission d'outre-mer, ni à l'autorité judiciaire agissant dans le cadre d'une procédure pénale, ni aux commissions d'enquête créées en application de l'article 6 de l'ordonnance n° 58-1100 du 17 novembre 1958 relative au fonctionnement des assemblées parlementaires.

Les établissements de crédit et les sociétés de financement peuvent par ailleurs communiquer des informations couvertes par le secret professionnel, d'une part, aux agences de notation pour les besoins de la notation des produits financiers et, d'autre part, aux personnes avec lesquelles ils négocient, concluent ou exécutent les opérations ci-après énoncées, dès lors que ces informations sont nécessaires à celles-ci :

1° Opérations de crédit effectuées, directement ou indirectement, par un ou plusieurs établissements de crédit ou sociétés de financement ;

2° Opérations sur instruments financiers, de garanties ou d'assurance destinées à la couverture d'un risque de crédit ;

3° Prises de participation ou de contrôle dans un établissement de crédit, une entreprise d'investissement ou une société de financement ;

4° Cessions d'actifs ou de fonds de commerce ;

5° Cessions ou transferts de créances ou de contrats ;

6° Contrats de prestations de services conclus avec un tiers en vue de lui confier des fonctions opérationnelles importantes ;

7° Lors de l'étude ou l'élaboration de tout type de contrats ou d'opérations, dès lors que ces entités appartiennent au même groupe que l'auteur de la communication.

Lors d'opérations sur contrats financiers, les établissements de crédit et les sociétés de financement peuvent également communiquer des informations couvertes par le secret professionnel, lorsqu'une législation ou une réglementation d'un État qui n'est pas membre de l'Union européenne prévoit la déclaration de ces informations à un référentiel central. Lorsque ces informations constituent des données à caractère personnel soumises à la loi n° 78-17 du 6 janvier 1978 relative à l'informatique, aux fichiers et aux libertés, leur transmission doit s'effectuer dans les conditions prévues par la même loi.

Outre les cas exposés ci-dessus, les établissements de crédit et les sociétés de financement peuvent communiquer des informations couvertes par le secret professionnel au cas par cas et uniquement lorsque les personnes concernées leur ont expressément permis de le faire.

Les personnes recevant des informations couvertes par le secret professionnel, qui leur ont été fournies pour les besoins d'une des opérations ci-dessus énoncées, doivent les conserver confidentielles, que l'opération susvisée aboutisse ou non. Toutefois, dans l'hypothèse où l'opération susvisée aboutit, ces personnes peuvent à leur tour communiquer les informations couvertes par le secret professionnel dans les mêmes conditions que celles visées au présent article aux personnes avec lesquelles elles négocient, concluent ou exécutent les opérations énoncées ci-dessus.

II. – Le personnel des établissements de crédit, des sociétés de financement, des compagnies financières holding, des compagnies financières holding mixtes et des entreprises mères de société de financement soumis au contrôle de l'Autorité de contrôle prudentiel et de résolution, ainsi que le personnel des prestataires externes de ces personnes, peuvent signaler à l'Autorité les manquements et infractions potentiels ou avérés au règlement (UE) n° 575/2013 du Parlement européen et du Conseil du 26 juin 2013 ***(Mots aj., Ord. n° 2017-1107, 22 juin 2017)*** **« et au règlement (UE) n° 600/2014 du Parlement européen et du Conseil du 15 mai 2014 », aux dispositions du présent titre et du titre III du présent livre ou d'un règlement pris pour leur application ou de toute autre disposition législative ou réglementaire dont la méconnaissance entraîne celle des dispositions précitées. Les signalements sont faits sous forme écrite et accompagnés de tout élément de nature à établir la réalité des faits signalés.**

L'Autorité de contrôle prudentiel et de résolution recueille les signalements dans des conditions qui garantissent la protection des personnes signalant les manquements, notamment en ce qui concerne leur identité, et la protection des données à caractère personnel relatives aux personnes concernées par les signalements.

Voir aussi : le secret bancaire n'est pas opposable à la commission départementale d'examen des situations de surendettement des particuliers, Code de la consommation, article L. 333-4.

Il n'est pas opposable au juge civil pour la liquidation du régime matrimonial et la fixation de la prestation compensatoire (C. civ., *art. 259-3).*

Bibliographie : B. Fatier, *La réforme du secret bancaire : LPA* 26 sept. 2008, n° 194, p. 4. • C. Kleiner, *Les droits de l'homme et le secret bancaire : opposition ou subsomption : JDI* 2014, p. 1171. • J. Lasserre Capdeville, *Le secret bancaire en 2009 : un principe en voie de disparition ? : AJP* 2009, p. 165 ; *Le secret bancaire : Banque et droit* 2014, hors-série, p. 77. • J. Lasserre Capdeville, B. Kieffer et A. Rappo, *Le secret bancaire : approches française, suisse et luxembourgeoise : RD bancaire et fin.* 2014, étude 1. • Legrand, *Le secret bancaire ou la théorie de la relativité : JCP* E 2005, 999. • P. Neau-Leduc, *Secret bancaire et frontières : RD bancaire et fin.* 2010, dossier 2. • G. Lardeux, *Secrets professionnels et droit à la preuve : de l'opposition déclarée à la conciliation imposée : D.* 2016, p. 96. • N. Weinbaum, *Quand un banquier fait face à un Data scientist, Le bon, la brute et le truand : JCP* E 2017, 1575. • ■ C. Kleiner, *Le secret bancaire enfin confronté au droit de la preuve : D.* 2018, p. 603. • J. Lasserre Capdeville, *Le secret bancaire face au droit de la preuve : RD bancaire et fin.* 2018, dossier 38 ; *Rapport du HCJP sur le secret bancaire : présentation et réflexions personnelles : JCP* E 2020, 1509. • M. Roussille, *Le secret bancaire entre actualité et archaïsme : RD bancaire et fin.* 2020, alerte 83.

I – APPLICATION DU SECRET BANCAIRE

A – Champ d'application

1) Opposabilité au juge civil. Malgré l'article 10 du Code civil, qui fait obligation à la banque d'apporter son concours à la justice, le secret bancaire constitue un empêchement légitime opposable au juge civil (▪ Cass. com., 13 juin 1995, n° 93-16.317 : *JurisData* n° 1995-001509 ; *Bull.* IV, n° 172 ; *JCP* E 1996, I, 525, n° 6, obs. C. Gavalda et J. Stoufflet ; *RD bancaire et bourse* 1995, 145, obs. F.-J. Crédot et Y. Gérard ; *RTD com.* 1995, p. 818, obs. Cabrillac. M. Cabrillac ; *Banque* 1995, n° 565, p. 95, obs. J.-L. Guillot. ▪ Cass. com., 8 juill. 2003, n° 00-11.993 : *JurisData* n° 2003-019869 ; *JCP* G 2004, II, 10068, note D. Gibirila ; *Banque et droit* 2004, n° 93, p. 54, obs. T. Bonneau ; *RTD com.* 2003, p. 783, obs. M. Cabrillac. ▪ Cass. com., 21 sept. 2010, n° 09-68.994 : *JurisData* n° 2010-016635 ; *JCP* E 2010, 2008, n° 7, obs. J. Stoufflet ; *RD bancaire et fin.* 2011, comm. 35, note F.-J. Crédot et T. Samin ; *RTD com.* 2010, note D. Legeais ; *LEDB* nov. 2010, p. 3, obs. J. Lasserre Capdeville).

2) Application aux organismes sociaux. Le secret bancaire est opposable aux organismes sociaux, tant pour le recouvrement de cotisations que pour le service des prestations (▪ Paris, 13 sept. 1996 : *JurisData* n° 1996-022537 ; *JCP* E 1998, p. 320, n° 2, obs. Gavalda et Stoufflet. ▪ Cass. com., 25 févr. 2003, n° 00-21.184 : *JurisData* n° 2003-017925 ; *JCP* E 2003, pan. 598 ; *D.* 2003, p. 1162, obs. Avena-Robardet ; *RD bancaire et fin.* 2003, 92, obs. Crédot et Gérard ; *RJDA* 7/2003, n° 756).

3) Application aux associés d'une société. Le secret professionnel est opposable à l'associé d'une société qui demande communication de documents relatifs à cette société (▪ Paris, 20 mars 1990, n° 89PA01329 : *D.* 1992, somm. 31, obs. Vasseur). Mais ce n'est pas le cas lorsque l'expertise des comptes d'une société civile professionnelle est ordonnée par le juge à la demande d'un associé (▪ TGI La Rochelle, Ord. prés., 15 juin 1993 : *JurisData* n° 1993-049627 ; *JCP* E 1994, pan. 928).

4) Application aux anciens gérants d'une société. Le secret bancaire est opposable à l'ancienne gérante d'une SARL liquidée dans le cadre d'une expertise *in futurum* (▪ Cass. com., 16 janv. 2001, n° 98-11.744 : *JurisData* n° 2001-007769 ; *Bull.* IV, n° 12 ; *D.* 2001, p. 545, obs. Lienhard ; *LPA* 15 mars 2001, p. 7, obs. E. C. ; *RJDA* 4/2001, n° 453 ; *RD bancaire et fin.* 2001, 74, obs. Crédot et Gérard ; *JCP E 2003, chron. 396, n° 3, obs. Stoufflet* ; *D.* 2003, somm. 340, obs. Synvet).

L'ancien gérant d'une société dont les opérations de liquidation ont été clôturées n'a plus le pouvoir de la représenter et n'est plus qu'un tiers à son égard ; par suite il n'a plus le pouvoir de délier la banque auprès de laquelle la société détenait deux comptes de son obligation au secret professionnel (▪ Cass. com., 23 oct. 2001, n° 99-12.111 : *JurisData* n° 2001-011503 ; *RJDA* 2/2002, n° 157).

5) Personnes protégées. Le secret bancaire ne cesse pas avec la disparition de la personne qui en bénéficie et s'étend aux personnes qui ont le pouvoir de faire fonctionner le compte (▪ Cass. com., 25 févr. 2003 : *JCP* E 2003, pan. 598 ; *D.* 2003, p. 1162, obs. Avena-Robardet ; *RD bancaire et fin.* 2003, 92, obs. Crédot et Gérard ; *RJDA* 7/2003, n° 756. – Comp. ▪ Cass. com., 5 oct. 2004, n° 02-13.476 : *JurisData* n° 2004-025135 ; *RJDA* 1/2005, n° 67).

B – Mise en œuvre

6) Transmission de la copie du verso subordonné au caractère proportionné de l'atteinte au secret bancaire du bénéficiaire du chèque. La transmission au tireur de la copie du verso du chèque qu'il a émis doit être effectuée si elle est indispensable à l'exercice de son droit à la preuve et constitue une atteinte proportionnée au droit au secret professionnel du bénéficiaire (▪ Cass. com., 15 mai 2019, n° 18-10.491 : *D.* 2019, p. 1595, note H. Michelin-Brachet et p. 2013, obs. H. Synvet ; *JCP* 2019, 642, note T. Bonneau ; *Gaz. Pal.* 23 juill. 2019, n° 358d3, p. 50, obs. L. Mayer ; *D.* 2020, p. 170, obs. A. J-D. Bretzner et A. Aynès ; *JCP* E 2019, 1443, note J. Lasserre Capdeville et 1528, obs. A. Salgueiro ; *Rev. dr. aff.* oct. 2019, 45, obs. P. Métais et E. Valette ; *Banque et droit*, 2019, n° 187, p. 29, obs. T. Bonneau ; *Gaz. Pal.* 22 oct. 2019, n° 361q4, obs. C. Houin-Bressand ; *JCP* E 2019, 1528, n° 4, obs. A. Salgueiro).

7) Renseignements d'ordre privé. Dans le cadre d'une demande de prêt, le secret couvre tous les renseignements d'ordre privé, notamment la situation médicale des clients, mais ne s'étend pas aux éléments purement factuels relatifs à la demande de prêt, ses modalités précises et la réponse motivée donnée par la banque (▪ Versailles, 23 mars 1994 : *JurisData* n° 1994-044277 ; *RD bancaire et bourse* 1994, 258, obs. Crédot et Gérard ; *D.* 1994, somm. 328, obs. Vasseur. ▪ TGI Carpentras, 24 sept. 1997 : *JurisData* n° 1997-055733 ; *D.* 1998, 625, note Staes). De même, le secret bancaire ne couvre pas l'état civil de ses clients (▪ Paris, 6 févr. 1998, n° 97/17006 : *JurisData* n° 1998-020190 ; *RD bancaire et bourse* 1998, 175, n° 4, obs. Crédot et Gérard).

8) Divulgation d'information nominative. A commis des délits de violation du secret professionnel, de manquement à la sécurité informatique et de divulgation d'informations nominatives pouvant porter atteinte à la réputation ou à la considération des personnes, le directeur d'un établissement de crédit qui avait adressé à des commerçants – lesquels avaient reçu une délégation leur permettant d'octroyer des prêts jusqu'à un certain montant – une liste informatique nominative de plusieurs centaines de personnes supposées présenter un risque quant à l'octroi d'un éventuel crédit (▪ Rennes, 13 janv. 1992 : *JurisData* n° 1992-042488 ; *JCP* E 1993, II, 432, note Gavalda. – *Adde*, ▪ Paris, 24 sept. 1996 : *RD bancaire et bourse* 1996, 235, n° 5, obs. Crédot et Gérard).

9) Communication des coordonnées du bénéficiaire d'un virement. Les coordonnées du bénéficiaire d'un virement sont couvertes par le secret bancaire et ne peuvent être communiquées à un tiers sans l'accord du client (▪ Cass. com., 21 févr. 2012 : *Banque et droit* 2012, n° 143, p. 20, obs. T. Bonneau).

II – INAPPLICATION DU SECRET BANCAIRE

A – Au profit de son bénéficiaire

10) Possibilité pour les clients de bénéficier des informations les concernant directement. Les clients de la banque peuvent disposer des informations qui les concernent directement, à savoir des extraits de comptes faisant apparaître les virements opérés en faveur d'un autre client de la banque et les titres de paiement sur lesquels ce dernier est mentionné en qualité de bénéficiaire (▪ Lyon, 25 janv. 1996 : *JurisData* n° 1996-043121 ; *JCP* E 1997, pan. 61).

11) Possibilité pour le bénéficiaire de renoncer au secret bancaire. Le secret professionnel est levé lorsque le client, que le secret professionnel du banquier protège, y a renoncé (▪ Cass. com., 11 avr. 1995, n° 92-20.985 : *JurisData* n° 1995-000867 ; *JCP* E 1995, pan. 777 ; *JCP* E 1996, I, 525, n° 6, obs. C. Gavalda et J. Stoufflet ; *RD bancaire et bourse* 1995, 145, obs. F.-J. Crédot et Gérard ; *D.* 1996, 573, note Matsopoulou. – *Adde*, ▪ Paris, 23 juin 2006, n° 05/24154 : *JurisData* n° 2006-311083 ; *JCP* E 2006, p. 2502), ce qui peut être le cas du mandataire *ad hoc* (▪ Paris, 23 juin 2006, préc.).

12) Héritiers du bénéficiaire. Le secret bancaire ne peut être opposé aux héritiers qui continuent la personne du défunt (▪ TGI Paris, 10 juill. 1991 : *JCP* E 1992, I, 154, n° 14, obs. Gavalda et Stoufflet. – Comp. ▪ Cass. com., 5 oct. 2004 : *RJDA* 1/2005, n° 67).

13) Possibilité pour le syndicat des copropriétaires d'obtenir des informations sur le compte ouvert par le syndic au nom de la copropriété. Le secret bancaire ne s'oppose pas à la communication, au président du conseil syndical du syndicat des copropriétaires, d'information sur le compte ouvert au nom de la copropriété par le syndic (▪ Cass. com., 24 mars 2015, n° 13-22.597 : *JurisData* n° 2015-006311 ; *JCP* E 2015, act. 318).

B – Exceptions légales

14) Interprétation stricte des exceptions au secret bancaire. Si l'obligation du secret auquel est soumis le banquier souffre des exceptions, l'une d'elles étant expressément prévue par l'article 259-3 du Code civil, ces exceptions doivent être appliquées restrictivement (▪ Aix-en-Provence, 20 mars 2000 : *RD bancaire et fin.* 2000, 347, n° 213, obs. Crédot et Gérard).

15) Interprétation stricte des exceptions : notion de procédure pénale. L'alinéa 2 de l'article L. 511-33 doit être interprété strictement : c'est seulement lorsqu'elle agit dans le cadre d'une procédure pénale que l'autorité judiciaire est en droit d'obtenir les renseignements destinés à établir une infraction (▪ TGI Paris, réf., 20 nov. 1990 : *D.* 1992, somm. 31, obs. Vasseur. ▪ TGI Bordeaux, 19 juin 1990 : *D.* 1992, somm. 32, obs. Vasseur. ▪ Toulouse, 8 févr. 1993 : *Dr. et patrimoine* 1993, n° 6, 37). Il en est ainsi à l'égard d'officiers de police judiciaire agissant dans le cadre d'une enquête préliminaire sur instruction du procureur de la République (▪ Cass. crim., 27 avr. 1994, n° 93-82.976 : *JurisData* n° 1994-001102 ; *JCP* E 1994, I, 376, n° 3, obs. Gavalda et Stoufflet ; *RD bancaire et bourse* 1994, 258, obs. Crédot et Gérard ; *RJDA* 8/94, n° 945). Mais le banquier doit respecter le secret de l'instruction et ne peut communiquer à l'un de ses clients la copie d'un procès-verbal de réquisition concernant les comptes bancaires de ce client que lui avait notifié un officier de police judiciaire dans le cadre d'une enquête préliminaire (▪ Cass. crim., 30 janv. 2001, n° 00-80.624 : *JurisData* n° 2001-009132 ; *JCP* E 2001, p. 1328, n° 1, obs. Stoufflet ; *RD bancaire et fin.* 2001, 150, n° 98, obs. Crédot et Gérard ; *RTD com.* 2001, 787, obs. Bouloc. ▪ Cass. com., 10 déc. 2003, n° 00-12.903 : *JurisData* n° 2003-021540 ; *RJDA* 4/2004, n° 461 ; *JCP* E 2004, chron. 736, n° 5, obs. Stoufflet ; *D.* 2004, p. 209, obs. Delpech).

De même, les officiers de police judiciaire agissant sur réquisitions du Procureur de la République dans le cadre d'une enquête préliminaire, ne peuvent se voir opposer le secret bancaire (▪ Cass. crim., 27 avr. 1994, n° 93-82.976 : *JurisData* n° 1994-001102 ; *D.* 1994, 402, note Gavalda).

Voir aussi : C. pén., art. 132-2.

16) Fonctions opérationnelles, illustration : contrat d'assistance juridique. La violation du secret bancaire n'est pas constituée en cas de transmission par un établissement de crédit, d'informations de nature confidentielle à une société avec laquelle l'établissement bancaire a conclu un contrat afin de bénéficier d'une assistance juridique ▪ (CA Corr. Monaco, 30 mai 2011 : *JCP* E 2011, 1673, note J. Lasserre Capdeville).

17) Fonctions opérationnelles, illustration : cession de créances. Lorsque l'acte de cession comporte non seulement des éléments relatifs à la créance contestée, mais aussi des éléments concernant de nombreux tiers, il peut être imposé à la banque de produire un extrait authentique du document ne portant que sur la créance contestée (▪ Cass. com., 31 janv. 2012, n° 10-24.715 : *JurisData* n° 2012-001261 ; *D.* 2012, p. 1221, n° 3, obs. H. Guillou ; *Banque et droit* 2012, n° 143, p. 21, obs. T. Bonneau).

III – LA SITUATION PARTICULIÈRE DE L'ÉTABLISSEMENT DU SECTEUR BANCAIRE, PARTIE AU PROCÈS

18) Procès intenté contre la banque. Le secret bancaire ne doit pas permettre au banquier de se protéger contre une action qu'engage un tiers à son égard (▪ Cass. com., 19 juin 1990, n° 88-19.618 : *JurisData* n° 1990-701757 ; *Bull.* IV, n° 179. ▪ TGI La Roche-sur-Yon, 13 déc. 1995 : *JurisData* n° 1995-053207 ; *D.* 1996, somm. 350, obs. Julien. ▪ Paris, 23 févr. 1996 : *JurisData* n° 1996-020546 ; *RD bancaire et bourse* 1996, 235, n° 5, obs. Crédot et Gérard). Le secret bancaire ne constitue pas un empêchement légitime lorsque la demande de communication de documents est dirigée contre l'établissement de crédit non en sa qualité de tiers confident mais en celle de partie au procès intenté contre lui en vue de rechercher son éventuelle responsabilité (▪ Cass. com., 29 nov. 2017 : *JCP* G 2018, 54, note T. Bonneau ; *JCP* E 2018, 1038, note J. Lasserre Capdeville ; *JCP* G 2018, 54, note T. Bonneau ; *Bull. Joly* 2018, 109, note A. Reygrobellet ; *LPA* 2018, n° 32, p. 6, obs. G. Lardeux ; *D.* 2018, p. 966, obs. S. Clavel ; *D.* 2018, p. 1934, obs. L. d'Avout ; *D.* 2019, p. 157, obs. J.-D. Bretzner et A. Aynès ; *Gaz. Pal.*).

19) Procès intenté contre la banque : illustration production du verso du chèque. La production du verso du chèque est admise dans le cadre d'une action en responsabilité du tireur à l'encontre des banquiers présentateur et tiré pour omission de vérification des endossements (▪ Cass. com., 11 oct. 2011 : *Banque et droit* 2012, n° 141, p. 34, obs. T. Bonneau ; *JCP* G 2011, 1388, note J. Lasserre Capdeville ; *D.* 2001, p. 2532, obs. V. Avena-Robardet ; *RD bancaire et fin.* 2012, comm. 34, obs. F.-J. Crédot et T. Samin ; *JCP* E 2012, 1349, n° 4, obs. J. Stoufflet).

20) Procès intenté par la banque et demande de production de documents à son encontre. Lors d'une demande en paiement dirigée contre la caution, la banque ne peut se prévaloir du secret bancaire pour refuser la communication des documents permettant l'établissement du montant de la dette du débiteur principal (▪ Cass. com, 16 déc. 2008, n° 07-19.777 : *JurisData* n° 2008-046298 ; *D.* 2009, p. 784, note J. Lasserre Capdeville ; *JCP* E 2009, 1037, note T. Bonneau (cassant ▪ CA Colmar, 7 juin 2007, n° 2A06/00075 : *JurisData* n° 2007-341842 ; *JCP* E 2008, 1037, note P. Simler). ▪ Cass. com., 15 févr. 2011 : *Banque et droit* 2011, n° 137, p. 28, obs. T. Bonneau).

21) Banque partie au procès et admission de la production de documents à son profit. Une cour d'appel ne peut refuser la production par la banque de relevés de compte sans rechercher si cette production n'était pas indispensable à l'exercice de son droit à la preuve (▪ Cass. com., 4 juill. 2018, n° 17-10.158 : *JCP* E 2018, 1507, note J. Lasserre Capdeville ; *JCP* E 2018, 1596, obs. N. Mathey ; *RD bancaire et fin.* 2018, comm. 152, obs. T. Samin et S. Torck).

Art. L. 511-34 *(Mod., L. n° 2003-706, 1er août 2003 ; Ord. n° 2004-1201, 12 nov. 2004 ; Ord. n° 2007-1490, 18 oct. 2007 ; L. n° 2008-776, 4 août 2008 ; L. n° 2010-737, 1er juill. 2010 ; Ord. n° 2014-158, 20 févr. 2014 ; L. n° 2016-819, 21 juin 2016 ; Ord. n° 2020-115, 12 févr. 2020).* – Les entreprises établies en France et qui font partie d'un groupe financier ou d'un groupe comprenant au moins une société de financement ou, pour l'application du 2° du présent article, d'un groupe au sens de l'article L. 356-1 du Code des assurances, d'un groupe au sens du III de l'article L. 511-20 comprenant au moins une entité mentionnée au 1° *bis* ou 1° *ter* de l'article L. 561-2, ou d'un groupe mixte ou d'un conglomérat financier auquel appartiennent des entités réglementées au sens de l'article L. 517-2 ayant leur siège social dans un État membre de l'Union européenne ou État partie à l'accord sur l'Espace économique européen ou dans un État où sont applicables les accords prévus aux articles L. 632-7, L. 632-13 et L. 632-16 du présent code sont tenues, nonobstant toutes dispositions contraires, de transmettre à des entreprises du même groupe ayant leur siège social dans l'un de ces États :

1° Les renseignements relatifs à leur situation financière nécessaires à l'organisation de la surveillance sur base consolidée et de la surveillance complémentaire de ces entités réglementées ou sociétés de financement ;

2° Les informations nécessaires à l'organisation de la lutte contre le blanchiment des capitaux et contre le financement du terrorisme ;

3° Les informations nécessaires à l'organisation de la détection des abus de marché mentionnés à l'article 16 du règlement (UE) n° 596/2014 du Parlement européen et du Conseil du 16 avril 2014 sur les abus de marché (règlement relatif aux abus de marché) et abrogeant la directive 2003/6/CE du Parlement européen et du Conseil et les directives 2003/124/CE, 2003/125/CE et 2004/72/CE de la Commission ;

4° Les informations nécessaires à la gestion des conflits d'intérêts au sens du 3° du I et 3° du II de l'article L. 533-10.

Ces dernières informations ne peuvent être communiquées à des personnes extérieures au groupe, à l'exception des autorités compétentes des États visés au premier alinéa. Cette exception ne s'étend pas aux autorités des États ou territoires dont la législation est reconnue insuffisante ou dont les pratiques sont considérées comme faisant obstacle à la lutte contre le blanchiment des capitaux ou le financement du terrorisme par l'instance internationale de concertation et de coordination en matière de lutte contre le blanchiment d'argent dont la liste est mise à jour par arrêté du ministre chargé de l'économie.

Les personnes recevant ces informations sont tenues au secret professionnel dans les conditions et sous les peines mentionnées à l'article L. 511-33, pour tous renseignements ou documents qu'elles seraient ainsi amenées à recevoir ou à détenir.

Les dispositions du présent article ne font pas obstacle à l'application de la loi n° 78-17 du 6 janvier 1978 relative à l'informatique, aux fichiers et aux libertés.

Section VI. – Dispositions comptables

Sous-section 1. – Comptes sociaux et documents comptables

Art. L. 511-35 *(Mod., L. n° 2010-788, 12 juill. 2010 ; L. n° 2010-1249, 22 oct. 2010 ; L. n° 2011-525, 17 mai 2011 ; Ord. n° 2013-544, 27 juin 2013 ; L. n° 2014-1, 2 janv. 2014 ; Ord. n° 2014-158, 20 févr. 2014 ; Ord. n° 2015-558, 21 mai 2015 ; Ord. n° 2017-1180, 19 juill. 2017 ; mod. à compter du 1er janvier 2021, Ord. n° 2020-1142, 16 sept. 2020).* – Les dispositions de l'article L. 232-1 du Code de commerce sont applicables aux établissements de crédit, aux sociétés de financement et aux entreprises d'investissement dans des conditions fixées par l'Autorité des normes comptables après avis du comité consultatif de la législation et de la réglementation financières. Pour l'application de ces dispositions aux succursales d'établissements de crédit mentionnées au I de l'article L. 511-10, les obligations prévues à l'article L. 232-1 du Code de commerce sont remplies par les personnes mentionnées au second alinéa de l'article L. 511-13 du présent code.

L'article L. 225-102-1 du Code de commerce est applicable, dans les conditions prévues pour les sociétés mentionnées à l'article L. 22-10-36, aux établissements de crédit qui revêtent la forme sociale de société anonyme, de société en commandite par actions, de société à responsabilité limitée ou de société par actions simplifiée ainsi qu'aux sociétés de financement, aux entreprises d'investissement, aux entreprises mères de sociétés de financement et aux sociétés financières holding qui revêtent l'une de ces formes sociales et dont les titres sont admis à la négociation sur un marché réglementé, lorsque le total de leur bilan ou leur chiffre d'affaires et leur nombre de salariés excèdent, le cas échéant sur une base consolidée, les seuils prévus pour les sociétés mentionnées à l'article L. 22-10-36.

L'article L. 225-102-1 du Code de commerce est également applicable, aux établissements de crédit qui ne revêtent pas l'une des formes sociales mentionnées à l'alinéa précédent ainsi qu'aux sociétés de financement, aux entreprises d'investissement, aux entreprises mères de sociétés de financement et aux sociétés financières holding dont les titres ne sont pas admis à la négociation sur un marché réglementé, lorsque le total de leur bilan ou leur chiffre d'affaires et leur nombre de salariés excèdent, le cas échéant sur une base consolidée, les seuils prévus pour ces sociétés.

Art. L. 511-36 *(Mod., L. n° 2003-706, 1er août 2003 ; rempl., Ord. n° 2005-861, 28 juill. 2005 ; Ord. n° 2009-79, 22 janv. 2009 ; Ord. n° 2009-884, 16 juill. 2009 ; Ord. n° 2013-544, 27 juin 2013).* – Lorsqu'ils établissent leurs comptes sous une forme consolidée, les établissements de crédit et les sociétés de financement le font selon les règles définies par règlement de l'Autorité des normes comptables pris après avis du Comité consultatif de la législation et de la réglementation financières. Toutefois, ils sont dispensés de se conformer à ces règles lorsqu'ils utilisent les normes comptables internationales adoptées par règlement de la Commission européenne.

Art. L. 511-37 *(Mod., L. n° 2003-706, 1er août 2003 ; Ord. n° 2007-1490, 18 oct. 2007 ; Ord. n° 2009-79, 22 janv. 2009 ; Ord. n° 2009-884, 16 juill. 2009 ; Ord. n° 2014-158, 20 févr. 2014)*. – Tout établissement de crédit, société de financement, entreprise d'investissement, *(Mots suppr., Ord. n° 2017-1107, 22 juin 2017)* « ... », ou adhérent aux chambres de compensation mentionné au 3 de l'article L. 440-2 doit publier ses comptes annuels dans des conditions fixées par l'Autorité des normes comptables après avis du Comité consultatif de la législation et de la réglementation financières.

L'Autorité de contrôle prudentiel et de résolution s'assure que les publications prévues au présent article, dans le règlement (UE) n° 575/2013 du Parlement européen et du Conseil du 26 juin 2013 et, pour les sociétés de financement, à l'article L. 511-99, sont régulièrement effectuées. Elle peut ordonner aux personnes mentionnées à l'alinéa précédent de procéder à des publications rectificatives dans le cas où des inexactitudes ou des omissions auraient été relevées dans les documents publiés.

Elle peut porter à la connaissance du public toutes informations qu'elle estime nécessaires.

Sous-section 2. – Commissaires aux comptes

Art. L. 511-38 *(Mod., L. n° 2003-706, 1er août 2003 ; Ord. n° 2005-1126, 8 sept. 2005 ; Ord. n° 2009-79, 22 janv. 2009 ; Ord. n° 2010-76, 21 janv. 2010 ; L. n° 2010-1249, 22 oct. 2010 ; Ord. n° 2014-158, 20 févr. 2014)*. – Le contrôle est exercé dans chaque établissement de crédit, société de financement ou entreprise d'investissement par au moins deux commissaires aux comptes, dans les conditions définies au livre VIII du Code de commerce. Ces commissaires aux comptes ne doivent pas représenter ou appartenir à des cabinets ayant entre eux des liens de nature juridique, professionnelle, de capital ou organisationnelle. Ils exercent leur activité dans des conditions prévues par le livre VIII du Code de commerce et procèdent à la certification des comptes annuels. Ils vérifient la sincérité des informations destinées au public, et leur concordance avec lesdits comptes.

Toutefois, lorsque le total du bilan d'un établissement de crédit, d'une société de financement ou d'une entreprise d'investissement est inférieur à un seuil fixé par l'Autorité des normes comptables après avis du Comité consultatif de la législation et de la réglementation financières, la certification mentionnée à l'alinéa précédent peut être exercée par un seul commissaire aux comptes. Lorsque cette condition est remplie, et que l'entreprise est soumise soit aux règles de la comptabilité publique, soit à un régime spécifique d'approbation de ses comptes présentant des garanties jugées suffisantes par l'Autorité de contrôle prudentiel et de résolution, celle-ci peut décider de lever l'obligation de certification mentionnée à l'alinéa précédent. Ces dérogations ne sont pas applicables lorsque l'établissement de crédit, la société de financement ou l'entreprise d'investissement est tenu d'établir des comptes sur base consolidée.

Les commissaires aux comptes doivent présenter toutes les garanties d'indépendance à l'égard des établissements de crédit, des sociétés de financement, des entreprises d'investissement, des entreprises mères de société de financement, des compagnies financières holding ou des compagnies financières holding mixtes contrôlés. Les dispositions du livre VII du Code de commerce sont applicables aux commissaires aux comptes de tout établissement de crédit, société de financement, entreprise d'investissement, entreprise mère de société de financement, compagnie financière holding ou compagnie financière holding mixte.

Art. L. 511-39 *(Mod., Ord. n° 2013-544, 27 juin 2013 ; Ord. n° 2015-558, 21 mai 2015)*. – I. – Les dispositions des articles L. 225-38 à L. 225-43 du Code de commerce sont applicables à tous les établissements de crédit et toutes les sociétés de financement.

Pour l'application de l'article L. 225-40 du même code, lorsque ces établissements de crédit ou ces sociétés de financement ne comportent pas d'assemblée générale, le rapport spécial des commissaires aux comptes est soumis à l'approbation définitive du conseil d'administration.

Lorsque ces établissements de crédit ou ces sociétés de financement sont dispensés, dans les conditions prévues par les dispositions du deuxième alinéa de l'article L. 511-38 du présent code, de l'obligation de certification, le rapport spécial est établi, selon le cas, par le comptable public ou par l'organisme chargé de l'approbation des comptes.

II. – Dans le cas d'une succursale d'établissement de crédit mentionnée au I de l'article L. 511-10, les personnes mentionnées au second alinéa de l'article L. 511-13 communiquent à l'organe de l'établissement de crédit dont dépend cette succursale qui exerce des fonctions de surveillance équivalentes à celles d'un conseil d'administration ou d'un conseil de surveillance, préalablement à leur conclusion :

1° Toute convention intervenant directement ou par personne interposée entre l'établissement de crédit dont dépend cette succursale et l'une des personnes mentionnées au second alinéa de l'article L. 511-13, ainsi que toute convention à laquelle l'une de ces personnes est indirectement intéressée ;

2° Toute convention intervenant entre l'établissement de crédit dont dépend la succursale et une entreprise dont l'une des personnes mentionnées au second alinéa de l'article L. 511-13 est propriétaire, associée indéfiniment responsable, gérante, administrateur, membre du conseil de surveillance ou, de façon générale, dirigeante.

Les dispositions qui précèdent ne s'appliquent pas aux opérations courantes et conclues à des conditions normales.

L'interdiction prévue à l'article L. 225-43 du Code de commerce s'applique aux personnes mentionnées au second alinéa de l'article L. 511-13, aux conjoint, ascendants et descendants de ces personnes ainsi qu'à toute personne interposée.

Section VII. – Dispositions prudentielles

(Mod., L. n° 2008-776, 4 août 2008 ; Ord. n° 2014-158, 20 févr. 2014)

Art. L. 511-40 *(Abr., Ord. n° 2014-158, 20 févr. 2014).*

Art. L. 511-41 *(Mod., L. n° 2003-706, 1er août 2003 ; Ord. n° 2004-1201, 12 nov. 2004 ; Ord. n° 2007-571, 19 avr. 2007 ; L. n° 2008-776, 4 août 2008 ; Ord. n° 2010-76, 21 janv. 2010 ; Ord. n° 2013-544, 27 juin 2013 ; Ord. n° 2014-158, 20 févr. 2014 ; Ord. n° 2015-558, 21 mai 2015).* – I. – Les établissements de crédit et les sociétés de financement sont tenus de respecter des normes de gestion destinées à garantir leur liquidité et leur solvabilité à l'égard des déposants et, plus généralement, des tiers, ainsi que l'équilibre de leur structure financière.

Ils doivent en particulier respecter des ratios de couverture et de division de risques.

Pour le respect des normes relatives à la solvabilité et à la liquidité, ils peuvent être autorisés à utiliser leurs approches internes d'évaluation des risques.

Les établissements de crédit et les sociétés de financement notifient à l'Autorité de contrôle prudentiel et de résolution les transactions importantes entre les établissements de crédit ou les sociétés de financement d'un groupe mixte et la compagnie holding mixte ou ses filiales, dans les conditions définies à l'article L. 612-24.

II. – Une succursale d'établissement de crédit mentionnée au I de l'article L. 511-10 peut demander à l'Autorité de contrôle prudentiel et de résolution une exemption totale ou partielle concernant les exigences de solvabilité, de liquidité, de levier et de grands risques si les conditions suivantes sont remplies :

1° La réglementation et la surveillance en la matière du pays de l'établissement de crédit dont dépend la succursale prennent effectivement en compte les risques assumés hors de celui-ci de façon équivalente aux dispositions en vigueur en France ;

2° L'établissement de crédit dont dépend la succursale s'engage à assurer lui-même la surveillance des opérations de la succursale en France, conformément à la réglementation en vigueur dans son pays et sous le contrôle de l'autorité compétente dans ce pays ;

3° L'établissement de crédit dont dépend la succursale confirme qu'il fera en sorte que la succursale ait en France les fonds suffisants pour la couverture de ses engagements, notamment pour répondre à ses besoins de liquidité à court terme ;

4° L'établissement de crédit dont dépend la succursale s'engage à informer l'Autorité de contrôle prudentiel et de résolution de toute évolution pertinente pour vérifier que les conditions prévues aux 1° à 3° continuent à être satisfaites de manière permanente ;

5° L'autorité compétente de l'État de l'établissement de crédit dont dépend la succursale donne son accord à l'exemption demandée ; elle confirme la régularité de la situation de l'établissement de crédit dont dépend la succursale ; elle s'engage à informer l'Autorité de contrôle prudentiel et de résolution de toute modification significative des conditions précitées et à lui communiquer, à sa demande, toute information relative à l'établissement de crédit dont dépend la succursale utile au contrôle de la situation de la succursale.

L'Autorité de contrôle prudentiel et de résolution vérifie que les conditions ci-dessus sont satisfaites et définit les modalités d'exemption de la succursale. Elle s'assure, au vu notamment d'une attestation expresse de l'autorité compétente de l'État de l'établissement de crédit dont dépend la succursale, que les établissements de crédit français peuvent bénéficier d'un traitement équivalent de la part de cette autorité. Pour définir ces modalités d'exemption, l'Autorité de contrôle prudentiel et de résolution prend en compte les caractéristiques des activités de la succursale en France ainsi que les caractéristiques de la réglementation de l'État de l'établissement de crédit dont dépend la succursale. L'Autorité de contrôle prudentiel et de résolution peut conditionner l'exemption des règles de liquidité à la nature et au volume prévisionnel du programme d'activité de la succursale, s'agissant en particulier des opérations de réception de fonds remboursables du public.

L'Autorité de contrôle prudentiel et de résolution peut retirer le bénéfice du présent article à une succursale, lorsqu'elle estime que l'une des conditions n'est plus remplie.

Lorsqu'une succursale bénéficie du présent article, l'Autorité de contrôle prudentiel et de résolution peut également exempter cette succursale des obligations de publication prévues à la huitième partie du règlement (UE) n° 575/2013 du Parlement européen et du Conseil du 26 juin 2013.

La succursale informe l'Autorité de contrôle prudentiel et de résolution de toute évolution pertinente pour vérifier que les conditions ci-dessus continuent à être satisfaites de manière permanente.

III. – Les établissements de crédit, *(Mots suppr., Ord. n° 2021-796, 23 juin 2021)* « ... » *(Mots suppr., Ord. n° 2017-1107, 22 juin 2017)* « ... », les sociétés de financement, les compagnies financières holding, les compagnies financières holding mixtes et les entreprises mères de société de financement instaurent des procédures permettant à leur personnel de signaler auprès des responsables et comités compétents de leur entreprise ainsi qu'à l'Autorité de contrôle prudentiel et de résolution les manquements ou infractions aux dispositions du règlement (UE) n° 575/2013 du Parlement européen et du Conseil du 26 juin 2013, du présent titre ou du titre III du présent livre ou d'un règlement pris pour leur application ou de toute autre disposition législative ou réglementaire dont la méconnaissance entraîne celle des dispositions précitées, commis en leur sein ou susceptibles de l'être, par un moyen spécifique, indépendant et autonome.

Les établissements de crédit, *(Mots suppr., Ord. n° 2021-796, 23 juin 2021)* « ... » *(Mots suppr., Ord. n° 2017-1107, 22 juin 2017)* « ... », les sociétés de financement, les compagnies financières holding, les compagnies financières holding mixtes et les entreprises mères de société de financement doivent en outre veiller, en adoptant toutes les dispositions nécessaires, à ce qu'aucune personne ne soit écartée d'une procédure de recrutement ou de l'accès à un stage ou à une période de formation en entreprise et à ce qu'aucun membre de leur personnel ne soit sanctionné, licencié ou ne fasse l'objet d'une mesure discriminatoire, directe ou indirecte, notamment en matière de rémunération, de mesures d'intéressement ou de distributions d'actions, de formation, de reclassement, d'affectation, de qualification, de classification, de promotion professionnelle, de mutation ou de renouvellement de contrat pour avoir signalé de bonne foi des manquements ou des infractions auprès des responsables et comités compétents de leur entreprise ainsi qu'à l'Autorité de contrôle prudentiel et de résolution.

En cas de litige relatif à l'application de l'alinéa précédent, dès lors que la personne présente des éléments de fait qui permettent de présumer qu'elle a signalé de bonne foi des manquements ou des infractions, il incombe à la partie défenderesse, au vu des éléments, de prouver que sa décision est justifiée par des éléments objectifs étrangers au signalement réalisé par l'intéressé. Le juge forme sa conviction après avoir ordonné, en cas de besoin, toutes les mesures d'instruction qu'il estime utiles.

Un arrêté du ministre chargé de l'économie définit les conditions d'application du présent article.

Art. L. 511-41-1 A *(L. n° 2010-1249, 22 oct. 2010 ; Ord. n° 2013-544, 27 juin 2013 ; Ord. n° 2013-676, 25 juill. 2013 ; L. n° 2013-672, 26 juill. 2013 ; Ord. n° 2014-158, 20 févr. 2014 ; mod., Ord. n° 2020-1635, 21 déc. 2020 ; Ord. n° 2021-796, 23 juin 2021).* – I. – Les établissements de crédit et les sociétés de financement sont soumis à une exigence supplémentaire de fonds propres s'ajoutant aux exigences prévues respectivement par la troisième partie du règlement (UE) n° 575/2013 du Parlement européen et du Conseil du 26 juin 2013 pour les établissements de crédit ou par l'arrêté du ministre chargé de l'économie mentionné au 6 de l'article L. 611-1 pour les sociétés de financement. Cette exigence supplémentaire constitue l'exigence globale de coussin de fonds propres prévue par le règlement précité.

II. – L'exigence globale de coussin de fonds propres mentionnée ci-dessus correspond au montant total de fonds propres de base définis à l'article 26 du règlement (UE) du 26 juin 2013 cité au I, nécessaire pour satisfaire à l'exigence de coussin de conservation de fonds propres, augmenté, le cas échéant :

1° De l'exigence de coussin de fonds propres contra-cyclique spécifique à l'établissement de crédit ou à la société de financement ;

2° De l'exigence de coussin applicable aux établissements d'importance systémique mondiale ;

3° De l'exigence de coussin applicable aux autres établissements d'importance systémique ;

4° De l'exigence de coussin pour le risque systémique.

II *bis*. – Les fonds propres de base mentionnés ci-dessus, nécessaires pour remplir l'exigence globale de coussin de fonds propres, ne peuvent être utilisés pour satisfaire aux exigences et recommandations suivantes :

1° L'exigence globale de fonds propres devant être remplie à tout moment afin de satisfaire à toute exigence énoncée à l'article 92, paragraphe 1, *a*, *b* et *c* du règlement (UE) n° 575/2013 du Parlement européen et du Conseil du 26 juin 2013 ;

2° L'exigence de fonds propres supplémentaires imposée par l'Autorité de contrôle prudentiel et de résolution, conformément aux dispositions du II de l'article L. 511-41-3, pour tenir compte de risques autres que le risque de levier excessif insuffisamment couvert au titre de l'article 92, paragraphe 1, *d*, du règlement (UE) n° 575/2013 du Parlement européen et du Conseil du 26 juin 2013 ;

3° Les recommandations sur les fonds propres supplémentaires faites par l'Autorité de contrôle prudentiel et de résolution conformément aux dispositions du II *bis* de l'article L. 511-41-3 ;

4° Les exigences de fonds propres et d'engagements éligibles définis aux articles 92 *bis* et 92 *ter* du règlement (UE) n° 575/2013 du Parlement européen et du Conseil du 26 juin 2013 et au IV de l'article L. 613-44 pour couvrir des risques autres que le risque de levier.

De même, les fonds propres de base utilisés pour satisfaire à l'une des exigences composant l'exigence globale de coussins de fonds propres ne peuvent l'être pour satisfaire à une autre exigence composant l'exigence globale de coussins de fonds propres.

III. – Le coussin de conservation de fonds propres mentionné au II est égal à 2,5 % du montant total de l'exposition au risque des établissements de crédit et des sociétés de financement, calculé conformément au paragraphe 3 de l'article 92 du règlement (UE) du 26 juin 2013 cité au I.

IV. – Le Haut Conseil de la stabilité financière prévu à l'article L. 631-2-1 fixe sur une base trimestrielle le taux de coussin de fonds propres contra-cyclique, applicable aux expositions localisées en France. Ce taux est pris en compte pour la détermination de l'exigence de coussin de fonds propres contra-cyclique spécifique mentionnée au 1° du II.

V. – Les établissements d'importance systémique mondiale mentionnés au 2° du II peuvent être :

1° Des établissements de crédit qui ne sont pas des filiales au sens du premier alinéa du VI ;

2° Des entreprises d'investissement de classe 1 *bis* qui ne sont pas des filiales au sens du premier alinéa du VI ;

3° Des groupes ayant à leur tête un établissement mère dans l'Union, une entreprise d'investissement mère dans l'Union, une compagnie holding d'investissement mère dans l'Union, une compagnie financière holding mère dans l'Union ou une compagnie financière holding mixte mère dans l'Union définis au paragraphe 1 de l'article 4 du règlement (UE) n° 575/2013.

V *bis*. – Les autres établissements d'importance systémique mentionnés au 3° du II peuvent être :

1° Des établissements de crédit au sens du I de l'article L. 511-1 ;

2° Des entreprises d'investissement de classe 1 *bis* ;

3° Des sociétés de financement au sens de l'article L. 515-1 ;

4° Des groupes ayant à leur tête un établissement mère dans l'Union, une entreprise d'investissement mère dans l'Union, une compagnie holding d'investissement mère dans l'Union, une compagnie financière holding mère dans l'Union ou une compagnie financière holding mixte mère dans l'Union définis au paragraphe 1 de l'article 4 du règlement (UE) n° 575/2013 ;

5° Des groupes ayant à leur tête un établissement mère dans un État membre, une entreprise d'investissement mère dans l'Union, une compagnie holding d'investissement mère dans l'Union, une compagnie financière holding mère dans un État membre ou une compagnie financière holding mixte mère dans un État membre définis au paragraphe 1 de l'article 4 même du règlement ;

6° Des groupes ayant à leur tête une entreprise mère de société de financement au sens de l'article L. 571-1.

VI. – Les établissements d'importance systémique mondiale mentionnés au V ne peuvent pas être des filiales au sens du I de l'article L. 511-20 d'établissements de crédit, d'entreprises d'investissement définies au 2 du paragraphe 1 de l'article 4 du règlement (UE) n° 575/2013 du Parlement européen et du Conseil du 26 juin 2013, ou de compagnies financières holding ou compagnies financières holding mixtes au sein de l'Union européenne ou de l'Espace économique européen.

VII. – Les autres établissements d'importance systémique mentionnées au V *bis* ne peuvent pas être des filiales au sens du I de l'article L. 511-20 de compagnies financières holding ou compagnies financières holding mixtes en France.

La liste de ces autres établissements d'importance systémique est établie sur base individuelle, sous-consolidée ou consolidée selon le cas, par l'Autorité de contrôle prudentiel et de résolution sur la base d'au moins un des critères suivants :

1° Leur taille ;

2° Leur importance pour l'économie de l'Union européenne ou de l'État membre concerné ;

3° L'importance de leurs activités transfrontières ;

4° L'interconnexion de l'établissement de crédit, de la société de financement ou du groupe avec le système financier.

VIII. – L'Autorité de contrôle prudentiel et de résolution détermine, à l'intérieur de la liste prévue au VI, des sous-catégories à l'intérieur desquelles elle classe les établissements d'importance systémique mondiale. Elle peut modifier le classement d'une entité dans l'une ou l'autre des listes prévues aux VI et VII, ou à l'intérieur de la liste prévue au VI dans l'une ou l'autre des sous-catégories, pour les besoins de l'exercice d'une saine surveillance.

IX. – Les établissements de crédit et les sociétés de financement sont tenus de respecter le taux de coussin pour le risque systémique fixé par le Haut Conseil de la stabilité financière en application du 4° *bis* de l'article L. 631-2-1, afin de prévenir et d'atténuer les risques systémiques ou macroprudentiels non cycliques à long terme qui ne sont pas couverts par le règlement (UE) du 26 juin 2013 cité au I. La qualification de risque systémique s'applique à un risque de perturbation du système financier susceptible d'avoir de graves répercussions sur le système financier et l'économie réelle.

X. – Il est interdit à un établissement de crédit ou une société de financement qui satisfait à l'exigence globale de coussins de fonds propres de procéder à une distribution d'une ampleur telle qu'elle réduirait ses fonds propres à un niveau ne lui permettant plus de respecter l'exigence globale de coussin de fonds propres.

Il est interdit à un établissement de crédit ou une société de financement qui ne satisfait pas à l'exigence globale de coussin de fonds propres prévue au II :

1° De procéder à une distribution en relation avec les fonds propres de base définis à l'article 26 du règlement (UE) du 26 juin 2013 cité au I ;

2° De créer une obligation de verser des prestations de pension discrétionnaires ou une rémunération variable ou de verser de telles pensions ou rémunérations, sauf si l'obligation de versement est née antérieurement à la violation de l'exigence globale de coussins de fonds propres ;

3° D'effectuer des paiements liés à des instruments de fonds propres additionnels définis à l'article 51 du règlement (UE) du 26 juin 2013 cité au I.

XI. – Les distributions mentionnées au X incluent :

1° Le versement de dividendes en numéraire ;

2° La distribution de bonus sous forme d'actions, ou autres instruments de capital mentionnés au a du paragraphe 1 de l'article 26 du règlement (UE) du 26 juin 2013 cité au I pour les établissements de crédit, totalement ou partiellement libérés ;

3° Le remboursement ou le rachat par un établissement de crédit ou une société de financement de ses propres actions ou d'autres instruments de capital mentionnés au a du paragraphe 1 de l'article 26 du règlement (UE) du 26 juin 2013 cité au I ;

4° Le remboursement des sommes versées en relation avec des instruments de capital mentionnés au *a* du *paragraphe 1 de l'article 26 du règlement (UE)* du 26 juin 2013 cité au I ;

5° Les distributions d'éléments mentionnés aux b à e de l'article 26 du règlement (UE) du 26 juin 2013 cité au I.

XII. – Les interdictions mentionnées au X ne s'appliquent pas lorsque leur mise en œuvre est susceptible d'être considérée par le régime d'insolvabilité applicable à l'établissement de crédit ou à la société de financement comme un événement de défaut ou une condition pour engager une procédure d'insolvabilité.

XIII. – L'établissement de crédit ou la société de financement qui ne satisfait pas à l'exigence globale de coussins de fonds propres détermine, en fonction notamment de ses bénéfices, le montant maximal distribuable qui lui est applicable. L'interdiction prévue au deuxième alinéa du X s'applique aux établissements de crédit et aux sociétés de financement qui n'ont pas satisfait à cette obligation et, pour les autres, au-delà de ce montant maximal tel qu'il a été déterminé.

XIV. – Nonobstant les dispositions du X, lorsqu'un établissement de crédit ou une société de financement ne satisfait pas à l'exigence globale de coussin de fonds propres prévue au II ou à l'exigence de coussin lié au ratio de levier conformément à l'article 92, paragraphe 1 *bis*, du règlement (UE) n° 575/2013 du Parlement européen et du Conseil du 26 juin 2013, il élabore un plan de conservation des fonds propres qu'il soumet à l'Autorité de contrôle prudentiel et de résolution.

L'Autorité de contrôle prudentiel et de résolution approuve le plan de conservation des fonds propres si elle estime que sa mise en œuvre peut raisonnablement permettre à l'établissement de crédit ou à la société de financement de satisfaire à l'exigence globale de coussin de fonds propres prévue au II ou à l'exigence de coussin lié au ratio de levier ci-dessus mentionnée. Dans le cas contraire, elle impose à l'établissement de crédit ou à la société de financement au moins l'une des mesures prévues à l'article L. 511-41-3 et aux 9° et 10° du I de l'article L. 612-33.

XV. – Les conditions d'application du présent article sont fixées par arrêté du ministre chargé de l'économie.

Rédaction future. Art. L. 511-41-1 A *(L. n° 2010-1249, 22 oct. 2010 ; Ord. n° 2013-544, 27 juin 2013 ; Ord. n° 2013-676, 25 juill. 2013 ; L. n° 2013-672, 26 juill. 2013 ; Ord. n° 2014-158, 20 févr. 2014 ; mod., Ord. n° 2020-1635, 21 déc. 2020 ; Ord. n° 2021-796, 23 juin 2021 ; mod. à compter du 1er janvier 2022, Ord. n° 2021-796, 23 juin 2021)*. – I. – Les établissements de crédit et les sociétés de financement sont soumis à une exigence supplémentaire de fonds propres s'ajoutant aux exigences prévues respectivement par la troisième partie du règlement (UE) n° 575/2013 du Parlement européen et du Conseil du 26 juin 2013 pour les établissements de crédit ou par l'arrêté du ministre chargé de l'économie mentionné au 6 de l'article L. 611-1 pour les sociétés de financement. Cette exigence supplémentaire constitue l'exigence globale de coussin de fonds propres prévue par le règlement précité.

II. – L'exigence globale de coussin de fonds propres mentionnée ci-dessus correspond au montant total de fonds propres de base définis à l'article 26 du règlement (UE) du 26 juin 2013 cité au I, nécessaire pour satisfaire à l'exigence de coussin de conservation de fonds propres, augmenté, le cas échéant :

1° De l'exigence de coussin de fonds propres contra-cyclique spécifique à l'établissement de crédit ou à la société de financement ;

2° De l'exigence de coussin applicable aux établissements d'importance systémique mondiale ;

3° De l'exigence de coussin applicable aux autres établissements d'importance systémique ;

4° De l'exigence de coussin pour le risque systémique.

II *bis*. – Les fonds propres de base mentionnés ci-dessus, nécessaires pour remplir l'exigence globale de coussin de fonds propres, ne peuvent être utilisés pour satisfaire aux exigences et recommandations suivantes :

1° L'exigence globale de fonds propres devant être remplie à tout moment afin de satisfaire à toute exigence énoncée à l'article 92, paragraphe 1, *a*, *b* et *c* du règlement (UE) n° 575/2013 du Parlement européen et du Conseil du 26 juin 2013 ;

2° L'exigence de fonds propres supplémentaires imposée par l'Autorité de contrôle prudentiel et de résolution, conformément aux dispositions du II de l'article L. 511-41-3, pour tenir compte de risques autres que le risque de levier excessif insuffisamment couvert au titre de l'article 92, paragraphe 1, *d*, du règlement (UE) n° 575/2013 du Parlement européen et du Conseil du 26 juin 2013 ;

3° Les recommandations sur les fonds propres supplémentaires faites par l'Autorité de contrôle prudentiel et de résolution conformément aux dispositions du II *bis* de l'article L. 511-41-3 ;

4° Les exigences de fonds propres et d'engagements éligibles définis aux articles 92 *bis* et 92 *ter* du règlement (UE) n° 575/2013 du Parlement européen et du Conseil du 26 juin 2013 et au IV de l'article L. 613-44 pour couvrir des risques autres que le risque de levier.

De même, les fonds propres de base utilisés pour satisfaire à l'une des exigences composant l'exigence globale de coussins de fonds propres ne peuvent l'être pour satisfaire à une autre exigence composant l'exigence globale de coussins de fonds propres.

III. – Le coussin de conservation de fonds propres mentionné au II est égal à 2,5 % du montant total de l'exposition au risque des établissements de crédit et des sociétés de financement, calculé conformément au paragraphe 3 de l'article 92 du règlement (UE) du 26 juin 2013 cité au I.

IV. – Le Haut Conseil de la stabilité financière prévu à l'article L. 631-2-1 fixe sur une base trimestrielle le taux de coussin de fonds propres contra-cyclique, applicable aux expositions localisées en France. Ce taux est pris en compte pour la détermination de l'exigence de coussin de fonds propres contra-cyclique spécifique mentionnée au 1° du II.

V. – Les établissements d'importance systémique mondiale mentionnés au 2° du II peuvent être :

1° Des établissements de crédit qui ne sont pas des filiales au sens du premier alinéa du VI ;

2° Des entreprises d'investissement de classe 1 *bis* qui ne sont pas des filiales au sens du premier alinéa du VI ;

3° Des groupes ayant à leur tête un établissement mère dans l'Union, une entreprise d'investissement mère dans l'Union, une compagnie holding d'investissement mère dans l'Union, une compagnie financière holding mère dans l'Union ou une compagnie financière holding mixte mère dans l'Union définis au paragraphe 1 de l'article 4 du règlement (UE) n° 575/2013.

V *bis*. – Les autres établissements d'importance systémique mentionnés au 3° du II peuvent être :

1° Des établissements de crédit au sens du I de l'article L. 511-1 ;

2° Des entreprises d'investissement de classe 1 *bis* ;

3° Des sociétés de financement au sens de l'article L. 515-1 ;

4° Des groupes ayant à leur tête un établissement mère dans l'Union, une entreprise d'investissement mère dans l'Union, une compagnie holding d'investissement mère dans l'Union, une compagnie financière holding mère dans l'Union ou une compagnie financière holding mixte mère dans l'Union définis au paragraphe 1 de l'article 4 du règlement (UE) n° 575/2013 ;

5° Des groupes ayant à leur tête un établissement mère dans un État membre, une entreprise d'investissement mère dans l'Union, une compagnie holding d'investissement mère dans l'Union, une compagnie financière holding mère dans un État membre ou une compagnie financière holding mixte mère dans un État membre définis au paragraphe 1 de l'article 4 même du règlement ;

6° Des groupes ayant à leur tête une entreprise mère de société de financement au sens de l'article L. 571-1.

VI. – Les établissements d'importance systémique mondiale mentionnés au V ne peuvent pas être des filiales au sens du I de l'article L. 511-20 d'établissements de crédit, d'entreprises d'investissement définies au 2 du paragraphe 1 de l'article 4 du règlement (UE) n° 575/2013 du Parlement européen et du Conseil du 26 juin 2013, ou de compagnies financières holding ou compagnies financières holding mixtes au sein de l'Union européenne ou de l'Espace économique européen.

VII. – Les autres établissements d'importance systémique mentionnées au V *bis* ne peuvent pas être des filiales au sens du I de l'article L. 511-20 de compagnies financières holding ou compagnies financières holding mixtes en France.

La liste de ces autres établissements d'importance systémique est établie sur base individuelle, sous-consolidée ou consolidée selon le cas, par l'Autorité de contrôle prudentiel et de résolution sur la base d'au moins un des critères suivants :

1° Leur taille ;

2° Leur importance pour l'économie de l'Union européenne ou de l'État membre concerné ;

3° L'importance de leurs activités transfrontières ;

4° L'interconnexion de l'établissement de crédit, de la société de financement ou du groupe avec le système financier.

VIII. – L'Autorité de contrôle prudentiel et de résolution détermine, à l'intérieur de la liste prévue au VI, des sous-catégories à l'intérieur desquelles elle classe les établissements d'importance systémique mondiale. Elle peut modifier le classement d'une entité dans l'une ou l'autre des listes prévues aux VI et VII, ou à l'intérieur de la liste prévue au VI dans l'une ou l'autre des sous-catégories, pour les besoins de l'exercice d'une saine surveillance.

IX. – Les établissements de crédit et les sociétés de financement sont tenus de respecter le taux de coussin pour le risque systémique fixé par le Haut Conseil de la stabilité financière en application du 4° *bis* de l'article L. 631-2-1, afin de prévenir et d'atténuer les risques macroprudentiels ou systémiques qui ne sont pas couverts par le règlement (UE) du 26 juin 2013 cité au I ni par le coussin contra-cyclique ni le coussin pour les établissements d'importance systémique mondiale ou pour les autres établissements d'importance systémique. La qualification de risque systémique s'applique à un risque de perturbation du système financier susceptible d'avoir de graves répercussions sur le système financier et l'économie réelle.

X. – Il est interdit à un établissement de crédit ou une société de financement qui satisfait à l'exigence globale de coussins de fonds propres de procéder à une distribution d'une ampleur telle qu'elle réduirait ses fonds propres à un niveau ne lui permettant plus de respecter l'exigence globale de coussin de fonds propres.

Il est interdit à un établissement de crédit ou une société de financement qui ne satisfait pas à l'exigence globale de coussin de fonds propres prévue au II ou à l'exigence de coussin lié au ratio de levier mentionné à l'alinéa précédent :

1° De procéder à une distribution en relation avec les fonds propres de base définis à l'article 26 du règlement (UE) du 26 juin 2013 cité au I ;

2° De créer une obligation de verser des prestations de pension discrétionnaires ou une rémunération variable ou de verser de telles pensions ou rémunérations, sauf si l'obligation de versement est née antérieurement à la violation de l'exigence globale de coussins de fonds propres ou à l'exigence de coussin lié au ratio de levier ;

3° D'effectuer des paiements liés à des instruments de fonds propres additionnels définis à l'article 51 du règlement (UE) du 26 juin 2013 cité au I.

Pour l'application du deuxième alinéa, un établissement de crédit ou une société de financement est considéré comme ne satisfaisant pas :

1° À l'exigence globale de coussin de fonds propres lorsqu'il ne dispose pas de fonds propres en quantité suffisante et de la qualité requise pour satisfaire en même temps à l'exigence globale de coussin de fonds propres et à chacune des exigences suivantes :

a) L'exigence énoncée à l'article 92, paragraphe 1, *a*, du règlement (UE) n° 575/2013 du Parlement européen et du Conseil du 26 juin 2013 et l'exigence de fonds propres supplémentaires imposée en vertu du II de l'article L. 511-41-3 pour faire face à des risques autres que le risque de levier excessif ;

b) L'exigence énoncée à l'article 92, paragraphe 1, *b*, du règlement (UE) n° 575/2013 du Parlement européen et du Conseil du 26 juin 2013 et l'exigence de fonds propres supplémentaires imposée en vertu du II de l'article L. 511-41-3 pour faire face à des risques autres que le risque de levier excessif ;

c) L'exigence énoncée à l'article 92, paragraphe 1, *c*, du règlement (UE) n° 575/2013 du Parlement européen et du Conseil du 26 juin 2013 et l'exigence de fonds propres supplémentaires imposée en vertu du II de l'article L. 511-41-3 pour faire face à des risques autres que le risque de levier excessif ;

2° À l'exigence de coussin lié au ratio de levier lorsqu'il ne dispose pas de fonds propres de catégorie 1 en quantité suffisante pour satisfaire en même temps à l'exigence énoncée à l'article 92, paragraphe 1 *bis*, du règlement (UE) n° 575/2013 du Parlement européen et du Conseil du 26 juin 2013 et aux exigences énoncées à l'article 92, paragraphe 1, *d*, de ce règlement et à l'exigence de fonds propres supplémentaires imposée en vertu du II de l'article L. 511-41-3 pour faire face à un risque de levier excessif.

XI. – Les distributions mentionnées au X incluent :

1° Le versement de dividendes en numéraire ;

2° La distribution de bonus sous forme d'actions, ou autres instruments de capital mentionnés au *a* du paragraphe 1 de l'article 26 du règlement (UE) du 26 juin 2013 cité au I pour les établissements de crédit, totalement ou partiellement libérés ;

3° Le remboursement ou le rachat par un établissement de crédit ou une société de financement de ses propres actions ou d'autres instruments de capital mentionnés au *a* du paragraphe 1 de l'article 26 du règlement (UE) du 26 juin 2013 cité au I ;

4° Le remboursement des sommes versées en relation avec des instruments de capital mentionnés au *a* du paragraphe 1 de l'article 26 du règlement (UE) du 26 juin 2013 cité au I ;

5° Les distributions d'éléments mentionnés aux *b* à *e* de l'article 26 du règlement (UE) du 26 juin 2013 cité au I.

XII. – Les interdictions mentionnées au X ne s'appliquent pas lorsque leur mise en œuvre est susceptible d'être considérée par le régime d'insolvabilité applicable à l'établissement de crédit ou à la société de financement comme un événement de défaut ou une condition pour engager une procédure d'insolvabilité.

XIII. – L'établissement de crédit ou la société de financement qui ne satisfait pas à l'exigence globale de coussins de fonds propres ou à l'exigence de coussin lié au ratio de levier ou qui ne dépasse pas l'une ou l'autre de ces deux exigences détermine, en fonction notamment de ses bénéfices, le montant maximal distribuable qui lui est applicable. L'interdiction prévue aux troisième, quatrième et cinquième alinéas du X s'applique aux établissements de crédit et aux sociétés de financement qui n'ont pas satisfait à cette obligation et, pour les autres, au-delà de ce montant maximal tel qu'il a été déterminé.

XIV. – Nonobstant les dispositions du X, lorsqu'un établissement de crédit ou une société de financement ne satisfait pas à l'exigence globale de coussin de fonds propres prévue au II ou à l'exigence de coussin lié au ratio de levier conformément à l'article 92, paragraphe 1 *bis*, du règlement (UE) n° 575/2013 du Parlement européen et du Conseil du 26 juin 2013, il élabore un plan de conservation des fonds propres qu'il soumet à l'Autorité de contrôle prudentiel et de résolution.

L'Autorité de contrôle prudentiel et de résolution approuve le plan de conservation des fonds propres si elle estime que sa mise en œuvre peut raisonnablement permettre à l'établissement de crédit ou à la société de financement de satisfaire à l'exigence globale de coussin de fonds propres prévue au II ou à l'exigence de coussin lié au ratio de levier ci-dessus mentionnée. Dans le cas contraire, elle impose à l'établissement de crédit ou à la société de financement au moins l'une des mesures prévues à l'article L. 511-41-3 et aux 9° et 10° du I de l'article L. 612-33.

XV. – Les conditions d'application du présent article sont fixées par arrêté du ministre chargé de l'économie.

Art. L. 511-41-1 B *(Mod., L. n° 2015-992, 17 août 2015 ; Ord. n° 2020-1635, 21 déc. 2020).* **– Les établissements de crédit et les sociétés de financement mettent en place des dispositifs, stratégies et procédures faisant l'objet d'un contrôle interne régulier mentionné à l'article L. 511-55, leur permettant de détecter, de mesurer et de gérer les risques auxquels ils sont ou pourraient être exposés du fait de leurs activités.**

Ces risques incluent notamment le risque de crédit et de contrepartie, y compris le risque résiduel, le risque de concentration lié aux expositions sur des contreparties, le risque généré par les opérations de titrisation, les risques de marché, les risques de variation des taux d'intérêt, le risque opérationnel, le risque de liquidité, le risque de levier excessif ainsi que les risques mis en évidence dans le cadre de tests de résistance régulièrement mis en œuvre.

Les établissements de crédit et les sociétés de financement, compte tenu notamment de leur taille, de leur organisation interne et de leurs activités, développent une capacité interne à évaluer les risques en question. Ils recourent, si l'Autorité de contrôle prudentiel et de résolution les y autorise, à une approche interne pour déterminer les exigences de fonds propres appropriées à leur situation.

Les dispositifs, stratégies et procédures mentionnées au premier alinéa peuvent avoir également pour objet de permettre aux établissements de crédit et aux sociétés de financement d'évaluer et de conserver les montants et structures de capital interne adéquats pour couvrir certains des risques auxquels ils sont ou pourraient être exposés. Ils doivent notamment permettre d'absorber les pertes potentielles résultant de scénarios de crise, y compris celles identifiées dans le cadre des tests de résistance prudentiels mis en place par l'Autorité conformément aux dispositions de l'article L. 511-41-1-C.

Les établissements de crédit et les sociétés de financement doivent, selon la nature des risques encourus, établir des plans d'urgence et de poursuite de leur activité, maintenir des coussins adéquats de liquidité et disposer de plans de rétablissement de leur liquidité.

Les entreprises mères des groupes soumis à une surveillance sur base consolidée en application de l'article L. 613-20-1 s'assurent que les dispositifs, stratégies et procédures mentionnés au premier alinéa qui sont mis en place par leurs filiales soient cohérents entre eux et bien intégrés.

Les conditions d'application du présent article sont fixées par arrêté du ministre chargé de l'économie

Art. L. 511-41-1 C *(Mod., Ord. n° 2020-1635, 21 déc. 2020).* **– L'Autorité de contrôle prudentiel et de résolution évalue et contrôle les dispositifs, stratégies et procédures mis en œuvre par les établissements de**

crédit et les sociétés de financement pour détecter, mesurer et gérer les risques auxquels ils sont ou pourraient être exposés, définis à l'article L. 511-41-1 B. L'Autorité évalue aussi le niveau du capital qui en résulte.

L'Autorité contrôle l'utilisation par les établissements de crédit et les sociétés de financement des approches internes pour la détermination des exigences de fonds propres s'imposant à eux, en s'assurant notamment que ceux-ci ne s'appuient pas exclusivement ou mécaniquement sur les notations de crédit externes.

Sur la base des informations communiquées par les établissements de crédit et les sociétés de financement, elle évalue au moins une fois par an la qualité des approches internes mises en œuvre pour le calcul des exigences de fonds propres.

L'Autorité procède à une analyse comparative des approches internes. Si l'Autorité établit, à l'issue de cette analyse, que l'approche interne d'un établissement de crédit ou d'une société de financement entraîne une sous-estimation de leur exigence de fonds propres, elle peut leur imposer des mesures correctrices. Ces mesures ne doivent pas déboucher sur une standardisation ou une propension pour certaines méthodes, créer des incitations injustifiées ou provoquer un comportement d'imitation.

Lorsque l'Autorité de contrôle prudentiel et de résolution constate que des établissements de crédit ou des sociétés de financement présentant des profils de risque analogues en raison de la similitude de leurs modèles d'entreprise ou de la localisation géographique de leurs expositions sont ou pourraient être exposés à des risques analogues ou représenter des risques analogues pour le système financier, elle leur applique les dispositions du présent article d'une manière analogue ou identique.

Les conditions d'application du présent article sont fixées par arrêté du ministre chargé de l'économie.

Art. L. 511-41-1. – Lorsqu'un établissement de crédit ou une société de financement a pour entreprise mère un établissement de crédit, une entreprise d'investissement, une compagnie financière holding, une compagnie financière holding mixte ou une entreprise mère de société de financement qui a son siège social dans un État qui n'est pas partie à l'accord sur l'Espace économique européen, l'Autorité de contrôle prudentiel et de résolution vérifie, de sa propre initiative ou à la demande de l'entreprise mère ou d'une entité réglementée agréée dans un État membre ou un autre État partie à l'accord sur l'Espace économique européen, que cet établissement de crédit ou cette société de financement fait l'objet, de la part d'une autorité de surveillance du pays tiers, d'une surveillance consolidée équivalente à celle applicable en France.

À cet effet, l'Autorité de contrôle prudentiel et de résolution consulte l'Autorité bancaire européenne et les autorités compétentes concernées des autres États membres de l'Union européenne ou des autres États parties à l'accord sur l'Espace économique européen.

À défaut d'équivalence, il est appliqué à l'établissement de crédit ou à la société de financement les dispositions relatives à la surveillance consolidée applicables en France.

L'Autorité de contrôle prudentiel et de résolution peut aussi recourir à d'autres méthodes garantissant une surveillance consolidée équivalente, après approbation de l'autorité compétente susceptible d'être chargée de la surveillance consolidée pour l'Espace économique européen et consultation des autres autorités compétentes concernées d'un État membre ou d'un autre État partie à l'accord sur l'Espace économique européen. Elle peut notamment exiger la constitution d'une compagnie financière holding ou d'une compagnie financière holding mixte ayant son siège social dans un État membre ou dans un autre État partie à l'accord sur l'Espace économique européen. L'Autorité de contrôle prudentiel et de résolution notifie à l'Autorité bancaire européenne et à la Commission européenne sa méthode de surveillance consolidée.

Art. L. 511-41-2. – Les établissements de crédit et sociétés de financement qui ont pour filiale au moins un établissement de crédit, une entreprise d'investissement ou un établissement financier, au sens de l'article L. 511-21, ou qui détiennent une participation dans un tel établissement ou entreprise sont tenus de respecter, sur la base de leur situation financière consolidée au sens du 47 du paragraphe 1 de l'article 4 du règlement (UE) n° 575/2013 du Parlement européen et du Conseil du 26 juin 2013, des normes de gestion déterminées par un arrêté du ministre chargé de l'économie ainsi que les règles relatives aux participations mentionnées à *l'article L. 511-2.*

Art. L. 511-41-3 *(Mod., Ord. n° 2015-1024, 20 août 2015 ; Ord. n° 2020-1635, 21 déc. 2020).* – I. – *(I rempl., Ord. n° 2021-796, 23 juin 2021)* L'Autorité de contrôle prudentiel et de résolution peut enjoindre à une personne mentionnée aux 1°, 4°, 9° et 10° du A du I de l'article L. 612-2, à une entreprise d'investissement de classe 1 *bis* ou, à l'exception des entreprises mentionnées au 2° du I de l'article

L. 613-34 qui ne sont pas des entreprises d'investissements de classe 1 *bis*, à une personne mentionnée au I et, le cas échéant, au II de cet article de prendre, dans un délai déterminé, toutes mesures destinées à restaurer ou renforcer sa situation financière ou de liquidité, à améliorer ses méthodes de gestion ou à assurer l'adéquation de son organisation à ses activités ou à ses objectifs de développement, ou, lorsque les informations reçues ou demandées par l'Autorité pour l'exercice du contrôle sont de nature à établir que cette personne est susceptible de manquer dans un délai de douze mois aux obligations prévues par le règlement (UE) n° 575/2013 par une disposition du présent titre et du titre III du présent livre ou d'un règlement pris pour son application ou par toute autre disposition législative ou réglementaire dont la méconnaissance entraîne celle des dispositions précitées.

II. – L'Autorité de contrôle prudentiel et de résolution peut également imposer à l'entreprise une exigence de fonds propres supplémentaires d'un montant supérieur au montant minimal prévu par la réglementation applicable et exiger l'application aux actifs d'une politique spécifique de provisionnement ou un traitement spécifique au regard des exigences de fonds propres.

L'Autorité impose l'exigence de fonds propres supplémentaire prévue à l'alinéa précédent, dans l'un des cas suivants :

1° L'entreprise ne dispose pas de processus adaptés pour conserver en permanence le montant, le type et la répartition de capital interne qu'elle juge appropriés ni de processus efficaces de détection, de gestion et de suivi de ses risques ;

2° Des risques ou des éléments de risques ne sont pas couverts ou le sont insuffisamment par les exigences de fonds propres fixées par le règlement (UE) n° 575/2013 du Parlement européen et du Conseil du 26 juin 2013 et par le chapitre 2 du règlement (UE) 2017/2402 du Parlement européen et du Conseil du 12 décembre 2017 ;

3° L'Autorité estime que la mise en œuvre d'autres mesures ne serait pas susceptible d'améliorer suffisamment les dispositifs, mécanismes et stratégie de l'entreprise dans un délai approprié ;

3° *bis* Les corrections de valeur effectuées conformément à l'article 105 du règlement (UE) n° 575/2013 du Parlement européen et du Conseil du 26 juin 2013 pour les positions du portefeuille de négociation sont insuffisantes pour permettre à l'entreprise de vendre ou de couvrir rapidement ses positions sans s'exposer à des pertes significatives dans des conditions de marché normales ;

4° Il ressort du contrôle et de l'évaluation de la situation prudentielle de l'entreprise que le non-respect des exigences régissant l'utilisation des approches internes d'évaluation des risques, prévues par le règlement (UE) n° 575/2013 du Parlement européen et du Conseil du 26 juin 2013, risque d'entraîner des exigences de fonds propres inadéquates ;

5° À plusieurs reprises, le niveau de fonds propres de l'entreprise n'a pas permis de respecter les recommandations communiquées conformément au III ;

6° D'autres situations spécifiques à l'établissement sont considérées par l'autorité compétente comme susceptibles de susciter d'importantes préoccupations en matière de surveillance.

Une exigence de fonds propres supplémentaires ne peut être imposée par l'Autorité de contrôle prudentiel et de résolution qu'afin de couvrir des risques ou éléments de risques découlant des activités exercées par l'entreprise, y compris les risques ou éléments de risques découlant de certaines évolutions économiques et de marché et ayant un impact sur le profil de risque de l'entreprise.

II *bis*. – *(Al. rempl., Ord. n° 2021-796, 23 juin 2021)* Sur la base de ses évaluations et contrôles menés conformément aux dispositions du premier alinéa de l'article L. 511-41-1-C, l'Autorité de contrôle prudentiel *et de résolution détermine le niveau* global de fonds propres qu'elle juge approprié pour chaque entreprise et sur la base duquel elle élabore ses recommandations sur les fonds propres supplémentaires.

Ses recommandations, communiquées à chaque entreprise, résultent de la différence entre, d'une part, le niveau global de fonds propres mentionné au premier alinéa et, d'autre part, le montant des fonds propres exigés au titre du règlement (UE) n° 575/2013 du Parlement européen et du Conseil du 26 juin 2013, du chapitre 2 du règlement (UE) 2017/2402 du Parlement européen et du Conseil du 12 décembre 2017, du II du présent article et, selon le cas, du I de l'article L. 511-41-1-A ou de l'article 92, paragraphe 1 *bis*, du règlement (UE) n° 575/2013 du Parlement européen et du Conseil du 26 juin 2013.

Le non-respect de ces recommandations n'entraîne pas la mise en œuvre des restrictions mentionnées au X de l'article L. 511-41-1-A lorsque l'entreprise satisfait aux exigences de fonds propres du règlement (UE) n° 575/2013 du Parlement européen et du Conseil du 26 juin 2013 et du chapitre 2 du règlement (UE) 2017/2402 du

Parlement européen et du Conseil du 12 décembre 2017, à l'exigence applicable de fonds propres supplémentaires fixée conformément au II et, le cas échéant, à l'exigence globale de coussin de fonds propres mentionnée au I de l'article L. 511-41-1-1 ou à l'exigence de coussin lié au ratio de levier mentionnée à l'article 92, paragraphe 1 *bis*, du règlement (UE) n° 575/2013 du Parlement européen et du Conseil du 26 juin 2013.

II *ter*. – L'exigence mentionnée au II et les recommandations mentionnées au II *bis* sont notifiées aux membres du collège de résolution.

III. – *(Mots rempl., Ord. n° 2021-796, 23 juin 2021)* « Lorsque la solidité de la situation financière d'un établissement de crédit, d'une entreprise d'investissement de classe 1 *bis* ou d'une société de financement est compromise ou susceptible de l'être, l'Autorité de contrôle prudentiel et de résolution peut exiger de l'entreprise en cause qu'elle » :

1° Affecte tout ou partie de ses bénéfices nets au renforcement de ses fonds propres ;

2° Limite la rémunération variable sous forme de pourcentage du total des revenus nets ;

3° Publie des informations supplémentaires.

IV. – *(Mots rempl., Ord. n° 2021-796, 23 juin 2021)* L'Autorité de contrôle prudentiel et de résolution peut également enjoindre à un établissement de crédit, une entreprise d'investissement de classe 1 *bis* ou une société de financement de se soumettre à une exigence spécifique de liquidité, y compris à des restrictions relatives aux asymétries d'échéances entre actifs et passifs. L'Autorité de contrôle prudentiel et de résolution détermine l'exigence spécifique de liquidité qu'elle impose eu égard notamment :

1° À l'étendue et aux caractéristiques des risques de liquidité auxquels s'expose cette personne compte tenu de son modèle économique particulier ;

2° Aux dispositifs, processus et mécanismes mis en œuvre par cette personne, relatifs notamment au risque de liquidité ;

3° Aux résultats du contrôle et de l'évaluation de sa situation prudentielle.

V. – *(V. rempl., Ord. n° 2021-796, 23 juin 2021)* L'Autorité de contrôle prudentiel et de résolution prend les mesures prévues au présent article en tenant compte, le cas échéant, des dispositions des quatrième et cinquième alinéas des articles L. 511-41-1 C.

Art. L. 511-41-4. – *(Al. rempl., Ord. n° 2021-796, 23 juin 2021)* L'Autorité de contrôle prudentiel et de résolution peut exiger que les établissements de crédit et les sociétés de financement publient plus d'une fois par an, dans les délais qu'elle détermine, les informations mentionnées à la huitième partie du règlement (UE) n° 575/2013 du Parlement européen et du Conseil du 26 juin 2013 et qu'ils utilisent, pour les publications autres que leurs états financiers, des médias et supports de publication spécifiques qu'elle désigne.

L'Autorité de contrôle prudentiel et de résolution peut exiger des entreprises mères des entités mentionnées au précédent alinéa qu'elles publient une fois par an, soit intégralement, soit en renvoyant à des informations équivalentes, une description de leur structure juridique ainsi que de la gouvernance et de l'organisation de leur groupe.

Art. L. 511-41-5 *(Ord. n° 2015-1024, 20 août 2015)*. – I. – *(Al. rempl., Ord. n° 2021-796, 23 juin 2021)* Sans préjudice des articles L. 511-41-3, L. 612-30 à L. 612-34, l'Autorité de contrôle prudentiel et de résolution peut enjoindre à un établissement de crédit, à une entreprise d'investissement de classe 1 *bis* ou à une société de financement mentionnée au II de l'article L. 613-34 de prendre une ou plusieurs des mesures d'intervention précoce mentionnées au II lorsque, du fait notamment d'une dégradation rapide de sa situation financière ou de liquidité, y compris une augmentation du niveau de levier, des prêts non performants ou de la concentration des expositions, cette personne enfreint ou est susceptible dans un proche avenir d'enfreindre les exigences résultant des dispositions :

1° Du règlement (UE) n° 575/2013 du Parlement européen et du Conseil du 26 juin 2013 ;

2° Des articles 3 à 7, 14 à 17 et 24 à 26 du règlement (UE) n° 600/2014 du Parlement européen et du Conseil du 15 mai 2014 ;

3° Du présent titre et du titre III du présent livre ;

4° Toute autre disposition législative ou réglementaire dont la méconnaissance entraîne celle des dispositions précitées.

II. – *(Al. rempl., Ord. n° 2021-796, 23 juin 2021)* Dans les cas mentionnés au I, un établissement de crédit, une entreprise d'investissement de classe 1 *bis* ou une société de financement mentionnée au II de l'article

L. 613-34 peut se voir enjoindre de prendre au moins une ou plusieurs des mesures d'intervention précoce suivantes :

1° Appliquer une ou plusieurs des mesures figurant dans le plan préventif de rétablissement mentionné à l'article L. 613-35, le cas échéant après l'avoir mis à jour si les circonstances conduisant à mettre en œuvre les mesures en question diffèrent des hypothèses initiales du plan ;

2° Soumettre à l'approbation de l'Autorité de contrôle prudentiel et de résolution, en vue de surmonter les difficultés identifiées, un programme de rétablissement spécifique dans les conditions de forme et de procédure prévues à l'article L. 612-32 ;

3° Mettre fin aux fonctions ou aux mandats des personnes mentionnées à l'article L. 511-13 ou au 4 de l'article L. 532-2, des membres du conseil d'administration, du conseil de surveillance ou de tout autre organe exerçant des fonctions de surveillance équivalentes dès lors que ces personnes ne sont plus en mesure d'exercer leurs fonctions dans le respect des exigences fixées par les articles L. 511-51, L. 511-52, L. 533-25 ou L. 533-26 ;

4° Établir un plan d'action en vue d'aboutir à la restructuration de sa dette avec tout ou partie de ses créanciers conformément, le cas échéant, au plan préventif de rétablissement prévu à l'article L. 613-35 ;

5° Modifier sa stratégie commerciale ;

6° Modifier sa structure juridique ou opérationnelle.

Lorsque la personne mentionnée au premier alinéa est une entreprise mère ou une filiale au sens de l'article L. 511-20, les III et IV de l'article L. 613-20-4, les articles L. 613-21-3 ou L. 613-21-4, selon les cas, s'appliquent.

L'Autorité de contrôle prudentiel et de résolution définit le délai de mise en œuvre des mesures mentionnées ci-dessus.

III. – L'Autorité de contrôle prudentiel et de résolution, aux fins de la mise en œuvre des mesures mentionnées au II, peut enjoindre aux personnes mentionnées à l'article L. 511-13 ou au 4 de l'article L. 532-2, au conseil d'administration, au conseil de surveillance ou à tout autre organe exerçant des fonctions de surveillance équivalentes de convoquer une assemblée générale d'une personne mentionnée au I. Elle en arrête l'ordre du jour. Si cette assemblée n'a pas été convoquée à l'issue du délai fixé par l'Autorité de contrôle prudentiel et de résolution, cette dernière la convoque elle-même.

IV. – Le collège de supervision informe sans délai le collège de résolution de toute mesure prise en application du présent article.

Art. L. 511-42. – Lorsqu'il apparaît que la situation d'un établissement de crédit ou d'une société de financement le justifie, le gouverneur de la Banque de France, président de l'Autorité de contrôle prudentiel et de résolution, invite, après avoir, sauf en cas d'urgence, pris l'avis de l'Autorité de contrôle prudentiel et de résolution, les actionnaires ou les sociétaires de cette entreprise à fournir à celle-ci le soutien qui lui est nécessaire.

(Al. créé, Ord. n° 2014-1332, 6 nov. 2014) Dans les cas où l'établissement de crédit est un établissement important au sens du paragraphe 4 de l'article 6 du règlement (UE) n° 1024/2013 du Conseil du 15 octobre 2013, le gouverneur doit avoir préalablement saisi pour avis la Banque centrale européenne.

Bibliographie : M. Frison-Roche, *L'invitation de l'article 52 de la loi bancaire : RD bancaire et bourse* 1996, 86.

Art. L. 511-43. – Les établissements de crédit agréés en France adhèrent au fond de garantie prévu aux articles L. 312-4 à L. 312-16.

Art. L. 511-44. – *(Al. mod., Ord. n° 2021-796, 23 juin 2021)* L'Autorité de contrôle prudentiel et de résolution établit et tient à jour la liste des organismes externes d'évaluation de crédit dont les évaluations peuvent être utilisées par les établissements de crédit, les sociétés de financement et les entreprises d'investissement de classe 1 *bis* pour les besoins de la mise en oeuvre de la réglementation prévue par l'article L. 511-41. Elle précise pour chaque organisme les échelons de qualité de crédit auxquelles correspondent les évaluations réalisées.

Un organisme ne peut être inscrit sur cette liste que si son activité et son expérience en matière d'évaluation du crédit sont de nature à assurer la crédibilité de ses évaluations, s'il procède régulièrement au réexamen de celles-ci et si ses méthodes répondent à des conditions d'objectivité, d'indépendance, de constance et de transparence.

Un arrêté du ministre chargé de l'économie précise les modalités d'application du présent article.

Art. L. 511-45 *(Mod., L. n° 2016-1691, 9 déc. 2016)*. – I. – Dans les conditions fixées par arrêté du ministre chargé de l'économie, les établissements de crédit et les sociétés de financement publient en annexe à leurs comptes annuels des informations sur leurs implantations et leurs activités dans les États ou territoires non coopératifs au sens de l'article 238-0 A du Code général des impôts.

II. – *(II rempl., Ord. n° 2021-796, 23 juin 2021)* À compter des exercices ouverts à partir du 1er janvier 2014, les établissements de crédit, compagnies financières holding et compagnies financières holding mixtes publient une fois par an, en annexe à leurs comptes annuels ou, le cas échéant, à leurs comptes annuels consolidés ou dans leur rapport de gestion, des informations sur leurs implantations et leurs activités, incluses dans le périmètre de consolidation défini aux articles L. 233-16 et suivants du Code de commerce, dans chaque État ou territoire.

III. – Les informations suivantes sont publiées pour chaque État ou territoire :

1° Nom des implantations, nature d'activité et localisation géographique ;

2° Produit net bancaire et chiffre d'affaires ;

3° Effectifs, en équivalent temps plein ;

4° Bénéfice ou perte avant impôt ;

5° Montant des impôts sur les bénéfices dont les implantations sont redevables, en distinguant les impôts courants des impôts différés ;

6° Subventions publiques reçues.

Pour les informations mentionnées aux 2° à 6°, les données sont agrégées à l'échelle de ces États ou territoires.

IV. – L'Autorité de contrôle prudentiel et de résolution veille au respect des obligations de publication des informations prévues au présent article. Lorsqu'elle constate l'absence de publication ou des omissions dans les informations publiées par une entité mentionnée au I, elle engage la procédure d'injonction sous astreinte prévue à l'article L. 612-25.

V. – Les informations définies aux II et III sont tenues à la disposition du public pendant cinq ans, selon des conditions définies par décret en Conseil d'État. Les commissaires aux comptes attestent la sincérité de ces informations et leur concordance avec les comptes.

Art. L. 511-47. – I. – *(Al. mod., Ord. n° 2021-796, 23 juin 2021)* Afin de garantir la stabilité financière, leur solvabilité à l'égard des déposants, leur absence de conflits d'intérêt avec leurs clients et leur capacité à assurer le financement de l'économie, il est interdit aux établissements de crédit recevant des fonds remboursables du public, compagnies financières holding et compagnies financières holding mixtes, dont les activités de négociation sur instruments financiers dépassent des seuils définis par décret en Conseil d'État, d'effectuer autrement que par l'intermédiaire de filiales dédiées à ces activités les opérations suivantes :

1° Les activités de négociation sur instruments financiers faisant intervenir leur compte propre, à l'exception des activités relatives :

a) À la fourniture de services d'investissement à la clientèle ;

b) À la compensation d'instruments financiers ;

c) À la couverture des risques de l'établissement de crédit ou du groupe, au sens du III de l'article L. 511-20, à l'exception de la filiale mentionnée au présent article ;

d) À la tenue de marché. Le ministre chargé de l'économie peut fixer, par arrêté et après avis de l'Autorité de contrôle prudentiel et de résolution, un seuil valable pour tous les établissements ou pour un établissement en particulier, exprimé par rapport au produit net bancaire de l'établissement de crédit de la compagnie financière holding ou de la compagnie financière holding mixte, au-delà duquel les activités relatives à la tenue de marché d'un établissement de crédit ne bénéficient plus de cette exception ;

e) À la gestion saine et prudente de la trésorerie du groupe, au sens de l'article L. 511-20, et aux opérations financières entre les établissements de crédit, compagnies financières holding et compagnies financières holding mixtes, d'une part, et leurs filiales appartenant à un même groupe, au sens du même article L. 511-20, d'autre part ;

f) Aux opérations d'investissement du groupe, au sens dudit article L. 511-20 ;

2° Toute opération conclue pour son compte propre avec des organismes de placement collectif à effet de levier ou autres véhicules d'investissement similaires, répondant à des caractéristiques fixées par arrêté du ministre chargé de l'économie, lorsque l'établissement de crédit n'est pas garanti par une sûreté dont les caractéristiques, contrôlées par l'Autorité de contrôle prudentiel et de résolution, satisfont à des exigences de quantité, de qualité et de disponibilité, dans des conditions fixées par arrêté du ministre chargé de l'économie. Les organismes de placement collectif eux-mêmes investis ou exposés, au-delà d'un seuil précisé par arrêté, dans les organismes de placement collectif à effet de levier ou autres véhicules d'investissement similaires visés au présent 2° sont assimilés à ces derniers. À cet effet, l'établissement de crédit transmet à l'Autorité de contrôle prudentiel et de résolution, selon des modalités qu'elle définit, les informations relatives aux engagements auprès de ces organismes.

II. – Les seuils d'exposition mentionnés au premier alinéa du I sont déterminés sur la base de l'importance relative des activités de marché et, le cas échéant, des activités mentionnées au premier alinéa du 1° et au 2° du I dans l'ensemble des activités de l'établissement de crédit, de la compagnie financière holding ou de la compagnie financière holding mixte.

III. – Au sens du présent article, on entend par « fourniture de services d'investissement à la clientèle » l'activité d'un établissement :

1° Consistant à fournir les services d'investissement mentionnés à l'article L. 321-1 et les services connexes mentionnés à l'article L. 321-2 en se portant partie à des opérations sur des instruments financiers dans le but de répondre aux besoins de couverture, de financement ou d'investissement de ses clients ;

2° Et dont la rentabilité attendue résulte des revenus tirés des services fournis à la clientèle et de la gestion saine et prudente des risques associés à ces services. Les risques associés doivent répondre au strict besoin de gestion de l'activité, dans des conditions fixées par arrêté du ministre chargé de l'économie.

IV. – Au sens du présent article, on entend par « couverture » l'activité d'un établissement mentionné au I qui se porte partie à des opérations sur des instruments financiers dans le but de réduire ses expositions aux risques de toute nature liés aux activités de crédit et de marché. Les instruments utilisés pour ces opérations de couverture doivent présenter une relation économique avec les risques identifiés, dans des conditions définies par arrêté du ministre chargé de l'économie.

V. – Au sens du présent article, on entend par « tenue de marché » l'activité d'un établissement qui, en tant qu'intermédiaire, se porte partie à des opérations sur des instruments financiers :

1° Soit consistant en la communication simultanée de prix d'achat et de vente fermes et concurrentiels pour des volumes de taille comparable, avec pour résultat d'apporter de la liquidité aux marchés sur une base régulière et continue ;

2° Soit nécessaires, dans le cadre de son activité habituelle, à l'exécution d'ordres d'achat ou de vente de clients ou en réponse à des demandes d'achat ou de vente de leur part.

L'Autorité de contrôle prudentiel et de résolution contrôle que la distinction de l'activité de tenue de marché, mentionnée aux 1° et 2°, par rapport aux autres activités est bien établie en se fondant, pour les activités mentionnées au 1°, notamment sur des indicateurs précisant les conditions de présence régulière sur le marché, l'activité minimale sur le marché, les exigences en termes d'écarts de cotation proposés et les règles d'organisation internes incluant des limites de risques. Les indicateurs sont adaptés en fonction du type d'instrument financier négocié et des lieux de négociation sur lesquels s'effectue l'activité de tenue de marché. Le teneur de marché fournit sur une base régulière les indicateurs à l'Autorité de contrôle prudentiel et de résolution et à l'Autorité des marchés financiers.

Pour les activités visées au 2°, l'établissement doit pouvoir justifier d'un lien entre le besoin des clients et les opérations réalisées pour compte propre. L'Autorité de contrôle prudentiel et de résolution contrôle l'existence de ce lien au regard notamment de la fréquence des opérations réalisées et de l'organisation interne mise en place pour répondre aux besoins des clients. Elle informe l'Autorité des marchés financiers des conclusions des contrôles réalisés.

Un arrêté du ministre chargé de l'économie fixe, après avis de l'Autorité de contrôle prudentiel et de résolution et de l'Autorité des marchés financiers, la liste des indicateurs transmis à ces autorités.

VI. – Au sens du présent article, les « opérations d'investissement du groupe » désignent :

1° Les opérations d'achat ou de vente de titres financiers acquis dans l'intention de les conserver durablement, ainsi que les opérations sur instruments financiers liées à ces dernières ;

2° Les opérations d'achat ou de vente de titres émis par les entités du groupe.

Art. L. 511-48 *(Mod., Ord. n° 2015-1024, 20 août 2015)*. – I – Les filiales dédiées à la réalisation des activités mentionnées au I de l'article L. 511-47 sont agréées par l'Autorité de contrôle prudentiel et de résolution comme entreprises d'investissement ou, le cas échéant, et par dérogation aux dispositions du même article L. 511-47, comme établissements de crédit.

Lorsqu'elles sont agréées par l'Autorité de contrôle prudentiel et de résolution en tant qu'établissements de crédit, ces filiales ne peuvent ni recevoir des dépôts garantis au sens de l'article L. 312-4 ni fournir des services de paiement aux clients dont les dépôts bénéficient de la garantie mentionnée au même article L. 312-4.

(Al. rempl., Ord. n° 2021-796, 23 juin 2021) Les filiales mentionnées au I de l'article L. 511-47 qui sont des établissements de crédit ou des entreprises d'investissement de classe 1 *bis* doivent respecter, individuellement ou de manière sous-consolidée, les normes de gestion prévues à l'article L. 511-41, dans des conditions précisées par arrêté du ministre chargé de l'économie.

(Al. créé, Ord. n° 2021-796, 23 juin 2021) Les filiales mentionnées au I de l'article L. 511-47 qui sont des entreprises d'investissement de classe 2 ou de classe 3 doivent respecter, individuellement ou de manière sous-consolidée, les normes de gestion prévues à l'article L. 533-2-2, dans des conditions précisées par arrêté du ministre chargé de l'économie.

Sans préjudice des dispositions de l'article L. 511-41-2, les établissements de crédit, compagnies financières holding ou compagnies financières holding mixtes qui contrôlent les filiales mentionnées au I de l'article L. 511-47 sont tenus de respecter les normes de gestion mentionnées à l'article L. 511-41 sur la base de leur situation financière consolidée en excluant de celle-ci les filiales mentionnées au présent article, dans les conditions prévues par arrêté du ministre chargé de l'économie.

La souscription par les établissements de crédit, compagnies financières holding ou compagnies financières holding mixtes qui contrôlent ces filiales à une augmentation de capital de ces filiales est soumise à autorisation préalable de l'Autorité de contrôle prudentiel et de résolution.

Pour l'application du ratio de division des risques, les filiales mentionnées au I de l'article L. 511-47 sont considérées comme un même bénéficiaire, distinct du reste du groupe. Pour l'application du règlement relatif au contrôle des grands risques par les établissements n'appartenant pas au groupe, les filiales et le groupe auquel elles appartiennent sont considérés comme un même bénéficiaire.

Les filiales définies au présent article doivent utiliser des raisons sociales et des noms commerciaux distincts de ceux des établissements de crédit du groupe qui les contrôlent, de manière à n'entretenir aucune confusion dans l'esprit de leurs créanciers et cocontractants.

Les personnes mentionnées à l'article L. 511-13 ou, selon le cas, à l'article L. 532-2 qui assurent la direction effective de l'activité de ces filiales ne peuvent assurer la direction effective de l'activité, au sens de ces mêmes articles, de l'établissement de crédit, de la compagnie financière holding ou de la compagnie financière holding mixte qui les contrôlent, ou de leurs filiales autres que celles mentionnées au présent article.

II. – Les filiales mentionnées au I ne peuvent réaliser les opérations suivantes :

1° Les opérations de négoce à haute fréquence taxables au titre de l'article 235 *ter* ZD *bis* du Code général des impôts ;

2° Les opérations sur instruments financiers à terme dont l'élément sous-jacent est une matière première agricole.

III. – Ni l'État ni aucune autre personne publique contrôlée, directement ou indirectement, par l'État ne peut souscrire à un titre ni prendre aucun engagement financier nouveau au bénéfice de cette filiale dès lors que celle-ci fait l'objet d'une des mesures de résolution mentionnées au paragraphe 2 de la sous-section 10 de la section 4 du chapitre III du titre Ier du livre VI du présent code.

Art. L. 511-49. – *(Al. rempl., Ord. n° 2021-796, 23 juin 2021)* Les entreprises d'investissement, établissements de crédit, compagnies holding d'investissement, compagnies financières holding et compagnies financières holding mixtes, ainsi que leurs filiales mentionnées à l'article L. 511-48 qui réalisent des opérations sur instruments financiers, assignent à leurs unités internes chargées de ces opérations des règles d'organisation et de fonctionnement de nature à assurer le respect des articles L. 511-47 et L. 511-48.

(Al. rempl., Ord. n° 2021-796, 23 juin 2021) Ils s'assurent notamment que le contrôle du respect de ces règles est assuré de manière adéquate par le dispositif de gouvernance prévu à l'article L. 511-55 ou à l'article L. 533-29, et que les règles de bonne conduite et autres obligations professionnelles assignées à leurs services sont conformes aux III et IV de l'article L. 621-7.

Ils communiquent à l'Autorité de contrôle prudentiel et de résolution ainsi que, pour ce qui la concerne, à l'Autorité des marchés financiers la description de ces unités ainsi que les règles d'organisation et de fonctionnement qui leur sont assignées en application du premier alinéa du présent article.

L'Autorité de contrôle prudentiel et de résolution s'assure que les règles d'organisation et de fonctionnement comportent des limites de risques fixées aux unités internes réalisant des opérations sur instruments financiers, lesquelles sont cohérentes avec leurs mandats.

L'Autorité de contrôle prudentiel et de résolution s'assure également que les rémunérations des personnels chargés de ces opérations sont fixées de façon cohérente avec les règles d'organisation et de fonctionnement assignées aux unités internes mentionnées au présent article et n'encouragent pas la prise de risque sans lien avec leurs objectifs.

Art. L. 511-50. – L'agrément mentionné à l'article L. 532-1 peut être refusé par l'Autorité de contrôle prudentiel et de résolution si l'organisation et le fonctionnement, de même que le système de contrôle interne, d'un établissement de crédit, d'une compagnie financière holding ou d'une compagnie financière holding mixte ainsi que de leurs filiales mentionnées aux articles L. 511-47 et L. 511-48 ne permettent pas d'assurer de manière adéquate le respect de ces mêmes articles.

Art. L. 511-50-1. – En cas de cessation du mandat d'un membre du conseil d'administration, du conseil de surveillance ou de tout autre organe exerçant des fonctions équivalentes, à la suite d'une décision d'opposition prise par l'Autorité de contrôle prudentiel et de résolution en application de l'article L. 612-23-1, ce conseil peut, entre deux assemblées générales, procéder à des nominations à titre provisoire.

Lorsque l'opposition de l'Autorité de contrôle prudentiel et de résolution aboutit à ce que le nombre des membres du conseil devienne inférieur au minimum légal, les administrateurs restants ou le directoire convoquent immédiatement l'assemblée générale ordinaire en vue de compléter l'effectif du conseil d'administration ou du conseil de surveillance.

Lorsque l'opposition de l'Autorité de contrôle prudentiel et de résolution aboutit à ce que le nombre des membres du conseil devienne inférieur au minimum statutaire sans toutefois être inférieur au minimum légal, le conseil d'administration ou le conseil de surveillance procède, dans le délai de trois mois à compter du jour où se produit la cessation du mandat, à des nominations à titre provisoire en vue de compléter son effectif.

Les nominations effectuées par le conseil, en application du troisième alinéa du présent I, sont notifiées à l'Autorité de contrôle prudentiel et de résolution, dans les conditions fixées à l'article L. 612-23-1, et soumises à la ratification de la prochaine assemblée générale ordinaire. À défaut de ratification, les délibérations prises et les actes accomplis antérieurement par le conseil n'en demeurent pas moins valables.

Lorsque le conseil néglige de procéder aux nominations requises ou si l'assemblée n'est pas convoquée, tout intéressé peut demander en justice la désignation d'un mandataire chargé de convoquer l'assemblée générale à l'effet de procéder aux nominations ou de ratifier les nominations prévues au troisième alinéa du présent I.

II. – En cas de cessation du mandat du président, le conseil d'administration ou le conseil de surveillance peut déléguer un administrateur ou un membre du conseil de surveillance dans les fonctions de président. Cette délégation est donnée pour une durée limitée et n'est pas renouvelable. Elle doit faire l'objet d'une notification auprès de l'Autorité de contrôle prudentiel et de résolution, dans les conditions fixées à l'article L. 612-23-1.

Un décret en Conseil d'État précise les conditions d'application du présent article.

LIVRE CINQUIÈME. – LES PRESTATAIRES DE SERVICES

TITRE II. – LES PRESTATAIRES DE SERVICES DE PAIEMENT ET LES CHANGEURS MANUELS

(Intitulé rempl. à compter du 1er nov. 2009, Ord. n° 2009-866, 15 juill. 2009)

Bibliographie : S. Bourgeois-Gironde, *Le bitcoin, entre représentation naïve et innovation théorique : Banque et droit* 2015, *n° 159, p. 23.* • *P. Pailler, Quelles règles pour l'encadrement de la monnaie virtuelle en France ? :* Revue Internationale des *Services Financiers* oct. 2014, p. 39. • M. Roussille, *Le bitcoin : objet juridique non identifié : Banque et droit* 2015, n° 159, p. 27. • P. Storrer, *Crowfunding, bitcoin : quelle régulation ? : D.* 2014, p. 832. • H. de Vauplane, *Bitcoin : fanstasme ou croyance ? : Rev. Banque* 2018, n° 815, p. 16.

CHAPITRE Ier. – LES PRESTATAIRES DE SERVICES DE PAIEMENT

(Créé à compter du 1er nov. 2009, Ord. n° 2009-866, 15 juill. 2009)

Art. L. 521-1 *(Ord. n° 2009-866, 15 juill. 2009 ; mod., L. n° 2013-100, 28 janv. 2013)*. – I. – Les prestataires de services de paiement sont les établissements de paiement, les établissements de monnaie électronique, les établissements de crédit *(Mots aj., Ord. n° 2017-1253, 9 août 2017)* « et les prestataires de services d'information sur les comptes ».

II. – Lorsqu'ils fournissent des services de paiement, les institutions et services suivants sont également considérés comme des prestataires de services de paiement, sans être soumis aux dispositions du chapitre II du présent titre et dans les limites des dispositions législatives qui, le cas échéant, les régissent :

a) La Banque de France, l'Institut d'émission des départements d'outre-mer et l'Institut d'émission d'outre-mer ;

b) Le Trésor public ;

c) La Caisse des dépôts et consignations.

Prestation de service de paiement constituée par le transit de bitcoins. Une société qui utilise un compte sur lequel transitent des bitcoins est un prestataire de service de paiement (■ CA Paris, pôle 5, ch. 6, 26 sept. 2013, n° 12/00161 : *JCP* E 2014, 1091, note T. Bonneau).

Art. L. 521-2 *(Ord. n° 2009-866, 15 juill. 2009).* – Il est interdit à toute personne autre que celles mentionnées à l'article L. 521-1 de fournir des services de paiement au sens du II de l'article L. 314-1 à titre de profession habituelle.

Art. L. 521-3 *(Ord. n° 2009-866, 15 juill. 2009 et rect. JO 25 juill. 2009 ; mod., L. n° 2013-100, 28 janv. 2013 ; L. n° 2016-1321, 7 oct. 2016 ; Ord. n° 2017-1252, 9 août 2017).* – I. – Par exception à l'interdiction de l'article L. 521-2, une entreprise peut fournir des services de paiement fondés sur des moyens de paiement qui ne sont acceptés, pour l'acquisition de biens ou de services, que :

1° Dans les locaux de cette entreprise ou, dans le cadre d'un accord commercial avec elle, dans un réseau limité de personnes acceptant ces moyens de paiement ; ou

2° Pour un éventail limité de biens ou de services.

II. – Dès que la valeur totale des opérations de paiement exécutées au cours des douze mois précédents dépasse un million d'euros, l'entreprise mentionnée au I du présent article adresse une déclaration contenant une description des services proposés à l'Autorité de contrôle prudentiel et de résolution. La déclaration précise au titre de quelle exclusion prévue au I l'activité est considérée être exercée.

L'Autorité de contrôle prudentiel et de résolution dispose d'un délai fixé par voie réglementaire suivant la réception de la déclaration pour notifier au déclarant, après avis de la Banque de France au titre du quatrième alinéa du I de l'article L. 141-4, que les conditions mentionnées au I du présent article ne sont pas remplies. Le silence gardé par l'Autorité de contrôle prudentiel et de résolution vaut approbation du respect des conditions susmentionnées.

Ces entreprises adressent chaque année à l'Autorité de contrôle prudentiel et de résolution, qui la transmet à la Banque de France, une actualisation de la déclaration afin de justifier du respect des dispositions précitées et la sécurité des moyens de paiement qu'elles émettent et gèrent.

Dès qu'une entreprise prévoit de ne plus remplir les conditions mentionnées au I du présent article, elle dépose une demande d'agrément auprès de l'Autorité de contrôle prudentiel et de résolution en application de l'article L. 522-6.

Lorsque l'Autorité de contrôle prudentiel et de résolution notifie à une entreprise que les conditions mentionnées au I du présent article ne sont pas remplies, l'entreprise dispose d'un délai de trois mois pour prendre les mesures nécessaires pour respecter les conditions précitées ou pour déposer une demande d'agrément auprès de l'Autorité de contrôle prudentiel et de résolution en application de l'article L. 522-6.

Tant que l'Autorité de contrôle prudentiel et de résolution ne s'est pas prononcée sur la demande d'agrément, l'entreprise veille à respecter les conditions prévues au I du présent article.

Art. L. 521-3-1 *(L. n° 2016-1321, 7 oct. 2016 ; mod., L. n° 2018-727, 10 août 2017).* – I. – Par exception à l'interdiction prévue à l'article L. 521-2, un fournisseur de réseaux ou de services de communications électroniques peut fournir des services de paiement, en sus des services de communications *électroniques* à un abonné à ce réseau ou à ce service, pour l'exécution :

1° D'opérations de paiement effectuées pour l'achat de contenus numériques et de services vocaux, quel que soit le dispositif utilisé pour l'achat ou la consommation de ces contenus numériques, et imputées sur la facture correspondante ;

2° D'opérations de paiement exécutées depuis un dispositif électronique ou au moyen de celui-ci et imputées sur la facture correspondante, dans le cadre de la collecte de dons par les organismes faisant appel public à la générosité au sens de la loi n° 91-772 du 7 août 1991 relative au congé de représentation en faveur des associations et des mutuelles et au contrôle des comptes des organismes faisant appel à la générosité publique, par les associations cultuelles ainsi que par les établissements publics des cultes reconnus d'Alsace-Moselle ;

3° D'opérations de paiement exécutées depuis un dispositif électronique ou au moyen de celui-ci et imputées sur la facture correspondante pour l'achat de tickets électroniques.

La valeur de chaque opération de paiement isolée ne peut excéder le montant de 50 €.

La valeur mensuelle cumulée des opérations de paiement pour un même abonné ne peut excéder le montant de 300 €. Dans le cas d'un abonnement souscrit à des fins professionnelles, ce montant s'apprécie au niveau de l'utilisateur final.

Le présent I s'applique également lorsqu'un abonné préfinance son compte auprès du fournisseur de réseaux ou de services de communications électroniques.

II. – Avant de commencer à exercer les activités mentionnées au I, le fournisseur de réseaux ou de services de communications électroniques adresse une déclaration contenant une description des services proposés à l'Autorité de contrôle prudentiel et de résolution, qui dispose d'un délai de trois mois à compter de la réception de cette déclaration pour notifier au déclarant que les conditions mentionnées au même I ne sont pas remplies.

Le fournisseur de réseaux ou de services de communications électroniques adresse à l'Autorité de contrôle prudentiel et de résolution un rapport annuel justifiant du respect des conditions mentionnées audit I.

Dès que le fournisseur de réseaux ou de services de communications électroniques prévoit de ne plus remplir les conditions mentionnées au même I, il dépose une demande d'agrément auprès de l'Autorité de contrôle prudentiel et de résolution en application de l'article L. 522-6.

Lorsque l'Autorité de contrôle prudentiel et de résolution notifie à un fournisseur de réseaux ou de services de communications électroniques que les conditions mentionnées au I du présent article ne sont plus remplies, ce dernier dispose d'un délai de trois mois pour prendre les mesures nécessaires pour respecter ces conditions ou pour déposer une demande d'agrément auprès de l'Autorité de contrôle prudentiel et de résolution en application du même article L. 522-6.

Tant que l'Autorité de contrôle prudentiel et de résolution ne s'est pas prononcée sur l'octroi de l'agrément, le fournisseur de réseaux ou de services de communications électroniques veille à respecter les conditions prévues au I du présent article.

Art. L. 521-3-2 *(Ord. n° 2017-1252, 9 août 2017 ; mod., n° 2018-700, 3 août 2018)*. – Les services reposant sur des instruments de paiement spécifiques, valables uniquement en France, fournis à la demande d'une personne morale de droit public ou de droit privé ou assimilé, soumis à des dispositions législatives ou réglementaires spécifiques ou un régime spécial de droit public, et permettant d'acquérir des catégories de biens ou des services spécifiques auprès de fournisseurs ayant conclu un accord commercial relatif à l'acceptation de ces instruments ne sont pas considérés comme des services de paiement au sens de l'article L. 314-1.

Les entreprises qui fournissent les services, reposant sur ces instruments de paiement spécifiques, pour la partie de leur activité qui répond aux conditions du présent article, ne sont pas soumises aux règles applicables aux prestataires de services de paiement mentionnés à l'article L. 521-1.

La liste des instruments spéciaux de paiement mentionnés au premier alinéa est fixée par arrêté du ministre *chargé de l'économie*.

La Banque de France s'assure de la sécurité des services reposant sur des instruments de paiement spécifiques et de la pertinence des normes applicables en la matière. Si elle estime qu'un de ces instruments de paiement spécifiques présente des garanties de sécurité insuffisantes, elle peut recommander à son émetteur de prendre toutes mesures destinées à y remédier. Si ces recommandations n'ont pas été suivies d'effet, elle peut, après avoir recueilli les observations de l'émetteur, décider de formuler un avis négatif publié au Journal officiel. Pour l'exercice de cette mission, la Banque de France procède aux expertises et se fait communiquer, par l'émetteur ou par toute personne intéressée, les informations utiles concernant les instruments de paiement spécifiques et les terminaux ou les dispositifs techniques qui leur sont associés.Les entreprises mentionnées au présent article adressent à la Banque de France un rapport annuel justifiant de la sécurité des instruments de paiement spécifiques qu'elles émettent et gèrent.

Art. L. 521-4 *(Ord. n° 2009-866, 15 juill. 2009).* – Il est interdit à toute entreprise autre que celles mentionnées à l'article L. 522-1 d'utiliser une dénomination, une raison sociale, une publicité ou, d'une façon générale, des expressions faisant croire qu'elle est agréée en tant qu'établissement de paiement ou de créer une confusion en cette matière.

Art. L. 521-5 *(Ord. n° 2017-1252, 9 août 2017).* – Les prestataires de services de paiement n'ont accès à des données à caractère personnel nécessaires à l'exécution de leurs services de paiement, ne les traitent et ne les conservent qu'avec le consentement exprès de l'utilisateur de services de paiement.

Art. L. 521-6 *(Créé à compter du 13 janvier 2018, Ord. n° 2017-1252, 9 août 2017 ; rempl. à compter du 25 mai 2018, Ord. n° 2017-1252, 9 août 2017).* – Les systèmes de paiement et les prestataires de services de paiement sont autorisés à traiter des données à caractère personnel lorsque cela est nécessaire pour garantir la prévention, la recherche et la détection des fraudes en matière de paiements. La communication aux personnes d'informations sur le traitement des données à caractère personnel et le traitement de ces données à caractère personnel ainsi que tout autre traitement de données à caractère personnel sont effectués conformément aux dispositions du règlement (UE) 2016/679 du Parlement européen et du Conseil *(Mots aj. à compter de la date prévue à l'article 29 de l'ordonnance n° 2018-1125 du 12 décembre 2018, et au plus tard le 1er juin 2019, Ord. n° 2018-1125, 12 déc. 2018)* « et la loi n° 78-17 du 6 janvier 1978 relative à l'informatique, aux fichiers et aux libertés » et du règlement (CE) 45/2001 du Parlement européen et du Conseil.

Art. L. 521-7 *(Créé à compter du 13 janvier 2018, Ord. n° 2017-1252, 9 août 2017 ; rempl. à compter du 25 mai 2018, Ord. n° 2017-1252, 9 août 2017).* – Par dérogation aux dispositions de l'article L. 612-1, la Commission nationale de l'informatique et des libertés veille au respect des dispositions des articles L. 521-5 et L. 521-6 en utilisant les compétences qui lui sont reconnues par le règlement (UE) 2016/679 du Parlement européen et du Conseil *(Mots aj. à compter de la date prévue à l'article 29 de l'ordonnance n° 2018-1125 du 12 décembre 2018, et au plus tard le 1er juin 2019, Ord. n° 2018-1125, 12 déc. 2018)* « et la loi n° 78-17 du 6 janvier 1978 relative à l'informatique, aux fichiers et aux libertés ». À cette fin, elle peut notamment recevoir, par tous moyens, les plaintes relatives aux infractions aux dispositions des articles L. 521-5 et L. 521-6.

Art. L. 521-8 *(Ord. n° 2017-1252, 9 août 2017).* – La Banque de France s'assure de la sécurité de l'accès aux comptes de paiement et à leurs informations dans le cadre de la fourniture des services de paiement mentionnés aux 7° et 8° du II de l'article L. 314-1 par tout prestataire de services de paiement et de la pertinence des normes applicables en la matière. Pour l'accomplissement de cette mission, la Banque de France dispose des mêmes pouvoirs auprès de ces prestataires que ceux prévus aux quatrième et cinquième alinéas du I de l'article L. 141-4.

Art. L. 521-9 *(Ord. n° 2017-1252, 9 août 2017).* – Les prestataires de services de paiement mettent en place des procédures prévoyant des mesures d'atténuation et des mécanismes de contrôle appropriés en vue de gérer les risques opérationnels et de sécurité, liés aux services de paiement qu'ils fournissent. Un arrêté du ministre en charge de l'économie et des finances précise le contenu de ces procédures.

Art. L. 521-10 *(Ord. n° 2017-1252, 9 août 2017).* – I. – Les prestataires de services de paiement informent sans retard injustifié l'Autorité de contrôle prudentiel et de résolution de tout incident opérationnel majeur.

II. – Les prestataires de services de paiement informent sans retard injustifié la Banque de France de tout incident de sécurité majeur. La Banque de France évalue l'incident et prend au besoin des mesures appropriées et si elle l'estime nécessaire, elle en informe l'Autorité de contrôle prudentiel et de résolution en application de l'article L. 631-1.

III. – Lorsque l'incident a ou est susceptible d'avoir des répercussions sur les intérêts financiers de ses utilisateurs de services de paiement, le prestataire de services de paiement informe sans retard injustifié ses utilisateurs de services de paiement de l'incident et de toutes les mesures disponibles qu'ils peuvent prendre pour atténuer les effets dommageables de l'incident.

IV. – Dès réception de la notification visée au I ou au II, l'Autorité de contrôle prudentiel et de résolution ou la Banque de France communique sans retard injustifié les détails importants de l'incident à l'Autorité bancaire européenne et à la Banque centrale européenne, et, après avoir évalué la pertinence de l'incident pour d'autres autorités nationales concernées, informe celles-ci en conséquence.

V. – Les modalités des notifications prévues aux I à III sont précisées par arrêté du ministre de l'Économie et des Finances.

CHAPITRE II. – LES ÉTABLISSEMENTS DE PAIEMENT

(Créé à compter du 1er nov. 2009, Ord. n° 2009-866, 15 juill. 2009)

Bibliographie : P. Bouteiller, *La transposition en droit français des dispositions européennes régissant la fourniture de services de paiement et portant création des établissements de paiement : JCP* E 2009, 1897. • N. Mathey, *La réforme des services de paiement : RD bancaire et fin.* 2010, p. 9. • S. Piedelièvre, *L'ordonnance du 15 juillet 2009 relative aux conditions régissant la fourniture de services de paiement : Gaz. Pal.* 8 sept. 2009, p. 5 et 9-10 sept. 2009, p. 6.

Section I. – Définition

Art. L. 522-1 *(Ord. n° 2009-866, 15 juill. 2009 ; mod., L. n° 2013-100, 28 janv. 2013). – (Mot aj. à compter du 13 janvier 2018, Ord. n° 2017-1252, 9 août 2017)* « I. – » Les établissements de paiement sont des personnes morales, autres que les établissements de crédit, les établissements de monnaie électronique et les personnes mentionnées au II de l'article L. 521-1, qui fournissent à titre de profession habituelle les services de paiement mentionnés à l'article L. 314-1.

(II créé, Ord. n° 2017-1252, 9 août 2017) « II. – Les prestataires de services d'information sur les comptes sont les personnes physiques ou morales, autre que les établissements de crédit, les établissements de monnaie électronique, les établissements de paiement et les personnes mentionnées au II de l'article L. 521-1, qui fournissent à titre de profession habituelle le service d'information sur les comptes mentionnés au 8° du II de l'article L. 314-1 à l'exclusion de tout autre service de paiement. »

Art. L. 522-2 *(Ord. n° 2009-866, 15 juill. 2009 ; mod., Ord. n° 2017-1252, 9 août 2017).* – I. – Outre la prestation des services de paiement mentionnés au II de l'article L. 314-1, les établissements de paiement peuvent fournir des services connexes, tels que des services de change scriptural, des services de garde, l'enregistrement et le traitement de données, et la garantie de l'exécution d'opérations de paiement.

II. – Dans le cadre de leur activité de prestation de services de paiement mentionnés aux 4° et 5° du II de l'article L. 314-1, les établissements de paiement peuvent octroyer des crédits si les conditions suivantes sont remplies :

a) Le crédit a un caractère accessoire et est octroyé exclusivement dans le cadre de l'exécution d'opérations de paiement que cet établissement de paiement réalise ;

b) Le crédit est remboursé dans un délai fixé par les parties, qui ne peut excéder en aucun cas douze mois ;

c) Le crédit n'est pas octroyé sur la base des fonds reçus ou détenus par l'établissement en vue d'exécuter des opérations de paiement.

Les crédits octroyés par les établissements de paiement sont soumis aux dispositions du Code de la consommation en tant qu'elles leur sont applicables.

Dans les conditions fixées par un arrêté du ministre chargé de l'économie, les établissements de paiement disposent à tout moment d'un montant de fonds propres approprié au regard du montant global de crédits octroyés.

Art. L. 522-3 *(Ord. n° 2009-866, 15 juill. 2009 ; mod., Ord. n° 2017-1252, 9 août 2017 ; L. n° 2018-700, 3 août 2018).* – I. – Sans préjudice des dispositions du III de l'article L. 522-8, les établissements de paiement peuvent exercer à titre de profession habituelle une activité autre que la prestation de services de paiement, sous réserve des dispositions législatives et réglementaires applicables à cette activité.

Pour ces établissements de paiement, exerçant des activités de nature hybride, les activités autres que les services de paiement ne doivent pas être incompatibles avec les exigences de la profession, notamment le maintien de la réputation de l'établissement de paiement, la primauté des intérêts des clients et le jeu de la concurrence sur le marché considéré.

Le ministre chargé de l'économie fixe par arrêté les modalités selon lesquelles les établissements de paiement exercent, à titre de profession habituelle, une activité autre que la prestation de services de paiement.

II. – Lorsque les établissements de paiement fournissent les services de change définis au I de l'article L. 524-1, ils doivent tenir, conformément au I de l'article L. 524-6, un registre des transactions et disposer, conformément au *b* du I de l'article L. 524-3, d'un capital libéré ou d'une caution.

Art. L. 522-4 *(Ord. n° 2009-866, 15 juill. 2009 ; mod., L. n° 2013-100, 28 janv. 2013 ; Ord. n° 2014-544, 27 juin 2013).* **– I. – Les comptes ouverts par les établissements de paiement sont des comptes de paiement qui sont exclusivement utilisés pour des opérations de paiement. Cette destination exclusive doit être expressément prévue dans le contrat-cadre de services de paiement qui régit le compte.**

Est exclu tout placement au nom du client de ces fonds, même temporaire, dans un produit d'épargne ou d'investissement.

II. – Les fonds d'utilisateurs de services de paiement collectés par des établissements de paiement en vue de la prestation de services de paiement ne constituent pas des fonds remboursables du public au sens de l'article L. 312-2, ni des fonds représentatifs de la monnaie électronique.

L'établissement de paiement ne peut disposer de ces fonds pour son propre compte.

Art. L. 522-5 *(Ord. n° 2009-866, 15 juill. 2009).* **– Chaque établissement de paiement est tenu d'adhérer à un organisme professionnel affilié à l'Association française des établissements de crédit et des entreprises d'investissement mentionnée à l'article L. 511-29.**

Art. L. 522-5-1 *(L. n° 2010-737, 1er juill. 2010).* **– Les établissements visés au présent chapitre indiquent dans leur rapport annuel le montant et les caractéristiques des prêts qu'ils financent ou qu'ils distribuent répondant à la définition visée au III de l'article 80 de la loi n° 2005-32 du 18 janvier 2005 de programmation pour la cohésion sociale et bénéficiant à ce titre de garanties publiques.**

Section II. – Conditions d'accès à la profession

Sous-section 1. – Agrément des établissements de paiement

(Intitulé rempl. à compter du 13 janvier 2018, Ord. n° 2017-1252, 9 août 2017)

Art. L. 522-6 *(Ord. n° 2009-866, 15 juill. 2009 ; mod., L. n° 2013-100, 28 janv. 2013 ; L. n° 2013-672, 26 juill. 2013 ; L. n° 2016-1691, 9 déc. 2016 ; Ord. n° 2017-5212, 9 août 2017).* **– I. – Avant de fournir des services de paiement, les établissements de paiement doivent obtenir un agrément qui est délivré par l'Autorité de contrôle prudentiel et de résolution, après avis de la Banque de France au titre du quatrième alinéa du I de l'article L. 141-4 ou de l'article L. 521-8. L'obtention de cet agrément est subordonnée à la soumission à l'Autorité de contrôle prudentiel et de résolution d'une demande accompagnée des informations définies par arrêté. Cet agrément ne peut être accordé qu'à une personne morale.**

II. – Pour délivrer l'agrément à un établissement de paiement, l'Autorité de contrôle prudentiel et de résolution vérifie que, compte tenu de la nécessité de garantir une gestion saine et prudente de l'établissement de paiement, celui-ci dispose pour son activité de prestation de services de paiement d'une gouvernance et d'un contrôle interne adéquat, des dispositifs à même d'assurer la sécurité des services de paiement fournis, ainsi que la protection des données de paiement sensibles.

Ce dispositif et ces procédures sont proportionnés à la nature et à la complexité des services de paiement fournis par l'établissement de paiement.

III. – L'Autorité de contrôle prudentiel et de résolution vérifie également si :

***a)* Les personnes déclarées comme chargées de la direction effective de l'établissement de paiement possèdent l'honorabilité ainsi que la compétence et l'expérience nécessaires à leur fonction et requises pour les activités de services de paiement ;**

***b)* L'exercice de la mission de contrôle de l'entreprise requérante n'est pas susceptible d'être entravée soit par l'existence de liens de capital ou de contrôle directs ou indirects entre l'entreprise et d'autres personnes soit par l'existence de dispositions législatives ou réglementaires d'un État qui n'est pas partie à l'accord sur l'Espace économique européen et dont relèvent une ou plusieurs personnes.**

IV. – L'Autorité de contrôle prudentiel et de résolution apprécie également, afin de garantir une gestion saine et prudente de l'établissement de paiement, la qualité des actionnaires ou associés qui détiennent une participation qualifiée.

Art. L. 522-7 *(Ord. n° 2009-866, 15 juill. 2009 ; mod., Ord. n° 2017-1252, 9 août 2017).* – Les établissements de paiement doivent disposer, au moment de l'agrément, d'un capital libéré d'un montant au moins égal à la somme fixée par voie réglementaire, selon que :

a) L'établissement de paiement ne fournit que le service de paiement de transmission de fonds ;

b) L'établissement de paiement fournit un service d'initiation de paiement ;

c) L'établissement de paiement fournit d'autres services de paiement.

Pour la détermination du capital minimum, la fourniture du service d'information sur les comptes mentionné au 8° du II de l'article L. 314-1 n'est pas prise en compte.

Art. L. 522-7-1 *(Ord. n° 2017-1252, 9 août 2017).* – I. – Les établissements de paiement qui fournissent le service de paiement mentionné au 7° du II de l'article L. 314-1 doivent disposer, au moment de l'agrément, d'une assurance de responsabilité civile professionnelle couvrant les territoires où ils proposent des services ou une autre garantie comparable contre l'engagement de leur responsabilité.

II. – Les établissements de paiement qui fournissent le service de paiement mentionné au 8° du II de l'article L. 314-1 doivent disposer, au moment de l'agrément d'une assurance de responsabilité civile professionnelle couvrant les territoires où ils proposent des services ou une autre garantie comparable contre l'engagement de leur responsabilité vis-à-vis du prestataire de services de paiement gestionnaire du compte ou de l'utilisateur de services de paiement à la suite d'un accès non autorisé ou frauduleux aux données des comptes de paiement ou d'une utilisation non autorisée ou frauduleuse de ces données.

III. – Un arrêté du ministre chargé de l'économie précise les critères permettant de déterminer le montant minimal de l'assurance de responsabilité civile professionnelle ou d'une autre garantie comparable mentionnée aux I et II.

Art. L. 522-8 *(Ord. n° 2009-866, 15 juill. 2009 ; mod., L. n° 2013-672, 26 juill. 2013 ; Ord. n° 2017-1252, 9 août 2017 ; L. n° 2018-700, 3 août 2018).* – I. – L'administration centrale de tout établissement de paiement doit être située sur le même territoire national que son siège statutaire.

II. – Tout établissement de paiement agréé en France exerce au moins une partie de son activité de prestation de services de paiement sur le territoire français.

III. – Lorsqu'un établissement de paiement exerce des activités de nature hybride au sens de l'article L. 522-3, l'Autorité de contrôle prudentiel et de résolution vérifie que la personne responsable de la gestion des activités de services de paiement remplit les conditions mentionnées au a du III de l'article L. 522-6. L'Autorité peut exiger qu'une personne morale distincte soit créée pour les activités de services de paiement lorsque les autres activités de l'établissement de paiement portent ou menacent de porter atteinte à la santé financière de l'établissement de paiement ou à la qualité du contrôle opéré sur le respect par l'établissement de paiement des obligations qui lui sont imposées.

Art. L. 522-9 *(Ord. n° 2009-866, 15 juill. 2009 ; mod., L. n° 2013-100, 28 janv. 2013).* – Dans un délai fixé par voie réglementaire suivant la réception de la demande ou, si la demande est incomplète, dans le même délai suivant la réception de toutes les informations nécessaires aux fins de la décision, l'Autorité de contrôle prudentiel et de résolution notifie sa décision au demandeur.

Art. L. 522-10 *(Ord. n° 2009-866, 15 juill. 2009 ; mod., L. n° 2013-672, 26 juill. 2013).* – L'établissement de paiement doit satisfaire à tout moment aux conditions de son agrément.

Toute modification des conditions auxquelles était subordonné l'agrément délivré à un établissement de paiement ayant une incidence sur l'exactitude des informations et pièces justificatives fournies pour la mise en œuvre des dispositions du II de l'article L. 522-6 doit faire l'objet d'une déclaration auprès de l'Autorité de contrôle prudentiel et de résolution. Un arrêté du ministre chargé de l'économie définit les modalités de cette déclaration et les conséquences qui peuvent en être tirées.

Art. L. 522-10-1 *(Ord. n° 2017-1252, 9 août 2017).* – À l'exception des opérations réalisées à l'intérieur d'un groupe, au sens de l'article L. 233-3 du Code de commerce, toute opération de prise, d'extension ou de cession de participation, directe ou indirecte, au sens de l'article L. 233-4 du même code, dans un établissement de paiement est soumise à autorisation préalable de l'Autorité de contrôle prudentiel et de résolution.

Sans préjudice des sanctions qui peuvent être infligées par l'Autorité de contrôle prudentiel et de résolution en cas de non-respect de l'obligation d'autorisation préalable, l'autorité peut demander au juge la suspension des droits de vote attachés aux actions ou parts qui auraient dû faire l'objet de l'autorisation préalable prévue au premier alinéa du présent article.

Sans préjudice des sanctions qui peuvent être infligées par l'Autorité de contrôle prudentiel et de résolution en cas de non-respect de son refus d'autorisation préalable, l'autorité peut demander au juge soit la suspension des droits de vote attachés aux actions ou parts de l'acquéreur, soit la nullité des votes émis.

Les modalités de demande et de délivrance de cette autorisation préalable sont fixées par arrêté du ministre chargé de l'économie.

Art. L. 522-11 *(Ord. n° 2009-866, 15 juill. 2009 ; mod., L. n° 2013-672, 26 juill. 2013 ; Ord. n° 2017-1252, 9 août 2017 ; L. n° 2018-700, 3 août 2018).* – I. – Le retrait de l'agrément d'établissement de paiement est prononcé par l'Autorité de contrôle prudentiel et de résolution à la demande de l'établissement.

Il peut également être décidé d'office par l'Autorité de contrôle prudentiel et de résolution lorsque l'établissement :

a) Ne fait pas usage de l'agrément dans un délai de douze mois ou a cessé d'exercer son activité pendant une période supérieure à six mois ;

b) A obtenu l'agrément au moyen de fausses déclarations ou par tout autre moyen irrégulier ;

c) Ne remplit plus les conditions auxquels était subordonné son agrément ou une autorisation ultérieure ou omet d'informer l'Autorité de contrôle prudentiel et de résolution de changements majeurs à ce sujet ;

d) Représente une menace pour la stabilité du système de paiement ou la confiance en celui-ci en poursuivant son activité de services de paiement.

II. – Le retrait d'agrément prend effet à l'expiration d'une période dont la durée est déterminée par l'Autorité de contrôle prudentiel et de résolution.

Pendant cette période :

1° L'établissement de paiement demeure soumis au contrôle de l'Autorité de contrôle prudentiel et de résolution. L'Autorité de contrôle prudentiel et de résolution peut prononcer à son encontre les sanctions disciplinaires prévues à l'article L. 612-39, y compris la radiation ;

2° L'établissement ne peut fournir que les services de paiement ainsi que les garanties d'exécution d'opérations de paiement ou les opérations de crédit strictement nécessaires à l'apurement de sa situation ;

3° Il ne peut faire état de sa qualité d'établissement de paiement qu'en précisant que son agrément est en cours de retrait.

III. – Dans le cas prévu au I, les fonds d'utilisateurs de services de paiement reçus par un établissement de paiement sont restitués aux utilisateurs ou transférés à un établissement de crédit ou à un autre établissement de paiement habilité ou à la Caisse des dépôts et consignations.

Au terme de la période prévue au II, l'entreprise perd la qualité d'établissement de paiement et doit avoir changé sa dénomination sociale. Les opérations de paiement que l'entreprise a engagées ou s'est engagée, avant la décision de retrait d'agrément, à réaliser peuvent être menées à leur terme.

Par dérogation aux dispositions des 4° et 5° de l'article 1844-7 du Code civil, la dissolution anticipée d'un établissement de paiement ne peut être prononcée qu'après décision de retrait de son agrément par l'Autorité de contrôle prudentiel et de résolution. Par dérogation aux articles L. 123-1 et L. 237-3 du Code de commerce, la publication et l'inscription modificative au registre du commerce et des sociétés concernant le prononcé de cette dissolution doivent mentionner la date de la décision de retrait d'agrément par l'Autorité de contrôle prudentiel et de résolution. Jusqu'à la clôture de sa liquidation, l'établissement reste soumis au contrôle de l'Autorité de contrôle prudentiel et de résolution, qui peut prononcer l'ensemble des sanctions prévues à l'article L. 613-21 du présent code. Il ne peut faire état de sa qualité d'établissement de paiement sans préciser qu'il est en liquidation.

IV. – La radiation d'un établissement de paiement de la liste des établissements de paiement agréés peut être prononcée à titre de sanction disciplinaire par l'Autorité de contrôle prudentiel et de résolution.

Pour un établissement de paiement exerçant des activités de nature hybride au sens de l'article L. 522-3, la radiation s'entend comme une interdiction faite à l'établissement d'exercer les activités pour lesquelles l'agrément d'établissement de paiement lui avait été octroyé.

Pour les autres établissements, la radiation entraîne la liquidation de la personne morale.

Tout établissement qui a fait l'objet d'une telle sanction disciplinaire demeure soumis au contrôle de l'Autorité de contrôle prudentiel et de résolution jusqu'à, respectivement, l'arrêt de toute activité de paiement ou la clôture de la liquidation. Jusque-là, il ne peut effectuer que les opérations de paiement strictement nécessaires à l'apurement de sa situation. Il ne peut faire état de sa qualité d'établissement de paiement qu'en précisant qu'il a fait l'objet d'une mesure de radiation.

V. – Le ministre chargé de l'économie précise par arrêté les conditions d'application de l'article L. 522-11. Il fixe notamment les modalités selon lesquelles les décisions de retrait d'agrément et de radiation sont portées à la connaissance du public.

Art. L. 522-11-1 *(Ord. n° 2014-559, 30 mai 2014 ; mod. Ord. n° 2017-1252, 9 août 2017)*. – I. – L'Autorité de contrôle prudentiel et de résolution peut délivrer un agrément simplifié d'établissement de paiement lorsque le montant total prévisionnel des opérations de paiement ne dépasse pas un plafond fixé par décret.

Avant de fournir des services de paiement, les établissements de paiement mentionnés au premier alinéa doivent obtenir un agrément qui est délivré par l'Autorité de contrôle prudentiel et de résolution, après avis de la Banque de France au titre du quatrième alinéa du I de l'article L. 141-4. L'obtention de cet agrément est subordonnée à la soumission à l'Autorité de contrôle prudentiel et de résolution d'une demande accompagnée des informations définies par arrêté. Cet agrément ne peut être accordé qu'à une personne morale.

Pour délivrer l'agrément à un établissement de paiement mentionnés au premier alinéa, l'Autorité de contrôle prudentiel et de résolution vérifie que l'établissement de paiement dispose pour son activité de prestation de services de paiement de dispositifs à même d'assurer la sécurité des services de paiement fournis et la protection des données de paiement sensible.Ce dispositif et ces procédures sont proportionnés à la nature et à la complexité des services de paiement fournis par l'établissement de paiement.

L'Autorité de contrôle prudentiel et de résolution vérifie également si les personnes déclarées comme chargées de la direction effective de l'établissement de paiement possèdent l'honorabilité ainsi que la compétence et l'expérience nécessaires à leur fonction.

L'Autorité de contrôle prudentiel et de résolution apprécie également l'honorabilité des actionnaires ou associés qui détiennent une participation qualifiée.

L'Autorité de contrôle prudentiel et de résolution dispose d'un délai fixé par décret en Conseil d'État suivant la réception de la demande pour notifier au demandeur, après avis de la Banque de France au titre du quatrième alinéa du I de l'article L. 141-4, que les exigences mentionnées au présent I ne sont pas remplies. À défaut, l'établissement de paiement mentionné au premier alinéa est réputé dûment agréé.

II. – Les dispositions de la section III du présent chapitre, autres que les articles L. 522-17 et L. 522-18, ne s'appliquent pas aux établissements mentionnés au premier alinéa. Ces établissements ne sont pas autorisés à fournir les services mentionnés au 6°, 7° et 8° du II de l'article L. 314-1. Ils ne bénéficient pas des droits prévus au I de l'article L. 522-13.

Les établissements mentionnés au premier alinéa sont tenus d'adresser à l'Autorité de contrôle prudentiel et de résolution une déclaration périodique par laquelle ils certifient qu'ils respectent les conditions de l'agrément limité. Ils adressent aussi chaque année un rapport d'audit relatif au fonctionnement du compte mentionné au 1° du I de l'article L. 522-17 ou, le cas échéant, à l'adéquation du contrat d'assurance ou d'une garantie comparable mentionnée au 2° du I de cet article avec les volumes de paiement exécutés par l'établissement.

L'agrément simplifié cesse un mois après que l'Autorité de contrôle prudentiel et de résolution a constaté que les conditions prévues au présent article n'étaient plus remplies.

Chaque année, l'Autorité de contrôle prudentiel et de résolution communique à la Commission européenne la valeur totale des opérations de paiement effectuées par les établissements de paiement visés au présent *article*.

Un décret précise les conditions d'application du présent article, notamment le montant du capital minimum dont doivent disposer les établissements mentionnés au premier alinéa.

Sous-section 2. – Enregistrement des prestataires de services d'information sur les comptes

(Ord. n° 2017-1252, 9 août 2017)

Art. L. 522-11-2 *(Mod., L. n° 2018-700, 3 août 2018)*. – I. – Avant de fournir le service d'information sur les comptes mentionné au 8° du II de l'article L. 314-1, les prestataires de services d'information sur les comptes adressent à l'Autorité de contrôle prudentiel et de résolution une demande d'enregistrement accompagnée des informations définies par arrêté.

II. – Avant d'enregistrer un prestataire de services d'information sur les comptes, l'Autorité de contrôle prudentiel et de résolution vérifie que le prestataire satisfait aux exigences mentionnées au II et au a du III de l'article L. 522-6, au II de l'article L. 522-7-1 et au I de l'article L. 522-8 et que les personnes déclarées comme chargées de sa direction effective et, lorsque le prestataire de service d'information sur les comptes exerce des activités de nature hybride au sens de l'article L. 522-3, la personne responsable des activités de services de paiement mentionnée à l'article L. 522-8 satisfont aux conditions mentionnées au III de l'article L. 522-6.

L'Autorité de contrôle prudentiel et de résolution dispose d'un délai fixé par décret en Conseil d'État suivant la réception de la demande pour notifier au demandeur, après avis de la Banque de France au titre de l'article L. 521-8 sur la sécurité de l'accès aux informations des comptes de paiement, que les exigences mentionnées au premier paragraphe du présent II ne sont pas remplies. À défaut, le prestataire de services d'information sur les comptes est réputé dûment enregistré.

Si un prestataire de services d'information sur les comptes souhaite fournir d'autres services de paiement mentionnés au II de l'article L. 314-1, il dépose une demande d'agrément auprès de l'Autorité de contrôle prudentiel et de résolution en application de l'article L. 522-6.

Pour l'application de la sous-section 3 de la présente section et du I de l'article L. 522-19, les prestataires de services d'information sur les comptes sont traités comme des établissements de paiement.

III. – Les personnes mentionnées au I doivent satisfaire à tout moment aux conditions de leur enregistrement. Toute modification des conditions auxquelles était subordonné l'enregistrement ayant une incidence sur l'exactitude des informations et pièces justificatives fournies dans le cadre de la demande d'enregistrement doit faire l'objet d'une déclaration auprès de l'Autorité de contrôle prudentiel et de résolution. Un arrêté du ministre chargé de l'économie définit les modalités de cette déclaration et les conséquences qui peuvent en être tirées.

Art. L. 522-11-3. – I. – L'Autorité de contrôle prudentiel et de résolution retire l'enregistrement à la demande du prestataire de services d'information sur les comptes ou d'office lorsqu'il :

a) Ne fait pas usage de l'enregistrement dans un délai de douze mois ou a cessé d'exercer son activité pendant une période supérieure à six mois ;

b) A obtenu l'enregistrement au moyen de fausses déclarations ou par tout autre moyen irrégulier ;

c) Ne remplit plus les conditions auxquelles était subordonné l'enregistrement ou omet d'informer l'Autorité de contrôle prudentiel et de résolution de changements majeurs à ce sujet.

II. – Le retrait de l'enregistrement prend effet à l'expiration d'une période dont la durée est déterminée par l'Autorité de contrôle prudentiel et de résolution. Pendant cette période :

1° Le prestataire de services d'information sur les comptes demeure soumis au contrôle de l'Autorité de contrôle prudentiel et de résolution. L'Autorité de contrôle prudentiel et de résolution peut prononcer à son encontre les sanctions disciplinaires prévues à l'article L. 612-39, y compris la radiation de la liste prévue à l'article L. 612-21 ;

2° Le prestataire de services d'information sur les comptes ne peut plus fournir le service de paiement mentionné au 8° du II de l'article L. 314-1 ;

3° Il ne peut faire état de sa qualité de prestataire de services d'information sur les comptes qu'en précisant que son enregistrement en cours de retrait.

III. – Au terme de la période prévue au II, la personne perd la qualité de prestataire de services d'information sur les comptes et doit avoir changé sa dénomination sociale.

IV. – La radiation d'un prestataire de services d'information sur les comptes de la liste prévue à l'article L. 612-21 peut être prononcée à titre de sanction disciplinaire par l'Autorité de contrôle prudentiel et de résolution. La radiation d'un prestataire de services d'information sur les comptes qui n'exerce pas d'activités autres que la fourniture du service d'information sur les comptes mentionné au 8° du II de l'article L. 314-1 entraîne la liquidation judiciaire de la personne physique ou de la personne morale.

Toute personne qui a fait l'objet d'une telle sanction disciplinaire demeure soumise au contrôle de l'Autorité de contrôle prudentiel et de résolution jusqu'à la clôture de la liquidation.

Elle doit cesser immédiatement de fournir le service mentionné au 8° du II de l'article L. 314-1. Elle ne peut faire état de sa qualité de prestataire de services d'information sur les comptes qu'en précisant qu'elle a fait l'objet d'une mesure de radiation.

V. – Le ministre chargé de l'économie précise par arrêté les conditions d'application de l'article L. 522-11-3. Il fixe notamment les modalités selon, lesquelles les décisions de retrait de l'enregistrement et de radiation sont portées à la connaissance du public.

Sous-section 3. – Libre établissement et libre prestation de services sur le territoire des États parties à l'accord sur l'Espace économique européen
(Anc. section 2 dénum. à compter du 13 janvier 2018, Ord. n° 2017-1252, 9 août 2017)

Art. L. 522-12 *(Ord. n° 2009-866, 15 juill. 2009 ; mod., Ord. n° 2017-1252, 9 août 2017)*. – Dans la présente sous-section et pour l'application des dispositions relatives au libre établissement et à la libre prestation de services :

1° L'expression : « autorités compétentes » désigne la ou les autorités d'un État membre de l'Union européenne ou partie à l'accord sur l'Espace économique européen chargées, conformément à la législation de cet État, d'agréer ou de contrôler les établissements de paiement qui y ont leur siège social ou administration centrale ;

2° L'expression : « État d'origine » désigne, pour un établissement de paiement, l'État membre de l'Union européenne ou partie à l'accord sur l'Espace économique européen où il a son siège social ou si, conformément à son droit national, il en est dépourvu, celui de ces États où est située son administration centrale ;

3° L'expression : « État d'accueil » désigne l'État membre de l'Union européenne ou partie à l'accord sur l'Espace économique européen, autre que l'État d'origine, dans lequel l'établissement de paiement exerce son activité en vertu du libre établissement ou de la libre prestation de services ;

4° L'expression : « succursale » désigne une ou plusieurs parties, dépourvues de la personnalité morale, d'un établissement de paiement et dont l'objet est de fournir des services de paiement. Tous les lieux d'exploitation établis par un établissement de paiement dans le même État d'accueil sont considérés comme une succursale unique.

Art. L. 522-13 *(Ord. n° 2009-866, 15 juill. 2009 ; mod., Ord. n° 2010-76, 21 janv. 2010 ; L. n° 2010-737, 1er juill. 2010 ; Ord. n° 2011-1920, 22 déc. 2011 ; Ord. n° 2013-79, 25 janv. 2013 ; Ord. n° 2017-1252, 9 août 2017 ; L. n° 2018-700, 3 août 2018)*. – I. – 1° Tout établissement de paiement ayant son siège social sur le territoire de la France métropolitaine, en Guadeloupe, en Guyane, en Martinique, à La Réunion, à Mayotte ou à Saint-Martin et désirant exercer son activité dans un autre État membre de l'Union européenne ou partie à l'accord sur l'Espace économique européen en vertu du libre établissement ou de la libre prestation de services notifie son projet à l'Autorité de contrôle prudentiel et de résolution. Cette notification est assortie d'informations dont la nature est déterminée par arrêté du ministre chargé de l'économie.

Dans un délai fixé par voie réglementaire suivant la réception de l'ensemble de ces informations, l'Autorité de contrôle prudentiel et de résolution les communique aux autorités compétentes de l'État d'accueil ;

2° Dans un délai fixé par voie réglementaire suivant la réception de l'ensemble des informations mentionnées au 1°, et sous réserve des dispositions du 3°, l'Autorité de contrôle prudentiel et de résolution communique sa décision aux autorités compétentes de l'État d'accueil et à l'établissement de paiement concerné.

Lorsque l'établissement de paiement entend exercer son activité en établissant une succursale ou par l'intermédiaire d'un agent, il peut commencer à exercer ses activités dans l'État d'accueil concerné dès inscription de cette succursale sur la liste prévue à l'article L. 612-21 ou enregistrement de cet agent conformément aux dispositions de l'article L. 523-1. L'établissement de paiement informe l'Autorité de contrôle prudentiel et de résolution de la date de commencement effectif de ses activités dans l'État d'accueil concerné.

Lorsque l'établissement de paiement entend exercer son activité en vertu de la libre prestation de services, il peut commencer à exercer ses activités dans l'État d'accueil concerné dès réception de la communication mentionnée au premier alinéa ;

3° L'Autorité de contrôle prudentiel et de résolution peut, notamment sur la base des informations, des préoccupations ou de l'évaluation défavorable communiquées le cas échéant par les autorités de l'État d'accueil, refuser d'autoriser l'établissement de paiement concerné à exercer son activité en vertu du libre établissement ou de la libre prestation de services, ou révoquer l'autorisation si elle a déjà été octroyée.

Lorsque l'Autorité de contrôle prudentiel et de résolution n'est pas d'accord avec l'évaluation communiquée par les autorités compétentes de l'État d'accueil, elle leur communique les raisons de sa décision.

II. – 1° Dans la limite des services de paiement qu'il est habilité à fournir sur le territoire de son État d'origine autre que la France et en fonction de l'agrément qu'il y a reçu, tout établissement de paiement peut exercer son activité sur le territoire de la France métropolitaine, en Guadeloupe, en Guyane, en Martinique, à La Réunion, à Mayotte ou à Saint-Martin, en vertu du libre établissement ou de la libre prestation de services, sous réserve que l'Autorité de contrôle prudentiel et de résolution ait été informée par l'autorité compétente de l'État d'origine conformément aux dispositions de l'acte délégué adopté en vertu de l'article 28.5 de la directive (UE) 2015/2366 du Parlement européen et du Conseil du 25 novembre 2015 concernant les services de paiement dans le marché intérieur.

Lorsque cet établissement de paiement entend recourir à des agents et remplit les critères prévus par l'acte délégué adopté en vertu de l'article 29.5 et 29.7 de la directive (UE) 2015/2366 du Parlement européen et du Conseil du 25 novembre 2015 précitée, il désigne un point de contact central établi sur le territoire de la France métropolitaine, en Guadeloupe, en Guyane, en Martinique, à La Réunion, à Mayotte ou à Saint-Martin. Ce point de contact central est en charge de la communication d'informations relatives au respect des dispositions de la section 5 du chapitre II du titre Ier du livre Ier, du chapitre III du titre III du livre Ier, du chapitre IV du titre Ier du livre III et du chapitre Ier du titre II du livre V afin de faciliter la surveillance des autorités compétentes de l'État d'origine et de l'Autorité de contrôle prudentiel et de résolution ;

2° Dans un délai fixé par voie réglementaire suivant la réception de l'ensemble des informations mentionnées au 1°, l'Autorité de contrôle prudentiel et de résolution évalue ces informations et, le cas échéant, communique aux autorités de l'État d'origine toute évaluation défavorable ou toute information pertinente en rapport avec la fourniture de services de paiement envisagée par l'établissement de paiement concerné en vertu du libre établissement ou de la libre prestation de services, et en particulier toute préoccupation relative à un risque de blanchiment de capitaux ou de financement du terrorisme en liaison avec le projet d'établissement d'une succursale ou de recours à un agent ;

3° En vue d'exercer la surveillance d'un établissement de paiement mentionné au 1°, les autorités compétentes de son État d'origine peuvent procéder, après information préalable de l'Autorité de contrôle prudentiel et de résolution, à des inspections sur place de ses succursales et agents établis sur le territoire de la France métropolitaine, en Guadeloupe, en Guyane, en Martinique, à La Réunion, à Mayotte ou à Saint-Martin.

Ces succursales et agents sont soumis aux exigences de secret professionnel prévues à l'article L. 522-19.

Section III. – Dispositions prudentielles

Art. L. 522-14 *(Ord. n° 2009-866, 15 juill. 2009).* – Les établissements de paiement sont tenus de respecter des normes de gestion destinées à garantir leur solvabilité ainsi que l'équilibre de leur structure financière. Ils doivent également disposer d'un dispositif adéquat de contrôle interne leur permettant notamment de mesurer les risques et la rentabilité de leurs activités, y compris lorsqu'ils confient à des tiers des fonctions ou autres tâches opérationnelles essentielles ou importantes.

Ils doivent respecter un niveau de fonds propres adéquat.

Les conditions d'application du présent article et en particulier, les modalités de calcul afférentes aux exigences en fonds propres sont fixées par voie réglementaire *(Mots aj., Ord. n° 2017-1252, 9, août 2017)* « applicables aux établissements qui fournissent un ou plusieurs services mentionnés aux 1° à 6° du II de l'article L. 314-1 ».

Art. L. 522-15 *(Ord. n° 2009-866, 15 juill. 2009 ; L. n° 2013-672, 26 juill. 2013).* – L'Autorité de contrôle prudentiel et de résolution peut adresser aux établissements de paiement une recommandation ou une injonction à l'effet d'assurer l'existence de fonds propres suffisants pour les services de paiement, notamment lorsque les activités autres que les services de paiement de l'établissement de paiement portent ou menacent de porter atteinte à la santé financière de l'établissement de paiement.

L'Autorité de contrôle prudentiel et de résolution peut également adresser aux établissements de paiement exerçant des activités de nature hybride au sens de l'article L. 522-3 une recommandation ou une injonction à l'effet de créer une personne morale distincte pour les activités de services de paiement lorsque les activités autres que les services de paiement de l'établissement portent ou menacent de porter atteinte à la santé financière de l'établissement de paiement ou à la capacité de l'Autorité de contrôle prudentiel et de résolution de contrôler si l'établissement respecte toutes les obligations qui lui sont imposées.

Art. L. 522-15-1 *(Ord. n° 2010-76, 21 janv. 2010 ; mod., L. n° 2013-672, 26 juill. 2013).* – L'Autorité de contrôle prudentiel et de résolution peut adresser aux établissements de paiement une recommandation ou une injonction à l'effet d'assurer l'existence de fonds propres suffisants pour les services de paiement, notamment lorsque les activités autres que les services de paiement de l'établissement de paiement portent ou menacent de porter atteinte à la santé financière de l'établissement de paiement.

L'Autorité de contrôle prudentiel et de résolution peut également adresser aux établissements de paiement exerçant des activités de nature hybride au sens de l'article L. 522-3 une recommandation ou une injonction à l'effet de créer une personne morale distincte pour les activités de services de paiement lorsque les activités autres que les services de paiement de l'établissement portent ou menacent de porter atteinte à la santé financière de l'établissement de paiement ou à la capacité de l'Autorité de contrôle prudentiel et de résolution de contrôler si l'établissement respecte toutes les obligations qui lui sont imposées.

Art. L. 522-16 *(Ord. n° 2009-866, 15 juill. 2009 ; mod., L. n° 2013-672, 26 juill. 2013).* – Tout établissement de paiement qui entend externaliser des fonctions opérationnelles de services de paiement en informe l'Autorité de contrôle prudentiel et de résolution.

L'externalisation de fonctions opérationnelles importantes ne peut pas être faite d'une manière qui nuise sérieusement à la qualité du contrôle interne de l'établissement de paiement et qui empêche l'Autorité de contrôle prudentiel et de résolution de contrôler que cet établissement respecte bien toutes les obligations auxquelles il est soumis.

Un arrêté du ministre chargé de l'économie définit les conditions d'application du présent article.

Art. L. 522-17 *(Ord. n° 2009-866, 15 juill. 2009 ; mod., Ord. n° 2013-544, 27 juin 2013).* – I. – Les fonds reçus soit des utilisateurs de services de paiement, soit par le biais d'un autre prestataire de services de paiement pour l'exécution d'opérations de paiement sont protégés conformément à l'une des deux méthodes suivantes, ce choix étant laissé à l'appréciation de l'établissement de paiement :

1° Les fonds reçus ne sont en aucun cas confondus avec les fonds de personnes physiques ou morales autres que les utilisateurs de services de paiement pour le compte desquels les fonds sont détenus.

Les fonds restant sur le compte de l'utilisateur de services de paiement à la fin du jour ouvrable suivant le jour où ils ont été reçus, tel que défini au *d* de l'article L. 133-4, sont déposés sur un compte distinct auprès d'un établissement de crédit habilité à recevoir des fonds à vue du public.

Ils peuvent aussi être investis en instruments financiers conservés dans des comptes ouverts spécialement à cet effet auprès d'une personne mentionnée aux 2° à 5° de l'article L. 542-1, dans des conditions fixées par arrêté du ministre chargé de l'économie.

Ces fonds sont protégés dans les conditions prévues à l'article L. 613-30-1 contre tout recours d'autres créanciers de l'établissement de paiement, y compris en cas de procédures d'exécution ou de procédure d'insolvabilité ouverte à l'encontre de l'établissement ;

2° Les fonds reçus sont couverts par un contrat d'assurance ou une autre garantie comparable d'une entreprise d'assurances, d'une société de financement ou d'un établissement de crédit n'appartenant pas au même groupe, dans les conditions définies par arrêté du ministre chargé de l'économie, qui assure ou garantit les utilisateurs des services de paiement contre la défaillance de l'établissement de paiement dans l'exécution de ses obligations financières.

II. – Lorsque les fonds remis peuvent être utilisés d'une part pour exécuter de futures opérations de paiement et d'autre part *pour des services autres que les services* de paiement, la partie des fonds reçue pour l'exécution de futures opérations de paiement est protégée selon les modalités prévues au présent article. Si cette partie est variable ou ne peut être déterminée à l'avance, les établissements de paiement procèdent à l'évaluation de la part représentative des fonds reçus pour l'exécution d'opérations de paiement, en respectant les conditions fixées par un arrêté du ministre chargé de l'économie. La part représentative ainsi déterminée est protégée dans les conditions prévues au I.

Art. L. 522-18 *(Ord. n° 2009-866, 15 juill. 2009).* – Les établissements de paiement fournissent à leurs clients, de même qu'à toute personne qui en fait la demande, toute information utile sur les modalités de protection des fonds collectés. Les modifications sont portées à la connaissance des clients. L'usage à des fins publicitaires de ces informations est interdit.

Section IV. – Secret professionnel, comptabilité et contrôle légal des comptes

Art. L. 522-19 *(Ord. n° 2009-866, 15 juill. 2009 ; mod., L. n° 2013-100, 28 janv. 2013 ; Ord. 2013-792, 30 août 2013 ; Ord. n° 2015-1682,17 déc. 2015).* – I. – Tout membre d'un conseil d'administration et, selon le cas, d'un conseil de surveillance et toute personne qui, à un titre quelconque, participe à la direction ou à la gestion d'un établissement de paiement ou qui est employée par un établissement de paiement est tenu au secret professionnel.

Outre les cas où la loi le prévoit, le secret professionnel ne peut être opposé ni à l'Autorité de contrôle prudentiel et de résolution ni à la Banque de France ni à l'Institut d'émission d'outre-mer ni à l'Institut d'émission des départements d'outre-mer ni à l'autorité judiciaire agissant dans le cadre d'une procédure pénale.

Les établissements de paiement peuvent communiquer des informations couvertes par le secret professionnel aux personnes avec lesquelles ils négocient, concluent ou exécutent les opérations mentionnées aux 1° à 5°, dès lors que ces informations sont nécessaires à celles-ci :

1° Prises de participation ou de contrôle dans un établissement de paiement ;

2° Cessions d'actifs ou de fonds de commerce ;

3° Cessions ou transferts de contrats ;

4° Contrats de prestations de services conclus avec un tiers en vue de lui confier des fonctions opérationnelles importantes ;

5° Lors de l'étude ou l'élaboration de tout type de contrats ou d'opérations, dès lors que ces entités appartiennent au même groupe que l'auteur de la communication.

Outre les cas mentionnés aux 1° à 5°, les établissements de paiement peuvent communiquer des informations couvertes par le secret professionnel au cas par cas et uniquement lorsque les personnes concernées leur ont expressément permis de le faire.

Les personnes recevant des informations couvertes par le secret professionnel, qui leur ont été fournies pour les besoins d'une des opérations ci-dessus énoncées, doivent les conserver confidentielles, que l'opération susvisée aboutisse ou non. Toutefois, dans l'hypothèse où l'opération susvisée aboutit, ces personnes peuvent à leur tour communiquer les informations couvertes par le secret professionnel dans les mêmes conditions que celles visées au présent article aux personnes avec lesquelles elles négocient, concluent ou exécutent les opérations énoncées ci-dessus.

II. – Les dispositions *(Mots rempl., Ord. n° 2017-1252, 9 août 2017)* « de l'article L. 232-1 » du Code de commerce sont applicables à tous les établissements de paiement dans des conditions fixées par l'Autorité des normes comptables après avis du comité consultatif de la législation et de la réglementation financières.

III. – Lorsqu'ils établissent leurs comptes sous une forme consolidée, les établissements de paiement le font selon les règles définies par règlement de l'Autorité des normes comptables pris après avis du comité consultatif de la législation et de la réglementation financières. Toutefois, ils sont dispensés de se conformer à ces règles lorsqu'ils utilisent les normes comptables internationales adoptées par règlement de la Commission européenne.

IV. – Tout établissement de paiement doit publier ses comptes annuels dans des conditions fixées par l'Autorité des normes comptables après avis du comité consultatif de la législation et de la réglementation financières.

L'Autorité de contrôle prudentiel et de résolution s'assure que les publications prévues ci-dessus sont régulièrement effectuées. Elle peut ordonner à l'établissement de paiement de procéder à des publications rectificatives dans le cas où des inexactitudes ou des omissions auraient été relevées dans les documents publiés.

Elle peut porter à la connaissance du public toutes informations qu'elle estime nécessaires.

V. – Les établissements de paiement sont tenus aux obligations des articles L. 511-38 et L. 511-39.

Art. L. 522-20 *(Ord. n° 2009-866, 15 juill. 2009).* – Lorsqu'ils exercent d'autres activités conformément à l'article L. 522-3, les établissements de paiement établissent des informations comptables distinctes relatives aux activités de services de paiement mentionnées au II de l'article L. 314-1 et aux activités connexes *mentionnées à l'article L. 522-2,* selon les règles définies par règlement de l'Autorité des normes comptables pris après avis du comité consultatif de la législation et de la réglementation financières.

Les informations comptables prévues au premier alinéa font l'objet d'un rapport d'audit établi par leurs commissaires aux comptes dans des conditions définies par voie réglementaire.

ANNEXE 5

VI. – INSTRUMENTS FINANCIERS

Code monétaire et financier

Partie Législative

LIVRE DEUXIÈME. – LES PRODUITS

TITRE PREMIER. – LES INSTRUMENTS FINANCIERS

CHAPITRE I. – DÉFINITION ET RÈGLES GÉNÉRALES

Bibliographie : Giraud, *La loi n° 88-1201 du 23 décembre 1988 relative aux organismes de placement collectif en valeurs mobilières et portant création des fonds communs de créances : ADL* 1989, 83. • Pézard, *Modernisation des organismes en placement collectif des valeurs mobilières (OPCVM) et titrisation : JCP E* 1989, II, 15600. • Zénati et Couret, *La loi n° 88-1201 du 23 décembre 1988 relative aux organismes de placement collectif en valeurs mobilières et portant création des fonds communs de créances : RTD civ.* 1989, 162, 165. • F. Drummond, *Un nouveau principe : la liberté d'émettre toutes valeurs mobilières : RD bancaire et fin.* sept. 2004, n° 5. • J.-P. Valuet, *Valeurs mobilières : commentaire du décret du 10 février 2005 : D.* 2005, n° 20, p. 1362. • Th. Bonneau, *Commentaire de l'ordonnance n° 2009-80 du 22 janvier 2009 relative à l'appel public à l'épargne et portant diverses dispositions en matière financière – À propos de l'ordonnance n° 2009-80, 22 janvier 2009 : Dr. sociétés* 2009 n° 3, 18. • H. Hovasse, *L'ordonnance n° 2009-80 du 22 janvier 2009 relative à l'appel public à l'épargne et le Droit des sociétés – À propos de l'ordonnance n° 2009-80, 22 janvier 2009 : Dr. sociétés* 2009 n° 3 comm. 52, p. 30. • G. Petit, *Présentation et orientations de la réforme du droit des instruments financiers : RTD fin.* 2009, n° 1, p. 42 et s. • Y. Paclot, *La réforme des instruments financiers par l'ordonnance du 8 janvier 2009 : Bull. Joly Bourse* 2009, n° 1, p. 59 et s.

Section I. – Définitions

Art. L. 211-1 *(Mod., L. n° 2003-706, 1er août 2003 ; Ord. n° 2004-330, 15 avr. 2004 ; Ord. n° 2005-1278, 13 oct. 2005 ; Ord. n° 2007-544, 12 avr. 2007 ; Ord. n° 2008-556, 13 juin 2008 ; rempl., Ord. n° 2009-15, 8 janv. 2009).* **– I. – Les instruments financiers sont les titres financiers et les contrats financiers.**

II. – Les titres financiers sont :

1. Les titres de capital émis par les sociétés par actions ;

2. Les titres de créance *(Mots suppr. à compter du 1er octobre 2016, Ord. n° 2016-520, 28 avr. 2016)* **« ... » ;**

3. Les parts ou actions d'organismes de placement collectif.

III. – Les contrats financiers, également dénommés « instruments financiers à terme », sont les contrats à terme qui figurent sur une liste fixée par décret.

IV *(IV créé à compter du 1er octobre 2016, Ord. n° 2016-520, 28 avr. 2016)* **Les effets de commerce et les bons de caisse ne sont pas des instruments financiers.**

Bons de caisse : nature. Les bons de caisse ne sont pas des valeurs mobilières mais des titres exprimant une reconnaissance de dette de la banque qui a reçu les fonds, ils sont donc soumis à la prescription de droit commun (■ Cass. com., 27 mars 2012, n° 11-15.316 : *JurisData* n° 2012-005681 ; *D.* 2012, p. 940, obs. X. Delpech ; *RD bancaire et fin.* 2012, comm. 110, obs. F.-J. Crédot et T. Samin ; *Banque et droit* 2012, n° 144, p. 19, obs. T. Bonneau).

Section II. – Les titres financiers

Sous-section 1. – Conditions d'émission

Art. L. 211-2 *(Mod., Ord. n° 2005-1278, 13 oct. 2005 ; Ord. n° 2008-556, 13 juin 2008 ; rempl., Ord. n° 2009-15, 8 janv. 2009 ; Ord. n° 2013-676, 25 juill. 2013 ; Ord. n° 2017-1432, 4 oct. 2017).* **– Les titres financiers, qui comprennent les valeurs mobilières au sens du deuxième alinéa de l'article L. 228-1 du Code de commerce, ne peuvent être émis que par l'État, une personne morale, un fonds commun de placement, un fonds de placement immobilier, un fonds professionnel de placement immobilier, un fonds de financement spécialisé, ou un fonds commun de titrisation.**

Sous-section 2. – Inscription des titres financiers

(Intitulé mod. à compter de la publication du décret prévu au 2° de l'article 2 de l'ordonnance n° 2017-1674 du 8 décembre 2017 et, au plus tard, le 1er juillet 2018, Ord. n° 2017-1674, 8 déc. 2017)

§ 1. – Dispositions générales

Art. L. 211-3 *(Mod. à compter de la publication du décret prévu au 2° de l'article 2 de l'ordonnance n° 2017-1674 du 8 décembre 2017 et, au plus tard, le 1er juillet 2018, Ord. n° 2017-1674, 8 déc. 2017).* – Les titres financiers, émis en territoire français et soumis à la législation française, sont inscrits soit dans un compte-titres tenu par l'émetteur ou par l'un des intermédiaires mentionnés aux 2° à 7° de l'article L. 542-1, soit, dans le cas prévu au second alinéa de l'article L. 211-7, dans un dispositif d'enregistrement électronique partagé.

L'inscription dans un dispositif d'enregistrement électronique partagé tient lieu d'inscription en compte.

Un décret en Conseil d'État fixe les conditions dans lesquelles les titres financiers peuvent être inscrits dans un dispositif d'enregistrement électronique partagé mentionné ci-dessus, présentant des garanties, notamment en matière d'authentification, au moins équivalentes à celles présentées par une inscription en compte-titres.

Art. L. 211-4 *(Rempl. à compter de la publication du décret prévu au 2° de l'article 2 de l'ordonnance n° 2017-1674 du 8 décembre 2017 et, au plus tard, le 1er juillet 2018, Ord. n° 2017-1674, 8 déc. 2017).* – Le compte-titres est ouvert ou l'inscription dans un dispositif d'enregistrement électronique partagé est réalisée, au nom d'un ou de plusieurs titulaires, propriétaires des titres financiers qui y sont inscrits.

Par dérogation, le compte-titres peut être ouvert ou, dans les cas mentionnés aux 1 et 3 ci-après, l'inscription dans un dispositif d'enregistrement électronique partagé peut être réalisée :

1. Au nom d'un fonds commun de placement, d'un fonds de placement immobilier, d'un fonds professionnel de placement immobilier, un fonds de financement spécialisé, ou un fonds commun de titrisation, la désignation du fonds pouvant être valablement substituée à celle de tous les copropriétaires ;

2. Au nom d'un intermédiaire inscrit agissant pour le compte du propriétaire des titres financiers, mentionné au septième alinéa de l'article L. 228-1 du Code de commerce et dans les conditions prévues par ce même code.

3. Au nom d'un intermédiaire inscrit agissant pour le compte d'un ou de plusieurs propriétaires de parts ou d'actions d'organismes de placement collectif, lorsque ces propriétaires n'ont pas leur domicile sur le territoire français au sens de l'article 102 du Code civil.

L'intermédiaire inscrit est tenu, au moment de l'ouverture de son compte-titres ou de son inscription dans un dispositif d'enregistrement électronique partagé, de déclarer sa qualité d'intermédiaire détenant des titres pour le compte d'autrui.

Un décret précise les modalités et conditions d'application du présent 3.

Art. L. 211-4-1 *(Abr., Ord. n° 2009-15, 8 janv. 2009).*

Art. L. 211-5 *(Rempl., Ord. n° 2009-15, 8 janv. 2009 ; mod., Ord. n° 2009-107, 30 janv. 2009).* – La procédure d'identification des propriétaires de titres de capital est fixée aux articles L. 228-2 à *(Réf. rempl., L. n° 2019-486, 22 mai 2019)* « L. 228-3-6 » du Code de commerce.

La procédure d'identification mentionnée au premier alinéa est applicable aux organismes de placement collectif, qu'ils aient ou non la forme de société par actions, et peut être exercée par leur société de gestion. Pour l'ensemble de ces organismes, cette procédure est applicable, nonobstant l'absence de stipulations spécifiques dans les statuts ou le règlement. La demande d'identification est exercée soit directement auprès des établissements teneurs de compte-conservateurs, soit par l'intermédiaire du dépositaire central.

Voir : *infra*, C. monét. fin., art. D. 211-1 A et s.

§ 2. – Tenue de compte-conservation et inscription dans un dispositif *d'enregistrement électronique partagé*

(Intitulé mod. à compter de la publication du décret prévu au 2° de l'article 2 de l'ordonnance n° 2017-1674 du 8 décembre 2017 et, au plus tard, le 1er juillet 2018, Ord. n° 2017-1674, 8 déc. 2017)

Art. L. 211-6 *(Anc. art. L. 431-6, dénum., Ord. n° 2005-429, 6 mai 2005 ; mod., Ord. n° 2005-429, 6 mai 2005 ; rempl., Ord. n° 2009-15, 8 janv. 2009).* – Le compte-titres est tenu par l'émetteur lorsque la loi l'exige ou lorsque l'émetteur le décide. Dans les autres cas, il est tenu au choix du propriétaire des titres par l'émetteur ou par un intermédiaire mentionné à l'article L. 211-3.

Un décret en Conseil d'État précise les conditions d'application du présent article.

Art. L. 211-7 *(Ord. n° 2009-15, 8 janv. 2009).* – Les titres financiers admis aux opérations d'un dépositaire central peuvent être inscrits dans un compte-titres tenu par un intermédiaire mentionné à l'article L. 211-3, sauf décision contraire de l'émetteur.

(Al. mod. à compter de la publication du décret prévu au 2° de l'article 2 de l'ordonnance n° 2017-1674 du 8 décembre 2017 et, au plus tard, le 1er juillet 2018, Ord. n° 2017-1674, 8 déc. 2017) Les titres financiers qui ne sont pas admis aux opérations d'un dépositaire central doivent être inscrits, au nom du propriétaire des titres, dans un compte-titres tenu par l'émetteur ou, sur décision de l'émetteur, dans un dispositif d'enregistrement électronique partagé mentionné à l'article L. 211-3. Toutefois, sauf lorsque la loi ou l'émetteur l'interdit, les parts ou actions d'organismes de placement collectif peuvent être inscrites dans un compte-titres tenu par un intermédiaire mentionné à l'article L. 211-3.

Art. L. 211-8 *(Ord. n° 2009-15, 8 janv. 2009).* – Le teneur de compte-conservateur de titres financiers peut, dans les conditions fixées par le règlement général de l'Autorité des marchés financiers, confier à un tiers tout ou partie de ses tâches.

§ 3. – Protection du titulaire du compte

Art. L. 211-9 *(Ord. n° 2009-15, 8 janv. 2009).* – Le teneur de compte-conservateur sauvegarde les droits des titulaires des comptes sur les titres financiers qui y sont inscrits. Il ne peut utiliser ces titres pour son propre compte que dans les conditions prévues au *(Mots rempl. à compter du 3 janvier 2018, Ord. n° 2016-827, 23 juin 2016)* « 4° du II de l'article L. 533-10 ».

Art. L. 211-10 *(Mod., Ord. n° 2010-76, 21 janv. 2010 ; L. n° 2013-672, 26 juill. 2013).* – En cas d'ouverture d'une procédure de redressement ou de liquidation judiciaire d'un intermédiaire mentionné à l'article L. 211-3, l'administrateur judiciaire ou le liquidateur, conjointement avec l'administrateur provisoire ou le liquidateur nommé, le cas échéant, par l'Autorité de contrôle prudentiel et de résolution, vérifie titre financier par titre financier que l'ensemble des titres financiers figurant en compte chez un dépositaire central ou chez un autre intermédiaire au nom de l'intermédiaire défaillant, quelle que soit la nature des comptes ouverts chez ces derniers, sont en nombre suffisant pour que l'intermédiaire puisse remplir ses obligations vis-à-vis des titulaires de compte.

En cas d'insuffisance du nombre de ces titres, il est procédé titre financier par titre financier à une répartition proportionnelle entre les titulaires de compte concernés ; ceux-ci peuvent faire virer à un compte-titres tenu par un autre intermédiaire ou par l'émetteur les titres dont ils obtiennent restitution.

Pour la créance correspondant aux titres financiers qui, faute d'une encaisse suffisante chez le dépositaire central ou chez un autre intermédiaire, n'auront pu être restitués aux titulaires de compte, ceux-ci sont dispensés de la déclaration prévue à l'article L. 622-24 du Code de commerce.

Le juge commissaire est informé du résultat de la vérification opérée par l'administrateur judiciaire ou le liquidateur et, le cas échéant, de la répartition proportionnelle des titres financiers ainsi que des virements effectués à la demande des titulaires de compte.

Art. L. 211-11 *(Ord. n° 2009-15, 8 janv. 2009).* – Aucune saisie, même à titre conservatoire, n'est admise sur les comptes ouverts auprès d'un dépositaire central.

Aucune mesure d'exécution forcée ou conservatoire menée à l'encontre d'un intermédiaire mentionné à l'article L. 211-3 n'est admise sur les titres financiers inscrits sur un compte, ouvert à son nom dans les livres d'un autre intermédiaire mentionné au même article, lorsqu'ils ne sont pas la propriété du premier intermédiaire.

Art. L. 211-12 *(Ord. n° 2009-15, 8 janv. 2009).* – Sous réserve des dispositions de l'article L. 211-11, les saisies de titres financiers sont régies par les dispositions *(Mots rempl. à compter du 1er juin 2012, Ord. n° 2011-1895, 19 déc. 2011)* « de la partie législative du Code des procédures civiles d'exécution ».

§ 4. – Dispositions transitoires

Art. L. 211-13 *(Ord. n° 2009-15, 8 janv. 2009).* – Les dispositions de la présente sous-section ne concernent pas les obligations émises avant le 3 novembre 1984, amortissables par tirage au sort de numéros. Elles ne concernent pas non plus les rentes perpétuelles sur l'État, détenues sous forme nominative, émises avant cette date.

Les détenteurs de titres financiers émis avant la même date ne peuvent exercer les droits attachés à leurs titres que si ceux-ci ont été inscrits en compte par l'émetteur ou présentés à un intermédiaire mentionné à l'article L. 211-3 en vue de leur inscription en compte. Dans des conditions définies par décret, les émetteurs ou les intermédiaires doivent procéder à la vente des droits correspondant aux titres financiers non présentés ou dont les titulaires sont inconnus ou n'ont pas été atteints depuis la même date du 3 novembre 1984. Le produit de la vente est consigné jusqu'à restitution éventuelle aux ayants droit.

Sous-section 3. – Transmissions

§ 1. – Négociabilité

Art. L. 211-14 *(Ord. n° 2009-15, 8 janv. 2009 ; mod., Ord. n° 2013-676, 25 juill. 2013).* – À l'exception des parts des sociétés civiles de placement immobilier mentionnées à l'article L. 214-114 et des parts des sociétés d'épargne forestière mentionnées à l'article L. 214-121, les titres financiers sont négociables.

Art. L. 211-15 *(Ord. n° 2009-15, 8 janv. 2009).* – Les titres financiers se transmettent par virement de compte à compte *(Mots aj. à compter de la publication du décret prévu au 2° de l'article 2 de l'ordonnance n° 2017-1674 du 8 décembre 2017 et, au plus tard, le 1er juillet 2018, Ord. n° 2017-1674, 8 déc. 2017)* « ou par inscription dans un dispositif d'enregistrement électronique partagé mentionné à l'article L. 211-3 ».

Art. L. 211-16 *(Ord. n° 2009-15, 8 janv. 2009).* – Nul ne peut revendiquer pour quelque cause que ce soit un titre financier dont la propriété a été acquise de bonne foi par le titulaire du compte-titres dans lequel ces titres sont inscrits *(Mots aj. à compter de la publication du décret prévu au 2° de l'article 2 de l'ordonnance n° 2017-1674 du 8 décembre 2017 et, au plus tard, le 1er juillet 2018, Ord. n° 2017-1674, 8 déc. 2017)* « ou par la personne identifiée par le dispositif d'enregistrement électronique partagé mentionné à l'article L. 211-3 ».

§ 2. – Transfert de propriété

Art. L. 211-17 *(Ord. n° 2009-15, 8 janv. 2009 ; mod., Ord. n° 2015-1686, 17 déc. 2015).* – I. – Le transfert de propriété de titres financiers résulte de l'inscription de ces titres au compte-titres de l'acquéreur *(Mots aj. à compter de la publication du décret prévu au 2° de l'article 2 de l'ordonnance n° 2017-1674 du 8 décembre 2017 et, au plus tard, le 1er juillet 2018, Ord. n° 2017-1674, 8 déc. 2017)* « ou de l'inscription de ces titres au bénéfice de l'acquéreur dans un dispositif d'enregistrement électronique partagé mentionné à l'article L. 211-3 ».

II. – Lorsque les titres financiers sont admis aux opérations d'un dépositaire central ou livrés dans un système de règlement et de livraison d'instruments financiers mentionné à l'article L. 330-1, l'inscription prévue au I a lieu à la date et dans les conditions définies par le règlement général de l'Autorité des marchés financiers.

Par dérogation à ce qui précède, le transfert n'intervient au profit de l'acquéreur que lorsque celui-ci a réglé le prix. Tant que l'acquéreur n'a pas réglé le prix, l'intermédiaire qui a reçu les titres financiers en est le propriétaire. Le règlement général de l'Autorité des marchés financiers précise les modalités particulières de transfert de propriété applicables dans le cas prévu au présent alinéa.

III. – Lorsque des transactions sur des titres financiers sont conclues sur un marché réglementé ou un système multilatéral de négociation et que le compte du teneur de compte-conservateur de l'acheteur, ou le compte du mandataire de ce teneur de compte-conservateur, est crédité dans les livres du dépositaire central, l'inscription prévue au I a lieu à la date de dénouement effectif de la négociation mentionnée dans les règles de fonctionnement du système de règlement et de livraison.

Cette date intervient au plus tard le deuxième jour d'ouverture du système de règlement et de livraison après la négociation, à l'exception des cas prévus au point 2 de l'article 5 du règlement (UE) n° 909/2014 du Parlement européen et du Conseil du 23 juillet 2014 concernant l'amélioration du règlement de titres dans l'Union européenne et les dépositaires centraux de titres.

Cette même date s'applique lorsque les titres financiers de l'acheteur et du vendeur sont inscrits dans les livres d'un teneur de compte-conservateur commun.

Art. L. 211-17-1 *(L. n° 2010-1249, 22 oct. 2010 ; mod., L. n° 2013-100, 28 janv. 2013 ; Ord. n° 2015-1686, 17 déc. 2015).* – I. – L'acheteur et le vendeur d'instruments financiers mentionnés au I de l'article L. 211-1 sont, dès l'exécution de l'ordre, définitivement engagés, le premier à payer, le second à livrer, à la date mentionnée au III de l'article L. 211-17.

Sans préjudice du règlement (UE) n° 236/2012 du Parlement européen et du Conseil, du 14 mars 2012, sur la vente à découvert et certains aspects des contrats d'échange sur risque de crédit, il est interdit à un vendeur d'instruments financiers mentionnés au I de l'article L. 211-1 et admis à la négociation sur un marché réglementé d'émettre un ordre de vente s'il ne dispose pas sur son compte des instruments financiers appelés à être cédés, ou s'il n'a pas pris les mesures nécessaires auprès d'une tierce partie afin de disposer d'assurances raisonnables sur sa capacité à livrer ces instruments financiers, au plus tard à la date prévue pour la livraison consécutive à la négociation.

Il peut être dérogé au présent article dans des conditions prévues par décret après avis motivé du collège de l'Autorité des marchés financiers.

Le prestataire auquel l'ordre est transmis peut exiger, lors de la réception de l'ordre ou dès son exécution, la constitution dans ses livres, à titre de couverture, d'une provision en espèces en cas d'achat, en instruments financiers objets de la vente en cas de vente.

II. – L'Autorité des marchés financiers peut prononcer les sanctions prévues aux II et III de l'article L. 621-15 à l'encontre de toute personne physique ou morale qui exécute une opération ayant pour objet ou pour effet de contrevenir aux dispositions du présent article et du III de l'article L. 211-17.

Art. L. 211-18 *(Ord. n° 2009-15, 8 janv. 2009).* – En cas de livraison de titres financiers contre règlement d'espèces, le défaut de livraison ou de règlement constaté à la date et dans les conditions définies dans le règlement général de l'Autorité des marchés financiers ou, à défaut, par une convention entre les parties délie de plein droit de toute obligation la partie non défaillante vis-à-vis de la partie défaillante, nonobstant toute disposition législative contraire.

Lorsqu'un intermédiaire mentionné à l'article L. 211-3 procède à la livraison des titres ou au paiement du prix en se substituant à son client défaillant, il acquiert la pleine propriété des titres financiers ou des espèces reçus de la contrepartie. Les dispositions du Livre VI du Code de commerce ne font pas obstacle à l'application du présent article. Aucun créancier du client défaillant ne peut opposer un droit quelconque sur ces titres financiers ou espèces.

Art. L. 211-19 *(Ord. n° 2009-15, 8 janv. 2009 ; mod., Ord. n° 2015-1686, 17 déc. 2015).* – Pour chaque ordre de négociation, cession ou mutation d'un titre financier inscrit dans un compte tenu par l'émetteur et admis aux opérations d'un dépositaire central, ou pour toute autre modification affectant l'inscription en compte dudit titre financier, l'intermédiaire mentionné à l'article L. 211-3 établit un bordereau de références nominatives. Ce bordereau indique les éléments d'identification du donneur d'ordre, la nature juridique de ses droits et les restrictions dont le titre financier peut être frappé et porte un code permettant de déterminer l'opération à laquelle il se rattache.

Le règlement général de l'Autorité des marchés financiers détermine les modalités et les délais de circulation du bordereau de références nominatives entre l'intermédiaire, le dépositaire central et l'émetteur.

Sous-section 4. – Nantissement de comptes-titres et de titres financiers

(Intitulé mod. à compter de la publication du décret prévu au 2° de l'article 2 de l'ordonnance n° 2017-1674 du 8 décembre 2017 et, au plus tard, le 1er juillet 2018, Ord. n° 2017-1674, 8 déc. 2017)

Bibliographie : M. Billiau, *Le nouveau gage des comptes d'instruments financiers : JCP* E 1996, I, 596. • D.-R. Martin, *Du gage d'actifs scripturaux : D.* 1996, 263. • De Vaudeplane et Mouy, *Gage sur titres : une réforme innovante : Banque* 1996, p. 54 ; *La réforme du nantissement de titres dématérialisées : Banque et dr.* 1996, p. 48. • D. Bureau, *L'art législatif sur le vif. À* *propos du nantissement de compte d'instruments financiers : D.* 1997, chron. 73. • D. Legeais, *Gage de compte d'instruments financiers : RD bancaire et bourse* 1997, 225. • C. Lisanti, *Les sûretés conventionnelles sur meubles incorporels*, Litec, Biblio. dr. entr. t. 55, 2001. • S. Praicheux, *La transposition en droit français de la directive européenne sur les contrats de garantie financière : RD bancaire et fin.* mai-juin 2005, 56. • G. Ansalini, *Sur le nantissement de second rang de compte d'instruments financiers : RD bancaire et fin.* 2007, n° 4, p. 24 et s. • P.-G. Marly, *Fiducie-Sûreté sur titres – Nantissement de compte-titres : RTD fin.* 2009, n° 3, p. 72 et s.

Art. L. 211-20 *(Ord. n° 2009-15, 8 janv. 2009 ; mod., Ord. n° 2009-107, 30 janv. 2009 ; Ord. n° 2013-544, 27 juin 2013).* **– I. – Le nantissement d'un compte-titres est réalisé, tant entre les parties qu'à l'égard de la personne morale émettrice et des tiers, par une déclaration signée par le titulaire du compte. Cette déclaration comporte les énonciations fixées par décret. Les titres financiers figurant initialement dans le compte nanti, ceux qui leur sont substitués ou les complètent en garantie de la créance initiale du créancier nanti, de quelque manière que ce soit, ainsi que leurs fruits et produits en toute monnaie, sont compris dans l'assiette du nantissement. Les titres financiers et les sommes en toute monnaie postérieurement inscrits au crédit du compte nanti, en garantie de la créance initiale du créancier nanti, sont soumis aux mêmes conditions que ceux y figurant initialement et sont considérés comme ayant été remis à la date de déclaration de nantissement initiale. Le créancier nanti peut obtenir, sur simple demande au teneur de compte, une attestation de nantissement de compte-titres, comportant inventaire des titres financiers et sommes en toute monnaie inscrits en compte nanti à la date de délivrance de cette attestation.**

II. – Le compte nanti prend la forme d'un compte spécial ouvert au nom du titulaire et tenu par un intermédiaire mentionné à l'article L. 211-3, un dépositaire central ou, le cas échéant, l'émetteur.

À défaut d'un compte spécial, sont réputés constituer le compte nanti les titres financiers mentionnés au premier alinéa, ainsi que les sommes en toute monnaie ayant fait l'objet d'une identification à cet effet par un procédé informatique.

III. – Lorsque les titres financiers figurant dans le compte nanti sont inscrits dans un compte tenu par l'émetteur et que celui-ci n'est pas une personne autorisée à recevoir des fonds remboursables du public au sens de l'article L. 312-2, les fruits et produits mentionnés au I versés en toute monnaie doivent être inscrits au crédit d'un compte spécial ouvert au nom du titulaire du compte nanti dans les livres d'un intermédiaire mentionné à l'article L. 211-3 ou d'un établissement de crédit. Ce compte spécial est réputé faire partie intégrante du compte nanti à la date de signature de la déclaration de nantissement. Le créancier nanti peut obtenir, sur simple demande au teneur du compte spécial, une attestation comportant l'inventaire des sommes en toute monnaie inscrites au crédit de ce compte à la date de la délivrance de cette attestation.

IV. – Le créancier nanti définit avec le titulaire du compte-titres les conditions dans lesquelles ce dernier peut disposer des titres financiers et des sommes en toute monnaie figurant dans le compte nanti. Le créancier nanti bénéficie en toute hypothèse d'un droit de rétention sur les titres financiers et sommes en toute monnaie figurant au compte nanti.

V. – Le créancier nanti titulaire d'une créance certaine, liquide et exigible peut, pour les titres financiers, français ou étrangers, négociés sur un marché réglementé, les parts ou actions d'organismes de placement collectif, ainsi que pour les sommes en toute monnaie, réaliser le nantissement, civil ou commercial, huit jours – ou à l'échéance de tout autre délai préalablement convenu avec le titulaire du compte – après mise en demeure du débiteur remise en mains propres ou adressée par courrier recommandé. Cette mise en demeure du débiteur est également notifiée au constituant du nantissement lorsqu'il n'est pas le débiteur ainsi qu'au teneur de compte lorsque ce dernier n'est pas le créancier nanti. La réalisation du nantissement intervient selon des modalités fixées par décret.

Pour les instruments financiers autres que ceux mentionnés à l'alinéa précédent, la réalisation du nantissement intervient conformément aux dispositions de l'article L. 521-3 du Code de commerce.

VI. – Les dispositions du V du présent article relatives à la réalisation du nantissement s'appliquent aux nantissements de titres financiers constitués antérieurement au 4 juillet 1996.

VII. *(VII créé à compter de la publication du décret prévu au 2° de l'article 2 de l'ordonnance n° 2017-1674 du 8 décembre 2017 et, au plus tard, le 1er juillet 2018, Ord. n° 2017-1674, 8 déc. 2017).* **– Un décret en Conseil d'État précise les modalités d'application du présent article au nantissement de titres financiers inscrits dans un dispositif d'enregistrement électronique partagé mentionné à l'article L. 211-3.**

Rédaction future. Art. L. 211-20 *(Ord. n° 2009-15, 8 janv. 2009 ; mod., Ord. n° 2009-107, 30 janv. 2009 ; Ord. n° 2013-544, 27 juin 2013).* – I. – Le nantissement d'un compte-titres est *(Mot rempl. à compter du 1er janvier 2022, Ord. n° 2021-1192, 15 sept. 2021)* « constitué », tant entre les parties qu'à l'égard de la personne morale émettrice et des tiers, par une déclaration signée par le titulaire du compte. Cette déclaration comporte les énonciations fixées par décret. Les titres financiers figurant initialement dans le compte nanti, ceux qui leur sont substitués ou les complètent en garantie de la créance initiale du créancier nanti, de quelque manière que ce soit, ainsi que *(Mot rempl. à compter du 1er janvier 2022, Ord. n° 2021-1192, 15 sept. 2021)* « , sauf convention contraire des parties » leurs fruits et produits en toute monnaie, sont compris dans l'assiette du nantissement. Les titres financiers et les sommes en toute monnaie postérieurement inscrits au crédit du compte nanti, en garantie de la créance initiale du créancier nanti, sont soumis aux mêmes conditions que ceux y figurant initialement et sont considérés comme ayant été remis à la date de déclaration de nantissement initiale. Le créancier nanti peut obtenir, sur simple demande au teneur de compte, une attestation de nantissement de compte-titres, comportant inventaire des titres financiers et sommes en toute monnaie inscrits en compte nanti à la date de délivrance de cette attestation.

II. *(Il créé, Ord. n° 2021-1192, 15 sept. 2021).* – Lorsqu'un même compte-titres fait l'objet de plusieurs nantissements successifs, le rang des créanciers est réglé par l'ordre de leur déclaration. Dans ce cas, le titulaire du compte ou le créancier nanti notifie successivement chacun des nantissements au teneur de compte

III. – Le compte nanti prend la forme d'un compte spécial ouvert au nom du titulaire et tenu par un intermédiaire mentionné à l'article L. 211-3, un dépositaire central ou, le cas échéant, l'émetteur.

À défaut d'un compte spécial, sont réputés constituer le compte nanti les titres financiers mentionnés au premier alinéa, ainsi que *(Mots aj., Ord. n° 2021-1192, 15 sept. 2021)* « le cas échéant » les sommes en toute monnaie ayant fait l'objet d'une identification à cet effet par un procédé informatique.

IV. – *(Rempl., Ord. n° 2021-1192, 15 sept. 2021)* Lorsque les titres financiers figurant dans le compte nanti sont inscrits dans un compte tenu par l'émetteur et que celui-ci n'est pas une personne autorisée à recevoir des fonds remboursables du public au sens de l'article L. 312-2, les fruits et produits mentionnés au I versés en toute monnaie sont, lorsqu'ils n'ont pas été exclus de l'assiette du nantissement par convention des parties, inscrits au crédit d'un compte fruits et produits ouvert au nom du titulaire du compte nanti dans les livres d'un intermédiaire mentionné à l'article L. 211-3 ou d'un établissement de crédit. Cette inscription peut avoir lieu à tout moment. Les fruits et produits sont réputés faire partie intégrante du compte nanti à la date de la signature de la déclaration de nantissement quelle que soit la date d'ouverture du compte fruits et produits. Le créancier nanti peut obtenir, sur simple demande au teneur du compte fruits et produits une attestation comportant l'inventaire des sommes en toute monnaie inscrites au crédit de ce compte à la date de la délivrance de cette attestation.

À défaut d'inscription au crédit d'un compte fruits et produits, à la date à laquelle la sûreté peut être réalisée, les fruits et produits sont exclus de l'assiette du nantissement

V. – Le créancier nanti définit avec le titulaire du compte-titres les conditions dans lesquelles ce dernier peut disposer des titres financiers et des sommes en toute monnaie figurant dans le compte nanti. Le créancier nanti bénéficie en toute hypothèse d'un droit de rétention sur les titres financiers et sommes en toute monnaie figurant au compte nanti.

VI. – *(Mod. à compter du 1er janvier 2022, Ord. n° 2021-1192, 15 sept. 2021)* Le créancier nanti titulaire d'une créance certaine, liquide et exigible peut, pour les titres financiers, français ou étrangers, « admis sur une plateforme de négociation », les parts ou actions d'organismes de placement collectif, ainsi que pour les sommes en toute monnaie, réaliser le nantissement, civil ou commercial, huit jours – ou à l'échéance de tout autre délai préalablement convenu avec le titulaire du compte – après mise en demeure du débiteur remise en mains propres ou adressée par courrier recommandé. Cette mise en demeure du débiteur est également notifiée au constituant du nantissement lorsqu'il n'est pas le débiteur ainsi qu'au teneur de compte lorsque ce dernier n'est pas le créancier nanti. La réalisation du nantissement intervient selon des modalités fixées par décret.

(Al. rempl. à compter du 1er janvier 2022, Ord. n° 2021-1192, 15 sept. 2021) Pour les instruments financiers autres que ceux mentionnés à l'alinéa précédent, le créancier nanti titulaire d'une créance certaine, liquide et exigible peut réaliser le nantissement, civil ou commercial, huit jours – ou à l'échéance de tout autre délai préalablement convenu avec le titulaire du compte – après mise en demeure du débiteur remise en mains propres ou adressée par courrier recommandé. Cette mise en demeure du débiteur est également notifiée au constituant du nantissement lorsqu'il n'est pas le débiteur ainsi qu'au teneur de compte lorsque ce dernier n'est pas le créancier nanti. La réalisation du nantissement intervient par vente publique. Le créancier peut également demander l'attribution judiciaire des titres nantis ou convenir de son appropriation conformément aux articles 2347 et 2348 du Code civil.

VII. – Les dispositions du VI du présent article relatives à la réalisation du nantissement s'appliquent aux nantissements de titres financiers constitués antérieurement au 4 juillet 1996.

VIII. (VII créé à compter de la publication du décret prévu au 2° de l'article 2 de l'ordonnance n° 2017-1674 du 8 décembre 2017 et, au plus tard, le 1er juillet 2018, Ord. n° 2017-1674, 8 déc. 2017). – Un décret en Conseil d'État précise les modalités d'application du présent article au nantissement de titres financiers inscrits dans un dispositif d'enregistrement électronique partagé mentionné à l'article L. 211-3.

Voir : *infra*, C. monét. fin., art. D. 211-10 et s., p. 3293.

Sous-section 5. – Formes particulières de transmission

§ 1. – Adjudication

Art. L. 211-21 *(Ord. n° 2009-15, 8 janv. 2009).* – **Les adjudications publiques volontaires ou forcées de titres financiers sont faites, si ces titres sont admis aux négociations sur un marché réglementé, par les**

prestataires de services d'investissement membres du marché réglementé où ces titres sont négociés et, dans le cas contraire, par un prestataire de services d'investissement ou par un notaire.

Même en cas de dispositions statutaires contraires, les dispositions du présent article s'appliquent aux adjudications pour défaut de libération d'actions.

Les dispositions du présent article ne sont pas applicables aux adjudications de titres de la dette publique effectuées pour le compte de l'État.

§ 2. – Prêts de titres financiers

Art. L. 211-22 *(Ord. n° 2009-15, 8 janv. 2009).* – Les dispositions de l'article L. 211-24 sont applicables aux prêts de titres financiers qui remplissent les conditions suivantes :

1. Le prêt porte sur des titres financiers ;
2. Le prêt porte sur des titres financiers qui ne sont pas susceptibles de faire l'objet, pendant la durée du prêt, du détachement d'un droit à dividende ou du paiement d'un intérêt soumis à la retenue à la source prévue au 1° de l'article 119 *bis* ou à l'article 1678 *bis* du Code général des impôts ou ouvrant droit au crédit impôt prévu au *b* du 1 de l'article 220 du même code, d'un amortissement, d'un tirage au sort pouvant conduire au remboursement ou d'un échange ou d'une conversion prévus par le contrat d'émission ;
3. Le prêt est soumis aux dispositions des articles 1892 à 1904 inclus du Code civil ;
4. Les titres financiers sont empruntés par une personne morale soumise de plein droit à un régime réel d'imposition, par un organisme de placement collectif, ou par une personne, société ou institution non résidente ayant un statut comparable.

Les parties peuvent convenir de remises complémentaires, en pleine propriété, d'espèces ou de titres financiers, pour tenir compte de l'évolution de la valeur des titres financiers prêtés.

Art. L. 211-23 *(Ord. n° 2009-15, 8 janv. 2009).* – Le régime de la rémunération allouée en paiement de prêts de titres financiers est fixé par les dispositions du 2 du I de l'article 38 *bis* du Code général des impôts.

Art. L. 211-24 *(Ord. n° 2009-15, 8 janv. 2009 ; mod., D. n° 2020-1732, 29 déc. 2020).* – Lorsque les titres financiers sont prêtés par une entreprise, ils sont prélevés par priorité sur les titres de même nature acquis ou souscrits à la date la plus récente.

Art. L. 211-25 *(Abr., D. n° 2020-1732, 29 déc. 2020).*

Art. L. 211-26 *(Ord. n° 2009-15, 8 janv. 2009 ; mod., D. n° 2020-1732, 29 déc. 2020).* – Lorsque l'emprunteur cède des titres financiers, ceux-ci sont prélevés par priorité sur les titres de même nature empruntés à la date la plus ancienne. Les achats ultérieurs de titres de même nature sont affectés par priorité au remplacement des titres empruntés.

§ 3. – Pension

Art. L. 211-27 *(Ord. n° 2009-15, 8 janv. 2009 ; mod., Ord. n° 2013-676, 25 juill. 2013 ; Ord. n° 2017-1432, 4 oct. 2017).* – La pension est l'opération par laquelle une personne morale, un fonds commun de placement, un fonds de placement immobilier, un fonds professionnel de placement immobilier, un fonds de financement spécialisé, ou un fonds commun de titrisation cède en pleine propriété à une autre personne morale, à un fonds commun de placement, à un fonds de placement immobilier, un fonds professionnel de placement immobilier ou à un fonds commun de titrisation, moyennant un prix convenu, des titres financiers et par laquelle le cédant et le cessionnaire s'engagent respectivement et irrévocablement, le premier à reprendre les titres, le second à les rétrocéder pour un prix et à une date convenus.

Art. L. 211-28 *(Ord. n° 2009-15, 8 janv. 2009).* – La pension porte sur des titres financiers qui ne sont pas susceptibles de faire l'objet, pendant toute la durée de l'opération :

1. Du détachement d'un droit à dividende, ouvrant droit au crédit d'impôt prévu au *b* du 1 de l'article 220 du Code général des impôts ;
2. Du paiement d'un intérêt soumis à la retenue à la source prévue au 1 de l'article 119 *bis* ou à l'article 1678 *bis* du Code général des impôts ou ouvrant droit à un crédit d'impôt prévu au *b* du 1 de l'article 220 du même code.

L'amortissement, le tirage au sort conduisant au remboursement, l'échange, la conversion ou l'exercice d'un bon de souscription mettent fin à l'opération de pension.

Art. L. 211-29 *(Ord. n° 2009-15, 8 janv. 2009).* – La pension devient opposable aux tiers dès la livraison, dont les modalités sont fixées par décret, des titres financiers.

Art. L. 211-30 *(Ord. n° 2009-15, 8 janv. 2009).* – Au terme fixé pour la rétrocession, le cédant paye le prix convenu au cessionnaire et ce dernier rétrocède les titres financiers au cédant ; si le cédant manque à son obligation de payer le prix de la rétrocession, les titres restent acquis au cessionnaire et si le cessionnaire manque à son obligation de rétrocéder les titres, le montant de la cession reste acquis au cédant.

Art. L. 211-31 *(Ord. n° 2009-15, 8 janv. 2009).* – La rémunération du cessionnaire, quelle qu'en soit la forme, constitue un revenu de créance. Elle est traitée sur le plan comptable comme des intérêts.

Lorsque la durée de la pension couvre la date de paiement des revenus attachés aux titres financiers donnés en pension, le cessionnaire les reverse au cédant qui les comptabilise parmi les produits de même nature.

Art. L. 211-32 *(Ord. n° 2009-15, 8 janv. 2009).* – La pension entraîne, chez le cédant, d'une part, le maintien à l'actif de son bilan des titres financiers mis en pension et, d'autre part, l'inscription au passif du bilan du montant de sa dette vis-à-vis du cessionnaire ; ces titres et cette dette sont individualisés à une rubrique spécifique dans la comptabilité du cédant. En outre, le montant des titres financiers mis en pension, ventilé selon la nature des actifs concernés, doit figurer dans les documents annexés aux comptes annuels.

Art. L. 211-33 *(Ord. n° 2009-15, 8 janv. 2009).* – Les titres financiers reçus en pension ne sont pas inscrits au bilan du cessionnaire ; celui-ci enregistre à l'actif de son bilan le montant de sa créance sur le cédant.

Lorsque le cessionnaire cède des titres financiers qu'il a lui-même reçus en pension, il constate au passif de son bilan le montant de cette cession représentatif de sa dette de titres financiers qui, à la clôture de l'exercice, est évaluée au prix de marché de ces actifs. Les écarts de valeur constatés sont retenus pour la détermination du résultat imposable de cet exercice.

Lorsque le cessionnaire donne en pension des titres financiers qu'il a lui-même reçus en pension, il inscrit au passif de son bilan le montant de sa dette à l'égard du nouveau cessionnaire.

Les montants représentatifs des créances et dettes mentionnées au présent article sont individualisés dans la comptabilité du cessionnaire.

Art. L. 211-34 *(Ord. n° 2009-15, 8 janv. 2009 ; mod., Ord. n° 2013-544, 27 juin 2013).* – Pour l'application des articles L. 211-27 à L. 211-33, les effets publics ou privés sont assimilés à des titres financiers.

Toutefois, seuls les établissements de crédit et les sociétés de financement peuvent prendre ou mettre en pension les effets privés.

Section III. – Contrats financiers

Art. L. 211-35 *(Ord. n° 2009-15, 8 janv. 2009).* – Nul ne peut, pour se soustraire aux obligations qui résultent de contrats financiers, se prévaloir de l'article 1965 du Code civil, alors même que ces opérations se *résoudraient par le paiement d'une simple différence.*

Section IV. – Règles communes applicables aux opérations sur instruments financiers

§ 1. – Compensation et cessions de créances

Art. L. 211-36 *(Ord. n° 2009-15, 8 janv. 2009 ; mod., Ord. n° 2009-107, 30 janv. 2009 ; L. n° 2010-1249, 22 oct. 2010 ; Ord. n° 2013-544, 27 juin 2013 ; Ord. n° 2017-1107, 22 juin 2017).* – I. – Les dispositions du présent paragraphe sont applicables :

1° Aux obligations financières résultant d'opérations sur instruments financiers *(Mots aj., L. n° 2019-486, 22 mai 2019)* « ou aux marchandises représentées par un reçu d'entreposage mentionné à l'article L. 522-37-1 du Code de commerce, » *(Mots aj. à compter de la date de retrait du Royaume-Uni de l'Union européenne sans accord conclu conformément à l'article 50 du traité sur l'Union européenne, Ord. n° 2019-75, 6 févr. 2019 ; mod. L. n° 2019-486, 22 mai 2019)* « ou sur des unités mentionnées à l'article L. 229-7 du Code de l'environnement, d'opérations de change au comptant ou d'opérations de vente, d'achat ou de livraison d'or, d'argent, de platine, de palladium ou d'autres métaux précieux », lorsque l'une au moins des parties à l'opération est un établissement de crédit, une société de financement, un prestataire de services d'investissement autre qu'une société de gestion de portefeuille, un établissement public, une collectivité territoriale, une institution, une personne ou entité bénéficiaire des dispositions de l'article L. 531-2 *(Mots aj., L. n° 2019-486, 22 mai 2019)* « du présent code », une chambre de compensation, un établissement non résident ayant un statut comparable, une organisation ou organisme financier international dont la France ou l'Union européenne est membre ;

2° Aux obligations financières résultant de tout contrat donnant lieu à un règlement en espèces ou à une livraison d'instruments financiers lorsque toutes les parties appartiennent à l'une des catégories de personnes mentionnées à l'alinéa précédent, à l'exception des personnes mentionnées aux alinéas *c* à *n* du 2° de l'article L. 531-2 ;

3° Aux obligations financières résultant de tout contrat conclu dans le cadre d'un système mentionné à l'article L. 330-1 ;

4° Aux obligations financières résultant de contrats conclus entre une ou plusieurs chambres de compensation et un de leurs adhérents, entre cet adhérent et un client auquel il fournit, directement ou indirectement, un service de compensation, et entre ce client et la ou les chambres de compensation mentionnées au présent 4°.

Pour l'application du 4° du présent I, le mot « client » désigne, si les parties en sont convenues, l'ensemble des personnes morales faisant partie d'un même périmètre de consolidation.

II. – Pour l'application de la présente section, sont également des instruments financiers les contrats d'option, contrats à terme ferme, contrats d'échange et tous autres contrats à terme autres que ceux mentionnés au III de l'article L. 211-1, à condition que, lorsque ces instruments doivent être réglés par livraison physique, ils fassent l'objet d'un enregistrement par une chambre de compensation reconnue ou d'appels de couverture périodiques.

Art. L. 211-36-1 *(Ord. n° 2009-15, 8 janv. 2009 ; mod., Ord. n° 2009-107, 30 janv. 2009).* – I. – Les conventions relatives aux obligations financières mentionnées à l'article L. 211-36 sont résiliables, et les dettes et les créances y afférentes sont compensables. Les parties peuvent prévoir l'établissement d'un solde unique, que ces obligations financières soient régies par une ou plusieurs conventions ou conventions-cadres *(Mots aj., L. n° 2016-1691, 9 déc. 2016)* « entre toutes les parties ».

II. – Les modalités de résiliation, d'évaluation et de compensation des opérations et obligations mentionnées à l'article L. 211-36 et au I du présent article sont opposables aux tiers. Ces modalités peuvent être notamment prévues par des conventions ou conventions-cadres. Toute opération de résiliation, d'évaluation ou de compensation faite en raison d'une procédure civile d'exécution ou de l'exercice d'un droit d'opposition est réputée être intervenue avant cette procédure.

III. – *(Abr., L. n° 2010-1249, 22 oct. 2010).*

Art. L. 211-37 *(Ord. n° 2009-15, 8 janv. 2009).* – La cession de créances afférentes aux obligations financières mentionnées à l'article L. 211-36 est opposable aux tiers du fait de la notification de la cession au débiteur. La cession de contrats afférents aux obligations financières mentionnées à l'article L. 211-36 est opposable aux tiers du fait de l'accord écrit des parties.

§ 2. – Garantie des obligations financières

Art. L. 211-38 *(Ord. n° 2009-15, 8 janv. 2009 ; mod., L. n° 2009-526, 12 mai 2009).* – I. – À titre de garantie des obligations financières présentes ou futures mentionnées à l'article L. 211-36, les parties peuvent prévoir des remises en pleine propriété, opposables aux tiers sans formalités, d'instruments financiers *(Mots aj., L. n° 2019-486, 22 mai 2019)* « , marchandises représentées par un reçu d'entreposage », effets, créances, contrats ou sommes d'argent, ou la constitution de sûretés sur de tels biens ou droits, réalisables, même lorsque l'une des parties fait l'objet d'une des procédures prévues par le Livre VI du Code de commerce, ou d'une procédure judiciaire ou amiable équivalente sur le fondement d'un droit étranger, ou d'une procédure civile d'exécution ou de l'exercice d'un droit d'opposition.

(Al. créé, L. n° 2016-1691, 9 déc. 2016) Les remises et sûretés mentionnées au premier alinéa du présent I peuvent être effectuées ou constituées par les parties elles-mêmes ou par des tiers.

Les dettes et créances relatives à ces garanties et celles afférentes à ces obligations sont alors compensables conformément au I de l'article L. 211-36-1.

II. – Lorsque les garanties mentionnées au I sont relatives aux obligations financières mentionnées aux *(Réf. mod., L. n° 2009-526, 12 mai 2009 puis L. n° 2016-1691, 9 déc. 2016)* « 2°, 3° et 4° du I de l'article L. 211-36 » :

1° La constitution de telles garanties et leur opposabilité ne sont subordonnées à aucune formalité. Elles résultent du transfert des biens et droits en cause, de la dépossession du constituant ou de leur contrôle par le bénéficiaire ou par une personne agissant pour son compte ;

2° L'identification des biens et droits en cause, leur transfert, la dépossession du constituant ou le contrôle par le bénéficiaire doivent pouvoir être attestés par écrit ;

3° La réalisation de telles garanties intervient à des conditions normales de marché, par compensation, appropriation ou vente, sans mise en demeure préalable, selon les modalités d'évaluation prévues par les parties dès lors que les obligations financières couvertes sont devenues exigibles.

III. – L'acte prévoyant la constitution des sûretés mentionnées au I peut définir les conditions dans lesquelles le bénéficiaire de ces sûretés peut utiliser ou aliéner les biens ou droits en cause, à charge pour lui de restituer au constituant des biens ou droits équivalents. Les sûretés concernées portent alors sur les biens ou droits équivalents ainsi restitués comme si elles avaient été constituées dès l'origine sur ces biens ou droits équivalents. Cet acte peut permettre au bénéficiaire de compenser sa dette de restitution des biens ou droits équivalents avec les obligations financières au titre desquelles les sûretés ont été constituées, lorsqu'elles sont devenues exigibles.

Par biens ou droits équivalents, on entend :

1° Lorsqu'il s'agit d'espèces, une somme de même montant et dans la même monnaie ;

2° Lorsqu'il s'agit d'instruments financiers, des instruments financiers ayant le même émetteur ou débiteur, faisant partie de la même émission ou de la même catégorie, ayant la même valeur nominale, libellés dans la même monnaie et ayant la même désignation, ou d'autres actifs, lorsque les parties le prévoient, en cas de survenance d'un fait concernant ou affectant les instruments financiers constitués en sûreté.

Lorsqu'il s'agit d'autres biens ou droits que ceux mentionnés aux 1° et 2°, la restitution porte sur ces mêmes biens ou droits.

IV. – Les modalités de réalisation et de compensation des garanties mentionnées au I et des obligations mentionnées à l'article L. 211-36 sont opposables aux tiers. Toute réalisation ou compensation effectuée en raison d'une procédure civile d'exécution ou de l'exercice d'un droit d'opposition est réputée être intervenue avant cette procédure.

Art. L. 211-38-1 *(L. n° 2016-1691, 9 déc. 2016).* – Aucun créancier du bénéficiaire autre que le constituant de garanties financières mentionnées à l'article L. 211-38 et constituées à titre de marge initiale en application de l'article 11 du règlement (UE) n° 648/2012 du Parlement européen et du Conseil du 4 juillet 2012 sur les produits dérivés de gré à gré, les contreparties centrales et les référentiels centraux ne peut se prévaloir d'un droit quelconque sur les biens ou droits sur lesquels portent ces garanties, même sur le fondement du livre VI du Code de commerce ou d'une procédure équivalente sur le fondement d'un droit étranger.

Art. L. 211-39 *(Ord. n° 2009-15, 8 janv. 2009).* – Les droits ou obligations du constituant, du bénéficiaire ou de tout tiers relatifs aux garanties mentionnées au I de l'article L. 211-38 portant sur des titres financiers sont déterminés par la loi de l'État où est situé le compte dans lequel ces titres sont remis ou constitués en garantie.

§ 3. – Disposition commune

Art. L. 211-40 *(Ord. n° 2009-15, 8 janv. 2009).* – Les dispositions du Livre VI du Code de commerce, ou celles régissant toutes procédures judiciaires ou amiables équivalentes ouvertes sur le fondement de droits étrangers, ne font pas obstacle à l'application des dispositions de la présente section.

(Al. créé, L. n° 2019-486, 22 mai 2019) **L'article 1343-2 du Code civil ne fait pas obstacle à ce que la capitalisation des intérêts dus en application d'une convention ou d'une convention-cadre mentionnée à l'article L. 211-36-1 du présent code soit prévue par celles-ci.**

Art. L. 211-40-1 *(Créé à compter du 1er octobre 2018, L. n° 2018-287, 20 avr. 2018).* **– L'article 1195 du Code civil n'est pas applicable aux obligations qui résultent d'opérations sur les titres et les contrats financiers mentionnés aux I à III de l'article L. 211-1 du présent code.**

Section V. – Régime des instruments financiers étrangers

Art. L. 211-41 *(Ord. n° 2009-15, 8 janv. 2009).* **– Sont assimilés aux titres financiers mentionnés à l'article L. 211-1 tous les instruments équivalents ou droits représentatifs d'un placement financier dans une entité émis sur le fondement de droits étrangers.**

CHAPITRE II. – TITRES DE CAPITAL

(Rempl., Ord. n° 2004-604, 24 juin 2004 ; mod., Ord. n° 2009-15, 8 janv. 2009)

Art. L. 212-1 A *(Ord. n° 2009-15, 8 janv. 2009).* **– Les titres de capital émis par les sociétés par actions comprennent les actions et les autres titres donnant ou pouvant donner accès au capital ou aux droits de vote.**

Section I. – Les actions

(Rempl., Ord. n° 2004-604, 24 juin 2004 ; Ord. n° 2009-15, 8 janv. 2009)

Sous-section 1. – Actions de numéraire et d'apport

Art. L. 212-1. – Les différentes formes d'actions sont définies par l'article L. 228-7 du Code de commerce reproduit ci-après :

Art. L. 228-7. – Les actions de numéraire sont celles dont le montant est libéré en espèces ou par compensation, celles qui sont émises par suite d'une incorporation au capital de réserves, bénéfices ou primes d'émission, et celles dont le montant résulte pour partie d'une incorporation de réserves, bénéfices ou primes d'émission et pour partie d'une libération en espèces. Ces dernières doivent être intégralement libérées lors de la souscription.

Sous réserve des règles spécifiques applicables aux actions résultant d'une fusion ou d'une scission, toutes les autres actions sont des actions d'apport.

Sous-section 2. – Actions à forme nominative obligatoire

Art. L. 212-2. – Les actions de numéraire relèvent des dispositions de l'article L. 228-9 du Code de commerce, reproduit ci-après :

Art. L. 228-9. – L'action de numéraire est nominative jusqu'à son entière libération.

(L. n° 2012-387, 22 mars 2012) Le non-respect du premier alinéa peut entraîner l'annulation de ladite action.

Art. L. 212-3 *(Mod., Ord. n° 2004-604, 24 juin 2004 ; Ord. n° 2005-1278, 13 oct. 2005 ; Ord. n° 2009-15, 8 janv. 2009 ; Ord. n° 2013-676, 25 juill. 2013 ; L. n° 2017-1837, 30 déc. 2017).* **– I. – Sous** *réserve des dispositions* **de l'article L. 211-7, les actions émises en territoire français et soumises à la législation française, des sociétés par actions, autres que les SICAV, les sociétés de placement à prépondérance immobilière à capital variable ou les sociétés professionnelles de placement à prépondérance immobilière à capital variable, qui ne sont pas admises aux négociations sur un marché réglementé revêtent la forme nominative.**

II. – Cette obligation doit être satisfaite dans un délai de six mois à compter de la date d'émission des actions concernées ou de la date à laquelle celles-ci ont cessé d'être admises aux opérations d'un dépositaire central.

Passé ce délai, les détenteurs d'actions qui ne satisfont pas à l'obligation prévue au I, ne peuvent exercer les droits attachés à ces titres, que si ceux-ci ont été présentés à la société émettrice ou un intermédiaire habilité en vue de leur mise sous forme nominative.

III. – Les sociétés émettrices doivent, dans un délai d'un an, à partir de l'expiration du délai prévu au II, procéder à la vente des droits correspondant aux actions non présentées, dans des conditions fixées par décret. Le produit de la vente est consigné jusqu'à restitution éventuelle aux ayants droit.

IV. – Lorsqu'ils ne justifient pas avoir effectué toute diligence pour assurer l'application effective des présentes dispositions, les gérants, le président du conseil d'administration ou du directoire de la société émettrice sont, pour l'application des droits de mutation par décès et de l'impôt sur la fortune immobilière présumés, sauf preuve contraire, être les propriétaires des actions qui ne revêtiraient pas la forme nominative ou qui n'auraient pas été vendues dans les conditions prévues au III.

Rédaction antérieure. I. – Sous réserve des dispositions de l'article L. 211-7, les actions émises en territoire français et soumises à la législation française, des sociétés par actions, autres que les SICAV, les sociétés de placement à prépondérance immobilière à capital variable ou les sociétés professionnelles de placement à prépondérance immobilière à capital variable, qui ne sont pas admises aux négociations sur un marché réglementé revêtent la forme nominative.

Rédaction antérieure. II. – Cette obligation doit être satisfaite dans un délai de six mois à compter de la date d'émission des actions concernées ou de la date à laquelle celles-ci ont cessé d'être admises aux opérations d'un dépositaire central.

Rédaction antérieure. Passé ce délai, les détenteurs d'actions qui ne satisfont pas à l'obligation prévue au I, ne peuvent exercer les droits attachés à ces titres, que si ceux-ci ont été présentés à la société émettrice ou un intermédiaire habilité en vue de leur mise sous forme nominative.

Rédaction antérieure. III. – Les sociétés émettrices doivent, dans un délai d'un an, à partir de l'expiration du délai prévu au II, procéder à la vente des droits correspondant aux actions non présentées, dans des conditions fixées par décret. Le produit de la vente est consigné jusqu'à restitution éventuelle aux ayants droit.

Rédaction antérieure. IV. – Lorsqu'ils ne justifient pas avoir effectué toute diligence pour assurer l'application effective des présentes dispositions, les gérants, le président du conseil d'administration ou du directoire de la société émettrice sont, pour l'application des droits de mutation par décès et de l'impôt de solidarité sur la fortune présumés, sauf preuve contraire, être les propriétaires des actions qui ne revêtiraient pas la forme nominative ou qui n'auraient pas été vendues dans les conditions prévues au III.

NB : *Conformément aux dispositions des 1 et 2 du B du IX de l'article 31 de la loi n° 2017-1837 du 30 décembre 2017, les dispositions de l'article L. 212-3 résultant des dispositions du 1° du IV du même article 31 s'appliquent au titre de l'impôt sur la fortune immobilière dû à compter du 1er janvier 2018. Les dispositions modifiées par ledit 1° du IV de l'article 31 précité continuent de s'appliquer, dans leur rédaction en vigueur au 31 décembre 2017, à l'impôt de solidarité sur la fortune dû jusqu'au titre de l'année 2017 incluse.*

Art. L. 212-4. – **L'obligation imposée à certaines actions de revêtir la forme nominative est réputée satisfaite lorsque sont réalisées les conditions définies à l'article L. 228-2 du Code de commerce.**

Sous-section 3. – Actions de préférence

(Rempl., Ord. n° 2004-604, 24 juin 2004)

Art. L. 212-5 *(Rempl., Ord. n° 2004-604, 24 juin 2004)*. – **Les règles relatives à la création des actions de préférence sont fixées par les articles L. 228-11 à L. 228-20 du Code de commerce.**

Sous-section 4. – Dispositions applicables aux catégories de titres en voie d'extinction

(Rempl., Ord. n° 2004-604, 24 juin 2004)

Art. L. 212-6 *(Rempl., Ord. n° 2004-604, 24 juin 2004)*. – **Les règles relatives à la création d'actions de priorité sont fixées par les articles L. 228-29-8 à L. 228-29-10 et L. 228-35-1 du Code de commerce.**

Art. L. 212-6-1 *(Ord. n° 2004-604, 24 juin 2004)*. – **Les règles relatives à la création d'actions à dividende prioritaire sans droit de vote sont fixées par les articles L. 228-29-8 à L. 228-29-10 et L. 228-35-2 à L. 228-35-11 du Code de commerce.**

Art. L. 212-6-2 *(Ord. n° 2004-604, 24 juin 2004)*. – **Les règles relatives aux certificats d'investissement et aux certificats de droit de vote sont fixées par les dispositions des articles L. 228-29-8 à L. 228-35 du Code de commerce.**

Art. L. 212-6-3 *(Ord. n° 2004-604, 24 juin 2004)*. – Afin d'assurer l'égalité des porteurs de certificats d'investissement ou de certificats de droit de vote et la transparence du marché, le règlement général de l'Autorité des marchés financiers détermine :

1° Les conditions applicables aux procédures d'offre publique et de demande de retrait portant sur des certificats d'investissement ou des certificats de droit de vote admis aux négociations sur un marché réglementé ou qui ont cessé d'être négociés sur un marché réglementé, lorsque le ou les actionnaires majoritaires de la société émettrice de ces certificats détiennent seul ou de concert au sens des dispositions de l'article L. 233-10 du Code de commerce une fraction déterminée du capital et des droits de vote ;

2° Les conditions dans lesquelles, à l'issue d'une procédure d'offre publique ou de demande de retrait, les certificats d'investissement ou les certificats de droit de vote non présentés par leurs porteurs, dès lors qu'ils ne représentent pas plus de 5 % du capital ou des droits de vote, sont transférés aux actionnaires majoritaires à leur demande, et les détenteurs indemnisés.

Art. L. 212-6-4 *(Ord. n° 2004-604, 24 juin 2004)*. – En cas de mise en œuvre du 2° de l'article L. 212-6-3, l'évaluation des titres est faite selon les méthodes objectives pratiquées en cas de cession d'actifs et tient compte, selon une pondération appropriée à chaque cas, de la valeur des actifs, des bénéfices réalisés, de la valeur boursière, de l'existence de filiales et des perspectives d'activité. L'indemnisation est égale, par titre, au résultat de l'évaluation précitée ou, s'il est plus élevé, au prix proposé lors de l'offre ou de la demande de retrait. Le montant de l'indemnisation revenant aux détenteurs non identifiés est consigné.

Section II. – Les autres titres donnant ou pouvant donner accès au capital ou aux droits de vote

(Rempl., Ord. n° 2009-15, 8 janv. 2009)

Sous-section 1. – Obligations avec bons de souscription d'actions

(Abr., Ord. n° 2004-604, 24 juin 2004)

Art. L. 212-7 *(Art. L. 212-7 à L. 212-12, rempl., Ord. n° 2004-604, 24 juin 2004)*. – Les règles relatives à l'émission de titres donnant accès au capital et aux titulaires de ces titres sont fixées par les articles L. 228-91 à L. 228-106 du Code de commerce relatifs aux valeurs mobilières donnant accès au capital.

NB : les articles L. 228-94 et L. 228-96 du Code de commerce sont abrogés par l'article 51, VII, de l'ordonnance n° 2004-604 du 24 juin 2004.

Sous-section 2. – Obligations convertibles en actions

(Abr., Ord. n° 2004-604, 24 juin 2004)

Art. L. 212-8 *(Implicitement abr., Ord. n° 2004-604, 24 juin 2004)*.

Sous-section 3. – Obligations échangeables contre des actions

(Abr., Ord. n° 2004-604, 24 juin 2004)

Art. L. 212-9 *(Implicitement abr., Ord. n° 2004-604, 24 juin 2004)*.

Sous-section 4. – Titres émis en représentation d'une quotité de capital

(Abr., Ord. n° 2004-604, 24 juin 2004)

Art. L. 212-10 *(Implicitement abr., Ord. n° 2004-604, 24 juin 2004)*.

Sous-section 5. – Certificats d'investissement et certificats de droit de vote

(Abr., Ord. n° 2004-604, 24 juin 2004)

Art. L. 212-11 et L. 212-12 *(Implicitement abr., Ord. n° 2004-604, 24 juin 2004)*.

Section III. – Régimes particuliers d'accès au capital en faveur du personnel salarié

Sous-section 1. – Intéressement et participation des salariés aux résultats de l'entreprise

Art. L. 212-13. – Les règles relatives à l'intéressement des salariés à l'entreprise figurent au Chapitre I du Titre IV du Livre IV du Code du travail.

Art. L. 212-14. – Les règles relatives à la participation des salariés aux résultats de l'entreprise figurent au Chapitre II du Titre IV du Livre IV du Code du travail.

Sous-section 2. – Opérations d'augmentation de capital

Art. L. 212-15 *(Rempl., Ord. n° 2005-429, 6 mai 2005)*. – Les sociétés peuvent procéder à des augmentations de capital par émission d'actions réservées à des salariés dans les conditions et selon les modalités fixées soit aux articles L. 225-187 à L. 225-197 du Code de commerce soit aux articles L. 3332-18 à L. 3332-24 du Code du travail et L. 225-138-1 du Code de commerce.

Sous-section 3. – Options de souscription ou d'achat d'actions

Art. L. 212-16 *(Mod., Ord. n° 2020-1142, 16 sept. 2020)*. – Des options donnant droit à la souscription ou à l'achat d'actions peuvent être consenties dans les conditions et selon les modalités fixées par les articles L. 225-177 à L. 225-186 du Code de commerce, L. 22-10-56 et L. 22-10-57 du Code de commerce.

NB : Ces dispositions entrent en vigueur le 1er janvier 2021.

Sous-section 4. – Les bons de souscription de parts de créateurs d'entreprise

Art. L. 212-17. – Les bons de souscription de parts de créateur d'entreprise peuvent être attribuées dans les conditions et selon les modalités prévues à l'article 163 *bis* G du Code général des impôts.

CHAPITRE III. – Titres de créance

(Intitulé mod., Ord. n° 2009-15, 8 janv. 2009)

Art. L. 213-0-1 *(Ord. n° 2017-970, 10 mai 2017)*. – Les titres de créance représentent chacun un droit de créance sur la personne morale ou le fonds commun de titrisation qui les émet.

Par dérogation à l'article 1349 du Code civil et à l'article L. 228-74 du Code de commerce, peuvent être acquis et conservés par leurs émetteurs aux fins de favoriser leur liquidité et, pour les titres mentionnés au 3° ci-dessous, peuvent être souscrits ou acquis et conservés par leurs émetteurs lorsque ces émetteurs ont le statut d'établissement de crédit, d'entreprise d'investissement ou de société de financement :

1° Les titres de créances négociables ;

2° Les titres de créance ne donnant pas accès au capital admis aux négociations sur un marché réglementé ou sur un système multilatéral de négociation qui se soumet aux dispositions législatives et réglementaires visant à protéger les investisseurs contre les opérations d'initiés, les manipulations de cours et la diffusion de fausses informations dans les conditions déterminées par le règlement général de l'Autorité des marchés financiers ;

3° Les obligations ne donnant pas accès au capital émises par des émetteurs ayant le statut d'établissement de crédit, d'entreprise d'investissement ou de société de financement.

***Pendant le temps de leur conservation par* l'émetteur, tous les droits attachés aux titres de créance mentionnés aux 2° et 3° sont suspendus.**

Le règlement général de l'Autorité des marchés financiers détermine les conditions dans lesquelles l'émetteur rend public le rachat d'une quantité de titres de créance mentionnés au 2°.

Un décret détermine la durée maximale de détention des titres de créance mentionnés aux 2° et 3°, souscrits ou acquis, et conservés par l'émetteur.

Un émetteur ne peut détenir plus de 15 % d'une même émission d'un titre de créance mentionné aux 2° et 3°. Toutefois, cette limite n'est pas applicable pour les titres mentionnés au 3° souscrits ou acquis pour les besoins du placement par l'émetteur de ces titres.

Un décret détermine les conditions dans lesquelles l'émetteur peut racheter des titres de créances négociables qu'il a émis et informe la Banque de France de ces rachats.

Section I. – Les titres de créances négociables

Art. L. 213-1 *(Mod., Ord. n° 2009-15, 8 janv. 2009).* – Les titres de créances négociables sont des titres financiers émis au gré de l'émetteur, négociables sur *(Mots rempl., L. n° 2019-486, 22 mai 2019)* « une plateforme de négociation mentionnée à l'article L. 420-1 » ou de gré à gré, qui représentent chacun un droit de créance.

Art. L. 213-2 *(Rempl., Ord. n° 2009-15, 8 janv. 2009).* – Les titres de créances négociables sont inscrits dans un compte-titres tenu par un intermédiaire mentionné à l'article L. 211-3 *(Mots aj. à compter de la publication du décret prévu au 2° de l'article 2 de l'ordonnance n° 2017-1674 du 8 décembre 2017 et, au plus tard, le 1er juillet 2018, Ord. n° 2017-1674, 8 déc. 2017)* « ou dans un dispositif d'enregistrement électronique partagé mentionné au même article ».

Art. L. 213-3 *(Mod., L. n° 2001-420, 15 mai 2001 ; L. n° 2003-706, 1er août 2003 ; L. n° 2006-1640, 21 déc. 2006 ; Ord. n° 2008-556, 13 juin 2008 ; Ord. n° 2009-80, 22 janv. 2009 ; Ord. n° 2014-158, 20 févr. 2014 ; Ord. n° 2017-1432, 4 oct. 2017 ; Ord. n° 2019-1067, 21 oct. 2019).* – Sont habilités à émettre des titres de créances négociables :

1. Les établissements de crédit, les entreprises d'investissement et la caisse des dépôts et consignations, sous réserve de respecter les conditions fixées à cet effet par le ministre chargé de l'économie ;

1 *bis*. Les sociétés de financement, sous réserve de respecter les conditions fixées à cet effet par le ministre chargé de l'économie et à condition que le produit de ces émissions ne constitue pas des fonds remboursables du public au sens de l'article L. 312-2 ;

2. Les entreprises autres que celles mentionnées aux 1 et 1 *bis*, sous réserve de remplir les conditions de forme juridique, de capital et de contrôle des comptes requises pour procéder à une offre au public de titres financiers ou à une admission de titres financiers aux négociations sur un marché réglementé et dont le capital social est précisé par décret, ou des conditions équivalentes pour les entreprises ayant un siège social à l'étranger ;
3. Les entreprises du secteur public dès lors qu'elles remplissent les conditions fixées au 2 ;
4. Les entreprises du secteur public ne disposant pas de capital social mais qui sont autorisées à procéder à une offre au public ;
5. Les groupements d'intérêt économique et les sociétés en nom collectif, composés exclusivement de sociétés par actions satisfaisant aux conditions prévues au 2 ;
6. Les institutions de l'Union européenne et les organisations internationales ;
7. La caisse d'amortissement de la dette sociale instituée par l'article 1er de l'ordonnance n° 96-50 du 24 janvier 1996 relative au remboursement de la dette sociale ;
8. Les collectivités locales et leurs groupements ;
9. Les associations régies par la loi du 1er juillet 1901 relative au contrat d'association ou par les articles 21 à 79 du Code civil local applicable dans les départements du Bas-Rhin, du Haut-Rhin et de la Moselle et répondant aux conditions prévues pour l'émission d'obligations par appel public à l'épargne ;
10. Les États ;
11. Les organismes de titrisation ou de financement spécialisé ;
12. L'Agence centrale des organismes de sécurité sociale ;
13. Les centres hospitaliers régionaux dont la liste est fixée par décret, dans la limite d'un plafond global d'émissions fixé pour chacun d'entre eux par le même décret.

Pour l'application du 2 et du 4, les entreprises autorisées à procéder à une offre au public s'entendent des entreprises autorisées à procéder à une offre au public autre que celles mentionnées au 1° ou au 2° de l'article L. 411-2 ou à l'article L. 411-2-1.

Un décret précise les conditions que doivent remplir les émetteurs mentionnés aux 2 à 13 et fixe les conditions d'émission des titres de créances négociables.

Art. L. 213-4 *(Rempl., L. n° 2003-706, 1er août 2003).* – Les émetteurs de titres de créances négociables établissent préalablement à leur première émission de tels titres une documentation financière, qui porte sur leur activité, leur situation économique et financière ainsi que sur le programme d'émission. Cette documentation financière, rédigée en français, est déposée auprès de la Banque de France, qui est chargée de veiller au respect par les émetteurs des conditions d'émission prévues à l'article L. 213-3. Un décret fixe les conditions d'application du présent article ainsi que les cas et conditions dans lesquels la documentation financière peut être rédigée dans une langue usuelle en matière financière autre que le français.

Art. L. 213-4-1 *(L. n° 2010-1249, 22 oct. 2010)*. – L'émetteur ne peut constituer un gage quelconque sur ses propres titres de créances négociables.

Section II. – Les obligations

Sous-section 1. – Règles générales

Art. L. 213-5. – Les obligations sont des titres négociables qui, dans une même émission, confèrent les mêmes droits de créance pour une même valeur nominale.

Art. L. 213-6 *(Mod., L. n° 2003-706, 1er août 2003)*. – L'émission d'obligations à lots doit être autorisée par la loi.

Toute émission faite en violation des dispositions du présent article est nulle. Sans préjudice de l'action en responsabilité contre les mandataires sociaux, le ministère public ainsi que tout intéressé peut exercer l'action en nullité.

Art. L. 213-6-1 *(L. n° 2006-387, 31 mars 2006)*. – Tout acte qui interrompt la prescription des intérêts à l'égard de l'un des porteurs d'obligations émises en France par toute collectivité privée ou publique, société commerciale ou civile, française ou étrangère, profite aux autres obligataires du même emprunt.

Ce même acte interrompt également au profit du Trésor la prescription des impôts et taxes qui peuvent lui être dus sur les intérêts visés au premier alinéa.

Art. L. 213-6-2 *(L. n° 2006-387, 31 mars 2006 ; Ord. n° 2019-964, 18 sept. 2019)*. – La décision judiciaire définitive rendue en faveur de l'un des porteurs d'obligations émises en France par toute collectivité privée ou publique, ou par toute société commerciale ou civile, française ou étrangère, et concernant les droits communs des obligataires, peut acquérir force exécutoire au profit de tout obligataire qui n'a pas figuré dans l'instance par une ordonnance du président du tribunal judiciaire dans la circonscription duquel l'affaire a été portée en première instance.

Art. L. 213-6-3 *(Ord. n° 2017-970, 10 mai 2017 ; Ord. n° 2019-1067, 21 oct. 2019)*. – I. – Sous réserve des dispositions du III, le contrat d'émission des obligations dont la valeur nominale à l'émission est au moins égale à un montant fixé par décret en Conseil d'État peut prévoir que tout ou partie des dispositions législatives et réglementaires relatives à la masse des obligataires, aux représentants de la masse et aux assemblées générales d'obligataires ne leur sont pas applicables. Dans cette hypothèse, le contrat d'émission des obligations organise la représentation des obligataires et prévoit les règles de quorum et de majorité applicables à leurs décisions.

Les dispositions de l'alinéa précédent sont également applicables lorsque les obligations émises ne peuvent être acquises que pour un montant par investisseur et par opération au moins égal à un montant fixé par décret en Conseil d'État.

Dans les cas prévus aux deux alinéas précédents, le contrat d'émission ainsi que tout autre document contractuel afférent à l'émission des obligations, à leur service financier ou à leur couverture peuvent être rédigés dans une langue, autre que le français, usuelle en matière financière.

II. – Le contrat d'émission peut également prévoir les conditions dans lesquelles les obligataires peuvent voter avec d'autres créanciers, sous réserve d'un accord préalablement convenu avec eux.

III. – Lorsque le contrat d'émission prévoit la nomination d'un ou plusieurs représentants des obligataires ou du mandataire mentionné au IV, les dispositions des articles L. 228-49, L. 228-62 et L. 228-63 du Code de commerce sont applicables.

IV. – En l'absence de masse et d'un représentant, lorsque l'émetteur participe à une opération de fusion, de scission, de réduction de capital non motivée par des pertes ou, s'il est constitué sous forme de société européenne, de transfert du siège social dans un autre État membre, les obligataires bénéficient des mêmes droits que les créanciers non obligataires.

Le contrat d'émission peut prévoir que les obligataires désignent un mandataire chargé de les représenter lorsque l'émetteur fait l'objet d'une des procédures du livre VI du Code de commerce ou des procédures similaires de droit étranger. Ce mandataire procède à la déclaration des créances obligataires.

V. – L'émetteur a la faculté de modifier le contrat d'émission des obligations mentionnées au I sans le consentement des obligataires afin de corriger une erreur matérielle.

VI. – Les dispositions du présent article ne sont pas applicables aux obligations donnant accès à des titres de capital à émettre, ni aux titres émis par l'État.

Sous-section 2. – Obligations émises par les groupements d'intérêt économique

Art. L. 213-7. – Le groupement d'intérêt économique peut émettre des obligations dans les conditions fixées par l'article L. 251-7 du Code de commerce.

Sous-section 3.– Obligations émises par les associations

Art. L. 213-8 *(Mod., L. n° 2014-856, 31 juill. 2014).* – Les associations régies par la loi du 1er juillet 1901 relative au contrat d'association ou par les articles 21 à 79 du Code civil local applicable dans les départements du Bas-Rhin, du Haut-Rhin et de la Moselle peuvent, lorsqu'elles exercent, exclusivement ou non, une activité économique effective depuis au moins deux années, émettre des obligations dans les conditions prévues à la présente sous-section.

Les obligations émises par les associations sont inscrites en compte, dans les conditions posées à l'article L. 211-7 du présent code.

Art. L. 213-9 *(Mod., L. n° 2014-856, 31 juill. 2014).* – Les contrats d'émission d'obligations mentionnées à l'article L. 213-8 peuvent prévoir que celles-ci ne sont remboursables qu'à l'initiative de l'émetteur ou à une échéance conditionnée à la constitution, depuis la date de l'émission, d'excédents dépassant le montant nominal de l'émission, nets des éventuels déficits constitués durant la même période.

Ces obligations constituent alors des créances de dernier rang, émises sous forme nominative, et ne sont remboursables qu'à l'issue d'un délai minimal de sept ans. Elles prennent la dénomination de titres associatifs.

Si plusieurs émissions de titres associatifs coexistent, l'application de la condition relative à la constitution d'excédents suffisants mentionnée au premier alinéa se fait suivant leur ordre chronologique.

Les excédents nets non affectés au remboursement d'un titre associatif sont reportables aux titres associatifs non encore remboursés.

Art. L. 213-10. – Préalablement à l'émission d'obligations, l'association doit :

1. Être immatriculée au registre du commerce et des sociétés dans des conditions et selon des modalités fixées par décret ;

2. Prévoir dans ses statuts les conditions dans lesquelles seront désignées les personnes chargées de la diriger, de la représenter et de l'engager vis-à-vis des tiers, ainsi que la constitution d'un organe collégial chargé de contrôler les actes de ces personnes.

Si les statuts prévoient la nomination d'un conseil d'administration, l'association n'est pas tenue de constituer l'organe collégial mentionné ci-dessus.

L'organe collégial ou le conseil d'administration sont composés de trois personnes au moins élues parmi les membres.

Art. L. 213-11. – Lors de chaque émission d'obligations, l'association doit mettre à la disposition des souscripteurs une notice relative aux conditions de l'émission et un document d'information. Ce document porte notamment sur l'organisation, le montant atteint par les fonds propres à la clôture de l'exercice précédent, la situation financière et l'évolution de l'activité de l'association.

Les mentions qui doivent figurer sur ces documents sont fixées par décret, leurs éléments chiffrés sont visés par un commissaire aux comptes choisi sur la liste prévue par le I de l'article L. 225-219 du Code de commerce.

Art. L. 213-12 *(Mod., L. fin. rect. n° 2001-1276, 28 déc. 2001 ; L. n° 2003-706, 1er août 2003 ; L. n° 2008-776, 4 août 2008 ; Ord. n° 2009-80, 22 janv. 2009 ; Ord. n° 2019-1067, 21 oct. 2019).* – L'émission d'obligations par les associations mentionnées à l'article L. 213-8 peut être effectuée par offre au public. Elle est alors soumise au contrôle de l'Autorité des marchés financiers dans les conditions prévues par le présent code, sauf s'il s'agit d'une offre au public mentionnée au 1° ou au 2° de l'article L. 411-2 ou à l'article L. 411-2-1.

Art. L. 213-13 *(Mod., L. n° 2008-776, 4 août 2008 ; Ord. n° 2009-80, 22 janv. 2009 ; L. n° 2014-856, 31 juill. 2014)*. – Le taux d'intérêt stipulé dans le contrat d'émission ne peut être supérieur au taux moyen du marché obligataire du trimestre précédant l'émission, majoré d'une rémunération définie par arrêté du ministre chargé de l'économie, qui ne peut excéder trois points.

S'agissant des titres associatifs mentionnés à l'article L. 213-9 dont le remboursement est conditionné à la réalisation d'excédents, ce taux majoré plafond est lui-même majoré d'une rémunération définie par arrêté du ministre chargé de l'économie, qui ne peut excéder deux points et demi. Dans cette limite, le contrat d'émission peut prévoir une rémunération variable. Les titres pour lesquels une telle rémunération est prévue ne peuvent être souscrits ou acquis que par des investisseurs qualifiés, à l'exclusion des membres de l'association.

Art. L. 213-14 *(Mod., L. n° 2014-856, 31 juill. 2014)*. – *(Al. rempl., L. n° 2015-990, 6 août 2015)* Les obligations émises par les associations dans les conditions prévues à la présente sous-section ont pour but de répondre à des besoins de développement et de financement et non de distribuer à leurs souscripteurs des excédents de gestion constitués par les associations émettrices.

Les souscriptions et transferts d'obligations intervenus en violation du premier alinéa sont frappés de nullité absolue.

Art. L. 213-15 *(Mod., Ord. n° 2009-80, 22 janv. 2009 ; L. n° 2015-990, 6 août 2015)*. – Les obligations émises par les associations dans les conditions prévues à la présente sous-section ont pour but de répondre à des besoins de développement et de financement et non de distribuer à leurs souscripteurs des excédents de gestion constitués par les associations émettrices.

Les souscriptions et transferts d'obligations intervenus en violation du premier alinéa sont frappés de nullité absolue.

Art. L. 213-16. – La décision d'émettre est prise par l'assemblée générale des membres de l'association sur la proposition motivée des dirigeants. L'assemblée se prononce également sur le montant de l'émission, l'étendue de sa diffusion, le prix de souscription des titres et leur rémunération ou les modalités de détermination de ces éléments. Elle peut déléguer aux dirigeants, pour une période qui ne peut excéder cinq ans, le pouvoir d'arrêter les autres modalités de l'émission qui, sauf décision contraire, pourra être réalisée en une ou plusieurs fois.

L'assemblée délibère sur toutes les questions relatives à l'émission dans les conditions requises pour la modification des statuts.

Art. L. 213-17 *(Rempl., Ord. n° 2004-604, 24 juin 2004)*. – Les dispositions des articles L. 213-5 et L. 213-6 du présent code, des articles L. 228-1, L. 228-5, L. 228-43 à L. 228-89, L. 242-10, L. 245-9 à L. 245-12 (1°), L. 245-13 à L. 245-17 du Code de commerce s'appliquent aux obligations émises par les associations.

Les dispositions mentionnées à l'alinéa précédent, relatives aux conseil d'administration, directoire ou gérants de société sont applicables aux associations émettant des obligations et régissent les personnes ou organes qui sont chargés de l'administration conformément aux statuts.

Celles qui sont relatives au conseil de surveillance d'une société ou à ses membres s'appliquent, s'il en existe, à l'organe collégial de contrôle et aux personnes qui le composent.

NB : les articles L. 245-10 et L. 245-14 du Code de commerce ont été abrogés par l'article 134, I, de la loi n° 2003-706 du 1er août 2003.

Art. L. 213-18. – Les dispositions prévues par les articles L. 237-1 à L. 237-31 du Code de commerce sont applicables en cas de dissolution de l'association émettrice, sous réserve des dispositions de la loi du 1er juillet 1901 relative au contrat d'association et des articles 21 à 79 du Code civil local applicable dans les départements du Bas-Rhin, du Haut-Rhin et de la Moselle.

Art. L. 213-18-1 *(Ord. n° 2005-429, 6 mai 2005)*. – Les dirigeants d'associations émettant des obligations sont soumis aux incapacités prévues à l'article L. 500-1.

Art. L. 213-19 *(Rect. JO 17 mars 2001 ; mod., Ord. n° 2009-80, 22 janv. 2009).* – La responsabilité des membres des organes chargés de la direction, de l'administration ou du contrôle des associations est celle définie, selon les cas, par l'article L. 225-251, le deuxième alinéa de l'article L. 225-253, les articles L. 225-254 et L. 225-257 du Code de commerce.

Lorsqu'une association émet des obligations et remplit les critères posés par l'article L. 612-2 du Code de commerce, les dispositions de l'article L. 642-3 du présent code sont applicables à ses dirigeants.

Art. L. 213-20 *(Mod., L. n° 2012-387, 22 mars 2012).* – Les associations immatriculées au registre du commerce et des sociétés dans les conditions prévues par la présente sous-section peuvent se grouper pour émettre des obligations.

Le groupement s'effectue dans le cadre d'un groupement d'intérêt économique dans les conditions prévues par le deuxième alinéa de l'article L. 251-7 du Code de commerce.

Les groupements d'intérêt économique constitués par des associations en vue de l'émission d'obligations sont tenus au remboursement et au paiement des rémunérations de ces obligations. Ces groupements d'intérêt économique disposent, à l'égard des associations qui les constituent et ont bénéficié d'une fraction du produit de l'émission, des mêmes droits que ceux conférés aux porteurs d'obligations émises par les associations par les articles L. 213-15, L. 213-17 et L. 213-19.

L'article L. 213-19 est applicable aux dirigeants de groupements d'intérêt économique constitués par des associations en vue de l'émission d'obligations.

Les dispositions des articles L. 213-8 et L. 213-10, du premier alinéa de l'article L. 213-15 et de l'article L. 213-17 sont applicables à ces groupements.

Art. L. 213-20-1 *(L. n° 2012-387, 22 mars 2012).* – Le ministère public ou toute personne intéressée peut demander au tribunal compétent la dissolution de l'association ou du groupement émetteur d'obligations en violation des articles L. 213-8 et L. 213-10 et le remboursement sans délai des obligations émises.

Art. L. 213-21. – Un décret en Conseil d'État fixe, en tant que de besoin, les conditions d'application de la présente sous-section.

Sous-section 4. – Obligations émises par les fondations

(Sous-section créée, L. n° 2014-856, 31 juill. 2014)

Art. L. 213-21-1 A *(L. n° 2014-856, 31 juill. 2014).* – La sous-section 3, à l'exception de l'article L. 213-20-1 et du dernier alinéa de l'article L. 213-10, s'applique aux fondations dotées de la personnalité morale, sous réserve des dispositions qui suivent.

À l'article L. 213-18, la référence à la loi du 1er juillet 1901 relative au contrat d'association et au Code civil local applicable dans les départements du Bas-Rhin, du Haut-Rhin et de la Moselle est remplacée par la référence à la loi n° 87-571 du 23 juillet 1987 sur le développement du mécénat.

Les dispositions relatives aux conseils d'administration, assemblée générale, directoire ou gérants de société s'appliquent aux personnes ou organes chargés de l'administration de la fondation conformément à ses statuts.

Celles relatives au conseil de surveillance d'une société ou à ses membres s'appliquent, s'il existe, à l'organe de contrôle de la fondation et aux personnes qui le composent.

Section III. – Les titres émis par l'État

Art. L. 213-21-1 *(L. n° 2006-387, 31 mars 2006 ; rempl., Ord. n° 2009-15, 8 janv. 2009).* – Tout propriétaire de titres financiers émis par l'État faisant partie d'une émission comprenant à la fois des titres financiers inscrits dans un compte-titres tenu par un intermédiaire mentionné à l'article L. 211-3 et des titres financiers inscrits dans un compte-titres tenu par l'État a la faculté de demander le changement du mode d'inscription en compte de ses titres.

Sous-section 1. – Emprunts d'État

Art. L. 213-22. – Les porteurs de titres d'emprunts amortis, émis ou gérés par l'État ne peuvent se voir réclamer le montant des coupons échus qui ont été détachés avant la présentation au remboursement.

Seuls les intérêts correspondant aux coupons manquants venus à échéance après la date de présentation sont déduits du capital remboursé.

Sous-section 2. – Bons du Trésor

Art. L. 213-23 *(Mod., L. fin. rect. n° 2001-1276, 28 déc. 2001 ; Ord. n° 2013-544, 27 juin 2013)*. – Les établissements de crédit, les sociétés de financement et les entreprises d'investissement doivent déposer à la Banque de France les bons du Trésor leur appartenant, si le montant nominal de ces bons dépasse au total 750 euros.

Art. L. 213-24 *(Mod., L. n° 2014-1, 2 janv. 2014)*. – Tout fonds d'investissement constitué sur le fondement d'un droit étranger autre que de type fermé, à l'exclusion d'un OPCVM ou d'un FIA, fait l'objet, préalablement à la commercialisation de ses parts ou actions en France, d'une autorisation délivrée par l'Autorité des marchés financiers.

Un décret définit les conditions de délivrance de cette autorisation.

Art. L. 213-25. – Les souscriptions effectuées par les titulaires de comptes courants donnent lieu à une inscription à leur compte d'un crédit égal au montant des bons souscrits, sans délivrance matérielle de formules.

Art. L. 213-26. – Le Trésor ouvre sur ses livres, au nom de la Banque de France, un compte courant de bons, où sont inscrites globalement, les opérations de dépôt et de retrait de bons, ainsi que les opérations de souscription et de remboursement de bons réalisées au moyen des comptes courants tenus par la Banque de France.

Art. L. 213-27. – Les inscriptions de bons en compte courant peuvent faire l'objet des mêmes opérations que les bons.

Les cessions d'inscriptions sont faites librement par voie de virement.

Art. L. 213-28. – Les ordres de virement sont exonérés des droits de timbre.

Art. L. 213-29. – Aucune opposition n'est admise sur les comptes courants de bons.

Art. L. 213-30. – La liste des établissements ou des personnes visées à l'article L. 213-23 peut être complétée par décret pris sur le rapport du ministre chargé de l'économie.

La Banque de France peut accorder à des établissements ou personnes non mentionnés par l'article L. 213-23 la faculté d'obtenir l'ouverture sur ses livres d'un compte courant de bons. Ces comptes sont soumis de plein droit aux dispositions des articles L. 213-23 à L. 213-31.

Art. L. 213-31 *(Ord. n° 2010-76, 21 janv. 2010)*. – Sans préjudice des sanctions qui peuvent être appliquées par l'Autorité de contrôle prudentiel comme en matière d'infractions à la réglementation bancaire, tout manquement aux obligations prévues par l'article L. 213-23 entraîne la perte des intérêts courus pendant la période de détention irrégulière sur le montant des bons qui n'ont pas été déposés.

Section IV. – Les titres participatifs

Art. L. 213-32 *(Mod., L. n° 2018-1021, 23 nov. 2018)*. – Les sociétés par actions appartenant au secteur public, les sociétés anonymes coopératives, les sociétés de coordination au sens de l'article L. 423-1-1 du Code de la construction et de l'habitation, les offices publics de l'habitat mentionnés à l'article L. 411-2 du même code, les sociétés anonymes d'habitations à loyer modéré mentionnées à l'article L. 422-2 dudit code, les banques mutualistes ou coopératives et les établissements publics de l'État à caractère industriel et commercial peuvent émettre des titres participatifs dans des conditions fixées par les articles L. 228-36 et L. 228-37 du Code de commerce.

Art. L. 213-33. – Les règles relatives à l'émission des titres participatifs par les entreprises d'assurances sont fixées par l'article L. 322-2-1 du Code des assurances.

Art. L. 213-34. – Les règles relatives à l'émission de titres participatifs par les sociétés coopératives agricoles et leurs unions sont fixées par l'article L. 523-8 du Code rural et de la pêche maritime.

Art. L. 213-35. – Un décret fixe, en tant que de besoin, les dispositions concernant l'émission et la rémunération des titres émis par les banques mutualistes ou coopératives et les établissements publics à caractère industriel et commercial.

CHAPITRE IV. – PLACEMENTS COLLECTIFS

Art. L. 214-1 *(Mod., L. n° 2003-706, 1er août 2003 ; partiellement transféré à l'art. L. 543-1, Ord. n° 2005-429, 6 mai 2005 ; mod., Ord. n° 2005-1278, 13 oct. 2005 ; L. n° 2006-387, 31 mars 2006 ; Ord. n° 2008-556, 13 juin 2008 ; D. n° 2008-1077, 23 oct. 2008 ; Ord. n° 2008-1081, 23 oct. 2008 ; Ord. n° 2013-676, 25 juill. 2013).* – I. – Constituent des placements collectifs :

1° Les organismes de placement collectif en valeurs mobilières agréés conformément à la directive 2009/65/CE du Parlement européen et du Conseil du 13 juillet 2009 portant coordination des dispositions législatives, réglementaires et administratives concernant certains organismes de placement collectif en valeurs mobilières, dits « OPCVM » ;

2° Les fonds relevant de la directive 2011/61/UE du Parlement européen et du Conseil du 8 juin 2011 sur les gestionnaires de fonds d'investissement alternatifs, dits : « FIA » ;

3° Les placements collectifs autres que ceux mentionnés aux 1° et 2°, dits : « Autres placements collectifs ».

II. – Constituent des organismes de placement collectif :

1° Les OPCVM ;

2° Les FIA mentionnés au II de l'article L. 214-24.

Art. L. 214-1-1 *(Ord. n° 2011-915, 1er août 2011 ; mod., L. n° 2014-1, 2 janv. 2014).* – Tout fonds d'investissement constitué sur le fondement d'un droit étranger autre que de type fermé, à l'exclusion d'un OPCVM ou d'un FIA, fait l'objet, préalablement à la commercialisation de ses parts ou actions en France, d'une autorisation délivrée par l'Autorité des marchés financiers.

Un décret définit les conditions de délivrance de cette autorisation.

Voir aussi : C. monét. fin., art. L. 214-2 et s., mod., Ord. n° 2013-676, 25 juill. 2013.

Art. L. 214-1-2 *(Créé, L. n° 2019-486, 22 mai 2019).* – Les parts ou actions d'OPCVM ou de FIA constitués sur le fondement d'un droit étranger ayant fait l'objet de la notification prévue, selon le cas, à l'article L. 214-2-2 ou à l'article L. 214-24-1, peuvent faire l'objet d'une admission aux négociations sur un marché réglementé d'instruments financiers défini à l'article L. 421-1 ou sur un système multilatéral de négociation défini à l'article L. 424-1 dans des conditions fixées par décret.

....

Partie Réglementaire

LIVRE DEUXIÈME. – LES PRODUITS

TITRE PREMIER. – LES INSTRUMENTS FINANCIERS

CHAPITRE I. – DÉFINITION ET RÈGLES GÉNÉRALES

Section I. – Définitions

Art. D. 211-1 A *(D. n° 2007-904, 15 mai 2007 ; mod., D. n° 2009-297, 16 mars 2009 ; mod. à compter du 3 janvier 2018, D. n° 2017-1324, 6 sept. 2017).* – I. – Les contrats financiers mentionnés au III de l'article L. 211-1 sont :

1. Les contrats d'option, contrats à terme fermes, contrats d'échange, accords de taux futurs et tous autres contrats à terme relatifs à des instruments financiers, des devises, des taux d'intérêt, des rendements, des unités mentionnées à l'article L. 229-7 du Code de l'environnement, à des indices financiers ou des mesures financières qui peuvent être réglés par une livraison physique ou en espèces ;

2. Les contrats d'option, contrats à terme fermes, contrats d'échange, accords de taux futurs et tous autres contrats à terme relatifs à des matières premières qui doivent être réglés en espèces ou peuvent être réglés en espèces à la demande d'une des parties pour des raisons autres qu'une défaillance ou d'autre incident conduisant à la résiliation ;

3. Les contrats d'option, contrats à terme fermes, contrats d'échange et tous autres contrats à terme relatif à des matières premières qui peuvent être réglés par livraison physique, à condition qu'ils soient négociés sur un

marché réglementé [,] un système multilatéral de négociation ou un système organisé de négociation, à l'exception des produits énergétiques de gros, au sens du point 4 de l'article 2 du règlement (UE) n° 1227/2011 du Parlement européen et du Conseil du 25 octobre 2011 concernant l'intégrité et la transparence du marché de gros de l'énergie, qui sont négociés sur un système organisé de négociation et qui doivent être réglés par livraison physique ;

4. Les contrats d'options, contrats à terme fermes, contrats d'échange et tous autres contrats à terme relatifs à des matières premières qui peuvent être réglés par livraison physique, non mentionnés par ailleurs au 3, et non destinés à des fins commerciales, qui présentent les caractéristiques d'autres instruments financiers à terme ;

5. Les contrats à terme servant au transfert du risque de crédit ;

6. Les contrats financiers avec paiement d'un différentiel ;

7. Les contrats d'options, contrats à terme fermes, contrats d'échanges, accords de taux futurs et tous autres contrats à terme relatifs à des variables climatiques, à des tarifs de fret ou à des taux d'inflation ou d'autres statistiques économiques officielles qui doivent être réglés en espèces ou peuvent être réglés en espèces à la demande d'une des parties pour des raisons autres qu'une défaillance ou d'autre incident amenant la résiliation ;

8. Tout autre contrat à terme concernant des actifs, des droits, des obligations, des indices et des mesures, non mentionné par ailleurs aux 1 à 7 ci-dessus, qui présente les caractéristiques d'autres instruments financiers à terme, en tenant compte de ce que, notamment, il est négocié sur un marché réglementé un système multilatéral de négociation ou un système organisé de négociation.

II. – Dans cet article, une matière première est un bien ayant les caractéristiques mentionnées au paragraphe 6 de l'article 2 du règlement délégué (UE) 2017/565 de la Commission du 25 avril 2016.

Section II. – Les titres financiers

Sous-section 2. – Inscription des titres financiers

Art. R. 211-1 *(Rempl., D. n° 2018-1226, 24 déc. 2018)*. – Les titres financiers ne sont matérialisés que par une inscription dans le compte-titres du ou des propriétaires ou au bénéfice du ou des propriétaires dans un dispositif d'enregistrement électronique partagé.

Art. R. 211-2 *(Rempl., D. n° 2018-1226, 24 déc. 2018)*. – Lorsque le compte-titres est tenu par l'émetteur ou que les titres financiers sont inscrits par l'émetteur dans un dispositif d'enregistrement électronique partagé, les titres financiers revêtent la forme nominative. Lorsque le compte-titres est tenu par un intermédiaire mentionné à l'article L. 211-3, les titres financiers revêtent la forme au porteur.

Art. R. 211-3 *(Rempl., D. n° 2018-1226, 24 déc. 2018)*. – Lorsque la tenue des comptes-titres ou l'inscription de titres dans un dispositif d'enregistrement électronique partagé incombe à l'émetteur et que ce dernier désigne un mandataire à cet effet, il publie au Bulletin des annonces légales obligatoires la dénomination et l'adresse de son mandataire, ainsi que la catégorie de titres financiers qui fait l'objet du mandat.

Art. R. 211-4 *(Rempl., D. n° 2018-1226, 24 déc. 2018)*. – Un propriétaire de titres financiers nominatifs peut charger un intermédiaire mentionné à l'article L. 211-3 de tenir son compte-titres ouvert chez un émetteur ou d'administrer les inscriptions figurant dans le dispositif d'enregistrement électronique partagé mentionné au même article. En ce cas, les inscriptions figurant sur ce compte-titres ou dans le dispositif d'enregistrement électronique partagé figurent également dans un compte d'administration tenu par cet intermédiaire. Le titulaire du compte-titres s'oblige à ne plus donner d'ordre qu'à ce dernier.

Art. R. 211-5 *(Rempl., D. n° 2018-1226, 24 déc. 2018)*. – Les titres financiers à forme obligatoirement nominative ne peuvent être négociés sur une plate-forme de négociation qu'après avoir été placés en compte d'administration.

Les titres financiers qui ne revêtent pas la forme obligatoirement nominative ne peuvent être négociés sur une plate-forme de négociation que sous la forme au porteur.

Toutefois, dès lors qu'ils sont inscrits dans un dispositif d'enregistrement électronique partagé, les parts ou actions d'organismes de placement collectif et les titres de créance négociables peuvent être négociés sur une plate-forme de négociation sous forme nominative sans nécessairement avoir été préalablement placés en compte d'administration.

Art. R. 211-6 *(Rempl., D. n° 2009-295, 16 mars 2009).* – Un dépositaire central ouvre des comptes aux émetteurs de titres financiers admis à ses opérations et aux intermédiaires mentionnés à l'article L. 211-3 qui acquièrent de ce fait la qualité d'adhérent.

Il assure, pour les titres financiers admis à ses opérations, la livraison par débit et crédit des comptes ouverts à ses adhérents.

Art. R. 211-7 *(Rempl., D. n° 2009-295, 16 mars 2009).* – Un dépositaire central peut créer des certificats représentatifs de titres financiers français ne pouvant circuler qu'à l'étranger.

Il peut déléguer ce droit à un adhérent pour une émission déterminée.

Art. R. 211-8 *(Rempl., D. n° 2009-295, 16 mars 2009).* – Lorsqu'un dépositaire central s'est affilié à un organisme étranger de même nature, il a la faculté, d'une part, de prévoir que les inscriptions nominatives de titres financiers étrangers se font sous le nom de son homologue étranger, d'autre part, de laisser les titres financiers étrangers au porteur ou assimilés en dépôt auprès de celui-ci.

Art. R. 211-9 *(Rempl., D. n° 2009-295, 16 mars 2009).* – Les règles relatives à l'identification des détenteurs de titres sont définies par les articles R. 228-3 à R. 228-6 du Code de commerce.

Art. D. 211-9-1 *(D. n° 2017-973, 9 mai 2017).* – L'inscription mentionnée au 3 de l'article L. 211-4 peut être faite sous la forme d'un compte collectif ou en plusieurs comptes individuels correspondant chacun à un propriétaire.

Art. D. 211-9-2 *(D. n° 2017-973, 9 mai 2017).* – La déclaration mentionnée à l'article L. 211-4 est effectuée auprès de l'organisme de placement collectif, auprès d'un intermédiaire mentionné à l'article L. 211-3 ou auprès d'un dépositaire central lorsque l'intermédiaire inscrit a ouvert un compte de titres dans les livres de ce dépositaire central.

Art. D. 211-9-3 *(D. n° 2017-973, 9 mai 2017).* – Lorsque les parts ou actions d'organismes de placement collectif sont nominatives, l'intermédiaire inscrit est tenu, dans un délai de dix jours ouvrables à compter de la demande d'identification formulée en application de l'article L. 211-5 et mentionnée à l'article L. 228-3 du Code de commerce, de révéler l'identité des propriétaires de ces titres, ainsi que la quantité de titres détenus par chacun d'eux.

Art. D. 211-9-4 *(D. n° 2018-1226, 24 déc. 2018 ; mod., D. n° 2020-1742, 20 déc. 2020).* – Sans préjudice de l'article R. 22-10-28 du Code de commerce, il est également justifié du droit de participer à l'assemblée générale des organismes de placement collectif prenant la forme de société dont les actions sont admises aux négociations sur une plate-forme de négociation ou aux opérations d'un dépositaire central par l'inscription des actions au nom de l'intermédiaire inscrit mentionné au 3 de l'article L. 211-4 pour le compte de l'actionnaire, au deuxième jour ouvré précédant l'assemblée à zéro heure, heure de Paris, soit dans les comptes de titres nominatifs tenus par la société, soit dans un dispositif d'enregistrement électronique partagé, soit dans les comptes de titres au porteur tenus par un intermédiaire mentionné à l'article L. 211-3.

Sans préjudice de l'article R. 225-86 du Code de commerce, il est également justifié du droit de participer à l'assemblée générale des organismes de placement collectif prenant la forme de société dont les actions ne sont ni admises aux négociations sur une plate-forme de négociation ni aux opérations d'un dépositaire central par l'inscription des actions au nom de l'intermédiaire inscrit mentionné au 3 de l'article L. 211-4 pour le compte de l'actionnaire au jour de l'assemblée générale, dans les comptes de titres nominatifs tenus par l'organisme de placement collectif prenant la forme de société ou dans un dispositif d'enregistrement électronique partagé. Les organismes de placement collectif prenant la forme de société peuvent cependant, par une disposition spéciale de leurs statuts, décider qu'il sera justifié du droit de participer aux assemblées par l'inscription des titres dans les mêmes comptes ou dans un dispositif d'enregistrement électronique partagé au deuxième jour ouvré précédant l'assemblée à zéro heure, heure de Paris.

NB : Conformément à l'article 16 du décret n° 2020-1742 du 29 décembre 2020, ces dispositions entrent en vigueur le 1er janvier 2021.

Art. D. 211-9-5 *(D. n° 2017-973, 9 mai 2017).* – Sous réserve de l'article L. 225-106 du Code de commerce, l'intermédiaire inscrit mentionné au 3 de l'article L. 211-4 peut, en vertu d'un mandat général de gestion des titres, transmettre le vote ou le pouvoir d'un actionnaire pour une assemblée d'un organisme de placement collectif prenant la forme de société.

Avant de transmettre des pouvoirs ou des votes en assemblée générale, l'intermédiaire inscrit est tenu, à la demande de l'organisme de placement collectif prenant la forme de société ou de son mandataire, de fournir la liste des actionnaires non-résidents auxquels ces droits de vote sont attachés ainsi que la quantité d'actions détenues par chacun d'eux. Cette liste est fournie dans les conditions prévues, selon le cas, aux articles L. 228-2 ou L. 228-3 du Code de commerce.

Le vote ou le pouvoir émis par un intermédiaire inscrit qui soit ne s'est pas déclaré comme tel en vertu du 3 de l'article L. 211-4, soit n'a pas révélé l'identité des propriétaires des titres en vertu des articles L. 228-2 ou L. 228-3 du Code de commerce, ne peut être pris en compte aux assemblées générales.

Art. D. 211-9-6 *(D. n° 2017-973, 9 mai 2017).* – L'intermédiaire inscrit bénéficiaire d'un mandat mentionné à l'article D. 211-9-5 peut transmettre ou émettre sous sa signature les votes des actionnaires. Les mandats et procurations mentionnés à l'article D. 211-9-5 sont conservés durant un délai de trois ans à compter de l'assemblée générale au cours de laquelle ont été exercés les droits de vote.

Art. R. 211-9-7 *(D. n° 2018-1226, 24 déc. 2018).* – Le dispositif d'enregistrement électronique partagé mentionné à l'article L. 211-3 est conçu et mis en œuvre de façon à garantir l'enregistrement et l'intégrité des inscriptions et à permettre, directement ou indirectement, d'identifier les propriétaires des titres, la nature et le nombre de titres détenus.

Les inscriptions réalisées dans ce dispositif d'enregistrement font l'objet d'un plan de continuité d'activité actualisé comprenant notamment un dispositif externe de conservation périodique des données.

Lorsque des titres sont inscrits dans ce dispositif d'enregistrement, le propriétaire de ces titres peut disposer de relevés des opérations qui lui sont propres.

Sous-section 4. – Nantissement de comptes-titres

Art. D. 211-10 *(D. n° 2018-1226, 24 déc. 2018).* – La déclaration de nantissement d'un compte-titres tenu par un intermédiaire mentionné à l'article L. 211-3, un dépositaire central ou, le cas échéant, l'émetteur ou la déclaration de nantissement de titres financiers inscrits dans un dispositif d'enregistrement électronique partagé doit être datée et contenir :

1° La dénomination « Déclaration de nantissement de compte de titres financiers » ou « Déclaration de nantissement de titres financiers inscrits dans un dispositif d'enregistrement électronique partagé » ;

2° La mention que la déclaration est soumise aux dispositions de l'article L. 211-20 ;

3° Le nom ou la dénomination sociale ainsi que l'adresse du constituant et du créancier nanti ou de leur siège social s'il s'agit de personnes morales ;

4° Le montant de la créance garantie ou, à défaut, les éléments permettant d'assurer l'identification de cette créance ;

5° Les éléments d'identification du compte spécial prévu au II de l'article L. 211-20 lorsqu'un tel compte existe ou, à défaut, les éléments d'identification des titres financiers identifiés par le procédé informatique prévu au second alinéa du même II ;

6° La nature et le nombre des titres financiers inscrits initialement au compte nanti.

Art. D. 211-11 *(D. n° 2018-1226, 24 déc. 2018).* – La mise en demeure prévue au V de l'article L. 211-20 contient, à peine de nullité, les indications suivantes :

1° Faute de paiement, le nantissement pourra être réalisé par le créancier dans les huit jours ou à l'échéance de tout autre délai préalablement convenu avec le constituant du nantissement ;

2° Le constituant du nantissement peut, jusqu'à l'expiration du délai mentionné ci-dessus, faire connaître au teneur de compte ou au gestionnaire du procédé informatique d'identification l'ordre dans lequel les sommes ou titres financiers devront être attribués en pleine propriété ou vendus, au choix du créancier.

Art. D. 211-12 *(D. n° 2018-1226, 24 déc. 2018).* – Dans la limite du montant de la créance garantie et, le cas échéant, dans le respect de l'ordre indiqué par le constituant du nantissement, la réalisation du nantissement du compte nanti ou des titres prévue aux IV et V de l'article L. 211-20 intervient :

1° Pour les sommes en toute monnaie, directement par transfert en pleine propriété au créancier nanti ;

2° Pour les titres financiers, français ou étrangers admis aux négociations sur un marché réglementé que le constituant du nantissement ou, à défaut, le créancier nanti a désignés, par vente sur un marché réglementé ou attribution en propriété de la quantité déterminée par le créancier nanti. Cette quantité est établie, par le créancier nanti, sur la base du dernier cours de clôture disponible sur un marché réglementé ;

3° Pour les parts ou actions d'organisme de placement collectif au sens du 3 du II de l'article L. 211-1, que le constituant du nantissement ou, à défaut, le créancier nanti a désignées, par présentation au rachat ou attribution en propriété de la quantité qu'il détermine. Cette quantité est établie, par le créancier nanti, sur la base de la dernière valorisation disponible desdites parts ou actions.

Le constituant du nantissement supporte tous les frais résultant de la réalisation du nantissement. Ces frais sont imputés sur le montant résultant de cette réalisation.

Art. D. 211-13 *(D. n° 2018-1226, 24 déc. 2018).* – Lorsque le créancier nanti a autorisé le constituant du nantissement à disposer des titres financiers et des sommes en toute monnaie, objets du nantissement, le constituant du nantissement et le créancier nanti informent par écrit le teneur de compte ou le gestionnaire du procédé informatique d'identification des conditions de cette disposition. Le teneur de compte ou le gestionnaire du procédé informatique d'identification ne peut déroger aux instructions reçues sans l'accord du créancier nanti.

Lorsque le créancier nanti estime réunies les conditions de la réalisation du nantissement, il demande par écrit au teneur de compte ou au gestionnaire du procédé informatique d'identification de procéder à cette réalisation dans les conditions prévues à l'article D. 211-12. Le teneur de compte ou le gestionnaire du procédé informatique d'identification exécute, aux frais du créancier nanti, les instructions reçues.

Les dispositions des deux alinéas précédents ne s'appliquent pas lorsque le créancier nanti est le teneur de compte mentionné au II de l'article L. 211-20 ou le gestionnaire du procédé informatique d'identification.

Art. D. 211-14 *(D. n° 2009-297, 16 mars 2009).* – Les dispositions des articles D. 211-10 à D. 211-13 ne s'appliquent pas aux nantissements portant sur des parts de sociétés civiles de placement immobilier ou des parts de sociétés d'épargne forestière, qui demeurent soumis aux dispositions des articles 1866 à 1868 du Code civil.

Art. R. 211-14-1 *(D. n° 2018-1226, 24 déc. 2018).* – I. – Si l'émetteur ou son mandataire chargé de l'inscription des titres financiers dans le dispositif d'enregistrement électronique partagé conformément à l'article R. 211-3 n'est pas une personne autorisée à recevoir des fonds remboursables du public au sens de l'article L. 312-2, les fruits et produits des titres financiers versés en toute monnaie doivent être inscrits au crédit d'un compte ouvert dans les livres d'un intermédiaire mentionné à l'article L. 211-3 ou d'un établissement de crédit dans les conditions prévues au III de l'article L. 211-20.

II. – Pour l'application du IV de l'article L. 211-20, le créancier nanti définit avec le constituant du nantissement les conditions dans lesquelles ce dernier peut disposer des titres financiers nantis et des sommes en toute monnaie figurant dans le compte ouvert dans les livres d'un intermédiaire mentionné à l'article L. 211-3 ou d'un établissement de crédit mentionné au I.

III. – Le gestionnaire du procédé informatique d'identification fournit les attestations mentionnées au I et au III de l'article L. 211-20.

Art. D. 211-15 *(D. n° 2009-297, 16 mars 2009).* – Les modalités de livraison mentionnées à l'article L. 211-29 sont arrêtées comme suit :

1° Les titres financiers ou effets créés matériellement sont dits livrés si, au moment de la mise en pension, ils sont effectivement et physiquement délivrés au cessionnaire ou à son mandataire ; s'agissant d'effets à ordre, ils doivent être préalablement endossés conformément à l'article L. 511-8 du Code de *commerce* ;

2° Les titres financiers ou effets dématérialisés et ceux matériellement créés, conservés chez un dépositaire central, mais circulant par virement de compte à compte, sont dits livrés s'ils font l'objet, au moment de la mise en pension, d'une inscription à un compte ouvert au nom du cessionnaire chez un intermédiaire mentionné à l'article L. 211-3, chez un dépositaire central ou, le cas échéant, chez l'émetteur.

VII. – CESSIONS DE CRÉANCES PROFESSIONNELLES

Code monétaire et financier

Partie Législative

LIVRE TROISIÈME. – LES SERVICES

TITRE PREMIER. – LES OPÉRATIONS DE BANQUE

....

CHAPITRE III. – CRÉDITS

....

Bibliographie : Schmidt et Gramling, *Loi n° 81-1 du 2 janvier 1981 facilitant le crédit aux entreprises : D.* 1981, chron., p. 217. • Stoufflet et Chaput, *L'allégement de la forme des transmissions de créances liées à certaines opérations de crédit : JCP* 1981, I, 3044. • Vasseur, *L'application de la loi Dailly : D.* 1982, chron., p. 273. • C. Gavalda, *Sécurités et précarités de la cession de créances par voie Dailly : la signature manuscrite des bordereaux, la portée d'une notification et la liberté d'acceptation de la cession : JCP* E 1989, II, 15374. • M. Cabrillac, *Les conflits entre les cessionnaires d'une même créance transmise par bordereau : D.* 1990, 127. • D. Legeais, *Les rapports de l'établissement de crédit cessionnaire de créances professionnelles et des débiteurs cédés : RD bancaire et bourse* 1990, 148. • C. Larroumet, *Le conflit entre cessionnaires successifs d'une créance transmise par bordereau : JCP* E 1990, II, 15877. • M. Cercles, *Cession de flux de créances et bordereau Dailly : RD bancaire et bourse* 1993, 200. • D'Ambra, *Groupes de contrats et loi Dailly : les notions de tiers : RJ com.* 1993, 45. • Le Maigat, *La protection du débiteur cédé face au caractère occulte de la « cession Dailly » : RD bancaire et fin.* 2002, p. 92. • J. Stoufflet, *Financement par cession de créances, le financement par cession de créances futures, étude de droit français : RD bancaire et fin.* 2003, n° 1, 67. • P.-A. Jeanneney et L. Ayache, *Cession Dailly et créance publique : Banque et dr.* 2004, 26. • M. Attal, *De la validité et des utilités de la cession de créances futures à titre de garantie : Droit et patrimoine* 2005, n° 137, 34. • F. Deckon, *La notification de la cession de créances professionnelles : RTD com.* 2005, 649. • M. Attal, *Regards sur la jurisprudence récente en matière de cession fiduciaire de créance à l'aune du nouveau contrat de fiducie : RJ com.* 2007, 206. • F. Faure-Dauphin, *L'opposabilité aux tiers de la cession de créances dans la proposition de Règlement « Rome I » : RTD fin.* 2007, n° 4, p. 121 et s. • M.-E. Mathieu, *Le nantissement de créances notifié : une sûreté devenue absolue ? : RD bancaire et fin.* 2010, n° 5, étude 22. • L. Andreu, *Cession Dailly et procédures collectives : RPC* 2017, n° 6, dossier 21.

Section III. – Procédures de mobilisation des créances professionnelles

Sous-section 1. – Cession et nantissement des créances professionnelles

Art. L. 313-23 *(Mod., Ord., n° 2013-544, 27 juin 2013 ; Ord. n° 2017-1432, 4 oct. 2017).* **– Tout crédit qu'un établissement de crédit ou qu'une société de financement consent à une personne morale de droit privé ou de droit public, ou à une personne physique dans l'exercice par celle-ci de son activité professionnelle, peut donner lieu au profit de cet établissement ou de cette société, par la seule remise d'un bordereau, à la cession ou au nantissement par le bénéficiaire du crédit, de toute créance que celui-ci peut détenir sur un tiers, *personne morale de droit public ou de droit* privé ou personne physique dans l'exercice par celle-ci de son activité professionnelle.**

Peuvent être cédées ou données en nantissement les créances liquides et exigibles, même à terme. Peuvent également être cédées ou données en nantissement les créances résultant d'un acte déjà intervenu ou à intervenir mais dont le montant et l'exigibilité ne sont pas encore déterminés.

Le bordereau doit comporter les énonciations suivantes :

1. La dénomination, selon le cas, « acte de cession de créances professionnelles » ou « acte de nantissement de créances professionnelles » ;

2. La mention que l'acte est soumis aux dispositions des articles L. 313-23 à L. 313-34 ;

3. Le nom ou la dénomination sociale de l'établissement de crédit ou de la société de financement bénéficiaire ;

4. La désignation ou l'individualisation des créances cédées ou données en nantissement ou des éléments susceptibles d'effectuer cette désignation ou cette individualisation, notamment par l'indication du débiteur, du lieu de paiement, du montant des créances ou de leur évaluation et, s'il y a lieu, de leur échéance.

Toutefois, lorsque la transmission des créances cédées ou données en nantissement est effectuée par un procédé informatique permettant de les identifier, le bordereau peut se borner à indiquer, outre les mentions indiquées aux 1, 2 et 3 ci-dessus, le moyen par lequel elles sont transmises, leur nombre et leur montant global.

En cas de contestation portant sur l'existence ou sur la transmission d'une de ces créances, le cessionnaire pourra prouver, par tous moyens, que la créance objet de la contestation est comprise dans le montant global porté sur le bordereau.

Le bordereau n'est transmissible qu'à un autre établissement de crédit ou une autre société de financement.

Le titre dans lequel une des mentions indiquées ci-dessus fait défaut ne vaut pas comme acte de cession ou de nantissement de créances professionnelles au sens des articles L. 313-23 à L. 313-34.

Tout crédit qu'un établissement de crédit, qu'un FIA relevant du paragraphe 2 de la sous-section 3 ou de la sous-section 5 de la section II du chapitre IV du titre Ier du livre II, ou qu'une société de financement consent à une personne morale de droit privé ou de droit public, ou à une personne physique dans l'exercice par celle-ci de son activité professionnelle, peut donner lieu au profit de cet établissement, de ce FIA, ou de cette société, par la seule remise d'un bordereau, à la cession ou au nantissement par le bénéficiaire du crédit, de toute créance que celui-ci peut détenir sur un tiers, personne morale de droit public ou de droit privé ou personne physique dans l'exercice par celle-ci de son activité professionnelle.

Peuvent être cédées ou données en nantissement les créances liquides et exigibles, même à terme. Peuvent également être cédées ou données en nantissement les créances résultant d'un acte déjà intervenu ou à intervenir mais dont le montant et l'exigibilité ne sont pas encore déterminés.

Le bordereau doit comporter les énonciations suivantes :

1. La dénomination, selon le cas, « acte de cession de créances professionnelles » ou « acte de nantissement de créances professionnelles » ;
2. La mention que l'acte est soumis aux dispositions des articles L. 313-23 à L. 313-34 ;
3. Le nom ou la dénomination sociale de l'établissement de crédit, du FIA mentionné au premier alinéa, ou de la société de financement bénéficiaire ;
4. La désignation ou l'individualisation des créances cédées ou données en nantissement ou des éléments susceptibles d'effectuer cette désignation ou cette individualisation, notamment par l'indication du débiteur, du lieu de paiement, du montant des créances ou de leur évaluation et, s'il y a lieu, de leur échéance.

Toutefois, lorsque la transmission des créances cédées ou données en nantissement est effectuée par un procédé informatique permettant de les identifier, le bordereau peut se borner à indiquer, outre les mentions indiquées aux 1, 2 et 3 ci-dessus, le moyen par lequel elles sont transmises, leur nombre et leur montant global.

En cas de contestation portant sur l'existence ou sur la transmission d'une de ces créances, le cessionnaire pourra prouver, par tous moyens, que la créance objet de la contestation est comprise dans le montant global porté sur le bordereau.

Le titre dans lequel une des mentions indiquées ci-dessus fait défaut ne vaut pas comme acte de cession ou de nantissement de créances professionnelles au sens des articles L. 313-23 à L. 313-34.

1) Nature. Les créances résultant d'une convention d'escompte de créances professionnelles, en application des articles L. 313-23 et s., ne sont pas assimilables à des effets de commerce (▪ Cass. com., 15 déc. 1992, n° 90-19.735 : *JurisData* n° 1992-002949 ; *Bull.* IV, n° 408 ; *RJDA* 4/93, n° 337 ; *RTD* com. 1993, 346, n° 11, obs. Cabrillac et Teyssié).

I – CONDITIONS DE FOND

2) Personne morale de droit public. Peu importe que le cédant ou le débiteur soient des personnes de droit public ou de droit privé (▪ Cass. com., 3 janv. 1996, n° 93-20.783 : *JurisData* n° 1996-000006 ; *JCP* E 1996, pan. 265 ; *RJDA* 4/96, n° 527). La juridiction administrative, compétente pour statuer sur les litiges nés de l'exécution des travaux publics, l'est également pour connaître de l'action du cessionnaire de la créance contre le maître de l'ouvrage, le premier ayant succédé aux droits et obligations de son cédant (▪ T. confl., 18 oct. 1999 : *JurisData* n° 1999-117840 ; *RJDA* 3/2000, n° 257).

3) Caractère professionnel de la créance cédée. Lorsque le cédant ou le débiteur sont des personnes morales l'opération de crédit est valable sans qu'il y ait lieu de vérifier que la créance est née dans l'exercice de leurs activités professionnelles, une telle condition ne s'imposant que lorsque soit le cédant soit le débiteur est une personne physique (▪ Cass. com., 3 janv. 1996, préc.).

4) **Nature de la créance cédée.** L'engagement pris par une collectivité locale de verser une subvention annuelle constitue une base suffisante pour que le bénéficiaire d'un tel engagement puisse se considérer comme titulaire d'une créance (▪ TA Strasbourg, 28 sept. 1993 : *JCP* E 1994, pan. 4). De même, les créances de TVA sont cessibles dans les termes de la loi du 2 janv. 1981 (▪ CAA Paris, 28 oct. 1993 : *Dr. et patrimoine* 1994, n° 526). Plus largement, les dispositions des article L. 313-23 et suivants du Code monétaire et financier concernent la cession à un établissement de crédit de toute créance détenue sur une personne morale de droit public, quelle que soit la nature de cette créance et non seulement les cessions de créances de nature contractuelle (▪ CAA Nantes, 29 juin 2001, n° 98NT01310 : *JCP* E 2002, pan. n° 43. ▪ CE, 7 avr. 2004, n° 239000 : *JurisData* n° 2004-066771 ; *JCP* E 2004, pan. 611).

5) **Créances échues.** Les cessions « Dailly » de créances échues sont, en principe, autorisées, même à titre de garantie (▪ Cass. com., 8 janv. 1991, n° 89-13.711 : *JurisData* n° 1991-000080 ; *Bull.* IV, n° 8 ; *RJ com.* 1993, 190, note Fenouillet).

6) **Créances futures.** Pour l'admission de la cession de créances futures, de manière générale, à la condition de leur suffisante identification, ▪ Cass. 1re civ., 20 mars 2001, n° 99-14.982 : *JurisData* n° 2001-008773 ; *D.* 2001, jurispr. 3110, note Aynès ; *RD bancaire et fin.* 2001, n° 224, obs. Legeais. – *Adde*, ▪ Cass. com., 21 sept. 2004, n° 01-13.457 : *JurisData* n° 2004-024929 ; *JCP* E 2004, pan. 1482). Lorsque la cession porte sur une créance future, dont le fondement contractuel n'est pas dénié par le débiteur, le banquier supporte les risques d'inexécution de la prestation promise en contrepartie (▪ Cass. com., 2 juin 1992, n° 90-19.157 : *RJDA* 11/92, n° 1048. – Comp. ▪ Paris, 15 févr. 1999, n° 1998/08975 : *JurisData* n° 1999-020216 ; *JCP* E 1999, pan. 597, obs. Bouteiller).

7) **Créances futures et redressement judiciaire du cédant.** Même si son exigibilité n'est pas encore déterminée, la créance peut être cédée et, sortie du patrimoine du cédant, son paiement n'est pas affecté par l'ouverture de la procédure collective de ce dernier postérieurement à cette date (▪ Cass. com., 7 déc. 2004, n° 02-20.732 : *JurisData* n° 2004-026082 ; *RJDA* 4/2005, n° 441 ; *D.* 2005, p. 77, obs. Lienhard ; *D.* 2005, jurispr. 230, note Larroumet ; *ibid.*, pan. 1426, obs. A. B. ; *ibid.*, pan. 2014, n° 1, obs. Lucas et Le Corre ; *ibid.*, pan. 2087, A n° 1, obs. Crocq ; *JCP* E 2005, jurispr. 236, note Raby ; *ibid.*, 639, n° 4, obs. Pétel ; *RD bancaire et fin.* 2005, n° 77, obs. Crédot et Gérard ; *Banque et droit* mars-avr. 2005, 50, obs. Bonneau ; *RTD com.* 2005, 155, obs. Cabrillac ; *RTD civ.* 2005, 132, obs. Mestre et Fages ; *Act. proc. coll.* 2005, n° 17, obs. Regnaut-Moutier ; *Defrénois* 2005, 997, obs. Gibirila). Il en est ainsi notamment pour les créances de loyers dues au titre de la période d'observation cédées antérieurement à l'ouverture de la procédure collective (▪ CA Versailles, 13e ch., 28 févr. 2013, n° 12/06573 : *JurisData* n° 2013-003657 ; *D.* 2013, 829, obs. R. Damman ; 1706, obs. P. Crocq ; *RTD com.* 2013, 571, obs. D. Legeais ; *Bull. Joly entr. diff.* 2014, n° 1, p. 58 et s., note. J.-E. Kuntz et V. Nurit). – V. toutefois *contra* ▪ Cass. com., 26 avr. 2000, n° 97-20.880 : *RJDA* 11/2000, n° 1032 ; *RJDA* 7/2001, p. 663, note Likilimba ; *JCP* E 2000, p. 1134, note Legeais ; p. 1560, n° 2, obs. P.P. ; *RD bancaire et fin.* 2000, 229, n° 152 obs. Legeais ; *D.* 2000, act. jurispr., p. 265, obs. Pisoni, comm. 717, note Larroumet ; *JCP* E 2001, p. 1333, n° 15, obs. Stoufflet ; *LPA* 15 juin 2000, p. 6, obs. E. C. ; *RTD com.* 2000, 994, obs. Cabrillac. ▪ Cass. com., 22 mai 2002, n° 99-11.052 : *JurisData* n° 2002-014598 ; *RJDA* 11/2002, n° 1168, qui ont décidé que le jugement d'ouverture de la procédure à l'égard du cédant de créances professionnelles fait obstacle aux droits de la banque cessionnaire sur les créances nées de la poursuite du contrat à exécution successive postérieurement au jugement). Même lorsque la cession de créances a été effectuée à titre de garantie (▪ Cass. com., 22 nov. 2005, n° 03-15.669 : *JurisData* n° 2005-030852 ; *D.* 2005, p. 3081, note Delpech ; *D.* 2006, pan. 2855, obs. Crocq ; *RTD com.* 2006, 169, obs. Legeais ; *Banque et droit* 2006, n° 106, 67, obs. Bonneau ; *RD bancaire et fin.* janv.-févr. 2006, 18, obs. Cerles ; *D.* 2007, pan. 760, obs. D.-R. Martin ; *Act. proc. coll.* 2006, n° 2, obs. Bonhomme ; *JCP* E 2006, 1569, n° 12, obs. M. C. ; *RJDA* 3/2006, n° 325 ; *RJDA* 4/2006, chron. Tchotourian, p. 331 ; *JCP* E 2006, pan. 1001).

8) **Créances éventuelles.** L'acceptation d'une cession de créance simplement éventuelle est inefficace (▪ Cass. com., 1er déc. 1998, n° 95-20.390 : *D. affaires* 1999, 376, obs. J. F.).

II – CONDITIONS DE FORME

9) **Dénomination de l'acte.** L'acte doit être dénommé « acte de cession de créances professionnelles » pour valoir en tant que tel (▪ Cass. com., 8 nov. 1994, *RJDA* 1995, n° 320). – La dénomination « bordereau de cession de créances » est insuffisante (▪ CA Lyon, 7 mai 1992 : *BICC* 1993, n° 157).

10) Nom et dénomination sociale du cessionnaire. Le bordereau qui ne comporte ni le nom ni la dénomination sociale de l'établissement de crédit bénéficiaire, n'est pas conforme aux exigences formelles posées par l'article L. 313-23, alinéa 3 (▪ Cass. com., 23 oct. 2001, n° 98-20.442 : *JurisData* n° 2001-011414 ; *RJDA* 3/2002, n° 299 ; *D.* 2001, p. 3430, obs. Lienhard ; *JCP* E 2001, pan. 1886 ; *RD bancaire et fin.* 2002, n° 56, obs. Cerles ; *RD bancaire et fin.* 2002, n° 61, obs. Lucas ; *D. aff.* 2002, somm. 2046, obs. Lemée).

11) Indication du débiteur. Le nom du débiteur n'est qu'un moyen d'identification des créances cédées et n'est pas une mention obligatoire de l'article L. 313-23 du Code monétaire et financier (▪ Cass. com., 1er févr. 2011, n° 10-13.595 : *JurisData* n° 2011-001018 ; *JCP* E 2011, 1393, n° 23, obs. J. Stoufflet ; *RD bancaire et fin.* 2011, n° 98, obs. A. Cerles, n° 124, obs. F.-J. Crédot et Th. Samin). Aux termes de l'article L. 313-23, alinéa 3, 4°, l'indication du débiteur est seulement prévue comme un élément d'identification de la créance ; le défaut d'indication de la raison sociale du débiteur cédé ne suffit pas à invalider le bordereau Dailly qui permet l'individualisation de la créance par la mention de ses éléments essentiels et du numéro d'adhérent du cédé au sein d'une société coopérative créancière (▪ Paris, 17 nov. 1992 : *JurisData* n° 1992-023159 ; *JCP* E 1993, II, 428, note Larroumet).

12) Individualisation des créances. En application de l'article L. 313-23, alinéa 3, 4°, le bordereau doit contenir les éléments permettant d'individualiser les créances (▪ Cass. com., 13 oct. 1992, n° 90-21.077 : *JurisData* n° 1992-002156 ; *Bull.* IV, n° 301 ; *JCP* E 1993, II, 395, note Stoufflet) et de les désigner de manière certaine (▪ Cass. com., 21 juin 1994, n° 92-15.410 : *JurisData* n° 1994-001288 ; *Bull.* IV, n° 223 ; *RJDA* 12/94, n° 1335. ▪ Cass. com., 26 mai 2004, n° 01-14.169 : *JurisData* n° 2004-024055 ; *RJDA* 11/2004, n° 1258). L'indication du montant global est insuffisante ▪ Cass. com., 3 oct. 2006, n° 04-30.820 : *JurisData* n° 2006-035334 ; *JCP* E 2006, pan. 2581 ; *D.* 2006, p. 2731, obs. Avena-Robardet ; *D.* 2007, pan. 764, obs. D.-R. Martin ; *JCP* E 2007, 1679, n° 37, obs. Stoufflet. ▪ Cass. com., 20 févr. 2007, n° 05-20.562 : *JurisData* n° 2007-037499 ; *RJDA* 5/2007, n° 542 ; *D.* 2007, p. 793, obs. Delpech ; *JCP* E 2007, pan. 1484 ; *ibid.* 1679, n° 44, obs. Stoufflet), même s'il est accompagné d'un listing.

13) Identification des créances futures. Si *l'article L. 313-23 autorise la cession de créances* futures, résultant d'actes à intervenir, encore faut-il que cela ressorte suffisamment sur le bordereau et que cette créance n'apparaisse pas comme affectée d'un terme si elle n'est pas encore née (▪ TA Bordeaux, 14 févr. 1991 : *RD bancaire et bourse* 1991, 143, obs. Crédot et Gérard. ▪ Cass. crim., 22 févr. 1993 [2e esp.] : *RJDA* 6/93, n° 542).

14) Signature. Le bordereau peut être valablement signé par un préposé mandataire (▪ Paris, 12 sept. 2000, n° 1998/18071 : *JurisData* n° 2000-129014 ; *RTD com.* 2001, 204, obs. Cabrillac). Voir également ▪ Cass. com., 20 mars 2007, n° 06-13.552 : *JurisData* n° 2007-038093 ; *JCP* E 2007, n° 18, p. 16. Le défaut de pouvoir du signataire du bordereau de cession de créances professionnelles est sanctionné par l'inopposabilité du bordereau, qui peut être invoquée seulement par le cédant (▪ Cass. com., 21 sept. 2009 : *D.* 2010, p. 2220, obs. X. Delpech ; *JCP* E 2010, chron. 2008, n° 25, obs. N. Mathey ; *JCP* E 2010, 2099, note K. Rodriguez).

15) Date. L'absence d'indication régulière de date entache la régularité formelle du bordereau de cession de créances professionnelles (▪ Cass. com., 8 juill. 2010 : *JCP* E 2010, chron. 2008, n° 24, obs. N. Mathey).

Voir : jurispr. citée sous art. L. 313-27, p. 3302.

16) Constitution temporaire. Le nantissement d'une créance professionnelle peut être constitué à titre temporaire par une mention portée sur le bordereau (▪ Cass. com., 16 mai 2000, n° 96-20.070 : *JurisData* n° 2000-002015 ; *RJDA* 9-10/2000, n° 906 ; *JCP* E 2000, p. 1709, n° 18, obs. Delebecque ; *D.* 2000, act. jurispr., p. 296, obs. Faddoul, somm. 392, obs. S. Piedelièvre ; *RTD com.* 2000, 993, obs. Cabrillac ; *JCP* E 2001, p. 901, note Favier).

17) Sanction de l'omission des mentions obligatoires. Le bordereau de cession de créances professionnelles institué par la loi du 2 janvier 1981 (C. monét. fin., art. L. 313-23 et s.) est un titre dont les mentions sont strictement déterminées par ladite loi ; en l'absence de ces mentions le titre ne vaut pas comme acte de cession de créances et ne peut être invoqué pour demander paiement au débiteur dans les formes établies par cette loi (▪ Cass. com., 9 avr. 1991, n° 89-20.871 : *JurisData* n° 1991-001197 ; *Bull.* IV, n° 121 ; *RD bancaire et bourse* 1991, 143, obs. Crédot et Gérard ; *RTD com.* 1991, 421, obs. Cabrillac et Teyssié ; *RJDA* 5/91, n° 424. ▪ Cass. com., 11 juill. 2000, n° 97-22.452 : *JurisData* n° 2000-002904 ; *Bull.* IV, n° 141 ; *RJDA* 12/2000, n° 1156 ; *JCP* E 2000, pan. 1546 ; *D.* 2000, act. jurispr. p. 339, obs. Lienhard ; *LPA* 22 août 2000, p. 9, obs. E. C. ; *JCP* E 2001, p. 1331, n° 12, obs. Stoufflet. ▪ Cass. com., 13 nov. 2003, n° 01-10.724 : JurisData n° 2003-021023 ; *RJDA* 4/2004, n° 466).

L'absence de production des bordereaux de cession de créance revêtus de toutes les mentions exigées par l'article L. 313-23, rend les cessions inopposables aux tiers (▪ Cass. com., 25 févr.

2003 : *JCP* E 2003, pan. 596 ; *RJDA* 7/2003, n° 765. – Comp. ▪ Cass. com., 13 févr. 2007, n° 03-11-025 : *JurisData* n° 2007-037370 ; *RJDA* 5/2007, n° 517 ; *JCP* E 2008, 1104, note Gangi et ▪ Cass. com., 16 oct. 2007, n° 03-11.025 : *JurisData* n° 2007-037370 ; *JCP* E 2008, 1104, note Gangi, pour la cession de créances à un fond de créances) ; le cessionnaire ne peut demander paiement au débiteur cédé sur le fondement de documents qu'il ne présente pas (même déc.).

Toutefois, la cession inopposable aux tiers, reste valable entre les parties (▪ Rouen, 6 mars 1986 : *JurisData* n° 1986-040446 ; *D.* 1988, somm. 279, obs. Vasseur. – *Adde*, ▪ TGI Colmar, 13 mars 1987 : *D.* 1988, somm. obs. Vasseur ; *RTD com.* 1988, 100, obs. Cabrillac et Teyssié. ▪ Metz, 8 févr. 2006, n° 05/01837 : *JurisData* n° 2006-301894 ; *JCP* E 2006, pan. 2582).

18) Conditions complémentaires. Aucune condition ne peut être ajoutée par contrat aux conditions légales de validité de la cession de créances professionnelles (▪ Cass. com., 11 oct. 2017, n° 15-18.372 : *Cah. dr. entr.* nov. 2017, n° 6, act. 4 ; *JCP* G, n° 52, 25 déc. 2017, 1381, note N. Borga ; *JCP* E 2017, 1668, R. Marty ; *RPC* 2018, n° 1, comm. 27, A. Aynès ; *RD. Bancaire et fin.* 2018, janv. 2018, étude 2, note A. El Mejri ; *Gaz. Pal.* 2018, p. 34, note M.-P. Dumont-Lefrand).

III – SANCTIONS PÉNALES

19) Factures fictives. Les factures jointes à l'appui des bordereaux de cession de créances prévues par l'article étant des titres, l'utilisation, en connaissance de cause, de factures fictives pour obtenir par leur escompte une ouverture de crédit, constitue une escroquerie (▪ Cass. crim., 6 avr. 1994, n° 93-80.399 : *JurisData* n° 1994-000948 ; *JCP* E 1994, pan. 641. ▪ Cass. crim., 6 déc. 2001 : *RJDA* 7/2002, n° 800. – Rappr. 22 févr. 1993 : *JCP* E 1994, II, 530, note Véron. ▪ Cass. crim., 5 déc. 2001 : *RJDA* 2002, n° 800).

Art. L. 313-24. – **Même lorsqu'elle est effectuée à titre de garantie et sans stipulation d'un prix, la cession de créance transfère au cessionnaire la propriété de la créance cédée.**

Sauf convention contraire, le signataire de l'acte de cession ou de nantissement est garant solidaire du paiement des créances cédées ou données en nantissement.

Voir aussi : les dispositions du 1er alinéa de l'article 1er-1 (L. 313-24) sont de caractère interprétatif (L. n° 84-46, 24 janv. 1984, art. 62).

I – CESSION A TITRE DE GARANTIE

1) Distinction entre la cession de créance professionnelle réalisée à titre d'escompte et à titre de garantie. ▪ Cass. civ. 1re, 19 sept. 2007, *D.* 2007. act. jurispr., p. 2532, obs. X. Delpech ; *RD bancaire et fin.* nov.-déc. 2007, comm. 209, obs. F. Crédot et T. Samin ; *Banque et droit* nov.-déc. 2007. 30, obs. T. Bonneau.

2) Cession de droit commun. En dehors des cas prévus par la loi, l'acte par lequel un débiteur cède et transporte à son créancier, à titre de garantie, tous ses droits sur des créances, constitue un nantissement de créance (▪ Cass. com., 19 déc. 2006, n° 05-16.395 : *JurisData* n° 2006-036663 ; *RJDA* 5/2007, n° 474 ; *D.* 2007, 319, note R. Dammann et G. Podeur ; *ibid.*, 344, note C. Larroumet ; *JCP* E 2007, 1131, rapp. Cohen-Branche, note Legeais. – V. L. Aynès, *La cession de créances à titre de garantie : quel avenir ?* : *D.* 2007, chron. 961. – F. Auckenthaler, *Cession de créance en garantie : le serpent de mer se déchaîne* : *JCP* E 2007, 2187. ▪ Cass. com., 16 mai 2010 : *RD bancaire et fin.* 2010, n° 4, comm. 142, obs. A. Cerles).

3) Effets de la cession à titre de garantie. La cession de créance à titre de garantie, qui implique la restitution du droit cédé au cas où la créance garantie viendrait à être payée, n'opère qu'un transfert provisoire de la titularité de ce droit (▪ Cass. com., 22 nov. 2005, n° 03-15.669 : *JurisData* n° 2005-030852 ; *RJDA* 3/2006, n° 325 ; *RJDA* 4/2006, chron. Tchotourian, p. 331 ; *D.* 2005, p. 3081, note Delpech ; *D.* 2006, pan. 2855, obs. Crocq ; *RTD com.* 2006, 169, obs. Legeais ; *Banque et droit* 2006, n° 106, 67, obs. Bonneau ; *RD bancaire et fin.* janv.-févr. 2006, 18, obs. Cerles ; *D.* 2007, pan. 760, obs. D.-R. Martin ; *Act. proc. coll.* 2006, n° 2, obs. Bonhomme ; *JCP* E 2006, 1569, n° 12, obs. M. C. ; *ibid.*, pan. 1001). Parce que le cédant reste le débiteur principal à l'égard du cessionnaire, ce dernier n'a pas à déclarer sa créance au passif de la procédure collective du débiteur cédé pour pouvoir exercer son action contre le cédant (▪ Cass. com., 20 oct. 2009, n° 08-18.233 : *JurisData* n° 2009-049983 ; *RD bancaire et fin.* 2010, n° 2, comm. 39, obs. F.-J. Crédot et Th. Samin ; *RD bancaire et fin.* 2011, n° 1, comm. 9, obs. A. Cerles).

Toutefois, seul le cessionnaire est titulaire d'un droit exclusif de paiement : lui seul peut demander au débiteur cédé le paiement total de la créance cédée, le cédant ne retrouvant ses droits qu'après paiement intégral de la créance garantie ou renonciation par le cessionnaire de tout ou partie de la créance cédée (▪ Cass. com., 18 nov. 2014, n° 13-13.336 : *JurisData* n° 2014-027962 ; *RD bancaire et fin.* 2015, n° 1, comm. 1, note A. Cerles).

4) Charge de la preuve de la créance cédée. Sauf acceptation de la cession par le prétendu

ANNEXE 5

débiteur, il incombe à celui qui invoque contre lui la créance de la prouver (■ Cass. com., 18 oct. 1994, n° 93-10.078 : *JurisData* n° 1994-002025 ; *D.* 1994, inf. rap. 247).

5) Extinction de la cession à titre de garantie par le paiement de la créance garantie. La cession de créances effectuée à titre de garantie prend fin sans aucune formalité particulière par le paiement de l'obligation garantie. Dès lors, même en présence d'une notification, la propriété des créances cédées retourne au cédant par l'effet du paiement de la créance garantie. Le cessionnaire ne peut donc demander paiement au cédé que pour les sommes restant éventuellement dues par le cédant lors d'un paiement partiel de la créance garantie (■ Cass. com., 9 oct. 2009 : *RD bancaire et fin.* 2010, n° 3, comm. 84, obs. F.-J. Crédot et Th. Samin, comm. 95, obs. A. Cerles ; *D.* 2010, p. 578, obs. X. Delpech). Toutefois, le cessionnaire reste propriétaire de la créance cédé en garantie même si celle-ci est d'un montant supérieur à la créance garantie, sauf démonstration de la renonciation par le cessionnaire de la fraction excédentaire de la créance cédée (■ Cass. com., 3 nov. 2010, n° 09-70.372 : *JurisData* n° 2010-020330 ; *Act. proc. coll.* 2011, comm. 34, note F. Petit ; *Banque mag.* 2011, n° 732, p. 85, obs. J.-L. Guillot et M. Boccara ; *RD bancaire et fin.* 2011, n° 42, obs. F.-J. Crédot et Th. Samin).

6) Action du cédant pour le compte du cessionnaire. La cession de créances professionnelles, même à titre de garantie et sans stipulation de prix, transfère la créance cédée au cessionnaire : le cédant ne peut donc, faute de mandat spécial du cessionnaire, agir en justice contre le débiteur cédé (■ Cass. com., 27 mai 2014, n° 13-16.673 : *JurisData* n° 2014-011520 ; *RD bancaire et fin.* 2014, comm. 193, note F.-J. Crédot et Th. Samin ; *RD bancaire et fin.* 2015, comm. 53, note F.-J. Crédot et Th. Samin ; *JCP* E 2015, 1101, note R. Marty).

7) Cession de créances à titre de garantie et période suspecte. La cession de créances professionnelles faite à titre de garantie durant la période suspecte ne constitue pas le paiement de la créance garantie et ne peut être annulée sur le fondement de l'article L. 632-1, 4° du Code de commerce cédé (■ Cass. com., 22 mars 2017, n° 15-15.361 : *JurisData* n° 2017-005035 ; *JCP* E 2017, n°s 13-14, act. 249 ; n° 16, 1216 ; *Lettre d'actualité des Procédures civiles et commerciales* n° 8, avr. 2017, alerte 123, note J. Vallansan ; *D.* 2017, p. 702 ; *AJC 2017, p. 236, obs. A. Reygrobellet* ; *RD bancaire et fin.* n° 3, mai 2017, comm. 133, note C. Houin-Bressand ; *JCP* E, n° 23, 8 juin 2017, 1301, note S. Zinty ; *RTD com.* 2017, p. 434, note A. Martin-Serf ; *RPC* 2018, n° 1, janv. 2018, comm. 36, G. Blanc).

II – GARANTIE SOLIDAIRE DU PAIEMENT

8) Option du cessionnaire. En application de l'alinéa 2 de l'article L. 313-24, le cessionnaire a le droit d'exercer son recours contre le cédant ou le cédé sans avoir à justifier de son choix (■ CA Paris, 17 avr. 1992 : *JurisData* n° 1992-021310 ; *JCP* E 1992, II, 362, note Legeais). – Comp. sur la distinction selon que le cessionnaire a notifié, ou non, la cession au débiteur cédé (■ CA Paris, 29 sept. 1989 : *JurisData* n° 1989-025365 ; *D.* 1990, somm. 230, obs. Vasseur ; *RTD com.* 1990, 76, obs. Cabrillac et Teyssié. ■ 22 janv. 1993 : *JurisData* n° 1993-021647 ; *D.* 1993, inf. rap. 106).

9) Conditions de mise en œuvre de la garantie contre le cédant. Si le cessionnaire d'une créance professionnelle qui a notifié la cession en application de l'article L. 313-28 bénéficie d'un recours en garantie contre le cédant, garant solidaire, sans avoir à justifier préalablement d'une poursuite judiciaire contre le débiteur cédé ou même de sa mise en demeure (■ Cass. com., 14 mars 2000, n° 96-14.034 : *JurisData* n° 2000-000986 ; *RJDA* 6/2000, n° 710. ■ 26 sept. 2006, n° 05-13.279 : *JurisData* n° 2006-035179 ; *RJDA* 1/2007, n° 90), il est cependant tenu de justifier d'une demande amiable adressée à ce débiteur ou de la survenance d'un événement rendant impossible le paiement (■ Cass. com., 18 sept. 2007, n° 06-13.736 : *JurisData* n° 2007-040418 ; *RJDA* 1/2008, n° 79 ; *D.* 2007, p. 2532, obs. Delpech ; *JCP* E 2007, pan. 2260. ■ Cass. com., 18 janv. 2017, n° 15-12.951 : *JCP* E 2017, n° 11, 16 mars 2017, 1159 ; 1246, n° 18, obs. N. Mathey). Toutefois, l'action du cessionnaire contre le cédant n'est pas subordonnée à une obligation de justifier des exceptions opposées par le débiteur cédé pour refuser de payer le cessionnaire. (■ Cass. com., 7 avr. 2009, n° 08-13.881 : *JurisData* n° 2009-047886 ; *JCP* E 2009, n° 44, obs. J. Stoufflet). Engage sa responsabilité envers le cédant la banque cessionnaire qui, tout en ayant notifié la cession, ne justifie pas d'une démarche accomplie auprès du débiteur cédé à fin de paiement ou de la survenance d'un événement rendant impossible le paiement (■ Cass. com., 28 nov. 2000, n° 96-19.348 : *RJDA* 3/2001, n° 360).

10) Obligations du cédant. Le cédant, en sa qualité de garant solidaire du paiement de créances cédées à l'égard du banquier cessionnaire, est tenu des mêmes obligations que le débiteur cédé (■ Cass. com., 4 déc. 2001, n° 98-17.052 : *JurisData* n° 2001-012014 ; RJDA 4/2002, n° 425 ; JCP E 2002, pan. n° 86. ■ Cass. com., 22 janv. 2002, n° 98-19.067 : *JCP* E 2002, pan. n° 378, jurispr. 1426, note Djoudi ; *D.* 2002, p. 954, obs. Avena-Robardet ; *RJDA* 5/2002, n° 545 ; *RTD com.* 2002, 357, obs. Cabrillac. ■ Cass. com., 26 mars 2002, n° 99-17.917 : *JurisData* n° 2002-013822 ; *RD bancaire et fin.* 2003, 23, n° 20, obs. Cerles). – Cette garantie porte non seulement sur la solvabilité du débiteur cédé, mais également sur l'existence de la créance cédée (▪ Cass. com., 1er févr. 2011, n° 09-73.000 : *JurisData* n° 2011-001023 ; *JCP* E 2011, 1394, n° 24, obs. J. Stoufflet ; *RD bancaire et fin.* 2011, n° 99, obs. A. Cerlet et n° 125, obs. F.-J. Crédot et Th. Samin).

11) Obligation de la caution du cédant. La caution du cédant reste tenue, même si ce dernier avait précédemment payé ou cédé les créances, sauf collusion frauduleuse entre le cédant et le cessionnaire (▪ Cass. com., 22 janv. 2002, préc. – Comp. ▪ Cass. com., 26 juin 2001, n° 98-17.523 : *D.* 2001, p. 2512, obs. Avena-Robardet).

12) Indifférence de la compensation. Sauf convention contraire, le signataire de l'acte de cession ou de nantissement est garant solidaire du paiement des créances cédées ; l'extinction de celles-ci par compensation ne fait pas disparaître l'obligation de garantie du cédant et la caution de ce dernier est tenue de ses engagements (▪ Cass. com., 26 avr. 1994, n° 92-15.025 : *JCP* E 1994, pan. 824 ; *RD bancaire et bourse* 1994, 234, obs. Crédot et Gérard ; *RJDA* 8/94, n° 952).

13) Procédure collective du cédant. Lorsque la cession de créances professionnelles est consentie à titre de garantie, les règlements effectués avant l'ouverture de la procédure collective du cédant par le débiteur cédé entre les mains du cessionnaire restent acquises à ce dernier. La déclaration doit porter exclusivement sur la créance garantie sans déduction des règlements effectués par le débiteur cédé, l'excédent éventuel n'étant restitué qu'après complet paiement de la créance garantie (▪ Cass. com., 30 juin 2015, n° 14-13.784 : *JurisData* n° 2015-016142 ; *Act. proc. coll.* 2015, n° 14, comm. 216, obs. D. Legeais ; *D.* 2015, 1484 ; *RTD com.* 2015, 666, obs. P. Crocq et 754, obs. A. Martin-Serf ; *LPA* 10-11 sept. 2015, p. 15, note R. Bonhomme ; *JCP* 2015, 834 et 1095, note C. Coupet ; *RD bancaire et fin.* 2015, comm. 184, F.-J. Crédot et Th. Samin et comm. 197, obs. C. Houin-Bressand ; *Rev. proc. coll.* 2016, 6, note F. Legrand et M.-N. Legrand). Il résulte de la solidarité prévue à l'article L. 313-24, alinéa 2, que la décision d'admission des créances cédées au passif du redressement judiciaire du créancier cédant a l'autorité de la chose jugée à l'égard du débiteur cédé (▪ CA Versailles, 4 avr. 1996 : *JurisData* n° 1996-041268 ; *JCP* E 1996, pan. 715. ▪ Cass. com., 28 avr. 2004, n° 00-10.626 : *RJDA* 10/2004, n° 1143). Mais cela n'empêche pas le débiteur cédé d'opposer au cessionnaire l'exception d'inexécution de son obligation par le cédant (▪ Cass. com., 1er avr. 2008, n° 06-21.458 : *JurisData* n° 2008-043442 ; *D.* 2008, p. 1138 ; *JCP* E 2008, pan. 1703).

14) Procédure collective du débiteur cédé. Le cessionnaire qui n'a pas déclaré sa créance au passif de la procédure du débiteur cédé peut exercer son recours en garantie contre le cédant (▪ Cass. com., 14 mars 2000, n° 96-14.034 : *JurisData* n° 2000-000986 ; *Bull. civ.* IV, n° 55 ; *D.* 2000, AJ, 236, obs. Faddoul ; *JCP* E 2000, n° 20, p. 774 ; *RTD com.* 2000, 996, obs. M. Cabrillac) et ce même en l'absence de notification de la cession (▪ Cass. com., 11 déc. 2001, n° 98-18.580 : *JurisData* n° 2001-012130 ; *Bull. civ.* IV, n° 196 ; *RD bancaire et fin.* 2002, n° 92, obs. A. Cerles. ▪ Cass. com., 26 nov. 2003, n° 00-16.940 : *RD bancaire et fin.* 2004, n° 123). Lorsque la cession de créances professionnelles est effectuée à titre de garantie, le cédant reste tenu en sa qualité de débiteur principal vis-à-vis du cessionnaire qui lui a accordé le crédit, peu important que la créance n'ait pas été déclarée au passif de la procédure collective du débiteur cédé (▪ Cass. com., 20 oct. 2009 : *RD bancaire et fin.* 2010, n° 2, comm. 29, note F.-J. Crédot et Th. Samin).

15) Validité de la clause exonérant le cessionnaire de diligences à l'égard du débiteur cédé. La clause qui interdit d'exiger de la banque cessionnaire l'accomplissement d'une formalité quelconque ou une intervention auprès du débiteur cédé pour la mise en œuvre de l'action en garantie contre le cédant est valable (▪ Cass. com., 5 juin 2012, n° 11-18.210 : *JurisData* n° 2012-012090 ; *JCP* E 2012, 1560, note R. Marty).

Art. L. 313-25. – Le bordereau est signé par le cédant. La signature est apposée soit à la main, soit par tout procédé non manuscrit. Le bordereau peut être stipulé à ordre.

La date est apposée par le cessionnaire.

1) Signature. Le bordereau de cession de créances peut valablement être signé par un préposé du cédant titulaire d'une délégation de signature, même informelle, et le bordereau engage le cédant, à moins qu'il n'apporte la preuve de « l'infidélité » de son préposé (▪ Paris, 12 sept. 2000 : *RJDA* 1/2001, n° 76). Voir également, ▪ Cass. com., 20 mars 2007 : *JCP* E 2007, n° 18, p. 16.

2) Défaut de pouvoirs. Le défaut de pouvoir du signataire du bordereau de cession de créances professionnelles est sanctionné par l'inopposabilité du bordereau, qui peut être invoquée seulement par le cédant (▪ Cass. com., 21 sept. 2009 : *D.* 2010, p. 2220, obs. X. Delpech ; *JCP* E 2010, chron. 2008, n° 25, obs. N. Mathey ; *JCP* E 2011, 2099, note K. Rodriguez).

ANNEXE 5

3) **Date.** L'absence d'indication régulière de date entache la régularité formelle du bordereau de cession de créances professionnelles (▪ Cass. com., 8 juill. 2010 : *JCP* E 2010, chron. 2008, n° 24, obs. N. Mathey). V. C. monét. fin., art. L. 313-27, annot. n° 1 et s., p. 3302.

Art. L. 313-26 ***(Mod., Ord. n° 2013-544, 27 juin 2013 ; Ord. n° 2017-1432, 4 oct. 2017).*** **– Le bordereau n'est transmissible qu'à un autre établissement de crédit ou une autre société de financement ou à un autre FIA mentionné à l'article L. 313-23.**

Art. L. 313-27 ***(Mod., L. n° 2003-706, 1er août 2003 ; Ord. n° 2013-544, 27 juin 2013 ; Ord. n° 2017-1432, 4 oct. 2017).*** **– La cession ou le nantissement prend effet entre les parties et devient opposable aux tiers à la date apposée sur le bordereau lors de sa remise, quelle que soit la date de naissance, d'échéance ou d'exigibilité des créances, sans qu'il soit besoin d'autre formalité, et ce quelle que soit la loi applicable aux créances et la loi du pays de résidence des débiteurs.**

À compter de cette date, le client de l'établissement de crédit ou de la société de financement ou du FIA mentionné à l'article L. 313-23 bénéficiaire du bordereau ne peut, sans l'accord de cet établissement ou de cette société ou de ce FIA, modifier l'étendue des droits attachés aux créances représentées par ce bordereau.

La remise du bordereau entraîne de plein droit le transfert des sûretés, des garanties et des accessoires attachés à chaque créance, y compris les sûretés hypothécaires, et son opposabilité aux tiers sans qu'il soit besoin d'autre formalité.

En cas de contestation de la date portée sur le bordereau, l'établissement de crédit ou la société de financement ou le FIA mentionné à l'article L. 313-23 rapporte, par tous moyens, l'exactitude de celle-ci.

I – EFFETS

1) **Date apposée sur le bordereau.** Effets. Conformément à l'article L. 313-27, l'opération ne produit ses effets, tant à l'égard des parties que des tiers, qu'avec l'apposition de la date sur le bordereau (▪ Cass. com., 28 oct. 1986, n° 85-15.612 : *JurisData* n° 1986-701807 ; *D.* 1986, 592, note Vasseur ; *RTD com.* 1987, 89, obs. Cabrillac et Teyssié ; *JCP* E 1987, II 14843, note Stoufflet ; *RD bancaire et bourse* 1987, 8, obs. Crédot et Gérard. ▪ CE, 17 févr. 1993 : *RTD com.* 1993, 348, obs. Cabrillac et Teyssié. ▪ Cass. com., 14 juin 2000 : *RJDA* 11/2000, n° 1033 ; *JCP* E 2000, pan. 1355 ; *JCP* E 2001, p. 518, note Virassamy, p. 1332, n° 13, obs. Stoufflet ; *LPA* 22 août 2000, p. 8, obs. E. C. ; *RD bancaire et fin.* 2000, 291, n° 186, obs. Crédot et Gérard ; *RTD com.* 2000, 992, obs. Cabrillac). En cas de cession à titre de garantie, la cession transfère la propriété de la créance de loyer cédée au cessionnaire à la date apposée sur le bordereau ; par conséquent, le paiement du bordereau n'est pas affecté par l'ouverture d'une procédure collective à l'encontre du cédant postérieure à la date du bordereau (▪ CA Versailles, 28 févr. 2013, n° 12/06573 : *JurisData* n° 2013-003657 ; *D.* 2013, p. 829, note R. Damman et G. Podeur).

2) **Preuve de la date.** En cas de contestation de la date, le cessionnaire doit rapporter la preuve de son exactitude (▪ CA Paris, 16 nov. 1988 : *JurisData n° 1988-026087 ; D. 1990, somm. 227, obs. Vasseur*).

3) **Pluralité de dates.** Lorsque le bordereau porte plusieurs dates, il appartient au cessionnaire de rapporter par tous moyens la preuve de son exactitude (▪ Cass. com., 7 déc. 1993, n° 92-10.953 : *JurisData* n° 1993-002443 ; *Bull.* IV, n° 448 ; *RD bancaire et bourse* 1994, 234, obs. Crédot et Gérard ; *RTD com.* 1994, obs. Cabrillac et Teyssié. ▪ Cass. com., 3 juill. 2012, n° 11-19.796 : *JurisData* n° 2012-015189 ; *JCP* E 2012, 1561 et 1646, n° 17, obs. N. Mathey ; *D.* 2012, p. 1876, obs. X. Delpech).

4) **Sanction de l'absence de date.** En dépit du silence de la loi sur ce point, en l'absence de date, le bordereau est dépourvu de tout effet, la date de notification ne pouvant suppléer la date du bordereau (▪ Cass. com., 14 juin 2000, n° 96-22.634 : *JurisData* n° 2000-002449 ; *Bull. civ.* IV, n° 121 ; *D.* 2000, AJ, 372. Également, ▪ CA Nîmes, 23 mai 1991 : *JurisData* n° 1991-051329 ; *RD bancaire et bourse* 1992, 57, obs. Crédot et Gérard ; *RTD com.* 1992, 430, obs. Cabrillac et Teyssié. ▪ Cass. com., 8 juill. 2010 : *JCP* E 2010, chron. 2008, n° 24, obs. N. Mathey).

5) **Effets de la cession entre le cédant et le cessionnaire.** Le cédant qui a signé le bordereau devient le mandataire de l'établissement de crédit après la cession ; s'il ne transmet pas à celui-ci les montants des factures figurant sur le bordereau qui lui sont directement réglés, il commet un abus de confiance (▪ Cass. crim., 5 déc. 2001, n° 00-86.516 : *RJDA* 7/2002, n° 800).

6) **Effets de la cession entre le cédant et le cédé.** Si le cédant ne doit pas modifier l'étendue des droits attachés aux créances cédées, il ne peut accorder un avoir au débiteur cédé pour annuler la facture cédée dans la mesure où il n'est pas la conséquence directe d'un défaut de fourniture des matériels vendus par le cédant (▪ Cass. com., 8 nov. 1994, n° 92-17.265 : *JurisData* n° 1994-002216 ; *D.* 1995, inf. rap. 10. – Mais, un arrêt a décidé qu'il peut accorder un avoir sur la facture

car il ne fait que prendre acte d'une erreur de facturation, ▪ Paris, 29 mars 1994 : *JurisData* n° 1994-021074 ; *RJDA* 10/94, n° 1055).

7) Effets de la cession entre le cédé et le cessionnaire. Une banque cessionnaire ne peut se prévaloir de l'opposabilité de la cession aux tiers conformément à l'article 4 pour réclamer le reversement de sa créance à une seconde banque à qui le débiteur cédé, dans l'ignorance de la cession, avait versé les fonds correspondant à sa dette (▪ Paris, 24 sept. 1993, n° 92PA00385 : *JurisData* n° 1993-050805 ; *RJ com.* 1996, 267, note Grua). Toutefois, le paiement par le débiteur entre les mains d'un autre établissement de crédit que le cessionnaire postérieurement à la notification des cessions n'a aucun caractère libératoire et expose le débiteur à un double paiement (▪ Cass. com., 11 juill. 2000, n° 96-21.026 : *RJDA* 12/2000, n° 1158). Il appartient au débiteur cédé de prouver qu'il s'est libéré de son obligation de paiement des créances cédées (▪ Cass. com., 3 nov. 2009, n° 08-10.692 : *JurisData* n° 2009-050179 ; *RD bancaire et fin.* 2010, n° 2, comm. 40, F.-J. Crédot et Th. Samin).

8) Transfert des accessoires. La cession de créance transfère de plein droit au cessionnaire les droits et actions appartenant au cédant et attachés à la créance cédée et, notamment, sauf stipulations contraires ou actions incessibles par nature, l'action en responsabilité, contractuelle ou délictuelle, qui en est l'accessoire (▪ Cass. 2e civ., 17 déc. 2009, n° 09-11.612). Le cessionnaire d'une créance fiscale sur le Trésor peut prétendre au paiement des intérêts moratoires auxquels le cédant avait droit (▪ CAA Versailles, 3e ch., 27 mai 2014, n° 12VE01712 : *JurisData* n° 2014-016203 ; *Dr. fisc.* 2014, n° 36, comm. 511). Par ailleurs, le cessionnaire d'une créance fiscale sur le Trésor a qualité pour agir devant le juge de l'impôt. À propos d'une créance de crédit de TVA cédée avant la saisie du juge (▪ CE, 9e et 10e ch., 20 sept. 2017, n° 393271 : *JCP* E, 2017, n° 48, 1655 : *Dr. Fisc.* 16 nov. 2017, n° 46, comm. 547, concl. B. Coudert).

Néanmoins le cessionnaire ne peut se défendre contre une demande de résolution de la vente dont est issue la créance cédée (▪ Cass. com., 15 mai 2019, n° 17-27.686 ; *JCP E* 2019, n° 47, 1528, obs. D. Senanedj ; *RTD civ.* 2019, p. 584, note H. Barbier ; *RDC* 2019, n° 3, p. 29, note M. Latina ; *Gaz. Pal.* 2019, n° 36, p. 59, note S. Moreil).

De même, le cessionnaire de créances représentant le prix d'un transport cédées par bordereau Dailly, ne peut exercer l'action en paiement du prix de ce transport prévue par l'article L. 132-8 du Code de commerce, qui est une action exclusivement réservée au transporteur : ▪ Cass. com., 29 mai 2019, n° 17-24.845 : *Gaz. Pal.* 2019, n° 36, p. 58, note S. Moreil.

II – CONFLITS

9) Bordereaux successifs. À compter de la date portée sur le bordereau, la créance est passée du patrimoine du cédant à celui du cessionnaire, de sorte que le cédant ne pouvait plus transmettre une créance qu'il ne détenait plus ▪ CA Paris, 4 janv. 1990 : *JurisData* n° 1990-020954 ; *D.* 1990, somm. 223, obs. Vasseur). En cas de cession en faveur de deux banques, la seconde ne peut avoir la qualité de créancier du débiteur cédé et recevoir paiement de celui-ci en cette qualité, malgré sa bonne foi (▪ Cass. com., 5 juill. 1994, n° 92-14.549 : *Bull.* IV, n° 251). Un tel comportement du cédant peut constituer un délit d'escroquerie (▪ CA Paris, 12 nov. 1990 : *JurisData* n° 1990-025212 ; *Gaz. Pal.* 1991, 2, 295, note Marchi).

10) Conflit avec un créancier saisissant. Le débiteur cédé ne peut se libérer valablement entre les mains du créancier saisissant, alors qu'indépendamment de sa notification au débiteur cédé, la cession avait pris effet entre les parties (▪ Cass. com., 26 nov. 2003, n° 01-03.685 : *JurisData* n° 2003-021241 ; *RJDA* 4/2004, n° 467 ; *JCP* E 2004, pan. 84 ; *D.* 2004, p. 133 ; *D.* 2004, somm. 1485, obs. Taormina).

11) Conflit avec un bénéficiaire d'un avis à tiers détenteur. L'avis à tiers détenteur notifié au banquier tiers saisi à une date postérieure à celle figurant sur les bordereaux de cession de créances commerciale ne produit aucun effet (▪ T. com. Paris, 10 nov. 1999 : *JurisData* n° 1999-110044 ; *RD bancaire et fin.* 2000, 94, n° 77, obs. Dellici).

12) Conflit avec un *factor*. En cas de transfert à un *factor* de créances cédées à une banque par bordereau Dailly, c'est la banque bénéficiaire qui doit être préférée dès lors que la cession Dailly respectait toutes les modalités légales et que la date portée sur le bordereau était antérieure (▪ CA Paris 21 févr. 1990 : *JurisData* n° 1990-020785 ; *Banque* 1991, 210, note Rives-Lange ; *RD bancaire et bourse* 1990, 153, obs. Crédot et Gérard, conf. par ▪ Cass. com., 19 mai 1992, n° 90-15.342 : *JurisData* n° 1992-001177 ; *Bull.* IV, n° 190 ; *JCP* E 1992, pan. 919 ; *RD bancaire et bourse* 1992, 236, obs. Crédot et Gérard ; *RTD* com. 1992, 655, obs. Cabrillac et Teyssié.

En l'absence de fraude, la banque cessionnaire doit être préférée au factor sur le fondement de la règle prior tempore, alors même que celle-ci connaissait l'existence de la convention d'affacturage. (▪ Cass. com., 3 janv. 1996, n° 93-21.675 : *JurisData* n° 1996-000002 ; *JCP* E 1996, II, 848, note Stoufflet ; *RD bancaire et bourse* 1996, 118, n° 2, obs. Crédot et Gérard).

13) Conflit avec un vendeur bénéficiaire d'une clause de réserve de propriété. La cession de créances professionnelles ne peut pas faire échec à l'action en revendication exercée par un vendeur initial sur des marchandises pour lesquelles il dispose d'une clause de réserve de propriété (▪ Cass. com., 25 juin 2003 : *RJDA* 2003, n° 1234). En cédant à une banque, par bordereau Dailly, sa créance sur le sous-acquéreur du matériel grevé d'une clause de réserve de propriété, l'acquéreur n'a pu transférer au cessionnaire plus de droits qu'il n'en avait, lesquels, en ce qui concerne le matériel, se trouvaient fixés par la vente avec clause de réserve de propriété jusqu'au complet paiement du prix stipulé (▪ CA Dijon, 9 sept. 1987 : *JurisData* n° 1987-600008 ; *D.* 1988, 74, note Zénati. ▪ CA Paris, 3 févr. 1988 : *JurisData* n° 1988-020145 ; *Gaz. Pal.* 1988, 1, 312, concl. J. Sauvel, note Garnier et Leblond ; *D.* 1988, inf. rap. 84). Dès lors, l'action en revendication du prix de revente peut être exercée par le vendeur sous réserve de propriété, qui est titulaire d'un droit propre sur la créance du prix de revente dès le jour de la revente. (▪ Cass. com., 20 juin 1989, n° 88-11.720 : *JurisData* n° 1989-001969 ; *JCP* E 1990, II, 15668, n° 14, obs. Cabrillac ; *D.* 1989, 431, note Pérochon ; *Banque* 1989, 760, obs. Rives-Lange ; *RJ com.* 1989, note Gallet ; *RTD com.* 1989, 702, obs. Cabrillac et 745, obs. Martin-Serf ; *D.* 1990, somm. 235, obs. Vasseur. ▪ CE, 25 juin 2003, n° 232665 : *JurisData* n° 2003-065580 ; *RJDA* 12/2003, n° 1234). Toutefois, le vendeur ne peut exercer l'action en revendication contre le sous acquéreur s'il a reçu un paiement de sa créance par la remise par l'acquéreur de lettres de change acceptées (règlement en valeur ▪ Cass. com., 9 janv. 1990, n° 88-14.966 : *JurisData* n° 1990-700006 ; *Bull. civ.* IV, n° 9 ; *D.* 1990, somm. 121, obs. M. Cabrillac).

14) Conflit avec un créancier titulaire du privilège de l'article L. 143-6 du Code du travail [nouv. art. L. 3253-22]. Il résulte de la combinaison des articles L. 143-6 du Code du travail [nouv. art. L. 3253-22], et 189, 191, 193 et 194 du Code des marchés publics, que les droits des bénéficiaires d'une cession de créance professionnelle sur le titulaire d'un marché public ne sont primés par le privilège résultant, au profit des fournisseurs des entrepreneurs de travaux publics, de l'article L. 143-6, que si le fournisseur justifie d'un agrément exprès donné par l'autorité compétente aux fournitures dont le privilège garantit le paiement, porté sur le registre des agréments antérieurement à la date de la signification de la cession de créance au comptable public assignataire désigné dans le marché (▪ Cass. com., 5 avr. 2005, n° 02-19.407 : *JurisData* n° 2005-027932 ; *D.* 2005, p. 1079, obs. Lienhard ; *ibid.*, p. 2090, note Barthez ; *RJDA* 8-9/2005, n° 1037 ; *JCP* E 2005, pan. 859 ; *ibid.* 1676, n° 36, obs. Mathey ; *ibid.*, p. 2090, note Barthez).

15) Conflit avec un porteur d'un effet de commerce. Voir sous C. monét. fin., art. L. 313-28, n°s 11 et 12, p. 3308.

16) Conflit avec un sous-traitant. Voir C. monét. fin., art. L. 313-28, n° 13, p. 3309.

17) Conflit avec un banquier réceptionnaire pour le compte du cédant. Une banque réceptionnaire de sommes qu'elle a inscrites au compte courant du cédant ouvert dans ses livres n'a reçu les paiements litigieux qu'au nom et pour le compte du cédant qui en était destinataire, de sorte qu'elle n'est pas tenue à restitution envers la banque cessionnaire (▪ CA Paris, 24 févr. 1995 : *JurisData* n° 1995-021021 ; *RJ com.* 1996, 241, note Vincent. ▪ Cass. com., 4 juill. 1995, n° 93-12.977 : *JurisData* n° 1995-001827 ; *Bull.* IV, n° 203 ; *JCP* E 1995, II, 738, note Stoufflet ; G, II, 22553, note Legeais ; *RD bancaire et bourse* 1995, 143, obs. Crédot et Gérard ; *D.* 1995, 488, note D.-R. Martin et Synvet ; *RJDA* 1/96, n° 89. ▪ Cass. com., 28 nov. 1995, n° 93-15.472 : *JurisData* n° 1995-003298 ; *RJDA* 4/96, n° 528. ▪ Cass. com., 4 févr. 1997 : *RJDA* 6/97, n° 807. ▪ Cass. com., 11 juill. 2000, n° 96-21.026 : *RJDA* 12/2000, n° 1158. ▪ Cass. com., 19 déc. 2000, n° 97-16.763 : *JurisData* n° 2000-007476 ; *RJDA* 3/2001, n° 361 ; *JCP* E 2001, pan. 297 ; *RD bancaire et fin.* 2001, 76, n° 43, obs. Crédot et Gérard. ▪ Cass. com., 30 janv. 2001, n° 97-17.784 : *JurisData* n° 2001-007983 ; *D.* 2001, p. 1238, obs. Delpech ; *RJDA* 5/2001, n° 627 ; *RD bancaire et fin.* 2001, 76, n° 43, obs. Crédot et Gérard. – V. Calendini, *Le cessionnaire, le cédant et le réceptionnaire : RD bancaire et bourse* 1996, 218). Une banque réceptionnaire des fonds pour le compte de son client ne peut être condamnée personnellement à restituer les sommes versées indûment sur le compte de ce dernier (▪ Cass. com., 3 nov. 2009 : *RD bancaire et fin.* 2010, n° 2, comm. 40, F.-J. Crédot et Th. Samin ; *JCP* E 2010, 1523, n° 20, obs. J. Stoufflet).

18) Incidence de la procédure collective du cédant. Même si son exigibilité n'est pas encore déterminée, la créance peut être cédée et, sortie du patrimoine du cédant, son paiement n'est pas affecté par l'ouverture de la procédure collective de ce dernier postérieurement à cette date (▪ Cass. com., 7 déc. 2004 : *RJDA* 4/2005, n° 441 ; *D.* 2005, p. 77, obs. Lienhard ; *ibid.* jurispr. 230, note Larroumet ; *ibid.*, pan. 1426, obs. A. B. ; *ibid.*, pan. 2014, n° 1, obs. Lucas et Le Corre ; *ibid.*, pan. 2087, A n° 1, obs. Crocq ; *JCP* E 2005, jurispr. 236, note Raby ; *ibid.*, 639, n° 4, obs. Pétel ; RTD com. 2005, 155, obs. Cabrillac ; *RTD civ.* 2005, 132, obs. Mestre et Fages ; *Act. proc. coll.* 2005, n° 17, obs. Regnaut-Moutier ; *RD bancaire et fin.* 2005, n° 77, obs. Crédot et Gérard ; *Banque et droit* mars-avr. 2005, 50, obs. Bonneau ; *Defrénois* 2005, 997, obs. Gibirila. – *Contra* ▪ Cass.

com., 26 avr. 2000 : *RJDA* 11/2000, n° 1032 ; *RJDA* 7/2001, p. 663, note Likilimba ; *JCP* E 2000, p. 1134, note Legeais ; p. 1560, n° 2, obs. P. P. ; *RD bancaire et fin.* 2000, 229, n° 152 obs. Legeais ; *D.* 2000, act. jurispr., p. 265, obs. Pisoni, comm. 717, note Larroumet ; *LPA* 15 juin 2000, p. 6, obs. E. C. ; *RTD com.* 2000, 994, obs. Cabrillac. ▪ 22 mai 2002 : *RJDA* 11/2002, n° 1168, qui ont décidé que le jugement d'ouverture de la procédure à l'égard du cédant de créances professionnelles fait obstacle aux droits de la banque cessionnaire sur les créances nées de la poursuite du contrat à exécution successive postérieurement au jugement).

La solution s'applique même lorsque la cession de créances a été effectuée à titre de garantie (▪ Cass. com., 22 nov. 2005 : *D.* 2005, p. 3081, note Delpech ; *RJDA* 3/2006, n° 325 ; *RJDA* 4/2006, chron. Tchotourian, p. 331 ; *D.* 2006, pan. 2855, obs. Crocq ; *RTD com.* 2006, 169, obs. Legeais ; *Banque et droit* 2006, n° 106, 67, obs. Bonneau ; *RD bancaire et fin.* janv.-févr. 2006, 18, obs. Cerles ; *D.* 2007, pan. 760, obs. D.-R. Martin ; *Act. proc. coll.* 2006, n° 2, obs. Bonhomme ; *JCP* E 2006, 1569, n° 12, obs. M. C. ; *ibid.*, pan. 1001).

Art. L. 313-28 ***(Mod., Ord. n° 2013-544, 27 juin 2013 ; Ord. n° 2017-1432, 4 oct. 2017).*** **– L'établissement de crédit ou la société de financement ou le FIA mentionné à l'article L. 313-23 peut, à tout moment, interdire au débiteur de la créance cédée ou nantie de payer entre les mains du signataire du bordereau. À compter de cette notification, dont les formes sont fixées par le décret en Conseil d'État prévu à l'article L. 313-35, le débiteur ne se libère valablement qu'auprès de l'établissement de crédit ou de la société de financement ou du FIA mentionné à l'article L. 313-23.**

Voir aussi : bibliographie citée et D. n° 81-862, 9 sept. 1981.

1) Caractère facultatif. La notification prévue à l'article L. 313-28, à la différence de la signification requise en droit commun, est une faculté offerte au cessionnaire qui a pour seule fin d'informer le débiteur cédé et de lui interdire de payer le cédant ; la cession reste opposable à la date portée sur le bordereau (▪ CA Paris, 4 janv. 1990 : *JurisData* n° 1990-020954 ; *D.* 1990, somm. 234, obs. Vasseur ; *JCP* E 1990, II, 15877, chron. Larroumet ; *Banque* 1990, 425, obs. Rives-Lange, infirmant ▪ T. com. Paris, 24 mai 1988 : *JurisData* n° 1988-601249 ; *Banque* 1988, 1057, obs. Rives-Lange ; *D.* 1988, 533, note D. Martin ; *RTD com.* 1989, 100, obs. Cabrillac et Teyssié ; *D.* 1989, somm. 190, obs. Vasseur).

En l'absence de notification, la caution ne peut se prévaloir du bénéfice de subrogation. En effet, l'absence de notification ne constitue pas la perte d'un droit préférentiel conférant un avantage particulier au créancier pour le recouvrement de sa créance au sens de l'article 2314 du Code civil (▪ Cass. com., 2 nov. 2016 : *JCP* E 2016, 1653, note D. Legeais ; *JCP* G 2016, 1391, note Ph. Simler ; *RD bancaire et fin.* 2017, n° 1, comm. 17, 129, n° 92, comm. 17 ; *D.* 2017, p. 147, note. M.-P. Dumont-Lefrand). V. déjà en ce sens : la caution du cédant ne peut imputer à faute au cessionnaire de n'avoir pas procédé à cette notification (▪ Cass. com., 18 nov. 1997, n° 95-13.581 : *JurisData* n° 1997-004539 ; *JCP* E 1998, pan. p. 97, obs. Bouteiller ; *RJDA* 3/98, n° 332 ; *RTD com.* 1998, 187, obs. Cabrillac. ▪ Cass. com., 12 janv. 1999, n° 96-11.171 : *JurisData* n° 1999-000223 ; *RD bancaire et bourse* 1999, 95, obs. Crédot et Gérard ; 102, obs. Contamine-Raynaud ; *RJDA* 4/99, n° 462. ▪ Cass. com., 11 déc. 2001, n° 98-18.580 : *JurisData* n° 2001-012130 ; *RJDA* 4/2002, n° 437 ; *JCP* E 2002, pan. 143 ; *D.* 2002, p. 566 ; *D.* 2003, somm. 342, obs. D.-R. Martin ; *RD bancaire et fin.* 2002, 129, n° 92, obs. Cerles). En l'absence de notification le banquier cessionnaire peut exercer son recours d'abord contre les cautions (Com., 11 déc. 2001, n° 98-18.580, préc.). Il en est de même pour le débiteur cédé (▪ Cass. com., 26 mai 2004 : *RJDA* 11/2004, n° 1258).

2) Indifférence de l'ouverture d'une procédure collective à l'encontre du cédant. L'ouverture d'une procédure collective contre le cédant, et particulièrement le principe de la continuation des contrats en cours, ne constitue pas un obstacle à la notification par le cessionnaire de la cession au débiteur cédé (▪ CA Versailles, 13e ch., 28 févr. 2013 : *D.* 2013, 829, obs. R. Damman ; 1706, obs. P. Crocq ; *RTD com.* 2013, 571, obs. D. Legeais ; *Bull. Joly Entreprises en difficulté* 2014, n° 1, p. 58 et s., note. J.-E. Kuntz et V. Nurit).

I – MODALITÉS DE LA NOTIFICATION

3) Forme. La notification peut être faite par tous moyens (▪ Cass. com., 21 sept. 2009 : *D.* 2010, p. 2220, obs. X. Delpech ; *JCP* E 2010, chron. 2008, obs. N. Mathey ; *JCP* E 2011, 2099, note K. Rodriguez). L'article L. 313-28 n'impose aucune exigence de forme, l'envoi d'un courrier recommandé AR constituant seulement un élément de preuve (▪ CA Paris, 15 oct. 1993 : *JurisData* n° 1993-024108 ; *RJDA* 4/1994, n° 429). V. C. monét. fin., art. R. 313-15 et s., p. 3315.

4) Créance sur marché public. Il résulte de l'article 6 du D. n° 85-1285, 3 décembre 1985, modifiant le Code des marchés publics que la notification doit être adressée au comptable public assignataire désigné dans le marché, et non au maire de la commune (▪ CAA Paris, 23 mai 1995, n° 93PA00321 :

JCP E 1996, II, 787, note Eckert). Lorsque la banque a, conformément aux dispositions de l'article 189 du Codes des marchés publics, régulièrement notifié la cession au comptable assignataire de la collectivité publique cocontractante, celle-ci ne peut, en vertu des dispositions de l'article L. 313-28 du Code monétaire et financier, se libérer valablement de sa dette à compter de la notification de la cession de créance qu'auprès de la banque (▪ CE, 19 mars 2001, n° 207626 : *JurisData* n° 2001-062106 ; *RJDA* 10/2001, n° 1026). Les paiements effectués auprès d'autres personnes sont, par suite, sans incidence sur l'obligation de la collectivité publique envers ladite banque et la collectivité ne peut pas, dans ces circonstances, se prévaloir utilement du principe selon lequel une collectivité publique ne saurait être condamnée à verser une somme qu'elle ne doit pas (même déc.). Mais lorsque la notification est irrégulière, l'établissement de crédit garde son droit au paiement de la somme due par la collectivité publique, et si celle-ci ne s'est pas acquittée du règlement de la créance entre les mains d'un tiers, la seule existence du bordereau suffit à justifier le bien-fondé des prétentions du cessionnaire (▪ CAA Nantes, 27 déc. 2002, n° 99NT00933 : *JurisData* n° 2002-215047 ; *RJDA* 7/2003, n° 766).

Le cédant d'une créance ne pouvant transmettre plus de droits qu'il n'en détient, la loi n'a eu ni pour objet ni pour effet de rendre inapplicable au cessionnaire d'une créance née de l'exécution d'un marché de travaux publics le principe selon lequel l'ensemble des opérations auxquelles donne lieu l'exécution d'un tel marché est compris dans un compte dont aucun élément ne peut être isolé et dont seul le solde arrêté lors de l'établissement du décompte général et définitif détermine les droits et obligations définitifs des parties, les règles qui régissent la compensation étant, par suite, inapplicables aux opérations comprises dans ce compte et la mise en règlement judiciaire de l'entrepreneur étant sans influence sur l'application des règles qui tiennent à la nature même du compte (▪ CE 21 juin 1999, n° 151917 : *JurisData* n° 1999-050632 ; *RJDA* 3/2000, n° 330. – *Adde*, ▪ CE, 9 mai 2005, n° 266060 : *JurisData* n° 2005-068376 ; *RJDA* 3/2006, n° 324).

Voir pour un cas de notification d'une cession de créance sur l'État auprès d'une autorité administrative incompétente qui permet la compensation du Trésor public (▪ CAA Paris, 12 nov. 1993, n° 90PA00582 : *JurisData* n° 1993-051458 ; *JCP* E 1994, pan. 134), et pour une notification en langue étrangère n'ayant aucune valeur exécutoire (▪ T. com. Paris, 15 sept. 1993 : *RJDA* 1/94, n° 69).

Lorsqu'un entrepreneur a cédé à une banque des créances correspondant au règlement de travaux d'un marché public, la notification de la créance, adressée au comptable du maître de l'ouvrage, sans être accompagnée de l'exemplaire unique du marché, comme le prescrit l'article 189 du Code des marchés publics, n'a pas été effectuée dans des conditions régulières (▪ CE, 6 déc. 1999, n° 189407 : *JurisData* n° 1999-051424 ; *RJDA* 12/2000, n° 1157 ; *RTD com.* 2000, 425, obs. Cabrillac).

5) Preuve de la créance et notification. Il incombe à celui qui invoque une créance contre le débiteur cédé de la prouver (▪ Cass. com., 18 févr. 1997, n° 95-11.569 : *JurisData* n° 1997-000675 ; *JCP* E 1997, pan. 334, obs. Bouteiller ; *RTD com.* 1997, 288, obs. Cabrillac ; *RJDA* 6/97, n° 808. ▪ Cass. com., 26 avr. 2000, n° 97-10.415 : *JurisData* n° 2000-001577 ; *RJDA* 11/2000, n° 1032. ▪ Cass. com., 27 mars 2001, n° 97-12.283 : *JurisData* n° 2001-009055 ; *RJDA* 8-9/2001, n° 899). Le silence du débiteur cédé à la suite de la notification ne peut suffire à établir l'existence de la créance du cédant dès lors qu'il n'est produit ni bon de commande ni bon de livraison (▪ Paris, 8 mars 2002, n° 1999/18694 : *JurisData* n° 2002-175314 ; *RJDA* 1/2003, n° 57). Mais lorsque l'existence de la créance est reconnue par le débiteur cédé ou tenue pour établie par la juridiction saisie, c'est à lui à prouver l'exécution incomplète ou défectueuse (▪ Cass. com., 14 juin 2000, n° 97-13.019 : *JurisData* n° 2000-002450 ; *Bull.* IV, n° 122 ; *RJDA* 9-10/2000, n° 904 ; *JCP* E 2000, pan. 1355 ; *RD bancaire et fin.* 2000, 292, n° 187, obs. Crédot et Gérard ; *RTD com.* 2000, 994, obs. Cabrillac ; *JCP* E 2001, p. 1334, n° 17, obs. Stoufflet. ▪ Cass. com., 27 mars 2001, préc.).

II – EFFETS DE LA NOTIFICATION

6) Interdiction de payer le cédant. Le paiement effectué par le débiteur cédé au cédant postérieurement à la notification par le cessionnaire n'a aucun effet libératoire (▪ Cass. com., 17 mars 2004, n° 01-13.849 : *LPA* 17 déc. 2004, n° 01-13.849, p. 18, note Tchotourian). Le paiement effectué après notification par le débiteur cédé même non acceptant entre les mains du cédant n'est pas libératoire, le débiteur cédé ne se libérant valablement après notification qu'entre les mains du cessionnaire (▪ Cass. com., 17 déc. 2013, n° 12-26.706 : *JurisData* n° 2013-029881 ; *D.* 2014, p. 4 ; *Gaz. Pal.* 2014, n° 77, p. 17 et s., obs. S. Moreil ; *L'essentiel dr. bancaire* 2014, n° 3, p. 1 et s.).

7) Absence d'obligation d'information au profit du cessionnaire. La notification prévue à l'article L. 313-28 n'entraîne pas, à la charge du débiteur cédé, une obligation d'information au profit du cessionnaire, sur l'existence et la valeur des créances cédées (▪ Cass. com., 24 mars 1992, n° 90-14.678 : *JurisData* n° 1992-000660 ; *JCP* E 1992, II, 336, note Legeais ; *RTD com.* 1992, 654, obs. Cabrillac et Teyssié ; *RD bancaire et bourse* 1992,

149, obs. Crédot et Gérard ; *Bull.* IV, n° 128. ▪ Cass. com., 15 janv. 1993 : *JCP* E 1993, pan. 658. ▪ Cass. com., 24 mai 1994, n° 92-16.232, 26 avr. 1994 et 10 mai 1994 : *RD bancaire et bourse* 1994, 234, obs. Crédot et Gérard. ▪ Cass. com., 9 févr. 1999, n° 95-18.664 : *JurisData* n° 1999-000702 ; *RJDA* 3/99, n° 324. ▪ Paris, 8 mars 2002 : *RJDA* 1/2003, n° 57), hormis cas de fraude (Com., 29 mai 2001 : *RJDA* 11/2001, n° 1134 ; *JCP* E 2001, pan. 1305). Mais voir un arrêt qui décide que le silence gardé par le débiteur cédé après notification du banquier entraîne l'impossibilité pour le premier d'opposer au second les exceptions lui appartenant (▪ Paris, 14 mars 1991 : *Banque* 1991, 655, obs. Rives-Lange ; *RTD com.* 1991, 423, obs. crit. Cabrillac et Teyssié. – *Adde*, ▪ Versailles, 19 oct. 1995 : *JurisData* n° 1995-045795 ; *JCP* E 1996, pan. 41). Voie également un arrêt qui retient la responsabilité du débiteur cédé qui s'est abstenu de renseigner immédiatement la banque, a procédé à des paiements partiels pour finalement opposer une exception de compensation (▪ Paris, 10 avr. 1992 : *JurisData* n° 1992-021133 ; *JCP* E 1992, pan. 1081). Voir aussi ▪ Cass. com., 13 févr. 1996, n° 93-18.006 : *JurisData* n° 1996-005532 ; *Banque* 1996, 92, obs. Guillot ; *JCP* E 1997, I, n° 21, obs. Gavalda et Stoufflet. V. aussi ▪ Cass. com., 2 déc. 1997, n° 95-11.596 : *JCP* E 1998, pan. p. 1114 ; *RTD com.* 1998, 395, obs. Cabrillac, qui retient la responsabilité du débiteur cédé pour n'avoir pas formulé de réserves quant aux possibilités d'évolution de ses relations avec le cédant. Mais un arrêt qui décide que le fait pour le débiteur cédé d'avoir indiqué tardivement à la banque qu'il contestait la facture litigieuse ne permet pas de le tenir pour s'être engagé à payer et ne le prive pas du droit d'opposer des exceptions fondées sur ses rapports personnels avec le cédant (▪ Cass. com., 15 juin 1993, n° 91-19.677 : *JurisData* n° 1993-001235 ; *D.* 1993, 495, note Larroumet).

8) Opposabilité des exceptions au cessionnaire. La simple notification ne met pas obstacle à l'exercice par le débiteur des exceptions fondées sur ses rapports personnels avec le cédant (▪ Cass. com., 15 juin 1993, n° 91-19.677 : *JurisData* n° 1993-001235 ; *Dr. et patrimoine* 1994, n° 452), comme l'exception d'inexécution (▪ Cass. com., 4 oct. 1994, n° 92-20.352 : *RJDA* 2/95, n° 183. – Comp. ▪ Cass. com., 2 déc. 1997 : *JCP* E 1998, pan. p. 151). Toutefois, le cédé ne peut se prévaloir d'une clause d'agrément figurant dans le contrat de base, la banque cessionnaire n'étant pas partie au contrat (▪ Cass. com., 21 nov. 2000, n° 97-16.874 : *JurisData* n° 2000-006944 ; *D.* 2001, p. 123, obs. Avena-Robardet ; *LPA* 9 mars 2001, p. 5, obs. E. C. ; *RD bancaire et fin.* 2001, 10, n° 3, obs. Crédot et Gérard *eod. loc.*, n° 189, obs. Cerles ; *Defrénois* 2001, p. 635, note Billiau ; *RTD com.* 2001, 203, obs. Cabrillac ; *JCP* E 2001, p. 1332, n° 14, obs. Stoufflet. – V. toutefois, ▪ Cass. com., 22 oct. 2002, n° 99-14.793 : *JurisData* n° 2002-016135 ; *RD bancaire et fin.* 2003, 14, n° 3, obs. Crédot et Gérard, qui autorise le cédé à opposer au banquier l'irrégularité de la cession intervenue au mépris des conditions générales interdisant au créancier de céder ses créances sans le consentement préalable de son cocontractant).

L'exception d'inexécution est toujours opposable au cessionnaire (▪ Cass. com., 9 févr. 1993, n° 91-13.601 : *JurisData* n° 1993-000299 ; *RJDA* 6/93, n° 544. ▪ 9 nov. 1993, n° 91-18.116 : *JurisData* n° 1993-002375 ; *RJDA* 4/1994, n° 430. ▪ 30 mai 1995, n° 93-13.170 : *JurisData* n° 1995-001327 ; *RJDA* 11/95, n° 1259), même si les raisons de ne pas payer sont apparues postérieurement à la notification de la cession (▪ Cass. com., 28 janv. 2003, n° 01-15.699 : *JurisData* n° 2003-017608 ; *RJDA* 8-9/2003, n° 873. ▪ Cass. com., 7 mars 2006, n° 04-18.230 : *RJDA* 7/2006, n° 824. ▪ Cass. com., 12 janv. 2010, n° 08-22.000 : *JurisData* n° 2010-051066 ; *JCP* E 2010, 1497, note R. Marty). Le débiteur-cédé est fondé à se prévaloir, pour obtenir restitution de l'acompte versé, de la disparition de la créance consécutive à la résolution de la vente ayant donné naissance à la créance cédée (▪ Cass. com., 11 juill. 2006, n° 04-15.335 : *D.* 2006, p. 2788, obs. Delpech).

9) Condition du jeu de l'exception de compensation. Le débiteur cédé peut opposer au cessionnaire l'exception de compensation lorsque les créances dont il invoque la compensation sont connexes avec ses dettes litigieuses ou, sinon, lorsque ses créances sont devenues certaines liquides et exigibles (conditions de la compensation légale) avant la notification (▪ Cass. com., 14 déc. 1993, n° 91-22.033 : *Bull.* IV, p. 469 ; *JCP* E 1994, I, 378, n° 18, obs. Gavalda et Stoufflet ; *D.* 1994, 269, note Larroumet ; *RD bancaire et bourse* 1994, 80, obs. Crédot et Gérard. ▪ Cass. com., 21 mars 1995, n° 93-11.987 : *D.* 1995, inf. rap. 105. ▪ Cass. com., 24 juin 1997, n° 95-14.326 : *RJDA* 12/97, n° 1515. ▪ Cass. com., 18 nov. 1997, n° 95-13.581 : *JurisData* n° 1997-004539 ; *RJDA* 3/98, n° 333. – Comp. ▪ Cass. com., 21 nov. 1989, n° 88-17.564 : *JurisData* n° 1989-003569 ; *RTD com.* 1990, 236, n° 12, obs. Cabrillac et Teyssié ; *D.* 1990, somm. 232, obs. Vasseur, confirmant ▪ Paris, 28 juin 1988 : *JurisData* n° 1988-023824 ; *D.* 1989, somm. 185, obs. Vasseur ; *RTD com.* 1989, 508, obs. Cabrillac et Teyssié. ▪ Cass. com., 13 déc. 1994, n° 92-16.550 : *JurisData* n° 1994-002461 ; *JCP* E 1995, II, 733, note Virassamy. ▪ Cass. com., 6 oct. 1998, n° 95-21.350 : *JurisData* n° 1998-003740 ; *JCP* E 1998, pan. p. 1806, obs. Morvan ; *RJDA* 12/98, n° 1412 ; *RTD com.* 1999, 163, obs. Cabrillac ; *D.* 1998, 1903, obs. X. D. ; *Rev. huissiers* 1999, 467, obs. Herbert.

▪ Cass. com., 11 oct. 2005, n° 03-21.197 : *JurisData* n° 2005-030410 ; *RJDA* 2/2006, n° 184).

La compensation pour dettes connexes demeure possible alors même que des conditions de liquidité et d'exigibilité ne seraient pas remplies à la date de la cession figurant sur le bordereau (▪ Cass. com., 12 nov. 1996 : *JCP* E 1997, pan. 3). L'exception de compensation peut être invoquée par le débiteur cédé si la créance connexe est née postérieurement à la notification de la cession (▪ Cass. com., 15 juin 1993 : *D.* 1993, 495, note Larroumet ; *RD bancaire et bourse* 1993, 248, obs. Crédot et Gérard. ▪ Cass. com., 8 févr. 1994, n° 92-13.464 : *Bull.* IV, n° 55 ; *JCP* E 1995, II, 707, note Ammar ; *RD bancaire et bourse* 1994, 234, obs. Crédot et Gérard ; *RJDA* 6/94, n° 685. ▪ Cass. com., 30 mai 1995, n° 93-13.170 : *JurisData* n° 1995-001327 ; *JCP* E 1995, pan. 934 ; *RJDA* 11/95, n° 1259. ▪ Cass. com., 17 oct. 2000, n° 98-20.110 : *RJDA* 2/2001, n° 216. ▪ Cass. com., 3 déc. 2002, n° 00-14.704 : *JurisData* n° 2002-016945 ; *RJDA* 5/2003, n° 533).

10) Exception de compensation et procédure collective du cédant. Le débiteur cédé doit déclarer sa créance indemnitaire au passif de la procédure collective du cédant pour faire valoir ses droits et, not., opposer la compensation (▪ Cass. com., 18 nov. 1997 : *RJDA* 3/98, n° 333. ▪ 28 janv. 2003, n° 01-15.699 : *JurisData* n° 2003-017608 ; *RJDA* 8-9/2003, n° 873). Lorsque le débiteur cédé, maître de l'ouvrage, n'a pas déclaré sa créance de dommages-intérêts pour malfaçons à la procédure collective de l'entrepreneur, il ne peut invoquer la compensation à l'égard du cessionnaire, car il ne peut disposer à l'égard de ce dernier de plus de droits qu'à l'égard du cédant (▪ Cass. com., 25 nov. 1997, n° 96-10.858 : *JurisData* n° 1997-004695 ; *JCP* E 1998, pan. p. 97).

III – NOTIFICATION ET CONFLITS

11) Conflit avec le porteur d'une lettre de change. Lorsqu'un professionnel accepte une traite transmise à l'escompte un mois avant qu'un banquier, bénéficiaire d'une cession par bordereau, lui ait adressé la notification de l'article L. 313-28, le tiré doit payer le premier banquier, le paiement étant libératoire à l'égard du second (▪ T. com. Paris, 18 oct. 1988 : *D.* 1989, somm. 192, obs. M. Vasseur ; *RTD com.* 1989, 499, obs. Cabrillac et Teyssié. ▪ 28 sept. 1990 : *D.* 1990, inf. rap. 232 ; *RTD com.* 1991, 80, n° 6, obs. Cabrillac et Teyssié. – V. ▪ Cass. com., 30 juin 1998 : *JCP* E 1998, pan. p. 1521, qui déclare inopposables au cessionnaire les conventions postérieures entre tireur et tiers porteur. – V. M. Cabrillac, *La cohabitation de la traite et du bordereau Dailly* : *RD bancaire et bourse* 1987, 75).

Voir jurisprudence citée *infra*, sous question de la compensation.

Lorsque les lettres de change ont été présentées au paiement par le tireur lui-même, resté porteur, le tiré doit lui opposer la cession de créance dont il a antérieurement reçu notification, une telle exception étant inopposable à un tiers bénéficiaire d'endossements (▪ Cass. com., 21 mars 1995, n° 93-15.617 : *JurisData* n° 1995-000675 ; *Bull.* IV, n° 96 ; *RD bancaire et bourse* 1995, 102, obs. Crédot et Gérard ; *D.* 1996, somm. 34, obs. Cabrillac ; *RJDA* 8-9/95, n° 1015. ▪ 5 nov. 2002 : *RJDA* 3/2003, n° 308). Par son acceptation le tiré est engagé à l'égard du porteur de bonne foi (▪ T. com. Bordeaux, 9 févr. 1987 : *JurisData* n° 1987-041681 ; *D.* 1988, somm. 280, obs. Vasseur. ▪ Paris, 9 mai 1997 : *JurisData* n° 1997-021128 ; *RD bancaire et bourse* 1997, 217, n° 5, obs. Crédot et Gérard. ▪ Cass. com., 19 déc. 2000, n° 97-15.011 : *JurisData* n° 2000-007470 ; *RJDA* 3/2001, n° 364 ; *JCP* E 2001, pan. 297 ; *D.* 2001, p. 1022, obs. Delpech ; *LPA* 1er févr. 2001, p. 13, obs. E. C. ; *RD bancaire et fin.* 2001, 153, n° 103, obs. Crédot et Gérard. ▪ Cass. com., 3 mai 2000, n° 97-13.783 : *RJDA* 9-10/2000, n° 905 ; *RTD com.* 2000, 985, obs. Cabrillac ; *D.* 2000, act. jurispr., p. 325, obs. Faddoul. – Comp. ▪ Versailles, 1er oct. 1986 : *D.* 1987, somm. 145, obs. Vasseur ; *RTD com.* 1987, 222, obs. Cabrillac et Rives-Lange ; *Banque* 1987, 90, obs. Rives-Lange). Et ceci même si le bénéficiaire de l'endossement avait connaissance de la cession de créance (▪ Cass. com., 29 juin 1999, n° 96-15.292 : *JurisData* n° 1999-002995 ; *RJDA* 10/99, n° 1122).

C'est au débiteur cédé qu'il incombe d'apporter la preuve de l'antériorité de son acceptation de la lettre de change (▪ Cass. com., 7 mars 1995, n° 93-13.544 : *JurisData* n° 1995-000465 ; *JCP* E 1995, pan. 558 ; *JCP* E 1996, I, 525, n° 16, obs. Gavalda et Stoufflet ; *RJDA* 8-9/95, n° 1014. ▪ 21 mars 1995, n° 93-15.617 : *JurisData* n° 1995-000675 ; *RJDA* 8-9/95, n° 1015. ▪ 3 mai 2000, préc.).

L'endossement à l'ordre d'un banque de lettres de change émises en vue du règlement d'une créance lui permet de bénéficier de l'inopposabilité cambiaire des exceptions, bien que ce transfert ait été postérieur à une cession de la même créance, par bordereau Dailly, au profit de la même banque dès lors qu'au jour de la création des effets litigieux, le tireur était encore titulaire de sa créance sur le tiré, qu'il n'avait pas encore cédée, et qu'ils ont été acceptés par le tiré (▪ Cass. com., 6 avr. 1999 : *LPA* 15 juin 1999, p. 9, obs. L. C. ; *RJDA* 6/99, n° 717 ; *RTD com.* 1999, 725, obs. Cabrillac ; RD bancaire *et bourse* 1999, 95, obs. Crédot et Gérard ; *D.* 2000, somm. 461, obs. D.-R. Martin).

Lorsque la lettre de change n'est pas acceptée, les droits du tiers porteur ne sont définitivement acquis qu'à l'arrivée de l'échéance si la provision est alors constituée, et la cession « Dailly » étant antérieure à l'escompte et à l'échéance, le banquier a acquis la propriété des créances (■ Paris, 2 juin 1995 : *JurisData* n° 1995-022660 ; *RD bancaire et bourse* 1996, 9, obs. Crédot et Gérard).

12) Conflit avec un bénéficiaire d'un billet à ordre. La souscription de billets à ordre antérieure à la notification de la cession de créance n'est pas libératoire vis-à-vis du cessionnaire de la créance (■ Cass. com., 10 mars 1998, n° 94-11.268 : *JurisData* n° 1998-001408 ; *RJDA* 7/98, n° 906 ; *RTD com.* 1998, 648, obs. Cabrillac).

13) Conflit avec un sous-traitant. Une cour d'appel qui a retenu, par une exacte application du second alinéa de l'article 13-1 de la loi du 31 décembre 1975, que l'entrepreneur principal ne pouvait céder à une banque la part de sa créance sur le maître de l'ouvrage, correspondant à sa dette envers un sous-traitant, sans avoir obtenu préalablement et par écrit un cautionnement, a pu en déduire, sans avoir à chercher la date à laquelle la cession a été notifiée, ni celle portée sur le bordereau, ni celle de l'exercice de l'action directe, ni à vérifier si, en l'espèce, la troisième de ces dates était antérieure à la première, que la cession de créance litigieuse était inopposable au sous-traitant (■ Cass. com., 22 nov. 1988 [1er arrêt] : *JCP* E 1989, II, 15574, note Dubois ; *D.* 1989, 212, note Bénabent ; *Banque*, 1989, 211, obs. Rives-Lange ; *RD imm.* 1989, 54, obs. Malinvaud et Boubli ; *RTD com.* 1989, 281, obs. Cabrillac et Teyssié ; *RD bancaire et bourse* 1989, 108, obs. Crédot et Gérard ; *D.* 1989, somm. 189, obs. Vasseur. ■ Cass. com., 20 juin 1989, n° 87-14.974 : *Banque* 1989, 859, obs. Rives-Lange ; *RTD com.* 1989, 739, obs. Martin-Serf ; *Bull.* IV, n° 195 ; *D.* 1990, somm. 236, obs. Vasseur. ■ Cass. civ., 18 mars 1992 : *JCP* E 1992, pan. 640. ■ Cass. com., 26 avr. 1994, n° 92-15.032 : *JurisData* n° 1994-001018 ; *Bull.* IV, n° 152 ; *RD bancaire et bourse* 1994, 234, obs. Crédot et Gérard. ■ Cass. com., 16 mai 19965 : *JCP* E 1995, pan. 843 : *RJDA* 11/95, n° 1238. ■ Cass. com., 16 janv. 1996, n° 94-12.751 : *JurisData* n° 1996-000250 ; *RJDA* 4/96, n° 499. ■ Cass. com., 3 déc. 2002 : *RJDA* 5/2003, n° 533). Les établissements de crédit, porteurs des créances cédées, ne disposent pas de plus de droits que leurs cédants et ne peuvent s'opposer au paiement du sous-traitant agissant directement contre le maître de l'ouvrage qui ne s'y oppose pas (■ Cass. com., 20 juin 1989, préc.).

Doit être cassé l'arrêt qui, pour déclarer opposable au sous-traitant la cession, par l'entrepreneur principal, d'une créance portant, pour partie, sur des sommes correspondant aux travaux sous-traités et limiter en conséquence la somme que le maître de l'ouvrage lui restait devoir, retient qu'il n'est pas établi que le cessionnaire ait eu connaissance du contrat de sous-traitance et que cette cession, effectuée antérieurement à l'exercice de l'action directe, soit intervenue en fraude des droits du sous-traitant, sans rechercher si l'entrepreneur principal avait, préalablement à la cession, obtenu la caution personnelle et solidaire prévue à l'article 14 de la loi n° 75-1334, 31 déc. 1975 (■ Cass. 3e civ., 18 mars 1992, n° 89-21.405 : *JurisData* n° 1992-000400 ; *JCP* E 1992, pan. 640 ; *Bull.* III, n° 97).

L'entrepreneur principal peut céder à un établissement de crédit sa créance de travaux à l'exclusion des travaux sous-traités (■ Cass. com., 13 oct. 1992, n° 90-19.946 : *RD bancaire et bourse* 1993, 89, obs. Crédot et Gérard ; *RJDA* 1/93, n° 25. ■ Cass. com., 1er déc. 1992, n° 89-17.478 : *RJDA* 5/93, n° 400 ; *Bull.* IV, n° 380 ; *RTD com.* 1993, 347, n° 13, obs. Cabrillac et Teyssié).

Dans un cas où un entrepreneur principal avait cédé à une banque des créances contre le maître de l'ouvrage au titre de travaux dont l'exécution avait été sous-traitée et où, après la mise en redressement judiciaire de l'entrepreneur, la banque avait obtenu paiement des créances cédées auprès du maître de l'ouvrage, une cour d'appel a pu ordonner la restitution de ces sommes au sous-traitant qui n'avait pas été agréé par le maître de l'ouvrage dès lors que, par application de la loi du 31 décembre 1975, la cession litigieuse était inopposable au sous-traitant, même occulte (■ Cass. 3e civ., 9 juin 1999, n° 98-10.291 : *JurisData* n° 1999-002334 ; *RJDA* 11/99, n° 1207).

La conclusion du sous-marché à une date postérieure à celle des cessions de créances aux dates des bordereaux qui ne sont pas contestées, n'a pu rendre rétroactivement indisponibles les créances cédées par l'entrepreneur principal à la banque cessionnaire (■ CAA Paris, 22 nov. 1994, n° 94PA00010 : *JurisData* n° 1994-052962 ; *JCP* E 1995, pan. 189).

14) Conflits entre deux banques cessionnaires. Voir notes sous C. monét. fin., art. L. 313-27, annot. n° 9, p. 3303.

15) Conflit avec une un vendeur bénéficiaire d'une clause de réserve de propriété. Voir notes sous C. monét. fin., art. L. 313-27, annot. n° 13, p. 3303.

16) Conflit avec un banquier réceptionnaire pour le compte du cédant. Voir notes sous C. monét. fin., art. L. 313-27, annot. n° 17, p. 3304.

17) Conflit avec un créancier titulaire du privilège de l'article L. 143-6 du Code du travail [nouv. art. L. 3253-22]. Voir notes sous C. monét. fin., art. L. 313-27, annot. n° 14, p. 3304.

18) Conflit avec un *factor*. Voir notes sous C. monét. fin., art. L. 313-27, annot. n° 12, p. 3303.

Art. L. 313-29 *(Mod., Ord. n° 2013-544, 27 juin 2013 ; Ord. n° 2017-1432, 4 oct. 2017).* **– Sur la demande du bénéficiaire du bordereau, le débiteur peut s'engager à le payer directement : cet engagement est constaté, à peine de nullité, par un écrit intitulé : « Acte d'acceptation de la cession ou du nantissement d'une créance professionnelle ».**

Dans ce cas, le débiteur ne peut opposer à l'établissement de crédit ou à la société de financement ou du FIA mentionné à l'article L. 313-23 les exceptions fondées sur ses rapports personnels avec le signataire du bordereau, à moins que l'établissement de crédit ou la société de financement ou le FIA mentionné à l'article L. 313-23, en acquérant ou en recevant la créance, n'ait agi sciemment au détriment du débiteur.

I – MODALITÉS DE L'ACCEPTATION

1) Forme de l'acceptation. Une cour d'appel viole les dispositions de l'article L. 313-29 en validant les actes d'acceptation de cession rédigés d'une façon différente de celle prévue par la loi et omettant l'adjectif « professionnelle » (▪ Cass. com., 5 nov. 1991, n° 90-12.334 : *JurisData* n° 1991-002780 ; *Bull.* IV, n° 329 ; *RD bancaire et bourse* 1992, 58, obs. Crédot et Gérard ; *RTD com.* 1992, 431, obs. Cabrillac et Teyssié ; *RJDA* 12/91, n° 1055. ▪ Cass. com., 29 oct. 2003, n° 01-02.512 : *JurisData* n° 2003-020662 ; *RJDA* 3/2004, n° 360 ; *JCP* E 2003, pan. 1716 ; *JCP* E 2004, chron. 736, n° 23, obs. Stoufflet, jurispr. 784, note Malecki ; *D.* 2004, p. 61, somm. 1969, obs. Boujeka). Le débiteur cédé est alors fondé à opposer au cessionnaire les exceptions tirées de ses rapports personnels avec le signataire du bordereau (▪ Cass. com., 29 oct. 2003, préc. ▪ Cass. com., 16 oct. 2007 : *RJDA* 1/2008, n° 77 ; *D.* 2007, p. 2728, obs. Delpech).

L'écrit constituant l'acte d'acceptation peut être établi et conservé sur tout support, y compris par télécopie, dès lors que son intégrité et l'imputabilité de son contenu à l'auteur désigné ont été vérifiés ou ne sont pas contestés (▪ Cass. com., 2 déc. 1997, n° 95-14.251 : *JurisData* n° 1997-004880 ; *RJDA* 2/98, n° 207 ; *JCP* E 1998, p. 55, pan. obs. Bouteiller ; p. 178, note Bonneau ; *RD bancaire et bourse* 1998, 9, n° 3, obs. Crédot et Gérard ; *Banque* 1998, 88, obs. Guillot ; *D.* 1998, 192, note D.-R. Martin ; *RTD com.* 1998, 187, obs. Cabrillac ; *JCP* E 1999, p. 763, n° 5 B, obs. Gavalda et Stoufflet).

2) Acceptation conditionnelle. L'acceptation peut être conditionnelle (▪ Cass. com., 14 nov. 1989 [sol. impl.] : *D.* 1990, somm. 227, obs. Vasseur. – Comp. sur renvoi, ▪ Versailles, 11 avr. 1991 : *JurisData* n° 1991-048922 ; *RTD com.* 1991, 624, obs. Cabrillac et Teyssié. ▪ Cass. com., 3 déc. 1991, n° 89-21.920 : *JurisData* n° 1991-003157 ; *Bull.* IV, n° 370 ; *Banque* 1992, 644, obs. Rives-Lange. – *Adde*, 2 juin 1992 : *RJDA* 1992, n° 731 ; *RD bancaire et bourse* 1992, 235, obs. Crédot et Gérard ; *RTD com.* 1992, 841, obs. Cabrillac et Teyssié. ▪ Versailles, 17 juin 2004, n° 02/08041 : *JurisData* n° 2004-251267 ; *JCP* E 2004, pan. 1446). Lorsque l'exigibilité de la créance est subordonnée à la livraison d'un objet déterminé et que l'établissement ayant donné son acceptation à la cession ne s'est engagé à payer le cessionnaire que sous la même condition, l'exception d'inexécution est alors opposable dans les rapports entre l'établissement acceptant et le cessionnaire (▪ Cass. com., 2 juin 1992, n° 90-18.821 : *JurisData* n° 1992-001198 ; *Bull.* IV, n° 215).

3) Acceptation antérieure au bordereau. L'acceptation de la cession à une date antérieure à celle du bordereau n'a aucune portée et doit être confirmée par un acte d'acceptation conforme aux dispositions de l'article L. 323-19 du Code monétaire et financier (▪ Cass. com., 3 nov. 2015, n° 14-14.373 : *JurisData* n° 2015-024518 ; *RD bancaire et fin.* 2016, 24, note A. Cerles ; *Gaz. Pal.* 2016, n° 10, note S. Moreil).

4) Créances de marchés publics. L'article L. 313-29 s'applique aux créances de droit public, et, en particulier, à celles que détiennent les entreprises titulaires d'un marché public sur la collectivité contractante (▪ CAA Paris, 23 mai 1995 : *JCP* E 1996, II, 787, note Eckert. ▪ CAA Bordeaux, 28 déc. 1995, n° 94BX01066 : *JCP* E 1996, n° 818, concl. Bousquet. ▪ CAA Marseille, 21 nov. 2000, n° 98MA01429 : *RJDA* 10/2001, n° 966. ▪ CE, 25 juin 2003, n° 240679 : *JurisData* n° 2003-065579 ; *RJDA* 12/2003, n° 1235 ; *JCP* E 2003, pan. 1082). En matière de marchés publics l'acceptation ne peut pas être souscrite par le comptable mais par le représentant qualifié de l'administration compétente (▪ CAA Bordeaux, 28 déc. 1995, n° 94BX01066 : *JCP* E 1996, II, 818, concl. Bousquet ; *RJDA* 8-9/96, n° 1080) ; l'administration est alors en droit d'opposer au cessionnaire de la créance les exceptions fondées sur ses rapports personnels avec le signataire du bordereau (même arrêt). La procédure d'acceptation est indépendante de la procédure de notification de la créance, et peut produire effet alors même que la notification de la cession n'aurait pas été régulièrement mise en œuvre (▪ CE, 25 juin 2003 : *RJDA* 12/2003, n° 1235 ; *JCP* E 2003, pan. 1082). En l'absence de délibération du conseil municipal pour accepter la cession de créances professionnelle, le maire de la commune n'avait pas compétence pour prendre au nom de celle-ci un tel engagement, lequel se trouve dès lors entaché de nullité (▪ CE, 25 juin 2003 : *RJDA* 12/2003, n° 1235 ; *JCP* E 2003, pan. 1082. – Rappr. ▪ CAA Paris, 12 nov. 1993 : *JCP* E 1994, pan. 134. ▪ 23 mai 1995 : *JCP* E 1996, II, 787, note Eckert. ▪ TA Lille, 10 déc. 1998 : *JCP* E 1999, p. 1301, note D. F.).

5) **Acceptation d'une lettre de change.** L'acceptation d'une lettre de change émise en règlement d'une créance cédée dans les formes prévues par la loi du 2 janvier 1981, n'entre pas dans les prévisions de l'article L. 313-29 relatives à l'acceptation de la cession de créance par le débiteur cédé (■ Cass. com., 29 nov. 1994, n° 92-17.810 : *JurisData* n° 1994-002443 ; *Bull.* IV, n° 353).

II – EFFETS DE L'ACCEPTATION

6) **Absence d'obligation d'information.** La demande d'acceptation prévue à l'article L. 313-29 n'entraîne pas, à la charge du débiteur cédé, une obligation d'information, au profit du cessionnaire, sur l'existence et la valeur des créances cédées (■ Cass. com., 23 mars 1993, n° 91-10.415 : *JurisData* n° 1993-000504 ; *JCP* E 1993, pan. 657). Néanmoins le débiteur cédé peut engager sa responsabilité s'il prend l'initiative de faire connaître à l'établissement cessionnaire qu'il se considère comme débiteur du cédant, et ce sans formuler de réserves quant aux possibilités d'évolution de leurs relations (■ Cass. com., 2 déc. 1997, n° 95-11.596 : *JurisData* n° 1997-005026 ; *RJDA* 4/98, n° 499).

7) **Devoirs du banquier.** Il appartient au seul banquier cessionnaire de prendre les dispositions nécessaires pour assurer le recouvrement des créances cédées (■ Cass. com., 23 avr. 2003, n° 00-11.065 : *JurisData* n° 2003-018770 ; *RJDA* 10/2003, n° 1005).

8) **Inopposabilité des exceptions.** En cas d'acceptation par le débiteur des créances cédées, les sommes dues doivent être payées au cessionnaire indépendamment de tout litige pouvant exister entre le créancier cédant et le débiteur dès lors que celui-ci n'invoque pas la mauvaise foi du cessionnaire (■ Cass. com., 14 déc. 1999, n° 97-20.304 : *RJDA* 2/2000, n° 203. ■ Versailles, 17 juin 2004 : *JCP* E 2004, pan. 1446).

Mais l'acceptation ne fait pas obstacle à ce que le débiteur cédé invoque les exceptions tirées de ses rapports personnels avec le cessionnaire de la créance (■ Cass. com., 22 févr. 1994, n° 92-10.632 : *JurisData* n° 1994-000324 ; *RJDA* 7/94, n° 824). S'agissant des rapports entre le débiteur cédé et le cédant, l'acceptation ne met pas obstacle au fonctionnement des mécanismes contractuels usuels (■ Cass. com., 14 déc. 1999 : *RJDA* 2/2000, n° 203). L'acceptation ne peut avoir pour effet de transformer en droits acquis au bénéfice du cessionnaire les droits seulement éventuels initialement détenus par le cédant sur le débiteur et qui ne se sont pas réalisés (■ TA Strasbourg, 28 sept. 1993 : *JCP* E 1994, pan. 4 ; *RJDA* 3/94, n° 318).

9) **Opposabilité des exceptions au cessionnaire de mauvaise foi.** Lorsque la banque avait connaissance de la situation irrémédiablement compromise du cédant et avait agi sciemment au détriment du débiteur cédé, celui-ci est en droit de lui opposer les exceptions inhérentes à l'inexécution de la créance (■ Cass. com., 27 févr. 2001 : *RJDA* 7/2001, n° 803).

10) **Incidence de l'acceptation sur la preuve de la créance.** Sauf acceptation de la cession par le prétendu débiteur, il incombe à celui qui invoque contre lui la créance de la prouver (■ Cass. com., 18 oct. 1994 : *D.* 1994, inf. rap. 247. ■ Cass. com., 18 févr. 1997, n° 95-11.569 : *JurisData* n° 1997-000675 ; *RJDA* 6/97, n° 808. – *Contra* ■ Cass. com., 13 déc. 1994, n° 92-17.706 : *RJDA* 4/95, n° 473).

Art. L. 313-29-1 *(Ord. n° 2004-559, 17 juin 2004 ; mod., L. n° 2004-806, 9 août 2004 ; rempl., L. n° 2008-735, 28 juill. 2008 ; mod., L. n° 2009-179, 17 févr. 2009 ; L. n° 2010-1249, 22 oct. 2010).* **– Lorsque tout ou partie de la rémunération due en vertu d'un contrat de partenariat ou d'un contrat mentionné au premier alinéa de l'article L. 6148-5 du Code de la santé publique au titre des coûts d'investissement, lesquels comprennent notamment les coûts d'étude et de conception, les coûts de construction et ses coûts annexes, les frais financiers intercalaires, et des coûts de financement, est cédé en application des articles L. 313-23 à L. 313-29 du présent code, le contrat peut prévoir que cette cession fait l'objet de l'acceptation prévue à l'article L. 313-29, dans la limite prévue à l'article L. 313-29-2.**

L'acceptation prévue à l'article L. 313-29 **est subordonnée à la constatation par la personne publique contractante que les investissements ont été réalisés conformément aux prescriptions du contrat. À compter de cette constatation, et à moins que le cessionnaire, en acquérant ou en recevant la créance, n'ait agi sciemment au détriment du débiteur public, aucune compensation ni aucune exception fondée sur les rapports personnels du débiteur avec le titulaire du contrat de partenariat ou du contrat mentionné au premier alinéa de l'article L. 6148-5 du Code de la santé publique, telles que l'annulation, la résolution ou la résiliation du contrat, ne peut être opposée au cessionnaire, excepté la prescription quadriennale relevant de la loi n° 68-1250 du 31 décembre 1968 relative à la prescription des créances sur l'État, les départements, les communes et les établissements publics.**

Le titulaire du contrat est tenu de se libérer auprès de la personne publique contractante des dettes dont il peut être redevable à son égard du fait de manquements à ses obligations contractuelles et, notamment, du fait des

pénalités qui ont pu lui être infligées ; l'opposition à l'état exécutoire émis par la personne publique n'a pas d'effet suspensif dans la limite du montant ayant fait l'objet de la garantie au profit du cessionnaire.

Art. L. 313-29-2 *(L. n° 2010-1249, 22 oct. 2010 ; mod., Ord. n° 2013-544, 27 juin 2013).* **– Lorsque la personne publique contractante accepte, dans les conditions prévues à l'article L. 313-29-1 ou à l'article L. 513-14, une ou plusieurs cessions de créances qui portent chacune sur tout ou partie de la rémunération due au titre des coûts d'investissement et des coûts de financement mentionnés aux mêmes articles L. 313-29-1 ou L. 513-14, l'engagement global de la personne publique au titre de cette ou ces acceptations ne peut dépasser 80 % de la rémunération due au titre des coûts d'investissement et des coûts de financement définis ci-avant.**

Sous-section 2. – Mobilisation des crédits par le cessionnaire ou le nanti

§ 1. – Dispositions générales

(Mod., Ord. n° 2013-544, 27 juin 2013)

Art. L. 313-30. – L'établissement de crédit ou la société de financement cessionnaire ou nanti de créances professionnelles dans les conditions prévues à l'article L. 313-23 peut, à tout moment, émettre des titres destinés à la mobilisation de tout ou partie des crédits consentis.

Les porteurs successifs de ces titres bénéficient des droits énumérés aux articles L. 313-31 à L. 313-33 sous la condition que les bordereaux aient été mis à la disposition de l'organisme qui assure le financement conformément aux conventions intervenues entre celui-ci et l'établissement prêteur.

Art. L. 313-31. – Les opérations de crédit à court terme n'ayant pas entraîné une cession ou un nantissement de créances professionnelles en faveur de l'établissement de crédit ou de la société de financement prêteur peuvent donner lieu à l'émission par celui-ci de titres destinés à la mobilisation de tout ou partie des crédits consentis.

Les porteurs successifs de ces titres bénéficient des droits énumérés aux articles L. 313-32 et L. 313-33 sous la condition que les bordereaux constatant ces crédits aient été mis à la disposition de l'organisme qui assure le financement, conformément aux conventions intervenues entre celui-ci et l'entreprise prêteuse ; ces bordereaux qui sont dénommés « actes de cession de créances financières » sont soumis, en tant que de besoin, aux dispositions des articles L. 313-23 à L. 313-29.

Art. L. 313-32. – Les porteurs successifs des titres créés par un établissement de crédit ou une société de financement en application des articles L. 313-30 et L. 313-31 bénéficient des droits prévus en matière d'endossement par les articles L. 511-8 à L. 511-14 du Code de commerce.

Art. L. 313-33. – Les droits attachés aux titres de mobilisation portent sur l'intégralité des créances désignées sur les bordereaux ; ils portent également sur tous intérêts et frais accessoires ainsi que sur les garanties assortissant ces créances.

Art. L. 313-34. – À compter de la mise à la disposition de l'organisme de financement des bordereaux et pendant la durée de celle-ci, l'établissement de crédit ou la société de financement ne peut, sauf stipulation contraire, transmettre les créances représentées par les bordereaux, sous quelque forme que ce soit.

Art. L. 313-35. – Un décret en Conseil d'État fixe les modalités d'application des articles L. 313-23 à L. 313-34.

Voir aussi : D. n° 85-1285, 3 déc. 1985 (*JO* 7 déc.).

§ 2. – *Mobilisation des crédits à moyen terme*

Art. L. 313-36. – Les avances à moyen terme consenties par un établissement de crédit et faisant l'objet, au moins pour partie, d'un accord de réescompte de l'institut d'émission peuvent donner lieu à la signature, par l'emprunteur, de contrats fixant le montant des avances et les conditions de leur utilisation et de leur amortissement, ainsi que, le cas échéant, à la signature d'effets à échéances diverses.

Art. L. 313-37. – Lorsque les établissements de crédit qui ont accordé des avances mentionnées à l'article L. 313-36 émettent des titres destinés à la mobilisation de tout ou partie de ces avances, les porteurs de ces titres bénéficient des droits énumérés à l'article L. 313-38 à condition que les contrats ou effets aient été mis à la disposition de l'organisme qui assure le réescompte, conformément aux conventions intervenues entre celui-ci et l'établissement prêteur.

Art. L. 313-38. – Les porteurs de titres créés par les établissements de crédit bénéficient des droits prévus par les articles L. 511-8 à L. 511-14 du Code de commerce en matière d'endossement.

Leur droit porte sur l'intégralité des créances nées au profit de l'établissement de crédit du fait des contrats passés ou des effets souscrits pour la réalisation des avances ; il porte également sur tous intérêts et frais accessoires ainsi que sur les garanties assortissant ces avances, même s'ils résultent d'actes distincts des contrats ou effets.

Ce droit est exercé par préférence et à égalité de rang par les porteurs des titres de mobilisation créés au profit de l'organisme qui assure le réescompte des avances consenties.

Art. L. 313-39. – Les contrats prévus à l'article L. 313-36, qui bénéficient des mêmes avantages cambiaires que les effets auxquels ils se substituent, ne peuvent ouvrir droit à opposition.

Art. L. 313-40. – À compter de la mise à la disposition de l'organisme réescompteur des contrats ou effets et pendant la durée de celle-ci, l'établissement de crédit titulaire des créances mentionnées à l'article L. 313-38 ne peut, sauf clause contraire des conventions prévues à l'article L. 313-37, transmettre ces créances sous quelque forme que ce soit.

Art. L. 313-41. – Doivent faire référence aux articles L. 313-36 à L. 313-41 les contrats ou effets représentatifs des avances ainsi que, sous peine pour le porteur de se voir privé du droit mentionné à l'article L. 313-38, les titres de mobilisation.

§ 3. – Mobilisation des créances hypothécaires et assimilées

Art. L. 313-42 *(Mod., Ord. n° 2005-429, 6 mai 2005 ; Ord. n° 2008-556, 13 juin 2008 ; Ord. n° 2013-544, 27 juin 2013).* – Sont soumis aux dispositions du présent paragraphe les billets à ordre émis par les établissements de crédit ou les sociétés de financement pour mobiliser des créances à long terme destinées au financement d'un bien immobilier situé en France ou dans les autres États de l'Espace économique européen et garanties :

– par une hypothèque de premier rang ou une sûreté immobilière conférant une garantie au moins équivalente ;

– ou par un cautionnement consenti par un établissement de crédit ou une société de financement ou une entreprise d'assurance n'entrant pas dans le périmètre de consolidation défini à l'article L. 233-16 du Code de commerce dont relève l'établissement de crédit ou la société de financement émetteur du billet à ordre.

Sont assimilées aux créances mentionnées ci-dessus les parts ou titres de créances émis par des organismes de titrisation, dès lors que l'actif de ces fonds est composé, à hauteur de 90 % au moins, de créances de même nature, à l'exclusion des parts spécifiques ou titres de créances supportant le risque de défaillance des débiteurs des créances.

Les créances mobilisées par des billets à ordre doivent respecter, à compter du 1er janvier 2002, les conditions prévues au I de l'article L. 513-3 selon des modalités déterminées par un décret en Conseil d'État. Ce décret précise les conditions dans lesquelles la quotité peut être dépassée si le montant desdites créances excède celui des billets à ordre qu'elles garantissent.

> **Rédaction future. Art. L. 313-42** *(Mod. à compter du 8 juillet 2022, Ord. n° 2021-858, 30 juin 2021).* – Sont soumis aux dispositions du présent paragraphe les billets à ordre émis par les établissements de crédit ou les sociétés de financement pour mobiliser des créances à long terme destinées au financement d'un bien immobilier situé en France ou dans les autres États de l'Espace économique européen et garanties :
>
> – par une hypothèque de premier rang ou une sûreté immobilière conférant une garantie au moins équivalente ;
>
> – ou par un cautionnement consenti par un établissement de crédit ou une société de financement ou une entreprise d'assurance, lesquelles relèvent au minimum du deuxième échelon de qualité de crédit établi par un organisme externe d'évaluation de crédit reconnu par l'Autorité de contrôle prudentiel et de résolution en application des dispositions de l'article L. 511-44 et n'entrant pas dans le périmètre de consolidation défini à l'article L. 233-16 du Code de commerce dont relève l'établissement de crédit ou la société de financement émetteur du billet à ordre.
>
> Les créances mobilisées par des billets à ordre doivent respecter, à compter du 1er janvier 2002, les conditions prévues au I de l'article L. 513-3 selon des modalités déterminées par un décret en Conseil d'État. Ce décret précise les conditions dans lesquelles la quotité peut être dépassée si le montant desdites créances excède celui des billets à ordre qu'elles garantissent.

Art. L. 313-43. – Les contrats constituant ces créances avec leurs garanties, les avenants à ces contrats qui ont pu être passés pour fournir au prêteur des garanties supplémentaires et les effets signés par l'emprunteur pour assurer le respect de ses obligations, s'il existe de tels effets, doivent être mis par l'établissement prêteur à la disposition du porteur du billet à ordre, si celui-ci en fait la demande, pour un montant en capital égal au montant en capital du billet à ordre.

L'établissement prêteur assume la garde des contrats et effets mis à la disposition du porteur du billet à ordre et réalise cette mise à disposition en conservant, sous un dossier au nom de ce dernier, une liste nominative, visant les articles L. 313-42 à L. 313-49, de chacune des créances correspondant aux contrats et effets ci-dessus, avec indication, tenue à jour, de leur montant.

Art. L. 313-44. – I. – Sauf application de l'article L. 313-46, l'organisme prêteur recouvre, à due concurrence, la libre disposition des créances mentionnées à l'article L. 313-43 au fur et à mesure de leur exigibilité ou de leur remboursement, ou à son initiative. Il est tenu, tant que le billet à ordre demeure en circulation, de remplacer sans discontinuité les contrats et effets dont il recouvre la libre disposition par un égal montant en capital d'autres titres de créances mis à la disposition du porteur du billet à ordre dans les conditions prévues à l'article L. 313-43.

II. – Les titres de créances mis à la disposition du porteur du billet à ordre conformément au I sont substitués de plein droit, par voie de subrogation réelle, aux titres de créances dont l'organisme prêteur recouvre la libre disposition. Cette substitution préserve les droits du porteur du billet à ordre et notamment emporte les effets prévus à l'article L. 313-45, même si la signature des nouveaux titres de créances mis à la disposition de ce porteur est postérieure à la signature du billet à ordre.

Art. L. 313-45. – La mise à la disposition au profit du porteur du billet à ordre de créances ou d'effets emporte, sans autre formalité, constitution de gage au profit des porteurs successifs.

> **Rédaction future.** *(Al. mod. à compter du 8 juillet 2022, Ord. n° 2021-858, 30 juin 2021)* La mise à la disposition au profit du porteur du billet à ordre de créances ou d'effets emporte, sans autre formalité, constitution de gage au profit des porteurs successifs. Le gage ainsi constitué bénéficie des dispositions des articles L. 211-38 à L. 211-40.

Le droit du porteur du billet à ordre s'exerce sur l'intégralité des créances nées au profit de l'organisme prêteur du fait des contrats et des effets qui ont été mis à la disposition de ce porteur en application du présent paragraphe, sans autre formalité. Il porte également sur tous intérêts et frais accessoires ainsi que sur les garanties hypothécaires ou autres assortissant les prêts, même si ces garanties résultent d'actes distincts des contrats ou des effets.

Ce droit est exercé par le porteur du billet à ordre par préférence à l'organisme prêteur et, au cas où une même créance serait partagée entre plusieurs porteurs de billets à ordre, à égalité de rang entre ces porteurs.

Pendant la mise à disposition au profit du porteur du billet à ordre, l'organisme prêteur ne peut transmettre ces créances ou ces effets sous quelque forme que ce soit.

Art. L. 313-46. – À défaut de paiement à l'échéance soit du montant du billet à ordre, soit du montant des intérêts attachés à ce billet, et indépendamment des recours qu'il peut exercer contre l'organisme prêteur, le porteur du billet à ordre obtient, sur sa demande et contre restitution de ce billet, la remise de la liste nominative prévue à l'article L. 313-43 et, le cas échéant, des effets mis à sa disposition en exécution du présent paragraphe. Cette remise lui transfère, sans autre formalité, la propriété des créances avec les intérêts, les avantages et les garanties qui y sont attachés dans la limite des droits qu'il tient du billet à ordre qu'il a détenu.

Art. L. 313-47 *(Mod., Ord. n° 2006-346, 23 mars 2006)*. – Pour la radiation des inscriptions, aucune pièce justificative n'est exigée à l'appui des énonciations de l'acte de mainlevée établissant qu'il y a eu mise à la disposition ou remise en propriété si lesdites énonciations sont certifiées exactes dans cet acte. Les bénéficiaires de la mise à la disposition ou de la remise en propriété ne sont pas considérés comme parties intéressées, au sens de l'article 2440 du Code civil, si l'acte de mainlevée ne fait pas état de l'opération intervenue à leur profit.

Art. L. 313-48. – En garantie du paiement à l'échéance, soit du montant du billet à ordre mentionné à l'article L. 313-42, soit du montant des intérêts attachés à ce billet, le porteur de ce billet peut demander à l'organisme prêteur de mettre à sa disposition des contrats constituant des créances à long terme, avec leurs garanties, s'ajoutant à ceux déjà mis à disposition en vertu de l'article L. 313-43, pour un montant convenu, dès lors que ces contrats peuvent donner lieu à la création de billets à ordre ayant les caractéristiques de ceux mentionnées à l'article L. 313-42.

Les contrats ainsi mis à titre de garantie à disposition du porteur d'un billet mentionné à l'article L. 313-42, sont indiqués à ce porteur, en même temps que la mise à disposition des contrats, selon la procédure décrite aux articles L. 313-43 et L. 313-44.

Les effets de cette mise à disposition à titre de garantie sont ceux précisés aux articles L. 313-45 à L. 313-47.

Les articles L. 313-44 à L. 313-46 sont applicables nonobstant toutes dispositions contraires, et notamment celles du Livre VI du Code de commerce. Ces dispositions s'appliquent aux mobilisations effectuées avant le 29 juin 1999 en application des dispositions du présent paragraphe.

Art. L. 313-49 *(Mod., Ord. n° 2010-76, 21 janv. 2010 ; Ord. n° 2013-544, 27 juin 2013).* – L'Autorité de contrôle prudentiel et de résolution est chargée de veiller au respect par les établissements de crédit et les sociétés de financement des dispositions des articles L. 313-42 à L. 313-48.

Art. L. 313-49-1 *(Ord. n° 2013-544, 27 juin 2013).* – Un décret en Conseil d'État fixe les conditions dans lesquelles la présente sous-section est applicable aux sociétés de financement.

Voir : C. monét. fin., art. R. 313-20 et s., p. 3317.

....

Partie Réglementaire

LIVRE TROISIÈME. – LES SERVICES

....

CHAPITRE III. – CRÉDITS

....

Section III. – Procédures de mobilisation des créances professionnelles

Sous-section 1. – Cession et nantissement des créances professionnelles

Art. R. 313-15. – La notification prévue à l'article L. 313-28 peut être faite par tout moyen.

La notification au débiteur d'une créance cédée ou nantie, en application des articles L. 313-23 à L. 313-35, comporte les mentions obligatoires suivantes :

1° Dans les conditions prévues par les articles L. 313-23 à L. 313-35 du Code monétaire et financier, le nom du cédant ou de la personne qui consent le nantissement, comme suit :

« Nous a cédé/nanti la/les créance(s) » ;

2° La désignation de la (ou les) créance(s) cédée(s) ou nantie(s), comme suit :

« Dont vous êtes débiteur envers lui/elle.

Conformément aux dispositions de l'article L. 313-28, nous vous demandons de cesser, à compter de la présente notification, tout paiement au titre de cette/ces créance(s) à ... » ;

3° Le mode de règlement et l'indication de la personne à l'ordre de laquelle ce règlement doit être effectué, comme suit :

En conséquence, le règlement de votre dette (indication du mode de règlement) devra être effectué à l'ordre de... (indication de la personne à l'ordre de laquelle le règlement doit être effectué). »

Art. R. 313-16 *(Mod., D. n° 2006-1115, 5 sept. 2006).* – Lorsque la créance est cédée en vertu d'un contrat d'affacturage, la société d'affacturage doit, dans le cadre de la notification au débiteur cédé de cette cession de créance, en application des articles L. 313-23 à L. 313-35, faire figurer sur la facture afférente à la créance qui lui a été cédée, les mentions obligatoires suivantes :

1° Le nom de la société d'affacturage, comme suit :

« La créance relative à la présente facture a été cédée à... dans le cadre des articles L. 313-23 à L. 313-35 du Code monétaire et financier » ;

2° Le mode de règlement, comme suit :

« Le paiement doit être effectué par chèque, traite, billets, etc., établi à l'ordre de (nom de la société d'affacturage ou de son mandataire)... et adressé à... ou par virement au compte n° ... chez ... ».

Art. R. 313-17. – Lorsque la créance est cédée ou nantie au titre d'un marché public, la notification doit être faite entre les mains du comptable assignataire désigné dans les documents contractuels. Elle doit comporter les mentions obligatoires suivantes, conformément aux articles L. 313-23 à L. 313-35 :

1° Dans les conditions prévues par les articles L. 313-23 à L. 313-35 du Code monétaire et financier, le titulaire du marché/le sous-traitant/le bénéficiaire de la facture ci-dessous désigné comme suit (raison sociale et adresse de l'entreprise cédante) :

« Nous a cédé/nanti en totalité/en partie par bordereau en date du ... la (les) créance(s) suivante(s) :
Marché n° ... »

2° L'indication de la commande, comme suit :

« Bon de commande n° ...

« Ordre de service n° ... (préciser en cas de marché à commandes ou marchés de clientèle).

« Acompte ou facture ...

« Sous-traité n° (1) ...

« Lieu d'exécution ...

« Administration contractante ... »

3° Le montant ou l'évaluation de la créance cédée ou nantie, comme suit :

« En cas de cession ou de nantissement total : montant ou évaluation :

« En cas de cession ou de nantissement partiel, désignation de la part du marché ou du sous-traité : montant ou évaluation :

« Conformément aux dispositions de l'article L. 313-28, nous vous demandons de cesser, à compter de la réception de la présente notification, tout paiement au titre de cette (ces) créance(s) à ... (raison sociale et adresse de l'entreprise cédante). »

4° Le mode de règlement, comme suit :

« En conséquence, le règlement des sommes revenant à l'entreprise ci-dessus devra être effectué à ... (indication de la personne à l'ordre de laquelle il doit être effectué et du mode de règlement). »

La notification à la personne publique de la cession d'une créance née de l'exécution d'un marché public qui est entaché de nullité, doit être effectuée dans les conditions de droit commun prévues par l'article 2 du décret du 9 septembre 1981, et non dans les formes propres aux marchés publics, prévues par l'article 189 du Code des marchés publics (■ CAA Nantes, 29 juin 2001 : *JCP* E 2002, pan. 43).

Art. R. 313-17-1 *(D. n° 2006-22, 5 janv. 2006)*. – Lorsque la créance est cédée ou nantie au titre d'un contrat de partenariat ou d'un contrat mentionné au premier alinéa de l'article L. 6148-5 du Code de la santé publique, la notification est faite entre les mains du comptable public assignataire désigné dans les documents contractuels. Elle comporte les mentions obligatoires suivantes :

1° Dans les conditions prévues par les articles L. 313-23 à L. 313-35 du Code monétaire et financier, le titulaire du contrat de partenariat ou d'un contrat mentionné au premier alinéa de l'article L. 6148-5 du Code de la santé publique (raison sociale et adresse du titulaire du contrat de partenariat ou du contrat mentionné au premier alinéa de l'article L. 6148-5 du Code de la santé publique, le cédant) nous a cédé/a nanti, en totalité/en partie, par bordereau en date du ..., la créance relative au contrat de partenariat ou au contrat mentionné au premier alinéa de l'article L. 6148-5 du Code de la santé publique signé le ... par (nom de la collectivité publique contractante) » ;

2° Le montant de la créance cédée ou nantie est de » ;

3° Conformément aux dispositions de l'article L. 313-28 du Code monétaire et financier, nous vous demandons de cesser, à compter de la réception de la présente notification, tout paiement au titre de cette créance, à (raison sociale et adresse du cédant) » ;

4° En conséquence, le règlement des sommes revenant à l'entreprise désignée ci-dessus devra être effectué à (désignation de l'établissement cessionnaire et du mode de règlement). »

Art. R. 313-17-2 *(D. n° 2006-22, 5 janv. 2006)*. – Si la créance cédée comporte une part représentant une fraction du coût des investissements, définie en application de l'article L. 313-29-1 du Code monétaire et

financier, la notification mentionnée à l'article R. 313-17-1 comporte, outre les mentions prévues à cet article, la mention obligatoire suivante :

« La part fixée contractuellement à l'article n° ... du contrat de partenariat ou du contrat mentionné au premier alinéa de l'article L. 6148-5 du Code de la santé publique, en application de l'article L. 313-29-1 du Code monétaire et financier, est cédée en totalité/en partie pour un montant de ... ».

Art. R. 313-18. – En cas de litige, l'établissement qui a notifié doit apporter la preuve de la connaissance par le débiteur de la notification. Cette preuve est établie selon les règles de preuve applicables au débiteur de la créance cédée ou nantie.

Sous-section 2. – Mobilisation des crédits par le cessionnaire ou le nanti

§ 1. – Dispositions générales

Art. R. 313-19. – La disposition du deuxième alinéa de l'article L. 313-25, selon laquelle la date de cession ou de nantissement est apposée par le cessionnaire, peut ne pas s'appliquer aux cessions de créances financières prévues à l'article L. 313-31.

L'engagement pris par le débiteur de payer directement le cessionnaire de créances financières selon les règles posées par l'article L. 313-29 est constaté par un écrit intitulé :

« Acte d'acceptation de la cession d'une créance financière ».

Voir aussi : pour l'application outre-mer, C. mon. fin., art. R. 733-5, R. 743-5, R. 753-5 et R. 763-5.

§ 2. – Mobilisation des crédits à moyen terme

Le présent paragraphe ne comprend pas de dispositions réglementaires.

§ 3. – Mobilisation des créances hypothécaires et assimilées

Art. R. 313-20 *(Rempl., D. n° 2007-745, 9 mai 2007).* **– I. – Une créance garantie au sens de l'article L. 313-42 ne peut être mobilisée par application des dispositions de cet article que dans la limite du plus petit des montants ci-dessous :**

1. Le montant du capital restant dû de cette créance ;

2. Le produit de la quotité de financement définie au II et de la valeur du bien financé ou apporté en garantie.

II. – La quotité mentionnée au 2 du I est égale à :

1. 60 % de la valeur du bien financé pour les créances cautionnées ou du bien apporté en garantie pour les créances hypothécaires ;

2. 80 % de la valeur du bien pour les prêts mis à la disposition du porteur du billet à ordre par la société émettrice de ce billet qui ont été consentis à des personnes physiques pour financer la construction ou l'acquisition de logements ou pour financer à la fois l'acquisition d'un terrain à bâtir et le coût des travaux de construction de logements.

Sont assimilés à la construction de logements les travaux ayant pour objet, en vue de la réalisation d'un logement, la création ou la transformation d'une surface habitable, par agrandissement ou par remise en état.

III. – L'évaluation des biens financés ou apportés en garantie correspondant aux créances mobilisées est faite par les émetteurs de billets à ordre selon les modalités prévues par un arrêté du ministre chargé de l'économie.

> **Rédaction future. Art. R. 313-20** *(Mod. à compter du 8 juillet 2021, D. n° 2021-898, 6 juill. 2021).* **–** I. – Une créance garantie au sens de l'article L. 313-42 ne peut être mobilisée par application des dispositions de cet article que dans la limite du plus petit des montants ci-dessous :
>
> 1. Le montant du capital restant dû de cette créance ;
>
> 2. Le produit de la quotité de financement définie au II et de la valeur du bien financé ou apporté en garantie.
>
> II. – La quotité mentionnée au 2 du I est égale à :
>
> 1. 60 % de la valeur du bien apporté en garantie pour les prêts hypothécaires lorsque le bien apporté en garantie est un bien immobilier commercial ;
>
> 2. 80 % de la valeur du bien financé pour les prêts cautionnés ou du bien apporté en garantie pour les prêts hypothécaires lorsque le bien financé ou apporté en garantie est un bien immobilier résidentiel. Dans le cas de prêts finançant la construction de logements ou à la fois l'acquisition d'un terrain à bâtir et la construction de logements, à l'exception des financements spéculatifs de biens immobiliers, la valeur du bien immobilier résidentiel retenu est le prix de vente du bien en l'état d'achèvement ;

3. 100 % de la valeur du bien apporté en garantie, pour la portion des prêts bénéficiant de la garantie du fonds de garantie à l'accession sociale à la propriété mentionné à l'article L. 312-1 du Code de la construction et de l'habitation ou de toute personne qui viendrait à s'y substituer.

Pour l'application du 2, sont assimilés à la construction de logements les travaux ayant pour objet, en vue de la réalisation d'un logement, la création ou la transformation d'une surface habitable, par agrandissement ou par remise en état.

III. – L'évaluation des biens financés ou apportés en garantie correspondant aux créances mobilisées est faite par les émetteurs de billets à ordre selon les modalités prévues par un arrêté du ministre chargé de l'économie.

Art. R. 313-21 *(Rempl., D. n° 2007-745, 9 mai 2007 ; mod., Ord. n° 2013-544, 27 juin 2013 ; abr. à compter du 8 juillet 2022, D. n° 2021-898, 6 juill. 2021).* **– La quotité mentionnée au 2 du II de l'article R. 313-20 est portée à :**

1. 90 % de la valeur du bien lorsque le montant des créances mobilisées excède de 25 % au moins celui des billets à ordre qu'elles garantissent ;

2. 100 % de la valeur du bien apporté en garantie, pour les prêts bénéficiant de la garantie du fonds de garantie à l'accession sociale à la propriété mentionné à l'article L. 312-1 du Code de la construction et de l'habitation ou de toute personne qui viendrait à s'y substituer ou les prêts couverts, pour la partie excédant la quotité fixée, par un cautionnement répondant aux conditions posées à l'article L. 313-42 du présent code ou par la garantie d'une ou plusieurs personnes publiques mentionnées à l'article L. 513-4 du présent code.

Art. R. 313-22. – Une sûreté immobilière, conférant une garantie équivalente à une hypothèque de 1er rang au sens de l'article L. 313-42, est celle qui confère au créancier, quelle que soit la situation juridique du débiteur, le droit de faire procéder à la vente de l'immeuble grevé par cette sûreté dans quelques mains qu'il se trouve et de se faire payer sur le prix de vente par préférence aux autres créanciers.

Art. R. 313-23 *(Abr., D. n° 2007-745, 9 mai 2007).*

Art. R. 313-24 *(Mod., D. n° 2007-745, 9 mai 2007 ; Ord. n° 2013-544, 27 juin 2013 ; D. n° 2014-1315, 3 nov. 2014).* **– Pour l'application du 2° du I de l'article L. 513-3, les créances cautionnées éligibles sont celles dont un établissement de crédit, une société de financement ou une entreprise d'assurances détenant des capitaux propres d'au moins 12 millions d'euros est caution solidaire.**

Le montant total des créances cautionnées mobilisées ne peut dépasser 35 % du montant total des créances mises à disposition au profit de l'établissement détenteur des billets à ordre émis en application des articles L. 313-42 à L. 313-48.

Rédaction future. Art. R. 313-24 *(Mod. à compter du 8 juillet 2021, D. n° 2021-898, 6 juill. 2021).* – Pour l'application du 2° du I de l'article L. 513-3, les créances cautionnées éligibles sont celles dont un établissement de crédit, une société de financement ou une entreprise d'assurances détenant des capitaux propres d'au moins 12 millions d'euros est caution solidaire.

Art. R. 313-25 *(Mod., D. n° 2007-745, 9 mai 2007 ; D. n° 2011-922, 1er août 2011 ; D. n° 2014-1315, 3 nov. 2014).* **– Le contrat d'émission des obligations émises par un établissement de crédit dont l'objet exclusif est de refinancer les billets à ordre répondant aux dispositions des articles L. 313-42 à L. 313-49 mentionne explicitement :**

1° La finalité de la mobilisation ;

2° L'objet exclusif de l'établissement de crédit émetteur ;

3° La dérogation prévue au 2° du IV de l'article R. 214-21 ;

4° Le privilège dont bénéficie l'établissement de crédit émetteur conformément aux dispositions des articles L. 313-42 à L. 313-49.

Art. R. 313-25-1 *(D. n° 2014-1315, 3 nov. 2014 ; D. n° 2019-1097, 28 oct. 2019).* **– L'émission par les sociétés de financement de titres mentionnés aux articles L. 313-30 et L. 313-31 ou de billets à ordre mentionnés à l'article L. 313-42, remplit l'une ou l'autre des deux conditions suivantes :**

1° La souscription des titres émis en application des articles L. 313-30 et L. 313-31 ou des billets à ordre émis en application de l'article L. 313-42 est réservée aux personnes fournissant le service de gestion de portefeuille pour le compte de tiers ou aux investisseurs qualifiés au sens du 1° de l'article L. 411-2 et de l'article D. 411-1 ;

2° La valeur nominale de chacun de ces titres ou billets à ordre est égale ou supérieure à 100 000 euros.

ANNEXE 6

DES DIFFICULTÉS DES ENTREPRISES

I. – AGRICULTEURS

Code rural et de la pêche maritime

PARTIE LÉGISLATIVE

Bibliographie : Lorieux, *La loi du 30 décembre 1988, la fin des occasions manquées ? : Gaz. Pal.* 1990, 2, doctr. 478.

LIVRE TROISIÈME. – L'EXPLOITATION AGRICOLE

TITRE PREMIER. – DISPOSITIONS GÉNÉRALES

CHAPITRE PREMIER. – LES ACTIVITÉS AGRICOLES

Art. L. 311-1 *(L. n° 97-1051, 18 nov. 1997 ; mod., L. n° 2005-157, 23 févr. 2005 ; Ord. n° 2005-1127, 8 sept. 2005 ; L. n° 2010-874, 27 juill. 2010 ; L. n° 2014-1170, 13 oct. 2014 ; L. n° 2019-469, 20 mai 2019).* **– Sont réputées agricoles toutes les activités correspondant à la maîtrise et à l'exploitation d'un cycle biologique de caractère végétal ou animal et constituant une ou plusieurs étapes nécessaires au déroulement de ce cycle ainsi que les activités exercées par un exploitant agricole qui sont dans le prolongement de l'acte de production ou qui ont pour support l'exploitation. Les activités de cultures marines et d'exploitation de marais salants sont réputées agricoles, nonobstant le statut social dont relèvent ceux qui les pratiquent. Il en est de même des activités de préparation et d'entraînement des équidés domestiques en vue de leur exploitation, à *l'exclusion* des activités de spectacle. Il en est de même de la production et, le cas échéant, de la commercialisation, par un ou plusieurs exploitants agricoles, de biogaz, d'électricité et de chaleur par la méthanisation, lorsque cette production est issue pour au moins 50 % de matières provenant d'exploitations agricoles. Les revenus tirés de la commercialisation sont considérés comme des revenus agricoles, au prorata de la participation de l'exploitant agricole dans la structure exploitant et commercialisant l'énergie produite. Les modalités d'application du présent article sont déterminées par décret.**

Les activités agricoles ainsi définies ont un caractère civil.

Toutefois, pour la détermination des critères d'affiliation aux régimes de protection sociale des non-salariés et des salariés des professions agricoles, sont considérées comme agricoles les activités mentionnées respectivement aux articles L. 722-1 et L. 722-20.

....

TITRE V. – EXPLOITATIONS AGRICOLES EN DIFFICULTÉ

CHAPITRE PREMIER. – LE RÈGLEMENT AMIABLE, LE REDRESSEMENT ET LA LIQUIDATION JUDICIAIRES DE L'EXPLOITATION AGRICOLE

Section I. – Le règlement amiable

Art. L. 351-1. – Il est institué une procédure de règlement amiable destinée à prévenir et à régler les difficultés financières des exploitations agricoles dès qu'elles sont prévisibles ou dès leur apparition, notamment par la conclusion d'un accord amiable entre le débiteur et ses principaux créanciers.

Cette procédure, exclusive de celle prévue par la loi n° 84-148 du 1er mars 1984 relative à la prévention et au règlement amiable des difficultés des entreprises (1), est applicable à toute personne physique ou morale de droit privé exerçant une activité agricole au sens de l'article L. 311-1.

Toutefois, les sociétés commerciales exerçant une activité agricole demeurent soumises à la loi n° 84-148 du 1er mars 1984 précitée.

Bibliographie : *Les difficultés économiques et juridiques des entreprises agricoles et les risques inhérents aux activités exercées*, colloque 25 mai 2018 ; *Rev. proc. coll.* 2018, dossiers 28 à 41.

1) L'activité de production de compost, matière à usage agricole, qui transforme par un processus biologique des déchets provenant de l'activité agricole de l'exploitant, est une production agricole (■ TGI Limoges, 22 mai 1991 : *JurisData* n° 1991-052465 ; *JCP* E 1992, pan. 467).

2) Celui qui reçoit en pension des chevaux appartenant à autrui n'a pas la maîtrise du cycle biologique animal considéré et la cour d'appel a énoncé à bon droit que l'intéressé n'exerçait pas une activité agricole et en a justement déduit que la procédure de règlement amiable ne lui est pas applicable (■ Cass. com., 21 nov. 1995, n° 93-14.548 : *JurisData* n° 1995-003135 ; *RJDA* 2/96, n° 265).

3) Le ministère public est partie jointe à la procédure de règlement amiable agricole (Avis C. cass., 8 mars 1996 ; *JCP* E 1996 : pan. 422) ; la rémunération du conciliateur ne peut être mise à la charge du Trésor public (même avis).

Art. L. 351-2 ***(Mod., Ord. n° 2019-964, 18 sept. 2019).*** **– Les dirigeants des exploitations agricoles en difficulté ou leurs créanciers peuvent saisir le président du tribunal judiciaire dans le ressort duquel se trouve le siège de l'exploitation d'une demande tendant à la désignation d'un conciliateur.**

Art. L. 351-3. – Le président du tribunal peut, nonobstant toute disposition législative ou réglementaire contraire, obtenir communication de tout renseignement lui permettant d'apprécier la situation économique et financière de l'exploitation agricole et ses perspectives de règlement. À cette fin, il peut également ordonner une expertise.

Art. L. 351-4 ***(Mod., L. n° 2012-387, 22 mars 2012 ; L. n° 2016-1547, 18 nov. 2016).*** **– Le président du tribunal nomme un conciliateur en lui fixant un délai pour l'accomplissement de sa mission ou rend une ordonnance de rejet. Le débiteur peut proposer le nom d'un conciliateur.**

Le conciliateur auquel sont communiquées les informations obtenues en application de l'article L. 351-3 a pour mission de favoriser le règlement de la situation financière de l'exploitation agricole par la conclusion d'un accord amiable entre le débiteur et ses principaux créanciers sur des délais de paiement ou des remises de dettes.

Le débiteur peut récuser le conciliateur dans des conditions et délais fixés par décret en Conseil d'État.

Les administrations financières, les organismes de sécurité sociale, les institutions gérant le régime d'assurance chômage prévu au chapitre II du titre II du livre IV de la cinquième partie du Code du travail et les institutions régies par le livre IX du Code de la sécurité sociale peuvent consentir des remises de dettes dans les conditions fixées à l'article L. 626-6 du Code de commerce. Des cessions de rang de privilège ou d'hypothèque ou l'abandon de ces sûretés peuvent être consenties dans les mêmes conditions.

Art. L. 351-5 ***(Mod., L. n° 94-475, 10 juin 1994 ; Ord. n° 2014-326, 12 mars 2014).*** **– Le président du tribunal, qui nomme un conciliateur en application de l'article L. 351-4, peut également prononcer la suspension provisoire des poursuites pour un délai n'excédant pas deux mois. Ce délai peut être prorogé pour la même durée.**

(1) Voir désormais C. com., art. L. 611-1 et s.

Cette décision suspend ou interdit toute action en justice de la part de tous les créanciers dont la créance a son origine antérieurement à ladite décision et tendant :

1° à la condamnation du débiteur au paiement d'une somme d'argent ;

2° à la résolution d'un contrat pour défaut de paiement d'une somme d'argent.

Elle arrête ou interdit également toute voie d'exécution de la part de ces créanciers, tant sur les meubles que sur les immeubles.

Les délais impartis à peine de déchéance ou de résolution des droits sont, en conséquence, suspendus.

Sauf autorisation du président du tribunal, la décision qui prononce la suspension provisoire des poursuites interdit au débiteur, à peine de nullité, de payer, en tout ou en partie, une créance quelconque née antérieurement à cette décision, ou de désintéresser les cautions qui acquitteraient des créances nées antérieurement, ainsi que de faire un acte de disposition étranger à la gestion normale de l'exploitation ou de consentir une hypothèque ou un nantissement.

Les dispositions de l'article L. 622-28 du Code de commerce sont applicables.

Art. L. 351-6 *(Mod., Ord. n° 2014-326, 12 mars 2014 ; L. n° 2016-1547, 18 nov. 2016).* – Le président du tribunal, si le débiteur ne se trouve pas en cessation des paiements ou si l'accord y met fin, constate l'accord conclu en présence du conciliateur ou, sur son rapport, met fin à sa mission. À la demande du débiteur, le président du tribunal peut homologuer l'accord. L'accord constaté ou homologué entraîne la suspension, pendant la durée de son exécution, de toute action en justice et de toute poursuite individuelle, tant sur les meubles que sur les immeubles du débiteur, formée dans le but d'obtenir le paiement de créances qui font l'objet de l'accord.

L'ordonnance homologuant l'accord fait l'objet des mêmes publicités que celles prévues pour la décision prévue par l'article L. 351-5. En cas d'ouverture d'une procédure de sauvegarde, de redressement judiciaire ou de liquidation judiciaire, les personnes qui avaient consenti, dans l'accord homologué ou dans le cadre des négociations pour parvenir à cet accord, un nouvel apport en trésorerie au débiteur ou fourni, dans le même cadre, un nouveau bien ou service en vue d'assurer la poursuite de l'exploitation et sa pérennité bénéficient du privilège prévu par l'article L. 611-11 du Code de commerce.

L'accord fait également obstacle, pendant la durée de son exécution, à ce que des sûretés soient prises pour garantir le paiement de ces créances.

Les délais qui, à peine de déchéance ou de résolution des droits afférents aux créances mentionnées à l'alinéa précédent, étaient impartis aux créanciers, sont suspendus pendant la durée de l'accord.

Le conciliateur transmet au président du tribunal le compte rendu de sa mission.

Art. L. 351-6-1 *(Ord. n° 2014-326, 12 mars 2014).* – L'accord homologué conformément à l'article L. 351-6 entraîne la levée de plein droit de toute interdiction d'émettre des chèques conformément à l'article L. 131-73 du Code monétaire et financier, mise en œuvre à l'occasion du rejet d'un chèque émis avant l'ouverture de la procédure de règlement amiable. Lorsque le débiteur est un entrepreneur individuel à responsabilité limitée, cette interdiction est levée sur les comptes afférents au patrimoine sur lequel porte la procédure.

Art. L. 351-7 *(L. n° 92-1336, 16 déc. 1992 ; mod., L. n° 2005-845, 26 juill. 2005).* – Toute personne qui est appelée au règlement amiable ou qui, par ses fonctions, en a connaissance, est tenue à la confidentialité.

Art. L. 351-7-1 *(Ord. n° 2014-326, 12 mars 2014).* – Les articles L. 680-1 à L. 680-5 du Code de commerce sont applicables à la présente section.

Section II. – Le redressement et la liquidation judiciaires

Art. L. 351-8 *(Mod., Ord. n° 2014-326, 12 mars 2014 ; L. n° 2019-486, 22 mai 2019).* – Les dispositions du livre VI du Code de commerce relatives aux procédures de sauvegarde, de redressement judiciaire et de liquidation judiciaire sont applicables à toute personne exerçant des activités agricoles au sens de l'article L. 311-1.

PARTIE RÉGLEMENTAIRE
DÉCRETS EN CONSEIL D'ÉTAT

LIVRE TROISIÈME. – L'EXPLOITATION AGRICOLE

....

TITRE V. – EXPLOITATIONS AGRICOLES EN DIFFICULTÉ

CHAPITRE PREMIER. – LE RÈGLEMENT AMIABLE, LE REDRESSEMENT ET LA LIQUIDATION JUDICIAIRES DE L'EXPLOITATION AGRICOLE

Section I. – Le règlement amiable

Bibliographie : Le Cannu, *Règlement amiable, redressement et liquidation judiciaires des exploitations agricoles : le décret d'application n° 89-339 du 29 mai 1989 : Juridictionnaires Joly* 1989, 583.

Art. R. 351-1 *(Mod., D. n° 2019-966, 18 sept. 2019 ; D. n° 2019-1333, 11 déc. 2019).* **– La demande de règlement amiable prévue à l'article L. 351-2 est formée par requête adressée ou remise en trois exemplaires au greffe du tribunal judiciaire du siège de l'exploitation par le ou les dirigeants de celle-ci, ou par un ou plusieurs créanciers.**

Si la demande émane du débiteur, elle expose les difficultés financières qui la motivent, les mesures de règlement envisagées, ainsi que les délais de paiement ou les remises de dettes qui permettraient la mise en œuvre de ces mesures.

À cette demande sont annexés :

1° L'état des créances et des dettes, accompagné d'un échéancier, ainsi que la liste des créanciers ;

2° L'état actif et passif des sûretés ainsi que celui des engagements personnels du débiteur ;

3° Les comptes annuels des trois derniers exercices, s'ils ont été établis ;

4° L'état des actifs du débiteur.

Si la demande émane d'un ou plusieurs créanciers, elle comporte les indications relatives au montant et à la nature de leurs créances respectives ainsi que toutes les informations de nature à établir les difficultés financières de l'exploitation.

Les parties ne sont pas tenues de constituer avocat.

Art. R. 351-2. – Dès réception de la demande, le président du tribunal fait convoquer le demandeur par le greffier ainsi que le débiteur s'il n'est pas l'auteur de la demande. Il fait aviser le procureur de la République, par le greffier, de la date de l'audience.

La demande est examinée en chambre du conseil, après avis du ministère public.

Art. R. 351-3 *(Mod., D. n° 2014-736, 30 juin 2014 ; D. n° 2017-1225, 2 août 2017).* **– Le conciliateur désigné en application de l'article L. 351-4 doit être une personne physique.**

Aucun parent ou allié jusqu'au 4e degré inclusivement des dirigeants de l'exploitation agricole ne peut être désigné comme conciliateur.

Le conciliateur fait connaître sans délai au président du tribunal son acceptation ou son refus.

En cas de suspension provisoire des poursuites, la mission du conciliateur ne peut excéder le délai prévu par le premier alinéa de l'article L. 351-5.

Art. R. 351-4 *(Mod., D. n° 2017-1225, 2 août 2017).* **– Le président du tribunal détermine avec le demandeur le montant d'une provision à valoir sur la rémunération éventuelle du conciliateur et, le cas échéant, celle de l'expert qui serait désigné en application de l'article L. 351-3.**

L'ordonnance du président du tribunal prend effet à compter de sa date. Elle est portée à la connaissance du débiteur et, le cas échéant, des créanciers demandeurs, du conciliateur et de l'expert par les soins du greffier en la forme qu'elle détermine.

La lettre d'accompagnement adressée au débiteur et au conciliateur désigné reproduit les dispositions des articles R. 351-3, R. 351-4-1 et R. 351-4-2.

Art. R. 351-4-1 *(D. n° 2017-1225, 2 août 2017)*. – En application des dispositions de l'article L. 351-4, le débiteur peut demander la récusation du conciliateur si ce dernier se trouve dans l'une des situations suivantes :

1° Il a directement ou indirectement un intérêt personnel à la procédure ;

2° Il existe un lien direct ou indirect, quelle qu'en soit la nature, entre le conciliateur et l'un des créanciers ou l'un des dirigeants ou préposés de celui-ci ;

3° Il existe une cause de défiance entre le conciliateur et le débiteur ;

4° Il a été définitivement radié ou destitué d'une profession réglementée.

Art. R. 351-4-2 *(D. n° 2017-1225, 2 août 2017)*. – La demande de récusation est formée dans les quinze jours qui suivent la date à laquelle la décision désignant le conciliateur a été portée à la connaissance du débiteur, par acte remis au greffe ou par une déclaration consignée par le greffier dans un procès-verbal.

Elle est motivée et, le cas échéant, accompagnée des pièces propres à la justifier.

Elle suspend la procédure jusqu'à ce qu'une décision définitive statue sur la récusation.

Art. R. 351-4-3 *(D. n° 2017-1225, 2 août 2017)*. – Le greffier notifie la demande de récusation au conciliateur, par lettre recommandée avec demande d'avis de réception. La lettre de notification reproduit les deuxième et troisième alinéas du présent article.

Dès réception de la notification de la demande, le conciliateur s'abstient jusqu'à ce qu'il ait été statué sur la récusation.

Dans les huit jours de cette réception, il fait connaître par écrit au président du tribunal soit son acquiescement à la récusation, soit les motifs pour lesquels il s'y oppose.

Art. R. 351-4-4 *(D. n° 2017-1225, 2 août 2017)*. – Si le conciliateur acquiesce, il est remplacé sans délai.

Art. R. 351-4-5 *(D. n° 2017-1225, 2 août 2017)*. – Si le conciliateur s'oppose à la récusation ou ne répond pas, la demande est examinée par le président du tribunal, le débiteur et le conciliateur entendus ou dûment appelés.

L'ordonnance statuant sur la demande de récusation est notifiée par le greffier au débiteur.

Copie de cette décision est également remise ou adressée au conciliateur.

Art. R. 351-4-6 *(D. n° 2017-1225, 2 août 2017)*. – Si la récusation est admise, il est procédé au remplacement du conciliateur sans délai.

Art. R. 351-4-7 *(D. n° 2017-1225, 2 août 2017)*. – La décision qui rejette la demande de récusation peut être frappée de recours par le débiteur devant le premier président de la cour d'appel dans un délai de dix jours à compter de la notification.

Le recours est formé par la remise ou l'envoi au greffe de la cour d'appel d'une note en exposant les motifs.

Art. R. 351-4-8 *(D. n° 2017-1225, 2 août 2017)*. – Le greffier de la cour d'appel convoque le débiteur et le conciliateur par lettre recommandée avec demande d'avis de réception adressée quinze jours au moins à l'avance. La note mentionnée au second alinéa de l'article R. 351-4-7 est jointe à la convocation adressée au conciliateur.

Le premier président ou son délégué les entend contradictoirement.

La décision est notifiée par le greffier au débiteur. Le conciliateur en est avisé.

Art. R. 351-4-9 *(D. n° 2017-1225, 2 août 2017)*. – Le conciliateur fait connaître sans délai au président du tribunal tout élément qui pourrait constituer un motif de récusation ainsi que tout autre motif qui pourrait justifier qu'il soit mis fin à sa mission, dont il n'avait pas connaissance au moment de l'acceptation de sa mission.

Art. R. 351-5 *(Mod., D. n° 2014-736, 30 juin 2014)*. – Si l'ordonnance mentionnée à l'article R. 351-4 prononce la suspension provisoire des poursuites, le greffier adresse immédiatement un avis pour insertion au *Bulletin officiel des annonces civiles et commerciales*. Cette insertion contient l'indication du nom du débiteur, du siège de son exploitation, de la date de l'ordonnance, le nom et l'adresse du conciliateur. Le cas échéant, elle comporte la dénomination de l'activité professionnelle à laquelle le patrimoine est affecté, incorporant le nom ou nom d'usage précédé ou suivi immédiatement des mots : « entrepreneur individuel à responsabilité limitée » ou des initiales : « EIRL ». Selon les mêmes modalités, une insertion est faite dans un journal d'annonces légales du lieu où le débiteur a le siège de son exploitation. L'ordonnance prorogeant le délai de suspension provisoire des poursuites, à la demande du débiteur, fait l'objet des mêmes publicités.

Les ordonnances prononçant la suspension provisoire des poursuites ou en prorogeant le délai sont mentionnées sur les registres mentionnés aux trois premiers alinéas de l'article R. 621-8 du Code de commerce.

Les publicités prévues ci-dessus sont faites d'office par le greffier aux frais du débiteur.

Art. R. 351-6 *(D. n° 2014-736, 30 juin 2014)*. – L'accord établi entre le débiteur et les créanciers, portant également la signature du conciliateur, est déposé au greffe du tribunal ainsi que ses annexes. Ces documents sont communiqués au ministère public.

Pour l'application du premier alinéa de l'article L. 351-6, l'accord est constaté ou homologué par une ordonnance du président du tribunal qui y fait apposer la formule exécutoire par le greffier.

L'ordonnance ne reprend pas les termes de l'accord.

Des copies de l'accord ne peuvent être délivrées qu'aux parties et aux personnes qui peuvent se prévaloir de ses dispositions. Elles valent titre exécutoire.

La rémunération éventuelle du conciliateur et, s'il y a lieu, celle de l'expert sont arrêtées par le président du tribunal. À défaut d'accord entre les parties, le président désigne la ou les personnes qui en supporteront la charge. Les décisions arrêtant ces rémunérations sont communiquées par le greffier au ministère public.

En dehors de l'autorité judiciaire et du conciliateur, le rapport d'expertise ne peut être communiqué qu'au débiteur.

Art. R. 351-6-1 *(D. n° 2014-736, 30 juin 2014)*. – Lorsqu'il est saisi d'une demande d'homologation, le président du tribunal statue après avis du ministère public.

Art. R. 351-6-2 *(D. n° 2014-736, 30 juin 2014 ; mod., D. n° 2017-1771, 27 déc. 2017)*. – L'ordonnance homologuant l'accord mentionne les garanties et privilèges constitués pour en assurer l'exécution. Elle précise les montants garantis par le privilège institué par l'article L. 611-11 du Code de commerce.

Elle est notifiée par le greffier au débiteur et aux créanciers signataires de l'accord et est communiquée au conciliateur et au ministère public.

Art. R. 351-6-3 *(D. n° 2014-736, 30 juin 2014)*. – Un avis de l'ordonnance d'homologation est adressé pour insertion au *Bulletin officiel des annonces civiles et commerciales*. Cette insertion contient l'indication du nom du débiteur, du siège de son exploitation, le cas échéant, de la dénomination de l'activité professionnelle à laquelle le patrimoine est affecté incorporant le nom ou nom d'usage précédé ou suivi immédiatement des mots : « entrepreneur individuel à responsabilité limitée » ou des initiales : « EIRL », de la date de l'ordonnance et du greffe du tribunal concerné. Sont également mentionnés le numéro unique d'identification du débiteur ainsi que, le cas échéant, le nom de la ville où se trouve le greffe ou la chambre de l'agriculture où il est immatriculé.

L'avis mentionne que l'ordonnance est déposée au greffe où tout intéressé peut en prendre connaissance.

Le même avis est publié dans un journal d'annonces légales du lieu où le débiteur à son siège social ou, lorsqu'il s'agit d'une personne physique, celui de son exploitation.

Ces publicités sont faites d'office par le greffier dans les huit jours de la date du jugement.

Art. R. 351-6-4 *(D. n° 2014-736, 30 juin 2014)*. – Pour l'application de l'article L. 351-6-1, le débiteur justifie de la levée de l'interdiction d'émettre des chèques auprès de l'établissement de crédit qui est à l'origine de cette mesure par la remise d'une copie de l'ordonnance homologuant l'accord, à laquelle il joint un relevé des incidents de paiement.

L'établissement de crédit qui est à l'origine de l'interdiction informe la Banque de France de la levée de cette *interdiction aux fins de régularisation.*

Art. R. 351-7 *(Mod., D. n° 2014-736, 30 juin 2014 ; D. n° 2019-1333, 11 déc. 2019)*. – Les ordonnances prises en application de la présente section sont exécutoires de droit à titre provisoire. Les dispositions des articles 514-1 et 514-2 du Code de procédure civile ne sont pas applicables.

Elles sont susceptibles d'un recours en rétractation formé en référé par tout intéressé.

Les décisions prises par le président du tribunal sur ces recours peuvent être frappées d'appel dans les dix jours de leur prononcé. Toutefois, pour les décisions soumises aux formalités d'insertion au *Bulletin officiel des annonces civiles et commerciales*, le délai ne court à l'égard des tiers qu'à compter de la publication.

L'appel, non suspensif, est formé, instruit et jugé selon les règles de la procédure sans représentation obligatoire.

Section II. – Le redressement et la liquidation judiciaires

Art. R. 351-8 *(D. n° 2014-736, 30 juin 2014)*. – **Les dispositions du livre VI de la partie réglementaire du Code de commerce relatives aux procédures de sauvegarde, de redressement judiciaire et de liquidation judiciaire sont applicables à l'exploitation agricole.**

II. – SALARIÉS

Code du travail

(Ord. n° 2007-329, 12 mars 2007 ; L. n° 2008-67, 21 janv. 2008)

DEUXIÈME PARTIE. – LES RELATIONS COLLECTIVES DE TRAVAIL

LIVRE TROISIÈME. – LES INSTITUTIONS REPRÉSENTATIVES DU PERSONNEL

(L. n° 2008-89, 30 janv. 2008)

TITRE PREMIER. – COMITÉ SOCIAL ET ÉCONOMIQUE

(Ord. n° 2017-1386, 22 sept. 2017)

....

CHAPITRE II. – ATTRIBUTIONS

(Ord. n° 2017-1386, 22 sept. 2017)

....

Section III. – Attributions du comité social et économique dans les entreprises d'au moins cinquante salariés

(Ord. n° 2017-1386, 22 sept. 2017)

Sous-section 4. – Consultations et informations ponctuelles

(Ord. n° 207-1386, 22 sept. 2017)

§ 1er. – Ordre public

(Ord. n° 2017-1386, 22 sept. 2017)

Sous-§ 6. – Procédures de sauvegarde, de redressement et de liquidation judiciaire

(Ord. n° 2017-1386, 22 sept. 2017)

Art. L. 2312-53 *(Ord. n° 2017-1386, 22 sept. 2017 ; mod., Ord. n° 2017-1718, 20 déc. 2017)*. – **Le comité social et économique est informé et consulté :**

1° Avant le dépôt au greffe d'une demande d'ouverture d'une procédure de redressement judiciaire ou de liquidation judiciaire ;

2° Lors d'une procédure de sauvegarde, dans les situations prévues aux articles L. 623-3 et L. 626-8 du Code de commerce ;

3° Lors d'une procédure de redressement judiciaire, dans les situations et conditions prévues aux articles L. 631-17, L. 631-18, L. 631-19 et L. 631-22 du Code de commerce ;

4° Lors d'une procédure de liquidation judiciaire, dans les situations et conditions prévues au I de l'article L. 641-1, à l'article L. 641-4, au troisième alinéa de l'article L. 641-10, aux premier et avant-dernier alinéas de l'article L. 642-5 et au deuxième alinéa de l'article L. 642-9 du Code de commerce.

En cas de licenciements économiques prononcés dans les cas prévus aux 3° et 4°, le comité est réuni et consulté dans les conditions prévues à l'article L. 1233-58 du présent code.

Art. L. 2312-54 *(Ord. n° 2017-1386, 22 sept. 2017)*. – La ou les personnes désignées par le comité social et économique, selon les dispositions de l'article L. 661-10 du Code de commerce, sont entendues par la juridiction compétente :

1° Lors d'une procédure de sauvegarde dans les situations prévues aux articles L. 621-1, L. 622-10, L. 626-9 et L. 626-26 du Code de commerce ;

2° Lors d'une procédure de redressement judiciaire dans les situations et conditions prévues à l'article L. 631-7, au II de l'article L. 631-15, au I de l'article L. 631-19 et à l'article L. 631-22 du Code de commerce ;

3° Lors d'une procédure de liquidation judiciaire dans les situations prévues au premier alinéa de l'article L. 642-5 et aux articles L. 642-6, L. 642-13 et L. 642-17 du Code de commerce.

Sous-section 5. – Droits d'alerte

(Ord. n° 2017-1386, 22 sept. 2017)

§ 4. – Droit d'alerte économique

(Ord. n° 2017-1386, 22 sept. 2017)

Art. L. 2312-63 *(Ord. n° 2017-1386, 22 sept. 2017)*. – Lorsque le comité social et économique a connaissance de faits de nature à affecter de manière préoccupante la situation économique de l'entreprise, il peut demander à l'employeur de lui fournir des explications.

Cette demande est inscrite de droit à l'ordre du jour de la prochaine séance du comité.

Si le comité n'a pu obtenir de réponse suffisante de l'employeur ou si celle-ci confirme le caractère préoccupant de la situation, il établit un rapport. Dans les entreprises employant au moins mille salariés et en l'absence d'accord prévu à l'article L. 2315-45, ce rapport est établi par la commission économique prévue par l'article L. 2315-46.

Ce rapport, au titre du droit d'alerte économique, est transmis à l'employeur et au commissaire aux comptes.

Art. L. 2312-64 *(Ord. n° 2017-1386, 22 sept. 2017)*. – Le comité social et économique ou, le cas échéant, la commission économique peut se faire assister, une fois par exercice comptable, de l'expert-comptable prévu à l'article L. 2315-92, convoquer le commissaire aux comptes et s'adjoindre avec voix consultative deux salariés de l'entreprise choisis pour leur compétence et en dehors du comité social et économique.

Ces salariés disposent de cinq heures chacun pour assister le comité ou la commission économique en vue de l'établissement du rapport prévu à l'article L. 2312-63. Ce temps est rémunéré comme temps de travail.

Art. L. 2312-65 *(Ord. n° 2017-1386, 22 sept. 2017)*. – Le rapport du comité social et économique ou, le cas échéant, de la commission économique conclut en émettant un avis sur l'opportunité de saisir de ses conclusions l'organe chargé de l'administration ou de la surveillance dans les sociétés ou personnes morales qui en sont dotées, ou d'en informer les associés dans les autres formes de sociétés ou les membres dans les groupements d'intérêt économique.

Au vu de ce rapport, le comité social et économique peut décider, à la majorité des membres présents de procéder à cette saisine ou de faire procéder à cette information. Dans ce cas, l'avis de l'expert-comptable est joint à la saisine ou à l'information.

Art. L. 2312-66 *(Ord. n° 2017-1386, 22 sept. 2017)*. – Dans les sociétés à conseil d'administration ou à conseil de surveillance, la demande d'explication sur le caractère préoccupant de la situation économique de l'entreprise est inscrite à l'ordre du jour de la prochaine séance du conseil d'administration ou du conseil de surveillance, à condition que celui-ci ait pu être saisi au moins quinze jours à l'avance. La réponse de l'employeur est motivée.

Dans les autres personnes morales, ces dispositions s'appliquent à l'organe chargé de l'administration ou de la surveillance, lorsqu'elles en sont dotées.

Dans les autres formes de sociétés ou dans les groupements d'intérêt économique, lorsque le comité social et économique a décidé d'informer les associés ou les membres de la situation de l'entreprise, le gérant ou les administrateurs leur communiquent le rapport de la commission économique ou du comité.

Art. L. 2312-67 *(Ord. n° 2017-1386, 22 sept. 2017)*. – Les informations concernant l'entreprise communiquées en application du présent paragraphe ont par nature un caractère confidentiel. Toute personne pouvant y accéder est tenue à leur égard à une obligation de discrétion.

Art. L. 2312-68 *(Ord. n° 2017-1386, 22 sept. 2017)*. – À défaut de la consultation prévue à l'article L. 2312-25, les aides publiques en faveur des activités de recherche et de développement technologique sont suspendues.

Art. L. 2312-69 *(Ord. n° 2017-1386, 22 sept. 2017)*. – Chaque trimestre, dans les entreprises d'au moins trois cents salariés, l'employeur met à la disposition du comité social et économique, dans les conditions prévues par l'accord mentionné à l'article L. 2312-21 ou à défaut d'accord au sous-paragraphe 4 du paragraphe 3 de la sous-section 3 de la présente section, des informations sur :

1° L'évolution générale des commandes et l'exécution des programmes de production ;

2° Les éventuels retards de paiement de cotisations sociales par l'entreprise ;

3° L'évolution des effectifs et de la qualification des salariés par sexe.

Un décret en Conseil d'État précise le contenu des informations prévues au 3° du présent article.

Bibliographie : Jeantin, *La loi du 1er mars 1984 relative à la prévention et au règlement amiable des difficultés des entreprises : Dr. soc.* 1984, 599. • Teyssié, *Le rôle du comité d'entreprise dans les procédures d'alerte : Économie et Comptabilité* 1985, n° 149, suppl., p. 24 ; *L'alerte par le comité d'entreprise : RJ com.* 1986, n° 2, p. 69. • Leroy, *Les difficultés des entreprises et les procédures d'alerte : Rev. prat. dr. social* 1986, 279. • Savatier, *Le comité d'entreprise et la prévention des difficultés des entreprises : JCP* E 1987, II, 15066. • Morand, *Les représentants du personnel et le déroulement de la procédure d'alerte interne : JCP* E 1988, II, 15357. • Jubé, *La normativité comptable : un angle mort du droit social : Rev. dr. trav.* 2009, 211.

1) **Champ d'application.** L'article L. 432-5 du Code du travail est applicable dans une caisse régionale d'assurance maladie (▪ Cass. soc., 19 févr. 2002, n° 00-14.776 : *JurisData* n° 2002-013021 ; *Bull.* V, n° 70 ; *Rev. proc. coll.* 2002, 104, obs. Taquet ; *RTD com.* 2002, 720, obs. Macorig-Venier).

2) **Étendue de la mission de l'expert-comptable.** Dans le cadre de la procédure d'alerte déclenchée par le comité d'entreprise, celui-ci ne peut se faire assister qu'une seule fois par un expert-comptable, mais conserve la faculté de préciser la mission de l'expert et de la compléter lorsque des faits en relation avec ceux ayant motivé l'exercice du droit d'alerte sont portés à sa connaissance au cours de la mission (▪ Cass. soc., 28 nov. 1996 : *Bull. Joly* 1997, 170, note Saintourens) ; la mission de l'expert-comptable s'étend aux faits de nature à confirmer la situation économique préoccupante de l'entreprise, qui sont la suite nécessaire de ceux ayant motivé l'exercice du droit d'alerte (même déc.). La mission de l'expert-comptable s'étend aux faits de nature à confirmer la situation économique préoccupante de l'entreprise qui sont la suite nécessaire de ceux qui ont motivé l'exercice du droit d'alerte. Jugé en l'espèce que l'expert saisi pour apprécier les conséquences d'une ouverture de capital dans le cadre d'une privatisation restait saisi pour apprécier un projet de fusion survenu pendant l'exécution de sa mission (▪ Cass. soc., 20 sept. 2009 : *Bull. civ.* V, n° 209 ; *JCP* S 2009. 1598, obs. Kerbourc'h ; *Rev. dr. trav.* 2010 p. 46, note Leclerc ; *RJS* 2/2010, p. 99, note Tagliarino-Vidal).

3) **Comités d'établissement.** Dans les entreprises divisées en établissements distincts, l'exercice du droit d'alerte étant subordonné à l'existence de faits de nature à affecter de manière préoccupante la situation économique de l'entreprise, les comités d'établissement ne sont pas investis de cette prérogative qui appartient au seul comité central d'entreprise (▪ Cass. soc., 1er mars 2005, n° 03-20.429 : *JurisData* n° 2005-027257 ; *RJS* 5/2005, n° 538. ▪ Cass. soc., 6 avr. 2005, n° 02-31.130 : *JurisData* n° 2005-027944 ; *RJS* 6/2005, n° 644. ▪ Cass. soc., 12 oct. 2005, n° 04-15.794 : *JurisData* n° 2005-030204 ; *RJDA* 2/2006, n° 162).

ANNEXE 6

TROISIÈME PARTIE. – DURÉE DU TRAVAIL, SALAIRE, INTÉRESSEMENT, PARTICIPATION ET ÉPARGNE SALARIALE

LIVRE DEUXIÈME. – SALAIRE ET AVANTAGES DIVERS

TITRE V. – PROTECTION DU SALAIRE

CHAPITRE III. – PRIVILÈGES ET ASSURANCE

Section I. – Dispositions générales

Art. L. 3253-1. – Les créances résultant du contrat de travail sont garanties dans les conditions prévues au 4° de l'article 2331 et au 2° de l'article 2375 du Code civil, relatifs aux privilèges sur les biens mobiliers et immobiliers du débiteur.

En outre, en cas de sauvegarde, de redressement ou de liquidation judiciaire, elles sont garanties, conformément aux articles L. 625-7 et L. 625-8 du Code de commerce, dans les conditions prévues aux articles L. 3253-2 à L. 3253-21.

Section II. – Privilèges et assurance en cas de procédure de sauvegarde, de redressement ou de liquidation judiciaire

Sous-section 1. – Privilèges

Art. L. 3253-2. – Lorsqu'une procédure de sauvegarde, de redressement ou de liquidation judiciaire est ouverte, les rémunérations de toute nature dues aux salariés pour les soixante derniers jours de travail sont, déduction faite des acomptes déjà perçus, payées, nonobstant l'existence de toute autre créance privilégiée, jusqu'à concurrence d'un plafond mensuel identique pour toutes les catégories de bénéficiaires.

Ce plafond est fixé par voie réglementaire sans pouvoir être inférieur à deux fois le plafond retenu pour le calcul des cotisations de sécurité sociale.

Subrogation. Est seule garantie la créance pesant sur un employeur faisant l'objet d'une procédure collective ; le nouvel employeur qui paie une créance salariale incombant à son prédécesseur alors que celui-ci était *in bonis* ne bénéficie pas du superprivilège dans la procédure ouverte ultérieurement (■ Cass. com., 3 nov. 2010, n° 09-14.744 : *JCP* E 2011, 1263, n° 11, obs. Pétel ; *Act. proc. coll.* 2010, comm. 279, obs. Fin-Langer ; *BJE* 2011, 23, obs. Macorig-Venier).

Code du travail

PARTIE RÉGLEMENTAIRE

Art. D. 3253-1. – Le plafond mensuel prévu à l'article L. 3253-2 est fixé à deux fois le plafond retenu, par mois, pour le calcul des cotisations de sécurité sociale.

Il résulte de l'article L. 3253-2 du Code du travail, qu'est seule garantie par le superprivilège institué par ce texte la créance résultant du contrat de travail pesant sur un employeur faisant l'objet d'une procédure collective (■ Cass. com., 3 nov. 2010, n° 09-14.744 : *JurisData* n° 2010-020178 ; *Act. proc. coll.* 2010, comm. 279, obs. L. Fin-Langer ; *Gaz. Pal.* 7-8 janv. 2001, p. 41, obs. C. Gailhbaud ; *JCP* E 2011, 1263, n° 11, obs. Ph. Pétel).

Art. L. 3253-3. – Les rémunérations prévues au premier alinéa de l'article L. 3253-2 comprennent :

1° Les salaires, appointements ou commissions proprement dites ;

2° Les accessoires et notamment l'indemnité compensatrice prévue à l'article L. 1226-14, l'indemnité compensatrice de préavis prévue à l'article L. 1234-5, l'indemnité de fin de contrat prévue à l'article L. 1243-8 et l'indemnité de fin de mission prévue à l'article L. 1251-32.

Art. L. 3253-4. – Les indemnités de congés payés sont, nonobstant l'existence de toute créance privilégiée, payées jusqu'à concurrence d'un plafond identique à celui établi pour une période de trente jours de rémunération par l'article L. 3253-1.

Quelle que soit sa date d'exigibilité, l'indemnité de congés payés concernant la période antérieure à l'ouverture de la procédure collective doit être garantie par l'ASSEDIC, mandataire de l'AGS (▪ Cass. soc., 21 nov. 1989, n° 88-11.556 : *JurisData* n° 1989-704112 ; *Gaz. Pal.* 1990, 1, pan. jurispr. 45).

Art. L. 3253-5. – Les sommes dues aux façonniers par leurs donneurs d'ordres sont payées, lorsque ces derniers font l'objet d'une procédure de sauvegarde, de redressement ou de liquidation judiciaire, nonobstant l'existence de toute autre créance privilégiée à l'exception de celles garanties par l'article L. 3253-2, à due concurrence du montant total des rémunérations de toute nature dues aux salariés de ces façonniers, au titre des soixante derniers jours de travail ou d'apprentissage précédant l'ouverture de la procédure.

Sous-section 2. – Assurance contre le risque de non-paiement

§ 1. – Principes

Art. L. 3253-6. – Tout employeur de droit privé assure ses salariés, y compris ceux détachés à l'étranger ou expatriés mentionnés à l'article L. 5422-13, contre le risque de non-paiement des sommes qui leur sont dues en exécution du contrat de travail, en cas de procédure de sauvegarde, de redressement ou de liquidation judiciaire.

1) **Personnes morales de droit privé.** La circonstance qu'une personne morale de droit privé exerce une mission de service public avec les sujétions qu'elle comporte n'est pas, en soi, de nature à l'exclure du champ d'application de l'article L. 143-11-1 [L. 3253-6] du Code du travail (▪ Cass. soc., 21 avr. 1988, n° 85-14.659 : *JurisData* n° 1988-000716 ; *Bull. civ.* V, n° 245. ▪ Cass. soc., 29 févr. 2000, n° 98-13.264 : *JurisData* n° 2000-000741 ; *JCP* E 2000, pan. 542 ; *D.* 2001, somm. 117, obs. Derrida. – *Adde*, ▪ Cass. soc., 7 sept. 2004, n° 02-21.384 : *JurisData* n° 2004-024831 ; *JCP* E 2004, pan. 1501, pour la société France Télécom). – Il n'y a pas lieu de tenir compte de son statut particulier, notamment de l'origine de son capital, de la nature de ses ressources, du contrôle de l'État auquel elle est soumise, du mode de désignation de ses administrateurs et de la mission de service public dont elle est investie (▪ Cass. com., 2 juill. 2014, n° 13-15.605 : *JurisData* n° 2014-014965 ; *JCP* E 2014, 1582, note L. Fin-Langer).

2) **Liquidation d'une société d'assurance.** L'AGS ne garantit pas les créances salariales dues à l'occasion de la liquidation d'une société d'assurance provoquée par le retrait d'agrément en application des articles L. 326-2 et suivants du Code des assurances (▪ Cass. soc., 22 mars 1995, n° 93-42.531 : *JurisData* n° 1995-000735 ; *JCP* E 1995, pan. 617).

3) **Employeur établi dans un autre État membre de l'Union européenne.** V. art. L. 3253-18-1, annot. n°s 1 et s., p. 3338.

4) **Employeur établi hors de l'Union européenne.** La garantie de l'AGS est due dans les conditions prévues par les articles L. 143-11-1 [L. 3253-6] et suivants du Code du travail, dès lors, d'une part, que les salariés exercent ou exerçaient habituellement leur travail en France et, d'autre part, qu'une procédure collective d'apurement du passif de l'employeur est ouverte en France ou, lorsqu'elle est ouverte dans un pays extérieur à l'Union européenne, a fait l'objet d'une décision d'*exequatur* (▪ Cass. soc., 3 juin 2003, n° 00-45.948 : *JurisData* n° 2003-019278 ; *RJS* 8-9/2003, n° 1020, 3e esp. ; *Dr. sociétés* 2003, 837, 1re esp., rapp. Y. Chagny).

Pour une application à la Polynésie française, V. ▪ Cass. soc., 5 janv. 2011, n° 09-69.035 : *JurisData* n° 2011-000011 ; *Cah. soc. barreau Paris* 2011, n° 228, p. 86, note Pansier.

5) **Convention franco-monégasque.** La liquidation judiciaire prononcée par la juridiction de Monaco s'étant étendue à l'établissement exploité en France, la Caisse de garantie des créances des salariés de Monaco doit garantir le paiement des sommes dues aux salariés (▪ Cass. soc., 2 oct. 2001, n° 99-44.808 : *JurisData* n° 2001-011143 ; *D.* 2001, inf. rap. 3171).

6) **Départements du Rhin et de la Moselle.** La loi du 25 janvier 1985 s'applique aux personnes physiques domiciliées dans les départements du Haut-Rhin, du Bas-Rhin et de la Moselle ; il en résulte que l'article L. 143-11-1 du Code du travail s'applique aux sommes qui sont dues en exécution du contrat de travail conclu avec ces personnes physiques (▪ Cass. soc., 12 janv. 1999, n° 96-42.585 : *JurisData* n° 1999-000091 ; *D.* 2001, somm. 117, obs. Derrida).

Art. L. 3253-7. – Le droit du salarié est garanti indépendamment de l'observation par l'employeur tant des prescriptions de la présente section que des obligations dont il est tenu à l'égard des institutions prévues à l'article L. 3253-14.

§ 2. – Créances couvertes par l'assurance

Art. L. 3253-8 *(Mod., Ord. n° 2008-1345, 18 déc. 2008 ; L. n° 2011-893, 28 juill. 2011 ; L. n° 2013-504, 14 juin 2013 ; L. n° 2016-1917, 29 déc. 2016)* (1). – L'assurance mentionnée à l'article L. 3253-6 couvre :

1° Les sommes dues aux salariés à la date du jugement d'ouverture de toute procédure de redressement ou de liquidation judiciaire, ainsi que les contributions dues par l'employeur dans le cadre du contrat de sécurisation professionnelle ;

2° Les créances résultant de la rupture des contrats de travail intervenant :

a) Pendant la période d'observation ;

b) Dans le mois suivant le jugement qui arrête le plan de sauvegarde, de redressement ou de cession ;

c) Dans les quinze jours, ou vingt et un jours lorsqu'un plan de sauvegarde de l'emploi est élaboré, suivant le jugement de liquidation ;

d) Pendant le maintien provisoire de l'activité autorisé par le jugement de liquidation judiciaire et dans les quinze jours, ou vingt et un jours lorsqu'un plan de sauvegarde de l'emploi est élaboré, suivant la fin de ce maintien de l'activité ;

3° Les créances résultant de la rupture du contrat de travail des salariés auxquels a été proposé le contrat de sécurisation professionnelle, sous réserve que l'administrateur, l'employeur ou le liquidateur, selon le cas, ait proposé ce contrat aux intéressés au cours de l'une des périodes indiquées au 2°, y compris les contributions dues par l'employeur dans le cadre de ce contrat et les salaires dus pendant le délai de réponse du salarié ;

4° Les mesures d'accompagnement résultant d'un plan de sauvegarde de l'emploi déterminé par un accord collectif majoritaire ou par un document élaboré par l'employeur, conformément aux articles L. 1233-24-1 à L. 1233-24-4, dès lors qu'il a été validé ou homologué dans les conditions prévues à l'article L. 1233-58 avant ou après l'ouverture de la procédure de redressement ou de liquidation judiciaire ;

5° Lorsque le tribunal prononce la liquidation judiciaire, dans la limite d'un montant maximal correspondant à un mois et demi de travail, les sommes dues :

a) Au cours de la période d'observation ;

b) Au cours des quinze jours, ou vingt et un jours lorsqu'un plan de sauvegarde de l'emploi est élaboré, suivant le jugement de liquidation ;

c) Au cours du mois suivant le jugement de liquidation pour les représentants des salariés prévus par les articles L. 621-4 et L. 631-9 du Code de commerce ;

d) Pendant le maintien provisoire de l'activité autorisé par le jugement de liquidation et au cours des quinze jours, ou vingt et un jours lorsqu'un plan de sauvegarde de l'emploi est élaboré, suivant la fin de ce maintien de l'activité.

La garantie des sommes et créances mentionnées aux 1°, 2° et 5° inclut les cotisations et contributions sociales et salariales d'origine légale, ou d'origine conventionnelle imposée par la loi, ainsi que la retenue à la source prévue à l'article 204 A du Code général des impôts.

Bibliographie : Lafarge, Serfati-Apter, Meteye, *Le nouveau régime de garantie des salaires : Gaz. Pal.* 1986, 1, doctr. 299. • Lafarge, *Champ d'application et organisation financière de l'AGS : Dr. soc.* 1986, 672. • Lafarge et Meteye, *L'AGS et le contentieux prud'homal dans la procédure de redressement et liquidation judiciaires des entreprises : Gaz. Pal.* 1987, 1, doctr. 391. • Ramackers, *Le superprivilège des salariés, la subrogation de l'AGS et le redressement judiciaire : du mythe à la réalité ? : D.* 1989, 301. • Varii auctores, *Le sort des contrats de travail et des créances de salaire dans les entreprises en redressement ou liquidation judiciaire : JCP E* 1992, I, 198. • Blaise, *Les créances garanties par l'AGS : une jurisprudence évolutive : Dr. soc.* 1994, 778. • Peries, *Intervention de l'AGS : l'expansion accrue du régime de garantie sous l'influence de la jurisprudence (1998-2001) : CDE* 2002/2, p. 15. • Auzero, *La détermination des créances garanties par l'AGS* en matière

(1) Dispositions applicables aux procédures de licenciement collectif engagées à compter du 1er juillet 2013.

Une procédure de licenciement collectif est réputée engagée à compter de la date d'envoi de la convocation à la première réunion du comité d'entreprise mentionnée à l'article L. 1233-30 du présent code, L. n° 2013-504, 14 juin 2013, art. 18, XXXIII.

d'épargne salariale : Rev. dr. trav. 2009, p. 358. • Fin-Langer, *Les risques subis par les salariés : Rev. proc. coll.* 2010/6, dossier 10. • Météyé, *L'évolution du champ d'intervention de l'AGS (de la sécurité juridique à l'insécurité juridique et économique) : Rev. proc. coll.* 2011/1, dossier 4. • Pétel, *Les critères de prise en charge de la garantie AGS : quarante ans d'évolution : BJE* 2014, n° 6, p. 411.

Code du travail

PARTIE RÉGLEMENTAIRE

Art. D. 3253-2. – Le montant maximal de garantie prévu au 4° de l'article L. 3253-8 est égal à :

1° Trois fois le plafond retenu par mois pour le calcul des cotisations de sécurité sociale pour un mois et demi de salaire ;

2° Deux fois ce plafond, pour un mois de salaire.

Avertissement : La jurisprudence citée ci-après a été prise en application de l'article L. 143-11-1, alinéas 2 à 6, du Code du travail,désormais codifié sous le numéro L. 3253-8.

I – CRÉANCES GARANTIES PAR L'AGS

A – Rattachement au contrat de travail

1) Principe. L'AGS ne garantit pas une créance qui ne résulte pas du contrat de travail (▪ Cass. soc., 2 avr. 1987, n° 85-12.468 : *JurisData* n° 1987-000683 ; *Bull. civ.* V, n° 184. ▪ 7 juill. 1998, n° 95-43.419 : *JurisData* n° 1998-003134 ; *JCP* E 1998, pan. 1576 ; *Rev. proc. coll.* 1999, 126, obs. Taquet, pour une créance de salaire résultant de l'application de la loi du 26 janvier 1984 portant dispositions statutaires relatives à la fonction publique territoriale. ▪ Douai, 30 juin 1999 : *JurisData* n° 1999-044978 ; *Rev. proc. coll.* 2000, 61, n° 4, obs. Taquet, pour un dirigeant de fait. ▪ Cass. soc., 28 mars 2000, n° 98-42.494 : *JurisData* n° 2000-001362 ; *Dr. soc.* 2000, 664, note Cadé ; *D.* 2001, somm. 119, obs. Derrida, pour des cotisations à un régime de retraite complémentaire prévu par une convention collective ou un accord d'entreprise).

L'AGS ne garantit pas la créance de dommages et intérêts d'un salarié fondée sur la rupture d'une promesse d'embauche (▪ Versailles, 28 sept. 1993 : *JurisData* n° 1993-044800 ; *D.* 1994, somm. 180, obs. Honorat).

2) Astreinte. L'Assurance garantie des salaires ne prend pas en charge l'astreinte prononcée contre l'employeur, la somme litigieuse étant due, non en exécution du contrat de travail du salarié, mais à la suite de la résistance opposée par le débiteur à l'exécution d'une décision de justice (▪ Cass. soc., 7 nov. 1990 [2 arrêts] : *JCP* E 1991, I, 27, n° 10, obs. Pétel. ▪ Cass. soc., 8 oct. 2003 : *JurisData* n° 2003-020514 ; *Act. proc. coll.* 2003, comm. 231).

3) Dommages-intérêts. Les dommages-intérêts dus aux salariés à raison de l'inexécution par l'employeur d'une obligation résultant du contrat de travail sont garantis par l'AGS (▪ Cass. soc., 2 mars 1999, n° 96-43.604 : *JurisData* n° 1999-000881 ; *JCP* E 1999, pan. 749 ; *Rev. proc. coll.* 1999, 161, obs. Taquet ; *D.* 2001, somm. 119, obs. Derrida, pour la présentation tardive des documents d'adhésion à une convention de conversion. ▪ Cass. soc., 16 mars 1999, n° 96-43.338 : *JCP* E 1999, pan. 847 ; *Rev. proc. coll.* 1999, 161, obs. Taquet ; *D.* 2001, somm. 119, obs. Derrida, pour le non-respect de l'obligation d'information des salariés de leurs droits en matière de repos compensateur. ▪ Cass. soc., 8 juin 1999, n° 96-43.588 : *JCP* E 1999, pan. 1421 ; *Rev. proc. coll.* 1999, 227, n° 11, obs. Taquet, pour la méconnaissance de l'obligation du repos dominical. ▪ Cass. soc., 10 juill. 2001, n° 99-43.912 : *JurisData* n° 2001-010583 ; *JCP* E 2001, pan. 1655, pour avoir laissé les salariés dans l'expectative pendant 7 mois sur le sort des contrats de travail. ▪ Cass. soc., 8 janv. 2002, n° 99-44.220 : *JurisData* n° 2002-012494 ; *JCP* E 2002, pan. 310, pour la non-affiliation d'un salarié à un régime de protection sociale. ▪ Cass. soc., 4 déc. 2002, n° 00-44.303 : *JurisData* n° 2002-016632 ; *JCP* E 2003, pan. 181, pour l'inexécution de délivrer des bulletins de paie, des certificats de travail et des attestations ASSEDIC. ▪ Cass. soc., 9 nov. 2004, n° 02-45.048 : *JurisData* n° 2004-025567 ; *JCP* E 2004, pan. 1850, pour un prêt illicite de main-d'œuvre. ▪ 25 janv. 2005, n° 03-40.195 : *JurisData* n° 2005-026591 ; *JCP* E 2005, pan. 397, pour le non-paiement par l'employeur des cotisations à une caisse de retraite complémentaire prévue par la convention collective. ▪ Cass. soc., 23 nov. 2004, n° 02-41.836 : *JurisData* n° 2004-025820 ; *JCP* E 2005, pan. 23 ; *ibid.*, 639, n° 13, obs. Pétel, pour l'indemnité due en vertu d'une convention de rupture amiable. ▪ Cass. soc., 8 juin 1999 : *JCP* E 1999, pan. 1421 ; *D.* 2001, somm. 120, obs. Derrida pour les dommages-intérêts alloués sur le fondement de l'article L. 122-14-5 [nouv. art. L. 1235-5] du Code du travail. ▪ Cass. soc., 8 févr. 2005, n° 02-46.527 : *JurisData* n° 2005-026945 ; *Act. proc. coll.* 2005, comm. 69 pour un harcèlement moral. ▪ Cass. soc., 14 juin 2006, n° 04-43.820 pour un harcèlement sexuel. ▪ Cass. soc., 25 mars 2015, n° 13-21.716 : *JurisData* n° 2015-006340 ; *Rev. proc. coll.* 2015, comm. 66, obs. Fin-Langer ; *BJE* 2015, n° 4, p. 256, obs. Donnette-Boissière pour un préjudice d'anxiété, à condition qu'il soit né avant le jugement d'ouverture.

Mais l'AGS ne prend pas en charge une créance résultant de certaines actions en responsabilité dirigées contre l'employeur (▪ Cass. soc., 10 juill. 1991, n° 88-44.704 : *JurisData* n° 1991-002197 ; *Bull.* V, n° 351 ; *D.* 1992, somm. 186, obs. Honorat ; *RJ com.* 1992, 345, note Honorat. ▪ Cass. soc., 16 déc. 1992, n° 91-41.550 : *JurisData* n° 1992-002835 ; *Bull.* V, n° 595 ; *D.* 1993, somm. 193, obs. Honorat. ▪ Cass. soc., 12 janv. 1993, n° 92-40.163 : *JurisData* n° 1993-001048 ; *Gaz. Pal.* 1993, 1, pan. jurispr. 48. ▪ Cass. soc., 4 mai 1993, n° 92-40.395 : *JurisData* n° 1993-001826 ; *Gaz. Pal.* 1993, 2, pan. jurispr. 157. ▪ Cass. soc., 26 janv. 2000, n° 98-44.177 : *JurisData* n° 2000-000223 ; *D.* 2001, somm. 119, obs. Derrida, pour une résistance abusive. ▪ Cass. soc., 21 oct. 1998 : *JCP* E 1999, p. 1963, obs. Vachet ; *Rev. proc. coll.* 1999, 125, obs. Taquet), pour un préjudice corporel ▪ Cass. soc., 13 janv. 1999, n° 96-45.428, pour défaut de remise de document. *Idem* pour une action contre des tiers (▪ Cass. soc., 12 févr. 1992, n° 89-42.055 : *JurisData* n° 1992-000303 ; *Bull.* V, n° 84 ; *D.* 1993, somm. 75, obs. Honorat).

4) Frais judiciaires et dépens. L'AGS ne garantit pas les sommes dues au titre des frais d'huissier de justice car elles ne résultent pas de l'exécution du contrat de travail, mais sont dues à la suite de la résistance opposée par le débiteur à l'exécution d'une décision de justice (▪ Cass. soc., 12 janv. 1999, n° 96-42.585 : *JurisData* n° 1999-000091 ; *Bull. civ.* V, n° 9 ; *Rev. proc. coll.* 1999, 162, obs. Taquet).

5) Aide à la réinsertion. L'AGS ne garantit pas l'aide individuelle de réinsertion des travailleurs immigrés dans leur pays d'origine, cette somme étant due en vertu d'une convention passée entre l'employeur et l'ONI et non en exécution du contrat de travail (▪ Cass. soc., 24 févr. 1993, n° 89-42.863 : *JurisData* n° 1993-000316 ; *Bull. civ.* V, n° 65 ; *D.* 1993, somm. 322, obs. Honorat).

6) Plan social. Une indemnité supralégale de licenciement n'est pas une mesure d'accompagnement résultant d'un plan de sauvegarde de l'emploi au sens de l'article L. 3253-8 4° du Code du travail, mais une somme concourant à l'indemnisation du préjudice causé par la rupture du contrat de travail au sens de l'article L. 3253-13 du même code (▪ Cass. soc., 16 déc. 2020, n° 18-15.532 : *Act. proc. coll.* 2021, comm. 46, obs. Fin-Langer).

7) Remboursement. L'AGS ne garantit pas le remboursement des fonds versés pour l'acquisition de parts sociales (▪ Cass. soc., 7 juill. 1998, n° 96-40.249 : *JurisData* n° 1998-003133 ; *JCP* E 1998, pan. 1576).

8) Dirigeant social. L'AGS ne garantit pas les sommes nées d'un contrat de travail d'un gérant de société passé en violation des dispositions des articles L. 225-38 et L. 225-44 du Code de commerce (▪ Cass. soc., 28 janv. 2004, n° 01-46.794 : *JurisData* n° 2004-022008 ; *JCP* E 2004, pan. 459).

9) Cotisations sociales. Le paiement des cotisations sociales obligatoires afférentes à la rémunération des salariés est, pour l'employeur, une obligation résultant de l'exécution du contrat de travail et ces cotisations sont garanties par l'AGS (▪ Cass. soc., 24 oct. 2006, n° 04-46.622 : *JurisData* n° 2006-035542 ; *D.* 2006, p. 2790, obs. Lienhart).

10) Capital-décès. Le critère des créances garanties par l'article L. 143-11-1 du Code du travail n'est pas la nature de salaire de la créance mais son rattachement au contrat de travail ; le capital-décès constitué par les cotisations payées par l'employeur, et dont celui-ci se trouve redevable à la veuve du salarié, est directement lié au contrat de travail et la protection de l'article L. 143-11-1 doit bénéficier aux ayants droit du salarié cadre (▪ Cass. soc., 4 févr. 1987, n° 84-14.883 : *JurisData* n° 1987-000149 ; *D.* 1987, somm. 236, obs. Honorat. ▪ Cass. soc., 8 nov. 1994, n° 93-11.239 : *JCP* 1994, II, 22383, note Saint-Jours ; *JCP* E 1994, I, 457, n° 17, obs. Pétel ; *Rev. proc. coll.* 1995, 236, n° 3, obs. Taquet ; *D.* 1995, 143, note Honorat ; *RJ com.* 1995, 248, note Honorat. ▪ Cass. soc., 8 juill. 1997, n° 94-42.555 : *JurisData* n° 1997-003284 ; *JCP* E 1997, pan. 1040, qui constate que l'allocation-décès était due à la veuve en vertu d'une disposition de la convention collective qui en fixait tant le mode de calcul que les conditions d'attribution. – *Idem* pour les dommages-intérêts dus par l'employeur qui n'avait pas affilié son salarié en temps utile ▪ Cass. com., 12 juill. 2016, n° 15-16.087 : *Rev. proc. coll.* 2016, comm. 148, obs. Fin-Langer. *Contra* : ▪ Cass. soc., 6 avr. 1994, n° 91-43.912 : *JurisData* n° 1994-000726 ; *Bull. civ.* V, n° 132 ; *JCP* E 1994, II, 635, note Saint-Jours ; *JCP* E 1995, I, 457, n° 17, obs. Pétel ; *D.* 1995, somm. 24, obs. Honorat).

11) Remboursement de frais médicaux. Application de la garantie au remboursement des frais médicaux non pris en charge par la sécurité sociale au motif que les sommes versées à ces titres sont dues en exécution du contrat de travail et du statut collectif qu'il implique (▪ Cass. soc., 28 oct. 1997, n° 94-42.272 : *JurisData* n° 1997-004204 ; *JCP* E 1997, pan. 1364).

12) Frais professionnels. Les frais professionnels sont garantis par l'AGS (■ Cass. soc., 17 déc. 1991, n° 88-40.638 : *JurisData* n° 1991-003251 ; *Bull. civ.* V, n° 587).

13) Novation. Si les gratifications annuelles reçues par le salarié sont portées à un compte de dépôt ouvert à son nom dans les livres de la société, auquel aucune autre somme n'est inscrite, les éléments constitutifs de la novation de la créance d'origine salariale en une autre créance étrangère à l'exécution du contrat de travail ne sont pas réunis (■ Cass. soc., 20 juin 1990, n° 88-19.551 : *JurisData* n° 1990-002907 ; *Bull. civ.* V, n° 301 ; *D.* 1991, somm. 238, obs. Honorat ; *JCP* 1991, II, 21776, note Virassamy). En revanche, il y a novation et ne constituent plus des créances salariales les sommes laissées par un salarié, actionnaire de la société, sur un « compte courant », d'étroites imbrications d'intérêt existant entre le salarié et la société, et l'intention de modifier la nature de la créance étant établie (■ Cass. soc., 22 juin 1993, n° 90-46.005 : *JurisData* n° 1993-001292 ; *Bull. civ.* V, n° 174 ; *JCP* E 1994, I, 351, n° 15, obs. Pétel ; *D.* 1994, somm. 80, obs. Honorat).

14) Apprentis. Les créances dues à une apprentie nées avant le jugement d'ouverture doivent être garanties par l'AGS (■ Cass. soc., 6 juin 2000, n° 98-42.083 : *JurisData* n° 2000-002361 ; *JCP* E 2000, pan. 1314).

15) Artistes du spectacle. Une cour d'appel a pu décider que la rémunération avant amortissement du film qui était due au comédien entrait dans le champ de la garantie de l'AGS (■ Cass. soc., 17 mai 2005, n° 02-47.541 : *JurisData* n° 2005-028453 ; *RJS* 11/2005, n° 1148 ; *JCP* E 2005, pan. 1076).

B – Sommes dues aux salariés à la date du jugement d'ouverture

16) Indemnité compensatrice de congés payés. Les sommes dues aux salariés au titre de l'indemnité compensatrice de congés payés pour la période antérieure à l'ouverture de la procédure collective sont, en vertu de l'article L. 143-11-1, 1°, couvertes par l'assurance (■ Cass. *soc., 21 nov.* 1989, n° 87-44.976 : *JurisData* n° 1989-703830 ; *Bull. civ.* V, n° 673 ; *JCP* E 1990, II, 15832, n° 17, obs. Pétel, qui rattache cette indemnité, au même titre que le salaire, au travail accompli par le salarié licencié. – Mais V. ■ Cass. soc., 2 juin 1992, n° 91-42.710 : *Bull. civ.* V, n° 358 ; *JCP* E 1992, I, 195, n° 14, obs. Pétel ; *D.* 1993, somm. 75, obs. Honorat, qui considère que cette indemnité fait partie des créances résultant de la rupture du contrat de travail).

17) Annulation du licenciement prononcé avant le jugement d'ouverture. Application de la garantie à une salariée dont le licenciement prononcé pendant la période de suspension du contrat de travail consécutive à son état de grossesse est annulé, car elle est créancière, dès le prononcé du licenciement, de la totalité des salaires qu'elle aurait perçus pendant la période de protection (■ Cass. soc., 29 janv. 2003, n° 01-40.123 : *JurisData* n° 2003-017649 ; *JCP* E 2003, pan. 438). L'indemnité compensatrice de salaire doit être garantie par l'AGS dès lors qu'à la suite de l'annulation de l'autorisation administrative de licenciement, le salarié était fondé à obtenir l'exécution de son contrat de travail et que l'indemnité correspondant au préjudice subi du fait de la nullité du licenciement trouvait sa cause dans le contrat de travail (■ Cass. soc., 16 nov. 1999, n° 97-42.069 : *JurisData* n° 1999-003990 ; *JCP* E 2000, pan. 17 ; *Rev. proc. coll.* 2000, 62, n° 6, obs. Taquet).

18) Succession de procédures. En cas de résolution du plan de cession ayant pour effet d'ouvrir une nouvelle procédure de redressement judiciaire, les échéances mensuelles de la contrepartie financière de la clause de non-concurrence dues à un salarié sont nées avant la résolution du plan, d'où il résulte qu'elles étaient dues à la date du jugement d'ouverture de la seconde procédure collective et sont garanties par l'AGS (■ Cass. soc., 14 déc. 1999, n° 97-43.346 : *JurisData* n° 1999-004472 ; *JCP* E 2000, pan. 210 ; *D.* 2001, somm. 121, obs. Derrida ; *LPA* 26 mars 2001, p. 14, obs. Garcia).

19) Sauvegarde. En sauvegarde, seules sont garanties les créances résultant de ruptures intervenues pendant la période d'observation et dans le mois suivant le jugement qui a arrêté le plan de sauvegarde et non les indemnités dues pour un licenciement prononcé avant l'ouverture de la procédure (■ Cass. soc., 10 mars 2009, n° 07-45.326 : *JurisData* n° 2009-047387 ; *JCP* E 2009, 1549, note Beyneix ; *JCP* E 2009, 1814, n° 13, obs. Pétel ; *Act. proc. coll.* 2009, comm. 136, obs. Jacotot. ■ Cass. soc., 28 sept. 2010, n° 09-65.438 : *JurisData* n° 2010-017105 ; *JCP* S 2010, 1496, note Lahalle).

Mais en cas de conversion en redressement, toutes les créances antérieures à la conversion sont couvertes (■ Cass. soc., 21 janv. 2014, n° 12-18.421 : JurisData n° 2014-000594 : *JCP* E 2014, 1173, n° 8, obs. Pétel).

C – Créances postérieures au jugement d'ouverture

20) Créances résultant de la rupture des contrats. Les rappels de salaire et dommages et intérêts pour rupture abusive du contrat de travail intervenue en période d'observation sont garantis par l'AGS (■ Cass. soc., 20 mai 1992, n° 90-43.286 : *JurisData* n° 1992-001156 ; *D.* 1992, inf. rap. 187. ■ Cass. soc., 29 janv. 2003 : *JCP* E 2003, pan. 439).

L'indemnité compensatrice de congés payés fait partie des créances résultant de la rupture du contrat de travail (▪ Cass. soc., 2 juin 1992 : *Bull.* V, n° 358 ; *JCP* E 1992, I, 195, n° 13, obs. Pétel, cassant ▪ Paris, 4 juill. 1989 : *JCP* E 1989, II, 15639, obs. Pétel).

L'AGS garantit les salariés licenciés dans le cadre d'une cession d'actif autorisée par le juge-commissaire et doit garantir les indemnités pour méconnaissance des critères d'ordre des licenciements et de la priorité de réembauchage mise à la charge du cédant (▪ Cass. soc., 27 nov. 2001, n° 99-43.380 : *JurisData* n° 2001-011902 ; *JCP* E 2002, pan. 111).

Les avantages résultant d'un plan social intervenu pendant la période d'observation, comme la prime de création d'entreprise, relèvent de la garantie de l'AGS (▪ Cass. soc., 30 avr. 2003, n° 00-46.820 : *JurisData* n° 2003-018816 ; *JCP* E 2003, pan. 980 ; *D.* 2003, inf. rap. 1339. – Comp. ▪ Cass. soc., 25 mai 1993, n° 89-44.419 : *D.* 1994, somm. 80, obs. Honorat).

La contrepartie financière à la clause de non-concurrence résulte de la rupture de contrat de travail intervenue pendant le maintien provisoire de l'activité et l'AGS doit en garantir le paiement (▪ Cass. soc., 20 juin 2006, n° 04-48.493 : *JurisData* n° 2006-034153 ; *JCP* S 2006, 1950, note Vatinet ; *JCP* E 2006, pan. 2306 ; *D.* 2006, p. 1889, obs. Lienhard).

21) Initiative de la rupture. Les créances résultant de la rupture du contrat de travail visées par l'article L. 3253-8 2° du Code du travail s'entendent d'une rupture à l'initiative de l'administrateur judiciaire ou du mandataire liquidateur (▪ Cass. soc., 20 déc. 2017, n° 16-19.517 : *JurisData* n° 2017-026517 ; *JCP* E 2018, 1159, n° 20, obs. Pétel ; *Cah. sociaux* 2018, n° 304, p. 86, obs. Bento de Carvalho. ▪ Cass. com., 14 oct. 2020, n° 18-26.019).

La garantie ne couvre pas l'indemnité de départ à la retraite due aux salariés qui ont atteint l'âge de soixante ans après l'ouverture de la procédure collective (▪ Cass. soc., 12 avr. 1995, n° 92-18.005 : *JurisData* n° 1995-000857 ; *D.* 1995, somm. 307, obs. Honorat. – V. aussi, ▪ Cass. soc., 20 avr. 2005, n° 02-47.063 : *JurisData* n° 2005-028182 ; *JCP* E 2005, pan. 960).

22) Périodes de garantie. L'AGS doit garantir les créances résultant de la rupture des contrats de travail intervenant dans le mois qui suit le jugement modifiant un plan de redressement (▪ Cass. soc., 3 avr. 1991, n° 90-41.566 : *JurisData* n° 1991-001146 ; *Bull. civ.* V, n° 165 ; *JCP* E 1991, I, 102, n° 16, obs. Pétel ; *D.* 1994, somm. 44, obs. Derrida). Pour la mise en *cause de la responsabilité de l'administrateur* judiciaire qui a négligé de licencier un salarié dans ce délai (▪ Paris, 11 oct. 1999, n° 1998/15998 : *JurisData* n° 1999-024328 ; *JCP* E 1999, pan. 1806).

La créance indemnitaire consécutive à l'arrêt de maladie puis à l'invalidité du salarié due plus de quinze jours après le prononcé de la liquidation judiciaire ne peut être garantie par l'AGS (▪ Cass. soc., 31 mars 1998, n° 95-44.333 : *JurisData* n° 1998-001643 ; *JCP* E 1998, pan. 879).

Ni les créances résultant de la rupture du contrat de travail qui n'est pas intervenue dans le délai de 15 jours à compter du jugement de liquidation judiciaire (▪ Cass. soc., 3 avr. 2002 [2 arrêts], n° 99-44.288 : *JCP* E 2002, pan. 843 et 844 ; *Act. proc. coll.* 2002, n° 114, obs. J. V.). De même, pour le contrat de travail qui n'a pas été rompu par le liquidateur pendant le maintien provisoire de l'activité autorisé par le jugement de liquidation judiciaire (▪ Cass. soc., 3 avr. 2002, n° 99-43.492 : *JurisData* n° 2002-013806 ; *JCP* E 2002, pan. 845).

23) Suspension du contrat de travail pendant la période de garantie. Lorsque l'administrateur a manifesté, au cours des périodes mentionnées au 2° de l'article L. 143-11-1, son intention de rompre le contrat de travail, le salarié victime d'un accident du travail ou d'une maladie professionnelle, dont le contrat de travail est suspendu par l'application de l'article L. 122-32-1 du Code du travail [nouv. art. L. 1226-7], bénéficie, en vertu des articles L. 122-32-2 et L. 122-32-5 du même code, d'une protection particulière en matière de licenciement pendant la durée de la suspension du contrat de travail et son indemnité de licenciement entre dans le champ d'application de la garantie de l'AGS (▪ Cass. soc., 2 oct. 2001, n° 99-45.346 : *JCP* E 2001, pan. 1749).

24) Créances ne résultant pas de la rupture des contrats. En cas de redressement judiciaire, les sommes dues en exécution du contrat de travail au cours de la période d'observation ne sont couvertes que lorsque le tribunal prononce la liquidation judiciaire (▪ Cass. soc., 7 févr. 1990, n° 87-40.780 : *Gaz. Pal.* 1990, 1, pan. jurispr. 109 ; *D.* 1990, somm. 217, obs. Honorat. ▪ Cass. soc., 12 nov. 1997, n° 94-43.354 : *JCP* E 1998, pan. p. 17. ▪ Cass. soc., 3 oct. 1995, n° 94-40.783 : *JurisData* n° 1995-002732 ; *JCP* E 1996, pan. 24. ▪ Cass. soc., 6 juill. 1999, n° 97-42.231 : *JurisData* n° 1999-002810 ; *JCP* E 1999, pan. 1564 ; *D.* 2001, somm. 120, obs. Derrida).

L'AGS ne garantit pas le paiement d'un salaire dû pour une période postérieure à l'adoption d'un plan de redressement et précédant la notification du licenciement du salarié intéressé (▪ Cass. soc., 18 déc. 1991, n° 88-43.567 : *JurisData* n° 1991-003258 ; *Bull. civ.* V, n° 592).

II – CONTESTATION DE LA GARANTIE PAR L'AGS

25) Principe. L'AGS peut se prévaloir des dispositions du Code du travail pour demander que le contrat de travail à durée déterminée soit requalifié en contrat à durée indéterminée, peu important qu'aucune fraude n'ait été commise à son égard (■ Cass. soc., 1er déc. 1993, n° 91-45.780 : *JurisData* n° 1993-003059 ; *D.* 1994, 577, note Roy-Loustaunau). L'AGS a qualité pour contester la qualification juridique d'un contrat de travail (■ Cass. soc., 1er mars 1994, n° 92-44.669 : *JurisData* n° 1994-001409 ; *D.* 1994, 577, note Roy-Loustaunau).

26) Portée. Lorsque l'AGS, en vertu de son droit propre à contester le principe et l'étendue de sa garantie, a demandé la requalification d'un contrat, celui-ci est opposable à tous, y compris au salarié (■ Cass. soc., 15 juin 1999, n° 96-43.750 : *JurisData* n° 1999-002492 ; *D.* 1999, inf. rap. 187 ; *Rev. proc. coll.* 1999, 227, n° 12, obs. Taquet).

27) Appel. L'AGS n'est pas recevable à demander en appel la nullité du contrat de travail mais le liquidateur judiciaire ayant également interjeté appel du jugement, l'appel provoqué peut prospérer (■ Cass. soc., 2 déc. 2009, n° 08-43.104 : *JurisData* n° 2009-050611 ; *Rev. proc. coll.* 2010, 20, obs. G. Blanc).

28) Fonds disponibles. La garantie de l'AGS ne saurait être exclue au motif que la créance litigieuse pourrait être couverte par les fonds disponibles de l'entreprise à la suite de l'adoption du plan, alors que la créance était due à la date d'ouverture de la procédure (■ Cass. soc., 10 déc. 1996, n° 95-40.485 : *JurisData* n° 1996-004755 ; *JCP* E 1997, pan. 122). Rappr. ■ Cass. soc., 27 oct. 1998, n° 95-44.146 : *JurisData* n° 1998-004040 ; *JCP* E 1998, n° 4 A, p. 2067, obs. Pétel ; *Rev. proc. coll.* 1999, 162, obs. Taquet.

Décret n° 2000-110 du 4 février 2000

portant publication de la Charte sociale européenne (révisée) (ensemble une annexe), faite à Strasbourg le 3 mai 1996

(JO 12 févr.)

CHARTE SOCIALE EUROPÉENNE (RÉVISÉE)

Art. 25. – Droits des travailleurs à la protection de leurs créances en cas d'insolvabilité de leur employeur.

En vue d'assurer l'exercice effectif du droit des travailleurs à la protection de leurs créances en cas d'insolvabilité de leur employeur, les Parties s'engagent à prévoir que les créances des travailleurs résultant de contrats de travail ou de relations d'emploi soient garanties par une institution de garantie ou par toute autre forme effective de protection.

Art. L. 3253-9. – **Sont également couvertes les créances résultant du licenciement des salariés bénéficiaires d'une protection particulière relative au licenciement dès lors que l'administrateur, l'employeur ou le liquidateur, selon le cas, a manifesté, au cours des périodes mentionnées au 2° de l'article L. 3253-8, son intention de rompre le contrat de travail.**

Périodes de garantie. L'AGS ne peut garantir les créances résultant de la rupture du contrat de travail d'un salarié bénéficiaire d'une protection particulière que si le mandataire-liquidateur a manifesté son intention de rompre le contrat de travail dans les quinze jours qui suivent le jugement de liquidation judiciaire (■ Cass. soc., 18 déc. 1991, n° 89-42.188 : *Bull.* V, n° 591).

Art. L. 3253-10. – **Sont également couvertes, lorsqu'elles revêtent la forme d'un droit de créance sur l'entreprise, les sommes dues aux titres de l'intéressement, de la participation des salariés aux fruits de *l'expansion ou d'un fonds salarial.***

Art. L. 3253-11. – **Sont également couverts les arrérages de préretraite dus à un salarié ou à un ancien salarié en application d'un accord professionnel ou interprofessionnel, d'une convention collective ou d'un accord d'entreprise.**

Ces dispositions s'appliquent lorsque l'accord ou la convention prévoit le départ en préretraite à cinquante-cinq ans au plus tôt.

La garantie prévue par le présent article est limitée dans des conditions déterminées par décret.

Art. L. 3253-12. – **Les créances mentionnées aux articles L. 3253-10 et L. 3253-11 sont garanties :**

1° Lorsqu'elles sont exigibles à la date du jugement d'ouverture de la procédure ;

2° Lorsque, si un plan organisant la sauvegarde ou le redressement judiciaire de l'entreprise intervient à l'issue de la procédure, elles deviennent exigibles du fait de la rupture du contrat de travail, dans les délais prévus au 2° de l'article L. 3253-8 ;

3° Lorsque intervient un jugement de liquidation judiciaire ou un jugement arrêtant le plan de cession totale de l'entreprise.

Art. L. 3253-13 *(Mod., L. n° 2013-504, 14 juin 2013)* (1). **– L'assurance prévue à l'article L. 3253-6 ne couvre pas les sommes qui concourent à l'indemnisation du préjudice causé par la rupture du contrat de travail dans le cadre d'un licenciement pour motif économique, en application d'un accord d'entreprise ou d'établissement ou de groupe, d'un accord collectif validé ou d'une décision unilatérale de l'employeur homologuée conformément à l'article L. 1233-57-3, lorsque l'accord a été conclu et déposé ou la décision notifiée moins de dix-huit mois avant la date du jugement d'ouverture de la procédure de sauvegarde, de redressement ou de liquidation judiciaire, ou l'accord conclu ou la décision notifiée postérieurement à l'ouverture de la procédure de sauvegarde, de redressement ou de liquidation judiciaire.**

1) **Accord postérieur.** La créance résultant d'un accord d'entreprise conclu postérieurement au jugement arrêtant le plan de cession relève de la garantie AGS (■ Cass. soc., 30 sept. 2009, n° 08-42.076 : *JurisData* n° 2009-049703 ; *Gaz. Pal.* 8-9 janv. 2010, p. 3815, obs. C. Gailhbaud ; *CSBP* 2010, S2, obs. Pansier ; *JCP* E 2009, 1506, obs. Morvan ; *Rev. proc. coll.* 2010, 37, obs. Taquet).

2) **Domaine de la règle.** Une indemnité supra-légale de licenciement n'est pas une mesure d'accompagnement résultant d'un plan de sauvegarde de l'emploi au sens de l'article L. 3253-8 4° du Code du travail, mais une somme concourant à l'indemnisation du préjudice causé par la rupture du contrat de travail au sens de l'article L. 3253-13 du même code (■ Cass. soc., 16 déc. 2020, n° 18-15.532 : *Act. proc. coll.* 2021, comm. 46, obs. Fin-Langer).

Code du travail

PARTIE RÉGLEMENTAIRE

Art. D. 3253-3. – Les arrérages de préretraite dus en application d'un accord professionnel ou interprofessionnel, d'une convention collective ou d'un accord d'entreprise bénéficient de la garantie prévue à l'article L. 3253-11 lorsque la conclusion de cet accord ou de cette convention est antérieure de six mois à la date du jugement d'ouverture de la procédure de sauvegarde ou de redressement judiciaire.

§ 3. – Institutions de garantie contre le risque de non-paiement

(Rempl., L. n° 2008-67, 21 janv. 2008)

Art. L. 3253-14 *(Mod., L. n° 2008-67, 21 janv. 2008 ; L. n° 2008-126, 13 févr. 2008)*. **– L'assurance prévue à l'article L. 3253-6 est mise en œuvre par une association créée par les organisations nationales professionnelles d'employeurs représentatives et agréée par l'autorité administrative.**

Cette association conclut une convention de gestion avec l'organisme gestionnaire du régime d'assurance chômage et avec l'Agence centrale des organismes de sécurité sociale pour le recouvrement des cotisations mentionnées à l'article L. 3253-18.

En cas de dissolution de cette association, l'autorité administrative confie à l'organisme prévu à l'article L. 5427-1 la gestion du régime d'assurance institué à l'article L. 3253-6, à l'exception du recouvrement des cotisations mentionnées à l'article L. 3253-18 confié aux organismes mentionnés à l'article L. 5422-16.

Cette association et l'organisme précité constituent les institutions de garantie contre le risque de non-paiement.

(1) Dispositions applicables aux procédures de licenciement collectif engagées à compter du 1er juillet 2013. Une procédure de licenciement collectif est réputée engagée à compter de la date d'envoi de la convocation à la première réunion du comité d'entreprise mentionnée à l'article L. 1233-30 du présent code, L. n° 2013-504, 14 juin 2013, art. 18, XXXIII.

Art. L. 3253-15 *(Mod., L. n° 2008-67, 21 janv. 2008)*. **– Les institutions de garantie mentionnées à l'article L. 3253-14 avancent les sommes comprises dans le relevé établi par le mandataire judiciaire, même en cas de contestation par un tiers.**

Elles avancent également les sommes correspondant à des créances établies par décision de justice exécutoire, même si les délais de garantie sont expirés.

Les décisions de justice sont de plein droit opposables à l'association prévue à l'article L. 3253-14.

Lorsque le mandataire judiciaire a cessé ses fonctions, le greffier du tribunal ou le commissaire à l'exécution du plan, selon le cas, adresse un relevé complémentaire aux institutions de garantie mentionnées à l'article L. 3253-14, à charge pour lui de reverser les sommes aux salariés et organismes créanciers.

Opposabilité des décisions de justice. L'opposabilité s'impose même si l'AGS n'était pas partie à l'instance et reste recevable à former une tierce opposition (■ Cass. soc., 5 juin 2012, n° 11-17.673 : *Gaz. Pal.* 3-4 août 2012, p. 33, obs. C. Gailhbaud).

Art. L. 3253-16 *(Mod., L. n° 2008-67, 21 janv. 2008)*. **– Les institutions de garantie mentionnées à l'article L. 3253-14 sont subrogées dans les droits des salariés pour lesquels elles ont réalisé des avances :**

1° Pour l'ensemble des créances, lors d'une procédure de sauvegarde ;

2° Pour les créances garanties par le privilège prévu aux articles L. 3253-2, L. 3253-4 et L. 7313-8 et les créances avancées au titre du 3° de l'article L. 3253-8, lors d'une procédure de redressement ou de liquidation judiciaire. Les autres sommes avancées dans le cadre de ces procédures leur sont remboursées dans les conditions prévues par les dispositions du Livre VI du Code de commerce pour le règlement des créances nées antérieurement au jugement d'ouverture de la procédure. Elles bénéficient alors des privilèges attachés à celle-ci.

Privilège des salaires. Les créances remboursées à l'AGS dans les conditions prévues pour le règlement des créances antérieures sont réputées être des créances antérieures qui, lorsqu'elles bénéficient du privilège des salaires, priment les créances hypothécaires (■ Cass. com., 11 juin 2014, n° 13-17.997 : *JurisData* n° 2014-012806 ; *JCP* E 2014, 1447, n° 9, obs. Pétel ; *BJE* 2014, p. 303, obs. Le Corre).

Art. L. 3253-17 *(Mod., L. n° 2008-67, 21 janv. 2008 ; L. n° 2016-1547, 18 nov. 2016)*. **– La garantie des institutions de garantie mentionnées à l'article L. 3253-14 est limitée, toutes sommes et créances avancées confondues, à un ou des montants déterminés par décret, en référence au plafond mensuel retenu pour le calcul des contributions du régime d'assurance chômage, et inclut les cotisations et contributions sociales et salariales d'origine légale, ou d'origine conventionnelle imposée par la loi** *(Mots aj. à compter du 1er janvier 2019, L. n° 2016-1917, 29 déc. 2016)* **« , ainsi que la retenue à la source prévue à l'article 204 A du Code général des impôts ».**

Mise en œuvre. Les créances de cotisations sociales ne sont pas prises en compte pour apprécier le plafond de garantie de l'AGS (■ Cass. soc., 2 juill. 2014, n° 13-15.605 : *JurisData* n° 2014-014965 ; *JCP* E 2014, 1637, n° 10, obs. Pétel ; *JCP* E 2015, 1011, obs. Roussel Galle et Jacotot ; *Act. proc. coll.* 2014, comm. 260, obs. Fin-Langer).

Code du travail

PARTIE RÉGLEMENTAIRE

Art. D. 3253-5. – Le montant maximum de la garantie prévue à l'article L. 3253-17 est fixé à six fois le plafond mensuel retenu pour le calcul des contributions au régime d'assurance chômage.

Ce montant est fixé à cinq fois ce plafond lorsque le contrat de travail dont résulte la créance a été conclu moins de deux ans et six mois au moins avant la date du jugement d'ouverture de la procédure collective, et à quatre fois ce plafond si le contrat dont résulte la créance a été conclu moins de six mois avant la date du jugement d'ouverture.

Il s'apprécie à la date à laquelle est due la créance du salarié et au plus tard à la date du jugement arrêtant le plan ou prononçant la liquidation judiciaire.

Bibliographie : Charbin, *AGS : « plafond 13 » ou « plafond 4 » : JCP* E 1999, p. 1856. • Arlie, *Les plafonds de garantie des créances salariales sous l'éclairage de quelques arrêts récents : JCP* E 2015, 1384.

Droit transitoire. Les nouveaux plafonds ne s'appliquent qu'aux créances nées après le 29 juillet 2003 (▪ Cass. soc., 31 mars 2015, n° 13-18.667 : *JurisData* n° 2015-007001 ; *Rev. proc. coll.* 2015, comm. 63, obs. Fin-Langer).

Art. R. 3253-6 *(Mod., D. n° 2008-1010, 29 sept. 2008)*. – Le délai de contestation prévu au second alinéa de l'article L. 3253-20 est de dix jours à compter de la réception par l'organisme gestionnaire du régime d'assurance chômage mentionné à l'article L. 3253-14 de la demande de fonds par le mandataire judiciaire.

§ 4. – Financement

Art. L. 3253-18 *(Mod., L. n° 2008-126, 13 févr. 2008)*. – **L'assurance est financée par des cotisations des employeurs assises sur les rémunérations servant de base au calcul des contributions au régime d'assurance-chômage.**

Le recouvrement, le contrôle de ces cotisations et leur contentieux suivent les règles prévues à l'article L. 5422-16.

§ 5. – Dispositions applicables dans le cas où l'employeur est établi dans un autre État membre de la Communauté européenne ou de l'Espace économique européen

(L. n° 2008-89, 30 janv. 2008)

Art. L. 3253-18-1 *(L. n° 2008-89, 30 janv. 2008)*. – **Les institutions de garantie mentionnées à l'article L. 3253-14 assurent le règlement des créances impayées des salariés qui exercent ou exerçaient habituellement leur activité sur le territoire français, pour le compte d'un employeur dont le siège social, s'il s'agit d'une personne morale, ou, s'il s'agit d'une personne physique, l'activité ou l'adresse de l'entreprise est situé dans un autre État membre de la Communauté européenne ou de l'Espace économique européen, lorsque cet employeur se trouve en état d'insolvabilité.**

Bibliographie : T. Méteyé, *La réglementation européenne sur l'insolvabilité et l'AGS : LPA* 2006, n° 209, p. 27. ▪ Henry, *La garantie des salaires dans les procédures transfrontalières : BJE* 2014, n° 6, p. 418.

1) Compétence de l'organisme du lieu d'activité. Dans sa version initiale, la directive n° 80/987/CEE du Conseil du 20 octobre 1980 désignait l'organisme de l'État sur le territoire duquel était exercée l'activité salariée à condition que l'employeur y ait un établissement (▪ CJCE, 16 déc. 1999, aff. n° C-198/98, *Everson et Barras c/ Bell : Dr. et patrimoine* 2000, n° 81, p. 120, obs. N. Fontaine et Ch. Fontaine ▪ Cass. soc., 3 juin 2003 : *RJS* 8-9/2003, n° 1020, 2e esp. ; *Dr. soc.* 2003, 837, 1re esp., rapp. Y. Chagny ▪ Cass. soc., 7 juill. 2009, n° 08-40.546 : *JurisData* n° 2009-049257 ; *Rev. proc. coll.* 2009, comm. 148, obs. Mastrullo. ▪ Cass. soc., 21 sept. 2011 : *JurisData* n° 2009-049257 ; *JCP* E 2012, 1000, n° 12, obs. Ph. Pétel ; *Act. proc. coll.* 2011, comm. 252, obs. L. Fin-Langer ; *Rev. proc. coll.* 2011, comm. 171, obs. T. Mastrullo et M. Menjucq). Cette exigence est abandonnée depuis la directive n° 2002/74 du 23 septembre 2002, transposée par la loi du 30 janvier 2008 : il suffit que l'employeur y dispose d'une présence économique stable, caractérisée par l'existence de moyens humains lui permettant d'y accomplir des activités (▪ CJCE, 16 oct. 2008 : *Bull. Joly* 2009, p. 163, note R. Damman et M. Robinet). Solution reprise par la directive 2008/94 du 22 octobre 2008.

2) Option. La directive ne s'oppose pas à ce qu'une législation nationale prévoie qu'un salarié puisse se prévaloir de la garantie qu'elle régit, à titre complémentaire ou substitutif ▪ CJUE, 10 mars 2011 : *Gaz. Pal.* 1er-2 avr. 2011, p. 42, obs. Gailhbaud ; *Rev. proc. coll.* 2011, comm. 171, obs. T. Mastrullo et M. Menjucq).

Art. L. 3253-18-2 *(L. n° 2008-89, 30 janv. 2008)*. – **Un employeur est considéré comme se trouvant en état d'insolvabilité au sens de l'article L. 3253-18-1 lorsqu'a été demandée l'ouverture d'une procédure collective fondée sur son insolvabilité, prévue par les dispositions législatives, réglementaires et administratives d'un État membre de la Communauté européenne ou de l'Espace économique européen, qui entraîne le dessaisissement partiel ou total de cet employeur ainsi que la désignation d'un syndic ou de toute personne exerçant une fonction similaire à celle du mandataire judiciaire, de l'administrateur judiciaire ou du liquidateur, et que l'autorité compétente en application de ces dispositions a :**

1° Soit décidé l'ouverture de la procédure ;

2° Soit constaté la fermeture de l'entreprise ou de l'établissement de l'employeur ainsi que l'insuffisance de l'actif disponible pour justifier l'ouverture de la procédure.

Art. L. 3253-18-3 *(L. n° 2008-89, 30 janv. 2008).* – La garantie due en application de l'article L. 3253-18-1 porte sur les créances impayées mentionnées à l'article L. 3253-8.

Toutefois, les délais prévus aux 2° et 3° de l'article L. 3253-8 sont portés à trois mois à compter de toute décision équivalente à une décision de liquidation ou arrêtant un plan de redressement.

Art. L. 3253-18-4 *(L. n° 2008-89, 30 janv. 2008).* – Si les créances ne peuvent être payées en tout ou partie sur les fonds disponibles, les institutions de garantie mentionnées à l'article L. 3253-14 procèdent au versement des fonds sur présentation par le syndic étranger ou par toute autre personne exerçant une fonction similaire à celle du mandataire judiciaire, de l'administrateur judiciaire ou du liquidateur, des relevés des créances impayées.

Le dernier alinéa de l'article L. 3253-19 est applicable.

Art. L. 3253-18-5 *(L. n° 2008-89, 30 janv. 2008 ; mod., L. n° 2008-126, 13 févr. 2008 ; L. n° 2011-893, 28 juill. 2011).* – Les sommes figurant sur ces relevés et restées impayées sont directement versées au salarié dans les huit jours suivant la réception des relevés des créances.

Par dérogation au premier alinéa, l'avance des contributions dues par l'employeur dans le cadre du contrat de sécurisation professionnelle mentionnées au 1° de l'article L. 3253-8 est versée [à l'] organisme gestionnaire du régime d'assurance chômage.

Art. L. 3253-18-6 *(L. n° 2008-89, 30 janv. 2008).* – L'article L. 3253-15 est applicable à l'exception du dernier alinéa.

Lorsque le mandataire judiciaire, l'administrateur judiciaire ou le liquidateur reçoit d'une institution située dans un autre État membre équivalente aux institutions de garantie mentionnées à l'article L. 3253-14 les sommes dues aux salariés, il reverse immédiatement ces sommes aux salariés concernés.

Le mandataire judiciaire ou le liquidateur transmet à toute institution située dans un autre État membre équivalente aux institutions de garantie mentionnées à l'article L. 3253-14 les relevés des créances impayées.

Art. L. 3253-18-7 *(L. n° 2008-89, 30 janv. 2008).* – Les articles L. 3253-7, L. 3253-10 à L. 3253-13 et L. 3253-17 sont applicables aux procédures définies aux articles L. 3253-18-1 et L. 3253-18-2. Les jugements mentionnés à l'article L. 3253-12 s'entendent de toute décision équivalente prise par l'autorité étrangère compétente.

Les institutions mentionnées à l'article L. 3253-14 sont subrogées dans les droits des salariés pour lesquels elles ont réalisé des avances.

Art. L. 3253-18-8 *(L. n° 2008-89, 30 janv. 2008).* – Lorsque le syndic étranger ou toute personne exerçant une fonction similaire à celle du mandataire judiciaire, de l'administrateur judiciaire ou du liquidateur a cessé ses fonctions ou dans le cas mentionné au 2° de l'article L. 3253-18-2, les institutions de garantie versent les sommes dues au salarié sur présentation, par celui-ci, des pièces justifiant du montant de sa créance. Dans ce cas, les dispositions relatives aux relevés des créances ne sont pas applicables.

Art. L. 3253-18-9 *(L. n° 2008-89, 30 janv. 2008).* – Les institutions mentionnées à l'article L. 3253-14 informent, en cas de demande, toutes autres institutions de garantie des États membres de la Communauté européenne ou de l'Espace économique européen sur la législation et la réglementation nationales applicables en cas de mise en œuvre d'une procédure d'insolvabilité définie aux articles L. 3253-18-1 et L. 3253-18-2.

Sous-section 3. – Établissement et liquidation des créances

Art. L. 3253-19. – Le mandataire judiciaire établit les relevés des créances dans les conditions suivantes :

1° Pour les créances mentionnées aux articles L. 3253-2 et L. 3253-4, dans les dix jours suivant le prononcé du jugement d'ouverture de la procédure ;

2° Pour les autres créances également exigibles à la date du jugement d'ouverture de la procédure, dans les trois mois suivant le prononcé du jugement ;

3° Pour les salaires et les indemnités de congés payés couvertes en application du 3° de l'article L. 3253-8 et les salaires couverts en application du dernier alinéa de ce même article, dans les dix jours suivant l'expiration des périodes de garantie prévues à ce 3° et ce, jusqu'à concurrence du plafond mentionné aux articles L. 3253-2, L. 3253-4 et L. 7313-8 ;

4° Pour les autres créances, dans les trois mois suivant l'expiration de la période de garantie.

Les relevés des créances précisent le montant des cotisations et contributions mentionnées au dernier alinéa de l'article L. 3253-8 dues au titre de chacun des salariés intéressés.

Art. L. 3253-20 ***(Mod., L. n° 2008-67, 21 janv. 2008).*** **– Si les créances ne peuvent être payées en tout ou partie sur les fonds disponibles avant l'expiration des délais prévus par l'article L. 3253-19, le mandataire judiciaire demande, sur présentation des relevés, l'avance des fonds nécessaires aux institutions de garantie mentionnées à l'article L. 3253-14.**

Dans le cas d'une procédure de sauvegarde, le mandataire judiciaire justifie à ces institutions, lors de sa demande, que l'insuffisance des fonds disponibles est caractérisée. Ces institutions peuvent contester, dans un délai déterminé par décret en Conseil d'État, la réalité de cette insuffisance devant le juge-commissaire. Dans ce cas, l'avance des fonds est soumise à l'autorisation du juge-commissaire.

Art. L. 3253-21 ***(Mod., L. n° 2008-67, 21 janv. 2008 ; L. n° 2008-126, 13 févr. 2008 ; L. n° 2011-893, 28 juill. 2011).*** **– Les institutions de garantie mentionnées à l'article L. 3253-14 versent au mandataire judiciaire les sommes figurant sur les relevés et restées impayées :**

1° Dans les cinq jours suivant la réception des relevés mentionnés aux 1° et 3° de l'article L. 3253-19 ;

2° Dans les huit jours suivant la réception des relevés mentionnés aux 2° et 4° du même article.

Par dérogation, l'avance des contributions de l'employeur au financement du contrat de sécurisation professionnelle est versée directement aux organismes chargés du recouvrement mentionnés à l'article L. 5427-1.

Le mandataire judiciaire reverse immédiatement les sommes qu'il a reçues aux salariés et organismes créanciers, à l'exclusion des créanciers subrogés, et en informe le représentant des salariés.

Section III. – Privilèges spéciaux

Art. L. 3253-22 ***(Mod. Ord. n° 2011-1895, 19 déc. 2011).*** **– Les sommes dues aux entrepreneurs de travaux publics ne peuvent être frappées de saisie ni d'opposition au préjudice soit des salariés, soit des fournisseurs créanciers à raison de fournitures de matériaux de toute nature servant à la construction des ouvrages.**

Les sommes dues aux salariés à titre de salaire sont payées de préférence à celles dues aux fournisseurs.

Étendue du privilège. Le privilège ne s'étend pas à une prestation fournie au titulaire du marché dans le cadre d'un contrat de location en vertu duquel un camion et son chauffeur avaient été mis à la disposition de l'entrepreneur, car la créance n'était pas constituée de salaires d'ouvriers et de fournitures de matériaux (■ Cass. com., 19 déc. 2000, n° 98-10.420 : *JurisData* n° 2000-007664 ; *Bull.* IV, n° 206 ; *JCP* E 2001, p. 756, n° 17, obs. M. C., p. 1860, n° 20, obs. Delebecque ; *D.* 2001, p. 379 ; *Defrénois* 2001, 868, obs. Périnet-Marquet). Il en est de même pour le fournisseur d'une prestation immatérielle qui ne saurait être assimilée à des créances salariales de fourniture de matériaux et objets ayant servi à la réalisation du chantier (■ Cass. com., 19 déc. 2000, n° 97-21.147 : *JurisData* n° 2000-007660 ; *Bull.* IV, n° 207 ; *JCP* E 2001, p. 756, n° 17, obs. M. C., p. 1860, n° 20, obs. Delebecque ; *D.* 2001, p. 379).

Art. L. 3253-23 ***(Mod., L. n° 2016-1088, 8 août 2016).*** **– Peuvent faire valoir une action directe ou des privilèges spéciaux :**

1° Dans les conditions fixées à l'article 1798 du Code civil, les salariés des secteurs du bâtiment et des travaux publics ;

2° Dans les conditions fixées aux 1° et 3° de l'article 2332 du Code civil, les salariés des entreprises agricoles ;

3° Dans les conditions fixées au 9° de l'article 2332 du Code civil, les auxiliaires salariés des travailleurs à domicile ;

4° Les caisses de congé pour le paiement des cotisations qui leur sont dues en application des articles L. 3141-32 et L. 5424-6 et suivants. Ce privilège qui garantit le recouvrement de ces cotisations pendant un

an à dater de leur exigibilité porte sur les biens meubles des débiteurs et prend rang immédiatement après celui des salariés établis par le 4° de l'article 2331 du Code civil. Les immeubles des débiteurs sont également grevés d'une hypothèque légale prenant rang à la date de son inscription ;

5° Dans les conditions fixées à l'article 89 du Code du domaine public fluvial et de la navigation intérieure, les salariés employés à la construction, à la réparation, l'armement et à l'équipement du bateau.

Le privilège sur les biens meubles du débiteur, institué par le Code du travail en faveur des caisses de congés payés pour le paiement des cotisations qui leur sont dues, n'est soumis à aucune obligation de publicité (■ Cass. com., 14 mars 1995, n° 92-19.637 : *JurisData* n° 1995-000556 ; *JCP* E 1995, pan. 564).

Art. L. 8252-3. – Le salarié étranger mentionné à l'article L. 8252-1 bénéficie des dispositions du Chapitre III du Titre V du Livre II de la troisième partie relatives aux assurances et privilèges de salaire pour les sommes qui lui sont dues en application de cet article.

III. – DROIT EUROPÉEN

Règlement (UE) du Parlement européen et du Conseil n° 2015/848 du 20 mai 2015 relatif aux procédures d'insolvabilité

Bibliographie : J. Kuntz, *La liquidation amiable : une procédure d'insolvabilité au sens du règlement n° 1346/2000 ? : Bull. Joly* 2009, p. 308. • Mélin, *Le règlement n° 1346/2000 du 29 mai 2000 et la coordination des procédures d'insolvabilité : JCP* E 2009, 1022. • Menjucq, *L'efficacité des sûretés à l'épreuve des procédures transfrontalières : Rev. proc. coll.* 2009, étude 12. • Portwood, *Synthèse des jurisprudence européennes en matière de centre des intérêts principaux (COMI) : CDE* 2009, dossier, 29. • Vallens, *Forum shopping : CDE* 2009, dossier, 30. • Menjucq, *La proposition de règlement modifiant le règlement CE n° 1346/2000 : une évolution mais pas de révolution : Rev. proc. coll.* 2013, étude 4. • Roussel Galle, *La proposition de révision du règlement CE n° 1346/2000 : entre prudence et audace : JCP* E 2013, 213 ; *Le droit européen des procédures d'insolvabilité à la croisée des chemins,* Montchrestien, coll. grands colloques, 2012. • Varii auctores, *Les nouvelles avancées du droit européen des entreprises en difficulté : Rev. proc. coll.* 2015, dossiers 1 à 17. • Damman, Menjucq et Roussel Galle, *Le nouveau règlement européen sur les procédures d'insolvabilité : Rev. proc. coll.* 2015, étude 2. • Varii auctores, *Actualité du droit européen de l'insolvabilité : Rev. proc. coll.* 2016, dossiers 28 à 38. • Monsèrié-Bon, *La situation des créanciers titulaires de sûretés réelles dans le règlement insolvabilité : un exemple de « droit positif » in Mélanges Saint-Alary-Houin*, 2020.

LE PARLEMENT EUROPÉEN ET LE CONSEIL DE L'UNION EUROPÉENNE,

vu le traité sur le fonctionnement de l'Union européenne, et notamment son article 81,

vu la proposition de la Commission européenne,

après transmission du projet d'acte législatif aux parlements nationaux,

vu l'avis du Comité économique et social européen (1),

statuant conformément à la procédure législative ordinaire (2),

considérant ce qui suit :

(1) Le 12 décembre 2012, la Commission a adopté un rapport sur l'application du règlement (CE) n° 1346/2000 du Conseil (3). Dans son rapport, la Commission conclut que le règlement fonctionne bien en règle générale, mais qu'il conviendrait d'améliorer l'application de certaines de ses dispositions afin de renforcer l'efficacité de la

(1) *JO* C 271, 19 sept. 2013, p. 55.

(2) Position du Parlement européen du 5 février 2014 (non encore parue au *Journal officiel*) et position du Conseil en première lecture du 12 mars 2015 (non encore parue au *Journal officiel*). Position du Parlement européen du 20 mai 2015 (non encore parue au *Journal officiel*).

(3) Règlement (CE) n° 1346/2000 du Conseil du 29 mai 2000 relatif aux procédures d'insolvabilité (*JO* L 160, 30 juin 2000, p. 1).

gestion des procédures d'insolvabilité transfrontalières. Étant donné que ce règlement a été modifié à plusieurs reprises et que de nouvelles modifications s'imposent, il convient, dans un souci de clarté, de procéder à une refonte dudit règlement.

(2) L'Union s'est fixé pour objectif d'établir un espace de liberté, de sécurité et de justice.

(3) Le bon fonctionnement du marché intérieur exige que les procédures d'insolvabilité transfrontalières fonctionnent de manière efficace et effective. L'adoption du présent règlement est nécessaire pour atteindre cet objectif, qui relève du domaine de la coopération judiciaire civile au sens de l'article 81 du traité.

(4) Les activités des entreprises ont de plus en plus souvent des effets transfrontaliers, et sont dès lors de plus en plus réglementées par le droit de l'Union. L'insolvabilité de telles entreprises affecte également le bon fonctionnement du marché intérieur, et il est nécessaire d'adopter un acte de l'Union qui impose la coordination des mesures à prendre concernant le patrimoine d'un débiteur insolvable.

(5) Il est nécessaire, pour assurer le bon fonctionnement du marché intérieur, d'éviter que les parties ne soient incitées à déplacer des avoirs ou des procédures judiciaires d'un État membre à un autre en vue d'améliorer leur situation juridique au détriment de la masse des créanciers (« forum shopping »).

(6) Le présent règlement devrait comprendre des dispositions régissant la compétence pour l'ouverture de procédures d'insolvabilité et d'actions qui découlent directement de procédures d'insolvabilité et qui y sont étroitement liées. Il devrait, en outre, contenir des dispositions relatives à la reconnaissance et à l'exécution de décisions rendues dans le cadre de ces procédures, ainsi que des dispositions concernant la loi applicable aux procédures d'insolvabilité. Par ailleurs, le présent règlement devrait fixer des règles relatives à la coordination des procédures d'insolvabilité qui se rapportent à un même débiteur ou à plusieurs membres d'un même groupe de sociétés.

(7) Les faillites, les procédures relatives à la liquidation de sociétés ou autres personnes morales insolvables, les concordats et les autres procédures analogues, ainsi que les actions liées à de telles procédures sont exclus du champ d'application du règlement (UE) n° 1215/2012 du Parlement européen et du Conseil (1). Ces procédures devraient être couvertes par le présent règlement. L'interprétation du présent règlement devrait, autant que possible, combler les lacunes réglementaires entre les deux instruments. Toutefois, le simple fait qu'une procédure nationale ne figure pas à l'annexe A du présent règlement ne devrait pas impliquer qu'elle relève du règlement (UE) n° 1215/2012.

(8) Pour atteindre l'objectif visant à améliorer et à accélérer les procédures d'insolvabilité ayant des effets transfrontaliers, il paraît nécessaire et approprié que les dispositions relatives à la compétence, à la reconnaissance et au droit applicable dans ce domaine soient contenues dans un acte de l'Union qui soit obligatoire et directement applicable dans tout État membre.

(9) Le présent règlement devrait s'appliquer aux procédures d'insolvabilité qui remplissent les conditions fixées dans celui-ci, que le débiteur soit une personne physique ou morale, un commerçant ou un particulier. Ces procédures d'insolvabilité sont limitativement énumérées à l'annexe A. En ce qui concerne les procédures nationales qui figurent à l'annexe A, le présent règlement devrait s'appliquer sans que les juridictions d'un autre État membre examinent si les conditions fixées dans le présent règlement sont réunies. Les procédures d'insolvabilité nationales qui ne figurent pas à l'annexe A ne devraient pas relever du présent règlement.

(10) Le champ d'application du présent règlement devrait être étendu aux procédures qui favorisent le redressement d'entreprises économiquement viables mais en difficulté, et qui donnent une seconde chance aux entrepreneurs. Il devrait, en particulier, être étendu aux procédures qui prévoient la restructuration d'un débiteur à un stade où il n'existe qu'une probabilité d'insolvabilité, et aux procédures qui laissent au débiteur le contrôle total ou partiel de ses actifs et de ses affaires. Le champ d'application devrait également être étendu aux procédures prévoyant la décharge ou l'ajustement de dettes en ce qui concerne des consommateurs et des indépendants, par exemple en réduisant le montant à payer par le débiteur ou en allongeant le délai de paiement qui lui est accordé. Étant donné que de telles procédures n'entraînent pas nécessairement la désignation d'un praticien de l'insolvabilité, elles devraient relever du présent règlement si elles sont menées sous le contrôle ou la surveillance d'une juridiction. Dans ce contexte, le terme « contrôle » devrait couvrir les situations dans lesquelles la juridiction n'intervient que sur recours d'un créancier ou d'autres parties intéressées.

(11) Le présent règlement devrait également s'appliquer aux procédures qui prévoient l'octroi d'une suspension provisoire des actions en exécution engagées par des créanciers individuels lorsque ces actions pourraient nuire aux négociations et compromettre les possibilités de restructuration de l'entreprise du débiteur. Ces procédures ne

(1) Règlement (UE) n° 1215/2012 du Parlement européen et du Conseil du 12 décembre 2012 concernant la compétence judiciaire, la reconnaissance et l'exécution des décisions en matière civile et commerciale (*JO* L 351, 20 déc. 2012, p. 1).

devraient pas porter préjudice à la masse des créanciers et, si aucun accord ne peut être dégagé sur un plan de restructuration, elles devraient être préalables à d'autres procédures relevant du présent règlement.

(12) Le présent règlement devrait s'appliquer aux procédures dont l'ouverture est rendue publique afin de permettre aux créanciers de prendre connaissance de la procédure et de produire leurs créances, ce qui garantit le caractère collectif de la procédure, et de leur donner la possibilité de contester la compétence de la juridiction qui a ouvert la procédure.

(13) Par conséquent, les procédures d'insolvabilité qui sont confidentielles devraient être exclues du champ d'application du présent règlement. Même si ces procédures peuvent jouer un rôle important dans certains États membres, il est impossible à un créancier ou à une juridiction établi(e) dans un autre État membre de savoir que de telles procédures ont été ouvertes, du fait de leur caractère confidentiel, et il est donc difficile d'assurer la reconnaissance de leurs effets dans l'ensemble de l'Union.

(14) Les procédures collectives qui relèvent du présent règlement devraient se dérouler avec la participation de la totalité ou d'une partie importante des créanciers auxquels le débiteur doit la totalité ou une part importante de ses dettes en cours, pour autant que cela ne porte pas préjudice aux créances des créanciers qui ne sont pas parties à ces procédures. Celles-ci devraient également englober les procédures auxquelles participent uniquement les créanciers financiers d'un débiteur. Les procédures qui sont engagées sans la participation de la totalité des créanciers d'un débiteur devraient viser au redressement du débiteur. Les procédures conduisant à la cessation définitive des activités du débiteur ou à la liquidation de ses actifs devraient se dérouler avec la participation de la totalité de ses créanciers. En outre, le fait que certaines procédures d'insolvabilité concernant des personnes physiques excluent la possibilité de décharge de dettes pour des catégories spécifiques de créances, telles que les créances alimentaires, ne devrait pas signifier que ces procédures ne sont pas des procédures collectives.

(15) Le présent règlement devrait également s'appliquer aux procédures qui, en vertu du droit de certains États membres, sont ouvertes et menées pendant une certaine période, à titre intérimaire ou provisoire, avant qu'une juridiction ne rende une décision confirmant la poursuite de ces procédures à titre non provisoire. Bien qu'elles soient qualifiées de « provisoires », ces procédures devraient répondre à toutes les autres exigences du présent règlement.

(16) Le présent règlement devrait s'appliquer aux procédures fondées sur des législations relatives à l'insolvabilité. Toutefois, les procédures fondées sur une disposition générale du droit des sociétés qui n'a pas été exclusivement prévue pour les situations d'insolvabilité ne devraient pas être considérées comme fondées sur des législations relatives à l'insolvabilité. De même, les procédures ayant pour objet un ajustement de dettes ne devraient pas englober les procédures spécifiques d'effacement des dettes d'une personne physique ayant de très faibles revenus et des actifs de très faible valeur, à condition que ce type de procédure ne prévoie en aucun cas le paiement de créanciers.

(17) Le champ d'application du présent règlement devrait s'étendre aux procédures déclenchées par des situations dans lesquelles le débiteur rencontre des difficultés non financières, à condition que ces difficultés engendrent une menace réelle et grave pour la capacité actuelle ou future du débiteur à payer ses dettes à l'échéance. La période à prendre en considération aux fins de la détermination d'une telle menace peut être de plusieurs mois ou même davantage, afin de tenir compte des cas où le débiteur rencontre des difficultés non financières qui menacent la continuité de ses activités et, à moyen terme, ses liquidités. Tel peut être le cas, par exemple, si le débiteur a perdu un contrat qui revêt une importance capitale pour lui.

(18) Le présent règlement ne devrait préjuger en rien des règles relatives à la récupération des aides d'État auprès de sociétés insolvables, conformément à la jurisprudence de la Cour de justice de l'Union européenne.

(19) Les procédures d'insolvabilité qui concernent les entreprises d'assurance, les établissements de crédit, les *entreprises d'investissement* et d'autres firmes, établissements ou entreprises couverts par la directive 2001/24/CE du Parlement européen et du Conseil (1) et les organismes de placement collectif devraient être exclues du champ d'application du présent règlement car ceux-ci sont tous soumis à un régime particulier et les autorités nationales de surveillance disposent de pouvoirs d'intervention étendus.

(20) Les procédures d'insolvabilité n'impliquent pas nécessairement l'intervention d'une autorité judiciaire. Par conséquent, le terme « juridiction » employé dans le présent règlement devrait, dans certaines dispositions, être pris au sens large et viser également une personne ou un organe habilité par le droit national à ouvrir des procédures d'insolvabilité. Aux fins de l'application du présent règlement, les procédures (qui comprennent les

(1) Directive 2001/24/CE du Parlement européen et du Conseil du 4 avril 2001 concernant l'assainissement et la liquidation des établissements de crédit (*JO* L 125, 5 mai 2001, p. 15).

actes et formalités inscrits dans la loi) devraient non seulement satisfaire aux dispositions du présent règlement, mais aussi être officiellement reconnues et être exécutoires dans l'État membre dans lequel les procédures d'insolvabilité sont ouvertes.

(21) Les praticiens de l'insolvabilité sont définis dans le présent règlement et sont énumérés à l'annexe B. Les praticiens de l'insolvabilité qui sont désignés sans l'intervention d'une instance judiciaire devraient, en vertu du droit national, faire l'objet d'une réglementation appropriée et être dûment autorisés à agir dans le cadre des procédures d'insolvabilité. Le cadre réglementaire national devrait comporter des dispositions appropriées pour traiter d'éventuels conflits d'intérêts.

(22) Le présent règlement tient compte du fait qu'en raison des divergences considérables qui existent entre les droits matériels, il n'est pas pratique de mettre en place une procédure d'insolvabilité ayant une portée universelle pour toute l'Union. Dans ce contexte, l'application sans exception du droit de l'État d'ouverture de la procédure susciterait fréquemment des difficultés. Cela vaut, par exemple, pour les lois nationales sur les sûretés qui présentent d'importantes divergences selon les États membres. Par ailleurs, les droits préférentiels dont jouissent certains créanciers dans les procédures d'insolvabilité sont, dans certains cas, conçus de manière très différente. Lors de la prochaine révision du présent règlement, il conviendra d'envisager de nouvelles mesures afin d'améliorer les droits préférentiels des travailleurs au niveau européen. Le présent règlement devrait tenir compte de telles divergences entre les législations nationales de deux manières distinctes. D'une part, il convient de prévoir des règles spéciales relatives à la loi applicable à certains droits et situations juridiques particulièrement importants (par exemple les droits réels et les contrats de travail). D'autre part, il y a également lieu d'autoriser, outre une procédure d'insolvabilité principale de portée universelle, des procédures nationales qui ne concernent que les actifs situés dans l'État d'ouverture de la procédure.

(23) Le présent règlement permet d'ouvrir la procédure d'insolvabilité principale dans l'État membre où se situe le centre des intérêts principaux du débiteur. Cette procédure a une portée universelle et vise à inclure tous les actifs du débiteur. En vue de protéger les différents intérêts, le présent règlement permet d'ouvrir des procédures d'insolvabilité secondaires parallèlement à la procédure d'insolvabilité principale. Des procédures d'insolvabilité secondaires peuvent être ouvertes dans l'État membre dans lequel le débiteur a un établissement. Les effets des procédures d'insolvabilité secondaires se limitent aux actifs situés dans cet État. Des règles impératives de coordination avec les procédures d'insolvabilité principales satisfont l'unité nécessaire au sein de l'Union.

(24) Lorsqu'une procédure d'insolvabilité principale a été ouverte à l'encontre d'une personne morale ou d'une société dans un État membre autre que celui dans lequel se situe son siège statutaire, il devrait être possible d'ouvrir une procédure d'insolvabilité secondaire dans l'État membre où se situe son siège statutaire, pour autant que le débiteur exerce une activité économique dans cet État, avec des moyens humains et des actifs, conformément à la jurisprudence de la Cour de justice de l'Union européenne.

(25) Le présent règlement s'applique uniquement aux procédures concernant un débiteur dont le centre des intérêts principaux est situé dans l'Union.

(26) Les règles de compétence contenues dans le présent règlement ne fixent que la compétence internationale, c'est-à-dire qu'elles désignent l'État membre dont les juridictions peuvent ouvrir une procédure d'insolvabilité. La compétence territoriale au sein de cet État membre devrait être déterminée par le droit national de l'État concerné.

(27) Avant d'ouvrir une procédure d'insolvabilité, la juridiction compétente devrait examiner d'office si le centre des intérêts principaux ou l'établissement du débiteur est réellement situé dans son ressort.

(28) Lorsque l'on cherche à déterminer si le centre des intérêts principaux du débiteur est vérifiable par des tiers, il convient d'accorder une attention particulière aux créanciers et à la perception qu'ils ont du lieu où le débiteur gère ses intérêts. Il peut être nécessaire, dans le cas d'un déplacement du centre des intérêts principaux, d'informer les créanciers en temps utile du nouveau lieu à partir duquel le débiteur exerce ses activités, par exemple en attirant l'attention sur le changement d'adresse dans sa correspondance commerciale, ou en rendant publique la nouvelle localisation par d'autres moyens appropriés.

(29) Le présent règlement devrait contenir un certain nombre de garanties visant à empêcher la recherche frauduleuse ou abusive de la juridiction la plus favorable.

(30) Par conséquent, les présomptions selon lesquelles le siège statutaire, le lieu d'activité principal et la résidence habituelle constituent le centre des intérêts principaux devraient être réfragables, et la juridiction compétente d'un État membre devrait examiner attentivement si le centre des intérêts principaux du débiteur se *situe réellement dans cet État membre.* Pour une société, il devrait être possible de renverser cette présomption si l'administration centrale de la société est située dans un État membre autre que celui de son siège statutaire et si une appréciation globale de l'ensemble des éléments pertinents permet d'établir, d'une manière vérifiable par des tiers, que le centre effectif de direction et de contrôle de ladite société ainsi que de la gestion de ses intérêts se situe dans cet autre État membre. Pour une personne physique n'exerçant pas une profession libérale ou toute autre activité d'indépendant, il devrait être possible de renverser cette présomption, par exemple si la majeure partie des

actifs du débiteur est située en dehors de l'État membre de résidence habituelle du débiteur, ou s'il peut être établi que le principal motif de son déménagement était d'ouvrir une procédure d'insolvabilité auprès de la nouvelle juridiction et si l'ouverture de cette procédure risque de nuire sérieusement aux intérêts des créanciers dont les relations avec le débiteur ont débuté avant le déménagement.

(31) Dans le même objectif d'empêcher la recherche frauduleuse ou abusive de la juridiction la plus favorable, la présomption selon laquelle le centre des intérêts principaux est respectivement le lieu du siège statutaire, le lieu d'activité principal d'une personne physique ou sa résidence habituelle ne devrait pas s'appliquer lorsque, respectivement, dans le cas d'une société, d'une personne morale ou d'une personne physique exerçant une profession libérale ou toute autre activité d'indépendant, le débiteur a transféré son siège statutaire ou son lieu d'activité principal dans un autre État membre au cours des trois mois précédant la demande d'ouverture d'une procédure d'insolvabilité ou, dans le cas d'une personne physique n'exerçant pas une profession libérale ou toute autre activité d'indépendant, le débiteur a déplacé sa résidence habituelle dans un autre État membre au cours des six mois précédant la demande d'ouverture d'une procédure d'insolvabilité.

(32) Dans tous les cas, si les circonstances de l'espèce suscitent des doutes quant à la compétence de la juridiction, celle-ci devrait exiger du débiteur un supplément de preuves à l'appui de ses allégations et, si la loi applicable aux procédures d'insolvabilité le permet, donner aux créanciers du débiteur l'occasion de présenter leur point de vue sur la question de la compétence.

(33) Lorsque la juridiction saisie d'une demande d'ouverture d'une procédure d'insolvabilité constate que le centre des intérêts principaux n'est pas situé sur le territoire de l'État dont elle relève, elle ne devrait pas ouvrir de procédure principale d'insolvabilité.

(34) De plus, tout créancier du débiteur devrait disposer d'un droit de recours effectif contre la décision d'ouverture d'une procédure d'insolvabilité. Les conséquences d'un recours contre la décision d'ouverture d'une procédure d'insolvabilité devraient être régies par le droit national.

(35) Les juridictions de l'État membre sur le territoire duquel des procédures d'insolvabilité ont été ouvertes devraient également être compétentes à l'égard des actions qui découlent directement des procédures d'insolvabilité et qui y sont étroitement liées. Ces actions devraient englober les actions révocatoires engagées contre des défendeurs établis dans d'autres États membres, ainsi que les actions concernant des obligations qui naissent au cours d'une procédure d'insolvabilité, comme le paiement anticipé des frais de procédure. En revanche, les actions relatives à l'exécution des obligations résultant d'un contrat conclu par le débiteur avant l'ouverture de la procédure ne découlent pas directement de la procédure. Lorsqu'une telle action est liée à une autre action fondée sur les dispositions générales du droit civil et commercial, le praticien de l'insolvabilité devrait avoir la possibilité de porter les deux actions devant les juridictions du domicile du défendeur, s'il estime qu'il est plus efficace de porter l'action devant ces instances. Il pourrait en être ainsi, par exemple, si le praticien de l'insolvabilité souhaite combiner une action en responsabilité à l'encontre d'un dirigeant fondée sur le droit de l'insolvabilité avec une action fondée sur le droit des sociétés ou sur le droit de la responsabilité civile.

(36) La juridiction compétente pour ouvrir une procédure d'insolvabilité principale devrait être habilitée à ordonner des mesures provisoires et conservatoires à compter de la demande d'ouverture de la procédure. Des mesures conservatoires ordonnées tant avant qu'après le début de la procédure d'insolvabilité sont importantes pour en garantir l'efficacité. Le présent règlement devrait prévoir, à cet égard, différentes possibilités. D'une part, la juridiction compétente pour la procédure d'insolvabilité principale devrait également pouvoir ordonner des mesures provisoires et conservatoires en ce qui concerne les biens situés sur le territoire d'autres États membres. D'autre part, un praticien de l'insolvabilité provisoire désigné avant l'ouverture de la procédure d'insolvabilité principale devrait pouvoir, dans les États membres dans lesquels le débiteur possède un établissement, demander les mesures conservatoires prévues par la loi de ces États membres.

(37) Avant l'ouverture de la procédure d'insolvabilité principale, l'ouverture d'une procédure d'insolvabilité dans *l'État membre où le débiteur a* un établissement ne devrait pouvoir être demandée que par les créanciers locaux et par les autorités publiques, ou lorsque le droit de l'État membre où se situe le centre des intérêts principaux du débiteur ne permet pas d'ouvrir une procédure d'insolvabilité principale. Cette limitation est justifiée par le fait que l'on vise à limiter au strict minimum les cas dans lesquels des procédures d'insolvabilité territoriales indépendantes sont demandées avant la procédure d'insolvabilité principale.

(38) Après l'ouverture de la procédure d'insolvabilité principale, le présent règlement ne fait pas obstacle à la demande d'ouverture d'une procédure d'insolvabilité dans l'État membre où le débiteur a un établissement. Le praticien de l'insolvabilité de la procédure d'insolvabilité principale ou toute autre personne habilitée à cet effet par le droit national de cet État membre peut demander l'ouverture d'une procédure d'insolvabilité secondaire.

(39) Le présent règlement devrait prévoir des règles visant à déterminer la localisation des actifs du débiteur, lesquelles devraient s'appliquer lorsqu'il s'agit de déterminer quels sont les actifs qui relèvent de la procédure

d'insolvabilité principale et ceux qui relèvent de la procédure d'insolvabilité secondaire, ainsi que dans les cas faisant intervenir les droits réels de tiers. En particulier, le présent règlement devrait prévoir que les brevets européens à effet unitaire, une marque communautaire ou tout autre droit analogue, comme le régime de protection communautaire des obtentions végétales ou les dessins ou modèles communautaires, devraient uniquement relever de la procédure d'insolvabilité principale.

(40) Hormis la protection des intérêts locaux, les procédures d'insolvabilité secondaires peuvent poursuivre d'autres objectifs. Ce pourrait être le cas lorsque la masse de l'insolvabilité du débiteur est trop complexe pour être administrée en bloc, ou lorsque les différences entre les systèmes juridiques concernés sont à ce point importantes que des difficultés peuvent résulter de l'extension des effets de la loi de l'État d'ouverture de la procédure aux autres États membres où se trouvent les actifs. C'est la raison pour laquelle le praticien de l'insolvabilité de la procédure d'insolvabilité principale peut demander l'ouverture d'une procédure d'insolvabilité secondaire dans l'intérêt d'une administration efficace de la masse de l'insolvabilité.

(41) Les procédures d'insolvabilité secondaires peuvent également entraver la gestion efficace de la masse de l'insolvabilité. Par conséquent, le présent règlement prévoit deux situations spécifiques dans lesquelles la juridiction saisie d'une demande d'ouverture d'une procédure d'insolvabilité secondaire devrait être en mesure, à la demande du praticien de l'insolvabilité de la procédure d'insolvabilité principale, de reporter ou de refuser l'ouverture d'une telle procédure.

(42) Tout d'abord, le présent règlement confère au praticien de l'insolvabilité de la procédure d'insolvabilité principale la possibilité de prendre, à l'égard des créanciers locaux, l'engagement qu'ils seront traités comme si une procédure d'insolvabilité secondaire avait été ouverte. Cet engagement doit remplir un certain nombre de conditions énoncées dans le présent règlement ; il doit notamment être approuvé par une majorité qualifiée de créanciers locaux. Lorsqu'un tel engagement a été pris, la juridiction saisie d'une demande d'ouverture d'une procédure d'insolvabilité secondaire devrait être en mesure de refuser cette demande si elle a l'assurance que l'engagement protège correctement l'intérêt collectif des créanciers locaux. Lorsqu'elle procède à l'évaluation de cet intérêt collectif, la juridiction devrait tenir compte du fait que l'engagement a été approuvé par une majorité qualifiée de créanciers locaux.

(43) Aux fins de prendre cet engagement à l'égard des créanciers locaux, les actifs et les droits se situant dans l'État membre où le débiteur a un établissement devraient constituer une sous-catégorie dans la masse de l'insolvabilité et, lors de la répartition de ceux-ci ou des produits résultant de leur réalisation, le praticien de l'insolvabilité de la procédure d'insolvabilité principale devrait respecter les droits de priorité qui auraient été conférés aux créanciers si une procédure d'insolvabilité secondaire avait été ouverte dans cet État membre.

(44) Le droit national devrait être applicable, le cas échéant, en ce qui concerne l'approbation d'un engagement. En particulier, lorsque, en vertu du droit national, les règles de vote applicables à l'adoption d'un plan de restructuration exigent l'approbation préalable des créances des créanciers, celles-ci devraient être réputées approuvées aux fins du vote sur l'engagement. Si différentes procédures sont prévues pour l'adoption de plans de restructuration par le droit national, les États membres devraient désigner la procédure spécifique qui devrait être pertinente dans ce contexte.

(45) Par ailleurs, le présent règlement devrait prévoir la possibilité, pour la juridiction, de suspendre provisoirement l'ouverture d'une procédure d'insolvabilité secondaire lorsqu'une suspension provisoire des poursuites individuelles a été accordée dans le cadre de la procédure d'insolvabilité principale, de manière à préserver l'efficacité de la suspension accordée dans le cadre de la procédure d'insolvabilité principale. La juridiction devrait être en mesure d'accorder la suspension provisoire si elle a l'assurance que des mesures adéquates sont en place pour protéger l'intérêt général des créanciers locaux. Dans ce cas, tous les créanciers qui pourraient être affectés par les résultats des négociations relatives à un plan de restructuration devraient être informés de ces négociations et être autorisés à y participer.

(46) Pour assurer une protection effective des intérêts locaux, le praticien de l'insolvabilité de la procédure d'insolvabilité principale ne devrait pas être en mesure de réaliser ou de déplacer, de manière abusive, les actifs se trouvant dans l'État membre où un établissement est situé, en particulier dans le but d'éluder la possibilité que ces intérêts puissent être effectivement satisfaits en cas d'ouverture ultérieure d'une procédure d'insolvabilité secondaire.

(47) Le présent règlement ne devrait pas empêcher les juridictions de l'État membre dans lequel une procédure *d'insolvabilité secondaire a été ouverte de sanctionner* les dirigeants du débiteur pour violation de leurs obligations, pour autant que lesdites juridictions soient compétentes pour connaître de ces litiges en vertu de leur droit national.

(48) La procédure d'insolvabilité principale et les procédures d'insolvabilité secondaires peuvent contribuer à la gestion efficace de la masse de l'insolvabilité du débiteur ou à la réalisation effective de la totalité des actifs s'il existe une bonne coopération entre les acteurs intervenant dans toutes les procédures parallèles. Une bonne

coopération suppose une coopération étroite entre les différents praticiens de l'insolvabilité et les juridictions concernées, qui doit notamment comprendre un échange d'informations suffisant. Pour garantir le rôle prédominant de la procédure d'insolvabilité principale, il convient d'accorder au praticien de l'insolvabilité de cette procédure plusieurs possibilités d'intervention dans les procédures d'insolvabilité secondaires en cours au même moment. Le praticien de l'insolvabilité devrait notamment être en mesure de proposer un plan de restructuration ou un concordat, ou de demander la suspension de la réalisation des actifs dans le cadre des procédures d'insolvabilité secondaires. Dans le cadre de leur coopération, les praticiens de l'insolvabilité et les juridictions devraient tenir compte des meilleures pratiques en matière de coopération dans les affaires d'insolvabilité transfrontalières, telles qu'elles sont énoncées dans les principes et lignes directrices concernant la communication et la coopération adoptés par les organisations européennes et internationales actives dans le domaine du droit de l'insolvabilité, et en particulier dans les lignes directrices pertinentes élaborées par la Commission des Nations unies pour le droit commercial international (CNUDCI).

(49) À la lumière d'une telle coopération, les praticiens de l'insolvabilité et les juridictions devraient pouvoir conclure des accords et des protocoles aux fins de faciliter la coopération transfrontalière pour des procédures d'insolvabilité multiples ouvertes dans différents États membres en ce qui concerne le même débiteur ou des membres du même groupe de sociétés, lorsque cela est compatible avec les règles applicables à chacune des procédures. Ces accords et protocoles sont susceptibles de différer en ce qu'ils peuvent, en termes de forme, être écrits ou oraux, et en termes de champ d'application, varier de génériques à spécifiques, et ils peuvent être conclus par différentes parties. Les accords génériques simples peuvent insister sur la nécessité d'une étroite coopération entre les parties, sans traiter de questions spécifiques, tandis que les accords spécifiques, plus détaillés, peuvent établir un cadre de principes visant à régir les procédures d'insolvabilité multiples et peuvent être approuvés par les juridictions concernées, lorsque le droit national l'exige. Ils peuvent refléter un accord entre les parties visant à prendre, ou à s'abstenir de prendre, certaines mesures ou actions.

(50) De même, les juridictions de différents États membres peuvent coopérer en coordonnant la désignation de praticiens de l'insolvabilité. Dans ce contexte, elles peuvent désigner un seul praticien de l'insolvabilité pour plusieurs procédures d'insolvabilité concernant le même débiteur ou pour différents membres d'un groupe de sociétés, pour autant ce soit compatible avec les règles applicables à chacune des procédures, en particulier avec les exigences éventuelles en matière de qualification et d'agrément du praticien de l'insolvabilité.

(51) Le présent règlement devrait assurer la gestion efficace des procédures d'insolvabilité qui concernent différentes sociétés faisant partie d'un groupe de sociétés.

(52) Lorsque des procédures d'insolvabilité concernant plusieurs sociétés d'un même groupe ont été ouvertes, il convient d'instaurer une bonne coopération entre les acteurs intervenant dans lesdites procédures. Les divers praticiens de l'insolvabilité et les juridictions concernées devraient donc être soumis à une obligation de coopérer et de communiquer entre eux similaire à celle incombant à ceux qui interviennent dans la procédure d'insolvabilité principale et les procédures d'insolvabilité secondaires concernant le même débiteur. La coopération entre les praticiens de l'insolvabilité ne devrait pas aller à l'encontre des intérêts des créanciers dans chacune des procédures, et l'objectif de cette coopération devrait être de trouver une solution qui fasse jouer les synergies au sein du groupe.

(53) L'instauration de règles relatives aux procédures d'insolvabilité de groupes de sociétés ne devrait pas limiter la possibilité, pour une juridiction, d'ouvrir une procédure d'insolvabilité à l'égard de plusieurs sociétés d'un même groupe et d'exercer sa compétence en tant que juridiction unique, si elle constate que le centre des intérêts principaux de ces sociétés se situe dans un seul État membre. Dans un tel cas, la juridiction devrait également être en mesure de désigner, s'il y a lieu, le même praticien de l'insolvabilité dans toutes les procédures en cause, pour autant que ce ne soit pas incompatible avec les règles applicables à ces procédures.

(54) En vue d'améliorer encore la coordination des procédures d'insolvabilité ouvertes à l'encontre des membres d'un groupe de sociétés, et afin de permettre une restructuration coordonnée du groupe, le présent règlement *devrait introduire des* règles de procédure relatives à la coordination des procédures d'insolvabilité ouvertes à l'encontre des membres d'un groupe de sociétés. Il convient, à cet égard, de s'efforcer de garantir l'efficacité de la coordination, tout en respectant la personnalité morale distincte de chaque membre du groupe.

(55) Un praticien de l'insolvabilité désigné dans une procédure d'insolvabilité ouverte à l'encontre d'un membre d'un groupe de sociétés devrait pouvoir demander l'ouverture d'une procédure de coordination collective. Néanmoins, lorsque la loi applicable à l'insolvabilité l'exige, ce praticien de l'insolvabilité devrait être dûment agréé à cet effet avant de faire une telle demande. La demande devrait préciser les éléments essentiels de la coordination, et en particulier exposer les grandes lignes du programme de coordination, inclure une proposition concernant la personne qu'il convient de désigner en tant que coordinateur et donner un aperçu des coûts estimés de la coordination.

(56) Afin de garantir la nature volontaire des procédures de coordination collective, les praticiens de l'insolvabilité concernés devraient pouvoir s'opposer à leur participation à la procédure dans un délai donné. Afin que les praticiens de l'insolvabilité concernés puissent décider en connaissance de cause de leur participation à la

procédure de coordination collective, ils devraient être informés à un stade précoce des éléments essentiels de la coordination. Toutefois, tout praticien de l'insolvabilité qui s'est initialement opposé à une participation à la procédure de coordination collective devrait pouvoir demander ultérieurement à y participer. Dans cette éventualité, le coordinateur devrait prendre une décision concernant la recevabilité de la demande. Tous les praticiens de l'insolvabilité, y compris le praticien de l'insolvabilité requérant, devraient être informés de la décision du coordinateur et avoir la possibilité de contester cette décision devant la juridiction qui a ouvert la procédure de coordination collective.

(57) Une procédure de coordination collective devrait toujours viser à faciliter la gestion efficace de la procédure d'insolvabilité ouverte à l'encontre des membres du groupe et à avoir une incidence globalement positive sur les créanciers. Le présent règlement devrait donc garantir que la juridiction saisie d'une demande d'ouverture d'une procédure de coordination collective procède à une évaluation de ces critères avant d'ouvrir une telle procédure.

(58) Les coûts d'une procédure de coordination collective ne devraient pas l'emporter sur ses avantages. Il est, par conséquent, nécessaire de veiller à ce que les coûts de la coordination, ainsi que la répartition de ces coûts entre les membres du groupe, soient adéquats, proportionnés et raisonnables, et soient déterminés conformément au droit national de l'État membre dans lequel la procédure de coordination collective a été ouverte. Les praticiens de l'insolvabilité concernés devraient également avoir la possibilité de contrôler ces coûts à un stade précoce de la procédure. Lorsque le droit national l'exige, le contrôle des coûts à un stade précoce de la procédure pourrait impliquer, dans le chef du praticien de l'insolvabilité, de demander l'approbation d'une juridiction ou d'un comité de créanciers.

(59) Lorsque le coordinateur estime que sa mission ne peut être accomplie sans une augmentation importante des coûts par rapport à l'estimation des coûts réalisée initialement et, en tout état de cause, dès lors que les coûts sont supérieurs de 10 % aux coûts estimés, le coordinateur devrait être autorisé par la juridiction qui a ouvert la procédure de coordination collective à dépasser ces coûts. Avant de prendre sa décision, la juridiction qui a ouvert la procédure de coordination collective devrait donner aux praticiens de l'insolvabilité participants la possibilité d'être entendus devant elle, afin qu'ils puissent communiquer leurs observations sur le bien-fondé de la demande du coordinateur.

(60) Pour les membres d'un groupe de sociétés qui ne participent pas à une procédure de coordination collective, le présent règlement devrait également prévoir un autre mécanisme de coordination qui permette de mener à bien une restructuration coordonnée du groupe. Un praticien de l'insolvabilité désigné dans une procédure relative à un membre d'un groupe de sociétés devrait avoir qualité pour demander la suspension de toute mesure liée à la réalisation des actifs dans le cadre de la procédure ouverte à l'encontre d'autres membres du groupe qui ne font pas l'objet d'une procédure de coordination collective. Cette suspension ne devrait pouvoir être demandée que si un plan de restructuration est présenté pour les membres du groupe concernés, si le plan est dans l'intérêt des créanciers concernés par la procédure pour laquelle la suspension est demandée, et si la suspension est nécessaire pour garantir la bonne mise en œuvre du plan.

(61) Le présent règlement ne devrait pas empêcher les États membres d'établir des règles nationales qui viendraient compléter les règles régissant la coopération, la communication et la coordination en ce qui concerne l'insolvabilité de membres de groupes de sociétés qui sont énoncées dans le présent règlement, pour autant que le champ d'application de ces règles nationales se limite à la compétence nationale et que leur mise en œuvre ne porte pas préjudice à l'efficacité des règles prévues par le présent règlement.

(62) Les règles régissant la coopération, la communication et la coordination dans le cadre de l'insolvabilité de membres d'un groupe de sociétés prévues au présent règlement ne devraient s'appliquer que dans la mesure où les procédures concernant différents membres d'un même groupe de sociétés ont été ouvertes dans plus d'un État membre.

(63) Tout créancier ayant sa résidence habituelle, son domicile ou son siège statutaire dans l'Union devrait avoir le droit de produire ses créances dans le cadre de chacune des procédures d'insolvabilité en cours dans l'Union en ce qui concerne les actifs du débiteur. Cela devrait s'appliquer également aux autorités fiscales et aux organismes de sécurité sociale. Le présent règlement ne devrait pas empêcher le praticien de l'insolvabilité de produire des créances au nom de certains groupes de créanciers, par exemple au nom des travailleurs, si le droit national le prévoit. Toutefois, afin d'assurer l'égalité de traitement des créanciers, il convient de coordonner la répartition du produit de la réalisation. Chaque créancier devrait pouvoir effectivement conserver ce qu'il a obtenu dans le cadre d'une procédure d'insolvabilité, mais il ne devrait pas pouvoir participer à la répartition de la totalité des actifs effectuée dans le cadre d'une autre procédure tant que les créanciers du même rang n'auront pas obtenu, en pourcentage, un dividende équivalent.

(64) Il est essentiel que les créanciers ayant leur résidence habituelle, leur domicile ou leur siège statutaire dans l'Union soient informés de l'ouverture d'une procédure d'insolvabilité portant sur les actifs de leur débiteur. Afin d'assurer une transmission rapide des informations aux créanciers, le règlement (CE) n° 1393/2007 du Parlement

européen et du Conseil (1) ne devrait pas s'appliquer lorsque le présent règlement évoque l'obligation d'informer les créanciers. L'utilisation de formulaires uniformisés disponibles dans toutes les langues officielles des institutions de l'Union devrait faciliter la tâche des créanciers qui produisent leurs créances dans le cadre de procédures ouvertes dans un autre État membre. La question des conséquences découlant de la présentation d'un formulaire uniformisé incomplet devrait relever du droit national.

(65) Le présent règlement devrait prévoir la reconnaissance immédiate des décisions relatives à l'ouverture, au déroulement et à la clôture d'une procédure d'insolvabilité qui relève de son champ d'application, ainsi que des décisions qui ont un lien direct avec cette procédure d'insolvabilité. La reconnaissance automatique devrait dès lors entraîner l'extension à tous les autres États membres des effets attribués à cette procédure par la loi de l'État membre d'ouverture de la procédure. La reconnaissance des décisions rendues par les juridictions des États membres devrait reposer sur le principe de la confiance mutuelle. À cet égard, les motifs de non-reconnaissance devraient être réduits au minimum nécessaire. Ce principe devrait également prévaloir lors de la résolution d'un conflit lorsque les juridictions de deux États membres se considèrent toutes deux compétentes pour ouvrir la procédure d'insolvabilité principale. La décision de la juridiction qui ouvre la première la procédure devrait être reconnue dans tous les autres États membres, sans que ceux-ci aient la faculté de soumettre la décision de cette juridiction à un contrôle.

(66) Le présent règlement devrait, dans les matières visées par celui-ci, établir des règles de conflit de lois uniformes qui remplacent, dans le cadre de leur champ d'application, les règles nationales du droit international privé. Sauf disposition contraire, la loi de l'État membre d'ouverture de la procédure devrait être applicable (*lex concursus*). Cette règle de conflit de lois devrait s'appliquer tant à la procédure d'insolvabilité principale qu'aux procédures locales. La *lex concursus* détermine tous les effets de la procédure d'insolvabilité, qu'ils soient procéduraux ou substantiels, sur les personnes et les rapports juridiques concernés. Elle régit toutes les conditions liées à l'ouverture, au déroulement et à la clôture de la procédure d'insolvabilité.

(67) La reconnaissance automatique d'une procédure d'insolvabilité à laquelle s'applique normalement la loi de l'État d'ouverture de la procédure peut interférer avec les règles en vertu desquelles les transactions sont réalisées dans d'autres États membres. Pour protéger la confiance légitime et la sécurité des transactions dans des États membres différents de celui de l'ouverture de la procédure, il convient de prévoir des dispositions visant un certain nombre d'exceptions à la règle générale.

(68) Il est particulièrement nécessaire de prévoir, pour les droits réels, un rattachement particulier qui déroge à la loi de l'État d'ouverture de la procédure, étant donné que ces droits revêtent une importance considérable pour l'octroi de crédits. Dès lors, la justification, la validité et la portée des droits réels devraient normalement être déterminés en vertu de la loi du lieu de situation et ne pas être affectés par l'ouverture d'une procédure d'insolvabilité. Le titulaire d'un droit réel devrait pouvoir ainsi continuer de faire valoir son droit de séparer la garantie de la masse. Si, en vertu de la loi du lieu de situation, les actifs sont soumis à des droits réels dans un État membre, mais la procédure d'insolvabilité principale est engagée dans un autre État membre, le praticien de l'insolvabilité de la procédure d'insolvabilité principale devrait pouvoir demander l'ouverture d'une procédure d'insolvabilité secondaire dans l'État membre où sont nés les droits réels dans la mesure où le débiteur a un établissement dans cet État. Si aucune procédure d'insolvabilité secondaire n'est ouverte, tout excédent du produit de la vente d'un actif soumis à des droits réels devrait être versé au praticien de l'insolvabilité de la procédure d'insolvabilité principale.

(69) Le présent règlement prévoit plusieurs dispositions permettant à une juridiction d'ordonner la suspension, soit d'une procédure d'ouverture, soit d'une procédure d'exécution. Une telle suspension ne devrait pas porter préjudice aux droits réels de créanciers ou de tiers.

(70) Si la loi de l'État d'ouverture de la procédure n'autorise pas la compensation de créances, un créancier devrait néanmoins *avoir droit à une compensation* si celle-ci est possible en vertu de la loi applicable à la créance du débiteur insolvable. La compensation deviendrait ainsi une sorte de garantie régie par une loi dont le créancier concerné peut se prévaloir au moment de la naissance de la créance.

(71) Il existe aussi un besoin de protection particulier en ce qui concerne les systèmes de paiement et les marchés financiers, par exemple en rapport avec la compensation et la liquidation prévues dans ces systèmes, ainsi que la cession de titres et les sûretés constituées pour ces transactions, conformément, notamment, à la

(1) Règlement (CE) n° 1393/2007 du Parlement européen et du Conseil du 13 novembre 2007 relatif à la signification et à la notification dans les États membres des actes judiciaires et extrajudiciaires en matière civile ou commerciale (signification ou notification des actes), et abrogeant le règlement (CE) n° 1348/2000 du Conseil (*JO* L 324, 10 déc. 2007, p. 79).

directive 98/26/CE du Parlement européen et du Conseil (1). Seule la loi applicable au système ou au marché concerné devrait s'appliquer à ces transactions. Cette loi vise à éviter toute modification des mécanismes de paiement et de règlement des transactions, prévus dans des systèmes de paiement ou de règlement ou sur les marchés financiers réglementés des États membres, en cas d'insolvabilité d'une des parties à une transaction. La directive 98/26/CE contient des dispositions particulières qui devraient prévaloir sur les règles générales prévues par le présent règlement.

(72) Aux fins de la protection des travailleurs et des emplois, les effets de la procédure d'insolvabilité sur la poursuite ou la cessation des relations de travail et sur les droits et les obligations de chaque partie à ces relations devraient être déterminés par la loi applicable au contrat de travail concerné en vertu des règles générales de conflit de lois. En outre, lorsque la résiliation des contrats de travail requiert l'approbation d'une juridiction ou d'une autorité administrative, l'État membre dans lequel se situe un établissement du débiteur devrait demeurer compétent pour donner cette approbation, même si aucune procédure d'insolvabilité n'a été ouverte dans cet État membre. Toute autre question relative à l'insolvabilité, telle que, par exemple, celle de savoir si les créances des travailleurs sont garanties par un privilège et quel est le rang éventuel de ce privilège, devrait être déterminée par la loi de l'État membre dans lequel la procédure d'insolvabilité (principale ou secondaire) a été ouverte, sauf si un engagement a été pris afin d'éviter une procédure d'insolvabilité secondaire, conformément au présent règlement.

(73) La loi applicable aux effets de la procédure d'insolvabilité sur une action en justice ou une procédure arbitrale en cours concernant un bien ou un droit qui fait partie de la masse de l'insolvabilité du débiteur devrait être la loi de l'État membre dans lequel l'action en justice est en cours ou dans lequel l'instance arbitrale a son siège. Néanmoins, cette règle ne devrait pas affecter les règles nationales en vigueur en matière de reconnaissance et d'exécution des sentences arbitrales.

(74) Afin de tenir compte des particularités procédurales des systèmes judiciaires de certains États membres, il convient de prévoir la souplesse nécessaire concernant certaines règles prévues par le présent règlement. Ainsi, lorsque, dans le présent règlement, il est fait référence à la notification adressée par une instance judiciaire d'un État membre, cela devrait inclure, si les règles de procédure de l'État membre le requièrent, la décision de ladite instance judiciaire de faire procéder à cette notification.

(75) Dans l'intérêt des transactions, il convient, à la demande du praticien de l'insolvabilité, de publier le contenu essentiel de la décision d'ouverture de la procédure, dans un État membre autre que celui où se situe la juridiction qui a rendu ladite décision. S'il existe un établissement dans l'État membre concerné, la publication de cette information devrait être obligatoire. Dans les deux cas, la publication ne devrait toutefois pas être une condition préalable de la reconnaissance de la procédure menée dans un autre État membre.

(76) Afin d'améliorer la communication d'informations aux créanciers et juridictions concernés et d'éviter l'ouverture de procédures d'insolvabilité parallèles, les États membres devraient être tenus de publier les informations pertinentes relatives aux affaires d'insolvabilité transfrontalières dans un registre électronique accessible à tous. Pour permettre aux juridictions et aux créanciers domiciliés ou établis dans d'autres États membres d'accéder aisément à cette information, le présent règlement devrait prévoir l'interconnexion de ces registres d'insolvabilité par l'intermédiaire du portail européen e-Justice. Les États membres devraient être libres de publier les informations pertinentes dans plusieurs registres, et il devrait être possible d'interconnecter plusieurs registres par État membre.

(77) Le présent règlement devrait fixer les informations minimales à publier dans les registres d'insolvabilité. Les États membres ne devraient pas être empêchés d'y faire figurer d'autres informations. Lorsque le débiteur est une personne physique, les registres d'insolvabilité ne devraient obligatoirement indiquer qu'un numéro d'enregistrement si le débiteur exerce une profession libérale ou toute autre activité d'indépendant. Ce numéro d'enregistrement devrait s'entendre comme étant le numéro d'enregistrement unique de la profession libérale ou de toute autre activité d'indépendant exercée par le débiteur, publié au registre des sociétés, le cas échéant.

(78) Les informations relatives à certains aspects de la procédure d'insolvabilité sont essentielles pour les créanciers, comme par exemple les délais fixés pour la production des créances ou pour attaquer les décisions. Le présent règlement ne devrait toutefois pas obliger les États membres à calculer ces délais au cas par cas. Les États membres devraient pouvoir s'acquitter des obligations qui leur incombent en ajoutant, sur le portail européen *e-Justice, des hyperliens permettant d'obtenir* des informations suffisamment explicites sur les critères à utiliser pour calculer ces délais.

(1) Directive 98/26/CE du Parlement européen et du Conseil du 19 mai 1998 concernant le caractère définitif du règlement dans les systèmes de paiement et de règlement des opérations sur titres (*JO* L 166, 11 juin 1998, p. 45).

(79) Pour assurer une protection suffisante des informations relatives aux personnes physiques n'exerçant pas une profession libérale ou toute autre activité d'indépendant, les États membres devraient être en mesure de subordonner l'accès à ces informations à des critères de recherche supplémentaires tels que le numéro d'identification personnel du débiteur, son adresse, sa date de naissance ou le ressort de la juridiction compétente, ou subordonner cet accès à une demande adressée à l'autorité compétente ou à la vérification de l'existence d'un intérêt légitime.

(80) Les États membres devraient également avoir la possibilité de ne pas faire figurer dans leurs registres d'insolvabilité des informations relatives aux personnes physiques n'exerçant pas une profession libérale ou toute autre activité d'indépendant. Dans ce cas, les États membres devraient veiller à ce que les informations pertinentes soient fournies aux créanciers par l'envoi individuel d'une note, et à ce que la procédure ne porte pas atteinte aux créances des créanciers qui n'ont pas reçu ces informations.

(81) Il se peut qu'une partie des personnes concernées ne soit pas au courant de l'ouverture de la procédure d'insolvabilité et agisse de bonne foi en contradiction avec les nouvelles circonstances. Afin de protéger ces personnes qui, dans l'ignorance de l'ouverture de la procédure dans un autre État membre, effectuent un paiement au profit du débiteur au lieu du praticien de l'insolvabilité dans un autre État membre, il convient de prévoir le caractère libératoire de ce paiement.

(82) Afin d'assurer des conditions uniformes d'exécution du présent règlement, il convient de conférer des compétences d'exécution à la Commission. Ces compétences devraient être exercées en conformité avec le règlement (UE) n° 182/2011 du Parlement européen et du Conseil (1).

(83) Le présent règlement respecte les droits fondamentaux et observe les principes consacrés par la charte des droits fondamentaux de l'Union européenne. Le présent règlement vise, en particulier, à encourager l'application des articles 8, 17 et 47 qui concernent, respectivement, la protection des données à caractère personnel, le droit de propriété et le droit à un recours effectif et à accéder à un tribunal impartial.

(84) La directive 95/46/CE du Parlement européen et du Conseil (2) et le règlement (CE) n° 45/2001 du Parlement européen et du Conseil (3) sont applicables au traitement des données à caractère personnel effectué dans le cadre du présent règlement.

(85) Le présent règlement s'applique sans préjudice du règlement (CEE, Euratom) n° 1182/71 du Conseil (4).

(86) Étant donné que l'objectif du présent règlement ne peut pas être atteint de manière suffisante par les États membres mais peut, en raison de la création d'un cadre juridique pour la bonne administration des procédures d'insolvabilité transfrontalières, l'être mieux au niveau de l'Union, celle-ci peut prendre des mesures, conformément au principe de subsidiarité consacré à l'article 5 du traité sur l'Union européenne. Conformément au principe de proportionnalité tel qu'énoncé audit article, le présent règlement n'excède pas ce qui est nécessaire pour atteindre cet objectif.

(87) Conformément à l'article 3 et à l'article 4 *bis*, paragraphe 1, du protocole n° 21 sur la position du Royaume-Uni et de l'Irlande à l'égard de l'espace de liberté, de sécurité et de justice, annexé au traité sur l'Union européenne et au traité sur le fonctionnement de l'Union européenne, ces États membres ont notifié leur souhait de participer à l'adoption et à l'application du présent règlement.

(88) Conformément aux articles 1er et 2 du protocole n° 22 sur la position du Danemark annexé au traité sur l'Union européenne et au traité sur le fonctionnement de l'Union européenne, le Danemark ne participe pas à l'adoption du présent règlement et n'est pas lié par celui-ci ni soumis à son application.

(89) Le Contrôleur européen de la protection des données a été consulté et a rendu un avis le 27 mars 2013 (5),

(1) Règlement (UE) n° 182/2011 du Parlement européen et du Conseil du 16 février 2011 établissant les règles et principes généraux relatifs aux modalités de contrôle par les États membres de l'exercice des compétences d'exécution par la Commission (*JO* L 55, 28 févr. 2011, p. 13).

(2) Directive 95/46/CE du Parlement européen et du Conseil du 24 octobre 1995 relative à la protection des personnes physiques à l'égard du traitement des données à caractère personnel et à la libre circulation de ces données (*JO* L 281, 23 nov. 1995, p. 31).

(3) Règlement (CE) n° 45/2001 du Parlement européen et du Conseil du 18 décembre 2000 relatif à la protection des personnes physiques à l'égard du traitement des données à caractère personnel par les institutions et organes communautaires et à la libre circulation de ces données (*JO* L 8, 12 janv. 2001, p. 1).

(4) Règlement (CEE, Euratom) n° 1182/71 du Conseil du 3 juin 1971 portant détermination des règles applicables aux délais, aux dates et aux termes (*JO* L 124, 8 juin 1971, p. 1).

(5) *JO* C 358, 7 déc. 2013, p. 15.

ONT ADOPTÉ LE PRÉSENT RÈGLEMENT :

CHAPITRE I. – DISPOSITIONS GÉNÉRALES

Art. 1er. – *Champ d'application.* **– 1. Le présent règlement s'applique aux procédures collectives publiques, y compris les procédures provisoires, qui sont fondées sur des législations relatives à l'insolvabilité et au cours desquelles, aux fins d'un redressement, d'un ajustement de dettes, d'une réorganisation ou d'une liquidation :**

a) **un débiteur est totalement ou partiellement dessaisi de ses actifs et un praticien de l'insolvabilité est désigné ;**

b) **les actifs et les affaires d'un débiteur sont soumis au contrôle ou à la surveillance d'une juridiction ; ou**

c) **une suspension provisoire des poursuites individuelles est accordée par une juridiction ou de plein droit pour permettre des négociations entre le débiteur et ses créanciers, pour autant que la procédure pour laquelle la suspension est accordée prévoie des mesures adéquates pour protéger la masse des créanciers et, si aucun accord n'est dégagé, qu'elle soit préalable à l'une des procédures visées au point *a)* ou *b)*.**

Lorsque les procédures visées au présent paragraphe peuvent être engagées dans des situations où il n'existe qu'une probabilité d'insolvabilité, leur objectif doit être d'éviter l'insolvabilité du débiteur ou la cessation de ses activités.

La liste des procédures visées au présent paragraphe figure à l'annexe A.

2. Le présent règlement ne s'applique pas aux procédures visées au paragraphe 1 qui concernent :

a) **les entreprises d'assurance ;**

b) **les établissements de crédit ;**

c) **les entreprises d'investissement et autres firmes, établissements ou entreprises, pour autant qu'ils relèvent de la directive 2001/24/CE ; ou**

d) **les organismes de placement collectif.**

1) Application à la sauvegarde. Dès lors qu'une procédure est inscrite à l'annexe A, elle doit être considérée comme relevant du champ d'application du règlement, ce qui est le cas de la sauvegarde (■ CJUE, 22 nov. 2012, aff. C-116/11 : *JCP* G 2012, 1050, note L. d'Avout ; *JCP* G 2013, 1134, n° 10, obs. M. Menjucq ; *Rev. proc. coll.* 2013, comm. 29, obs. T. Mastrullo).

2) Implication de deux États membres. En ce sens que cette condition n'est pas exigée et que le règlement peut s'appliquer lorsque le seul lien d'extranéité concerne un État tiers, V. ■ CJUE, 16 janv. 2014, aff. C-328/12 : *JurisData* n° 2014-002085 ; *Gaz. Pal.* 29 juin-1er juill. 2014, p. 19, obs. Henry ; *Rev. proc. coll.* 2014, étude 16, obs. crit. Vallens ; *D.* 2014, p. 915, note Jault-Seseke et Robine).

Art. 2. – *Définitions.* **– Aux fins du présent règlement, on entend par :**

1) « procédures collectives », les procédures auxquelles participe la totalité ou une partie importante des créanciers d'un débiteur, pour autant que, dans ce dernier cas, les procédures ne portent pas atteinte aux créances des créanciers qui ne sont pas parties à ces procédures ;

2) « organismes de placement collectifs », les organismes de placement collectif en valeurs mobilières (OPCVM) au sens de la directive 2009/65/CE du Parlement européen et du Conseil (1) **et les fonds d'investissement alternatifs (FIA) au sens de la directive 2011/61/UE du Parlement européen et du Conseil** (2) **;**

3) « débiteur non dessaisi », un débiteur à l'encontre duquel une procédure d'insolvabilité a été ouverte, qui n'implique pas nécessairement la désignation d'un praticien de l'insolvabilité ou le transfert de l'ensemble des droits et des devoirs de gestion des actifs du débiteur à un praticien de l'insolvabilité et dans le cadre de laquelle le débiteur continue, dès lors, de contrôler en totalité ou au moins en partie ses actifs et ses affaires ;

4) « procédure d'insolvabilité », les procédures mentionnées sur la liste figurant à l'annexe A ;

---

(1) *Directive 2009/65/CE* du Parlement européen et du Conseil du 13 juillet 2009 portant coordination des dispositions législatives, réglementaires et administratives concernant certains organismes de placement collectif en valeurs mobilières (OPCVM) (*JO* L 302, 17 nov. 2009, p. 32).

(2) Directive 2011/61/UE du Parlement européen et du Conseil du 8 juin 2011 sur les gestionnaires de fonds d'investissement alternatifs et modifiant les directives 2003/41/CE et 2009/65/CE ainsi que les règlements (CE) n° 1060/2009 et (UE) n° 1095/2010 (*JO* L 174, 1 juill. 2011, p. 1).

5) « praticien de l'insolvabilité », toute personne ou tout organe dont la fonction, y compris à titre intérimaire, consiste à :

i) vérifier et admettre les créances soumises dans le cadre d'une procédure d'insolvabilité ;

ii) représenter l'intérêt collectif des créanciers ;

iii) administrer, en tout ou en partie, les actifs dont le débiteur est dessaisi ;

iv) liquider les actifs visés au point iii) ; ou

v) surveiller la gestion des affaires du débiteur.

La liste des personnes et organes visés au premier alinéa figure à l'annexe B ;

6) « juridiction » :

i) à l'article 1er, paragraphe 1, points *b)* et *c)*, à l'article 4, paragraphe 2, aux articles 5 et 6, à l'article 21, paragraphe 3, à l'article 24, paragraphe 2, point *j)*, aux articles 36 et 39 et aux articles 61 à 77, l'organe judiciaire d'un État membre ;

ii) dans tous les autres articles, l'organe judiciaire ou tout autre organe compétent d'un État membre habilité à ouvrir une procédure d'insolvabilité, à confirmer l'ouverture d'une telle procédure ou à prendre des décisions au cours d'une telle procédure ;

7) « décision d'ouverture de la procédure d'insolvabilité », une décision qui comprend :

i) la décision de toute juridiction d'ouvrir une procédure d'insolvabilité ou de confirmer l'ouverture d'une telle procédure ; et

ii) la décision d'une juridiction de désigner un praticien de l'insolvabilité ;

8) « moment de l'ouverture de la procédure », le moment auquel la décision d'ouverture de la procédure d'insolvabilité prend effet, que cette décision soit ou non définitive ;

9) « État membre dans lequel les actifs sont situés » :

i) pour les actions nominatives de sociétés autres que celles visées au point ii), l'État membre sur le territoire duquel la société qui a émis les actions a son siège statutaire ;

ii) pour les instruments financiers dont la propriété est prouvée par une inscription dans un registre ou sur un compte tenu par un intermédiaire ou au nom d'un intermédiaire (« titres en compte courant »), l'État membre dans lequel est tenu le registre ou le compte où figure l'inscription ;

iii) pour les espèces détenues sur des comptes ouverts auprès d'un établissement de crédit, l'État membre mentionné dans le code IBAN du compte ou, pour les espèces détenues sur des comptes ouverts auprès d'un établissement de crédit ne possédant pas de code IBAN, l'État membre dans lequel l'établissement de crédit détenant le compte a son administration centrale ou, si le compte est ouvert auprès d'une succursale, d'une agence ou d'un autre établissement, l'État membre dans lequel se situe la succursale, l'agence ou l'autre établissement ;

iv) pour les biens et les droits que le propriétaire ou le titulaire du droit inscrit dans un registre public autre que ceux visés au point i), l'État membre sous l'autorité duquel ce registre est tenu ;

v) pour les brevets européens, l'État membre pour lequel le brevet européen est délivré ;

vi) pour les droits d'auteur et les droits voisins, l'État membre sur le territoire duquel le titulaire de ces droits a sa résidence habituelle ou son siège statutaire ;

vii) pour les biens corporels autres que ceux visés aux points i) à iv), l'État membre sur le territoire duquel le bien est situé ;

viii) pour les créances sur des tiers autres que celles portant sur les actifs visés au point iii), l'État membre sur le territoire duquel se situe le centre des intérêts principaux du tiers débiteur, tel qu'il est déterminé conformément à l'article 3, *paragraphe 1* ;

10) « établissement », tout lieu d'opérations où un débiteur exerce ou a exercé au cours de la période de trois mois précédant la demande d'ouverture de la procédure d'insolvabilité principale, de façon non transitoire, une activité économique avec des moyens humains et des actifs ;

11) « créancier local », un créancier dont les créances sur un débiteur sont nées de l'exploitation d'un établissement situé dans un État membre autre que l'État membre où se situe le centre des intérêts principaux du débiteur, ou sont liées à cette exploitation ;

12) « créancier étranger », un créancier qui a sa résidence habituelle, son domicile ou son siège statutaire dans un État membre autre que l'État d'ouverture de la procédure, y compris les autorités fiscales et les organismes de sécurité sociale des États membres ;

13) « groupe de sociétés », une entreprise mère et l'ensemble de ses filiales ;

14) « entreprise mère », une entreprise qui contrôle, soit directement, soit indirectement, une ou plusieurs filiales. Une entreprise qui prépare des états financiers consolidés conformément à la directive 2013/34/UE du Parlement européen et du Conseil (1) est réputée être une entreprise mère.

Bibliographie : Menjucq, *La localisation des actifs dans les procédures d'insolvabilité : analyse de l'article 2, sous g) du règlement n° 1346/2000 : Rev. proc. coll.* 2015, étude 18.

Art. 3. – *Compétence internationale.* – 1. Les juridictions de l'État membre sur le territoire duquel est situé le centre des intérêts principaux du débiteur sont compétentes pour ouvrir la procédure d'insolvabilité (ci-après dénommée « procédure d'insolvabilité principale »). Le centre des intérêts principaux correspond au lieu où le débiteur gère habituellement ses intérêts et qui est vérifiable par des tiers.

Pour les sociétés et les personnes morales, le centre des intérêts principaux est présumé, jusqu'à preuve du contraire, être le lieu du siège statutaire. Cette présomption ne s'applique que si le siège statutaire n'a pas été transféré dans un autre État membre au cours des trois mois précédant la demande d'ouverture d'une procédure d'insolvabilité.

Pour une personne physique exerçant une profession libérale ou toute autre activité d'indépendant, le centre des intérêts principaux est présumé, jusqu'à preuve du contraire, être le lieu d'activité principal de l'intéressé. Cette présomption ne s'applique que si le lieu d'activité principal de la personne physique n'a pas été transféré dans un autre État membre au cours des trois mois précédant la demande d'ouverture d'une procédure d'insolvabilité.

Pour toute autre personne physique, le centre des intérêts principaux est présumé, jusqu'à preuve du contraire, être la résidence habituelle de l'intéressé. Cette présomption ne s'applique que si la résidence habituelle n'a pas été transférée dans un autre État membre au cours des six mois précédant la demande d'ouverture d'une procédure d'insolvabilité.

2. Lorsque le centre des intérêts principaux du débiteur est situé sur le territoire d'un État membre, les juridictions d'un autre État membre ne sont compétentes pour ouvrir une procédure d'insolvabilité à l'égard de ce débiteur que si celui-ci possède un établissement sur le territoire de cet autre État membre. Les effets de cette procédure sont limités aux biens du débiteur se trouvant sur ce dernier territoire.

3. Lorsqu'une procédure d'insolvabilité a été ouverte en application du paragraphe 1, toute procédure ouverte ultérieurement en application du paragraphe 2 est une procédure d'insolvabilité secondaire.

4. La procédure d'insolvabilité territoriale visée au paragraphe 2 ne peut être ouverte avant l'ouverture d'une procédure d'insolvabilité principale en application du paragraphe 1 que si :

a) une procédure d'insolvabilité ne peut pas être ouverte en application du paragraphe 1 en raison des conditions établies par le droit de l'État membre sur le territoire duquel est situé le centre des intérêts principaux du débiteur ; ou

b) l'ouverture de la procédure d'insolvabilité territoriale est demandée par :

i) un créancier dont la créance est née de l'exploitation d'un établissement situé sur le territoire de l'État membre dans lequel l'ouverture de la procédure territoriale est demandée, ou est liée à celle-ci ; ou

ii) une autorité publique qui, en vertu du droit de l'État membre sur le territoire duquel l'établissement est situé, a le droit de demander l'ouverture d'une procédure d'insolvabilité.

Lorsqu'une procédure d'insolvabilité principale est ouverte, la procédure d'insolvabilité territoriale devient une procédure d'insolvabilité secondaire.

Bibliographie : Luciano, *La lutte contre le forum shopping dans le règlement UE 2015/848 : Rev. proc. coll.* 2018, étude 8.

1) **Groupes de sociétés.** Le centre des intérêts principaux d'une personne morale est présumé, jusqu'à preuve contraire, être le lieu du siège statutaire. Seuls des éléments objectifs et vérifiables par des tiers permettent de renverser cette présomption, notamment au profit du siège de la société mère (■ CJCE, 2 mai 2006, aff. C-341/04 : *JurisData* n° 2006-400085 ; *JCP* G 2006, II, 10086, note Menjucq : *JCP* E 2006, 2331, n° 2, obs. Ph. Pétel ; *D.* 2006, p. 1286, obs. Lienhard, *ibid.*, p. 1752, note Damman ; *ibid.* Pan., p. 2251, obs. Lucas et Le Corre ; *Europe* 2006, comm. 203, obs. Idot ; *Bull. Joly sociétés* 2006, p. 907,

(1) Directive 2013/34/UE du Parlement européen et du Conseil du 26 juin 2013 relative aux états financiers annuels, aux états financiers consolidés et aux rapports y afférents de certaines formes d'entreprises, modifiant la directive 2006/43/CE du Parlement européen et du Conseil et abrogeant les directives 78/660/CEE et 83/349/CEE du Conseil (*JO* L 182, 29 juin 2013, p. 19).

note Fasquelle ; *Rev. sociétés* 2006, p. 360, obs. Remery). Voir également D. Fasquelle, *Une nouvelle application controversée du règlement n° 1346/2000 relatif aux procédures d'insolvabilité aux groupes de sociétés* : *JCP* E 2005, 1412. – R. Damman, *L'application du règlement CE n° 1346-2000 après les arrêts Staubitz-Schreiber et Eurofood de la CJCE* : *D.* 2006, p. 1752. – J.-L. Vallens, *Le règlement européen sur les procédures d'insolvabilité à l'épreuve des groupes de sociétés ; l'arbitrage de la CJCE* : *JCP* E 2006, 2071.

Adde : ▪ CJUE 20 oct. 2011, aff. C-396/09 : *JurisData* n° 2011-025332 ; *JCP* E 2012, 1204, n° 9, obs. M. Menjucq ; *Rev. sociétés* févr. 2012, p. 116, note T. Mastrullo ; *JCP* E 2012, 1309, note R. Dammann et A. Albertini ; M. Menjucq, Centre des intérêts principaux : les apports de l'arrêt *Interedil* : *Rev. proc. coll.* 2011, étude 32.

Pour un exemple de renversement de la présomption (▪ T. com. Roubaix-Tourcoing, 21 avr. 2008 : *Bull. Joly* 2008, p. 993, note F. Mélin).

2) Personne physique. Le centre des intérêts principaux s'entend du lieu où le débiteur gère habituellement ses intérêts et qui est donc vérifiable par les tiers (▪ Cass. com., 28 oct. 2008, n° 06-16.108 : *JurisData* n° 2008-045617 ; *Bull. Joly* 2009, p. 171, note F. Mélin ; *Gaz. Pal.* 26-28 avr. 2009, p. 11, obs. F. Mélin. ▪ Cass. com., 15 févr. 2011, n° 09-71.436 : *JurisData* n° 2011-001685 ; *JCP* E 2011, 1298, note F. Mélin).

3) Extension de procédure. L'extension d'une procédure ouverte dans un État membre à une société dont le siège statutaire est situé dans un autre État membre n'est possible que s'il est démontré que le centre de ses intérêts principaux se trouve dans le premier État ; la seule constatation de la confusion de patrimoines ne suffit pas à faire cette démonstration (▪ CJUE, 15 déc. 2011, aff. C-191/10 : *JurisData* n° 2011-029780 ; *JCP* E 2012, 1088, note Y. Paclot et D. Poracchia ; *JCP* E 2012, 1227, n° 1, obs. Ph. Pétel ; *Rev. proc. coll.* 2012, étude 2, note M. Menjucq ; *D.* 2012, p. 403, note J.-L. Vallens ; *D.* 2012, p. 406, note R. Damman et F. Müller ; *Rev. sociétés* 2012, p. 189, obs. Ph. Roussel-Galle ; *BJE* 2012, p. 117, obs. L. C. Henry).

4) Tierce opposition. Sur la tierce opposition contre le jugement d'ouverture rendu en France formée par les créanciers domiciliés dans un autre État membre V. jurisprudence citée ss art. L. 661-2, annot. n°s 1 et s., p. 1368.

Art. 4. – ***Vérification de la compétence.*** – **1. La juridiction saisie d'une demande d'ouverture d'une procédure d'insolvabilité examine d'office si elle est compétente en vertu de l'article 3. Dans sa décision d'ouverture de la procédure d'insolvabilité, la juridiction indique les fondements de sa compétence, et précise notamment si sa compétence est fondée sur le paragraphe 1 ou 2 de l'article 3.**

2. Sans préjudice du paragraphe 1, lorsqu'une procédure d'insolvabilité est ouverte conformément au droit national en dehors de toute décision juridictionnelle, les États membres peuvent charger le praticien de l'insolvabilité désigné dans ladite procédure d'examiner si l'État membre dans lequel une demande d'ouverture d'une procédure est en cours est compétent en vertu de l'article 3. Si tel est le cas, le praticien de l'insolvabilité indique, dans la décision d'ouverture de la procédure, les fondements de cette compétence, et précise notamment si ladite compétence est fondée sur le paragraphe 1 ou 2 de l'article 3.

Pour un arrêt censurant l'absence de cette vérification d'office, V. ▪ Cass. com., 11 mars 2020, n° 19-10.657 : *JCP* E 2020, 1285, note Sautonie-Laguionie ; *JCP* E 2020, 1353, n° 1, obs. Tehrani ; *JCP* G 2020, 957, obs. Lisanti ; *BJS* juill. 2020, p. 31, obs. Jault-Seseke et Robine.

Art. 5. – ***Contrôle juridictionnel de la décision d'ouverture d'une procédure d'insolvabilité principale.*** – **1. Le débiteur ou tout créancier peut attaquer devant une juridiction la décision d'ouverture de la procédure d'insolvabilité principale pour des motifs de compétence internationale.**

2. La décision d'ouverture de la procédure d'insolvabilité principale peut être attaquée par des parties autres que celles visées au paragraphe 1, ou pour des motifs autres que l'absence de compétence internationale, si le droit national le prévoit.

Art. 6. – ***Compétence juridictionnelle pour une action qui découle directement de la procédure d'insolvabilité et qui y est étroitement liée.*** – **1. Les juridictions de l'État membre sur le territoire duquel la procédure d'insolvabilité a été ouverte en application de l'article 3 sont compétentes pour connaître de toute action qui découle directement de la procédure d'insolvabilité et y est étroitement liée, telles les actions révocatoires.**

2. Lorsqu'une action visée au paragraphe 1 est liée à une action en matière civile et commerciale intentée contre le même défendeur, le praticien de l'insolvabilité peut porter les deux actions devant les juridictions de l'État membre sur le territoire duquel le défendeur est domicilié ou, si l'action est dirigée contre plusieurs défendeurs,

devant les juridictions de l'État membre sur le territoire duquel l'un d'eux est domicilié, à condition que ces juridictions soient compétentes en vertu du règlement (UE) n° 1215/2012.

Le premier alinéa s'applique au débiteur non dessaisi, pour autant que le droit national l'autorise à intenter des actions au nom de la masse de l'insolvabilité.

3. Sont réputées connexes, aux fins du paragraphe 2, les actions qui sont à ce point étroitement liées qu'il y a un intérêt à les instruire et à les juger en même temps afin d'éviter que ne soient rendues des décisions inconciliables, issues de procédures séparées.

Bibliographie : Mastrullo, *La notion d'action ou de décision « qui dérive directement de la procédure d'insolvabilité et s'y insère étroitement » : Études à la mémoire de P. Neau-Leduc : LGDJ*, 2018, p. 701.

Jurisprudence relative au règlement n° 1346/2000. L'article 3, § 1 doit être interprété en ce sens que les juridictions de l'État membre sur le territoire duquel la procédure d'insolvabilité a été ouverte sont compétentes pour statuer sur une action révocatoire fondée sur l'insolvabilité (▪ CJCE, 1re ch., 12 févr. 2009 : *JCP* E 2009, 1482, note Mélin ; *D.* 2009, p. 1311, note Vallens ; *JCP* E 2009, 1814, n° 1, obs. Pétel ; *Rev. proc. coll.* 2009, comm. 152, obs. Mastrullo. – *Adde*, Ehret : *Rev. proc. coll.* 2009, étude 7. ▪ Cass. com., 25 mars 2020, n° 16-20.520 : *JCP* E 2020, 1353, n° 4, obs. Tehrani ; – 1450, note Sautonie-Laguionie ; *BJS* juill. 2020, p. 27, obs. Vallens ; *Gaz. Pal.* 13 oct. 2020, p. 51, obs. Giorgini).

V. pour une application élargie de cette solution ▪ CJUE, 16 janv. 2014, n° C-328/12 : *JurisData* n° 2014-002085 ; *JCP* G 2014, 977 ; *Rev. proc. coll.* 2015, comm. 141, obs. Menjucq ; *D.* 2014, p. 915, note Robine et Jault-Seseke. ▪ CJUE, 4 déc. 2014, aff. C-295/13 : *JurisData* n° 2014-032646 ; *BJS* 2015, p. 95, note Robine et Jault-Seseke ; *Rev. proc. coll.* 2015, comm. 141, obs. Menjucq. ▪ Cass. soc., 10 janv. 2017, n° 15-12.284 : *JurisData* n° 2017-000220.

Idem pour une procédure secondaire (▪ CJUE, 11 juin 2015, aff. C-649/13 : *Rev. proc. coll.* 2015, comm. 91, obs. Menjucq). *Adde* Dammann, *Les enseignements de l'affaire Nortel* : *BJS* 2015, n° 113v2, p. 325.

Contra pour une action en responsabilité délictuelle ou quasi délictuelle : ▪ CJUE, 6 févr. 2019, aff. C-535/17 : *Rev. proc. coll.* 2019, comm. 159, obs. Mastrullo. ▪ Cass. com., 9 mai 2018, n° 14-23.273.

Art. 7. – *Loi applicable.* – **1. Sauf disposition contraire du présent règlement, la loi applicable à la procédure d'insolvabilité et à ses effets est celle de l'État membre sur le territoire duquel cette procédure est ouverte (ci-après dénommé « État d'ouverture »).**

2. La loi de l'État d'ouverture détermine les conditions liées à l'ouverture, au déroulement et à la clôture de la procédure d'insolvabilité. Elle détermine notamment les éléments suivants :

***a)* les débiteurs susceptibles de faire l'objet d'une procédure d'insolvabilité du fait de leur qualité ;**

***b)* les biens qui font partie de la masse de l'insolvabilité et le sort des biens acquis par le débiteur ou qui lui reviennent après l'ouverture de la procédure d'insolvabilité ;**

***c)* les pouvoirs respectifs du débiteur et du praticien de l'insolvabilité ;**

***d)* les conditions d'opposabilité d'une compensation ;**

***e)* les effets de la procédure d'insolvabilité sur les contrats en cours auxquels le débiteur est partie ;**

***f)* les effets de la procédure d'insolvabilité sur les procédures engagées par des créanciers individuels, à l'exception des instances en cours ;**

***g)* les créances à produire au passif du débiteur et le sort des créances nées après l'ouverture de la procédure d'insolvabilité ;**

***h)* les règles régissant la production, la vérification et l'admission des créances ;**

***i)* les règles régissant la distribution du produit de la réalisation des actifs, le rang des créances et les droits des créanciers qui ont été partiellement désintéressés après l'ouverture de la procédure d'insolvabilité en vertu d'un droit réel ou par l'effet d'une compensation ;**

***j)* les conditions et les effets de la clôture de la procédure d'insolvabilité, notamment par concordat ;**

***k)* les droits des créanciers après la clôture de la procédure d'insolvabilité ;**

***l)* la charge des frais et des dépenses de la procédure d'insolvabilité ;**

***m)* les règles relatives à la nullité, à l'annulation ou à l'inopposabilité des actes juridiques préjudiciables à la masse des créanciers.**

Application. Relève de la *lex fori concursus* la déchéance du droit de faire valoir une créance et la suspension de l'exécution forcée dans un autre État membre (▪ CJUE, 9 nov. 2016, aff. C-212/15 : *JCP* E 2017, 1198, n° 13, obs. Menjucq ; *Rev. proc. coll.* 2017, comm. 60, obs. Mastrullo).

Art. 8. – *Droits réels des tiers.* – 1. L'ouverture de la procédure d'insolvabilité n'affecte pas le droit réel d'un créancier ou d'un tiers sur des biens corporels ou incorporels, meubles ou immeubles, à la fois des biens déterminés et des ensembles de biens indéterminés dont la composition est sujette à modification, appartenant au débiteur et qui sont situés, au moment de l'ouverture de la procédure, sur le territoire d'un autre État membre.

2. Les droits visés au paragraphe 1 sont notamment :

a) le droit de réaliser ou de faire réaliser un bien et d'être désintéressé par le produit ou les revenus de ce bien, en particulier en vertu d'un gage ou d'une hypothèque ;

b) le droit exclusif de recouvrer une créance, notamment en vertu de la mise en gage ou de la cession de cette créance à titre de garantie ;

c) le droit de revendiquer un bien et/ou d'en réclamer la restitution entre les mains de quiconque le détient ou en jouit contre la volonté de l'ayant droit ;

d) le droit réel de percevoir les fruits d'un bien.

3. Est assimilé à un droit réel le droit, inscrit dans un registre public et opposable aux tiers, sur le fondement duquel un droit réel au sens du paragraphe 1 peut être obtenu.

4. Le paragraphe 1 ne fait pas obstacle aux actions en nullité, en annulation ou en inopposabilité visées à l'article 7, paragraphe 2, point *m).*

Notion de droit réel. Constitue un droit réel une sûreté constituée en vertu d'une disposition de droit national autorisant l'exécution forcée du titre constatant une créance de taxe foncière (▪ CJUE, 26 oct. 2016, aff. C-195/15 : *JCP* E 2017, 1198, n° 14, obs. Menjucq ; *D.* 2017, p. 852, note Dammann ; *BJS* 2017, p. 248, note Robine ; *Rev. proc. coll.* 2017, comm. 59, obs. Mastrullo).

Art. 9. – *Compensation.* – 1. L'ouverture de la procédure d'insolvabilité n'affecte pas le droit des créanciers d'invoquer la compensation de leurs créances avec les créances du débiteur, lorsque cette compensation est permise par la loi applicable à la créance du débiteur insolvable.

2. Le paragraphe 1 ne fait pas obstacle aux actions en nullité, en annulation ou en inopposabilité visées à l'article 7, paragraphe 2, point *m).*

Art. 10. – *Réserve de propriété.* – 1. L'ouverture d'une procédure d'insolvabilité à l'encontre de l'acheteur d'un bien n'affecte pas les droits des vendeurs qui sont fondés sur une réserve de propriété, lorsque ce bien est situé, au moment de l'ouverture de la procédure, sur le territoire d'un État membre autre que l'État d'ouverture.

2. L'ouverture d'une procédure d'insolvabilité contre le vendeur d'un bien, après la livraison de ce bien, ne constitue pas une cause de résolution ou de résiliation de la vente et ne fait pas obstacle à l'acquisition par l'acheteur de la propriété du bien vendu, lorsque ce bien est situé au moment de l'ouverture de la procédure sur le territoire d'un État membre autre que l'État d'ouverture.

3. Les paragraphes 1 et 2 ne font pas obstacle aux actions en nullité, en annulation ou en inopposabilité visées à l'article 7, paragraphe 2, point *m).*

Art. 11. – *Contrats portant sur un bien immobilier.* – 1. Les effets de la procédure d'insolvabilité sur un contrat donnant le droit d'acquérir un bien immobilier ou d'en jouir sont régis exclusivement par la loi de l'État membre sur le territoire duquel ce bien est situé.

2. La juridiction qui a ouvert la procédure d'insolvabilité principale est compétente pour approuver la résiliation ou la modification des contrats visés dans le présent article, dans les cas où :

a) la loi de l'État membre applicable à ces contrats exige que ce type de contrats ne peut être résilié ou modifié qu'avec l'approbation de la juridiction qui a ouvert la procédure d'insolvabilité ; et

b) si aucune procédure d'insolvabilité n'a été ouverte dans cet État membre.

Art. 12. – *Systèmes de paiement et marchés financiers.* – 1. Sans préjudice de l'article 8, les effets de la procédure d'insolvabilité sur les droits et obligations des participants à un système de paiement ou de règlement ou à un marché financier sont régis exclusivement par la loi de l'État membre applicable audit système ou marché.

2. Le paragraphe 1 ne fait pas obstacle à l'exercice d'une action en nullité, en annulation ou en inopposabilité des paiements ou des transactions en vertu de la loi applicable au système de paiement ou au marché financier concerné.

Art. 13. – *Contrats de travail.* – 1. Les effets de la procédure d'insolvabilité sur les contrats de travail et sur les relations de travail sont régis exclusivement par la loi de l'État membre applicable au contrat de travail.

2. Les juridictions de l'État membre dans lequel une procédure d'insolvabilité secondaire peut être ouverte demeurent compétentes pour approuver la résiliation ou la modification des contrats visés au présent article, même si aucune procédure d'insolvabilité n'a été ouverte dans cet État membre.

Le premier alinéa s'applique également à une autorité compétente en vertu du droit national pour approuver la résiliation ou la modification des contrats visés au présent article.

Art. 14. – *Effets sur les droits soumis à enregistrement.* – Les effets de la procédure d'insolvabilité sur les droits d'un débiteur sur un bien immobilier, un navire ou un aéronef qui sont soumis à inscription dans un registre public sont régis par la loi de l'État membre sous l'autorité duquel ce registre est tenu.

Art. 15. – *Brevets européens à effet unitaire et marques communautaires.* – Aux fins du présent règlement, un brevet européen à effet unitaire, une marque communautaire ou tout autre droit analogue établi par le droit de l'Union ne peut être inclus que dans la procédure visée à l'article 3, paragraphe 1.

Art. 16. – *Actes préjudiciables.* – L'article 7, paragraphe 2, point *m)*, n'est pas applicable lorsque celui qui a bénéficié d'un acte préjudiciable à l'ensemble des créanciers apporte la preuve :

a) que cet acte est soumis à la loi d'un État membre autre que l'État d'ouverture ; et

b) que la loi dudit État membre ne permet en l'espèce, par aucun moyen, d'attaquer cet acte.

Art. 17. – *Protection du tiers acquéreur.* – Lorsque, par un acte conclu après l'ouverture de la procédure d'insolvabilité, un débiteur dispose à titre onéreux :

a) d'un bien immobilier ;

b) d'un navire ou d'un aéronef soumis à inscription dans un registre public ; ou

c) de valeurs mobilières dont l'existence nécessite une inscription dans un registre prévu par la loi, la validité de cet acte est régie par la loi de l'État sur le territoire duquel ce bien immobilier est situé, ou sous l'autorité duquel ce registre est tenu.

Art. 18. – *Effets de la procédure d'insolvabilité sur les instances ou les procédures arbitrales en cours.* – Les effets de la procédure d'insolvabilité sur une instance ou une procédure arbitrale en cours concernant un bien ou un droit qui fait partie de la masse de l'insolvabilité d'un débiteur sont régis exclusivement par la loi de l'État membre dans lequel l'instance est en cours ou dans lequel le tribunal arbitral a son siège.

Domaine. Pour une application de l'article 15 du règlement n° 1346/2000 à une instance en recouvrement d'une créance contractuelle, V. ▪ CJUE, 6 juin 2018, aff. C-250/17 : *Rev. proc. coll.* 2019, comm. 158, obs. Mastrullo.

CHAPITRE II. – RECONNAISSANCE DE LA PROCÉDURE D'INSOLVABILITÉ

Art. 19. – *Principe.* – 1. Toute décision ouvrant une procédure d'insolvabilité rendue par une juridiction d'un État membre compétente en vertu de l'article 3 est reconnue dans tous les autres États membres dès qu'elle produit ses effets dans l'État d'ouverture.

La règle énoncée au premier alinéa s'applique également lorsqu'un débiteur, du fait de sa qualité, n'est pas susceptible de faire l'objet d'une procédure d'insolvabilité dans d'autres États membres.

2. La reconnaissance de la procédure visée à l'article 3, paragraphe 1, ne fait pas obstacle à l'ouverture de la procédure visée à l'article 3, paragraphe 2, par une juridiction d'un autre État membre. Dans ce cas, cette dernière procédure est une procédure d'insolvabilité secondaire au sens du chapitre III.

Art. 20. – *Effets de la reconnaissance.* – 1. La décision d'ouverture de la procédure d'insolvabilité visée à l'article 3, paragraphe 1, produit, sans aucune autre formalité, dans tout autre État membre les mêmes effets que ceux prévus par la loi de l'État d'ouverture, sauf disposition contraire du présent règlement et aussi longtemps qu'aucune procédure visée à l'article 3, paragraphe 2, n'est ouverte dans cet autre État membre.

2. Les effets de la procédure visée à l'article 3, paragraphe 2, ne peuvent pas être contestés dans d'autres États membres. Toute limitation des droits des créanciers, notamment un sursis de paiement ou une remise de dette, ne

peut être opposée, quant aux biens situés sur le territoire d'un autre État membre, qu'aux créanciers qui ont exprimé leur accord.

Bibliographie : T. Mastrullo, *Procédures d'insolvabilité transfrontalières : universalité de la procédure principale et confiance mutuelle : Rev. proc. coll.* 2010, étude 16.

1) **Principe de confiance mutuelle.** La procédure d'insolvabilité principale ouverte par une juridiction d'un État membre doit être reconnue par les juridictions des autres États membres sans que celles-ci puissent exercer un contrôle de compétence, sauf atteinte à une règle d'ordre public telle que la violation manifeste du droit fondamental du justiciable à être entendu (▪ CJCE, 2 mai 2006 : *JCP* G 2006, II, 10086, note Menjucq ; *JCP* E 2006, 2331, n° 2, obs. Pétel ; *D.* 2006, p. 1286, obs. Lienhard, *ibid.*, p. 1752, note Damman ; *ibid.* Pan., p. 2251, obs. Lucas et Le Corre ; *Europe* 2006, comm. 203, obs. Idot ; *Bull. Joly sociétés* 2006, p. 907, note Fasquelle ; *Rev. sociétés* 2006, p. 360, obs. Remery).

L'absence d'audition des représentants du personnel préalablement à la décision d'ouverture ne constitue pas une violation manifeste du droit fondamental à être entendu dont dispose une personne concernée par cette procédure (▪ Cass. com., 27 juin 2006, n° 03-19.863 : *JurisData* n° 2006-034272 ; *JCP* E 2006, 2291, note Mélin ; *D.* 2006, p. 1816, obs. Lienhard ; *ibid.*, p. 2257, note Vallens).

2) **Date de saisine.** Peu importe la date de saisine des deux juridictions concurremment sollicitées (▪ Cass. com., 27 mai 2014, n° 13-14.956 : *Rev. proc. coll.* 2015, comm. 94, obs. Menjucq).

3) **Conséquences.** Exclusion de toute autre procédure principale dans un autre État membre (▪ Cass. com., 27 juin 2006 : *JCP* E 2006, 2291, note Mélin ; *D.* 2006, p. 1816, obs. Lienhard ; *ibid.*, p. 2257, note Vallens). Interdiction des mesures d'exécution dans un autre État membre (▪ CJUE, 21 janv. 2010, aff. C-444/07 : *D.* 2010, p. 321, obs. A. Lienhard ; *Procédures* 2010, comm. 72, note C. Nourissat ; *Rev. proc. coll.* 2010, comm. 222, obs. M. Menjucq).

Art. 21. – ***Pouvoirs du praticien de l'insolvabilité.*** – **1. Le praticien de l'insolvabilité désigné par une juridiction compétente en vertu de l'article 3, paragraphe 1, peut exercer dans un autre État membre tous les pouvoirs qui lui sont conférés par la loi de l'État d'ouverture, aussi longtemps qu'aucune autre procédure d'insolvabilité n'a été ouverte dans cet autre État membre et qu'aucune mesure conservatoire contraire n'y a été prise à la suite d'une demande d'ouverture d'une procédure d'insolvabilité dans cet État. Sous réserve des articles 8 et 10, le praticien de l'insolvabilité peut notamment déplacer les actifs du débiteur hors du territoire de l'État membre dans lequel ils se trouvent.**

2. Le praticien de l'insolvabilité désigné par une juridiction compétente en vertu de l'article 3, paragraphe 2, peut faire valoir dans tout autre État membre, par voie judiciaire ou extrajudiciaire, qu'un bien mobilier a été transféré du territoire de l'État d'ouverture sur le territoire de cet autre État membre après l'ouverture de la procédure d'insolvabilité. Le praticien de l'insolvabilité peut également exercer toute action révocatoire utile aux intérêts des créanciers.

3. Dans l'exercice de ses pouvoirs, le praticien de l'insolvabilité respecte la loi de l'État membre sur le territoire duquel il entend agir, en particulier quant aux modalités de réalisation des actifs. Ces pouvoirs ne peuvent inclure l'emploi de moyens contraignants, à moins qu'ils ne soient ordonnés par une juridiction de cet État membre, ni le droit de statuer sur une action en justice ou un différend.

Application. En admettant l'action en partage d'un immeuble indivis engagée par un syndic anglais, le juge reconnaît les effets de la procédure anglaise sur la propriété des biens du débiteur et fait application de la loi de situation de l'immeuble, conformément à l'art. 18 du règlement 1346/2000 (▪ Cass. com., 16 juill. 2020, n° 17-16.200 : *JCP* E 2020, 1505, obs. Delmas ; *Gaz. Pal.* 13 oct. 2020, p. 56, obs. Giorgini).

Art. 22. – ***Preuve de la désignation du praticien de l'insolvabilité.*** – **La désignation du praticien de l'insolvabilité est établie par la présentation d'une copie, certifiée conforme à l'original, de la décision qui le nomme, ou par tout autre certificat établi par la juridiction compétente.**

Une traduction dans la langue officielle ou une des langues officielles de l'État membre sur le territoire duquel il entend agir peut être exigée. Aucune légalisation ou autre formalité analogue n'est requise.

Art. 23. – ***Restitution et imputation.*** – **1. Le créancier qui, après l'ouverture de la procédure visée à l'article 3, paragraphe 1, obtient par tout moyen, notamment par des voies d'exécution, satisfaction totale ou partielle en ce qui concerne sa créance sur les biens du débiteur qui se situent sur le territoire d'un autre État membre restitue ce qu'il a obtenu au praticien de l'insolvabilité, sous réserve des articles 8 et 10.**

2. Afin d'assurer un traitement égal des créanciers, un créancier qui a obtenu, dans une procédure d'insolvabilité, un dividende sur sa créance ne participe aux répartitions ouvertes dans une autre procédure que lorsque les créanciers de même rang ou de même catégorie ont obtenu, dans cette autre procédure, un dividende équivalent.

Art. 24. – *Création de registres d'insolvabilité.* – 1. Les États membres créent et tiennent, sur leur territoire, un ou plusieurs registres dans lesquels sont publiées des informations concernant les procédures d'insolvabilité (ci-après dénommés « registres d'insolvabilité »). Ces informations sont publiées dès que possible après l'ouverture de ces procédures.

2. Les informations visées au paragraphe 1 du présent article sont rendues publiques, sous réserve des conditions prévues à l'article 27, et comportent les élément suivants (ci-après dénommés « informations obligatoires ») :

a) la date d'ouverture de la procédure d'insolvabilité ;

b) la juridiction qui ouvre la procédure d'insolvabilité et le numéro de référence de l'affaire, le cas échéant ;

c) le type de procédure d'insolvabilité visée à l'annexe A qui a été ouverte et, le cas échéant, tout sous-type pertinent de procédure ouverte conformément au droit national ;

d) l'indication selon laquelle la compétence pour l'ouverture d'une procédure est fondée sur l'article 3, paragraphes 1, 2 ou 4 ;

e) si le débiteur est une société ou une personne morale, le nom du débiteur, son numéro d'enregistrement, son siège statutaire ou, si elle est différente, son adresse postale ;

f) si le débiteur est une personne physique exerçant une profession libérale ou toute autre activité d'indépendant, le nom du débiteur, son numéro d'enregistrement, le cas échéant, et son adresse postale ou, si l'adresse est protégée, son lieu et sa date de naissance ;

g) le nom, l'adresse postale ou l'adresse électronique du praticien de l'insolvabilité désigné, le cas échéant, dans la procédure ;

h) le délai fixé pour la production des créances, le cas échéant, ou une référence aux critères à utiliser pour calculer ce délai ;

i) la date de clôture de la procédure d'insolvabilité principale, le cas échéant ;

j) la juridiction devant laquelle et, le cas échéant, le délai dans lequel un recours contre la décision d'ouverture de la procédure d'insolvabilité doit être formé, conformément à l'article 5, ou une référence aux critères à utiliser pour calculer ce délai.

3. Le paragraphe 2 n'empêche pas les États membres de faire figurer des documents ou d'autres informations dans leurs registres d'insolvabilité nationaux, tels que les déchéances de dirigeants liées à des situations d'insolvabilité.

4. Les États membres ne sont pas tenus de faire figurer dans les registres d'insolvabilité les informations visées au paragraphe 1 du présent article concernant des personnes physiques n'exerçant pas une profession libérale ou toute autre activité d'indépendant, ni de rendre ces informations disponibles au public par l'intermédiaire du système d'interconnexion de ces registres, pour autant que des créanciers étrangers connus soient informés, conformément à l'article 54, des éléments visés au paragraphe 2, point *j)*, du présent article.

Lorsqu'un État membre fait usage de la possibilité visée au premier alinéa, la procédure d'insolvabilité n'affecte pas les créances des créanciers étrangers qui n'ont pas reçu les informations visées au premier alinéa.

5. La publication d'informations dans les registres, réalisée en vertu du présent règlement, n'a pas d'autres effets juridiques que ceux définis dans le droit national et à l'article 55, paragraphe 6.

Art. 25. – *Interconnexion des registres d'insolvabilité.* – 1. La Commission met en place, par voie d'actes d'exécution, un système décentralisé permettant l'interconnexion des registres d'insolvabilité. Ce système comporte les registres d'insolvabilité et le portail européen e-Justice, qui sert de point central d'accès public par voie électronique aux informations disponibles dans le système. Le système propose une fonction de recherche dans toutes les langues officielles des institutions de l'Union afin de permettre l'accès aux informations obligatoires ainsi qu'aux autres documents ou informations figurant dans les registres d'insolvabilité que les États membres décideraient de rendre disponibles par l'intermédiaire du portail européen e-Justice.

2. Par voie d'actes d'exécution pris en conformité avec la procédure visée à l'article 87, la Commission adopte, au plus tard le 26 juin 2019 :

a) le cahier des charges précisant les modes de communication et d'échange d'informations par voie électronique compte tenu de la spécification d'interface retenue pour le système d'interconnexion des registres d'insolvabilité ;

b) les mesures techniques garantissant les normes minimales de sécurité des technologies de l'information pour la communication et la diffusion de l'information au sein du système d'interconnexion des registres d'insolvabilité ;

c) les critères minimaux de la fonction de recherche proposée par le portail européen e-Justice compte tenu des informations énoncées à l'article 24 ;

d) les critères minimaux de présentation des résultats de ces recherches compte tenu des informations énoncées à l'article 24 ;

e) les modalités et les conditions techniques de disponibilité des services fournis par le système d'interconnexion ; et

f) un glossaire comportant une explication de base des procédures nationales d'insolvabilité dont la liste figure à l'annexe A.

Art. 26. – *Coût de la création et de l'interconnexion des registres d'insolvabilité.* – 1. La création, la tenue et le développement futur du système d'interconnexion des registres d'insolvabilité sont financés sur le budget général de l'Union.

2. Chaque État membre supporte les coûts de création et d'adaptation nécessaires pour permettre l'interopérabilité de ses registres d'insolvabilité nationaux avec le portail européen e-Justice, ainsi que les coûts de gestion, d'exploitation et de tenue de ces registres. Cela s'entend sans préjudice de la possibilité pour les États membres de solliciter l'octroi de subventions destinées au soutien de ces activités dans le cadre des programmes financiers de l'Union.

Art. 27. – *Conditions d'accès aux informations par l'intermédiaire du système d'interconnexion.* – 1. Les États membres veillent à ce que les informations obligatoires visées à l'article 24, paragraphe 2, points *a)* à *j)*, soient disponibles gratuitement par l'intermédiaire du système d'interconnexion des registres d'insolvabilité.

2. Le présent règlement n'empêche pas les États membres de réclamer des droits raisonnables pour accorder l'accès aux documents ou autres informations visés à l'article 24, paragraphe 3, par l'intermédiaire du système d'interconnexion des registres d'insolvabilité.

3. Les États membres peuvent subordonner l'accès aux informations obligatoires concernant des personnes physiques n'exerçant pas une profession libérale ou toute autre activité d'indépendant, ainsi que des personnes physiques exerçant une profession libérale ou toute autre activité d'indépendant lorsque la procédure d'insolvabilité n'est pas liée à cette activité, à des critères de recherche supplémentaires concernant le débiteur, en plus des critères minimaux visés à l'article 25, paragraphe 2, point *c)*.

4. Les États membres peuvent exiger que l'accès aux informations visées au paragraphe 3 soit subordonné à une demande adressée à l'autorité compétente. Ils peuvent subordonner cet accès à la vérification de l'existence d'un intérêt légitime à accéder à ces informations. La personne requérante doit avoir la possibilité de soumettre sa demande d'information par voie électronique, au moyen d'un formulaire uniformisé par l'intermédiaire du portail européen e-Justice. Lorsqu'un intérêt légitime est exigé, la personne requérante est autorisée à justifier sa demande en envoyant des copies électroniques des documents pertinents. La personne requérante reçoit une réponse de l'autorité compétente dans les trois jours ouvrables.

La personne requérante n'est pas tenue de fournir des traductions des documents justifiant sa demande ni de prendre en charge les frais éventuels de traduction auxquels l'autorité compétente pourrait être exposée.

Art. 28. – *Publication dans un autre État membre.* – 1. Le praticien de l'insolvabilité ou le débiteur non dessaisi demande que le contenu essentiel de la décision d'ouverture de la procédure d'insolvabilité et, le cas échéant, de la décision de désignation du praticien de l'insolvabilité soit publié dans tout autre État membre où est situé un établissement du débiteur, conformément aux modalités de publicationprévues dans cet État membre. Cette publication mentionne, le cas échéant, le praticien de l'insolvabilité désigné et précise si la règle de compétence appliquée est celle du paragraphe 1 ou du paragraphe 2 de l'article 3.

2. Le praticien de l'insolvabilité ou le débiteur non dessaisi peut demander que les informations visées au paragraphe 1 soient publiées dans tout autre État membre où le praticien de l'insolvabilité ou le débiteur non dessaisi le juge nécessaire, conformément aux modalités de publication prévues dans cet État membre.

Art. 29. – *Inscription dans les registres publics d'un autre État membre.* – 1. Si la loi d'un État membre où est situé un établissement du débiteur et où cet établissement est inscrit dans un registre public de cet État membre, ou la loi d'un État membre dans lequel se situent des biens immobiliers appartenant au débiteur, exige que les informations relatives à l'ouverture d'une procédure d'insolvabilité visée à l'article 28 soient publiées au registre foncier, au registre des sociétés ou dans tout autre registre public, le praticien de l'insolvabilité ou le débiteur non dessaisi prend toutes les mesures nécessaires pour procéder à cette inscription.

2. Le praticien de l'insolvabilité ou le débiteur non dessaisi peut demander que cette inscription soit effectuée dans un autre État membre, pour autant que la loi de l'État membre dans lequel le registre est tenu l'autorise.

Art. 30. – *Frais.* – Les frais des mesures de publicité et d'inscription prévues aux articles 28 et 29 sont considérés comme des frais et dépenses de la procédure.

Art. 31. – *Exécution au profit du débiteur.* – 1. Celui qui, dans un État membre, exécute une obligation au profit d'un débiteur soumis à une procédure d'insolvabilité ouverte dans un autre État membre, alors qu'il aurait dû le faire au profit du praticien de l'insolvabilité de cette procédure, est libéré s'il ignorait l'ouverture de la procédure.

2. Celui qui a exécuté cette obligation avant les mesures de publicité prévues à l'article 28 est présumé, jusqu'à preuve du contraire, avoir ignoré l'ouverture de la procédure d'insolvabilité. Celui qui l'a exécutée après ces mesures de publicité est présumé, jusqu'à preuve du contraire, avoir eu connaissance de l'ouverture de la procédure.

Art. 32. – *Reconnaissance et caractère exécutoire d'autres décisions.* – 1. Les décisions relatives au déroulement et à la clôture d'une procédure d'insolvabilité rendues par une juridiction dont la décision d'ouverture est reconnue conformément à l'article 19 ainsi que les concordats approuvés par une telle juridiction sont également reconnus sans autre formalité. Ces décisions sont exécutées conformément aux articles 39 à 44 et 47 à 57 du règlement (UE) n° 1215/2012.

Le premier alinéa s'applique également aux décisions qui découlent directement de la procédure d'insolvabilité et qui y sont étroitement liées, même si elles ont été rendues par une autre juridiction.

Le premier alinéa s'applique également aux décisions relatives aux mesures conservatoires prises après la demande d'ouverture d'une procédure d'insolvabilité ou en rapport avec celle-ci.

2. La reconnaissance et l'exécution de décisions autres que celles visées au paragraphe 1 du présent article sont régies par le règlement (UE) n° 1215/2012, pour autant que ledit règlement soit applicable.

Art. 33. – *Ordre public.* – Tout État membre peut refuser de reconnaître une procédure d'insolvabilité ouverte dans un autre État membre ou d'exécuter une décision rendue dans le cadre d'une telle procédure, lorsque cette reconnaissance ou cette exécution produirait des effets manifestement contraires à son ordre public, en particulier à ses principes fondamentaux ou aux droits et aux libertés individuelles garantis par sa constitution.

Application. La règle du transfert au syndic de la propriété des biens du débiteur, résultant de la loi anglaise, ne produit pas des effets manifestement contraires à la conception française de l'ordre public international (■ Cass. com., 16 juill. 2020, n° 17-16.200 : *JCP* E 2020, 1505, obs. Delmas ; *Gaz. Pal.* 13 oct. 2020, p. 56, obs. Giorgini).

CHAPITRE III. – PROCÉDURES D'INSOLVABILITÉ SECONDAIRES

Art. 34. – *Ouverture de la procédure.* – Lorsqu'une procédure d'insolvabilité principale a été ouverte par une juridiction d'un État membre et reconnue dans un autre État membre, une juridiction de cet autre État membre qui est compétente en vertu de l'article 3, paragraphe 2, peut ouvrir une procédure d'insolvabilité secondaire conformément aux dispositions énoncées au présent chapitre. Lorsque la procédure d'insolvabilité principale exigeait que le débiteur soit insolvable, l'insolvabilité de ce dernier n'est pas réexaminée dans l'État membre dans lequel la procédure d'insolvabilité secondaire peut être ouverte. Les effets de la procédure d'insolvabilité secondaire sont limités aux actifs du débiteur se trouvant sur le territoire de l'État membre dans lequel ladite procédure a été ouverte.

Bibliographie : Luciano, *L'articulation de la procédure principale et des procédures secondaires : Rev. proc. coll.* 2016, étude 9.

1) Conditions d'ouverture. Une procédure secondaire peut être ouverte dans l'État du siège social lorsqu'une procédure principale a été ouverte dans un autre État (■ CJUE, 1re ch., 4 sept. 2014 : *BJS* 2014, p. 714, note Jault-Seseke et Robine ; *Rev. proc. coll.* 2015, comm. 142, obs. Menjucq).

2) Effets. Les effets d'une procédure secondaire étant limités aux biens du débiteur se trouvant sur le territoire de cette dernière, le ministère public n'est pas recevable à exercer des poursuites fondées sur les articles L. 653-1 à L. 653-11 du Code de commerce (■ Cass. com., 22 janv. 2013 : *Rev. proc. coll.* 2013, comm. 30, obs. T. Mastrullo ; *BJS* 2013, p. 263, note crit. J.-L. Vallens ; *D.* 2013, 755, note R. Damman et A. Rapp ; *JCP* E 2013, 1216, obs. Ph. Pétel).

L'insolvabilité du débiteur ne pouvant être réexaminée lors de l'ouverture d'une procédure secondaire, le dirigeant n'a pas à déclarer la cessation de ses paiements dans le pays d'ouverture de cette procédure secondaire (■ Cass. com., 7 févr. 2018, n° 17-10.056 : *JurisData* n° 2018-001439 : *JCP* E 2018, 1159, n° 2, obs. Tehrani ; *LEDEN* mars 2018, p. 2, obs. Mélin ; *Rev. sociétés*, 2018, p. 203, note Henry).

Art. 35. – *Loi applicable.* – **Sauf disposition contraire du présent règlement, la loi applicable à la procédure d'insolvabilité secondaire est celle de l'État membre sur le territoire duquel la procédure d'insolvabilité secondaire est ouverte.**

Art. 36. – *Droit de prendre un engagement afin d'éviter une procédure d'insolvabilité secondaire.* – **1. Afin d'éviter l'ouverture d'une procédure d'insolvabilité secondaire, le praticien de l'insolvabilité de la procédure d'insolvabilité principale peut prendre un engagement unilatéral (ci-après dénommé « engagement ») en ce qui concerne les actifs se trouvant dans l'État membre dans lequel une procédure d'insolvabilité secondaire pourrait être ouverte, selon lequel, lors de la répartition de ces actifs ou des produits provenant de leur réalisation, il respectera les droits de répartition et de priorité prévus par le droit national, qui auraient été conférés aux créanciers si une procédure d'insolvabilité secondaire avait été ouverte dans cet État membre. L'engagement précise les circonstances factuelles sur lesquelles il repose, notamment en ce qui concerne la valeur des actifs se trouvant dans l'État membre concerné et les différentes options disponibles pour réaliser ces actifs.**

2. Si un engagement a été pris conformément au présent article, la loi applicable à la répartition des produits résultant de la réalisation des actifs visés au paragraphe 1, au rang des créances des créanciers et aux droits des créanciers pour les actifs visés au paragraphe 1 est la loi de l'État membre dans lequel la procédure d'insolvabilité secondaire aurait pu être ouverte. Le moment pertinent auquel les actifs visés au paragraphe 1 sont recensés correspond au moment où l'engagement est pris.

3. L'engagement est établi dans la langue officielle ou dans l'une des langues officielles de l'État membre dans lequel la procédure d'insolvabilité secondaire aurait pu être ouverte, ou, s'il y a plusieurs langues officielles dans cet État membre, dans la langue officielle ou dans l'une des langues officielles du lieu où la procédure d'insolvabilité secondaire aurait pu être ouverte.

4. L'engagement est établi par écrit. Il est soumis à toute autre exigence de forme et obligation d'approbation des répartitions requises, le cas échéant, par l'État d'ouverture de la procédure d'insolvabilité principale.

5. L'engagement est approuvé par les créanciers locaux connus. Les règles relatives à la majorité qualifiée et au vote qui s'appliquent à l'adoption de plans de restructuration, en vertu de la loi de l'État membre dans lequel une procédure d'insolvabilité secondaire aurait pu être ouverte, s'appliquent également à l'approbation de l'engagement. Lorsque le droit national les y autorise, les créanciers peuvent participer au vote en utilisant des moyens de communication à distance. Le praticien de l'insolvabilité informe les créanciers locaux connus de l'engagement, ainsi que des règles et des modalités pour l'approuver, et de son approbation ou de son refus de l'engagement.

6. Un engagement pris et approuvé conformément au présent article est contraignant en ce qui concerne le patrimoine. Si une procédure d'insolvabilité secondaire est ouverte conformément aux articles 37 et 38, le praticien de l'insolvabilité de la procédure d'insolvabilité principale transfère tous les actifs qu'il a déplacés hors du territoire de cet État membre après que l'engagement a été pris ou, si les actifs ont déjà été réalisés, les produits qui en résultent au praticien de l'insolvabilité de la procédure d'insolvabilité secondaire.

7. Lorsque le praticien de l'insolvabilité a pris un engagement, il informe les créanciers locaux de ses intentions en matière de répartition avant de procéder à la répartition des actifs et des produits visés au paragraphe 1. Si ces informations ne sont pas conformes aux termes de l'engagement ou aux dispositions de la loi applicable, tout

créancier local a la possibilité de contester cette répartition devant les juridictions de l'État membre dans lequel la procédure d'insolvabilité principale a été ouverte, afin d'obtenir une répartition qui soit conforme aux termes de l'engagement et à la loi applicable. Dans ce cas, aucune répartition n'a lieu avant que la juridiction n'ait statué sur le recours.

8. Les créanciers locaux peuvent s'adresser aux juridictions de l'État membre dans lequel la procédure d'insolvabilité principale a été ouverte afin de demander au praticien de l'insolvabilité de la procédure d'insolvabilité principale de prendre toutes les mesures adéquates nécessaires pour assurer le respect des termes de l'engagement prévues par la loi de l'État d'ouverture de la procédure d'insolvabilité principale.

9. Les créanciers locaux peuvent également s'adresser aux juridictions de l'État membre dans lequel une procédure d'insolvabilité secondaire aurait pu être ouverte pour leur demander de prendre des mesures provisoires ou conservatoires en vue d'assurer le respect des termes de l'engagement par le praticien de l'insolvabilité.

10. Le praticien de l'insolvabilité est responsable de tout dommage causé aux créanciers locaux par suite du non-respect, dans son chef, des obligations et des exigences énoncées dans le présent article.

11. Aux fins du présent article, une autorité qui est établie dans l'État membre dans lequel une procédure d'insolvabilité secondaire aurait pu être ouverte et qui est tenue, en vertu de la directive 2008/94/CE du Parlement européen et du Conseil (1), de garantir le paiement des créances impayées des travailleurs salariés résultant de contrats de travail ou de relations de travail est réputée être un créancier local, si le droit national le prévoit.

Art. 37. – *Droit de demander l'ouverture d'une procédure d'insolvabilité secondaire.* – 1. L'ouverture d'une procédure d'insolvabilité secondaire peut être demandée par :

a) le praticien de l'insolvabilité de la procédure d'insolvabilité principale ;

b) toute autre personne ou autorité habilitée à demander l'ouverture d'une procédure d'insolvabilité en vertu de la loi de l'État membre sur le territoire duquel l'ouverture de la procédure d'insolvabilité secondaire est demandée.

2. Lorsqu'un engagement est devenu contraignant en application de l'article 36, la demande d'ouverture d'une procédure d'insolvabilité secondaire est introduite dans un délai de trente jours à compter de la réception de l'avis d'approbation de l'engagement.

Art. 38. – *Décision d'ouverture d'une procédure d'insolvabilité secondaire.* – 1. La juridiction saisie d'une demande d'ouverture d'une procédure d'insolvabilité secondaire en informe immédiatement le praticien de l'insolvabilité ou le débiteur non dessaisi de la procédure d'insolvabilité principale et lui donne la possibilité d'être entendu au sujet de la demande.

2. Lorsque le praticien de l'insolvabilité de la procédure d'insolvabilité principale a pris un engagement conformément à l'article 36, la juridiction visée au paragraphe 1 du présent article, à la demande du praticien de l'insolvabilité, n'ouvre pas de procédure d'insolvabilité secondaire si elle considère que l'engagement protège correctement l'intérêt général des créanciers locaux.

3. Lorsqu'une suspension provisoire des poursuites individuelles a été accordée pour permettre des négociations entre le débiteur et ses créanciers, la juridiction, à la demande du praticien de l'insolvabilité ou du débiteur non dessaisi, peut suspendre l'ouverture d'une procédure d'insolvabilité secondaire pour une période ne dépassant pas trois mois, pour autant que les mesures adéquates soient mises en place afin de protéger les intérêts des créanciers locaux.

La juridiction visée au paragraphe 1 peut ordonner des mesures conservatoires pour protéger les intérêts des créanciers locaux en demandant au praticien de l'insolvabilité ou au débiteur non dessaisi de ne déplacer ni d'aliéner aucun des actifs qui se trouvent dans l'État membre dans lequel se situe l'établissement, à moins que cette opération ne s'inscrive dans le cadre de leurs activités habituelles. La juridiction peut également ordonner d'autres mesures afin de protéger les intérêts des créanciers locaux pendant une suspension, à moins que ce soit incompatible avec les règles de procédure civile applicables au niveau national.

(1) Directive 2008/94/CE du Parlement européen et du Conseil du 22 octobre 2008 relative à la protection des travailleurs salariés en cas d'insolvabilité de l'employeur (*JO* L 283, 28 oct. 2008, p. 36).

La suspension de l'ouverture d'une procédure d'insolvabilité secondaire est levée par la juridiction d'office ou à la demande de tout créancier si, pendant la période de suspension, un accord est intervenu dans le cadre des négociations visées au premier alinéa.

La suspension peut être levée par la juridiction d'office ou à la demande de tout créancier si le maintien de la suspension porte préjudice aux droits des créanciers, en particulier si les négociations ont été interrompues, s'il est devenu évident qu'elles ont peu de chances d'aboutir ou si le praticien de l'insolvabilité ou le débiteur non dessaisi a enfreint l'interdiction d'aliéner ses actifs ou de les déplacer hors du territoire de l'État membre dans lequel se situe l'établissement.

4. À la demande du praticien de l'insolvabilité de la procédure d'insolvabilité principale, la juridiction visée au paragraphe 1 peut ouvrir un type de procédure d'insolvabilité mentionné sur la liste figurant à l'annexe A autre que celui qui a été demandé initialement, pour autant que les conditions d'ouverture de ce type de procédure prévues dans le droit national soient remplies et que ce type de procédure soit le plus approprié au regard des intérêts des créanciers locaux et de la cohérence entre les procédures d'insolvabilité principale et secondaire. L'article 34, deuxième phrase, s'applique.

Art. 39. – *Contrôle juridictionnel de la décision d'ouverture d'une procédure d'insolvabilité secondaire.* – Le praticien de l'insolvabilité de la procédure d'insolvabilité principale peut attaquer la décision d'ouverture d'une procédure d'insolvabilité secondaire devant les juridictions de l'État membre dans lequel la procédure d'insolvabilité secondaire a été ouverte, au motif que la juridiction n'a pas respecté les conditions et exigences fixées à l'article 38.

Art. 40. – *Avance de frais et dépens.* – Lorsque la loi de l'État membre dans lequel l'ouverture d'une procédure d'insolvabilité secondaire est demandée exige que les actifs du débiteur soient suffisants pour couvrir en tout ou en partie les frais et dépens de la procédure, la juridiction saisie d'une telle demande peut exiger du demandeur une avance de frais ou une garantie d'un montant approprié.

Art. 41. – *Coopération et communication entre praticiens de l'insolvabilité.* – 1. Le praticien de l'insolvabilité de la procédure d'insolvabilité principale et le ou les praticiens de l'insolvabilité des procédures d'insolvabilité secondaires concernant le même débiteur coopèrent, pour autant que cette coopération ne soit pas incompatible avec les règles applicables à chacune des procédures. Cette coopération peut prendre n'importe quelle forme, dont la conclusion d'accords ou de protocoles.

2. Dans le cadre de la mise en œuvre de la coopération visée au paragraphe 1, les praticiens de l'insolvabilité :

a) se communiquent dès que possible toute information qui peut être utile aux autres procédures, notamment l'état de la production et de la vérification des créances et toutes les mesures visant au redressement ou à la restructuration du débiteur, ou visant à mettre fin à la procédure, à condition que des dispositions appropriées soient prises pour protéger les informations confidentielles ;

b) explorent la possibilité de restructurer le débiteur et, si une telle possibilité existe, coordonnent l'élaboration et la mise en œuvre d'un plan de restructuration ;

c) coordonnent la gestion de la réalisation ou de l'utilisation des actifs et des affaires du débiteur ; le praticien de l'insolvabilité de la procédure d'insolvabilité secondaire permet en temps utile au praticien de l'insolvabilité de la procédure d'insolvabilité principale de présenter des propositions relatives à la réalisation ou à l'utilisation des actifs dans le cadre de la procédure d'insolvabilité secondaire.

3. Les paragraphes 1 et 2 s'appliquent mutatis mutandis aux situations où, dans le cadre de la procédure d'insolvabilité principale ou de la procédure d'insolvabilité secondaire ou de toute procédure d'insolvabilité territoriale concernant le même débiteur et ouvertes en même temps, le débiteur n'est pas dessaisi de ses actifs.

Art. 42. – *Coopération et communication entre juridictions.* – 1. Pour faciliter la coordination des procédures d'insolvabilité principale, territoriales et secondaires concernant le même débiteur, une juridiction devant laquelle une demande d'ouverture d'une procédure d'insolvabilité est en cours ou qui a ouvert une telle procédure coopère avec toute autre juridiction devant laquelle une demande d'ouverture d'une procédure d'insolvabilité est en cours ou qui a ouvert une telle procédure, dans la mesure où cette coopération n'est pas incompatible avec les règles applicables à chacune des procédures. À cette fin, les juridictions peuvent, au besoin, désigner une personne ou un organe indépendant agissant sur leurs instructions, pour autant que ce ne soit pas incompatible avec les règles applicables à ces procédures.

2. Dans le cadre de la mise en œuvre de la coopération visée au paragraphe 1, les juridictions, ou toute personne ou tout organe désigné agissant en leur nom, dont il est fait mention au paragraphe 1, peuvent communiquer directement entre elles, ou se demander directement des informations ou de l'aide, à condition que cette communication respecte les droits procéduraux des parties à la procédure et la confidentialité des informations.

3. La coopération visée au paragraphe 1 peut être mise en œuvre par tout moyen que la juridiction juge approprié. Elle peut notamment concerner :

a) la coordination de la désignation des praticiens de l'insolvabilité ;

b) la communication d'informations par tout moyen jugé approprié par la juridiction ;

c) la coordination de la gestion et de la surveillance des actifs et des affaires du débiteur ;

d) la coordination du déroulement des audiences ;

e) la coordination de l'approbation des protocoles, si nécessaire.

Art. 43. – *Coopération et communication entre praticiens de l'insolvabilité et juridictions.* – 1. Pour faciliter la coordination des procédures d'insolvabilité principale, territoriales et secondaires ouvertes à l'encontre du même débiteur :

a) le praticien de l'insolvabilité d'une procédure d'insolvabilité principale coopère et communique avec toute juridiction devant laquelle une demande d'ouverture d'une procédure d'insolvabilité secondaire est en cours ou qui a ouvert une telle procédure ;

b) le praticien de l'insolvabilité d'une procédure d'insolvabilité territoriale ou secondaire coopère et communique avec la juridiction devant laquelle une demande d'ouverture d'une procédure d'insolvabilité principale est en cours ou qui a ouvert une telle procédure ; et

c) le praticien de l'insolvabilité d'une procédure d'insolvabilité territoriale ou secondaire coopère et communique avec la juridiction devant laquelle une demande d'ouverture d'autres procédures d'insolvabilité territoriales ou secondaires est en cours ou qui a ouvert de telles procédures, dans la mesure où cette coopération et cette communication ne sont pas incompatibles avec les règles applicables à chacune des procédures et où elles n'entraînent aucun conflit d'intérêts.

2. La coopération visée au paragraphe 1 peut être mise en œuvre par tout moyen approprié, tels que ceux exposés à l'article 42, paragraphe 3.

Art. 44. – *Frais liés à la coopération et à la communication.* – Les exigences fixées aux articles 42 et 43 ne peuvent conduire à ce que les juridictions exigent l'une de l'autre des frais liés à la coopération et à la communication.

Art. 45. – *Exercice des droits des créanciers.* – 1. Tout créancier peut produire sa créance à la procédure d'insolvabilité principale et à toute procédure d'insolvabilité secondaire.

2. Les praticiens de l'insolvabilité de la procédure d'insolvabilité principale et de toute procédure d'insolvabilité secondaire produisent, dans le cadre des autres procédures, les créances déjà produites dans le cadre de la procédure pour laquelle ils ont été désignés, pour autant que cette production soit utile aux créanciers de la procédure pour laquelle ils ont été désignés, et sous réserve du droit de ceux-ci de s'y opposer ou de retirer la production de leurs créances lorsque la loi applicable le prévoit.

3. Le praticien de l'insolvabilité d'une procédure d'insolvabilité principale ou secondaire est habilité à participer, au même titre que tout créancier, à une autre procédure, notamment en prenant part à des assemblées de créanciers.

Art. 46. – *Suspension de la procédure de réalisation des actifs.* – 1. La juridiction qui a ouvert la procédure d'insolvabilité secondaire suspend en tout ou en partie la procédure de réalisation des actifs, à la demande du praticien de l'insolvabilité de la procédure d'insolvabilité principale. Dans ce cas, elle peut exiger du praticien de l'insolvabilité de la procédure d'insolvabilité principale qu'il prenne toute mesure adéquate pour garantir les intérêts des créanciers de la procédure d'insolvabilité secondaire et de certains groupes de créanciers. La demande du praticien de l'insolvabilité ne peut être rejetée que si elle est manifestement sans intérêt pour les créanciers de la procédure d'insolvabilité principale. La suspension de la procédure de réalisation des actifs peut être ordonnée pour une durée maximale de trois mois. Elle peut être prolongée ou renouvelée pour des périodes de même durée.

2. La juridiction visée au paragraphe 1 met fin à la suspension de la procédure de réalisation des actifs :

a) à la demande du praticien de l'insolvabilité de la procédure d'insolvabilité principale ;

b) d'office, à la demande d'un créancier ou à la demande du praticien de l'insolvabilité de la procédure d'insolvabilité secondaire, si cette mesure n'apparaît plus justifiée, notamment par les intérêts des créanciers de la procédure d'insolvabilité principale ou de ceux de la procédure d'insolvabilité secondaire.

Art. 47. – *Pouvoir du praticien de l'insolvabilité de proposer des plans de restructuration.* – 1. Lorsque la loi de l'État membre dans lequel la procédure d'insolvabilité secondaire a été ouverte prévoit la possibilité de clore cette procédure sans liquidation par un plan de restructuration, un concordat ou une mesure comparable, une telle mesure peut être proposée par le praticien de l'insolvabilité de la procédure d'insolvabilité principale, conformément à la procédure en vigueur dans cet État membre.

2. Toute limitation des droits des créanciers, notamment un sursis de paiement ou une remise de dette, découlant d'une mesure visée au paragraphe 1 et proposée dans une procédure d'insolvabilité secondaire, ne produit ses effets sur les biens du débiteur qui ne sont pas concernés par cette procédure qu'avec l'accord de tous les créanciers intéressés.

Art. 48. – *Conséquences de la clôture de la procédure d'insolvabilité.* – 1. Sans préjudice de l'article 49, la clôture de la procédure d'insolvabilité n'empêche pas la poursuite des autres procédures d'insolvabilité concernant le même débiteur qui sont toujours ouvertes à la date concernée.

2. Lorsqu'une procédure d'insolvabilité concernant une personne morale ou une société dans l'État membre du siège statutaire de ladite personne morale ou société entraînerait la dissolution de la personne morale ou de la société, cette personne morale ou société ne cesse d'exister que lorsque toutes les autres procédures d'insolvabilité concernant le même débiteur ont été closes, ou lorsque le ou les praticiens de l'insolvabilité concernés par ces procédures ont donné leur accord à la dissolution.

Art. 49. – *Surplus d'actif de la procédure d'insolvabilité secondaire.* – Si la réalisation des actifs dans le cadre de la procédure d'insolvabilité secondaire permet de payer toutes les créances admises dans cette procédure, le praticien de l'insolvabilité désigné dans cette procédure transfère sans délai le surplus d'actif au praticien de l'insolvabilité de la procédure d'insolvabilité principale.

Art. 50. – *Ouverture ultérieure de la procédure d'insolvabilité principale.* – Lorsque la procédure visée à l'article 3, paragraphe 1, est ouverte après l'ouverture de la procédure visée à l'article 3, paragraphe 2, dans un autre État membre, les articles 41, 45, 46, 47 et 49 s'appliquent à la procédure ouverte en premier lieu, dans la mesure où l'état de cette procédure le permet.

Art. 51. – *Conversion de la procédure d'insolvabilité secondaire.* – 1. À la demande du praticien de l'insolvabilité de la procédure d'insolvabilité principale, la juridiction de l'État membre dans lequel la procédure d'insolvabilité secondaire a été ouverte peut ordonner la conversion de la procédure d'insolvabilité secondaire en un autre type de procédure d'insolvabilité mentionné à l'annexe A, pour autant que les conditions d'ouverture de ce type de procédure prévues dans le droit national soient remplies et que ce type de procédure soit le plus approprié au regard des intérêts des créanciers locaux et de la cohérence entre les procédures d'insolvabilité principale et secondaire.

2. Lorsqu'elle examine la demande visée au paragraphe 1, la juridiction peut solliciter des informations auprès des praticiens de l'insolvabilité concernés par les deux procédures.

Art. 52. – *Mesures conservatoires.* – Lorsque la juridiction d'un État membre compétente en vertu de l'article 3, paragraphe 1, désigne un administrateur provisoire en vue d'assurer la conservation des biens d'un débiteur, cet administrateur provisoire est habilité à demander toute mesure de conservation et de protection des biens du débiteur qui se situent dans un autre État membre prévue par la loi de cet État membre, pour la période séparant la demande d'ouverture d'une procédure d'insolvabilité de la décision d'ouverture.

CHAPITRE IV. – INFORMATION DES CRÉANCIERS ET PRODUCTION DE LEURS CRÉANCES

Art. 53. – *Droit de produire les créances.* – Tout créancier étranger peut produire ses créances dans le cadre de la procédure d'insolvabilité par tous les moyens de transmission qui sont acceptés par le droit de l'État d'ouverture. La représentation par un avocat ou un autre professionnel du droit n'est pas obligatoire aux seules fins de la production de créances.

Art. 54. – *Obligation d'informer les créanciers.* – 1. Dès qu'une procédure d'insolvabilité est ouverte dans un État membre, la juridiction compétente de cet État ou le praticien de l'insolvabilité désigné par cette juridiction en informe sans délai les créanciers étrangers connus.

2. L'information visée au paragraphe 1, assurée par l'envoi individuel d'une note, porte notamment sur les délais à observer, les sanctions prévues quant à ces délais, l'organe ou l'autorité habilité(e) à recevoir la production des créances et toute autre mesure prescrite. Cette note indique également si les créanciers dont les créances sont garanties par un privilège ou une sûreté réelle doivent produire leurs créances. La note comporte aussi une copie du formulaire uniformisé de production de créances visé à l'article 55 ou des informations indiquant où ce formulaire est disponible.

3. Les éléments d'information visés aux paragraphes 1 et 2 du présent article sont communiqués au moyen du formulaire uniformisé élaboré conformément à l'article 88. Le formulaire est publié sur le portail européen e-Justice et porte l'intitulé « Note concernant la procédure d'insolvabilité » dans toutes les langues officielles des institutions de l'Union. Il est transmis dans la langue officielle de l'État d'ouverture ou, s'il y a plusieurs langues officielles dans cet État membre, dans la langue officielle ou dans l'une des langues officielles du lieu où la procédure d'insolvabilité a été ouverte, ou dans une autre langue que ledit État a déclaré pouvoir accepter, conformément à l'article 55, paragraphe 5, s'il est permis de penser que les créanciers étrangers comprendront plus facilement cette langue.

4. Dans le cas où la procédure d'insolvabilité concerne une personne physique n'exerçant pas une profession libérale ou toute autre activité d'indépendant, le formulaire uniformisé visé au présent article ne doit pas obligatoirement être utilisé si les créanciers ne sont pas tenus de produire leurs créances pour que celles-ci soient prises en compte au cours de la procédure.

Exigence linguistique. Application à l'avertissement dû, en droit français, au créancier titulaire d'une sûreté publiée (▪ Cass. com., 7 juill. 2009 : *JurisData* n° 2009-049116 ; *D.* 2009, act. jurispr. 1965 ; *JCP* E 2010, 1011, n° 8, obs. Ph. Pétel). Comp. pour un créancier chirographaire : ▪ CA Orléans, 8 oct. 2009, n° 07/02272 : *Rev. proc. coll.* 2010, comm. 218, obs. M. Menjucq.

Art. 55. – *Procédure de production des créances.* – 1. Tout créancier étranger peut produire ses créances au moyen du formulaire de demande uniformisé à établir conformément à l'article 88. Le formulaire porte l'intitulé « Production de créances » dans toutes les langues officielles des institutions de l'Union.

2. Les formulaires de demande uniformisés visés au paragraphe 1 comportent les informations suivantes :

a) le nom, l'adresse postale, l'adresse électronique, le cas échéant, le numéro d'identification personnel, le cas échéant, et les coordonnées bancaires du créancier étranger visé au paragraphe 1 ;

b) le montant de la créance, en spécifiant le montant en principal et, le cas échéant, les intérêts, ainsi que la date à laquelle celle-ci est née et la date à laquelle elle est devenue exigible, s'il s'agit d'une date différente ;

c) si des intérêts sont demandés, le taux d'intérêt, la nature légale ou contractuelle des intérêts, la période pour laquelle les intérêts sont demandés et le montant capitalisé des intérêts ;

d) si des frais exposés par le créancier pour faire valoir ses droits avant l'ouverture de la procédure sont demandés, le montant et le détail de ceux-ci ;

e) la nature de la créance ;

f) la question de savoir si un statut de créancier privilégié est revendiqué et le fondement de cette revendication ;

g) la question de savoir si le créancier allègue que sa créance est garantie par une sûreté réelle ou une réserve de propriété et, si tel est le cas, quels sont les actifs couverts par la sûreté qu'il invoque, la date à laquelle la sûreté a été octroyée et, si la sûreté a été enregistrée, le numéro d'enregistrement ; et

h) la question de savoir si une compensation est revendiquée et, dans ce cas, les montants des créances réciproques à la date d'ouverture de la procédure d'insolvabilité, la date à laquelle elles sont nées et le montant réclamé, après déduction de la compensation.

Le formulaire de demande uniformisé est accompagné de copies de toute pièce justificative, le cas échéant.

3. Le formulaire de demande uniformisé indique qu'il n'est pas obligatoire de fournir des informations concernant les coordonnées bancaires et le numéro d'identification personnel du créancier visés au paragraphe 2, point *a)*.

4. Si le créancier produit sa créance en utilisant d'autres moyens que le formulaire de demande uniformisé visé au paragraphe 1, la demande contient les informations visées au paragraphe 2.

5. Les créances peuvent être produites dans n'importe quelle langue officielle des institutions de l'Union. La juridiction, le praticien de l'insolvabilité ou le débiteur non dessaisi peut demander au créancier de fournir une traduction dans la langue officielle de l'État d'ouverture ou, s'il y a plusieurs langues officielles dans cet État membre, dans la langue officielle ou dans l'une des langues officielles du lieu où la procédure d'insolvabilité a été ouverte, ou dans une autre langue que l'État membre concerné aura déclaré pouvoir accepter. Chaque État membre indique s'il accepte une langue officielle des institutions de l'Union autre que sa propre langue aux fins de la production de créances.

6. Les créances sont produites dans le délai prévu par la loi de l'État d'ouverture. Pour un créancier étranger, ce délai n'est pas inférieur à trente jours suivant la publication de la décision d'ouverture de la procédure d'insolvabilité au registre d'insolvabilité de l'État d'ouverture. Lorsqu'un État membre invoque l'article 24, paragraphe 4, ce délai n'est pas inférieur à trente jours suivant le moment où un créancier a été informé en application de l'article 54.

7. Lorsque la juridiction, le praticien de l'insolvabilité ou le débiteur non dessaisi a des doutes en ce qui concerne une créance produite conformément au présent article, il donne au créancier la possibilité de fournir des éléments complémentaires attestant l'existence de la créance et son montant.

CHAPITRE V. – PROCÉDURES D'INSOLVABILITÉ CONCERNANT DES MEMBRES D'UN GROUPE DE SOCIÉTÉS

Section I. – Coopération et communication

Art. 56. – *Coopération et communication entre praticiens de l'insolvabilité.* – 1. Lorsque des procédures d'insolvabilité concernent deux membres ou plus d'un groupe de sociétés, le praticien de l'insolvabilité désigné dans la procédure relative à un membre du groupe coopère avec tout praticien de l'insolvabilité désigné dans la procédure visant un autre membre du même groupe, pour autant qu'une telle coopération soit de nature à faciliter la gestion efficace de ces procédures, ne soit pas incompatible avec les règles applicables à ces procédures et n'entraîne aucun conflit d'intérêts. Cette coopération peut prendre n'importe quelle forme, dont la conclusion d'accords ou de protocoles.

2. Dans le cadre de la mise en œuvre de la coopération visée au paragraphe 1, les praticiens de l'insolvabilité :

a) se communiquent dès que possible toute information qui peut être utile aux autres procédures, à condition que des dispositions appropriées soient prises pour protéger les informations confidentielles ;

b) examinent s'il existe des possibilités de coordonner la gestion et la surveillance des affaires des membres du groupe qui font l'objet de la procédure d'insolvabilité et, si tel est le cas, coordonnent cette gestion et cette surveillance ;

c) examinent s'il existe des possibilités de restructurer les membres du groupe qui font l'objet de la procédure d'insolvabilité et, si tel est le cas, coordonnent leurs efforts en vue de proposer et de négocier un plan de restructuration coordonné.

Aux fins des points *b)* et *c)*, tous les praticiens de l'insolvabilité visés au paragraphe 1, ou une partie d'entre eux, peuvent convenir de conférer des pouvoirs supplémentaires au praticien de l'insolvabilité désigné dans l'une des procédures, lorsque les règles applicables à chacune des procédures l'autorisent. Ils peuvent également marquer leur accord sur la répartition de certaines tâches entre eux, lorsque les règles applicables à chacune des procédures l'autorisent.

Art. 57. – *Coopération et communication entre juridictions.* – 1. Lorsque des procédures d'insolvabilité concernent deux membres ou plus d'un groupe de sociétés, une juridiction qui a ouvert une telle procédure coopère avec toute autre juridiction devant laquelle une demande d'ouverture de procédure concernant un autre membre du même groupe est en cours ou qui a ouvert une telle procédure, pour autant que cette coopération soit de nature à faciliter la gestion efficace des procédures, ne soit pas incompatible avec les règles qui leur sont applicables et n'entraîne aucun conflit d'intérêts. À cette fin, les juridictions peuvent, au besoin, désigner une personne ou un organe indépendant agissant sur leurs instructions, pour autant que ce ne soit pas incompatible avec les règles applicables à ces juridictions.

2. Dans le cadre de la mise en œuvre de la coopération visée au paragraphe 1, les juridictions, ou toute personne ou tout organe désigné agissant en leur nom, dont il est fait mention au paragraphe 1, peuvent communiquer directement entre elles, ou se demander directement des informations ou de l'aide, à condition que cette communication respecte les droits procéduraux des parties à la procédure et la confidentialité des informations.

3. La coopération visée au paragraphe 1 peut être mise en œuvre par tout moyen que la juridiction estime approprié. Elle peut notamment concerner :

a) la coordination de la désignation des praticiens de l'insolvabilité ;

b) la communication d'informations par tout moyen jugé approprié par la juridiction ;

c) la coordination de la gestion et de la surveillance des actifs et des affaires des membres du groupe ;

d) la coordination du déroulement des audiences ;

e) la coordination de l'approbation des protocoles, si nécessaire.

Art. 58. – *Coopération et communication entre praticiens de l'insolvabilité et juridictions.* – Un praticien de l'insolvabilité désigné dans une procédure d'insolvabilité concernant un membre d'un groupe de sociétés :

a) coopère et communique avec toute juridiction devant laquelle une demande d'ouverture de procédure à l'encontre d'un autre membre du même groupe de sociétés est en cours ou qui a ouvert une telle procédure ; et

b) peut demander à ladite juridiction des informations concernant la procédure relative à l'autre membre du groupe ou demander de l'aide concernant la procédure dans laquelle il a été désigné, pour autant que cette coopération et cette communication soient de nature à faciliter la gestion efficace des procédures, n'entraînent aucun conflit d'intérêts et ne soient pas incompatibles avec les règles applicables à ces procédures.

Art. 59. – *Frais liés à la coopération et à la communication dans les procédures concernant des membres d'un groupe de sociétés.* – Les frais liés à la coopération et à la communication prévues aux articles 56 à 60, supportés par un praticien de l'insolvabilité ou par une juridiction, sont considérés comme des frais et dépenses des procédures respectives.

Art. 60. – *Pouvoirs du praticien de l'insolvabilité dans les procédures concernant des membres d'un groupe de sociétés.* – 1. Un praticien de l'insolvabilité désigné dans une procédure d'insolvabilité ouverte à l'encontre d'un membre d'un groupe de sociétés peut, pour autant ce soit de nature à faciliter la gestion efficace des procédures :

a) être entendu dans toute procédure ouverte à l'encontre de tout autre membre du même groupe ;

b) demander une suspension de toute mesure liée à la réalisation des actifs dans le cadre de la procédure ouverte à l'encontre de tout autre membre du même groupe, à condition que :

i) soit proposé un plan de restructuration pour tous les membres du groupe ou pour certains d'entre eux, à l'encontre desquels la procédure d'insolvabilité a été ouverte, conformément à l'article 56, paragraphe 2, point *c)*, et que celui-ci ait des chances raisonnables de produire les résultats escomptés ;

ii) cette suspension soit nécessaire pour assurer la mise en œuvre correcte du plan de restructuration ;

iii) le plan de restructuration soit dans l'intérêt des créanciers concernés par la procédure pour laquelle la suspension est demandée ; et

iv) ni la procédure d'insolvabilité dans laquelle le praticien de l'insolvabilité visé au paragraphe 1 du présent article a été désigné ni la procédure pour laquelle la suspension est demandée ne font l'objet d'une coordination en application de la section 2 du présent chapitre ;

c) demander l'ouverture d'une procédure de coordination collective, conformément à l'article 61.

2. La juridiction ayant ouvert la procédure visée au paragraphe 1, point *b)*, suspend entièrement ou partiellement toute mesure relative à la réalisation des actifs dans le cadre de la procédure, si elle estime que les conditions visées au paragraphe 1, point *b)*, sont remplies.

Avant d'ordonner la suspension, la juridiction entend le praticien de l'insolvabilité désigné dans la procédure pour laquelle la suspension est demandée. La suspension peut être ordonnée pour toute période, ne dépassant pas trois mois, que la juridiction juge appropriée et qui est compatible avec les règles applicables à la procédure.

La juridiction ordonnant la suspension peut exiger que le praticien de l'insolvabilité visé au paragraphe 1 prenne toute mesure prévue dans le droit national de nature à garantir les intérêts des créanciers de la procédure.

La juridiction peut prolonger la durée de la suspension d'une ou de plusieurs nouvelles périodes, si elle l'estime approprié et si ces prolongations sont compatibles avec les règles applicables à la procédure, pour autant que les conditions visées au paragraphe 1, points *b)* ii) à iv), soient toujours remplies et que la durée totale de la suspension (période initiale plus prolongations éventuelles) ne dépasse pas six mois.

Section 2. – Coordination

Sous-section 1. – Procédure

Art. 61. – *Demande d'ouverture d'une procédure de coordination collective.* – 1. L'ouverture d'une procédure de coordination collective peut être demandée auprès de toute juridiction compétente en matière de procédures d'insolvabilité à l'encontre d'un membre du groupe par un praticien de l'insolvabilité désigné dans une procédure d'insolvabilité ouverte à l'encontre d'un membre du groupe.

2. La demande visée au paragraphe 1 est adressée conformément aux conditions prévues par la loi applicable à la procédure dans laquelle le praticien de l'insolvabilité a été désigné.

3. La demande visée au paragraphe 1 est accompagnée des éléments suivants :

a) une proposition indiquant le nom de la personne à nommer en qualité de coordinateur de groupe (ci-après dénommé « coordinateur »), précisant que celle-ci remplit les critères d'éligibilité prévus à l'article 71, comprenant des informations au sujet de ses qualifications ainsi que l'accord écrit de l'intéressé pour exercer la fonction de coordinateur ;

b) une description de la coordination collective proposée, précisant en particulier les raisons pour lesquelles les conditions énoncées à l'article 63, paragraphe 1, sont remplies ;

c) une liste des praticiens de l'insolvabilité désignés pour les membres du groupe et, le cas échéant, des juridictions et des autorités compétentes concernées par les procédures d'insolvabilité menées à l'encontre des membres du groupe ;

d) un aperçu de l'estimation des coûts de la coordination collective et une estimation de la part de ces coûts à acquitter par chacun des membres du groupe.

Art. 62. – *Règle de priorité.* – Sans préjudice de l'article 66, lorsque l'ouverture de la procédure de coordination collective est demandée auprès de juridictions de différents États membres, toute juridiction autre que celle saisie en premier lieu se déclare incompétente au profit de celle-ci.

Art. 63. – *Notification de la juridiction saisie.* – 1. La juridiction saisie d'une demande d'ouverture d'une procédure de coordination collective notifie dans les meilleurs délais cette demande ainsi que le nom du coordinateur proposé aux praticiens de l'insolvabilité désignés pour les membres du groupe figurant dans la demande visée à l'article 61, paragraphe 3, point *c)*, si elle estime :

a) que l'ouverture d'une telle procédure est de nature à faciliter la gestion efficace de la procédure d'insolvabilité visant les différents membres du groupe ;

b) qu'aucun créancier d'un membre du groupe dont on prévoit la participation à la procédure n'est susceptible d'être financièrement désavantagé par l'inclusion de ce membre dans la procédure ; et

c) que le coordinateur proposé remplit les exigences prévues à l'article 71.

2. La notification visée au paragraphe 1 du présent article mentionne les éléments énumérés à l'article 61, paragraphe 3, points *a)* à *d)*.

3. La notification visée au paragraphe 1 est envoyée par courrier recommandé avec accusé de réception.

4. La juridiction saisie donne aux praticiens de l'insolvabilité concernés la possibilité d'être entendus.

Art. 64. – *Objections formulées par les praticiens de l'insolvabilité.* – 1. Un praticien de l'insolvabilité désigné pour l'un des membres du groupe peut formuler des objections en ce qui concerne :

a) l'inclusion, dans une procédure de coordination collective, de la procédure d'insolvabilité pour laquelle il a été désigné ; ou

b) la personne proposée en qualité de coordinateur.

2. Les objections formulées en vertu du paragraphe 1 du présent article sont introduites auprès de la juridiction visée à l'article 63 dans les trente jours à compter de la réception de la notification de la demande d'ouverture de la procédure de coordination collective par le praticien de l'insolvabilité visé au paragraphe 1 du présent article. Ces objections peuvent être formulées au moyen du formulaire uniformisé établi conformément à l'article 88.

3. Avant de prendre la décision de participer ou non à la coordination en application du paragraphe 1, point *a)*, le praticien de l'insolvabilité veille à obtenir tout agrément qui pourrait être requis en vertu de la loi de l'État d'ouverture de la procédure pour laquelle il a été désigné.

Art. 65. – *Conséquences des objections à l'inclusion dans une coordination collective.* – 1. Lorsqu'un praticien de l'insolvabilité a formulé des objections à l'inclusion de la procédure pour laquelle il a été désigné dans une procédure de coordination collective, ladite procédure n'est pas incluse dans la procédure de coordination collective.

2. Les compétences de la juridiction visées à l'article 68, ou du coordinateur, découlant de ladite procédure n'ont aucun effet en ce qui concerne ce membre et n'entraînent pas de coûts à charge de ce membre.

Art. 66. – *Choix de la juridiction pour une procédure de coordination collective.* – 1. Lorsque les deux tiers au moins de tous les praticiens de l'insolvabilité désignés dans des procédures d'insolvabilité concernant les membres du groupe sont convenus qu'une juridiction compétente d'un autre État membre est la juridiction la plus appropriée pour ouvrir une procédure de coordination collective, ladite juridiction a une compétence exclusive.

2. Le choix de la juridiction s'effectue sous la forme d'un accord mutuel écrit ou attesté par écrit. Il est possible jusqu'au moment où a lieu l'ouverture de la procédure de coordination collective conformément à l'article 68.

3. Toute juridiction autre que celle qui est saisie en vertu du paragraphe 1 se déclare incompétente au profit de celle-ci.

4. La demande d'ouverture d'une procédure de coordination collective est introduite auprès de la juridiction choisie conformément à l'article 61.

Art. 67. – *Conséquences des objections à l'encontre du coordinateur proposé.* – Lorsque des objections à la personne proposée en qualité de coordinateur ont été formulées par un praticien de l'insolvabilité qui ne fait pas objection pour autant à l'inclusion dans la procédure de coordination collective du membre pour lequel il a été désigné, la juridiction peut s'abstenir de désigner cette personne et inviter le praticien de l'insolvabilité qui a émis les objections à introduire une nouvelle demande conformément à l'article 61, paragraphe 3.

Art. 68. – *Décision d'ouverture d'une procédure de coordination collective.* – 1. Une fois écoulé le délai fixé à l'article 64, paragraphe 2, la juridiction peut ouvrir la procédure de coordination collective si elle estime que les conditions de l'article 63, paragraphe 1, sont remplies. Dans ce cas, la juridiction :

a) désigne un coordinateur ;

b) rend une décision sur les grandes lignes de la coordination ; et

c) rend une décision sur l'estimation des coûts et la part des coûts à acquitter par les membres du groupe.

2. La décision d'ouverture de la procédure de coordination collective est notifiée aux praticiens de l'insolvabilité participants et au coordinateur.

Art. 69. – *Participation volontaire ultérieure de praticiens de l'insolvabilité.* – 1. Conformément à son droit national, tout praticien de l'insolvabilité peut demander, après que la décision judiciaire visée à l'article 68 a été rendue, l'inclusion de la procédure pour laquelle il a été désigné, lorsque :

a) des objections quant à l'inclusion de la procédure d'insolvabilité dans la procédure de coordination collective ont été formulées ; ou

b) une procédure d'insolvabilité à l'encontre d'un membre du groupe a été ouverte après que la juridiction a ouvert une procédure de coordination collective.

2. Sans préjudice du paragraphe 4, le coordinateur peut accéder à cette demande après avoir consulté les praticiens de l'insolvabilité concernés :

a) s'il estime que, compte tenu du stade atteint par la procédure de coordination collective au moment de la demande, les critères énoncés à l'article 63, paragraphe 1, points *a)* et *b)*, sont remplis ; ou

b) si tous les praticiens de l'insolvabilité concernés y consentent, sous réserve des conditions définies dans leur droit national.

3. Le coordinateur informe la juridiction et les praticiens de l'insolvabilité participants de la décision qu'il prend en vertu du paragraphe 2, et des raisons de cette décision.

4. Tout praticien de l'insolvabilité participant ou tout praticien de l'insolvabilité dont la demande d'inclusion dans la procédure de coordination collective a été rejetée peut contester la décision visée au paragraphe 2 conformément à la procédure prévue par la loi de l'État membre dans lequel la procédure de coordination collective a été ouverte.

Art. 70. – *Recommandations et programme de coordination collective.* – 1. Les praticiens de l'insolvabilité conduisent leur procédure d'insolvabilité en tenant compte des recommandations du coordinateur et du contenu du programme de coordination collective visé à l'article 72, paragraphe 1.

2. Le praticien de l'insolvabilité n'est pas tenu de suivre en tout ou en partie les recommandations du coordinateur ou le programme de coordination collective.

S'il ne suit pas les recommandations du coordinateur ou le programme de coordination collective, il fait part de ses motifs aux personnes ou aux organes auxquels il doit rendre compte en vertu de son droit national, ainsi qu'au coordinateur.

Sous-section 2. – Dispositions générales

Art. 71. – *Le coordinateur.* – 1. Le coordinateur est une personne qui est habilitée, selon le droit d'un État membre, à agir en qualité de praticien de l'insolvabilité.

2. Le coordinateur ne peut pas être l'un des praticiens de l'insolvabilité désignés pour un membre du groupe, et n'a aucun conflit d'intérêts à l'égard des membres du groupe, de leurs créanciers et des praticiens de l'insolvabilité désignés pour tout membre du groupe.

Art. 72. – *Missions et droits du coordinateur.* – 1. Le coordinateur :

a) définit et élabore des recommandations pour la conduite coordonnée des procédures d'insolvabilité ;

b) propose un programme de coordination collective servant à définir, à détailler et à recommander une série complète de mesures appropriées pour une approche intégrée de la résolution des insolvabilités des membres du groupe. Ce programme peut contenir en particulier des propositions concernant :

i) les mesures à prendre afin de rétablir les performances économiques et la solidité financière du groupe ou d'une partie de celui-ci ;

ii) le règlement des litiges au sein du groupe pour ce qui est des transactions intragroupe et des actions révocatoires ;

iii) les accords entre les praticiens de l'insolvabilité des membres du groupe insolvables.

2. Le coordinateur peut également :

a) être entendu et participer, notamment en assistant aux réunions des créanciers, à toute procédure ouverte à l'encontre de tout membre du groupe ;

b) arbitrer tout litige qui pourrait survenir entre deux praticiens de l'insolvabilité des membres du groupe ou plus ;

c) présenter et expliquer son programme de coordination collective aux personnes ou aux organes auquel il doit rendre compte en vertu de son droit national ;

d) demander des informations à tout praticien de l'insolvabilité concernant tout membre du groupe, qui sont ou pourraient être utiles afin de définir et d'élaborer des stratégies et des mesures visant à coordonner les procédures ; et

e) demander une suspension, pour une durée maximale de six mois, de la procédure ouverte à l'encontre de tout membre du groupe, à condition que cette suspension soit nécessaire pour assurer la mise en œuvre correcte du programme et soit dans l'intérêt des créanciers concernés par la procédure pour laquelle la suspension est demandée ; ou réclamer la levée de toute suspension existante. Une telle demande est introduite auprès de la juridiction qui a ouvert la procédure pour laquelle la suspension est demandée.

3. Le programme visé au paragraphe 1, point *b)*, ne comporte pas de recommandations concernant une consolidation des procédures ou des masses de l'insolvabilité.

4. Les missions et les droits du coordinateur définis au présent article ne s'étendent à aucun membre du groupe qui ne participe pas à la procédure de coordination collective.

5. Le coordinateur honore ses obligations de manière impartiale et avec la diligence requise.

6. Lorsque le coordinateur estime que sa mission ne peut être accomplie sans une augmentation importante des coûts par rapport à l'estimation des coûts visée à l'article 61, paragraphe 3, point *d)*, et, en tout état de cause, dès lors que les coûts sont 10 % plus élevés que les coûts estimés :

a) il le fait savoir sans retard aux praticiens de l'insolvabilité participants ; et

b) il demande l'approbation préalable de la juridiction chargée d'ouvrir la procédure de coordination collective.

Art. 73. – *Langues.* – 1. Le coordinateur communique avec le praticien de l'insolvabilité d'un membre du groupe participant dans la langue convenue avec le praticien de l'insolvabilité ou, à défaut d'accord en la matière, dans la langue officielle ou l'une des langues officielles des institutions de l'Union, et de la juridiction qui a ouvert la procédure à l'encontre de ce membre du groupe.

2. Le coordinateur communique avec une juridiction dans la langue officielle applicable à cette juridiction.

Art. 74. – *Coopération entre les praticiens de l'insolvabilité et le coordinateur.* – 1. Les praticiens de l'insolvabilité désignés pour des membres d'un groupe et le coordinateur coopèrent dans la mesure où cette coopération n'est pas incompatible avec les règles applicables à chacune des procédures.

2. En particulier, les praticiens de l'insolvabilité communiquent toute information utile au coordinateur pour l'accomplissement de ses missions.

Art. 75. – *Révocation du coordinateur.* – La juridiction révoque le coordinateur d'office ou à la demande du praticien de l'insolvabilité d'un membre du groupe participant, si :

a) le coordinateur agit au détriment des créanciers d'un membre du groupe participant ; ou

b) le coordinateur manque à ses obligations en vertu du présent chapitre.

Art. 76. – *Débiteur non dessaisi.* – Les dispositions applicables au praticien de l'insolvabilité au titre du présent chapitre s'appliquent aussi, s'il y a lieu, au débiteur non dessaisi.

Art. 77. – *Coûts et répartition.* – 1. La rémunération du coordinateur est adéquate et proportionnée aux missions accomplies, et correspond à des dépenses raisonnables.

2. Lorsqu'il a accompli ses missions, le coordinateur établit la déclaration finale des coûts et leur répartition entre les membres, et soumet cette déclaration à chacun des praticiens de l'insolvabilité participants ainsi qu'à la juridiction ayant ouvert la procédure de coordination.

3. En l'absence d'objections de la part des praticiens de l'insolvabilité dans un délai de trente jours à compter de la réception de la déclaration mentionnée au paragraphe 2, les coûts et leur répartition entre les membres sont réputés acceptés. La déclaration est soumise à la juridiction ayant ouvert la procédure de coordination pour confirmation.

4. Dans le cas où des objections sont formulées, la juridiction qui a ouvert la procédure de coordination collective décide, à la demande du coordinateur ou de tout praticien de l'insolvabilité participant, des coûts et de leur répartition entre les membres, selon les critères visés au paragraphe 1 du présent article et en tenant compte de l'estimation des coûts visée à l'article 68, paragraphe 1 et, le cas échéant, à l'article 72, paragraphe 6.

5. Tout praticien de l'insolvabilité participant peut contester la décision visée au paragraphe 4 conformément à la procédure prévue par la loi de l'État membre dans lequel la procédure de coordination collective a été ouverte.

CHAPITRE VI. – PROTECTION DES DONNÉES

Art. 78. – *Protection des données.* – 1. Les règles nationales mettant en œuvre la directive 95/46/CE s'appliquent au traitement des données à caractère personnel effectué dans les États membres au titre du présent règlement, pour autant que les opérations de traitement visées à l'article 3, paragraphe 2, de ladite directive ne soient pas concernées.

2. Le règlement (CE) n° 45/2001 s'applique au traitement des données à caractère personnel effectué par la Commission au titre du présent règlement.

Art. 79. – *Responsabilités des États membres en ce qui concerne le traitement des données à caractère personnel dans les registres d'insolvabilité nationaux.* – 1. Chaque État membre communique à la Commission le nom de la personne physique ou morale, de l'autorité publique, du service ou de tout autre organisme désigné par le droit national pour exercer les fonctions de responsable du traitement, conformément à l'article 2, point *d)*, de la directive 95/46/CE, en vue de sa publication sur le portail européen e-Justice.

2. Les États membres veillent à ce que les mesures techniques nécessaires pour assurer la sécurité des données à caractère personnel traitées dans leurs registres d'insolvabilité nationaux visés à l'article 24 soient mises en œuvre.

3. Il appartient aux États membres de vérifier que le responsable du traitement, désigné par le droit national conformément à l'article 2, point *d)*, de la directive 95/46/CE, assure le respect des principes relatifs à la qualité des données, en particulier l'exactitude et la mise à jour des données stockées dans les registres d'insolvabilité nationaux.

4. Les États membres sont responsables, conformément à la directive 95/46/CE, de la collecte et du stockage des données dans les bases de données nationales ainsi que des décisions prises afin d'assurer la mise à disposition de ces données dans le registre interconnecté, qui peut être consulté sur le portail européen e-Justice.

5. Dans le cadre des informations à fournir aux personnes concernées afin de leur permettre d'exercer leurs droits, et en particulier le droit à l'effacement des données, les États membres informent les personnes concernées de la période durant laquelle les données à caractère personnel stockées dans les registres d'insolvabilité sont accessibles.

Art. 80. – *Responsabilités de la Commission dans le cadre du traitement des données à caractère personnel.* – 1. La Commission exerce la fonction de responsable du traitement, en application de l'article 2, point *d)*, du règlement (CE) n° 45/2001, conformément aux responsabilités qui lui incombent en vertu du présent article.

2. La Commission définit les politiques nécessaires et applique les solutions techniques nécessaires pour exercer les responsabilités qui lui incombent dans le cadre de sa fonction de responsable du traitement.

3. La Commission met en œuvre les mesures techniques requises pour assurer la sécurité des données à caractère personnel, en particulier la confidentialité et l'intégrité de toute transmission de données vers le portail européen e-Justice et à partir de celui-ci.

4. Les obligations qui incombent à la Commission ne portent pas préjudice aux responsabilités des États membres et des autres organes en ce qui concerne le contenu et l'exploitation des bases de données nationales interconnectées gérées par leurs soins.

Art. 81. – *Obligation d'information.* – Sans préjudice des informations à communiquer aux personnes concernées conformément aux articles 11 et 12 du règlement (CE) n° 45/2001, la Commission informe les personnes concernées, par voie de publication sur le portail européen e-Justice, de son rôle dans le traitement des données et des finalités pour lesquelles les données seront traitées.

Art. 82. – *Stockage des données à caractère personnel.* – En ce qui concerne les informations provenant des bases de données nationales interconnectées, aucune donnée à caractère personnel relative aux personnes concernées n'est stockée sur le portail européen e-Justice. Toutes les données de ce type sont stockées dans les bases de données nationales gérées par les États membres ou par d'autres organes.

Art. 83. – *Accès aux données à caractère personnel par l'intermédiaire du portail européen e-Justice.* – Les données à caractère personnel stockées dans les registres d'insolvabilité nationaux visés à l'article 24 sont accessibles par l'intermédiaire du portail européen e-Justice aussi longtemps qu'elles demeurent accessibles en vertu du droit national.

CHAPITRE VII. – DISPOSITIONS TRANSITOIRES ET FINALES

Art. 84. – *Application dans le temps.* – 1. Les dispositions du présent règlement ne sont applicables qu'aux procédures d'insolvabilité ouvertes postérieurement au 26 juin 2017. Les actes accomplis par le débiteur avant cette date continuent d'être régis par la loi qui leur était applicable au moment où ils ont été accomplis.

2. Nonobstant l'article 91 du présent règlement, le règlement (CE) n° 1346/2000 continue de s'appliquer aux procédures d'insolvabilité relevant du champ d'application dudit règlement et qui ont été ouvertes avant le 26 juin 2017.

Art. 85. – *Relations avec les conventions.* – 1. Le présent règlement remplace, dans les relations entre les États membres et pour les matières auxquelles il se réfère, les conventions conclues entre deux ou plusieurs de ces États, à savoir :

a) la convention entre la Belgique et la France sur la compétence judiciaire, sur l'autorité et l'exécution des décisions judiciaires, des sentences arbitrales et des actes authentiques, signée à Paris le 8 juillet 1899 ;

b) la convention entre la Belgique et l'Autriche sur la faillite, le concordat et le sursis de paiement (avec protocole additionnel du 13 juin 1973), signée à Bruxelles le 16 juillet 1969 ;

c) la convention entre la Belgique et les Pays-Bas sur la compétence judiciaire territoriale, sur la faillite, ainsi que sur l'autorité et l'exécution des décisions judiciaires, des sentences arbitrales et des actes authentiques, signée à Bruxelles le 28 mars 1925 ;

d) le traité entre l'Allemagne et l'Autriche en matière de faillite et de concordat, signé à Vienne le 25 mai 1979 ;

e) la convention entre la France et l'Autriche sur la compétence judiciaire, la reconnaissance et l'exécution des décisions en matière de faillite, signée à Vienne le 27 février 1979 ;

f) la convention entre la France et l'Italie sur l'exécution des jugements en matière civile et commerciale, signée à Rome le 3 juin 1930 ;

g) la convention entre l'Italie et l'Autriche en matière de faillite et de concordat, signée à Rome le 12 juillet 1977 ;

h) la convention entre le Royaume des Pays-Bas et la République fédérale d'Allemagne sur la reconnaissance et l'exécution mutuelles des décisions judiciaires et autres titres exécutoires en matière civile et commerciale, signée à La Haye le 30 août 1962 ;

i) la convention entre le Royaume-Uni et le Royaume de Belgique sur l'exécution réciproque des jugements en matière civile et commerciale, et son protocole, signée à Bruxelles le 2 mai 1934 ;

j) la convention entre le Danemark, la Finlande, la Norvège, la Suède et l'Islande, relative à la faillite, signée à Copenhague le 7 novembre 1933 ;

k) la convention européenne sur certains aspects internationaux de la faillite, signée à Istanbul le 5 juin 1990 ;

l) la convention entre la République fédérative socialiste de Yougoslavie et le Royaume de Grèce sur la reconnaissance et l'exécution des décisions, signée à Athènes le 18 juin 1959 ;

m) l'accord entre la République fédérative socialiste de Yougoslavie et la République d'Autriche sur la reconnaissance et l'exécution réciproques des décisions et sentences arbitrales en matière commerciale, signée à Belgrade le 18 mars 1960 ;

n) la convention entre la République fédérative socialiste de Yougoslavie et la République italienne relative à l'entraide judiciaire en matière civile et administrative, signée à Rome le 3 décembre 1960 ;

o) l'accord entre la République fédérative socialiste de Yougoslavie et le Royaume de Belgique relatif à la coopération judiciaire en matière civile et commerciale, signé à Belgrade le 24 septembre 1971 ;

p) la convention entre le gouvernement de la Yougoslavie et le gouvernement de la France relative à la reconnaissance et à l'exécution des décisions judiciaires en matière civile et commerciale, signée à Paris le 18 mai 1971 ;

q) l'accord entre la République socialiste tchécoslovaque et la République hellénique sur l'assistance judiciaire en matière civile et pénale, signé à Athènes le 22 octobre 1980, toujours en vigueur entre la République tchèque et la Grèce ;

r) l'accord entre la République socialiste tchécoslovaque et la République de Chypre relatif à l'assistance judiciaire en matière civile et pénale, signé à Nicosie le 23 avril 1982, toujours en vigueur entre la République tchèque et Chypre ;

s) le traité entre le gouvernement de la République socialiste tchécoslovaque et le gouvernement de la République française relatif à l'entraide judiciaire, à la reconnaissance et à l'exécution des décisions, en matière civile, familiale et commerciale, signé à Paris le 10 mai 1984, toujours en vigueur entre la République tchèque et la France ;

t) le traité entre la République socialiste tchécoslovaque et la République italienne relatif à l'assistance judiciaire en matière civile et pénale, signé à Prague le 6 décembre 1985, toujours en vigueur entre la République tchèque et l'Italie ;

u) l'accord entre la République de Lettonie, la République d'Estonie et la République de Lituanie relatif à l'assistance judiciaire et les relations judiciaires, signé à Tallinn le 11 novembre 1992 ;

v) l'accord entre l'Estonie et la Pologne relatif à l'entraide judiciaire et à l'établissement de relations judiciaires en matière civile, pénale et du travail, signé à Tallinn le 27 novembre 1998 ;

w) l'accord entre la République de Lituanie et la République de Pologne relatif à l'entraide judiciaire et aux relations judiciaires en matière civile, familiale, pénale et du travail, signé à Varsovie le 26 janvier 1993 ;

x) la convention entre la République socialiste de Roumanie et la République hellénique concernant l'entraide judiciaire en matière civile et pénale et son protocole, signés à Bucarest le 19 octobre 1972 ;

y) la convention entre la République socialiste de Roumanie et la République française concernant l'entraide judiciaire en matière civile et commerciale, signée à Paris le 5 novembre 1974 ;

z) l'accord entre la République populaire de Bulgarie et la République hellénique relatif à l'entraide judiciaire en matière civile et pénale, signé à Athènes le 10 avril 1976 ;

aa) l'accord entre la République populaire de Bulgarie et la République de Chypre relatif à l'entraide judiciaire en matière civile et pénale, signé à Nicosie le 29 avril 1983 ;

ab) l'accord entre le gouvernement de la République populaire de Bulgarie et le gouvernement de la République française relatif à l'entraide judiciaire en matière civile, signé à Sofia le 18 janvier 1989 ;

ac) le traité entre la Roumanie et la République tchèque relatif à l'entraide judiciaire en matière civile, signé à Bucarest le 11 juillet 1994 ;

ad) le traité entre la Roumanie et la République de Pologne relatif à l'entraide judiciaire et aux relations judiciaires dans les affaires civiles, signé à Bucarest le 15 mai 1999.

2. Les conventions visées au paragraphe 1 continuent à produire leurs effets en ce qui concerne les procédures ouvertes avant l'entrée en vigueur du règlement (CE) n° 1346/2000.

3. Le présent règlement n'est pas applicable :

a) dans tout État membre, dans la mesure où il est incompatible avec les obligations en matière de faillite résultant d'une convention conclue antérieurement à l'entrée en vigueur du règlement (CE) n° 1346/2000 par cet État membre avec un ou plusieurs pays tiers ;

b) au Royaume-Uni de Grande-Bretagne et d'Irlande du Nord, dans la mesure où il est incompatible avec les obligations en matière de faillite et de liquidation de sociétés insolvables résultant d'accords avec le Commonwealth applicables au moment de l'entrée en vigueur du règlement (CE) n° 1346/2000.

Art. 86. – *Informations sur le droit national et le droit de l'Union en matière d'insolvabilité.* – 1. Les États membres fournissent, dans le cadre du réseau judiciaire européen en matière civile et commerciale créé par la décision 2001/470/CE du Conseil (1), et dans le but de permettre l'accès de tous à l'information, une brève description de leur droit national et de leurs procédures dans le domaine de l'insolvabilité, notamment en ce qui concerne les éléments énumérés à l'article 7, paragraphe 2, du présent règlement.

(1) Décision 2001/470/CE du Conseil du 28 mai 2001 relative à la création d'un réseau judiciaire européen en matière civile et commerciale (*JO* L 174, 27 juin 2001, p. 25).

2. Les États membres actualisent régulièrement l'information visée au paragraphe 1.

3. La Commission met les informations relatives au présent règlement à la disposition du public.

Art. 87. – *Établissement de l'interconnexion de registres.* – La Commission adopte des actes d'exécution visant à établir l'interconnexion des registres d'insolvabilité visée à l'article 25 du présent règlement. Ces actes d'exécution sont adoptés en conformité avec la procédure d'examen visée à l'article 89, paragraphe 3.

Art. 88. – *Établissement et modification ultérieure des formulaires uniformisés.* – La Commission adopte des actes d'exécution visant à établir et, le cas échéant, à modifier les formulaires visés à l'article 27, paragraphe 4, aux articles 54 et 55 et à l'article 64, paragraphe 2, du présent règlement. Ces actes d'exécution sont adoptés en conformité avec la procédure consultative visée à l'article 89, paragraphe 2.

Art. 89. – *Comité.* – 1. La Commission est assistée par un comité. Ledit comité est un comité au sens du règlement (UE) n° 182/2011.

2. Lorsqu'il est fait référence au présent paragraphe, l'article 4 du règlement (UE) n° 182/2011 s'applique.

3. Lorsqu'il est fait référence au présent paragraphe, l'article 5 du règlement (UE) n° 182/2011 s'applique.

Art. 90. – *Clause de réexamen.* – 1. Au plus tard le 27 juin 2027, et tous les cinq ans par la suite, la Commission présente au Parlement européen, au Conseil et au Comité économique et social européen un rapport relatif à l'application du présent règlement. Ce rapport est accompagné, le cas échéant, de propositions visant à adapter le présent règlement.

2. Au plus tard le 27 juin 2022, la Commission présente au Parlement européen, au Conseil et au Comité économique et social européen un rapport relatif à l'application de la procédure de coordination collective. Ce rapport est accompagné, le cas échéant, de propositions visant à adapter le présent règlement.

3. Le 1er janvier 2016 au plus tard, la Commission présente au Parlement européen, au Conseil et au Comité économique et social européen une étude concernant les problèmes transfrontaliers qui se posent dans le domaine de la responsabilité et des déchéances de dirigeants.

4. Au plus tard le 27 juin 2020, la Commission présente au Parlement européen, au Conseil et au Comité économique et social européen une étude concernant la question de la recherche abusive de la juridiction la plus favorable.

Art. 91. – *Abrogation.* – Le règlement (CE) n° 1346/2000 est abrogé.

Les références faites au règlement abrogé s'entendent comme faites au présent règlement et sont à lire selon le tableau de correspondance figurant à l'annexe D du présent règlement.

Art. 92. – *Entrée en vigueur.* – Le présent règlement entre en vigueur le vingtième jour suivant celui de sa publication au *Journal officiel* de l'Union européenne.

Il est applicable à partir du 26 juin 2017, à l'exception de :

a) l'article 86, qui est applicable à partir du 26 juin 2016 ;

b) l'article 24, paragraphe 1, qui est applicable à partir du 26 juin 2018 ; et

c) l'article 25, qui est applicable à partir du 26 juin 2019.

Le présent règlement est obligatoire dans tous ses éléments et directement applicable dans tout État membre conformément aux traités.

Fait à Strasbourg, le 20 mai 2015.

Par le Parlement européen

Le président

M. SCHULZ

Par le Conseil

Le président

Z. KALNIŅA-LUKAŠEVICA

ANNEXE A

Procédures d'insolvabilité visées à l'article 2, point 4)

BELGIQUE

– Het faillissement/La faillite,

– De gerechtelijke reorganisatie door een collectief akkoord/La réorganisation judiciaire par accord collectif,

- De gerechtelijke reorganisatie door een minnelijk akkoord/La réorganisation judiciaire par accord amiable,
- De gerechtelijke reorganisatie door overdracht onder gerechtelijk gezag/La réorganisation judiciaire par transfert sous autorité de justice,
- De collectieve schuldenregeling/Le règlement collectif de dettes,
- De vrijwillige vereffening/La liquidation volontaire,
- De gerechtelijke vereffening/La liquidation judiciaire,
- De voorlopige ontneming van beheer, bepaald in artikel 8 van de faillissementswet/Le dessaisissement provisoire, visé à l'article 8 de la loi sur les faillites,

БЪЛГАРИЯ
- Производство по несъстоятелност,

ČESKÁ REPUBLIKA
- Konkurs,
- Reorganizace,
- Oddlužení,

DEUTSCHLAND
- Das Konkursverfahren,
- Das gerichtliche Vergleichsverfahren,
- Das Gesamtvollstreckungsverfahren,
- Das Insolvenzverfahren,

EESTI
- Pankrotimenetlus,
- Võlgade ümberkujundamise menetlus,

ÉIRE/IRELAND
- Compulsory winding-up by the court,
- Bankruptcy,
- The administration in bankruptcy of the estate of persons dying insolvent,
- Winding-up in bankruptcy of partnerships,
- Creditors'voluntary winding-up (with confirmation of a court),
- Arrangements under the control of the court which involve the vesting of all or part of the property of the debtor in the Official Assignee for realisation and distribution,
- Examinership,
- Debt Relief Notice,
- Debt Settlement Arrangement,
- Personal Insolvency Arrangement,

ΕΛΛΑΔΑ
- Η πτώχευση,
- Η ειδική εκκαθάριση εν λειτουργία,
- Σχέδιο αναδιοργάνωσης,
- Απλοποιημένη διαδικασία επί πτωχεύσεων μικρού αντικειμένου,
- Διαδικασία Εξυγίανσης,

ESPAÑA
- Concurso,
- Procedimiento de homologación de acuerdos de refinanciación,
- Procedimiento de acuerdos extrajudiciales de pago,
- *Procedimiento de* negociación pública para la consecución de acuerdos de refinanciación colectivos, acuerdos de refinanciación homologados y propuestas anticipadas de convenio,

FRANCE
- Sauvegarde,
- Sauvegarde accélérée,
- Sauvegarde financière accélérée,
- Redressement judiciaire,
- Liquidation judiciaire,

HRVATSKA
- Stečajni postupak,

ITALIA
- Fallimento,

- Concordato preventivo,
- Liquidazione coatta amministrativa,
- Amministrazione straordinaria,
- Accordi di ristrutturazione,
- Procedure di composizione della crisi da sovraindebitamento del consumatore (accordo o piano),
- Liquidazione dei beni,

ΚΥΠΡΟΣ
- Υποχρεωτική εκκαθάριση από το Δικαστήριο,
- Εκούσια εκκαθάριση από μέλη,
- Εκούσια εκκαθάριση από πιστωτές,
- Εκκαθάριση με την εποπτεία του Δικαστηρίου,
- Διάταγμα Παραλαβής και πτώχευσης κατόπιν Δικαστικού Διατάγματος,
- Διαχείριση της περιουσίας προσώπων που απεβίωσαν αφερέγγυα,

LATVIJA
- Tiesiskās aizsardzības process,
- Juridiskās personas maksātnespējas process,
- Fiziskās personas maksātnespējas process,

LIETUVA
- Įmonės restruktūrizavimo byla,
- Įmonės bankroto byla,
- Įmonės bankroto procesas ne teismo tvarka,
- Fizinio asmens bankroto procesas,

LUXEMBOURG
- Faillite,
- Gestion contrôlée,
- Concordat préventif de faillite (par abandon d'actif),
- Régime spécial de liquidation du notariat,
- Procédure de règlement collectif des dettes dans le cadre du surendettement,

MAGYARORSZÁG
- Csődeljárás,
- Felszámolási eljárás,

MALTA
- Xoljiment
- Amministrazzjoni,
- Stralċ volontarju mill-membri jew mill-kredituri,
- Stralċ mill-Qorti,
- Falliment f'każ ta' kummerċjant,
- Proċedura biex kumpanija tirkupra,

NEDERLAND
- Het faillissement,
- De surséance van betaling,
- De schuldsaneringsregeling natuurlijke personen,

ÖSTERREICH
- Das Konkursverfahren (Insolvenzverfahren),
- Das Sanierungsverfahren ohne Eigenverwaltung (Insolvenzverfahren),
- Das Sanierungsverfahren mit Eigenverwaltung (Insolvenzverfahren),
- Das Schuldenregulierungsverfahren,
- Das Abschöpfungsverfahren,
- Das Ausgleichsverfahren,

POLSKA
- *Postępowanie naprawcze,*
- Upadłość obejmująca likwidację,
- Upadłość z możliwością zawarcia układu,

PORTUGAL
- Processo de insolvência,
- Processo especial de revitalização,

ROMÂNIA
- Procedura insolvenţei,
- Reorganizarea judiciară,
- Procedura falimentului,
- Concordatul preventiv,

SLOVENIJA
- Postopek preventivnega prestrukturiranja,
- Postopek prisilne poravnave,
- Postopek poenostavljene prisilne poravnave,
- Stečajni postopek : stečajni postopek nad pravno osebo, postopek osebnega stečaja et postopek stečaja zapuščine,

SLOVENSKO
- Konkurzné konanie,
- Reštrukturalizačné konanie,
- Oddlženie,

SUOMI/FINLAND
- Konkurssi/konkurs,
- Yrityssaneeraus/företagssanering,
- Yksityishenkilön velkajärjestely/skuldsanering för privatpersoner,

SVERIGE
- Konkurs,
- Företagsrekonstruktion,
- Skuldsanering,

UNITED KINGDOM
- Winding-up by or subject to the supervision of the court,
- Creditors'voluntary winding-up (with confirmation by the court),
- Administration, including appointments made by filing prescribed documents with the court,
- Voluntary arrangements under insolvency legislation,
- Bankruptcy or sequestration.

ANNEXE B

Praticiens de l'insolvabilité visés à l'article 2, point 5)

BELGIQUE/BELGIË
- De curator/Le curateur,
- De gedelegeerd rechter/Le juge-délégué,
- De gerechtsmandataris/Le mandataire de justice,
- De schuldbemiddelaar/Le médiateur de dettes,
- De vereffenaar/Le liquidateur,
- De voorlopige bewindvoerder/L'administrateur provisoire,

БЪЛГАРИЯ
- Назначен предварително временен синдик,
- Временен синдик,
- (Постоянен) синдик,
- Служебен синдик,

ČESKÁ REPUBLIKA
- Insolvenční správce,
- Předběžný insolvenční správce,
- Oddělený insolvenční správce,
- Zvláštní insolvenční správce,
- Zástupce insolvenčního správce,

DEUTSCHLAND
- Konkursverwalter,
- Vergleichsverwalter,
- Sachwalter (nach der Vergleichsordnung),
- Verwalter,

- Insolvenzverwalter,
- Sachwalter (nach der Insolvenzordnung),
- Treuhänder,
- Vorläufiger Insolvenzverwalter,
- Vorläufiger Sachwalter,

EESTI
- Pankrotihaldur,
- Ajutine pankrotihaldur,
- Usaldusisik,

ÉIRE/IRELAND
- Liquidator,
- Official Assignee,
- Trustee in bankruptcy,
- Provisional Liquidator,
- Examiner,
- Personal Insolvency Practitioner,
- Insolvency Service,

ΕΛΛΑΔΑ
- Ο σύνδικος,
- Ο εισηγητής,
- Η επιτροπή των πιστωτών,
- Ο ειδικός εκκαθαριστής,

ESPAÑA
- Administrador concursal,
- Mediador concursal,

FRANCE
- Mandataire judiciaire,
- Liquidateur,
- Administrateur judiciaire,
- Commissaire à l'exécution du plan,

HRVATSKA
- Stečajni upravitelj,
- Privremeni stečajni upravitelj,
- Stečajni povjerenik,
- Povjerenik,

ITALIA
- Curatore,
- Commissario giudiziale,
- Commissario straordinario,
- Commissario liquidatore,
- Liquidatore giudiziale,
- Professionista nominato dal Tribunale,
- Organismo di composizione della crisi nella procedura di composizione della crisi da sovraindebitamento del consumatore,
- Liquidatore,

ΚΥΠΡΟΣ
- Εκκαθαριστής και Προσωρινός Εκκαθαριστής,
- Επίσημος Παραλήπτης,
- Διαχειριστής της Πτώχευσης,

LATVIJA
- *Maksātnespējas procesa administrators,*

LIETUVA
- Bankroto administratorius,
- Restruktūrizavimo administratorius,

LUXEMBOURG
- Le curateur,

- Le commissaire,
- Le liquidateur,
- Le conseil de gérance de la section d'assainissement du notariat,
- Le liquidateur dans le cadre du surendettement,

MAGYARORSZÁG
- Vagyonfelügyelő,
- Felszámoló,

MALTA
- Amministratur Proviżorju,
- Riċevitur Uffiċjali,
- Stralċjarju,
- Manager Speċjali,
- Kuraturi f'każ ta' proċeduri ta' falliment,
- Kontrolur Speċjali,

NEDERLAND
- De curator in het faillissement,
- De bewindvoerder in de surséance van betaling,
- De bewindvoerder in de schuldsaneringsregeling natuurlijke personen,

ÖSTERREICH
- Masseverwalter,
- Sanierungsverwalter,
- Ausgleichsverwalter,
- Besonderer Verwalter,
- Einstweiliger Verwalter,
- Sachwalter,
- Treuhänder,
- Insolvenzgericht,
- Konkursgericht,

POLSKA
- Syndyk,
- Nadzorca sądowy,
- Zarządca,

PORTUGAL
- Administrador da insolvência,
- Administrador judicial provisório,

ROMÂNIA
- Practician în insolvenţă,
- Administrator concordatar,
- Administrator judiciar,
- Lichidator judiciar,

SLOVENIJA
- Upravitelj,

SLOVENSKO
- Predbežný správca,
- *Správca*,

SUOMI/FINLAND
- Pesänhoitaja/boförvaltare,
- Selvittäjä/utredare,

SVERIGE
- Förvaltare,
- Rekonstruktör,

UNITED KINGDOM
- Liquidator,
- Supervisor of a voluntary arrangement,
- Administrator,
- Official Receiver,

- Trustee,
- Provisional Liquidator,
- Interim Receiver,
- Judicial factor.

ANNEXE C

Règlement abrogé avec liste de ses modifications successives

Règlement (CE) n° 1346/2000 du Conseil
(*JO* L 160, 30 juin 2000, p. 1).
Règlement (CE) n° 603/2005 du Conseil
(*JO* L 100, 20 avr. 2005, p. 1).
Règlement (CE) n° 694/2006 du Conseil
(*JO* L 121, 6 mai 2006, p. 1).
Règlement (CE) n° 1791/2006 du Conseil
(*JO* L 363, 20 déc. 2006, p. 1).
Règlement (CE) n° 681/2007 du Conseil
(*JO* L 159, 20 juin 2007, p. 1).
Règlement (CE) n° 788/2008 du Conseil
(*JO* L 213, 8 août 2008, p. 1).
Règlement d'exécution (UE) n° 210/2010 du Conseil
(*JO* L 65, 13 mars 2010, p. 1).
Règlement d'exécution (UE) n° 583/2011 du Conseil
(*JO* L 160, 18 juin 2011, p. 52).
Règlement (UE) n° 517/2013 du Conseil
(*JO* L 158, 10 juin 2013, p. 1).
Règlement d'exécution (UE) n° 663/2014 du Conseil
(*JO* L 179, 19 juin 2014, p. 4).
Acte relatif aux conditions d'adhésion de la République tchèque, de la République d'Estonie, de la République de Chypre, de la République de Lettonie, de la République de Lituanie, de la République de Hongrie, de la République de Malte, de la République de Pologne, de la République de Slovénie et de la République slovaque, et aux adaptations des traités sur lesquels est fondée l'Union européenne
(*JO* L 236, 23 sept. 2003, p. 33).

ANNEXE D

Tableau de correspondance

Règlement (CE) n° 1346/2000	Présent règlement
Article 1er	Article 1er
Article 2, mots introductifs	Article 2, mots introductifs
Article 2, point *a)*	Article 2, point 4)
Article 2, point *b)*	Article 2, point 5)
Article 2, point *c)*	–
Article 2, point *d)*	Article 2, point 6)
Article 2, point *e)*	Article 2, point 7)
Article 2, point *f)*	Article 2, point 8)
Article 2, point *g)*, mots introductifs	Article 2, point 9), mots introductifs
Article 2, point *g)*, premier tiret	Article 2, point 9) vii)

Règlement (CE) n° 1346/2000	Présent règlement
Article 2, point *g)*, deuxième tiret	Article 2, point 9) iv)
Article 2, point *g)*, troisième tiret	Article 2, point 9) viii)
Article 2, point *h)*	Article 2, point 10)
–	Article 2, points 1) à 3) et 11) à 13)
–	Article 2, point 9) i) à iii), v) et vi)
Article 3	Article 3
–	Article 4
–	Article 5
–	Article 6
Article 4	Article 7
Article 5	Article 8
Article 6	Article 9
Article 7	Article 10
Article 8	Article 11, paragraphe 1
–	Article 11, paragraphe 2
Article 9	Article 12
Article 10	Article 13, paragraphe 1
–	Article 13, paragraphe 2
Article 11	Article 14
Article 12	Article 15
Article 13, premier tiret	Article 16, point *a)*
Article 13, deuxième tiret	Article 16, point *b)*
Article 14, premier tiret	Article 17, point *a)*
Article 14, deuxième tiret	Article 17, point *b)*
Article 14, troisième tiret	Article 17, point *c)*
Article 15	Article 18
Article 16	Article 19
Article 17	Article 20
Article 18	Article 21
Article 19	Article 22
Article 20	Article 23
–	Article 24
–	Article 25

Règlement (CE) n° 1346/2000	Présent règlement
–	Article 26
–	Article 27
Article 21, paragraphe 1	Article 28, paragraphe 2
Article 21, paragraphe 2	Article 28, paragraphe 1
Article 22	Article 29
Article 23	Article 30
Article 24	Article 31
Article 25	Article 32
Article 26	Article 33
Article 27	Article 34
Article 28	Article 35
–	Article 36
Article 29	Article 37, paragraphe 1
–	Article 37, paragraphe 2
–	Article 38
–	Article 39
Article 30	Article 40
Article 31	Article 41
–	Article 42
–	Article 43
–	Article 44
Article 32	Article 45
Article 33	Article 46
Article 34, paragraphe 1	Article 47, paragraphe 1
Article 34, paragraphe 2	Article 47, paragraphe 2
Article 34, paragraphe 3	–
–	Article 48
Article 35	Article 49
Article 36	Article 50
Article 37	Article 51
Article 38	Article 52
Article 39	Article 53
Article 40	Article 54

Règlement (CE) n° 1346/2000	Présent règlement
Article 41	Article 55
Article 42	–
–	Article 56
–	Article 57
–	Article 58
–	Article 59
–	Article 60
–	Article 61
–	Article 62
–	Article 63
–	Article 64
–	Article 65
–	Article 66
–	Article 67
–	Article 68
–	Article 69
–	Article 70
–	Article 71
–	Article 72
–	Article 73
–	Article 74
–	Article 75
–	Article 76
–	Article 77
–	Article 78
–	Article 79
–	Article 80
–	Article 81
–	Article 82
–	Article 83
Article 43	Article 84, paragraphe 1
–	Article 84, paragraphe 2
Article 44	Article 85

Règlement (CE) n° 1346/2000	Présent règlement
–	Article 86
Article 45	–
–	Article 87
–	Article 88
–	Article 89
Article 46	Article 90, paragraphe 1
–	Article 90, paragraphes 2 à 4
–	Article 91
Article 47	Article 92
Annexe A	Annexe A
Annexe B	–
Annexe C	Annexe B
–	Annexe C
–	Annexe D

ANNEXE 7

TRIBUNAUX DE COMMERCE

Code de procédure civile

Livre II. – Dispositions particulières à chaque juridiction

TITRE III. – DISPOSITIONS PARTICULIÈRES AU TRIBUNAL DE COMMERCE

Bibliographie : C. Blery, *Conciliation et procédure orale en matière civile, commerciale et sociale, à propos du décret du 1er octobre 2010* : *JCP* G 2010, 1044. • D. Cholet, *La réforme de la procédure devant le tribunal de commerce* : *JCP* E 2010, 558.

Art. 853 ***(Rempl. à compter du 1er janvier 2020, D. n° 2019-1333, 11 déc. 2019).*** **– Les parties sont, sauf disposition contraire, tenues de constituer avocat devant le tribunal de commerce.**

La constitution de l'avocat emporte élection de domicile.

Les parties sont dispensées de l'obligation de constituer avocat dans les cas prévus par la loi ou le règlement, lorsque la demande porte sur un montant inférieur ou égal à 10 000 euros ***(Mots aj. à compter du 1er janvier 2021, D. n° 2020-1452, 27 nov. 2020)*** **« ou qu'elle a pour origine l'exécution d'une obligation dont le montant n'excède pas 10 000 euros », dans le cadre des procédures instituées par le livre VI du Code de commerce ou pour les litiges relatifs à la tenue du registre du commerce et des sociétés.** ***(Mots aj. à compter du 1er janvier 2021, D. n° 2020-1452, 27 nov. 2020)*** **« Le montant de la demande est apprécié conformément aux dispositions des articles 35 à 37 ».**

Dans ces cas, elles ont la faculté de se faire assister ou représenter par toute personne de leur choix. Le représentant, s'il n'est avocat, doit justifier d'un pouvoir spécial.

CHAPITRE PREMIER. – LA PROCÉDURE DEVANT LE TRIBUNAL DE COMMERCE

Section I. – L'introduction de l'instance

Art. 854 ***(Mod., D. n° 2019-1333, 11 déc. 2019).*** **– La demande en justice est formée par assignation ou par la remise au greffe d'une requête conjointe.**

Sous-section 1. – L'assignation

Art. 855 ***(Mod., D. n° 2010-1165, 1er oct. 2010 ; D. n° 2011-1043, 1er sept. 2011 ; mod., D. n° 2019-1333, 11 déc. 2019).*** **– L'assignation contient, à peine de nullité, outre les mentions prescrites par les articles 54 et 56, les nom, prénoms et adresse de la personne chez qui le demandeur élit domicile en France s'il réside à l'étranger.**

L'acte introductif d'instance mentionne en outre les conditions dans lesquelles le défendeur peut ou doit se faire assister ou représenter, s'il y a lieu, le nom du représentant du demandeur ainsi que, lorsqu'il contient une demande en paiement, les dispositions de l'article 861-2.

Art. 856. – L'assignation doit être délivrée quinze jours au moins avant la date de l'audience.

Art. 857 ***(Mod., D. n° 2005-1678, 28 déc. 2005).*** **– Le tribunal est saisi, à la diligence de l'une ou l'autre partie, par la remise au greffe d'une copie de l'assignation.**

Cette remise doit avoir lieu au plus tard huit jours avant la date de l'audience, sous peine de caducité de l'assignation constatée d'office par ordonnance, selon le cas, du président ou du *(Mots rempl., D. n° 2015-282, 11 mars 2015)* « juge chargé d'instruire l'affaire », ou, à défaut, à la requête d'une partie.

Art. 858. – En cas d'urgence, les délais de comparution et de remise de l'assignation peuvent être réduits par autorisation du président du tribunal.

Dans les affaires maritimes et aériennes, l'assignation peut être donnée, même d'heure à heure, sans autorisation du président lorsqu'il existe des parties non domiciliées ou s'il s'agit de matières urgentes et provisoires.

Sous-section 2. – La requête conjointe et la présentation volontaire des parties

Art. 859 *(Mod., D. n° 2019-1333, 11 déc. 2019)*. – Les parties peuvent exposer leurs prétentions par requête conjointe.

Art. 860 *(Mod., D. n° 2019-1333, 11 déc. 2019)*. – Le tribunal est saisi par la remise de la requête conjointe.

Section II. – L'instance

Sous-section 1. – Dispositions générales

(D. n° 2010-1165, 1er oct. 2010)

Art. 860-1 *(D. n° 2010-1165, 1er oct. 2010)*. – La procédure est orale.

Art. 860-2 *(D. n° 2010-1165, 1er oct. 2010)*. – Si une conciliation entre les parties apparaît envisageable, la formation de jugement peut *(Mots suppr., D. n° 2015-282, 11 mars 2015)* « ... » désigner un conciliateur de justice à cette fin. Cette désignation peut revêtir la forme d'une simple mention au dossier.

Art. 861 *(Mod., D. n° 2010-1165, 1er oct. 2010 ; D. n° 2012-1451, 24 déc. 2012)*. – En l'absence de conciliation, si l'affaire n'est pas en état d'être jugée, la formation de jugement la renvoie à une prochaine audience ou confie à l'un de ses membres le soin de l'instruire.

À moins que l'affaire ne soit jugée dès la première audience, le greffier avise par *(Mots rempl., D. n° 2015-282, 11 mars 2015)* « tous moyens » les parties qui ne l'auraient pas été verbalement de la date des audiences ultérieures.

Art. 861-1 *(D. n° 2010-1165, 1er oct. 2010 ; rempl. à compter du 1er janvier 2021, D. n° 2020-1452, 27 nov. 2020)*. – La formation de jugement peut, conformément au second alinéa de l'article 446-1, dispenser une partie qui en fait la demande de se présenter à une audience ultérieure. Dans ce cas, le juge organise les échanges entre les parties. La communication entre elles est faite par lettre recommandée avec demande d'avis de réception ou par notification entre avocats et il en est justifié auprès de la formation de jugement dans les délais qu'elle impartit. A l'issue de la dernière audience, le greffe informe les parties de la date à laquelle le jugement sera rendu.

Art. 861-2 *(D. n° 2010-1165, 1er oct. 2010)*. – Sans préjudice des dispositions de l'article 68, la demande incidente tendant à l'octroi d'un délai de paiement en application de l'article 1244-1 du Code civil peut être formée par déclaration faite, remise ou adressée au greffe, où elle est enregistrée. L'auteur de cette demande doit justifier avant l'audience que l'adversaire en a eu connaissance par lettre recommandée avec demande d'avis de réception. Les pièces que la partie invoque à l'appui de sa demande de délai de paiement sont jointes à la déclaration.

L'auteur de cette demande incidente peut ne pas se présenter à l'audience, conformément au second alinéa de l'article 446-1. Dans ce cas, le juge ne fait droit aux demandes présentées contre cette partie que s'il les estime régulières, recevables et bien fondées.

Sous-section 2. – Le juge chargé d'instruire l'affaire

Art. 861-3 *(Mod., D. n° 2012-1451, 24 déc. 2012)*. – Le juge chargé d'instruire l'affaire organise le cas échéant les échanges entre les parties comparantes dans les conditions et sous les sanctions prévues à l'article 446-2.

Il peut dispenser une partie de se présenter à une audience ultérieure dans les conditions prévues à l'article 861-1.

Art. 862 *(Mod., D. n° 2012-1451, 24 déc. 2012)*. – Le juge chargé d'instruire l'affaire peut entendre les parties.

Il dispose des pouvoirs de mise en état prévus à l'article 446-3.

Art. 863 *(Mod., D. n° 2012-1451, 24 déc. 2012)*. – Le juge chargé d'instruire l'affaire constate la conciliation, même partielle, des parties.

Il peut également désigner un conciliateur de justice dans les conditions prévues à l'article 860-2.

Art. 864 *(Mod., D. n° 2012-1451, 24 déc. 2012)*. – Le juge chargé d'instruire l'affaire procède aux jonctions et disjonctions d'instance.

Art. 865 *(Mod., D. n° 2012-1451, 24 déc. 2012)*. – Le juge chargé d'instruire l'affaire peut ordonner, même d'office, toute mesure d'instruction.

Il tranche les difficultés relatives à la communication des pièces.

Il constate l'extinction de l'instance. En ce cas, il statue, s'il y a lieu, sur les dépens et les demandes formées en application de l'article 700.

Art. 866 *(Mod., D. n° 2012-1451, 24 déc. 2012)*. – Les mesures prises par le juge chargé d'instruire l'affaire sont l'objet d'une simple mention au dossier : avis en est donné aux parties.

Toutefois, dans les cas prévus à l'article précédent, le juge chargé d'instruire l'affaire statue par ordonnance motivée, sous réserve des règles particulières aux mesures d'instruction.

Art. 867 *(Mod., D. n° 2012-1451, 24 déc. 2012)*. – Les ordonnances du juge chargé d'instruire l'affaire n'ont pas, au principal, l'autorité de la chose jugée.

Art. 868 *(Mod., D. n° 2012-1451, 24 déc. 2012)*. – Les ordonnances du juge chargé d'instruire l'affaire ne sont susceptibles d'aucun recours indépendamment du jugement sur le fond.

Toutefois, elles peuvent être frappées d'appel, soit dans les cas et conditions prévus en matière d'expertise, soit dans les quinze jours de leur date lorsqu'elles constatent l'extinction de l'instance.

Art. 869 *(Mod., D. n° 2012-1451, 24 déc. 2012)*. – Le juge chargé d'instruire l'affaire la renvoie devant le tribunal dès que l'état de l'instruction le permet.

Art. 870 *(Mod., D. n° 2012-1451, 24 déc. 2012)*. – À la demande du président de la formation, le juge chargé d'instruire l'affaire fait un rapport oral de l'affaire à l'audience avant les plaidoiries. Ce rapport peut également être fait par le président de la formation ou un autre juge de la formation qu'il désigne.

Le rapport expose l'objet de la demande et les moyens des parties, précise les questions de fait et de droit soulevées par le litige et fait mention des éléments propres à éclairer le débat, sans faire connaître l'avis du juge qui en est l'auteur.

Art. 871 *(Mod., D. n° 2012-1451, 24 déc. 2012)*. – Le juge chargé d'instruire l'affaire peut également, si les parties ne s'y opposent pas, tenir seul l'audience pour entendre les plaidoiries. Il en rend compte au tribunal dans son délibéré.

CHAPITRE II. – LES POUVOIRS DU PRÉSIDENT

Section I. – Les ordonnances de référé

Art. 872. – Dans tous les cas d'urgence, le président du tribunal de commerce peut, dans les limites de la compétence du tribunal, ordonner en référé toutes les mesures qui ne se heurtent à aucune contestation sérieuse ou que justifie l'existence d'un différend.

Art. 873. – Le président peut, dans les mêmes limites et même en présence d'une contestation sérieuse, prescrire en référé les mesures conservatoires ou de remise en état qui s'imposent soit pour prévenir un dommage imminent, soit pour faire cesser un trouble manifestement illicite.

Dans les cas où l'existence de l'obligation n'est pas sérieusement contestable, il peut accorder une provision au créancier, ou ordonner l'exécution de l'obligation même s'il s'agit d'une obligation de faire.

Art. 873-1. – À la demande de l'une des parties, et si l'urgence le justifie, le président saisi en référé peut renvoyer l'affaire à une audience dont il fixe la date pour qu'il soit statué au fond. Il veille à ce que le défendeur dispose d'un temps suffisant pour préparer sa défense. L'ordonnance emporte saisine du tribunal.

Section II. – Les ordonnances sur requête

Art. 874. – Le président du tribunal de commerce est saisi par requête dans les cas spécifiés par la loi.

Art. 875. – Le président peut ordonner sur requête, dans les limites de la compétence du tribunal, toutes mesures urgentes lorsque les circonstances exigent qu'elles ne soient pas prises contradictoirement.

Art. 876. – En cas d'urgence, la requête peut être présentée au domicile du président ou au lieu où il exerce son activité professionnelle.

CHAPITRE III. – DISPOSITIONS DIVERSES

Art. 877. – Les tribunaux de commerce ne connaissent pas l'exécution forcée de leurs jugements.

Art. 878. – Le président du tribunal de commerce peut déléguer à un ou plusieurs membres de ce tribunal tout ou partie des pouvoirs qui lui sont dévolus par le présent titre.

Art. 878-1. – Lorsque le tribunal judiciaire statue en matière commerciale en application de l'article L. 722-4 du Code de commerce, les demandes sont formées, instruites et jugées conformément aux règles établies par le présent titre.

Arrêté du 21 juin 2013

portant communication par voie électronique entre les avocats et entre les avocats et la juridiction dans les procédures devant les tribunaux de commerce

Version consolidée au 27 juin 2013

La garde des sceaux, ministre de la Justice,

Vu le Code civil, notamment ses articles 1316 à 1316-4 ;

Vu le Code de procédure civile, notamment ses articles 673, 748-1 à 748-6 et 861-1 ;

Vu le Code de commerce, notamment son article L. 721-1 ;

Vu le décret n° 91-1197 du 27 novembre 1991 modifié organisant la profession d'avocat, notamment son article 93 ;

Vu le décret n° 2001-272 du 30 mars 2001 pris pour application de l'article 1316-4 du Code civil et relatif à la signature électronique,

Arrête :

Art. 1er. – Lorsqu'ils sont effectués par voie électronique entre les avocats et entre les avocats et la juridiction à l'occasion d'une procédure devant le tribunal de commerce, les envois, remises et notifications des actes de procédure, des pièces, avis, avertissements ou convocations, des rapports, des procès-verbaux ainsi que des copies et expéditions revêtues de la formule exécutoire des décisions juridictionnelles doivent répondre aux garanties fixées par le présent arrêté.

Chapitre Ier. – Du système de communication électronique mis à disposition des juridictions par les greffiers des tribunaux de commerce

Art. 2. – *Le système de communication électronique*, opéré sous la responsabilité du Conseil national des greffiers des tribunaux de commerce, est accessible aux greffiers des tribunaux de commerce. Ce système d'information est fondé sur des procédés techniques d'échanges sécurisés pour le traitement des envois, remises et notifications prévus à l'article 1er. Le système dispose d'un point de terminaison sécurisé autorisant une interconnexion avec le réseau privé virtuel décrit à l'article 4.

Art. 3. – Pour procéder au traitement prévu à l'article 2, les greffiers des tribunaux de commerce accèdent à la plate-forme d'échanges et de suivi sécurisée, dénommée « i-greffes », au moyen d'une liaison dont la sécurité est assurée, pour la réception des envois, remises et notifications mentionnés à l'article 1er, selon le mode login/mot de passe, et pour leur transmission, par certificat électronique d'authentification.

Chapitre II. – De la sécurité des moyens d'accès des avocats au système de communication électronique des tribunaux de commerce

Art. 4. – L'accès des avocats au système de communication électronique mis à disposition des tribunaux de commerce se fait par l'utilisation du procédé de raccordement au réseau indépendant privé opéré sous la responsabilité du Conseil national des barreaux, dénommé « réseau privé virtuel avocat » (RPVA) tel que décrit aux articles 5 et 6 qui dispose d'un point de terminaison sécurisé autorisant une interconnexion avec la plate-forme nationale d'échange et de suivi sécurisée décrite à l'article 3.

Art. 5. – Dans le cas où le raccordement de l'équipement terminal de l'avocat au RPVA se fait via le réseau ouvert au public internet, il utilise des moyens de cryptologie préservant la confidentialité des informations.

Art. 6. – Le contrôle de l'accès des avocats au RPVA fait l'objet d'une procédure d'habilitation au moyen d'une application informatique hébergée par une plate-forme de services de communication électronique sécurisée dénommée « e-barreau ». Cette plate-forme est opérée par un prestataire de services de confiance qualifié, agissant sous la responsabilité du Conseil national des barreaux.

Chapitre III. – De l'identification des parties à la communication électronique et de sa fiabilité

Art. 7. – La sécurité de la connexion des avocats au RPVA est garantie par un dispositif d'authentification. Ce dispositif est fondé sur un service de certification garantissant l'authentification de la qualité d'avocat personne physique, au sens du décret du 30 mars 2001 susvisé. Le dispositif comporte une fonction de vérification de la validité du certificat électronique. Celui-ci est délivré par un prestataire de services de certification électronique agissant au nom du Conseil national des barreaux, autorité de certification.

Art. 8. – La liste des avocats inscrits à la communication électronique est transmise par le Conseil national des barreaux au Conseil national des greffiers des tribunaux de commerce pour intégration à la plate-forme nationale d'échanges et de suivi sécurisée dénommée « i-greffes ».

Art. 9. – L'utilisation de l'adresse de messagerie en la forme « cnbf.nomprénom@avocat-conseil.fr » couplée à l'utilisation du certificat avocat permet de garantir l'identité de l'avocat en tant qu'expéditeur ou destinataire du courrier électronique.

Chapitre IV. – De la sécurité des transmissions

Art. 10. – Les dispositifs techniques mis à disposition des tribunaux de commerce pour traiter les envois, remises et notifications prévus à l'article 1er permettent la synchronisation et l'enregistrement sur la plate-forme nationale d'échanges et de suivi sécurisée dénommée « i-greffes ».

Art. 11. – La confidentialité des informations communiquées par la juridiction et circulant entre le point de terminaison sécurisé de la plate-forme nationale d'échanges et de suivi sécurisée dénommée « i-greffes » et le lieu où l'avocat exerce son activité est assurée par les fonctions de sécurité mises en œuvre au sein du RPVA. La confidentialité des informations communiquées par les avocats et circulant entre le point de terminaison sécurisé de la plate-forme nationale et de suivi sécurisée et les greffiers des tribunaux de commerce est assurée par les fonctions de sécurité mises en œuvre au sein de la plate-forme nationale d'échanges et de suivi sécurisée dénommée « i-greffes ».

Chapitre V. – De la communication par voie électronique des notifications directes entre avocats

Art. 12. – Pour permettre aux avocats, en application de l'article 861-1 du Code de procédure civile, d'accomplir les notifications directes prévues à l'article 673 dudit code, la remise de l'acte à l'avocat destinataire s'opère par sa transmission au moyen du RPVA.

Art. 13. – Un avis électronique de réception qui comporte la date de la transmission est adressé par l'avocat destinataire ; cet avis tient lieu de visa du destinataire. Conformément aux dispositions du troisième alinéa de l'article 748-3 du Code de procédure civile il n'est pas fait application des dispositions de l'article 673 dudit code prescrivant la transmission en plusieurs exemplaires et la restitution matérielle de l'acte notifié.

Art. 14. – L'acte notifié accompagné de l'avis prévu à l'article 13 est transmis parallèlement par voie électronique, par la plate-forme nationale d'échanges et de suivi sécurisée dénommée « i-greffes », au greffe du tribunal de commerce.

Chapitre VI. – Dispositions finales

Art. 15. – Le présent arrêté entre en vigueur le lendemain de sa publication.

Art. 16. – Le secrétaire général du ministère de la Justice est chargé de l'exécution du présent arrêté, qui sera publié au *Journal officiel* de la République française.

TABLE DES TEXTES CITÉS

Cette table regroupe l'ensemble des textes cités qu'ils soient intégralement reproduits ou qu'ils modifient les textes existants.

Textes codifiés

Textes non codifiés

INDEX ALPHABÉTIQUE

Les numéros renvoient respectivement aux développements d'annotations qui suivent les articles de la loi ou du décret.

B

C

E

G

H

I

J

L

M

R

S

T

U

V

ADDENDUM

CODE DE COMMERCE. – PARTIE LÉGISLATIVE

Sont ci-après reproduites les dispositions de l'article L. 910-1 C du Code de commerce modifiées par l'ordonnance n° 2021-1200 du 15 septembre 2021 (JO 18 sept. 2021).

Livre IX. – Dispositions relatives à l'outre-mer

Titre Ier A. – Observatoires des prix, des marges et des revenus dans les outre-mer

Art. L. 910-1 C. – I. – Dans les collectivités relevant de l'article 73 de la Constitution et dans les collectivités d'outre-mer de Saint-Barthélemy, de Saint-Martin et de Saint-Pierre-et-Miquelon, chaque observatoire comprend, outre son président, les députés et sénateurs élus dans la collectivité concernée, des représentants des collectivités territoriales concernées, de l'État, des associations de consommateurs, des syndicats d'employeurs et de salariés, du conseil économique et social régional, des chambres consulaires, de l'institut mentionné *(Réf. rempl., Ord. n° 2021-12001, 15 sept. 2021. – Dispositions entrant en vigueur à une date fixée par décret et au plus tard le 1er mars 2022)* « à la section 2 du chapitre II du titre II du livre VII du Code monétaire et financier » et des personnalités qualifiées à raison de leur compétence ou de leurs connaissances en matière de formation des prix, des marges et des revenus. Les modalités de désignation des membres de chaque observatoire sont fixées par décret.

À Wallis-et-Futuna, l'observatoire comprend, outre son président, les parlementaires élus dans les îles Wallis-et-Futuna, des élus locaux, des représentants de l'État, de la chefferie, des associations de consommateurs, des chambres consulaires, des syndicats d'employeurs et de salariés, de l'établissement visé à l'article *(Réf. rempl., Ord. n° 2021-12001, 15 sept. 2021. – Dispositions entrant en vigueur à une date fixée par décret et au plus tard le 1er mars 2022)* « L. 721-18 » du Code monétaire et financier et des personnalités qualifiées à raison de leur compétence ou de leurs connaissances en matière de formation des prix, des marges et des revenus. Les modalités de désignation des membres de l'observatoire sont fixées par décret.

[...]

CODE DE COMMERCE. – PARTIE RÉGLEMENTAIRE

Sont ci-après reproduites les dispositions de la partie réglementaire du Code de commerce telles que modifiées à compter du 1er octobre 2021 par le décret n° 2021-1218 du 23 septembre 2021 (JO 24 sept. 2021)..

Ces dispositions ne sont pas applicables aux procédures en cours au jour de l'entrée en vigueur du décret n° 2021-1218 du 23 septembre 2021. En cas de modification du plan de sauvegarde ou du plan de redressement arrêté dans une procédure ouverte avant le 22 mai 2020, les dispositions de l'article R. 626-45 dans sa rédaction résultant de l'article 21 du décret précité sont applicables.

Le décret n° 2021-1218 du 23 septembre 2021 est applicable à Wallis-et-Futuna (V. ci-après art. R. 950-1 et s.).

Livre VI. – Des difficultés des entreprises

Titre Ier. – De la prévention des difficultés des entreprises

Chapitre Ier. – De la prévention des difficultés des entreprises, du mandat *ad hoc* et de la procédure de conciliation

Section 2. – De la détection des difficultés des entreprises par le président du tribunal de commerce

Art. R. 611-11 ***(Mod., D. n° 2009-160, 12 févr. 2009 ; D. n° 2014-736, 30 juin 2014 ; mod. à compter du 1er octobre 2021, D. n° 2021-1218, 23 sept. 2021).*** **– L'entretien prévu au premier alinéa de l'article L. 611-2, qui se tient hors la présence du greffier, donne lieu à l'établissement par le président du tribunal d'un procès-verbal qui ne mentionne que la date et le lieu de l'entretien ainsi que l'identité des personnes présentes. Ce procès-verbal est signé par ces dernières et le président du tribunal.**

Si la personne convoquée ne se rend pas à la convocation, un procès-verbal de carence est dressé le jour même par le greffier. À ce procès-verbal est joint l'avis de réception de la convocation. Une copie de ce procès-verbal est notifiée sans délai par le greffier à la personne convoquée par lettre recommandée avec demande d'avis de réception.

Ce procès-verbal mentionne, s'il y a lieu, la dénomination utilisée par l'entrepreneur individuel à responsabilité limitée pour l'exercice de l'activité professionnelle concernée. Il est déposé au greffe.

Art. R. 611-12 ***(Mod. à compter du 1er octobre 2021, D. n° 2021-1218, 23 sept. 2021).*** **– La demande de renseignements prévue au deuxième alinéa de l'article L. 611-2 est adressée dans le délai de trois mois au plus tard à compter de la date d'envoi de la convocation. Elle est accompagnée de la copie de la lettre de convocation adressée au représentant légal de la personne morale débitrice ou au débiteur personne physique et de la note établie en application de l'article R. 611-10.**

Si la demande a été présentée dans les formes et délai prescrits au premier alinéa, les personnes et organismes interrogés communiquent les renseignements réclamés dans le délai d'un mois. Dans le cas contraire, ils ne sont pas tenus d'y répondre.

Section 4. – De la procédure de conciliation

Art. R. 611-35 ***(Mod., D. n° 2009-160, 12 févr. 2009 ; D. n° 2014-736, 30 juin 2014 ; D. n° 2019-1419, 20 déc. 2019 ; mod. à compter du 1er octobre 2021, D. n° 2021-1218, 23 sept. 2021).*** **– Pour l'application de l'avant-dernier alinéa de l'article L. 611-7 ou du dernier alinéa de l'article L. 611-10-1, le débiteur assigne le créancier mentionné par ces dispositions devant le président du tribunal qui a ouvert la procédure de conciliation. Celui-ci statue sur les délais selon la procédure accélérée au fond après avoir recueilli les observations du conciliateur ou, le cas échéant, du mandataire à l'exécution de l'accord.**

La demande, le cas échéant, est portée à la connaissance de la juridiction saisie de la poursuite, qui surseoit à statuer jusqu'à la décision se prononçant sur les délais.

La décision rendue par le président du tribunal est communiquée à cette juridiction par le greffier. Elle est notifiée par le greffier au débiteur et au créancier et communiquée au conciliateur si celui-ci est encore en fonctions ou, le cas échéant, au mandataire à l'exécution de l'accord.

Le créancier mentionné au cinquième alinéa de l'article L. 611-7 est informé par le greffier, par lettre recommandée avec demande d'avis de réception, de la conclusion de l'accord dès sa constatation ou son homologation ainsi que de toute décision mettant fin à la procédure de conciliation.

La décision prononçant la résolution de l'accord est portée à la connaissance du créancier selon les mêmes modalités.

Art. R. 611-39-1 *(Créé à compter du 1er octobre 2021, D. n° 2021-1218, 23 sept. 2021).* – Un état de l'intégralité des frais mis à sa charge est préparé par le débiteur, assisté par le conciliateur. Il comprend :

1° La rémunération du conciliateur, si elle a été arrêtée, ou, à défaut, les conditions de cette rémunération telles qu'elles ont été fixées par le président du tribunal, ainsi que la rémunération du mandataire ad hoc si un mandat *ad hoc* a immédiatement précédé l'ouverture de la conciliation ;

2° La rémunération de tout intervenant ou expert, désigné par le juge ou auquel le conciliateur a eu recours ;

3° Les honoraires des conseils du débiteur ou ceux réglés par le débiteur dans le cadre de la procédure de conciliation et de la procédure de mandat *ad hoc* qui l'a le cas échéant immédiatement précédée ;

4° Les honoraires des conseils auxquels le créancier a fait appel lorsqu'ils sont mis à la charge du débiteur.

Cet état est signé et déposé au greffe par le débiteur. Avant de constater ou d'homologuer l'accord, le président du tribunal ou le tribunal s'assure de ce dépôt.

Le conciliateur, le président du tribunal, le tribunal et le ministère public peuvent, seuls, en prendre connaissance. Le tribunal qui ouvre une procédure de sauvegarde, de redressement judiciaire, de rétablissement professionnel ou de liquidation judiciaire du débiteur peut d'office ou à la demande du ministère public en obtenir communication.

Lorsque les conditions de l'article L. 721-8 sont réunies et que le débiteur est une entreprise ou une des sociétés mentionnées aux *a* à *d* du 1° de cet article, le président du tribunal de commerce spécialisé, ce tribunal et le ministère public peuvent également en obtenir communication.

Art. R. 611-44 *(Mod. à compter du 1er octobre 2021, D. n° 2021-1218, 23 sept. 2021).* – Sous réserve de l'instance ouverte par la tierce opposition mentionnée à l'article L. 611-10, et en dehors de l'autorité judiciaire, à qui l'accord homologué et le rapport d'expertise peuvent être communiqués en application de l'article L. 621-1, l'accord ne peut être communiqué qu'aux parties et aux personnes qui peuvent s'en prévaloir et le rapport d'expertise qu'au débiteur et au conciliateur. L'accord ne peut être communiqué au tiers opposant qu'une fois la tierce opposition déclarée recevable.

L'accord homologué est transmis par le greffier au commissaire aux comptes du débiteur.

Art. R. 611-46 *(Rempl., D. n° 2009-160, 12 févr. 2009 ; mod., D. n° 2014-736, 30 juin 2014 ; mod. à compter du 1er octobre 2021, D. n° 2021-1218, 23 sept. 2021).* – La demande de résolution de l'accord constaté ou homologué présentée en application de l'article L. 611-10-3 est formée par assignation. Toutes les parties à l'accord ainsi que les créanciers à l'égard desquels il a été fait en application du cinquième alinéa de l'article L. 611-7 ou du dernier alinéa de l'article L. 611-10-1 sont mis en cause par le demandeur, le cas échéant sur injonction du tribunal.

Le jugement rendu est communiqué au ministère public et notifié par le greffier aux créanciers mentionnés à l'alinéa précédent.

La décision prononçant la résolution de l'accord homologué fait l'objet des publicités prévues à l'article R. 611-43.

Titre II. – De la sauvegarde

Chapitre Ier. – De l'ouverture de la procédure

Section 1. – De la saisine et de la décision du tribunal

Art. R. 621-1 *(Mod., D. n° 2009-160, 12 févr. 2009 ; D. n° 2010-368, 13 avr. 2010 ; D. n° 2011-236, 3 mars 2011, D. n° 2014-736, 30 juin 2014 ; D. n° 2015-1009, 18 août 2015 ; D. n° 2020-100, 7 févr.*

2020). – La demande d'ouverture de la procédure de sauvegarde est déposée par le représentant légal de la personne morale ou par le débiteur personne physique au greffe du tribunal compétent. Elle expose la nature des difficultés qu'il rencontre et les raisons pour lesquelles il n'est pas en mesure de les surmonter. Elle précise s'il s'engage à établir l'inventaire dans les conditions prévues à l'article L. 622-6-1 ainsi que le délai nécessaire à l'établissement de celui-ci ou s'il demande la désignation par le tribunal d'une personne chargée de réaliser l'inventaire en application du sixième alinéa de l'article L. 621-4.

À cette demande sont jointes, outre les comptes annuels du dernier exercice, les pièces ci-après :

1° *(1° rempl. à compter du 1er novembre 2021, D. n° 2021-631, 21 mai 2021)* Le numéro unique d'identification ;

2° Une situation de trésorerie ;

3° Un compte de résultat prévisionnel ;

4° Le nombre des salariés employés à la date de la demande déterminé conformément aux dispositions de l'article R. 130-1 du Code de la sécurité sociale, et le montant du chiffre d'affaires, défini conformément aux dispositions du sixième alinéa de l'article D. 123-200, apprécié à la date de clôture du dernier exercice comptable ;

5° L'état chiffré des créances et des dettes avec l'indication selon le cas, du nom ou de la dénomination et du domicile ou siège des créanciers ainsi que, par créancier ou débiteur, le montant total des sommes à payer et à recouvrer au cours d'une période de trente jours à compter de la demande lorsque la demande est formée par un entrepreneur individuel à responsabilité limitée pour l'activité à laquelle un patrimoine a été affecté, les dettes portées sur l'état chiffré sont celles qui sont affectées à ce patrimoine et celles qui sont nées à l'occasion de l'exercice de cette activité ;

6° L'état actif et passif des sûretés ainsi que celui des engagements hors bilan ;

7° L'inventaire sommaire des biens du débiteur ou, si un patrimoine a été affecté à l'activité en difficulté, des biens affectés à l'exercice de cette activité ;

8° *(8° mod. à compter du 1er octobre 2021, D. n° 2021-1218, 23 sept. 2021)* Le nom et l'adresse des représentants de la délégation du personnel du comité social et économique habilités à être entendus par le tribunal s'ils ont déjà été désignés ;

9° Une attestation sur l'honneur certifiant l'absence de mandat *ad hoc* ou de procédure de conciliation dans les dix-huit mois précédant la date de la demande ou, dans le cas contraire, mentionnant la date de la désignation du mandataire *ad hoc* ou de l'ouverture de la procédure de conciliation ainsi que l'autorité qui y a procédé lorsque la demande est faite par un entrepreneur à responsabilité limitée, ces informations ne concernent que l'activité en difficulté ;

10° Lorsque le débiteur exerce une profession libérale soumise à un statut législatif ou réglementaire ou dont le titre est protégé, la désignation de l'ordre professionnel ou de l'autorité dont il relève ;

11° Lorsque le débiteur exploite une ou des installations classées au sens du titre Ier du livre V du Code de l'environnement, la copie de la décision d'autorisation ou d'enregistrement ou la déclaration ;

12° Lorsque le débiteur propose un administrateur à la désignation du tribunal, l'indication de l'identité et de l'adresse de la personne concernée.

(Al. mod. à compter du 1er novembre 2021, D. n° 2021-631, 21 mai 2021) Ces documents doivent être datés, signés et certifiés sincères et véritables par le débiteur. Ceux qui sont mentionnés aux 2° à 7°, à l'exception du 4°, sont établis à la date de la demande ou dans les sept jours qui précèdent.

Dans le cas où l'un ou l'autre de ces documents ne peut être fourni ou ne peut l'être qu'incomplètement, la demande indique les motifs qui empêchent cette production.

Art. R. 621-3. – La décision du tribunal de commettre un juge, avant de statuer, en application de l'article L. 621-1, pour recueillir tous les renseignements sur la situation financière, économique et sociale de l'entreprise, est rendue dans les mêmes conditions que celles prévues aux deux premiers alinéas du même article, pour l'ouverture de la procédure.

Le rapport de ce juge, auquel est annexé le rapport de l'expert, lorsqu'il en a été désigné, est déposé au greffe et communiqué par le greffier au débiteur et au ministère public.

(Al. mod. à compter du 1er octobre 2021, D. n° 2021-1218, 23 sept. 2021) Le greffier informe le comité social et économique que leurs représentants peuvent prendre connaissance du rapport au greffe et les avise en même temps de la date de l'audience.

Art. R. 621-9 *(Mod., D. n° 2014-736, 30 juin 2014 ; mod. à compter du 1er octobre 2021, D. n° 2021-1218, 23 sept. 2021).* – La période d'observation ouverte par le jugement peut être renouvelée, en application de l'article L. 621-3, pour une durée maximale de six mois.

Le président fixe l'affaire au rôle du tribunal au plus tard dix jours avant l'expiration de chaque période d'observation. Le greffier convoque à cette audience le débiteur, les mandataires de justice, les contrôleurs et en avise le ministère public.

Le tribunal statue sur le renouvellement de la période d'observation après avis du ministère public. Il recueille préalablement les observations du débiteur, de l'administrateur, du mandataire judiciaire et des contrôleurs.

La décision renouvelant la période d'observation est communiquée aux personnes mentionnées à l'article R. 621-7 et aux contrôleurs. Elle est mentionnée aux registres ou répertoires prévus aux trois premiers alinéas de l'article R. 621-8.

Art. R. 621-14 *(Mod. à compter du 1er octobre 2021, D. n° 2021-1218, 23 sept. 2021).* – Dans les dix jours du prononcé du jugement d'ouverture, le représentant légal de la personne morale débitrice ou le débiteur personne physique, assisté de l'administrateur s'il en a été désigné, réunit le comité social et économique ou, à défaut, les salariés. Les salariés élisent alors leur représentant par vote secret au scrutin uninominal à un tour.

Le procès-verbal de désignation du représentant des salariés, ou le procès-verbal de carence établi dans les conditions du deuxième alinéa de l'article L. 621-4, est immédiatement déposé au greffe du tribunal.

Section 2.– Des organes de la procédure et des contrôleurs

Art. R. 621-26 *(Mod., D. n° 2015-1009, 18 août 2015 ; mod. à compter du 1er octobre 2021, D. n° 2021-1218, 23 sept. 2021).* – Pour l'application de l'article L. 621-12, le tribunal est saisi par voie de requête ou, le cas échéant, dans les formes et selon la procédure prévue à l'articleR. 631-4.

Il statue après avoir entendu ou dûment appelé le mandataire judiciaire, l'administrateur lorsqu'il en a été désigné, les contrôleurs et les représentants de la délégation du personnel du comité social et économique et après avoir recueilli l'avis du ministère public.

Le jugement par lequel le tribunal convertit la procédure de sauvegarde en une procédure de redressement judiciaire est signifié à la diligence du greffier dans les huit jours de son prononcé aux personnes qui ont qualité pour interjeter appel, à l'exception du ministère public.

Il est communiqué aux personnes citées à l'article R. 621-7 et fait l'objet des publicités prévues à l'article R. 621-8.

Chapitre II. – De l'entreprise au cours de la période d'observation

Section 1. – Des mesures conservatoires

Art. R. 622-5-1 *(Créé à compter du 1er octobre 2021, D. n° 2021-1218, 23 sept. 2021).* – Le débiteur porte à la connaissance du mandataire judiciaire l'identité des personnes physiques coobligées ou ayant consenti une sûreté personnelle ou ayant affecté ou cédé un bien en garantie.

Le mandataire judiciaire les informe de la possibilité qui leur est offerte de solliciter le bénéfice des dispositions de la procédure prévue aux articles L. 711-1 et suivants du Code de la consommation.

Section 2. – De la gestion de l'entreprise

Art. R. 622-7 *(Mod., D. n° 2009-160, 12 févr. 2009).* – *(Al. mod. à compter du 1er octobre 2021, D. n° 2021-1218, 23 sept. 2021)* En cas de vente d'un bien visé au premier alinéa de l'article L. 622-8, la quote-part du prix est remise à l'administrateur ou, à défaut, au mandataire judiciaire en vue de son versement à la Caisse des dépôts et consignations. Les fonds sont indisponibles pendant la période d'observation.

Toutefois, des paiements provisionnels peuvent être effectués dans les conditions définies au deuxième alinéa de l'article L. 622-8. Sur avis du débiteur et de l'administrateur s'il en a été désigné ou, à défaut, du mandataire judiciaire, le juge-commissaire saisi d'une demande d'un des créanciers statue au vu de la déclaration de

créance, des documents justificatifs de la déclaration de créance et, le cas échéant, de la garantie prévue au même article. La provision est allouée à hauteur d'un montant non sérieusement contestable en fonction de ces éléments et du rang de collocation de la créance.

Sur ordonnance du juge-commissaire, les fonds indûment versés sont restitués sur première demande du mandataire de justice habilité.

Section 4. – De la déclaration de créances

Art. R. 622-23. – Outre les indications prévues à l'article L. 622-25, la déclaration de créance contient :

1° Les éléments de nature à prouver l'existence et le montant de la créance si elle ne résulte pas d'un titre ; à défaut, une évaluation de la créance si son montant n'a pas encore été fixé ;

2° Les modalités de calcul des intérêts dont le cours n'est pas arrêté, cette indication valant déclaration pour le montant ultérieurement arrêté ;

3° L'indication de la juridiction saisie si la créance fait l'objet d'un litige ;

4° *(4° créé à compter du 1er octobre 2021, D. n° 2021-1218, 23 sept. 2021)* **La date de la sûreté et les éléments de nature à prouver son existence, sa nature et son assiette, si cette sûreté n'a pas fait l'objet d'une publicité.**

À cette déclaration sont joints sous bordereau les documents justificatifs ; ceux-ci peuvent être produits en copie. À tout moment, le mandataire judiciaire peut demander la production de documents qui n'auraient pas été joints.

Chapitre IV. – De la détermination du patrimoine du débiteur

Section 1. – De la vérification et de l'admission des créances

Sous-section 2. – De l'admission des créances

Art. R. 624-3 *(Mod., D. n° 2009-160, 12 févr. 2009)*. **– Les décisions d'admission sans contestation sont matérialisées par l'apposition de la signature du juge-commissaire sur la liste des créances établie par le mandataire judiciaire.**

Le greffier avise par lettre simple les créanciers ou leur mandataire de cette admission. Ces avis précisent le montant pour lequel la créance est admise ainsi que les sûretés *(Mots suppr. à compter du 1er octobre 2021, D. n° 2021-1218, 23 sept. 2021)* **« ... » dont elle est assortie et reproduisent les dispositions des articles L. 622-27 et L. 624-3.**

Le mandataire judiciaire et l'administrateur, lorsqu'il en a été désigné, sont avisés contre récépissé des décisions rendues.

Sous-section 3. – De l'état des créances.

Art. R. 624-8. – Les décisions prononcées par le juge-commissaire sont portées par le greffier sur la liste des créances mentionnée au premier alinéa de l'article R. 624-2. Cette liste ainsi complétée et les relevés des créances résultant du contrat de travail constituent l'état des créances.

***Cet état est déposé au greffe du tribunal*, où toute personne peut en prendre connaissance.**

Le greffier fait publier au *Bulletin officiel des annonces civiles et commerciales* une insertion indiquant ce dépôt et le délai pour présenter une réclamation.

Tout intéressé peut présenter une réclamation devant le juge-commissaire dans le délai d'un mois à compter de la publication. *(Mots aj. à compter du 1er octobre 2021, D. n° 2021-1218, 23 sept. 2021)* **« Les personnes mentionnées au second alinéa de l'article L. 624-3-1 ne peuvent se voir opposer l'état des créances en l'absence de signification de la décision d'admission prévue à l'article L. 624-2. À leur égard, le délai d'un mois prévu pour présenter une réclamation court à compter cette signification. »**

(Al. créé à compter du 1er octobre 2021, D. n° 2021-1218, 23 sept. 2021) **En cas d'appel, les personnes coobligées ou ayant consenti une sûreté personnelle ou ayant affecté ou cédé un bien en garantie qui n'ont pas été appelées dans la cause peuvent former tierce-opposition.**

Chapitre VI. – Du plan de sauvegarde

Section 1. – De l'élaboration du projet de plan

Sous-section 4. – Du règlement des créances publiques

Art. D. 626-12 *(Anc. art. R. 626-12 rempl., D. n° 2009-385, 6 avr. 2009 ; mod. à compter du 1er octobre 2021, D. n° 2021-1218, 23 sept. 2021).* – En cas d'ouverture d'une procédure de conciliation, le débiteur ou le conciliateur saisit, y compris par voie dématérialisée, la commission mentionnée à l'article D. 626-14 de la demande de remise de dettes. Cette saisine a lieu, sous peine de forclusion, dans un délai de cinq mois à compter de la date d'ouverture de la procédure. Elle ne peut être effectuée après la fin de la procédure.

A. – Cette demande est accompagnée ou complétée par l'envoi dans le délai prévu au premier alinéa :

1° De l'état actif et passif des sûretés ainsi que de celui des engagements hors bilan ;

2° Des comptes annuels et des tableaux de financement des trois derniers exercices, si ces documents ont été établis, ainsi que de la situation de l'actif réalisable et disponible et du passif exigible ;

3° Du montant des dettes privées. Les dettes privées correspondent à l'ensemble des concours consentis par les créanciers autres que ceux mentionnés à l'article D. 626-9.

B. – Elle peut être utilement complétée, dans le délai prévu au premier alinéa, par tous documents, notamment :

1° Un plan de trésorerie prévisionnel ;

2° Un état prévisionnel des commandes ;

3° Le montant des remises sollicitées ou obtenues auprès des créanciers privés.

Art. D. 626-13 *(Anc. art. R. 626-13 rempl., D. n° 2009-385, 6 avr. 2009 ; mod. à compter du 1er octobre 2021, D. n° 2021-1218, 23 sept. 2021).* – En cas d'ouverture d'une procédure de sauvegarde ou de redressement judiciaire, l'administrateur judiciaire ou le mandataire judiciaire saisit, y compris par voie dématérialisée, la commission mentionnée à l'article D. 626-14 de la demande de remise de dettes. Cette saisine a lieu, sous peine de forclusion, dans un délai de six mois à compter de la date d'ouverture de la procédure. Elle ne peut être effectuée après la fin de la procédure.

A. – Cette demande est accompagnée ou complétée par l'envoi dans le délai prévu au premier alinéa :

1° De l'état actif et passif des sûretés ainsi que de celui des engagements hors bilan ;

2° Des comptes annuels et des tableaux de financement des trois derniers exercices, si ces documents ont été établis, ainsi que de la situation de l'actif réalisable et disponible et du passif exigible ;

3° Du montant des dettes privées. Les dettes privées correspondent à l'ensemble des concours consentis par les créanciers autres que ceux mentionnés à l'article D. 626-9.

B. – Elle peut être utilement complétée, dans le délai prévu au premier alinéa, par tous documents, notamment :

1° Un plan de trésorerie prévisionnel ;

2° Un état prévisionnel des commandes ;

3° Le montant des remises sollicitées ou obtenues auprès des créanciers privés.

La commission peut également être saisie d'une demande de remise de dettes présentée dans le cadre d'une saisine du tribunal aux fins d'une modification substantielle du plan.

Section 2. – Du jugement arrêtant le plan et de l'exécution du plan

Sous–section 1. – De l'arrêté du plan

Art. R. 626-17 *(Mod. à compter du 1er octobre 2021, D. n° 2021-1218, 23 sept. 2021)*. – Dès le dépôt au greffe du projet de plan par le débiteur, le greffier convoque, par lettre recommandée avec demande d'avis de réception, *le débiteur, les représentants de la délégation* du personnel du comité social et économique et les contrôleurs.

Le ministère public ainsi que l'administrateur et le mandataire judiciaire sont avisés de la date de l'audience.

Art. R. 626-21 *(Mod. à compter du 1er octobre 2021, D. n° 2021-1218, 23 sept. 2021).* – Le jugement arrêtant ou rejetant le plan est notifié au débiteur et aux représentants de la délégation du personnel du comité social et économique et porté à la connaissance du ministère public et des mandataires de justice par le greffier, dans les huit jours de la date du jugement. Il est en outre notifié par le greffier à toute personne tenue de l'exécuter, conformément à l'article L. 626-10.

Sous-section 2. – De l'exécution du plan

Art. R. 626-45 *(Mod., D. n° 2014-736, 30 juin 2014 ; mod. à compter du 1er janvier 2020, D. n° 2019-1333, 11 déc. 2019 ; à compter du 1er octobre 2021, D. n° 2021-1218, 23 sept. 2021).* – La demande présentée par le débiteur en application de l'article L. 626-26 ou par le commissaire à l'exécution du plan est faite par requête.

Le greffier convoque, par lettre recommandée avec demande d'avis de réception, le débiteur, les contrôleurs, les représentants de la délégation du personnel du comité social et économique qui sont désignés conformément à l'article R. 621-2. Il avise de la date de l'audience le ministère public ainsi que le commissaire à l'exécution du plan.

Lorsque la modification porte sur les modalités d'apurement du passif, le greffier en informe les créanciers intéressés par lettre recommandée avec demande d'avis de réception. Ceux-ci disposent d'un délai de vingt et un jours à compter de la réception de cette information pour faire valoir leurs observations par lettre recommandée avec demande d'avis de réception au commissaire à l'exécution du plan.

Le jugement est notifié conformément aux dispositions de l'article R. 626-21.

(Les dispositions issues du décret n° 2021-1218 du 23 septembre 2021 ne sont pas applicables aux procédures en cours au jour de son entrée en vigueur ; en cas de modification du plan de sauvegarde ou du plan de redressement arrêté dans une procédure ouverte avant le 22 mai 2020, les dispositions de l'article R. 626-45 dans sa rédaction résultant du décret précité sont applicables).

Section 3. – Des classes de parties affectées

(Sect. rempl. à compter du 1er octobre 2021, D. n° 2021-1218, 23 sept. 2021)

Art. R. 626-52 *(Rempl. à compter du 1er octobre 2021, D. n° 2021-1218, 23 sept. 2021).* – Les seuils fixés en application de l'article L. 626-29 sont de :

1° 250 salariés et 20 millions d'euros de chiffre d'affaires net ; ou

2° 40 millions d'euros de chiffre d'affaires net.

Ces seuils sont appréciés à la date de la demande d'ouverture de la procédure.

Art. R. 626-53 *(Rempl. à compter du 1er octobre 2021, D. n° 2021-1218, 23 sept. 2021).* – Lorsque le tribunal n'a pas désigné d'administrateur et que le juge-commissaire autorise qu'il soit fait application des dispositions des articles L. 626-29 à L. 626-34, le juge-commissaire désigne un administrateur aux fins d'exercer les missions qui lui sont dévolues par les articles L. 626-30 à L. 626-34.

Art. R. 626-54 *(Rempl. à compter du 1er octobre 2021, D. n° 2021-1218, 23 sept. 2021).* – La décision par laquelle le juge-commissaire autorise qu'il soit fait application des dispositions des articles L. 626-29 à L. 626-34 est une mesure d'administration judiciaire.

Art. R. 626-55 *(Rempl. à compter du 1er octobre 2021, D. n° 2021-1218, 23 sept. 2021).* – L'administrateur avise par tout moyen chaque partie affectée qu'elle est membre d'une classe et lui fait connaître les modalités lui permettant de communiquer par voie électronique.

Sous réserve des dispositions de la présente section, les dispositions de la sous-section 5 de la section 4 du chapitre IV du titre Ier du livre VIII sont applicables.

Vaut consentement à la transmission par voie électronique l'utilisation de ces modalités de communication électronique.

L'administrateur invite, par l'avis mentionné au premier alinéa, les parties affectées à lui faire connaître par tout moyen l'existence d'un accord mentionné au II de l'article L. 626-30, au plus tard dans un délai de dix jours à compter de la réception ou de la publication de cet avis.

Les modalités de transmission des actes de procédure par voie électronique sont définies par arrêté du garde des sceaux, ministre de la justice.

Art. R. 626-56 *(Rempl. à compter du 1er octobre 2021, D. n° 2021-1218, 23 sept. 2021).* – Le débiteur remet sans délai à l'administrateur la liste des créances ainsi que le montant de chacune d'entre elles, certifié par son ou ses commissaires aux comptes ou, lorsqu'il n'en a pas été désigné, établi par son expert-comptable. Lorsque les détenteurs de capital sont affectés par le projet de plan, la liste est complétée par des informations relatives aux modalités de participation au capital du débiteur, aux statuts et aux droits des détenteurs de capital. Ces informations sont accompagnées de tout document ou pièce justificative utile.

Art. R. 626-57 *(Rempl. à compter du 1er octobre 2021, D. n° 2021-1218, 23 sept. 2021).* – Pour l'application du deuxième alinéa de l'article L. 626-30-1, le transfert d'une créance née antérieurement au jugement d'ouverture est porté à la connaissance de l'administrateur par lettre recommandée avec demande d'avis de réception.

Art. R. 626-57-1 à R. 626-57-2 *(Implicitement abr. à compter du 1er octobre 2021, D. n° 2021-1218, 23 sept. 2021)*

Art. R. 626-58 *(Rempl. à compter du 1er octobre 2021, D. n° 2021-1218, 23 sept. 2021).* – I. – Pour l'application du V de l'article L. 626-30, l'administrateur arrête le montant, calculé toutes taxes comprises, des créances détenues par les membres des classes appelées à se prononcer.

Au moins vingt et un jours avant la date du vote, il notifie à chaque partie affectée, sur le fondement du V de l'article L. 620-30, les modalités de répartition en classes et de calcul des voix retenues, au sein de la ou des classes auxquelles elle est affectée. Par le même acte, l'administrateur précise les critères retenus pour la composition des classes de parties affectées et dresse la liste de celles-ci. L'administrateur soumet également ces modalités de répartition et de calcul au débiteur et au mandataire judiciaire. Il en informe le ministère public.

II. – La notification mentionnée au premier alinéa est transmise par voie électronique, sauf dans les cas suivants :

1° En l'absence de consentement du destinataire au sens de l'article R. 626-55 ;

2° Pour une cause étrangère à l'administrateur qui l'accomplit.

Dans ces deux cas, elle peut être adressée par tout moyen conférant date certaine.

Les modalités de cette communication électronique sont définies par arrêté du garde des sceaux, ministre de la justice.

En présence d'obligataires ou de détenteurs de capital affectés par le projet de plan, ceux-ci sont avisés des modalités de répartition en classes et de calcul des voix conformément aux dispositions des articles R. 626-61 et R. 626-62.

III. – En présence d'une clause d'indexation du taux d'intérêt, le montant des intérêts restant à échoir au jour du jugement d'ouverture de la procédure est calculé au taux applicable à la date de ce jugement. Les créances en monnaie étrangère sont converties en euros selon le cours du change à la date du même jugement.

Art. R. 626-58-1 *(Créé à compter du 1er octobre 2021, D. n° 2021-1218, 23 sept. 2021).* – La qualité de partie affectée et les modalités de répartition en classes et de calcul des voix correspondant aux créances ou droits permettant d'exprimer un vote peuvent être contestées par chaque partie affectée, le débiteur, l'administrateur, le mandataire judiciaire et le ministère public. Le juge-commissaire est saisi de cette contestation par requête dans un délai de dix jours à compter de la notification prévue au premier alinéa de l'article R. 626-58, à peine d'irrecevabilité.

Le débiteur, l'administrateur, le mandataire judiciaire, même dans le cas où ils ne sont pas demandeurs, et la partie affectée, si elle est l'auteur de la contestation ou si ses droits font l'objet de celle-ci, sont convoqués par tout moyen et sans délai par le greffe.

Le juge-commissaire recueille les observations de l'administrateur et l'avis du ministère public. Si le juge-commissaire ne statue pas dans un délai de dix jours à compter de sa saisine, le tribunal peut être saisi par requête par toute personne mentionnée au premier alinéa ainsi que par le ministère public. Dans ce cas, le tribunal exerce les pouvoirs du juge-commissaire et statue dans un délai de dix jours à compter de sa saisine.

La décision du juge-commissaire ou du tribunal est notifiée par le greffe aux parties convoquées à l'audience. Elle est communiquée au ministère public.

Un appel peut être formé par les parties mentionnées à l'alinéa précédent à l'encontre de cette décision, dans un délai de cinq jours à compter de sa notification. Le ministère public peut également interjeter appel dans le même délai à compter de la communication de cette même décision. La cour d'appel statue dans un délai de quinze jours à compter de sa saisine L'appel est formé, instruit et jugé suivant les modalités prévues par les premier au sixième alinéas de l'article R. 661-6, à l'exclusion du 2° de cet article.

Dès qu'il a été statué par décision devenue définitive sur la contestation, et au moins trois jours avant la date du vote, l'administrateur actualise, s'il y a lieu, les modalités de constitution des classes et de répartition des droits de vote. Il en informe les parties affectées, le mandataire judiciaire et le ministère public.

Art. R. 626-59 *(Rempl. à compter du 1er octobre 2021, D. n° 2021-1218, 23 sept. 2021)*. – L'administrateur invite le mandataire judiciaire et les représentants de la délégation du personnel du comité social et économique à présenter leurs observations à chacune des classes avant que celles-ci ne se prononcent sur le projet de plan.

Art. R. 626-60 *(Rempl. à compter du 1er octobre 2021, D. n° 2021-1218, 23 sept. 2021)*. – Sans préjudice des dispositions des articles R. 626-61 et R. 626-62, l'administrateur est seul compétent pour décider des modalités de convocation des classes. Il est également seul compétent pour décider des modalités de déroulement du vote par les classes, à l'exception des classes de détenteurs de capital qui statuent dans les conditions prévues à l'article L. 626-30-2. S'il décide notamment que le vote a lieu à distance ou par voie électronique, sa décision ne peut faire l'objet d'aucune contestation. Sont scrutateurs de la classe les deux parties affectées qui sont titulaires des créances ou droits les plus importants en montant pour les créances et en valeur nominale pour les droits et qui acceptent cette fonction. L'absence de scrutateurs n'est pas une cause de nullité.

Chaque partie affectée est informée du projet de plan, au plus tard dix jours avant le vote des classes.

Art. R. 626-61 *(Rempl. à compter du 1er octobre 2021, D. n° 2021-1218, 23 sept. 2021)*. – Pour l'application du V de l'article L. 626-30 et de l'article L. 626-30-2, les obligataires sont le cas échéant répartis au sein d'une ou de plusieurs classes de parties affectées. Un avis de convocation des obligataires est inséré à l'initiative de l'administrateur dans un support habilité à recevoir les annonces légales dans le département du siège social du débiteur et, en outre, si le débiteur a fait publiquement appel à l'épargne ou si toutes ses obligations ne revêtent pas la forme nominative, au Bulletin des annonces légales obligatoires. Cet avis contient les indications prévues à l'article R. 228-66 et l'indication du lieu mentionné à l'article R. 626-61.

Si toutes les obligations émises par le débiteur sont nominatives, les insertions prévues à l'alinéa précédent peuvent être remplacées par une convocation adressée à chaque obligataire par lettre recommandée avec demande d'avis de réception. Dans le cas d'obligations indivises, les convocations sont adressées à tous les co-indivisaires. Lorsque les obligations sont grevées d'un usufruit, la convocation est adressée au nu-propriétaire.

Le délai entre la date soit de l'insertion contenant l'avis de convocation, soit de l'envoi des lettres de convocation et la date du vote par les obligataires est au moins de quinze jours.

L'avis mentionné au premier alinéa et la convocation mentionnée au deuxième alinéa comportent les informations mentionnées au I de l'article R. 626-58.

L'invitation mentionnée au troisième alinéa de l'article R. 626-55 est insérée dans l'avis prévu par le troisième alinéa du présent article ou à la convocation prévue par le deuxième alinéa.

Chaque obligataire a le droit, pendant le délai de dix jours qui précède le vote, de prendre par lui-même ou par mandataire connaissance du projet de plan.

Art. R. 626-61-1 *(Implicitement abr. à compter du 1er octobre 2021, D. n° 2021-1218, 23 sept. 2021)*

Art. R. 626-62 *(Rempl. à compter du 1er octobre 2021, D. n° 2021-1218, 23 sept. 2021)*. – I. – Pour l'application du V de l'article L. 626-30 et de l'article L. 626-30-2, les détenteurs de capital sont répartis au sein d'une ou plusieurs classes de parties affectées et convoqués conformément aux dispositions du livre II, sous réserve des dispositions du présent article.

II. – Le délai entre la date soit de l'insertion ou de la dernière des insertions contenant un avis de convocation, soit de l'envoi des lettres, soit de la transmission de la convocation par voie de communication électronique et la date du vote de la classe des détenteurs de capital est au moins de dix jours.

L'avis prévu par le I de l'article R. 225-73 est publié au Bulletin des annonces légales obligatoires au plus tard vingt et un jours avant la date de la réunion de la classe des détenteurs de capital. Cet avis contient les informations mentionnées au I de l'article R. 626-58. À défaut d'avis publié, ces informations figurent dans l'avis de convocation à l'assemblée.

III. – Par dérogation à l'article R. 225-72, la demande d'inscription d'un point ou d'un projet de résolution par les détenteurs de capital à l'ordre du jour de l'assemblée est envoyée au siège social du débiteur, quinze jours au moins avant la date de la réunion de la classe des détenteurs de capital. Ce délai est rappelé dans les documents mentionnés au II.

IV. – Pour les sociétés anonymes et les sociétés en commandite par actions, l'avis de convocation doit comporter les indications mentionnées aux articles R. 225-66 et R. 225-73 et le rappel du délai prévu au III.

V. – Le délai prévu au deuxième alinéa de l'article R. 225-89 et au premier alinéa de l'article R. 225-90 est réduit à dix jours. La liste des actionnaires mentionnée au second alinéa de l'article R. 225-90 est arrêtée le onzième jour qui précède la réunion de l'assemblée.

Art. R. 626-63 *(Rempl. à compter du 1er octobre 2021, D. n° 2021-1218, 23 sept. 2021).* – Les seuils fixés en application du a du 5° de l'article L. 626-32 sont de :

1° 250 salariés et 20 millions d'euros de chiffre d'affaires net ; ou

2° 40 millions d'euros de chiffres d'affaires net.

Ces seuils sont appréciés à la date de la demande d'ouverture de la procédure.

Art. R. 626-64 *(Rempl. à compter du 1er octobre 2021, D. n° 2021-1218, 23 sept. 2021).* – I. – Au plus tard dans un délai de dix jours à compter du vote des classes sur le projet de plan, la partie affectée, qui a voté contre le projet de plan et qui entend contester le respect de la condition prévue au 4° de l'article L. 626-31 ou du cinquième ou du dixième alinéa de l'article L. 626-32, saisit le tribunal par requête déposée au greffe contre récépissé.

Le greffe convoque l'ensemble des parties à l'audience portant sur l'examen du projet de plan, ainsi que le comité social et économique, par lettre recommandée avec demande d'avis de réception. Il joint à cette convocation la copie des requêtes déposées en application du premier alinéa. Lorsqu'il est saisi de telles requêtes, le tribunal détermine la valeur de l'entreprise du débiteur, au besoin en ordonnant une expertise. Après avoir recueilli l'avis du ministère public, il statue, dans un même jugement, sur cette valeur, les contestations relatives à l'application de l'article L. 626-31 ou de l'article L. 626-32 et sur l'arrêt du plan demandé par l'administrateur ou le débiteur avec l'accord de l'administrateur.

II. – La décision prise par le tribunal en application de l'article L. 626-31 ou de l'article L. 626-32 peut faire l'objet d'un recours formé devant la cour d'appel dans un délai de dix jours à compter soit de sa notification, soit, pour l'appel formé par le ministère public, de sa communication. Ce recours peut être exercé par chaque partie, le débiteur, l'administrateur, le mandataire judiciaire ou le ministère public. L'appel est formé, instruit et jugé suivant les modalités prévues par les premier au sixième alinéas de l'article R. 661-6, à l'exclusion du 2° de cet article.

Art. D. 626-65 *(Créé à compter du 1er octobre 2021, D. n° 2021-1218, 23 sept. 2021).* – Le projet de plan prévu à l'article L. 626-30-2 doit comporter au minimum les informations suivantes :

1° L'identité du débiteur ;

2° L'actif et le passif du débiteur au moment de la présentation du plan de restructuration, y compris la valeur nette comptable des actifs, une description de la situation économique du débiteur et de la situation des salariés, et une description des causes et de l'ampleur des difficultés du débiteur ;

3° Les parties affectées, ainsi que leurs créances ou droits concernés par le plan de restructuration ;

4° Les classes dans lesquelles les parties affectées ont été regroupées aux fins de l'adoption du plan de restructuration, ainsi que le montant des créances et la valeur nominale des droits dans chaque classe ;

5° Les parties qui ne sont pas affectées par le plan de restructuration, ainsi qu'une description des raisons pour lesquelles il est proposé de ne pas les inclure parmi les parties concernées ;

6° L'identité du ou des administrateurs judiciaires et mandataires judiciaires désignés ;

7° Les conditions du plan de restructuration, incluant notamment :
– les éventuelles mesures de restructuration ;
– la durée proposée de toute mesure de restructuration proposée ;
– le rappel des modalités d'information et de consultation du comité social et économique ;
– le cas échéant, les conséquences générales sur l'emploi, par exemple licenciements, modalités de travail à temps partiel ou similaires ;
– les éventuels nouveaux financements anticipés dans le cadre du plan de restructuration et les raisons pour lesquelles le nouveau financement est nécessaire pour mettre en œuvre ce plan ;

8° Un exposé des motifs expliquant pourquoi le plan de restructuration offre une perspective raisonnable d'éviter la cessation des paiements du débiteur ou de garantir sa viabilité, et comprenant les conditions préalables nécessaires au succès du plan.

Chapitre VIII. – De la sauvegarde accélérée

(Chap. mod. à compter du 1er octobre 2021, D. n° 2021-1218, 23 sept. 2021 : il comporte désormais deux sections : section I : « De l'ouverture de la procédure » comprenant les articles R. 628-1 à R. 628-7 et la section II intitulée : « Des effets de la sauvegarde accélérée » comprenant les articles R. 628-8 à R. 628-13.)

Section 1. – De l'ouverture de la procédure

Art. R. 628-1 *(Dispositions inchangées)*

Art. R. 628-2 *(D. n° 2011-236, 3 mars 2011 ; rempl., D. n° 2014-736, 30 juin 2014 ; mod. à compter du 1er octobre 2021, D. n° 2021-1218, 23 sept. 2021).* – I. – En complément des pièces et informations mentionnées à l'article R. 621-1, la demande d'ouverture de la procédure expose les éléments démontrant que le projet de plan remplit les conditions prévues par le deuxième alinéa de l'article L. 628-1. La preuve du soutien prévu par ce texte, recueillie auprès des parties affectées, est apportée par tout moyen au plus tard au moment où le juge statue.

Lorsque le débiteur n'est pas en cessation des paiements et demande à être dispensé de procéder à l'inventaire, cette demande remplace les éléments prévus par la dernière phrase du premier alinéa de l'article R. 621-1.

Pour l'application du 5° de l'article R. 621-1, la demande précise, également, les dettes ayant fait l'objet d'une négociation dans le cadre de la procédure de conciliation en cours.

Le cas échéant, la demande précise la date de cessation des paiements.

Sont également joints :

1° Une copie de la décision d'ouverture de la procédure de conciliation ;

2° Un tableau de financement et, lorsque le débiteur établit des comptes consolidés, un tableau des flux de trésorerie ;

3° Un budget de trésorerie pour les trois mois à venir ;

4° Un plan de financement prévisionnel ;

5° Le projet de plan mentionné au deuxième alinéa de l'article L. 628-1.

Les documents prévus aux 2° à 4° sont datés, signés et certifiés sincères par le débiteur. Ils sont établis à la date de la demande ou dans les sept jours qui précèdent. Si l'un des documents ne peut être fourni ou ne peut l'être qu'incomplètement, la demande indique les motifs qui empêchent cette production.

II. – Lorsque le débiteur demande l'ouverture d'une procédure dont les effets sont limités aux créanciers mentionnés au troisième alinéa de l'article L. 628-1 :

1° La demande d'ouverture de la procédure de sauvegarde accélérée expose, outre les éléments prévus à l'article R. 628-2, ceux relatifs à la nature de l'endettement du débiteur ;

2° Les sociétés de financement, les établissements de crédit et ceux assimilés sont ceux mentionnés à l'article L. 511-1 du Code monétaire et financier, les institutions mentionnées à l'article L. 518-1 du même code, les établissements intervenant en libre établissement ou en libre prestation de services sur le territoire des États parties à l'accord sur l'Espace économique européen mentionnés au livre V du même code et toute autre entité auprès de laquelle le débiteur a conclu une opération de crédit ;

3° Pour l'application du 5° de l'article R. 621-1, l'état chiffré des dettes distingue les dettes qui ne seront pas soumises aux effets de la procédure en cas d'ouverture et, parmi les autres, celles ayant fait l'objet d'une négociation dans le cadre de la procédure de conciliation en cours.

Art. D. 628-3 *(Abr. à compter du 1er octobre 2021, D. n° 2021-1218, 23 sept. 2021).*

Art. R. 628-4 *(D. n° 2011-236, 3 mars 2011 ; rempl., D. n° 2014-736, 30 juin 2014 ; mod. à compter du 1er octobre 2021, D. n° 2021-1218, 23 sept. 2021).* – Le rapport du conciliateur prévu par l'article L. 628-2 est déposé au greffe et communiqué par le greffier au débiteur et au ministère public. Il est complété par tout élément permettant d'apprécier la pertinence du projet du plan, notamment au regard des conditions économiques et financières de la poursuite de l'activité énoncées par ce projet, et l'ampleur du soutien des parties affectées exigé par l'article L. 628-1. Il comporte également un avis sur l'exactitude de la liste des créances ayant fait l'objet d'une négociation dans le cadre de la procédure de conciliation telle qu'elle résulte de l'état chiffré joint à la demande d'ouverture.

Le tribunal statue sur l'ouverture de la procédure après avoir entendu le conciliateur.

Art. R. 628-5 *(Rempl. à compter du 1er octobre 2021, D. n° 2021-1218, 23 sept. 2021).* – Les pièces et actes visés à l'article L. 628-2 sont communiqués sans délai par le greffier au ministère public.

Art. R. 628-6 à R. 628-7 *(Dispositions inchangées)*

Section 2. – Des effets de la sauvegarde accélérée

Art. R. 628-8 *(D. n° 2011-236, 3 mars 2011 ; rempl., D. n° 2014-736, 30 juin 2014 ; mod. à compter du 1er octobre 2021, D. n° 2021-1218, 23 sept. 2021).* – Dans les dix jours du jugement d'ouverture, le débiteur dépose au greffe deux exemplaires de la liste des créances prévue par l'article L. 628-7. Le greffier en remet un exemplaire au mandataire judiciaire.

La liste comporte les éléments mentionnés aux deux premiers alinéas de l'article L. 622-25 et à la première phrase de l'article R. 622-5 ainsi qu'au 2° de l'article R. 622-23. Lorsque les détenteurs de capital sont affectés par le projet de plan, la liste est complétée par des informations relatives aux modalités de participation au capital du débiteur, aux statuts et aux droits des détenteurs de capital. Ces informations sont accompagnées de tout document ou pièce justificative utiles.

Si les informations portées sur cette liste et celles portées sur la liste prévue à l'article L. 622-6 diffèrent, seules les premières sont prises en considération.

Art. R. 628-9 *(Dispositions inchangées)*

Art. R. 628-10 *(D. n° 2011-236, 3 mars 2011 ; rempl., D. n° 2014-736, 30 juin 2014 ; mod. à compter du 1er octobre 2015, D. n° 2015-1009, 18 août 2015 ; mod. à compter du 1er octobre 2021, D. n° 2021-1218, 23 sept. 2021).* – Dans le jugement qui ouvre la procédure, le tribunal fixe la date de l'audience à l'issue de laquelle il sera statué sur le projet de plan. Dans les huit jours, le greffier avise le ministère public, l'administrateur et le mandataire judiciaire de la date de cette audience et convoque, par lettre recommandée avec demande d'avis de réception, le débiteur, les représentants du de la délégation du personnel du comité social et économique et les contrôleurs déjà connus. Les contrôleurs désignés ultérieurement par le juge-commissaire sont convoqués dans les mêmes conditions sans délai.

Art. R. 628-11 *(D. n° 2011-236, 3 mars 2011 ; rempl., D. n° 2014-736, 30 juin 2014 ; mod. à compter du 1er octobre 2021, D. n° 2021-1218, 23 sept. 2021).* – Le tribunal peut être saisi à tout moment pour statuer sur le projet de plan ou aux fins de clôture de la procédure par requête du débiteur, du ministère public, de l'administrateur ou du mandataire judiciaire. Lorsqu'il est saisi par voie de requête, le président du tribunal fait convoquer le débiteur par le greffier par lettre recommandée avec demande d'avis de réception. Le ministère public, l'administrateur et le mandataire judiciaire sont avisés de la date de l'audience par le greffier.

Art. R. 628-12 *(Dispositions inchangées)*

Art. R. 628-13 *(Rempl. à compter du 1er octobre 2021, D. n° 2021-1218, 23 sept. 2021).* – Dans le cas prévu au troisième alinéa de l'article L. 628-1, l'avis du jugement d'ouverture adressé pour insertion au Bulletin officiel des annonces civiles et commerciales et dans un support d'annonces légales contient, outre les informations prévues par les cinquième et sixième alinéas de l'article R. 621-8, la reproduction des dispositions du troisième alinéa de l'article L. 628-1.

Art. R. 628-14 à R. 628-19 *(Abr. à compter du 1er octobre 2021, D. n° 2021-1218, 23 sept. 2021).*

Titre III. – Du redressement judiciaire.

Chapitre Ier. – De l'ouverture et du déroulement de la procédure

Section 1. – De l'ouverture de la procédure

Sous-section 1. – De la saisine et de la décision du tribunal

Art. R. 631-1. – La demande d'ouverture de la procédure de redressement judiciaire est déposée par le représentant légal de la personne morale ou par le débiteur personne physique au greffe du tribunal compétent.

À cette demande sont jointes, outre les comptes annuels du dernier exercice, les pièces ci-après :

[...]

9° *(9° mod. à compter du 1er octobre 2021, D. n° 2021-1218, 23 sept. 2021)* Le nom et l'adresse des représentants de la délégation du personnel du comité social et économique habilités à être entendus par le tribunal s'ils ont déjà été désignés ;

[...]

Art. R. 631-7-1-A *(Créé après l'article R. 631-7 à compter du 1er octobre 2021, D. n° 2021-1218, 23 sept. 2021).* – Pour l'application du deuxième alinéa de l'article L. 631-7, le président fait convoquer par le greffier à l'audience le débiteur, les mandataires de justice, les contrôleurs et avise de la date de l'audience le ministère public.

Le tribunal statue sur la demande de prolongation de la période d'observation après avoir entendu les observations du débiteur, de l'administrateur, du mandataire judiciaire et des contrôleurs.

La décision prolongeant la période d'observation est communiquée aux personnes mentionnées à l'article R. 621-7 et aux contrôleurs. Elle est mentionnée aux registres ou répertoires prévus aux trois premiers alinéas de l'article R. 621-8.

Section 2. – Du déroulement de la procédure

Sous-section 2. – Des mesures conservatoires au cours de la période d'observation

Art. R. 631-18 *(Mod. à compter du 15 février 2009, D. n° 2009-160, 12 févr. 2009 ; mod., D. n° 2014-736, 30 juin 2014 ; mod. à compter du 1er octobre 2021, D. n° 2021-1218, 23 sept. 2021).* – Les articles R. 622-2 à R. 622-5-1, à l'exclusion de l'article R. 622-4-1, sont applicables à la procédure de redressement judiciaire.

Le greffier informe la personne chargée de réaliser l'inventaire de sa désignation par tout moyen.

Les règles prévues aux quatrième à sixième alinéas de l'article R. 622-4 sont applicables à la prisée des actifs du débiteur effectuée en cas d'ouverture d'une procédure de redressement judiciaire ou de conversion d'une procédure de sauvegarde en un redressement judiciaire.

Sous-section 5. – De la situation des salariés au cours de la période d'observation

Art. R. 631-26 *(Mod. à compter du 1er octobre 2021, D. n° 2021-1218, 23 sept. 2021).* – L'ordonnance rendue par le juge-commissaire en application de l'article L. 631-17 indique le nombre des salariés dont le licenciement est autorisé ainsi que les activités et catégories professionnelles concernées.

L'ordonnance est notifiée au comité social et économique ou, le cas échéant, au représentant des salariés. Elle est transmise au ministère public, à l'administrateur et au mandataire judiciaire.

Sous-section 12. – Du projet de plan

Art. R. 631-34 *(Mod., D. n° 2009-160, 12 févr. 2009 ; à compter du 1er octobre 2021, D. n° 2021-1218, 23 sept. 2021)* . – Les articles R. 626-1 à R. 626-3, relatifs à la convocation des assemblées, sont applicables à la procédure de redressement judiciaire.

Toutefois, pour l'application de l'article L. 626-3, l'administrateur convoque les assemblées si les dirigeants n'y procèdent pas.

Pour l'application du troisième alinéa de l'article L. 631-19, la partie affectée qui entend soumettre des propositions transmet celles-ci au débiteur et à l'administrateur, par tout moyen, au plus tard quinze jours avant la date du vote sur le projet de plan présenté par le débiteur. Les propositions des parties affectées transmises dans ce délai avec l'ensemble des informations prévues, sont présentées aux classes par l'administrateur, suivant les modalités prévues pour le vote sur le projet de plan du débiteur.

Art. R. 631-34-1 *(D. n° 2009-160, 12 févr. 2009 ; à compter du 1er octobre 2021, D. n° 2021-1218, 23 sept. 2021)*. – Lorsque le ministère public demande, en application de l'article L. 631-19-1, que l'adoption du plan soit subordonnée au remplacement d'un ou plusieurs dirigeants, il saisit le tribunal par une requête indiquant les faits de nature à motiver cette demande.

Le président du tribunal fait convoquer, à la diligence du greffier, le ou les dirigeants de la personne morale dont le remplacement est demandé, quinze jours au moins avant l'audience, par acte d'huissier de justice. À cette convocation est jointe la requête du ministère public.

Le tribunal statue après avoir entendu ou dûment appelé, le cas échéant, le débiteur, l'administrateur s'il en a été désigné, le mandataire judiciaire ainsi que les représentants de la délégation du personnel du comité social et économique.

Le jugement est signifié à la diligence du greffier à chaque dirigeant en cause et au représentant légal de la personne morale. Les personnes citées à l'article R. 621-7 ainsi que les représentants de la délégation du personnel du comité social et économique sont avisés de ce jugement.

Sous-section 13. – Du jugement arrêtant le plan

Art. R. 631-36 *(Mod., D. n° 2014-736, 30 juin 2014 ; à compter du 1er octobre 2021, D. n° 2021-1218, 23 sept. 2021)*. – Lorsqu'en application du III de l'article L. 631-19 l'administrateur ou le débiteur prévoit dans son projet de plan des licenciements pour motif économique, il joint au rapport déposé au greffe ou il produit à l'audience les documents suivants :

1° Le procès-verbal des délibérations du comité social et économique consulté en application de l'article L. 1233-58 du Code du travail ;

2° La copie de la lettre informant l'autorité administrative, en application de l'article L. 321-8 du Code du travail, du projet de licenciement.

Le jugement arrêtant le plan indique le nombre de salariés dont le licenciement est autorisé ainsi que les activités et catégories professionnelles concernées.

Sous-section 14. – Des comités de créanciers

Art. R. 631-37 *(Mod. à compter du 15 février 2009, D. n° 2009-160, 12 févr. 2009 ; à compter du 1er octobre 2021, D. n° 2021-1218, 23 sept. 2021)*. – Les articles R. 626-52 à D. 626-65 sont applicables à la procédure de redressement judiciaire. L'administrateur, avec le concours du débiteur, exerce les prérogatives dévolues à ce dernier.

Titre IV. – De la liquidation judiciaire et du rétablissement professionnel

Chapitre Ier. – Du jugement de liquidation judiciaire

Section 4. – Des mesures conservatoires

Art. R. 641-14 *(Mod. à compter du 15 février 2009, D. n° 2009-160, 12 févr. 2009 ; à compter du 1er octobre 2021, D. n° 2021-1218, 23 sept. 2021)*. – Les articles R. 622-2 à R. 622-5-1, à l'exclusion de

l'article R. 622-4-1, sont applicables à la procédure de liquidation judiciaire. Le liquidateur exerce les fonctions dévolues au mandataire judiciaire par ces dispositions.

Les règles prévues aux quatrième à sixième alinéas de l'article R. 622-4 sont applicables à la prisée des actifs du débiteur effectuée en cas d'ouverture d'une procédure de liquidation judiciaire ou de prononcé d'une telle procédure au cours d'une procédure de sauvegarde.

Chapitre IV. – De la liquidation judiciaire simplifiée

Art. R. 644-2 ***(Mod., D. n° 2009-160, 12 févr. 2009 ; D. n° 2014-736, 30 juin 2014 ; D. n° 2020-106, 10 févr. 2020 ; mod. à compter du 1er octobre 2021, D. n° 2021-1218, 23 sept. 2021).*** **– L'état des créances complété par le projet de répartition établi par le liquidateur à l'issue de la procédure de vérification et d'admission des créances et de la réalisation des biens est déposé au greffe où tout intéressé peut en prendre connaissance. Un avis de ce dépôt est publié au *Bulletin officiel des annonces civiles et commerciales* ainsi que dans un support d'annonces légales. Lorsque l'état des créances ne fait l'objet que d'un dépôt au greffe conformément aux dispositions de la dernière phrase du premier alinéa de l'article L. 644-4, le liquidateur notifie aux créanciers mentionnés aux 1° à 6° de l'article L. 643-8 le dépôt au greffe de cet état par lettre recommandée avec demande d'avis de réception. Lorsque ces créanciers ont déclaré leur créance par la voie du portail mentionné aux articles L. 814-2 et L. 814-13, le liquidateur leur notifie le dépôt au greffe de l'état des créances par la même voie.**

Le délai dans lequel il peut être formé réclamation devant le juge-commissaire, en application de l'article L. 644-4, est d'un mois à compter de la publication de l'avis de dépôt au greffe de l'état des créances ou de la notification de ce dépôt.

Chapitre V. – Du rétablissement professionnel

Art. R. 645-1 ***(D. n° 2014-736, 30 juin 2014 ; mod., à compter du 1er octobre 2021, D. n° 2021-1218, 23 sept. 2021).*** **– La valeur de réalisation de l'actif mentionné au premier alinéa de l'article L. 645-1 est inférieure à 15 000 euros. Cet actif est déclaré conformément à l'article R. 640-1-1.**

Titre V. – Des responsabilités et des sanctions

Chapitre III. – De la faillite personnelle et des autres mesures d'interdiction

Art. R. 653-3. – ***(Al. créé à compter du 1er octobre 2021, D. n° 2021-1218, 23 sept. 2021)*** **Lorsque le tribunal prononce la faillite personnelle ou l'interdiction prévue à l'article L. 653-8, il est mentionné dans l'acte de notification du jugement que la procédure pour obtenir le relèvement de ces sanctions est régie par les articles L. 653-11 et R. 653-4 du Code de commerce.**

Indépendamment des mentions portées au casier judiciaire en application du 5e de l'article 768 du Code de procédure pénale, les jugements prononçant la faillite personnelle ou l'interdiction prévue à l'article L. 653-8 font l'objet des publicités prévues à l'article R. 621-8 et sont adressés par le greffier aux personnes mentionnées à l'article R. 621-7.

Ces décisions sont signifiées dans les quinze jours de leur date à la diligence, selon le cas, du greffier du tribunal *ou de la cour* d'appel aux personnes sanctionnées.

Titre VI. – Des dispositions générales de procédure

Chapitre Ier. – Des voies de recours

Art. R. 661-5 ***(Mod. à compter du 1er octobre 2021, D. n° 2021-1218, 23 sept. 2021).*** **– La personne exerçant une voie de recours au nom de la délégation du personnel du comité social et économique ou, le cas échéant, le représentant des salariés doit, à peine d'irrecevabilité, justifier de son habilitation.**

Art. R. 661-6. – L'appel des jugements rendus en application des articles L. 661-1, L. 661-6 des chapitres Ier et III du titre V, de la section II du chapitre II et du chapitre IV du titre IX, du livre VI de la partie

législative du présent code, est formé, instruit et jugé suivant les modalités de la procédure avec représentation obligatoire prévue par les articles 901 à 925 du Nouveau Code de procédure civile, sous réserve des dispositions qui suivent :

[...]

3° *(3° mod. à compter du 1er janvier 2020, D. n° 2019-1333, 11 déc. 2019 ; à compter du 1er octobre 2021, D. n° 2021-1218, 23 sept. 2021)* Dans les cas autres que ceux qui sont mentionnés au 2° ci-dessus et sauf s'il est recouru à la procédure à jour fixe, l'affaire est instruite conformément aux dispositions de l'article 905 du Code de procédure civile. Le président de la chambre peut toutefois décider que l'affaire sera instruite sous le contrôle d'un magistrat de la chambre dans les conditions prévues par les articles 907 à 916 du même code ;

4° *(4° mod. à compter du 1er octobre 2021, D. n° 2021-1218, 23 sept. 2021)* Lorsqu'ils ne sont pas parties à l'instance d'appel, les représentants de la délégation du personnel du comité social et économique et, le cas échéant, le représentant des salariés ainsi que, le cas échéant, le cessionnaire, le cocontractant mentionné à l'article L. 642-7, les titulaires des sûretés mentionnées à l'article L. 642-12 ou le bénéficiaire de la location-gérance sont convoqués pour être entendus par la cour. La convocation est faite par lettre simple du greffier ;

[...]

Titre IX. – Dispositions particulières aux procédures d'insolvabilité relevant du règlement (UE) n° 2015/848 du 20 mai 2015 relatif aux procédures d'insolvabilité

Chapitre Ier. – Des procédures d'insolvabilité principales

Art. R. 691-1 *(D. n° 2018-452, 5 juin 2018 ; mod. à compter du 1er octobre 2021, D. n° 2021-1218, 23 sept. 2021)*. – Si des classes de créanciers ont été constituées ont été constitués, l'administrateur judiciaire recueille, par tout moyen, leur avis sur le projet d'engagement mentionné à l'article L. 691-2. Il informe sans délai le juge-commissaire de ces avis.

Chapitre V. – De la coopération et de la communication des praticiens de l'insolvabilité et des juridictions

Art. R. 695-4 *(D. n° 2018-452, 5 juin 2018 ; mod. à compter du 1er octobre 2021, D. n° 2021-1218, 23 sept. 2021)*. – Si le débiteur remplit les conditions du premier alinéa de l'article L. 626-29, l'administrateur judiciaire avise sans délai le praticien de l'insolvabilité désigné dans une procédure d'insolvabilité ouverte par la juridiction d'un autre État membre à l'égard du débiteur des dates de réunion des classes de parties affectées, et au plus tard vingt jours avant la date du premier vote.

Livre IX. – Dispositions relatives à l'outre-mer

Titre V. – Dispositions applicables dans les îles Wallis-et-Futuna

Art. R. 950-1. – Sous réserve des adaptations prévues dans les chapitres ci-après, les dispositions suivantes du code sont applicables dans les îles Wallis-et-Futuna :

1° à 5° *(Dispositions inchangées)*

6° Le livre VI dans les conditions suivantes :

a) Les dispositions du titre I mentionnées dans la colonne de gauche du tableau ci-après, dans leur rédaction indiquée dans la colonne de droite du même tableau :

(Tableau ainsi mod. à compter du 1er octobre 2021, D. n° 2021-1218, 23 sept. 2021)

DISPOSITIONS APPLICABLES	DANS LEUR RÉDACTION RÉSULTANT DU
(Les sixième et septième lignes relatives à l'application des articles R. 611-10 à R. 611-12 sont remplacées par deux lignes ainsi rédigées :)	
R. 611-10	Décret n° 2014-736 du 30 juin 2014
R. 611-11 et R. 611-12	Décret n° 2021-1218 du 23 septembre 2021

DISPOSITIONS APPLICABLES	DANS LEUR RÉDACTION RÉSULTANT DU
(La vingt-cinquième ligne est remplacée par la ligne suivante :)	
R. 611-35	Décret n° 2021-1218 du 23 septembre 2021
(Après la trentième ligne est insérée la ligne suivante :)	
R. 611-39-1	Décret n° 2021-1218 du 23 septembre 2021
(La trente-sixième ligne est remplacée par la ligne suivante :)	
R. 611-44	Décret n° 2021-1218 du 23 septembre 2021
(La trente-huitième ligne relative à l'application des articles R. 611-46 et R. 611-46-1 est remplacée par les deux lignes suivantes :)	
R. 611-46	Décret n° 2021-1218 du 23 septembre 2021
R. 611-46-1	Décret n° 2014-736 du 30 juin 2014

***b)* Les dispositions des chapitres Ier, IV et VI du titre II mentionnées dans la colonne de gauche du tableau ci-après, dans leur rédaction indiquée dans la colonne de droite du même tableau, ainsi que les chapitres II et III du titre II, le chapitre V à l'exception de l'article R. 625-4 et les chapitres VII et VIII de ce même titre :**

(Tabl. ainsi mod. à compter du 1er octobre 2021, D. n° 2021-1218, 23 sept. 2021)

DISPOSITIONS APPLICABLES	DANS LEUR RÉDACTION RÉSULTANT DU
(La troisième ligne est remplacée par la ligne suivante :)	
R. 621-1	Décret n° 2021-1218 du 23 septembre 2021
(La sixième ligne est remplacée par la ligne suivante :)	
R. 621-3	Décret n° 2021-1218 du 23 septembre 2021
(La quinzième ligne est remplacée par la ligne suivante :)	
R. 621-9	Décret n° 2021-1218 du 23 septembre 2021
(La vingtième ligne est remplacée par la ligne suivante :)	
R. 621-14	Décret n° 2021-1218 du 23 septembre 2021
(La vingt-septième ligne est remplacée par la ligne suivante :)	
R. 621-26	Décret n° 2021-1218 du 23 septembre 2021
(La trentième ligne est remplacée par la ligne suivante :)	
R. 624-3	Décret n° 2021-1218 du 23 septembre 2021
(La trente-quatrième ligne relative à l'application des articles R. 624-7 à R. 624-9 est remplacée par les trois lignes suivantes :)	
R. 624-7	Décret n° 2007-431 du 25 mars 2007
R. 624-8	Décret n° 2021-1218 du 23 septembre 2021
R. 624-9	Décret n° 2007-431 du 25 mars 2007

DISPOSITIONS APPLICABLES	DANS LEUR RÉDACTION RÉSULTANT DU
(La quarante-cinquième ligne relative à l'application des articles R. 626-17 à R. 626-19 est remplacée par les deux lignes suivantes :)	
R. 626-17	Décret n° 2021-1218 du 23 septembre 2021
R. 626-18 et R. 626-18	Décret n° 2007-431 du 25 mars 2007 (*)
(*) En application de l'article 50 du décret n° 2021-1218 du 23 septembre 2021 qui dispose "Le présent décret est applicable à Wallis-et-Futuna. "et seul l'article R. 626-18 ayant été modifié par celui-ci, la quarante-cinquième ligne relative à l'application des articles R. 626-17 à R. 626-19 devrait être remplacée par les trois lignes suivantes : R. 626-17 ..... Décret n° 2007-431 du 25 mars 2007 R. 626-18 ..... Décret n° 2021-1218 du 23 septembre 2021 R. 626-19 ..... Décret n° 2007-431 du 25 mars 2007	
(La quarante-septième ligne est remplacée par la ligne suivante :)	
R. 626-21	Décret n° 2021-1218 du 23 septembre 2021
(La cinquante-huitième ligne est remplacée par la ligne suivante :)	
R. 626-45	Décret n° 2021-1218 du 23 septembre 2021
(Les lignes soixante et un à soixante-dix relatives à l'application des articles R. 626-50 à R. 626-64 sont remplacées par les deux lignes suivantes :)	
R. 626-50 et R. 626-51	Décret n° 2007-431 du 25 mars 2007
R. 626-52 à R. 626-64	Décret n° 2021-1218 du 23 septembre 2021

(Al. rempl. à compter du 1er octobre 2021, D. n° 2021-1218, 23 sept. 2021) **Les articles R. 622-5-1, R. 622-7, R. 622-23, R. 628-2, R. 628-4, R. 628-5, R. 628-8, R. 628-10, R. 628-11 et R. 628-13 sont applicables dans les îles Wallis et Futuna dans leur rédaction issue du décret n° 2021-1218 du 23 septembre 2021 ;**

c) **Le titre III ;**

(Al. mod. à compter du 1er octobre 2021, D. n° 2021-1218, 23 sept. 2021) **L'article R. 631-1 est applicable dans sa rédaction issue du décret n° 2021-1218 du 23 septembre 2021.**

d) **Les dispositions du chapitre préliminaire et des chapitres Ier, II, III et V du titre IV mentionnées dans la colonne de gauche du tableau ci-après, dans leur rédaction indiquée dans la colonne de droite du même tableau, ainsi que le chapitre IV de ce même titre :**

(Tabl. ainsi mod. à compter du 1er octobre 2021, D. n° 2021-1218, 23 sept. 2021 :)

DISPOSITIONS APPLICABLES	DANS LEUR RÉDACTION RÉSULTANT DU
(La seizième ligne est remplacée par la ligne suivante :)	
R. 641-14	Décret n° 2021-1218 du 23 septembre 2021
(La soixante-septième ligne relative à l'application des articles R. 643-6 à R. 643-8 est remplacée par les deux lignes suivantes :)	
R. 643-6	Décret n° 2020-106 du 10 février 2020
R. 643-7 et R. 643-8	Décret n° 2007-431 du 25 mars 2007

DISPOSITIONS APPLICABLES	DANS LEUR RÉDACTION RÉSULTANT DU
(La quatre-vingt-unième ligne relative à l'application des articles R. 645-1 à R. 645-8 est remplacée par les deux lignes suivantes :)	
R. 645-1	Décret n° 2021-1218 du 23 septembre 2021
R. 645-2 à R. 645-8	Décret n° 2014-736 du 30 juin 2014

(Al. rempl. à compter du 1er octobre 2021, D. n° 2021-1218, 23 sept. 2021) **L'article R. 644-2 est applicable dans les îles Wallis-et-Futuna dans sa rédaction résultant du décret n° 2021-1218 du 23 septembre 2021 ;**

e) (Dispositions non modifiées)

f) **Les dispositions des chapitres I à III du titre VI mentionnées dans la colonne de gauche du tableau ci-après, dans leur rédaction indiquée dans la colonne de droite du même tableau :**

(Tabl. ainsi mod. à compter du 1er octobre 2021, D. n° 2021-1218, 23 sept. 2021 : les sixième et septième lignes sont remplacées par les lignes suivantes :)

R. 661-5	Décret n° 2021-1218 du 23 septembre 2021
R. 661-6	Décret n° 2021-1218 du 23 septembre 2021

f) (Dispositions inchangées)

7° à 9° *(Dispositions inchangées)*

Art. D. 950-1-1. – 1° à 3° ***(Dispositions inchangées)***

4° *(Ancien 3° mod. à compter du 1er octobre 2021, D. n° 2021-1218, 23 sept. 2021 puis dénum. à compter du 1er novembre 2021, D. n° 2021-1137, 31 août 2021)* Les dispositions du livre VI mentionnées dans la colonne de gauche ci-après sont applicables dans les îles Wallis-et-Futuna dans leur rédaction indiquée dans la colonne de droite du même tableau.

DISPOSITIONS APPLICABLES	DANS LEUR RÉDACTION RÉSULTANT DU
Titre II	
(Les lignes suivantes sont ajoutées après la deuxième ligne :)	
D. 626-12 et D. 626-13	Décret n° 2021-1218 du 23 septembre 2021
D. 626-25	Décret n° 2021-1218 du 23 septembre 2021
Chapitre VIII : De la sauvegarde accélérée *(Dispositions suivantes du tableau : inchangées)*	

5° *(Dispositions inchangées).*

Chapitre V. – Dispositions d'adaptation du livre VI

(Chap. complété par l'article R. 956-2 créé à compter du 1er octobre 2021, D. n° 2021-1218, 23 sept. 2021)

Art. R. 956-2. – **Pour l'application du livre VI dans les îles Wallis-et-Futuna, les références au comité social et économique sont remplacées par les références à l'institution représentative des salariés localement compétente.**

Composé par JOUVE
1, rue du Docteur Sauvé
CS40003
53101 Mayenne Cedex

Achevé d´imprimer en septembre 2021
dans les ateliers de Druckerei C.H.Beck à Nördlingen
Dépôt légal : octobre 2021
Imprimé en Allemagne